韓·中·日·英

漢字大辭典

張三植 著

성안당

發刊辭

지난30여년간 技術書籍이라고는 불모지나 다름없던 시기에 책을 통한 科學技術 보급이라는 캐치프레이즈를 내걸고 과학기술 관련서적의 출판에 전념해 온 도서출판 성안당은 70, 80년대 우리나라 산업근대화 과정에서 학계와 산업현장에 살아 숨쉬는 先進技術과 지식을 공급한다는 보람과 자부심으로 出版의 使命을 다해 왔습니다.

오랜 동안 한 분야를 전념하다 보니 자연스럽게 그 분야의 用語辭典의 필요성을 요구받게 되었고, 그에 부응하여 100여 종의 技術用語辭典을 편찬 발간하여 辭書분야에 남다른 노하우(know-how)를 蓄積하게 되었습니다.

辭典類는 투자에 비하여 그 수익을 기대하기 어렵기에 出版商品으로는 기업에 걸맞지 않는다는 通說이 있습니다만 오랫동안 출판업에 종사한 본인으로서는 사전이란 상품 이상의 文化的 價値를 갖고 있으며 모든 學問, 藝術, 科學技術의 밑바탕이 되는, 所謂 문화 인프라(cultural Infrastructure)로서의 중요성을 갖고 있음을 自覺하고 있던 차에, 높세울 남영신 선생님의 力作 『우리말分類大辭典』이 출판할 곳을 찾지 못하는 어려움을 보고 一九九四년에 出血出刊을 감행하여 한글學界에 微力을 더해온 인연으로 인해 계속 『ᄒᆞᆫ+한글사전』, 『국어용례사전』, 『ᄒᆞᆫ+라이브국어사전』, 『한국어대사전』 등을 차례로 편찬, 출판한 바 있습니다.

이렇듯 한글사전을 출간하니 우리 한글에 녹아 들어가 있는 語源으로서의 漢字, 漢文은 물론이고, 우리의 文化遺産이 대부분 漢文으로 記錄, 傳承되어진 점, 또한 東北亞時代의 중심에 있는 우리로서 漢字 文化圈과의 관계는 물론 政治, 經濟, 文化의 각 방면에서 더욱 그 중요성이 요구되는 시점에서 漢字, 漢文學習의 필요성이 漸增되고 있는 시기에 100여 종의 辭典를 출판한 도서출판 성안당에서 漢字辭典을 갖추어야 함은 時代의 召命이라고 생각하여 『漢+漢字大辭典』을 발간하게 되었습니다.

앞서 말씀드린 바와 같이 사전의 편찬, 발간에는 많은 物理的 時間과 資金이 소요되므로 우선 우리나라 漢學의 泰斗이신 張三植 선생님이 편찬하고 敎育出版公社가 갖고 있는 權利를 引受하여, 사용에 편리한 版型과 高級紙質, 가죽洋裝 등 辭典으로서 갖추어야 할 外裝을 달리하여 普及次元의 低廉한 價格으로 발간함으로써 보다 많은 독자에 공급하게 되었습니다. 앞으로 충분한 시간과 자금을 계속 투입하여 새로이 出現한 漢字, 漢文을 추가하고, 時代의 變遷에 따라 死滅된 文字를 削除하며, 一般化된 橫書編輯으로의 改編 등 많은 內容上의 變化를 가하여 독자에게 선보일 것을 약속하면서 우선 『漢+漢字大辭典』을 출간하며 發刊辭에 가름합니다.

讀者 여러분의 많은 指導 鞭撻을 바라마지 않습니다.

二〇〇三년 초봄

성안당

發行人 李種春

한자 부수部首와 이름 일람표

一 한일	丨 뚫을곤	丶 점주	丿 삐침	乙 새을	亅 갈고리궐	二 두이	亠 돼지해머리	人 亻 사람인변	儿 어진사람인발	入 들입머리	八 여덟팔머리	冂 멀경몸
冖 민갓머리	冫 이수변	几 안석궤	凵 위튼입구몸	刀 刂⺈ 칼도변	力 힘력변	勹 쌀포몸	匕 비수비	匚 튼입구몸	匸 감출혜몸 터진에운담	十 열십	卜 점복	卩 㔾 병부절방
厂 민엄호엄 (민엄호밑)	厶 마늘모	又 또우	口 입구	囗 큰입구몸 (에운담)	土 흙토변	士 선비사	夂 뒤져올치	夊 천천히걸을쇠발	夕 저녁석	大 큰대	女 계집녀변	子 아들자변
宀 갓머리	寸 마디촌	小 작을소	尢 兀尣 절름발이왕	尸 주검시엄	屮 𡳾 왼손좌	山 메산변	巛 巜川 개미허리	工 장인공	己 巳已 몸기	巾 수건건	干 방패간	幺 작을요
广 엄호엄 (엄호밑)	廴 민책받침	廾 스물입발 (밑스물입)	弋 주살익	弓 활궁	彐 ⺕彑 튼 가로왈머리	彡 터럭삼 (삐친석삼)	彳 두인변 (중인변)	心 忄⺗ 마음심 심방변	戈 창과	戶 지게호	手 扌才 손수변 재방변	支 버틸지
攴 攵 등글월문	文 글월문	斗 말두	斤 날근	方 모방	无 旡 이미기몸	日 날일변	曰 가로왈	月 달월변	木 나무목변	欠 하품흠방	止 그칠지	歹 歺 죽을사변
殳 갖은등글월문	毋 毌 말무	比 견줄비	毛 터럭모	氏 각시씨	气 기운기엄 (기운기밑)	水 氵氺 물수 (삼수변)	火 灬 불화변 (불화받침)	爪 爫 손톱조머리	父 아비부	爻 점괘효	爿 장수장변	片 조각편
牙 어금니아	牛 牜 소우변	犬 犭 개견 (개사슴록변)	玄 검을현	玉 王王 구슬옥변 (임금왕변)	瓜 오이과	瓦 기와와	甘 달감	生 날생	用 甩 쓸용	田 甲申由 밭전	疋 짝필	疒 병질엄
癶 필발머리	白 흰백	皮 가죽피	皿 그릇명받침	目 눈목변	矛 창모변	矢 살시변	石 돌석변	示 礻 보일시변	禸 자귀유	禾 벼화변	穴 구멍혈머리	立 설립
竹 대죽변 (대죽머리)	米 쌀미변	糸 실사변	缶 장군부	网 罓冗网 ⺫罒 그물망머리 (넉사밑)	羊 양양	羽 깃우	老 耂 늙을로	而 말이을이	耒 쟁기뢰변	耳 귀이변	聿 오직율 (붓율)	肉 月 고기육변 육달월
臣 신하신	自 스스로자	至 이를지	臼 절구구	舌 혀설	舛 어그러질천발	舟 배주변	艮 괘이름간 (머무를간)	色 빛색	艸 艹 초두머리 (초두밑)	虍 범호머리 (범호밑)	虫 벌레충변 (벌레훼)	血 피혈변
行 다닐행	衣 衤 옷의	襾 西 덮을아	見 볼견	角 뿔각	言 말씀언변	谷 골곡	豆 콩두	豕 돼지시	豸 갖은돼지시	貝 조개패	赤 붉을적	走 달릴주변
足 발족	身 몸신	車 수레거변	辛 매울신	辰 별신	辵 辶 갖은책받침 책받침	邑 阝 고을읍 (우부방)	酉 닭유변	釆 분별할변	里 마을리변	金 쇠금변	長 镸 길장변	門 문문몸
阜 阝 언덕부변 (좌부방)	隶 미칠이	隹 새추	雨 비우	靑 푸를청	非 아닐비	面 낯면변	革 가죽혁	韋 다름가죽위	韭 부추구	音 소리음	頁 머리혈	風 바람풍
飛 날비	食 밥식변	首 머리수	香 향기향	馬 말마변	骨 뼈골변	高 높을고	髟 터럭발머리	鬥 싸울투몸	鬯 술창	鬲 다리굽은솥력	鬼 귀신귀	魚 물고기어변
鳥 새조변	鹵 소금밭로	鹿 사슴록	麥 보리맥	麻 삼마	黃 누를황	黍 기장서	黑 검을흑	黹 바느질할치	黽 맹꽁이맹	鼎 솥정	鼓 鼔 북고	鼠 쥐서변
鼻 코비변	齊 가지런할제	齒 이치변	龍 용룡	龜 거북구	龠 피리약							

범례(凡例)

一、본서는 우리 나라에서 쓰이는 약 二만여자를 망라하여 상세하고 정확한 해석을 붙였으며, 또한 이에 관련되는 고사(故事)·숙어(熟語)·성구(成句)、인명(人名)·서명(書名)·지명(地名) 등을 수록하여 간명 적절한 해설을 달았으므로 한자사전(漢字辭典)일 뿐 아니라, 고사성어사전(故事成語辭典)·인명·지명사전(人名地名辭典) 등을 겸하게 하였다。

一、매자마다 일어와 영어 해설을 붙이고, 또한 중국 주음부호(注音符號) 및 웨이드식 발음기호에 의하여 현대중국어의 발음도 병기하였으므로 한·일·영·중 사개국어사전(四個國語辭典)의 역할을 겸하게 하였다。

一、본서에 수록된 문자는 주로 강희자전(康熙字典)에 의거하였지만, 현대 널리 쓰이는 속자(俗字)·약자(略字)·국자(國字)도 빠짐 없이 수록하였다。

一、출전(出典)·용례(用例)는 경(經)·사(史)·자(子)·집(集)을 비롯하여 각종 자전(字典) 기타 원전에 의하여 정확히 인용하였으며, 필요에 따라 그 서명(書名) 그 외에도 편명(篇名)·제명(題名)·권수(卷數)까지 밝혀 연구의 참고 자료가 되게 하였다。

一、운자(韻字)는 □ 속에 넣고 그 사위(四圍)에 사성(四聲)을 표시하였다。 곧 □는 평성(平聲)、□는 상성(上聲)、□는 거성(去聲)、□는 입성(入聲)을 표시하였다。

一、문자마다 대전(大篆)·소전(小篆)·고문(古文) 등 각종 자체(字體)는 물론이려니와 초서(草書)까지도 명시하여 다목적 사용에 이바지하게 하였다。

一、숙어(熟語)의 해설은 직접적인 풀이뿐 아니라, 동의어(同義語)·유의어(類義語)·반대어(反對語)까지도 수록하여 이해하는 데 크게 도움되게 하였다。

一、문자와 어휘의 설명을 돕기 위하여 각종 도표와, 희귀하고 정확한 원전 도판과 삽화를 최대한으로 수록하였다。

一、권두(卷頭)에는 본서에 수록한 총 문자를 총획순으로 분류 수록하여 그 문자의 소속 부수명(部首名)을 몰라도 획수만 알면 곧 찾을 수 있게 하였다。

一、권말(卷末)에는 세밀한 자음색인(字音索引)을 붙이되, 두 음 이상의 문자, 이를테면 「樂」 음(音)인 「락」·「악」·「요」는 그 어느 것을 찾아도 쉽게 찾도록 三개처에 두루 수록하여 어떤 문자이든 자음(字音)만 알면 곧 찾아내도록 하였다。

一、본서에 쓰인 약부(略符)는 다음과 같다。

[國字] 우리나라에서만 쓰이는 문자
[中字] 현대 중국어에서만 쓰이는 문자
[日字] 일본에서만 쓰이는 문자
《佛》=佛敎語
《法》=法律用語
《植》=植物名
【易】=易經
【書】=書經
【詩】=詩經
【禮】=禮記
【春秋】=春秋經文
【左氏】=春秋左氏傳
【公羊】=春秋公羊傳
【穀梁】=春秋穀梁傳
【戰國】=戰國策
【呂覽】=呂氏春秋
【晏子】=晏子春秋
【傳】=書經의 孔安國傳·詩經의 毛傳
【箋】=詩經의 鄭玄箋
【集傳】=朱子의 詩經集傳
【集注】=朱子의 論語·孟子集注
【章句】=朱子의 大學·中庸章句
其他

總劃索引

仝 一四八 | 冉 一六三 | 冊 一六三 | 册 一六三 | 冬 一六六 | 凥 一七二 | 凧 一七二 | 凸 一七四 | 凹 一七四 | 凷 一七四 | 出 一七四 | 刋 一八二 | 刊 一八二 | 刉 一八二 | 刌 一八二 | 切 一八二 | 功 二〇〇 | 加 二〇一 | 囨 二〇二 | 匃 二一二 | 匆 二一三 | 匄 二一三 | 包 二一三 | 北 二一四

医 二一六 | 匜 二一六 | 匝 二一六 | 匛 二一六 | 卉 二二三 | 半 二二三 | 本 二二五 | 卟 二三〇 | 占 二三〇 | 卡 二三〇 | 卭 二三二 | 卮 二三二 | 卯 二三二 | 厈 二三五 | 厇 二三五 | 厄 二三五 | 厉 二三五 | 厺 二三九 | 去 二三九 | 𠬝 二四三 | 𠬛 二四三 | 古 二四七 | 句 二四八 | 另 二四九

叨 二四九 | 叩 二四九 | 只 二四九 | 叫 二四九 | 召 二四九 | 叭 二五〇 | 谷 二五〇 | 叮 二五〇 | 可 二五〇 | 台 二五〇 | 叱 二五一 | 史 二五一 | 右 二五二 | 叴 二五三 | 叵 二五三 | 叶 二五三 | 号 二五三 | 司 二五三 | 叺 二五三 | 囙 三〇二 | 囜 三〇二 | 囚 三〇二 | 四 三〇二 | 圣 三一六

圢 三一六 | 圥 三一七 | 圧 三一七 | 外 三二六 | 夗 三二八 | 央 三三三 | 夯 三三三 | 失 三三三 | 夰 三三四 | 夲 三三四 | 妃 三七一 | 奴 三七二 | 奵 三七二 | 奶 三七二 | 孕 三九七 | 宁 四〇三 | 宂 四〇三 | 它 四〇三 | 宄 四〇三 | 尒 四四〇 | 尥 四四一 | 尻 四四三 | 尼 四四三 | 尸 四四四

屄 四四四 | 㞢 四五〇 | 㞥 四五三 | 岁 四五三 | 左 四六八 | 巧 四七〇 | 巨 四七〇 | 巵 四七二 | 㠯 四七二 | 市 四七四 | 帄 四七四 | 布 四七五 | 半 四八五 | 平 四八五 | 幼 四九〇 | 庀 四九二 | 庁 四九二 | 広 四九二 | 弁 五〇五 | 弍 五〇六 | 弗 五〇九 | 弘 五〇九 | 彴 五一九 | 行 五一九

必 五三四 | 戉 五八四 | 戊 五八四 | 戹 五九一 | 扣 五九四 | 扐 五九五 | 扒 五九五 | 打 五九五 | 扔 五九五 | 扖 五九五 | 払 五九五 | 扨 五九五 | 斥 六六七 | 旦 六八〇 | 未 七一七 | 末 七一八 | 本 七一九 | 札 七三二 | 朮 七三二 | 正 七六九 | 步 七八六 | 母 八〇五 | 氐 八二一 | 民 八二一

氷 八一八 | 永 八一八 | 氻 八一九 | 氾 八一九 | 氿 八一九 | 汀 八一九 | 汁 八一九 | 汃 八一九 | 犮 九四九 | 犯 九四九 | 犳 九五〇 | 犰 九四九 | 玄 九六五 | 玉 九六七 | 瓜 九八五 | 瓦 九八六 | 甘 九九〇 | 生 九九一 | 用 九九五 | 甲 九九六 | 田 九九七 | 甲 九九七 | 申 九九八 | 疋 一〇〇八

疋 一〇〇八 | 疒 一〇一〇 | 癶 一〇一三 | 白 一〇一五 | 皮 一〇二三 | 皿 一〇二五 | 目 一〇四一 | 矛 一〇五九 | 矢 一〇六〇 | 石 一〇六三 | 示 一〇八〇 | 礼 一〇八〇 | 内 一〇九三 | 禾 一〇九四 | 穴 一一一〇 | 立 一一一九 | 辶 一五一七 | 罒 一二〇三 | 聿 一二二五 | 艹 一二八四 | 衤 一三八〇 | 四 一二〇三 | 阡 一六二二 | 防 一六二二

六畫

襾 二九 | 丞 二九 | 丟 二九 | 両 二九 | 来 二九 | 㐀 二九 | 氶 三八 | 丢 三八 | 乱 四三 | 乫 四三 | 乬 四三 | 乭 四三 | 亘 五五 | 亙 五五 | 交 五六 | 亥 五九 | 亦 五九 | 仮 七二 | 仰 七二 | 仲 七四 | 仳 七四 | 仵 七四 | 件 七四

价 七五 | 任 七五 | 份 七五 | 仿 七五 | 伀 七五 | 企 七五 | 仔 七六 | 伅 七六 | 伇 七六 | 伈 七六 | 伉 七六 | 伊 七六 | 伋 七六 | 伍 七七 | 伎 七七 | 伙 七七 | 伏 七七 | 伐 七八 | 休 七八 | 伵 七九 | 会 七九 | 伛 七九 | 伜 七九 | 伝 七九

伙 七九 | 充 一三八 | 兕 一三八 | 兆 一三八 | 兇 一三八 | 先 一三八 | 光 一四〇 | 兊 一四一 | 全 一四八 | 共 一五八 | 关 一六〇 | 冊 一六四 | 再 一六四 | 冰 一六六 | 冱 一六六 | 冴 一六六 | 冲 一六六 | 决 一六六 | 凩 一七二 | 凪 一七二 | 刎 一八二 | 刉 一八二 | 刘 一八二 | 刑 一八二

刓 一八二 | 刕 一八二 | 刖 一八二 | 列 一八二 | 刘 一八二 | 劣 二〇三 | 劤 二〇三 | 劦 二〇三 | 劧 二〇三 | 匈 二一三 | 匠 二一六 | 匟 二一六 | 匡 二一六 | 世 二二五 | 𠀍 二二五 | 卌 二二五 | 卉 二二五 | 卑 二二五 | 卍 二二五 | 𠦑 二二五 | 印 二三三 | 危 二三三 | 厊 二三五 | 厷 二三五

厽 二四〇 | 叒 二四三 | 叓 二四三 | 吁 二五三 | 吃 二五三 | 各 二五三 | 合 二五三 | 吆 二五五 | 吅 二五五 | 吳 二五五 | 吉 二五五 | 吊 二五五 | 吋 二五五 | 㕣 二五五 | 同 二五五 | 吚 二五八 | 名 二五八 | 后 二五九 | 吏 二五九 | 吐 二五九 | 向 二六〇 | 吒 二六〇 | 吐 二六〇 | 吞 二六〇

囝 三〇四 | 回 三〇四 | 囟 三〇六 | 因 三〇六 | 団 三〇六 | 在 三一七 | 圩 三一七 | 圪 三一七 | 圬 三一七 | 圭 三一七 | 圮 三一七 | 圯 三一七 | 地 三一七 | 圳 三二〇 | 壯 三二〇 | 壮 三四三 | 夙 三四八 | 多 三四八 | 夛 三四九 | 夵 三六四 | 夷 三六四 | 夸 三六四 | 夸 三六五 | 夻 三六五

奸三七三 她三七三 妏三七三 妆三七三 奼三七三 妖三七三 好三七三 㚤三七三 妁三七三 如三七三 妃三七三 妄三七四 妒三七四 孖三九七 字三九七 存三九七 孜三九八 宅四〇三 宊四〇三 宇四〇三 守四〇三 安四〇四 寺四三二 尖四四〇

尗四四一 当四四一 尥四四一 屰四五〇 屹四五三 屺四五三 屼四五三 屾四五三 岀四六六 州四六六 巨四七一 帉四七五 帆四七五 帗四七五 师四七五 聿四七五 年四八八 幵四八九 并四八九 丝四九一 庀四九二 庁四九二 庅四九二 庄四九二

延五〇三 异五〇五 弍五〇七 式五〇七 弙五〇九 弞五〇九 弜五〇九 弚五〇九 弛五〇九 当五一五 彴五一九 彵五一九 忎五三四 忍五三四 忉五三四 忓五三四 忓五三五 忏五三五 忔五三五 忕五三五 忖五三五 忊五三五 忙五三六 忕五三六

忚五三六 㣿五三六 戍五八四 戌五八四 戎五八四 扛五九五 扚五九五 托五九五 扜五九六 扝五九六 扞五九六 扦五九六 扟五九六 扠五九六 扡五九六 扢五九六 扣五九六 扤五九六 扶五九六 扚五九九 扫五九九 攱六四七 收六四八 攷六四八

㫃六七三 旨六八〇 早六八〇 旪六八〇 旬六八〇 旭六八二 曲七〇二 曵七〇三 曳七〇三 有七〇九 朱七一三 朳七一三 朴七一三 朵七一三 朶七一三 朷七一三 杤七一三 朹七一三 机七一三 杋七一三 杝七一三 朽七一三 朾七一三 束七一三

次七八三 此七九一 歾七九六 死七九六 毢八〇八 毞八一三 氖八一三 気八一三 休八一九 氽八一九 汊八二〇 汋八二〇 汍八二〇 汛八二〇 汐八二〇 汏八二二 汑八二二 汒八二二 汓八二二 汔八二二 汕八二二 汗八二二 汚八二二 汎八二二

汜八二三 汈八二三 汝八二三 江八二三 池八二三 灴九〇六 灯九〇六 凬九〇六 灰九〇六 灱九〇六 牝九四一 牟九四一 犯九五〇 犳九五〇 犴九五〇 犵九五〇 玎九七一 玏九七一 甪九九六 由九九九 百一〇二八 乱一二三〇 皀一〇四一 石一〇六六

㐌一〇六六 礼一〇八〇 穵一一一〇 竹一一二四 米一一四八 糸一一五七 缶一二〇一 缶一二〇一 网一二〇三 羊一二〇八 羽一二二四 老一二三〇 考一二三三 而一二三三 耒一二三四 禾一二三四 耒一二三四 耳一二三六 聿一二三五 肉一二三六 肋一二三七 肌一二三七 肒一二三七 肎一二三七

肎一二三七 育一二三七 臣一二六一 匠一二六二 自一二六三 至一二六九 臼一二七一 舌一二七五 舛一二七六 舟一二七七 艮一二八二 色一二八四 艸一二八四 芳一二八四 芋一二八五 芀一二八五 艽一二八五 艾一二八五 艿一二八五 虍一三四七 虫一三五一 血一三七二 行一三七四 衣一三八〇

两一三九七 西一三九七 迅一五一七 辺一五一七 辻一五一七 込一五一七 邛一五四八 邗一五四八 邘一五四八 邙一五四九 邛一五四九 阠一六二二 阡一六二二 阮一六二二 阤一六二二

七畫

丣二九 所二九 串三四 乱四三 况五五 些五六 亜五六

亨六〇 伯七九 估八〇 佤八〇 你八〇 伴八〇 伶八〇 伸七九 伺七九 伻八一 似八一 伽八一 伾八一 征八一 佃八一 但八一 佇八一 佈八一 休八一 佀八一 佁八二 佉八二 彼八二 佋八二

佌八二 位八二 低八三 住八三 佐八三 佑八三 佒八三 体八三 佔八三 何八三 佖八四 佗八四 余八四 余八四 佚八四 佛八四 作八六 佝八七 佞八七 佟八七 克一四一 兌一四一 免一四二 兎一四二

児一四二 兵一六〇 皃一六一 冏一六五 冝一六六 况一六九 冶一六九 冷一六九 冸一七〇 冹一七〇 刵一八三 刜一八三 初一八三 刪一八四 判一八四 别一八四 別一八六 刧一八六 刦一八六 刨一八六 刟一八六 利一八六 助二〇三 努二〇三

劫二〇三 劬二〇三 劭二〇三 劮二〇四 励二〇四 劲二〇四 劳二〇四 匉二一三 匸二一六 㕣二一六 匣二一七 匣二一七 㔯二一八 医二一八 㚘二二五 華二二五 卭二三〇 卣二三〇 卲二三三 即二三三 却二三三 卵二三三 卹二三三 底二三五

八畫

房 五九一　戾 五九一　戽 五九一　所 五九二　承 五九七　拼 五九七　抧 六〇二　抦 六〇二　抱 六〇二　抯 六〇二　抮 六〇二　抗 六〇二　抬 六〇二　披 六〇二　抪 六〇二　抨 六〇二　抽 六〇三　抹 六〇三　抺 六〇三　抶 六〇三　抵 六〇三　抴 六〇三　抳 六〇四　拆 六〇四

担 六〇四　拄 六〇四　拃 六〇四　拂 六〇四　抿 六〇四　抾 六〇四　拈 六〇四　拇 六〇四　拉 六〇四　拊 六〇五　拋 六〇五　批 六〇五　拌 六〇五　拍 六〇五　拐 六〇五　拑 六〇五　拒 六〇五　拓 六〇六　拔 六〇六　拕 六〇六　拖 六〇六　拗 六〇六　拘 六〇六　抋 六〇七

拙 六〇七　拚 六〇七　招 六〇七　拜 六〇八　拟 六〇八　攽 六五〇　㪁 六五〇　放 六五〇　敃 六五一　政 六五一　斉 六五五　斧 六六八　斦 六六八　旂 六七三　㫄 六七三　於 六七三　旹 六八二　旺 六八二　旻 六八二　旼 六八二　昨 六八二　旽 六八二　昁 六八二　昂 六八二

昃 六八一　昄 六八二　昆 六八二　昇 六八二　昈 六八二　昉 六八二　昊 六八二　昚 六八二　昌 六八二　昍 六八二　明 六八二　昏 六八四　昛 六八四　昒 六八四　昭 六八四　易 六八四　昔 六八五　昕 六八五　昖 六八五　㫐 七〇三　曶 七〇三　朊 七一二　朋 七一二　朌 七一二

服 七一二　杪 七二六　杫 七二七　杗 七二七　杬 七二七　杭 七二七　枕 七二七　杮 七二七　杯 七二七　杰 七二七　東 七二七　杲 七二九　杳 七二九　杴 七二九　杵 七二九　杶 七二九　杷 七二九　杸 七二九　枇 七二九　杻 七二九　杼 七二九　松 七二九　枀 七三〇　板 七三〇

茉 七三〇　枂 七三〇　枃 七三〇　构 七三〇　枉 七三〇　枇 七三三　枊 七三三　枋 七三三　枌 七三三　枎 七三三　枏 七三三　析 七三三　枅 七三三　柾 七三三　枒 七三三　枓 七三三　柄 七三三　柃 七三三　枕 七三三　枖 七三三　林 七三三　枘 七三三　枙 七三三　枚 七三三

枛 七三三　果 七三三　枝 七三三　校 七三三　栟 七三三　枢 七三三　欪 七四二　欣 七四二　弞 七四二　欥 七四二　欦 七四二　欧 七四二　武 七四五　歧 七四五　此 七四五　步 七四五　歽 七四七　歾 七四七　歿 七四七　殀 七四七　殂 七四七　殎 七四七　殅 七四七　殈 七四七

殺 八〇三　殴 八〇三　毒 八〇六　毨 八〇八　毣 八〇八　毤 八〇八　毞 八〇八　氓 八二三　氛 八二三　氜 八二三　氞 八二三　氝 八二三　沓 八二七　沝 八二八　沫 八二八　沬 八二八　沭 八二九　沮 八二九　沰 八二九　沱 八二九　沲 八二九　河 八二九　沴 八二九

沷 八三〇　沸 八三〇　油 八三〇　沺 八三〇　治 八三〇　沼 八三三　沽 八三三　沾 八三三　沿 八三三　泍 八三三　況 八三三　泂 八三三　泄 八三三　泅 八三三　泆 八三三　泊 八三三　汧 八三三　泌 八三三　泏 八三三　泐 八三三　泑 八三三　泓 八三三　泔 八三三　法 八三三

泗 八三五　泙 八三五　泚 八三五　泛 八三五　泜 八三五　泝 八三五　泞 八三五　泠 八三五　泡 八三五　波 八三五　泣 八三六　泧 八三六　泥 八三六　注 八三六　泪 八三七　泫 八三七　泬 八三七　泭 八三七　泮 八三七　泯 八三七　泱 八三八　泲 八三八　泳 八三八　泾 八三八

炁 九〇七　炂 九〇七　炗 九〇七　炅 九〇七　炆 九〇七　炉 九〇七　炈 九〇七　炊 九〇七　炳 九〇七　炎 九〇七　炐 九〇七　炒 九〇七　炔 九〇七　炕 九〇八　炖 九〇八　炘 九〇八　炙 九〇八　爮 九二四　爬 九二四　爭 九二四　爭 九二四　爸 九二五　效 九二六　校 九二六

牀 九三六　版 九三八　牥 九四二　犹 九四二　牦 九四二　犻 九四二　把 九四二　牫 九四二　牧 九四二　犺 九四三　物 九四三　牪 九四四　𤘪 九四四　㹞 九五〇　狀 九五〇　狀 九五〇　犿 九五二　㹝 九五二　弦 九五二　狉 九五二　狋 九五二　狌 九五二　狍 九五二　狎 九五二

狐 九五三　狑 九五三　狒 九五三　狓 九五三　狖 九五三　狗 九五三　狘 九五三　狙 九五三　狚 九五三　狛 九五三　狜 九五三　玞 九七一　玟 九七一　玠 九七一　玢 九七一　玤 九七一　𤤒 九七一　玦 九七一　玧 九七一　玨 九七一　玩 九七一　玫 九七一　玲 九七二　玭 九七二

瓝 九八五　瓨 九八七　瓩 九八七　画 一〇〇〇　甽 一〇〇〇　甽 一〇〇〇　甾 一〇〇〇　甿 一〇〇〇　畁 一〇〇〇　畀 一〇〇〇　疌 一〇〇八　疘 一〇一〇　疙 一〇一〇　疢 一〇一〇　疛 一〇一〇　疚 一〇一〇　㽰 一〇一〇　疟 一〇一〇　疝 一〇一〇　皔 一〇三〇　的 一〇三〇　㿮 一〇三四　皯 一〇三四　皱 一〇三四

盅 一〇三五　盂 一〇三五　盂 一〇三五　盰 一〇四一　盱 一〇四一　眈 一〇四一　盱 一〇四一　盻 一〇四一　盽 一〇四二　盲 一〇四二　盳 一〇四二　直 一〇四二　見 一〇四四　直 一〇四四　矤 一〇六〇　知 一〇六〇　矽 一〇六六　矸 一〇六六　矻 一〇六六　砥 一〇六六　砣 一〇六六　矼 一〇六六　砂 一〇六六　社 一〇八〇

秄 一〇九六　秅 一〇九六　秆 一〇九六　秈 一〇九六　秇 一〇九六　秎 一〇九六　秔 一〇九六　秜 一〇九六　秉 一〇九六　季 一〇九六　穸 一一一二　穹 一一一二　空 一一一二　空 一一一三　并 一一二〇　卺 一一三一　屰 一一三一　竺 一一三五　笏 一一三五　籵 一二四九　粂 一二四九　紈 一二五七　紅 一二五七　糾 一二五七

紆 一二五八　罔 一三〇三　羋 一三〇九　羌 一三〇九　耄 一三三三　耐 一三三三　負 一三三六　耵 一三三六　津 一三二五　肤 一三三八　股 一三三八　肢 一三三八　肣 一三三八　肥 一三三八　肦 一三三九　肧 一三三九　肨 一三三九　肩 一三三九　肕 一三三九　肪 一三三九　肫 一三三九　肬 一三三九　肭 一三三九　肱 一三三九

肐 一三四〇　育 一三四〇　肳 一三四〇　肬 一三四〇　肴 一三四〇　肵 一三四〇　肶 一三四〇　脺 一三四〇　肺 一三四〇　臤 一三六二　臥 一三六二　卧 一三六二　臾 一三七二　舀 一三七二　舍 一三七五　舍 一三七五　舠 一三七七　舠 一三七七　舡 一三七七　芘 一三八六　芙 一三八六　芚 一三八六　芛 一三八六　芝 一三八六

芞 一三八六　芟 一三八六　芊 一三八六　芩 一三八七　芭 一三八七　芡 一三八七　芢 一三八七　芣 一三八七　芤 一三八七　芥 一三八七　芦 一三八七　芧 一三八七　芨 一三八七　芪 一三八七　芫 一三八七　芬 一三八七　芮 一三八七　芰 一三八八　花 一三八八　芲 一三八九　芳 一三九〇　芴 一三九〇　芵 一三九〇　芷 一三九〇

芸 一三九〇　芹 一三九〇　芺 一三九〇　芼 一三九一　茚 一三九一　芽 一三九一　芾 一三九一　芿 一三九一　苀 一三九一　苜 一三九一　芾 一三九一　若 一三九三　英 一三九四　虎 一三四七　虯 一三五二　虹 一三五二　虱 一三五二　匧 一三五二　孛 一三七三　卒 一三八〇　衦 一三八〇　表 一三八〇　衩 一三八二　衪 一三八二

衭 一三八二　衧 一三八二　衫 一三八二　豕 一四二三　丞 一四七六　軋 一四九八　迊 一五一七　迖 一五一七　迋 一五一七　迌 一五一八　迍 一五一八　迎 一五一八　近 一五一八　迒 一五一九　迓 一五一九　返 一五一九　迕 一五一九　迸 一五一九　迴 一五一九　迪 一五一九　邯 一五五〇　部 一五五〇　邱 一五五〇　邲 一五五〇

邳 一五五〇　邴 一五五〇　邵 一五五〇　邶 一五五〇　邸 一五五〇　采 一五六九　金 一五七五　長 一六〇五　門 一六〇八　阜 一六二二　𨸏 一六二二　阹 一六二三　阸 一六二三　阺 一六二三　阻 一六二三　阼 一六二三　阽 一六二三　阿 一六二三　陀 一六二四　陁 一六二四　陂 一六二四　附 一六二四　隶 一六三九　隹 一六四〇

雨 一六四八　青 一六六〇　青 一六六三　非 一六六三　面 一六六六

九畫

乘 三九　㧖 四三　垩 四三　垚 四三　亟 五六　亭 六二　亮 六二　京 六二　侮 六四　侽 六四　侯 六四　𠊨 九五　侲 九五　侳 九五　侵 九五　侶 九五　侷 九五

侸 九五　侻 九五　侹 九六　便 九六　俁 九六　係 九六　促 九七　俄 九七　俅 九七　俇 九七　俊 九七　俉 九八　俋 九八　俌 九八　俍 九八　俎 九八　俏 九八　俐 九八　俑 九八　俒 九八　俓 九八　俔 九八　侳 九八　倂 九八

俗 九八　俘 九九　俙 九九　俚 九九　俛 一〇〇　俜 一〇〇　保 一〇一　俞 一〇一　俟 一〇一　俠 一〇一　信 一〇一　俣 一〇一　俤 一〇一　俥 一〇一　兗 一四三　兙 一四三　兪 一五〇　侖 一六三　胄 一六五　冒 一六五　冟 一六六　冠 一六六　浗 一七〇　浸 一七〇

凍 一七一　函 一七七　剃 一九〇　到 一九〇　則 一九〇　剈 一九〇　剄 一九〇　削 一九〇　剋 一九一　剌 一九一　前 一九一　刾 一九三　劾 二〇四　勁 二〇四　勃 二〇四　勅 二〇四　勑 二〇五　勇 二〇五　勉 二〇五　㔫 二〇五　匍 二一三　匎 二一三　匙 二一六　𠤕 二一六

攸 二一七　𠩍 二一七　匽 二一八　南 二一七　単 二一八　卣 二三〇　卽 二三四　卽 二三四　卻 二三四　卼 二三四　卻 二三四　厖 二三五　厘 二三六　厚 二三六　叙 二四五　叚 二四五　叛 二四五　咠 二七〇　咢 二七〇　咡 二七一　咤 二七一　咥 二七一　咦 二七一　咧 二七一

咨 二七二　咩 二七二　咪 二七二　咫 二七二　咬 二七二　咭 二七二　咮 二七二　㖡 二七二　咯 二七二　咱 二七二　㖃 二七二　咳 二七二　咲 二七二　咶 二七二　咷 二七三　咸 二七三　㖨 二七三　味 二七三　咔 二七三　咺 二七三　咻 二七三　咼 二七三　㖗 二七三　咽 二七三

咿 二七三　哀 二七三　品 二七三　咖 二七四　哂 二七四　咸 二七四　哃 二七四　哄 二七四　哅 二七四　哆 二七四　哇 二七四　哈 二七四　哉 二七四　哘 二七四　响 二七四　哎 二七四　㕡 二七四　囿 三〇八　圐 三〇八　型 三二四　垍 三二四　垎 三二四　垐 三二四　垓 三二四

亞 三二四　垗 三二四　垌 三二五　垘 三二五　垛 三二五　垜 三二五　垝 三二五　垞 三二五　垟 三二五　垠 三二五　垡 三二五　垢 三二五　垣 三二五　垤 三二五　𡋟 三二五　夏 三四四　夎 三四四　奆 三六七　奎 三六七　奏 三六七　奐 三六七　契 三六七　奓 三六八　奔 三六八

奕 三六八　[illegible] 三六八　娫 三七九　姚 三七九　姛 三八〇　美 三八〇　姝 三八〇　姞 三八〇　[illegible] 三八〇　姡 三八〇　娟 三八〇　姣 三八〇　姤 三八〇　姥 三八〇　姦 三八〇　姧 三八〇　娑 三八〇　姨 三八一　[illegible] 三八一　姪 三八一　姬 三八一　姮 三八一　姰 三八一　姱 三八一

[illegible] 三八一　姶 三八一　姷 三八一　姸 三八一　姹 三八一　姺 三八一　姻 三八一　姼 三八一　[illegible] 三八二　姽 三八二　姾 三八二　姿 三八二　娀 三八二　威 三八二　[illegible] 三八二　娃 三八二　[illegible] 三八二　孨 四〇〇　孩 四〇〇　[illegible] 四〇〇　客 四一二　[illegible] 四一三　宣 四一三　窔 四一三

室 四一三　宥 四一四　宦 四一四　宧 四一四　宨 四一四　[illegible] 四一四　害 四一四　封 四三二　村 四三三　[illegible] 四四二　尯 四四二　[illegible] 四四二　[illegible] 四四二　屆 四四六　屋 四四六　屌 四四六　屇 四四六　屍 四四六　屎 四四六　㞋 四四六　屏 四四六　屑 四四六　峀 四五〇　峇 四五五

峉 四五五　峕 四五五　峋 四五五　峌 四五五　峍 四五五　峴 四五五　峎 四五五　峒 四五五　峐 四五六　峓 四五六　峗 四五六　峘 四五六　岍 四五六　峙 四五六　峛 四五六　峠 四五六　巷 四七三　巸 四七三　巻 四七三　巺 四七三　帝 四七七　[illegible] 四四七　帞 四七七　帤 四七七

帟 四七七　帨 四七七　庠 四九四　㡾 四九四　庰 四九四　庢 四九四　庛 四九四　庥 四九四　[illegible] 四七七　帢 四七七　帣 四七七　[illegible] 四七七　帥 四七七　幽 四九一　度 四九四　廻 五〇五　廼 五〇五　弇 五〇六　弈 五〇六　弮 五一〇　弭 五一〇　[illegible] 五一〇　彖 五一五　彥 五一七

形 五一七　[illegible] 五三二　待 五三二　徇 五三二　很 五三二　徉 五三二　徊 五三二　[illegible] 五三二　律 五三二　後 五三三　徍 五三四　怎 五四〇　怒 五四〇　思 五四一　怠 五四一　怤 五四二　急 五四二　怨 五四三　[illegible] 五四四　怱 五四五　恀 五四五　恂 五四五　恃 五四五　怴 五四五

恒 五四五　[illegible] 五四六　恆 五四六　恇 五四六　恈 五四六　[illegible] 五四六　協 五四六　[illegible] 五四六　恌 五四六　[illegible] 五四六　恍 五四六　[illegible] 五四七　恑 五四七　恓 五四七　恔 五四七　恗 五四七　恛 五四七　恜 五四七　[illegible] 五四七　恟 五四七　[illegible] 五四七　恢 五四七　恨 五四八　恪 五四九

恫 五四九　恬 五四九　[illegible] 五五〇　恮 五五〇　恰 五五〇　恱 五五〇　戙 五八七　扅 五九二　扁 五九二　扂 五九二　扃 五九二　[illegible] 六〇五　拏 六〇五　拜 六〇八　拪 六〇八　拫 六〇八　括 六〇八　拭 六〇八　拮 六〇八　拯 六〇八　挺 六〇九　拱 六〇九　挀 六〇九　拴 六〇九

拵 六〇九　[illegible] 六〇九　[illegible] 六〇九　[illegible] 六〇九　拷 六〇九　捐 六〇九　拸 六〇九　拹 六〇九　拺 六〇九　拽 六〇九　拾 六一〇　[illegible] 六一〇　持 六一〇　挂 六一〇　挃 六一〇　抗 六一二　[illegible] 六一二　挆 六一二　挅 六一二　[illegible] 六一二　指 六一二　按 六一三　拝 六一三　[illegible] 六一三

挋 六二三　挌 六二三　挍 六二三　挏 六二三　挑 六二三　挒 六二三　挖 六二三　攱 六四七　敉 六五二　敀 六五二　敁 六五二　敂 六五二　叓 六五二　[illegible] 六五二　故 六五二　料 六六六　斪 六六八　斫 六六八　施 六七三　斿 六七四　旂 六七四　既 六七七　晲 六八五　昜 六八五

[illegible] 六八五　昞 六八五　昺 六八五　星 六八五　映 六八六　昡 六八六　昢 六八六　昣 六八六　春 六八六　昧 六八七　昨 六八七　昩 六八八　昪 六八八　昫 六八八　昭 六八八　是 六八八　昭 六八八　昱 六八八　昲 六八八　昳 六八八　昴 六八八　昵 六八八　昶 六八八　昷 六八九

昦 六八九　曷 七〇三　曺 七〇四　朎 七一一　朏 七一一　朐 七一一　枯 七一三　枰 七一三　枱 七一三　枲 七一三　枳 七一三　柺 七一三　枵 七一三　架 七一三　枷 七一四　枸 七一四　枹 七一四　株 七一四　枻 七一四　枼 七一四　柹 七一四　柨 七一四　柿 七一四　栫 七一四

十畫

十二畫

總訓索引　〔十二畫〕

愉五六三　⿰忄酋五六三　愊五六三　愎五六三　愐五六四　惲五六四　愒五六四　惕五六四　愔五六四　愕五六四　愖五六四　愘五六四　⿰忄禺五六四　愜五六六　愞五六六　⿰忄咸五六六　愠五六七　愡五六七　愢五六七　⿰忄彔五六七　⿰豙殳五八七　憂五八七　戟五八七　扉五九三

扊五九三　扉五九三　掌六一九　掔六二〇　掣六二三　掽六二四　掾六二四　揀六二四　捪六二四　揂六二四　揃六二四　揄六二四　提六二五　揥六二五　搜六二五　揆六二五　揹六二五　掏六二五　揉六二五　揌六二五　揎六二五　描六二五　揕六二六　挰六二六

插六二六　揷六二六　揔六二六　揖六二六　揗六二六　揘六二六　揚六二六　揳六二六　捘六二六　換六二六　揜六二七　揝六二七　揞六二七　揹六二七　揠六二七　握六二七　揢六二七　掕六二七　⿰扌欺六二七　揣六二七　揤六二七　⿰扌呆六二七　⿰扌癹六二七　搓六二七

揩六二七　揥六二八　揪六二八　揆六二八　揭六二八　⿰扌𠦝六二八　揮六二八　⿰扌画六二八　⿰扌衍六二八　揳六二八　援六二八　揵六二八　揲六二九　⿰扌致六二九　揶六二九　⿰垂攴六四七　敼六四七　⿰車攵六五七　⿸厂攴六五七　敜六五七　⿰亻敝六五七　敞六五七　敷六五七　⿰豩攵六五七

敧六五七　⿰鬼攴六五七　⿰豙攴六五七　敢六五七　㪍六五七　散六五七　敞六五八　⿰𠦝攴六五八　敦六五八　敬六五九　斌六六五　斐六六五　斑六六五　斝六六七　斛六六七　斮六六八　斯六六八　斱六六九　旐六七六　⿰方京六七八　晫六九三　晬六九三　普六九三　景六九三

晾六九四　晱六九四　晲六九四　晳六九四　晴六九四　晵六九四　晶六九四　暑六九四　暘六九四　智六九四　⿰日剌六九五　晻六九五　⿰日往六九五　晼六九五　晽六九五　⿰日昏六九五　晋六九五　曾七〇五　替七〇六　最七〇六　朁七〇六　⿰月享七一三　朝七一三　朞七一四

期七二四　棃七四九　棄七四九　⿰木免七四九　棅七四九　棆七四九　棇七四九　棉七四九　棨七四九　棊七四九　棋七四九　棌七四九　棍七四九　棎七四九　棐七四九　棑七四九　棒七四九　棓七四九　棕七五〇　棖七五〇　棗七五〇　棘七五〇　⿰木宾七五〇　棚七五〇

棜七五〇　棝七五〇　棞七五〇　棟七五〇　棠七五〇　棡七五〇　棣七五〇　棧七五〇　格七五〇　棨七五〇　棪七五一　棫七五一　棬七五一　棭七五一　棔七五一　森七五一　棯七五一　棰七五一　棱七五一　棲七五一　棳七五一　棵七五一　棶七五一　棹七五一

棸七五二　棺七五二　椒七五二　棻七五二　棼七五二　棽七五二　棿七五二　椀七五二　⿰木屈七五二　椁七五二　椄七五二　椅七五二　栟七五二　椆七五二　椇七五二　椈七五二　椨七五二　椉七五二　⿱早木七五二　椊七五二　椋七五二　⿰木娄七五二　椌七五二　植七五二

椎七五三　椏七五三　椐七五三　椑七五三　椖七五三　椒七五三　⿰木林七五四　椓七五四　棆七五四　椙七五四　椛七五四　欹七八四　欱七八四　欺七八四　欻七八五　⿰此欠七八五　欽七八五　欲七八五　欵七八五　款七八五　欿七八五　⿰止帚七九三　崪七九三　堂七九三

蒴七九三　卤七九三　⿰歹芺七九九　⿰歹委七九九　殜七九九　⿰歹隶七九九　⿰歹卒七九九　⿰歹於七九九　⿰歹芯七九九　殕七九九　⿰歹京七九九　殖七九九　⿰歹奇七九九　殗七九九　殘七九九　殙七九九　㱿八〇三　𣪘八〇三　殻八〇三　殽八〇三　毯八〇九　毲八〇九　耗八〇九　⿺毛豈八〇九

⿺毛匋八〇九　毰八〇九　毳八〇九　淼八六七　渃八六八　渙八六八　渚八六八　減八六八　渜八六八　渝八六八　渟八六八　渠八六九　渡八六九　渢八六九　渣八六九　渤八六九　渥八六九　渦八六九　渧八六九　渨八六九　温八六九　湎八六九　渫八六九　湡八七〇

湪八七〇　測八七〇　渭八七〇　渮八七〇　港八七〇　渰八七〇　渱八七〇　渲八七〇　渳八七〇　渴八七〇　⿰氵兒八七一　游八七一　渹八七一　渺八七一　渞八七一　渼八七一　渽八七一　渾八七一　⿰氵敕八七二　⿰氵思八七二　⿰氵桼八七二　湀八七二　湁八七二　湃八七二

湄八七三　湅八七三　湆八七三　湇八七三　湉八七三　湊八七三　湋八七三　湌八七三　湍八七三　湎八七三　湑八七三　浚八七三　湒八七三　湓八七三　湔八七三　浭八七三　湖八七三　湮八七三　湘八七三　湙八七三　湛八七三　湜八七三　湝八七三　湞八七三

湟 八七三　湠 八七三　湢 八七四　湣 八七四　湧 八七四　湨 八七四　湩 八七四　湫 八七四　湭 八七四　湮 八七四　湯 八七四　湱 八七四　湲 八七四　湳 八七四　湺 八七四　㴜 八七四　滿 八七四　溲 八七七　溳 八七七　溵 八七七　溶 八七七　溷 八七七　溸 八七八　焙 九一三

焚 九一二　焜 九一二　焝 九一二　焞 九一二　烏 九一三　焠 九一三　無 九一三　焣 九一八　焦 九一八　焧 九一八　焪 九一八　焫 九一八　焮 九一八　焯 九一八　烈 九一八　焰 九一八　焱 九一八　焵 九一八　然 九一八　爲 九二四　牄 九二七　牋 九二八　牕 九二八　牌 九二八

牚 九四〇　犀 九四六　犂 九四七　掉 九四七　犄 九四七　犅 九四七　犆 九四七　犇 九四七　犉 九四七　猋 九五五　猒 九五五　猢 九五七　猥 九五七　猎 九五七　猾 九五七　猧 九五七　猨 九五七　猩 九五七　猑 九五七　猪 九五七　猫 九五七　猭 九五八　猬 九五八　猅 九五八

猯 九五八　猰 九五八　猱 九五八　猲 九五八　猴 九五八　猴 九五八　猣 九五八　猵 九五八　猶 九五八　琕 九七七　琙 九七七　琝 九七七　琖 九七七　琛 九七七　琚 九七八　琟 九七八　琡 九七八　琢 九七八　琤 九七八　琥 九七八　琦 九七八　琨 九七八　琩 九七八　琪 九七八

琫 九七八　琬 九七八　琭 九七八　琮 九七八　琯 九七八　琰 九七八　琱 九七九　琲 九七九　琳 九七九　琴 九七九　琵 九七九　琶 九七九　琸 九七九　琺 九七九　瓠 九八六　甁 九八八　瓿 九八八　瓵 九八八　瓺 九八八　瓻 九八八　瓶 九八八　甤 九九五　甥 九九五　甦 九九五

甯 九九六　番 一〇〇三　畫 一〇〇三　畬 一〇〇四　畭 一〇〇四　畮 一〇〇四　畯 一〇〇四　異 一〇〇四　畱 一〇〇五　疎 一〇〇九　疏 一〇〇九　痏 一〇一四　痗 一〇一四　痘 一〇一四　痙 一〇一四　痒 一〇一四　痚 一〇一四　痛 一〇一四　㾙 一〇一五　痦 一〇一五　痟 一〇一五　痡 一〇一五　痢 一〇一五　痼 一〇一五

痣 一〇一五　痤 一〇一五　痥 一〇一五　痧 一〇一五　登 一〇三一　發 一〇三一　皓 一〇三一　皕 一〇三三　皖 一〇三三　皷 一〇三四　皴 一〇三四　皵 一〇三四　皸 一〇三四　盚 一〇三七　盛 一〇三七　盗 一〇三七　盜 一〇三八　睖 一〇五一　眢 一〇五一　睃 一〇五一　睅 一〇五一　睆 一〇五一　睈 一〇五一　睇 一〇五一

䀀 一〇五一　睉 一〇五一　眼 一〇五一　晢 一〇五一　睊 一〇五一　睞 一〇五一　睞 一〇五一　皛 一〇五一　睋 一〇五一　睌 一〇五二　睍 一〇五二　睎 一〇五二　督 一〇五二　睥 一〇五二　𥎞 一〇五九　矞 一〇六〇　矟 一〇六〇　䂄 一〇六〇　矬 一〇六三　短 一〇六三　規 一〇六三　硜 一〇七〇　硝 一〇七一　硟 一〇七一

硠 一〇七一　硡 一〇七一　硧 一〇七一　硎 一〇七一　硨 一〇七一　硩 一〇七一　硪 一〇七一　硫 一〇七一　硬 一〇七一　砦 一〇七一　硭 一〇七二　确 一〇七二　硯 一〇七二　硲 一〇七二　祮 一〇八七　祰 一〇八七　䄗 一〇八七　祲 一〇八七　祳 一〇八七　祴 一〇八七　禼 一〇九四　稨 一一〇一　稀 一一〇一　稂 一一〇一

䅌 一一〇二　稃 一一〇三　稅 一一〇三　稆 一一〇三　稈 一一〇三　稉 一一〇三　稊 一一〇三　程 一一〇三　稌 一一〇三　稍 一一〇三　窦 一一一五　窜 一一一五　窔 一一一五　窖 一一一五　窗 一一一五　窒 一一一五　窘 一一一五　窣 一一一六　窠 一一一六　窲 一一一六　竢 一一二三　竣 一一二三　童 一一二三　竦 一一二三

笿 一一三〇　筃 一一三〇　筓 一一三〇　筺 一一三〇　筅 一一三〇　筆 一一三〇　筇 一一三〇　筈 一一三〇　等 一一三〇　筊 一一三三　筋 一一三三　筌 一一三三　筎 一一三三　筍 一一三三　筐 一一三三　筞 一一三三　筏 一一三三　筩 一一三三　筑 一一三三　筒 一一三三　笄 一一三三　答 一一三三　策 一一三三　粞 一一五一

粟 一一五一　粿 一一五一　粢 一一五一　粵 一一五一　臬 一一五一　粥 一一五一　粦 一一五一　粧 一一五一　粨 一一五一　粈 一一五一　粳 一一五三　絎 一一七一　絏 一一七一　結 一一七一　絑 一一七二　絓 一一七二　絕 一一七二　絚 一一七四　絖 一一七四　絘 一一七四　絙 一一七四　絜 一一七四　絝 一一七四　絞 一一七四

絟 一一七四　絡 一一七四　絢 一一七四　絣 一一七四　絤 一一七四　給 一一七四　絧 一一七五　䋍 一一七五　絨 一一七五　𦀁 一一七五　絩 一一七五　絪 一一七五　絫 一一七五　絬 一一七五　𦀄 一一七五　絭 一一七五　絮 一一七五　絯 一一七五　經 一一七五　統 一一七五　絲 一一七六　絳 一一七六　缾 一二〇三　䍊 一二〇三

缿 一二〇三　𦋣 一二〇四　罯 一二〇四　買 一二〇四　罠 一二〇四　罦 一二〇四　𦍺 一二一二　羠 一二一二　羜 一二一二　羡 一二一二　羢 一二一二　[illegible] 一二一六　[illegible] 一二一六　翐 一二一六　翔 一二一六　翕 一二一六　耋 一二二三　耑 一二二三　𦓷 一二二五　耡 一二二五　耠 一二二五　聎 一二二七　聏 一二二七　聒 一二二七

奧 三六九　奞 三七〇　媫 三八九　媰 三八九　嫱 三八九　媱 三八九　媲 三八九　媳 三八九　媵 三八九　媷 三八九　嫤 三八九　媺 三八九　媻 三八九　媼 三八九　媽 三八九　婉 三八九　媾 三八九　媿 三八九　嫁 三九〇　嫂 三九〇　嫄 三九〇　嫅 三九〇　嫇 三九〇　婺 三九〇

嫉 三九〇　嫋 三九〇　嫨 三九〇　嫌 三九〇　嫐 三九〇　斈 四〇一　孶 四〇一　㝅 四〇一　孴 四〇一　寖 四一三　寗 四一三　索 四一三　寘 四一三　寙 四一三　寋 四一三　寣 四一三　寛 四一三　寜 四一三　寑 四一三　尟 四四一　尠 四四一　尲 四四二　尳 四四二　嵊 四六一

嵞 四六一　嵦 四六一　嵮 四六一　嵉 四六一　嵟 四六一　嵣 四六一　嵤 四六一　嵥 四六一　嵩 四六一　嵫 四六一　嵬 四六一　嵔 四六二　嵯 四六三　嵳 四六二　嵱 四六二　嵲 四六二　幐 四八二　㡗 四八二　幚 四八二　幋 四八二　幏 四八二　幌 四八二　幍 四八二　幀 四八二

幐 四八二　幏 四八二　幊 四八二　幹 四八九　葉 四九〇　褐 四九二　廅 四九八　廆 四九八　廌 四九八　廇 四九八　廈 四九八　廉 四九八　廊 四九八　廋 四九九　廥 四九九　遁 五〇五　弑 五〇七　弒 五〇七　彀 五一三　彙 五一六　徥 五二九　徬 五二九　徭 五二九　微 五二九

徯 五三〇　想 五六〇　惹 五六一　惷 五六一　愁 五六二　愆 五六二　愈 五六二　愍 五六三　意 五六三　慈 五六四　愚 五六四　愛 五六五　感 五六六　愧 五六七　愼 五六七　愪 五六七　愫 五六七　慉 五六七　愭 五六七　愮 五六七　愰 五六七　愱 五六八　愲 五六八　㥮 五六八

愴 五六八　愵 五六八　愶 五六八　愷 五六八　愺 五六八　慎 五六八　愾 五六八　愿 五六八　㥍 五六八　慌 五六九　慁 五六九　慄 五六九　慅 五六九　慆 五六九　慉 五六九　慊 五七〇　慍 五七〇　慏 五七〇　戡 五八七　戠 五八八　戢 五八八　戥 五八八　戣 五八八　戭 五八八

戥 五八八　㦿 五九三　掔 六二五　搫 六二五　揅 六二五　掣 六二七　搻 六二八　搴 六二八　揳 六二九　搆 六二九　摧 六二九　搇 六二九　搊 六二九　撊 六二九　搋 六二九　摅 六二九　搌 六二九　損 六二九　搎 六二九　搸 六二九　搏 六二九　搠 六二九　搐 六三〇　搒 六三〇

搓 六三〇　搔 六三〇　搕 六三〇　搖 六三〇　搗 六三〇　搘 六三〇　搙 六三〇　搚 六三〇　掍 六三〇　搜 六三〇　搡 六三二　搢 六三二　搣 六三二　搤 六三二　搥 六三二　搦 六三二　搧 六三二　搨 六三二　搪 六三二　搬 六三二　搭 六三二　搮 六三二　搯 六三二　搰 六三二

摡 六三二　搉 六三二　㨹 六三二　搳 六三二　搵 六三二　搶 六三二　搷 六三二　搞 六三二　携 六三二　搩 六三二　搾 六三二　搿 六三二　敫 六五九　敳 六五九　㪛 六五九　敦 六五九　敬 七五九　敭 六五九　敕 六五九　数 六五九　斒 六六五　㪵 六六五　斞 六六七　斟 六六七

斛 六六七　旒 六七六　旓 六七六　旔 六七六　旐 六七六　旤 六七八　暄 六九五　暅 六九五　㬲 六九五　暇 六九五　暈 六九五　暉 六九六　暋 六九六　暌 六九六　暍 六九六　暎 六九六　暐 六九六　暑 六九六　暕 六九六　暝 六九六　暖 六九六　暗 六九六　暘 六九七　會 七〇六

朄 七〇七　腽 七一五　朠 七一五　椲 七五四　椌 七五四　椯 七五四　椰 七五四　椱 七五四　椔 七五四　椳 七五四　椴 七五四　椵 七五四　椶 七五四　椷 七五四　椸 七五四　椹 七五四　椺 七五四　椻 七五四　椢 七五四　椽 七五四　椿 七五四　㮡 七五五　楀 六五五　楁 七五五

榅 七五五　楂 七五五　楃 七五五　楄 七五五　楕 七五五　栝 七五五　楅 七五五　㮘 七五五　楇 七五五　楈 七五五　楉 七五五　楊 七五五　楎 七五五　楑 七五五　楓 七五五　楩 七五五　楔 七五五　楍 七五六　楖 七五六　楗 七五六　楘 七五六　楙 七五六　楚 七五六　楛 七五六

楜 六五六　楝 七五六　楞 七五六　楟 七五六　楠 七五六　楡 七五六　楢 七五六　楣 七五六　楤 七五六　楦 六五六　楥 七五七　楨 七五七　梗 七五七　棗 七五七　楪 七五七　楫 七五七　楬 七五七　業 七五七　楮 七五七　楯 七五七　楰 七五七　楱 七五八　㮈 七五八　楲 七五八

楳 七五八　楴 七五八　極 七五八　楶 七五九　楷 七五九　楸 七五九　楹 七五九　楺 七五九　㮶 七五九　楼 七五九　㮸 七五九　楿 七五九　㰸 七八五　㰾 七八五　欵 七八五　歁 七八五　歃 七八六　歍 七八六　歆 七八六　歇 七八六　歈 七八六　歰 七九三　歱 七九三　歲 七九三

耆 七九四　殐 八〇〇　殙 八〇〇　殛 八〇〇　㱬 八〇〇　殜 八〇〇　𣩊 八〇〇　殿 八〇三　殽 八〇三　毂 八〇四　毀 八〇四　臭 八〇七　毸 八〇九　毷 八〇九　毹 八〇九　毺 八〇九　毿 八〇九　毶 八一〇　毼 八一〇　毻 八一〇　毱 八一〇　毽 八一〇　溍 八一四

溎 八二五　溏 八二五　源 八二五　溓 八二五　溔 八二五　溑 八二五　準 八二五　溘 八二五　落 八二五　溛 八二五　溜 八二五　溝 八二五　溫 八二六　溞 八二六　溟 八二六　溡 八二六　溷 八二六　溢 八二六　淪 八二六　溥 八二六　溧 八二六　溧 八二六　溪 八二六　溭 八二七

溱 八二七　溭 八二七　溠 八二七　湖 八二七　溲 八二八　湞 八二八　溵 八二八　溶 八二八　溷 八二八　溍 八二八　溹 八二八　溺 八二八　溼 八二八　溽 八二八　溾 八二八　澥 八二八　滀 八二八　滂 八二八　滃 八二八　滚 八二八　滄 八二八　滅 八二八　滑 八二九　滒 八二九

滇 八二九　滮 八二九　滈 八二九　滉 八二九　滊 八二九　滋 八二九　滏 八二九　滍 八二九　滏 八二九　滐 八二九　滎 八二九　潤 八三〇　滒 八三〇　滓 八三〇　滔 八三〇　煁 九一八　煅 九一八　煆 九一八　煇 九一九　颻 九一九　煉 九一九　煊 九一九　煌 九一九　煎 九一九

煐 九一九　煮 九一九　煒 九一九　煓 九一九　煔 九一九　煕 九一九　煖 九一九　煠 九二〇　煗 九二〇　煙 九二〇　煜 九二〇　煝 九二〇　煞 九二〇　煟 九二〇　煠 九二〇　煡 九二〇　煢 九二〇　煣 九二二　煤 九二二　煥 九二二　煦 九二二　照 九二二　煨 九二二

煩 九二二　歁 九二三　煬 九二三　熅 九二三　爺 九三六　牎 九三八　牏 九三八　牐 九三八　牒 九三八　牐 九三九　犏 九四〇　犑 九四七　犓 九四七　犍 九四七　犏 九四七　犎 九四七　献 九五八　猷 九五八　獂 九五八　猺 九五九　猻 九五九　獏 九五九　猾 九五九　猿 九五九

猿 九五九　獀 九五九　獁 九五九　猼 九五九　獂 九五九　猹 九五九　獅 九五九　獆 九七九　瑋 九七九　瑁 九七九　瑂 九七九　瑄 九七九　瑇 九七九　瑎 九七九　瑊 九七九　瑕 九七九　瑚 九八〇　瑋 九八〇　瑛 九八〇　瑑 九八〇　瑒 九八〇　瑕 九八〇　瑗 九八〇

瑯 九八〇　瑙 九八〇　瑚 九八〇　瑛 九八〇　瑜 九八〇　瑝 九八〇　瑞 九八〇　瑟 九八一　甍 九八七　甄 九八八　甈 九八八　甁 九八八　甝 九九一　甞 九九一　畫 一〇〇五　畔 一〇〇五　畉 一〇〇五　畷 一〇〇六　當 一〇〇六　畷 一〇〇七　畸 一〇〇七　畹 一〇〇七　畺 一〇〇七　瘀 一〇一五

瘃 一〇一五　痊 一〇一五　痯 一〇一五　痰 一〇一五　痲 一〇一五　痱 一〇一六　痳 一〇一六　痴 一〇一六　痵 一〇一六　痷 一〇一六　痸 一〇一六　痹 一〇一六　痺 一〇一六　痻 一〇一六　痼 一〇一六　痾 一〇一六　痿 一〇一六　瘀 一〇一六　瘁 一〇一六　瘂 一〇一六　瘃 一〇一六　皘 一〇三三　皙 一〇三三　皵 一〇三五

皶 一〇三五　皷 一〇三五　盜 一〇三八　盝 一〇三八　盞 一〇三八　盟 一〇三八　盟 一〇三八　睒 一〇五三　睓 一〇五三　睔 一〇五三　睕 一〇五三　睖 一〇五三　睗 一〇五三　睘 一〇五三　睙 一〇五三　睚 一〇五三　睛 一〇五三　睜 一〇五三　睝 一〇五三　睞 一〇五三　睟 一〇五三　睠 一〇五三

睠 一〇五三　睡 一〇五三　睢 一〇五三　督 一〇五三　睤 一〇五三　睥 一〇五三　睦 一〇五三　睧 一〇五三　睨 一〇五三　睩 一〇五三　睪 一〇五三　睫 一〇五三　睬 一〇五三　矠 一〇六〇　矮 一〇六二　矬 一〇六二　碓 一〇七二　碌 一〇七二　硼 一〇七二　碑 一〇七二　碎 一〇七二　碁 一〇七二

碄 一〇七二　碏 一〇七二　碆 一〇七二　碇 一〇七二　碉 一〇七二　碌 一〇七二　碍 一〇七二　碎 一〇七二　碑 一〇七二　碑 一〇七二　碏 一〇七二　碒 一〇七二　碱 一〇七二　碕 一〇七二　碓 一〇七二　碗 一〇七二　碡 一〇七二　禂 一〇八七　禑 一〇八八　禒 一〇八八　禓 一〇八八　禖 一〇八八　禗 一〇八八

祼 一〇八八　祿 一〇八八　禀 一〇八八　禁 一〇八八　禂 一〇八九　禄 一〇八九　禎 一〇八九　福 一〇九〇　禽 一〇九四　稔 一一〇三　稑 一一〇三　稒 一一〇三　稓 一一〇三　稖 一一〇三　稕 一一〇三　稗 一一〇三　稘 一一〇三　稙 一一〇三　稚 一一〇三　稛 一一〇三　稜 一一〇三　稞 一一〇三　稡 一一〇四

稟 一一〇四　稠 一一〇四　稡 一一〇四　窋 一一一六　窟 一一一六　窞 一一一六　窣 一一一六　窠 一一一六　窣 一一一六　窢 一一一六　窣 一一一六　窡 一一一六　窞 一一一六　竫 一一二三　竬 一一二三　竮 一一二三　竩 一一二三　竪 一一二三　竫 一一二三　竦 一一二三　竨 一一二三　竿 一一二三　筠 一一二三

【筡】一一三三 【筢】一一三三 【箣】一一三三 【筣】一一三三 【筋】一一三三 【筆】一一三三 【筤】一一三三 【筧】一一三三 【筘】一一三三 【筩】一一三三 【筥】一一三三 【䇺】一一三三 【筦】一一三三 【筐】一一三三 【筬】一一三三 【筭】一一三三 【筮】一一三三 【䈉】一一三三 【筯】一一三四 【筰】一一三四 【筱】一一三四 【筲】一一三四 【筳】一一三四 【筵】一一三四

【筷】一一三四 【箜】一一三六 【粰】一一五二 【粮】一一五三 【䊇】一一五三 【䊈】一一五三 【粇】一一五三 【粱】一一五三 【粲】一一五三 【粳】一一五三 【粫】一一五三 【統】一一七六 【絛】一一七七 【絹】一一七七 【絺】一一七七 【絻】一一七七 【絿】一一七七 【綀】一一七七 【綂】一一七七 【綃】一一七七 【綄】一一七七 【綅】一一七七 【綆】一一七七 【綈】一一七七

【綉】一一七七 【綊】一一七七 【䋾】一一七七 【綌】一一七七 【綒】一一七七 【綎】一一七七 【綏】一一七七 【綐】一一七八 【綮】一一七八 【經】一一七八 【絳】一一七九 【繇】一一八〇 【䌛】一一八〇 【綖】一一八〇 【継】一一八〇 【続】一一八〇 【舐】一二〇三 【罧】一二〇四 【罨】一二〇四 【罩】一二〇五 【罪】一二〇五 【罫】一二〇五 【罭】一二〇五 【置】一二〇五

【羨】一二一二 【義】一二一二 【羢】一二一三 【翍】一二一七 【翛】一二一七 【翎】一二一七 【翮】一二一七 【羣】一二一二 【群】一二一二 【䎀】一二二三 【耡】一二二五 【䎣】一二二五 【聐】一二二八 【聖】一二二八 【聖】一二三〇 【聘】一二三〇 【脊】一二三〇 【肄】一二三五 【肆】一二三五 【腥】一二五三 【腜】一二五三 【腴】一二五三 【腞】一二五三 【脰】一二五三

【腔】一二五三 【腠】一二五三 【腢】一二五三 【嬴】一二五三 【䐑】一二五三 【腤】一二五三 【腥】一二五三 【腜】一二五三 【腦】一二五三 【腧】一二五三 【䐆】一二五三 【腨】一二五三 【腩】一二五三 【腫】一二五三 【腬】一二五三 【膀】一二五三 【䐇】一二五三 【腮】一二五三 【腯】一二五三 【腰】一二五三 【膂】一二五四 【腱】一二五四 【腲】一二五四 【䏛】一二五四

【腳】一二五四 【腴】一二五四 【䐘】一二五四 【腶】一二五四 【腷】一二五四 【腸】一二五四 【腹】一二五四 【腺】一二五五 【臺】一二七〇 【臹】一二七〇 【與】一二七二 【舅】一二七二 【辞】一二七六 【舝】一二七六 【舒】一二八〇 【艁】一二八〇 【艂】一二八〇 【艄】一二八〇 【艅】一二八〇 【艆】一二八〇 【艇】一二八〇 【舿】一二八〇 【萩】一三一二 【萪】一三一二

【蓩】一三一二 【萫】一三一二 【萬】一三一二 【萬】一三一四 【蒷】一三一四 【萰】一三一四 【萱】一三一四 【萲】一三一四 【萷】一三一四 【萵】一三一四 【萸】一三一四 【落】一三一四 【蔽】一三一六 【葂】一三一六 【葄】一三一六 【蒩】一三一六 【葅】一三一六 【葆】一三一六 【葇】一三一六 【萊】一三一六 【葉】一三一六 【葉】一三一六 【葊】一三一七 【葌】一三一七

【葍】一三一七 【葎】一三一七 【葐】一三一七 【葑】一三一七 【葒】一三一七 【葓】一三一七 【葔】一三一七 【葕】一三一七 【葵】一三一七 【著】一三一七 【葘】一三一七 【葜】一三一八 【葙】一三一八 【葚】一三一八 【葛】一三一八 【葝】一三一八 【葛】一三一八 【葞】一三一八 【葠】一三一八 【葡】一三一八 【葩】一三一九 【董】一三一九 【葥】一三一九 【葦】一三一九

【葧】一三一九 【葪】一三一九 【葫】一三一九 【葬】一三一九 【葭】一三一九 【葯】一三一九 【葹】一三二〇 【葮】一三二〇 【葰】一三二〇 【葱】一三二〇 【葳】一三二〇 【葴】一三二〇 【葵】一三二〇 【葶】一三二〇 【葷】一三二〇 【葸】一三二〇 【葺】一三二〇 【葻】一三二〇 【蔆】一三二〇 【葽】一三二〇 【葢】一三二〇 【蓧】一三二〇 【蒂】一三二〇 【蒏】一三二〇

【蓄】一三三五 【虛】一三五〇 【虒】一三五〇 【虞】一三五〇 【號】一三五〇 【蛵】一三五六 【蛶】一三五七 【蝝】一三五七 【蛷】一三五七 【蛸】一三五六 【蜈】一三五七 【蛹】一三五七 【蛺】一三五七 【蛻】一三五七 【蜱】一三五七 【蛾】一三五七 【蛘】一三五七 【蜀】一三五七 【蜓】一三五七 【蜂】一三五七 【蜃】一三五八 【蜄】一三五八 【蜆】一三五八 【蜇】一三五八

【蜈】一三五八 【蜉】一三五八 【蜊】一三五八 【蜋】一三五八 【蜌】一三五八 【蜍】一三五八 【蜎】一三五八 【蜏】一三五八 【蜐】一三五八 【蜑】一三五八 【蜒】一三五八 【蜓】一三五八 【蜣】一三五八 【峻】一三七四 【峱】一三七四 【衙】一三七八 【衕】一三七八 【裊】一三八六 【裏】一三八六 【裒】一三八六 【裘】一三八七 【裵】一三八七 【裚】一三八七 【裛】一三八七

【裝】一三八八 【裟】一三八八 【裣】一三八八 【裧】一三八八 【裨】一三八八 【裩】一三八八 【裬】一三八八 【裮】一三八八 【裯】一三八八 【裱】一三八八 【裰】一三八九 【裲】一三八九 【襧】一三八九 【䘹】一三八九 【裺】一三八九 【裶】一三八九 【裷】一三八七 【裸】一三八九 【裺】一三八九 【裼】一三八九 【裾】一三九〇 【䘘】一三九〇 【䘿】一三九〇 【褂】一三九〇

【覛】一四〇三 【規】一四〇三 【覞】一四〇三 【夠】一四〇九 【觟】一四〇九 【衡】一四〇九 【觜】一四〇九 【觡】一四〇九 【䚁】一四〇九 【觢】一四〇九 【解】一四〇九 【觤】一四一一 【觥】一四一一 【触】一四一一 【觧】一四一一 【詡】一四一三 【詢】一四一三 【詣】一四一三 【詤】一四一三 【詥】一四一三 【試】一四一三 【詧】一四一三 【詩】一四一三 【䛈】一四一三

【誆】一四一三 【詪】一四一四 【詫】一四一四 【詬】一四一四 【詭】一四一四 【詮】一四一五 【詯】一四一五 【詰】一四一五 【話】一四一五 【該】一四一五 【詳】一四一五 【詵】一四一六 【詹】一四一六 【誎】一四一六 【詶】一四一六 【詷】一四一六 【詺】一四一六 【詻】一四一六 【詠】一四一六 【詽】一四一六 【詾】一四一六 【詿】一四一六 【誁】一四一六 【誂】一四一六

【誃】一四六六 【詸】一四六六 【誅】一四六六 【誆】一四六六 【誇】一四六六 【誎】一四六七 【誉】一四六七 【谼】一四五一 【豊】一四五三 【登】一四五三 【豢】一四五四 【豥】一四五四 【𧱃】一四五五 【豣】一四五五 【豤】一四五五 【𧱕】一四五五 【豦】一四五五 【𧳋】一四五八 【貅】一四五八 【貆】一四五八 【貁】一四五八 【貉】一四五八 【貊】一四五八 【賁】一四六五

【賂】一四六五 【賃】一四六五 【賄】一四六六 【賅】一四六六 【資】一四六六 【賌】一四六六 【賈】一四六六 【賉】一四六七 【賊】一四六七 【䝭】一四六七 【賑】一四六七 【賁】一四六七 【艵】一四七五 【艴】一四七五 【趞】一四七九 【趌】一四七九 【趏】一四七九 【趷】一四七九 【趍】一四七九 【趆】一四七九 【趚】一四八〇 【趐】一四八〇 【赽】一四八〇 【趒】一四八〇

【趄】一四八〇 【趔】一四八〇 【跟】一四八五 【跡】一四八五 【跙】一四八五 【跢】一四八五 【跣】一四八五 【跧】一四八五 【跤】一四八六 【跺】一四八六 【跦】一四八六 【跊】一四八六 【跨】一四八六 【跍】一四八六 【踂】一四八六 【跪】一四八六 【跫】一四八六 【跬】一四八六 【跭】一四八六 【跮】一四八六 【路】一四八六 【跱】一四八六 【跲】一四八六 【跰】一四八七

【跳】一四八七 【跩】一四八七 【跅】一四八七 【跴】一四八七 【践】一四八七 【䠷】一四九六 【𨉞】一四九六 【躲】一四九六 【軾】一五〇三 【輧】一五〇三 【輀】一五〇三 【輁】一五〇三 【輂】一五〇三 【𨌆】一五〇三 【較】一五〇三 【𨊻】一五〇三 【輅】一五〇三 【輇】一五〇三 【輌】一五〇三 【載】一五〇三 【輊】一五〇四 【軨】一五〇四 【辞】一五一三 【辝】一五一三

【辟】一五一三 【辠】一五一四 【農】一五一五 【逼】一五三二 【逾】一五三二 【逿】一五三二 【遚】一五三二 【逌】一五三三 【遁】一五三三 【遂】一五三三 【遡】一五三三 【遄】一五三三 【遟】一五三三 【遇】一五三三 【遉】一五三三 【遊】一五三三 【運】一五三四 【遌】一五三五 【遍】一五三五 【過】一五三五 【遏】一五三六 【遐】一五三六 【遑】一五三七 【遒】一五三七

【道】一五三七 【達】一五三八 【違】一五三八 【適】一五三九 【邕】一五五一 【鄄】一五五六 【鄍】一五五六 【郞】一五五六 【鄏】一五五六 【鄐】一五五六 【鄙】一五五六 【鄒】一五五六 【鄔】一五五六 【鄉】一五五六 【郥】一五五七 【鄗】一五五七 【酨】一五六三 【酬】一五六三 【酟】一五六三 【酩】一五六三 【酪】一五六三 【酓】一五六三 【酎】一五六三 【酭】一五六三

【酮】一五六三 【酸】一五六三 【鈯】一五八一 【鈴】一五八一 【鈶】一五八一 【鈷】一五八一 【鈸】一五八一 【鈹】一五八一 【鈺】一五八一 【鉥】一五八一 【鈿】一五八一 【鉀】一五八一 【鉠】一五八一 【鉃】一五八一 【鉄】一五八一 【鉅】一五八一 【鉆】一五八二 【鉇】一五八二 【鉈】一五八二 【鉉】一五八二 【鉊】一五八二 【鉋】一五八二 【鉍】一五八二 【鉏】一五八二

【鉐】一五八二 【鉑】一五八二 【鉒】一五八二 【鉔】一五八二 【鉚】一五八二 【鉛】一五八二 【鉜】一五八二 【鉠】一五八二 【鉞】一五八三 【鉟】一五八三 【鉢】一五八三 【鉣】一五八三 【鉤】一五八三 【銶】一五八三 【鉦】一五八三 【鉧】一五八三 【镹】一六〇八 【镻】一六〇八 【镺】一六〇八 【閘】一六一四 【閙】一六一四 【閈】一六一四 【閚】一六一四 【閜】一六一四

【開】一六一四 【閟】一六一四 【隑】一六三五 【陸】一六三五 【𨼉】一六三五 【隔】一六三五 【隕】一六三五 【隖】一六三五 【隗】一六三五 【隘】一六三五 【隙】一六三六 【随】一六三六 【陷】一六三六 【雉】一六四二 【雊】一六四三 【雋】一六四三 【雁】一六四三 【雌】一六四三 【雍】一六四三 【睢】一六四三 【雄】一六四三 【雵】一六五一 【零】一六五一 【雷】一六五二

【雯】一六五二 【雹】一六五二 【𩂯】一六五二 【雺】一六五三 【電】一六五三 【靖】一六六二 【靗】一六六六 【䩆】一六六六 【䩄】一六六六 【靲】一六六七 【靬】一六六七 【靳】一六六七 【靴】一六六八 【靵】一六六八 【靶】一六六八 【靷】一六六八 【靸】一六六八 【靿】一六六八 【韍】一六七三 【𣪠】一六七三 【韮】一六七五 【韴】一六七六 【韵】一六七六 【項】一六七九

【頌】一六七九 【頜】一六七九 【颬】一六九三 【颩】一六九三 【飩】一六九九 【飪】一六九九 【飫】一六九九 【飧】一六九九 【飭】一六九九 【飲】一六九九 【碩】一六八〇 【頍】一六八〇 【頎】一六八〇 【頍】一六八〇 【預】一六八〇 【頑】一六八〇 【煩】一六八〇 【頏】一六八〇 【頒】一六八〇 【頓】一六八〇 【嵐】一六九三 【䬏】一六九三 【颫】一六九三

【颱】一六九三 【颭】一六九三 【飯】一六九九 【飰】一七〇〇 【飱】一七〇〇 【馚】一七一二 【馯】一七一三 【馰】一七一三 【馱】一七一三 【馲】一七一四 【馳】一七一四 【馴】一七一四 【馵】一七一四 【骯】一七二六 【骫】一七二六 【骬】一七二六 【骭】一七二六 【髡】一七三三 【髦】一七三三 【鬴】一七三八 【魈】一七四〇 【魃】一七四〇 【魛】一七四四 【魜】一七四四

【魝】一七四四 【鳭】一七五五 【鳲】一七五五 【鳬】一七五五 【鳧】一七五五 【鳩】一七五五 【鳶】一七五五 【鴉】一七五五 【鴈】一七五五 【麀】一七七二 【麃】一七七二 【麂】一七七二 【麁】一七七二 【黓】一七八三 【黽】一七八八 【鼎】一七八九 【鼔】一七九〇 【鼓】一七九〇 【鼠】一七九二

十四畫

【僎】一二二六 【像】一二二六 【僑】一二二六

【僒】一二二六 【僔】一二二六 【僕】一二二六 【僖】一二二六 【僁】一二二六 【僚】一二二六 【僛】一二二六 【僝】一二二六 【僜】一二二七 【僞】一二二七 【僟】一二二七 【僙】一二二七 【僣】一二二七 【僤】一二二七 【僥】一二二七 【僦】一二二七 【僧】一二二七 【僨】一二二七 【僩】一二二八 【僪】一二二八 【僬】一二二八 【僭】一二二八 【僮】一二二八 【僰】一二二八

【臻】一二七一 【墾】一二七一 【興】一二七三 【舘】一二七六 【艠】一二八〇 【艡】一二八〇 【艖】一二八〇 【艗】一二八〇 【艕】一二八一 【艘】一二八一 【艙】一二八一 【䒉】一二八四 【蓽】一三三〇 【薵】一三三〇 【蔽】一三三〇 【蕁】一三三〇 【蕒】一三三一 【蘂】一三三一 【蔦】一三三一 【蔀】一三三一 【蕀】一三三一 【蕵】一三三一 【蕾】一三三一 【藤】一三三一

【蕃】一三三二 【蕄】一三三二 【蕆】一三三二 【蕇】一三三二 【蕈】一三三二 【蕣】一三三二 【蕉】一三三二 【蕊】一三三二 【蕋】一三三二 【蕷】一三三二 【蕎】一三三二 【蕐】一三三二 【蕑】一三三二 【蕢】一三三二 【蕯】一三三二 【蕓】一三三二 【蕕】一三三二 【蕖】一三三二 【蕗】一三三二 【蕘】一三三二 【蕙】一三三二 【蕚】一三三二 【蕛】一三三二 【蕝】一三三二

【蕞】一三三三 【蕠】一三三三 【藹】一三三三 【蕢】一三三三 【蕡】一三三三 【蕣】一三三三 【蕏】一三三三 【蕨】一三三三 【蕤】一三三三 【蕧】一三三三 【蕩】一三三三 【蕪】一三三三 【蕁】一三三三 【蕫】一三三三 【蕺】一三三三 【蕭】一三三三 【虤】一三五一 【虪】一三五一 【虥】一三五一 【䖘】一三五一 【螂】一三六三 【螃】一三六三 【螄】一三六三 【螇】一三六三

【螈】一三六三 【螉】一三六三 【䗆】一三六三 【蝷】一三六三 【螌】一三六三 【螎】一三六三 【蝔】一三六三 【螑】一三六三 【蝨】一三六三 【蝹】一三六三 【螓】一三六四 【螔】一三六四 【螕】一三六四 【蝑】一三六四 【螗】一三六四 【螘】一三六四 【螛】一三六四 【螫】一三六四 【螝】一三六四 【螞】一三六四 【螟】一三六四 【螠】一三六四 【螢】一三六四 【螣】一三六四

【蜸】一三六四 【蟣】一三七四 【衇】一三七四 【衊】一三七四 【衛】一三七八 【衞】一三七九 【衡】一三七九 【衝】一三七九 【褢】一三九三 【褧】一三九三 【褻】一三九三 【褮】一三九三 【褰】一三九三 【褱】一三九三 【褵】一三九三 【褶】一三九三 【褔】一三九三 【褷】一三九三 【褸】一三九三 【䙴】一三九四 【褾】一三九四 【襤】一三九四 【褿】一三九四 【襀】一三九四

【襁】一三九四 【䙚】一三九四 【襂】一三九四 【䘸】一三九四 【覦】一四〇三 【覧】一四〇三 【覞】一四〇三 【覗】一四〇三 【覩】一四〇三 【覬】一四〇四 【覭】一四〇四 【覫】一四〇四 【親】一四〇四 【覭】一四〇五 【䚡】一四一二 【觫】一四一二 【觯】一四一二 【觰】一四一二 【觩】一四一二 【觷】一四一二 【觽】一四一二 【諂】一四二五 【諛】一四二五 【諜】一四二五

【謢】一四二五 【諝】一四二五 【諞】一四二五 【諟】一四二五 【諠】一四二五 【諡】一四二五 【諢】一四二六 【諓】一四二六 【諣】一四二六 【諤】一四二六 【諦】一四二六 【謗】一四二六 【諧】一四二六 【諫】一四二六 【諭】一四二六 【諮】一四二六 【諯】一四二六 【諰】一四二六 【諱】一四二六 【諲】一四二七 【諳】一四二七 【諴】一四二七 【諵】一四二七 【諶】一四二七

【諷】一四三七 【諸】一四三七 【諻】一四三八 【諼】一四三八 【謻】一四三八 【諺】一四三八 【譁】一四三八 【諾】一四三八 【諿】一四三八 【謀】一四三八 【謁】一四三八 【諉】一四三九 【謂】一四三九 【諔】一四三九 【諄】一四三九 【豋】一四五三 【豫】一四五五 【貇】一四五六 【貒】一四五六 【豬】一四五六 【貐】一四五六 【豭】一四五六 【貁】一四五六 【貓】一四五八

【貐】一四五八 【貗】一四五八 【貒】一四五八 【貍】一四五八 【貓】一四五八 【貙】一四五八 【䝮】一四七〇 【賭】一四七〇 【賷】一四七一 【賢】一四七一 【䝺】一四七一 【賰】一四七一 【賴】一四七一 【䞈】一四七一 【䝴】一四七一 【䞓】一四七六 【赬】一四七六 【赭】一四七六 【赮】一四七六 【趛】一四八一 【趨】一四八一 【趧】一四八一 【趜】一四八一 【趥】一四八一

【趛】一四八二 【趧】一四八二 【趦】一四八二 【踰】一四八九 【踱】一四八九 【踧】一四八九 【踒】一四八九 【踳】一四八九 【踴】一四八九 【踵】一四八九 【踶】一四九〇 【䠓】一四九〇 【踷】一四九〇 【踸】一四九〇 【踹】一四九〇 【跬】一四九〇 【踼】一四九〇 【踖】一四九〇 【踽】一四九〇 【蹈】一四九〇 【蹀】一四九〇 【蹁】一四九〇 【蹂】一五九〇 【蹁】一四九〇

【蹤】一四九〇 【蹄】一四九〇 【踏】一四九〇 【躘】一四九七 【軀】一四九七 【䠼】一四九七 【躳】一四九七 【䠷】一四九七 【輭】一五〇七 【輮】一五〇七 【䡷】一五〇七 【輘】一五〇七 【䡌】一五〇七 【輯】一五〇七 【輧】一五〇七 【輱】一五〇七 【輲】一五〇七 【輝】一五〇七 【輳】一五〇七 【輴】一五〇七 【輹】一五〇八 【輵】一五〇八 【輶】一五〇八 【輷】一五〇八

【輸】一五〇八 【輹】一五〇八 【輜】一五〇八 【輻】一五〇八 【輼】一五〇八 【辨】一五一四 【辨】一五一四 【辨】一五一四 【辪】一五一四 【辥】一五一四 【遲】一五四二 【遲】一五四二 【遴】一五四二 【遵】一五四三 【遶】一五四三 【遷】一五四三 【遭】一五四三 【選】一五四三 【遹】一五四四 【遺】一五四四 【遻】一五四五 【遼】一五四五 【遣】一五四五 【鄳】一五九九

【鄴】一五九九 【鄰】一五九九 【鄹】一五九九 【鄶】一五九九 【鄸】一五九九 【醂】一五八六 【醅】一五八六 【醍】一五八六 【醎】一五八六 【醏】一五八六 【醐】一五八六 【醫】一五八六 【醶】一五八六 【醑】一五八六 【醍】一五八六 【醃】一五八六 【醘】一五八六 【醆】一五八六 【醓】一五八六 【醔】一五八六 【鋸】一五八九 【鋺】一五八九 【鋻】一五八九 【鋑】一五八九

【錮】一五八九 【錄】一五八九 【錆】一五八九 【錈】一五八九 【錊】一五八九 【錍】一五八九 【錎】一五八九 【錏】一五八九 【錐】一五八九 【錑】一五八九 【錔】一五八九 【錕】一五八九 【鉼】一五九〇 【錘】一五九〇 【錙】一五九〇 【錚】一五九〇 【錞】一五九〇 【錟】一五九〇 【錠】一五九〇 【錡】一五九〇 【錢】一五九〇 【錍】一五九〇 【錣】一五九〇 【錤】一五九〇

【錡】一五九〇 【錦】一五九〇 【錧】一五九一 【錪】一五九一 【錫】一五九一 【錭】一五九一 【錮】一五九一 【錯】一五九一 【錺】一五九二 【豬】一六〇八 【䝟】一六〇八 【閵】一六二六 【閶】一六二六 【閹】一六二六 【閜】一六二七 【閣】一六二六 【䦖】一六二七 【閼】一六二七 【閽】一六二七 【閾】一六二七 【閿】一六二七 【闂】一六二七 【隟】一六三七 【隬】一六三七

【隌】一六三七 【隧】一六三七 【隨】一六三七 【隩】一六三七 【險】一六三七 【隤】一六三八 【陵】一六三八 【隷】一六三九 【雔】一六四三 【雟】一六四三 【雚】一六四四 【錐】一六四四 【雕】一六四四 【雖】一六四四 【霊】一六五四 【𩂯】一六五四 【霋】一六五四 【霎】一六五四 【霘】一六五五 【霍】一六五五 【霏】一六五五 【霿】一六五五 【𩃎】一六五五 【黔】一六五五

【霓】一六五五 【霖】一六五五 【霐】一六五五 【𩃕】一六五五 【𩃄】一六五五 【霤】一六五五 【靛】一六六二 【靜】一六六二 【䩄】一六六六 【䩉】一六六六 【䩆】一六六六 【䩇】一六六六 【靦】一六六六 【鞓】一六六九 【䩡】一六六九 【鞔】一六六九 【鞇】一六六九 【親】一六六九 【䩞】一六六九 【鞴】一六六九 【鞛】一六六九 【鞋】一六七〇 【鞏】一六七〇 【鞘】一六七〇

【䪁】一六七〇 【韛】一六七三 【韒】一六七三 【韸】一六七五 【韐】一六七七 【䪭】一六七七 【䪯】一六七七 【頼】一六八三 【頫】一六八三 【頤】一六八三 【頭】一六八三 【頪】一六八三 【頮】一六八三 【頰】一六八四 【頴】一六八四 【䫆】一六八四 【頳】一六八四 【頲】一六八四 【頠】一六八四 【頹】一六八四 【頵】一六八四 【頡】一六八四 【頜】一六八四 【頸】一六八四

【頦】一六八四 【頹】一六八四 【頯】一六八四 【頻】一六八四 【頩】一六八五 【頤】一六八五 【頼】一六八五 【颲】一六九四 【䫿】一六九四 【颭】一六九四 【颶】一六九四 【颸】一六九四 【颴】一六九四 【颵】一六九四 【餇】一七〇三 【餐】一七〇三 【餒】一七〇三 【餑】一七〇三 【餕】一七〇三 【餓】一七〇三 【䬨】一七〇三 【餋】一七〇三 【餐】一七〇三 【餔】一七〇三

【餕】一七〇二 【餛】一七〇三 【餖】一七〇三 【餗】一七〇三 【餘】一七〇三 【䭘】一七一〇 【馞】一七一二 【馠】一七一二 【罵】一七一六 【駢】一七一六 【駣】一七一六 【駤】一七一六 【駷】一七一六 【駴】一七一六 【駶】一七一六 【駪】一七一六 【駽】一七一七 【駬】一七一七 【駭】一七一七 【駮】一七一七 【䮄】一七一七 【駰】一七一七 【駱】一七一七 【駕】一七一七

【駠】一七一七 【骺】一七二七 【骸】一七二七 【骹】一七二七 【骻】一七二七 【骼】一七二七 【䯷】一七三四 【髩】一七三四 【髶】一七三四 【鬆】一七三四 【髺】一七三四 【髻】一七三四 【髼】一七三四 【鬨】一七三七 【鬳】一七三九 【䰛】一七三九 【䰙】一七三九 【䰞】一七三九 【䰢】一七四二 【魌】一七四二 【魶】一七四五 【魼】一七四五 【魾】一七四五 【鮀】一七四五

【魨】一七四五 【鮁】一七四五 【鮂】一七四五 【鮃】一七四五 【鮄】一七四五 【鮅】一七四五 【鮇】一七四五 【䱀】一七四五 【鮆】一七四五 【鮇】一七四五 【鮈】一七四五 【鮊】一七四五 【鮌】一七四五 【鮎】一七四五 【鮏】一七四五 【鮐】一七四五 【鮑】一七四六 【鮒】一七四六 【鮓】一七四六 【鮗】一七四六 【鴂】一七五七 【鴈】一七五七 【鴊】一七五七 【鴐】一七五七

【鴒】一七五七 【鴗】一七五七 【鴔】一七五八 【駝】一七五八 【鴋】一七五八 【䭾】一七五八 【鴂】一七五八 【鴛】一七五八 【鴡】一七五八 【駉】一七五八 【鴐】一七五八 【䭲】一七五八 【鴝】一七五八 【鴇】一七五八 【鴟】一七五八 【䳄】一七五八 【鴠】一七五八 【鴓】一七五八 【鴩】一七五八 【鴣】一七五八 【鴦】一七五八 【鴥】一七五九 【鴨】一七五九 【䴚】一七一一

【𪊌】一七七一 【麅】一七七三 【麆】一七七三 【麇】一七七三 【麃】一七七三 【麈】一七七三 【麌】一七七三 【麬】一七七五 【麭】一七七五 【麩】一七七六 【䴵】一七七六 【䵂】一七七六 【麮】一七七六 【䴾】一七七七 【麾】一七七七 【黔】一七八〇 【黕】一七八〇 【黚】一七八〇 【黏】一七八一 【䵑】一七八一 【黏】一七八一 【黔】一七八三 【默】一七八三 【䵦】一七八三

【黗】一七八三 【默】一七八三 【黙】一七八四 【黕】一七八四 【黺】一七八七 【䵵】一七九〇 【鼏】一七九〇 【鼔】一七九〇 【鼢】一七九二 【鼩】一七九二 【鼽】一七九三 【齋】一七九五 【齓】一七九六 【龍】一七九九 【龜】一八〇二

十七畫

【償】一三 【儠】一三 【儀】一三 【儡】一三 【儢】一三 【儤】一三 【儥】一三

【儦】一三 【儹】一三 【儧】一三 【儩】一三 【優】一三 【儷】一四 【濱】一七二 【𠠍】一九 【勴】二一〇 【勳】二一〇 【勶】二一〇 【勵】二一〇 【𠣠】二一三 【匵】二一八 【嚴】二三九 【嚗】二九七 【嚀】二九七 【嚂】二九七 【嚃】二九七 【嚁】二九七 【嚄】二九七 【嚈】二九七 【嚅】二九七 【嚆】二九七

【嚇】二九八 【嚊】二九八 【嚝】二九八 【嚎】二九八 【嚌】二九八 【嚍】二九八 【嚎】二九八 【𡈽】三一五 【壍】三四〇 【壏】三四〇 【壎】三四〇 【壐】三四〇 【壑】三四〇 【壒】三四〇 【壓】三四〇 【壔】三四〇 【壕】三四一 【壖】三四一 【壙】三四一 【奮】三七〇 【嬣】三九四 【嬷】三九四 【嬥】三九四 【嬪】三九四

【嬬】三九四 【嬵】三九四 【嬭】三九四 【嬮】三九四 【嬯】三九四 【嬰】三九四 【嬲】三九四 【嬴】三九四 【嬶】三九四 【孺】四〇三 【孻】四〇三 【寱】四一九 【屨】四四九 【嶷】四六四 【嶺】四六四 【嶸】四六四 【巀】四六四 【嶼】四六四 【嶽】四六四 【嶾】四六五 【幪】四八四 【幨】四八四 【幬】四八四 【幫】四八四

冀 二五五　糟 二五六　糠 二五六　糡 二五六　糢 二五六　縩 二九一　縪 二九一　縫 二九一　[illegible] 二九一　縬 二九一　縭 二九一　縮 二九一　縯 二九一　縰 二九一　縱 二九一　縲 二九三　縳 二九三　縴 二九三　縵 二九三　縶 二九三　縷 二九三　縸 二九三　縹 二九三　縺 二九三

縻 二九三　總 二九三　縼 二九三　績 二九三　[illegible] 二九三　縿 二九三　縡 二九三　繀 二九四　繁 二九四　繃 二九四　繄 二九四　繅 二九四　繆 二九四　繇 二九四　繈 二九四　繉 二九四　縝 二九四　罄 三〇三　罅 三〇三　罽 三〇七　[illegible] 三〇七　罾 三〇七　罿 三〇七　羲 三一四

[illegible] 三一四　[illegible] 三一四　[illegible] 三一四　[illegible] 三一四　[illegible] 三一九　[illegible] 三一九　翲 三一九　翳 三一九　[illegible] 三二五　耬 三二五　聯 三三二　聰 三三二　聱 三三二　聲 三三二　聳 三三二　[illegible] 三三二　[illegible] 三三二　膷 三五八　膸 三五八　膹 三五八　[illegible] 三五八　膺 三五八　膻 三五八　膼 三五八

膽 三五八　膝 三五九　膾 三五九　膿 三五九　臀 三五九　臁 三五九　臂 三五九　臃 三五九　臄 三五九　臅 三五九　臆 三五九　[illegible] 三五九　[illegible] 三五九　臉 三五九　臊 三五九　臨 三六三　[illegible] 三六三　[illegible] 三六九　[illegible] 三六九　舓 三七三　舉 三七三　[illegible] 三八二　[illegible] 三八二　[illegible] 三八二

艚 三八二　艛 三八二　[illegible] 三八二　鵃 三八二　艱 三八三　[illegible] 三三四　蕷 三三四　蕸 三三四　[illegible] 三三四　[illegible] 三三四　蕼 三三四　薀 三三四　薁 三三四　薄 三三四　薅 三三五　薆 三三五　薇 三三五　薈 三三五　薉 三三五　薊 三三五　薋 三三五　薌 三三五　薍 三三五　[illegible] 三三六

[illegible] 三三六　薏 三三六　薐 三三六　薑 三三六　薓 三三六　薔 三三六　薕 三三六　薖 三三六　薗 三三六　蓬 三三六　薙 三三六　薛 三三六　[illegible] 三三六　薜 三三六　薝 三三六　[illegible] 三三六　薟 三三七　薠 三三七　[illegible] 三三七　薢 三三七　薥 三三七　薦 三三七　薧 三三七　薨 三三七

薪 三三七　[illegible] 三三七　[illegible] 三三七　虧 三五二　[illegible] 三五二　[illegible] 三六四　[illegible] 三六四　螌 三六四　螬 三六五　螭 三六五　螮 三六五　螯 三六五　螔 三六五　[illegible] 三六五　螲 三六五　螳 三六五　螴 三六五　螵 三六五　螺 三六五　[illegible] 三六五　螻 三六五　螼 三六五　螽 三六五　蟓 三六五

螾 三六五　[illegible] 三六五　螿 三六六　蟀 三六六　[illegible] 三六六　[illegible] 三六六　蟃 三六六　蟄 三六六　蟆 三六六　蟈 三六六　蟉 三六六　[illegible] 三六六　[illegible] 三六六　蟋 三六六　蟒 三六六　[illegible] 三六六　[illegible] 三六六　[illegible] 三六六　[illegible] 三七四　衛 三七九　[illegible] 三九三　褺 三九四　褻 三九四　[illegible] 三九四

[illegible] 三九四　襄 三九四　襆 三九四　[illegible] 三九四　襇 三九四　[illegible] 三九四　襋 三九四　[illegible] 三九四　[illegible] 三九四　襌 三九四　襍 三九四　襏 三九四　襐 三九四　襀 三九四　襑 三九四　[illegible] 三九五　襘 三九五　襒 三九五　襓 三九五　[illegible] 三九五　[illegible] 三九五　[illegible] 四〇五　覞 四〇五　覬 四〇五

[illegible] 四〇五　覷 四〇五　[illegible] 四〇五　觳 四二一　[illegible] 四二三　觲 四二三　[illegible] 四二三　謄 四三九　謅 四三九　[illegible] 四三九　[illegible] 四三九　謚 四三九　謇 四三九　謈 四三九　[illegible] 四三九　謍 四三九　謎 四三九　謏 四三九　謐 四三九　謑 四三九　謓 四三九　謔 四三九　謖 四三九　謗 四三九

[illegible] 四三九　謙 四三九　[illegible] 四四〇　講 四四〇　謜 四四〇　謝 四四〇　謞 四四一　謟 四四一　謠 四四一　[illegible] 四四一　謊 四四一　[illegible] 四五一　谿 四五一　[illegible] 四五一　[illegible] 四五三　豋 四五三　[illegible] 四五三　貕 四五六　豰 四五六　[illegible] 四五六　[illegible] 四五七　豳 四五七　貔 四五八　豯 四五九

賶 四七二　賷 四七二　賸 四七二　賺 四七二　賻 四七二　購 四七二　賽 四七二　賾 四七二　[illegible] 四七六　[illegible] 四八二　[illegible] 四八二　[illegible] 四八二　[illegible] 四八二　[illegible] 四八二　[illegible] 四八二　[illegible] 四八二　[illegible] 四八二　趨 四八二　[illegible] 四八二　[illegible] 四八二　[illegible] 四八二　[illegible] 四九〇　蹇 四九〇　踏 四九一

蹈 四九一　蹉 四九一　蹊 四九一　[illegible] 四九一　蹋 四九一　蹌 四九一　蹍 四九一　[illegible] 四九一　蹎 四九一　[illegible] 四九一　蹏 四九一　[illegible] 四九一　蹐 四九一　[illegible] 五〇八　[illegible] 五〇八　輾 五〇八　轀 五〇八　[illegible] 五〇九　輿 五〇九　[illegible] 五〇九　轂 五〇九　轃 五〇九　轄 五〇九　轅 五〇九

輦 五〇九　轒 五〇九　[illegible] 五一四　遽 五四五　避 五四五　邃 五四六　邀 五四六　邁 五四六　[illegible] 五四六　邂 五四六　還 五四六　邅 五四七　[illegible] 五五九　鄭 五五九　鄹 五五九　[illegible] 五六六　醚 五六六　[illegible] 五六六　醫 五六六　醜 五六六　醝 五六七　醞 五六七　醬 五六七　醡 五六七

十八畫

二十畫

二十一畫

二十二畫

二十三畫

漢韓大辭典

張三植 著

一部

【一】(일) 質 イチ、イツ、ひとつ one; only
一 小篆　弌 古文　一 草書

❶한일(數之始)。【論語 公冶長】回也聞—以知十。❷정성스러울일(誠也)。【中庸】所以行之者—。❸순전할일(純也)。【書經 大禹謨】惟精惟—。❹오로지일(專也)。【禮記】欲—以窮之。❺같을일(同也)。【孟子 離婁下】前聖後聖其揆—也。❻온통일(統括之辭)。【詩】政事—埤益我。❼만약일(或然之辭)。【漢書】歲—不登民有飢色。❽첫째일(第之本)。【顔延之】務—不尙繁密。❾낱낱일(個個)。(『壹』과 通함)

【一家：일가】❶한 채의 집。❷한 가족。❸同族。❹학문·예술의 한 유파(流派)。

【一家團欒：일가단란】온 집안이 화락하게 지냄。一家團欒。

【一家門中：일가문중】한 문중(門中)의 모든 일가。

【一家言：일가언】❶그 사람의 독특한 의견。❷자기의 독특한 주장。【史記】成一家之言。

【一家親戚：일가친척】同姓·異姓의 겨레붙이。

【一家和合：일가화합】온 집안이 서로 뜻이 맞아 화락함。

【一刻：일각】❶일 주야의 百分의 一。❷아주 짧은 시간。【蘇軾】春宵——價千金。

【一角門：일각문】《國》기둥 두 개를 세워 문짝을 단、한 간이 못 되는 정문。

【一刻如三秋：일각여삼추】몹시 기다려지거나 또는 몹시 지루한 느낌을 나타내는 말。《喩》사모하는 마음이 간절함을 가리키는 말。

【一刻千金：일각천금】一刻이 千金의 값어치가 있음。《轉》시간의 귀중함을 일컫는 말。【蘇軾】春宵一刻直千金、花有淸香月有陰。

【一間：일간】❶아주 가까운 距離、아주 작은 차이。【孟子】殺人之兄、人亦殺其兄、然則非自殺之也——耳。❷좁은 방 한 간。❸다리(橋) 하나。

【一間斗屋：일간두옥】규모가 작은 한 간 짜리 집。

【一喝：일갈】❶큰 소리로 꾸짖음。❷한 번 크게 꾸짖음。

【一箇：일개】한 개。한낱。(또는 個로 쓰기도 함)。

【一介：일개】❶한 개。한 사람。❷얼마 안 되는 것。【孟子】——不以與人。❸마음이 한결같고 정성스러움。❹변변치 않음。【王勃】——書生。

【一箇魚渾全川：일개어혼전천】고기 한 마리가 온 개천을 흐려 놓음。《喩》㉠한 부분의 결점이 전체에 해를 끼치는 것。㉡한 사람의 좋지 못한 행동이 온 단체를 좋지 못하게 한다는 뜻。【旬五志】。

【一炬：일거】하나의 횃불。【杜牧】楚人——可憐焦土。

【一擧：일거】❶한 번 일을 일으킴。【史記】國家安危在此——。❷단번。단숨。

【一擧手一投足：일거수일투족】❶손을 한 번 들고 발을 한 번 옮김。❷조그마한 수고。【韓愈】蓋——之勞也。

【一擧兩得：일거양득】한 가지 일로 두 가지 이익을 얻음。一石二鳥。【晉書】—、內實外寬。

【一擧一動：일거일동】하나하나의 동작이나 행동。사소한 동작。

【一去一來：일거일래】갔다 왔다 함。

【一件：일건】❶하나의 사건。❷한 가지 사항。❸한 벌。

【一件記錄：일건기록】＝一件書類。

【一件書類：일건서류】《法》한 소송 사건에 관한 모든 서류를 정리한 문서。

【一擊：일격】단 한 번 침。

【一見：일견】❶단 한 번 봄。언뜻 봄。【漢書】百聞不如——。❷한 번 만남。初對面。【王維】——如舊識。

【一見識：일견식】❶한 가지 주의 주장。한 가지 견해。❷하잘것 없는 생각。

【一見如舊：일견여구】한 번 만나 의기가 상통함。사귐이 두터움。【唐書】杖策上謁軍門、——。

【一決：일결】❶한 번 결단함。한 번에 결단을 내림。【六韜】巧者——而不猶豫。❷방죽이 한 번 터짐。

【一更：일경】밤을 五更으로 나눈 첫째 번 시각。오후 八시 또는 그 전후 二시간。일설에는 그 후의 二時間이라고도 함。戌時。【伏知道】——刁斗鳴。

【一頃：일경】변적의 단위。百畝(백무)。(一畝는 六尺)。【史記】孔子家大——。

【一計：일계】한 가지의 꾀。

【一考：일고】한 번 더 생각하여 봄。

【一鼓：일고】進軍할 때 처음 한 번 북을 침。【左傳】——作氣、再而衰、三而竭。

【一顧：일고】❶한 번 돌아봄。❷남이 조금 돌봐 줌。【後漢書】數蒙伯樂——之價。

【一曲：일곡】❶한 굽이。❷음악의 한 곡조。❸한 모퉁이에 치우쳐 전체에 통하지 않음。【莊子·天道】。

【一過：일과】❶한 번 눈을 거침。❷한 번 지남。【唐書】——輒不忘。

【一顆：일과】한 알。

【一貫：일관】❶하나의 이치로써 모든 일을 꿰뚫음。❷끝까지 변함 없음。

【一括：일괄】한데 묶음。한데 아울러 뭉뚱그림。

【一匡：일광】어지러운 천하의 질서를 바

로 잡아 통치함。『論語』管仲相桓公、覇諸侯、一匡天下。

【一塊肉:일괴육】 한 덩어리의 고기。(轉)하나 밖에 없는 자손。獨子。『宋史』正爲趙氏一塊肉耳、今無望也。

【一區:일구】 한 구역。

【一軀:일구】 銅像·佛像 따위의 하나。

【一口:일구】 ❶한 입。소리를 같이 함。『唐書』天下翕然、一口頌歌。❷칼 한 자루。『晉書』跪獻劍一口。❸한 사람。『後漢書』自此二十餘年、不增一口。

【一口難說:일구난설】 한 말로는 이루 다 말할 수 없음。

【一口二言:일구이언】 한 입으로 두 가지 말을 함。말을 이랬다 저랬다 함。

【一掬:일국】 한 움큼。一匊。『詩經』終朝采綠、不盈一掬。

【一國:일국】 한 나라。全國。「판 전면。

【一局:일국】 ❶바둑을 한 판 둠。❷바둑

【一國三公:일국삼공】 한 나라에 세 主權者가 있음。(轉)질서가 서지 않음。『左傳』一國三公、吾誰適從。

【一群:일군】 한 무리。

【一軍:일군】 ❶(制)周代의 군대 조직으로 군사 一만 二千 五백명을 단위로 한 군대의 명칭。『周禮·大司馬』。❷全軍。『史記』一軍皆驚。

【一蹶:일궐】 한 번 넘어짐。한 번 실패함。『說苑』一蹶之故、却足不行。

【一軌:일궤】 한 가지로 통일함。一統。『周髀』貴賤與賢愚古今同一軌。

【一簣:일궤】 한 삼태기。한 삼태기의 흙。(轉)얼마 안되는 분량의 일컬음。『書經』爲山九仞、功虧一簣。

【一饋十起:일궤십기】 한 번 밥을 먹는 데 열 번이나 일어섬。(故)夏의 禹王이 賢士를 맞아 政事에 熱中했었다는 故事。『淮南子』禹之時、一饋而十起、一沐而三捉髮。

【一揆:일규】 規範을 같이 함。道를 같이 함。(揆는 度와 같음)。

【一氣呵成:일기가성】 ❶문장을 단숨에 만들어 내는 일。❷일을 단숨에 해내는 모양。

【一騎當千:일기당천】 한 사람이 천 사람을 당함。(喩)아주 셈。무예가 뛰어남。

【一己之慾:일기지욕】 제 한 몸만의 욕심。

【一機軸:일기축】 하나의 새로운 방법。「新機軸」

【一禁:일금】 모두 금지함。

【一金:일금】 금액 위에 붙여 쓰는 말。

【一琴一鶴:일금일학】 한 개의 거문고와 한 마리의 학이 모든 재산이라는 뜻。(喩)관리가 청렴 결백함을 말함。

【一級選擧人:일급선거인】 등급 선거제에 있어서 납세액이 일급인 선거인。

【一紀:일기】 一二年을 일컬음。『韓愈』閉門不出動一紀。

【一朞:일기】 한 돐。

【一技:일기】 한 가지의 재주。

【一騎:일기】 말탄 군사 한 사람。

【一期:일기】 ❶一平生。❷一周年。❸어떠한 시기를 몇으로 나눈 그 하나。또는 그 첫째 시기。

【一緊:일긴】 가장 긴요함。

【一諾:일낙】 한 번 승낙함。『史記』楚人諺曰、得黃金百斤、不如季布一諾。

【一諾千金:일낙천금】 한 번 승낙한 것은 절대로 어기지 않음。남자의 한 번 승낙은 千金과 같이 귀중하다는 뜻。

【一年生:일년생】 ❶一학년이 된 학생。❷(植)한해살이。↔多年生。

【一年生根:일년생근】 (植)한해살이 풀의 뿌리。

【一年生草本:일년생초본】 (植)싹이 나서 그 해 안에 생장을 끝내고 말라 죽는 풀。一年草。

【一年之計在於春:일년지계 재어춘】 일은 항상 미리 계획을 세워야 한다는 뜻。一年 계획은 봄에 세워야 한다는 말。『梁元帝纂要』一年之計在於春、一日之計在於晨。

【一年草:일년초】 (植)한해살이 풀의 總稱。

【一念:일념】 ❶한결같은 마음。❷깊이 생각에 잠김。❸(佛)아주 짧은 시간。『仁王經』一念中有九十刹那。

【一能:일능】 ❶하나의 藝能。❷독특한 「재능。

【一茶頃:일다경】 차를 한 잔 마실 정도의 짧은 시간。一食頃。『癸辛雜識』天裂凡一茶頃乃合。

【一團:일단】 한 무리。한 단체。

【一旦:일단】 ❶어느 날。❷어느 날 아침。❸한 번。

【一段:일단】 ❶층층대나 사닥다리의 한 계단。❷문장의 한 토막。❸한 층。『王羲之』一段奇事也。

【一段落:일단락】 일의 일단이 끝남。

【一簞食一瓢飮:일단사 일표음】 한 도시락의 밥과 한 표주박의 물。곧 구차한 생활。『論語·雍也』

【一團精神:일단정신】 온 정신。

【一黨:일당】 목적과 행동을 같이 하는 무리。같은 당파。「漢書」。

【一當百:일당백】 하나가 백을 당함。『後

【一對:일대】 한 쌍。한 벌。

【一隊:일대】 한 떼

【一帶:일대】 ❶어느 한 지역의 부근 전체。❷띠처럼 이어져 있음。

【一代:일대】 ❶사람의 한 평생。❷그 시대。❸삼십 년의 동안。

【一臺:일대】 인쇄 용어로, 기계 한 대에 한 번 실리는 인쇄물을 세는 말。

【一代記:일대기】 一生의 지난 일。

【一大事:일대사】 ❶아주 큰 일。❷중대한 사건。❸(佛)生死(생사)의 일。

【一德:일덕】 순수한 덕。변함 없는 덕。『書經』咸有一德。

【一途:일도】 ❶같은 길。한 가지 방법。❷(佛)하나의 義理。

【一道:일도】 ❶하나의 길。❷한 줄기。❸한 道理。『孟子』是或一道也。

【一刀:일도】 ❶한 자루의 칼。❷한 칼。

【一刀兩斷:일도양단】 ❶단 칼에 양쪽으로 자름。❷事物을 서슴치 않고 처단함。『朱子語錄』。

【一讀:일독】 한 번 읽음。죽 훑어 읽음。

【一頓:일돈】 ❶한 번。一次。『南史』今日有一頓飽食。❷한 번 쉼。一息。

【一同:일동】 전부。모두。

【一洞:일동】 ❶한 동리。❷온 동네。

【一動一靜:일동일정】 모든 동작。모든 몸짓。『禮記』一動一靜者、天地之間也。

【一頭:일두】 말이나 소를 세는 말。

【一得一失:일득일실】 한 가지의 이익이 있으면 한 가지의 손실이 있음。一利一害。

【一等:일등】 첫째의 등급。第一。最上。

【一等親:일등친】 제 一등에 해당하는 친족。즉 부모·양부모·자·양자。

【一覽:일람】 ❶한 번 봄。❷한 번 보아서 事項을 알 수 있게 한 것。

【一覽輒記:일람첩기】 한 번 보면 잊지 않음。곧 기억력이 썩 좋음。

【一覽表:일람표】 한 번 보아 그 내용을 알 수 있도록 꾸민 표。

【一兩:일량】 ❶수레 한 대。❷옛날 화폐의 단위。❸무게의 단위。한 돈의 열곱절。「車兩輪、故謂兩。

【一輛:일량】 수레 한 대。『詩經·註』一

【一聯:일련】 ❶하나로 잇달림。❷律詩의 對句。

【一蓮托生:일련탁생】 ❶(佛)한 마음으로 염불하면 저승에 가서 같은 蓮臺에 몸을 의탁한다는 믿음。❷운명을 같이 함。「은 동아리。

【一列:일렬】 ❶한 줄。❷첫째 줄。❸같

【一齡:일령】 누에가 처음 알에서 까어 첫번 잠을 잘 때까지의 동안。

【一例:일례】 ❶한 가지의 비유。❷한결같음。『史記』諸侯藩輔臣子——古今之制也。❸한 낱。

【一禮:일례】 ❶같은 예의。『南史』朝野——、則家無殊俗。❷한 번의 인사。

【一路:일로】 ❶곧장 가는 길。❷똑바로 어디까지나 나가는 길。

【一路平安:일로평안】 가는 길이 평안하기를 비는 말。(길을 떠나는 사람에게 하는 인사의 말)。

【一勞永逸:일로영일】 약간의 노력으로 오랜 동안 안락을 얻음。『齊民要術』。

【一弄:일롱】 ❶음악을 한 번 연주함。(弄은 樂曲)。❷새가 한 번 지저귐。

【一龍一蛇:일룡일사】 ❶어떤 때는 용이 되어 승천하고、어떤 때는 뱀이 되어 못 속에 숨음。《喩》太平時代에는 세상에 나와 일을 하고、亂世에는 숨어 살면서 그 재능을 나타내지 않고、그 시대에 잘 순응함을 일컫는 말。❷재능이 있다느니 없다느니 하고 비평할 것이 아님。『莊子』——、與時俱化。

【一龍一豬:일룡일저】 하나는 용이 되고、또 하나는 돼지가 됨。《喩》배우고 안 배움에 따라 어질고 어리석음의 차이가 아주 심하게 됨。『韓愈』。

【一縷:일루】 ❶한 실오라기。❷아주 적게 걸림。『漢書』以——之任、係千金之重。❸곧 끊어질 듯하면서 이어가는 줄。❹가늘고 약한 형세。

【一壘:일루】 ❶《運》야구에서 走者가 맨 처음 밟는 방석。퍼스트·베이스(first base)。❷一壘手의 略語。

【一壘手:일루수】 《運》야구에서 일루를 맡아 지키는 사람。퍼스트·베이스 맨。

【一壘打:일루타】 《運》야구에서 打者가 일루까지는 갈 수 있게 친 安打。

【一流:일류】 ❶하나의 유파。❷가장 훌륭함。❸第一人者。

【一輪:일륜】 ❶한 둘레。❷바퀴의 하나。❸꽃 한 송이。❹밝은 달을 가리키는 말。

【一輪車:일륜차】 바퀴가 하나 달린 차。獨輪車。↔雙輪車。

【一律的:일률적】 한결같음。

【一里:일리】 ❶온 동네。한 동네。❷距離의 단위。한 마장。「치。

【一理:일리】 ❶한 가지 이치。❷같은 이치。

【一利:일리】 한 가지의 이익、또는 이로움。

【一利一害:일리일해】 이로움이 있는 반면에 해로움도 있음。一得一失。

【一幕:일막】 연극 따위의 한 토막。

【一抹:일말】 ❶붓으로 한 번 칠함。❷얼마 안 됨。若干。

【一望無際:일망무제】 아득하게 끝없이 멀어서、눈을 가리는 것이 없음。

【一網打盡:일망타진】 ❶그물을 한 번 쳐서 물고기를 모조리 잡음。❷한꺼번에 죄다 잡음。『宋史』。

【一枚:일매】 한 장。『說文』數物曰枚。

【一脈:일맥】 한 줄기。(脈은 脈絡의 뜻)。

【一盲引衆盲:일맹인중맹】 《佛》한 소경이 뭇 소경을 인도함。곧 한 어리석은 자가 뭇 어리석은 자를 지휘함。

【一面:일면】 ❶한 쪽 편。『史記』獨韓信可以屬大事當——。❷처음으로 한 번 만나 봄。『世說』——契若金蘭。❸「한편으로는……하며」의 뜻。❹거울·거문고·깃발 따위의 한 개。❺행정 구역의 하나。

【一面識:일면식】 한 번 만났을 정도의 옅은 사귐。한 번의 대면。

【一面如舊:일면여구】 서로 모르던 사람이 처음 만나되 옛 벗처럼 친밀함。

【一命:일명】 ❶한 번 명령함。❷한 사람의 生命。❸처음으로 官等을 받고 正吏가 됨。『高適』淺才登——。

【一暮:일모】 하루 밤。一夕。

【一毛:일모】 ❶한 오리의 털。『孟子』拔——而利天下不爲也。❷아주 가벼운것。아주 적은 분량。

【一毛作:일모작】 한 땅에서 한 해에 한 번 심어 거두는 경작 방법。↔二毛作。

【一木難支:일목난지】 큰 집이 넘어가는 것을 한 기둥으로 받치지 못함。《喩》무거운 책임을 혼자서는 감당 못함。

【一目十行:일목십행】 단번에 열 줄을 읽음。讀書力이 대단함。『北齊書』讀書十行俱下。

【一目瞭然:일목요연】 첫눈에도 곧 환「하게 알 수 있음。

【一木之枝:일목지지】 한 그루 나무의 가지。『史記』臺榭之榱、非——也。

【一畝:일무】 백 步。(一步는 六尺)。

【一門:일문】 ❶同族。一家。❷같은 유파。❸大砲 한 대。

【一味:일미】 ❶하나의 맛。하나의 풍치。『杜甫』賴尉惟——。❷같은 동아리。한패。일당。❸단 한 가지 물건。

【一泊:일박】 하룻밤을 묵음。

【一斑:일반】 ❶표범 가죽의 얼룩무늬의 한 점。❷전체 가운데의 일부분。

【一班:일반】 ❶한 짝。❷한 지위。

【一般:일반】 ❶같은 모양。『鄭谷』榮落何相似、初終却——。❷보통。❸一切。

【一般概念:일반개념】 《哲》그 의미를 변함 없이 많은 사물 또는 表象에 적용할 수 있는 개념。普遍概念。

【一般均衡理論:일반균형이론】 《經》부분적인 균형을 구하는 이론을 總合한 경제학의 한 이론。

【一般法:일반법】 《法》헌법·민법·형법 등과 같이 주권하에 있는 전 국민、또는 온갖 사항에 적용되는 보통의 법률。普通法。↔特別法。

【一飯三吐哺:일반삼토포】 어진 사람을 맞아들임에 열심임。《故》周公이 한 번 밥을 먹을 때、입엣 것을 세 번이나 토해 버리고 賢士를 맞았다는 故事。『史記·魯周公世家』。

【一飯恩:일반은】 조그마한 은혜。『唐書』大丈夫勿顧——。

【一般人:일반인】 ❶특별히 지정받지 않은 사람。↔特定人。❷여느 사람。보통 사람。民間人。

【一般的:일반적】 ❶전반에 관계 있는 것。일부에 한정되지 않은 것。↔局部的。❷專門에 속하지 않는 것。↔專門的。

【一飯之德:일반지덕】 보잘 것 없이 베푼 은덕。『史記』——必償、睚眦之怨必報。

【一般投票:일반투표】 《政》어떤 제한이 없이 일반 국민 전체가 행하는 투표。국민투표。

【一般化:일반화】 ❶일반적인 것이 되게 함。❷세상에 널리 보급됨。

【一般會計:일반회계】 《法》특별 회계에 속하지 않는 국가 보통의 회계。(회계법에 따라야 하는 것)。↔特別會計。

【一發:일발】 한 번 활이나 총을 쏨。

【一髮:일발】 ❶한 오리의 머리털。《喩》아주 얼마 안 됨。❷먼 산이 희미한 모양。『蘇軾』靑山——是中原。

【一方:일방】 ❶한 편。한 쪽。❷저쪽。저편。『蘇軾』望美人兮天——。

【一方交通路:일방교통로】 일방으로만 다니게 된 道路(도로)。

【一方之藝:일방지예】 한 가지 일에 뛰어난 재주。『西京雜記』有一介之善、——。

【一方之任:일방지임】 한 쪽 지방을 통치하는 임무。한 지방의 수비。『漢書』不足以抗——。

【一方行爲：일방행위】 ＝單獨行爲。

【一輩：일배】 한 동아리。한 패。

【一杯：일배】 ❶한 잔。『孟子』以一杯水救一車薪之火。❷잔에 따루어 놓은 술。

【一百六：일백륙】 寒食日。곧 冬至에서 「一〇六日째。『錢起』扁舟無――。

【一番：일번】 ❶한 번。❷첫째。

【一帆：일범】 ❶한 개의 돛。❷한 척의 돛배。

【一碧萬頃：일벽만경】 푸른 호수나 바다의 물이 아주 넓은 모양。『范仲淹』上下天光、――。

【一變：일변】 ❶아주 달라짐。❷아주 바뀜。「形勢――」。

【一邊：일변】 ❶한 편。❷다른 한편으로 연방。

【一邊倒：일변도】 한 쪽으로만 쏠림。

【一瞥：일별】 한 번 흘깃 봄。瞥見。『莊子』天下瞥之、猶――也。

【一竝：일병】 ＝一切(일체)。

【一步：일보】 ❶한 걸음。❷길이의 단위。六尺。❸한 층。

【一步不讓：일보불양】 한 걸음도 남에게 양보하지 않음。

【一本：일본】 ❶책 한 권。❷딴 책。어느 책。❸根本。

【一封：일봉】 ❶편지 한 장。❷謝禮金이나 상금으로 얼마쯤의 돈이 든 봉투。

【一部：일부】 ❶한 부분。한 범위。❷책 한 권。책 한 벌。

【一夫：일부】 ❶한 남자。❷한 사람。『書經』無求備于――。❸한 남편。❹한 暴君。

【一夫多妻：일부다처】 한 남편이 동시에 여러 여자를 거느림。↔一夫一婦。

【一部分：일부분】 한 부분。몇 몫으로 나눈 얼마。

【一夫兩妻：일부양처】 한 남편이 아내 둘을 거느림。

【一夫一婦：일부일부】 한 남편에 한 아내。↔一夫多妻。

【一部判決：일부판결】 《法》민사 소송 사건의 일 부분만을 종결하는 판결로서 같은 절차에 병합 심리된 몇 개의 청구 중의 하나。또는 가분적의 일부분만이 우선 재판을 할 수 있게 된 때에 행하는 판결。↔全部判決。

【一分：일분】 ❶한 치의 십분의 일。❷한 돈의 십분의 일。❸한 시간의 육십분의 일。❹하나를 몇으로 나눈 것의 한 부분。

【一吩咐擧行：일분부거행】 이르는 대로 곧 들어 행함。一吩咐施行。

【一分一秒：일분일초】 한 분과 한 초。곧 썩 짧은 시각。

【一佛成道：일불성도】 《佛》모든 중생이 다 부처가 된다는 말。

【一佛淨土：일불정토】 《佛》❶일불의 극락 세계。❷아미타불의 극락 정토。

【一臂：일비】 ❶한 팔。❷얼마 안 되는 도움。❸도움이 되는 사람。

【一臂之力：일비지력】 아주 보잘 것 없는 조그마한 힘。

【一貧一富：일빈일부】 가난하다가 부자가 되다가 함。『史記』一死一生乃知交情、――乃知交態。

【一嚬一笑：일빈일소】 ❶찡그리기도 하고 웃기도 함。❷근심하다가 기뻐하다가 함。『韓非子』明主愛――。

【一舍：일사】 ❶삼십 리。❷하루의 길。『左傳·註』三十里爲――。

【一死：일사】 한 번 죽음。한 목숨을 버림。『漢書』人固有――。

【一事：일사】 한 가지 일。한 사건。

【一絲：일사】 한 가닥의 실。

【一四半期：일사반기】 일년을 四등분한 그 첫째。곧 一、二、三월의 三개월 동안。

【一絲不亂：일사불란】 질서가 바로 잡혀 있어서 조금도 어지러움이 없음。

【一死一生：일사일생】 죽는 일과 사는 일。한 번 죽고 한 번 살음。

【一瀉千里：일사천리】 ❶물이 단번에 천리를 흐름。❷事物을 처리함이 매우 빠름。『福惠全書』片刻――。

【一朔：일삭】 한 달。

【一酸化炭素：일산화탄소】 《化》탄소의 불완전한 연소에 의하여 생기는 무색 무취의 猛毒의 기체。

【一霎時：일삽시】 가랑비가 한 번 오는 만큼의 짧은 시간。

【一雙：일쌍】 한 쌍。한 벌。『史記』白璧――。

【一色：일색】 ❶한 가지의 빛。❷뛰어난 미인。絕色。

【一眚：일생】 ❶한 때의 잘못。❷작은 과오。『左傳』不以――掩大德。

【一生：일생】 살아 있는 동안。나서 죽을 때까지의 동안。『史記』一死――乃知交情。

【一生一死：일생일사】 나고 죽는 일。

【一黍：일서】 ❶한 알의 기장。❷아주 적은 무게。

【一書：일서】 ❶어떤 책。❷다른 책。❸한 통의 문서나 편지。

【一夕：일석】 ❶하루 저녁。『後漢書』――九徙。❷어느 밤。『白居易』五年生死隔、――魂夢通。

【一昔：일석】 ❶한 시대。❷옛날。(一〇年을 一昔이라 함)。❸하루 저녁。『唐書』帝憂之――容髮爲變。

【一石二鳥：일석이조】 ＝一擧兩得。

【一線：일선】 ❶한 줄。두드러진 금。❷앞장。第一線。❸일의 현장。❹最前線。

【一說：일설】 ❶하나의 說。❷다른 의견。異說。❸한 번 권하고 說得함。

【一閃：일섬】 한 번 번쩍임。(빛 따위)。

【一洗：일세】 ❶한 번 씻음。❷죄다 깨끗하게 씻음。❸싹 除去함。

【一世：일세】 ❶한 평생。❷그 시대。當代。❸三〇년。『論語』必世而後仁。❹온 세상。擧世。『列子』。❺《佛》過去·現在·未來의 三世 중의 하나。

【一世界：일세계】 온 세상。全世界。

【一世紀：일세기】 一〇〇년 동안。

【一世一代：일세일대】 ❶일생。일평생。❷연극 배우들이 일생 동안에 한 번 멋진 연기를 하는 것。

【一掃：일소】 깨끗하게 쓸어 버림。『宋史』――而更之。

【一笑：일소】 ❶한 번 웃음。❷웃음거리。❸경멸해서 웃음。

【一宵：일소】 ＝一夕。

【一笑千金：일소천금】 한 번 웃는 것이 千金의 값어치가 있음。《喩》美人의 웃음을 얻기가 매우 어렵다는 뜻。

【一束：일속】 ❶한 묶음。『詩經』生芻――、其人如玉。❷總括(총괄)。

【一粟：일속】 ❶조 한 알。❷아주 적은 분량을 형용하는 말。『蘇軾』寄蜉蝣於天地、渺滄海之――。

【一首：일수】 詩나 노래의 한 편。

【一手販賣：일수판매】 어떤 상품을 도거리로 혼자 맡아서 파는 일。都庫。

【一宿：일숙】 ❶하룻 밤을 묵음。『左傳』――曰宿、――爲舍、兩宿曰信。❷하룻밤。『陳書』――之間、得數萬裹。

【一宿泊：일숙박】 ＝一宿。

【一旬：일순】 열흘동안。『說文』十日爲旬。

【一瞬：일순】 ❶한 번 눈을 깜짝하는 동안。아주 짧은 시간。霎時。『蘇軾』天地曾不能以――。❷한 번 봄。『蘇轍』極千里于――兮。

【一瞬間：일순간】 삽시간。잠깐。

【一襲：일습】 옷의 한 벌。

【一勝一負：일승일부】 한 번 이기기도 하고、지기도 하여 판가름이 나지 않음。一勝一敗。

【一時：일시】 ❶한 때。잠깐。『史記』――

…之利。❷같은 때。

【一視同仁：일시동인】 모든 것을 평등하게 사랑함。『韓愈』聖人一視而同仁。

【一時磁石：일시자석】《物》磁界에 접근시키면 磁氣를 띠고、멀게 하면 자기가 없어지는 연철 따위。

【一時的：일시적】❶한 때。한동안만 관계 있는 것。❷오래 가지 못하는 것。↕永久的。恒久的。

【一時借入金：일시차입금】 한 會計年度 안에서 일시의 操作으로 차입한 돈。

【一式：일식】❶한 가지 물건。❷한 벌。모두。一切。

【一息：일식】❶한 호흡。『論語·朱註』一一尙存、此志不容少懈。❷잠시 쉼。

【一食頃：일식경】 밥먹는 동안 만한 짧은 시간。『法華經』六十小劫、喩如一一。

【一新：일신】 죄다 고침。죄다 새롭게 함。

【一身：일신】❶자기 한 몸。『史記』衆人不知則爲一一。❷몸 전체。전신。

【一神教：일신교】《宗》기독교·회교 등과 같은 唯一神을 믿는 종교。↕多神教。

【一身都是膽：일신도시담】 몸 전체가 담력으로 가득 차 있다는 뜻으로、담력이 매우 셈。『蜀志』。

【一身上：일신상】 어느 한 개인에 관계「된 형편。

【一身兩役：일신양역】 한 몸으로 두 가지 일을 함。

【一室：일실】❶한 방。❷한 집안에서 사「는 식구。

【一審：일심】《法》訴訟의 제일 첫 재판。

【一心：일심】❶한결같은 마음。❷여러 사람이 마음을 합함。『書經』予有臣三千、惟一一。❸마음。『莊子』一一定而萬物服。

【一心萬能：일심만능】 무슨 일이나 한 마음만 되면 못할 것이 없다는 뜻。

【一心不亂：일심불란】《佛》마음을 오로지 하여、어지러워지지 않음。한 가지 일에 열중함。

【一握：일악】❶한 줌。❷아주 적은 分「量。

【一安：일안】 한결같이 편안함。

【一眼：일안】❶한 눈。❷애꾸눈。

【一夜：일야】 하룻밤。『後漢書』吾兄子常病、一一十往。

【一躍：일약】❶한 번 뜀。『荀子』騏驥一一、不能十步。❷차례를 밟지 않고 별안간 높이 뛰어 오르는 모양。

【一樣：일양】❶모양이 모두 같음。❷보「통。

【一魚濁水：일어탁수】 한 마리의 고기가 물을 흐리게 함。《喩》한 사람의 잘못으로 여러 사람이 그 해를 입게 됨。

【一億：일억】❶萬의 萬倍。❷헤아릴 수 없는 많은 수。

【一言：일언】❶한 말。❷한 번 말함。『左傳』晏子一一而齊侯省刑。❸一句。❹한 글자。『白虎通』。

【一言可破：일언가파】 잘라서 하는 한 마디 말로도 능히 판단이 될 수 있음。

【一言半句：일언반구】 단 한 마디의 말。一言半辭。

【一言以蔽之：일언이폐지】 한 마디 말로 전체의 뜻을 통틀어서 말함。『論語』詩三百、一一、曰、思無邪。

【一言之下：일언지하】 말한 마디로 끊음。두말 할 나위 없이 한 마디로 딱 잘라 말함。

【一言千金：일언천금】 한 마디의 말이 「천금의 가치가 있음。

【一葉：일엽】❶잎 하나。❷책장 한 장。❸작은 배。『蘇軾』駕一一扁舟。

【一葉知秋：일엽지추】 사소한 조짐을 보고 사물이 미리 올 것을 짐작함。

【一葉片舟：일엽편주】 한 조각의 조그마한 조각배。

【一榮一落：일영일락】 한 번은 성하고 한 번은 쇠함。一盛一衰。

【一往：일왕】 오로지。다만。『論語·疏』一一觀回終日默識不問、殊似於愚魯。

【一往幽折：일왕유절】 길이 외곬으로 깊이 들어가 구불구불함。

【一往一來：일왕일래】❶한 번 가고 한 번 옴。❷오고 감。

【一宇：일우】 한 채의 집。

【一羽：일우】 한 개의 깃털이란 뜻으로 바뀌어 아주 가벼운 것을 가리킴。『孟子』不足以擧一一。

【一隅：일우】 한 구석。한 모퉁이。

【一遇：일우】 한 번 만남。

【一圓：일원】 ＝一帶·全體。

【一元：일원】❶事物의 시초。❷大本。❸한 임금의 첫 年號。❹貨幣의 단위。❺《數》方程式 가운데 단 하나의 未知數 또는 變數를 가짐。

【一原：일원】 처음。시초。『正蒙』性者萬「物之一一也。

【一元論：일원론】《哲》宇宙의 根本原理는 오직 하나 뿐이라는 학설。↕二元論·多元論。

【一院制：일원제】 ＝單院制。↕兩院制。

【一元化：일원화】❶하나로 됨。❷하나로 만들음。

【一月：일월】❶正月。❷한 달。일개월。「『詩經』一一三捷。

【一位：일위】❶첫째。首位。❷한 분。한 사람。❸《數》하나의 자리의 수。

【一應：일응】❶한 번 응함。❷모두。전부。『水滸傳』一一費用、都是趙某備辦。

【一義：일의】❶하나의 道理。一理。❷같음。같은 뜻。

【一意：일의】 一心。오로지。

【一以貫之：일이관지】 한 이치로써 모든 일을 꿰뚫음。

【一翼：일익】 한 쪽 부분。한 소임。

【一因：일인】❶한 가지 원인。❷《佛》만물은 동일한 근본에서 나왔으므로 모두 평등하다는 뜻。

【一人：일인】❶한 사람。❷어떤 사람。❸임금。『書經』一一元良、萬方以貞。

【一人當千：일인당천】 한 사람이 千명의 적을 대적한다는 뜻으로 용사의 형용。『北齊書』强幹、——。

【一人者：일인자】 그 방면에서 가장 으뜸 가는 사람。제일인자。

【一人稱：일인칭】❶자기의 指稱。❷創作에 있어서 主人公으로 描寫되는 나。

【一鎰：일일】 二십 兩(량)。(一說에는 三○량 또는 二四량)。

【一日：일일】❶하루。종일。❷어느 날。❸그달의 첫날。

【一日九遷：일일구천】 하루에 아홉 번이나 벼슬이 오른다는 뜻으로 임금의 총애를 받음。

【一日難再晨：일일난재신】 하루에 아침은 두 번 다시 오지 않음。《喩》세월은 흐르기 쉬운 것이어서 다시 되돌아오지 않음을 이르는 말。

【一日三秋：일일삼추】 하루가 三년 같다는 뜻으로、몹시 애태우며 기다림。

【一日千秋：일일천추】 ＝一日三秋。

【一日瘧：일일학】 날마다 일정한 시간에 앓는 학질。

【一任：일임】❶한 번 任官함。❷될대로 내버려 둠。『柳宗元』一一凌空錫杖飛。❸전적으로 맡김。『唐書』一一曲貼貨賣。

【一字無識：일자무식】 아주 무식함。

【一勺：일작】❶한 움큼。『中庸』今夫水、一一之多。❷容量의 단위。一合의 十分의 一。

【一章：일장】❶詩文의 한 토막。❷한 개「의 문장。一篇。

【一場：일장】❶한 바탕。❷한 번의 시험。❸그 때 뿐。一回。

【一場說話：일장설화】 한 바탕 늘어 놓는 이야기。

【一場春夢：일장춘몽】 한바탕의 봄 꿈처럼 사라진 인생의 헛된 영화。《喩》인생의 허무함。『侯鯖錄』昔日富貴、——。

【一場痛哭:일장통곡】 한바탕의 통곡。

【一場風波:일장풍파】 (國)한 바탕의 풍파와도 같은 싸움이나 야단。

【一滴:일적】 물·기름 따위의 한 방울。

【一戰:일전】 한바탕의 싸움。『左傳』曹劌曰、可以——。

【一轉機:일전기】 한 번 변화가 일어나는 기회。

【一箭雙鵰:일전쌍조】 화살 하나로 수리 두 마리를 떨어뜨림。《喩》한 가지 일로 두 가지 이득을 취함을 이름。一擧兩得。一石二鳥。

【一節:일절】 ❶변함 없는 節介(절개)。『晉書』歷夷險而——。❷문장·음악 등의 한 토막。

【一點:일점】 단 하나。조금。『白居易』雨露由來——恩。

【一點紅:일점홍】 ❶여럿 속에서 특히 눈에 띔。❷여러 남자들 중에 하나만 끼어 있는 여자。『書言故事』座上若有———。

【一定:일정】 ❶하나로 정해짐。❷정해져 있음。

【一齊:일제】 ❶가지런한 모양。『莊子』萬物——、孰長孰短。❷같은 때 한꺼번에 하는 모양。

【一齊射擊:일제사격】 (軍)한 부대가 한꺼번에 사격함。

【一助:일조】 ❶하나의 도움。❷조그마한 도움。

【一條:일조】 ❶한、줄。『李白』——藤逕綠。❷조목을 나누어 쓴 것 중의 한 조목。『唐書』問大義——。❸한 사건。

【一朝一夕:일조일석】 하루 아침이나 하루 저녁과 같이 짧은 시일。『易經』非———之故。

【一朝之忿:일조지분】 한 때의 심한 분노。『論語』———忘其身、以及其親。

【一朝之患:일조지환】 갑자기 덮치는 근심·재앙。『孟子』君子有終身之憂、無———也。

【一族:일족】 한 혈통。또는 한 姓氏。

【一簇:일족】 한 덤불。한 떼。一群。『杜甫』桃花——開無主。

【一種:일종】 ❶같은 종류。『後漢書』多所斬獲、——殆盡。❷어떤 종류。

【一座:일좌】 ❶한 좌석에 있는 사람 모두。❷山·廟·佛像등의 하나。

【一罪再犯:일죄재범】 같은 죄를 두 번 범함。

【一周:일주】 ❶한 바퀴。한 바퀴 돌음。❷만 一년。

【一株:일주】 ❶한 그루。❷《經》하나의 株式·株券。

【一週:일주】 ❶한 바퀴。❷七일 동안。

【一周忌:일주기】 죽은 뒤 한 해가 되는 날 지내는 제사。小祥。

【一週年:일주년】 한 돌。꼭 한 해。

【一支:일지】 남의 일가를 멸시하는 말。

【一紙:일지】 ❶한 장의 종이。❷한 장의 문서。『晉書』咸曰、得劉公——。

【一知半解:일지반해】 아는 것이 아주 적고 정확하지 못함。『滄浪詩話』。

【一枝:일지】 하나의 나무 가지。『陸凱』贈——。

【一枝春:일지춘】 ❶梅花를 일컬음。『荊州記』江南無所有、聊贈———。❷曲調의 이름。

【一塵:일진】 조그마한 티끌。

【一陣:일진】 ❶한 때의 군사의 진。❷바람 따위가 한 바탕 불음。『韓偓』昨夜三更雨、今朝——寒。

【一陣狂風:일진광풍】 한 바탕 부는 사나운 바람。

【一塵不染:일진불염】 ❶(佛)物欲의 티끌에 물들지 않음。❷節操가 깨끗함。

【一進一退:일진일퇴】 ❶나아갔다·물러갔다 함。❷힘이 비슷하여 이겼다 졌다 함。『荀子』———、一左一右。

【一進會:일진회】 (歷)一九〇四년에 宋秉畯·李容九·尹始炳 등이 조직한 모임。친일파의 행동을 하던 단체였음。

【一帙:일질】 ❶한 책갑에 들어 있는 책。(帙은 書衣)。❷여러 권으로 된 책의 한 벌。❸책의 권수의 차례。

【一次:일차】 ❶첫째。❷한 번。한 차례。

【一着:일착】 ❶첫째로 도착함。❷첫째로 착수함。

【一札:일찰】 ❶한 장의 두루말이。『後漢書』——十行、細書成文。❷한 통의 편지。

【一策:일책】 한 가지 계책。一計。

【一妻多夫:일처다부】 한 아내에게 둘 이상의 남편이 있음。(이 風習은 蒙古의 一部、西藏、네팔 등에서 行하여지고 있음)。↕一夫多妻。

【一隻:일척】 ❶한 쌍의 한 쪽。❷배·화살 따위의 하나。

【一擲:일척】 한 번 내어 던짐。단번에 내어 던짐。『李白』太山——輕鴻毛。

【一隻眼:일척안】 ❶애꾸눈。❷어느 面에서 갖춘 특별한 見識(견식)。『山谷題跋』具———。

【一擲千金:일척천금】 많은 돈을 한꺼번에 써 버림。

【一喘:일천】 ❶한 번 헐떡임。한 번 숨쉼。❷짧은 時間。『蘇軾』萬劫付——。

【一轍:일철】 ❶수레바퀴의 한 자국。❷같은 길。『盧湛』惟同大觀、萬途——。❸같음。귀추가 같음。

【一帖:일첩】 ❶서적·종이 등의 한 묶음。『唐書』博士考試、讀者千言、試——。❷약 한 봉지。

【一體:일체】 ❶한 몸。『儀禮』父子——。❷같은 관계。同類。『史記』此三人者、同功——之人也。

【一切:①일체·②일절】 ❶㉠모두。전부。㉡同時。㉢잠시。一時。❷「아주·도무지」의 뜻으로 부인하거나 금지할 때 쓰는 말。

【一切衆生:일체중생】 《佛》❶이 세상의 모든 인간。❷우주 일체의 생명이 있는 것 전부。一切有情。

【一觸即發:일촉즉발】 한번 닿으면 곧 터짐。위기가 절박한 모양。

【一寸:일촌】 ❶길이의 단위。一尺의 一〇分의 一。❷얼마 안 되는 것。

【一村:일촌】 한 마을。한 동네。

【一寸光陰不可輕:일촌 광음 불가경】 조그마한 시간도 헛되게 보내서는 안 된다는 뜻。

【一叢:일총】 한 덤불의 숲。一群。『唐太宗』菊散——金。

【一聽:일총】 두드러지게 총명한 사람。

【一撮:일촬】 ❶한 움큼。❷아주 작은 양。『中庸』今夫地、——土之多。

【一軸:일축】 書畫의 족자나 두루말이 따위를 세는 말。

【一蹴:일축】 ❶한 번 참。❷가볍게 물리침。

【一炊之夢:일취지몽】 이 세상의 富貴榮華가 덧없음을 비유함。《故》唐代 盧生이 邯鄲땅의 주막집에서 呂翁이란 仙人의 베개를 얻어 베고 한잠 자는 동안에 五〇년 동안의 영화를 꿈꾸었으나 깨고 보니、짓고 있던 밥이 아직 익지 않은 짧은 시간이었으므로 인생의 허무함을 깨달았다 함。邯鄲之夢。黃粱一炊。『枕中記』。

【一層:일층】 ❶첫째 층。❷한결。더욱。

【一致:일치】 ❶같은 취지。『易經』天下同歸而殊塗、——而百慮。❷하나로 됨。❸마음을 합함。

【一致團結:일치단결】 여럿이 한 덩어리가 되어 결합함。

【一針:일침】 ❶바늘 하나。❷따끔한 맛을 보인다는 뜻에 씀。「頂門——」。

【一朶:일타】 ❶한 가지(枝)。❷한 덩이。

【一通:일통】 ❶하나의 문서。하나의 책。❷아무런 막음도 없이 하나로 함。『新書·壹通』罷關——天下。

【一統:일통】 ❶통일함。統治함。❷前漢

의 劉歆이 만든 三統曆에 의한 區分。四六一七년을 大週期(三統)、이를 三分한 一五三九년을 小週期로 하여 一統이라 함。『漢書·律曆志』。❸ 一同。全體。

【一把:일파】 한 다발。한 묶음。『李商隱』玉骨瘦來無——。

【一派:일파】 ❶江의 한 支流。❷學藝·宗敎 따위의 한 流派。

【一敗塗地:일패도지】 다시 일어나지 못할 만큼 여지없이 짐。『史記』。

【一片:일편】 ❶한 조각。❷반 조각。『後漢書』日買猪肝——。

【一篇:일편】 ❶한 수의 詩文。❷책의 일부。

【一編:일편】 책의 일부。

【一片孤月:일편고월】 외로이 떠 있는 조각달。

【一片丹心:일편단심】 한 가닥 지극한 마음。眞情에서 우러나오는 忠誠된 마음。

【一片氷心:일편빙심】 한 조각 얼음 같이 깨끗한 마음。『王昌齡』——在玉壺。

【一平生:일평생】 살아 있는 동안。한평생。一生을 힘주어 하는 말。

【一包:일포】 한 보자기。

【一幅:일폭】 ❶피륙 한 폭。❷그림·족자 따위를 세는 말。한 장。

【一暴十寒:일폭십한】 하루를 데워서 열흘을 식힘。〈喩〉부지런함은 적고 게으름이 많음。『孟子』。

【一品:일품】 ❶하나의 물건。❷훌륭한 물건。❸제일 높은 벼슬。

【一匹:일필】 ❶四丈의 길이。❷짐승의 수를 셀 때 쓰는 말。

【一筆:일필】 ❶한 번 씀。❷짧은 한 문장。『唐書』十金易——。

【一筆難記:일필난기】 간단하게 기록할 수 없음。

【一筆揮之:일필휘지】 한숨에 힘차게 글씨를 내리 씀。

【一寒:일한】 매우 가난함。『史記』范叔——如此哉。

【一函:일함】 ❶한 상자。❷한 장의 편지。

【一項:일항】 한 사건。一件。

【一行:일행】 ❶한 동아리。❷여행 따위의 同伴者 전원。

【一向:일향】 한결같음。一意專心。

【一晌:일향】 아주 짧은 시간을 뜻하는 말。

【一虛一實:일허일실】 숨었다 나타났다 변화 무쌍하여 本體를 잡을 수 없음。虛虛實實。

【一驗:일험】 하나의 효험。『後漢書』。

【一絃琴:일현금】 줄을 한 가닥만 친 거문고。

【一壺:일호】 ❶한 단지。❷한 바가지(壺는 瓠의 借字)。

【一毫:일호】 ❶한 털끝。❷아주 적은 것。『蘇軾』雖——而莫取。

【一狐之腋:일호지액】 여우의 겨드랑 밑의 희고 고운 毛皮。아주 진귀한 물건을 비유함。『史記』千羊之皮、不如——。

【一壺天:일호천】 ❶小天地。❷別天地。속세를 떠난 곳。〈故〉後漢 때 費長房이 약을 파는 仙人과 함께 仙人이 가진 단지 속에 들어가서 별세계를 즐겼다 함。『後漢書』。

【一攫:일확】 ❶한 움큼。❷손 쉽게 얻음。힘 안 들이고 얻음。

【一攫千金:일확천금】 단번에 큰 돈을 벌음。많은 재물을 얻음。

【一丸:일환】 ❶한 덩이。❷환약 한 알。❸彈丸 한 알。

【一環:일환】 줄지어 있는 고리 가운데의 하나。밀접한 관계가 있는 물건의 일부분。

【一回:일회】 ❶한 번。❷한 바퀴 돌음。

【一回忌:일회기】 죽어서 一주년이 되는 忌日。一周忌。小祥忌。

【一吼:일후】 큰 짐승이 성이 나서 한번 크게 소리를 지름。

【一薰一蕕:일훈일유】 ❶좋은 향기와 나쁜 냄새。❷착한 것은 없어지기 쉽고 악한 것은 떨어버리기 어려움。❸악이 선을 이김。『左傳』。

【一痕:일흔】 한 개의 자국。

【一興:일흥】 ❶한 번 일어남。❷하나의 재미。

【一喜一悲:일희일비】 기쁘고 슬픈 일이 번갈아 일어남。한편 기쁘고 한편 슬픔。

◎歸—、均—、單—、同—、萬—、不—、隨—、純—、唯—、專—、齊—、圭—、逐—、統—、劃—。

二 畫

【丁】 ㊀(정) 青 ㊁(쟁) 庚 テイ、チョウ、ひのと、わかもの adult ㄉㄧㄥ ting¹

小篆 丁 草書 ㊀❶(나이 스무살된) 사나이정(成年者)。『史記項羽紀』—壯苦軍旅。❷네째천간정(天干第四位)。❸당할정(當也)。『五代史』其兄斑—內艱貧無以葬。❹부리는 사람정(僕役者)。「園—、兵—」。❺외로울정(孤也)。『陳情表』零—孤苦。❻백정정(庖—)。『莊子』庖—解牛。❼물이 새어 떨어지는 소리정(水漏聲)。㊁나무 베는 소리쟁(伐木聲)。『詩經小雅伐木』伐木——。

【丁艱:정간】 부모상(喪)을 당함。〈內艱은 母喪、外艱은 父喪〉。丁憂。『五代史』其兄斑丁內艱、貧無以葬。

【丁公藤:정공등】 〈植〉마가목。

【丁口:정구】 ＝人口。

【丁男:정남】 한창 때의 남자。丁壯。『漢書』——被甲、丁女轉輸。↕丁女。

【丁女:정녀】 ❶한창 때의 여자。↕丁男。❷불(火)。丁은 五行의 火에 해당함。

【丁年:정년】 ❶太歲의 天干이 丁으로 된 때。❷남자의 二〇살。(唐은 二一살)。『李陵』—奉使、皓首而歸。

【丁寧:정녕】 ❶친절함。『蘇軾』——之言。❷再三 간절히 충고함。❸징·종 따위。

【丁倒:정도】 뒤바뀌어짐。

【丁卯胡亂:정묘호란】 〈歷〉李朝 仁祖 五년에 일어난 金軍의 侵入。西人의 親明政策에 대한 감정과 經濟的 목적에서 침입함。交易·歲貢을 약속하고、兄弟의 盟을 맺음。

【丁未士禍:정미사화】 〈歷〉李朝 明宗 四년(一五九四)에 일어난 士林의 禍獄。鄭彦慤 등의 誣告로 宋麟壽·鳳城君 岏 등이 賜死되고 李彦迪·盧守愼 등이 流配됨。

【丁夫:정부】 二〇살 전후의 남자。『晋書』——戰于外、老弱積于內。

【丁時:정시】 二四時의 一四째 시。

【丁夜:정야】 ＝丑時。상오 한시부터 세시 사이。四更。

【丁汝昌:정여창】 〈人〉清代의 海軍都督。清日戰爭에 패하여 자살함。

【丁役:정역】 兵役에 해당되는 남자。力役에 해당하는 장정。『張籍』郡縣發——。

【丁徭:정요】 丁年 이상의 남자의 부역。『宋史』得免——。

【丁憂:정우】 父母의 喪事를 당함。『北史·李彪傳』。

【丁酉倭亂:정유왜란】 〈歷〉李朝 宣祖 三〇년 正月에 倭軍이 再次 侵入한 난리。

【丁銀:정은】 ❶품질이 좋지 못한 銀。七成銀·黃銀。❷丁賦。

【丁子:정자】 ❶올챙이。❷＝丁香。

【丁字:정자】 〈植〉향료 식물의 하나。

【丁字戰法:정자전법】 艦隊를 丁자형으로 꾸며 對戰하는 해군 전법의 하나。

【丁字定規:정자정규】 한 끝에 직각을 한 나무 조각을 붙여서 丁字 형으로 만든

자(尺)。製圖板의 한 끝에 대고 직각의 선을 긋기에 편리함。정자자。

【丁字形:정자형】丁字처럼 생긴 형상。

【丁匠:정장】물건을 만드는 것을 업으로 하는 사람。工匠。 匠色。【唐書】皆充一一無怨。

【丁壯:정장】=壯丁。

【丁田:정전】(制)新羅 때의 토지 제도의 한 가지。七二二년(善德王二一년) 一五세 이상의 남자에게 나라에서 나누어 주던 토지。

【丁祭:정제】孔子의 祭日。음력 三월과 八월의 각 첫 丁日에 지냄。

【丁坐:정좌】묏자리 또는 집터 따위가 丁方을 등진 坐。

【丁布:정포】(制)軍丁의 稅布。

【丁皮:정피】丁香나무의 껍질。치통약·健胃劑 등으로 씀。

【丁香:정향】(植)향나무의 한 가지。꽃봉오리는 약재에 쓰고、丁香油를 짬。【杜甫·丁香詩】。

丁香(三才圖會)

【丁香結:정향결】丁香의 봉오리。(喩)맺혀서 풀어지지 않음。

【丂】(교)『巧』(工部2畫)의 古字

【七】(칠) 質 シチ、ななつ くㅣ seven chʻi

七 小篆 七 小篆(通訓定聲) 七 草書 ❶일곱칠(數名)。【詩經召南摽有梅】摽有梅、其實一兮。❷글체이름 칠(文體名)。

【七去:칠거】아내를 내쫓는 이유의 일곱 가지。곧 不順舅姑去·無子去·淫去·妒去·有惡疾去·多言去·竊盜去·七出。

【七去之惡:칠거지악】=七去。

【七見:칠견】(佛)不正한 일곱 가지 견해。곧 邪見·我見·斷見·常見·戒盜見·果盜見·疑見。

【七經:칠경】詩經·書經·禮記·樂記·易經·論語·春秋의 일곱 가지 經書。

【七古:칠고】七言으로 된 古詩。

【七曲山:칠곡산】산 이름。四川省 梓潼縣의 北쪽에 있음。【太平寰宇記】。

七曲山(古今圖書集成)

【七官十二徒:칠관십이도】高麗 때 官學인 七齋와 私學인 十二徒를 총칭한 것。

【七觀音:칠관음】(佛)千手觀音·馬頭觀音·十一面觀音·聖觀音·如輪觀音·準提觀音·不空羂索觀音의 중생을 교화하기 위하여 일곱 가지로 변화한 관음。

【七敎:칠교】❶父子·兄弟·夫婦·君臣·長幼·朋友·賓客의 일곱 가지 교훈。【禮記】明一一以興民德。❷백성을 다스리는 일곱 가지 교훈。【小學紺珠】。

【七垢:칠구】일곱 가지 때。마음의 때를 말함。【瑜伽論】。

【七國:칠국】=七雄。

【七窮:칠궁】음력 七월이 농가에 있어서 가장 어려운 고비임을 가리키는 말。

【七竅:칠규】❶사람 머리에 있는 일곱 구멍。곧 귀·눈·입·코。❷聖人의 가슴에 있다는 일곱 구멍。(故)殷의 紂가 比干의 諫함을 꺼리어 賢者의 가슴에 七竅가 있다니 시험해 보자고 比干을 죽임。

【七極:칠극】일곱 가지의 덕행。七罪宗。

【七氣:칠기】기쁨·성남·슬픔·은혜·사랑·놀람·두려움의 일곱 가지의 心氣。

【七難:칠난】(佛)일곱 가지 재난。法華經에는 火·水·羅刹·刀杖·鬼·枷鎖(가쇄)·怨賊이라 함。

【七年大患難:칠년대환난】천년 안식세계가 오기 전인 말세。七년 동안에 큰 환난이 있다는 말。

【七年之病求三年之艾:칠년지병구삼년지애】七년 동안 앓았는데 이제 또 三년 동안 말려야 할 약쑥을 구함。【孟子·離婁】。(喩)평소에 준비하지 않고 급한 일이 생겨서 갑자기 구해도 얻지 못함。

【七堂:칠당】(佛)寺院의 堂宇。三門·佛殿·法堂·廚·僧堂·浴室·東司等의 건물이 완비한 것。

【七大:칠대】(佛)만물 生成의 일곱 근원。곧 地·水·火·風·空·見·識。

【七德:칠덕】❶武의 일곱 가지 덕。곧 禁暴(금포)·戢安·保大·定功·安民·和衆·豐財。【左傳·宣十二】。❷정치상의 일곱 가지 덕。곧 尊貴·明賢·庸勳·長老·愛親·禮新·親舊。【國語·周語】。❸詩에 필요한 일곱 가지 덕。곧 識理·高古·典麗·風流·精神·質幹·體裁。【詩式·詩有七德】。

【七零八落:칠령팔락】❶조각 조각으로 남。❷고르지 못한 것。

【七律:칠률】❶음악의 일곱 가지 음률。곧 黃鍾(宮)·大簇(대족、商)·姑洗(角)·林鍾(徵)·南呂(羽)·應鍾(變宮)·蕤賓(유빈、變徵)。❷七言律詩의 略稱。

【七望:칠망】음력 열 이렛날에 되는 望。

【七面鳥:칠면조】❶(動)꿩 科의 새。머리와 목은 털이 없고、붉은 살이드러남。❷(國)변덕스러운 사람의 비유。

【七魄:칠백】道家에서 말하는 尸狗·伏矢·雀陰·呑賊·非毒·除穢·臭肺의 일곱 가지 身中의 濁鬼。

【七寶:칠보】일곱 가지 보배。곧 金·銀·瑠璃(유리)·硨磲(차거)·珊瑚(산호)·瑪瑙(마노)·玻璃(파리)。

【七寶丹粧:칠보단장】많은 패물로써 몸단장을 함。

【七步詩:칠보시】魏의 曹操의 아들、曹植이 그 兄인 文帝의 미움을 받아서 일곱 걸음을 걷는 동안에 지었다는 詩。【世說新話·文學】煮豆燃豆萁、豆在釜中泣、本是同根生、相煮何太極。

【七步才:칠보재】詩나 문장을 빨리 짓는 재능。

【七寶簇頭里:칠보족두리】(國)여러 가지 패물과 금박으로 꾸민、신부가 쓰는 족두리。

【七分擣:칠분도】현미를 찧어서 본시의 무게의 一〇〇분의 九二 이상이 되게 찧는 일。

【七佛:칠불】(佛)과거의 일곱 부처。곧 毘婆尸佛·尸棄佛·毘舍浮佛·拘留孫佛·拘那含佛·釋迦葉佛·釋迦牟尼佛。

【七事講:칠사강】(制)守令이 새로 임명을 받고 부임하기 전에 啓板 앞에서 農桑盛·戶口增·學校興·軍政修·賦役均·詞訟簡·姦猾息의 일곱 조목을 외던 일。

【七色:칠색】일곱 가지의 빛깔。곧 빨강·파랑·노랑·보라·초록·남·굳빛。

【七書:칠서】❶일곱 가지 兵書。곧 孫子·吳子·司馬法·尉繚子·三略·六韜(육도)·李衛公問對。❷六經 외에 익혀야 할 일곱 가지 책。곧 史記·漢書·莊子·韓文·文選·說文·通鑑。(淸代 曾國藩의 말)。❸(國)四書(論語·孟子·中庸·大學)와 三經(周易·詩經·書經)。

【七夕:칠석】 음력 七월 七일 밤。이 날 밤에、牽牛星과 織女星이 烏鵲橋를 건너서 만난다고 함。이 날 밤에 부녀자들이 바늘·실·과실 따위를 차려 놓고 바느질과 길쌈 재주를 비는 풍습이 있음。『風俗記』織女——當渡河、使鵲爲橋。

【七成:칠성】 황금의 품질을 一〇등에 나눈 제 四등。

【七星:칠성】 ❶北斗七星의 略語。『杜甫』——在北戶、河漢聲西流。❷《佛》七星閣·七星堂·七元星君의 略語。❸七星板의 略語。

【七星劍:칠성검】 伍子胥가 차던 명검。『吳越春秋』劍中有七星、價值百金。

【七星壇:칠성단】 《佛》칠원성군을 모신 단。

【七聖事:칠성사】 《宗》예수가 정한 聖洗·堅振·告解·聖體·婚配·終傅·神品의 일곱 가지 성사。

【七星板:칠성판】 棺 안 바닥에 까는 널조각。北斗七星을 형상하여 일곱 구멍을 뚫기도 하고 먹칠을 하기도 함。

【七旬:칠순】 ❶일흔 날。❷일흔 살。

【七順:칠순】 사람의 德을 높이는 일곱 가지 도(道)。順天·順地·順民·順利·順德·順仁·順道。

【七十二烈士:칠십이열사】 《歷》淸의 宣統 三년 三월 二九일 黃興 등이 혁명을 일으켰다가 실패하고 黃興은 달아났으나 七二명이 죽었으니 七十二烈士라 부르고、黃花岡에 무덤을 만들었으므로 黃岡烈士라고도 함。

【七哀詩:칠애시】 詩篇의 이름。부부의 이별·사별의 슬픔을 노래한 것。

【七言律詩:칠언률시】 七言八句(五六자)로 된 漢詩。七律。

【七言詩:칠언시】 句마다 일곱 자로 된 詩。

正格(平起式)

	1	2	3	4	5	6	7	
起聯	◐	○	◐	●	●	○	○	韻
	◐	●	◐	○	◐	●	○	韻
頷聯	◐	●	◐	○	○	●	●	
	◐	○	◐	●	●	○	○	韻
頸聯	◐	○	◐	●	○	○	●	
	◐	●	◐	○	◐	●	○	韻
尾聯	◐	●	◐	○	○	●	●	
	◐	○	◐	●	●	○	○	韻

偏格(仄起式)

	1	2	3	4	5	6	7	
起聯	◐	●	◐	○	◐	●	○	韻
	◐	○	◐	●	●	○	○	韻
頷聯	◐	○	◐	●	○	○	●	
	◐	●	◐	○	◐	●	○	韻
頸聯	◐	●	◐	○	○	●	●	
	◐	○	◐	●	●	○	○	韻
尾聯	◐	○	◐	●	○	○	●	
	◐	●	◐	○	◐	●	○	韻

(○은 平字 ●은 仄字 ◐은 平·仄 어느 쪽도 좋은 것)。

【七言絕句:칠언절구】 일곱 자로 된 四句의 詩。곧 二八자로 된 漢詩의 詩體。平起式·仄起式이 있음。七絕。

正格(平起式)

	1	2	3	4	5	6	7	
起	◐	○	◐	●	●	○	○	韻
承	◐	●	◐	○	◐	●	○	韻
轉	◐	●	◐	○	○	●	●	
結	◐	○	◐	●	●	○	○	韻

偏格(仄起式)

	1	2	3	4	5	6	7	
起	◐	●	◐	○	◐	●	○	韻
承	◐	○	◐	●	●	○	○	韻
轉	◐	○	◐	●	◐	○	●	
結	◐	●	◐	○	◐	●	○	韻

【七曜:칠요】 日·月과 水·火·木·金·土의 五星。이것을 七일에 각각 적용시켜서 一週라 함。七曜日。

【七雄:칠웅】 戰國時代의 일곱 强國。곧 楚·秦·燕·齊·趙·魏·韓의 七國。

【七音:칠음】 ❶일곱 가지 樂調。곧 宮·商·角·徵(치)·羽·半商·半徵。❷音韻學에서 본 일곱 가지 소리。곧 牙·舌·脣·齒·喉·半舌·半齒의 聲音。『七音略』七音之作、起西域流入諸夏。

【七日:칠일】 「일」。

【七日來復:칠일내복】 이레 만에。일주일 만에。

【七日葬:칠일장】 초상난 지 이레 만에 지내는 장사。

【七長寺:칠장사】 《歷》京畿道 安城郡에 있는 七賢山 중허리에 있는 절。高麗 時代 慧炤國師(혜소 국사)가 창건함。가람은 불탔으나 七賢名庵 및 五寺가 남아 있음。高麗 史庫가 있었음。

【七齋:칠재】 ❶《歷》高麗 睿宗 때 國學에 설치한 七科目의 전문 講座。즉 麗擇齋·待聘齋·經德齋·求仁齋·服膺齋·養正齋·講藝齋。❷《佛》七七齋。

【七賊:칠적】 《歷》李朝 光武 一一年(一九〇七) 韓日協約을 체결한 七大臣인 賣國賊。곧 李完用·任善準·趙重應·宋秉畯·李載崑·李秉武·高永喜 등을 일컬음。

【七顚八起:칠전팔기】 여러 번 실패해도 꺾이지 않고 다시 분투하여 일어남。

【七顚八倒:칠전팔도】 ❶몹시 어지러운 모양。『朱子語錄』當商之季、——、上下崩墜。❷어려운 고비를 많이 겪음。

【七情:칠정】 ❶일곱 가지 감정。곧 喜·怒·哀·樂·愛·惡·欲。『禮記·禮運』何謂人情、——七者不學而能。❷《佛》喜·怒·憂·懼·愛·憎·欲。『釋氏要覽』。

【七政曆:칠정력】 李朝 世宗 때 처음으로 반포한 책력의 한 가지。

【七條:칠조】 《佛》七幅으로 만든 袈裟。

【七條約:칠조약】 《歷》李朝末 海牙密使 事件을 구실로 日本이 강제로 맺은 일곱 가지 條約。日本統監의 세력이 확대되고 高宗이 讓位하였음。「丁未七條約」 또는 「韓日新協約」이라고도 함。

【七宗:칠종】 《佛》고려 때 불교의 일곱 종파。곧 曹溪宗·天台宗·總南宗·華嚴宗·慈恩宗·中神宗·始興宗。高麗末 李朝 초기의 종파로서 세종 때 전 三종은 禪宗으로、후 四종은 敎宗으로 통합되었음。

【七縱七擒:칠종칠금】 적을 일곱 번 놓아 주어서 일곱 번 다시 잡음。상대를 마음대로 함。《故》諸葛亮이 孟獲(맹획)을 사로잡은 故事。『蜀志·註』亮笑、縱使更戰、——、獲曰、公天威也。

【七珍:칠진】 =七寶。

【七處平滿:칠처평만】 《佛》三二상의 한 가지。곧 두 발바닥、두 손、두 어깨와 목덜미의 살이 풍만하여 평평한 상。

【七楪盤床:칠첩반상】 《國》반상기의 하나。곧 밥그릇·국그릇·대접·쟁반·조치·보시기 각각 하나씩과 종지 셋、접시 일곱으로 한 벌이 됨。

【七寸:칠촌】 ❶일곱 치。❷아버지의 육촌。또는 자기 육촌의 자녀。

【七出:칠출】 =七去。

【七七:칠칠】 사람이 죽은 지 四九일 째。中陰。이날에 經文을 읽고 공양을 하여 명복을 빎。『北史·胡國珍傳』。

【七七齋:칠칠재】 =四十九日齋。

【七賢:칠현】 ❶周代의 일곱 賢人。伯夷·叔齊·虞仲·夷逸·朱張·少連·柳下惠。❷晉代의 竹林七賢。곧 阮籍·嵇康·山濤·向秀·劉伶·阮咸·王戎。

【七絃琴:칠현금】 《樂》일곱 가닥으로 된 거문고。五絃琴에 文武絃을 더 하였음。『晋書』。

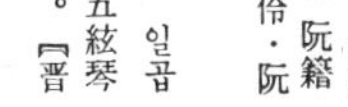

七絃琴(律呂精義)

二畫

【万】 ㊀(만) 願 ㊁(묵) 職 バン、マン、よろず ten thousand ㄨㄢˋ wan⁴

草書 ㊀뜻은 『萬』에 보라。㊁성묵(姓也)。「—俟」로 쓰면 複姓을 나타냄。

【万俟:묵기】 본래 鮮卑의 部落이었으나 나중에 姓이 됨。『魏書·官氏志』。

【万俟雅言:묵기아언】 宋의 文章家。 스스로 詞隱이라 일컬음。 崇寧中、 大晟府制撰이 됨。〈著書〉 大聲集。

【丈】 (장) 養 ジョウ、たけ length ㄓㄤ chang⁴

小篆 草書 ❶길장、 열자장(十尺也)。 ❷어른장(長老尊稱)。〔柳宗元 與韓愈論史書〕 十八ー退之侍者。 ❸지팡이장(杖也)。

【丈家:장가】《國》남자가 아내를 맞는 일。

【丈六:장륙】《佛》높이가 一丈六尺인 佛像을 일컫는 말。 「岳母。 外姑。

【丈母:장모】 아내의 친 어머니。 聘母。

【丈夫:장부】 ❶장성한 남자。 ❷재능이 뛰어난 훌륭한 사람。『孟子』彼ーー也、 我ーー也。 ❸남자의 美稱。

【丈席:장석】《國》학문과 德望이 높은 사람。

【丈人:장인】 ❶노인。 ❷어른에 대한 敬稱。 ❸아내의 아버지。『史記』漢天子我ーー行也。 ❹祖父。 ❺아버지의 벗。

【丈丈:장장】 尊長을 일컫는 말。

【丈祖:장조】 妻祖父。

【丈祖母:장조모】 처조모。

【丈祖父:장조부】 처조부。

【丈尺:장척】 장대로 열 자 길이가 되게 만든 자。 ◎器ー、方ー、阮ー、儀ー、一ー。

【三】 (삼) 覃 サン、みっつ three ㄙㄢ san¹ (『參』과 通함)

小篆 古文 草書 ❶석삼、 셋삼、 세번삼(二之加一)。〔史記、律書〕數始於一、 終於十、 成於三。 ❷자주삼(頻也)。

【三家:삼가】 春秋時代의 魯의 三卿。 곧 孟孫·叔孫·季孫。『論語』ーー者以雍徹。

【三角:삼각】 ❶세 모。 ❷三角形의 略語。 ❸三角法의 略語。

【三刻:삼각】 세 시각。 또는 세째 시각。

【三覺:삼각】《佛》❶本覺·始覺·究竟覺。 ❷自覺·他覺·覺行圓滿의 覺의 三相。

【三脚架:삼각가】 망원경·사진기 따위를 얹어 놓는 삼각형 모양의 기구。

【三角巾:삼각건】 부상의 응급 치료 등에 쓰는 헝겊。 정방형의 헝겊을 대각선으로 끊어 二等分하여 만듦。

【三角關係:삼각관계】 세 사람、 특히 세 남녀 사이에 일어나는 연애 관계。

【三角筋:삼각근】 어깨를 둥글게 하고 팔을 움직이는 근육。 三稜筋。

【三角貿易:삼각무역】《經》두 나라 사이의 무역 균형을 이루기 위하여 特惠條約에 따라 제 삼국을 개입시키는 무역。

【三角法:삼각법】《數》각의 측정 및 삼각형의 변과 각 사이의 양적 관계의 연구를 기초로 하여 측량·건축·천문 관측·항해 등의 여러 방면에의 응용을 꾀하는 수학의 한 분과。 三角術。 三角學。

【三角山:삼각산】《地》山 이름。 高陽郡에 있는 서울의 鎭山이며 北漢山이라고도 일컬음。 白雲·國望·仁壽의 三峯이 矣아 있으므로 三角山이라 일컬음。 높이 八三三米。 高句麗 東明王의 아들 溫祚가 地勢를 살펴 보고、 머무를 곳을 여기로 정했다 함。

【三角山風流:삼각산풍류】 왕래가 매우 잦은 것을 일컫는 말。

【三角鬚:삼각수】 두 뺨과 턱에 삼각형을 이루어 난 수염。

【三脚椅子:삼각의자】 발이 세 개가 달린 의자。 三脚。

【三角點:삼각점】 陸地 測量의 기준이 되는 地上의 세 頂點。

【三角柱:삼각주】 밑 면이 삼각형인 기둥。 三角筒。 三角壔。

【三角洲:삼각주】《地》강물이 운반해 온 흙·모래 따위가 강 어귀에 쌓여서 된 砂洲。 대개 삼각형을 이루고 있음。 델타。

【三角鐵:삼각철】《樂》관현악에 쓰이는 타악기의 하나。 강철 막대기를 삼각형으로 구부린 것으로 쇠망치로 침。 트라이앵글(triangle)。

【三角波:삼각파】 방향이 다른 둘 이상의 물결이 겹쳐서 생기는 불규칙한 물결。

【三角形:삼각형】《數》둘씩 서로 맞닿는 세 개의 직선으로 이루어진 평면의 부분。 평면 삼각형과 球面 삼각형이 있음。

【三間草家:삼간초가】 규모가 썩 작은 초가。 草家三間。 三間草屋。

【三揀擇:삼간택】《制》임금·왕자·왕녀의 配偶者를 구할 때 세 번 고른 다음에 정하던 일。

【三綱:삼강】 ❶君臣·父子·夫婦의 道。『白虎通』君爲臣之綱、 父爲子之綱、 夫爲婦之綱。 ❷《佛》上座·寺主·都維那의 三僧役。 또는 僧正·僧都·律師。

【三綱五倫:삼강오륜】 三綱과 五倫。

【三綱行實圖:삼강행실도】《書》三권 一책。 李朝 世宗 一三년에 偰循 등이 왕명으로 지음。 三綱에 모범이 될만한 忠臣·孝子·烈女를 각 三五명씩 뽑아 그 덕행을 찬양한 책。

【三傑:삼걸】《歷》세 사람의 뛰어난 인물。 즉 ㉠漢의 蕭何(소하)·張良·韓信。 ㉡蜀의 諸葛亮·關羽·張飛。

【三更:삼경】 하룻밤을 五更으로 나눈 세째 시각。 오후 一一시부터 다음 날 오전 一시 사이。 丙夜。

【三庚:삼경】 =三伏。

【三經:삼경】 ❶詩經·書經·易經。『小學紺珠』。 ❷易經·詩經·春秋。『漢書』。

【三戒:삼계】 세 가지 경계할 일。 곧 青年의 色·壯年의 鬪·老年의 得。『論語』君子有ーー。

【三界:삼계】《佛》❶三千世界의 略。 이 세상。 ❷과거·현재·미래。 三世。 ❸欲界·色界·無色界。

【三界一心:삼계일심】 삼계는 모두가 마음에서 생겨난 것으로 마음 밖에 따로 없다는 말。『寶物集』三界惟一心。

【三界火宅:삼계화택】《佛》삼계에는 번뇌가 많아 중생을 괴롭힘이 마치 불난 집과 같음을 비유한 말。『法華經』三界無安、 猶如火宅。

【三苦:삼고】《佛》苦의 인연에서 받는 苦苦、 즐거운 일이 무너져 받는 壞苦、 無常流轉에서 받는 行苦의 세 가지 고통。

【三考:삼고】 ❶三년 마다 관리의 성적을 조사하던 일。 (三考는 九年)。『書經』三載考績、 ーー黜陟幽明。 ❷잘 생각함。

【三顧草廬:삼고초려】《故》蜀의 劉備가 諸葛亮의 집을 세 번이나 찾아가서 그를 軍師로 삼은 일。《轉》윗사람의 우대를 받음。『諸葛亮·出師表』ーー臣於ーー之中。

【三骨:삼골】《制》新羅 때의 王族과 貴族의 혈통을 이름。 곧 聖骨·眞骨·第二骨。

【三公六卿:삼공육경】《制》李朝의 官職。 三政丞(領議政·左議政·右議政)과 六曹의 各判書(吏曹·戶曹·禮曹·兵曹·刑曹·工曹)의 總稱。

【三公兄:삼공형】《制》李朝 때 각 고을의 戶長·吏房·首刑吏의 세 官屬。

【三關:삼관】 ❶조심할 것 세 가지。 곧 입·귀·눈。『淮南子·主術』。 ❷중요한 關門 세 군데。 ❸《佛》佛道를 깨닫는 세 가지 關門。

【三教:삼교】 ❶儒教·佛教·道教。 ❷또는 儒教·佛教·仙教。 ❸《佛》小乘教·大乘淺教·大乘深教。

【三丘：삼구】 三神山의 別名。

【三國：삼국】 《歷》❶魏·蜀·吳가 天下를 三分한 시대。❷《國》新羅·百濟·高句麗。

【三國史記：삼국사기】 《書》五〇권。一〇책。高麗 金富軾 지음。古記·遺籍 혹은 中國의 諸史籍에서 史料를 뽑고 司馬遷의 史記를 본따서 紀傳體로 쓴 三國이 開國한 때부터 統一新羅까지의 正史。

【三國史節要：삼국사절요】 《書》一四권 七책。李朝 成宗 때 盧思愼·徐居正·李坡 등 지음。新羅·高句麗·百濟의 歷史를 編年體로 쓴 역사책。正史體인 三國史記를 編年體로 改編한 것。

【三國遺事：삼국유사】 《書》五권 三책。高麗 忠烈王 때 僧一然 지음。檀君·衞滿朝鮮 및 漢四郡을 위시하여 三國의 史蹟을 分類하여 隨錄體로 쓴 것。특히 新羅史에 상세하며、人名·地名·官名 등에 대한 古語學的으로 價値가 풍부한 資料를 남겼고、특히 鄕歌 一四수가 수록되어 있어 우리 나라 고대 詩歌 硏究上으로 귀중한 문헌임。

【三國志演義：삼국지연의】 《書》全篇 一二〇回。明의 羅貫中 지음。三國時代 사적을 기록한 四大奇書의 하나。

【三軍：삼군】 ❶《制》周의 制度에 있어서 大諸侯가 가지는 군대。❷大軍。또는 全軍。❸육군·해군·공군의 總稱。

【三軍門：삼군문】 《制》訓鍊都監·禁衛營·御營廳의 세 軍門。三營門。

【三權：삼권】 ❶세 가지 권력。❷爲政者에게 필요한 세 가지 힘。곧 높은 지위·富·君主의 信任。❸立法權·司法權·行政權。

【三權分立主義：삼권분립주의】 국가 권력을 삼권으로 분리 독립시키어 서로 침범하지 못하게 함으로써 牽制와 균형을 유지하여 국민의 정치적 자유·권리를 보장하려는 정치 조직상의 원리。三權分立說。

【三歸：삼귀】 ❶齊의 管仲이 사치를 한 것。異性의 세 부인에게 장가들어 살던 邸宅 또는 臺名。【論語·八佾】管氏有一一。❷《佛》三寶에 歸依함。

【三極：삼극】 天·地·人。三才。【易經】六爻之動、一一之道也。

【三氣飮：삼기음】 《醫》風痺症이나 歷節風 따위 병에 쓰는 한약。

【三南：삼남】 忠淸道·全羅道·慶尙道의 총칭。下三道。

【三年狗尾不爲黃毛：삼년구미불위황모】 개 꼬리 三년 가도 黃毛는 되지 않음。《喩》바탕이 못된 것을 오래 두었다고 좋아지지는 않는다는 뜻。

【三年不弔：삼년부조】 喪期 삼년 동안에는 조상하지 않음。三喪不門。

【三年不蜚不鳴：삼년불비불명】 三년 동안이나 날지도 아니하고 울지도 아니함。【史記·楚世家】。《喩》장차 큰 일을 하기 위하여 기회를 기다림。

【三年之喪：삼년지상】 ❶父母의 喪。❷三년 동안 입는 服。三喪。【禮記】。

【三農：삼농】 ❶平地農·山農·澤農。❷春耕·夏耘·秋收。【周禮·天宰】。

【三多：삼다】 ❶多福·多壽·多男子。❷學者가 가질 바 讀多·持論多·著述多。❸문장을 잘 짓는 三條件으로 看多·做多(많이 지음)·商量多(많이 생각함)。❹《佛》多近善友·多閱淸音·多修不淨觀。

【三多三無島：삼다삼무도】 《地》濟州道의 別稱。三多島(女·石·風)와 三無島(도적·거지·물)를 합쳐서 일컫는 말。

【三段論法：삼단논법】 《論》大前提·小前提·結論의 三段으로 되는 推理法。

【三達德：삼달덕】 知·仁·勇의 三德。

【三堂上：삼당상】 《制》❶六曹의 判書·參判·參議。❷나라의 吉凶禮 때에 두던 都監의 세 提調。

【三代：삼대】 ❶夏·殷·周의 三王朝。❷家系나 지위에서 父·子·孫의 세 代。

【三代目：삼대목】 《書》鄕歌集。新羅 때 魏弘·大矩 등이 眞聖女王의 명으로 지음。후세에 전하지 않음。

【三大本山：삼대본산】 《佛》慶尙南道 梁山의 通度寺、東萊의 梵魚寺、陜川의 海印寺의 세 큰 절을 일컬음。

【三代追贈：삼대추증】 《制》從二品 이상의 宗親·文官·武官·蔭官의 父·祖·曾祖에게 관직을 추증하던 일。

【三德：삼덕】 ❶正直·剛克·柔克。(克은 다스림)。❷知·仁·勇。❸天·地·人의 德。❹《佛》法身·般若(반야)·解脫。

【三道陸軍統禦使：삼도육군통어사】 《制》李朝 때 충청·전라·경상 三道의 육군을 통솔하던 장수。

【三刀之夢：삼도지몽】 榮轉할 吉夢。州字를 옛날에는 刕로 썼음。《故》晉代 王濬이 칼 세 개가 걸려 있는데 또 한 개가 더한 꿈을 꾸고 마음에 꺼리고 있을 때 李毅가 축하하면서 三刀는 州字이니 益州의 地方 長官이 되리라 했더니 과연 다음날 益州刺史에 임명되었다는 故事。

【三冬：삼동】 初冬(孟冬、음력 一〇월)·仲冬(一一월)·季冬(一二월)。【漢書】年十二學書、一一足用。

【三頭六臂：삼두육비】 엄청나게 힘이 센 사람을 가리키는 말。

【三頭政治：삼두정치】 옛날 로마時代 세 사람의 실력자에 의하여 전제적으로 행하여지던 독재 정치。

【三等：삼등】 ❶세 째의 등급。❷《制》恩率。百濟의 세 째 等級。

【三樂：삼락】 君子의 세 가지 즐거움。곧 첫째 父母가 俱存하고 형제가 無故한 것、둘째 하늘과 사람에게 부끄러움이 없는 것、세 째 英才를 교육하는 것。【孟子·盡心】。

【三略：삼략】 《書》三권。兵書。黃石公에게서 漢의 張良이 받았다는 兵書。

【三曆：삼력】 책력의 한 가지。三書。

【三齡：삼령】 두 잠 잔 누에의 세 잠 잘 때까지의 사이。

【三令五申：삼령오신】 《國》세 번 호령하고 다섯 번을 거듭 말함。곧 군대에서 되풀이하여 자세히 명령함。

【三禮：삼례】 ❶儀禮·周禮·禮記。❷天地·宗廟(人)를 제사하는 禮。

【三壘：삼루】 《運》야구의 二루와 본루 사이의 루。

【三壘手：삼루수】 《運》삼루를 지키는 「선수。

【三壘打：삼루타】 《運》打者가 한꺼번에 삼루까지 갈 수 있도록 공을 치는 일。

【三流：삼류】 事物의 부류에 있어서 가장 낮은 층。

【三六判：삼륙판】 넓이 세 치、길이 여섯 치의 洋紙로 製本한 책의 크기。

【三稜：삼릉】 ❶세 모서리。❷《植》매자기의 뿌리。藥材로 씀。

【三稜鏡：삼릉경】 《物》광선을 分解하는 光學 기구。프리즘。

【三稜筋：삼릉근】 =三角筋。

【三稜杖：삼릉장】 죄인을 때리는 데 쓰던 세모 방망이。

【三稜洲：삼릉주】 =三角洲。

【三稜鍼：삼릉침】 《醫》세모진 침。

【三里穴：삼리혈】 《醫》침 놓는 자리의 하나인 무릎 안쪽의 오목한 곳。

【三藐三菩提：삼막삼보제】 ⇩삼먁삼보리】 《佛》一切의 法을 깨달음。正偏覺。

【三蔓草：삼만초】 《植》不凋草。

【三望：삼망】 《制》❶벼슬아치를 발탁할 때에 후보자 셋을 천거하던 일。❷諡號를 정할 때에 세 가지 다른 이름을 들어 그 중에서 하나를 택하던 일。

【三昧:삼매】《佛》마음을 한 가지 일에 집중시키는 一心不亂의 경지。사물에 열중함。三昧境。三摩地。

【三昧境:삼매경】 =三昧。

【三昧耶戒:삼매야계】《佛》부처와 중생이 평등하다는 이치에서 모든 戒行을 통일한다는 密敎의 戒。

【三面:삼면】 ❶세 방면。《數》❷세 平面。❸사회 기사를 실은 신문의 제 삼면。곧 社會面을 말함。

【三面角:삼면각】《數》세 평면이 서로 마주쳐서 이룬 立體角。

【三面六臂:삼면육비】 낯이 셋、팔이 여섯。《喩》혼자서 여러 사람 몫의 일을 할 때에 이르는 말。

【三命:삼명】 ❶《制》周의 제도로 세 번째 임명되어 大國의 上卿이나 임금의 上士가 됨。❷세 번이나 훈계함。❸세 가지 운명。命대로 복을 누림과 착한 일을 해도 해를 입음과 선악 간에 마땅한 갚음을 받는 것。

【三命名法:삼명명법】 생물학에서 學名을 붙일 때 屬名·種名·亞種名의 세 가지 이름을 붙여 나타내는 법。

【三明日:삼명일】 모레의 다음 날。글피。

【三毛作:삼모작】《農》一년 동안에 세 가지 농작물을 같은 耕地에 재배하는 일。

【三木:삼목】 옛 刑具。목과 손과 발에 씌우는 형틀。『漢書:司馬遷傳』。

【三門:삼문】《國》❶대궐이나 公廨(공해)등의 앞에 있는 문。正門·東夾門·西夾門의 셋。❷《佛》寺門의 別稱。空門·無相門·無作門。❸《佛》敎·律·禪。

【三文文士:삼문문사】 원고가 팔리지 않는 三流 이하의 문예가。

【三門坐起:삼문좌기】《制》삼문을 열고 여러 국민 앞에서 중요한 사건을 공포하던 일。

【三物:삼물】 ❶石灰·細砂·白土의 세 가지。灰三物。❷맹세할 때 마시는 피(血)를 뽑는 닭·개·돼지。

【三米粥:삼미죽】 좁쌀·멥쌀·율무쌀에 山藥·부추·돼지의 콩팥·소금 등을 넣고 쑨 죽。

【三民主義:삼민주의】 一九〇五년 이래 中國의 孫文이 제창한 中國 혁명의 三大 理念。곧 民族·民權·民生의 세 主義。

【三密加持:삼밀가지】《佛》부처의 삼밀과 중생의 三業이 서로 응하여 여러 가지 妙果를 이룸。

【三半規管:삼반규관】《生》척추 동물의 청각기관의 迷路의 한 부분인 세 개의 반원형 管狀의 뼈。몸의 平衡과 位置를 감각하는 기관。

【三般物:삼반물】《佛》그늘 안 지는 땅、메아리 안 울리는 산골、뿌리가 없는 나무의 세 가지를 일컫는 말。

【三排目:삼배목】《建》비녀장에 배목 셋을 꿴 꾸밈새。分閤의 첫째와 네째 창짝의 머리와 문골에 갈라서 박음。

【三白:삼백】 ❶正月에 오는 눈。❷臘享전에 오는 눈。❸흰 밥과 무우와 백비탕。『漫笑錄』。❹《佛》우유·버터(butter)·白米의 세 가지。

【三白酒:삼백주】 술의 한 가지。白朮·白茯苓·白何首烏 세 가지를 같은 분량으로 술 항아리에 넣었다가 二一일 만에 건져 내고 마심。양기를 돕는 데 좋음。

【三帆船:삼범선】 돛대 세 개를 세우고 다니는 배。

【三碧:삼벽】 陰陽家에서 木星을 가리킴。九宮에 있어서 그 본바탕의 자리는 震方、곧 동방임。

【三別抄:삼별초】《歷》高麗 崔氏 執權時代의 軍隊。崔瑀가 江華에서 조직한 특수한 군대로 夜別抄의 左右 二隊와 神義軍을 합쳐서 일컬음。

【三寶:삼보】 ❶귀·입·눈。❷土地·人民·政治。❸大農·大工·大商。❹《佛》佛·法·僧。

【三甫:삼보】《佛》절에서 監務·監事·法務의 심부름을 맡아 하는 중。

【三步庭:삼보정】 아주 좁은 마당。

【三復:삼복】 몇 번이고 되풀이 함。『論語』南容——白圭。

【三伏:삼복】 ❶夏至 뒤의 初伏·中伏·末伏의 여름 酷暑의 期間。❷세 군데의 伏兵。『唐書』設——伺之。

【三伏蒸炎:삼복증염】 삼복 더위。

【三本:삼본】 ❶禮의 근본 세 가지。곧 天地는 生의、先祖는 類의、君師는 治의 근본이 됨。『荀子』天地者生之本、先祖者類之本、君師者治之本。❷治亂의 세 근본。곧 位에 있어서의 德、祿에 있어서의 功、職務에 있어서의 能。❸正本·副本·貯本。

【三峰集:삼봉집】《書》一四권 七책。李朝 太祖 때 鄭道傳의 詩文集。

【三父:삼부】《制》服制에 있어서 衰服(최복)의 아버지 밖에 따로 구별하여 일컫는 세 가지 繼父。

	朱子家禮	元典章	明律 清律	大清律例
三父	同居繼父 先同居異居繼父 不同居繼父	同居繼父 不同居繼父 從繼母嫁人夫	同居繼父 不同居繼父 從繼母嫁	生父 嗣父 繼父
八母	養母·嫡母·繼母·慈母·庶母·乳母·嫁母·出母			

【三賦:삼부】 租·庸·調의 세 가지 賦稅。

【三部經:삼부경】《佛》불교에서 특별히 존중하는 삼부의 경전(經典)。法華三部·大日三部·淨土三部 등 여러 구별이 있음。

【三部作:삼부작】 주제가 서로 연락과 통일이 있는 세 부분으로 된 작품。

【三部形式:삼부형식】《樂》한 곡이 세 부분으로 나뉘어 前部와 中部는 다른 형식으로 되고、後部는 前部의 되풀이 또는 변형으로 된 작곡 형식。

【三分:삼분】 세 부분으로 나눔。

【三分五裂:삼분오열】 여러 갈래로 갈리어 흩어짐。

【三分鼎足:삼분정족】 솥발처럼 三者가 서로 대립하여 天下를 三分하고 있음。

【三佛:삼불】《佛》극락 세계에 있다는 阿彌陀佛·觀世音菩薩·大勢至菩薩을 일컫는 말。

【三不去:삼불거】 七去의 아내라도 버리지 못하는 세 가지 경우。곧 돌아가도 의지할 곳이 없을 때、같이 부모의 三年喪을 치렀을 때、장가들 때에 가난해서 같이 고생하다가 富貴하게 된 뒤。

【三不伏:삼불복】 무덤을 이룰 적에 三煞方에서는 절을 하지 않음을 이름。

【三不畏:삼불외】 거상 중에 있는 사람이 두려워하지 아니하는 세 가지。곧 비·도둑·범。

【三不惑:삼불혹】 沈惑하지 말아야 할 세 가지。곧 술·여자·재물。

【三不孝:삼불효】 세 가지의 불효。곧 부모를 불의에 빠지게 하는 것、부모가 늙고 집이 가난하여도 벼슬하지 않는 것、자식이 없어 조상의 제사를 끊게 하는 것。

【三不朽:삼불후】 언제까지나 썩지 않는 것 세 가지。곧 立德·立功·立言。『左傳·哀·二十四』。

【三司:삼사】《制》❶漢의 大司徒·大司馬·大司空。❷唐의 재판관。御史大夫·中書·門下。❸宋의 理財官。鹽鐵·戶部·度支。❹李朝 弘文館·司憲府·司諫院。

❺高麗 때 돈과 곡식의 출납·회계에 관한 일을 맡아 보던 관청。 ❻刑曹·漢城府·司憲府。

【三思:삼사】 ❶세 번 생각함。 깊이 생각함。 『論語』 ㅡㅡ而後行。 ❷長·死·窮의 세 가지 생각。 어릴 때는 자란 뒤를, 늙어서는 죽은 뒷일을, 넉넉할 때는 가난한 때를 생각하여 그에 대비함。

【三赦:삼사】 《制》죄를 용서받을 수 있는 세 가지 조건에 해당되는 사람。 곧 七세 이하의 어린이、 八〇세 이상의 늙은이、 그리고 아주 못나서 쓸모가 없는 사람을 말함。

【三事戒:삼사계】 《佛》몸·입·마음 세 가지를 삼가는 계율。 三業戒。

【三司合啓:삼사합계】 《制》弘文館·司憲府·司諫院이 서로 合議하여 임금에게 上奏하던 일。

【三煞方:삼살방】 세살(歲煞)·겁살(劫煞)·재살(災煞)에 당한 불길한 方位。

【三三五五:삼삼오오】 서너너덧씩 떼지은 모양。 『李白』岸上誰家遊冶郞、 ㅡ 映垂楊。

【三上:삼상】 문장을 생각하는 데 좋은 기회가 되는 세 곳。 곧 馬上·枕上·厠上(뒷간)。 『歐陽修·歸田錄』。

【三喪:삼상】 ❶三年喪의 略語。 ❷初喪·小祥·大祥을 일컬음。

【三相交流:삼상교류】 電壓과 周波數가 같고 位相이 서로 一二〇도씩 다른 세 개의 교류의 組合。

【三上香:삼상향】 焚香할 적에 향을 세 번 불에 사르는 일。

【三色:삼색】 ❶ 빨강·노랑·파랑의 세 원색。 ❷《佛》세 色法 곧 五根·五境·無表色。 ❸三色果實의 略語。

【三色果實:삼색과실】 제사 지낼 적에 쓰는 세 가지 과실。

【三色保:삼색보】 《國》三色軍保에서 받는 베나 무명 따위。

【三色揮帳:삼색휘장】 《國》喪輿에 치는 휘장의 한 가지。 赤·黃·靑의 세 가지 빛의 헝겊을 이어서 만듦。

【三牲:삼생】 ❶세 가지의 희생。 곧 牛·羊·豕。 ❷정성을 다하여 만든 맛난 음식。

【三生:삼생】 ❶《佛》전생·이승·저승。 ❷과거·미래·현재。

【三生怨讐:삼생원수】 《佛》삼생에 걸쳐 끊어질 수 없는 가장 깊은 원수。

【三仙粥:삼선죽】 실백·복숭아씨·郁李仁 따위에 쌀가루를 넣고 쑨 죽。

【三性:삼성】 《佛》사람의 세 가지 성품。 곧 善性·惡性·無記性。

【三省:삼성】 ❶세 가지 일을 반성함。 혹은 자주 반성함。 『論語·學而』 吾日ㅡㅡ吾身爲人謀不忠乎。 ❷《制》唐 時代의 中書省·尙書省·門下省의 세 관청。

【三聖:삼성】 ❶세 聖人。 ㉠堯·舜·禹。 ㉡文王·武王·周公。 ㉢孔子·老子·顔回。 ❷釋迦·孔子·예수。

【三聖教:삼성교】 《宗》우리 나라의 고유한 종교의 하나。 곧 桓因·桓雄·桓儉을 숭배하는 종교。 大倧敎。

【三姓穴:삼성혈】 《地》濟州邑 東門 밖에 있는 굴。 高·夫·良 三神이 나타났다는 傳說이 있는 곳。

【三世:삼세】 ❶祖·父·子 혹은 父·子·孫의 三代。 ❷《佛》전생·이승·저승。

【三世十方:삼세십방】 《佛》끝 없는 시간과 공간을 일컬음。

【三世了達:삼세요달】 《佛》부처의 슬기로 과거·현재·미래의 삼세의 道理를 밝게 달관함。

【三世因果:삼세인과】 《佛》과거는 현재의 因、 현재는 과거의 果、 현재는 미래의 因、 미래는 현재의 果로、 삼세의 선악 업보의 인과 관계。

【三歲志八十至:삼세지팔십지】 《國》 《喩》習性은 고치기 어렵다는 뜻。 세 살 적 버릇이 여든까지 감。 『靑莊館全書』。

【三蘇:삼소】 ❶北宋의 大文章家인 蘇洵(소순)과 그의 두 아들 軾·轍。 ❷高麗 때 開城 주변의 세 蘇地。 곧 左蘇(白嶽山、 지금의 長湍 白鶴山)·右蘇(白馬山、 지금의 開豊郡 大聖面)·北蘇(箕達山、 지금의 新溪 동쪽)。 高麗 明宗 때 여기에도 蘇宮을 짓고 王이 巡駐하였음。

【三小月:삼소월】 음력으로 작은 달이 세 번이나 연거푸 드는 것。 ↕三大月。

【三損友:삼손우】 사귀어 손해가 될 세 가지 벗。 편벽한 便辟友、 착하기만 하고 줏대가 없는 善柔友、 말만 잘하고 성실하지 못한 便佞友。 ↕三益友。

【三水邊:삼수변】 漢字 왼 편에 붙는 氵의 이름。

【三旬:삼순】 한 달의 上旬·中旬·下旬。 『周禮』國中一旬、 郊二旬、 野ㅡㅡ。

【三旬九食:삼순구식】 한 달에 아홉 끼니 밖에 못 먹음。 《轉》아주 가난함。

【三乘:삼승】 ❶《數》같은 수나 식 셋을 제곱함。 또 그 결과로 얻은 수。 세 제곱。 ❷《佛》중생을 태우고 生死의 바다를 건넘에 있어서의 세 가지의 교법。 곧 聲聞乘·緣覺乘·菩薩乘。

【三升布:삼승포】 석 새 삼베。

【三始:삼시】 정월 초하루의 아침。 年·月·日의 처음이란 뜻。 三元。 『漢書』今日蝕於ㅡㅡ、 誠可畏懼。

【三施:삼시】 《佛》재산과、 입을 것과、 먹을 것을 베푼다는「財施」와、 說敎를 베푼다는「法施」와、 앓는 이나 외로운 이에게 慰勞를 베푼다는 無畏施의 총칭。

【三時:삼시】 ❶농사를 짓는 데 중요한 시기。 곧 春耕·夏耘·秋收를 말함。 『左傳』ㅡㅡ不害。 ❷학문하는 데의 세 시기。 곧 一生 중의 시기、 一년 중의 시기、 一일 중의 시기。 ❸《佛》正法·像法·末法의 三時。 ❹朝·晝·晩。 ❺과거·현재·미래。 ❻세시(오전·오후)。

【三豕渡河:삼시도하】 글자를 誤讀·誤用함。 己亥渡河를 三豕渡河라고 읽었다는 故事。 『呂氏春秋·察傳』。

【三時業:삼시업】 《佛》이승에서 업을 지어 가지고 이승에서 받는 업과인 順現業과、 저승에 가서 받는 업과인 順次業과、 다시 태어난 뒤에 받는 업과인 順後業의 세 業界의 總稱。 三時報。

【三時念佛:삼시염불】 《佛》새벽·낮·저녁의 세 때에 하는 염불。

【三識:삼식】 《佛》사람의 마음이 自性淸淨함을 眞識、 一切諸法을 나타내는 근본적인 마음을 現識、 外境을 식별·인식하는 마음을 分別事識이라고 하여 이 세 가지 心識。

【三神:삼신】 《國》❶우리 나라의 땅을 마련했다는 桓因·桓雄·桓儉의 三神。 ❷아기를 점지한다는 세 신령。 三神靈。

【三神山:삼신산】 神仙이 살고 있다는 세 山。 곧 中國傳說에 나오는 蓬萊·方丈·瀛州의 세 山이라는 바、 一說에는 우리 나라의 金剛山·智異山·漢拏山이 이 三神山이라고도 함。 『史記』蓬萊·方丈·瀛州 此三者、 在勃海中。 三山。

【三審制度:삼심제도】 《法》국민의 권리 보호를 신중히 하려고 訴訟 當事者나 소송 관계인이 한 사건에 대해서 세 번의 심리 재판을 청구할 수 있는 제도。

【三十六計:삼십륙계】 ❶노름에서 物主가 맞힌 사람에게 살 돈의 三六 倍를 주는 노름。 ❷빵소니。 많은 꾀。

【三十六計走爲上計:삼십륙계주위상계】 형세가 不利할 때는 어름어름하기보다 달아나는 것이 제일 좋다는 뜻。

【三十三身:삼십삼신】《佛》관세음보살이 중생을 구하려고 變身해서 나타나는 三三 가지의 化身。
【三十成道:삼십성도】《佛》釋迦如來가 서른 살이 되어서 大道를 이룬 일。
【三十一本山:삼십일본산】《佛》우리나라 三一個所에 있는 佛教 本山인 절〔寺〕을 일컬음。
【三十輻共一轂:삼십폭공일곡】《喩》虛空無爲를 존중해야 된다는 老子의 教。서른 개의 바퀴살이 하나의 바퀴통에 모이는데 바퀴통 자체의 속은 비어 있으나 굴대가 돌게 됨。『老子·十一』——、當其無、有車之用。
【三椏:삼아】《植》人蔘。
【三樂:삼악】雅樂·鄕樂·唐樂의 總稱。
【三惡道:삼악도】《佛》악인이 죽어서 간다는 세 괴로운 세계。곧 地獄道·畜生道·餓鬼道。三惡趣。
【三惡聲:삼악성】세 가지 듣기 싫고 흉한 소리。곧 招魂하는 소리와 불이 나서 외치는 소리와 도둑을 튀기는 소리。↕三喜聲。
【三陽:삼양】❶易의 卦의 세 陽爻(양효)。❷《醫》手足에 있다는 太陽·小陽·陽明。
【三養:삼양】福·氣·財의 세 가지를 길러 늘이는 일。『群談採餘』有——之說、一日安分以養福、二日寬胃以養氣、三日省費以養財。
【三言詩:삼언시】句 마다 석 자씩으로 된 漢詩。三言만으로의 詩는 漢의 安世에서 비롯함。
【三業:삼업】《佛》❶身·口·意에서 오는 善惡의 행동。❷貪欲·瞋恚(진에)·愚痴(우치)의 세 罪業。
【三餘:삼여】讀書하기 좋은 세 여가。곧 겨울은 한 해의 남음、밤은 하루의 남음、흐리고 비오는 날은 개인 날의 남음임。『庾信·詩』。
【三易:①삼역 ②삼이】❶連山·歸藏·周易。❷文章을 지을 때 留意해야 할 세 가지 법칙。곧 쉬운 글을 써서 보기 쉽도록、글과 글의 뜻을 알기 쉽도록、읽기 쉽도록。『顏氏家訓』文章當從——、易見事、易識字、易讀誦。
【三易姓:삼역성】세 번 姓을 바꿈。外孫女가 자식을 낳은 것을 이름。
【三五:삼오】❶열 다섯。❷보름。❸나이가 젊음。❹三皇五帝의 略。❺별 이름。心星과 噣星。『詩經』嘒彼小星、——在東。
【三五夜:삼오야】보름날 밤。특히 八월 보름날 밤。
【三五七言詩:삼오칠언시】詩體의 한 가지。한 首의 詩가 三字句 두 개·五字句 두 개·七字句 두 개의 차례로 된 것。唐의 李太白이 시작함。
【三畏:삼외】君子가 두려워하고 조심하는 세 가지。곧 天命·大人·聖人之言。『論語·季氏』君子有——畏天命、畏大人、畏聖人之言。
【三欲:삼욕】《佛》飮食欲·睡眠欲·淫欲。
【三友:삼우】❶친하게 할 수 있는 세 가지。곧 ㉠詩·酒·琴。㉡山水·松竹·琴酒。㉢松·竹·梅。❷利益되는 세 벗과 損害되는 세 벗。『論語·季氏』友直友諒友多聞益矣、友便辟友善柔友便佞損矣。
【三虞:삼우】父母의 장례를 마친 뒤、세 차례의 虞祭。곧 初虞·再虞·三虞의 祭。(虞는 安의 뜻)。
【三虞祭:삼우제】장사 치르고 나서 세 번째 지내는 제사。三虞。
【三原色:삼원색】모든 빛깔의 바탕이 되는 빨강·노랑·파랑。
【三月:삼월】한 해의 세째 되는 달。
【三位:삼위】《宗》基督教에서 聖父·聖子·聖神을 일컬음。
【三位一體:삼위일체】❶《宗》基督教에서 聖父·聖子·聖神을 동일한 神格으로 여기는 教義。❷세 가지의 것이 서로 연관·통합하여 목적하는 것의 하나가 되는 일。
【三由:삼유】《制》벼슬아치가 말미를 세 번씩 延期하기를 청하던 일。
【三有生死:삼유생사】《佛》欲界·色界·無色界의 삼계를 流轉하는 보통 사람들의 生死。
【三隱:삼은】《歷》高麗末 儒學의 大家이며 高風忠節로 이름난 牧隱 李穡·圃隱 鄭夢周·冶隱 吉再를 아울러 일컬음。
【三衣一鉢:삼의일발】《佛》僧侶의 소지품인 三衣와 한 개의 바리때。
【三益友:삼익우】사귀어 이로운 세 가지 벗。곧 正直한 사람、誠實한 사람、多聞한 사람。↕三損友。
【三人成市虎:삼인성시호】세 사람이 짜면 범이 나왔다는 거짓말도 할 수 있음。『戰國策·秦策』。
【三人行必有我師:삼인행 필유아사】세 사람이 같이 일을 하면 좋은 것은 본받고 나쁜 것은 경계하여 善惡間에 반드시 스승이 될만한 이가 있음。
【三日:삼일】❶사흘。❷사흘 동안。❸해산을 한 지 사흘 되는 날。❹主日 후 사흘째 곧 水曜日에 예배하는 날을 말함。
【三日新行:삼일신행】혼례를 마친 지 三일 만에 하는 혼행。
【三一兩勝:삼일양승】승부를 결할 때 세 판에 두 번을 이김。
【三日禮拜:삼일예배】《宗》매주 수요일 밤에 모이는 기도회。
【三一運動:삼일운동】《歷》己未運動。
【三日葬:삼일장】죽은 지 사흘 만에 지내는 장사。
【三一節:삼일절】기미 운동을 기념하는 국경일。三월 一일。
【三日點考:삼일점고】《制》守令이 부임한 뒤 사흘 만에 官屬을 점고하던 일。
【三日酒:삼일주】담근 지 사흘 만에 먹게 되는 술。
【三日天下:삼일천하】권세의 허무함을 일컫는 말。극히 짧은 기간 정권을 잡았다가 失權함의 비유。
【三子:삼자】❶老子·莊子·列子。❷孟子·荀子·楊子。
【三者:삼자】對話者 이외의 사람。第三者。
【三字獄:삼자옥】莫須有의 獄。어물어물 처리한 獄事。《故》宋의 秦檜가 岳飛를 죄로 몰 때 韓世忠이 죄를 물으니 그런 일이 있지 않겠느냐(莫須有)고 대답했다는 故事。『宋事·岳飛傳』。
【三昨年:삼작년】그끄러께。
【三昨夜:삼작야】그끄저께 밤。
【三昨日:삼작일】그끄저께。
【三匝:삼잡】세 둘레。세 겹。
【三長:삼장】역사가가 됨에 필요한 세 가지의 장점。곧 재주·학문·식견。『唐書』史有——、才學識、世罕兼之。
【三章:삼장】前漢의 高祖가 정한 三條의 法律。《轉》簡明한 규칙。『史記』殺人者死、傷人及盜、抵罪。
【三長六齋日:삼장육재일】《佛》음력 정월·오월·구월의 각 초하루와 보름날。
【三才:삼재】❶天·地·人。❷얼굴의 세 부분。곧 額門·準頭·地角。↓三正。
【三災:삼재】❶水災·火災·風災。❷刀兵·饑饉·疫癘(역려)。
【三宰:삼재】《國》左參贊의 別稱。
【三載:삼재】=三年。
【三才圖會:삼재도회】《書》一〇六권。明代 王圻(왕기) 지음。天文·地理·人物을 그림으로써 설명한 일종의 百科事典。
【三災不入之地:삼재불입지지】난리·병·기근이 침범 못한다는 땅。
【三齋月:삼재월】《佛》음력 정월·오월

·구월의 석달 三長齋月。 「난。
【三災八難：삼재팔난】《佛》삼재와 재
【三田渡：삼전도】《地》京畿道 廣州郡 漢江 연안에 있는 나루。李朝 仁祖 一五년(一六三七)에 이곳에 受降壇을 쌓고、임금이 淸 太宗에게 항복한 곳임。
【三戰三走：삼전삼주】세 번 싸워서 세 번 달아남。『史記·管仲傳』。
【三絕：삼절】❶詩·書·畫에 뛰어남。❷세 首의 絕句。❸세 번 끊어짐。
【三切菜：삼절채】도라지·돼지 고기·배의 세 가지를 썰어 넣어 만든 나물。
【三丁：삼정】농삼장。
【三政丞：삼정승】《制》領議政·左議政·右議政。三公。
【三際：삼제】《佛》過去·現在·未來。
【三諦：삼제】《佛》진리 파악의 세 단계。因緣法에 의하여 空이라는 空諦와、空의 이치에 말미암은 현상인 假의 相이라는 假諦와、空·假 어느 쪽에도 치우치지 않는 중도가 으뜸가는 진리라는 中諦。
【三造對質：삼조대질】《國》原告·被告·證人이 모여하는 무릎맞춤。三造對面。
【三族：삼족】❶父母·兄弟·妻子。❷父母·兄弟·子孫。❸親系·母系·妻系。
【三族之罪：삼족지죄】죄를 범한 본인과 함께 삼족을 벌하는 죄。
【三從：삼종】❶부인이 지켜야 할 도리。어렸을 때는 부모를、출가 하여는 남편을、남편이 죽은 뒤에는 아들을 좇아야 한다는 것。『儀禮·喪服傳』。❷三從兄弟。高祖가 같고 曾祖가 다른 兄弟。八寸。
【三從孫：삼종손】칠촌 조카의 아들。
【三從嫂：삼종수】팔촌 형제의 아내。
【三從叔：삼종숙】아버지의 팔촌 형제。구촌 아저씨。
【三從氏：삼종씨】❶자기 삼종형을 남에게 말할 때 쓰는 말。❷남의 삼종형제의 尊稱。
【三從依托：삼종의탁】＝三從之義。
【三從弟：삼종제】팔촌 동생。 「제。
【三從祖：삼종조】할아버지의 육촌 형
【三從之義：삼종지의】봉건 시대의 여자의 도리。어려서는 아버지를、시집가서는 남편을、남편이 죽은 후에는 자식을 좇으라는 것。
【三從姪：상종질】九寸 조카。곧 八寸 형제의 아들。
【三從兄：삼종형】八寸 형。
【三從兄弟：삼종형제】재종숙의 자녀。高祖가 같고 曾祖가 다른 형제。八寸。

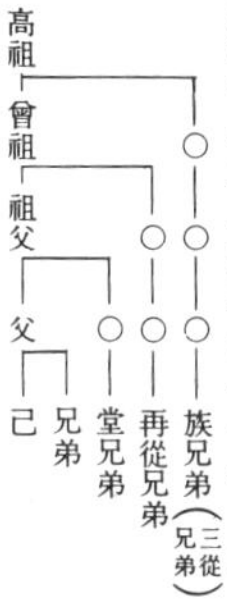

【三酒：삼주】事酒·昔酒·淸酒의 總稱。
【三周忌：삼주기】＝三回忌。
【三竹：삼죽】❶笛·笙·觱篥의 세 관악기。❷三笒。
【三準：삼준】세 번째 보는 교정。三校。
【三重：삼중】세 겹。
【三重水素：삼중수소】《化》原子核에 두 개의 중성자와 한 개의 양성자가 내포되어 있는 특수한 重水素。
【三重酒：삼중주】세 번을 빚어서 정제한 술。
【三重奏：삼중주】《樂》각각 독립된 세 개의 악기에 의한 합주。피아노·바이올린·첼로로 된 것을 특히 피아노 삼중주라 함。
【三重唱：삼중창】《樂》소리를 세 부분의 목소리로 나누어 부르는 중창。
【三知：삼지】道를 알게 되는 세 단계。나면서 아는 生知、배워서 아는 學知、애써서 아는 困知。
【三智：삼지】《佛》眞如의 본체를 아는 眞智、자기의 無明을 깨달아 번뇌를 끊는 內智、고금에 통하고 俗事에 밝은 外智。
【三指：삼지】줌손 아래의 세 손가락。
【三眞：삼진】《宗》대종교에서 말하는、사람이 나면서 받은 세 가지 참된 것。곧 性·命·精。
【三叉：삼차】세 가닥。세 갈래。『蘇軾』溪邊古路――ロ。
【三次：삼차】❶세 차례。《數》❷冪數가 三인 次。
【三次方程式：삼차방정식】《數》未知數의 가장 높은 冪을 가진 項이 三차인 방정식。
【三次色：삼차색】두 빛깔을 섞은 이차색에 다른 빛깔을 한 가지 더 섞은 빛깔。
【三叉神經：삼차신경】《生》腦神經의 하나。眼신경·上顎신경·下顎신경으로 나누임。
【三次元世界：삼차원세계】《物》차원이 셋인 空間의 현실적 세계。
【三唱：삼창】세 번 소리 높이 부름。
【三彩：삼채】세 가지 잿물로 된 도자기。
【三尺：삼척】❶석 자。❷劍。(길이가 약 석자임)。『漢書』提――取天下。❸法律。(옛날에 석 자의 대쪽에 법률을 기록했음)。『史記』不循――法。❹刑具의 이름。(두 발의 복사뼈 사이에 끼워서 고통을 줌)。
【三尺童子：삼척동자】어린아이。三尺은 작은 형용。『胡詮』夫――、至無知也。
【三尺髥食令監：삼척염식령감】《國》아수염이 석자라도 먹어야 영감임。《喩》아무 것도 없는 가난한 사람이 점잖은 척만 하면 못쓴다는 뜻。『靑莊館全書』。
【三遷：삼천】❶세 번 옮김。❷《故》孟子의 교육을 위하여 그 어머니가 세 번이나 거처를 옮겼다는 故事。孟母三遷之敎。『烈女傳』。
【三千宮女：삼천궁녀】《歷》百濟가 망할 때 왕족과 더불어 낙화암에서 떨어져 백마강에 빠져 죽었다는 궁녀들。
【三千里：삼천리】《國》우리 나라。三千里江山。三千里疆土。
【三千里江山：삼천리강산】우리 나라의 온 땅。
【三千里疆土：삼천리강토】우리 나라의 온 강토。
【三千萬：삼천만】우리 나라의 인구 수에서 온 말로 우리 국민 전체를 가리키는 말。
【三千世界：삼천세계】《佛》넓은 세상。이 세상。三千大千世界。
【三疊紙：삼첩지】《國》백지보다 두껍고 크고 누르께 한 종이의 한 가지。
【三靑：삼청】《美》하늘 빛처럼 푸른 빛깔의 眞彩。
【三請：삼청】노래 따위를 한 사람에게 연달아 세 번째 청함。
【三廳冷埃：삼청냉돌】《國》불을 때지 않던 禁軍의 三廳。《喩》차디찬 방。
【三焦：삼초】《醫》漢方에서 말하는 六腑의 하나。상·중·하로 나누어 심장 아래를 상초、胃 아래를 중초、방광 위를 하초라 하여 소화와 배설을 맡는다 함。
【三寸：삼촌】❶세 치。❷아버지의 형제。
【三寸宅：삼촌댁】❶叔母의 別稱。❷삼촌의 집。
【三寸舌：삼촌설】짧은 혀。《轉》辯舌。『史記』今以――、爲帝者師。
【三秋：삼추】❶가을의 석 달。❷세 계절。아홉 달。❸三年。
【三春：삼춘】❶봄의 석 달。곧 孟春(음력 정월)·仲春(二월)·季春(三월)。❷세 해의 봄。즉 三개년。
【三春柳：삼춘류】《植》능수버들。
【三娶：삼취】세 번째 장가 들음。또는 그 아내。三室。

【三層:삼층】 세 층. 세째 층.
【三親:삼친】 夫婦·父子·兄弟.
【三七日:삼칠일】 ❶死後 二一日째. ❷出産後 二一일째. ❸二一일 동안. 또는 二一일째.
【三歎:삼탄】 감탄하여 몇 번이나 칭찬함.
【三胎:삼태】 세 쌍둥이.
【三胎生:삼태생】 한 태에 세 아이를 낳음. 또 그 아이.
【三台星:삼태성】 上台星·中台星·下台星의 세 별. 『後漢書』三公在天爲一一.
【三浦:삼포】 《歷》李朝 世宗 때 倭人들에 대한 懷柔策으로 開港한 熊川의 薺浦, 東萊의 釜山浦, 蔚山의 鹽浦를 일컬음. 이 세 곳에 倭館을 두고 倭人의 交通·居留·交易의 處所로 삼았음.
【三圃式:삼포식】 《農》농지를 셋으로 나누어 그 삼분지 일씩을 해마다 번갈아 가며 休耕地로 하는 耕作 방식.
【三品:삼품】 ❶金·銀·銅. ❷漢代의 화폐인 龍幣·馬幣·龜幣. ❸《佛》極樂의 세 계급인 上品·中品·下品의 總稱.

漢武帝三幣(金石索)

【三夏:삼하】 ❶여름 석 달. ❷세 해의 여름. 즉 三年.
【三學士:삼학사】 《歷》李朝 丙子胡亂 때 主戰論을 주장한 세 斥和臣. 尹集·吳達濟·洪翼漢의 일컬음.
【三瀚:삼한】 ＝三旬.
【三韓:삼한】 《歷》❶馬韓·辰韓·弁韓. ❷百濟·高句麗·新羅.
【三韓甲族:삼한갑족】 《國》 대대로 문벌 높은 집안.

【三寒四溫:삼한사온】 겨울철에 韓國·滿洲·中國 등지에서, 三일 가량 추운 날씨가 계속하였다가 다음에는 四일 가량 따뜻한 날씨가 계속하는 週期的인 氣候 現象.
【三韓重寶:삼한중보】 《歷》高麗 중엽에 쓰던 엽전 이름의 하나.
【三韓通寶:삼한통보】 《歷》高麗 肅宗 때에 쓰던 엽전 이름의 하나.
【三緘:삼함】 《佛》몸과 입과 뜻을 삼가라는 뜻으로 절방의 벽에 써 붙이는 글.
【三合米飮:삼합미음】 해삼·홍합·精肉 따위를 섞어 쑨 미음.
【三合絲:삼합사】 세겹 실.
【三項式:삼항식】 《數》多項式의 하나. 항이 셋인 整數式.
【三行:삼행】 ❶三道. ❷신랑이 세 번째로 처가에 가는 인사.
【三獻:삼헌】 제사 때 잔을 세 번 드리는 初獻·亞獻·終獻.
【三絃:삼현】 伽倻琴·唐琵琶·거문고.
【三絃琴:삼현금】 현이 셋인 거문고.
【三懸鈴:삼현령】 《制》매우 급한 公文을 발송할 적에 봉투에 동그라미 세 개를 찍던 일.

三絃琴(清會典圖)

【三絃六角:삼현육각】 삼현과 육각.
【三形:삼형】 《地》지리학에서 분류하는 땅의 세 가지 형태. 곧 高地·下地·平地.
【三慧:삼혜】 《佛》經典을 들어서 아는 聞慧, 진리를 생각하여 아는 思慧, 禪定을 닦아서 아는 修慧의 세 가지 지혜.
【三惑:삼혹】 《佛》도를 닦는 데 장애되는 세 가지 번뇌. 見思惑·塵沙惑·無明惑.
【三魂七魄:삼혼칠백】 사람의 혼백을 통틀어 이르는 말.

【三和音:삼화음】 세 개의 음으로 이루어진 화음.
【三皇五帝:삼황오제】 伏羲·神農·女媧의 三皇과 黃帝·顓頊(전욱)·帝嚳(제곡)·堯·舜의 五帝. 혹은 黃帝 대신에 少昊를 넣음.
【三回忌:삼회기】 《佛》사람이 죽은 뒤, 만 二년 만에 맞이하는 제삿날. 三周忌.
【三回裝:삼회장】 여자 저고리의 깃, 소매 부리, 겨드랑이에 갖추어 댄 회장.
【三喜聲:삼희성】 다듬이 소리, 글 읽는 소리, 갓난아이의 우는 소리의 세 가지 기쁜 소리.
◎再一, 朝一.

【上】 (상)

漢 養 ジョウ、うえ、あげる upper ㄕㄤˋ shàng

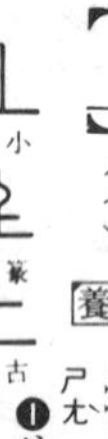
小篆 篆文 古文

❶위상, 높을 상. (下之對). 〔雲笈七籤〕上方九天之一. ❷물건의 위상. 〔十八史略西漢〕羽爲高俎, 置太公其一. ❸바깥상(外也). ❹임금상(君也). 〔史記 魏其傳〕一初即位富春秋. ❺윗사람상. 〔孝經 士章〕忠順不失, 以事其一. ❻뛰어나서 좋을상. ❼오를상(昇也). 〔莊子 逍遙遊〕有鳥其名爲鵬, 云云, 搏扶搖羊角而一者九萬里. ❽드릴상(進也). 〔韓愈 復上宰相書〕向一書及所著文.

【上價:상가】 웃돈.
【上坎:상감】 ❶易의 坎卦의 上의 坎. ❷《中》입천장.
【上監:상감】 《國》임금의 尊稱.
【上甲:상갑】 초하루. (甲은 初의 뜻).
【上客:상객】 지위가 높은 손님. 상좌에 모실 만한 손님. 上賓. 『戰國策』乃延入爲一一.

【上件:상건】 품질이 제일 좋은 물건.
【上揭:상게】 위에 게시함.
【上京:상경】 ❶渤海 五京의 하나. 龍泉府. 出府. ❷서울. ❸서울로 올라감.
【上界:상계】 《佛》부처가 있는 곳. 天上界. 〔張九齡〕一一投佛影, 中天揚梵音.
【上計:상계】 훌륭한 計略. 上策.
【上啓:상계】 朝廷에 아룀.
【上古:상고】 옛날. 太古. 『易經』一一結繩而治.
【上考:상고】 官員의 성적이 가장 우량한 사람. 『唐書·選擧志』.
【上告:상고】 ❶《法》上級裁判所에 내는 上訴. ❷웃사람에게 고함.
【上告法院:상고법원】 《法》상고심을 하는 법원. 곧 대법원.
【上古史:상고사】 《歷》상고 시대의 역사. 《國》단군 시대로부터 三韓 시대까지의 歷史.
【上告下布:상고하포】 《制》나라에 중대한 일이 있을 때, 宗廟에 아뢰고, 국민에게 널리 공포하던 일.
【上官:상관】 웃자리의 관원. 『後漢書』善事一一無失名擧.
【上卷:상권】 두 권이나 세 권으로 가른 책 중의 첫째 권.
【上卦:상괘】 가장 좋은 점괘. ↔下卦.
【上級:상급】 ❶윗 등급. 웃 계급. 높은 계급. ❷웃 학급. ↔下級.
【上級法院:상급법원】 《法》下級에 있는 법원을 지휘 감독하는 법원. 지방법원에 대해서는 고등법원이고, 고등법원에 대해서는 대법원임. ↔下級法院.
【上級生:상급생】 학년이 높은 학생. ↔下級生.
【上級審:상급심】 《法》상급 법원에서 하는 上송의 審理.
【上記:상기】 위쪽에 기록된 것.

【上氣：상기】 피가 뇌로 모여 얼굴이 붉어지는 현상。
【上納：상납】 정부에 세금 따위를 바침。
【上年：상년】 지난 해。
【上農：상농】 규모가 크게 농사를 짓는 농부。또는 農家。
【上段：상단】 글의 첫째 단。↔下段。
【上端：상단】 위 쪽 끝。↔下端。
【上達：상달】 ❶학문이나 기술이 진보함。❷웃사람에게 말이나 글로 여쭈어 알게 함。↔下達。
【上答：상답】 웃 사람에게 대답함。↔下答。
【上畓：상답】 上等畓의 略語。
【上代：상대】 ❶옛날。❷祖上。
【上德：상덕】 어른에게서 받는 은덕。
【上途：상도】 길을 떠남。출발함。
【上同：상동】 同上。위와 같음。
【上等：상등】 높은 등급。↔下等。
【上等畓：상등답】 썩 좋은 논。
【上等田：상등전】 썩 좋은 밭。또는 썩 좋은 논밭。
【上等痛悔：상등통회】 (宗)범죄를 뉘우치는 심리의 한 형태。
【上略：상략】 머리말을 생략함。
【上樑：상량】 ❶마룻대를 올림。❷집을 지을 때 기둥에 보를 얹고 그 위에 마룻대를 올리는 일。
【上樑文：상량문】 상량을 축복하는 글。
【上樑式：상량식】 상량 때 베푸는 의식。
【上漏下濕：상루하습】 비가 새고 습기가 오르는 집。곧 허술하고 가난한 집을 일컬음。『莊子』原憲居魯、環堵之室云云、──、匡坐而弦。
【上流：상류】 ❶강물의 근원에 가까운 곳。『左傳』我得──、何故不吉。❷사회에 있어서 지위·생활 정도·교양 등의 높은 계급。*中流·下流。
【上流社會：상류사회】 신분·지위·생활 정도 따위의 높은 층의 사회。
【上陸：상륙】 배에서 내려 뭍에 오름。
【上陸作戰：상륙작전】 (軍)敵地에 상륙할때 海空軍과 협력하여 행하는 작전。육군이 바다를 격하여 있는 적지에 해공군의 협력을 얻어 상륙하는 작전。
【上面：상면】 위로 향한 쪽의 겉 면。
【上命：상명】 임금의 명령。상관의 명령。
【上木：상목】 ❶版木에 올림。❷출판함。❸품질이 좋은 무명베。또는 나무。
【上文：상문】 한 편의 글에 있어서 앞 부분의 글。
【上聞：상문】 임금이 듣게 함。
【上味：상미】 음식의 좋은 맛。음식의 맛이 매우 좋음。
【上米：상미】 품질이 좋은 쌀。↔下米。
【上米廛：상미전】 (國)옛날 서울 종로 서쪽에 있던 싸전。
【上膊：상박】 (生)팔꿈치에서 어깨까지의 사이。上肢의 윗 부분。上腕。
【上盤：상반】 (鑛)광맥의 위 쪽에 있는 母岩。↔下盤。
【上半：상반】 윗 절반。
【上半期：상반기】 ❶일 년을 둘로 나눈 그 앞 동안。❷어느 기간을 둘로 나눈 그 앞 동안。↔下半期。
【上半部：상반부】 둘로 나눈 중간에서 윗 부분。↔下半部。
【上半身：상반신】 몸뚱이의 윗쪽 반。허리 윗 부분。↔下半身。
【上白是：상백시】 (國)어른에게 올리는 편지의 머리 또는 끝에 사뢰어 올린다는 뜻으로 쓰는 문투。상사리。
【上番：상번】 (制)❶군인이 당번이 되어 들어감。❷當直者 중의 웃자리에 있는 사람。『杜甫』會須──看成竹。
【上變：상변】 急變을 上告함。『史記·淮陰侯傳』。
【上峰：상봉】 가장 높은 산봉우리。
【上奉下率：상봉하솔】 웃사람을 봉양하고 아랫사람을 거느림。
【上部：상부】 ❶윗 쪽의 부분。❷보다 위의 職位나 관청。↔下部。
【上賓：상빈】 =上客。
【上士：상사】 ❶(制)周代의 벼슬 이름。『孟子』──一位、中士一位、下士一位。❷선비 가운데 어진 사람。『老子』──聞道、勤而行之。❸군대의 한 계급。❹(佛)자신도 이롭게 하고 남도 이롭게 하는 사람。곧 菩薩。
【上巳：상사】 ❶음력 三월의 첫 巳日。동쪽으로 흐르는 물에 가서 재앙을 떠는 일을 하는 風俗이 있음。삼짇날。『後漢書』。❷뒤에 三월 三일로 바뀜。『宋書』自魏以後、但以三月三日、不以巳也。
【上司：상사】 상급 관청。상급 관리。
【上舍：상사】 ❶좋은 집。甲第。❷(制)㉠宋代 大學 三舍 가운데의 하나。㉡淸代 國子監의 학생。❸(國)㉠生員。㉡進士。
【上相：상상】 (國)領議政。
【上殤：상상】 (國)나이가 一五세에서 二○세 안쪽이 되는 소년으로서 장가 들지 않고 죽는 것。또는 그 사람。
【上上件：상상건】 上件 중의 상건。곧 좋은 것 가운데서도 썩 좋은 것。
【上上品：상상품】 上品 중의 상품。최상품。
【上書：상서】 글을 올림。
【上席：상석】 윗 자리。위 되는 벼슬 자리。上座。
【上船：상선】 배에 오름。배를 탐。『杜甫』天子呼來不──。
【上仙：상선】 ❶昇天하여 신선이 됨。『莊子·天地』。❷귀인이 죽음。上僊。上眞。
【上聲：상성】 漢字 四聲의 하나。처음이 낮고 끝이 높아지는 소리。
【上世：상세】 ❶上古。❷윗 代。
【上消：상소】 (醫)목이 마르고 식욕이 줄어가는 병。
【上疏：상소】 임금에게 글을 올림。奏疏『通典』有所陳、皆曰──。
【上訴：상소】 ❶위에 하소연함。『杜甫』眞宰──天應泣。❷(法)不服 申請 절차의 한 가지。재판 확정 전에 상급 법원에 再審을 구하는 일。
【上訴權：상소권】 (法)상소를 할 수 있는 소송법상의 권리。
【上訴法院：상소법원】 (法) 상소하는 사건을 심리하는 상급 법원。
【上手：상수】 ❶윗 쪽。앞 쪽。❷한결 높은 솜씨나 재주。또는 그 사람。『顏氏家訓』卜筮十中六七、以爲──。
【上壽：상수】 나이 一○○세。→三老。
【上數：상수】 제일 좋은 계책。上計。
【上水：상수】 ❶배가 흐름을 거슬러 올라감。↔下水。❷飮料로 쓰기 위하여 水道管을 통하여 보내는 맑은 물。
【上水道：상수도】 도시의 음료수를 계통적으로 급수하는 설비。↔下水道。
【上旬：상순】 초하루부터 초열흘까지의 동안。上澣。初旬。上浣。↔中旬·下旬。
【上脣：상순】 윗 입술。↔下脣。
【上述：상술】 위에 말함。미리 말함。
【上昇：상승】 위로 올라감。↔下降。
【上昇莖：상승경】 (植)다른 물건에 의지하여 위로 올라가는 덩굴의 줄기。곧 담쟁이 따위。
【上昇氣流：상승기류】 ❶공기가 위로 流動하는 현상。❷상승하는 기류。
【上食：상식】 (國)喪家에서 아침 저녁으로 영좌에 차려 놓는 음식。
【上申：상신】 經緯나 의견을 관청이나 웃사람에게 베풀어 여쭘。
【上申書：상신서】 상신을 적은 문서。

【上顎骨:상악골】 《生》頭蓋骨의 한 부분으로 입천장을 구성한 한 쌍의 뼈.

【上演:상연】 연극을 무대에서 實演함.

【上椽:상연】 《建》마룻대에서 양 편으로 急傾斜지게 거는 서까래.

【上映:상영】 映畵를 公開함.

【上午:상오】 午前.

【上屋:상옥】 船貨의 보호 분별 따위를 위하여 埠頭에 지은 건물.

【上浣:상완】 =上旬.

【上王:상왕】 太上王의 略語.

【上院:상원】 兩院制 국회에서 국가 원로나 귀족이나 지도층의 사람으로 조직된 議決機關. 參議院. ↕下院.

【上元:상원】 ❶正月 보름의 別稱. ❷術數家가 말하는 第一甲子.

【上位:상위】 계급이 위가 되는 자리. 『易經』居ㅡㅡ而不驕.

【上諭:상유】 임금의 말씀.

【上游:상유】 ❶=上流. ❷지위가 높음. 『史記』古之帝者, 地方千里, 必居ㅡㅡ.

【上音:상음】 ❶우리가 보통 듣는 음의 대부분은 단순한 결을 가진 純音이 아니고, 몇 개의 순음이 모여서 된 複合音인바, 이 복합음 중 가장 진동수가 적은 음을 原音이라 하고, 그 나머지의 음을 上音이라 함. ❷넓은 뜻으로의 倍音. 『羅隱』非才忝ㅡㅡ.

【上衣:상의】 ❶저고리. ❷上體에 입는 옷. 『論語·疏』表謂加ㅡㅡ也.

【上意:상의】 ❶임금의 마음. 또는 명령. ❷웃 사람의 마음. ↕下意. 下情. 『漢書』人人自以爲得ㅡㅡ.

【上議院:상의원】 =上院.

【上衣下裳:상의하상】 위에 입는 옷과 아래에 입는 옷. 또는 저고리와 치마.

【上人:상인】 《佛》德이 높은 중. 중의 尊稱. 『釋氏要覽』. ❷훌륭한 사람. ❸어른. 주인.

【上日:상일】 ❶초하루. 『書經』正月ㅡ!、受終于文祖. ❷좋은 날. ❸출근하는 날. 當番 날.

【上梓:상자⇩상재】 文書를 版木에 새김. 《轉》출판함. 『康熙字典』. 「편지.

【上狀:상장】 敬意 또는 弔意를 표하는

【上將軍:상장군】 《制》❶新羅의 武官職. ❷高麗의 武官職. 각 軍營의 총 책임자. 二軍과 六衛의 으뜸 장수. 品階는 正三品. ❸李朝의 武官職. 義興親軍의 十衛에 딸린 총책임자 正三品. ❹全軍의 총대장. 位階는 大將軍과 下將軍의 중간.

【上才:상재】 뛰어난 재주. 또는 그 사람. 『高適』輶軒推ㅡㅡ.

【上裁:상재】 임금의 裁可. 상관의 결재.

【上田:상전】 좋은 土地. ↕下田.

【上典:상전】 《國》종에 대한 그 주인의 일컬음. ↕종.

【上程:상정】 議案을 회의에 내 놓음.

【上弔:상조】 목매어 죽음. 『吳下言攷』俗稱自經, 曰ㅡㅡ.

【上足:상족】 제자 가운데서 뛰어난 사람. (足은 제자를 스승의 발에 비유한 말). 高足. 高弟. 高足弟子.

【上簇:상족】 막 잠을 자고 난 누에를 섶이나 발에 올림. 누에를 올림.

【上座:상좌】 ❶웃 자리. 높은 자리. ❷《佛》덕이 높은 중. 住持·講師·禪師등.

【上佐:상좌】 《國》❶行者. ❷師僧의 代를 이을 사람 중에서 가장 높은 사람.

【上中下:상중하】 ❶위·가운데·아래. ❷上等·中等·下等의 일컬음.

【上旨:상지】 임금의 뜻. 上意. 『史記』皆倍其約, 以順ㅡㅡ.

【上知:상지】 뛰어난 지혜. 또는 그 사람. 「람. 聖人.

【上智:상지】 ❶가장 지혜가 뛰어난 사람. 또는 그 지혜. ❷《宗》天主의 知慧.

【上肢:상지】 《生》❶肩部·上膊部·前膊部·手部의 總稱. ❷두 팔. ↕下肢.

【上肢筋:상지근】 《生》상지에 붙어 그 운동을 주장하는 견갑근·상박근·전박근 및 수근의 모든 근육.

【上之上:상지상】 ❶《制》詩文을 꼲는 一二등급 중의 첫째 급. ❷가장 우수한 것.

【上肢運動:상지운동】 상지의 근육·골격·관절의 향상·발달·교정을 위하여 행하는 두 팔과 가슴과 허리의 운동.

【上之中:상지중】 詩文을 꼲는 一二등급 중에서의 둘째 급.

【上之下:상지하】 詩文을 꼲는 一二등급 중의 세째 급.

【上直:상직】 ❶하인들이 숙직함. ❷병자·시체들을 지키고 밤을 새움.

【上直婆:상직파】 《國》안방에서 부녀의 시중을 드는 노파. 상직군. 「질. 상길.

【上秩:상질】 여럿 중에서 제일 나은 품

【上饌:상찬】 아주 좋은 반찬.

【上唱:상창】 ❶노래의 목청 소리. ❷뛰어난 唱(창). 「❷=上表.

【上策:상책】 ❶제일 좋은 계책. 上計.

【上天:상천】 ❶하늘. 『詩經』ㅡㅡ同雲, 雨雪雰雰. ❷겨울 하늘. 『爾雅』冬爲ㅡㅡ. ❸天帝. ❹승천함.

【上天下地:상천하지】 위의 하늘과 아래의 땅. 곧 온 천지.

【上體:상체】 사람 몸의 웃도리. 上半身.

【上草:상초】 품질이 썩 좋은 살담배.

【上焦:상초】 가슴에서 머리까지의 범칭.

【上焦熱:상초열】 가슴에서 머리까지가 열이 생기고 목구멍이 부어 아픈 병.

【上衝:상충】 위로 치밀어 올림.

【上層:상층】 ❶위 층. ❷웃 계급.

【上層建築:상층건축】 《哲》唯物史觀에서 보는 모든 정신적 문화 현상.

【上層雲:상층운】 《天》六千米~萬二千米 상공에서 햇무리를 이루는 구름.

【上針:상침】 ❶좋은 바늘. ❷박이옷이나 보료·방석 등의 가장자리를 실밥이 드러나 보이게 꿰매는 것.

【上濁下不淨:상탁하부정】 웃물이 흐리면 아랫물도 맑지 않음. 《轉》웃 사람이 옳지 않으면 아랫 사람도 이를 본받아서 행실이 옳지 못함. 「곳. ↕下湯.

【上湯:상탕】 온천 안에서 제일 뜨거운

【上吐下瀉:상토하사】 위로는 토하고 아래로는 설사를 함. 吐瀉.

【上腿:상퇴】 《生》下肢의 윗 부분. 骨盤에서 무릎까지의 사이. ↕下腿.

【上篇:상편】 두 편 또는 세 편으로 된 책의 그 첫째 편. *中篇. 下篇.

【上平:상평】 ❶漢字 四聲 가운데서 平聲을 上·下로 나눈 한 가지. ❷현대 中國 발음의 四聲의 한 가지. 소리를 고르고 짧게 냄. ↕下平.

【上表:상표】 《制》임금께 表를 올림.

【上品:상품】 ❶家系가 좋음. 『晉書』ㅡ無寒門, 下品無勢族. ❷품위가 고상함. ❸좋은 물건. ❹《佛》최상의 극락정토.

【上皮組織:상피조직】 《生》신체의 표면·기관의 내면·體腔의 표면을 덮은 細胞性被膜.

【上下:상하】 ❶위와 아래. ❷높은 것과 낮은 것. ❸귀한 것과 천한 것. ❹웃 사람과 아랫 사람. 『孟子』ㅡㅡ交征利. ❺오름과 내림. 『韓愈』能使鬼神ㅡㅡ. ❻왔다 갔다 함. 往復.

【上下墳:상하분】 부부를 함께 아래 위에 쓴 무덤. 連墳.

【上下事不及:상하사불급】 두 가지 일이 다 失敗로 돌아감.

【上下相蒙:상하상몽】 웃사람과 아래 사람이 서로 속임.

【上下脣舌:상하순설】 남의 입길에 오르내림。남의 비평을 받음。
【上下葬:상하장】 부부를 같은 뫼자리에서 위 아래로 묻는 장사。
【上下之分:상하지분】 상하의 분별。
【上下撐石:상하탱석】 윗 돌 빼서 아랫돌 괴고、아랫 돌 빼서 윗 돌을 괨。《轉》일이 몹시 꼬이는데、임시 변통으로 이리저리 맞추어 나가는 일。
【上學:상학】 학교에서 그날의 공부를 시작함。↕下學。
【上學鐘:상학종】 학교에서 그날의 공부를 시작하는 시간을 알리는 종。
【上澣:상한】 =上旬。
【上項:상항】 윗 項目。上段。
【上海:상해】 《地》❶江蘇省에 있는 縣名。❷都市名。戰國時代 楚의 春申君의 封邑이었으므로 「申」이라고도 하고、또는 북쪽에 滬(호)라는 江이 있으므로 「滬」라고도 일컬음。淸의 道光 二三년 中英江寧條約으로 中國 제一의 港口가 됨。교통이 발달되고 상공업이 盛함。
【上行下效:상행하효】 웃 사람이 하는 짓을 아랫 사람이 본받음。
【上弦:상현】 음력 七·八일께의 달。활시위가 위 쪽을 향한 형상임。↕下弦。
【上血:상혈】 =吐血。
【上戶:상호】 ❶富者。❷술을 많이 마시는 사람。또는 술을 좋아하는 사람。【經史摘語】。❸《制》煙戶法의 등급의 하나。
【上皇:상황】 ❶天帝。【李白】稽首祈于ㅣㅣ。❷太上皇의 略稱。곧 자리를 물려준 皇帝。
【上候:상후】 ❶聖候。❷편지로 웃 어른의 안부를 물음。
◎計ㅣ、君ㅣ、無ㅣ、山ㅣ、世ㅣ、水ㅣ、年ㅣ、雲ㅣ、陸ㅣ、以ㅣ、引ㅣ、長ㅣ、呈ㅣ、頂ㅣ、紙ㅣ、至ㅣ、誌ㅣ、地ㅣ、進ㅣ、振ㅣ、天ㅣ、最ㅣ、向ㅣ、獻ㅣ。

【下】 ㊀(하) 馬 ㊁(하) 禡 カ、ゲ、した、さげる under ㄒㄧㄚ hsia⁴
丅 小篆 一 古文 草書
㊀❶아래하、밑하 (上之對)。【王勃 滕王閣序】ㅣ臨無地。❷낮을하(賤也)。㊁❶떨어질하(落也)。【史記】慷慨傷悵、泣數行ㅣ。❷내릴하(自上而ㅣ)。【十八史略】母投杼ㅣ機踰牆而走。❸하늘에서 떨어질하(降也)。【曹丕寡婦賦】陰雲曀兮雨未ㅣ。
【下嫁:하가】 《制》公主나 翁主가 귀족이나 신하에게로 시집감。【書經·疏】舜爲匹夫、帝女ㅣㅣ、以貴適賤。
【下瞰:하감】 아래로 내려다 봄。
【下鑑:하감】 어른께 글을 올려서 보기를 청함。
【下降:하강】 ❶아래로 내려 옴。↕上昇。【禮記】天氣ㅣㅣ。❷下嫁。
【下計:하계】 가장 못한 꾀。
【下界:하계】 ❶인간 세계。↕上界。【中黃眞經·註】成ㅣㅣ土地、皆是水氣橫凝扶住。❷인간 세상에 내려 옴。
【下官:하관】 ❶지위가 낮은 관원。❷관원의 자기 卑稱。
【下棺:하관】 관을 壙속에 내림。
【下關:하관】 《地》❶南京市 北門 밖의 揚子江의 동남 언덕。❷《日》시모노세끼。日本 本州島 끝에 있는 港口 도시。馬關이라고도 함。
【下顴:하관】 얼굴의 아래 쪽。
【下卦:하괘】 ❶주역의 六爻의 아래에 있는 세 괘。❷가장 흉한 占卦。
【下教:하교】 ❶傳教。❷웃 사람이 가르치어 보임。
【下九:하구】 매월 一九일。
【下卷:하권】 한 벌이 둘 또는 셋으로 된 책의 맨 끝 권。↕上卷。
【下剋上:하극상】 下가 上을 이김。下가 上을 범함。

【下級:하급】 ❶등급이 낮음。❷아랫 등급。↕上級。
【下級官廳:하급관청】 동일 계통 끼리의 관청으로서、윗 관청의 지휘 감독 밑에 있는 관청。
【下級法院:하급법원】 《法》대법원의 감독 밑에 있는 법원。곧 고등 법원·지방 법원。하급 재판소。↕上級法院。
【下級生:하급생】 학년이 낮은 학생。↕上級生。
【下技:하기】 ❶末技。❷익숙하지 못한 재주。익숙하지 못한 서투른 기술。
【下氣:하기】 《醫》❶기운을 내리게 함。❷홍분을 가라앉힘。
【下記:하기】 ❶돈을 쓰거나 치러 준 것을 기록한 장부。❷꼬집어서 알리기 위하여 本文 뒤나 아래에 곁붙여 적은 글。
【下女:하녀】 여자 하인。下婢。
【下念:하념】 웃 사람이 아랫 사람을 염려함。下慮。
【下段:하단】 ❶글의 끝의 단。❷여러 단으로 된 것의 아래의 단。↕上段。
【下端:하단】 아래 쪽의 끝。아래 쪽。【蔡邕】垂ㅣㅣ。↕上端。
【下壇:하단】 단에서 내려옴。↕登壇。
【下丹田:하단전】 道家에서 三丹田의 하나。배꼽에서 한 치쯤 되는 곳。氣海。
【下達:하달】 웃 사람의 뜻이 아랫 사람에게 미치어 이름。↕上達。
【下答:하답】 웃 어른이 아랫 사람에게 대답함。↕上答。
【下畓:하답】 토질이 낮은 논。↕上畓。
【下堂迎之:하당영지】 반가와 마당으로 내려 와서 맞음。
【下堂之憂:하당지우】 落傷하여 앓음。
【下待:하대】 ❶낮은 말을 씀。❷함부로 소홀히 대접함。↕尊待。

【下道:하도】 ❶옛날에 忠淸·慶尙·全羅道를 통틀어 일컫던 말。❷사잇길。間道。【左傳】以公旗辟于ㅣㅣ。
【下等:하등】 ❶등급이 낮음。❷질이 낮음。
【下等感覺:하등감각】 《心》五官 중의 嗅·味·觸의 세 감각의 總稱。
【下等動物:하등동물】 《動》進化의 정도가 낮고 몸의 짜임이 간단한 동물。
【下等植物:하등식물】 《植》藻類·細菌類와 같이 進化의 정도가 낮고、조직이 간단한 식물。↕高等植物。
【下落:하락】 ❶등급이 떨어짐。❷落着함。❸物價가 떨어짐。
【下來:하래】 ❶높은 곳에서 낮은 곳으로 내려옴。❷서울서 시골로 내려옴。
【下略:하략】 문장 따위의 뒷 부분을 줄임。↕上略·中略。
【下諒:하량】 웃사람이 아랫 사람의 심정을 살펴 알아 줌。
【下慮:하려】 =下念。
【下輦:하련】 《制》임금이 輦에서 내림。
【下簾:하렴】 발을 내림。
【下令:하령】 ❶《制》王世子가 令旨를 내림。❷명령을 내림。
【下隷:하례】 사내 종。下人。
【下隷輩:하례배】 하례의 무리。下人輩。
【下僚:하료】 지위가 낮은 관리。【後漢書】得及明時秉事ㅣㅣ。
【下流:하류】 ❶강이나 내의 흘러 내리는 아랫편。❷낮은 지위。낮은 계급。↕上流。【論語】惡居ㅣㅣ而訕上者。
【下陸:하륙】 배나 비행기 따위에서 짐을 땅에 옮겨 내림。
【下里:하리】 ❶시골。❷鄙俗한 노래。【文選·陸機文賦】。❸死者의 魂이 모이는 곳。【漢書·田延年傳】。
【下臨:하림】 =降臨。
【下馬:하마】 ❶말에서 내림。❷좋지 못한 말。

【下馬評:하마평】 어떠한 관직에 임명될 후보자에 관하여, 세상에 떠도는 풍설.
【下命:하명】 ❶명령을 내림. ❷위에서 내려온 명령의 敬稱.
【下錨:하묘】 닻을 내림. 배를 港口에 댐.
【下門:하문】 보지. 女子의 陰門. 陰戶.
【下問:하문】 아랫 사람에게 물음.
【下米:하미】 품질이 낮은 쌀.
【下民:하민】 관리가 아닌 모든 백성. 【書經】ㅣㅣ相協厥居.
【下膊:하박】 (生) 팔꿈치에서 손목까지의 부분. 前膊.
【下半:하반】 아래의 절반. ↔上半.
【下半期:하반기】 일년을 둘로 나눈 나중 여섯 달 동안. ↔上半期.
【下半部:하반부】 전체의 중간에서 아랫쪽이 되는 부분. ↔上半部.
【下半身:하반신】 몸을 둘로 나눈 아랫부분. ↔上半身.
【下方:하방】 ❶아래 쪽. 밑쪽. ❷人間界. 【宋史】總治ㅣㅣ. ↔上方.
【下輩:하배】 ❶下人. ❷아랫계급 사람. 【史記】禍人廣衆薦寵ㅣㅣ, 士亦以此多之.
【下番:하번】 ❶當直을 마치고 나오는 사람. ❷(制)軍營에서 돌림차례를 마치고 나오는 번. ↔上番.
【下腹:하복】 아랫배.
【下腹部:하복부】 (生)척추 동물 특히 사람의 恥骨部와 鼠蹊部(서혜부)를 합친 부분. 복부의 최 하부로서 大腿部와 접하는 곳. 아랫배.
【下付:하부】 관청에서 백성에게 증명·허가 등을 내려 줌.
【下部構造:하부구조】 (社)사회의 모든 관계를 결정하는 토대라 할 수 있는 경제적 구조. 唯物史觀의 基本思想임.
【下不失:하불실】 아무리 적어도 그 정도의 희망은 있음.
【下婢:하비】 계집 종.

【下賜:하사】 썩 높은 사람이 낮은 사람에게 물건을 줌.
【下士官:하사관】 准士官과 兵卒 사이의 계급.
【下賜金:하사금】 고귀한 사람이 내려주는 돈. 임금이 내리는 돈.
【下山:하산】 ❶산에서 내려옴. ❷木材 따위를 산에서 내림. ↔登山.
【下山之勢:하산지세】 썩 빨라서 걷잡을 수 없는 勢力. ↔走坂之勢.
【下霜:하상】 첫 서리가 내림.
【下殤:하상】 여덟 살에서 열 세 살까지 사이에 夭折함. 또는 그 사람.
【下書:하서】 웃 어른이 주신 글월.
【下石上臺:하석상대】 (國)아랫 돌을 빼서 윗돌을 굄. (轉)臨時變通으로 어려운 일을 이리저리 둘러 맞춤.
【下船:하선】 배에서 내림.
【下誠:하성】 어른에게 대하여 자기의 精誠을 낮추어 일컫는 말. 주로 편지에 씀.
【下世:하세】 ❶죽음. 【管子】吾君ㅣㅣ. 棄世. ❷下界. ❸後世.
【下屬:하속】 =下隷輩.
【下率:하솔】 =下人輩.
【下送:하송】 ❶아랫사람에게 물건을 보냄. 下付. ❷높은 곳에서 낮은 곳으로 물건을 내려 보냄. ❸서울서 시골로 물건을 보냄. ❹[illegible]사람이 손아랫사람에게 편지를 보냄.
【下壽:하수】 ❶나이 예순 살. 【莊子】. ❷혹은 여든 살. 【左傳】. *上壽. 中壽.
【下手:하수】 ❶착수. ❷손을 대어 사람을 죽임. ❸기술이 낮은 사람. ↔上手.
【下水:하수】 ❶새로 만든 배의 進水. ❷배가 흐름을 따라 떠감. ❸물에 들어감. ❹더러운 물. 또는 그 도랑. ↔上水.
【下水工事:하수공사】 하수도를 신설하거나 수리하는 공사.
【下水管:하수관】 수채통.
【下水溝:하수구】 더러운 물을 빼는 排水路.

【下水道:하수도】 하수가 흘러 내려가도록 시설한 排水路. ↔上水道.
【下手人:하수인】 사람을 살해할 목적으로 직접 손을 댄 사람.
【下宿:하숙】 ❶좀 오랜 기간을 정하고 남의 집에 宿泊함. 舍館. ❷값싼 여관.
【下宿房:하숙방】 하숙하고 있는 방. 하숙시키는 방.
【下宿費:하숙비】 하숙하고 있는 사람이 내는 방세와 음식값. 下宿料.
【下旬:하순】 그 달의 二十一日부터 그믐날까지의 동안. 下浣. 下澣.
【下濕:하습】 땅이 낮고 습기가 많음. 【漢書】ㅣㅣ病痺.
【下乘:하승】 ❶수레에서 내림. ❷(佛)=小乘. ❸느린 말(馬). (轉)못난 사람. 【陳琳】外廄之ㅣㅣ.
【下視:하시】 ❶아래로 봄. 【舊唐書】上瞻驚目, ㅣㅣ寒心. ❷얕잡아 봄. 멸시함.
【下顎:하악】 아래턱. ↔上顎.
【下野:하야】 官에서 물러 남. 野人으로 돌아감.
【下役:하역】 ❶부하의 吏屬. ❷낮은 구실.
【下椽:하연】 (建)오량에서 도리로 걸친 서까래. 들연.
【下劣:하열】 品이 낮고 賤함.
【下午:하오】 正午 이후. 午後.
【下獄:하옥】 죄인을 獄에 가둠.
【下浣:하완】 =下旬.
【下舂:하용】 해가 넘어가려고 할 무렵. 【淮南子】日至淵虞(地名)曰高舂, 至連石(西北山)曰ㅣㅣ.
【下愚:하우】 아주 어리석음. 또는 그 사람. 【論語】上知與ㅣㅣ不移.
【下位:하위】 낮은 地位. 아랫 자리. ↔上位.
【下位概念:하위개념】 (論)어떤 개념이 딴 개념을 包括할 때의 被包括의 개념.
【下衣:하의】 아래 옷. 아랫 바지. 아랫도리. ↔上衣.
【下意:하의】 ❶아랫 사람들의 意思. ❷국민의 뜻.
【下議院:하의원】 =下院.
【下人:하인】 ❶남자 종과 계집 종의 總稱. 下隷. ❷천한 사람.
【下人輩:하인배】 하인의 무리. 下屬.
【下子:하자】 ❶씨를 뿌림. ❷바둑을 둘 때 바둑돌을 한 개씩 놓음. 【衞谷·寄碁客詩】
【下箸:하저】 음식을 먹음.
【下田:하전】 土質이 좋지 못한 田地.
【下典:하전】 (制)❶하님. ❷廚前.
【下情:하정】 ❶일반 민중의 사정. 民情. 【管子】ㅣㅣ求不上通, 謂之塞. ❷下懷.
【下劑:하제】 설사를 하게 하는 약.
【下第:하제】 과거에 응시하여 낙제함. 【唐書】劉蕡ㅣㅣ, 我輩登科. ↔及第.
【下從:하종】 아내가 남편을 따라 죽음.
【下種:하종】 씨를 뿌림.
【下肢:하지】 두 다리. ↔上肢.
【下之上:하지상】 품질이 下等 가운데에서의 윗 길.
【下之中:하지중】 품질이 下等 가운데에서의 가운뎃 길.
【下之下:하지하】 품질이 下等 가운데에서의 아랫길.
【下直:하직】 길을 떠날 때에 웃어른에게 작별을 고함. 또는 그 일.
【下秩:하질】 ❶낮은 자리. 【劉大白】優游ㅣㅣ. ❷본처에 대하여 첩. 小室. 【楚辭】逐ㅣㅣ於後堂.
【下車:하차】 ❶기차·자동차·전차 따위에서 내림. ❷官吏가 처음으로 任地에 감. 【漢書】明府ㅣㅣ以來, 狗不夜吠.
【下策:하책】 가장 못나게 꾸민 꾀. 下計. ↔上策.
【下處:하처⇩사처】 웃 어른이나 점잖은 손님이 길을 가다가 留宿하는 집의 敬稱.
【下妻:하처】 본처에 대하여 첩. 小室. 【後漢書】依託人爲ㅣㅣ.

【下賤:하천】 천함. 신분이 낮음. 『易經』以貴ㅣㅣ、大得民也。

【下賤輩:하천배】 낮은 신분의 무리들.

【下體:하체】 ❶사람 몸의 아랫 부분. ❷남녀의 陰部.

【下焦:하초】 《醫》三焦의 하나. 배꼽 아랫 부분의 배. →三焦.

【下層:하층】 ❶아랫 층. ❷아랫 계급.

【下鍼:하침】 침을 놓음.

【下託:하탁】 아랫 사람에게 사물을 부탁함.

【下榻:하탑】 ❶손님을 극진히 맞아 대접함. 《故》後漢의 陳蕃이 郡內의 高士 周璆(주구)를 위하여 특히 걸상 하나를 마련했다는 故事. ❷寄食함.

【下湯:하탕】 온천의 탕물 가운데 물이 가장 덥지 아니한 곳. ↔上湯.

【下腿:하퇴】 《生》종아리.

【下篇:하편】 두 편 이상으로 된 책의 맨 나중 편. ↔上篇.

【下平:하평】 ❶四聲의 하나. 平聲을 上下로 나눈 하나. ❷현대 中國의 짧고 끝이 높은 四聲의 하나.

【下品:하품】 ❶인품이 낮음. ❷질이 낮은 물건. ❸下等 계급. ❹《佛》九品淨土의 中品 다음 가는 가장 낮은 세 품.

【下筆:하필】 ❶붓을 댐. ❷詩文을 쓰기 시작함.

【下筆成章:하필성장】 붓만 대면 문장이 됨. 《喩》글을 짓는 것이 빠름.

【下學:하학】 학교에서 그 날의 공부를 마침. ↔上學.

【下學時間:하학시간】 학교에서의 하학하는 시간.

【下學鐘:하학종】 하학 시간을 알리는 종. ↔上學鐘.

【下澣:하한】 ＝下旬.

【下鄕:하향】 ❶시골로 내려 감. ❷서울에 있다가 고향으로 내려 감.

【下弦:하현】 활시위가 아래로 간 형상의 달. 음력 二十二、三일 경에 뜨는 달.

【下血:하혈】 肛門이나 下門에서 피가 나옴. 또는 그 피.

【下戶:하호】 ❶술을 못 마시는 사람. ❷가난한 사람. 貧民. 『宋史』蠲建康府太平宣州逋賦及ㅣㅣ今年身丁錢.

【下回:하회】 다음의 차례. 次回.

【下懷:하회】 ＝下情.

【下恤:하휼】 아랫 사람을 불쌍히 여기어 도와 줌.

◎却ㅣ、脚ㅣ、閣ㅣ、降ㅣ、格ㅣ、啓ㅣ、階ㅣ、貴ㅣ、廊ㅣ、幕ㅣ、目ㅣ、門ㅣ、部ㅣ、卑ㅣ、上ㅣ、臣ㅣ、月ㅣ、以ㅣ、殿ㅣ、足ㅣ、地ㅣ、直ㅣ、天ㅣ、陛ㅣ。

【丌】 (기) 支 キ、だい table ㄐㄧ chi

小篆 ❶책상기(薦物具). ❷성기(姓也). ❸『其』의 古字.

三畫

【不】 ㊀(부) 尤 フ、あらず not ㄅㄨˋ pu ㊁(불) 月

小篆 草書 ㊀뜻이 정하지 않을부(未定辭). 『陶潛詩』未知從今去、當復如此ㅣ。 ㊁아니불, 않을불(未也、非也). 『孟子』ㅣ爲也非ㅣ能也。

【不可:불가】 옳지 않음.

【不可缺:불가결】 없어서는 안 됨.

【不可能:불가능】 할(될) 수 없음.

【不可分:불가분】 나누려야 도저히 나눌 수가 없음. 당해 내지 못함.

【不可不:불가불】 않을 도리가 없어서. 마땅히. 不得不.

【不可思議:불가사의】 사람의 생각으로는 헤아려 알 수 없음.

【不可說:불가설】 참된 이치는 말로 설명하지 못하고 體得으로만 알 수 있음.

【不可勝數:불가승수】 하도 수가 많아서 이루 셀 수가 없음.

【不可信:불가신】 믿을 수 없음.

【不可入性:불가입성】 두 개의 물체가 동시에 같은 공간을 차지할 수 없는 성질.

【不可知:불가지】 도저히 알 수 없음.

【不可知論:불가지론】 《哲》우리가 알 수 있는 것은 감각을 통하여 얻은 경험적인 사실뿐이고, 物의 본질이나 神의 존재에 대해서는 알 수가 없다는 회의론. 영국의 과학자 헉슬리(Thomas Huxley, 1825~95)가 처음으로 쓴 말.

【不可侵:불가침】 침범할 수 없음.

【不可侵權:불가침권】 《法》국제법상 본국의 위엄을 대표하는 외교 사절이나 외국 원수가 외국에서 그 신체·명예·館舍·문서 따위를 침범당하지 않는 특권.

【不可廢:불가폐】 폐한 수가 없음.

【不可避:불가피】 피할 수가 없음.

【不可抗力:불가항력】 사람의 힘으로는 도저히 막을 수 없는 큰 힘. 自然의 天災地變 따위.

【不可解:불가해】 이해할 수가 없음.

【不可形言:불가형언】 말로는 다 형용할 수가 없음.

【不恪:불각】 삼가지 않음. 不敬. 『左傳』以懲ㅣㅣ。

【不覺:불각】 ❶깨닫지 못함. ❷잠이 깨지 않음. ❸마음을 놓아 실패함.

【不刊:불간】 ❶닳아 없어지지 않음. 깎아 없애지 못함. ❷영원히 전할 不朽의 良書란 뜻. 『劉歆』懸諸日月、ㅣㅣ之書。

【不干涉:불간섭】 간섭하지 않음.

【不敢:불감】 감히 하지 못함.

【不堪:불감】 견디지 못함.

【不堪當:불감당】 감당할 수가 없음.

【不敢當:불감당】 대적할 수 없음.

【不敢生心:불감생심】 ＝不敢生意。

【不敢生意:불감생의】 힘에 부쳐서 감히 엄두도 내지 못함.

【不感症:불감증】 ❶둔감하여 느끼지 못하는 증세. ❷《醫》성적 욕구가 줄어들거나 아주 없어지는 것. 또는 남녀 성교시에 쾌감을 느끼지 못하는 여자의 일종의 병. 冷感症.

【不敢贊一辭:불감찬일사】 너무 훌륭하여 감히 칭찬의 말을 한 마디도 못함.

【不健全:불건전】 건전하지 못함.

【不見是圖:불견시도】 보지 않고도 알 수 있음. 『孟子』不屑ㅣㅣ之上。

【不潔:불결】 깨끗하지 못하고 더러움.

【不結實:불결실】 열매를 맺지 못함.

【不敬:불경】 마땅히 높여야 할 사람에게 禮를 잃음. 『禮記』祭不欲數、數則煩、煩則ㅣㅣ。

【不景氣:불경기】 《經》❶세월이 없음. ❷産業界의 不振 상태. ↔好景氣.

【不經濟:불경제】 ❶경제적이 아니고 헤픔. ❷비용이 많이 남.

【不計:불계】 ❶옳고 그름이나 이해 관계를 따지지 않음. ❷바둑에서 집 수효의 차이가 뚜렷할 때 셈할 필요가 없음. ❸사정을 가리지 않음. 사정 없음.

【不古:불고】 인심이 야박함.

【不辜:불고】 죄가 없는 사람. 『孟子·公孫丑』殺一ㅣㅣ、而得天下、皆不爲也。

【不告:불고】 알리지 않음.

【不顧:불고】 돌아 보거나 돌보지 않음.

【不告不理:불고불리】 《法》형사 소송 사건에서 檢事의 公訴가 없는 한, 법원이 심리를 하지 않는 일. 형사 소송 법에 있어 검사가 공소하지 않는 한, 법원이 사건에 관하여 심리를 할 수 없는 원칙.

【不顧廉恥:불고염치】 염치를 돌아보지 않음.

【不顧利害:불고이해】 利害를 돌보지

【不顧體面：불고체면】 체면을 돌아보지 않음。
【不恭：불공】 공손하지 않음。『孟子』。
【不共戴天之讐：불공대천지수】 ❶한 하늘 아래에서는 더불어 살 수 없는 원수。❷임금이나 부모에게 대한 원수。
【不恭不遜：불공불손】 공손하지 않음。
【不公平：불공평】 공평하지 않음。
【不過：불과】 그 정도나 수량에 지나지 못함을 나타내는 말。
【不關：불관】 관계하지 않음。
【不關之事：불관지사】 상관 없는 일。
【不苟：불구】 구차하지 않음。
【不具：불구】 ❶갖추지 못함。❷몸의 한 부분이 온전하지 못함。❸편지 끝에 쓰는 말。不備。
【不拘：불구】 거리끼지 않음。勿拘。
【不久：불구】 ❶오래 되지 않음。❷앞으로 오래지 않음。
【不俱戴天：불구대천】 不俱戴天之讐의 略語。不共戴天。
【不俱戴天之讐：불구대천지수】 =不共戴天之讐。『禮記』父之讐 弗與共戴天。
【不具者：불구자】 병신。
【不群：불군】 무리에서 뛰어남。拔群。『漢書』卓爾ㅡㅡ。
【不屈：불굴】 뻗대고 굽히지 아니함。
【不匱：불궤】 다함이 없음。오래 계속됨。『詩經·旣醉』。
【不軌：불궤】 ❶법을 지키지 아니함。❷모반을 꾀함。『左傳·隱·五』ㅡㅡ不物、謂之亂世。
【不軌之心：불궤지심】 모반할 것을 꾀하는 마음。
【不歸客：불귀객】 돌아 오지 않는 나그네。곧 죽은 사람。
【不規則：불규칙】 규칙에 벗어남。
【不規則動詞：불규칙동사】 語尾 활용이 규칙적이 아닌 동사。變則動詞。
【不均衡：불균형】 균형이 잡히지 못함。
【不勤：불근】 부지런하지 못함。
【不禁：불금】 금하지 않음。
【不及：불급】 미치지 못함。
【不急之察：불급지찰】 필요하지도 않고 급하지도 않은 일을 살핌。『荀子·天論』。
【不肯：불긍】 응낙하지 아니함。듣지 아니함。
【不幾：불기】 함부로 바라지 못함。『漢書·鄒陽傳』。
【不羈：불기】 ❶잡아 매이지 아니함。구속을 받지 아니함。❷學識이나 재능이 뛰어나서 억누를 수 없음。『漢書』少負ㅡㅡ之才。
【不起：불기】 병으로 드러누워 영영 일어나지 못함。죽음。『公羊傳』。
【不起訴：불기소】 (法)죄가 안 되거나 증명이 없거나 할 때 검사가 사건을 기소하지 않는 일。
【不緊：불긴】 긴요하지 않음。
【不吉：불길】 재수나 운수가 좋지 않음。길하지 못함。不祥。
【不男：불남】 生殖能力이 없는 남자。
【不佞：불녕】 ❶자기를 謙稱하는 말。(재주가 없다는 뜻)。不肖。『左傳』寡人ㅡㅡ、不能與二三子同心。❷口辯이 없음。『論語』仁而ㅡㅡ。
【不寧：불녕】 편안하지 못함。
【不能：불능】 ❶능력이 없음。❷능하지 못함。『左傳』人各有能有ㅡㅡ。❸불가능。
【不能犯：불능범】 (法)행위의 성질상 도저히 수행할 수 없는 것임을 모르고 범죄에 착수한 범죄。원칙으로 처벌하지 않으며、다만 객관적 위험성이 있는 경우에만 처벌함。
【不良：불량】 ❶성적이 좋지 못함。❷행실이 착하지 못함。
【不良導體：불량도체】 나무·유리·석면 따위와 같이 열이나 전기를 잘 전도하지 않는 물체。
【不良輩：불량배】 행실이 불량한 무리。
【不良少年：불량소년】 행실이 좋지 못한 소년。
【不良兒：불량아】 性質·品行이 나쁜 어린이。
【不慮：불려】 ❶뜻하지 않음。不意。心外。❷특별히 생각지 않음。『孟子』所ㅡㅡ而知者、其良知也。
【不廉：불렴】 값이 싸지 않음。
【不逞：불령】 ❶불평 불만을 품고 제 마음대로 행동함。❷快하지 않음。『左傳』鬼神實ㅡㅡ於許君。
【不老不死：불로불사】 언제까지나 늙지도 죽지도 않음。『列子』。
【不老不死藥：불로불사약】 먹으면 늙지도 않고 죽지도 않는다는 약。
【不勞所得：불로소득】 생산적 노동에 직접 종사함이 없이 얻는 소득。(資本의 利子같은 것)。↔勤勞所得。
【不老長生：불로장생】 늙지 않고 오래 살음。
【不老草：불로초】 먹으면 늙지 않는다는 풀。仙境에 있다는 神效藥。
【不倫：불륜】 ❶人倫에서 벗어남。破倫。❷같은 무리가 아님。『漢書』。
【不利：불리】 이롭지 못함。해로움。
【不磨：불마】 갈아 없어지지 아니함。不滅。『後漢書』百世ㅡㅡ。
【不滿：불만】 不滿足의 略語。
【不滿底意：불만저의】 마음에 차지 않음。
【不滿足：불만족】 만족하지 않음。
【不忘：불망】 잊지 아니함。
【不忘之恩：불망지은】 잊지 못할 은혜。
【不買同盟：불매동맹】 어떤 생산자의 생산물이나、어떤 장사의 상품을 집단적으로 사지 않기로 약속한 동맹。非買同盟。
【不寐症：불매증】 잠이 잘 오지 않는 병。不眠症。
【不眠不休：불면불휴】 자지도 쉬지도 않음。곧 조금도 쉬지 않고 힘써 함。
【不眠症：불면증】 =不寐症。
【不滅：불멸】 멸망하지 않음。없어지지 아니함。
【不明：불명】 ❶밝지 못함。❷사리에 어두움。『史記』朕旣ㅡㅡ、不能達德。
【不明瞭：불명료】 =不分明。
【不名譽：불명예】 명예스럽지 못함。체면이 깎임。
【不毛：불모】 ❶땅이 메말라서 五穀이 나지 않음。또는 그 땅。❷五穀을 심지 않음。❸털이 純色이 아님。『史記』群公ㅡㅡ。
【不謀而同：불모이동】 의논한 일이 없는데도 의견이 같음。
【不毛之地：불모지지】 풀이나 나무가 통 나지 않는 거칠고 메마른 땅。
【不睦：불목】 일가가 서로 사이가 화목하지 않음。
【不問：불문】 ❶묻지 않음。밝히지 않고 덮어둠。❷가리지 않음。
【不問可知：불문가지】 묻지 않아도 가히 알 수가 있음。
【不問曲直：불문곡직】 옳고 그름을 묻지 않고 함부로 함。덮어 놓고 마구 함。曲直不問。
【不文法：불문법】 (法)글자로써 표현되고、일정한 절차를 밟아 제정된 成文法 이외의 법。慣習法·判例法 따위。↔成文法。
【不文律：불문률】 (法)글자로 적지 아니한 法律。慣習上 법률과 같은 효력을 가진 규칙。↔成文法。
【不文憲法：불문헌법】 (法) 성문법의 형식을 취하지 않고 존재하는 국가의 기본법。현재로서는 영국에만 있음。
【不敏：불민】 둔하여 민첩하지 못함。어리석음。『論語』回雖ㅡㅡ、請事斯語。
【不拔：불발】 든든하여 빠지거나 꺾이지 않음。움직여 빼낼 수가 없음。
【不發：불발】 ❶쏜 총알이나 포탄이 터

지지 않음。 ❷떠나지 않음。

【不發彈:불발탄】 불발한 총탄이나、폭탄 따위。

【不凡:불범】 평범하지 않음。 非凡。

【不犯:불범】 ❶남의 것을 건드리지 않음。 ❷남녀가 몰래 사통하지 않음。

【不法:불법】 법에 어긋남。 법이 아님。

【不法逮捕:불법체포】 《法》 재판·검찰·경찰 등 구속에 관한 직무를 맡은 공무원 또는 이를 보조하는 사람이 그 직권을 남용하여 사람을 함부로 체포하는 일。

【不法行爲:불법행위】 《法》 고의 또는 과실로 인하여 남의 권리를 침해하는 행위。 법에 어긋난 행위。

【不法化:불법화】 국가 정책에 어긋나는 정당、사회단체를 불법적인 것으로 인

【不辨:불변】 분간하지 못함。 「정함。

【不變:불변】 ❶변하지 않음。 ❷고쳐지지 않음。 ❸변경하지 않음。

【不變色:불변색】 오래 되어도 잘 변하지 않는 빛깔。

【不變資本:불변자본】 《經》 생산 수단의 구입 따위에 지출되는 자본。 ↕可變資本。

【不服:불복】 ❶복종하지 아니함。 ❷불만을 품음。 服罪하지 아니함。

【不服申立:불복신립】 《法》 ❶행정 처분을 위법、부당 하다고 보아 그 취소나 변경을 관계 행정 기관에 청구하는 일。 ❷原判決 또는 집행행위나 처분으로 인하여 불이익을 받은 사람이 동일 또는 상급의 법원에 그 취소 변경의 재판을 요구하는 신청 및 원재판의 효력을 상실시키는 신청。

【不卜日:불복일】 혼인·장사 따위를 급히 지내느라고 날을 가리지 않고 함。

【不分東西:불분동서】 어리석어서 동서의 방향도 가리지 못함。

【不分明:불분명】 뚜렷하지 못함。 不明瞭。 不明。

【不分晝夜:불분주야】 밤낮을 가리지 않고 힘써 함。

【不備:불비】 ❶다 갖추어지지 아니함。 ❷편지 끝에 쓰는 말。 不悉。

【不貧:불빈】 가난하지 않음。

【不似:불사】 닮지 않음。 같지 않음。

【不仕:불사】 벼슬을 시켜도 나서서 하지 않음。

【不死:불사】 ❶죽지 않음。 ❷《佛》염불하다가 죽은 속인의 혼령을 무당이 일컫는 말。

【不斯濆邪國:불사분야국】 《歷》옛 나라 이름。 馬韓에 속함。

【不死不滅:불사불멸】 신의 특성의 한 가지로 죽지도 않고 없어지지도 않음。

【不死身:불사신】 어떤 고통이나 傷害도 견디어 내는 굳센 사람의 비유。

【不死藥:불사약】 죽지 않고 오래 살 수 있다는 약。 『史記』諸仙人及——、皆在焉。

【不死鳥:불사조】 이집트 神話에 나오는 거듭 還生하여 없어지지 않는다는 새。 페닉스。 (不死永生의 뜻으로 쓰임)。

【不祥:불상】 상서롭지 못함。 경사스럽지 못함。 『易經』不能退、不能遂、——也。

【不相干:불상간】 서로 犯하지 않음。 서로 간섭하지 않음。 「로 안 만남。

【不相見:불상견】 마음이 맞지 않아 서

【不相當:불상당】 서로 맞지 않음。

【不相同:불상동】 서로 같지 않음。

【不相得:불상득】 ❶和睦하지 못함。 ❷서로 마음이 맞지 않음。

【不祥事:불상사】 상서롭지 못한 일。 좋지 못한 일。

【不相容:불상용】 서로 용납하지 못함。

【不惜:불석】 아끼지 않음。

【不惜千金:불석천금】 많은 돈을 아끼지 않음。

【不宣:불선】 ❶널리 떨치지 못함。 ❷편지 끝에 쓰는 말。 다 말하지 못한다는 뜻。

【不善:불선】 ❶착하거나 좋지 못함。 ❷잘 하지 못함。 『書經』作——降之百殃。

【不善擧行:불선거행】 자기가 맡은 바 일을 잘 해 나가지 못함。

【不先不後:불선불후】 공교롭게도 마침 좋지 못한 때를 당함。

【不屑:불설】 대수롭지 않게 생각하고 마음에 두지 않음。 『孟子·盡心』。

【不屑之教誨:불설지교회】 가르치지 않고 돌보지 않음이 도리어 교훈이 된다는 말。 『孟子』。

【不成:불성】 다 이루어지지 못함。

【不成功:불성공】 성공을 못함。

【不成立:불성립】 일이 성립되지 못함。

【不成文:불성문】 문서로 되어 있지 않음。 不文。 ↕成文。

【不成說:불성설】 말이 되지 않음。 語不成說。

【不誠實:불성실】 성실하지 못함。

【不省人事:불성인사】 정신을 잃어 인사를 차리지 못함。 人事不省。

【不成就日:불성취일】 陰陽家에서 일체의 것이 성취되지 않는다 하여 忌하는 날。 不淨日。 「함。

【不世:불세】 좀처럼 보기 드물음。 非常

【不世之功:불세지공】 세상에 썩 드물게 있는 큰 공로。

【不世之材:불세지재】 세상에 드문 뛰어난 재주가 있는 사람。

【不世出:불세출】 좀처럼 세상에 나타나지 않을만큼 드물고 훌륭함。

【不少:불소】 적지 않음。 不尠。

【不遜:불손】 겸손하지 않음。 교만함。 不孫。 『論語』奢則——、儉則固。

【不隨:불수】 마음대로 되지 않음。 수족이 마비되어 자유로이 안 됨。

【不數年:불수년】 두어 해 걸리지 않음。

【不須多言:불수다언】 여러 말을 할 필요가 없음。

【不隨意:불수의】 마음대로 잘 되지 않음。 不如意。 不隨。

【不隨意筋:불수의근】 《生》동물 자신의 의사와 관계 없이 움직이는 심장이나 腸의 운동을 맡은 근육。 (心筋과 平滑筋을 이름)。 ↕隨意筋。

【不淑:불숙】 ❶착하지 않음。 ❷죽음·흉년 따위 불행한 일。 『禮記』如何——。 ❸나라가 망함。 『逸周書·度邑解』。

【不熟:불숙】 ❶과실이나 곡식이 익지 아니함。 ❷음식이 잘 끓여지지 아니함。 ❸익숙하지 못함。 未熟。 ❹議論이 해결이 나지 않음。

【不順:불순】 ❶道理를 따르지 아니함。 ❷공순하지 못함。 ❸순조롭지 못함。

【不純:불순】 딴 것이 섞이거나 딴 마음이 있어 순수하지 못함。

【不純物:불순물】 순수하지 못한 물건。

【不時:불시】 ❶알맞은 때가 아님。 『論語』——不食。 ❷뜻밖의 때。 不意。 『蘇軾』以待子——之需。 「는 일。

【不是異事:불시이사】 이상할 것이 없

【不時着:불시착】 不時着陸의 略語。

【不時着陸:불시착륙】 비행기가 사고로 인하여 불시에 착륙하는 일。 不時着。

【不息:불식】 쉬지 않음。

【不食:불식】 먹지 않음。

【不食木多著實:불식목다착실】 (國) 못 먹는 나무에 과실이 많이 연다는 뜻으로、쓸모 없는 것은 많이 생긴다는뜻。 『靑莊館全書』。

【不息之工:불식지공】 느리나마 쉬지 않고 꾸준히 하는 일。

【不食之報:불식지보】 아버지나 할아버지의 숨은 덕의 힘을 입어 자손이 잘 됨。 蔭德으로 잘되는 報應。

【不信:불신】 믿지 않음。
【不信用:불신용】 신용하지 않음。
【不信任:불신임】 신임하지 않음。
【不信任決議:불신임결의】 《政》특정 한 국가 기관을 신임하지 않는다는 의회의 결의。 내각책임제에서는 민의원이 국무원에 대하여、지방 의회가、그 자치단체 의장에 대하여 할 수 있음。
【不信任案:불신임안】 불신임 결의에 관한 안건。
【不信者:불신자】 어떤 종교를 믿지 않는 사람。↔信者。
【不信之心:불신지심】 믿지않는 마음。
【不信行爲:불신행위】 믿을 수 없는 행위。＊背信行爲。
【不悉:불실】 편지 끝에 쓰는 말。 말을 못다 함의 뜻。
【不實:불실】 ❶익지 아니함。 ❷誠實하「지 아니함。
【不審檢問:불심검문】 搜査 기관원이 의심스럽게 생각하여 조사하고 물음。
【不甚相關:불심상관】 그다지 크게 관계될 것이 아님。
【不安:불안】 ❶두려움이나 위험의 感情과 더불어 생기는 정신 및 신체의 不快한 상태。 ❷사회의 秩序가 바로 잡히지 않아 뒤숭숭함。
【不安期:불안기】 질서가 바로 잡히지 못하여 뒤숭숭한 시기。
【不安定:불안정】 안정이 되지 않음。
【不夜城:불야성】 ❶漢代에 밤에도 해가 떴다고 하는 東萊郡에 있던 城 이름。『三齊略記』。 ❷전등불이나 달·눈 따위로 밤이 낮같이 밝음을 일컫는 말。
【不颺:불양】 풍채가 좋지 못함。 용모가 못생김。『左傳·昭公』。
【不言可想:불언가상】 아무 말이 없어도 능히 생각할 수가 있음。
【不言可知:불언가지】 아무 말이 없어도 능히 알 수가 있음。
【不言之兆:불언지조】 불길한 일이 일어날 징조。 不祥之兆。
【不言之化:불언지화】 말로 하지 않고 자연히 德으로 주는 感化。
【不如歸:불여귀】 《動》두견새。 소쩍새。 子規。 杜宇。 蜀魂。 (울음 소리가 不如歸去의 音과 닮은 데서 온 말)。『蘇軾』身甗啼鳥——。
【不如意:불여의】 일이 뜻과 같이 되지 않음。 不隨意。
【不易之論:불역지론】 변경할 수 없는 「바른 말。
【不然:불연】 그렇지 않음。
【不連續:불연속】 연속되어 있지 않음。
【不連續線:불연속선】 불연속면이 지면과 마주치는 선。 그 양측에서는 온도와 비바람등이 급변함。
【不然之端:불연지단】 그렇지 않은 일의 실마리。
【不豫:불예】 ❶마음에 즐거워하지 아니함。(豫는 悅)。『孟子』夫子若有——色然。 ❷임금의 病患。『後記』廢朝、聖體——也。 ❸豫期하지 않음。
【不穩:불온】 온당하지 않음。 不穩當。
【不穩當:불온당】 ＝不穩。
【不穩思想:불온사상】 ❶온당하지 못한 사상。 ❷국가의 정책에 어긋나는 사상。 곧 치안을 문란케 할 우려가 있는 사상。
【不穩書籍:불온서적】 내용이 건전하지 못하여 국가 정책에 어긋나는 책。
【不完全:불완전】 완전하지 못함。
【不完全動詞:불완전동사】 《言》어미 활용형이 제대로 완전하지 못한 동사。
【不完全名詞:불완전명사】 《言》것·바·수·줄 따위 제홀로 쓰이지 못하고 다른 품사 아래에 매여 쓰이는 형식명사。
【不完全變態:불완전변태】 《動》메뚜기·잠자리 등 벌레가 알에서 유충·번데기·성충의 네 과정을 밟지 않고 유충이 탈피를 거듭하는 동안에 바로 성충이 되는 변태。 못갖춘 탈바꿈。 ↔完全變態。
【不完全自動詞:불완전 자동사】 《言》활용이 제대로 완전치 못한 자동사。「가라사대」 따위。 ↔完全自動詞。
【不完全他動詞:불완전 타동사】 《言》활용이 제대로 완전하지 못한 타동사。「다오·더불어」 따위。 ↔完全他動詞。
【不完品:불완품】 완전하지 못한 물품。
【不撓:불요】 흔들리지 않음。 어려움에 굽히지 않음。
【不撓不屈:불요불굴】 마음이 굳세어 어려움에 흔들리지도 굽히지도 않음。『蔡邕』百折——。
【不要式行爲:불요식행위】 《法》일정한 방식을 필요로 하지 않는 법률 행위。
【不用:불용】 ❶쓰지 않음。 ❷소용 없음。
【不用件:불용건】 쓸데가 없어 따로 내놓은 물건。
【不用物:불용물】 쓰지 않는 물건。
【不用品:불용품】 쓰지 않는 물품。
【不遇:불우】 때를 만나지 못하여 재능을 갖고도 출세를 못함。 不運함。『詩經』仁人——、小人在側。
【不虞:불우】 미리 헤아리지 못함。 또는 그때 일어나는 일。『孟子』——之譽。
【不遇時:불우시】 제 때를 만나지 못함。
【不虞之變:불우지변】 뜻밖에 일어나는 사변。
【不虞之患:불우지환】 뜻밖에 일어난 근심 걱정。
【不憂軒曲:불우헌곡】 歌辭。 李朝 成宗 때 丁克仁 지음。 景幾體歌로 됨。 成宗의 嘉賞을 받고 지은 것。
【不運:불운】 언짢은 운수。 운수가 사나「움。
【不遠:불원】 ❶거리가 멀지 않음。 ❷오래지 않음。
【不遠間:불원간】 앞으로 오래지 않은 동안。 머지않아。
【不遠將來:불원장래】 멀지 않은 앞「날。
【不遠千里:불원천리】 천리 길을 멀다 여기지 않고 감。
【不遺餘力:불유여력】 있는 힘을 남기지 않고 다함。 전력을 기울임。
【不愉快:불유쾌】 유쾌하지 않음。 기분이 나쁨。 ↔愉快。
【不允:불윤】 임금이 허가하지 않음。
【不融通物:불융통물】 《法》公用物·禁制物등 권리의 客體는 되나 거래의 객체가 될 수 없는 물건。 ↔融通物。
【不應:불응】 응하지 않음。
【不意:불의】 뜻하지 않던 판。 突然。『史記』群臣皆驚、卒起——、盡失其度。
【不義:불의】 義理에 어긋남。 옳지 않음。
【不意之變:불의지변】 뜻밖의 사변。 의외의 봉변。
【不義之財:불의지재】 옳지 못한 방법으로 모은 재물。
【不義行勢:불의행세】 의리에 벗어나는 행세。 의리에 틀리는 짓。
【不貳:불이】 ❶거듭하지 아니함。 ❷二心이 없음。 ❸배반하지 않음。
【不易得:불이득】 얻기에 쉽지 않음。
【不利益:불이익】 이익이 못됨。 損害。
【不人:불인】 사람답지 않은 사람。
【不仁:불인】 ❶어진 마음이 없음。 殘忍함。『孟子』 ❷몸이 마비되어 움직이기에 거북함。『後漢書』頭髮無黑、兩手——。
【不忍:불인】 차마 하지 못함。
【不忍見:불인견】 참혹하거나 비참하여 차마 볼 수가 없음。 目不忍見。
【不人情:불인정】 不近人情의 略語。
【不忍正視:불인정시】 너무 추악하여 차마 바로 볼 수가 없음。
【不忍之心:불인지심】 차마 할 수 없는 마음。
【不一:불일】 ❶같지 않음。 ❷편지 끝에

쓰는 말。일일이 다 말 못한다는 뜻。❸變節함。『左傳』是以宣之、以懲ㅡㅣ。

【不日:불일】 며칠 안 됨。멀지 않아。『詩經』ㅡㅣ成之。

【不日間:불일간】 며칠 안 되는 동안。不日內。

【不日內:불일내】 ＝不日間。

【不壹而足:불일이족】 하나로써는 넉넉하지 못함。

【不一致:불일치】 일치하지 않음。

【不妊症:불임증】 《醫》아이를 배지 못하는 병증。

【不入虎穴不得虎子:불입호혈 부득호자】 호랑이 굴에 들어가지 않으면 호랑이 새끼를 잡을 수 없음。《喩》冒險을 하지 않으면 큰 결과를 얻지 못한다는 뜻。『後漢書·班超傳』。

【不次:불차】 차례를 어김。『漢書』待以ㅡㅣ之位。

【不贊成:불찬성】 찬성하지 않음。

【不察:불찰】 똑똑히 살펴 보지 못한 탓으로 생긴 잘못。

【不參:불참】 참석하지 않음。↔參席。

【不徹底:불철저】 철저하지 못함。

【不撤晝夜:불철주야】 밤낮을 가리지 않고 일함。조금도 쉬지 않고 힘씀。

【不請客:불청객】 청하지 않았는데도 스스로 온 손。

【不逮捕特權:불체포특권】 《法》국회의원이 가지는 특권의 한 가지。국회의원은 현행범을 제외하고는 회의 중 그 원의 동의가 없이는 체포 또는 구금되지 아니함。

【不肖:불초】 ❶못난 아들。(아버지나 하늘이나 賢人을 닮지 않음)。『孟子』不知虞之ㅡㅣ。❷자기의 謙稱。❸不肖男。

【不肖男:불초남】 부모에 대하여 자기를 일컫는 말。

【不觸:불촉】 손으로 건드리지 않음。

【不出:불출】 못났음。어리석고 못난 사람을 조롱하는 말。

【不出凡眼:불출범안】 凡人의 눈으로 보아서도 알 만큼 선악이 환함。

【不忠:불충】 ❶충실하지 못함。❷신하로서의 도리를 다하지 못함。『戰國策』大逆ㅡㅣ。

【不充分:불충분】 모자람。

【不忠不孝:불충불효】 나라에 충성되지 못하고 부모에게 효도하지 못함。

【不就:불취】 어떤 일에 나서지 않음。

【不取:불취】 취하지 않음。

【不娶同姓:불취동성】 같은 성끼리는 혼인을 하지 않음。

【不測:불측】 ❶미리 헤아릴 수 없음。❷마음씨가 흉악함。

【不測之變:불측지변】 뜻밖에 예측하지 못한 사고。

【不齒:불치】 ❶사람 축에 들지 못함。(높임에도 쓰고 낮춤에도 씀。) ❷멀리 쫓아버리고 종신토록 登用하지 않음。『禮記·王制』ㅡㅣ人類。

【不治:불치】 ❶병이 낫지 않음。고칠 수 없음。❷정치가 잘못 되어 어지러움。

【不治病:불치병】 고칠 수 없게 된 병。痼疾。

【不侈不儉:불치불검】 衣食住에 있어서 사치하지도 검소하지도 않고 수수함。

【不恥下問:불치하문】 아랫 사람에게도 물을 것은 꺼리지 않고 물음。

【不親切:불친절】 친절하지 않음。

【不快:불쾌】 ❶마음이 유쾌하지 못함。❷기분이 나쁨。❸病。『後漢書』體有ㅡㅣ。

【不托:불탁】 수제비국。떡국。『五代史』一日食粥、一日食ㅡㅣ。

【不通:불통】 ❶통하지 아니함。막힘。❷글자나 말을 모름。❸因緣을 끊음。

【不退轉:불퇴전】 《佛》굳게 믿어 흔들리지 않음。한 발도 물러서지 않음。

【不透明:불투명】 투명하지 못함。

【不透明體:불투명체】 인체·쇠붙이·나무 따위와 같이 빛을 통과시키지 않는 물체。

【不特定物:불특정물】 《法》다만 그 종류만을 지정하여 그 特性을 묻지 않고 거래한 물건。

【不便:불편】 ❶편리하지 못함。❷편하지 못함。거북스러움。

【不偏不黨:불편부당】 어느 편에도 치우치지 않음。公平·中立의 자리에 섬。

【不平:불평】 ❶공평하지 않음。『漢書』項王爲天下宰ㅡㅣ。❷불만이 있어 마땅하지 않게 여김。원망을 품음。❸병으로 몸이 편하지 못함。

【不平家:불평가】 어느 일에나 불평을 잘 품는 사람。不平客。

【不平客:불평객】 ＝不平家。

【不平等:불평등】 평등하지 못함。

【不蔽風雨:불폐풍우】 집이 허술하여 비람과 비를 가리지 못함。

【不品行:불품행】 품행이 좋지 못함。또는 좋지 못한 품행。

【不必多言:불필다언】 여러 말을 할 필요가 없음。

【不必要:불필요】 필요하지 않음。

【不必再言:불필재언】 두 번 다시 말할 필요가 없음。

【不必他求:불필타구】 남에게 더 구할 필요가 없음。곧 자기 것으로 넉넉함。

【不下:불하】 ❶못하지 않음。❷어떤 수효에 내리지 않음。❸항복하지 않음。

【不學:불학】 ❶배우지 않음。❷학문이 없음。無學。

【不學無識:불학무식】 배우지 못하여 아는 것이 없음。

【不汗黨:불한당】 떼를 지어 다니며 재물을 강탈하는 강도。火賊。汗黨。

【不咸:불함】 자기와 마음이 같지 않음。(咸은 同)。『左傳』周公弔二叔之ㅡㅣ。

【不咸山:불함산】 《地》白頭山의 異稱。

【不合:불합】 ❶불건이나 일이 뜻에 맞지 않음。❷情誼가 서로 맞지 않음。

【不合格:불합격】 ❶합격되지 못함。❷일정한 격식에 맞지 않음。

【不合理:불합리】 理致에 맞지 않음。

【不合意:불합의】 ❶뜻에 어긋남。❷의사가 맞지 않음。

【不解散罪:불해산죄】 ＝多衆不解散罪。

【不幸:불행】 ❶운수가 언짢음。『論語』ㅡㅣ短命而死矣。❷행복하지 못함。

【不幸中多幸:불행중다행】 언짢은 일 중에 그래도 잘 된 일。

【不許:불허】 허락하거나 허가하지 않음。↔許可·許諾。

【不許可:불허가】 허가하지 아니함。

【不好:불호】 좋아하지 않음。미워함。

【不好間:불호간】 서로 좋아하지 않는 사이。좋지 못한 사이。

【不惑:불혹】 ❶세상 일에 迷惑하지 않음。❷四〇세의 別稱。『論語·爲政』四十而ㅡㅣ。

【不和:불화】 사이가 서로 좋지 못함。↔和合。『書經』自作ㅡㅣ。

【不確定:불확정】 확실히 정하지 못함。

【不換紙幣:불환지폐】 《經》正貨와 바꿀 수 없는 지폐。↔兌換紙幣。

【不況:불황】 景氣가 좋지 않음。돈벌이가 안 됨。↔好況。

【不孝:불효】 ❶자식의 道理를 다하지 못함。『孝經』五刑之屬三千、而罪莫大於ㅡㅣ。❷親喪을 입고 있을 때 스스로를 일컫는 말。『辭源』。

【不孝不悌:불효부제】 어버이에게 효성스럽지 못하고 웃 어른에게 공손하지 못함。

【不曉事:불효사】 事理를 모름。[못 함。

【不孝子:불효자】 불효한 자식。

【不朽:불후】 ❶썩지 않음。❷영원히 전하여 나감。

【不朽之功:불후지공】 오래도록 빛날 불멸의 공로。

【不多日內:부다일내】 며칠 이내。

【不斷:부단】 ❶끊어지지 않음。❷決斷이 없음。『漢書』優柔ㅡㅡ。

【不當:부당】 이치에 어그러짐。

【不當利得:부당이득】 (法) 정당하지 못한 방법에 의하여 얻은 이익。

【不當之說:부당지설】 이치에 맞지 않는 말。

【不大不小:부대불소】 크지도 작지도 않고 알맞음。

【不待接:부대접】 푸대접。

【不代替物:부대체물】 (法) 土地·예술작품 같은 代替할 수 없는 물건。↕代替物。

【不德:부덕】 ❶德望이 없음。『史記』以重吾ㅡㅡ也。❷德을 나타내지 않음。

【不渡:부도】 ❶(經)手票에 쓰인 금액을 받을 수 없는 일。❷줄 것을 주지 않음。

【不道:부도】 ❶道理에 벗어남。不道德。『左傳』冀爲ㅡㅡ。❷죄가 없는 一家 三人을 죽인 罪名。

【不道德:부도덕】 도덕에 어긋남。

【不渡手票:부도수표】 (經) 지불되어야 할 날짜에 지불을 거절당한 수표。

【不倒翁:부도옹】 오뚝이。

【不導體:부도체】 (物) 전기를 전하지 못하거나 통하는 율이 매우 작은 물체。유리·에버나이트·고무따위。↕良導體。

【不動:부동】 ❶물건이나 몸이 움직이지 않음。❷한 번 먹은 마음이 흔들리지 않음。❸(佛) 不動明王。

【不動產:부동산】 (法)토지 및 이에 定着된 건물·수목 따위의 재산。↕動產。

【不動心:부동심】 마음이 흔들리거나 움직이지 않음。

【不凍液:부동액】 얼지 않는 액체。

【不動姿勢:부동자세】 움직이지 않는 「차렷」의 자세。

【不凍港:부동항】 (地) 겨울에도 얼지 않는 항구。

【不得不:부득불】 하는 수 없이。不可不。

【不得要領:부득요령】 요령을 잡을 수가 없음。우물쭈물함。『漢書』不能得月氏要領。

【不得意:부득의】 뜻을 이루지 못함。

【不得已:부득이】 마지 못하여。하는수 없이。不可不得。

【不等:부등】 ❶서로 같지 않음。❷층이 져서 고르지 못함。❸일정하지 않음。

【不自然:부자연】 자연스럽지 못함。제격에 어울리지 않아 어색함。

【不自由:부자유】 얽매어 자유스럽지 못함。마음대로 안 됨。

【不作爲:부작위】 (法)마땅히 해야 할 것으로 기대되는 무엇인가를 하지 않음。도둑질을 하는 따위의 적극적 행위에 대하여 상업상의 경쟁을 하지 않는다든지 檢視를 거치지 않는다든지 하는 소극적 행위。↕作爲。

【不莊:부장】 공손하지 못함의 뜻。편지 끝에 씀。

【不才:부재】 ❶재주가 없음。❷자기의 재주의 謙稱。『左傳』臣實ㅡㅡ。

【不材:부재】 ❶쓸모가 없는 재목。❷재주가 없음。『荀子』。❸먹을 수 없음。

【不在:부재】 있지 않음。

【不在者:부재자】 (法)종래의 주소를 떠나서 좀처럼 돌아올 가망이 적은 사람。

【不在者投票:부재자투표】 (法) 선거인이 직접 투표소에 나가지 않고 미리 우편으로 행하는 투표。

【不在證明:부재증명】 (法)어떤 범죄 혐의를 받았을 경우 그 당시 현장에 그 사람이 있지 않고 딴 곳에 있었다는 증명。알리바이(Alibi)。

【不在此限:부재차한】 어떤 규정이나 한계에 얽매이지 않음。예외를 말할 때 쓰이는 말。

【不敵:부적】 대적이 안 됨。

【不適:부적】 不適當의 略語。

【不適當:부적당】 알맞지 않음。不適。

【不戰勝:부전승】 (運)추첨이나 상대편의 棄權으로 경기를 하지 않고 이김。

【不絶:부절】 끊이지 않음。

【不節制:부절제】 욕망을 억눌러 알맞게 절조 있는 생활을 하지 않음。

【不正:부정】 ❶바르지 못함。❷세금을 받지 아니함。

【不貞:부정】 여자가 貞操를 지키지 아니함。

【不淨:부정】 깨끗하지 못함。

【不精:부정】 精密하지 않고 거칠음。면밀하지 않음。

【不定:부정】 일정하지 않음。

【不定期:부정기】 ❶정해 놓은 때가 없이 아무 때나。❷기간이 정해 있지 않음。

【不定期刑:부정기형】 (法) 형의 기간을 재판에서 확정하지 않고 형의 경과를 보아 나중에 결정하는 형。

【不正當:부정당】 정당하지 않음。

【不正名色:부정명색】 정당하게 얻은 것이 아닌 재물。

【不定溫動物:부정온동물】 = 冷血動物。

【不正直:부정직】 정직하지 않음。↕正直。

【不正處分:부정처분】 정당하지 못한 방법으로 하는 물건의 처리。

【不正品:부정품】 정당하지 못한 방법으로 제작 또는 소유하고 있는 물건。

【不正行爲:부정행위】 올바르지 않은 수단으로 하는 행위。

【不定形:부정형】 일정하지 않은 형상。

【不正確:부정확】 정확하지 않음。

【不第:부제】 시험에 낙제함。

【不齊:부제】 가지런하지 아니함。不整。

【不弔:부조】 ❶無情、薄情。『左傳』君子以吳爲ㅡㅡ。❷道理에 벗어나서 横死한 사람을 조상하지 않음。❸不幸。

【不調:부조】 ❶날씨나 건강이 고르지 못함。❷調和가 아니 됨。

【不調和:부조화】 잘 조화되지 않음。

【不足:부족】 모자람。넉넉하지 못함。

【不足可論:부족가론】 같이 의논할 거리가 되지 못함。

【不足症:부족증】 (醫)원기가 쇠약하고 몸이 약하여지는 증세。

【不足之嘆:부족지탄】 넉넉지 못한데 대한 한탄。

【不從:부종】 따르지 아니함。

【不注意:부주의】 주의를 아니함。

【不中:부중】 ❶들어 맞지 아니함。❷中庸의 德이 없음。❸낙제함。

【不卽不離:부즉불리】 붙지도 않고 떨어지지도 않음。不離不卽。

【不知:부지】 알지 못함。

【不知去處:부지거처】 어디로 갔는지 모름。간 곳을 모름。

【不知其數:부지기수】 그 수를 알 수 없을 만큼 많음。

【不知不覺:부지불각】 모르는 결。

【不知不識間:부지불식간】 생각지도 알지도 못하는 사이。

【不知數:부지수】 알지 못하는 수효。

【不知中:부지중】 알지 못하는 동안。모르는 사이。

【不知何歲月:부지하세월】 언제 될지 그 기한을 알지 못함。

【不進:부진】 앞으로 나아가지 못함。

【不振狀態:부진상태】 세력이 떨치지 못하는 상태。

【丐】 ㈠(갈) 曷 ㈡(개) 泰 カツ、カイ、こじき beggar 《ㄞˋ kai⁴
草書 ㈠❶거지갈(乞人)。❷줄갈(與也)。【唐書 盧龍傳】飢寒無所貸ㅣ。㈡빌개(乞也)。

【丐乞:개걸】❶빌어먹음。❷거지。

【丐命:개명】목숨을 빎음。살아 나기를 빌음。「傳序」。

【丐養:개양】養子。義兒。『五代史·義兒傳序』。

【丐子:개자】거지。

【丐頡:개힐】掠奪함。『唐書·段秀實傳』。

【丏】(면) 銑 メン、みえない invisible
小篆 뵈지 않을면(不見)。〔說文〕丏、不見也、象雝蔽之形。

【与】(여)『與』(臼部 8畫)와 같음

【丑】 ㈠(축) 〔慣音〕 ㈡(추) 有 チュウ、うし cattle ㄔㄡˇ ch'ou³
小篆 草書 축 ㈠❶소축(牛也)。❷축시(四更)。(밤한시부터 세시까지의 사이)。❸북동축(北東)。(자「子」와 인「寅」과 사이의 방위)。
㈡❶사람이름추(人名)。❷수갑추(手械)。【六書正譌】ㅣ手械也。

【丑末:축말】丑時의 마지막。곧 오전 三시 경。

【丑方:축방】二四 方位의 세째。正北으로부터 동쪽으로 三○도째의 방위를 중심한 좌우 一五도의 방위。

【丑時:축시】❶하루를 一二시로 나눈 둘째。곧 오전 一시부터 三시까지의 동안。❷하루를 二四時로 나눈 세째。곧 오전 一시 반부터 二시 반까지의 동안。

【丑月:축월】月建이 丑으로 되는 달。곧 음력 섣달。

【丑日:축일】日辰이 丑인 날。

【丑正:축정】❶하루를 一二時로 나눈 둘째 시간의 한 가운데。곧 상오 二시。四更。❷하루를 二四時로 나눈 세째。곧 상오 一시 반부터 二시반 까지의 동안。

【丑初:축초】❶一二時의 둘째。곧 丑時의 처음。❷二四시의 세째。곧 상오 一시 반경。

四 畫

【且】 ㈠(차) 馬 ㈡(저) 魚 ㈢(저) 語 シャ、かつ、また and ㄐㄩˇ chü³
小篆 古文 草書 ㈠❶또차(又也)。❷그위에차。【史記】孔子貧ㅣ賤。❸바야흐로차。❹거의차(幾也)。【史記】若屬ㅣ爲所虜。❺여기에차(此也)。【詩經】匪ㅣ有ㅣ。❻(미정「未定」의 뜻을 나타냄)【詩經 唐風山有樞】ㅣ以喜樂、ㅣ以永日。
㈢❶(말투를 강하게 하기 위하여 쓰는)어조사(語助辭)。【詩經】女曰觀乎、士曰既ㅣ。❷나아가지 않을저(不進)。【易經】其行次ㅣ。❸많을저(多也)。【詩經 大雅韓奕】籩豆有ㅣ。❹파초저(芭蕉) ㈢공손할저(恭也)。【詩經】有萋有ㅣ。

【且驚且喜:차경차희】한 편으로는 놀라면서 한편 기뻐함。

【且信且疑:차신차의】한 편으로는 믿기도 하고 또 한 편으로는 의심하기도 함。半信半疑。

【且月:차월】음력 六월의 異名。『爾雅』六月爲且。

【且戰且走:차전차주】한 편으로 싸우면서 한 편으로 달아남。

【且置勿論:차치물론】내버려 두고 논의 대상으로 삼지 않음。

【丕】(비) 支 ヒ、おおきい great ㄆㄧ p'i¹
小篆 草書 ❶클비(大也)。【書經大禹謨】嘉乃ㅣ績。❷으뜸비、첫째비(元也)。【書經金縢】是有ㅣ子之責于天。

【丕構:비구】큰 사업。洪業。『唐玄宗』顧循承ㅣㅣ。

【丕基:비기】큰 바탕。王業의 바탕。

【丕圖:비도】큰 계책。큰 계획。

【丕變:비변】계계묵은 옛 풍습을 깨뜨려 버림。「基」。

【丕丕:비비】큰 모양。『書經』弼我ㅣㅣ。

【丕緖:비서】큰 功。『宋史』ㅣㅣ啓宋祊。

【丕業:비업】큰 사업。洪業。『史記』王者之ㅣㅣ。

【丕烈:비열】큰 功。『後漢書』褒其ㅣㅣ。

【丕子:비자】임금의 嫡子。太子。

【丕績:비적】큰 功績。『書經』嘉乃ㅣㅣ。

【丕祚:비조】天子의 지위。『元史』嗣承ㅣㅣ。

【丕址:비지】큰 기초。『蔡襄』益厚ㅣㅣ。

【丕顯:비현】크게 나타남。

【丕訓:비훈】큰 가르침。『書經』爾惟弘周公ㅣㅣ。

【世】(세) 霽 セ、セイ、よ world ㄕˋ shih⁴
小篆 小篆 草書 세 ❶인간세、세상세(ㅣ界)。【論語】豈若從辟ㅣ之士哉。❷일평생세(生涯)。【大學】沒ㅣ不忘也。❸대대세(代代)。【詩經 大雅下武】ㅣ有哲王。❹역대세(歷代)。【詩經】凡周之士、不顯亦ㅣ。❺백년세 百年)。

【世家:세가】❶대대로 祿을 받는 집。『孟子』仲子齊之ㅣㅣ也。❷史記의 分類의 한 가지。諸侯·王·名族의 역사。

【世間:세간】❶세상。『史記』夫人生居ㅣ也、譬猶騁六驥。❷《佛》衆生이 서로 의지하여 사는 이 세상。

【世降俗末:세강속말】세상이 아주 그릇되어서 풍속이 몹시 어지러움。

【世居:세거】한 고장에서 대대로 살고 있음。

【世居之地:세거지지】대대로 살고 있는 고장。

【世系:세계】대대의 系統。

【世界:세계】❶우주。❷온 인류 사회。❸같은 類끼리 이루고 있는 하나의 사회。『孟浩然』樓臺ㅣㅣ稀。

【世界苦:세계고】《哲》세계 일반으로 공통되는 사상。또는 생활상의 고통。

【世界觀:세계관】《哲》우주와 인생의 의의와 가치와 목적에 관한 견해。

【世界大戰:세계대전】《歷》二○세기 전반기에 일어난 두 차례의 세계적 전쟁。一차는 一九一四~一八년에、二차는 一九三九~四五년에 있었음。

【世界史:세계사】세계 전체의 역사。

【世界市場:세계시장】《經》❶세계적 무역에 의하여 이루어지는 추상적 시장。❷國際市場。

【世界人權宣言:세계 인권선언】一九四八년 一二월 一○일에 유엔 제三회 총회에서 채택된 선언。사람은 나면서부터 자유·평등하며、언론·집회·교육의 자유가 있다는 선언。

【世界政府:세계정부】전쟁과 폭력 혁명을 피하고、하나의 국가를 수립하려는 구상으로서의 정부。

【世界精神:세계정신】《哲》세계를 지배하는 통일 원리로서의 정신。

【世界政策:세계정책】❶세계 정세를 참작하여 취하는 대외 정책。❷帝國主義的인 대외 정책。

【世界主義:세계주의】민족과 국경을 超越하여 온 세계를 한 국가、온 인류를

世界民으로 보는 主義。Cosmopolitanism。
【世故:세고】 세상의 속된 일。세상 일。
【世交:세교】 대대로 사귀는 교분。
【世紀:세기】 ❶연대。시대。❷西曆에서 一〇〇년을 一期로 세는 연대의 단위。
【世紀末:세기말】 ❶《文》一九 세기 말 西歐에 퍼졌던 懷疑的·頹廢的·虛無的·厭世的인 경향。《轉》어떤 사회가 隆盛期를 지나서 頹廢的인 사회 현상을 나타내는 비정상적인 상태나 경향。❷末世。
【世念:세념】 세상 살이에 대한 온갖 생각。『陸游』ㅣㅣ堅彊似火牛。
【世帶:세대】 家口。각 살림살이의 단위。
【世代:세대】 ❶여러 代。❷한 代(약 三〇년)。❸한 시대。
【世德:세덕】 여러 대를 거쳐 쌓아 오는 아름다운 德化。
【世路:세로】 ❶세상에서 살아가는 길。❷《佛》有爲法(항상 변하는 것)。
【世祿:세록】 대대로 나라에서 받는 祿俸。『書經』ㅣㅣ之家鮮克由禮。
【世論:세론】 세상 사람들의 의견。輿論。
【世累:세루】 속세의 근심。세속의 번루한 일。『白居易』野情遺ㅣㅣ。
【世母:세모】 世父의 안해。伯母。『爾雅』父之兄妻爲ㅣㅣ。
【世務:세무】 세상살이의 온갖 雜務。時務。『史記』俱上書言ㅣㅣ、各一事。
【世味:세미】 세상의 맛。人情世態。『陸游』ㅣㅣ年來薄似紗。
【世閥:세벌】 지체。문벌。
【世變:세변】 세상의 變故。
【世譜:세보】 系譜를 모아 엮은 책。
【世父:세부】 =伯父。『漢書』ㅣㅣ大將軍鳳病。
【世紛:세분】 세상의 어지러운 온갖 일。『朱熹』還家辭ㅣㅣ。
【世嗣:세사】 =後孫。『王粲』御ㅣㅣ之駿服。

【世事:세사】 ❶세상의 온갖 일。❷세상의 職業。士·農·工·商 따위。
【世相:세상】 세상의 형편。世態。
【世上:세상】 ❶사람이 살고 있는 바닥。사회。『戰國策』人居ㅣㅣ、勢位富厚、蓋可以忽乎哉。❷절이나 수도원 또는 감옥 등의 격리된 사회 안에서 일컫는 바깥사회。世間。俗世。❸한 사람의 목숨이 살아 있는 동안。平生。❹나라를 다스리는 동안。❺한 계통이 이어가는 동안。❻마음대로 활동할 수가 있는 舞臺。❼世上人心의 略語。
【世上事:세상사】 세상의 일。
【世說:세설】 ❶세상 소문。❷《書》世說新語의 略語。三권。南宋代 劉義慶(四〇三~四四四)지음。後漢부터 東晋까지의 名士의 逸話·德行·文學 등 三六部門으로 나누어 씀。
【世世:세세】 =代代。『史記』與諸侯剖符、「ㅣㅣ勿絕。
【世世相傳:세세상전】 여러 代를 전하여 내려옴。代代로 전하는 일。
【世俗:세속】 ❶세상。❷세상의 風俗。❸세상 사람。『孟子』直好ㅣㅣ之樂耳。『史記』其所語、ㅣㅣ之所知也、無絕殊者。
【世俗的:세속적】 세속스러움。세속의 테두리를 벗어나지 못한 형편。「語。
【世孫:세손】 임금의 長孫。王世孫의 略
【世守:세수】 여러 대를 두고 지켜 내려옴。
【世讎:세수】 여러 대를 이어 내려 오는 원수。『宋史』金人ㅣㅣ、無可和之義。
【世襲:세습】 한 집안의 작위·업무 등을 대대로 물려 받는 일。『魏志』ㅣㅣ爵士。
【世襲財產:세습재산】 대대로 물려받기는 하나 소유자가 마음대로 처분 못하는 재산。近代法에서는 이를 인정치 않음。
【世臣:세신】 대대로 한 王家를 섬긴 功勞가 있는 신하。『孟子』有ㅣㅣ之謂也。
【世業:세업】 대대로 물려 내려온 직업。

【世緣:세연】 俗世의 온갖 인연。『戴叔倫』青山謝ㅣㅣ。
『後漢書』皆無七國ㅣㅣ之資。
「분한 일。
【世染:세염】 어수선한 이 세상의 너저
【世譽:세예】 세상에 드러난 名聲。
【世外:세외】 ❶俗世 밖의 別天地·別世界。❷속세를 떠남。또는 그 곳。『晉書』相與爲ㅣㅣ之交。
【世運:세운】 세상이 돌아가는 운수。『班彪』稽帝王之ㅣㅣ。
【世誼:세의】 여러 대를 이어 사귄 정의。「世交。
【世子:세자】 ❶王位를 이을 아들。王世子。『孟子』滕文公爲ㅣㅣ。❷《書》二一편。陳代 사람 世碩 지음。人性에 善惡이 있음을 주장함。『論衡·本性』。
【世丈:세장】 世交로서 대대로 交分이 두터운 어른。
【世嫡:세적】 대를 이을 자식。嫡嗣。『北史』恢崇儒術、以訓ㅣㅣ。
【世情:세정】 ❶세상 형태。世態。❷세속에 관한 마음。『陶潛』林園無ㅣㅣ。
【世傳之物:세전지물】 대대로 전하여 내려오는 물건。
【世諦:세제】 세속의 참된 도리。
【世族:세족】 =世家。
【世尊:세존】 《佛》釋迦牟尼의 尊稱。
【世塵:세진】 俗世의 더러움。俗事。
【世稱:세칭】 세상에서 보통 말하는 것。
【世態:세태】 세상 형편。世情。『趙抃』ㅣㅣ心情冷如水。
【世態炎凉:세태염량】 세상 형편의 盛衰를 가리키는 말。『故事成語考』可厭者、ㅣㅣ。
【世澤:세택】 조상이 남긴 은혜。「功德。
【世統:세통】 =世系。『宋史』尊祀ㅣㅣ昭
【世波:세파】 ❶세상의 풍파。❷사회의 움직이는 형편。❸괴로움이 많은 쓰라린 세상。
【世評:세평】 세상의 평판。世說。

【世行:세항】 대대로 交分이 있는 같은 또래의 벗。
【世嫌:세혐】 두 집안 사이에 대대로 지녀 내려오는 怨恨과 미움。

【丘】(구) 尤 キュウ、おか ㄑㄧㄡ ch'iu

小篆 古文 草書 ❶언덕구(阜也)。❷클구(大也)。❸모을구(聚也)。❹높을구(高也)。❺고을구(邑也)。『漢書 刑法志』四井爲邑、四邑爲丘、ㅣ十六井也。

井牧(禮器圖)

【丘壟:구롱】 ❶언덕。❷조상의 산소。『後漢書』攻劫ㅣㅣ。
【丘陵:구릉】 언덕。나직한 산。『禮記』從長者而上ㅣㅣ。
【丘木:구목】 무덤가에 있는 나무。墓木。『禮記』爲宮室、不斬ㅣㅣ。
【丘墓:구묘】 무덤。『漢書』亦何面目、復上父母之ㅣㅣ乎。
【丘民:구민】 시골에 사는 平民。『孟子』得乎ㅣㅣ而爲天子。
【丘阜:구부】 언덕。나직한 산。小山。『淮南子』ㅣㅣ不能生雲雨。
【丘墳:구분】 ❶무덤。❷언덕。❸古書의 이름。九丘 三墳의 略語。
【丘山:구산】 ❶언덕과 산。『莊子』ㅣㅣ積卑而爲高。❷俗世를 떠난 자연。❸물건이 많이 쌓인 모양。『史記』積粟如ㅣㅣ。
【丘山臺:구산대】 물건을 높이 쌓아 올린 더미。
【丘首:구수】 ❶근본을 잊지 않음。여우는 죽을 때 살던 산 쪽으로 머리를 둔다고 함。『禮記』狐死正ㅣㅣ、仁也。❷고향을 생각함。『後漢書』能無依風ㅣㅣ之思哉。
【丘嫂:구수】 맏형수。『漢書·楚元王傳』。
【丘隅:구우】 언덕의 나무가 우거지고 고요한 곳。『詩經』止于ㅣㅣ。

〔丘亭：구정〕 빈 집。『漢書』寄居——。

〔丘垤：구질〕 작은 언덕。『孟子』泰山之於——。

〔丘坂：구판〕 언덕과 고개。『晉書』——存其陳草。

〔丘壑：구학〕 언덕과 구렁。俗世를 떠난 곳。『晉書』棲遲——。

〔丘墟：구허〕 ❶큰 언덕。❷廢墟。

【丙】 (병) 梗 敬 ヘイ、ひのえ third ㄅㄧㄥˇ ping³

丙 小篆 草書 ❶천간병(십간「十干」의 세째)。❷남쪽병(南方)。❸밝을병(明也)。(불의 뜻에씀)。❹물고기의 꼬리병(魚尾也)。『爾雅 釋天』太歲在—曰柔兆。

〔丙亂：병란〕 (歷)丙子胡亂의 略語。

〔丙方：병방〕 二四 方位의 하나。正南으로부터 동쪽으로 一五도째의 방위를 중심으로 한 一五도의 각도 안。

〔丙時：병시〕 二四時의 一二째 時。

〔丙夜：병야〕 三更을 五夜의 하나로 일컫는 말。하오 一一시부터 다음 날 상오 一시 사이。『唐書』——不安枕。

〔丙午：병오〕 六〇甲子의 四三째。

〔丙寅士禍：병인사화〕 (歷)李朝 燕山君 一二년에 戊午士禍와 甲子士禍의 禍를 피한 文人을 몰살한 사건。

〔丙寅洋擾：병인양요〕 (歷)李朝末 高宗 三년 九월(一八六六)에 프랑스의 군함이 江華島를 침범한 사건。大院君의 天主敎 탄압 때 죽은 프랑스의 神父에 대한 보복으로 왔었으나 실패하고 물러감。

〔丙子：병자〕 六十甲子의 一三째。

〔丙子士禍：병자사화〕 (歷)李朝 世祖 때 端宗의 復位를 꾀하다 거사 전에 탄로되어 몰살당한 사건。

〔丙子修好條約：병자수호조약〕 (歷)李朝 高宗 一三년 우리나라 대표인 申櫶과 日本代表인 黑田淸隆 사이에 체결된 一二個條의 條約。韓·日間의 修好、開港問題、使臣交換 등을 내용으로 함。→江華島條約。

〔丙子字：병자자〕 (歷)活字 이름。李朝 中宗 때 만든 銅活字。字本은 明版本。

〔丙子胡亂：병자호란〕 (歷)李朝 仁祖 一四년(一六三六)에 淸軍의 침략으로 일어난 전쟁。이 亂의 결과 中宗은 항복하고 兄弟의 盟을 맺었음。

〔丙丁：병정〕 불。곧 丙·丁은 五行의 火에 해당함。『王陽明』

〔丙種：병종〕 등급으로 세째 가는 종류。

〔丙坐：병좌〕 (民)뒷자리나 집터 따위의 丙方을 등진 좌향。

〔丙枕：병침〕 하룻밤을 五夜로 나눈、세째 時刻으로서 임금이 잠자리로 들던 시각。

五 畫

【㐁】 (첨) 琰 鹽 テン、なめる lap、lick ㄊㄧㄢˇ t'ien³

小篆 古文 ❶핥을첨(舐也)。❷혀가 늘첨(舌細貌)。

【丞】 (승) 蒸 徑 ジョウ、たすける aid ㄔㄥˊ ch'eng²

小篆 草書 ❶이을승(繼也)。『史記 張湯傳』於是—上指。❷도울승(佐也)。『古詩 焦仲卿妻』媒人去數日、尋遣—請還。❸벼슬의 이름승(—相)。❺향상할승(向上)。『史記』——治不至姦。(『承』과 통함)

〔丞相：승상〕 임금을 돕는 최고의 벼슬。宰相。政丞。

〔丞丞：승승〕 나아가는 모양。『史記』——治不至姦。

【丟】 (주) 丢 チュ、なくす ㄉㄧㄡ tiu¹ 잃어버릴주(一去不還)。

〔丟巧針：주교침〕 음력 七月七日에 婦女가 바늘을 물에 띄워、그 그림자를 보고 裁縫솜씨가 숙달되기를 비는 일。『帝京景物略』七月七日之午、婦女曝盎水日中、頃之、水面生膜、繡針投之則浮則看水底針影、有成雲物花頭鳥獸影者、有成鞋及剪刀水茄影者、謂乞得巧。

〔丟丟：주주〕 붉은 모양。『丹鉛總錄』古諺、早霞紅——、晌午雨瀏瀏、晩霞紅——、早晨大日頭。

【両】 (량)『兩』(入部 6畫)의 俗字

【丗】 (세)『世』(一部 4畫)의 俗字

【来】 (래)『來』(人部 6畫)의 俗字

六 畫

【丣】 (유)『酉』(酉部 0畫)의 古字

【所】 (소)『所』(戶部 4畫)의 俗字

七 畫

【並】 (병) 迥 ヘイ、ならべる abreast

草書 ❶아우를병(倂也)。❷견줄병(比也)。『禮記』—於鬼神。❸함께병(共也)。『中庸』萬物—育。(『竝』과 같음)

〔並肩：병견〕 ❶어깨를 겨루어 나란히 함。比肩。平等。❷어깨를 겨룸。『南史』——英彥。

〔並力：병력〕 힘을 한데 합함。「려 섬」

〔並列：병렬〕 나란히 늘어섬。잇달아 벌

〔並立：병립〕 나란히 섬。『晉書』兩雄不俱處功名不——。

〔並木：병목〕 길 양쪽에 나란히 심어 놓은 나무。街路樹。

〔並發：병발〕 한꺼번에 두 가지 이상의 일이 일어남。同時에 일어남。

〔並書：병서〕 글자 두개나 세개를 가로 나란히 씀。ㄲ、ㄸ、ㅃ 같은 것。

〔並用：병용〕 아울러 같이 씀。

〔並有：병유〕 한데 아울러서 가짐。

〔並育：병육〕 한데 아울러서 자람。같이 成長함。

〔並州故鄕：병주고향〕 오래 살던 타향을 고향에 견주어 이르는 말。

〔並進：병진〕 같이 나란히 나아감。

〔並呑：병탄〕 ❶남의 물건을 제 것으로 만들어 버림。❷남의 나라를 自國의 領土로 함。倂呑。『史記』——八荒。

〔並行：병행〕 ❶두 가지 일을 함께 행함。『禮記』道——、不相悖。❷나란히 함께 나아감。『論語』見其與先生——也。

〔並興：병흥〕 함께 일어남。一時에 일어남。『禮記』藜莠蓬蒿——。

十 畫

【𠁁】 (두) 宥 トウ、さけいれ wine bowl

小篆 큰술잔두(禮器斝屬)。『說文』鋀、𠁁、鋀或省金。

丨 部

【丨】 (곤) 阮 コン、たて set ㄍㄨㄣˇ kuen³ (同音「신」)

小篆 草書 ❶셈대세울곤(象數之縱)。❷뒤로 물러설곤

(退也)。❸위아래로 통할곤(上下相通)。

一 畫

【ㄐ】(구) 尤 キュウ、まつわる the vine
小篆 ❶넝쿨구(蔓延)。❷얽힐구(糾也)。

二 畫

【丫】(아) 麻 ア、ふたまた strand ㄧㄚ ya'
草書 ❶두갈래질아(物之岐頭)。❷가닥날아(分形)。

【丫頭:아두】 두 가닥으로 땋은 머리 모양。『歐陽修』使蒼頭ㅣㅣ、巨扇揮颺。(蒼頭는 奴僕)。

【丫丫:아아】 두 가닥으로 땋은 머리。『馬祖常』兩髻ㅣㅣ面粉光。

【丫鬟:아환】 ❶머리를 두 가닥으로 땋은 소녀。❷계집종。

【介】㊀(개)〔慣音〕 ㊁(가) 箇 カ、かず a piece ㄍㄜ kê'
小篆 草書 ㊀낱개(枚也)。(물건을 헤아리는수、箇와 같음)。㊁명당곁방가(明堂傍室)。(『介』와 통함)
【禮記月令】君居右ㅣ。

三 畫

【中】㊀(중) 東 ㊁(중) 送 チュウ、なか midst; in ㄓㄨㄥ chung'
小篆 小篆 古文 籒文 ㊀❶가운데중(四方之央)。【中庸章句】其書始言一理、ㅣ散爲萬事、末復合爲一理。❷안쪽중(內也)。【十八史略】沛ㅣ子弟。❸마음중(心也)。【史記樂書】情動於ㅣ。❹바른덕중(正德)。【中庸】ㅣ者天下之大本也。㊁❶맞힐중(至的)。【史記】百發百ㅣ。❷응할중(應也)。【禮記】律ㅣ大簇。❸당할중(當也)。【尹文子大道下】刑罰ㅣ則民畏死。(『仲』과 통합)

【中間:중간】 ❶두 사물의 사이。서로 상대되는 일이나 물건의 거리。또는 간격。『何晏』ㅣㅣ爲之訓解。❷사물의 아직 끝이 나지 않은 장소。또는 시간。❸가운데 섬。紹介。『孔子家語』士不ㅣㅣ見、女嫁無媒、君子不以交。

【中間景氣:중간경기】 《經》❶循環하는 불경기와 好景氣와의 중간에 나타나는 일시적 부분적인 호경기。中間時勢。❷호경기도 불경기도 아닌 保合狀態에 있는 경기。

【中間階級:중간계급】 서양의 봉건 시대의 제삼 계급이었던 도시의 商工市民。貴族·僧侶로부터 성치적 권력을 빼앗아 산업 혁명 후 자본 계급이 되었음。시민 계급 또는 소시민 계급。＊中產階級。

【中間浪說:중간낭설】 당사자 끼리가 아니고 중간에서 생긴 헛소리。

【中間貿易:중간무역】 《經》甲·乙 양국의 중간에서 甲국의 생산품을 乙국에 공급하고、乙국의 생산품을 甲국에 공급하여 그 사이에서 이익을 얻는、제 삼국이 영위하는 무역。中繼貿易。

【中間商人:중간상인】 《經》 생산자와 소비자 사이에서 상품의 공급·매매를 맡아 이익을 얻는 것을 업으로 하는 상인。

【中間色:중간색】 딴 선명한 빛에 회색과 같은 빛을 섞어서 만든 막연한 색채。

【中間選擧:중간선거】 《政》 미국에서 대통령 선거를 四년마다 행하는 데 대하여 二년만에 행하는 議會選擧。

【中間訴訟:중간소송】 《法》 민사소송의 진행중 어떤 부분의 사실이 말썽거리가 되어서 특별히 조사할 필요가 있을 경우의 소송。

【中間宿主:중간숙주】 《動》 寄生蟲이 終局宿主에 붙기 전에 寄生하여 발육·變態의 一部를 營爲하는 곳으로서의 동물。

【中間時勢:중간시세】 《經》 순환하는 시세 과정에 있어서 정상적인 시세가 아니고 중간에 나타나는 일시적、부분적 경기。중간 경기。

【中間派:중간파】 《社》 좌익과 우익의 중간에 있는 당파。灰色派。第三勢力。

【中江後市:중강후시】 《歷》李朝 仁祖 二四년 이후의 密貿易。義州 中江、곧 鴨綠江 가운데 있는 蘭子島에서 하던 清과의 官貿易 외에 私商의 密貿易이 행하여 진 것을 가리킴。肅宗 때 폐함。

【中概念:중개념】 《論》三段論法의 大前提와 小前提를 매개하는 개념。媒概念。

【中距離競走:중거리경주】 육상 경기의 한 종목。四〇〇、八〇〇、一五〇〇、二〇〇〇m 경주의 總稱。

【中堅:중견】 ❶단체나 회사의 중심이 되는 중요한 사람。❷《軍》主將에 직속한 精銳部隊인 中軍。【後漢書】與敢死者三千人、衝其ㅣㅣ。❸卒伍의 이름。❹將軍을 이름。【漢書】拜王昌、爲ㅣㅣ將軍。

【中堅手:중견수】 《運》야구에서 二壘뒤쪽 右翼手와 左翼手와의 중간을 지키는 外野手。

【中堅作家:중견작가】 《文》文壇의 중견이 되는 작가。

【中徑:중경】 직경。

【中階:중계】 《建》가옥의 기초가 되도록 한 층을 높이 쌓은 壇。

【中繼:중계】 ❶중간에서 받아 이어 줌。❷中繼放送의 略語。

【中繼貿易:중계무역】 《經》輸入한 物資를 그대로 또는 약간 加工하여 第三國에 再輸出하는 형식의 무역。通過貿易。

【中繼放送:중계방송】 國內 혹은 國外의 방송 또는 野外의 競技實況을 有線혹은 無線으로 받아 방송국에서 중계하여 다시 하는 방송。

【中繼港:중계항】 《經》화물의 생산지와 소비지의 중간에 있어 그 화물의 매개적 지위에 있는 商港。보통 관세를 안붙임。

【中古:중고】 ❶《歷》殷·周의 무렵。周文王의 무렵。❷역사상 시대 구분의 하나。上古와 近古의 사이。【易經】易之興也、其於ㅣㅣ乎。❸새것이 아니고 조금 낡은 것。「사。

【中古史:중고사】 《歷》 중고 시대의 역

【中古品:중고품】 아주 낡지는 않으나 꽤 오래 쓴 물건。中古。

【中共:중공】 中國 共產黨의 略稱。

【中果皮:중과피】 《植》열매의 外果皮와 內果皮 사이에 있는 두꺼운 속껍질。

【中藿:중곽】 《植》새초미역。「탄。

【中塊炭:중괴탄】 덩이가 자질구레한 석

【中九:중구】 그 달의 초아흐렛날。【事物異名錄·歲時·月】。

【中冓:중구】 ❶夫婦만 있는 깊숙한 방。❷난잡한 일。【詩經】ㅣㅣ之言、不可道也。

【中國:중국】 《地》❶세계의 중앙에 있는 나라라는 뜻으로、원래 중국 사람이 자기 나라를 자랑하여 일컫던 말。❷나라의 중앙。【孟子】氾濫於ㅣㅣ。❸中華民國의 略稱。

【中國哲學:중국철학】 《哲》中國의 철학。春秋戰國 時代에 儒家·道家·墨家·法家 등 九派로 크게 나뉘임。그중 儒家는 一二세기 朱子에 이르러 체계가 철학적으로 집대성 됨。明 이후 陽明學·考證學·公羊學이 전개되면서 깊은 철리를 더함。老莊 사상인 道家는 염세사상·민간신앙과 결합하면서 겨우 명맥을 보전하고 있음。

【中軍:중군】《制》❶三軍(右·中·左) 중의 가장 精銳로서 중심이 되는 軍。『春秋』春王正月、舍——。❷淸代、總督·巡撫 등의 아래에 있어서 軍務를 統理하던 벼슬。副將 등을 일컬음。

【中宮:중궁】❶皇后。『周禮·註』。❷별 이름。北極。

【中卷:중권】세 권으로 된 책의 가운뎃 권。

【中饋:중궤】❶주방에서 음식에 관한 일을 주장하는 여자。따라서 부인 또는 아내를 일컬음。『易經』在——貞吉。❷부인들의 일。「於——」。

【中逵:중규】大路의 가운데。『詩經』施于中逵。

【中笒:중금】대금보다 조금 작은 笛。

【中級:중급】중치인 등급。*上級·下級。

【中氣:중기】❶사람의 속 기운。❷二四節氣 중 양력으로 매달 중순 이후에 드는 절기。❸《醫》정신의 감동으로 기절하는 병。氣塞。❹병에 걸려 있음。中風과 같음。

【中男:중남】次男。『易經』坎再索而得男故謂之——。

【中年:중년】청년과 노년의 중간 나이。곧 마흔살 안팎의 나이。壯年。『晉書』——以來、傷於哀樂。

【中老人:중노인】중늙은이。마흔 살에 대하여 五、六〇살의 사람。初老。

【中農:중농】中 정도의 농지를 가지고 일군도 쓰나 자기도 경작에 종사하는 농민층。↕大農·小農。

【中腦:중뇌】《生》間腦와 小腦 사이에 있어 시각·청각에 관한 중추의 구실과 대뇌와、딴 부분과를 연락하는 길의 구실을 하는 뇌수의 일부。

【中斷:중단】❶중도에서 끊거나 그만 둠。❷복판에서 자름。

【中段:중단】❶한 편의 글의 한 가운데의 대문。❷단의 중앙。

【中單:중단】남자의 喪服 속에 입는 소매 넓은 두루마기。

【中畓主:중답주】地主의 땅을 빌어서 남에게 빌려 주고、中賭租를 받아 먹는 사람。中賭主。

【中唐:중당】❶廟의 門에서 廟에 이르는 뜰의 길。『詩經』——有甓。❷唐의 詩體上으로 나눈 구분。初唐、盛唐 다음、晩唐 앞。代宗의 太曆부터 文宗의 太和에 이르는 약 七〇년 사이。

【中堂:중당】❶《制》唐代 中書省에서 宰相이 정치하던 곳。《轉》宰相의 別稱。❷堂上의 南北의 중간。『禮記』。❸《佛》天台宗의 本尊을 安置하는 절의 本堂。

【中隊:중대】❶군대 편성의 한 구분。❷《制》행군할 때 다섯 伍로 편성한 一二五명의 군사。

【中大門:중대문】中門의 俗稱。

【中德:중덕】《佛》法階의 하나。이조 때 僧科에 합격하여 大選이 된 후 一二年이상 禪이나 敎를 닦으면 승진시켜 주는 계급。

【中途:중도】❶길의 중간。❷일이 되어 가는 동안。하던 일의 중간。中道。

【中道:중도】❶中庸의 道。❷中途。途中。『論語』力不足者、——而廢。

【中塗:중도】길의 중간。中途。『左思』枳棘塞——。

【中途改路:중도개로】일을 하다가 중간에서 방침을 고침。

【中途而廢:중도이폐】어떤 일을 중간에서 그만 둠。『論語·雍也』。

【中賭租:중도조】中畓主가 소작인한테서 원도조 외에 더 받아 자기 차지로 하는 도조。中賭地。

【中毒:중독】《醫》어떤 물질을 체내에 섭취함으로써 몸의 한 부분 또는 여러 곳에 機能障害를 일으키는 일。

【中毒弱視:중독약시】《醫》중독으로 시력이 약하여 지는 일。

【中等:중등】가운데 등급。곧 상등과 하등、초등과 고등의 사이。

【中等教育:중등교육】중학교와 고등학교에서 실시하는 교육。

【中等學校:중등학교】중학교 및 고등「학교。

【中亂:중란】=內亂。

【中略:중략】문장을 인용할 때 중간 부분을 줄임。

【中凉:중량】좀 굵게 만든 갓양태。↕細「凉。

【中曆:중력】겉장을 제대로 잘 꾸미지 않은 책력。

【中領:중령】《軍》軍의 한 계급。領官의 「중간 계급。

【中老:중로】중노인。중늙은이。

【中路:중로】❶가던 길의 중간。中途。『漢書』——而馳。❷시골서 奴名이 없거나 賤役을 않는 계급。中人 계급。「稱。

【中路輩:중로배】中人 계급 사람의 卑

【中籠:중롱】크지도 작지도 않은 중 정도의 장농。

【中流:중류】❶내나 강의 중간。『鶡冠子』——失舟一壺千金。❷중간쯤 되는 정도나 계급。❸《佛》중생의 번뇌。

【中流階級:중류계급】생활 수준이 중류쯤 되는 계급。

【中流擊楫:중류격집】굳은 決心을 나타내는 말。『晉書』帝以 爲豫州刺使、渡江——而誓曰、祖逖不能淸中原而復濟者、有如大江。

【中流社會:중류사회】중류 계급으로 이루어진 사회。

【中流砥柱:중류지주】❶黃河 가운데 조금도 움직이지 않고 서 있는 기둥 모양의 돌。❷亂世에 處하여 節義를 굽히지 않는 者를 일컬음。『日知錄』。

【中肋脈:중륵맥】《植》잎의 복판을 관통하는 굵은 葉脈。主脈。

【中立:중립】❶어느 쪽에도 치우치지 않고 公正함。❷어느 쪽에도 편들거나 적대하지 않음。『中庸』——而不倚。

【中立國:중립국】《法》전쟁에 참가하지 않는 국가。局外 중립국이나 永世中立國。

【中立性:중립성】중립하는 성질。

【中立違反:중립위반】《法》국제법상의 중립의 의무를 위반함。

【中立義務:중립의무】《法》중립 규칙에 규정된 局外 중립국 및 그 국민의 의무。↓局外中立。

【中立地帶:중립지대】《法》交戰國의 군대의 중간에 지정하여 서로 병력을 쓰지 않기로 협정한 일정한 구역。

【中立派:중립파】어떤 당파에도 속하지 않은 파。

【中目放賣:중목방매】남의 물건을 훔쳐다 팔음。

【中無所主:중무소주】어떤 일에 주견되는 의견이나 줏대가 없음。

【中門:중문】❶대궐의 五門의 하나。❷문지방。❸대문 안에 거듭 있는 문。

【中米:중미】精米가 그리 깨끗하게 되지 못한 중간 품질의 쌀。

【中民:중민】중류의 사람。中産 階級의 백성。『史記』百金、——十家之産。

【中飯:중반】❶점심。『權德輿』山僧相訪期——、漁父同遊或夜歸。❷식사중。『蜀志』——親餐。

【中鉢:중발】작은 밥주발。「심부름군。

【中房:중방】《制》守令이 데리고 있는

【中病:중병】일의 중도에서 뜻 밖에 생기는 다른 탈。

【中保:중보】❶두 쪽 사이에 서서 일을 주선하는 사람。❷《宗》사람과 神과의 사이에 있는 예수의 本職。곧 인간에게는 그 죄를 사하고、신에게는 뭇 사람의 죄를 대신 지고 죽은 그 일。

【中伏:중복】三伏의 하나。初伏 다음으로 夏至 뒤의 네째 庚日。

【中腹:중복】❶산의 중턱。❷《國》중배。

【中本:중본】大本(대본)과 소본의 중간

되는 생김새。

【中鋒:중봉】 運筆法의 하나。 붓끝이 바로 서서 한 편으로 기울지 않음。 『夢溪筆談』。

【中部:중부】 ❶어떤 지역의 가운데 부분。 ❷《制》李朝 때 서울 안의 區域인 五部의 하나。 또는 그를 맡았던 관청。

【中不中:중부중】 맞힘과 못 맞힘。

【中北:중북】 《歷》北人 속에서 갈라진 黨派의 하나。 色目의 하나。

【中分:중분】 ❶하나를 똑 같이 둘로 나눔。 ❷中年의 운수。

【中憤:중분】 속에서부터 끓어 오르는 분통。

【中士:중사】 ❶《制》벼슬 이름。 三代 때 임금과 諸侯가 두던 벼슬。 『孟子』——一位。 ❷보통 선비。 ❸군대의 한 계급。 上士의 아래、下士의 위。 ❹《佛》聲聞·緣覺·自利만 있고 他利가 없는 사람。

【中使:중사】 《制》 내밀히 보내는 勅使。 內使。 『齊書』——相望、軒冕成陰。

【中祀:중사】 大祀보다 의식이 간단한 나라 제사의 하나。

【中産階級:중산계급】 자본가와、노동자와의 중간에 있는 계급。 수공업자·소매상인·자작농·공무원 따위。

【中山帽子:중산모자】 꼭대기가 높고 둥근 서양식 모자。

【中山酒:중산주】 오래 취하는 좋은 술。 →千日酒。 『搜神記』狄奇、中山人、能造千日酒、飮之千日醉。

【中傷:중상】 ❶상하게 함。 ❷사실 무근의 말을 만들어 남의 명예를 손상시킴。 『後漢書』必求事——。

【中商:중상】 물건을 사서 되넘겨 팔거나 거간하는 상인。 仲買人。

【中殤:중상】 一二살부터 一五살 사이에 죽음。 또는 그런 사람。 『禮記』。

【中常侍:중상시】 《制》벼슬 이름。 宮中에 출입하여 항상 임금을 모시던 벼슬。

【中生界:중생계】 《地》中生代의 地層。

【中生代:중생대】 《地》古生代와 新生代의 사이의 地質 시대로서 闊葉樹·爬蟲類·兩棲類·硬骨魚가 많았음。

【中生動物:중생동물】 《動》中間動物。

【中生植物:중생식물】 《植》水生 식물과 乾生 식물의 중간적인 식물。 대개의 식물이 이에 속함。

【中生層:중생층】 《地》中生代에 생긴 地層。 砂岩·頁岩·石灰岩 등으로 이루어짐。

【中暑:중서】 더위를 먹음。 中熱。

【中庶階級:중서계급】 《制》李朝 때 양반의 다음 가는 계급。 中人 및 庶孽 계급。

【中書君:중서군】 붓의 異名。 『韓愈·毛穎傳』。

【中書門下省:중서문하성】 《制》高麗 때의 관청。 文宗 때 內史門下省을 고친 이름。 뒤에 尙書都省과 합해 僉議府가 됨。

【中夕:중석】 밤중。 中夜。 夜半。 中昔。 中宵。 半宵。 『江淹』——弄淸琴。

【中石器時代:중석기시대】 《歷》舊石器時代와 新石器時代의 중간 시대。

【中線:중선】 ❶《數》삼각형에서 한 頂點과 그 맞선 변의 中點과를 맺은 線分。 ❷赤道。 ❸중간선。

【中聲:중성】 음절의 중간에 오는 모음。

【中性:중성】 ❶《生》남성도 아니고 여성도 아닌 性。 ❷상대되는 두 다른 성질의 중간되는 성질。 이것도 저것도 아닌 성질。 ❸《化》酸性도 알칼리性도 아닌 성질。 ❹文法上에서 명사의 중간 性。

【中性鹽:중성염】 ＝正鹽。

【中性子:중성자】 《物》電氣的으로 中性이며 陽子와 거의 같은 質量을 가지며、原子核이 반응할 적에 放出되는 것으로 생각되는 素粒子。 뉴우트론(Neutron)。 中間子。

【中性的實在:중성적실재】 《哲》抽象的인 分析 作用에 의하여 발견되는 窮極的인 有界의 世界。

【中性化:중성화】 남성 또는 여성의 특성을 잃어버림。

【中世:중세】 《歷》古代와 近世의 사이。 서양서는 五세기부터 一五세기 중엽까지。

【中歲:중세】 ❶平年作의 수확이 있는 해。 ❷壯丁의 나이。 『鄭谷』——便歸休。

【中世紀:중세기】 ＝中世。

【中世紀文學:중세기문학】 古代와 르네상스와의 중간인 五～一五세기 사이의 유럽 문학。

【中世哲學:중세철학】 《哲》 敎父哲學과 스콜라 철학의 일컬음。

【中小:중소】 중치 및 그 이하의 것。

【中霄:중소】 ＝半空中。 中天。

【中宵:중소】 한밤중。 夜半。 『晉書』——起座。

【中消:중소】 《醫》食欲과 구갈이 심하고 오줌이 자주 마려운 병。

【中數:중수】 《數》❶平均數。 ❷比例中項。

【中壽:중수】 五〇세。 또는 나이가 五〇세가 됨。 *上壽。 下壽

【中宿:중숙】 이틀 밤을 머무는 것。 二泊。 信泊。 『左傳』命女三宿、女——至。

【中旬:중순】 한 달의 열 하루부터 스무날까지。 中澣。 中浣。

【中試:중시】 ❶시험을 大·中·小로 나눈、그 中間試驗。 ❷시험에 합격함。

【中始祖:중시조】 쇠퇴한 집안을 다시 일으킨 先祖。

【中食:중식】 ❶점심。 晝食。 ❷食物의 毒性에 걸리는 것。

【中身:중신】 ❶마흔살이 지난 나이。 『書經』文王受命惟——。 ❷몸의 중간 부분。 『戰國策』擊其——、首尾俱救。

【中室:중실】 ❶《動》나비 같은 것의 날개 밑동 부분 가운데 굵은 脈으로 둘러 막힌 부분。 ❷방 가운데。

【中心:중심】 ❶한가운데。 복판。 ❷同類중에서 중요한 지위에 있는 것。 ❸마음。 『詩經』——是悼。

【中心人物:중심인물】 ❶어느 사건의 중심이 되는 사람。 ❷어떤 단체나 사회의 중심이 되는 사람。

【中心點:중심점】 ❶사물의 중심이 되는 종요로운 점。 ❷圓形이나 물체의 중심이 되는 점。

【中心地:중심지】 어떤 곳이나 일의 중심이 되는 곳。

【中惡:중악】 《醫》갑자기 흥분하여 까무러치는 중병。

【中央:중앙】 ❶사방의 한 가운데가 되는 곳。 『詩經』宛在水——。 ❷서울을 일컫는 말。 中樞。 「——政府」。

【中央官廳:중앙관청】 《法》전국을 관할하는 행정관청。 국무원、각 부처 따위。

【中央部:중앙부】 복판이 되는 부분。

【中央銀行:중앙은행】 《經》전국 금융계의 중추가 되는 특수한 은행。 은행권을 독점하여 발행하며 國庫金收支를 취급하고、또 금융 통제 정책의 주체가 됨。 우리 나라의 韓國銀行。

【中央政府:중앙정부】 《法》全國의 행정을 統轄하는 최고 기관。

【中央集權:중앙집권】 정치 권력의 대부분을 중앙 관청에 집중시키어 행정 기능을 행사하는 권력 조직。 ↔地方分權。

【中央廳:중앙청】 《法》지방 행정 관청이 아니라、행정부에 직속된 중앙 행정기관인 관청。 또는 그 廳舍。

【中央標準時:중앙표준시】 한 나라 또는 한 지방의 표준이 되는 시간。 우리나라는 동경 一三五度의 子午線을 기준으로 하고 있음。

【中央行政:중앙행정】 중앙 관청에서 시행하는 행정。

【中夜:중야】 한밤중。 『書經』——以興。

【中野:중야】 들 가운데。 『易經』葬之——。

【中椽:중연】 《建》 그리 굵지 않은 서까래。

【中熱:중열】 ＝中暑。

【中葉:중엽】 어느 시대부터 어느 시대까지의 그 중간이 되는 시대。

【中午:중오】 한낮。正午。

【中浣:중완】 =中旬。

【中脘:중완】 (醫)胃의 가운데 부분。

【中外:중외】 ❶國內와 國外。❷안과 밖。❸朝廷과 民間。

【中庸:중용】 ❶어느 쪽으로나 치우치지 않고 中正함。『中庸』君子——、小人反——。❷재능이 보통임。『賈誼』才能不及——。❸(書)一권。孔子의 孫、子思가 지었다 함。원래 禮記 속의 한 篇이었으나 뒤에 程子가 四書에 편입하였음。儒敎의 綜合的인 解明書。

【中元:중원】 三元의 하나。음력 七월 보름。佛家에서는 盂蘭盆 法會를 베풀고 百가지 供養物로 三寶를 공양함。百中날。

【中原:중원】 ❶넓은 들。『詩經』——有菽、庶民采之。❷나라의 中央部。中國·天下。『魏徵』——還逐鹿。❸다투고 겨루는 판。

【中原之鹿:중원지록】 天子의 자리。또는 天子。(많은 사냥군이 한 마리의 사슴을 잡으려고 中原으로 달리는 모습을 群雄이 帝位를 다투는 것에 비유해서 하는 말)。

【中原逐鹿:중원축록】 (喩)群雄이 天下를 다툼。이는 사냥에 비유한 말。(中原은 天下、鹿은 帝位)。『晋書·石勒載記』。

【中尉:중위】 ❶(制)서울을 警護하던 벼슬。漢代의 執金吾。❷군대 尉官 계급의 하나。

【中位數:중위수】 (數)변량의 값 전부를 크기의 순서로 배열할 때 한가운데에 있는 값。代表値。

【中有:중유】 (佛)現世와 冥途와의 중간에 있는 어두운 世界。사람이 죽은 뒤、四九일간을 말함。『俱舍論』五蘊爲——。

【中隱:중은】 한가한 벼슬에 있으면서 자가를 숨김。『白居易·中隱詩』。↕上隱·下隱。

【中音:중음】 ❶여자나 어린아이의 목소리。높지도 낮지도 않은 소리。Alto音。❷中聲。❸間音。

【中耳:중이】 (生)鼓室과 耳管으로 이루어진 聽覺器官의 하나。귀청의 속。

【中耳炎:중이염】 (醫)세균이나 진물이 鼓室 안에 들어가 中耳에 생기는 염증。

【中人:중인】 ❶賢愚·貧富·强弱이 중간쯤 되는 사람。『漢書』百金、——中家之産也。❷宦官 또는 宮女。❸권세가 있는 사람。❹중매를 하는 사람。❺(制)兩班과 常人과의 중간 계급의 사람。科擧하여 文武班의 벼슬을 할 자격은 없으나 內醫院·司譯院 등의 雜職 벼슬을 할 수 있었음。❻(制)시골 관청의 衙前 등 奴名이 없거나 賤役을 아니 하는 계급의 사람。

【中引枋:중인방】 벽의 한 가운데에 가로 지르는 引枋。(略)中枋。

【中日宴:중일연】 (制)科擧에 급제한 사람이 成均館·承文院·校書館 등에 처음으로 취직하였을 때 그 先進者들을 대접하던 잔치。

【中日:중일】 ❶(佛)春秋 두 계절의 양끝 이레의 중간날。즉 봄은 春分、가을은 秋分。❷(制)武科의 하나。

【中子:중자】 三兄弟의 가운데 사람。

【中斫:중작】 굵지도 않고、잘지도 않은 중질 되는 장작。

【中璋:중장】 길이가 九寸되는 玉器。祭祀 때 술을 따루는 데 쓰임。『周禮』。

中璋(三才圖會)

【中將:중장】 (軍)군인 계급의 하나。將官의 세째 곧 대장과 소장의 사이。

【中藏:중장】 宮中의 창고。『後漢書·蓋勳傳』。

【中殿:중전】 =中宮殿。

【中典:중전】 가볍지도 않고 무겁지도 않은 中間의 刑。『周禮』刑平國用——。

【中殿媽媽:중전마마】 =中宮殿。

【中絶:중절】 ❶중간 쯤에서 끊어짐。❷中斷(중단)。

【中折帽子:중절모자】 꼭대기의 한가운데가 접히고、챙이 둥근 신사용 모자。

【中庭:중정】 건물과 건물의 사이에 있는 마당。『孟子』相泣於——。

【中正:중정】 ❶치우치지 않고 바름。❷(制)벼슬 이름。秦末 陳勝이 楚王이 되어 이 벼슬을 둠。❸東學의 敎職의 第六位。

【中情:중정】 가슴 속 깊이 맺힌 情狀。內心。心中。『史記』——怯耳。

【中尊:중존】 (佛)❶釋迦佛。❷阿彌陀如來의 칭호。(左右에 觀世音菩薩、勢至菩薩의 二佛이 있기 때문임)。

【中酒:중주】 ❶술에 반쯤 취함。❷술에 취함。❸한참 벌어진 술자리。『史記』項羽旣饗軍士、——亞父謀欲殺沛公。

【中主:중주】 모가 드러나지 않는 임금。

【中蹲:중준】 장준과 고추감의 중간치인 뾰주리감의 하나。

【中止:중지】 일의 중도에서 그만 둠。

【中指:중지】 가운데 손가락。

【中智:중지】 뛰어나지 못한 평범한 슬기。

【中止犯:중지범】 (法)미수범의 한 가지。범인이 자의로 실행에 착수한 범행을 중지하거나、그 행위로 말미암은 결과의 발생을 방지한 경우의 일컬음。

【中之上:중지상】 중길 중에서의 상등。

【中之中:중지중】 중길 중에서의 중등。

【中之下:중지하】 중길 중에서의 하등。

【中帙:중질】 중길。품질이 중간인 것。

【中策:중책】 중간 정도의 책략。『杜甫』——懸明月。＊上策·下策。

【中天:중천】 하늘 한 가운데。半空中。

【中草:중초】 품질이 중길인 담배。

【中焦:중초】 胃의 한가운데。→三焦。

【中焦熱:중초열】 (醫)중초에 열이 나고 변비가 생기며 식욕이 줄어드는 병。

【中秋:중추】 ❶가을의 중간 무렵。❷음력 八월 보름。仲秋。『白居易』——三五夜、明月在前軒。「——無月」。

【中樞:중추】 사물의 중심이 되는 중요한 부분。

【中樞機關:중추기관】 중추가 되는 기관。중심 기관。

【中秋省墓:중추성묘】 八월 보름 날에 성묘하는 일。

【中樞神經:중추신경】 =神經中樞。

【中樞院:중추원】 (制)❶高麗 때 王命의 出納·宿衛·軍機 들의 일을 맡은 관청。❷李朝 초기에 宿衛·軍機들의 일을 맡은 관청。❸李朝末 議政府에 딸린 관청。❹日帝 시대 朝鮮總督府의 御用 자문기관。(舊韓國 시대의 유력자를 매수한 參議로써 구성하였음。)

【中樞人物:중추인물】 중추가 되는 사람。中心人物。

【中軸:중축】 ❶수레의 중심에 있는 굴대。❷중심이 되는 중요한 곳。

【中層:중층】 ❶집이나 다락 따위의 가운데 층。❷中流。

【中針:중침】 중간치의 바늘。

【中秤:중칭】 중간치의 저울。일곱 근에서 서른 근까지 달 수 있음。

【中湯:중탕】 온도가 중길이 되는 온천의 탕。중간탕。

【中桶:중통】 ❶소금을 어중간 되게 담은 섬。❷크기가 중간쯤 되는 통。

【中統寶鈔:중통보초】 (制)高麗 때 쓰던 元나라 화폐의 이름。

【中波:중파】 (物)波長이 약 二〇〇~三〇〇m의 電波。

【中篇:중편】 ❶세 편으로 된 책의 가운데 편。❷장편과 단편의 중간치가 되는 문장이나 소설 따위。

【中篇小說:중편소설】 장편 소설과 단편 소설의 중간이 되는 분량의 소설。장편 소설과 같은 수법이지만 사건이 좀 단순함。

〔中布:중포〕 보통보다 조금 큰 과녁。

〔中脯:중포〕 나라 제사 때에 쓰던 어육의 脯(포)。

〔中表:중표〕 =內外從。〔後漢書〕明公將帥皆ㅡㅡ腹心。

〔中品:중품〕 품질이 중길 되는 물건。

〔中風:중풍〕 《醫》반신 불수、또는 팔다리가 마비되는 병。흔히 腦溢血로 말미암아 생기는 마비 상태임。

〔中夏:중하〕 ❶여름의 가운데 무렵。〔唐明皇〕端午臨ㅡㅡ。❷中華。중국 사람이 자기 나라를 높여 하는 말。世界의 중앙에 있는 큰 나라라는 뜻。

〔中學:중학〕 ❶中學校의 略語。❷《制》서울 중부에 있었던 四學의 하나。❸보통의 배움。〔文子〕上學以神聽、ㅡㅡ以心聽、下學以耳聽。

〔中學校:중학교〕 중등 보통 교육을 베푸는 학교。

〔中澣:중한〕 =中旬。

〔中寒症:중한증〕 《醫》추위로 말미암아 사지가 굳어지거나 까무러치는 병。

〔中型:중형〕 중치의 크기。中間型。

〔中和:중화〕 ❶한 쪽으로 치우치지 않은 바른 性情。〔中庸〕致ㅡㅡ、天地位焉、萬物有焉。❷알맞은 물건이 서로 조화함。또는 두 물질이 융합하여 특징이나 작용을 잃음。❸《化》알칼리性의 물질과 酸性의 물질이 작용하여 중성이 됨。❹《物》陰・陽의 두 電氣가 동시에 만나서 전기현상이 나타나지 않는 일。

〔中華:중화〕 中은 中央、華는 文化。中國 사람이 자기 나라를 높이어 일컫는 말。세계의 중앙에 있고 문화가 빛난다는 뜻。

〔中和之氣:중화지기〕 덕성이 발라서 過不及이 없는 화평한 기상。

〔中火站:중화참〕 길 가던 도중에 점심을 먹는 곳。

〔中興:중흥〕 쇠하였던 것이 중간에서 다시 일어남。〔詩經・序〕周室ㅡㅡ。

【丮】 (극) 陌 ケキ、とる catch

小篆 잡을극(執也、捕罪人)。〔說文〕丮、持也、象手有所丮據也。讀若戟。

【丰】 (봉) 冬 ボウ、しげる dense ㄈㄥ feng

小篆 草書 ❶예쁠봉(容色美好)。〔詩經・鄭風〕子之ㅡ兮、俟我乎巷兮。❷풀무성할봉(ㅡ茸草盛)。

〔丰度:봉도〕 훌륭한 態度。

〔丰丰然:봉봉연〕 容貌가 풍만한 모양。〔詩經・鄭風〕面貌ㅡㅡ、豐滿善人也。

〔丰神:봉신〕 아름다운 容態。또는 堂堂한 風采。〔長生殿〕回瞬、絶代ㅡㅡ。

〔丰容:봉용〕 아름다운 모양。맵시 있는 모양。丰姿。〔謝靈運〕解作意何感、升長皆ㅡㅡ。

〔丰茸:봉용〕 무성한 모양。〔司馬相如〕羅ㅡㅡ之游樹兮。

〔丰韻:봉운〕 風采。〔長生殿〕身段村、喬ㅡㅡ、更堪憐芳草沾裾。

〔丰儀:봉의〕 아름다운 容貌。風儀。

〔丰儀貴重:봉의귀중〕 風采가 의젓하여 氣品이 있고 무게를 갖추고 있음。〔鹽谷簀山、山鹿素行傳〕正雪ㅡㅡ、頗有威望。

〔丰姿:봉자〕 사람의 아름다운 자태。丰容。〔高啓〕莫把ㅡㅡ比楊柳。

〔丰采:봉채〕 아름다운 모양。風采。丰貌。〔王嬙・上漢元帝書〕ㅡㅡ應憐於御輦。

〔丰標:봉표〕 =風采。모습。〔王由道、儒宗賦〕猗歟我公、玉雪ㅡㅡ。

四畫

【丱】 (관) 諫 カン、あげまき two topknot ㄍㄨㄢ kuan⁴

草書 쌍상투관(束髮兩角貌)。〔字彙〕束髮如兩角貌。

〔丱角:관각〕 뿔 모양으로 두 가닥으로 묶은 머리。곧 어린아이를 일컬음。

〔丱女:관녀〕 머리를 양갈래로 딴 少女。丱角을 한 계집아이。〔白居易〕不見蓬萊不敢歸、童男ㅡㅡ舟中老。

〔丱童:관동〕 상투머리를 한 어린아이。丱角의 사내아이。

〔丱齒:관치〕 아린아이의 일컬음。상투머리를 하는 나이 또래。〔王勃〕筠抱顯於髫齡、蘭芬凝於ㅡㅡ。

【丫】 (개) 蟹 カイ、やぎのつの sheep's horns

小篆 양뿔개(羊角)。〔說文〕丫、羊角也、象形、讀若乖。

〔丫丫:개개〕 양의 뿔이 벌어진 모양。〔玉篇〕ㅡㅡ、兩角貌。

六畫

【串】 一(관) 諫 カン、なれる 二(천) 霰 セン、てがた skilled; bill 三(곶)〔國音〕 ㄔㄨㄢ ch'uan⁴

草書 一❶습관관、익숙해질관(狎習)。〔荀子〕惡民之ㅡ以無分得也。二❶수표천(券也)。(券과 같이 씀)。〔文字指歸〕今官司倉庫收帖曰ㅡ子。❷꿰미천(連穿)。〔陳樵詩〕歌珠一ㅡ鶯流出。三❶땅이름곶(육지가 바다에 내밀은 곳。반도「半島」보다 작음)。❷꼬챙이곶(貫物竹釘)。

〔串童:관동〕 歌舞에 익숙한 少年子弟。

〔串柹:관시〕 곶감。

〔串狎:관압〕 친압함。〔唐書〕鄭覃淸正退約、與人未嘗ㅡㅡ。

〔串夷:관이〕 서쪽 오랑캐의 종족 이름。

〔串戲:관희〕 ❶歌舞의 놀음。❷俳優。〔茶香室叢鈔〕ㅡㅡ妙天下。

〔串子:천자〕 =領收證。

〔串票:천표〕 관청에서 발행하는 稅金의 영수증。

七畫

【丳】 (찬) 潸 サン、くし spit; grill

草書 ❶석쇠찬(燔肉具)。〔韓愈詩〕如以肉貫ㅡ。❷꼬치찬(貫物釘)。

九畫

【丵】 (착) 覺 サク、くさのむらがり (of grass) thick

小篆 풀성할착(草盛)。〔說文〕丵、叢生艸也、象丵嶽相並出也、讀若浞。

丶 部

【丶】 (주) 麌 チユ、てん comma

小篆 草書 ❶귀절칠주(有所絶止ㅡ而識之)。❷표할주(標點)。❸불똥주(燈中火ㅡ)。

二畫

【丸】 (환) 寒 カン、まるい grain; ball ㄨㄢ wan²

小篆 草書 ❶둥글환(圜也)。〔在傳〕從臺上彈人、而觀其避ㅡ也。❷총알환(彈ㅡ)。❸구를환(轉也)。

〔丸鋼:환강〕 강철로 된 둥근 몽둥이。

〔丸泥:환니〕 한 덩이의 진흙。少數의 군대로 要所를 굳게 지킴의 비유。後漢 때 王元의 故事。〔後漢書〕請爲ㅡㅡ、爲大王東封函谷關。

〔丸都城:환도성〕 《歷》平壤으로 移都하기 前의 高句麗의 옛 서울。山上王 二년에 丸都城을 쌓고、一三년에 이곳으로 遷都함。〔高麗史〕。

〔丸藥:환약〕 《醫》동글동글하게 만든 약。〔史記〕即令更服ㅡㅡ。

〔丸熊:환웅〕 《醫》熊膽(웅담)을 둥글게

뭉친 것。强壯·興奮劑로 씀。
【丸劑:환제】=丸藥。
【丸彫:환조】《美》물체의 형상을 전부 두드러지게 새기는 조각법의 한 가지。
【丸丸:환환】나무가 곧은 모양。『詩經·殷武』陟彼景山、松柏--。
◎飛-、一-、銃-、彈-、砲-。

三 畫

【丹】 ㊀(단) 寒 ㊁(란)〔國音〕 ㄉㄢ tan¹ タン、あか red
小篆 古文 古文 草書 ㊀❶붉을단(赤色)。❷마음단(衷心)。❸(수은「水銀」과 유황「硫黃」을 화합하여 된) 붉은 색의 흙。❹성실할단(誠實)。〔謝朓詩〕既秉一石心、寧流素絲涕。❺신약단(神藥)。〔白居易詩〕藥爐有火一應伏。㊁꽃이름란(牡-)。
【丹骨:단골】《國》❶단골 무당。❷늘 정해 놓고 거래하는 자리나 손님。
【丹毒:단독】《醫》皮膚·粘膜 등의 다친 곳에 菌이 침입하여 온몸에 高熱이 생기는 급성 전염병의 한 가지。
【丹良:단량】반딧불(螢火)의 異名。『古今註』螢火一名--、一名丹鳥。
【丹碧:단벽】❶붉은 빛과 푸른 빛。❷고운 색채의 형용。『陳泰』晶瑩--飛甍間。
【丹砂:단사】水銀과 硫黃이 화합하여 된 붉은 빛깔의 흙。朱砂。
【丹參:단삼】풀 이름。『本草 丹參』。

丹參 (會圖才三)

【丹書:단서】❶임금이 붉은 글씨로 功臣에게 써주던 표。『漢書』與功臣剖符作誓、--鐵契、金匱石室、藏之宗廟。❷罪를 朱書한 刑書。❸朱雀이 물고 왔다는 글。❹金石에 새긴 글。❺임금의 詔書。
【丹黍米:단서미】붉은 수수。丹黍。紅糧。

丹黍米 (會圖才三)

【丹誠:단성】진정에서 우러나는 정성。丹衷。赤誠。『白居易』願憑朱實表--。
【丹霄:단소】저녁놀 등의 붉은 하늘。天空。『庾闡』青城接--。
【丹脣:단순】❶여자의 붉고 고운 입술。朱脣。『丘巨源』倡樓出素手、歌席動--。❷소년의 입술。
【丹脣皓齒:단순호치】❶붉은 입술과 하얀 이。❷아름다운 여자의 얼굴 모양。
【丹心:단심】성심。赤心。『阮籍』--失恩澤、
【丹心歌:단심가】短歌。高麗 鄭夢周 지음。高麗를 위해 충성을 다할 것을 읊음。
【丹液:단액】不老不死의 약。『楊炯·詩』。
【丹藥:단약】仙術을 지닌 道士가 丹砂로 만든 長生不死의 약。『唐書』主煉--。
【丹楹:단영】붉은 칠을 한 기둥。丹柱。
【丹粧:단장】化粧。
【丹田:단전】배꼽에서 한 치쯤 아래 부분。下腹。『黃庭經』--之中精氣微。
【丹情:단정】=丹心。
【丹頂:단정】《動》붉은 머리란 뜻으로 白鶴을 일컬음。仙鶴。
【丹頂鶴:단정학】《動》白鶴。
【丹朱:단주】❶붉은 빛。『禮記』。❷《人》堯의 아들의 이름。
【丹墀:단지】붉은 칠로 칠한 뜰。丹陛。『漢書』以丹朱漆地、謂之--。
【丹青:단청】❶붉은 빛과 푸른 빛。❷건물에 여러 가지 색으로 무늬를 그림。채색。繪畫。❸『晉書』尤善--、圖寫特妙。
【丹忠:단충】참된 마음에서부터 우러나는 충성。
【丹衷:단충】속에서 우러나는 정성。丹誠。
【丹漆:단칠】붉은 칠。『後漢書』欲以--書之。
【丹枕:단침】=丹誠。
【丹陛:단폐】❶붉게 칠한 층층대。『隋書』趨事紫宸、驅馳--。❷궁궐。丹墀。
【丹楓:단풍】《植》❶단풍나무。❷늦가을에 붉게 물든 나뭇잎。紅楓。霜楓。
【丹雘:단확】鮮明하게 붉은 빛의 흙。『書經』其塗--。
【丹黃:단황】붉은 빛과 누른 빛。(책을 校正하는 데 씀)。『唐書·陸龜蒙傳』--不去手。
◎牡-、朱-。

四 畫

【主】(주) 御 麌 ㄓㄨˇ chu²˙³ シュ、ぬし、つかさ host; lord
小篆 草書 ❶주인주(賓之對)。〔蘇軾 赤壁賦〕物各有-。❷거느릴주(領也)。❸임금주(君也)。『史記』-倡而臣和、-先而臣從。❹임금의딸주(公-)。『十八史略』弘入見、-坐屏後。❺주장할주(掌也)。❻어른주(一家之長)。❼지킬주(守也)。❽신주주(神靈宿所)。❾맡을주(寄也)。❿높일주(宗也)。
【主幹:주간】어떤 일을 주장하여 처리함。또는 그 사람。
【主概念:주개념】《論》어떤 命題의 主辭에 대한 개념。
【主客:주객】❶《制》옛날 賓客의 접대를 맡던 벼슬。『史記』以淳于髡、爲諸侯--。❷主體와 客體。❸主觀과 客觀。❹중요한 것과 중요하지 않은 것。❺주인과 손。
【主客間:주객간】주인과 손님 사이。
【主客顚倒:주객전도】事物의 輕重·先後·緩急의 순서가 뒤바뀜。
【主格:주격】문법상으로 主語가 되는 위치。곧 서술의 제목으로 삼는 자리。주격 조사가 원칙으로 뒤 붙음。임자 자리。
【主見:주견】주장이 되는 의견。
【主計:주계】《制》회계를 맡던 벼슬 이름。『漢書』爲--四歲。
【主穀農業:주곡농업】곡식을 주로 하여 경영되는 농업。
【主公:주공】신하나 종이 그의 임금이나 상전을 일컫는 말。主君。
【主管:주관】일을 맡아서 주장하여 관할·관리함。
【主觀:주관】❶《心》대상을 知覺·思考·感動하는 自我。↔客觀。❷자기 대로의 생각。❸물건 그 자체。
【主觀的:주관적】자기 중심으로 관찰하는 것。널리 통용되지 않는 개인적인 것。↔客觀的。
【主觀的觀念論:주관적관념론】《哲》모든 객관을 의식 내용에 귀착시켜 세계 一切를 주관의 관념에 지나지 않는다고 하는 이론。↔客觀的觀念論。
【主觀的批評:주관적비평】비평가가 그의 주관에다 기준을 두고 하는 비평。↔客觀的 批評。
【主觀的精神:주관적정신】《哲》자기 자신의 주관과의 관계나 교섭에 의하여 성립하는 個別的精神。
【主觀主義:주관주의】《哲》주관을 철학상의 근본 원리로 하는 주의。↔客觀主義。
【主教:주교】❶《宗》천주교에서 그 教區를 관할하는 聖職者。監牧。司教。❷주장으로 삼는 教。
【主構:주구】❶주가 되는 기틀。❷橋體중에서 가장 중요한 기틀。
【主權:주권】❶가장 중요한 권리。❷《法》나라를 다스리는 최고·독립·절대적인 권력。
【主權國:주권국】《政》❶어떤 사전에 대해 주권을 가지는 나라。❷주권을 완전히 행사할 수 있는 독립국。
【主權者:주권자】국가의 주권을 가진 사람。군주국에서는 군주、공화국에서는 국민 또는 그 대표 기관인 의회를 말함。
【主祈禱文:주기도문】《宗》예수교 신

자들이 기도를 마치고 외는, 예수가 모범 기도로서 제자들에게 가르친 기도문。

【主腦:주뇌】 =首腦。

【主都:주도】 ❶주요한 도시。 ❷衞星都市의 중심이 되는 도시。 ❸首都。

【主導:주도】 주장이 되어 이끌음。

【主導權:주도권】 主導하는 권리。

【主動:주동】 어떠한 일에 주장이 되어 행동함。

【主動力:주동력】 주장이 되어 움직이는 힘。

【主動者:주동자】 어떠한 일에 주장이 되어 행동하는 사람。

【主力:주력】 중심 세력。 주가 되는 힘。

【主力艦隊:주력함대】 주력함을 基幹으로 이룬 함대。

【主嶺:주령】 잇달아 있는 고개 중에서 가장 높은 고개。

【主禮:주례】 예식을 맡아 주장하는 일。 또는 그 사람。

【主流:주류】 ❶물 줄기의 주장 되는 줄기。 ❷思潮의 으뜸 되는 경향。

【主脈:주맥】 ❶주가 되는 맥。 ❷(植)잎의 한가운데에 있는 가장 큰 葉脈。

【主命:주명】 ❶임금의 명령。 ❷주인의 분부。 ❸(宗)천주의 명령。

【主母:주모】 첩이 本妻를 부르는 말。 『史記』妾欲言酒之有藥、則恐其逐――也。

【主謀:주모】 주장이 되어 일을 꾸밈。

【主謀者:주모자】 주장이 되어 일을 꾸미거나 계교를 부리는 사람。

【主務:주무】 業務를 주장하여 맡음。 또는 그 사람。 主務者。

【主務官廳:주무관청】 (法)어떤 사무를 主管하여 그 권한과 직무를 관장하는 관청。

【主務者:주무자】 어떠한 사무를 주관하는 책임자。 主務。

【主文:주문】 ❶(制)科擧 試官의 우두머리。 ❷(法)判決文의 판결의 결과 및 適用한 법률 조문을 쓴 부분。 ❸한 편의 문장 가운데서 주되는 부분。

【主物:주물】 (法)從物이 부속되어 주되는 물건。(시계줄에 대한 시계와 같은 것)。 ↔從物。

【主犯:주범】 (法)직접으로 범죄 행위를 실행한 사람。 正犯。

【主辦:주변】 ❶지휘하는 사람。 ❷주장이 되어 일을 처리함。

【主僕:주복】 주인과 종。 상전과 하인。

【主服:주복】 ❶주가 되는 의복。 ❷袈裟의 한가운데의 幅。

【主峰:주봉】 한 산줄기 가운데 가장 높은 봉우리。 최고봉。

【主婦:주부】 ❶제사나 살림살이의 주장이 되는 여자。 ❷한 집안을 다스리는 주인되는 여자。 本妻·正室。

【主簿:주부】 (制)기록이나 文書를 맡은 낮은 벼슬。 書記。 『漢官儀』――掌懸之簿書。

【主部:주부】 주장이 되는 부분。

【主賓:주빈】 ❶여러 손님 가운데 주되는 손님。 主客。 ❷주인과 손님。

【主辭:주사】 (論)판단의 주체가 되고 立言에 의하여 규정되는 개념。 「새는 난다」에서의 「새」와 같은 말。 主語。 ↔賓辭。

【主祀:주사】 祖上의 제사를 받들어 모심。 奉祀。

【主使:주사】 ❶주장되는 使臣。 ❷주장하여 사람을 부림。

【主事:주사】 ❶主가 되어 일에 당함。 ❷(制)옛날 관청의 吏屬의 하나。 ❸남을 점잖게 높여 일컫는 말。 ❹(法)四급인 국가 공무원。 사무관의 아래、서기의 위임。

【主產物:주산물】 어떤 고장의 산물 가운데서 가장 주요한 산물。 ↔副產物。

【主喪:주상】 죽은 사람의 祭奠을 주장하는 사람。

【主上:주상】 임금。 君上。 『韓非子』――用之、其國危亡。

【主席:주석】 ❶주장되는 자리。 웃자리。 ❷주인의 자리。 ❸首席。

【主膳:주선】 주방에서 반찬을 맡아서 만드는 사람。

【主成分:주성분】 ❶어떤 물질을 형성하고 있는 중요한 성분。 ❷(鑛)主合分。

【主僧:주승】 (佛)한 절을 대표하는 중。

【主食:주식】 ❶(制)임금의 음식을 맡던 벼슬。 ❷주가 되는 食品。 ↔副食。

【主食物:주식물】 쌀·보리 따위나 밥·빵 따위 주가 되는 糧食。 ↔副食物

【主心:주심】 줏대。 일정한 마음。

【主審:주심】 ❶(運)경기에서 主審判의 略語。 ❷심사원의 우두머리。 ↔副審。

【主審判:주심판】 (運)운동 경기에 심판원이 여럿이 있을 때에 그 가운데 중심이 되는 심판원。

【主我:주아】 ❶무엇이든지 자기의 이해만을 따져서 제 욕심만 채우려는 마음。 利己觀念。 ❷(哲)주관적인 自己。 利己。

【主我論:주아론】 (哲) 實在하는 것은 오직 自我뿐이며 他我 또는 외물은 자아의 관념 혹은 자아에 대한 意識內容에 지나지 않는다는 설。 獨在論。

【主眼:주안】 중요한 골자。 요점。

【主眼點:주안점】 주안으로 삼는 점。

【主語:주어】 한 문장 가운데 主體가 되는 말。 主辭。 ↔述語。

【主業:주업】 주장이 되는 영업。 本業。

【主役:주역】 ❶어떤 일에서 주되는 역할을 하는 사람。 ❷主演을 하는 사람。

【主演:주연】 연극·영화 등에서 주인공으로 분장하여 演技함。 또는 그 배우。 주연 배우。

【主要:주요】 가장 중요하고 요긴함。

【主佑:주우】 (宗)천주교에서 천주의 聖佑。

【主位:주위】 ❶주가 되는 위치。 ❷으뜸되는 지위。 ❸首位。

【主恩:주은】 ❶君恩。 『說苑』――不流、化澤不行。 ❷주인의 은혜。 ❸(宗)예수교에서 天主의 은혜。

【主意:주의】 ❶임금의 생각。 ❷으뜸되는 요지。 主旨。

【主義:주의】 ❶굳게 지키어 변하지 않는 일정한 방침이나 주장。 ❷說。 理論。 이즘(-ism)。

【主義者:주의자】 어떠한 주의를 특별히 신봉하며 표방하고 나선 사람。

【主翼:주익】 비행기를 구성하는 중요부분의 하나。 胴體의 중앙부로부터 양쪽으로 벋은 날개로、비행기에 浮力을 주는 작용을 함。

【主因:주인】 가장 근본되는 원인。

【主人:주인】 ❶한 집안의 어른이 되는 사람。 『易經』有攸往、――有言。 ❷물건의 임자。 ❸손님을 대하는 사람。

【主人公:주인공】 ❶주인에 대한 尊稱。 ❷주장이 되어 일을 하는 사람。 『韓愈』來報――。 ❸소설이나 희곡·영화 등 각본 따위의 중심 인물。

【主人丈:주인장】 주인의 尊稱。

【主一:주일】 정신을 한 곳에 모음。

【主日:주일】 (宗)❶主의 날。 곧 일요일。 ❷俗世의 모든 일을 쉬고 靈神의 일을 더욱 힘쓰는 날。 곧 일요일。

【主日學校:주일학교】 (宗)신앙을 가르치고 신앙심을 북돋우기 위하여 주일마다 교회에서、주로 어린이에게 종교교육을 하는 곳。 日曜學校。

【主任:주임】 ❶어떠한 임무를 담당한 사람 가운데서 으뜸되는 사람。 ❷어떤 일을 주로 맡음。

【主將:주장】 ❶군대의 총 대장。 『六韜』――之法、在務攬英雄之心。 ❷운동 경기 따위의 한 팀의 주가 되는 사람。

【主張:주장】 ❶자기의 뜻대로 일체를 통할함。 ❷자기의 의견을 고집함。 主持。 『韓愈』各有――私立名字。

【主掌:주장】 어떤 일을 오로지 맡아 봄。

【主宰:주재】 주장하여 처리함。 또는 그 사람。 『荀子』心者、道之――。

【主裁:주재】 주가 되어 일을 처리함。 『孔叢子』――其賞。

【主戰:주전】 싸우기를 주장함。
【主戰論:주전론】 싸움하기를 주장하는 언론。↔主和論。
【主節:주절】 節의 한 가지。 글월의 구조상 종속절이 있을 때의 주가 되는 절。↔從屬節。
【主情說:주정설】 《哲》정신 작용에 있어서 감정의 우월적 존재를 주장하는 학설。↔主知說。
【主題:주제】 ❶주장이 되는 문제。 ❷영화·樂曲·문예 작품 따위의 근본적인 문제나 중심적인 題材。 테에마。
【主題歌:주제가】 영화의 주제를 골자로 하여 작사한 노래。
【主題小說:주제소설】 주제를 살리는 데 중점을 두는 소설의 한 思潮。
【主潮:주조】 ❶주된 조류。 ❷주된 경향。
【主調音:주조음】 한 악곡의 기초가 되는 음으로 그 악곡을 지배하는 가락。 양음계의 第一音。 主調。 基調。
【主從:주종】 ❶주장되는 사물과 이에 딸린 사물。 ❷주인과 종복。
【主酒客飯:주주객반】 주인은 손에게 술을 권하고 손은 주인에게 밥을 권함。
【主旨:주지】 文章이나 談話의 주된 생각。
【主持:주지】 =主張。
【主知說:주지설】 《哲》❶思考를 감정이나 의지 이상의 것으로 보고, 정신과 실재의 본질은 理性이라는 설。 또는 인식의 근원을 사고로써 설명하려는 설。 ❷정신 작용의 근본 성질에 있어 지각이나 사고 따위의 지적 작용이 情意 작용의 기초가 된다는 설。↔主意說。
【主知的文學:주지적문학】 감정 보다도 작가의 지성을 중요시하는 경향이나 색채를 띤 문학의 한 경향。
【主唱:주창】 앞장을 서서 부르짖음。 주가 되어 창도함。「동하는 입장。 能動性。
【主體性:주체성】 자기의 판단에서 행

【主催:주최】 어떠한 행사나 會合을 주장하여 열음。
【主催者:주최자】 어떤 행사나 모임을 주관하여 여는 개인 또는 단체。
【主軸:주축】 ❶《數》몇 개의 軸을 가진 圖形、 또는 물체에서 가장 주가 되는 軸。 ❷原動機로부터 직접 동력을 전하는 傳動軸。 ❸중심 인물。
【主治:주치】 주장하여 치료를 담당함。
【主治醫:주치의】 주장이 되어 치료를 맡은 의사。
【主便:주편】 자기에게 편하도록 주장함。
【主筆:주필】 ❶신문사나 잡지사의 首位의 기자로서 社說·論說 또는 중요한 기사를 쓰는 직분。 또는 그 사람。 ❷《制》科擧의 試官의 으뜸되는 사람。
【主乏醬客厭羹:주핍장객염갱】 《國》주인 장 떨어지자 나그네 국 싫다 함。《喩》일이 때 맞추어 아주 알맞게 잘 되어 감을 말함。〔東言解〕。
【主刑:주형】 ❶《法》독립하여 벌할 수 있는 형벌。 곧 사형·징역·금고·벌금·구류 또는 과료의 여섯 가지。↔附加刑。 ❷《制》刑法大全에 규정하였던 사형·流刑·役刑·禁獄·笞刑 따위。
【主戶:주호】 土着의 백성。 土戶。
【主婚:주혼】 혼사를 다스리는 주체자。(일반적으로 兩家의 家長)。
【主和:주화】 평화를 주장함。↔主戰。
【主和論:주화론】 和解를 주장하는 언론이나 여론。↔主戰論。
【主訓:주훈】 《宗》천주의 가르침。
◎家—、假—、客—、孤—、公—、救—。

【井】 (정) 梗 セイ、いど well ㄉㄢˇ tan³
草書 ❶우물정(井也)。 ❷샘정(泉也)。 (『井』과 같음)

丿 部

【丿】 (별) 屑 ヘツ、まがる stretch
小篆 草書 ❶삐칠별(左引之)。(오른쪽에서 왼쪽으로 삐침)。 ❷목을 바로하여 몸을 펼별。

【乀】 (불) 物 フツ、まがる stretch
小篆 草書 파임불(右引之)。〔說文〕乀、ナ戾也、从反丿、讀與弗同。

一畫

【乂】 ㊀(예) 隊 ガイ、かる mow; rule ㄧˋ i⁴
㊁(예) 泰
小篆 小篆 草書 ㊀❶풀벨예(芟草)。 ❷다스릴예(治也)。 ❸정리할예(整也)。 ❹평온할예(平安)。〔北史〕朝野安—。 ❺어질예(賢才之稱)。
〔十八史略〕—格姦。
〔書經〕政乃—。
〔書經〕俊—在官。 ㊁(허물을 뉘우치게) 제계할예(制戒)。
【乂安:예안】 평안하게 다스려짐。〔史記〕方內海內——、民人靡病。
【乂淸:예청】 잘 다스려져서 조용함。〔鐘會〕邊境——。

【乃】 (내) 賄 ダイ、ナイ、すなわち hereupon ㄋㄞˇ nai³
小篆 小篆 籒文 草書 ❶어조사내(語助辭)。 ❷곧내(即也)。〔書經〕—命羲和。 ❸겨우내(僅也)。〔史記〕將軍將數萬兵、歲餘—下趙五十餘城。 ❹옛내(古也)。〔戰國策 秦策〕—者過柱山。 ❺너내(汝也)。 〔左傳〕昨—舊勳。 (『迺』와 같음)
【乃公:내공】 ❶임금이 신하에게 대하여 자기를 높여 일컫는 自稱。〔史記〕豎儒幾敗——事。 ❷아버지가 아들에게 대하여 일컫는 自稱。〔漢書〕——教戒汝。
【乃東:내동】 《植》제비꿀。
【乃武乃文:내무내문】 文武를 아울러 갖추었다는 뜻으로 임금의 德을 높이고 기리는 말。〔書經〕益曰、都、帝德廣運、乃聖乃神、——。
【乃父:내부】 그이의 아버지。 乃翁。
【乃心王室:내심왕실】 마음을 왕실에 둠。 나라 일에 충성함。〔書經·康王之誥〕。
【乃者:내자】 前者에。 전에。〔漢書〕——我使諫君也。
【乃祖:내조】 그이의 할아버지。 조상。
【乃至:내지】 셈이나 정도를 나타냄에 있어、 그 사이를 줄일 적에 쓰는 말。〔書經〕惟——乃父、世篤忠貞勤勞王家。〔戰國策〕天下之卿相人臣、——布衣之士、莫不高賢大王之義。
【乃兄:내형】 그이의 형。「垂憲——。
【乃後:내후】 子孫을 이르는 말。〔書經〕

【乄】 (좌) 『左』(工部 2畫)의 本字
【乆】 (오) 『五』(二部 2畫)의 古字

二畫

【久】 (구) 有 キュウ、ひさしい long ㄐㄧㄡˇ chiu³
小篆 草書 ❶오랠구(暫之反)。〔史記 孔子世家〕孔子循道彌—。 ❷기다릴구(待也)。〔左傳 昭公二十四年〕是以—子。
【久交:구교】 오랜 사귐。
【久屈:구굴】 오래 뜻을 이루지 못함。
【久闕:구궐】 한참 동안 빠짐。

【久霖:구림】 오래 계속되는 장마。
【久泄:구설】《醫》설사가 오래 되어 낫지 않는 병。
【久囚:구수】 살인 죄인이 오래 결말이 나지 않아 갇히어 있음。
【久安:구안】 오랫동안 편안함。〖漢書〗建ㅣㅣ之勢、成長治之業。
【久仰:구앙】 오랫동안 우러러 존경했다는 뜻으로, 초면 인사에 높여서 하는 말。
【久淹:구엄】 오랫동안 한 곳에 머무름。
【久要:구요】 오래된 약속。(要는 要約)。〖論語〗ㅣㅣ不忘平生之言。
【久遠:구원】 아득하게 멀고 오래됨。무궁함。〖孟子〗舜·禹·益相去ㅣㅣ。
【久淫:구음】 오랫동안 놀고 머물음。〖楚辭〗歸來歸來、不可ㅣㅣ些。
【久而敬之:구이경지】 길이길이 공경함。
【久逸:구일】 오랫동안 편안히 즐김。〖漢書〗一勞而ㅣㅣ。
【久任:구임】 일을 오래 맡김。
【久任責成:구임책성】 임기를 길게 하여 그 맡은 바 직책을 다하게 함。
【久阻:구조】 소식이 오래 막힘。
【久次:구차】 오랫동안 地位가 昇進하지 않음。(次는 止)。〖漢書〗以耆老ㅣㅣ轉爲大夫。
【久喘:구천】《醫》오래 그치지 않는 숨이 가쁜 증세。
【久滯:구체】 ❶오랫동안 일이 진척이 되지 않음。❷오랫동안 한 곳에 머무름。❸오래된 체증 또는 만성 위장병의 通稱。
【久旱逢甘雨:구한봉감우】 오랜 가뭄에 단 비를 만난다는 뜻。《喩》곧 오랜 괴로움을 겪다가 즐거운 일을 만남。〖容齋隨筆〗ㅡㅡ、他鄕遇故知。
【久闊:구활】 오랫동안 소식이 없거나 만나지 못함。(闊은 疎)。〖蜀志〗ㅣㅣ情愫、非夫筆墨所能寫陳。
【久懷:구회】 오래된 회포。〖王令〗ㅣㅣ薄技待後乘。
◎耐ㅣ、永ㅣ、長ㅣ、持ㅣ、天長地ㅣ、恒ㅣ。

【夂】(구)『久』(前條)의 俗字

【乇】㊀(적) 陌 ㊁(탁) 藥 タク、チャク、くさのは leaves of grass
小篆 ㊀풀잎적(草葉)。㊁뜻은『託』에 보라。
【乇羅:탁라】《歷》濟州의 옛 이름。〖高麗史·地理志〗肅宗十年改ㅣㅣ爲耽羅郡。

三畫

【么】(요)『幺』(幺部 0畫)의 俗字

【之】(지) 支 シ、これ this ㄓ chih¹
小篆 草書 ❶갈지(往也)。〖韓愈復上宰相書〗於周不可、則去ㅣ魯。❷이를지(至也)。〖詩經 鄘風 柏舟〗ㅣ死矢靡他。❸이지(此也)。〖孟子 滕文公下〗湯使人問ㅣ。❹어조사지(語助辭)。❺의지(所有格)。(있는 곳등을 가리킬때 씀)。〖論語 先進〗請子ㅣ車以爲之椁。❻이에지(於也)。〖大學〗人ㅣ其所親愛而辟焉。
【之東之西:지동지서】 어떤 일에 主見이 없이 이리저리 갈팡질팡함。
【之字路:지자로】 之字 모양으로 꼬불꼬불한 치받잇길。〖方干·詩〗。

四畫

【乍】(사) 禡 サ、たちまち suddenly ㄓㄚˋ cha⁴
小篆 草書 ❶잠간사(暫也)。❷별안간사(忽也)。〖孟子公孫丑上〗今人ㅣ見孺子將入於井。❸얼핏사(猝也)。❹겨우사(甫然)。❺처음사(初也)。
【乍可:사가】 차라리 이러이러하더라도。〖高適〗ㅣㅣ狂歌草澤中、寧堪作吏風塵下。
【乍設:사설】 잠간 사이에 지음。〖王融〗離房ㅣㅣ、層樓閒起。
【乍往:사왕】 잠간 감。〖張衡·西京賦〗將ㅣㅣ而未半、怵悼慄而聳兢。
【乍往乍來:사왕사래】 變化의 빠름을 말함。〖醫學入門〗寒熱相等、ㅣㅣ、而閒作也。
【乍雨:사우】 갑자기 비가 내림。〖歐陽脩〗ㅣㅣ、乍晴花自落、閑愁悶日偏長。
【乍寒:사한】 갑작스런 추위。〖王世貞〗點點蓮花漏未央、ㅣㅣ如水浸羅裳。

【乎】(호) 虞 コ、か、や exclamatory styl. ㄏㄨ hu¹
小篆 草書 ❶어조사호(語助辭)。(형용의 힘을 강하게 하기 위하여 붙이는 토)。〖論語 八佾〗郁郁ㅣ文哉。❷가호(疑問辭)。〖論語〗禮後ㅣ。❸그런가호(感歎詞)。(감탄의 뜻을 표할때 씀)。〖論語 雍也〗中庸之爲德也、其至矣ㅣ。❹에호(于、於)。〖論語 先進〗浴ㅣ沂。❺를호(于、於)。〖柳宗元 送薛存義序〗傭ㅣ吏。❻아호(歎詞)。(탄식의 뜻을 나타낼때 씀)。〖詩經 大雅抑〗於ㅣ小子、未知臧否。❼뜻이 없는토。〖論語〗於從政ㅣ何有。
【乎而:호이】 친한 사이의 稱號。

【乏】(핍) 洽 ボウ、とぼしい be exhausted ㄈㄚˊ fa²
小篆 草書 ❶없을핍(無也)。❷옹색할핍、구차할핍(貧也)。❸폐할핍(廢也)。〖莊子〗子往矣、無ㅣ吾事。❹다할핍(欠絕)。❺(가죽으로 만든 화살을 막는) 살가림핍(兵器)。〖周禮 春官車僕〗車僕 大射共三ㅣ。

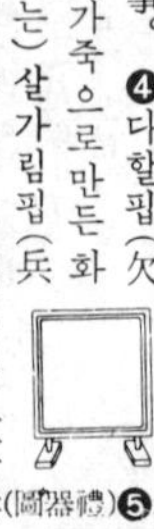
(圖器禮)❺乏

【乏困:핍곤】 없어서 고생함。생활이 어려움。〖左傳〗供其ㅣㅣ。
【乏匱:핍궤】 없어짐。떨어짐。〖國語·周語〗饑寒ㅣㅣ。
【乏頓:핍돈】 없고 고달픔。〖唐書〗步馬
【乏少:핍소】 적음。모자람。
【乏人:핍인】 人材가 絕乏함。
【乏月:핍월】 음력 四월의 別稱。겨울곡식은 다하고 여름 곡식은 아직 익지 않은 철。곧 보릿고개라는 뜻。
【乏材:핍재】 =乏人。
【乏財:핍재】 재산이 絕乏함。
【乏錢:핍전】 돈이 떨어짐。
【乏絕:핍절】 =絕乏。〖禮記〗振ㅣㅣ。

五畫

【乑】(임) 侵 ギン、ならびたつ stand side by side
小篆 ❶나란히 설임(並立)。❷모여설임(衆立)。❸기어오를임(攀也)。〖揚雄〗ㅣ夫傳說兮。

【丟】(주) 尤 チュウ、さる go away ㄆㄧㄥ p'ing¹ (『丟』의 俗字)
❶아주갈주(一去不還)。❷잃어버릴주(失也)。

七畫

【乖】(괴) 佳 カイ、そむく deviate ㄍㄨㄞ kuai¹
小篆 草書 ❶어그러질괴(戾也)。〖易經〗家道窮必ㅣ。

❷다를괴(異也)。「志與時ㅣ」。【孟郊詩】道理與俗ㅣ。❸배반할괴(背也)。

【乖角:괴각】❶어그러짐。❷영리한 아이。【堅瓠集】。

【乖覺:괴각】❶총명하고 재능이 있는 사람。❷조숙한 사람。

【乖隔:괴격】사리에 어그러지고 멀어짐。

【乖亂:괴란】어그러져서 어지러움。

【乖濫:괴람】사리에 어그러지고 어지러워짐。【後漢書】其爲ㅣㅣ、胡可勝言。

【乖戾:괴려】사리에 어그러짐。

【乖離:괴리】서로 등져서 떨어짐。乖舛。

【乖離概念:괴리개념】《論》같은 類의 개념에 包攝할 수 없는 두 개 이상의 개념을 서로 일컬음。異類概念。

【乖反:괴반】어그러짐。벗어남。乖叛。

【乖叛:괴반】배반함。乖逆。乖反。

【乖背:괴배】어그러지고 반대됨。背馳。【漢書】制遠之道、微而無ㅣㅣ之難也。

【乖僻:괴벽】말과 행동이 기괴 망측함。

【乖散:괴산】어그러져 흩어짐。【後漢書】謀臣猛將、稍有ㅣㅣ。

【乖常:괴상】常道에 어그러짐。

【乖忤:괴오】어그러지고 거스림。

【乖越:괴월】도를 넘어서 어그러짐。【桓溫】六合殊風 九鼎ㅣㅣ。

【乖張:괴장】활이뒤틀림。《喩》사리에 어긋남。서로 반대됨。【韓愈】前計頻ㅣㅣ。

【乖舛:괴천】어그러지고 온당하지 않음。

八畫

【乗】(승)『乘』(丿部 9畫)의 俗字

九畫

【乘】(승) 徑 蒸 ジョウ、のる ride ㄕㄥˊ shèng

小篆 古文 草書 ❶탈승、오를승(駕也)。【列子】俱ㅣ高台。❷올릴승(上也)。【列子】風ㅣ我耶、我乘風乎。❸꾀할승(計也)。【周禮】ㅣ其事。❹곱할승(算也)。❺멍에멜승(駕也)。❻인할승(因也)。❼다스릴승(治也)。❽대승(輛也)。(수레의 수를 헤아릴때 씀)。【孟子】後車數十ㅣ。❾수레승。【孟子】今ㅣ輿已駕矣。❿한쌍승(物雙)。【揚子法言】雙鴈曰ㅣ。⓫같은 물건 네개승。【禮記 少儀】ㅣ壺酒。⓬사기승(史也)。

【乘間:승간】틈을 탐。겨를을 이용함。

【乘客:승객】배 또는 차 따위를 타는 손님。搭客。

【乘轎:승교】가마。

【乘隙:승극】틈을 탐。乘間。

【乘機:승기】좋은 기회를 이용함。

【乘龍:승룡】❶용을 탐。昇天함。【列仙傳】。❷네 마리의 용。❸용과 같은 훌륭한 사위를 얻음。《故》東漢의 太尉 桓焉이 黃憲·李膺의 두 사위를 맞은 일。【杜甫】門闌多喜氣 女壻近ㅣㅣ。

【乘馬:승마】❶말을 탐。사람을 태우는 말。乘匹。乘牡。❷네 마리의 말。駟馬。【詩經】ㅣㅣ在廐。·「갖 재주。馬術。

【乘馬術:승마술】말을 타고 부리는 온갖 재주。馬術。

【乘望風旨:승망풍지】웃 사람의 눈치를 살펴 비위를 잘 맞추어 줌。

【乘務員:승무원】차나 배 안에서 승객에 관한 직무를 맡아보는 사람。

【乘法:승법】《數》곱셈。乘算。↕除法。

【乘船:승선】배를 탐。

【乘勢:승세】세력을 믿고 덤빔。

【乘數:승수】《數》어떤 수에 곱하는 수。

【乘勝長驅:승승장구】싸움에 이긴 기세를 타고 거리낌 없이 휘몰아 치는 일。

【乘時:승시】좋은 때를 탐。기회를 얻음。

【乘夜:승야】밤중을 이용함。

【乘夜逃走:승야도주】밤을 이용하여 도망함。

【乘夜越墻:승야월장】밤을 타서 남의 집의 담을 넘어 들어감。

【乘輿:승여】❶《轉》임금의 수레。大駕。【孟子】今ㅣㅣ已駕矣。❷거둥 때의 임금을 이르는 말。【蔡邕】天子至尊也、臣下敢不瀆言之、故託ㅣㅣ言。

【乘用車:승용차】사람이 타는 자동차。

【乘運:승운】좋은 운수를 타는 일。

【乘月:승월】달빛이 밝은 기회를 탐。

【乘危涉險:승위섭험】위태하고 험난함을 무릅쓰고 나아감。

【乘積:승적】《數》곱셈하여 얻은 수。積。

【乘除:승제】❶《數》곱셈과 나눗셈。【宋書】ㅣㅣ翻謬。❷功과 罪、또는 譽와 毀가 서로 相殺됨。【韓愈】❸더할 것은 더하고 덜 것은 덜어서 알맞게 손을 봄。

【乘組員:승조원】=船員。

【乘車:승차】차를 탐。

【乘車券:승차권】車票。

【乘醉:승취】❶취함을 이용함。❷취흥을 띰。

【乘票:승표】승법을 표시하는 부호。곱셈표。「×」乘號。

【乘風破浪:승풍파랑】《喩》뜻이 원대함을 이르는 말。【南史】宗慤字元幹、叔父少文問其所志。慤答曰、願乘長風、破萬里浪。

【乘鶴:승학】학을 타고 승천함。신선이 「됨。

【乘合:승합】여러 사람이 함께 탐。합승。

【乘合馬車:승합마차】여러 사람이 함께 타는 마차。

【乘合自動車:승합자동차】여러 사람이 함께 타는 자동차。버스。合乘。

【乘昏:승혼】황혼을 이용함。

【乘興:승흥】흥을 띰。《故》晋代 王羲之가 雪夜에 배를 타고 戴逵를 찾아가서 문간에서 되돌아서매 누가 물으니 흥이 나서 찾아왔고 흥이 다 했으니 돌아간다고 대답했다 함。【初學記】。

乙 部

【乙】(을) 質 イツ、オツ、きのと ㄧˇ i³

小篆 草書 ❶새을(鳥也)。❷천간이름을(天干名、「十干」의 둘째이고 오행「五行」의 木에 맞음、甲에 대하여 둘째)。❸(문서의 끊어지는 곳에 붓으로 점을 침)。【史記】朔初上書、人主從上方讀之、止輒ㅣ其處。❹(문장에 탈자「脫字」가 있을 때 그 옆에 표를 침)。❺굽힐을(屈也)。【京房易傳】ㅣ屈也、❻생선의창자을(魚腸)。【禮記 內則】魚去ㅣ。❼모모을(某也)。(이름 대신으로 쓰는 글)。【史記】奮長子建、次子甲、次子ㅣ。

【乙覽:을람】임금의 讀書。낮에는 政務에 바빠서 乙夜에 독서함에서 온 말。乙夜之覽。

【乙卯:을묘】六十甲子의 五二째。

【乙未:을미】六十甲子의 三二째。

【乙未事變:을미사변】《歷》高宗 三二년 明成皇后(閔妃)가 弑害된 사건。親露政策을 취하고 日本 세력을 압박하자 日本公使의 흉책으로 景福宮에서 日人의 손에 죽었음。

乙密臺:을밀대】《地》平壤 錦繡山의 한 모퉁이。牡丹臺와 맞선 臺 및 그 위에 세워진 정자의 이름。정자의 이름을 四虛亭이라고도 부르는데、약 六백년 전에 세운 것으로、높이 數丈의 돌 축대 위에 있어서 平壤 시내를 굽어볼 수 있음。壬辰

등을 만드는 법。
【九地:구지】❶땅의 가장 낮은 곳。❷孫子兵法上의 아홉 가지 땅。곧 散地·輕地·爭地·交地·衢地·重地·圮地·圍地·死地。❸敵에게 발견되기 어려운 곳。
【九眞藤:구진등】《植》박주가리。
【九秩:구질】九○ 歲의 일컬음。
【九尺長身:구척장신】아주 큰 키。
【九天:구천】❶하늘을 아홉 方位로 나눈 일컬음。곧 鈞天(中央)·蒼天(東)·變天(東北)·幽天(西北)·昊天(西)·炎天(南)·朱天(西南)·玄天(北)·陽天(東南)。↓九野。『淮南子』天有九野、中央及四正四隅、故曰一一。❷=九重天。❸하늘의 가장 높은 곳。九霄。↕九地。❹宮中。구름의 위쪽。『王維』一一閶闔開宮殿。❺《佛》지구를 중심으로 回轉하는 아홉 개의 별。
【九泉:구천】❶깊은 땅 속。❷黃泉。墓地。『庾信』更傷心於一一。
【九疊篆:구첩전】도장을 새길 때에 글씨 획을 여러 번 꾸부려 쓴 書體。
【九寸:구촌】三從叔姪간의 촌수。
【九秋:구추】❶三秋。❷가을 九○일 동안。❸九月。『曹植』一一之夕、爲歡未央。
【九春:구춘】봄 九○일 동안。『薛稷』一一風景足林泉。
【九蟲:구충】사람의 뱃속에 붙어 사는 아홉 종류의 벌레。
【九澤:구택】《地》中國에 있는 아홉 개의 호수。곧 大陸·雷夏·孟諸·荷澤·榮澤·大野·彭蠡·震澤·雲夢。
【九品行業:구품행업】《佛》極樂 世界를 九品으로 나누어서 각각 닦는 業。
【九夏:구하】❶여름 九○일 동안。❷周의 아홉 가지 음악의 이름。
【九韓:구한】《歷》新羅 때 이웃에 있었다고 생각한 九개국。日本·中華·吳越·托羅·鷹遊·靺鞨·丹國·女狄·穢貊으로 皇龍寺九層塔은 이들 諸國이 來朝하리라는 理想에서 만들어졌다 함。
【九合:구합】모음。糾合하는 것。『論語』桓公一一諸侯。
【九陔:구해】❶하늘 끝。하늘 위。❷나라의 끝。九陔。九闋。
【九絃琴:구현금】《樂》아홉 가닥의 줄이 있는 거문고。
【九刑:구형】《制》周代의 아홉 가지 刑法。곧 墨刑·劓刑·剕刑·宮刑·大辟·流刑·贖刑·鞭刑·朴刑。『左傳』周有亂政、而作一一。
◎重一。

二 畫

【乞】㊀(걸) 物 キツ、こう beg ㊁(기) 未 くĭ ch'i

篆小 草書 ㊀❶구걸할 걸(求也)。❷요구할 걸。『史記』行一於市。❸원할 걸(願也)。『張羽詩』安得金丹從爾一。❹거러지 걸(一人)。㊁❶빌릴 기(貸也)。❷줄 기(與也)。『晉書』以野一汝。
【乞假:걸가】❶休暇願을 제출함。휴가를 얻음。《假는 暇의 古字》。『盧綸』一一依山宅。❷물건을 빌어 씀。『禮記』不通一一。
【乞丐:걸개】❶거지。비렁뱅이。❷청원하여 구함。『陳琳』曹操父嵩一一攜養。
【乞客:걸객】衣冠을 갖추고 다니면서 얻어먹는 사람。
【乞巧:걸교】부녀자들이 七夕날 牽牛·織女 두 별에게 바느질과 길쌈 재주를 비는 일。星祭。『荊楚歲時記』七夕、婦人以綵縷穿七孔針、陳瓜花以一一。
【乞求:걸구】남에게 구걸함。
【乞郡:걸군】《國》李朝 때 文科 及第者로서 어버이는 늙고 집안은 가난한 侍臣이 守令 자리를 奏請함。
【乞糧:걸량】파서 내 놓은 버력에서 광석을 고르는 작업。
【乞力伽:걸력가】《醫》白朮(백출)
【乞粒:걸립】《國》❶절에 특별히 경비를 쓸 일이 있을 때 중들이 패를 짜, 각처로 돌아다니면서 집집의 앞에서 꽹과리를 치며 축복하는 염불을 하고 돈이나 쌀을 구걸하는 일。또는 그 중들。❷동네에 특별히 경비를 쓸 일이 있을 때, 여러 사람이 패를 짜 각처로 다니면서 풍악을 치고 재주를 부리어 돈이나 곡식을 얻는 일。또는 그 일행。
【乞盟:걸맹】❶敵에게 和議를 구함。『公羊傳』。❷맹세할 때 神에게 告함。
【乞不並行:걸불병행】한꺼번에 요구하는 사람이 많으면 얻기가 어려움。
【乞士:걸사】❶중의 異稱。❷居士。
【乞食:걸식】❶빌어 먹음。❷물건을 구걸함。『史記』伍子胥未至吳而疾、止中道一一。❸《佛》중의 修行의 하나。곧 집집마다 門前에서 밥을 구걸하는 일。
【乞身:걸신】=乞骸。
【乞神:걸신】음식을 몹시 탐내는 욕심。
【乞兒得錦:걸아득금】《國》거지 아이가 비단을 얻음。《喩》분수 넘게 생긴 일을 지나치게 자랑한다는 뜻。『東言解』。
【乞言:걸언】老人에게 착한 가르침을 구함。『禮記』三王有一一。
【乞人:걸인】거지。『孟子』蹴爾與之、一一不屑也。
【乞人憐天:걸인연천】거지가 하늘을 불쌍히 여김。《喩》부질없는 걱정을 한다는 뜻。불행한 처지에 있는 사람이 행복한 사람을 동정한다는 뜻。『旬五志』。
【乞骸:걸해】《制》늙은 宰臣이 벼슬을 辭退하기를 임금에게 청원함。

【也】(야) 馬 ヤ、なり ーせ yeh³

篆小 古文 草書 ❶잇기 야、라 야、어조사 야 (語之餘)。(…라、한귀의 끝에 붙여서 결정의 뜻을 나타냄)。『禮記 曾子問』廟有二主、自桓公始一。❷(형용의 뜻을 강하게 하는 토)。『論語 八佾』始作翕如一、從之純如一。❸(뜻이 없는 토)。『論語 學而』孝弟一者、其爲仁之本歟。❹『中字』또 야(亦也)。(시「詩」혹은 속어「俗語」에 亦과 같이 씀)。『杜甫詩』靑袍一自公。
【也可:야가】第一의 뜻。也客。也克。克伊。『十駕齋養新錄』。
【也客:야객】=也可。『華夷譯語』。
【也無妨:야무방】해로울 것 없음。
【也耶:야야】詠歎하는 語助辭。『韓愈』汝其知也耶、其不知一一。
【也有:야유】또 있음。『詩法詳論』一一春愁鶴髮翁。
【也矣:야의】斷定을 나타내는 語助詞。『讀書作文譜』一一、順勢緊煞之辭也。
【也哉:야재】강한 斷定의 語助詞。또는 詠歎辭。也歟。『蘇軾、論范增文』嗚呼、增亦人傑一一。
【也乎:야호】强調의 뜻을 나타내는 語助辭。『讀書作文譜』一一、順勢虛落之辭。

三 畫

【乣】(규)『糺』(糸部 1畫)의 譌字
【乤】(할) 〔國字〕땅이름 할(一浦、在咸鏡道)。

四 畫

【乧】(이) 支 イ、えびす savage ㄧ i²

草書 남쪽오랑캐이름 이(南蠻雜種古百越之一)。

五 畫

【乩】(계) 齊 ケイ、うらなう fortunetelling ㄐㄧ chi¹
무꾸리할계(卜以問疑)。【通典】西國用羊卜其卜師謂之斷ㅣ。
【乩筆:계필】점칠 때 그릇에 담긴 모래 위에 글을 써서 吉凶을 점치는 송곳。또는 그것으로 쓴 文字。【山西通志】。

【㔕】(갈) 〔國字〕
땅이름갈(地名)。

【乫】(걸) 〔國字〕
걸걸(掛也)。

【乭】(돌) 〔國字〕
이름돌(人名)。

六 畫

【乱】(란)『亂(乙部 12畫)』의 俗字

七 畫

【乳】(유) 麌 ニュウ、ちち milk ㄖㄨˇ ru³
❶젖유(湩也)。❷종유석유(鍾乳石)。❸낳을유(生也)。【十八史略 西漢】羝ㅣ乃得歸。❹젖먹일유(乳也)。【唐書 德秀傳】德秀自ㅣ之。❺기를유(育也)。【李商隱詩】行次西郊】皇子棄不ㅣ、椒房抱羌渾。❻(어머니 혹은 부모의 뜻으로 씀)。【唐書 韓思彦傳】兄弟共ㅣ而生。
【乳柑:유감】《植》귤의 하나。

乳柑(三才圖會)

【乳狗:유구】젖을 먹는 어린 강아지。
【乳氣:유기】어린애 다운 氣分。稚氣。『白居易』ㅣㅣ初離殼。
【乳糖:유당】《化》哺乳 동물의 젖 속에 포함되어 있는 二糖類。
【乳道:유도】젖이 나오는 분비선。
【乳頭:유두】《生》젖꼭지。
【乳酪:유락】버터(butter)。【晉書】ㅣㅣ養成、人無妬心。
【乳輪:유륜】《生》젖꽃판。
【乳名:유명】어릴 때의 이름。小字。
【乳母:유모】젖어머니。어린애를 낳은 어머니를 대신하여 젖을 먹여 기르는 부인。乳人。乳媼。乳媪。【史記】漢武少時、東武侯ㅣㅣ養帝、帝號之曰大ㅣㅣ。
【乳糜:유미】❶음식이 위 속에서 소화되어 젖처럼 된 淋巴液。❷젖으로 쑨 죽。
【乳糜管:유미관】창자 속에 있는 淋巴管。창자에서 흡수된 지방질을 모아 저장함。
【乳糜尿:유미뇨】《醫》지방분이 섞여 젖빛과 같은 오줌을 누는 병。
【乳房:유방】젖。乳汁을 分泌하는 器官。
【乳酸:유산】《化》썩은 우유에서 생기는 酸乳糖。또는 포도당을 乳酸菌으로 醱酵시켜서 만들음。工業用 또는 淸涼飮料用으로 쓰임。
【乳酸菌:유산균】《植》糖類를 분해하여 유산을 만드는 기능이 있는 박테리아의 總稱。
【乳腺:유선】《生》젖을 分泌하는 腺。
【乳兒:유아】젖먹이。嬰兒。
【乳兒車:유아차】젖먹이를 태워 가지고 다니는 작은 수레。
【乳癌:유암】《醫》유방에 생기는 독특한 癌腫。
【乳養:유양】젖을 먹여 기름。『後漢書』「母自ㅣㅣ。
【乳癰:유옹】=乳腫。
【乳牛:유우】《動》젖소。젖을 짜는 소。
【乳漿:유장】《化》젖 속에 섞이어 있는 蛋白質과 脂肪을 제하고 남은 부분。
【乳長症:유장증】《醫》=乳懸症。
【乳劑:유제】《藥》肝油·피마자 기름과 같이 물에 녹지 않는 물질에 젤러틴·아라비아 고무·卵黃 따위의 乳化劑를 더하고 잘 짓개어서 만든 젖색과 같은 물。석유 유제·感光乳劑·肝油乳劑 따위。
【乳腫:유종】《醫》乳腺炎으로 여자의 젖에 가는 이。
【乳汁:유즙】젖。〔이 곪는 종기。
【乳臭:유취】젖에서 나는 냄새。《喩》아직 나이가 어리고 경험이 부족한것。『漢書』漢王曰、是口尙ㅣㅣ、不能當吾韓信。
【乳齒:유치】나서 처음 난 이로서 나중에 가는 이。배냇니。젖니。
【乳筩:유통】소·돼지 등의 젖통이의 고기。찰유통·메유통의 구별이 있음。
【乳香:유향】《植》橄欖科에 딸린 乳香樹에서 낸 樹脂。이것을 말려서 약제로 씀。
【乳懸症:유현증】《醫》산후에 젖이 아랫배까지 늘어지고 몹시 아픈 병。
【乳虎:유호】새끼 가진 범。이 때 성질이 가장 사납다 함。《喩》무서운 것。『漢書』寧見ㅣㅣ、無値寧成之怒、其暴如此。

【乶】(폴) 〔國字〕
땅이름폴(ㅣ下、在咸鏡道)。

八 畫

【㐃】(구) 尤 キュウ、ただしい chastity
❶음란하지 않을 구(男女之道不猥)。【揚雄】謹於娶ㅣ初貞後寧。❷바를구(正也)。

【乺】(솔) 〔國字〕
❶솔솔(塗刷具)。❷땅이름솔(地名)。

【乼】(줄) 〔國字〕
줄줄(繩條)。

十 畫

【乾】㊀(건) 先 ㊁(간) 寒 ケン、カン、かわく dry ㄍㄢ kan¹
㊀❶하늘건(天也)。❷괘이름건(주역「周易」의 괘「卦」의 하나)。❸서북쪽건(戌亥方位)。【易經 說卦】ㅣ西北之卦也。❹굳셀건(健也)。❺사나이건(男也)。❻임금건(帝位)。❼쉬지 않고 일할건。【易經 乾卦】君子終日ㅣㅣ。㊁❶마를간(燥也)。❷마르게 할간(燥之)。【晉書 范汪傳】冬月沔漢ㅣ涸。❸엄중하게 금품을 바치게할간。【史記 張湯傳】始爲小吏ㅣ沒。
【乾價:건가】술을 먹지 못 하는 일군에게 대신 주는 돈。
【乾葛:건갈】《醫》葛根。
【乾綱:건강】❶하늘의 법칙。【晉書】祖ㅣㅣ以流化。❷임금의 시정의 大綱。❸임금의 大權。
【乾薑末:건강말】새앙을 말려 가루로 「만든 약재。
【乾疥:건개】《醫》마른옴。
【乾乾:건건】놀지 않고 부지런한 모양。멈추지 않고 계속 나아가는 모양。
【乾繭器:건견기】누에 고치를 말리는 기계。
【乾枯:건고】샘물의 물기가 마름。
【乾谷:건곡】물이 마르거나 없는 골짜기。
【乾穀:건곡】제대로 여문 다음에 거두 「어 말린 곡식。
【乾坤:건곤】❶易의 두 卦。곧 乾과 坤。❷하늘과 땅。『韓愈』浩蕩ㅣㅣ合。❸陰과 陽。❹北西와 南西。❺남자와 여자。❻해와 달。❼上·下。
【乾坤一擲:건곤일척】운명과 흥망을 걸고 단판 걸이로 승부나 成敗를 겨룸。

【乾骨獨魚:건골독어】 말린 꼴뚜기。

【乾果:건과】 《植》❶單花果의 하나로서 익으면 껍질이 마르는 果實。裂果와 閉果 두 가지가 있음。乾燥果의 略語。❷말린 果實。乾柿 따위。

【乾菓子:건과자】 마른 과자。

【乾霍亂:건곽란】 《醫》吐瀉를 하지 않는 곽란。

【乾卦:건괘】 象形이 三인 八卦의 하나。

【乾交子:건교자】 술안주로 차린 교자。↕食交子。

【乾嘔逆:건구역】 공연히 나는 구역。

【乾端坤倪:건단곤예】 하늘 끝과 땅 끝。(倪는 端)。『韓愈』——、軒豁呈露。

【乾達:건달】 ❶아무 관계도 없이 싱겁게 붙어 다니는 사람。❷돈도 없이 난봉을 부리는 사람。

【乾闥婆:건달바】 ❶《梵》Gandharva의 音譯。樂神의 이름。곧 天龍八部의 하나。香神이라고도 함。犍達縛。❷俳優。

【乾畓:건답】 물이 마르기 쉬운 논。

【乾大口:건대구】 말린 대구。

【乾德:건덕】 ❶끊임없는 하늘의 큰 덕。❷임금의 德。聖德。『易林』扶陽之政、以保——、終無患惑。

【乾酪:건락】 우유를 정제해 굳힌 자양있는 食品。『唐書』茂州通化郡貢——。

【乾糧:건량】 ❶옛날 中國에 가던 사신이 가지고 가던 양식。❷먼 길 가는 데 가지고 다니기 쉽게 한 양식。❸흉년에 죽 대신 주던 양식。

【乾溜:건류】 《化》固體를 꼭 닫힌 그릇에 넣고 쪄서 분해시켜 揮發分을 冷却回收하는 일。

【乾馬國:건마국】 《歷》옛 나라 이름。馬韓에 속함。지금의 全羅北道 益山郡 지방인 듯함。

【乾麵:건면】 ❶장국에 말지 않은 마른 국수。❷말린 국수。

【乾命:건명】 ❶《佛》祝願文에 쓰는 남자의 일컬음。❷남자의 生年。天命。↕坤命。『晉書』恭承——。

【乾明太:건명태】 말린 명태。北魚。

【乾木:건목】 마른 나무。

【乾飯:건반】 말린 밥。乾糒(건비)。『後漢書』吳郡徐相、常食——。

【乾杯:건배】 술 좌석에서 서로 잔을 높이 들어 慶事나 상대방의 건강 또는 행운을 빎음。

【乾附子:건부자】 말리어 精製한 附子。

【乾蔘:건삼】 말린 삼。↕水蔘。

【乾澁:건삽】 말라서 윤택이 없음。

【乾色:건색】 裁作하지 않은 본디 그대로의 재료。乾材。

【乾石魚:건석어】 ❶굴비。❷가조기。

【乾癬:건선】 《醫》마른버짐。

【乾性:건성】 ❶공기중에서 쉽사리 건조하는 性質。❷水分을 그다지 필요로 하지 않는 성질。

【乾性油:건성유】 《化》空氣 중에 두면 酸素를 흡수하여 말라 굳어버리는 식물성의 기름。

【乾水:건수】 늘 솟는 샘이 아니고 장마 때만 땅 속에서 솟아나오는 물。

【乾嗽:건수】 《醫》마른 기침。

【乾濕:건습】 건조함과 습함。

【乾梯:건시】 곶감。白柿。

【乾時:건시】 二十四時의 二三째 時間。하오 八시 반부터 九시 반 사이。

【乾兒:건아】 部下。졸개。名義上의 아들。『留青日記』——門生布滿天下。

【乾魚:건어】 말린 물고기。乾魚物。

【乾浴:건욕】 저녁에 자기 전에 양 손바닥으로 全身을 마찰하는 일종의 養生法。

【乾元:건원】 하늘。『易經』大哉——。

【乾位:건위】 죽은 남자의 무덤이나 신주。↕坤位。

【乾維:건유】 하늘을 유지하는 큰 벼리。天維。『李義府』載化撫——。

【乾醬:건장】 마른 장。

【乾材:건재】 法製하지 않은 약재。乾色。

【乾電池:건전지】 액체를 쓰지 아니하고 黏體와 고체로 만든 전지。

【乾淨:건정】 ❶일의 뒤끝이 깨끗함。❷淨潔。❸精潔。

【乾製:건제】 물기가 없게 제조함。

【乾燥:건조】 ❶물기가 없음。❷말림。《轉》재미가 없음。

【乾燥機:건조기】 축축한 기운이 있는 물건을 열을 가하거나 증발시켜서 말리는 장치。드라이어(dryer)。

【乾燥氣候:건조기후】 비 오는 양이 증발하는 양보다 적은 지방의 기후。

【乾燥無味:건조무미】 깔깔하고 윤택이 없어 아무러한 운치가 없음。

【乾燥洗濯:건조세탁】 물에 축이지 않고 휘발유나 증기를 통하여 빠는 세탁。

【乾燥室:건조실】 물건을 말리는 방。

【乾燥劑:건조제】 《化》水分을 화학적 또는 물리적으로 없애기 위하여 쓰는 약제。

【乾燥症:건조증】 《醫》땀·침·대소변 같은 것이 잘 안 나오는 병증。

【乾酒酊:건주정】 취하지도 않았으면서 공연히 취한 체하는 주정。

【乾地黃:건지황】 《藥》生乾地黃의 略。

【乾川:건천】 조금만 가물어도 물이 곧 마르는 내。

【乾青魚:건청어】 말린 청어。貫目。

【乾草:건초】 베어서 말린 풀。

【乾雉:건치】 말린 꿩고기。신부가 시부모를 처음 뵐 때 울리는 폐백의 하나。

【乾漆:건칠】 《醫》옻나무의 즙을 말려 만든 덩어리 약。殺蟲 또는 破積·通經劑로 쓰임。

【乾播:건파】 마른 논에 씨를 뿌림。乾「付種。直播。

【乾板:건판】 사진에 쓰는 감광판의 하나。臭化銀·鹽化銀 따위를 젤러틴·乳劑에 섞어 유리나 셀룰로이드에 발라서 말린 것。↕濕板。

【乾脯:건포】 고기·생선 따위를 저며서 말린포。

【乾葡萄:건포도】 포도 열매를 말려 단맛과 향기가 있게 만든 것。

【乾脇痛:건협통】 《醫》가슴앓이의 한 가지。胸痛。

【乾鞋:건혜】 마른 신。

【乾喉:건후】 일 따위를 열심히 하여 목이 탐。열심히 일을 함。

【乾木水生:간목수생】 마른 나무에서 물이 난다는 뜻。《喩》아무 것도 없는 사람에게 무엇을 무리하게 내라고 요구함。

【乾物:간물】 마른 魚肉物。

十二畫

【亂】 (란) 翰 ラン、みだれる confuse ㄌㄨㄢˋ lan⁴

小篆 古文 草書 ❶어지러울란(不治)。『史記 孔子世家』誅魯大夫—政者少正卯。❷얽힐란(紊也)。『朱熹 論語序說』昭公奔齊、魯—。❸섞어둘란(混也)。『韓非子 喩老』—之楮葉之中而不可別也。❹내를 가로건널란(橫流而濟)。『書經 禹貢』—于河。❺난리란(兵寇)。『大學』一人貪戾、一國作—。❻음란할란(淫行)。『詩經』東門之墠刺—也。❼다스릴란(治也)。❽풍류가락란(樂章)。

【亂家:난가】 평화롭지 못하고 어수선한 집안。

【亂供:난공】 죄인이 심문을 받을 때 거짓말로 꾸며 댐。亂招。

【亂魁:난괴】 사회를 어지럽히는 도둑의 우두머리。叛亂의 魁首。亂首。

【亂國:난국】 어지럽고 어수선한 나라。

亂邦。【荀子】有亂君無－－。

【亂局:난국】 어지러운 版局。

【亂軍:난군】 ❶규율 없는 군대。 ❷적과 뒤섞여 싸우는 군대。 ❸반란을 일으킨 군대。

【亂黨:난당】 사태를 요란하게 하는 무리。 난리를 일으키는 무리。

【亂刀:난도】 칼로 함부로 벰。

【亂擣:난도】 함부로 찧음。 짓이김。

【亂道:난도】 ❶邪說을 주창하여 道理에 어긋나게 함。【漢書】新學小生－－人。 ❷詩나 文章이 졸렬함。 自作을 남에게 낮추어 하는 말。【歐陽修】－－一兩首。

【亂讀:난독】 책의 종류나 내용을 가리지 않고 이것저것 마구 읽는 일。

【亂動:난동】 함부로 행동함。

【亂類:난류】 불법한 행동을 함부로 하는 무리。

【亂倫:난륜】 人倫을 어지럽힘。 人倫에 어긋남。 破倫。 悖倫。【世說】玩雖不才、義不爲－－之始。

【亂離:난리】 ❶전쟁이나 분쟁。 ❷전쟁이나 분쟁으로 세상이 문란하고 사람들이 離散함。【左傳】－－瘼矣、奚其適歸。

【亂理:난리】 道理에 어긋남。 또는 그 행동。

【亂立:난립】 ❶어지럽게 늘어섬。 ❷어떤 후보자로서 한꺼번에 여럿이 나섬。

【亂痲:난마】 뒤얽힌 삼 가닥。《喩》事件이나 世態가 어지럽게 뒤얽힘。【元稹】多來比－－。

【亂脈:난맥】 질서가 문란함。 亂雜。

【亂命:난명】 숨이 넘어가면서 정신이 혼미할 때 남긴 遺言。 ↔治命。【左傳】疾病則亂、吾從其治也。

【亂舞:난무】 순서도 없이 어지럽게 춤추거나 날뜀。【梁簡文帝】。

【亂民:난민】 나라의 질서를 어지럽게 하는 백성。

【亂反射:난반사】 《物》반사면이 거칠어서 투사 광선을 여러 방향으로 마구 반사함。

【亂髮:난발】 흩어져 헝클어진 머리털。【後漢書】入則－－壞形、出則窈窕作態。

【亂發:난발】 ❶함부로 총이나 활을 쏨。 亂射。 ❷證券등을 함부로 발행함。 濫發。

【亂飛:난비】 어지럽게 날아다님。

【亂射:난사】 화살이나 탄환을 일정한 목표없이 마구 갈겨 쏨。

【亂線:난선】 몹시 엉킨 줄。

【亂世:난세】 어지럽고 살기 어려운 세상。 戰亂을 만난 세상。

【亂俗:난속】 풍속을 어지럽힘。

【亂時:난시】 어지러운 시대。 또 그 때。

【亂視:난시】 ❶《生》눈의 屈折의 異常으로、광선이 망막 위의 한 점에 모이지 않음。 ❷亂視眼의 略語。

【亂視眼:난시안】 亂視로 인하여 잘 보이지 않는 눈。

【亂臣:난신】 ❶나라를 잘 다스리는 신하。(亂은 治의 뜻)。【論語·泰伯】。 ❷나라를 어지럽게 하는 신하。【管子·君臣下】。

【亂臣賊子:난신적자】 나라를 어지럽게 하는 불충한 무리。【孟子·滕文公】孔子成春秋、－－－－懼。

【亂心:난심】 ❶어지러운 마음。 ❷미치광이。 狂氣。【左傳】爾有－－無厭。

【亂言:난언】 난폭하거나 난잡스러운 말。

【亂逆:난역】 反逆을 꾀함。 謀叛。

【亂用:난용】 함부로 씀。

【亂入:난입】 어지럽게 마구 들어감。

【亂刺:난자】 마구 함부로 찌름。

【亂斫:난작】 ❶잘게 쪼갬。 ❷쇠 연장으로 마구 찍음。

【亂場:난장】 《國》과거를 보는 마당에서 선비들이 떠들어대는 판。 난장판。

【亂賊:난적】 나라를 어지럽히는 도둑。

【亂眞:난진】 가짜와 진짜。 양쪽을 서로 분간할 수 없음。

【亂打:난타】 함부로 마구 때림。 亂撾。【林寬】樵童－－金吾鼓。

【亂鬪劇:난투극】 난투가 벌어진 版局。

【亂暴:난폭】 몹시 포악함。

【亂筆:난필】 ❶함부로 끼적거리어 쓴 글씨。 ❷자기 글씨의 謙稱。 亂書。

【亂行:난행】 ❶난폭한 행동。 품행이 바르지 못함。 ❷음란한 소행。

【亂婚:난혼】 일정한 부부 관계가 정하여 있지 않고 野合적으로 맺는 결혼。 미개 사회에서 행하여졌음。 雜婚。

【乿】(의) 寘 イ、むさぼる be stingy
❶탐할의(貪也)。 ❷인색할의(吝也)。 ❸아낄의(嗇也)。【方言】荆汝之間凡貪而不施者謂之－。

【乿嗇:의색】 몹시 인색하여 주기를 싫어함。【方言】－－、貪也。 荆汝江湘之郊、凡貪而不施、謂之乿、或謂之嗇。

亅 部

【亅】(궐) 月 ケツ、かぎ hook ㄐㄩㄝ chüeh⁴
小篆 草書
갈구리궐(鉤之逆者)。【說文】亅、鉤逆者、謂之亅、象形、讀若橜。

【乚】(궐) 月 ケツ、かぎのしるし mark of hook
小篆
❶갈구리 표지궐(鉤識)。 ❷열쇠궐(鍵也)。 ❸창궐(戟也)。

一 畫

【了】(료) 篠 リョウ、おわる finish ㄌㄧㄠ liao³ ㄌㄜ le
小篆 草書
❶마칠료(訖也)。【世說任誕上】便足－一生。 ❷깨달을료(理解也)。【南史蔡撙傳】武帝曰、卿殊不－事。 ❸똑똑할료(分明)。 ❹드디어료(遂也)。【唐書姚南仲傳】－復何益。 ❺총혜할료(聰慧)。 ❻어조사료(語助辭)。【朱子語類】古人都自少小涵養好－。 ❼쾌할료(快也)。

【了勘:요감】 끝을 막음。 了結。 了決。

【了得:요득】 깨달음。

【了了:요료】 ❶어진 모양。【後漢書】小而－－、大未必奇。 ❷명확한 모양。 了然。【世說】阿戎－－、解人意。 ❸드디어。 마침내。

【了承:요승】 알아차림。

【了然:요연】 명확한 모양。 了了。

【了悟:요오】 확실히 깨달음。

【了定:요정】 ❶끝을 마침。 ❷결정함。

【了知:요지】 깨달아 앎음。【朱熹】－－廓然處、初不從外得。

【了叉:요차】 공손히 손을 마주 잡음。【陸游】－－揖主人。

【了債:요채】 ❶빚을 모두 갚음。【馬臻】買詩－－人多笑。 ❷자기 의무를 다함。

二 畫

【亇】(마) 【國字】
마치마(鐵鎚)。

三 畫

【予】㊀(여) 魚 ㊁(여) 語 ヨ、あたえる、われ give; myself ㄩˇ yü²
小篆 草書
㊀나여(我也)。【論語 堯曰】百姓有過、在－一人。 ㊁❶줄여(賜也)。【詩經小雅采菽】天子所－。 ❷취할여(取也)。

【予告:여고】 《制》漢代의 功勞가 가장 많은 관리에게 내리던 休暇 제도。 和帝 때에 폐지하였음。 뒤에는 부모의 喪이나 또는 그외 事由가 있을 때 휴가를 주었음。【漢書·註】年老致仕曰－－。

〔予寧：여녕〕 喪中에 있음。『漢書』父母喪、一一三年。
〔予取予求：여취여구〕 남이 나에게서 얻고 나에게서 구함。곧 남이 나에 대해서 그의 멋대로 한다는 뜻。『左傳·僖·七』。
〔予奪：여탈〕 줌과 빼앗음。與奪。『管子』一一也、險易也。

七 畫

【事】(사) 寘 ジ、しごと、こと work; affair 尸ˋ shih⁴
小篆 古文 草書 ❶일사(動作云爲)。『大學』物有本末、一有終始。❷일삼을사。『史記 曹參世家』賓客見參不一事。❸섬길사(奉仕也)。『孝經 開宗明義』夫孝、始於一親、中於一君、終於立身。❹벼슬사(職也)。『詩』三一大夫。❺큰일사、변사사(異變)。❻다스릴사(治也)。❼경영할사(營也)。❽반역사(叛逆)。
〔事件：사건〕 ❶벌어진 일이나 일거리。❷뜻밖에 일어난 일。事故。
〔事故：사고〕 뜻밖에 일어난 탈。『韓愈』非有疾病一一。
〔事過後：사과후〕 일이 지난 후。일을 치른 뒤。
〔事局：사국〕 일이 되어 가는 형편。
〔事貴神速：사귀신속〕 (國)일을 함에는 신속함을 중요하게 여김。
〔事根：사근〕 일의 근본。
〔事機：사기〕 일의 중요한 고비。機會。
〔事端：사단〕 事件의 端緖。『晉書』無後一一。
〔事大：사대〕 큰 나라 또는 세력 있는 쪽을 택하여 섬김。
〔事大黨：사대당〕 (歷)李朝末의 守舊事大派。淸의 세력에 의지하여 정권을 유지하려던 一派。
〔事大思想：사대사상〕 뚜렷한 主見 없이 그저 세력이 큰 것에 붙좇아 일시적인 안전을 꾀하려는 생각。事大主義。
〔事大主義：사대주의〕 세력이 큰 쪽에 붙좇아 자기의 안전을 꾀하려는 생각。
〔事力：사력〕 일의 형세와 재력。
〔事例：사례〕 前例나 實例。
〔事理：사리〕 일의 이치。道理。『黃公望』心逸忘一一。
〔事脈：사맥〕 일의 내력。일의 갈피。
〔事務：사무〕 주로 문서를 맡아 보는 일。
〔事務管理：사무관리〕 (法)의무는 없으나 남을 위하여 그 사무를 관리하는 일。
〔事務服：사무복〕 사무를 볼 때에 입는 간편한 옷。
〔事務引繼：사무인계〕 後任者에게 사무를 이어 물려 줌。
〔事無閒身：사무한신〕 (國)하는 일이 없어 한가한 사람。
〔事物：사물〕 ❶일과 물건。『阮籍』尊卑設次序、一一齊紀綱。❷事件과 目的物。
〔事半功倍：사반공배〕 사소한 노력으로 많은 效果를 거둠。
〔事煩：사번〕 일이 많아 번거로움。
〔事犯：사범〕 (法)처벌을 받을 만한 짓。
〔事變：사변〕 ❶보통 아닌 사건。『史記』一一多故。❷외국에 대하여 宣戰布告 없이 무력을 쓰는 일。
〔事變無窮：사변무궁〕 사건의 변동이 한없이 많음。
〔事本：사본〕 일의 근본。事根。
〔事不如意：사불여의〕 일이 원하는 대로 되지 않음。
〔事事：사사〕 모든 일。일마다。
〔事事件件：사사건건〕 ❶모든 일。萬事。萬端。❷일마다。
〔事事言聽：사사언청〕 일마다 남의 말하는 대로 좇아서 함。
〔事事如意：사사여의〕 일마다 뜻대로 「다 됨。
〔事狀：사상〕 일의 형편。
〔事象：사상〕 어떠한 사정 아래에서 생기는 일。現象。
〔事勢：사세〕 일의 되어 가는 형편。『漢書』一一不兩大。
〔事勢難處：사세난처〕 일 되어 가는 꼴이 어찌할 도리가 없음。
〔事勢不得已：사세부득이〕 일의 형세가 그렇게 하지 않을 수 없어。勢不得已。
〔事實：사실〕 ❶실지로 있은 일。❷(哲)자연계에 나타난 客觀的인 현상。❸(法)법률상의 효과를 나타내는 현상。
〔事審官：사심관〕 (制)高麗 때 서울에 있는 官員으로 하여금 자기 고향의 일에 參涉하게 하던 벼슬。
〔事業：사업〕 ❶일。『易經』暢於四支、發於一一、美之至也。❷어떠한 목적을 가지고 계획적으로 운영되는 경제적 활동。
〔事業家：사업가〕 사업을 하는 사람。
〔事業年度：사업연도〕 업무와 결산의 편의상 정한 일정한 기간。곧 결산기와 결산기 사이。
〔事業熱：사업열〕 사업에 관한 열성。
〔事業資本：사업자본〕 (經)경영에 던져진 자본。사업의 경영에 필요로 하는 자본。
〔事由：사유〕 일의 까닭。緣由。理由。『方干』誰向蒼穹問一一。「기름。
〔事育：사육〕 어버이를 섬기고 자녀를
〔事宜：사의〕 일의 적당함。
〔事而密成：사이밀성〕 무슨 일이나 기밀을 지킴으로써 성취함。『韓非子』一一、語以泄敗。
〔事已至此：사이지차〕 이미 일이 이렇게 되어 버림。후회하여도 소용 없음。
〔事績：사적〕 이루어 놓은 일。功績。
〔事蹟：사적〕 사건의 자취。사실의 형적。
〔事典：사전〕 여러 가지 사항을 모아 그 하나 하나에 설명을 붙인 책。
〔事前：사전〕 일이 있기 전。미리 무슨 일을 손대기 전。
〔事情：사정〕 ❶일의 형편。『史記』韓子引繩墨、切一一。❷딱한 처지를 하소연하여 도움을 비는 일。
〔事體：사체〕 ❶일의 이치와 체면。事面。❷일의 되어가는 형편。事態。『後漢書』練達一一。
〔事親：사친〕 어버이를 섬김。
〔事態：사태〕 일의 되어가는 형편。事情。
〔事弊：사폐〕 일의 폐단。
〔事必歸正：사필귀정〕 무슨 일이든 결국은 올바른 이치대로 되고 말음。올바르지 못한 것이 오래 가지 못함。
〔事後：사후〕 무슨 일을 치르거나 손댄 뒤。↔事前。
〔事後承諾：사후승낙〕 급할 때 우선 일을 처리해 놓고 뒤에 받는 승낙。
◎幹一、檢一、慶一、古一、故一、工一、公一、吉一、農一、大一、萬一、民一、敍一、世一、俗一、議一、理一、人一、逸一、一大一、從一、主一、知一、執一、通一、判一、行一、刑一、好一、凶一。

二 部

【二】(이) 寘 ジ、に、ふたつ two 儿ˋ erh⁴ (『貳』와 通함)
小篆 古文 草書 ❶두이、둘이(數、一之加一)。『老子 四十二章』一生一、一生三。❷풍신이(風神)。❸같을이(同也)。『史記』

功無—於天下。❹두 마음이(異心)。❺의심할이(疑也)。【左傳】臣共而不—。❻둘로 나눌이(分也)。【後漢書】不—價。❼거듭이(重也)。

【二刻：이각】 한 시간을 넷으로 나눈 둘째의 시각。곧 三〇分。

【二更：이경】 밤을 五更으로 나눈 둘째 번 시각。오후 一〇시 또는 그 전후 二시간。일설에는 그 후 두 시간이라고도 함。亥時。乙夜。

【二頃田：이경전】 이랑이 二〇〇 두둑 되는 밭。【史記·蘇秦傳】。

【二塊石：이괴석】 한 사람이 두 개를 질 만한 큰 돌。(담을 쌓는 데 씀)。

【二喬：이교】《人》三國時代의 두 喬氏 美女。곧 大喬·小喬를 말함。周瑜가 孫策을 따라 皖城을 공격하여 喬公의 兩女 중、策은 스스로 大喬를 취하고、瑜는 小喬를 취했음。喬는 橋로도 씀。二橋。【杜牧】銅雀春深鎖——。

【二氣：이기】 ❶陰과 陽。❷음양의 기운。【易經】——感應。

【二難：이난】 ❶두 가지의 얻기 힘든 것。곧 현명한 임금과 훌륭한 賓客。【王勃·滕王閣序】四美具、——幷。❷優劣을 이름짓기 힘든 두 사람。곧 똑똑한 형제。❸두 개의 成事하기 힘든 일。【左傳·襄·十】。

【二年生根：이년생근】《植》식물의 두 해살이의 뿌리。

【二年生草本：이년생초본】《植》싹튼 다음 꽃이 피어 열매 맺을 때까지가 二년이 걸리는 초본。무우·완두 따위의 식물。越年生草本。두해살이 풀。

【二道：이도】 ❶두 道。❷두 길。❸修道上의 상대적인 두 가지 길。곧 敎道와 證道、難行道와 易行道、無漏道와 有漏道、無間道와 解脫道、加行道와 勝進道、內道와 外道、正道와 邪道。

【二桃殺三士：이도살삼사】 奇計를 써서 勇士를 죽임。《故》齊의 景公이 公孫接·田開疆·古冶子의 三勇士에게 晏子의 꾀를 써서 두 개의 복숭아를 주고 공로가 많은 사람이 먼저 먹으라고 하여 서로 다투게 하여 모두 자살하게 하였다 함。【諸葛亮】一朝被讒言、——、誰能爲此謀、相國齊晏子。

【二頭政治：이두정치】 =兩頭政治。

【二等道路：이등도로】 =地方道。

【二樂：이락】 하늘과 사람에게 부끄러워할 것이 없는 군자의 둘째 기쁨。

【二齡：이령】 누에의 첫잠 잔 뒤로부터 두잠 잘 때까지의 사이。

【二壘：이루】《運》❶野球에서 두째 번 방석。세컨드 베이스(second base)。❷二壘手의 略語。

【二壘手：이루수】《運》야구에서 二壘를 지키는 선수。세컨드 베이스맨。

【二壘打：이루타】《運》야구에서 二壘까지 갈 수 있게 친 安打。

【二硫化炭素：이류화탄소】《化》유황과 탄소가 화합하여 된 액체。빛이 없고、잘 유동되며 빛의 굴절이 셈。기름·樹脂·고무 따위를 녹이는 데 씀。

【二倫行實圖：이륜행실도】《書》一책。李朝 中宗 때 金安國·曹伸 지음。三綱行實圖의 체재에 따라 長幼·朋友의 德行을 그림으로 그려 한글과 漢文으로 설명한 것。三綱行實圖와 합하여 五倫行實圖가 됨。

【二利：이리】 자기의 이로움과 남의 이로움。【瑜珈論】。

【二面角：이면각】《數》서로 만난 두 평면이 지은 角。

【二名法：이명법】《生》生物分類學에서 생물의 種을 나타낼 때의 學名을 붙이는 법。스웨덴의 카를린네의 命名法으로 屬名과 種名을 나란히 씀。라틴語 또는 라틴화한 말로 씀。

【二毛作：이모작】《農》같은 논이나 밭에 일년에 두 번 농사를 지음。

【二毛之年：이모지년】 센털이 나기 시작한 나이。三二세 되는 나이。

【二伯：이백】 ❶東西의 兩伯。周公과 召公을 일컬음。【禮記·王制】。❷두 사람의 霸者。伯은 霸와 같음。곧 齊의 桓公과 晉의 文公을 일컬음。

【二番抵當：이번저당】 =二重抵當。

【二柄：이병】 君主가 가진 정치상 중요한 두 개의 權力。곧 刑罰과 賞。【韓非子·二柄】——者刑德也。

【二夫：이부】 두 남편。【史記·田單傳】忠臣不事二君、貞女不更——。

【二部敎授：이부교수】 교실 또는 교원의 부족으로 학교의 수업을 주간과 야간 또는 상오와 하오의 반으로 나누어 하는 학습 지도。

【二部制學校：이부제학교】 ❶校舍·교원의 부족 관계로 인해 학생들을 상오·하오의 두 부로 나누어 수업하고 있는 학교。❷晝夜間制 학교。

【二分：이분】 ❶春分과 秋分。❷春分點과 秋分點。❸둘로 나눔。兩分。

【二寺狗：이사구】《國》두 절의 개。《喩》한 사람이 양쪽에 이름을 걸어 놓고 다니면 한 가지 일도 제대로 이루지 못한다는 뜻。두 절에 속한 개가 양쪽 절로 분주히 돌아다니다가 한쪽 절에서도 밥을 얻어 먹지 못한다는 말。【東言解】。

【二三：이삼】 ❶두셋으로 함。여러 가지로 변함。【詩經】——其德。❷二와 三의 곱한 수。곧 六。❸두셋。사소한 수。

【二三子：이삼자】 ❶두세 사람。❷너희들。제자들을 일컫는 말。【論語】——以我爲隱乎。

【二色版：이색판】 두 가지 색으로 인쇄하는 사진 동판。一色 사진 동판에 다른 한 색을 더해 두 색으로 찍은 사진 동판。

【二仙酒：이선주】 소주에 龍眼肉·계피를 넣어 만든 술。

【二聖：이성】 ❶新羅 시조 朴赫居世와 王后 閼英夫人을 일컫는 말。❷文王과 武王。【漢書】成王成——之業。

【二姓：이성】 ❶親族系의 姓과 妻族系의 姓。【禮記】合——之好。❷兩 王朝의 君主。❸두 남편。

【二姓之合：이성지합】 성이 다른 남자와 여자의 婚姻。곧 結婚。

【二姓之好：이성지호】 ❶결혼함。❷남편의 집과 아내의 친정이 서로 화목함。

【二世：이세】 ❶《佛》현재의 세상과 미래의 세상。❷帝王 등의 二代째。❸다음 세대。❹二世國民。곧 어린이。

【二世國民：이세국민】 다음 세대의 국민。곧 어린이。

【二叔：이숙】 ❶夏·殷의 衰退한 末葉。❷《人》周公旦의 형제인 管叔과 蔡叔。【續紀】——流言、遂輟蕭牆。

【二笋：이순】 담배의 처음 난 잎을 베어낸 자리에서 나는 잎。

【二乘：이승】 ❶《數》두 개의 같은 수를 곱함。제곱。❷《佛》大乘과 小乘。聲聞乘과 緣覺乘。

【二審：이심】 第二審의 略語。

【二心：이심】 ❶두 가지 마음。❷배반하는 마음。❸의심하는 마음。二志。【左傳】臣無——、天地制之。

【二十四金：이십사금】 純金을 일컫는 말。순금은 금의 성분의 二四분의 二四임。

【二十四氣：이십사기】 一五일을 一期로 하여 一년을 二十四節氣로 나눔。↓二十四節氣。

【二十四方位:이십사방위】 二十四로 나눈 방위。 곧 子方·癸方·丑方·艮方·寅方·甲方·卯方·乙方·辰方·巽方·巳方·丙方·午方·丁方·未方·坤方·申方·庚方·酉方·辛方·戌方·乾方·亥方·壬方의 총칭。

【二十四番花信風:이십사번 화신풍】 二十四節氣 중 小寒에서 穀雨까지 부는 바람。 닷새 만큼씩 새로운 바람이 부는데 그에 응해서 절기의 꽃이 차례로 핀다 함。 花信風。

【二十四史:이십사사】《書》中國의 正史의 총칭。 곧 史記(司馬遷)·漢書(班固)·後漢書(范曄)의 三史와 三國志(陳壽)·晉書(房玄齡)·宋書(沈約)·南齊書(蕭子顯)·梁書(姚思廉)·陳書(同)·後魏書(魏收)·北齊書(李百藥)·周書(令狐德芬)·隋書(魏徵)·南史(李延壽)·北史(同)·唐書(歐陽修)·五代史(同)를 합하여 十七史라 하고 遼史(托克托)·金史(脫脫)·宋史(同)·元史(宋濂)를 합하여 二十一史라 하고 다시 明史(張延玉)를 합하여 二十二史라 하고 舊唐書(劉昫)·舊五代史(薛居正)를 합하여 二十四史라 함。

【二十五菩薩:이십오보살】《佛》行者를 늘 보호하여 준다는 二五보살。 觀世音菩薩·大勢至菩薩·藥王菩薩·藥上菩薩·普賢菩薩·法自在菩薩·獅子吼菩薩·陀羅尼菩薩·虛空藏菩薩·佛藏菩薩·寶藏菩薩·金藏菩薩·金剛藏菩薩·山海慧菩薩·光明王菩薩·華嚴王菩薩·衆寶王菩薩·月光王菩薩·日照王菩薩·三昧王菩薩·定自在王菩薩·大自在王菩薩·白象王菩薩·大威德王菩薩·無邊身菩薩。

【二十五有:이십오유】《佛》輪廻의 生死界를 二五가지로 나눈 것。 欲界의 一四소、色界의 七소、무색계의 四소를 말함。

【二十四節氣:이십사절기】《天》하늘을 三六○度로 나누고 春分을 ○度로 정하고 春分으로부터 따져 夏至를 九○度、秋分을 一八○度、冬至를 二七○度、다시 春分에 돌아와 三六○度라 하고、또 그것을 각각 六등분하여 二十四節氣라 칭함。 二十四節과 二十四氣가 합하여 二十四氣가 됨。

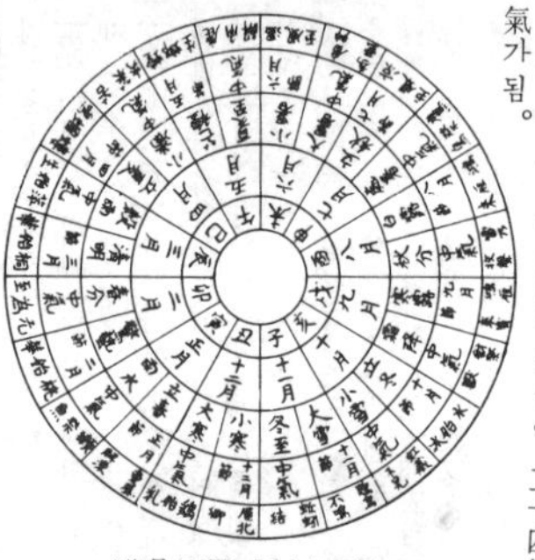

二十四氣之圖 (運氣易覽)

季	節氣	周天度	陽曆	陰曆
春	立春	三一五	二月四日~五日	正月節
	雨水	三三〇	二月一九日~二〇日	正月中
	驚蟄	三四五	三月五日~六日	二月節
	春分	〇	三月二一日~二三日	二月中
	清明	一五	四月五日~六日	三月節
	穀雨	三〇	四月二〇日~二一日	三月中
夏	立夏	四五	五月六日~七日	四月節
	小滿	六〇	五月二一日~二三日	四月中
	芒種	七五	六月六日~七日	五月節
	夏至	九〇	六月二一日~二三日	五月中
	小暑	一〇五	七月七日~八日	六月節
	大暑	一二〇	七月二三日~二四日	六月中
秋	立秋	一三五	八月八日~九日	七月節
	處暑	一五〇	八月二三日~二四日	七月中
	白露	一六五	九月八日~九日	八月節
	秋分	一八〇	九月二三日~二四日	八月中
	寒露	一九五	一〇月八日~九日	九月節
	霜降	二一〇	一〇月二三日~二四日	九月中
冬	立冬	二二五	一一月七日~八日	一〇月節
	小雪	二四〇	一一月二二日~二三日	一〇月中
	大雪	二五五	一二月七日~八日	一一月節
	冬至	二七〇	一二月二二日~二三日	一一月中
	小寒	二八五	一月六日~七日	一二月節
	大寒	三〇〇	一月二〇日~二一日	一二月中

【二十四節候:이십사절후】 =二十四節氣。

【二十五弦:이십오현】 二五개의 줄이 달린 거문고의 하나。

二十五絃琴 (律呂精義)

【二十一史:이십일사】《書》明代에 刊行한 正史。 宋代에 刊行된 十七史와 宋·遼·金·元의 四史를 二十一史라 함。

【二十八宿:이십팔수】《天》옛날 인도·페르샤·중국 등에서 해와 달과 여러 혹성의 위치를 밝히기 위해 黃道에 따라서 天球를 二八로 區分한 것。 중국의 區分으로는 東에 角·亢·氐·房·心·尾·箕、西에 奎·婁·胃·昴·畢·觜·參、南에 井·鬼·柳·星·張·翼·軫、北에 斗·牛·女·虛·危·室·壁。

【二嚴:이엄】《國》行軍할 때의 號令의 하나。 武器를 갖추라는 명령。→初嚴·三嚴。

【二元論:이원론】《哲》善과 惡、정신과 물질 등과 같이 서로 대립하는 두 개의 원리로부터 實在의 個個의 部分、또는 全體를 설명하는 입장을 취하는 이론。
* 一元論。 多元論。

【二院制度:이원제도】 국회를 上院과 下院으로 조직하는 제도。 兩院制度。

【二月花:이월화】 봄의 꽃。 『杜牧』霜葉紅於—。

【二劉:이유】《人》❶漢의 劉向과 劉歆의 父子。 『蘇軾·和錢穆父詩』。 ❷北朝의 劉焯과 劉炫。 『北史·劉焯傳』。 ❸明의 劉銃과 劉棨。 『明史·劉珝傳』。

【二律背反:이율배반】《論》서로 반대되고 矛盾되는 두 개의 命題가 같은 權利로써 주장됨。

【二儀:이의】 ❶하늘과 땅。 『任昉』明公道冠——。 ❷陰과 陽。 兩儀。

【二翼工:이익공】 기둥 위에 덧붙이는 쇠。 받침이 둘로 된 익공。

【二人:이인】 ❶두 사람。 ❷父母。

【二人同心其利斷金:이인동심 기리단금】 두 사람이 合心하면 그 날카로움이 金이라도 끊을 수 있다는 뜻。《喩》친구 간에 마음을 서로 합심하여 일을 하면 무슨 일이든지 안 될 것이 없다는 것。

【二日瘧:이일학】《醫》이틀거리。

【二者擇一:이자택일】 둘 가운데에서 하나를 골라 잡음。

【二藏:이장】《佛》불교의 교리를 둘로 나눈 聲聞藏과 菩薩藏。 곧 小乘과 大乘。

【二典:이전】 ❶書經의 堯典과 舜典。 『陸游』士生誦——、恍若生唐虞。 ❷內典(經書)과 外典(佛典)。

【二折環:이절환】 배목과 고리 사이를 사슬 둘로 꿴 문고리。

【二停:이정】 書法에 있어서 한 字의 體를 두 部分으로 나누는 것。 『書法·三昧』。

【二諦:이제】 眞諦와 俗諦。

【二足尊:이족존】《佛》부처。 兩足尊。

【二走:이주】 달음질 競技의 二等。

【二重:이중】 겹침。 거듭함。 重複。

【二重結合:이중결합】《化》分子 안에서 原子가 結合할 때 두 개의 원자가 原子價 둘로 결합되어 있는 것。

【二重課稅:이중과세】《法》같은 사람·물건에 대하여 이중으로 세금을 부과시키는 일。 重複課稅。

【二重過歲:이중과세】 양력과 음력의 설을 두 번 쇠는 일。

【二重國籍:이중국적】《法》같은 사람이 두 나라의 국적을 가지는 일。

【二重起訴:이중기소】《法》소송 繫屬중의 동일 사건에 대하여 중복하여 기소되는 일。

【二重放送:이중방송】 한 방송국에서 동시에 두 가지 방송을 하는 일。

【二重飜譯:이중번역】 번역된 말이나 글을 다시 번역하는 일。重譯。

【二重瓶:이중병】 二重壁으로써 만든 유리병。

【二重像:이중상】 한 개의 물체가 두 개의 물체같이 보이는 것。

【二重生活:이중생활】 ❶한 사람이 두 가지의 다른 생활을 함。❷理想과 現實이 矛盾된 생활。

【二重外交:이중외교】 內閣이외의 독립된 특수 외교 기관이 외무 당국과 병립하여 하는 外交。

【二重意識:이중의식】 동시에 두 가지로 작용하는 의식。글을 쓰면서 남과 이야기하는 경우 따위。

【二重人格:이중인격】 인격을 통일하는 힘이 없어져서 앞뒤가 모순되는 행동을 하는 병적 인격。

【二重抵當:이중저당】 《法》이미 저당되어 있는 동일 물건에 다시 저당을 설정하는 일。二番抵當。

【二重奏:이중주】 《樂》두 개의 악기로 合奏하는 일。

【二重窓:이중창】 두겹창。겹창。甲窓。

【二重唱:이중창】 《樂》聲音部가 다른 두 사람의 合唱。

【二重通信:이중통신】 동시에 送受信을 하는 통신。

【二重回路:이중회로】 한 回路로 送受信을 동시에 할 수 있는 通信路。

【二重効果:이중효과】 하나의 수단으로써 두 가지의 효과를 동시에 내는 일。

【二志:이지】 ＝二心。『詩經·箋』。

【二至:이지】 冬至와 夏至。『左傳』一一分、日有食之、不爲災。(食은 蝕)。

【二次:이차】 ❶두 번째。❷數次의 두번。

【二天:이천】 ❶큰 恩人。사람은 늘 天恩을 받고 있으나 天 밖에 또 天이 있다는 뜻。❷漢詩 등을 지어 바칠 때 둘째로 지어서 바치는 일。❸《佛》㉠梵天과 帝釋天。㉡日天子와 月天子。㉢多文天과 持國天。

【二千里外故人心:이천리외고인심】 달을 쳐다보며 멀리 있는 벗을 생각함。『白居易·詩』。三五夜中新月色、——。

【二疊紀:이첩기】 《地》古生代의 맨 끝。中生代의 삼첩기의 바로 앞의 地質時代。동물에서는 兩棲類가 전성하고 식물에서는 松柏·은행나무 따위가 나타났음。

【二貼紙:이첩지】 종이의 한 가지。

【二疊紙:이첩지】 백지의 한 가지。삼첩지보다 얇은 것。

【二體雄蕊:이체웅예】 《植》열 개의 수술 가운데서 아홉 개는 花絲가 서로 붙고 남은 한 개만이 떨어져 두 몸으로 된 合生웅예의 하나。

【二親:이친】 어버이。兩親。『魏書』早失「一一」。

【二七日:이칠일】 두 이레。

【二八:이팔】 ❶一六 사람。옛날 中國의 舞樂의 二列。一列은 八사람。❷一六세。女子의 妙齡。❸음력 一六일。❹一六 사람의 현명한 신하。❺《佛》觀經의 一六觀。❻우물。『聞見後錄』。

【二八青春:이팔청춘】 一六세 전후의 젊은이。

【二牌:이패】 ❶일패보다 낮은 노는 계집의 하나。❷尙衣院에 딸린 二流 기생。

【二胞葯:이포약】 《植》매화꽃·복숭아꽃 따위의 葯과 같이 두 개의 약포로 된 약。

【二合絲:이합사】 이겹실。

【二絃:이현】 줄이 두 가닥 있는 東夷의 樂器 이름。

二絃 (淸會典圖)

【二化螟蟲:이화명충】 《動》마디충。

一畫

【亍】 ㊀(촉) 沃 チョク、たたずむ ㄔㄨˋ chʻu⁴ [imp] ㊁(마)〔國字〕

小篆 ㊀❶자축거릴촉(小步也)。❷겨우 디딜촉(稍停)。㊁땅이름 마(地名)。

【于】 ㊀(우) 虞 ウ、ここに particle ㊁(우) 魚 ㄩˊ yü²

小篆 ㊀❶갈우(往也)。❷여기우(是也)。『詩經 邶風燕燕』之子于歸、遠一將之。❸부터우(於也、乎也)。『書經 大禹謨』祗承一帝。❹넓은모양우(廣大貌)。『禮記檀弓下』易則易、一則一。❺만족할우(自足貌)。莊子 應帝王』其臥徐徐、其覺一一。❻말할우(曰也)。『詩經 小雅六月』王一出征、以匡王國。❼할우(爲也)。(『於·迂』와 通함) ㊁어조사우(語助辭)。(탄식의 뜻을 나타냄)。『詩經 周南麟之趾』麟之趾、振振公子、一嗟麟兮。

【于嘔:우구】 구토증을 일으킴。『王羲之』「어가는 일。一一轉劇。

【于歸:우귀】 新婦가 처음으로 시집에 들어가는 일。

【于飛:우비】 《喩》夫婦가 和合함의 비유。鳳凰 한쌍이 사이 좋게 날아간다는 詩에서 由來함。于는 助辭。『詩經』鳳凰一一。

【于思:우사】 수염이 많이 난 모양。『左傳』一一棄甲復來。

【于山:우산】 《地》❶獨島의 옛 이름。芋山。于山島。❷于山國의 略語。

【于山國:우산국】 《歷》옛 나라 이름。곧 鬱陵島의 옛 이름。新羅 智證王 때 新羅에 예속됨

【于役:우역】 임금의 명을 받고 외국에 使者로 감。(于는 간다는 뜻)。行役。『詩經』君子一一不知其期。

【于于:우우】 ❶만족스러운 모양。『莊子』其覺也一一。❷푹잠 자는 모양。❸多難한 모양。❹가는 모양。『韓愈』一一焉而來矣。

【于越:우월】 ❶越 나라。❷吳와 越。『荀子』一一夷貉之子、生而同聲、長而異俗。

【于嗟:우차】 탄식하는 소리。歎美하는 소리。아아!

二畫

【云】 (운) 文 ウン、いう tell ㄩㄣˊ yün²

小篆 草書 ❶이를운(曰也)。『論語 字罕』牢曰、子一、吾不試故藝。❷움직일운(運也)。『管子戒』四時一下、而萬物化。❸이러저러할운(衆語) ❹여기에운(뜻없는 토)。『詩經 小雅何人斯』伊誰一從。❺흥하는 모양운(興貌也)。『漢書 司馬相如傳』威武紛一。❻돌아갈운(歸也)。

【云云:운운】 ❶글이나 말을 引用、또는 생략할 때 이러이러함의 뜻으로 씀。❷여러 가지의 말。말이 많은 모양。❸盛旺한 모양。❹구름이 뭉게뭉게 이는 모양。

【云爲:운위】 ❶言動。動作。『朱熹·中庸章句序』動靜一一、自無過不及之差矣。❷世上物情。『班固』焉觀大漢之一一乎。

【云爾:운이】 이렇게 말함。「曰」과 같은 뜻。『論語』牢曰、子一、吾不試、故藝。

【云何:운하】 ＝如何。

【互】 (호) 遇 ゴ、たがいに mutual ㄏㄨˋ hu⁴

互 小篆 草書 ❶서로호(交也)。〔何晏 論語集解敍〕—有得失。❷서로 관계를 맺을호(相關也)。〔許謙詩〕聚沙合舊港、連—如片石。❸맞대볼호(較也)。〔周禮〕司會以參—考日成。❹어그러질호(差也)。❺고기시렁호(縣肉格)。〔周禮〕牛人凡祭祀供其牛牲之—。

【互流:호류】 서로 엇바꿈。서로 交流함。

【互文:호문】 두 개 이상의 문장이나 글귀에 있어서 한 쪽에 설명하는 것과 딴 쪽에 설명하는 것이 서로 相通하여 뜻이 완전하게 통하도록 하는 書法。

【互相:호상】 서로。相互。

【互相感應:호상감응】 《物》서로 다른 電流回路 사이의 電磁氣感應。

【互相往來:호상왕래】 相互間에 가고 오고 함。

【互相入葬:호상입장】 ❶한 족속을 한 묘지에 장사함。❷주인이 없는 산에 아무나 마음대로 장사 지냄。

【互生:호생】 식물의 잎이 서로 어긋나게 남。벚나무·나팔꽃 등의 잎。↔對生。

【互先:호선】 맞바둑。

【互選:호선】 선거권을 가진 사람이 그 범위에서 어떤 사람을 뽑는 방법。

【互市:호시】 외국과의 交易。貿易。〔後漢書〕歲時——。

【互讓:호양】 서로 양보함。서로 사양함。

【互用:호용】 共同으로 사용함。

【互有長短:호유장단】 서로 長處와 短處가 있음。

【互助:호조】 서로 도움。相互扶助。

【互稱:호칭】 서로 일컫는 이름。

【互惠:호혜】 상호간에 특별한 便益이나 特典을 베풂음。

【互惠關稅:호혜관세】 《經》호혜 조약에 의해 협정하는 관세。

【互惠條約:호혜조약】 《政》조약을 맺는 나라가 서로 通商上 均等의 이익을 교환하는 조약。相互條約。
◎交—、相—。

【亓】 (기)『其』(八部 6畫)의 古字

【五】 (오) 麌

小篆 古文 草書 ゴ、いつつ five wǔ

❶다섯오(數名)。〔中庸〕天下之達道—。❷다섯번오(五回)。〔說苑 指武〕—敗荊人。(『伍』와 通함)

【五家作統:오가작통】 《制》❶李朝 肅宗 元年에 다섯 民戶를 한 統씩으로 정한 戶籍制度。❷李朝 憲宗 때 天主敎를 철저히 금하기 위하여 다섯 집을 한 統으로 삼아 연대 책임을 지도록 한 自治的 隣保制度。

【五加皮:오가피】 오갈피。

五加 (三才圖會)

【五加皮酒:오가피주】 ❶오갈피 술。❷붉고 향기가 있는 中國 술의 한 가지。

【五覺:오각】 《佛》本覺·始覺·相似覺·隨分覺·究竟覺의 다섯 가지 깨달음。

【五角:오각】 다섯 모로 된 형상。

【五角柱:오각주】 다섯 모가 진 기둥。

【五角形:오각형】 모가 다섯이 있는 도형。五邊形。

【五感:오감】 눈·코·귀·입·피부의 다섯 가지 감각。

【五江:오강】 서울 근처에 긴요한 나루가 있던 漢江·龍山·麻浦·玄湖·西江 등 다섯 군데의 강대。

【五更:오경】 ❶밤을 다섯으로 나눈 칭호。여기에다 甲·乙·丙·丁·戊를 붙여 五夜라 일컬음。初更(甲夜—戌時、오후 七時~九時)·二更(乙夜—亥時、오후 九時~一一時)·三更(丙夜—子時、오후 一一時~오전 一時)·四更(丁夜—丑時、오전 一時~三時)·五更(戊夜—寅時、오전 三時~五時)。❷寅時。午前 四時 또는 그 前後 二時間。

【五硬:오경】 《醫》어린아이 체질에 있어서 손·다리·허리·살·목 따위의 병적으로 뻔뻔한 증상。↔五軟。

【五經:오경】 ❶易經·書經·詩經·禮記·春秋의 다섯 經書。漢의 武帝 때 五經博士를 둔 데서 由來함。五典。→六經。〔漢書〕詔諸儒講——同異。❷다섯 가지 禮。吉·凶·軍·賓·嘉의 五禮。〔禮記〕禮有——、莫重於祭。

【五經博士:오경박사】 《制》五經에 밝은 學者。漢武帝 때 五人의 學者를 博士에 임명한 것이 시초임。

【五戒:오계】 《佛》佛敎의 다섯 가지 戒律。곧 殺生·偸盜·邪淫·妄語·飮酒。이 계율을 지키지 않음을 五惡이라 함。↓五善。

【五季:오계】 五代의 문란해진 시대를 일컬음。季는 末葉이란 뜻。〔宋史·序〕唐室旣衰、——迭興。

【五苦:오고】 《佛》❶人生의 다섯 가지 고통。生·老·病·死·愛別離。❷諸天苦·人道苦·畜生苦·餓鬼苦·地獄苦。

【五穀:오곡】 ❶다섯 가지 곡식。쌀·수수·보리·조·콩 또는 삼·보리·콩·수수·메기장。❷중요한 곡식의 총칭。

【五穀飯:오곡반】 오곡밥。

【五穀蟲:오곡충】 똥에 생기는 구더기。

【五果:오과】 《佛》범서에서 다섯 종류로 분류하여 일컫는 과실의 총칭。核果에 복숭아·살구、脯果에 사과、殼果에 호두、檜果에 잣、角果에 콩 따위。

【五官:오관】 ❶《生》人體의 感覺器官。귀·눈·코·혀·形體(뒤에 皮膚)。❷《制》옛날 다섯 개의 관직。곧 司徒·司馬·司空·司士·司寇。〔急就篇·註〕古言——者、若今言百官也。❸百官。모든 관리。

【五款:오관】 천도교인의 다섯가지 修道 행사。곧 呪文·淸水·誠米·侍日·祈禱。

【五官器:오관기】 오관의 직능을 맡은 각 부분을 구체적으로 일컫는 말。

【五廣大假面劇:오광대 가면극】 嶺南 해안 지방에서 대개 음력 정월 보름에 탈을 쓰고 노는 민속 연극。

【五交:오교】 勢交·賄交·論交·窮交·量交의 다섯 가지 옳지 못한 사람。

【五敎:오교】 ❶=五常。〔書經〕敬敷——。❷君子가 사람을 가르치는 다섯 가지 방법。곧 비(雨)가 植物을 기르듯 가르치고、德氣 있게 가르치고、재능의 長點을 살려 가르치고、물음에는 의문을 풀어주고、간접적으로 君子의 感化를 받도록 가르침。❸五倫의 가르침。❹世俗五戒。❺《佛》大乘佛敎의 戒律宗·涅槃宗·法性宗·華嚴宗·法相宗。

【五軍:오군】 ❶다섯 갈래의 군대。❷《制》高麗때 전·후·좌·우·중의 다섯 군영。❸《制》임진 왜란 후 오군영에 딸린 군대。

【五軍門:오군문】 《制》訓鍊都監·禁衛營·御營廳。守禦營·摠戎廳의 총칭。

【五宮桃花:오궁도화】 바둑 둘 때에 상대편이 급소를 찌르면 살지 못하게 되는 「∴∴」와 같은 집。

【五權憲法:오권헌법】 行政·立法·司法·考試·監察의 五權의 憲法으로 孫文이 主唱한 政府組織의 原理。

【五均:오균】 《制》❶漢의 王莽이 市場의

物價를 공평하게 保持하도록 하는 일을 맡게 한 벼슬의 이름。❷樂官。均은 五聲의 音律을 조사한다는 뜻。

【五根:오근】《佛》❶외계를 인식하는 다섯 가지 기관。곧 眼根·耳根·鼻根·舌根·身根。❷번뇌에서 떠나 聖道에 나아가게 하는 다섯 가지의 근원。곧 信根·進根·念根·定根·慧根。『法華經科註』安意者得——。

【五金:오금】 金·銀·銅·鐵·鉛의 다섯 가지 金屬。『白居易』——七寶相玲瓏。

【五紀:오기】 ❶歲·月·日·星辰·曆數의 총칭。『書經』協用——。❷六○년을 말함。一紀는 一二년。

【五氣:오기】 ❶溫·涼·寒·燥·濕의 總稱。❷동·서·남·북·중앙 五方의 氣。『史記』治——。❸비오고、볕나고、덥고、춥고、바람 부는 천기의 總稱。

【五內:오내】 ❶=五臟。『石崇』哀鬱傷——。❷마음 속。

【五六月炎天:오뉴월 염천】 오월·유월의 더위가 심한 때。

【五達:오달】 길이 동·서·남·북·중앙의 오방으로 통함。

【五帶:오대】 《地》지구상의 다섯 기후대。곧 열대、남·북의 온대、남·북의 한대를 이름。

【五大:오대】 ❶다섯 가지 尊貴한 身分。곧 大子·母弟·貴寵公子·公孫·歷代의 正卿。❷하늘·땅·임금·어버이·스승。❸《佛》宇宙를 구성하고 있는 다섯 가지 要素。곧 地·水·火·風·空。五輪。『弘決』從五塵生——。

【五大夫:오대부】 소나무의 異稱。《故》秦의 始皇帝가 소나무에 五大夫의 爵位를 수여한 故事。『史記·始皇紀』。

【五臺山:오대산】 《地》❶江原道平昌郡에 있는 산。높이 一五六三m。太白山脈에 딸린 산으로 漢江의 발원지이며 雪嶽山과 함께 金剛山 다음가는 景勝地로 알려져 있음。❷中國 山西省 五臺縣 東北에 있는 山이름。淸涼山·紫府山이라고도 함。

五臺山 (古今圖書集成)

【五代祖:오대조】 =玄祖。

【五大宗旨:오대종지】 《宗》大倧教 교도들이 지키는 다섯 가지 主旨。곧 공경으로 한얼님을 받들고、정성으로 성품을 닦고、사랑으로 겨레를 합하고、고요함으로 행복을 구하고、부지런함으로 살림에 힘씀 따위를 이름。

【五大洲:오대주】 《地》五大陸。아시아·아프리카·유럽·아메리카·오스트레일리아의 다섯 洲。

【五德:오덕】 ❶무사가 갖출 다섯 가지의 덕。곧 智·仁·勇·信·嚴。❷유교에 있어서 溫·良·恭·儉·讓의 일컬음。

【五道:오도】 ❶高麗 顯宗 때 행정 구분상 나눈 중부 이남의 다섯 구역。❷《佛》생전에 죄 지은 사람이 業因에 의하여 가게 되는 다섯 길。地獄道·餓鬼道·畜生道·인간·천상을 이름。

【五同:오동】 옛날의 술잔。同은 湮爵、五는 다섯번째 쓴다는 뜻。무게가 一○餘斤이나 되는 손잡이와 세 발이 달려 있는 커다란 술잔。『金石索』。

五同 (金石索)

【五冬至:오동지】 음력 오월과 동짓달。

【五斗米:오두미】 ❶닷 말의 쌀。❷얼마 안 되는 봉급。『宋書』我不能爲——折腰向鄕里小人。

【五等:오등】 다섯 等級。❶㉠爵의 五등급。公·侯·伯·子·男。㉡天子·公·侯·伯·子男。『孟子·萬章』。❷婦人의 五등급。곧 后(임금의 夫人)·夫人(諸侯의 夫人)·孺人(大夫의 夫人)·婦人(士의 夫人)·妻(庶民의 夫人)。❸죽었을 때의 칭호 五등급。崩(임금)·薨(諸侯)·卒(大夫)·不祿(士)·死(庶民)。

【五粱:오량】 冠의 이름。『晋書 輿服志』。

五梁冠 (三才圖會)

【五樑:오량】 보를 다섯 줄로 놓아 두간통 되게 짓는 집의 제도。

【五樑閣:오량각】 《國》오량집。

【五力:오력】 《佛》修行하는 데 필요한 다섯 가지의 힘。신력·정진력·염력·경력·慧力

【五鬣松:오렵송】 《植》잣나무。

【五齡:오령】 누에의 네 번째 잠을 자고 섶에 올리기까지의 동안。

【五靈:오령】 다섯 가지 영묘한 동물。麒麟·鳳凰·龜·龍·白虎。『何承天』——會性。

【五嶺:오령】 《地》中國의 湖南·廣東의 兩省의 境界에 있는 다섯 개의 산。곧 大庾·始安·臨賀·桂陽·揭陽。

【五苓散:오령산】 《醫》오줌을 수월하게 누고 습증을 다스리는 약。임질·설사에도 有效함。

【五靈脂:오령지】 산 박쥐의 똥。이질·하혈·산증·학질 따위의 약으로 씀。

【五禮:오례】 《制》❶吉禮(제사)·凶禮(喪祿)·賓禮(賓客)·軍禮(軍陣)·嘉禮(冠婚)의 다섯 가지 儀式。『書·舜典』。❷公·侯·伯·子·男의 다섯 諸侯의 禮。❸임금·諸侯·卿大夫·士·庶人의 禮。

【五龍草:오룡초】 =烏斂莓。

【五六朔:오륙삭】 오륙개월。

【五倫:오륜】 다섯 가지의 人倫。곧 父子 사이의 親愛、君臣 사이의 義理、夫婦 사이의 分別、長幼 사이의 次序、朋友 사이의 信義가 있어야 함을 이름。五品。五典。五常。五敎。五達道。『孟子』使契爲司徒敎以人倫、父子有親、君臣有義、夫婦有別、長幼有序、朋友有信。

【五輪:오륜】 ❶《佛》우주의 만물을 形成한다고 하는 다섯 가지 元素。地·水·火·風·空。五大。❷올림픽 마아크。곧 청·황·흑·녹·적색의 고리를 「W」자 형으로 연결하여 대륙을 상징。

【五輪大會:오륜대회】 《運》올림픽 경기 대회。

【五倫行實圖:오륜행실도】 《書》五권 四책。李朝 李秉模 등이 正祖의 명으로 지음。三綱行實圖와 二倫行實圖 두 책을 합하여 편찬한 것。

【五里霧中:오리무중】 짙은 안개가 끼어 방향을 알 수 없음。무슨 일에 대하여 알 길이 없음을 일컫는 말。《故》後漢의 張楷가 道術을 써서 五里에 이르는 안개

를 일게 하였다 함。

【五望：오망】 음력 보름날에 드는 망。

【五面體：오면체】 다섯 평면으로 둘러싸인 입체。

【五明馬：오명마】 네 발과 이마만 희고 온 몸이 검은 말。

【五目：오목】 두 사람이 상대하여 바둑판에 흑자와 백자를 번갈아 두어、외줄로나 또는 모로나 다섯 개를 먼저 나란히 놓는 사람이 이기는 놀이。連珠。

【五味：오미】 신 맛·쓴 맛·매운 맛·단 맛、짠 맛의 다섯 가지。『禮記』——五和。

【五味子：오미자】 오미자나무의 열매。기침·갈증 따위의 藥材。植物學에서는 北五味子·南五味子로 나눔。

五味子(三才圖會)

【五民：오민】 士·農·工·商·賈의 백성。商·賈는 모두 商人을 일컬음。行商을 商、점포에서 파는 것을 賈라 함。『史記』其——。

【五房：오방】 재래의 잡화를 파는 가게。

【五方：오방】 ❶東西南北 및 中央。❷中國과 四方에 있는 未開國。『禮記』——之民、言語不通、嗜欲不同。

【五方神將：오방신장】 오방을 맡은 신과 같은 장주。

【五拜禮：오배례】 《宗》早課에 행하는 다섯 가지 예배。

【五倍子：오배자】 《醫》북나무에 오배자벌레가 기생하여 된 蟲癭(충영)。입병·치통·치질 등의 藥材로 쓰며 染料·잉크 등의 원료로도 씀。

【五百戒：오백계】 《佛》 여승이 지켜야 할 모든 계법。

【五百羅漢：오백나한】 《佛》釋迦가 죽은 뒤 그의 遺教結集을 위해 모인 五〇〇명의 제자들。五百阿羅漢。

【五兵：오병】 ❶다섯 개의 武器。㉠戈·殳·戟·酋矛·夷矛。㉡刀·劍·矛·戟·矢。❷《制》다섯 개의 兵部。곧 中兵·外兵·騎兵·別兵·都兵。곧 魏의 五兵尙書。

【五福：오복】 다섯 가지의 복。㉠壽·富·康寧·攸好德·考終命。『書經』斂時——。㉡長壽·富裕·無病·息災·道德。㉢長壽·富·貴·康寧·多男。『新論』。

『周禮』掌——五盾。

【五父：오부】 아버지로서 섬겨야 할 다섯 사람。곧 實父·養父·繼父·義父·師父。

【五佛：오불】 《佛》中央에 毘盧遮那佛(大日如來)、東方에 阿閦佛、南方에 寶生佛、西方에 阿彌陀佛、北方에 不空成就佛의 五如來를 일컬음。

【五不取：오불취】 아내로 삼아서는 안 되는 다섯 가지 경우。곧 逆賊 집안의 자녀、淫亂한 집안의 자녀、代代로 刑을 받은 집안의 자녀、代代로 나쁜 병이 있는 집안의 자녀、아버지가 없는 집의 長女。五不娶。

【五不孝：오불효】 다섯 가지 불효。게을러서 부모를 돌보지 아니함、도박과 술을 좋아하여 부모를 돌보지 아니함、財貨와 妻子만을 좋아하여 부모를 돌보지 아니함、유흥을 좋아하여 부모를 욕되게 함、성질이 사납고 싸움을 잘 하여 부모를 불안하게 함。

【五事：오사】 다섯 가지 중요한 일。㉠洪範九疇의 하나。禮節上 다섯 가지 중요한 일。즉 貌·言·視·聽·思。㉡歲·月·日·星辰·曆數。㉢兵法의 중요한 다섯 가지 점。즉 道·天·地·將·法。『孫子』經之以——、校之以計。㉣孝·友·讀書·謹行·勤儉。『小學紺珠』。

【五祀：오사】 《制》옛날 中國에서 지내던 다섯 가지 祭祀。㉠血祭로 社稷에 드리는 다섯 가지 제사。句芒·蓐收·玄冥·祝融·后土。『周禮·春官·大宗伯』。㉡諸侯가 나라를 위하여 드리는 다섯 가지 제사。司命·中霤·國門·國行·公厲。『禮記·祭法』。

【五三十事件：오삼십사건】 《歷》一九二五년 五월 三〇일 上海에 있는 日本系 방직공장의 파업에 합류한 中國 노동자와 학생의 데모대에 대해서 英國 官憲이 발포하여 사상자를 낸 事件。中國 민중을 激昻시켜 외국 상품의 보이코트와 反帝 투쟁을 전국에 파급시켰음。

【五常：오상】 ❶사람이 지켜야 할 다섯 가지 道理。㉠仁·義·禮·智·信。五行。『漢書』仁·義·禮·智·信、——之道、王者所當修飾也。㉡父義·母慈·兄友·弟恭·子孝。五倫。五典。❷훌륭한 형제 五人。蜀의 馬良의 형제 五人은 모두 評判이 좋았고 字는 모두 常字를 썼기 때문에 馬氏五常이라 함。

【五相：오상】 《佛》불교의 眞言行者가 初發心으로부터 成佛에 이르기까지 修習하는 다섯 단계의 수행。곧 通達菩提心·修菩提心·成金剛心·證金剛身·佛身圓滿。

【五相成佛：오상성불】 《佛》 오상을 닦아 부처가 되는 일。

【五色：오색】 ❶靑·黃·赤·白·黑의 다섯 가지 빛깔。五彩。『淮南子』舟中之人、——、禹乃熙笑。❷여러 가지 빛깔。

【五色無主：오색무주】 놀라서 안색이 변함。『淮南子·精神訓』。

【五色玲瓏：오색영롱】 여러 가지 빛이 한데 섞여 찬란하게 비침。

【五色雲：오색운】 五色의 구름。祥瑞로움을 일컫는 말。『陳書·徐陵傳』。

【五牲：오생】 ❶다섯 가지 犧牲。곧 소·양·돼지·개·닭。『左傳』。❷祭物로 쓰는 다섯 가지 짐승。곧、사슴·고라니·붓노루·이리·토끼。『班固』。

【五線紙：오선지】 오선을 인쇄한 종이。음악의 음부를 적어 넣는 데 쓰임。

【五性：오성】 ❶五臟의 성질。肝臟의 성질은 靜、心臟의 성질은 躁、脾臟의 성질은 力、肺臟의 성질은 堅、腎臟의 성질은 智。『漢書·翼奉傳』。❷사람의 다섯 가지의 나쁜 성질。곧 暴·淫·奢·酷·賊。

【五聖：오성】 文廟 안에 合祀하는 孔子·顏子·曾子·子思·孟子의 일컬음。『漢武帝內傳』。

【五聲：오성】 宮·商·角·徵(치)·羽의 다섯 音律。五音。『禮記』正六律、和——。

【五星：오성】 《天》다섯 개의 惑星。木星(歲星·東)·火星(熒惑星·南)·金星(太白星·西)·水星(辰星·北)·土星(鎭星·中央)『史記』天有——、地有五行。

【五星聚：오성취】 《天》金·木·水·火·土의 五星이 同時에 一列로 보이는 것。옛 사람들은 日月合璧과 五星聚를 歷元으로 삼았고、이것을 七曜齊元이라 일컬었으며 祥瑞로운 것으로 여겼음。『宋書·天文志』。

【五獸不動：오수부동】 닭·개·사자·범·고양이가 한 곳에 모이면 서로 두려워하고 꺼리어 움직이지 못한다는 뜻。

【五旬節：오순절】 《宗》유월절의 제二일에서 五〇일의 유대교 제일。農耕의 축하제。시나이산에서 율법을 받은 기념일。

【五尸病：오시병】 《醫》귀신 몸에 덮쳐서 한열이 섞여 일어나고、정신이 어지러워져서 마침내 죽게 된다고 하는 병。

【五識：오식】 《佛》五根에 의하여 객관적 사물을 판단하는 다섯 가지 心識。곧 色·聲·香·味·觸。

【五心熱：오심열】 《醫》胃經 속에 화기가 뭉쳐 손발이 몹시 더워지는 병。

【五十步百步：오십보백보】 《喩》조금은 차이가 있으나 그 本質에 있어선 같음。大同小異。『孟子·梁惠王』。

【五十雀：오십작】《動》동고비。

【五惡：오악】불가에서 가장 삼가하는 다섯 가지 악업。《佛》곧 殺生·偸盜·邪淫·妄語·飮酒 따위。

【五樂：오악】다섯 가지 音樂。곧 琴琵·笙竽·鼓·鐘·磬。또는 鼓·鐘·鐸(大鈴)·磬(돌로 만든 악기)·鞀(북의 하나)。

【五眼：오안】《佛》수행에 의하여 成道함에 이르는 순서를 다섯으로 나눈 것。곧 肉眼·天眼·法眼·慧眼·佛眼。

【五夜：오야】=五更①。

【五言：오언】❶仁·義·禮·智·信의 다섯 가지 德。❷五字로 一句를 이룬 漢詩。四句 二○字로 된 詩를 五言 絶句、약하여 五絶이라 하고、八句 四○字로 된 詩를 五言律詩、약하여 五律이라 함。또 句數에 제한을 두지 않는 詩를 五言古詩、약하여 五古라 함。

【五言詩：오언시】한 귀가 五言으로 된 「한시의 총칭。

【五言律詩：오언율시】五言으로 된 율시。五言律。(左表參照)。

(○은 平字、●은 仄字 ◑은 平·仄 어느 쪽도 좋은 것)。

正格 (仄起式)

	1	2	3	4	5	
起	◑	●	○	○	●	
聯	◑	○	◑	●	○	韻
頷	◑	○	○	●	●	
聯	◑	●	●	○	○	韻
頸	◑	●	○	○	●	
聯	◑	○	◑	●	○	韻
尾	◑	○	○	●	●	
聯	◑	●	●	○	○	韻

偏格 (平起式)

	1	2	3	4	5	
起	◑	○	○	●	●	
聯	◑	●	●	○	○	韻
頷	◑	●	○	○	●	
聯	◑	○	◑	●	○	韻
頸	◑	○	○	●	●	
聯	◑	●	●	○	○	韻
尾	○	●	○	○	●	
聯	◑	○	◑	●	○	韻

【五言絶句：오언절귀】한 귀가 다섯자씩 네 귀로 된 한시。(左表參照)

正格 (仄起式)

	1	2	3	4	5	
起	◑	●	○	○	●	
承	◑	○	◑	●	○	韻
轉	◑	○	○	●	●	
結	◑	●	●	○	○	韻

偏格 (平起式)

	1	2	3	4	5	
起	◑	○	○	●	●	
承	◑	●	●	○	○	韻
轉	◑	●	○	○	●	
結	◑	○	○	●	○	韻

【五逆：오역】《佛》地獄에 가는 원인이 되는 다섯 가지 큰 잘못。곧 아버지를 죽임、어머니를 죽임、阿羅漢(得道者)을 죽임、중의 和合을 깨뜨림、佛身을 傷함 등。『觀無量壽經』。

【五列：오열】국내의 對敵通報者。利敵행위를 취하는 사람。스페인 내란 때 프랑꼬군의 에밀리오 몰라 장군이 자기가 통솔하는 四개 부대 이외의 제五 부대가 마드리드시에 있다고 말한 데 유래함。第五列。間諜。

【五葉松：오엽송】《植》잣나무。

【五營門：오영문】다섯 군문。

【五玉：오옥】❶五色의 玉。蒼玉·赤玉·黃玉·白玉·玄玉。❷公·侯·伯·子·男의 다섯 등급의 諸侯가 임금에게 拜謁할 때 각각 다는 다섯 개의 玉。五瑞。

【五蘊：오온】《佛》물질·정신을 五分한 色·受·想·行·識의 다섯 가지 積聚。色은 肉體、受는 感覺、想은 想像、行은 마음의 作用、識은 意識인데 地上의 모든 衆生은 이 心身의 작용인 五蘊으로 이루어짐。

【五欲：오욕】❶耳·目·口·鼻의 欲과 愛憎 때문에 생기는 欲。❷《佛》色欲·聲欲·香欲·味欲·觸欲。五塵。

【五友歌：오우가】時調。李朝 宣祖 때 尹善道 지음。그의 山中新曲 중에 있는 것으로 水·石·松·竹·月을 읊은 것。

【五雲：오운】오색의 구름。『周禮』。

【五月：오월】일년 중 다섯 째 달。

【五月菊：오월국】국화의 한 가지。五월에 꽃이 핌。

【五月爐：오월로】《喩》필요는 없어도 없으면 아쉬운 물건을 이르는 말。

【五戎：오융】❶다섯 가지 무기。弓矢·殳·矛·戈·戟。『周禮』季秋、以習——。❷다섯 가지 軍用車。戎路·廣車·闕車·苹車·輕車。『周禮』。

【五音：오음】宮·商·角·徵(치)·羽의 다섯 음률。五聲。『孟子』師曠之聰、不以六律不能正——。

【五音六律：오음육률】옛날 中國 음악의 다섯 가지 소리와 여섯 가지 율。

【五日京兆：오일경조】오래 계속되지 못하는 일。《故》漢의 張敞이 京兆尹에 임명되었다가 며칠 후에 면직되었던 故事。

【五日葬：오일장】초상난 지 닷새 만에 치르는 장사。

【五爵：오작】《制》高麗 때부터 中國의 封爵制度를 모방한 다섯 등급의 爵位。公·侯·伯·子·男。

【五臟：오장】《生》心臟·腎臟·肺臟·脾臟·肝臟。『漢書』——六府。(府는 腑)。

【五障：오장】《佛》❶여자의 몸에 갖추어져 있는 다섯 가지 障礙。여자는 그것이 있기 때문에 梵天·帝釋·魔王·轉輪聖王·佛身이 되지 못한다 함。❷修行의 장애가 되는 다섯 가지。곧 煩惱障·業障·生障·法障·所知障 따위。

【五臟六腑：오장육부】五臟 및 大腸·小腸·胃·膽·膀胱·三焦의 六腑。『漢西』——之病方、凡三家。

【五才：오재】金·木·水·火·土。『後漢書·馬融傳』。

【五賊：오적】乙巳保護條約을 찬동하여 맺은 다섯 반역자。곧 외부 대신 朴齊純、내부 대신 李址鎔、군부 대신 李根澤、학부 대신 李完用、농상공부 대신 權重顯。

【五典：오전】❶사람이 지켜야 할 다섯 가지 人倫。二說이 있음。㉠父는 義、母는 慈、兄은 友、弟는 恭、子는 孝를 하여야 된다는 것。『書經』愼徽——。㉡君臣 사이에 義理、父子 사이에 親愛、夫婦 사이에 分別、長幼 사이에 次序、朋友 사이에 信義가 있어야 함을 이름。五品。五倫。五常。❷五帝 때에 있었다는 古書의 이름。❸=五經①。

【五絶：오절】❶五言 絶句의 略稱。五言。❷唐의 虞世南의 남보다 뛰어난 다섯 가지 재능。곧 德行·忠直·博學·文詞·書簡。『唐書·虞世南傳』。

【五政：오정】❶五常으로 다스리는 政事。❷天子·公·卿·大夫·士의 政事。『大戴禮·盛德』。❸管子의 春夏秋冬 四時의 다섯 가지 政事。『管子·四時』。❹後漢의 荀悅의 다섯 가지 政事。『後漢書·荀悅傳』。

【五情：오정】❶다섯 가지 감정。곧 喜·怒·哀·樂·怨 또는 喜·怒·哀·樂·欲。『晋書』且驚且惋、——無主。❷《佛》눈·귀·코·혀·몸(身)의 欲情。

【五精酒：오정주】솔잎·枸杞子·天門冬·白朮·黃精의 다섯 가지로 빚은 술。

【五帝：오제】❶옛날 中國에 있었던 傳說上의 다섯의 皇帝。㉠黃帝·顓頊·帝嚳·堯·舜。『史記·五帝紀』。㉡太皥·炎帝·黃帝·少昊·顓頊 ㉢少昊·顓頊·帝嚳·堯·舜。㉣伏羲·神農·黃帝·堯·舜。❷하늘에 있으면서 四方 및 中央을 主宰한다고 하는 五神。蒼宰(東方)·赤帝(南方)·黃帝(中央)·白帝(西方)·黑帝(北方)。

【五爪龍：오조룡】❶발톱이 다섯이 있다는 용。❷=烏斂苺。

【五足：오족】씨를 다섯 올씩 몰아 짠 천。

【五足亢羅：오족항라】씨를 다섯 올씩 몰아 짠 항라。

【五宗：오종】❶高祖·曾祖父·祖父·子·孫의 五代。『史記·序』——旣王、親屬協和。❷《佛》大乘의 다섯 가지 宗派。곧 天台·華嚴·法相·三論·律。『續紀』——之學、三藏之敎。❸《佛》禪家五宗。

【五種競技：오종경기】《運》다섯 종목으로 되어 있는 경기。곧 넓이뛰기、二○○m 경주、원반 던지기、一五○○m 경

주의 순서로 하루 동안에 행함。

【五銖錢:오주전】 漢 武帝가 주조한 銅錢의 이름。

東漢五銖錢(金石索)

【五衆:오중】 ❶《佛》출가한 사람의 다섯 종류。 곧 比丘·比丘尼·式叉摩那尼·沙彌·沙彌尼。 ❷ 五蘊。

【五中:오중】 =五臟。

【五中陰:오중음】《佛》사람이 죽은 뒤 來生을 얻지 못하여 생사의 중간에 있는 五·七日 동안。 곧 三五일을 일컬음。

【五重塔:오중탑】《佛》地·水·火·風·空의 五大根本을 본떠 만든 五層塔。

【五指:오지】 ❶巨指·食指·將指·無名指·小指의 다섯 손가락。 巨指는 拇指, 將指는 中指라고도 일컬음。 ❷《地》中國에 있는 山 이름。

【五智:오지】《佛》불타의 지혜의 내용을 다섯 가지로 나눈 것。 곧 法界體性智·大圓鏡智·平等性智·妙觀察智·成所作智。

【五指書:오지서】 다섯 손가락에 힘을 주어 붓대를 꽉 잡고 쓴 글씨。

【五智如來:오지여래】《佛》五智를 체험하여 깨달은 부처。 곧 大日如來·阿閦如來·寶生如來·彌陀如來·釋迦如來。

【五塵:오진】《佛》마음의 장해가 되는 色·聲·香·味·觸의 五欲。 五欲。

【五鎭:오진】《地》五개소의 鎭山。 五臺山·俗離山·白嶽山·九月山·長白山 등을 일컬음。

【五借物:오차물】 사람이 이 세상에서 사는 데 사용하는 흙·물·바람·공기·불의 다섯 가지 물질。

【五車書:오차서】 다섯 대의 수레에 실을 만한 책。 곧 많은 藏書。『莊子』惠施多方, 其書五車。

【五采:오채】 =五色。

【五彩:오채】 다섯 가지 色彩。 五色。

【五彩玲瓏:오채영롱】 =五色玲瓏。

【五尺之童:오척지동】 아이。 尺은 周制의 一尺(약 二三·五센티)。 어른의 身長을 一丈이라 하여 丈夫라 하고 그 반인 五尺을 童子라고 함。『孟子·滕文公』雖使—適市、莫之或欺。

【五天:오천】 ❶동·서·남·북 및 중앙의 하늘。 ❷五天竺의 略語。

【五體:오체】 ❶筋·脈·肉·骨·毛皮(피부)。 ❷人體의 다섯 部分。 머리와 四肢 또는 머리·목·가슴·손·발。 ❸全身。 ❹다섯 가지 書體。 ㉠篆·八分·直·行·草의 다섯 가지。 ㉡古文·大篆·小篆·隸書·草書。 ❺다섯 가지 體裁。

【五寸:오촌】 ❶다섯 치。 ❷從叔·從侄。

【五畜:오축】 다섯 가지 가축。 곧 소·양·돼지·개·닭。『漢書』民有——。

【五蟲:오충】 다섯 종류의 생물。 鱗蟲·羽蟲·毛蟲·裸蟲·介蟲으로, 각기 그 으뜸으로는 蛟龍·鳳凰·麒麟·神龜·聖人임。

【五臭:오취】 다섯 가지 냄새。 곧 노린내·비린내·향내·타는 내·썩는 내。

【五趣:오취】《佛》사람의 선악의 業因에 따라 이르게 되는 다섯 군데。 곧 天上·人間·地獄·畜生·餓鬼。

【五七日:오칠일】 사람이 죽은 뒤, 三五일 동안。 또는 三五일째 되는 날。

【五濁:오탁】《佛》이 세상의 다섯 가지 더러운 것。 곧。 劫濁·煩惱濁·衆生濁·見濁·命濁。『法華經』。

【五濁惡世:오탁악세】《佛》❶오탁으로 가득찬 죄악의 세상。 ❷末世。

【五土丹青:오토단청】《美》먹·분·엽은 녹색·육색·石間硃로 칠하고 잡획을 그은 단청。

【五覇:오패】《歷》中國 春秋時代에 諸侯의 盟主로서, 覇業을 이룩한 다섯 사람。 곧 齊 桓公·晉 文公·秦 穆公·宋 襄王·楚 莊王。 一說에는 晉 穆公과 宋 襄王 대신에 吳 闔閭·越 句踐을 이름。 五伯。『孟子』——者三王之罪人也。

【五品:오품】 ❶=五典。『書經』百姓不親、——不遜。 ❷功勞에 대한 다섯 等級。 곧 勳·勞·功·伐·閱。 ❸魏 이후 勳位의 다섯번째 등급。

【五風十雨:오풍십우】 닷새에 한 번씩 바람이 불고 열흘만에 한 번씩 비가 온다는 뜻으로 곧 기후가 순조로움을 일컬음。『論衡·是應』太平之世、五日一風、十日一雨、風不鳴枝、雨不破塊。

【五學:오학】 三代 때, 帝王이 배우던 다섯 학교。 곧, 東學(東序)·西學(瞽宗)·南學(成均)·北學(上庠)·太學(辟雍)을 말함。『大戴禮』。

天子五學圖(三才圖會)

【五恨:오한】 준치가 가시가 많은 것, 귤이 신 것, 蓴菜(순채)가 냉한 것, 海棠花가 향기가 없는 것, 曾子固가 詩를 잘하지 못하는 것 등을 宋의 彭淵材는 五恨이라 하였음。《喻》훌륭한 것에도 결점이 있음을 이르는 말。『冷齋夜話』。

【五害:오해】 흉년의 다섯 가지 害。『管子』水·旱·風霧·雹霜·厲。

【五行:오행】 ❶《民》우주간에 운행하는 金·木·水·火·土의 다섯 가지 元素。 五行相生과 五行相剋의 이치로 우주 만물을 지배한다 함。『書經』鯀堙洪水, 汨陳——。 ❷=五常。『荀子』——五常、仁·義·禮·智·信也。 ❸글귀의 다섯 줄。 ❹《佛》布施·持戒·忍辱·精進·止觀의 다섯 가지 修行。 ❺《軍》方·圓·曲·直·銳 등 지형을 따라 치는 다섯 가지 陣形。

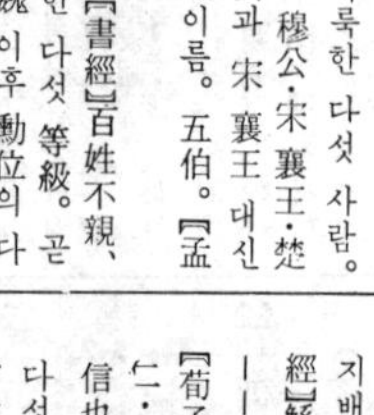

五行生成數之圖(運氣易覽)

【五行相剋:오행상극】 五行이 서로 이기는 이치。 곧 土剋水·水剋火·火剋金·金剋木·木剋土의 이치。 이에 王朝를 적용시켜 周는 水德, 秦은 火德, 漢은 土德을 가지고 각기 王朝를 열었다고 설명함。

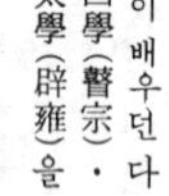

五行生死順逆圖(運氣易覽)

五行生死順逆圖(運氣易覽)

【五行相生:오행상생】 木·火·土·金·水의 五行이 서로 순환해서 生하여 주는 이치。 곧 木生火、火生土、土生金、金生水、水生木의 이치。 여기에 王朝를 적용하여 堯(火)·舜(土)·禹(金)·殷(水)·周(木)·漢(火)으로 변천하였다고 설명함。『春秋繁露·五行之義』。

【五香:오향】 ❶檀香(전단향)·鷄舌香·沈水香·丁子香·安息香 따위 다섯가지의 향。 ❷《醫》芡仁(감인)·芡苓·白朮·人蔘·砂仁 따위 다섯 가지의 藥材。

【五香糕:오향고】 쌀가루에 약재인 오향을 가루로 만들어 넣고 반죽하여 시루에 찐 떡。

【五絃琴:오현금】 줄이 다섯 개가 있는 「옛 거문고」。

【五刑:오형】《制》❶周代의 다섯 가지 刑罰。 墨(刺文)、劓(코 자르기)·刖(발 자

르기〕·宮〔生殖能力을 잃게함〕·大辟〔死刑〕。『書經』流宥ㅡㅡ。❷犯罪의 종류에 의한 다섯 가지 罪。野刑〔農事를 게을리 하는 죄〕·軍刑〔軍令을 어기는 罪〕·鄕刑〔不孝 또는 그 밖의 잘못하는 罪〕·官刑〔官職을 게을리 하는 罪〕·國刑〔질서를 문란하게 하는 罪〕。『周禮』以ㅡㅡ糾萬民。

【五湖：오호】❶《地》中國의 太湖 근방에 있는 다섯 개의 湖水。곧 滆湖·洮湖·射湖·貴湖·太湖。❷太湖의 異稱。

【五胡：오호】《歷》中國의 漢·晉代에 北方에서 移住한 五種의 異民族。곧 匈奴·羯·鮮卑·氐·羌。

【五胡十六國：오호십륙국】《歷》西晉의 末期부터 南朝 宋의 元嘉연대까지 약 一三五년 동안 匈奴·羯·鮮卑·氐·羌의 異民族이 中國을 소란하게 하고 二趙(前·後)·三秦(前·後·西)·四燕(前·後·南·北)·五涼(前·後·南·北·西) 및 成漢·夏의 一六國을 세웠음。

國名	始祖	種族	所據地	滅其國者	興亡(西紀)
前趙	劉淵	匈奴	平陽	後趙	三〇四-三二九
成漢	李雄	氐	成都	東晉	三〇四-三四七
後趙	石勒	羯	臨漳	前燕	三一九-三五一
前燕	慕容儁	鮮卑	鄴都	前秦	三四九-三七〇
前涼	張茂	漢人	姑臧	前秦	三一四-三七六
前秦	苻健	氐	長安	西秦	三五一-三九四
後燕	慕容垂	鮮卑	中山	北燕	三八四-四〇九
後秦	姚萇	羌	長安	東晉	三八四-四一七
西秦	乞伏國仁	鮮卑	金城	夏	三八五-四三一
後涼	呂光	氐	姑臧	後秦	三八六-四〇三
南涼	禿髮烏孤	鮮卑	樂都	西秦	三九七-四一四
北涼	沮渠蒙遜	匈奴	張掖	北魏	四〇一-四三九
南燕	慕容德	鮮卑	廣固	東晉	四〇〇-四一〇
西涼	李暠	漢人	酒泉	北涼	四〇〇-四二一
夏	赫連勃勃	匈奴	統萬	北魏	四〇七-四三一
北燕	馮跋	漢人	昌黎	北魏	四〇九-四三六

【五花糖：오화당】오색으로 물들여 만든 中國 사탕。

【五花馬：오화마】파랑 색과 흰 색의 무늬가 있는 말。『李白·將進酒』。

【五悔：오회】《佛》直言行者가 金剛界法을 修業할 때 외는 다섯 가지 법。곧 참회·勸請·隨喜·回向·發願。

【五侯鯖：오후청】매우 좋은 맛。鯖은 神仙爐、五侯는 漢의 成帝 때의 王氏 五人의 諸侯。

【五葷菜：오훈채】佛家나 道家에서 자극성이 있어、이것을 먹으면 淫慾과 憤怒가 誘發된다 하여 먹기를 꺼리는 다섯 가지 채소。佛家에서는 마늘·달래·무릇·김장파·세파、道家에서는 부추·자총이·마늘·평지·무릇。五辛菜。

【五噫歌：오희가】다섯 개의 噫字를 써서 무한히 悲痛함을 읊은 노래。後漢의 梁鴻 지음。

【井】(정) 梗 セイ、いど well ㄐㄧㄥˇ ching³

❶우물정(地穴出水也)。〔十八史略 帝堯〕鑿ㅡ而飮、畊田而食。❷밭이랑「정자」로 그을정(授田區劃)。(은나라、주나라때 행해진 제도

(書全政農)井水

九夫爲井

夫	夫	夫
夫	畓	夫
夫	夫	夫

井(禮器牧圖)

임)。〔孟子 文公上〕方里而ㅡ、ㅡ九百畝。❸단정할정(端正貌)。〔荀子 儒效〕ㅡㅡ兮其有條理也。❹천정정(天井也)。〔左思 魏都賦〕綺ㅡ列疏。❺괘이름정(卦名)。「주역(周易)의 괘 이름」。❻저자정(市場)。〔孟子 萬章下〕在國曰市ㅡ之臣。❼잇닿을정(相連也)。〔易經 井卦〕往來ㅡㅡ。❽별이름정(宿名)。

【井間：정간】바둑판 등과 같이 종횡으로 여러 줄을 그어 井字 모양으로 된 간살。絲欄。

【井間紙：정간지】《國》글씨를 쓸 때에 글자의 간격을 고르게 하기 위하여 종이 밑에 받치는 井間을 그은 종이。影紙。

【井臼：정구】물을 긷고 절구질을 한다는 뜻으로 집안 일을 부지런히 돌봄。

【井臼之役：정구지역】물을 긷고 절구질하는 일。

【井水：정수】우물의 물。

【井然：정연】＝井井。

【井鹽：정염】鹽分이 녹아 있는 地下水를 퍼 올려서 채취한 소금。

【井蛙：정와】＝井底蛙。

【井邑詞：정읍사】《國》舞鼓에 맞추어 부르던 三國時代 俗樂의 唱詞。현존하는 유일한 百濟時代의 歌謠로 行商을 나간 남편의 밤길을 염려하는 내용의 歌謠。

【井底蛙：정저와】우물 안의 개구리란 말로 세상 물정을 모름을 뜻함。소견이 좁음。井蛙。『後漢書』子陽ㅡㅡ耳。

【井井：정정】❶질서나 조리가 정연한 모양。井然。『荀子』ㅡㅡ兮其有條理也。❷왕래가 빈번한 모양。『易經』往來ㅡㅡ。

【井祭：정제】우물에 지내는 제사。

【井筒：정통】《建》기초 공사에 쓰기 위하여 철근 콘크리이트 또는 鐵板을 속이 비게 원형 혹은 타원형으로 튼튼하게 만들어 놓은 물건。

【井華水：정화수】《國》이른 새벽에 길은 우물 물。정성을 들이는 일에나 약을 달이는 물로 쓰임。
◎市ㅡ、溫ㅡ、油ㅡ。

【夫】(부)→大部1畫

【元】(원)→儿部2畫

三 畫

【天】(천)→大部1畫

【示】(시)→示部0畫

【未】(미)→木部1畫

四 畫

【亘】㊀(선) 先 セン、のべる ㊁(환) 寒 カン、たけしい bestow ㊂(긍) 徑 ㄒㄩㄢ hsüan¹

㊀❶베풀선(揚布)。❷구할선(求也)。❸펼선(布也)。㊁굳셀환(勇也)。(『桓』과 같음) ㊂뜻은『亙』에 보라。

【亙】(긍) 徑 コウ、わたる extend

❶뻗칠긍(延袤也)。〔後漢書 梁冀傳〕經ㅡ數十里。❷통할긍(通也)。❸극진할긍(極也)。〔王勃 秋日餞霍使君序〕川塗所ㅡ、郢路轉于嶓漳。❹마침긍(竟也)。

【亙古：긍고】옛날까지 뻗침。

【亙萬古：긍만고】만고에 뻗침。

五 畫

【況】(황) 漾 キョウ、いわんや much more

하물며황(發語辭也)。〔詩經 小雅常棣〕ㅡ也永歎。(『況』과 같고『况』과는 別字)

【些】㊀(사) 麻 シャ、サ、わずか ㊁(사) 箇 ㄒ丨ㄝ hsieh¹ little

些 小篆 草書 ㊀적을사(少也)。㊁어조사사(語助辭)。「어세(語勢)를 강하게 하기 위한 뜻없는 토」。〔楚辭〕招魂何爲四方ㅣ。

〔些略:사략〕작고 간략함。

〔些些:사사〕=些少。〔白居易〕ㅣㅣ口業猶誇詩。

〔些事:사사〕자그마한 일。細事。瑣事。

〔些細:사세〕조금。분량이 많지 않음。

〔些少:사소〕작고 적음。하찮음。些些。

〔些子景:사자경〕조그마한 경치。盆景。

【亜】(아)『亞』(二部 6畫)의 俗字

六畫

【亞】㊀(아) 禡 ア、つぐ ㊁(아) 麻 アク、ぬりかざる ㊂(악) 藥 ㄧㄚˋ ya⁴ ㊃(압) 〔慣音〕 next

亞 小篆 草書 ㊀❶버금아(次也)。「다음、둘째」。〔蜀志 諸葛亮傳〕亮之器、能理政、抑亦管蕭之ㅣ匹。❷이어서아。〔北夢瑣言〕此子可ㅣ其父。❸동서아(同婿也)。(婭에 通用함)。〔詩經 小雅節南山〕瑣瑣姻ㅣ。❹「아세아주(亞細亞洲)의 준 말」。㊁(가지모양으로) 갈라질 아(岐也)。〔康熙字典〕趙古則曰、物之岐者曰ㅣ。㊂칠을 하여 장식할 악(堊也)。㊃누를압(壓也)。〔杜甫詩〕花蕊ㅣ枝紅。

〔亞灌木:아관목〕《植》싸리 따위와 같이 관목과 풀의 중간 식물。

〔亞喬木:아교목〕《植》喬木과 灌木의 中間에 드는 나무를 일컬음。복숭아·오얏나무 따위。灌木은 진달래·앵두나무 따위의 키가 三m 이하의 나무。喬木은 소나무·향나무 따위의 큰 나무를 일컬음。

〔亞兩箭:아량전〕楛竹(호죽)·소의 심줄·새의 깃·복숭아껍질·아교 따위의 일곱 가지 재료로 만든 화살。

〔亞旅:아려〕士大夫의 異稱。〔左傳·註〕。

〔亞流:아류〕❶어떤 流派를 계승한 사람。같은 또래。❷模倣하는 사람。第二流。

〔亞硫酸:아류산〕아류산개스를 물에 녹여서 생기는 화합물。漂白 및 살균에 씀。

〔亞流主義:아류주의〕창조성이 없이 모방、또는 남의 사상이나 주의의 계승을 일삼는 경향。

〔亞麻:아마〕《植》껍질은 실을 만들어 베를 짜고、씨는 기름(亞麻仁油)을 짬。인쇄 잉크나 印朱를 만들음。

〔亞麻科:아마과〕《植》雙子葉 植物에 속하는 離瓣花類의 하나。産地는 溫帶 또는 熱帶이고 草木 또는 灌木임。纖維의 재료나 기름 짜는 데、또는 藥用이나 觀賞用으로 쓰임。

〔亞麻油:아마유〕아마의 씨로 짜낸 기름。인쇄 잉크나 인주를 만드는 데 씀。

〔亞麻仁:아마인〕아마의 씨。당뇨병의 약재로 씀。

〔亞房:아방〕《制》官衙(관아)의 使令이 있는 처소。

〔亞方彝:아방이〕亞字 모양의 무늬가 있는 宗廟의 祭器。〔西淸古鑑周亞方彝〕。

周亞方彝(西淸古鑑)

〔亞父:아부〕아버지 다음으로 존경하는 사람。楚의 項羽가 范增을 존경한 말。〔史記·項羽紀〕ㅣㅣ南嚮坐、ㅣㅣ者范增也。

〔亞砒酸:아비산〕비소를 공기 속에서 연소하면 생기는 흰 빛깔의 가루。맹렬한 독성을 가지고 있음。

〔亞翣:아삽〕黻翣(불삽)의 잘못 일컫는 말。

〔亞相:아상〕宰相의 다음이라는 뜻。御史大夫。

〔亞聖:아성〕❶聖人 다음가는 賢人。孔子를 聖人이라 하고 顏淵·孟子를 亞聖이라 함。〔朱熹·孟子序〕孟子大賢、ㅣㅣ之次也。❷《人》東漢의 張昶。兄인 芝(子는 伯英)와 같이 草書에 뛰어나므로 草聖이라 했고、昶을 亞聖이라 함。❸《人》後漢의 張機。醫術에 뛰어나므로 이렇게 일컬음。

〔亞歲:아세〕=冬至。

〔亞鉛:아연〕《鑛》青白色의 광택이 있는 무른 금속。電池의 陰極·함석 등에 씀。

〔亞鉛鑛:아연광〕아연을 파내는 광산。또는 그 광석。

〔亞鉛鍍金:아연도금〕《化》철물의 酸化를 막기 위하여 그 거죽에 아연을 얇게 올리는 일。

〔亞鉛版:아연판〕인쇄판의 한 가지。여러 번 잘 간 아연의 面에 그림을 그리고、타닌酸 또는 燐酸과 아라비아 고무를 섞은 용액으로 그것을 腐蝕시킨 다음에、그 위에 잉크를 발라서 인쇄함。

〔亞鉛華:아연화〕《化》의약이라 든가 또는 화장품을 만드는 데 소용되는 酸化亞鉛의 가루。

〔亞鉛華軟膏:아연화연고〕《醫》아연화와 安息香과 돼지 기름을 섞어 만든 고약으로 피부병에 씀。

〔亞熱帶:아열대〕《地》열대와 온대의 중간지대。남북 위가 각각 二三、五~三六도 사이의 지대。

〔亞熱帶林:아열대림〕소나무·전나무 따위가 무성한 아열대의 삼림。

〔亞熱帶性:아열대성〕아열대의 성질을 지님。

〔亞子:아자〕次男。次子。〔類書纂要〕。

〔亞將:아장〕《制》❶李朝 때 捕盜大將·龍虎別將·都監中軍·禁衛中軍·御營中軍·兵曹參判의 總稱。❷副將。次將。

〔亞銓:아전〕《制》버금 銓官이라는 뜻。곧 吏曹參判의 別稱。

〔亞洲:아주〕《地》亞細亞洲의 略稱。六大洲의 하나。유라시아 대륙의 대부분을 차지하여 東은 太平洋、北은 北極海、南은 印度洋에 面하고、西는 유럽 및 아프리카에 接함。

〔亞尊:아준〕亞字 모양의 무늬가 있는 술통 이름。

〔亞寒帶:아한대〕《地》寒帶와 溫帶와의 中間地帶를 말함。

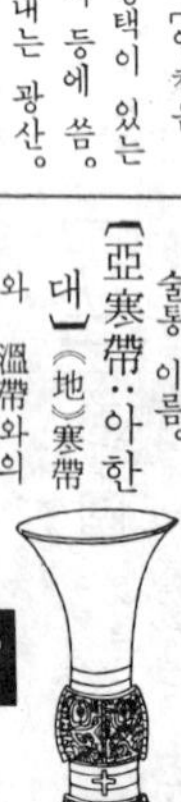
亞尊(金石索)

〔亞獻:아헌〕제사 지낼 때에 둘째 번으로 술잔을 올림。→初獻·終獻。〔儀禮〕主婦洗爵于房酌ㅣㅣ尸。

〔亞獻樂:아헌악〕《樂》宗廟祭享 때에 아헌을 올리면서 연주하는 음악。

◎歐ㅣ、南ㅣ、東ㅣ、北ㅣ、西ㅣ、次ㅣ。

【亝】(제)『齊』(齊部 0畫)의 古字

七畫

【亟】㊀(극) 職 キョク、すみやか ㊁(기) 寘 キ、しばしば ㄐㄧˊ chi² quick; frequent

亟 小篆 草書 ㊀❶빠를극(疾也)。〔詩經 大雅靈臺〕經始勿ㅣ。❷급할극(急也)。〔左傳 襄公二十四年〕公孫之ㅣ也。㊁❶자주기(頻數

也。【孟子 萬章下】—問—魄鼎肉。❷창졸기(遽也)。

【亟務:극무】 빨리 해야만 하는 일。【司馬相如·難蜀父老文】天子之——也。

【亟速:극속】 急速。早速。

【亟心:극심】 급한 마음。【易經】坎爲水、云云、其於馬也、爲美脊、爲——。

【亟疾:극질】 몹시 급함。性急。火急。

【亟行:극행】 급히 감。【史記】吏爭以——苛察相高。

【亟拜:기배】 자주 절함。【詩經·小雅】爾之——、遑脂爾車。【箋】亟、疾。

【亟用:기용】 가끔 쓰임。【許穆】使已僕僕爾——也。

【亟遊:기유】 가끔 놂음。【史記·天官書】三光之占、——。【柳宗元】其上有居者、以予之——也。

亠 部

【亠】(두) 尤 トウ、なべぶた ㄊㄡ tou²
草書 뜻 없는 토(義不明)。【字彙】亠、義闕。

一畫

【亡】 ㊀(망) 陽 ボウ、モウ、ほろぶ be ruined
㊁(무) 虞 ㄨㄤ wang²
小篆 ㊀❶죽일망(殺也)。【史記 淮陰侯傳】楚已—龍且。❷없어질망(失也)。【中庸】其人存則其政擧、其人—則其政息。❸죽은 사람망(—人)。【中庸】事—如事存。❹망할망(滅也)。【中庸】國家將—、必有妖孽。❺죽을망(死也)。【周禮 春官大宗伯】以喪禮哀死—。❻도망할망(逃亡)。【漢書 韓信傳】蕭何聞韓信—自追之。㊁없을무(無也)。【論語 述而】—而爲有。

【亡家:망가】 ❶망한 집。결딴이 난 집。❷집안을 결딴냄。

【亡骨:망골】 주책이 없는 사람。

【亡國:망국】 ❶폐망하여 없어진 나라。❷나라를 망침。

【亡國民族:망국민족】 망한 나라의 민족。

【亡國輩:망국배】 나라를 망치는 무리。

【亡國史:망국사】 나라가 망하기까지의 전말을 적은 史記。

【亡國之本:망국지본】 나라를 망쳐 버릴 일의 發端 根源。

【亡國之音:망국지음】 나라를 망칠 音樂이란 뜻으로 音律이 고르지 못하고 粗雜한 音樂。【禮記】——哀以思。

【亡國之恨:망국지한】 나라가 망함에 대한 한탄。亡國之歎。

【亡德:망덕】 자기 몸과 집안을 망칠 못된 짓。亡骨의 행동。

【亡靈:망령】 죽은 이의 영혼。

【亡命:망명】 남의 나라로 몸을 피하여 옮김。【史記】嘗——遊外黃。

【亡命客:망명객】 망명한 政客。

【亡命者:망명자】 망명한 사람。

【亡命政府:망명정부】 외국 땅으로 망명한 정객들이 모여서 조직한 정부。

【亡命罪:망명죄】 도망하지 않으면 죽기를 면할 수 없는 큰 죄。

【亡母:망모】 돌아가신 어머니。

【亡物:망물】 ❶아주 고약한 놈。亡骨。❷《佛》죽은 중들의 남긴 물건。

【亡父:망부】 돌아가신 아버지。

【亡夫:망부】 죽은 남편。

【亡室:망실】 =亡妻。

【亡身:망신】 잘못하여 자기의 지위나 명예를 망침。

【亡失:망실】 없어짐。잃어 버림。

【亡羊補牢:망양보뢰】 소 잃고 외양간 고친다는 뜻。【戰國策】見兎而顧犬、未爲晩也、亡羊而補牢、未爲遲也。

【亡陽症:망양증】 《醫》몸의 양기가 점점 없어지는 병。

【亡羊之嘆:망양지탄】 갈래진 길에서 양을 잃고 탄식한다는 뜻으로 學問의 길도 여러 갈래라 길을 잡기 어렵다는 말。【列子】。어떤 일에 자기 힘이 미치지 못할 때 하는 탄식。

【亡魚:망어】 《動》삼치。

【亡友:망우】 죽은 벗。

【亡運:망운】 망할 운수。

【亡人:망인】 ❶외국에 流浪하는 사람。❷죽은 사람。

【亡逸:망일】 도망하여 사라짐。散逸。【『北史』考正——。

【亡者:망자】 ❶죽은 사람。❷망한 사람。❸《佛》죽은 사람의 魂魄이 成佛하지 못하고 冥道에서 헤맴。

【亡子計齒:망자계치】 《國》죽은 자식 나이 세기。《喩》이미 지나 가버린 쓸데없는 일을 생각하고 애석하게 여긴다는 뜻。【東言解】。

【亡兆:망조】 亡徵敗兆의 略語。

【亡種:망종】 ❶아주 몹쓸 놈의 종자。❷아주 몹쓸 사람。

【亡徵敗兆:망징패조】 망할 조짐。

【亡竄:망찬】 도망하여 숨음。

【亡妻:망처】 죽은 아내。亡室。

【亡逋:망포】 도망 가서 숨음。【蘇軾】作詩火急追——。

【亡魂:망혼】 죽은 사람의 혼。亡靈。【後漢書】慰忠將之——。「——萬二千。

【亡慮:무려】 무릇。槪算。無慮。【漢書】

【亡賴:무뢰】 의뢰하지 아니함。無賴。【史記】常以臣爲——。「多——。

【亡狀:무상】 無禮한 言動。【漢書】遇之◎逃—、滅—、死—、存—、敗—。

二畫

【亢】 ㊀(항) 陽 コウ、くび neck
㊁(항) 漾 ㄨㄤ wang²
小篆 小篆 草書 ㊀❶목항(頸也)。❷새목구멍항(鳥嚨也)。(보통 吭字를 씀)。㊁❶높을항(高極)。❷별이름항(星名也)。「二十八宿의 하나」。❸기둥항(棟也)。【北史宇文忻傳】咸有四阿重—重廊。❹겨룰항(敵也)。【揚雄趙充國贊】威謀靡—。❺가릴항(蔽也)。【左傳 昭公元年】吉不能—身、焉能—宗。❻자기 스스로 믿을항(自尊也)。【唐書 崔信明傳】信明蹇—、以門望自負。❼극진할항(極也)。

【亢答:항답】 應待함。【周禮·疏】獻酢相——。

【亢羅:항라】 날을 셋 혹은 다섯씩을 몰아 성기게 짠 여름의 옷감。

【亢禮:항례】 對等한 입장에서 禮를 행함。抗禮。【禮記】莫敢與君——。

【亢龍:항룡】 지극히 높은 지위。

【亢龍有悔:항룡유회】 《喩》尊貴한 지위에 있는 사람은 항상 그 몸가짐을 조심하지 않으면 失敗할 우려가 있다는 말의 비유。易의 上九를 亢龍에 비유하여 이르는 말。【易經】。

【亢奮:항분】 =興奮·昂奮。

【亢顔:항안】 거만한 얼굴。傍若無人한 행동。【柳宗元】獨韓愈——爲師。

【亢陽：항양】 가뭄。
【亢傲：항오】 거만함。 기세를 부림。 『王維』——迷東西。
【亢燥：항조】 지대가 높아서 땅이 메마름。 『舒頔』築室——依山根。
【亢直：항직】 =剛直。 伉直。
【亢進：항진】 위세 좋게 뽐내고 나아감。
【亢扞：항한】 대항하여 방비함。 『漢書』莫能——國難。
【亢旱：항한】 극심한 가물음。 大旱。 『劉詵』十潤蘇——。

【亣】 (륙)→八部2畫
【文】 (문)→文部0畫
【方】 (방)→方部0畫
【卞】 (변)→卜部2畫

三 畫

【市】 (시)→巾部2畫
【立】 (립)→立部0畫
【玄】 (현)→玄部0畫

四 畫

【交】 (교) 看 コウ、まじわる (本音은「강」) exchange ㄐㄧㄠ chiao¹

小篆 草書

❶사귈교(相合也)。 『易經 泰卦』上下—、而其志同也。 ❷벗할교(友也)。 『孟子 梁惠王上』上下—征利。 ❸서로 주고받을교(往來也)。 『禮記 坊記』不—爵。 ❹바꿀교(更代也)。 ❺서로 만나는 곳교(相合之所也)。 『王勃 滕王閣序』臺隍枕夷夏之—。 ❻홀레할교(媾合也)。 ❼한달의 바뀌지는때교。 『詩經 小雅十月之交』十月之—、朔日辛卯。 「어름、계절이 바뀔때도 씀」。 ❽날아서 왕래할교(鳥飛貌)。 『詩經 秦風黃鳥』——黃鳥、止于棘。 ❾옷깃교(衣領)。
【交加：교가】 ❶서로 뒤섞임。 『杜甫』種竹——翠。 ❷서로 간에 往來함。 『後漢書』未嘗——士類。
【交感：교감】 ❶서로 접촉하여 느낌。 『太極圖說』二氣——、化生萬物。 ❷催眠術을 쓰는 사람이 상대자를 최면시키는 관계。
【交感神經：교감신경】 (生) 뇌에서부터 脊椎의 양쪽에 밑으로 쭉 뻗쳐 있는 신경으로 胸腔·腹腔의 여러 내장 및 혈관에 분포하고 있는 神經系。
【交結：교결】 서로 사귀어 정을 맺음。 『後漢書』謙恭好士、千里——。
【交契：교계】 사귄 정분。 交誼。 交情。
【交界：교계】 땅의 경계。 接境。 『杜甫』人生——無老少。
【交骨：교골】 (生) 남녀의 陰部의 불두덩 좌우에 있는 뼈。
【交款：교관】 서로 사귀어 즐김。
【交關：교관】 서로 왕래함。 『後漢書』使南北不得——。
【交媾：교구】 性交。 『李白』——騰精魄。
【交構：교구】 교묘하게 꾸며 맞춤。 『後漢書』姦臣——。
【交戟：교극】 창을 엇걸리게 맞댐。 곧 싸움。 『史記』——之衞士。
【交談：교담】 말을 주고 받으며 지껄임。
【交代：교대】 서로 번갈아 들어서 대신함。 交替。 『白居易』與君萬一爲——、留取甘棠兩三枝。
【交代兵：교대병】 (軍) 어떤 곳 안에 있는 군사를 제대시키거나 다른 곳으로 이동하고、그 대신으로 파견한 군인。
【交代式：교대식】 (數) 대수식에 있어 어느 두 변수의 위치를 바꿔 놓았을 때、절대치는 변하지 않고、그 부호만 변하는 「식」。
【交道：교도】 벗을 사귀는 도리。
【交刀：교도】 가위。
【交讀：교독】 ❶글을 섞바꿔 읽음。 ❷(宗) 예수교에서 禮拜를 볼 때 十誡命 따위를 섞바꿔 읽는 일。
【交龍：교룡】 용틀임。 『周禮』——爲旂。
【交流：교류】 ❶서로 뒤섞이어 흐름。 ❷서로 주고 받음。 ❸(物) 일정한 시간에 서로 逆方向으로 흐르는 전류。 ↔直流。
【交流裝置：교류장치】 전원을 얻기 위하여 전등선 따위의 교류 전원으로부터 전류를 整流시키어 직류 전원을 얻음으로써 電池의 대신 노릇을 하는 장치。
【交流電流：교류전류】 (物) 방향이 갈아드는 전류。
【交隣：교린】 이웃 나라와의 교제。
【交隣政策：교린정책】 ❶이웃 나라와 화평하게 사귀는 정책。 ❷李朝때 이웃인 여진·日本과의 외교 정책。
【交尾：교미】 (生) 生殖을 하기 위하여 동물의 雌雄이 교접하는 일。 흘레。
【交尾期：교미기】 동물의 交尾시기。
【交配：교배】 (生) 서로 다른 종류의 雌雄을 배합시킴。
【交拜：교배】 ❶서로 번갈아 절함。 ❷혼인 때 신랑 신부가 서로 절을 하는 禮。
【交拜禮：교배례】 혼인 때 신랑 신부가 절을 하는 禮。
【交配種：교배종】 (生·農) 종류가 다른 식물이나 동물을 교배시켜 얻은 종자。
【交番：교번】 당번을 바꿔 대신함。
【交鋒：교봉】 =交戰。
【交付：교부】 ❶내어 줌。 ❷물건의 引渡。
【交付金：교부금】 =補助金。
【交分：교분】 친구 사이의 情誼。 또는 서로 사귄 情分。 交誼。
【交分自別：교분자별】 교분이 남다름。
【交朋：교붕】 ❶여자의 同性愛。 ❷交友。
【交聘：교빙】 나라와 나라 사이에 서로 使臣을 보내는 일。 『陸游』——一散如天遠。
【交涉：교섭】 ❶어떠한 일을 이루기 위하여 서로 의논함。 ❷관계함。 『范成大』雖春與病無——。
【交涉事務：교섭사무】 ❶교섭에 관한 사무。 ❷옛날 교섭국에 관한 사무。
【交酬：교수】 서로 선물을 교환함。 『國語』——好貨皆厚。
【交承：교승】 서로 바꾸어서 함。 遞代。
【交市：교시】 서로 물건을 교환하여 장사함。 『後漢書』——於海中。
【交案：교안】 무덤의 앉은 방향이 서로 「交叉됨。
【交讓：교양】 서로 양보함。
【交易：교역】 ❶財貨의 交換貿易。 ❷서로 물건을 사고 팔음。 『易經』——而退。
【交午：교오】 ❶縱橫으로 교차됨。 ❷標識로 세우는 나무。
【交惡：교오】 서로 미워함。
【交友：교우】 친구와 교제함。 친구와 사귐。 『禮記』其——有如此者。
【交遊：교유】 ❶서로 사귀어 왕래함。 交際。 ❷交友。 交游。 『史記』——朋友。
【交遊不雜：교유부잡】 사귐이 바름。

함부로 사귀지 않음。

〔交椅:교의〕 의자의 하나。앞 뒤 다리가 軸을 중심으로 X字 모양으로 엇갈려 있고 접을 수 있음。交倚。交牀。

交椅·椅踏 (三才圖會)

〔交誼:교의〕 사귀는 정분。情誼。友誼。

〔交子床:교자상〕 《國》 장방형으로 된 큰 음식 상。

〔交爵:교작〕 잔을 주거니 받거니함。

〔交雜:교잡〕 ❶한데 서로 엇갈리어서 뒤섞임。❷《生》계통·품종·성질이 다른, 암컷과 수컷의 交配。

〔交腸症:교장증〕 《醫》 오줌에 똥이 섞여서 나오는 여자의 병。

〔交戰:교전〕 맞붙어 싸움。交兵。交鋒。

〔交戰國:교전국〕 《法》전쟁의 당사국。곧 전쟁 관계에 있는 나라。交戰者。

〔交戰權:교전권〕 《法》 중요한 문제에 관한 국제간의 紛議를 도저히 평화 수단으로는 처리할 수가 없을 때、군대의 힘으로 해결하는 주권 국가의 권리。

〔交戰團體:교전단체〕 《法》국가는 아니나 國際法上 다른 나라로부터 交戰權의 인정을 받은 叛徒의 단체。

〔交節:교절〕 節候가 바뀜。換節。

〔交點:교점〕 ❶서로 만나는 점。❷《天》遊星·彗星·衛星의 軌道面이 黃道面과 만나는 점。❸《數》두 개의 선이 서로 걸치어 만나는 점。

〔交接:교접〕 ❶서로 마주 닿아 접촉함。❷交際。❸性交。交尾。〔列子·註〕不假ㅡㅡ而生子。

〔交接器:교접기〕 ＝生殖器。

〔交情:교정〕 서로 사귀는 정분。友情。〔漢書〕一死一生、迺知ㅡㅡ。

〔交際:교제〕 서로 情誼로써 사귐。사귀어 가까이 함。

〔交捽:교졸〕 서로 겨루고 다툼。대항함。(捽은 抗)。〔國語〕戎夏ㅡㅡ。

〔交質:교지(慣)교질〕 誓約의 保證으로서 서로 人質을 바꿈。

〔交織:교직〕 종류가 다른 실을 섞어 짬。또는 그 織物。混紡。

〔交迭:교질〕 갈마들어 바뀜。遞代。

〔交叉:교차〕 서로 엇갈림。

〔交叉槪念:교차개념〕 外延의 일부를 다른 개념처럼 한 개념。

〔交叉路:교차로〕 서로 엇갈린 길。

〔交叉點:교차점〕 교차되는 곳。

〔交錯:교착〕 서로 엇갈리고 얼크러짐。〔詩經〕獻醻ㅡㅡ。

〔交淺:교천〕 사귐이 얕음。

〔交淺言深:교천언심〕 사귄 지 얼마 되지 않는데 어리석게 함부로 지껄임。〔後漢書〕交淺而言深者、愚也。

〔交綴蒙絡:교철몽락〕 서로 엇갈리고 얼크러져 붙어서 울창함。

〔交睫:교첩〕 속눈썹을 합침。잠을 자기 위하여 눈을 감음。接目。

〔交遞:교체〕 서로 갈림。遞代。

〔交替:교체〕 ＝交遞。

〔交替的判斷:교체적판단〕 뜻을 변경하지 않고 서로 교환할 수 있는 두 판단。

〔交態:교태〕 교제하는 태도。〔漢書〕一貧一富、迺知ㅡㅡ。

〔交通:교통〕 ❶오고 가는 일。往來。❷사람의 왕복·화물의 운반·意思의 전달 따위의 總稱。

〔交通警察:교통경찰〕 교통의 危害를 막고 그 안전을 목적으로 하는 경찰。

〔交通機關:교통기관〕 도로·배·철도 따위 사람이나 물건을 운반하는 기관。

〔交通道德:교통도덕〕 교통상 지켜야 할 여러 가지 도덕。

〔交通都市:교통도시〕 교통상 중요한 위치를 차지하고 있는 도시。

〔交通量:교통량〕 일정한 시간에 일정한 곳을 왕래하는 사람 또는 차 따위의 지나 다니는 양。

〔交通網:교통망〕 그물과 같이 늘어 놓인 교통로。

〔交通事故:교통사고〕 교통상 일어나는 사고。

〔交通巡警:교통순경〕 교통의 위해를 막고 그 안전을 도모하며 또는 청결을 목적으로 하여 두는 순경。

〔交通地獄:교통지옥〕 탈 사람이 너무 많아 교통 기관을 이용하기가 몹시 복잡한 상태를 일컫는 말。

〔交通遮斷:교통차단〕 공공의 안전을 도모하기 위하여 어떤 장소에 한하여 사람의 왕래를 금하는 행정 처분。

〔交合:교합〕 男女의 접촉。交接。交媾。

〔交響曲:교향곡〕 《樂》 管絃樂曲의 하나。보통 四악장으로 됨。奏鳴曲(소나타) 형식의 曲임。심포니(Symphony)。

〔交響樂:교향악〕 《樂》큰 규모의 관현악 조직으로 연주되는 관현악을 위하여 만든 음악의 총칭。심포니(Symphony)。

〔交好:교호〕 사이 좋게 사귐。

〔交互:교호〕 彼此。서로서로。번갈아。〔京房〕陰陽ㅡㅡ。

〔交婚:교혼〕 서로 혼인을 함。〔魏書〕慕容又請ㅡㅡ。

〔交火:교화〕 ＝交戰。

〔交歡:교환〕 서로 사귀어 사이 좋게 즐김。같이 즐김。交驩。

〔交換:교환〕 이것과 저것과 서로 바꿈。

〔交換價値:교환가치〕 《經》❶어떤 일정량의 물건이 다른 일정량의 물건과 교환되는 비율。❷어느 財貨와 교환할 것을 前提로、他財貨에 대하여 인식되는 가치。

〔交換法則:교환법칙〕 《數》두 개 또는 그 이상의 수에 베푼 산법의 결과는 그들 수의 차례에 상관 없는 법칙。

〔交換手:교환수〕 교환국에서 교환 사무를 보는 사람。

◎結ㅡ、舊ㅡ、國ㅡ、世ㅡ、深ㅡ、外ㅡ、神ㅡ、絶ㅡ、情ㅡ、親ㅡ。

【亥】

(해) 賄 ガイ、い 厂万 hai⁴

小篆 古文 古文 草書 ❶끝지지해(地支末位)。「십이지(十二支)의 맨끝의이름」。❷방위해(方位)。「서북쪽과 북쪽과의 사이」。❸해시해(지금의 오후 열시「ㅡ時」)。❹(음력) 시월해(十月也)。❺돼지해(豚也)。

〔亥年:해년〕 《民》太歲가 亥로 된 해。

〔亥末:해말〕 《民》亥時의 마지막 시각。곧 하오 一一시쯤 되기 바로 전 시간。

〔亥方:해방〕 《民》 二十四方位의 하나。북쪽에서 조금 서쪽에 가까운 방위。

〔亥豕之譌:해시지와〕 文字를 誤記함。《故》亥字와 豕字는 글자 모양이 비슷하므로 己亥를 三豕라 잘못 썼다 함。〔孔子家語·七十二弟子解〕或讀史曰、三豕渉河、子夏曰、已亥渡河、校之果然。

〔亥坐巳向:해좌사향〕 《民》묏 자리나 집터 따위가 亥方 곧 北北西를 등지고、巳方 곧 南南東을 바라보고 앉음。

〔亥初:해초〕 《民》❶一二시로 나눈 一二째의 시간의 처음。곧 하오 九시 지난 시각。❷二四시로 나눈 二三째 시각의 처음。곧 오후 九시 반이 지난 시각。

【亦】

(역) 陌 エキ、ヤク、また ｉ⁴ too; also

小篆 草書 ❶또역(又也)。〔論語 公冶長〕左丘明恥之、丘ㅡ恥之。❷또한역(承上之辭也)。〔書〕怨不在大ㅡ不在小。❸클역(大也)。

〔詩經 周頌噫嘻〕―服爾耕。❹모두역(總也)。❺어조사역(語助辭也)。〔詩〕―旣見止―旣覯止。

〔亦各:역각〕❶이것저것。❷제가끔。『詩經·鄘風』女子善懷、――有行。『疏』――、不一之辭。

〔亦是:역시〕❶또한。❷전에 생각했던 대로。

〔亦如是:역여시〕이것도 또한。

〔亦然:역연〕이 또한 그러함。

〔亦參其中:역참기중〕남의 일에 참여함。

〔衣〕(의)→衣部0畫

〔充〕(충)→儿部3畫

五畫

〔亨〕 ㊀(형) 庚 キョウ、とおる ㊁(팽) 庚 コウ、にる go well ㊂(향) 養 ㄏㄥ hêng¹·²

草書 ㊀❶형통할형(通也)。『易經 乾卦』乾元―利貞。❷남을형(餘也)。㊁삶을팽(煮也)。『詩經 豳風七月』七月―葵及菽。(『烹』과 같음) ㊂드릴향(獻也)。『易經 大有』―于天子。(『享』과 通함)

〔亨嘉:형가〕좋은 時期에 만남。『歐陽修』早遘――之會。

〔亨途:형도〕평탄한 길。『鄭谷』自許―在、儒綱復振時。

〔亨通:형통〕❶모든 일이 뜻과 같이 잘 됨。❷運이 좋아서 出世함。

〔亨熟:팽숙〕충분히 삶음。『禮記』――羶薌。

六畫

〔享〕(향) 養 キョウ、もてなす enjoy ㄒㄧㄤˇ hsiang³

小篆 籀文 草書 ❶드릴향(獻也)。『禮記 曲禮』五官致貢曰―。❷제사 지낼향(―祀、時―)。❸흠향할향(祭―、歆也)。『左傳』神不―非禮。❹잔치향(宴也)。『左傳 成公十二年』―以訓恭儉、宴以示慈惠。(『亯』과 通함)

〔享年:향년〕한 평생을 살아 누린 나이。곧 죽은 사람의 나이를 가리키는 말。이 세상에 생존한 햇수。

〔享樂:향락〕즐거움을 누림。『隋書』――八百。

〔享樂主義:향락주의〕❶《倫》육체적인 즐거움을 인생 최상의 목적으로 삼는 주의。→快樂主義。❷《文》문예및 미술에 있어 道樂的 立場。

〔享福:향복〕복을 누림。

〔享祀:향사〕=祭祀。『禮記』先王制――。

〔享壽:향수〕오래 사는 복을 누림。

〔享受:향수〕❶받아 들임。受領。❷예술 작품 따위를 吟味하고 이해하는 일。

〔享食:향식〕음식을 권함。饗食。

〔享宴:향연〕성대한 잔치。『左傳』有――之禮。

〔享祐:향우〕신의 도움을 받음。『揚雄』用己之私、而能――者哉。

〔享有:향유〕누려서 가짐。

〔享祉:향지〕행복한 생활을 함。

〔享春客:향춘객〕봄을 향락하는 사람。

〔京〕(경) 庚 ケイ、キョウ、みやこ capital ㄐㄧㄥ ching¹ (『亰』과 通함)

小篆 草書 ❶서울경(首都也)。❷클경(大也)。『左傳 莊公二十二年』莫之與―。❸언덕경(丘也)。『詩』如坻如―。❹수의 이름경(數名也)。(兆의 열곱)。❺곳집경(倉也)。『廣雅』―、倉也。❻근심할경(憂也)。『詩經 小雅正月』念我獨兮、憂心――。

❺京(三才圖會)

〔京各寺:경각사〕《佛》서울 부근에 있는 모든 절。

〔京江:경강〕《地》❶揚子江의 別稱。❷뚝섬으로부터 楊花渡까지 이르는 漢江의 一帶。❸京畿道와 江原道。

〔京工匠:경공장〕서울 안의 사기 그릇 만드는 사람。

〔京觀:경관〕❶굉장한 구경거리。❷武功을 보이기 위하여 전쟁이 끝난 뒤에 敵의 시체를 쌓아 올리고 흙으로 덮은 큰 무덤。『左傳』收晉尸以爲――。

〔京官職:경관직〕《制》서울에 있는 각 관청의 벼슬。京職。

〔京闕:경궐〕❶서울의 王宮。❷《轉》서울。首都。『李白』浮黃河去――。

〔京畿:경기〕❶서울 부근。❷서울。京師。『虞世基』鼓吹入――。❸《地》唐의 道 이름。지금의 陝西省 中部。❹京畿道。

〔京畓:경답〕京人畓의 略語。

〔京都:경도〕❶=京洛。❷《國》漢城의 別稱。❸《地》日本의 교오또오。

〔京洛:경락〕서울。임금이 살고 있는 都邑。中國의 洛陽에 都邑이 있었기 때문에 일컫는 말。京都。京禁。京師。

〔京輦:경련〕서울。京洛。『陸游』喚起少年――夢。

〔京耗:경모〕서울 소식。

〔京坊:경방〕서울의 도시。『歐陽修』梜身客――。

〔京士夫:경사부〕서울에 사는 士大夫。

〔京山木:경산목〕서울 근처의 산에서 나는 재목。

〔京城:경성〕❶임금이 사는 곳。서울。首都。『白居易』自言本是――女。❷《地》서울의 옛 이름。

〔京所:경소〕《制》各 地方에서 德望이 높은 사람을 서울에 불러서 同鄕 사람끼리 묶게 하여 그 지방의 일을 주선시키고 의논하게 하던 會所。

〔京試:경시〕《制》三年마다 서울에서 보이던 小科의 初試。

〔京室:경실〕=王室。『詩經』――之婦。

〔京衙門:경아문〕《制》서울에 있는 각관청。

〔京衙前:경아전〕《制》중앙 관청의 吏屬。

〔京魚:경어〕❶《動》고래(鯨)。『揚雄』乘巨鱗騎――。❷큰 魚類。

〔京營:경영〕《制》서울에 있던 訓鍊都監·禁衛營·御營廳·守禦廳·摠戎廳·龍虎營의 총칭。

〔京營門:경영문〕《制》서울에 있던 각 영문。

〔京外:경외〕서울과 외방。京鄕。

〔京外官吏:경외관리〕서울과 외방의 관리。

〔京外匠:경외장〕서울과 외방의 砂器 만드는 匠色。

〔京人畓:경인답〕서울 사람이 가진 시골에 있는 논밭。京畓。

〔京調:경조〕《國》❶서울의 풍속과 습관。❷서울에서 특별히 부르는 시조의 唱法。京制。→嶺調·完調。

〔京兆:경조〕❶《歷》㉠郡 이름。지금의 陝西省 長安縣의 西北。㉡明·清代의 順天府。지금의 北京 부근의 이름。❷宮城이 있는 都市。서울。❸京尹。

〔京兆眉:경조미〕아내를 위하여 눈썹

을 그린 張敞의 故事。〔漢書〕張敞爲京兆尹爲婦畫眉。

【京兆尹:경조윤】(制)❶中國 漢代에서 서울을 지키며 다스리던 으뜸 벼슬。❷漢城判尹의 別稱。京尹。

【京種:경종】❶서울에서 나는 채소 따위의 종자。❷서울나기。

【京址:경지】서울이었던 터。

【京唱:경창】서울에서 부르는 노래。

【京債:경채】시골에 사는 사람이 서울에 와서 진 빚。

【京板:경판】서울에서 板刻함。또는 그 판각。

【京板本:경판본】서울에서 판각한 책。

【京行:경행】서울에 감。

【京鄕:경향】서울과 시골。

【京鄕間:경향간】서울과 시골 사이。

【京鄕出沒:경향출몰】서울과 시골로 오르 내리며 나타났다 숨었다 함。

【京湖:경호】❶京畿道와 忠淸道의 병칭。❷京畿道·忠淸道·全羅道의 병칭。

【京華:경화】❶번화한 서울。首都。〔杜甫〕騎驢三十載、旅食ㅣㅣ春。❷서울의 번화한 것。

【京華巨族:경화거족】번화한 서울의 권력 있는 큰 겨레붙이。

【京華貴客:경화귀객】화려한 서울에서 온 귀한 손님。

【京華子弟:경화자제】번화스런 서울에 사는 아름답고 고운 젊은이。

◎歸ㅣ、東ㅣ、離ㅣ、上ㅣ、入ㅣ、出ㅣ、退ㅣ、皇ㅣ。

【亩】(름)『廩』(广部13畫)의 本字

【夜】(야)→夕部5畫

【育】(육)→肉部4畫

【卒】(졸)→十部6畫

七畫

【亭】(정) 靑 テイ、あずまや arbour ㄊㄧㄥ t'ing²

小篆 亭 草書 ❶정자정(觀覽處也)。〔蘇軾 喜雨亭記〕爲ㅣ於堂之北云云、以爲休息之所。❷여관정(宿所也)。〔後漢書 百官志〕十里一ㅣ十ㅣ一鄕設ㅣ長以詰盜。❸평평할정(平也)。〔史記 秦始皇紀〕決河ㅣ水。❹고를정(調也)。〔淮南子〕廿立而五味ㅣ。❺곧을정(直也)。〔史記〕以征不ㅣ。❻이를정(至也)。〔孫綽 遊天台山賦〕羲和ㅣ午。❼자라날정(育也)。〔老子〕ㅣ之毒之。❽우뚝할정(聳立貌也)。〔太公兵法〕高山磐石、其上ㅣㅣ。

❶亭 (三才圖會)

【亭閣:정각】=亭子。

【亭居:정거】물이 고여 있음。〔漢書〕其水ㅣㅣ。

【亭皐:정고】❶늪 안에 뚝을 쌓고 그 위에 지은 亭子。❷땅을 평평하게 함。

【亭當:정당】❶어떤 일이나 事態가 안정된 모양。〔新方言擇言〕。❷妥當。停當。

【亭榭:정사】정원에 놀이터로 만든 자그마한 亭子。〔李中〕ㅣㅣ池塘。

【亭午:정오】正午。〔孫綽〕羲和ㅣㅣ。

【亭育:정육】길러 자라게 함。養育。亭毒。〔唐書〕ㅣㅣ爲心。

【亭子:정자】놀기 위하여 山水가 좋은 곳에 지은 집。(子는 助辭)。

【亭亭:정정】❶나무가 곧게 서 있는 모양。亭然。亭直。❷멀리 까마득한 모양。❸고독한 모양。❹아름다운 모양。❺(地)山 이름。泰山의 支峰을 일컬음。

【亭主:정주】주인。(佛)여관집 주인。

【亭次:정차】역마을。역(驛)。〔後漢書〕送至ㅣㅣ、望塵不及。

【亭候:정후】적의 상태를 정탐하기 위한 望臺。〔後漢書〕築ㅣㅣ。

【亮】(량) 漾 陽 リョウ、あきらか bright ㄌㄧㄤ liang⁴

小篆 亮 草書 ❶밝을량(明也)。❷알량(諒也)。❸믿을량(信也)。〔孟子 告子中〕君子不ㅣ、惡乎執。❹도울량(佐也)。〔晋書 王導傳〕動格四海、翼ㅣ三世。

【亮達:량달】명백하고 事理에 통달함。明達。〔後漢書〕聰明ㅣㅣ。

【亮明:량명】환하게 밝음。明亮。

【亮節:량절】높은 절개。淸操。

【亮濟:량제】명백하고 거침이 없음。〔魏志〕爲人ㅣㅣ。

【亮直:량직】마음이 밝고 바름。〔晋書〕性剛勁ㅣㅣ。

【亮察:량찰】❶밝게 살핌。❷=諒察。〔王守仁〕不敢不以正對、幸ㅣㅣ。

【亮窓:량창】창살이 없는 창。

【亮許:량허】사정을 잘 알아서 용서하거나 허용함。〔宋書〕公私請願、宜蒙ㅣㅣ。

【京】(경)『京』(亠部6畫)과 같음

【哀】(애)→口部6畫

八畫

【帝】(제)→巾部6畫

【亳】(박) 藥 ハク、いんのみやこ ㄅㄛ po²

小篆 亳 草書 은나라서울박(湯所都)。은나라의 탕왕「湯王」이 서울로 정한 곳。

【亭】(정)『亭』(亠部7畫)의 俗字

【高】(고)→高部0畫

【旁】(방)→方部6畫

【衰】(쇠)→衣部4畫

【畜】(축)→田部5畫

九畫

【牽】(견)→牛部7畫

【袞】(곤)→衣部5畫

【袤】(무)→衣部5畫

【率】(솔)→玄部6畫

【商】(상)→口部8畫

【啇】(적)→口部8畫

【烹】(팽)→火部7畫

十一畫

【亶】(단) 旱 タン、まこと believe ㄉㄢˇ tan³ (『但』과 같음)
篆小 草書 ❶믿을단(信也)。〔詩經小雅常棣〕是究是圖、—其然乎。❷진실로단(誠也)。〔禮〕醮辭曰旨酒既清嘉薦—時。❸도타울단(篤也)。❹클단(大也)。❺많을단(多也)。❻옷을 벗을단(祖也)。〔荀子 議兵〕露—者也。❼다만단、한갓단(但也)。〔漢書 賈誼傳〕非—倒懸而已。
【亶亶:단단】평평한 모양。坦坦。〔新書·君道〕書曰、大道——、其去身不遠。
【亶翔:단상】높이 날아 오름。翾翔。〔古文苑注〕——、言山勢之飛舞、亶、即翾字。
【亶時:단시】참으로 제 때를 만남。〔詩經·大雅〕胡臭——。〔箋〕亶、誠也。
【裏】(리)→衣部7畫
【雍】(옹)→隹部5畫
【稟】(품)→禾部8畫

十二畫

【膏】(고)→肉部10畫
【裹】(과)→衣部8畫
【齊】(제)→齊部0畫
【豪】(호)→豕部7畫

十三畫

【稾】(고)→禾部10畫
【褒】(포)→衣部9畫

十四畫

【壅】(옹)→土部13畫

十五畫

【襄】(양)→衣部11畫
【齋】(재)→齊部3畫
【襃】(포)→衣部11畫

十七畫

【羸】(리)→羊部13畫

十八畫

【贏】(영)→貝部13畫

二十畫

【亹】㊀(미) 尾 ビ、つとむ deligent ×ㄟˇ wei³ ㊁(문) 元
草書 ㊀❶부지런할미(不倦也)。〔詩經 大雅文王〕——文王、令聞不已。❷문채날미(斐—文貌)。❸아름다울미(美也)。❹깊숙하고 그윽할미(幽遠)。〔漢書 藝文志〕成天下之——。❺되어가는 모양미(進行貌)。〔張衡 思玄賦〕時——而代序。❻힘쓸미(勉也)。 ㊁❶고을이름문(縣名浩—)。❷산어귀문(兩山峙立如門)。〔詩經 大雅鳧鷖〕鳧鷖在—。
【亹亹:미미】❶열심히 노력하는 모양。〔易經〕成天下之——。❷물이 흘러가는 모양。〔左思〕清流——。
【亹壽:미수】長壽。亹는 眉。長壽를 하면、눈썹이 아름다워지기 때문。眉壽。〔周韓城·鼎銘〕用祈——。

人部

【人】(인) 眞 ジン、ニン、ひと man ; people ㄖㄣˊ jen²
篆小 書草 ❶사람인(動物最靈者)。〔書經〕惟—萬物之靈。❷나랏사람인(國民也)。〔孟子 梁惠王下〕國—皆曰可殺。❸남인(己之對)。〔崔子玉 座右銘〕無道—之短、無說己之長。❹성질인(性質也)。〔王安石 祭歐陽公文〕讀其文則其—可知。❺잘난사람인(賢良人也)。〔韓愈 送溫處士序〕相爲天子、得—於朝廷。❻사람됨이인(爲—)。❼(가벼운 뜻으로 토 모양으로 씀「助辭也」)。〔大學〕爲—子止於孝、爲—父止於慈。❽(사람 수를 헤아릴때씀)。〔論語 述而〕三—行必有我師。❾(관명「官名」 혹은 직업의 이름으로 씀)。
【人家:인가】사람이 사는 집。人戶。
【人家近處:인가근처】사람이 사는 집들의 가까이에 있는 곳。
【人間:인간】❶사람이 사는 社會。❷사람。人類。〔史記〕願棄——事。
【人間萬事塞翁馬:인간만사새옹마】人生의 禍와 福은 일정치 않다는 뜻。幸이 不幸이 되고、禍가 福이 될 때와 같은 경우에 씀。〔故〕변방에 살던 한 노인이 자기 말 때문에 禍가 福이 되고 福이 禍가 되었다는 故事。→塞翁馬。〔淮南子〕。
【人間苦:인간고】사람으로서의 고통·번뇌。세상을 살아가는 고통。
【人間味:인간미】사람다운 맛。인간다운 인정스러운 맛。
【人間性:인간성】사람의 本性。인간을 인간답게 하는 것。휴머니티。
【人間崇拜:인간숭배】〔宗〕인간이나 그 영을 신성시하고、이를 숭배함。
【人間愛:인간애】인간에 대한 사랑。
【人間的:인간적】❶인간에 관계 되는 것。人的。❷인간다운 것。❸인격에 관계되는 것。人格的。
【人間學:인간학】〔哲〕出發點 및 歸着點을 인간에서 발견하려는 철학。
【人間行路難:인간행로난】사람의 세상살이가 힘들고 어려움。
【人鑑:인감】남의 善惡을 보고 스스로 경계함。→人鏡。
【人疳疾:인감질】매우 필요한 때에 사람이 없어 곤란을 당하는 일。
【人件費:인건비】〔經〕공공 또는 기업단체에서 사람을 쓰는 데 드는 비용。
【人傑:인걸】특히 뛰어난 人材。〔史記〕此三人者皆——也。
【人格:인격】❶사람의 됨됨이。人品。❷〔法〕法律關係 특히 권리·의무의 주체이

며 법률상 독자적 가치가 인정되는 자격。

【人格權:인격권】《法》인격과 분리할 수 없는 生存上 가장 필요한 권리。곧 신체자유·명예 따위에 관한 권리。

【人格分裂:인격분열】《心》한 개의 人格 意識이 분리하여 통일을 잃고、두 개의 다른 인격으로 되어 기억·의식의 연락이 없이 동시 또는 서로 활동하는 상태。二重人格 따위。↕人格統一。

【人格者:인격자】인격이 있는 사람。

【人格的:인격적】인간의 품성에 관계되는 것。인격에 관계되는 것。

【人格主義:인격주의】《哲》인격 곧 普遍的 自我를 基本으로 하여 哲學을 하려고 하는 주의。인격의 成長 發展을 최상의 가치로 보는 주의。

【人格統一:인격통일】《心》과거·현재를 통하여 자기를 잃지 않고 통일을 지속하는 정신 상태。

【人格化:인격화】사람 이외의 事物을 사람처럼 보는 것。

【人絹:인견】人造絹絲의 略語。

【人境:인경】사람들이 사는 곳。이승。人界。『陶潛』結廬在ㅣㅣ。

【人界:인계】❶人間界。❷《佛》三界의 하나。곧 사람이 사는 세상。

【人困馬乏:인곤마핍】사람과 말이 모두 지쳐 피곤함。

【人骨:인골】사람의 뼈。

【人工:인공】사람이 하는 일。자연물을 사람이 加工하는 일。人造。人爲。『陶潛』貧居乏ㅣㅣ。

【人工甘味料:인공감미료】《化》天然 감미료인 糖類에 대하여、화학적 합성으로 제조한 감미료。사카린 따위。

【人工交配:인공교배】《生》인공적으로 수컷의 精液을 암컷의 子宮 안에 注入시키는 일。↓人工受精。

【人工林:인공림】人工、곧 播種·植樹 등에 의하여 이루어진 삼림。↕天然林。

【人工美:인공미】藝術美。↕自然美。

【人工繁殖法:인공번식법】《植》식물을 揷木法·取木法·椄木法 따위에 의하여 인공으로 번식시키는 법。

【人工孵化法:인공부화법】孵卵器를 써서 인공적으로 알을 깨우는 법。

【人工授粉:인공수분】인공적으로 꽃가루를 雌蕊의 柱頭에 附着시키는 일。

【人工授精:인공수정】《生》純學問的 연구 목적 이외에 사람이 수정의 매개를 하는 일。品種 개량·增殖 따위를 목적으로 가축·어류 따위에 행함。

【人工衛星:인공위성】《物》우주 여행의 중계 보급용 정류소로서 지구의 大氣圈 밖에 설치되는 인공의 달。一九五七년 一〇월 四일 소련에 의하여、一九五八년 一월 三〇일 미국에 의하여 각각 최초의 발사에 성공함。

【人工的:인공적】인공으로 된 것。人爲的。↕自然的。天然的。

【人工造林:인공조림】인공을 가하여 하는 조림법의 한 가지。

【人工避妊:인공피임】《生》남녀가 교접할 때 인공에 의해 임신을 피하는 일。

【人工呼吸法:인공호흡법】假死 상태에 있는 사람의 胸廓을 수축·확장시켜 호흡 작용을 부활하게 하고、심장의 기능을 흥분시켜 소생시키는 법。

【人巧:인교】사람의 巧妙한 솜씨。

【人口:인구】❶세상 사람의 입。『虛堂錄』千古膾炙ㅣㅣ。❷일정한 지역 안에 사는 사람의 수효。人總。

【人口過剩:인구과잉】❶《社》자연적으로 인구가 불어서 일터가 없는 사람이 많아짐。❷생산력이 고도로 발달하거나 소비력이 감소하여 실직한 노동자·中小企業者·농민 등의 沒落層으로서 당분간 직업에 나아가지 못하게 된 사람들이 많아짐。

【人口論:인구론】《社》人間生存의 社會的 條件과 人口의 問題에 관한 학설。

【人口傳播:인구전파】여러 사람의 입에 옮아 전하여 퍼짐。「似ㅣㅣ。」

【人君:인군】임금。人主。『孟子』望之不似ㅣㅣ。

【人權:인권】《法》❶自然權。❷인간이 인간으로서 당연히 가지는 기본 권리。

【人權宣言:인권선언】一七八九년 八월 二九일 프랑스의 국민 의회의 決議에 의하여 반포된 국민의 자유·평등의 인권에 관한 선언。

【人權蹂躪:인권유린】인권을 짓밟고 자유를 속박하는 일。

【人鬼:인귀】❶죽은 사람의 혼。靈魂。❷사람과 귀신。

【人鬼相半:인귀상반】빈사 상태에 있는 형용。또는 重病에 걸려 生死 지경을 헤매는 모양。「亡」。

【人琴:인금】사람과 거문고。↓人琴俱亡。

【人紀:인기】사람이 지켜야 할 도리。人綱。『書經』先生肇修ㅣㅣ。

【人氣:인기】❶사람의 氣槪。❷일반 사회의 감정。또는 景氣。평판。❸한 地方 일반의 氣風。❹인기척。「의 됨됨이。」

【人器:인기】사람의 도량과 재간。사람

【人棄我取:인기아취】남이 버리는 것을 나는 거두어 씀。

【人德:인덕】사람이 갖춘 덕。

【人道:인도】❶사람이 다니는 길。步道。❷人情。❸사람이 지켜야 하는 道理。人倫。『易經』有天道焉、有ㅣㅣ焉、有地道焉。❹人類生存의 길。❺夫婦의 交接。『詩經·箋』如有ㅣㅣ感己者也。

【人道的:인도적】인도에 관계되는 것。博愛心이 깊은 것。

【人道主義:인도주의】박애 정신에 의하여 인류의 공존·공영을 꾀하는 주의。휴우머니즘。人文主義。

【人頭:인두】❶사람의 머리。❷=人口。

【人頭稅:인두세】《法》각 개인에 대하여 그 납세 능력의 차를 고려하지 않고 일률적으로 부과하는 과세。

【人力車:인력거】수레의 한 가지。일명 東洋車。바퀴가 둘、손잡이가 둘、타는 상자가 하나로 된 사람이 끄는 수레。日本에서 많이 사용하였음。

【人類:인류】사람。鳥類·畜類의 對語。

【人類愛:인류애】인류에의 사랑。

【人類學:인류학】人類의 起源·發達·異動 등을 연구하는 학문。

【人倫:인륜】❶君臣·父子·夫婦 등의 尊卑의 차례。『孟子』ㅣㅣ明於上、小民親於下。❷人類。❸人物을 批評하는 것。『後漢書』好ㅣㅣ。

【人馬:인마】사람과 말。『史記』ㅣㅣ俱驚、辟易數里。

【人馬絡繹:인마낙역】人馬의 왕래가 빈번하여 잇닿은 모양。《轉》번화한 곳의 형용。肩摩轂擊。『爾雅』往來不絶曰絡繹。

【人望:인망】❶사람들이 원하고 바라는 것。『後漢書』以從ㅣㅣ。❷여러 사람에게서 받는 존경과 신망。『南史』ㅣㅣ所歸。

【人亡家廢:인망가폐】사람은 죽고 집은 결딴남。아주 망해 버림。敗家亡身。

【人面:인면】사람의 얼굴。

【人面獸心:인면수심】얼굴은 사람이나 마음은 짐승과 같다는 말。《喩》義理도 人情도 없음。또는 그 사람。人非人。『漢書』夷狄之人、被髮左衽、ㅣㅣㅣ。

【人命:인명】❶사람의 목숨。『後漢書』愼ㅣㅣ緩刑罰。❷殺人。『福惠全書·監禁』重囚之中、有强盜有ㅣㅣ。

【人名簿:인명부】사람의 이름이나 주소를 적은 책。

【人命在天:인명재천】 사람의 수명은 하늘에 매어 있음.

【人謀難測:인모난측】 사람의 마음의 간사함을 헤아리기 어려움.

【人目:인목】 ❶사람의 눈. ❷사람이 보는 눈. 耳目.

【人文:인문】 ❶인류의 문명. 또는 문물. 『易經』觀乎ㅡㅡ以化成天下. ❷人倫의 질서. ❸人物과 文物.

【人文科學:인문과학】 정치·경제·사회·역사·예술·문학 등 인류 문화에 관계되는 학문의 總稱. ↕自然科學.

【人文主義:인문주의】 《哲》모든 眞理 및 認識은 絕對的인 것이 아니고, 반드시 人間의 要求·選擇·評價에 의하여 相對的으로 생기고 또한 制約된다는 說. 人本主義. 휴우머니즘(humanism).

【人文地理:인문지리】 《地》 지구상의 인류의 분포, 人文 현상과 자연 환경과의 관계 등을 다루는 지리학의 한 부문.

【人物:인물】 ❶사람. 人類. 『晉書』好臧否ㅡㅡ. ❷사람의 됨됨이. 人格. 人品. 『後漢書』覈論鄕黨ㅡㅡ. ❸훌륭한 사람. 人才. ❹사람과 물건. ❺사람의 모습. 『李白』ㅡㅡ鏡中來.

【人物次知:인물차지】 《制》人事의 사무를 맡아보는 사람.

【人物招引:인물초인】 사람을 꾀어냄.

【人物推尋:인물추심】 ❶도망가 자취를 모르는 사람을 찾음. ❷딴 고을로 도망가서 사는 노비 또는 그 자손을 그의 상전이나 자손이 찾음.

【人物評論:인물평론】 인물의 가치와 선악을 평가함.

【人物畫:인물화】 사람을 주제로 하여 「그린 그림」.

【人民:인민】 ❶백성. 국민. 蒼生. ❷벼슬을 하지 않은 平民. ❸《法》국가를 구성하고 있는 自然人.

【人民主權:인민주권】 《法》민주국·공화국에 있어서의 인민이 지니는 主權. 또는 그 작용. 國民主權.

【人民投票:인민투표】 政務에 관하여 직접 인민에게 可否를 물어 투표로써 결정하는 제도. 國民投票.

【人變:인변】 =人痾.

【人福:인복】 相從하는 사람들에게서 해를 받음이 없고 도움을 받는 복.

【人本敎育:인본교육】 《敎》個性을 존중하고 규율있는 자유 밑에 각자의 독창력을 장려할 목적으로, 학습하게 하는 혁신적인 교육.

【人夫:인부】 ❶막벌잇군. 곧 품삯을 받고 일하는 사람. ❷公役에 부리는 사람.

【人負:인부】 사람의 등에 지우는 짐.

【人糞:인분】 사람의 똥.

【人非木石:인비목석】 사람은 木石처럼 情이 없는 것은 아님. 곧 感情과 淫猬가 있음. 『白居易』ㅡㅡ皆有情.

【人士:인사】 교육이나 사회적인 지위가 있는 사람. 『詩經』彼都ㅡㅡ.

【人事:인사】 ❶사람이 하는 일. 『孟子』ㅡㅡ之不齊也. ❷世上의 物情. 世態. ❸선물을 인편에 보냄. 『白樂天』上須進奉、下須ㅡㅡ. ❹개인의 신분·能力에 관한 사무. ❺남에게 공경하는 뜻으로 하는 예의. 禮. ❻房事.

【人事欄:인사란】 =消息欄.

【人事不省:인사불성】 큰 병이나 重傷 등으로 의식을 잃고 정신을 차리지 못함.

【人山:인산】 사람이 많이 모인 모양. 人海. 人山人海.

【人山人海:인산인해】 사람이 헤아릴 수 없이 많이 모인 모양.

【人蔘:인삼】 《植》五加科에 딸린 다년생 풀. 보혈 강장제로 유명함.

【人蔘正果:인삼정과】 생삼을 꿀에 졸인 과자.

【人相:인상】 ❶사람의 容貌. 風采. ❷사람의 용모·골격·동작 등의 특징.

【人生:인생】 ❶이 세상에서의 인간 생활. ❷사람의 일생. 『漢書』ㅡㅡ如朝露. ❸사람. 『蘇軾』ㅡㅡ識字憂患始.

【人生觀:인생관】 《哲》人生의 目的·의의·가치 및 그가 갖는 의미를 이해·해석·평가하는 전체적 사고 방법.

【人生劇場:인생극장】 세상을 하나의 극장처럼 보아서 일컫는 말.

【人生讀本:인생독본】 《文》사람의 참됨과 그 갈 바를 가르친 책.

【人生哲學:인생철학】 《哲》인생의 가치·목적·결과 따위를 연구하는 학문.

【人生七十古來稀:인생 칠십 고래희】 사람이 일흔 살까지 산다는 것이 예로부터 드문 일이라는 말. 『杜甫·曲江詩』酒債尋常行處有、ㅡㅡ.

【人庶:인서】 백성. 庶民.

【人選:인선】 많은 사람 중에서 적당한 人物을 뽑아 냄.

【人聲:인성】 사람의 소리.

【人性:인성】 사람의 성품. 사람 본연의 성품. 『孟子』ㅡㅡ之無分於善不善也.

【人稅:인세】 사람을 대상으로 하여 賦課하는 조세. 所得稅 따위.

【人所不堪:인소불감】 인력으로 감당할 수 없는 형편.

【人數:인수】 사람의 수효.

【人身攻擊:인신공격】 다른 사람의 신상에 관한 일을 들어 비난함. 「의 總稱.

【人身權:인신권】 《法》人格權과 身分權

【人心:인심】 ❶사람의 마음. 『朱熹』ㅡㅡ之靈. ❷백성의 마음. ❸私欲의 마음. ↕道心. 『書經』ㅡㅡ惟危、道心惟微.

【人心如面:인심여면】 사람마다 마음이 다다른 것은, 얼굴 모양이 다 다른 것과 같음. 『左傳』人心之不同、如其面焉.

【人心世態:인심세태】 백성들의 마음과 세상의 되어가는 형태.

【人心所關:인심소관】 사람의 마음씨에 따라 각기 뜻을 달리함.

【人心洶洶:인심흉흉】 인심이 크게 동요되어 거칠고 각박함.

【人我之相:인아지상】 《佛》나는 나, 남은 남이라 갈라 놓고, 남을 輕視하고 나를 소중히 생각하는 마음.

【人魚:인어】 머리는 사람, 몸체는 고기라고 하는 상상의 動物.

【人言:인언】 ❶남의 말. ❷世人의 여론. 소문. 『後漢書』內省不疚、何恤ㅡㅡ.

【人烟:인연】 人家에서 나는 연기. 人煙. 《轉》人家. 人口.

【人影:인영】 사람의 그림자. 또는 자취.

【人妖物怪:인요물괴】 요사스럽고 간악한 사람.

【人欲:인욕】 사람이 지닌 욕심. 『禮記』滅天理而窮ㅡㅡ者也.

【人員:인원】 ❶사람의 수. ❷단체를 만든 여러 사람.

【人爲:인위】 사람의 힘으로 이루어지는 일. 人工.

【人爲淘汰:인위도태】 어떤 生物에서 人爲的으로 特種의 種類를 만드는 일.

【人爲的:인위적】 사람의 힘으로 일부러 한 그것. ↕自然的.

【人乳:인유】 사람에게서 나오는 젖.

【人肉:인육】 ❶사람의 고기. ❷賣淫에 종사하는 여자의 몸뚱이.

【人肉市場:인육시장】 젊은 계집을 사다 두고 매음을 시키는 곳.

【人意:인의】 사람의 마음. 人心. 『列子』ㅡㅡ之所欲玩者、無不爲也.

【人義:인의】 사람이 나아갈 길。 『禮記』 父慈・子孝・兄良・弟弟・夫義・婦聽・長惠・幼順・君仁・臣忠、十者、謂之ㅡㅡ。

【人人:인인】 사람사람。 사람마다。

【人日:인일】 ❶인날。 음력 정월 초 이렛날。 이 날의 날씨로 그 해의 모든 일을 점친다고 함。 ❷《宗》천도교에서 第三教祖 孫義菴이 第二教祖에게서 道統을 받은 날。 곧 一二월 二四일。

【人一己百:인일기백】 남이 하나를 하면 나는 百을 함。 『中庸』ㅡ、人十能之、己千之。 《轉》百倍의 努力을 하라는 뜻。

【人子:인자】 ❶ 사람의 자식。 사람。 ❷《宗》예수가 자기를 일컬은 말。

【人才:인재】 뛰어난 재주를 지닌 사람。

【人材:인재】 학식과 능력이 뛰어난 사람。

【人材登用:인재등용】 人材를 뽑아 내어 벼슬을 시킴。

【人在名虎在皮:인재명 호재피】 사람은 죽은 뒤 이름을 남기고、범은 죽은 뒤에 가죽을 남김。

【人跡:인적】 사람이 다닌 발자취。

【人的:인적】 사람에 의한 것。 사람과의 관계되는 것。 ↕物的。

【人的擔保:인적담보】 《法》債務者 이외의 제삼자의 전 재산에 의한 債權의 담보。 보증 채무가 이에 속함。 ↕物的擔保。

【人迹不到處:인적부도처】 사람의 발자취가 이르지 않은 곳。

【人情:인정】 ❶사람이 본디 가지고 있는 감정。 ❷남을 동정하는 갸륵한 마음씨。 ❸세상 사람의 따뜻한 마음。 또는 道德的 意識。 ❹선물。 『杜甫・戲作俳諧體遣悶詩』柜籹作ㅡㅡ。

【人情味:인정미】 사람으로서의 인정이 있는 맛。 정다운 맛。

【人定訊問:인정신문】 《法》 제一회 공판 기일의 처음에、檢事의 피고 사건에 대한 요지 진술에 앞서 재판장이 피고인에 대하여 그 성명・연령・본적・주소와 직업 등을 물어서 피고인임에 틀림 없음을 확인하는 절차。

【人造:인조】 사람이 만들음。 또는 그 물건。

【人造絹:인조견】 인조 견사로 짠 피륙。「견。

【人造肥料:인조비료】 《化》화학 공업 제품을 합성하여서 만든 비료。 化學肥料。

【人造氷:인조빙】 액체 암모니아의 증발열을 이용하여 음료수를 얼려서 만든 얼음。 ↕天然氷。

【人造石:인조석】 시멘트에 모래나 화강암・석회암 등을 섞어서 천연석과 같이 만든 石材。 ↕天然石。

【人造石粉:인조석분】 洋灰。 시멘트。

【人造石油:인조석유】 《化》여러 가지의 炭素源을 화학적으로 합성 분해하여 만든 液狀의 탄화 수소。

【人造纖維:인조섬유】 《化》목재 펄프에 약품을 가하여 여러 가지 모양으로 만든 실。 ↕천연 섬유。

【人造染料:인조염료】 《化》 콜타르를 주성분으로 하여 화학적으로 합성한 염료。

【人種:인종】 ❶人類의 구별。 黃色・白色・銅色・黑色・褐色의 다섯으로 분류함。 ❷사람의 종자。 子孫。

【人種的偏見:인종적편견】 다른 인종에 대하여 가지는 감정적으로 편벽되게 생각하는 의견。

【人種差別:인종차별】 서로의 인종적인 偏見에 의해 생기는 차별。

【人種學:인종학】 인종을 연구의 대상으로 하는 인류학의 한 부문。

【人中:인중】 코와 웃 입술 사이의 오목하게 파인 곳。

【人中之末:인중지말】 사람 가운데서 가장 뒤떨어지는 사람。

【人中黃:인중황】 《醫》 똥물에 담가 두었다가 만든 甘草。 기침과 감기약으로 씀。 金汁。

【人證:인증】 《法》법원에서 증인의 진술을 증거로 하는 方法。

【人地:인지】 ❶人材와 문벌。 ❷사람과 地方과의 관계。

【人智:인지】 사람의 지혜。 人間의 智能。

【人之常情:인지상정】 사람의 보통 가질 수 있는 인정。

【人質:인지⇩인질】 서약의 보증으로서 상대방에 볼모를 잡아 두는 처자나 近親者。 볼모。

【人天:인천】 ❶음식。 음식은 사람에게 없어서는 안될 하늘과 같은 물건이란 뜻。 ❷임금。 『劉禹錫』天爲人君、君爲ㅡㅡ。 ❸사람과 하늘。 ❹人道와 天道。 ❺《佛》人間界와 天上界。 『碧巖錄』ㅡㅡ命脈。

【人聽:인청】 소문・評判을 들음。

【人體:인체】 사람의 몸뚱이。

【人總:인총】 인구의 총수。

【人總中:인총중】 사람이 많은 가운데。

【人畜:인축】 ❶사람과 가축。 ❷사람 구실을 못하는 사람。

【人稱代名詞:인칭대명사】 《言》사람의 이름 대신으로 쓰이는 품사。 곧 나・우리(一人稱)・너・당신(二人稱)・저이・그이(三人稱) 따위。

【人波:인파】 사람이 많이 모여 물결처럼 움직여 보이는 상태。

【人表:인표】 사람의 모범。 人望。 民表。 『魏志』行爲ㅡㅡ。 「❷風采。 人體。

【人品:인품】 ❶ 사람의 됨됨이。 人格。

【人海:인해】 사람이 많이 모임을 일컬음。 『張養浩』ㅡㅡ誰知我亦鷗。

【人海戰術:인해전술】 《軍》막대한 出血을 각오하고 엄청나게 많은 인원을 동원 함으로써 상대편을 제압하려는 전술。

【人形:인형】 ❶사람의 겉모양。 ❷흙・나무・헝겊 등으로 만든 사람 형상의 장난감。 『晉書』八公山草木、皆類ㅡㅡ。

【人形劇:인형극】 꼭둑각시 따위와 같이 인형을 대신 써서 하는 연극。

【人豪:인호】 훌륭한 인물。 人傑。 『史記』於此時不成封侯之業者非ㅡㅡ也。

【人和:인화】 인심이 화합함。 『孟子』地利不如ㅡㅡ。

【人皇:인황】 《歷》太古 때 있었다고 傳하는 三皇의 하나。 三皇은 天皇・地皇・人皇。 《轉》임금。

人皇氏(三才圖會)

【人後:인후】 ❶《制》養子로 들어가던 일。 ❷다른 사람의 밑。 다른 사람의 뒤。

【人稀地廣:인희지광】 사람은 적고 땅은 넓음。

◎家ㅡ、巨ㅡ、故ㅡ、軍ㅡ、奇ㅡ、達ㅡ、大ㅡ、道ㅡ、同ㅡ、名ㅡ、凡ㅡ、犯ㅡ、法ㅡ、福ㅡ、服ㅡ、夫ㅡ、商ㅡ、仙ㅡ、成ㅡ、聖ㅡ、世ㅡ、小ㅡ、新ㅡ、神ㅡ、愼ㅡ、女ㅡ、外ㅡ、偉ㅡ、義ㅡ、擬ㅡ、異ㅡ、丈ㅡ、才ㅡ、主ㅡ、衆ㅡ、超ㅡ、招ㅡ、樵ㅡ、他ㅡ、廢ㅡ、嬖ㅡ、下ㅡ、行ㅡ、賢ㅡ、胡ㅡ、好ㅡ。

【亻】 사람인변〔人部首名〕

二畫

【什】 ㊀(십) 緝 ジュウ、とお ten ㊁(집)〔慣音〕ㄕˊ shih² (本音「습」)

什(小篆) 什(草書)

㊀❶ 열사람십(十人)。 『孟子』或相ㅡ百。 ❷열 십(十也)。 ❸책권십(卷也)。 (시편

「詩篇」따위)。〔白居易詩〕珠玉傳新ㅣ。㊂세간집(ㅣ物器類)。

【什麽:십마】(中)어떻게。무엇。疑問詞。(小說에 씀)。

【什百:십백】❶十倍와 百倍。❷一〇명 혹은 一〇〇명의 兵士의 集團。

【什襲:십습】열 겹의 뜻。여러 번 싸서 둠。秘藏함。

【什襲藏之:십습장지】귀중한 물건을 잘 감추어 둠。

【什長:십장】❶兵卒 열 사람의 우두머리。〔史記〕置千長·百長·ㅣㅣ。❷人夫를 직접 지시·감독하는 두목。

【什具:집구】什物。〔唐書〕儲ㅣㅣ。「丘。

【什器:집기】什物。〔史記〕舜作ㅣㅣ於壽

【什物:집물】일상 생활에 쓰는 도구。家具。什具。〔史記·註〕ㅣㅣ謂常用者、其數非一、故曰什。

【仁】

(인) 圓 ジン、ニン、いつくしむ ㄖㄣˊ jen humane

小篆 古文 古文 草書 ❶어질인、착할인(心之德愛)。〔程顥曰〕心如穀種生之者便是ㅣ。❷사람됨의 근본인(人道之根本也)。❸동정할인(同情也)。〔論語〕顔淵問ㅣ、子曰克己復禮爲ㅣ。〔韓愈 上宰相書〕將大其聲、疾呼而望ㅣ之。❹덕있는 사람인(有德人)。〔論語 學而〕汎愛衆而親ㅣ。❺사람인(人也)。〔論語 雍也〕雖告之曰井有ㅣ者焉其從之也。❻열매씨인(果核中實也)。

【仁簡:인간】인자하며 또한 간명함。〔後漢書〕政惟ㅣㅣ。

【仁强:인강】어질고 강함。〔史記〕ㅣㅣ孰與項王。

【仁敎:인교】인자한 가르침。

【仁君:인군】德望이 높은 사람에 대한 尊稱。어진 임금。

【仁德:인덕】인정이 깊은 至善의 덕。〔宋史〕ㅣㅣ該治。

【仁道:인도】사람이 지켜야 할 도리。어진 도리。어진 길。

【仁恕:인서】마음이 어질고 인자함。〔後漢書〕寬明而ㅣㅣ。「記〕皆稱薄氏ㅣㅣ。

【仁善:인선】성질이 어질고 착함。〔史

【仁聖:인성】어질고 德望이 있는 聖人。

【仁壽:인수】仁德이 있고 수명이 길음。〔漢書〕考ㅣㅣ之風、習治國之道。

【仁獸:인수】어진 짐승。麒麟。〔公羊傳〕麟者ㅣㅣ也。

【仁順:인순】성질이 어질고 순함。

【仁術:인술】❶仁을 행하는 방법。〔孟子〕是乃ㅣㅣ也。❷仁道에 따르는 것。❸사람을 살리는 어진 기술。곧 醫術。

【仁心:인심】인자스러운 마음。〔孟子〕今有ㅣㅣ仁聞、而民不被其澤。

【仁愛:인애】어질고 남을 사랑하는 마음。〔漢書〕以此見天心之ㅣㅣ。

【仁弱:인약】어질고 마음이 약함。〔史記〕孝惠爲人ㅣㅣ。

【仁言利博:인언이박】인정이 깊고 마음이 선한 사람의 言動은 널리 大衆에게까지 이익이 미침。

【仁勇:인용】어질고 용기가 있음。〔漢書〕ㅣㅣ得衆心。

【仁宇:인우】인덕으로 보호함。

【仁義:인의】어질고 의로움。信愛의 마음과 도리에 알맞은 것。博愛와 正義。〔孟子〕王何必曰利、亦有ㅣㅣ而已矣。

【仁人:인인】=仁者。〔論語〕志士ㅣㅣ、無求生以害仁。

【仁慈:인자】어질고 자애스런 마음。

【仁者:인자】❶어진 사람。❷仁德을 갖춘 사람。仁人。〔論語〕ㅣㅣ不憂。

【仁者無敵:인자무적】어진 사람은 사람을 사랑하기 때문에 적이 없음。〔孟子〕。

【仁政:인정】어진 정치。〔孟子〕ㅣㅣ必自經界始。

【仁政殿:인정전】(地)궁전 이름。서울 昌德宮에 있는 朝會를 행하던 正殿。

【仁弟:인제】손윗 사람이 손 아랫 사람을 부를 때의 尊稱。곧 兄이 아우를、스승이 제자를、年長者가 年少者를 부를 때에 씀。

【仁悌:인제】어질고 공손함。

【仁鳥:인조】=鳳凰。

【仁智:인지】❶어질고 지혜가 있음。자애롭고 똑똑함。❷山과 물。〔論語〕仁者樂山、知者樂水에서 나온 말。

【仁親:인친】=仁愛。〔大學〕亡人無以爲寶、ㅣㅣ以爲寶。「ㅣㅣ也。

【仁澤:인택】은혜。恩澤。〔晉書〕甘露者

【仁兄:인형】친구를 부를 때 쓰는 尊稱。貴兄。尊兄。大兄。「政。

【仁惠:인혜】=仁愛。〔後漢書〕敷ㅣㅣ之

【仁化:인화】자비로써 교화함。仁政。〔吳志〕務修ㅣㅣ。

【仁孝:인효】인자스럽고 효행이 지극함。〔史記〕ㅣㅣ寬厚。

【仁厚:인후】마음이 어질고 무던함。

【仁徽:인휘】=仁善。〔王勃〕ㅣㅣ所被。

【仁恤:인휼】불쌍히 여겨 인정을 베품。◎寬ㅣ、同ㅣ、不ㅣ、一視同ㅣ、至ㅣ。

【仂】

(륵) 職 ロク、あまり ㄌㄜˋ lei excess

草書 ❶나머지륵(餘也)。〔禮記 王制〕喪用三年之ㅣ。❷십분의 일륵(十分之一也)。❸부지런할륵(勵也)。

【仄】

(측) 職 ソク、かたむく ㄗㄜˋ tsê incline

小篆 籀文 草書 ❶기울측(傾也)。〔漢書 鼂錯傳〕險道傾ㅣ、且馳且前。❷(한자음운「音韻」四聲중에서 평성「平聲」을 뺀 상「上」、거「去」、입「入」의 삼성)。❸물이 괄괄 흐를측(水流貌也)。❹희미할측(幽也)。〔陸龜蒙 祀竈解〕帝至尊嚴、鬼至幽ㅣ。❺옆측(側也)。〔漢書 鮑宣傳〕罷退外親及旁ㅣ素餐之人。❻돈이름측(錢名)。〔側〕과 通함)

【仄起:측기】絶句詩의 起句 두째 字가 仄字인 것 또는 그 漢詩。↔平起。

【仄陋:측루】비천한 身分。側陋。〔漢書〕孝宣繇ㅣㅣ而登至尊。

【仄聞:측문】소문에 들음。風聞에 듣음。側聞。〔列子〕吾ㅣㅣ之。

【仄聲:측성】=仄韻。

【仄韻:측운】平聲 이외의 韻。上·去·入의 三聲에 속하는 韻字。仄韻에 속하는 字를 仄字라 함。仄聲。↔平仄。

【仄日:측일】=斜陽。

【仄字:측자】仄韻의 글자。

【仄注冠:측주관】우뚝 솟고 끝이 숙은 모양을 한 冠。

【仄行:측행】옆으로 비켜서 길을 사양하여 걸음。側行。〔史記〕平原君ㅣㅣ撇席。

【仆】

㊀(부) 遇 フ、たおれる ㄆㄨ p'u fall down
㊁(부) 宥

小篆 草書 ㊀❶엎드러질부(偃也、僵也)。〔唐書 杜房傳〕與ㅣ植僵。❷뒤집어질부(顚覆也)。〔韓愈祭李郴州文〕名頹位ㅣ。❸죽을부

(死也)。【唐書薛仁貴傳】所射皆應弦而—。㊂몸을 굽힐부(倒也)。【唐書 王方翼傳】嘗夜行見長人丈餘、引弓射—之、乃朽木也。

【仆倒:부도】 넘어짐。엎드러짐。

【仆伏:부복】 넘어져 엎드림。

【仆臥:부와】 쓰러져 잠。『南史』——中略。

【仆顚:부전】 仆倒。엎드러 넘어짐。

【仆斃:부폐】 넘어져 죽음。斃死。

【仇】(구) 尤

小篆 草書

キュウ、あだ、かたき enemy ㄔㄡˊ ch'ou²

❶짝구(匹也)。【詩經 周南兔罝】公侯好—。❷원수구(怨敵)。【史記 留侯世家】張良爲韓報—。❸거만할구(傲也)。【詩經 小雅正月】執我——。❹짝될인연이 없을구(緣無也)。【左傳 桓公二年】怨耦曰—。❺잔질할구(以手挹酒)。【詩經】賓載手—。

【仇家:구가】 ❶원수의 집。❷敵。원수。仇人。『漢書』郭解、夜見——。

【仇校:구교】 두 가지 서적을 대조하여 잘못된 데를 바로 잡음。校正。校合。

【仇仇:구구】 남을 비난하는 모양。거만한 모양。『詩經』執我——。

【仇隙:구극】 서로 원수같이 생각하여 사이가 나쁨。『蘇軾』西羌解——。

【仇覽:구람】 漢代의 陳留 사람。蒲停의 長이 되어 治績이 많음。

【仇厲:구려】 意氣가 양양하고 적극적임。『史記』——守高不能屈。

【仇方:구방】 원수의 나라。敵國。『詩經』詢爾——。

【仇讐:구수】 仇敵。『史記』相攻擊如——。

【仇視:구시】 원수를 봄。敵이라 생각함。

【仇偶:구우】 =配偶。『王褒』——相從。

【仇怨:구원】 원한。원수。『史記』皆平生所——。

【仇敵:구적】 원수。敵。讐敵。仇讐。

【仇匹:구필】 같은 친구。同輩。『詩經』與子同爲——。

【仇恨:구한】 =仇怨。『韓愈』笑釋——。

【今】(금) 侵

小篆 草書

キン、コン、いま now ㄐㄧㄣ chin¹

❶이제금(對古之稱也)。【中庸】生乎—之世反古之道。❷곧금(急辭、即也)。【史記 吳王濞傳】不足憂也、—破矣。❸말머리에 쓰이는 조사(發語辭)。【陳師道 思亭記】—夫升高以望松梓云云。❹오늘금(今日也)。【陶潛 歸去來辭】覺—是而昨非。

【今期:금기】 이번。이번 시기。

【今年生:금년생】 올해에 낳은 것。올해에 낳은 아이。

【今年花落顏色改:금년화락안색개】 올해의 꽃도 다 지고 사람의 얼굴도 늙음。『劉廷芝』——、明年花開復誰在。

【今代:금대】 지금의 시대。

【今冬:금동】 올 겨울。

【今明:금명】 오늘이나 내일 사이。今明間。

【今文:금문】 ❶現代의 文學。❷漢代에 널리 쓰인 文字로 今文尙書가 그 대표적인 것임。↔古文。『史記』孔子有古文尙書、而安國以——讀之。

【今文無古文無:금문무고문무】 고금을 통해서 예가 없음。

【今般:금반】 이번。

【今番:금번】 =今般。

【今上:금상】 現在의 왕위에 앉아 있는 임금。『史記』作——本紀。

【今生:금생】 ❶이승。❷살아 있는 동안。生存中。『白居易』——此事不如君。

【今昔:금석】 ❶이제와 옛날。現在와 過去。今古。『韓愈』于焉傲——。❷엊저녁。昨夜。『史記』——壬子、宿在牽牛。

【今昔之感:금석지감】 현재와 과거를 비교하여 생각할 때 그 차이가 심함을 보고 느끼는 정。

【今歲:금세】 올해。今年。

【今世:금세】 ❶(佛)이승。❷지금의 세상。

【今時:금시】 이제。지금。

【今宵:금소】 오늘 저녁。今夕。『徐陵』——花燭淚。

【今時發福:금시발복】 당장에 복을 받게 됨。부귀를 누리게 됨。

【今是作非:금시작비】 오늘은 옳고 어제는 그름。(轉)과거의 잘못을 지금에 와서야 비로소 깨달음。『陶潛·歸去來辭』覺今是而昨非。

【今時初見:금시초견】 이제야 처음봄。

【今時初聞:금시초문】 이제야 비로소 처음 들음。

【今夜:금야】 오늘 밤。

【今如古:금여고】 예나 지금이나 같음。

【今雨:금우】 새로 사귀는 벗。(雨는 友와 通함)。『杜甫詩小序』舊雨來——不來。

【今月:금월】 ❶이번 ❷지금 비치는 달。『李白』——曾經照古人。

【今人:금인】 지금 세상의 사람。『李白』——不見古時月。

【今者:금자】 지금。現在。最近。今時。現今。

【今茲:금자】 今年。↔來茲。『孟子』去關市之征。——未能。

【今纔:금자】 이제 겨우。

【今次:금차】 이번。금반。

【今天:금천】 오늘。今日。

【今秋:금추】 올 가을。

【今春:금춘】 올 봄。

【今夏:금하】 올 여름。『杜甫』——草木長。

【今回:금회】 이번。지금의 회。

【今曉:금효】 오늘 새벽。『揚萬里』——還差暖。

【今後:금후】 이제로부터 뒤。『賈島』追琢垂——。

◎古—、當—、目—、方—、尙—、而—、自—、昨—、即—、只—、至—、現—。

【介】(개) 卦

小篆 草書

カイ、はさまる medium ㄐㄧㄝˋ chieh⁴

❶낄개(際也)。【左傳 襄公三十年】求—于大國。❷도울개(助也)。【詩經 豳風七月】以—眉壽。❸맬개(繫也)。❹클개(大也)。【詩】神之聽之—爾景福。❺인할개(因也)。【左傳 文公六年】—人之寵、非勇也。❻중매할개(仲媒也)。❼갑옷개(甲也)。【孔叢子 難訓】士無—不見。【禮記 曲禮】—冑則有不可犯之色。❽딱지개(鱗也)。【韓愈 應科目時與人書】非常鱗凡—之品彙匹儔也。❾기슭개(側畔也)。【楚辭 九章】悲江—之遺風。❿성질이 단단하고 깨끗할개(耿耿也)。【漢書】——獨惡是耳。⓫절개개(節—)。⓬굳을개(堅確也)。【易經 豫卦】—于石。⓭임금의 아들개(王子也)。【左傳】王子圍寡君之貴—弟也。⓮사신개(使臣也)。【禮】上公七—侯伯五—子男三—。⓯홀로개(孤立也)。【揚子方言】—特也。⓰견식개(見識也)。【孟子 盡心上】柳下惠不以三公易其—。⓱홀 짐승개(無偶獸)。(『芥』와 같음)

【介殼:개각】 조개껍질. 甲殼.
【介甲:개갑】 게·거북 따위 등의 거죽을 싼 단단한 껍데기.
【介介:개개】 외돌아져서 時俗에 알맞지 않는 모양. 『後漢書』ㅡㅡ獨惡是耳.
【介潔:개결】 성품이 높고 깨끗함.
【介丘:개구】 작은 언덕. 『揚子法言』況ㅡㅡ乎.
【介圭:개규】 큰 玉. (圭는 諸侯에 封할 때 표시로 주는 玉). 『詩經』錫爾ㅡㅡ.
【介獨:개독】 =介特. 『梅堯臣』自持ㅡㅡ輕貨珍.
【介鱗:개린】 조개와 물고기. 甲殼과 비늘. 『淮南子』ㅡㅡ生蛟龍.
【介立:개립】 ❶혼자 서 있음. 孤立無援. 獨立. 『後漢書』恢性廉直ㅡㅡ. ❷=介在.
【介馬:개마】 갑옷을 입힌 말. 무장한 말. 『蘇洵』ㅡㅡ數萬騎.
【介福:개복】 큰 幸福. 介祉. 『詩經』報以ㅡㅡ、萬壽無疆.
【介婦:개부】 많은 女人.
【介擯:개빈】 接待하는 사람. (介는 客의 심부름군. 擯은 主人의 심부름군). 『馬璧』承迎如ㅡㅡ.
【介石:개석】 돌보다 단단하다는 뜻. 《轉》節義를 지킴. 『易經』. 六二、介于石에서 나온 말.
【介紹:개소】 =紹介. 『禮記』ㅡㅡ而傳命.
【介壽:개수】 長壽를 돕는 뜻. 《轉》남에게 長壽를 축하할 때 쓰는 말.
【介然:개연】 ❶잠시 동안. ❷孤立한 모양. 변절하지 않음. 『老子』使我ㅡㅡ有知. ❸마음이 꺼림칙한 모양. ❹단단한 모양. 『荀子』善在身、ㅡㅡ必以自好也.
【介意:개의】 마음에 두고 생각함. 介懷. 『後漢書』所亡少少、何足ㅡㅡ.
【介入:개입】 사이에 끼어 들어감. 사건에 관계하게 됨.
【介在:개재】 중간에 끼어 있는 것. 介居. 介立.
【介弟:개제】 딴 사람의 아우의 尊稱. 介는 大. 家弟. 大弟. 賢弟. 『左傳』寡君之貴ㅡㅡ也.
【介佐:개좌】 도움. 보좌함. 또는 그 사람. 介輔.
【介冑:개주】 갑옷과 투구. 軍服. 甲冑. 『禮記』ㅡㅡ則有不可犯之色.
【介冑之士:개주지사】 갑옷과 투구를 갖춘 武士.
【介祉:개지】 =介福.
【介次:개차】 작은 驛. 『周禮』涖于ㅡㅡ、而聽小治 小訟.
【介蟲:개충】 =甲蟲.
【介特:개특】 도와 주는 사람이 없이 孤立함. 또는 그 사람. 介獨. 『左傳』養老疾、收ㅡㅡ.
【介懷:개회】 =介意.
◎耿ㅡ、媒ㅡ、紹ㅡ、魚ㅡ、仲ㅡ.

【仍】

(잉) 蒸 ジョウ、よる be due to ㄖㄥˊ jêng²

小篆 小篆 草書 ❶인할잉(因也). 『論語 先進』ㅡ舊貫如之何. ❷그대로잉(尙也). ❸거듭할잉(重也). ❹자주잉(頻也). 『漢書 谷永傳』饑饉ㅡ臻. ❺즉잉(乃也). ❻실망한 모양잉(失意貌). 『淮南子 精神訓』ㅡㅡ然知盆瓴之足羞也. ❼칠대손잉(七代孫也). 『爾雅 釋親』昆孫之子爲ㅡ孫.

【仍舊:잉구】 ❶그전과 다름 없이 행함. ❷前例를 좇음. 「故.
【仍世:잉세】 代代. 歷代. 『晉書』ㅡㅡ多
【仍孫:잉손】 ❶昆孫의 아들. 곧 七대 손자. ❷遠孫. 『爾雅』昆孫之子爲ㅡㅡ.
【仍用:잉용】 이전 것을 그대로 씀.
【仍任:잉임】 임기가 다 된 관리를 계속 임명하는 것.
【仍仍:잉잉】 ❶많음. ❷뜻을 이루지 못함. 『淮南子』ㅡㅡ然知盆瓴之足羞也.
【仍存:잉존】 그전 물건을 그대로 둠.

【从】

(종) 『從』(彳部 8畫)의 本字

【仏】

(불) 『佛』(人部 5畫)의 古·略字

【夫】

(부) ↓大部 1畫

【化】

(화) ↓匕部 2畫

三畫

【仔】

(자) 紙 シ、こまかに minute ㄗˇ tzŭ1·3

小篆 草書 ❶맡길자(任也). 『詩』佛時ㅡ肩. ❷이길자(克也). ❸질자(負也). ❹자세할자(ㅡ細).

【仔肩:자견】 잘 지탱함. 《轉》責任. 負擔. 『詩經』佛時ㅡㅡ.
【仔詳:자상】 찬찬하고 자세함.
【仔細:자세】 상세함. 자상. 세밀. 『白居易』世路風波ㅡㅡ諳.
【仔蟲:자충】 《動》곤충이 알에서 깨어 成蟲이 되기 전의 일컬음. 幼蟲.

【仕】

(사) 紙 シ、つかえる official life ㄕˋ shih⁴

小篆 草書 ❶벼슬할사(宦也). 『朱熹 論語序說』孔子不ㅡ而退. ❷벼슬사(官也). 『公羊傳 宣公元年』退而致ㅡ. ❸살필사(察也). 『詩』弗問弗ㅡ勿罔君子. ❹배울사(學也). ❺『事』혹은 『士』와 通함.

【仕家:사가】 관리가 될 자격이 있는 家門. 『唐書』立學官取ㅡㅡ子十五人.
【仕官:사관】 ❶관리가 되어 종사함. 仕宦. ❷부하가 달마다 상관에게 뵈는 일.
【仕途:사도】 관리가 되는 길. 仕路. 官途. 『陳造』ㅡㅡ決矣息交游.
【仕路:사로】 벼슬 길. 『金史』侵尋ㅡㅡ.
【仕隱:사은】 큰 재주가 있으면서 下吏로 있어 세상을 風流로 잊음. 『記談』.
【仕日:사일】 벼슬을 지낸 날 수.
【仕入:사입】 판매 또는 생산하려고 상품이나 원료를 사들임.
【仕進:사진】 벼슬아치가 규정된 시간에 출근함. 『後漢書』常以典籍爲業、未遑ㅡㅡ之事.
【仕退:사퇴】 벼슬아치가 정한 시각에 파하여 職所에서 물러 나옴. 罷仕. 退勤.
【仕版:사판】 관리의 명부. 職員錄. 『宣和書譜』始登ㅡㅡ.
【仕學竝長:사학병장】 관리로서의 능력도 학문도 모두 뛰어남. 『論語』子夏曰、仕而優則學、學而優則仕.
【仕宦:사환】 =仕官①. 『歐陽修』ㅡㅡ而至將相.
【仕宦家:사환가】 代代로 벼슬을 하는 집안.
◎給ㅡ、奉ㅡ、出ㅡ、致ㅡ.

【㐰】

(신) 『信』(人部 7畫)과 같음

【他】

(타) 歌 箇 タ、ほか other ㄊㄚ t'a¹

小篆 ❶다를타(異也). 『大學』斷斷兮無ㅡ技. ❷남타、저타(彼也). 『杜審言詩』羅敷獨向東方去、謾學ㅡ家作使君. ❸누구타(誰也). ❹간사할타(邪也). 『揚子法言』君子正而不ㅡ. ❺다른 마음타(異心也). 『詩經 鄘風柏舟』之死矢靡ㅡ.

【他家:타가】 ❶남의 집. ↕自家. ❷그 사람. 『杜審言』羅敷獨向東方去、謾學ㅡ

ㅣ作使君。

【他見:타견】 ❶남이 봄。남의 눈에 띄「욺。❷남의 의견。
【他界:타계】 다른 곳의 세계。《轉》㉠貴人의 죽음。㉡《佛》저승。
【他計:타계】 다른 계책。↓다른 꾀。
【他故:타고】 딴 事情。딴 事由。『楚辭』豈其有ㅣㅣ兮。
【他關:타관】 他郡。他鄕。
【他校:타교】 다른 학교。남의 학교。
【他國:타국】 다른 나라。他邦。殊邦。
【他郡:타군】 다른 고을。다른 군。
【他給:타급】 남에게 내어 줄 돈。
【他岐:타기】 딴 샛길。지름길。『韓愈』通塗無ㅣㅣ。
【他年:타년】 ❶前年。❷後年。❸다른「해。
【他念:타념】 딴 생각。다른 생각。
【他端:타단】 ❶딴 좋은 생각。딴 手段。딴 方策。『史記·信陵君傳』今有難、無ㅣㅣ。❷다른 한 쪽 끝。
【他道:타도】 行政區域上으로 본 딴 道。
【他動:타동】 ❶동작이 다른 데에 미침。❷딴 事務을 처리하는 動作。↔自動。
【他動詞:타동사】 他動의 뜻을 나타내는 動詞。↔自動詞。
【他慮:타려】 딴 근심。다른 염려。
【他力:타력】 ❶남의 힘。다른 힘。↔自力。《轉》남의 조력。남의 원조。❷《佛》阿彌陀如來의 본래의 本願의 힘。
【他面:타면】 딴 方面。딴 平面。
【他門:타문】 혈통이 다른 남의 집。
【他聞:타문】 ❶남이 들음。❷남의 귀에 들어감。
【他邦:타방】 딴 나라。外國。他國。
【他方:타방】 다른 方面。다른 분。他地方。『杜甫』萬里各ㅣㅣ。
【他方面:타방면】 딴 방면。他方。
【他事:타사】 딴 일。『史記』以ㅣㅣ誣之。

【他社:타사】 다른 회사。
【他山之石:타산지석】 他山에서 나는 거친 돌이라도 나의 玉을 가는 데 도움이 됨。『詩經』ㅡㅡ、可以攻玉。《喩》모범이 되지 않는 남의 言行도 나의 지식과 인격을 닦는 데 도움이 됨。
【他殺:타살】 ❶다른 사람이 죽임。❷남에게 목숨을 빼앗김。↔自殺。
【他色:타색】 ❶다른 빛。❷四色黨派中에서 自己가 소속해 있지 않는 다른 色目。
【他生:타생】 《佛》今生 이외의 과거나 미래의 生。來世에 태어남。後生。『李商隱』ㅣㅣ未卜此生休。
【他席:타석】 다른 자리。또는 남의 자리。『王勃』ㅣㅣ他鄕送客杯。
【他姓:타성】 다른 성。異姓。
【他世:타세】 《佛》미래의 세계。來世。
【他所:타소】 딴 장소。『漢書』風發ㅣㅣ。
【他時:타시】 다른 때。
【他視:타시】 ❶곁을 봄。❷딴전을 봄。
【他愛:타애】 자기를 돌아보지 않고 남을 위하여 이익·행복을 꾀함。利他。
【他言:타언】 다른 말。『國語』寧聞ㅣㅣ。
【他用:타용】 다른 데 쓰거나 쓰임。
【他律:타율】 ❶다른 규율。❷《倫》남의 지시에 따라 움직임。↔自律。
【他意:타의】 딴 생각。다른 마음。他心。
【他人:타인】 자기 이외의 사람。『詩經』ㅡㅡ有心、予忖度之。
【他人所視:타인소시】 남이 보는 바라 감출 수가 없음。
【他日:타일】 ❶前日。以前。『孟子』ㅣㅣ君出、則必命有司所之。❷다른 날。後日。今後。異日。『史記』ㅣㅣ又復問政於孔子。
【他店:타점】 ❶다른 상점。딴 상점。❷《經》일정한 계약 아래 換 거래를 하는 동업자인 은행。↔本店。
【他罪:타죄】 다른 죄。

【他主占有:타주점유】 《法》소유의 의사가 없는 점유。곧 地上權者·賃借人·質權者의 점유。↔自主占有。
【他志:타지】 딴 마음。二心。異心。他念。『禮記』或敢有ㅣㅣ。
【他紙:타지】 다른 신문。딴 신문。
【他誌:타지】 ❶다른 잡지。❷다른 史記。
【他地方:타지방】 다른 지방。
【他處:타처】 다른 곳。
【他土:타토】 ❶다른 토지。❷《佛》이 세상 이외의 세계。곧 淨土。
【他鄕:타향】 고향이 아닌 지방。異鄕。
【他花受精:타화수정】 《植》같은 나무의 다른 꽃에서 꽃가루를 받아 열매나 씨가 되는 일。벌레나 바람에 의함。배꽃·벚꽃 따위。他花受粉。↔自花受精。
◎其ㅣ、排ㅣ、愛ㅣ、利ㅣ、自ㅣ、出ㅣ。

【仗】 (장) 養 漾 ジョウ、つわもの 㞢ㄤˋ chang⁴ guard

❶의장장(兵衛儀ㅣ)。(당나라 제도로서 궁전을 지키는 병사)。『儀衛志』朝會之ㅣ三衛番上。❷지팡이장(杖器)。❸짚을장(凭依也)。『魏徵詩』ㅣ策謁天子。❹기댈장(倚也)。❺무기장(武器)。(『杖』과 通함)

【仗隊:장대】 儀仗의 隊列。
【仗馬:장마】 儀仗에 참여한 말。《轉》무서워 감히 말을 못함。『唐書』不見立ㅣㅣ乎。
【仗勢:장세】 세력을 믿고 난 체함。
【仗衛:장위】 ❶身分을 보호하는 部隊。❷儀仗을 호위하는 것。
【仗義:장의】 正義로써 일을 행함。

(圖典會清) 馬仗

【付】 (부) 遇 フ、つける stick to ㄈㄨˋ fu⁴ (『附』와 통함)

❶부칠부(畀也)。❷줄부(與也)。『孔叢子』記義』苟ㅣ可ㅣ、則己不勞而賢才不失矣。❸부탁부(託也)。『蜀志諸葛亮傳』受命以來、夙夜憂勤、恐ㅣ託不效、傷先帝之明。

【付刊:부간】 出版함。付梓。
【付過:부과】 허물을 적어 둠。
【付壁:부벽】 벽에 붙이는 그림과 글씨。
【付壁書:부벽서】 벽에 붙이는 글。
【付丙:부병】 불로 살라 태움(丙은 火)。비밀 편지 같은 것을 불태운다는 뜻。『王陽明』會同志諸友、共ㅣㅣ丁、爲克丙剛焚此魔障。
【付畀:부비】 =付與。『書經』ㅣㅣ四方。
【付上:부상】 편지나 물건들을 웃사람에게 부쳐드림。
【付書:부서】 편지를 부침。
【付送:부송】 물건을 부쳐서 보냄。
【付與:부여】 줌。附與。주는 일。
【付紙:부지】 얇은 종이를 겹으로 붙인「종이。
【付之一笑:부지일소】 一笑에 붙임。상대하지를 않음。
【付職:부직】 ❶벼슬하는 일。❷직업을「붙잡는 일。
【付囑:부촉】 부탁하여 위촉함。부탁함。
【付託:부탁】 남에게 의뢰함。남에게 당부하여 맡김。『諸葛亮』ㅣㅣ不效。
【付票:부표】 쪽지를 붙임。
【付火:부화】 태워서 버림。付丙。付丙「丁。
◎交ㅣ、給ㅣ、受ㅣ、送ㅣ、下ㅣ、還ㅣ。

【仙】 (선) 先 セン、せんじん ㄒㄧㄢ hsien¹ fairy beings

❶신선선(不老不死者)。(산중에 들어가서 늙지 않고 죽지

않는 術을 얻은 사람。〖楊雄曰〗聖人不師ㅡ。❷신선스러울선(凡庸對稱)。(보통사람으로서 할수 없는 힘、또 그 사람)。〖杜甫詩〗自稱臣是酒中ㅡ。❸가볍게 날선(輕擧貌)。〖杜甫詩〗行遲更覺ㅡ。

【仙家:선가】❶신선 또는 신선이 사는 집。〖十洲記〗上多ㅡㅡ。❷仙道를 닦는 사람。❸仙人이 되는 길을 설법하는 사람。

【仙駕:선가】임금이나 신선이 타는 수레。

【仙客:선객】❶神仙。「間。❷두견새의 別名。〖唐玄宗〗ㅡㅡ厭人

【仙居:선거】신선이 사는 곳。《轉》俗世를 떠난 淸雅한 住居。仙界。〖李白〗幽簾淸寂若ㅡㅡ。

【仙境:선경】신선이 있는 곳。《轉》俗世를 떠난 淸淨한 곳。「門通。

【仙界:선계】=仙居。〖劉滄〗蓬萊ㅡㅡ海

【仙骨:선골】❶비범한 骨相。〖杜甫〗自是君身有ㅡㅡ。❷《生》척추의 하단부。곧 腰部에 있는 이등변 삼각형의 뼈。다섯 개의 薦椎가 癒合(유합)한 것으로 尾骨과 더불어 골반의 後壁을 이룸。

【仙果:선과】복숭아의 異名。仙桃。

【仙教:선교】선인의 도를 닦는 종교。

【仙窟:선굴】신선이 사는 곳。《轉》俗世를 떠난 住居。〖貫休〗幽深有徑通ㅡㅡ。

【仙宮:선궁】신선이 산다는 궁전。

【仙禽:선금】鶴의 異名。胎仙。〖鮑照〗偉胎化之ㅡㅡ。

【仙女:선녀】❶여자 仙人。❷美人。

【仙丹:선단】신선이 만든 不死의 藥。《轉》먹으면 効果가 현저한 약。仙藥。神藥。靈丹。「其上有ㅡㅡ。

【仙壇:선단】=仙界。〖元結〗九疑第二峰、

【仙桃:선도】=仙果。〖酉陽雜俎〗。

【仙道:선도】神仙을 배우고자 하는 道。

【仙洞:선동】신선이 산다는 산골。〖白居易〗空留ㅡㅡ號華陽。

【仙童:선동】신선 나라에 산다는 아이 신선。〖杜甫〗虛室使ㅡㅡ。

【仙母:선모】=王母。

【仙分:선분】신선의 성질。

【仙佛:선불】신선과 부처。仙道와 佛道。〖南史〗君有

【仙鼠:선서】《動》박쥐。

【仙逝:선서】죽음에 대한 尊稱。

【仙蟾:선섬】《動》蛤蚧(합개)。

【仙術:선술】신선이 하는 이상한 술법。

【仙娥:선아】❶仙女。〖盧照隣〗臺前鏡影伴ㅡㅡ。❷달의 異名。

【仙樂:선악】신선이 베푸는 仙界의 음악。속계에서 들을 수 없는 미묘한 음악。《轉》아름다운 음악。〖白居易〗ㅡㅡ風飄處處聞。

【仙藥:선약】마시면 신선이 된다는 약。不老不死 약。仙丹。〖史記〗未可爲求ㅡㅡ。

【仙馭:선어】崩御(붕어)。임금이 세상을 떠남。

【仙輿:선여】仙人 또는 임금의 수레。〖王維〗宜春院裏駐ㅡㅡ。

【仙緣:선연】신선과의 인연。

【仙翁:선옹】신선 노인。

【仙源:선원】❶신선이 있는 곳。〖宋之問〗未窮ㅡㅡ極。❷코의 異名。〖眞誥〗鼻爲ㅡㅡ。

【仙遊:선유】❶신선이 되어 자유자재로 유람함。❷신선처럼 놀음。❸=仙逝。

【仙人:선인】❶神仙。〖韓愈〗舊事ㅡㅡ自免公。❷《制》高句麗 때의 벼슬의 한 가지。

【仙人飯:선인반】《植》둥굴레。

【仙人杖:선인장】《植》괴좆나무。구기자나무。

【仙人掌:선인장】❶仙人이 손 바닥으로 쟁반을 받쳐 든 모양으로 만들어 甘露를 받게 한 기물。〖漢書·郊祀志〗。❷《植》선인장과에 속하는 다년생 식물。원산은 西印度。覇王樹의 異名。

【仙人酒:선인주】젖의 異名。

【仙子:선자】仙人。신선。〖李商隱〗ㅡㅡ玉京路。

【仙姿:선자】신선과 같은 모습。《轉》俗世를 떠난 모습。〖朱熹〗ㅡㅡ瀟灑出風塵。

【仙姿玉質:선자옥질】선인의 모습。《轉》氣品이 높은 美人의 모습。〖古今詩話〗ㅡ、肌香體輕。「ㅡㅡ擁千官。

【仙仗:선장】천자의 儀仗。〖岑參〗玉階

【仙莊:선장】=仙家。

【仙才:선재】仙人과 같은 才能。뛰어난 재주。〖詩話總龜〗宋景文評唐人詩云、太白ㅡㅡ、長吉鬼才。

【仙氅:선창】隱者가 입는 옷。

【仙寢:선침】임금의 묘。陵。

【仙風道骨:선풍도골】仙人。道士의 骨相의 뜻。《轉》남보다 뛰어난 風采。〖李白詩〗有ㅡㅡ、可與神遊八極之表。

【仙筆:선필】詩文에 있어 특히 뛰어남을 비유하는 말。〖貫休〗常思李太白、ㅡㅡ驅造化。

【仙鶴:선학】《動》두루미。「ㅡㅡ。

【仙鄕:선향】=仙居。〖李中〗羽人曾許駐

【仙化:선화】신선이 되었다는 뜻으로、노인이 병 없이 곱게 죽음을 이름。

【仙花紙:선화지】닥나무로 만들어 두껍고 질기며 빛이 희지 아니한 종이。

【屳】(헌) 先 ケン、とぶ fly
小篆 草書 날듯할헌(輕與貌)。(『屳』은 別字)〖鮑照書勢〗鳥ㅡ魚躍。〖說文〗屳、人在山上皃、从人山。

【仝】(동) 東 トウ、おなじ same ㄊㄨㄥˊ t'ung²
❶「同」의 古字。〖廣韻〗同古文。❷성동(姓也)。

【仝異:동이】=同異。〖盧仝·與馬異結交詩〗仝不仝、異不異、是謂大仝異小異。

【㐲】㊀(차) 馬 ㊁(탁) 藥 タ、タク、おとめ、ほか girl
㊀젊은 계집차(少女)。㊁❶부칠탁(寄也)。❷다를탁(異也)。

【仞】(인) 震 ジン、ひろ、はかる measure ㄖㄣˋ jen⁴
小篆 草書 ❶길인(長也)。一여덟자에서 나온말」。❷잴인(度深)。〖左傳 昭公三十二年〗ㅡ溝洫。❸찰인(滿也)。〖司馬相如子虛賦〗充ㅡ其中。❹깊을인(深也)。❺높을인(高也)。〖鄭谷詩〗峭ㅡ聳巍巍。

【仟】(천) 先 セン、せんにんかしら leader thousnd ㄑㄧㄢ ch'ien¹
草書 ❶천사람어른천(千人長)。❷일천천(百之十倍)。〖漢書 食貨志〗ㅡ佰之得。〖註〗ㅡ謂千錢、佰謂百錢。❸풀이 무성한 모양천(草盛貌也)。〖謝朓詩〗遠樹曖ㅡㅡ。

【仟眠:천면】어둑어둑한 모양。芊眠。〖楚辭·九懷〗。

【仟佰:①천백 ②천맥】❶=千百。❷밭 사이의 길。(南北을 仟、東西를 伯이라 함)。〖漢書〗有ㅡㅡ之利。

【仟仟:천천】초목이 무성한 모양。〖潘岳〗稻栽肅ㅡㅡ。

【仡】(흘) 物 キツ、いさましい bravery ㄧˋ i⁴
小篆 草書 ❶끌밋할흘、날랠흘(壯勇貌也)。〖公羊傳 宣公

六年】ㅣ然從乎趙盾而入。 ❷높을흘(高也)。 ❸클흘(大也)。 〔詩經大雅文王〕崇墉ㅣㅣ。

【仡黨:흘당】 칼 이름。 길이가 짧은 칼。 〔溪蠻叢笑〕出入坐臥、必以刀自隨、小者尤銛利、名ㅣㅣ。

【仡然:흘연】 무척 용감한 모양。 〔公羊·宣〕ㅣㅣ從乎趙盾而入。 〔注〕ㅣㅣ、壯勇貌。

【仡仡:흘흘】 ❶용감하고 장한 모양。 〔廣雅·釋訓〕ㅣㅣ、武也。 ❷높고 큰 모양。 〔詩經·大雅〕崇墉ㅣㅣ屹屹。

【彴】

(小篆) (작) 藥 シャク、まるきばし log bridge

외나무 다리작(橫木渡水)。

【代】

(小篆) (草書) (대) 隊 タイ、かわる、よ substitute generation 刀ㄞ tai

❶대신대(ㅣ身、ㅣ理)。 ❷갈아들대(更也、替也)。 ❸번갈을대(交替也)。 〔左傳 莊公八年〕及瓜而ㅣ。 〔孟子滕文公下〕暴君ㅣ作。 ❹댓수대(世也)。 〔十八史略 東晉〕亂臣賊子、何ㅣ無之。 ❺맥이 순조롭지 못할대(脈不定)。 〔史記倉公傳註〕脈候不定曰ㅣ。

【代價:대가】 값。 代金。

【代講:대강】 남의 대신으로 講義 또는 강연을 함。 〔南史〕請少瑜ㅣㅣ。

【代哭:대곡】 남이 喪主를 대신하여 곡하는 일。 「用을 삼음。

【代匱:대궤】 궁한 나머지 딴 것으로 代

【代金:대금】 물건 값。

【代納:대납】 ❶남을 대신하여 세금을 냄。 ❷남을 대신하여 납부함。 ❸다른 물건으로 대신 납부함。

【代代:대대】 거듭된 世代。 世世。

【代讀:대독】 남의 글을 대신해서 읽음。

【代理:대리】 ❶남을 대신하여 일을 처리함。 ❷《法》의사 표시의 법률 효과를 직접 본인에 대하여 일으키게 하는 의사로서、어떤 사람이 본인을 대신하여 상대방에 대하여 의사 표시를 하고(적극 대리)、또는 본인에 대한 제 삼자의 의사 표시를 받는 일(소극 대리)。

【代理公使:대리공사】 《法》외교 사절의 제四계급。 명예와 석차로는 辨理公使 다음。 어떤 국가의 외무부 장관으로부터 다른 국가의 외무부 장관에게 파견됨。

【代理權:대리권】 《法》대리인이 가지는 대리를 할 수 있는 지위。 또는 자격。

【代理訴訟:대리소송】 《法》 대리인으로 하여금 하게 하는 소송。

【代理人:대리인】 다른 사람을 대리하는 사람。 대리권을 행사할 수 있는 사람。

【代理店:대리점】 代理商의 영업소 또 「는 대리상 그 자체。

【代理占有:대리점유】 《法》 占有代理人의 所持를 거쳐서 본인이 물건의 점유권을 가지는 관계。

【代馬不思越:대마불사월】 《喩》고향을 그리워 함。 北方의 代郡에서 난 말은 南方의 越 나라를 사모하지 않음。 〔李白·古風詩〕ㅣㅣ、越禽不戀燕。

【代面:대면】 面談에 대신한 편지。 〔白居易〕ㅣㅣ惟憑五字中。

【代命:대명】 남을 대신하여 죽음。 橫厄에 걸려서 남의 죽음을 대신함。

【代名詞:대명사】 《言》名詞를 대신하여 쓰는 말。 人稱代名詞·指示代名詞의 두 가지가 있음。 대이름씨。

【代物辨濟:대물변제】 《法》계약에 따라 채무자가 본디 부담하고 있던 給付 대신에 다른 급부를 하여 채권을 없애 버림。

【代番:대번】 남을 대신하여 番을 들음。

【代辯:대변】 대신하여 의견을 말함。

【代辯人:대변인】 대변하는 일을 맡은 사람。 대변자。 「에 다른 물건을 받음。

【代捧:대봉】 꾸어 준 돈이나 물건 대신

【代不乏人:대불핍인】 어느 代에나 인재가 없지 않음。

【代謝:대사】 새것과 헌 것이 서로 바뀜。 〔張茂先〕日歟月歟、荏苒ㅣㅣ。

【代殺:대살】 사람을 죽인 사람을 사형에 처함。

【代償:대상】 남을 대신하여 변상함。 손해 배상을 함。 〔宋史〕汝明爲囊橐中裝ㅣㅣ之。 (汝明은 人名)。

【代序:대서】 ❶차례를 따라 바꿈。 〔楚辭〕春與秋其ㅣㅣ。 ❷대신하여 서문을 씀。

【代書:대서】 ❶남을 대신하여 글을 씀。 또는 그 글。 ❷代書人의 略語。

【代署:대서】 남을 대신하여 서명함。

【代書所:대서소】 대서인이 대서를 맡아 하는 곳。 代書房。

【代書人:대서인】 남의 부탁으로 관공서에 제출할 서류를 작성하여 주거나 써 줌을 업으로 하는 사람。 사법서사와 행정서사의 구별이 있음。

【代贖:대속】 《宗》예수가 만민의 죄를 대신해서 자기가 지고 당함。

【代送:대송】 딴 것으로 대신 보냄。

【代囚:대수】 《制》죄수의 近親이나 관계되는 사람을 대신 가두어 둠。

【代數:대수】 ❶世代가 겹친 代代의 수。 ❷《數》數字 대신 부호나 문자를 써서 계산하는 算法。

【代數學:대수학】 숫자 대신 문자를 써서 수와 그 계산 법칙을 일반적으로 연구하는 수학의 한 分科。

【代身:대신】 ❶남을 대리함。 ❷갈아 내고 새것으로 바꾸어 갈아 채움。

【代案:대안】 어떤 案에 대신한 案。

【代言:대언】 ❶남을 대신하여 말함。 ❷(制)王命을 전하는 벼슬인 承旨。

【代役:대역】 연극 따위에서 사고로 말미암아 출연하지 못하는 사람의 대신으로 출연하는 일。 또는 그 사람。

【代用:대용】 대신하여 씀。

【代用物:대용물】 대신하여 쓰는 물건。

【代用食:대용식】 밥 대신에 먹는 음식。

【代用作物:대용작물】 대신 심은 농작물。 代播。

【代用品:대용품】 대신하여 쓰는 물품。

【代位辨濟:대위변제】 《法》제 삼자가 辨濟 또는 기타 다른 방법으로 채권자에게 만족을 주었을 경우에 채권자에 대위하여 채무자에 대한 채권을 取得하는 일。

【代議:대의】 ❶議員이 국민을 대표하여 政務를 評議하는 데에 참여함。 ❷의원이 당원을 대표하여 당의 일을 평의하는 전당대회에 참여함。

【代議院:대의원】 《政》代議員으로써 조직된 議院。

【代議政體:대의정체】 《政》국민이 대표를 선출하여 立法에 참여시키는 政體。

【代議制度:대의제도】 《政》國會를 설치하여 정치에 참여토록 하는 제도。

【代印:대인】 남을 대신하여 자기 도장을 찍음。 또는 그 도장。

【代人:대인】 대신하는 사람。 代理人。

【代入法:대입법】 《數》어떤 특정된 數值 대신으로 다른 수나 글자를 써서 푸는 대수식의 運算法。

【代赭石:대자석】 赤鐵鑛의 한 가지。

【代作:대작】 ❶詩文 등을 대신 지음。 또는 그 詩文。 ❷번갈아 드나들음。 〔孟子〕暴君ㅣㅣ。 ❸《農》代播。

【代田:대전】 해마다 장소를 바꾸어 경작하는 田地。 〔漢書〕歲代處、故曰ㅣㅣ。

【代錢:대전】 ❶물건 대신으로 주거나 받는 돈。 ❷대금(代金)。

【代祖:대조】 高祖 이상의 先代祖。

【代診:대진】 ❶主治醫의 대리로 진찰을 함。또는 그 사람。❷의사의 弟子。助手。
【代執行:대집행】 《法》行政上 强制執行의 수단의 한 가지。
【代聽:대청】 《制》왕세자가 왕을 대신하여 임시로 정치를 행하던 일。
【代替:대체】 다른 것으로 바꿈。
『代替物:대체물』 《法》일반 거래에 있어서 同種·同質·同量·同容積의 다른 물건으로 대신하여 바꿀 수 있는 물건。화폐·미곡 같은 것。↕不代替物。
【代替食糧:대체식량】 쌀과 바꿀 수 있는 食糧。
【代替執行:대체집행】 《法》 채무자가 채무를 이행하지 않을 때 채권자가 법원에 청구해서 그 재판에 따라 제 삼자로 하여금 이행시키고, 그 비용을 채무자에게 강제로 물리는 일。
【代充:대충】 다른 것으로 대신 채움。
【代置:대치】 어떤 물건을 대신해서 다른 물건을 갈아 놓음。바꾸어 놓음。
【代土:대토】 ❶팔고 대신 장만하는 땅。❷남의 토지를 사용하고 대신 주는 땅。
【代播:대파】 모를 내지 못한 논에 다른 곡식을 뿌림。代用作。代作。
【代辦:대판】 대신 처리함。代庖。
【代庖:대포】 代理함。
【代表:대표】 ❶많은 사람을 대신하여 그 의사를 外部에 나타내는 것。또는 그 사람。❷代表者의 略語。
【代表權:대표권】 남을 대표하는 권한。
【代表團:대표단】 어떤 단체를 대표하는 사람들로 구성된 떼。
【代表社員:대표사원】 《法》합명 회사의 각 사원, 합자 회사의 각 무한 책임 사원, 또는 양자의 업무집행 사원으로서, 정관이나 일체의 행위에 대하여 총사원의 동의를 얻어 회사를 대표하는 사원。
【代表委員:대표위원】 어떤 委員團이나 委員會를 대표하는 사람。
【代表者:대표자】 여러 사람이나 단체를 대표하는 사람。
【代表作:대표작】 그 작가의 작품 중에서 가장 우수한 작품。
【代品:대품】 代用品의 略語。
【代筆:대필】 ＝代書①。
【代行:대행】 대신하여 행함。
【代興:대흥】 번갈아 일어남。『左傳』與君——、亦中之。
◎古—、近—、屢—、當—、上—、聖—時—、歷—、年—、前—、地—、初—、現—、稀—、後—、花—。

【令】

小篆 草書

㊀(령) 庚 レイ、ふれ、おきて ordination
㊁(령) 敬 ㄌㄧㄥˋ ling²
㊂(령) 靑 ㄌㄧㄥ ling

㊀❶하여금령(使也)。『孟子 梁惠王上』便嬖不足使—於前與。❷시킬령、하게끔할령(俾也)。『漢書 邴吉傳』—天下昭然知之。❸가령령(假—)。『史記 張耳傳』—事成歸王。❹개 목소리 령(犬聲)。『詩』盧——。 ㊁❶명령할령(命也)。『史記 孫子傳』—之曰、汝知而心與左右手背乎。❷법 률령(法也、律也)。『書經』發號施—。❸벼슬이름령、원령(官名)。(한 지 방의 장관)。『韓非子 內儲說』卜皮爲縣—。❹착할령(善也)。❺철령(時也)。㊂❶성령(複姓—狐)。❷벽돌령。(『瓴』과 통함)
【令監:영감】 ❶《國》正三品·從二品 官員을 일컫던 말。❷좀 나이가 많은 남편이나 늙은이를 일컫는 말。❸面長·郡守·國會議員 등 지체가 높은 사람을 옛날 習性으로 존대하여 일컫는 말。

【令价:영개】 남의 하인에 대한 尊稱。
【令嬌:영교】 남의 딸의 존칭。令愛。
【令閨:영규】 ❶＝令正。❷＝令室。
【令旗:영기】 軍令을 전하는 旗。
【令器:영기】 좋은 그릇。《喩》훌륭한 人材。『晉書』議者稱爲——。「통지。
【令達:영달】 명령으로서 전함。命令의
【令堂:영당】 남의 어머니의 尊稱。令慈。
【令德:영덕】 착한 德行。善德。美德。
『書經』——孝恭。「旣欲結大義。
【令郞:영랑】 ＝令子。『古詩』有此——君、
【令望:영망】 좋은 評判。좋은 人望。
【令妹:영매】 ❶좋은 누이동생。손아래누이。『左思』峨峨——應期誕生。❷남의 손아래 누이에 대한 尊稱。
【令名:영명】 ❶훌륭한 명예。令聞。令譽。美名。好評。『禮記』思貽父母——。❷좋은 이름。『十八史略』阿房宮未成、成欲更擇——。❸상대방의 이름의 경칭。
【令母:영모】 남의 어머니의 敬稱。『蔡邕』於其——受玆義方。
【令聞:영문】 ❶令名①。❷영광스러운 소문。좋은 평판。『詩經』——令望、豈弟君子、四方爲綱。
【令夫人:영부인】 ＝令正。貴夫人。
【令士:영사】 선량한 선비。
【令似:영사】 남의 아들에 대한 尊稱。
【令嗣:영사】 ❶좋은 嗣子。令緖。『黃庭堅』向見——、眉目明秀。❷남의 아들에 대한 尊稱。
【令色:영색】 ❶안색을 곱게 꾸며 사람의 비위를 맞춤。『論語』巧言——。❷상냥하고 아름다운 顔色。『詩經』令儀——。
【令婿:영서】 남의 사위의 尊稱。
【令孫:영손】 남의 손자의 尊稱。『錢起』「子。婧節昔高尙、——嗣淸徽。
【令息:영식】 남의 아들에 대한 경칭。令
【令辰:영신】 경사스러운 날。경사스러운 때。吉日。佳辰。佳節。令節。

【令室:영실】 남의 부인에 대한 尊稱。令閨。令夫人。「한 尊稱。令岳。嶽翁。
【令嶽:영악】 남의 아내의 아버지에 대
【令愛:영애】 남의 딸에 대한 경칭。令媛。『剪燈新語』今則謹携——、同此歸寧。
【令孃:영양】 ＝令媛。令愛。
【令譽:영예】 훌륭한 명예。令名。芳譽。『梁書』幼有——。「愛。令孃。
【令媛:영원】 남의 딸에 대한 尊稱。令
【令月:영월】 ❶좋은 달。경사스러운 달。『儀禮』——吉日、始加元服。❷음력 二월의 異稱。「諛。休圖。
【令猷:영유】 좋은 꾀。令謨。令圖。良
【令胤:영윤】 남의 아들의 尊稱。「令色。
【令儀:영의】 威儀가 있음。『詩經』——
【令人:영인】 ❶善人。『詩經』母氏聖善、我無——。❷《制》李朝 때 從四品 文武官의 아내의 封爵。高宗 二년부터 文武官·宗親의 아내의 봉작으로 병용하였음。
【令日:영일】 좋은 날。경사스러운 날。令辰。佳辰。『漢書』即以——。
【令子:영자】 착한 아들의 뜻。《轉》남의 아들에 대한 尊稱。令息。賢郞。令郞。『南史』聞卿有——。
【令姊:영자】 남의 손위 누이의 尊稱。
【令慈:영자】 ＝令堂。
【令狀:영장】 법원이나 행정 기관에서 내는 命令의 書狀。소집영장·징발영장·구류영장·체포영장·수색영장 등이 있음。
【令箭:영전】 軍令을 전하는 화살。
【令前出他:영전출타】 명령이 내리기 전부터 딴 곳에 가고 없음。
【令節:영절】 佳節。令辰。『宋之問』——三秋晩、重陽九日歡。
【令正:영정】 ❶本妻。❷남의 아내의 尊稱。令夫人。令政。相正。令室。令閫。
【令政:영정】 ＝令正。

【令弟:영제】 ❶自己 동생의 칭호。『謝靈運』末路値——、開顔披心胸。❷남의 동생에 대한 尊稱。

【令尊:영존】 남의 아버지에 대한 尊稱。「춘부장(椿府丈)」。

【令終:영종】 ❶考終命。善死。❷有終의 美를 거둠。『詩經』高朗——。

【令寵:영총】 남의 첩의 존칭。

【令出多門:영출다문】 명령 계통이 문란하여 여러 곳에서 명령이 내림。각 관청에 내린 命令에 모순이 있는 것。

【令飭:영칙】 명령을 내려 경계함。

【令稱:영칭】 =令名。『桓範』束脩著行、少有——。

【令抱:영포】 남의 손자의 尊稱。令孫。

【令閤:영합】 =令正。

【令行禁止:영행금지】 명령하면 행하고 금하면 그침。곧 국민이 법령을 잘 지킨다는 뜻。

【令兄:영형】 ❶나의 兄。좋은 兄。『詩經』此——弟、綽綽有裕。❷남의 兄에 대한 尊稱。❸편지에 친구를 높여 하는 말。

【令後:영후】 명령이 내린 뒤。

◎苛—、口—、禁—、待—、命—、法—、使—、司—、辭—、守—、月—、律—、政—、指—、勅—、縣—、號—。

【以】 (이) 紙 イ with —ˇ もつて

❶할이(爲也)。『論語 爲政』視其所—。❷써이(用也)。(「를」의 뜻에 씀)。『孟子 梁惠王上』—羊易之。❸쓸이(用也)。❹까닭이(因也)。『論語 微子』不使大臣怨乎不—。『史記 商君傳』景監—讓備鞅。❺함께이(與也)。『詩經 大雅皇矣』不大聲—色。❻거느릴이(率也)。『左傳 僖公二十六年』凡師能左右之曰—。❼생각할이(思也)。『韓愈論佛骨表』伏—、佛者夷狄之一法耳。

【以降:이강】 以後。以來。(『已』와 같고 『似』와 통함)

【以功報功:이공보공】 남의 은공은 은공으로써 갚는다는 뜻。

【以南:이남】 어떤 한계로부터의 남쪽。

【以卵擊石:이란격석】 (喩)약한 것으로 센 것을 당해내려는 일을 일컫는 말。

【以卵投石:이란투석】 알로 돌을 친다는 말。(喩)당할 수 없다는 것。번번히 실패함。『荀子·議兵』。

【以民爲天:이민위천】 백성을 생각하기를 하늘같이 여긴다는 말로서、백성을 소중히 여겨 治國의 근본으로 삼음。

【以法從事:이법종사】 법대로 일을 하여 감。

【以北:이북】 어떤 지점을 한계로 해서 「그 북쪽」。

【以死爲限:이사위한】 죽음을 한정하고 일을 하여 나아감。

【以上:이상】 이 보다 위。이 보다 앞。『論語』中人——、可以語上也。

【以西:이서】 어떤 지점을 한계로 해서 그 서쪽。

【以少凌長:이소능장】 젊은 사람이 어른에게 무례한 언행을 함。

【以小易大:이소역대】 작은 것을 가지고 큰 것과 바꿈。

【以手加額:이수가액】 즐거움을 表現하는 動作。(轉)기뻐하며 축하함。

【以水救水:이수구수】 相對方의 威勢에 勢力을 더함을 일컬음。以火救火。『莊子·人間世』。

【以食爲天:이식위천】 사람이 살아가는 데 먹는 것이 가장 중요함。

【以實直告:이실직고】 사실 그대로 고함。以實告之。

【以心傳心:이심전심】 (佛) 마음에서 마음으로 전하는 것。말로써 설명할 수 없는 深奧한 뜻은 마음으로 깨닫는 수밖에 없다는 것。마음과 마음이 통하고 말을 하지 않아도 의사가 잘 전달됨。『傳燈錄』佛滅後附法於迦葉、——。「스림。

【以熱治熱:이열치열】 熱로써 熱을 다스림。

【以訛傳訛:이와전와】 헛소문이 꼬리를 물고 번져 감。

【以往:이왕】 그 동안。以前。↕將來·以後。『左傳』自今日——、旣盟之後。

【以夷制夷:이이제이】 甲國을 이용하여 乙國을 제어함。

【以一警百:이일경백】 한 사람을 징계하여 그로 인하여 여러 사람의 警戒가 되게 함。以一懲百。

【以逸待勞:이일대로】 安逸하게 있는 敵의 피로한 짬을 기다려 그와 싸움。

【以直報怨:이직보원】 원한을 가진 사람에게도 德으로 대함。원수를 正義로 대함。『論語·憲問』。

【以此於彼:이차어피】 거기나 여기나。이것이나 그것이나。이러나 저러나。

【以次傳令:이차전령】 차례대로 전함。

【以天捉虎:이천착호】 (國)하늘로 범잡기。(喩)아주 쉬운 일이라는 뜻。『旬五志』。

【以充其代:이충기대】 어떤 물건으로 「대신 채움。

【以湯止沸:이탕지불】 끓는 물로써 끓음을 멋게 한다는 말。(喩)아무리 하여도 막을 수 없고 더욱 無益함。

【以暴易暴:이포역포】 ❶惡을 惡으로 갚음。❷暴君을 내몰았으나 다시 暴君을 맞게 되는 일。

【以下:이하】 어느 한도의 아래。↕以上。『論語』中人——、不可以語上也。

【以蝦釣鯉:이하조리】 (國)새우로 잉어 낚기。(喩)적은 밑천을 들여 큰 이익을 얻는다는 뜻。『旬五志』。

【以血洗血:이혈세혈】 =骨肉相爭。

【以還:이환】 =以來。그 후。

【以孝傷孝:이효상효】 효성이 지극한 나머지 아버지의 죽음을 너무 슬퍼하여 병이 나거나 혹은 죽음。

◎所—。

【今】 (금)『今』(人部 2畫)의 俗字

【囚】 (수)→口部2畫

【失】 (실)→大部2畫

【央】 (앙)→大部2畫

四 畫

【仮】 ㊀(가)『假』(人部 9畫)의 略字 ㊁(반)『反』(又部 2畫)과 같음

【仰】 ㊀(앙) 養 ㊁(앙) 漾 ギョウ、ゴウ、あおぐ respect 一尢ˇ yang³

㊀❶우러러볼앙、쳐다볼앙(擧首望)。『易繫辭』—以觀于天文。❷사모할앙(敬慕也)。『孟子 梁惠王上』—足以事父母、俯足以畜妻子。❸임금의 분부 앙(王命)。『康熙字典』以尊命卑曰—。㊁❶의뢰할앙(依賴)。『史記 平準書』衣食—給縣官。❷믿을앙(恃也)。『戰國策』東周之民可令一— 西周。❸자뢰할앙(資也)。

【仰角:앙각】 높은 데 있는 물건을 관측할 때 시선과 지평선이 이루는 각。俯角。

【仰見:앙견】 우러러 봄。쳐다 봄。仰視。

【仰告:앙고】 우러러 보고 여쭘。

【仰觀:앙관】 우러러 봄。仰見。

【仰企:앙기】 우러러 바람。기대함。『賈島』—碧霞仙。

【仰禱:앙도】 우러러 기도함。『北史』夜在庭中、——斗極。

【仰聯:앙련】 祭物이나 또는 잔치의 큰 상의 음식을 높이 괼 때、두꺼운 종이나 색종이로 접시 둘레와 같이 싸 붙여 올리고 속에 쌀을 넣는 것。

【仰戀:앙련】 우러러 사모함。仰望。『晉書』——天恩。

【仰弄:앙롱】 나이가 훨씬 많은 사람에게 실없이 굴음。

【仰秣:앙말】 ❶말이나 소가 목을 빼어 「풀을 먹음。

【仰望:앙망】 우러러 봄。❷삼가 바람。

【仰望不及:앙망불급】 우러러 바라보아도 못 미침。

【仰面:앙면】 얼굴을 들음。

【仰眄:앙면】 우러러 치어다 봄。仰瞻。

【仰慕:앙모】 우러러 사모함。景慕。『嵇康』——同趣。

【仰釜日影:앙부일영】 해의 그림자로 시각을 가리키던 해시계의 한 가지。

【仰射:앙사】 높은 곳을 향하여 내어 쏨。

【仰事俯畜:앙사부휵】 위로는 부모를 봉양하고 아래로는 처자를 먹여 살림。부모를 섬기고 처자를 보살핌。『孟子·梁惠王』仰足以事父母、俯足以畜妻子。

【仰羨:앙선】 우러러 부러워 함。사모하고 동경함。『謝惠連』——古風。「상소함。

【仰訴:앙소】 우러러 하소연함。 우러러

【仰韶:앙소】 《地》河南省澠池縣의 한 마을。中國新石器文化의 유적으로 유명함。이곳에서 발견된 四、五 천 년 전의 유물에 의하여 스웨덴의 考古學者 앤더슨(Anderson)이 仰韶文化라 이름을 붙임。

【仰首伸眉:앙수신미】 몸가짐이나 마음 쓰임이 거만하고 굽히지 않는 모양。『司馬遷·報任少卿書』。

【仰視:앙시】 우러러 봄。仰眄。仰觀。

【仰藥:앙약】 毒藥을 먹음。仰毒。

【仰瓦:앙와】 암키와。

【仰臥:앙와】 배와 가슴을 위로 하고 반듯이 누움。『世說』日中——。「은 벗。

【仰友:앙우】 재주와 학식이 자기보다 높

【仰帳:앙장】 천장이나 상여 위에 치는 휘장。 「總稱。

【仰障:앙장】 종이 반자。또는 반자틀의

【仰止:앙지】 우러러 사모함。우러러 봄。『詩經』高山——、景行行止。

【仰天:앙천】 하늘을 우러러 봄。

【仰天大笑:앙천대소】 하늘을 쳐다 보고 크게 웃음。

【仰請:앙청】 우러러 청함。

【仰祝:앙축】 우러러 축하함。

【仰歎:앙탄】 하늘을 우러러 보면서 탄식함。『後漢書』未嘗不投書——。

【仰哺:앙포】 부모를 자손이 봉양함。

【仰婚:앙혼】 자기 보다 문벌이 높은 사람과 혼인함。↔降婚。

【仰欽:앙흠】 우러러 공경함。欽仰。『陸雲』——德類。

◎景—、崇—、信—、瞻—、推—。

【仲】 (중) 送 チュウ、なか medium ㄓㄨㄥ chung^{4}

小篆 小篆 草書 ❶다음중、버금중(次也)。『禮記 檀弓』幼名冠字五十以伯—。❷가운데중(中也)。❸악기 이름중(樂器名)。❹중개중(—介)。(『中』과 통함)

【仲介:중개】 제 삼자의 처지에서 당사자 사이에 서서 어떤 일을 주선하는 일。

【仲介貿易:중개무역】 《經》供給國의 물자를 가공하지 않고 需要國으로 수출하는 일을 제 삼국이 仲介하는 무역。

【仲介業:중개업】 타인을 위하여 상행위의 대리 중개를 하고 그 결과 생기는 수수료의 수득을 목적으로 하는 영업。

【仲介人:중개인】 =仲介者。

【仲介者:중개자】 중개하는 사람。

【仲尼:중니】 孔子의 字。「음력 十一월。

【仲冬:중동】 겨울의 한창 추울 때。곧

【仲呂:중려】 ❶음악 十二律의 陰에 속하는 가락。中品。❷음력 四월의 異稱。

【仲媒:중매】 두 집안 사이에 들어 혼인이 이루어지게 하는 일。중신。

【仲媒人:중매인】 혼인이 되도록 중매하는 사람。媒妁。

【仲買人:중매인】 《經》도매상과 소매상의 중간、또는 생산자 혹은 하주와 도매상의 중간에서、매매의 매개를 하는 상인。居間軍(거간군)。中商。

【仲父:중부】 둘째 아버지。叔父。

【仲商:중상】 음력 八월。仲秋。

【仲氏:중씨】 仲兄。『詩經』——吹篪。

【仲陽:중양】 仲春。음력 二月。

【仲月:중월】 =仲朔。

【仲子:중자】 =次男。「어 화해를 붙임。

【仲裁:중재】 다투는 쌍방의 중간에 들

【仲裁國:중재국】 《法》국제법상、당사국간의 분쟁을 판정할 국가로 선정된 중립적인 제 삼국。

【仲裁人:중재인】 ❶분쟁의 중재를 붙이는 사람。❷당사자 간의 다툼을 판정할 사람으로 선정된 제 삼자。

【仲裁裁判:중재재판】 《法》두 나라의 합의 하에 선정된 위원이 국제간의 분쟁을 재판하는 것。

【仲秋:중추】 가을이 한창때。음력 八월。仲商。『禮記』——之月、日在角。

【仲秋節:중추절】 팔월 보름을 명절로서 일컫는 말。추석。

【仲春:중춘】 음력 二월。

【仲夏:중하】 음력 五월。

【仲兄:중형】 가운데 형。둘째 형。中兄。

◎伯—。

【仳】 (비) 紙 ヒ わかれる parting ㄆㄧˇ p'i^{3}

小篆 草書 ❶이별할비(別也、—離)。❷얼굴 못 생길 비(醜貌也)。

【仳離:비이】 이별함。

【仳脅:비협】 굵은 갈비뼈가 이어져서 한장의 뼈처럼 보이는 것。駢脅。『論衡』。

【仳倠:비휴】 보기 싫게 생긴 여자。醜女。醜婦。『淮南子』嫫母——。

【伍】 (오) 麌 遇 ゴ、おなじ similar ㄨˇ wu^{3} (『伍』와 통함)

草書 ❶짝오(偶敵也)。❷같을오(同也)。『莊子』以觭偶不—之辭相應以巨子爲聖人。

【伍逆:오역】 거스름。『淮南子·天文訓』午、伍也、陰氣從下上、與陽相——也。

【件】 (건) 銑 ケン、わける classification ㄐㄧㄢˋ chien^{4}

草書 ❶조건건(條—)。❷가지건(物別也)。(것、벌、치의 뜻)。『康熙字典』俗號 物數曰若干—。❸구별할건、나눌건(區別也)。

【件件事:건건사사】 모든 일。온갖 일마다。하는 짓마다。

【件記:건기】 =發記。「서류의 제목。

【件名:건명】 ❶일이나 물건의 이름。❷

【件名簿:건명부】 일 또는 事件을 조목

조목이 적은 장부。

【件數:건수】 事件의 수。

◎物ー、事ー、人ー、要ー、用ー、條ー。

【价】

(개) 卦 カイ よい good ㄐㄧㄝ chieh (『介』와 통함)

小篆 草書 ❶착할개(善也)。❷클개(大也)。【詩】ー人維藩。❸사신개(使ー)。

【价婦:개부】 下女。『稱謂錄·婢』留靑集、ーー、僕妾也。

【价人:개인】 갑옷을 입은 사람。卿士로서 軍事를 맡은 사람을 말함。一說에는 善人、또는 大人。【詩經·大雅】ーー維藩。『傳』价、善也。『箋』价、甲也、被甲之人、謂卿仕掌軍事者。

【任】

㊀(임) 沁 ㊁(임) 侵 ニン、まかせる charge; entrust ㄖㄣˋ jen⁴

小篆 草書 ㊀❶맏길임(以恩相信)。【十八史略 西漢】平智有餘、然難獨ー。❷믿을임(信也)。❸일임(事也、職務)。【論語 泰伯】仁以爲己ー。❹임신할임(姙也)。【史記 鄒陽傳註】紂刳ー者、觀其胎産。❺성임(姓也)。❻마음대로임(所爲也)。【晉書 張翰傳】縱ー不拘。❼쓸임(用也)。【書經】ー賢勿貳。❽부새를 맡게 할임(賦稅負擔也)。【周禮 夏官大司馬】ー邦國。(『壬·妊·姙』과 통함) ㊁❶당할임(當也)。【左傳 僖公十五年】衆怒難ー。❷맡아서 책임질임(負擔也)。❸짐임(荷物也)。【孟子 滕文公上】門人治ー 將歸。❹견딜임(堪也)。【史記 王翦傳】病不ー行。❺두터울임(誠篤也)。【詩經 邶風燕燕】仲氏ー只。❻보증할임(保證也)。【淮南子 說山訓】所不能ー其必孝也。❼질임(所負)。

【任擧:임거】 책임을 지워서 맡김。『禮記』ーー有如此者。

【任官:임관】 ❶관직에 임명됨。❷사관후보생 또는 사관학교 생도가 졸업 후 장교로 임명됨。

【任器:임기】 ❶그 사람의 역량에 맡김。❷사용하는 기물。『周禮』爲百官、積ーー。

【任期:임기】 어떤 임무를 맡아 보고 있는 일정한 기간。

【任那:임나】 《歷》옛 나라 이름。지금의 高靈 지방에 있었던 듯함。

【任內:임내】 任期中。在任中。

【任達:임달】 자기 생각대로 하고 예법을 지키지 않음。『晉書·阮咸傳』咸ーー不拘。

【任大責重:임대책중】 임무가 크고 책임이 무거움。

【任滿:임만】 《國》임기가 참。滿期。

【任免:임면】 관직에 등용하는 것과 그만두게 하는 것。任用과 罷免。

【任命:임명】 직무를 맡게 함。

【任務:임무】 맡은 일。職務。責任。

【任務感:임무감】 임무에 대한 느낌。

【任房:임방】 《日》褓負商 들이 모여 의논하던 곳。

【任保:임보】 책임을 지고 증명함。『宋史』士大夫亦無敢爲其ーー。

【任所:임소】 =任地。「能ーー。

【任屬:임속】 남에게 맡김。『漢書』然不

【任率:임솔】 꾸밈 없이 솔직함。

【任是:임시】 뜻대로 행동함。放任。『江淹』ーー降深。

【任用:임용】 ❶임무를 부여하여 부림。❷관리로 등용함。

【任員:임원】 어떤 단체의 일을 맡아 처리하는 사람。役員。

【任員會:임원회】 임원으로 구성된 회。

【任意:임의】 마음대로 함。생각대로 함。

【任意代理:임의대리】 《法》本人과 代理人間의 信任에 의하여 自發的으로 취하여 지는 보통대리。↕法定代理。

【任意法:임의법】 《法》당사자의 의사에 의하여 그 적용을 배제할 수 있는 법규。

【任意費:임의비】 임의로 적용·流用할 수 있는 비용。

【任意調停:임의조정】 당사자 의사에 기준하는 조정。제 마음대로 하는 조정。

【任從:임종】 任是。『無門關』ーー滄海變。

【任縱:임종】 제멋대로 하여 자제하지 못함。放縱。『晉書』嗜酒ーー、不拘小節。

【任重而道遠:임중이도원】 등에 진 물건은 무겁고 길은 멀다는 뜻。《喩》큰 일을 맡아 책임이 무거움을 일컬음。『論語』士不可以不弘毅、ーー。

【任地:임지】 근무하는 지방。勤務處。赴任地。官員이 부임하는 地方。

【任職:임직】 벼슬을 맡김。직무를 맡김。

【任天:임천】 하늘에 맡김。「기어 둠。

【任置:임치】 남에게 돈이나 물건을 맡김。

【任便:임편】 편리할 대로 함。

【任賢使能:임현사능】 인재를 가려 뽑아서 쓰는 일。

【任俠:임협】 ❶약자를 돕고 강자를 물리치는 것。❷체면을 소중히 여기고 신의를 지킴。『史記』季布爲ーー。

◎兼ー、擔ー、大ー、放ー、背ー、補ー、赴ー、辭ー、選ー、所ー、信ー、留ー、委ー、移ー、離ー、在ー、再ー、適ー、專ー、轉ー、重ー、責ー、退ー、解ー。

【份】

(빈)『彬』(彡部 8畫)의 古字

【仿】

㊀(방) 養 ㊁(방) 陽 オウ、ボウ、にる similar ㄈㄤˇ fang³

小篆 籒文 草書 ㊀❶비슷할방(相似也)。【楊基詩】人生還鄕樂、無物堪比ー。❷흉내낼방(倣也)。❸어슴프레할방(ー佛)。【楊雄甘泉賦】ー佛其若夢別。㊁배회할방(徘徊)。【史記 荊軻傳】ー徨不能去。

【仿佛:방불】 엇비슷하게 보이는 모양。또는 서로 닮은 것。髣髴。彷彿。【史記·司馬相如傳】縹乎忽忽、若神仙之ーー。

【仿宋字:방송자】 刻書 字體의 하나。北宋 版本의 字體를 모방하여 만든 것으로 약간 길죽한 方體를 이름。

【仿佯:방양】 어슬렁어슬렁 거니는 모양。方羊。彷徉。『後漢書』消搖ーー、弭節而旋。

【仿造:방조】 모방하여 만들음。模造。仿製。

【仿行:방행】 모방하여 지음。형식을 본따서 지음。

【仿偟:방황】 헤매임。彷徨。『國語·吳語』屛營ーー於山林之中。

【伀】

(종) 冬 シヨウ、おそれる fearful

小篆 두려울종(懼也)。【周魴誘曹休書】卒奉大略ー曚狼狽。

【伀曚:종몽】 황급한 모양。『三國志·周魴傳』ーー狼狽。

【企】

(기) 紙 寘 キ くわだて plan ㄑㄧˋ ch'i⁴ (『跂』와 통함)

小篆 古文 草書 ❶바랄기(擧踵望也)。【漢書 高帝紀】日夜ー而望歸。❷계획할기(計劃也)。❸절실하게 생각할기。【賈島詩】仰ー碧霞仙。

【企及:기급】 꾀하여 미침。해서 이루었

음。〔唐書〕揚雄·梅皐可ㅡㅡ也。

〔企待:기대〕 이루어지기를 원하여 기다림。바라고 기다림。

〔企圖:기도〕 =企望。

〔企望:기망〕 까치발을 하여 바라봄。《轉》어떠한 일이 이루어지기를 원하고 바람。希望。企仰。〔後漢書〕非海內ㅡㅡ之意也。

〔企羨:기선〕 바라고 원함。〔北史〕鄕曲人士、莫不ㅡㅡ焉。

〔企業:기업〕 ❶事業을 기획하여 일으킴。또는 계획한 事業。❷《經》영리를 목적으로、생산 요소를 종합하여 계속적으로 경영하는 경제적 사업。

〔企業家:기업가〕 사업을 계획하여 경영하는 사람。

〔企業所得:기업소득〕 기업가가 얻은 총 이익。총 수입에서 남에게 지불할 생산비를 뺀 잔액。곧 기업가의 총 이익。

〔企業熱:기업열〕 기업에 대한 의욕과 열성。

〔企業體:기업체〕 사업을 진행하는 업체。어떠한 기업의 主體。

〔企畫:기획〕 꾀함。계획함。企劃。

【仔】(여) 魚 ヨ、うつくしい beautiful ㄩˊ yü²

小篆 草書 ❶궁녀의 벼슬이름여(漢官名、倢ㅡ)。❷아름다울여(美也)。

【伅】(돈) 阮 トン、おろか foolish

❶어두울돈(暗也)。❷분명하지 않을돈(事物不分明貌)。❸어리석을돈(暗愚)。

【伈】㊀(심) 寢 ㊁(침) 沁 シン、おそれる fear ㄒㄧㄣˇ hsin³

草書 ㊀두려워할심(恐貌)。/㊁뜻은 ㊀과 같음。

〔伈伈:심심〕 두려워하는 모양。〔韓愈〕ㅡㅡ睍睍、爲民吏羞。

【佊】(역)『役』(彳部 4畫)의 古字

【伉】㊀(항) 陽 ㊁(항) 漾 コウ、たぐい straight ㄎㄤˋ k'ang⁴ (古音「강」)

小篆 小篆 草書 ㊀❶강직할항(剛正)。❷우뚝할항(高貌)。〔詩經大雅〕皐門有ㅡ。㊁❶짝항、배필항(配偶也)。〔左傳 成公十一年〕已不能庇其ㅡ儷而亡之。❷겨룰항(敵也、匹敵也)。〔蔡邕文〕帶甲百萬非一勇所ㅡ。❸곧을항(直也)。❹굳셀항(健也)。〔楊子法言〕事勝辭則ㅡ。〔漢書 朱博傳〕ㅡ俠好交。❺가무릴항(藏物也)。❻성항(姓也)。❼방자할항(驕也)。〔淮南子 齊俗訓〕ㅡ行以違俗。(『抗』과 같음)

〔伉健:항건〕 굳세고 용맹스러움。〔漢書〕選ㅡㅡ。

〔伉厲:항려〕 의기 양양하고 열렬함。〔史記〕ㅡㅡ守高不能屈。

〔伉儷:항려〕 짝。夫婦。配偶者。〔左傳〕已不能庇其ㅡㅡ。

〔伉禮:항례〕 對等의 禮를 쓰고 양보하지 않음。〔莊子〕萬乘之主、千乘之君、未嘗不分庭ㅡㅡ。

〔伉配:항배〕 =伉儷。

〔伉直:항직〕 =剛直。

〔伉行:항행〕 교만스럽게 행동함。〔淮南子〕ㅡㅡ以違俗。

〔伉俠:항협〕 강한 사나이 마음。任俠。〔漢書〕ㅡㅡ好交。

【伊】(이) 支 イ、これ this ㄧ i¹

小篆 古文 古文 草書 ❶저이(彼也)。〔詩經 秦風蒹葭〕所謂ㅡ人、在水一方。❷이이(是也)。〔揚雄 河東賦〕ㅡ年暮春。❸오직이、다만이(維、惟也)。〔儀禮 士冠禮〕嘉薦ㅡ脯。❹발어사이(發語辭)。❺(소리 혹은 동작을 형용하는 뜻 없는 토로 씀)。〔後漢書 崔寔傳〕智士鬱ㅡ於下。❻답답할이(不舒貌)。

〔伊皐:이고〕 殷 湯王의 賢臣 伊尹과 堯舜時代의 賢臣 皐陶(고요)。

〔伊洛竭:이락갈〕 伊水와 洛水의 물이 마른다는 뜻으로、나라가 멸망하는 징조를 가리킴。〔國語〕昔ㅡㅡㅡ而夏亡。

〔伊洛淵源錄:이락연원록〕《書》一四권。宋의 朱熹 지음。周茂叔(濂溪) 이하 二程子에 이르는 交遊와 弟子의 言行을 수록한 것。

〔伊呂:이려〕 殷의 伊尹과 周의 呂尙。둘다 開國功臣임。〔杜甫〕伯仲之間見ㅡㅡ。

〔伊里干:이리간〕 高麗 때 鷹房에 딸린 지방 촌락。逋民을 모아서 이룸。

〔伊望:이망〕 =伊呂。〔後漢書〕ㅡㅡ之策、何以加之。

〔伊伐飡:이벌찬〕《制》新羅 十七官等중 첫째 位階。眞骨만이 하는 벼슬。

〔伊秉綬:이병수〕《人》淸代의 정치가이며 문예가。字는 組似、號는 墨卿。福建寧化 사람。벼슬은 地方長官。詩를 잘하고 書畫를 좋아하여 특히 墨梅를 잘 그렸음。〈著書〉留春草堂集。

〔伊傅:이부〕 殷의 賢相 伊尹과 傅說(부열)。〔後漢書〕美ㅡㅡ之選時。

〔伊弗蘭寺:이불란사〕《歷》高句麗 시대에 세운 절。肖門寺와 더불어 高句麗 시대에 최초로 세워진 것이라 전함。東晉의 중 阿道가 살았음。절터는 당시의 서울이던 中國 安東省 輯安縣 國內城 근방에 比定되고 있으나、분명히 고증되지는 못하고 있음。

〔伊吾:이오〕 글 읽는 소리。말이 명확하지 않은 모양。咿唔。吾伊。

〔伊鬱:이울〕 ❶몹시 무더운 모양。〔何晏〕感乎溽暑之ㅡㅡ。❷마음이 울적한 모양。〔班彪〕永ㅡㅡ其誰愬。

伊尹 (三才圖會)

〔伊尹:이윤〕 殷의 어진 宰相。湯의 세번의 招聘을 받고 湯의 宰相이 되어 桀을 치고、드디어 湯으로 하여금 天下의 王이 되게 하였음。

〔伊尹太公之謀:이윤태공지모〕 천하를 다스리는 계책。(伊尹은 殷의 良相、太公은 周의 名臣)。〔蘇軾〕不爲ㅡㅡㅡㅡㅡ、特出於荊軻·聶政之計。

〔伊伊:이이〕 벌레 우는 소리。〔劉禹錫〕樹蜮蜮兮蟲ㅡㅡ。

〔伊尺飡:이척찬〕《制》新羅의 一七官等 가운데의 둘째 位階。眞骨이 하는 벼슬인데 儒理王 九年에 설치함。伊飡。

〔伊蒲塞:이포색〕《梵》五戒를 받은 남자 신도。優蒲塞。→優婆塞。

〔伊訓:이훈〕《書》書經 商書의 篇名。成湯이 죽은 뒤 伊尹이 지었다고 전함。

【伋】(급) 緝 キュウ、いつわり reflecion ㄐㄧˊ chi²

小篆 草書 ❶생각할급(思也)。❷이름급(공자의 손자)(孔子孫子思名)。❸간사할급(虛詐貌)。

〔伋伋:급급〕 남을 속이는 모양。〔五音集韻〕伋、ㅡㅡ、虛詐貌。

〔伋然:급연〕 변해가는 모양。〔尙書大傳〕諸侯在廟中者、ㅡㅡ淵其志。

【伍】(오) 麌 ゴ、くみ、なかま squad ㄨˇ wu³

❶다섯오(五也)。❷다섯 사람오(五人也)。〔禮記祭義註〕五人爲─。❸(옛날제도로 다섯호의 조합、「五家相保也」)。〔左傳襄公三十年〕取我田疇而─之。❹항오오(軍列)。〔左傳 桓公 五年〕先偏後─。❺무리속에 들오(同列也)。〔史記 淮陰侯傳〕生乃與噲等─。

【伍伴:오반】(『五』와 같음) 같은 또래。친구。伴侶。

【伍伯:오백】❶다섯 사람의 우두머리。❷先導者。〔後漢書·註〕。❸刑을 집행하는 사람。

【伍列:오열】隊를 만듦、또는 그 사람。〔左傳〕──登城。

【伍子胥:오 자서】(人)春秋時代의 楚나라 사람。이름은 員、字는 子胥。그의 아버지와 형이 모두 楚의 平王에게 죽었으므로 吳로 달아나 吳를 도와 楚를 쳐서 平王의 무덤을 파헤치고 平王의 시체를 삼 백번 두들겼다 함。

伍子胥(三才圖會)

【伍長:오장】❶(制)周代의 군졸 다섯의 우두머리。❷宋代의 다섯 집의 우두머리。

【伍候:오후】백성에게 組合을 만들게 하여 그것을 살피게 함。〔左傳〕明其──。

【伎】 一(기) 紙 キ、うでまえ tack 二(기) 支 ㄐㄧˋ chi⁴ (『技』와 같음)

一❶재주기(才也)。〔史記 馮驩傳〕無他─能。❷배우기(藝者也)。二❶천천한 모양기(舒貌也)。〔詩經 小雅小弁〕鹿斯之奔、維足──。❷육발기(跂也)。(발가락이 많은 기형「畸形」)。

【伎伎:기기】느릿느릿 걷는 모양。〔詩·小弁〕維足──。

【伎倆:기량】❶수완。❷지혜를 헤아림。❸作用。❹기교。伎能。〔舊唐書〕──雖多、性靈惡。

【伎樂:기악】❶(佛)音樂。〔法華經〕香華──、常以供養。❷(日)吳樂。舞樂。

【伎癢:기양】수완이 있는 사람이 남이 하는 일을 보고 안타깝게 여김。일을 하고 싶어서 못 견디는 모양。〔風俗通〕──不能無出言。

【㐺】(중)『衆』(血部 6畫)의 本字

【伏】 一(복) 屋 フク、ふせる 二(부) 宥 ホク、はらばう 三(북) 職 lie flat; crawl ㄈㄨˊ fu²

一❶엎드릴복(跧也、偃也)。〔禮記 曲禮〕寢毋─。〔史記〕膝行蒲─。❷공경할복(─慕、─望)。❸숨을복(隱匿也)。「숨어서 갑자기 적군을 습격하는 병사」。〔孫子 行軍〕鳥起者─也。❹숨은 죄복(隱秘也)。〔漢書 趙廣漢傳〕發奸摘─如神。❺복복(음력 유월「六月」의 철이름「時令之名」으로、하지「夏至」후의 제 삼경「三庚」을 초복「初伏」、 제 사경「四庚」을 중복「中伏」、 입추「立秋」후의 초경「初庚」을 말복「末伏」이라 함)。❻굴복할복(屈服也)。〔左傳 隱公十一年〕旣─其罪矣。 二새가 알을 품을부(鳥抱卵)。〔漢書 五行志〕丞相府史家雄雞─子。 三길북(匍匐)。(『匐』과 같음)

【伏角:복각】(物)地磁氣의 三要素의 하나。地球의 磁力 方向이 그곳 수평면과 이룬 각。

【伏甲:복갑】=伏兵。

【伏乞:복걸】엎드려 빌음。哀乞。

【伏劍:복검】自殺。〔南史·江淹傳〕常欲結纓──。

【伏寇:복구】숨어서 나타나지 않는 원수。〔管子〕──在側。

【伏梁積:복량적】(醫)배꼽 가장자리가 딴딴하고 아픈 병。

【伏櫪:복력】말이 마구간에 누워 있음。伏歷。〔漢書〕──千駟。

【伏龍:복룡】숨은 才士나 豪傑。

【伏龍鳳雛:복룡봉추】누운 龍과 봉황의 새끼。蜀漢의 名臣 諸葛亮과 龐統을 형용한 말。(喩)숨어 있는 큰 人物。〔蜀志〕此間有──。

【伏流:복류】땅 위로 흘러가던 물이 한 때 끊어져 땅 속에 스며들어 흐르는 물。

【伏利:복리】숨어서 보이지 않는 보물。

【伏魔殿:복마전】악마가 숨어 있는 곳。(轉)禍의 근원지。〔水滸傳〕。

【伏望:복망】웃어른의 처분을 바람。

【伏慕:복모】웃어른을 공손히 사모함。

【伏慕區區:복모구구】삼가 사모하는 마음 그지없읍니다의 뜻。편지에 쓰는 말。

【伏慕無任:복모무임】삼가 사모하여 견딜 수 없다의 뜻으로 편지에 쓰는 말。

【伏拜:복배】엎드려 절함。〔後漢書〕單于當──受詔。

【伏白:복백】엎드려서 사뢴다는 뜻으로 한문식 편지에 쓰는 말。

【伏法:복법】형벌에 복종하여 죽임을 받음。伏誅。

【伏兵:복병】요긴한 목에 숨어 있다가 적을 不意에 내치는 군사。

【伏射:복사】엎드려 쏘는 소총 사격법。

【伏謝:복사】엎드려 사과함。〔史記〕黠──不受。

【伏暑:복서】=飮暑。

【伏暑症:복서증】(醫)더위를 먹어서 신열이 나고 복통·토사·하혈이 나는 병。

【伏線:복선】❶소설이나 희곡 등에서 뒤에 나올 이야기를 앞에서 암시하는 것。❷뒷 일의 준비로서 미리 암시해 두는 것。

【伏屍:복시】죽어 자빠진 시체。

【伏審:복심】삼가 살핀다는 뜻으로 한문식 편지에 쓰는 말。

【伏彥:복언】속세에 숨어 있는 뛰어난 人物。〔鮑照〕野旌──。

【伏熱:복열】三伏의 더위。庚熱。

【伏炎:복염】三伏의 더위。庚炎。

【伏牛花:복우화】(植)호자나무。

伏牛花(古今圖書集成)

【伏熊:복웅】補給車。〔後漢書〕倚鹿──。

【伏願:복원】웃어른께 삼가 원함。

【伏爲:복위】(佛)죽은 이의 영혼이 극락세계로 가도록 그 자손이나 부모가 부르는 소리。

【伏惟:복유】생각하옵건대。

【伏隱:복은】납작 엎드리어 숨어 있음。〔左傳〕盜賊──。

【伏陰:복음】여름에 서리나 우박 따위가 오는 것。滯陰。〔國語〕夏無──。

【伏翼:복익】(動)박쥐의 別稱。

【伏日:복일】복날。三伏의 날。三伏은 初伏·中伏·末伏을 일컬음。〔後漢書〕──詔賜從官肉。

【伏藏:복장】❶엎드려 숨음。❷깊이 감추어 둠。❸(佛)불상의 가슴 속에 금·은·七寶 따위를 넣는 일。

【伏在:복재】드러나지 않고 몰래 숨겨져 있음。

【伏罪:복죄】❶罪狀에 따라 法의 조처

를 받음。❷아직 발각되지 않은 죄。

〔伏奏:복주〕 엎드려서 임금께 上奏함。〔儲光義〕夜聞持簡立、朝看——歸。

〔伏中:복중〕 三伏 동안。

〔伏地:복지〕 땅 위에 엎드림。

〔伏悵:복창〕 궁금하고 섭섭하다는 뜻으로 웃어른에 대한 한문 편지에 쓰는 말。

〔伏處:복처〕 요긴한 길목에 순라군이 있어 지키던 곳。

〔伏醋:복초〕 복날에 술을 뜨뜻한 곳에 두어 삭혀서 맛이 나게 만든 초。

〔伏祝:복축〕 삼가 축원함。

〔伏虎:복호〕 ❶엎드린 호랑이。〔韓詩外傳〕見寢石以爲——。❷요강。＝虎子。

〔伏羲:복희〕 《人》中國 古代 傳說上의 임금。처음으로 백성에게 고기잡이·사냥·牧畜 등을 가르치고 八卦와 文字를 만들었다고 함。伏犧。抱犧。

伏羲氏(金石索)

〔伏鷄:부계〕 알을 품고 있는 암탉。伏雌。〔公羊傳·註〕——搏狸。

〔伏卵:부란〕 鳥類가 알을 품음。

〔伏雌:부자〕 ＝伏鷄。〔風俗通〕。

◎屈—起—、拜—、三—、慴—、潛—、降—。

【伐】

(벌) 月 バツ、うつ fell ㄈㄚˊ fa^{1·2}

小篆 草書 ❶칠벌(征也)。〔史記 孔子世家〕附於晉則楚來—。❷벨벌(斫木也)。〔詩經 小雅 伐木〕—木丁丁。❸공벌(功也)。〔左傳 莊公二十八年〕且旌君—。❹자랑할벌(自矜也)。〔老子〕不自—、故有功。❺방패벌(干也)。❻갈아 높힌 흙벌(耦土也)。〔周禮 冬官考工記〕一耦之—。(『閥·垡』과 같음)

〔伐柯:벌가〕 도끼자루를 벰。곧 도끼자루는 도끼가 벤다는 뜻。《喩》㉠어진 사람을 맞아들이는 데는 어진 사람이 가야 됨。㉡혼인에는 중매가 있어야 함。《轉》仲媒人。〔詩經〕——、——、其則不遠。

〔伐大驄:벌대총〕 李朝 孝宗이 특별히 아끼어 江華島에 놓아 기르던 말의 이름。

〔伐德:벌덕〕 德을 어김。

〔伐木:벌목〕 나무를 벰。〔詩經〕——丁丁。

〔伐氷:벌빙〕 간직해 두었다가 쓰려고 얼음장을 떠냄。

〔伐喪:벌상〕 남의 땅에 몰래 偸葬(투장)하는 사람을 두들겨 몰아 냄。

〔伐生:벌생〕 사람의 생명을 빼앗음。

〔伐善:벌선〕 자기의 善行을 뽐냄。

〔伐性之斧:벌성지부〕 생명을 끊는 도끼。《喩》女色에 빠지면 사람의 性命(성명)에 해롭다는 말。〔呂氏春秋〕。

〔伐閱:벌열〕 공로와 경력。閥閱。〔漢書〕又無——功勞。

〔伐祭:벌제〕 제삿집에 가서 음식을 달라고 하여 먹음。討祭。

〔伐罪:벌죄〕 죄를 추궁함。처벌함。

〔伐採:벌채〕 나무를 베어 냄。採伐。

〔伐草:벌초〕 《國》봄、가을 두 차례 무덤의 잡초를 베는 일。

◎問—、攻—、濫—、殺—、征—、採—、侵—、討—。

【休】

㊀(휴) 尤 ㊁(휴) 遇 キュウ、やすむ rest ㄒㄧㄡ hsiu^{1}

小篆 草書 ㊀❶쉴휴(暇息也)。〔杜甫詩〕官因老病—。❷아름다울휴(美也、善也)。〔書經 召誥〕惟王受命、無疆惟—。❸기쁠휴(慶也)。〔書經 洛誥〕敬天之—。❹겨를휴(暇也)。❺물러갈휴(—退致仕)。〔六書故〕以原官歸老曰—退。❻넉넉할휴(有容)。〔大學〕其心——焉。❼죄를 놓을휴(宥也)。〔書經 呂刑〕雖—勿—。❽검소할휴(儉也)。〔詩經 唐風 蟋蟀〕良士——。❾그칠휴(止也)。〔溫憲詩〕店香風起時、村白雨—時。㊁탄식할휴、한탄할휴(歎也)。〔左傳 昭公三年〕民人痛疾而或燠—之。(『痛·歎·咻』와 같음)

〔休嘉:휴가〕 慶事。즐거움。또는 그런 일。〔晉書〕令聞——、千載承風。

〔休暇:휴가〕 ❶학교·직장 따위에서 일정한 동안 쉬는 일。〔王勃〕十旬——、勝友如雲。❷직장에 있는 사람이 딴 일로 쉬게 된 겨를。放暇。

〔休刊:휴간〕 신문 잡지들의 발행을 한때 쉬는 일。

〔休講:휴강〕 계속되는 강의를 한때 쉼。

〔休憩:휴게〕 잠간 쉬는 일。休息。

〔休憩所:휴게소〕 잠간 동안 머물러 쉬게 마련한 곳。

〔休憩室:휴게실〕 잠간 동안 머물러 쉬「게 설비한 방。

〔休遣:휴견〕 죄인을 용서함。〔後漢書〕——徒繫。

〔休告:휴고〕 漢代에는 五日마다、唐代에는 十日마다、하루씩 집으로 돌아가서 沐浴하는 것을 許容한 데서 나온 말。休沐。〔李嶠〕及此乘——、卿將狎遁肥。

〔休祜:휴고〕 ＝休祐。〔王韶之〕永介——。

〔休光:휴광〕 훌륭한 공훈。〔韓愈〕士之能垂——。

〔休校:휴교〕 ❶학교가 수업을 한동안 쉼。❷학생이 학교 수업을 쉼。

〔休咎:휴구〕 기쁜 일과 재앙。吉凶。禍福。〔漢書〕箕子爲武王、陳五行陰陽——之應。「陲。

〔休寧:휴녕〕 편안히 쉼。〔史記〕——北之—。

〔休德:휴덕〕 善德。美德。〔史記〕奉至尊之——。

〔休道:휴도〕 말하지 말라는 뜻。

〔休燈:휴등〕 전등을 架設한 설비는 그대로 두고 한동안 불을 켜지 아니하는 일。

〔休利:휴리〕 커다란 便益。〔歐陽修〕興愚民之——。

〔休眠:휴면〕 ❶外界의 상태가 생존에 맞지 않게 될 때 동식물이 그 생활 기능을 활발하게 하지 않고 일정 기간을 지내는 일。❷孵化한 누에가 어느 정도 성장한 후 잠을 자는 일。

〔休眠芽:휴면아〕 휴면기에 들어간 싹。

〔休命:휴명〕 ❶天命。❷좋은 명령。〔易經〕順天——。❸임금의 명령。

〔休明:휴명〕 매우 명랑함。〔左傳〕德之——、雖小重也。

〔休沐:휴목〕 관리의 휴가。漢代에는 五일、唐代에는 一〇일에 하루씩 집에 돌아가 목욕하는 것을 허락하였음。休告。休暇。〔徐堅初學記〕。

〔休範:휴범〕 훌륭한 모범。좋은 法式。〔晉書〕流——于無窮。

〔休兵:휴병〕 군인에게 적당한 휴식이나 휴가를 주어 기운을 돋움。

〔休辭:휴사〕 좋은 말。〔蔡邕〕辱此——。

〔休祥:휴상〕 ＝休兆。〔書經〕襲于——。

〔休書:휴서〕 離婚狀。

〔休息:휴식〕 ❶일의 도중에서 잠간 동안 쉼。❷＝休憩。〔詩經〕南有喬木、不可——。

〔休息痢:휴식리〕 《醫》더하였다 그쳤다 하고 오래 되도록 잘 낫지 않는 이질。

〔休神:휴신〕 ＝休心。安心。

【休心:휴심】 마음을 쓰지 아니함。安心함。休神休意。
【休養:휴양】 피로의 회복이나 다음 활동을 위하여 심신을 편안히 保養함。
【休養地:휴양지】 심신을 쉬며 보양하기에 적당한 곳。휴양 시설이 마련되어 있는 곳。
【休養地帶:휴양지대】 溫泉·해수욕장·避暑地·避寒地 따위의 여러 사람이 휴양하기에 알맞은 지대。
【休養處:휴양처】 =休養地。
【休業:휴업】 學業이나 영업을 하루 또는 열마 동안 쉼。
【休業手當:휴업수당】 雇用主의 歸責事由로 인하여 휴업하는 경우에 근로자에게 지급하는 수당。
【休祐:휴우】 좋은 징조。吉祥。『宋書』時膺ㅡㅡ。
【休應:휴응】 =休兆。『唐書』武后以爲ㅡㅡ、名曰慶山。
【休意:휴의】 =休心。
【休日:휴일】 보는 일을 중지하고 노는 날。公休日。定休。『唐書』會ㅡㅡ登樓。
【休載:휴재】 신문·잡지 따위에 連載하던 글을 한동안 싣지 않음。
【休戰:휴전】 《軍》❶戰爭을 중지함。❷交戰國이 서로 협의하여 군사 행동을 일시적으로 멈춤。
【休停:휴정】 쉼。息停。『晉書』殆無三日ㅡㅡ。
【休禎:휴정】 =休祐。(禎은 福)。『後漢書』ㅡㅡ符瑞。
【休廷:휴정】 재판 도중에 쉬는 일。
【休題:휴제】 말을 한동안 멈춤。여태까지의 話題를 중지함。
【休兆:휴조】 경사스러운 징조。吉兆。休徵。祥瑞。祥兆。『全唐詩話』聖人開運、ㅡㅡ必彰。
【休祚:휴조】 =休兆。『晉書』ㅡㅡ鐘聖躬。
【休紙:휴지】 ❶못쓰게 된 종이。❷밑을 씻거나 코를 푸는 데 쓰는 허드렛 종이。

【休止:휴지】 그만둠。쉼。끝남。休歇。
【休止符:휴지부】 악보 기호의 하나。악곡의 진행 중 음성의 쉼을 나타낸 부호。여섯 가지가 있음。쉼표。
【休紙施行:휴지시행】 이미 작성된 案件을 폐지함。
【休紙桶:휴지통】 못쓰게 된 종이 같은 것을 넣는 그릇。
【休職:휴직】 ❶공무원·社員 등이 그 신분을 留保하면서 일정한 기간 그 직무를 쉬는 일。❷장교가 보임을 받지 않고 쉼。
【休診:휴진】 의료 기관의 休業。한동안 진찰을 않음。
【休妻:휴처】 처와 헤어짐。이혼。
【休戚:휴척】 기쁜 일과 슬픈 일。편안함과 근심。『國語』爲晉ㅡㅡ、不背本也。
【休惰:휴타】 쉬고 게으름을 피움。『北史』軍人因宴ㅡㅡ。
【休學:휴학】 病患 기타 원인으로 재적한채 한동안 학교를 쉼。학문하는 것을 쉼。
【休閑:휴한】 토양을 개량하기 위하여 어느 기간 耕作을 쉬는 일。
【休歇:휴헐】 =休止。『崔顥』直言榮華未ㅡㅡ、不覺山崩海將竭。
【休和:휴화】 천하가 태평하고 백성이 화합하는 모양。『左傳』一人行善則百姓ㅡㅡ。
【休火山:휴화산】 《地》옛날에는 噴火하였으나 현재는 噴火를 멈춘 火山。
【休會:휴회】 ❶회의 도중에 쉼。❷會議體가 스스로 議事를 중지하고 쉼。❸《經》거래소에서 立會를 休止하는 일。
【休勳:휴훈】 아름답고 큰 공훈。『班固』ㅡㅡ顯祥、永永無疆。
【休休:휴휴】 ❶상냥함。마음이 너그러움。『書經』其心ㅡㅡ焉。❷아름답고 큰 모양。❸검소한 모양。『詩經』良士ㅡㅡ。
◎公ㅡ、歸ㅡ、無ㅡ、不眠不ㅡ、遊ㅡ、定ㅡ、週ㅡ。

【伙】 (화) 㗰 カ、かぐ ㄏㄨㄛˇ huo³ ❶세간화(什物傢ㅡ)。❷불목하니화(火伴)。(『火』와 같음)
【伙伴:화반】 一〇人一組의 軍隊。火伴。『辭源』伙、火伴、俗作ㅡㅡ、如言合伙·散伙。

【佪】 (개)『個』(人部 8畫)의 略字

【会】 (회)『會』(日部 9畫)의 略·俗字

【伛】 (구)『傴』(人部 11畫)의 略·俗字

【伜】 (쉬/졸)『倅』(人部 8畫)의 略·俗字

【伝】 (전)『傳』(人部 11畫)의 略字

【全】 (전)→入部 4畫

【合】 (합)→口部 3畫

五 畫

【伯】 ㊀(백) 陌 ハク かしら、おさ chief ; elder ㊁(패) 禡 ㄅㄞˇ pai³ (古音「파」)

小篆 小篆 草書

㊀❶맏백(長也)。『莊子 人間世』匠不顧、遂行不輟。❷벼슬 이름백(爵名也)。(다섯 작위「爵位」의 세째 이름)。『孝經 三才』不敢遺小國之臣、而況於公侯ㅡ子男乎。❸백부백(伯父也)。『釋名』父之兄曰ㅡ父。❹형백(兄也)。『詩經 小雅何人斯』ㅡ氏吹壎。❺남편백(夫之稱也)。『詩經』ㅡ也執殳。❻세간백(巷間也)。『史記 酷吏傳』置ㅡ格長。❼말의 신백(馬祖)。(말을 맡아 보는 별 이름「天馬星」)。㊂우두머리패、으뜸패(盟主也)。(중국 제후「諸侯」의 우두머리)。『左傳 成公二年』五ㅡ之覇也、勤而撫之。
【伯舅:백구】 임금이 異姓의 諸侯를 존대하여 부르던 말。↓伯父②。
【伯樂:백락】 ❶《天》별 이름。말(馬)을 주관한다고 함。❷《人》옛날 孫陽이란 사람。말(馬)이 좋고 나쁨을 잘 감별하였다 함。《轉》말을 잘 감별하는 사람。『韓愈』ㅡㅡ一過冀北之野、馬群遂空。
【伯樂一顧:백락일고】 名馬가 伯樂을 만나 그의 가치를 인정 받는 것。《喩》名君·名相에게 知遇를 받음。『戰國策』。
【伯勞:백로】 《動》때까치。伯鷯。博勞鳥。
【伯母:백모】 큰어머니。『晉書』事ㅡㅡ以孝聞。
【伯父:백부】 ❶큰아버지。❷임금이 同姓의 諸侯를 尊稱하던 말。↓伯舅。『禮記』天子同姓謂之ㅡㅡ、異姓曰伯舅。
【伯叔:백숙】 ❶형과 아우。❷아버지의 형과 아버지의 아우。伯父와 叔父。
【伯氏:백씨】 남의 맏형을 일컫는 말。伯兄。『詩經』ㅡㅡ吹壎。
【伯牙:백아】 《人》春秋時代의 저명한 鼓琴家。
【伯夷叔齊:백이숙제】 《人》殷 孤竹君의 아들이며 兄弟之間。武王이 殷을 치려는 것을 말리다가 듣지 않으므로 兄弟는 周의 녹을 먹기를 부끄럽게 여기어 首陽山에 들어가 고사리를 캐어 먹으며 숨어 살다가 굶어 죽었다는 전설이 있음。

伯夷(三才圖會)

【伯姊:백자】 맏누이。

【伯爵:백작】 다섯 가지 爵 중의 세째 번 爵位。『史記·註』吳本ㅣㅣ也。
【伯濟國:백제국】《歷》 옛 나라 이름。馬韓에 속함。百濟가 됨。
【伯仲:백중】 ❶맏형과 그 다음。❷서로 어금지금 맞섬。伯仲之間。
【伯仲叔季:백중숙계】 형제의 순서。맏형을 伯、그 다음을 仲、또 그 다음을 叔、끝의 아우를 季라 일컬음。
【伯仲之間:백중지간】《喩》큰 차이가 없음。비슷함。伯은 兄、仲은 弟로 서로 어슷비슷한 사이란 뜻。『魏文帝』傳毅之於班固、ㅡㅡ耳。「ㅡ歲。
【伯兄:백형】 맏형。『孟子』鄕人長於ㅣㅣ。
【伯圖:파도⇩패도】 覇者의 공적。『晋書』光啓ㅣㅣ。
◎道ㅣ、舍ㅣ、詞ㅣ、水ㅣ、詩ㅣ、風ㅣ、河ㅣ、畫ㅣ。

【佤】(과) 佳 カ、もとる unjust
바르지 않을과(不正也)。『集韻』ㅣ、不正也。

【估】(고) 麌 コ、あたい price ㄍㄨ ku¹·⁴
小篆 草書 ❶장세고(市稅也)。❷값고(價也)。『唐書 陸長源傳』高鹽價、賤帛ㅣ。
【估價:고가】 ❶값。價格。❷값어치。評價。『唐書』物ㅣㅣ宜視月平。
【估客:고객】 商人。『世說』。
【估計:고계】 物價를 계산함。
【估券:고권】 ❶토지의 소유권을 증명하는 문서。沽券。❷값어치。品位。
【估稅:고세】 상품에 매기는 세。영업세。『晋書』ㅣㅣ悉除、市無二價。
【估衣:고의】 ❶헌옷。❷기성복。
【估衒:고현】 스스로 그의 기술을 자랑하고 뽐냄。『隋書』ㅣㅣ公主之間。

【你】(니) 紙 ニ、ジ、なんじ you ㄋㄧ ni³
너니(汝也)。

【伴】㊀(반) 旱 ㊁(반) 翰 ハン、つれ、とも companion ㄆㄢ pan⁴
小篆 草書 ㊀❶짝반、벗반、동무반(友也)。『李商隱雜纂』相似ㅣ燕似尼姑、有ㅣ方行。❷동반할반(同ㅣ)。❸의지할반(倚也、依也)。❹모실반(陪也)。㊁❶한가할반(閒暇)。『詩經』ㅣ奐爾遊矣。❷늘어질반(縱弛、ㅣ奐)。
【伴當:반당】 부리는 사람。人夫。伴擋。
【伴娘:반랑】 시집 가는 신부를 따라 가는 부인。
【伴侶:반려】 친구。짝이 되는 동무。
【伴侶者:반려자】 ❶반려가 되는 사람。짝이 되는 사람。❷아내。
【伴性遺傳:반성유전】《生》雌雄의 性別과 일정한 관련을 가진 유전 현상。
【伴送:반송】 다른 것과 함께 보냄。
【伴隨:반수】 짝이 되어 따름。
【伴宿:반숙】 喪家에서 출관 전날 밤에 밤 새우는 것。
【伴食:반식】 ❶正客을 모시고 대접을 받음。《轉》무능한 관리를 비웃는 말。『唐書』時人謂之ㅣㅣ宰相。❷陪食。
【伴吟:반음】 따라 읊조림。
【伴接:반접】 正客을 접대하는 사람。
【伴奏:반주】《樂》성악이나 기악의 主奏部를 좇아 다른 악기로 이를 돕는 奏樂。
【伴直:반직】 두 사람이 당번으로 한 곳에 숙직함。
【伴俏魚:반초어】《動》밴댕이。
【伴寢:반침】 =同宿。
【伴行:반행】 =同行。
【伴奐:반환】 한가한 모습。『詩經』ㅣㅣ「爾游矣。
◎同ㅣ、相ㅣ、隨ㅣ。

【伶】(령) 靑 レイ、わざおぎ musician ㄌㄧㄥ ling²
小篆 草書 ❶악공령、광대령(樂工)。『六書故』號樂官爲ㅣ官今亦稱戲子曰ㅣ。❷외로울령(獨也)。『魏觀詩』父老匍匐來、形影何ㅣ仃。❸영리할령(ㅣ俐)。❹놀림감의 신하령(弄臣)。(『伶·鈴』과 통함)
【伶俐:영리】 똑똑하고 민첩함。怜悧。『康熙字典』今方言謂黠慧曰ㅣㅣ。
【伶俜:영빙】 ❶헤매는 모양。❷타락하는 모양。『潘岳』少ㅣㅣ而偏孤兮。
【伶牙俐齒:영아이치】 말솜씨가 좋음。能辯。「伎窮老ㅣㅣ。
【伶優:영우】 =俳優。『蘇軾』力盡病騏驥
【伶人:영인】《制》音樂을 맡아 보던 관리。伶工。伶官。《轉》배우·광대 따위。『晋書』戴安道不爲王門ㅣㅣ。
【伶仃:영정】 고독한 모양。零丁。伶丁。『魏觀』形影何ㅣㅣ。

【伸】(신) 眞 シン、のびる straighten ㄕㄣ shen¹
小篆 草書 ❶펼신(舒也)。❷다스릴신(理也)。❸기지개 켤신(欠ㅣ)。『禮記 曲禮』志倦則欠體倦則ㅣ。(『申』과 통함)
【伸救:신구】 남의 죄가 없음을 사실대로 들어서 변명하여 구원함。
【伸圖:신도】 原圖보다 縮尺을 크게 하여 옮겨 그린 그림。↔縮圖。
【伸雪:신설】 =伸冤雪恥。
【伸訴:신소】 억울함을 호소함。訴訟함。
【伸腰:신요】 허리를 폄。쉼。『陸游』ㅣㅣ午飯餘。「풀어 버림。
【伸冤:신원】 원수를 갚음。원통한 일을 풀어 버림。
【伸冤雪恥:신원설치】 마음에 맺힌 원한을 풀고 수치스러운 일을 씻어 버림。
【伸長:신장】 잡아 늘임。늘이어 길게 폄。
【伸張:신장】 늘이어 넓게 폄。
【伸展:신전】 늘이어 펼침。發展。
【伸志:신지】 뜻을 폄。
【伸鐵:신철】 강철 부스러기를 재료로 하여 달궈서 만든 강철。
【伸縮:신축】 늘어남과 줄어들음。弛張。『蘇軾』機牙在ㅣㅣ、漲落隨高低。
【伸縮性:신축성】 마음대로 늘어나고 주는 성질。
【伸欠:신흠】 늘어지게 하품함。
◎屈ㅣ。

【伺】(사) 寘 支 シ、うかがう watch ㄘ、ㄙ tz'û⁴
小篆 草書 ❶살필사、엿볼사(偵察也)。『蜀志 後主紀』ㅣ上意所趨而合之。❷안부를물을사。『韓愈 送李愿序』ㅣ候於公卿之門。
【伺窺:사규】 가만히 형편을 살핌。
【伺隙:사극】 틈을 엿봄。
【伺望:사망】 가만히 엿봄。『後漢書』密令太史ㅣㅣ之。
【伺晨鳥:사신조】 새벽에 맨 먼저 우는 새。(닭의 일종)。『陸機』嘒彼ㅡㅡ、揚聲當及旦。
【伺應:사응】 엿보아 응답함。『唐書』。
【伺察:사찰】 동정을 살핌。窺察。『北史』出入宮掖、ㅣㅣ內外。
【伺候:사후】 손윗 사람의 安否를 물음。

〖韓愈〗ㅡㅡ於公卿之門。

【伺釁:사흔】=伺隙。

【伻】(팽) 庚 ホウ、つかう make one do ㄆㄥ pēng¹

伻 草書 ❶부릴팽(使也)。〖書經 洛誥〗ㅡ來以圖及獻卜。❷사람부릴팽(使人也)。❸좇을팽(從也)。

【伻當:팽당】불리우는 사람。下人。奴隸。〖玉堂雜字〗ㅡㅡ、奴隸之人。

【似】(사) 紙 寘 シ、ジ、にる resemble ㄕ shih⁴

似 小篆 草書 ❶같을사(肖也)。〖中庸〗射有ㅡ乎君子。❷본받을사(模倣也)。〖陸游詩〗吳語我能ㅡ。❸이을사(嗣也)。〖詩經 周頌良耜〗以ㅡ以續。❹드릴사(捧也)。❺받들사(奉也)。〖賈島詩〗今日把ㅡ君。

【似類:사류】비슷하게 닮음。類似。〖論衡〗事相ㅡㅡ、其實非也。

【似續:사속】❶이음。代를 이음。〖詩經〗ㅡㅡ妣祖。❷子孫。

【似是而非:사시이비】보기에는 그럴듯하나 사실은 틀림。

【似而非:사이비】겉으로는 같아 보이나 실제로는 다름。〖孟子·盡心〗惡ㅡㅡ者、惡莠乃恐其亂苗也。

【似虎:사호】(動) 고양이의 異名。

◎近ㅡ、無ㅡ、相ㅡ、類ㅡ、疑ㅡ、酉ㅡ、恰ㅡ。

【伽】(가) 歌 カ、てら temple くㄧㄝ ch'ieh²

伽 草書 절가(僧居也)。〖梵書〗僧ㅡ藍今浮屠所居也。(梵語의 〈ka, ga〉음을 나타냄에 씀)。(〖茄〗와 통함)

【伽那:가나】(動)코끼리의 異名。伽邪。

【伽羅國:가라국】(歷)=駕洛國。

【伽藍:가람】(梵) saṅghārāma의 音譯。절。佛道를 修業하는 곳。精舍。〖飜譯名義集〗僧ㅡㅡ、譯爲衆園。

【伽藍鳥:가람조】(動)사다새。

【伽倻國:가야국】(歷)옛 나라 이름。新羅 儒理王 때 金首露王 六兄弟가 세웠다는 여섯 나라의 總稱。金官伽倻(金海)·大伽倻(高靈)·古寧伽倻(咸昌)·小伽倻(固城)·阿羅伽倻(阿那伽倻ㅡ咸安)·碧珍伽倻(星山伽倻ㅡ星州) 등 여섯 나라。六伽倻。新羅 眞興王에게 망함。

【伽倻琴:가야금】(國)우리 나라 고유의 絃樂器의 하나。新羅 眞興王 때 伽倻國 嘉實王이 樂師 于勒을 시키어 만들었음。판은 오동나무이고 길이 五자 四치、넓이 八치 五푼, 두께 二치 二푼으로 줄이 열 두 개 있음。

【伽倻山:가야산】(地)❶慶尙北道 星州郡과 慶尙南道 陝川郡 사이에 있는 山。一四三〇米。海印寺·黃溪 폭포 등이 있음。❷忠淸南道 禮山郡과 瑞山郡 사이에 있는 山。五七八米。新羅 시대에는 西鎭을 삼았고, 所在官으로 하여금 춘추에 제사를 지내게 하였음。名勝地로서 伽倻寺·水簾洞 등이 있음。

【伾】(비) 支 ヒ、つよい strong ㄆㄧ p'i¹

伾 小篆 草書 ❶힘셀비(有力)。〖詩〗以車ㅡㅡ。❷많을비(衆也)。

【伾伾:비비】❶힘이 있는 모양。〖詩經·魯頌〗有騂騏、以車ㅡㅡ。〖傳〗ㅡㅡ、有力也。❷떼지어 가는 모양。〖廣雅·釋訓〗ㅡㅡ、衆也。

【伹】(사)〖似〗(人部 5畫)와 같음

【佁】(이) 紙 イ おろかなさま ㄧ i³

佁 小篆 미련스러울이(癡貌)。〖說文〗佁、癡也。

【佂】(정) 庚 セイ、おそれる ㄓㄥ chêng

두려워할정(懼也、ㅡ伀)。

【佃】(전) 霰 先 デン、たがやす cultivating ㄉㄧㄢ tien⁴

佃 小篆 草書 ❶밭맬전(治田也)。〖康熙字典〗ㅡ、治田也、亦作田。❷머슴꾼전(代耕農者)。❸소작인전(小作人)。〖宋史 食貨志〗訂其主ㅡ。❹사냥할전(獵也)。〖十八史略太古〗結網罟敎ㅡ漁。❺수레이름전(멍에가 하나 있는 차「一轅車」)。

【佃客:전객】=佃戶。〖宋史〗以小民役屬者爲ㅡㅡ。

【佃具:전구】農具。佃器。田器。〖唐書〗「耕牛ㅡㅡ。」

【佃漁:전어】사냥질과 고기잡이。(禽獸를 잡는 것을 佃이라 하고, 고기를 잡는 것을 漁라 일컬음)。〖易經〗爲罔罟以ㅡㅡ。(罔은 網)。

【佃作:전작】밭을 만들음。농업에 종사함。〖史記〗民雖不ㅡㅡ、而足於棗栗矣。

【佃戶:전호】남의 땅을 빌어 농사 짓는 사람。小作人。佃客。〖五代史〗家田ㅡㅡ。

【但】(단) 旱 タン、ダン、ただし but ㄉㄢ tan⁴

但 小篆 草書 ❶다만단, 한갓단, 홀로단, 오직단(徒也)。〖宋史 王安石傳〗人皆謂、卿ㅡ知經術、不曉世務。❷특별히단(特也)。〖劉廷芝詩〗ㅡ看古來歌舞地。❸그러나단(然也)。〖杜甫詩〗學書初學衛夫人、ㅡ恨無過王右軍。❹부질없을단(空也)。

【但書:단서】본문 밖에 但字를 붙여서, 어떤 조건이나 예외의 뜻을 나타내는 글。

【但只:단지】다만。겨우。오직。

【佅】(매) 卦

오랑캐풍류이름매(夷樂名)。

【佇】(저) 語 チョ、たたずむ stay ㄓㄨ chu⁴

佇 小篆 草書 ❶오래설저(久立貌)。〖詩經 邶風燕燕〗瞻望不及、ㅡ立以泣。❷기다릴저(待也)。❸잠깐 머물저(延ㅡ)。〖楚辭〗結幽蘭而延ㅡ。

【佇見:저견】머물러 서서 바라봄。佇眄。

【佇眷:저권】머물러 서서 돌아 봄。眷佇。〖王勃〗指皇輿而ㅡㅡ。

【佇念:저념】머물러 서서 생각함。〖鮑照〗望天涯而ㅡㅡ。

【佇立:저립】머물러 섬。오래 섬。〖詩經〗瞻望不及、ㅡㅡ以泣。

【佇眄:저면】=佇見。〖陸機〗ㅡㅡ要遐景。

【佇想:저상】머물러 서서 생각함。

【佈】(포) 遇 フ、あまねし spread ㄅㄨ pu⁴

佈 草書 펼포(徧也)。〖集韻〗佈、徧也、古作尃。(〖布·抪〗와 통함)

【佈景:포경】❶背景。❷風景。❸그림의 配置를 함。

【佈告:포고】일반에게 널리 알림。

【佈達:포달】通告。示達。

【佈置:포치】配置。

【佉】(거)(구) 魚 〔俗音〕 ㄑㄩ ch'ü キョ、くにのな
草書 나라이름거(國名、ㅡ沙)。

【佉佉:구구】《佛》부처 이름。文珠의 眷屬。『陀羅尼經』ㅡㅡ。〔注〕文殊眷屬。

【佉樓:구루】❶仙人의 이름。佉盧·佉路라고도 함。梵語 Kharasthi(佉盧佉吒)의 省譯。文字를 만든 사람이라고 함。『月藏經·七』ㅡㅡ颯吒、驢神仙人。❷佉樓가 만든 文字。왼쪽에서부터 오른쪽으로 써감。『百論疏·上之下』昔有梵王、在世說七十二字、以敎世間、名ㅡㅡ書。

【佊】(피) 寘 ヒ、よこしま wickedness
간사할피(邪也)。

【佋】㊀(소) 蕭 ショウ、とりつぐ introduce
㊁(소) 篠 ㄕㄠˋ shao⁴
小篆 ㊀댓수의 차례소(廟位)。〔說文〕宗廟ㅡ穆父爲ㅡ南面子爲穆北面。(『昭』와 통함) ㊁❶소개할소(ㅡ介)。❷사신소(介行)。(『紹』와 통함)

【佋价:소개】새중간에 들어서 어느 관계를 맺어줌。紹介。『廣韻』价、ㅡㅡ也。

【佋穆:소목】=昭穆。『廣韻』佋、廟ㅡㅡ也、或作昭、父昭、子穆。

【佌】(차) 紙 シ、ちいさい small ㄘˇ tz'ŭ
草書 ❶작을차(小也)。❷작은 것들이 나란히 서 있는 모양차(立貌)。『詩經小雅正月』ㅡㅡ彼有屋。

【佌佌:차차】❶작은 모양。『爾雅·釋訓』ㅡㅡ、小也。❷가지런한 모양。『六書故』佌、ㅡㅡ、猶言差、言其鱗比之皃。

【佌傂:차체】길고 짧은 것이 고르지 못한 모양。參差。『廣韻』傂、參差也。

【位】(위) 寘 イ、くらい position ㄨㄟˋ wei⁴
小篆 草書 ❶벼슬위。❷임금의 신분위(王身分)。〔史記伯夷傳〕堯將遜ㅡ、讓於虞舜。❸위치위(ㅡ置)。〔中庸〕君子素其ㅡ。❹자리가 정해있을위(安其所也)。〔中庸〕天地ㅡ焉萬物育焉。❺바를위(正也)。❻분위(다른 사람에게 대하는 존대말「敬辭也」)。❼벌일위(列也)。❽방위위(方角)。

【位階:위계】벼슬의 등급。「망이 큼。

【位高望重:위고망중】지위가 높고 명망이 큼。

【位極人臣:위극인신】신하로서 가장 높은 벼슬자리에 오름。

【位記:위기】品位에 관한 기록。

【位畓:위답】수확을 어떠한 목적에 쓰기 위하여 장만한 논。

【位望:위망】지위와 명망。지위와 人望。

【位卑:위비】벼슬의 계급이 낮음。

【位卑言高:위비언고】벼슬은 낮은데 소리를 높여 웃사람들의 정치를 비평함。『孟子·萬章』ㅡ罪也。

【位相:위상】《物》周期的으로 반복되는 현상에 있어서 一周期 내에서 어떤 상태에 있는가를 특징지어 나타내는 變數。일반적인 振動·波動에 있어서 같은 상태에 있는 시간·장소를 같은 위상 위에 있다고 함。

【位序:위서】=位次。『王僧孺』宜委ㅡㅡ之尊卑。

【位育:위육】上下貴賤 각기 모두가 그들의 위치에 만족하고 萬物이 모두 충분히 育成됨。『中庸』。

【位爵:위작】位와 爵。벼슬。

【位田:위전】수확을 享祀에 쓰려고 마련한 밭。位土田。

【位秩:위질】벼슬과 祿。벼슬에 따라 정하는 祿。『北史』不加ㅡㅡ。

【位次:위차】벼슬의 순서。位序。席次。『史記』ㅡㅡ第一。

【位置:위치】❶자리。「있는 곳。❷地位。사람이나 물건이

【位版:위판】=位牌。

【位牌:위패】《制》壇·院·寺(절) 등에 모시는 神主의 이름을 적은 나무 패。木主。位版。靈版。

【位牌堂:위패당】위패를 모시는 祠堂。

【位牌木:위패목】❶위패를 만들 나무。❷글씨를 안 쓴 위패。

【位品:위품】관직의 品階。

【位號:위호】爵位와 名號。『漢書』ㅡㅡ已移于天下。

◎各ㅡ、高ㅡ、官ㅡ、闕ㅡ、代ㅡ、命ㅡ、方ㅡ、寶ㅡ、復ㅡ、本ㅡ、上ㅡ、相ㅡ、星ㅡ、尸ㅡ、兩ㅡ、讓ㅡ、一ㅡ、爵ㅡ、在ㅡ、電ㅡ、轉ㅡ、帝ㅡ、即ㅡ、地ㅡ、職ㅡ、次ㅡ、簒ㅡ、體ㅡ、退ㅡ、廢ㅡ、品ㅡ、下ㅡ、虛ㅡ。

【低】(저) 齊 テイ、ひくい low ㄉㄧ ti
小篆 草書 ❶낮을저(高之反、下也)。❷값쌀저(賤價也)。❸구부릴저(俛也)。❹소리 약할저(音弱也)。『馬臻詩』夜深鄰語ㅡ。❺숙일저(垂也)。『談藪』黍熟頭ㅡ。❻머뭇거릴저(留連也)。『史記』ㅡ回留之不能去。(『氐』와 통함)

〔蘇軾詩〕不見鱸魚賈自ㅡ。

【低價:저가】낮은 값。싼값。↕高價。

【低減:저감】❶낮게 덜어냄。❷값을 싸게 함。❸비율을 낮게 함。

【低空:저공】高度가 낮음。

【低級:저급】❶낮은 等級。낮은 계급。❷정도가 낮음。❸취미가 천함。

【低氣壓:저기압】❶氣壓計가 七六〇미리 이하로 내려간 때의 空氣의 壓力。흔히 비바람이 겹침。❷紛亂이 일어나려는 모양。또는 사람의 기분이 좋지 못함。

【低能兒:저능아】머리가 둔하고 발달되지 못한 아이。知能이 보통보다 낮은 아이。白癡의 아이。

【低頭:저두】❶머리를 숙임。❷머리를 숙여 敬禮함。『後漢書』無乃欲ㅡㅡ就之乎。

【低頭平身:저두평신】머리를 숙이고 몸을 굽힘。《喩》謝罪하는 모습。

【低落:저락】=低下。

【低廉:저렴】값이 쌈。廉價。

【低賴:저뢰】변명을 하여 가며 訊問에 복종하지 아니함。

【低利:저리】싼 利子。↕高利。

【低利債:저리채】이자가 싼 빚。

【低迷:저미】❶안개·구름 따위가 낮게 떠 있는 모양。『李商隱』ㅡㅡ不已斷還連。❷형세가 험악해짐。

【低眉:저미】❶고개를 숙임。❷굴복함。

【低聲:저성】낮은 소리。↕高聲。

【低俗:저속】品格이 낮고 속됨。

【低首:저수】고개를 숙임。실망한 모양。

【低水位:저수위】강이나 냇물이 제일 낮아질 때의 높이。

【低濕:저습】땅이 낮고 습기가 있음。

【低壓:저압】❶《物》낮은 압력。❷《電》낮은 電壓。交流로는 三〇〇보르트、直流로는 六〇〇보르트 이하의 것。↕高壓。❸《地》低氣壓。

【低昂:저앙】낮았다 높았다 함。또는 내렸다 올랐다 함。

【低額:저액】싼 값。적은 金額。

【低語:저어】낮은 소리로 말함。속삭임。『曹松』青娥ㅡㅡ指東方。

【低熱：저열】 온도가 낮은 열。

【低劣：저열】 정도가 낮고 용렬함。

【低溫度：저온도】 낮은 온도。

【低原：저원】 地形이 낮은 벌판。

【低緯度：저위도】 赤道에 가까운 곳。

【低率：저율】 ❶비율이 낮음。낮은 비율。❷싼 이자。

【低音：저음】 ❶보통 音律보다 낮은 音。❷남자의 最低音域(bass)。❸樂曲의 最低音部。↔高音。

【低調：저조】 능률이 오르지 않음。능률이 나쁨。활기가 없이 침체함。

【低潮：저조】 《地》썰물이 다 나갔을 때의 일컬음。↔高潮。

【低唱：저창】 낮은 소리로 노래함。『蘇軾』何如一一二三杯。

【低下：저하】 ❶내려감。❷나빠짐。❸값이 싸짐。低落。

【低陷：저함】 낮아서 우묵하게 빠짐。

【低回：저회】 머리를 숙이고 왔다 갔다 함。低徊。『史記』一一留之不能去。「一」。

【低徊：저회】 =低回。『白居易』蹇步尙一

【低廻趣味：저회취미】 《文》문학적 감정과 사상과 이상을 바로 표현하지 않고 천천히 돌려서 표현해 내는 태도。또는 그러한 취미의 내용。

◎高一、最一。

【住】

(주) 週 チュ、ジユウ、すむ dwell ㄓㄨˋ chu⁴

草 書 ❶머무를주(留也)。【李商隱 雜纂 相似】婢似猫煖處便一。❷거처할주(居也)。【崔顥詩】君家何處一。❸그칠주(止也)。【李白詩】兩岸猿聲啼不一。❹설주(立也)。【齊書 張融傳】牽船於岸上一。

【住家：주가】 =住宅。

【住居：주거】 어떤 곳에 머물러 살음。

【住民：주민】 일정한 땅에 머물러 사는 백성。

【住房：주방】 사는 방。居室。

【住所：주소】 ❶살고 있는 곳。❷실질적인 생활의 근거를 둔 곳。

【住所錄：주소록】 여러 사람의 주소를 적은 기록。또는 그 책。

【住人：주인】 그 지방에 사는 사람。住民。『夢溪筆談』隨州大洪山一一李遙殺人。

【住接：주접】 한 때 머물러서 살고 있음。

【住址：주지】 =住所。

【住止：주지】 머물러 살음。「隱居一一。

【住持：주지】 《佛》한 절을 주관하는 중。住職。『老學庵筆記』一一名臨濟。

【住著：주착】 일정한 곳에 머물러 있음。

【住宅：주택】 살림하는 집。住家。『鄭常』僧家無一一。

【住宅難：주택난】 도시 등지에서 집이 모자라 주택을 구하기에 힘든 일。

【住宅地：주택지】 ❶주택을 짓기에 적당한 땅。❷주택이 죽 늘어서 있는 곳。

◎居一、常一、安一、永一、移一、轉一、定一。

【佐】

(좌) 箇 哿 サ、たすける help ㄗㄨㄛˇ tsuo³

草 書 ❶도울좌(輔也)。【史記 孔子世家】及正考父、一戴武宣公。❷보좌관좌。【史記商君傳論】幾覇者之一哉。❸버금좌(貳也)。【周禮】以一王邦國。

【佐飯：자반↑좌반】 생선을 소금에 절인 반찬。굴비·암치·魚卵 등。

【佐戴：좌대】 도움을 받음。『史記』乃正考父一一武宣公。

【佐郞：좌랑】 《制》❶高麗의 官職。六曹의 正五品 벼슬。❷李朝 때 六曹의 正五品 벼슬。

【佐理：좌리】 정치를 도와 나라를 다스림。佐治。『吳志』一一時務。

【佐幕：좌막】 《制》裨將·監司·留守·兵使·水使·遣外使臣들에게 따라다니는 官吏의 하나。幕客。幕僚。

【佐命：좌명】 임금을 도움。또는 天命을 받아 임금이 될 사람을 도움。『後漢書』奮其智勇、稱爲一一。

【佐史：좌사】 《制》縣의 屬官。『後漢書』下至一一。

【佐書：좌서】 書體의 이름。隸書。王莽의 六體書 중의 하나。이해하기 쉽도록 한 書體。佐隸。

【佐貳：좌이】 《制》❶보좌관。❷李朝 때 六曹의 參判·參議의 總稱。輔貳。

【佐治：좌치】 =佐理。

【佐平：좌평】 《制》百濟 때 一六品 官等의 첫째 등급。內臣佐平·內頭佐平·內法佐平·衛士佐平·朝廷佐平·兵官佐平의 여섯 佐平이 있었음。

【佑】

(우) 宥 ユウ、たすける help ㄧㄡˋ yu⁴

草 書 ❶도울우(助也)。【書】上天孚一下民。❷도움이 될우(一之)。

(『右·祐』와 통함)

【佑啓：우계】 도와서 이루게 함。『孟子』一一我後人。

【佑命：우명】 ❶하늘이 도움。天佑。幸運。❷王命을 도움。『書經』我有周一一。

【佑助：우조】 도움。輔佐。輔弼。

◎保一、陰一。

【体】

㊀(분) 阮 ホン、おとる mediocrity ㄅㄣˋ pen⁴
㊁(체) 薺

草 書 ㊀❶용렬할분(劣也)。❷추할분(麤貌)。❸거칠분(荒也)。❹상엿군분(輀丁一夫)。㊁뜻은 『體』에 보라。(『體』의 俗字)

【体夫：분부】 상둣군。상엿군。『資治通鑑』以飼一一。

【体漢：분한】 《俗》어리석은 사람。痴漢。

【佒】

(앙) 養 オウ、かがむ bend

몸 거북할앙(體不伸、偃一)。

【佔】

(점) 豔 テン、うかがう glance furtively ㄓㄢˋ chan⁴

草 書 ❶엿볼점(覘視)。【禮記 學記】今之教者呻其一畢。❷숙일점(垂也)。【韓愈應科目時與人書】俛首一耳。❸까불점(輕薄)。❹속삭일점(呫也)。【漢書 匈奴傳】令喋喋而一一。

【佔領：점령】 =占領。

【佔據：점거】 =占據。

【佔佔：점점】 ❶귓속말로 소곤소곤 이야기하는 모양。❷옷자락이 살랑살랑 움직이는 모양。『史記·匈奴傳』。

【佔畢：점필】 《喩》글을 읽기만 하고 그 뜻을 모름。(佔은 엿봄、畢은 簡册)。『禮記』今之教者、呻其一一。

【佔畢齋集：점필재집】 《書》二五권 七책。李朝 成宗 때 金宗直의 詩文集。

【何】

㊀(하) 歌 カ、なに、どれ what ㄏㄜˊ he²
㊁(하) 哿

小篆 草書 ㊀❶어찌하、무엇하(曷也)。【書經皐陶謨】禹曰一。❷누구하、어느하(孰也)。【孟子 告子上】心之所同然一也。❸어조사(語辭)。【詩】夜如一其。❹어찌하지 못할하(莫敢)。【過秦論】陳利兵而莫敢誰一。❺얼마 안되어서하 (未多時)。【史記 曹參傳】居無一、使者果

召參。❻꾸짖을하(譴責)。〔漢書賈誼傳〕大譴大ㅣ。㊂멜하(擔也)。〔詩經 小雅無羊〕ㅣ蓑ㅣ笠。

〔何幹:하간〕무슨 용무。무슨 볼일。何「干。

〔何間:하간〕어느 틈。

〔何故:하고〕무슨 까닭。

〔何關:하관〕무슨 상관。

〔何關大事:하관대사〕큰 관계가 없음을 가리키는 말。

〔何年何日:하년하일〕어느 해 어느 「날。

〔何待明年:하대명년〕어찌 명년을 기다리랴의 뜻으로, 기다리기 매우 지리함을 가리키는 말。

〔何等:하등〕아무런。조금도。

〔何論科:하론과〕《制》高麗 때 雜科의 한 科目。貞書奏狀・喫算(긱산)・何論・孝經・曲禮・律前後秩 등을 가지고 시험하던 일。何論(向晏注論語의 略稱)의 시험이 이 과목의 중심이 되었기 때문에 붙여진 것임。

〔何面目:하면목〕무슨 면목。볼 낯이 「없다는 뜻。

〔何物:하물〕무슨 물건。어떠한 것。

〔何妨:하방〕어찌 해로우랴의 뜻으로, 아무 상관 없음을 가리키는 말。

〔何事:하사〕어찌 된 일。어떠한 일。

〔何首烏:하수오〕《植》감자의 한 가지。多年生 蔓草。藥材로 씀。『本草綱目』。

何首烏 (古今圖書集成)

〔何時:하시〕어느 때。언제。

〔何如:하여〕❶어떻게。如何。❷어찌。

〔何如間:하여간〕어찌 하였든지。어쨌든。하여간에。하여튼。

〔何有:하유〕아무 상관 없음。아무 힘들 것도 없음。자기로서는 아무 것도 아닌 쉬운 일임。『論語・里仁』。

〔何人:하인〕어떠한 사람。어느 사람。

〔何者:하자〕어떤 사람。어느 것。

〔何處:하처〕어디。어느 곳。

〔何特:하특〕어찌 특별히。奚特。

〔何必:하필〕다른 방도를 취하지 않고 어찌 반드시。무슨 필요가 있어서。

〔何許人:하허인〕어떤 사람。그 누구。

〔何厚何薄:하후하박〕한 편은 후하게 하고 한 편은 박하게 함。곧 차별이 있게 대하는 것을 원망하는 말。

◎幾ㅣ、奈ㅣ、誰ㅣ、如ㅣ。

【佖】(필) 質 ヒツ、ただしい gentle ㄅㄧˋ pi^4

(小篆) ❶점잔피울필(威儀貌)。❷가득할필(滿也)。「羽獵賦」駢衍ㅣ路。〔注〕善曰、佖、滿也。

【佗】㊀(타) 歌 タ、ほか ㊁(타) 箇 タ、になう ㊂(타) 哿 other ㄊㄨㄛ t'uo^1

(小篆)(草書) ㊀❶다를타、저타(彼稱也)。〔法言〕君子正而不ㅣ。❷마음에 든든할타。〔詩經 鄘風君子偕老〕委委ㅣㅣ。㊁더할타(加也)。〔詩經 小雅小弁〕舍彼有罪予之ㅣ矣。㊂❶입을타(被也)。〔史記 龜策傳〕醮酒ㅣ髮。❷짊어질타(背負)。

〔佗負:타부〕등에 짊어짐。

【余】(여) 魚 ヨ、われ、あまる I; remainder ㄩˊ yü^2

(小篆)(草書) ❶나여(我也)。〔爾雅 釋詁〕ㅣ我也。❷남을여(餘也)。〔周禮地官委人〕其ㅣ聚以待頒賜。❸달이름여(음력 사월의 별칭「別稱」)。❹마래기여(冠之一種)。(『予』와 같음)

〔余丘:여구〕複姓。『尙友錄』余丘、齊公族食采ㅣㅣ、因氏。

〔余等:여등〕우리들。↔汝等。

〔余輩:여배〕우리들。

〔余月:여월〕陰曆 四月의 異名。『爾雅・「釋天』四月爲余。

【佘】(사) 麻 シャ、やまのな ㄕㄜˊ shé^2

❶산이름사(山名、在江蘇省)。❷성사(姓也)。

【佚】㊀(일) 質 イツ、やすんじる ㊁(질) 屑 テツ、みだら indolence ㄧˋ i^4

(小篆)(草書) ㊀❶편할일(不勞)。〔呂覽 重已〕足以ㅣ身煖骸而已矣。❷숨을일(隱遁)。〔孟子 公孫丑上〕遺ㅣ而不怨。❸망할일(亡也)。❹허물일(過失)。〔書經 盤庚〕惟予一人有ㅣ罰。❺아름다울일(美也)。〔楚辭 離騷〕見有娀之ㅣ女。(『逸』과 같음) ㊁❶방탕할질(蕩也)。〔漢書 揚雄傳〕爲人簡易ㅣ蕩。❷갈마들질(更遞)。〔史記〕西國興ㅣ。

〔佚女:일녀〕美女。『楚辭』有娀之ㅣㅣ。

〔佚道:일도〕백성을 안정시키는 방도。『孟子』以ㅣㅣ使民。

〔佚樂:일락〕편히 놀고 즐김。逸樂。

〔佚老:일로〕세상을 등진 노인。『蘇軾』伊川ㅣㅣ鬢如霜。

〔佚民:일민〕❶도망친 백성。❷세상을 등진 사람。『孔子家語・顏回』。

〔佚罰:일벌〕허물。죄。『書經』予一人有ㅣㅣ。

〔佚遊:일유〕방탕하여 마음대로 놀음。「逸遊。『論語』樂ㅣㅣ。

〔佚宕:질탕〕＝佚蕩。

〔佚蕩:질탕〕대중 없이 방탕하게 놀음。헐렁거림。佚宕。

【佛】㊀(불) 物 フツ、ほとけ Buddha ㊁(필) 質 ㄈㄛˊ fo^2

(小篆)(草書) ㊀❶부처불(釋迦牟尼)。〔韓愈 論佛骨表〕夫ㅣ本夷狄之人。❷어기어질불(戾也)。❸도울불(輔也)。〔揚子法言〕荒乎淫ㅣ乎正。❹비스름할불(不審貌)。❺깨달을불(覺也)。〔梵書〕ㅣ以覺悟衆生。㊁❶홍할필(興也)。〔荀子非十二子〕ㅣ然平世之俗起焉。❷도울필(輔也)。

〔佛家:불가〕❶절。❷僧侶。

〔佛家書:불가서〕불교에 관한 책。佛書。

〔佛閣:불각〕＝佛殿。

〔佛龕:불감〕(佛)佛像을 安置하는 방。

〔佛甲草:불갑초〕풀 이름。『本草 佛甲草』。

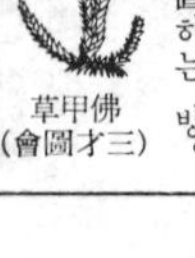
佛甲草 (三才圖會)

〔佛經:불경〕(佛)佛教의 經文。佛典。佛書。內典。『晉書』唯誦ㅣㅣ。

〔佛戒:불계〕(佛)佛道의 禁制의 계율。

〔佛界:불계〕(佛)十界의 하나。諸佛이 사는 세계。『梵網經』能轉魔界、入ㅣㅣ。

〔佛骨:불골〕(佛)부처의 遺骨。舍利。『法苑珠林』ㅣㅣ即舍利也。

〔佛供:불공〕부처 앞에 공양하는 일。

〔佛果:불과〕(佛)불도 수행의 결과 얻게 되는 부처의 位置。成佛의 證果。『隋煬帝』下度衆生、上求ㅣㅣ。

〔佛教:불교〕(佛)B.C. 500년 무렵 印度의 釋迦牟尼가 베푼 宗教。轉迷開悟・成佛得脫을 宗旨로 함。釋教。佛道。佛法。

【佛教徒:불교도】 불교를 믿는 무리。

【佛教文化:불교문화】 ❶불교에 관한 문화。❷불교로 말미암아 발달된 문화。

【佛教藝術:불교예술】 불교에 관한 미술·음악·문학。

【佛國:불국】 ❶《佛》부처가 있는 나라。極樂淨土。또는 天竺(천축)。❷《地》나라 이름。佛蘭西。

【佛國寺:불국사】 《地》慶尙北道 慶州의 동남쪽 吐含山 기슭에 있는 절。新羅 神文王 一一년(六九一)에 大相 金大城이 세우고 表訓大德을 청하여 있게 하였던 절。元曉·義湘이 駐錫하여 이름이 드러났음。石窟庵과 함께 新羅 불교 예술의 귀중한 유적임。

【佛紀:불기】 《佛》一〇〇년을 一紀로 셈한 佛陀의 年紀。

【佛器:불기】 불공할 때 부처에게 드리는 밥을 담는 그릇。

【佛壇:불단】 부처를 모셔 놓은 단。

【佛堂:불당】 =佛殿。

【佛徒:불도】 불교를 믿는 무리。

【佛道:불도】 ❶부처의 가르침。❷불교。『後漢書』一一神化、興自身毒。

【佛頭放糞:불두방분】 부처의 머리 위에 똥을 퍼부음。《喩》無智한 小人이 有德한 君子를 건드려도 君子는 조금도 그 괴로움을 느끼지 않고、하는 그대로 내버려 둠。『傳燈錄』爲什麼向佛頭上放糞。

【佛頭著糞:불두착분】 《喩》좋은 著書에 서투른 序文을 붙임。『典籍便覽』歐公修五代史、或作序冠其前。王荊石曰、佛頭上豈可著糞乎。

【佛糧:불량】 《佛》부처에게 바치는 곡식。

【佛力:불력】 부처의 힘。「攘斥一一。

【佛老:불로】 釋迦와 老子。老佛。『韓愈』

【佛律:불률】 《佛》僧侶가 지켜야 할 戒律。『隋書』沙門多違一一。

【佛名:불명】 《佛》❶부처의 이름。❷佛法에 歸依한 信男 信女에 붙이는 이름。

【佛名經:불명경】 《書》❶一二권。부처·보살의 名號를 적어서 그 공덕을 설명한 經。❷三〇권。부처와 보살의 名號、여러 經의 제목·참회문을 실은 經。

【佛名會:불명회】 《佛》三世諸佛에 대하여 說한 佛名經을 읽고、모든 惡을 막거나 없애 줄 것을 비는 法會。음력 一二월 一九일부터 三일 동안 행함。

【佛母:불모】 ❶佛陀의 어머니。❷불상을 그리는 사람。

【佛門:불문】 ❶부처의 길。❷불교를 믿는 사람。또는 그들의 사회。佛法界。釋門。僧門。禪門。雁門。

【佛文學:불문학】 프랑스의 문학。

【佛米:불미】 《佛》부처 앞에 올릴 밥을 짓는 쌀。

【佛法:불법】 ❶釋迦의 가르침。佛敎。❷프랑스 법률의 略稱。

【佛法界:불법계】 佛法에 의하여 지배되는 세계。곧 佛家。

【佛法僧:불법승】 ❶《佛》三寶。곧 우주의 진리를 깨달은 佛陀。佛陀가 말한 教法。教法을 따라 修行하는 僧侶。『魏書』依一一之三歸。❷《動》새 이름(Eurystomus orientalis)。佛法僧科에 속함。熱帶地方과 高山 密林 속에 살며 우는 소리가 佛·法·僧이라 함과 같기 때문에 이런 이름을 붙였음。일명 三寶鳥。

【佛寶:불보】 ❶세상에 보배가 된다는 뜻으로 釋迦牟尼 이하 모든 부처를 일컫는 말。❷妙智를 이루어 그 도가 圓覺에 오름을 가리키는 말。

【佛寺:불사】 절。「會。法事。

【佛事:불사】 부처에게 供養하는 일。佛會。法事。

【佛祠:불사】 절。寺院。佛像을 安置하는 곳。『陸游』淸江遶一一。

【佛舍利:불사리】 《佛》釋迦의 遺骨。佛沙利。『法苑·珠林』若一一、椎打不破。

【佛事床:불사상】 무당굿에서 차려 놓는 祭物床의 한 가지。「각한 것。

【佛像:불상】 부처의 姿態를 그리거나 조각한 것。

【佛桑花:불상화】 《植》亞熱帶 地方에서 나는 灌木。잎은 뽕잎 비슷한데 아침에 피고 저녁에 짐。

【佛生日:불생일】 =佛誕日。

【佛書:불서】 =佛經。『嚴維』生知解一一。

【佛說:불설】 부처의 가르침。부처의 說教한 말。

【佛手柑:불수감】 《植》따뜻한 지방에서 나는 果樹의 이름。열매는 사람 손 모양이고 짙은 香氣가 남。

【佛手散:불수산】 《醫》解産을 순히 하기 위하여 쓰는 탕약。芎歸蕩(궁귀탕)。

【佛乘:불승】 《佛》衆生을 싣고 깨달음의 세계로 이르게 하는、곧 衆生을 成佛하게 하는 길을 설명한 教法。

【佛式:불식】 불교의 방식。불교의 의식。

【佛心:불심】 ❶부처의 마음。❷부처처럼 착한 마음。

【佛眼:불안】 ❶佛教를 깨달은 사람의 眼識。❷자비스러운 눈。

【佛糧畓:불양답】 절에 딸린 논밭。

【佛語:불어】 ❶부처의 말씀。❷불교의 用語。❸프랑스 말。

【佛緣:불연】 《佛》부처와의 인연。佛教와의 인연。

【佛宇:불우】 =佛殿。

【佛鬱:불울】 마음이 침울한 모양。弗鬱。

【佛月:불월】 《佛》❶부처의 光明。부처는 달과 같이 능히 衆生의 癡闇을 살필 수 있기 때문임。『大集經·五十八』。❷衆生의 마음이 맑으면 부처는 이에 응하여 나타남。부처는 물 속의 달과 같기 때문임。『金光明經·二』。

【佛恩:불은】 부처가 衆生을 구원하려는 자비스러운 은혜。

【佛儀:불의】 불교의 儀式。

【佛日:불일】 《佛》부처의 慈悲는 무궁무진하여 모든 衆生에게 빠짐 없이 널리 미침。해가 어둠을 없애는 것처럼 부처는 衆生의 번뇌를 없앨 수 있기 때문임。『涅槃經·十九』。

【佛子:불자】 佛戒를 받은 사람。

【佛者:불자】 불교에 귀의한 사람。佛弟子。『韓愈』一一曰、孔子吾師之弟子也。

【佛葬:불장】 불교식으로 지내는 장사。

【佛藏:불장】 佛像을 모셔 둔 곳。

【佛典:불전】 =佛經。

【佛前:불전】 ❶부처의 앞。❷부처가 세상에 나기 이전。「堂。佛宇。

【佛殿:불전】 佛像을 모신 집。本堂。佛

【佛錢:불전】 부처 앞에 바치는 돈。

【佛弟子:불제자】 부처를 받들고 佛教를 믿는 사람。僧侶。三寶奴。

【佛鐘:불종】 절간의 종。

【佛座:불좌】 佛像을 둔 자리。蓮臺。

【佛座鬚:불좌수】 연꽃의 꽃술。蓮蕊。

【佛刹:불찰】 《梵》Buddhaksetra의 譯。절。刹은 士로서 佛土라는 뜻。佛塔。佛閣。佛寺。『韋應物』一一出高枝。「사람。

【佛處士:불처사】 부처같이 어질고 순한

【佛陀:불타】 《梵》Buddha의 音譯。覺者라는 뜻。부처。釋迦。浮屠。浮圖。菩提。佛圖。

【佛卓:불탁】 부처를 모신 탁자。

【佛誕日:불탄일】 《佛》釋迦의 誕生日。곧 음력 四월 八일。이 날 灌佛을 行함。佛生日。

【佛塔:불탑】 절의 탑。佛堂。『南史』梁武帝改造阿育王一一。

【佛土:불토】 부처가 머물러 있는 국토。

【佛學:불학】 불교에 관한 학문。

【佛號:불호】 ❶부처의 이름。 ❷중의 號。
【佛畫:불화】 佛教에 관한 그림。
【佛然:필연】 성하게 일어나는 모양。 勃然。 渤然。
◎古ㅡ、金ㅡ、大ㅡ、生ㅡ、石ㅡ、成ㅡ、神ㅡ、念ㅡ、千ㅡ。

【作】

㊀(작) 藥 サク、サ、つくる
㊁(자) 箇 make
㊂(주) 御 ㄗㄨㄛ tsuo1·2·4

小篆 草書 ㊀❶지을작(造也)。【詩經 鄘風定之方中】ㅡ于楚宮。 ❷이룰작(成也)。【中庸】父ㅡ之、子述之。 ❸비롯할작(始也)。 ❹일할작(事也)。 ❺일어날작(興起)。 ㊁ ❶할자(爲也)。 【詩】敝予又改ㅡ兮。 ❷지을자(做也)。 ㊂ 만들주(造也)。(『做』와 같음)

【作歌:작가】 노래를 지음。 또는 그 노래。
【作家:작가】 ❶文藝作品 따위를 만드는 사람。 특히 小說家를 일컬음。 ❷《佛》영리한 사람。 훌륭한 사람。
【作家論:작가론】 작가를 여러 각도에서 입체적으로 연구·비평한 논문。
【作奸:작간】 간사한 행동을 함。 간계를 부림。
【作客:작객】 자기 집을 떠나서 객지나 남의 집에 머물러 손님 노릇을 함。
【作梗:작경】 도리에 안맞는 언행을 함。
【作苦:작고】 勞苦。 【漢書·楊惲傳】。
【作故:작고】 죽음。 死亡함。
【作曲:작곡】 노래에 曲譜를 붙임。 樂曲을 만들음。 「는 음악가。
【作曲家:작곡가】 작곡을 전문으로 하
【作窠:작과】 인물 등용을 위하여 現任者를 사면시킴。
【作拏:작나】 ＝作擾。

【作農:작농】 농사를 지음。
【作鬧:작뇨】 ＝作擾。
【作畓:작답】 토지를 개간하여 논을 만들음。 起畓。
【作黨:작당】 떼를 지음。 무리를 이룸。
【作隊:작대】 대오를 만들음。
【作圖:작도】 ❶그림을 그림。 지도·설계도 따위를 그림。 ❷《數》기하학에서 일정한 기구와 방법으로써 어떤 조건에 알맞는 평면 도형을 그림。
【作圖法:작도법】 작도를 하는 법칙。
【作亂:작란】 ❶난리를 일으킴。 ❷장난。
【作兩:작량】 엽전 백 푼을 가지고 한 꿰미로 만드는 일。
【作侶:작려】 ＝作伴。
【作力:작력】 일에 힘씀。 『管子』民非ㅡ、毋以致財。 「嘆ㅡㅡ。
【作勞:작로】 農作의 勞苦。 『陸游』何曾
【作路:작로】 어느 곳을 가는데 미리 그 갈 길을 정함。
【作僚:작료】 동료가 됨。
【作鄰:작린】 이웃이 되어 살음。
【作末:작말】 빻거나 갈아 가루를 만듦。
【作名:작명】 ❶이름을 지음。 ❷《制》騎兵이나 步卒이 징발되는 戶에 대한 사람의 수효를 치는 일。
【作文:작문】 ❶글을 지음。 또는 그 글。 ❷作者文의 略語。
【作物:작물】 ❶만든 물건。 詩歌·文書·美術品 따위。 ❷農作物。 ❸製作物。 作品。
【作米:작미】 벼를 찧어서 쌀로 만들음。
【作伴:작반】 ❶길 가는 데 동무가 됨。 ❷동무를 삼음。 作侶。
【作配:작배】 配匹을 정함。 남녀가 서로 짝을 지음。
【作伐:작벌】 結婚의 중매를 섬。 『詩經』伐柯如之何、匪斧不克、娶妻如之何、匪媒不得。

【作法:작법】 ❶글 같은 것을 짓는 법。 ❷법칙을 일정하게 만들음。
【作法自斃:작법자폐】 자기가 만든 法에 자신이 해를 입음。 『史記·商君傳』。
【作變:작변】 변란을 만들어 냄。
【作別:작별】 서로 이별함。
【作病:작병】 거짓 병。 꾀병。 假病。
【作夫:작부】 ❶《制》結稅를 거두어 들이는 한 방법。 八結을 一夫로 대신함。 ❷남편으로 삼음。
【作事:작사】 일을 새로 만들음。
【作査:작사】 혼인을 하게 되어 어느 집을 사돈으로 삼음。
【作詞:작사】 노래의 글귀를 지음。
【作舍道傍:작사도방】 《喩》異論이 많아 일을 이루기에 힘들음。 길가에 집을 지을 때 왕래하는 사람들의 의견이 많아서 잘 결정이 내려지지 않는 것과 같다는 뜻。 『後漢書·曹褒傳』。
【作色:작색】 골이 나서 顔色이 변함。 『禮記·哀公問』。
【作石:작석】 곡식을 한 섬씩 담음。
【作成:작성】 만들어 이룸。
【作述:작술】 지음。 저술함。 述作。
【作詩:작시】 시를 지음。
【作心:작심】 마음을 단단히 먹음。
【作心三日:작심삼일】 결심이 사흘을 가지 못함。 《喩》결심이 굳지 못함。
【作惡:①작악 ②작오】 ❶ 근심 격정함。 『晉書·王羲之傳』。 ❷미운 짓을 행함。 『書·洪範』。
【作孼:작얼】 스스로 禍를 만들음。
【作業:작업】 일터에서 일을 함。 또는 그 일。 『漢書』不事家人生產ㅡㅡ。
【作業服:작업복】 ❶작업을 할 때에만 입는 옷。 ❷전투시에 입는 옷。
【作業場:작업장】 작업을 하는 공장이나 또는 공사장 같은 곳。 「작함。 起鬧。

【作擾:작요】 야단을 일으킴。 싸움을 시
【作俑:작용】 허수아비를 만들음。 俑은 허수아비。 이것을 만들어 장사 지낼 때 같이 묻었음。 이에서 後世 殉死의 풍습이 생겼음。 《轉》정당하지 못한 例를 만들음。
【作用:작용】 ❶움직이게 되는 힘。 ❷한 힘이 다른 힘에 미치어서 영향이 일어나는 일。 『傳燈錄』性在何處、曰在ㅡㅡ。
【作爲:작위】 ❶《法》意識的인 意思에 의한 적극적인 행위。 ❷만들어 완성함。 『朱熹·中庸章句序』更互演繹、ㅡㅡ此書。
【作爲犯:작위범】 《法》의식적으로 행한 적극적 행위로 생긴 범죄。 ↔不作爲犯。
【作意:작의】 ❶作者가 예술 작품 따위를 창작할 의도나 뜻。 ❷文書를 만든 事由。 『漢書』爲之序、言其ㅡㅡ。 ❸故意。
【作人:작인】 ❶人材를 양성함。 ❷小作人의 略稱。 남의 땅을 빌려서 소작료를 내고 농사를 짓는 사람。
【作者:작자】 ❶사람 됨됨이의 卑稱。 ❷著作者의 略語。 ❸小作人。 ❹물건을 사려는 사람。
【作錢:작전】 ❶물건을 팔아 돈을 만들음。 ❷《制》밭의 세를 받을 때 쌀·콩·무명 대신에 돈으로 값을 치는 일。 (元作錢과 別作錢의 구별이 있음)。
【作戰:작전】 《軍》싸우는 방법과 計略。
【作戰計畫:작전계획】 ❶《軍》싸울 방법을 꾀함。 ❷앞으로 일을 해나갈 계획。
【作定:작정】 일을 결정함。
【作罪:작죄】 죄를 저지름。 「음。
【作證:작증】 증거가 되게 함。 증거로 삼
【作之不已:작지불이】 그침이 없이 있는 힘을 다하여 함。
【作之書之:작지서지】 自作自筆。
【作隻:작척】 隻을 지음。

【作輟:작철】일을 하다 말다 함。『揚子法言』觀人者審其ㅣㅣ而已矣。

【作妾:작첩】첩을 얻음。

【作廳:작청】아전이 집무하던 처소。

【作軸:작축】종이를 한 축씩 묶음。

【作態:작태】겉모양을 손질하여 만들음。몸맵시를 냄。

【作統:작통】家家 戶戶를 편제할 때에 다섯 집,혹은 열 집씩 한 통으로 짜던 일。

【作破:작파】어떤 계획이나, 또는 하던 일을 그만 치워 버림。

【作牌:작패】골패 노름에서 몇 자씩 모아 짝을 지음。

【作弊:작폐】폐단을 만들음。

【作品:작품】만들어진 것。製作品。문학·예술품 따위。作物。

【作品集:작품집】작품을 모은 책。

【作風:작풍】작품에 나타난 작가의 특수한 手法。

【作解:작해】허물을 용서함。大赦。

【作嫌:작혐】서로 싫어하고 의심함。

【作丸:작환】약 가루로 환약을 만들음。

【作活:작활】일을 함。

【作況:작황】농사짓는 일이 잘 되었는지 못 되었는지의 상황。

【作興:작흥】❶일어남。❷氣運이나 精神을 일으킴。

【作戲:작희】남의 일을 방해함。

◎佳ㅣ、改ㅣ、耕ㅣ、工ㅣ、近ㅣ、大ㅣ、稻ㅣ、盜ㅣ、名ㅣ、米ㅣ、所ㅣ、小ㅣ、述ㅣ、英ㅣ、自ㅣ、田ㅣ、前ㅣ、製ㅣ、操ㅣ、造ㅣ、拙ㅣ、打ㅣ、馱ㅣ、豊ㅣ、合ㅣ、凶ㅣ。

【佝】

㊀(후) 宥 コウ、ク、せむし crookback
㊁(후) 虞 ㄎㄡ kʻou⁴ (古音「구」)

㊀추루할후(곱사등이를 일러 씀「短醜貌」)。㊁거리낄후(拘也)。(『拘』와 같음)

【佝僂:후루】❶곱사등이。『列子』ㅣㅣ承蜩。❷老衰하거나 쇠약하여 등이 앞으로 굽은 모양。

【佝僂病:후루병】痀瘻病。

【佝瞀:후무】어리석음。몽매함。

【佞】

(녕) 徑 デイ、ネイ、へつらう clever, flattery ㄋㄧㄥ ning⁴

❶재주녕(才也)。『國語』晋語 我不ㅣ 雖不識義亦不可惑。❷재주있는 사람녕(才人)。❸아첨할녕(諂也)。(재주가 있되 마음이 정직하지 못함)。『論語先進』是故惡夫ㅣ者。

【佞姦:영간】간사하고 마음이 바르지 못함。佞奸。姦佞。奸佞。佞邪。

【佞祿:영록】上官에게 아첨하여 祿을 얻음。『亢倉子』市無邪利、朝無ㅣㅣ。

【佞媚:영미】아첨함。『後漢書』多用ㅣㅣ。

【佞辯:영변】아첨하고 말솜씨가 좋음。또는 그런 말。辯佞。

【佞邪:영사】간사하고 마음이 바르지 못함。또는 그 사람。佞姦。『後漢書』ㅣㅣ之人、佞諂無狀。

【佞惡:영악】마음이 비뚜러진 사람。『後漢書』ㅣㅣ消殄。『論語』遠ㅣㅣ。

【佞人:영인】간사한 사람。奸佞한 사람。

【佞者:영자】奸佞한 사람。간사스러운 사람。佞人。『論語』是故惡夫ㅣㅣ。

【佞幸:영행】아첨하여 임금의 총애를 얻음。또는 아첨하여 임금의 총애를 얻는 사람。佞倖。『南史』專爲ㅣㅣ矣。

【佞險:영험】입심이 좋고 마음 속이 검은 사람。『後漢書』以ㅣㅣ自進。

【佞慧:영혜】말솜씨가 교묘함。『蜀志』便僻ㅣㅣ。

【佟】

(동) 冬 トウ、うじ family name ㄊㄨㄥ tʻung²

성동(姓也)。『燕錄』有遼東ㅣ萬以文章知名。

【巫】(무)→工部 4畫

【攸】(유)→攴部 3畫

【坐】(좌)→土部 4畫

【夾】(협)→大部 4畫

【含】(함)→口部 4畫

六畫

【佩】

(패) 隊 ハイ、ヒ、おびる wear ㄆㄟ pʻei⁴

❶패옥패(大帶ㅣ玉)。(옛날의 복제도로서 큰 띠에 붙이는 장식하는 구슬)。『詩經』鄭風女曰鷄鳴 雜ㅣ以贈之。❷찰패(帶之)。❸마음에 먹을패(心服)。❹물이 흘러서 합할패(合流)。『康熙字典』水縈紆謂之ㅣ。(『珮』와 같음)

❶佩 (禮器圖)

古玉工連環寶鈴全 (古玉圖譜)

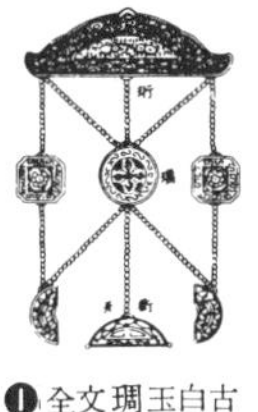
古白玉瑚文全❶ (古玉圖譜)

【佩珂:패가】옥으로 만든 띠。佩玉。『蘇轍』何處相逢解ㅣㅣ。

【佩劍:패검】차는 칼。또는 칼을 참。

【佩刀:패도】허리에 차는 칼。

【佩物:패물】❶사람의 몸에 차는 장식물。❷金·銀·珠·玉 등으로 만든 여자의 장식물。

【佩服:패복】❶몸에 지님。❷마음에 새겨 잊지 않음。感服함。

【佩綬:패수】印을 꿴 끈을 지님。벼슬자리에 오름。『唐書』去劍ㅣㅣ。

【佩玉:패옥】허리에 차는 구슬。

【佩用:패용】몸에 지님。몸에 참。

【佩圓瓠捕風:패원호 포풍】(國) 바가지 차고 바람잡기。(喩)되지 않는 일。터무니 없는 허황한 일을 일컬음。佩瓢捉風。『東言解』

【佩韋:패위】성질이 급함을 늦춤。(故)韋는 다룬 가죽。곧 부들부들한 것。이것을 지녀 性急함을 고치려고 했다는 西門豹의 이야기。『韓非子』西門豹之性急、故ㅣㅣ以自緩。

【佩瓢:패표】쪽박을 찬다는 뜻으로, 곧 구차하여 빌어먹는다는 말。

【佩香:패향】몸에 지니고 다니는 향。

【佩弦:패현】마음의 해이함을 고침。(故)弦은 활시위로 緊張을 뜻함。이것을 몸에 차고 느린 마음을 고치려고 했다는 董安于의 이야기。『韓非子』董安于之心緩、故ㅣㅣ以自急。

【佩環:패환】허리에 차는 구슬의 고리。『蘇軾』清詩鳴ㅣㅣ。

◎感ㅣ、銘ㅣ、玉ㅣ。

【徊】(회) 灰 カイ、さまよう loitering 厂乂历 huai²
(草書) ❶거닐회(徊也)。【漢書 高后紀】俳- 往來。❷어두울회(惛也)。(『徊』와 같음)

【徊翔:회상】빙빙 떠돎。廻翔。【傅玄·鷺賦】獨飛時於林野兮、復--於天庭。

【徊徊:회회】밝지 못한 모양。어두운 모양。洄洄。【玉篇】徊、--、惛也。

【佬】(료) 蕭 リョウ、おおきい liao² 力一幺
점잖을료(大貌)。

【佯】(양) 陽 ヨウ、いつわる falsehood 一尢 yang²
(草書) ❶거짓양(詐也)。❷바깥치례양。【史記田叔傳】以爲任安爲-邪。❸상양할양(徜徉)。

【佯驚:양경】거짓 놀라는 일。

【佯狂:양광】일부러 미친 체함。

【佯怒:양노】거짓으로 성낸 체함。거짓으로 성냄。

【佯名:양명】이름을 속임。僞名。

【佯病:양병】꾀병。

【佯若不知:양약부지】알고도 거짓으로 모르는 체함。

【佯言:양언】변명하는 말。거짓말。詐言。【韓非子】坐而--。

【佯允:양윤】거짓 허락함。

【佯醉:양취】거짓으로 취한 체함。

【佯敗:양패】거짓으로 패한 체함。

【佰】(백) 陌 ハク、ヒャク、もも a hundred ㄅㄛ po²
(小篆)(草書) ❶백 사람의 어른백(百人長)。【漢食書貨志】仟-之得。❷백백(百也)。【漢書食貨志註】-謂百錢。❸논밭의 동서 경계가 되어있는 길백(田地界)。【漢書匡衡傳註】-者田東西界。

【佲】(명) 迥 メイ、よう be drunk
❶몹시취할명(大醉)。❷좋을명(好也)。

【佳】㊀(가) 佳 カ、カイ、よい good ㄐ一Y chia¹
㊁(개) 佳
(小篆)(草書) ㊀❶아름다울가(美也)。❷기릴가(褒也)。(『嘉』와 같음) ㊁❶착할개(善也)。❷좋을개(好也)。【世說】汝言亦復-。❸좋아할개(好也)。【老子】-兵者不祥。

【佳佳:가가】극히 좋음。上等。

【佳客:가객】반가운 손님。귀한 손님。

【佳境:가경】❶경치가 좋은 곳。좋은 部分。【晉書】每食甘蔗、常自尾至本、人或怪之、愷之曰、漸入--。❷재미있는 곳。

【佳景:가경】좋은 경치。好景。絶景。勝景。【黃庚】北山--勝南山。

【佳果:가과】맛이 좋은 과실。佳實。

【佳句:가구】잘 지은 글귀。

【佳期:가기】❶美人과 약속하여 만남。❷좋은 時節。佳辰。佳節。好期。

【佳器:가기】❶좋은 그릇。❷훌륭한 인물。【晉書】此子長大必爲--。

【佳氣:가기】❶곱고 맑은 기운。瑞氣。❷맑고 상쾌한 날씨。

【佳郎:가랑】잘난 신랑。잘난 소년。

【佳麗:가려】용모·경치 같은 것이 곱고 아름다움。【史記】。

【佳茗:가명】좋은 茶。銘茶。【蘇軾】從來--似佳人。

【佳味:가미】좋은 맛。맛 있는 것。

【佳配:가배】좋은 배우자。佳偶。佳對。嘉配。

【佳婦:가부】재질이 뛰어나고 성품이 얌전한 신부。

【佳朋:가붕】좋은 벗。良朋。良友。【韓愈】幸玆得--。

【佳賓:가빈】반가운 손님。

【佳士:가사】品行이 올바른 사람。名士。【三國志】咸作--。

【佳詞:가사】❶아름다운 글。❷좋은 말。

【佳壻:가서】얌전한 사위。快壻。【唐書】憲宗歎、權德輿乃有--。

【佳宵:가소】❶아름다운 저녁。기분 좋은 저녁。❷佳人을 만나는 저녁。

【佳樹:가수】좋은 나무。嘉樹。佳木。

【佳手:가수】좋은 솜씨。高手。異手。

【佳詩:가시】훌륭한 詩。嘉詩。

【佳辰:가신】❶경사스러운 날。좋은 날。吉日。吉辰。❷화창한 날。佳節。

【佳言:가언】본받을 만한 좋은 말。善言。嘉言。【晉書】吐--如鋸。

【佳約:가약】❶좋은 언약。❷戀人과 만날 언약。❸夫婦가 될 언약。

【佳容:가용】아름다운 모습。華容。

【佳音:가음】❶듣기 좋은 소리。❷기쁜 소식。好音。【李白】新鶯有--。

【佳意:가의】좋은 마음씨。

【佳人:가인】❶아름다운 여자。美人。【古詩】燕趙多--、美者顔如玉。❷잘 생긴 男子。美男子。【後漢書】南方多--。

【佳人薄命:가인박명】용모가 아름다운 여자는 대개 불행한 사람이 많다는 뜻。【蘇軾】自古——多薄命。

【佳日:가일】❶좋은 일이 있는 날。❷춥도 덥도 않고 맑게 갠 날。清明한 날。

【佳作:가작】❶=佳什。【李白】不有--、何伸雅懷。❷당선작으로 인정하기는 어려우나 꽤 잘된 작품。

【佳章:가장】❶훌륭한 文章。❷편지。

【佳適:가적】마음에 들음。매우 즐거움。

【佳節:가절】경사스런 날。좋은 때。良辰。吉辰。【王維】每逢--倍思親。

【佳絶:가절】훌륭하고 좋음。絶佳。【蘇軾】環城三十里、處處皆--。

【佳兆:가조】좋은 징조。

【佳酒:가주】좋은 술。佳釀。美酒。

【佳饌:가찬】좋은 음식。美饌。玉饌。

【佳趣:가취】좋은 취미。재미。즐거운 맛。佳致。【白居易】夜雪有--。

【佳稱:가칭】좋은 이름。嘉稱。

【佳篇:가편】훌륭한 詩文。좋은 글。傑作。名篇。【蘇軾】偶然笑得--。

【佳品:가품】품질이 좋은 물건。

【佳話:가화】❶재미있고 좋은 이야기。❷아름다운 이야기。【晁補之】黃卷開--。

【佳花:가화】좋은 꽃。아름다운 꽃。嘉花。

【佳會:가회】즐거운 모임。

【佳肴:가효】좋은 안주。좋은 음식。
◎絶-。

【㑊】(역) 陌 エキ、ヤク、やまい name of a disease
❶감질날역(食而痩食)。❷병이름역(病名、解-)。

【佴】(이) 寘 ジ、つぐ second 儿 êrh⁴
(小篆)(草書) 버금이(次也、貳也)。【司馬遷、報任安書】僕又-之蠶室、重爲天下觀笑。

【佴次:이차】버금。【爾雅·釋言·注】--、爲副貳。

【併】㊀(병) 迥 ヘイ、ならぶ abreast
㊁(병) 敬 ㄅ一ㄥ ping³·⁴
(草書) ㊀❶나란할병(竝也)。【禮記祭義】行肩而不-。❷다툴병(競也)。【賈誼 治 安策】高皇帝與諸侯-起。❸물리칠병(屛棄)。【荀子】-

己之私欲必以道。 ㊂❶겸할병(兼也)。 ❷아우를병(竝也)。 ❸합할병(合也)。 (『并』과 같음)

〖趙岐 孟子題辭〗後爲魯所ㅣ。

〖併倨:병거〗 적대하여 서로 물러서지 않음。〖賈誼〗與公ㅣㅣ。

〖併兼:병겸〗 어떠한 일을 한데로 아울러서 겸함。 「처함。

〖併科:병과〗 徒刑과 罰金刑을 아울러서

〖併起:병기〗 저 쪽과 이 쪽이 같이 일어남。 蜂起。

〖併發:병발〗 同時에 발생함。

〖併用:병용〗 아울러 같이 씀。 竝用。

〖併有:병유〗 한데 아울러서 가짐。 竝有。

〖史記〗ㅣㅣ天下。

〖併存:병존〗 함께 존재함。 竝存。

〖併進:병진〗 함께 나란히 나감。

〖併呑:병탄〗 남의 물건을 한데 아울러서 제 것으로 만들음。 併有。 併略。〖史記〗ㅣㅣ八荒之心。

〖併合:병합〗 ❶둘 이상의 事物을 합쳐서 하나로 만들음。 ❷어떤 나라가 다른 나라와 結合하여 한 개의 나라를 구성하는 일。 合邦。 合併。

【佷】 ㊀(항) 蒸 コウ、コン、もとる act contrary to ㄏㄥˊ hêng²
㊁(한) 阮
㊀❶고을 이름항(縣名、ㅣ山)。 ❷돌아올항(還也)。 ㊁ 어그러질한(戾也)。〖玉篇〗ㅣ、本作很。

【佶】 (길) 質 キツ、すこやか healthy ㄐㄧˊ chi²
小篆 草書 ❶바를길(正也)。 ❷헌걸찰길(牡健貌)。〖詩經 小雅六月〗四牡旣ㅣ。

〖佶屈:길굴〗 佶屈聱牙의 略語。

〖佶屈聱牙:길굴오아〗 佶屈은 답답한 모양、 聱牙는 듣기 힘든다는 뜻으로 어렵고 읽기 힘드는 글을 형용한 말。〖韓愈〗周誥殷盤、ㅡㅡ。

【佸】 ㊀(괄) 曷 カツ、いたる reach ㄏㄨㄛˊ huo²
㊁(활) 曷
小篆 草書 ㊀❶힘뻗을괄(會力貌)。 ❷회계할괄(會計)。 ㊁ 이를활(至也)。〖詩〗曷其有ㅣ。

【佹】 (궁) 送 キュウ、いやしい ㄑㄩㄥˇ ch'iung³
작고추할궁(小陋)。

【佹】 (궤) 紙 キ、もとる be against ㄍㄨㄟˇ kuei³
草書 ❶포갤궤(重累)。 ❷의지할궤(依也)。 ❸어길궤(戾也)。〖淮南子 齊俗訓〗爭爲ㅣ辯久積而不訣。 ❹주추궤(支柱)。〖上林賦〗連巷欐ㅣ。 (『詭』와 통함)

〖佹佹:궤궤〗 거의 된 모양。 꽤 비슷한 모양。〖列子〗ㅣㅣ成者、俏成也、初非成也。 「가 偶然히 잃어버림。

〖佹得佹失:궤득궤실〗 偶然히 얻었다

〖佹辯:궤변〗 억지로 꾸며대는 말。詭辯。〖淮南子·齊俗訓〗爭爲ㅣㅣ、久稽而不訣、無益於治。

【佻】 ㊀(조) 蕭 チョウ、かるい
㊁(조) 篠 ヨウ、ゆるめる frivolous
㊂(요) 蕭 ㄊㄧㄠ t'iao¹·²
小篆 小篆 草書 ㊀❶경박할조(偸薄)。〖唐書 鄭覃傳〗文人多ㅣㅣ。 ❷훔칠조(竊取)。〖國語 周語〗ㅣ天以爲己力。 ㊁고달플조(苦貌)。〖詩經 小雅大東〗ㅣㅣ公子、行彼周行。 ㊂느러질요(緩也)。〖荀子 王覇〗ㅣ其期日、而利其巧任。

〖佻巧:조교〗 겉 모양만 그럴 듯하고 실속이 없이 경박함。〖楚辭〗余猶惡其ㅣㅣ。

〖佻薄:조박〗 침착하지 못하고 경솔함。 輕薄。 輕佻。〖唐書〗文人多ㅣㅣ。

〖佻佻:조조〗 ❶혼자 가는 모양。 ❷걷기에 지친 모양。〖詩經〗ㅣㅣ公子、行彼周行。

〖佻志:조지〗 경박한 마음。〖賈誼〗佳態ㅣㅣ。

〖佻險:조험〗 경박하고 음흉함。 浮險。〖唐書〗尤ㅣㅣ。

【佺】 (전) 先 セン、せんじん
小篆 草書 신선이름전(仙人)。

【佼】 ㊀(교) 巧 キョウ、みめよい pretty
㊁(교) 看 ㄐㄧㄠˇ chiao³·¹
小篆 草書 ㊀❶좋을교(好也)。〖詩經 陳風月出〗ㅣ人僚兮。 ❷굳셀교(健也)。 ❸예쁠교(好貌)。 (『姣』와 같음) ㊁ 사괼일교(交也)。(『交』와 같음)

〖佼佼:교교〗 ❶예쁜 모양。 ❷훌륭한 모습。〖後漢書〗庸中ㅣㅣ者也。

〖佼童:교동〗 아름답게 생긴 소년。

〖佼人:교인〗 예쁜 사람。 美人。 佳人。〖詩經〗ㅣㅣ僚兮。

【佽】 (차) 寘 シ、たすける help ㄘˋ tz'ŭ⁴
小篆 草書 ❶도울차(助也)。〖詩經 唐風杕杜〗人無兄弟胡不ㅣ焉。 ❷민첩할차(敏捷)。〖漢書 宣帝紀〗募ㅣ飛射士。 ❸편리할차(便利)。 ❹대신차(代也)。 ❺견줄차(比也)。 (『次』와 통함)

〖佽飛:차비〗 옛날 中國 劍士의 이름。 漢代 武官의 名稱으로 씀。 佽非。

〖佽助:차조〗 도움。 資助。〖雲笈七籤〗ㅣ洪鈞。

【佾】 (일) 質 イツ、まい ㄧˋ i⁴
小篆 草書 춤일(周舞)。 (「周」나라의 춤추는사람 의 한 줄)。〖論語 八佾〗八ㅣ舞於庭。

〖佾舞:일무〗 춤의 一種。〖文獻通考·樂考·歷代樂制〗代宗又令女伎爲ㅣㅣ、雄健壯妙、號孫武順聖樂。

〖佾舞生:일무생〗 宮廷이나 文廟에 慶事나 祭祀가 있을 때에 樂舞를 맡아 춤추던 사람。

【使】 ㊀(사) 紙 シ、つかう employ; mission
㊁(사) 寘 ㄕˇ shih³
小篆 草書 ㊀❶부릴사(役也)。〖論語 學而〗ㅣ民以時。 ❷하여금사(令也)。〖禮記〗六十曰耆指ㅣ。 ❸가령사(假定辭)。〖史記 武安侯傳〗ㅣ武安君在者族矣。 ㊁❶사신사(將命者)。〖史記 孔子世家〗吳使ㅣ問仲尼。 ❷심부름 시킬사(命也)。〖史記〗上乃ㅣ使持節、詔將軍亞夫。

〖使君:사군〗 ❶임금의 명을 받들어 여러 나라에 심부름 가는 이의 尊稱。 勅使。〖後漢書〗ㅣㅣ建節銜命以臨四方。 ❷漢 나라 때 太守를 府君이라 일컫은 데 비하여 刺史를 말함。 또는 刺史에 준하는 地位에 있는 사람。 또는 州牧(地方長官)의 稱號。〖十八史略〗天下英雄唯ㅣㅣ與操耳。

〖使鬼錢:사귀전〗 財力이 극히 큼。 그 힘이 귀신을 부릴 만하다는 뜻。

〖使氣:사기〗 自己의 기세를 부림。

【使徒:사도】 ❶《宗》Apostles의 譯。神의 使命을 四方에 전하는 제자。곧 基督의 十二弟子를 말함。❷신성한 사업을 위하여 헌신적으로 힘쓰는 사람。
【使徒行傳:사도행전】《宗》初代 기독교의 발전을 적은 新約聖書 중의 한 편。
【使令:사령】 ❶ 명령하여서 使役함。命令함。『孟子』便嬖不足ㅣㅣ於前與。❷각 관청에서 심부름하는 사람。❸명령하여 가르침。
【使命:사명】 ❶지워진 임무。❷=使君。『宋史』ㅣㅣ至。「하게 함。
【使無訟:사무송】 시비가 없도록 타협 다는 말。『漢書·賈誼傳』。
【使臂使指:사비사지】《喩》指示하고 命令함을 뜻과 같이 自由自在로 할 수 있다는 말。『漢書·賈誼傳』。
【使聘:사빙】 심부름군을 보내어 安否를 물음。聘問。『後漢書』ㅣㅣ流通。
【使孫:사손】 자녀가 없는 사람의 遺產을 그의 조카·종손·삼촌·사촌들 중에서 이어받은 사람。養子。
【使嗾:사주】 남을 부추기어 나쁜 일을 시킴。指嗾의 誤用。
【使臣:사신】 임금의 명을 받아 외국에 가는 신하。『左傳』好逆ㅣㅣ。
【使臣行次:사신행차】 사신이 출발하여 길을 감。使行。
【使役:사역】 일을 시킴。남을 부려 시킴。
【使用:사용】 ❶물건을 씀。❷사람을 부림。❸《經》物件의 用法에 따라 物件을 훼손 또는 그 본질을 변경함이 없이 需要함。
【使用價值:사용가치】《經》사람의 욕망을 만족시키는 물건의 有用性。
【使用料:사용료】 ❶ 사용하는 데 대하여 내는 돈。❷公營物에 들어가거나 사용할 때 내는 요금。
【使用水:사용수】 ❶ 음료로 하는 이외의 목적에 쓰는 물。❷허드렛물。

【使人:사인】 심부름군。使者。『左傳』書曰行人、言ㅣㅣ也。
【使人大慚:사인대참】 하는 짓이 옆에서 보는 사람도 부끄러워할 만함。
【使者:사자】 어떠한 구실을 띠고 심부름하는 사람。使人。『史記』平原君ㅣㅣ、冠蓋相屬於魏。
【使節:사절】 ❶임금의 使者가 持參하는 符節。『周禮·掌節』凡邦國之ㅣㅣ、山國用虎節。❷임금의 使者。使臣。
【使節團:사절단】 사절의 일행。
【使丁:사정】 부리는 사람。
【使之聞之:사지문지】 자기의 의사를 사람을 거쳐 간접으로 남에게 전함。
【使喚:사환】 잔 심부름을 시키기 위하여 관청이나 사사집에서 부리는 사람。
◎ 客ㅣ、公ㅣ、觀察ㅣ、驅ㅣ、勞ㅣ、大ㅣ、密ㅣ、府ㅣ、赴ㅣ、副ㅣ、小ㅣ、正ㅣ、指ㅣ、天ㅣ、勅ㅣ、特ㅣ、行ㅣ。

【侀】 (형) 『型』(土部 6畫)과 같음

【侁】 (신) 眞 シン、むれゆく 𠃊ㄣ shen¹
小篆 草書 ❶떼 지어 갈신(衆行貌)。『楚辭』豺狼 從目往來ㅣㅣ些。
【侁侁:신신】 ❶떼지은 모양。一說에는 가는 모양이라든가、달릴 때 나는 소리의 形容이라고도 함。『廣韻』侁、行貌、詩云、ㅣㅣ征夫。『楚辭·注』ㅣㅣ、往來聲也。❷信實한 모양。『呂溫』ㅣㅣ鄂公。

【侃】 (간) 旱 翰 カン、つよくただしい ㄎㄢˇ k'an³ integrity
小篆 草書 ❶강직할간(剛直)。❷웃는 모양간(和悅貌)。『論語·鄉黨』朝與下大夫言ㅣㅣ如也。
【侃侃:간간】 剛直한 모양。굳셈。『論語』ㅣㅣ如也。
【侃諤:간악】 강직하고 사양하지 않고 바른 말을 굽히지 않음。 하는 모양。

【侘】 (탁) 藥 タク、たのむ ㄊㄨㄛ t'uo¹ request
小篆 草書 ❶부칠탁(寄也)。❷부탁할탁(託也)。(『託』과 같음)

【侄】 (질) 質 シツ、かたい ㄓ chih² steady
❶굳을질(堅也)。❷어리석을질(癡也)。
【侄猷:질수】 범의 一種。酋耳。『事物異名錄·獸畜·虎』天中記、酋耳若虎、尾參於身、食虎豹、大傳謂之ㅣㅣ。
【侄仡:질흘】 前進하지 않는 모양。『正字通』侄、ㅣㅣ、不前也。

【侅】 (해) 灰 カイ、つねでない (古音「개」) ㄍㄞ kai¹ abnormal
小篆 草書 이상할해(奇也)。『方言』非常曰ㅣ事。

【來】 ㊀(래) 灰 ㊁(래) 隊 ライ、くる、いたる ㄌㄞ lai² come
小篆 草書 ㊀ ❶올래(至也)。❷부를래(呼也)。『漢高祖』橫ㅣ。❸돌아올래(還也)。❹보리래(麥名)。『詩經 周頌思文』貽我ㅣ牟。❺오대손래(孫也)。❻(어세를 강하게 하기 위하여 붙이는 뜻 없는 토씨)。『范成大詩』知是兒孫 草ㅣ。❼부터래(自也)。『韓愈 與孟尙君書』入秋ㅣ、眠食何似。❽이르를래(至也)。㊂위로할래(撫其至 者)。『孟子 滕文公上』勞之ㅣ之。
【來客:내객】 찾아 온 손님。『張籍』公事稀疎ㅣㅣ少。

【來格:내격】 이름。와서 다달음。
【來貢:내공】 來朝하여 貢物을 바침。來聘。『史記』使各以其方賄ㅣㅣ。
【來頭事:내두사】 앞으로 닥쳐 오는 일。
【來歷:내력】 지나온 經歷。由來。『滄浪詩話』用事不必拘ㅣㅣ。
【來臨:내림】 찾아 오심。枉臨。
【來脈:내맥】 일의 내력。
【來明年:내명년】 =後年。「큰 보리」。
【來牟:내모】 보리。(牟는 麰의 假字로 씀)
【來訪:내방】 남이 찾아와 봄。
【來服:내복】 =來附。
【來伏:내복】 와서 굴복하여 복종함。
【來附:내부】 와서 따르고 복종함。來服。
【來婦:내부】 ❶三월에 사당에 참례함。『禮記·曾子問』。❷남편이 죽은 지 석 달 후에 그 부인이 사당에 참례하여 죽은 남편의 명복을 비는 것을 일컬음。❸시집옴。『儀禮·士昏禮』。
【來賓:내빈】 어떤 모임에 청을 받고 찾아온 손님。『禮記』鴻雁ㅣㅣ。
【來賓各位:내빈각위】 오신 여러 손님。
【來聘:내빙】 외국인이 예물을 가지고 찾아 옴。來貢。
【來生:내생】 來世에 다시 태어날 一生。
【來書:내서】 남에게서 온 편지。來信。『杜甫』ㅣㅣ細成行。
【來世:내세】 《佛》三世의 하나。죽은 뒤에 가서 태어나 산다는 未來의 세상。『法華經』佛告舍利弗、汝於ㅣㅣ、當作佛、號曰花光王。↔現世·前世。
【來世思想:내세사상】 《宗》來世에 진정한 인간의 행복과 평화가 있다고 생각하는 종교적 시상。
【來屬:내속】 와서 속함。와서 딸림。
【來孫:내손】 玄孫의 아들。곧 五代孫。『爾雅·釋親』。

【來襲：내습】와서 습격함。

【來示：내시】❶와서 알림。❷편지로 사연을 써 옴。《轉》편지。

【來信：내신】다른 사람에게서 온 편지。

【來謁：내알】와서 뵘。

【來迎：내영】❶와서 맞음。❷《佛》염불하는 사람이 죽을 때、阿彌陀佛이 와서 극락으로 인도함을 가리키는 말。『五會法事讚』觀音·勢至自——。

【來裔：내예】後世의 자손。

【來往：내왕】오고 감。往來。『王維』今人自——。

【來往路：내왕로】오고 가는 길。

【來由：내유】事物의 내력。由來。原因。

【來意：내의】❶오게 된 까닭。온 뜻。來訪의 意義。『後漢書』——厚矣。❷편지를 낸 事由。

【來儀：내의】❶찾아 옴。와서 다달음。『書經』鳳凰——。❷온다는 말의 敬語。

【來人：내인】오는 사람。온 사람。

【來人去客：내인거객】오는 사람 가는 사람。자주 오고 가는 사람들。

【來日：내일】❶오늘의 바로 다음날。明日。『朱熹』勿謂今日不學而有——。❷앞으로 다가올 날。後日。將來。『王融』——大難、口燥脣乾。

【來茲：내자】내년。↕今茲。『呂氏春秋·任地』。

【來者可追：내자가추】지나간 일은 어찌할 道理가 없지만、장차 다가올 일은 改善할 수가 있다는 뜻。『論語·微子』往者不可諫、來者猶可追。

【來者不拒：내자불거】오는 사람을 막지 말라는 뜻으로 自由 意思에 맡기라는 말。↕去者不追。

【來朝：내조】❶다른 나라 使臣이 우리 나라에 찾아 옴。『詩經』君子——、何錫予之。❷지방 관청에 있는 신하가 임금 앞에 와서 뵈옴。

【來住：내주】옮아 와서 살음。

【來著：내착】와서 닿음。도착。

【來秋：내추】다음에 다가오는 가을。

【來春：내춘】다음에 다가오는 봄。

【來便：내편】❶오는 인편。❷다음 편。

【來學：내학】❶스승의 집에 와서 배움。❷↕往教。『禮記』禮聞——、不聞往教。後世의 學者。後學。

【來會：내회】집회에 참석함。와서 모임。

【來後年：내후년】후년의 다음 해。

◎去—、到—、渡—、未—、船—、本—、夜—、如—、往—、外—、元—、由—、以—、將—、傳—、招—、出—。

【侇】(이) 支

イ、ともがら　ㅡˊ i^2

❶무리이(儕也)。❷주검이(尸也)。

【侈】(치) 紙

シ、イ、おごる　luxury　ㄔˇ $ch'ih^3$

小篆　草書

❶사치할치(奢—、驕也)。『舊唐書于志寧傳』崇—恣情。❷넓을치(廣也)。(크게 떠벌려 있는 것)。『漢書』莽爲人—口。❸많을치(多也)。❹풍부할치(饒也)。『書經 周官』祿不期—。(『奓』와 같음)

【侈件：치건】사치스러운 물건。

【侈口：치구】큰 입。巨口。『漢書』王莽爲人——。

【侈端：치단】낭비의 시초。奢侈의 시초。『唐書』啓——。

【侈濫：치람】지나치게 사치하여 분수에 넘침。

【侈麗：치려】크고 아름다움。『漢書』——閎衍。

【侈靡：치미】❶분수에 넘치게 낭비함。奢侈하여 마음이 헝크러짐。『史記』言淫樂、而顯——。❷管子의 篇名。

【侈費：치비】분수 없이 씀。奢費。

【侈奢：치사】=奢侈。『南史』長——之源。

【侈心：치심】사치를 좋아하는 성미。

【侈侈：치치】풍성하고 많은 모양。『左思·蜀都賦』——隆富、卓鄭埒名。

【侈風：치풍】사치스러운 풍속。

◎驕—、奢—。

【侉】(과) 麻

カ、ほこる　pride　ㄎㄨㄚˊ $k'ua^1$

小篆　草書

자랑과(矜也)。『書經』驕淫矜—。(『誇』와 같음)

【侊】(광) 陽

コウ、おおきい　big　ㄍㄨㄤ $kuang^1$

小篆　草書

❶클광(大也)。❷차담광(—飯盛饌)。『越語』—飯不及壺飧。

【例】(례) 霽

レイ、たとえば　example　ㄌㄧˋ li^4

小篆　草書

❶법식례(法式)。❷전례례(前—)。❸견줄례(比也)。❹대강례(槩也)。『杜預左傳序』發凡以言—。❺대부분례(大部分)。『南史 劉苞傳』家有舊書—皆殘蠹。❻같을례(類也)。

【例件：예건】전부터 있는 사건。依例。

【例規：예규】❶관례와 규칙。❷관례로 되어 있는 규칙。

【例納：예납】전례에 의하여 납부함。

【例年：예년】❶해마다。每年。❷별 일 없이 보통으로 지나간 해。

【例談：예담】항용 하는 이야기。

【例文：예문】예로서 든 글。

【例法：예법】늘 정해진 방법。늘 있는 방법。

【例事：예사】例常事의 略語。

【例常事：예상사】보통으로 있는 일。

【例送：예송】정례에 따라 보냄。

【例示：예시】예를 들어서 보임。

【例時：예시】항례로 되어 있는 시간。

【例式：예식】늘 정해져 있는 일정한 방법。例法。例規。

【例言：예언】책의 첫 머리에 붙이는 주의사항 등을 쓴 글。凡例。

【例外：예외】일반 규칙이나 定例에 벗어나는 일。

【例題：예제】例를 든 문제。연습을 위해 보기로서 내는 문제。

【例症：예증】늘 앓고 있는 병。

【例證：예증】❶증거가 되는 前例。❷예를 들어 증명함。

【例飭：예칙】정례적으로 행하는 訓示。

【例下：예하】정례에 따라 내려 줌。

【例解：예해】예를 들어 풀이함。

【例會：예회】일정한 기일에 늘 모이는 회。

◎古—、慣—、文—、凡—、法—、比—、事—、常—、先—、實—、惡—、用—、類—、引—、一—、作—、典—、前—、定—、條—、通—、特—、判—。

【侍】(시) 寘

シ、ジ、はべる　attend　ㄕˋ $shih^4$

小篆　草書

❶모실시(陪側)。『禮記 曲禮』—坐于先生。❷모시는 사람시(侍人)。『唐書 李珏傳』早喪妻、不置妾—。❸가까울시(近也)。❹좇을시(從也)。(『寺』와 通함)

【侍講：시강】임금 또는 東宮의 御前에서 글을 講義함。또는 그 벼슬 이름。侍讀。『北史』高允曰、殿下以臣——久、哀臣乞命耳。

【侍講院：시강원】《制》李朝 때 世子侍

講院・王太子宮侍講院・皇太子宮侍講院의 略稱。

【侍女:시녀】 ❶궁녀。 ❷가까이 있어 시중드는 여인。

【侍童:시동】 貴人에 딸려 심부름 하는 아이。〔唐書〕騎奴ㅡㅡ、夾轂竝引。

【侍郞:시랑】 《制》벼슬 이름。 처음엔 임금의 護衛、 후에는 尙書의 다음 가는 벼슬이 됨。

【侍輦:시련】 《制》부상이나 죽은 사람의 위패를 상여 속에 넣어 두고、 절 안을 세 번씩 돌아다니는 일。

【侍立:시립】 웃 어른을 모시고 섬。〔蜀志〕皆執刀ㅡㅡ。

【侍墓:시묘】 부모의 거상 중에 무덤 옆에 막을 짓고 지냄。

【侍陪:시배】 수종하는 하인。

【侍奉:시봉】 부모를 모시어 받듦음。

【侍婢:시비】 가까이 모시고 시중 드는 계집 종。〔蜀志〕琰ㅡㅡ數十。

【侍師:시사】 스승으로 모심。

【侍史:시사】 ❶ 옆에 모시어 文書를 맡는 사람。〔史記〕屛風後、常有ㅡㅡ。 ❷편지 겉봉에 받는 이를 존경하는 뜻으로 그 이름 아래 쓰는 말。

【侍生:시생】「당신을 모시고 있는 小生」의 뜻。 곧 웃어른에게 대하여 자기를 낮추어 일컫는 말。

【侍豎:시수】 貴人 옆에서 심부름하는 童子。

【侍食:시식】 손윗 사람을 모시고 食事를 함。陪食。〔禮記〕ㅡㅡ于長者。

【侍臣:시신】 임금을 가까이 모시는 신하。〔元稹〕帝喜相如作ㅡㅡ。

【侍養子:시양자】 養嗣子로 할 목적이 아니고 同姓・異姓을 가릴 것 없이 세살 넘어서 收養하는 養子。↔收養子。

【侍宴:시연】 대궐 안 잔치에 모든 신하가 참석하여 자리를 같이하던 일。

【侍衞:시위】 임금의 옆에서 護衛함。 또는 그 武官。〔晉書〕百官及ㅡㅡ、莫不散潰。

【侍衞隊:시위대】 《制》李朝 때 임금을 호위하던 군대。

【侍率:시솔】 어른을 모시고 아랫 사람을 거느림。

【侍飮:시음】 손윗 사람을 모시고 술을 마심。〔禮記〕ㅡㅡ于長者。

【侍醫:시의】 임금에게 딸린 의사。〔史記〕除爲齊王ㅡㅡ。

【侍者:시자】 ❶《佛》說法師를 모시는 사람。 ❷가까이 모시는 사람。〔國語〕ㅡㅡ曰、若有殃焉。

【侍子:시자】 人質이 된 아들。質子。〔後漢書〕遣還其ㅡㅡ。

【侍從:시종】 임금의 옆에서 여러 가지 일을 받듦음。 또는 그 벼슬。

【侍從武官:시종무관】 《制》 侍從武官府에 속하는 무관。

【侍坐:시좌】 ❶웃어른을 모시고 앉음。〔孝經〕仲尼閒居、曾子ㅡㅡ。 ❷《制》임금이 政殿에 나갈 때 世子가 그 옆에서 모시던 일。

【侍中:시중】 《制》❶漢代의 벼슬 이름。 임금의 곁에 있어 여러 가지 일을 받들고 顧問에 응하던 사람。 ❷後魏 이후 門下省의 장관。 ❸新羅 때 執事省의 으뜸 벼슬。 ❹高麗 때 廣平省 內史門下省・中書門下省・門下府의 으뜸 벼슬。 ❺李朝 初 門下府의 으뜸 벼슬。

【侍天敎:시천교】 《宗》天道敎의 一派。 崔濟愚의 門人인 李容九를 敎主로 天道敎에서 分立함。

【侍天主:시천주】 《宗》天道敎에서 내마음 속에 한울님을 모셨다는 뜻으로 곧 한울님은 항상 마음속에 있다고 믿는 일。

【侍妾:시첩】 귀인을 모시는 첩。〔孟子〕食前方丈、ㅡㅡ數百人。

【侍體:시체】 어버이를 모시고 있는 몸이란 뜻으로 편지를 받을 사람의 안부를 물을 때 씀。

【侍側:시측】 곁에 있으면서 웃어른을 모심。

【侍寢:시침】 임금을 모시고 잠。

【侍湯:시탕】 부모의 병환에 약 시중하는 일。

【侍下:시하】 부모나 조부모가 살아 있어 모시고 있는 사람。

【侍下人:시하인】 웃어른을 모시고 있는 사람에게 편지를 좀 전해 달라는 뜻으로 편지 겉봉에 쓰는 말。

◎近ㅡ、內ㅡ、奉ㅡ、常ㅡ。

【侎】 (미) 紙 ビ、ミ、いつくしむ pacificate

小篆 書草 ❶어루만질미(撫也)。 ❷사랑할 미(愛也)。 ❸안존할미(安也)。〔周禮〕掌ㅡ栽兵。

【侏】 (주) 虞 ㄓㄨ chu¹ dwarf シュ、こびと

草書 ❶난장이주(短人)。〔禮記〕ㅡ儒百工。 ❷악생주(樂生)。〔史記 孔子世家〕優倡ㅡ儒爲戲而前。 ❸동자 기둥주(欂上短柱)。〔韓愈 進學解〕欂櫨ㅡ儒。 ❹음성주(ㅡ離)。(언어가 분명치 못하여 듣기 어려운 형용에 씀)。〔韓愈 答孟簡書〕服左衽、而言ㅡ離。

【侏羅紀:주라기】 《地》地質時代 중의 中生代를 셋으로 구분한 그 중간의 地質時代。 Jurassic.

【侏儒:주유】 =朱儒。 ❶난장이。〔廣韻〕侏、ㅡㅡ、短人。 ❷俳優。〔荀子・王霸〕俳優ㅡㅡ、婦女之請謁、以悖之。〔注〕ㅡㅡ、短人、可戲弄者。 ❸들보 위의 짧은 기둥。〔禮記・注〕藻梲、畫ㅡㅡ柱、爲藻文也。 ❹거미。〔方言〕。

【侏儒樂:주유악】 난쟁이가 타는 歌舞音曲。〔公羊傳・注〕頰谷之會、齊侯作侏儒之樂。

【侏儒參轎子擔:주유참교자담】 《國》 난장이가 교자군에 참례함。《喩》자기 분수에 적당하지 않은 일을 한다는 뜻。〔靑莊館全書〕。

【侏張:주장】 ❶속여서 誇張함。〔通雅〕譸張、一作侜張、一作ㅡㅡ。 ❷힘이 세고 氣勢가 떨치는 모양。〔揚雄、國三老箴〕負乘覆餗、姦冠ㅡㅡ。

【侏侏:주주】 어려서 아무 것도 모름。〔太玄經・注〕ㅡㅡ、無所知也、雖長大、而不學道、ㅡㅡ然若未成之人也。

【侐】 (혁) 職 ㄒㄩ hsü⁴ quiet キョク、しずか

小篆 書草 고요할혁(靜寂)。〔詩〕閟宮有ㅡ。

【侔】 (모) 尤 ㄇㄡ mou² symmetrize ボウ、ひとしい

小篆 書草 ❶같을모(齊等)。〔莊子 大宗師〕畸於人而ㅡ於天。 ❷벌레이름모。(벼를 좀 먹는 벌레)。 ❸고를모(均也)。

【侔德:모덕】 德을 같이 함。〔漢書・宣帝紀贊〕ㅡㅡ殷宗周宣矣。

【侔利:모리】 利益을 取함。〔鹽鐵論〕。

【侔莫:모막】 努力함。열심히 함。〔方言〕ㅡㅡ、强也、北燕之外郊、凡勞而相勉、若謂努力者、謂之ㅡㅡ。

【侔訾:모자】 財產을 같게 함。〔國朝漢學師承記〕富旣與地乎ㅡㅡ、貴乃與天乎比崇。

【侔迹:모적】 발자취를 같이 함。先人과 같이 行함。〔蜀志〕ㅡㅡ韓耿、齊聲雙德。

【侔尊:모존】 尊敬하기를 같이 함。〔張俊〕位當ㅡㅡ、力嘗均勢。〔注〕銑曰、侔、

齊也。

【安】(안) 寒 アン、やすらか restful ❶편안할안(安也)。❷늦을안(遲也)。❸잔치안(宴也)。

【侑】(유) 宥 ユウ、たすける assist ㄧㄡˋ yu⁴ ❶도울유(佐也)。❷권할유(勸也)。【齊東野談】執板奏歌ㅣ觴。❸짝유(耦也)。❹너그러울유(寬也)。❺귀인을 모시고 밥먹을유(陪食)。【禮記】ㅣ食不盡食。❻권하여먹일유(勸食)。

【侑觴:유상】 잔을 권함。술을 권함。【齊東野語】。

【侑食:유식】 ❶임금을 모시고 같이 음식을 먹으면서 임금에게 음식을 권함。陪食。【禮記·玉藻】。❷음식을 권함。【周禮·膳夫】以樂ㅣㅣ。

【侑宴:유연】 놀이로 베푼 잔치。맛 좋은 「음식。

【侖】(륜) 元 ロン、まるい ㄌㄨㄣˊ luen² 뭉치륜、덩어리륜(物之圓而未剖散者、渾ㅣ)。(『崙』과 같음)

【侖胥:윤서】 깊이 빠짐。侖은 淪에 通하며、胥는 胥의 古字。淪胥。【唐等慈寺塔記銘】中外板蕩、億兆ㅣㅣ。

【侗】 一(통) 送 二(동) 東 トウ、おろか foolish ㄊㄨㄥˊ t'ung² 一❶분별 모를통。❷무지할통(無智)。【論語泰伯】ㅣ而不愿。❸바보통、우둔한 사람통(愚人)。【書經 顧命】在後之ㅣ、敬迓天威。二❶성년이 되지 못한 사람동(未成器之人)。【集韻】侗、一曰、未成器之人。❷참될동(眞也)。【莊子庚桑楚】翛然而往ㅣ然而來。

【侗長:통장】 크고 김。【論衡】太平之時、人民ㅣㅣ。

【侗乎:통호】 無知한 모양。【莊子·山木】ㅣㅣ其無識。【釋文】侗乎、無知貌。

【侗然:동연】 誠實한 모양。侗然이라고도 함。【集韻】侗、誠愨皃。【莊子】能翛然乎、能ㅣㅣ乎。

【侘】(차) 禡 麻 タ、ほこる pride ㄔㄚˋ ch'a⁴ ❶실심할차(失意貌)。【屈原離騷】忳ㅣ傺兮。❷자랑할차(誇也)。❸교만할차(驕也)。【史記韓安國傳】即欲以ㅣ鄙。

【侘傺:차제】 실심한 모양。【集韻】侘、ㅣㅣ、失志皃。

【侙】(칙) 職 チョク おそれる afraid 두려워할칙(惕也)。【說文】侙、惕也、从人式聲。

【侚】(순) 震 シュン、したがう obey ㄒㄩㄣˊ hsün⁴ ❶좇을순(從也)。❷빠를순(疾也)。❸조리돌릴순(行示)。【漢書】車裂以ㅣ。(『殉·徇』과 통함)

【供】 一(공) 冬 二(공) 宋 キョウ、ク、そなう provide ㄍㄨㄥ kung¹ 一❶베풀공(設也)。【南史 顔延之傳】凡所資ㅣ、一無所受。❷이바지할공(給也)。【魏志 鍾繇傳】ㅣ給資費、使得專學。二❶갖출공(具也)。【晋書何曾傳】一日之ㅣ、以錢二萬爲限。❷받들공(奉也)。【書】以庶邦惟正之ㅣ。❸문초 받을공(審問取招)。(『共』과 통함)

【供饋:공궤】 음식을 줌。

【供給:공급】 ❶需要에 따라 物品을 제공함。물건을 냄。共給。【魏志】ㅣㅣ資費、使得專學。❷《經》교환 또는 판매의 목적으로 시장에 상품을 제공함。또 그 제공된 財貨의 量。↔需要。

【供給係:공급계】 《軍》補給係。

【供給源:공급원】 공급의 근원。

【供給者:공급자】 공급하는 사람。

【供覽:공람】 관람에 제공함。관람케 함。

【供務郎:공무랑】 《制》正八品 벼슬。土官職의 東班 品階의 하나。

【供物:공물】 神佛 앞에 바치는 물건。

【供米:공미】 神佛에게 바치는 쌀。

【供辭:공사】 죄인의 범죄 사실을 진술하는 말。供招。招辭。

【供上:공상】 《制》지방의 산물을 임금에게 바치던 일。進上。

【供需:공수】 ❶물자의 需要와 供給。❷《佛》절에서 손님에게 무료로 접대하는 음식。

【供需間:공수간】 《佛》음식을 만드는 「곳。

【供手侍立:공수시립】 공경하는 마음으로 두 손을 마주 잡고 옆에서 모시어 섬。

【供述:공술】 《法》법관이나 검사 등의 訊問(신문)에 대하여 피고인·피의자·증인 등이 행하는 陳述。

【供述書:공술서】 공술을 듣고 청취 기록한 문서。

【供案:공안】 《制》죄인의 진술한 바를 적어 둔 문부。죄인의 供述書。

【供養:공양】 ❶맛 있는 것을 갖추어 어버이를 섬김。❷《佛》부처 또는 죽은 사람에게 음식·옷 따위를 바침。供施。【法華經】ㅣㅣ恭敬、尊重讚嘆。

【供養米:공양미】 《佛》부처에게 공양으로 드리는 쌀。

【供與:공여】 어떤 利益을 상대방에게 收得시키는 행위。

【供用:공용】 준비하여 두었다가 씀。사용할 수 있도록 함。

【供用林:공용림】 ❶목재 기타 임산물의 이용을 목적으로 경영하는 산림。↔保安林。❷인공을 가한 산림。↔原生林。

【供帳:공장】 宴會에 여러 가지 設備를 하고 幕을 침。【韓愈】公卿設ㅣㅣ、祖道東都門外。

【供職:공직】 관청 또는 공공 단체의 직무를 맡음。

【供振:공진】 ❶振動體가 주기적으로 작용하는 外力을 받아 그 振幅이 커지는 현상。❷특히 전기 진동의 共鳴 현상。

【供進:공진】 임금에게 음식을 권함。

【供薦:공천】 《宗》神이나 佛에게 물건을 바침。【後漢書】ㅣㅣ新味。

【供招:공초】 《制》罪狀을 진술함。自白함。口供。供辭。

【供出:공출】 ❶제공하여 내 놓음。❷국가의 需要에 따라 국민이 농업 생산물이나 기타 물자나 器物을 의무적으로 정부에 賣渡하는 일。❸《中》自首함。

【供託:공탁】 《法》❶물건을 제공하고 寄託함。❷법령의 규정에 따라 金錢·有價證券 또는 다른 물건을 供託所 또는 一定人에게 寄託하는 일。

【侜】(주) 尤 チュウ、おおう screen ㄓㄡ chou¹ ❶가리울주(擁蔽)。❷속일주(誑也)。【詩經】誰

ㅡ予美。(『詩』와 같음)
【侜張:주장】 속임。欺誑。『爾雅・釋訓』
ㅡㅡ、誑也。

【依】 ㊀(의) 微 イ、エ、よる depend
㊁(의) 尾 ㅡ ㄧˇ

小篆 草書 ㊀❶의지할의、기댈의(倚也、賴也)。『史記司馬相如傳』其人材足ㅡ也。❷비슷할의(彷彿)。『劉禹錫詩』宋臺梁館尙ㅡ俙。❸따를의(循也)。『論語 述而』ㅡ於仁。❹그대로의(ㅡ然)。❺나무가 우거진 모양의。『詩經 小雅采薇』楊柳ㅡㅡ。❻붙일의(附也)。㊁❶비유할의(譬喩)。『禮記 學記』不學博ㅡ、不能安詩。❷평온할의(安也)。❸병풍의(屛類)。『儀禮』天子設斧ㅡ于戶牖。

【依家:의가】 집 없는 사람이 집을 얻어 살음。
【依據:의거】 ❶증거 또는 근거에 따라 행함。❷의지하고 憑藉함。❸山水에 의지하여 웅거함。
【依舊:의구】 옛 모양과 변함 없음。
【依歸:의귀】 의뢰하여 따름。『書經』我先王亦永有ㅡㅡ。
【依戴:의대】 의지하여 받들음。『後漢書』百姓失望、無所ㅡㅡ。
【依例:의례】 =依前例。
【依賴:의뢰】 남에게 부탁함。남에게 의지함。依憑。『竹箋』庶使遺民永有ㅡㅡ。
【依賴書:의뢰서】 남에게 어떤 일을 부탁하는 글월。
【依賴心:의뢰심】 남에게 의지하는 마음。
【依賴人:의뢰인】 남에게 어떤 일을 부탁하는 사람。
【依幕:의막】 《國》❶幕舍에 사용하는 天幕。❷임시로 거처하게 된 곳。
【依倣:의방】 흉내를 냄。모방함。
【依法:의법】 법의 정하여진 바에 따름。
【依附:의부】 의지하여 가까이 함。『北史・袁翻傳』甚相ㅡㅡ。
【依庇:의비】 의지하여 힘입음。『後漢書』魂靈有所ㅡㅡ。
【依施:의시】 請願에 의하여 허가함。
【依恃:의시】 의지함。의뢰함。『阮籍』何ㅡㅡ以育養。
【依阿:의아】 비위를 맞추고 아첨함。
【依仰:의앙】 의지하고 우러러 사모함。
【依約:의약】 약속한 대로 함。『温庭筠』ㅡㅡ腰如杵。
【依樣:의양】 옷의 치수。「道尙ㅡㅡ。
【依然:의연】 전과 다름 없음。『杜甫』沙
【依願:의원】 =依施。
【依願免職:의원면직】 본인의 청원에 의하여 그 직위를 해면함。
【依允:의윤】 上奏를 임금이 允許함。
【依依:의의】 ❶나무 가지가 휘늘어진 모양。『詩經』楊柳ㅡㅡ。❷헤어지기 섭섭한 모양。안타까이 사모하는 모양。『元好問』ㅡㅡ如有意。❸마음이 설레는 모양。
【依人雀:의인작】 《動》참새。
【依廛:의전】 넝마전。
【依前例:의전례】 前例에 따름。
【依存:의존】 의지하고 있음。
【依準:의준】 ❶의거함。準據。『左傳・疏』ㅡㅡ舊條。❷청원을 들어 줌。
【依遵:의준】 前例에 따라 행함。
【依支:의지】 ❶남에게 의뢰함。❷몸을 기대어 부지함。
【依止:의지】 의지하여 머물음。『周禮・註』山川、蓋軍之所ㅡㅡ。
【依囑:의촉】 부탁함。
【依他:의타】 남에게 의지함。남에게 의뢰함。
【依託:의탁】 남에게 의존함。남에게 의뢰하여 부탁함。『李勃』臣敢ㅡㅡ經史。
【依託射擊:의탁사격】 照準을 정확하게 하기 위하여 총을 장벽이나 의탁물 등에 의지하여 射擊함。
【依懷:의회】 의지하여 따름。『國語』民神ㅡㅡ。
【依稀:의희】 어렴풋함。分明하지 않음。彷彿。『趙嘏』風景ㅡㅡ似去年。◎歸ㅡ。

【佽】 (융) 東 ジユウ、えびす savage
셋뿔 사람융(西戎人有三角)。

【侞】 (여) 魚 ジョ、したがう obey
온순할여(順也)。『孔穎達曰』欲安遠方當先順ㅡ其近。

【金】 (금)→金部0畫
【命】 (명)→口部5畫
【臾】 (유)→臼部2畫
【舍】 (사)→舌部2畫

七畫

【侮】 (모) 麌 ブ、あなどる despice ㄨˇ wu³
小篆 古文 小篆 업신여길모(慢易)。『書經說命中』無啓寵納ㅡ。
【侮弄:모롱】 얕보고 조롱함。『五代史』ㅡㅡ搢紳。
【侮慢:모만】 남을 얕보고 저만이 스스로 잘난 체함。『書經』ㅡㅡ自賢、反道敗德。
【侮罵:모매】 업신여기고 꾸짖음。
【侮蔑:모멸】 멸시하고 낮봄。輕蔑。『史記』ㅡㅡ神祇不祀。
【侮笑:모소】 비웃음。冷笑。
【侮狎:모압】 업신여김。무시함。『書經』ㅡㅡ君子。
【侮辱:모욕】 깔보아 욕되게 함。
【侮辱罪:모욕죄】 《法》남을 公然히 모욕함으로써 성립되는 죄。
【侮謔:모학】 깔보아 학대함。바보 취급을 함。『桂苑叢談』常嗜酒、ㅡㅡ時輩。◎輕ㅡ、凌ㅡ、慢ㅡ、受ㅡ。

【侽】 (신) 眞 シン、はらむ conceive
小篆 아이밸몸신(妊身)。『玉篇』侽、妊身也

【侯】 (후) 尤 コウ、きみ marquis ㄏㄡˊ hou²
小篆 草書 ❶벼슬이름후(五爵第二位)。❷과녁후(射布)。『儀禮 鄕飮酒』天子熊ㅡ白質。❸임금후(君也)。❹영주후(領主)。『康熙字典』古者以射選賢、射中者獲封爵、故因謂之諸ㅡ。❺아름다울후(美也)。『詩經 鄭風羔裘』洵美且ㅡ。❻(왕성서 떨어져있는 五백리의 땅)。『書經 禹貢』五百里ㅡ服。❼어조사후(語助辭、維・惟・伊)。『詩經大雅文王』ㅡ于周服。

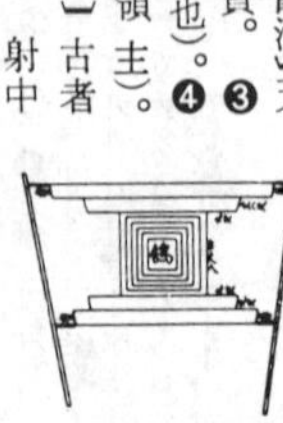
(圖 器 禮) ❷侯

【侯鵠:후곡】 활의 과녁。(四方 一〇자의 둘레를 侯라 하고 그 속 四方 四자를 鵠

이라 함)。『周禮·司裘』。

【侯畿:후기】 侯服에 속한 四方 五〇〇里의 땅。『周禮·大司馬』。

【侯邏:후라】 敵의 情勢를 정탐하는 병정。『唐書』ㅣㅣ不知。

【侯牧:후목】 諸侯를 말함。『孔子家語』率ㅣㅣ以見於王。

【侯門:후문】 貴人의 집。

【侯班:후반】 임금을 뵐 때의 차례。

【侯服:후복】 王城 밖 五〇〇里에서 一、〇〇〇里에 이르는 地方。「先祖의 宗廟。

【侯社:후사】 諸侯가 자기 스스로 세운

【侯王:후왕】 한 나라의 임금。王侯。『莊子』ㅣㅣ之佐與、子貢曰、非也。

【侯印:후인】 諸侯의 印。『漢書』。

關內侯印(金石索)

【侯爵:후작】 다섯 爵位의 둘째 번。

【侯鯖:후청】 훌륭한 珍味。魚肉·채소등 여러 가지를 섞어 양념을 넣어 만든 음식。

◎君ㅣ、列ㅣ、王ㅣ、諸ㅣ。

【俟】(사) 歌 サ、ゆく ㄙ

❶갈사(行也)。❷춤그치지않을사(䑂而不止貌)。

【侲】(진) 眞 震 シン、よいわらべ good boy

小篆 草書 아이 초라니진(逐厲童)。『漢書』先臘 大儺選黃門子弟百二十人爲ㅣ子 赤幘皁製執大鼗逐疫。

【侲僮:진동】 =侲子。『西京賦、注』綜曰、侲之言、善也、善童、幼子也。

【侲子:진자】 착한 아이。어린아이。侲僮。侲은 善。옛날엔 疫痛을 쫓을 때 이말을 씀。『後漢書·注』ㅣㅣ、逐疫之人也。『後漢書·禮儀志·注』侲之言、善、善童、幼子也。

【侳】(좌) 箇 サ、やすらか restful

小篆 小篆 ❶편안할좌(安也)。❷부끄러울좌(恥也)。『淮南子』君子不入市爲其ㅣ廉也。❷가질좌、지닐좌(所持)。

【侵】 ㊀(침) 侵 ㊁(침) 寢 シン、おかす invade ㄑㄧㄣ ch'in¹

小篆 草書 ㊀❶범할침、침노할침(犯也)。『史記 孔子世家』齊師ㅣ魯。❷점점침(漸進)。『史記 武帝本紀』天子始巡群縣ㅣ尋泰山。❸습격할침(襲也)。『周禮夏官大司馬』負固不服則ㅣ之。❹흉작침(凶作)。『穀梁傳 襄公二十四年』五穀不登、謂之大ㅣ。㊁용모가 모춤할침(貌不揚)。『漢書』貌ㅣ而體弱。

【侵據:침거】 ❶ 침노하여 그 곳에 근거를 둠。『宋史』歲久ㅣㅣ官道。❷ 남의 身分을 침해하여 근거를 삼음。

【侵擊:침격】 침입하여 공격함。

【侵境:침경】 국경을 침범함。

【侵耕:침경】 국유지나 다른 사람 소유의 토지를 불법으로 개간하거나 경작함。

【侵攻:침공】 남의 나라를 침노하여 쳐들어 감。침범하여 공격함。

【侵毒:침독】 침범하여 해를 끼침。『翊聖眞君傳』ㅣㅣ黎庶。

【侵掠:침략】 남의 물건을 폭력으로 빼앗음。영토를 침범하여 빼앗음。

【侵略:침략】 남의 나라를 침노하여 땅을 빼앗음。남의 물건을 침노하여 빼앗음。橫領함。侵掠。侵抄。

【侵略主義:침략주의】 남의 나라를 공격하여 영토를 빼앗음을 주요 정책으로 하는 주의。

【侵陵:침릉】 남을 침해하여 욕보임。『禮記·聘義』。

【侵侮:침모】 侵害하고 업신여김。『禮記』不ㅣㅣ、不好狎。

【侵牟:침모】 침범하여 탐냄。他人의 것을 탈취함。(牟는 풀 뿌리나 苗木의 뿌리를 파먹는 벌레)。

【侵迫:침박】 침범하여 핍박함。『歐陽修』風埃共ㅣㅣ。「諸侯相ㅣㅣ。

【侵伐:침벌】 침노하여 토벌함。『史記』

【侵犯:침범】 남의 權利·領土 등을 침노하여 범함。侵冒。『史記』凌轢宗室、ㅣ胃肉。

【侵齧:침설】 바닷가 언덕의 흙을 파도가 허물어뜨리는 것과 같이 파괴함。

【侵損:침손】 =侵害。

【侵蝕:침식】 침노하여 먹어들어감。남의 땅을 점점 침범하여 들어감。

【侵尋:침심】 ❶차츰차츰 밟아 들어감。❷차츰 앞으로 나아감。『史記·武帝紀』ㅣㅣ於泰山。

【侵漁:침어】 낚싯군이 남의 漁場에서 고기를 낚음。《喩》남의 물건을 차츰차츰 侵犯하는 일。『史記』姦吏並ㅣㅣ。

【侵撓:침요】 침노하여 어지럽힘。침노하여 굴복시킴。『唐書』不爲權力ㅣㅣ。

【侵擾:침요】 침노하여 소요를 일으킴。撓侵。『漢書』ㅣㅣ百姓。

【侵越:침월】 경계를 넘어 침입함。

【侵入:침입】 침범하여 들어옴。또는 들어 감。

【侵恣:침자】 남의 권리를 침해하고 방자함。『晉書』豪族ㅣㅣ。

【侵占:침점】 침노하여 빼앗아 차지함。

【侵早:침조】 이른 아침。早朝。侵朝。破曉。

【侵責:침책】 간접으로 관계되는 사람에게 책임을 추궁함。

【侵抄:침초】 =侵略。『隋書』ㅣㅣ爲貢。

【侵奪:침탈】 침노하여 빼앗음。

【侵暴:침포】 침노하여 橫暴함。侵虐。『漢書』非有所ㅣㅣ。

【侵逼:침핍】 침범하여 핍박함。

【侵虐:침학】 남을 침해하여 학대함。

【侵害:침해】 침범하여 해를 끼침。

【侵毁:침훼】 침노하여 무너뜨림。『梁武帝』妄相ㅣㅣ。

◎來ㅣ、不可ㅣ。

【侶】(려) 語 リョ、ロ、ともがら companion ㄌㄩˇ lü³

小篆 草書 ❶짝려(徒伴)。❷벗할려、함께려。『蘇軾詩』ㅣ魚蝦而友麋鹿。❸동행할려(同行)。『陸璣 草木疏』麟不ㅣ行。

【侶伴:여반】 친구。길 동무。伴侶。

【侶儔:여주】 짝。친구。儔侶。『宋史·樂志』鹿鳴呦呦、命侶與儔、宴樂嘉賓·旣獻且酬。

【侷】(국) 『局』(尸部 4畫)과 『跼』(足部 7畫)과 같음

【侸】(두) 宥 トウ、つかれる fatigue

小篆 ❶몹씨 피곤할두(極疲)。❷구부정할두(下垂貌)。

【侻】(탈) 曷 ダツ かるがるしい rashness ㄊㄨㄛ t'uo¹

草書 ❶간사할탈(狡也)。❷가벼울탈(輕也)。『三國志』劉表以王粲體弱通ㅣ不甚重。❸간략할탈(簡易)。『淮南子』其行ㅣ而順情。❹합할탈(合也)。(『脫』과 통함)

【俔陋:탈루】 밉상。容貌가 보기 싫음。〔唐書〕貌ㅣㅣ、口吃而辯。

【俔順:탈순】 가볍게 따름。〔晏子〕動作ㅣㅣ而不逆、可目奉生。

【俔失:탈실】 털고 잊어버림。가볍게 스쳐버림。〔蜀志·彭羕傳〕頗以被酒、ㅣㅣ老語。

【侹】(정) 迥 ㄊㄧㄥˇ t'ing³ テイ、なおい

❶멀쑥할정(長貌)。❷꼿꼿할정(直也)。❸평평할정(平也)。❹대신할정(代也)。

【侹侹:정정】 평평함。〔韓愈·答張徹詩〕石梁平ㅣㅣ、沙水光冷冷。

【便】 ㊀(편) 霰 ㊁(변) 眞 ㊂(편) 先 ㄅㄧㄢˋ pien⁴ convenience ベン、ヘン、たやすい

㊀❶편할편(安也)。〔漢書 馮野王傳〕而私自ㅣ。❷소식편(消息)。〔陸雲 與 載李甫書〕道路悠遠、不値信ㅣ。❸편리할편(利也)。〔後漢書 廉范傳〕范毁削先令云云、百姓爲ㅣ。❹익힐편(習也)。❺오줌편(溲也)。〔漢書 張安世傳〕郞有醉ㅣ殿上者。❻오로지편(輒也)。〔莊子 達生〕未嘗見舟 而ㅣ操之。㊁❶비위맞출변(ㅣ辟足恭)。〔論語 季氏〕友ㅣ佞損矣。❷말잘할변(明辯)。〔論語 鄕黨〕其在宗廟朝廷 ㅣ言唯謹爾。❸배 뚱뚱할변(肥大)。〔後漢書 邊韶傳〕邊孝先腹ㅣㅣ。❹똥오줌변(屎尿大ㅣ小ㅣ)。❺아담할변(嫺也)。〔韓詩外傳〕ㅣㅣ閑雅貌。❻같을변(平也)。〔史記 堯本紀〕ㅣ章百姓。㊂「㊀」의 ❸과 같음。

【便近:편근】 가까와서 편리함。

【便佞:편녕】 일 처리에서 말만 앞세우고 실속이 없음。

【便道:편도】 지름길。다니기 편한 길。便路。捷徑。〔杜甫〕ㅣㅣ卽長驅。

【便覽:편람】 보기에 편리하게 간단하고 명료하게 만든 책。

【便路:편로】 =便道。〔金史〕取ㅣㅣ還內。

【便流:편류】 비행기가 비행 도중에 氣流에 의해서 수평으로 移行하여 航路로부터 치우치는 일。

【便利:편리】 ❶형편이 좋음。〔史記〕山川之ㅣㅣ。❷편하고 쉬움。便誼。↔不便。

【便面:편면】 부채의 종류。옛날에 사람들에게 보이는 것이 싫어서 얼굴을 가릴 때 쓰던 것。〔漢書〕自以ㅣㅣ拊馬。

【便門:편문】 뒷문。드나들기 편한 곳에 낸 문。通用門。

【便房:편방】 쉬는 방。〔潘岳〕憩ㅣㅣ以偃息。

【便法:편법】 便利한 方法。손쉬운 方法。

【便辟:편벽】 남에게 알랑거려 그 비위를 잘 맞추는 사람。또는 그 일。〔論語〕友ㅣㅣ。

【便腹:편복】 뚱뚱하게 살진 배。〔蘇軾〕七尺頑軀走世塵、十圍ㅣㅣ貯天眞。

【便服:편복】 =便衣。평상시에 입는 옷。〔唐庚〕ㅣㅣ依然髮但稀。

【便私:편사】 자기만이 편리하도록 꾀함。

【便姍:편산】 조용조용히 걷는 모양。〔漢書〕ㅣㅣ嫳屑。

【便乘:편승】 ❶남이 타고 가는 車馬의 한 자리를 얻어 탐。편의를 얻어 車馬를 탐。❷편선을 함。❸世態、혹은 남의 세력을 이용하여 이익을 거둠。

【便安:편안】 무사함。

【便宜:편의】 ❶便利하고 마땅함。❷형편상。〔史記〕以ㅣㅣ置吏。❸값이 쌈。廉價。

【便衣:편의】 평상시에 입는 옷。便服。私服。

【便宜主義:편의주의】 어떤 사물을 근본적으로 처리하지 않고 임시로 꾸며대는 방법。

【便宜行事:편의행사】 형편이 순주롭게 일을 행함。便宜施行。

【便易:편이】 편리하고 용이함。便宜。

【便益:편익】 편리하고 유익함。便利。

【便人:편인】 세상 일에 능숙한 사람。(聖賢에 비유한 謙辭)。〔禮記·表記〕。

【便殿:편전】 임금이 평상시에 거처하는 御殿。〔漢書〕休息閑宴之殿、曰ㅣㅣ。

【便戰:편전】 편쌈。

【便坐:편좌】 ❶편한 자세로 앉음。❷휴식하는 방。〔漢書〕在ㅣㅣ受事。

【便體:편체】 침착하고 정숙한 몸。〔韓愈〕清聲而ㅣㅣ。

【便嬖:편폐】 임금의 마음에 들어 귀엽받는 사람。〔孟子·梁惠王〕。

【便風:편풍】 =順風。〔楊炯〕香逐ㅣㅣ來。

【便器:변기】 똥·오줌을 받아 내는 그릇。便壺。虎子。溺器。

【便同一室:변동일실】 남과 썩 가까와 한집안 식구와 같음。

【便辟:변벽】 남의 뜻을 받아 비위를 맞춤)。便은 남이 좋아하는 것에 順應함。辟은 남의 싫어하는 것을 피한다는 뜻。)

【便秘:변비】 《醫》똥이 잘 누어지지 않는 병。秘結。

【便秘症:변비증】 《醫》 대변이 잘 누어지지 않는 병。

【便旋:변선】 ❶오줌을 눔。(旋은 尿)。❷돌아옴。徘徊함。〔蘇軾〕出門ㅣㅣ風吹面。

【便所:변소】 뒷간。

【便是:변시】 다를 것 없이 바로 이것임。

【便液:변액】 똥물。糞汁。

【便娟:변연】 아름다운 姿態。민첩하고 端正함。〔楚辭〕體ㅣㅣ此。

【便姸:변연】 ❶=便娟。❷춤추는 모양。舞貌。〔駱王·競渡序〕。

【便佞:변영】 ❶말 솜씨가 좋고 아첨을 잘함。❷말 치레만 좋고 실속은 없음。〔論語·季氏〕。

【便癰:변옹】 《醫》가래톳이 서서 멍울이 생기는 병。血疝。

【便通:변통】 평소에 잘 나오지 않던 대변이 잘 나오게 됨。

【便痛:변통】 《醫》대변이 나올 때에 일어나는 아픈 증세。

【便閉:변폐】 《醫》 대변이 꽉 막혀 나오지 않는 증세。

【便血:변혈】 똥과 함께 나오는 피。

【便血症:변혈증】 《醫》 피똥을 누는 病。

【便壺:변호】 =便器。

◎簡ㅣ、輕ㅣ、客車ㅣ、大ㅣ、方ㅣ、不ㅣ、船ㅣ、小ㅣ、速達ㅣ、列車ㅣ、郵ㅣ、音ㅣ、自ㅣ、航空ㅣ。

【俁】(우) 麌 ㄩˇ yu² big ゴ、おおきい

얼굴클우(容貌大)。〔詩〕碩人ㅣㅣ。

【俁俁:우우】 얼굴이 큰 모양。〔詩·碩人〕碩人ㅣㅣ。

【係】(계) 霽 ㄒㄧˋ hsi⁴ unite ケイ、かかる

❶맬계(縛也)。〔左傳 僖公二十五年〕ㅣ與人、以闈商密。❷이을계(繼也)。〔易〕ㅣ小子失丈夫。❸맞이을계(連屬)。❹당길계(曳也)。〔莊子 山木〕ㅣ蹶而見魏王。(『系』와 通함)

【係戀:계련】사랑에 끌리어 잊지 못함。
【係累:계루】❶이어서 얽매임。 係纍。 ❷몸에 얽매인 누。 『孟子』ㅣㅣ其子弟。 처자·眷屬(권속)들의 누。 家累。
【係嗣:계사】=後孫。『後漢書』ㅣㅣ當立。
【係數:계수】《數》積의 因數 중에서 앞에 있는 因數를 뒤에 있는 因數에 대하여 일컫는 말。
【係員:계원】한 계에 딸려 부문의 일을 맡아 분담된 어떤 일을 보는 사람。
【係爭:계쟁】《法》어떤 目的物의 권리를 얻기 위한 소송에 있어 당사자간의 다툼질이 되는 일。
【係爭物:계쟁물】《法》소송 당사자 사이의 係爭의 목적물。
【係著:계착】마음에 늘 꺼림하여 걸리어 있음。
◎ 關ㅣ。

【促】(촉) 沃 ソク、うながす pressing ㄘㄨˋ ts'u⁴
小篆 草書 ❶핍박할촉(迫也)。〔唐書 柳宗元傳〕長來覺日月益ㅣ。 ❷촉박할촉(急也)。 ❸재촉할촉 (催也)。〔鹽鐵論〕民年急而歲ㅣ。 〔史記 陳涉世家〕ㅣ趙兵亟入關。 ❹쪼그릴촉(小也)。 〔李白詩〕嗷嗷空城雀身計何戚ㅣ。 ❺좁을촉 (狹也)。 ❻짧을촉(短也)。 ❼빠를촉(速也)。 〔潘岳 悼亡賦〕聞冬夜之恆長何此夕ㅡㅣ。
【促急:촉급】촉박하여 급함。
【促迫:촉박】기일이 바싹 다가옴。
【促發:촉발】재촉하여 내게 함。 재촉하여 떠나게 함。
【促步:촉보】바쁘게 걸음。 「촉함。
【促轡:촉비】고삐를 잡아 당겨 말을 재촉함。
【促產:촉산】❶해산 또는 產物을 촉구함。 ❷날짜가 차기 전의 해산。
【促席:촉석】가까이 다가 앉음。 促坐。
【促成:촉성】빨리 이루어지게 재촉함。
【促聲:촉성】《國》音과 音 사이에서 閉鎖되는 音。 잇소리의 「ㅅ」音 따위。 促音。
【促壽:촉수】죽기를 재촉하다시피 하여 목숨이 짧아짐。 減壽。
【促膝:촉슬】무릎을 대고 마주 앉음。
【促裝:촉장】行裝을 재촉함。 『晉書』將ㅣㅣ去之。
【促杵:촉저】소리 높이 찧는 절구。 『徐鉉』ㅣㅣ恐霜飛。
【促節竹:촉절죽】마디와 마디 사이가 짧고 마디가 많이 있는 대나무。
【促坐:촉좌】❶바싹 다가 앉음。 총총이 앉음。 ❷권하여 앉힘。
【促織:촉직】귀뚜라미。 추워지니 빨리 베를 짜라고 재촉하여 우는 벌레란 뜻。 蟋蟀。 『杜甫·促織詩』。
【促進:촉진】재촉해 빨리 나아가게 함。
【促促:촉촉】❶짧은 모양。 ❷마음에 여유가 없는 모양。 열심히 일하는 모양。 齷齪。 『韓愈』踵常途之ㅣㅣ。
【促狹:촉협】❶도량이 좁음。 ❷사람을 모함함。 ❸陰險。 ❹사람을 嫉視함。
【促訓:촉훈】하던 일을 빨리 하도록 재촉하는 훈령。
◎ 督ㅣ、催ㅣ。

【俄】(아) 歌 ガ、にわか sudden ㄜˊ é²·⁴
小篆 草書 ❶아까아(短速)。〔列子 說符〕ㅣ而其弟適秦。 ❷잠깐아(須臾)。 ❸기울어질아(傾也)。 〔詩經 小雅賓之初筵〕側弁之ㅣ。 ❹헌걸찰아(大貌)。 〔世說新 話〕嵇叔夜傀ㅣ若玉山之將頹。
【俄頃:아경】잠깐 동안。 頃刻。
【俄頃間問平安:아경간 문평안】《國》밤새 평안。 《喩》人事가 無常하므로 잠깐 사이에도 사람의 安樂憂苦가 한결같지 않다는 뜻。 『靑莊館全書』。
【俄國:아국】《歷》나라 이름。 露西亞。
【俄然:아연】갑자기。 갑작스러운 모양。 卒然。 突然。

【俅】(구) 尤 キュウ、うやうやしい submission ㄑㄧㄡˊ ch'iu²
小篆 草書 공순할구(恭順貌)。〔詩 載弁ㅣㅣ。
【俅俅:구구】❶恭順한 모양。 『詩經·周頌·絲衣』絲衣其俅、載弁ㅣㅣ。 ❷입음。 머리에 얹음。 『爾雅·釋訓』ㅣㅣ、服也。 『注』謂戴弁服也。

【俇】(광) 漾 キョウ、あわただしい confusion ㄎㄨㄤˋ k'uang⁴
小篆 草書 허둥지둥할광(惶遽貌)。〔楚辭〕魂ㅣㅣ而南征。
【俇俇:광광】허둥지둥하는 모양。 『楚辭·劉向·注』ㅣㅣ、遑遽之貌。
【俇攘:광양】허둥거리며 어쩔 줄 모름。 슬프고 두려운 모양。 俇攘。 『楚辭·九辯』逢此世之ㅣㅣ。 『注』卒遇俇攘、而遽惶也、五臣云、ㅣㅣ、憂懼貌、一作劻勷、一作俇攘。
【俇攘:광양】허둥대며 어쩔 줄 모름。 俇攘。 『廣雅·釋訓』ㅣㅣ、惶劇也。

【俊】(준) 震 シュン、すぐれる outstand ㄐㄩㄣˋ chün⁴
小篆 草書 ❶준걸할준(傑秀)。 ❷준수할준。〔禮記 王制〕論選士之秀者而升之學曰ㅣ士。 ❸재주가 뛰어난 사람준。 〔書經 皐陶謨〕ㅣ又在官。 ❹높을준(峻也)。 ❺클준(大也)。 〔書經 堯典〕克明ㅣ德。
【俊傑:준걸】智德이 뛰어난 사람。 俊豪。 俊桀。 儁傑。 『孟子』ㅣㅣ在位。 (『儁·駿』과 통함)
【俊骨:준골】❶뭇 사람보다 뛰어나게 생긴 골격。 ❷俊傑。
【俊德:준덕】큰 德。 峻德。 高德。 『書·堯典』克明ㅣㅣ。
【俊邁:준매】=俊拔。 『宋史』ㅣㅣ能文、「尙氣槪。
【俊茂:준무】재주와 학식이 뛰어남。 또는 그러한 사람。 雋茂。 『漢書』擧其ㅣㅣ。
【俊物:준물】뛰어난 人物。
【俊味:준미】❶좋은 맛。 ❷맛이 좋은 물건。 『陸雲·答車茂安書』眞東海之ㅣㅣ。
【俊拔:준발】재주와 슬기가 뛰어남。 俊穎。 俊邁。 俊茂。 英俊。 俊秀。 『宋史』少甚貧、而性特ㅣㅣ。 「『晉書』。
【俊辯:준변】뛰어난 口辯。 雄辯。 英辯。
【俊士:준사】❶周代의 學制에서 庶人의 아들 중에 德行이 뛰어난 사람으로 大學에 入學이 許可된 사람。 俊秀。 『禮記』論選士之秀者、而升之學曰ㅣㅣ。 ❷재주와 슬기가 뛰어난 사람。
【俊爽:준상】재주와 슬기가 뛰어나고 명석함。 또는 人品이 높음。 『晉書·裴楷傳』容儀ㅣㅣ。
【俊秀:준수】재주·슬기·풍채가 뭇 사람에 뛰어남。 『後漢書』天下ㅣㅣ王叔茂。
【俊乂:준예】재주와 슬기가 아주 뛰어난 사람。 『書經』ㅣㅣ在官。
【俊游:준유】좋은 벗。 『陸游·詩』空記當年接ㅣㅣ。
【俊異:준이】재능이 뚜렷이 뛰어남。
【俊逸:준일】재능이 뛰어남。 또는 그 사람。

【俊才:준재】뛰어난 재주。또는 재주가 뛰어난 사람。俊材。【後漢書】。
【俊彩:준채】뛰어나고 빛나는 인물。【王勃】。
【俊弼:준필】❶ 훌륭한 補弼。훌륭하게 補弼하는 臣下。
【俊兄:준형】자기 형을 높여 부르는 말。↔俊弟。【漢書·韋玄成傳】惟我一一。
【俊慧:준혜】남보다 뛰어나고 슬기로움。또는 그러한 사람。秀慧。穎慧。
【俊豪:준호】器局이 보통 사람 보다도 뛰어남。또는 그런 사람。◎英一、才一。

【俉】(오) 遇 ゴ、むかえる meet
맞이할오(迎也)。【史記】鬼若哭若呼其人逢一化言。

【俋】(읍) 緝 ユウ、いさましい brave ㄧˋ i⁴
草書 ❶날쌜읍(勇壯貌)。❷밭가는 모양읍(耕人行貌)。【集韻】一耕人行皃。
【俋俋:읍읍】밭을 가는 모양。【莊子】一一乎耕而不顧。

【俌】(보) 麌 フ、たすけ assistance
小篆 도울보(輔也)。【說文】俌、輔也、从人甫聲、讀若撫。(『輔』와 통함)

【俍】(량) 陽 リョウ、よい humane ㄌㄧㄤ liang²
草書 어질량(良也)。【莊子】工乎天而一乎人惟全人能之。
【俍傍:양방】떠돌아다님。踉傍。【王延壽·夢賦】於是三三四四、相隨一一而歷僻。
【俍倡:양창】헤매임。梁昌。梁倡。【楚辭·九辯·注】一一後時、無所逮也。

【俎】(조) 語 ソ、まないた ㄗㄨˇ tsu³ chopping board
小篆 草書 ❶제기조(祭享載牲器)。【後漢書馬融傳註】一載牲之器。❷도마조(庖厨所用器)。【史記 項羽紀】如今人方爲刀一 我爲魚肉。

(禮器圖)❶俎

【俎刀:조도】도마와 식칼。
【俎豆:조두】❶도마와 접시。祭器의 이름。【史記·孔子世家】常陳一一、設禮容。❷제사를 지냄。【莊子·庚桑楚】欲一一予于賢人之間。
【俎上肉:조상육】도마에 오른 고기란 말로 어찌할 수 없이 된 운명을 일컫는 말。釜中之魚。【晉書·孔坦傳】今猶一一、任人膾截耳。
【俎上肉不畏刀:조상육 불외도】(國)도마에 오른 고기、칼 무서워할까。(喩)일이 窮極에 이르면 두려워하거나 도피하려 들지 않는다는 뜻。【旬五志】。
【俎實:조실】祭器에 괴어 놓은 祭物。【周禮·量人】掌喪祭奠竁之一一。
【俎尊:조준】도마와 술통。(尊은 樽)。

【俏】㊀(소) 蕭 ショウ、にる resemble ㊁(초) 嘯 ㄑㄧㄠˋ ch'iao⁴
草書 ㊀거문고 뒤치는 소리소(反琴聲)。【莊子】孔子一然反琴而絃歌。㊁❶같을초(似也)。❷어여쁠초(好貌)。
【俏然:소연】거문고 타는 소리。【集韻】俏、一一、反琴聲。
【俏冤家:소원가】돼지머리 고기。一名 馬面。【潘雅奏·小樓詩·注】一一一、即豬頭肉、吳門陸稿薦家所製甚佳、一名馬面。
【俏成俏敗:초성초패】우연히 얻었다가 우연히 잃음。【列子·力命】。
【俏擺春風:초패춘풍】(喩)멋진 걸음걸이。
【俏貨:초화】(中)값이 싼 물건。

【俐】(리) 寘 リ、かしこい clever ㄌㄧˋ li⁴
草書 똑똑할리、영리할리(慧也)。【康熙字典】今方言謂黠慧曰伶一。

【俑】(용) 腫 ヨウ、ひとがた ㄩㄥˇ yung³
小篆 草書 허수아비용(木偶)。(시체와 함께 매장 하는 인형)。【孟子 梁惠王上】始作一者、其無後乎。

【俒】(혼) 願 カン、まったい complete
小篆 ❶완전할혼(完也)。【逸周書】朕實不 明以一伯父。❷격정시킬혼(溷也)。

【俓】(경) 徑 ケイ、なおい straight ㄐㄧㄥˋ ching⁴
곧을경(直也)。(『徑』과 같음)
【俓侹:경정】곧음。【廣韻】俓、一一、直也。

【俔】㊀(현) 銑 ケン、たとえる simile ㄒㄧㄢˋ hsien⁴ ㊁(견) 霰
小篆 草書 ㊀❶염탐할현(間諜)。【左傳注】一謂之間諜即今細作也。❷풍세보는 깃현(候風羽)。【淮南子】譬如一之見風無須臾之間定。㊁비유할견(譬喩)。【詩】一天之妹。
【俔俔:현현】두려워하는 모양。睍睍。【韓愈】伈伈一一。
【俔天:현천】훌륭한 사람。天帝의 누이에 비할 만큼 아름다운 사람。詩經大明의 俔天之妹의 略。【詩·大雅·大明】大邦有子、一一之妹。

【⿰亻坒】(폐) 霽 ヘイ、あゆむ waddle
어기적거릴폐(一俵開脚行貌)。

【倂】(잉) 徑 ヨウ、おくる see off
小篆 배웅할잉、전송할잉(送也)。【康熙字典】古者諸侯取夫人、則同姓二國一之。

【俗】(속) 沃 ゾク、ならわし manners ㄙㄨˊ su²
小篆 草書 ❶익을속(習也)。❷버릇속。❸풍속속(風一)。【禮記】入國而問一。❹세상속(世上)。【吳志 虞翻傳】性不協一、多見謗毁。❺평범할속(平凡)。❻속인속(俗人)。【宋書 徐湛之傳】世祖命使還一。❼하고자할속(欲也)。
【俗家:속가】❶불교나 도교를 믿지 않는 사람의 집。❷중이 중 되기 전에 태어난 집。
【俗歌:속가】속된 노래。
【俗格:속격】속된 격식。
【俗見:속견】세속적인 생각。俗人의 識見。
【俗界:속계】❶俗人의 세계。俗境。俗寰。俗地。塵地。↔宗教界。↔仙界。❷世俗 일에 얽매여서 지내는 곳。
【俗曲:속곡】❶세상에 유행되는 노래의 曲調。❷비속한 노래。俗歌。俗謠。
【俗骨:속골】천한 骨相。평범한 풍채。

淺骨。凡骨。↔仙骨。貴骨。

【俗交:속교】世俗의 交際。

【俗忌:속기】세속에서 꺼리는 일。

【俗念:속념】세속에 얽매인 생각。속된 생각。『白居易』世緣──消除盡、別是人間淸淨翁。

【俗談:속담】❶옛적부터 내려오는 民間의 格言。❷속된 이야기。俗說。俗話。

【俗慮:속려】=俗情。『韓愈』老僧無──。

【俗例:속례】세속의 慣例。

【俗禮:속례】풍속에서 일어난 예절。

【俗論:속론】❶세속의 의논。❷하찮은 의견。❸通俗的인 이론。

【俗了:속료】世俗化함。평범하게 됨。『方岳·雪梅詩』有雪無詩──人。

【俗陋:속루】속되고 천함。俗惡。

【俗累:속루】세상살이에 얽매인 너저분한 일。얽매인 俗務。塵累。世累。俗塵。俗煩。『沈約』──從此休。

【俗流:속류】속된 무리。쓸모 없는 사람들。俗輩。『韓愈』──知者誰。

【俗離山:속리산】《地》忠淸北道 報恩郡과 慶尙北道 尙州郡 사이에 있는 산。小白山脈에 딸려 있어 경치가 좋아 小金剛이라고도 함。산 속에 湖西地方 제일 伽藍인 法住寺가 있음。

【俗物:속물】❶배움이 없거나、식견이 좁거나、풍류를 모르는 사람。❷속된 물건。『晋書』──已復來敗人意。

【俗本:속본】俗間에 流行되는 正雅하지 못한 책。

【俗士:속사】❶識見이 낮은 사람。범용한 인물。『蜀志』儒生──、豈識時務。❷비천한 선비。『文選·北山移文』請廻──駕。❸學藝가 모자라는 사람。

【俗事:속사】속세의 하찮은 일。세속적인 시끄러운 일。世間의 雜事。俗務。塵事。塵務。『晋書』二兒多言──。

【俗書:속서】❶학문적이 아닌 내용이 저급한 책。고상하지 않은 책。❷風雅하지 않은 筆蹟。高尙하지 않은 書風。

【俗說:속설】❶세상 사람이 흔히 말하는 說。『漢書』因──而論之。❷俗談。

【俗性:속성】속되고 천한 성질。

【俗姓:속성】《佛》중이 되기 전의 姓。

【俗世:속세】세상。世間。俗世間。

【俗習:속습】❶世俗의 風習。속된 습관。俗套。❷低級한 풍습。

【俗心:속심】명예나 이익에 끌리는 마음。속된 마음。

【俗眼:속안】俗人의 眼目。범속한 見解。俗目。『集異記』──不識神仙。

【俗語:속어】❶통속적으로 쓰이는 저속한 말。❷상말。俚言。俚語。『後漢書』連偶──、有類俳優。❸俗談。

【俗言:속언】=俗語。

【俗諺:속언】俚諺。『魏書』且──云、耕則問田奴、織則問織婢。

【俗緣:속연】❶속세와의 인연。俗人으로서의 연고。❷《佛》중이 속세에 있었을 때의 친척 또는 연고자。塵緣。

【俗謠:속요】❶민간에 널리 떠돌아 다니는 속된 노래。民謠。❷地方 노래。

【俗韻:속운】야비한 곡조。속된 音韻。『白居易』古琴無──。

【俗儒:속유】識見이나 志行이 저속한 선비。속된 儒生。↔雅儒。『荀子』其窮也──笑之。

【俗音:속음】漢字의 원음에서 변하여 대중이 통용하는 音。

【俗耳:속이】俗人의 귀。世人의 귀。『雲仙雜記』──針砭。

【俗人:속인】❶평범한 사람。속세의 사람。俗物。『老子』──昭昭。❷《佛》佛道를 아직 깨닫지 못한 사람。또는 중이 불교에 歸依하지 않은 사람을 일컫는 말。

【俗字:속자】세간에서 두루 쓰이어지는 字劃이 올바르지 않은 漢字。怪·恥를 恠·耻로 쓰는 것과 같음。↔正字。

【俗才:속재】俗事에 능한 才士。世俗의 才士。世才。『唐書』──無宰相器。

【俗傳:속전】민중 사이에 전함。

【俗情:속정】❶고상하지 못한 마음。속된 생각。俗慮。俗懷。俗念。『陶潛』園林無──。❷세간의 인정。

【俗調:속조】속세에서 불리우는 가락。비천한 가락。평범한 가락。

【俗衆:속중】❶중에 대하여 일반 사람을 이컫는 말。❷속인들。

【俗知:속지】凡俗한 지혜。俗智。

【俗塵:속진】塵世의 번거로움。世上事의 시끄러움。俗累。

【俗體:속체】❶《佛》중이 아닌 속인의 風體。❷風雅하지 않은 모양。

【俗臭:속취】세속의 더러운 냄새。

【俗趣:속취】❶세속의 취미。❷속된 취미。

【俗稱:속칭】=俗名②。

【俗態:속태】아담스럽지 못한 매골。

【俗學:속학】❶속간에서 행하여지는 학문。❷고상하지 않은 속된 학문。『莊子』繕性于──、以求復其初。

【俗漢:속한】성품과 인격이 낮은 사람。

【俗解:속해】속인에게 쉽게 알 수 있도록 해석함。통속적인 해설。

【俗化:속화】❶속되게 변함。俗了。❷風俗의 敎化。『漢書』──陵夷、民寡禮誼。

【俗畫:속화】속된 그림。

【俗寰:속환】=俗界。

◎蠻─、美─、民─、凡─、卑─、世─、習─、雅─、庸─、遺─、流─、異─、賤─、超─、脫─、土─、通─、風─。

【俘】(부) 虞

フ、とりこ　catch alive　ㄈㄨˊ fu²

❶가져올부(取也)。『書經 湯誓』─厥寶玉。❷사로잡을부(軍所獲)。『左傳』盡─以歸。❸가둘부(囚也)。

【俘虜:부로】포로。전쟁에서 敵에게 사로 잡힌 사람。『晉書』幸哉遺黎免──。

【俘囚:부수】=俘虜。『蘇軾』王命獻──。

【俘斬:부참】사로잡음과 죽임。『宋史』──甚衆。

【俘獲:부획】=俘虜。『唐書』──過當。

【俙】㊀(희) 微　㊁(희) 尾

キ、ほのか　indistinct　ㄒㄧ hsi¹

㊀❶비슷할희(彷佛)。❷어슴프레할희(訟面相是)。㊁희미할희(不明)。『李登聲類』僾! 不明莫如雲。

【俙然:희연】感動하는 모양。『司馬相如·封禪文』於是天子──改容。『注』善曰、張揖曰、俙、感動之意也、許皆切、俙、或爲沛。

【俚】(리) 紙

リ、いやしい　vulgar　ㄌㄧˇ li³

❶속될리(鄙俗)。『漢書 司馬遷傳』質而不─。❷상말리。❸좀말리(俗言)。❹상노래리(野歌)。『康熙字典』野人 歌曰─。❺힘입을리(賴也)。

【俚歌:이가】民間에 유행하는 천한 노래。속된 노래。野歌。俗歌。俗謠。俚謠。『蘇軾』不惜陽春和──。

【俚婦:이부】賤한 여자。촌 부인。『蘇軾』田翁──。

【俚鄙:이비】속되고 천함。鄙俗。卑鄙。野鄙。俚俗。鄙俚。

【俚辭:이사】=俚言。『唐書』必歌──。

【俚俗:이속】民間의 風俗。『五代史』翔所作皆──。

【俚語:이어】=俚言。『五代史』彥章武人

不知書、常爲ㅣㅣ。

【俚言:이언】民間에서 쓰는 말。속된 말。俗言。俗語。俚語。俚辭。方言。『唐書』數爲ㅣㅣ以悅太子。

【俚諺:이언】항간에 퍼져 있는 속담。俗諺。鄙諺。里諺。

【俚耳:이이】俗人의 귀。듣고도 무엇을 모르는 귀。俗耳。里耳。『莊子·天地』大聲不入于、ㅣㅣ。

【俚淺:이천】속되고 천함。비천함『宋史』詞旨ㅣㅣ。

【俛】(면) 銑 ベン、うつむく bend ㄇㄧㄢˇ mien³

小篆 草書 ❶구부릴면(俯也)。〔漢書 晁錯傳〕在ㅣ仰之間耳。❷머리를 아래로 숙일면。〔韓愈 應科目時與人書〕ㅣ首帖耳。❸좁프릴면(小貌)。〔漢書 夏侯勝傳〕經術苟明、其取青紫、猶ㅣ拾地芥耳。❹부지런한 모양면(勉貌)。(『勉』과 같음)〔禮記 表記〕ㅣ焉日有孶孶。

【俛僂:면루】❶구푸림。佝僂。『南史』鞠躬ㅣㅣ。❷곱사등이。俯僂。痀瘻。駝背。『唐書』武懿宗、陋短ㅣㅣ。

【俛首:면수】❶고개를 숙임。❷머리를 숙임。

【俛首帖耳:면수첩이】머리를 수그리고 귀를 드리워 엎드린다는 말。《喩》온순하게 盲從하는 모양。

【俛仰:면앙】머리를 치켰다 숙였다 함。아래로 내려다 봄과 위로 쳐다 봄。起居。

【俛焉:면언】부지런히 힘쓰는 모양。

【俜】(빙) 靑 ヘイ、おとこだて chivalrous ㄆㄧㄥ p'ing²

小篆 ❶비틀거릴빙(行不正)。❷호협할빙(俠也)。

【保】(보) 晧 ホウ、ホ、たもつ integrity keep

小篆 古文 古文 草書 ❶보둘보(任也)。〔周禮〕令五家爲比、使之相ㅣ。❷지닐보(持也)。❸보전할보(全之)。〔孟子 離婁上〕士庶人不仁、不ㅣ四體。❹도울보(佑也)。〔孟子〕故推恩足以ㅣ四海。❺편안할보(安也)。〔詩經 大雅崧高〕往近王舅南土是ㅣ。❻기를보(養也)。〔孟子 文公上〕古之人若ㅣ赤子。❼머슴보(傭也)。〔史記 欒布傳〕窮困賃傭齊、爲酒家ㅣ。❽가까이서 일보는 사람보。「保母」。〔禮記 文王世子〕入則有ㅣ出則有師。❾중매인보(仲媒人)。❿작은 성이름보(小城名)。〔禮記 月令〕四鄙入ㅣ。⓫편안할보(安也)。(『褓』와 통함)

【保家:보가】한 집안을 보전하여 감。

【保坑:보갱】《鑛》坑內의 붕괴를 방지하는 일。坑內支柱를 사용함。

【保健:보건】건강을 보전함。

【保結:보결】❶사람을 보증함。❷사람을 보증하는 보증서。처음으로 취직하는 官吏가 提出하는 同鄕官吏의 身元保證書。

【保管:보관】保護管理의 略語。규정 또는 계약에 의하여 남의 물품 등을 맡아 보존하는 일。

【保菌:보균】병균을 몸 속에 지님。

【保留:보류】무슨 일을 뒤로 미루어 손대지 않은 채 둠。

【保隣:보린】이웃끼리 서로 도움。

【保命:보명】목숨을 보전함。

【保姆:보모】❶小兒를 돌보아주는 여자。女師。保母。保傅。❷《制》王世子를 가르치고 보육하던 여자。❸유치원의 여선생。

【保無他慮:보무타려】조금도 의심할 나위가 없이 아주 확실함。

【保民司:보민사】《制》李朝 때 刑曹·漢城府의 贖錢에 관한 일을 맡았던 관청。英祖 四〇년에 두어 五〇년에 폐합。

【保庇:보비】보호하고 돌보아 줌。

【保社:보사】서로 보호하는 組合。『元好問』父老漸來同ㅣㅣ。

【保釋:보석】《法》未決囚가 보증금 또는 다른 보증을 대고 석방되는 일。

【保釋金:보석금】《法》보석을 청구한 피고인의 편에서 내는 보증금。

【保線:보선】철도의 선로 따위를 보선하는 작업。

【保稅:보세】《法》수입세의 부과를 유예하는 일。

【保囚:보수】죄수를 보석함。

【保守:보수】現狀 또는 구습을 지킴。『戰國策』ㅣㅣ聊城。

【保守黨:보수당】保守主義의 정당。

【保守主義:보수주의】옛날의 전통을 그대로 지키는 주의。↕혁신주의。

【保守派:보수파】보수주의를 신봉하는 일파。↕혁신파。

【保身命:보신명】몸을 보전함。

【保身之策:보신지책】한 몸을 보존하여 가는 꾀。

【保身策:보신책】保身之策의 略語。

【保眼:보안】눈 또는 시력을 보호함。

【保安:보안】社會의 安寧秩序를 보전함。

【保養:보양】몸을 건강히 보전하여 기름。

【保養地:보양지】보양 하기에 알맞는 곳。

【保溫:보온】일정한 온도를 보전함。

【保庸:보용】❶功이 있는 사람을 편안하게 함。❷고용인。保傭。『漢書·司馬相如傳』與ㅣㅣ雜作。

【保佑:보우】보살피어 도와 줌。保右。『詩經』ㅣㅣ命之。

【保衛:보위】보호하여 지킴。

【保有:보유】지니고 있음。

【保有量:보유량】지니고 있는 분량。

【保育:보육】어린아이를 보호하여 기름。

【保育院:보육원】남의 어린 자녀를 맡아 기르는 학교。

【保人:보인】《法》❶보증하는 사람。保證人。❷保證債務를 지는 사람。

【保障:보장】❶障害가 없도록 보증함。❷장애가 되지 않게 보호함。『左傳』且成、孟氏之ㅣㅣ也。❸조세를 가볍게 하여 백성을 편하게 하는 정치。

【保全:보전】보호하여 안전하게 함。완전하게 보호함。『後漢書』夫ㅣㅣ一身、孰ㅣㅣ天下乎。

【保正:보정】보충하고 바로 고침。

【保定:보정】보호하여 안정시킴。無事安泰。『詩經』天ㅣㅣ爾、亦孔之固。

【保存:보존】잘 지니고 있음。

【保存登記:보존등기】《法》未登記된 부동산 물권 특히 소유권을 보존하기 위한 등기。

【保佐:보좌】남을 보호하여 도움。

【保佐人:보좌인】《法》準禁治産者의 재산을 관리하는 사람。

【保重:보중】몸을 보존하여 아낌。

【保證:보증】❶책임지고 틀림이 없음을 증명함。❷《法》채무자가 채무를 이행하지 않을 경우、대신하여 채무를 이행할 것을 부담하는 일。

【保證金:보증금】보증으로 거는 돈。

【保證書:보증서】보증하는 글。

【保證手票:보증수표】《經》수표 額面의 지불을 보증하기 위하여 은행에서 발행하는 수표。

【保證人:보증인】《法》보증 서는 사람。

【保證責任:보증책임】 보증할 책임。
【保持:보지】 보전하여 잘 지님。保有。
『阮籍』何用自ㅣㅣ。
【保哨:보초】 경계하여 지키는 병정。陣哨。步哨。把手兵。
【保弼:보필】 ＝保佐。『南史』弘玆ㅣㅣ。
【保合:보합】 ❶《經》 시세가 변동 없이 계속되는 일。❷ 安定시켜 和合함。『易·乾』彖曰、ㅣㅣ大和、乃利貞。
【保險:보험】 《法》손해를 물어 주겠다는 보증。확실하다는 보증。
【保險料:보험료】 《經》보험에 가입한 사람이 보험자에게 정기적으로 내는 일정한 요금。↕保險金。
【保險會社:보험회사】 《經》 보험업을 경영하는 주식회사 또는 相互會社。
【保護:보호】 잘 돌보아 지킴。保全하여 護衛함。『書經』使有ㅣㅣ。
【保護關稅:보호관세】 《法》 자기 나라의 산업을 보호하기 위하여 수입되는 외국의 물품에 매기는 輸入稅。保護稅。
【保護國:보호국】 《政》보호조약에 의거하여 第三國에 대해서 피보호국을 보호하며 그 외교 관계의 일부를 처리하는 국가。↕被保護國。
【保護貿易:보호무역】 《經》국내 산업을 보호 육성하기 위하여 간섭 정책을 쓰는 국제 무역。↕自由貿易。
【保護色:보호색】 어떤 종류의 동물이 몸을 보호하기 위하여 발견되기 어렵도록 주위의 빛깔을 닮은 몸 빛。
【保護稅:보호세】 ＝保護關稅。
【保護者:보호자】 어떠한 사람을 보호할 의무가 있는 사람。
【保護鳥:보호조】 어느 기간 동안은 잡지 못하도록 법률로 보호하는 새。
【保護條約:보호조약】 ＝乙巳五條約。
◎擔ㅣ、留ㅣ、隣ㅣ、酒ㅣ、確ㅣ。

【俞】 (유)『兪』(人部 7畫)의 俗字

【俟】 ㊀(사) 紙 ㊁(기) 支 シ、キ、まつ wait for ㄑㄧˊ chʻi²
小篆 書 草 ㊀ ❶ 기다릴사(待也)。『中庸』君子居易以ㅣ命。❷ 기대할사(期待)。『禮記 玉藻』在官不ㅣ屨在外不ㅣ車。❸ 짐승 의 떼가 천천히 가는 모양사。『詩』儦儦ㅣㅣ。
㊁ 성기(姓也)。
【俟命:사명】 天命을 기다림。또는 命令을 기다림。『中庸』故君子居易以ㅣㅣ、小人行險以徼幸。『孟子·盡心下』君子行法、以ㅣㅣ而已矣。
【俟門:사문】 문에서 기다림。『儀禮·士昏禮』壻乘其車、先俟於門外。
【俟俟:사사】 무리가 徐行하는 모양。『詩經·小雅』儦儦ㅣㅣ、或羣或友。
【俟嗣:사사】 자리를 이어받을 것을 기다림。『國語·晉語一』公作二軍、公將上軍、太子申生將下軍、以伐霍、師未出、士蔿言於諸大夫曰、夫太子君之貳也、恭以ㅣㅣ、何官之有。
【俟時:사시】 때가 오기를 기다림。適當한 때에 라는 뜻。『袁宏·三國名臣序贊』孔明盤桓、ㅣㅣ而動。
【俟次:사차】 順序가 옴을 기다림。『傅玄·朝會賦』相者從容ㅣㅣ而入。
【俟候:사후】 기다림。『福惠全書·涖任部·出堂規』門子二名、至宅ㅣㅣ。

【俠】 ㊀(협) 葉 ㊁(겹) 洽 キョウ、おとこだて chivalry ㄒㄧㄚˊ hsia²
小篆 書 草 ㊀ ❶ 의기협(權力輔人)。『漢書 季布傳』任ㅣ有名。❷ 사이에 낄협(挾也)。『漢書 叔孫通傳』殿下朗中ㅣ陛。㊁ ❶ 아우를겹(竝也)。❷ 곁겹(傍也)。(『挾』과 통함)
【俠客:협객】 强者를 꺾고 弱者를 돕는 협기를 지닌 사람。『後漢書』兄子嚴敦、竝喜譏議而通輕ㅣㅣ。
【俠骨:협골】 장부다운 기골。호협한 기골。俠氣。俠風。『張華』死聞ㅣㅣ香。
【俠魁:협괴】 협객의 두목。『漢書』。
【俠氣:협기】 대장부의 호탕한 기풍。용맹한 마음。『後漢書』少以ㅣㅣ聞。
【俠士:협사】 호협한 氣象이 있는 사람。俠客·遊俠·俠者。
【俠烈:협열】 장부의 기상이 넘침。
【俠勇:협용】 호협하고 용감함。
◎姦ㅣ、遊ㅣ、義ㅣ、豪ㅣ。

【信】 ㊀(신) 震 ㊁(신) 眞 シン、まこと believe ㄒㄧㄣˋ hsin⁴
小篆 古文 古文 書 草 ㊀ ❶ 믿을신(不疑)。『孟子 盡心下』盡ㅣ書則不如無書。❷ 참될신(眞也)。❸ 밝힐신(明也)。『左傳 昭公二十五年』ㅣ罪之有無。❹ 징험할신(驗也)。『老子』其中有ㅣ。❺ 인장신(印也)。❻ 맡길신(任也)。❼ 이틀 밤을 잘신(再宿)。『左傳 僖公七年』一宿爲食、再宿爲ㅣ。❽ 소식신(消息)。『白居易詩』音ㅣ日已疎。❾ 사신신(使也)。『晉書 王羲之傳』然聞ㅣ至。『王維詩』歸帆但ㅣ風。
㊁ 펼신(伸也)。『易經 繫辭』往者屈也、來者ㅣ也。(『伸·申』과 같음)
【信容:신객】 약속을 잘 지켜 신용이 있는 사람。
【信管:신관】 彈丸의 彈頭나 彈底에 장치한 導火管。탄환이 날아가 어느 한 점、또는 목표에 충돌할 때 灼藥에 불이 붙어 터지도록 되었음。
【信敎:신교】 종교를 믿는 일。또는 믿는 「종교。
【信敎自由:신교자유】 信仰의 자유。
【信圭:신규】 周代 諸侯가 갖던 瑞玉의 이름。

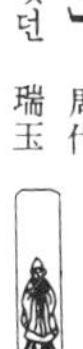
信 圭 (三禮圖)

【信禽:신금】 기러기의 異名。『郝經·鴈媒詩』ㅣㅣ乘天運。
【信及豚魚:신급돈어】 ❶ 돼지나 물고기 같은 무심한 물건조차 믿어 의심하지 않음。❷《喩》信義가 지극함을 일컬음。『易·中孚』豚魚吉——也。
【信念:신념】 굳게 믿어 의심하지 않는 「마음。
【信德:신덕】 向主三德의 하나로 천주의 信條를 꼭 믿는 마음을 일컬음。
【信徒:신도】 종교를 믿는 사람들。敎徒。
【信賴:신뢰】 신용하여 의뢰함。믿고 의지함。信憑。
【信賴感:신뢰감】 믿고 의지하는 다음。신뢰할 수 있는 느낌。
【信賴性:신뢰성】 믿음성。
【信望:신망】 믿고 바람。믿음과 덕망。
【信物:신물】 《國》뒷 날에 보고 서로 표가 되게 하려고 주고 받는 물건。信標。
【信旛:신번】 儀仗의 하나。

信 旛 (三才圖會)

【信服:신복】 믿고 服從함。信從。心服。信伏。『北史』爲鄕閭ㅣㅣ。
【信奉:신봉】 옳은 줄로 믿고 받들음。
【信否:신부】 믿을 수 있는 일과 믿을 수 없는 일。
【信憑:신빙】 ＝信賴。
【信史:신사】 確實하여 믿을 수 있는 史籍。『韓偓』莫負美名書ㅣㅣ。
【信使:신사】 使者·使節。
【信賞必罰:신상필벌】 공이 있는 사람

에게는 반드시 상을 주고 죄가 있는 사람에게는 반드시 벌을 줌. 곧 상벌을 공정·엄중히 하는 일.

【信璽:신새】 표적。寶璽。御寶。國璽。玉璽。『漢書』昌邑王受皇帝——。

【信書:신서】 편지。書狀。書簡。書札。

【信書秘密:신서비밀】 《法》통신의 비밀을 법률의 정한 바에 의하여 침해 받지 않는 자유。

【信水:신수】 ❶黃河의 물。『宋史·河渠志』。❷여자의 月經。經水。

【信手:신수】 일이 손에 익어 능숙함。

【信宿:신숙】 이틀 동안의 숙박。이틀 밤을 머무름。信次。『左傳』凡師一宿爲舍、再宿爲信、過信爲次。

【信息:신식】 音信。

【信臣:신신】 신용 있는 臣下。마음에 드는 臣下。寵臣。『左傳』寡君有——。

【信信:신신】 나흘 동안의 留宿。→信宿·信次。『詩·有客』有客——。

【信實:신실】 믿음성 있고 꾸밈이 없음。거짓이 없음。

【信心:신심】 ❶종교를 믿는 마음。❷옳다고 믿는 마음。

【信心直行:신심직행】 바른 이치를 따라 거리낌 없이 곧 행함。

【信仰:신앙】 ❶종교상의 교리를 각 개인이 온 마음을 바쳐 믿고 받들음。❷타인의 덕 또는 주의를 믿고 우러름。

【信仰告白:신앙고백】 《宗》신앙의 教義的 內容을 公的으로 나타내는 일。특히 하나님의 말씀·啓示에 대한 응답。

【信仰心:신앙심】 신앙하는 마음。

【信約:신약】 믿음으로써 약속함。맹세。『王逸』與己——而復背之。

【信用:신용】 ❶약속한 일에 대하여 앞으로도 지키리라 믿음。❷믿어 의심하지 않음。확실하다고 믿음。『史記』必能——其民。❸평판이 좋음。

【信用機關:신용기관】 《經》신용을 이용하여서 금전의 융통을 도모하는 기관。

【信用貸付:신용대부】 《經》貸主가 借主를 신용하여 보증인이나 擔保物 없이 금전 또는 물품을 貸付하는 일。

【信委:신위】 믿고서 맡김。『南史』。

【信義:신의】 ❶믿음과 의리。❷진실하고 올바름。『漢書』條理——。

【信疑:신의】 믿음과 의심。믿을 수 있는 일과 의심스러운 일。

【信人:신인】 信義가 두터운 사람。信士。『孟子·盡心』善人也、——也。

【信認:신인】 믿고 인정하여 의심치 않음。

【信任:신임】 믿고 일을 맡김。『史記』始皇甚尊寵蒙氏、——賢之。

【信任狀:신임장】 ❶《政》特定人을 外交使節로서 파견한다는 趣旨의 공문서。❷《法》은행에서 외국 또는 국내 먼 곳에 여행하는 去來人의 편리를 돕기 위하여 어느 한도 까지의 금액을 지불해도 좋다는 그 곳의 금융기관 또는 특정인에게 의뢰하는 有價證券。

【信任投票:신임투표】 《政》국민의 대표 기관인 議會가 정부에 대한 신임 여부를 결정하기 위하여 행하는 투표。

【信者:신자】 어떤 종교를 믿는 사람。

【信傳:신전】 틀림 없이 전함。

【信節:신절】 信義 있는 절조。거짓 없는 표적。『史記』恐兩將詐殺臣、今見——、請服降。

【信條:신조】 ❶신앙의 조목。❷꼭 믿고 「있는 일。

【信從:신종】 믿고 좇음。

【信足:신족】 발 가는 데로 걸음을 맡김。

【信地:신지】 목적하는 곳。目的地。

【信之無疑:신지무의】 철석같이 믿어서 의심함이 없음。

【信次:신차】 사흘 이상의 留宿。여러 날 머물음。『何遜』違鄕已——。

【信聽:신청】 곧이들음。믿고 들음。

【信託:신탁】 ❶신용하여 위탁함。❷《法》일정한 목적에 따라서 재산의 관리·처분을 위탁하는 일。

【信託統治:신탁통치】 《政》일정한 非自治地域에서、국제 연합의 감독하에 그 신탁을 받은 국가가 행하는 통치。

【信託統治理事會:신탁통치이사회】 《政》국제 연합의 주요한 기관의 하나。一九四九년 一월 一一일의 국제 연합총회에서 信託領土의 국민의 福祉增進과 獨立의 지도를 목적으로 설치가 결정된 기구。

【信牌:신패】 증거로 삼기 위한 자그마한 조각。傳信牌。排單。

【信便:신편】 믿을만한 인편。

【信標:신표】 훗날에 틀림없음을 보이기 위하여 나누어 가지는 표。

【信風:신풍】 ❶東北風。『國史補』。東北風謂之——。❷季節風。

【信號:신호】 서로 떨어져 있는 두 지점 사이에 일정한 부호를 써서 서로 의사를 통하는 방법。色·音·光·形 등을 씀。

【信號旗:신호기】 신호용의 手旗。

【信號機:신호기】 列車 운전에 있어서 위험의 有無 진행의 可否 따위를 알리는 기계。시그널。

【信號喇叭:신호나팔】 신호로서 부는 「나팔。

【信號燈:신호등】 신호용으로 켜는 등。

【信號彈:신호탄】 曳光彈(예광탄)。

【信厚:신후】 信義가 있고 인품이 너그러움。

◎家—、過—、來—、篤—、迷—、發—、背—、符—、相—、書—、受—、安—、雁—、威—、音—、印—、自—、電—、春—、通—、偏—、鄕—、花—、確—。

【俁】 (오) 〔日字〕 また strand

草書 갈래질오(又也)。

【俤】 (제) 〔日字〕 おもかげ figure

草書 얼굴그림자제(面影)。

【俥】 (거) 〔日字〕 くるま rickshaw

草書 인력거거(人力車)。

【弇】 (감) (엄) →廾部6畫

【食】 (식) →食部0畫

八 畫

【修】 (수) 尤 シュウ、おさめる cultivate ㄒㄧㄡ hsiu¹

小篆 草書 ❶닦을수(飭也)。〔漢書 敍傳〕束髮—學。❷옳게할수(正也)。〔大學〕先—其身。❸정리할수(整理)。〔詩經 小雅車攻序〕內—政事、外攘夷狄。❹꾸밀수(飾也)。〔論語 憲問〕行人子羽—飾之。❺엮을수(編纂)。〔唐書 百官志〕—國史。❻다스릴수(葺理)。〔韓愈 進學解〕行雖—、而不顯於衆。❼길수(長也)。❽훌륭한 사람을 일컬음。❾키 높이수(身長)。〔戰國策 齊上〕鄒忌—八尺有餘。(『脩』와 통함)

【修改:수개】 손질을 하여 옛 모습을 고침。重修。「—杜頤。

【修劍:수검】 긴 칼。長劍。『戰國策』—

【修交:수교】 나라와 나라 사이에 국교를 맺음。修好。

【修己:수기】 ❶자기 몸을 닦음。자기 수양을 함。❷《人》夏의 禹王의 어머니。『帝王世紀』鯀妻——、吞神珠薏苡、胸坼而

生凸。

【修女:수녀】 《宗》 천주교의 수녀원에서 수도하는 여자。독신이고、순종과 검소와 童貞을 굳게 지킴이 특색임。↕修士。

【修女院:수녀원】 《宗》수녀들이 일정한 규율 밑에서 수도하는 곳。

【修短:수단】 긴 것과 짧은 것。長短。脩短。『魏文帝』――無差。

【修德寺:수덕사】 《地》忠清南道 禮山郡 德山面에 있는 절。大雄殿은 高麗 忠烈王 三四년(一三〇八)에 건립。맞뱃집으로 웅장 기묘하여 국보로 지정됨。

【修道:수도】 도를 닦아 수양함。

【修得:수득】 닦거나 배워 몸에 지님。

【修羅場:수라장】 ❶《佛》阿修羅率이 帝釋天과 싸운 곳。❷뒤범벅이 되어 야단이 난 곳。모진 싸움으로 비참하게 된 곳。

【修鍊:수련】 ❶마음과 몸을 닦아서 단련함。❷배운 것을 잘 익힘。修練。

【修路機:수로기】 길 위의 흙을 다지는 기계。

【修了:수료】 일정한 학과를 다 배워 마침。卒業。

【修理:수리】 고장난 데나 허름한 데를 손대어 고침。修繕。『漢書·丙吉傳』衆職――。修造·修復·修補。 『南子』。

【修木:수목】 키가 높은 나무。修樹。『淮

【修敏:수민】 행실이 올바르고 재치가 있음。『魏書』經行――。

【修薄:수박】 길게 드리운 발(簾)。『陸機』谷風拂――。

【修補:수보】 허름한 데를 고치고 기움。『後漢書』――舊文。

【修復:수복】 ❶손질하여 본 모습과 같이 함。❷편지의 답장을 함。

【修史:수사】 역사를 편수함。『司空圖 山居記』――勖所職也。

【修辭:수사】 ❶말이나 문장을 修飾하여 보다 묘하고 아름답게 함。또는 그 기술。『日知錄·修辭』多不善於――。❷文教를 修行함。『易·乾·文言』――立其誠。

【修辭學:수사학】 수사의 법칙과 방법을 연구하는 학문。

【修書:수서】 편지를 씀。修函。『虞集詩』燭冷靜――。

【修禪:수선】 《佛》禪定을 수행함。

【修繕:수선】 =修理。『漢書』――故宮。

【修繕工:수선공】 수선하는 일을 맡은 직공。

【修船場:수선장】 배를 고치는 곳。

【修省:수성】 수양하고 반성함。『易經』君子以恐懼――。

【修習:수습】 학업이나 일을 닦고 익힘。

【修飾:수식】 겉 모양을 꾸밈。『論語』行人子羽――之。

【修飾語:수식어】 문법에서 주어나 서술어에 종속하여 주어나 서술어를 꾸미는 말。관형어와 부사어로 가름。

【修愼:수신】 몸을 수양하고 행동을 삼감。修飭。

【修身:수신】 수양하여 몸을 닦고 행실을 올바르게 하는 일。修養。

【修身齊家:수신제가】 자기의 心身을 닦고 집안을 다스리는 일。修齊。

【修養:수양】 품성과 지덕을 닦음。『張養浩』維人之心、匪惡伊善、由弗――、道乃違叛。

【修業:수업】 ❶학업을 익혀 닦음。『易經·文言』君子進德――。❷讀書하고 講學함。『管子·宙合』――不息版。

【修業證書:수업증서】 학교 같은 데에서 일정한 과정을 마친 학생에게 주는 수업의 증서。

【修容:수용】 ❶몸가짐을 올바르게 함。❷(制)女官의 하나。『三國志·后妃傳』文帝增貴嬪淑媛――。

【修遠:수원】 아주 멂음。脩遠。悠遠。

【修因感果:수인감과】 《佛》착하고 나쁨의 因을 행함으로써 고생되고 즐거움의 因果應報를 깨닫음。

【修人事:수인사】 ❶늘 하는 인사。일상의 예절。❷인사를 닦음。

【修刺:수자】 명함을 내 놓음。『吳志·步騭傳』――奉瓜、以獻征羌。

【修粧:수장】 《國》집이나 기구 등을 수리하고 단장함。

【修訂:수정】 訂正함。修改。

【修程:수정】 먼 길。長程。修塗。脩程。

【修整:수정】 고치어 정돈함。『後漢書』居處幽室必自――。

【修正:수정】 ❶바로 잡아서 고침。修訂。修正。『儀禮·鄉射禮』典退少立。『注』少立、自――愼其位也。❷몸이 修養되어 行實이 올바름。『荀子·修身』――爲笑、至忠爲賊。❸正道를 닦음。『漢書·五行志下』改過――、立信布德。

【修正案:수정안】 原案을 수정할 議案。

【修竹:수죽】 길게 자란 대。修筠。脩竹。『北史』――夾池。

【修葺:수즙】 지붕·바람벽 등의 허름한 데를 고치고 이음。깁고 고침。補葺。

【修增:수증】 修理를 더함。『管子』歲――而無已。

【修撰:수찬】 ❶書冊을 편집하여 찬술함。❷《制》史書를 편찬하는 벼슬 이름。『唐書·百官志』史館――四人、掌修國史。❸高麗 때 藝文春秋館의 正七品 벼슬。❹高麗 때 藝文館과 春秋館의 正八品 벼슬。❺李朝 때 弘文館의 正六品 벼슬。

【修築:수축】 ❶방축 따위의 헐어진 데를 고쳐 쌓음。補修하여 튼튼히 함。❷집을 고쳐 지음。『宋史』有――河堤之役。

【修治:수치】 ❶닦고 다스림。『漢書』宮館回復――。❷《醫》藥材를 藥方文대로 만들음。

【修飭:수칙】 몸을 닦고 스스로 삼감。『後漢書』以行――、擢爲大夫。「――。

【修學:수학】 학업을 닦음。『漢書』束髮

【修學旅行:수학여행】 학생들이 실지로 보고 들어서 지식을 넓히도록 학교에서 베푸는 여행。

【修行:수행】 ❶행실을 닦음。『漢書』凡通經術、固當――先王之道。❷《佛》佛道를 행함。

【修行者:수행자】 ❶《佛》佛道를 닦는 사람。❷武藝를 닦는 사람。

【修好:수호】 나라와 나라가 사이 좋게 지냄。修交。『孔叢子·陳士義』魏王使相國――隣國。

【修好條約:수호조약】 《法》국제법상의 諸原則을 아직 완전히 履行할 수 없는 나라와 교통함에 앞서 미리 일정한 規約을 명시하여 이를 지켜 나갈 것을 約定하는 조약。

◎監―、改―、補―、自―、靜―、精―、編―。

【俯】 (부) 麌 bow ㄈㄨˇ fǔ フ、ふせる

草書 ❶구부릴부(俛也)。『易經·繫辭』―以察於地利。❷머리를 숙일부(垂也)。『史記 孔子世家』三命而―。❸깊숙히 숨어 있을부(潛伏)。『禮記 月令』季秋之月蟄蟲咸―。❹굽을부(曲也)。(『頫』와 같음)

【俯角:부각】 《數》높은 곳에서 낮은 곳에 있는 지점을 내려다 볼 때 그 視線과 水平面이 이루는 각。↕仰角。

【俯瞰:부감】 고개를 숙이고 봄。내려다

으로 보는 설。↕普遍主義。◎各ㅣ、別ㅣ。

【倉】 ㊀(창) 陽 ソウ、くら warehouse ㄘㄤ ts'ang¹ ㊁(창) 漾

倉 小篆 倉 小篆 仺 古文 仓 奇字 草書

㊀ ❶곳집창(穀藏)。(곡식 넣는 창고)。【戰國策註】圓曰囷方曰ㅣ。❷갑자기창(卒也)。❸졸급할창(遽也)。(옛날은「蒼」「臟」혹은「滄」과 통함)。㊁ ❶초상날창(喪也)。❷슬퍼할창(愴也)。【詩經 大雅桑柔】ㅣ兄塡兮。(『愴』과 통함)

❶ 倉 (會圖才三)

【倉庚:창경】《動》꾀꼬리。倉鶊。黃鳥。黃鸝。商庚。【詩·豳風七月】有鳴ㅣㅣ。

【倉庫:창고】곳집。庫舍。【史記】。城郭ㅣㅣ空虛。

【倉庫業:창고업】창고를 빌려 주고 세를 받거나 또는 남의 물건을 간수해 주고서 세를 받는 영업。

【倉穀:창곡】곳집에 넣어 둔 穀物。=倉米。

【倉頭:창두】종。사환。옛날 下人이 靑布를 머리에 쓴 데서 나온 말。蒼頭。【漢書】ㅣㅣ廬兒。

【倉廩:창름】❶곡물 창고。❷脾臟。胃臟。【素問·脈要精微論】闢草木、實ㅣㅣ。

【倉廩實則知禮節:창름실즉지예절】풍족하고서야 비로소 예절을 알아 차린다는 뜻。【管子】── 衣食足則相榮辱。

【倉敷:창부】창고를 빌어 쓰고 내는 料金。倉敷料。

【倉氏庫氏:창씨고씨】사물이 오래도록 변하지 않음을 가리키는 말。《故》옛날 중국에서 倉氏와 庫氏가 世襲的으로 곳집을 맡아 보았다 함。

【倉庾:창유】쌀 창고。庾는 지붕이 없는 곳집。【史記】發ㅣㅣ、以振貧民。

【倉儲:창저】곳집 속의 저축된 쌀。곳집에 저축된 糧米。

【倉卒:창졸】급작스러운 모양。倉皇。忽卒。【李陵】前書ㅣㅣ、未盡所懷。

【倉卒間:창졸간】급작스러운 동안。

【倉扁:창편】倉公과 扁鵲。모두 中國의 옛날 名醫。《轉》名醫의 뜻。

【倉皇:창황】어찌할 겨를이 없이 매우 급함。倉黃。倉卒。【杜甫】ㅣㅣ已就長途往。

【倉黃:창황】=倉卒。倉皇。

【倉頡:창힐】《人》上古、黃帝 때의 左史。처음으로 漢字를 만든 사람。蒼頡。【荀子·解蔽】好書者衆矣、而ㅣㅣ獨傳者。

頡倉 (會圖才三)

◎穀ㅣ、官ㅣ、米ㅣ、社ㅣ、營ㅣ。

【倌】(관) 寒 カン、とねり ㄍㄨㄢ kuan¹

倌 小篆 草書

수레부리는 사람관(主駕者)。【詩經】命彼ㅣ人星言夙駕。

【倌人:관인】❶옛적 수레 모는 사람。【詩經】命彼ㅣㅣ。❷《中》기생(蘇州地方의 俗語)。

【倍】㊀(배) 隊 バイ、ます double ㄅㄟ pei⁴ ㊁(패) 灰

倍 小篆 草書

㊀ ❶곱배、갑절배(加等、加也)。【易經 說卦】利市三ㅣ。❷겸할배(兼也)。❸더욱더배(益也)。㊁ ❶어길패(背也)。【禮記 緇衣】信以結之、則民不ㅣ。❷떨어질패(絕也)。【淮南子人間訓】ㅣ世離俗。❸비패할패(鄙俗)。【論語 泰伯】斯遠鄙ㅣ矣。❹암송할패(暗誦)。【韓愈 韓滂墓志】滂讀書ㅣ文。

【倍加:배가】❶갑절을 더함。【蘇軾】公才與曹丕、豈止十ㅣㅣ。❷점점 더함。益益。

【倍僪:배결】해무리。해의 둘레에 둥그렇게 나타나는 빛깔 있는 테두리。곁의 것은 倍、위의 것은 僪。日暈(일훈)。倍譎。【呂覽·明理】其日有鬭蝕、有ㅣㅣ有暈珥。

【倍舊:배구】그 전보다 갑절이나 더함。

【倍達:배달】《國》大倧敎에서 말하는 上古時代의 우리 나라의 이름。【神檀實記】。

【倍達族:배달족】倍達民族의 略語。

【倍道:배도】❶하루에 보통 사람의 갑절의 길을 걸음。倍道兼行。【孫子·軍爭】日夜不處、ㅣㅣ兼行。❷도리에 어긋남。【孔子家語·辨政】中行文子、ㅣㅣ失義。

【倍騰:배등】물건 값이 갑절이나 오름。

【倍量:배량】갑절되는 양。

【倍反:배반】信義를 저버리고 돌아섬。背反。背叛。倍畔。

【倍償:배상】남에게 끼친 손해를 물어 줌。倍還。賠償。

【倍數:배수】❶갑절이 되는 수。❷《數》자연수 甲이 자연수 乙로 나누어질 때 乙에 대한 甲의 일컬음。↕約數。

【倍勝:배승】갑절이나 더 나음。

【倍額:배액】갑절의 금액。갑절의 값。

【倍率:배율】=擴大率。

【倍日:배일】밤낮을 가리지 않고 감。《轉》이틀 분을 하루에 해 치움。晝夜兼行。【史記·孫子傳】ㅣㅣ并行逐之。

【倍入:배입】예정한 수량보다 갑절이나 더 듦음。

【倍前:배전】전보다 더함。

【倍增:배증】갑절을 증가함。

【倍振:배진】힘을 갑절이나 떨쳐 일으킴。

【倍振動:배진동】倍音을 내는 진동수。

【倍徵:배징】정한 액수의 갑절을 불려서 받음。

【倍出:배출】갑절이나 더 남。

【倍版:배판】어떠한 규격의 배가 되는 책의 크기。

◎萬ㅣ、百ㅣ、數ㅣ、一ㅣ。

【倎】(전) 銑 テン、あつい thick

❶두터울전(厚也)。❷착할전(善也)。(『腆』과 같음)

【倏】(숙) 屋 シュク、たちまち suddenly ㄕㄨ shu⁴

倏 小篆

❶잠간숙(瞬也)。❷홀연숙(忽也)。❸얼른숙(速也)。❹개의 빨리 달리는 모양숙(疾走貌)。

【倏瞬:숙순】아주 짧은 時間。【謝莊】尋瓊宮于ㅣㅣ。

【倏忽:숙홀】❶잠간。문득。【吳志】。❷=倏瞬。【班固】指顧ㅣㅣ。

【倐】(숙)『倏』(前倏)의 俗字

【㑦】(려) 霽 レイ、おこる angry

성낼려(怒也)。

【們】(문) 元 願 モン、ともがら group ㄇㄣ men²

們 草書

❶무리문(等輩)。❷우리들문。(다른 이들 따위의 인칭(人稱)

에 붙여 쓰는글자)。❸마위문(等也)。

【倒】 ㊀(도) 皓 ㊁(도) 號 トウ、たおれる upset ㄉㄠ tao⁴

小篆 草書 ㊀❶엎드러질도(偃也)。〔漢書 李廣傳〕度不中不發發即應弦而ㅡ。❷넘어 뜨릴도(仆也)。〔見門記〕魏武登山、使人排ㅡ之。❸(과격한 동작을 나타낼때 쓰는 글자)。〔晋書 衛玠傳〕每聞衛玠言、輒歎息絶ㅡ。❹간간웃을도、요절할도(極笑貌)。❺헛늙을도(老也)。㊂❶거꾸로도。❷뒤집어질 도(顚ㅡ)。〔詩經齊風東方未明〕顚之ㅡ之、自公召之。❸거스릴도(逆也)。〔韓非子 難言〕至言忤于耳而ㅡ于心。

【倒閣:도각】內閣을 넘어뜨림。

【倒景:①도경 ②도영】❶햇빛이나 달빛이 아래에서 위로 올려 비침。《喩》하늘의 至極히 높은 곳。〔蘇軾〕滅沒ㅡㅡ不可望。❷㉠햇빛이 서쪽에서 동쪽으로 비침。夕日。夕陽。〔元好問·遊天壇詩〕仙壇ㅡㅡ鳳麟洲。㉡거꾸로 비친 그림자。倒影。〔溫庭筠·河亭詩〕人過橋邊ㅡㅡ來。

【倒戈:도과】창을 거꾸로 함。《喩》我軍을 배반하여 적에게 통함。변절함。반역함。〔書·武成〕前徒ㅡㅡ。

【倒壞:도괴】무너뜨림。무너짐。

【倒立:도립】거꾸로 섬。

【倒立運動:도립운동】《運》몸의 균형과 輕捷性과 신경 계통의 단련을 위하여 물구나무 서는 운동。

【倒屣:도사】당황하여 신을 거꾸로 신고 사람을 영접함。《喩》진심으로 사람을 환영함。〔魏志·王粲傳〕ㅡㅡ迎之。

【倒産:도산】❶가산을 기울임。가산을 탕진함。가산이 쓰러짐。破産。❷《醫》아이를 거꾸로 낳음。逆産。

【倒植:도식】❶거꾸로 세움。거꾸로 섬。〔後漢書·五行志〕賢愚ㅡㅡ。❷인쇄물에서 글자가 거꾸로 박힌 植字。

【倒語:도어】문장의 뜻이나 힘을 강조하기 위하여 자리가 뒤바뀐 말。倒句。

【倒語法:도어법】뜻을 강하게 하기 위「하여 도어를 쓰는 법。倒裝。

【倒影:도영】❶그림자가 거꾸로 비침。거꾸로 비친 그림자。↓倒景。❷해질 무렵의 그림자。夕日。〔司馬相如·大人賦〕貫列缺之ㅡㅡ。

【倒葬:도장】조상의 묘지의 윗자리에 자손의 묘를 씀。「倒。

【倒顚:도전】거꾸로 됨。뒤집힘。顚

【倒持泰阿:도지태아】칼을 거꾸로 잡고 자루를 남에게 줌。《喩》남에게 利롭게 하여 주고 오히려 자기가 害를 입음。〔漢書·梅福傳〕ㅡㅡ授楚其柄。↓太阿。

【倒着:도착】옷을 거꾸로 입음。〔仇遠·泛湖詩〕ㅡㅡ烏巾、且醉眠。

【倒錯:도착】아래 위가 顚倒되어 뒤섞임。〔史記·註〕ㅡㅡ於此。

【倒置:도치】거꾸로 놓음。순서를 뒤바꾸어 둠。〔莊子〕謂之ㅡㅡ之民。

【倒置法:도치법】글의 순서를 뒤바꿈으로써 效과를 노리는 文章上의 한 법식。

【倒卓:도탁】거꾸로 섬。〔宋史·蘇紳傳〕草頭木脚、陷人ㅡㅡ。

【倒行逆施:도행역시】차례를 바꿔서 행함。常道에 어그러짐。〔史記〕吾日暮道遠、吾故ㅡㅡ而ㅡㅡ耳。

【倒懸:도현】손발을 묶어 몸을 거꾸로 매어 달음。《轉》심한 고통。〔孟子·公孫丑〕民之悅之、猶解ㅡㅡ也。

【倒婚:도혼】=逆婚。

◎驚ㅡ、傾ㅡ、壓ㅡ、顚ㅡ、絶ㅡ、卒ㅡ、七轉八ㅡ、打ㅡ。

【倓】 (담) 覃 タン、やすらか appease ㄊㄢˊ t'an²

小篆 或體 草書 ❶담연할담(恬靜)。❷편안할담(安也)。〔荀子〕ㅡ然見管仲之能足以託國。❸고집담(不疑)。

【倔】 (굴) 物 クツ、つよい firm ㄐㄩㄝˊ chüeh²

草書 ❶굳셀굴(强也)。❷딱딱할굴(梗戾)。〔宋史 趙鼎傳〕ㅡ强猶昔。(『崛』과 통함)

【倔强:굴강】고집이 세어 남에게 굴하지 아니함。〔宋史〕檜曰、此老ㅡㅡ猶昔。

【倔起:굴기】몸을 일으킴。匹夫로서 立身함。屈起。〔史記·秦始皇紀〕ㅡㅡ什佰之中。

【倕】 (수) 支 スイ、おもい heavy

❶무거울수(重也)。❷이름수(人名)。(『垂』와 통함)

【倖】 (행) 梗 コウ、さいわい good luck ㄒㄧㄥˋ hsing⁴

草書 ❶괴일행(寵也)。❷아당할행(佞也)。❸친할행(親也)。〔後漢書 呂强傳〕素餐私ㅡ、必加榮擢。❹요행행(僥ㅡ)。〔班固奕旨〕優者有不遇劣者有僥ㅡ。(『幸』과 통함)

【倖曲:행곡】요행을 바라서 꾀를 부림。〔後漢書·明帝紀論〕內外無ㅡㅡ之私、在上無矜大之色。

【倖濫:행람】요행을 바라고 常法을 어김。〔宋史〕裁削ㅡㅡ。

【倖利:행리】뜻밖에 얻은 행운。僥倖。

【倖望:행망】요행을 바람。

【倖門:행문】요행의 문。〔舊唐書〕武帝詔滅冗官、ㅡㅡ頓塞。

【倖而得免:행이득면】무슨 좋지 못한 일을 요행히 벗어남。

◎射ㅡ。

【倗】 (붕) 蒸 ホウ、ゆだねる request

小篆 부탁할붕(託也)。〔六書統〕倗、委也、託也。

【偞】 (엽) 葉 ヨウ、かるい rash

❶가벼울엽(輕也)。〔禮記〕惟水漿不祭若祭爲已ㅡ卑。❷낮을엽(卑也)。

【倘】 ㊀(당) 養 ㊁(상) 陽 ショウ、もし perhaps ㄊㄤˇ t'ang³ (本音「창」)

草書 ❶아마당(或然辭)。❷갑자기당。❸그치는 모양당。❹문득당(忽也)。〔莊子 在宥〕雲將見之ㅡ然止。❺어이가 없을당。❻반할당(恍惚)。(『儻』과 같음) ㊁뜻은 ㊀과같음。

【倘來:당래】혹은。또는。「子」。

【倘然:당연】홀연히 멈추는 모양。〔莊

【倘佯:상양】어정거림。어슷거려 노닐음。徘徊。〔宋玉風賦〕ㅡㅡ中庭。

【候】 (후) 宥 コウ、うかがう inquire; peep ㄏㄡˋ hou⁴

小篆 草書 ❶물을후(訪也)。❷살필후(伺也)。〔呂覽 貴因〕武王使人ㅡ殷。❸생각할후。❹점칠후(占也)。〔後漢書 郞顗傳〕父宗能望氣占ㅡ吉凶。❺바랄후(望也)。〔史記 封禪書〕上乃遣望氣者佐ㅡ其氣。❻모실후(侍也)。〔後漢書 寵公傳〕劉表數延請不能屈乃就ㅡ之。❼기다

림후(待也)。〔陶潛 歸去來辭〕稚子—門。❽망군후(斥—)。〔後漢書 光武帝紀〕北邊築亭—修烽燧。❾징조후(兆也)。〔晉書 天文志〕凡遊氣蔽天日月失色、皆是風雨之—也。❿철후(節也)。(일년을 七十二로 나눈 시절의 일컬음)。〔魏書 律曆志〕五日一—。⓫날씨후(天氣)。

〔候駕:후가〕❶임금이 수레를 기다림。❷來臨하심을 待望함。(편지 용어)。

〔候騎:후기〕적을 염탐하는 기병。〔史記〕——至雍甘泉。「候巡。척후하는 기병。

〔候邏:후라〕순시하여 보살핌。순찰함。

〔候樓:후루〕적의 동정을 망보는 높은 망루。候館。觀閣。望樓。望臺。〔周禮·司市·注〕次、市中——也。

〔候兵:후병〕❶적의 형편을 살펴보는 병사。斥候兵。候卒。〔張衡·周天大象賦〕北落置——之門。❷兵亂을 살펴 봄。〔晉書·天文志〕北落師門一星、主非常以——。

〔候補:후보〕❶어떤 지위나 신분에 나아가기를 바람。또는 그 사람。❷장래 어떤 地位에 나아갈 자격이 있음。❸《制》缺員이 난 벼슬이나 地位 등에 채움。

〔候補生:후보생〕일정한 課程을 마침으로써 어떤 직위에 오를 수 있는 자격을 갖춘 생도。幹部候補生。

〔候補者:후보자〕❶후보가 되는 사람。❷어떠한 공직에 선거로써 당선이 되려고 선거권자로부터 유효한 투표를 얻을 수 있는 특정한 권리를 얻은 한 사람。

〔候伺:후사〕문안을 드림。伺候。候問。候視。候司。

〔候雁:후안〕철을 따라 깃들이는 곳을 바꾸는 기러기。

〔候人:후인〕❶賓客을 送迎하는 일을 맡아 보는 벼슬。候官。〔詩經〕彼——兮。❷斥候。〔左傳·宣十二年〕豈敢辱——。

〔候鳥:후조〕철새。계절에 따라 오고 가는 새。「時、自擊有節。

〔候鐘:후종〕시계。〔帝京景物略〕——應時。

〔候蟲:후충〕철에 따라 생겨 나는 벌레。봄철의 나비、가을철의 귀뚜라미 같은 것。

〔候風:후풍〕배가 떠날 무렵에 순풍을 기다림。〔柳宗元〕門掩——秋。

〔候詗:후형〕❶염탐함。❷군대의 척후。〔唐書·李俊傳〕祿山度河、號令嚴密、——不能知。

◎季氣—、待—、伺—、時—、節—、占—、徵—、斥—、天—、測—。

〔倚〕

㊀(의) 紙 ㊁(기) 支 | ｜ˇ i³ depend イ、キ、よる

小篆 草書 ㊀❶기댈의(依也)。〔左傳 昭公五年〕設机而不—。❷인할의(因也)。〔老子〕禍兮福所—福兮禍所伏。❸의지할의。❹믿을의(恃也)。〔漢書 韓信傳〕容容無所—。❺장단에 맞출의(合調)。〔漢書 張釋之傳〕愼夫人—琴而歌。❻더할의(加也)。㊁❶설기(立也)。〔易經 說卦〕參天兩地而—數。❷『奇』『畸』와 통함。

〔倚傾:의경〕한 쪽으로 기울어짐。경사짐。

〔倚靠:의고〕기댐。倚仗。依靠。

〔倚頓:의돈〕❶周代의 부자 이름。猗頓。〔史記〕陶朱——。❷하는 일 없이 쉼。徙倚。

〔倚閭之望:의려지망〕부모가 그 자녀의 돌아오기를 몹시 기다림。〔戰國策〕。

〔倚老賣老:의로매로〕손위임을 믿고 남을 얕봄。젊은 이를 억누름。

〔倚馬可待:의마가대〕다른 사람의 빠르게 잘 짓는 글재주를 부러워함을 이르는 말。

〔倚馬之才:의마지재〕빠르게 잘 짓는 글재주。

〔倚門:의문〕❶고향에 계신 어머니。❷「倚門之望의 略語。

〔倚門之望:의문지망〕자녀가 돌아오기를 기다리는 어머니의 마음。倚門倚閭。倚閭之望。〔戰國策·齊策〕其母曰、女朝出而晩來、則吾倚門而望、女暮出而不還、則倚閭而望。

〔倚拜:의배〕❶한 쪽 무릎만 꿇고 절함。❷무엇에 의지하여 절함。

〔倚附:의부〕의지하여 따름。依附。〔書經·疏〕——法制。

〔倚毗:의비〕의지하고 신뢰함。倚仗。

〔倚勢:의세〕앉을 때에 몸을 편안히 뒤로 기대는 물건。세력을 믿고 떠세함。

〔倚佯:의양〕삿자리。갈대로 결은 자리。〔方言〕䇷篨、自關而東、周洛楚魏之間、謂之——。

〔倚仗:의장〕의지함。의뢰함。

〔倚草附木:의초부목〕남만 의지함。

〔倚託:의탁〕남에게 의뢰함。남에게 의존함。依托。依託。依賴。

〔倛〕

(기) 支 く｜ ch'i¹ mask キ、かめん

草書 방상탈기(方相)。(귀신을 쫓을때 쓰는 탈)。〔荀子 非相〕仲尼面如蒙—。(『魌』와 같음)

〔倜〕

(척) 錫 ㄊㄧˋ t'i⁴ nobility テキ、チャク、すぐれる

小篆 草書 ❶고상할척(—儻不羈)。〔北史〕王頒少—儻有文武幹局。(속박 당하지 않고 독립하여 있는 모양에 씀)。❷번쩍들척(高擧貌)。〔荀子 君道〕—然乃擧太公於州人而用之。

〔倜儻:척당〕❶남에게 구속되지 않는 모양。❷여러 사람 속에서 뛰어남。俶儻。〔司馬遷·報任少卿書〕唯——非常之人稱焉。❸뜻이 크고 기개가 있음。

〔倜儻不羈:척당불기〕기개가 있고 뜻이 커서 남에게 눌려 지내지 않음。

〔倜然:척연〕❶까마득한 모양。높고 먼 모양。〔荀子·君道〕——乃擧太公於州人而用之。❷疏遠한 모양。〔荀子·非十二子〕則——無所歸宿。

〔倜倜:척척〕얽매이지 않은 독립된 모양。〔荀子·彊國〕則——然其不及遠矣。

〔倝〕

(간) 翰 カン、ひので sunrise

小篆 籀文 ❶해돋을간(日出貌)。❷쓸간(用也)。

〔倞〕

㊀(량) 漾 ㊁(경) 敬 ㄌㄧㄤˋ liang⁴ distant リョウ、キョウ、とおい

小篆 草書 ㊀❶멀량(遠也)。❷찾을량(索也)。〔禮記〕祊之爲言—也—索也。(『諒』과 같음) ㊁굳셀경(彊也)。〔詩經〕秉心無—。

〔借〕

㊀(차) 禡 ㊁(적) 陌 ㄐㄧㄝˋ chieh⁴ borrow シャ、シャク、かりる

小篆 ㊀❶빌릴차(假也)。〔左傳〕盡—邑人之車。❷빚차(貸也)。❸도울차(助也)。❹허락할차(許也)。〔薛逢 上韋學士啓〕三年欲飛長風不—。❺가령차(設辭)。〔詩經 大雅抑〕—曰未知亦旣抱子。㊁뜻은 ㊀과 같음。

〔借家:차가〕셋집。세를 주고 사는 집。借宅。借屋。

〔借居:차거〕남의 집을 빌어서 삶。

【借去:차거】 빌어서 감。
【借件:차건】 ❶ 남에게 빌려 준 물건。 ❷남에게서 빌어온 물건。
【借見:차견】 남의 書畫를 빌어서 봄。 借覽。
【借款:차관】 ❶국제간의 자금의 대차。 ❷借金의 條件。
【借光:차광】 ❶暗體가 發光體의 빛을 받아 빛을 내는 일。 달과 같은 것。 ❷남의 덕을 입음。 叨光。
【借金:차금】 돈을 빌음。 빌은 돈。 꾼돈。 빚。 借銀。 借債。 借錢。 負債。 借財。
【借給:차급】 물건을 빌려 줌。
【借貸:차대】 빌어 옴과 꾸어 줌。
【借刀殺人:차도살인】 남의 칼을 빌어 사람을 죽임。 《喩》남을 이용하여 사람을 해침。 陰險한 수단。
【借得:차득】 남의 물건을 빌어서 가짐。
【借覽:차람】 빌어 봄。 借見。
【借來:차래】 빌어 옴。 꾸어 옴。
【借力:차력】 《國》 약의 힘이나 신령의 힘을 빌어 몸과 기운이 굳세어진다는 것。
【借名:차명】 딴 이름을 빌어 씀。
【借文:차문】 詩文의 차작을 받는 일。
【借問:차문】 ❶시험 삼아 물음。 『陶潛』 ――爲誰悲、懷人在九冥。 ❷찾아 물음。 『杜牧』――酒家何處有。
【借邊:차변】 《經》簿記에서 현재 소유하고 있는 재산。 곧 토지·건물·즙기·유가 증권·상품·원료·현금·예금 따위를 기입하는 쪽。 ↔貸邊。
【借送:차송】 빌어서 보냄。 꾸어 보냄。
【借手:차수】 자기의 일을 남의 손을 빌어서 함。
【借與:차여】 =借給。
【借用:차용】 물건이나 돈을 빌리거나 꾸어 씀。
【借用證書:차용증서】 금전이나 물건을 꾸어 쓴 증거가 되는 문서。
【借越:차월】 《經》貸越을 예금자 측에서 일컫는 말。 곧 예금액 이상으로 대부받는 돈。
【借賃:차임】 물건을 빌어 쓰고 치르는 일。
【借入:차입】 돈이나 물건을 꾸어 들임。
【借作:차작】 ❶글을 대신 지음。 또는 그 글。 ❷남의 손을 빌어 물건을 만들음。 또는 그 물건。
【借助:차조】 도움。 『左傳』寡君是願――焉。
【借主:차주】 돈이나 물건을 빌어 쓴 사람。
【借重:차중】 ❶남의 이름이나 力量을 빌어 자기의 威勢를 더함。 『王銍·跋范仲淹墓志』。 ❷의지함。 『桃花扇·訪翠』。
【借地:차지】 남의 토지를 빌어 가짐。 또는 그 토지。
【借地權:차지권】 《法》 건물의 소유를 목적으로 하는 地上權이나 賃借權。
【借地料:차지료】 借地에 대하여 내는 금액。
【借著:차착】 남의 옷이나 갓 같은 것을 빌어 쓰거나 입음。
【借廳入室:차청입실】 남에게 의지하여 있다가 나중에는 그의 권리까지를 침범함의 비유。
【借廳借閨:차청차규】 《國》 마루를 빌려주면 방 빌리러 들음。 《喩》 남의 호의를 이용하여 차츰차츰 그의 권리를 침해하는 것。 『旬五志』。
【借風駛船:차풍사선】 바람을 빌어 배를 달림。 《喩》남의 힘을 빌어 저의 이익을 도모함。 借水行舟。
【借筆:차필】 글씨를 남에게 대신 쓰게 함。 또는 그 글씨。
【借啣:차함】 《國》실제로 근무하지 아니하고 이름만을 비는 벼슬。 借名。 借銜。 影職。
【借花獻佛:차화헌불】 《佛》 꽃을 빌어 부처에게 바침。 《喩》남의 물건으로 선사함。 남의 물건으로 자기 일을 봄。
◎假―、貸―、前―。

【倠】 (휴) 支 キ、みにくい ugly
小篆 ❶얼굴추할휴(容貌醜惡貌)。 ❷천할휴(賤也)。

【倡】 ㊀(창) 陽 ショウ、わざおぎ actress
㊁(창) 漾 ㄔㄤ ch'ang¹
小篆 草書 ㊀❶가무창(歌舞)。 『西京雜記酒賦』縱酒作―。 ❷미치광이창(狂也)。 『莊子山木』―狂妄行。 ❸기생창(―妓)。 『揭傒斯詩』世無劇孟交、不及靑樓―。 ❹번창할창(昌也)。 『楊子法言』物咸倜―。 (『娼』과 같음)
㊁❶부를창(唱也)。 『禮記樂記』壹―而三歎。 ❷노래마디창(發歌句)。 ❸인도할창(導也)。 (『唱』과 통함)
【倡家:창가】 倡婦의 집。 妓生의 집。 妓樓。 妓院。 妓家。 娼家。 靑樓。
【倡樓:창루】 =倡家。 妓樓。 『駱賓王』―― 紛色紅。
【倡佯:창양】 어정거려 노닒음。 倘佯。 徘徊。 『郭遐周』歸我百山河、 肖遙以――。
【倡優:창우】 광대。 배우。 (소리하는 사람을 倡、 놀이하는 사람을 優라 함)。 娼優。 『史記』吾聞楚之鐵劍利、而――拙。
【倡義:창의】 國亂을 당하여 의병을 일으킴。
【倡倡:창창】 빛깔이 화려한 모양。 『陳陶·蜀葵詠』綠衣宛地紅――。
【倡被:창피】 옷을 입고 허리띠를 띠지 아니한 모양。 《轉》 체면이 사나와지거나 또는 마음의 아니꼬움에 대한 부끄러움。 猖披。 『楚辭·離騷』何桀、紂之猖披兮。 『王逸注』猖披、衣不帶之貌、猖一作倡、披一作被。
【倡和:창화】 한 사람이 先唱하면 다른 사람이 이에 따라 부르는 일。 唱和。

【倢】 (첩) 葉 ショウ、はやい quick ㄐㄧㄝ chieh²
小篆 草書 ❶빠를첩(速也)。 ❷사냥질할첩。 ❸가까울첩(近也、短也)。 (『捷』과 통함)
【倢伃:첩서】 《制》漢代 女官名。 武帝가 둠。 『玉篇』伃、――、婦官也。
【倢倢:첩첩】 욕설。 『集韻』捷、――、譖言、或从人。

【倣】 (방) 養 ホウ、ならう imitate ㄈㄤ fang³
草書 ❶본받을방(做也)。 『宣和書譜』學者奉模―焉。 ❷의방할방(依也)。
【倣刻:방각】 모방하여 새김。
【倣古:방고】 옛 것을 모방함。
【倣古主義:방고주의】 옛날 한문학을 추종하는 주의。
【倣似:방사】 비슷함。
【倣此:방차】 이것에 본뜸。
【倣傚:방효】 본받음。 모방함。 『韓愈』自朝至暮、轉相――。

【値】 (치) 寘 チ、あたい value ㄓ chih²·⁴
小篆 草書 ❶만날치(遇也)。 ❷당할치。 ❸가질치(持也)。 『詩經 陳風宛行』―其鷺羽。 ❹값치(價也)。 『康熙字典』物價曰―。 ❺가치가 있을치(價也)。 『唐彥謙詩』翡翠鮫綃何所―。 (『直』과 통함)

【值遇:치우】 우연히 만남。 뜻밖에 서로 만남。『韓愈·秋懷詩』運窮兩ㅣㅣ。 ◎價ㅣ、近似ㅣ、數ㅣ、絕對ㅣ。

【倥】

㊀(공) 東 ㊁(공) 董 ㊂(공) 送 コウ、おろか unwise ㄎㄨㄥˇ k'ung³

小篆 草書 ㊀분별 모를공(無知)。【會鞏詩】衮衣天下頌豈但是ㅣ侗。 (『悾』과 같음) ㊁바쁠공(不暇)。「急迫」。【劉基詩】頗怪天地氣去來何ㅣ傯。 ㊂곤할공(困也)。【楚辭 九歎】愁ㅣ傯於山陸。

【倥侗:공동】 바보。 무지한 모양。『法言·學行序』天降生民、ㅣㅣ顓蒙。『注』ㅣㅣ、無知也。

【倥傯:공총】 ❶바쁜 모양。『廣韻』倥、ㅣㅣ事多。 ❷어려운 모양。 또는 苦痛스럽게 함。『後漢書·張衡傳』所謂將隆大位、必先ㅣㅣ之也。『注』ㅣㅣ、窮困也。

【倦】

(권) 霰 ケン、うむ lazy ㄐㄩㄢˋ chüan⁴

小篆 草書 ❶게으를권(懈也)。 ❷고달플권(疲也)。【禮記 儒行】敎行而不ㅣ。 ❸수고할권(勞也)。

【倦憩:권게】 권태를 느끼어 쉼。『陸游』ㅣㅣ石腰鼓。

【倦勤:권근】 勤勞에 권태를 느낌。 일에 싫증이 남。 흔히 高位者의 辭退의 인사에 쓰임。『書·大禹謨』耄期倦于勤。

【倦憊:권비】 싫증이 나고 고달픔。 倦罷。倦勞。 倦疲。

【倦厭:권염】 게을러지고 염증이 남。

【倦游:권유】 관리 생활에 싫증이 남。『史記·司馬相如傳』長卿故ㅣㅣ。

【倦怠:권태】 싫증을 느끼어 게을러짐。『齊書』ㅣㅣ頓來。

【倦怠期:권태기】 권태를 느끼는 때。 또는 그 동안。

【倦怠症:권태증】 권태를 느끼는 증세。

【倧】

(종) 冬

한배종、 신인종(上古神人)。【朝鮮古紀】神人降于 太白山 檀木下是爲大ㅣ。

【倨】

(거) 御 キョ、おごる arrogance ㄐㄩ chü⁴

小篆 草書 ❶거만할거(不遜)。【禮記 曲禮】遊毋ㅣ。 ❷걸터 앉을거(箕坐)。【漢書 張耳傳】高祖箕ㅣ。 ❸굽을거(曲也)。【禮記】ㅣ中矩。

【倨倨:거거】 ❶누워서 아무런 생각이 없는 모양。 居居。『淮南子·覽冥訓』臥ㅣㅣ、興眄眄。 ❷=倨慢。

【倨見:거견】 =倨視。『史記』不宜ㅣㅣ長「者。

【倨氣:거기】 거만한 마음。『唐書』。

【倨慢:거만】 겸손하지 못하고 뽐냄。 잘난 체하고 남을 업신여김。 倨傲。 驕慢。

【倨視:거시】 거만하게 남을 멸시함。『金漢書』ㅣㅣ不臣。 「史」ㅣㅣ同列。

【倨牙:거아】 톱과 같은 어금니。 踞牙。『楚辭』長爪ㅣㅣ。

【倨傲:거오】 =倨慢。『莊子』夫子猶有ㅣ「ㅣ之容。

【倩】

㊀(천) 霰 ㊁(청) 敬 セン、セイ、ういしい modest ㄑㄧㄢˋ ch'ien⁴

小篆 草書 ㊀ ❶ 엄전할천 (男子美稱)。「好美」。【杜甫詩】披顏爭ㅣㅣ逸足競騄騄。 ❷입술가에 아양이 뜨는 모양천。【詩經】巧笑ㅣ兮。 ㊁ ❶사위청(婿也)。 ❷고용할청(傭也)。 ❸빌청(假借)。『吳融』柳眉梅額ㅣㅣ新。

【倩粧:천장】 예쁜 단장。

【倩草:천초】 (國)남을 시켜 자기를 대신하여 글을 쓰게 함。

【倩工:청공】 (國)일시적인 傭人。 臨時의 代書 고용인。『大典會通·五·推斷』。

【倩人:청인】 사람을 雇傭함。

【倩倩:청청】 예쁘고 얌전한 모양。『杜甫』披顏爭ㅣㅣ。

【倪】

(예) 齊 ゲイ、ガイ、おさない very young ㄋㄧˊ ni²

草書 ❶어릴예(幼者)。「弱者」。【孟子 梁惠王下】反其旄ㅣ。 ❷도울예(俾益)。 ❸가예(際也)。 ❹끝예(端也)。【韓愈 南海神廟碑】乾端坤ㅣ、軒豁呈露。 ❺한정예(限也)。【莊子 秋水】惡至而ㅣ貴賤。 (『兒』와 통함)

【倪倪:예예】 어리고 弱小한 모양。『孟子·梁惠王』反其旄倪。〔注〕旄、老耄也、倪、弱小ㅣㅣ者也。

【倫】

(륜) 眞 リン、たぐい、みち truth; morals ㄌㄨㄣˊ luen²

小篆 草書 ❶인륜륜(人道)。【中庸】行同ㅣ。 ❷무리륜(類也)。【禮記】儗人必於其ㅣ。 ❸조리륜(條理)。【周禮】折幹必ㅣ。 ❹의리륜(理也)。【禮記】夫祭有十ㅣ。 ❺떳떳할륜(常也)。【書經】彝ㅣ攸敍。 ❻가릴륜(擇也)。【儀禮】雍人ㅣ膚。

【倫紀:윤기】 ❶倫理와 紀綱。 ❷사람이 지켜야 할 도리。 人道。 人倫。 倫常。 倫理。『元史』下以敍ㅣㅣ之常。

【倫理:윤리】 ❶倫紀⑵。『禮記』樂者通ㅣㅣ者也。 ❷인륜 도덕의 원리。 그 學을 倫理學·道義學이라 함。 Ethics.

【倫理學:윤리학】 선악의 표준과 행위의 비판을 연구하고、 도덕적 성격을 발달시키려는 원리를 연구하는 학문。

【倫序:윤서】 =順序。『白居易』朝野分ㅣ「ㅣ。

【倫擬:윤의】 비슷함。 類似함。『唐書·劉傳』等級遼絕、勢不ㅣㅣ。

【倫次:윤차】 신분의 차례。

【倫匹:윤필】 ❶ 나이나 신분이 서로 같거나 비슷한 사이의 사람。 倫比。 倫儔。 等輩。 流輩 儕輩。『大唐西域記·六』太子伎藝多能、獨拔ㅣㅣ。 ❷배우자。 아내。『蘇蕙·璇璣圖詩』。 ㅣㅣ颾離浮江湘。 ◎不ㅣ、五ㅣ、人ㅣ、絕ㅣ、天ㅣ、悖ㅣ。

【倬】

(탁) 覺 タク、いちじるしい distinguished ㄓㄨㄛˊ chuo⁴

小篆 草書 ❶클탁(著大)。【詩經】ㅣ彼雲漢、 昭回于天。 ❷환할탁(明貌)。【詩經】有ㅣ其道。

【倬詭:탁궤】 남보다 뛰어나 異彩가 있음。 卓詭。『左思·魏都賦』至於山川之ㅣㅣ、物産之魁殊、 或名奇而見稱、 或實異而可書。

【倭】

㊀(위) 支 ㊁(왜) 歌 イ、ワ、やまと Japan ㄨㄟ wei¹

小篆 草書 ㊀ ❶순한 모양위 (順貌)。『字彙』ㅣ謹貌又順貌。 ❷빙돌위(回遠)。【詩經】周道ㅣ遲。 ㊁나라이름왜(日本)。 (중국에서 일본을 부르던 일컬음)。【漢書】樂浪中有ㅣ人、分爲百餘國。

【倭遲:위지】 먼 모양。『詩·四牡』周道ㅣㅣ。

【倭館:왜관】《歷》 李朝 때 倭寇의 懷柔策으로 三浦(乃而浦·富山浦·鹽浦)를 열어 倭人의 貿易交通을 公許하고, 거기에 두어 居留·交易 또는 接待케 하던 곳。壬申條約(中宗 七년)후 薺浦(乃而浦)에만 한정되었고, 中宗 三六년에는 釜山浦로 옮김。肅宗 四년 草梁으로 옮기고 東萊府의 確證을 얻은 倭人에 限하여 開市케 하였음。

【倭寇:왜구】 高麗末과 李朝初(中國에서는 元末~明初, 日本에서는 吉野~足利時代)에 日本에 南·北朝의 戰亂이 있었는데 南朝가 패한 뒤에 그 遺民이 流離하여 海寇가 되어 高麗와 中國 東南 沿岸을 노략질하던 무리。高麗에서는 崔瑩·李成桂, 明에서는 胡宗憲·兪大猷·戚繼光 등이 討平하였으나 根絶되지 않고 오랫동안 兩國의 頭痛 거리였음。『明史·日本傳』『東國通鑑·高麗』。

【倭國:왜국】 日本의 別名。

【倭女:왜녀】 日本 여자의 別名。

【倭亂:왜란】 ❶倭人이 일으킨 戰亂。❷＝壬辰倭亂。

【倭松:왜송】 《植》 눈잣나무。

【倭手巾:왜수건】 布面에 실이 오톨도톨하게 만든 수건。

【倭式:왜식】 ＝日本式。

【倭夷:왜이】 예전에 日本 사람을 깔보아 부른 이름。倭奴。倭寇。

【倭人:왜인】 日本 사람。『漢書』樂浪海中有——, 分爲百餘國。

【倭敵:왜적】 적국인 日本。

【倭賊:왜적】 도적의 행동을 한 日本。

【倭政:왜정】 日本이 침략하여 다스리던 정치。日政。「지。

【倭繒:왜증】 바탕이 얇은 紬屬의 한 가

【倭紙:왜지】 반들반들하고 바탕이 여린 종이의 한 가지。

【倭靑:왜청】 唐靑보다 검은 빛의 물감。

【倭針:왜침】 日本 바늘。

【倭秤:왜칭】 日本에서 만든 저울。

【倭墮:왜타】 상투의 한 가지。髻。『李嶠·詩』雲髮羞垂——髻。

【倭布:왜포】 ＝廣木。

【倭風:왜풍】 ❶日本의 풍속。❷몹시 부는 바람。

【倮】 (라) 哿 ラ、はだか naked ㄌㄨㄛˇ luo³ (同音「과」)

草書 ❶벌거벗을라(赤體)。『禮記』中央土, 其蟲—。❷좁을라(狹隘)。『左思賦』風俗以韰—爲嫿。

(『裸』와 같음)

【倮國:나국】 벌거숭이로 사는 나라의 이름。『淮南子·說林』西方之——。

【倮麥:나맥】 《植》쌀보리。裸麥。「體。

【倮體:나체】 벌거숭이。裸體。赤裸。赤

【倮蟲:나충】 털·날개 같은 것이 없는 벌레의 總稱。『禮記·註』人爲——之長。

【倰】 (릉) 蒸 リョウ、あざむく deceive

❶속일릉(欺也)。❷거문고 소리릉(琴聲)。❸길릉(長也)。『集韻』—、長也。

【倱】 (혼) 阮 コン、おろか foolish

❶통하지않을혼(事物不通貌)。❷어리석을혼(愚也)。

【倱伅:혼돈】 확실하지 않고 흐릿한 모양。트이지 않은 모양。混沌。渾沌。

【倲】 (동) 東 トウ、おろか foolish

❶어리석을동(愚也)。❷뒤떨어질동(劣也)。❸성동(姓也)。

【倳】 (사) 寘 シ、さしはさむ thrust ㄗˋ tzu⁴ (本音「차」)

草書 ❶꽂을사(揷也)。『史記』且—刃公之腹中, 以成其名。❷세울사(立也)。『周禮』—典以任百官。

【倳刃:사인】 갑작스레 칼로 찌름。『史記·張耳陳餘傳』且——公之腹中以成其名。

【倴】 (분) 元

❶사람이름분(人名, —蓋)。❷(中字)둔한사람분(—人)。

【丧】 (상) 『喪』(口部 9畫)의 俗字

【倹】 (검) 『儉』(人部 13畫)의 略字

【脊】 (척) ↓肉部6畫

九 畫

【偁】 (칭) 『稱』(禾部 9畫)의 本字

【偃】 (언) 阮 エン、ふせる lie down ㄧㄢˇ yen³

小篆 草書 ❶자빠질언(僵也)。『淮南子』牆之立, 不若其—也。❷누울언(臥也)。『詩經』或息—在牀。❸느른할언(失志貌)。❹거만할언(傲也)。『左傳』彼皆—蹇將棄子之命。❺방죽언(堤也)。『左傳』規—豬。

【偃却:언각】 ＝偃蹇。『荀子』足以爲奇偉——之屬。

【偃蹇:언건】 ❶교만함。『左傳』彼皆——, 將棄子之命。❷높은 모양。『楚辭』望瑤臺之——兮。❸委曲한 모양。자세한 모양。❹춤추는 모양。❺몸이 不具가 되어 쉽게 엎드림。顚仆。僵仆。

【偃仆:언부】 넘어져 엎드림。顚仆。僵仆。『魏志』時有風, 旌旗皆——。

【偃溲:언수】 변소。『柳宗元·天說』穴爲——、築爲牆垣。

【偃息:언식】 누워서 쉼。편안하게 누워서 잠。偃憩。『李商隱』未當貪——。

【偃植:언식】 누움과 섬。『范成大·詩』—雖不同, 臭味乃相得。

【偃仰:언앙】 ❶누웠다 일어났다 함。《轉》浮沈함。進退。俯仰。『韓詩外傳』與世——。❷한가하게 쉼。偃息。『詩經·北山』或棲遲——或王事鞅掌。

【偃仰屈伸:언앙굴신】 몸을 마음대로 움직임。몸을 자유로이 屈伸함。「——。

【偃傲:언오】 ＝偃蹇①。『權德輿』琴觴恣

【偃臥:언와】 드러누움。

【偃月刀:언월도】 大刀의 한 가지。긴 자루 끝에 폭이 넓고 뒤로 젖혀진 칼날을 붙인 무기。

偃月刀 (武備志)

關刀。『三才圖會』。

【偃豬:언저】 ❶낮은 습지。『左傳·襄二十五·注』——下濕之地。❷水門。用水池。『周禮·地官·以瀦畜水·注』——者, 流水之陂也。

【偃草:언초】 백성이 교화에 복종하는 일。풀이 바람에 나부낌과 같음을 이름。『晉書·潘尼傳』學猶蒔苗, 化如——。

【偃閉:언폐】 덮어서 가림。『顏延之』—武術。

【偄】 ㊀(난) 翰 ㊁(연) 銑 ダン、ナン、よわい weak ㄋㄨㄢˋ nuan⁴

小篆 ㊀❶연약할난(柔弱)。❷공순할난(敬也)。㊁뜻은 ㊀과

같음。

【偅】 (동)『憧』(心部 12畫)과 같음

【偆】 (춘) 軫 シュン、とむ rich
小篆 ❶가멸할춘(富也)。❷두터울춘(厚也)。

【假】 [一](가) 馬 カ、ケ、かり (古音「하」) provisional
[二](가) 禡
[三](하) 麻 ㄐㄧㄚˇ chia³
[四](격) 陌
小篆 草書 [一]❶거짓가(非眞)。〔古樂府〕寡婦哭城頹此情非虛ㅣ。❷빌릴가(借也)。〔禮記〕大夫祭器不ㅣ。❸잠시가(非永久)。〔詩經〕不遑ㅣ寐。❹클가(大也)。〔詩經大雅文王〕ㅣ哉天命。❺아름다울가(美也)。〔詩經〕ㅣ樂君子。❻인할가(因也)。〔禮記〕ㅣ爾泰筮有常。❼빌려줄가(貸也)。〔北史〕若天ㅣ之年、繼二南矣。❽가령가(設辭)。〔史記〕ㅣ令晏子而在、余雖爲之執鞭、所忻慕焉。❾좋은운가(嘏也)。〔禮記〕是謂大ㅣ。❿용서할가(恕也)。[二]❶꿀가(貸也)。❷여가가(暇也)。〔晉書〕護軍與尼長ㅣ。(『嘏·嘉』와 통함) [三]아득할하(遐也)。〔揚子 法言〕ㅣ言周於天地。[四]이르를격(至也)。〔易經〕王ㅣ有廟。(『格』과 같음)

【假家:가가】 ❶임시로 지은 집。❷가게。❸《制》李朝 때 가게의 하나。그 규모가 房보다 작고 在家보다는 큼。廛。❹露店。

【假建物:가건물】 임시로 간단하게 세운 건물。

【假決議:가결의】 회의에서 결의할 요건이 갖추어지지 못하였을 때、뒤에 승인을 받기로 하고 우선 행하는 결의。

【假契約:가계약】 정식 계약을 맺기 전에 임시로 맺는 계약。

【假計定:가계정】 회계 처리에서 편의상 임시로 記帳하여 두는 여러 가지 계정。假受金 계정·가불금 계정·미결산 계정 따위。

【假果:가과】 《植》花托이나 花軸 따위가 子房과 함께 붙어 발육한 과실。무화과 따위의 과실。擬果。

【假橋:가교】 임시로 놓은 다리。

【假根:가근】 《植》가는 뿌리같이 생겨 수분을 섭취하며 식물을 고착시키는 역할을 하는 기관。헛뿌리。

【假納:가납】 어떤 조건이 성취될 때까지 세금·물품 따위를 우선 바침。

【假貸:가대】 ❶빌음。假借。❷꾸어 줌。❸못본 척함。寬容함。『後漢書』無所ㅣㅣ。

【假道:가도】 임시의 도로。땅 주인에게서 길을 임시로 빌음。

【假賭租:가도조】 어림 짐작하여 미리 치르는 도조。假賭。

【假痘:가두】 《醫》아주 가벼운 痘瘡。

【假登記:가등기】 《法》본등기를 할 형식적 또는 실질적 요건이 갖추어지지 못하였을 때、앞으로 할 본등기의 차례를 보전하기 위해 미리 해 두는 등기。

【假樂:가락】 ❶칭찬하고 즐거워 함。즐거움。『詩·假樂』。❷詩經 大雅의 篇名。周成王의 盛德을 기리어 지음。『詩·嘉樂序』。 「강 나타내는 말。

【假量:가량】 ❶어림짐작。❷수량을 대

【假令:가령】 어떤 것을 보충 설 명할 假定의 뜻으로 쓰는 말。예를 들어。이를 테면。假使。

【假寐:가매】 ❶어렴풋이 잠들음。『詩經』ㅣㅣ永歎。❷거짓으로 자는 체 하는 일。

【假埋葬:가매장】 임시로 시체를 묻음。

【假免:가면】 임시로 용서함。임시로 赦免함。임시로 放免함。

【假面:가면】 ❶탈。얼굴 형상으로 만들어 얼굴 위에 쓰는 것。『薛道衡』ㅣㅣ飾金銀。❷본심을 감추고 거짓으로 꾸민 표면。

【假面劇:가면극】 가면을 쓰고 하는 연극。탈놀음。

【假免許:가면허】 편의상의 임시 면허。

【假面戲:가면희】 ❶가면을 쓰고 노는 놀이。❷가면극。

【假名:가명】 ❶거짓으로 일컫는 이름。↕實名。❷《佛》諸法은 본래 이름이 없고 이름은 다만 사람들이 붙였을 뿐 아무런 實體가 없음을 이름。『大乘起信論』。❸《日》가나。日本의 音節文字。漢字의 일부 또는 전부를 빌어서 그 音訓을 이용한 것。가다가나(片假名)·히라가나(平假名)가 있음。

【假母:가모】 핏줄이 연결되어 있지 않은 어머니。繼母。養母。또는 아버지의 첩。『漢書』有賊傷后ㅣㅣ者。

【假法:가법】 《佛》因緣和合을 따라서 나온 거짓된 법。 「의 가짜。↕眞本。

【假本:가본】 옛 책이나·글씨·그림 따위

【假縫:가봉】 시침바느질。

【假父:가부】 ❶핏줄로 연결되어 있지 않은 아버지。義父·繼父·養父 따위。『說苑』吾乃皇帝ㅣㅣ也。❷남을 아버지로 看做함。『唐書·李錡傳』稱錡爲ㅣㅣ。

【假分數:가분수】 《數》분자가 분모보다 절대치가 큰 整數로 된 분수。

【假拂:가불】 올린 科目이나 금액이 확정되지 않을 때、임시로 하는 지불。

【假死:가사】 마치 죽은 것같은 상태。

【假使:가사】 =假令。 「어림셈。

【假算:가산】 우선 어림잡아 하는 셈。

【假想:가상】 사실에 관계 없이 가정적으로 생각함。

【假像:가상】 ❶거짓 物像。❷원 모양을 가지지 않고 다른 광물의 모양을 하고 있는 鑛物의 외형。

【假象:가상】 實在가 아니면서 실재처럼 생각되는 거짓 현상。↕實在。

【假想的:가상적】 假定으로 생각한 것。

【假想敵:가상적】 실제와는 관계 없이 가정적으로 생각한 적。

【假釋放:가석방】 《法》징역 또는 禁錮의 刑執行中에 있는 者에 대한 行政處分에 의한 釋放。

【假說:가설】 어떤 사실의 원인을 설명하거나 어떤 이론 체계를 演繹하기 위하여 가정으로 설정한 가정。

【假設:가설】 ❶임시로 설치함。❷이를테면。임시로 설정하여 설명하는 말。假令。假如。假若。 「장。

【假設劇場:가설극장】 임시로 꾸민 극

【假聲帶:가성대】 《生》眞聲帶의 윗쪽에 있는 성대의 하나。

【假姓名:가성명】 ❶임시로 일컫는 성명。❷가짜로 일컫는 성명。

【假笑:가소】 거짓 웃음。

【假手:가수】 남의 힘을 빌어서 자기의 뜻을 펴는 일。『後漢書·呂布傳』。

【假睡:가수】 조는 체함。

【假數:가수】 《數》對數에서의 小數點 아래의 부분。

【假植:가식】 제 자리에 심을 때까지 임시로 딴 곳에 심어둠。

【假飾:가식】 거짓 꾸밈。

【假我數年:가아수년】 몇 해라도 더 오래 살기를 바라는 일。『論語·述而』ㅣㅣ五十以學易、可以無大過矣。

【假若:가약】 비록。假令。假如。假設②。

【假言:가언】 假定한 말。

【假言命題:가언명제】《論》가언적 판단을 나타낸 명제。
【假言的:가언적】 어떠한 조건을 가정하여 말하는 것。
【假言的判斷:가언적판단】《論》어떠한 조건을 가정하여 내리는 판단。
【假葉:가엽】《植》잎꼭지가 변하여 너부죽하게 된 잎。
【假營業所:가영업소】 임시로 쓰는 영업소。
【假玉:가옥】 사람이 만든 가짜 구슬。
【假王:가왕】 가짜로 세운 王。『史記·淮陰侯傳』。
【假寓:가우】 ❶임시로 거처함。 ❷임시로 사는 곳。 假居。
【假子:가자】 ❶남의 아들을 자기 아들로 삼는 일。 養子。『唐書·王世充傳』。 ❷아내의 前夫의 아들。 덤받이。 의붓아들。『稱謂錄·世說』。
【假作:가작】 ❶거짓 행동。 ❷완전하지 아니한 임시적인 제작。
【假葬:가장】 ❶임시로 묻어 두는 일。 ❷임시 권도로 장사 지내는 일。 ❸어린 아이의 시체를 묻는 일。
【假裝:가장】 ❶임시로 거짓 꾸밈。 ❷가면으로 장식함。
【假裝舞蹈:가장무도】 ❶각자가 제마음대로 색다른 차림을 하고 추는 춤。 ❷탈춤。
【假裝粉面:가장분면】 거짓스러운 말과 행실。
【假裝行列:가장행렬】 운동회나 경축회 때 가장하고 떼를 지어 다니는 행렬。
【假定:가정】 임시로 정함。 假設①。
【假定款:가정관】《法》株主總會의 결의를 밟지 않은 회사의 정관。
【假助:가조】 하늘이 장차 큰 벌을 주기 위하여 가짜로 도와 주는 체함。『左傳·昭·十二』天之——不善、非祚之也、厚其凶惡、而降之罰也。
【假爪角:가조각】 비파를 탈 때 손가락에 끼우고 줄을 짚는 뿔로 만든 두겁。
【假條約:가조약】 정식 조약의 확정 전에 우선 임시로 체결한 批准·裁可를 거치지 않은 조약。
【假調印:가조인】 약정한 文書에 정식 조인을 하기 전에 그 草案에 우선 임시로 하는 조인。
【假注書:가주서】 事變假注書의 略語。
【假住所:가주소】 주소에 대신할 곳으로 임시 선정한 장소。
【假執行:가집행】《法》勝訴者의 不利益을 피하기 위하여 법원이 직권 또는 신청에 의하여 확정되지 않은 판결의 취지를 임시로 집행함。
【假借:가차】 ❶빌음(借)。 남의 물건을 빌음(乞)。『南史』常從人——。 ❷용서함。 못본 체함。 ❸六書의 하나。『說文·序』——者、本無其字、依聲託事、令長是也。
【假差押:가차압】《法》채무자가 재산을 放賣하거나 숨기지 못하게 하기 위하여 이를 임시로 차압하는 법원의 처분。
【假處分:가처분】 ❶《法》법원이 민사의 係爭物에 대해 장래의 강제 집행을 保全하기 위하여 허락하는 처분。 ❷임시로 어떤 사물을 처분함。
【假綴:가철】 책을 임시로 대강 맴。
【假出獄:가출옥】 =假釋放。
【假齒:가치】 =義齒。
【假稱:가칭】 ❶임시로 일컬음。 ❷거짓으로 일컬음。
【假託:가탁】 ❶다른 사실을 핑계로 삼음。 ❷다른 사실을 引證하여 설명함。
【假花:가화】 =造花。

【偈】 ㊀(걸) 屑 ケツ、ケイ、いこう (本音「계」) ㊁(게) 霽 ㄐㄧˋ chi⁴ rest

草書 ㊀❶힘 빼두를걸(用力貌)。『莊子』——乎揭仁義而行。 ❷빠를걸(疾也)。『詩經』匪風發兮匪車—兮。 ❸헌걸찰걸(武貌)。『詩』伯兮—兮。(『揭』과 통함) ㊁❶쉴게(息也)。『揚雄賦』三—兮—棠梨。 ❷게타게(범어 가타(伽陀)〔gāthā〕의 음을 나타내는데 씀)。 ❸글귀게(詩詞也)。(불가「佛家」의 詩詞로서 보통 四句를 일게(一偈)로 하여 다섯자 혹은 일곱자를 一句로 함)。『康熙字典』—句釋氏詩詞也。(『憩』와 통함)
【偈句:게구】《佛》伽陀의 글귀。 부처의 功德을 찬미한 詩句。
【偈偈:걸걸】 ❶빨리 달리는 모양。 ❷힘쓰는 모양。『莊子·天道』。

【偉】(위) 尾 イ、すぐれる 末 ㄨㄟˇ wei³ great

小篆 草書 ❶클위、넉넉할위、거룩할위(大也)。『漢書』衣冠甚—。 ❷기특할위(奇也、怪也)。 ❸잘난이위(大人物)。
【偉擧:위거】 뛰어난 일。 훌륭한 계획。
【偉功:위공】 위대한 功勞。 偉績。
【偉觀:위관】 훌륭한 경치。 훌륭하고 빛이 나는 일。 壯觀。 大觀。
【偉奇:위기】 ❶뛰어나고 큼。『蘇軾』少小稱——。 ❷훌륭한 그릇。
【偉男子:위남자】 인격이 뛰어난 남자。
【偉大:위대】 국량이 매우 큼。 거룩함。
【偉略:위략】 출중한 꾀。 훌륭한 策略。
【偉力:위력】 위대한 힘。 뛰어난 힘。
【偉名:위명】 위대한 이름。
【偉辭:위사】 훌륭한 말。 뛰어난 말。『文心雕龍·辯騷』雖取鎔經意、亦自鑄——。
【偉彥:위언】 도량과 재간이 넓고 훌륭한 사람。『蜀志』濟濟——、元凱之倫也。
【偉業:위업】 위대한 사업이나 업적。 業。 丕業。 大事業。
【偉烈:위열】 ❶큰 공훈。 偉功。 偉勳。 偉績。 ❷위대한 공로를 남긴 사람。
【偉藝:위예】 뛰어난 재주。 훌륭한 기술。『晉書·天文志』高才——、與神合契。
【偉人:위인】 훌륭한 사람。 뛰어난 사람。 大人物。 偉士。『魏志』一代之——。
【偉壯:위장】 체격이 크고 훌륭함。『後漢書』八子皆——。
【偉才:위재】 위대한 재주。 또는 위대한 재주를 가진 사람。『謝朓』冠世——。
【偉績:위적】 ❶뛰어난 업적。 ❷=偉烈。
【偉蹟:위적】 ❶偉大한 사업의 자취。 ❷=偉烈。『韓愈』揚厲無前之——。
【偉勳:위훈】 =偉烈。 ◎英—。

【偊】(우) 麌 クウ、かがむ ㄩˇ yu³ bend

草書 ❶꾸부렁거릴우(曲躬獨行貌)。『漢書』行步—旅。 ❷홀로걸어가는 모양우(獨行貌)。『列子』——爾。
【偊旅:우려】 허리를 구부리는 모양。『漢書』行步——。
【偊偊:우우】 혼자 가는 모양。『列子』——爾愼耳目之觀聽。

【偌】(야) 禡 ジャ、はなはだ ㄖㄨㄛˋ juo⁴

❶성야(姓也)。 ❷〔中字〕너무야(甚意)。

【偎】(외) 灰 ワイ、したしむ ㄨㄟ wei

❶사랑할외(愛也)。 ❷친근할외(昵近)。 ❸가물거릴외(或隱或見貌)。
【偎愛:외애】 ❶친근히 사랑함。『列子·黃帝』不偎不愛、僊聖爲之臣。 ❷숨었다 보였다 하는 모양。『列子·黃帝·注』不

偎不愛、謂或隱或見。

【偎人：외인】親近한 사람。〔顔氏家訓·風操〕田里ㅡㅡ、方有此言耳。

【僝】(잔) 刪 サン、そなえる 銑 possess
갖출잔(具也)。

【⿰亻卻】㊀(갹) 藥 キャク、つかれる ㊁(극) 陌 exhausted
小篆 ㊀질갹(受屈徼ㅡ)。㊁게으를극(倦也)。

【偏】(편) 先 ヘン、かたよる lean ㄆㄧㄢ p'ien¹
小篆 書 草 ❶치우칠편(側也)。〔中庸〕不ㅡ之謂中。❷불공평할편(不公平)。〔書經〕無ㅡ無陂遵王之義。❸반신편(半體)。〔荀子〕禹跳湯ㅡ。❹무리편(屬也)。〔左傳〕擧其ㅡ不爲黨。❺오십명편(오십사람을 한반으로 한 일컬음)。〔周禮〕五十人爲ㅡ。❻간사한모양편(邪也)。〔古文易經〕ㅡㅡ不富。❼넓을편(廣也)。❽한마음편(專心)。〔張籍詩〕今體詩中ㅡ出格。❾왼쪽획편(만들은 글자의 왼쪽의획)「旁의 對」。〔蘇軾詩〕强尋ㅡ傍推點畫。

【偏見：편견】공정하지 못하고 한 쪽으로 치우친 의견。불공평한 견해。僻見。

【偏境：편경】두메。僻境。

【偏界：편계】온 세계。遍界。

【偏孤：편고】아버지를 여의고 의지할 데 없는 어린애。〔潘岳·寡婦賦·注〕。

【偏苦之役：편고지역】괴로움을 남 보다도 더 받으면서 하는 일。

【偏光：편광】《物》波動을 전달하는 중개물이 진동의 평면, 즉 빛이 나아가는 방향으로부터 수직의 평면 가운데서, 어느 일정한 방향으로만 진동하는 빛。

【偏巧：편교】《中》공교롭게。

【偏屈：편굴】편벽하고 비굴함。

【偏嗜：편기】한편으로 치우치게 즐김。편벽된 嗜好。

【偏袒：편단】❶한 쪽 어깨를 벗음。힘을 냄。한 편에 치우쳐 두둔함。偏裼。〔史記〕ㅡㅡ大呼。❷《佛》佛徒가 가사를 입을 때 바른 편 어깨를 드러내어 尊者에게 공경의 뜻을 표하는 일。〔釋氏要覽〕。

【偏斷：편단】불공평한 斷定。편벽되게 결정함。〔宋書〕義無ㅡㅡ。

【偏黨：편당】❶한 당파에 치우침。❷한 쪽의 당파。

【偏讀：편독】한 방면에 치우쳐서 책을 읽음。

【偏頭痛：편두통】한 쪽 머리가 아픈 병。광선이나 소리의 감각이 날카로와짐。

【偏論：편론】남이나 他黨을 論難함。

【偏輪：편륜】외짝 바퀴。隻輪。〔魏文帝〕ㅡㅡ不行。

【偏母：편모】아버지가 죽고 홀로 있는 어머니。

【偏母侍下：편모시하】홀로 남은 어머니를 모시고 있는 처지。偏母膝下。

【偏僻：편벽】❶마음이 한 쪽으로만 치우침。❷도회지에서 먼 두메。

【偏鋒：편봉】筆鋒이 한편으로 치우치는 자세를 취하는 運筆法。《轉》문장·언론·행위 따위가 한편으로 치우치는 태도。↔中鋒。

【偏私：편사】어떤 특정한 사람에게만 호의를 보이는 일。偏頗。

【偏産：편산】어린 아이가 태어날 때 이마부터 나오는 일。

【偏生：편생】❶한 쪽만 생김。마주 생기지 않음。↔對生。❷《中》공교롭게。

【偏棲：편서】홀로 살음。과부가 수절하면서 혼자 살음。

【偏西風：편서풍】中緯度의 高氣壓帶와 極地方과의 사이에 부는 西風。卓越西風。

【偏成：편성】❶엮어서 만들음。❷모아서 조직함。❸모아서 책을 이룸。

【偏性：편성】너그럽지 못하고 한 쪽으로 치우친 성질。〔杜甫〕ㅡㅡ合幽棲。

【偏小：편소】구석지고 작음。〔孔叢子〕先生不以備之ㅡㅡ。

【偏恃：편시】❶아버지가 죽고 어머니만 생존함。❷한 가지 일만 믿음。〔稽康·養生論〕。

【偏食：편식】어떤 음식만을 편벽되게 즐기거나 가려 먹음。

【偏信：편신】한 쪽만을 편벽하게 믿음。

【偏心：편심】한 쪽으로 치우친 마음。편벽된 마음。偏意。

【偏愛：편애】하나에 치우쳐 사랑함。한 사람만을 유달리 사랑함。

【偏隘：편애】성질이 편벽되고 좁음。

【偏譯：편역】먼 외국。〔後漢書·東夷傳〕眇眇ㅡㅡ。

【偏衣：편의】좌우의 빛깔이 다르고 그 절반이 公服 비슷한 옷。〔左傳·閔〕。

【偏倚：편의】❶기울어져 있음。❷《數》數値·位置·方向 등이 일정한 기준에서 빗나감。偏差。

【偏將：편장】副將。全軍 중의 일부 軍隊의 장수。〔唐書〕。

【偏在：편재】어느 한 곳에만 치우쳐 존재함。↔遍在。

【偏舟：편주】조각배。작은 배。扁舟。「片舟。

【偏重：편중】❶치우치게 한 편만을 중하게 봄。❷치우치게 소중히 여김。

【偏憎：편증】편벽하게 유달리 미워함。

【偏執：편집】편견을 고집하고 남의 말을 듣지 않음。偏狹。

【偏差：편차】❶＝偏倚。❷＝偏角。

【偏聽：편청】한편 말만 듣고 신용함。〔漢書〕ㅡㅡ生姦、獨任成亂。

【偏親：편친】홀로 된 어버이。

【偏親侍下：편친시하】편친을 모시고 있는 처지。

【偏土：편토】구석진 시골。偏國。

【偏跛：편파】절뚝발이。〔晉書〕足復ㅡㅡ。

【偏頗：편파】한 쪽으로 치우쳐서 불공평함。偏陂。偏私。

【偏廢：편폐】한 쪽만을 버림。한 쪽만이 못쓰게 됨。

【偏風：편풍】《醫》半身不隨。偏枯。

【偏亢：편항】가뭄이 오래 계속함。

【偏狹：편협】마음이 한쪽으로 치우치고 좁음。고집불통。偏執。

【偏惑：편혹】편벽되게 좋아하여 미혹됨。

◎不ㅡ。

【偐】(안) 諫 ガン、にせもの counterfeit
위조물안(僞物)。

【偒】(탕) 養 トウ、ながい long
헌걸찰탕(長貌)。〔蕩〕과 통함。

【偓】(악) 覺 アク、こだわる weigh on ㄨㄛ` wo⁴
小篆 書 草 ❶거리낄악(拘也)。〔康熙字典〕ㅡ促拘也。❷신선이름악(仙人,ㅡ佺)。

【偓佺：악전】神仙의 이름。陶唐氏 때、槐山에서 藥을 採集하고、松實을 즐겨 먹었으며、몸에 털이 나고 잘 날아 다녔다 함。〔史記·司馬相如傳〕ㅡㅡ之倫、暴於南榮。〔揚雄·甘泉賦〕雖方征僑與ㅡㅡ兮、猶彷彿其若夢。〔注〕良曰、征僑·ㅡㅡ、皆古仙人名。〔列仙傳〕ㅡㅡ、槐里採藥人

也、食松實、形體生毛四寸、能飛行捷步。
【偓促:악촉】 마음이 좁아서 악착스런 모양。齷齪。『玉篇』偓、ㅡㅡ、拘貌。『楚辭·注』ㅡㅡ、拘愚之貌。

【偕】
小篆 草書 ㊀(해) 佳 カイ、ともに together ㄐㄧㄝ chieh¹ (古音「개」) ㊁(혜) 齊 (古音「계」)
㊀❶함께할해、같이해(俱也)。『孟子』古之人與民ㅡ樂。❷굳셀해(强壯貌)。『詩經』ㅡㅡ士子、朝夕從事。㊁❶화할혜(適也)。『顔延之詩』物謝時既晏、年往志不ㅡ。❷같을혜(齊也)。『詩經』飮酒孔ㅡ。
【偕樂:해락】 여러 사람과 같이 즐거워하는 일。『孟子·梁惠王』古之人與民ㅡㅡ。
【偕來:해래】 같이 옴。
【偕老:해로】 부부가 일생을 함께 늙음。「偕老同穴。」
【偕往:해왕】 함께 감。
【偕偶:해우】 짝。배필。配偶。
【偕作:해작】 함께 일어섬。『詩經』修我矛戟、與子ㅡㅡ。
【偕偕:해해】 굳세고 씩씩한 모양。『詩·北山』ㅡㅡ士子。
【偕行:해행】 ❶같이 감。❷여럿이 잇달아서 감。『詩經』與子ㅡㅡ。

【偖】
(차)『撦』(手部 12畫)와 같음

【做】
草書 ㊀(자) 箇 ㊁(주) 【慣音】 サ、つくる make ㄗㄨㄛˋ tsuo⁴
㊀지을주(造也)。㊁뜻은 ㊀과 같음。(『作』의 俗字)
【做去:주거】 실행해 나감。
【做工:주공】 공부나 일을 힘써 함。
【做恭:주공】 공손한 태도를 가짐。
【做官:주관】 官吏가 됨。『淸國行政法汎論』諺云、ㅡㅡ三年、可以養三代子孫也。
【做事:주사】 일을 함。사업을 경영함。
【做業:주업】 직업에 종사함。
【做作:주작】 없는 사실을 꾸며 만들음。
【做作浮言:주작부언】 터무니 없는 말을 지어 냄。「물。
【做錯:주착】 잘못을 알면서 저지른 허
【做出:주출】 =做作。

【偛】
(삽) 洽 ソウ、こびと dwarfish
❶키작을삽、작을삽(短倭貌)。
【偛㑿:삽치】 狡猾함。『方言·注』ㅡㅡ多智也。『疏證』注內ㅡㅡ、各本譌作恐愪、玉篇云、ㅡㅡ、鬼黠也、今據以訂正。

【停】
(정) 靑 テイ、とどまる stay; stop ㄊㄧㄥˊ t'ing²
小篆 草書 ❶머무를정(行中止)。『晋書』始無三日休ㅡ。❷정할정(定也)。『王弼 易 傳』上下不ㅡ。❸늦어질정(延滯)。『梁書』淹ㅡ不時施行者。❹더부룩할정(草木樸遬不長)。
【停刊:정간】 감독 관청의 명령으로 신문 등의 간행을 한때 중지함。
【停車:정거】 가던 차를 멈춤。『杜牧』ㅡ坐愛楓林晩。「람이 타고 내리는 곳。
【停車場:정거장】 차가 머물러 쉬고 사
【停工:정공】 일을 중지함。停役。
【停年:정년】 年齡制限에 따라 公職에서 당연히 물러나게 되는 나이。
【停年制:정년제】 《法》일정한 나이에 이르렀을 때 그 직책을 그만 두도록 정해진 제도。
【停頓:정돈】 한 곳에 있어서 움직이지 않음。침체하여 나아가지 않음。
【停僮:정동】 그늘져 어둑어둑한 모양。
【停留:정류】 수레 따위가 가다가 머무름。『禮記·疏』。
【停留場:정류장】 자동차·전차 따위가 정류하기 위하여 정한 곳。
【停馬:정마】 가는 말을 멈춰 세움。
【停務:정무】 사무를 쉼。
【停泊:정박】 ❶머무름。留宿함。停留。宿泊。❷배 같은 것이 항구에 머무름。碇泊。渟泊。『白居易』遇勝時ㅡㅡ。
【停船:정선】 배가 그 항행을 멈춤。
【停訟:정송】 송사를 중지함。「어 냄。
【停辛佇苦:정신저고】 어려움을 견디
【停業:정업】 生業을 정지함。
【停役:정역】 하던 일을 중지하고 쉼。
【停雲落月:정운낙월】 사모하는 뜻을 나타내는 말。『陶潛·停雲詩序』。
【停飮:정음】 《醫》만성 胃카타르의 한 증세。胃에 염증이 생기고 水分의 흡수 작용이 크게 줄어서 마신 물이 停滯함。
【停電:정전】 送電이 한 때 중지됨。
【停戰:정전】 전투 행위를 중지함。
【停止:정지】 일을 중도에서 그치거나 머무름。
【停止公權:정지공권】 《法》일정한 기간 동안 공권을 행사하지 못하는 附加刑。
【停止條件:정지조건】 《法》법률 행위의 효력 발생 또는 消滅을 중지하게 하는 조건。법률 행위의 附款。
【停職:정직】 관공리가 죄를 지었을 때 징계 처분하는 한 가지로、얼마 동안 그 맡은 바 직권의 行使를 금하는 일。
【停滯:정체】 머물러 있어 통하지 않음。사물이 그쳐서 쌓임。澁滯。遲滯。
【停矚:정촉】 머물러 서서 봄。
【停寢:정침】 하던 일을 중도에서 정지함。停廢。
【停退:정퇴】 기한을 뒤로 물림。
【停廢:정폐】 하던 일을 중도에 폐지함。停寢『北史』猶ㅡㅡ數年。
【停筆:정필】 글쓰기를 중지함。
【停學:정학】 학생의 어떤 잘못에 대한 처벌 방법의 하나로서、학교가 그의 등교를 얼마 동안 정지시키는 일。
【停會:정회】 ❶회의를 정지함。❷국회의 개회 중에 그 활동을 정지함。◎調ㅡ。

【偝】
(배)『背』(肉部 5畫)와 같음

【偞】
(엽) 葉 ヨウ、かるい ㄒㄧㄝˋ hsieh⁴
❶가벼울엽(輕也)。❷낮을엽(底也)。❸얼굴예쁠엽(容美貌)。

【偟】
(황) 陽 コウ、いとま spare time ㄏㄨㄤˊ huang²
草書 ❶어슷거릴황(徘徊)。❷겨를황(暇也)。『楊子法言』忠臣孝子ㅡ乎不ㅡ。(『偟·遑』과 통함)

【偠】
(요) 篠 ヨウ、しなやか slender loin ㄧㄠˇ yao³
草書 허리가늘요(細腰)。
【偠㒓:요마】 허리가 가느다란 모양。『集韻』。「都賦』ㅡㅡ便姸。
【偠紹:요소】 예쁜 모양。『文選·張衡·南

【健】
㊀(건) 願 ㊁(건) 銑 ケン、すこやか healthy ㄐㄧㄢˋ chien⁴
小篆 草書 ㊀❶굳셀건(强有力)。『易經』天行ㅡ、君子以自强不息。❷병없을건(無病)。㊁탐할건(貪也)。

【健脚:건각】 다리가 튼튼하여 걸음이 씩씩함。 또는 그 다리。 健步。 健足。
【健强:건강】 건강하고 굳셈。 튼튼함。 健剛。 『蘇軾』二老風流總——。
【健康:건강】 몸이 튼튼하고 병이 없음。
【健康診斷:건강진단】 《醫》몸의 건강 상태 및 그 정신적 육체적 능력을 진단함。
【健康體:건강체】 건강한 몸。
【健勁:건경】 힘 있고 씩씩함。
【健忘:건망】 사물을 잘 잊어버림。 잊기 쉬움。 善忘。 『白居易』老來多——、惟不忘相思。
【健忘症:건망증】 잘 잊어버리는 病症。
【健武:건무】 용감하고 굳셈。 毅武。 剛武。
【健婦:건부】 기력이 강한 여자。
【健爽:건상】 굳세고 원기가 왕성함。
【健羨:건선】 ❶ 탐욕이 심함。 『史記』去——絀聰明。 ❷깊이 부러워하고 사모함。 (지금은 편지에서 많이 씀)。
【健勝:건승】 좋은 건강 상태。 건강함。
【健食:건식】 음식을 많이 잘 먹음。
【健實:건실】 건전하고 착실함。
【健實性:건실성】 건실한 성질。
【健兒:건아】 혈기가 왕성한 남자。 용감한 청년。 壯士。
【健勇:건용】 튼튼하고 용맹함。 『宋史』招置士人——輕捷者。
【健胃劑:건위제】 《藥》소화액의 분비를 왕성하게 하고 위장의 운동을 돕는 藥。
【健在:건재】 아무 탈 없이 잘 있음。 『黃庭堅』身——尙加餐。
【健全:건전】 튼튼하고 착실함。
【健卒:건졸】 튼튼한 兵卒。
【健捷:건첩】 굳세고 제빠름。 『金史』。
【健鬪:건투】 용감하게 싸움。 잘 싸움。 健戰。 『後漢書』諸將非不——、然好虜掠。

【健筆:건필】 ❶힘 있게 글씨를 잘 씀。 또는 그 사람。 健毫。 ❷詩文을 잘 짓는 일。 『岑參』雄辭——皆若飛。
【健毫:건호】 =健筆。
◎康—、强—、剛—、保—、壯—。

【偢】 (초) 嘯 シュウ うれえる ㄑㄧㄡ ch'iu¹
❶근심할초(愁也)。 『篇海』—、與愀同。 ❷볼초(視也)。 ❸돌아볼초(省也)。

【㑄】 (편)(변) 『便』(人部7畫)과 같음

【偨】 (치) 紙 シ、そろわない uneven
草書 가지런하지 않을치、 오르락내리락할치(—傂)。
【偨池:치지】 가지런하지 않은 모양。 『司馬相如』。 偨傂。

【偫】 (치) 紙 チ、まつ wait for
小篆 ❶기다릴치(待也)。 ❷갖출지(具也)。

【偩】 (부) 有 フ、かたどる ㄈㄨˋ fu⁴ pattern
草書 형상할부(依象)。

【偪】 ㊀(벽) 職 ヒョク、せまる ㄅㄧ pi urgency ㊁(핍) 『慣音』
草書 ㊀❶핍박할벽(侵迫)。 『禮記』君子不偪上、不—下。 ❷행전벽、 각반벽(行縢)。 『禮記』—屨著綦。 ㊁뜻은 ㊀과 같음。
【偪介:핍개】 가까이에 介在하여 外物을 멀리 함。 『左氏·昭·十二』——之關、暴征其私。 『注』介、隔也、迫近國都之關。

【偪匱:핍궤】 매우 곤궁함。 窮乏함。 『周禮·注』事有常次、則不——。 『疏』民不爲偪迫、又不匱乏。
【偪處:핍처】 가까이 있음。 『左傳』實——。
【偪側:핍측】 서로 다가옴。 偪仄。 『司馬相如』。
【偪狹:핍협】 한 편으로 치우쳐서 좁음。 『晉書』田地——。
【偪下:핍하】 윗 사람이 아래 사람의 흉내를 냄。 『禮記』上不——。

【偬】 (총) 『傯』(人部11畫)과 같음

【偭】 (면) 霰 メン、むかう ㄇㄧㄢˇ mien³ face towards
小篆 草書 ❶향할면(向也)。 ❷등질면(背也)。

【偯】 (의) 尾 イ、なげくこえ ㄧˇ i³ cry
草書 울음끝소리의(哭餘聲)。 『禮·閒傳』大功之哭、三曲而偯。

【偰】 (설) 屑 セツ、きよい ㄒㄧㄝˊ hsieh²
小篆 ❶맑을설(淨也)。 성설(姓也)。

【偲】 ㊀(시) 支 シ、サイ、しのぶ ㄙ ssu¹ blame ㊁(시) 灰
小篆 小篆 草書 ㊀❶간절히책망할시(切責)。 『論語 子路』朋友切切——。 ❷살피고힘쓸시(詳勉)。 ㊁❶굳셀시(彊力)。 ❷수염이 많은 모양시(多鬚貌)。 ❸재주많을시(多才)。
【偲偲:시시】 서로 권면하며 격려하는 모양。 『論語·子路』朋友切切——。

【側】 (측) 職 ソク、そば ㄓㄞ chai¹ side
小篆 ❶곁측(傍也)。 『史記 孔子世家』費人攻之弗克入及公—。 ❷기울어진쪽측。 『書經 洪範』無反無—。 ❸기울을측(傾也)。 『字彙』—傾也、不正也、偏臥也。 ❹저물측(日暮)。 『儀禮 旣夕』日—。 ❺배반할측(反也)。 『後漢書 光武紀』使反—子自安。 ❻미천할측(微賤)。 『書經 堯典』明明揚—陋。 ❼가까울측(近也)。 ❽홀로측(獨也)。 『儀禮 士冠禮』—尊。 ❾아플측(痛也)。 『楚辭 九歌』隱思君兮陫—。 ❿절실하게 느끼는 모양측(痛感貌)。 『韓偓詩』——輕寒翦翦風。 ⓫소문측(仄也)。 (『仄』과 같고 『特』과 통함)
【側徑:측경】 옆 길。 좁은 언덕길。 『岑參』——轉靑壁。
【側傾:측경】 기울어짐。
【側近:측근】 ❶곁의 가까운 곳。 附近。 『舊唐書』——三十戶。 ❷항상 가까이 있어 친한 사람。
【側近者:측근자】 가까이 곁에 있는 사람。 곁에서 가까이 모시는 사람。
【側闥:측달】 옆 쪽에 있는 작은 문。 『後漢書』自——入伏省中。
【側麗:측려】 날씬하고 아름다움。 側艶。 『南史』辭甚——。
【側陋:측루】 ❶지체가 낮음。 또는 그 사람。 側微。 微賤。 『書經』明明揚——。 ❷편벽되어 마음이 좁음。
【側面:측면】 ❶물체의 상하·전후 이외의 좌우의 표면。 옆。 ❷角柱 또는 角錐의 底面 이외의 面。

【側面攻擊:측면공격】 적의 측면을 치는 공격。↔正面攻擊。

【側面描寫:측면묘사】 정면을 떠나서 측면에서 관찰하여 묘사함。

【側目:측목】 ❶눈을 바로 하여 보지 못함。㉠ 무섭거나 너무 슬퍼서 눈을 내리감음。『史記·蘇秦傳』——不敢仰視。㉡憎惡하거나 嫉妬하여 흘겨 봄。❷옆에서 봄。곁눈질하여 봄。

【側目重足:측목중족】 무섭고 두려워서 행동하기 어려움。

【側門:측문】 측면으로 낸 문。

【側聞:측문】 옆에서 얻어 들음。

【側媚:측미】 사특한 짓으로써 아첨함。『唐書』便敏——、得幸於德宗。

【側傍:측방】 곁。가。근처。

【側防:측방】 堡壘나 진지에서 정면으로 내습하는 적을 측면에서 사격할 수 있도록 병력과 병기를 배치하는 일。

【側栢:측백】 《植》측백나무。常綠灌木의 한 가지。

【側柏葉:측백엽】 《醫》측백나무의 잎。보혈제·지혈제·收斂劑로 씀。

【側栢子:측백자】 《醫》측백나무의 열매의 알。자양·강장제로 씀。

【側僻:측벽】 ❶편벽되고 천함。『陸龜蒙』鄙委——。❷정직하지 못함。

【側席:측석】 감히 바로 앉지 못함。㉠근심이 있는 사람이 마음이 불안하여 옆으로 앉음。『說苑』文公爲之——而坐。㉡어진 이를 존대하기 위하여 上席을 비워놓고 옆 자리에 앉음。옆 자리。

【側線:측선】 ❶옆에 있는 선。또는 線路。철도의 선로 및 정거장에서 복선、지선을 제한 선로。❷魚類 및 水棲、兩棲類의 몸 양 옆에 보이는 나란히 뻗은 여러 줄의 감각 기관。

【側視:측시】 옆을 봄。곁눈질함。傍視。

『莊子』危行——。

【側室:측실】 ❶妾。『漢書』朕高皇帝——之子也。❷正妻의 아들이 아닌 次男 이하의 남자。『左傳』趙有——日穿。❸옆방。

【側言:측언】 편벽된 의논。치우친 말。僻論。『書經』罔以——改其度。

【側臥:측와】 ❶몸을 옆으로 하여 누움。❷옆에 붙어서 잠。

【側耳:측이】 귀를 기울여서 자세히 들음。주의해서 들음。

【側注:측주】 ❶옆으로 물을 냄。옆으로 쏟음。❷冠의 이름。일명 高山冠。『史記·朱建傳』生謁高祖、其冠——。❸本文 옆에 써 넣는 해석。傍註。

【側跌:측질】 넘어짐。『易林』蛭蹉——。

【側聽:측청】 ❶귀를 기울이고 들음。엿들음。❷옆에서 들음。

【側出:측출】 =庶出。

【側板:측판】 옆널。

【側行:측행】 옆으로 걸음。게 걸음 침。옆에 붙어 감。

◎反—、兩—、右—、左—。

【偵】 (정) 庚

テイ、うかがう
detective
ㄓㄣ chen¹

小篆 草書 ❶정탐군정(斥侯)。『後漢書任延傳』罷—候戍卒。❷엿볼정(探伺也)。❸정탐할정。『後漢書 淸河孝王傳』使御史—伺得失。❹물을정(問也)。

【偵邏:정라】 둘러 보면서 정세를 살핌。또는 그 사람。『後漢書』爲郡縣——耳目。

【偵査:정사】 《法》범죄 사실을 정찰 조사하고 증거를 수집하여 기소 여부를 단정하는 일。

【偵察:정찰】 ❶적의 형편을 몰래 살핌。「❷더듬어서 알아냄。

【偵察機:정찰기】 적정을 정찰하는 임무를 띤 군용 비행기。

【偵察隊:정찰대】 적군의 情勢를 정찰하기 위하여 보내는 부대。

【偵諜:정첩】 몰래 적의 형편을 살피는 사람。斥候。偵候。『沈約』——不敢東窺。

【偵探:정탐】 비밀 사항과 범죄 증거를 몰래 조사하는 일。맡은 임무에 따라 國際·軍事·法警偵探의 구별이 있음。

【偵探客:정탐객】 偵探하는 사람。

【偵候:정후】 정탐하여 찾아냄。또는 그 일을 하는 사람。偵諜。斥候。『後漢書』止——戍卒。

【偶】 (우) 有

グウ、つい、たまたま
even; coincide
ㄡˇ ou³

小篆 草書 ❶짝셈우(雙數)。『禮記郊特牲』鼎俎奇而籩豆—。❷짝지울우(匹也)。❸무리우(類輩、同類)。『漢書 黥布傳』率 其曹—亡之江中。❹허수아비우(俑也)。『史記 孟嘗君傳』木—人謂—人士。❺만날우(遇也)。❻뜻밖에우(偶然)。❼마침우(適也)。『列子楊朱』鄧析謂子產曰、鄭國之治—耳、非子之功。

【偶感:우감】 문득 느낌。또는 그 感想。

【偶對:우대】 ❶마주 앉음。❷對句。排偶。『顏氏家訓·文章』章句——。❸우연히 서로 對함。우연히 同坐함。

【偶力:우력】 똑 같은 크기로 서로 반대 방향에 평행으로 작용하는 두 힘。

【偶發:우발】 뜻밖에 일어남。갑자기 일어남。일이 우연히 일어남。

【偶像:우상】 ❶木石 또는 쇠붙이 따위로 만든 神佛이나 사람의 像。❷迷信 등의 대상이 되는 神。❸하나님에 대하여 人爲的으로 만들어 낸、神의 형상이나 개념。

【偶像崇拜:우상숭배】 우상 또는 靈物·呪物을 종교적인 대상으로 섬기는 일。

【偶像化:우상화】 우상으로 취급함。우상이 되게 함。

【偶成:우성】 ❶뜻밖에 됨。갑자기 됨。❷우연히 이루어진 작품。偶作。

【偶性:우성】 ❶독립할 수 없는 성질。❷《哲》本質的이 아닌 우연히 생긴 性狀。

【偶數:우수】 짝수。↔奇數。

【偶然:우연】 뜻하지 않은 일。뜻밖에 마침。無心히。『列子』范氏之黨、以爲——。

【偶然變異說:우연 변이설】 《生》알 수 없는 원인으로써 生殖細胞에 변화가 생기어 遺傳質의 변화로 새로운 성질이 유전하는 現象。

【偶然性:우연성】 사물에 우연히 갖춰진 성질。사물의 우연한 성질。

【偶有性:우유성】 《哲》어떤 사물을 생각할 때 그것이 없어도 지장이 없는 성질。必然的 原因 없이 일어나는 성질。

【偶吟:우음】 얼핏 떠오르는 생각을 詩歌로 읊음。우연히 된 詩歌。偶詠。偶咏。

【偶爾得中:우이득중】 어떤 일이 우연히 맞음。偶中。

【偶人:우인】 허수아비。人形。偶像。傀儡。『史記』爲——謂之天神。

【偶日:우일】 짝수의 날。↔奇日。

【偶坐:우좌】 마주 대하여 앉음。對坐。『禮記』——不辭。

【偶中:우중】 우연히 的中함。우연히 들어 맞음。偶合。

【偶合:우합】 뜻밖에 만남。뜻밖에 일치함。『史記』士亦有——。

◎對—、木—、配—、喪—。

【偸】 (투) 尤

トウ、ぬすむ
steal
ㄊㄡ t'ou¹

草書 篆 ❶훔칠투(盜也)。『李商隱雜纂』必不來】客作—物去。❷엷을투(薄也)。❸구차할투(苟且)。

❹인정이 경박할투 『論語 泰伯』故舊不遺、民則不－。❺도적투(盜賊)。

【偸鷄摸狗：투계모구】《喩》손버릇이 나쁜 것。살금살금 나쁜 짓만 함。

【偸卷度紙：투권도지】책을 여기 저기 가려 내어 읽음。『南史』。

【偸儒：투나】❶우선 편안한 것만 생각하고 나약함。『荀子』－－轉脫。❷게을러서 당장 급한 것만 막아 나감。

【偸桃：투도】《故》漢의 東方朔이 천국에 있는 不老長生의 복숭아를 훔쳐 먹고 仙人이 되었다 함。『漢武故事』。

【偸盜：투도】❶남의 물건을 몰래 훔침。도둑。❷《佛》五戒의 하나。도둑질。

【偸盜戒：투도계】《佛》도둑질하지 말라는 말로、五戒의 하나。

【偸慢：투만】게으르고 주제넘음。소홀히 함。『說苑』－－懈怠多暇日之故也。

【偸賣：투매】＝盜賣。

【偸免：투면】틈을 타서 빈둥거리기만 함。게을러서 빠지기만 함。苟免。『唐書』依阿－－。

【偸眠：투면】틈을 타서 잠을 잠。

【偸薄：투박】야박함。인정이 없음。

【偸生：투생】목숨을 아낌。苟活。偸活。

【偸食：투식】공금이나 公穀을 도둑질함。

【偸心：투심】도둑질하려는 검은 마음。

【偸兒：투아】도둑。좀도둑。盜兒。

【偸安：투안】눈 앞의 안락을 탐냄。한때의 안일을 즐김。

【偸眼：투안】남의 눈을 피하여 몰래 봄。

【偸諛：투유】구차하게 아첨함。

【偸斫：투작】＝盜伐。

【偸長：투장】절도의 우두머리。『漢書』－－曰、今一旦召詣府。

【偸葬：투장】＝暗葬。

【偸竊：투절】＝偸盜。

【偸情：투정】부부가 아닌 남녀가 몰래 정을 통함。密通。

【偸處：투처】빈둥거리고 게으름。『管子』民－－、而不得積聚。

【偸春體：투춘체】律詩體의 하나。起聯 곧 三·四句는 對句로 하고 次聯 곧 五·六句는 對句로 하지 않음。

【偸取：투취】＝竊取。

【偸鍼：투침】다래끼。

【偸婆：투파】《梵》Stūpa의 音譯。塔。塔婆。卒都婆。『法花珠林』。

【偸香：투향】《故》晉代 賈充의 딸 午가 韓壽와 몰래 정을 통하고 아버지의 香을 훔쳐서 韓壽에게 주었는데 나중에 賈充이 이것을 알고 결혼시켰다 함。《轉》남녀가 몰래 정을 통함。

【偸穴：투혈】壁에 구멍을 뚫고 도둑질을 함。또는 그 사람。좀도둑。狗盜。鼠賊。『漢書』大者群盜、小者－－。

【偽】602 (위)『僞』(人部12畫)의 略字

十畫

【傀】㊀(괴) 賄 ㊁(괴) 灰 クワイ、あやにんぎょう ㄎㄨㄟˇ k'uei³ puppet

小篆 草書

㊀❶엄전할괴(大貌)。『荀子 性惡』－然獨立天地之間而不畏。❷클괴(偉也)。❸괴이할괴(怪異)。『周禮 天官大司樂』大－異烖去樂。㊁망석중탈괴(－儡木偶)。『列子』周穆王時、巧人有偃師者、爲木人能歌舞、此－儡之始也。

【傀奇：괴기】크고 奇異함。偉異。

【傀儡：괴뢰】❶허수아비。꼭두각시。망석중이。『王國維·宋元戲曲考』。❷마음에 一定한 主見이 없이 남의 앞잡이가 되어 이용당하는 사람。

【傀儡師：괴뢰사】꼭두각시를 놀리는 사람。

【傀儡子：괴뢰자】＝傀儡師。

【傀儡政府：괴뢰정부】남의 나라의 指令을 받고 아무런 실권이 없이 인형적 구실을 하는 정부。허수아비 정부。

【傀俄：괴아】큰 산이 무너지는 모양。『世說』其醉也－－、若玉山之將頹。

【傀然：괴연】巨大한 모양。獨立不依하는 모양。『荀子·性惡』－－獨立天地之間、而不畏。

【傃】(소) 遇 ソ、むかう ㄙㄨˋ su⁴ come near

草書

❶향할소(向也)。❷떳떳할소(常也)。

【傅】㊀(부) 遇 ㊁(부) 虞 フ、たすける ㄈㄨˋ aid

草書

㊀❶스승부(師也、輔佐)。『十八史略 春秋戰國秦』刑其－公子虔。❷이를부(至也)。『詩經 大雅卷阿』鳳凰于飛、翽翽其羽、亦－于天。❸붙을부(麗著)。『左傳 僖公十四年』皮之不存、毛將安－。❹가까울부(近也)。❺가깝게할부(近也)。『周禮 冬官考工記』－人則密。❻수표부(手書)。(『付·附』와 같음) ㊁베풀부(敷也)。『漢書 文帝紀』－納以言。(『敷』와 같음)

【傅近：부근】가까이 감。『仲長統·昌言』宣堅－－臥房之內、交錯婦人之間。

【傅納：부납】臣下로 하여금 言論을 펴게 하여 이것을 받아들임。敷納。『漢書·文帝紀』。

【傅母：부모】乳母。保母。保姆。『公羊傳』不見－－不下堂。

【傅別：부별】옛날 中國에서 貸借 관계를 문서로 기록한 證書。『周禮·小宰』。

【傅婢：부비】여종。侍婢。侍女。『漢書』爲－－所毒。

【傅相：부상】돌보아 주는 사람。옆에 가까이 있어 시중드는 사람。『漢書』置－－、方握其事。

【傅生之論：부생지론】사형에 처할 죄에 疑義가 있을 때에 減刑하기를 주장하는 변론。

【傅御：부어】임금을 가까이서 모시는 臣下。임금을 輔佐하는 사람。冢宰。『詩·崧高』王命－－、遷其私人。

【傅說：부열】❶별 이름。後宮에서 아들을 求할 때 이에 제사함。『星經·尾宿』。❷《人》殷의 高宗의 賢相。

【傅子：부자】《書》一권。晉의 傅玄 지음。國家經綸의 要諦와 儒敎의 闡啓에 대하여 精論하였음。처음 一二〇권、후에 많이 散佚되어 현존하는 것은 한 권。隆帝 때에 重輯、百子全書에 收錄함。

【傅佐：부좌】남의 도움이 됨。또는 남을 도와 주는 사람。『左傳』。

【傅著：부착】❶붙음。붙임。❷《人》明의 學者。字는 則明、號는 味梅齋、長川 사람。元史를 編修하고 常熟敎諭·潞州知事가 됨。〈著書〉味梅齋集。『明史·二八五』。

【傅玄：부현】《人》二一七~二七八 晉代의 學者。字는 休奕。作文에 能하고 音律에 밝았음。武帝 때 司隸校尉。〈著書〉傅子數十萬言·樂府歌章。『晉書·四七』。

【傅會：부회】❶억지로 갖다 붙임。附會。❷文章의 首尾를 完成함。『史記』雖不好學、亦善－－。『後漢書』作二京賦、精思－－、十年乃成。❸연결하여 합침。『列子·湯問』－－革木膠漆。

【傋】㊀(강) 講 ㊁(구) 宥 コウ、おろか ㄍㄡˋ kou⁴ fool

草書

㊀아첨아니할강(不媚－傋)。㊁지각없을구(無知)。

【傌】(마) 禡 バ、ののしる ㄇㄚˋ ma⁴
욕할마(辱也)。(『罵』의 本字)

【傍】㈠(방) 漾 ホウ、ボウ、かたわら
㈡(방) 陽 side
㈢(팽) 庚 ㄆㄤˊ pang²·⁴
小篆 草書 ㈠❶의지할방(倚也)。❷가까이할방(近也)。『李白詩』雲ー馬頭生。 ㈡❶곁방(竝通側也)。❷좌우에시종할방(侍也)。『賈子保傅』成王之生、仁者養之、孝者强之、四聖ー之。 ㈢마지못할팽(不得已、ーー)。

【傍系:방계】 枝葉의 血統。直系에서 나뉜 系統。兄弟·伯父·叔父·伯母·姪 따위。支系。旁系。
【傍系親族:방계친족】 방계로 된 친족。
【傍觀:방관】 옆에서 봄。그 일에 관계하지 않고 推移를 보고만 있는 일。『韓愈』巧匠ーー。
【傍傍:방방】 그만 두거나 避할 수 없는 모양。『詩經·北山』。
【傍孫:방손】 방계혈족의 자손。
【傍室:방실】 ❶옆에 부속으로 설치한 방。❷화장실。
【傍心:방심】 《數》三角形의 傍接圓의 중심。
【傍若無人:방약무인】 여러 사람 앞에서도 거리낌 없이 마음대로 言行함。
【傍午:방오】 ❶端午 명절에 가까운 때。❷交錯함。
【傍人:방인】 곁의 사람。옆의 사람。『左傳·疏』延及ーー。
【傍點:방점】 ❶《國》특히 주의를 요하는 글자 곁이나 위에 찍는 점。❷《中》四聲點。❸正午에 가까운 때。
【傍助:방조】 옆에서 도와 줌。
【傍照:방조】 적용할 만한 법문이 없을 때、그와 비슷한 다른 법문을 參照함。
【傍妻:방처】 妾。側室。『漢書』多娶ーー。
【傍聽:방청】 會議·演說·公判 같은 것을 當事者 아닌 사람이 듣는 일。
【傍聽客:방청객】 방청하는 사람。
【傍聽券:방청권】 방청을 허락하는 표。
【傍聽席:방청석】 방청하는 사람들이 앉는 자리。
【傍徨:방황】 일정한 목적·방향이 없이 어정버정 돌아다님。仿偟。彷徨。徘徊。『史記』ーー不能去。

【㑵】(질) 質 シツ、ねたむ jealous
小篆 ❶천할질(賤也)。❷시기할질、샘낼질(嫉也)。(『嫉』과 通함)

【傎】(전) 先 テン、さかさま ㄉㄧㄢ tien¹
엎드러질전(倒也)。(『顚』과 같음)

【傩】(태) 隊 タイ、かたち form
小篆 모양태(態也)。『正字通』ー、同態。

【傑】(걸) 屑 ケツ、すぐれる outstanding ㄐㄧㄝ chieh²
小篆 草書 ❶준걸걸、호걸걸(俊也)。『漢書』子房·蕭何·韓信三者皆人ー也。❷뛰어날걸(ー出)。❸빼어날걸(秀也)。『王昌齡詩』ー出天漢上。❹떡잎걸(苗也)。『後漢書 徐穉傳』自江南卑薄之域角立ー出。❺거만할걸(傲也)。
【傑閣:걸각】 크고 높은 樓閣。傑觀。『韓愈』隆樓ーー磊嵬高。
【傑口:걸구】 뛰어나게 잘 지은 글귀。
【傑句:걸구】 썩 잘 지은 글귀。뛰어나게 잘 지은 詩句。『蘇軾』我詩無ーー。
【傑氣:걸기】 뛰어난 기상。
【傑起:걸기】 뛰어나게 일어남。『三國志·贊昭烈帝』順起挺生、ーー龍驤。
【傑立:걸립】 뛰어나게 높이 솟음。『陸游·詩』三峯ーー揷雲間。
【傑物:걸물】 ❶걸출한 인물을 좀 가볍게 일컫는 말。❷뛰어난 물건。
【傑然:걸연】 傑出한 모양。『蘇舜欽』ー鎭西南。
【傑作:걸작】 뛰어나게 좋은 作品。名作。『陸游』太古實ーー。
【傑跡:걸적】 傑出한 事跡。
【傑出:걸출】 썩 뛰어남。또 그러한 사람。『王昌齡』ーー天漢上。
【傑黠:걸할】 간사한 꾀가 있음。桀黠。
【傑行:걸행】 남보다 뛰어난 행위。
◎女ー、英ー、俊ー、豪ー。

【倥】(공) 冬 コウ、ののしる abuse
❶작고못생길공(形小醜惡ー㧬)。❷꾸짖을공(罵也)。

【傒】(혜) 齊 ケイ、まつ wait for ㄒㄧ hsi¹
草書 ❶이름혜(人名、齊高ー)。❷기다릴혜(待也)。❸가둘혜(㝵也)。(『徯』와 같음)
【傒囊:혜낭】 도깨비。『搜神記』兩山之間、其精如小兒曰名ーー。「ーー不正。
【傒音:혜음】 사투리。『南史·胡諧之傳』

【傓】(선) 霰 セン、さかん prosperous
小篆 매우성할선(熾盛)。『詩經』豔妻ー方處。

【傔】(겸) 豔 ケン、おそばづき servant ㄑㄧㄢˋ ch'ien⁴
小篆 草書 겸종겸(使屬、ー從)。
【傔人:겸인】 《制》지방 관청에 딸린 小吏。承差。청지기。
【傔從:겸종】 하인。시중드는 사람。『唐書』奏ーー三十人。
【傔卒:겸졸】 호위병。시중드는 군졸。『唐書』。

【傕】(각) 覺 カク ㄐㄩㄝ chüeh²
草書 이름각(人名、李ー)。

【傖】(창) 庚 ソウ、いやしい humble ㄘㄤ ts'ang¹
草書 ❶놈창(賤稱)。『韓愈詩』無端逐饑ー。❷시골뜨기창(鄙人)。『南史 王彦德傳』彦德獨受老ー之目。
【傖囊:창낭】 紊亂하게 떠들어 댐。事物의 混雜한 모양。搶攘。『莊子』。
【傖儜:창녕】 소리가 귀에 익지 않은 모양。『唐書·劉禹錫傳』。
【傖重:창중】 거칠고 어리석음。
【傖荒:창황】 비루하고 떨떠름함。또는 그런 사람。곧 北方 사람。『歌陽修·謝國學解元啓』。

【傘】(산) 旱 サン、かさ umbrella ㄙㄢ san³
草書 우산산、양산산(蓋也)。
【傘緣:산연】 腔腸動物의 삿갓같이 생긴 몸의 가장자리。
【傘下:산하】 어떤 人物이나 團體를 중심으로 하여 同志的으로 결합된 세력의 그늘。보호를 받는 어떤 세력의 그늘。
◎落下ー、陽ー、雨ー、日ー。

【備】(비) 寘 ヒ、そなえる possess;assort ㄅㄟ pei

小篆 古文 草書 ❶갖출비(具也)。【書經 周官】官不必ㅣ惟其人。❷이룰비(成也)。【中庸章句】其實體ㅣ於己而不可離。❸족할비(足也)。【易經 繫辭】易之爲書也、廣大悉ㅣ。❹방비할비(防也)。❺마음을 쓸비(用意)。【書經 說命】惟事事乃其有ㅣ。❻긴 병장기비(長兵)。【左傳昭公二十一年】齊致死莫如去ㅣ。❼다 할비(盡也)。【禮記 月令】農事ㅣ收。❽더할비(加也)。【漢書 魏相傳】臣相幸得ㅣ位。

【備家:비가】재산이 넉넉한 집。【荀子·禮論】

【備擧:비거】하나 빠짐 없이 완전하게 갖춤。【詩經】簫管ㅣㅣ。

【備警:비경】警戒하여 對備함。【吳志】傳檄ㅣㅣ。

【備考:비고】❶參考하기 위하여 갖춤。또는 그 내용。❷添加하여 本文의 부족을 설명、또는 보충으로 삼는 글。

【備具:비구】갖춤。갖추어 놓음。【史記】百官ㅣㅣ。

【備急:비급】급할 때를 위한 준비。

【備禮:비례】예의를 갖춤。

【備忘:비망】잊었을 때를 위한 마련。

【備忘錄:비망록】잊어버리지 않기 위하여 기록하는 책。메모。

【備味:비미】갖이 잘 具備된 음식。美味。【荀子】口食ㅣㅣ。

【備邊司:비변사】《制》李朝 때 軍의 事務를 맡아서 處理하던 관청。中宗 때에 設置。처음에는 邊方事變 處理의 臨時機關이었으나 明宗 一○년의 乙卯倭變 이후 常置衙門이 됨。壬辰倭亂 이후로는 정치의 中樞機關으로 變貌하여 議政府를 대신하는 最高衙門이 됨。正祖 때에 奎章閣에게 그 機能을 빼앗겼다가 高宗 때에 議政府에 合침。備局。籌事。

【備嘗艱苦:비상간고】《制》온갖 고생을 고루고루 맛봄。

【備悉:비실】❶충분히 준비함。備具。具備。完備。【魏志】王按古喩義ㅣㅣ矣。❷잘 알음。자세한 것을 잘 알음。

【備禦:비어】敵을 막기 위하여 대비함。미리 준비하여 막음。備禦。防備。備擬。「後庭。【梁書】修城隍、爲ㅣㅣ。

【備列:비열】나란히 섬。【後漢書】ㅣㅣ

【備員:비원】❶사람 축에 끼임。員數에 들음。【史記·平原君傳】❷정한 인원 수가 다 갖추어짐。

【備擬:비의】❶대비함。備禦。【舊唐書·王晙傳】多屯士卒、廣爲ㅣㅣ。❷《制》官員을 任命할 때 吏·兵曹에서、세 사람의 후보자를 추천하던 일。擬望。

【備藏:비장】갖추어서 간직함。

【備種:비종】온갖 물건을 가지가지·다 갖춤。

【備盡:비진】마음과 힘을 다함。

【備置:비치】갖추어 마련해 둠。

【備品:비품】備置하는 물품。↔消耗品。

【備荒:비황】凶年·變災에 대한 준비。만일의 준비。

【備荒植物:비황식물】흉년에 對備하는 植物로서、먹어서 無害한 植物。

【備荒貯蓄:비황저축】어려운 고비에 쓰기 위하여 미리 마련해 두는 저축。

◎兼ㅣ、警ㅣ、具ㅣ、軍ㅣ、對ㅣ、武ㅣ、未ㅣ、防ㅣ、兵ㅣ、不ㅣ、常ㅣ、設ㅣ、守ㅣ、豫ㅣ、完ㅣ、裝ㅣ、戰ㅣ、整ㅣ、準ㅣ、後ㅣ。

【傚】(효) 效 コウ、ならう imitate ㄒㄧㄠ hsiao⁴

草書 ❶본받을효(法也)。【詩經 小雅十月 之交】我不敢ㅣ 我友自逸。❷닮을효(倣也)。❸배울효(學也)。(『效』와 통함)

【傛】(용) 冬 ヨウ、かがむ bow

小篆 草書 ❶혁혁할용(奕奕)。❷계집의 벼슬 이름용(女官卜華)。❸몸굽힐용(軀身)。

【傛傛:용용】❶疾病으로 편안하지 못한 모양。【正字通】傛、疾病不安曰ㅣㅣ。❷事物에 잘 익숙해진 모양。【集韻】傛、一曰、ㅣㅣ、便習意。

【傜】(요) 蕭 ヨウ、つかう set to work

❶부릴요、일요(役也)。「使役」。❷별 이름요(星名)。(『徭』와 같음)

【傜賦:요부】軍役。【韓非子·詭使】士卒逃事、伏匿附託有威之門、以避ㅣㅣ。

【傞】(사) 歌 サ、まい dancing ㄙㄨㄛ suo¹

小篆 草書 춤출사(醉舞貌)。

【傞傞:사사】취해서 춤추는 모양。춤추는 자세가 흐트러진 모양。度를 지나쳐 춤을 계속함。【說文】傞、醉舞貌、从人差聲。詩日、屢舞ㅣㅣ。【增韻】傞、ㅣㅣ、舞不正。【說苑·反質】屢舞ㅣㅣ、言失容也。

【傝】(탑) 合 タン、やすんじない uneasy ㄊㄚ t'a⁴

❶답답할탑、불안할탑(不自安貌)。❷나쁠탑(惡也)。❸어리석을탑、용렬할탑(愚劣)。

【傝儑:탑삽】나쁜 일。경솔한 모양。【玉篇】ㅣㅣ、惡也、一日、不謹貌。

【傝㒓:탑습】스스로 안정하지 못함。【廣韻】傝、ㅣㅣ、不自安。

【傝傉:탑용】어리석음。용렬함。【集韻】傝、不肖也、一日、ㅣㅣ、劣也。

【傢】(가) 麻 カ、すまい dwell ㄐㄧㄚ chia¹

草書 세간살이가(ㅣ伙)。

【傢什:가집】=傢伙①。

【傢伙:가화】❶日用의 家具。【杭俗遺風】不用ㅣㅣ。❷刑具。❸樂器。❹《中》놈。자식。(나쁘게 부르는 칭호)。

【舒】(서)→舌部6畫

十二畫

【催】(최) 灰 サイ、うながす pressing ㄘㄨㄟ ts'uei¹

小篆 草書 ❶재촉할최(促也)。【梁簡文帝 從軍行】將軍號令密、天下羽書ㅣ。❷핍박할최(迫也)。【梁簡文帝詩】洞門扉未啓 金壺漏已ㅣ。❸일어날최(起也)。【孟浩然詩】歲時歸思ㅣ。❹열최(主ㅣ)。

【催告:최고】❶독촉하는 뜻으로 내는 통지。❷《法》書面·使者·執達吏·配達證明郵便·公示 따위로 독촉의 뜻을 義務者에게 알리는 일。

【催歸:최귀】《動》소쩍새의 異稱。【韓愈·贈同遊詩】「ㅣㅣ運事。

【催督:최독】재촉하여 조사함。【蜀志】

【催淚:최루】눈물을 나오게 함。

【催涙劑:최루제】《物》눈의 粘膜을 자극하여 눈물을 흘리게 하는 毒개스의 한 가지。
【催涙彈:최루탄】최루 개스를 다져 넣은 탄환。권총탄이나 폭탄 등이 있음。
【催眠:최면】❶잠이 들게 함。❷정신에 아무 생각이 없게 하는 상태。
【催眠術:최면술】人爲的으로 催眠狀態下에 이끄는 술법。暗示나 명령으로 催眠者의 병이나 나쁜 버릇을 치료함。
【催眠藥:최면약】최면제。
【催眠療法:최면요법】《醫》환자를 최면 상태에 들게 하여 병을 고치는 일종의 정신 요법。
【催眠劑:최면제】수면 상태에 빠지게 하는 데 쓰는 약제。
【催拍樂:최박악】《制》나라 잔치 때에 아뢰던 풍류의 이름。
【催產:최산】해산할 妊婦에게 약을 써서 해산을 쉽고 빠르게 함。
【催產劑:최산제】《醫》기간이 차기 전에 해산하게 하는 데 쓰는 약제。
【催生:최생】❶出產을 재촉함。❷安產을 비는 禮物。催生禮。『吳自收·夢粱錄』。
【催租:최조】❶租稅의 督促。催科。❷小作料의 催促。
【催徵:최징】催促하여 徵集함。
【催青:최청】人工的인 온도를 加하여 蠶種을 孵化하는 일。
【催青法:최청법】누에 알을 알맞는 곳에 두어서 필요한 때에 충실한 누에가 나오게 하는 방법。
【催促:최촉】재촉하고 서두름。
【催促使令:최촉사령】《制》李朝 때 조세 체납자를 독촉하던 宣惠廳。戶曹 및 각 軍營의 사령의 하나。
【催花雨:최화우】꽃 피기를 재촉하는 비。봄비。

【傭】 ㊀(용) 冬 ヨウ、やとう ㄩㄥ yung¹
㊁(총) 冬 labour
小篆 草書 ㊀❶머슴용。품팔이군 용(雇役人)。『後漢書 夏馥傳』馥變姓爲治家ㅡ。❷지을용(作也)。『正名篇』色不及ㅡ可以養羽。❸삯용(賃金)。『李翱 江州 南湖隄銘』厚其錢ㅡ以餉饑人。㊁❶고를총(均也)。『詩經 小雅節南山』昊天不ㅡ。❷가지런할총(齊也)。
【傭客:용객】고용된 사람。傭人。傭徒。傭者。『韓非子』。
【傭耕:용경】남에게 고용되어 논밭을 갈음。『史記』常與人ㅡㅡ。
【傭工:용공】❶고용된 職工。❷남을 고용하여 일을 시킴。
【傭男:용남】더부살이하는 사내。傭夫。
【傭女:용녀】더부살이하는 여자。傭婦。
【傭徒:용도】=傭客。『荀子』ㅡㅡ鬻賣之道也。
【傭兵:용병】志願하여 俸給을 받고 兵役에 服務하는 일。또는 그런 사람。
【傭保:용보】保證人을 세우고 고용된 사람。庸保。『史記』荊軻死、高漸離變姓名爲ㅡㅡ。
【傭夫:용부】고용살이하는 남자。
【傭婦:용부】고용살이하는 부녀。
【傭聘:용빙】請하여 고용함。불러서 고용함。사람을 쓰려고 맞아들임。
【傭書:용서】❶고용되어 筆耕함。『後漢書』班超家貧常爲官ㅡㅡ。❷筆耕生。寫字生。
【傭船:용선】세를 내어 빌린 배。
【傭員:용원】❶관청에 임시로 채용된 사람。❷품팔이군。
【傭人:용인】雇傭人의 略語。
【傭者:용자】=傭客。『史記』ㅡㅡ笑曰、汝爲傭耕。
【傭販兒:용판아】雇傭人。『五代史』此汴宋ㅡㅡ。

【傮】 (조) 豪 ソウ、おわる finish
小篆 마칠조(終也)。『荀子』ㅡ然要時務民。

【傯】 (총) 董送 ソウ、せはし busy
❶바쁠총(不暇)。❷곤궁할총(困窮)。

【傰】 (붕) 蒸 ホウ、とも friend
❶성붕(姓也)。❷동무붕(朋也)。

【僬】 (자) 禡 ソウ、いそぐ quick steps
키크고덕없을자(儸健不德)。

【傲】 (오) 號 オウ、おごる ㄠ ao⁴ arrogance
小篆 草書 ❶업신여길오(慢也)。❷거만할오(倨也)。『禮記 曲禮』ㅡ不可長。❸놀오(遊也)。❹즐길오(樂也)。(慠와 같음)
【傲骨:오골】교만하여 남에게 屈하지 않는 氣骨。『袁宏道』ㅡㅡ終然遭白眼。
【傲氣:오기】❶오만스러운 기운。❷남에게 지기 싫어하는 마음。
【傲慢:오만】태도가 거만함。또는 그 태도。『南史』驕狠ㅡㅡ、禍之始也。
【傲物:오물】교만하여 남을 깔봄。
【傲不可長:오불가장】스스로 교만하여 남을 깔보는 일은 억제해야 함。『禮記·曲禮』ㅡㅡ欲不可縱。
【傲散:오산】거만하고 放縱함。傲縱。傲逸。『梅堯臣』ㅡㅡ喜端居。
【傲霜:오상】서리에도 굽히지 않음。곧 菊花의 형용。
【傲色:오색】오만한 기색。慠色。
【傲世:오세】교만하여 世人을 輕視함。
【傲視:오시】교만하여 남을 깔봄。
【傲岸:오안】거만한 태도로 뽐냄。잘난 체하여 남에게 屈하지 않음。『李白·詩』崔生何ㅡㅡ。
【傲狎:오압】교만하여 남을 업신여기는 일。거만하여 남을 넘봄。
【傲然:오연】거만하여 뽐내는 모양。
【傲睨:오예】❶尊大한 체하여 公正하지 못함。❷거드름 피우며 흘겨 봄。『杜甫』ㅡㅡ俯脫壁。
【傲遊:오유】재미있게 놀음。
【傲逸:오일】=傲散。
【傲縱:오종】=傲散。『晉書』ㅡㅡ過之。
【傲侈:오치】거만하고 사치함。侈傲。奢傲。『北史』ㅡㅡ禍之機。
【傲惰:오타】교만하고 게으름。惰傲。怠傲。

【傳】 ㊀(전) 先 テン、デン、つたう
㊁(전) 霰 ㄔㄨㄢ ch'uan²
㊂(전) 霰 hand over; transmit
小篆 草書 ㊀❶전할전(轉也)。『禮記曲禮』七十曰老而ㅡ。❷줄전(授也)。❸펼전(布也)。❹이을전(續也)。『陳書 徐伯陽傳』盛ㅡ於世。❺옮길전(移也)。『禮記 內則』父母舅姑之衣衾簟席枕几不ㅡ。㊁❶주막전。❷나그네의집전(旅舍)。『史記 酈食其傳』沛公至高陽ㅡ舍。❸역말전(驛遞)。『禮記 玉藻注』驛ㅡ車馬、所以供急遽之令。❹보람전、통부전(竹信)。㊂❶책전(書也)。『康熙字典』賢人之書曰ㅡ。❷경서의 설명전(經書之明)。『左傳序』發ㅡ之體有三。❸전할전(記錄)。

【傳家:전가】 ❶어버이가 子孫에게 물려줌。❷대대로 그 집에 전하여 내려 옴。

【傳家之寶:전가지보】 집에 대대로 전해 내려오는 보배로운 물건。

【傳簡錢:전간전】 편지를 부탁하여 보낼 때에 주는 삯전。

【傳喝:전갈】《國》❶임금이나 上典의 傳言을 받아 이어서 전달함。(흔히 남의 말을 간접으로 받아 길게 늘어 빼어 전하였음)。❷옛날 남을 訪問할 때나 男女間의 對話 때에 그 종을 불러 傳言하던 일。❸사람을 시켜서 남의 安否를 묻거나 말을 傳하는 일。

【傳戒:전계】《佛》戒律을 傳授함。戒律에는 五戒·八戒·十戒·具足戒·菩薩戒 등이 있음。

【傳告:전고】 어떤 사실을 전하여 일러바침。『詩經·箋』。

【傳教:전교】 ❶가르쳐 傳하는 일。❷佛道를 이어 받아 남을 가르치는 일。『皇甫冉』慧力堪——、禪功久伏魔。❸《制》임금의 명령。下教。

【傳國璽:전국새】 秦始皇 때 부터 後漢의 順帝때 까지 전하여 오던 皇帝의 옥새。唐代에 傳國寶로 改稱함。『漢書·元后傳』。

【傳奇:전기】 ❶雜錄體의 소설。❷空想夢幻의 小說。『后山詩話』——者、唐裴鉶所著小說也。❸中國元代의 雜劇。❹戲文。❺逸事奇談의 총칭。

【傳記:전기】 ❶사람의 一代의 事跡을 記錄한 것。❷賢人이 쓴 事實을 기록한 것。

【傳奇文學:전기문학】 공상적이며 奇異한 사건을 다룬 흥미 중심의 문학。

【傳記小說:전기소설】 實在한 개인의 생애의 사적을 기록한 소설。

【傳納:전납】 전달하여 납부함。

【傳單:전단】 宣傳의 趣旨를 記載한 삐라。선전 삐라。

【傳達:전달】 전하여 이르게 함。

【傳道:전도】 ❶先聖의 道를 널리 세상에 傳하여 가르침。❷예전부터 傳來하는 說。『周禮』誦四方之——。❸《宗》기독교의 教育를 전하여 신앙을 갖게 하는일。

【傳導:전도】 ❶ 전하여 인도함。❷《物》熱 또는 電氣가 物體의 一端에서 다른 곳으로 옮아 가는 현상。

【傳道婦人:전도부인】《宗》예수교에서 전도하는 임무를 맡은 여자。

【傳道師:전도사】《宗》예수교에서 전도하는 임무를 맡은 남자。

【傳燈寺:전등사】《宗》京畿道 江華島의 鼎足山城에 있음。高句麗 小獸林王 十二년(三八二) 阿道和尚이 開山하였다고도 하고 或은 高麗 高宗 원년(一二一四)에 傳燈大師가 세웠다고도 함。禪·教 兩宗의 本山。

【傳來:전래】 ❶전하여 내려옴。❷외국에서 부터 전하여 들어옴。「오는 물건。

【傳來之物:전래지물】 예전부터 전해 내려오는 물건。

【傳來之風:전래지풍】 예전부터 전하여 내려오는 풍속。

【傳令:전령】 ❶명령을 전달함。전달하는 명령。❷전하여 보내는 訓令 또는 告示。❸《軍》부대와 부대 사이에 명령을 전달하는 일。또는 그 병사。

【傳馬:전마】 遞傳하는 말。擺撥馬(파발마)。驛馬。『漢書』以補邊郡三輔——。

【傳摹:전모】 傳해 가며 베낌。傳寫。

【傳聞:전문】 전하여 들음。인편에 전하는 말을 들음。『公羊傳』所——異辭。「일。

【傳法:전법】《佛》교법을 전하여 주는

【傳烽:전봉】 信號의 烽火。

【傳舍:전사】 주막。여관。逆旅。『史記』沛公至高陽——。

【傳寫:전사】 ❶傳해 가며 베낌。『晉書』競相——、洛陽爲之紙貴。❷제각기 베낌。❸베낀 것을 다시 베낌。複寫。

【傳書:전서】 편지를 전함。

【傳書鳩:전서구】 비둘기의 歸巢性을 이용하여、교통이 불편한 지방의 통신에 이용하도록 훈련된 비둘기。

【傳說:전설】 ❶예전부터 傳來하는 이야기。또는 말。口碑。❷소문。風說。

【傳貰:전세】 일정한 돈을 주인에게 맡기고 어느 기간까지 집이나 물건을 빌어 쓰는 일。

【傳世:전세】 대대로 물려서 전해감。

【傳送:전송】 遞傳하여 보냄。차례차례로 傳하여 보냄。

【傳誦:전송】 ❶代代로 전하여 읽음。❷사람의 입에서 입으로 전하여 욈。『宋史』時人——以爲勸戒。

【傳受:전수】 차례차례로 전하여 받음。

【傳授:전수】 ❶ 전하여 줌。『中庸』孔門——心法。❷秘術을 傳하여 가르침。

【傳述:전술】 記術하여 전함。

【傳襲:전습】 전하여 오는 것을 물려 받음。전하여 내려오는 그대로 따라 함。

【傳習:전습】 스승의 가르침을 받아 배움。傳授하여 익힘。

【傳承:전승】 계통을 이어받음。

【傳乘:전승】 ❶다른 말·차·배·등에 바꾸어 탐。『左傳·莊·九』公——而歸。❷驛站에 備置하는 수레。『晉書·輿服志』。❸傳車에 탐。『左傳·莊·九』。

【傳尸:전시】《醫》폐병·신경 쇠약 따위의 총칭。癆瘵。

【傳食:전식】 ❶ 여기 저기 거처를 옮아 다니며 생활함。여기저기에 寄食함。『孟子·滕文公』以——諸侯。❷《國》아침 저녁으로 끼니 밥을 나름。傳餐。

【傳薪:전신】 땔나무로써 다 타도 불을 끄지 않고 전함。《喩》사람은 죽어도 정신은 常存함。師弟가 道를 서로 傳承함。『焦氏筆乘』。

【傳神寫照:전신사조】 사람의 像을 그려 그 정신을 傳하는 일。『晉書』答曰——、正在阿堵中。

【傳心:전심】 言語·文字 등에 依하지 않고、마음에서 마음으로 傳하여 자연히 解得하는 일。

【傳語:전어】 ❶ 남의 말을 전함。『白居易』——好在曲江頭。❷電話의 俗稱。

【傳言:전언】 ❶말이나 명령을 전함。❷傳說。傳語。

【傳染:전염】 ❶좋지 않은 風俗이 옮아서 물들음。『夏文彦·論書』筆墨超凡、——得宜。❷病이 남에게 옮음。感染。

【傳染病:전염병】《醫》병독이 남에게 전염하는 병。

【傳染性:전염성】 병독이 남에게 전염하는 성질。

【傳玩:전완】 대대로 전해 가며 愛玩함。

【傳位:전위】 왕위를 전하여 줌。

【傳諭:전유】《制》임금의 論旨를 정승이나 儒賢에게 전하여 권유함。

【傳疑:전의】 故事의 疑心스러운 點은 그대로 이를 傳함。『穀梁傳·桓·五』。

【傳人:전인】 世上에 傳할 만한 사람。『歐北詩話』。

【傳掌:전장】 前任者가 後任者에게 맡아 보던 事務와 所管物을 인계하여 맡기던 일。事務引繼。

【傳點:전점】 ❶ 雲板을 쳐서 執事를 소집하던 일。종을 쳐서 사람을 모음。『唐書·儀衛志』。❷시간。更點。

【傳注:전주】 서적의 註釋。詩經의 毛傳·書經의 孔傳·三禮(儀禮·周禮·禮記)의 鄭注 따위。

【傳旨:전지】《制》當[illegible]에 관한 王旨를 그 맡은 官員에게 전[illegible]하던 일。

【傳之子孫:전자자손】 대대로 자손에게 물리어 줌。

【傳之傳之:전지전지】 전하고 전함。

【傳餐:전찬】 =傳食。

【傳唱:전창】 傳하여 부름。 말하여 傳함。〖張祜孟〗——宮中十二春。

【傳遞:전체】 ❶차례로 傳하여 건넴。物品의 주고 받음。〖宋史·選擧志〗一切不許——。❷驛站에서 驛站으로 傳하여 보냄。

【傳置:전치】 驛馬를 두는 곳。驛站。驛遞。〖漢書〗餘皆以給——。

【傳統:전통】 ❶系統을 傳함。이어 받은 血統。❷在來의 風俗·習慣·道德 같은 것을 傳承하는 일。

【傳統主義:전통주의】 종교적 혹은 국민적인 전통을 固守하려는 주의。

【傳播:전파】 ❶傳하여 널리 퍼짐。〖宋史〗所爲詞章、往往——在人口。❷《物》波動이 그 媒質 가운데에 퍼져 가는 일。❸播種의 한 方法。한 알 또는 여러 알을 한 포기로 심는 것。

【傳布:전포】 널리 傳함。傳播。

【傳票:전표】 ❶會計事務上 金品의 出納 또는 去來 내용 등을 간단히 記載하여、책임을 분명히 하는 표。❷召喚狀。

【傴】(구) 麌 ウ、オ、かがむ ㄩ yü³ bend

小篆 草書 ❶구푸릴구(俯也)。〖左傳昭公七年〗一命而僂、再命而—、三命而俯。❷곱추구(傴背)。

〖淮南子齊俗訓〗—者使之塗。

【傴僂:구루】 ❶꾸부림。❷공경하고 삼가는 모양。〖韓愈〗升階——薦脯酒。❸곱사등이。꼽추。傴背。背僂。〖淮南子〗病——。❹허리가 앞으로 꼬부라진 형태。

【傴背:구배】 곱사등이。꼽추。痀瘻。背僂。〖舊唐書〗爲屙——

【債】(채) 卦 サイ、かり ㄓㄞ chai⁴ debt

小篆 草書 ❶빚채、빚질채(負財)。〖漢書 鼂錯傳〗賣田宅鬻子孫、以償—。❷빌릴채(貸也)。〖史記 孟嘗君傳〗收—於薛。

【債家:채가】 남에게 돈을 빌려준 사람。債主。〖束晳〗——至而相敦。

【債券:채권】 ❶借用證書。❷政府·公共團體 따위가 그 債務를 證明하기 위해 發行하는 有價證券。

【債權:채권】 《法》 재산권의 하나。어느 特定人에 對하여 어떤 行爲·給付를 청구할 수 있는 권리。↕債務。

【債權擔保:채권담보】 《法》債權에 대한 辨濟를 확실히 하기 위한 擔保。

【債權者:채권자】 《法》채권을 가진 사람。빚을 준 사람이 빌어다가 쓴 사람에게 어떤 給付를 청구할 수 있는 권리를 가진 사람。↓債務者。

【債權者代位權:채권자대위권】 =代位訴權。

【債鬼:채귀】 너무 졸라대는 빚장이를 「욕으로 부르는 말。

【債金:채금】 남한테서 빌어 쓴 돈。남에게 갚을 빚。借金。

【債給:채급】 남에게 빚으로 꾸어줌。

【債務:채무】 《法》特定한 사람에게 대하여 어떤 行爲、혹은 給付를 해야 할 義務。金錢을 借用한 사람이 그것을 갚아야 할 義務 같은 것。↕債權。

【債務履行:채무이행】 《法》 채무자가 자기의 채무를 이행하는 일。

【債帳:채장】 남에게 빌어 쓴 돈 머릿수를 적은 장부。

【債主:채주】 남에게 돈을 빌려 준 사람。債權者。〖後漢書〗——日至。

◎公—、國—、起—、卜—、負—、私—、社—、宿—、市—、酒—。

【傜】(요) 蕭 ヨウ、よろこぶ glad

小篆 ❶기쁠요(喜也)。❷비교할요(以彼比此)。

【傷】(상) 陽 ショウ、いたむ ㄕㄤ shang¹ be injured

小篆 草書 ❶아플상(痛也)。❷근심할상(憂思)。〖詩經 小雅鼓鐘〗憂心且—。❸상할 상(創損)。〖書經 說命〗若跣弗視地、厥足用—。❹해할상(戕害)。「中—」。〖呂覽 察微〗—之於昭公。

【傷枯:상고】 상처를 받아서 마름。〖後漢書〗城傍竹柏之葉、有——者。

【傷弓之鳥:상궁지조】 한번 矢傷을 입은 새。《喩》먼저 일에 질려서 항상 공포를 느끼고 있음。〖戰國策·楚策〗——聞弦音烈而高飛。

【傷悼:상도】 마음이 아플 정도로 몹시 슬퍼함。〖史記〗作離騷諸賦以自——。

【傷耗:상모】 消耗함。缺損함。〖漢書·公孫賀傳〗重馬——。

【傷目:상목】 ❶눈을 아프게 함。❷보고 슬픔을 느낌。〖王僧孺〗痛心——豈伊事。

【傷門:상문】 八門 가운데 흉한 문의 하나。(九宮의 三碧이 본 자리가 됨)。

【傷門方:상문방】 상문의 방위。不吉하다는 方位의 하나。

【傷瘢:상반】 傷處의 자리。傷痕。

【傷病兵:상병병】 다치거나 병든 軍人。

【傷憤:상분】 슬퍼하고 분해 함。슬퍼하고 괴로와 함。〖吳志〗紘——甚。

【傷貧:상빈】 집안이 가난함으로써 마음을 상함。가난에 쪼들려 마음이 상함。

【傷産:상산】 《醫》해산할 시기에 과로하여 아이를 낳을 때 모래집물이 일찍 터져 解産에 힘드는 일。

【傷生:상생】 ❶生命을 傷害함。〖新論·防慾〗。❷살아 있는 사람을 傷害함。〖中說·天地〗。

【傷損:상손】 상처를 내어 깨침。상처를 입어 깨침。〖杜甫〗大魚——皆垂頭。

【傷神:상신】 마음을 아프게 함。아픈 마음을 가짐。傷心。

【傷心:상심】 마음을 상함。걱정을 함。

【傷恩:상은】 받은 恩情을 상하게 함。

【傷痍:상이】 傷處를 입음。또는 그 傷處。創痍。傷創。〖史記〗——者未瘳。

【傷痍軍人:상이군인】 ❶전장에 나가 싸우다가 상처를 입은 군인。❷군사적 공무를 치르다가 몸을 다친 군인。

【傷人害物:상인해물】 성품이 검고 흉악하여 사람과 물건을 해치는 일。

【傷情:상정】 情分을 損傷함。

【傷嗟:상차】 슬퍼하고 탄식함。傷悲。痛歎。悲歎。

【傷慘:상참】 근심하고 슬퍼함。憂慘。

【傷創:상창】 상처를 입음。傷處。創痍。

【傷處:상처】 다친 자리。

【傷痛:상통】 마음이 상하고 아픔。

【傷風:상풍】 ❶좋은 風俗을 傷害함。❷《醫》㉠病 이름。鼻카다르。㉡漢方에 있어서는 바람을 쐬어서 생기는 모든 병증。

【傷風症:상풍증】 《醫》감기로 인하여 콧물이 나오고 코가 막히는 症勢。

【傷風敗俗:상풍패속】 風俗을 문란하게 함。또는 부패하고 문란한 풍속。

【傷寒:상한】 《醫》❶추위로 인해서 생긴 병。(감기·급성 열병·肺炎 따위)。❷房事의 過度나 性慾의 억제로 생기는 병의 한 가지。

【傷寒動悸:상한동계】 「이 울렁거림。 상한으로 가슴

【傷寒動氣:상한동기】 《醫》뱃속에 있는 묵은 積과 寒氣가 서로 충돌되어 뱃속이 흔들리는 것 같고 복통이 심한 병。

【傷寒戰慄：상한전율】《醫》오한이 심하여 몸이 떨리는 상한。

【傷害：상해】남의 몸에 상처를 내어서 해를 입힘。

【傷害罪：상해죄】《法》고의로 남의 신체에 폭행하여 그 생리적 현상을 좋지 못하게 함으로써 성립되는 범죄。

【傷害致死罪：상해치사죄】《法》고의로 남의 신체에 폭행하여 생명을 잃게 함으로써 성립되는 범죄。

【傷魂：상혼】애를 상함。마음을 태움。傷心。『呂氏春秋』費神ㅡㅡ。

【傷痕：상흔】다친 자리。다친 흉터。◎感ㅡ、輕ㅡ、凍ㅡ、負ㅡ、悲ㅡ、死ㅡ、殺ㅡ、損ㅡ、刺ㅡ、中ㅡ、重ㅡ、撲ㅡ。

【傺】(제) 霽 テイ、とどまる (古音「체」) dispirited 彳丶 ch'ih⁴
草書 물끄럼할제(失志貌)。〔楚辭 離騷〕余侘ㅡ兮。

【傻】(사) 馬 サ、セ、こざかしい pretend to know ㄕㄚˇ sha³
❶팔초할사(ㅡ俏)。❷아는 체할사(輕慧貌)。❸몹쓸사(不仁)。

【傻角：사각】어리석은 사람。『徐渭南自敍錄』。

【傾】(경) 庚 ケイ、かたむく incline ㄑㄧㄥ ch'ing¹·²
小篆 草書 ❶기울어질경(側也)。〔淮南子說山訓〕重鈞則衡不ㅡ。❷엎드러질경(伏也)。❸무너질경(圮也)。❹곁눈질할경(流視)。❺귀기울여들을경(聽也)。〔陸游詩〕樵唱時ㅡ耳。❻잠깐경(少選)。❼약하게할경(弱也)。〔史記項羽紀〕此天下辯士、所居ㅡ國故號平國。❽섞을 경(交也)。〔孔子家語 致思〕遭程子於 塗ㅡ蓋而語終日。❾없을경(無也)。❿다할경(盡也)。⓫엷을경(薄也)。⓬위태할경(危也)。(『頃』과 통함)

【傾竭：경갈】전부 없애버림。재정이 다 없어짐。傾盡。『南史』ㅡㅡ財產。

【傾蓋如舊：경개여구】잠시 만났어도 구면같이 친함。

【傾筐倒篋：경광도협】자기가 所有한 것을 다 내어 극진히 款待함。傾筐倒庋。『世說新話·賢媛』。

【傾國：경국】❶나라를 위태롭게 함。『史記·項羽記』此天下辯士、所居ㅡㅡ。❷나라를 기울여 망하게 할만한 美人。傾城。

【傾國之色：경국지색】썩 뛰어난 미인。『白居易·長恨歌』漢皇重色思ㅡㅡ。

【傾葵：경규】해바라기가 해에 따라서 기울어짐과 같이 마음을 기울여 思慕함。『曹植·求通親親表』。

【傾囷倒廩：경균도름】❶모든 재산을 죄다 내어 놓음。❷마음 속에 품은 생각을 그대로 드러내어 말함。

【傾襟：경금】정성을 다함。傾衿。『北史·魏獻文六王傳』。

【傾度：경도】傾斜를 나타내는 度數。

【傾倒：경도】❶기울어져서 넘어짐。❷衷心으로 사모하고 그리워함。感服함。心折。『杜甫』志士懷感傷、心胸已ㅡㅡ。❸술을 많이 마심。❹속에 있는 것을 남김없이 내쏟아 버림。『宋史·李浩傳』反覆數千言、ㅡㅡ罄竭。

【傾濤：경도】거세게 몰려오는 큰 파도。『孟郊』ㅡㅡ敗藏蓋。

【傾動：경동】斷層으로 말미암아 온 땅덩어리가 기울어져 움직이는 운동。

【傾亂：경란】기울어져 어지러움。기울어뜨려서 어지럽힘。

【傾弄：경롱】마음을 기울여서 농간함。『晉書·刑法志』ㅡㅡ朝權。

【傾慕：경모】마음을 기울여 사모함。『北史』百寮ㅡㅡ。

【傾覆：경복】뒤집어 엎음。잡아 뒤집음。轉覆。『漢書』作爲權詐、以相ㅡㅡ。

【傾邪：경사】기울어져서 바르지 못함。사특함。요사스럽고 간특함。『後漢書·馮衍傳』事君無ㅡㅡ之謀。

【傾斜：경사】비스듬히 한 쪽으로 기울어짐。또는 그 정도。

【傾斜角：경사각】경사의 각도。伏角。

【傾斜地：경사지】경사를 이룬 땅。

【傾心：경심】마음을 기울임。心魂을 기울임。傾意。傾魂。『後漢書·袁紹傳』。

【傾軋：경알】嫉妬心으로 奸策을 弄하여 남을 謀陷함。

【傾偃：경언】기울어져 넘어짐。한 쪽으로 치우쳐 쓰러짐。『晉書』儀飾皆ㅡㅡ。

【傾月：경월】서쪽 하늘로 기울어지는 달。落月。『謝惠連』房櫳引ㅡㅡ、步櫓結春風。

【傾危：경위】위태로움。『史記』此兩人眞ㅡㅡ之士哉。

【傾諛：경유】사람이 陰險하고 아첨함。『唐書』三思性ㅡㅡ。

【傾弛：경이】❶게으르고 解弛함。❷기울어져 무너짐。

【傾耳：경이】귀를 기울임。傾聽함。『禮記·孔子閒居』。

【傾注：경주】❶기울여 부음。마구 쏟아지는 비。『硒賢·詩』暴雨忽ㅡㅡ。❷한 가지 일에 마음을 기울임。一心不亂이 됨。❸江물이 기운차게 바다로 흘러 들음。『宋史·地理志』。❹液汁을 그릇에 옮김。『郝經·葡萄詩』一派瑪瑙漿、ㅡㅡ百千瓮。

【傾遲：경지】마음을 기울여 期待함。『晉書·賀循傳』。

【傾聽：경청】귀를 기울이고 들음。熱心히 들음。『禮記』立必正方、不ㅡㅡ。

【傾墜：경추】한 쪽으로 기울어져 떨어짐。『白居易』城堞多ㅡㅡ。

【傾側：경측】❶기울어짐。傾仄。『元稹』亞水依岩半ㅡㅡ。❷뜻을 굽힘。『宋史』端然正己、不爲物ㅡㅡ。

【傾奪：경탈】서로 다투어 가며 取함。

【傾頹：경퇴】기울어져 무너짐。

【傾佩：경패】衷心으로 感服함。

【傾敗：경패】기울어져 무너짐。기울어져 敗亡함。傾頹。

【傾陷：경함】남을 넘어뜨려 謀陷함。『宋史』則ㅡㅡ安石。

【傾駭：경해】몹시 놀람。깜짝 놀람。

【傾向：경향】❶한 쪽으로 기울어지는 일。❷일이 되어가는 형편。趨勢。

【傾向文學：경향문학】어떤 주의 사상에 치우친、특히 사회주의 사상을 배경으로 한 문학。

【傾羲：경희】기울어지는 해。저녁 해。落日。落暉。『謝惠連』ㅡㅡ無兩旦。◎右ㅡ、左ㅡ。

【傽】(장) 陽 ショウ、おっとのちち father-in-law ㄓㄤ chang¹
草書 ❶시아버지장(夫之兄)。❷놀라고 두려워할 장(驚恐貌)。(『嫜』과 같음)

【傿】㊀(언) 願 ㊁(언) 先 エン かけねをする
小篆 草書 ㊀에누리할언(引爲賈也)。㊁❶고을 이름언(縣名)。❷성언(姓也)。

【倜】(적) 陌 タク、はばからない without reserve
❶어려움없을적(無憚)。❷모질적(一倸惡也)。

【倸】(설) 屑 セツ、ささやく whisper
小篆 소곤거릴설(小言聲)。

【僂】㊀(루) 麌 ロウ、かがむ bend ㊁(루) 宥 ㄌㄡˊ lou²
小篆 草書 ㊀❶구푸릴루(俯也)。【左傳 昭公七年】一命而一、再命而傴、三命而俯。❷곱사등이루(背曲)。【莊子 達生】痀一 承蜩。❸삼태루(筥屬)。❹굽을루(屈也)。【荀子儒效】雖有聖人之知未能一指也。㊁난장이루(短醜貌)。

【僂垢:누구】=僂佝。

【僂儸:누라】❶민첩하게 活動함。斂腕家。『五代史』諸君可謂一一兒矣。❷도둑의 우두머리가 그 부하를 부를 때의 呼稱。

【僂背:누배】곱추。傴僂。

【僂指:누지】손가락을 구부려 셈。屈指。『荀子』雖聖人之知、未能一一。

【僂佝:누후】短小하고 醜한 모양。僂垢。『晉書·王沈傳』。

【僄】(표) 嘯 ヒョウ かるい frivolity ㄆㄧㄠˋ p'iao⁴
小篆 草書 ❶진중치못할표(輕也)。【後漢書 班固傳】雖輕信與一狡。❷몸이가벼울표(輕 捷)。【史記 高祖紀】項羽爲人一悍猾賊。

【僄狡:표교】가볍고 날쌤。『後漢書』雖輕迅與一一。

【僄棄:표기】가볍고 빠름。輕疾。『荀子』怠慢一一。

【僄遬:표속】가볍고 민첩함。『荀子』輕利一一、卒如飄風。

【僄悍:표한】민첩하고 사나움。輕疾勇悍。剽悍。『史記』項羽爲人一一猾賊。

【僅】(근) 震 キン、わずか barely;scarcely ㄐㄧㄣˇ chin³
小篆 草書 ❶겨우근(纔也)。【舊唐書 僖宗紀】克用踰垣一免。❷적을근(少也)。❸남을근(餘也)。❹거의근(庶幾)。【韓愈張仲丞傳後序】士卒一萬人。(『堇』과 통함)

【僅可:근가】쓸쓸함。겨우 쓸만 함。『論語·學而集·注』可者、一一而有所未盡之辭也。

【僅僅:근근】겨우。

【僅僅得生:근근득생】겨우겨우 삶을 이어 감。간신히 살아감。

【僅僅扶持:근근부지】겨우 배겨 나감。

【僅少:근소】조금。약간。

【僆】(련) 先 銑 レン、ふたご twins
❶쌍둥이련(雙生子)。❷병아리련(鷄小者)。

【僆子:연자】쌍둥이。『方言·三』陳楚之間、凡人嚚乳而雙產、謂之釐孳、秦晉之間、謂之一一。『字彙』僆、一一、雙生子也。

【僇】(륙) 屋 リク、はずかしめる abusive ㄌㄨˋ lu⁴
小篆 草書 ❶욕할륙、욕될륙(辱也)。【荀子 非相】爲天下大一。❷죽일륙(殺也)。【大學】辟則爲天下一。(『戮』과 같음)

【僇人:육인】부끄러움을 당한 사람。罪人。戮人。『柳宗元』自余爲一一居是州。

【僫】(어) 麌 ゴ、きずつく inanimate
어릿어릿할어(傷貌)。

【僫僫:어어】거친 모양。『太玄經』。

【僈】(만) 諫 バン、マン、あなどる loose ㄇㄢˋ man⁴
흩게늦을만(舒遲)。【修身篇】不由禮則勃亂提一。(『漫』과 같음)(『謾』과 通함)

【僻】㊀(병) 梗 ヘイ、しりぞける reject ㊁(병) 敬
小篆 ㊀❶물리칠병(斥也)。❷제할병(除也)。㊁궁벽할병(僻窶)。

【僉】(첨) 鹽 セン、みな all ㄑㄧㄢ ch'ien¹
小篆 草書 ❶다첨(咸也)。❷여럿첨(皆也)。【書經】於鯀哉。❸도리깨첨(打穀具)。

【僉君子:첨군자】여러 점잖은 사람。

【僉事:첨사】《制》❶高麗 恭愍王 때 제정한 內侍府의 從三品 벼슬。❷벼슬 이름。宋代에는 簽書라고 하여 官署의 公事 판단을 管掌、金代에는 按察司 僉事를 둠。이후 按察事의 속관으로서 檢察事務를 管掌하다가 淸代에 廢함。民國에서는 중앙 各部·局의 벼슬 이름으로서 參事 밑에 있었음。舊制 各部의 郞中·員外郞 같은 것。簽事。『續文獻通考·職官考·按察司』。

【僉押:첨압】❶連名으로 花押함。連名으로 手決함。『通俗稱·政治』。❷作成한 文書에 책임을 지기 위하여 그 이름을 自書하여 증빙을 삼는 일。署名。僉押。

【僉員:첨원】여러분。僉位。

【僉位:첨위】여러분。僉員。

【僉意:첨의】여러 사람의 의견。衆意。

【僉議:첨의】여러 사람의 의논。『胡詮』令臺諫從臣一一可否。

【僉議詢同:첨의순동】여러 사람의 의논이 다 같음。

【僉節制使:첨절제사】《制》李朝 때 각 鎭營에 속했던 從三品 武官 벼슬。節度使의 아래로 兵營에 兵馬僉節制使、水營에 水軍僉節制使가 있음。다만 牧·府의 소재지에서는 守令이 겸임하며 兵·水營 안의 專任을 그저 僉使라고 略稱함。

【僉尊:첨존】「여러 분」의 존칭。

【僉座:첨좌】여러분의 앞。

【僉知:첨지】僉知中樞府事의 略語。

【僊】(선) 先 セン、まう dance ㄒㄧㄢ hsien¹
小篆 草書 ❶춤훨훨출선(舞軒擧貌)。【莊子在宥】一一乎歸矣。❷선인선(仙人)。【十八 史略 五帝】千歲厭世、去而上一。(『仙』과 같음)

【僊僊:선선】❶춤추는 모양。仙仙。『正字通』僊、一一、舞貌。❷일어났다 앉았다 하는 모양。『莊子·在宥』一一乎歸矣。

【僊人:선인】仙人。羽客。『史記·封禪書』公孫卿候神河南、言見一一跡緱氏城上。

【僊陀:선타】佛寺를 말함。仙陀。『藝林伐山』佛寺曰一一。

【僊風:선풍】仙人이 일으키는 바람。『沈約·風賦』此羽客之一一。

【僊海:선해】青海의 古名。仙海。

【僋】(탐) 勘 タン、のびる increase
❶늘어날탐(增也)。❷어리석을탐(一儋)。

【働】(동) 〔日字〕 ドウ、はたらく work
(草書) 굼닐동(行動竭力)。

【禽】(금)→内部8畫

【條】(도)→糸部7畫

【翛】(소)→羽部7畫

【會】(회)→曰部9畫

十二畫

【僎】㊀(준) 眞 セン、そなえる ㊁(선) 銑 furnish
(小篆) ㊀향음주인돕는 사람준(鄕飮助主人者)。 ㊁❶갖출선(具也)。〔『撰』과 통함〕 ❷정제할선(整也)。

【像】(상) 養 ショウ、ゾウ、かたち form ㄒㄧㄤˋ hsiang
(小篆)(草書) ❶모양상、꼴상(形象)。〔曹植 洛神賦〕骨一應圖。 ❷같을상、닮을상(肖似)。〔唐書 李嶠傳〕武后將建大一於白司馬阪。 ❸모뜰상。〔『象』과 통함〕

【像本:상본】〔宗〕天主·天神 또는 聖人의 모상。

【像形:상형】 어떤 물건의 모양을 본따서 비슷하게 만들음。또는 비슷한 모양。물건의 형상을 시늉함。象形。

◎假一、銅一、木一、佛一、想一、石一、聖一、塑一、實一、影一、偶一、肖一、畫一、幻一。

【僑】(교) 蕭 キョウ、かりずまい temporary abode ㄑㄧㄠˊ ch'iao²
(小篆)(草書) ❶높을교(高也)。 ❷붙어살교(旅寓)。〔鮑照詩〕我初辭家從軍一。

【僑居:교거】 임시로 살음。임시로 사는 곳。假寓。寓居。寄寓。僑寓。〔魏書〕召募一一流民二千人。

【僑寓:교우】 =僑居。〔司馬光〕一一者、各思還本土矣。

【僑人:교인】 여행 중에 있는 사람。여객。〔隋書〕。

【僑接:교접】 =寓居。

【僑中:교중】 =客中。

【僑體:교체】 =客體。

【僑胞:교포】 外國에 나가 사는 同胞。

【僒】(군) 軫 キン、くるしむ be bound
❶구부릴군(曲也)。 ❷얽매일군(結也)。〔『窘』과 같음〕

【僔】(준) 阮 ソン、あつまる crowd
(小篆) ❶모을준(聚也)。 ❷무리준(衆也)。 ❸높일준(尊也)。 ❹공경할준(恭敬)。〔『撙』과 같음〕

【僕】(복) 沃 ボク、しもべ man-servant ㄆㄨˊ p'u²
(小篆)(古文)(草書) ❶시중군복(給事者)。〔禮記 禮運〕仕于公曰臣仕于家曰一。 ❷마부복(御者)。〔周禮春官車僕注〕車一主供輻車者一猶御也。 ❸황송한체할복(煩猥貌)。〔孟子萬章下〕鼎肉使己一一爾亟拜。 ❹붙일복(附也)。〔詩經 大雅旣醉〕君子萬年、景命有一。 ❺종복(隷也)。〔左傳 僖公二十四年〕秦伯送衛于晋三千人、實紀綱之一。 ❻숨길복(隱也)。〔左傳 昭公七年〕文王作一區之法。 ❼무리복(徒也)。〔莊子 則陽〕仲尼曰、是聖人一也。 ❽저복(自謙辭)。

【僕區:복구】 亡命者를 감춰 주는 일。(區는 隱)。〔左傳〕文王作一一之法。

【僕隷:복례】 사환。隷僕。〔書經·註〕以爭友一一、自匡正。

【僕累:복루】 떼어 버리기 어려운 얽매임。係累。

【僕虜:복로】 붙잡아다가 부리는 사환。

【僕纍:복류】 (動)달팽이의 異名。

【僕僕:복복】 번거로운 모양。귀찮은 모양。〔孟子·萬章下〕使己一一爾亟拜。

【僕婢:복비】 남자 종과 여자 종。僕妾。

【僕遬:복속】 凡庸의 小才。또는 졸렬하고 醜한 모양。〔漢書〕諸曹以下一一不足數。

【僕豎:복수】 사환。僕隷。〔晋書〕。

【僕緣:복연】 떼 지어 달라 붙는 모양。〔莊子·人間世〕蚊虻一一。

【僕從:복종】 종。사환。奴僕。

【僕妾:복첩】 남자 종과 여자 종。僕婢。〔史記〕一一餘粱肉。

【僚】㊀(료) 蕭 リョウ、とも comrade ㄌㄧㄠˊ liao² ㊁(료) 篠
(小篆)(草書) ㊀❶벗료(朋也)。〔康熙字典〕一朋也。 ❷동관료(同官)。〔孔平仲詩〕清風明月想同一。 ㊁❶어여쁠료(好貌)。 ❷희롱할료(戲也)。

【僚黨:요당】 한 패。〔後漢書〕不交一一。

【僚吏:요리】 관리。吏僚。

【僚壻:요서】 동서。동서끼리 서로 부를 때의 稱號。〔唐書〕娶會稽賀晦女、一一陸象先宰相子。

【僚船:요선】 艦隊나 船團에서 그 대열에 딸린 각 선박을 일컬음。

【僚屬:요속】 관청에 같이 있는 동료。僚官。〔吳志〕待接一一。

【僚友:요우】 같은 일 자리에 있는 벗。계급적으로 보아 아래에 딸린 동료。同僚。僚輩。〔禮記〕爲酒食、以召鄕黨一一。

【僚誼:요의】 동료 사이의 情分。

【僚佐:요좌】 아래에서 일을 돕는 屬官。「佐。屬僚。〔晋書〕一一竝遭害。

【僚儔:요주】 짝이 되는 屬僚。僚官。僚

◎閣一、官一、同一、屬一、下一。

【僊】(연) 銑 ゼン、おどろく in a great hurry
(小篆) 황겁할연(意急而懼)。

【僖】(희) 支 キ、よろこぶ pleasant ㄒㄧ hsi¹
(小篆)(草書) ❶기꺼울희(樂也)。 ❷성희(姓也)。〔『喜』와 같음〕

【僛】(기) 支 キ、よいまい over drink
(小篆)(草書) 취하여 춤추는 모양기(醉舞貌)。

【僛僛:기기】 비틀거리며 춤추는 모양。〔詩·賓之初筵〕屢舞一一。

【僝】㊀(잔) 刪 セン、あらわす ㊁(잔) 銑 appear ㄔㄢˊ ch'an²
(小篆)(草書) ㊁❶몹시욕할잔(一僽惡罵)。 ❷보일잔(見也)。

【書經 堯典】共工方鳩ㅣ功。 ⊟갖출
잔(具也)。【左思 魏都賦】ㅣ拱木於山
林。
【僝僽:잔수】 몹시 꾸짖음。 욕함。 惡罵。
『集韻』僽、ㅣㅣ、詈也。

【僜】(등) 蒸 トウ、ちからがない contrary to one's wish
❶불여의할등(倰ㅣ不著事)。 ❷고달플
등(行疲貌)。

【僞】(위) 寘 ギ、いつわる falsehood ㄨㄟ weì
小篆 草書 ❶거짓위(假也)。『荀子 性惡』人性惡也、其爲善
者ㅣ也。 ❷속일위(詭也)。『杜預上
黜陟法略』簡書愈繁、官方愈ㅣ。
(『訛』와 통함)
【僞計:위계】 거짓된 꾀。 속이는 수단
허위로 꾸민 계획。 詭計。
【僞哭:위곡】 거짓으로 우는 체함。『唐
書』ㅣㅣ而祭。
【僞券:위권】 僞造한 증권。
【僞塗:위도】 거짓이 생기는 곳。 옳지 못
한 길。『宋史』德路開而ㅣㅣ蹙。
【僞妄:위망】 거짓됨과 망녕됨。
【僞名:위명】 거짓으로 일컫는 이름。『楚
辭』被以不慈之ㅣㅣ。
【僞冒:위모】 거짓으로 남을 속임。 欺冒。
【僞物:위물】 가짜 물건。 僞造品。
【僞薄:위박】 말하는 것이 거짓되고 人情
이 야박함。
【僞本:위본】 古書의 體와 같게 만든 책。
거짓으로 만든 책。 僞書。 ↕眞本。
【僞史:위사】 거짓으로 꾸민 역사。 正統
이 아닌 역사。
【僞辭:위사】 참되지 못한 言行。 거짓말。
『漢書』刑其ㅣㅣ。
【僞善:위선】 표면으로만 착한 체함。
【僞善者:위선자】 善人을 가장한 사람
僞君子。 僞善家。
【僞飾:위식】 거짓으로 꾸밈。『荀子』。
【僞贋:위안】 거짓。 흉내。 僞物。 擬似。
【僞讓:위양】 거짓으로 양보함。 양보하
는 체함。『鮑照』不敢ㅣㅣ。
【僞恩:위은】 겉으로만의 恩情。
【僞印:위인】 僞造한 도장。 僞判。
【僞作:위작】 ❶거짓으로 만든 물건。 僞
物。 ❷남의 著作權을 犯한 著作物。 僞造。
【僞裝:위장】 거짓 꾸밈。 상대 편을 속
이기 위하여 擬裝을 함。
【僞造:위조】 거짓으로 만들음。
【僞造文書:위조문서】 작성할 자격이
없는 사람이 가짜로 꾸민 문서。
【僞造物:위조물】 위조된 물건。
【僞造罪:위조죄】 《法》도장·문서·지폐
·유가증권 따위를 위조한 죄。
【僞足:위족】 =虛足。
【僞證:위증】 ❶거짓의 증거。 ❷법원에
호출된 증인이 일부러 거짓으로 진술함。
【僞證罪:위증죄】 법률의 규정에 따라
서 宣誓한 증인이 허위의 陳述을 한 죄。
【僞版:위판】 ❶위조한 版本。 ❷일정한
절차를 밟지 않고 몰래 한 출판。
【僞幣:위폐】 위조 지폐。 위조 화폐。
【僞筆:위필】 거짓으로 꾸며 쓴 필적。
【僞學:위학】 그 시대에 있어서 옳지 못
하다고 하는 학문。
◎詐ㅣ、眞ㅣ、虛ㅣ。

【僟】(기) 微 キ、ゲ、つつしむ prudent
小篆 삼갈기(精謹)。

【僪】(계) 薺 ケイ、むねをひろげる unclose the neck
❶옷깃을 헤칠계(開襟)。 ❷걸음걸이
계(開脚行步倠ㅣ)。

【僭】(참)『僣』(12人畫部)의 俗字

【僤】(탄) 翰 タン、あつい critical
小篆 草書 ❶도타울탄(篤也)。『詩』逢天ㅣ怒。 ❷빠를탄(疾
也)。『周禮』兵欲無ㅣ。

【僦】(추) 宥 シュウ、やとう hire ㄐㄧㄡ chiù
小篆 草書 ❶임금추(賃金)。『韓愈 詩』功大莫酬ㅣ。 ❷고
용할추(傭也)。『北齊書 盧文偉傳』
ㅣ二千餘車。
【僦居:추거】 =僦舍。
【僦舍:추사】 집을 빌려서 살음。 借家。

【僥】(요) 蕭 篠 ギョウ、さいわい fortunate ㄧㄠ yáo
小篆 草書 ❶거짓요(僞也)。 ❷난장이요(短人)。 ❸까딱
수요(詐數也)。 ❹요행요(ㅣ倖 覬非
望)。『康熙字典』ㅣ倖求利不止貌。
【僥覬:요기】 분수에 없는 것을 바람。
『蘇軾·乞常州居住表』更生ㅣㅣ之心。
【僥人:요인】 거짓말장이。『漢書·王尊
傳』今一旦無辜、制於ㅣㅣ之手。
【僥僺:요조】 길쭉한 모양。『集韻』僥、
ㅣㅣ、長貌。
【僥倖:요행】 ❶욕심이 많은 모양。 僥幸。
『集韻』僥、ㅣㅣ、求利不止貌。 ❷생각지
도 않은 뜻밖의 多幸。 또는 그것을 구하
는 것。『莊子·在宥』此以人之國僥倖也、
幾何ㅣㅣ而不喪人之國。 ❸御駕가 이르는
곳。 다행히도 天子가 거둥하는 곳에서
는 백성이 그 恩惠를 입어 행복하다는
데서 온 말。『書言故事·朝制類』車駕所至
地曰ㅣㅣ、蔡邕獨斷曰、天子所至曰幸者、
宜幸也、世俗謂幸爲ㅣㅣ、車駕所至、臣
民被其德澤以ㅣㅣ、故曰幸。
【僥倖數:요행수】 뜻밖에 얻는 행복의
운수。

【僨】(분) 問 フン、たおれる fall down ㄈㄣ fèn
小篆 草書 ❶엎드러질분(僵也)。『左傳 隱公三年』鄭伯之車
ㅣ于濟。 ❷엎드러뜨릴분(覆敗)。『大
學』一言ㅣ事。 ❸움직일분(動也)。
『左傳 僖公十五年』張脈ㅣ興。
【僨驕:분교】 말릴 수 없는 氣勢。『莊子·
在宥·注』ㅣㅣ者、不可禁之勢也。
【僨事:분사】 일을 망침。『大學』此謂一
言ㅣㅣ。『鄭注』僨、猶覆敗也。
【僨誤:분오】 일이 낭패됨。
【僨敗:분패】 낭패함。 실패함。
【僨興:분흥】 흥분함。『左傳』張脈ㅣㅣ。

【僧】(승) 蒸 ソウ、ぼうず monk ㄙㄥ sēng
小篆 草書 ❶중승(從浮屠教者)。 ❷梵語僧伽邪(Samgha)의
略。『魏書 釋老志』ㅣ之三歸若君子之
三畏也。
【僧家:승가】 ❶중이 사는 집。 ❷절。
【僧佳妓:승가기】 《國》公州 명물로 잉
어나 숭어로 도미 국수와 같이 만든 음
식。
【僧綱:승강】 《佛》僧官·僧位의 높은 계
급。 官은 僧正·僧都·律師。 位는 法師·
法眼·法橋의 일컬음。

【僧軍:승군】중으로 조직한 군사。僧兵。
【僧規:승규】승려의 지켜야 할 법규。
【僧祇:승기】(佛)大多數의 뜻。無數。無量。〖祖庭事苑〗梵云—ㅣ、此言無量。
【僧尼:승니】(佛)중과 여승。
【僧畓:승답】(佛)중의 소유로 있는 논。
【僧堂:승당】(佛)중이 座禪하며 거처하는 집。
【僧徒:승도】(佛)중。수행중의 중。
【僧臘:승랍】중노릇을 한 햇수。
【僧廬:승려】僧侶가 사는 암자。僧庵。
【僧侶:승려】(佛)❶중。❷僧徒。僧伽。
【僧律:승률】(佛)僧尼가 지켜야 할 불교의 戒律。佛律。〖白居易〗淸淨依—ㅣ。
【僧名:승명】(佛)=法名。
【僧帽:승모】중이 쓰는 모자。

僧帽(三才圖會)

【僧舞:승무】춤의 한가지。고깔을 쓰고 장삼을 입어 중처럼 차리고 때때로 法鼓를 치며 풍류에 맞춰 추는 춤。
【僧門:승문】(佛)佛家。佛門。
【僧坊:승방】(佛)절。寺院。僧房。僧防。寶坊。梵坊。〖晋書〗不住—ㅣ。
【僧房:승방】(佛)절。僧坊。女僧房。〖蘇軾〗—ㅣ有宿火。
【僧兵:승병】=僧軍。
【僧服:승복】승려의 옷。僧衣。
【僧舍:승사】절。僧坊。寺院。〖許渾〗—ㅣ覆碁白日消。
【僧夕:승석】이른 저녁 때。
【僧梳:승소】(國)중의 빗。(喩)필요 없는 물건을 말함。〖旬五志〗
【僧俗:승속】❶僧侶와 俗人。❷出家와 在家。〖蘇軾·廬山詩序〗已而見山中—ㅣ皆云、蘇子瞻來矣。
【僧院:승원】(宗)중이나 천주교의 수도자들이 수도하는 곳。僧園。寺院。修道院。〖陸游〗—ㅣ疏鐘出林岫。
【僧衣:승의】중이 입는 옷。僧服。

僧衣(三才圖會)

【僧籍:승적】(佛)僧尼의 이름。得度 같은 것을 기록한 戶籍。〖劉禹錫〗西游長安隷—ㅣ。
【僧衆:승중】중의 무리。여러 중들。
【僧之婆羅經:승지파라경 ⇨승지바라경】(國)중이 바라경 읽듯 함。(轉)뜻도 모르고 능숙하게 읽기만 한다는 뜻。〖東言解〗。
【僧職:승직】중의 벼슬。僧官。
【僧統:승통】僧軍을 통솔하던 중의 職名의 하나。摠攝。
◎高—、老—、帶妻—、名—、佛法—、比丘—、山—、禪—、小—、雲水—、托鉢—、破戒—、化主—。

【僩】(한) 潸 カン、たけしい bravery ㄒㄧㄢˊ hsien⁴
小篆 書 草 ❶굳셀한(武貌)。〖荀子榮辱〗陋者俄且—也。〖註〗晋魏閒謂猛爲—。❷너그러울한(寬大)。〖詩經 衛風淇奧〗瑟兮—兮。❸살필한(察也)。❹성내는 모양한(怒貌)。
【僩雅:한아】위엄이 있어서 으젓함。〖新書·傳職〗明—ㅣ、以道之文。
【僩然:한연】성난 모양。〖唐書·王叔文傳〗—ㅣ以謂天下無人。

【僬】(초) 嘯 蕭 ショウ、こびと dwarf ㄐㄧㄠ chiao¹
草 書 ❶난장이초(短人、—僥)。❷달음질할 초(促走)。❸밝게볼 초(明察貌)。
【僬僥:초요】난장이가 사는 나라 이름。혹은 僬僚·焦僥라고도 함。〖國語·晉語·四〗—ㅣ不可使擧。
【僬僬:초초】❶달음질하여 헐떡이는 모양。〖禮·曲禮下〗天子穆穆、諸侯皇皇、大夫濟濟、士蹌蹌、庶人—ㅣ。❷明察한 모양。〖荀子·不苟〗其誰能以己之—ㅣ、受人之掝掝者哉。〖注〗—ㅣ、明察貌。

【僪】(결) 屑 キツ、くるう mad; insane
❶해무리결(日傍氣)。❷미칠결(狂也)。

【僭】(참) 豔 セン、なぞらえる presumptuous ㄐㄧㄢˋ chien⁴
小篆 書 草 ❶참람할참(僭也)。〖史記 孔子世家〗季氏亦—於公室。❷거짓참(假也)。〖宋史 范仲淹傳〗斥游惰、去冗—。❸어지러울참(亂也)。❹어기어질참(差也)。〖書經〗天命弗—。
【僭亂:참란】분수 없이 질서를 어지럽힘。〖書經〗上下比罪、無—ㅣ辭。
【僭濫:참람】분수 없이 예의에 거슬림。제 분수를 지나쳐서 방자스러움。僭越。〖周禮·疏〗諸侯—ㅣ無道。
【僭禮:참례】지나친 예의。자기 분수에 넘친 예절。〖禮記〗諸侯之—ㅣ也。
【僭妄:참망】제 분수에 넘쳐 망녕됨。
【僭冒:참모】자기 신분에 지나쳐서 다른 일에 덤벼듦。〖宋史〗風移—ㅣ。
【僭奢:참사】자기 몸에 어울리지 않는 지나친 사치。〖後漢書〗遠近豪俊夙—ㅣ者云云。
【僭越:참월】분수에 넘치게 함부로 함。〖北史〗杜漸防萌、無相—ㅣ。
【僭僞:참위】분수 없이 지위를 탐냄。叛臣의 王號。〖南史〗—ㅣ亦滅。
【僭恣:참자】자기의 신분에 지나치게 放恣함。〖漢書〗丁傅—ㅣ。
【僭稱:참칭】자기의 신분에 넘친 칭호를 자칭함。또는 그 칭호。僭號。

【僮】(동) 東 ドウ、わらべ page; child ㄊㄨㄥˊ t'ung²
小篆 書 草 ❶아이동(童也)。〖傳休奕詩〗乃有材—妙技。❷곱실거릴동(竦敬貌)。〖詩〗狂—之狂也且。❸아이종동。❹시종군동(奴僕)。〖漢書 張安世傳〗—七百人、皆有手技。❺어리석을동(愚也)。❻무지한 모양동(無知)。〖太玄經〗物—然未有知。
【僮僮:동동】조심하는 모양。〖詩·采蘩〗被之—ㅣ、夙夜在公。
【僮僕:동복】종。사환。〖陶潛〗—ㅣ懽迎、稚子候門。
【僮使:동사】❶사환。❷사환으로 씀。
【僮豎:동수】심부름하는 아이。
【僮御:동어】❶종。❷사환。僮僕。〖後漢書〗勒制—ㅣ。
【僮子:동자】어린이。〖國語〗使—ㅣ備官。
【僮昏:동혼】어리석고 事理에 어두움。〖國語〗—ㅣ不可使謀。

【僰】(북) 職 ホク、えびす savage
小篆 書 草 전위오랑캐이름북(犍爲僰)。

十三畫

【僶】(민) 軫 ビン、ミン、つとめる be forced to do
억지로할민(强爲、—勉)。

【僵】(강) 陽 キョウ、たおれる fall down ㄐㄧㄤ chiang¹
❶엎드러질강(仆也)。〔曹冏 六代論〕百足之蟲至死不ㅣ。❷쓰러질강(偃也)〔莊子 則陽〕推而ㅣ之。
【僵竭:강걸】헛되이 다함。없어짐。〔國語〕官不易方、而財不ㅣㅣ。
【僵立:강립】빳빳이 서서 움직이지 않음。굳세게 섬。〔宋史·揚存中傳〕餘黨萬人、ㅣㅣ失措。
【僵仆:강부】엎어져 넘어짐。〔戰國策〕頭顱ㅣㅣ。
【僵屍:강시】넘어져 있는 시체。얼어 죽은 시체。殭屍。

【僷】(엽) 葉 ヨウ、うるわしい pretty
❶떠지않을엽(不張貌)。〔楚辭〕衣攝ㅣ以儲與兮。❷얼굴예쁠엽、아름다울엽(美貌)。〔揚雄〕美容謂之奕或謂之ㅣ。

【僸】(금) 沁 キン、コン、あおぐ look up
❶쳐다볼금(仰頭貌)。〔大人賦〕ㅣ侵尋而高蹤。❷오랑캐풍류이름금(夷樂名)。
【僸僸:금금】우러러보는 모양。〔潘岳·思遊賦〕後ㅣㅣ而方馳。

【價】(가) 禡 カ、あたい value;price ㄐㄧㄚ chia⁴
❶값가(物直)。〔李白與韓荊州書〕一登龍門、則聲ㅣ十倍。❷가치가(品位)。〔李白與韓荊州書〕一登龍門、則聲ㅣ十倍。
(『賈』와 같음)
【價格:가격】❶값。價値。❷《經》재물 교환의 비례。❸《經》상품에 대하여 지불되는 화폐액。화폐 가격。
【價金:가금】팔고 사는 물건의 값。代金。
【價額:가액】값。
【價折:가절】값을 작정함。값을 깎음。
【價値:가치】❶값。價格。價直。❷값어치。資格。品位。
【價値論:가치론】가치를 대상으로 하는 문화 과학·정신 과학을 비롯한 학문 연구의 總稱。
【價値判斷:가치판단】주관의 가치 의식으로 하는 판단。
【價値形態:가치형태】어떤 상품이 다른 상품의 가치를 나타내는 형태。
◎減ㅣ、高ㅣ、代ㅣ、買ㅣ、賣ㅣ、物ㅣ、聲ㅣ、時ㅣ、煙ㅣ、廉ㅣ、原ㅣ、定ㅣ、正ㅣ、地ㅣ、紙ㅣ、眞ㅣ、特ㅣ、評ㅣ、平ㅣ、歇ㅣ、呼ㅣ、換ㅣ。

【僻】㊀(벽) 陌 ㊁(피) 寘 ヘキ、ヒ、かたよる eccentricity ㄆㄧˋ p'i⁴ ㄆㄟˋ pei⁴
㊀❶후미질벽、궁벽할벽(陋也)。❷치우칠벽(偏也)。❸간사할벽(邪也)。❹괴벽할벽(乖也)。❺방탕할벽(放ㅣ)。〔孟子 梁惠王上〕放ㅣ邪侈無不爲已。❻깊숙할벽(幽也)。㊁피할피(避也)。
【僻見:벽견】편벽된 見解。偏見。
【僻戾:벽려】편벽되고 어그러짐。사람된 품이 바르지 못함。〔唐書·陸贄傳〕延齡ㅣㅣ妄躁。
【僻路:벽로】사람이 드물게 다니는 으슥한 길。
【僻論:벽론】한 편으로 치우쳐 도리에 맞지 않는 언론。
【僻陋:벽루】❶都市에서 떨어져 文化가 뒤떨어진 곳。〔戰國策·齊策〕齊ㅣㅣ隱居。❷사람의 성질이 괴벽하고 까다로움。
【僻邪:벽사】편벽되고 간사함。
【僻書:벽서】❶世上에 알려지지 않은 책。〔世說〕事非南華經、非ㅣㅣ也。❷편벽된 것을 記錄한 책。
【僻說:벽설】❶편벽되어서 바르지 못한 말。❷道理에 맞지 않는 말。
【僻性:벽성】편벽된 성질。버릇。
【僻姓:벽성】썩 드문 姓。
【僻言:벽언】편벽된 말。事理에 어긋난 말。
【僻隅:벽우】후미진 구석。
【僻幽:벽유】한 편으로 치우친 멀고 쓸쓸한 곳。〔王昌齡〕ㅣㅣ聞虎豹。
【僻邑:벽읍】외딴 곳에 떨어져 있는 궁벽한 고을。
【僻字:벽자】흔히 쓰지 않는 괴벽한 글자。
【僻者:벽자】성질이 괴벽한 사람。
【僻材:벽재】썩 드물게 쓰이는 약재。
【僻地:벽지】한적하고 궁벽한 곳。
【僻處:벽처】궁벽한 곳。
【僻村:벽촌】외딴 곳에 떨어져 있는 궁벽한 마을。
【僻陬:벽추】한 편으로 치우친 먼 곳。시골。僻土。僻地。僻境。
【僻側:벽측】한 쪽으로 치우친 옆 쪽。〔柳宗元〕危足ㅣㅣ。
【僻脫:벽탈】迅速히 일을 처리함。민첩한 모양。〔何晏·景福殿賦〕ㅣㅣ承便。
【僻巷:벽항】변두리의 궁벽한 동네。또는 거리。〔張籍〕長安ㅣㅣ得相隨。
【僻鄕:벽향】외딴 곳에 떨어져 있는 궁벽한 시골。
【僻好:벽호】좋아하는 것이 치우침。치우친 嗜好。
【僻倪:피예】城 위의 울타리。성가퀴。〔正韻〕ㅣㅣ與埤堄同。
◎乖ㅣ。

【僽】(추) 宥 シュウ、ののしる abuse bitterly ㄓㄡˋ chou⁴
몹시욕할추(惡言而罵)。

【僾】(애) 隊 アイ、ほのか close resemblance ㄞˋ ai⁴
❶방불할애(髣髴、ㅣ然)。❷돋보기애(玻瓈類)。❸흑흑 느낄애(嗚唈)。
【僾然:애연】어렴풋이 보이는 모양。〔說苑·脩文〕ㅣㅣ若有見乎其容。
【僾逮:애체】볼록거울。光鏡。작은 것을 크게 비춰 보게 하는 眼鏡。
【僾俙:애희】분명치 못한 모양。〔古書駢字·三〕依俙、不明貌、ㅣㅣ同上。

【僿】(사) 寘 シ、こまやか small
❶가늘사(細碎)。❷거짓사(無悃)。〔史記〕救ㅣ莫若以忠。
【僿說:사설】細細한 말。

【儀】(의) 支 ギ、のり、のっとる model;law and system ㄧˊ i²
❶꼴의(形也)。❷모양의(容也)。〔詩〕其ㅣ不忒。〔詩〕威ㅣ棣棣。❸짝의(匹也)。〔詩〕維我ㅣ。❹쪽의(兩ㅣ天地)。〔易繫辭〕太極生兩ㅣ。❺잴의(度也)。〔詩經 丞民〕我ㅣ圖之。❻법도의(法也)。❼좋을의(宜也)。〔釋名〕ㅣ宜也、得事宜也。❽올의(來也)。〔揚子 方言〕來也、淮潁之間曰ㅣ。❾천체의 측도에 쓰는 기구의。〔後漢書 張衡傳〕作渾天ㅣ。❿형상의(象也)。⓫본딸의

(擬也)。【漢書 外戚傳】皆心－霍將軍。(『擬』와 같음)

【儀檢:의검】 예의와 범절。또는 예의 범절에 의해서 몸을 삼감。〔晉書·祖逖傳〕逖性豁蕩不修－－。

【儀觀:의관】 위엄이 있는 몸가짐。〔曾鞏·張文叔文集序〕－－甚偉、文辭甚工。

【儀器:의기】 天體의 運行을 測量하는 器械。渾天儀。〔清會典事例·欽天監·職掌〕十二年新製－－告成、一爲天體儀。「획。

【儀圖:의도】 일을 옳게 계획함。좋은 계

【儀例:의례】 儀式의 例。

【儀禮:의례】 ❶예절。禮式。❷《書》一七권。周代의 冠婚喪祭 등을 기록함。周禮·禮記와 합쳐서 三禮라고 함。모두 一三經에 들음。〔四庫提要·經·禮類〕。

【儀文:의문】 ❶儀禮的인 文章。❷훌륭한 몸가짐의 모양。❸《中》公用文。

【儀範:의범】 본이 되는 規範。예의 범절의 모범이 되는 태도。儀矩。〔晉書〕常

【儀法:의법】 =儀典。「以－－訓子弟。

【儀服:의복】 儀式에 쓰이는 衣服。禮服。

【儀賓:의빈】 《制》駙馬都尉등과 같이 王族의 身分이 아니면서 이와 通婚한 사람의 통칭。禮儀에 익숙하여 國王의 손님으로 適合하다는 뜻。〔續通典·禮典·公主下降儀〕明年又更定公主郡主封號婚儀、及駙馬－－品秩。

【儀飾:의식】 의식에 쓰는 裝飾品의 이름。

儀飾(西清古鑑)

【儀式:의식】 公事·祭事·佛事·神事·慶弔 등이 있을 때 행하는 예법。式典。

【儀式主義:의식주의】 일정한 의식을 숭상하기를 주장하는 주의。

【儀容:의용】 몸을 가지는 태도。몸가짐。容姿。〔元稹〕想君騎馬好－－。

【儀羽:의우】 본(模範)이 될 수 있는 훌륭한 姿態。(易經 漸卦에 鴻毛의 아름답고 儀容이 있음이 賢者의 禮儀 바름을 比喩함에 依據함)。〔宋史·度宗紀〕登明爲－－。

【儀儀:의의】 儀容을 갖추어 몸가짐이 바른 행동。모양。〔法言·孝至〕－－、師師、皆和整尙德之貌。

【儀狀:의장】 容儀와 行狀。〔史記〕－－端正者、補博士弟子。

【儀仗:의장】 儀式에 쓰이는 武器。또는 물건。〔唐書〕掌戎器鹵簿－－。

【儀仗旗:의장기】 儀仗에 쓰는 기。

【儀仗隊:의장대】 《軍》의식 절차에 의한 예법을 훈련 받고 의식 때에만 참렬하는 군인의 한 떼。

【儀仗兵:의장병】 병장기를 갖추고 의식에 참렬하는 군인。

【儀的:의적】 ❶과녁(貫革)。標的。❷目標。

【儀典:의전】 禮儀의 規範。儀式。儀矩。

【儀節:의절】 =禮節。

【儀制:의제】 ❶儀式과 制度。❷儀式에 대해서 定해 놓은 規則。

【儀止:의지】 行動擧止。容止。〔唐書〕嘉貞－－秀偉。

【儀則:의측】 사람이 지켜야 할 法則。軌則。〔史記〕經緯天下永爲－－。

【儀態:의태】 =儀容。

【儀表:의표】 본。模範。法則。〔史記〕以爲天下－－。

【儀品:의품】 禮儀와 品節。모범。규칙。法式。〔漢書〕制作－－。

【儀刑:의형】 ❶벌 받음。❷본받음。본으로 함。〔詩·文王〕－－文王。❸본。법。法式。儀形。儀型。〔北史〕－－風德、人之師表。

【儀形:의형】 몸가짐의 모양。〔崔瞻傳〕。

【儀訓:의훈】 바른 가르침。좋은 敎訓。〔後漢書〕少習－－、閑於婦道。◎公－、私－、謝－、兩－、禮－、威－、葬－、地球－、祝－、風－、渾－。

【儁】 (준) 震 シュン、すぐれる ㄐㄩㄣˋ chün⁴ excellence

草書 ❶영특할준(絕異卓特)。〔世說〕王澄曰兄似道而神鋒太－。❷훌륭할준(俊也)。〔左傳 莊公十一年〕得－曰克。(『俊』과 같음)

【儁傑:준걸】 뛰어남。또는 그 사람。〔韓愈〕－－廉悍。

【儁科:준과】 훌륭한 科第。〔蘇轍〕策名－－。

【儁望:준망】 훌륭한 명예。

【儁才:준재】 뛰어난 일, 또는 그 사람。俊才。

【儁出:준출】 훌륭하고 뛰어남。〔出史〕。

【儂】 (농) 多 ドウ、ノウ、われ ㄋㄨㄥˊ nung² myself

草書 ❶나농(我也)。〔韓愈詩〕鱷魚大于船、牙眼怖殺－。❷그이농(彼也)。❸저이농。〔楊維禎詩〕勸－莫上北高峰。

【儂人:농인】 지금의 雲南의 苗族。僰人·沙人의 種族。〔滇南雜志〕－－其種在廣南、習俗大略與僰夷同。

【儃】 ㊀(천) 先 セン、タン、ためらう ㄊㄢˇ t'an³ hesitate ㊁(탄) 旱

小篆 草書 ㊀머뭇거릴천(不進)。〔楚辭九章〕欲－佪以干傺。㊁천천할탄(舒閒貌)。〔莊子 田子方〕－－然不趨。

【儃回:천회】 旋回함。〔楚辭·賈誼·惜誓〕固－－而不息。〔注〕－－、運轉也。

【儃佪:천회】 발걸음을 내딛지 못하고 머뭇거리는 모양。低佪。徘徊。〔楚辭·九章·涉江〕入漵浦余－－兮。〔注〕－－、一作邅廻、五臣云、邅轉、廻旋也。

【儃僈:탄만】 제멋대로 놀아남。〔新書·勸學〕舜勉而加志、我－－而弗省耳。

【儃漫:탄만】 =儃僈。〔莊子·馬蹄〕澶漫爲樂。〔釋文〕澶、本又作儃、徒旦反、云云、李云、澶漫、猶縱逸也。

【儃儃:탄탄】 조용한 모양。悠然。〔莊子·田子方〕有一史後至者、－－然不趨。

【億】 (억) 職 オク、おく hundred million

小篆 草書 ❶억억(數名)。「만의 만배」。〔禮記內則注〕小數以十爲等、十萬爲－、十－爲兆也、大數以萬爲等、萬至萬、是萬 萬爲－也。❷편안할억(安也)。〔左傳 昭公二十一年〕心－則樂。❸이바지할 억(供也)。❹헤아릴억(料度)。〔論語先進〕－則屢中。❺많을억(衆多)。❻인민억(人民)。〔十八史略〕－兆願戴己歟。

【億劫:억겁】 《佛》劫은 때를 말하며、一劫은 萬萬倍의 뜻。《轉》無限히 길고 오랜 동안。또는 그 세상。〔拾遺記·員嶠山〕殆九天之正氣、生于－－之內。(『臆』과 통함)

【億代:억대】 ❶억으로 헤아릴 만함。❷아주 오랜 世代。

【億萬:억만】 ❶억。❷썩 많은 수효。

【億萬年:억만년】 무한한 해。무궁한 歲月。

【億庶:억서】 많은 人民。億兆。兆庶。「凡庶。

【億丈之城:억장지성】 썩 높이 쌓은

성。『誼諳』據——、臨不測之谿。

【億載：억재】 億年。(載는 年)。

【億兆：억조】 ❶썩 많은 수。❷백성을 일컬음。萬民。『戰國策』相去有——之數。

【億兆蒼生：억조창생】 수많은 백성。수많은 세상 사람。

【億中：억중】 계획하고 생각한 일이 잘 들어 맞음。『論語·先進』億則屢中。

【億測：억측】 추측하여 헤아림。『後漢書』況乃——微隱。

【億度：억탁】 이유와 근거가 없는 추측。億測。『唐書』。

【儆】 (경) 梗

ケイ、いましめる　ㄐㄧㄥˇ ching³　warn

(篆小) (書草) 경계할경(戒也)。『書經 大禹謨』—戒無虞。(『警』과 통함)

【儆儆：경경】 경계하고 조심하는 모양。『詩經·疏』——然不能寐。

【儆戒：경계】 잘못되는 일이 생기지 아니하도록 미리 마음을 가다듬어 조심함。警戒。『書經』——無虞。

【儆備：경비】 경계하기 위하여 準備하는 일。警備。『左傳』——設守而後行。

【儇】 (현) 先

ケン りこう　ㄒㄩㄢ hsüan¹　clever

(篆小) (篆小) (書草) ❶영리할현(慧利)。『荀子』鄉曲之—子。❷빠를현(疾也)。『詩經 齊風還』揖我謂我—兮。

【儇媚：현미】 잔꾀가 많고 아첨을 잘함。『楚辭』忘——以背衆兮。

【儇子：현자】 잔꾀가 많은 者。小才士。『荀子』鄉曲之——。

【儇儇：현현】 새우는 소리。『陳子龍·詩』

泰吉語——。

【儈】 (괴) 泰

カイ、さいとり　ㄎㄨㄞˋ k'uai⁴　brokerage

(篆小) (書草) 거간군괴 (賣買周旋業者)。『史記』節駔—。

【儈夫：괴부】 物品賣買를 仲介하는 商人。

【儈佞：괴영】 小人。『宣和遺事·後集』陷害忠良、進用——。

【儈牛：괴우】 소를 仲買하는 사람。또는 그 일。『後漢書·逸民·逢萌傳』君公遭亂獨不去、——自隱。『注』儈、謂平會兩家賣買之價。

【儉】 (검) 琰

ケン、つづまやか　ㄐㄧㄢˇ chien³　frugality

(篆小) (書草) ❶검소할검(約也)。『禮記』國奢則示之以—、國—則示之以禮。❷흉년들 검 (歲歉)。『北史 韓麒麟傳』年豐多積 歲—出振。❸적을검(少也)。『南史謝 弘微傳』弘微家素貧—。❹다할검(乏也)。❺가난할검(貧也)。(『險』과 통함)

【儉年：검년】 作物의 結實이 잘 안 되는 해。凶年。『魏書·釋老志』——出貸、豐則收入。「—。

【儉德：검덕】 검소한 德。『書經』愼爾—

【儉吝：검린】 ❶수수하고 아낌。❷인색함。『晉書』性——而好取斂。

【儉朴：검박】 儉素하고 質朴함。『白居易』人情——、時俗淸和。

【儉薄：검박】 너무 儉約해서 야박함。『後漢書·周盤傳』居貧養母、——不充。

【儉腹：검복】 지식이 짧은 것을 말함。

【儉省：검생】 절약해서 비용을 덜 들게 함。낭비하지 않음。

【儉素：검소】 검약하고 질소함。사치하지 않고 수수함。『晉書』廉潔——。

【儉約：검약】 儉素하고 절약함。비용을 적게 함。『漢書』率以——。

◎恭—、勤—、節—。

【儋】 (담) 覃

タン、になう　ㄉㄢ tan¹　burden

(篆小) (書草) ❶짐담(負荷)。『史記』檗千—。❷항아리담(甔也)。『揚子方言』齊之東北海岱之間罃謂之—。(『擔』과 같고 『甔』과 통함)

❷儋 (書全政農)

【儋石：담석】 분량이 적은 섬 곡식。

【儋石之祿：담석지록】 적은 俸給。얼마 안 되는 俸祿。『漢書·荊通傳』守——者。

【儋石之儲：담석지저】 石은 一石、儋은 二石。곧 조금씩 저축하는 것。변변하지 못한 貯蓄。『漢書·揚雄傳』家產不過十金、乏無——晏如也。

【儌】 (교) 篠 蕭

キョウ、もとめる　ㄐㄧㄠˇ chiao³　expect

❶갈교(行也)。❷바랄교(望也)。❸거짓교(欺也)。

【儷】 (려) 『儷』(人部 19畫)의 略字

十四畫

【儐】 (빈) 震

ヒン、みちびく　ㄅㄧㄣˋ pin⁴　reception

(篆小) (書草) ❶인도할빈(導也)。『禮記 聘義』主人 三—。❷나아갈빈(進也)。『周禮』王命諸侯則—。❸베풀빈(陳也)。『詩經 小雅常棣』—爾籩豆。❹손 대접할빈(接賓以禮)。『禮記 禮運』山川所以—鬼神也。❺공경할빈(敬也)。(『賓·擯』과 통함)

【儐相：빈상】 賓客을 안내하며 主人을 돕는 사람。『蘇轍·齊州閔子廟記』——有位。

【儐者：빈자】 주인을 도와 賓客을 案內하는 사람。『管子·小問』桓公命——延而上。

【儐從：빈종】 앞뒤에서 시중하며 따름。(儐은 儐者로서 앞에서 시중들고 從은 從者로서 뒤에서 시중듦)。『左思·吳都賦』締交翩翩、——奕奕。『注』向曰、儐者、所以道引於前也、從者、侍從於後。

【儑】 (압) 合

ゴウ、おちつかない　stupid

❶잔피할압(不著事)。❷용렬할압(劣也、儑—)。

【儒】 (유) 虞

ジュ、がくしゃ　ㄖㄨˊ ju²　scholar

(篆小) (書草) ❶선비유(學者)。『禮』—有席上之珍。❷난장이유(侏—、短人)。❸유도유。(孔子를 시조로 하는 도)。❹광대유(俳優)。

【儒家：유가】 ❶=儒者。❷학자·儒者의 家門。❸儒教의 학파。

【儒家書：유가서】 儒教의 서적。

【儒教：유교】 中國의 전통적인 政教一致를 主旨로 하는 教。孔子를 始祖로 함。『史記』魯人皆以——、而朱家以俠聞。

【儒道：유도】 儒教의 道。

【儒林：유림】 ❶儒者의 同僚。❷儒教의 道를 닦는 학자들。士林。『漢書』典——史卜之官。

【儸】(라) 㑩 ラ、はだか strip oneself naked
❶벌거벗을라(赤裸)。❷누에라(蠃也)。『倮·裸』와 通함。

儿 部

【儿】㊀(인) 眞 ジン、ひと benevolent person ㊁(궤) 卦 ㄖㄣ jen²
㊀사람인(人也)。㊁어진사람궤(仁人)。〔六書故〕人象立人, 儿象行人。

一 畫

【兀】(올) 月 コツ、たかい aloft ㄨ wu⁴
❶우뚝할올(高貌)。〔杜牧 阿房宮賦〕蜀山ㅡ, 阿房出。❷발뒤꿈치벨올(刖足)。〔莊子 德充符〕魯有ㅡ者王駘。❸움직이지않을올(不動貌)。〔韓愈 進學解〕常ㅡㅡ以窮年。❹위험할올(危也)。❺뜻없을올(無志)。

【兀立:올립】우뚝 솟음。

【兀山:올산】平地에 우뚝 솟은 산。孤山。孤峰。

【兀然獨坐:올연독좌】혼자 단정히 앉음。

【兀傲:올오】교만하고 주적거림。〔陶潛·飲酒詩〕ㅡㅡ差若穎。

【兀兀:올올】❶마음을 한 곬으로 써서 動搖하지 않는 모양。❷산이나 바위 등이 우뚝우뚝 선 모양。❸흔들리어 위태로운 모양。〔韓愈〕ㅡㅡ以窮年。

【兀坐:올좌】움직이지 않고 앉아 있음。어깨를 으쓱하게 앉아 있음。〔蘇軾〕ㅡㅡ如枯株。

二 畫

【允】(윤) 軫 イン、まこと reliable ㄩㄣ yün³
❶미쁠윤(信也)。〔書經 君奭〕告汝朕ㅡ。❷마땅할윤(當也)。〔魏書 穆亮傳〕公卿等宜自相推擧, 必令稱ㅡ。❸옳게여길윤(肯也)。〔元稹 論罷進海味狀〕聖慈特賜ㅡ許。❹진실로윤(眞實)。❺허락할윤(諾也, ㅡ許)。❻좇을윤(從也)。

【允可:윤가】임금의 裁可。允許。

【允恭:윤공】진실로 공손함。誠實謹恭。〔書經〕ㅡㅡ克讓, 光被四表。

【允納:윤납】허락하여 받아들임。〔晋書〕。

【允當:윤당】진실로 맞음。理致에 적합함。〔左傳·僖二十八〕軍志曰ㅡㅡ則歸。

【允若:윤약】眞心으로 順從함。(若은順)。〔書·大禹謨〕瞽亦ㅡㅡ。

【允兪:윤유】임금이 허가함。允許。

【允臧:윤장】매우 착함。〔陸雲〕豊恩ㅡㅡ。

【允下:윤하】임금이 허가함。允可。

【允諧:윤해】잘 어울림。誠實히 和合됨。允協。〔書經〕庶尹ㅡㅡ。

【元】(원) 元 ゲン、もと foundation ㄩㄢ yuan²
❶으뜸원(原也)。❷착하고어질원(善良)。〔易經 文言〕ㅡ者善之長也。❸착한사람원(善人)。〔左傳 文公十八年〕堯擧八ㅡ, 使布五教于四方。❹일 년의 맨 첫날원(元旦)。「ㅡ日」。❺연호원(年號)。〔十八史略 西漢〕即位之元年, 始改ㅡ曰建元。❻두목원(頭首)。〔孟子 滕文公下〕勇士不忘喪其ㅡ。❼임금원(君也)。〔書經 益稷〕ㅡ首明哉。❽백성원(民也)。〔賈誼 過秦論〕子ㅡㅡ。❾클원(大也)。❿기운원(氣也)。〔公羊傳註〕變一爲ㅡ, ㅡ者。⓫하늘원(天也)。⓬길원(長也)。

【元功:원공】제일 으뜸되는 큰 功。〔國語〕以贊ㅡㅡ。

【元鑛主:원광주】分鑛을 준 광주。

【元舅:원구】임금의 어머니의 兄弟。임금의 外叔。〔詩經〕王之ㅡㅡ, 文武是憲。

【元金:원금】❶밑천。본전。❷금전을 貸借할 때에 대차한 금전。↔利子。

【元氣:원기】❶萬物이 이루어진 根本的인 힘。❷天地의 氣運。❸활동의 근원이 되는 氣力。〔唐書〕不以ㅡㅡ佐喜怒。

【元氣不足:원기부족】心身의 정력이 모자람。〔黃裳ㅡㅡ〕。

【元吉:원길】크게 길함。大吉。〔易經〕

【元年:원년】❶임금이 即位한 첫 해。〔公羊傳〕ㅡㅡ者何, 君之始年也。❷年號를 정한 첫 해。❸나라를 세운 해。

【元旦:원단】元日의 아침。설날 아침。元朔。元朝。正旦。歲旦。

【元憝:원대】惡人의 魁首。흉물의 우두머리。大憝。〔晋書〕旗不再麾, 而ㅡㅡ授首。

【元德:원덕】모든 德의 근본이 되어 있는 德。主德。〔書經〕玆亦惟天若ㅡㅡ, 永不忘在王家。

【元來:원래】본디。전부터。原來。

【元良:원량】❶퍽 선량함。매우 선량한 사람。〔書·太甲〕一人ㅡㅡ。❷皇太子 또는 王世子를 일컬음。〔禮記·文王世子〕一有ㅡㅡ, 萬邦以貞, 世子之謂也。

【元老:원로】❶國家에 큰 功이 있는 늙은 신하。〔詩經〕方叔ㅡㅡ。❷오래 그 일에 종사하여 공로가 있는 연로자。

【元老院:원로원】❶외국의 共和國 등에 있어서 上院을 일컬음。❷고대 로마의 國政評議機關。

【元利:원리】❶본전과 이자。❷밑천과 「변리。本邊。

【元面:원면】❶본 얼굴。❷원래의 면。

【元味:원미】쌀미음。쌀로 쑨 죽。

【元配:원배】＝元妃②。

【元輔:원보】《制》領議政의 別稱。

蜀漢興元寶 (金石索)

【元寶:원보】말굽같이 생긴 中國의 옛 銀貨。

【元妃:원비】❶임금의 正室。皇后。王后。元后。世妃。〔左傳〕惠公ㅡㅡ孟子。❷처음에 얻은 妻。元配。〔晋書·禮志〕前妻爲ㅡㅡ。

【元史:원사】〈書〉二一〇권。元代의 歷史書。明의 宋濂 등이 지음。너무 速成이어서 體裁가 粗略하고 誤謬가 많음。〔四庫提要·史·正史類〕。

【元朔:원삭】정월 초하루。

【元蔘:원삼】＝玄蔘。

【元夕:원석】上元의 밤。정월 보름날 밤。元宵。元夜。〔蔡襄·上元進詩序〕。

【元世祖:원세조】〈人〉一二一五~一二九四。이름은 忽必烈。宋을 滅하고 中國을 統一하여 國號를 元이라 하고 燕京에 都邑함。後에 倭를 친 일이 있고, 또 緬甸·安南·爪哇 등을 征伐하여 領土가 亞洲 및 歐羅巴 東部까지 뻗쳐 疆土의 넓이는 前古에 比할 바 없이 컸음。〔元史·四·十七〕。

은 서로 平行으로 될 때 마주치는 점을 ...

【光揚:광양】 드날리어 나타냄. 「말함.

【光演:광연】 밝히고 넓힘. 『諸葛亮』ㅡ ㅡ文武.

【光燄:광염】 ❶불꽃. ❷旺盛한 氣勢. 『韓愈』李杜文章在、ㅡㅡ萬丈長.

【光艷:광염】 매우 아리따움.

【光榮:광영】 ＝榮光.『李白』竹帛以ㅡㅡ.

【光映:광영】 빛이 남. 빛이 비침. 『南史』ㅡㅡ後庭. 「照.

【光影:광영】 빛. 『列子·周穆王』ㅡㅡ所

【光耀:광요】 ❶光彩. 『列子』. ❷빛남.

【光源:광원】 빛을 스스로 발하는 물체. 태양 따위.

【光陰:광음】 ❶歲月(光은 日, 陰은 月). 『李白』ㅡㅡ者百代之過客. ❷때.

【光陰如流:광음여류】 세월의 가는 것이 흐르는 물과 같이 빠름.

【光電子:광전자】 《物》금속 표면에 빛이 닿을 때 거기서 방사되는 전자.

【光電池:광전지】 《物》빛이 導體나 반도체에 들이 쏠 때 일어나는 광전 효과를 이용하여 빛을 전류로 바꾸는 장치.

【光點:광점】 《天》태양면의 흑점 근처에서 번쩍이는 작은 점.

【光濟:광제】 크게 救濟함. 크게 成功함. 훌륭하게 成就함. 『魏志』大猷ㅡㅡ.

【光州學生事件:광주 학생사건】 一九二九년 一一월 三일에 全羅南道 光州에서 일어난 反日鬪爭의 학생 사건.

【光窓:광창】 採光을 위하여 설치한 창.

【光彩:광채】 ❶눈부신 빛. 『北齊書』便是國之ㅡㅡ. ❷어두운 속을 비추는 힘. 光耀. ❸빛의 무늬.

【光體:광체】 빛을 내는 물체. 發光體.

【光彈:광탄】 밝게 비치기 위하여 쓰는 포탄. 照明彈.

【光宅:광택】 ❶빛이 드는 집. ❷德으로 밝게 다스림. 照臨. 『書經·序』ㅡㅡ天下.

【光澤:광택】 ❶윤. 빛. 빛깔. 光色. ❷《佛》부처의 光明에 널리 비춰서 濟度됨. 『淨土和讚』.

【光波:광파】 《物》에터르의 진동으로 생기는 빛의 波動.

【光風:광풍】 ❶비가 온 뒤에 부는 맑은 바람. ❷맑은 날씨에 부는 바람.

【光風霽月:광풍제월】 ❶화창한 바람과 雨後의 달. ❷마음이 爽快하고 깨끗함의 形容. 『宋史·周敦頤傳』胸懷酒落、如ㅡㅡ. ❸太平歲月을 말함. 『宣和遺事·前集』大槩ㅡㅡ之時少、陰雨晦冥之時多.

【光學:광학】 《物》빛의 현상을 연구하는 물리학의 한 분과.

【光學機械:광학기계】 《天》광학의 원리에 의하여 만든 顯微鏡·望遠鏡·사진기 따위의 기계.

【光赫:광혁】 ＝光輝.

【光華:광화】 ❶빛. 빛나는 기운. 아름다운 빛. ❷光彩. 光輝. 『竹書紀年』日月ㅡㅡ、旦復旦兮. ❸영광. 名譽. 光榮. 『鮑照』宗黨生ㅡㅡ.

【光化門:광화문】 《歷》景福宮의 正門. 李太祖 四년(一三九五) 九월에 창건. 임진 왜란 때에 소실되어 二七〇여년간 그 姿態를 감추었다가 高宗 二년(一八六五) 경복궁의 再建과 함께 着工하여 동년 一〇월에 落成하였음.

【光輝:광휘】 ❶빛남. 번쩍번쩍 빛남. ❷칭찬. ❸名譽. 光赫. 光暉. 『孟子』充實而有ㅡㅡ之謂大.

【光熙門:광희문】 서울 동남 쪽에 있던 門. 李太祖 五년(一三九六) 가을에 세웠음. 現在는 허물어져서 남아 있지 않음.

◎觀ㅡ、國ㅡ、極ㅡ、明ㅡ、微ㅡ、發ㅡ、白ㅡ、分ㅡ、散ㅡ、曙ㅡ、瑞ㅡ、晨ㅡ、夜ㅡ、餘ㅡ、陽ㅡ、濾ㅡ、年ㅡ、烈ㅡ、榮ㅡ、容ㅡ、圓ㅡ、月ㅡ、威ㅡ、流ㅡ、燐ㅡ、日ㅡ、電ㅡ、燭ㅡ、秋ㅡ、春ㅡ、風ㅡ、螢ㅡ、火ㅡ、和ㅡ、黃道ㅡ、曉ㅡ、後ㅡ.

【兊】 (태)『兌』(5畫 儿部)의 俗字

五畫

【克】 (극) 職 コク、かつ overcome ㄎㄜˋ k'ê⁴

小篆 古文 古文 草書

❶이길극(勝也). 『史記 孔子世家』費人攻之不ㅡ. ❷능할극(能也). 『易經大有』小人不ㅡ. ❸마음을 억누를극(抑心). 『論語 顔淵』ㅡ己復禮爲仁. ❹세금많이받을극(掊ㅡ聚斂). ❺멜극(肩任). (『剋』과 통함)

【克家:극가】 집을 잘 다스림. 『易·蒙』納婦吉、子ㅡㅡ.

【克勤:극근】 ❶부지런하고 儉素함. 『書·大禹謨』ㅡㅡ于邦. ❷《人》宋의 僧名. 字는 無著, 號는 圓覺, 諡는 眞覺大師. 〈著書〉碧岩錄.

【克己:극기】 ❶자기의 私慾을 理智로써 눌러 이김. ❷충격·욕망·감정 같은 것의 過度한 발동을 억제함. ❸自制함. 『論語』ㅡㅡ復禮爲仁.

【克己心:극기심】 자기의 사욕 사념을 자기 스스로가 누르는 의지.

【克明:극명】 주의를 기울여 속속들이 잘 「밝힘.

【克復:극복】 ❶敵과 싸워 이겨 失地를 恢復함. ❷正道로 돌아감. ❸克己復禮의 略. 『諸葛亮·爲後主伐魏詔』除患寧亂、ㅡㅡ舊都.

【克服:극복】 ❶적을 이기어 굴복시킴. ❷곤란을 이겨내어 마음대로 함.

【克讓:극양】 남을 공경하고 몸을 謙遜히 해서 辭讓함. 『書·堯典』允恭ㅡㅡ.

【克慾:극욕】 貪慾의 생각을 抑制함.

【克從:극종】 이겨 복종시킴. 「ㅡㅡ.

【克捷:극첩】 싸움에 이김.

【克治:극치】 私欲을 이기어 잡념을 물리침. 『傳習錄』省察ㅡㅡ之功. 『晋書』所在

【克孝:극효】 어버이를 孝道로 잘 섬김. 『書·微子之命』恪愼ㅡㅡ.

◎超ㅡ.

【兌】 ㊀(태) 泰 ㊁(예) 霽 タイ、よろこぶ be glad ㄉㄨㄟˋ tuei⁴

小篆 草書

㊀❶기쁠태(悅也). 『易』ㅡ亨利貞. ❷지름길태(蹊也). ❸모일태(聚也). 『荀子議兵』仁人之兵ㅡ、則若莫邪之利鋒. ❹통할태(通也). 『詩經 大雅緜』行道ㅡ矣. ❺곧을태(直也). 『詩經 大雅皇矣』松柏斯ㅡ. ❻구멍태(穴也). 『老子』塞其ㅡ閉其門. ❼바꿀태(易也). 『丁芝仙詩』十千ㅡ得餘杭酒. ❽괘이름태(卦名). (『隊』와 통함) ㊁날카로울예(銳也).

【兌契:태계】 賣渡證書.

【兌管:태관】 색대.

【兌卦:태괘】 ❶八卦의 하나. 상형은「☱」인데 못을 상징함. ❷六十四卦의 하나. 못 아래에 못이 거듭됨을 나타냄.

【兌利:태리】 일이 순조로움. 『管子』巧轉而ㅡㅡ.

【兌方:태방】 八方의 하나. 正西를 중심으로 한 四五도의 角距離를 이름.

【兌換：태환】 ❶《經》紙幣 또는 銀行券을 正貨와 바꾸는 일。❷바꿈。

【兌換制度：태환제도】《經》 은행이나 정부가 발행한 보조 화폐인 지폐를 가진 이의 요구에 따라서 언제라도 본위 화폐인 正貨와 바꿀 수 있는 화폐 제도。

【兌換紙幣：태환지폐】《經》언제나 本位貨幣로 바꿀 수 있는 보조 화폐。

【兌利：예리】 날카로움。(兌는 銳)。

【免】

㊀(면) [銑] メン、まぬかれる escape
㊁(문) [問] ㄇㄧㄢˇ mien³

小篆 草書 ㊀ ❶벗을면(脫也)。❷면할면(脫也)。【韓愈毛穎傳】因-冠謝。❸피할면(避也)。【韓愈送石處士序】請與出遊、未嘗以事-。❹놓을면(縱也)。【春秋 僖公二十一年】乃-牲。❺죄를용서할면(宥也)。【周禮 秋官鄕士】若欲-之。㊁ ❶해산할문(娩也)。【字彙】生子曰-、與娩同。❷통건쓸문(喪冠)。【禮記 喪服小記】親者皆-。

【免官：면관】 ❶官職을 辭함。❷《制》王朝時代에 官人에 科한 附加刑의 한 가지。

【免冠：면관】 관을 벗음。

【免窮：면궁】 《國》窮乏을 免함。

【免急：면급】 위급한 일을 면함。

【免無識：면무식】 《國》겨우 무식이나 면할 정도의 학식이 있음。

【免白頭：면백두】 늙어서 처음으로 벼슬을 하여 白頭를 면함。

【免罰：면벌】 罰당함을 면함。

【免死：면사】 죽음을 면함。

【免稅：면세】 稅金을 免除함。免租。『唐書』--征。

【免稅點：면세점】 《法》법률에 의하여 세금을 면제할 때의 그 限界。

【免稅品：면세품】 《經》❶關稅를 면제한 輸出入品。❷면세를 받은 상품。

【免訴：면소】 《法》일단 발생한 刑罰權의 소멸을 言渡함。確定判決·赦免·公訴時效의 完成 및 犯罪後 法令의 改正으로 刑이 廢止된 경우에 면소를 宣告함。

【免試：면시】 시험을 면제함。

【免身：면신】 아이를 낳음。分身。分娩。『史記』朔婦--生男。

【免役：면역】 ❶服役의 義務를 免함。『宋史』。❷定役囚가 취역을 면함。❸兵役을 면제함。

【免疫：면역】 《醫》어떤 전염성 질병에 잘 걸리지 않는 抵抗力을 갖는 일。除疫。

【免夭：면요】 夭死를 면하였다는 뜻으로 쉰 살을 겨우 넘기고 죽는 일。

【免辱：면욕】 치욕을 면함。

【免狀：면장】 免許狀의 略語。

【免除：면제】 ❶책임이나 의무를 지우지 아니함。❷債務를 免함。

【免租：면조】 《制》租稅를 免除함。免稅。『北齊書』遭蝗之處--。

【免罪：면죄】 죄를 면함。

【免罪符：면죄부】 宋中世紀로마 敎皇廳에서 發給한 符券으로 이것을 가지면、그 罪惡의 全部 혹은 一部를 赦免받는다고 하였음。八○○년 경 레오 三世가 시작하여 대대로 교회 운영의 財源으로 商品化되어 信徒를 착취하여 오다가 드디어 루터 등에 의한 종교 개혁의 원인이 되었음。

【免職：면직】 일 자리를 면하거나 물러나가게 함。免官。『南史』。

【免責：면책】 책망이나 책임을 벗어남。

【免醜：면추】 《國》 여자의 얼굴이 겨우 醜惡함을 免함。

【免黜：면출】 벼슬을 떼고 그 地位를 떨어뜨림。『後漢書·梁冀傳』--者三百餘人。

【免脫：면탈】 죄를 벗어남。『漢書』--者衆。

【免許：면허】 《法》特定한 행위나 營業을 特定人에게 許諾하는 行政處分。

【免許狀：면허장】 《法》관청에서 면허한 표로 내준 문서。

【免禍：면화】 재앙을 면함。

【免鰥：면환】 《國》홀아비가 다시 장가를 들거나 홀어미를 얻음。

【免凶：면흉】 흉년을 면함。免歉。◎放-、辭-、赦-、恕-、罷-。

【児】

(아)『兒』(6畫 儿部)의 俗字

【兎】

(토)『兔』(6畫 儿部)의 俗字

【兎褐：토갈】 토끼털로 만든 옷。『唐書』士貢--。

【兎缺：토결】 ❶언청이。윗 입술이 찢어져서 토끼의 입과 같은 不具。『晉書·魏詠之傳』生而--、醫曰、可割而補之。❷달의 이지러짐。『古詩』三五明月滿、四五蟾--。

【兎糞：토분】 《醫》 토끼 똥。解熱藥으로 씀。

【兎死狐悲：토사고비】 토끼가 죽으니 여우가 슬퍼함。《轉》同類가 서로 同情함을 말함。『宋史·李全傳』狐死兎泣、李氏滅、夏氏寧獨存。

【兎死狗烹：토사구팽】 빠른 토끼가 죽을 것 같으면 토끼를 잡던 獵犬도 필요가 없으니까、삶아서 먹음。《轉》敵國이 망하면 공 있는 謀臣을 죽인다는 말。즉 필요할 때는 사용하고 필요 없을 때는 버린다는 뜻。『史記·越世家』蜚鳥盡、良弓藏、狡兎、良狗烹。

【兎營三窟：토영삼굴】 토끼가 危難을 피하려고 구멍 셋을 만든다는 뜻으로、자신의 안전을 위하여 미리 몇 가지의 계책을 짜 놓음을 가리키는 말。

【兎怨猴不平：토원후불평】 궁합에서 토끼 띠는 원숭이 띠를 꺼린다는 元嗔煞의 하나。

【兎月：토월】 月의 異稱。兎魄。兎影。『江總』--半輪明。

【兎罝：토저】 토끼를 잡는 그물。《轉》在野의 賢者가 많음。『桓溫』--絕響於中林。

【兎皮：토피】 토끼 가죽。

【兎毫：토호】 ❶토끼의 가는 털。❷붓의 異名。(토끼의 털로 만들기 때문임)。『羅隱』幽窓染--。

六畫

【兒】

㊀(아) [支] ニ、ジ、こども
㊁(예) [齊] child；infant ㄦˊ êrh²·¹

小篆 草書 ㊀ ❶아이아、아기아(孩子)。【韻會】男曰-女曰嬰。❷아이가어른에대하여하는자칭아(自稱)。【古詩 焦仲卿妻】-實無罪過。㊁ ❶어릴예(幼弱)。【倉頡篇】嫣也謂嬰-嫣然幼弱之形。❷성예(姓也)。(『倪』와 통함)

【兒女：아녀】 ❶사내애와 계집애。子女。『李白·詩』--嬉笑牽人衣。❷남녀。남녀들。『韓愈·聽琴詩』呢呢--笑。❸계집。여자。

【兒女子：아녀자】 ❶ 소견 없는 아이나 여자。❷아이와 여자。

【兒童：아동】 어린 아이。

【兒童劇：아동극】 아동들이 하는 연극。

【兒童文學：아동문학】 ❶동요·동화 따위와 같이 아동의 심리를 잘 묘사하여 그것을 읽힘으로써 그들에게 예술적 흥미를 줄 수 있는 문예 작품。❷ 아동 자신의 손으로 이룬 문학。

【兒童走卒:아동주졸】 철없는 아이들과 어리석은 사람들。〔宋史〕—皆知司馬君實。

【兒名:아명】 어릴 때에 부르는 이름。↔冠名。

【兒聲:아성】 ❶어린애의 소리。❷유치한 말。

【兒孫:아손】 아들과 손자。子孫。〔王勃〕弄——於襁褓。

【兒輩:아배】 아이들。兒曹。

【兒弱:아약】 제대로 뼈가 굳지 않은 연약한 어린애들。

【兒羊皮:아양피】 새끼양의 가죽。

【兒子:아자】 아이。아이들。〔南史〕欲殘害我——。

【兒在負三年搜:아재부삼년수】 (國) 업은 아기 삼년 찾음。(喩) 아주 가까운 곳에 둔 물건을 다른 곳에서 오래도록 찾는다는 뜻。〔靑莊館全書〕。

【兒塚:아총】 어린애의 무덤。

【兒齒:아치】 노인의 이가 빠지고 다시 난 이。(오래 살 징조라 함)。

【兒枕痛:아침통】 (醫)解産 때 태 곁에 모여 있던 피가 다 나오지 못하고, 남아 있어서 앓는 병。

【兒患:아환】 ❶어린아이의 병。❷자기 자식의 병。〔詩·閟宮〕旣多受祉、黃髮——。

【兒戲:아희】 ❶아이들의 희롱。장난。兒嬉。❷價値가 없는 것의 비유。〔史記〕曩者覇上棘門軍若——耳。◎健—、孤—、棄—、男—、豚—、迷—、小—、愛—、女—、嬰—、幼—、乳—、育—、胎—、風雲—。

【兓】 ㊀(침) 侵 ㊁(찬) 翰 シン、するどい sharp
㊀날카로울침(銳也)。㊁❶도울찬(贊也)。❷기릴찬(讚也)。

【兎】(토) 遇 ト、うさぎ rabbit ㄊㄨ t'u4
토끼토(獸名)。〔禮〕—曰明視。〔陸佃云〕—明月之精光見月而生子。

【兕】(시) 紙 ジ、けもの rhinoceros ㄙ ssu4
외뿔난들소시(一角野牛)。〔詩經 周南卷耳〕我姑酌彼—觥。

兕 (古今圖書集成)

【兕甲:시갑】 兕 짐승의 가죽으로 만든 갑옷。〔周禮·註〕。

【兕觥:시굉】 옛날 쇠뿔로 만든 술잔。〔詩·七月〕我姑酌彼——。

周兕觥(金石索)

七畫

【兗】(연) 銑 エン、まこと reliable ㄧㄢ yen3
❶고을이름연(九州之一、—州)〔書〕濟河惟—州。❷믿을연(信也)。❸단정할연(端也)。(『沇』과 통함)

【兙】『瓧』(瓦部 2畫)과 같음

八畫

【党】(당) 養 トウ、えびす savage ㄉㄤ tang3 (『黨』의 略字)
❶오랑캐당(羌種、—項)。❷사람의성당(姓也)。

【兛】『瓩』(瓦部 3畫)과 같음

九畫

【兜】(두) 尤 トウ、かぶと helmet ㄉㄡ tou
❶투구두(首鎧)。❷아주반할두(惑也)。〔國語 晉語〕左列者獻詩、使毋—。

【兜率歌:두솔가⇩도솔가】 ❶新羅 儒理王이 지었다는 노래。歌樂의 시초가 된다 함。〔三國史記·新羅本記〕。❷新羅 景德王 一九년(七六〇)에 月明師가 지은 四句體의 鄕歌。三國遺事에 실려 있음。

【兜率天:두솔천⇩도솔천】 欲界 六天 가운데 네째 가는 하늘。

【兜侵:두침】 官吏가 公金을 橫領함。〔福惠全書〕。

【兟】(신) 眞 シン、すすむ advance
❶나아갈신(進也)。❷총총들어 설 신(衆多貌)。(『侁』과 통함)

十一畫

【兡】『瓸』(瓦部 6畫)과 같음

十二畫

【兢】(긍) 蒸 キョウ、つつしむ caution ㄐㄧㄥ ching1
❶조심할긍(戒愼)。〔書經 皐陶謨〕——業業、一日萬機。❷공경스러울긍(敬也)。❸굳셀긍(彊也)。〔詩經 小雅無羊〕矜矜——、不騫不崩。❹떨리는데긍(寒凉戰栗處)。

【兢恪:긍각】 두려워하고 삼감。〔柳宗元〕——危懼。

【兢戒:긍계】 삼가고 조심함。〔溫庭筠〕君子之所——。

【兢懼:긍구】 삼가고 두려워함。〔後漢書〕悚然——。

【兢兢:긍긍】 두려워하고 삼감。〔詩經〕矜矜——、不寇不崩。

【兢兢業業:긍긍업업】 항상 조심하여 공경하고 삼가함。

【兢惕:긍척】 경계하고 두렵게 여김。

【兢惶:긍황】 삼가고 두려워함。〔柳宗元〕——無措。

入 部

【入】(입) 緝 ニュウ、はいる enter ㄖㄨ ju4
❶들입(出之對)。❷넣을입。〔大學〕貨悖—者亦悖而出。❸드릴입(納也)。〔杜甫詩〕寸地尺天皆—貢。❹빠질입(沒也)。〔楞嚴經〕謂六塵卽眼—色耳—聲也。❺받을입(受也)。〔楞嚴經〕身—觸、意—法。❻빼앗을입(取也)。〔史記 佞幸傳〕遂竟案盡沒—鄧通家。❼해칠입(侵害)。〔春秋 隱公二年〕莒人—向。❽들을입(聽也)。

【入閣:입각】 내각 조직에 일원으로서 참가함。

【入監:입감】 죄수가 감방 또는 감옥에 간힘。入獄。

【入鑑:입감】 어른에게 보여 드림。
【入居廳:입거청】 《制》李朝 초에 咸鏡道 지방에 移民하는 일을 맡아보던 관아。
【入格:입격】 시험에 뽑힘。
【入京:입경】 서울에 들어옴。
【入庫:입고】 물건을 창고에 집어 넣음。↕出庫。
【入貢:입공】 ❶朝貢을 바침。❷租稅를 드리고 屬國이 됨。
【入棺:입관】 屍體를 棺 속에 넣음。納棺。
【入官:입관】 처음으로 관리가 됨。
【入關:입관】 關門으로 들어감。
【入觀:입관】 《佛》어지러운 마음을 가라앉히고 諸法의 이치를 觀照하는 경지에 들어감。
【入敎:입교】 ❶종교를 믿기 시작함。❷《宗》예수교에서 세례 받은 사람에게 행하는 의식。
【入校式:입교식】 처음으로 학교에 들어갈 때 거행하는 식。정식으로 입학 허가를 선언하는 식。入學式。
【入口:입구】 들어가는 어귀。
【入寇:입구】 적군이 쳐들어 옴。
【入國:입국】 ❶타국에 들어감。❷領主가 그 領地에 도착함。❸외국에 가 살다가 자기 나라로 되들어 감。
【入國查證:입국사증】 외국에 갈 때에 상대국의 주재 기관으로부터 받는 입국허가。查證。
【入闕:입궐】 대궐로 들어감。
【入金帳:입금장】 금전의 收納을 기록한 장부。
【入納:입납】 편지를 드린다는 뜻으로 봉투에 쓰는 말。
【入內:입내】 안으로 들어 옴。
【入黨:입당】 당에 가입함。
【入隊:입대】 군대에 들어가 군인이 됨。
【入對:입대】 《國》대궐 안에 들어가 임금에게 進謁하고 임금의 諮問에 응함。
【入道:입도】 《佛》❶佛道에 들어가는 일。또는 그 사람。❷道敎를 믿어 道士가 됨。
【入幕之賓:입막지빈】 특히 친한 손님。《轉》機密을 상의할 수 있는 상대。『世說新語·雅量』郗生可謂一一也。
【入滅:입멸】 《佛》죽음。入寂。『大藏法數』至今未一一。
【入沒:입몰】 ❶들어가 빠짐。❷죽음。
【入墨:입묵】 살 속에 먹물을 넣어서 글자 또는 그림을 새김。
【入聞:입문】 어른의 귀에 들어감。
【入門:입문】 ❶스승의 門으로 들어간다는 뜻。弟子가 됨을 말함。❷《制》과거 때에 儒生이 科場으로 들어 감。❸初學者의 편리에 이바지하는 책。❹어떤 학문에 처음으로 들어감。
【入門書:입문서】 처음 배우는 사람을 위하여 알기 쉽게 쓴 書籍。
【入泮:입반】 入學。古代에 學舍를 宮이라 한 데서 온 말。
【入番:입번】 《國》入直。관청에 들어가 宿直하는 일。
【入北:입북】 북 쪽으로 들어감。
【入費:입비】 어떠한 일에 드는 비용。
【入舍:입사】 기숙사 따위에 들어감。
【入社:입사】 회사의 사원이 됨。
【入仕:입사】 벼슬을 한 뒤에 처음으로 그 직장에 나아감。
【入射角:입사각】 《物》投射點에서 투사선과 法線에 의해 이루어진 角。投射角。
【入山:입산】 산에 들어감。《轉》隱居함。『高士傳』。
【入山忌虎:입산기호】 《國》산에 들어가서 범 무서워하기。《喩》회피할 수 없는 것을 회피하려 함。『旬五志』。
【入賞:입상】 ❶상을 타게 되는 데 뽑힘。❷상을 탐。
【入選:입선】 出品한 물건이 심사의 표준 권내에 들어감。↕落選。
【入聲:입성】 漢字의 四聲의 하나。높고 促迫하며 급히 끝을 막는 소리인데、韻字는 屋·沃·覺·質·物·月·曷·黠·屑·藥·陌·錫·職·緝·合·葉·洽의 一七韻으로、대개는 ㄱ·ㅂ·ㄹ·ㅅ·ㄷ이 붙는 無聲音임。『南齊書·陸厥傳』以平上去入、爲四聲。『釋神珙·反紐圖譜』一一直而促。『康熙字典·分四聲法』一一短
【入城:입성】 성 안으로 들어감。『急收藏。
【入所:입소】 훈련소 따위에 들어감。
【入送:입송】 안으로 들여 보냄。
【入收:입수】 거두어 들임。
【入手:입수】 ❶손에 넣음。받아 들임。『陸游·長歌行』金印煌煌未一一。❷着手함。손을 댐。『趙氏·孤兒』爭奈不能一一。
【入侍:입시】 《制》대궐에 들어가 임금을 謁見하는 일。
【入神:입신】 ❶기술 따위가 奧妙한 眞境에 이름。靈妙한 窮極에 達함。『易經』精義一一。❷一心不亂해서 흔들리지 않는 상태。❸陶醉함。
【入室:입실】 ❶방에 들어감。❷학문·예술 등의 奧義에 도달함。『論語·先進』由也升堂矣、未入於室也。❸남의 방에 침입함。❹아내가 됨。❺《佛》師僧의 방에 들어가 道를 물음。『祖廷事苑』五祖大師、至夜密令侍者、於碓坊召盧行者一一、遂傳衣法。❻廬舍로부터 都邑으로 入居함。『禮記·月令集·註』一一、謂自廬舍而入居於室也。
【入室操戈:입실조과】 《喩》그 사람의 學說을 가지고서 그 사람을 공격함의 비유。『後漢書·鄭玄傳』任城何休好公羊學、遂著公羊墨守、左氏膏肓、穀梁癈疾、玄乃發墨守、鍼膏肓、起癈疾休見而歎曰、康成入吾室操吾矛以伐我乎。
【入眼:입안】 《佛》成就。성공。
【入殮:입렴】 죽은 屍體를 棺에 넣는 일。곧 大殮을 말함。
【入營:입영】 병정이 되기 위하여 군문에 들어감。
【入獄:입옥】 ❶옥에 갇힘。❷옥에 가둠。↕出獄。
【入浴:입욕】 ❶목욕을 함。❷목욕하러 들어감。入湯。『山海經』西海有黃池、婦人一一、出卽懷妊矣。
【入用:입용】 들여서 씀。소용이 됨。
【入院:입원】 병원에 들어가 있으면서 병의 치료를 받음。
【入丈:입장】 《國》장가를 들음。
【入葬:입장】 장사를 지냄。매장함。
【入場:입장】 식장 또는 연기장 따위에 들어감。場內로 들어감。
【入場券:입장권】 입장할 때에 필요로 하는 표。
【入場料:입장료】 입장하기 위하여 내는 돈。
【入寂:입적】 《佛》僧侶의 죽음。生死의 苦界를 벗어나 涅槃(열반)에 든다는 뜻。入滅。涅槃。
【入籍:입적】 《法》❶中國의 사람이 乙國에 歸化하여 그 國籍에 編入되는 일。❷出生·결혼으로 그 집 戶籍에 듦。
【入廷:입정】 《法》재판을 받으려고 법정에 들어감 또는 들어 옴。
【入亭:입정】 ❶料亭에 들어감。❷亭子에 들어감。
【入朝:입조】 ❶벼슬아치가 朝會에 들어가던 일。❷外國 使臣이 朝廷에 參列함。
【入直:입직】 官에 들어가 宿直함。또는 근무함。入番。『史記』嬰齊一一。
【入津:입진】 배가 나루에 들어 옴。
【入札:입찰】 《經》일의 都給이나 물건의 매매에 있어서 제일 유리한 내용을 표시한 사람과 계약을 할 조건으로 희망자에게 예정 가격을 써 내어 경쟁하게 하는 계약 체결 방법의 한 가지。
【入倉:입창】 ❶물건이나 곡식을 곳집에 들임。❷營倉에 들어 감。

【全智全能：전지전능】 완전한 지혜와 온전한 능력。(기독교에서의 하나님。)

【全帙：전질】 빠짐이 없는 책의 온 질。

【全集：전집】 개인의 저작을 전부 모은 刊行物。또는 같은 종류 혹은 같은 시대의 저작물을 다 모은 간행물。

【全體：전체】 온통。전부。

【全體國家：전체국가】 《政》국가는 곧 사회라고 함을 내용으로 하는 국가 중심의 국가。

【全體性：전체성】 個個가 유기체 관계를 맺어 전체적으로 한 체계를 이룬 것。

【全體主義：전체주의】 개인은 전체의 이익과 발전을 위하여서만 행동하여야 한다는 주의。↕個人主義。

【全村：전촌】 온 마을。온 동네。

【全治：전치】 병을 완전하게 고침。

【全稱命題：전칭명제】 《論》賓辭가 主辭의 나타내는 사물의 전부를 긍정 또는 부정하는 명제。

【全稱的判斷：전칭적 판단】 《論》主辭의 범위에서 긍정 또는 부정하는 판단。

【全快：전쾌】 병이 완전히 나음。「단。

【全託：전탁】 어떤 일을 전부 남에게 부탁함。

【全土：전토】 국토 전체。온 나라 안。

【全統：전통】 온통。

【全通：전통】 架設 중이던 선로나 전선 따위가 전부 부설되거나 새로 내는 길이 전부 개통함。

【全敗：전패】 싸움마다 짐。완전히 짐。「↕全勝。

【全篇：전편】 한 편의 詩文이나 書籍의

【全廢：전폐】 아주 없애 버림。「전부。

【全幅：전폭】 ❶한 폭의 전부。온 넓이。〔楊萬里〕ーー輕羅作地衣。❷일정한 범위의 온통。「전체의 뜻。

【全豹：전표】 豹皮의 斑文의 전체。《轉》

【全形：전형】 ❶온통의 형체。❷완전한 형체。

【全活：전활】 몸을 온전히 하여 살음。또는 살려서 목숨을 온전하게 함。

【全休：전휴】 온 하루를 내처서 쉼。◎大ー、萬ー、保ー、十ー、安ー、兩ー、瓦ー、完ー。

六 畫

【兩】 ㊀(량) 養 ㊁(량) 漾 リョウ、ふたつ both ㄌㄧㄤˇ liang⁴

兩 小篆 网 小篆 草書

㊀ ❶둘 량(再也)。【易繫辭】兼三才而ー之。❷쌍 량(雙也)。【陶潛詩】白髮被ー鬢。❸짝 량(耦也)。【周禮】大宰以九ー繫邦國之民。❹끝 량(匹也)。❺근 량(斤量、十六ー爲一斤)。❻양 량(錢數百分)。【史記 平準書】更鑄四銖錢、其文爲半ー。㊂수레 량(車數)。【後漢書】車有兩輪故稱ー。(『輛』과 같음)

【兩可：양가】 ❶쌍방 다 좋음。❷아무렇게나 해도 좋음。『晉書·魯勝傳』是有不是、可有不可、是名ーー。

【兩家：양가】 두 편의 집。

【兩家獨子：양가독자】 生家와 養家의 두 집 사이에 있는 외아들。

【兩脚：양각】 두 다리。

【兩間：양간】 ❶하늘과 땅의 사이。『宋史』至剛可以塞ーー。❷두 쪽의 사이。「稱。

【兩肩：양견】 양쪽 어깨。두 어깨。『詩經』竝驅從ーー。

【兩觀：양관】 宮門 좌우에 있는 樓。『三輔黃圖』周置ーー、以表宮門。

【兩句三年得：양구 삼년득】 詩를 짓는다는 것이 어렵다는 뜻。《故》唐의 賈島가 「獨行潭底影、數息池邊身」의 二句를 짓는 데 三년이 걸렸다는 故事。『賈島·自述詩』ーー、一吟雙淚流。

【兩國：양국】 두 나라。

【兩軍：양군】 ❶양 편의 군사。❷운동경기에서 양편 티임。

【兩極：양극】 《地》지구의 兩端。북극과 남극。『晉書』ーー相去、百八十二度半彊。

【兩極端：양극단】 두 사물 가운데 몹시 심한 거리가 있는 일。양쪽의 극단。

【兩衾：양금】 신랑 신부의 금침。

【兩岐：양기】 두 갈래。양 갈래。

【兩難：양난】 이러기도 어렵고 저러기도 어려움。두 쪽이 다 어려움。

【兩南：양남】 《地》湖南과 嶺南을 합쳐 일컫는 말。

【兩年：양년】 두 해。이태。「컫는 말。

【兩斷：양단】 하나를 둘로 끊음。『朱子語類』一刀ーー、便斬絕了。

【兩端：양단】 ❶兩方의 끝。❷둘의 극단。『中庸』執其ーー。❸처음과 끝。本末。『論語』我叩其ーー而竭焉。

【兩端間：양단간】 어찌하든지。두 가지 가운데。좌우간。

【兩堂：양당】 남의 부모의 尊稱。

【兩當：양당】 ❶둘이 다 적당함。❷소매는 없고 앞뒤 즉 등과 가슴에만 걸치는 옷。兩襠。裲襠。

【兩頭：양두】 ❶머리 둘。또는 쌍방의 끝。兩首。『李白』玉簫金管生ーー。❷雙方。

【兩頭馬車：양두마차】 두 필의 말이 끄는 수레。

【兩豆塞耳：양두색이】 콩알 두 개로 귀를 막으면 아무 것도 안 들림。《轉》조그만 것이 큰 지장을 초래함을 말함。『鶡冠子·天則』。

【兩頭政治：양두정치】 《政》두 사람의 우두머리에 의하여 다스려지는 정치。

【兩得：양득】 一擧兩得。『晉書』一擧ーー。

【兩兩：양량】 둘씩 둘씩。둘이 함께。『史記·天官書』ーー相比。

【兩論：양론】 두 가지의 서로 대립되는 의논。

【兩立：양립】 ❶둘이 함께 맞섬。『戰國策』燕·秦不ーー。❷兩方이 다 존재함。

【兩麥：양맥】 보리와 밀。

【兩面：양면】 ❶앞면과 뒷면。❷두 면。❸두 가지 방면。

【兩眉：양미】 두 눈썹。

【兩眉間：양미간】 두 눈썹 사이。

【兩班：양반】 ❶《制》東班과 西班。❷近世 朝鮮 중엽 이후에 있어 지체나 신분 높은 사람을 일컫던 말。

【兩髮：양발】 양쪽으로 땋아 내린 어린 아이의 머리。

【兩方：양방】 이 쪽과 저 쪽。이 편과 저 편。두 편。雙方。

【兩邊：양변】 ❶양쪽 가장자리。두편 쪽。『李白』雙鬢ーー白。❷양쪽의 변。

【兩本位制：양본위제】 《經》금화와 은화 두 가지를 본위 화폐로 하는 제도。

【兩分：양분】 둘로 나눔。

【兩分策：양분책】 둘로 나누는 방법。

【兩相和賣：양상화매】 흥정하는 사람 사이에 두 편이 서로 잘 의논하여서 물건을 팔고 삼。

【兩色：양색】 두 가지의 빛깔。「平兩西。

【兩西：양서】 《地》黃海道와 平安道。黃

【兩棲：양서】 물 속과 땅의 양쪽에서 살음。또는 그 동물。

【兩棲類：양서류】 《動》 Amphibia：척추동물에 속한 한 綱。魚類와 爬蟲類의 중간으로 陸生·水生하는데、魚類의 가슴지느러미와 배지느러미는 네 발로 변하고 부레는 허파로 발달되었으며、鼻腔은 口腔과 통함。비늘·털 등은 거의 없고 심장은 二心房·一心室、肋骨은 胸骨과 연락되지 아니함。卵生 또는 卵胎生이고 冷血性이며 變態發生을 함。개구리

蠑蚖(영원) 등이 이에 속함。

【兩性:양성】 ❶남성과 여성。❷雄性과 雌性。

【兩性生殖:양성생식】 (生) 雌雄 양성의 생식 세포에 의하여 되는 생식。

【兩性元素:양성원소】 (化) 산에도 알칼리에도 녹는 원소。

【兩性花:양성화】 (植)한 꽃 속에 수술과 암술이 있는 꽃。↔單性花。

【兩性化合物:양성 화합물】 (化) 산성 및 알칼리성의 두 성질을 띠고 있는 화합물의 총칭。

【兩小無猜:양소무시】 두 아이들이 서로 친숙하여 의심하지 않음。아이들의 천진한 모양을 일컬음。『李白·長干行』同居長干里、兩小無嫌猜。

【兩屬:양속】 양쪽에 속함。『漢書』不ㅣㅣ、無以自安。

【兩手:양수】 양손。

【兩手据地:양수거지】 절을 한 뒤에 두 손을 땅에 대고 꿇어 엎딤。

【兩袖清風:양수청풍】 관리의 청렴 결백한 모양。

【兩是雙非:양시쌍비】 양편에 다 이유가 있어、시비를 분간하기 어려운 경우를 이름。

【兩失:양실】 ❶두 가지 일을 다 실패함。❷두 편이 다 이롭지 못하게 됨。

【兩岸:양안】 양쪽 언덕。양쪽 江岸。『李白』ㅣㅣ猿聲啼不住。

【兩眼:양안】 두 눈。왼 쪽과 바른 쪽의 눈。『白居易』書魔昏ㅣㅣ。

【兩院:양원】 양원 제도 하에 있어서의 두 議院。

【兩院制:양원제】 =兩院制度。

【兩院制度:양원제도】 (法)의회가 두 개의 議院으로 성립되어 있는 제도。二院制。

【兩位分:양위분】 부모나、부모처럼 섬기는 사람의 내외분。

【兩儀:양의】 ❶天地 또는 陰陽(儀는 宇宙의 大法)。❷하늘과 땅。『易·繫辭上』易有太極、是生ㅣㅣ。

【兩儀煎:양의전】 (醫)허약증에 쓰는 인삼과 숙지황을 달인 약。兩儀膏。

【兩翼:양익】 새의 양 쪽 날개。(轉)軍의 陣地를 양쪽으로 펼친 陣形。『漢書·王莽傳』取大鳥翮翮爲ㅣㅣ。

【兩人:양인】 두 사람。

【兩日:양일】 두 날。이틀。

【兩日間:양일간】 두 날 동안。이틀 사이。

【兩者:양자】 사람이나 일、또는 물건의 둘을 함께 일컫는 말。

【兩銓:양전】 (制)吏曹와 兵曹。

【兩全:양전】 兩方이 다 온전함。兩方이 함께 무사함。『晉書』忠孝之道、何得ㅣㅣ。

【兩切煙草:양절연초】 양쪽의 끝을 자르고 물부리를 달지 않은 궐련。

【兩朝:양조】 ❶앞뒤의 두 왕조。❷앞 뒤 두 임금의 시대。❸두 나라의 왕조。

【兩造:양조】 ❶原告와 被告。造는 至로 법정에 이르는 뜻。(일설에 造는 曹로 관청의 대기실)。『周禮·大司寇』以ㅣㅣ禁民訟。❷쌍방。두 방면。

【兩造對辨:양조대변】 原告와 被告를 對質시켜 변명하게 함。

【兩足:양족】 좌우 쪽 발。두 발。

【兩宗:양종】 (佛) ❶曹溪宗과 天台宗。❷教宗과 禪宗。

【兩主:양주】 夫婦의 俗稱。

【兩柱:양주】 梁末에 쓰였던 돈 이름。『隋書 食貨志』。

兩柱錢(三才圖會)

【兩地:양지】 두 곳。두 지방。

【兩陣:양진】 서로 대하고 있는 陣。

【兩次:양차】 두 번。兩度。

【兩處:양처】 두 곳。

【兩隻:양척】 原告와 被告。

【兩通:양통】 서류 따위의 두 벌。

【兩便:양편】 두 편。

【兩便公事:양편공사】 ❶시비 판단을 위해 들어 볼 두 편의 단체。❷두 편에 다 공편한 일。

【兩虎相鬪:양호상투】 두 사람의 영웅、또는 두 强國이 서로 싸움。『史記·藺相如傳』——、其勢不俱生。

七畫

【兪】 (유) 麌 虞 ユ、しかり such ㄩˊ yü²

小篆 草書

❶그럴유(然也)。『書經 堯典』帝曰ㅣ。❷대답할유。『禮記 內則』男唯、女ㅣ。❸공손스러울유(和恭貌)。

【兪兪:유유】 ❶너그럽고 和悅한 모양。『莊子·天道』無爲則ㅣㅣ者、憂患不能處、年壽長矣。『注』ㅣㅣ然、從容自得之貌。❷용모가 온화하고 공손한 모양。『集韻』ㅣㅣ、容貌和恭也。

【兪允:유윤】 승락함。허락함。『宋史·趙普傳』竟得ㅣㅣ。

【兪音:유음】 신하의 아뢰는 말에 대하여 내리는 임금의 대답。

【兪扁:유편】 黃帝 때의 兪跗와 周代의 扁鵲。모두 이름난 醫員。『史記』。

【兪扁之門:유편지문】 名醫의 門。(前條參照)。『柳完元』——、不拒病夫。

八畫

【⿱亼林】 (람) 感 ラン、かなしみ うれえる worry

❶근심할람(憂也)。❷슬퍼할람(悲也)。

【⿱亼回】 (렴) 寑 レン、もえる flame

❶불꽃렴(焰也)。❷불붙일렴(烽也)。

十一畫

【⿱𤇾大】 (체) 霽 セイ、かがやく shine

❶반짝일체(煇也)。❷빛날체、비칠체(照也)。

八部

【八】 (팔) 黠 ハチ、やつ eight ㄅㄚ pa¹

小篆 草書

여덟팔(數名)。(『捌』과 같음)

【八角:팔각】 (數)팔모。

【八角壔:팔각도】 (數)밑바닥이 팔모로 된 角壔。八角柱。

【八角柱:팔각주】 =八角壔。

【八角錐:팔각추】 (數)밑이 팔모로 된 角錐。

【八角把杯:팔각파배】 가장자리가 팔모지고 손잡이가 달린 술잔。

【八角茴香:팔각회향】 (植)붓순。

【八景:팔경】 여덟 곳의 좋은 경치。곧 中國의 瀟湘 八景이나、우리 나라의 關東八景 따위。

【八戒:팔계】 ❶자기의 몸을 수양하기 위하여 지켜야 할 여덟 가지 戒銘。곧 屈己·任運·觀行·守一·忘言·省己·存神·量味。『少學紺珠·儆戒類·八戒』。❷(佛)優婆塞(信士)·優婆尼(信女)가 지켜야 할 여덟 가지 儆戒。不殺生戒·不偸盜戒·不邪婬戒·不忘語戒·不飮酒戒(以上 五戒)·不坐高大廣牀戒·不著化鬘瓔珞戒·不習歌舞戲樂戒。『釋氏要覽』。

【八苦:팔고】 (佛)인생이 겪는 여덟 가지 괴로움。곧 生苦·老苦·病苦·死苦·

愛別離苦·怨憎會苦·五陰盛苦·求不得苦。『涅槃經』。

【八顧:팔고】 後漢 靈帝 때의 名士 여덟 사람。(顧는 德行으로서 사람을 사랑하고 敎導한다는 뜻)。郭泰·范滂·尹勳·巴肅·宗慈·夏馥·蔡衍·羊陟。일설에는 范滂을 대신하여 劉儒를 넣음。『後漢書』。

【八穀:팔곡】 벼·수수·보리·콩·조·피·기장·깨의 곡식이나, 또는 벼·보리·콩·조·밀·팥·기장·깨의 여덟 가지 곡식。

【八功德水:팔공덕수】 《佛》 彌陀如來의 報土에 있는 연못의 물。澄淨·淸冷·甘美·輕軟·安和·潤澤하며, 마시면 飢渴을 면하고 無量의 過患을 제하며, 모든 器管을 배양하고 건강에 좋은 여덟 가지의 功德이 있다 함。일설에는 甘·冷·軟·輕·淸·淨·不臭 및 마시어도 목을 다치지 않고 창자를 상하지 않는 八功德。『無量壽經』—湛然盈滿。

【八卦:팔괘】 八種의 卦。乾·兌·離·震·巽·坎·艮·坤을 일컬음。卦는 掛로 物의 象을 본따서 사람을 표시한 뜻。『易·繫辭·上』易有太極、是生兩儀、兩儀生四象、四象生——。

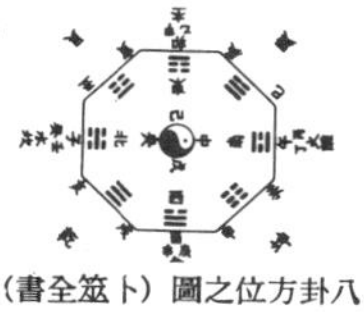
八卦方位之圖 (卜筮全書)

太極	太極							
兩儀	陽				陰			
四象	春		夏		秋		冬	
八卦	乾	兌	離	震	巽	坎	艮	坤
物	天	澤	火	雷	風	水	山	地
人	父	少女	中女	長男	長女	中男	少男	母
德	健	說	麗	動	入	陷	止	順
方	西北	西	南	東	東南	北	東北	西南
	老陽	少陰	少陰	少陽	少陰	少陽	少陽	老陰

【八紘:팔굉】 八方의 멀고 너른 범위。『淮南子』八殥之外、而有——。

【八區:팔구】 팔방의 구역。곧 온 천하。『晋書』動格宇宙、化動——。

【八九:팔구】 열아홉。여덟이나 아홉。

【八九分:팔구분】 一〇분의 八이나 九가량 되는 것。

【八九十:팔구십】 여든이나 아흔。

【八極:팔극】 =八方。八紘。『後漢書』恢弘大道、被之——。

【八及:팔급】 사람을 선도하여 존경을 받는 여덟 사람의 賢者。後漢의 張儉·岑旺·劉表·陳翔·孔昱·苑康·檀敷·翟超。『後漢書·黨錮傳序』。

【八難:팔난】 ❶여덟 가지의 재난。飢·渴·寒·暑·水·火·刀·兵。❷《佛》여덟 가지의 지장이 되는 어려운 것。地獄·畜生·餓鬼·長壽天·北鬱單越·盲聾瘖瘂·世智辨聰·生在佛前佛後。

【八年兵火:팔년병화】 승패가 오래 결정되지 아니함을 가리키는 말。《故》項羽·劉邦의 싸움이 八년 걸렸다는 데서 나옴。

【八年風塵:팔년풍진】 여러 해의 고생함을 가리키는 말。《故》劉邦이 八년이나 걸려 項羽를 멸망시켰다는 데서 나옴。

【八達:팔달】 ❶길이 八方으로 통함。교통의 至便한 모양。『晋書』滑臺四通——、非帝王之居。❷ 晋의 安平獻王 孚의 여덟 兄弟(各 兄弟의 이름에 達字가 쓰였기 때문)。❸여덟 사람의 達士。㉠三國時代 魏의 夏侯玄·諸葛誕 등。㉡晋의 胡母輔之·謝鯤·阮放·畢卓·羊曼·桓彝·阮孚·孟光。『晋書·光逸傳』。

【八大家:팔대가】 唐宋 二代의 文章家。唐의 韓愈·柳宗元과 宋의 歐陽修·蘇洵·蘇軾·蘇轍·曾鞏·王安石。『沈德潛·唐宋八家文讀本·序』。

【八帶魚:팔대어】 《動》문어。

【八大遊星:팔대유성】 《天》지구·금성·수성·화성·목성·토성·해왕성·천왕성의 여덟 개의 큰 유성。

星名	水	金	地球	火	木	土	天王	海王
衛星	〇	〇	一	二	四	八	四	一
距日(百萬里)	三六·〇	六七·二	九二·九	一四一·五	四八三·五	八八六·五	一七八二·〇	二七九二·〇
直經(哩)	三〇三〇	七七〇〇	七九一八	四二三〇	八六〇〇〇	七二〇〇〇	三二八〇〇	三四五〇〇
繞日一週時間	八八日	二二五日	三六五·二五日	六八七日	一二年	三〇年	八四年	一六五年

【八到:팔도】 八方。八方에 이르는 땅。東·西·南·北·東南·西南·東北·西北。

【八道:팔도】 ❶《制》元의 至元 一四년 江南에 설치한 八道의 행정 구획。❷《地》李朝 때 行政 구역。곧 京畿·咸鏡·江原·平安·黃海·忠淸·慶尙·全羅의 各道。

【八道江山:팔도강산】 우리 나라의 全道의 山水。

【八道地理志:팔도지리지】 《書》李朝 世宗의 命으로 孟思誠 등이 지음。우리 나라의 지리책。

【八頭身:팔두신】 머리가 키의 九분의 一쯤 되는 균형이 잡힌 몸집。미인의 표준으로 삼음。八等身。

【八等身:팔등신】 =八頭身。

【八蠻:팔만】 《歷》中國의 남쪽 지방에 있었던 종족의 여덟 오랑캐 나라。곧 天竺(축)·咳首·僬僥(초요)·跛踵(파종)·穿胸·儋耳(담이)·狗軹(구지)·旁脊。『書經』通道于九夷——。

【八萬大藏經:팔만대장경】 《佛》大藏經을 일컫는 말。八만 四천의 法門이 있는 까닭임。

【八萬四千大藏經:팔만사천대장경】 《佛》大藏經의 別稱。모두 八만 四천의 法門으로 되어 있음으로써 일컫는 말。

【八萬長安:팔만장안】 《轉》사람이 많이 산다는 뜻으로 서울을 일컫던 말。

【八面:팔면】 ❶여덟 개의 면。❷여러 방면。❸《數》여덟 개의 평면。

【八面不知:팔면부지】 어느 모로 보나 안면이 전혀 없는 사람。

【八面玲瓏:팔면영롱】 ❶어느 방면이든지 다 투명하고 밝음。❷마음이 상쾌하고 막힘이 없음。『馬熙』—得月多。❸對人 관계가 원만하여 사교성이 있음。

【八面體:팔면체】 《數》여덟 개의 平面으로 둘러 막힌 입체。

【八門遁甲:팔문둔갑】 술가에서 귀신을 부리던 법의 하나。

【八眉:팔미】 八字 모양의 눈썹。八字眉。一說에는 八色의 눈썹。堯는 八色의 눈썹이 있었다고 함。『尙書大傳·略說』堯——、舜四瞳子。

【八味菜:팔미채】 기름하게 자른 생선에 배추·오이채를 섞고 양념하여 버무리어서 만든 음식。

【八方:팔방】 ❶四方과 四隅。곧 東·西·南·北과 東北·東南·西北·西南。乾方·坎方·艮方·震方·巽方·離方·坤方·兌方의 여덟 方位。『史記』六合之內、——之外。❷모든 방면。이곳 저곳。

【八方美人:팔방미인】 어디로 보든지 아름다운 美人。《轉》㉠어떤 사람을 대해서든지 두루 곱게 행동하는 사람。㉡여러 방면에 능통함。

【八方天:팔방천】 《佛》天을 여덟으로 나눈 名稱。곧 帝釋天(東方)·伊舍那天(東北)·閻魔天(南方)·火天(東南)·水天(西方)·羅刹天(西南)·毘沙門天(北方)·風天(西北)。『大日經疏·五』。行者應知護法八位。

【八寶糖:팔보당】 가루 사탕에 여러 가지 물감을 들여서 대강 굵인 뒤에 다섯 모의 꽃잎을 새긴 판에 부어서 만든 中國式 사탕의 한 가지。

【八福田:팔복전】《佛》복을 심는 八因이 있는 밭。지성껏 공양하거나 남에게 은혜를 베풀어서 福果를 얻을 수 있다는 여덟 가지。곧 佛田·聖人田·和尙田·阿闍梨田·僧田·父田·母田·病田。

【八不用:팔불용】 몹시 어리석은 사람을 가리키는 말。八不出。八不取。

【八士:팔사】 周文王의 여덟 사람의 才士。伯達·伯适·仲突·仲忽·叔夜·叔夏·季隨·季騧 등。『論語·微子』。

【八絲:팔사】 여덟 가닥으로 드린 실 끈。

【八邪:팔사】 ❶《佛》여덟 가지의 간사한 일。곧 邪見·邪思·邪語·邪業·邪命·邪方便·邪忿·邪定。❷人身을 해치는 여덟 가지。風·寒·暑·濕·飢·飽·勞·逸。

【八朔:팔삭】 음력 八월 초하룻날의 일컬음。그해 처음으로 햇곡식을 베는 날。

【八朔童:팔삭동】 ❶ 제달을 다 채우지 못하고 여덟 달 만에 낳은 아이。❷똑똑하지 못한 사람을 조롱하는 말。

【八色鳥:팔색조】《動》팔색조과에 딸린 새。여름철에 中國 남부에서 濟州島·日本에 건너오는데 여러 가지 빛이 조화되어 매우 아름다움。

【八仙:팔선】 八人의 仙人。㉠蜀의 八仙。容成公·李耳·董仲舒·張道陵·莊君平·李八百·范長生·爾朱先生。『譙秀蜀記』。㉡唐의 여덟 사람의 酒仙。李白·賀知章·李適之·王璡·崔宗之·蘇晉·張旭·焦遂。『唐書·李白傳』。

【八仙女:팔선녀】 고대 소설 九雲夢 가운데 나오는 주인공。楊少游의 妻妾인 여덟 미인을 일컫는 말。

【八仙燒酒:팔선소주】 蘇方木·防風蒼朮·松節·仙茅·모과·牛膝·何首烏 따위를 한데 달여서 만든 물과 찹쌀을 섞어서 담근 소주。八仙酒。

【八成:팔성】 황금의 품질을 一〇등으로 나눈 가운데서의 三째。

【八時間勤勞制:팔시간근로제】 휴게 시간을 제외하고 하루 八시간、일주일 四八시간을 기준으로 근로하도록 일률적으로 규정한 국제 표준 노동 시간제。

【八識:팔식】《佛》眼識·耳識·鼻識·舌識·身識·意識·分別識·藏識과 같은 五官과 몸을 통하여 외계의 사물을 인식할 수 있는 여덟 가지의 심적 작용。

【八陽經:팔양경】《佛》天陰地陽의 여덟 가지 陽을 말하여 혼인·해산·장사 따위에 관한 미신적인 행동을 타파한 불경의 하나。한글로 번역도 되었음。

【八埏:팔연】 國土의 八方의 끝 닿는 곳。八垠。

【八熱地獄:팔열지옥】《佛》여덟 지옥。等活·黑繩·衆合·叫喚·大叫喚·焦熱·大焦熱·無間 地獄의 여덟 가지 極熱의 지옥。八大地獄。

【八裔:팔예】 八方의 먼 끝。『李白·臨路賦』大鵬飛兮振ㅣㅣ、中天摧兮力不濟。

【八元八愷:팔원팔개】 여덟 사람의 선량한 사람과 여덟 사람의 和合한 사람。八元은 高辛氏의 才子 伯奮·仲堪·叔獻·季仲·伯虎·仲熊·叔豹·季狸이며、八愷는 高陽氏의 才子 蒼舒·隤敳·檮戭·大臨·尨降·庭堅·仲容·叔達임。

【八月仙:팔월선】 농부가 팔월에 한가하여 신선같다는 것을 가리키는 말。

【八儒:팔유】 孔子 歿後에 나뉜 儒家의 八流派。子張氏·子思氏·顏氏·孟氏·漆雕氏·仲良氏(良은 梁으로도 씀)·孫氏(孫은 公孫氏로도 씀)·樂正氏。『韓非子·顯學』孔子之後、儒分爲八。

【八人轎:팔인교】 여덟 사람이 메게 된 가마。교자。

【八日:팔일⇩파일】《佛》음력 사월 초여드렛날。이날 釋迦의 탄생한 날로서 觀燈을 하고、또 느티떡과 검은 콩을 쪄서 먹는 명일。

【八字:팔자】 ❶出生한 年·月·日·時에 해당되는 干支 여덟 글자。이것으로 사람의 禍·福·生·死를 판단함。甲子年·丙寅月·丁丑日·癸卯時 따위。『通俗編·藝術·八字』。❷《佛》涅槃經 안에 聖行品을 풀이한 雪山 여덟 글자。곧 生滅滅已寂滅爲樂。『三教指歸·二』。

【八字眉:팔자미】 ❶「八」의 글자 모양의 눈썹。『雍裕之』兩頭纖纖——。❷얼굴을 찌푸릴 적의 눈썹。

【八作家:팔작가】 추녀를 네 귀마다 달아 지은 집。八作집。

【八壯士:팔장사】《歷》丙子胡亂에 항복하고 鳳林大君이 淸으로 볼모로 갈 때에 그를 모시고 遼陽까지 따라간 여덟 사람。곧 金志雄·朴起星·朴培元·申晋翼·吳孝誠·張士敏·張愛聲·趙壤。

【八政:팔정】 ...

【八災:팔재】 八災患의 略。禪定을 방해하는 여덟 가지 災患。憂·苦·喜·樂·尋·伺·出息·入息。『俱舍·論二八』。

【八節:팔절】 立春·春分·立夏·夏至·立秋·秋分·立冬·冬至의 여덟 節候。

【八節日:팔절일】 한 해 가운데서 八節이 되는 날。

【八政:팔정】 ❶나라를 다스리는 데 필요한 여덟 가지 일。곧 食·貨(이상은 民生문제)·祀(祭祀)·司空(農地 개간)·司徒(教育)·司寇(治安)·賓(外交)·師(國防)。『書·洪範』。❷사치를 막는 여덟 가지 일 兄·弟·君·臣。『逸周書·常訓解』。

【八正:팔정】 ❶《佛》여덟 가지 바른 길。곧 正見·正思性·正語·正業·正命·正精進·正念·正定。八正路。八聖道。『大品經』。❷ 八節의 氣運이 八方에 應하는 것。『史記·律書』七正二十八舍、律曆、天所以通五行ㅣㅣ之氣天所以成孰萬物也。

【八條禁法:팔조금법】 =八條之敎。

【八條之敎:팔조지교】《制》우리 나라 古代 사회에서 시행되었던 여덟 가지의 法禁。殺人·傷害·偸盜·禁姦 등을 그 내용으로 함。종래 箕子가 베푼 것이라고 전하여 왔으나 이에 대하여 古代 인류 사회에 공통되는 萬民法的 성질의 것이라는 유력한 반대설이 있음。

【八注比廛:팔주비전】《制》李朝代 서울에 있어 나라에 공물을 맡아 바치던 百各廛가운데에서 縇廛·綿布廛·綿紬廛·紙廛·苧布廛·布廛·內魚物廛·外魚物廛의 여덟 시전의 일컬음。

【八駿馬:팔준마】 역사상 이름있던 驊·騮騧·赤驥·白兎·驍渠·黃輸·盜驪·山子의 여덟 준마를 일컫는 말。

【八珍糕:팔진고】 묵은 쌀과 찹쌀에 白茯苓·山藥·苡薏·芡仁·蓮肉·白藊豆。따위를 섞어서 가루로 만들어 설탕을 치고 버물여서 쪄 낸 뒤 茶食 판에 박아 낸 음식의 하나。

【八陣圖:팔진도】 諸葛亮이 만든 八陣의 圖形。곧 洞堂·中黃·龍騰·鳥飛(鳥翔)·虎翼·折衝·握機(握奇)·衡(連衡)。

【八珍味:팔진미】 ❶中國에서 성대한 식상에 갖춘다고 하는 淳母·淳敖·炮牂·炮豚·擣珍·敖·漬·肝膋의 여덟 가지 진미。龍肝·鳳髓·兎胎·鯉尾·鶚炙·熊掌·猩脣·豹蹄를 일컫기도 함。❷아주 잘 차린 음식을 일컫는 말。

【八羞:팔질】 여든 살을 일컫는 말。

【八體:팔체】 ❶人身의 八體。首·腹·足·股·耳·目·手·口。『易·說卦』。❷書의 八體。大篆·小篆·刻符·蟲書·摹(모)印·署書·殳(수)書·隸書。『漢書·藝文志』。

【八體書:팔체서】 한자의 여덟 가지 글씨체。古文·大篆·小篆·隸書·八分·楷書·行書·草書의 일컬음。

【八稍魚:팔초어】 《動》문어。「는 촌수。

【八寸:팔촌】 ❶여덟 치。❷三從 형제 되는 촌수。

【八八兒:팔팔아】 《動》앵무새。

【八風:팔풍】 ❶八方의 바람。明庶風(東)·淸明風(東南)·景風(南)·涼風(西南)·閶闔風(西)·不周風(西北)·廣莫風(北)·融風(東北)。『說文』。❷《佛》人心을 선동하는 여덟 가지。哀·利·毁·譽·稱·譏·苦·樂의 八法。『行宗記·一·上』。

【八學士:팔학사】 《制》李朝 藝文館의 奉敎·待敎 각 두 사람과 檢閱 네 사람을 합하여 일컨던 말。

【八寒地獄:팔한지옥】 《佛》頞部陀·尼剌部陀·頞哳陀·虎虎婆·虎虎婆·嗢鉢羅·鉢特摩·摩訶鉢特摩의 여덟 가지。極寒의 지옥。

【八垓:팔해】 國土의 八方의 끝。또는 경계。『王安石』但是空語傳ㅡㅡ。

【八表:팔표】 八方의 한 없는 끝。《轉》전 세계。八荒。『何承天』仁聲被ㅡㅡ。

【八荒:팔황】 ❶國土의 八方의 끝。《轉》전세계。八垠。八極。八表。八垓。『賈誼』倂呑ㅡㅡ。❷八紘。◎望ㅡ、二ㅡ。

二 畫

【公】 小篆 草書 (공) 東 コウ、おおやけ impartiality; public ㄍㄨㄥ kung¹ ❶공변될공(平分無私)。『朱熹 中庸章句序』天理之ㅡ、卒無以勝夫人欲之私矣。❷한가지공(共也)。『禮記 禮運』大道之行、天下爲ㅡ。❸밝을공(明白)。❹벼슬이름공『漢書 吳王濞傳』ㅡ卽山鑄錢。❺마을공(官所)。『詩經 召南羔羊』退食自ㅡ。❻어른공(尊稱)。(五爵之首)。『漢書』此六七ㅡ皆亡恙。❼그대공(相呼之稱)。『史記』公等碌碌。❽아비공(父也)。『列子 黃帝』家ㅡ執席。❾시아비공(婦謂舅)。『漢書 賈誼傳』與ㅡ倂居。『孝經 孝治』ㅡ侯伯子男。

(『功』과 통함)

【公暇:공가】 ❶공무의 겨를。❷공무원에게 공식으로 인정되어 있는 휴가。『韋應物』ㅡㅡ及私身、何能獨閑步。

【公幹:공간】 관청의 사무。公事。

【公開:공개】 여러 사람에 널리 개방함。

【公開審理:공개심리】 《法》公正과 信賴를 얻기 위하여 공개하여 하는 재판。

【公開演說:공개연설】 아무나 들을 수 있도록 공개적으로 하는 연설。

【公開狀:공개장】 일반의 비판을 얻고자、어떤 사건의 내용을 신문·잡지에 실어서 일반 공중이 다 알게 하는 書狀。

【公開裁判:공개재판】 《法》판사의 심리、변호인의 변론의 청취、증거의 조사、판결·결정·명령따위를 집행할 때에 일반의 방청을 허락하는 재판。公審判。

【公格:공격】 公職에 관한 격식。

【公告:공고】 ❶널리 세상에 알림。❷국가나 공공단체가 어떤 사항을 광고·게시 등으로 널리 세상에 알림。

【公古哩:공고리】 樂器의 한 가지。銅鈴 五〇 개를

公古哩 (淸會典圖)

【公穀:공곡】 한줄에 꿴 것。『淸圖會典』。나라나 관청 따위에서 소유하는 곡식。官穀。↕私穀。

【公共:공공】 ❶일반 사회 공중과 모든 힘을 함께 함。❷公衆。사회 일반。『史記』法者天子所與天下ㅡㅡ也。

【公共經濟:공공경제】 《經》국가나 공공 단체 따위의 권력 관계를 기본으로 삼는 경제。↕私經濟。

【公共團體:공공단체】 《法》국가가 그 存立의 목적을 주어 국가에 대한 公法上의 의무를 담당하는 法人團體。

【公共事業:공공사업】 국가나 공공 단체가 公衆의 이익을 위하여 경영하는 사업。학교·도로·병원·전기사업 등。

【公共心:공공심】 공중의 행복과 이익을 위하는 마음。

【公共用物:공공용물】 道路·河川·港灣·공원·천연 기념물 따위와 같이 일반 사회 공중이 공동으로 사용하는 물건。

【公共組合:공공조합】 《法》사단 법인이나 수리 조합·醫師會 따위와 같이 공공의 이익을 꾀하는 조합。

【公課:공과】 ❶국가나 공공단체가 국민에게 부과하는 租稅 및 기타의 公法上의 부담。❷租稅 이외에 국가 또는 공공 단체가 부과하는 금전 부담。負役이나 각종 組合費 따위 같은 것。

【公課金:공과금】 관청에 의무적으로 바치는 세금 따위。관청에서 매긴 세금。

【公館:공관】 ❶公共用으로 쓰는 건물。『禮記』ㅡㅡ復、私館不復。❷정부 고관의 邸宅。❸外國公館 등의 總稱。

【公權:공권】 《法》公法上의 권리。병역이나 세금을 과하는 국가의 공권과 선거에 관한 개인의 공권이 있음。

【公權剝奪:공권박탈】 《法》사형이나 무기형의 언도를 받은 자에 대하여 일체의 공권을 빼앗음。

【公權停止:공권정지】 《法》형을 받은 자에 대하여 공권을 일시 정지하는 일。

【公隙:공극】 공무의 여가。

【公金:공금】 공공 단체나 관청의 돈。

【公金流用:공금유용】 공금을 사사로이 정해진 용도 외의 곳에 돌려 씀。

【公金橫領:공금횡령】 공금을 가로채어 축냄。

【公企業:공기업】 《經》국가 또는 공공 단체가 출자하고 경영하는 企業。

【公納金:공납금】 학생이 학교 당국에 정규적으로 바치는 돈。

【公談:공담】 ❶공평한 말。❷공무에 관한 말。

【公黨:공당】 주의·방침을 公然하게 발표하고 있는 정당。또는 당파。

【公德:공덕】 공중을 위하는 도덕적인 의리。공중도덕。

【公德心:공덕심】 공덕을 지키고 행하려는 마음씨。

【公道:공도】 ❶공중이 통행하는 도로。公路。❷여러 사람의 길。곧 바른 도리。『漢書』ㅡㅡ立、姦邪塞。

【公力:공력】 《法》개인 또는 단체를 강제로 복종시키는 國家 및 社會의 權力。

【公領:공령】 관청의 所有地。↕私領。

【公路:공로】 공중이 다니는 길。公道。

【公論:공론】 ❶공평한 의견。公議。『元史』御史臺是一時ㅡㅡ、國史院實萬世ㅡㅡ。❷사회 일반의 공통된 여론。

【公流:공류】 《法》공공의 이해에 관계가 있는 流水。高地 소유자는 필요한 경우에 공류에 이르기까지 남의 소유인 低地에 물을 통과시킬 수 있음。

【公廩:공름】 정부의 창고。官用의 창고。『宋史』發ㅡㅡ、以救餓莩。

【公吏:공리】 《法》❶공공 단체의 사무를 맡아 보는 사람。❷관리가 아니면서 나라의 일을 맡아 보는 사람。公證人·執

達吏 따위。 「大夫不收——。

【公利:공리】 일반 공중의 이익。『左傳』

【公理:공리】 ❶널리 일반에 통한 이치。 ❷《數》《論》증명할 필요가 없이 누구나 경험으로 알 수 있는 추리의 근본 명제。 다른 명제의 전제가 되는 근본 명제。

【公理主義:공리주의】 《數》 수학에서 定理만을 수의 내용이라고 인정하는 처지。

【公立:공립】 공공 단체의 설립。↕私立。

【公立學校:공립학교】 공공 단체에서 설립 유지하는 학교。↕私立學校。

【公賣:공매】 《法》 매매할 때 여러 희망자에게 入札 또는 競賣로서 하는 일。

【公賣處分:공매처분】 《法》 관청에서 세금 체납자의 재산을 강제 집행한 뒤에 공매에 붙이는 처분。

【公明:공명】 사사로움이 없이 공정하고 명백함。 公明正大。

【公明正大:공명정대】 마음이 공명하고 정대함。 떳떳함。

【公務:공무】 ❶國家 또는 공공 단체의 사무나 직무。『宋史』勤于——、而疎於訓子。 ❷여러 사람에 관한 사무。

【公務員:공무원】 國家 또는 지방 공공 단체의 사무를 담당하는 사람。 국가 공무원·지방 공무원이 있으며、 전자는 다시 別定職 공무원과 一般職 공무원으로 나누임。 「여 처리함。

【公務執行:공무집행】 공무를 집행하

【公務執行妨害罪:공무집행방해죄】 《法》공무를 집행하는 공무원에게 집행 착수할 때 또는 집행 착수한 뒤에 이를 방해 함으로써 성립되는 죄。 곧 공무원에 대한 暴行과 脅迫 또는 封印 差押의 標示를 毁損할 때 성립하는 죄。

【公文:공문】 ❶ 공무원이 그 직무상 작성한 서류。 ❷공식 서면。 公文書。

【公文書:공문서】 ❶공무에 관계된 일체의 서류。 ❷공식 書面。

【公物:공물】 公共用物。

【公民:공민】 《法》 ❶국가 또는 공공 단체의 공무에 참가할 자격이 있는 국민。 시민。 ❷ 市·郡·邑·面의 공무에 참여할 권리와 의무를 가진 사람。 ❸公民科。

【公民教育:공민교육】 공민으로서 필요한 교양을 목표로 하는 교육。

【公民權:공민권】 《法》공민의 권리。

【公方:공방】 사리가 공정하고 곧음。『後漢書』忠正——。

【公倍數:공배수】 《數》둘 또는 두개 이상의 整數에 공통되는 배수。↕公約數。

【公法:공법】 《法》국가와 국가와의 관계、 공공단체 상호간의 관계、 또는 국가와 개인과의 관계 등의 권력 관계·통치 관계 및 公益에 관한 사항을 규정하는 法律。 憲法·國際公法·行政法·刑法·訴訟法 등이 이에 속함。

【公法違反:공법위반】 공법을 어김。

【公法人:공법인】 《法》공법의 규정에 의하여 공공의 사무 처리를 존립의 목적으로 하는 공법 단체。↕私法人。

【公法學:공법학】 《法》공법에 관계된 法理論을 연구하는 학문。↕私法學。

【公報:공보】 ❶관청에서 국민 일반에게 널리 알리는 보고。 ❷ 지방 관청이 官報에 準하여 내는 보고。 ❸관청에서 딴 관청으로 내는 보고。↕私報。

【公服:공복】 《制》옛날 大小 官員의 制服。 朝廷에 나아가는 데 입는 制服。↕私服。『北史』始制五等——。

【公簿:공부】 관공서가 법령의 규정에 따라 작성·비치하는 장부。

【公憤:공분】 ❶정의를 위한 대중적인 분노。『宋史·陳亮傳』蓋國家之大恥、而天下之——也。 ❷ 공공을 위하여 느끼는 분개。 正義를 위한 분개。↕私憤。

【公費:공비】 관청이나 공공단체에서 쓰이는 경비。 公用。

【公比:공비】 《數》等比級數에서 서로 이웃한 각 두 항 사이의 比。

【公社:공사】 《法》 정부 경영의 공공 기업 기관으로서 경제상 독립한 존재가 된 공법상의 法人。

【公事:공사】 관청이나 공공 단체의 일。『論語』非——未嘗至於偃之室也。

【公使:공사】 《法》외무부 장관의 감독과 훈령을 받아 조약국에 주재하여 자기 나라를 대표하여 외교를 맡아 보는 관리。

【公司:공사】 會社의 中國式 名稱。

【公私:공사】 ❶ 공공의 일과 사사로운 일。 ❷정부와 民間人。『韓非子』無比周則——分。 ❸社會와 개인。

【公使館:공사관】 《法》공사가 주재지에서 사무를 보살피는 곳。 국제 법상 本國의 영토와 동일하게 인정되어、 주재국의 주권이 미치지 못함。 「구별。

【公私區別:공사구별】 公事와 私事의

【公私立:공사립】 공립과 사립。

【公私兩便:공사양편】 ❶公事로나 私事로 다 같이 편리함。 ❷公事와 私事의 양쪽。

【公算:공산】 어떤 일의 그렇게 될 확실성。 蓋然性。 確率。

【公生涯:공생애】 개인이 한 생애 중 공공의 일에 관계하여 활동할 동안。

【公序良俗:공서양속】 《法》 법률 행위 판단의 기준이 되는 사회의 일반적 도덕 관념。 公共의 질서와 善良한 풍속。

【公席:공석】 ❶공무를 맡아 보는 좌석。 ❷공무로 인하여 모인 좌석。 公座。

【公船:공선】 《法》군함·測量船따위의 國家의 公權을 행사하는 선박。↕私船。

【公選:공선】 공정하게 선출、 또는 선발함。『漢書』——賢良修絜博習之士。

【公設:공설】 관청이나 공공 단체에서 설립한 일。 또는 설립함。↕私設。

【公設市場:공설시장】 관청이나 공공 단체에서 설립 경영하는 시장。

【公稅:공세】 정부에 바치는 租稅。

【公訴:공소】 《法》檢事가 특정한 형사 사건에 관하여 법원에 起訴狀을 제출하여 그 심판을 요구하는 의사 표시 및 행위。

【公訴棄却:공소기각】 《法》법원이 적당하지 않은 공소에 대하여 공소를 각하해 버릴 때에 행하는 재판。 「거함。

【公誦:공송】 공론을 따라서 사람을 천

【公示:공시】 ❶ 여러 사람에게 널리 알림。 ❷《法》公共 기관이 第三者의 이해 관계나 영향이 발생할 사항에 대하여 第三者에게 알리는 일。

【公示催告:공시최고】 《法》 분명하지 않은 상대자나 이해 관계인에게 권리 청구의 신고、 증서의 제출을 기한을 정하여 일정한 기한 안에 시키기 위하여 公示하는 재판상의 催告。

【公式:공식】 ❶관청의 儀式。 ❷관청에서 규정한 형식。 正式。↕非公式。 ❸《數》수의 계산 법칙。 또는 이론 및 실험에서 얻은 어떤 양의 계산법 같은 것을 數學上의 기호를 써서 나타낸 式。

【公式的:공식적】 주변성이 없이 규칙대로만 우겨 일을 처리하는 것。

【公式主義:공식주의】 공식에 얽매여 사물을 처리하는 주의。

【公心:공심】 공평한 마음。 公志。↕私心。

【公安:공안】 공공의 안녕。 사회의 질서가 평안히 유지되는 상태。

【公眼:공안】 공중의 공평하게 보는 눈。

【公案:공안】 ❶ 公事의 案文。 ❷ 관청의 調書。 ❸公論에 의하여 결정한 안건。 ❹《佛》釋迦의 말과 행동。 ❺ 《佛》禪宗에서 修行者의 마음을 鍊磨하기 위하여 課하

는 시험 문제。(한 사람의 私案이 아니고 祖師들이 公定함)。『碧巖集·序』。

【公約:공약】《法》❶ 公法上의 계약。❷ 공중에 대하여 약속하는 일。

【公約數:공약수】《數》둘 이상의 整數、또는 整式에 공통되는 約數。↕公倍數。

【公養之仕:공양지사】 임금의 優待에 감동하여 出仕하는 것。『孟子·萬章·下』孔子有見行可之仕、有際可之仕、有——。『集注』公養、國名養賢之禮也。

【公魚:공어】《動》공미리。

【公言:공언】❶ 공개하여 하는 말。『史記』——之。❷ 공평한 말。『韓愈』天下之——也。❸공식적인 발언。

【公餘:공여】 公務의 여가。公隙。

【公役:공역】 국가나 공공 단체로부터 명령을 받은 의무。兵役·賦役 같은 것。『荀子』有——、無私使。

【公演:공연】 여러 사람 앞에서 연극·음악·무용 따위를 연출 공개함。

【公營:공영】❶관청의 경영。❷공공 단체、특히 지방 자치 단체가 經營·설립 관리함。또는 그 사업。

【公用:공용】❶官用。公務。❷관청이나 공공 단체의 용무나 비용。

【公用物:공용물】 公共用物의 略語。

【公用制限:공용제한】《法》國家가 公用에 쓰기 위하여 特定物에 대한 개인의 소유권을 제한하는 행정 처분。

【公用徵收:공용징수】《法》國家가 특정한 공공 사업에 쓰기 위하여 賠償을 하고 특정물에 대하여 소유권을 강제적으로 징수하는 행정 처분。

【公園:공원】❶ 공중의 保健·敎化·休養·遊樂 등을 위하여 누구든지 놀 수 있게 시설한 遊園地。❷官의 庭園。

【公有:공유】《法》國家 또는 공공 단체의 소유。↕私有。

【公有林:공유림】《法》國家 또는 공공 단체 소유의 산림。↕私有林。

【公有物:공유물】《法》國家 또는 공공 단체의 소유한 물건。↕私有物。

【公有水面:공유수면】 國家 또는 공공 단체의 소유에 속하고 공공의 이익에 제공되는 水面。

【公有地:공유지】 國家 또는 공공 단체가 소유한 토지。↕私有地。

【公議:공의】❶공평한 議論。『陸游』——在天下。❷輿論。『唐書』故扳——立之。

【公儀:공의】 公的인 儀式。관청에서 정해 놓고 하는 의식。

【公醫:공의】《法》관청의 촉탁과 指令을 받아 그 구역 안의 施療를 맡은 의사。

【公益:공익】 사회 공중의 이익。↕私益。

【公益團體:공익단체】《法》사회 공용의 이익을 목적으로 하고、사리를 목적으로 하지 않는 단체。赤十字 따위。

【公益法人:공익법인】《法》營利를 목적하지 않고 사회 공중을 위한 사업을 하는 법인 단체。宗敎 단체 같은 것。

【公益事業:공익사업】 사회 공공의 이익을 목적으로 하는 사업。철도·우편。

【公印:공인】 공공 단체의 도장。↕私印。

【公認:공인】 국가 또는 공공 단체가 어느 행위나 물건에 대하여 인정함。

【公任:공임】 公務에 관한 職任。공적인 임무。

【公子:공자】❶ 諸侯의 子弟。『詩·麟之趾』振振——。❷귀한 집안의 나이 어린 子弟。貴公子。

【公爵:공작】《制》五等分으로 한 爵位의 제일 윗자리。↓公·侯·伯·子·男。

【公儲:공저】 정부에서 저축함。조정에서 備蓄하는 곡식。

【公敵:공적】 그 사회 군중의 전체의 적。↕私敵。『王充』不仁者、仁者之——也。

【公賊:공적】 공금이나 또는 공물을 훔친 도둑。公盜。

【公的:공적】❶公共에 관한 것。❷공변된 것。↕私的。

【公錢:공전】 =公金。

【公典:공전】 공평하게 만든 법률。

【公戰:공전】 나라를 위한 전쟁。『史記·商君傳』民勇於——、怯於私鬪。

【公轉:공전】《天》한 천체가 다른 천체의 주위를 도는 운동。遊星이 일정한 周期로써 태양의 주위를 회전하는 것이나、또는 衞星이나 伴星이 각각 遊星이나 主星의 주위를 회전하는 일。↕自轉。

【公傳道之:공전도지】 비밀의 일을 공개하여 퍼뜨림。

【公轉週期:공전주기】《天》天體가 한 바퀴 공전하는 시간。↕自轉週期。

【公正:공정】 공평하고 올바름。공평하고 정대함。『史記』非——不發憤。

【公定:공정】❶ 일반 사람의 公論에 의하여 정함。❷관청에서 정함。

【公定價格:공정가격】《經》❶ 일반적으로 정해진 가격。❷ 정부가 경제 통제상의 필요로 일정한 상품에 대하여 결정한 최고 가격。또는 최저 가격。

【公定利率:공정이율】《經》중앙 은행의 割引利率。곧 일정한 조건을 갖춘 어음의 할인에 해당한 최저 이율。

【公租:공조】 정부에 바치는 租稅。官租。

【公座:공좌】 공무로 보는 좌석。公席。

【公罪:공죄】 公事에 대하여 과실로 범한 죄。↕私罪。

【公主:공주】 왕후가 낳은 임금의 딸。옛날 中國에서 왕이 그 딸을 시집보낼 때 三公에게 그 일을 맡게 하였던 일에서 유래함。『漢書』相魯元——、亦皆貴。

【公準:공준】❶要請。❷《論》《數》公理처럼 절대로 확실하지는 않으나、어떠한 이론체계가 演繹으로 전개하는 기초로서 승인을 필요로 하는 근본 명제。

【公衆:공중】 사회의 여러 사람。民衆。

【公衆道德:공중도덕】 公德。

【公衆衞生:공중위생】 사회 일반의 공동 건강을 꾀하는 위생。個人衞生。

【公衆電話:공중전화】 일반 공중이 쓸 수 있도록 거리의 요긴한 요소에 베풀어 놓은 전화。

【公證:공증】❶공변된 증거。❷ 겉으로 드러난 증거。❸《法》國家 또는 공공 단체가 직권으로써 어떤 사실을 증명한 증서。각종의 등기부、선거인 명부 등에 관한 등기와 등록과 시험 합격 증서、은급증서、여권、감찰 따위。

【公證人:공증인】《法》當事者 또는 그 밖의 관계자의 촉탁을 받아 민사에 관한 公正證書를 작성하며 私署證書에 認證을 주는 권한을 가진 公吏。

【公志:공지】 공변된 뜻。公心。

【公職:공직】 관청이나 공공단체의 직무。

【公直:공직】 공평하고 정직함。

【公娼:공창】 관청의 허가를 얻어 매음 행위를 업으로 하는 여자。↕私娼。

【公娼制度:공창제도】《社》 관청에서 공창을 인정하는 제도。

【公債:공채】❶ 公金을 소비하여 진 빚이나 또는 公課未納으로 진 빚。❷《法》국가나 또는 지방 자치 단체가 收支의 적합을 기도하여 임시로 부담하는 금전 채무。국가의 公債를 國債、지방 자치 단체의 공채를 地方債라고 함。

【公債證券:공채증권】《法》국가나 지방단체가 채권자에게 주는 공채의 증권。

【公賤:공천】 관청의 남자 종과 여자 종。

【公薦:공천】❶ 여러 사람의 합의에 의하여 천거함。❷《政》정당 단체에서 공적으로 선거에 출마할 후보자를 내세움。

【公薦委員:공천위원】 공천을 하는 일

을 맡기기 위하여 뽑은 위원。

【公貼:공첩】 =公文書。

【公牒:공첩】 公事에 관한 편지나 서류。

【公廳:공청】 공무를 보는 공공 단체의 집。 관청。 『徐鉉』獨坐ㅣㅣ正煩暑。

【公聽會:공청회】 國家나 공공 단체 기관이 그 권한으로써 일반 국민에게 큰 영향이 있는 案件을 議決함에 앞서、일반 국민 또는 학자 경험자들의 참석을 얻어、그 의견을 듣는 공개 회의。

【公稱:공칭】 공식 명칭。 공적인 이름。

【公帑:공탕】 정부의 금고。 國庫。

【公土:공토】 公有土의 略語。

【公判:공판】 《法》형사 피고인의 유죄·무죄를 심리 판결하는 소송 절차。

【公判廷:공판정】 《法》공판을 행하는 법정。 公廷。

【公判調書:공판조서】 《法》공판에 관한 중요 사항을 기록한 조서。

【公便:공편】 공평하고 편리함。

【公評:공평】 공정한 비평。 公衆의 비평。

【公平:공평】 치우침이 없이 공정함。『管子』天ㅣㅣ、故美惡莫不覆、地ㅣㅣ、故小大莫不載。

【公平無私:공평무사】 공평하여 사사로운 점이 없음。 『韓詩外傳』正直者、順道而行、順理而言、——。

【公布:공포】 ❶일반에게 널리 공포하여 알림。 ❷《法》이미 확정된 법률·조약·명령·예산 같은 것을 정부 및 국민이 이것을 따르도록 의무를 지우기 위하여 告示함。

【公表:공표】 널리 알게 공개 발표함。

【公翰:공한】 공적인 書翰。 ↔私翰。

【公函:공함】 공문의 한 가지。 同級 기관 또는 서로 예속되지 않은 기관끼리 왕래하는 공문을 일컬음。 公札。

【公海:공해】 《法》어느 나라의 主權에도 속하여 있지 아니하고 세계 각국이 공통적으로 사용할 수 있는 해양。 어느 나라 선박이라도 자유로이 항해하고 또 어업도 할 수 있음。 ↔領海。

【公廨:공해】 《制》관청。 官衙。 公署。

【公廨田:공해전】 《制》公廨의 논밭。 그 收入으로 관청의 公費에 쓰도록 하기 위하여 支給한 논밭。 이 제도는 隋에서 시작함。

【公行:공행】 ❶공무로 행하는 여행。 ❷일반 공중이 널리 행함。 ❸거리낌 없이 공공연하게 행함。 『戰國策』盜賊ㅣㅣ。

【公許:공허】 ❶官許。 ❷공식 허가。

【公憲:공헌】 여러 사람이 지켜야 할 법。 규칙。 國法。 『後漢書·張陵傳』申ㅣㅣ以報私恩。

【公會堂:공회당】 공중 회합에 쓰려고 지은 집。

【公侯:공후】 《制》❶諸侯。 ❷公爵과 侯爵。 『詩經』赳赳武夫、ㅣㅣ干城。

【公侯伯子男:공후백자남】 《制》고대 諸侯 계급의 이름。 漢代 今文家의 說에 의하면 시대에 따라 달랐으나、夏·周 때는 公·侯·伯·子·男의 五계급으로 나눴으며 殷·春秋 때는 公·侯·伯의 三等分으로 갈랐고、漢 이후에는 公의 위에 王爵을 두고 伯·子·男을 폐하여 王·公·侯의 三等分으로 하였음。 『禮記·王制』。

【公休:공휴】 ❶여러 관청이나 업체가 정한 날에 같이 쉼。 ❷公休日。

【公休日:공휴일】 공휴하는 날。

◎犬ㅣ、貴ㅣ、奉ㅣ、三ㅣ、牛ㅣ、尊ㅣ、主人ㅣ、至ㅣ。

【六】 (륙) 屋 ロク、むつ six ㄌㄧㄡˋ liù

小篆

草書

❶여섯륙(數名)。〔說文〕易之數變于ㅣ正于八。 ❷여섯번륙。 【晉書 杜預傳】ㅣ黜清能、ㅣ進否劣。 ❸나라이름륙(春秋時國名)。(『陸』과 통함)

【六伽倻:육가야】 《歷》三韓時代 伽倻國。

【六角:육각】 ❶악기의 북·장구·해금·피리 및 대평소 한 쌍의 總稱。 ❷육모。

【六間大廳:육간대청】 여섯 간이나 되는 큰 대청。

【六感:육감】 第六感의 略語。

【六甲:육갑】 ❶六十甲子의 略稱。 ❷時日의 干支。 甲子·甲戌·甲申·甲午·甲辰·甲寅 따위。 ❸둔감술。

【六卿:육경】 《制》❶周의 官制。 여섯 사람의 長官을 말함。 天官冢宰、(諸政을 總理함)·地官司徒、(文敎 및 農商을 맡음)·春官宗伯·(祭祀典禮를 맡음)·夏官司馬·(軍旅兵馬를 맡음)·秋官司寇、(獄訟刑罰을 맡음)·冬官司空、(治山治水를 맡음)。 『書·周官』。 ❷宋代에는 右師·大司馬·司城·左師·司空·大司寇。 『左傳·哀二十六』。 ❸一만二천五백인의 長。 『書·甘誓』乃召ㅣㅣ。

【六經:육경】 《書》中國의 여섯 가지의 經書。 ❶易·詩·書·春秋·禮·樂。 禮經은 時代에 따라 다르며 (樂經은 秦火에 없어져 五經만 남음。 『禮記·經解』。 ❷易·書·詩·周·禮·禮記·春秋。 『四庫提要·經·五經總義類·六經圖』。

【六境:육경】 《佛》六識에 의하여 생기는 色·聲·香·味·觸·法의 총칭。

【六界:육계】 《佛》地獄·餓鬼·畜生·修羅·人間·天上의 일컫음。 六道。

【六工:육공】 여섯 가지의 工人。 곧 土工·金工·石工·木工·獸工·草工。 『禮·曲禮』。

【六觀音:육관음】 《佛》여섯 가지 관세음。 千手觀音·聖觀音·馬頭觀音·准胝觀音·十一面觀音·如意輪觀音。 보살의 총칭。

【六國:육국】 《歷》中國의 春秋 戰國時代의 六國。 곧 齊·楚·燕·韓·魏·趙。

【六君子:육군자】 德이 있는 여섯 사람의 君子。 ㉠禹·湯·文·武·成王·周公。 『禮記·禮運』。 ㉡宋의 周敦頤·程顥·程頤·張載·邵雍·司馬光。 또는 司馬光이 들지 않고 朱熹。

【六極:육극】 ❶天地와 四方。 六合。 『莊子』天有ㅣㅣ五常。 ❷여섯 가지의 대단히 不吉한 일。 凶短折·疾·憂·貧·惡·弱。 『書·洪範』。

【六根:육근】 《佛》사람의 迷惑을 생기게 하는 여섯 가지 근원。 眼·耳·鼻·舌·心·意의 총칭。 六入。 『法華經·注』以六識緣六塵、偏染ㅣㅣ。

【六根清淨:육근청정】 《佛》진리를 깨달아 물욕·탐심이 없어서 육근이 깨끗함。

【六禽:육금】 여섯 종류의 鳥獸。 ㉠雁·鶉·鷃·雉·鳩·鴿。 『周禮·包人』。 ㉡羔·豚·犢·麛·雉·雁。 『小學紺珠·動植類·六禽』。

【六紀:육기】 사람의 도리를 바르게 갖추고、上下의 질서를 세우는 여섯 가지의 道理。 곧 諸父·兄弟·族人·諸舅·師長·明友의 道理。 『易林』五經ㅣㅣ、仁義所存。

【六氣:육기】 ❶天地間의 여섯 가지 氣運。 곧 陰·陽·風·雨·晦·明。 『左傳·昭·元』。 ❷人體의 여섯 가지의 氣運。 곧 好·惡·喜·怒·哀·樂。 『管子·戒』。 ❸寒·暑·燥·濕·風·雨。

【六大洲:육대주】 ❶《地》아시아(Asia)주、아프리카(Africa)주、유럽(Europe)주、오스트렐리아(Australia)주、남아메리카(South America)주、북아메리카(North America)주의 여섯 주를 이름。 ❷全世界。

【六德:육덕】 사람이 지켜야 할 여섯 가지 德。 ㉠知·仁·聖·義·忠·和。 『周禮·大司徒』。 ㉡禮·仁·信·義·勇·

智。『司馬法·仁本』。

【六度滿行:육도만행】《佛》보살이 여섯 바라밀을 완전 원만히 수행하는 것。즉 佛。

【六韜三略:육도삼략】《書》兵書의 하나。六韜와 三略。六韜는 太公望이 지었다고 하는 文韜·武韜·龍韜·虎韜·豹韜·犬韜의 六〇편。三略은 黃石公이 지었다고 하는 上·中·下 三권 一書。다 後世의 僞作이라 하기도 함。중국 병법의 고전。『耶律楚材·送王君玉西征詩』五車書史豈勞力、——無不通。

【六呂:육려】十二律 가운데 陰聲에 속하는 여섯 가지의 소리。夾鍾·仲呂·林鍾·南呂·應鍾·大呂。六同。

【六禮:육례】❶선비의 여섯 가지 중요한 禮。冠禮·昏禮·喪禮·祭禮·鄕飮酒禮·相見禮。『禮記』。❷婚姻의 여섯 가지의 禮。納采·問名·納吉·納徵·請期·親迎。『詩·召南·行露·雖速我獄室家不足·箋』。

【六龍:육룡】❶李朝 太祖의 高祖인 穆祖로부터 翼祖·度祖·桓祖·太祖·太宗까지의 六代。『龍飛御天歌 第一章』。❷임금의 수레를 끄는 여섯 마리의 말。《轉》임금의 御駕를 말함。↓六飛。『易經』時乘——以御天。

【六律:육률】十二律 가운데 陽의 소리에 속하는 여섯 音。곧 黃鍾·大簇·姑洗·蕤賓·夷則·無財。↔六呂。『禮記』正——、和其聲。

【六幕:육막】天地 四方의 일컬음(幕은 덮는다는 뜻임)。六合。『漢書』紛紜——浮大海。

【六妄:육망】《佛》사람을 미혹하게 한다는 여섯 가지。곧 色·聲·香·味·觸·法의 총칭。

【六面體:육면체】《數》여섯 개의 평면에 싸인 立體。多面體。直方體。

【六夢:육몽】여섯 가지의 꿈。正夢·噩夢(愕夢)·思夢·寤夢·喜夢·懼夢。『周禮·占夢』以日月星辰、占——之吉凶。

【六物:육물】여섯 가지의 중요한 물건。歲·時·日·月·星·辰。『左傳·昭·七』——不同、民心不壹。

【六味:육미】여섯 가지의 맛。苦·酸·甘·辛·鹹·淡。

【六味湯:육미탕】《醫》숙지황·산약·산수유·백복령·목단피·택사 따위로 된 가장 흔히 쓰는 보약。

【六房:육방】《制》李朝 때、承政院 및 각 지방 관청에 두었던 工房의 總稱。

【六房官屬:육방관속】《制》지방 관청의 六房에 딸린 吏屬。

【六房承旨:육방승지】《制》承政院의 六房에 딸린 官員。

【六法:육법】❶《法》여섯 가지의 기본 법률。곧 憲法·刑法·民法·商法·刑事訴訟法·民事訴訟法。❷여섯 가지의 畫法。氣韻生動·骨法用筆·應物象形·隨類賦彩·經營位置·轉寫移寫。『圖繪寶鑑』。❸製作하는 데에 있어서의 여섯 要具。곧 規·矩·權·衡·準·繩。『新論·適才』。

【六柄:육병】여섯 가지 권력。곧 신하나 백성의 生·殺·貧·富·貴·賤을 자유로 하는 권력。六秉。『管子』愼用其——焉。

【六飛:육비】임금의 수레를 끄는 여섯 필의 말。(飛는 빠름을 형용한 말)。六騑。六龍①。『漢書·袁盎傳』今陛下騁——。

【六邪:육사】나라에 해로운 여섯 신하。邪臣·具臣·諛臣·奸臣·讒臣·賊臣。亡國臣。六邪臣。↔六正。

【六色:육색】《佛》절에서 큰 일이 있을 때에 음식을 분담하여 만드는 일。六所。

【六色榜:육색방】《佛》육색의 소임을 청하여 이름을 적은 榜。

【六牲:육생】犧牲으로 쓰는 여섯 가지의 家畜。곧 馬·牛·羊·豕·犬·鷄。

【六瑞:육서】王 및 公·侯·伯·子·男의 諸侯가 갖는 여섯 가지의 瑞玉。鎭圭(王)·桓圭(公)·信圭(侯)·躬圭(伯)·穀璧(子)·蒲璧(男)。『周禮』以玉作——、以等邦國。

【六所:육소】불교의 六色。

【六順:육순】사람이 順從하는 여섯 가지 바른 道理。『左傳·隱·三』君義、臣行、父慈、子孝、兄愛、弟敬、所謂——也。↔六逆。

【六旬:육순】❶육십 일。❷예순 살。

【六時:육시】여섯 때。

【六識:육식】《佛》六根에 의하여 對象을 知覺하는 여섯 가지 作用。곧 眼·耳·鼻·舌·身·意。

【六神:육신】五方을 지키는 여섯 가지 신。青龍-東、白虎-西、朱雀-南、玄武-北、句陳·螣蛇-中央을 지킴。

【六臣:육신】李朝 世祖 때 端宗의 復位를 꾀하던 신하。死六臣과 生六臣이 있음。死六臣 李塏·河緯地·柳誠源·兪應孚·成三問·朴彭年。生六臣은 李孟專·趙旅·元昊·金時習·成聃壽·南孝溫。

【六十甲子:육십갑자】甲·乙·丙·丁·戊·己·庚·辛·壬·癸와 子·丑·寅·卯·辰·巳·午·未·申·酉·戌·亥를 차례로 맞추어 쓴 것으로 六〇년을 一周로 한 것임。

【六十分法:육십분법】《數》각도의 단위를 정하는 방법。직각의 九〇분의 一을 一도、一도의 六〇 분의 一을 一분、一분의 六〇분의 一을 一초로 함。

【六言詩:육언시】詩의 한 체。한 句가 여섯 자로 이루어짐。漢의 谷永이 처음 시작함。唐에서는 六言絶句를 지었으며、平仄式은 七言句 平仄式의 다섯 째 자를 각 句에서 생략한 형식임。

【六如:육여】《佛》人世 一切가 空하여 無常한 것을 비유함。곧 夢·幻·泡·影·露·電의 여섯 가지。六喩。『金剛經·四句偈』。

【六逆:육역】道理에 거슬리는 여섯 가지 행동。『左傳』賤妨貴、少陵長、遠間親、新間舊、小加大、淫破義、所謂——也。

【六藝:육예】여섯 가지의 예술。선비들이 배워야 할 여섯 가지의 技藝。㉠禮·樂·射·御·書·數。『史記』身通——者、七十有二人。㉡易·書·詩 春秋·禮·樂。『史記』夫學者載籍極博、猶考信於——。

【六元德:육원덕】진실·겸손·용기·충신·정의·인도의 여섯 가지 德。

【六位:육위】❶易의 여섯 가지 卦爻。初·二·三·四·五·上。陰陽(天道)·剛柔(地道)·仁義(人道)의 象徵。『易乾』象曰、大明終始、——時成。❷人倫의 六位。君·臣·父·子·夫·婦의 道。『莊子·盜跖』。❸天地人。

【六幽:육유】天地 四方의 밝지 못한 곳。『後漢書·章帝紀』光被——。『注』——謂六合、幽隱之處也。

【六義:육의】❶詩의 여섯 가지 體。곧 風·賦·比·興·雅·頌。『毛詩·序』詩有——。❷筆法의 여섯 가지。

【六儀:육의】❶여섯 가지 경우의 몸가지는 모양。곧 祭祀·賓客·朝廷·喪紀·軍旅·車馬의 경우。『周禮』保氏養國子以道、敎之——。❷唐代 後宮의 벼슬 이름。淑儀·德儀·賢儀·順儀·婉儀·芳儀。『舊唐書·職官志』。

【六矣廛:육의전】《制》漢陽이 도읍이 된 뒤부터 서울 百各廛 中의 으뜸 되는 여섯 店鋪。처음에 綿廛·綿布廛·綿紬廛·紙廛·苧布廛을 한 注比로 하고、內魚物廛과 青布廛을 합하여 한 注比로 하였음。正祖 一八년 內魚物廛과 青布廛을 注比廛에서 내치고 布廛을 올리어 여섯 注比로 하더니 純祖원년에 다시 내어물전과 외어물전의 두 전을 합하여 한 注比로、포전

을 저포전에 붙여서 한 注比로 하여 그 수 여섯을 충당하였으나、실제에 있어서 시전의 수효는 여덟이었으므로 八注比廛의 명칭이 생기게 되었음。甲午更張 때 폐지함。六注比廛。

【六耳不同謀:육이불동모】 六耳는 세 사람。많은 사람이 모여도 의견이 맞지 않아서 아무 일도 이룰 수 없다는 뜻。『碧巖集』。

【六場:육장】 ❶한 달에 여섯 번 열리는 시골 장。❷늘。항상。

【六賊:육적】《佛》智慧를 해치고 功德을 덜게 하는 여섯 가지의 害物。色·聲·香·味·觸·法。六塵。

【六典條例:육전조례】《書》十권 十책。法典類。李朝 高宗의 명에 의해 편찬한 吏·戶·禮·兵·刑·工 六典의 각 衙門이 맡은 일과 施行 規例를 記錄한 것。

【六情:육정】 사람의 여섯 가지 性情。곧 喜·怒·哀·樂·愛·惡。『詩經·序』——靜于中。

【六正:육정】 聖臣·良臣·忠臣·智臣·貞臣·直臣의 여섯 이로운 신하。↔六邪。

【六曹:육조】《制》❶尙書의 六曹。後漢 때는 尙書에 三公曹·吏曹 二千石曹·民曹·客曹。晉初에는 吏部·三公·客曹·駕部·屯田·度支。후에는 吏部·殿中·五兵·田曹·度支·左民。隋唐에 이르러서는 吏·戶·禮·兵·刑·工 등 六部로 나누었음。『通典·職官典·尙書·歷代尙書』。❷㉠高麗 때의 여섯 官府。國初부터 여러번 변천이 있었으며 그 중 忠烈王 二十四년에 정한 詮曹·議曹·兵曹·民曹·刑曹·工曹 및 恭讓王 원년에 정한 吏曹·禮曹·兵曹·戶曹·刑曹·工曹의 總稱임。六部。㉡李朝 때 領議政 아래 주요한 國務를 처리하던 여섯 官府。이름은 高麗의 六曹와 같으며、高宗 三一년에 폐함。

【六朝:육조】《歷》중국의 왕조 이름으로서 吳·東晉·宋·齊·梁·陳의 六國。

【六曹判書:육조판서】《制》육조의 각 判書。六卿。

【六足:육족】「발이 여섯」이란 뜻。말과 「馬夫。

【六種力:육종력】《佛》어린애의 울음·여자의 성냄·임금의 교만·羅漢은 精進·부처의 자비·比丘의 참음의 여섯 가지 힘。

【六種震動:육종진동】《佛》부처의 설법이나 神力 따위에 의하여 大地가 감응하여 진동하는 여섯 가지 瑞相。動·起·踊·震·吼·擊을 일컬음。

【六注比廛:육주비전】 =六矣廛。

【六鎭:육진】《歷》이조 세종 때 咸鏡 北道 慶源·慶庯·富寧·穩城·鏡城·會寧에 있던 鎭。

【六鎭布:육진포】 육진 지방에서 나는 삼베。

【六戚:육척】 ❶父·母·兄·弟·妻·子。六親。『呂氏春秋』。❷모든 血族。

【六尺之孤:육척지고】 어려서 부모를 잃은 아이。十五세 이하의 孤兒。周의 一尺은 지금의 八寸에 해당。『論語·泰伯』可以託——。

【六寸:육촌】 ❶여섯 치。❷再從간의 兄弟·姉妹의 通稱。再從。

【六畜:육축】 집에서 기르는 대표적인 여섯 가지의 가축。牛·馬·羊·雞·犬·豕。六擾。『左傳』古者——不相爲用。

【六出:육출】 눈(雪)의 異名。눈의 모양이 六瓣이기 때문임。『韓詩外傳』草木花、多五出、雪花獨——。

【六趣:육취】《佛》衆生이 各自 業에 따라 사는 취미。곧 地獄趣·餓鬼趣·畜生趣·修羅趣·人間趣·天上趣。『法華經序品』。→六道。

【六親:육친】 여섯 가지 親族。㉠父·母·兄·弟·妻·子。六戚。『管子·牧民』。㉡父·子·兄·弟·夫·婦。『老子·十八』。

【六通:육통】《佛》여섯 가지 神通力。神境通·天眼通·天耳通·他心通·宿住隨念通·漏盡通。『俱舍論·二七』。

【六判書:육판서】 六曹判書의 略稱。

【六幣:육폐】 여섯 가지의 幣物。곧 圭와 馬。璋과 皮。璧과 帛。琮과 錦、琥와 繡、璜과 黼의 六物。『周禮秋官·小行人』。

(一) (禮器圖)馬以圭

(二) (禮器圖)皮以璋

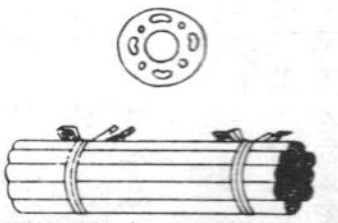
(三) (禮器圖)帛 以 璧

(四) (禮器圖)錦 以 琮

(五) (禮器圖)繡 以 琥

(六) (禮器圖)黼 以 璜

【六學:육학】 ❶六經。곧 易·書·詩·春秋·禮·樂。『漢書』——者、聖敎之典籍。❷《制》唐代의 여섯 학교。곧 國子學·太學·四門學·律學·書學·算學。『舊唐書 職官志』國子監有——。

【六合:육합】 ❶天地와 四方。《轉》天下。世界。宇宙。『莊子·齊物論』——之外、聖人存而不論。❷吉星의 이름。

【六行:육행】 여섯 가지의 善行。㉠孝·友·睦·婣·任·恤。『小學紺珠·人倫類·六行』。㉡仁·義·禮·智·信·樂。『新書 六術』。

【六穴砲:육혈포】 총알을 재어 넣는 구멍이 여섯 개가 있는 권총。

【六花:육화】 눈(雪)의 異名。六出。『梅堯臣』——侵百花。

【兮】 (혜) 齊 ケイ、や、か ㄒㄧ hsi¹

小篆 草書 ❶말멈출혜(語有所稽)。『漢武帝 秋風辭』歡樂極——哀情多。❷노래 후렴혜(歌辭)。❸어조사혜(語助辭)。

【兮呀:혜하】 목소리가 애처로워서 사람의 마음을 움직이게 하는 것。『九華眞人書』忽發哀音之——。

【父】 (부)→父部 0畫

【分】 (분)→刀部 2畫

四 畫

【共】 ㊀(공) 宋 ㊁(공) 冬 キョウ、ともに together ㄍㄨㄥˋ kung⁴

古文 小篆 草書 ㊀❶한가지공、함께공(同也)。『何晏論語集解敍』七十弟子之門人、ㅣ所撰錄也。❷향할공(向也)。『論語』衆星ㅣ之。❸다공(皆也)。『史記 張釋之傳』法者所與天下ㅣ也。❹모둘공(合也)。❺공변될공(公也)。『左傳 僖公四年』王祭不ㅣ。❻무리공(衆也)。(『供』과 같음) ㊁❶공경공(敬也)。『詩經 召南采蘋序』ㅣ祭祀矣。❷법될공(法也)。(『恭』과 통함)

【共感:공감】 ❶남의 의견이나 논설 따위에 대하여 자기도 그러하다고 느낌。❷남의 기쁨과 슬픔에 대하여 자기도 같은 감정을 가짐。또는 그 감정。

【共給:공급】 물건을 갖추어 쓰임에 應함。供給。『漢書』ㅣㅣ車馬衣資。

【共怒:공노】 함께 노함。

【共倒同亡:공도동망】 넘어져도 같이 넘어지고 망해도 같이 망한다는 뜻으로 운명을 같이 한다는 뜻。

【共同:공동】 여러 사람이 일을 같이 함。↕單獨。

【共同繭:공동견】 누에 두 마리가 지은 「지음。」쌍 고치。

【共同耕作:공동경작】 공동으로 농사를 지음。

【共同耕作地:공동경작지】 둘 이상의 農家가 공동으로 경작하는 논밭。

【共同經濟:공동경제】 《經》두 사람 이상이 공동으로 경영하는 회사·조합·공공 단체 또는 國家 따위의 經濟。↕單獨經濟。

【共同管理:공동관리】 ❶공동으로 관리함。❷《法》두 나라 이상이 같이 어떤 나라에 대하여 채무의 상환을 확실히 시키고、또는 재류 自國民의 생명과 재산의 보호를 위하여 그 나라의 철도·광산·우편·전신·관세 등을 공동 지배하여 관리하는 일。國際管理。

【共同權利:공동권리】 《法》여러 사람이 공동으로 가진 권리。

【共同沐間:공동목간】 《社》公設 또는 私設로써 적은 料金으로 여러 사람이 같이 쓸 수 있도록 설비된 목욕탕。共同浴湯。

【共同目的:공동목적】 관계자 일반에게 서로 공통된 목적。

【共同墓地:공동묘지】 ❶市·邑·面 따위에서 일정한 곳에 공동으로 쓰게 된 묘지。↕私設墓地。❷단체의 공동 묘지。

【共同社會:공동사회】 혈족·처소·지역·사업 따위 관계로 이루어진 사회적 結合。↕利益社會。

【共同相續:공동상속】 《法》두 사람 이상이 공동으로 받는 상속。↕單獨상속。

【共同生活:공동생활】 서로 협력하여 사는 사회 생활。

【共同宣言:공동선언】 두 사람 이상의 개인이나、단체 또는 국가가 공동으로 발표하는 선언。

【共同聲明:공동성명】 두 사람 이상、또는 두 나라나 두 단체 이상이 세상에 공동으로 하는 성명。

【共同浴場:공동욕장】 =共同沐間。

【共同一致:공동일치】 어떠한 일을 당하였을 때 여럿이 똑 같이 힘을 합함。

【共同作業:공동작업】 두 사람 이상이 힘을 합하여 공동으로 일함。또는 그일。

【共同戰線:공동전선】 ❶同盟國이 같이 편 전선。❷여러 단체가 같은 목적 아래 단결하여、반대 편을 대항해 나아가는 태세。또는 그 조직。

【共同正犯:공동정범】 《法》둘 이상이 공동하여 죄를 범함。

【共同組合:공동조합】 《法》두 사람 이상이 모여서 이룬 조합。

【共同責任:공동책임】 두 사람 이상이 나누어 지는 공동 책임。

【共同體:공동체】 생활과 운명을 같이하는 조직체、共同社會。

【共同販賣:공동판매】 《法》각 기업체가 공동의 판매소를 통하여 판매하는 일。

【共同行爲:공동행위】 《法》두 사람 이상의 意思의 합치에서 이루어진 행위。

【共鳴:공명】 ❶찬성함。❷《物》어떤 진동체가 울리면 같은 진동수를 가진 다른 진동체가 따라 울리는 현상。

【共鳴管:공명관】 《物》공기로 共鳴시킴으로써 소리를 더 크게 하는 관。

【共鳴箱:공명상】 《物》공기로 共鳴시킴으로써 소리를 더 크게 하는 상자。

【共謀:공모】 둘 이상이 같이 일을 꾀함。『漢書』合黨ㅣㅣ違善依惡。

【共謀者:공모자】 《法》 범죄 구성 행위에 공모한 사람。

【共犯:공범】 共謀犯의 略語。

【共犯者:공범자】 《法》공모하여 죄를 범한 사람。共犯人。

【共犯罪:공범죄】 《法》공모하여 범한죄。

【共産:공산】 ❶재산을 공동으로 관리하고 소유함。❷共産者。

【共産軍:공산군】 공산당의 지배에 속하여 있는 군대。공산당으로 조직된 군대。

【共産黨:공산당】 공산주의 학설을 신봉하고 실현을 위하여 조직된 당。

【共産制:공산제】 《社》재산을 서로 공유하는 제도。

【共産主義:공산주의】 재산 및 생산 기관의 사유를 부인하고、자본주의의 붕괴·계급 투쟁·사회 혁명을 주장하는 주의。

【共生:공생】 ❶공동의 운명 아래 같이 살음。❷동물이나 식물이 같이 살음。

【共棲:공서】 ❶같이 살음。❷같이 살아 부부의 관계를 맺음。

【共承:공승】 恭敬히 받음。『史記·張釋之傳』非吾所以ㅣㅣ宗廟意也。

【共軛:공액】 《數》두 금 또는 두 수에 있어서 서로 바꿔 놓아도 그 관계에 다름이 없을 때의 그 둘의 관계。

【共養:공양】 웃 어른께 供養함。供養。『漢書』ㅣㅣ三德爲善。

【共譯:공역】 두 사람 이상의 共同飜譯。

【共營:공영】 =共同經營。

【共榮:공영】 서로 함께 繁榮함。

【共用:공용】 공동으로 사용함。

【共有:공유】 ❶두사람 이상이 공동으로 소유함。↕私有。❷《法》하나의 소유권이 두 사람 이상에 속하여 있는 상태。

【共有物:공유물】 두 사람 이상에게 소유권이 있는 물건。

【共有者:공유자】 한 가지 물건에 대한 소유권을 공동으로 가진 각 사람。

【共益:공익】 공동의 利益。

【共益費用:공익비용】 《法》한 채무자에 대하여 채권자가 여럿일 때、채권자의 공동 이익을 위하여 쓴 비용。채무자의 재산의 보존·청산 또는 배당을 목적으로 지출한 비용。

【共著:공저】 한 책을 몇 사람이 합작하여 공동으로 지음。

【共濟:공제】 ❶힘을 같이 하여 일함。❷서로 힘을 합하여 도움。

【共濟組合:공제조합】 조합원이 서로 도울 목적으로 출자하여 세운 조합。

【共助:공조】 공동으로 도움。

【共存:공존】 같이 존재함。함께 도우며 살아나감。自他가 함께 존재함。

【共存共榮:공존공영】 같이 살고 같이 잘됨。함께 잘 살아 나아감。

【共進會:공진회】 殖産·工業의 개량 발달을 도모하기 위하여 널리 산물·제품을 모아서 이것을 일정한 장소에 진열하고 일반 공중에게 관람시키어 그 優劣을 品評·査定하는 會。博覽會。

【共通:공통】 두루 통용됨。

【共通性:공통성】 공통되는 성질。

【共通語:공통어】 몇 가지의 다른 언어가 쓰여지는 지역 안에서、공통으로 통용되는 말。

【共通因數:공통인수】 《數》둘 이상의 式에 두루 있는 인수。公因數。

【共通點:공통점】 공통되는 점。

【共販:공판】 共同販賣의 略語。

【共學:공학】 남자와 여자 또는 다른 민족끼리 같이 함께 석이어 배움。

【共和國:공화국】 공화 정치 체제를 띤 나라。↕君主國。

【共和政治:공화정치】 주권이 어느 사

람이나 어느 계급이 독차지하는 바가 되지 않고, 국민의 多數 또는 국민 전체에 있어 시행되는 정치。↔專制政治。

【共和制度 : 공화제도】 공화 정치의 제도。↔專制制度。

◎公—、反—、防—、容—、中—。

【笑】 (소)『笑』(竹部 4畫)의 古字

五 畫

【兵】 (병) 庚 ヘイ、ヒョウ、つわもの soldier ㄅㄧㄥ ping¹

小篆 古文 古文 草書 ❶군사병(從戎戰鬪者)。『孫子』始計 —者詭道也。❷무기병(戎器)。❸재난병(災也)。❹전쟁병(戰爭)。

秦小戎❷(三才圖會)

『十八史略』與吳廣起—于。❺도적병(寇也)。『史記 南宋』無歲不受—、幾不能支。❻적을무찌를병(擊敵)。『左傳定公十年』孔子曰士—之。

【兵家 : 병가】 ❶兵學의 전문가。『漢書』——出古司馬之職。❷兵家者流의 略語。

【兵家常事 : 병가상사】 전쟁에서 이기고 지는 일은 보통 있는 일。실패에 낙심 말라는 뜻。

【兵車 : 병거】 군사를 실은 수레。전쟁에 쓰는 수레。『禮記』——不式。

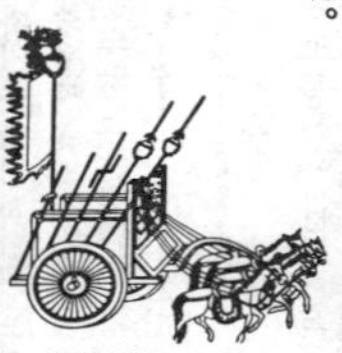
兵車(禮器圖)

【兵械 : 병계】 전쟁에 쓰는 기구。兵器。

武器。

【兵戈 : 병과】 ❶군사에 쓰는 창。❷(轉)전쟁。『史記』其於——尤所重。

【兵寇 : 병구】 군대의 침입。또는 전란。

【兵權 : 병권】 兵馬를 다스리는 권리。兵馬之權의 略語。『魏志』攻取者先——。

【兵戟 : 병극】 ＝兵戈。『史記』持——而衛侍者甚衆。

【兵器 : 병기】 전쟁에 쓰는 모든 기구의 총칭。兵仗器의 略語。『六韜』簡練——。

【兵器庫 : 병기고】 (軍)온갖 병기를 넣어 두는 창고。兵庫。

【兵隊 : 병대】 ❶군대。❷兵丁。

【兵道 : 병도】 전쟁의 바른 길。兵法。

【兵亂 : 병란】 (軍)나라 안에 일어난 난리。兵變。『左傳』無信——日至。

【兵粮 : 병량】 군인들이 먹을 식량。軍糧。

【兵力 : 병력】 군대의 힘。군대와 병기의 수 및 그 세력。

【兵馬 : 병마】 무기와 軍馬。(轉)戰爭。

【兵馬節度使 : 병마절도사】 (制)李朝때, 각 지방에 두어 兵馬를 지휘하던 從二品의 무관。각 道에 한 사람 또는 두 사람을 두었음。본디는 兵馬都郞制使였으나, 世祖 一二년에 이 이름으로 고쳤음。

【兵馬之權 : 병마지권】 군사를 다스리는 權能。통수권。병권。

【兵房 : 병방】 (制)❶兵典에 관한 일을 맡아보던 承政院의 六房의 하나。❷兵典의 일을 보던 지방 관청의 六房의 하나。

【兵法 : 병법】 전쟁의 요령과 방법。戰術。兵術。兵書。『史記』項梁教籍——。

【兵變 : 병변】 ＝兵亂。

【兵柄 : 병병】 兵馬의 권력。兵權。『宋書』史弘肇握——。

【兵不厭詐 : 병불염사】 군사상에 있어서는 적을 속이는 것이 무관하다는 뜻。『韓非子』兵陣之間、不厭詐僞。

【兵備 : 병비】 ❶전쟁의 준비。❷ 전쟁에 대한 마음의 준비。武備。

【兵舍 : 병사】 군대가 거처하는 집。兵營。

【兵士 : 병사】 ＝❶軍士。❷士兵。『舊唐書』——調習 戎裝克備。

【兵事 : 병사】 병역·군대·전쟁 등에 관한 모든 일。軍事。『周禮』凡——韋辨服。

【兵尙神速 : 병상신속】 用兵은 신속히 하는 것을 중하게 여긴다는 뜻。

【兵書 : 병서】 兵學의 책。軍書。兵法書。

【兵船 : 병선】 ❶전쟁에 쓰는 모든 배。軍艦。戰艦。戰船。『舊唐書』飛表聞上、更請——。❷(制)小猛船의 고친 이름。

【兵燹 : 병선】 전쟁 때문에 일어나는 화재。(燹은 野火)。『宋史·神宗紀』詔岷州界、經鬼章——者賜錢。

【兵勢 : 병세】 軍의 형세。兵威。兵馬의 세력。『史記』問其地形與其——。

【兵術 : 병술】 兵法。『北史』呂望孫武之—

【兵額 : 병액】 군사의 수효。軍額。

【兵厄 : 병액】 전쟁으로 말미암아 생기는 災殃。전쟁의 災厄。

【兵役 : 병역】 (法)국민의 의무로서 兵士가 되어 軍務에 종사하는 일。

【兵役免除 : 병역면제】 (法)不具者 또는 廢疾者에 대하여 병역을 면제하여 주는 일。

【兵役法 : 병역법】 (法)헌법에 의거하여 국민이 복무할 병역을 규정한 법률。一九五二년 제정。

【兵役義務 : 병역의무】 國民 四大 義務의 하나。국민으로서 군무에 복무할 의무。

【兵營 : 병영】 ❶ 군대들이 거처하는 건물。❷(國)兵馬節度使가 있던 營門。

【兵員 : 병원】 군사의 인원。군사의 수효。

【兵威 : 병위】 군대의 위력。군대의 힘。『史記』得——財物。

【兵衛 : 병위】 경계를 위하여 배치 또는 巡檢하는 兵士。衞兵。護衞兵。

【兵仗器 : 병장기】 전쟁에 쓰는 기구의 總稱。兵仗。

【兵儲 : 병저】 병력을 확보함。『魏書·武獻王英傳』外靡糧授、內無——。

【兵籍 : 병적】 ❶兵事관계의 기록 문서。軍人의 籍。❷군인의 신분。❸병적부。

【兵籍屆 : 병적계】 (軍)兵籍에 관한 사항을 신고하는 서류。

【兵籍簿 : 병적부】 군인의 身分에 관한 사항을 기록한 장부。

【兵丁 : 병정】 兵役에 服務하는 젊은 사람。壯丁。軍人。

【兵曹 : 병조】 (制)❶漢代 兵事를 管掌하던 관리。❷㉠高麗 忠烈王 二四년에 四司를 고쳐서 둔 六曹의 하나。직무는 尙書兵部와 같음。㉡李朝 때 六曹의 하나。武選·軍務·儀衛·便驛·兵甲·器仗·門戶管鑰을 맡음。太祖 元年에 베풀어 開國 五〇三년에 폐하고 軍務衙門을 두었음。❸해군 下士官 계급의 하나。

【兵卒 : 병졸】 ＝軍士。

【兵塵 : 병진】 戰場의 티끌。거친 戰場판。

【兵站 : 병참】 戰線 뒤에서 군대의 행동 및 人馬나 군수품의 보충·운반 따위를 맡아 보는 곳。

【兵站部 : 병참부】 (軍)戰線의 후방에서 軍需品의 出納을 맡아보는 부대。

【兵站線 : 병참선】 병참 근무의 連絡線。

【兵站所 : 병참소】 (軍)＝兵站部。

【兵判 : 병판】 兵曹判書의 略語。

【兵學 : 병학】 군사에 관한 일체를 연구하는 학문。軍學。

【兵革 : 병혁】 무기 또는 전쟁의 總稱。『孟子』威天下不以——之利。

【兵火 : 병화】 전쟁으로 일어나는 화재。戰火。兵燹。

【兵堠 : 병후】 적의 동정을 살피기 위하여 베푼 土堡。『皮日休』境上多——。

◎甲—、强—、擧—、工—、官—、觀—、國民—、軍—、禁—、奇—、起—、騎—、短—、大—、屯—、白—、步—、補充—、伏—、負傷—、士—、私—、散—、水—、新—、養—、閱—、豫備—、用—、勇—、備—、義—、疑—、殘—、將—、正—、精—、徵—、斥候—、天—、出—、親—、派—、廢—、砲—、海—。

【皃】(모)『貌』(豸部 7畫)와 같음

六畫

【其】㊀(기) 支 ㊁(기) 寘 キ、その it; the ㄑㄧˊ ch'i^2 小篆 籒文 草書 ㊀❶그기、그것기(指物辭)。〔易經 繫辭〕—旨遠、—辭文。❷어조사기(語助辭)。〔詩經 小雅庭燎〕夜如何—。㊁토씨기(助辭)。〔詩經 曹風候人〕彼—之子。(『居』와 通함)

【其間:기간】그 사이。그 동안。

【其勢:기세】그 세력이나 형세。

【其勢兩難:기세양난】이리 하기도 어렵고 저리 하기도 어려움。

【其實:기실】실제의 형편。그 사실。

【其人:기인】(制)新羅 때부터 지방 자치세력의 유력자로 중앙에 뽑혀 와서 볼모로 있으면서 그 고을 행정의 顧問을 맡아 보던 사람。

【其他:기타】그것 외에 또 다른 것。

【其後:기후】그 뒤。그 후。

【具】(구) 遇 グ、そなわる possess; assort ㄐㄩˋ chü^4 小篆 草書 ❶갖출구(備也)。〔唐書 王師範傳〕每縣令至、—威儀入謁。❷판비할구(辦也)。❸함께구、다구(俱也)。〔詩經小雅節南山〕赫赫師尹、民—爾瞻。❹그릇구、제구구(器也)。「道—、器—」。❺옆에 사람을 둘구(附人)。〔史記 孔子世家〕請—左右司馬。❻가질구(持也)。〔孟子 公孫丑上〕—體而微。❼완비할구(完備)。〔晁錯 論貴粟〕以畜積多而備先—也。❽만족할구(足也)。〔梁武帝敕〕爵祿—忠衰于君。❾설비할구(設備)。〔王褒 聖主得賢臣頌〕何則有其—者易其備。❿일할구(動也)。〔李陵 答蘇武書〕抱將相之—。⓫필요할구(要也)。〔韓非子 定法〕謂之衣食孰急於人、明是不可一無也、皆養生之—也。(『俱』와 通함)

【具格:구격】격식에 맞음。격식을 갖춤。

【具格拿來:구격나래】(制)중한 죄인을 수갑 지르고 차꼬 채고 칼 씌워 잡아 옴。

【具慶下:구경하】양친을 다 모심。

【具軍服:구군복】군복을 갖추는 것。안올린 벙거지를 쓰고 동달이를 입은 章標 위에 전대띠를 눌러 띠고、木靴를 신고、동개를 메고、환도를 차고、동채를 손에 든 차림새。具器服。

【具利:구리】=具本邊。

【具文:구문】형식만이 갖추어진 문장。〔漢書〕上計簿——而已。

【具服色:구복색】절차에 맞추어 복색「을 갖추어 입음。」

【具備:구비】빠진 것 없이 고루 갖춤。〔書經〕兩造——、師聽五辭。

【具象:구상】=具體。

【具象概念:구상개념】(論)개별적 屬性을 띠고 실물에 가까운 것으로 思惟되는 개념。

【具象性:구상성】具體性。↔추상성。

【具象的:구상적】형상을 갖추고 있는「갖춤。」것。具體的。↔抽象的。

【具色:구색】여러 가지 물건을 골고루

【具色親舊:구색친구】각 방면의 사람과 널리 사귀는 친구。

【具書:구서】글자의 획을 빼지 아니하고 전부 갖추어 씀。

【具姓名:구성명】성과 이름을 다 씀。

【具述:구술】상세하게 진술함。

【具申:구신】일의 현황을 윗사람에게 上申하는 것。

【具眼:구안】眼識이 있음。사물의 善惡·가치를 잘 分別하는 眼目과 識見。〔許顗詩話〕東坡祭柳子王文、郊寒島瘦、元輕伯俗、此語——。

【具鞍馬:구안마】안장이 갖추어져 있「는 말。」

【具眼者:구안자】옳고 그름을 가릴 수 있는 眼識을 가진 사람。

【具鞍裝:구안장】말에 안장을 갖추어「꾸밈。」

【具眼之士:구안지사】見識을 갖춘 선비。안식이 있는 선비。

【具然:구연】스스로 만족하는 모양。自得하는 모양。〔荀子〕——欲爲人師。〔注〕——、自滿足之貌也。

【具獄:구옥】獄案(判決文)이 이미 작성되고 宣告文까지 갖추어지는 것을 말함。〔漢書〕抱其——、哭於府上。

【具人馬:구인마】從者와 말을 다 갖춤。

【具載:구재】자세하게 씀。〔李白·崇明寺佛頂尊勝陀羅尼幢頌〕此不——。

【具足:구족】넉넉하게 갖추어짐。

【具陳:구진】=具申。

【具瞻:구첨】뭇 사람이 함께 우러러봄。또는 그 지위에 있는 사람。〔詩·節南山〕赫赫師尹、民具爾瞻。

【具體:구체】❶形象을 갖추어 가짐。❷개체가 특수의 형체·성질을 갖추는 일。↔抽象。

【具體案:구체안】구상적인 案件。

【具體的:구체적】=具象的。

【具體策:구체책】구체적인 방책。

【具稟:구품】일의 내용과 까닭을 갖추어 웃어른에게 여쭘。

【具銜:구함】手決과 職銜을 나란히 씀。

【具現:구현】구체적으로 나타냄。

◎家—、敬—、工—、校—、教—、器—、機—、農—、道—、馬—、武—、文—、文房—、不—、漁—、治—、夜—、用—、運—、雨—、動—、裝—、裝身—、葬—、寢—。

【典】(전) 銑 テン、のり、みち regulations ㄉㄧㄢˇ tien^3 小篆 古文 古文 草書 ❶법전(法也)。〔書經〕愼徽五—。❷맡을전(主也)。〔管子 任法〕國更立法以—民。❸책전(書也)。〔書經 五子之歌〕有—有則。❹전당잡힐전(質貸)。❺도덕전(道德)。〔詩經 周頌我將〕文王之—。❻떳떳할전(常也)。❽본보기전(模範)。

【典據:전거】바른 증거。典證。來歷。出典。〔大唐新語〕咸有——。

【典故:전고】典例。전해오는 예。故事。故實。舊慣。〔後漢書〕慈愛骨肉、事過——。

【典券:전권】文券을 전당으로 함。

【典器:전기】사물의 形과 質을 다스리기 위하여 쓰이는 度·量·衡의 기구。〔管子〕法制度量、王者之——也。

【典當:전당】(經)재산을 담보하고 돈을 융통함。

【典當舖:전당포】전당을 잡고 돈을 꾸어주는 집。

【典當票:전당표】전당한 物名과 액수「를 적은 표。」

【典麗:전려】바르고 典雅함。文章·詩賦가 바르고 아름다움。〔南史〕文辭——。

【典例:전례】정해 놓은 예。法則。〔白居易〕。

【典禮:전례】❶典法과 禮儀。吉禮에 대

한 儀式。『易經』以行其——。❷《制》벼슬 이름。禮를 맡음。『禮·王制』命——考時月定日。

【典賣:전매】 典當 잡힌 물건을 賣却함。『白居易』舊宅——與人。

【典物:전물】 ❶法制文物。『後漢書·宦者傳論』加漸染朝事、頗識——。❷《中》抵當 잡힌 물건。

【典範:전범】 規則。法。본보기。典憲。

【典法:전법】 規則。法。模範。典則。典刑。典型。法式。法例。『史記』——不傳。

【典墳:전분】 三墳五典의 略語。《轉》古書。三墳。『張祜』朝綱在——。

【典祀:전사】 ❶《制》周代 春官에 딸린, 祭祀를 맡은 벼슬 이름。❷ 國家에서 정한 祭祀。『國語·魯語 上』。

【典常:전상】 항상 지켜야 할 도리。『書經』率由——、以蕃王室。

【典膳:전선】 《制》임금의 식사를 맡던 벼슬。『職原抄』。

【典實:전실】 古代에 있었던 사실。故實。『晉書』屬書——。

【典雅:전아】 법칙에 맞고 아담함。『魏文帝』辭義——。

【典謁:전알】 《制》賓客에 대한 일을 맡아봄。또는 그 사람。『禮記·曲禮』問士之子、長曰能——矣。

【典獄:전옥】 ❶죄수를 가두던 감옥。❷형무소에 근무하는 공무원의 한 官名。

【典委:전위】 ❶간들거리는 모양。가냘픈 모양。휘청휘청하는 모양。『王融』雲衣降授仙裾——。❷물이 구비쳐 흐르는 모양。『柳宗元』屈折東流、其——勢峻。『黨除比事』令——密覘之。

【典衣:전의】 《制》벼슬 이름。임금의 의복을 맡음。『韓非子·三柄』。

【典儀:전의】 ❶법식。모범。『後漢書』春秋饗射、備列——。❷典制。儀式。❸《制》中國 南北朝時代의 벼슬 이름。周官의 司儀와 같으며 朝廷의 儀式을 管掌함。『通典·職官傳』。

【典醫監:전의감】 《制》王室의 醫藥을 맡던 관청。李朝 太祖 원년부터 高宗 三一년까지 있었음。

【典章:전장】 法。規則。본보기。制度文物。典制。『隋書』採百王之損益、成一代之——。 「輒亦令——焉。

【典掌:전장】 일을 맡음。管掌。『後漢書』

【典籍:전적】 소중한 古書。書籍。圖書。

【典制:전제】 ❶일을 맡음。『禮記·曲禮』天子之六工、曰土工、金工、石工、木工、獸工、草工、——六材。❷規則。法。典章。또는 典章을 作成하는 사람。『史記』擅作——。『孟子』不足以守宗廟之——。

【典座:전좌】 《佛》禪宗에서 대중의 寢具와 식사 따위를 맡은 사람。

【典主:전주】 전당을 잡은 사람。 「음。

【典重:전중】 언행이 법도에 맞고 점잖

【典證:전증】 故事의 증거。來歷。典據。『魏書』高允遂著名字論、甚有——。

【典質:전질】 물건을 전당 잡힘。

【典執:전집】 전당을 잡히거나 잡음。

【典贊:전찬】 《制》內人의 正八品의 한 벼슬。

【典則:전칙】 典章。法則。典法。『北史』選史擧人、未遵——。 「—之。

【典統:전통】 맡아 다스림。『晉書』皆—

【典學:전학】 ❶항상 학문에 종사한다는 뜻。(典은 常)。『書經』念終始典于學。❷大醫署에 속한 職名。 「——資其刊輯。

【典憲:전헌】 法。規則。본보기。『晉書』

【典刑:전형】 ❶ 일정한 規法。『書經』象以——。❷古來의 법。『詩經』尙有——。❸刑罰을 管掌함。

【典型:전형】 같은 부류의 특징을 가장 잘 나타낸 型。『說文·型·段·注』。

【典型的:전형적】 어떤 부류의 모범이 될만한 것。

【典訓:전훈】 가르침。人道의 가르침。『後漢書』賴母師之——。

◎經—、古—、敎—、國—、內—、大—、文—、法—、寶—、佛—、事—、辭—、上—、常—、盛—、聖—、式—、樂—、語—、外—、原—、六—、恩—、儀—、吏—、字—、祭—、出—、通—。

七 畫

【侖】 (륜) 园 ロン、おもう think
생각할 륜(思也)。

【真】 (진)『眞』(目部 5畫)의 略字

八 畫

【兼】 (겸) 鹽 ケン、かねる combine 니ㄢ chien'

❶겸할 겸、아우를 겸(并也)。『史記 秦始皇紀』秦并—諸侯山東三十餘郡。❷둘 얻을 겸(兩得)。『孟子 告子上』生 亦我所欲也、義亦所我所欲也、二者不可得—、舍生而取義者也。❸불을 겸(增也)。『古詩 焦仲卿妻』我有親父母逼迫—弟兄。❹모을 겸(總也)。『孟子盡心上』墨氏—愛。

【兼官:겸관】 관직을 겸함。『韓非子』使士不——故技長。

【兼管:겸관】 두 가지 일을 겸하여 주관함。管攝。

【兼金:겸금】 값이 보통의 갑절이나 되는 좋은 황금。『孟子』王 ——一百。

【兼奴上典:겸노상전】 너무 가난하여、종을 둘 처지가 못되어 종이 한 일까지 해야 하는 양반。

【兼帶:겸대】 한 사람이 두 가지 이상의 「직무를겸함。

【兼務:겸무】 두 가지 이상의 일을 겸하여 보는 사무。

【兼倂:겸병】 한데 합쳐 가짐。『史記』—豪黨之徒。 「병하는 무리。

【兼倂之徒:겸병지도】 토지 따위를 겸

【兼備:겸비】 아울러 겸하여 가짐。『漢書』尹翁歸文武——。 「도록 차린 상。

【兼床:겸상】 한 상에서 두 사람 이상 먹

【兼善:겸선】 나만이 아니라 겸해서 다른 사람에게도 感化시켜서 착하게 함。『孟子·盡心』達則——天下。

【兼攝:겸섭】 두 가지 일을 겸하여 처리함。『禮記』不敢使大夫——爲主也。

【兼旬:겸순】 열흘 이상이 걸림。

【兼勝:겸승】 싸워 두 敵을 함께 이김。

【兼愛:겸애】 친 불친을 가리지 않고 모든 사람을 한결같이 사랑함。『孟子』墨氏——、是無父也。

【兼愛說:겸애설】 만인을 차별 없이 사랑하고 이롭게 하자는 春秋時代 魯 나라 사람 墨子의 倫理說。兼愛交利說。

【兼業:겸업】 겸하여 하는 영업。『漢書』郡國富民、——顓利、以貨賂自行。

【兼用:겸용】 하나로 여러 가지를 겸하여 「사용함。

【兼容:겸용】 도량이 넓음。

【兼有:겸유】 겸하여 가짐。

【兼人之勇:겸인지용】 능히 몇 사람을 당해낼 만한 용기。

【兼任:겸임】 한 사람이 두 임무를 겸함。

【兼將:겸장】 兼將軍의 略語。

【兼將軍:겸장군】 장기에서 두 군데로 되는 장군。 「전함。

【兼全:겸전】 여러 가지를 다 갖추어 완

【兼之兼之:겸지겸지】 겸두겸두。

【兼之又兼:겸지우겸】 겸한 위에 또 더 겸함。

【兼職:겸직】 한 사람이 두 가지 직무를

【兼察：겸찰】 한 사람이 두 가지 이상의 일을 맡아 봄。

【兼學：겸학】 여러 가지 학문을 겸하여 「배움。」 겸함。〔江淹〕漢魏多才、亦罕一一。

【兼行：겸행】 두 가지 일을 겸하여 함。『孫子』倍道一一。

九 畫

【與】 (여)『與』(臼部 6畫)의 略字

十一畫

【巽】 (기)『冀』(八部 14畫)의 略字

十二畫

【䉽】 ㊀(반) 刪 ハン、いやしいしごと humble occupation ㊀천한 직업반(賤話)。㊁ 뜻은 ㊁(비) 微 小篆 ㊀과 같음。

十四畫

【冀】 (기) 寘 キ、こいねがう expect; want ㄐㄧ chi⁴ 小篆 草書 ❶하고자할기(欲也)。〔韓愈 與孟東野書〕一足下、一來相視也。❷고을이름기(州名 一州)。❸나라 이름기。❹바랄기(望也)。〔左傳 僖公三十三年〕鄭有備矣、不可一也。❺원할기(願也)。〔吳志 周魴傳〕經年之一願。

【冀圖：기도】 원하는 것이 있어 도모함。

【冀望：기망】 =希望。

【冀北：기북】 冀州의 북쪽。(말의 產地)。

【冀願：기원】 =冀望。『吳志』經年之一一。

【興】 (흥)→臼部9畫

十八畫

【顚】 (전)『顚』(頁部 10畫)의 俗字

【顚】 (전)『顚』(次條)과 같음

【巔】 (전) 先 テン、ひたい、ふせる forehead ❶이마전(頂也)。❷엎드러질전(覆倒)。(『顚』과 같고 『傎』과 통함)

冂 部

【冂】 (경) 靑 ケイ、とおい remote ㄐㄩㄥ chiung¹ 小篆 古文 古文 草書 ❶멀경(遠界)。❷빌경(空也)。❸들밖경(野外)。

一 畫

【冃】 ㊀(모) 皓 ボウ、おおう cover again ㊁(무) 宥 小篆 古文 ㊀겹쳐덮을모(重覆)。㊁ 뜻은 ㊀과 같음。

二 畫

【冄】 (염)『冉』(冂部 3畫)과 같음

【円】 (원)『圓』(口部 10畫)의 俗字

三 畫

【冃】 (모) 號 ボウ、どもづきん headdress for baby 小篆 古文 어린이 머리수건모(小兒頭巾)。(『帽』와 通함)

【冉】 (염) 琰 ゼン、ゆく ㄖㄢˇ jan³ 小篆 草書 ❶가는털늘어질염(細毛下垂)。❷가는모양염(行貌)。〔楚辭 九章〕時亦一一而將至。❸남생이 등언저리염(龜甲緣)。❹침노할염(侵也)。

【冉鎌：염겸】 위태로움。또는 가짜를 말함。『方言·六』後醢·一一、危也、東齊、椅物而危、謂之傒醢、僞物謂之一一。

【冉路國：염로국】 《歷》 옛 나라 이름。馬韓에 속함。

【冉相：염상】 옛 聖王의 이름。 「陽」。

【冉若：염약】 풀 같은 것이 무성한 모양。『王融·法樂辭』金華紛一一、瓊樹鬱青葱。

【冉弱：염약】 소리를 가늘고 길게 뽑는 모양。一說에는 和聲이 가득 차 두루 퍼지는 일。『成公綏·嘯賦』或一一而柔撓、或澎濞而奔壯。『注』善曰、一一、長貌、濟曰、一一、和聲繞也。

【冉冉：염염】 ❶가는 모양。나아가는 모양。『廣韻』冉、一一、行貌。『楚辭·離騷』老一一其將至兮。『注』一一、行貌。❷부드러워 늘어지는 모양。연약한 모양。『說文·冉、段注』一一者、柔弱下垂之貌。

【册】 (책) 陌 サク、サツ、ほん book ㄘㄜˋ ts'ê⁴ 小篆 古文 ❶책책(簡編)。〔楊萬里詩〕草一纔抄第一詩。❷병부책(符命)。「封一」。❸세울책(立也)。❹꾀책(謀也)。〔漢書〕全師保勝之一。❺문서책(文書)。(『策·册』과 같고 『柵』과 통함)

【册價：책가】 책의 값。

【册甲：책갑】 책가위。

【册匣：책갑】 책을 넣어 두는 갑。또는 겉으로 싸는 갑。

【册庫：책고】 책을 간직하여 두는 곳집。

【册卷：책권】 서책의 卷帙。

【册櫃：책궤】 책을 넣어 두는 궤짝。

【册曆：책력】 천체를 측정하여 해와 달의 돌아감과 절기를 적은 책。曆書。

【册籠：책롱】 책을 넣어 두는 농짝。

【册立：책립】 《制》왕태자나 왕후를 詔勅으로 封하여 세움。

【册房：책방】 ❶書店。❷고을 원의 秘書를 맡아 보던 사람。官制에 있는 것이 아니고 사사로이 任用했음。

【册褓：책보】 책 보자기。

【册封：책봉】 《制》王世子·世孫·后·妃·嬪 등의 封爵을 하는 일。

【册絲：책사】 책을 매는 데 쓰는 실。

【册肆：책사】 書店。 「소반。」

【册床盤：책상반】 책상 비슷하게 만든

【册床褓：책상보】 수를 놓거나 여러 가지로 꾸미어 만들어서 책상을 덮는 보。

【册床退物：책상퇴물】 책상물림。

【册書：책서】 ❶책글씨。책의 글씨를 베껴 씀。❷辭令書。『尙書·傳』一一命之。

【册貰：책세】 책을 빌어서 보는 셋돈。

【册室：책실】 =册房②。

【册衣：책의】 책의 겉장。책 겉장을 싼 종이 또는 헝겊。

【册子：책자】 =書册。

【册欌：책장】 책을 넣어 두는 장。

【册張：책장】 책의 낱장。

【冊】 (책)『册』(前條)과 같음

【用】(용)→用部0畫

【凸】(철)→凵部4畫

四 畫

【冊】(책)『冊』(冂部3畫)의 本字

【再】(재) 陽 サイ、ふたたび ㄗㄞ tsai⁴ again

再 小篆 書 草 ❶두 번재(兩也)。『書經』朕言不一。❷거듭재(重也)。『論語 公冶長』一斯可矣。❸두개재(二也)。

【再嫁:재가】 한 번 혼인한 여자가 다시 다른 사람에게 시집감。再醮。

【再刊:재간】 다시 刊行함。두 번째의 간행。再版。

【再開:재개】 다시 열음。

【再改:재개】 다시 고침。

【再改議:재개의】 회의에서 개의에 대하여 다시 개의함。

【再擧:재거】 두 번째 일을 일으킴。

【再建:재건】 이미 없어졌거나 무너진 것을 다시 일으켜 세움。

【再檢討:재검토】 신중을 기하기 위하여 다시 검토함。

【再耕:재경】 두벌갈이。

【再啓:재계】 편지의 사연을 다 적은 뒤에 또 적어야 할 일이 생겼을 경우에 다시 이야기한다는 뜻으로 쓰는 말。

【再考:재고】 다시 자세하게 생각함。

【再校:재교】 ❶두 번째의 校正。❷다시 調査하고 살핌。

【再交付:재교부】 한 번 교부했던 서류 따위를 분실 등의 이유로 다시 교부함。

【再教育:재교육】 어떠한 목적에 의하여 다시 교육함。

【再歸:재귀】 다시 본 곳으로 돌아옴。

【再歸代名詞:재귀대명사】 서양 말의 문법에서 재귀동사·타동사·전치사의 목적어로 쓰는 대명사。돌이킴 대이름씨。

【再歸熱:재귀열】《醫》급성적인 전염병의 한 가지。高熱이 반복됨。回歸熱。

【再起:재기】 힘을 돌이켜 다시 일어남。『杜甫』望公一一。

【再堂叔:재당숙】 아버지의 재종 형제。再從叔。

【再堂姪:재당질】 육촌 형제의 아들。再從姪。

【再讀:재독】 두 번째 읽음。『宋史』凡書皆一閱不一一。

【再鍊:재련】 ❶쇠붙이·목재 따위를 두 번째 단련하는 일。❷木石材를 두 번째 治鍊하는 일。

【再錄:재록】 다시 收錄함。

【再臨:재림】 ❶두 번째 옴。❷《宗》기독교에서 때가 이르면 다시 인간을 심판하러 예수가 이 세상에 내려오리라는 일。

【再賣:재매】 한 번 판 것을 무르지 않고 또 다른 곳으로 팔음。

【再明年:재명년】 ＝後年。

【再明日:재명일】 모레。

【再武裝:재무장】 무장을 해제했던 군대가 다시 무장함。

【再發:재발】 ❶다시 일어남。❷글발을 다시 보냄。

【再拜:재배】 ❶두 번 하는 절。두 번 절함。『禮記』一一稽首。❷웃어른에게 편지할 때에 이름 다음에 쓰는 말。

【再犯:재범】 두 번째 죄를 저지름。

【再犯加重:재범가중】《法》재범인을 이유로 하여 刑罰을 가중하여 처벌함。

【再壁:재벽】 두 번째 바르는 壁土。

【再報:재보】 두 번째 알림。

【再服役:재복역】 兵役이나 懲役에 다시 복역하는 일。

【再逢春:재봉춘】 ❶一년 동안에 立春이 두 번 들음。❷불우한 처지에 놓였던 사람이 다시 행복을 찾음。

【再思:재사】 두 번 생각함。생각한 일을 다시 여러 모로 생각함。『白居易』古之天子、動必三省、言必一一。

【再削:재삭】 되깎이。

【再三:재삼】 두세 번。『漢書』一一奏事。

【再三思之:재삼사지】 여러 번 생각함。

【再生:재생】 ❶다시 살아남。❷버리게 된 물건을 加工하여 쓰게 함。

【再生產:재생산】《經》생산된 상품을 팔아서 얻은 자본으로 다시 전과 똑 같은 생산을 하는 일。단순 재생산과 확장 재생산이 있음。

【再生之恩:재생지은】 죽게 된 경우에 살려 준 은혜。

【再選:재선】 ❶두 번째의 선거。❷두 번 뽑힘。❸다시 뽑음。

【再說:재설】 하던 이야기를 다시 말함。

【再訴:재소】《法》❶소송에 한 번 진 사람이 다시 기소함。❷두 번째 송사를 일으킴。

【再送:재송】 ❶다시 보냄。❷再送電報의 略語。

【再手術:재수술】 수술의 결과가 좋지 못해 다시 하는 수술。

【再輸入:재수입】 한 번 수출하였던 것을 다시 수입함。

【再輸出:재수출】 한 번 수입하였던 것을 다시 수출함。

【再宿:재숙】 이틀 밤을 묵음。『左傳』一宿爲舍、一一爲信。

【再巡:재순】 ❶두 번 도는 차례。❷두 번째 쏘는 활의 차례。

【再試驗:재시험】 ❶시험을 두 번 치름。❷일정한 점수에 미치지 못한 사람에게 다시 보이는 시험。

【再室:재실】 ❶다시 얻은 아내。❷헌 집을 부수어 그 재목으로 지은 집。

【再審:재심】《法》❶한 번 審理한 사건을 다시 審理함。❷第二審。

【再審查:재심사】 다시 심사함。

【再言:재언】 다시 말함。

【再緣:재연】 ＝再嫁。

【再燃:재연】 ❶꺼졌던 불이 다시 탐。❷그치려 하던 일이 다시 들고 일어남。

【再演:재연】 다시 상연함。

【再鹽:재염】 天日塩을 물에 풀어서 다시 고아 만든 소금。

【再吟味:재음미】 다시 살펴 봄。

【再議:재의】 두 번째의 評議。

【再認:재인】 再認識의 略語。

【再認識:재인식】 지난 일을 생각해 내어 그것을 두 번 다시 인식함。

【再一次:재일차】 다시 한 번。

【再任:재임】 같은 官職에 두 번째 나감。

【再昨:재작】 ❶再昨年。❷再昨日。

【再昨日:재작일】 그저께。

【再訂:재정】 다시 訂正함。

【再製:재제】 한 번 만든 것을 다시 정하게 만들음。

【再製鹽:재제염】《化》물에 녹였다가 다시 결정시켜 불순물을 없앤 소금。再鹽。

【再祚:재조】 물러난 임금이 다시 임금 자리에 나감。

【再造:재조】 한 번 만든 것을 다시 精하게 만들음。『魏書』荷殿下一一之慈。

【再造之恩:재조지은】 멸망하려 한을 도와 구해준 은혜。

【再從:재종】 육촌 형제。

【再從間:재종간】 육촌 형제 사이。

【再從妹:재종매】 육촌 누이。

【再從孫:재종손】 종형제의 손자。

【再從嫂:재종수】 육촌 형제의 아내。

【再從叔:재종숙】 아버지의 재종 형제。

【再從叔母:재종숙모】 재종숙의 아내。

【再從氏:재종씨】 ❶자기의 재종형。 ❷남의 재종 형제。
【再從弟:재종제】 육촌 아우。
【再從祖:재종조】 할아버지의 종형제。
【再從祖母:재종조모】 재종조의 아내。
【再從姪:재종질】 재종 형제의 아들。 再姪。
【再從兄:재종형】 육촌 형。 [堂姪。
【再從兄弟:재종형제】 육촌 형제。
【再準:재준】 =再校。
【再陳:재진】 《動》재지니。
【再徵:재징】 두 번 물려 받음。
【再次:재차】 두 번째。 두 차례째。
【再請:재청】 ❶두 번 다시 청함。 ❷다른 사람의 動議에 대하여 찬성하는 뜻으로 거듭 청함。
【再醮:재초】 =再嫁。(醮는 娶時飮酒禮)。 『孔子家語』既嫁從夫、夫死從子、言無ㅣㅣ之端。
【再築:재축】 무너진 것을 다시 건축함。
【再出發:재출발】 ❶다시 출발함。 ❷새로운 계획으로써 일을 다시 시작함。
【再娶:재취】 두 번째 드는 장가。 또는 그 얻은 아내。 繼娶。
【再侵:재침】 다시 침범함。
【再奪還:재탈환】 잃었던 것을 빼앗아 도로 찾음。 「두 번째 달임。
【再湯:재탕】 한 번 달여서 먹은 약제를
【再痛:재통】 나았던 병을 다시 앓게 됨。
【再版:재판】 이미 간행된 출판물을 다시 출판함。 또는 그 책。 「성함。
【再編成:재편성】 편성을 고쳐 다시 편
【再評價:재평가】 새로이 다시 평가함。
【再割引:재할인】 《經》銀行이 割引하여 소유하는 어음을 중앙 은행에서 다시 할인하는 일。
【再抗告:재항고】 《法》항고 법원의 법령에 違背됨을 이유삼아 다시 항고함。
【再行:재행】 혼인한 뒤에 신랑이 처음으로 처가에 가는 일。
【再現:재현】 ❶두 번째 나타냄。 ❷《心》한 번 經驗한 表象이 다시 意識 중에 나타나는 일。
【再婚:재혼】 두 번째의 혼인。
【再會:재회】 두 번째 모임。 다시 만남。 『左傳』ㅣㅣ而盟。
【再興:재흥】 다시 일으킴。 『唐書』慨前陵廢、欣今ㅣㅣ。

【同】 (동)→口部3畫

五 畫

【冏】 (경) 靑 ケイ、ひかる bright
(小篆) (草書) ❶빛날경(光也)。 『木華海賦』ㅣ然鳥逝。 ❷밝을경(明也)。
【冏冏:경경】 빛이 빛나는 모양。 『江淹·雜體·張廷尉雜述時』ㅣㅣ秋月明、馮軒詠堯老。
【冏命:경명】 書經、周書의 篇名。 周나라 穆王이 伯冏을 太僕正에 任命했을 때、이에다 내린 詔書。 『書經·冏命序』。
【冏焉:경언】 밝은 모양。 冏然。
【冏然:경연】 밝은 모양。 暸然。 冏焉。 『木華·海賦』ㅣㅣ鳥逝。 『注』善曰、蒼頡篇曰、冏、光也。

六 畫

【冒】 (모)『冒』(冂部7畫)의 俗字

七 畫

【冑】 (주) 宥 チュウ、かぶと helmet ㄓㄡˋ chou⁴
(小篆) (或體) (草書) ❶투구주(兜也)。 〔說文〕冑、兜鍪也、从月由聲、𩊚、司馬法、冑从革。 (『軸』와 같음)

冑 (圖器禮)

【冑題:주제】 투구의 前面。 (題는 額)。 ◎甲ㅣ。

【冒】 ㊀(모) 號 ㊁(묵) 職 ボウ、ボク、おかす dare
(小篆) (或體) (草書) ㊀❶가릴모(蔽也)。 『易經 繫辭上』ㅣ天下之道。 ❷쓰개모(帽也)。 『漢書雋不疑傳』著黃ㅣ。 ❸시기할모(忌也)。 『書經』ㅣ嫉以惡之。 ❹거짓쓸모(假稱)。 『漢書衛靑傳』ㅣ姓衞氏。 ❺겁내지 않을모、무릅쓸모(ㅣ矢石)。 『李商隱雜纂不得已』ㅣ暑迎謁。 ❻받힐모(觸也)。 ❼간섭할모(涉也)。 ❽공격할모(攻也)。 『史記 吳世家』吳王闔閭弟夫槩、以其部五千人襲ㅣ楚、楚兵大敗走。 ㊁❶탐할묵(貪也)。 『左傳 文公十八年』ㅣ於貨賄。 ❷범할묵. 무릅쓸묵(犯也)。 『漢書』直ㅣ漢圍。 ❸선우이름묵 (單于名ㅣ頓)。
【冒耕:모경】 임자의 승낙이 없이 남의 땅에 농사를 지음。
【冒年:모년】 나이를 속임。
【冒瀆:모독】 침범하여 욕되게 함。 무례한 짓을 함。 『韓愈』ㅣㅣ威嚴。
【冒突:모돌】 ❶무릅쓰고 돌진함。 ❷옛 中國의 戰船의 이름。 『後漢書·岑彭傳』。
【冒頭:모두】 말이나 글의 첫 대문。
【冒濫:모람】 분수 없이 함부로 함。
【冒廉:모렴】 염치 없는 줄을 알면서도 이를 무릅쓰고 함。 冒沒廉恥의 略語。
【冒錄:모록】 사실이 아닌 것을 기록함。
【冒萬死:모만사】 만 번 죽기를 무릅씀。 萬難을 무릅씀。 「놓고 하는 것。
【冒昧:모매】 事理를 따지지 않고 덮어
【冒名:모명】 이름을 거짓으로 꾸며 냄。 또는 그 이름。 僞名。
【冒沒廉恥:모몰염치】 염치없는 줄을 알면서도 이를 무릅쓰고 함。
【冒犯:모범】 일부러 不法스러운 말이나 짓을 무릅쓰고 함。
【冒雪:모설】 눈오는 것을 무릅씀。
【冒姓:모성】 남의 姓을 假稱함。
【冒襲:모습】 남의 집의 뒤를 이음。 남의 집안을 계승함。 『梁武帝』ㅣㅣ良家。
【冒失:모실】 《中》건방짐。 행동이 맹랑함。
【冒雨:모우】 비를 무릅쓰고 맞음。
【冒認:모인】 남의 물건을 자기 물건으로 잘못 인정함。
【冒占良民:모점양민】 良民을 强制하여 奴婢처럼 부림。
【冒進:모진】 앞뒤를 살피지 않고 무턱대고 前進함。 『韓愈』ㅣㅣ之患生、曠官之刺興。
【冒嫉:모질】 시기하고 미워함。 嫉妬。 『書經』ㅣㅣ以惡之。
【冒稱:모칭】 =冒名。
【冒濁:모탁】 私心이 있어 마음이 옳지 못함。 『漢書』ㅣㅣ苟容。
【冒寒:모한】 추위를 무릅씀。
【冒險:모험】 위험을 무릅씀。 위험스러운 일을 자진해서 함。
【冒險事業:모험사업】 위험스러우나 성공은 운명에 맡기고 시작하는 사업。
【冒險性:모험성】 모험스러운 성질。
【冒險小說:모험소설】 모험을 흥미의 중심으로 삼는 소설。

八 畫

【冓】 (구) 宥 コウ、くみたてる pile up 〔ㄍㄡˋ mao⁴〕
(小篆) (草書) ❶재목어긋매껴쌓을구(交積材)。 ❷침방구(奧

房)。
不可道也。〔詩經 鄘風牆有茨〕中ㅣ之言、

【㖃】(후) 㡌 㡪 ク、おおう cover ㄒㄩ hsü³
草書 ❶덮을후(覆也)。❷은나라관후(殷冠)。

九 畫

【冕】(면) 銑 ベン かんむり crown ㄇㄧㄢˇ mien³
小篆 草書 면류관면(冠也)。
〔說文〕古黃帝初作ㅣ。
(『絻·帹』과 通함)

漢冕

【冕旒:면류】 옛날 임금 또는 大夫 以上의 貴人의 朝儀나 祭禮 때에 입는、正服에 갖추어 쓰던 冠。거죽은 검고 속은 붉으며 위에는 長方形의 板이 놓이고 板 앞으로 끈을 늘이며 珠玉을 꿰었는데 임금은 一二、諸侯는 九、上大夫는 七、下大夫는 五旒를 달았음。
【冕旒冠:면류관】 =冕旒。
【冕服:면복】 옛날 帝王의 正服인 면류관과 袞龍袍。貴人의 禮服으로 쓰는 冠과 입는 옷。〔書經〕被ㅣㅣ憑玉几。

【㒼】 ㊀(면) 㺵 ㊁(만) 寒 ベン、たいら plane
小篆 小篆 ㊀ ❶평평할면(平也)。❷당할면(當也)。❸구멍뚫을면(穿孔)。㊁뜻은 ㊀과같음。

十一畫

【㒾】 ㊀(시) 寘 ㊁(이) 寘 シ、おおう veil
㊀얼굴수건시(面衣)。㊁뜻은 ㊀과 같음。

【㝹】(교) 巧 コウ、いつわる deceive
속일교(詐也)。

冖 部

【冖】(멱) 錫 ベキ、おおう cover
小篆 草書 덮을멱(以巾覆物)。(『冪』과 같음)

二 畫

【冘】(용)『宂』(宀部 2畫)과 같음

【冘】(유) 尤 ユウ、くずくずする hesitate
小篆 草書 머뭇거릴유(不決、ㅣ豫)。❷갈유(行貌)。(『猶』와 通함)
【冘豫:유예】 망설임。머뭇거림。猶豫。『漢書』ㅣㅣ未決。
【冘冘:유유】 천천히 걷는 모양。『說文』緩行之狀也。

五 畫

【冝】(의)『宜』(宀部 5畫)의 俗字

六 畫

【罙】(미) 支 ミ、ふかい deep
❶두루다닐미(周行)。❷깊을미(深也)。

七 畫

【冟】(석) 陌 セキ、ひとしい equal
小篆 ❶고룰석(調也)。❷고르지못할석(不調)。❸알맞게된 밥석(適飯)。

【冠】 ㊀(관) 寒 ㊁(관) 翰 カン、かんむり crown ㄍㄨㄢ kuan¹
小篆 小篆 草書 ㊀ ❶갓관(冕弁總名)。❷새볏관(鷄ㅣ)。❸물건위의 장식관。㊁ ❶갓쓸관。〔漢書 酈食其傳〕諸客ㅣ儒冠來者、輒解其冠溺其內。❷남자로서 어른이될때) 처음 갓쓸 관(元服)。〔禮記 冠儀〕ㅣ者禮之始也、故聖王重ㅣ。❸어른이될관(成人)。〔韓愈 送楊少尹序〕初ㅣ擧於鄕。❹우두머리관(爲衆之首)。〔史記 灌夫傳〕灌 夫名ㅣ三軍。

冠 (禮器圖) ❶ ㊀

方山冠 (三禮圖)

【冠笄:관계】 ❶ 冠은 男子 二〇歲 때에 하는 成人禮。笄는 女子 一五歲 때에 쪽짓는 成人禮。〔史記〕。❷冠에 꽂는 비녀。
【冠鷄佩猳:관계패가】 용맹하고 마음이 곧음。鷄는 수탉、猳는 누렁고 흰 점이 박힌 큰 곰 또는 수퇘지。『史記·仲尼弟子傳』。
【冠軍:관군】 ❶軍功이 軍中에서 第一임。《轉》大將軍。㉠楚의 宋義。『史記·項羽紀』。㉡漢의 霍去病。『漢書·霍去病傳』。❷魏·晋·南北朝時代의 將軍의 일컬음。❸武官의 散官。❹考試에 首席을 차지한 사람。

【冠帶:관대⇩관디】 ❶㉠冠冕을 쓰고 紳帶를 두르는 身分。즉 官吏。紳士。『李思衍』百蠻ㅣㅣ悉來庭。㉡禮儀가 두터운 풍속。❷冠과 띠。官服。
【冠帶之國:관대지국】 ❶禮儀가 바르고 두터운 나라。『漢書』不可以——法度理也。❷夷狄(이적)에 대하여 中國을 일컬음。
【冠童:관동】 어른과 아이。
【冠禮:관례】 男子 二〇歲가 되어 冠을 쓰는 成人이 되는 禮式。『禮記』。
【冠履倒易:관리도역】 冠과 신발의 놓는 장소를 바꿈。《喩》上下의 順序가 거꾸로 된 것。『後漢書』——、陵谷易處。
【冠網:관망】 ❶ 갓과 망건。❷ 갓과 망건을 갖춤。
【冠冕:관면】 ❶冠。冠은 관의 總稱。冕은 大夫 以上의 禮冠。《轉》제일。首位。『蜀志』龐統當爲南州士之ㅣㅣ。❷벼슬。『蜀志』汝先入世有ㅣㅣ。
【冠毛:관모】 《植》子房 꼭지에 붙은 솜털 같은 것。꽃받침이 변형된 것。
【冠弁:관변】 冠의 한 가지。고깔과 같은 冠。諸侯가 朝禮 때 布衣와 같이 쓰던 冠。

冠弁(三禮圖)

《轉》제일。首位。
【冠詞:관사】 ❶西歐語에서、명사 앞에 자리 잡아 그 명사의 성질、곧 定·不定·單·複의 數、또는 男·中·女의 姓 따위를 나타낼 때 쓰이는 말。❷관례할 때의 축사。
【冠歲:관세】 男子 二〇歲의 일컬음。冠年。『禮記·曲禮』。
【冠岳山:관악산】 《地》京畿道 始興郡 果川에 있는 山。준평원상에 솟아 있으며、서울 분지를 북한산·남한산 등과 함께 이중으로 둘러싼 자연의 장벽으로 옛 서울의 요새지를 이루었음。山中에 冠岳寺·

靈珠臺가 있음。

【冠玉:관옥】 冠 앞을 장식하는 玉。『史記』陳平雖美大夫、如ㅣㅣ耳、其中未必有也。

【冠者:관자】 冠禮를 끝낸 成年男子。丁年에 達한 男子。『論語』ㅣㅣ六七人。

【冠雀:관작】 《動》황새의 異名。『後漢書·楊震傳』。

【冠絕:관절】 가장 뛰어남。卓絕。『晋書』ㅣㅣ時輩。

【冠族:관족】 훌륭한 집안。높은 벼슬을 하였던 집안。名門。甲族。『北史』世爲州郡ㅣㅣ。

【冠櫛:관즐】 冠과 빗。冠을 쓰고 머리에 빗질함。

【冠醮:관초】 冠禮 때에 하는 飮酒의 禮式。술잔을 받고 그 잔을 되돌리지 않음。『禮記』。

【冠形詞:관형사】 體言 위에서 그 체언이 어떠한 것이라고 꾸미어 限定하는 품사。매김씨。

【冠形形:관형형】 용언이 그 위의 말에 대하여 풀이 노릇을 하면서、그 아래의 말에 대하여는 관형사의 뜻을 가지는 어미。冠形詞形。매김꼴。

【冠婚:관혼】 관례와 혼례。

【冠婚喪祭:관혼상제】 成禮·結婚·葬禮·祭祀의 四大禮式。

◎金ㅣ、藏ㅣ、寶ㅣ、成ㅣ、弱ㅣ、榮、王ㅣ、衣ㅣ。

【軍】 (군)→車部2畫

八 畫

【冡】 (몽) 東 モウ、ボウ、おおう cover ㄇㄥˊ méng²

小篆 草書 ❶덮을몽(覆也)。❷속일몽(欺也)。❸어릴몽(幼學未通)。(『蒙』과 통함)

【冢】 (총) 腫 チョウ、つか peak; mound ㄓㄨㄥˇ chung³

小篆 草書 ❶클총(大也)。『周禮天官 宰注』ㅣ宰大也。❷산꼭대기총(山頂)。『詩』山ㅣ卒崩。❹토주총(封土)。『詩經 大雅緜』乃立ㅣ土。❺벼슬이름총(天官ㅣ宰)。❻무덤총、뫼총(墓墳)。『史記 伯夷傳』其上蓋有許由ㅣ云。(『塚』과 통함)

【冢卿:총경】 최고의 신하。重臣。『左傳』先君有ㅣㅣ、以爲師保。

【冢君:총군】 임금。大君。諸侯에 대한 敬稱。『書經』ㅣㅣ觀政于商。

【冢婦:총부】 嫡長子의 妻。『禮記』介婦請于ㅣㅣ。

【冢祀:총사】 宗廟나 家廟의 祭祀。

【冢人:총인】 공공의 墓를 관리하는 사람。『周禮』ㅣㅣ掌公墓之地。

【冢子:총자】 ❶ 후계의 장남。冢嫡。冢嗣。『禮記』父沒母存、ㅣㅣ御食。❷太子 또는 世子。『左傳』 太子奉 祀社稷之盛、以朝夕視君膳者也。故曰ㅣㅣ。

【冢弟:총제】 임금의 동생。王弟。『庾信』天子ㅣㅣ。

【冢中枯骨:총중고골】 묘 속에 있는 백골。《喻》무능한 사람。『蜀志』袁公路ㅣㅣㅣㅣ、何足介意。

【冢土:총토】 土神。『詩經』迺立ㅣㅣ。

【冤】 (원) 元 エン、うらみ resentment

小篆 草書 ❶원통할원(ㅣ屈枉也)。『漢書于定國傳』 定國爲廷尉、民自以不ㅣ。❷억울할원。『史記淮陰侯傳』嗟乎ㅣ哉烹也。❸원한원(怨也)。❹원수원(仇也)。『韓愈詩』孤魂抱深ㅣ。(『寃』과 같음)

【冤繫:원계】 죄 없이 잡혀 갇힘。또는 그 죄수。『唐書』出ㅣㅣ三千人。

【冤屈:원굴】 원통한 죄와 누명을 씀。冤抑。冤枉。

【冤鬼:원귀】 무고한 죄로 죽은 사람의 망령。『漢書』獄無ㅣㅣ。

【冤淚:원루】 원통하여 흘리는 눈물。

【冤死:원사】 억울한 죄로 죽음。

【冤傷:원상】 무고한 죄를 받은 사람을 불쌍히 여기고 슬퍼함。

【冤訴:원소】 ❶무고한 죄를 호소함。❷불복을 신청함。『舊唐書』。

【冤抑:원억】 죄가 없으면서 벌을 받음。무고한 죄에 빠짐。

【冤枉:원왕】 무고한 죄。누명。冤罪。『李白』皇穹雪ㅣㅣ。

【冤枉錢:원왕전】 사람을 곤궁에 빠뜨려서 얻은 불의의 돈。《喻》官吏가 토색질하여 착복한 돈。

【冤冤相報:원원상보】 서로 원한을 보복함。

【冤情:원정】 ❶ 억울한 罪의 情狀。❷억울한 罪를 입었던 고통스러운 생각。

【冤罪:원죄】 억울하게 뒤집어 쓴 죄。

【冤痛:원통】 ❶분하고 억울함。❷몹시 원망스러움。

【冤刑:원형】 억울하게 받는 형벌。사실이 없는 죄를 받은 형벌。『漢書』。

【冤魂:원혼】 원통하게 죽은 사람의 혼령。

【冥】 (명) 靑 メイ、くらい dark ㄇㄧㄥˊ ming²

小篆 草書 ❶어둘명(昏晦)。『楊維楨詩』梨花枝外雨ㅣㅣ。❷밤명(夜也)。❸어릴명(幼也)。『詩』噦噦其ㅣ。❹바다명(海也)。『莊子』北ㅣ有魚其名曰鯤。❺지식이 없을명(無知)。「愚ㅣ、頑ㅣ」。❻어리석을명(愚也)。❼하늘명(天也)。『楚辭 九章』據靑ㅣ而攄虹。❽물귀신명(水神)。『禮記 月令』其神玄ㅣ。❾저승명(他界)。(『溟』과 通함)

【冥感:명감】 드러나지 않는 중에 은연히 서로 感應함。『晋書』劉殷至孝ㅣㅣ。

【冥界:명계】 =冥途。

【冥鬼:명귀】 저승에 있는 귀신。

【冥器:명기】 불을 태워서 死者가 저 세상에서 使用토록 한、종이로 만든 여러 가지 器具。

【冥途:명도】 사람이 죽어서 간다는 영혼의 세계。冥土。黃泉。

【冥漠:명막】 아득히 멀고도 넓음。

【冥冥:명명】 드러나지 않고 으슥함。『禮記』氛霧ㅣㅣ。 「致에 맞지 않음。

【冥煩:명번】 말이 分明하지 못하고 理

【冥報:명보】 죽은 뒤의 보복。

【冥福:명복】 冥界에서 받는 福。죽은 뒤의 행복。追善。『北史』追奉ㅣㅣ。

【冥府:명부】 저승。黃泉。『雲笈七籤』魔王之ㅣㅣ也。

【冥想:명상】 고요히 눈을 감고 생각함。沈思默考。『支遁』道會貴ㅣㅣ。

【冥闇:명암】 캄캄함。

【冥頑:명완】 사리에 어둡고 완고함。頑冥·固陋。『韓愈』ㅣㅣ不靈。

【冥王:명왕】 《佛》閻魔大王(염마대왕)。염라대왕。

【冥王星:명왕성】 《天》태양계의 가장 밖을 도는 遊星。

【冥助:명조】 은근히 입은 신령의 도움。

【冥海:명해】 북극에 있는 天池。

【冥行摘埴:명행적식】 冥行은 캄캄한 곳을 가는 것。摘埴은 장님이 지팡이로 땅을 두드리면서 길을 가는 것。《喻》學

問을 함에 있어서 그 방도를 모름。

【冥護：명호】드러나지 않게 보호함。

九 畫

【冣】(취) 週 シャ、つむ pile up

冣 小篆 ❶쌓을취(積也)。❷모을취(聚也)。

【富】(부)『富』(宀部 9畫)의 俗字

十 畫

【託】(타) 週 ト、さかずきをすすめる offer a wine cup

잔드릴타(進盞)。

【冪】(멱) 錫 べキ、おおう cover ㄇㄧˋ mi'

❶덮을멱(覆也)。❷덮개멱(覆尊巾)。

十 四 畫

【冪】(멱) 錫 べキ、おおう cover ㄇㄧˋ mi'

冪 草書 ❶덮을멱、덮개멱(疏布)。❷장막멱(幕也)。❸수멱(數也)。「自乘一(平方)、三乘一(立方)」。『冪』과 통함。

冪❶(三禮圖)

【冪歷：멱력】널리 퍼져 있는 모양。

【冪冪：멱멱】❶구름 같은 것이 덮여 있는 모양。『李華』鬼神聚兮雲一一。❷음산한 모양。

十 九 畫

【顛】(전) 先 テン、とおい distant

❶멀전(遠也)。❷높고아득할전(高遠)。

冫 部

【冫】(빙) 蒸 ヒョウ、こおり freeze

冫 草書 얼음빙(冬寒水結)。

三 畫

【冬】(동) 冬 トウ、ふゆ winter ㄉㄨㄥ tung'

冬 小篆 古文 草書 ❶겨울동(閉藏節)。『環流篇』斗柄北指天下皆一。❷겨울 지낼동(過冬)。『史記匈奴傳』土地苦寒、漢馬不能一。

【冬瓜：동과⇩동아】(植) 박과에 딸린 一年生 蔓草。수박 비슷하게 생겼음。

【冬瓜子：동과자】(醫) 동아의 씨。부종·消渴에 약으로 쓰임。

【冬葵子：동규자】동규의 씨。

冬葵(三才圖會)

【冬期：동기】겨울철。

【冬期休暇：동기휴가】겨울철의 휴가。

【冬冬：동동】문을 두드리는 소리。『白居易』叩門聲一一。

【冬臘月：동랍월】동짓달과 섣달。

【冬眠：동면】(動) 兩棲類·爬蟲類 등 냉혈 동물의 겨울 동안 생활 활동을 멈추고、땅 속이나 물 속에서 수면 상태로 있는 현상。

【冬柏：동백】동백나무의 열매。

【冬柏油：동백유】동백 기름。

【冬白蝦：동백하】겨울에 잡히는 잔 새우。

【冬柏花：동백화】동백나무 꽃。

【冬服：동복】겨울 옷。

【冬氷可折：동빙가절】흐르는 물도 얼음이 되면 손쉽게 부러진다는 말。(喩) 사람의 剛柔의 성질도 때에 따라서 달라짐。『文子』一一、夏木可結。

【冬三：동삼】겨울。

【冬三朔：동삼삭】겨울철。곧 陰曆으로 시월·동짓달·섣달의 석 달。

【冬扇夏爐：동선하로】겨울에는 부채、여름에는 화로。(喩)시기에 맞지 않는 쓸데 없는 물건。『論衡』。

【冬心：동심】겨울철처럼 쓸쓸한 마음。『崔國補』寂寥抱一一。

【冬夜：동야】겨울 밤。

【冬溫夏淸：동온하청】겨울에는 따습게 하고 여름에는 시원하게 함。(喩)자식된 자로 부모에게 효행을 닦는 예의。『禮記·曲禮』。

【冬雨：동우】겨울 비。

【冬月：동월】겨울 밤의 달。

【冬日：동일】겨울날。冬天。

【冬節：동절】겨울철。

【冬至：동지】二十四節氣의 하나。밤이 가장 길고 낮이 가장 짧은 날。양력 一二월 二二·二三일경。↔夏至。『史記』氣始于一一、周而復生。

【冬至使：동지사】(制) 해마다 동짓달에 中國으로 보내던 使臣。

【冬至線：동지선】＝南回歸線。

【冬至時食：동지시식】동지 팥죽。

【冬至點：동지점】黃道 위의 두 至點의 하나。해가 이 지점에 이르면 동지날이 됨。

【冬天：동천】❶겨울 하늘。『晋書』一一陰氣多。❷冬日。

【冬鐵：동철】겨울에 나막신이나 말편자에 박는 못。

【冬青：동청】(植) 사철 나무。초 여름에 흰 꽃이 피며 목피는 새잡이풀에 사용함。凍靑。萬年枝。

【冬葱：동총】움파。

【冬學：동학】❶농가에서 겨울의 한가한 때를 이용하여 배우는 부락 학교。『陸游』兒童一一鬧北鄰。❷冬期의 학교。

【冬寒：동한】겨울의 추위。◎去一、季一、九一、舊一、晩一、孟一、暮一、三一、盛一、嚴一、越一、立一、昨一、早一、仲一、初一。

四 畫

【冰】(빙) 蒸 ヒョウ、こおり ice ㄅㄧㄥ ping'

冰 小篆 仌 小篆 ❶얼음빙(凍也)。『禮記月令』孟冬水始一。❷살통뚜껑빙(矢箭蓋)。『左傳昭公二十五年』公徒釋甲執一而踞。『氷』의 本字

唐冰鑑(博古圖)

【冱】(호) 週 ゴ、こおる freeze ㄏㄨˋ hu'

冱 草書 ❶얼어붙을호(寒凝)。『西京賦』涸陰一寒。❷찰호(冷也)。

【冴】(호)『冱』(前條)의 俗字

【冲】(충) 東 チュウ、やわらぐ mix

冲 草書 ❶화할충(和也)。❷깊을충(深也)。❸어릴충(稚也)。『書經 金縢』惟予一人弗及知。❹얼음 끄는 소리충(鑿氷聲)。『詩』鑿冰一一。❺드리느릴충(垂飾貌)。『詩』革一一。❻까맣게뜰충(上飛貌)。『史記 淳于髡傳』一飛一天。❼빌충(虛也)。『沖』과 같고『种』과 통함

五 畫

【决】(결)『決』(水部 4畫)의 俗字

【况】(황)『況』(水部 5畫)의 俗字

【冶】(야) 馬 ヤ、いる liquefy

❶풀무야(爐鑄)。〔韻會〕尤造九—。 ❷녹일야(銷也)。 ❸쇠불릴야(鎔也)。 ❹갓장이야(鑄匠)。〔漢書〕金之在鎔惟—者之所鑄。 ❺단장할야(粧飾)。〔易經繫辭〕—容誨淫。 ❻잘닦을야(精鍊)。〔杜甫詩〕陶—賴詩篇。

【冶家無食刀:야가무식도】〈國〉 대장장이 집에 식칼이 없다는 뜻。〈喩〉 마땅히 있어야 할 곳에 그 물건이 없을 때를 일컬음。〔東言解〕
【冶金:야금】 광석에서 쇠붙이를 공업적으로 골라내거나 합금을 만드는 일。
【冶金術:야금술】 야금하는 기술。
【冶金學:야금학】 야금의 학리 및 기술을 연구하는 학문。
【冶具:야구】 冶金에 소용되는 연장。
【冶郞:야랑】 ❶연약한 남자。 ❷바람난 남자。오입장이。遊冶郞。〔李白〕誰家遊——、三三五五映垂楊。
【冶爐:야로】 풀무。
【冶步:야보】 優雅한 걸음。〔後漢書〕從容——。
【冶氏:야씨】 대장장이。冶工。冶匠。〔周禮〕。
【冶艶:야염】 예쁘고 아름다움。美麗。妖艶。〔鄭還古〕——出神仙。
【冶容:야용】 예쁘게 단장함。 예쁜 얼굴。〔易經〕——誨淫。
【冶容之誨:야용지회】 야하게 단장함은 음탕한 짓을 가르친다는 말。
【冶遊:야유】 주색에 빠져 방탕하게 놂。〔晋子夜春歌〕——步春露。
【冶匠:야장】 =冶氏。
【冶匠間:야장간】 대장간。

【冷】(랭) 便 迥 レイ、ひえる、つめたい cold; cool ㄌㄥˇ lěng

❶찰랭、추울랭(寒也)。〔梁武帝淨業賦〕心淸—其若水志皎潔其若雪。 ❷맑을랭(淸也)。 ❸쓸쓸할랭(寂也)。〔徐彥伯孤燭歎〕切切夜閨—、微微孤燭然。 ❹몸에 스밀랭(身也)。〔李羣玉詩〕使我肝膽。 ❺(官職이) 여가있을랭。〔白居易詩〕豈論官—熱。 ❻동정심이 없을랭(無情)。〔李中詩〕—淡少知音。 ❼업신여기는 모양랭。〔北史崔瞻傳〕何容讀國士議文直此—笑。 ❽열심하지 않을랭。 ❾쌀쌀할랭(薄情)。 ❿식을랭(退熱)。

【冷却:냉각】 차갑게 됨。식어서 차짐。
【冷却機:냉각기】 물체의 열을 냉각시키는 기계。
【冷暖自知:냉난자지】 자기의 일은 남이 말하기 전에 자기 스스로 알음。〔傳燈錄〕
【冷淡:냉담】 ❶담박함。〔白居易〕白花——無人愛。 ❷무관심함。 ❸애정이 없음。불친절하고 동정심이 없음。쌀쌀함。〔李中〕——少知音。
【冷待:냉대】 쌀쌀하게 대접함。
【冷堗:냉돌】〈國〉불기 없는 찬 온돌방。
【冷凍:냉동】 냉각시켜서 얼림。
【冷落:냉락】 쓸쓸함。쌀쌀함。落寞。〔白居易〕門前——車馬稀。
【冷冷:냉랭】 ❶서늘한 상태。 ❷音韻이 맑은 상태。 ❸선뜻하고 차가운 상태。
【冷痢:냉리】〈醫〉 차고 습한 데 상하여、배가 아프고 곱똥이 나오고 뒤가 묵직하게 느껴지는 병。
【冷罵:냉매】 놀리고 욕함。비웃고 놀림。嘲罵。냉소하고 꾸짖음。
【冷麪:냉면】 냉국이나 또는 무우 김치 국물 같은 것에 말아서 먹는 메밀국수。
【冷飯:냉반】 찬 밥。
【冷房:냉방】 찬 방。
【冷房裝置:냉방장치】 방안이 시원하도록 한 장치。
【冷僻:냉벽】 인적이 드문 벽지。〈轉〉드물게 보는 文字。
【冷病:냉병】 찬 기운을 쏘여서 일어나는 병증。冷症。
【冷痺:냉비】 찬 기운이 스며들어 손발이 아무 감각이 없게 된 병。
【冷笑:냉소】 쌀쌀한 태도로 업신여겨 비웃음。깔보고 웃는 웃음。〔白居易〕間談——接李親。
【冷水浴:냉수욕】 냉수로 하는 목욕。
【冷濕:냉습】 차고 축축함。
【冷眼:냉안】 ❶애정 없는 차가운 눈초리。 ❷남을 무시하고 바라보는 눈。〔李群玉〕孤臺——無來人。
【冷語:냉어】 ❶놀려대는 말。 ❷차가운 말。매정하게 하는 말。
【冷語侵人:냉어침인】 ❶비꼬는 말로 남을 풍자함。 ❷매정한 말로 남의 마음을 찌름。
【冷然:냉연】 ❶경묘한 모양。시원한 모양。〔莊子〕列子御風而行、——善也。 ❷=冷淡。
【冷艶:냉염】 차갑고 고운 맵씨。눈(雪)·배꽃 등의 모습을 형용함。
【冷溫:냉온】 찬 기운과 더운 기운。
【冷雨:냉우】 찬 비。
【冷遇:냉우】 차갑게 대우함。불친절한 대우。↔厚遇。
【冷腸:냉장】 차가운 내장。〈轉〉不親切。薄情。〔顔氏家訓〕楊朱之侶、世謂之——。
【冷藏:냉장】 음식물 따위를 상하지 않게 차게 하여 저장함。
【冷藏庫:냉장고】 냉장용으로 쓰는 곳집이나 궤。
【冷材:냉재】〈醫〉찬 성질을 가진 약재。
【冷積:냉적】〈醫〉뱃속에 뜬뜬하게 뭉친 것이 생겨 아픔을 느끼는 냉병。
【冷戰:냉전】 =冷靜戰爭。
【冷節:냉절】 寒食節의 別稱。〔王禹偁〕一年——是淸明。
【冷靜:냉정】 침착하여 감정에 움직이지 않고 사물에 動하지 않음。
【冷劑:냉제】〈醫〉찬 성질의 약제。
【冷竈:냉조】 끼니마다 밥을 짓지 못하는 구차한 집의 부뚜막。
【冷銼:냉좌】 오랫동안 밥을 짓지 못해서 차게 식어 버린 솥。〈轉〉貧寒한 모양。
【冷酒:냉주】 찬 술。
【冷症:냉증】 냉병。
【冷地:냉지】 찬 땅。氣候가 찬 지방에 있거나 土質이 찬 땅。
【冷茶:냉차】 얼음을 넣거나、또는 차게 만든 찻물。
【冷菜:냉채】 얼음을 넣거나、또는 차게 하여 먹는 채소。
【冷處:냉처】 추운 방에 거처함。
【冷泉:냉천】 광물질이 많이 들어 있는 찬 샘。↔溫泉。
【冷天:냉천】 추운 날씨。
【冷徹:냉철】 침착하고 사리가 밝음。
【冷峭:냉초】 ❶추위가 혹독함。〔張耒〕東風——着衣寒。 ❷言語가 날카로움。
【冷評:냉평】 비꼬아 하는 비평。동정이 없는 비평。얕보고 하는 비평。
【冷風:냉풍】 가을이나 이른 봄철에、추운 기운을 몰아 오는 싸늘한 바람。〔王融〕淸畝——。
【冷汗:냉한】 식은 땀。부끄러울 때나 놀랐을 때에 나는 땀。
【冷巷:냉항】 적적하고 쓸쓸한 거리。〔白

居易』ーー閉門無客到。

【冷血:냉혈】❶(醫)찬 기운으로 뱃속에 뭉친 피。❷따뜻한 인정이 없음。

【冷血動物:냉혈동물】(動)체온이 외기의 온도보다 낮은 동물。파충류의 屬。(轉)냉혹하고 박정한 사람。

【冸】(반) 翰 ハン、とける melt ㄆㄢ pʻan⁴
얼음녹을반(冰釋)。『詩』迨冰未ー。

【冹】(불) 物 フツ、さむい chilly
小篆 바람찰불(風寒)。『詩』一之日滭ー。(同音「발」)

六畫

【活】(활) 曷 カツ、こおり ice
얼음활(冰也)。

【冽】(렬) 屑 レツ、さむい severe cold ㄌㄧㄝ lieh⁴
小篆 草書 ❶맵게추울렬(寒氣嚴)。❷찬샘렬(寒泉)。『詩經 小雅大東』有ー氿泉。❸바람이 심하게 불렬(風烈)。『王褒聖主得賢臣頌』虎嘯而谷風ー。

【冽冽:열렬】추위가 혹독한 모양。『韓喩』霜風ーー摧朝菌。

【冽泉:열천】차가운 샘。寒泉。

【冽淸:열청】차갑게 맑음。『張衡』陰池幽流、玄泉ーー。

七畫

【浗】(구) 尤 キュウ、てあしがこおる (of hands and feet) freeze
손발얼어곱을구(手足凍貌)。

【浸】(침) 侵 寢 シン、ひややかな chilly
❶찰침(冷也)。❷찬기운침(冷氣)。

【凁】(수) 宥 ソウ、ひえこおる freeze
❶싸늘할수(冷也)。❷얼을수(凍也)。

八畫

【凄】(처) 霽 齊 セイ、さびしい gloomy and chilly くㄧ chʻi¹
草書 ❶바람찰처(風寒)。『陶潛詩』秋日ー且厲。❷찰처(寒也)。❸심할처(烈也)。(『淒』와 통함)

【凄其:처기】추움。선선함。

【凄緊:처긴】매우 심하고 엄함。

【凄涼:처량】❶매우 쓸쓸함。『李白』覽古情ーー。❷가련함。

【凄淚:처루】선득하게 참。凄厲。

【凄浰:처리】몹시 빠른 모양。빠른 속도로 질주하는 모양。

【凄然:처연】=凄凄。『莊子』ーー似秋、暖然似春。

【凄雨:처우】처량하고 차가운 비。『蘇軾』亂葉和ーー。

【凄切:처절】몹시 처량함。참혹하리만큼 슬픔。『羅鄴』月當ーー勝龍吟。

【凄慘:처참】심히 구슬픔。매우 가련함。『武元衡』ーー別魂驚。

【凄凄:처처】❶쓸쓸하고 가련한 모양。❷슬퍼하며 원망하는 모습。『詩經』風雨ーー。

【凄楚:처초】매우 구슬프게 느낌。『李子卿』志苦者易ーー。

【凄風:처풍】아주 몹시 쓸쓸하게 부는 바람。『左傳』春無ーー、秋無苦雨。

【凄風苦雨:처풍고우】凄風은 아주 몹시 쓸쓸하게 부는 바람。苦雨는 오래 두고 내리는 궂은비。즉 몹시 처량하고 비참한 경지。『左傳·昭·四』。

【凅】(고) 遇 コ、こおりつく be frozen
얼어붙을고(寒氣凝閉)。

【准】(준) 軫 ジュン、なぞらえる conform to ㄓㄨㄣ chuen³
❶평평할준(平也)。❷비준할준、견줄준(有比照之意)。❸대전준(以金錢代禮)。❹준거할준(依據)。❺윤허할준(允許)。(『準』과 통함)

【准可:준가】許可함。『清國行政法汎論』或直表同意、請ーー之。

【准教師:준교사】문교부 장관이 발급하는 준교사 자격증을 가진 교사。정교사의 아래 특수 교사의 위임。

【准單:준단】=許可證。

【准理:준리】接受하여 處理함。『福惠全書·刑名部』若狀式有違、不與ーー。

【准駁:준박】承認했다 否認했다 함。許可 및 不許可。『清國行政法汎論』或曰、ーー其事。

【准與:준여】許함。『福惠全書』遵原詔、ーー豁免。

【准將:준장】소장 다음 가는 계급。

【准定:준정】꼭。틀림 없이。

【准奏任:준주임】(制)李朝末 奏任官 대우를 받던 사람。

【准行:준행】許함。許可함。『福惠全書』雖係父子、亦不ーー。

【凇】(송) 冬 ソウ、つらら
산유화송(寒氣結氷如珠、霧ー)。

【凊】(청) 敬 セイ、すずしい cool ㄐㄧㄥ ching⁴
小篆 草書 서늘할청(薄寒)。

【凉】(량) 陽 リョウ、すずしい cool ㄌㄧㄤ liang²
서늘할량(輕寒)。(『涼』과 통함)

【凈】(정) 庚 ソウ、ひややか cold ㄐㄧㄥ ching⁴
찰정(冷貌)。(『淨』과 통함)

【凋】(조) 蕭 チョウ、しぼむ weary; fade ㄉㄧㄠ tiao¹
小篆 草書 ❶시들조(ー落半傷)。『牟融詩』凄其九日至、頗感頭髮ー。❷느른할조(力盡貌)。❸여윌조(悴傷)。『韓愈詩』朋交日ー謝。(『彫』와 통함)

【凋枯:조고】시들어 말라 버림。凋稿。『李白』萬物無ーー。

【凋寠:조구】쇠약하여 수척함。疲弊·罷弊。『唐書』海內ーー。

【凋落:조락】시들어 떨어짐。형편 없이 망함。凋零。『李白』朱顏ーー盡、白髮一何新。

【凋零:조령】=凋落。『蘇檢』海棠千樹已ーー。

【凋兵:조병】피로하여 지쳐버린 병사。『史記』敝甲ーー、願承下塵。

【凋謝:조사】=凋落。『韋莊』四隣ーー變桑田。

【凋傷:조상】시들어 결딴남。매우 쇠약해짐。『杜甫』玉露ーー楓樹林。

【凋萎:조위】식물의 水分이 아주 적어졌기 때문에 잎·줄기 따위가 시드는 현상。

【凋殘:조잔】잎이 떨어진 나무가 쓸쓸하게 남아 있는 모양。(轉)망해 버린 집안의 쓸쓸한 모양。

【凋瘵:조채】쇠약하여 병들음。수척하여짐。瘵는 病。

【凋歇:조헐】초목이 완전히 시들어 버림。『李白』寧知ㅡㅡ。

【凋換：조환】 시들어 달라짐. 시들어 변화함. 『李白』天地無ㅡㅡ、容顏有變改。

【凌】

㊀(릉) 蒸 ㊁(릉) 徑 リョウ、しのく surpass ㄌㄧㄥˊ ling²

小篆 古文 草書 ㊀❶빙고릉(氷室)。『周禮 天官 宰』ㅡ人。❷지날릉(歷也)。『史記 秦始皇本紀』ㅡ水經地。❸떨릉(ㅡ遽、戰慄)。『漢書 揚雄傳』虎豹之ㅡ遽。❹두꺼운 얼음릉(厚氷)。『風俗通』積冰曰ㅡ。㊁얼음릉(氷也)。『漢書 高帝紀』未央宮ㅡ室。❺업신여길릉(輕視)。

【凌駕：능가】 남을 뛰어 넘어서 그 위에 나감。陵駕。『宋書』憑藉世資、用相ㅡㅡ。

【凌喬：능교】 높은 곳。『潘岳』飛莖秀ㅡ〔ㅡ〕。

【凌兢：능긍】 ＝戰慄。

【凌亂：능란】 순서와 차례가 어지러워짐. 단정하지 못함。『李白』我舞影ㅡㅡ。

【凌厲：능려】 뛰어나게 훌륭함. 힘차게 앞으로 나아감. 용감히 분기하는 모양。

【凌轢：능력】 不正한 방법으로 억압함。陵轢。『史記』ㅡㅡ宗室、侵犯骨肉。

【凌蔑：능멸】 업신여겨 깔봄。「여김。

【凌侮：능모】 오만한 태도로 남을 업신

【凌犯：능범】 ❶지나치게 침범함。凌侵。陵犯。❷사람을 업신여김。

【凌霄志：능소지】 하늘보다도 더 높은 큰 뜻。뒤떨어지지 않으려는 의지。『晋書』遇風塵之會、必有ㅡㅡ。

【凌霄花：능소화】《植》능소화과에 속하는 낙엽수。

凌霄花(三才圖會)

【凌辱：능욕】 ❶호되게 부끄러움을 줌。『石崇』父子見ㅡㅡ、무례한 짓을 가함。

對之慙且驚。❷폭력으로 여자에게 음란한 짓을 함。

【凌雨：능우】 심히 퍼붓는 비。쏟아져내리는 비。猛雨。暴雨。

【凌夷：능이】 쇠퇴함。陵夷。

【凌挫：능좌】 호되게 꺾음。『蘇軾』生意ㅡㅡ難爲繁。

【凌遲：능지】 ❶때려 죽임。❷古代의 극형。四肢를 자른 후 목을 자르는 극형。凌遲處斬의 略語。陵遲。

【凌僭：능참】 덤비고 제 멋대로 함。

【凌波：능파】 미인의 걸음걸이가 가볍고 아름다운 형용。『曹植』ㅡㅡ微步、羅襪生塵。

【凌逼：능핍】 침범하여 핍박함。『北史』。

【凌虐：능학】 침범하여 학대함。侵虐。

【凍】

(동) 送 トウ、こおる freeze

小篆 草書 ❶꽁꽁얼동(氷壯)。『禮記 月令』需ㅡ傷穀。❷얼음동(氷也)。『禮記』孟春東風解ㅡ。❸추울동(寒感)。『孟子 梁惠王上』父母ㅡ餓、兄弟妻子離散。

【凍鷄：동계】 썩지 아니하도록 내장을 빼고 튀하여 얼린 닭。「버림。寒噤。

【凍噤：동금】 몸이 얼어서 입을 다물어

【凍豆腐：동두부】 언 두부。

【凍裂：동렬】 얼어서 찢어짐。『杜甫』青門瓜地新ㅡㅡ。

【凍棃：동리】 언 배。《轉》老人의 피부색。九〇세의 老人。얼굴에 반점이 생겨 꼭 언 배 껍질 같으므로 일컬음。(棃는 梨의 本字)。凍梨。『釋名·釋長幼』。

【凍明太：동명태】 얼린 명태。

【凍氷：동빙】 ＝結氷。

【凍傷：동상】 얼어서 살가죽이 상함。

【凍屍：동시】 얼어 죽은 시체。殭屍。

【凍餓：동아】 입을 것과 먹을 것이 없어서 춥고 배고픔。凍餒。『孟子』父母ㅡㅡ、兄弟妻子離散。

【凍魚：동어】 생선을 지져 얼린 것。

【凍硯：동연】 얼음이 언 벼루。『僧尙顏』ㅡㅡ向陽呵。

【凍雨：동우】 겨울에 오는 비。寒雨。

【凍雲：동운】 겨울철의 구름。추운 하늘의 구름。『方干』ㅡㅡ愁暮色。

【凍猪：동저】 오래 두어도 썩지 않도록、내장을 빼고 튀해서 얼린 돼지。

【凍足：동족】 언 발。

【凍足放尿·동족방뇨】 언 발에 오줌 누기란 뜻。《喩》한 때의 급함을 구할 뿐 곧 효력이 없어짐。『旬五志』。

【凍皴：동준】 살이 얼어 터져서 벌어짐。『杜甫』手脚ㅡㅡ皮肉死。

【凍瘡：동창】 ＝凍傷。

【凍太：동태】《國》겨울에 잡아 얼린 명태。凍明太의 略語。「◎冷ㅡ、解ㅡ。

【凍播菹：동파저】 얼갈이 김치。

九畫

【減】

(감)『減』(水部 9畫)의 俗字

十畫

【溰】

(의) 微 ギ、しもやゆきがつもる deep in snow and frost

눈서리쌓일의(雪霜積聚貌)。

【凓】

(률) 質 リツ、さむい cool

小篆 찬기운률(寒氣甚、ㅡ冽)。

【凓冽：율렬】 추위가 심한 모양。『素問·氣交變大論』其變ㅡㅡ、其災冰雪霜雹。

【滄】

(창) 漾 ソウ、さむい cold ㄔㄨㄤ ch'uang

小篆 小篆 草書 찰창(寒也)。『列子』日初出則ㅡㅡ凉凉。

【滄熱：창열】 추위와 더위。寒熱。『荀子·正名』疾養ㅡㅡ、滑鈹輕重、以形體異。『注』滄、寒也。

【滄滄：창창】 冷冷한 모양。『列子·湯問』日初出則ㅡㅡ凉凉、及其日中如探湯。

【凖】

(준)『準』(水部 10畫)의 俗字

十一畫

【漼】

(최) 灰 サイ、しもやゆきがつもる deep in snow and frost

눈서리쌓일최(雪霜積聚貌ㅡ溰)。

【漼溰：최의】 눈이나 서리가 쌓인 모양。漼溰。『楚辭·九思』霜雪兮ㅡㅡ。

【瀏】

(류) 尤 リュウ、てあしがこごえる freeze

수족얼어곱을류(手足凍貌)。

【滭】

(필) 質 ヒツ、さむい (of the wind) chilly, wintry

小篆 바람찰필(風寒)。

十二畫

【澌】

(시) 支 寘 シ、セイ、こおり floating ice ㄙ ssŭ

小篆 草書 성에시(流冰)。

【潔】

(결)『潔』(水部 12畫)의 俗字

十三畫

【澤】

(탁) 藥 タク、つらら icicle

고드름탁(檐結氷庭ㅡ)。

【澿】

(금) 寢 キン、コン、ひどくさむい freezing

쌀쌀하게 추울금(寒極貌)。

【凜】(름) 寢 リン、さむい chilly カ|ㄣ lin³
小篆 草 찰름(寒也)。【陸機詩】遺涼清且一。
【凜兢:늠긍】추워서 벌벌 떨음。【顧清】捫羅踏雪幾一一。「寒氣一一。」
【凜冽:늠렬】추위가 매우 심함。【李白】
【凜慄:늠률】추워서 몸을 떨음。【杜甫】教汝寒一一。
【凜凜:늠름】❶=凜冽。【潘岳】寒凄凄以一一。❷=凜乎。❸용기가 왕성한 모양。❹두려워 삼가는 모양。
【凜然:늠연】❶매우 몸에 사무치는 모양。【李白】一一寒風生。❷=凜乎。【漢書】一一皆有節概。❸무서워 몸을 떨음。
【凜綴:늠철】위태함과 두려움。
【凜乎:늠호】위엄이 있는 모양。장렬한 모양。凜凜。凜然。【書經】一一若朽索之馭六馬。

【凛】(름)『凜』(前條)의 俗字

十四畫

【凝】㊀(응) 蒸 ギョウ、こる congeal ㄋ|ㄥ ning²
㊁(응) 徑
小篆 草 ㊀❶엉길응(結也)。【易】履霜堅冰陰始一也。❷이룰응(成也)。【中庸】苟不至德、至道不一焉。❸열중할응(熱中)。【鄭谷詩】相顧思皆一。❹(눈 또는 마음을) 한쪽에 둘응(一視)。【江淹詩】一意方自驚。❺정할응(定也)。【易經 鼎卦】君子以正位一命。❻엄숙할응(嚴整)。㊁물얼응(氷堅止水)。
【凝結:응결】❶엉기어 뭉침。얼어붙음。❷(物)氣體가 열이 식어서 液體로 변함。
【凝結力:응결력】한 물질 중 인접한 부분이 서로 끌어 당기는 힘。고체는 이 힘이 세고 액체는 약함。
【凝固:응고】❶(物)液體가 열이 식어서 固體로 변함。❷엉기어 뭉쳐짐。얼어서 굳어짐。凝合。
【凝固熱:응고열】(物)液體 一瓦이 凝固點에 있어서 응고하기까지에 放出하는 熱量。
【凝固點:응고점】(物) 액체 또는 기체가 응고할 때의 온도。
【凝厲:응려】올바르고 엄숙함。【南史】性甚一一、善自居。
【凝想:응상】마음을 가다듬고 사물을 열심히 생각함。전심으로 생각함。
【凝水:응수】괸 물。止水。死水。停水。
【凝視:응시】눈을 한 곳에 집중해서 바라봄。凝眺。凝睛。凝望。「冬不一一。」
【凝澌:응시】굳어 뭉친 얼음。【郁離子】
【凝意:응의】마음을 집중함。열심히 함。
【凝議:응의】여러 가지 상의를 거듭함。정성껏 의논을 함。熟議。
【凝佇:응저】우두커니 멈추어 섬。【朱熹】高軒坐一一。
【凝重:응중】침착하고 태연한 모습。
【凝集力:응집력】(物)한 개의 물질 가운데 인접해 있는 부분이 서로 끌어 당기는 힘。고체는 이 힘이 강하고 액체는 약함。
【凝滯:응체】막히어 머무름。진척되지 않음。凝留。滯凝。【史記】上下無所一一。
【凝縮:응축】엉기고 굳어져 줄어짐。
【凝聚:응취】엉기어 모임。
【凝寒:응한】음산한 기운이 뭉쳐서 추위가 혹독함。【禮記·疏】冬時一一之氣。
【凝血:응혈】엉기어 뭉쳐진 피。
【凝灰石:응회석】(鑛) 화산이 터질 때 분출된 재나 모래가 엉기어 된 바위。

十五畫

【凞】(희) 支 キ、やわらぐ (become)harmonious
화할희(和也)。

【凟】(질) 質 シツ、さむくてふるえる shivery; cold
❶어슬어슬추울질(寒冷)。❷추워서 와들와들떨질(寒而慄)。

十六畫

【瀨】(래) 泰 ライ、さむい cold
小篆 추울래(寒也)。

几部

【几】(궤) 紙 キ、おしまずき cushion for the back ㄐ|ˇ chi³
小篆 草 ❶안석궤(凭坐)。【書經 顧命】憑玉一。❷책상궤(机也)。❸제기궤(祭享載牲器)。❹진중할궤(安重貌)【詩】赤舃一一。(『机』와 通함)

❸几(禮器圖)

【几几:궤궤】❶침착해 있는 모양。❷번성한 모양。
【几席:궤석】안석과 돗자리。【禮記】一所以養體也。
【几案:궤안】책상。卓子。【唐書】供奉一一紙筆。
【几筵:궤연】❶죽은 이의 혼백이나 신주를 모셔 두는 곳。【周禮】。❷=靈坐。
【几杖:궤장】안석과 지팡이。【禮記】必賜之一一。
【几下:궤하】(國)편지 겉봉에서 상대편의 이름 밑에 붙여 쓰는 경칭。机下。

一畫

【凡】(범) 咸 ボン、およそ general; common ㄈㄢ fan²
小篆 草 ❶대강범(大指)。【漢書 揚雄傳】請略擧一。❷범상할범(常也)。【孟子】待文王而後興者一民也。❸총계할범(總計)。【漢書 石奮傳】一號奮爲萬石君。❹다범(皆也)。【小學 明倫】一內外雞初鳴咸盥漱衣服。❺속인범(俗人)。【沈遼詩】由來此地殊仙一。❻이세상범(俗界)。【蘇軾詩】山前雨水隔塵一。❼무릇범(大概)。❽우두머리범(最目最一諸一之)。【周禮】謂簿書挈其最一。
【凡骨:범골】=凡人。【蘇軾】欲換一一無金丹。
【凡例:범례】책머리에 그 책을 읽어 나가는 데에 필요한 사항 등을 본보기로 따서 적은 글。일러두기。【杜預·春秋左氏傳序】發凡以言例。
【凡百:범백】모든 사물。【國語】一一箴諫、吾盡聞之。
【凡夫:범부】❶보통 사람。❷(佛)煩惱에 얽매여서 生死를 초월하지 못하는 사람。【法華經】一一淺識、深着五欲。
【凡事:범사】❶모든 일。❷평범한 일。
【凡常:범상】대수롭지 않음。普通。
【凡書:범서】平凡한 書籍。
【凡聖:범성】(佛)凡人과 聖人。凡夫와 聖者。
【凡俗:범속】평범하고 속됨。凡庸·庸俗。
【凡眼:범안】❶凡常한 사람의 眼目과 識見。❷범인의 눈。
【凡於事:범어사】모든 일。

【凡庸:범용】 평범하고 용렬함. 平凡. 『史記』才能不過ㅡㅡ.
【凡人:범인】 평범한 사람.
【凡才:범재】 평범한 재주. 凡器·凡人·常人. 『宋書』.
【凡材:범재】 평범한 인재.
【凡宰:범재】 평범한 宰相.
【凡節:범절】 《國》일상 생활의 모든 일.
【凡胎肉身:범태육신】 사람의 몸에서 태어난 凡人의 몸.
◎大ㅡ、不ㅡ、非ㅡ、超ㅡ、平ㅡ.

【凢】 (범) 『凡』(前條)의 俗字

三畫

【凥】 (거) 『居』(尸部 5畫)와 같음

【処】 (처) 『處』(虍部 5畫)의 略字

【凨】 (진) 軫 シン、はねがはえてとぶ winged
깃처음나서날을진(新生羽而初飛).

四畫

【凩】 (목) 〔日字〕 こがらし cold wind
草書 찬바람목(秋末初冬風).

【凪】 (지) 〔日字〕 なぐ die away the wind
草書 바람이자고파도그칠지(風浪止).

六畫

【𠘰】 (극) 陌 ケキ、つかれる idle; lazy
게으를극(倦也). 【子虛賦】徼ㅡ受詘.
【𠘰書:극서】 《書》 隆州의 李跨鼇 엮음.

【凭】 (빙) 蒸 徑 ヒョウ、よる depend ㄆㄧㄥˊ p'ing²
小篆 小篆 草書 ❶기댈빙. ❷의지할빙(依也). 【史達祖 詠燕詞】日日畫欄獨ㅡ.
【凭欄:빙란】 난간에 기댐. (欄은 欄干). 『李中·贈謙明上人詩』常聞秋夕多寐月、月在高樓獨ㅡㅡ.

【凮】 (풍) 『風』(風部 0畫)의 譌字

九畫

【凰】 (황) 陽 オウ、おおとり phoenix(female) ㄏㄨㄤˊ huang²
草書 암봉황새황(雌鳳). 【古詩】鳳兮鳳兮求其ㅡ. (『皇』과 通함)
【凰求鳳:황구봉】 《書》傳記名. 淸나라 李漁가 엮음. 十種曲의 하나.

十畫

【處】 (처) 『處』(虍部 5畫)의 略字

【凱】 (개) 賄 ガイ、かち victory ㄎㄞˇ k'ai³
草書 ❶싸움이긴풍류개(ㅡ歌軍勝樂). ❷착할개(善也). 【史記主父偃傳】天子大ㅡ. 【史記】高陽氏有才子八人謂八ㅡ. ❸화할개(和也). 【詩經 邶風 凱風】ㅡ風. ❹마파람개(南風). ❺즐거울개(樂也). ❻좋은 사람개(善人). ❼이길개(戰勝). 【北齊武德樂辭】仁兵告ㅡ.
【凱旋:개선】 싸움을 이기고 돌아옴. 『蘇軾』ㅡㅡ捷奏.
【凱旋歌:개선가】 싸움을 이기고서 부르는 노래.
【凱旋門:개선문】 개선한 군사 또는 개선을 길이 기념하기 위하여 세운 문.
【凱旋將軍:개선장군】 싸움을 이기고 돌아온 장수. 『宋書·樂志』.
【凱容舞:개용무】 宋代 雅舞의 이름.
【凱弟:개제】 ❶평온하고 즐거움. ❷평온한 태도. 豈弟. 愷悌. 『詩經』ㅡㅡ君子、民之父母.
【凱澤:개택】 남을 즐겁게 해주는 은혜. 『舊唐書』宣布ㅡㅡ、被乎億兆.
【凱風:개풍】 ❶온화한 바람. 南風. 『爾雅』南風謂之ㅡㅡ. ❷詩經 邶風의 篇名.

十二畫

【凳】 (등) 徑 トウ、こしかけ couch ㄉㄥˋ têng⁴
草書 걸상등、평상등(牀屬). (『橙』과 같음)
【凳床:등상】 발판이나 걸상으로 쓰게 된 나무로 만든 세간.

【凴】 (빙) 『凭』(几部 6畫)과 같음
【凴几:빙궤】 앉았을 때 팔을 기대어 자세를 편안하게 하는 道具. 『古玉圖譜』.

凴几(古玉圖譜)

凵 部

【凵】 (감) 勘 カン、はる open
小篆 草書 ❶입벌릴감(張口). ❷위가 벌어진 그릇감(受物之器).

二畫

【凶】 (흉) 冬 キョウ、わるい bad;evil ㄒㄩㄥ hsiung¹
小篆 草書 ❶흉할흉(吉之反). ❷재앙흉(禍也). ❸요사할흉(短折). 【書】ㅡ短折. ❹두려울흉(憂懼). 【晉語】敵入而ㅡ. ❺흉한사람흉(兇人也). 【唐書 孝友傳】父死ㅡ手. ❻흉년흉(五穀不實). 【周禮 地方遺人】掌縣都之委積、以待ㅡ荒. ❼사나울흉(暴虐). ❽악한놈흉(惡人). (『恟』과 통함) (『兇』과 같음)
【凶家:흉가】 그 집에 사는 사람에게 흉한 일이 생긴다는 불길한 집.
【凶計:흉계】 흉악한 계책.
【凶獷:흉광】 성질이 흉악하면서 강함. 强獷. 『晉書』肆ㅡㅡ者爲外夷.
【凶咎:흉구】 ❶재난. ❷잘못. 『後漢書』事令宜則無ㅡㅡ.
【凶寇:흉구】 불한당. 악당. 반적.
【凶具:흉구】 ＝凶器.
【凶饉:흉근】 ＝凶年. 『後漢書』ㅡㅡ流亡.
【凶器:흉기】 ❶사람을 죽일 때 쓰는 연장. 『史記』兵者ㅡㅡ也. ❷초상 때 쓰는 그릇. 『周禮』喪服ㅡㅡ、不入宮. ❸불길한 물건.
【凶年:흉년】 ❶농작물이 잘 안 된 해. ❷재해가 많은 해. 凶歲. ↔豊年. 『孟子』「ㅡㅡ飢歲」.
【凶獰:흉녕】 성질이 나쁘고 모질음. 凶
【凶黨:흉당】 ❶＝凶徒. 『陳書』預在ㅡㅡ、悉皆原宥. ❷무뢰한 깡패. 『曾鞏』閭巷ㅡㅡ戰. 「不忌于ㅡㅡ.」
【凶德:흉덕】 흉악한 성질. 『書經』爾尙
【凶徒:흉도】 악인. 악당. 나쁜 사람들. 兇徒. 凶黨.

【凶戾：흉려】 거칠고 도리에 벗어남。또는 그러한 사람。凶逆。凶悖。暴戾。『南史』渾少ㅣㅣ。
【凶禮：흉례】 초상 때의 예식。喪禮。
【凶耗：흉모】 사망의 통지。凶報。訃報。
【凶謀：흉모】 음흉한 계략。흉악한 모략。凶計。逆謀。
【凶謀者：흉모자】 흉모를 꾀한 사람。
【凶夢：흉몽】 불길한 꿈。언짢은 꿈。꿈자리가 흉악한 꿈。↔吉夢。「凶報。
【凶聞：흉문】 사망의 통지。凶音。凶耗。
【凶物：흉물】 성질이 음흉한 사람。
【凶犯：흉범】 흉악한 범인。殺人犯 따위。
【凶變：흉변】 사람이 죽는 등의 불길한 사건。兇變。『左傳·註』詳ㅣㅣ。
【凶報：흉보】 불길한 기별。凶音。
【凶邪：흉사】 욕심 많고 간사함。또는 그러한 사람이나 일。『隋書』摧拉ㅣㅣ。
【凶事：흉사】 ❶불길한 일。❷사람이 죽는 일。『老子』ㅣㅣ尙右。❸전쟁。戰亂。『吳越春秋』兵者ㅣㅣ。
【凶煞：흉살】 (國)매우 不吉한 것。占術「家의 말。
【凶說：흉설】 음흉하고 괴악한 말。
【凶星：흉성】 불길한 조짐이 있는 별。
【凶歲：흉세】 ＝凶年。『孟子』ㅣㅣ子弟多暴。『唐書』父死ㅣㅣ。
【凶手：흉수】 악인。또는 악인의 소행。
【凶豎：흉수】 흉악한 小人。『資治通鑑』同心協力以誅ㅣㅣ。
【凶神：흉신】 좋지 못한 귀신。
【凶惡：흉악】 ❶성질이 험상궂고 악함。『戰國策』以臣之ㅣㅣ、而得爲王拂枕席。❷겉모양이 흉하고 무섭게 생겼음。
【凶惡罔測：흉악망측】 몹시 흉악함。
【凶穰：흉양】 곡물의 못됨과 잘됨。農作物의 凶年과 豊年。『漢書』。
【凶漁：흉어】 물고기가 아주 적게 잡힘。
【凶穢：흉예】 ❶악하고 더러운 것。❷악인。『曹植』蕩滌ㅣㅣ。
【凶頑：흉완】 흉악하고 모질음。「豥。
【凶威：흉위】 사악하면서 강한 위세。凶
【凶音：흉음】 나쁜 소식。凶事의 기별。凶報。凶傳。凶聞。
【凶人：흉인】 나쁜 사람。흉악한 사람。惡人。『左傳』作凶事爲ㅣㅣ。
【凶日：흉일】 불길한 날。↔吉日。
【凶作：흉작】 農作物이 잘 되지 못함。
【凶殘：흉잔】 흉칙하고 잔인함。또 그런 「사람。
【凶雜：흉잡】 凶惡하고 난잡함。
【凶賊：흉적】 악인。흉악한 도적。나쁜 사람。賊徒。凶漢。凶盜。「凶證。↔吉兆。
【凶兆：흉조】 不吉한 조짐。不吉한 징조。
【凶終：흉종】 病死가 아니고、災難·도둑 따위로 흉하게 죽음。
【凶證：흉증】 ❶＝凶兆。❷음흉한 성벽。
【凶地：흉지】 풍속이 좋지 않은 곳。『水經·註』。
【凶札：흉찰】 기근이나 병이 유행하는 해。『周禮·司關』ㅣㅣ則無力政。
【凶慘：흉참】 흉악하고 참혹함。
【凶測：흉측】 凶惡罔測의 略語。「쁜 집。
【凶宅：흉택】 ❶不吉한 집。❷方位가 나
【凶慝：흉특】 성질이 간사하고 음흉함。흉악하고 음독함。『晉書』陰構ㅣㅣ。
【凶悖：흉패】 험상궂고 패악함。凶戾。『韓愈』銷其ㅣㅣ之心。
【凶暴：흉폭】 흉악하고 사나움。
【凶風：흉풍】 ❶흉악한 바람。몹시 사나운 바람。❷음흉스러운 기풍。또는 風潮。
【凶豊：흉풍】 흉년과 풍년。
【凶虐：흉학】 성질이 악하고 사나움。『後漢書』勦ㅣㅣ兮截海外。
【凶害：흉해】 ❶남을 해침。또는 그런 마음。❷재난。『書經』罝其ㅣㅣ、弗忍荼毒。
【凶險：흉험】 마음이 사악하고 음흉함。또는 그러한 사람。(險은 간사)。姦險。
【凶俠：흉협】 마음씨 나쁜 사나이 기질。＝姦俠。『蘇軾』其人多ㅣㅣ不遜之徒。
【凶禍：흉화】 흉한 災殃。
【凶荒：흉황】 오곡이 되지 않음。흉년。凶饉。饑饉。『周禮』。
【凶凶：흉흉】 ❶시끄럽게 떠드는 소리。❷두려워하는 소리。
◎吉ㅣ、大ㅣ、陰ㅣ。

三 畫

【凷】 (괴) 㕢 カイ、つちくれ clod
小篆 草書 흙덩이괴(墣也)。〔蔡邕 釋誨〕九阿盈谿非一ㅣ所能防。(『塊』와 같고 『蕢』와 통함)

【凸】 ㊀(철) 屑 トツ、なかだか convex
㊁(돌) 月 ㄍㄨˇ kū³ ㄊㄨˊ tú²
草書 ㊀❶뾰족할철。❷내밀철(出貌)。❸도도록할철(高貌)。〔杜甫詩〕酒ㅣ觥心瀲灔光。(『垤』과 통함) ㊁뜻은 ㊀과 같음。
【凸起：철기】 가운데가 볼록하게 솟음。볼록하게 솟아 나옴。
【凸凹：철요】 볼록하게 솟음과 오목하게 들어감。높고 낮음。凹凸。『東方朔』大荒石湖、千里無ㅣㅣ。「은 것。
【凸字：철자】 튀어나온 文字。點字와 같
【凸版：철판】 볼록 내민 부분에 잉크가 묻어서 인쇄되는 인쇄판。아연판의 음영에 의해서 부식하여 만든 凸面의 인쇄판。木版·活版 등。↔凹版。
【凸花：철화】 ❶가득히 솟아 오른 꽃。❷도드라지게 한 조각의 모양。

【凹】 (요) 肴 オウ、なかくぼ concave ㄧㄠˊ yao²
草書 오목할요(窊也、凸之對)。〔丹鉛錄〕土窪曰ㅣ土高曰凸。(『坳』와 같음)
【凹鏡：요경】 (物)반사면의 가운데가 오목하게 들어간 거울。오목거울。↔凸鏡。
【凹面：요면】 가운데가 오목하게 들어간 면。↔凸面。
【凹面鏡：요면경】 反射面이 오목하게 들어간 거울。↔凸面鏡。
【凹心硯：요심연】 먹을 간 부분이 오목하게 들어간 벼루。『輟耕錄』。
【凹彫：요조】 ＝陰刻。
【凹地湖：요지호】 (地)해면보다 낮은 수면을 가진 호수。
【凹處：요처】 오목한 곳。
【凹凸：요철】 오목하게 들어감과 볼록하게 솟음。높고 낮음。
【凹版印刷：요판인쇄】 옵세트판。쇠판과 같이 板面에 凹凸이 없는 인쇄 기술의 한 가지。
【凹陷：요함】 오목하게 꺼져 들어감。

【出】 ㊀(출) 質 シュツ、でる come out；exit
㊁(추) 寘 ㄔㄨ chu¹
小篆 ㊀❶날출(進也)。〔史記 衛將軍傳〕從大將軍ㅣ朔方。❷게울출、토할출(吐也)。❸도망할출(逃也)。〔十八史略 秦〕公子虔之徒、告鞅欲反鞅ㅣ亡。❹보일출(見也)。❺낳을출(生也)。〔古文眞寶後赤壁賦注〕鱸ㅣ吳中、淞江尤盛。❻물러갈출(ㅣ之)。〔史記 平原君虞卿傳〕使遂蚤得處囊中、乃穎脫而ㅣ。❼(집또는 나라의) 밖에 나갈출。〔論語 學而〕弟子入則孝ㅣ則弟。❽갈릴출(離也)。〔孟子 滕文公上〕死徒無ㅣ鄕。❾잃을출(失也)。〔大學〕貨悖而入者亦悖而ㅣ。❿갈출(往也)。〔十八史略 西漢〕始以强壯ㅣ、及還須髮盡白。⓫표할출(表也)。〔唐書 李

林甫傳』喜津津ㅣ眉宇間。 ⑫발족할 출(發足)。〖十八史略 西漢〗信引兵從故道ㅣ、襲雍王章邯。 ⑬자리에서 떠날 출(退席)。〖小學 明倫〗侍坐者請ㅣ矣。 ⑭자손 출(子孫)。〖十八史略 東晉〗帝母鮮卑ㅣ也。 ⑮생질 출(甥也)。 ㊁내보낼 추(自內而外之)。 (㊀의 他動詞)。

〖出家:출가〗《梵》pravrajita ❶집을 떠나감。 ❷번뇌에 얽매인 俗世의 생활을 버리고 佛道에 들어감。 집을 나와 佛門에 들어감。『晉書』相競ㅣㅣ。 ❸僧侶。 중。

〖出嫁:출가〗 처녀가 시집을 감。

〖出稼:출가〗 일하거나 품들러 나감。

〖出嫁外人:출가외인〗 시집간 딸은 친정 사람이 아니고 남과 다름이 없다는 뜻。

〖出稼聚落:출가취락〗 계절적 출가 때문에 이루어지는 임시적 취락。

〖出脚:출각〗 두 번째 벼슬길에 나아감。

〖出刊:출간〗 =出版。

〖出監:출감〗 =出獄。

〖出疆:출강〗 國土를 떠나감。 곧 왕명을 받아 외국에 사신으로 감。

〖出去:출거〗 나감。 떠나감。

〖出擊:출격〗 자기의 진지에서 나아가서 적을 침。 공격하러 나감。

〖出京:출경〗 서울을 떠나서 지방으로 감。 出都。 離京。 ↕上京。

〖出境:출경〗 그 곳의 地境을 넘어감。

〖出系:출계〗 養子가 되어 다른 집의 대를 이음。

〖出庫:출고〗 물품을 창고에서 꺼냄。

〖出恭:출공〗 《中》대변을 봄。

〖出口:출구〗 ❶나가는 곳。 ❷입구에서 나옴。 말(言語)이 나옴。 ❸《中》輸出。 口는 港口。

〖出柩:출구〗 ❶出棺。 ❷移葬 때에 무덤에서 관을 꺼냄。

〖出口稅:출구세〗 《法》상품을 항구 밖으로 輸出하는데 賦課하는 세금。

〖出群:출군〗 많은 사람들보다 월등하게 훌륭함。 拔群。 出尤。

〖出宮:출궁〗 임금의 車駕가 대궐 문 밖으로 나감。 「退勤。

〖出勤:출근〗 일터로 근무하러 나감。 ↕

〖出勤簿:출근부〗 출근하고 아니함과 遲參이나 早退 또는 출장 따위를 표하여 두는 장부。 「↕入金。

〖出金:출금〗 돈을 내어 씀。 또 그 돈。

〖出給:출급〗 내어 줌。 「에 일어남。

〖出其不意:출기불의〗 무슨 일이 뜻밖

〖出奇制勝:출기제승〗 기묘한 계략을 사용해서 승리함。『史記·田單傳贊』。

〖出納:출납〗 ❶내고 받아들임。『書經』夙夜ㅣㅣ朕命。 ❷收入과 支出。 會計。

〖出納簿:출납부〗 출납을 적는 장부。

〖出代:출대〗 缺員이 있을 때 그를 대신 보충함。 「동함。

〖出動:출동〗 나아감。 또는 나아가서 행

〖出痘:출두〗 痘瘡의 반점이 내솟음。

〖出頭:출두〗 ❶頭角을 나타냄。 남보다 뛰어남。 ❷어느 장소에 나옴。 出席。 ❸관청에 나가는 것。

〖出藍:출람〗 藍 곧 쪽(染青草)에서 뽑아낸 青色이 오히려 먼저의 藍보다 더 푸른 것。 《喩》제자가 스승보다 뛰어남。『荀子·勸學』學不可已、青出於藍。 青出於藍、而青於藍。

〖出來:출래〗 ❶나옴。 ❷사건이 일어남。

〖出力:출력〗 ❶돈을 내어 사업을 도움。 ❷전기적·기계적인 工率의 力量。

〖出令:출령〗 명령을 내림。

〖出牢:출뢰〗 ❶감옥에서 나옴。 出獄。 ↕入牢。 ❷별 이름。

〖出倫:출륜〗 무리에서 뛰어남。 여러 사람 중에서 월등함。 남보다 훌륭함。 出類。 超倫。 絕倫。 拔群。

〖出馬:출마〗 ❶말을 타고 나아감。 ❷戰場에 나아감。 出陣。 ❸자신이 現場에 나아감。 《轉》責任地에 부임함。 ❹選擧에 立候補함。

〖出幕:출막〗 전염병에 걸린 사람을 따로 막을 쳐서 隔離시킴。

〖出末:출말〗 일의 끝이 남。

〖出亡:출망〗 도망침。 出奔。 亡命。 逃亡。

『十八史略』商鞅ㅣㅣ。 「월 二일 경。

〖出梅:출매〗 장마철의 마지막。 음력 七

〖出母:출모〗 이혼하여 집을 나간 친어머니。『禮記』爲ㅣㅣ無服。

〖出沒:출몰〗 나타났다 숨었다 함。 隱見。 『魏徵』ㅣㅣ望平原。

〖出門:출문〗 ❶나가는 문。 ❷문 밖으로 나감。

〖出物:출물〗 어느 일을 하는 데 있어서 그 일에 소용되는 물건이나 돈。

〖出班奏:출반주〗 《國》❶많은 사람이 모인 자리에서 맨 처음으로 말을 꺼냄。 ❷많은 신하 가운데서 유독 혼자서 임금에게 나아가 말을 함。

〖出發:출발〗 ❶길을 떠나 나감。 ❷일을 시작하여 나감。 出立。 發足。 發程。

〖出發線:출발선〗 출발점으로 쓰기 위하여 그어 놓은 선。

〖出發點:출발점〗 ❶어느 곳으로 갈 때 처음 떠나는 곳。 ❷일을 시작하는 基點。 ❸경주할 때에 처음 출발하는 지점。

〖出帆:출범〗 선박 따위가 항구를 떠남。 開帆。 拔錨。 「出師。

〖出兵:출병〗 軍兵을 싸움터에 내보냄。

〖出付:출부〗 글월 따위를 띄워 보냄。

〖出奔:출분〗 도망함。 도망하여 외국으로 감。 出亡。 逃亡。 亡命。 「어 놓음。

〖出費:출비〗 내는 비용。 또는 비용을 내

〖出仕:출사〗 ❶관리가 됨。 ❷관청에 나아감。 출근함。

〖出師:출사〗 出兵。 行軍。

〖出師表:출사표〗 出兵할 것을 임금에게 여쭙는 글발。

〖出產:출산〗 ❶地方에서 產出한 물품。『唐彥謙』ㅣㅣ在四時。 ❷=出生。

〖出喪:출상〗 초상난 집에서 관을 넣은 상여가 나감。 「을 넘어서 나옴。

〖出塞:출새〗 邊境에서 나옴。 《轉》國境

〖出色:출색〗 많은 색중에서 뛰어나게 눈에 띔。 《轉》뛰어나게 우수함。

〖出生:출생〗 ❶세상에 태어남。 ❷生產。

〖出生申告:출생신고〗 자녀가 출생한 것을 관청에 신고함。

〖出生地:출생지〗 세상에 태어난 그 땅。

〖出席:출석〗 ❶자리에 나감。 ❷어떠한 모임에 나감。 「는 文簿。

〖出席簿:출석부〗 출석하고 아니함을 적

〖出世:출세〗 ❶이 세상에 태어남。 ❷속계를 떠남。 세상을 버림。 出家。 出世間。 ❸사회에 나와 입신 성공함。『李白』浪跡未ㅣㅣ。 ❹《佛》부처가 중생을 구하기 위하여 이 世上에 태어남。 出世間。

〖出世作:출세작〗 어떤 사람으로 하여금 사회적 지위를 차지하게 한 첫 예술 「작품。

〖出訴:출소〗 송사를 일으킴。

〖出所:출소〗 ❶사건이 일어난 곳。 出處。 ❷出生한 곳。 出生地。 ❸교도소에서 나 「옴。

〖出送:출송〗 밖으로 내어 보냄。

〖出售:출수〗 물건을 팔기 시작함。

〖出水:출수〗 ❶물이 나옴。 ❷홍수가 됨。 絳水。 洪水。

〖出身:출신〗 ❶무슨 지방 또는 파벌·學業·직업을 겪고 나온 신분。 ❷官職에 처음 오름。『宋史』景德四年。 定親試進士條例、攷第之制。 凡五等。 一二等曰及第。 三等曰ㅣㅣ。 四等五等曰同ㅣㅣ。

〖出芽:출아〗 ❶싹이 틈。 ❷出芽法에 의

해 번식시킴。
【出埃及記：출애굽기】《宗》모세가 이스라엘族을 애굽에서 이끌고 나오는 구약 성서의 기록。
【出洋：출양】《中》외국으로 감。
【出御：출어】❶임금이 內御殿에서 밖으로 나옴。↕入御。❷다른 마을에서 아내를 구함。❸나가서 지방을 다스림。
【出漁：출어】고기를 낚거나 그물질을 하러 바다로 나감。 「을 나가서 함。
【出演：출연】연설·강연·음악·연극등
【出捐：출연】金品을 내어 원조함。『史記』ㅣㅣ數萬斤金。
【出迎：출영】마중。나아가서 맞음。
【出獄：출옥】罪를 용서 받거나 또는 滿期가 되어서 감옥을 나옴。出監。『後漢書』及ㅣㅣ、京師市里、皆稱萬歲。
【出尤：출우】많은 사람보다 뛰어남。出群。拔群。出衆。
【出願：출원】❶원서를 내 놓음。❷특히 면허·광산 등의 권리의 설정·해제·급여를 국민이 국가에 신청함。또는 그 일。
【出遊：출유】❶다른 곳으로 나가서 놂。❷외국으로 遊學감。『史記』ㅣㅣ數歲、大困而歸。❸외국을 떠돌아 다님。
【出爾反爾：출이반이】자기에게서 나온 것은 자신에게 돌아감。《喩》因果應報。『孟子·梁惠王』。
【出入：출입】❶나감과 들어옴。드나듦。『易經』復亨、ㅣㅣ无疾。❷잠시 동안 집 밖으로 나갔다가 돌아옴。나들이。
【出入口：출입구】드나드는 어귀。
【出入服：출입복】나들이 옷。
【出入牌：출입패】드나들 때 가지는 패。
【出資：출자】❶밑천으로 할 돈을 냄。자본금을 냄。❷사업을 하기 위해서 공동으로 자본을 냄。
【出資金：출자금】밑천으로 내는 돈。자금으로 낸 돈。

【出場：출장】❶그 자리에 나감。❷운동 경기회에 참가함。 「나감。출장감。
【出張：출장】직무를 띠고 어느 곳으로
【出將入相：출장입상】난시에는 싸움터에 나가서 將軍이 되고 평시에는 宰相이 되어 정치를 함。『崔顥』兩朝ㅣㅣ復ㅣㅣ。 「합을 하러 나감。
【出戰：출전】❶싸우러 나감。❷경기 시
【出典：출전】故事·熟語 따위의 出處가
【出廷：출정】法廷에 나감。 「되는 책。
【出征：출정】싸움터로 나아감。戰地로 나아감。征伐하러 나아감。
【出征軍人：출정군인】출정하는 군인。
【出題：출제】詩歌나 시험의 제목을 냄。시험 문제를 냄。『唐書』。
【出走：출주】도망감。도주함。出奔。『史記』彼婦之口、可以ㅣㅣ。「무름。주둔함。
【出駐：출주】군사가 군영을 떠나가서 머
【出衆：출중】뭇 사람 속에 뛰어남。
【出直：출직】宿直을 대신함。
【出塵：출진】❶세상을 피함。俗世를 버림。脫俗。❷《佛》煩惱와 더러움이 가득 찬 俗世를 버리고 佛道를 닦아 깨달음을 얻음。 「으로 나아감。
【出陣：출진】싸움터로 나아감。진친 곳
【出札：출찰】표를 냄。표를 팔음。
【出債：출채】빚을 냄。
【出妻：출처】이혼당한 妻。出婦。
【出處：출처】❶나가서 官職에 오르는 것과 물러나서 집에서 居處함。去就。進退。『晉書』評議ㅣㅣ。❷사물의 일어나고 나온 근원。由來。出典。出據。『滄浪詩話』押韻不必有ㅣㅣ、用事不必拘來歷。
【出天之孝：출천지효】하늘로부터 타고난 효도。지극한 효성。
【出超：출초】輸入보다 輸出이 많음。
【出贅：출췌】❶養子가 됨。❷사위가 됨。

【出他：출타】❶집에 있지 않고 다른 지방에 나감。❷=外出。❸처가살이。(贅는 無用한 사물의 뜻)。
【出土：출토】땅 속의 물건이 저절로 밖으로 들쳐 나오거나 파헤쳐져 나옴。
【出土品：출토품】古墳·陵墓 따위에서 발굴된 고대의 遺品。
【出判：출판】❶판정이 남。재산을 탕진하여 아주 끝판이 남。❷끝장이 남。
【出版：출판】서적을 인쇄하여 세상에 내놓음。서적을 발행함。
【出版權：출판권】《法》저작물을 인쇄하여 반포하는 권리。
【出版記念會：출판기념회】저작물을 출판하였을 때에 친구 또는 유지들이 축하하는 뜻으로 모이는 모임。
【出版物：출판물】인쇄 頒布한 문서·서적·繪畫 따위。
【出版業：출판업】출판물을 내는 일을 업으로 삼는 직업。
【出捕：출포】죄인을 자기 관할 구역 밖에까지 나아가서 잡음。
【出品：출품】전람회·品評會·진열장 같은 곳에 물건을 내어 놓음。
【出荷：출하】❶荷物을 내어 보내거나 실림。❷상품을 시장으로 내보냄。
【出汗：출한】땀이 남。 「나감。發港。
【出港：출항】배가 항구를 떠나 바다로
【出行：출행】나가서 다님。먼 길을 떠
【出鄕：출향】고향을 떠나감。 「남。
【出現：출현】❶나타남。나타나 보임。『搜神記』時時ㅣㅣ。❷《天》掩蔽가 끝나고 가려졌던 천체가 다시 드러남。
【出血：출혈】❶피가 혈관 밖으로 나옴。❷지나치게 손해를 당함。
【出火：출화】화재가 남。
【出廻：출회】물건이 시장에 나옴。
◎釀ㅣ、傑ㅣ、屆ㅣ、突ㅣ、描ㅣ、撇ㅣ、排ㅣ、輩ㅣ、倍ㅣ、百ㅣ、噴ㅣ、査ㅣ、射ㅣ、產ㅣ、選ㅣ、歲ㅣ、輸ㅣ、譯ㅣ、演ㅣ、捻ㅣ、外ㅣ、遠ㅣ、日ㅣ、逸ㅣ、提ㅣ、除ㅣ、支ㅣ、進ㅣ、振ㅣ、逐ㅣ、打ㅣ、特ㅣ、脫ㅣ、退ㅣ。

六畫

【函】 ㊀(함) 覃 ㊁(함) 感 カン、はこ case; box ㄏㄢˊ han²

小篆 草書

㊀❶휩쌀함(包容)。『禮記曲禮』席間ㅣ丈。❷갑옷함(鎧也)。『孟子 公孫丑上』ㅣ人惟恐傷人。❸함함(箱也)。『十八史略 東晉』竟達空ㅣ。❹관이름함(關名ㅣ谷)。㊁❶편지함、글월함(書也)。「如信一封日一ㅣ」。❷갑함(匣也)。「如劍匣鏡匣」。❸악기함(樂器)。『蘇軾 石鐘山記』南聲ㅣ胡北音清越。
【函懇：함간】書信을 통해서 懇談함。
【函蓋相應：함개상응】상자와 뚜껑이 잘 맞음。《喩》彼此 잘 맞아서 同一體가 되는 것。『大日經·疏』須ㅡㅡ、相稱則授受。
【函宏：함굉】넣는 그릇이 넓고 큼。넓음。寬大함。 「처럼 된 농。
【函籠：함롱】❶함과 농。❷옷을 담는 함
【函褓：함보】함을 싸는 보자기。
【函封：함봉】상자에 넣어서 封함。또는 상자의 封。『唐書』降符ㅣㅣ、使合而行之。
【函詢：함순】書面으로 照會함。
【函尺：함척】高低를 재는 데 쓰는 자。얇은 널로 짜서 올리고 내릴 수가 있게 되어 있음。
【函招：함초】편지로써 사람을 초대함。
【函夏：함하】《地》中國의 別稱。中夏。『陸雲』ㅣㅣ無塵、海外有謐。

【函胡:함호】 ❶큰 소리의 형용。『蘇軾』南聲——、北音清越。 ❷模糊하여 똑똑하지 않은 모양。

七畫

【函】 (함)『凾』(凵部6畫)의 俗字

【幽】 (유)→幺部6畫

十畫

【凿】 (치)『齒』(齒部0畫)의 略字

刀 部

【刀】 (도) 豪 トウ、かたな 刀幺 tao' sabre

小篆 書草 ❶칼도(兵刃)。『左傳』操—而使割也。 ❷거루도(小船)。『詩經』誰謂河廣曾不容—。 ❸돈이름도(錢也)。「古錢名形如—」。

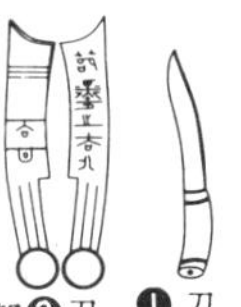

❶刀(禮器圖) ❸刀 卽墨(金石索)

【刀鋸鼎鑊:도거정확】 刑罰을 加하는 옛 刑具。(鼎鑊은 사람을 삶는 가마솥)。《轉》刑罰。『蘇軾』以——待天下之士。

【刀工:도공】 칼을 만드는 匠色。

【刀圭:도규】 ❶《醫》藥을 뜨는 숟가락。『神仙傳』此時神丹、飮者不死、夫婦各一——。《轉》醫藥·醫衆의 뜻。『庾信』量藥用——。 ❷죽을 끓일 때 쓰는 작은 숟가락。『新方言·釋器』。

【刀圭家:도규가】 醫師。

【刀圭界:도규계】 의사들의 사회。

【刀圭術:도규술】 醫術。

【刀戟:도극】 칼과 창。(戟은 갈래진 창)。『蜀志·註』棄其——。

【刀銘:도명】 刀劍에다 새겨 놓은 刀工의 이름。또는 글。『陳書』嘗使製——、援筆即成。

【刀墨:도묵】 《制》칼로 이마를 파돌려 먹으로 文身하는 刑罰。黥刑。『國語』有斧鉞——之民。

【刀斧手:도부수】 《制》큰 칼과 큰 도끼를 쓰는 군사。

【刀矟:도삭】 칼과 긴 창。刀槊。『北史』「——多折。

【刀山劍樹:도산검수】 칼로 산을 만들거나 칼을 거꾸로 세워서 그 위를 건너게 하는 일。혹독한 刑罰。『宋史·劉鋹傳』作燒煮剝剔——之刑。

【刀傷:도상】 =刀創。

【刀室:도실】 칼집。刀鞘。

【刀眼:도안】 환도의 몸이 자루에서 빠지지 않게 슴베를 아울러 자루에 비녀장을 박는 구멍。

【刀魚:도어】 《動》❶갈치。 ❷웅어。

【刀㮃:도연】 《醫》대나무를 굽는 연기에 칼날을 쬘 적에 그 칼날에 묻어 오르는 진。약으로 씀。鐵熱。

【刀鋋:도연】 칼과 작은 창。『史記』長兵則弓矢、短兵則——。

【刀刃:도인】 ❶칼날。 ❷칼의 총칭。『莊子』——若新發于硎。

【刀子:도자】 작은 칼。短刀。

【刀折矢盡:도절시진】 칼이 부러지고 화살이 다함。《轉》기진맥진하여 싸울 기력이 없는 모양。『後漢書』下馬大戰、至日中、——。

【刀俎:도조】 식칼과 도마。《轉》㉠料理하는 것。㉡위험한 場所나 事物。『史記·項羽紀』如今人方爲——、我爲魚肉。

【刀車:도차】 戰車의 一種。바퀴가 둘 있으며、그 前面에 많은 鎗끼를 꽂는 것。

刀車(三才圖會)

【刀擦:도찰】 잘못된 글자를 칼로 긁어 내어 고침。

【刀創:도창】 칼로 베인 상처。칼에 베인 흉터。刀痕。刀傷。「出——鳴。

【刀槍:도창】 칼과 창。『白居易』鐵騎突出——鳴。

【刀尺:도척】 ❶가위와 자。『杜甫』寒衣處處催——。 ❷㉠《轉》裁縫。㉡《喩》사람의 재능을 裁量하여 進退 任免을 하는 것。

【刀脊:도척】 칼등。《喩》險峻한 길。『北齊書』以柔鐵爲——。

【刀泉:도천】 돈。通貨。刀布。

【刀尖:도첨】 칼의 끝。

【刀錐:도추】 ❶칼과 송곳。 ❷작은 利益。『陳子昂·感遇詩』商賈競——。

【刀布:도포】 《制》古代 貨幣의 한 가지。『史記』——之幣。

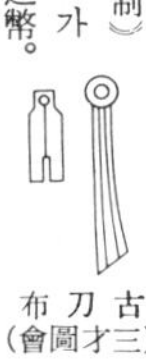

古刀布(三才圖會)

【刀筆:도필】 옛날 中國에서 종이가 발견되기 전에 竹簡에 문자를 기록하던 붓과 그 틀림을 깎아 내던 칼。

漢刀筆(博古圖)

【刀環:도환】 칼 머리에 달아 맨 玉고리。《轉》環과 還의 音이 相通하므로 고향으로 돌아간다는 뜻。『高適』王程應未盡、且莫顧——。

【刀痕:도흔】 칼로 베인 뒤、칼날에 남은 흔적。『宋史』——箭瘢、如刻畫然。◎軍—、短—、帶—、名—、木—、寶—、食—、利—、粧—、快—、佩—。

【刁】 (조) 蕭 チョウ、どうなべ 刀丨幺 tiao'

書草 ❶조두조(—斗古軍用器)。『漢書李廣傳』不擊—斗。 ❷(나무끝이)까딱 거릴조(微動貌)。『莊子齊物論』獨不見之調調之——乎。 ❸바람불조(風動)。

【刁姦:조간】 계획적으로 속여서 婦女를 犯함。『明律·刑律·犯姦』——、杖一百。

【刁棍:조곤】 惡漢。亂暴者。『福惠全書·刑名部』。

【刁斗:조두】 쟁개비와 징을 겸한 軍用道具。놋쇠로 만든 한 말 들이 그릇으로、낮에는 炊事道具로 쓰이고、밤에는 陣의 警戒를 위해 두드림。一說에는 小鈴을 말함。『方言·十三』無升謂之——。

【刂】 (도)『刀』〔部首名〕

一畫

【刃】 (인) 震 ジン、ニン、やいば 日ㄣ jen' edge

小篆 書草 ❶칼날인(刀鋒)。『莊子』臣之刀十九年矣所解數千牛而刀—若新發于硎。 ❷미늘인(刀加距)。『中庸』白—可踏也。 ❸병장기인(兵也)。

【刃鋩:인망】 칼날 끝。刀鋩。『歐陽修』器不——。

【刃迎縷解:인영루해】 칼로 실을 끊듯이 道理를 풀어냄。『韓愈』劌目鉥心——。

【刃劖:인참】 칼로 끊음。『元稹』離心覺——。

【刃創:인창】 칼날에 다침。刃傷·金創。『周禮·註』金瘍——也。

【刄】(인)『刃』(刀部 1畫)의 俗字

【刅】(량)『兩』(入部 6畫)의 略字

二畫

【刅】(창) 陽 ショウ、きず wound

小篆 小篆 草書 상처창(傷處)。『創』과 같음)

【分】㊀(분) 文 フン、ブン、わける part; divide ㄈㄣ fen'
㊁(분) 問
㊂(푼) 問

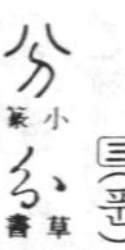
小篆 草書 ㊀❶나눌분(割也)。❷쪼갤분(總數折成多數)〔易 繫辭〕物以羣ㅣ。❸분별할분(辨別)〔論語〕五穀不ㅣ。❹찢을분(裂也)。❺나누어줄분(施也)。❻반쪽분(半也)〔荀子 仲尼篇〕以齊之ㅣ奉之、而不足。❼한푼분(十黍)。(『紛』과 통함) ㊁❶분수분、지위분(位也)。〔禮記〕禮達而ㅣ定。❷직분분(服事)。〔諸葛亮 出師表〕此臣所以報先帝、而忠陛下之職ㅣ也。❸몫분(均也)。〔禮記〕ㅣ毋多求。❹헤칠분(散也)。㊂푼푼(尺度單位寸之下)。

【分家:분가】 큰 집에서 나와 딴 살림을 차림。또는 그 집。分戶。

【分揀:분간】 ❶가리어 헤아림。 ❷범죄한 형편을 보아 용서함。

【分甘:분감】 ❶甘味를 나눔。즉 널리 자애로운 일을 베풂음。❷즐거움을 같이 함。

【分概:분개】 대강 만을 헤아림。

【分居:분거】 여기저기에서 나뉘어 살음。

【分遣:분견】 나눠 보냄。갈라서 보냄。

【分境:분경】 =分界。

【分界:분계】 서로 나눠진 두 경계。分境。〔吳志·註〕各保ㅡㅣ。

【分功:분공】 ❶功이나 收獲物을 나눔。❷힘을 나눠 일을 이룩함。分業。「업무。

【分課:분과】 일을 나눠서 맡음。또는 그

【分科:분과】 따로 갈라 놓은 학과。

【分管:분관】 나누어 管轄함。分轄。

【分館:분관】 ❶本館에서 갈라져 나간 館。❷=未分館人。

【分鑛:분광】 광주에게 일정한 요금을 치르고 얼마 동안 마음대로 캐내는 광。

【分光分析:분광분석】 《物》 스펙트럼을 이용하여 물질을 분석하는 방법。

【分校:분교】 한 학교의 일부 학생을 수용하기 위하여 따로 세운 학교。↕本校。

【分局:분국】 本局에서 갈라져 나간 국。

【分權:분권】 권력을 분산함。↕集權。

【分權主義:분권주의】 《政》통치의 권능이나 행정상의 권한을 중앙에 집중하지 않고 되도록 지방 공공 단체나 지방 관청에 분산하기를 주장하는 주의。

【分極:분극】 ❶《化》電池의 陽極에 수소가스가 붙어 전지와 반대되는 起動力을 생기게 함으로써 전지가 점점 약해지는 현상。❷《物》電媒質을 電場에 놓으면 그 兩端에 正負의 전기가 나타나는 현상。

【分根:분근】 하나의 뿌리를 찢어서 여럿으로 나눔。또는 나눈 뿌리。

【分給:분급】 몫몫으로 나눠서 줌。分與。

【分岐:분기】 나누어짐。둘로 나누어 짐。支分。

【分岐線:분기선】 갈라져 나간 갈랫길。

【分岐點:분기점】 몇 갈래로 갈라져 나가기 시작한 그 곳。「는 몫。

【分衿:분깃】 《國》《吏》遺産을 나누어 받

【分內:분내】 ❶자기 영역。❷당연히 할 일。職分으로 할 일。〔聖諭廣訓·孝訓〕。❸《中》같은 패。同僚。

【分內事:분내사】 자기 분수에 맞는 일。

【分團:분단】 ❶한 단체를 작게 나눈 그 부분。❷학습의 능률을 올리기 위하여 한 학급을 몇으로 나눈 그 하나。

【分段:분단】 ❶사물의 구분。❷문장을 뜻에 따라 몇으로 나눈 토막。대문。

【分擔:분담】 갈라서 맡음。

【分擔事務:분담사무】 분담한 사무。

【分黨:분당】 패를 가름。갈라진 패。

【分隊:분대】 ❶군대의 편성 단위의 하나。소대를 몇으로 나눈 대。❷본대에서 갈라져 나온 대。❸대를 가름。

【分度:분도】 일정한 한도。分限。

【分度器:분도기】 각도를 재는 제도 기구의 하나。「어 벼름。

【分棟:분동】 무엇을 여러 집채에 나누

【分洞:분동】 한 동네를 몇 개로 나눔。또 그 나뉜 동네。

【分銅:분동】 저울 추。天平秤錘。

【分等:분등】 等數를 나눠 매김。「정도。

【分量:분량】 부피나 수효의 많고 적은

【分力:분력】 합쳐져서 한 힘을 이루는 각각의 작은 힘。↕합력。

【分路:분로】 ❶갈라진 길。❷함께 길을 가다가 중간에서 길이 갈림。

【分龍雨:분룡우】 《轉》 소나기。갑자기 비가 多量으로 붙어서 龍이 서로 나누어서 산다는 뜻。

【分流:분류】 본류에서 갈려져 흐름。또는 그 물줄기。

【分類:분류】 ❶종류에 따라 가름。〔書經·序〕別生ㅡㅣ。❷개념의 外延을 일정한 표준에 의하여 분해함으로써 그 외연이 완전한 조직을 가진 것으로 정돈함。

【分理:분리】 ❶줄거리를 나누어 말함。《轉》변명함。❷나누어진 줄거리。分脈。〔鄭氏家範〕子孫受長上訶責、云云毋得ㅡ「ㅣ。

【分利:분리】 이익을 나눔。

【分離:분리】 갈라서 떼어 놓음。또는 따로 떨어짐。〔戰國策〕首身ㅡㅣ、暴骨草澤。

【分立:분립】 갈라져서 따로 섬。또는 그렇게 세움。

【分娩:분만】 아이를 낳음。出產。分身。

【分賣:분매】 한 부분씩 나누어서 팔음。

【分明:분명】 똑똑하게 알음。똑똑함。明白。明瞭。判然。〔杜甫〕黑白太ㅡㅣ。

【分袂:분몌】 소매를 나눔。이별함。分首。分手。分襟。〔白居易〕ㅡㅣ二年勞夢寐。

【分茅:분모】 茅土를 分封함。《轉》諸侯「로 封하는 것。

【分母:분모】 《數》分數形의 수나 式에 있어서 橫線 아래에 적은 수나 식。↕分子。

【分門裂戶:분문열호】 한 친척이나 한 무리가 서로 파가 갈라짐。

【分門異戶:분문이호】 分家함。 別居함。分門別戶。

【分半:분반】 반으로 나눔。半分。

【分背:분배】 ❶서로 등지고 섬。❷한 때 길을 달리하여 각각 감。

【分配:분배】 ❶몫몫이 고르게 나눠 줌。❷개개인이 생산물을 사회적 법칙에 의거하여 나누는 일。

【分配論:분배론】 《經》 개개인이 사회적 법칙에 따라 생산물을 분배하는 데 관한 이론。곧 토지 소유자는 地代、자본가는 이자、기업가는 이윤、노동자는 임금 등의 형식으로 각자가 생산에 참여한 비중에 따라 그 소득을 얻는 데에 관한 이론。

【分辨:분변】 사물의 같지 않은 것을 알아 냄。分別。辨別。

【分別:분별】 ❶종류에 따라 각각 나누어 가름。❷차별。구별。❸事理를 따져서 가려냄。

【分福:분복】 타고난 복。

【分封:분봉】 ❶옛 군주가 토지를 나누

어 주어 諸侯를 封하는 일。❷꿀벌의 통에 두 마리의 女王벌이 생겼을 때 먼저 있었던 老女王벌이 群蜂을 데리고 分家해서 별개의 집을 갖는 일。分蜂。

【分蜂:분봉】 벌통의 벌 일부를 딴통으로 갈라 옮김。또는 그 일。分封。

【分付:분부】 ❶많은 사람에게 나누어서 시킴。『漢書』――諸客、諸客奔走市買。❷아랫 사람에게 명령을 내림。

【分賦:분부】 ❶나누어 줌。分配。❷세금·부역 등을 나누어서 부과함。

【分崩:분붕】 떨어져 허물어짐。離散함。瓦解。支離滅裂。『論語』邦――離析。

【分泌:분비】 ❶(生)體內에서 특수한 液汁을 내는 작용。❷液汁이 스며 나옴。

【分泌物:분비물】 ❶침·위액 따위의 분비된 물질。❷排泄物。

【分泌腺:분비선】 (生)분비물을 내는 기관。副·腎·下垂體·甲狀腺 따위。

【分泌液:분비액】 (生)분비되어 나오는 액체。消化液이나 精液 등。

【分詞:분사】 印度―게르만 語族 여러 나라 말의 동사 어형 변화의 한 가지。동사의 形容詞的 형태。현대 영어나 프랑스語에서는 현재분사와 과거분사의 두 가지로 나뉨。

【分散:분산】 이리 저리 흩어짐。나누어 흩어지게 함。離散。『史記』子弟――。

【分析:분석】 ❶나눠서 가름。分離。『後漢書』其後諸家――、各有異說。❷(化)화합물에 있는 원소를 갈라 내고 또 그 量의 比를 찾는 일。❸(論)개념을 그 屬性으로 분해함。

【分線:분선】 支線에서 갈라진 작은 線。

【分設:분설】 나눠서 따로 설치함。

【分性:분성】 (物)물질의 극히 작은 데까지 나눠서 퍼질 수 있는 성질。한순가락의 소금이 한 그릇의 물을 짜게하는 일 따위。

【分屬:분속】 나누어 붙임。

【分損:분손】 (經)사고의 발생으로 被保險 이익의 일부가 소멸됨。↔全損。

【分手:분수】 작별함。分袂。

【分數:분수】 ❶타고난 운수。❷제 몸에 적당한 分限。❸사물을 구별할 줄 아는 지혜。❹(數)정수를 다른 정수로 나눈 결과。

【分水界:분수계】 ❶물이 두 갈래로 갈라져 흐르는 경계。❷둘 이상의 河川의 경계가 되는 곳。

【分水嶺:분수령】 (地)분수계를 이룬 경계나 산마루。分水山脈。

【分數式:분수식】 (數)整數가 아닌 有理式。

【分手作別:분수작별】 손을 놓고 서로 이별함。

【分乘:분승】 한 떼의 사람들이 둘 이상의 차에 나누어 탐。

【分食:분식】 나누어 먹음。나누어 가짐。

【分身:분신】 ❶몸을 나눔。한 몸이 여러 개로 나누어짐。(轉)神出鬼沒함。『清異錄』。❷몸이 둘로 됨。아이를 낳음。分娩。❸官吏가 任地를 떠남。❹(佛)부처가 여러 형태의 몸으로 변하여 나타나는 모양。

【分室:분실】 한 사무실에서 갈라져 나가 사무를 보는 곳。

【分野:분야】 ❶中國 戰國時代 天文家가 中國 全土를 二十八宿로 나누어서 구별한 이름。『十八史略』心、宋之――也。❷영역。범위。구역。

【分讓:분양】 갈라서 넘겨줌。

【分讓地:분양지】 분양하는 땅。

【分業:분업】 ❶손을 나누어 일하는 것。分功。❷(經)각자의 장점에 따라서 노력을 나누어 일에 종사함。하나의 물품을 생산할 때 분담을 달리 하는 두 사람 이상의 손을 거쳐서 비로소 완성하는 작업。

【分業化:분업화】 분업하여 일하는 방식으로 바뀜。

【分與:분여】 =分給。『史記』盡散其財、以――知友鄕黨。

【分列:분열】 ❶나누어 나란히 세움。❷갈라서 늘어섬。

【分裂:분열】 ❶나누어 찢음。또는 찢어져 갈라짐。『史記』――河山。❷(物)原子核이 다량의 放射能과 熱을 방출하면서 쪼개지는 현상。

【分列式:분열식】 대열을 분열하여 행진하면서 수례자에게 경례하는 군대의 의례식。

【分外:분외】 ❶자기 영역에서 벗어남。분에 벗어남。過分·非分。『魏志』下不務――之賞。❷(中)특별히。格別。

【分憂:분우】 근심을 나눔。같이 근심함。(轉)地方官。地方官은 王者와 근심을 같이 나눈다는 뜻에서 일컫는 말。

【分院:분원】 ❶(制)李朝 때 司饔院에서 쓰는 사기그릇을 만들던 職所。❷병원이나 학원 따위에서 分設한 집。

【分陰:분음】 一分의 光陰。매우 짧은 시간。寸陰。『晉書』至於衆人、當惜――。

【分義:분의】 ❶정당한 도리。❷신분에 맞는 도리。

【分益:분익】 이익을 나눔。

【分子:분자】 ❶갈려진 子孫。『穀梁傳·莊·三十』燕、周之――也。❷(數)分數式에서 횡선 위에 있는 수나 식。↔分母。❸(物)몇 개의 原子가 모여 독립성을 가진 화학 물질의 最小의 粒子。❹婚禮·出生·葬禮 등에 보내는 金錢。『還魂記·秘議』。❺한 단체를 이루는 각 개인。

【分子說:분자설】 (化)모든 물질의 구성은 그 최소입자인 분자가 모여서 이루어진 것이라고 하는 假定說。아보가드로의 주장임。

【分子式:분자식】 (化)물질의 분자를 원소 기호로써 나타내는 물질의 화학 기호。물은 H_2O、탄산가스는 CO_2 따위。

【分子運動:분자운동】 (化)분자의 相互作用 하에서 행하는 운동。

【分作:분작】 한 조각의 논밭을 나누어서 농사 지음。

【分張:분장】 ❶分離。❷分布。

【分贓:분장】 贓物을 나눔。

【分掌:분장】 일을 나누어 봄。分擔。『漢書』――乘輿服物。

【分財:분재】 재산을 가족에게 나눠줌。

【分傳:분전】 물건을 여러 곳으로 나누어 전함。

【分錢:분전】 푼돈。

【分店:분점】 본점이나 支店에서 따로 벌린 店舖。

【分點:분점】 ❶나누는 점。갈라지는 점。❷太陽이 적도를 통과하는 점。

【分際:분제】 ❶上下 尊卑의 차별。分限。『史記』明天人之――、通古今之義。❷한계。정도。한도。

【分至:분지】 春分·秋分·夏至·冬至。分은 春分·秋分。至는 夏至·冬至。『左傳』――啓閉。

【分地:분지】 ❶땅을 나눔。나누어 준 땅。分土。❷공로 있는 君長에게 나누어 주던 땅。

【分枝:분지】 원줄기에서 갈라져 나간 가지。

【分徵:분징】 두 사람 이상으로 나누어서 징수함。

【分綴:분철】 서류 따위를 나누어 철함。또는 그 묶음。

【分貼:분첩】 약재를 나눠서 貼藥을 만들음。

【分體:분체】 母體에서 갈라져서 거의 같은 크기의 두 個體로 되는 일。

【分秒:분초】 分이나 秒와 같은 매우 짧은 시간。

【分寸:분촌】 一分一寸의 뜻。些少。僅少。『史記』臣東周之鄙人也、無有――之功。

【分置:분치】 나누어서 둠。

【分針:분침】 시계의 分을 가리키는 바늘。角針。長針。

【分統：분통】 나누어서 支配함。『舊唐書』諸韋子姪ㅡㅡ之。

【分派：분파】 ❶나뉘어 갈라짐。❷學說・家名・名義 등이 나뉘어진 갈래。❸《中》㉠나누어 파견함。㉡命令。指示。㉢分配함。

【分破：분파】 나누어서 쪼갬。

【分牌：분패】 堂下官의 나무로 만든 牌。

【分布：분포】 ❶흩어져 퍼져 있음。❷나누어 널리 퍼뜨림。

【分布圖：분포도】 분포된 실태를 개관하도록 만든 도표。

【分限：분한】 ❶한계。한도。정도。❷上下尊卑의 차별。『北史』臣涖以威嚴、欲使知ㅡㅡ。

【分轄：분할】 나누어 支配함。나누어 관할함。分管。

【分割：분할】 나눔。나누어 가짐。『荀子』古者先王ㅡㅡ而等異之。

【分割相續：분할상속】 《法》共同相續에 있어서 상속 재산을 공동 상속인 간에 그 상속분야에 따라서 분할하는 상속 형태。

【分閤：분합】 대청 앞에 드리는 네 쪽의 긴 창살 문。

【分合：분합】 나누는 것과 합치는 것。헤어지는 것과 만나는 것。『孫子』以ㅡㅡ爲變。

【分閤長映窓：분합 장영창】 분합 안쪽에 드리는 미닫이。

【分解：분해】 ❶풀어 나눔。해부함。❷《化》化合物・合成物이 분리하여 두 가지 이상의 물질로 되는 것。

【分火：분화】 《軍》전투 사격에 있어서 각 小隊가 나뉘어 사격하는 일。

【分化：분화】 生物의 조직체 안에서 특이성이 생기며 각 器官이 分業化하는 進化作用。고등 동물은 그 정도가 높음。

【分會：분회】 한 회의 하부 조직체。

【分劃：분획】 여러 구획으로 나눔。

【分曉：분효】 ❶새벽。동틀 무렵。❷상쾌하게 밝음。명확히 보임。❸《中》㉠明白히 됨。㉡事件의 단서。㉢道理。

◎過ㅡ、區ㅡ、氣ㅡ、等ㅡ、名ㅡ、命ㅡ、半ㅡ、部ㅡ、成ㅡ、身ㅡ、十ㅡ、餘ㅡ、才ㅡ、情ㅡ、職ㅡ、處ㅡ、戚ㅡ、天ㅡ、秋ㅡ、春ㅡ。

【切】 ㊀(절) 屑 ㊁(체) 霽 セツ、サイ、きる cut ㄑㄧㄝ ch'ieh'

小篆 小篆

㊀❶끊을 절、저밀 절(割也)。『李商隱雜纂 不快意』鈍刀ㅡ物。❷새길 절(刻也)。❸급할 절(急也)。❹정성스러울 절(慤也)。『後漢書』明君不惡ㅡ慤之言。❺종요로울 절(要也)。『舊唐書 穆宗紀』帝王所重者國體所ㅡ者人情。❻진맥할 절(按也)。『史記 扁鵲傳』不待ㅡ脈。❼문지방 절(門限)。『漢書』ㅡ皆冒銅塗金。❽반절 절(反也)。❾간절할 절(懇ㅡ)。㊁❶온통 체(大凡)。『漢書』一ㅡ滿秩如眞。❷대강 체(大略)。❸급할 체(急也)。

【切諫：절간】 강력하게 諫함。강한 意見。『史記』明主不惡ㅡㅡ。

【切感：절감】 절실하게 느낌。

【切開：절개】 《醫》치료하기 위하여 피부나 근육을 잘라 젖히거나 또는 뼈를 잘라 치료하는 것。

【切激：절격】 매우 嚴함。지나치게 곧음。『後漢書』語甚ㅡㅡ。

【切骨：절골】 원한이 골수에 사무침。

【切巧：절교】 더할 수 없이 썩 공교함。絶巧。

【切近：절근】 아주 가까움。

【切禁：절금】 엄하게 금함。

【切急：절급】 절실하게 급함。至急。

【切己：절기】 자기에게 필요함。또는 그 일。

【切忌：절기】 심히 꺼림。

【切緊：절긴】 =緊切。

【切斷：절단】 끊어 자름。

【切當：절당】 사리에 꼭 들어맞음。

【切厲：절려】 ❶사납고 모질음。『後漢書・蔡衍傳』言甚ㅡㅡ。❷격려함。『後漢書』ㅡㅡ相戒。

【切論：절론】 조금도 거리낌 없이 의논함。『眞德秀』難危言ㅡㅡ、數與小人忤。

【切摩：절마】 수양함。朋友가 서로 격려하여 배움의 길을 닦음。切磨。研磨。琢磨。『唐書』ㅡㅡ之益不盡矣。

【切望：절망】 간절히 바람。절실하게 바람。

【切脈：절맥】 의사가 병자를 진맥함。脈診。『史記』越人之爲方也、不待ㅡㅡ。

【切問：절문】 ❶간절하게 물음。❷適切한 질문。『論語』ㅡㅡ而近思。

【切迫：절박】 시기나 기한이 아주 가까이 닥침。切促。

【切膚：절부】 ❶살을 자름。❷통절히 느낌。切身。

【切忿：절분】 몹시 원통하고 분함。

【切手：절수】 ❶拳法의 하나。平手로 적을 치는 법。❷《日》㉠돈 代用으로 쓰는 일종의 證券。어음・商品手票 등。㉡郵票。

【切實：절실】 ❶실제에 꼭 맞음。適切。❷정성。성심。친절。忠實。

【切愛：절애】 깊이 사랑함。대단히 귀여워함。

【切言：절언】 ❶적절한 말。❷친절하게 말함。❸심한 말。痛切한 말。❹과감하게 말함。『漢書』唯陛下除誹謗、以招ㅡㅡ、開天下之口。

【切嚴：절엄】 =至嚴。

【切要：절요】 적절하고 중요함。매우 중요함。緊要。『晉書』雖文懸華婉而理歸ㅡㅡ。

【切雲：절운】 ❶구름에 접근함。구름 위에 솟음。높은 모양。❷冠의 이름。

【切願：절원】 지성스럽고 절실하게 바람。

【切肉：절육】 얄팍하게 썰어 재어서 양념을 하여 익힌 고기。

【切切：절절】 ❶매우 정중한 모양。『論語』朋友ㅡㅡ偲偲。❷속 깊이 생각하는 모양。『張九齡』ㅡㅡ故鄕情。❸근신하여 생각하는 모양。❹소리가 가늘게 계속하는 모양。❺매우 간절히 생각하는 모양。『黃庚』歸心ㅡㅡ望刀頭。

【切點：절점】 ❶=要點。❷《數》接點。

【切釘：절정】 대가리를 자른 쇠못。

【切中：절중】 확실히 도리에 맞은 것。『李之儀』劇談ㅡㅡ。

【切直：절직】 매우 정직함。『漢書』ㅡㅡ之言、明主所欲急聞。

【切磋琢磨：절차탁마】 玉石을 쪼고 갈음。《喩》사람이 德을 쌓고 學을 이루는 것도 그와 같이 전력을 다하여 닦고 다듬어야 한다는 뜻。또는 朋友가 서로 격려한다는 것。切劘磨勸。『詩・淇澳』如切如磋、如琢如磨。

【切責：절책】 크게 책망함。深責。『遼史』。

【切戚：절척】 本宗이 아닌 가까운 친족。

【切草：절초】 살담배。

【切促：절촉】 =切迫・逼迫。『後漢書』州期ㅡㅡ。

【切齒：절치】 ❶분하여 이를 뽀드득 갈음。《轉》심히 노한 모양。『史記』此臣之日夜ㅡㅡ腐心也。❷門齒의 別稱。

【切齒腐心：절치부심】 분을 못이겨 이를 갈고 속을 썩임。

【切親：절친】 아주 친근함。

【切土：절토】 平地・法面을 만들기 위하여 흙을 깎아 내는 일。

【切痛：절통】 심하게 고통을 느낌。몹시 아픔。『曹植』憤激以ㅡㅡ。❷몹시 원통하고 분함。

【切品：절품】 물건이 다 팔려 없어짐。品切。

【切逼：절핍】 아주 절박하게 궁핍함。

【刈】(예) 隊 ガイ、かる cut grass 一ˋ i⁴
小篆 草書 ❶풀벨예(芟草)。〔離騷經〕願俟時乎吾將ㅣ。❷죽일예(殺也)。〔金史吾札忽傳〕斫ㅣ甚多。(『艾』와 통함)

〔刈刀:예도〕 낫의 一種。

〔刈穫:예확〕 農作物을 베어 들임。걷어 들임。收穫。

刈 刀 (三才圖會)

【刂】(박) 覺 ハク、けずる peel; rind
❶벗길박(脫也)。❷찢을박(裂也)。❸깎을박(削也)。(『剝』과 같음)

三 畫

【刊】(간) 寒 カン、けずる shave; carve ㄎㄢ k'an¹
小篆 草書 ❶깎을간(削也)。〔漢書〕隨山ㅣ木。❷나무 쪼갤간(木斫)。❸새길간(刻也)。〔王儉褚淵碑〕ㅣ玄石以表德。(『栞』과 통함)

〔刊刻:간각〕 =刊行。〔宋史〕眞宗然之、遂命ㅣㅣ。

〔刊經都監:간경도감〕 《歷》李朝 世祖가 불경을 諺解하기 위하여 同王 三년(一四五七)에 설치했던 기관。信眉·韓繼禧 등이 중심이 됨。

〔刊校:간교〕 =刊定。〔談苑〕俾加ㅣㅣ。

〔刊本:간본〕 刊行本의 略語。간행한 책。

〔刊落:간락〕 잘라 냄。〔後漢書·班彪傳〕「必先ㅣㅣ之。其書ㅣㅣ不盡。

〔刊剝:간박〕 깎아냄。벗겨냄。〔周禮·註〕

〔刊印:간인〕 인쇄물을 인쇄함。

〔刊定:간정〕 쓸 데 없는 文字를 삭제하고 잘못을 올바르게 함。刊校。

〔刊出:간출〕 인쇄물을 간행함。

〔刊布:간포〕 發刊하여 널리 폄。

〔刊行:간행〕 文書를 版으로 찍어서 세상에 내놓음。출판함。印行。發行。

〔刊行物:간행물〕 인쇄하여 펴낸 도서。◎旣ㅣ、續ㅣ、新ㅣ、停ㅣ。

【刋】(천) 霰 セン、きる cut out
草書 끊을천(切也)。

【刓】(곤) 元 カン、きる lop off branches
가지칠곤(斫木枝)。

【刌】(촌) 阮 スン、きる cut; break
小篆 끊을촌(切斷)。

【切】(절)『切』(刀部 2畫)의 俗字

【召】(소)→口部 2畫

四 畫

【刎】(문) 吻 フン、はねる behead ㄨㄣˇ wen³
小篆 草書 ❶목자를문(剄也)。〔禮記〕不至者廢其祀ㅣ其人。❷벨문(割也)。

〔刎頸之交:문경지교〕 죽고 살기를 같이 하여 목이 떨어져도 두려워 하지 않을 만큼 친한 사귐。또는 그런 벗。〔史記〕卒相與驩爲——。

【刏】(기) 微 未 キ、さす thrust
小篆 ❶찌를기(刲也)。❷칼갈기(礪刀)。

【刋】(삼) 陷 サン、かる、きる cut; mow
베일삼(刈也)。

【刑】(형) 靑 ケイ、つみ、しおき crime ㄒㄧㄥˊ hsing²
小篆 小篆 草書 ❶형벌형(罰總名)。〔易經 豐象〕君子以折獄致ㅣ。❷본받을형(效則)。〔書註〕王有天下之德民皆儀ㅣ。❸옛법형(舊法)。〔詩經〕尙有典ㅣ。❹국그릇형(盛羹器)。〔周禮〕羞脩ㅣ膴。❺법률형(法律)。❻본보기형(法也)。〔詩經 周頌烈文〕百辟ㅣ之。❼모범될형(模範)。〔孝經 天子〕德敎加於百姓、ㅣ於四海。❽될형(成也)。〔禮記 樂記〕敎之不ㅣ、其此之由乎。❾죽일형(剄也)。(『形』과 통함)

〔刑具:형구〕 體刑에 쓰이는 제구。

〔刑期:형기〕 《法》형의 집행 기간。

〔刑徒:형도〕 =罪人·罪囚。〔史記〕孫臏以ㅣㅣ、陰見說齊使者。

〔刑例:형례〕 형벌을 집행하는 데 관계되는 규정。

〔刑戮:형륙〕 刑法에 의하여 罪人을 벌함。處刑。刑辟。〔晉書〕秦氏倂呑、遂專ㅣㅣ。

〔刑律:형률〕 《法》刑罰의 法律。刑法。

〔刑吏:형리〕 《制》지방 관청의 刑房에 속한 아전。〔唐書〕以ㅣㅣ分數爲門。

〔刑名:형명〕 ❶《法》㉠刑罰의 종류와 명칭。㉡中國 옛 法의 總則。❷《制》淸代 刑法 또는 재판 사무의 顧問。즉 刑名師爺。❸戰國時代 韓非子가 주창한 學說。

〔刑務所:형무소〕 《法》矯導所의 이전 이름。懲役刑·금고형、또는 勞役場 유치와 구류 처분을 받은 受刑者나 피고인을 수용하는 장소。

〔刑房:형방〕 《制》❶承政院의 六房의 하나。刑典에 관한 사무를 맡아 봄。右副承旨가 맡음。❷지방 관청의 六房의 하나。刑典에 관한 사무를 맡음。

〔刑配:형배〕 《制》죄인을 벌하여 귀양을 보냄。

〔刑范:형범〕 쇠를 녹여 칼을 만드는 거푸집。刑은 型、范은 範。〔荀子·彊國〕。

〔刑罰:형벌〕 《法》❶국가가 범죄를 저지른 사람에게 주는 제재。〔論語〕ㅣㅣ不中。❷죄를 저지른 사람에게 앙갚음으로 주는 고통。

〔刑罰權:형벌권〕 《法》죄를 저지른 사람에게 형벌을 줄 수 있는 국가의 권리。

〔刑法:형법〕 《法》六法의 하나。犯罪와 刑罰에 관한 법률。〔左傳〕慢棄ㅣㅣ。

〔刑法學:형법학〕 《法》형법의 원리와 응용에 관계되는 연구를 하는 학문。

〔刑柄:형병〕 사람을 斷罪하는 권력。〔吳志〕把持ㅣㅣ。

〔刑事:형사〕 ❶형법의 適用을 받는 사건。❷刑事巡警의 略稱。

〔刑事犯:형사범〕 《法》사회의 일반 도의심이 범죄로 하는 행위。원칙으로 형법에 규정하여 놓은 것과 같은 범죄。↕民事犯。

〔刑事補償法:형사보상법〕 《法》죄가 없는데 강제 처분을 받은 사람에 대하여 국가가 그 손해를 보상할 것을 규정한 법률。

〔刑事事件:형사사건〕 《法》형법의 적용을 받게 되는 사건。↕民事事件。

〔刑事訴訟:형사소송〕 《法》형사 재판의 절차、곧 범죄의 심리、판결을 이루는 소송。↕民事訴訟。

〔刑事訴訟法:형사소송법〕 《法》형사 사건의 소송 및 재판에 관한 절차를 규정한 법률。↕民事訴訟法。

〔刑事裁判:형사재판〕 《法》형사 사건에 관하여 하는 재판。↕民事裁判。

【刑事政策:형사정책】(法) 범죄의 원인을 探究하여 그 대책을 확립하는 정책。

【刑事責任:형사책임】(法) 어느 불법 행위를 저지르게 되어 그에 따라 형벌을 받아야 하는 법률상의 책임。

【刑殺:형살】罪로 몰아서 죽임。死刑함。『史記』上樂以－－爲威。

【刑訊:형신】(法)刑具로 고문하여 自白시킴。刑問·刑推。

【刑餘:형여】❶刑을 받고 不具者가 된 사람。또는 前科者。(轉)고자。宦官。옛 형벌에 宮刑(생식 기능을 없애는 형)이 있었는데 고자는 생식 기능이 없으므로 그것에 比하여 일컬은 말。奄人。閹人。『韓非子』女子用國、－－用事者可亡也。❷중。옛 형벌에 髡刑(곤형)、즉 머리를 깎는 刑이 있었는데 중은 전부 머리를 깎으므로 그것에 비유해서 일컬은 말。

【刑獄:형옥】❶형벌。❷감옥。『左傳』正法罪、辟－－。

【刑場:형장】사형을 집행하는 장소。

【刑典:형전】(法)형벌에 관한 모든 법칙。刑法。『周禮』五曰、－－、以詰邦國。

【刑政:형정】범죄에 관한 방면의 行政。『詩經·關雎序』哀－－之苛。

【刑措:형조】형벌을 집행하지 않음。(喩)天下가 잘 다스려져서 죄인이 없어짐。刑錯。『漢書·文帝紀贊』。

【刑曹:형조】(制)李朝 때 六曹의 하나。法律·訴訟·刑獄·奴隷 등에 관한 일을 맡아 봄。지금의 法務部에 해당함。

【刑曹判書:형조판서】(制)正二品의 刑曹의 우두머리 벼슬。

【刑懲:형징】刑罰을 주어서 징계함。罰懲。

【刑推:형추】=刑訊。

【刑判:형판】刑曹判書의 略語。

◎減－、徒－、無期－、罰金－、私－、死－、五－、寃－、流－、肉－、杖－、重－、處－、天－、體－、笞－、行－、火－。

【划】(화) 麻 カ、さおさす Pole for punting
삿대화(進船竿)。

【刓】(완) 寒 ガン、けずる carve ㄨㄢ wan²
小篆 小篆 草書
❶깎을완(剸也)。『楚辭 九章』－方以爲圓。❷모없앨완(削廉)。『史記 淮陰侯傳』印－弊忍不能予。❸해질완(弊也)。

【刓缺:완결】나무·돌 따위에 새긴 글자、또는 그림이 닳아 없어짐。

【刓困:완곤】매우 궁핍한 것。『唐書』財力－－。

【刓削:완삭】깎음。네모진 나무를 깎아서 둥글게 함。『史記·註』人－－方木。

【刓琢:완탁】깎고 다듬음。硏磨。『蘇舜欽·高山詩』器成必－－。

【刓敝:완폐】닳아 해짐。시들어 무너짐。刓弊。『唐書』水潦爲災、民力－－。

【刓弊:완폐】=刓敝。『史記』印－－忍不能予。

【刕】㊀(리) 支 リ、レイ、さく ㊁(례) 齊 cut
㊀벨리(割也)。(『州』의 俗用) ㊁벨례(割也)。

【刖】㊀(월) 月 ゲツ、あしきる cut heel ㄩㄝ yüeh⁴ ㊁(왈) 黠
小篆 草書
발꿈치 자를월(斷足刑、剕也)。『漢書 刑法志』－罪五百。㊁뜻은 ㊀과 같음。

【刖脚:월각】죄가 있어 다리를 잘리는 것。刖足。『史記』。

【刖足:월족】발을 자름。발 자르는 刑罰。또는 그 刑罰을 받은 사람。

【刖趾適屨:월지적구】발꿈치를 잘라 신에 맞춤。(喩)㉠本末·主客을 뒤집음。㉡좋게 하려다가 오히려 더 나쁘게 함。『魏志·明帝紀·注』。

【列】(렬) 屑 レツ、ならぶ line;row ㄌㄧㄝ lieh⁴
小篆 草書
❶벌렬(分解)。❷반열렬(位序)。『漢書』恤我九－。❸무리에들어갈렬(仲間)。『王勃詩』－席俯春泉。❹항렬렬(行次)。『論語 季氏』陳力就－。❺펼렬(布也)。❻베풀렬(陳也)。『隋書 經籍志』徐氏中論六卷、－於儒家。❼항오렬(軍伍)。『左傳 僖公二十二年』不鼓不成－。

【列强:열강】많은 강대한 나라들。

【列强國:열강국】강대한 여러 나라。

【列擧:열거】모조리 들어 말함。

【列缺:열결】하늘이 쪼개져서 이지러짐。(喩)번개。번갯불。雷光。『史記』貫－－之倒景兮。

【列國:열국】諸侯의 大國。연달아 일어난 여러 나라들。여러 나라。諸國。『淮南子』韓·晉－－也。

【列記:열기】=列錄。

【列女:열녀】性品이 단정하고 貞操가 굳은 여자。烈女。

【列島:열도】연달아 있는 섬。

【列錄:열록】죽 벌여 적음。列記。列書。

【列立:열립】여럿이 죽 늘어섬。

【列名:열명】여러 사람의 이름을 나란히 벌여 적음。

【列眉:열미】좌우에 나란히 있는 눈썹。(喩)明白함。『戰國策·燕策』吾信汝也如－－。

【列士:열사】❶많은 선비。『荀子』被文學、服禮義、爲天子－－。❷志操가 굳은 사람。또는 훌륭한 사람。

【列肆:열사】❶연달은 가게。많은 가게。『史記』－－販物。❷별 이름。

【列書:열서】=列錄。

【列席:열석】자리를 나란히 함。나란히 자리를 잡음。

【列聖:열성】歷代의 임금。『顏延之』祚融世哲、業光－－。

【列連結:열연결】電池의 같은 極 끼리를 연결한 것。

【列位:열위】❶여러분。❷열지어 있는 무리。『漢書』。

【列傳:열전】❶많은 사람의 傳記를 각각 서술한 책。❷歷史書에서 群臣諸家의 사적을 列敍한 책。漢司馬遷이 史記에서 처음으로 체제를 만들었음。

【列座:열좌】여러 사람이 벌여 앉음。『後漢書』公卿皆－－殿上。

【列陣:열진】군대를 벌여서 진을 침。

【列次:열차】벌여 놓은 차례。『淮南子』俎豆之－－。

【列車:열차】기관차에 객차·화차를 연결한 차량。

【列車接觸:열차접촉】열차가 다른 열차의 선과 서로 접촉되는 일。

【列峙:열치】연달아 우뚝 솟음。나란히 섬。『左思』三臺－－而崢嶸。

【列侯:열후】많은 諸侯。각 分封國의 主君。諸侯。『史記』封其後嘉、曰周子南君、比－－。

◎隊－、同－、排－、並－、分－、順－、前－、戰－、整－、直－、陳－、參－、齒－、行－、後－。

五 畫

【刘】(류)『劉』(刀部 13畫)의 略字

【刉】(구) 尤 コウ、かま sickle
小篆
낫구(鎌也)。

【刜】(불) 物 フツ、けずりきる strike
小篆
❶칠불(擊也)。❷깎을불(斫也)。❸끊을불(斷也)。『白居

易〕君勿誇我鍾可ㅣ。

【初】(초) 魚 ショ、はじめ beginning;first ㄔㄨ chū

小篆 草書 ❶처음초, 비롯할초(始也)。〔史記孔子世家〕不忘其ㅣ。❷근본초(本原)。〔莊子〕無以反性情而復其ㅣ。❸이전초(以前)。〔十八史略 東漢〕孝明皇帝ㅣ名陽。❹옛초(故也)。〔禮記 檀弓〕夫魯有ㅣ。❺맨앞초(最前)。〔梁元帝纂要〕孟春曰上春ㅣ春。

【初刻:초각】한 시간의 맨 처음 시각。

【初刊:초간】=原刊。

【初揀擇:초간택】첫번으로 임금 또는 그 아들이나 딸의 배우자를 고름。

【初見:초견】맨 처음으로 봄。

【初見本:초견본】처음으로 만든 본보기。

【初更:초경】지금의 하오 八시。戌時로서 一夜를 五更으로 나눈 최초 시각。初夜。甲夜。〔范成大〕春前五日ㅣㅣ後。

【初耕:초경】논밭을 애벌로 갈음。

【初校:초교】인쇄물의 맨 첫 번의 교정。

【初級:초급】맨 처음의 등급。
최초의 조사。初準。

【初期:초기】맨 처음으로 비롯되는 시기。또는 그 동안。↔末期。

【初期日:초기일】맨 첫 번 기일。

【初年:초년】❶中年 이전의 시대。❷=初期。

【初念:초념】맨 처음으로 먹은 마음。

【初段:초단】❶첫 번 째의 계단。❷당수·유도·검도·바둑 따위에 있어서의 첫째의 단。

【初代:초대】어떠한 계통의 첫 머리。또는 歷代의 처음。

【初對:초대】❶일에 처음으로 부닥쳐서 투름을 가리키는 말。❷初對面의 略語。

【初對面:초대면】처음으로 만나 봄。

【初度:초도】❶첫 번。태어난 때。❷生日。誕生日。❸환갑날의 옛스러운 일컬음。初度日。

【初度巡視:초도순시】한 기관의 책임자나 감독관 따위가 부임하여 처음으로 그의 관할하는 곳을 시찰하는 일。

【初度日:초도일】환갑일의 옛스러운 일컬음。=初度。

【初冬:초동】초겨울。陰曆 十월의 異稱。孟冬。

【初冬三:초동삼】첫 겨울。

【初頭:초두】❶애초。❷일의 첫머리。

【初等:초등】맨 처음의 등급。

【初等教育:초등교육】가장 정도가 낮은 단계의 교육。↔高等教育。

【初涼:초량】처음으로 찾아온 서늘한 날씨。초가을。早涼。新涼。〔劉鑠〕秋風發ㅣㅣ。

【初鍊:초련】❶재목을 처음으로 대강 다듬는 것。❷무슨 일을 초벌로 대강만 매만짐。

【初面:초면】처음으로 대하여 봄。또는 보는 일。

【初面江山:초면강산】처음으로 보는 타향。

【初面親舊:초면친구】처음으로 사귄 벗。

【初舞臺:초무대】처음으로 무대에 나가서 演技함。데뷔(debut)。

【初無是理:초무시리】처음부터 이치에 맞지 아니함。

【初發聲:초발성】첫소리。

【初褙:초배】도배할 때에 허름한 종이로 먼저 바르는 도배。초벌로 하는 도배。

【初犯:초범】맨 처음으로 저지른 범죄。또는 그 사람。

【初壁:초벽】애벌로 흙을 바른 합벽의 벽。

【初步:초보】걷기 시작한 첫걸음。《轉》사물의 시초。入門。

【初伏:초복】三伏의 하나。夏至가 지난 뒤의 세째 庚日。

【初本:초본】=草件。

【初分:초분】인생의 초년。또는 그 운수。

【初氷:초빙】그 겨울에 처음 언 얼음。

【初仕:초사】처음으로 벼슬을 함。初入仕。

【初產:초산】첫 아이를 낳음。

【初產婦:초산부】첫 아이를 낳은 여자。

【初三日:초삼일】초사흘날。

【初喪:초상】사람이 죽음。사람이 죽어서 장사지내는 날까지의 동안。

【初喪契:초상계】계원의 집에서 초상이 날 때 금품·곡식 따위를 거두어 주는 계。喪布契。

【初生:초생】❶음력으로 그 달의 처음의 며칠。❷처음 생겨 남。

【初生兒:초생아】배꼽이 아직 안 떨어진 시기에 있는 젖먹이。

【初雪:초설】그 겨울에 처음으로 내리는 눈。

【初聲:초성】첫 소리。

【初手:초수】첫 솜씨。

【初旬:초순】月初의 十일 간。上旬。上澣。

【初巡:초순】❶첫 번째 순시·순찰。初度巡視。❷활 쏘는 데 첫 번째 순。

【初試:초시】《制》科擧의 맨 처음 시험。覆試에 응할 사람을 시험하는 科擧。

【初心:초심】❶최초로 생각한 마음。初志。〔吳融〕麋鹿愧ㅣㅣ。❷社會에 익숙하지 못한 것。❸경험이 없음。미숙。

【初審:초심】《法》소송에서 제一차로 받는 심판。第一審。

【初心者:초심자】❶처음 배우는 사람。❷어떤 일에 익숙하지 않은 사람。

【初也:초야】애초。

【初夜:초야】❶=初更。❷結婚 첫날 밤。

【初陽:초양】아침 해。朝陽。旭日。〔溫庭筠〕ㅣㅣ至古寺、宿鳥起寒林。

【初葉:초엽】맨 처음의 시대。↔末葉。

【初虞:초우】장사를 지내고 돌아와서 지내는 제사。

【初元:초원】❶元年。❷임금의 첫 登極。

【初願:초원】맨 처음의 소원。최초의 희망。〔溫庭筠〕榮非始圖、事過ㅣㅣ。

【初月:초월】❶초생달。新月。彎月。❷正月의 異稱。

【初有:초유】처음으로 있음。

【初乳:초유】《生》해산을 전후하여 산모의 乳腺에서 분비되는 물과 같은 말간 액체。

【初日:초일】❶첫날。❷처음 떠 오르는 해。

【初任:초임】처음으로 어떠한 자리에 임명되거나 취임함。

【初入:초입】❶처음 들어서는 골목·문 등의 어귀。❷처음으로 들어감。

【初入京:초입경】시골 사람이 처음으로 서울에 발을 들임。

【初入仕:초입사】=切仕。

【初章:초장】❶음악·가곡의 첫째 장。❷삼장으로 되어 있는 시조에 있어서의 첫째 장。*中章·終章。

【初場:초장】❶장사를 시작한 처음의 동안。❷일의 첫머리 판。❸첫날의 시험장。

【初政:초정】임금이 처음으로 政務를 봄。

【初終凡節:초종범절】初喪에 관한 일체의 절차。

【初終葬事:초종장사】초상이 난 때부터 卒哭까지를 일컬음。

【初準:초준】=初校。

【初中終:초중종】❶時調의 三章。初章·中章·終章。❷옛날 서당에서 아이들이 시귀를 암기하여 글 익히는 방법의 하나。초장은 정한 글자가 첫 자이고、중장은 五言이면 세째 자、七言이면 네째 자이고、종장은 끝 자가 됨。❸初聲과 中聲과 終聲의 總稱。

【初志:초지】최초로 세운 생각。최초부터의 희망。初心。初一念。素志。〔曹植〕修吾往業、守吾ㅣㅣ。

【初職:초직】 初仕로 한 첫 벼슬.
【初出:초출】 처음으로 나옴.
【初出仕:초출사】 ❶임관한 뒤에 처음 출사함. ❷일을 처음 시작함.
【初娶:초취】 첫 번 장가로 맞아들인 아내. 初室.
【初吹:초취】 행군 때 첫번에 불던 나팔.
【初擇:초택】 (制)지방 科擧에 응시할 선비를 먼저 소관 監營에서 시험보던 일.
【初八日:초파일】 (佛)四월 초파일.
【初版:초판】 ❶첫 版. ❷書籍의 第一版.
【初瘧:초학】 (醫)❶첫 번 걸린 학질. ❷하루거리.
【初學:초학】 ❶처음 배움. ❷익숙하지 못한 학문. 『大學章句』——入德之門也.
【初學者:초학자】 ❶처음으로 배우는 사람. ❷학문이 얕은 사람.
【初寒:초한】 첫 추위. 『孟郊』孟冬——節氣成.
【初項:초항】 첫 項目.
【初行:초행】 처음으로 감. 또 그 길.
【初獻:초헌】 祭典 또는 賓客을 접대하는 예식에서 첫 번째의 술을 바치는 것. 첫 번을 初獻, 둘째 번을 亞獻, 세째 번을 終獻이라 함.
【初弦:초현】 음력 上旬 七·八일 경에 「뜨는 달. 上弦.
【初婚:초혼】 ❶처음으로 하는 결혼. ↔再婚. ❷開婚. ↔畢婚.
【初昏:초혼】 땅거미가 질 무렵.
【初回:초회】 첫 번.
【初虧:초휴】 日蝕이나 月蝕 때에 해와 달이 이지러지기 시작하는 일.
◎國—、當—、歲—、始—、年—、週—、最—、太—.

【刪】(산) 圖 サン、けずる shave ㄕㄢ shan¹
小篆 草書 ❶깎을산(削除). 〔孔安國古文尚書序〕—詩爲三百篇. ❷재할산(除也). 〔漢書 律歷志〕—其僞辭、取正義著於篇. ❸정할산(定也). (『删』으로도 씀)
【刪改:산개】 글귀를 지우고 고쳐 바로잡음. 『晉書』——舊文、撰定晉禮.
【刪蔓:산만】 여러 가지 인사는 빼고 바로 할 말로 들어가겠다는 뜻으로 편지 첫머리에 쓰는 말. 除煩.
【刪補:산보】 깎아내고 보충함. 『宋史』損益——、皆曲盡其當.
【刪削:산삭】 쓸데 없는 文字나 語句를 삭제함. 刪省. 刪去. 刪除.
【刪修:산수】 글의 字句를 깎은 것을 또 깎고 하여 잘 정리함. 刪定.
【刪潤:산윤】 문장이나 어귀를 간추려 修飾함. 刪改潤色. 『宋史』樂章累朝多——.
【刪翦:산전】 깎아 베어냄. 『劉寬夫』——成功, 繁蕪立盡.
【刪定:산정】 쓸데 없는 字句나 문장을 삭제하고 정리하여 일정하게 고침. 刪修. 『漢書』若開後嗣、不若——律令.
【刪次:산차】 삭제하여 차례를 세움. 『宋史』——梁陳以後名臣述作.

【判】(판) 圖 ハン、わける、さばく split; judge ㄆㄢ p'an⁴
小篆 草書 ❶판단할판(斷也). 「裁—、身言書—.」 ❷쪼갤판(剖也). 〔左傳 莊公三年〕紀於是乎始—. ❸나눌판(分也). 〔薩都 刺詩〕—尊—袂闔閭城. ❹한쪽판(半也). 〔周禮〕媒氏掌萬民之—. ❺맡을판(任也). (『牉』과 통함)
【判僉事:판첨사】 判事와 僉事.
【判決:판결】 ❶是非曲直을 바르게 가려냄. ❷(法)법원에서 법규를 적용하여 소송 사건을 決定·終結시키는 判定.
【判決例:판결례】 (法)訴訟事件에 관한 판결의 實例. 判例.
【判決文:판결문】 (法)법원에서 판결을 내린 사실·이유·판결 주문을 기록한 문서.
【判決主文:판결주문】 (法)판결문 속에서 법원이 내린 판결의 결론, 처분을 표시한 부분.
【判歉:판겸】 반드시 흉년이 들것이라고 「판단하고 정함.
【判斷:판단】 是非와 善惡과 吉凶 등을 밝혀 정함. 생각해 정하는 일.
【判斷力:판단력】 판단하는 힘. 또는 그 「능력.
【判讀:판독】 판단하면서 읽음. 미리 생각하면서 읽음.
【判例:판례】 (法) 소송 사건을 판결한 先例. 判決例.
【判明:판명】 명확히 밝혀짐. 확실히 알「려짐.
【判無:판무】 도무지 없음. 확실히 없음.
【判無識:판무식】 ＝一字無識.
【判法:판법】 사물을 판단하는 방법.
【判別:판별】 나눔. 가려냄. 구별함.
【判別式:판별식】 판별하는 방식.
【判事:판사】 ❶(法)법원에서 범죄를 규명하여 審理裁判을 맡아보는 法官. ❷(制)㉠高麗 때 都僉議使司·門下府·都兵馬使·都評議使司·三司·中樞院·樞密院·密直司·尙書六部·御史臺·開城府·秘書省·典校寺·閤門 등의 長官. 品秩은 一品에서 三品까지. ㉡李朝 初期에 都評議使司·三司·司平府·中樞院·尙瑞司·閤門·奉常寺·中殿寺 등의 長官. 品秩은 一品에서 三品까지. ㉢李朝 때 敦寧府·義禁府·中樞府의 從一品의 벼슬. ㉣甲午更張 이후 敦寧院·高等裁判所·地方裁判所·平理院·特別法院·漢城裁判所의 勅任 또는 奏任 벼슬. ❸(佛)僧侶의 最高의 職.
【判書:판서】 ❶(制) 李朝 때 六曹의 우두머리인 正二品의 벼슬. ❷두 사람이 각각 가지고 있는 계약서. 『周禮·朝士』
【判然:판연】 아주 환하게 판명된 모양. 확실함. 명확함. 瞭然. 明瞭.
【判尹:판윤】 (制) 李朝 때 漢城府의 長官. 正二品 우두머리 벼슬.
【判義禁府事:판의금부사】 (制)義禁府의 從一品 으뜸 벼슬.
【判異:판이】 아주 다름.
【判正:판정】 옳고 그름을 바르게 가름. 판가름. 『後漢書』有爭訟輒求——.
【判定:판정】 잘 판단하여서 결정함.
【判定勝:판정승】 판정으로 이김. 권투·레슬링 따위의 경기에 있어서 규정된 시간 내에 勝負를 결정 짓지 못할 경우 反則의 유무·多寡·편취 수를 따라 결정된 승리.
【判下:판하】 (制)奏案을 임금이 允可하「는 것. 判付.
【判花:판화】 公文書, 判決文 뒤에 찍은 花押. 花押은 手決과 衙字.
【判渙:판환】 흩어짐.
◎公—、菊—、談—、名啣—、批—、審—、誤—、自—.

【別】(별) 圖 ベツ、わける classify ㄅㄧㄝ pieh²
小篆 草書 ❶다를별(異也). 〔嚴滄浪詩話〕詩有—趣、非關理也. ❷나눌별(分解). 〔十八史略 東漢〕不遇盤根錯節、無以—利器. ❸분별할별, 가를별(辨也). 〔淮南子〕宰庖之切割分—也. ❹이별할별(離—). 〔三國志 呂蒙傳〕士—三日、即當刮目相待. ❺문서별(書卷). ❻떠날별, 이별별(分手). ❼영결할별(訣也). 〔江淹—賦〕黯然消魂者惟—而已. ❽차이별(差異). 〔小學 明倫〕右明夫婦之—.
【別家:별가】 ❶딴 집. ❷적은 집.

【別開生面:별개생면】 ❶따로 새로운 분야를 개척함。 ❷技藝가 뛰어남。

【別居:별거】 가족이 집을 달리하고 서로 떨어져 살음。 『晉書』──一坊。

【別件:별건】 ❶보통 것보다 매우 다르게 된 물건。 ❷別事件。 ❸다른 件。

【別格:별격】 보통 것과 별다른 격식。 出格。 『陳書』因機立功、賞如──。

【別徑:별경】 달리 통한 길。 딴 길。 『陸游』橋斷僧尋──還。

【別故:별고】 ❶별다른 탈。 ❷뜻밖의 事故。

【別庫:별고】 물건을 특별히 넣어 두는 곳집。 특별할 때 쓰는 창고。

【別曲:별곡】 《國》中國 詩歌에 비해 韻이나 調가 없이 된 우리 나라의 독특한 시가의 일컬음。 關東別曲·星山別曲 따위。

【別棍:별곤】 썩 크게 만든 곤장。

【別科:별과】 本科 밖에 따로 설치한 科。

【別館:별관】 본관 밖에 따로 지은 집。 ↔本館。 『史記』離宮──彌山跨谷。

【別軍:별군】 本隊 이외의 별개의 군대。

【別宮:별궁】 임금·王世子의 嘉禮 때 嬪을 맞아 들이던 宮 이름。

【別記:별기】 따로 적음。 또는 그 기록。

【別納:별납】 정식 외에 따로 바침。

【別茶禮:별다례】 定例 이외의 茶禮。

【別堂:별당】 몸채와 따로 떨어져 지은 집。

【別途:별도】 ❶딴 방면。 ❷딴 用途。

【別動隊:별동대】 本隊로부터 따로 떨어져서 독립 행동을 하는 부대。

【別錄:별록】 ❶따로 만든 기록。 ❷《書》중국 漢의 학자 劉向이 편찬한、朝廷의 藏書目錄과 解題集 二〇권。 唐代에 없어지고 일부만 전함。

【別淚:별루】 이별의 눈물。 이별을 슬퍼하는 눈물。 離淚。 『杜甫』──遙添錦水波。

【別離:별리】 헤어져 떠나감。 離別。 『杜甫』不敢要佳句、愁來賦──。

【別名:별명】 本名 밖에 그 사람의 생김새나 버릇 따위로 지어 부르는 딴 이름。

【別紋席:별문석】 《國》별다르게 꽃무늬를 놓은 돗자리。

【別問題:별문제】 딴 문제。 다른 문제。

【別物:별물】 ❶특별히 생긴 물건。 ❷별사람의 卑稱。

【別味:별미】 ❶특별한 맛。 ❷특별히 만든 음식。

【別飯:별반】 콩·팥·좁쌀 따위를 넣어 별다르게 지은 밥。 별밥。

【別般:별반】 별다른 차림。 別段。

【別般擧措:별반거조】 특별히 다르게 차리는 노릇。 특별한 행동。

【別房:별방】 작은 집。 別室。 『世說』不令公有──。

【別杯:별배】 이별할 때 나누는 술잔。

【別陪:별배】 《國》벼슬아치 집의 하인。

【別配達郵便:별배달우편】 《法》보통 배달 시간 이외에 특별히 배달하는 우편。 (특별 요금을 냄)。

【別白:별백】 명백한 것。 辨別。

【別白紙:별백지】 품질이 썩 좋은 백지。

【別法:별법】 딴 방법。 다른 方法。

【別別:별별】 별다른 가지가지。

【別報:별보】 별다른 보도。 특별한 기별。

【別腹:별복】 庶子。 첩의 소생。 異腹。

【別本:별본】 ❶보통 것보다 달리 된 모양이나 본새。 異本。 ❷예비하여 둔 책。 副本。 ↔正本。

【別封:별봉】 ❶따로 봉한 편지。 ❷따로 싸서 봉함。

【別備:별비】 《國》❶특별한 준비。 ❷무당이 굿을 할 때 목돈 외에 따로 주는 돈。

【別辭:별사】 ❶이별의 인사。 ❷그 밖의 말。

【別使:별사】 ❶특별한 使臣。 ❷다른사자。

【別使配達:별사배달】 특별히 직접 사람을 시켜서 하는 배달。

【別狀:별상】 모양을 달리 함。 보통과 다른 상태。

【別席:별석】 따로 정한 자리。

【別扇:별선】 예사 것보다 달리 잘 만든 부채。

【別設:별설】 특별히 베풀음。 特設。

【別星媽媽:별성마마】 《國》戶口別星의 尊稱。 痘神의 俗稱。

【別星行次:별성행차】 《制》임금의 명령을 받들고 외국으로 가는 사신의 행차。

【別歲:별세】 ❶음력 섣달 그믐날 밤에 등불을 집안 구석구석에 밝히고 온 밤을 새우는 풍습。 守歲。 ❷歲末의 酒宴。 分歲。 忘年會。 『蘇軾』酒食相邀爲──。

【別世:별세】 이 세상을 떠남。 죽음。

【別世界:별세계】 아주 좋은 분위기。 지구 밖의 세계。 別天地。

【別試:별시】 《制》나라에 경사가 있을 때나、또는 丙年마다 실시하던 文·武科의 科擧。

【別時:별시】 서로 헤어질 때。

【別食:별식】 별다르게 만든 좋은 음식。

【別室:별실】 ❶따로 있는 방。 他室。 『五代史』父母有疾、置之──。 ❷첩。

【別顔:별안】 헤어질 때의 슬픈 얼굴 모양。 『孟郊』酒花薰──。

【別業:별업】 ❶別莊。 別邸。 業은 莊과 같으며 田園의 뜻。 『南史』修營──。 ❷별도의 직업。 다른 사업。

【別宴:별연】 이별할 때 베푸는 술 잔치。 別筵。

【別煙竹:별연죽】 특히 잘 만든 담뱃대。

【別院:별원】 《佛》❶절에 딸린 다른 구역의 건물。 ❷寺院의 出張所。 ❸七堂伽藍이외에 중이 起居하는 건물。

【別諭:별유】 《制》특별한 諭告나 諭旨。 (諭告는 법령을 공포하는 일)。

【別有天地:별유천지】 딴 세상。

【別意:별의】 ❶헤어질 때의 슬퍼하는 마음。 ❷딴 마음。 다른 意思。 他意。

【別入侍:별입시】 신하가 임금에게 사사로운 용무로 뵙는 일。

【別者:별자】 별스럽게 생긴 물건이나 사람。

【別字:별자】 ❶별개의 文字。 ❷잘못하여 다른 文字로 轉用된 文字。 (僞字 또는 白字라고도 함)。 ❸文字의 모양을 분석함。 析字。 『後漢書』凡──之體、皆從上起。 ❹달리 부르는 이름。 別名。

【別章:별장】 이별의 정을 나타낸 詩文。

【別莊:별장】 =別邸。 別業①

【別將:별장】 《制》❶龍虎營의 從二品의 主將。 ❷龍虎營 이외 各營의 正三品의 벼슬。 ❸別軍의 將校。 『漢書』項梁盡召──。 ❹山城·渡·浦堡·小島 등의 수비를 맡던 군직。

【別才:별재】 다른 재주。 또는 그 사람。 『嚴滄浪詩話』詩有──、非關書也。

【別邸:별저】 本家 이외의 다른 집。 別宅。 別莊。

【別楮:별저】 딴 종이。 別紙。 『方岳』──臚陳。

【別奠:별전】 임시 지내는 조상의 제사。

【別殿:별전】 本宮 외에 따로 지은 宮殿。 『顔延之』離宮設衛、──周徼。

【別第:별제】 =別邸。

【別製:별제】 별다르게 만들음。 또 그 둘전。 特製。

【別早食:별조식】 《國》보통 때 보다 일찍 먹는 아침 밥。

【別種:별종】 별다른 종류。 『唐書』。

【別坐:별좌】 ❶편히 앉음。 ❷딴 좌석。 따로 앉음。 ❸《制》李朝 때 正·從五品에 속한 벼슬。 校書館·尙衣院·軍器寺·禮賓寺·修禁火司·典設司·內需司·典艦司·典涓司·氷庫 등에 두었음。

【別酒:별주】 ❶이별의 술。 ❷유별난 방법으로 빚은 술。

【別紙:별지】 서류나 편지 따위에서 따로 적어 덧붙이는 종이 쪽。

【別進上:별진상】 《國》定例 외에 따로 올리는 진상。

【別差:별차】 ❶事物을 차별하는 것。 ❷《制》東萊와 草梁의 市場에 보내던 日本

말 통역。

【別饌:별찬】 유별나게 잘 만든 반찬。

【別冊:별책】 따로 된 책。 다른 책。

【別天地:별천지】 =別世界。

【別體:별체】 ❶體를 달리함。또는 그 체。 ❷漢字의 正字 이외의 俗字·古字·略字 등의 總稱。 ❸다른 품격。 별개의 품격。

【別趣:별취】 별다른 취미。 특수한 취미。 마음 가는 것이 다름。

【別置:별치】 특별한 곳을 가리어서 따로 둠。 따로 둠。

【別致:별치】 (中)별다른 모양。 신기한 것。

【別針:별침】 (中)핀(Pin)。

【別稱:별칭】 달리 일컫는 이름。

【別擇:별택】 특별히 가려냄。

【別表:별표】 따로 붙인 도표·또는 표시。

【別品:별품】 별다른 품질。

【別恨:별한】 이별할 때의 애석한 마음。 離恨。 『白居易』得意減ㅡㅡ。

【別項:별항】 딴 條項이나 事項。

【別行:별행】 따로 잡은 글 줄。

【別號:별호】 ❶본 이름 이외에 따로 지어 부르는 이름。 號 또는 別字라고도 함。 別號를 使用한 것은 戰國時代부터였음。 ❷別名처럼 지은 호。

【別魂:별혼】 ❶헤어질 때의 슬픈 마음。 ❷肉身을 떠난 魂。 離魂。

◎告ㅡ、區ㅡ、辨ㅡ、分ㅡ、死ㅡ、生ㅡ、性ㅡ、識ㅡ、有ㅡ、類ㅡ、留ㅡ、離ㅡ、一ㅡ、作ㅡ、種ㅡ、差ㅡ、特ㅡ、派ㅡ、判ㅡ。

【别】 (별) 『別』(前條)의 俗字

【刦】 (겁) 葉 キョウ、コウ、おびやかす cowardice ㄐㄧㄝ chieh² ❶겁탈할겁(强取)。 ❷구속할겁(禁持貌)。 『荀子 修身』ㅡ之以師友。 (『刧』과 통함)

刦 書草

【刧】 (겁) 『刦』(前條)의 俗字

【刨】 (포) 肴 ホウ、けずる cut; slice 깎을포(削也)。

【刨夫:포부】 清代에 滿洲에서 野生人參을 採取하던 人夫。

【㓠】 (점) 鹽 テン、はものがかける (of knife) dull 칼 이빠질점(刀缺)。 (『玷』과 통함)

小篆

【利】 (리) 寘 リ、とし、もうけ benefit ㄌㄧˋ li⁴ ❶날카로울리、날랠리(銛也)。 『孟子 公孫丑下』兵革非不堅ㅡ也。 ❷길할리、이로울리、좋을리(吉也)。 『易經 賁卦』ㅡ有攸往。 ❸탐할리(貪也)。 『禮』先財而後禮則民ㅡ。 ❹편리할리(便好)。 『漢書 高帝紀』與ㅡ田宅。 ❺이자리、변리리(子金)。

小篆 古文 古文 書草

【利劍:이검】 날카로운 긴 칼。 銳利한 긴 칼。 『公羊傳』子之劍、蓋ㅡㅡ也。

【利交:이교】 이익을 위하여 사귐。

【利巧:이교】 ❶간교함。 잔 꾀가 많음。 『嵇康』ㅡㅡ愈競。 ❷재주가 비상함。 ❸私利를 얻는 데 비상함。

【利口:이구】 말을 교묘하게 잘함。 利舌。 『論語』惡ㅡㅡ覆邦家者。

【利權:이권】 ❶이익을 얻는 권리。 ❷이익과 실권。

【利金:이금】 ❶이익으로 남은 돈。 ❷이식의 금전。 『戰國策』堅箭ㅡㅡ。

【利器:이기】 ❶아주 날카로운 연장。 예리한 무기。 『書經·傳』鐵得礪以成ㅡㅡ。 ❷나라를 다스리는 권력。 또는 군대의 힘。 ❸이용 가치가 있는 훌륭한 기구。 편리한 기계。 ❹재주가 비상하여 쓸모 있는 인물。 비상한 재능。 『韓愈』懷抱ㅡㅡ。

【利己:이기】 자기 이익만 차림。

【利己心:이기심】 자기의 이익만을 생각하는 마음。

【利己的:이기적】 자기의 利欲만을 追求하는 것。

【利己主義:이기주의】 (哲)자기 한 사람의 이익과 행복을 얻는 것을 최대의 목적으로 하는 說。 自愛主義。

【利尿劑:이뇨제】 (醫) 오줌을 잘 나오게 하는 약。

【利達:이달】 立身出世。 榮達。 『孟子』求富貴ㅡㅡ者。

【利刀:이도】 날카로운 칼。 『孔叢子』秦王得西戎ㅡㅡ、割玉如割木。

【利導:이도】 유리하게 인도함。 자기에게 좋도록 이끌음。 『史記』善戰者因其勢而ㅡㅡ之。

【利竇:이두】 이익의 근원。

【利鈍:이둔】 ❶날카로움과 무딤。 두뇌의 명석함과 우둔함。 ❷운수의 좋음과 나쁨。 『諸葛亮·後出師表』至於成敗ㅡㅡ非臣之明。

【利得:이득】 이익을 얻음。 『易經』君子萬年、動有ㅡㅡ。

【利落價格:이락가격】 (經)이자가 지불된 후의 채권으로 가치가 낮아진 때의 가격。

【利文:이문】 이가 남은 돈。 利錢。

【利兵:이병】 날카로운 날 연장。 예리한 무기。 『孟子』堅甲ㅡㅡ。

【利病:이병】 ❶이익과 손해。 得失。 損益。 利害。 『曹植』好詆訶文章、掎摭ㅡㅡ。 ❷長點과 缺點。

【利不利間:이불리간】 이가 되든지 해가 되든지 간에。

【利上加利:이상가리】 이자에 이자를 더함。

【利上生利:이상생리】 영업상 利益이 생김。

【利析秋毫:이석추호】 사소한 이해까지 밝힘。 (轉)인색함을 일컫는 말。

【利涉:이섭】 건너는 데 편리함。 (轉)航海。 『易·儒』ㅡㅡ大川。

【利藪:이수】 이익이 많은 곳。

【利水:이수】 물의 流通이 잘 되게 함。 물을 잘 통하게 함。

【利市:이시】 물품을 팔아서 이익을 얻음。 利得。

【利殖:이식】 재물이 더 늘어감。

【利息:이식】 =利子。 길미。

【利眼:이안】 날카로운 눈。 (喩)해의 別稱。 『陰機』ㅡㅡ臨雲。

【利用:이용】 ❶이롭게 씀。 『書經』正德ㅡㅡ厚生。 ❷方便을 씀。

【利用厚生:이용후생】 사회의 편의와 생활의 이익을 꾀함。

【利潤:이윤】 (經)❶장사하여 남은 돈。 利益。 ❷한 기업체의 총 수익으로부터 일체의 생산비를 공제한 나머지의 所得。

【利潤率:이윤율】 (經)이윤의 投下資本 총액에 대한 비율。 이득의 配當。

【利率:이율】 (經)元金에 대한 利息의 비율。

【利益:이익】 ❶벌음。 利得。 ❷유익한 것。 『白居易』將期ㅡㅡ、必在闡揚。 ❸(佛)神佛의 혜택。 남을 돕는 것。 冥利。

【利益金:이익금】 이익을 본 돈。 개인이나 기업체가 원금 이상으로 번 돈。

【利益配當:이익배당】 會社에서 期末決算의 純利益 가운데서 株主에게 株數에 의하여 할당하는 일。

【利子:이자】 ❶길미。 ❷(經)貸金 또는 저금의 보수로 지불되는 원금의 몇 분에 해당하는 금액。 利息。

【利子條:이자조】 이자의 名目。

【利敵:이적】 敵을 이롭게 함。

【利敵行爲:이적행위】 敵을 이롭게 하는 행동。

【利點:이점】 이로운 점。 이익이 되는 점。 ↔害點。

【利之所在:이지소재】 이로움이 있는 곳。 『韓非子』。

【利之利:이지이】 이자에서 생기는 이자。

【利觜:이취】 날카로운 주둥이。《喩》강제로 빼앗아감이 그치지 않음。『張衡·東京賦』秦政ーー長距。

【利他:이타】《佛》자기가 희생되어 남을 이롭게 함。남에게 이익을 줌。『無量壽經』自利ーー力圓滿。

【利他主義:이타주의】 남을 이롭게 도우려는 주의。愛他主義。↔利己主義。

【利害:이해】 ❶이익과 손해。『易經』情僞相感、而ーー生。❷得失。「치는 관계。

【利害關係:이해관계】 서로 이해가 미치는 관계。

【利害得失:이해득실】 이익과 손해와 얻음과 잃음。

【利害不計:이해불계】 이해를 돌아 보지 아니함。

【利害相半:이해상반】 이로움과 해로움이 반반으로 맞섬。

【利害說:이해설】 利害關係의 관심을 社會現象의 原動力이라고 주장하는 社會學說。

◎公ー、功ー、國ー、權ー、單ー、名ー、謀ー、薄ー、邊ー、複ー、福ー、不ー、私ー、射ー、舍ー、奢ー、商ー、水ー、勝ー、榮ー、營ー、銳ー、有ー、財ー、地ー、抽ー、便ー。

六畫

【刮】 (괄) 黠 カツ、けずる ㄍㄨㄚ kua¹ scratch

❶깎을괄(削也)。『韓非子 五蠹』茅茨不翦、采椽不ー。❷쪼갤괄(剔也)。❸긁을괄(磨也)。『十八史略 東漢』士別三日、即當ー目相待。

【刮垢磨光:괄구마광】 때를 벗기고 닦아 광채를 낸다는 뜻。《轉》사람의 결점을 고치고 장점을 발휘하게 함。

【刮摩:괄마】 ❶물건을 갈고 닦아서 윤을 냄。刮磨。『周禮』。❷학문을 닦음。

『元史·吳師道傳』。

【刮目:괄목】 그 전보다 썩 잘된 것을 만나、눈을 비비고 다시 봄。『吳志』士別三日、即當ーー相待。

【刮目相待:괄목상대】 눈을 비비고 다시 봄。《轉》남의 학식이 부쩍 는 것에 놀라는 데 쓰는 말。「無完根。

【刮刷:괄쇄】 갈고 닦음。『蘇舜欽』ーー

【到】 (도) 號 トウ、いたる ㄉㄠˋ tao⁴ reach

❶이를도(至也)。『朱子語類』精神一ー、何事不成。❷주밀할도(周密)。「如言懇ー周ー」。

【到達:도달】 정한 곳에 다다름。

【到頭:도두】 到底①。『羅隱』浮世ーー須適性、男兒何必成功。

【到來:도래】 이르러서 옴。닥쳐 옴。『岑參』ーー逢歲酒。

【到門:도문】 ❶문에 다다름。❷《制》科擧及第하여 紅牌를 받아 가지고 집으로 돌아옴。

【到泊:도박】 배가 와 닿음。

【到配:도배】 《制》귀양 가는 죄인이 配所에 도착하는 것。

【到付:도부】 ❶公文 따위가 와 닿음。❷이리 저리 돌아다니며 물건을 팖음。

【到山:도산】 行喪이 산소에 다다름。

【到手:도수】 ❶자기 손으로 들어옴。❷기회가 옴。

【到任:도임】 任地에 到着함。地方 官士가 任所에 취임함。착임함。

【到底:도저】 ❶드디어。畢竟。結局。『張詠』新編ーー將何用、舊好如今更有誰。❷끝까지。徹底。『吳澄』心如淸水ーー潔。

【到著:도착】 목적지에 다다름。

【到著順:도착순】 도착한 차례。

【到處:도처】 가는 곳마다。여러 곳。

【到處狼狽:도처낭패】 ❶하는 일마다 모두 실패함。❷가는 곳마다 봉변함。

【到睫拳毛症:도첩권모증】 《醫》속눈썹이 안 쪽으로 향하여 나는 병。

◎來ー、周ー。

【刱】 ㊀(창) 漾 ㊁(창) 陽 ソウ、はじめる ㄔㄨㄤˋ ch'uang⁴ begin

㊀❶처음창(初也)。❷비롯할창(始也)。❸창기할창(ー業造法)。『孟子』ー業垂統。㊁상할창、다칠창(傷也)。(『創』과 통함)

【刱意:창의】 처음 떠오른 생각。創意。

【刱造:창조】 처음으로 일으킴。세움。刱은 創。創建。創造。『魏志·武帝紀·注』是以ーー大業。

【刲】 (규) 霽 齊 ケイ、さく ㄎㄨㄟ k'uei¹ pierce

❶찌를규(刺也)。『易經』士ー羊無血。❷베일규(割也)。『禮記』炮取豚牂ー之。

【刲宰:규재】 음식을 만들음。『唐書·李令問傳』厚奉養侈飮食、躬視ーー。

【刲割:규할】 소나 염소를 屠殺함。『北史』市取小牢、不得ーー。

【刑】 (형)『刑』(刀部 4畫)의 本字

【刟】 (부) 有 フ、つか hilt

❶칼자루부(刀握)。❷활줌통부(弓中央)。

【刳】 (고) 虞 コ、えぐる ㄎㄨ k'u¹ split

❶빼갤고。❷쪼갤고(剖破)。『戰國策 秦』ー腹折頤。❸속팔고(空物腸也)。『易經 繫辭』ー木爲舟。

【刳剝:고박】 짐승을 잡아서 살을 발겨냄。『漢書』。

【刳腹:고복】 배를 가름。割腹。

【刳磔:고책】 身體를 베어 찢음。『宋史·龐籍傳』軍中有犯、或斷斬ーー。

【刳剔:고척】 잘라 쪼갬。쪼갬。『書·泰誓』焚炙忠良、ーー孕婦。「김。

【刳割:고할】 소·양 따위를 잡아서 벗

【刴】 (타) 箇 タ、きる cut

❶찍을타(斫也)。❷꺾을타(折也)。

【刴下:타하】 찍어내림。『福惠全書·刑名部』自將刀ーー手指、其皮頭皆齊。

【刵】 (이) 寘 ジ、みみきる ㄦˋ êrh⁴ cut ear

귀베일이(斷耳)。『書經 康誥蔡傳』劓ー刑之小者。

【刵刑:이형】 《制》귀를 자르는 刑。『書經·呂刑』。

【制】 (제) 霽 セイ、さだめる ㄓˋ chih⁴ enactment

❶마를제(裁也)。『淮南子 主術訓』猶巧工之ー木也。❷지을제(造也)。❸절제할제(節也)。『孝經 諸侯』ー節謹度。❹어거할제(御也)。❺단속할제(檢也)。『孟子 梁惠王上』ー梃。❻금할제(禁也)。「禁ー」。❼제서제(ー書王言)。『十八史略 秦』命爲ー。❽법도제(成法)。『中庸』非天子不議禮、不ー度。『禮記 王制』凡ー五刑。❾직분제(職分)。『荀子 王覇』敬節死ー。❿제마음 대로할제。『呂氏春秋 禁塞』以告ー兵者。⓫모양제(形也)。『史記 禮書』乃採風俗、定ー作。

【制可:제가】 임금의 許可。 制는 임금의 詔勅。
【制空權:제공권】 공군에 의하여 공중을 지배하는 권력。 주로 영토·국가의 權益을 보호하는 공중 制覇權。
【制規:제규】 제정하여 놓은 규칙。
【制禁:제금】 =制止。 禁制。
【制度:제도】 ❶국가의 법률과 명령으로 만든 법칙。 ❷사회 생활을 하는 데 필요한 법칙。『易經』節以一一。
【制毒:제독】 미리 해독을 막음。 독이 안 들도록 미리 예방함。
【制令:제령】 法制에서 정해진 명령。
【制禮:제례】 예법을 제정함。
【制服:제복】 ❶어느 단체나 기관에서 일정하게 제정한 복장。 ❷服裝을 제정함。 ❸喪禮에 입는 상복。
【制酸劑:제산제】《醫》胃酸過多症의 酸液의 分泌를 막는 약。 「厄을 막음。
【制煞:제살】《民》살풀이를 하여 미리 災
【制勝:제승】 ❶《制》世子가 攝政할 때 軍務의 문서에 찍는 나무 도장。 ❷승리함。
【制壓:제압】 위력이나 위엄으로 남을 꽉 눌러서 통제함。
【制約:제약】 ❶어떤 사물의 성립에 반드시 있어야 할 조건이나 규정。 ❷어떤 현상의 타당·존재·발생·변화 따위에 없어서는 아니 되는 규정。 ❸일정한 조건에 한하는 것。
【制馭:제어】 =制御。『文同』一一費衛勒。
【制御:제어】 억눌러서 마음대로 함。 支配함。 左右함。 制馭。『史記』一一海內。
【制慾:제욕】 욕심을 억누름。
【制慾主義:제욕주의】 =禁慾主義。
【制作:제작】 ❶생각하여 만들음。 ❷制度文物 등을 말함。『史記』採風俗定一一。 ❸문예·미술의 작품을 創作함。
【制裁:제재】 ❶잘못한 것에 대하여 나무라거나 처벌함。 ❷《法》국가의 법을 위반한 사람에게 벌을 줌。
【制節:제절】 ❶알맞게 조절함。 적당한 정도를 지킴。 ❷비용을 절약함。
【制定:제정】 제도를 만들어 정함。『後漢書』肅宗欲一一禮樂。
【制止:제지】 말리어서 못하게 함。 制禁。
【制撰:제찬】 임금의 말씀이나 명령을 신하가 대신 지음。 代撰。
【制勅:제칙】 임금의 명령。 制詔。『唐書·百官志』猶因一一。
【制覇:제패】 ❶어떤 부류에서 오뜸가는 세력을 차지함。 ❷試合에서 우승함。
【制限:제한】 ❶일정한 한도。 ❷어느 한도를 넘지 못하게 함。
【制限選擧:제한선거】《法》일정액의 재산 또는 납세、나아가서는 교육、신앙까지도 선거원의 조건으로 하는 선거 제도。 ↕普通選擧。 「권력。 해상권。
【制海權:제해권】《法》해상을 지배하는
【制憲:제헌】 헌법의 제정。
◎舊一、軍一、禁一、法一、壓一、抑一、遺一、踰一、衣一、擬一、自一、田一、專一、節一、統一、編一、學一。

【刷】(쇄) 黠 サツ、する scratch ㄕㄨㄚ shua (古音은 「살」)
小篆 草書 ❶긁을쇄(刮也)。 ❷고칠쇄(改也)。 ❸빗을쇄、쓰다듬을쇄、솔질할쇄(理馬毛)。『顏延賦』旦一幽燕晝秣荆越。 ❹파볼쇄、궁구할쇄(尋究)。 ❺인쇄할쇄(印刷)。 ❻문지를쇄(拭也)。『漢書 武帝紀』欲一恥改行。
【刷掃:쇄소】 쓸고 털음。 소제하여 깨끗이 함。
【刷新:쇄신】 묵은 것을 없애고 새롭게 함。 새로운 것으로 고침。 革新。
【刷子:쇄자】《中》모자나 옷을 터는 솔。
【刷剔:쇄척】 긁어 깎음。 긁어 팜。『五代史』以火一一皮膚。
【刷恥:쇄치】 부끄러움을 제거함。 치욕을 씻음。
【刷行:쇄행】 판에 박아서 세상에 내어 놓음。 印刷發行。
【刷還:쇄환】 外國에서 유랑하는 동포를 본국으로 데리고 옴。
◎印一、縮一。

【券】(권) 願 ケン、てがた bill ㄑㄩㄢ ch'üan
小篆 草書 ❶문서권(錄也)。『史記』馮驩收責於薛旣還曰臣合一焚之市義而反。 ❷엄쪽권(契也)。「如今之合同成約各藏一半爲憑信者」。『史記』蘇秦謂田軫曰公常執左一。 ❸계약서권(契約書)。『史記 孟嘗君傳』合一焚之。
【券契:권계】 약속어음。 契券。 「莽」。
【券臺:권대】 墓前의 祭臺。『淸異錄·喪葬』。
【券面額:권면액】 권면에 기록한 금액。
【券書:권서】 약속한 證書。 券符。『史記』貧窮者、悉燔一一以捐之。
◎馬一、食一、旅行一、優待一、有價證一、銀行一、入場一、株一、證一、債一、招待一、割引一。

【刹】(찰) 黠 サツ、セツ、てら ㄔㄚ ch'a
小篆 草書 ❶절찰(僧寺)。 ❷탑찰(佛塔)。『頭陀寺碑』列一相望。 「梵語 Ksetra 의 音譯」。
【刹竿:찰간】《佛》큰 절 앞에 세우는 깃대와 비슷한 물건。 예전에 도덕이 높은 중을 十方 사람에게 알리기 위하여 세웠는데、나무나 쇠로 만들었음。 忠淸南道 鷄龍山의 甲寺 등지에 있음。 幢竿。
【刹那:찰나】《梵》Ksana 의 音譯。 叉拏(차나)라고도 譯함。 一念은 그 意譯。 지극히 짧은 시간의 일컬음。『俱舍論』時之極少者名一一。
【刹那主義:찰나주의】《哲》과거나 미래 때문에 염려할 것 없이 현재의 찰나에서 쾌락을 누리고자 하는 주의。
【刹帝利:찰제리】 =刹利①。『大唐西域記』一一、王種也。 「는 말。
【刹土:찰토】《佛》불교에서 國土를 이르
【刹海:찰해】《梵》水陸。 육지와 바다。(刹은 土田)。

【刺】 一(자) 寘 シ、セキ、さす pierce ㄘ tz'u 二(척) 陌 三(라)『國字』
小篆 草書 一 ❶찌를자(直傷)。『公羊傳』一之者何殺之也。 ❷베일자(剗除)。『儀禮』庶人則曰一草之臣。 ❸뽑을자、추릴자(采取)。『漢書』一六經中作王制。 ❹바늘자(針之)。 ❺가시자(棘芒)。 ❻명함자(姓名)。 「名一、通一」。 ❼신문할자(訊決)。『周禮 秋官』司一掌三一。 ❽기롱할자(譏也)。 二 ❶찌를척(刃之)。『孟子 梁惠王上』一人而殺之。 ❷자자할척(黥也)。 ❸정탐할척(偵伺)。『漢書燕王傳』陰一候朝廷事。 ❹잡아당길척(挈也)。『史記』陳平乃一船而去。 ❺소근거릴척(私語貌)。『韓愈 送殷員外序』語一一不能休。 ❻바느질할척(針縫)。『史記 貨殖傳』一繡文、不如倚市門。 三 수라라(御食曰水一)。
【刺客:①자객 ②척객】 ❶몰래 사람을 찔러 죽이는 사람。 暗殺者。『史記』梁

——後曹輩、果遮刺殺盎安陵郭門外。❷美玉의 이름。玫瑰(매괴)、곧 붉구슬。

【刺客奸人:자객간인】 마음씨가 몹시 毒氣가 있고 모진 사람。

【刺擧:자거】 정찰하여 그 善惡을 들추어 냄。惡을 꾸짖고 善을 기림。『漢書』稱意——、無所廻避。

【刺激:자격】 자극을 받아 몹시 흔들림。감동시킴。흥분시킴。힘을 북돋움。

【刺戟:자극】 ❶감각을 흥분시키는 일。❷《生》生物體에 어떤 영향을 주는 外界의 조건。❸《心》外的 조건의 변화가 감각 기관을 흥분시켜 그로 하여금 독특한 감각을 일으키게 하는 것。

【刺戟性:자극성】 《心》신경을 자극시키는 성질。자극하는 성질。

【刺戟運動:자극운동】 《植》外界의 자극에 감응하여 식물체에 일어나는 운동。

【刺戟的:자극적】 자극하는 성질이 있는 것。

【刺刀:자도】 찔러 죽이는 칼。『梁書』帶——。

【刺桐:자동】 《植》엄나무。

【刺史:자사】 《制》❶中國의 地方 관리。漢代에는 政務의 감찰관。隋·唐 時代에는 州知事。宋代 이후 폐지됨。『漢書』孝武帝始置——十三人。❷高麗 때 外官의 하나。成宗 一四년에 설치。

【刺舌:자설】 말을 삼감。《故》옛날 中國 北周의 賀若敦이 송곳으로 그의 아들 弼의 혀를 찔러 말을 삼가라고 懲戒한 故事。『北史·賀若弼傳』。

【刺繡:자수】 수를 놓음。또는 수 놓은 것。(刺는 바느질。繡는 뜨개질)。『史記』——文、不如倚市門。

【刺謁:자알】 명함을 건네고 面會함。

【刺怨:자원】 욕설하며 원망함。訾怨。

『中論』猶作詩——。 「麗鐵論의 篇名。

【刺議:자의】 ❶비방함。非議。謗議。❷

【刺字:자자】 ❶명함의 글씨。명함。名

刺。❷죄인의 얼굴과 팔뚝에 文身을 함。『元史·刑法志』赦前去所——。

【刺創:자창】 《醫》바늘·송곳·칼·창 따위의 날카로운 것에 찔린 상처。

【刺靑:자청】 살갗에 바늘로 찔러서 먹물 따위를 들인 글씨·그림·무늬 또는 그렇게 만든 몸。文身。刺文。刺字。

【刺促:자촉】 세상사에 쫓겨서 매우 바쁨。『晉書』——不得休。

【刺痛:자통】 찔린 듯이 따끔하게 아픔。

【刺楸:자추】 落葉喬木의 一種。

刺楸 (三才圖會)

【刺紅:자홍】 《植》薔薇의 異名。찔레 나무。刺花。

【刺殺:척살】 찔러서 죽임。

【刺刺:척척】 잔소리가 많은 모양。말이 많은 모양。『正字通』刺、——、多言貌。

【刺探:척탐】 형편을 살핌。狀況을 정탐함。刺候。偵察。

◎亂—、風—。

【刻】 (각) 職 コク、きざむ carve ㄎㄜˋ k'ei⁴

小篆 古文 草書

❶새길각(鏤也)。『春秋 莊公二十有四年』春王三月、—桓宮桷。❷몹시 각(痛也)。❸긁을각(割剝)。「彫—」。❹각색할각(慘覈)。❺해할각(害也)。『漢書 路溫舒傳』—木爲吏、期不對。❻돼지 발자취 각(豕跡)。❼줄을 붙일각。『書經』我舊云—子。『呂氏春秋 察今』—舟求劍。❽시각각(晷—漏箭)。

【刻桷:각각】 새겨 꾸민 서까래。서까래에 玉 등을 박음。임금의 廟堂의 장식。『抱朴子』采椽珍于——。

【刻苦:각고】 몹시 애씀。대단히 힘들임。『宋史』幼——爲學。

【刻骨:각골】 ❶은혜가 마음 속 깊이 새겨짐。❷寃恨이 마음 속 깊이 새겨 짐。

【刻骨難忘:각골난망】 남의 은혜를 마음 속 깊이 새겨 잊지 않음。

【刻工:각공】 각수장이。刻手。

【刻期:각기】 기한을 정함。刻限。

【刻涅:각날】 文身。살갗을 바늘로 찔러 물감으로 글씨·그림·무늬를 들임。刻은 이마에 새기는 것。涅은 검은 물을 드리는 것。

【刻刀:각도】 새김칼。

【刻勵:각려】 고생을 무릅쓰고 힘들여서 열심히 함。정성껏 함。刻英勉勵의 略語。『唐書』資治興邦之業、在——而謹修之。

【刻轢:각력】 ❶사람을 학대하여 害함。❷刑罰을 혹독하게 함。『漢書』——宗室、侵辱功臣。

【刻露淸秀:각로청수】 가을 경치가 맑고 수려한 모양。『歐陽修』風霜氷雪、——。

【刻漏:각루】 물시계(水時計)。漏刻。『周禮』挈壺氏掌——。

【刻鏤:각루】 파 새김。(나무에 새겨 넣는 것을 刻、金에 새겨넣는 것을 鏤라 함)。『禮記·少儀』器不——。

【刻銘:각명】 ❶金石에 새긴 銘。또는 銘을 새김。❷화살의 깃과 깃 사이에 활임자의 성명을 쓰거나 새김。

【刻木:각목】 나무를 깎거나 새김。

【刻剝:각박】 사람을 학대하여 해침。착취함。克剝。『唐書』由是益爲——。

【刻薄:각박】 ❶혹독하고 人情이 없음。잔인하고 박정함。冷酷。殘忍。『史記』商君天資——人也。❷창피를 줌。무례하게 취급함。『紅樓夢·三十五回』。

【刻薄成家:각박성가】 몰인정하도록 인색한 행위로 부자가 됨。

【刻本:각본】 版에 새겨 찍은 책。인쇄하여 출판한 책。刊本。版本。

【刻削:각삭】 事物을 깎아 새김。《轉》사람에 대해서 써 가혹한 처분을 함。『書經·傳』行——之政。

【刻石:각석】 글자·무늬 따위를 돌에 새김。

【刻手匠 각수장】 각수장이。

【刻儼:각엄】 家屋의 장식。(浮首·虎頭 따위)。『淮南子·本經訓』。

【刻役:각역】 조각하는 일。刻手의 일。

【刻煙草:각연초】 살담배。썬 담배。

【刻剡:각염】 파 새김。새겨 붙임。『晉書』高下迸生如——。

【刻意:각의】 마음을 졸임。마음을 괴롭힘。苦心。『莊子』——尙行、離世異俗。

【刻日:각일】 期日을 附定함。날짜를 새김。剖期。

【刻一刻:각일각】 시간이 지나감에 따라 더욱더욱。刻刻。

【刻字:각자】 글자를 새김。『神仙傳』觀其——、果齊之古器也。

【刻章琢句:각장탁구】 갈고 닦아 수식한 詩文의 章句。『王安石』——獻天子。

【刻舟求劍:각주구검】 배에서 물 속으로 칼을 떨어뜨리고는 뱃전에다 표를 해 놓고、칼이 떨어진 장소의 표증으로 생각하여 칼을 찾고자 함。배가 움직여 가고 있는 사실을 알지 못하였다는 뜻。《喩》너무나 몽매하여 세상 物情에 어두운 것。『呂氏春秋·察今』。

【刻斲:각착】 새기고 깎음。『李東陽』鐵筆爲余觀——。

【刻責:각책】 혹심하게 꾸짖음。『漢書』痛自——。

【刻峭:각초】 ❶형세가 험준한 모양。『王褒』宰相——。❷다스림이 가혹하고 야박한 모양。❸文筆이 깊고 절묘한 모양。

【刻板:각판】 ❶板刻에 쓰는 널조각。❷판각。

【刻版本:각판본】 판각을 하여 박는 인

【刻敝:각폐】잘라 찢음。［쇄물。
【刻下:각하】❶요사이。現在。日下。時下。卽刻。今日。❷시각을 다투는 이 때。
【刻限:각한】＝刻期。
【刻害:각해】침해함。害침。尅害。『魏志』－－之聲聞朝野。
【刻舷:각현】《喩》완고해서 시대 조류에 맞지 않음。『齊書』－－沙門、守株道士。
【刻花:각화】도자기에 파서 새긴 무늬。
【刻畫:각화】새겨 그림。
【刻畫無鹽:각화무염】《喩》얼굴이 못생긴 여자가 아무리 화장을 하여도 미인과 비교할 바가 못됨。즉 비교가 되지 않음의 뜻。無鹽은 中國 齊 나라의 地名이며 醜婦인 齊의 宣王의 妃 鍾離春의 出生地。『晉書。周顗傳』。
◎木－、傍－、倣－、三－、石－、夕－、時－、深－、嚴－、印－、正－、定－、彫－、雕－、遲－、寸－、板－。

七畫

【剃】(체) 霽 テイ、(かみを)そる tonsure ㄊㄧˋ tì
草書 털깎을체(剪髮)。(『鬀』와 같음)
【剃刀:체도】❶머리털을 깎는 데 쓰는 칼。❷면도날。『段成式』起就夕陽磨－－。
【剃度:체도】《佛》머리를 깎고 佛道에 들어감。剃髮得度의 略語。『舊唐書』妄爲－－、託號出家。
【剃頭:체두】머리털을 바싹 깎은 머리。
【剃髮:체발】❶머리를 깎음。❷《佛》出家함。세상을 버림。剃頭。削髮。

【剄】(경) 靑 ケイ、くびきる 徑 behead
小篆 草書 목자를경(刎也)。『史記 淮南王傳』令從者魏敬－之。
【剄馬:경마】말의 목을 벰。『論衡·非韓』太公之誅二子、宋人之－－也。
【剄死:경사】목을 잘라 죽음。刎死。『史記』乃自－－、吳王聞之大怒。
【剄殺:경살】목을 베어 죽임。『墨子』－其萬民。『史記』淮南王安自－－。

【則】㊀(즉) 職 ソク、のり、すなわち ㊁(측)〔俗音〕regulation ㊂(칙) ㄗㄜˊ tsê²
小篆 古文 古文 籀文 草書
㊀곧즉、어조사즉(助辭)。『論語』行有餘力－以學。㊁❶법칙칙(常法)。『周禮天官冢宰』以八－治都鄙。❷본받을칙(法可當效)。『書經說命』明哲實作－。❸법칙(天理)。『易經 乾卦』乃見天－。❹모범칙(模範)。『中庸』其－不遠。❺때칙(時也)。『孟子 告子上』求－得之、舍－失之。❻그후칙(其後)。『論語 學而』行有餘力、－以學之。❼혹은칙(或也)。『論語』過－勿憚改。❽조목칙(條目)。
【則度:칙도】法。法度。표준。『宋史』虞允文、言動有－－。
【則效:칙효】모범을 삼아 배움。則倣。『左傳』孟僖子可謂－－已矣。
◎戒－、校－、敎－、規－、罰－、法－、變－、四－、社－、原－、典－、定－、正－、準－、天－、鐵－、通－、學－、會－。

【剈】㊀(연) 先 エン、くぼみ ㊁(연) 霰 hollow
小篆 ㊀❶아로새길연(剜也)。❷꺾어가질연(挑取)。❸움푹 들어갈연(窪也)。㊁뜻은 ㊀과 같음。

【剉】(좌) 箇 ザ、きる break ㄘㄨㄛˋ ts'uo⁴
小篆 小篆 小篆 草書 ❶꺾어질좌(折傷)。❷토막칠좌、썰좌(斬截)。(『挫』와 같음)
【剉絲:좌사】토막을 낸 명주 실。『劉子新論』－－滿筐。
【剉子斧:좌자부】兵器의 이름。

斧子剉(會圖才三)

【剉折:좌절】❶꺾어짐。❷싸움에 패함。挫折。『後漢書』虜兵－－。

【削】(삭) 藥 サク、けずる shave ㄒㄧㄠ hsiao¹
小篆 草書 ❶깎을삭、저밀삭(刮也)。『禮記 王制』君－以地。❷지근댈삭(小侵)。『書經 君陳』無倚法以－。❸약할삭(弱也)。『孟子 告子下』魯之－滋甚。❹빼앗을삭(奪除)。「如奪其官曰－職奪其地曰－地」。❺새김칼삭(書刀)。『周禮 冬官考工記築氏』築氏爲－。❻제할삭(除也)。❼침노할삭(侵也)。

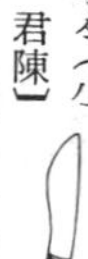
❺削(圖古考)

【削減:삭감】깎아서 줄임。↔添加。『漢中士女志』建議－－。
【削去:삭거】깎아 버림。
【削藁:삭고】문서를 만든 뒤에 그 원고를 없애 버림。
【削瓜:삭과】오이 껍질을 깎음。또는 껍질을 깎아 없앤 오이。《喩》靑綠色。
【削科:삭과】과거에서 규칙을 어겨서 된 급제를 취소해 버림。
【削刀:삭도】《佛》중의 머리털을 깎는 데 쓰는 칼。
【削牘:삭독】대 조각과 나무 조각、또는 그 판 조각을 깎아서 글씨를 새김。옛날 紙筆이 없었을 때 사용하였음。『漢書·原涉傳』。
【削磨:삭마】깎아 지움。
【削抹:삭말】削除하고 抹消함。
【削剝:삭박】❶닳아서 벗어짐。❷깎아 벗김。
【削髮:삭발】❶머리털을 깎음。『王維』舍弟官崇高、宗兄此－－。❷중이 됨。❸초목이나 채소를 마구 벰을 비유한 말。
【削髮染衣:삭발염의】《佛》중이 되어 머리를 깎고、검은 옷을 입음。
【削髮爲僧:삭발위승】《佛》머리를 깎고 중이 됨。落髮爲僧。
【削壁:삭벽】깎이어 우뚝 솟은 岩壁。
【削削:삭삭】약함。매우 약한 모양。
【削成:삭성】❶깎아서 만들음。❷뾰족하게 깎은 듯한 모양의 山。『山海經·西山經』太華山－－四方、高千仞、廣十里。
【削弱:삭약】깎아서 약하게 함。닳아서 약함。『史記』見韓之－－。
【削然:삭연】책 돌이키는 모양。『莊子·讓王』孔子－－反琴而弦歌。
【削杖:삭장】母喪에 사용하는 오동나무 지팡이。『禮記·小記』－－桐也。

杖削(圖器禮)

【削籍:삭적】籍을 깎아 뺌。《轉》免職당함。職員錄에서 그 이름을 삭제당함。
【削正:삭정】문장이나 詩歌를 고침。刪正。添削。
【削除:삭제】❶깎아 없앰。❷지워버림。
【削足適屨:삭족적구】발을 깎아서 신에 맞춤。《喩》㉠本末과 主客이 뒤집힘。㉡잘 하려 한 것이 오히려 나쁘게 됨。『淮南子·說林』。
【削地:삭지】❶땅을 깎아서 줄임。❷땅을 나눔。❸깎아 없앤 땅。
【削職:삭직】《制》削奪官職의 略語。

【削葱:삭총】 깎은 파。《轉》부인의 가느다랗고 연약한 손의 형용。『元稹·春六十韻詩』彈絲動ㅡㅡ。

【削奪:삭탈】 깎아 내려서 빼앗아 버림。

【削奪官職:삭탈관직】《制》죄 지은 사람의 벼슬과 품계를 빼앗는 일。

【削平:삭평】 깎아 없애어 평정함。『十八史略』ㅡㅡ諸國。

【削哺:삭포】 ❶ 나무를 깎아서 만든 얇은 조각。❷사이 막이。屛風(병풍) 따위。『後漢書·楊由傳』有風吹ㅡㅡ。

◎減ㅡ、添ㅡ。

【剋】 (극) 職

コク、かつ overcome ㄎㄜˋ k'ê⁴·²

(草書) ❶반드시극(必也)。『後漢書 鍾離意傳』ㅡ期。❷급할극(急也)。❸이길극(勝也)。❹깎일극(損削)。『後漢書 桓譚傳』何征不ㅡ。『淮南子 說山訓』至伐大木、非斧不ㅡ。❺가릴극、빨극(涓選)。❻심할극(嚴酷)。(『克』과 통함)(『尅』과 같음)

【剋減:극감】 깎아 내어 줄임。

【剋期:극기】 굳게 기한을 정함。

【剋伐:극벌】 ❶억지로 자기에게 복종시킴。『拾遺記』武帝好微行、而尙ㅡㅡ。❷이겨 자랑함。(剋은 이김。伐은 자랑함)。克伐。

【剋復:극복】 국란을 평정하여 原狀으로 돌림。『晉書』ㅡㅡ神州。

【剋意:극의】 애를 씀。정성을 들임。專心。刻意。『法苑珠林』漢 陽有沙門安淸、ㅡㅡ好學。 「帝」ㅡㅡ鯨鯢。

【剋翦:극전】 자름。끊음。切斷。『梁武帝』ㅡㅡ鯨鯢。

【剋定:극정】 싸움에 이겨서 전란을 평정함。『南史』道濟雖不ㅡㅡ河南、全軍而反。

【剋擇:극택】 그날의 吉凶을 가림。剋은 五行의 相生 相剋을 조사하는 것。

【剋核:극핵】 극심함。險毒함。『莊子·人間世』ㅡㅡ太甚。

【剌】 (랄) 曷

ラツ、もとる deviate ㄌㄚˋ la²·⁴

(小篆)(草書) ❶어그러질랄(戾也)。『漢書 杜欽傳』無乖ㅡ之心。❷활다리는 소리랄(弓聲)。『思玄賦』彎威弦之撥ㅡ。❸고기뛰는 소리랄(魚躍聲)。

【剌剌:랄랄】 ❶바람 소리。颯颯。『李商隱』去程風ㅡㅡ、別夜漏丁丁。❷어그러지는 모양。불평하는 모양。

【剌謬:랄류】 相反함。

【剌子:랄자】 ❶ 紅色 보석의 한 가지。『本草綱目·金石部』。❷ 성질이 잔학하여 도리에 어긋난 사람。❸《中》유리로 만든 병。

【前】 (전) 先

ゼン、まえ front;previous ㄑㄧㄢˊ ch'ien²

(小篆)(小篆)(草書) ❶앞전(後之對)。『禮』書於君ㅡ。❷일찌기전(嘗也)。『南史顔竣傳』ㅡ鑄二銖官錢。❸앞설전(先之)。『韓愈與于襄陽書』先達之士、負天下之望者爲之ㅡ焉。❹옛전(故也)。『禮記 檀弓』我未之ㅡ聞也。❺인도할전(導也)。『儀禮』祝ㅡ主人降。❻연검은빛전(淺黑色)。『周禮』木路ㅡ樊鵠纓。❼가는곳전(行先)。『禮記 曲禮』先生書策琴瑟在ㅡ、坐而遷之。❽걸을전(步也)。『韓愈詩』雪擁藍關馬不ㅡ。

【前家:전가】 앞 집。

【前却:전각】 ❶앞으로 나아가는 것과 뒤로 물러서는 것。進退。『吳子』ㅡㅡ有節。❷생각대로 씀。다른 사람을 자유로이 進退시킴。❸뒤집어 엎음。顚覆。『爾雅·釋言·疏』ㅡㅡ(郤)、顚覆之名也。「보는 일。

【前鑑:전감】 앞의 일을 거울 삼아 비쳐 보는 일。

【前鑑昭然:전감소연】 거울을 보는 것과 같이 앞의 일이 환하게 밝음。

【前腔動物:전강동물】《動》肛門이 몸의 앞끝에 있는 動物類。擬軟體動物。

【前件:전건】《論》假言的 判斷에 있어서의 그 조건 이유 등을 표시하는 부분。

【前古:전고】 지나간 옛날。『吳越春秋』功冠於五霸、名越於ㅡㅡ。 「ㅡㅡ必棄矣。

【前功:전공】 이전에 쌓은 공로。『史記』

【前功可惜:전공가석】 애써서 하던 일을 중도에 폐지함이 아까움。 「罪過。

【前過:전과】 앞서 저지른 과실。이전의

【前科:전과】 이전에 범한 罪科。

【前科者:전과자】《法》전에 죄를 범하여 처벌 받은 일이 있던 사람。

【前官:전관】 前任官吏。 「前規。

【前矩:전구】 예전 사람이 끼친 모범。

【前驅:전구】 ❶말을 타고 행렬을 先導함。또는 그러한 사람。先驅。前馬。『詩經』爲王ㅡㅡ。❷어떤 행렬의 앞잡이。

【前金:전금】 ❶ 대차 관계에 있어서 계산 당시 이미 치른 금액。❷선금。

【前記:전기】 앞에 기록하여 있음。또는 그 조목。

【前年:전년】 지난 해。지나간 해。

【前代:전대】 지나간 시대。前世。

【前代未聞:전대미문】 지금까지 들어본 적이 없음。未曾有。

【前渡:전도】 돈을 정한 날짜보다 일찍 치름。

【前導:전도】 ❶ 전열의 儀仗兵。❷先導함。『五代史』衝其ㅡㅡ。 「래。前程。

【前途:전도】 ❶가는 앞길。❷未來。장

【前途遼遠:전도요원】 ❶ 앞으로 갈 길이 아득히 멀음。❷ 목적하는 바에 이르기에는 아직도 멀음。

【前途有望:전도유망】 앞으로 잘 되어 나갈 희망이 있음。

【前導者:전도자】 앞잡이。先導者。

【前頭骨:전두골】《生》앞 두개골을 이룬 뼈。

【前略:전략】 ❶문장의 시초의 일부분을 줄임。❷편지에 쓰는 첫 머리의 用語。곧 前文을 생략할 때에 쓰는 말。

【前慮:전려】 일이 일어나기 전에 미리 생각함。『戰國策』ㅡㅡ不定。

【前例:전례】 이미 있었던 事例。『隋書』不無ㅡㅡ、卿何憚焉。

【前勞:전로】 앞서 세운 공훈。前功。前動。『司馬光』廟鼎刻ㅡㅡ。 「ㅡ。

【前路:전로】 앞 길。『陶潛』問征夫以ㅡ

【前立腺:전립선】《生》남성 尿道의 膀胱의 뒤 쪽 아래 直腸의 앞에 있는 밤알 크기의 腺。尿道 및 射精管이 통하고 있음。分泌液은 精子의 운동을 활발하게 함。攝護腺。 「前驅。

【前馬:전마】 행렬의 맨 앞에 가는 사람。

【前賣:전매】 ＝豫賣。

【前面:전면】 ❶앞 쪽에 있는 면。❷앞쪽。❸절의 큰 방의 正面。

【前母:전모】 전어머니。↔後母。

【前無後無:전무후무】 과거에도 앞으로도 없음。空前絶後。

【前文:전문】 ❶앞에 쓴 글。❷법령의 조항 앞에 붙어 그 법령의 목적이나 기본원칙을 선언하는 글。

【前門:전문】 앞 문。앞으로 난 문。

【前門拒虎後門進狼:전문거호 후문진랑】 앞 문에서 호랑이를 막으니 뒷문에서 이리가 닥쳐 옴。《喩》어려움이 지나고 또 어려움이 닥침。災禍가 빈번히 닥침。『成語考』禍去禍又至、曰ㅡㅡ。

【前半:전반】 앞 부분의 절반。

【前半期:전반기】 어떤 기간을 둘로 가른 앞 기간。↕後半期。「전선。↕後方。

【前方:전방】 ❶중심의 앞 쪽。❷제일선。

【前杯:전배】 ＝前酌。

【前配:전배】 죽은 전실。↕後配。

【前輩:전배】 ❶학문·덕행·경험·연령 등이 자기 보다 앞서고 높은 사람。❷학교나 일터에 먼저 이르러 거친 사람。先輩。先進。↕後輩。

【前番:전번】 지난 번。먼젓번。

【前鋒:전봉】 ❶싸움에서 맨 앞장을 섬。군대의 앞장。先鋒。前隊。『史記』身自將爲楚軍——。❷《制》清代 滿蒙旗人으로서 조직한 宮城 수위의 一隊。

【前夫:전부】 먼저 남편。이혼한 전 남편。先夫。『辛延年』男兒愛後婦、女子重——。

【前部:전부】 앞의 부분。↕後部。

【前非:전비】 이전의 과실。앞서 저지른 惡行。先非。昨非。『崔湜』事往覺——。

【前妣:전비】 ❶先妣。❷전어머니。

【前事:전사】 이미 지나간 일。

【前事勿論:전사물론】 지난 날의 시비를 논난하지 아니함。前仕削除②。

【前朔:전삭】 지나간 달。

【前生:전생】 《佛》三生의 하나。現世에 태어나기 전의 세상。前世。『僧寒山』今日如許貧、總是——作。

【前生緣分:전생연분】 전생에서 이미 맺은 연분。

【前生此生:전생차생】 《佛》전 생과 이 「세상。

【前緖:전서】 先人이 남겨 놓은 사업의 실마리。遺業。先業。『魏志』恢崇——、光濟遺業。

【前書:전서】 전 번의 편지。『李陵』——「倉卒未盡所懷。

【前線:전선】 ❶敵前의 부대가 가로로 이룩한 선。❷전쟁터。❸선두에 서서 활약하는 일。전방。❹氣團이 진행하여 나아가는 경우의 최전면을 일컬음。

【前說:전설】 ❶앞서 진술한 說。『宋史』抗——。❷옛날 사람의 說。『宋書』。

【前聖:전성】 예전의 성인。『楚辭』改——法度兮。

【前世:전세】 ❶前代。❷前生。『後漢書』在昔——求賢如渴。

【前世界:전세계】 이미 지나간 세계。

【前世紀:전세기】 이미 지나간 세기。

【前世上:전세상】 지난날의 세상。

【前歲月:전세월】 지나간 세상의 형편。또는 그 時代。前時節。

【前宵:전소】 전날 밤。어젯 밤。

【前述:전술】 이미 앞에서 진술 또는 논술함。또는 그 진술 및 논술。

【前習:전습】 이전에 있었던 습관。

【前時代:전시대】 이미 지나간 시대。

【前身:전신】 ❶《佛》前世 때의 몸。『白居易』閑思往事似——。❷이전의 신분。또는 그 상태。

【前室:전실】 前娶의 尊稱。

【前室子息:전실자식】 남편의 전취에서 난 자식。

【前案:전안】 이전의 考案이나 案件。

【前夜:전야】 전날 밤。어젯 밤。

【前約:전약】 이미 맺었던 약속。先約。

【前言:전언】 ❶전에 한 말。『論語』——戱之耳。❷옛 사람이 한 말。

【前緣:전연】 前世부터의 인연。前因。

【前列:전열】 ❶앞 줄。❷앞선 隊伍。

【前烈:전열】 前代의 사람이 세운 공훈。餘烈。遺勳。

【前王:전왕】 전 번의 임금。『詩經』於乎——不忘。

【前往:전왕】 앞으로 감。

【前月:전월】 지난 달。

【前衛:전위】 ❶앞에서 먼저 나가는 호위。❷本隊의 前方을 경위하는 부대。❸《體》복식 정구·배구·빙구 따위 경기의 앞쪽 수비자。

【前衛隊:전위대】 행군 때 적의 엄습을 경계하기 위하여 앞서 나가는 부대。↕後衛隊。

【前誼:전의】 전부터 사귄 交誼。

【前議:전의】 앞에서 한 의론。『漢書』坐——不正、左遷 鹿太守。

【前人:전인】 이전의 사람。옛날 사람。

【前日:전일】 지난 날。전날。『孟子』——之不受是、則今日之受非也。

【前任:전임】 전에 맡았던 일。전의 벼슬。

【前任者:전임자】 전직에 있었던 사람。

【前者:전자】 ❶지난 번。❷앞의 것。↕後者。

【前作:전작】 전의 작품。

【前酌:전작】 술자리에 참여하기 전에 딴 술자리에서 이미 마신 술。「오의 立會。

【前場:전장】 《經》去來所에서 행하는 상당기어 받거나 쓰는 빚。

【前績:전적】 그 전에 이루어 놓은 治績。

【前前:전전】 매우 오래 전。전번의 전번。

【前前年:전전년】 그러께。再昨年。

【前前番:전전번】 지지난 번。

【前前月:전전월】 지지난 달。

【前定:전정】 전생에서 저절로 된 작정。『中庸』言——則不跲。

【前庭:전정】 앞 뜰。『曹植』逍遙于——。

【前情:전정】 옛 정。舊情。

【前程:전정】 앞길。＝前途。『孟浩然』向夕問舟子、——復幾多。

【前提:전제】 ❶어떠한 사물을 논의할 때 맨 먼저 내세우는 기본 되는 것。❷《論》推理를 할 때의 結論의 기초가 되는 판단。三段論法의 大小의 두 전제。

【前兆:전조】 사건 발생의 조짐。일어날 징조。『韓駒』那知此相遇、乾鵲果——。

【前朝:전조】 ❶前日의 아침。❷前代의 朝廷·王朝。❸先王의 世代。先朝。

【前罪:전죄】 전에 지은 죄。前非。前過。『史記』解——、求見文公。

【前奏:전주】 ❶곡의 첫 머리 또는 가극 따위의 서곡을 연주함。❷사물의 시초。

【前奏曲:전주곡】 ❶歌劇의 序曲。聯曲의 형식을 취하는 악곡의 서곡。❷어떤 일이 본격화하기 전에 첫 계제로서 시작하는 암시를 주는 일。

【前知:전지】 앞질러 알음。이미 알음。豫知。『中庸』至誠之道、可以——。「책。

【前職:전직】 전에 가졌던 직업。또는 직

【前陣:전진】 앞 쪽에 친 陣。↕後陣。

【前進:전진】 앞을 바라보고 나아감。↕後退。『魏書』以經略大體、宜便——。

【前次:전차】 지난 번。

【前借:전차】 어떠한 조건 밑에 뒷날에 갚기로 하고 앞당기어 빚을 씀。

【前借金:전차금】 뒷날에 받을 돈을 앞

【前遮後擁:전차후옹】 여러 사람이 앞뒤에서 받들어 모시고 감。

【前站:전참】 앞참。

【前債:전채】 전에 진 빚。『蘇軾』傷心一念償——、彈指三生斷後緣。

【前妻:전처】 ＝前娶。↕後妻。

【前哲:전철】 옛날의 賢人。前良。先哲。先賢。『左傳』賴——以免也。

【前轍:전철】 앞에 지나간 수레바퀴의 자국。《轉》이전 사람의 그릇된 일이나 행동의 자취。前車。

【前瞻後顧:전첨후고】 일에 부닥쳐 결단하지 못하고 앞뒤를 재어 어물거림。

【前哨:전초】 前方에 세운 적정을 살피는 兵士。또는 그 근무。

【前娶:전취】 再婚 전의 아내。↕後娶。

【前娶所生:전취소생】 전의 아내에게서 난 자식。前室子息。

【前齒:전치】 《生》앞니。

【前置詞:전치사】 인도 유럽 어족 문법에 있어서 명사·대명사의 앞에 놓여 다른 品詞와의 관계를 나타내는 말。

【前弊:전폐】 이전부터 내려오는 폐단。

【前幅：전폭】 앞의 폭。앞폭。
【前項：전항】 ❶앞에 적혀 있는 사항。 ❷《數》둘 이상의 項 中에 앞의 項。
【前行：전행】 ❶앞으로 감。前進함。『史記』將秦軍爲——。 ❷本隊의 前方에 있는 軍列。前鋒。 ❸앞서의 행동。평소의 행위。『管子』伯夷叔齊云云其——修矣。 ❹앞에 가는 사람。 ❺《制》唐·宋 때 尙書六部의 前行·中行·後行의 三等의 하나。前行은 兵吏 및 左右司를 일컬음。
【前賢：전현】 예전의 현인。先賢。古賢。『晉書』方之——、猶有所後。
【前嫌：전혐】 지난날의 혐의。
【前號：전호】 앞의 번호나 號數。
【前回：전회】 먼젓 번。전번。지난 번。『陸龜蒙』——邊使至。
【前後：전후】 ❶앞과 뒤。 ❷처음과 마지막。『書經』左右——有位之士。
【前後曲折：전후곡절】 일의 앞뒤의 자세한 사정이나 내용。前後事緣。
【前後部：전후부】 앞뒷 부분。
【前後事緣：전후사연】 =前後曲折。
【前後左右：전후좌우】 앞뒤 쪽과 좌우쪽。곧 사방。
【前後退：전후퇴】 집채 앞뒤의 물려 드「—운 칸。
◎空—、紀元—、目—、門—、佛—、事—、產—、生+、旬—、承—、食—、案—、御—、年—、令—、靈—、午—、月—、以—、日—、前—、戰—、直—、最—、風—、向—。

【剌】 (척) (자)『刺』(刀部 6畫)의 俗字

八畫

【剒】 ㊀(착) 覺 チャク、まる cut ㄘㄨㄛ ts'uo⁴ ㊁(작) 藥 ㊀베일착(斬也)。 ㊁전목칠작(治樸俱未成器)。(『錯』과 같음)

【剓】 (리) 支 リ、きる peel ❶벗길리(剝也)。(本字는『𠝤』) 찢을리、쪼갤리(劃也)。

【掤】 (붕) 蒸 ホウ、きる cut; split 끊을붕、쪼갤붕(斫也)。

【剔】 (척) 錫 テキ、えぐる crack ㄊㄧ t'i¹ 小篆 草書 ❶뼈발라낼척(解骨)。『書經 泰誓』刳—孕婦。 ❷뺄척(拔也)。『詩經 大雅 皇矣』攘之——之。
【剔抉：척결】 파 헤침。파 헤쳐 냄。뼈나 살을 발라냄。『韓愈』爬羅——、刮垢磨光。
【剔歷：척력】 널리 사람들에게 알리어져 나타남。「——之。
【剔翦：척전】 끊어 냄。『詩經·疏』攘去之、
【剔紅：척홍】 漆器 製法의 하나。

【剕】 (비) 未 ヒ、あしきる cut heel ㄈㄟ fei 草書 발베일비(刖足)。『書經 呂刑』—罰之屬五百。(『跸』와 같음)
【剕罰：비벌】 다리(足)를 자르는 죄。『書經』——之屬五百。
【剕辟：비벽】 =剕罰。『書經』——疑赦。

【剖】 (부) 有 ボウ、さく、わる split ㄆㄡ p'ou³·¹ 小篆 草書 ❶쪼갤부。 ❷뼈갤부(中分判也)。 ❸깨뜨릴부(破也)。『漢書』—符封功臣。 ❹가를부(割也)。『莊子 胠篋』比干—。 ❺나눌부(分也)。(『掊』와 통함)
【剖決：부결】 선악을 나누어 정함。판단함。裁決。
【剖棺斬屍：부관참시】 《制》죽은 후에 큰 죄가 드러났을 때 관을 쪼개어 목을 베어 極刑을 追施하던 일。「如流。
【剖斷：부단】 =剖決。判決。『南史』——
【剖析：부석】 나누어 쪼갬。해결함。剖決。剖斷。『南史』——如流。
【剖折：부절】 쪼개어 나눔。
【剖判：부판】 쪼개져 열림。사물이 나누어짐。開闢。『韓非子』自天地之——以至于今。

【剗】 (잔) 潸 サン、けずる shave ㄔㄢˇ ch'an³ (古音「찬」) 草書 ❶깎을잔(削也)。 ❷평할잔(平也)。『漢書』革—五等制立郡縣。 ❸농구 잔(農具)。

❸ 剗 (農政全書)

【剗除：잔제】 잘라 없앰。『宋史』花草悉自——。

【刱】 (창)『刱』(刀部 6畫)의 俗字

【剚】 (사) 眞 シ、さす thrust a knife into ㄗˋ tzü⁴ 草書 칼꽂을사(揷刀)。『史記 張耳陳餘傳』敢—刃公之腹中。(『傳』와 같음)
【剚刃：사인】 칼끝으로 찌름。傳刃。『張衡·思玄賦』梁叟患夫黎丘兮、丁厥子而——。

【剛】 (강) 陽 ゴウ、かたい firm ㄍㄤ kang¹ 小篆 古文 草書 ❶굳을강(堅也)。『詩經 大雅 烝民』柔則茹之、—則吐之。 ❷굳셀강(勁也)。『論語 季氏』及其壯也、血氣方—。 ❸꼬장할강(—健强斷)。『論語 公冶長』吾未見—者。 ❹바야흐로강。『禪月詩』—有峨眉念。
【剛蹇：강건】 굳세고 충실함。강직하여 굴복하지 않음。『魏志』——少黨。
【剛健：강건】 ❶마음이 곧고 뜻이 굳세며 건전함。『易經』大哉乾乎、——中正、純粹精也。 ❷筆力이나 文勢가 강하고 씩씩함。
【剛健體：강건체】 《文》딱딱한 文體。↕「優柔體。
【剛耿：강경】 강하고 명확함。웅대함。
【剛梗：강경】 성질이 두려움。성질이 유순하지 못함。『晉書』以艾性——、務功伐善。
【剛氣：강기】 사납고 강한 기상。굳센 기상。『北史』宣武嘉其——。
【剛斷：강단】 ❶剛氣 있게 결단하는 힘。『禮記』——不怒。 ❷참고 버티어 가는 힘。
【剛斷性：강단성】 강단이 있는 성질。
【剛度：강도】 철사 따위를 잡아 당기어 끊으려 할 때 버티는 힘의 정도。
【剛戾：강려】 고집이 세고、사람에게 반항함。고집。剛愎。『史記』始皇爲人、—自用。
【剛烈：강렬】 성질이 강하고 격렬함。『後漢書』——表性、鮮能優寬。
【剛鬣：강렵】 돼지의 異稱。곧 돼지는 살이 찌면 갈기가 剛大해지므로 일컫는 말。『禮記·曲禮』豕曰——。
【剛棱：강릉】 마음이 굳세고 모남、
【剛明：강명】 성질이 곧고 두뇌가 밝음。
【剛辯：강변】 강건하고 변론에 능숙함。
【剛性：강성】 물질의 단단한 성질。强辯。『北史』——之才。
【剛穎：강영】 굳세고 영특함。『齊書』—

一雋出。

【剛柔 : 강유】 ❶단단함과 부드러움。『易經』一一者晝夜之象也。❷陽과 陰。『易·繫辭』。❸男女。『易·恆』。❹晝夜。『易·繫辭』。

【剛柔兼全 : 강유겸전】 강하고 부드러움을 아울러 갖춤。

【剛毅 : 강의】 강직하여 굴하지 않음。『論語』一一木訥近仁。

【剛日 : 강일】 奇數日。十干의 甲·丙·戊·庚·壬에 해당하는 陽日。剛辰。↕柔日。『禮記』外事以一一。

【剛腸 : 강장】 굳센 창자。《轉》굳센 기질。굳세고 굴하지 않는 마음。剛膽。

【剛鏃 : 강족】 예리한 살촉。『左思』一一潤、霜刃染。

【剛直 : 강직】 마음이 굳세고 곧음。『後漢書』倫雖一一、然常疾俗吏苛察。

【剛質 : 강질】 천성이 굳세고 곧음。『北史』惠性一一有勇力。

【剛體 : 강체】 어떠한 힘을 가하여도 그 모양이나 부피가 변하지 않는 물체。

【剛褊 : 강편】 고집이 세고 성질이 급함。

【剛暴 : 강포】 사납고 우악스러움。『五代史』雖太祖一一、亦嘗畏之。

【剛風 : 강풍】 道家들이 上空을 부는 바람을 일컫는 말。센 바람。『顧瑛』樓船欲去引一一。

【剛悍 : 강한】 굳세고 사나움。

【剛灰 : 강회】 生石灰。

◎强一、金一、內一、外一。

【剝】 (小篆)(或體)(草書) (박) 覺 ハク、はぐ peel ㄅㄛ po¹ ㄅㄠ pao¹ ❶찢을박(裂也)。❷떨어질박(落也)。❸벗어질박(脫也)。❹두드릴박(力擊)『詩經 豳風七月』八月一棗。❺괘이름박(卦名)。

【剝民 : 박민】 부역 따위를 과도히 시키여 백성을 괴롭게 함。

【剝剝 : 박박】 사람이 찾아 오는 소리。문을 두드리는 소리。『韓愈』一一啄啄有客叩門。

【剝膚 : 박부】 ❶찢겨 벗어져서 살까지 미침。《轉》禍災가 신변 가까이 닥침。❷살을 긁어 깎음。

【剝削 : 박삭】 ❶벗겨 깎음。❷옛날 租稅를 代納하는 사람이 중간에서 횡령하여 그 염마를 깎아 먹는 것。『詩經·箋』一一淹漬。「一一宜所遭。

【剝喪 : 박상】 벗겨져 없어짐。『柳宗元』一

【剝蝕 : 박식】 碑面이나 額 등이 오래 되어서 벗겨지고 좀먹는 것。『老學庵筆記』漢隷歲久、風雨一一。

【剝刺 : 박자】 옷을 빼앗고 몸에 상처를 줌。『史記』免一一之患。

【剝抄 : 박초】 나누어서 베낌。『南史』一一條目爲十三卷。

【剝啄 : 박탁】 ❶문을 똑똑 두드리는 소리。『輟耕錄』門無一一、松影參差。❷바둑을 두는 소리。『蘇軾·觀碁詩』小兒近道、一一信指。

【剝脫 : 박탈】 벗겨짐。벗겨 떨어지게 함。「剝落。離脫。

【剝奪 : 박탈】 벗겨 빼앗음。세력을 빙자하여 무리하게 빼앗음。

【剝皮 : 박피】 껍질을 벗김。

【剝割 : 박할】 ＝割剝。

【剜】 (小篆)(草書) (완) 寒 ワン、けずる scratch ㄨㄢ wan¹ 깎을완(刻削)。『韓愈詩』有洞若神一、有巖若天劃。

【剠】 (렬) 屑 レツ、つらぬく run through 꿸렬(貫也)。(『列』의 俗字)

【剞】 (小篆)(草書) (기) 紙 キ、きざむ carve ㄐㄧ chi¹ 새김칼기(一劂曲刀)。『楚辭 哀時命』握一劂而不用兮。

【剞劂 : 기궐】 ❶剞는 굽은 칼、劂은 굽은 끌。다 같이 彫刻用의 조그만 연모。剟劂。剞劂。❷새김。팜。彫刻。❸나무板에 새김。문서를 인쇄에 붙임。版木。『董逌·月儀跋』其書一一脈出。

【剞劂氏 : 기궐씨】 彫刻師。版木商。『經國大典』一、又曰劂人。

【剟】 (小篆)(草書) ㊀(철) 屑 ㊁(탈) 曷 テツ、けずる scratch ㄉㄨㄛ tuo² ㊀❶깎을철(刊也)。『商子 定分』有敢一定法令者死。❷벨철(割也)。『漢書 賈誼傳』一寢戶之簾。❸찌를철(刺也)。『史記 張耳陳餘傳』刺一身無可擊者。㊁❶깎을탈(削也)。『爾雅序』(『掇』과 같음) ❷칠탈(擊也)。一其瑕礫。

【剟刺 : 철자】 깎이어 잃음。상처 입힘。『陳書』一一其面、或加燒熱。

【剟定 : 철정】 깎아 改正함。訂正。『商子』有敢一一法令者死。

【剡】 (小篆)(草書) ㊀(염) 琰 エン、するどい sharp ㄧㄢ yen³ ㊁(섬) ㊀❶날카로울염 뾰족염(銳利)。『漢書 賈誼傳』一手以衝仇人之胷。❷번쩍할염(光貌)。『離騷經』皇一一其揚靈。❸깎을염(削也)。『易經 繫辭』一木爲矢。❹베일염(斬也)。『荀子 强國』安欲一其脛。㊁고을이름섬(會稽縣名)。

【剡手 : 염수】 민첩한 솜씨。『史記』一一以衝仇人之胸。

【剡剡 : 염염】 ❶번쩍번쩍 빛나는 모양。『楚辭』皇一一其揚靈兮。❷일어서는 모양。『禮記』一一起屨。

【剡移 : 염이】 문을 잠그는 빗장。門關。

【剡牘 : 섬독】 公牘。곧 公文書를 일컬음。剡溪(지금의 中國 浙江省 曹娥江의 上流)에서 나오는 종이를 사용한 데에서 나온 말。

【剠】 ㊀(경) 庚 ケイ、いれずみ tattoo ㄑㄧㄥ ch'ing² ㊁(량) 漾 ㊂(략) 藥 ㊀자자할경(墨刑在面)。(『黥』과 같음) ㊁노략질할량(鈔取)。㊂획채갈략(奪取)。(『掠』과 같음)

九 畫

【剘】 (접) 葉 チョウ、うすくきる carve ❶살을 얇게 썰을접(薄切)。❷새길접(刻也)。(本字는『牒』)

【剨】 (괵) 陌 キャク、こわれるおと (of sound) crash 깨지는소리괵(破聲)。

【副】 (편) 先 ヘン、けずりきざむ carve ❶새길편(削也)。❷새김칼편(一刀)。❸갈을편(鈞也)。

【剪】 (草書) (전) 先 セン、きる scissoring ❶가위전(翦刀)。❷싹벨전(齊斷)。(『揃』과 通함)(『翦』과 같음)

【剪刀 : 전도】 ❶가위。❷칼。

【剪燈新話 : 전등신화】 《書》四권。傳奇

小說集。明瞿佑 지음。

【剪滅:전멸】멸망시킴。멸망함。『左傳』余姑——此、而後朝食。

【剪伐:전벌】❶나무를 자름。❷정벌함。「帝紀」——三叛。滅亡시킴。

【剪夷:전이】쳐서 平定함。『南史·梁元

【剪裁:전재】❶布帛(포백)등을 잘라 끊음。《轉》꽃의 아름다운 모양。『徐凝』珠藥瓊花鬪——。❷《中》손가꿈함。뒷받침함。

【剪剪:전전】❶지혜가 좁고 얕은 모양。아첨하는 모양。❷바람이 솔솔 부는 모양。『韓偓』側側輕寒——風、小梅飄雪杏花紅。❸마음을 한 가지로 고르는 모양。

【剪定:전정】❶토벌하여 平定함。『唐書』臣請發州兵、——之。❷=剪枝。

【剪除:전제】베어서 없애 버림。『張養浩』荊棘胸中有——。「벰。

【剪枝:전지】초목의 가지를 가위질하여

【剪綵:전채】비단을 끊어서 옷을 만듦。『李白』吳刀——縫舞衣。「江水。

【剪取:전취】베어냄。『杜甫』——吳淞半

【剫】(탁) 藥 タク、わける split
(小篆) ❶쪼갤탁(判也)。❷전목칠탁(治樸俱未成器)。

【剬】(단) 寒 タン、たちきる cutting
(小篆)(小篆)(草書) ❶똑같이자를단(剸齊)。❷잘게썰단(細割)。❸단정할단(整飭貌)。

【剭】㊀(옥) 屋 オク、くびきる gibbeting the head
㊁(악) 覺
(草書) ㊀목벨옥(誅也)。㊁형벌할악(厚刑)。

【剮】(과) 馬 カ、にくをさきわける ㄍㄨㄚˇ kua³
살바를과(剐肉置骨)。(『咼』와 같음)

【剻】(악) 藥 ガク、やりさき edge of a sword
(小篆)(籀文) ❶칼날악(劍刃)。❷창끝악(戟端)。

【副】㊀(부) 宥 フク、フ、そう next
㊁(복) 屋 ㄈㄨˋ fù
㊂(벽) 職
(小篆)(小篆)(籀文)(籀文)(草書)
㊀❶버금부(次也)。❷다음부、둘째부(貳也)。❸알맞을부(稱也)。「如盛名之下其實難—」。❹첩지부(首飾)。『詩經 鄘風君子偕老』—笄六珈。❺찢을부(裂也)。㊁쪼갤복(析也)。㊂순산될벽(難產爲天子削瓜者—之。『禮記』析—)。

【副笄:부계】옛날 貴夫人의 머리 장식품。비녀。

【副睾丸:부고환】《生》불알 뒷 쪽에 붙어서 불알에서 만들어지는 정액을 輸精管을 거쳐 精囊으로 보내는 일을 하는 남자 생식기의 한 가지。

【副官:부관】군대에서 각 團·隊長에 直屬하여 제반 사무·서무·비서 따위 구실을 보는 장교。

【副君:부군】임금의 상속자。太子。王世子。副后。『漢書·疏廣傳』。「는 독본。

【副讀本:부독본】정독본에 곁붙여 쓰

【副輦:부련】임금의 거둥 때 임금이 탄 輦보다 앞서 가는 빈 輦。空輦。

【副領:부령】《制》李朝末에 정한 正領 다음 가는 무관 계급의 하나。

【副望:부망】官吏를 추천할 때、후보자 셋을 천거한 중에서 둘째인 사람。

【副墨:부묵】❶文字。『莊子·大宗師』——之子。❷《書》八권。明 王道昆 지음。

【副本:부본】正本과 동일한 사항을 기재한 문서。정본의 예비나 사무 정리를 위하여 만들음。『唐書』使先驗——。

【副使:부사】《制》❶正使에 따른 사신。❷正使의 屬僚。唐代 節度使·觀察使·團練使 등에 副使職이 있었음。『唐書·百官志』。❸明代 按察使의 次官。

【副詞:부사】주로 동사·형용사 위에 놓이고 더러는 다른 부사 앞에서 그것이 어떠하게 어떻다거니 또는 어찌 움직인다는 뜻을 한정하는 품사。「더욱·아주·대단히·썩」따위。어찌씨。

【副產物:부산물】주되는 물건을 만드는 데에 따라 곁들여 생산되는 물건。

【副賞:부상】상장과 정식 상품 밖에 따로 덧붙여 주는 상품。

【副署:부서】《法》法令이나 大統領의 國務에 관한 문서에 大統領과 함께 國務總理와 관계 각 國務委員이 署名하는 것。大統領의 행위에 동의하는 표시임。

【副成分:부성분】주성분 이외의 성분。

【副收入:부수입】❶목적한 수입 밖에 가외로 생기는 수입。❷음성 수입。

【副食:부식】副食物의 略語。↔主食。

【副食物:부식물】主食物에 딸려 먹게 되는 음식물。반찬 따위。

【副腎:부신】《生》두 쪽의 內腎의 윗 끝에 붙어 있는 帶黃白色의 臟器。

【副室:부실】小室。첩。

【副領事:부영사】《制》領事의 다음 자리에서 영사를 돕는 官吏。

【副元帥:부원수】元帥의 次位에서 일을 보좌하는 軍의 통솔자。

【副應:부응】무엇에 좇아서 응함。

【副意識:부의식】潛在意識。

【副議長:부의장】의장을 돕고 의장이 사고 있을 때에 대리하는 사람。

【副貳:부이】❶부축하여 도움。『書經·傳』——三公、弘大造化。❷長官 다음의 보좌관。❸副本。寫本。❹妾。『左傳·昭·十一·疏』妻爲正適、妾爲——。

【副作用:부작용】약의 주되는 효과 밖에 생기는 딴 작용。

【副將:부장】❶主將을 보좌하는 장군。裨將。❷《中》淸代 陸軍大領의 일컬음。

【副葬品:부장품】장사 지낼 때에 함께 묻는 죽은 이의 소지품。陪葬品。

【副正:부정】《制》李朝 때 宗親府·敦寧府·奉常寺·司僕寺·軍器寺와 그 밖의 여러 관청에 둔 從三品의 벼슬。太宗 一四년에 少監을 개칭한 것。

【副題:부제】서적이나 글의 副表題。

【副提學:부제학】《制》李朝 弘文館에 둔 正三品 堂上官의 벼슬。

【副尺:부척】길이·각도 따위를 잴 때、尺度의 최소의 눈의 端數를 정확하게 읽으려고 쓰는 보조의 자。아들자。

【副摠管:부총관】《制》❶李朝 五衛都摠府의 從二品 벼슬。❷李朝末 承寧府의 勅任 벼슬。

【副總裁:부총재】總裁의 다음 자리。

【副統領:부통령】《法》大統領의 다음 가는 민주국가의 副元首。

【副砲:부포】군함에 장치해 놓은 작은 구경의 速射砲。

【副護軍:부호군】《制》李朝 때 五衛都摠府에 속한 從四品의 벼슬。現職에 있지 아니한 文官·武官·蔭官으로 시킴。

◎正—。

十 畫

【剩】(잉) 徑 ジョウ、あまる remain; surplus ㄕㄥˋ shèng⁴
❶남을잉(餘也)。❷더할잉(益也)。❸멀쑥할잉(冗長)。❹뿐아닐잉(不啻)。『高適詩』尋經—欲翻。

【剩讀:잉독】《中》반복해서 몇 번이고 읽

【剩數:잉수】남은 수。잉액。〔음。

【剩哀:잉애】일이 끝난 뒤까지도 남는 슬픔。餘哀。『李嶠』莫聽西秦奏、箏箏有

【剩額:잉액】남은 액수。剩數。〔━━。

【剩語:잉어】쓸데 없는 말。冗語。贅言。『傳燈錄』浮杯無━━。

【剩餘:잉여】다 쓰고 난 나머지。나머지。殘餘。餘分。

【剩餘價値:잉여가치】(經) 생산물의 가치와 그 생산에 사용된 노동력의 가치와의 차。불로 소득。

【剩員:잉원】넘는 人數。남아 있는 人數。『玉海』初置━━、以處退兵。

【剩條:잉조】소용되고 남은 부분。◎過━。

【割】(할) 曷 カツ、さく、わる ㄍㄜ kê¹ divide; part 小篆 草書 ❶벨할、저밀할(截也)。『禮記』天子袒而━牲。❷긁을할(剝也)。❸나눌할(分也)。『杜甫詩』陰陽━昏曉。❹찢을할(裂也)。『漢書 東方朔傳』拔劍━肉、何壯也。❺십분지일할(十分之一)。❻해로울할(害也)。『書經 堯典』洪水方━。

【割去:할거】베어 버림。찢어 버림。

【割據:할거】한 곳을 분할하여 웅거함。한 지방을 점령하여 자웅을 다툼。『漢書·敍傳』席卷三秦、━━河山。

【割耕:할경】인접한 남의 논밭을 침범하여 경작함。

【割雞焉用牛刀:할계언용우도】닭을 죽이는 데에 소 잡는 큰 칼을 쓸 필요까지는 없음。(喩)조그만 일을 처리하는 데에 지나치게 대대적인 수단을 쓸 필요는 없음。『論語·陽貨』

【割劌:할귀】쪼갬。찢음。『戰國策·齊策』雖干將莫邪、非得人力、不能━━。

【割斷:할단】베어서 끊음。

【割當:할당】분배함。몫몫이 나눔。또는 그 분량。

【割戾金:할려금】일단 받았던 돈 가운데서 얼마간 도로 주는 돈。

【割禮:할례】(宗) 남자가 난 지 여드레 만에 자지 끝의 껍질을 조금 끊어 내는 종교적 관습。猶太敎徒·回敎徒가 행하는 관례적인 의식의 한 가지。

【割剝之政:할박지정】고을 원이 백성의 재물을 긁어 먹는 나쁜 정사。

【割半:할반】반을 베어 냄。

【割半之痛:할반지통】몸의 반쪽을 베어내는 고통。同氣가 죽은 슬픔。

【割譜:할보】족보에서 성명을 도려 내어 친족의 관계를 끊음。

【割腹:할복】배를 칼로 쨈。

【割席:할석】❶자리를 달리 함。同席하지 아니함。❷절교함。

【割席分座:할석분좌】交分을 끊고 같은 자리에 앉지 아니함。

【割愛:할애】아깝게 생각하는 것을 선뜻 나누어 줌。『徐堅』━━遠和親。

【割讓:할양】땅을 쪼개 줌。일국의 영토 일부를 타국에 베어 줌。

【割與:할여】베어 줌。쪼개어 줌。

【割恩:할은】은혜를 끊고 베풀지 않음。

【割恩斷情:할은단정】恩情을 끊음。

【割移:할이】나누어 옮김。『宋史』典賣━━。

【割引:할인】(經)일정한 定價에서 얼마를 감함。減價。

【割引券:할인권】일정한 정가에서 얼마를 할인한다는 표。

【割引率:할인율】(經)할인하는 비율。

【割制:할제】나누어 정함。『漢書』━━廬井、定爾土田。

【割註:할주】본문과 본문 사이에 두 줄로 잘게 단 註。

【割增:할증】일정한 額數에 몇 割을 더한 가격으로 팔음。↔割引。

【割地:할지】토지의 일부를 베어 줌。또는 나누어 가짐。또는 분할한 토지。割土。割讓。

【割取:할취】한 부분을 빼앗아 가짐。

【割烹:할팽】살코기를 잘라서 삶는다는 뜻。요리함。또는 그 요리。『孟子』伊尹以━━要湯有諸。

【割袍斷義:할포단의】절교함。◎分━。

【剳】(답) 合 トウ、かぎ ㄉㄚˊ ta² 草書 갈구리답(鉤也)。

【剫】(탁) 覺 タク、きりわける split 草書 쪼갤탁(割也)。

【剴】(개) 灰 隊 ガイ、かま ㄎㄞˇ k'ai³ sickle 小篆 草書 ❶낫개(鎌也)。❷가까울개(近也)。❸간절할개(切也)。『唐書 魏徵傳』凡二百餘奏、無不━切當帝心者。

【剴備:개비】남김 없이 마련함。適切。

【剴切:개절】너무 땅에 딱 대서 풀을 벰。(轉)급소에 바로 맞음。아주 알맞고 적절함。適切。

【剛】(강)『剛』(刀部 8畫)의 俗字

【創】㊀(창) 陽 ソウ、きず、はじめ becut; begin ㊁(창) 漾 ㄔㄨㄤ ch'uang¹ 小篆 小篆 草書 ㊀❶날에다칠창(刃所傷)。『漢書 曹參傳』身被七十━。❷부스럼창(『瘡』과 통함)。『禮記 曲禮』頭有━則沐。㊁❶비로소창(始也)。『孟子 梁惠王下』君子━業垂統。❷아플창(傷也)。『漢書 匈奴傳』人民━艾戰鬪。❸징계할창(懲也)。『書經 益稷』予━若時。(『刅』과 같음)

【創刊:창간】정기 간행물인 신문·잡지 따위의 맨 첫 번 것을 간행함。

【創刊號:창간호】맨 첫 번 것의 정기 간행물。

【創開:창개】=創始。

【創建:창건】사업이나 집 등을 처음으로 세움。처음으로 일으킴。創立。

【創見:창견】❶처음으로 발견함。新發見。❷새로운 의견。또는 학설。

【創毒:창독】상처를 입혀 다치게 함。『後漢書』數爲羌所━━。

【創立:창립】처음으로 설립함。『南史』軍國器械多所━━。

【創傷:창상】다침。상처를 입혀 해침。

【創設:창설】처음으로 베풀음。창립。

【創世:창세】세상을 비롯하여 만들음。

【創世紀:창세기】舊約聖書 首卷의 이름。

【創始:창시】일을 처음 시작함。

【創氏:창씨】日帝時代에 우리의 姓을 日本式으로 고치던 일。

【創案:창안】지금 껏 없던 것을 처음으로 생각하여 냄。또는 그 考案。

【創業:창업】❶사업을 처음으로 시작함。❷기초를 세움。나라의 기틀을 세움。『孟子』━━垂統。

【創艾:창예】징계함。創乂。

【創意:창의】새로운 생각。새로운 고안。新案。또는 그 고안。

【創夷:창이】베인 상처。칼에 베인 상처。創痍。『陳琳』各被━━。

【創作:창작】❶자기의 생각으로 처음으로 만들어 냄。새로이 서적을 저작함。❷번역 또는 번안 등에 대하여 자기의 사상이나 고안에 의하여 만든 예술상의 새로운 작품。흔히 순수 소설의 경우에 씀。

【創作物:창작물】 ❶文藝作品。 ❷사람의 정신적 노력의 산물의 總稱。 제작물·발명·실용의 신안·意匠·商標 따위。

【創作品:창작품】 창작한 문예 작품。 소설·시·수필·시나리오 따위。

【創定:창정】 처음 정함。 처음으로 정해짐。 『魏志·註』ㅣㅣ王業。

【創製:창제】 창안하여 만들음。

【創造:창조】 ❶처음으로 생각해 내어 만들음。 ❷造物主가 처음으로 宇宙를 만들음。 ❸한국 문학사상 최초의 동인지。

【創造物:창조물】 창조한 물건。

【創造的:창조적】 없던 것을 처음으로 만들어 냄과 같은 것。

【創出:창출】 ❶처음으로 이뤄 생겨 남。 ❷비롯하여 지어 냄。 「또는 그 사람。

【創辦:창판】 처음으로 개시함。 창업함。

◎開ㅣ、獨ㅣ、草ㅣ。

十一畫

【剷】 (산) 潸 サン、けずる slice off ㄔㄢˇ ch'an³ (古音「찬」) 草書 깎을산(損削)。

【剷刈:산예】 벰。 베어냄。 『柳宗元』ㅣㅣ穢草、伐去惡木。

【剷薙:산치】 베어 버림。 깎아 없앰。 芟薙。 『郝經』ㅣㅣ撤藩垣。

【剶】 ㊀(칠) 質 シツ、きる split ㊁(치) 紙 小篆 ㊀❶벨칠(割也)。 ❷상할칠(傷也)。 ㊁뜻은 ㊀과 같음。

【剸】 ㊀(단) 寒 タン、セン、きる、もっぱら ㊁(전) 先 cut; intently ㄊㄨㄢˊ t'uan² 小篆 草書 ㊀❶끊을단(斷也)。 ❷탐낼단。 『荀子 榮辱』信而不見敬者、好ㅣ行也。 ㊁❶오로지전、천단할전(擅也)。 『漢書 蕭何傳』上以是ㅣ屬任何關中事。 ❷저밀전、회칠전(細割肉)。(『專』과 같음)

【剸決:전결】 마음 내키는 대로 일을 정함。 마음대로 정함。 專決。 專斷。 『唐書』杜佑得ㅣㅣ。

【剸行:전행】 마음 내키는 대로 일을 행함。 마음대로 처치함。 專行。 『荀子』信而不見敬者、好ㅣㅣ也。

【剹】 (륙) 屋 リク、けずる cut ❶깎을륙(削也)。 ❷죽일륙(殺也)。 (『戮』과 같음)

【剺】 (리) 支 リ、はぐ peel 小篆 草書 ❶깎을리(剝也)。 ❷그을리(劃也)。(『剓』와 같음)

【剺櫟:이력】 分別과 節制가 있는 모양。

【剺面:이면】 칼로 얼굴을 벰。 『杜甫』花門ㅣㅣ請雪恥。

【剅】 (루) 尤 ロウ、うがつ bore ❶뚫을루(穿也)。 ❷가늘게뚫을루(細切)。

【剽】 ㊀(표) 蕭 ヒョウ、おびやかす ㊁(표) 篠 threat ㊂(표) 嘯 ㄆㄧㄠˋ p'iao⁴ 小篆 草書 ㊀❶표독할표(輕急)。 『漢書』自全晉時已患其ㅣ悍也。 ❷종쇠북표(鍾之中者)。 ㊁끝표(末也)。 『莊子』有長而無本ㅣ者宙也。 ㊂❶긁을표(剝也)。 ❷끊을표(截也)。 ❸겁박할표(劫也)。 『史記』攻ㅣ爲羣盜。 ❹찌를표(刺也)。 ❺빠를표(輕疾)。 (『勡』와 통함)

【剽輕:표경】 ❶재빠름。 ❷매우 가벼움。 『漢書』。 ❸거칠고 경박함。 ❹몸이 가볍고 재미 있는 성질。 輕佻。 輕剽。 「不休。

【剽攻:표공】 위협함。 脅迫。 『史記』ㅣㅣ

【剽狡:표교】 난폭하고 교활함。 또는 그 사람。 狡猾。 剽奪。 剽略。 『唐書』山賊ㅣㅣ、戶口流敗。 「ㅣㅣ。

【剽急:표급】 재빠름。 剽疾。 『蜀志』吳楚

【剽掠:표략】 위협하여 빼앗음。 협박하여 약탈함。 표도。 표탈。

【剽虜:표로】 노략질하여 빼앗음。

【剽剝:표박】 ❶위협하며 공격함。 위협함。 비난함。 『史記』指事類情、ㅣㅣ儒墨。 ❷벗어져 떨어짐。 벗어져 상처 입음。 脫落。 剝落。 『蘇轍』文字ㅣㅣ因風雨。

【剽漱:표속】 가볍고 빠름。 『史記·禮書』輕利ㅣㅣ、卒如熛風。

【剽襲:표습】 조금도 변경하지 아니하고 모방함。 그대로 훔쳐 모방함。 蹈襲。

【剽姚:표요】 ❶강하고 재빠른 모양。 ❷《制》漢代·武官의 名稱。 ❸《人》霍去病의 別名。 剽姚校尉의 벼슬에 있었던 故事에 의함。

【剽竊:표절】 ❶노략질하여 훔침。 剽賊。 ❷남의 詩나 문장을 따다가 자기 것으로 발표함。 「民。

【剽楚:표초】 고통을 줌。 『史記』ㅣㅣ庶

【剏】 (창) 養 ソウ、かわがさける (of skin) bruise 겁질상할창(皮傷)。

【剿】 (초) 篠 ソウ、きる cut 草書 ❶끊을초(絕也)。 ❷죽일초(殺也)。(『勦』와 같음)

【剿滅:초멸】 도둑을 쳐서 무찌름。

【剿襲:초습】 ❶남의 것을 슬그머니 제 것으로 만들음。 ❷남의 학설이나 글귀를 따다가 씀。 蹈襲。

十二畫

【剸】 (준) 阮 ソン、へらす reduce 小篆 ❶감할준(減也)。 ❷끊을준(斷也)。

【劀】 (괄) 黠 カツ、はれものをえくる cut a blotch (or swell) out 小篆 궂은살도려낼괄(刮去惡瘡肉)。

【劀殺:괄살】 종기를 낫게 하기 위해서 膿血을 도려내고 藥으로 그곳의 궂은 살을 죽이는 것。 『周禮·天官·瘍醫』。

【朁刂】 (잠) 咸 感 サン、さす thrust ❶찌를잠(刺也)。 ❷살쭈구러질잠(縮朒貌)。

【劂】 ㊀(귀) 霽 ケツ、ほる scoop out ㊁(궐) 月 ㄐㄧㄠˇ chiao³ ㊂(굴) 月 草書 ㊀새김칼귀(刻刀)。 『漢書 揚雄傳』棄其剞ㅣ。 ㊁❶굽은끌궐(曲鑿)。 『楚辭』握ㅣ剞而不用。 ❷새길궐(彫也)。 『傅毅琴賦』施公輸之剞ㅣ。 ❸우비칼궐(曲刀)。 ㊂뜻은 ㊁와 같음。

【劃】 (획) 陌 カク、かぎる draw ㄏㄨㄚˊ˙ˋ hua²·⁴ 小篆 小篆 古文 草書 ❶새길획(刻也)。 ❷그을획(以刀破物)。 ❸계획할획(作事、計ㅣ)。 ❹송곳칼획(錐刀)。

【劃給:획급】 주어야 할 것을 갈라 줌。

그어 줌。나누어 줌。

【劃期的：획기적】❶새로운 시대를 긋는 상태。❷새로운 紀元을 별러서 한 그것。

【劃然：획연】명확하게 구별된 모양。분명하여 이지러짐이 없는 모양。

【劃一：획일】쭉 골라서 모두가 한결같음。줄친 듯이 모두가 한 가지로 가지런함。

【劃定：획정】한결같이 작정함。

【劃地：획지】都市에서 건축 용 땅을 갈라서 나누는 데의 단위가 되는 땅。

【劃下：획하】＝劃給。

【劃花：획화】도자기의 몸에 칼로 파서 새겨낸 그림。

【箚】(차)→竹部8畫

十三畫

【劇】(극) 陌 ゲキ、はげしい、しばい extreme; drama ㄐㄧˋ chi^2

小篆 草書 ❶심할극、대단할극、몹시극(甚也)。❷어려울극(艱也)。〔王粲詩〕同知埋身ㅣ。❸산디판극、연극극(演ㅣ)。〔姚合詩〕映竹窺猿ㅣ。❹더할극(增也)。❺많을극(多也)。❻바쁠극(忙也)。〔郭璞辭尙書表〕以無用之材管繁ㅣ之任。❼아플극(痛也)。

【劇界：극계】연극인들의 사회。劇壇。劇園。梨園。

【劇寇：극구】强暴한 敵。大敵。〔唐書〕秦王數平ㅣㅣ、功冠天下。

【劇難：극난】심히 論難함。激論難詰。

【劇壇：극단】❶연극을 하는 무대。❷연극인들의 사회。劇界。梨園。

【劇團：극단】연극하려고 모인 단체。

【劇談：극담】❶급하게 말함。〔漢書〕口吃不能ㅣㅣ。❷쾌활한 이야기。❸과격하고 맹렬한 담판。❹연극에 관한 이야기。

【劇盜：극도】큰 도둑。劇賊。强盜。激盜。大盜。〔宋史〕。

【劇動：극동】심하게 움직임。심한 동작。

【劇烈：극렬】과격하고 맹렬함。激烈。

【劇虜：극로】세력이 강한 오랑캐。强虜。

【劇論：극론】격렬한 議論。격렬한 論爭。〔元史〕每與虞集ㅣㅣ、以相切斷。

【劇務：극무】극심한 근무。바쁜 사무。〔文士傳〕有ㅣㅣ以筆答之。

【劇問：극문】바삐 물음。급히 물음。

【劇繁：극번】대단히 바쁨。매우 바쁜 사무。〔宋史〕博文以吏事、多任ㅣㅣ。

【劇變：극변】급격한 변화。激變。

【劇本：극본】脚本。臺本。

【劇司：극사】바쁜 일 자리。세력이 있는 자리。〔柳宗元〕拔自卑品委以ㅣㅣ。

【劇暑：극서】몹시 심한 더위。酷暑。盛暑。隆暑。〔陸游〕劍南無ㅣㅣ。

【劇甚：극심】극도로 심함。太甚。

【劇藥：극약】사용법을 그르치면 생명이 위험하거나 기능에 해가 되는 독한 약。劇劑。

【劇語：극어】과격한 말。

【劇役：극역】격심한 근무。어떤 일에 많이 쓰임。〔晉書〕終身ㅣㅣ。

【劇雨：극우】줄기차게 많이 내리는 비。豪雨。甚雨。猛雨。

【劇月：극월】바쁜 달。〔南史〕農桑ㅣㅣ。

【劇飮：극음】술 같은 것을 지나치게 많이 마심。痛飮。豪飮。

【劇作：극작】연극의 각본을 씀。

【劇作家：극작가】연극의 각본을 쓰는 것을 업으로 하는 사람。

【劇場：극장】영화·연극을 상연하는 곳。劇院。

【劇爭：극쟁】극렬하게 싸움。劇軋。

【劇敵：극적】강력한 적。〔元稹〕ㅣㅣ相

【劇的：극적】영화나 연극을 보듯이 감격적이며 인상적인 것。

【劇的光景：극적광경】감격적인 광경。

【劇的場面：극적장면】아주 심한 긴장이나 감격을 불러 일으키는 장면。

【劇戰：극전】격렬하게 싸움。격렬한 싸움。激戰。

【劇症：극증】대단한 병。급한 병。

【劇地：극지】번화하고 중요한 땅。

【劇職：극직】고되고 심한 직무。매우 바쁜 근무。또는 그 일。劇務。劇司。

【劇震：극진】❶대단히 심한 地震。❷심히 흔들림。

【劇驂：극참】七方으로 통하는 도로。〔爾雅·釋宮〕七達謂之ㅣㅣ。

【劇痛：극통】몹시 아픔。몹시 괴로와함。

【劇評：극평】연극에 대한 비평。

【劇寒：극한】몹시 추움。祁寒。

【劇戲：극희】광대가 하는 연극。

◎歌ㅣ、京ㅣ、觀ㅣ、悲ㅣ、笑ㅣ、樂ㅣ、演ㅣ、寸ㅣ、話ㅣ、活ㅣ、喜ㅣ。

【劈】(벽) 錫 ヘキ、つんざく split ㄆㄧ p'i^3

小篆 草書 빠갤벽、쪼갤벽、팰벽(剖破)。〔曹松詩〕ㅣ碎琅玕意有餘。

【劈開：벽개】❶쪼개져서 갈라짐。쪼갬。찢어짐。❷鑛物이 평면으로 일정한 방향에 따라 쪼개지는 것。또는 그 성질。❸《地》地殼의 橫壓力에 의해 水成岩에 일정하게 켜가 생기는 일。

【劈斷：벽단】切斷함。끊음。

【劈頭：벽두】❶글이나 말의 첫머리。❷일의 시작된 머리。〔無準錄〕惡水ㅣㅣ澆。

【劉】(류) 尤 リュウ、かつ overcome ㄌㄧㄡˊ liu^2

草書 ❶이길류(剋也)。❷죽일류(殺也)。〔書經 盤庚〕重我民無盡ㅣ。❸베풀류(敷陣)。❹쇠잔할류(衰也)。❺자귀류(斧屬)。〔書經 顧命〕一人冕、執ㅣ立于東堂。〔註〕ㅣ鉞屬。❻성류(姓也)。

【劉覽：유람】널리 봄。通覽함。〔淮南子 原道訓〕ㅣㅣ偏照。

【劉邦：유방】《人》B.C. 二五六~B.C. 一九五 漢 初代의 皇帝인 高祖。字는 季、지금의 江蘇省 沛縣 출신。秦 二世皇帝 때 起兵하여 咸陽을 攻略하여 漢王이 되고、項羽를 垓下에서 격파하여 帝位에 올라 國號를 漢이라 하고 長安에 도읍함。在位 一二년。

漢高祖 (三才圖會)

【劉備：유비】《人》一六一~二二三。三國時代 蜀漢의 始祖。字는 玄德、廟號는 昭烈皇帝。後漢 靈帝 때 黃巾賊을 쳐서 공을 세움。뒤에 諸葛亮을 얻어 成都에 도읍하여 漢의 후계자로서 魏·吳와 對立함。白帝城에서 病死함。劉先主。

漢昭烈帝 (三才圖會)

【劉禪：유선】《人》蜀漢 二代 임금。字는 公嗣、劉備의 아들。처음에는 諸葛亮 등의 보좌를 받아 先主의 뒤를 이으려고 노력하였으나、그들의 死後에는 魏에 降服하고 安樂公에 封함。劉後主。

【劉宋：유송】南朝의 宋의 別號。

【劉項：유항】漢 高祖 劉邦과 西楚 霸王 項羽。

【劉向：유향】《人》B.C. 七七~六 前漢 宣帝·成帝 때의 儒學者。字는 子政、前漢의 宗室。目錄學의 始祖。〈著書〉列女傳·新序·洪範·說苑·楚辭·戰國策 등。

【劉勰：유협】《人》?~四七三 南朝 梁의

학자。字는 彦和。『著書』文心彫龍。

【劊】 (회) 泰 カイ、たちきる ㄍㄨㄟˋ kuei⁴ (本音「괴」) cut
小篆 草書 끊을회(斷也)。
【劊手:회수】 死刑에 처한 죄인의 목을 베는 사람。

【剿】 (조) 篠 ソウ、きる、たつ cut
小篆 草書 ❶끊을조(絶也)。❷죽일조(殺也)。(『勦』와 같음)
【剿絶:조절】 끊어 없앰。剿殄。『說文』剿、絶也、周書曰、天用ㅡㅡ其命。
【剿殄:초진】 끊어 없앰。剿絶。『宋書』西剿桓歆、北殄索虜。

【劌】 (귀) 霽 ケイ、やぶる tear
小篆 草書 ❶사뿐찌를귀(利傷)。❷베일귀(割也)。❸찢을귀(破也)。『禮記 聘義』廉而不ㅡ義也。
【劌目鉥心:귀목술심】 눈을 놀라게 하고 마음을 놀라게 함。(轉) 문장의 구상이 뛰어나서 사람의 생각을 벗어남。『韓愈』郊詩ㅡㅡ、神造鬼設。

【劍】 (검) 豔 ケン、つるぎ ㄐㄧㄢˋ chien⁴ sword
小篆 籒文 草書 ❶칼검(兵器)。『管子』昔葛天盧之山發而出金蚩尤受而制之爲ㅡ鎧。❷칼로써 찔러죽일 검(斬殺)。『潘岳 馬敦誄序』手ㅡ父讎。❸칼을 쓰는 법검(使法)。『史記 荊軻傳』與蓋聶論ㅡ。(『劒』과 같음)

❶劍 (圖器禮)

【劍匣:검갑】 刀劍을 넣어 두는 궤。『白居易』ㅡㅡ塵埃滿。
【劍客:검객】 劍術을 잘하는 사람。劍士。『後漢書』吳王好ㅡㅡ、百姓多瘡瘢。
【劍訣:검결】 劍客이 갖고 있는 秘訣。
【劍光:검광】 칼날의 빛。『王初』ㅡㅡ橫雪玉龍寒。
【劍戟:검극】 ❶칼과 창。『國語』美金以鑄ㅡㅡ。❷武器。❸전쟁。
【劍器:검기】 鄕樂의 칼춤에 쓰던 칼。
【劍道:검도】 검술을 닦는 무도의 한 부문。
【劍鋩:검망】 칼날。『柳宗元』海畔尖峰似ㅡㅡ。
【劍舞:검무】 칼춤。칼을 들고 추는 춤。『唐書』以李白詩歌、裴旻ㅡㅡ、張旭草書。爲三絶。
【劍門:검문】 =劍閣。
【劍撥:검발】 칼과 방패。劍盾。『史記』矛戟ㅡㅡ、鼓譟而至。
【劍仙:검선】 劍術을 잘하는 사람。
【劍首一吷:검수일혈】 칼자루 끝에 있는 작은 구멍을 바람이 스쳐 가는 소리。(轉)들어 둘 만한 가치가 없음。『莊子·則陽』吹劍首者、吷而已矣。
【劍楯:검순】 칼과 방패。劍盾。
【劍術:검술】 칼을 잘 쓰는 술법。劍法。劍道。擊劍。『唐書』ㅡㅡ無前。
【劍匠:검장】 칼을 만드는 것을 업으로 삼고 있는 사람。刀工。劍工。「可裝」。
【劍把:검파】 칼자루。『史記』其ㅡㅡ無物
【劍俠:검협】 칼을 잘 쓰는 의협심 있는 남자。
【劍環:검환】 칼코등이。
◎擊ㅡ、短ㅡ、帶ㅡ、木ㅡ、寶ㅡ、雙ㅡ、利ㅡ、長ㅡ、銃ㅡ。

十四畫

【𠠆】 (유) 虞 ジュ、やわらか oil the leather
가죽에 기름먹여 유하게 할유(渥脂柔革)。

【劐】 (확) 藥 カク、きる ㄏㄨㄛ huo¹ cut; reap
❶끊을확(斷也)。❷벨확(刈穀)。

【劑】 ㊀(자) 支 ㊁(제) 霽 セイ、ザイ、てがた、くすり ㄐㄧˋ chi⁴ bill; medicine
小篆 草書 ㊀❶싹문지를자(翦齊)。『周禮 地官』司市以質ㅡ結信而止訟。『疏』質ㅡ謂券書。❷어음쪽자(券書)。㊁❶나눌제(分也)。❷약재료제(藥ㅡ)。『唐書』武爲救世砭ㅡ。(『齊』와 통함)
【劑刀:제도】 가위。翦刀。『爾雅·釋言注』南方人、呼劑刀爲ㅡㅡ。
【劑面:제면】 얼굴에 상처를 냄。『新書·諭誠』豫讓ㅡㅡ而變容、吞炭而爲噎。
【劑熟:제숙】 잘 調合함。『墨經·印』。
【劑信:제신】 符信으로써 證據를 삼음。또는 그 일。『周禮·春官』作盟詛之載辭以敍國之信用、質邦國之ㅡㅡ。
【劑錢:제전】 藥價。『韓愈』諸奇怪物、ㅡㅡ至數十萬。

【劒】 (검) 『劍』(刀部 13畫)의 籒文

【劔】 (검) 『劍』(刀部 13畫)의 俗字

【劓】 (의) 寘 ギ、はなきり ㄧˋ i⁴ cut nose
小篆 草書 ❶코베일의(割鼻)。『周禮 秋官司刑』ㅡ罪五百。❷베일의(割也)。『書經 盤庚』我乃ㅡ殄滅之。
【劓馘:의괵】 코 베는 것과 귀 베는 것。
【劓罰:의벌】 코를 베는 죄。劓辟。
【劓辟:의벽】 劓罰。『書經』ㅡㅡ疑赦。
【劓罪:의죄】 =劓罰。『周禮』ㅡㅡ五百。

十五畫

【劙】 ㊀(려) 錫 ㊁(라) 哿 レキ、きりひらく cut open
㊀❶베어서열려(劙開)。❷쪼갤려、저밀려(分破)。㊁❶나무베는소리라(斫木聲)。❷나무칠라(柯擊)。

十七畫

【劖】 (참) 咸 ザン、ほる、うがつ ㄔㄢˊ ch'an² bore; carve
小篆 草書 ❶새길참(刻也)。❷쇠지레참(剽剣)。❸뚫을참(鑿也)。『韓愈詩』若使乘酣馳雄怪 造化何以當鑴ㅡ。

❷劖 (書全政農)

十九畫

【𠠐】 (례) 霽 薺 レイ、とく split
❶풀례(解也)。❷벨례(割也)。❸쪼갤례(破也)。

【劗】 ㊀(찬) 寒 ㊁(천) 銑 サン、きる scissoring
小篆 草書 ㊀❶머리깎을찬(剃也)。❷끊을찬(切也)。❸덜찬(減也)。㊁깎을천(剪也)。『漢書』ㅡ髮文身之民也。
【劗髮:찬발】 머리털을 깎음。『漢書·嚴助傳』越方外之地、ㅡㅡ文身之民也。
【劗跙:찬저】 나아가지 않는 모양。『太玄經』銳劗鏑、昔ㅡㅡ。『注』ㅡㅡ、行不進也。

【劗鬋:찬전】 머리털을 깎음。수염도 깎는다는 뜻。『淮南子·齊俗訓』三苗髽首、羌人括領、中國冠笄、越人——。『注』鬋、斷也。

【劘】(마) 歌 マ、バ、けずる slice off ㄇㄛˊ mo²

劘 草書 ❶깎을마(削也)。❷벨마(切也)。

【劘劂:마궐】 깎아 자름。『張皓』不劘不劂、如磋如切。

【劘滅:마멸】 닳아 없어짐。『易林』雷霆所擊、誅者五逆、——無迹、有懼方息。

【劘剝:마박】 깎아 벗김。『顏延之·陽給事誄』。

二十一畫

【劙】 ㊀(리) 支 リ、きる split ㄌㄧˊ li² ㊁(례) 霽 ㊀저밀리、쪼갤리(分破)。㊁뜻은 ㊀과 같음。

【劙刀:예도】 황무지를 開墾하는 데 쓰는 農具。

劚 刀 (會圖才三)

【劚】(촉) 屋 チョク、けずる cut 깎을촉(削也)。

力 部

【力】(력) 職 リョク、リキ、ちから strength; power ㄌㄧˋ li⁴

小篆 小篆 草書 ❶힘력(筋—)。『十八史略 西漢』—拔山兮、氣蓋世。❷육체력(肉體)。❸부지런할력(勤也)。『孟子 滕文公上』或勞心或勞—。『書經 盤庚』—穡。❹심할력(甚也)。『漢書 汲黯傳』臣犬馬病—。❺종 부릴력(僕役)。『陶潛與子書』遣此—助汝薪水之勞。❻(물건의) 특유한일력。『孟子 離婁』聖人既竭目—焉云云、既竭耳—焉。❼일할력(勞也)。『史記 淮陰侯傳』欲爲陛下所爲者甚衆、顧—不能耳。❽덕력(恩德)。『十八史略 五帝』帝—何有於我哉。❾위엄력(權威)。『孟子 公孫丑上』以—服人者、非心服也。❿용기력(勇氣)。『史記 秦本紀』秦武王好—。⑪힘쓸력(盡力)。『後漢書 銚期傳』職方—。⑫작용할력(作用)。「引—、彈—」。

【力諫:역간】 힘써 간함。

【力攻:역공】 있는 힘을 다하여 공격함。

【力求:역구】 억지로 요구함。힘써 구함。

【力救:역구】 힘들여 구원함。

【力勸:역권】 ❶힘들여 권함。❷억지로 권함。

【力技:역기】 돌이나 쇠덩어리를 들어 올리는 운동。

【力農:역농】 농사에 힘씀。力田。

【力道:역도】 (體)역기 운동을 통하여 몸과 마음을 수련하는 도。

【力量:역량】 일을 해 낼 수 있는 힘。또는 힘의 정도。

【力綿:역면】 힘이 아주 약함。

【力拔山氣蓋世:역발산기개세】 山을 뽑고、세상을 덮을 정도로 氣力이 雄大함。拔山蓋世의 勇氣。楚의 項羽가 漢高祖에게 垓下에서 패하였을 때 지은 詩의 一節。『史記』——、時不利兮、騅不逝、騅不逝兮、可奈何、虞兮虞兮奈若何。(騅는 馬名。虞는 美姬名)。

【力不及:역불급】 힘이 다 미치지 못함。

【力不贍:역불섬】 힘이 넉넉하지 못함。

【力士:역사】 뛰어나게 힘이 센 사람。『史記』此特一——之事耳。

【力索:역색】 ❶애써 구함。❷깊이 생각함。❸힘을 다함。

【力說:역설】 극력 주장함。다짐을 주어 말함。힘써 말함。

【力說的:역설적】 자기 주견을 열심히 주장하는 것。

【力臣:역신】 ❶임금을 위하여 힘 쓰는 신하。『禮記』。❷勇力이 있는 신하。『左傳』欒氏之——督戎、國人懼之。

【力作:역작】 ❶애써서 지은 작품。훌륭한 작품。❷애써서 지음。『韓非子』——而食、生民之利也。

【力著:역저】 힘을 들여서 지은 책。훌륭한 저서。

【力戰:역전】 힘껏 싸움。力鬪。『後漢書』臨敵——。

【力政:역정】 ❶夫役。力役。『禮記』五十不從——。❷武斷政治。『漢書』天子弱、諸侯——。

【力盡:역진】 힘이 거의 빠짐。

【力疾:역질】 ❶병을 참고 견디며 일을 함。❷매우 빠름。

【力薦:역천】 힘껏 천거함。

【力鬪:역투】 힘껏 싸움。力戰。血鬪。

【力學:역학】 ❶힘써 배움。勉學。❷(物)물체의 動靜、운동의 遲速、힘의 작용 등의 관계를 연구하는 학문。

【力行:역행】 ❶힘써 행함。노력함。❷힘을 들여 나아감。『中庸』——近乎仁。

◎角—、强—、公—、功—、工—、國—、權—、極—、筋—、金—、氣—、努—、勞—、能—、膽—、動—、馬—、魔—、武—、物—、微—、迫—、私—、思—、詐—、事—、肆—、死—、勢—、速—、水—、神—、眼—、壓—、餘—、腕—、勇—、用—、威—、有—、人—、引—、自—、資—、磁—、財—、才—、專—、全—、電—、戰—、精—、定—、助—、酒—、注—、走—、主—、重—、盡—、借—、體—、他—、惰—、彈—、暴—、風—、筆—、學—、火—、活—、効—。

三畫

【功】(공) 東 コウ、ク、てがら services; merits ㄍㄨㄥ kung¹

小篆 草書 ❶공공(勞之績也)。『書經』九—惟敍。❷공치사할공(自以爲—之)。『史記』公子乃自驕而—之。❸복입을공(喪服)。『字彙』喪服曰大—小—。❹일할공(事也)『孟子 滕文公下』通—易事。❺사업의 공로공(—績)。『朱熹中庸章句序』若吾夫子云云、其—反有賢於堯舜者。❻이용할공(利用)。『孟子 滕文公下』其有—於子、可食而食之矣。(『公』과 通함)

【功幹:공간】 뛰어난 技能。倆伎。才幹。『魏志』渙從弟恪有——。

【功苦:공고】 ❶勞苦。『荀子·王制』辨—。❷그릇의 단단한 것과 여린 것。

【功高:공고】 공이 큼。공로가 많음。

【功課:공과】 ❶일의 성적。사업의 진행 정도。❷학생의 課業。學課。

【功過:공과】 공로와 허물。공로와 과실。

【功過相反:공과상반】 공로와 허물이 서로 반반임。

【功德:공덕】 ❶功勞와 仁德。功績과 德業。『唐書』——兼隆。❷(佛) 좋은 일을 쌓

은 공과 佛道를 修行한 덕。

【功德心:공덕심】 (佛) 여러 사람에게 착한 일을 하려는 마음。

【功力:공력】 ❶ 공。 効力。 効驗。 【白居易】神速ㅣㅣ倍。 ❷ 힘。 功業。 ❸ (佛) 功德의 힘。 修行에 의하여 얻은 힘。

【功烈:공렬】 훌륭한 공적。 大功。 功業。 不勳。 【左傳】銘其ㅣㅣ。

【功令:공령】 ❶ 학문의 功課에 관한 규칙。 學令。 【史記】餘讀ㅣㅣ、至廣厲學官之路、未嘗不廢書而歎也。 ❷ (國) 科文의 別稱。

【功勞:공로】 힘쓴 공덕。 勳業。 功業。

【功勞賞:공로상】 공적을 기리는 상。 【史記】積ㅣㅣ世以相傳久矣。

【功利:공리】 ❶ 공로와 이익。 【何晏】當時亨其ㅣㅣ、後世賴其英聲。 ❷ 공명과 이욕。 ❸ 행복과 이익。

【功利主義:공리주의】 ❶ 행위의 목적과 선악 판단의 표준을 공리에 두는 주의。 ❷ 예술은 인생이나 사회에 직접 유용한 것이라야 한다는 주의。 功利說。

【功名:공명】 ❶ 功勳과 名譽。 功譽。 ❷ 공을 세워 그 이름이 널리 알려짐。

【功名心:공명심】 공명을 탐내는 마음。

【功名慾:공명욕】 공명을 얻으려는 욕심。 공명에 대한 욕망。 「自矜ㅣㅣ。

【功伐:공벌】 功勳。 功勞。 勳功。 【史記】

【功閥:공벌】 =功績。 功伐。 【蔡襄】迹其ㅣㅣ之最、陟于城雉之聯。

【功夫:공부】 ❶ 일。 ❷ 方法。 手段。 【韓偓】始知名畫有ㅣㅣ。 ❸ 학문과 기술을 닦는 일。 工夫。 「稽其ㅣㅣ。

【功緖:공서】 공로。 功業。 功績。 【周禮】

【功成:공성】 공이 이루어짐。

【功成身退:공성신퇴】 공을 세워 사업을 이룬 뒤에 그 자리를 물러나감。

【功臣:공신】 ❶ 나라에 공로가 있는 신하。 【史記】侔ㅣㅣ、盛其爵祿。 ❷ 공로가 있는 부하。

【功臣田:공신전】 (制) 李朝 때 功臣에게 주던 田地。 高麗 때의 勳田。 功蔭田柴科에 해당함。

【功役:공역】 土木 공사의 負役。 【後漢書】ㅣㅣ繁興。

【功庸:공용】 나라의 일과 백성의 일。 또 그 功績。 【國語】無ㅣㅣ者、不敢居高位。

【功位:공위】 ❶ 공훈과 지위。 ❷ 공에 의하여 주는 벼슬 자리。

【功人:공인】 功勳이 있는 사람。

【功作:공작】 ❶ 물건을 만드는 일。 ❷ 어떤 목적을 위하여 일을 꾸밈。 工作。

【功績:공적】 공훈。 쌓은 공로。 成績。 功勳。 功伐。 功閥。 功庸。 勳績。 【呂氏春秋】故ㅣㅣ銘乎金石。

【功戰:공전】 싸워서 공을 세움。 【韓詩外傳】資勇者、不以衛上而ㅣㅣ。

【功程:공정】 일의 되어가는 과정。

【功罪:공죄】 공과 죄。 잘한 일과 잘 못한 일。 功過。 【後漢書】善惡要乎ㅣㅣ。

【功最:공최】 가장 큰 공로。

【功致辭:공치사】 자기의 공로를 스스로 칭찬하고 자랑함。

【功牌:공패】 공로 있는 사람에게 주는 賞與의 徽章。 賞牌。 【楊愼】ㅣㅣ銀爍爚。

【功效:공효】 공을 들인 보람。 業績。 功効。 【漢書】鄭吉、威振西域、上嘉其ㅣㅣ、封安遠侯。

【功候:공후】 진보의 정도。

【功勳:공훈】 =勳功。 【晉書】敬重ㅣㅣ。

【功虧一簣:공휴일궤】 산을 쌓아 올리는 데 한 삼태기의 흙을 게을리하여 드디어는 완성을 보지 못함。 (喩) 거의 成就한 일을 중지함。 【書經】不矜細行、終累大德、爲山九仞、ㅡㅡ。

【加】 (가) 䴥 カ、くわえる add ㄐㄧㄚ chia¹

小篆 草書

❶ 더할가(增也)。 【朱熹中庸章句序】ㅡ下之理、豈有以ㅣ於此哉。 ❷ 업신여길가(凌也)。 【論語 公冶長】我不欲人之ㅣ諸我也。 ❸ 미칠가(及也)。 【韓愈送李愿歸盤谷序】刀鋸不ㅣ。 ❹ 붙일가(著也)。 【論語 鄕黨】ㅣ朝服。 【史記 儒林傳】冠雖敝必ㅣ於首。 ❺ 침노할가(侵也)。 【十八史略春秋戰國趙】秦終不能ㅣ於趙。 ❻ 당할가(當也)。 【史記】及其旣降皆不ㅣ戮。 ❼ 더욱가(益也)。 【柳子厚送澥序】吾黜而季父公綽更爲刑部郞、則ㅣ稠焉。 ❽ 합할가(算法)。 「ㅣ減乘除」。

【加減:가감】 ❶ 보탬과 뺌。 ❷ 더하거나 덜하여 알맞게 함。 ❸ 加法과 減法。 【東坡集】ㅣㅣ秧馬曲盡其用。

【加減例:가감례】 (法) 형벌를 더하거나 감한 때에 기준이 되는 원칙。

【加減乘除:가감승제】 보태기·빼기·곱하기·나누기의 네 가지 셈법。

【加階:가계】 品階가 높아짐。 加級。

【加功:가공】 (法) 죄 되는 일을 거드는 행위。 범죄 행위를 幇助함。

【加工:가공】 ❶ 自然物이나 덜 된 물건에 人工을 더함。 ❷ (法) 남의 동산에 工作을 加하여 새 물건으로 만드는 것。

【加工輸入:가공수입】 (經) 가공하여 팔기 위하여 그 원료를 수입하는 것。

【加工業:가공업】 상품을 만들기 위한 가공을 전문으로 하는 공업의 한 분야。

【加工品:가공품】 가공하여 만든 물건。

【加冠:가관】 ❶ 二〇의 나이가 된 남자가 처음으로 관을 씀。 또는 그 儀式。 ❷ 갓을 씀。

【加級:가급】 벼슬이 높아짐。 加階。

【加給:가급】 품삯 따위의 정한 액수를 올려서 더 줌。 ↕減給。

【加給由:가급유】 (制) 官員에게 준 賜暇의 기한이 다 찼을 때 말미를 더 줌。 (加由는 略語)。

【加那陀:가나다】 (地) Canada의 音譯。 北美 大陸의 北部에 있는 나라 이름。 세계 제二차 대전 전까지는 英國의 自治植民地。 加奈陀。

【加納:가납】 (制) 세금 또는 上納을 定數 이상으로 더 바침。

【加年:가년】 나이를 몇 살 속이여 올림。 나이를 덧거리함。

【加擔:가담】 ❶ 어떤 일이나 무리에 한몫 낌。 ❷ 한 편이 되어 거들어 줌。

【加賭:가도】 (制) 賭租를 더 올려 매김。

【加斂:가렴】 (制) 租稅·金穀 같은 것을 정한 액수보다 더 징수함。

【加錄:가록】 (制) 文簿을 정리할 때 금액 같은 것을 추가로 기입 정리함。

【加療:가료】 치료를 가함。

【加里肥料:가리비료】 가리의 성분이 많이 들어 있는 거름。

【加盟:가맹】 동맹이나 연맹에 가입함。

【加味:가미】 ❶ 음식에 다른 물건을 넣어 맛이 나게 함。 ❷ 일정한 약방문에 다른 약재를 한데 더 섞음。

【加飯:가반】 정한 몫 밖에 더 먹는 밥。

【加撥:가발】 (制) 돈이나 곡식을 정한 것보다 더 내어 줌。

【加倍:가배】 倍를 더함。 두 배。 倍加。 一倍。

【加法:가법】 몇 개의 수나 式을 합하는 셈법。 加算。 덧셈。 덧셈법。 ↕減法。

【加補:가보】 더하여 보충함。 부족함을

보충함。『北史』名簿具注、——日月。

【加俸:가봉】 정한 봉급 밖에 돈이나 곡식을 더 주는 봉급。

【加捧:가봉】 정한 액수 밖에 돈이나 곡식을 더 徵收함。

【加捧女:가봉녀】 여자가 데리고 온 전 남편의 딸。의붓딸。

【加不得減不得:가부득 감부득】 더도 덜도 할 수 없음。

【加刪:가산】 더하는 것과 깎는 것。『韓駒』懇懃請——。

【加算:가산】 더하여 셈함。↕減算。

【加設:가설】 ❶ 더 베풀음。❷《制》소정의 관직 이외에 관직을 더 설치함。

【加勢:가세】 힘을 보탬。거들음。

【加速度:가속도】 ❶속도를 점점 늘임。❷《物》單位시간에 속도가 얼마만큼 바뀌는가를 나타내는 양。

【加速度運動:가속도운동】《物》시간이 지나감을 따라 속도를 더하는 운동。↕減速運動。

【加數:가수】 돈이나 물품의 수를 더함。

【加水分解:가수분해】《化》❶ 鹽類가 물에 의하여 분해되어、산성이나 알칼리성을 띠게 됨。❷유기 화합물이 물과 반응하여 분해함。澱粉을 산과 끓이면 포도당이 되는 따위의 현상。

【加膝墜淵:가슬추연】 사랑하고 미워함을 기분에 따라 행함으로써 그 행동이 禮에 벗어남。『禮記·檀弓』進人若將加諸膝、退人若將墜諸淵。

【加愛:가애】 두터이 사랑함。몸을 돌봄。

【加額:가액】 ❶돈의 액수를 더함。또는 그 액수。❷이마에 손을 얹는 뜻으로 올 사람을 기다림。

【加魚:가어】《動》가자미。

【加熱:가열】 ❶ 어떤 물질에 열을 줌。❷열을 더 세게 함。

【加外:가외】 ❶ 일정한 것 밖에 더함。넘음。❷생각 밖의 것。❸신분에 넘침。

【加律:가율】《制》형벌을 더하던 일。

【加衣:가의】 책가위。

【加意:가의】 특별히 마음에 둠。달리 생각함。특별히 주의하는 일。

【加日:가일】 날을 거듭함。며칠 걸림。「累日。

【加一瓜:가일과】《制》임기가 지난 관리를 다시 한 임기 더 있게 함。

【加一年:가일년】 만기된 기한을 一년 동안 더 늘임。

【加一層:가일층】 더 한층。한층 더함。

【加錢:가전】 웃돈。

【加腆:가전】 한층 더 후하게 함。『宋史』。

【加點:가점】 ❶ 글이나 또는 글자에 점을 더하여 찍음。❷漢文에 訓點을 찍음。

【加定:가정】 物品·費用·人員을 정한 수 이상으로 더함。

【加除:가제】 ❶더하는 것과 버리는 것。❷《數》加法과 除法。

【加罪:가죄】 ❶죄에 죄가 더함。죄를 더 줌。❷형벌을 더함。加律。

【加重:가중】 ❶더 무거워짐。더 무겁게 함。❷죄가 더 무거워짐。형벌을 더함。

【加增:가증】 불은 데다가 더 보탬。『後漢書』詔曰、君年在耆艾、不可復以——。

【加症:가증】 딴 병이 따라 일어남。딴 증세를 일으킴。

【加地枋:가지방】 문설주 안으로 덧낸 문지방。加枋。

【加執:가집】《制》還穀을 제한한 이외에 더 내어 주는 일。

【加餐:가찬】 ❶음식물을 많이 먹음。식사를 잘함。《轉》몸을 소중히 함。加養。養生。『後漢書·桓榮傳』願君愼疾——、重愛玉體。❷ 남의 건강을 축복하는 書翰 用語。

【加添:가첨】 더 얹음。덧붙임。添加。『白居易』——老氣味、改變舊容儀。

【加髢:가체】 女子가 머리에 假髻을 얹음。

【加出斂:가출렴】《制》가추렴。추렴이 예정액에 미달일 때 더 추렴함。

【加取:가취】 물건을 살 때 덤으로 받은 물건。또는 덤으로 받음。

【加土:가토】 ❶복돋아 주는 흙。❷무덤에 흙을 더 끼얹는 일。

【加痛:가통】 병자의 증세가 더하여 짐。

【加鞭:가편】 채찍질 하여 걸음을 더 재촉함。走馬加鞭。

【加被力:가피력】《佛》부처나 보살이 사람에게 주는 힘。「나 글을 添削함。

【加筆:가필】 붓을 대어 글씨를 고치거

【加下:가하】 ❶지정된 액수보다 의외로 돈을 더 씀。❷돈을 정액 외에 더 줌。

【加虐:가학】 학대를 가함。

【加害:가해】 ❶남에게 해를 끼침。❷남에게 상해를 입힘。

【加害者:가해자】《法》남에게 해를 끼친 사람。↕被害者。

【加害行爲:가해행위】《法》남에게 손해나 상해를 입힌 행위。

【力】 (화) 箇 カ、かけごえ tugging sound

배끄는소리화(牽船聲)。

四 畫

【劣】 (렬) 屑 レツ、おとる inferior カーせ lieh⁴

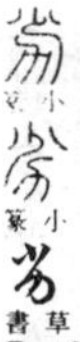

小篆 草書

❶용렬할렬(拙弱)。❷못날렬(優之反)。❸어릴렬(弱少)。『魏書 崔浩傳』臣稟性弱—、力不及健婦人。❹서툴렬。『白居易詩』顧我文章—、知他氣力全。❺조금렬(僅也)。『宋書 劉懷貞傳』—通車軸。❻더러울렬(鄙薄)。

【劣等:열등】 ❶낮은 등급。❷등급의 낮음。

【劣等感:열등감】 자신을 낮추어 경멸하는 감정。卑劣感。

【劣等生:열등생】 학생 따위의 등급이 나 질이 낮은 사람。↕優等生。

【劣薄:열박】 재주가 떨어지고 경박함。

【劣甫羅:열보라】《動》보라매의 하나。

【劣比:열비】《數》전항의 값이 후항의 값보다 적은 비。

【劣性:열성】《生》잡종의 생물로서 한쪽 어버이에게서 받은 形質을 나타내지 않는 유전질을 말함。

【劣勢:열세】 세력이나 힘이 줄어 듦음。또 그 상태。↕優勢。

【劣惡:열악】 저열하고 나쁨。

【劣位:열위】 남보다 못한 지위。↕優位。

【劣才:열재】 용렬한 재능。凡才。非才。

【劣情:열정】 비열한 생각。비열한 정욕。

【劣種:열종】 나쁜 品種。

【劣敗:열패】 힘이 남보다 못하여 짐。

【劣品:열품】 질이나 바탕이 낮은 물건。

◎卑—、鄙—、愚—、優—、低—、拙—、下—。

【劤】 (근) 問 キン、ちから strength

❶힘많을근(多力)。❷강할근(強也)。

【劦】 (협) 葉 キョウ、ちからをあわせる collaborate

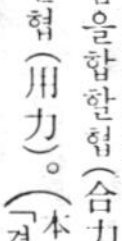

小篆 草書

❶ 힘을합할협(合力)。❷힘쓸협(用力)。(本音「겹」)

五 畫

【劬】 (귀) 寘 キ、つかれる tired out

草書

피곤할귀(疲極、勞—)。

【助】(조) 御 ジョ、たすける help;assist ㄓㄨˋ chu⁴

❶도울조(輔佐)。【易繫辭】天之所一者順也。❷자뢰할조(藉也)。❸유익할조(益也)。【史記】來以爲客、則一一也。(『鋤』와 같음)

【助桀爲虐:조걸위학】악인을 도와 악한 짓을 하게함。【史記·留侯世家】此所謂「一一一一。」

【助攻:조공】助勢하여 공격함。또는 그 「공격。」

【助敎:조교】《制》❶敎授 다음의 벼슬。❷대학에서 교수의 지시를 받아 학술 연구 및 사무를 돕는 직위。또는 그 사람。

【助敎授:조교수】대학 교수의 하나。부교수 밑의 직함。

【助動詞:조동사】=補助動詞。

【助力:조력】힘을 도와 줌。【漢書】

【助命:조명】목숨을 건져 줌。

【助味:조미】음식 맛을 좋게 함。

【助詞:조사】명사나 부사 따위 아래에 붙어서 다른 말과의 관계 또는 그 말의 뜻을 도와 주는 품사。

【助辭:조사】語助詞의 略語。

【助産:조산】❶分娩을 도움。❷産業을 助成하는 것。

【助産婦:조산부】=助産員。

【助産員:조산원】아이를 낳을 때 아이를 받고 산모를 구호하는 일을 업으로 삼는 여자。産婆。

【助成:조성】도와서 이루게 함。【書經】「一一道化。」

【助勢:조세】=助力。

【助手:조수】❶주장되는 사람의 일을 도와 주는 사람。❷교수의 지휘를 받아 학술의 연구 또는 사무에 수종드는 사람。助敎。

【助哀:조애】남의 슬픈 일에 같이 서럽게 울음。

【助陽:조양】남자의 성적 양기를 돋움。

【助語:조어】❶語助詞。❷문장에 어귀를 보태어 넣음。

【助言:조언】옆에서 말참견하여 남의 말을 도움。또는 돕는 말。

【助役:조역】❶일을 도와 주는 사람。❷철도국에서 역장을 보좌하고 역장 유고시에 도와주는 지위의 직무。

【助演:조연】연극에서 주역의 연기를 돕는 사람。또 그러한 역을 맡은 사람。

【助援:조원】=援助。

【助長:조장】❶무리하게 도와서 도리어 害가 됨。【孟子·公孫丑】心勿忘、勿一一也。❷도와서 더 자라게 함。

【助護:조호】도와서 보호함。

【助婚:조혼】❶혼인의 비용을 도와줌。❷혼인 때에 신부 집의 생활이 구차한 경우에 신랑 집에서 돈을 보태줌。

【助興:조흥】흥취를 도움。

◎共一、救一、內一、補一、扶一、神一、援一、自一。

【努】(노) 麌 ド、つとめる make efforts ㄋㄨˇ nu³

❶힘쓸노(勉也)。【李陵書】足下一力自愛。❷힘들일노(用力)。

【努力:노력】힘을 들이어 애를 씀。힘을 다함。【李陵】一一崇明德。

【努目:노목】성을 내어 눈을 부라림。

【努肉:노육】궂은살。

【劫】(겁) 葉 洽 キョウ、コウ おびやかす threat ㄐㄧㄝˊ chieh²

❶위협할겁(勢脅)。【禮記 儒行】一之以衆。❷겁탈할겁(强取)。【南史 宋孝武帝紀】各置都官從事一人司水火一盜。❸부지런할겁(勤也)。【字彙】一一猶汲汲也。【杜甫詩】浩一因王造平臺訪古遊。❹대궐층계겁(宮殿階級)。❺겁겁(佛一世之稱)。【楞嚴經】儒爲世、釋爲一道爲塵。❻(전쟁으로 일어나는) 화재겁(兵燹)。❼불한당겁(强盜一盜)。

(『刦』과 통함)

【劫姦:겁간】폭력으로 간음함。强姦。

【劫劫:겁겁】❶부지런히 힘쓰는 모양。汲汲。孜孜。❷代마다。世世。代代。【白居易】生生一一爲我師。

【劫氣:겁기】❶험준한 산의 궂고 무시무시한 기운。❷궁한 사람의 얼굴에 나타난 언짢은 기운。

【劫年:겁년】厄運이 돌아온 해。厄年。

【劫掠:겁략】위협이나 폭력으로 남의 것을 빼앗음。【史記】一一代地。

【劫盟:겁맹】위협하여 맹세하도록 함。

【劫縛:겁박】위협하여 묶음。【柳宗元】鄕之行一一者側目。

【劫迫:겁박】위력으로 협박함。强迫。

【劫水:겁수】《佛》세계가 파멸할 때에 일어난다는 큰 물。

【劫餘:겁여】❶劫掠을 당한 뒤。❷싸움이 있은 뒤。戰後。

【劫悟:겁오】氣가 서로 충격하는 것。또는 소리가 명확한 모양。

【劫獄:겁옥】옥에 갇힌 죄인을 폭력으로 빼앗아 찾아 냄。劫囚。

【劫運:겁운】큰 액운。액이 낀 운수。

【劫奪:겁탈】위협하여 奪取함。【南史】。

【劫簸:겁파】한 없이 길고 긴 시간。

【劫貝:겁패】《植》木花。

【劫風:겁풍】《佛》세계가 파멸할 때에 일어난다는 큰 바람。

【劫火:겁화】《佛》세계가 멸망할 때에 일어난다는 큰 火災。

【劫灰:겁회】❶兵火。❷《佛》劫火 때에 생기는 재。❸재가 되어 소멸함。

【劫會:겁회】큰 액운。劫運。

◎億一、永一。

【劬】(구) 虞 ク、くるしむ trouble ㄑㄩˊ ch'ü²

❶수고할구(疲勞)。【詩經 小雅蓼莪】哀哀父母生我一勞。❷애먹을구(一勞病苦)。❸부지런할구(勤勉)。【詩經】之子于征一勞于野。

【劬儉:구검】일에 힘쓰고 비용을 절약함。【唐書】吳湊爲人彊力一一。

【劬劬:구구】애먹는 모양。바쁘게 수고하는 모양。【程俱】誰能三萬卷、懸頭苦一一。「息一一。」

【劬劇:구극】바쁘고 애먹음。【陶弘景】省賤霜雪、不憚一一。

【劬勤:구근】부지런히 일함。【後漢書】

【劬勞:구로】❶병으로 고생함。❷힘들여 수고함。【詩經】哀哀父母、生我一一。❸자식을 낳아 기르는 수고。

【劬勞日:구로일】어버이가 저를 낳느라고 애쓴 날。곧 자기의 생일。

【劬勞之感:구로지감】낳아 길러준 어버이의 은덕을 생각하는 마음。

【劬勞之恩:구로지은】자기를 낳아 기른 어버이의 은덕。

【劬祿:구록】노력함。마음과 몸의 괴로움을 참고 몸을 단속함。拘祿。【淮南子·主術】。

【劭】 ㊀(교) 蕭 ㊁(소) 嘯 ショウ、つとめる diligent ㄕㄠˋ shao⁴

㊀권면할교(勸勉)。【漢成帝詔】先帝一農。㊁❶아름다울소(美也)。【潘岳詩】令名患不一。

❷높을소(高也)。〔宋書 宗室傳〕雅量高—。❸스스로힘들일소(自强)。

〔劭令：소령〕 덕이 높고 행실이 착함。『晉書』明德——。

【劮】(일) 質 イツ、たのしむ glad
❶기쁠일(豫也)。❷외람할일(猥也)。

【励】(려)『勵』(15畫 力部)의 略字

【勁】(경)『勁』(7畫 力部)의 略·俗字

【労】(로)『勞』(10畫 力部)의 略字

【男】(남)→田部2畫

六畫

【劵】(권) 霰 ケン、なまける lazy
小篆 草書 ❶게으를권(倦也)。❷고달플권(勞也)。❸수고로울권(苦也)。(『倦』과 같음)

【劬】(구) 有 コウ、つとめる endeavour
❶부지런할구(勤也)。❷힘쓸구(勵也)。

【効】(효)『效』(6畫 攴部)의 俗字

【劻】(광) 陽 キョウ、にわかに suddenly ㄎㄨㄤ k'uang¹
草書 급거할광(急遽貌)。

〔劻勷：광양〕 급히 하는 모양。『廣韻』

【劼】(할) 黠 キツ、つつしむ be careful
小篆 草書 ❶부지런할할(勤也)。❷삼갈할(愼也)。❸굳을할(確固)。(本音「갈」)

〔劼毖：할비〕 힘써 삼감。『書經』汝——殷獻臣。

【劾】㊀(해) 隊 ㊁(핵) 職 ガイ きわめる verification ㄏㄜˊ hê²
小篆 草書 ㊀❶힘쓸해(用力)。❷공해(功也)。❸안찰할해(按也)。㊁❶캐고물을핵(推窮罪人)。〔後漢書 范滂傳〕滂知意不行、投—去。❷핵실할핵(彈治)。〔六書故〕考—其實。

〔劾繫：핵계〕 告發하여 拘束함。『唐書』金吾——。

〔劾論：핵론〕 허물을 들어 논박함。

〔劾情：핵정〕 정상을 조사하여 따짐。

〔劾奏：핵주〕 관리의 죄과를 탄핵하여 임금이나 상관에게 아룀。『漢書』以元成實不病、——之。◎彈—。

【協】(협)→十部6畫

七畫

【勀】(극) 職 コク、つとめる endeavour
小篆 ❶이길극(勝也)。❷힘쓸극(自彊)。❸극심할극(尤極)。

【勁】(경) 敬 ケイ、キョウ、つよい firm
小篆 草書 굳셀경(强健)。〔戰國策 宋策〕夫梁兵—而權重。(『緈』과 通함)

〔勁健：경건〕 ❶筆力이 대단히 굳세고 건장함。❷굳세고 건장함。

〔勁弓：경궁〕 强弓。위력이 있는 활。

〔勁騎：경기〕 굳센 騎兵。강한 기병。『北史』高昂率——。

〔勁木：경목〕 굳세고 꺾이지 않는 나무。『白居易』風雪折——。

〔勁葉：경엽〕 단단한 잎。『劉臻』疾風摧——。

〔勁勇：경용〕 굳세고 용감함。『晉書』郭誦率——五百。

〔勁敵：경적〕 억센 대적。상대。强敵。

〔勁卒：경졸〕 씩씩하고 굳센 병졸。『晉書』良將——。

〔勁酒：경주〕 독한 술。『陸游』——擧數斗。

〔勁直：경직〕 굳세고 바름。『韓非子』能法之士、必强毅而——。

〔勁草：경초〕 굳센 풀。《喩》節操가 굳은 사람。『後漢書·王霸傳』疾風知——。

〔勁風：경풍〕 몹시 거센 바람。

〔勁悍：경한〕 굳세고 사나움。勁捍。『晉書』夷獠——、歷世不賓。

【勃】(발) 月 ボツ、おこる spirited ㄅㄛˊ po²
小篆 小篆 草書 ❶활발할발(興起)。❷발끈할발(變色貌)。『論語 鄕黨』色—如也。❸범성할발(盛貌)。『陳造詩』—鬱詩情喙三尺。❹화난 모양발(怒貌)。『孟子 萬章下』王—然變乎色。❺때마침발(卒也)。❻밀칠발(排也)。(『渤』과 같고『艴』과 통함)

〔勃啓：발계〕 갑자기 일어남。우쩍 성해짐。『徐陵』皇運——。

〔勃谿：발계〕 싸워서 서로 反目하는 모양。서로 미워하는 모양。『莊子·外物』婦姑——。

〔勃姑：발고〕 《動》비둘기의 異稱。『黃庭堅』——夫婦喜相喚。

〔勃起：발기〕 별안간 불끈 일어남。갑자기 일어남。「기 일어남。

〔勃勃：발발〕 ❶사물이 한창 일어나는 모양。성한 모양。❷몸이 가뿐하고 민첩한 모양。「갑자기 일어남。

〔勃發：발발〕 일이 갑자기 터져 일어남。

〔勃然：발연〕 ❶발끈 성내는 모양。顏色이 달라지는 모양。❷갑자기。卒然。❸벌컥 일어나는 모양。『莊子』忽然出、——動。

〔勃然大怒：발연대로〕 갑자기 와락 성을 냄。

〔勃然變色：발연변색〕 갑자기 와락 성이 나서 얼굴 빛이 변함。

〔勃鬱：발울〕 ❶바람이 廻旋하는 모양。❷가슴이 답답하게 막힘。鬱結。鬱勃。

〔勃爾：발이〕 왈칵 일어나는 모양。勃焉。『鍾嶸』——復興。

〔勃解：발해〕 ＝渤海。

〔勃興：발흥〕 갑자기 일어남。『後漢書』漢祖杖劍、武夫——。

【勅】(칙) 職 チョク、みことのり imperial command ㄔˋ ch'ih⁴
❶신칙할칙(誡也)。❷칙령칙(天子制書)。(『敕·勑』과 같음)

〔勅令：칙령〕 임금의 명령。勅命。

〔勅命：칙명〕 임금의 명령。勅旨。勅令。

〔勅封：칙봉〕 勅命에 의한 封印。

〔勅使：칙사〕 勅命으로 가는 사신。임금의 명령을 받은 사신。『晉書』稱——。

〔勅書：칙서〕 勅命을 적은 문서。詔書。

〔勅選：칙선〕 칙령으로 뽑음。

〔勅語：칙어〕 임금의 말씀。또는 그 글。

〔勅諭：칙유〕 임금의 몸소 타이른 말씀。勅敎。勅語。『漢書』奉璽書——之。

〔勅任：칙임〕 《法》勅命으로 관리에 임명하는 일。또는 그 벼슬。

〔勅裁：칙재〕 임금의 재결。勅斷。「사。

〔勅祭：칙제〕 勅命에 의하여 행하는 제

〔勅詔：칙조〕 임금의 명령。勅宣。勅命。

【勅旨:칙지】 임금의 말씀。勅命。『宋史』雖有一一、不得過三十萬。
【勅差:칙차】 임금의 使臣。勅使。
【勅撰:칙찬】 ❶임금이 몸소 詩歌나 文章을 짓는 것。❷勅命에 의하여 책을 만듦。또는 그 책。
【勅筆:칙필】 임금의 親筆。
【勅行:칙행】 (國)❶勅使의 行次。❷中國에서 오는 勅使의 일행。
【勅許:칙허】 임금의 허가。
◎密一、奉一、違一、遺一、詔一。

【敕】 (래)(칙) 『勑』(力部 8畫)의 略·俗字

【勇】 (용) 腫 ユウ、いさましい bravery ㄩㄥˇ yung³

小篆 或體 古文 草書 ❶날랠 용(氣健、銳也)。【論語】一而無禮則亂。❷용맹할 용(果敢)。「高踏一退」。❸용기 용(一氣)。【中庸】知仁一三者、天下之達德也。❹기운차게할 용。【韓愈 柳子厚墓誌銘】一於爲人。❺억센 사람 용(猛士)。【李嶠詩】決勝三河一、長驅六郡雄。
【勇敢:용감】 씩씩하고 겁이 없으며、기운참。勇氣가 있고 果斷性 있게 일을 함。
【勇敢無雙:용감무쌍】 용감하기 짝이 없음。
『禮記』有義之謂一一。
【勇敢性:용감성】 용감한 성품。또는 「성질。
【勇剛:용강】 성질이 사납고 굳셈。
【勇決:용결】 어떤 일을 용기 있게 결단함。勇斷。『唐書』一一權略、一世之雄。
【勇氣:용기】 씩씩하고 굳센 기운。
【勇斷:용단】 어떤 일을 용기 있게 결단함。果斷。勇決。

【勇略:용략】 勇力과 모략。『史記』一一震主者危。
【勇力:용력】 씩씩한 힘。용맹스러운 힘。『周禮』國之一一之士。
【勇猛:용맹】 날래고 사나움。
【勇名:용명】 씩씩하고 굳세다는 이름。
【勇明:용명】 용감하고 明敏함。
【勇兵:용병】 용감한 군사。勇士。
【勇夫:용부】 용감한 남자。용감한 사나이。『書經』仡仡一一、射御不違。
【勇赴:용부】 용기 있게 달려감。
【勇士:용사】 용기가 있는 남자。용감한 군인。『孟子』一一不忘喪其元。
【勇躍:용약】 용감하게 날뜀。
【勇往邁進:용왕매진】 용감하게 나아감。옆도 돌보지 않고 용기 있게 나아감。
【勇者:용자】 용감한 사람。勇士。
【勇將:용장】 용감한 장수。↕庸將。
【勇壯:용장】 날쌔고 굳셈。
【勇戰:용전】 용맹스러운 싸움。
【勇進:용진】 용감하게 나아감。『舊唐書』一一者但欲凌人。
【勇退:용퇴】 조금도 꺼리지 않고 시원스럽게 물러 나감。『戴復古』急流一一有何難。
【勇悍:용한】 날래고 사나움。『史記』張次公亦爲郎、以一一從軍。
【勇俠:용협】 의협심이 있어 남자다움。남자다운 의기。豪俠。義俠。俠勇。『魏武帝』士隱者貧、一一輕非。
◎蠻一、猛一、武一、小一、義一、忠一。

【勉】 (면) 銑 ベン、つとめる make efforts ㄇㄧㄢˇ mien³

小篆 草書 ❶힘쓸 면(勖也)。【中庸】有所不足、不敢不一。❷부지런할 면(勤也)。❸강인할 면(强也)。❹장려할 면(勵也)。【禮記 月令】一諸侯。
【勉强:면강】 ❶애써 힘씀。노력을 함。『中庸』一一而行之。❷억지로 시킴。
【勉勸:면권】 힘쓰고 권장함。『漢書』一一農桑。
【勉勵:면려】 ❶스스로 힘써 함。❷남을 힘쓰게 함。勉厲。勉礪。「一一稱朕意。
【勉力:면력】 힘쓰고 노력함。『金史』一一孜孜。
【勉勉:면면】 부지런히 힘쓰는 모양。孜孜。汲汲。『詩經』一一我王、綱紀四方。
【勉從:면종】 마지 못하여 복종함。
【勉學:면학】 학문에 힘씀。「子一一矣。
【勉行:면행】 힘써 행함。力行。『戰國策』
◎勸一、勤一。

【㚒】 (부) [國字] study
공부부(功夫)。

八畫

【勌】 (권) 霰 ケン、つかれる fatigue ㄐㄩㄢˋ chüan⁴

草書 ❶고달플 권(疲也)。【莊子 應帝王】學道不一。❷게으를 권(倦也)。❸수고로울 권(勞也)。(『倦』과 通함)
【勌懣:권만】 일에 시달리고 싫증을 냄。『司馬光』一一輒披讀。
【勌惓:권페】 싫증을 내고 게으름을 핌。『漢書』足下舉一一之兵。

【勍】 (경) 庚 ケイ、つよい strong ㄑㄧㄥˊ ch'ing²

小篆 草書 ❶굳셀 경(彊也)。【左傳 僖公】一敵之人。❷강할 경(强也)。
【勍敵:경적】 강한 敵。힘이 있는 상대。强敵。勁敵。『左傳』一一之人。

【勑】 (량) 養 リョウ、しいる pressing

❶핍박할 량(逼也)。❷가까울 량(近也)。❸힘쓸 량(勉也)。❹거스를 량(拒也)。❺게으를 량(懶惰)。

【勑】 ㊀(래) 隊 ㊁(칙) 職 ライ、チョク、ねぎらう、いましむ comfort; warning ㄔˋ ch'ih⁴

小篆 草書 ㊀위로할 래(慰也)。(『徠』와 같음) ㊁❶바를 칙(正也)。【後漢書】效伯高不得猶爲謹一之士。❷다스릴 칙(治也)。(『勅』과 같음)

【勢】 (세) 『勢』(力部 11畫)의 俗字

九畫

【勂】 (할) 黠 カツ、つとめる work hard

❶힘들일 할(勤力)。❷어기어차 할할(用力聲)。

【勒】 (륵) 職 ロク、くつわ bridle ㄌㄜˋ lê⁴

小篆 草書 ❶굴레 륵(絡銜)。【說文】有銜曰一無銜曰韁。❷억지로할 륵(抑也)。【後漢書 馬廖傳】廖性寬緩不能教一子孫。❸새길 륵(刻也)。❹엄중할 륵(嚴重)。【後漢書光武帝紀】親一六軍。❺정돈할 륵(整頓)。
【勒掘:늑굴】 남의 山所를 강제로 파가게 함。
【勒買:늑매】 강제로 물건을 삼。
【勒銘:늑명】 ❶文字를 金石에 새김。❷비석 따위에 새긴 文字。『晉書』上有一一
【勒帛:늑백】 허리를 둘러 매는 띠。끈。

【勒捧:늑봉】빚진 사람에게서 돈이나 물건을 강제로 받아 들임。
【勒死:늑사】억지로 죽임。
【勒削:늑삭】남의 머리를 강제로 깎음。
【勒紲:늑설】말의 고삐。
【勒定:늑정】강제로 작정하게 함。
【勒住:늑주】억지로 못 떠나가게 함。抑止。〔范成大〕一一東風寂寞濱。
【勒奪:늑탈】폭력이나 위력으로 빼앗음。
【勒限:늑한】위협에 못이겨 승낙을 한 빚 갚을 기한。
【勒婚:늑혼】억지로 허락받은 혼인。
【勒痕:늑흔】목을 졸라매어 죽인 흔적。

【勔】

(민) 軫 メン、はげむ make efforts ㄇㄧㄢˇ mien³

草書 ❶권면할민(勸勉)。❷힘쓸민(勉也)。

【動】

㊀(동) 董 ドウ、うごく move ㄉㄨㄥˋ tung⁴ ㊁(동) 送

小篆 或體 草書 ㊀❶움직일동(靜之對)。〔易〕二之一。❷지을동(作也)。❸감응동(感應)。〔中庸〕見乎蓍龜、一乎四體。❹나올동(出也)。〔禮記 月令〕仲春蟄蟲咸一。❺마음진정치 않을동。〔十八史略春秋戰國趙〕襄子如厠心一。❻난리동(亂也)。❼행동동(行一、擧一)。❽동물동(一物)。㊁움직이게할동(一之)。〔易繫辭〕雷以一之。
【動駕:동가】御駕가 대궐밖으로 출동함。
【動悸:동계】마음이 두근거림。가슴이 두근거리는 일。〔後漢書〕心中一一。
【動機:동기】❶意思를 결정하는 원인。❷행위를 결정하는 목적。행동의 직접 원인。모티브(motive)。
【動動:동동】(國)❶高麗 때부터 口傳되어 오던 歌謠。정월부터 섣달까지의 남녀 情事를 月令體로 읊은 노래。❷옛 管樂曲의 한 가지。현재 國樂院에서 연주되고 있음。❸動動舞。
【動動舞:동동무】(國)高麗 때 나라 잔치 때 추던 춤의 한 가지。
【動亂:동란】❶난리가 일어남。❷戰爭。
【動力:동력】(物)❶열·물·바람·전기 따위의 힘을 이용하여 기계를 움직이는 원동력。❷어떤 사물을 움직여 나가는 활동의 능력。
【動鈴:동령】(佛)동냥。
【動脈:동맥】(生)심장에서 나오는 피를 몸 안의 모든 器管으로 보내는 맥관 계통。↔靜脈。
【動脈硬化:동맥경화】(生)동맥의 벽이 變性하여 탄력성을 잃은 상태。
【動脈管:동맥관】(生)動脈血을 보내는 血管。動脈血管。
【動脈血:동맥혈】(生)動脈에 의해 심장으로부터 몸의 각 부분으로 운반되는 곱게 붉은 빛을 띤 피。
【動目:동목】❶눈을 움직임。❷눈을 부릅뜨고 봄。
【動物:동물】스스로 움직일 수 있으며 知覺·生長·生殖의 기능을 가진 생물의 한 가지。↔식물。
【動物界:동물계】동물의 세계。
【動物恐怖:동물공포】(心)작은 벌레만 보아도 공연히 무서움을 느끼는 관념。
【動物性:동물성】동물의 본 바탕이 되는 성질이나 체질。↔植物性。
【動物性纖維:동물성섬유】누에고치 실이나 털로 만든 섬유。
【動物性食物:동물성식물】사람이 먹을 수 있는 온갖 고기。
【動物崇拜:동물숭배】미개인들이 어떠한 동물을 거룩하게 보고 神으로 여겨서 우러러 섬김。
【動物愛護:동물애호】동물을 사랑하며 보호함。↔動物虐待。
【動物園:동물원】온갖 동물을 길러 두고 여러 사람에게 구경시키는 곳。
【動物質:동물질】동물의 몸을 組成하는 물질。↔식물질·광물질。
【動物學:동물학】(動)동물의 형태·습성 따위를 연구하는 학문。
【動物虐待:동물학대】동물에게 몹시 모질게 굴거나 마구 부림。
【動兵:동병】군사를 움직여 일으킴。
【動蜂:동봉】(動)집을 짓거나, 꿀을 치며 일을 하는 벌。일벌。
【動不動:동부동】꼭。반드시。
【動詞:동사】품사의 한 가지。사물의 동작·작용을 나타내는 품사。
【動產:동산】(法)모양이나 성질을 변하지 않고 옮길 수 있는 재물。
【動植物:동식물】동물과 식물。
【動心:동심】❶마음이 움직임。❷가슴이 두근거림。
【動陽:동양】陽氣가 동함。
【動搖:동요】움직이고 흔들림。〔漢書〕人人自安難一一。
【動容:동용】몸을 움직이는 태도。擧動。〔孟子〕一一周旋中禮者、盛德之至也。
【動員:동원】❶군대를 전시 편제로 뜯어 고침。❷전시에 나라 안의 자원·공장 따위를 정부의 관리 아래 집중시킴。❸어떤 행사를 위하여 사람들을 모아 그 쪽으로 돌림。
【動員令:동원령】전쟁이나 사변 때에 군대를 동원시키는 명령。
【動議:동의】회의 중에 의원이 의제를 제출함。또는 그 의제。
【動作:동작】❶움직이는 행동。〔詩經·註〕一一容貌有常。❷의식적인 행위。
【動箴:동잠】四勿箴의 하나。禮가 아니거든 움직이지 말라는 계율。
【動靜:동정】❶행동의 상황。動止。❷동물과 식물。〔史記·五帝記〕一一之物。❸사정。소식。安否。〔易經〕一一有常。
【動止:동지】움직임과 그침。動作。動靜。擧動。擧止。擧措。起居。
【動天:동천】하늘을 뒤흔들 만큼 세력이 성함。
【動輒得謗:동첩득방】결핏하면 비방을 받음。욕을 먹음
【動聽:동청】❶傾聽함。❷말하는 말이 傾聽의 가치가 있음。
【動體:동체】❶流動體。❷움직이는 것。
【動哨:동초】警戒線을 순찰하는 哨兵。
【動塚:동총】무덤을 옮기려고 파냄。
【動彈不得:동탄부득】꼼짝달싹 못함。
【動態:동태】움직여 나아가는 상태。
【動胎:동태】胎兒가 놀라 움직여、배와 허리가 아프면서 낙태될 염려가 있는 병。
【動風:동풍】(醫)병으로 온몸이나 또는 어느 한 부분에 瘈瘲이 일어남。
【動向查察:동향사찰】사상 행동의 움직이는 방향을 조사하고 살핌。
【動血:동혈】기쁨·성남·슬픔·즐거움을 몹시 드러내는 일。
【動蛔:동회】❶회가 동함。❷구미가 당김。
【動爻:동효】術家에서 占卦가 바뀌는 일。
◎稼一、感一、擧一、激一、鼓一、亂一、鳴一、微一、反一、發一、變一、浮一、不一、生一、騷一、言一、運一、搖一、流一、律一、移一、自一、蠢一、地一、震一、天一、他一、胎一、暴一、行一、活一。

【勖】

(욱) 沃 キョク、つとめる make efforts ㄒㄩˋ hsü⁴

小篆 草書 힘쓸욱(勉也)。〔書經 牧誓〕一哉夫子。

【勖】(욱)『勗』(前條)의 譌字

【勘】(감) 勘 カン、しめきり closing ㄎㄢˋ k'an4

小篆 草書 ❶정할감(定也)。❷마감할감(磨—)。❸죄를정할감(鞫囚)。❹감당할감(—當)。

【勘檢:감검】생각하여 조사함。『司馬光』——出身、比類資序。

【勘考:감고】생각함。深思함。熟考。

【勘校:감교】조사 또는 대조하여 잘못을 바로 고침。校量。校勘。校正。

【勘斷:감단】죄인을 조사하여 처단함。

【勘放:감방】죄인을 처분하여 놓아 줌。

【勘辨:감변】생각하여 정함。

【勘審:감심】생각하여 상세하게 조사함。『隋書』令與太史舊曆、竝加——。

【勘誤:감오】文字의 錯誤를 校正함。

【勘葬:감장】《國》葬事 치르기를 끝냄。

【勘罪:감죄】《國》죄인을 취조하여 처분함。

◎磨—。

【務】㊀(무) 週 ㊁(무) 虞 ム、つとめる make efforts ㄨˋ wu4

小篆 草書 ㊀❶힘쓸무(勉强)。『易繫辭』開物成—。❷일무(事也)。『史記 貨殖傳』必用此爲—。❸직분무(職分)。❹마음을 먹을무。『大學』長國家而—財用者、必自小人矣。❺업신여길무。『詩經小雅常棣』外禦其—。(『懋』와 같음) ㊁산무。(앞이 높고 뒤가 낮은산)(『侮』와 같음)

【務耕:무경】밭 가는 일에 힘씀。『逸周書、大開武解』若農之服田、——而不耨、維草其宅之。

【務農:무농】農事에 힘씀。『國語・周語上』三時——、而一時講武。

【務當:무당】당연히 힘써야 할 일。『呂覽・博志』全則必缺、極則必反、盈則必虧、先王知物之不可兩大、故擇——而處之。

【務德:무덕】德에 힘씀。힘써 덕을 닦음。『左氏・襄』師曠曰、公室懼卑、臣不心競而力爭、不——而爭善。

【務得:무득】얻으려고 애씀。『韓愈・進學解』貪多——、細大不捐。

【務力:무력】權力을 얻으려고 애씀。『韓非子・顯學』力多則人朝 力寡則朝于人、故明君——。

【務望:무망】힘써 바람。

【務本:무본】❶根本에 힘을 씀。『書經・泰誓下』除惡——。❷書籍의 篇名。㉠呂氏春秋、有始覽의 篇名。㉡潛夫論의 篇名。

【務穡:무색】耕穡에 힘 씀。農事에 힘씀。一說엔 穡은 儉이라고 함。『左氏・僖』貶食省用、——勸分。『注』穡、儉也。

【務施:무시】베풀기를 애씀。애써 베품。『左氏・哀・元』勾踐能親而——、施不失人。

【務實:무실】實事에 힘씀。『國語・晉語』華則榮矣、實則不知、請——乎。

【務節:무절】節義에 힘씀。『荀子・王制』士大夫——死制、然而兵勁。

【務躁:무조】일에 어두워서 서둘며 법석을 떨음。『易經・注』乎、猶——也。『疏』如贏豕之——而蹢躅然也、云云。

【務職:무직】職分에 힘을 다함。『管子・法禁』聖王之治民也、中略、務其職、榮其名、而後止。

【務進:무진】애씀。『管子・形埶』朝不勉力——、夕無見功。

◎激—、兼—、公—、國—、軍—、劇—、勤—、急—、內—、本—、事—、常—、庶—、俗—、業—、外—、要—、用—、義—、任—、財—、政—、職—、執—、債—、特—、學—。

十畫

【勛】(훈)『勳』(力部 14畫)의 古字

【勛業:훈업】공。功業。『宋史』中外跂想其——。

【勝】㊀(승) 徑 ㊁(승) 蒸 ショウ、かつ、まさる win; overcome ㄕㄥˋ shêng4

小篆 草書 ㊀❶이길승(負之對)。『史記』百戰百—。❷나을승(優也)。『古詩 焦仲卿妻』卿當日—貴、我獨向黃泉。❸경치가좋을승。『南史 梁始興王憺傳』—境名山多所尋履。❹화곽승(首飾)。『杜甫詩』—裏金花巧耐寒。❺새이름승(鳥名戴—)。㊁❶맡을승(任也)。『論語 鄕黨』執圭鞠躬如也、如不—。❷가질승(持也)。❸들승(擧也)。『蘇軾詩』沈郞淸瘦不—衣。❹남지않을승(悉也)。

【勝塏:승개】경치가 좋은 높고 밝은 곳。『唐書』「——名山、多所尋履。」

【勝境:승경】좋은 경지。勝地。『南史』

【勝區:승구】경치 좋은 구역。勝地。

【勝己者厭:승기자염】재주가 자기보다 나은 사람을 싫어함。勝己者厭之。

【勝率:승률】試合 따위에서 이긴 비율。

【勝利:승리】다투거나 싸움에 이김。

【勝妙:승묘】뛰어나게 기묘함。

【勝負:승부】이김과 짐。勝敗。

【勝事:승사】뛰어난 사적。훌륭한 일。

【勝算:승산】❶이길 가망성。❷이길 謀策。『孫子』廟算多者勝。

【勝商:승상】富裕한 商人。富商。豪商。『管子』游子——之所道。

【勝勢:승세】이길 기세。↕敗勢。

【勝訴:승소】소송에 이김。得訟。

【勝於父:승어부】아들이 아버지보다 나음。

【勝友:승우】훌륭한 동무。좋은 벗。良友。『王勃』——如雲。

【勝遊:승유】즐겁게 잘 놀음。

【勝因:승인】❶《佛》좋은 인연。『岑參』——夙所宗。❷승리의 원인。

【勝蹟:승적】유명한 古跡。뛰어난 事蹟。

【勝餞:승전】성대한 送別宴。

【勝戰:승전】싸움에 이김。勝捷。

【勝戰鼓:승전고】싸움에 이겼을 때 치는 북。

【勝接:승접】자기보다 학식이 나은 同接。

【勝朝:승조】前代의 나라。

【勝地:승지】❶경치가 좋은 곳。勝區。勝境。勝所。❷地形이 뛰어난 곳。『管子』賢知之君、必立于——。

【勝致:승치】좋은 홍치나 경치。

【勝敗:승패】이김과 짐。勝負。『漢書』無益於——之數。

【勝愜:승협】유쾌한 마음。『岑參』——只自知、佳趣爲誰濃。

【勝會:승회】성대한 宴會。盛會。

◎健—、決—、景—、氣—、大—、名—、百戰百—、常—、殊—、連—、優—、戰—、全—、絕—、快—、必—。

【勞】㊀(로) 豪 ㊁(로) 號 ロウ、つかれる trouble; work ㄌㄠˊ lao2

小篆 古文 古文 草書 ㊀❶일할로(勤也)。『論語 子路』先之—之。❷수고로울로(事功)。『禮記儒行』先—後祿。❸고단할로(苦役)。『易經 兌卦』民忘

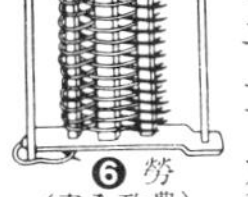

❻ 耮 (農政全書)

其ㅡ。❹근심할로。❺부지런할로(勉也)。❻이없는 가래로(無齒農具)。
㊁위로할로(慰也)。〔禮記 曲禮〕君ㅡ之則拜。

〔勞結:노결〕勞苦 때문에 기분이 개운하지 않음。근심하여 마음이 답답함。

〔勞謙:노겸〕공로가 있으면서 겸양함。勞苦와 겸양。〔易經〕ㅡㅡ君子有終吉。

〔勞苦:노고〕괴롭게 애씀。몸과 마음을 괴롭게 함。〔詩經〕有子七人、母氏ㅡㅡ。

〔勞困:노곤〕고달프고 고단함。피곤함。疲困。疲勞。〔吳志〕「偏ㅡㅡ。

〔勞勸:노권〕애써 일을 함。〔杜甫〕杜酒

〔勞倦:노권〕피로하여 싫증을 냄。〔荀子〕君子隘窮而不失、ㅡㅡ而不苟。

〔勞農:노농〕노동자와 농민。

〔勞頓:노돈〕괴롭게 애를 씀。

〔勞動:노동〕❶체력이나 정신을 써서 일함。❷임금·이익을 얻기 위하여 몸과 마음을 써서 일함。

〔勞動力:노동력〕《經》노동으로써 이루어진 생산 능력。

〔勞動問題:노동문제〕근로자와 사용자 사이의 利害 관계에서 생기는 사회문제。勤勞問題。

〔勞動法:노동법〕《法》근로자의 福利를 위하여 그 보호 수단을 강구하며 또는 노동 쟁의、노동 운동의 문제를 해결하기 위하여 세운 법。

〔勞動紛爭:노동분쟁〕근로자·사용자 사이에 생기는 동맹파업 따위의 대립 상태。勞動爭議。

〔勞動時間:노동시간〕근로자가 하루에 일하는 시간。국제표준 八時間。

〔勞動運動:노동운동〕사용자에 대한 근로자의 요구 조건을 이루려는 운동。

〔勞動者:노동자〕육체 노동을 하여 생활해 나아가는 사람。勤勞者。

〔勞動爭議:노동쟁의〕《社》노동 관계의 당사자 사이에 노동 관계에 관한 주장이 일치되지 않아서 생기는 대립 상태。

〔勞動組合:노동조합〕근로자가 자주적으로 단결하여 근로 조건의 유지·개선과 경제적 사회적 지위의 향상을 꾀하는 조직체。↕雇主組合。

〔勞動協約:노동협약〕사용자 또는 사용자 단체와 근로자 계급과의 사이에 맺는 노동 관계의 공통적 여러 가지 일에 관한 일반적 협정。團體協約。

〔勞來:노래〕위로하고 권면함。오는 사람을 맞아 수고를 위로하여 줌。勞徠。〔孟子〕放勳曰、勞之來之。

〔勞力:노력〕❶힘을 씀。몸을 수고함。❷물건을 생산하기 위한 힘쓰는 몸과 정신의 활동。

〔勞勞:노로〕몹시 애를 씀。〔陳陶〕登陟漫ㅡㅡ。

〔勞碌:노록〕부지런히 힘을 다함。

〔勞痲:노림〕《醫》색을 지나치게 써서 오줌구멍이 바늘로 찌르듯이 아픈 임질。

〔勞務:노무〕노력을 들이는 노동근무。

〔勞務者:노무자〕노무에 종사하는 사람。

〔勞問:노문〕수고함을 위문함。〔後漢書〕

〔勞復:노복〕《醫》중병을 치른 뒤 아직 회복이 되기 전에 과로로 다시 앓는 일。

〔勞生:노생〕勞苦가 많은 인생。

〔勞卹:노술〕수고함을 위로하여 줌。

〔勞神:노신〕마음을 괴롭힘。걱정을 함。

〔勞薪:노신〕오래 쓴 기구 등을 헐어서 만든 장작。〔晉書〕此是ㅡㅡ所炊。

〔勞心:노심〕정신적으로 애씀。

〔勞心焦思:노심초사〕애쓰고 속 태움。

〔勞役:노역〕매우 수고로운 노동。苦役。〔魏志〕ㅡㅡ未已。

〔勞銀:노은〕일하고 품삯으로 받는 돈。

〔勞而無功:노이무공〕애를 썼으나 공이 없음。애쓴 보람이 없음。〔管子〕彊不能、告不知、謂之ㅡㅡ。

〔勞賃:노임〕품삯。노동에 대한 보수。

〔勞賃基金說:노임기금설〕《經》일정한 사회에 있어서는 근로자에게 주는 품삯이 일정하여 있으므로 그 때 사회의 평균한 품삯은 一定額의 勞賃基金을 근로자의 數로 나눈 것이라고 내세우는 학설。賃金基本說。

〔勞賃鐵則:노임철칙〕《經》근로자의 품삯은 습관적으로 소용되는 생활을 할 정도로 결정되어야 한다는 규칙。

〔勞資:노자〕노동자와 자본가。

〔勞資問題:노자문제〕노동자와 자본가 사이에 일어나는 경제 문제。

〔勞資協調:노자협조〕노동자와 자본가가 협력하여 보조를 같이 함。

〔勞作:노작〕❶수고하여 만들음。또는 그 작품。❷힘써 일함。작업함。

〔勞症:노증〕《醫》結核性의 古稱。勞咳。

〔勞慘:노참〕피로하여 괴로와 함。〔魏志〕上下ㅡㅡ。

〔勞瘁:노췌〕몹시 고달파서 파리함。

〔勞瘧:노학〕《醫》氣瘧。

〔勞懈:노해〕피로하여 게으름을 피움。〔晉書〕人情ㅡㅡ、守備不謹。
◎苦ㅡ、功ㅡ、過ㅡ、勤ㅡ、徒ㅡ、煩ㅡ、心ㅡ、慰ㅡ、疲ㅡ。

十一畫

【募】(모) 遇 ボ、つのる call; want ㄇㄨˋ mu⁴
小篆 草書
❶널리구할모(廣求)。〔十八史略西漢〕信ㅡ得李左車。❷부를모(召也)。❸고용살모(傭也)。

〔募軍:모군〕❶土木工事場 같은 데서 품팔이 하는 사람。❷군인을 모집하는 것。募兵。

〔募兵:모병〕병정을 모집함。給料의 지급을 조건으로 병정을 뽑음。또는 뽑은 병정。徵兵과는 구별됨。

〔募徒:모사〕여러 사람을 모집하여 다른 곳으로 옮겨 가는 일。

〔募選:모선〕여러 사람을 모으고 그 중에서 가려 뽑음。〔荀子〕故招延ㅡㅡ隆勢詐、尙功利。「모음。

〔募財:모재〕여러 방면에서 돈을 얻어

〔募集:모집〕뽑아서 모음。

〔募債:모채〕公債나 社債를 모음。
◎公ㅡ、急ㅡ、應ㅡ、招ㅡ、徵ㅡ。

【勠】㊀(륙) 屋 リク、あわせる co-operate ㊁(류) 宥 ㄌㄨˋ lu⁴
草書
㊀협력할륙(并力)。〔漢書〕ㅡ力攻秦。㊁뜻은 ㊀과 같음。

〔勠力:육력〕協力함。勠力。〔書經·湯誥〕聿求元聖、與之ㅡㅡ。

【勢】(호) 豪 コウ、すこやか healthy
小篆
건장할호(健也)。

【勡】(표) 嘯 ヒョウ おびやかす plunder
小篆 草書
❶겁탈할표(强取)。❷겁박표(攻刼)。(『剽』와 通함)

〔勡劫:표겁〕威脅함。〔漢書·酷吏〕城中薄暮塵起、ㅡㅡ行者。

【勢】(세) 霽 セイ、いきおい power ㄕˋ shih⁴
小篆 草書
❶권세세(權力)。〔孟子〕好善而忘ㅡ。❷위엄세(氣燄)。〔書〕毋倚ㅡ作威。❸형세세(形

ー)。「地ー、姿ー、大ー」。❹불알세(外腎)。〔韻會〕宮刑男子割ー。❺사람을 좌우하는 위력세。〔韓非子 難勢〕以堯之ー治天下。❻기회세(機會)。〔孟子 公孫丑上〕雖有智慧不如乘ー。❼당연할세(當然)。〔十八史略 西漢〕其ー糧食必在後。❽전장에 나가는 군인세(軍隊)。

【勢家：세가】❶권세가 있는 집안。權門。勢門。〔漢書〕毋爲ーー所奪。❷勢力家。

【勢家子弟：세가자제】권세가 있는 집안의 자제。

【勢客：세객】勢道 있는 사람。세력가。

【勢交：세교】권리나 이익을 얻기 위하여 하는 교제。五交의 하나。勢利之交의 略語。↔道義之交。

【勢窮力盡：세궁역진】어려운 지경에 빠져서 아주 힘이 없어짐。

【勢道：세도】❶정치상의 권세를 장악함。❷(歷)李朝 正祖 이후에 權門 戚臣이 王의 신임을 받아 정권을 쥐고 행사하던 일。勢道政治。

【勢力：세력】❶권세의 힘。〔漢書〕ーー侔於守令。❷일을 하는 데 필요한 힘。

【勢力家：세력가】세력을 가진 사람。

【勢力圈：세력권】어떤 勢力이 미치는 범위 안。

【勢力範圍：세력범위】국가나 개인에 대하여 세력이 미치는 테두리。

【勢利：세리】권세와 이익。세력과 권리。

【勢無十年：세무십년】십년 누릴 권세가 없음。(喩)아무리 권세가 있다고 마구 뽐내어도 멀지 않아 한 번은 세도를 잃는다는 뜻。

【勢不兩立：세불양립】세력 있는 두가지의 것은 동시에 존재할 수 없다는 말。〔史記〕齊・秦ーー。

【勢所固然：세소고연】일의 형세가 그렇게 아니 될 수가 없음。

【勢如破竹：세여파죽】기세가 맹렬하여 대항할 적이 없는 모양。破竹之勢。

【勢焰：세염】氣勢의 불꽃。盛한 勢力、氣焰。氣勢。〔宋史〕ーー薰灼。

【勢援：세원】氣勢를 돋우어 줌。

【勢威：세위】뻗치는 형세와 위엄。

【勢族：세족】권세가 있는 겨레。〔趙壹〕法禁撓屈于ーー。

◎去ー、攻ー、軍ー、權ー、氣ー、大ー。無ー、守ー、水ー、隨ー、時ー、優ー、威ー、姿ー、情ー、地ー、趨ー、虛ー、形ー、枯ー。

【勣】(적) 錫 セキ、いさお meritorious deed ㄐㄧ chi¹

❶공적(功也)。❷사업적(事業)。

(『績』과 통합)

【勤】(근) 文 キン、つとめる diligent ㄑㄧㄣ ch'in²

小篆 草書 ❶부지런할근(勞力)。〔左傳 僖公三年〕齊方ー我。❷도타울근(篤厚)。〔詩經〕恩斯ー斯。❸수고할근(ー勞、ー役)。

【勤恪：근각】근면하고 삼감。恪勤。〔晉書〕在公ーー。

【勤懇：근간】정성을 다함。근면함。

【勤幹：근간】부지런하고 성실함。

【勤儉：근검】부지런하고 검소함。

【勤儉貯蓄：근검저축】부지런하고 알뜰하여 재물을 모음。

【勤苦：근고】근로와 고생。勤勞。〔禮記〕時過然後學、ーー而難成。

【勤工：근공】부지런히 힘들여 공부함。

【勤勤孜孜：근근자자】매우 부지런하고 정성스러움。

【勤念：근념】❶정성스럽고 친절하게 돌봄。❷힘쓰고 수고함。

【勤農：근농】농사에 매우 힘씀。또는 그런 농부。

【勤農家：근농가】농사에 부지런한 사람。또는 그 집안。

【勤勞：근로】❶=勤苦。〔書經〕昔公ーー王家。❷(國)㉠부지런히 일함。㉡일정한 시간 안에 일정한 勞務에 당하는 일。

【勤勞階級：근로계급】勤勞者 계급。근로자 層。봉급생활자。

【勤勞大衆：근로대중】(社)근로에 종사하는 많은 사람들。

【勤勞所得：근로소득】(經)근로에 의하여 얻은 소득。봉급・노임 따위。↔不勞所得。

【勤勞者：근로자】일 또는 일터에서 雇傭되어 이에 노무를 제공하고 그 노임으로 생활하는 사람。

【勤勞精神：근로정신】부지런히 일하는 정신。

【勤慢：근만】부지런함과 게으름。勤怠。

【勤勉：근면】부지런하게 힘씀。〔國語〕ーー以勸之。

【勤務：근무】❶힘써 일을 봄。❷봉급을 받고 어느 일터에 나아가 일을 함。직무에 종사함。〔淮南子〕群臣ーー而不怠。

【勤務成績：근무성적】근무한 성적。

【勤民：근민】부지런한 백성。

【勤敏：근민】근면하고 민첩함。〔北齊書〕處事ーー、號爲稱職。

【勤仕：근사】갖은 일에 부지런히 힘씀。

【勤續：근속】근무를 계속함。「少小ーー。

【勤愼：근신】힘써 삼가함。恪愼。〔北史〕

【勤實：근실】부지런하고 착실함。

【勤王兵：근왕병】임금에게 충성을 다하는 군사。

【勤政殿：근정전】景福宮 안에 있는 正殿。李朝 때 임금이 朝會를 행하던 곳。高宗 四年(一八六七) 一一월에 준공됨。

【勤止：근지】부지런히 일을 함。勤勉함。〔詩經〕文王既ーー。

【勤怠：근태】부지런함과 게으름。

【勤學：근학】부지런히 배워 학문에 힘씀。

【勤行：근행】(佛)부처 앞에서 讀經・回向하는 일。〔老子〕上士聞道、勤而行之。

◎皆ー、缺ー、內ー、夜ー、外ー、精ー、出ー、忠ー、通ー、退ー、特ー。

【勦】㊀(초) 看 ソウ、かすめとる ㊁(초) 篠 steal ㄔㄠ ch'ao¹

小篆 草書 ㊀❶수고로울초(勞也)。〔趙岐 孟子題辭〕心ー形瘵。❷말전주할초(ー說)。「ー說、取人說爲說、剿竊」。❸경첩할초(輕捷)。〔韓愈詩〕稟生肖ー剛。❹빼앗을초(取也)。〔禮記 曲禮〕毋ー說。㊁❶망할초(亡也)。〔書經 甘誓〕天用ー絕其命。❷죽일초(殺也)。

【勦剛：초강】날래고 힘셈。〔韓愈〕稟性有ーー。

【勦滅：초멸】敵을 쳐서 무찌름。勦殄。

【勦民：초민】백성을 수고롭게 함。백성을 피로하게 함。

【勦說：초설】남의 學說을 훔쳐서 자기의 學說로 삼는 것。剿竊。〔禮記〕毋ーー。

【勦襲：초습】❶남의 言論이나 문장 등을 剽竊하여 자기의 것으로 삼음。勦說。❷길 가는 사람 따위를 습격하여 財物을 탈취함。

【勦絕：초절】絕滅시킴。〔書經〕天用ーー其命。

【勦殄：초진】적을 전멸시킴。殄滅。〔柳宗元〕ーー覇楚。

【勦討：초토】쳐서 무찌름。勦滅。討滅。

【啇+力】(적)『敵』(11支部畫)과 같음

【勧】(권)『勸』(18力部畫)의 俗字

十二畫

【勨】(一)(양) 養 ショウ、ゆるやか loose (二)(상) 養 小篆 (一)❶느즈러질양(緩也)。❷힘쓸양(勉也)。❸움직일양(動也)。(二)뜻은 (一)과 같음。

【勩】(一)(예) 霽 エイ、つかれる tired out 一ˋ i⁴ (二)(이) 寘 小篆 草書 (一)수고로울예(勞也)。【詩經】莫知我ー。(二)뜻은 (一)과 같음

十三畫

【勮】(거) 御 キョ、つとめる endeavour 小篆 ❶부지런히힘쓸거(勤力)。❷두려울거(懼恐貌)。

【勯】(단) 寒 タン、ちからつくす do one's best 힘다할단(力竭)。

【勰】(협) 葉 キョウ、あう accord ㄒㄧㄝˊ hsieh² 小篆 小篆 草書 ❶생각할협(思也)。❷화할협(同思之和)。(『協』의 古字)

【勱】(매) 卦 マイ、つとめる make effort 小篆 草書 힘쓸매(勉力)。

【勱相:매상】부지런히 도움。힘써 다스림。【書經】其惟吉士、用ーー我國家。

【勲】(훈)『勳』(14力部畫)의 俗字

十四畫

【勳】(훈) 文 クン、いさお services ; merit ㄒㄩㄣ hsün¹ 小篆 古文 草書 ❶공훈(功也)。【周禮】王公曰ー。❷거느릴훈(帥也)。

【勳功:훈공】나라에 정성을 다하여 이룩한 공로。勳勞。

【勳舊:훈구】代代로 훈공이 있는 집。또는 신하。【晉書】ーー耆老。

【勳記:훈기】敍勳者에게 勳章과 더불어 내리는 증서。

【勳等:훈등】훈공의 등급。

【勳門:훈문】功勳을 세워 두각을 나타낸 문벌。勳閥。【南史】以一世ーー、而傲天下國士。

【勳閥:훈벌】공훈이 있는 문벌。勳門。【唐書】ーー家子、所歷皆以吏能顯。

【勳封:훈봉】爵을 봉하거나 관직을 내림。

【勳臣:훈신】훈공을 세운 신하。【宋書】臧質、國戚ーー。

【勳業:훈업】功業。勳績。業勛。

【勳烈:훈열】큰 功勳。

【勳位:훈위】❶功勳과 位階。❷功勳에 따라 주어진 位階。勳級。

【勳蔭:훈음】父祖의 功業에 의하여 그 자손들이 官爵을 받는 것。

【勳章:훈장】나라에 대한 훈공이나 공로를 표창하기 위하여 내리는 徽章。또는 記章。

【勳籍:훈적】《制》공훈이 있는 신하의 업적을 적은 기록。

【勳戚:훈척】나라에 훈공이 있는 임금의 친척。

【勳號:훈호】훈공이 있는 사람에게 주는 칭호。勳名。◎功ー、大ー、武ー、殊ー、首ー、樹ー、元ー、忠ー。

十五畫

【畾+力】(一)(래) 隊 ライ、おす push (二)(류) 支 小篆 (一)❶밀칠래(推也)。❷품을래(懷也)。(二)❶힘쓸류(勉也)。❷뜻은 (一)의 ❷와 같음。

【勴】(려) 御 リョ、たすける aid 마음으로도울려(心助)。

【勵】(려) 霽 レイ、はげむ endeavour ㄌㄧˋ li⁴ 草書 ❶힘쓸려、다잡을려(勉也)。❷권할려(勸勉)。【後漢書】璽書勉ー。❸가다듬을려(飾也)。❹할려(爲也)。

【勵相:여상】장려하고 도와 줌。【書經】ーー我國家。

【勵聲:여성】소리를 높여 격려함。

【勵翼:여익】❶장려하고 도와 줌。❷힘껏 임금을 도움。【書經】庶明ーー。

【勵節:여절】節操를 장려함。

【勵精:여정】정신을 가다듬고 정신을 다하여 성의껏 힘씀。

【勵志:여지】의지를 장려함。厲志。

【勵行:여행】힘써 행함。또는 행하기를 장려함。【南史】修身ーー、非禮不動。◎激ー、督ー、勉ー、奬ー、精ー。

【勶】(철) 屑 テツ、とりさる cast 小篆 ❶버릴철(去也)。❷일으킬철(發也)。❸사무칠철(通也)。(『徹』과 통함)

十七畫

【勷】(양) 陽 ジョウ、いそがしい urgent; busy; run ㄖㄤˊ jang² ❶바쁠양(急遽貌)。❷달음박질할양(走貌)。

十八畫

【勸】(권) 願 カン、すすめる advise ㄑㄩㄢˋ ch'üan⁴ 小篆 草書 ❶권할권(勉也)。【漢書 賈誼傳】慶賞以ー善刑罰以懲惡。❷도울권(助也)。❸가르칠권(敎也)。【書經 大禹謨】ー之以九歌。❹힘껏할권(力行)。【史記 貨殖傳】各ー其業樂其事。❺순종할권(從也)。【論語 爲政】擧善敎不能則ー。

【勸講:권강】임금을 모시고 經典을 강의함。侍講。【後漢書】徵入ーー。

【勸戒:권계】타이르며 훈계함。【左傳·序】刑而正之、以示ーー。

【勸誡:권계】善을 권장하고 惡을 경계함。勸戒。

【勸告:권고】하도록 타일러 권함。

【勸告文:권고문】권고하는 글。권고서。

【勸農:권농】農業을 널리 장려함。【史記】ーー之道未備、其除租稅。

【勸導:권도】타일러 권면시키며 인도함。

【勸督:권독】타이르고 권하면서 감독함。

【勸讀:권독】글 읽기를 권장함。

【勸勵:권려】권하고 격려함。

【勸賣買鬪則解:권매매 투즉해】《國》흥정은 붙이고 싸움은 말려라。《喩》좋은 일은 권하고 나쁜 일은 화해시키라는 뜻。【靑莊館全書】

【勸勉:권면】타일러서 힘쓰게 함。【禮記】ーー愧恥。

【勸服:권복】마음으로 권하여 따름。【後漢書】百姓觀者、莫不ーー。

【勸分：권분】《制》고을 원이 管內의 부자를 권하여 가난한 사람을 구제하던 일。『黃庭堅』民貧吏——。

【勸相：권상】권장하고 도와 줌。勸助。『易經』君子以勞民——。

【勸善：권선】❶善을 勸하고 장려함。❷《佛》佛家에서 善心 있는 사람에게 布施(보시)를 청함。

【勸善懲惡：권선징악】善行을 권하고 惡行을 징계함。勸懲。

【勸率：권솔】권면하고 거느림。『晉書』——有功、深加獎勵。

【勸酬：권수】술잔을 주고 받음。『宋史』「自爲!—!—。

【勸言：권언】권고하는 말。

【勸業：권업】산업을 장려함。

【勸誘：권유】권하고 달램。『左傳·疏』—我所友國君。

【勸諭：권유】하도록 타이름。

【勸引：권인】권하고 인도함。勸誘。『魏書』無以——澆浮。

【勸蠶：권잠】養蠶을 권장함。

【勸獎：권장】권하여 장려함。『唐書』尊尚師儒、發揚——。

【勸酒：권주】술을 권함。

【勸酒歌：권주가】술자리에서 서로 술 마시기를 권하는 노래。

【勸止：권지】권하여 중지시킴。

【勸進：권진】❶권하여 장려함。『論語·註』夫子正以此道——人。❷《佛》㉠善行을 권하여 佛道를 믿게 함。㉡절이나 탑의 建立에 중이 俗人을 권하여 財物을 喜捨하게 함。勸化。

【勸察：권찰】《宋》예수교에서 신자의 가정 형편을 조사하는 직책。또는 그 사람。

【勸學：권학】학문을 힘써 배우도록 함。『左傳』敬敎——、授方任能。

【勸學文：권학문】학문을 권면하는 글。

◎勥—。

勹 部

一 畫

【勺】(포) 看 ホウ、つつむ wrap

쌀포(裹也、包也)。

【勺】(작) 藥 シャク、ひしゃく ladle ㄕㄠˊ shao²

❶잔질할작(挹取)。❷구기작(飲器)。『周禮 冬官考工記梓人』梓人爲飲器—一升。❸조금작(少量)。『中庸』今夫水、一—之多。❹음악이름작(周公旦이 지은 음악의 이름)。『漢書 禮樂志』十三舞—。❺작작(百分之一升)。

(圖物名) 勺

【勺水不入：작수불입】물을 한 모금도 마시지 못하듯, 음식을 조금도 먹지 못함。(『酌·杓』과 통함)

【勺藥：작약】❶《植》毛茛科(미나리아재비과)의 多年生 풀。漢藥材로 쓰임。❷調味하는 모양。『枚乘』——之醬。

【勺】(작)『勺』(前條)의 俗字

二 畫

【匀】㊀(균) 眞 ㊁(윤) 眞 キン、イン、ひとしい even ㄩㄣˊ yun²

㊀❶고를균(均也)。❷두루균(周也)。(『均』과 같음) ㊁❶가지런할윤(齊也)。❷적을윤(少也)。『杜甫詩』肌理細膩骨肉—。

◎本字는『勻』

【匀敎：균교】《制》匀旨。

【匀匀：균균】가지런한 모양。

【匀旨：균지】《制》議政의 지시。議政이 발표한 의견。匀敎。

【匀軸：균축】정치를 행하는 권리。

【勼】(구) 尤 キュウ、あつめる gather ㄐㄧㄡ chiu¹

모을구(聚也)。

【勿】(문) 吻 ブン、つつむ cover

덮을문(覆也)。

【勾】(구)(귀)『句』(口部 2畫)와 같음

【勾檢：구검】속속들이 조사함。『白居易』——簿書、甚多鹵莽。

【勾當：구당】다룸。任務에 당함。사무를 담당함。『朱子語類』別無——。

【勾留：구루】=拘留。『白居易』骨肉——俸祿中。

【勾配：구배】기울기。경사의 정도。

【勾銷：구소】자물쇠를 채움。

【勿】㊀(물) 物 ㊁(몰) 月 フツ、モチ、なかれ don't ㄨˋ wu⁴

㊀❶없을물(毋也)。『論語 公冶長』欲—用。❷말물(禁言)。『論語 學而』過則—憚改。❸깃발물(州里建旗)。❹정성스러울물(慤愛貌)。『禮記』——乎其欲饗之。❺급한모양물(急貌)。(『無』와 통함) ㊁먼지채물(掃塵)。『禮記』郵—驅塵。

【勿驚：물경】엄청난 것을 말할 때 놀라지 말라는 뜻으로, 앞에 오는 말。

【勿拘：물구】=不拘。

【勿禁：물금】《制》관청에서 금한 일을 특별히 허가하여 줌。

【勿論：물론】더 말할 것도 없음。

【勿問：물문】묻지 아니함。내버려 둠。

【勿勿：물물】❶창황한 모양。❷어떤 일에 마음을 쏟아 쉬지 않는 모양。孜孜。汲汲。

【勿施：물시】❶실시하려던 일을 그만둠。❷해 온 일을 무효로 함。

【勿藥自效：물약자효】약을 쓰지 않아도 저절로 병이 나음。「조차 없음。

【勿爲擧論：물위거론】쳐들어 말할 것

【勿入：물입】들어오지 말 것。

【勿出朝報：물출조보】朝廷의 비밀에 속하는 일을 발표하지 않음。

【勿侵：물침】침범하지 못하게 말림。

【勿限年：물한년】햇수를 限하지 않음。

三 畫

【匁】(문)〔日字〕もんめ

몸메문(衡目)。「一貫의 千分之一」。

【匂】(내)〔日字〕におい fragrant

향내내(香也)。

【匃】㊀(개) 泰 ㊁(갈) 曷 カイ、もとめる request

㊀❶청구할개(請求)。『漢書 西域傳』乞—無所得。❷줄개(與也)。『後漢書 竇武傳』—施貧民。❸빌개(行請)。(『丐』와 같음) ㊁뜻은 ㊀과 같음。

【匃施：개시】베풀어 줌。

【匃】(개)(갈)『匄』(前條)와 같음

【包】(포) 肴 ホウ、つつむ pack ㄅㄠ pao¹

小篆 草書 ❶쌀포, 꾸릴포(裹也)。〔詩經〕白茅―之。❷용납할포(容也)。〔易經〕九二―荒用馮河。❸더부룩히 날포(叢生)。〔書經〕草木漸―。❹숨길포(隱也)。〔李翔 幽懷賦〕―深懷而告誰。❺보통이포, 보따리포(裹也)。(『苞·匏』와 통함)

【包擧:포거】남김이 없이 모두 쌈。송두리째 가짐。〔漢書〕席卷天下、――宇宙。

【包莖:포경】우멍거지。끝에 가죽이 덮여 밖으로 노출되지 않은 자지。

【包裹:포과】물건을 꾸리어 쌈。얽음。苞裹。

【包貫:포관】합해서 꿰뚫음。〔唐書〕――異家。

【包括:포괄】하나로 휩쓸어 묶음。〔西京雜記〕――宇宙。

【包括遺贈:포괄유증】《法》遺產의 전체 또는 그 몇분의 하나라는 分數的 부분을 주는 遺贈。↔特定遺贈。

【包袋:포대】=負袋。

【包羅:포라】❶한데 묶음。包括함。〔孟子·題辭〕――天地。❷가슴 속에 含蓄함。〔桃花扇·投轅〕遣胸次――少。

【包絡:포락】❶동여 묶음。싸서 묶음、包括。〔柳貫〕簡牘之所資、――無巨細。❷心臟을 싸고 있는 엷은 膜。心臟膜。

【包蔘:포삼】포장한 紅蔘。

【包桑:포상】뽕나무 뿌리의 叢生。《轉》밑바탕이 든든함。또는 백성이 安居하는 證驗으로 삼음。苞桑。

【包攝:포섭】❶받아 들임。가담시킴。❷《論》어떤 개념의 外延이 다른 개념의 外延을 자기의 일부로서 포함하는 관계。

【包容:포용】❶휩싸서 들임。包含。❷마음씨가 너그러워 남의 잘못을 감싸 줌。

【包容性:포용성】마음씨가 너그러워 남의 잘못을 감싸주는 성질。

【包圍:포위】언저리를 둘러 에워쌈。

【包有:포유】휩싸서 가지고 있음。

【包子:포자】❶銀錢을 싸서 봉한 물건。❷소(餡)가 든 饅頭。〔鶴林玉露〕

【包藏:포장】❶싸서 간직함。싸서 숨겨 둠。❷마음에 품고 있음。남몰래 가슴에 품음。

【包裝:포장】물건을 종이·헝겊·판자로 싸서 꾸림。

【包裝費:포장비】물건을 포장하는 데 드는 비용。

【包裝紙:포장지】=裹紙。「음을 품음。

【包裝禍心:포장화심】남에게 해칠 마음을 품음。

【包紙:포지】포장에 쓰는 종이。

【包辦:포판】떼어 맡아서 일을 함。引受하여 일을 함。

【包含:포함】❶한 속으로 다 겹쳐 쌈。❷속에 들어 있음。〔後漢書〕――山澤、遠帶丘荒。

【包涵:포함】널리 모두이 쌈。〔舊唐書〕――動植兮順榮枯。

【包荒:포황】❶더러운 것을 감싸 줌。사람을 包容하는 器量이 있음。남의 결점을 감싸 줌。〔易經〕――用馮河。❷荒田의 租稅를 包括하여 납입하는 것。

【包懷:포회】❶싸서 가짐。所有함。〔晉書〕――揚越。❷마음 속에 품고 있음。생각을 가슴 속에 품음。

【包犧:포희】《人》中國 古代의 임금。伏羲。〔易經〕

◎小―。

【匆】(총) 東 ソウ、いそがしい busy

草書 바쁠총(急遽)。(『悤』과 같음)

【匆卒:총졸】❶바쁜 모양。❷갑작스러워 당황함。

四 畫

【匈】(흉) 宋 冬 キョウ、むね、さわぐ breast; noisy ㄒㄩㄥ hsiung¹

小篆 草書 ❶가슴흉(膺也)。〔漢書〕司馬相如―中曾無滯芥。❷떠들썩할흉(喧擾意)。〔漢書 高帝紀〕天下――。❸지껄일흉。〔荀子 天論〕君子不爲小人之――也、而輟其行。❹흉할흉(不好)。❺오랑캐흉(―奴)。❻구라파나라이름흉(―牙利)。(『胸』과 통함)

【匈奴:흉노】《歷》北狄의 한 가지。蒙古族 또는 土耳其族의 分派라 함。

匈奴(三才圖會)

【匈詈腹詛:흉리복조】마음 속으로 비난함。

【匈匈:흉흉】시끄럽게 떠들음。또는 그 소리。〔漢書〕天下――。

五 畫

【匉】(평) 庚 ホウ、おおごえ shout

크게소리지를평(―訇大聲)。〔師古曰〕―訇流水鼓怒之聲。

六 畫

【甸】(전)→田部2畫

【匊】(주) 尤 シュウ、あまねく universally

小篆 두루주(周也)。(『周』와 통함)

【匊】(국)『掬』(手部8畫)의 俗字

【匋】㊀(도) 豪 とう やきもの porcelain ㊁(요) 蕭 ㄊㄠ t'ao²

小篆 ㊀질그릇도(瓦器)。(『陶』와 같음) ㊁기와를 굽는 가마요(燒瓦竈)。(『窯』와 같음)

【匌】(합) 合 コウ、ゆううつ gloomy

小篆 ❶기운답답할합(氣鬱)。❷두를합(周匝)。

【匌匝:합잡】둘러쌈。돌돌 뭉침。〔鮑照〕象牀瑤席鎭犀渠、離屛――組帷舒。

七 畫

【匍】(포) 虞 ホ、はらばう crawl ㄆㄨ p'u²

小篆 草書 ❶엉금엉금 길포(手行)。〔孟子 滕文公上〕赤子―匐將入井。❷엎드러질포(顚蹶)。〔漢書 霍光傳〕扶服叩頭。(『扶』와 같음)

【匍球:포구】《體》야구에서 배트(bat)에 맞아 땅 위를 굴러가는 공。

【匍伏:포복】=匍匐①。

【匍匐:포복】❶땅에 배를 대고 엉금엉금 김。匍伏。❷넘어져서 굴러감。〔玉篇〕――顚蹶也。❸힘을 다하여 서두르는 모양。〔詩·谷風〕――救之。

【匃】(괴) 卦 カイ、ためいき sigh

❶한숨쉴괴(太息)。❷탄식할괴(歎息)。

【匌】(굉)→言部2畫

八畫

【奄】(압) 合 オウ、つつしむ thrifty
사치스럽지않을압、검약할압(儉約)。

【𠣏】(순) 眞 軫 シュン、おどろく be frightened
놀랄순(驚也)。(『㥧』과 같음)

【匑】(추)→艸部4畫

九畫

【匏】(포) 肴 ホウ、ふくべ dipper made of gourd ㄆㄠ p'ao²
❶박포(瓠也)。〔詩經 邶風匏有苦葉〕—有苦葉。❷바가지포(飲器)。〔詩經 大雅公劉〕酌之用—。❸풍소포(笛也)。
〔匏繫:포계〕매달려만 있고 먹지 못하는 박。《喩》쓸모가 없는 가만히 있는 사람。無用의 사람。〔陸游別仲學士詩〕寸—不得從。
〔匏瓜:포과〕《植》박。〔論語〕吾豈——也哉、焉能繫而不食。
〔匏蘆:포로〕《植》박。
〔匏爵:포작〕박으로 만든 술잔。〔唐書禮樂志〕

匏爵(三禮圖)

【匐】㊀(복) 屋 フク、はう crawl ㄈㄨ fu²
㊁(북) 職
㊀❶엉금엉금 길복(手行)。〔詩經〕誕實匍—。❷달음박질할복(盡力奔趨)。〔詩經〕凡民有喪匍—救之。㊁뜻은 ㊀과 같음。
〔匐枝:복지〕땅으로 뻗어 가며 뿌리를 땅에 박고 자라는 가지。

十畫

【匑】(궁) 東 キュウ、くつする cringe
굽실거릴궁(恭貌)。
〔匑匑:궁궁〕몸을 굽혀 敬意를 표하는 모양。〔玉篇〕窮、——、謹敬貌。

【匌】(압) 合 オウ、かみかざり headdress
족두리압、계집머리꾸밀압(婦人花髻飾、—葉)。
〔匌葉:압엽〕髮飾。〔杜甫·麗人行〕頭上何所有、翠微——垂鬢脣。

【匒】(답) 合 トウ、かさなる heap 〔pile〕 up
포갤답(重疊貌)。

十一畫

【䬴】(어) 御 ヨ、オ、あきる dislike
싫을어、물릴어(厭飽)。

【䭁】(구) 宥 キュウ、ク、あきる abominate
❶물릴구(飽也)。❷싫을구(厭也)。❸꾀할구(謀也)。

十二畫

【復】(복) 屋 フク、かさなる again
❶다시복(更也)。❷겹칠복(復也)。(『復』과 通함)

【䭃】(구) 宥 キュウ、ク、あきる be satiated with
배불러싫을구(飽厭)。

十四畫

【匊】(국) 屋 キク、かがむ bend one's back
등을 굽힐국、구부릴국(背曲)。

【匔】(궁) 東 キク、キュウ、つつしみぶかい discreet
삼갈궁(謹也)。
〔匔匔:궁궁〕삼가 恭敬하는 모양。〔史記·魯世家〕——如畏然。〔注〕徐廣曰、——、謹敬貌也。

十五畫

【䨲】(궁) 東 キュウ、つつしみうやまう be discreet
삼갈궁(謹也)。

匕 部

【匕】(비) 紙 ヒ、さじ spoon ㄅㄧˇ pi³
❶숟비、숟가락비(匙也)。〔三國志 先主劉備傳〕先主方食失—箸。❷비수비(劍名)。
〔匕首:비수〕썩 잘드는 단도。날이 날카로운 短刀。〔史記〕圖窮而——見。
〔匕箸:비저〕숟가락과 저。〔蜀志〕先主方食、失——。

匕 牲(圖物名)

匕首 周(西淸古鑑)

【𠤎】(화)『化』(2匕部畫)의 古字

二畫

【化】(화) 禡 カ、ケ、かわる ばける change; turn
陜 ㄏㄨㄚˋ hua⁴
❶될화、화할화(造—)。〔論語子罕集注〕天地之—、往者過來者續。❷변화할화(變也)。〔中庸〕變則—。❸본받을화(教也)。〔老子〕無爲而民自—。❹무역화(貿易)。〔書經 益稷〕—居。❺마술화(魔法)。❻죽을화(死也)。〔孟子 公孫丑下〕且比—者、無使土親膚。❼저절로생길화。❽중이동냥할화(乞施)。
〔化去:화거〕다른 것으로 변한다는 뜻。죽음。
「적이 새로 생기는 일。
〔化骨:화골〕몸의 조직의 일부에 뼈 조
〔化工:화공〕造化의 교묘함을 일컬음。天工。〔李商隱〕徒勞讓——。
〔化膿:화농〕종기가 成腫이 되어 고름이 생김。成膿。
〔化導:화도〕德으로써 사람을 引導함。德化。教導。善導。〔後漢書〕隨俗——。
〔化度:화도〕(佛)중생을 教化 濟度함。
〔化生:화생〕❶생겨남。형체를 변하여 달리 됨。〔易經〕男女構精、萬物——。❷七夕 날 人形을 물에 띄우고 즐기는 부녀들의 유희。中國 西域의 風俗。〔薛能〕水拍銀盤弄——。❸(佛)四生의 하나。母胎나 알 같은 데서 나지 않고 어디서 홀연히 생겨나는 것。↕胎生。
〔化石:화석〕地層 속에 天然으로 보존된 沖積世 이전에 살던 生物의 遺體가 돌

로 변한 것。

【化石人類:화석인류】《歷》지질 시대의 洪積世에 살고 있었으며 현재는 化石으로 알려진 원시 인류。

【化成:화성】❶育成시킴。❷모양을 바꾸어 다른 물체가 됨。❸德化하여 改善됨。『易經』天下ㅣㅣ。❹《化》다른 물질이나 원소가 化合하여 새 물체가 됨。

【化城:화성】《佛》❶法華 七喩의 하나。煩惱를 막아주는 安息處。『徐陵』無色之外、爲ㅣㅣ。❷절。寺院。『孟浩然』雙林指ㅣㅣ。

【化俗結緣:화속결연】《佛》世俗 사람을 敎化하여 이것이 인연이 되어 佛道를 믿게 함。

【化順:화순】感化되어 順應함。

【化身:화신】《佛》三身의 하나。중생을 濟度하기 위하여 알맞는 對象으로 형상을 바꾸어 이 세상에 나타난 몸。應化身。變化身。

【化神:화신】❶교화가 현저함。❷神이 됨。신으로 화함。

【化外:화외】문화의 혜택이 미치지 않는 곳。또는 治化가 미치지 않는 곳。『宋史』禁銅錢、無出ㅣㅣ。

【化外之氓:화외지맹】교화가 미치지 못한 지방의 어리석은 백성。

【化雨:화우】敎化가 사람에게 미침을 時雨에 비유한 말。『孟子·盡心上』有如時雨化者。「于ㅣㅣ。

【化源:화원】敎化의 根源。『舊唐書』鑒

【化育:화육】천지 자연의 이치로 만물을 길러 자라게 함。『中庸』能盡物之性、則可以贊天地之ㅣㅣ。

【化日:화일】❶해。❷나라를 敎化한 날。

【化者:화자】❶죽은 사람。❷변화하는 모든 것을 일컬음。

【化粧:화장】❶분·연지 따위로 얼굴을 곱게 꾸밈。紅粉。❷머리·옷의 매무시를 매만져 맵시를 냄。丹粧。

【化粧室:화장실】❶화장에 필요한 특별한 설비를 해 놓은 방。❷洗面所。변소。❸배우들의 분장하는 방。

【化主:화주】《佛》❶衆生을 敎導하는 敎主。곧 釋迦를 일컬음。❷집집이 다니면서 施物을 얻어 부처와 인연을 맺어 주고 절의 양식을 대주는 중。

【化遷:화천】변화。변천。

【化他:화타】《佛》남을 잘 인도하여 선한 일을 하게 함。

【化被萬方:화피만방】敎化가 멀리 八方에 미침。

【化鶴:화학】鶴으로 화함。《轉》사람이 「죽는 것。죽음。

【化學:화학】《化》물질의 組成·성질 및 화합 분해 등 물질 간의 변화의 법칙 현상을 연구하는 자연 과학의 한 부분。

【化學記號:화학기호】《化》元素의 이름과 原子量을 대표하는 기호。이를테면 산소를 O、수소를 H로 표기하는 따위。

【化學方程式:화학방정식】《化》분자식으로써 화학변화를 표시하는 式。

【化學兵器:화학병기】化學戰에 사용되는 兵器。독가스·發煙劑·燒夷彈 등의 總稱。

【化學分析:화학분석】《化》물질의 鑑識·檢出과 화학적 조성을 아는 操作。

【化學肥料:화학비료】《農》여러 가지의 화학 공업 제품으로써 만드는 비료。곧 황산암모니움·過燐酸石灰 따위。

【化學式:화학식】《化》化學記號를 서로 배합시켜 화합물의 組成·구조를 나타내는 식。곧 분자식·실험식·示性式·구조식의 총칭。

【化學的反應:화학적반응】《化》몇가지 화학 물질이 생성되는 현상。

【化學的變化:화학적변화】《化》한 물질이 변화하여 전연 다른 새 물질로 되는 현상。

【化學的作用:화학적작용】《化》化合 또는 分解하는 작용。

【化合:화합】《化》두 가지 이상의 물질이 화학 변화로써 새 물질이 되는 현상。

【化合力:화합력】《化》화합을 이루는 힘。

【化合物:화합물】《化》두가지 이상의 물질의 화학적 결합에 의하여 만들어진 물질。↔單體。

【化合熱:화합열】《化》두 가지 이상의 물질이 화합할 때에 발생하고 또 吸收되는 熱量。

◎感ㅣ、驗ㅣ、開ㅣ、敎ㅣ、歸ㅣ、德ㅣ、文ㅣ、物ㅣ、變ㅣ、俗ㅣ、純ㅣ、醇ㅣ、惡ㅣ、王ㅣ、羽ㅣ、轉ㅣ、造ㅣ、進ㅣ、退ㅣ、風ㅣ、皮ㅣ。

【𠤏】(보) 皓 ホウ、ならぶ row

小篆 벌일보(列也)(『保』와 通함)

三 畫

【北】㈠(북) 職 ㈡(배) 隊 ホク、ハイ、きた、そむく north; run away ㄅㄟ pei ㄅㄛ po⁴

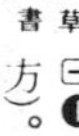

小篆

草書

㈠❶뒤북、북녘북(朔方)。『十八史略 秦』使扶蘇ㅣ監蒙恬軍於上郡。❷북쪽에갈북(北行)。『宋史 樂志』舞者進步、自南而ㅣ。㈡❶패하여 달아날배(敗走)。『史記 孔子世家』孔子命申句須樂頎下伐之費人ㅣ。❷배반할배(背也)。『史記 魯仲連傳』士無反ㅣ之心。❸나눌배(分離)。『書經 舜典』分ㅣ三苗。

【北家:북가】麻雀놀이를 할 때、북쪽에 있어서 南家와 대면하는 사람。↔南家。

【北甘藷:북감저】《植》감자。

【北京:북경】《地》中國 河北省에 있는 도시。明成祖가 應天에서 北平으로 서울을 옮기고 應天을 南京、北平을 北京이라고 고침。遼·金·元·明·淸의 古都이며 지금은 中共의 首都。北平。

【北髻:북계】낭자。부인의 머리에 있는 「쪽。

【北關:북관】《地》咸鏡南北道 지방의 汎稱。北道。

【北歐:북구】《地》북 유럽。곧 아이슬란드·스웨덴·덴마크·노르웨이 따위의 나라。

【北歐文學:북구문학】북 유럽의 침울하고 심각한 경향을 가진 문학。

【北極:북극】❶地球의 北端。↔南極。❷《天》별 이름。北極星。❸임금의 자리。

【北極圈:북극권】《地》지구 상에서 북위 六六도 三〇분의 지점을 둘러 싼 둘레。또는 그 둘레 북쪽에 있는 지방。이 권내에서는 冬至 전후 얼마 동안 태양이 지평선 위에 나타나지 않고、夏至 전후 며칠 동안은 태양이 지평선 아래로 떨어지지 아니하며、북쪽으로 갈수록 그 정도가 심하여 북극에서는 반년 동안은 밤、반년 동안은 낮이 됨。↔南極圈。

【北極星:북극성】《天》小熊座의 主星。肉眼으로 보이는 별 중에서 이 별이 가장 북극에 가까우므로 북극성이라 일컬음。

【北端:북단】북쪽 끝。

【北道:북도】❶京畿道 북쪽에 있는 道。❷《宗》大倧敎에서 백두산 북쪽을 이르는 말。

【北道主人:북도주인】주인과 같이 손님의 시중을 드는 사람。《轉》길을 안내하는 사람。길인도。案內人。『野客叢書』皆曰ㅡㅡ。

【北斗:북두】❶《天》별 이름。北極에서 약 三〇도의 거리에 있는 天樞·璇·璣·

權·玉衡·開陽·搖光의 일곱 개의 별。北斗星·北斗七星。(喩) 남의 尊仰을 받는 사람。↕泰山北斗。❷(地)山 이름。廣西省 興業縣의 북쪽에 있음。

【北斗星:북두성】 北斗七星의 略語。

【北斗七星:북두칠성】 (天)大熊座에서 가장 뚜렷한 일곱 개의 별。 주걱 형상으로 보이며 북극 둘레를 원형을 그리면서 돌음。北斗①。

【北路:북로】 서울서 咸鏡道로 통한 길。

【北馬:북마】 咸鏡北道에서 나는 말。北土產。

【北邙:북망】 (地)山 이름。河南省 洛陽의 동북쪽에 위치함。漢代 이후의 墓地。(轉)墓地。芒山。北芒。郟山。北山。【劉廷芝】百年同謝西山日、千秋萬古ㅡㅡ塵。

【北邙山:북망산】 묘지가 있는 곳。사람이 죽어서 가는 곳。

【北面:북면】 ❶북쪽을 향함。북쪽에 있는면。❷신하의 座位。↕南面。❸신하가 됨。❹제자의 座位。제자가 됨。【漢書】身執經、ㅡㅡ備弟子禮。

【北冥:북명】 북쪽에 있는 큰 바다。北海。北溟。

【北廟:북묘】 일명 關羽廟·關帝廟。中國의 關羽를 제사하기 위해 李朝 宣祖 때 지은 것으로 甲申政變 때 獨立黨의 洪英植·朴泳孝 등이 高宗을 모시고 여기에 피란했다가 清軍과 事大黨에게 잡혀 죽음。一九一三년 東廟에 合祀함。

【北半球:북반구】 지구의 赤道 북쪽 부분。↕南半球。

【北方之强:북방지강】 아무런 분별 없이 强勇에 맡겨 일을 행함。【中庸】南方之强與、ㅡㅡ與。

【北伯:북백】 (制)咸鏡北道의 觀察使。

【北伐:북벌】 북쪽을 토벌하는 일。

【北伐計畫:북벌계획】 (歷) 丙子胡亂의 수치를 씻고자 孝宗이 중심이 되어 李浣·宋時烈과 더불어 清을 치려던 계획。

【北邊:북변】 ❶북쪽 부근。❷北鄙。【史記】自遼西、歷ㅡㅡ、至九原。↕南邊。

【北兵使:북병사】 (制)北兵營에 주재한 兵馬節度使。

【北兵營:북병영】 (制)咸鏡道 鏡城에 있던 北兵使의 駐營。

【北部:북부】 ❶북쪽 부분。❷(制)㉠서울 안 구역인 五部의 하나。㉡高句麗 때 絕奴部의 땅 이름。後部。

【北鄙:북비】 북쪽에 있는 邊鄙。

【北司:북사】 宦官。北寺。【唐書】宦人握兵、橫制海內、號曰ㅡㅡ。

【北朔:북삭】 북방 種族의 땅。【成公綏】廻寒風於ㅡㅡ。

【北蔘:북삼】 ❶咸鏡道에서 나는 山蔘。❷滿洲 間島에서 나는 인삼。

【北上:북상】 북쪽으로 올라감。

【北宋:북송】 (歷)中國의 王朝 이름。九六〇~一一二六 宋 高祖가 汴都에서 즉위한 후 高宗이 臨安으로 遷都할 때까지의 宋의 別稱。＊南宋。

【北垂:북수】 북쪽 끝。北邊。

【北首:북수】 기와의 한 종류。

【北陲:북수】 ＝北垂。

【北辰:북신】 北極星의 異名。【論語】譬如ㅡㅡ居其所、而衆星共之。

【北岳山:북악산】 (地)서울의 뒷 山。일명 白嶽山·北岳。높이 三三八米。

【北岸:북안】 북쪽 해안이나 江岸。

【北魚:북어】 마른 명태。

【北營:북영】 (制)❶親軍營의 하나。❷昌德宮 북쪽에 있던 訓鍊都監의 分營。❸함경도의 監營。

【北茸:북용】 北關에서 나는 鹿茸。

【北原:북원】 (歷)江原道 原州의 옛 이름。

【北緯:북위】 赤道 이북의 緯度。

【北緯三十八度線:북위삼십팔도선】 (地)우리 나라 中部를 횡단하는 北緯三八度線을 특히 일컬음。一九四五년 二월 얄타 協定에 의해 제二차 世界大戰 중 군사적 견지에서 분할이 책정되어 解放 후 우리 나라를 양단시켜 六·二五事變 등 민족적인 비극을 마련한 계기가 됨。休戰 협정으로 三八線은 緩衝地帶와 고체되어 분할선만이 변동되었을 뿐임。

【北緯線:북위선】 (地)赤道 북쪽의 緯度를 표시하는 선。↕南緯線。

【北人:북인】 (歷)四色 당파의 하나。李山海가 그 중심 인물임。↕南人。

【北醬:북장】 咸鏡道에서 만드는 된장。

【北狄:북적】 북쪽에 살던 種族。匈奴。犬戎。

【北庭:북정】 ❶單于의 朝廷。(轉)漢代 북쪽에 있던 匈奴의 땅。【宋史】望ㅡㅡ、萬五千里。❷西域의 異稱。

【北庭砂:북정사】 (化)硇砂。火山의 昇華物인 塩化암모늄。

【北宗畫:북종화】 北宗에서 숭상하는 그림。물체의 표현과 색채의 선명을 주로 하여 樓臺와 金碧을 세밀하게 나타냄이 특색임。唐의 李思訓·李昭道 父子를 鼻祖로 하여 宋代에 와서 全盛期를 이루었음。繪畫史上의 二大流派의 하나。

【北中青瓷:북중청자】 中國 福州에서 나는 青瓷。

【北支:북지】 (地)華北。

【北至:북지】 夏至의 別名。↕南至(冬至)。

【北辰:북진】 ＝北極星。

【北鎭:북진】 함경 북도의 六鎭을 두었던 지방을 일컫던 말。

【北進:북진】 북 쪽으로 나아감。

【北進政策:북진정책】 북방으로 나라의 세력을 뻗쳐 나가려는 정책。

【北窓三友:북창삼우】 琴·酒·詩를 일컬음。【白樂天】。

【北村:북촌】 ❶북쪽에 있는 마을。❷서울의 북쪽 지대에 있는 마을의 총칭。

【北漆:북칠】 돌에 글자를 새길 때 글씨를 쓴 얇은 종이에 밑을 칠하여 그 뒤쪽에 비치는 글자 테두리를 그려서 돌에 붙이고 문질러서 글자를 내려 앉히는 일。

【北平:북평】 (地)中國 北京의 별칭。

【北平館:북평관】 (制)李朝 초엽에 女眞人을 대우하여 숙박시키던 서울의 館所。곧 없어졌음。

【北布:북포】 咸鏡北道에서 나는 베。

【北標:북표】 (地)지도에서 북쪽을 가리키는 표。

【北學:북학】 (歷)李朝 英祖·正祖 때 清國 文物制度를 받아들여 여러 제도를 개량 匡正하자는 주장。北學論。

【北學論:북학론】 (歷)李朝 英祖·正祖 때의 實學者들의 주장。

【北漢山:북한산】 (地)서울 북쪽에 있는 山。일명 三角山·華山·華嶽。最高峰。白雲臺의 높이는 八〇三米。白雲·仁秀·國望의 三峰이 있고 山城과 離宮 重興寺·東將臺·萬景臺 등의 遺址와 元曉臺·眞興王巡狩碑 등이 있음。

【北漢山碑:북한산비】 (碑) 眞興王巡狩碑의 하나。北漢山 碑峰에 있음。→眞興王巡狩碑。

【北漢山城:북한산성】 (歷) 北漢山(三角山)에 축조된 산성。有事時에 대비하기 위하여 李朝 肅宗 四〇년(一七一四)에 축조하였음。서쪽에 위치한 西大門을 입구로 하고 다시 中城門으로써 성내는 두 부분으로 구분되었음。

【北胡:북호】 북쪽에 있는 오랑캐 나라。

【北畫:북화】 (歷) 北宗畫의 略語。北宗。

【北回歸線:북회귀선】 (地)北緯 二三도 二七분의 선。夏至날 정오에 태양이 이 선 위에 왔다가 다시 적도로 향하여 옮아감。↕南回歸線。

四畫

【旨】(지) →日部2畫

【老】(로) →老部0畫

【死】(사) →歹部2畫

【牝】(빈) →牛部2畫

【此】(차) →止部2畫

七畫

【匙】(의) 支 ギ、さだまらない unfixed
小篆 아직 정해지지 않은 모양의(事物未定貌)。

【匥】(분) 〔國字〕
뿐분(句讀)。

八畫

【匼】(욋) 〔國字〕
땅이름욋(地名)。

【能】(능) →肉部6畫

【眞】(진) →月部5畫

九畫

【匙】(시) 支 シ、ジ、さじ spoon ㄔ´ ch'ih²
小篆 草書 ❶숟시、숟가락시(匕也)。〔茶錄〕茶ㅣ要擊拂有力。❷열쇠시(鍵也)。〔黃庭經〕玉ㅣ金鑰常完堅。

【匙箸：시저】 숟가락과 젓가락。

【匙楪：시접】 수저를 담는 놋그릇。

【𩑛】(뇌) 皓 ドウ、こえる fat (古音「노」)
살찐모양뇌(肥貌)。

十畫

【頃】(경) →頁部2畫

【䕶】(늦) 〔國字〕
늦을늦(晩也)。

十三畫

【𠤷】(곳) 〔國字〕
곳곳(處也)。

匚 部

【匚】(방) 陽 ホウ、はこ angular vessel ㄈㄤ fang
小篆 籀文 草書 상자방、모진그릇방(器之方者)。

二畫

【巨】(거) →工部2畫

三畫

【匛】(구) 宥 キュウ、ひつぎ coffin
小篆 널구、관구(柩也)。(『柩』와 같음)

【匜】(이) 支 紙 イ、はんぞう basin
小篆 草書 ❶손대야이、양치그릇이(盥器)。〔唐書〕盥則奉ㅣ。❷술잔이(酒器)。〔禮記〕敦牟卮ㅣ。

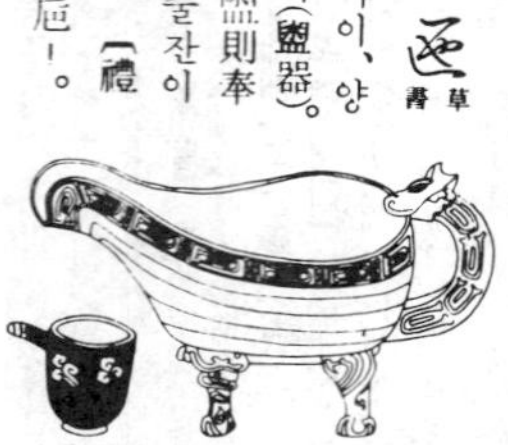

周季姬匜❶ (金石索)❷匜 (三禮圖)

【匝】(잡) 合 ソウ、めぐる be enclosed
草書 두루잡、둘릴잡(周也)。(『帀』의 俗字)

【匝辰：잡신】 十二支를 한 번 돌음。열두 달。匝辰。

【匞】(장)『匠』(匚部 4畫)의 本字

四畫

【匟】(강) 漾 コウ、こしかけ stool ㄎㄤ k'ang⁴
평상강(坐牀)。

【匠】(장) 漾 ショウ、たくみ artisan ㄐㄧㄤ chiang⁴
小篆 草書 ❶바치장、장인장、장색장(作器)。〔孟子〕梓ㅣ輪輿。❷대목장(木工)。〔周禮 冬官考工記〕ㅣ人。❸직공장(職工)「畫ㅣ」。❹만들장(製作)。〔張羽詩〕斧斲自天ㅣ。❺고안할장(考案)。〔杜甫詩〕意ㅣ慘淡經營中。

【匠色：장색】 물건 만드는 일을 업으로 삼는 사람。匠人。

【匠石：장석】 (人)古代의 名工。字는 伯。

【匠心：장심】 =匠意。

【匠氏：장씨】 =匠人。〔韓愈〕成室者ㅣㅣ之工也。

【匠意：장의】 考案。創作慾。匠心。〔許渾容〕屬詞ㅣㅣ、必本于道。

【匠人：장인】 ❶주로 木手。대목。❷下棺하는 사람。❸宮室·城郭 등을 짓는 周代의 벼슬 이름。百工의 일을 맡아 봄。匠氏。

【匠戶：장호】 ❶匠人의 집。〔淸會典〕各省皆有ㅣㅣ。❷나라의 賦役에 응하는 각종 職人의 戶籍。
◎巨ㅣ、工ㅣ、名ㅣ、師ㅣ、意ㅣ、宗ㅣ、火ㅣ。

【匡】(광) 陽 キョウ、ただす straight ㄎㄨㄤ k'uang¹
小篆 草書 ❶바를광(正也)。〔論語 憲問〕ㅣ天下。❷바로잡을광(改正)。〔孝經事君〕ㅣ救其惡。❸비뚤어질광(斜枉)。〔周禮〕輪雖敝不ㅣ。❹도울광(輔助)。〔漢書宣帝紀〕ㅣ朕之不逮。❺겁날광(恐也)。〔禮記 禮器〕衆不ㅣ懼。❻모날광(方也)。❼밥그릇광(飯器)。❽구원할광(救也)。(『恇』『眶』과 같고 『助』과 통함)

【匡諫：광간】 올바르게 간함。諫戒함。〔晉書〕ㅣㅣ者少。

【匡困：광곤】 가난한 사람을 匡救함。

【匡矯：광교】 바르게 고침。匡正。

【匡救:광구】 언행을 바로잡음。 잘못을 바로잡고 도와 줌。 『孝經』——其惡。
【匡懼:광구】 두려워함。 恐懼。
【匡當:광당】 상자。 궤。
【匡輔:광보】 바루고 도움。 匡翼。 匡翊。 匡弼。 『晉書』。
【匡復:광복】 나라의 위태로움을 匡救하여 회복함。 匡正하여 회복함。
【匡床:광상】 편안한 침대。 잠자리。
【匡牀:광상】 네모진 평상 침대。 『莊子』與王同——。
【匡肅:광숙】 바루어 정비함。 『後漢書』多所——。
【匡時:광시】 時弊를 바룸。
【匡翊:광익】 =匡輔。 『徐藩』家宰——。
【匡正:광정】 바르게 고침。 矯正。 「大業。
【匡定:광정】 도와서 정함。 『晉書』——
【匡濟:광제】 잘못을 바로잡고 널리 도와 줌。 匡正。 匡救。 匡拯。 『羅隱』太平——術。
【匡坐:광좌】 바르게 앉음。 正坐。 端坐。
【匡周:광주】 빠짐 없이 두루 널리 퍼짐。 『晉書』輿望——。
【匡弼:광필】 非를 고치며 미치지 못하는 곳을 보필함。 匡輔。 『後漢書』犯嚴顏——得失。 「得免。
【匡護:광호】 돕고 보호함。 『隋書』——

五畫

【匣】 (갑) 洽 コウ、はこ case ㄒㄧㄚˊ hsia²

小篆 草書 ❶궤갑(匱也)。 ❷상자갑(箱子)。 『漢書』虎文衣廢藏在室—中者。

【匣匳:갑렴】 빗을 넣어 두는 궤。 경대。
【匣作:갑작】 독을 굽는 데 사용되는 匣을 만드는 공장。 冐器作。

六畫

【㔸】 (변) 霰 ヘン、ベン、たけばこ chest

❶관갑변(冠匣)。 ❷옷상자변(笥也)。 ❸대그릇변(竹器)。

【匋】 (요) 蕭 ヨウ、つづみ drum-cylinder

북통요(鼓也)。 (『鞠』와 같음)

七畫

【𠤵】 (조) 蕭 嘯 チョウ、ふご basket

小篆 밭에 쓰는 제구조、삼태기조(畚也)。

【㾜】 (협) 葉 キョウ、きものばこ chest

小篆 ❶옷상자협(藏衣笥)。 ❷궤맬협(緘也)。

八畫

【匪】 ㊀(비) 尾 ヒ、フン、あらず、はこ
㊁(분) 文 not; bamboo case ㄈㄟˇ fei³

小篆 草書 ㊀❶아닐비(非也)。 『十八史略 春秋戰國魯』詩云、—兕—虎、率彼曠野、吾道非邪。 ❷대상자비(竹器)。 ❸빛날비(采貌)。 『詩經 衛風淇澳』有—君子。 ❹악할비(惡也)。 「—徒、—類」。 ❺말이 멈추지 않을비。 『禮記 少儀』車馬之美——翼翼。 ㊁나눌분(分也)。 『周禮 天官大宰』八曰—頒之式。 (『分』과 통함)

【匪魁:비괴】 匪賊의 괴수。
【匪躬:비궁】 제 몸을 돌보지 않고 국가에 충성을 다함。 一身의 利害를 돌보지 않음。 『易經』王臣蹇蹇、——之故。
【匪徒:비도】 匪賊의 무리。 匪類。
【匪匪:비비】 車馬가 아름답고 整然하게 가는 모양。 『禮記』車馬之美、——翼翼。
【匪石:비석】 心志가 굳어 돌과 같이 마음대로 구르지 않음。 절조가 굳은 것。 『詩·柏舟』我心——、不可轉也。
【匪席之旨:비석지지】 자리 모양으로 자유로 감기는 유약한 마음。 『詩經』我心——、不可卷也。
【匪夷所思:비이소사】 보통 사람으로서는 헤아리지 못할 생각。 平易하지 않은 생각。
【匪人:비인】 ❶친할만한 사람이 못됨。 나를 해하는 사람。 ❷《中》행위가 바르지 못한 사람。
【匪賊:비적】 떼를 지어 돌아다니며 재물을 약탈하는 도둑。 匪徒。

九畫

【匬】 (유) 麌 ユウ、ます dry measure

小篆 휘유(量也、十六斗)。

【匭】 (궤) 紙 キ、はこ case ㄍㄨㄟˇ kuei³

小篆 草書 ❶갑궤(匣也)。 『唐書 百官志』鑄銅—四。 ❷묶을궤、동여맬궤(纏結包—)。 『書經』包—菁茅。

【匭院:궤원】 《制》唐代 民意를 聽取하던 機關。 지금의 輿論函·民聲函 같은 것을 두어 백성의 投書를 받은 곳。 宋代에 登聞鼓院이라 이름을 고침。 『宋史』改——、爲登聞鼓院。

十畫

十一畫

【匳】 (창) 陽 ソウ、うつわ antique

小篆 小篆 옛그릇창(古器)。

【匯】 (회) 賄 隊 カイ、めぐる turn round ㄏㄨㄟˋ huei⁴

小篆 草書 ❶물이 돌아나갈회(水廻流)。 『蘇轍詩』洶湧彙流—。 ❷그릇회(器也)。 ❸클회(大也)。 (『滙』와 같음)

【匯兌:회태】 어음。 換。
【匯票:회표】 手票。 換票。 「交換。
【匯畫:회획】 換으로써 하는 거래。 어음

十二畫

【匴】 (익) 職 ヨク、おおきなかなえ till

小篆 ❶밭갈익(耕田)。 ❷큰솥익(大鼎)。

【匰】 (단) 寒 タン、ずし shrine

小篆 ❶신주독단(宗廟盛主器)。 ❷독집단(宗廟)。

【匱】 (궤) 寘 キ、ひつ chest ㄎㄨㄟˋ k'uei⁴

小篆 草書 ❶갑궤(匣也)。 ❷다할궤(竭乏)。 ❸없을궤(缺乏)。 『詩經 大雅 旣醉』孝子不—。

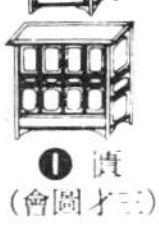
❶ 匱 (三才圖會)

【匱渴:궤갈】 =匱乏。 (『簣』와 통함)
【匱盟:궤맹】 남몰래 하는 맹세。 혼자서 하는 맹세는 匱乏한 때 하기 때문。 『左

氏·成』。

【匱不足 : 궤부족】 모자람。不足함。『管子·八觀』姦邪之所生、生於——、——之所生、生於侈。

【匱乏 : 궤핍】 부족함。衣食이 모자람。또는 그런 사람。貧困。匱墜。『韓非子·外儲說右下』管仲曰、臣聞之、上有積財、則民臣必——於下、宮中有怨女、云云。

【匳】 (렴)『籢』(13畫 匚部)과 같음

十三畫

【匳】 (렴) 鹽 レン、かがみばこ mirror case ㄌㄧㄢˊ lien²

草書 ❶경대렴(鏡匣)。❷향그릇렴(香器)。❸작은궤렴(小匣)。(『籢·奩』과 같음)

十四畫

【匴】 (산) 旱 サン、セン、こめあげざる bamboo hat-case

小篆 ❶대갓집산(竹器冠箱)。❷조리산(籔也)。

❶匴(三才圖會)

(圖物名)❶匴

十五畫

【匵】 (독) 屋 トク、はこ case ㄉㄨˊ tu²

小篆 草書 ❶손궤독(小匱)。❷함독(函也)。(『櫝』과 통함)

【匵中 : 독중】 상자 속。『漢書·文三王傳』虎兕出於匣、龜玉毀於——。

十八畫

【匶】 (구)『柩』(5畫 木部)의 古字

【匶路 : 구로】 棺을 실은 車。『周禮·春官·注』——、載柩車也。

【匶謚 : 구시】 棺과 諡號。『周禮·春官·大師』大喪、帥瞽而廞、作——。

二十四畫

【匷】 ㊀(공) 送 ㊁(감) 感 カン、コン、さかずき case; cup

小篆 ㊀작은잔공(小杯)。㊁❶상자감(箱類)。❷두껑감(器蓋)。❸머리쓰개감(覆頭)。

匸 部

【匸】 (혜) 薺 ケイ、かくす hide

小篆 草書 ❶감출혜(藏也)。❷덮을혜(覆也)。

二畫

【匹】 ㊀(필) 質 ㊁(목) 屋 ヒツ、ひき head ㄆㄧˇ p'i³

小篆 草書 ㊀❶짝필(偶也)。『詩經』率由羣—。❷둘필(兩也)。❸짝지을필(配合)。『左傳註』夫婦相—其名旣定雖單亦—故曰—夫—婦。❹한끝필(束帛)。❺한마리필(馬也)。❻벗필(朋友)。『禮記緇衣』惟君子能好其—。❼무리필(儕輩)。❽변변치못할필。(『疋』과 통함) ㊁집오리목(家鴨)。

【匹馬 : 필마】 한 필의 말。

【匹馬單騎 : 필마단기】 혼자 한 필의 말을 타고 감。

【匹馬單鎗 : 필마단창】 한 필의 말과 한 자루의 창。간단한 무장。『五燈會元』。

【匹婦 : 필부】 ❶한 사람의 계집。❷보잘것 없는 여자。↕匹夫。

【匹夫 : 필부】 ❶한 사람의 남자。❷하찮은 남자。身分이 낮은 남자。『論語』——不可奪志也。

【匹夫之勇 : 필부지용】 血氣에서 나오는 小勇。소인의 깊은 생각없이 혈기에서 나오는 용기。『孟子』此——、敵一人也。

【匹夫匹婦 : 필부필부】 ❶한 사람의 남자와 한 사람의 여자。❷평범한 남녀。微賤한 남녀。

【匹似 : 필사】 예컨대 무엇무엇과 같다는 뜻。같은 것。비슷한 것。匹如。『黃庭堅』田多穀少無人會、——無田過一生。

【匹敵 : 필적】 ❶어깨를 견줌。優劣이 없는 敵手。❷夫妻。『漢書』人情非有——、不能久安其所。

【匹鳥 : 필조】 (動)鴛鴦의 異名。『詩經·傳』鴛鴦——。

【匹儔 : 필주】 ❶夫妻。❷무리。『韓愈』品彙——。❸相對。『韓愈』騏驥生絕域、自矜無——。

【区】 (구)『區』(9畫 匚部)의 略字

五畫

【匧】 (루) 宥 ロウ、ル、いやしい evade

小篆 小篆 ❶옆으로피할루(側逃)。❷키루(箕類)。

【医】 ㊀(예) 霽 ㊁(의) 支 エイ、うつぼ quiver

小篆 ㊀활집예、동개예(矢器)。『齊語』兵不解—。㊁『醫』의 略字

六畫

【匼】 (암) 感 ロウ、ル、いやしい flatter

❶아첨할암(諂諛阿—)。❷비위맞출암(迎合)。❸건이름암(巾名烏—)。❹둘릴암(繞貌)。

【匼匝 : 암잡】 둘러싸는 모양。周匝。合沓。『白居易·仙峨峯下作詩』——雲如抱。

七畫

【匽】 (언) 阮 エン、かくす hide ㄧㄢˇ yen³

小篆 ❶숨길언(匿也)。❷길곁언(路側)。『周禮』爲井—。❸한데뒷간언(外廁)。(『偃』의 古字)

【匽戟 : 언극】 끝이 세 갈래로 난 창。雄戟。『方言』三刃枝、南楚宛郢、謂之——。

【匽薄 : 언박】 굴복함。『漢書·王吉傳』夏則爲大暑之所暴炙、冬則爲風寒之所——。

【匽兵 : 언병】 兵器를 챙겨 넣음。戰爭을 그만 둠。匽武。『漢書·天文志』—日、天下——、墜有兵者、所當之國大凶。

九畫

【匿】 (닉) 職 トク、かくす hide ㄋㄧˋ ni⁴

小篆 草書 ❶숨을닉(隱也)。『史記·留侯世家』良更姓名、亡—下邳。❷숨길닉(藏亡)。『史記 灌夫傳』乃—其家竊出上書。❸덮어둘닉(掩覆)。『漢書』曹參見人有細過專務掩—。❹몰래붙을닉(陰姦)。❺쌀닉(包也)。『論語 公冶長』—怨而友其人。❻술담는 그릇닉(酒器)。

【匿空:익공】 몸을 숨기는 굴。『史記』舜穿井爲ㅣㅣ旁出。
【匿年:익년】 나이를 속임。
【匿名:익명】 본 이름을 숨김。『魏書』爲ㅣㅣ書、自牓其門。
【匿名投票:익명투표】 투표하는 사람의 본 이름을 밝히지 않고 하는 투표。無記名 投票。
【匿怨:익원】 원한을 숨김。마음에는 원한을 품고 있으나 겉으로는 친한 것처럼 꾸밈。
【匿跡消聲:익적소성】 숨어 앉아 세상 「일을 묻지 않음。◎隱ㅣ。

【扁】 (변) 銑 ヘン、ひらたい flat ㄅㄧㄢˇ pien³
書 草 ❶엷은 그릇변(薄器)。❷모가 진 모양 변(不圓貌)。(『扁』과 같음)
【扁桃:변도】 (植)복숭아의 일종。『酉陽雜俎』。
【扁額:변액】 방안이나 대청 또는 문 위와 같은 곳에 가로 다는 현판。扁額。
【扁平:변평】 넓고 평평함。扁平。
【扁壺:변호】 옛날 단지의 一種。『博古圖』。

漢蟠虬匾壺(博古圖)

【區】 ㊀(구) 虞 ク、オウ、わける、かくす distinguish; hide ㊁(우) 尤 ㄍㄡ kou¹
小篆 書 草 ㊀❶감출구(藏也)。「凡言ㅣ者皆有所藏」。❷작은방구(小室)。『漢書 揚雄傳』有田一廛宅一ㅣ。❸나눌구(別也)。『論語 子張』諸草木ㅣ以別矣。❹옥다섯쌍구(玉五穀)。❺조그마할구(小貌)。❷저울네눈갈피우、지경우(域也)。㊂❶우(量名四豆)。『左傳 昭公三年』豆ㅣ釜鐘。❸숨길우(匿也)。『左傳 昭公七年』楚文王作僕ㅣ之法。
【區間:구간】 일정한 지점 사이。
【區區:구구】 ❶조그마한 모양。❷得意의 모양。뜻을 이룬 모양。❸사랑。『廣雅·釋訓』ㅣㅣ愛也。❹부지런히 일하는 모양。『孔融·薦禰』。❺변변하지 못함。❻각각 다름。
【區區不一:구구불일】 제각각 다름。
【區內:구내】 한 구역의 안。
【區民:구민】 행정 구역의 하나인 區 안에 사는 사람。
【區別:구별】 ❶區域別의 略語。❷따로 따로 종류를 따라 갈라 놓음。『論語』譬諸草木區以別矣。
【區分:구분】 ❶구별하여 나눔。『郭璞』萬珠之ㅣㅣ。❷區域으로 분할함。
【區域:구역】 갈라 놓은 지역。『晉書』淑譽騰于ㅣㅣ。「內。『晉書』分ㅣㅣ。
【區宇:구우】 ❶區域。區內。❷天下。宇
【區有:구유】 大地。넓은 땅。
【區處:구처】 ❶居處。살고 있는 곳。❷事物을 分別하여 처리함。『漢書·黃霸傳』具爲ㅣㅣ。
【區廳:구청】 市의 行政 區域의 하나。구의 행정 사무를 맡아 보는 관청。
【區縣:구현】 境域。區宇。『陳書』大庇黔首、光宅ㅣㅣ。「限度。
【區畫:구획】 境界를 갈라 정함。區分。◎管ㅣ、選擧ㅣ、市ㅣ、地ㅣ、學ㅣ。

十三畫

【歐】 (구)→欠部 11畫
【毆】 (구)→殳部 11畫

十 部

【十】 (십) 緝 ジュウ、とお ten ㄕˊ shih²
小篆 書 草 ❶열십(數名)。『說文』ㅣ數之具也一爲東西ㅣ爲南北四方中央備矣。『易繫辭』天九地ㅣ。❷열번십。『中庸』人ㅣ能之、己千之。❸완전할십(完全)。『晉書 祜本傳』天下不如意、恆ㅣ居七八。❹열배십(十倍)。『漢書 韓安國傳』利不ㅣ者不易業。❺십자가십(十字街)。『張祜 蘇小小歌』長怨ㅣ字街、使郞心四散。
(『什·拾』과 통함)
【十家:십가】 ❶열 집。❷學藝의 열 가지 流派。곧 儒家·道家·陰陽家·法家·縱橫家·名家·墨家·雜家·農家·小說家·❸辭賦에 뛰어난 열 사람。곧 荀卿·宋玉(周·戰國時代)、漢枚乘·司馬相如·賈誼·王褒(漢代)、班固·張衡·揚雄·王延壽(後漢代)。
【十干:십간】 天干인 甲·乙·丙·丁·戊·己·庚·辛·壬·癸의 總稱。十幹。
【十愆:십건】 열 가지의 허물。곧 舞·歌·貨·色·遊·畋·侮聖言·逆忠直·遠耆德·比頑童。
【十經:십경】 儒家의 열 가지 경서。곧 周易·尙書·毛詩·禮記·周禮·儀禮·春秋左氏傳·公羊傳·穀梁傳·論語孝經을 합친 것의 통칭。
【十戒:십계】 ❶(佛)佛家에서 열 가지 경계하는 말。㉠菩薩 十戒는 不殺生·不偸盜·不邪淫·不忘語·不飮酒·不塗飾香鬘·不歌舞觀聽·不坐高廣大牀·不非時食·不蓄金銀寶。㉡沙彌 十戒는 菩薩十戒의 앞의 五戒와 不說過罪·不自讚毁他·不慳·不瞋·不謗。❷(宗)기독교에서 神이 모세에게 준 열 가지 啓示。他神을 崇拜하지 못함。偶像에 禮拜하지 못함。神名의 濫稱을 못함。安息日을 어기지 못함。父母를 공경함。殺人하지 못함。姦淫하지 못함。偸盜하지 못함。僞證하지 못함。貪慾하지 못함。
【十界:십계】 (佛)迷界와 悟界의 열 가지 階級。迷界에는 地獄·餓鬼·畜生·修羅·人間·天上의 六界가 있고、悟界에는 聲聞·緣覺·菩薩·佛의 四界가 있다고 함。十法界。
【十誡命:십계명】 (宗)예수교에서 열 가지 사항을 지키게 하는 말。
【十瞽一杖:십고일장】 (國)열 소경에 한 지팡이。(轉)아주 소중한 존재라는 뜻。『旬五志』。
【十年減壽:십년감수】 수명에서 십년은 줄었다는 뜻。대단한 고통이나 몹시 위험한 일을 당하여 놀랐을 때 쓰는 말。
【十年之計:십년지계】 앞으로 一〇년을 목표로 한 원대한 계획。
【十年知己:십년지기】 오래 전부터 사귀어 온 친구。절친한 친구。
【十大家:십대가】 明 茅坤이 뽑은 唐·宋代의 文人인 韓愈·柳宗元·歐陽修·蘇洵·蘇軾·蘇轍·王安石·曾鞏의 八大家에다 李翶·孫樵의 두 사람을 더하여 淸 儲欣은 이들을 十大家라고 하였음。
【十大弟子:십대제자】 (佛)十弟子。
【十盲一杖:십맹일장】 열 소경에 한 막대。(喩)어떠한 사물이 여러 사람에게 다 같이 긴요하게 됨을 가리키는 말。↓十瞽一杖。

【十母:십모】❶十干의 異名。❷親母·出母·嫁母·庶母·嫡母·繼母·慈母·養母·乳母·諸母의 총칭。

【十目所視:십목소시】여러 사람이 다 같이 보고 있음。《喩》세상 사람을 속일 수 없음을 가리키는 말。

【十目十手:십목십수】보는 사람과 손가락질을 하는 사람이 많음。

【十伐之木:십벌지목】열 번 찍어서 안 넘어가는 나무가 없다는 뜻。《喩》기어이 성취하고 만다는 말。

【十分:십분】❶한 시간의 六분의 一。❷아무 부족함이 없이。넉넉히。『孔平仲』花開已ーー。❸열 개로 나눔。

【十分無疑:십분무의】조금도 의심할 바가 없음。

【十分準信:십분준신】아주 믿어 버림。

【十朋:십붕】귀중한 보배。(朋은 (古代의 二個의 貝貨)。『易·損』ーー之龜。

【十三經:십삼경】열 세 가지의 經書。周易·尙書·毛詩·春秋左氏傳·春秋公羊傳·春秋穀梁傳·周禮·儀禮·禮記·孝經·論語·孟子·爾雅。

【十霜:십상】一○년。십년 세월。『賈島』客舍幷州已ーー。

【十常八九:십상팔구】열 가운데 여덟 아홉은 그러함。十中八九。

【十生九死:십생구사】=九死一生。

【十善:십선】❶《佛》十惡을 犯하지 않는 열 가지 善業。↔十惡。❷열 사람의 착한 벗。『魏志·陸馥傳』詢以政事、號ーー。

【十成:십성】❶황금의 품질을 十등분으로 나눈 第一등。❷십상。

【十襲:십습】열 겹이나 싸서 소중히 秘藏함。

【十勝之地:십승지지】風水家가 일컫는 饑饉·兵火에 염려가 없어서 避難에 適當하다고 하는 열 군데의 땅。곧 公州의 維鳩·麻谷、茂朱의 茂豊、報恩의 俗離山、扶安의 邊山、星州의 萬壽洞、奉化의 春陽、醴泉의 金堂洞、寧越의 正東上流、雲峰의 頭流山、豊基의 金雞村。

【十匙一飯:십시일반】열 술이면 한 사람이 먹을 분량이 된다는 뜻。《喩》여러 사람이 힘을 합하면 한 사람을 구제하기는 쉽다는 말。

【十惡:십악】❶사람의 열 가지 重罪。곧 謀反·謀大逆·謀叛·惡逆·不道·大不敬·不孝·不睦·不義·內亂。❷《佛》사람의 열 가지 罪惡。곧 殺生·偸盜·邪淫·妄語·惡口·兩舌·綺語·貪慾·邪見·瞋恚。↔十善。

【十夜:십야】❶열 밤。❷《佛》淨土宗에서 음력 一○월 六일부터 一五일까지 밤낮 열흘 동안에 행하는 특별 염불。

【十羊九牧:십양구목】羊 열 마리에 牧者는 아홉 사람이나 됨。《喩》人民은 적고 公務員은 많다는 것。『隋書』人少官多、ーー。

【十餘:십여】열 남은。

【十五夜:십오야】❶음력 八월 一五일의 밤。中秋夜。❷음력 一五일의 밤。三五夜。

【十雨:십우】❶열흘에 한 번 오는 비。❷알맞은 비。『論衡』五日一風十日一雨。

【十六羅漢:십육나한】《佛》길이 世間에 있으면서 敎法을 수호하려고 誓願한 열 여섯의 佛弟子。賓度羅跋囉惰闍·迦諾迦伐蹉·迦諾迦跋釐惰闍·蘇頻陀·諾距羅·跋陀羅·伽哩迦·伐闍羅弗多羅·戍博迦·半託迦·怙距羅·迦那犀那·因揭陀·伐那婆斯·阿氏多·注荼半託迦。

【十義:십의】사람이 修行해야 할 열 가지의 道。父慈·孝子·兄良·弟弟·夫義·婦聽·長惠·幼順·君仁·臣忠。『禮記』又、君令·臣共·父慈·子孝·兄愛·弟敬·夫和·妻柔·姑慈·婦聽·禮也。

【十二歌詞:십이가사】李朝 때의 漁父詞·春眠曲·處士歌·襄陽歌·首陽山歌·梅竹打鈴·竹枝詞·勸酒歌·行軍樂·相思別曲·白鷗詞·黃鷄歌 따위 年代·作者未詳의 가사。

【十二客:십이객】宋 張敏叔의 選定한 열 두 가지의 꽃。牧丹(貴客)·梅(淸客)·菊(壽客)·瑞香(佳客)·丁香(素客)·蘭(幽客)·蓮(靜客)·茶蘼(雅客)·桂(仙客)·薔薇(野客)·茉莉(遠客)·芍藥(近客)。

【十二徒:십이도】《歷》高麗 때에 있었던 열 두 私學。곧 文憲公徒·弘文公徒·匡憲公徒·南山徒·西園徒·文忠公徒·良愼公徒·貞敬公徒·忠平公徒·貞憲公徒·徐侍郞徒·龜山徒。

【十二使徒:십이사도】《宗》그리스도가 복음을 전파하기 위하여 특히 선출한 一二제자。베드로·안드레·야곱·다데오·요한·빌립·바돌로메·도마·마태·시몬·가롯유다·알패오의 아들인 야곱。후에 가룟유다는 배반하여 맛디아가 선발됨。

【十二士禍:십이사화】《歷》李朝 端宗 때부터 景宗까지에 일어난 士禍의 總稱。곧 癸酉士禍·丙子士禍·戊午士禍·甲子士禍·己卯士禍·辛巳士禍·乙巳士禍·丁未士禍·己酉士禍·癸丑士禍·己巳士禍·辛壬士禍。

【十二獸:십이수】十二支에 分配한 열 두 종류의 動物。곧 子는 鼠、丑은 牛、寅은 虎、卯는 兎、辰은 龍、巳는 蛇、午는 馬、未는 羊、申은 猴、酉는 鷄、戌은 犬、亥는 猪。十二禽。十二屬。十二肖。

【十二升:십이승】올이 썩 가늘고 곱게 짠 모시。

【十二時:십이시】하루를 열 둘로 나누어 十二支의 이름을 붙이어 일컫는 말。子·丑·寅·卯·辰·巳·午·未·申·酉·戌·亥의 各時。子時가 밤 一二시、午時가 낮 一二시에 해당함。

【十二列國:십이열국】《歷》中國 春秋時代의 一二强國。魯·衛·晋·鄭·曹·蔡·燕·齊·陳·宋·楚·秦。

【十二律:십이율】음악의 六律과 六呂。律呂。陽 六律은 黃鍾(十一月)·太簇(正月)·姑洗(三月)·蕤賓(五月)·夷則(七月)·無射(九月)、陰 六呂는 大呂(十二月)·夾鍾(二月)·仲呂(四月)·林鍾(六月)·南呂(八月)·應鍾(十月)。

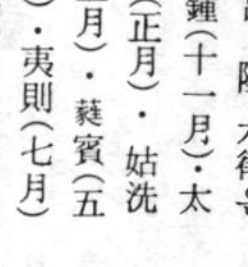

十二律呂旋相爲宮之圖
(曆學新說)

【十二支:십이지】❶子·丑·寅·卯·辰·巳·午·未·申·酉·戌·亥의 열 두 가지 地支。十干과 차례로 맞추어 歲時와 人事의 變化·運用에 쓰임。❷《佛》十二因緣。

【十二指腸:십이지장】《生》胃에 가까이 붙어 있는 小腸의 일 부분。輸膽管과 膵管에 의하여 소화 작용에 필요한 膽汁 및 膵液을 腸內에 보냄。

【十二指腸蟲:십이지장충】《動》熱帶 또는 亞熱帶 지방에 걸쳐 널리 사람에 寄生하는 線蟲類에 속하는 기생충의 하나。사람의 십이지장에 기생함。

【十人十色:십인십색】생각이나 좋아하는 바가 사람에 따라 제마다 다름을 가리키는 말。各人各色。

【十一租:십일조】《制》생산량의 一○분의 一을 바치던 租稅。一一稅。

【十字架:십자가】❶古代 西洋에서 죄인을 사형하던 「十」자 형의 刑具。❷《宗》예수가 이 刑具에 사형을 받았으므로 기독교의 標識로 교인들이 위하는 十字架 모양의 표。

【十字街:십자가】十자 모양의 네거리。

【十字軍:십자군】《歷》一一세기 말부터 一三세기 말까지 일곱 번에 걸쳐서 유럽 각지의 기독교도가 예루살렘의 聖地를 마호메트교도의 손으로부터 奪還하기 위하

여 일으켰던 遠征軍。

【十字路:십자로】 네 갈래로 갈라지는 길。 십자 모양으로 교차된 길。

【十字星:십자성】 (天)남 쪽 하늘에 十자 모양으로 보이는 별。

【十斫木無不顚:십작목무불전】 (國) 열 번 찍어 안 넘어가는 나무가 없음。 (喩)아무리 心志가 굳은 사람이라도 여러번 유인하면 마음이 움직여진다는 뜻。 〔旬五志〕。

【十長生:십장생】 長生 不死한다는 열 가지의 물건。 곧 해·산·물·돌·구름·소나무·不老草·거북·鶴·사슴。

【十全:십전】 ❶安全함。 完全 無缺함。 〔周禮〕――爲上、十失一次之。 ❷병을 완전히 고침。 完全。

【十顚九倒:십전구도】 여러 가지 고생을 겪음。 七顚八起。

【十劑:십제】 (醫)漢藥에 있어서의 열 가지 藥劑。 곧 宣劑·通劑·補劑·洩劑·輕劑·重劑·滑劑·澁劑·燥劑·溼劑。

【十種競技:십종경기】 (運)육상 경기의 한 가지。 한 사람이 十종목의 경기를 하여 총득점으로 승부를 가리는 경기。 첫날에는 一〇〇米 경주·넓이 뛰기·포환 던지기·높이 뛰기·四〇〇米 경주를, 둘째 날은 一〇〇米 장애물 넘기·원판 던지기·棒高跳·창 던지기·一、五〇〇米 경주를 함。 混成競技。

【十洲:십주】 仙人이 산다고 하는 祖·瀛·玄·炎·長·元·流·生·鳳麟·聚窟의 열 개의 섬。

【十指不動:십지부동】 열 손가락을 꼼짝 아니함。 (喩)행동의 게으름을 이름。

【十進法:십진법】 (數)어떤 單位의 수가 열이 모일 때마다 그 위에 새로운 단위의 이름을 붙여 세는 법。

【十哲:십철】 열 사람의 뛰어난 賢人。 ㉠孔門 十哲은 顏淵·閔子騫·冉伯牛·仲弓·宰我·子貢·冉有·季路·子游·子夏。 ㉡武成王廟 十哲은 白起·韓信·諸葛亮·李靖·李勣·張良·田穰苴·孫武·吳起·樂毅。 ㉢畫中 十哲은 淸의 高翔·高鳳翰·李世倬·柴璘愼淸郡王·張鵬翀·李師中·董邦達·王延格·陳嘉樂·張士英。

【十體詩:십체시】 열 가지의 詩體。 곧 古諷·樂諷·古詞·新題樂府·律詩·七言·五言·律諷·悼亡·豔詩。

【十寸:십촌】 같은 五代祖의 자손。

【十八公:십팔공】 소나무의 異名。 (松字의 破字。) 〔吳志〕初丁固爲尙書、夢松樹生其腹上、謂人曰、松字――也、後十八歲、吾其爲公乎、卒如夢。

【十八技:십팔기】 李祖 英祖 三五년에 中國에서 小朝가 전한 열 여덟 가지의 武藝。 곧 長槍·鐺鈀·狼筅·雙手刀·藤牌棍棒(이상은 武藝六技)·竹長槍·旗槍·銳刀·倭劍·交戰·月刀·挾刀·雙劍·提督劍·本國劍·拳法·鞭棍。 十八般武藝。

【十八般武藝:십팔반무예】 中國 古來의 열 여덟 가지 武藝。 ㉠鎗·戟·棍·鉞·叉·钂·鉤·槊·環·刀·劍·拐·斧·鞭·鐧·錘·捧·杵。 ㉡弓·弩·鎗·刀·劍·矛·盾·斧·鉞·戟·鞭·鐧·撾·殳·叉·把頭·縛繩·白打。

【十八省:십팔성】 (地)中國 本土를 열 여덟으로 區分한 總稱。 河北·江蘇·安徽·山東·山西·河南·陝西·甘肅·福建·浙江·江西·湖北·湖南·四川·廣東·廣西·雲南·貴州。

【十品金:십품금】 불려서 가장 좋은 十成의 금。 *엽자금。

【十風五雨:십풍오우】 바람 불고 비 오는 것이 때와 분량이 알맞음。 雨順風調。 五風十雨。 〔陸游〕――歲豊穰。

【十寒一曝:십한일폭】 열흘 춥고 하루 햇볕이 쬔다는 뜻。 (喩)일을 할 때 근실하지 못하고 끊임이 많음을 가리키는 말。

【十行俱下:십행구하】 열 줄의 글을 한 번에 읽어 내려감。 (轉)讀書의 빠른 것을 일컬음。

一畫

【卂】 (신) 震 シン、はやくとぶ fly rapidly
小篆
❶빠를신(迅也)。 ❷급히 날신(急飛)。 (『迅』과 같음)

【千】 (천) 先 セン、ち、せん thousand ㄑㄧㄢ chʻien¹
小篆 草書
❶일천천(數名十百)。 ❷천번천。 〔中庸〕人十能之己―之。 ❸많을천(數多)。 ❹길천(南北通路)。 ❺성천(姓也)。 (『阡』과 통함)

【千家姓文:천가성문】 (書)一권。 淸 崔晃 지음。 文義가 없었던 傳來의 百家姓을 기초로 史傳을 연구하여 一〇〇六姓을 찾아 이에 文義를 붙여 서술한 것。

【千家詩:천가시】 ❶여러 사람의 詩。 ❷初學者用으로 여러 시인의 詩를 모은 詩本。 宋의 劉克莊이 엮은 分門類纂唐宋千家詩選이 있음。

【千劫:천겁】 (佛)오랜 세월。 萬世。 永劫。 〔唐太宗〕無滅無生歷――。

【千古:천고】 ❶오랜 옛적。 〔宋之門〕聖德超――。 ❷永遠。 〔李白〕豈傳――名。

【千苦萬難:천고만난】 여러 가지의 고난。 千難萬苦。

【千軍萬馬:천군만마】 많은 군사와 말。

【千金:천금】 ❶엽전 천 량。 ❷많은 돈。 ❸大金·高價·貴重의 뜻을 나타낼 때 쓰는 말。 ❹남의 딸을 높여서 일컫는 말。

【千金駿馬:천금준마】 값이 천금이나 되는 말。 잘 달리는 말。

【千金之子:천금지자】 부잣집 아들。 〔史記〕――不死於市。

【千難萬苦:천난만고】 =千苦萬難。

【千念:천념】 一、八〇〇 개의 구슬을 꿴 기다란 염주。

【千慮一得:천려일득】 바보 같은 사람이라도 많은 생각 속에는 한 가지의 쓸 만한 것이 있음。 ↔千慮一失。

【千慮一失:천려일실】 지혜 있는 사람이라도 많은 생각 속에는 한 가지의 失策이 있음。 ↔千慮一得。 〔史記〕智者千慮必有一失、愚者千慮必有一得。

【千里:천리】 백리의 열 갑절。 (轉)썩 멀리 떨어져 있는 거리。

【千里鏡:천리경】 먼 데 것을 볼 수 있는 안경。 望遠鏡。

【千里光:천리광】 ❶전복의 껍질。 ❷풀의 이름。 잎은 국화와 비슷함。

❷ 千里光 (三才圖會)

【千里駒:천리구】 千里馬。 (喩)子姪 또래에서 가장 뛰어난 사람의 일컬음。 〔漢書〕武帝謂之――。

【千里馬:천리마】 하루에 千里를 달릴 만한 썩 좋은 말。 (轉)才智가 뛰어난 사람。 千里駒。 〔韓愈〕世有伯樂、然後有――。

【千里萬里:천리만리】 거리가 상당히 멀 때에 이르는 말。 千萬里。

【千里比隣:천리비린】 千里 바깥도 가까운 이웃과 같이 생각됨。 (轉)교통의 편리가 좋음。

【千里眼:천리안】 千里 밖의 것을 볼 수 있는 眼力。 (喩)먼 데서 일어난 일을 직각적으로 感知하는 능력。 〔北史〕楊使君有――。

【千里長城:천리장성】 (歷)高麗 德宗 二년(一、〇三三)에 시작하여 靖宗 一〇년(一、〇四四)에 완성된 長城。 鴨綠江口로부터 동쪽으로 寧遠 등 一四城을 거쳐 東海岸의 都連浦에 이르는 千餘里의 長城。

契丹·女眞族 등의 침입을 막기 위한 것。

【千里行龍:천리행룡】 산줄기가 높고 얕게 멀리 뻗음。《喩》어느 일이고 결과를 먼저 이야기 아니하고、그 유래부터 차근차근히 말하는 일。

【千里紅:천리홍】《植》千里草。가물에 꽃이 오래도록 피어 있음。

【千萬:천만】 ❶千과 萬。여러 가지。❷썩 많은 수。아주 짧은 번수에 이르도록。『孟子』或相什伯、或相——。❸매우。아주。수 없이。❹절대로。결단코。

【千萬古:천만고】 천만년이나 되는 아주 옛적。아주 먼 옛날。

【千萬年:천만년】 아주 멀고 아득한 세월。千年萬年。千萬歲。

【千萬多幸:천만다행】 아주 다행함。萬萬多幸。

【千萬代:천만대】 ＝千萬世。

【千萬夢外:천만몽외】 천만 뜻밖。

【千萬不當之說:천만부당지설】 얼토당토 아니한 말。略語는 千萬不當。

【千萬不可:천만불가】 경위에 조금도 당지 않음。아주 옳지 않음。

【千萬事:천만사】 썩 많은 일。온갖 일。

【千萬世:천만세】 천만년의 세대。멀고 오랜 세대。千萬代。

【千萬歲:천만세】 ＝千萬年。

【千萬意外:천만의외】 천만 뜻밖。

【千門萬戶:천문만호】 ❶대궐에 문이 많음을 일컫는 말。『史記』帝作建章宮度爲——。❷수많은 백성의 집。

【千伯:천백】 동서 또는 남북으로 통하는 길。阡陌。『管子·四時』正——。

【千變萬化:천변만화】 변화가 천만 가지로 한이 없음。『列子』——、惟意所適。

【千兵萬馬:천병만마】 상당히 많은 군사와 말。千軍萬馬。『南史』——避白袍。

【千不當萬不當:천부당 만부당】 도무지 이치에 맞지 않음。萬萬不當。「閣。

【千佛殿:천불전】《佛》千佛을 모신 殿

【千佛會:천불회】《佛》一천 부처를 공양하는 모임。千佛供養。「각함。

【千思萬考:천사만고】 여러 가지로 생

【千思萬量:천사만량】 이모 저모를 생각하여 헤아림。

【千思萬慮:천사만려】 여러 가지의 근심 또는 걱정。

【千緖萬端:천서만단】 일의 많은 갈피。일일이 가려낼 수 없을만큼 많은 일의 갈피。

【千石:천석】 ❶천 섬。(石은 부피를 재는 單位로서 一〇斗를 일컬음)。❷많은 부피。또는 중량。

【千石君:천석군】 곡식을 천 석이나 추수한만큼 땅을 많이 가진 부자。

【千歲:천세】 천 년이나 되는 세월。긴 세월。먼 장래。千秋萬歲의 略語。

【千歲曆:천세력】 百中曆·萬歲曆 등의 總稱。「結核。

【千歲瘡:천세창】《醫》流注瘰。淋巴腺

【千歲一時:천세일시】 ＝千載一遇。『晉書』——、公焉得辭也。

【千手桶:천수통】《佛》절간에서 중들이 설것이물을 거두는 동이。

【千乘之國:천승지국】 諸侯들의 나라。

【千辛萬苦:천신만고】 무한히 애를 씀。

【千尋:천심】 매우 높거나 깊은 것。천 길。千仞。

【千巖萬壑:천암만학】 수없이 많은 산과 골짜기。《轉》깊은 산 속의 경치。『博異志』——莫非靈景。

【千耶萬耶:천야만야】 높거나 깊어서 천 길이나 만 길이나 되는 듯한 모양。

【千言萬語:천언만어】 수없이 많은 말。『鄭谷』——無人會、又逐流鶯過短牆。

【千葉:천엽】 ❶千年。千世。❷花瓣이 여러 겹으로 포개진 것。여러 겹으로 된 꽃잎。❸《生》처녑。새김질하는 짐승의 消化器의 한 부분。「간악함。

【千妖萬惡:천요만악】 온갖 요사함과

【千憂:천우】 여러 근심。많은 걱정。

【千仞:천인】 산이나 바다가 몹시 높거나 깊음。「꽃。또는 그 꽃。

【千紫萬紅:천자만홍】 가지가지의 빛

【千字文:천자문】《書》一권。梁 周興嗣 지음。넉자로 된 시 二백 五〇귀를 만들어 一千字를 모은 것。이밖에 明의 周履靖이 지은 廣千字文 및 易千字文이 있음。

【千章:천장】 천 그루의 큰 나무。章은 큰 나무를 세는 단위。《轉》많은 나무。『史記』。

【千載:천재】 ＝千年。千歲。

【千載一遇:천재일우】 천 년에 한 번 만남。《轉》좀처럼 만나기 어려운 기회。千載一時。『文選』——、賢知嘉會。

【千種萬類:천종만류】 종류가 많은 것。여러 가지의 종류。

【千差萬別:천차만별】 여러 가지 물건이 각각 차이와 구별이 있음。

【千斬萬戮:천참만륙】 수없이 베어 여러 동강을 내어 참혹하게 죽임。「請囑

【千請萬囑:천청만촉】 갖가지로 하는

【千秋:천추】 먼 세월。오래고 긴 세월。『李陵』嘉會難再會、三載爲——。

【千秋萬歲:천추만세】 ❶千年萬年。千萬年이나 오래 살기를 비는 말。❷죽은 뒤。임금이나 어른이 죽은 뒤를 높이어 일컫는 말。『戰國策·楚策』寡人萬歲千秋後誰與樂此矣。❸後世。『梁書·南平王偉傳』——誰傳此者。

【千秋遺恨:천추유한】 오랜 세월을 두고 잊지 못할 원한。

【千層萬層:천층만층】 ❶수없이 많이 포개진 켜。❷매우 많은 사물의 구별되는 층。또는 그 모양。

【千朶:천타】 많은 꽃。또는 가지。『成廷珪』——萬朶芙蓉開。

【千態萬象:천태만상】 천차 만별의 상태。「에 생긴 물결。

【千波萬波:천파만파】 끝없이 넓은 물

【千篇一律:천편일률】 여러 詩文의 글귀가 거의 비슷 비슷하여 변화가 없음。《喩》여러 사물이 죄다 大同小異하여 변화가 없음。『藝苑巵言』白樂天詩、——。

【千呼萬喚:천호만환】 수없이 여러번 소리질러 부름。『白居易』——始出來、猶抱琵琶半遮面。

二 畫

【廿】 (입)『廿』(廾部 1畫)의 俗字

【卅】 (삽) 合 ソウ、みそ thirty ㄙㄚˋ sa⁴ 서른삽(三十)。(『丗』과 같음)

【卆】 (졸)『卒』(十部 6畫)의 譌字

【升】 (승) 蒸 ショウ、ます、のぼる measure ; ascend ㄕㄥ shēng¹ ❶되승(十合)。❷오를승(登也)。『詩經 小雅吉日』—彼大阜。❸이룰승(成也)。『禮記 樂記』男女無辨則亂—。❹새승(布縷)。「피륙의 짜인 날을 세는 單位」。『禮記 雜記』朝服十五—。❺태평할승(平也)。『漢書』民有三年之儲曰—平。❻진급할승(昇級)。『十八史略 東漢』先生自此—矣。❼권할

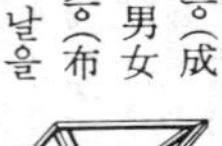

❶升銅漢(鑑續清西)

승。〔通鑑 陳後主紀〕-之朝庭。❽번성할승(盛也)。〔書經 畢命〕道有-降。❾곡식이 익을승(成熟)。〔論語 陽貨〕新穀既-。❿괘이름승(卦名)。(『升·陞』과 같음)

【升降:승강】❶오름과 내림。❷盛함과 衰함。榮枯。〔書經〕道有--。❸(國)자기 주장을 서로 고집하여 결정짓지 못함。撕捱(시애)。

【升啓:승계】편지 겉봉에 받는 사람의 이름 아래 쓰는 尊稱語。

【升級:승급】❶등급이 오름。❷學年이 오름。❸官位가 높아짐。

【升堂入室:승당입실】마루에 올라 방으로 들어옴。(喩)학문이 차츰 깊어짐。

【升斗之利:승두지리】한 되 한 말의 이익。(轉)대수롭지 아니한 이익。

【升麻:승마】(植)❶성탄꽃과에 속하는 개승마·눈빛승마·왜승마·촛대승마·황새승마 등의 總稱。❷성탄꽃과에 속하는 多年草。뿌리는 기운을 위로 끌어 올리는 약재로 쓰임。

升麻(三才圖會)

【升聞:승문】웃사람이 들음。웃사람에게 말이 옮겨짐。〔書經〕玄德--、乃命以位。

【升聞鼓:승문고】=申聞鼓。

【升揚:승양】官位가 높아짐。〔柳宗元〕擯辱非恥、--非賢。

【升引:승인】잡아 당겨 올림。拔擢하여 登用함。〔宋書〕宜加--以旌退素。

【升轉:승전】=榮轉。

【升進:승진】職位가 차례로 오름。昇進。陞進。〔後漢書〕。

【升平:승평】나라가 태평함。泰平世代。太平。泰平。承平。昇平。〔漢書〕民有三年之儲曰--。

【升遐:승하】멀리 올라감。(轉)임금이 세상을 떠남。禮陟。登遐。崩御。〔資治通鑑〕先帝--。

【升華:승화】❶榮華로운 지위에 升進함。升榮。❷(化)固體에 열을 가하면 液體가 되는 일이 없이 직접 氣體로 되는 현상。昇華。❸(心)정신분석학의 용어。

【午】(오) 麌 ㄨˇ wu³ noon ゴ、まひる、うま

小篆 草書 ❶낮오(日中)。〔孫綽遊天台山賦注〕-、日中也。❷일곱째지지오(地支)。❸남쪽오(正南)。〔染元帝纂要〕日在-曰停-。❹거역할오(逆也)。〔漢書 劉向傳〕朝臣舛-。❺말오(馬也)。❻오월오(五月)。❼어수선할오。❽난잡할오。❾어긋날오(戾也)。

【午間:오간】한나절。낮 때。

【午道:오도】❶(地)趙의 동쪽、齊의 서쪽에 있는 땅 이름。〔史記·張儀傳〕。❷종횡으로 통하는 길。十字路。

【午末:오말】午時의 맨 마지막 시각。곧 하오 한 시경。

【午夢:오몽】낮잠 자다 꾼 꿈。〔王安石〕拂楊寄--。

【午方:오방】二十四 方位의 하나。正南方을 中心으로 한 一五도 각도 안。

【午睡:오수】낮잠。〔蘇軾〕--昏昏。

【午時:오시】상오 열한 시부터 하오 한 시 사이。

【午時花:오시화】(植)金錢花。

【午夜:오야】子正。밤 열두 시。夜半。〔李賀〕韓--愁。

【午午:오오】雜沓한 모양。분빔。분답함。〔梅堯臣·泊昭亭山下詩〕雲中峯--。

【午辱:오욕】正午 무렵의 무더움。〔袁桷〕--僧持扇。

【午月:오월】❶月建이 午로 된 달。곧 음력 五월。❷午夜의 달。

【午人:오인】(國)南人。

【午前:오전】밤 열두 시부터 낮 열두 시까지의 사이。

【午正:오정】낮 열두 시。太陽이 子午線을 통과하는 시간。正午。↕子正。

【午餐:오찬】점심。〔皮日休〕爲豫備--。

【午餐會:오찬회】손님에게 음식 대접을 베풀기 위하여 낮에 모이는 모임。

【午天:오천】한낮。

【午初:오초】午時의 첫 시각。오전 열한 시경。

【午後:오후】正午로부터 밤 열두 시까지의 사이。

◎端-、上-、正-、-下-。

【支】(지)→支部0畫

三畫

【卉】(훼) 尾 未 ㄏㄨㄟˇ huei⁴ grass キ、くさ

❶풀훼(草也)。〔詩經〕有山嘉-。❷많을훼(衆也)。

【卉犬:훼견】풀로 만든 개。〔朝野僉載〕。

【卉汨:훼골】빠름。迅速한 모양。

【卉木:훼목】풀과 나무。草木。〔詩經〕春日遲遲、--萋萋。

【卉服:훼복】풀로 짠 옷。蠻夷의 服裝。卉裳。〔書經〕島夷--。

【半】(반) 翰 ㄅㄢˋ pan⁴ half ハン、なかば

小篆 草書 ❶절반반(物中分)。〔漢書 卜式傳〕式上書、願輸家財-助邊。❷조각반(大片)。〔漢書 李陵傳〕令軍士持二升糒一-冰。❸가운데반(中也)。❹조금반。❺덜될반(未成)。

【半價:반가】절반 값。〔南史〕裁求--。

【半角:반각】二分(全角의 반절)。

【半間:반간】한 간의 절반。

【半減:반감】❶절반을 덜음。❷절반으로 줄음。

【半個:반개】한 개의 절반。

【半開:반개】❶반쯤 열거나、열림。또는 반쯤 벌어지거나 벌림。❷꽃이 반쯤 핌。❸人類社會의 開花가 다 되지 못함。

【半徑:반경】(數)직경의 반절。반지름。

【半工:반공】반 품。하루 품의 절반。

【半空:반공】그리 높지 않은 공중。半空中의 略語。半天。〔陸游〕錦繡笙簫在--。

【半空日:반공일】오전만 일을 하고 오후에는 노는 날。곧 토요일。

【半工錢:반공전】일반보다 절반의 품삯。

【半空中:반공중】그리 높지 않은 공중。

【半官半民:반관반민】어떤 사업체를 정부와 민간이 공동으로 경영함。

【半球:반구】❶球의 절반。❷(地)지구를 두 쪽으로 나눈 반 쪽。

【半球形:반구형】반에 나눈 구형。

【半弓:반궁】짧은 활。(앉아서 쏠 수 있음)。

【半期:반기】一期의 절반。

【半旗:반기】弔意를 표하여 보통보다 내리켜 다는 국기。

【半寄生植物:반기생식물】(植)반 기생으로 살아가는 식물。겨우살이。제비꿀 등。

【半納:반납】짧은 옷。〔張耒〕--遮拝是生涯。

【半兩:반냥】한 냥의 절반。

【半年:반년】한 해의 반。곧 六個月間。

【半農:반농】생업의 반이 농업인 일。

【半途:반도】❶어떤 거리의 반쯤 되는

길。❷이루지 못한 일의 중간。中途。半途。「李白」百歲落——。

【半島:반도】(地)三面이 바다로 둘러싸인 陸地。이것의 작은 것은 岬이라 함。

【半搗米:반도미】 반쯤만 찧은 쌀。

【半陶半瓷:반도반자】 ＝半瓷器。

【半塗而廢:반도이폐】 일을 하다가 중도에서 그만둠。中塗而廢。

【半獨立:반독립】 ❶얼마쯤은 남에게 도움을 받고 있음。❷독립권을 온전히 행사하지 못하고 외국의 간섭을 받음。

【半獨立國:반독립국】 ＝一部主權國。

【半輪:반륜】 ❶반쪽의 바퀴。둥근 모양의 반쪽。❷半月。「李白」峨眉山月——秋。

【半面:반면】 ❶얼굴의 半。「南史」帝將至、必爲——妝以俟。❷물건의 한쪽。一面。片面。❸조금의 面識。↓半面之識。❹얼굴을 가리는 器具。「天祿識餘」。

【半面粧:반면장】 半面의 化粧。半粧。

【半面之分:반면지분】 극히 얕은 交分。一面之分도 못 되는 교분。

【半面之識:반면지식】 극히 얕은 面識。一面之識도 못 되는 안면。

【半未開:반미개】 인류 사회 발전의 미개와 문명과의 과도적 단계。

【半半:반반】 ❶반의 반。❷한 쪽 절반과 다른 쪽의 절반。

【半白:반백】 ❶반은 흼。❷머리털이 흰 것과 검은 것이 서로 반씩 섞임。❸玄米가 반쯤 섞인 白米。

【半百:반백】 百의 반。곧 쉰。또는 쉰살。

【半壁江山:반벽강산】 絕壁에 둘러싸인 山水。

【半病身:반병신】 ❶몸이 완전하지 못한 사람。半偏。❷반편이。

【半步:반보】 한 걸음의 반。반 걸음。

【半腹:반복】 산 중허리。산의 중턱。中腹。山腹。「韓愈」噴雪泄霧藏——。

【半封建:반봉건】 자본주의 체제 안에 있는 봉건적 생활의 상태。

【半分:①반분 ②반푼】 ❶㉠절반으로 나눔。㉡절반의 분량。❷(國)한 푼의 절반。

【半氷:반빙】 ❶반쯤만 얼어 붙은 얼음。❷半醉의 俗語。

【半死:반사】 거의 죽게 된 상태。반죽음。

【半朔:반삭】 반달。

【半產:반산】 流產의 異稱。落胎。小產。

【半牀:반상】 ❶寢床의 半。半床。❷未婚者(一夫一妻를 一牀이라 일컬음)。

【半上落下:반상낙하】 처음에는 정성껏 하다가 중도에 그만두어 이루지 못함。

【半生:반생】 한 평생의 절반。

【半生半死:반생반사】 거의 죽게 되어 생사의 분간을 할 수 없는 지경。

【半生半熟:반생반숙】 반쯤은 설고 반쯤은 익음。(轉)技藝의 未熟한 것。

【半醒:반성】 술기운이나 졸음이 반쯤 깸。↔半醉。

【半成樣:반성양】 사물이 반쯤 이루어짐。

【半世:반세】 한 평생 사는 동안의 절반。

【半世上:반세상】 ＝半世。

【半宵:반소】 ❶한밤중。「戴叔倫」淸光無遠近、鄕淚——間。❷한 밤의 절반。

【半袖:반수】 소매가 짧은 옷。반소매의 옷。

【半數:반수】 全體의 반。절반 되는 수。

【半睡半醒:반수반성】 얕게 든 잠。

【半熟:반숙】 반쯤 익음。

【半僧半俗:반승반속】 반은 중이요 반은 속인임。곧 무어라고 또렷한 명목을 붙이기 어려운 것。

【半時:반시】 ❶한 시간의 절반。❷반시간。

【半身:반신】 온 몸의 절반。「隋書」多大魚、——出水。

【半信:반신】 반쯤만 믿음。

【半信半疑:반신반의】 반쯤은 믿고 반쯤은 의심함。

【半身不隨:반신불수】 (醫)몸의 절반을 쓰지 못하는 증상。또는 그런 사람。

【半身像:반신상】 上半身의 사진·화상 또는 塑像。

【半失:반실】 절반 가량 잃거나 손해봄。

【半心:반심】 할까 말까 하는 마음。

【半額:반액】 ❶전액 또는 정액의 절반。반 값。❷원값의 절반。

【半夜:반야】 ❶한밤중。「漢書」語至——。❷반 밤。

【半洋式:반양식】 (建)건축 따위의 반쯤만 서양식으로 만든 격식。

【半洋裝:반양장】 반쯤만 서양식으로 꾸민 책들의 裝。幀。

【半影:반영】 (物)光源이 비교적 클 경우에 不透明體 뒤에 생기는 그림자 내에 있는 부분에 일부 광선이 들어가는 상태。반 그림자。↔本影。

【半圓:반원】 ❶五〇 전짜리。銀貨·光武年間에 썼음。❷(數)圓의 절반。

【半圓周:반원주】 (數)온 원주를 그 원의 직경으로 둘에 나눈 부분。

【半圓形:반원형】 반원으로 된 형상。

【半月:반월】 반달。

【半月城:반월성】 (歷)慶尙北道 慶州와 忠淸南道 扶餘에 있는 반달 모양으로 된 옛 성。

【半月形:반월형】 반달같이 생긴 형상。

【半陰陽:반음양】 (生)남녀추니。남자와 여자의 생식기를 모두 가진 사람。

【半人:반인】 ❶한 사람 몫의 반。❷한 사람의 반。❸(佛)惡人。「涅槃經」譬如世間爲惡者、名爲——、修善者、名爲滿人。

【半日:반일】 한나절。

【半子:반자】 반 자식。사위。女婿。「唐書·回鶻傳」昔爲兄弟、今爲——也。

【半字:반자】 漢字의 획수가 많은 것을 줄여 쉽게 쓴 略字。

【半子之名:반자지명】 사위는 아들과 같다는 뜻으로 일컫는 말。

【半作:반작】 ＝小作。

【半折:반절】 똑 같이 반으로 가름。

【半點:반점】 ❶한점의 절반。「楊萬里」北望螺峰——靑。❷반 시간。

【半製:반제】 반만 만들음。未精製。

【半租:반조】 쌀에 뉘가 반이나 됨。

【半租半米:반조반미】 뉘가 반이나 섞여 있는 쌀。

【半紙:반지】 엷은 종이의 한 가지。

【半之半:반지반】 반의 반。四分之一。

【半天:반천】 ❶보이는 하늘의 반쪽。❷半空。「鮑照」高峰揷——。

【半晴半曇:반청반담】 날씨가 반 쯤은 개고 반 쯤은 흐림。

【半靑半黃:반청반황】 반은 푸르고 반은 노람。(喩)成熟하지 못함。未熟。

【半草:반초】 반흘림 글씨。

【半醉:반취】 술이 반쯤 취함。↔半醒。

【半醉半醒:반취반성】 술이 얼근히 취한 듯도 하고 깬 듯도 싶음。

【半値:반치】 반값。半價。半額。半値。

【半寢:반침】 큰 방에 붙은 작은 방。

【半透膜:반투막】 (物)溶媒는 잘 통과하지만 溶質은 거의 통과시키지 않는 성질을 가진 막。

【半透明:반투명】 티석티석하여 반쯤만 「내 비침。

【半透明體:반투명체】 반투명인 물체。

【半偏:반편】 ❶어떤 것을 절반으로 나눈 한 편。❷반병신。

【半幅:반폭】 한폭의 절반。「唐書」。

【半夏:반하】 ❶(植)天南星科에 딸린 藥草。끼무릇。球根은 痰·구토·기침 약으로 쓰임。❷(植)벼의 한 가지。半夏稻。❸夏至에서부터 열 하루째 되는 날。모

심기의 終期。半夏生。

【半割引:반할인】 어떤 액수에서 절반을 할인함。

【半解:반해】 ❶반만을 이해함。〔滄浪詩話〕有一知ㅣㅣ之悟。❷반으로 나눔。

【半行:반행】 行書보다 조금 부드럽게 흘리어 반흘림에 가깝게 쓰는 글씨 체。

【半晑:반향】 반나절。〔水滸傳〕。

【半戶:반호】 세금·추렴을 반만 내는 집。

【半靴:반화】 반구두。

【半環形:반환형】 둥근 고리의 반 쪽과 같이 생긴 형상。

【半回裝:반회장】 여자의 저고리 끝동과 깃과 고름만을 자주빛 또는 남빛깔의 헝겊으로 대어 꾸민 회장。

【半休:반휴】 상오만 일을 하고 쉼。

【半休日:반휴일】 한나절만 일을 하고 쉬는 휴일。半空日。

【半凶半吉:반흉반길】 길흉이 서로 반반인 것。

◎居ㅣ、過ㅣ、夜ㅣ、一ㅣ、前ㅣ、折ㅣ、下ㅣ、夏ㅣ、後ㅣ。

【朩】

小篆 (지) 紙 シ、とまる stop

그칠지、머무를지(止也)。

【平】

(평)→干部 2畫

【古】

(고)→口部 2畫

【朮】

(출)→木部 1畫

四 畫

【卋】

(세)『世』(一部 4畫)와 같음

【卌】

草書 (십) 緝 シュウ、よお forty

마흔십(四十)。

【卋】

(세)『世』(一部 4畫)의 古字

【卉】

(훼)『卉』(十部 3畫)의 本字

【芈】

(화)『華』(艸部 8畫)와 같음

【卍】

草書 (만) 願 バン、まんじ ㄨㄢ wan⁴

佛書의『萬』字。〔苑咸〕蓮花ㅣ字總由天。

【卍崩:만붕】 무늬의 이름。卍字의 四周의 末畫을 꺾어 굽혀서 거의 十字形으로 만든 形을 한 것。

【卍字:만자】 (佛)❶佛心에 나타나는 吉祥萬德。〔苑成〕蓮花ㅣㅣ總由天。❷卍과 같은 형상의 紋。

【卍字旗:만자기】 卍字 모양을 붉은 빛으로 그려 넣은 기。

【卍字窓:만자창】 卍字 모양의 창。완자창。

【卑】

(필) 質 ヒツ、いきふきこえ breathing sound

숨내쉬는 소리필(呼吸聲)。

五 畫

【卌】

(숙)『叔』(又部 6畫)의 俗字

【華】

小篆 (필) 質 ヒツ、み winnow

키필(箕屬)。

【克】

(극)→儿部 5畫

六 畫

【卑】

小篆 草書 (비) 支 ヒ、いやしい ㄅㄟ pei¹ mean

❶낮을비(下也)。〔宋史歐陽修傳〕論ㅣ氣弱。❷천할비(賤也)。❸하여금비(使也)。❹작을비(小也)。❺산이름비(山名鮮ㅣ)。(『庳』와 같음)

【卑怯:비겁】 ❶용기가 없음。겁이 많아서 더럽게 태도를 취함。❷정정당당하지 못하고 야비함。

【卑官:비관】 ❶낮은 官位。〔韓愈〕判司ㅣㅣ不堪說。❷공무원의 자기 謙稱。

【卑屈:비굴】 사람이 줏대가 없고 하는 짓이 천함。못남。

【卑近:비근】 우리 주위에 흔하고 가까움。고상하지 못함。通俗。〔陸游〕學不趨ㅣㅣ、人誰非聖賢。

【卑金屬:비금속】 공기 속에서 쉽사리 녹이 나고 산·알카리 따위에 잘 침식당하는 금속。↕貴金屬。

【卑陋:비루】 ❶낮고 좁음。더러움。〔宋史〕第室ㅣㅣ。❷마음이 고상하지 못하고 하는 짓이 더러움。❸卑賤한 지위。

【卑末:비말】 ❶卑賤한 지위。〔陳書〕擢自ㅣㅣ、入參禁衛。❷자기의 謙稱。

【卑門:비문】 자기 家門을 낮추어서 일컫는 말。

【卑卑:비비】 스스로 힘씀。스스로 勉勵하는 모양。〔史記·老莊申韓傳贊〕申子ㅣㅣ、施之名實。

【卑鄙:비비】 卑陋함。身分이 卑賤함。〔諸葛亮〕先帝不以臣ㅣㅣ。

【卑辭:비사】 ❶겸손한 말。자기의 말을 낮추어 하는 말。❷자기 말의 謙稱。

【卑庶:비서】 庶民。平民。

【卑小:비소】 보잘것 없이 작음。

【卑俗:비속】 아주 속됨。고상하지 못하고 천함。비천한 풍속。

【卑濕:비습】 ❶땅이 낮고 습기가 많음。

【卑劣:비열】 사람이 아주 못남。

【卑汙:비오】 ❶경멸하여 더럽힘。낮게 봄。〔史記〕今何以ㅣㅣ長者。❷낮은 지위。下賤한 지위。〔柳宗元〕處ㅣㅣ。

【卑窪:비와】 낮음。움푹함。低窪。

【卑溽:비욕】 땅이 낮고 무더움。〔歐陽修〕地氣尤ㅣㅣ。

【卑幼:비유】 항렬이 낮은 사람과 나이 어린 사람。

【卑人:비인】 신분이나 마음이 천한 사람。〔漢書〕ㅣㅣ不可以爲主。

【卑疵:비자】 남에게 아첨하는 모양。

【卑牆:비장】 낮은 담。短牆。

【卑賤:비천】 신분이 낮고 천함。卑微。

【卑陬:비추】 마음으로 부끄러워하는 모양。〔韓詩外傳〕ㅣㅣ貧窮、非士之恥也。

【卑稱:비칭】 ❶낮춰 일컫는 말。❷인칭대명사의 낮춤을 나타내는 말。↕尊稱。

【卑下:비하】 ❶땅이 낮음。❷지위가 낮음。❸낮춰 내림。

【卑行:비항】 血族 가운데서 자기의 손아랫 사람。卑屬。↕尊行。

◎謙ㅣ、男尊女ㅣ、野ㅣ、尊ㅣ。

【卒】

小篆 草書 ㊀(졸) 月 ㊁(줄) 質 ソツ、しもべ、おわる ㄘㄨ ts'u² soldier; finish

㊀❶항오졸(軍伍)。〔周禮〕五人爲伍 五伍爲兩 四兩爲ㅣ。❷바쁠졸(怱遽)。〔漢書 辛慶忌傳〕應ㅣ。❸별안간졸(倉卒)。〔吳子〕ㅣ遇敵人。❹종졸(僕ㅣ從ㅣ)。
㊁❶마칠줄(終盡)。〔司馬相如難蜀父老〕恐不能ㅣ業。〔史記 孔子世家〕維以ㅣ歲。❷죽을줄(死也)。〔禮記〕大夫死曰ㅣ。❸마침내줄(竟也)。〔十八史略 西晉〕ㅣ爲天下患。❹다할줄(盡也)。〔詩經〕笑語ㅣ獲。❺이미줄(旣也)。

也)。(『猝』과 같음)

【卒遽:졸거】 갑자기。 별안간。 『漢書』御史大夫ㅣㅣ不能詳知。

【卒更:졸경】 ❶《制》邊防의 軍士 가운데서 다달이 交代하는 兵士。 『史記』一月一更、是爲ㅣㅣ也。 ❷《國》㉠巡邏軍이 밤을 경계하여 순찰함。 ㉡밤새껏 자지 못하는 괴로움을 일컬음。

【卒哭:졸곡】 三虞祭를 지낸 뒤 석달 만에 丁日이나 亥日을 택해 지내는 제사。

【卒年:졸년】 죽은 해。 沒年。

【卒年月日:졸년월일】 죽은 연월일。

【卒徒:졸도】 ❶부하 병졸。 ❷자기가 부리고 있는 변변치 못한 사람。 『莊子』畏途者、必盛ㅣㅣ而後出焉。

【卒倒:졸도】 뇌출혈이나 뇌빈혈 따위로 인하여 갑자기 정신을 잃고 쓰러짐。

【卒讀:졸독】 읽기를 끝냄。 다 읽음。

【卒逝:졸서】 死去의 尊稱。 逝去。

【卒歲:졸세】 해를 끝마침。

【卒業:졸업】 ❶王業이 끝남。 ❷修業의 年限이 끝나고 일정한 규정의 學業을 마침。 ❸일정한 일을 마침。 畢業。 『司馬相如』百姓力屈、恐不能ㅣㅣ。 ❹《國》어떤 일에 많은 경력을 쌓음。

【卒業論文:졸업논문】 대학 같은 곳에서 졸업 예정자가 졸업에 필요한 조건으로서 제출·통과하여야 하는 전공한 부문에 관한 연구 논문。

【卒業生:졸업생】 ❶소정의 학업을 마친 사람。 ❷사물에 능난한 사람。

【卒業式:졸업식】 소정의 학업을 다 마친 사람에게 졸업장을 주는 예식。

【卒業狀:졸업장】 졸업한 사항을 적어 졸업자에게 주는 증서。 卒業證書。

【卒業證書:졸업증서】 =卒業狀。

【卒然:졸연】 별안간。 갑자기。 『孟子』ㅣ問曰、天下惡乎定。

【卒卒:졸졸】 당황하여 침착하지 못한 모양。 『漢書』ㅣㅣ無須臾之間。

【卒中風:졸중풍】 《醫》뇌출혈로 별안간 졸도하는 병。 擊仆症。 腦溢血。

【卒篇:졸편】 詩文의 全篇을 죄다 끝맺거나 또는 읽기를 마침。 「ㅣ之作。

【卒暴:졸포】 갑자기。 卒遽。 『漢書』輿ㅣ◎勁ㅣ、騎ㅣ、從ㅣ、兵ㅣ、士ㅣ、驛ㅣ、獄ㅣ、將ㅣ。

【卓】 (탁) 覺

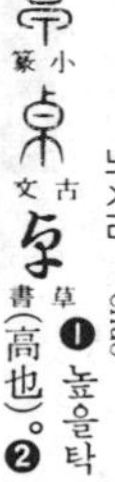

小篆 小篆 古文 草書

タク、たかい、つくえ aloft ; table ㄓㄨㄛ chuo[1,2]

❶높을탁(高也)。 ❷우뚝할탁(特立)。 『揚子法言』顏苦孔子之ㅣ。 ❸뛰어날탁(偉也)。 『唐書』爲文章、ㅣ偉精緻。 ❹책상탁(机也)。 ❺설탁(立也)。 ❻성탁(姓也)。

【卓見:탁견】 뛰어난 識見。 뛰어난 생각。 뛰어난 의견이나 見識。

【卓冠:탁관】 높이 솟아남。 우수함。 『後漢書』ㅣㅣ古人、後世莫及。

【卓球:탁구】 높은 상 위에서 공을 마주치는 실내 운동의 한 가지。 핑퐁。

【卓詭:탁궤】 =卓越。 『後漢書』其言必有ㅣㅣ切至、當聖心者。

【卓論:탁론】 뛰어난 論議。 卓說。

【卓立:탁립】 우뚝하게 서 있음。 여럿 가운데서 우뚝하게 뛰어남。

【卓上:탁상】 책상이나 식탁 따위의 위。

【卓上演說:탁상연설】 연회석상의 부드러운 분위기 속에서 하는 연설。

【卓上電話:탁상전화】 책상 위에 놓고 자유롭게 이동 사용할 수 있도록 위치를 고정시키지 않은 장치의 전화기。

【卓說:탁설】 탁월한 논설。

【卓識:탁식】 뛰어난 식견。 卓見。

【卓案:탁안】 卓子。

【卓然:탁연】 뛰어나서 의젓한 모양。 卓爾。 『漢書』ㅣㅣ罷黜百家、表章六經。

【卓午:탁오】 대낮。 正午。 日午。 亭午。 『李白』頭戴笠子日ㅣㅣ。

【卓越:탁월】 남보다 훨씬 뛰어남。 卓詭。 卓犖。 卓拔。 卓絕。 卓出。 卓逸。

【卓異:탁이】 ❶남보다 뛰어나게 다름。 『後漢書』輿衆ㅣㅣ者。 ❷《制》淸代에 三년마다 지방 관리의 성적을 조사한 결과 그 성적이 가장 우수한 사람을 일컫는 말。

【卓爾不羣:탁이불군】 높이 뛰어나서 일반 사람과 다름。 卓然不羣。

【卓逸:탁일】 뛰어나고 빼어남。 卓越。

【卓子:탁자】 책상。 테이블。 「그 사람。

【卓才:탁재】 남보다 뛰어난 재능。 또는

【卓絕:탁절】 =卓越。 『晋書』才藻ㅣㅣ。

【卓鷙:탁지】 남과 다른 행동。 행동이 보통과 다른 것。 『莊子·有宥』喬詰ㅣㅣ。

【卓出:탁출】 =卓越。

【卓踔:탁탁】 높고 멀음。 高遠。

【卓行:탁행】 높이 뛰어난 행실。 卓越한 行爲。 『漢書』ㅣㅣ殊遠。

【卓乎難及:탁호난급】 월등하게 뛰어나서 남이 미치기 어려움。 ◎食ㅣ、圓ㅣ。

【協】 (협) 葉

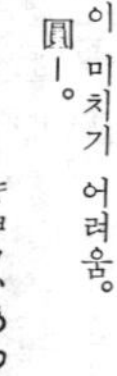

小篆 古文 草書

キョウ、あわせる harmony ㄒㄧㄝ hsieh[2]

❶화할협(和也)。 ❷맞을협(合也)。 ❸복종할협(服從)。 ❹도울협(助也)。

【協恭:협공】 마음을 합하여 서로 공경함。 『書經』ㅣㅣ和衷哉。 『阮籍』內外ㅣㅣ。

【協同:협동】 힘과 마음을 함께 합함。

【協同作戰:협동작전】 몇 개 이상의 군대나 혹은 육해공군이 서로 협세해서 계획하는 작전。

【協同組合:협동조합】 中小業者나 소비자가 협동하여 사업 또는 경제의 발달 향상을 도모하기 위해 조직하는 단체。

【協力:협력】 ❶힘을 합하여 서로 도움。 ❷한 가지 일을 이루기 위하여 여러 사람이 공동으로 노동함。

【協律:협률】 ❶音律을 調和함。 ❷《制》漢代의 벼슬 이름。 음악에 관한 일을 맡아 봄。

【協扶:협부】 힘을 모아 도와줌。 『宋史』天人ㅣㅣ、一統有臨。

【協比:협비】 힘을 합하여、화친함。 『左傳』。

【協商:협상】 ❶協議함。 協議하여 계획함。 ❷略式條約의 한 가지。 두 나라 이상의 사이에 通牒·書翰 등의 外交文書를 교환하여 어떤 일을 약속하는 일。

【協成:협성】 힘을 모아서 일을 이룸。

【協心:협심】 여러 사람의 마음과 마음을 한 군데로 모음。

【協約:협약】 協商條約의 略語。

【協業:협업】 《經》❶어느 생산 過程에 있어서 많은 노동자가 생산력을 높이려고 계획적으로 협동하여 일함。 ❷分業。

【協議:협의】 서로 論議함。 「案件。

【協議案:협의안】 協議의 대상이 되는

【協議會:협의회】 협의하기 위한 모임。

【協定:협정】 ❶協議하여 결정함。 또는 그 결정。 ❷㉠《法》國際法에 있어서 廣義의 條約의 한 가지。 正文 작성에 엄중한 형식을 취하지 않음。 ㉡商法에 있어서 特別淸算 중의 회사와 債權者 사이에 성립하는 특별한 和議。

【協定價格:협정가격】 《經》❶동업자 조합에서 서로 협정한 상품 가격。 ❷국제간에 협정한 무역품 가격。

【協定憲法:협정헌법】 《法》국민끼리 협정하거나 또는 군주와 국민이 협정하여

이루어진 헌법。↕欽定憲法。

【協助:협조】 힘을 보태어 서로 도움。

【協調:협조】 힘을 모아서 서로 調和함。

【協從:협종】 화합하여 복종함。 一致함。 『陸倕』龜筮ㅣㅣ。

【協奏:협주】 둘 이상의 樂器로써 동시에 연주하는 일。 合奏。 『宋史』篪簧ㅣㅣ。

【協奏曲:협주곡】 ❶두 개 이상의 악기에 의한 합주곡。 합주 협주곡。 ❷독주 악기와 관현악이 합주하는 교향적 악곡。 독주자의 연주 기교를 발휘하도록 되어 있으며 보통 三악장으로 이루어짐。

【協贊:협찬】 힘을 합하여 도와 줌。 협동하여 찬성함。 協扶。 『蜀志』竝能ㅣㅣ大將軍姜維。 「協同。

【協合:협합】 힘과 마음을 함께 합함。

【協諧:협해】 화합함。 『宋史』。 ㉠소리의 화합。 ㉡人心의 화합。

【協和:협화】 ❶마음을 합하여 和合함。 『書經』ㅣㅣ萬邦。 ❷여러 개의 소리가 한꺼번에 잘 어울리어 나는 현상。

【協會:협회】 어떤 목적을 위하여 會員이 상호 협력하여 設立 維持하는 단체。

◎不ㅣ、妥ㅣ、和ㅣ。

【卌】 (십)『卌』(十部 4畫)과 같음

七 畫

【南】 (남) 覃 ナン、みなみ south ㄋㄢ nan²

(小篆)(古文)(草書) ❶남녘남(午方)。『論語 子路』ㅣ人有言。 ❷금남(金名)。『杜甫詩』許身愧比雙ㅣ金。 ❸앞남(前也)。 ❹합장배례할남(拜禮)。 ❺성남(姓也)。 ❻남쪽에갈남。 『淮南子時則訓注』時候之鴈、從北漠中來、過周雒ㅣ。

【南家:남가】 麻雀에 쓰는 말로、남쪽에 있어서 北家와 대면하는 사람。↕北家。

【南柯夢:남가몽】 한 때의 헛된 富貴를 일컫는 말。 꿈과 같이 헛된 한 때의 부귀와 영화。《故》唐의 淳于 이 느티나무의 남쪽 가지 밑에서 잠이 들었다가 꿈에 槐安國에 이르러 임금의 딸을 맞아 아내를 삼고 南柯郡의 太守가 되어 榮華를 누렸다는 故事。 『南柯記』。《轉》허무한 꿈을 말함。 南柯一夢。 槐安夢。

【南京:남경】 ❶《地》中國 楊子江의 南岸에 있는 都市。 ㉠六朝 및 明初의 故都。 ㉡時代에 따라 金陵・建業・建康・應天府・江寧府라고 불리었음。 ㉢明의 永樂帝가 北京으로 遷都한 이후로 南京이라 일컬음。 ❷《歷》㉠唐 때는 지금의 四川省 成都縣에 둠。 ㉡渤海 때는 咸鏡北道 鏡城에 둠。 ㉢宋 때는 지금의 河南省 商丘縣에 둠。 ㉣遼 때는 지금의 河北省 北平市에 둠。 ㉤金 때는 지금의 河南省 開封縣에 둠。 ㉥高麗 때 中京・東京・西京과 더불어 四京의 하나。 지금의 서울。

【南瓜:남과】 《植》호박。 박科에 속하는 一年生 蔓草。

【南郊:남교】 남쪽 들판。 남쪽 郊外。

【南歐:남구】 이탈리아・스페인・포르투갈 따위의 남쪽 유럽。

【南歐文學:남구문학】 이탈리아를 중심으로 한 남쪽 유럽 여러 나라 문학。 낭만적이고 정열적인 것이 특색。

【南國:남국】 남쪽에 위치한 나라。 北國 『詩經』滔滔江漢、ㅣㅣ之紀。

【南國情緖:남국정서】 남쪽 나라에 깃들어 있는 정서。 남쪽 나라에 특유한 명랑하고 강한 風光에 의하여 이루어지는 기분。

【南橘北枳:남귤북지】 江南의 귤을 江北에 옮겨 심으면 탱자나무로 변함。《喩》사람은 사는 곳의 환경에 따라 착하게도 되고 악하게도 됨。 『晏子春秋』橘生淮南則爲橘、生江北則爲枳。

【南極:남극】 ❶地軸의 남쪽 끝。 ❷별 이름。 南極 가까이 있어 壽命을 맡아 본다는 별。 南極老人星。 『漢書』老人星曰ㅣㅣ。 ❸남쪽을 가리키는 磁針。 ↕北極。

【南極圈:남극권】 지구상의 南緯 六六도 三三분의 지점을 이은 선。 이 이남을 南寒帶라 함。 ↕北極圈。

【南金東箭:남금동전】 華山의 金石과 會稽의 竹箭。《喩》아름답고 귀중한 물건。

【南箕北斗:남기북두】 南箕星과 北斗星。 그 이름은 키와 말이나 실제로는 쓰지 못함。《喩》有名無實。 이름뿐이요 백성의 생활에는 아무런 도움이 없음。

【南男北女:남남북녀】 우리 나라에서 사내는 남쪽에서、여자는 북쪽에서 아름답게 태어난다는 말。

【南大門入納:남대문입납】 《國》주소가 분명하지 않은 편지나、또는 이름도 모르고 집을 찾는 것을 조롱하는 말。

【南道:남도】 ❶京畿道 以南의 땅을 일컬음。 곧 忠淸・慶尙・全羅의 三道。 南路。 南中。 ↕北道。 ❷《宗》大倧敎에서 韓半島를 일컫는 말。

【南渡:남도】 ❶江을 건너서 남쪽에 감。 ❷《歷》㉠五胡의 亂 때 晉 元帝가 楊子江을 건너서 남쪽 建業으로 遷都한 일。 ㉡金 나라에 몰리어 宋 高宗이 楊子江을 건너서 남쪽 臨安으로 遷都한 일。 ㉢남쪽에 있는 나루터。 「星。 『韓愈』月宿ㅣㅣ。

【南斗:남두】 《天》남쪽 하늘에 있는 斗

【南藤:남등】 《植》나무 이름。 常綠藤本으로 잎은 互生、長卯形임。

(會圖才三)藤南

【南呂:남려】 《樂》十二律의 하나。 ❷음력 八월의 異名。 ❸《民》酉의 方位。

【南路:남로】 ＝南道。

【南蠻:남만】 남쪽 오랑캐。 곧 옛날에 中國 사람이 자기 나라 남쪽에 사는 未開民을 얕잡아 일컬은 말。

【南蠻北狄:남만북적】 남쪽과 북쪽에 사는 오랑캐。 남만과 북적。

【南面:남면】 ❶임금을 일컬음。 임금이 앉던 자리의 방향。 『漢書』處ㅣㅣ之尊。 ❷남쪽으로 앞면을 둠。

【南冥:남명】 남쪽에 있는 큰 바다。 南溟。 『莊子』ㅣㅣ者天池也。

【南廟:남묘】 서울 南大門 밖의 關王廟。

【南無三寶:남무삼보】⇩나무삼보】 ❶佛・法・僧의 三寶에 歸依함。 ❷三寶의 이름을 외우며 구제해 줄 것을 비는 말。 ❸실패하였을 때 발하는 歎聲。

【南無阿彌陀佛:남무아미타불⇩나무아미타불】 《佛》아미타불에 歸依한다는 뜻의 염불하는 소리의 한 가지。 『觀無量壽經』。

【南門:남문】 城廓의 남쪽에 있는 문。

【南半球:남반구】 《地》지구 적도의 남쪽에 딸린 부분。 ↕北半球。

【南方:남방】 남녘。

【南方之强:남방지강】 ❶中國 남쪽 地方 사람의 强氣。 ❷寬容과 忍耐의 힘으로 남에게 이기는 것。《轉》君子의 勇氣。 ↕北方之强。 『中庸』——與、北方之强與、抑而强與。 「문。

【南邊:남변】 남쪽 가장자리를 이룬 부

【南兵營:남병영】 《制》李朝 때 咸鏡道의 南道兵營。 지금의 北靑에 있었음。 兵馬節度使가 맡아 지키었음。 ↕北兵營。

【南部:남부】 ❶남쪽에 딸린 부분。 ❷서울 五部에서의 남쪽 부분。 또는 그 곳을 관할하던 관청。 ❸灌奴部。

【南北:남북】 남쪽과 북쪽。
【南北極:남북극】 남극과 북극。
【南北戰爭:남북전쟁】 (歷) 아메리카 합중국의 북부와 남부 사이에、노예 문제를 중심으로 일어났던 싸움。一八六〇년에 시작하여 一八六五년까지 계속되었으나 결국 남군이 항복하였음。
【南山:남산】 ❶남쪽에 있는 山。❷(地) 山 이름。㉠終南山。【詩經】節彼ㅣㅣ、維石巖巖。㉡南祁連山。㉢荆南山。㉣浙江省 金華縣의 남쪽에 있는 山。❸詩經 齊風의 篇名。齊 襄公의 누이인 魯 桓公의 부인 文姜의 不倫한 행위를 읊은 것。
【南山之壽:남산지수】 長壽를 비는 말。南山과 같이 오래도록 사는 壽命。【詩經】如月之恆、如日之升、如ㅡㅡ。
【南山虎:남산호】 南山에 있는 猛虎。【李白】弓摧ㅡㅡ。
【南西風:남서풍】 ＝西南風。
【南船北馬:남선북마】 中國의 交通은 남쪽은 강이 많아 배를 쓰고、북쪽은 地形과 氣候의 관계로 말을 많이 탄다는 것。(轉)四方으로 늘 旅行함。바쁘게 돌아다님。南行北走・東奔西走。
【南小:남소】 (歷)李朝 때의 南人과 小北의 併稱。
【南宋:남송】 王朝 이름。一一二七~一二七九 宋 高宗이 金을 피하여 汴京에서 臨安으로 遷都한 때부터 宋이 滅亡할 때까지를 일컬음。↕北宋。
【南牙:남아】 ❶宮中의 남쪽에 있는 官廳。(轉)宰相을 일컬음。❷(地)中國 雲南省에 있는 山 이름。
【南洋:남양】 ❶中國 江蘇・浙江・福建・廣東 등 海岸 地帶의 各省。↕北洋。❷남쪽에 있는 바다。❸南洋群島의 略稱。
【南訛:남와】 남쪽에 있어서의 化育。【書經】平秩ㅣㅣ。

【南園:남원】 ❶남쪽에 있는 동산。❷園 이름。㉠江蘇省 吳縣에 있는 錢氏 廣陵王의 舊園。㉡浙江省 杭州市의 靈隱山 동쪽 기슭에 있는 韓侂冑가 세운 동산。
【南原京:남원경】 (歷) 新羅 五小京의 하나로 지금의 전라북도 남원。
【南越:남월】 ❶(歷)王朝 이름。漢代 趙佗가 세운 나라。서울은 番禺。뒤에 漢에 服屬하여 南越王으로 있다가 五대 九三년에 漢에게 망함。❷(地)지금의 廣東・廣西의 땅。南粵。
【南緯:남위】 지구의 적도 이남의 위도。「↕北緯。
【南威:남위】 (人)晉代의 美人 이름。【戰國策】晉之公得南之威、三日不朝。(轉)美人。
【南緯線:남위선】 적도 이남의 씨줄。「↕北緯線。
【南夷:남이】 남쪽 오랑캐。南蠻。【詩經】淮夷蠻貊及彼ㅣㅣ、莫不率從。
【南人:남인】 ❶남쪽 나라 사람。【論語】南人有言。❷元代에 南宋 사람을 일컬은 말。(歷)李朝 때 四色黨派의 하나。
【南鵲:남작】 집의 남쪽에 서 있는 나무 위에 집을 짓고 사는 吉兆의 까치。
【南田北畓:남전북답】 지닌 논밭이 사방에 흩어져 있음。
【南庭:남정】 ❶ 집의 남쪽에 있는 뜰。❷(制)成均館 안의 明倫堂 남쪽 뜰。
【南齊:남제】 ❶(歷)王朝 이름。四七九~五〇二 蕭道成이 세운 南朝의 齊。七대 二三년에 梁에게 망함。❷(地)福建省에 있는 山 이름。
【南酒北餠:남주북병】 옛날 서울 南村은 술맛이 좋았고、北村은 떡 맛이 좋았다는 말。
【南中:남중】 ❶(地 경기도 이남의 땅。❷(天)天體가 子午線을 통과하는 일。天體의 높이는 이 때가 가장 높으며、太陽의 南中은 正午에 해당함。
【南至:남지】 (地)冬至의 別稱。↕北至。

【左傳】春王正月辛亥朔、日ㅣㅣ。
【南進:남진】 남쪽으로 나아감。↕北進。
【南窓:남창】 日光이 잘 들어 오도록 남쪽을 향하여 낸 창문。↕北窓。
【南天:남천】 ❶ 남쪽 하늘。❷(植)南天燭。매자 나무과에 속하는 常綠灌木。❸南天竺의 略稱。

❷ 南天 (三才圖會)

【南草:남초】 담배。본디 南方에서 수입되었으므로 붙인 이름。
【南村:남촌】 ❶남쪽에 있는 마을。❷서울 안의 남쪽에 있는 동네들。
【南土:남토】 남쪽 땅。
【南八男兒:남팔남아】 大丈夫의 義氣를 격려할 때 쓰는 말。(故)唐의 南霽雲이 張巡으로부터「南八아、男兒는 마땅히 죽을 지언정 不義에 굽혀서는 안 된다」는 격려를 받고 끝내 敵에게 屈服하지 않고 죽었다는 故事。南八은 南霽雲의 異名。【韓愈】ㅡㅡ死耳。
【南便:남편】 남쪽을 차지한 편。
【南風:남풍】 ❶ 남쪽에서 불어 오는 바람。溫和한 바람。여름에 부는 바람。【孔子家語】南風之薰兮、可以解吾民之慍兮、❷虞 舜이 지은 詩의 이름。
【南下:남하】 ❶남쪽을 향하여 내려감。❷북쪽 나라가 남쪽 나라를 蠶食함。
【南學:남학】 ❶(制)서울 남쪽에 있던 四學의 하나。❷(歷)중국 남북조 때의 남방 학문。
【南漢山城:남한산성】 (地) 城 이름。南漢山에 있는 城。본시 百濟 시대의 성이었으나 지금은 그 흔적이 없고 현존한 성은 李朝 光海君 때에 시작하여 仁祖 때에 완성함。높이 七・二米、둘레 七・二粁、丙子胡亂에 仁祖가 이 城에 들어 있은지 四五일 만에 淸 太宗에게 항복했음。
【南海:남해】 ❶남쪽에 있는 바다。❷南國。【左傳】君處北海、寡人處ㅣㅣ。❸臺灣海峽의 서남쪽 일대의 바다 이름。南支那海。❹(歷)㉠秦代에 설치한 郡 이름。지금의 廣東省。㉡隋代에 설치한 縣 이름。지금의 廣東省。㉢北京 三海의 하나。옛 皇城 서쪽에 있는 못。
【南行:남행】 ❶蔭職。❷남쪽으로 향하여 감。「여 감。
【南行列車:남행열차】 남쪽으로 향하여 달리는 열차。↕北行列車。
【南向:남향】 남쪽으로 향함。
【南回歸線:남회귀선】 (地) 赤道에서 남쪽으로 二三도 二七분 떨어진 緯度의 선。冬至에 해가 이 선에 이름。冬至線。↕北回歸線。
◎江ㅣ、東ㅣ、西ㅣ、指ㅣ、湖ㅣ。

八 畫

【単】 (단)『單』(口部 9畫)의 略字

【單】 (단)『單』(口部 9畫)의 略字

九 畫

【索】 (색)→糸部 4畫

【卙】 (집) 緝 シュウ、あつまる throng
모일집(集也)。

【卙】 (집) 緝 シュウ、ことばをあつめる edit an anthology
말을 모을집(詞集)。

十 畫

【博】 (박) 藥 ハク、ひろい comprehensive ㄅㄛˊ po²
❶넓을박(廣也)。❷많을박(多也)。【史記】伯夷

傳】載籍極ㅣ。❸장기박(局戲)。【家語】君子不ㅣ。❹무역할박(貿易)。❺통할박(通也)。❻클박(大也)。❼학문있을박(ㅣ學)。❽노름박(賭ㅣ)。❾거문고곡조박(曲也)。

【博古:박고】❶古事에 널리 정통함。❷옛 器物을 일컬음。

【博究:박구】널리 연구함。두루 연구함。『晉書』ㅣ儒術及百家之言。

【博具:박구】도박에 필요한 道具。「ㅣ。

【博徒:박도】노름꾼。『史記』毛公藏于ㅣ

【博覽:박람】❶사물을 널리 봄。『漢書』ㅣㅣ古今、容受直辭。❷많은 책을 읽음。

【博陸:박륙】❶雙六。❷國家의 重責을 맡을 만한 人物。《故》漢 武帝가 霍光을 博陸侯에 封했다 함。『漢書·霍光傳』。

【博文:박문】학문을 널리 닦음。

【博聞:박문】見聞이 넓음。사물을 널리 잘 알음。『史記』ㅣㅣ彊志。

【博聞强記:박문강기】널리 사물을 보고 들어 알고 이를 잘 기억함。

【博文約禮:박문약례】학문을 널리 알고 예절을 지킴。博約。『論語』君子博學於文、約之以禮、亦可以弗畔矣。

【博物:박물】❶사물에 대하여 널리 잘 알음。『左傳』晉公聞子産之言曰、ㅣㅣ君子也。❷博物學。自然科學의 하나。❸動物·植物·鑛物의 總稱。

【博物館:박물관】자연물·생산품·역사 자료·예술품 등을 널리 모아 진열하여 보이는 곳。

【博物君子:박물군자】온갖 사물에 정통한 사람。

【博物學:박물학】동물·식물·광물학과 지질학 따위의 總稱。

【博辯:박변】사물을 널리 분별하여 辯「論함。『史記』。

【博譜:박보】장기 두는 법을 풀이한 책。

【博拊:박부】節鼓보다 작은 북。

【博士:박사】❶《制》벼슬 이름。教學을 맡아 보던 벼슬。『漢書』ㅣㅣ秦官、掌通古今、武帝建元五年初置五經ㅣㅣ。《國》成均館·弘文館에 있던 正七品 벼슬。教學을 맡아 보았음。❷《法》일정한 學術을 專攻하여 낸 論文을 심사하여 주는 가장 높은 學位。또는 그 사람。❸學問이 훌륭한 학자。

【博射:박사】노름으로 하는 활쏘기。돈을 걸고 도박으로 활을 쏘는 것。『顔氏家訓』別有ㅣㅣ。

【博山定窯:박산정요】中國 山東省의 博山窯에서 나는 定窯 系統의 흰 陶瓷器。

【博顙:박상】넓은 이마。「遊。

【博塞:박색】도박。雙六。『莊子』ㅣㅣ而

【博涉:박섭】널리 책을 읽음。널리 사물을 見聞함。『晉書』ㅣㅣ群書。

【博搜:박수】널리 살펴 찾아 냄。

【博施:박시】뭇 사람에게 널리 사랑과 은혜를 베풂。

【博施濟衆:박시제중】널리 사랑과 은혜를 베풀어 뭇 사람을 구제함。

【博識:박식】보고 들은 것이 넓어서 아는 것이 많음。『晉書』時人伏其ㅣㅣ。

【博雅:박아】학식이 넓고 性品이 優雅함。또는 그 사람。《轉》敬稱으로 쓰는 말。『書經·序疏』若好古ㅣㅣ君子、與我同志、亦所不隱也。=廣雅。

【博愛:박애】온 사람을 널리 평등하게 사랑함。『韓愈』ㅣㅣ之謂仁。

【博愛主義:박애주의】인종적 편견이나 국가적 이기심을 버리고 인류 전체의 복지 증진을 위하여 온 인류가 차별이 없이 널리 사랑하여야 한다는 주장。그 근거는 종교에 두었음。四海同胞主義。

【博夜:박야】긴 밤。長夜。『管子·侈靡』大昏也、ㅣㅣ也。『纂詁』博、猶長也。

【博依:박의】❶널리 譬喩함。❷詩作法의 한 가지。『禮記』不學ㅣㅣ、不能安詩。

【博議:박의】❶널리 생각하여 의논함。❷《書》二五권。宋의 呂祖謙 지음。門人張成招 標注。左氏傳을 評論한 것。左氏博議。東萊左氏博議。

【博而不精:박이부정】많이 알되 정밀「하지 못함。

【博引旁證:박인방증】널리 類例를 引用하고 두루 증거를 보여서 論함。

【博綜:박종】널리 다스림。『晉書·王導傳』ㅣㅣ萬機。

【博採:박채】널리 채택함。『後漢書』。

【博採衆議:박채중의】뭇 사람의 의논을 들어 널리 채택함。

【博通:박통】널리 통하여 아는 것이 많음。『劉向』屈原有ㅣㅣ之智、清潔之行。

【博學:박학】학문이 매우 넓음。널리 배움。『論語』大哉孔子、ㅣㅣ而無所成名。

【博學多識:박학다식】학문이 넓고 식견이 많음。

【博奕:박혁】장기와 바둑。

【博洽:박흡】널리 배워 알아서 사물에 막힐 데가 없음。『後漢書』咸推其ㅣㅣ。

【博戲:박희】도박。도박을 함。

◎賭ㅣ、該ㅣ。

【喪】(상)→口部9畫

【辜】(고)→辛部5畫

卜 部

【卜】(복) 屋 ボク、うらなう fortunetelling ㄅㄨˇ bu³

卜 小篆 卜 古文 卜 草書

❶점복(問龜)。❷점칠복(卜之)。【十八史略 周】西伯將獵ㅣ之。❸줄복(賜與)。【詩經 小雅楚茨】ㅣ爾百福。❹가릴복(選也)。【史記 周本紀】成王使周公ㅣ居。❺기대할복(期也)。【詩經 小雅天保】君曰ㅣ爾、萬壽無疆。【集傳】ㅣ猶期也。❻《國字》짐바리복(擔也)。

【卜居:복거】❶살만한 곳을 가려서 정함。卜地。『史記』成王使周公ㅣㅣ。❷楚辭의 篇名。屈原이 지음。

【卜吉:복길】길한 날짜를 가려서 받음。

【卜馬:복마】짐을 싣고 다니는 말。

【卜師:복사】점을 치는 사람。

【卜筮:복서】좋고 언짢음을 점침。또는 그 일。『禮記』龜爲卜、筴爲筮。

【卜姓:복성】妾을 얻을 적에 同姓을 피하여 가리는 일。

【卜術:복술】점을 치는 술법。

【卜人:복인】점을 치는 사람。卜者。卜師。易者。『禮記』ㅣㅣ定龜。

【卜日:복일】좋은 날을 점침。점으로 좋은 날을 가림。

【卜晝卜夜:복주복야】❶낮 또는 밤의 吉凶을 점침。❷술 마시고 노는 것이 절도가 없이 주야로 계속됨을 일컬음。『左傳·莊·二十二』。

【卜地:복지】卜居。

【卜債:복채】점을 쳐 준 값으로 내는 돈。

【卜妾:복첩】성이 다른 여자를 골라 첩을 얻어 들임。

【卜馱:복태】말에 실은 짐바리。

二 畫

【丱】㊀(관) 諫 ㊁(광) 更 ㊂(횡) 梗 カン、コウ、かみのあげまき topknotted hairs ㄍㄨㄢˋ kuan⁴

丱 小篆

㊀북상투관(束髮貌)。㊁쇠뭉치광(鐵樸)。㊂금옥덩어리횡

(金玉樸)。(『卅』과 같음)

【卞】(변) 霰 ベン、かるがるしい hasty temper ㄅㄧㄢˋ pien⁴

书草 ❶법변(法也)。〔書經〕率循大—。❷조급할변(躁疾)。〔左傳定公三年〕邾莊公—急而好潔。❸손바닥칠변(手搏)。❹성변(姓也)。❺땅이름변(地名)。

【卞急：변급】마음이 참을성 없이 급함。躁急。〔左傳〕莊公——而好潔。

【卞正：변정】변명하여 바로 잡음。辨正。

【卞和：변화】(人)周代 楚王에게 寶玉을 獻上한 사람。→和氏之璧·和璧。〔韓非子〕(轉)寶玉을 일컬음。

三畫

【卟】(게) 齊 ケイ、かんがえる think

篆小 ❶점칠게(問卜)。❷생각할게(考也)。

【占】㈠(점) 鹽 セン、うらない fortunetelling ㄓㄢ chan¹ ㈡(점) 艶

篆小 书草 ㈠❶점칠점(問卜)。〔易繫辭〕以卜筮者尙其—。❷날씨볼점(候也)。〔蘇軾文〕其—爲有年。❸점점(覘兆)。㈡❶점령할점(擅據)。〔王安石詩〕坐—白鷗沙。❷입으로부를점(口授)。〔漢書〕陳遵憑几口—數百封書。❸가질점(持也)。〔韓愈 進學解〕—小善者率以錄。❹있을점(有也)。

【占據：점거】❶일정한 곳을 차지하여 자리 잡음。❷점령。

【占卦：점괘】점에 나오는 괘。

【占得：점득】占據하여 얻음。

【占領：점령】❶일정한 곳을 차지하여 제 것으로 함。❷물건을 차지하고 남의 가짐을 허락치 않음。❸(軍)國家나 交戰團體가 兵力으로써 나라 밖의 일정한 지역을 占有함。❹(法)국제법상 토지를 사실상 자기의 권력 밑에 두는 일。

【占領軍：점령군】점령국의 군대。

【占領地：점령지】점령한 지역。

【占募：점모】자기 마음으로 생각하여 보고 募集에 응함。〔吳志·陸抗傳〕——兵民。

【占書：점서】점술을 기록한 책。〔晉書〕太守陰澹從求——。

【占星術：점성술】국가의 治亂、인간의 길흉、천지의 재변 따위를 별의 빛깔·위치로써 판단하는 술법。

【占術：점술】점치는 술법。卜術。〔後漢書〕文公以——馳名。

【占壓：점압】어떤 곳을 차지하고 막음。〔宋史·河渠志〕——御河。

【占有：점유】❶자기의 소유로 함。자기의 領有로 함。❷(法)자기를 위할 의사로써 有體物을 소지하는 일。物權의 하나。

【占有權：점유권】(法)점유자가 점유의 사실에 의하여 가진 권리。

【占兆：점조】점괘의 좋고 나쁜 조짐。

【占著：점착】戶籍 등에 이름을 써 넣음。

【占奪：점탈】남의 것을 빼앗아 차지함。

【占吐：점토】글 읽기。詩歌 등의 읊기。〔南史·王份傳〕美風儀、善——。

【占候：점후】氣象 및 해·달·별·구름 등의 모양·빛·움직임을 보고 吉凶을 점치는 일。〔後漢書〕能望氣——吉凶。◎獨—、先—。

【卡】(잡) 合 ソウ、まもり strategic border ㄑㄧㄚ ch'ia³

지킬잡(關隘設兵立塘守—)。

【卡錢：잡전】옛날 中國 稅關에서 納稅用으로 사용하던 銅錢。

【卡片：잡편】명함·카아드 따위。

五畫

【卲】(소) 蕭 ショウ、うらなう ask fortune-telling

篆小 무꾸리할소(問卜)。

【卣】(유) 宥 尤 ユウ、さけつぼ tub ㄧㄡˇ yu³

书草 중술통유、술통유(中尊)。〔詩經 大雅江漢〕秬鬯一—。

商父丁卣(西淸古鑑)

六畫

【卦】(괘) 卦 カイ、ケ、うらなう divination sign ㄍㄨㄚ kua⁴

篆小 书草 점괘괘(筮兆)。〔易經繫辭上〕四象生八—。

【卦辭：괘사】❶易卦의 意義를 풀이해 놓은 글。❷점괘를 푼 글이나 말。

【卦筮：괘서】점 치는 일。占卦。占筮。〔漢書〕費直治易爲郞、至單父令、長于——。

【卦兆：괘조】점괘의 吉凶의 현상。占形。占象。〔淮南子〕審——、察吉凶。

【卥】(잉) 蒸 セイ、ジョウ、おどろく be astonished at

篆小 古文 ❶놀랄잉(驚也)。❷갈잉(往也)。

七畫

【卓】(탁)→十部6畫

【卤】(초) 嘯 チョウ、くさきのみがふさふさたれる bended

篆小 籒文 열매주렁주렁달릴초(草木實垂—)。

【貞】(정)→貝部2畫

八畫

【卣】(유) 尤 ユウ、いきつく draw one's breath

篆小 숨도는모양유(氣行貌)。(『攸』의 古字)

九畫

【卨】(설) 屑 セツ

은나라시조이름설(殷國祖名)。

卩 部

【卩】(절) 屑 セツ、ふし score ㄐㄧㄝˊ chieh²

书草 몸기절、병부절(符—示信)。(『節』과 같음)

【㔾】(절) 屑 セツ、ふし score

篆小 『卩』과 같음。

一畫

【卪】(주) 宥 ソウ、おさえる military tally

❶병부주(符信)。〔藝文備覽〕反—復命于君。❷빌주(闕也)。❸억누를주(抑也)。

二畫

【卬】(앙) 陽 ゴウ、ギョウ、われ myself ㄤˊ ang² 小篆 草書 ❶나앙(我也)。〔詩經〕—須我友。❷격양할앙(激厲)。〔司馬相如 長門賦〕意慷慨而自—。❸높을앙(高也)。❹바랄앙(望也)。〔荀子 議兵〕上足—、則下可用。(『昂·仰』과 통함)

【卬貴:앙귀】物價가 등귀함。〔漢書〕萬物——。

【卬望:앙망】우러러 바라봄。우러러 봄。仰望。〔漢書·郊祀志上〕黃帝之弓、百姓——。

【卬思:앙사】우러러 생각함。仰思。〔孟子·滕文公下·好辨章〕禹稷駢躓、周公——。

【卬首:앙수】머리를 쳐듦。〔漢書·司馬遷傳〕——信眉、論列是非。

【卬視:앙시】쳐다봄。仰視。〔漢書·陳餘傳〕上使泄公持節問之、輿前——泄公、勞苦如平生歡。

【卬卬:앙앙】❶임금의 德있는 모양。〔爾雅·釋訓〕顒顒·——、君之德也。❷번성한 모양。〔詩經·大雅〕顒顒——。〔傳〕——、盛貌。❸높은 모양。〔荀子·賦〕——兮、天下之咸蹇也。〔注〕——、高貌。

【卬天:앙천】하늘을 쳐다봄。仰天。〔呂覽·審時〕後時者、織莖而不滋、厚糖多粃、穮辟米不得恃、定熟——而死。

三畫

【卯】(묘) 巧 ボウ、う rabbit ㄇㄠˇ mao³ 小篆 古文 草書 ❶네째지지묘、토끼묘(地支)。❷무성할묘(茂也)。❸동쪽묘(東方)。

【卯君:묘군】卯年에 출생한 사람。〔蘇軾〕東坡持是壽——。

【卯飯:묘반】아침 밥。朝飯。〔王炎〕書生——動及午。

【卯睡:묘수】새벽 잠。샐 녘에 깊이 잠드는 것。〔蘇軾〕——閒呼不爲顚。

【卯時:묘시】(民)❶하루 十二時間中 네째。곧 상오 五시로부터 七시까지의 사이。❷스물 넷으로 나눈 하루의 일곱째 시간。상오 六시반부터 七시반까지。

【卯月:묘월】月建이 卯로 된 음력 二월。

【卯飮:묘음】아침 술을 마심。식전 해장。

【卯正:묘정】卯時의 한 가운데。곧 상오 六시。

【卯酒:묘주】아침 또는 식전에 마시는 술。아침 술。〔白居易〕心頭——未消時。

【卯初:묘초】卯時의 처음。곧 상오 五시。

【卭】(공)『邛』(邑部 3畫)의 譌字

【卮】(치) 支 シ、さかずき winecup ㄓ chih¹ 小篆 草書 ❶술잔치(酒杯)。❷연지치(脂粉)。

❶卮(漢玉螭首卮)(古玉圖譜)

【卮言:치언】❶임시 변통으로 그때 그때 남에게 듣기 좋도록 하는 말。巧言。❷줄거리가 없이 종잡을 수 없는 말。〔莊子〕——日出。

四畫

【印】㊀(인) 震 ㊁(끝)〔國音〕 イン、はん、いん seal ㄧㄣˋ yin⁴ 小篆 草書 ㊀❶도장인(刻文)。〔漢書百官公卿表〕刻文云、某官之—。❷찍을인、박을인(—之)。㊁끝끝(官簿之末端書字)。

關內侯印(漢晉印章圖譜)

【印刻:인각】나무나 그밖의 물건에 文字·物象을 새기는 것。彫刻。篆刻。

【印簡:인간】(制)지방 수령이 선단 그믐께 봉물과 함께 보내던 편지。

【印鑑:인감】❶(法)印鑑簿에 찍힌 도장과 대조하여 그 眞否를 확인코자 시청·구청·면사무소 기타 거래처 등에 미리 신고하여 둔 도장。❷도장。

【印鑑證明書:인감 증명서】(法)印影이 届出되어 있는 인감과 동일하다는 官公署의 증명서。일반적으로 市·邑·面長이 증명하는 것을 말함。

【印款:인관】=印章。

【印櫃:인궤】관인을 넣어 두던 상자。

【印泥:인니】=印朱。

【印堂:인당】(民)양쪽 눈썹 사이。이 사이가 넓으면 少年登科를 한다고 함。

【印度:인도】❶India ㉠國名。印度共和國。印度半島에 위치하는 농업국。身毒。天竺。信度。㉡(地)남부 아시아의 중앙에 있는 큰 半島。印度半島。❷사과의 한 品種。芳香이 있고 貯藏力이 풍부하며、단 맛이 있고 신 맛이 전연 없음。

【印度膏:인도고】고무。

【印度支那:인도지나】(地)印度支那半島의 東部、베트남·라오스·캄보디아의 三國 領域의 總稱。後印度。遠印度。

【印度哲學:인도철학】(哲)最高神을 一 또는 梵으로 하는 인도교와의 밀접한 연관으로 발달한 인도의 종교 및 철학。厭世 思想이 지배해 왔음。

【印面:인면】印章의 글자를 새긴 면。

【印文:인문】인발。

【印本:인본】인쇄한 책。또는 圖畫 등。印書。〔宋史〕以——經書、遺高從誨。

【印封:인봉】❶봉한 물건에 인장을 찍어 함부로 떼지 못하게 함。❷공무가 끝난 뒤에 관인을 봉함。

【印象:인상】❶대상이 마음에 끼치는 직접의 영향。❷깊이 마음에 새겨져 오래도록 잘 잊혀지지 않는 일。

【印象的:인상적】특히 두드러지게 뚜렷한 인상을 주는 모양。

【印象主義:인상주의】一九세기 후반 프랑스에서 일어난 繪畫의 한 유파。자연으로부터 받은 직접적·순간적 인상을 그대로 작품상에 表出하려는 주장。뒤에 회화 이외에도 사물의 직접적인 상을 표현하려는 예술의 경향에 널리 씀。

【印象派:인상파】❶인상주의를 주장하는 파。❷참하지가 않고 아무렇게나 생겨 보기 흉한 사람。

【印象畫:인상화】인상을 그려 놓은 주관적인 그림。

【印璽:인새】❶도장。임금의 인장(璽는 임금、또는 諸侯의 印章)。玉璽。〔漢書〕宣帝始賜單于——、與天子同。❷표시。

【印稅:인세】❶印紙稅。❷서적의 행발자가 저작자에게 주는 돈。

【印刷:인쇄】版에 판 文字·繪畫 등을 종이나 絹布 등에 박는 일。또는 活字로 판을 짜서 박는 일。

【印刷工:인쇄공】인쇄에 종사하는 職工。工員。인쇄 직공。

【印刷機械:인쇄기계】글이나 그림 따위를 종이나 베에 인쇄하는 기계。

【印刷物:인쇄물】신문·서책·광고 따위의 인쇄하여 내논 모든 물건。

【印刷所:인쇄소】인쇄 설비를 갖추고 인쇄의 일을 맡아 보는 곳。

【印刷術:인쇄술】인쇄에 관한 기술。

【印刷人:인쇄인】인쇄소의 대표자。

【印刷版:인쇄판】인쇄에 쓰이는 凹版·凸版·平版·石版·木版의 總稱。「證印。

【印信:인신】 도장·官印 등의 總稱。↓

【印影:인영】 인장이 찍힌 흔적。

【印褥:인욕】 인장을 찍을 때 잘 찍히도록 밑에 바치는 판。

【印肉:인육】 ＝印朱。印泥。

【印字:인자】 글짜를 찍음。또는 그 글자。

【印章:인장】 도장。印款。인발。『周禮·註』璽節今之一一也。

【印材:인재】 도장을 만드는 재료。

【印呪:인주】 《佛》眞言宗에서 손목에 印을 매달고 陀羅尼(다라니)를 부르는 것。護王인 明王善神의 守護를 받는다 함。

【印朱:인주】 도장을 찍을 때 찍어 쓰는 재료。印泥。印肉。 「룻。

【印朱盒:인주합】 印朱를 담아 두는 그

【印紙:인지】 《法》❶ 세금·수수료 따위를 징수하기 위하여 정부에서 발행하는 證票。❷ 財產權의 변경 따위를 하는 사람에게 賦課하는 稅。

【印紙稅:인지세】 《法》❶인지로 납부해야 할 세금。❷재산권의 이전·변경·창설 또는 소멸을 증명하는 증서·장부 또는 재산권에 관한 追認 또는 승인을 증명하는 증서를 課稅物件으로 하여 그 작성자에 대하여 부과되는 租稅。

【札紙:인찰지】 絲欄을 친 종이。

【印札板:인찰판】 인찰지를 박아내는 「판。

【印尺:인척】 《制》조세를 받은 표。

【印出:인출】 인쇄하여 냄。

【印盒:인합】 인뒤웅이。 「발。

【印行:인행】 출판물을 간행함。

【印形:인형】 찍어놓은 도장의 형적。인

【印號:인호】 《宗》基督教에서 堅振·聖洗·神品·聖事로써 받은 無形한 表徵。

【印花:인화】 陰刻의 하나로 版印으로 눌러 찍힌 무늬。鼓花。

【印畫:인화】 陰畫의 원판을 感光紙 위에 올려 놓고 사진으로 만든 陽畫。인화가 끝난 인화지를 현상·정착·水洗·건조시키어 완전한 양화를 얻음。↓寫眞。

【印畫紙:인화지】 사진을 印畫하는 데 쓰는 感光性의 종이。

◎刻一、檢一、官一、金一、拇一、法一、封一、私一、社一、寺一、實一、心一、玉一、僞一、認一、調一、證一。

【危】

(위) 支 キ、あやうい danger

小篆 草書

❶위태할위(不安)。『孝經 諸侯』在上不驕、高而不一。❷무너질위(隤也)。『論語 季氏』一而不持、顚而不扶。❸병이 더칠위(重病、一篤)。❹상할위(傷也)。『禮記儒行』有比黨而一之者。❺높을위(高也)。『論語 憲問』一言一行。❻기울위(不正)。❼별이름위(星名)。

【危閣:위각】 높은 누각。峻閣。

【危徑:위경】 험하고 위험한 지름길。沮徑。『王維』一一幾萬轉。

【危境:위경】 위태로운 경우。위험한 처지。『魏書』年涉一一。

【危計:위계】 위험한 계획。위태로운 꾀。

【危空:위공】 매우 높은 하늘。高空。

【危懼:위구】 두려움。두려워 함。『書經』標標一一、若將隕于深淵。

【危局:위국】 위태한 시국。위태한 形局。

【危急:위급】 위태하고 급함。危難이 절박함。『蜀志』一一存亡之秋。

【危急存亡之秋:위급 존망지추】 나라의 존망에 관한 중요한 때。

【危機:위기】 위험한 경우。위험한 動機。『晉書』貧賤常思富貴、富貴必踐一一。

【危機一髮:위기일발】 조금도 여유가 없는 위급한 고비에 다닫은 순간。

【危難:위난】 위급함과 곤란한 경우。『史記』一一在三月之內。

【危篤:위독】 병세가 매우 중하여 생명이 위태로움。

【危亂:위란】 나라가 위태하고 혼란함。

【危欄:위란】 위험한 欄干。높은 난간。高欄。『李商隱』輕命倚一一。

【危濫:위람】 위험성 있는 사물이 범람함。사물이 위험스럽게 범람함。

【危路:위로】 위험한 길。危道。『陸游』纔能脫一一。

【危懍:위름】 몹시 두려워하는 일。

【危峰:위봉】 높고 험하고 오르기에 위태로운 산 봉우리。峻峰。

【危城:위성】 아주 높은 城。

【危巢:위소】 높은 곳에 있는 새집。『蘇軾』禁栖鶻之一一。

【危術:위술】 위험한 곳에 빠지는 길。『淮南子』好勇者一一也。

【危身:위신】 ❶몸이 위태로움。❷몸을 위험한 곳에 둠。

【危巖:위암】 깎은 듯이 드높게 절벽으로 되어 있는 험준한 바위。

【危若朝露:위약조로】 위험이 아침 해에 곧 마를 이슬과 같음。《轉》사람의 運命이 위태로운 것。 「운 말。

【危語:위어】 사람을 놀라게 하는 무저

【危言危行:위언위행】 高尙한 言行。正當한 말과 행실。『論語』邦有道、一一。

【危如累卵:위여누란】 위험함이 여러개 쌓아 놓은 달걀 상태와 같음。《轉》극히 위험한 일을 가리키는 말。

【危然:위연】 훈로 정직한 모양。端然。『莊子』一一得其所。

【危疑:위의】 의심이 일어나 마음이 불안스러움。『左傳』一一之理、故特稱仲尼、以明之。 「리。高棧。

【危棧:위잔】 위태한 사다리。높은 사다

【危重:위중】 병 증세가 대단함。

【危症:위증】 위험한 병의 증세。 「리。

【危地:위지】 ❶위험한 곳。❷위태한 자

【危淺:위천】 위태하고 허무함。人命의 허무함을 말함。『李密·陳情表』人命一一。

【危涕:위체】 마음에 위험을 느껴 눈물을 흘림。『江淹·恨賦』或有孤臣一一。

【危脆:위취】 위험하고 연약함。『南史』人生一一。

【危殆:위태】 ❶형세가 매우 어려움。❷마음을 놓을 수 없음。❸안전하지 못하고 위험함。

【危悖:위패】 위험하고 패악함。

【危害:위해】 위태한 재해。『韓非子』欲陳一一之事。 「건。

【危害物:위해물】 위태하고 해로운 물

【危險:위험】 ❶위태함。❷안전하지 못함。『韓非子』伺其一一之陂、以恐其主。

【危險物:위험물】 위험스러운 물건。

【危險思想:위험사상】 국가 사회의 안녕 질서에 위험한 해독을 끼칠만한 사상。

【危險事業:위험사업】 성공하기 보다는 실패하기 쉬운 위험한 사업。「가능성。

【危險性:위험성】 위험한 성질。위험의

【危險視:위험시】 위험하게 봄。

【危險人物:위험인물】 ❶위험 사상을 지닌 사람。❷마음을 믿을 수 없는 사람。

【危險千萬:위험천만】 매우 위험함。위험하기 짝이 없음。

【危慌:위황】 위험스럽고 황망함。

◎安一。

【邢】

(형) ↓邑部 4畫

五 畫

【卲】

(소) 嘯 ショウ、たかい high ㄕㄠˋ shao4

小篆 (『邵』와 通함)

❶높을소(高也)。❷성소(姓也)。

【即】

(즉) 『卽』(卩部 7畫)과 같음

【却】(각) 藥 キャク、しりぞく repulse
❶물러칠각(斥也)。❷물러갈각(退也)。❸사양할각(不受)。❹막을각(拒也)。❺도리어각(反也)。❻치어다볼각(仰也)。(『卻』과 같음)
【却曲:각곡】돌아서 감。에워서 감。『莊子·人間世』吾行ㅣㅣ。
【却老:각로】❶늙음을 물리침。젊어짐。❷(植)구기자나무。枸杞。仙人杖。
【却說:각설】화제를 돌리어 딴 말을 꺼낼 때 첫 머리에 쓰는 말。
【却下:각하】서류 따위를 물리쳐 내림。
【却行:각행】❶뒤로 물러감。『戰國策』ㅣㅣ爲道。❷뒷걸음질하는 벌레。
◎棄ㅣ、忘ㅣ、賣ㅣ、沒ㅣ、返ㅣ、消ㅣ、燒ㅣ。

【卵】(란) 旱 ラン、たまご eggs; spawn
小篆 古文 草書 ㄌㄨㄢ³ luan³ ㄌㄢ³ lan³
❶알란(凡物無乳生者)。『漢書食貨志注』ㅣ、鳥卵也。❷기를란(撫育)。『左傳哀公十六年注』今撫育人曰ㅣ翼言如鳥乎卵也。❸클란(大也)。❹불알란(睾丸)。
【卵殼:난각】새알 따위의 겉 껍질。
【卵白:난백】달걀의 흰자위。
【卵狀:난상】≒卵形。알의 모양。
【卵色天:난색천】달걀 빛깔의 하늘。『蘇軾』相逢卵色五湖天。
【卵生:난생】알에서 태어남。↔胎生。『禮記』ㅣㅣ者不殈。
【卵生動物:난생동물】(動)물고기·새 따위처럼 알에서 새끼가 나오는 동물。
【卵細胞:난세포】(生)동식물의 암컷의 생식기 안에 자라서 장차 독립체가 될 遊離 세포。卵珠。雌性의 生殖細胞。
【卵巢:난소】(生)卵子를 만들어 내며 또한 특수한 분비물을 분비하는 여자의 생식기의 한 부분。↕精巢。
【卵圓形:난원형】달걀처럼 한 쪽이 갸름하고 동굴게 생긴 모양。
【卵育:난육】≒卵翼。『韓愈』魚之涵淹、ㅣㅣ於此。
【卵翼:난익】어미닭이 알을 품어 기르듯이、父母가 子女를 키우는 것。『左傳·註』今撫育人曰ㅣㅣ、言如鳥乎卵也。
【卵子:난자】(生)精子와 합하여 생식 작용을 하는 세포。↕精子。
【卵形:난형】❶알의 모양。❷잎의 형상의 한 가지。卵狀。
【卵黃:난황】卵細胞 안에 있는 누른 빛의 양분。
◎鷄ㅣ、累ㅣ、孵ㅣ、産ㅣ。

【邲】(비) 寘 ヒ、つかさどる superintend
小篆 주관할비(宰也)。

【邯】(한)→邑部 5畫

六 畫

【卶】(시) 紙 寘 シ、おおよろこび very auspicious
小篆 ❶크게 경사스러울시(大慶)。❷기뻐할시(喜也)。

【卷】(권) ㊀ 霰 ㊁ 銑 ㊂ 先 ケン、カン、まきもの、まく volume; roll ㄐㄩㄢˋ chüan⁴
小篆 草書 ㊀❶책권권(書秩)。『韓愈與陳給事書』獻近所爲復志賦已下十首爲一卷、ㅣ有標軸。❷오금권(膝曲)。㊁❶접을권(ㅣ舒)。❷『詩經 邶風柏舟』我心匪席不可ㅣ。❸풀이름권(草名)。❸아리따울권(美也)。(『捲』과 같음) ㊂❶굽을권(曲也)。『莊子 逍遙遊』ㅣ曲不中規矩。❷정성권(誠也)。『漢書 賈損之傳』敢昧死竭ㅣㅣ。(『惓』과 통함)
【卷甲:권갑】갑옷을 거두어서 쓰지 않는다는 뜻。(轉)戰爭을 그만 둠。『晉書』。
【卷曲:권곡】물기가 말라서 구부러져 있음。『莊子』ㅣㅣ不中規矩。
【卷卷:권권】❶친절한 모양。忠勤한 모양。懇懇。拳拳。『漢書』敢昧死竭ㅣㅣ。❷시들어 떨어짐。쇠퇴하여 零落함。『韓愈·秋懷詩』ㅣㅣ落地葉。
【卷頭:권두】책의 첫머리。
【卷頭言:권두언】책의 머리말。
【卷婁:권루】心身이 시달려 시침。『莊子·除無鬼』不得休歸、所謂ㅣㅣ者也。
【卷髮:권발】고수머리。『詩經』ㅣㅣ如蠆。
【卷舒:권서】말았다 폈다 함。進退。屈伸。『淮南子』贏縮ㅣㅣ、與時變化。
【卷石:권석】❶주먹 만한 작은 돌。『中庸』ㅣㅣ之多。❷握拳。
【卷舌:권설】❶혀를 말음。(轉)驚歎함。『漢書』禮官博士卷其舌而不讀。❷별 이름。『漢書』客星見昴分、在ㅣㅣ東。
【卷首:권수】책의 첫머리。卷頭。
【卷數:권수】책의 수。
【卷鬚:권수】(植)다른 물건에 감겨서 自體를 유지하려고 잎 사이에서 나온 가느다란 덩굴손。호박·오이의 덩굴 등。
【卷然:권연】아름다운 모양。아름다운 자태。『禮記·檀弓下』執女手之ㅣㅣ。
【卷雲:권운】높이 뜨는 구름의 한 가지。가는 실날·머리털·실털 모양으로 보임。
【卷子本:권자본】두루말이로 만들어진 책자。唐代의 製本樣式。
【卷積雲:권적운】조그마한 여러 조각으로 된 청어의 무늬 같은 흰 구름。
【卷帙:권질】❶책。❷책의 篇數와 部數。書帙。
【卷尺:권척】줄자。강철·헝겊 등으로 만들며 둥근 갑 속에 말아 두었다가 사용할 때에 갑에서 풀어 내어서 씀。
【卷軸:권축】두루말이。또는 두루말이의 書畫軸。『李白』至于制作、積成ㅣㅣ。
【卷懷:권회】말아서 주머니에 집어 넣는 뜻。(轉)자기의 재능을 숨김。『論語』邦無道、則可ㅣㅣ之。
◎開ㅣ、上ㅣ、席ㅣ、壓ㅣ、全ㅣ、中ㅣ、下ㅣ。

【卸】(사) 禡 シャ、おろす un load ㄒㄧㄝˋ hsieh⁴
小篆 草書 ❶짐부릴사(解載車馬)。❷벗을사(脫衣解甲)。❸떨어질사(落也)。
【卸肩:사견】❶妾을 맞아 化粧을 시키는 것。『鴻雪因緣圖記』多內寵、美婢可意者、賜雲肩卸襲納之、夕賦詩催粧、謂之ㅣㅣ。❷㉠責任을 피함。㉡公職을 辭退함。㉢責任 있는 地位에서 해방됨。
【卸擔:사담】❶짐을 내려 놓음。❷책임을 벗음。부담을 벗음。
【卸頭:사두】부인 머리에 꾸민 裝飾을 떼 버림。『司空圖詩』逐他女伴ㅣㅣ遲。

【卹】㊀(술) ㊁(솔) 質 月 シュツ、ソツ、うれえる anxiety ㄒㄩˋ hsu⁴
小篆 草書 ㊀걱정할술(憂恤)。(『恤』과 같음) ㊁먼지떨이솔(揺塵)。『禮記』ㅣ勿驅塵。
【卹金:술금】戰死한 軍人의 유가족에게 주는 돈。「ㅣㅣ。
【卹削:술삭】옷을 裁斷함。『史記』揚袘
【卹賞:술상】官吏가 죽었을 때 그 葬禮

비용을 주는 것。「식하는 儀式 제도。

〔卹典:술전〕死亡한 官吏의 死後를 장

【卻】 (각)『谷卩』(卩部 7畫)의 俗字

【卺】 (근) 吻 キン、さかずき wine cup(gourd) 草書 혼례때의 술바가지근(婚禮瓢杯)。〔儀禮 士昏禮〕四爵合一。

七畫

【卻】 (각) 藥 キャク、しりぞく repulse ㄑㄩㄝ ch'üeh⁴ 小篆 ❶물리칠각(退也)。〔漢書 袁盎傳〕引一愼夫人座。❷사양할각(不受)。〔孟子〕一之爲不恭。❸반대할각(反對)。「窮鼠一齧猫」。(『却』과 같음)

〔卻棄:각기〕물리쳐서 버림。〔杜甫〕衆魚常才盡一一。

〔卻立:각립〕뒤로 물러 섬。

〔卻步:각보〕물러섬。退步。

〔卻掃:각소〕물리쳐 떨어버림。來客을 따돌림。〔陳書〕恒閉門、一一無所交遊。

〔卻月:각월〕❶초생달의 모양。〔王昌齡〕廻身一一佩弓鞘。❷반달 모양의 눈섭。〔梁元帝〕望一一而成眉。

〔卻縮:각축〕물러서서 옴추림。〔易林〕遷延一一。

〔卻退:각퇴〕물러섬。물리침。退却。〔漢書〕遷延一一。

【卼】 (올) 月 コツ、あやうい dangerous 草書 위태할올(危也)。〔易經 困卦〕上六困于葛藟于卼一。(『杌』과 통함)

【卻】 (희) 微 キ、ほねのふしのあいだ interals between joints 뼈마디사이희(骨節間)。

【卽】【即】 (즉)『卽』(次條)의 俗字

(즉) 職 ソク、すなわち namely ㄐㄧ chi² 小篆 草書 ❶이제즉、곧즉(今也)。〔十八史略 春秋戰國齊〕姬爲言得釋一馳去。❷가까울즉(近也)。〔漢書 高帝紀〕使陸賈一授璽綬。❸나아갈즉(就也)。〔十八史略 西漢〕漢王一皇帝位。❹다만즉(只也)。❺불똥즉(燭炬燼)。〔管子 弟子職〕左手執燭、右手執一。❻진작즉(直時)。〔宋史蔡挺傳〕盜發一得。❼가득할즉(滿也)。❽만일즉(萬一)。〔史記〕吾一沒、若必師之。(『則』과 통함)

〔卽刻:즉각〕❶곧 그 시각。當刻。❷곧 그 자리。「자리에서 결정함。

〔卽決:즉결〕일을 곧 처리함。일을 그 자리에서 결정함。

〔卽決處分:즉결처분〕❶(法) 警察犯을 경찰서장의 권한으로 즉결하여 내리는 처분。❷범인을 체포 현장에서 총살함。

〔卽景:즉경〕바로 눈아래 보이는 경치。〔錢起〕一一眞桃源。

〔卽今:즉금〕곧 이제。그 자리에서 곧。

〔卽諾:즉낙〕즉석에서 승낙함。「침。

〔卽納:즉납〕金品을 그 자리에서 곧 바

〔卽斷:즉단〕그 자리에서 곧 단정함。

〔卽答:즉답〕❶곧 대답함。❷즉석에서 거침없이 대답함。直答。「곧 팔음。

〔卽賣:즉매〕상품이 놓인 그 자리에서

〔卽事:즉사〕❶卽席에서 詩歌를 지음。卽吟。❷일에 착수함。❸目前의 형편。

〔卽死:즉사〕즉석에서 곧 죽음。

〔卽殺:즉살〕그 즉석에서 곧 죽임。

〔卽席:즉석〕❶앉은 자리。❷자리에 앉음。卽座。

〔卽成:즉성〕그 자리에서 곧 이룸。또「는 이루어짐。

〔卽世:즉세〕죽음。〔左傳〕。

〔卽速:즉속〕곧 그 자리에서。빠르게。「즉시로。

〔卽時:즉시〕그때 그 자리에서 곧。卽刻。〔史記〕一一解散。

〔卽時賣買:즉시매매〕그 즉석에서 물건을 매매하는 것。

〔卽時取得:즉시취득〕(法) 處分權이 없는 動産의 占有者를 권리자로 잘못 알고 거래한 상대편이、그 動産에 대하여 완전한 권리를 갖게 되는 것。善意取得。

〔卽時抗告:즉시항고〕(法) 民事·刑事의 訴訟法上 정하여진 불변기간 안에 提起하는 不服신청의 방법。

〔卽心是佛:즉심시불〕(佛) 내 마음이 곧 부처라는 뜻。(轉) 깨달아서 얻는 나의 마음이 부처 마음과 같으며 그 밖에는 부처가 없다는 말。〔傳燈錄〕三祖問二祖、何名佛法、曰──、卽心是法。

〔卽位:즉위〕❶임금이 王位에 오르는 것。〔左傳〕元年春王正月、不書一一攝也。❷자리에 앉음。〔儀禮〕一一門東西。

〔卽應:즉응〕기회를 보아 곧 응함。

〔卽日:즉일〕일이 있는 바로 그날。〔史記〕項王一一因留沛公與飮。

〔卽日施行:즉일시행〕(法) 어떤 법령을 반포한 날부터 곧 그 효력이 나게함。

〔卽祚:즉조〕=卽位。

〔卽座:즉좌〕=卽席。

〔卽卽:즉즉〕=❶충실。〔漢書·註〕一一充實也。❷수봉황의 우는 소리。❸급하「게。

〔卽且:즉차〕지네〔蝍蛆〕의 異名。

〔卽瘥:즉차〕병이 곧 나음。「함。

〔卽便:즉편〕곧。즉시。

〔卽行:즉행〕그 자리에서 곧 감。곧 행

〔卽向:즉향〕그 자리에서 곧 향하여 감。

〔卽效:즉효〕❶약 같은 것의 즉시에 나타나는 효험。❷곧 드러나는 보람。

〔卽興:즉흥〕❶卽席에서 일어난 興味。❷卽席에서 흥겨워 詩歌를 지음。卽詠。

〔卽興詩:즉흥시〕그 때 그 당장에서 우러난 흥취를 읊은 시。「휩쓸리는 것。

〔卽興的:즉흥적〕그 당장에서 흥취에

【郞】 (랑)→邑部7畫

九畫

【卾】 (악) 藥 ガク、うわあご jaw 웃턱악(上顎)。

十畫

【卿】 (경) 庚 ケイ、キョウ、きみ lord: Sir ㄑㄧㄥ ch'ing¹ 小篆 草書 ❶밝힐경(章也)。〔徐曰〕一善明理。❷향할경(嚮也)。「言爲人所歸嚮也」。❸벼슬경(爵也)。❹귀공경(貴公)。❺스승경(先生)。〔後漢書 光武紀〕一曹努力。〔史記荀卿傳注〕一者時人相尊而號爲一也。❻자네경(對女呼稱)。〔古詩〕府吏謂新婦、賀一得高遷云云、一當日勝貴我獨向黃泉。

〔卿卿:경경〕妻가 남편을 부르는 칭호。〔溫庭筠〕不將心事許一一。

〔卿校:경교〕九卿과 校尉。

〔卿老:경로〕벼슬을 물러나더라도 公卿의 대우를 받음。또는 그 사람。〔禮記〕國君不名一一世婦。

〔卿輩:경배〕경들。너희들。公等。〔晉書〕

〔卿輔:경보〕(制) 三政丞과 六判書。卿相。〔晉書〕入作一一、出將三軍。

【卿士:경사】(制)❶卿大夫。士의 總稱。『書經』謀及ㅡㅡ。❷執政者를 일컫는 말。『左傳』平王ㅡㅡ。

【卿士大夫:경사대부】(制)三政丞 이외의 모든 벼슬아치의 總稱。

【卿相:경상】(制)임금을 돕고 정치를 행하는 大臣。『詩經·疏』

【卿寺:경시】(制)九卿이 있는 官署。곧 中央官署를 일컬음。

【卿雲:경운】상서로운 구름。태평한 서기。

【卿月:경월】內官으로서 顯貴한 사람。月卿。『書·洪範』卿士惟月。

【卿尹:경윤】=宰相。『晉書』備位ㅡㅡ。

【卿子:경자】상대방의 尊稱。『史記』諸別將皆屬宋義、號爲ㅡㅡ冠軍。

【卿宰:경재】=宰相。

【卿曹:경조】=卿輩。『後漢書』ㅡㅡ努力。

【⿰畜卩】(익)→邑部10畫

十一畫

【厀】(슬)『膝』(肉部11畫)의 本字

【⿰夋卩】(준) 震 ソン、あぶない dangerous
위태할준(危也)。

十六畫

【⿰䙴卩】(천) 先 セン、うつす remove
옮길천(移也)。(『遷』과 같음)

厂部

【厂】㊀(엄) 鹽 ガン、がけ precipice ㊁(한) 翰 ㄏㄢ han³
小篆 厂 籀文 厈 草書 ア ㊀❶굴바위엄(山之厓巖人可居)。❷언덕엄、기슭엄(岸也)。㊁뜻은 ㊀과 같음。

二畫

【厃】㊀(첨) 鹽 ㊁(위) 紙 キ、セン、あおぐ look up
小篆 ㊀❶우러러볼첨(仰也)。❷평고대첨(屋梠)。『揚雄』秦謂之梠齊謂之ㅡ。㊁뜻은 ㊀과 같음。

【厄】(액) 陌 ヤク、わざわい misfortune
小篆 草書 ❶재앙액(災也、禍也)。『王逸 九思』悼屈子兮遭ㅡ。❷옹이액、혹액(木節)。(『戹』과 같음 『阨』와 通함)

【厄難:액난】재앙과 어려움。厄災。『易林』踐履ㅡㅡ、脫去危患。

【厄年:액년】占術家가 말하는 一生 중 災難에 부닥치게 될 연령。남자는 二五·四二·六〇、여자는 一九·三三·三七歲 되는 해가 이에 해당한다 함。

【厄運:액운】악운。불행。

【厄月:액월】액달。

【厄閏:액윤】=黃楊厄閏。

【厄禍:액화】액으로 말미암아 입는 재앙。

【厄會:액회】재앙이 닥치는 기회。불행한 고비。

三畫

【⿸厂手】(국) 沃 キク、コク、もつ sieze
小篆 잡을국(持也)。

【厇】(책) 陌 チャク、タク、ひらく slash
❶발길책、찢을책(裂體別肉)。❷능지할책(ㅡ市、刑名)。(『磔』과 같음)

【⿸厂也】(신) 眞 シン、あかつき browning
『辰』과 같음。『道藏洞靈眞經』夫雞ㅡ而作、負日任勞。

四畫

【厉】(려)『厲』(厂部13畫)의 略字

【厊】(아) 馬 ガ、くいちがい different
어긋날아(相違)。

【⿸厂氏】(지) 紙 齊 シ、いたす do
❶고를지(均也)。❷이를지(致也)。❸평평할지(平地)。❹소리지(聲也)。

五畫

【厎】(지) 紙 シ、といし whetstone ㄓ chih³
小篆 草書 ❶이룰지(致也)。『書經 旅獒』西旅ㅡ貢厥獒。❷정할지(定也)。『書經』朕言惠可ㅡ行。❸숫돌지(礪也)。『漢書 梅福傳』爵祿天下之ㅡ石。

【厎厲:지려】연장을 숫돌에 가는 일。(轉)학문을 연마하는 것。砥礪。

【厎石:지석】숫돌[砥]。『漢書』爵祿束帛者、天下之ㅡㅡ。

【⿸厂立】㊀(랍) 合 ㊁(립) 緝 ロウ、いしのあと sound of stone
小篆 ㊀❶돌소리랍(石聲)。❷꺾을랍(拉也)。㊁뜻은 ㊀과 같음。

【⿸厂去】(겁) 葉 キョ、コウ、がけ cliff
낭떠러지겁、언덕겁(山左右有岸)。

六畫

【厓】(애) 佳 ガイ、きし、がけ cliff ㄧㄞ yai²
小篆 草書 ❶언덕애(山邊水畔)。『爾雅釋丘疏』ㅡ水邊也。❷가애(際也)。❸성애(姓也)。(『崖』와 같고 『涯』와 통함)

【厓略:애략】大略。崖略。『莊子』夫道難言、爲汝言其ㅡㅡ。

【厓眥:애자】노려 봄。睚眦。『漢書』ㅡ眥莫不誅傷。

【厔】(질) 質 シツ、とまる stop
❶산굽이질(山曲)。❷산모퉁이질(山隈)。❸물굽이질(水曲)。❹그칠질(止也)。

七畫

【厖】(방) 江 ボウ、おおきい enormous ㄇㄤ mang²
小篆 草書 ❶두터울방(厚也)。『詩經 商頌長發』爲下國駿ㅡ。❷클방(大也)。『左傳』民生敦ㅡ。『漢書』湛恩ㅡ洪。❸어지러울방(雜也)。❹섞일방。❺넉넉할방(饒也)。(『尨』과 통함 古音「망」)

【厖大:방대】대단히 큼。

【厖眉:방미】숱이 많은 눈썹。(轉)老人。

『四子講德論』。

【厖雜:방잡】 뒤섞임。『唐書』流品ㅣㅣ。

【厖洪:방홍】 크고 넓은 모양。厖鴻。『漢書』湛恩ㅣㅣ。

【厖鴻:방홍】 =厖洪。『司馬相如』湛恩ㅣ「ㅣ。

【厘】

㊀(리)〔慣音〕 リン、りん
㊁(전) 先 ㄌㄧˊ li²

草書 ㊀❶이리(貨幣之最少單位、一錢之十分一)。❷티끌리(廛也)。
㊁뜻은『廛』에 보라。

【厘毛:이모】 ❶厘와 毛。극히 僅少한 金額。❷조금。些少。毫釐。

【厚】

(후) 有 コウ、あつい thick ㄏㄡˋ hou⁴

小篆 古文 草書 ❶두터울후(不薄)。『史記 孔子世家』破産ㅣ葬。❷무거울후(重也)。❸클후(大也)。『戰國策』非能ㅣ勝之。❹무르녹을후(醲也)。❺친절할후(ㅣ情)。❻많을후(多也)。

【厚價:후가】 重價。후한 값。

【厚眷:후권】 두터운 은혜。深眷。厚澤。『唐明皇』答人神之ㅣㅣ。

【厚待:후대】 ❶두터운 대접。❷두텁게 대접함。↔薄待。

【厚德:후덕】 생김새나 하는 짓이 두텁고 덕스러움。↔薄德。

【厚祿:후록】 후한 俸祿。

【厚料:후료】 후한 給料。

【厚問:후문】 슬프고 기쁜 일이 있을 때 간곡하게 인사하는 일。곧 돈·물건 등을 많이 扶助하는 따위。

【厚味:후미】 짙은 맛。매우 좋은 맛。맛 좋은 음식。佳味。『列子』ㅣㅣ姣色。

【厚薄:후박】 ❶두꺼움과 얇음。❷후하게 하는 일과 박하게 구는 일。

【厚報:후보】 정중하게 보답함。정중한 返禮。厚酬。寵報。

【厚賜:후사】 남에게서 金品을 받은 것「에 대한 侈稱。

【厚榭:후사】 높은 정자。危榭。

【厚賞:후상】 두둑하게 상을 줌。또는 그러한 상。『書經』功多有ㅣㅣ。

【厚生:후생】 ❶생활을 넉넉히 하는 것。❷건강을 유지·증진함。

【厚生施設:후생시설】 후생을 위하여 만들어 놓은 온갖 시설。

【厚生住宅:후생주택】 주택난을 없애기 위하여 入住者가 그다지 힘에 벅차지 않은 지불 방법으로 살 수 있도록 지은 〔주택。

【厚酬:후수】 두둑한 보수。

【厚顔:후안】 피부가 두터운 얼굴。(轉) 염치와 체면을 모르는 사람。無恥。『孔稚圭』芳杜ㅣㅣ。

【厚遇:후우】 정중하게 대우함。

【厚恩:후은】 두터운 은혜。洪恩。大恩。『漢書』稱ㅣㅣ。

【厚意:후의】 두텁게 쓰는 마음。

【厚誼:후의】 두터운 情誼。

【厚澤:후택】 =厚恩。

【厚貺:후황】 물건을 厚하게 주는 것。厚하게 주는 물건。厚賜。
◎濃ㅣ、篤ㅣ、敦ㅣ、醇ㅣ、深ㅣ、溫ㅣ、仁ㅣ、重ㅣ。

八畫

【厜】

(수) 支 シ、ズイ、やまのいただき summit

小篆 산꼭대기수(山巓ㅣ㕒)。

【厝】

㊀(조) 遇 ソ、おく put
㊁(착) 藥 ㄘㄨㄛˋ ts'uo⁴

小篆 草書 ㊀둘조(置也)。『漢書』抱火ㅣ之積薪之下。(『措』와 같음)
㊁숫돌착(礪石)。

【厞】

㊀(비) 微 ヒ、うすくらい
㊁(비) 未 sordid

小篆 ㊀더러울비、궁벽할비(陋也)。
㊁❶숨을비(隱也)。❷후미질비、으슥할비(幽隱)。

【原】

(원) 元 ゲン、はら、もと field; original ㄩㄢˊ yüan²

小篆 古文 草書 ❶근본원(本也)。『漢書 食貨志』農漁商賈四者衣食之ㅣ。❷거듭원(重再)、『禮記 文王世子』命膳宰曰、末有ㅣ。❸언덕원、둔덕원(地高平)。『爾雅 釋地』大野曰平、廣平曰ㅣ。❹미룰원(推也)。『易 繫辭』ㅣ始安終。❺용서할원(宥罪)。『晋書 潘岳傳』會詔ㅣ之。❻원인원(基因)。『朱熹 中庸章句序』或ㅣ於性命之正。❼추구할원(究也)。『漢書 薛宣傳』ㅣ心定罪。❽뫼원(墓地)。『禮記 檀弓』從先大夫於九ㅣ。❾들원(野也)。(『源』과 통함)

【原價:원가】 ❶본값。❷生産費。

【原刊:원간】 어떤 刊行物의 再版이 있을 경우의 맨 처음의 간행。

【原告:원고】 (法)소송을 제기하여 재판을 청구한 사람。↔被告。

【原稿:원고】 ❶글월의 초벌。❷인쇄하기 위하여 쓴 글。草稿。草案。

【原稿料:원고료】 원고를 쓴 데 대한 보수。

【原稿用紙:원고용지】 원고를 쓰는 종「이。原稿紙。

【原稿紙:원고지】 原稿用紙의 略語。

【原鑛:원광】 (鑛)❶주가 되는 광산。❷製錬하기 이전의 재료로서 파 낸 그대로의 광석。

【原權:원권】 (法)어떤 권리의 침해에 의하여 발생하는 原狀 회복이나 손해 배상의 청구권에 대하여 그 침해된 본디의 권리。↔救濟權。

【原禽:원금】 꿩의 別稱。『潘岳·射雉賦·注』ㅣㅣ、雉也。

【原畓:원답】 원래의 논。

【原貸:원대】 용서함。보아 줌。

【原道:원도】 ❶원래의 길。❷人道의 근본。❸唐의 韓愈가 지은 文章 이름。

【原圖:원도】 模寫하거나 複製하는 데 그 기본이 되는 그림。「원。

【原動:원동】 운동·활동을 일으키는 근

【原動力:원동력】 ❶사물을 활동시키는 근원이 되는 힘。❷물체나 기계의 운동을 일으키는 힘。水力·風力·전력 따위。

【原諒:원량】 사정을 살피어 헤아리는 뜻으로 편지에서 쓰는 말。

【原力:원력】 본디부터 있는 기운。

【原料:원료】 물건을 만드는 재료。

【原料品:원료품】 원료가 되는 물품。

【原流:원류】 ❶근본이 되는 遺風。주가 되는 流派。❷내나 강의 근본이 되는 줄기。本流。↔支流。

【原理:원리】 ❶모든 현상이 성립될 수 있는 기본적 원칙。❷설명 또는 판단의 근거가 되는 진리。❸행위의 진리가 성립할 수 있는 근본 규범。❹학문의 출발점이어야 할 개념。「하는 면화。

【原綿:원면】 면사 방직의 원료로 사용

【原名:원명】 본디의 이름。本名。

【原命:원명】 본디 타고난 목숨。

【原木:원목】 가공하지 않은 통나무。톱질하지 않은 나무。原木材。

【原文:원문】 =本文。

【原犯:원범】 범죄의 주동자。正犯。

【原法:원법】 일정한 본디의 법칙。

【原本:원본】 ❶근본。『漢書·匡衡傳』此教化之ㅣㅣ。❷근본이 되는 書籍이나 文書。❸事物의 根源。

【原費：원비】 원 비용。 밑천。
【原絲：원사】 가공하지 않은 실。「사진。
【原寫眞：원사진】 복사하지 않은 본디
【原產：원산】 본디 생산된 물건。
【原產物：원산물】 생산지에서 난 물건。
원산지에서 난 물건。
【原產地：원산지】 본디 나는 땅。
【原狀：원상】 근본되는 상태。
【原像：원상】 본래의 形像。 본디의 모습。
【原狀回復：원상회복】 종전의 상태로 회복함。 종전 상태로 돌아감。
【原色：원색】 분해할 수 없으며 여러 가지 빛깔의 바탕이 되는 빛깔。
【原塞：원색】 근원을 틀어 막음。「판。
【原色版：원색판】 원색으로 된 인쇄 제
【原生：원생】 ❶ 자연 그대로 된 것。 ❷ 처음。 근본。 原始。
【原生代：원생대】 《地》 地質 시대의 하나。 太古代의 다음 시대로서 下等 생물의 遺蹟이 발견됨。
【原生動物：원생동물】 《動》동물 중구조가 아주 단순한 동물。 곧 아메바 따위。
【原書：원서】 번역한 책에 대하여 원본이 되는 책。
【原恕：원서】 정상을 동정하여 용서함。
【原雪：원설】 죄를 용서하고 누명을 씻어 줌。『唐書』雖被――、而子孫殆盡。
【原性：원성】 본디의 성질。
【原藪：원수】 들판과 큰 늪。『孔子家語』放牛馬于――。
【原始：원시】 ❶ 시초를 찾음。 ❷ 처음。 시작。 元始。 ❸自然 그대로의 것。
【原始共產體：원시공산체】 토지를 共有하고 계급의 분열이 없었다고 생각되는 인류 최초의 사회 제도。
【原始林：원시림】 자연 그대로의 상대로 무성한 삼림。 原生林。 始原林。
【原始生活：원시생활】 미개 야만의 원시 서대의 생활。
【原始時代：원시시대】 《歷》 사람이 처음 지구상에 나타난 미개 야만이던 시대。
【原始要終：원시요종】 일의 시작을 깊이 窮究하고 일의 마지막을 잘 알아 차림。『易·繫辭』易之爲書也、――以爲質也。
【原始人：원시인】 원시 시대 사람。
【原始的：원시적】 ❶원시 그대로인 것。 ❷자연 그대로인 것。 ❸유치한 것。
【原食口：원식구】 본디 식구。
【原案：원안】 회의에 건 처음의 안。 본디의 안。 ↕修正案。
【原野：원야】 들판。『杜甫』始喜――闊。
【原語：원어】 번역하거나 고쳐 지었거나 한 말의 본디의 말。
【原位：원위】 본디의 지위。
【原由：원유】 =原因。
【原油：원유】 땅 속에서 천연으로 산출된 그대로의 鑛油。 이를 증류하여 휘발유·등유·중유 따위를 얻음。
【原宥：원유】 죄를 가볍게 해 주거나 용서해 주는 것。『後漢書』請加――。
【原意：원의】 ❶근본의 의사。 ❷=原義。
【原義：원의】 근본의 뜻。 原意。
【原因：원인】 일의 말미암은 까닭。
【原任：원임】 ❶前官。 ❷본디의 벼슬。
【原子：원자】 《物》 물질을 점점 작게 나눌 때 어떠한 물리적·화학적 방법에 의해서도 더 나눌 수 없다고 생각되는 극히 微細한 粒子。
【原子記號：원자기호】 원자의 종류를 「나타내는 기호。
【原子量：원자량】 《化》산소 원자 한 개의 質量을 一六이라 하고、다른 원소의 각 원자의 질량을 이에 비교하여 정한 상대적 원자의 질량。
【原子力：원자력】 《物》原子核의 核反應作用에 의하여 放出되는 에네르기。
【原子爐：원자로】 《物》燃料의 原子核들이 中性子의 힘으로 分裂되어、하나의 連鎖反應을 일으키며 이로써 막대한 熱의 에네르기를 방출시키는 爐。
【原子說：원자설】 《物》B.C.五〇〇～四〇〇경에 그리이스 철학자 데모크리투스(Democritus)에 의해 비롯된 설。 우주만물은 극히 작아 육안으로 볼 수 없는 粒子、곧 원자로 이루어져 있다는 설。
【原子彈：원자탄】 원자핵의 分裂에 의하여 생기는 몹시 큰 에네르기를 이용한 위력이 큰 폭탄。 原子爆彈。
【原子砲：원자포】 《軍》원자핵 분열에 의한 에네르기를 이용한 대포의 하나。「體。
【原子核：원자핵】 《物》원자구조의 中心
【原作：원작】 본디의 著作。 또는 製作。 번역·개작에 대한 原著作。
【原蠶：원잠】 原蠶種을 만들기 위하여 계통을 바르게 한 누에。
【原蠶蛾：원잠아】 《動》누에나비。
【原著：원저】 =原作。 原著作。 「本籍。
【原籍：원적】 《法》❶轉籍 전의 본적。 ❷
【原田：원전】 들판과 밭。 「❷原書。
【原典：원전】 ❶기준이 되는 본디의 것。
【原點：원점】 ❶운동이 시작되는 점。 起點。 ❷거리나 그 밖의 여러 가지 量을 측정하는 기준이 되는 점。 零點。
【原情：원정】 사정을 하소연함。
【原種：원종】 원 종자。 개량되지 않은 종자。 원산지에서 난 종자。
【原罪：원죄】 《宗》기독교에서 인류의 조상인 아담과 이브가 禁斷의 열매를 따 먹은 결과 인간이 날 때부터 가지고 있다는 「죄。
【原主：원주】 본디의 임자。
【原註：원주】 본래의 주석이나 주해。
【原住：원주】 ❶본디부터 살고 있음。 ❷原住所의 略語。
【原住民：원주민】 본디부터 살고 있던 사람들。 ↕移住民。
【原紙：원지】 ❶ 등사판 원판에 쓰는 초먹인 종이。 ❷格皮로 만든 두터운 종이。
【原質：원질】 밑바탕이 되는 물질。
【原泉：원천】 ❶샘의 원 줄기。 源泉。 ❷事物의 根源。
【原則：원칙】 많은 현상에 공통되는 규칙。 ↕例外。
【原則的：원칙적】 기초가 되는 것。 근본이 되는 것。 예외가 없는 것。 ↕例外的。
【原版：원판】 ❶근본이 되는 印刷版。 ❷「初版。
【原判決：원판결】 《法》原裁判의 판결。
【原爆：원폭】 原子爆彈의 略語。
【原品：원품】 본디의 물건。
【原型：원형】 제작물의 근본이 되는 거푸집 또는 본보기。
【原形：원형】 본디의 형상。
【原形質：원형질】 《生》생물체의 기초 물질。 細胞質과 核을 이루고 있는 물질인데、이에 의하여 생명 현상이 행하여짐。 細胞質의 옛 일컬음。
【原戶：원호】 호적에 있는 집의 한 단위。
【原毁：원훼】 헐담하는 근원을 찾음。
◎高―、九―、病―、雪―、中―、草―、平―。

九 畫

【厠】 (칙)(치) 『廁』(广部9畫)와 같음

【𠩺】 (리) 攴 リ、チ、さく split 小篆 쪼갤리、벌일리(坼也)。

十 畫

【厥】 ㊀(궐) 月 ケツ、クツ、それ the ㊁(굴) 物 ㄐㄩㄝˊ 小篆 草書 ㊀ ❶ 그 궐、그것 궐(其也、助辭)。【書經大禹謨】允

執ㅣ中。❷짧을궐(短也)。❸절할궐(頓也)。〔漢書 諸侯王表〕漢諸侯王、ㅣ角稽首。(『撅』과 통함) 三나라이름궐(蕃國、突ㅣ)。
【厥角:궐각】❶이마를 땅에 대고 절을 함。(角은 이마)。厥角稽首를 보라。❷무서워서 어찌 할 줄 모르는 모양。若崩厥角을 보라。
【厥角稽首:궐각계수】이마를 땅에 대고 最大의 敬禮를 함。『孟子·盡心下』若崩——。
【厥女:궐녀】《國》그 여자。그녀。
【厥冷:궐랭】《醫》體溫이 식을 때 생기는 모든 病症。
【厥明:궐명】❶未明。『正子通』明、周禮、——獻賢能、云云。❷그 다음 날。『注』厥、其也、其賓之明日也。
【厥尾:궐미】짧은 꼬리。또는 꼬리 짧은 개。『中山詩話』今人呼禿尾狗爲ㅣㅣ。
【厥心痛:궐심통】《醫》마음이 흥분되어 일어나는 가슴앓이。『難經』五藏氣相干、名——。
【厥逆:궐역】《醫》寒疾。『釋名·釋疾病』ㅣㅣ、氣從下厥起、上行入心脅也。
【厥弛:궐이】動搖하는 모양。『漢書·李尋傳』熒惑ㅣㅣ。『注』張晏曰、ㅣㅣ、動搖貌。
【厥者:궐자】《國》그 사람。「그」를 좀 홀하게 쓰는 말。厥公。厥也。
【厥初:궐초】始作。最初。『詩經·大雅』ㅣㅣ生民、時維姜 。
【厥後:궐후】그 이후。

【厤】(력)『曆』(12日部 畫)의 古字

【⿸厂盍】一(갑) 合 コウ、オウ、くずれる 二(압) 合 break (down)
一❶부스러질갑(碎也)。❷무너질갑(崩也)。❸산옆구멍갑(山旁穴)。三뜻은 一과 같음。

【厦】(하)『廈』(10广部 畫)와 같음

【厨】(주)『廚』(12广部 畫)와 같음

十一畫

【厩】(구)『廏』(11广部 部)의 俗字

【厪】(근) 震 キン、わずか barely
草書 ❶겨우근(僅也)。〔漢書 鄒陽傳〕ㅣ脫死。❷적을근(少也)。
(『僅』과 같음)
【厪厪:근근】아주 적음。僅僅。『史記』。

十二畫

【⿸厂異】一(시) 紙 シ、ヨク、するどい 二(이) 紙 sharp-angled 三(익) 職 (of stone)
小篆 一돌모서리 뾰족할시(石稜隅銳貌)。二三뜻은 一과 같음。

【厬】(궤) 紙 キ、みずがかれる dry; drained
小篆 물마를궤(涸也)。

【厭】一(염) 鹽 エン、あきる 二(엽) 琰 unwilling ;dislike 三(암) 感 ㄧㄢˋ yen⁴ 四(엽) 葉
小篆 草書 一❶편할염(安也)。〔詩經 小雅湛露〕ㅣㅣ夜飮。ㅣ上帝之心。三❶미워할염(惡也)。❷만족할염(足也)。〔漢書 王莽傳〕克〔中庸〕近之則不ㅣ。❷싫을염。❸넉넉할염(足也)。〔詩經 周頌載芟〕ㅣㅣ其苗。❹찰염(滿也)。❺아름다울염。❻게으를염(倦也)。三❶빠질암(沈溺)。〔莊子 逍遙遊〕其ㅣ也如緘。❷막힐암(閉也)。❸검붉을암。四❶제사할엽(禳也)。〔史記 高祖紀〕因東游以ㅣ之。❷도울엽(合也)。〔國語 周語〕克ㅣ帝心。❸덜엽(損也)。〔左傳 文公二年〕書曰及晋處父盟以ㅣ之也。❹누를엽(鎭壓)。〔左傳 昭公二十六年〕將以ㅣ衆。❺축축할엽(濕意)。〔詩經〕ㅣ浥行露。❻마를엽(乾也)。〔十八史略 五帝〕月小盡則一葉ㅣ而不落。❼괴로울엽(疲也)。〔論語 述而〕學而不ㅣ、誨人不倦。❽끊을엽(絕也)。〔論語 雍也〕天ㅣ之。❾엽신여길엽。〔中庸〕衽金革死而不ㅣ。❿가까워질엽(近迫)。〔國語 晋語〕荆ㅣ晋軍。⓫나쁜 꿈꿀엽(惡夢)。⓬숨길엽(藏也)。〔荀子 解蔽〕ㅣ目而視者、視一以爲兩。
【厭苦:염고】싫어하고 괴롭게 여김。
【厭忌:염기】싫어하고 꺼림。
【厭當:염당】기도。神에게 주문을 읽어 災禍를 막음。
【厭離穢土:염리예토】번뇌로 더럽혀진 속세가 싫어져서 떠나 버림。
【厭副:염부】마음에 만족함。마음에 흡족함。『蔡邕』ㅣㅣ我心。「ㅣ衆心。」
【厭塞:염색】가득 차 넘침。『後漢書』ㅣ
【厭世:염세】세상이 귀찮음。人生이 싫어짐。『莊子』千歲ㅣㅣ、去而上僊。
【厭世觀:염세관】❶=厭世主義。❷세상이 싫어져 삶의 보람을 느끼지 않고 이를 부정하는 인생관。
【厭世自殺:염세자살】세상이나 인생을 비관하여 스스로 목숨을 끊는 것。
【厭世主義:염세주의】이 세상은 괴로움이 많고 가장 악한 것으로 보는 주의。페시미즘(pessimism)。↔樂天主義。
【厭世症:염세증】인생이 싫어지고、귀찮기만 한 증세。
【厭飫:염어】흡족한 것。《轉》남을 업신여김。지긋지긋함。
【厭然:①염연②암연】❶순순히 복종하는 모양。❷숨기는 모양。隱蔽。『荀子』天下ㅣㅣ。
【厭厭:염염】❶편하고 고요한 모양。『詩·湛露』ㅣㅣ夜飮。❷왕성한 모양。『詩·載芟』ㅣㅣ其苗。
【厭惡:염오】싫어하고 미워함。嫌惡。
【厭浥:염읍】젖는 모양。
【厭足:염족】흔하고 넉넉함。
【厭縱:염종】만족해서 제 멋대로 함。
【厭症:염증】싫증。
【厭避:염피】마음에 꺼려서 피함。
【厭旦:엽단】날이 샐 무렵。未明。『荀子·儒效注』厭、掩也、夜掩於旦、謂未己前也。
【厭躡:엽섭】겹겹이 쌓여서 빽빽함。『潘岳·射雉賦』。

【厮】(시) 支 シ、わける manage
❶부릴시(使也)。❷마부시(僕也)。〔史記 蘇秦傳〕ㅣ徒十萬。❸나눌시(分也)。〔史記 河渠書〕乃ㅣ二渠以引其河。
(『斯』와 같음)

十三畫

【㕒】(의) 微 ギ、やまのいただき mountain ridge
小篆 산마루의、산꼭대기의(山巓、厜ㅣ)。

【㵟】(벽) 錫 ヘキ、いやしい sordid
小篆 ❶더러울벽(陋也)。❷기울어질벽(仄也)。

【㶕】(엄) 琰 カン、がけがけわしい slope
小篆 언덕비탈엄(厓岸危貌)。

【厲】(려) 霽 レイ、ライ、とぐ、みがく whet
小篆 小篆 或體 草書 ㄌㄧˋ lì ❶갈려(磨也)。〔荀子 性惡〕鈍金必將待礱ㅣ然後利。❷엄할려(嚴也)。〔論語 子張〕聽其言也ㅣ。❸위태할려(危也)。〔易經 乾卦〕ㅣ无咎。❹지을려(作也)。〔穀梁傳〕始ㅣ樂矣。❺사나울려(虐也)。〔孟子〕ㅣ民以自養。❻권할려(勸勉)。〔漢書〕以ㅣ賢才。❼질병려(疫也)。〔左傳 昭公七年〕子産曰、鬼有所歸、乃不爲ㅣ。❽띠를드리울려(帶垂)。〔詩經 小雅都人士〕垂帶而ㅣ。❾옷 입고 물을건늘려(以衣涉水)。〔詩經〕深則ㅣ。❿병들려(病也)。〔史記 嚴安傳〕民不夭ㅣ。⓫낭떠러지려(涯也)。(『礪·勵·癘』와 통함)

【厲階:여계】 재해를 받을 빌미。

【厲鬼:여귀】 ❶제사를 못 받는 귀신。❷못된 돌림병에 죽은 귀신。

【厲民:여민】 백성을 몹시 가혹하게 다스림。虐民。

【厲色:여색】 노기를 띰。〔漢書〕盱衡ㅣ色、振揚武怒。

【厲聲:여성】 ❶성난 목소리。❷성이 나서 목소리를 높임。〔宋史〕ㅣㅣ折之曰、懦語沮軍、可斬也。

【厲世摩鈍:여세마둔】 재주를 닦아 세상에 그 이름을 떨치고 일어남。

十二畫

【歷】(력) → 止部 12畫

【曆】(력) → 日部 12畫

十五畫

【嚴】(엄) 『嚴』(口部 17畫)의 略字

【壓】(압) → 土部 14畫

厶 部

【厶】(사) 支 シ、わたくし myself
小篆 草書 ㄙ sū ❶사사사(自營)。❷나사(我也)。(『私』의 古字)

二 畫

【厷】(굉) 蒸 コウ、かいな round
小篆 古文 ❶둥글굉(圜也)。❷팔뚝굉(臂上一節)。(『肱』의 古字)

【厸】(린) 『鄰』(邑部 12畫)의 古字

【厹】(구) 尤 キュウ、やり spear
小篆 草書 ❶세모난창구(三隅矛)。〔詩〕ㅣ矛鋈錞。❷기승부릴구(氣高)。❸짐승의 발자국구

【厹矛:구모】 날이 세모 난 창。〔詩經 秦風〕ㅣㅣ鋈錞。〔傳〕ㅣ、三隅矛也。(獸跡)。(『九』와 같음)

三 畫

【公】(공) → 八部 2畫

【勾】(귀) → 勹部 2畫

【云】(운) → 二部 2畫

【允】(윤) → 儿部 2畫

【厺】(거) 『去』(厶部 3畫)의 本字

【去】㊀(거) 御 ㊁(거) 語 キョ、さる ㄑㄩˋ chü⁴
小篆 草書 ㊀❶갈거(離也、行也)。〔史記〕汲黯廉之不ㅣ。❷버릴거(棄也)。〔後漢書〕人所畔者天所ㅣ。❸오래될거(時隔)。〔孟子萬章上〕舜禹益相ㅣ久遠。❹떨어질거(距也)。〔王朗與文休書〕相ㅣ數千里時聞消息於風聲。❺도망할거(亡也)。〔十八史略 春秋戰國吳〕越既滅吳范蠡ㅣ之。❻내쫓을거(放逐)。〔小學明倫〕不順父母ㅣ。❼예전거(過時)。「過ㅣ、生前、前世」。❽지나갈거(通過)。㊁❶덜거(除也)。〔論語鄕黨〕ㅣ喪無所不佩。❷감출거(藏也)。〔漢書〕蘇武掘野鼠ㅣ草實而食之。(「弆」와 같음)

【去苛:거가】 가혹한 政令을 없애 버림。

【去殼:거각】 껍데기를 벗겨 버림。

【去去:거거】 ❶빨리 가라고 재촉하는 말。❷세월이 머무르지 않고 흘러감。

【去去年:거거년】 재작년。지지난 해。

【去去番:거거번】 지지난 번。

【去去月:거거월】 전전 달。지지난 달

【去去益甚:거거익심】 차차 갈수록 점점 더 심함。去益甚焉。

【去根:거근】 ❶뿌리를 없애 버림。❷병 등의 근원을 없애 버림。❸근심의 근원을 없애 버림。

【去冷:거냉】 좀 데워서 찬 기운을 없앰。

【去毒:거독】 약의 독기를 없앰。

【去多:거동】 지난해 겨울。昨年 겨울。

【去頭:거두】 머리를 잘라 없앰。

【去頭截尾:거두절미】 ❶머리와 꼬리를 잘라 버림。❷앞뒤의 잔 사설은 빼놓고 요점만 말함。

【去來:거래】 돈이나 물건을 서로 꾸고 갚거나 주고 받고 함。상거래의 하나。

【去來今:거래금】 (佛) 과거·미래·현재의 略稱。〔圓覺經〕無起無滅、ㅡ。

【去留:거류】 가는 것과 머무르는 것。(轉) 일의 성공과 실패。〔史記〕今吾事之ㅣㅣ在張君。

【去文:거문】 돈 거래에 있어서 남에게 준 돈。지출한 돈。

【去白:거백】 (醫) 귤 껍질 따위의 안 바닥의 흰부분을 긁어 버림。「모함。

【去思:거사】 지나간 뒤에 그 사람을 사

【去姓:거성】 (國) 大逆罪를 범한 사람은 일컫을 때 그 姓은 빼고 이름만을 일컫음。

【去聲:거성】 漢字 四聲中의 하나。送、宋、絳、寘、未、御、遇、霽、泰、卦、隊、震、問、願、翰、諫、霰、嘯、效、號、箇、禡、漾、敬、徑、宥、沁、勘、豔、陷의 三〇韻으로 나누어짐。이에 속하는 字는 다 仄字임。

【去勢:거세】 ❶세력을 제거함。❷수컷의 불알 또는 암컷의 난소를 제거하는 것。

【去歲:거세】지난해。上年。去年。〔韋應物〕ㅡㅡ出京師。
【去心:거심】(醫)약재로 쓰기 위하여 약초의 줄기나 뿌리의 심을 빼어 버림。
【去惡生新:거악생신】종기의 궂은살을 없애고 새살이 나오게 함。
【去夜:거야】지난 밤。간밤。昨夜。
【去益甚焉:거익심언】갈수록 더욱 심함。去去益甚。
【去滓:거재】(國)물건의 찌끼를 추려 버림。
【去處:거처】간 곳이나 갈 곳。
【去尖:거첨】(醫)약에 쓰려고 桃仁·杏仁 따위의 뾰족한 끝을 잘라 버림。
【去秋:거추】작년 가을。지난 가을。
【去春:거춘】작년 봄。지난 봄。〔白居易〕ㅡㅡ已稀少、今春漸無多。
【去取:거취】버리는 것과 쓰는 것。取捨。〔史記〕有司商推ㅡㅡ。
【去就:거취】가는 것과 나가는 것。(轉)出處·進退 등의 뜻으로 씀。〔史記〕同生死、輕ㅡㅡ。
【去貝:거패】木棉。
【去弊:거폐】폐해를 없앰。
【去弊生弊:거폐생폐】폐해를 없애려다가 도리어 딴 폐해가 생김。
【去皮:거피】(國)껍질을 벗기어 버림。
【去皮立本:거피입본】(國)병든 소를 잡아 그 가죽을 팔아서 송아지를 삼。
【去夏:거하】작년 여름。지난 여름。
【去核:거해⇨거핵】❶씨를 뽑아 제품된 솜。❷과실의 씨를 뽑아 버림。
◎過ㅡ、辭ㅡ、死ㅡ、逝ㅡ、除ㅡ、撤ㅡ、退ㅡ、薨ㅡ。

【台】(대)(태)(이)→口部2畫

【弁】(변)(반)→廾部2畫

【弘】(홍)→弓部2畫

四畫

【厽】㊀(뤼) 紙 ルイ、サン、つちかべをつくる ㊁(참) 覃 wall about by heaping up earth 小篆 ㊀흙을 쌓아서 담쌓뤼(積土而牆壁)。㊁『參』과 같음。

五畫

【牟】(모)→牛部2畫

【帝】(제)『帝』(巾部6畫)의 古字

【矣】(의)→矢部2畫

【私】(사)→禾部2畫

六畫

【參】(삼)『參』(ㅿ部9畫)의 略字

七畫

【怠】(태)→心部5畫

八畫

【能】(능)→肉部6畫

九畫

【羑】(유) 有 ユウ、ユ、すすめる lead 小篆 或體 或體 古文 ❶꾀일유、권유할유(誘也)。❷인도할유(導也)。(『誘』와 같음)

【參】㊀(삼) 覃 サン、シン、みつ、まじわる ㊁(참) 覃 three; participation ㊂(심) 侵 ㄙㄢ san¹ ㄘㄢ 小篆 或體 草書 ㊀셋삼、석삼(數名、三也)。〔易繫辭〕ㅡ伍以變。㊁❶참여할참(間厠干與)。「如ㅡ謀、ㅡ議、ㅡ乘」。❷보일참(謁也)。「如ㅡ謁、ㅡ見」。❸북장단참(鼓曲)。❹빽빽이 들어설참(叢立)。〔束晳補亡詩〕ㅡㅡ其穡。❺층날참、가지런하지 않을참(不齊)。〔詩〕ㅡㅡ荇菜。❻긴모양참(長貌)。〔張衡思玄賦〕長金佩之ㅡㅡ。(『摻』과 같음) ㊂❶삼심(藥名)。❷별이름심(星名)。
【參加:참가】❶어떠한 모임이나 단체에 참여함。❷정한 인원 밖에 더 들어감。❸어떤 법률 관계에 당사자 이외의 제삼자가 가입하는 것。
【參加人:참가인】❶(法)민사 소송법상 타인간에 繫屬된 소송에 참가하는 제삼자。❷(經)수형법상 參加引受、참가 지불을 하는 사람。
【參看:참간】=參觀。
【參檢:참검】서로 비교하여 생각함。〔漢書〕以相ㅡㅡ。
【參見:참견】❶남의 일에 간섭함。❷=參觀。
【參考:참고】살펴서 생각함。참조하여 생각함。〔魏志·註〕ㅡ衆家。
【參考書:참고서】참고로 삼는 서적。
【參考品:참고품】참고로 삼는 물건。
【參管:참관】참여하여 관장함。參掌。
【參觀:참관】참가하여 봄。어떤 곳에 가서 보는 것。參看。
【參究:참구】❶참고하여 연구함。❷(佛)禪에 참예하여 진리를 연구함。
【參列:참렬】행렬에 참여함。〔戰國策〕守亭障者ㅡㅡ。
【參領:참령】(制)❶淸代 八旗의 武官。都統의 명령을 佐領에 전하는 임무를 맡아 보았음。❷李朝 末 武官 將校 계급의 하나。副領의 다음、領官의 맨 아래로 大隊長級이었음。
【參禮:참례】예식에 참가하여 예배하거나 봄。
【參謀:참모】❶謀議에 참여하는 일。또는 그 중심 인물。❷作戰·用兵 등의 계획과 지도를 맡아 보는 장교。
【參謀部:참모부】(制)❶李朝末 國防·用兵의 사무를 맡았던 관청。光武 八년에 베풀었다가 이듬해에 參謀局으로 고쳐서 軍部에 붙이었음。❷參謀에 관한 직무를 맡아 보던 軍部。
【參謀長:참모장】❶(制)李朝末 교육부의 한 벼슬。❷幕僚 참모 장교를 統率하여 참모에 관한 사무를 맡아 보는 군직。
【參謀總長:참모총장】(軍)참모 본부의 으뜸 軍職。
【參班:참반】班列에 참여함。
【參榜:참방】科擧의 榜目에 자기 성명이 끼어 실림。科擧에 붙는 일。
【參拜:참배】神이나 부처에게 배례함。
【參奉:참봉】(制)李朝 때 각 陵·園·宗親府·敦寧府·奉常寺·司饔院·內醫院·軍器寺 등과 기타 여러 관청에 속하던 從九品 벼슬。
【參事:참사】어떠한 일에 참여함。
【參祀:참사】제사에 참례함。
【參恕:참서】정상을 참작하여 용서함。
【參席:참석】모임의 자리에 참여함。
【參涉:참섭】남의 일에 참견하여 아는 체함。
【參神:참신】神主에 참배함。
【參審制:참심제】(法)선거 또는 추첨으로써 국민 가운데서 선출된 참심원이 직업적 법관과 같이 합의체를 구성하여

재판하는 제도。
【參謁:참알】찾아 뵘。宮中에 들어가서 임금을 뵘。
【參與:참여】참가하여 관계함。 의논에 가담함。參貳。參預。
【參預:참예】=參與。
【參詣:참예】神이나 부처에게 나아가 뵘。
【參尉:참위】(制)李朝末 武官 將校 계급의 하나。副尉의 아래로、尉官의 최하 계급임。
【參議:참의】❶大政에 참여하여 의논함。또는 그의 벼슬 이름。❷(制)李朝 때 六曹의 正三品 벼슬。
【參貳:참이】=參與。【范仲淹】予一一國政。
【參酌:참작】서로 비교하고 참고하여 알맞은 方法을 가림。參量。
【參戰:참전】전쟁에 참가함。
【參政:참정】❶정사에 참여함。❷(制)李朝末 議政府의 한 벼슬。
【參政權:참정권】(法)정치에 참여하는 권리。선거권·피선거권·공무원이 되는 권리·공무원 파면권 따위가 있으나、선거권이 그 대표적임。
【參照:참조】참고로 대어 봄。
【參綜:참종】참여하여 종합함。참여하여 다스림。【晉書】一一朝權。
【參佐:참좌】속관。下僚。【魏志】歸功一一。
【參證:참증】참고가 될 증거。
【參集:참집】모여 들음。參會。
【參錯:참착】서로 얽힘。고르지 못함。
【參纂:참찬】參考하여 편찬함。【唐書】詔秘書內省一一。
【參贊:참찬】❶참여하여 도움。❷(制)㉠清代에 外蒙古 新疆 地方에 두었던 將軍의 보좌관。㉡東三省 西藏에 두었던 總督。辦事大臣의 副官。㉢外國 公使館에 파견된 公使의 보좌관。㉣李朝 때 議政府의 한 벼슬。
【參參:참참】㉠긴 모양。㉡가지런하지 아니한 모양。㉢빽빽하게 섰는 모양。
【參天:참천】공중에 높이 솟아 늘어섬。
【參聽:참청】참석하여 들음。
【參差:참치】❶가지런하지 아니함。【詩·關雎】。❷연이은 모양。❸흩어진 모양。
【參差不齊:참치부제】길고 짧거나 또는 서로 드나들어서 가지런하지 않음。
【參判:참판】(制)李朝 六曹에 속하였던 從二品 벼슬。亞堂。
【參賀:참하】宮中에 들어가 축하의 뜻을 표시함。
【參驗:참험】참고하여 조사함。【韓非子】因一一而審言辭。
【參互:참호】이리 저리 섞이어 있는 것。交互。
【參和:참화】❶서로 화합함。❷恤·正·直을 다 갖춤。
【參會:참회】모임에 참여함。
【參畫:참획】計畫에 참여함。關係하여 計畫하는 것。參議。參謀。【左傳】恤民爲德、正直爲正、正曲爲直。一一爲仁。
【參候:참후】가서 안부를 알아 봄。가서 소식을 알아 봄。【後漢書】遣人一一、果如其言。
◎古一、不一、新一、人一、持一、遲一。

十畫

【叅】(참) 覃 サン、まじわる participation
草書
참여할참、낄참(一伍、與也)。(『參』과 같음)

十三畫

【㕙】(준) 眞 シュン、ずるいうさぎ clever rabbit
小篆 草書
약은토끼준(狡兎)。【戰國策】東郭一 天下之狡兎也。

又 部

【又】(우) 宥 ユウ、ウ、また and
小篆 草書
❶또우(更也)。【史記 孔子世家】他日一復問政於孔子。❷용서할우(宥也)。【禮記王制】王三一然後制刑。❸다시우(復也)。【詩經】天命不一。(『宥』와 통함)
【又賴:우뢰】依賴받은 사람이 또 다른 사람에게 依賴함。
【又生一秦:우생일진】이미 秦이라는 强敵이 있는데、또 하나의 새로운 敵을 더 늘임。스스로 새로운 敵을 늘이는 것을 말함。【史記·張耳傳】。
【又重之:우중지】더우기。
【又況:우황】하물며。

一畫

【叉】㊀(차) 麻 ㊁(차) 佳 サ、ふたまた crotched ㄔㄚ ch'a¹
小篆 草書
㊀❶손길잡을차(手指錯交)。【柳宗元詩】逢人手盡一。❷귀신이름차(夜一)。㊁❶가닥진비녀차(婦人歧笄)。❷가장귀차、양갈래차(兩枝)。(『釵』와 같음)
【叉路:차로】두 갈래로 갈려진 길。交叉路。
【叉手:차수】두 손을 어긋매껴 마주 잡음。
【叉乘:차승】산가지를 써서 하는 乘法。
【叉牙:차아】❶이가 빠진 모양。❷갈려 정리되지 않은 모양。【韓愈】一一妨食物。
【叉枒:차아】줄기에서 벋어 나간 곁가지。
【叉鬟:차환】(制)주인 가까이 모시는 젊은 여자 종。

二畫

【㕚】(조) 巧 サ、シャ、ゆびをくむ back of a hand and the instep
小篆
❶손발등조(手足之甲)。❷『爪』의 古字。

【及】(급) 緝 キュウ、およぶ reach ㄐㄧˊ chi²
小篆 古文 古文 草書
❶미칠급(逮也)。【論語顔淵】駟不一舌。❷미쳐갈급(覃被)。【詩】覃一鬼方。❸죄미칠급(連累)。【左傳】長惡不悛從自一也。❹및급、과(와)급(兼詞)。❺찰급(滿也)。【孟子梁惠王】予一汝偕亡。❻때가올급(時來)。【論語先進】過猶不一。【十八史略西漢】一壯爲泗上亭長。❼더불어급(與也)。【詩經大雅棫樸】周王于邁六師一之。❽같을급(如也)。
【及其時:급기시】그 때에 다달아。
【及其也:급기야】필경에는。
【及落:급락】급제와 낙제。
【及門:급문】배우기 위하여 문 앞에까지 온다는 뜻。(轉)門下生。弟子가 됨。【儀禮】比一一三辭。
【及第:급제】科擧에 합격함。시험에 합격함。登第。↔落第。【唐書】擧明經一一。

【友】(우) 有 ユウ、とも friend ㄧㄡˇ yu³
小篆 古文 古文 草書
❶벗우、친구우(同志

相交。〔論語季氏〕ㅡ直ㅡ諒ㅡ多聞益矣。❷우애우(善於兄弟)。〔書〕惟孝ㅡ于兄弟。❸합할우(合也)。〔司馬光潛虛〕天地相ㅡ萬彙以生。

【友道:우도】 친구와 사귀는 도리。

【友邦:우방】 =友邦國。〔書經〕我ㅡㅡ冢君。

【友邦國:우방국】 가까이 사귀는 나라。友邦。

【友輩:우배】 친구들。

【友壻:우서】 男同壻。〔漢書〕家貧爲ㅡㅡ富人所厚。

【友愛:우애】 ❶형제간의 情愛。❷벗 사이의 情分。

【友愛心:우애심】 형제간의 두터운 애정。 형제간이 서로 사랑하고 위하는 마음。

【友于:우우】 형제의 사이가 좋은 것。〔陶潛〕一欣侍溫顔、二喜見ㅡㅡ。

【友誼:우의】 친구간의 정의。友情。

【友人:우인】 벗。友生。

【友情:우정】 =友誼。

【友好:우호】 ❶형제。친구의 사이가 좋은 것。❷나라와 나라 사이가 좋은 것。

【友好的:우호적】 사람 또는 나라 사이가 친한 것。우의가 깊은 것。

【友好條約:우호조약】 나라와 나라사이에 우의를 지키기 위하여 맺는 조약。

◎故ㅡ、交ㅡ、校ㅡ、敎ㅡ、舊ㅡ、級ㅡ、盟ㅡ、朋ㅡ、死ㅡ、四ㅡ、師ㅡ、社ㅡ、詩ㅡ、良ㅡ、畏ㅡ、益ㅡ、知ㅡ、諍ㅡ、親ㅡ、學ㅡ、鄕ㅡ、賢ㅡ、好ㅡ。

【𠬜】 (반) 刪 ハン、ひく draw

小篆

끌반(引也)。

【𠬝】 (복) 屋 フク、おさめる govern

❶일할복(以手治事)。❷다스릴복(治也)。

【双】 (쌍)『雙』(隹部10畫)의 俗字

【収】 (수)『收』(支部2畫)의 俗字

【反】 ㈠(반) 阮 ハン、ヘン、
㈡(반) 刪 かえる、そむく opposition
㈢(번) 願 ㄈㄢˇ fan³

小篆 古文 草書

㈠❶돌이킬반(正之對)。〔史記仲尼弟子傳注〕正與家語相ㅡ。❷엎을반、덮을반(覆也)。〔孟子〕以齊王由ㅡ手也。❸배반할반(叛也)。「如謀ㅡ、ㅡ對之類」。〔大學〕其所令ㅡ其所好而民不從。❹돌아올반(還也)。〔漢書〕使者五ㅡ。❺제법반(果也)。〔朱熹 中庸章句序〕若吾夫子云云、其功ㅡ有賢於堯舜者。❻그런데반。〔十八史略 春秋戰國趙〕知伯滅之 子不爲報讐、ㅡ委質於知伯。❼돌아볼반(內省)。〔孟子 公孫丑上〕自ㅡ而不縮。❽생각할반(思考)。〔論語 述而〕擧一隅、不以三隅ㅡ。㈡듬직할반、진중할반(愼重)。〔詩〕威儀ㅡㅡ。㈢뒤칠번、이치에뒤칠번(平ㅡ理枉)。(〔飜〕과 통함)

【反感:반감】 ❶반대의 뜻을 가진 감정。❷노여운 감정。

【反擊:반격】 쳐들어 오는 적군을 도리어 침。

【反經:반경】 ❶仁·義·禮·智의 常道에 돌아옴。〔孟子·盡心〕君子ㅡㅡ而已矣。❷常道에 어긋남。

【反顧:반고】 뒤를 되돌아 봄。(轉)집을 그리워 함。되돌아가고 싶은 생각。〔後漢書〕燒屋室、絶其ㅡㅡ之望。

【反共:반공】 (社)공산주의에 반대함。

【反攻:반공】 守勢에 있던 자가 반대로 공세로 나가서 침。

【反求:반구】 어떤 行爲의 結果에 대하여 자기 자신을 돌이켜 보아 그 原因을 求함。자책。反省。〔中庸〕射有似乎君子、失諸正鵠、ㅡㅡ諸其身。

【反國家的:반국가적】 국가의 방침、시책에 반대하는 것。

【反錦:반금】 남이 가져 온 물건을 되돌려 보냄。反賻。〔左傳〕叔向受羹、ㅡㅡ。

【反旗:반기】 ❶반란을 일으킨 사람들이 든 기。❷반대 의사를 가지는 행동。

【反黨:반당】 당원이면서 당의 결정을 어기고 독자적으로 행동함。

【反對:반대】 ❶사물이 아주 맞서서 다름。❷남의 말이나 의견을 찬성하지 않고 뒤집어 거스림。

【反對黨:반대당】 반대 처지에 있는 政黨。여당에 대한 야당 같은 것。

【反對論:반대론】 반대되는 논설。

【反對名辭:반대명사】 반대 개념의 언론적 표현。

【反對色:반대색】 서로 반대되는 빛깔。靑과 紫、橙과 黃、赤과 綠 따위。

【反對說:반대설】 ❶반대의 뜻을 나타내는 말。❷반대되는 학설。

【反對訊問:반대신문】 證人訊問 방식의 하나。증인을 불러온 당사자가 그 증인을 신문한 후、그 신문에서의 증언의 신용 정도를 吟味하고、또 그 증인으로부터 자기에게 有利한 증언을 얻기 위하여 반대 쪽 當事者가 행하는 신문。

【反對派:반대파】 반대되는 입장에 있는 파。

【反動:반동】 ❶어떤 쪽으로 힘이 작용할 때 그 作用點에서 반대 쪽으로부터의 꼭 같은 크기의 힘을 받는 일。❷어떤 動作이나 세력에 대하여 반대로 일어나는 動作이나 세력。

【反動力:반동력】 ❶반동으로 일어나는 힘。❷반동하는 힘。

【反動主義:반동주의】 舊習이나 傳統을 고집하는 극단적인 保守主義。

【反亂:반란】 背叛하여 일으킨 난리。叛亂。

【反戾:반려】 잘못되어 돌아옴。되돌려 줌。返還。

【反論:반론】 애초에 좇던 色論을 배반하고 다른 색론을 좇음。

【反面:반면】 ❶반대되는 쪽。어떠한 다른 방면。❷어디를 갔다가 돌아와서 그 어버이께 뵘。

【反目:반목】 서로 못 사귀어 미워함。사이가 좋지 않음。

【反目嫉視:반목질시】 서로 미워하고 질투하는 눈으로 봄。

【反問:반문】 질문에 답하지 않고 도리어 물음。되받아 물음。

【反民:반민】 民族에 反逆함。

【反民主:반민주】 민주주의에 거역함。

【反駁:반박】 남의 의견을 반대하여 공격함。

【反反:반반】 신중한 모양。조심성 있는 태도。

【反撥:반발】 ❶되받아 튕김。❷남의 행위·의사 등에 대하여 反對하는 것。

【反撥力:반발력】 되받아서 튕기는 힘。

【反復:반복】 같은 일을 되풀이함。〔易經〕ㅡㅡ其道、七日來復。

【反覆:반복】 ❶같은 일을 되풀이함。❷往復함。❸항상 변함。❹배신함。〔詩經·小明〕畏此ㅡㅡ。

【反覆無常:반복무상】 늘 반복하여 일정하지 않음。일정한 주장이 없음。

【反比:반비】 (數)두 개의 수가 반대의 비율로 증감하는 것。↔正比。

【反比例:반비례】 어떠한 양이 다른 양의 역수에 정비례되는 관계。↔正比例。

【反辭:반사】 되풀이하여 하는 말。

【反射:반사】 ❶일정한 방향으로 나아가는 빛이나 음의 결이 딴 물체의 면에 부

닷쳐 그 방향을 반대 쪽으로 얼마간 바꾸는 현상。❷의지와는 관계 없이 자극에 내하여 일어나는 반응。

【反射鏡:반사경】광선을 받아서 맞은 편으로 반사하는 거울。

【反射熱:반사열】볕 혹은 불에 단 물체에서 내쏘는 열。

【反射運動:반사운동】의식 작용의 매개를 기다리지 않고、근육 또는 腺의 활동을 일으키는 작용。

【反殺:반살】남을 죽이려다 자기가 죽는 것。『周禮』凡殺人、有ㅣㅣ者。

【反常:반상】이치에 어긋남。

【反償:반상】돌려주어 갚음。

【反生:반생】❶싹이 밑에서 위로 향하는 것。『易·說卦』其於稼也、爲ㅣㅣ。❷再生。回生。

【反噬:반서】길러준 主人을 물음。《轉》은혜를 원수로 갚음。

【反省:반성】자기의 行爲에 대한 善惡을 良心에 물음。反求。

【反訴:반소】소송 繫屬 중 그 소송 절차를 이용하여 피고가 반대로 原告를 상대로 하여 제기하는 소송。

【反數:반수】=逆數。

【反手:반수】❶손바닥을 뒤집음。《轉》일이 매우 쉬운 것을 일컬음。反掌。❷뒷집 지는 것。❸손등。

【反受其殃:반수기앙】도리어 재앙을 받음。

【反掖之寇:반액지구】겨드랑 밑에서 謀反하는 적이란 뜻。《轉》內亂。

【反譯:반역】❶옛글 따위를 이젯말로 바꾸어 옮김。❷飜譯。❸重譯。

【反逆:반역】❶거역함。內亂。❷反對가 됨。❸十罪(反逆·大逆·叛·降·惡逆·不道·不敬·不孝·不義·內亂)。『通典』重罪十條、一曰ㅣㅣ。

【反逆者:반역자】반역한 사람。

【反衍:반연】反覆됨。일정하지 않고 허무함。畔衍。『莊子·秋水』何貴何賤、是謂ㅣㅣ。

【反映:반영】❶反射하여 되비침。❷어떤 힘이나、요구나、일이나、물건의 영향을 받아 드러나거나 드러냄。

【反影:반영】❶반사하여 되비치는 그림자。『周權濟』多陽ㅣㅣ低黃埃。❷어느 사물에 대하여 나타나는 다른 現象。

【反胃:반위】胃經의 탈의 한 가지。구역질이 나고 토하는 증세。

【反應:반응】❶이 편을 배반하고 저 편에 응함。❷어떠한 작용을 받아서 일어나는 변화 현상。❸자극에 대한 모든 身體 운동과 의식 작용。

【反應法:반응법】자극에 대한 반응의 관계 및 상태를 記述하여 그 생리 작용을 연구하는 방법。

【反日:반일】日本의 政策 따위에 반대함。

【反作用:반작용】작용과 그 크기가 같고 方向이 반대인 힘。

【反掌:반장】=反手①②。

【反轉:반전】❶반대로 굴음。❷일의 形勢가 뒤바뀜。

【反戰:반전】전쟁을 반대함。

【反切:반절】字音을 표시하는 方法의 하나。다른 두 글자의 음을 합하여 한 音을 얻는 방법。「東」자의 음은 德紅切로 표시하는 따위。翻切。『宋景文筆記』孫炎作ㅣㅣ、語本俚俗。

【反正:반정】❶正과 不正。❷正道로 돌림。❸다시 바르게 함。❹天下를 平定함。

【反定立:반정립】《哲》정립의 반대 되는 命題。

【反政府:반정부】정부에 반대하는 일。

【反坐:반좌】《法》남을 誣告하여 오히려 그 自身이 罪를 받는 것。

【反證:반증】사실과는 반대되는 증거。

【反芻:반추】소와 염소 따위의 일단 삼켰다가 되새기는 새김질。

【反芻類:반추류】《動》한 번 삼켰던 것을 다시 배앝아 되새겨 먹는 동물의 總稱。소·염소·사슴 따위。

【反側:반측】❶잠을 이루지 못하여 이리 뒤치락 저리 뒤치락 하는 것。『詩經』展轉ㅣㅣ。❷두 가지 마음을 가지는 것。

【反則:반칙】법칙이나 규정에 어그러짐。

【反託:반탁】외국의 신탁 통치를 반대함。

【反汗:반한】《轉》앞의 명령을 취소하거나 고치는 것。『漢書·劉向傳』

【反抗:반항】순종하지 않고 대들음。反拒。

【反抗心:반항심】반항하는 마음。

【反響:반향】음파가 무엇에 부딪쳐 반사하여 다시 같은 음성이 들리는 것。산울림。《轉》어떤 言動이 社會에 미친 영향。

【反耕:반경】《農》논을 몇 차례씩 갈아서 뒤집음。

【反畓:번답】밭을 논으로 만드는 일。

【反脣:번순】입을 내밈。心服하지 않고 욕설함。

【反田:번전】논을 밭으로 만들음。

◎謀ㅣ、背ㅣ、相ㅣ、違ㅣ、離ㅣ。

【支】(지)→支部0畫

三 畫

【叏】(괘) 卦 カイ、わける divide
나누어 가를괘(分決)。『易叏(彖)』剛ㅣ柔也)。

【𠬛】(토) 豪 トウ、なめらか smooth
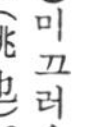
小篆
❶미끄러울토(滑也)。❷끌어낼토(挑也)。❸북토(鼓也)。『集韻』戎鼓大首謂之ㅣ。

四 畫

【叒】(약) 藥 ジャク、ニャク、したがう follow

小篆 籀文
❶동쪽 신목약(東方神木、搏桑)。❷좇을약(順也)。

五 畫

【𠬢】(사)『史』(口部2畫)의 古字

【叓】(사)『事』(亅部7畫)의 古字

六 畫

【叔】(숙) 屋 シュク、おじ uncle ㄕㄨ shu

小篆 或體 草書
❶아재비숙、삼촌숙(伯ㅣ季父)。❷주울숙(收拾)。『詩經 豳風七月』九月ㅣ苴。❸어릴숙(幼稱)。❹끝숙(末也)。❺콩숙(菽也)。『漢書 昭帝紀』得以ㅣ粟當賦。❻성숙(姓也)。(『菽』과 통함)

【叔季:숙계】❶끝 동생。末弟。❷末世。『朱熹』在ㅣㅣ且然、矧休明之景運。

【叔舅:숙구】❶外叔。❷임금이 異姓의 諸侯를 말할 때 씀。『禮記』天子同姓謂之叔父、異姓謂之ㅣㅣ。

【叔妹:숙매】시누(媤 누이)。

【叔母:숙모】叔父의 아내。

【叔伯:숙백】아우와 형。兄弟。

【叔父:숙부】아버지의 동생。『儀禮』同姓大國則曰伯父、同姓小邦則曰ㅣㅣ。

【叔世:숙세】정치·도덕·풍속 등이 쇠퇴하여 망해가는 시대。末世。『漢書』三辟之興、皆ㅣㅣ也。

〔叔氏:숙씨〕 남의 세째 아우의 尊稱。
〔叔姪:숙질〕 아저씨와 조카。
〔叔行:숙항〕 아저씨 뻘의 항렬。◎伯ㅣ、外ㅣ。

【叡】(설) 屑 セツ、セチ、ぬぐう wash
小篆 ❶씻을설(拭也)。❷쓸설(掃也)。❸깨끗이할설(淸也)。

【叕】(철) 屑 テツ、つづく connect
小篆 ❶이을철(連也)。❷잇댈철(聯也)。

【取】(취) 麌 シュ、とる take ㄑㄩˇ ch'ü³
小篆 草書 ❶거둘취(收也)。❷받을취(受也)。〔孟子 萬章上〕一介不以與人、一介不以ㅣ諸人。❸찾을취(索也)。❹빼앗을취(奪也)。〔禮〕力行以待ㅣ。〔史記 孔子世家〕吳王夫差伐陳、ㅣ三邑而去。❺들취(擧也)。〔史記 仲尼弟子傳〕以貌ㅣ人、失之子羽。❻장가들취(娶也)。〔詩經 豳風伐柯〕ㅣ妻、如何。
〔取去:취거〕 가지고 떠나 버림。
〔取貸:취대〕 돈을 꾸어 주거나 꾸어 씀。
〔取得:취득〕 자기의 소유를 만들음。
〔取得稅:취득세〕 不動產取得稅의 略語。
〔取露:취로〕 액체를 증발시켜 그 김을 받음。
〔取利:취리〕 돈놀이。
〔取捨選擇:취사선택〕 쓸 것은 취하고 버릴 것은 버려서 골라 잡음。「함。
〔取笑:취소〕 비웃고 놀림。깔보고 희롱
〔取消:취소〕 ❶글로 적거나 또는 진술한 사실을 말살함。❷법률 행위의 효력을 遡及하여 소멸시키는 행위。
〔取消權:취소권〕 (法)의사 표시 및 법률 행위의 취소를 할 수 있는 권리。취소의 의사 표시를 할 수 있는 권리。
〔取息:취식〕 변리를 늘여 받음。
〔取食客:취식객〕 염치 없이 남의 음식을 먹는 사람。
〔取食之計:취식지계〕 근근히 밥이나 얻어 먹고 살아가는 꾀。
〔取信:취신〕 남에게서 신용을 얻음。
〔取用:취용〕 남의 것을 가져다 씀。
〔取義:취의〕 ❶義를 위하여 목숨을 버림。❷뜻을 파악함。
〔取人:취인〕 인재를 채용함。
〔取子車:취자거〕 물레。
〔取才:취재〕 재주를 시험하여 뽑아 씀。
〔取材:취재〕 어떤 사물에서 기사나 작품의 재료를 취하는 일。「사함。
〔取調:취조〕 범죄 사실을 속속들이 조
〔取種:취종〕 생물의 씨를 받음。「束。
〔取締:취체〕 ❶거느리고 다스림。❷團관으로 회사를 대표하여 회사의 업무를 집행하는 사람。주주 총회에서 선임됨。
〔取締役:취체역〕 주식 회사의 상설 기
〔取招:취초〕 죄인을 취조하여 범죄 사실을 진술하게 함。
〔取擇:취택〕 가려서 골라 냄。
〔取播:취파〕 씨앗을 받아서 두어 두지 않고 곧 뿌리어 심음。
〔取便:취편〕 편리한 것을 취함。
〔取品:취품〕 여럿 가운데 좋은 품질을 가려서 뽑음。
〔取稟:취품〕 어른에게 의견을 말씀 드리어 그의 대답을 기다림。
〔取筆:취필〕 잘 쓴 글씨를 뽑음。글씨 잘 쓰는 사람을 취함。
〔取下:취하〕 도로 찾아 냄。신청하였던 「것을 철회함。
〔取汗:취한〕 (醫)병을 다스리려고 몸에 땀을 내어서 그 기운을 발산시킴。
〔取禍之本:취화지본〕 재앙을 가져 오는 근본。「함。
〔取扱:취급⇩취급〕 (日)❶일을 처리 ❷사물을 다루는 일。

【受】(수) 有 ジュ、うける receive ㄕㄡˋ shou⁴
小篆 草書 ❶이을수(繼承)。〔孟子 萬章下〕殷ㅣ夏、周ㅣ殷。❷얻을수(得也)。〔易〕實ㅣ其福。❸담을수(盛也)。〔杜甫詩〕野艇洽ㅣ兩三人。❹용납할수(容物)。〔論語〕君子不可以小知而大ㅣ也。❺받을수(相付)。❻입을수(被也)。
〔受呵:수가〕 꾸지람을 당함。
〔受講:수강〕 강습이나 강의를 받음。
〔受講生:수강생〕 강의·강습 따위를 받거나 받은 사람。
〔受檢:수검〕 검사나 검정을 받음。
〔受難記:수난기〕 몸소 겪은 어려운 일의 기록。
〔受光伐:수광벌〕 생장이 왕성한 나무들에 충분한 햇빛과 양분을 주기 위하여 森林을 적당히 자르는 가꿈법의 한 가지。
〔受難:수난〕 어려운 일을 당함。
〔受納:수납〕 받아 넣음。승락함。
〔受茶:수다〕 아내를 맞아 들임。古代에는 婚禮에 茶를 많이 사용하였기 때문임。〔天中記〕聘婦、必以茶爲禮。「김。
〔受渡:수도〕 물건·돈 따위의 받음과 넘
〔受動:수동〕 作用을 받음。被動。
〔受動的:수동적〕 ❶남의 움직임을 받는 처지에 있는 것。❷자율적이 못 되고 남이 시키는 대로만 하는 태도。
〔受諾:수락〕 =承諾。
〔受領:수령〕 받아들임。
〔受賂:수뢰〕 뇌물을 받아들임。
〔受理:수리〕 받아서 처리함。
〔受命:수명〕 명령을 받음。〔諸葛亮〕ㅣ以來、夙夜憂慨。
〔受侮:수모〕 남에게 모욕을 당함。
〔受配:수배〕 배급을 받음。
〔受寶籙舞:수보록무〕 나라 잔치 때에 추던 唐樂 중의 女樂인 춤의 이름。
〔受粉:수분〕 꽃의 암술이 수술의 꽃가루를 받음。
〔受拂:수불〕 받음과 치름。
〔受傷:수상〕 상처를 받음。
〔受賞:수상〕 상을 받음。
〔受像:수상〕 방송된 텔레비젼 전파를 수신기에 받아서 像을 만들음。
〔受像機:수상기〕 방송된 텔레비젼의 映像을 받아서 映像을 만드는 장치。檢波된 영상의 신호는 브라운관에서 電子線의 강도를 바꿔 螢光 물질로 된 막에 명암이 생겨 영상이 나타남。
〔受禪:수선〕 임금의 자리를 물려 받음。〔宋書〕ㅣㅣ即祚、享天祥。
〔受洗:수세〕 세례를 받음。
〔受授:수수〕 받음과 줌。授受。
〔受信:수신〕 ❶편지·전보 따위의 통신을 받음。↕發信。❷금융 기관이 顧客으로부터 신용을 받는 일。곧 고객이 금융 기관을 신용하는 일。↕與信。
〔受信機:수신기〕 ❶電信機에서 통신을 받는 기계 장치。전보를 수신하는 기계나 受信機。❷라디오나 텔레비젼의 방송을 받아 듣거나 보기 위한 機械。
〔受信業務:수신업무〕 ❶送信을 받는 직장상의 일。❷금융 기관에서 수신에 관한 모든 업무를 이르는 말。預金이 이에 속함。↕與信業務。
〔受信人:수신인〕 우편물이나 전신에 관한 서류를 받는 사람。
〔受業:수업〕 弟子가 學業을 스승에게서 받음。배움을 받음。
〔受辱:수욕〕 남에게서 치욕을 당함。

【受用:수용】 받아들이는 것과 내어 쓰는 것。〖朱子語類〗卒未得他ㅣㅣ。
【受容:수용】 받아 넣어 담음。
【受由:수유】 말미。
【受恩:수은】 은혜를 입음。↕報恩。
【受恩罔極:수은망극】 입은 은혜가 한이 없음。
【受益:수익】 이익을 얻음。
【受益者:수익자】 이익을 얻는 사람。
【受益者負擔:수익자부담】 특정한 공적 사업에 요하는 經費에 충당하기 위하여 그 사업으로 인하여 특별한 이익을 받는 자에게 지우는 부담。
【受任:수임】 ❶임무를 받음。 ❷위임을 「받음。
【受點:수점】 《制》임금에게서 落點을 받던 일。
【受精:수정】 《動》암컷의 난자가 수컷의 정충과 결합하여 生殖作用을 영위하는것。
【受精囊:수정낭】 《動》수정한 정충을 저장하는 주머니로, 연체 동물이나 절족 동물의 암컷의 생식 기관。
【受精卵:수정란】 《生》精蟲을 받아 核내용이 倍로 된 알。↕無精卵。
【受贈:수증】 선물을 받음。
【受知:수지】 남의 知遇를 받음。
【受持:수지】 ❶《佛》남의 뜻을 받아서 잊지 않고 기억하고 있는 것。 받아서 지킴。 ❷어떤 일을 담당하는 것。 또는 그 사람。
【受取:수취】 받음。〖漢書〗ㅣㅣ賕賂。
【受鍼:수침】 침을 맞음。
【受託:수탁】 부탁을 받음。〖柳宗元〗老母爲累ㅣㅣ。
【受託物:수탁물】 부탁을 받아 간수하 「는 물건。
【受胎:수태】 아이를 뱀。
【受荷人:수하인】 짐을 받을 사람。
【受學:수학】 공부를 배움。
【受降:수항】 항복을 받음。
【受害:수해】 해를 입음。
【受驗:수험】 시험을 치름。
【受驗料:수험료】 시험을 치르는 사람이 그 수수료로 내는 돈。
【受刑:수형】 죄인이 刑을 받음。 「인。
【受刑者:수형자】 형벌을 받고 있는 죄
【受話:수화】 말을 들음。 전화를 받음。
【受話機:수화기】 귀에 대고 말을 받는 전화기의 한 부분。↕送話機。
◎甘ㅣ、感ㅣ、拜ㅣ、收ㅣ、授ㅣ、引ㅣ、傳ㅣ、接ㅣ。

七 畫

【敍】 (서)『敍』(攴部 7畫)의 俗字

【叚】 (가) 馬 カ、かりる granting that ㄐㄧㄚˇ chia³ (小篆) (或體) (或體) ❶빌릴가(假也)。 ❷허물가(瑕也)。 (『假』와 통함)

【叛】 (반) 翰 ハン、ホン、そむく betrayal ㄆㄢˋ p'an⁴ (小篆) (草書) ❶배반할반(背也)。〖漢書〗漢王幷關中而齊梁ㅣ之。 ❷달아날반(離也)。 ❸나누일반(ㅣ散)。(『畔』과 통함)
【叛起:반기】 배반하여 일어남。
【叛奴:반노】 자기 上典을 배반한 종。
【叛徒:반도】 반란을 도모하는 무리。
【叛婢:반비】 상전을 배반한 여자 종。
【叛臣:반신】 배반한 신하。
【叛逆:반역】 배반하고 謀逆함。 「衍。
【叛衍:반연】 제 마음대로 함。漫衍。反
【叛將:반장】 반란을 일으킨 將帥。
【叛賊:반적】 모반한 역적。
【叛跡:반적】 배반한 흔적。
【叛渙:반환】 背叛하여 흩어져 감。〖陳書〗交趾ㅣㅣ。
【叛換:반환】 억세고 제 멋대로 날뛰는 것。〖資治通鑑〗擅命河右、ㅣㅣ偏隅。
◎謀ㅣ、背ㅣ。

八 畫

【叞】 (위) 未 イ、やすんじる easy ❶안위할위(安也)。 ❷다리미위(熨也)。

【叟】 ㊀(수) 有 ㊁(수) 尤 ソウ、としより old man ㄙㄡˇ sou³ (草書) ㊀ ❶어른수、늙은이수(老稱)。 ❷어르신네수(尊稱)。〖孟子〗ㅣ不遠千里而來。 ㊁쌀씻는소리수(淅米聲)。〖詩經 大雅生民〗釋之ㅣㅣ蒸之浮浮。
【叟兵:수병】 蜀의 兵(叟는 漢代 蜀의 別稱)。
【叟叟:수수】 ❶쌀을 씻는 소리。 「이는 모양。 ❷움직

【桒】 (상)→木部 6畫

【蚤】 (조)→虫部 4畫

【隻】 (척)→隹部 2畫

十一畫

【嫠】 (리) 支 リ、ひく draw (小篆) 끌리(引也)。

十二畫

【叡】 (학) 藥 カク、たに valley ❶골짜기학(谷也)。 ❷구렁학(坑也)。(『壑』과 같음)

十四畫

【叡】 (예) 霽 エイ、あきらか bright ㄖㄨㄟˋ jui⁴ (小篆) ❶밝을예(深明通達)。 ❷임금예(王也)。 ❸성인예(聖人)。 ❹어질예(賢也)。(『睿』는 古字)
【叡覽:예람】 임금이 열람함。上覽。御覽。
【叡明:예명】 마음이 밝고、생각이 영명 「함。
【叡敏:예민】 =叡明。
【叡聖:예성】 知德이 훌륭하고 사리에 밝음。〖後漢書〗昔文王、承積德之緒、加之以ㅣㅣ、三分天下。
【叡旨:예지】 임금의 생각。聖旨。叡慮。
【叡智:예지】 마음이 밝고 뛰어난 지혜。훌륭한 작용。叡才。英才。
【叡智世界:예지세계】 《哲》우리가 우주 본체의 한 부분으로 존재하는 위치。
【叡智的:예지적】 《哲》悟性으로만 포착·思惟할 수 있는 것。
【叡哲:예철】 지혜가 깊고 사리에 밝음。睿哲。英哲。〖文選〗ㅣㅣ玄覽、都玆洛宮。

十六畫

【叢】 (총) 東 ソウ、くさむら cluster ㄗㄨㄥˊ tsung² (小篆) (草書) ❶떨기총(灌木密生)。 ❷모을총(聚也)。〖書〗是ㅣ于厥身。 ❸번잡할총(煩雜)。〖書經〗元首ㅣ脞哉。(『藂』과 같음)
【叢巧:총교】 섬세하고 교묘함。
【叢棘:총극】 ❶많이 솟아 있는 가시。 ❷죄인을 잡아 가두어 두는 곳。〖易經〗寘于ㅣㅣ、三歲不得。 「아 놓은 글。
【叢論:총론】 여러 가지 문장·論議를 모

【叢林:총림】 수목이 우거진 숲。《轉》중[僧]들의 모여 있는 곳。

【叢木:총목】《植》진달래·앵두 따위와 같이 키가 작고, 중심 줄기가 분명하지 않은 나무。灌木。

【叢物:총물】《植》달풀·갈대와 같이 濕地에 나는 식물。叢生으로 나는 식물。

【叢薄:총박】 풀숲。山野。『唐書』有虎出——。

【叢生:총생】 ❶풀이나 나무가 무더기로 더부룩하게 남。❷초목의 그루나 줄기에서 싹이 돋아 오름。❸《植》葉序의 한 가지。여러 개의 잎이 短縮한 줄기에 붙은 것。五葉松 따위。

【叢書:총서】 ❶一定한 形式에 따라 계속해서 간행되는 出版物。❷갖가지 책을 모아 한 질로 한 것。

【叢石亭:총석정】《地》關東 八景의 하나。江原道 通川郡 庫底에 있는 정자。주위에 玄武岩으로 된 여러 개의 돌 기둥이 바다 가운데에 叢立하여 절경임。

【叢說:총설】 여러 학설을 모아 놓은 것。

【叢樹:총수】 꽉 들어찬 나무숲。

【叢語:총어】 ❶모은 말。❷여러 가지의 이야기。

【叢雲:총운】 ❶뭉게뭉게 모여 있는 구름。❷옛날의 음악 이름。『李嶠』山類——起。

【叢積:총적】 ❶떼지어 모임。❷草木이 우거져 덮은 것。『司馬如相』——乎其中。

【叢脞:총좌】 자질구레하고 번잡하여 통일이 없음。

【叢竹:총죽】 群生한 대。대숲。叢篁。

【叢中:총중】 한 때의 가운데。

【叢至:총지】 ❶떼지어 옴。❷자주 옴。

【叢集:총집】 떼지어 모임。群集。雲集。

【叢叢:총총】 많은 물건이 빽빽히 들어서 있는 모양。떼지어 모이는 모양。『韓愈』楚山直——。

【雙】(쌍)→隹部10畫

十九畫

【變】(변)『變』(言部16畫)의 俗字

口 部

【口】(구) 有 コウ、ク、くち ㄎㄡˇ k'ou³ mouth

小篆 草書

❶입구(人所以言食)。『易』自求—食。❷인구구(人—)。『孟子 盡心上』八—之家、可以無飢。❸어귀구(洞—港—)。「張家—、古北—」。❹말할구(辯舌)。『國語 周語』防民之—、甚於防川。❺구멍구(孔穴)。❻실마리구(緖也)。

【口角:구각】 ❶입아귀。❷새의 부리。❸입으로 論辯함。

【口角春風:구각춘풍】 수다스러운 말로 남을 칭찬하여 즐겁게 해줌。남을 칭찬하는 말。

【口渴:구갈】 조갈이 남。목이 마름。

【口渴症:구갈증】《醫》목이 심히 마르는 증세。

【口疳:구감】《醫》입안이 허는 병。

【口腔:구강】《生》입안의 빈 곳。곧 消化管의 最先端部로 입에서 목구멍에 이르는 부분。

【口講指畫:구강지화】 입으로는 말하고 손으로는 그림을 그린다는 뜻。《喩》친절하게 가르쳐줌을 일컬음。

【口蓋:구개】 입천장。

【口蓋音:구개음】「ㅈ·ㅊ」따위와 같이 입천장에서 내는 소리。

【口蓋音化:구개음화】 前 구개음 아닌 子音이 母音「ㅣ」나 先行母音「ㅣ」이 위에서 前 구개음으로 변하는 현상。「탸·텨·티」가「차·처·치」로,「댜·뎌·디」가「자·저·지」로 변하는 따위。

【口訣:구결】 ❶입으로 전함。말로 전함。❷《國》한자의 한 부분을 딴 略號로써 한문 사이에 다는 토。

【口徑:구경】 둥그런 구멍의 直徑。

【口啓:구계】 임금에게 구두로 아룀。

【口供:구공】 ❶口頭로 사실·의견을 진술하는 것。❷죄상을 자백한 사실을 쓴 것。

【口過:구과】 ❶잘못하는 말。실수되는 말。❷지나친 말。

【口具:구구】 말로써 뜻을 陳述함。

【口給:구급】 말 솜씨가 풍부하고 민첩함。

【口氣:구기】 =口吻②。

【口器:구기】 입술·이·혀 따위의 음식물을 섭취하는 기관。

【口內炎:구내염】《醫》입 안의 점막에 생기는 염증。

【口訥:구눌】 말을 더듬음。

【口達:구달】 구두로 전함。

【口德:구덕】 말에 나타나는 덕성스러움。

【口頭:구두】 직접 입으로 하는 말。

【口頭契約:구두계약】 어떠한 계약을 말로만 하는 계약。

【口頭辯論:구두변론】《法》法廷에서 소송 당사자가 구두로 하는 소송 행위。

【口頭禪:구두선】 실행함이 없이 입으로만 늘 지껄여 대는 말。

【口頭試驗:구두시험】 시험의 한 종류。말로 묻고 대답하는 시험。

【口頭瘡:구두창】《醫》입 가에 나는 피부병의 한 가지。

【口鈍:구둔】 말이 둔함。입이 굼뜸。

【口糧:구량】 ❶兵士의 양식。❷사람 수효대로 주는 糧食。또는 賃金。

【口令:구령】 단체 동작을 일제히 하도록 소리로 부르는 호령。

【口吻:구문】 ❶입과 입술。또는 입시울。❷입 가짐。입 버릇。말 버릇。

【口文:구문】 흥정을 붙여 주고 받는 돈。口錢。

【口糜:구미】《醫》病名。입 안이 붉게 터지는 병。

【口蜜腹劍:구밀복검】 말은 달콤하나 속으로는 해칠 생각을 가짐。

【口癖:구벽】 입 버릇。

【口辯:구변】 言辯。

【口輔:구보】 입 언저리。口頰。

【口腹:구복】 입과 배。《轉》음식。『禮記』極——耳目之欲。

【口腹之計:구복지계】 살아가는 방법。生計。

【口分:구분】《制》❶사람마다 等分해서 나누어 줌。❷食糧。❸兵士의 給料。❹口分田의 略語。

【口分田:구분전】《制》옛날 자손이 없는 관원 또는 전사한 군인의 아내에게 등분을 따라 주던 논밭。

【口不可道:구불가도】 말을 할 수 없음。입 밖에 낼 수 없음。

【口碑文學:구비문학】 문자의 힘을 빌지 않고 입으로 전해 온 문학。口傳文學。

【口四:구사】 입으로부터 나오는 妄語·綺語·惡口·兩舌의 네 가지 악한 口業。

【口事:구사】 남을 헐뜯어 나쁘게 말함。讒言。『戰國策』臣之行也、固知將有——。

【口尙乳臭:구상유취】 입에서 아직 젖내가 난다는 뜻。《喩》언어와 행동의 유치함을 일컬음。『史記』漢王曰、是——、安能當吾韓信。

【口宣:구선】 입으로 진술하는 것。

【口舌:구설】 시비하고 비방하는 말。『史記』釋本而事——。

【口舌數:구설수】 구설을 듣-ㅓ는 운수。

【口誦:구송】 소리 내어 욈。

【口受:구수】 말로써 가르침을 받음。口授。『史記』七十子之徒、——其傳指。
【口授:구수】 말로써 전하여 줌。口受。
【口數:구수】 사람 수효。人口數。『史記』各以其——。
【口雖喎直吹螺:구수괘직취라】 《國》 입은 비뚤어져도 소라는 바로 불어라。《喩》 말을 바른대로 하라는 뜻。『青莊館全書』。
【口述:구술】 말로써 베풀어 아룀。
【口述試驗:구술시험】 말로 문답하여 하는 시험。口頭試驗。
【口習:구습】 ❶입 버릇。❷말 버릇。
【口是心非:구시심비】 말로는 옳다 하면서 속으로는 그르게 여김。
【口實:구실】 ❶핑계 삼을 밑천。변명할 재료。❷입속에 들어 있는 음식물。『易經』自求——。
【口哦:구아】 입으로 읊조림。입으로 욈。
【口眼喎斜:구안괘사】 《醫》 입과 눈이 한 쪽으로 틀어지는 병。
【口液:구액】 《生》 침。
【口約:구약】 구두로써 하는 약속。
【口語:구어】 보통 회화로 사용하는 말。입말。口頭語。
【口熱:구열】 입 속의 더운 기운。
【口隱:구은】 숨긴 것을 말함。속셈을 말함。『說文』——、猶言叩其所隱也。
【口吟舌言:구음설언】 말을 더듬어 言語가 명료하지 않음。
【口才:구재】 ❶말 솜씨가 좋음。또는 그 사람。辯才。❷노래 잘 부르는 재주。
【口笛:구적】 휘파람。
【口跡:구적】 말투。말 버릇。
【口錢:구전】 ❶인두세。『漢書』算——、起武帝。❷《國》흥정을 붙여 주고 그 수고로 받는 돈。口文。
【口傳:구전】 ❶입으로 전함。말로 전함。❷秘傳의 책。『論語·疎』——不同耳。
【口傳心授:구전심수】 말과 마음으로 전하여 가르침。
【口傳下教:구전하교】 말로써 임금의 명을 전함。
【口占:구점】 ❶입 속에서 읊음。❷즉석에서 시를 지음。❸글이나 말을 문서에 의하지 않고 말로써 전달함。口號。
【口中:구중】 입의 宮中用語。
【口中蝨:구중슬】 깨물기 쉬움。《喩》일이 매우 위험하나 용이함。
【口證:구증】 말로 하는 증명。
【口脂:구지】 입술에 칠하는 일종의 화장품。臙脂。『杜甫』——面藥隨恩澤。
【口瘡:구창】 입 안에 생기는 부스럼。
【口招:구초】 죄인이 부는 진술。
【口臭:구취】 입에서 나는 구린 냄새。
【口稱:구칭】 말로 일컬음。
【口快:구쾌】 입이 가벼움。《轉》말을 삼가지 않음。
【口險:구험】 입이 상스럽게 험함。
【口血未乾:구혈미간】 맹세할 때 입에 묻힌 피가 아직 마르지 않음。《喩》 맹세한 지가 얼마 되지 않음。『左傳』與大國盟、——、而背之可乎。
【口峽:구협】 입안과 목 사이。
【口惠:구혜】 ❶말로만 베푸는 은혜。❷말만 하고 실지가 없어서 남의 미움을 받는 것。
【口號:구호】 ❶=口占。❷《國》연설이 끝났을 때나、시위 행진할 때에 感銘을 깊게 하기 위하여 외치는 간결한 문구。슬로건。『李商隱』柏臺成——。❸軍號。
【口吃:구흘】 말을 더듬음。
◎開—、鷄—、水—、烏—、人—、入—、衆—、出—、閉—、浦—、河—、港—、糊—、戶—、虎—、火—。

一畫

【吃】 (을) 質 イツ、イチ、こえ sound
소리을(聲也——)。

【叱】 (알) 黠 アツ、とりのこえ chirp of birds
새소리알(鳥聲)。

【中】 (중) →ㅣ部3畫

二畫

【古】 (고) 麌 コ、むかし、ふるい antiquity ㄍㄨˇ ku³

小篆 古文 草書 

❶예고(昔也)。『書經』曰若稽—帝堯。❷옛일고(古事)。『論語 述而』信而好—。❸선조고(先祖)。『禮記 祭義』以祀天地山川社稷先—。❹하늘고(天也)。❺비롯할고(始也)。(『故』와 통함)

【古家:고가】 ❶지은 지 퍽 오래 된 집。❷故家。
【古歌:고가】 옛 노래。
【古鏡:고경】 옛 거울。『杜甫』暗塵生——。
【古怪:고괴】 古態스럽고 괴상함。
【古宮:고궁】 옛 궁궐。
【古規:고규】 옛적의 규칙。
【古今:고금】 옛적과 지금。
【古今獨步:고금독보】 고금을 통하여 홀로 뛰어남。
【古今同然:고금동연】 예나 이제나 한결같이 변함이 없음。
【古今不同:고금부동】 일이나 물건이 달라져 예와 지금이 같지 않음。
【古記:고기】 옛적 기록。
【古氣:고기】 옛스러운 운치。
【古器:고기】 옛적에 쓰던 그릇。
【古奇:고기】 옛스럽고 기이함。
【古基:고기】 오래된 옛 터。
【古談:고담】 ❶옛 이야기。❷고대 소설。
【古代:고대】 ❶옛 시대。❷역사상의 연대 구분의 하나。국사에서는 新羅 멸망 이전。↔現代。
【古代小說:고대소설】 ❶甲午更張 이전까지의 소설。❷옛날의 생활을 취재하여 쓴 소설。
【古代哲學:고대철학】 서양 철학에서 기원 전 六〇〇년으로부터 기원 五二九년 사이 약 천 년 간의 철학을 가리킴。
【古德:고덕】 덕행이 높은 옛 중。
【古道:고도】 ❶옛 길。舊道。❷옛 聖賢들이 지켰던 길。『史記』抵蜀從——。
【古董:고동】 ❶骨董。❷時代에 뒤진 사람。古董先生。
【古銅色:고동색】 ❶검누른 색。❷적갈색。
【古來:고래】 ❶옛부터 지금에 이르기까지。❷自古以來。
【古禮:고례】 옛스러운 예절。『史記』采——、與秦儀雜就。
【古老:고로】 老人。경험이 많고 옛일을 잘 아는 老人。故老。
【古老相傳:고로상전】 늙은이들의 말로 전하여 옴。
【古名:고명】 옛날 이름。
【古木:고목】 오래 묵은 나무。
【古墓:고묘】 옛 무덤。
【古廟:고묘】 옛 사당 집이나 또는 오래된 사당。『杜甫』——松杉巢水家。
【古文:고문】 ❶옛 글。❷中國의 옛 文字나 文章。❸先秦時代의 文字。또는 그 文字로 쓴 책。↔今文。❹中國에서 後世의 四六騈儷體(사륙변려체)의 글에 대하여 秦漢 以前의 達意·明快한 文體。또는 그 것을 모방한 文體。
【古物:고물】 헌 물건。옛 물건。
【古物商:고물상】 고물을 사고 파는 사람。또는 그 商行爲。
【古米:고미】 해를 묵힌 쌀。

【古朴:고박】옛스럽고 질박함。
【古班:고반】여러 대를 내려온 양반。
【古方:고방】❶옛날 권위 있는 의학자가 만든 藥方文。❷옛날의 방법。〔朱熹〕古鏡重磨要ㅣㅣ。
【古法:고법】옛날의 법률이나 법식。
【古本:고본】❶헌책。❷같은 종류의 책 중에서 옛날에 된 책。
【古墳:고분】옛 무덤。古墓。
【古佛心:고불심】❶옛 부처의 마음。❷늙고 덕이 높은 너그러운 마음씨。
【古碑:고비】옛 비석。오래된 비석。
【古史:고사】옛날 역사。
【古寺:고사】오래된 옛 절。古刹。
【古祠:고사】옛 사당。오래된 사당。
【古査:고사】오래된 나무의 그루터기。
【古事:고사】옛 일。
【古寫本:고사본】옛 사람의 손으로 된 사본。옛 사본。
【古色:고색】❶낡은 색。❷오랜 세월을 지닌 모습。
【古色蒼然:고색창연】보기에도 낡아 옛스러운 모습。
【古生代:고생대】(地)地質 시대 중、原生代 다음 가는 시대。
【古書:고서】❶옛날 책。옛 文書。❷옛날 글씨。
【古石:고석】❶이끼가 덮인 오래된 돌덩이。❷怪石。
【古昔:고석】오랜 옛날。〔禮記〕言必則ㅣㅣ稱先王。
【古說:고설】옛날 이야기。
【古聖:고성】옛 성인。
【古城:고성】옛 성。
【古巢:고소】낡은 옛 집。
【古俗:고속】옛 풍속。
【古松:고송】오래 묵은 소나무。
【古時:고시】옛날。옛적。
【古詩:고시】❶고대의 詩。❷詩體의 하나。平仄(평측)에 관계하지 않음。五言·七言。또는 長短句가 있음。

【古式:고식】옛적의 법식。↔新式。
【古雅:고아】옛 빛을 띠고 아담함。
【古樂:고악】옛 풍류。先王의 음악。雅樂。正樂。
【古語:고어】옛 말。옛 글。
【古言:고언】옛 사람의 말。
【古諺:고언】옛날부터 전해오는 속담。
【古屋:고옥】지은 지 오래된 집。
【古瓦:고와】묵은 기와。〔杜甫〕蒼鼠竄ㅣㅣ。
【古往今來:고왕금래】옛날부터 지금까지。古今。〔潘安仁〕ㅣㅣㅣㅣ、邈矣悠哉。
【古音:고음】❶隋 陸法言의 切韻 이전의 詩歌 등에 사용한 音韻。古韻。옛날에 쓰던 한자음。❷古樂。
【古邑:고읍】옛 군청이 있던 곳。
【古意:고의】❶古風의 생각。❷懷古의 情。〔蘇軾〕幽居有ㅣㅣ。
【古義:고의】옛 意義。또는 解釋。〔史記〕決大獄、欲傅ㅣㅣ。
【古人:고인】옛날 사람。
【古字:고자】옛적 體의 글자。
【古跡:고적】=古址。
【古甎:고전】❶오래된 벽돌。❷古代 벽돌。
【古錢:고전】옛날 돈。
【古殿:전고】옛 宮殿。
【古篆:고전】옛 篆字。
【古典:고전】❶옛날의 의식이나 법식。❷옛날의 서적으로 후세에 남을 가치 있는 책。古代의 經書。〔左傳·注〕以從ㅣㅣ。
【古典文學:고전문학】❶옛날의 문학 작품으로 지금까지 있는 문학。❷고전주의 시대의 문학。
【古典美:고전미】고전적인 아름다움。
【古典的:고전적】❶오랫동안 불멸할 가치를 가진 옛 것。❷현대적이 아닌 옛스러운 것。❸한 나라나 시대를 대표할 만한 典型적인 것。

【古典派:고전파】고전주의를 존중하는 西洋畫에 있어서의 일파。
【古制:고제】옛 제도。
【古調:고조】옛 곡조。
【古拙:고졸】옛스럽고 솜씨가 서투름。
【古鐘:고종】옛날에 만든 종。
【古終:고종】(植)草棉。木花。무궁화과에 속하는 一년초。〔本草綱目〕
【古址:고지】옛날에 건물이나 성곽같은 것이 있었던 터。歷史上의 유적。古跡。古迹。故址。舊趾。舊跡。
【古刹:고찰】옛 절。古寺。
【古參:고참】오래 전부터 그 일에 종사하던 사람。↔新參。
【古哲:고철】옛 철인。
【古鐵:고철】낡은 쇠。
【古體:고체】❶=古風①。❷古文의 文體。❸漢詩에서 絶句 및 律詩 以外의 것。
【古塚:고총】오래 된 무덤。
【古稱:고칭】옛날에 부르던 이름。〔隋
【古塔:고탑】옛 탑。
【古態:고태】옛스럽고 수수한 모습。
【古態依然:고태의연】옛 모습이 조금도 변하지 않고 그대로 있음。
【古宅:고택】지은 지 오래 된 집。
【古版:고판】❶옛 板刻의 책。❷오래된 版木。
【古品:고품】낡은 물품。옛 물품。
【古風:고풍】❶옛 풍속。옛날의 모습。옛스러운 모습。❷漢詩의 한 體。古詩。❸(國)임금이 習射하다가 살을 맞히면 모시었던 신하들에게 賞을 주던 일。❹(國)書堂 아이들이 大臣이나 宰相이 지나는 길에 책을 펴 놓고 책 위로 못 지나가게 하면 그 氣槪를 장히 여겨 많은 紙筆墨을 내주고 통과하던 풍속。❺(國)將臣이 射亭에 갔을 때에 射員들에게 터놀이 하라고 돈을 주던 일。❻(國)새로 부임한 벼슬아치가 전례를 좇아 下隷에게 行下를 주던 일。

【古筆:고필】❶옛 사람의 필적。❷오래 된 붓。
【古學:고학】❶古代의 學藝를 연구하는 학문。❷宋儒의 義理學에 對한 漢·唐의 註疏學을 일컬음。
【古墟:고허】오래된 폐허。
【古賢:고현】옛 현인。
【古號:고호】사람이나 땅의 옛 이름。
【古畫:고화】옛 그림。
【古訓:고훈】❶옛 사람의 敎訓。❷옛 사람의 解釋法。
【古稀:고희】(轉)일흔 살。古來로 드문 연령의 뜻。〔杜甫·曲江詩〕人生七十古來稀。
【古稀宴:고희연】七〇세가 되는 해의 생일 잔치。
◎考ㅣ、近ㅣ、萬ㅣ、復ㅣ、上ㅣ、往ㅣ、擬ㅣ、前ㅣ、中ㅣ、最ㅣ、太ㅣ、懷ㅣ。

【句】

㊀(귀) 遇 ク、コウ、く、くぎり
㊁(구) 宥 paragraph
㊂(구) 尤 ㄐㄩ chü⁴

小篆 草書 (本音「구」)

㊀귀절귀(章ㅣ文詞止處)。㊁❶나라이름구(國名高句麗)。❷거리낄구(拘也)。❷맡아볼구(ㅣ當、辦理)。〔宋史 曹彬傳〕江南ㅣ當公事回。㊂❶굽을구(曲也)。〔禮〕ㅣ者畢出。❷귀신이름구(神名ㅣ芒)。❸활을잡아당길구(弓引)。〔詩經 大雅行葦〕敦弓旣ㅣ。❹땅이름구(地名須ㅣ)。(〔勾〕와 같음)

【句管:구관】맡아 다스림。〔籍〕❷詳考함。
【句杞:구기】(植)구기자 나무。또는 괴좆나무。가지과에 속하는 落葉·灌木。
【句決:구결】婦人의 머리 치장。〔後漢書〕乃養髮分爲髻、著ㅣㅣ。
【句稽:구계】❶考證의 資料가 되는 書

木。枸杞。苟杞。枸己。狗杞。枸忌。

【句斷:구단】 글의 귀절이 중단되는 곳。

【句讀:구독⇨구두】 글을 읽기 편하게 하기 위하여 단어·귀절에 점 또는 부호 등으로 표시를 하는 방법。句讀法。句投。〔韓愈〕彼童子之師、授之書、而習其ㅣㅣ者也。

【句欄:구란】 ❶구부러지게 만든 난간。❷妓女·배우가 거처하는 곳。

【句麗:구려】 =高句麗。「鮮水北ㅣㅣ上。

【句廉:구렴】 구부러진 모퉁이。〔漢書〕入者知地形。

【句履:구리】 네모난 신。〔莊子〕履ㅣㅣ

【句萌:구맹】 초목이 싹트는 모양。

【句嬰:구영】 꼽추。〔淮南子〕有跛踵民ㅣㅣ民。「應함。

【句引:구인】 ❶誘引함。❷結托함。❸內와 매를 일컬음。

【句爪:구조】 매 따위의 발톱。(轉)솔개

【句中眼:구중안】 詩句 가운데서 눈이라고 할 만한 중요로운 한 字。詩眼。

【句踐:구천】 (人)春秋時代의 越나라 임금。吳王 闔閭와 싸워 이를 죽였으나、闔閭의 아들 夫差에게 會稽山에서 패하여 사로잡힘。그러나 뜻을 굽히지 않고 二〇년을 고생하여 마침내 吳 나라를 쳐서 멸망시켰음。

【句投:구투】 =句讀。

◎佳ㅣ、結ㅣ、警ㅣ、起ㅣ、寄ㅣ、難ㅣ、短ㅣ、對ㅣ、名ㅣ、妙ㅣ、文ㅣ、美辭麗ㅣ、首ㅣ、詩ㅣ、語ㅣ、聯ㅣ、一言半ㅣ、字ㅣ、章ㅣ、絶ㅣ。

【另】 (령) 〔俓〕 レイ、わける part

小篆 書草 ❶나눌령(割開)。❷다를령(別異)。

【另開便門:영개편문】 淸代에 各省의 官廳에 마련된 작은 民間人의 出入門。〔另開便門·法解〕。

【另居:영거】 別居。

【另起爐竈:영기노조】 다시 새로 고침。

【另念:영념】 특별한 주의。

【另力:영력】 특별한 노력。

【另別:영별】 특별함。

【另眼相看:영안상간】 특히 우대함。

【另有:영유】 ❶따로 있음。❷→另有旨。

【另外:영외】 그 밖에。따로。

【另議:영의】 별도로 상의함。

【另日:영일】 별다른 날。

【另紙:영지】 =別紙。

【另戶:영호】 독립적인 戶籍을 가지는 것。獨立하여 한 戶口를 이루는 것。〔戶部則例〕原係ㅣㅣ、復請歸宗者、槪不準行。

【叨】 (도) 〔饕〕 トウ、むさぼる impudence ㄊㄠ t'ao¹

小篆 書草 ❶탐할도(貪也)。〔後漢書〕梁冀貪ㅣ凶淫。❷욕될도(忝也)。❸외람할도、참람할도(橫ㅣ、濫也)。

【叨光:도광】 남에게 신세를 입음。덕택으로。

【叨沓:도답】 탐냄。〔唐書〕以ㅣㅣ開邊隙。

【叨叨:도도】 ❶말이 많음。투덜거림。〔東坡夢〕何必ㅣㅣ說。❷참됨。진실함。

【叨冒:도모】 욕심이 많음。〔宋書〕諸將帥竝忿廣之ㅣㅣ。〔廣雅釋訓〕ㅣㅣ誠也。

【叨擾:도요】 인사 말。곧 「폐가 많았읍니다。잘 먹었읍니다。실례가 많았읍니다」 따위。

【叩】 (고) 〔宥〕〔有〕 コウ、たたく knock ㄎㄡ k'ou⁴

書草 ❶두드릴고(擊也)。〔禮〕ㅣ之以大者大鳴。❷꾸벅거릴고(稽顙)。〔漢書〕ㅣ頭自請。❸물을고(問也)。❹알게할고(啓發)。〔論語〕我ㅣ其兩端而竭焉。❺끌어잡아당길고(引止)。〔史記 伯夷傳〕ㅣ馬而諫。❻상처고(喪妻)。

【叩叩:고고】 ❶문 같은 것을 똑똑 두드리는 모양。❷친절한 모양。〔梅堯臣〕閉門誰ㅣㅣ。

【叩頭:고두】 머리가 땅에 닿도록 절함。叩首。〔史記〕田叔ㅣㅣ。「죄함。

【叩頭謝罪:고두사죄】 머리를 숙여 사

【叩問:고문】 물어 봄。

【叩門:고문】 남을 방문하여 문을 두드림。

【叩拜:고배】 무릎을 꿇고 절함。

【叩謝:고사】 ❶머리를 숙여 사례함。❷머리를 숙여 사죄함。叩頭謝罪의 略語。

【叩首:고수】 =叩頭。

【叩齒:고치】 위 아래의 이를 자꾸 마주 부딪쳐서 齒根을 단단하게 함。

【叩稟:고품】 머리를 숙여 아룀。

【叩賀:고하】 축하함。머리를 숙여 賀禮를 드림。

【只】 (지) 〔紙〕 シ、ただ only ㄓ chih³

小篆 書草 ❶다만지(但也)。❷말을 그칠지(語已辭)。〔左傳 襄公二十七年〕諸侯歸晉之德ㅣ。

【只管:지관】 오직 이것 뿐。〔朱子語錄〕ㅣㅣ人曉不得、故重疊說。

【只今:지금】 이제。현재。現今。如今。

【只花里:지화리】 (國)기울。밀이나 귀리 등의 가루를 쳐내고 남은 속 껍질。

【叫】 (규) 〔宥〕〔嘯〕 キョウ、さけぶ cry ㄐㄧㄠ chiao⁴

小篆 書草 ❶부르짖을규(嘷也)。〔詩〕或不知ㅣ號。❷헌칠할규(高擧)。〔大人賦〕糾蓼ㅣ奡。❸이치에맞지않을규(事理不當)。〔塵史〕王德用召入兩府有干薦館職者王曰某武人若奉薦則色ㅣ矣。❹멀리들릴규(遠聞聲)。〔揚雄 解難〕大語ㅣㅣ。❺종달새규。(雲雀)。

【叫噱:규갹】 큰 소리로 껄껄 웃음。

【叫苦:규고】 悲鳴을 지름。「大語ㅣㅣ。

【叫叫:규규】 멀리 들리는 소리。〔揚雄〕

【叫呶:규노】 시끄러움。떠들썩함。叫聒、

【叫門:규문】 문을 두드려 引導를 바람。

【叫聲:규성】 외치는 소리。

【叫天子:규천자】 (動)종다리。

【叫春:규춘】 소·말·돼지 등 동물이 發精할 때 소리를 지르는 것。

【叫號:규호】 큰 소리를 내어 부르짖음。號叫。「子。

【叫化子:규화자】 乞食하는 사람。叫花

【叫喚:규환】 부르짖고 외침。

【叫囂:규효】 큰 소리로 외침。

◎大ㅣ、絶ㅣ。

【召】 ㊀(소) 〔嘯〕 ㊁(조) 〔國字〕 シヨウ、めす call ㄓㄠ chao⁴

小篆 書草 ㊀❶부를소(呼也)。〔王逸曰〕以手曰招以言曰ㅣ。〔書〕大戰于甘乃ㅣ六卿。❷청할소(招也)。〔程頤言箴〕吉凶榮辱、惟其所ㅣ。❸과부소(寡婦ㅣ史)。(古音「조」) ㊁❶대추조(棗也)。

【召命:소명】 임금이 신하를 부르는 명령。

【召募:소모】 義兵 등을 불러서 모음。

【召辟:소벽】 草野에 있는 사람을 禮를 갖추어 불러서 벼슬을 시킴。招辟。徵辟。〔宣和書譜〕不應ㅣㅣ。

【召史:소사】❶조이。❷姓 아래 붙여 寡婦임을 나타내는 말。
【召接:소접】임금이 신하를 불러서 몸소 만나 보던 일。『史記』宰相國ーー之。
【召集:소집】❶불러서 모음。❷국회를 열려고 의원들을 모음。
【召集狀:소집장】소집을 명령하는 書狀。
【召致:소치】불러서 오게 함。『北史』任其ーー。
【召還:소환】일을 끝마치기 전에 불러 돌아오게 함。
【召喚:소환】관청에서 오라고 부름。
【召喚狀:소환장】소환하는 문서。◎應ー。

【叭】(팔) 曷 ハツ、ひらく trumpet ㄅㄚ paˋ
草書 ❶입벌릴팔(口開)。❷나팔팔(喇ー軍中吹器)。
【叭噠杏:팔달행】果實名。巴旦杏으로도 씀。
【叭喇唬:팔랄효】大砲의 이름。佛郎機(또는 銃)라고도 함。明代에 포르투갈로부터 傳來함。

【㕣】(연) 銑 エン、やまあいのどろぬま march in mountain
小篆 古文 산속의 늪연(山間陷泥地)。

【叮】(정) 靑 テイ、ねんごろ request
草書 ❶단단히부탁할정(ー嚀囑也)。❷친절할정(親切)。❸정성스러울정(誠也)。
【叮嚀:정녕】❶정성스러움。丁寧。『玉篇』叮、ーー、囑付也。❷틀림없이。
【叮噹:정당】叮唬라고도 씀。❶玉의 소리。방울소리。『長成殿・重圓』仙珮互趨蹌、趁天風惟聞遙送ーー。❷琵琶를 뜯는 소리。『燕子箋、合圍』。
【叮囑:정촉】단단히 부탁함。정성껏 부탁함。

【可】㈠(가) 哿 カ、よい right;may ㈡(극) 職 ㄎㄜˇ kʻəˇ
小篆 草書 ㈠❶옳을가(否之對)。『書』訟ー乎。❷허락할가(許也)。『史記 孔子世家』晏嬰不ー、公惑之。❸가히가(肯也)。❹바가(所也)。『十八史略 西漢』宜爲帝者太宗之廟、制曰ー。❺마땅할가(宜也)。『論語』子曰、ー也簡。❻착할가(善也)。『論語 爲政』人而無信、不知其ー也。❼만큼가(程也)。『史記滑稽傳』飮ー五六斗。❽겨우가(僅也)。㈡❶오랑캐극(突厥酋長曰ー汗)。❷안해극(妻曰ー敦)。
【可嘉:가가】❶잘 되었다고 칭찬할 만함。❷착하다고 칭찬할 만함。
【可呵:가가】스스로 우스움。가히 웃을 만함。
【可堪:가감】感銘이 깊어 견디기 힘들음。那堪。
【可堪之人:가감지인】맡은 일을 감당할 만한 사람。
【可居之地:가거지지】살 만한 곳。
【可決:가결】의안을 옳다고 결정함。
【可耕地:가경지】경작할 수 있는 토지。
【可考:가고】참고할 만함。
【可考文獻:가고문헌】참고될 만한 문헌。
【可恐:가공】두려워할 만함。
【可觀:가관】❶볼 만함。❷비웃을 만함。
【可怪:가괴】괴상하게 여길 만함。
【可教:가교】더불어 가르칠 만함。
【可及的:가급적】되도록。될 수 있는 대로。형편이 용서하는 대로。
【可矜:가긍】가련함。불쌍함。가엾음。
【可念:가념】마음에 걸릴 만함。걱정됨。
【可能:가능】❶할 수 있음。❷될 수 있음。❸《心》思惟上 모순이 없음。
【可能性:가능성】가능한 성질。
【可當:가당】❶사리에 맞을 만함。❷해낼 수 있음。
【可動性:가동성】움직일 수 있는 성질。
【可慮:가려】걱정스러움。염려가 됨。
【可憐:가련】❶귀여움。❷신세가 딱하고 가엾음。불쌍함。『李白』ーー飛燕倚新粧。
【可望:가망】될만한 희망。
【可變:가변】변하게 할 수 있음。또는 변할 수 있음。↕不變。
【可變資本:가변자본】《經》자본 중 노동 임금 따위로 지출되는 부분。
【可否:가부】❶옳고 그른 것。❷可決과 否決。❸許容할 것인가 아닌가의 여부。『史記』今取入則不然、不問ーー、不論曲直。
【可否間:가부간】옳거나 그르거나 하여튼。
【可否決定:가부결정】가부를 결정함。
【可分:가분】나눌 수 있음。↕不可分。
【可不可:가불가】가함과 가하지 못함。
【可視光線:가시광선】《物》광선 중에서 우리 눈에 감각될 수 있는 범위 안의 광선。보라・남・청・초록・노랑・등색・빨강 따위。
【可信:가신】믿을 만함。
【可愛:가애】사랑스러움。사랑할 만함。
【可逆:가역】《化》물질의 상태를 열역학적으로 다루는 경우 다시 본디의 상태로 돌아가려는 현상。
【可逆變化:가역변화】《物》장차 도로 변할 가능성이 있는 변화。
【可燃物:가연물】잘 탈 수 있는 물체。
【可燃性:가연성】잘 탈 수 있는 성질。
【可畏:가외】두려워할 만함。무서움。
【可溶:가용】액체에 잘 녹음。
【可溶物:가용물】액체에 잘 녹는 물체。
【可溶性:가용성】액체에 잘 녹는 성질。
【可鎔性:가용성】금속에 열을 가하면 잘 녹는 성질。
【可謂:가위】적이。좋게 말하자면。
【可意:가의】❶마음에 맞음。마음에 들음。❷마음대로 됨。생각대로 되어 감。❸愛人。사랑스러운 사람。
【可人:가인】쓸만한 사람。좋은 사람。可兒。『蘇軾』始信淵明是ーー。
【可憎:가증】얄미움。
【可知:가지】알 만함。알 수 있음。
【可取:가취】가히 취할 만함。
【可歎:가탄】탄식할 만함。
【可痛:가통】통분할 만함。
【可痛之事:가통지사】가통할 일。
【可便:가편】의안을 표결할 때 찬성하는 편。↕否便。
【可票:가표】表決에 찬성을 나타내는 표。↕否票。
【可合:가합】합당함。적합함。
◎不ー、認ー、印ー、裁ー、許ー。

【台】㈠(태) 灰 タイ、イ、われ myself ㈡(이) 支 ㄊㄞ tʻai²
小篆 ㈠❶별태(三ー星、今三公曰三ー三鼎)。❷늙을태(大老)。『詩經 大雅行葦』黃耈ー背。(『臺』의 略字) ㈡❶나이(我也)。『書』祇ー德先。❷기쁠이(悅也)。『史記』唐堯遜位虞舜不ー。❸기를이(養也)。
【台德:이덕】나의 德。임금의 德。台는 我로 임금이 자기 덕을 일컬음。
【台閣:태각】一國의 정치를 하는 곳。臺閣。
【台啓:태계】편지 봉투에 受信人의 이름 밑에 쓰는 말。
【台階:태계】❶三公의 位。❷남의 집의 尊稱。『杜甫』ーー翊戴全。

【台臨:태림】 훌륭한 분의 왕림。
【台命:태명】 三公의 명령。〈轉〉웃 사람의 명령의 敬語。
【台墨:태묵】 남의 편지의 敬稱。「台翰。台書。
【台安:태안】 健康·平安 등의 書信 用語。「宰相。台席。台座。
【台位:태위】 三公(三政丞)의 位。〈轉〉
【台宰:태재】 임금을 돕고 百官을 통솔하여 가는 大臣。台輔。台傅。台傅。台衡。

【叱】

(질) 質 ㄔˋ chih⁴ しかる (本音「즐」)
草書 叱 꾸짖을질(一咤、大訶發怒)。【禮】尊客之前不一狗。
【叱咄:질돌】 꾸짖음。
【叱辱:질욕】 꾸짖어 욕함。「文의 添削。
【叱正:질정】 꾸짖어 바르게 함。〈轉〉詩
【叱叱:질질】 ❶꾸짖는 소리。혀를 차는 소리。❷소나 말을 모는 소리。
【叱嗟:질차】 꾸짖는 것。「戰國策」威王勃然怒曰、一一、而母婢也。
【叱責:질책】 꾸짖어서 나무람。
【叱咤:질타】 언성을 높여 꾸짖음。

【史】

(사) 紙 ㄕˇ shih³ シ、れきし history
草書 史 ❶사기사、역사사(冊也)。❷사관사(太一掌書官)。【禮】動則左一書之言則右一書之。❸빛날사(華美)。【論語 雍也】文勝質則一。❹성사(姓也)。
【史家:사가】 歷史家。
【史庫:사고】 李朝 때 나라의 史記와 중요한 서적을 저장해 두던 정부의 곳집。
【史官:사관】 〈制〉❶古代 中國에서 記錄을 담당하던 관리。❷역사를 편찬하던 관리。❸高麗 때의 官廳。王의 言行·政治、百官의 行蹟 등 모든 時政을 기록하는 일을 함。「史記」一一非秦記、皆燒之。
【史劇:사극】 ❶史實에서 취재하여 만든 연극。또는 희곡。❷歷史劇의 略語。
【史談:사담】 역사에 관한 이야기。
【史略:사략】 역사의 大略을 적은 것。
【史錄:사록】 역사에 관한 기록。
【史論:사론】 역사에 관한 논설。
【史料:사료】 역사 연구의 자료。
【史書:사서】 ❶역사책。❷史官의 글씨。「漢書」多材藝、善一一。
【史乘:사승】 역사를 적은 書籍。〈乘은 써서 실린다는 뜻〉。史牒。「孟子」晉之乘。
【史詩:사시】 서사시의 하나。역사의 사실을 가지고 지은 시。
【史實:사실】 역사에 실제로 있는 일。
【史獄:사옥】 역사적인 중대 범죄 사건。
【史蹟:사적】 역사상으로 남아있는 사건의 자취。遺蹟·古蹟。
【史籍:사적】 역사책。史書。「史觀。
【史的唯物論:사적유물론】 〈哲〉唯物
【史傳:사전】 ❶역사와 전기。❷역사상의 기록을 자료로 한 전기。
【史冊:사책】 =史記·史策。
【史策:사책】 歷史上의 記錄。역사를 적어 놓은 書籍。史冊。
【史遷:사천】 =司馬遷。
【史體:사체】 史記의 體制。編年體와 紀傳體。「의 草稿。
【史草:사초】 史官이 기록하여 둔 史書
【史評:사평】 역사의 批評。
【史筆:사필】 역사를 기록하는 筆法。「[쏘參]一一衆推直、陳書人莫窺。
【史學:사학】 歷史學의 略語。
【史話:사화】 역사 이야기。
【史禍:사화】 ❶史筆로 말미암아 입는 禍。❷史筆에 관계되는 옥사。
◎經一、國一、文學一、文化一、先一、小一、宿一、野一、女一、麗一、曆一、外一、正一、情一、靑一、太一。

【右】

(우) 有 一ㄡˋ yu⁴ ユウ、ウ、みぎ right
小篆 草書 右 ❶오른쪽우(左之對)。【書】夾一碣石。❷높일우(尊也)。【漢書】遭遇一武。❸강할우(强也)。【後漢書】無令豪一得固其利。❹도울우(助也)。【書】予欲左一有民。❺위우(上也)。❻곁우(側也)。
【右傾:우경】 ❶정부와 정부의 黨。與黨。❷文藝上·思想上 傳統을 중하게 여김。(『祐·祜』와 통함)
【右弓:우궁】 시위를 오른 손으로 당겨 쏘는 활。↕左弓。
【右券:우권】 證書。옛날에 나무 조각에 證文을 기록하여 左右로 나누어 左券은 債務者에게 주고、右券은 債權者가 所持함。右契。【史記】事成操一一以責。
【右揆:우규】 右議政의 別稱。
【右記:우기】 본문의 오른 쪽에 씀。또는 그 글。↕左記。
【右袒:우단】 한 쪽의 편을 들음。
【右道:우도】 〈地〉李朝 때 京畿·忠淸·全羅·慶尙·黃海 각 道를 둘로 나눈 한 쪽의 이름。곧 京畿道의 북쪽 부분과、忠淸·全羅·慶尙·黃海 각 道의 서쪽。↕左道。
【右武:우무】 武를 崇尙함。尙武。
【右文:우문】 學을 崇尙함。學問을 尊重함。【宋史】廣列聖崇儒一一之聲。
【右文左武:우문좌무】 문무 두 가지를 가지고 천하를 다스림。
【右方:우방】 오른 편。↕左方。
【右邊:우변】 ❶오른 편 가장자리。❷右捕盜廳의 別稱。
【右阜傍:우부방】 漢字 部首의 오른 편에 붙는 부방 변의 이름。↕左阜傍。
【右相:우상】 〈制〉李朝 때 右議政의 別稱。↕左相。
【右序:우서】 도와서 질서를 세움。【詩經】一一有周。
【右旋:우선】 오른 편으로 돌음。↕左旋。
【右姓:우성】 세력 있고 훌륭한 家門。右族。名門。貴族。【後漢書】强宗一一、各擁衆保營。
【右水營:우수영】 〈制〉李朝 世祖 때 全羅道 海南에 두었던 全羅道 右水軍 節度使의 軍營。
【右心房:우심방】 〈生〉염통 안의 오른쪽 윗 부분。온몸의 정맥에서 오는 피를 받아 우심실로 보내는 구실을 함。
【右心室:우심실】 〈生〉염통의 오른 쪽 아랫 부분。우심방에서 보내 온 피를 깨끗이 하여 폐동맥으로 보내는 구실을 함。
【右列:우열】 오른 편의 열。↕左列。
【右往左往:우왕좌왕】 이리 저리로 왔다 갔다 함。갈팡질팡함。左往右往。
【右議政:우의정】 〈制〉李朝 때 議政府의 正一品 벼슬。↕左議政。
【右翼:우익】 ❶새의 오른 쪽 날개。❷=右軍。❸隊列의 오른 쪽。❹保守派·國粹主義派의 정당 단체。↕左翼。【史記】多爲奇陳、張左一一。
【右翼手:우익수】 〈運〉野球에서 外野의 오른 편을 수비하는 사람。
【右政丞:우정승】 =右議政。
【右地:우지】 ❶서쪽의 땅。【漢書·匈奴傳】。❷要地。【漢書】卽收一一。
【右職:우직】 ❶현직보다 높은 벼슬。❷高官·高職。【漢書】文翁以爲一一。
【右贊成:우찬성】 〈制〉李朝 때 議政府의 從一品 문관 벼슬。

【右參贊:우참찬】(制)李朝 때 議政府의 正二品 문관 벼슬。

【右側:우측】오른 쪽의 옆。↔左側。

【右派:우파】❶穩健主義的 색채를 띤 파。❷右翼。

【右閤:우합】(制)右議政의 別稱。

【右舷:우현】배의 뒷 쪽에서 배의 머리를 향하여 오른 쪽의 뱃전。

◎左ㅣ、座ㅣ。

【厹】(구) 尤 キュウ、みつまたやり

(小篆) (草書) ❶기승할구(氣高)。❷세모창구(三隅矛)。❸나라이름구(國名)。〔詩〕ㅣ矛鋈錞。

(『仇』와 통함)

【厹矛:구모】세모에 날이 선 창。

【叵】(파) 哿 ハ、むずかしい impossible

(小篆) (草書) ❶못할파、할수없을파(不可)。〔後漢書〕大耳兒最ㅣ信。❷드디어파(遂也)。〔後漢書〕帝知其終不爲用ㅣ欲討之。❸술잔파(巵名、ㅣ羅)。(『頗』와 같음)

【叵奈:파내】어떻게 할 수 없음。(마음에 憎惡하는 일이 있을 때 씀)。

【叵耐:파내】참을 수 없음。

【叵羅:파라】술잔。

【叵信:파신】믿을 수 없음。

【叵測:파측】헤아릴 수 없음。

【叶】(협) 葉 キョウ かなう ㄒㄧㄝ hsieh harmony

(『協』의 古字) (小篆) (草書) ❶화합할협(和也)。〔後漢書〕ㅣ時月正日餘。

【叶韻:협운】어떤 韻의 文字가 다른 韻에 通用됨。

【号】(호)『號』(虍部 7畫)의 略字

【司】(사) 支 シ、つかさどる ㄙ ssu take charge of

(小篆) (草書) ❶맡을사(主也)。❷벼슬사(有ㅣ職事)。〔何承天答宗居士書〕耳目殊ㅣ。❸엿볼사(伺也)。〔周禮 地官師氏〕居虎門之左、ㅣ王朝。❹차지할사(占也)。❺마을사(府也)。

【司諫:사간】(制)❶임금의 잘못〔失政〕을 諫하는 일을 맡던 벼슬。❷李朝 때 司諫院의 從三品 벼슬。

【司諫院:사간원】(制)李朝 때 三司의 하나。임금에게 諫하는 일을 맡아 본 관청。諫院。

【司敎:사교】(宗)❶천주교의 聖職。곧 大司敎의 다음。司祭의 위임。❷大倧敎 敎議會에서 公選하는 직책。

【司令:사령】(軍)군대나 함대를 통솔하는 직책의 한 가지。

【司令官:사령관】(軍)사령의 직책을 맡은 武官。

【司令部:사령부】(軍)사령관이 사무를 집행하는 곳。

【司令塔:사령탑】軍艦에서 司令이 지휘하기에 편리하도록 만든 탑。

【司馬:사마】❶(制)周代 主로 軍事를 맡아보던 벼슬。❷漢代 三公의 하나。〔書經〕ㅣㅣ掌邦政、統之師、平邦國。

【司馬懿:사마의】(人)一七九~二五一 西晉의 初代 王 宣帝。字는 仲達。

司馬懿(三才圖會)

【司馬遷:사마천】(人)漢代의 史家。字는 子長、司馬談의 아들。武帝 때 太史令이 됨。〈著書〉史記 一三○권。

司馬遷(三才圖會)

【司命:사명】❶사람의 생명을 맡음。❷(天)별 이름。

【司牧:사목】맡아서 기름。(轉)임금。

【司方:사방】❶指南車。司南車。❷方位를 찾아냄。

【司法:사법】(法)개인 사이、또는 개인과 국가 사이에 爭訟이 있을 때、올바른 법을 적용함을 보장하는 국가의 작용。독립된 법원에 의하여 행하여 지며、立法·行政과 더불어 국가 三權의 하나。

【司法警察:사법경찰】경찰이 맡은 일 중 범죄의 수사 및 피의자의 체포、기타 법원이나 검찰의 명에 의하여 집행하는 사무의 분야。

【司法官:사법관】(法)사법권의 行使를 맡은 공무원。곧 법관。어떤 경우에는 검찰관까지를 일컬음。

【司法權:사법권】(法)三權의 하나로 사법의 작용을 하는 국가의 권능。

【司法機關:사법기관】(法)사법권을 행사하는 국가의 기관。

【司法府:사법부】(法)三權分立상의 司法界。

【司法書士:사법서사】남의 위촉을 받아 法院·檢察廳 기타 사법 기관에 제출하는 서류를 대신 작성하는 일을 업으로 하는 사람。

【司書:사서】❶서적을 맡아보던 벼슬。❷국·공립 도서관의 직원。❸(制)李朝 때 侍講院의 正六品 벼슬。

【司稅:사세】세금에 관한 일을 주관하여 맡아 봄。

【司正:사정】❶宴禮에 主人의 禮儀를 돕는 역할을 하던 사람。❷(制)㉠明代에 있었던 女官의 이름。㉡李朝 때 五衞의 正七品 軍職。(그릇된 일을 바로잡음)。

【司祭:사제】(宗)❶천주교의 司敎 다음 가는 교직。神父。❷그리이스 정교의 主敎 다음 가는 교직。

【司直:사직】(制)❶裁判官。❷李朝 때 五衞의 正五品 軍職의 하나。副護軍의 다음으로 현직에 있지 아니한 문관과 무관 및 蔭官으로 채움。

【司寒祭:사한제】선달과 이월。곧 얼음을 빙고에 넣을 때와 빙고문을 열 때에 지내던 제사。

【司會:사회】집회에서 진행을 맡아 노는 사람。또는 그 일。

◎公ㅣ、島ㅣ、上ㅣ、祭ㅣ、下ㅣ。

【叺】(입) 〔日字〕 かます straw-sack

가마니입、섬입。

【加】(가)→力部 3畫

【占】(점)→卜部 3畫

三畫

【吁】(우) 虞 ク、ウ、ああ ㄒㄩ hsü (本音〔후〕)

(小篆) (草書) ❶탄식할우(嘆也)。〔書〕帝曰ㅣ。❷불우(噓也)。〔論衡〕猪馬以氣ㅣ之。

【吁咈:우불】불찬성을 표시하는 말。

【吃】(흘) 物 キツ、どもる ㄔ ch'ih stammer (古音〔글〕)

(小篆) (草書) ❶말더듬을흘(言蹇難)。〔史記〕韓非爲人口ㅣ而善著書。❷먹을흘(喫也)。〔新書〕越王

窮至乎ㅣ山草。 ❸웃는 소리 흘(笑聲)。
【吃驚:흘경】 〔飛燕外傳〕笑ㅣㅣ不絕。 깜짝 놀람。 또는 그 일。
【吃水:흘수】 배의 아랫 부분이 물에 잠기는 정도。
【吃逆:흘역】 딸국질。
【吃吃:흘흘】 껄껄 웃는 모양。

【各】 (각) 藥 カク、おのおの each ㄍㄜˋ kè

(小篆) (草書) 각각각。 따로따로각、제각기각(異辭)。 〔韓愈上張僕射書〕人ㅣ有能有不能。
【各各:각각】 따로따로。 몫몫이。
【各個:각개】 낱낱。
【各個人:각개인】 각각의 개인。
【各居:각거】 각각 따로 거처함。
【各界:각계】 사회의 각 방면。
【各界各層:각계각층】 각 방면과 여러 층。 또는 거기에 딸린 사람。
【各界人士:각계인사】 사회의 여러 방면의 사람。
【各國:각국】 각 나라。 여러 나라。
【各郡:각군】 ❶각 고을。 ❷행정 구역상의 각각의 郡。
【各宮:각궁】 ❶여러 궁。 모든 궁。 ❷왕궁에 딸렸던 明禮宮·龍洞宮·壽進宮·於義宮을 말함。
【各其:각기】 각각 저마다。
【各斷:각단】 각각 자름。
【各道各郡:각도각군】 각 도와 각 군。
【各洞:각동】 ❶각 동네。 ❷행정 구역으로 나누인 각각의 洞。
【各落:각락】 무너질 듯하게 위험한 모양。 〔何晏·景福殿賦〕。
【各論:각론】 논설문이나 책 따위의 각 세목에 대한 논설。 ↕總論。
【各離:각리】 각각 이리저리 흩어짐。 서로 떨어짐。
【各立:각립】 ❶따로 섬。 ❷관청의 하급 관리나 영업자들이 불평을 품고 관청이나 都中에서 단체적으로 물러섬。
【各立獨行:각립독행】 각각 떨어져 따로 따로 행함。
【各面各里:각면각리】 각 면과 각 리。
【各般諸具:각반제구】 온갖 기구。
【各方:각방】 =各方面。
【各房:각방】 한 집 안에 있는 각각의 방。
【各方面:각방면】 모든 방면。 여러 군데。
【各別:각별】 각각 다름。
【各封:각봉】 따로 따로 봉함。 別封。
【各部:각부】 ❶각각의 부분。 ❷각각의 부。 ❸十王이나 羅漢을 따로따로 그린 幀畫。
【各分:각분】 각각 나눔。
【各產:각산】 각 살림。
【各散:각산】 각기 흩어짐。
【各散盡飛:각산진비】 각각 흩어져 감。
【各床:각상】 ❶각각 따로 차린 외상。 ❷각각의 음식상。
【各色:각색】 ❶여러 가지 빛깔。 ❷여러 가지。 ❸《制》 각 관아의 빛。
【各生:각생】 바둑 둘 때 양편 말이 다 같이 살아남。
【各設:각설】 각각 베풀음。 따로 시설함。
【各姓:각성】 ❶각각의 성씨。 ❷성이 다른 각 사람。
【各所:각소】 각 군데。
【各心:각심】 ❶각각의 마음。 ❷각각 달리 먹는 마음。
【各心所爲:각심소위】 각 사람이 각각 다른 마음으로 한 일。
【各樣:각양】 여러 가지 모양。 여러 가지가 각각 다른 양식。
【各樣各式:각양각식】 여러 가지 양식。
【各員:각원】 각각의 인원。
【各位:각위】 ❶여러분。 ❷각각의 神位。
【各邑:각읍】 행정구역상의 각각의 邑。
【各異:각이】 각각 다름。
【各人:각인】 각각의 사람。
【各人各色:각인각색】 ❶각 사람의 여러 모양。 ❷사람에 따라 각각 다름。
【各人各姓:각인각성】 여러 사람과 여러 성바지。 여러 사람、 모든 사람。
【各自:각자】 각각의 자기。 제각기。
【各自圖生:각자도생】 제각기 살아나갈 길을 꾀함。
【各自爲心:각자위심】 각자가 다 마음을 다르게 먹음。
【各葬:각장】 夫婦를 각각 딴 자리에 장사함。 ↕合葬。
【各條:각조】 각각의 조목。
【各種:각종】 갖가지。 여러 가지。
【各從其類:각종기류】 만물은 제 각기 제 同類를 따름。
【各地:각지】 각 지방。 또는 각 지점。
【各地各處:각지각처】 여러 지방。 여러 곳。
【各地方:각지방】 여러 지방。 모든 지방。
【各處:각처】 여러 곳。 모든 곳。
【各體:각체】 ❶여러 가지 체재。 ❷여러 가지 자체·문체 서체 따위。
【各村:각촌】 각 마을。
【各出:각출】 ❶각각 나옴。 ❷각각 내놓음。
【各出斂:각출렴】⇩각추렴】 각 사람에게서 금품을 거둠。
【各層:각층】 여러 층。 각각의 층。
【各通:각통】 서류의 각 벌。
【各派:각파】 ❶각각의 파벌。 ❷한 조상에서 갈라진 각각의 친족。
【各項:각항】 ❶각 항목。 ❷갖가지。
【各戶:각호】 호적상의 각 집。

【合】 ㊀(합) ㊁(갑) 合 合 ゴウ、あう sum ㄏㄜˊ hé²

(小篆) (草書) ❶합할합(結ㅣ)。 ❷같을합(同也)。 〔詩〕妻子好ㅣ。 ❸짝합(配也)。 〔詩〕天作之ㅣ。 ❹모일합(會也)。 〔禮〕不能五十里者不ㅣ于天子。 ❺모둘합(聚也)。 〔論語〕始有苟ㅣ。 ❻대답할합(答也)。 〔左傳〕旣ㅣ而來奔。 ㊁❶부를갑(呼也)。 ❷화할갑(和也)。 ❸홉갑(量名十龠)。
【合格:합격】 ❶어떤 조건이나 격식에 적합함。 ❷시험에 통과됨。 또는 그 일。
【合格者:합격자】 ❶시험에 급제한 사람。 及第者。 ❷격식이나 조건이 적합한 사람。
【合格品:합격품】 조건·격식、 또는 규격에 어긋나지 않은 물건。 검사를 통과한 물건。
【合慶:합경】 경사스러운 일이 거듭함。
【合計:합계】 한데 몰아서 계산함。 또는 그 수。 〔周禮·注〕ㅣㅣ其士之卒伍、閱其兵器。
【合谷:합곡】 침 놓는 자리의 하나로서 엄지손가락과 집게손가락과의 사이。
【合拱:합공】 두 손을 합하여 쥠。 또는 그만한 크기。
【合局:합국】 무덤이나 집 자리가 좋은 곳。 곧 穴과 砂와 합하여 이룬 자리。
【合巹:합근】 술잔을 맞추는 뜻。 《轉》부부가 됨。 〔儀禮·士昏禮〕四爵ㅣㅣ。
【合金:합금】 두 가지 이상의 다른 금속을 녹여 混和시킨 쇠붙이。 合成金。
【合衾:합금】 한 이불 속에서 잠。
【合當:합당】 꼭 알맞음。 「네로 합침。
【合洞:합동】 여러 동네를 새로운 한 동네로 합침。
【合同:합동】 여럿이 모이어 하나가 되어 함께 함。 〔禮記〕流而不息、ㅣㅣ而化。
【合同結婚式:합동결혼식】 여러 쌍이 합동으로 하는 결혼식。
【合力:합력】 ❶흩어진 힘을 한데 합함。

↕分力。❷몇 개의 힘 A·B·C들이 동시에 한 물체에 작용하는 결과가 단 한 개의 힘이 작용하는 것과 같을 때 그 힘을 A·B·C들의 합력이라 함。❸어느 일을 하는 경우의 勢力의 결합。

【合禮:합례】❶신랑 신부가 첫날 저녁에 한 이불 속에서 잠。❷예절에 맞음。예절에 어글어짐이 없음。正禮。

【合流:합류】❶냇물 같은 것이 합치어 흐름。❷단결을 위하여 한 데로 몰림。

【合流點:합류점】❶냇물 같은 것이 합치게 된 그 곳。❷단결을 위하여 한 곳으로 몰리게 되는 경우。

【合理:합리】❶이치에 합당함。❷논리적인 필연성에 의하여 지배되는 것。

【合理的:합리적】떳떳한 도리에 맞은 것。合理主義에 입각한 일。

【合理化:합리화】❶多雜한 事情에 법칙 근거를 줌。❷가장 이상으로 하는 목표에 알맞도록 함。

【合名會社:합명회사】《經》두 사람 이상이 각각 出資하여 경영하는 무한 책임의 간단한 회사。少數人이 자본보다도 노동의 보충을 목적으로 함。

【合木:합목】나뭇조각을 마주 붙임。

【合目的:합목적】목적에 맞음。「침。

【合邦:합방】두 나라를 한 나라로 합

【合法:합법】法令 또는 법식에 맞음。↕不法。

【合法性:합법성】❶자연이나 또는 사회의 현상이 일정한 因果律에 따르는 일。❷법률로써 허가되어 있는 일。❸법률에 합치함。

【合法的:합법적】법에 맞는 것。

【合璧:합벽】아름다운 것이 두 개 모임。『漢書』日月如ㅣㅣ、五星如連珠。

【合倂:합병】둘 이상의 기관을 합하여 하나로 만들음。倂合。『王粲』人天欲不違、何懼不ㅣㅣ。

【合本:합본】❶合資。❷여러 권을 함께 맨책。또는 그런 일。「어 붙음。

【合氷:합빙】강물이 건너까지 모두 얼

【合祀:합사】둘 이상의 죽은 사람의 넋을 한 곳에 모아 제사함。「그런 일。

【合絲:합사】실을 합하여 꼰 실。또는

【合四柱:합사주】혼인 말이 일어난 신랑 신부 감이 서로 사주를 맞추어 봄。

【合朔:합삭】해와 달이 서로 만나는 날。음력 매월 一일 전후。

【合算:합산】모두 합하여서 셈함。

【合席:합석】한 자리에 함께 앉음。

【合線:합선】양전기 음전기의 두 선이 어떤 원인으로 한데 붙는 일。

【合設:합설】한 곳에 합치어서 설치함。

【合成:합성】❶두 가지 이상의 것이 결합하여 한 개로 됨。❷《物》원소로부터 출발하여 화합물을 만들어 냄。또는 간단한 하합물에서 복잡한 화합물을 만들어 냄。↕分析。

【合成金:합성금】＝合金。

【合成力:합성력】둘 이상의 힘을 모아서 된 한 힘。

【合成物:합성물】❶합성하여서 만들어진 물건。❷《法》형태로는 단일한 형체를 가지나 사실은 여러 개의 물건의 결합으로 이루어져 그 구성 부분이 여전히 個性을 지니는 물건。곧 보석 반지、건물 따위。

【合成樹脂:합성수지】유기 화합물에서 인공적으로 합성하여 만든 수지。

【合成語:합성어】＝複合語。

【合成品:합성품】두 가지 이상이 합하여 이루어진 물건。

【合勢:합세】세력을 한데 합함。

【合率:합솔】흩어졌던 집안이나 가까운 일가가 모여 살음。

【合水:합수】몇 갈래의 물이 모여서 한데 흐르는 물。「데 흐르는 물。

【合宿:합숙】❶많은 사람이 한 곳에 숙박함。❷어느 단체가 단련을 위하여 한 곳에서 숙박함。

【合宿所:합숙소】합숙을 하는 곳。

【合乘:합승】＝乘合。

【合式:합식】❶全部。一切。❷合法。

【合心:합심】많은 사람이 마음을 합함。

【合緣:합연】잘 맞는 인연。인연이 잘 맞음。

【合緣奇緣:합연기연】내외가 되는 인「연。이상 야릇한 인연。

【合圍:합위】❶삥 둘러 에워쌈。包圍。❷合抱。『禮記』天子不ㅣㅣ。

【合有:합유】공동 소유의 한 형태。한 개에 의하여 나누어 가지게 된 것。

【合議:합의】몇 사람이 모여서 의논함。

【合意:합의】❶서로 의사가 일치함。❷당사자간의 뜻이 합치함。

【合議制:합의제】《法》❶합의에 의하여 일을 處決하는 제도。❷심리의 신중·적정을 기하는 몇 사람의 법관이 심판하는 「제도。

【合刃:합인】交戰함。

【合一:합일】합치어서 하나가 됨。

【合子:합자】뚜껑 있는 상자 그릇。(子는 接尾辭)。『正韻』ㅣㅣ盛物器。

【合資:합자】각 사람의 자본을 합함。

【合資會社:합자회사】《經》無限責任社員이 경영하는 사업에 有限責任社員이 자본을 제공하고 그 사업으로부터 얻는 이익을 분배하는 회사。유한 책임 사원은 책임이 가벼워서 회사의 업무 집행 및 대표권은 없음。

【合作:합작】❶힘을 합하여 만들음。❷작품을 두 사람 이상이 서로 의논하여 지음。

【合葬:합장】한 무덤에 묻음。『史記』高后崩、ㅣㅣ長陵。

【合掌:합장】두 손바닥을 마주 합침。또는 그와 같이 하고 절을 함。

【合掌拜禮:합장배례】두 손바닥을 마주 대고 절함。

【合掌心:합장심】남을 우러러 받드는 마음。인자스러운 마음。

【合著:합저】힘을 합해 책을 지음。「함。

【合點:합점】합한 점수。또는 점수를 합

【合劑:합제】調合된 藥劑。

【合卒:합졸】장기를 둘 때 兵이나 卒을 가로 쓸어 한데 모으는 일。

【合從:합종】굳게 맹세하여 서로 응함。

【合奏:합주】《樂》두 개 이상의 악기로 동시에 연주하는 것。「도록 꾸민 곡。

【合奏曲:합주곡】《樂》합주를 할 수 있

【合竹扇:합죽선】부채 살 양 쪽에 종이를 붙인 부채。

【合衆國:합중국】여러 나라가 연합하여 공동의 정부를 조직하고 완전한 外交權을 가진 국가。

【合衆力:합중력】많은 사람들의 힘을 합침 또는 합친 힘。

【合著:합착】떨어져 있던 것들을 한데 「합하여 붙임。

【合瘡:합창】종기·상처 따위가 아물음。

【合唱:합창】❶여러 사람이 소리를 맞추어 노래함。❷四명 이상의 소리가 함께 和聲을 이루면서 다른 旋律로 노래함。混聲合唱·同聲合 능이 있음。

【合唱曲:합창곡】합창을 할 수 있도록 작곡한 곡。

【合尖:합첨】塔을 쌓을 때 최후의 봉우리를 완성하는 것。《轉》끝맺음하는 것。

【合體:합체】많은 사람이 마음을 모아 한 덩어리가 됨。

【合聚:합취】한데 모여서 合함。합침。

【合致:합치】서로 합하여 일치함。

【合版:합판】 몇 사람이 공동으로 책을 출판함。
【合辦:합판】 ❶몇 사람이 힘을 모아 어느 사업을 경영함。 ❷몇 개 企業體가 공동으로 어느 기업을 함。
【合編:합편】 두 편 이상의 글이나 책을 합쳐 엮음。 또는 그 책。
【合窆:합폄】 ＝合葬。
【合昏木:합혼목】 《植》자귀나무。
【合和:합화】 和同함。 한데 합하여 잘 어울림。 『後漢書』四海ㅡㅡ、萬世蒙福。
【合歡:합환】 ❶기쁨을 같이 함。 ❷남녀가 同居함。 『禮記』酒食者所以ㅡㅡ也。
【合歡酒:합환주】 혼례 때 신랑 신부가 서로 잔을 바꾸어 마시는 술。
◎結ㅡ、競ㅡ、配ㅡ、倂ㅡ、步ㅡ、附ㅡ、符ㅡ、暗ㅡ、野ㅡ、聯ㅡ、煉ㅡ、融ㅡ、離ㅡ、接ㅡ、組ㅡ、調ㅡ、綜ㅡ、集ㅡ、混ㅡ、和ㅡ、化ㅡ、會ㅡ。

【吅】 (현) 元 ケン、よびたてる cry
부르짖을현(叫也)。

【吆】 (요) 蕭 ヨウ、こごえ lamenting cry
애통하는 소리요(悲痛聲)。

【吴】 (화) 禡 カ、やかましい chatter
❶지껄일화(譁也)。 ❷큰입화(魚之大口)。 ❸큰소리화(大聲)。

【吉】 (길) 質 キツ、キチ、よい good
小篆 草書
❶길할길(嘉祥)。 『書經 大禹謨』惟ㅡ之從。 ❷즐거울길(慶也)。 『書』彰厥有常、ㅡ哉。 ❸이할길(利也)。 『書』惠迪ㅡ。 ❹초하룻날길(朔日)。 『周禮』正月之ㅡ。 ❺착할길(善也)。

【吉蠲:길견】 부정 타지 않은 깨끗한 것。
【吉慶:길경】 아주 경사로운 일。 『北魏書』毁瘠三年、不參ㅡㅡ。
【吉金:길금】 질이 좋은 쇠。
【吉器:길기】 흠이 없는 그릇。 『儀禮』用ㅡㅡ。
【吉年:길년】 혼인에 좋은 年運。
【吉禮:길례】 古代 五禮의 하나。 神을 祭祀하는 禮。 祭祀의 禮。
【吉林省:길림성】 《地》中國 滿洲 지방의 省 이름。 동·남은 蘇聯 沿海州와 韓國에 접하였음。
【吉莫靴:길막화】 가죽신。 『朝野僉載』。
【吉報:길보】 좋은 소식。 ↔凶報。
【吉服:길복】 三年喪을 마치고 입는 보통 옷。
【吉士:길사】 ❶좋은 사람。 ❷좋은 軍人。 ❸《制》新羅 一七官等의 열 네째의 稽知。
【吉事:길사】 좋은 일。 경사스러운 일。 『禮記』ㅡㅡ雖止
冠禮·婚禮 같은 행사。
不怠。
【吉相:길상】 ❶복을 많이 받을 징조。 좋은 징조。 吉兆。 ❷좋은 人相。
【吉祥:길상】 운수가 좋을 조짐。 경사가 날 조짐。 『史記』聖人所謂ㅡㅡ善事者與。
【吉祥善事:길상선사】 매우 기쁘고 좋은 일。
【吉辰:길신】 좋은 날。 좋은 때。
【吉運:길운】 매우 길한 운수。 ↔惡運。
【吉月:길월】 ❶좋은 달。 令月。 ❷초하루。 月朔。 『儀禮』ㅡㅡ令辰。
【吉人:길인】 性情이 바르며 복스럽게 생기고、팔자가 좋은 사람。 善人。 『詩經』藹藹王多ㅡㅡ。
【吉日:길일】 좋은 날。 吉辰·良辰。 ↔凶日。 『儀禮』令月ㅡㅡ。
【吉兆:길조】 좋은 일이 있을 징조。 또는 표시。 ↔凶兆。
【吉徵:길징】 ＝吉兆。 『晉書』母張夫人夢日入懷、元晦曰、此ㅡㅡ也。

【吉土:길토】 좋은 땅。 『禮記』因ㅡㅡ、以饗帝于郊。
【吉貝:길패】 《植》목화。 『書·禹貢』。
【吉行:길행】 ❶좋은 여행。 ❷즐거운 여행。 『漢書』古者ㅡㅡ日五十里。
【吉凶:길흉】 좋은 일과 언짢은 일。 행복과 재앙。 『易經』與鬼神、合其ㅡㅡ。
【吉凶禍福:길흉화복】 좋고 복된 일과 언짢은 일。
◎大ㅡ、卜ㅡ、不ㅡ。

【吊】 (조)『弔』(弓部 1畫)의 俗字

【吋】 ㊀(촌) 〔新字〕 ㊁(두) 有 トウ、しかる scold
草書
㊀인치촌(英國度名〈inch〉)。 ㊁꾸짖을두(叱也)。

【⿱己口】 (기) 紙 キ、たいらか flat
❶해석할기(解釋)。 ❷평평할기(平也)。

【同】 (동) 東 ドウ、おなじ same ㄊㄨㄥ t'ung²
小篆 草書
❶한가지동(共也)。 『大學』不與ㅡ中國。 ❷모을동(會合)。 ❸무리동(輩也)。 『易』天與火ㅡ人。 ❹가지런히할동(齊也)。 『書』ㅡ律度量衡。 ❺화활동(和也)。 『禮』是爲大ㅡ。 ❻같이할동(等也)。 『中庸』ㅡ其好惡。 ❼사방백리의 땅동(地方百里)『左氏·注』方百里爲ㅡ。 (『仝』과 통함)

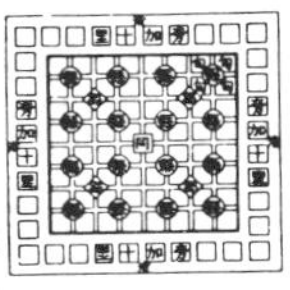
四都爲同(農政全書)

【同價:동가】 같은 값。 같은 가격。
【同價紅裳:동가홍상】 같은 값이면 다홍치마라는 뜻。 《轉》같은 값인 경우에는 품질이 좋은 것을 고름。

【同感:동감】 느낌이 같음。 남과 같게 느낌。
【同甲:동갑】 같은 나이。 同庚。
【同居:동거】 한 집에서 같이 살음。 『易經』二女ㅡㅡ、其志不同行。
【同距離:동거리】 똑같은 거리。
【同居人:동거인】 같이 동거하는 사람。
【同去就:동거취】 거취를 서로 같이 함。
【同格:동격】 ❶한 글월 가운데서 한 가지의 성분이 여럿이 같은 자격으로 한 자리를 차지하여 나란히 서는 격。 같은 자리。 ❷같은 자격。 동일한 자격。
【同慶:동경】 같이 즐거워함。
【同庚:동경】 ＝同甲。 『癸辛雜識』旁引ㅡ者數十、皆歷歷可聽。
【同契:동계】 계를 같이 함。 《轉》어떤 일을 같이 함。 『晉書』千載ㅡㅡ。
【同系:동계】 같은 계통。
【同苦:동고】 같이 고생함。 ↔同樂。
【同苦同樂:동고동락】 고락을 같이함。
【同功:동공】 공이 서로 같음。
【同功繭:동공견】 누에고치의 쌍고치。
【同工異體:동공이체】 서로 재주는 같으나 취미는 다름。 「동급의 관리。
【同官:동관】 같은 관청에 다니는 같은
【同權:동권】 똑 같은 권리。
【同歸一轍:동귀일철】 마찬가지 결과로 돌아감。 「이함。
【同勤苦:동근고】 일하기와 고생을 같
【同衾:동금】 ❶이불을 같이 함。 같이 잠。 同寢。 ❷남녀의 약속。
【同級:동급】 ❶같은 급。 ❷같은 학급。
【同級生:동급생】 같은 학급의 학생。
【同期:동기】 ❶같은 시기。 ❷동기 동창。
【同氣:동기】 같은 기질。 同志。 《轉》兄弟。 姊妹。 同胞。
【同氣間:동기간】 형제 자매 사이。

【同氣一身：동기일신】 동기간은 한몸과 같음。

【同年：동년】 ❶같은 나이。同甲。❷같은 해。同歲。❸같은 해에 進士 시험에 及第한 사람。同年生。

【同年輩：동년배】 나이가 같은 사이。

【同堂：동당】 아버지 형제의 아들。곧 四寸兄弟。從兄。昆弟。

【同黨：동당】 같은 당。

【同道：동도】 ❶한 도。같은 도。❷=同行。❸그 도。이 도。

【同等：동등】 같은 등급。『禮記』見——不起。

【同等權：동등권】 서로 맞서는 같은 권리。대등한 권리。

【同樂：동락】 다른 사람과 한 가지로 즐김。↕同苦。

【同力：동력】 같은 힘。힘을 같이 씀。

【同列：동렬】 ❶같은 행렬。❷같은 班列。같은 行列(항렬)。❸같은 地位。『史記』招八州而朝——。

【同齡：동령】 =同年。

【同牢：동뢰】 부부가 서로 음식을 같이 먹는 일。『儀禮·疏』前布——席、夫在西、婦在東。

【同僚：동료】 같은 데서 같은 일을 보는 사람。친구。同寮。同寅。『左傳』同官爲寮、吾嘗——、不敢盡心乎。

【同流：동류】 ❶同類。같은 무리。❷두 강이 合流하는 것。

【同類：동류】 ❶같은 무리。❷같은 종류。

【同類意識：동류의식】 남을 자기의 동류로 하는 의식。

【同盟：동맹】 《社》개인·단체 및 국가가 서로 공통 내지 交互되는 목적을 이루기 위하여 동일한 행동을 취할 것을 맹세하여 맺는 약속이나 언약。『春秋』——于幽。

【同盟國：동맹국】 《政》서로 동맹 조약을 체결한 當事國。

【同盟罷業：동맹파업】 《社》근로자가 단결하여 근로 조건의 유지·개선 등에 관한 주장을 관철시킬 목적으로 일제히 노동을 정지하는 일。同盟罷工。스트라이크(strike)。

【同盟休學：동맹휴학】 《社》학생이 단결하여 어떠한 조건을 내걸고 일제히 登校를 하지 않는 일。

【同名：동명】 이름이 서로 같음。

【同謀：동모】 함께 꾀함。

【同母妹：동모매】 한 어머니에게서 난 누이。同腹 누이。

【同門：동문】 ❶같은 문。❷같은 학교 또는 같은 선생에게 배우는 일。또는 그 사람。❸같은 門中이나 宗派。『漢書·注』——同師學者也。

【同文：동문】 文字가 같은 것。

【同文同種：동문동종】 나라와 나라가 文字와 人種을 같이 함。

【同門生：동문생】 한 스승에게 같이 배운 사람。

【同門受學：동문수학】 한 스승에게서 글을 같이 배움。同門同學。

【同班：동반】 같은 반。

【同伴：동반】 데리고 함께 다님。길을 같이 감。同行。

【同方：동방】 ❶뜻이 같음。❷같이 살음。

【同榜及第：동방급제】 《制》같은 때에 과거에 급제함。

【同輩：동배】 나이와 신분이 같거나 비슷한 사람。同流。

【同輩間：동배간】 =同輩。

【同病：동병】 성질이 같은 병。

【同病相憐：동병상련】 같은 병에 고민하는 사람은 서로 불쌍히 여김。《轉》경우가 같은 사람은 곤란이 있을 때 서로 동정함。『吳越春秋』——、同憂相收。

【同腹：동복】 ❶같은 어머니 배에서 남。兄弟姊妹。↕異腹。❷배를 맞춤。뜻이 맞음。

【同夫人：동부인】 아내와 같이 나들이함。

【同分利：동분리】 같은 장사를 하는 사람들이 이익을 똑같게 서로 나누는 일。

【同分母：동분모】 같은 분모를 가진 분수가 두 개 이상의 경우의 분모。

【同事：동사】 같이 장사함。같이 일을 함。

【同上：동상】 위에 적힌 것과 같음。上同。

【同牀：동상】 ❶같이 잠。❷임금과 枕席을 같이 하여 총애를 얻는 간신。

【同牀異夢：동상이몽】 한 자리에 자면서 꿈은 다름。《喩》같이 살면서 생각을 달리 함。

【同色：동색】 ❶같은 빛깔。❷같은 파벌。

【同生：동생】 자기 보다 나이가 적은 형제。아우나 손아랫누이。

【同棲：동서】 한 집에서 같이 살음。부부가 같이 살음。또는 그 일。『錢記』夕鳥尙——。

【同壻：동서】 姊妹의 남편끼리 서로 일컫는 말。

【同席：동석】 같은 자리。같이 앉음。『禮記』父子不——。

【同船：동선】 배를 같이 탐。同舟。

【同說：동설】 ❶같은 학설。❷같은 소리。

【同性：동성】 ❶같은 성질。❷性別이 같음。

【同姓：동성】 같은 성。『史記』偏封功臣——戚者。

【同姓同本：동성동본】 성과 본이 같음。

【同聲相應：동성상응】 =同氣相求。『易經』——、同氣相求。

【同性愛：동성애】 동성인 사람끼리의 사랑。

【同性戀愛：동성연애】 동성끼리 하는 변태적 연애。

【同素：동소】 ❶같은 素質。❷같은 원소。

【同宿：동숙】 ❶한 방에서 함께 잠。伴寢。❷같은 여관이나 호텔 또는 하숙집에서 함께 묵음。

【同乘：동승】 같이 탐。함께 탐。

【同時：동시】 같은 때。

【同視：동시】 같이 봄。함께 봄。

【同室：동실】 같은 방。방을 같이 하는 것。또는 그 사람。《轉》夫婦。『孟子』今有——之人鬪者。『白居易』生爲——親。

【同室同居：동실동거】 한 집 안에서 같이 살아감。

【同室操戈：동실조과】 ❶집안 싸움。❷同志끼리 서로 싸움。

【同心：동심】 ❶마음을 같이 함。또는 같은 마음。❷《數》도형의 중심이 같은 것。❸남녀가 약속을 교환함。『古詩』——而離居、憂傷以終老。

【同心同力：동심동력】 =同心合力。

【同心圓：동심원】 중심이 같은 원。

【同心合力：동심합력】 마음과 힘을 한가지로 함。

【同心協力：동심협력】 같은 마음으로 힘을 내어 도움。

【同額：동액】 ❶같은 액수。❷돈머리가 같음。같은 금액。

【同夜：동야】 같은 그 날 밤。알려진 바로 그날 밤。

【同樣：동양】 같은 모양。

【同業：동업】 ❶같은 영업。❷같은 장사를 함께 동무하여 하는 영업。

【同業者：동업자】 같은 영업을 같이 하는 사람。

【同業組合：동업조합】 ❶공동 이익을 위하여 중소 공업자가 自衞機關으로 조직하는 조합。❷한 지방의 물산의 생산과 제조 및 판매에 종사하는 기업주들끼리 규정을 정하고 조직한 法人 조합。

【同硯：동연】 같은 곳에서 함께 공부함。또는 그 사람。同窓。同學。

【同王：동왕】 같은 그 임금。

【同友:동우】 마음과 뜻이 같은 벗。

【同月:동월】 ❶같은 달。 ❷그 달。

【同位:동위】 같은 계급。 같은 위치。 같은 등급。 동일한 地位。

【同位角:동위각】 (數)한 直線이 두 개의 직선과 만날 적에 각각의 직선의 같은 쪽에서 그 직선과 만드는 각。

【同位元素:동위원소】 (化)原子 번호와 화학적 성질이 같고도 원자량이 다른 원소。 同位體。

【同遊:동유】 같이 놂음。 〔淮南子〕虎鹿之不——者、力不敵也。

【同音:동음】 같은 성음。 같은 소리。

【同邑:동읍】 같은 읍내。 그 邑。

【同意:동의】 ❶찬성함。 응락함。 ❷의견을 같이 가짐。 同義。

【同議:동의】 같은 의논。 또는 그 의논。 「↕異議。

【同義:동의】 같은 뜻。 同意②。

【同義理:동의리】 義理를 같이 함。

【同義語:동의어】 같은 뜻의 말。

【同異:동이】 ＝異同。 〔禮記〕決嫌疑、別——、明是非。

【同寅:동인】 신하된 신분으로서 다같이 畏敬함。 (轉)職을 같이 하는 사람。 同硯。 〔書經〕——協恭和衷哉。

【同人:동인】 ❶同一人。 그 사람。 ❷뜻이나 취미를 같이 하는 사람。 ❸同門人。 같은 사람의 제자。 ❹易의 卦 이름。 同志相集의 象。 離下乾上。 ☰☲。 〔易經〕天與火——、君子以類族辨物。

【同人卦:동인괘】 六十四卦의 하나。

【同人雜誌:동인잡지】 뜻을 같이하는 문학인끼리 자기네의 작품을 발표하기 위하여 내는 잡지。

【同日:동일】 같은 그 날。 「로 같음。

【同一:동일】 ❶꼭 같음。 ❷차별 없이 서

【同一槪念:동일개념】 (論)外延과 內包가 두루 같은 개념。

【同一律:동일률】 어느 것과 딴 것이 동일하다고 긍정하는 기초가 되는 원리。 同一原理。 自動律。

【同一性:동일성】 (哲)❶현실의 동일한 존재를 동일하게 하는 원리。 ❷일체의 현실적 동일자에 대하여 그들의 동일의 確實性。

【同一視:동일시】 똑같은 것으로 봄。

【同一原理:동일원리】 ＝同一律。

【同一體:동일체】 동일한 물체。

【同齋:동재】 (佛)절에서 밥 짓는 일。

【同前:동전】 먼젓 것과 같음。 먼저와 같음。

【同點:동점】 점수가 같음。 같은 득점。

【同情:동정】 ❶남의 어려움을 생각하여 줌。 ❷같은 느낌。 〔漢書〕——相求、同欲相趨。

【同情金:동정금】 남의 딱한 형편을 돕 「는 뜻으로 주는 돈。

【同鼎食:동정식】 한 솥의 밥을 먹음。 (喩)한 곳에서 같이 산다는 뜻。「벼슬함。

【同朝:동조】 같은 朝廷。 같은 조정에서

【同調:동조】 ❶가락이 같음 또는 같은 가락。 ❷步調를 같이 함。

【同調者:동조자】 어떠한 정당이나 주의를 가지는 단체에 정식으로 소속하지는 않으나 대체로 같은 사상을 가지고 행동하는 사람。

【同族:동족】 같은 겨레붙이。 〔周禮〕凡王之——、有罪不即市。 「싸우고 죽임。

【同族相殘:동족상잔】 동족끼리 서로

【同族愛:동족애】 동족끼리의 사랑。

【同種:동종】 같은 종류。 「❷同族。

【同宗:동종】 ❶같은 宗派。 같은 宗旨。

【同坐:동좌】 같은 자리에 낮음。

【同罪:동죄】 같은 죄。

【同舟相救:동주상구】 같은 배에 탔던 사람이 배가 전복될 때 서로 힘을 모아 救助함。 (轉)利害 관계가 같은 사람은 나와 敵의 구별 없이 서로 돕고 서로 救함。 「사람。 〔孫子〕吳越同舟。

【同志:동지】 뜻이 서로 같음。 또는 그

【同志者:동지자】 뜻을 같이 한 사람。

【同塵:동진】 世間의 紅塵과 같이 섞인다는 뜻。 (轉)世波에 휩쓸려 같이 행동함。 世人과 같은 짓을 함。 〔老子〕和其光、同其塵。 「질。

【同質:동질】 ❶同列의 성분。 ❷같은 성

【同車:동차】 차를 같이 탐。「同業爲——。

【同窓:동창】 ＝同門。 〔丹鉛錄〕今士子以

【同窓生:동창생】 ❶한 학교를 졸업한 사람。 ❷한 학교에서 같은 期에 졸업한 사람。

【同窓會:동창회】 동창생의 모임。

【同處:동처】 한 방안에서 같이 거처함。

【同輒見敗:동첩견패】 일을 조금이라도 시작만 하면 곧 실패함。

【同體:동체】 ❶같은 물체。 ❷一體。

【同體異名:동체이명】 동체로서 이름은 다름。

【同值:동치】 ❶같은 가치。 또는 같은 수치。 ❷(數)두 개 또는 두 벌의 方程式이 같은 根을 가진 일。

【同寢:동침】 잠자리를 같이 함。

【同派:동파】 같은 파당。 같은 족파。

【同胞:동포】 같은 어머니로부터 태어난 兄弟 姊妹。 (轉)한 나라 한 민족에 속하는 사람。 〔東方朔〕——之徒、無所容居。

【同袍:동포】 한 벌의 도포를 같이 사용한다는 뜻。 (轉)친구끼리 서로 도움。 서로 돕는 친구。 〔詩經〕豈曰無衣、與子——。 「—。

【同品:동품】 같은 品階。

【同風:동풍】 같은 풍속。 同俗。 〔漢書〕六合——。 「不賤。

【同學:동학】 ＝同硯。 〔杜甫〕——少年多

【同行:①동항 ②동행】 ❶항렬이 같음。 같은 항렬。 ❷㉠길을 같이 감。 同道。 ㉡부역에 함께 나감。 伴行。 ㉢신앙이나 수행을 같이 하는 사람。

【同行者:동행자】 ❶동행하는 사람。 同行人。 ❷불교의 修行이 같은 사람。 같이 佛道를 닦는 사람。

【同鄕:동향】 같은 고향。

【同穴:동혈】 같은 구멍。 같은 구덩이。 (喩)부부의 사이가 극히 좋음。 부부가 죽은 뒤에 같은 구덩이에 묻힌다는 뜻。

【同形:동형】 ❶모양이 같음。 ❷(化)다른 물질이 서로 같은 결정꼴을 나타내고 또 서로 임의의 비율로 혼합하여 결정 용체를 만드는 경우、결정계가 서로 상등하고 결정에 관한 정수가 가까울 때에 이들은 서로 동형이라 함。 「좋아함。

【同好:동호】 어떤 일이나 물건을 같이

【同好人:동호인】 어떠한 것을 같이 좋아하는 사람。 同好者。

【同和:동화】 和合함。 一致함。 또는 一致하는 것。 〔吳越春秋〕君臣——、福佑千億。

【同化:동화】 ❶남을 感化하여 자기와 같이하는 것。 ❷뜻을 이해하여 자기의 지식으로 삼는 것。 ❸(生)생물이 외계의 유기물·무기물을 섭취하여 자신이 영양분으로 변화시키는 작용。 탄소동화작용 등。 ❹(鑛)岩漿이 주위의 암석을 녹여 들여 혼합하여 하나로 변화시키는 작용。 ❺둘 이상의 소리를 계속하여 낼 때 서로 다른 앞 뒤 쪽의 것의 영향을 받아 서로 닮아지는 것。 국어의 자음 접변·모음 조화·구개음화 등。 ❻(心)사상·감정·표상·감각 등에 있어서 서로 다른 의식 요소가 직접、또는 再生的으로 결합하여 하나의 전체를 형성하려는 형식。 assimilation。

【同化力:동화력】 동화시키는 힘。

【同化作用:동화작용】 ❶동화하는 작

용。❷炭素同化作用。◎共一、大一、不一、符一、附和雷一、異一、一一、贊一、合一、協一、混一、會一。

【吓】(히) 支 キ、シ、うなる groan 신음할히(呻也)。(『屎』와 같음)

【名】(명) 庚 メイ、ミョウ、な name : famous ㄇㄧㄥˊ ming²

❶이름명(聲稱號也)。〔禮記〕父前子一君前臣一。❷이름지을명(命一)。〔論語〕蕩蕩乎民不能一。❸공명(功也)。〔周語〕勤百姓以爲己一。❹사람명(수를 나타낼때 씀)。❺글명(文字)。〔儀禮 聘禮〕不及百一書于方。❻명령할명(命令)。❼말뿐명(虛也有一無實)。〔國語 周語〕言以信一。

【名家:명가】❶=名門。❷中國 戰國時代의 立論의 法則을 研究하는 學派。또 그 學派의 學者。論理學者。『史記』一一之子孫。

【名價:명가】명예와 聲價。이름과 값어치。

【名歌手:명가수】유명한 가수。

【名家子弟:명가자제】이름난 집안의 자제。名門子弟。

【名檢:명검】=名節。

【名曲:명곡】(樂)유명한 樂曲。뛰어나게 잘된 악곡。

【名工:명공】이름난 匠人。

【名公:명공】이름난 宰相。

【名過其實:명과기실】이름만 좋을 따름。헛 이름만 나고 실속이 없음。

【名官:명관】❶이름난 원。❷이름 있는 〔관리。

【名貫:명관】성명과 本貫。

【名弓:명궁】활 잘 쏘기로 이름난 사람。

【名句:명귀】뛰어나게 잘 된 글귀。

【名妓:명기】이름난 기생。

【名單:명단】관계자의 이름을 적은 것。

【名談:명담】썩 잘한 말。

【名刀:명도】이름난 칼。名劍。

【名論:명론】유명한 논문이나 言論。

【名論卓說:명론탁설】유명하고 뛰어난 논설과 학설。

【名流:명류】名士의 무리。

【名利:명리】명예와 이익。

【名馬:명마】이름난 말。훌륭한 말。

【名望:명망】명예와 人望。『南史』一一功業素重。

【名望家:명망가】명망이 높은 사람。

【名面各知:명면각지】이름과 얼굴을 각기 따로 알음。

【名目:명목】❶사물을 지정해 부르는 이름。이름。名稱。❷구실。理由。『晉書』以區區之懷而整一一之興。

【名文:명문】유명한 글。썩 잘 된 글。

【名聞:명문】世間의 평판。또는 소문。名聲。名譽。

【名門:명문】문벌이 좋은 집안。名家。

【名門巨族:명문거족】이름난 집안과 권세 있는 겨레。

【名聞天下:명문천하】이름이 천하에 「떨침。

【名物:명물】❶그 지방의 이름난 물건。❷특징이 있어 인기 있는 사람。「책。

【名簿:명부】관계자의 성명을 기록한

【名不知:명부지】이름을 모름。

【名分:명분】身分에 의하여 반드시 지켜야 할 道義上의 本分。표면적인 구실。『莊子』易以道陰陽、春秋以道一一。

【名不虛傳:명불허전】이름이 공연히 전하여진 것이 아님。「사。

【名詞:명사】사물의 이름을 나타내는 품

【名士:명사】명성이 높은 사람。才德이 뛰어난 사람。『禮記』聘一一、禮賢者。

【名産:명산】이름난 산물。

【名山:명산】유명한 산。큰 산。『禮記』一一大澤不以封。

【名山大川:명산대천】경개 좋고 이름난 산천。이름난 산과 큰 내。「한 宰相。

【名相:명상】❶유명한 觀相家。❷유명

【名色:명색】❶《佛》五蘊의 總稱。❷名目。口實。❸美人。이름난 妓生。

【名聲:명성】세상에 떨친 이름。명예。평판。聲名。聲聞。『史記』一一過實。

【名世:명세】세상에 이름난 사람。一世에 이름난 賢者。

【名所:명소】유명하게 경치가 좋은 곳。고적으로 유명한 곳。名勝。

【名僧:명승】학식과 덕망이 높은 중。『南史』一一碩學。

【名勝:명승】❶=名所。❷名望이 높은 사람。『北齊書』飮美酒對一一。

【名勝古蹟:명승고적】명승과 고적。

【名勝地:명승지】경치 좋기로 이름난 곳。「하。

【名臣:명신】이름난 신하。훌륭한 신

【名實:명실】❶표면상의 명성과 실제。❷명예와 實利。『孟子』夫子在三卿之中、一一未加於上下。

【名實相符:명실상부】이름과 실상이 서로 부합함。

【名案:명안】뛰어난 考案。

【名言:명언】이치에 맞게 썩 잘 한 말。

【名譯:명역】썩 잘 된 번역。훌륭하게 잘된 번역。또는 그 작품。

【名譽:명예】❶자랑。❷이름 높은 평판。名聲。❸有名함。著名함。

【名譽敎授:명예교수】학계에 특별한 공로가 있는 자에게 명예로 주는 교수稱號。

【名譽心:명예심】세상에서 이름을 떨「치려는 욕심。

【名譽職:명예직】따로 본직을 가질 수 있는 대신 봉급을 받지 않고 종사하는 公職。반드시 무보수일 필요는 없음。

【名譽刑:명예형】《法》범죄에 의하여 직접 그 사람의 명예를 剝奪하는 형。곧 爵位 또는 훈장의 剝奪 따위。

【名譽回復:명예회복】일단 잃었던 명예를 다시 돌이킴。

【名譽毁損:명예훼손】《法》남의 이름을 더럽히고 떨어뜨림。

【名譽毁損罪:명예훼손죄】《法》남의 명예를 침해함으로써 구성되는 죄。

【名欲:명욕】《佛》명예를 얻으려는 욕망。

【名儒:명유】이름난 선비。『漢書』一一有師傅舊恩。「醫。

【名醫:명의】병을 잘 고치는 의사。良

【名義:명의】❶이름。❷名分。『史記』立一一不侵。「고침。

【名義變更:명의변경】명의를 바꾸어

【名義人:명의인】어떤 사실에 정식으로 이름을 나타내는 사람。

【名人:명인】그 방면에 투철하게 통달하여 이름난 사람。名手。「일의 通稱。

【名日:명일】일년 동안의 명절과 국경

【名字:명자】❶이름과 字。❷평판。명예。❸임금의 칭호。『後漢書』流一一者、

【名作:명작】뛰어난 작품。〔不可勝數。

【名作小說:명작소설】뛰어난 소설。

【名將:명장】이름이 높은 장군。이름난 장수。『史記』王離、秦之一一也。

【名匠:명장】이름난 匠人。조각·건축 등의 일을 하는 사람。名工。

【名宰相:명재상】명성이 높은 재상。

【名著:명저】훌륭한 저술。

【名籍:명적】=名簿。

【名節:명절】❶명예와 節操。❷《國》名日 때의 좋은 時節。

【名族:명족】 이름이 높은 집안의 겨레。

【名存實無:명존실무】 이름 뿐이고 실상은 없음。有名無實。

〖史記〗我倚ㅣㅣ、亡秦必矣。

【名刹:명찰】 유명한 절(寺)。 「표。

【名札:명찰】 이름을 써서 가슴에 다는

【名唱:명창】 잘 부르는 노래。 또는 노래를 잘 부르는 사람。

【名川:명천】 유명한 河川。 「ㅣㅣ。

【名稱:명칭】 부르는 이름。 〖漢書〗材器

【名牌:명패】 성명을 쓴 패。

【名片:명편】 성명。 명찰。 名刺。

【名筆:명필】 글씨를 써 잘 쓰는 사람。 또는 그 글씨。

【名銜:명함】 자기의 성명·주소·직업·신분 등을 박은 종이쪽。名啣。

【名銜判:명함판】 크기가 명함만한 사진판。 名啣判。

【名號:명호】 ❶명예。 名聲。 〖史記〗砥礪ㅣㅣ。 ❷부르는 이름。 칭호。 〖荀子〗ㅣㅣ不美。

【名華:명화】 ❶명예。 관。 〖舊唐書〗ㅣㅣ爲一時冠。 ❷名門의 別稱。

【名畫:명화】 ❶그림을 잘 그리는 사람。 ❷잘 그린 그림。 ❸잘 된 영화。

【名花:명화】 ❶이름난 꽃。 〖李白〗ㅣㅣ傾國兩相歡。 ❷이름난 기생。

【名花十二客:명화십이객】 牡丹(貴客)·梅(淸客)·菊(壽客)·瑞香(佳客)·丁香(素客)·蘭(幽客)·蓮(靜客)·茶蘼(雅客)·桂(仙客)·薔薇(野客)·茉莉(遠客)·芍藥(近客)의 일컬음。

【名宦:명환】 높은 자리(位)。 高位。 〖柳氏家訓〗急於ㅣㅣ、匿近權要。 「름。

【名諱:명휘】 生前의 이름과 死後의 이름。

◎家ㅣ、假ㅣ、高ㅣ、沽ㅣ、古ㅣ、功ㅣ、記ㅣ、大ㅣ、買ㅣ、賣ㅣ、每ㅣ、命ㅣ、物ㅣ、美ㅣ、變ㅣ、本ㅣ、書ㅣ、署ㅣ、聲ㅣ、姓ㅣ、聖ㅣ、盛ㅣ、俗ㅣ、實ㅣ、御ㅣ、連ㅣ、英ㅣ、榮ㅣ、令ㅣ、汚ㅣ、威ㅣ、偉ㅣ、僞ㅣ、有ㅣ、匿ㅣ、人ㅣ、才ㅣ、著ㅣ、除ㅣ、題ㅣ、罪ㅣ、地ㅣ、指ㅣ、知ㅣ、品ㅣ、學ㅣ、虛ㅣ、呼ㅣ、好ㅣ。

【后】 (후)

宥 有 コウ、きさき empress ㄏㄡˋ hou⁴

后 小篆 后 草書

❶임금후(君也)。 〖書〗徯我ㅣ。 ❷뒤후(後也)。 〖禮〗天子有ㅣ。 ❸왕비후(王妃)。 ❹땅을 맡은 귀신후(社神ㅣ土)。 〖左傳 昭公二十九年〗土正曰ㅣ土。(『後』와 通用)

【后宮:후궁】 宮中의 女官이 있는 곳。後宮。

【后蜂:후봉】 (動)장수벌。

【后妃:후비】 임금의 正室。 皇后。 〖詩經·序〗關雎ㅣㅣ之德也。

【后王:후왕】 임금。 天子。 君主。 〖書經〗樹ㅣㅣ君公。 「二」 皇皇ㅣㅣ。

【后帝:후제】 天帝。 하늘。 〖左傳·文·

【后土:후토】 ❶土地의 神。 地祇。 ❷土地。 國土。 〖禮記〗其神ㅣㅣ。

◎母ㅣ、王ㅣ、立ㅣ、皇ㅣ、皇太ㅣ。

【吏】 (리)

寘 リ、つかさ subordinate ㄌㄧˋ li⁴

吏 小篆 吏 草書

❶아전리(府ㅣ)。 〖書〗天ㅣ逸德烈于猛火。 ❷관리리(治政官人)。

【吏幹:이간】 관리로서의 才幹과 능력。 吏才。 〖北史〗明辨有ㅣㅣ。

【吏道:이도】 ❶관리의 도리。 ❷=吏讀。 〖十八史略〗趙普初以ㅣㅣ聞。

【吏讀:이두】 (國)三國時代부터 漢字의 音과 뜻을 빌어서 우리 말을 표기한 漢字。吏道。吏吐。 「진 고전 문학。

【吏讀文學:이두문학】 이두로 이루어

【吏文:이문】 咨文·書契·關子·甘結·報狀·題辭 등에 쓴 특수한 文體。

【吏房:이방】 (制)❶李朝 承政院 文房의 하나。承旨 아래 딸려 人事·秘書 기타의 사무를 맡아보았음。 ❷地方 관청의 六房의 하나。 ❸吏房衙前의 略語。

【吏屬:이속】 아전의 무리。

【吏役:이역】 관리의 임무。

【吏員:이원】 관리。 관리의 數。

【吏隱:이은】 下級의 관직에 숨어 남에게 알려지지 아니하는 것。 〖宋之問〗宦遊非ㅣㅣ。 「ㅣㅣ。

【吏議:이의】 관리의 처분。 〖漢書〗卒從

【吏才:이재】 관리로서 일을 처리하는 솜씨。 〖後漢書〗ㅣㅣ有餘。

【吏典:이전】 (制)❶ 六典의 하나。 ❷李朝 吏屬의 통칭。 衙前。

【吏曹:이조】 (制)❶李朝 六曹의 하나。 文官의 선임과 勳封、官人의 성적 고사、褒貶(포폄)에 관한 일을 맡던 관청。 ❷高麗 때 六曹의 하나。 文官의 선임 공훈 봉작에 관한 사무를 담당。典理事를 고친 이름。

【吏曹參議:이조참의】 (制)吏曹의 正三品의 堂上官。

【吏曹參判:이조참판】 (制)吏曹의 從二品 堂上官。 判書의 다음 벼슬。

【吏曹判書:이조판서】 (制)吏曹의 正二品 으뜸 벼슬。 雅典。

【吏卒:이졸】 下級 관리。 小吏。

【吏職:이직】 관리의 직무。 관리의 일。

〖晉書〗宣帝勤于ㅣㅣ、夜以忘寢。 「채권。

【吏債:이채】 지방 아전의 私財를 빚준

【吏治:이치】 관리가 다스리는 정치。 政事。 〖史記〗ㅣㅣ刻深。

【吏判:이판】 吏曹判書의 略稱。

【吏筆:이필】 아전이 쓰던 글씨체。

【吏鄕:이향】 시골의 아전과 鄕任。

【吏戶:이호】 지방의 吏房과 戶長을 이르는 말。

◎官ㅣ、公ㅣ、老ㅣ、能ㅣ、收稅ㅣ、良ㅣ、汚ㅣ、獄ㅣ、執達ㅣ、逋ㅣ、捕ㅣ、酷ㅣ。

【吐】 (토)

遇 麌 ト、はく vomit ㄊㄨˇ tu³

吐 小篆 吐 草書

❶토할토(口歐)。 〖詩〗剛則ㅣ之。 ❷펼토(出也、舒也)。 〖漢書〗發明詔ㅣ德音。 ❸게울토(吐出物)。 ❹나올토(ㅣ露)。

【吐剛如柔:토강여유】 딱딱한 것은 뱉고 부드러운 것은 먹는다는 뜻。 (喩)강한 것은 두려워하고 약한 것은 업신 여김。

【吐器:토기】 음식을 먹을 때에 목을 넘기지 못할 생선 가시나 씹어 삼키지 못하는 것들을 뱉어 담는 그릇。

【吐納:토납】 ❶호흡。 ❷지껄이는 것(辯舌)。 〖世說〗ㅣㅣ風流。

【吐露:토로】 속마음을 드러내어 말함。

〖韓愈〗愈敢不ㅣㅣ情實。

【吐嚕:토로】 아까와 함。 嚕는 惜。 〖元詩選·注〗ㅣㅣ可惜也。

【吐鳳:토봉】 文章의 재능이 뛰어남。

〖西京雜記〗揚雄著太玄經、夢吐白凤。

【吐絲:토사】 누에가 고치를 만들려고 입에서 실을 뽑아냄。 「사함。

【吐瀉:토사】 위로는 토하고 아래로는 설

【吐瀉癨亂:토사곽란】 (醫)위로는 토하고 아래로는 설사하면서 배가 질리고 「아픈 증세。

【吐屬:토속】 =吐露。

【吐實:토실】 일의 경위를 사실대로 만함。 實吐。

【吐心:토심】 좋지 않은 안색이나 언사로 남과 이야기할 때 상대편이 기분 나빠하는 것을 느끼는 마음。

【吐逆:토역】 토함。 또는 그 일。 「反吐。 嘔吐。

【吐精:토정】 남자가 精液을 쌈。

【吐情:토정】 마음 속에 있는 사정을 솔직하게 나타내어 말함。

【吐劑:토제】 먹은 음식을 토하게 하는 「약。

【吐盡肝膽:토진간담】 거짓 없는 실정을 숨김 없이 모두 말함。

【吐破:토파】 마음 속에 품고 있던 생각을 거리낌 없이 다 털어내어 말함。

【吐眩:토현】 음식물을 吐하여 눈이 캄캄한 것。 『徐兢』 ——顚仆。

【吐血:토혈】 피를 토함。

◎嘔—、呑—。

【向】 ㊀(향) ㊁(상) 漾 漾 キョウ、コウ、 むかう toward ㄒㄧㄤ hsiang⁴

小篆 小篆 小篆 草書

㊀❶향할향(對也)。 『戰國策』西—事秦。 ❷나아갈향(趨也)。 『莊子』—也俯而今也仰。 ❸접때향(昔也)。 ❹북쪽창향(北出牖)。 『詩』塞—墐戶。 ❺앞설향(嚮也)。 ❻기울어질향(傾—)。(『嚮·鄕』과 通함) ㊁성상(姓也)。

【向光性:향광성】 =向日性。 「성。

【向國之誠:향국지성】 나라에 대한 정

【向南:향남】 남쪽을 향함。 남쪽을 봄。

【向年:향년】 《中》지나간 해。 前年。

【向念:향념】 =向意。

【向東:향동】 동쪽으로 향함。

【向來:향래】 이제까지。 종래。 접때。

【向路:향로】 향하여 가는 길。 갈 길。

【向慕:향모】 자꾸 사모함。

【向發:향발】 목적지를 향하여 출발함。

【向方:향방】 향하는 곳。

【向方不知:향방부지】 어디가 어디인지 전혀 분간을 하기 못함。

【向背:향배】 ❶앞과 뒤。 ❷좇음과 등짐。 붙음과 떨어짐。 ❸형편。

【向斜:향사】 주름 잡히듯이 울뚝불뚝하게 생긴 地層의 낮은 부분。 ↔背斜。

【向上:향상】 ❶위로 향하여 나아가는 일。 진보。 ❷현재의 상태에 만족하지 않고 다시 발전하려고 노력하는 일。

【向上心:향상심】 위로 진취하려는 마음。 向上하려는 마음。

【向濕性:향습성】 식물의 뿌리가 습기가 많은 곳으로 뻗어 나가며 자라려는 성질。 向水性。

【向時:향시】 ❶접때。 ❷지난 번。

【向陽之地:향양지지】 남쪽을 향하고 있어서 볕을 바로 받는 땅。

【向隅之歎:향우지탄】 좋은 기회에 마주치지 못한 탄식。

【向意:향의】 ❶쏠리는 마음。 향하는 마음。 意向。 ❷마음을 기울임。 생각을 둠。

【向日性:향일성】 식물의 가지·잎이 햇볕이 센 방향으로 뻗어 자라는 성질。

【向日花:향일화】 《植》해바라기。

【向者:향자】 접때。 지난 번。

【向前:향전】 지난 번。 「나아감。

【向學:향학】 학문에 뜻을 두고 그 길로

【向學心:향학심】 학문을 하려는 마음。

【向學熱:향학열】 학문을 배우려는 대단한 열성。 「는 정성。

【向學之誠:향학지성】 학문을 배우려

【向化:향화】 歸化함。

【向後:향후】 이 다음。 이 뒤。

◎傾—、內—、方—、性—、外—、意—、趣—、下—、回—。

【吒】 ㊀(타) 禡 ㊁(탁) 藥 タ、しかる scold ㄓㄚˋ cha⁴

草書

㊀❶뿜을타(噴也)。 『禮記 曲禮』毋—食。 ❷꾸짖을타(叱怒貌)。 (『咤』와 같음) (本音은「차」) ㊁조롱할탁(嘲也)。

【吂】 (망) 漾 ボウ、モウ、 こたえない making no answer

물어도 대답않을 망(問而不答)。

【夻】 (구) 〔國字〕

대구구(魚名、大口魚)。

四 畫

【吘】 (우) 有 ゴウ、よぶ call

❶화할우(和也)。 ❷부를우(呼也)。

【吟】 (예) 薺 エイ、よい good

❶좋을예(善也)。 ❷옳을예(可也)。

【吚】 (의) 支 イ、キ、 うなる sigh

小篆

❶탄식할의(嘆也)。 ❷신음할의(呻也)。

【君】 (군) 文 クン、きみ king; you ㄐㄩㄣ chün¹

小篆 小篆 草書

❶임금군(至尊)。 『書』皇天眷命爲天下—。 ❷아버지군(嚴父)。 『易』家人有嚴—焉。 ❸아내군(妻也)。 『漢書』歸遺細—又何仁也。 ❹남편군(夫也)。 『古詩 焦仲卿妻』—爾妾亦然。 ❺선조군(先祖稱)。 『孔安國 尙書序』先—孔子生于周末。 ❻그대군(彼此通稱)。 ❼귀신의 존칭군。 「湘—」。

【君姑:군고】 아내가 남편의 어머니를 부르는 칭호。

【君國:군국】 ❶임금과 나라。 「다스리는 나라。 ❷君主가

【君臨:군림】 ❶가장 높은 자리에 섬。 ❷임금이 되어 나라를 다스림。

【君命:군명】 임금의 명령。 王命。 「服」。

【君母:군모】 아버지의 正室。 『儀禮·喪

【君父:군부】 ❶임금과 아버지。 ❷국민의 아버지로서 임금을 가리킴。 『左傳』——之命不校。

【君婦:군부】 正妻。 正室。 『詩·楚茨』。

【君夫人:군부인】 諸侯의 正室。 「지。

【君師父:군사부】 임금과 스승과 아버

【君上:군상】 =君主。

【君臣:군신】 임금과 신하。

【君臣有義:군신유의】 五倫의 하나。 임금과 신하 사이에 의리가 있어야 함。

【君王:군왕】 임금。

【君子:군자】 ❶학식과 덕망이 높은 사람。 『論語』得見——、斯可矣。 ❷높은 관직에 있는 사람。 『論語』——之德風、小人之德草。 ❸아내가 자기 남편을 가리키는 말。 『詩經』未見——、憂心忡忡。 ❹대나무의 異稱。

【君子國:군자국】 ❶풍속이 좋고 예의가 바른 나라。 ❷新羅의 別稱。 『淮南子』東方有君子之國。

(圖會才三) 國子君

【君長:군장】 ❶君主。 우두머리。 ❷부락의 우두머리。 추장。

【君主:군주】 임금。 「라。 ↔民主國。

【君主國:군주국】 주권자가 임금인 나

【君主國體:군주국체】 《法》군주가 자기 고유한 권력으로써 왕위에 오르는 국체。 ↔民主國體。

【君主不可侵:군주불가침】 주권자되

는 군주는 국법의 위에 서서, 국법의 지배를 받지 않음。 거룩하기에 침범 못한다는 뜻。

【君主專制政治:군주전제정치】 군주가 자기 마음대로 나라의 정치를 하는 제도의 정치。

【君主政體:군주정체】 군주를 최고 기관으로 하는 정치 형태。↕民主政體。

【君主政治:군주정치】 군주가 나라 일을 專斷하는 정치。↕民主政治。

【君號:군호】 왕이 君을 내려 준 이름。

【君火:군화】 ❶《醫》心臟。〖本草綱目·序例下·十劑〗。❷하늘을 맡은 火氣。

【君侯:군후】 ❶諸侯。❷宰相의 尊稱。
◎寡ㅡ、國ㅡ、郞ㅡ、大ㅡ、明ㅡ、夫ㅡ、府ㅡ、先ㅡ、聖ㅡ、主ㅡ、天ㅡ、賢ㅡ。

【吝】

(린) 震 リン、おしむ stinginess ㄌㄧㄣˋ lin²

小篆 古文 草書

❶한할린(恨也)。【易繫辭】悔ㅡ者憂虞之象。❷아낄린(惜也)。【書】改過不ㅡ。❸인색할린(鄙嗇)。【論語】使驕且ㅡ。

【吝嗇:인색】 재물을 체면 없이 다랍게 아낌。〖漢書〗性實ㅡㅡ。

【吝惜:인석】 재물을 몹시 아낌。〖書經傳〗無所ㅡㅡ。

【呑】

(탄) 元 ドン、のむ gulp down ㄊㄨㄣ t'uen¹

小篆 草書

❶삼킬탄(咽也)。【子虛賦】ㅡ若雲夢者八九。❷휩쓸탄(幷包)。【戰國策】陰謀有幷ㅡ天下之心。❸감출탄(藏也)。【杜甫詩】少陵野老ㅡ聲哭。❹멸할탄(滅也)。

【呑剝:탄박】 강제로 빼앗음。

【呑鳳:탄봉】 문장의 뛰어난 재주。《故》漢의 揚雄이 꿈에 白鳳을 삼키고서 太玄經을 지었다 함。

【呑噬:탄서】 ❶삼키고 물음。서로 물음。❷다른 나라를 병합함。〖魏志〗墮ㅡㅡ之用。

【呑聲:탄성】 소리를 삼킨다는 뜻。《喩》痛哭할 때 슬픔에 못 이겨 소리를 제대로 내지 못하고 흐느끼는 것。

【呑牛之氣:탄우지기】 소를 삼킬 만한 기상。큰 기상。〖杜甫〗小兒五歲氣呑牛、滿堂貴客皆回顧。

【呑停:탄정】 밀린 환곡을 관원이 사사로이 받아먹던 일。

【呑舟:탄주】 배를 삼킬 정도의 큰 고기。

【呑吐:탄토】 삼키거나 뱉는 일。〖鮑照〗ㅡㅡ百川。

【呑吐港:탄토항】 화물을 받아들이거나 내어 보내는 항구。

【呑下:탄하】 삼켜버림。
◎倂ㅡ。

【吟】

㊀(음) 侵 ギン、うたう recite
㊁(음) 寢 ㄧㄣˊ yin²
㊂(음) 沁

小篆 小篆 或體 或體 草書

㊀❶읊을음(咏也)。【莊子】倚樹而ㅡ。❷끙끙거릴음(呻也)。❸탄식할음(歎也)。(〖唫〗과 같음) ㊁턱 끄덕거릴음(領頤貌)。【楊雄解嘲】蔡澤雖噤ㅡ而笑唐擧。㊂❶노래할음(長咏)。❷말더듬을음(吃也)。【後漢書 梁冀傳】口ㅡ舌言。❸울음(鳴也)。

【吟客:음객】 詩人을 가리키는 말。

【吟蛩:음공】 《動》귀뚜라미의 別名。吟蠶。〖爾雅〗蟋蟀隨陰迎陽、一名ㅡㅡ。

【吟壇:음단】 詩人 중의 우두머리。《轉》詩人들의 敬稱。

【吟味:음미】 시나 노래를 읊어 그 뜻을 살핌。사물의 의미를 새겨서 궁구함。

【吟病:음병】 병으로 앓음。〖李群玉〗持甌默ㅡㅡ。

【吟嘯:음소】 소리를 높여 시가를 읊음。〖宋之問〗ㅡㅡ自安問。

【吟誦:음송】 詩歌를 높이 외어 읊음。

【吟詩:음시】 시를 읊음。

【吟我:음아】 詩歌를 소리 높여 읊음。

【吟咏:음영】 詩歌를 읊음。또는 그 詩歌。吟詠。吟諷。

【吟詠:음영】 =吟咏。

【吟諷:음풍】 =吟咏。〖梁書〗ㅡㅡ常爲口實。

【吟風咏月:음풍영월】 詩를 짓고 흥취를 자아내어 놂。
◎朗ㅡ、微ㅡ、呻ㅡ。

【吠】

(폐) 隊 ハイ、バイ、ほえる bark ㄈㄟˋ fei⁴

小篆 草書

❶짖을폐(犬聲)。【詩】無使尨也ㅡ。❷땅이름폐(地名、ㅡ狗)。

【吠蛤:폐합】 우는 개구리。〖蘇軾〗稻涼初ㅡㅡ。

【吠形吠聲:폐형폐성】 《喩》아무 것도 모르고 덩달아 따르는 것。附和雷同。〖潛夫論·賢難〗「代狴牢之ㅡㅡ。

【吠嘷:폐호】 짖음。〖柳宗元〗虎豹咆嘯、

【昉】

(방) 養 ボウ、きく hear

❶들을방(聞也)。❷어렴풋할방(如聞)。

【否】

㊀(부) 有 ヒ、フ、いな no; not
㊁(비) 紙 ㄈㄡˇ fou³

小篆 草書

㊀❶아닐부(口不許)。【書】ㅡ則威之。❷틀릴부(違也)。【詩經 小雅賓之初筵】凡此飮酒、或醉或ㅡ。❸없을부(無也)。【大學】其本亂而末治者ㅡ矣。❹인정치않을부(不肯)。【胡銓 上高宗封事】伴食中書、漫不可ㅡ事。(〖不〗와 통함) ㊁❶막힐비(塞也)。❷더러울비(穢也)。【易】初六師出以律ㅡ臧凶。❸악할비(惡也)。【詩】未知臧ㅡ、

【否隔:부격】 막고 사이를 둠。막아 통하지 않음。〖漢書〗人道不通、陰陽ㅡㅡ。

【否決:부결】 회의에 제출된 議案을 옳지 않다고 하여 성립시키지 않는 의결。↕可決。

【否德:부덕】 옳지 않은 덕。不德。〖書經〗ㅡㅡ忝帝位。

【否否:부부】 강력히 否定하는 말。

【否認:부인】 그렇지 않다고 보거나 주장함。同意하지 아니함。

【否定:부정】 ❶그렇지 않다고 인정함。❷《論》主辭·賓辭의 두 개념이 일치하지 않음을 말함。↕肯定。

【否定命題:부정명제】 《論》부정 판단을 보이는 명제。消極命題。↕肯定命題。

【否定式:부정식】 《論》小前提에 있어서 대전제의 時件을 부정하는 半假言的 삼단 논법。↕肯定式。

【否定判斷:부정판단】 《論》主槪念과 賓槪念의 일치를 부정하는 판단。사람은 짐승이 아니다 따위。↕肯定判斷。

【否便:부편】 옳지 않다고 주장하는 편。↕可便。

【否票:부표】 옳지 않다는 뜻을 나타낸 「표。↕可票。

【否來泰去:비래태거】 좋은 운수가 가고 나쁜 운수가 돌아옴。「運。不運。

【否剝:비박】 운수가 아주 不吉함。非

【否婦:비부】 無知한 부인。〖鹽鐵論·復古〗窮夫ㅡㅡ、不知國家之事。

【否塞:비색】 ❶꽉 막힘。❷운수가 꽉 막

힐。

【否運：비운】 나쁜 운수。不幸。

【否臧：비장】 善과 惡(或은 善)。臧否。『張九齡』一一爭三國。

◎可一、拒一、當一、成一、安一、良一、然一、的一、適一、眞一、贊一。

【吡】 (필) 質 ヒツ、とりのこえ chirp of birds
새소리필(鳥聲)。

【㕽】 (심) 沁 シン、いぬがはく (of dogs) vomit ㄑㄧㄣ ch'in⁴
개가토할심(犬吐)。

【吧】 (파) 麻 ハ、ヘ、あらそい quarrel ㄅㄚ pa¹
아이다툴파(小兒忿爭一呀)。

【吧吧：파파】 말이 많은 모양。『吾燈會元』黃龍道震師偈、枯椿怒石人、何得口一一。

【吨】 (둔) 元 ドン、おろか foolish
❶말분명치못할둔(言語不明)。❷어리석을둔(愚也)。

【昏】 (괄) 曷 カツ、くちをふさぐ shut one's mouth
小篆 古文 입막을괄(塞口)。

【吩】 (분) 文 フン、いいつける instruction
❶분부할분(命令一咐)。❷뿜을 분(噴也)。

【含】 ㊀(함) 覃 ㊁(함) 勘 ガン、ふくむ hold in mouth ㄏㄢ han²
小篆 小篆 草書 ㊀❶머금을함(銜也)。『莊子』一哺而熙。❷용납할함(包容)。『易』一弘光大品物咸亨。❸참을함(忍也)。『左傳宣公十五年』國君一垢。㊁무궁주함(飯一)。『周禮』共飯玉一玉贈玉。

【含感：함감】 유감의 뜻을 품음。

【含垢：함구】 부끄러움을 참음。垢는 恥。

【含桃：함도】 (植)앵두의 異名。

【含毒：함독】 독기나 독한 마음을 품음。

【含量：함량】 들어 있는 分量。

【含淚：함루】 눈물을 머금음。

【含默：함묵】 입을 다물고 조용하게 있음。

【含味：함미】 먹어 맛을 봄。씹어서 맛을 봄。뜻을 음미함。『後漢書』一一經籍。

【含憤：함분】 분한 마음을 품음。

【含憤蓄怨：함분축원】 분한 마음을 품고 원통한 마음을 가짐。

【含沙射人：함사사인】 암암리에 사람을 해치는 것。

【含生：함생】 생명을 含有하고 있는 것。모든 生物。『韓愈』環海之間、一一之類。

【含笑：함소】 웃음을 머금거나 띰。

【含漱：함수】 양치질을 함。

【含羞：함수】 부끄러운 기색을 띔。부끄러워함。

【含英咀華：함영저화】 문장의 묘한 곳을 잘 吟味해서 가슴 깊이 간직함。

【含怨：함원】 원한을 머금음。

【含有：함유】 섞이어 있거나 머금고 있음。

【含油層：함유층】 石油를 함유하고 있는 地層。

【含忍：함인】 용서하는 것。容忍。

【含章：함장】 아름다움을 속에 품는 것。『易經』一一可貞。

【含蓄：함축】 깊이 간직하여 드러내지 않음。내공이 있음。깊은 뜻을 간직함。『韓琦』毫端古意多一一。

【含蓄的：함축적】 어떤 要素나 성질이 어떤 전체에 포함되어 엄밀한 논리적 분석을 가하는 데에서 비로소 나타나는 것。

【含吐：함토】 먹음과 토함。마시고 토함。『淮南子』一一陰陽。

【含葩：함파】 꽃봉오리。

【含哺鼓腹：함포고복】 무사 태평함을 말함。(故)赫胥氏 때 백성들이 배 부르게 먹고 할 일이 없었다 함。『莊子·馬蹄』。

【含血噴人：함혈분인】 근거 없는 말을 하여 남을 헐뜯는 것。『通俗編·交際·合血噴人』。

【含嫌：함혐】 ❶싫어하는 마음을 품음。❷혐의를 품음。

【含糊：함호】 ❶입 안에 풀칠한 것처럼 말을 모호하고 분명치 않게 함。❷뚜렷한 태도 없이 우물우물하고 결단을 내리지 못함。模糊。『舊唐書』朝廷常爲一一。

◎包一。

【吪】 (와) 歌 カ、うごく move ㄜ é²
小篆 草書 ❶움직일와(動也)。『詩』尙寐無一。❷변화할와(化也)。『詩』周公東征四國是一。❸거짓말와(謬也)。❹사투리와(鄙言)。

【听】 (은) 軫 ギン、わらう smile ㄧㄣ yin³
小篆 草書 ❶벙긋거릴은(一然笑貌)。『子虛賦』亡是公一然而笑。❷들을은(聽也)。❸입이 큰 모양은(大口貌)。

【听然：은연】 웃는 모양。『司馬相如』。

【听听：은은】 웃는 모양。一說에는 齗齗과 마찬가지로 말다툼하는 모양。『柳宗元·梓人傳』竊取六職百役之事、一一於府庭、云云。『精注』一一然笑也。

【吮】 ㊀(전) 銑 ㊁(연) 銑 セン、シュン、なめる lick ㄕㄨㄣ shuen³
小篆 草書 ㊀빨전(嗡也)。『史記』卒有病疽者吳起爲之一之。㊁❶기침할연(嗽也)。❷핥을연(舐也)。

【吮犢之情：연독지정】 자기의 자식이나 부하에게 대한 애정을 낮춰 일컬음。

【吮癰舐痔：연옹지치】 등창을 빨고 치질을 핥아 줌。(轉)웃사람에게 몹시 아첨함。『論語·注』。小則一一。

【吮疽之仁：연저지인】 상사가 부하를 사랑함。(故)戰國時代 吳起가 部下 兵士의 종기 고름을 빨아 주었다 함。『史記·吳起傳』。

【吭】 (항) 陽 漾 コウ、のど throat ㄏㄤ hang²
草書 ❶목구멍항(咽喉)。❷새목구멍항(鳥嚨)。

【呬】 (필) 質 ヒツ、つばをはく spit
침뱉을필(吐唾)。

【启】 (계) 『啓』(口部 8畫)와 같음

【呋】 (요) 肴 ヨウ、もてあそぶ raillery
❶희롱하는소리요(弄聲)。❷응답하는소리요(答也)。

【㕮】 (부) 麌 フ、かむ chew
씹을부(嚼也、一咀)。

【吱】 (지) 支 シ、ジ、あえぐ pant ㄗ tzŭ¹
❶가는소리지(細聲)。❷헐떡이며가는 모양지(行貌)。

【呈】 (정) 庚 テイ、あらわす show;appear ㄔㄥ ch'êng²
小篆 草書 ❶보일정(示也)。『晋書元帝紀』星斗一祥、金陵表異。❷드러낼정(露也)。❸드릴정

(獻也)。 ❹정도정(程也)。 【史記 始皇紀】至以衡石量書, 日夜有ㅣ、不中ㅣ不得休息。 ❺평평할정(平也)。 (『程』과 통함)

【呈納:정납】 물건을 보내서 드림。 呈上。呈送。

【呈單:정단】 서면을 관청에 제출함。

【呈露:정로】 드러내어 나타냄。

【呈上:정상】 올려 받침。 헌상함。 進上。

【呈訴:정소】 訴狀을 제출함。 呈狀。

【呈示:정시】 ❶나타내어 보임。또 그 일。 ❷《經》어음·수표 그 밖의 증권 등을 가진 사람이 인수나 지불을 요구하기 위하여 지불인 또는 인수인에게 제출하여 보이는 것。

【呈才:정재】 《制》대궐 안 잔치에 하는 「춤과 노래。

【呈政:정정】 自己 詩文을 남에게 고쳐 달라고 부탁하는 것。

◎露ㅣ、拜ㅣ、贈ㅣ、進ㅣ。

【哂】 (신) 軫 シン、あざわらい scorn

비웃을신(哂ㅣ笑也)。 【晉書王猛載記】田千秋一言致相匈奴ㅣ之。

【吳】 ㊀(오) 虞 ㊁(우) 虞 ゴ、くれ family name

吳 小篆 𠴚 古文 草書 ㊀ × wu² ❶오나라오(國名)。 【史記】太伯奔荊蠻自號句ㅣ。 ❷큰소리할오(大言)。 【詩】不ㅣ不敖。 ❸성오(姓也)。

㊁지껄일우(譁也)。

【吳起:오기】 《人》戰國時代 魏 사람。 兵法에 밝았음。 〈著書〉吳子 一권。

【吳藍:오람】 《植》여뀌과에 딸린 쪽의 한 가지로 줄기가 길고 씨가 희다。

【吳綾:오릉】 吳 나라에서 짠 무늬 놓은 비단。

【吳茱萸:오수유】 《植》芸香科에 딸린 낙엽 관목。 곧은 줄기에 가지는 십자형으로 퍼지며、황록색의 꽃이 핌。

吳茱萸(三才圖會)

【吳娃:오와】 吳 나라의 美人。 吳姬。

【吳牛喘月:오우천월】 《喩》몹시 두려워함。 吳 나라는 몹시 더운 곳이기 때문에 더위에 지친 소가 달을 보고도 해인 줄 알고 크게 한숨 쉬며 놀란다는 뜻。 『世說·言語』。

【吳越:오월】 ❶《歷》㉠春秋時代의 吳와 越。 ㉡五代時代 十國의 하나。 ❷별 이름。 『宋史·天文志』。

【吳越同舟:오월동주】 《喩》원수끼리 같은 처지에 모인 경우。 사이가 서로 나쁜 吳 나라 사람과 越 나라 사람이 배를 같이 탄다는 뜻。 『孫子·九地』。

【吳子:오자】 《書》一권。 周의 吳起 지음。 兵書。

【吳派:오파】 明代 畫宗의 一派。 沈周·文徵明·董其昌·陳繼儒 등의 畫派。

【吳下阿蒙:오하아몽】 《故》몇 해가 되어도 학문의 진보가 없는 사람。 학식이 없고 소용 없는 사람。 『三國志·江表傳』。

【吳回:오회】 불의 神。 『山海經·註』。 ㅣㅣ祝融第、亦爲火正也。

「肆中。

【吳姬:오희】 =吳娃。 【李白】笑入ㅣㅣ酒

【吵】 ㊀(묘) 篠 ㊁(초) 巧 ビョウ、ショウ、なく、さわぐ howl ㄕㄠˇ shao³

㊀울묘(鳴也)。 ㊁떠들초(喧也)。

【吷】 (혈) 屑 ケツ、のむ drink

小篆 草書 ❶작은소리혈(小聲)。 【莊子】吹劍首者ㅣ而已矣。 ❷마실혈(飮也)。 ❸새소리혈(鳥聲)。 (『啜』과 통함)

【吶】 ㊀(눌) 月 ㊁(열) 屑 トツ、どもる stammering ㄋㄚˋ na⁴

小篆 草書 ㊀말더듬거릴눌(言難)。 【禮記 檀弓】其言ㅣㅣ然、如不出諸其口。 (『訥』과 같음) ㊁❶말을느리게할열(言緩)。 ❷함성지를열(喊也)。

【吶吶:눌눌】 말을 더듬는 모양。

【吶喊:눌함】 큰 소리로 외침。

【吶吃:눌흘】 ❶말을 더듬거림。 ❷일 되어 나가는 것이 더디고 잘 안 됨。

【㕯】 (열) 屑 トツ、ひくいこえ whisper

말소리나직나직할열(低聲)。

【吸】 (흡) 緝 キュウ、すう sip ㄒㄧ hsi¹

小篆 草書 ❶숨들이쉴흡(內息)。 ❷마실흡(飮也)。 【杜甫詩】飮如長鯨ㅣ百川。 ❸구름이 떠다닐흡(雲動)。 【劉向 九歎】雲ㅣㅣ以湫戾。

【吸氣:흡기】 ❶빨아들이는 기운。 또는 기운을 빨아들임。 ❷들이 마시는 숨。

【吸毒石:흡독석】 毒을 흡수하는 돌。

【吸力:흡력】 속으로 빨아들이는 힘。

【吸盤:흡반】 《動》오징어·거머리 같은 동물이 다른 물건에 달라붙거나 빨아 먹는데 사용하는 器管。 빨판。

【吸盤鬪爭:흡반투쟁】 勞動組合의 투쟁 방법 중 직장을 지키며 하는 투쟁。

【吸上:흡상】 높은 데로 빨아올림。

【吸收:흡수】 ❶빨아들임。 ❷물건을 모아들임。 ❸여러 물질을 혈관이나 임파관 속으로 옮겨 넣는 작용。 ❹액체·고체가 기체를 빨아 녹이는 현상。

【吸收口:흡수구】 흡수하는 곳。

【吸收力:흡수력】 흡수하는 힘。

【吸收性:흡수성】 흡수하는 성질。

【吸收劑:흡수제】 기체나 액체를 빨아들이는 데 쓰는 약。

【吸煙:흡연】 담배를 피움。

【吸引:흡인】 빨아들임。 끌어들임。 『子華子』吹噓ㅣㅣ。

【吸引力:흡인력】 빨아들이는 힘。

【吸入:흡입】 빨아들임。 「어 녹는 현상。

【吸藏:흡장】 《物》고체에 기체가 흡수되

【吸醋:흡착】 ❶잘 견디는 것。 ❷질투하는 것。 『五曾』人能鼻三斗醇醋、即可爲宰相矣。

「라붙는 현상。

【吸著:흡착】 《物》기체가 고체의 겉에 달

【吸鐵石:흡철석】 =磁石。

【吸出:흡출】 빨아냄。

【吸呷:흡합】 숨 쉬고 침을 삼키는 것。

【吸血:흡혈】 피를 빨아들임。

【吸血鬼:흡혈귀】 ❶사람의 피를 빨아먹는다는 귀신。 ❷남의 재물을 악독하게 빼앗아가는 사람。

【吸吸:흡흡】 움직이는 모양。

◎呼ㅣ。

【吹】 ㊀(취) 支 ㊁(취) 寘 スイ、ふく blow; exhale ㄔㄨㄟ ch'uei¹

小篆 草書 ㊀❶불취(出氣噓也)。 【詩】鼓瑟ㅣ笙。 ❷숨쉴취(息吐)。 ❸악기불취(奏也)。 【詩經 小雅 何人斯】伯氏ㅣ壎、仲氏ㅣ篪。 ㊁❶부를취(鼓ㅣ)。 【禮】樂正入學習ㅣ。 ❷바람취(風也)。 ❸충동할취、부추길취(衝也)。

【吹恐飛執恐虧:취공비집공휴】 《國》불면 날아갈까 쥐면 터질까 함。 《喩》부모가 자식을 애지중지함을 이름。 『靑莊館全書』。

【吹管:취관】❶피리를 불음。『庾信』北閣毗——。❷化學 또는 광물학 실험 용구의 하나。

【吹浪:취랑】물고기가 물 위에 떠서 숨을 쉬느라고 입을 벌렸다 오무렸다 함。

【吹毛:취모】❶터럭을 분다는 뜻。《喩》극히 쉬운 것。『韓非子·內儲說』。❷吹毛求疵의 略語。남의 잘못을 꼬치꼬치 캐내는 것。『張說·獄箴』。❸불어 날린 털도 끊어지는 정도로 잘 드는 칼。善劍。

【吹拂:취불】불어버림。『杜甫·詩』。

【吹雪:취설】눈보라。

【吹竽:취우】《喩》능력이 부족하여 직책을 감내하지 못하는 것。濫竽。『韓非子·內儲說』。「사하는 畫法。

【吹雲:취운】❶북의 異名。❷구름을 묘

【吹入:취입】❶공기를 불어 넣음。❷레코오드에 소리를 불어 넣음。

【吹奏:취주】관악기、곧 취주 악기를 입으로 불어 연주함。

【吹奏樂:취주악】취주 악기를 주장으로 하여 편성해서 주로 한데서 연주함을 목적으로 하는 合奏。

【吹打:취타】軍中에서 나팔·호적·대각 따위를 불고、鑼·鉦·바라·징·북 따위를 치던 군악。

【吹噓:취허】❶숨을 쉬어 냄。❷사람을 추천함。吹擧。❸서로 도움。『隋書』——可用飛窮羽。

【吹灰:취회】재를 불어버린다는 뜻。《喩》일이 극히 쉬운 것。『淮南子·齊俗』。「함。

【吹呴:취후】입김을 불어서 따뜻하게 ◎鼓—。

【吺】(두) 尤 トウ、ささやく whisper

小篆 ❶말많을두(言多)。❷속삭일두。

【吻】(문) 吻 ブン、フン、くちさき lip ㄨㄣˇ wen³

小篆 或體 或體 草書 ❶입술문(口脣邊)。『漢書』吐脣—。❷뾰족나온곳문(物出邊)。『孔平仲詩』葉走堂階聲、雲依殿—浮。

【吻頭菜:문두채】두릅으로 만든 나물。

【吻合:문합】입술이 딱 맞음。事物이 잘 맞는 것。『莊子』爲其吻合。

【吼】(후) 有 コウ、ク、ほえる roar ㄏㄡˇ hou³

草書 ❶소우는 소리후(牛鳴)。❷사자우는소리후(獅鳴)。『大智論』獅子百獸之王爲小蟲—則爲衆所笑。❸높고긴소리후(高長聲)。❹원성후(怨聲)。❺범성낸소리후(虎怒聲)。

【吼怒:후노】범이나 사자가 큰 소리치며 성냄。

【吼號:후호】소리 높이 외침。◎獅子—。

【吽】㊀(음) 侵 ㊁(우) 尤 ギン、なきごえ bellow ㄡˊ ou²

草書 ㊀소울음(牛鳴)。㊁개싸울우(犬爭)。

【吽牙:우아】개가 짖음。개가 싸움。『漢書、東方朔傳』狋——者、兩犬爭也。

【吽呀:우하】개가 짖음。『梅堯臣·詩』——聞爭犬、哮吼厭啼騾。

【吾】(오) 虞 ゴ、われ ㄨˊ wu²

小篆 草書 ❶나오(我也)。『大學』子曰、聽訟—猶人也。❷내오(自己也)。『孟子 公孫丑上』我善養—浩然之氣。❸아들오(子稱)。『韓愈答尉遲生書』今—子所爲皆善矣。❹웅얼거릴오(伊—讀書聲)。❺벼슬이름오(官名執金—)。(『晤』와 통함)

【吾黨:오당】우리들 친구。우리의 무리。『左傳』非——之士。

【吾等:오등】우리들。

【吾門:오문】우리 문중。

【吾不關焉:오불관언】자기는 그 일에 상관하지 않음。

【吾鼻三尺:오비삼척】《喩》자기가 곤궁에 허덕여 남의 사정을 돌아볼 사이가 없다는 뜻。

【吾鼻涕垂三尺:오비체수삼척】《國》내 코가 석자。《喩》남의 일을 돌봐 줄 여가가 없다는 뜻。吾鼻三尺垂。『旬五志』。

【吾亦不知:오역부지】나 또한 알 수 없음。

【吾厭食與犬惜:오염식여견석】《國》나 먹긴 싫고 개 주자니 아까움。《喩》자기에게는 필요가 없어도 남을 주기는 싫어한다는 뜻。『靑莊館全書』。

【吾吾:오오】친해지지 않는 모양。『國語·晉語』。暇豫之——、不如烏烏。

【吾伊:오이】글 읽는 소리。唔伊。咿唔。『黃庭堅』北窓讀書聲——。

【吾人:오인】나。우리 인류。

【吾子:오자】❶내 아들이라는 뜻。❷친하게 사람을 부르는 呼稱。『孟子』——與子路孰賢。

【吾兄:오형】나의 형이라는 뜻으로 친구를 존대하여 일컫는 말。『韓愈』獲——二十四日之才書。

【告】㊀(고) 號 ㊁(곡) 沃 コク、つげる tell;declare ㄍㄠˋ kao⁴

小篆 草書 ㊀❶알릴고(報也)。『廣韻』—上曰—發下曰誥。❷여쭐고(啓也)。『詩經 周南葛覃』言—師氏。❸칙지고(授官)。❹쉴고(—寧休暇)。『漢書』賜—者數。❺물을고(問也)。『禮記 王制疏』若每月使人致膳—問存否。❻가르칠고(敎也)。㊁❶청할곡(請也)。❷보일곡(示也)。❸찾을곡(尋也)。

【告假:고가】❶휴가를 얻음。또는 휴가해 달라고 말함。❷缺勤함。缺席함。

【告罄:고경】❶祭祀가 끝나는 것。❷물건이 다하여 없어지는 것。

【告歸:고귀】집에 돌아갈 것을 아뢰는 뜻。《轉》관리가 휴가를 얻는 것。또는 그 휴가。『史記』常——之田。

【告急:고급】급함을 알림。

【告寧:고녕】休暇。

【告命:고명】辭令書。『宋史』是日——至。

【告目:고목】천한 사람이 존귀한 사람에게 보내는 편지。「는 것。

【告廟:고묘】일어난 일을 사당에 아뢰

【告發:고발】범죄에 직접 관계가 없는 제삼자가 수사 기관에 범죄 사실을 신고、訴追를 구하는 행위。

【告發人:고발인】고발하는 사람。

【告發精神:고발정신】인간 사회의 역사적 죄악을 들추어 비판하는 문학의 태도。「고하여 말함。

【告白:고백】숨김없이 사실대로 말함。

【告變:고변】반역을 고발함。「莫怨怨。

【告別:고별】작별을 고함。『杜甫』——

【告別式:고별식】❶퇴직·전임 등의 경우에 작별 인사를 하는 식。❷죽은 사람에 대하여 친척 또는 친구들이 고별하는 葬儀。

【告訃:고부】사람의 죽음을 알림。

【告訃書:고부서】고부하는 글。

【告祀:고사】집안이 잘 되기를 바라며

지내는 제사。
【告辭:고사】 의식 때에 글로써 훈계하는 말。
【告喪:고상】 訃告。
【告成:고성】 일의 성공을 웃사람에게 알림。
【告愬:고소】 =告訴。
【告訴:고소】 《法》피해자, 또는 다른 告訴權이 있는 사람이 그 범죄자, 또는 범인이 있는 곳의 검사나 사법 경찰관에게 口頭·書面으로 해를 입은 사실을 신고하여 범인의 訴追(소추)를 구하는 행위。〔李密〕一一不許。
【告訴人:고소인】 《法》고소를 한 사람이나 법정 대리인。
【告示:고시】 ❶고하여 알림。❷관청에서 여러 사람에게 알리는 文書。
【告訐:고알】 피해자가 아닌 사람이 남의 범죄 사실을 관청에 알림。
【告由:고유】 사삿집이나 나라에서 큰 일이 생겼을 때 사당이나 神明에게 告함。
【告者:고자】 남의 죄 지음을 일러 바치는 사람。
【告存:고존】 安否를 묻는 것。〔禮記 王制〕八十、月一一。
【告罪:고죄】 죄를 고백함。
【告罪經:고죄경】 《宗》告解聖事 때에 외는 經文。
【告竣:고준】 일이 완성되었음을 알림。
【告知:고지】 통지하여 알림。
【告知書:고지서】 통지하여 알리는 글발。
【告天文:고천문】 혼례식 따위 예식에서 하느님에게 아뢰는 글발。
【告天子:고천자】 《動》종다리。
【告解:고해】 《宗》본죄를 용서 받는 聖事。七大聖事의 하나。
◎警一、戒一、公一、廣一、密一、報一、社一、上一、宣一、中一、豫一、原一、諭一、催一、忠一、通一、布一、佈一、被一、抗一、訓一。

【吒】(학) 覺 カク、おこるこえ roar
성내서 부를학(怒聲呼也)。

【咂】(잡) 合 ソウ、かむ chew
❶고기물결잡(魚食)。〔風俗通〕入口曰一。❷씹을잡(啖也)。

【呀】(하) 麻 カ、ガ、あける opened ㄧㄚ ya¹
❶입딱벌릴하(張口貌)。〔韓愈日蝕詩〕如口開一一。❷골속휑할하(谷空貌)。〔上林賦〕谽一豁閜。❸경탄하는말하(驚歎聲)。
【呀呀:하하⇨아아】 ❶입을 벌리는 모양。❷맹수가 입을 벌리고 이를 드러내는 모양。❸웃음 소리。
【呀呷:하합⇨아합】 ❶입을 벌려 부르짖음。또 입을 벌린 모양。❷파도가 넘실거리는 모양。〔五代史〕劉龑每視殺人不覺朶頤垂涎一一、人以爲眞蛟蜃也。
【呀豁:하활·아활】 ❶넓은 모양。❷입을 딱 벌리고 있는 모양。

【呂】(려) 語 リョ、ロ、せぼね vertebra ㄌㄩˇ lü³
❶풍류려(陰律)。〔周禮〕大司樂奏黃鍾歌大一。❷등골뼈려(脊骨)。❸성려(姓也)。❹종이름려(鍾名)。❺칼이름려(刀名)。
【呂鉅:여거】 자랑하여 뽐내는 모양。〔莊子〕一命而一一。
【呂不韋:여불위】 《人》秦의 宰相。秦의 莊襄王이 볼모가 되어 趙에 있을 때 不韋의 힘으로 귀국하여 王位를 이음。이 공으로 재상이 되고 文信侯에 封함。학자를 모아 呂氏春秋를 지음。
【呂宋:여송】 《地》루손(Luzon)。比律賓群島 중에서 북쪽에 있는 가장 큰 섬。
【呂宋煙:여송연】 필리핀의 루손島에서 나는 향기가 좋고 독한 엽권련。
【呂氏鄕約:여씨향약】 宋 呂大鈞의 鄕里인 藍田에서 실시한 自治規約。德業相勸·過失相規·禮俗相交·患難相恤을 강령으로 삼음。후세 향약의 모범이 됨。
【呂布:여포】 《人》後漢 九原 사람。字는 奉先。활을 잘 쏘고 말을 잘 탐。용맹하나 무모하고 수차 변절함。처음에 丁原에게、뒤에 董卓에게 붙어 벼슬을 하더니 다시 董卓을 죽이고 袁術의 부하가 됨。
【呂后:여후】 《人》漢 高祖의 皇后。單父 사람。惠帝의 生母。

【呃】(애) 卦 アイ、じゃつくり sneeze
재채기할애(氣逆作聲)。(『詍』와 통함)
【呃逆:애역】 딸꾹질。

【呅】㊀(매) 灰 バイ、わらう laugh ㊁(문) 吻
㊀웃을매(笑也)。㊁뜻은 ㊀과 같음。(『吻』과 通함)

【呆】(보)『保』(人部 7畫)의 古字

【呈】(광)『狂』(犬部 4畫)의 古字

【㕳】(흉) 腫 キョウ、かまびすしい noisy
시끄러울흉(喧也)。(『哅』과 같음)

【呌】(규) 嘯 キュウ、さけぶ cry loudly for
부르짖을규(呼也)。(『叫』와 같고 『訆』와 통함)

【呎】(척)〔新字〕シャク、フィート foot
피이트(Feet·英國尺度)。

【呏】(승)〔新字〕
❶갤런(gallon、英美의 容量單位)。❷쿼트(quart)。

【串】(관)(천)(곶)→丨部6畫

【局】(국)→尸部4畫

【邑】(읍)→邑部0畫

【足】(족)→足部0畫

五畫

【呝】(악) 陌 アク、さえずる chirp ㄜ è
❶새소리악(鳥聲)。❷닭소리악(鷄聲)。
【呝呝:악악】 ❶새 우는 소리。喔喔。〔古鳥棲曲〕歸飛一一枝上啼。❷웃는 소리。啞啞。〔說文繫傳〕易曰、笑言一一。
【呝喔:악악】 ❶닭 우는 소리。❷꿩이 우는 소리。

【呟】(현) 銑 ゲン、つぶやく grumble
소리현(聲也)。

【呢】(니) 支 ニ、ジ、ささやく whisper ㄋㄧˊ ni²
❶소근거릴니(小聲多言)。❷제비지저귈니(燕語)。❸우단니(羽緞)。

〔呢喃:이남〕 ❶작은 소리로 말을 많이 함。 ❷제비 소리。

【呤】 (령) 靑 レイ、リョウ、ささやき whisper
❶속삭일령(小言)。 ❷말할령(語也)。

【呦】 (유) 尤 有 ユウ、なきこえ chirp ㄧㄡ yu
小篆 或體 草書 ❶사슴 우는소리유(鹿鳴聲)。〔詩〕ㅣㅣ鹿鳴。 ❷새짐승 우는소리유(鳥獸鳴)。〔元稹詩〕ㅣ嚶呼羣鵰。 ❸소리날유(鳴也)。〔雍陶詩〕水聲ㅣ咽出花溪。

〔呦咽:유연〕 ❶흐느낌。 ❷개울물이 졸졸 흘러가는 소리。

〔呦呦:유유〕 사슴 우는 소리(鹿鳴聲)。

【呧】 (제) 薺 齊 テイ、しかる scold
小篆 ❶꾸짖을제(呵也)。 ❷비방할 제(詆也)。

【呪】 (주) 宥 ジュ、のろう curse ㄓㄡ chou⁴
草書 ❶방자할주(請神加殃)。〔戰國策〕許絹爲我ㅣ。 ❷저주할주(咀ㅣ)。〔關尹子 七釜〕有誦ㅣ者。 (『說·祝』과 通함)

〔呪文:주문〕 術家가 術法을 쓸 때 외는 저주의 글。

〔呪物:주물〕 미개인 사이에서 神聖視되는 물건。

〔呪辭:주사〕 術家가 법을 행할 때 쓰는 「말。

〔呪誦:주송〕 주문을 읽음。

〔呪術:주술〕 ❶무당 등이 신의 힘이나 신비력으로 災厄을 물리치거나 내려 달라고 비는 술법。 呪詛。 ❷魔術。

〔呪願:주원〕 《佛》法會 때、중이 施主의 행복을 비는 일。 또는 그 文書나 그 일을 맡아 보는 중。

〔呪咀:주저〕 ❶=呪術。 ❷《中》呪咀。 (呪는 善惡에 다 쓰고、詛는 악한 기도에만 〔씀〕。 ◎咀ㅣ。

【周】 (주) 尤 シュウ、めぐる round ㄓㄡ chou¹
小篆 古文 草書 ❶두를주(匝也)。 ❷주밀할주(密也)。〔荀子 正論〕主道利ㅣ。 ❸두루할주(徧也)。〔易繫辭〕知ㅣ乎萬物。 ❹미쁠주(忠信)。〔禮〕君子ㅣ而不比。 ❺구할주(救助)。〔論語 雍也〕ㅣ急不繼富。 ❻구부러질주(曲所)。〔詩經 唐風杕杜〕有杕之杜 生于道ㅣ。 ❼나라이름주(國名)。 (『賙』와 통함)

〔周公:주공〕 ❶《人》周 文王의 아들、武王의 아우。 이름은 旦、諡號는 元。 文、武王을 도와 紂를 치고、成王을 도와 王室의 기초를 세우고 制度와 禮樂을 정하여 周文化 발전에 이바지한 바가 큼。 ❷꿈。《故》孔子가 꿈에 周公을 봤다 함。 ❸《書》中說의 篇名。

成王像(金石索)

〔周孔:주공〕 ❶周公과 孔子。 ❷周公과 孔子의 道。〔晉書〕仰味羲農、俯尋ㅣㅣ。

〔周給:주급〕 널리 줌。 빠짐 없이 나누어 줌。〔後漢書〕賑給鄕閭故人、莫不ㅣㅣ。

〔周急:주급〕 곤경에 빠진 사람을 구하 「여 줌。

〔周內:주내〕 ❶남에게 罪名을 씌우려고 주밀한 수단을 꾸밈。〔漢書·路溫舒傳〕則鍛鍊而ㅣㅣ之。 ❷두루 용납함。

〔周年:주년〕 ❶돐이 돌아온 해。 만 일년。 周歲。 期年。 ❷周代의 年月。

〔周堂:주당〕 혼인 때에 꺼리는 神。 달의 크고 작음에 따라 그 위치가 달라짐。

〔周到:주도〕 주의가 두루 미쳐 실수가 없음。

〔周道:주도〕 ❶큰 길。→周行②。 ❷周代 「의 政敎。

〔周敦頤:주돈이〕 《人》 一〇一七~一〇七三。 北宋의 大儒學者。 字는 茂叔、號는 濂溪、諡號는 元公。 程顥·程頤 형제의 스승이며、宋學의 鼻祖가 됨。 〈著書〉 通書·太極圖說 등。

周敦頤(三才圖會)

〔周覽:주람〕 두루 봄。 두루 살핌。 周見。 『史記』登玆泰山、ㅣㅣ東極。

〔周郞:주랑〕 《人》三國·吳의 周瑜、孫權의 武將。 建威中郞將의 벼슬에 있었기 때문에 붙여짐。 魏 曹操의 大軍을 赤壁서 크게 깨뜨려 물리침。

〔周牢:주뢰〕 《制》형벌의 하나。 죄인을 심문할 때、죄인의 두 발목을 한 데 묶고 다리 사이에 주릿대를 끼워서 엇비슷이 트는 형벌。

〔周流:주류〕 ❶널리 두루 퍼짐。 普及。 ❷천하를 두루 돌아다님。 遍歷。 ❸둘러 흐름。 『易經』ㅣㅣ六虛。

〔周留城:주류성〕 《歷》옛 땅 이름。 百濟의 要城。 일명 豆良尹(伊)。 百濟가 멸망하자 舊將 鬼室福信이 王子 豊璋을 추대하고 遺民들을 모아 百濟 復興運動을 일으키던 근거지임。 그 위치에 관해서는 여러 說이 있음。

〔周緜:주면〕 빙 둘러 이음。

〔周武王:주무왕〕 《人》在位 B·C·一一二二~一一一六。 周 一대 임금。 이름은 發、文王의 아들。 殷을 정복하고 周王朝를 세움。 지금의 陝西省 長安인 鎬京에 도읍함。

〔周文謨:주문모〕 《人》중국인의 神父。 李朝 正祖 一九년에 비밀리에 우리 나라에 들어와 傳敎에 힘써 약화되었던 天主敎의 교세를 다시 일으킴。 一八〇一년의 辛酉邪獄 때 순교함。

〔周密:주밀〕 어떤 일에든지 빈틈이 없고 자세함。 周到하고 細密함。

〔周鉢:주발〕 놋쇠로 만든 밥그릇。

〔周邊:주변〕 ❶周圍의 가。 ❷변두리。

〔周備:주비〕 빠짐 없이 두루 갖춤。

〔周痺:주비〕 《醫》때때로 四肢의 곳곳에 마비가 일어나는 병。

〔周旋:주선〕 ❶돌아다님。 周匝·周游。 ❷몸가짐。 動作。 ❸일이 잘 되도록 보살펴 줌。 가운데서 중재 알선함。 ❹뒤쫓아 감。 『左傳·喜·二十三』與君ㅣㅣ。

〔周旋力:주선력〕 일이 잘 되도록 주선하는 힘。

〔周星:주성〕 木星이 하늘을 한 바퀴 도는 동안。 곧 열 두해 동안。 「년。

〔周歲:주세〕 ❶=周年。 ❷生後 만 一

〔周頌:주송〕 《書》詩經의 일부。 周王室의 歌樂。

〔周樹人:주수인〕 《人》中國의 作家。 魯迅의 본 이름。 →魯迅。

〔周愼:주신〕 두루 삼가는 것。

〔周兒:주아〕 주감이。

〔周易:주역〕 《書》周代、文王과 周公·孔子에 의하여 大成된 易學。 또는 그 책。 易經。

〔周易諺解:주역언해〕 《書》九권 五책。 經學類。 宣祖의 명으로 周易을 우리 말로 번역한 것。 「邊。

〔周緣:주연〕 둘레의 가。 바깥 둘레。 周

【周窯:주요】 周代의 土器。
【周圓:주원】 =周回。
【周圍:주위】 ❶周邊。 환경。 ❷어떤 것을 둘러싼 바깥 둘레。
【周遊:주유】 두루 돌아 다니며 유람함。 遍歷。 遊歷。
【周衣:주의】 두루마기。 「❸둘레。
【周匝:주잡】 ❶돌아 다님。 ❷널리 퍼짐。
【周章:주장】 ❶놀라 어찌할 바를 모름。 허둥지둥함。 倉皇·狼狽。 『魏志』賊——、方結陣。 ❷두루 돌아다님。
【周全:주전】 ❶빠짐이 없고 완전한 것。 ❷두루 救濟하고 保全함。
【周池:주지】 城 둘레에 판 濠。
【周紙:주지】 두루마리。
【周知:주지】 여러 사람이 두루 알음。
【周遮:주차】 말이 많은 모양。 『白居易』——說話長。
【周遮衣:주차의】 두루마기。
【周察:주찰】 두루 살핌。
【周尺:주척】 자의 한 가지。 周尺 一자는 曲尺 六치 六푼。
【周天:주천】 ❶해·달·별 등이 軌道를 一周하는 일。 ❷天의 주위。 『禮記』月行——。
【周親:주친】 더할 수 없이 친한 사이。 「至親。
【周波:주파】 ❶파동의 일 순환。 ❷周波數의 略語。
【周波數:주파수】 《物》교류의 진동수。 交流가 一초 동안에 방향을 바꾸는 횟수의 반。 곧 一초 동안에 같은 것을 되풀이하는 돗수。 사이클(Cycle)。
【周皮匠:주피장】 가죽 세공을 업으로 하던 工人。 「함。
【周航:주항】 여러 곳을 두루 거쳐 항해
【周行:주행】 ❶두루 돌아다님。 巡行。 巡遊。 ❷至道。 最上의 道。 『詩·鹿鳴』示我——。 ❸周 조정의 列位。 『詩·卷耳』寘彼——。 ❹大道。 道路。 『詩·卷

耳·集傳』。
【周還:주환】 圓形으로 꼬부려 걸어다님。 돌아다님。 『禮記』——中規、折還中矩。
【周回:주회】 ❶둘러쌈。 ❷둘레。 『謝靈運』四山——。
◎圓—。

【呪】

(주) 『呪』(前前條)와 같음

【呫】

㊀(첩) 葉 チョウ、テン、なめる lick up
㊁(첨) 鹽 ㄓㄢ chan¹

㊀ ❶맛볼첩(嘗也)。 『穀梁傳』未嘗有—血之盟。 ❷귀에대고소근거릴첩(附耳小語聲)。 『史記』及效女兒—囁耳語。 ❸앙징할첩(小人貌)。 『唐書』——小人。 ㊁뜻은 ㊀과 같음。
【呫囁:첩섭】 속삭임。 귓속말로 함。 呫囁耳語。
【呫囁耳語:첩섭이어】 다른 사람의 귀에다 입을 대고 소곤거리며 말하는 것。 『史記·灌夫傳』今日長者爲壽、乃效女兒——。
【呫嚅:첩유】 작은 소리로 지껄임。 『唐書·姚紹之傳』嶠等數附承嘉耳——、紹之翻然不復顧。
【呫呫:첩첩】 ❶작은 모양。 『唐書·王叔文傳』——小人。 ❷소곤거리는 모양。 『黃庭堅·次韻正仲三丈詩』——貌女語。 ❸지껄이는 모양。 『柳宗元』貪常嗜瑣者、猶——然動其喙、亦勞甚矣乎。

【呰】

(자) 紙 シ、まずしい destitute

구차할자(苟且)。 (『呰』와 같음)
【呰窳:자유】 게을리 함。 또는 나약하고 게으름。 墮弱。 『史記·貨殖傳·註』集解曰、徐廣曰、——。 苟且墮懶之謂也、駰案、應劭曰、呰、弱也、晉灼曰、窳、病也。
【呰呰:자자】 서로 욕하는 모양。 訾訾。 『荀子·修身』詩曰、噏噏——、亦孔之哀、謀之其臧、則具是違、謀之不臧、則具是依。
【呰災:자재】 災禍。 『漢書·翟義傳』天降威、遺我寶龜、固知、我國有——、民不安。

【呬】

㊀(히) 寘 キ、いこう rest (本音「희」)
㊁(령) 靑

㊀숨쉴히(息也)。 ㊁와자할령(衆聲)。
【呬度:히도】 北方의 胡國이 印度를 일컫던 말。

【呭】

(예) 霽 エイ、くどくどしい be garrulous

말수다할예(多言)。 『詩』無然——。 (『詍』와 통함)

【呮】

(기) 寘 キ、こしをかける sit cross-legged

도사리고앉을기(足垂而坐)。

【呱】

(고) 虞 コ、なく weep ㄍㄨ ku¹

아이가울고(小兒啼聲)。 『書』啓——而泣。
【呱呱:고고】 어린애 우는 소리。 『廣雅·釋訓』——、號也。
【呱呱之聲:고고지성】 呱呱의 소리。

【咊】

(말) 曷 バツ、マチ、くらいひかり gleaming in the darkness

꺼멍게빛날말(黑光)。

【味】

(미) 未 ミ、ビ、あじ taste ㄨㄟ wei⁴

❶맛미(滋—物之精液)。 『大學』食而不知其—。 ❷기분미(氣分)。 『耶律楚材詩』中隱冷官聞況—。 ❸뜻미(意—)。 『中庸章句』其—無窮。 ❹맛볼미(嘗味)。 『禮』五—異和。
【味覺:미각】 =味感。
【味感:미감】 맛을 느끼는 감각。 혀의 미각 신경에 의하여 생기는 감각。
【味道:미도】 ❶道를 완미하고 체득함。 『書言故事·起居類』——餘閑。 ❷맛。 재미。 味氣。
【味淋:미림】 燒酒와 찹쌀 지에밥을 섞어 빚어서 짜낸 술。
【味神經:미신경】 혀의 粘膜에 있어 味覺을 맡은 신경。
【味如嚼蠟:미여작랍】 《喩》양초를 씹듯 아무런 맛도 없다는 것。
◎加—、佳—、嘉—、甚—、苦—、氣—、妙—、無—、美—、酸—、嘗—、上—、新—、辛—、五—、吟—、意—、異—、一—、滋—、正—、情—、調—、地—、珍—、眞—、趣—、風—、鹹—、香—、興—。

【呴】

㊀(구) 虞 ク、いきふく breath (古音「후」)
㊁(구) 宥

㊀ ❶숨내쉴구 (開口出氣)。 『道德經』式—式吹。 ❷말공순히할구(言語順)。 『漢書』愉愉——。 ❸꾸짖을구(呵也)。 ㊁ ❶입김들일구(以氣溫)。 ❷고기 물방울 토할구(魚吐沫)。
【呴兪:구유】 기뻐하는 모양。 부드러운 듯한 顔色을 나타냄。 呴喩。 呴愉。
【呴濡:구유】 물에서 건져 올린 물고기가 거품을 토해서、서로 몸을 적시어 주는 것。 《喩》좁은 세상에서 모질게 살아가는 것。 『莊子·天運』。

【吠】(벌) 月 ベツ、くちばし bill
❶방패벌(盾也)。❷입부리뾰족할벌(一喘)。(『廢』과 같음)

【呵】(가) 歌 カ、しかる scold 箇 ㄏㄜ hē¹ (古音「하」)
草書 ❶꾸짖을가(怒責)。〔史記 李廣傳〕霸陵尉醉－止廣。❷내불가(氣出)。❸깔깔웃을가(笑聲)。〔傳燈錄〕猶有一人、－－大笑。❹꾸지람할가(責讓)。❺불가(噓氣)。

〔呵呵:가가〕 깔깔 웃는 모양。呵然。『傳燈錄』猶有一人、－－大笑。「그치게 함。

〔呵喝:가갈〕 큰 잘못을 소리로 꾸짖어

〔呵引:가인〕 貴人의 行次에 그 先導者가 行人을 꾸짖어 물리치고 길을 인도하는 것。呵導。警蹕。

〔呵止:가지〕 꾸짖어 하던 일을 못하게 함。呵禁。『史記』霸陵尉醉－－廣。

〔呵叱:가질〕 큰 소리로 꾸짖는 것。「譴。

〔呵責:가책〕 엄하게 꾸짖음。苛責。呵

〔呵噓:가허〕 입김을 내부는 것。『韓愈』－－不相炎。 「못하게 함。

〔呵護:가호〕 방해자를 꾸짖어 그 일을

〔呵欠:가흠〕 하품。

【呸】(비) ヒ、あらそうこえ quarrel or wrangle ㄆㄟ p'ei¹
다투는소리비(爭聲)。

【呷】(합) 洽 コウ、すう sip ㄒㄧㄚ hsia²
小篆 草書 ❶빨아마실합(吸而飲也)。❷떠들썩할합(喤－、衆聲貌)。❸벌릴합(張也)。〔司馬相如子虛賦〕噏－萃蔡。❹집오리우는 소리합(鴨鳴)。

【呶】(노) 肴 ドウ、やかましい chatter ㄋㄠ nao²
小篆 草書 ❶들렐노(讙聲)。❷지껄일노(諠也)。〔詩經〕載號載－。

〔呶呶:노노〕 떠들썩하게 지껄이는 모양。추근추근하게 말하는 모양。

〔呶呶發明:노노발명〕 여러 가지 말을 늘어 놓아 변명함。

【呹】㈠(일) 質 イツ、チツ、くさをかむ ㈡(질) 質 feed on grass
㈠❶풀뜯어먹을일(牛羊草食貌)。❷재빠를일(疾也)。㈡소리질(聲也)。〔揚雄〕蘮－䀏以根兮。

【呺】㈠(효) 蕭 ゴウ、ギョウ、かぜおと ㈡(호) 號 wind
㈠큰체할효(－然虛大貌)。〔莊子〕非不知－然大也吾爲其無用而培之。㈡바람소리호(風聲)。〔莊子〕萬竅怒－。

【呻】(신) 眞 シン、うめく moaning ㄕㄣ shen¹
小篆 草書 ❶읊조릴신(吟咏聲)。〔禮〕今之教者－其佔畢。❷끙끙거릴신(－吟、殿屎)。〔莊子〕－吟裘氏之地。

〔呻吟:신음〕 ❶괴로와 끙끙거리는 소리를 냄。❷괴로움을 잊고자 詩 따위를 중얼거림。 「소리。

〔呻吟聲:신음성〕 괴로와서 끙끙거리는

〔呻畢:신필〕 글을 읽는 것。글의 뜻과 내용은 모르면서 글자만을 읽어가는 것。『禮記·學記』今之教者、呻其佔畢。

〔呻呼:신호〕 괴로움을 견디지 못하여 소리 지름。

【呼】(호) 遇 コ、よぶ 有 call 虞 ㄏㄨ hu¹
小篆 草書 ❶숨내쉴호(外息)。❷부를호(喚也)。〔李商隱雜纂必不來〕把棒－狗。❸슬퍼할호(鳴－歎辭)。〔書〕－鳴曷歸。❹부르짖을호(號也)。〔詩〕式號式－。❺청할호(招也)。〔杜甫詩〕天子－來不上船。

〔呼價:호가〕 값을 부름。값을 정함。

〔呼氣:호기〕 숨을 밖으로 내부는 기운。

〔呼來斥去:호래척거〕 사람을 오라고 하여 놓고 곧 쫓아 버림。

〔呼名:호명〕 이름을 부름。

〔呼母:호모〕 어머니라고 부름。

〔呼父:호부〕 아버지라고 부름。

〔呼訴:호소〕 사정을 관청 또는 남에게 하소연함。 「호소할 곳이 없음。

〔呼訴無處:호소무처〕 원통한 사정을

〔呼籲:호유〕 울며 부르짖어 남의 도움을 구하는 것。哀訴함。

〔呼應:호응〕 ❶한 쪽이 부르면 상대편이 이에 답함。❷氣脈이 서로 통함。❸글월의 앞뒤의 뜻이 서로 맞아 어울림。

〔呼噪:호조〕 큰 소리로 떠들어 시끄럽게 하는 것。

〔呼唱:호창〕 높은 소리로 부름。

〔呼天痛哭:호천통곡〕 하늘을 부르며 목소리를 높여 울음。

〔呼出:호출〕 ❶불러 냄。❷召喚。

〔呼出狀:호출장〕 召喚狀의 卑稱。

〔呼仲:호충〕 方位가 꼭 마주침。對沖。

〔呼稱:호칭〕 불러 일컬음。이름을 지어 부름。

〔呼風喚雨:호풍환우〕 요술을 써서 바람과 비를 불러 일으킴。

〔呼兄:호형〕 형이라고 부름。

〔呼兄呼弟:호형호제〕 형이니 아우니 할 정도로 매우 가까운 친구의 사이임을 나타내는 말。

〔呼號:호호〕 부르짖음。소리를 크게 하여 부르는 것。

〔呼吸:호흡〕 ❶생물이 산소를 體內에 들이마시어 탄산가스를 내보내는 작용。❷숨쉬기、숨。❸아주 짧은 동안。刹那。瞬間。❹意氣。『元稹·和樂天折劍頭詩』風霜劍一合、－－期萬理。

〔呼吸器:호흡기〕 (生)호흡 기관。高等動物의 허파、魚類의 아가미 따위。

〔呼吸不通:호흡불통〕 外界의 자극을 받아 기운이 막히어 잠시 동안 호흡이 통하지 않음。

〔呼吸運動:호흡운동〕 ❶呼吸器가 딴 새로운 공기를 들이키는 운동。❷체조의 한 가지。

〔呼吸中樞:호흡중추〕 호흡 운동을 주로 맡아 보는 신경의 中樞。
◎點－、指－、歡－、喚－。

【命】(명) 敬 メイ、ミョウ、いのち、いいつけ life；command ㄇㄧㄥ ming⁴
小篆 草書 ❶목숨명(天之所賦人所稟受)。〔易〕各正性－。❷시킬명(使也)。〔書〕乃－羲和。❸명령할명(教令)。〔增韻〕大曰－小曰令。❹이름명(名也)。〔漢書〕嘗亡－遊外黃。❺도명(道也)。〔詩〕維天之－。❻운수명(運也)。〔大學〕詩曰、周雖舊邦、其－維新。❼일러보일명(告示)。

〔命駕:명가〕 길을 떠나기 위하여 下人에게 마차의 준비를 시키는 것。

〔命宮:명궁〕 ❶사람의 生年月日時의 方

位。❷一二宮의 하나。人相學에서 좌우 쪽의 眉間을 일컬음。

【命根:명근】❶《佛》생명의 根源。생명。수명。❷植木의 主根。『華嚴經』如人護身先護ㅡㅡ。

【命途:명도】=運命。『王勃』時運不齊、ㅡㅡ多舛。

【命令:명령】❶분부。지휘。❷《法》행정기관이 제정하는 법규·閣令 따위。❸《法》재판장 및 受命 법관·受託 판사가 그 권한에 속하는 사항에 관하여 행하는 재판。

【命令文:명령문】명령하는 내용이 적힌 글。

【命脈:명맥】❶목숨과 혈맥。❷살아가는 데 요긴한 것。목숨을 이어가는 근본。《轉》중요한 사물을 말함。

【命名:명명】사람이나 물건에 이름을 지어 붙임。

【命門:명문】❶오른쪽 불알。❷양쪽 불알 사이。❸눈。『靈樞經·根結篇』ㅡㅡ者、目也。❹占術家의 말。양쪽 귀의 앞에 있는 곳。『照膽經』耳不兩ㅡㅡ。

【命婦:명부】❶옛 中國에서 士大夫의 妻를 일컫던 말。『周禮·內宰·注』士妻亦爲ㅡㅡ。❷封號를 받은 婦人의 통칭。

【命分:명분】하늘이 정한 운수。運命。『蘇軾』窮人ㅡㅡ薄。

【命世:명세】一世에 뛰어나 저명한 사람。『干寶』非ㅡㅡ之雄。

【命召:명소】임금의 뜻밖의 명령을 받고 남몰래 대궐로 입궐하는 議政이나 장수들이 차던 표。

【命數:명수】❶하늘이 준 운명。天命。運命。❷목숨。생명。壽命。『李頻』ㅡㅡ未終奇。

【命數法:명수법】수를 이름지어 부르는 법。

【命也福也:명야복야】행복이 겹침。

【命頑:명완】죽지 않고 모질게 살음。

【命運:명운】운명。

【命意:명의】생각을 나타냄。『陸游』ㅡㅡ落筆驚倒人。

【命在頃刻:명재경각】숨이 곧 끊어질 지경에 이름。거의 죽게 됨。

【命題:명제】❶題名을 붙이는 일。또는 그 題。名題。❷《論》판단을 언어로써 표현한 것。

【命卒之秋:명졸지추】거의 죽게 된 때。

【命中:명중】겨냥한 곳을 바로 맞춤。的中。『漢書』力扼虎、射ㅡㅡ。

【命蔕:명체】배꼽。

【命招:명초】신하를 부름。

【命限:명한】목숨의 한도。

◎君ㅡ、貴ㅡ、歸ㅡ、短ㅡ、大ㅡ、代ㅡ、待ㅡ、薄ㅡ、拜ㅡ、復ㅡ、非ㅡ、使ㅡ、生ㅡ、壽ㅡ、宿ㅡ、身ㅡ、嚴ㅡ、餘ㅡ、延ㅡ、捐ㅡ、王ㅡ、優ㅡ、運ㅡ、殞ㅡ、遺ㅡ、恩ㅡ、人ㅡ、殘ㅡ、長ㅡ、詔ㅡ、存ㅡ、天ㅡ、致ㅡ、勅ㅡ、特ㅡ、革ㅡ、賢ㅡ。

【呾】(달) 曷 タツ、しかりあう reproach each other
마주 꾸짖을달(相訶)。

【呿】㊀(거) 魚 ㊁(가) 麻 カ、キョ、くちあく open mouth ㄑㄩ chʻü
㊀입딱벌일거(張口貌)。『莊子』公孫龍口ㅡ而不合。㊁뜻은 ㊀과 같음。

【咂】(잡) 合 ソウ、すう ㄗㄚ tsa¹
빨잡(口吸)。

【咂啄:잡탁】빨아먹음。『王周·蚋子賦』三伏閒、晝飛夜息、ㅡㅡ人肌膚、動爲瘡痏。

【咀】(저) 語 ショ、ソ、かむ chew ㄐㄩ chü³
❶씹을저(ㅡ嚼含味)。『韓愈文』含英ㅡ華。❷깨달을저(了解)。『文心雕龍』ㅡ嚼文義。❸먹을저(食也)。

【咀嚼:저작】=咀噍。

【咀噍:저초】잘 씹음。《轉》글의 뜻을 잘 연구하여 玩味하는 뜻。咀嚼。

【咄】㊀(돌) 月 ㊁(탈) 曷 トツ、しかる scold ㄉㄨㄛ tuo⁴
㊀❶꾸짖을돌(訶也)。『戰國策』呴籍叱ㅡ。❷괴이쩍을돌(驚怪聲)。『後漢書』帝撫光腹曰ㅡㅡ子陵。❸혀찰돌(咨語)。『晉書』嘗爲客作豆粥ㅡ嗟便辦。❹부르는 소리돌(呼聲)。『漢書 李陵傳』立政曰、ㅡ小卿良苦。❺눈깜박할새돌(瞬間)。㊁뜻은 ㊀과 같음。

【咄咄:돌돌】뜻밖의 일에 놀라 지르는 소리。『後漢書』ㅡㅡ子陵。

【咄咄怪事:돌돌괴사】놀랄 만큼 괴이한 일。전연 뜻밖의 일。대단히 괴이한 사건。『晉書』作ㅡㅡ四字而已。

【咄嗟:돌차】❶순식간。瞬間。咄呵。❷꾸지람。呵叱。『晉書』爲客作豆粥、ㅡㅡ便辦。

【咄嗟間:돌차간】잠깐 동안。눈 깜짝할 사이。

【咄嘆:돌탄】혀를 차면서 탄식함。

【咅】㊀(투) 宥 ㊁(부) 有 トウ、あざわらう sneer
㊀❶비웃을투(嗤也)。❷침뱉을투(唾也)。㊁뜻은 ㊀과 같음。

【咆】(포) 肴 ホウ、ほえる roar ㄆㄠ pʻao²
❶고함지를포(嗥也)。❷짐승소리포(ㅡ哮熊虎聲)。『淮南子』虎豹襲穴而不敢ㅡ。❸성불끈낼포(ㅡ勃怒貌)。『潘岳 西征賦』何猛氣之ㅡ勃。

【咆休:포휴】=咆哮。

【咆哮:포효】❶짐승이 으르렁거림。❷성내어 고함지름。咆咻。『常建』口入聞虎鬪、空山滿ㅡㅡ。

【咇】(필) 質 ヒツ、こうばしい fragrant
향기날필(馝馞ㅡ芬)。(『苾』과 같음)

【咇茀:필불】香氣가 盛한 모양。馝馞。『司馬相如·上林賦』晻薆ㅡㅡ。『注』師古曰、晻薆ㅡㅡ、皆芳香意也。

【咇喞:필질】❶소리 나오는 모양。『王褒·洞簫賦』啾ㅡㅡ而將吟兮。『注』善曰、ㅡㅡ、聲出貌。❷말이 많음。또는 소리가 많음。『集韻』咇、ㅡㅡ、多言也。

【咇咇:필필】❶슬피 울음。『集韻』咇、ㅡㅡ、哀鳴。❷어떤 소리。→咇咇剝剝。

【咇咇剝剝:필필박박】물체가 찢어지는 소리。『水滸傳、四回』把直裰帶子、都ㅡㅡ扯斷了。

【咈】(불) 物 フツ、たがう be against ㄈㄨ fu²
어길불(違也戾也)。『書』帝曰吁ㅡ哉。(『拂』과 통함)

【咉】(앙) 養 オウ、むせびかなしむ weep mournfully
목메어슬피울앙(咽悲)。

【咋】㊀(사) 禡 ㊁(책) 陌 ㊂(색) 陌 サク、シャク、かむ chew ㄓㄚ cha⁴ (本音「자」)
㊀잠깐사(暫也)。『左傳』桓子ㅡ謂林楚曰而先皆季氏之良也。㊁소리잭지를책(大聲)。『周禮 冬官考工記梟氏』侈則柞。㊂❶씹을색(嚙也)。『漢書 東方朔傳』孤豚之ㅡ虎。

❷먹을색(啖也)。

【咋舌:색설】혀를 깨물음。놀라 애석해 함。〔後漢書·馬援傳〕豈有知其無成、而但委膝ㅣㅣ、叉手從族乎。

【咋咋:책책】큰 소리。〔周禮·注〕炸、讀爲ㅣㅣ然之咋、聲大外也。

【咊】(화)『和』(大篆)의 古字

【和】㊀(화) 歌 カ、やわらぐ 厂ㄨㄜˊ huo² peaceful
㊁(화) 箇
小篆 草 書 ㊀❶순할화(順也)。〔中庸〕君子ㅣ而不流。❷화할화(諧也)。❸합할화(合也)。〔易〕保合大ㅣ。❹방울화(鈴也)。〔詩〕ㅣ鸞雝雝。❺알맞을화(過不及)。〔中庸〕ㅣ也者、天下之達道也。❻세 피리화(小笙)。❼사이좋을화(睦也)。㊁❶화답할화(聲相應)。〔易〕鳴鶴在陰其子ㅣ之。❷곡조화(調也)。〔禮〕竽笙備而不ㅣ。❸섞을화(調味)。〔禮〕甘受ㅣ。❹더할화(加也)。〔禮記 內則〕衣裳垢、ㅣ灰請澣。❺본받을화(見習)。❻줄화(與也)。

【和姦:화간】합의상의 姦通。↔强姦。

【和氣:화기】❶따뜻한 양기。온화한 날。❷온화한 기색。화목한 기운。

【和氣靄靄:화기애애】여럿이 모인 자리에 따스하고 부드러운 기운이 넘쳐 흐르는 모양。

【和談:화담】❶和解하는 말。❷정답게 주고 받는 말。

【和答:화답】詩歌를 응답함。

【和樂:①화락 ②화악】❶화평하게 즐김。〔詩經〕ㅣㅣ且湛。❷日本 음악。

【和睦:화목】서로 뜻이 맞고 정다움。화락하고 친목함。和親。和合。

【和尙:화상】(佛)중의 尊稱。和上。

【和色:화색】온화한 얼굴 빛。

【和順:화순】❶온화하고 순량함。❷고분고분 시키는 대로 잘 좇음。

【和顔:화안】온화한 얼굴。

【和約:화약】화목하게 지내자는 약속。和議의 條約。

【和悅:화열】마음이 화평하며 기뻐함。〔唐書〕叶蕭淸ㅣㅣ。

【和音:화음】❶고저가 다른 둘 이상의 소리가 한 때에 함께 어울리는 소리。❷漢字의 日本音。「함께 느낌。

【和應:화응】화합하여 응함。화합하여

【和議:화의】❶和解하고자 하는 의논。講和의 評議。❷(法)채무자에게 파산의 원인이 있어 파산 선고를 받아야할 상태에 있을 때、그 선고를 예방하기 위한 강제 화의。〔宋書〕上書直諫、斥ㅣㅣ。

【和而不同:화이부동】남과 和親하게는 지내나、정의를 굽혀서까지 그 사람을 따르지 않음。〔論語〕吾子ㅣㅣㅣㅣ、小人同而不和。

【和戰:화전】평화와 전쟁。

【和劑:화제】(醫)❶藥方文。❷藥和劑의 略語。

【和讚:화찬】(佛)부처의 공덕을 찬미하는 노래。

【和暢:화창】온화하고 맑음。〔晉書〕惠風ㅣㅣ。

【和親:화친】=和睦。

【和平:화평】온화하고 태평함。싸움이 없이 평화로움。平和。〔禮記〕血氣ㅣㅣ。

【和風:화풍】❶부드러운 바람。봄바람。〔杜甫〕吹面受ㅣㅣ。❷日本風。

【和風甘雨:화풍감우】부드러운 바람과 단비。

【和合:화합】❶정답게 함。❷서로 어울리게 함。調和。❸섞어서 합함。❹男女를 結婚시킴。혼례 때에 제사하는 神名。

【和諧:화해】❶서로 화친해짐。❷조화。和協諧合。〔司馬相如〕交情通體、心ㅣㅣ。

【和解:화해】❶다투던 일을 서로 풀음。❷(法)訴訟當事者가 서로 양보하여 분쟁을 하지 않기로 약속하는 계약의 한 가지。❸(醫)위장을 편히 하여 外氣를 풀어 버림。

【和血:화혈】(醫)血分을 잘 고름。

【和協:화협】❶서로 툭 터놓고 협의함。❷和音。〔漢書〕八音調均、又ㅣㅣ于鍾律。

【咍】(해) 灰 カイ、わらう 厂ㄞ hai¹ derision
小篆 草 書 비웃을해(蚩笑)。〔左思 賦〕東吳王孫囅然而ㅣ。

【咍臺:해대】코 고는 모양。〔世說〕許璪上臺、便ㅣㅣ大鼾。

【咍咍:해해】기뻐서 웃는 모양。

【咎】㊀(구) 有 キュウ、とがめる ㄐㄧㄡ chiu⁴ reprove
㊁(고) 豪
小篆 草 書 ㊀❶허물구(愆也)。〔詩〕微我有ㅣ。❷재앙구(災也)。〔書經大禹謨〕天降之ㅣ。❸미워할구(仇也)。〔書經西伯戡黎序〕殷始ㅣ周。㊁순임금신하고(舜臣、ㅣ繇)。

【咎鼓:구고】큰 북。〔後漢書·馬融傳·注〕ㅣㅣ大鼓也。

【咎徵:구징】天災가 있을 징조。재앙의 징조。〔書經〕曰ㅣㅣ。

【咎悔:구회】❶남의 책망을 듣고 스스로 뉘우침。❷잘못과 뉘우침。

【咏】(영) 敬 エイ、うたう ㄩㄥ yung³ chant
小篆 草 書 ❶노래할영(歌也)。〔漢書〕彈琴其中以ㅣ先王之風。❷읊을영(吟也)。(『詠』과 같음)

【咏梅歌:영매가】時調。李朝 安玟英 지음。梅花를 찬양한 것으로 유명함。

【咐】(부) 虞 フ、いいつける instruct
草 書 ❶불부(噓也)。❷분부할부(吩咐也)。

【咐囑:부촉】부탁하여 위촉함。

【咖】(가)〔中字〕コーヒー ㄐㄧㄚ chia¹ coffee
草 書 커피차가(熱帶產植物茶名、咖啡)。

【咖啡:가비】커피。coffee의 音譯。珈琲。

【咕】(고) 虞 コ、ことばがおおい ㄍㄨ ku¹ grumble
두덜거릴고(多言)。

【咜】(타)『吒』(口部 6畫)의 訛字

【知】(지)→矢部 3畫

六 畫

【咠】(집) 緝 シュウ、そしる(本音「즙」) slander
小篆 ❶참소할집(讒言ㅣㅣ)。❷귓속말할집(聶語)。

【咠啃:집삽】입에서 나오는 소리。〔玉篇〕啃、ㅣㅣ、口聲也。

【咠咠:집집】❶말다툼하는 소리。〔玉篇〕咠、ㅣㅣ、口舌聲。❷참소하는 말。〔廣韻〕咠、ㅣㅣ、譖言也。

【咢】(악) 藥 ガク、おどろく ㄜ è be startled
小篆 草 書 ❶깜짝놀랄악(驚也)。〔詩〕式歌式ㅣ。❷바른말할악(直言)。〔漢書 韋賢傳〕ㅣㅣ黃髮。❸높을악(高貌)。〔張衡 思玄賦〕冠ㅣㅣ其映蓋。❹노래안하고북칠악(無歌鼓

打。 [爾雅 釋樂]徒擊鼓謂之ㅡ。
(『謌』과 통함)

【咢咢:악악】❶바른 말을 함。[漢書·韋賢傳·注]ㅡㅡ直言也。❷冠이 높고 위엄이 있는 모양。[後漢書·張衡傳·注]ㅡㅡ作岌、岌冠高貌。

【咡】(이) 寘 ジ、くちもと about one's lips ㄦ êrh⁴
草書 입이귀이(口旁)。

【咡絲:이사】누에가 입을 위 아래로 놀려 실을 뽑아내는 것。[淮南子]。

【咤】(타) 禡 タ、しかる scold ㄓㄚ cha⁴ (古音「차」)
小篆 草書 ❶꾸짖을타(叱怒)。[史記]暗啞叱ㅡ千人自廢。❷슬플타(悲也)。[蔡琰詩]怛ㅡ靡肝肺。❸뿜을타(噴也)。❹혀찰타(舌打)。❺쩍쩍씹는소리타(物食口鳴)。[禮記 曲禮]毋ㅡ食。

【咤食:타식】혓소리를 내며 먹음。[禮記·曲禮上]毋ㅡㅡ。[疏]謂於口舌中作聲、似嫌主人之食。

【咤叱:타즐】큰 소리로 꾸짖음。叱咤。

【咤叉:타차】乳兒의 손이 아직 自由스럽지 못해서、조금씩 깍지를 끼는 것。[杜牧·別家詩]初歲嬌兒未識爺、別爺不拜手ㅡㅡ。

【咤咤:타타】怒한 소리。[資治通鑑·漢紀·注]ㅡㅡ、發怒聲。「亦呼ㅡㅡ」。

【咤陌:타확】베뚜기。[方言·注]即蝗也、

【咦】(一)(이) 支 イ、ダイ、わらう laugh ㄧ i² (二)(재) 佳
小篆 (一)❶크게부를이(大呼貌)。❷웃을이(笑貌)。(二)뜻은 (一)과 같음。

【咥】(一)(희) 未 キ、テツ、わらう laugh (二)(질) 質 (三)(절) 屑 ㄒㄧ hsi⁴
小篆 草書 (一)허허웃을희(笑聲)。[詩]ㅡ其笑矣。(二)웃을질(笑也)。(三)❶물절(齧也)。❷씹을절(啖也)。

【咧】(렬) 屑 レツ、とりこえ ㄌㄧㄝ lieh¹·²·³
새소리렬(鳥聲ㅡㅡ)。

【咨】(자) 支 シ、はかる、なげく plan; resent ㄗ tzŭ¹
小篆 草書 ❶꾀할자(謀也)。[書經]十有二牧。❷원망할자(怨也)。[書經]小民惟曰怨ㅡ。❸탄식할자(嗟歎聲)。[易經]齎ㅡ涕洟。[書經 堯典]帝曰、ㅡ汝羲暨和。(『諮』와 통함)

【咨文:자문】中國과 왕복하던 문서。

【咨詢:자순】물어서 어떤 일을 꾀함。의논함。

【咨咨:자자】탄식하는 모양。

【咨周:자주】誠實한 사람에게 의견을 물어 보는 것。(周는 誠實)。

【咨嗟:자차】탄식함。한숨쉼。

【咨歎:자탄】=咨嗟。

【咩】(미)『咪』(口部 6畫)와 같음

【咫】(지) 紙 シ、すこし little ㄓ chih³
小篆 草書 ❶여덟치지(八寸)。[左傳]天威不違顏ㅡ尺。❷적을지(少也)。❸짧을지(短也)。[楚語]是知天ㅡ安知民則。

【咫尺:지척】❶매우 가까운 거리。周制에서 咫는 八寸、尺은 一〇寸을 일컬음。[左傳]天威不違顏ㅡㅡ。❷짧음。간단한 것。僅少。❸임금에게 배알하는 것。

【咫尺不辨:지척불변】몹시 어두워서 가까운 곳도 분별하지 못함。

【咫尺之地:지척지지】❶아주 가까운 곳。❷적은 땅(土地)。[史記]舜無ㅡㅡㅡ、以有天下。

【咫尺千里:지척천리】(國)서로 가까이 있으면서도 消息이 없어 멀리 떨어져 사는 것과 같다는 말。

【咪】(미) 紙 ビ、なく bleat ㄇㄧ mi¹
草書 양우는소리미(羊鳴聲)。(『咩』와 같음)

【咬】(一)(교) 肴 コウ、キョウ、かむ bite (二)(교) 巧 ㄧㄠ yao³
草書 (一)새지저귈교(鳥聲)。(二)❶물교(齧也)。[王君玉雜纂難奈何]ㅡ人馬。❷씹을교(食也)。(『齩』와 같음)

【咬咬:교교】새가 지저귀는 소리。

【咬筋:교근】(生)턱위에 있어서 아랫턱을 앞으로 당기는 힘줄。

【咬傷:교상】(醫)짐승·독사·독충들에게 물린 상처。

【咬牙切齒:교아절치】크게 성낸 모양。

【咬裂:교열】물어 뜯어 찢음。

【咬哇:교와】음란한 音曲。淫哇。

【咮】(주) 宥 ジュ、くちばし bill
小篆 草書 새부리주(鳥口、喙也)。[詩經 曹風候人]維鵜在梁、不濡其ㅡ。(『噣』와 통함)

【咭】(一)(길) 質 キツ、よろこぶ be glad of (二)(갈) 黠 ㄐㄧ chi¹
(一)❶웃는모양길(笑貌)。❷기뻐할길(喜貌)。(二)쥐우는 소리갈(鼠鳴聲)。

【呭】(一)(예) 霽 (二)(세) 霽 (三)(설) 屑 エイ、セイ、セツ、ことばがおおい talkative
(一)❶말많을예、되풀이말할예(言多)。❷즐거워할예(樂也)。[詩經]無然ㅡㅡ。(二)뜻은 (一)과 같음。(三)즐길설(樂也)。

【咯】(一)(각) 藥 カク、ラク、あらそい quarrel (二)(락) 藥 ㄌㄨㄛ luo⁴
草書 (一)꿩소리각(雉聲)。(二)송사하는말락(訟言)。

【咯痰:각담】담을 뱉음。

【咯血:각혈】(醫)허파·氣管支粘膜 등에서 피를 토함。주로 폐결핵을 앓아 기침이 심할 때 나옴。피를 토함。喀血。

【咱】(一)(찰) 曷 サツ、わたくし myself (二)(차) 麻 ㄗㄢ tsan²
草書 (一)나찰(自己之稱)。(二)뜻은 (一)과 같음。

【㖃】(후) 有 コウ、はずかしい shy
小篆 ❶부끄러울후(恥也)。❷토할후(吐也)。❸욕할후(罵也)。

【咳】(一)(해) 灰 ガイ、せき cough (二)(해) 隊 ㄎㄜ k'ê²
小篆 古文 草書 (一)방글방글할해(小兒笑)。[史記]曾不可以告ㅡ嬰之兒終日。(『孩』와 같음)(本音은「개」) (二)❶기침해(ㅡ嗽痰病)。❷침뱉을해(ㅡ唾)。[莊子]幸聞ㅡ唾之音。❸신

기한 방문해(奇ㅣ非常術)。【史記】受其脈書上下經五色診奇ㅣ。(『欬』와 통함)

【咳氣：해기】 기침이 날 기운。

【咳嗽：해수】 기침。기침을 함。咳는 가래가 없고 소리만 있는 기침、嗽는 기침 소리는 나지 않고 가래만 나는 것。

【咳逆：해역】 목구멍이 막히어 숨을 들이쉬는 소리가 남。

【咳嬰：해영】 젖 먹는 어린 아이。嬰孩。

【咳喘：해천】 기침과 喘息。「증。

【咳喘症：해천증】 (醫) 기침과 喘息의 병

【咳唾：해타】 기침과 침。침을 배앝음。(轉)어른의 말。【漢書・宣元六王傳】大王誠賜ㅣㅣ。

【咳唾成珠：해타성주】 ❶기침과 침이 다 구슬이 된다는 뜻。(轉)㉠권세가의 형용。㉡一言一句가 다 貴重하다는 것。❷詩文의 재주에 뛰어난 형용。【李白・妾薄命】咳唾落九天、隨風生珠玉。

【咳血：해혈】 (醫)피 섞인 가래가 나오는 병。폐 결핵 따위。

【咲】 (소) 嘯 ㄒㄧㄠˋ hsiao⁴ laugh ショウ、わらう

草書 웃을소(笑也)。【李商隱雜纂】惡模樣ㅣ未語先ㅣ。(『笑』의 古字)

【咸】 (함) 咸 all ㄒㄧㄢˊ hsien² カン、みな

小篆 草書 ❶다함(悉也)。【書】庶績ㅣ熙。❷같을함(同也)。【左傳 僖公二十四年】周公弔二叔之不ㅣ。❸골고루함(徧也)。【國語 魯語】小賜不ㅣ。❹괘이름함(卦名)。

【咸告：함고】 빼지 않고 모두 고함。다 일러 바침。

【咸氏：함씨】 남의 조카의 尊稱語。

【咸五登三：함오등삼】 德이 五帝와 같고、夏・殷・周 三王보다는 더 높다는 것。【史記・司馬相如傳】上咸五下登三。

【咸有一德：함유일덕】 ❶임금・신하가 다 純一의 德이 있음。❷書經의 篇名。

【咸池：함지】 ❶해가 미역감는다는 天上의 못。곧 해가 지는 곳。서쪽 바다。天池。【淮南子・天文訓】日出於暘谷、浴於ㅣㅣ。❷堯帝 때의 音樂 이름。大咸。【周禮・大司樂】。❸天神。【楚辭・東方朔・七諫・自悲】屬天命而委之ㅣㅣ。❹五穀을 맡아 보는 별 이름。【淮南子・天文訓】。

【咸興差使：함흥차사】 심부름을 가서 소식이 아주 없거나 회답이 더디 옴。(故)李朝 때 太祖가 禪位하고 함흥에 가서 은퇴하고 있을 때 太宗이 보낸 사신을 혹은 죽이고 혹은 잡아 가두어 돌려 보내지 아니하였음。

【咶】 ㊀(시) 紙 lick シ、なめる ㊁(활) 黠 ㄏㄨㄚˊ hua²

草書 ㊀❶핥을시(舌取物)。【管子】十口之家十人ㅣ鹽。❷이야기할시(話也)。㊁뜻은 ㊀과 같음。(『舓・舐』와 통함)

【咷】 (도) 豪 ㄊㄠˊ t'ao² cry トウ、なく

小篆 小篆 草書 ❶아이울음 아니그칠도(兒泣不止)。❷부르짖을도(號也)。【易】先號ㅣ而後笑也。

【咮】 (주) 尤 cluck シュウ、とりよぶこえ

❶병아리 부르는 소리주(鷄呼雛聲ㅣㅣ)。❷닭부르는 소리주(呼鷄聲)。(『州』와 같음)

【口尗】 ㊀(축) 屋 ㊁(육) 屋 ㊂(적) 錫 (of fowls) chuck シュク、にわとりをよぶ

㊀❶닭부르는소리축(呼鷄聲)。❷한탄할축(嘆也)。㊁❶편히갈육(安行)。❷편안할육(安也)。㊂고요하고 소리없을적(靜而無聲貌)。

【咔】 (롱) 送 deride ロウ、あざける

❶조롱할롱(嘲也)。❷소근거릴롱(聑也)。

【咺】 (훤) 阮 ㄒㄩㄢˇ hsuan³ dignified figure ケン、きわだつ

小篆 草書 ❶섦게울훤(哀泣不止痛也)。❷점잖을훤(威儀宣著)。【詩】赫兮ㅣ兮。❸두려워할훤(懼也)。

【咻】 (휴) 麌 ㄒㄩˇ hsü³ grieve キュウ、なげく

草書 ❶지껄일휴(讙也)。【孟子】衆楚人ㅣ之。❷입앓는소리휴(噢ㅣ口病聲)。【高適詩】旅雁悲ㅣㅣ。❸숨쉬는 소리휴(呼吸聲)。【蘇軾詩】草中ㅣㅣ有寒兔。

【咻呴：휴구】 따뜻하게 함。【蘇軾・對制科策】蕩然與天下、爲ㅣㅣ溫暖之政、萬事墮敗、而終無威刑以嚴凝之。

【咻咻：휴휴】 ❶앓는 소리。【蘇軾・江上值雪詩】草中ㅣㅣ有寒兔、❷숨을 내쉬는 모양。呼吸하는 모양。【揮麈漫抄】家中有大蟾蜍、如牛輪、氣ㅣㅣ然。

【咼】 (괘)『喎』(口部 9畫)와 같음

【咼斜：괘사】 不正한 모양。【法華經・隨喜功德品】亦不缺壞、亦不ㅣㅣ。

【咼墮髻：괘타계】 비스듬히 내려뜨린 상투머리。【白居易・寄微之時】何處琵琶絃似語、誰家ㅣㅣㅣ如雲。

【呥】 (염) 琰 mouth move ゼン、くちうごく

입움직일염(口動貌)。

【咽】 ㊀(인) 先 ㊁(연) 霰 ㊂(열) 屑 throat エン、イン、のど ㄧㄢ yen¹ (本音「연」)

小篆 草書 ㊀목구멍인(ㅣ喉、嗌)。【戰國策】頓子曰韓天下之ㅣ喉。㊁❶삼킬연(呑也)。【孟子】三ㅣ然後耳有聞目有見。❷빨리 치는 북소리연(早急打鼓聲)。【詩經魯頌有駜】鼓ㅣㅣ。㊂❶목멜열(嗚ㅣ聲塞)。【孔稚圭北山移文】石泉ㅣ而下愴。❷막힐열(塞也)。【新序雜事】雲霞充ㅣ、則奪日月之明。

【咽頭：인두】 《生》위로는 鼻腔、앞으로는 口腔으로 이어지고 食道 및 喉頭에 접속된 漏斗狀의 筋肉性器官。입과 목과의 접경。

【咽頭炎：인두염】 (醫)인두에 생기는 염「증。

【咽喉：인후】 ❶《生》목구멍。❷急所。【戰國策】韓、天下之ㅣㅣ。「의 通稱。

【咽喉病：인후병】 (醫)목구멍이 붓는 병

【咽喉之地：인후지지】 매우 요긴한 要塞의 땅。

【咽喉痛：인후통】 목구멍이 아픈 병。◎嗚ㅣ。

【咿】 (이) 支 ㄧ i¹ forced laugh イ、つくりわらう

草書 ❶선웃음칠이(喔ㅣ强笑)。【楚辭】吾將喔ㅣ嚅唲以事婦人乎。❷책읽는 소리이(讀書聲)。

【咿啞:이아】 ❶어린이가 말 배우는 소리。어눌한 말。〔蘇軾〕小兒一一語繡帳。❷노 젓는 소리。

【咿喔:이악】 ❶닭 등의 우는 소리。❷선웃음 소리。아첨하여 웃는 모양。❸노 젓는 소리。咿啞。

【咿唔:이오】 글 읽는 소리。吚吾。吾伊。

【咿嚘:이우】 ❶말이 머뭇거리고 똑똑하지 않은 모양。❷탄식하는 모양。❸닭 우는 소리。

【咿呦:이유】 ❶사슴이 우는 소리。〔歐陽修〕一一山鹿鳴。❷서로 이야기하는 소리。〔韓愈〕巴語相一一。

【咿咿:이이】 벌레의 우는 소리。〔劉禹錫〕樹槭槭兮蟲一一。

【哀】(애) 灰 アイ、あわれむ pitiful 㐄 ai¹

小篆 草書 ❶서러울애(傷也)。〔詩經〕一我人斯。❷민망할애(悶也)。❸슬플애(痛也)。❹불쌍할애(憐也)。〔韓愈 應科目時與人書〕一其窮而運轉之。❺사랑할애(愛也)。〔詩經 小雅鴻雁〕一此鰥寡。❻기중애(喪中)。〔史記 孔子世家〕崇喪遂一。

【哀歌:애가】 ❶슬픈 마음을 읊조린 노래。❷사람의 죽음을 슬퍼하는 노래。

【哀乞:애걸】 슬프게 빌음。꼭 주도록 하소연하며 빌음。

【哀乞伏乞:애걸복걸】 갖은 수단으로 머리 숙여 자꾸 빌고 원함。

【哀激:애격】 심히 슬퍼함。

【哀慶:애경】 슬픈 일과 경사스러운 일。

【哀啓:애계】 사람의 죽음을 알리는 편지。죽은 이의 略歷과 臨終의 病狀 등을 적어 친지에게 알리는 글。

【哀告:애고】 애처로운 고백。

【哀苦:애고】 슬픔과 괴로움。哀疚。

【哀曲:애곡】 슬픈 노래의 곡조。

【哀哭:애곡】 슬퍼하여 흐느껴 곡함。

【哀眷:애권】 불쌍히 여겨 돌보아 줌。

【哀矜:애긍】 불쌍하게 여김。보기에 불쌍함。〔論經〕一一而勿喜。

【哀悼:애도】 사람의 죽음을 슬퍼함。哀弔。哀戚。〔蔡邕〕永懷一一。

【哀樂:애락】 슬픔과 즐거움。

【哀憐:애련】 애처롭고 가엾게 여김。〔史記〕衆所一一。

【哀戀:애련】 서로 사랑하면서 부득이 헤어질 슬픈 연애。

【哀慕:애모】 죽은 사람을 슬퍼하고 사모함。〔南史〕一一盡禮。

【哀愍:애민】 불쌍히 여김。슬프게 여김。

【哀史:애사】 ❶슬픈 역사。또는 슬픈 역사적 사실을 쓴 책。悲史。❷신상의 슬픈 이야기。哀話。

【哀詞:애사】 사람의 죽음을 슬퍼하는 말。또는 그 글。(글은 모두 韻語로 씀)。哀辭。

【哀喪:애상】 喪事를 당하여 슬퍼함。

【哀傷:애상】 ❶서러움으로 해서 마음이 상함。❷슬픔으로 마음을 상함。

【哀傷的:애상적】 슬퍼하여 가슴 아파하는 모양。

【哀惜:애석】 슬프고 아까움。

【哀惜心:애석심】 슬퍼하고 아깝게 여기는 마음。

【哀訴:애소】 슬프게 호소함。

【哀愁:애수】 가슴에 스며드는 슬픈 근심。

【哀哀:애애】 슬퍼하는 모양。〔詩經〕一一父母、生我劬勞。

【哀然:애연】 슬픈 기분을 자아내는 모양。

【哀咽:애열】 슬퍼서 목이 멤。목메어 우는 울음。

【哀豔:애염】 문장이 슬프고 아름다운 것。

【哀願:애원】 슬픈 소리로 간절히 바람。

【哀怨:애원】 슬픈 소리로 원망함。

【哀泣:애읍】 슬프게 울음。

【哀子:애자】 ❶부모의 喪中에 있는 아들。(祝文에는 卒哭前을 哀子、卒哭後는 孝子라고 씀)。❷어머니는 죽고 아버지만이 있는 아들。

【哀情:애정】 가엾이 여기는 마음。〔漢武帝〕歡樂極兮一一多。

【哀制:애제】 =喪中。忌中。

【哀弔:애조】 =哀悼。

【哀詔:애조】 임금의 죽음을 알리는 글。

【哀調:애조】 슬픈 곡조。

【哀嗟:애차】 슬피 탄식함。

【哀戚:애척】 =哀悼。〔史記〕其執喪一一甚悼。

【哀恫:애통】 =哀痛。

【哀痛:애통】 슬프고 아파함。몹시 슬퍼함。〔摯虞〕哀辭之體、以一一爲主。

【哀慟:애통】 슬퍼하고 탄식함。몹시 슬퍼함。哀痛。

【哀號:애호】 슬프게 울부짖음。

【哀呼涕泣:애호체읍】 소리를 내어 부르짖으며 슬프게 울음。〔梁書〕思慕不自堪、晝夜一一。

【哀鴻:애홍】 슬피 우는 기러기。《轉》流浪民。浪民。〔詩經〕鴻雁于飛、哀鳴嗷嗷。

【哀話:애화】 슬픈 이야기。

【哀恤:애휼】 불쌍히 여겨 은혜를 베풀음。◎悲一。

【品】(품) 寢 ヒン、しな、がら kind; character ㄆㄧㄣˇ p'in³

小篆 草書 ❶뭇품(類也)。〔易〕一物流亨。❷품수품(格也)。〔禮〕一節斯斯謂之禮。❸가지품(物件)。〔書〕維金三一。❹벼슬 차례품(官級)。〔周禮〕外官不過九一。❺법품(式也)。❻한가지품(齊也)。〔國語 周語〕一其百國。❼평할품(批評)。

【品件:품건】 품질이 좋은 물건。

【品格:품격】 ❶물품의 성질。❷사람된 資稟。氣品。人格。

【品階:품계】 직품과 官階。品秩。

【品等:품등】 품위와 等級。품위의 등급。

【品列:품렬】 벼슬의 차례。官列。〔唐書〕差一一、異服章。

【品劣:품렬】 품성이 낮음。품질이 낮음。

【品類:품류】 물건의 종류。〔王羲之〕俯察一一之盛。

【品名:품명】 품종의 名稱。물품의 이름。

【品目:품목】 ❶물품의 이름。題目。❷물품의 목록。물품의 종목。品類。〔魏志·註〕爲一時才俊、常爲名士一一。

【品物:품물】 ❶형체 있는 온갖 물건。萬物。❷물건。物品。

【品別:품별】 물건의 구별。

【品詞:품사】 단어를 문법상 의미·형태·기능에 따라 분류한 종별。명사·동사 따위。

【品詞論:품사론】 단어를 문장의 構成材料로 보고서 연구하는 문법의 가장 소중한 한 分野。곧 단어의 문장에서 쓰이는 그 성질에 따라서、그 種類와 形式 및 職能을 연구함。

【品嘗:품상】 ❶두루 맛봄。❷茶를 試飮하여 좋고 나쁨을 評定하는 것。品茗。品茶。

【品性:품성】 ❶品格과 性質。사람됨。人品。❷倫理學에서 性格을 道德的 가치로 볼 때의 用語。人格。

【品數:품수】 품의 차례。

【品式:품식】 ❶儀式。❷法度。〔漢書〕一一備具。

【品位:품위】 ❶물품의 등급。❷職品과 地位。❸광석·地金·화폐 따위에 포함되어 있는 금속의 비례。❹인간의 가치는 절대적 가치로서 존경을 받을 특질·

위엄·존엄。『唐書』――旣崇。

【品節:품절】整理하여 等差를 정함。『禮記』――斯、斯之謂禮「有――。

【品程:품정】법칙。法度。『曹植』禮記書』明君賜賚、宜有――。

【品制:품제】벼슬의 등급。位階。『後漢「嚴――。

【品第:품제】＝品評。『鄭元佑』畫院森森

【品題:품제】❶題目。❷人物의 가치를 비평함。❸《佛》經論中의 各品의 題目。壽量品·易行品 따위。↕經題。

【品種:품종】❶물품의 종류。❷飼養動植物의 고정된 變種。❸같은 종류에 속하는 농작물·가축 등에 있어서 유전 형질을 같이하는 최소의 분류 단위。

【品種改良:품종개량】《生》유전학을 이용하여 인간에 한층 더 유리한 품종을 「만들려고 함。

【品切:품절】＝切品。

【品質:품질】물건의 성질과 바탕。

【品秩:품질】＝品階。

【品評:품평】물품의 좋고 나쁨과 가치를 評定함。等差를 定함。「집。

【品行:품행】品性과 行實。人品。몸가

【品彙:품휘】물품을 종류에 따라 나눔。品類。種類。『韓愈』非常鱗凡介之――匹也。

◎佳―、家―、氣―、物―、舶來―、賞―、商―、上―、性―、小―、神―、新―、藥―、人―、逸―、一―、作―、爵―、粗―、中―、職―、珍―、眞―、特―、下―。

【哂】(신) 軫 シン、わらう smile ㄕㄣˇ shen³

草書 ❶빙그레웃을신(微笑)。『論語』夫子―之。❷비웃을신(嘲笑)。

【哂笑:신소】비웃는 웃음。

【哂歎:신탄】웃음과 한탄。『白居易』旣歎還自哂、――兩未終。

【呤】(령) 靑 レイ、リョウ、おおくのこえ noisy

❶많은 소리령(衆聲)。❷시끄러울 령(喧也)。

【咄】(술) 質 ジュツ、つぶやく grumble

❶중얼거릴술(口言)。❷휘파람술。

【哃】(동) 東 ドウ、ほらふく brag

❶큰말할동(大言―嘈)。❷망녕된말동(妄言)。

【哃唐:동당】큰소리 침。크게 말함。『騈雅·釋訓上』――、揚言也。

【哃嘈:동당】❶큰소리。『集韻』哃、――、大言。❷빈말。말이 닿지 않음。돼먹지 않은 소리。『字彙』嘈、――、語不中也。

【哄】(홍) 東 送 コウ、キョウ、どよめく clamour ㄏㄨㄥˋ hung'

草書 ❶여럿이지껄일홍(衆唱聲)。❷큰소리내어웃을홍(笑大聲)。

【哄堂:홍당】한 자리에 있는 사람이 함께 웃음。

【哄動:홍동】여러 사람이 떠들썩함。

【哄笑:홍소】소리 높여 웃음。

【哄然大笑:홍연대소】큰 소리로 껄껄 웃음。呵呵大笑。

【哄騙:홍편】《中》속임。기만。

【哆】㊀(치) 紙 ㊁(차) 馬 シ、タ、はる、あける oppen a mouth ㄔˇ chʻě³

小篆 草書 ㊀입딱벌일치(張口貌)。『詩』―兮侈兮。㊁입술쳐질차(脣下垂)。

【哅】(흉) 宋 冬 コウ、やかましい clamour

❶큰소리할흉(大聲)。『呂氏春秋』功之難立也其必由――耶。❷떠들썩할흉(讙聲)。

【哇】㊀(와) 麻 ㊁(왜) 佳 アイ、カイ、はく vomit ㄨㄚ wa¹ (同音「해」)

小篆 草書 ㊀❶음란한소리와(淫聲)。『法言』中正則雅多―則鄭。❷게울와(吐也)。『孟子』出而―之。❸막힐와(氣不暢)。『莊子 大宗師』屈服者其言若―。㊁뜻은 ㊀과 같음。

【哇俚:와리】상말。「소리。

【哇哇:와와】❶웃는 소리。❷아이 우는

【哈】㊀(압) 合 ㊁(합) 洽 ゴウ、すする a draught ㄏㄚ ha¹·³

草書 ㊀고기우물거릴압(魚多貌)。㊁한모금합(以口歃飮)。『淮南子』嘗一―水而甘苦知矣。

【哈喇:합랄】❶칼을 가지고 物體를 베는 모양。《轉》사람을 죽임。『元曲』只消差人賺將韓信到來、――了就是。❷國名。↓哈烈。

【哈密瓜:합밀과】哈密에서 나오는 외。哈密은 中國 新疆省 哈密縣。敦煌瓜。

【哈爾濱:합이빈】《地》하르빈。滿洲 吉林省 濱江縣의 縣廳 소재지。상업과 교통의 要地。

【哈哈:합합】❶㉠웃음 소리。㉡농담。웃으며 하는 소리。❷남자。『稱謂錄·上書房行走哈哈珠塞』案清語、――、男也。

【哉】(재) 灰 サイ、はじめ for the first time ㄗㄞ tsai¹

小篆 草書 ❶비로소재(始也)。『書』惟三月―生魄。❷답다재(間隔辭)。『論語』君子―若人。❸그런가재(疑辭)。『韓愈送高閑上人序』今閑之於草書、有旭之心―。❹어조사재(語助辭)。(『材』『裁』와 통함)

【哉生明:재생명】처음으로 빛을 발하는 것。《轉》달이 처음으로 보이는 때。곧 음력 초사흘。『書經·武成』厥四月――。

【哉生魄:재생백】달에 처음으로 魄이 생긴다는 뜻。곧 음력의 一六일。(魄은 달 둘레의 빛 없는 곳)。『書經·康誥』惟三月――。

【哸】(알) 曷 アツ、そしる slander

❶비방할알(謗也)。❷소리알(聲也)。

【响】(향) 漾 コウ、なく howl

❶진동할향(振動)。❷울향(鳴也)。(『響』의 俗字)

【哎】(애) 〔中字〕 ガイ、ああ ㄞ ai¹

애통하는소리애(悲痛聲―吰)。

【乶】(뿐) 〔國字〕

그뿐(句讀)。

七 畫

【員】㊀(원) 先 ㊁(운) 文 イン、エン、かず number; member ㄩㄢˊ yüan²

小篆 籒文 草書 ㊀❶관원원(官數)。『史記』以毛遂備―而行矣。❷둥글원(幅―周也)。『詩』景―維河。㊁❶더할운(益也)。『詩』―于爾輻。❷땅이름운(烏―)。(『云』·『鄖』과 통함)

【員嶠:원교】《地》海中 五仙山의 하나。발해의 동쪽에 있었다고 함。環丘。『列子·湯問』。

【員石:원석】둥근 돌。圓石。『孫子』轉

──於千仞之山。

【員數:원수】 물건의 수。 사람의 수。

【員外:원외】 정원 밖의 수효。

【員員:원원】 ❶급한 모양。 갑자기。 『素問·刺熱論·注』 ──、謂似急也。 ❷많고 예의가 있는 모양。 『周宣王·石鼓文·注』 ──衆多而有禮儀也。

【員程:원정】 정한 분량。 일정의 功程。

【員次:원차】 官員의 席次。 『唐書·後妃傳論』 皆有──。

【員品:원품】 官吏의 品階。 『後漢書』 公卿充──而已。

◎各─、闕─、減─、客─、缺─、官─、教─、滿─、社─、事務─、隨─、成─、役─、要─、委─、銀行─、議─、人─、一─、戰鬪─、店─、正─、定─、增─、職─、充─、會─、會社─。

【哢】

(롱) 送 ロウ、さえずる chirp ㄌㄨㄥˋ lung⁴

草書 새읊조릴롱(鳥吟聲)。 『左思賦』 雲飛水宿─吭清渠。

【哢吭:농항】 새가 지저귐。

【哤】

(방) 江 ボウ、みだれる clamour

小篆 草書 잡된말방、 떠들썩할방(雜處語亂貌)。

【哥】

(가) 歌 カ、あに、うたう elder brother; sing ㄍㄜ kê¹

小篆 草書 ❶언니가(呼兄)。 『西陽雜俎』 帝呼寧王爲大─。 ❷노래할가(歌也)。 『唐書劉禹錫傳』 屈原作九─。 ❸〔國字〕 성지명할가(指稱姓氏)。 (『歌』의 古字)

【哥哥:가가】 ❶兄을 부르는 말。 ❷남을 부르는 敬語。 ❸옛날 아들이 아버지를 말할 때 쓴 말。

【哥禁:가금】 옛날 고귀한 사람이 행차할 때에 잡인의 무례한 행동이 없도록 금하던 일。

【哥窯紋:가요문】 잘게 갈라진 것처럼 보이는 도자기의 무늬。

【哦】

(아) 歌 哿 カ、うたう chant ㄜˊ ê²

小篆 草書 읊조릴아(吟也)。 『宋楊秀詩』 乃翁對竹方─詩。

【哦松:아송】 唐의 崔斯立이 藍田縣丞이 되어 뜰 가운데의 老松 밑에서 이를 읊었다는 데서、《轉》 縣丞이 됨。 『韓愈』 博陵崔斯立、云云、爲丞玆邑、云云、庭有老槐四行、南牆鉅竹千挺、云云、斯立痛掃漑、對樹二松、日哦其間。 『書言故事·縣丞類』 常稱縣丞、曰──藍田。

【哨】

㈠(초) 嘯 ショウ、みはり picket
㈡(소) 蕭 ㄕㄠˋ shao⁴

小篆 草書 ㈠ ❶방수군초(巡─屯戍防盜處)。 ❷청대의 군제초(清代軍制、百人一隊稱)。 ❸피리초(喇叭一種)。 ㈡ ❶입비뚤어질소(口不正)。 ❷잔말할소(多言)。 『揚子法言』 禮義──、聖人不取也。

【哨戒:초계】 적의 기습에 대비하여 전비를 갖추어 감시를 게을리하지 않는 일。

【哨戒艇:초계정】 초계하는 艦艇。

【哨兵:초병】 보초 선 병사。 步哨兵。

【哨堡:초보】 적의 동태를 살피기 위하여 쌓은 보루。

【哨船:초선】 보초의 임무를 지닌 배。

【哨哨:초초】 말이 많은 모양。 『揚子法言』 禮儀──、聖人不取也。

【哪】

(나) 箇 ナ、ダ、なんぞ ㄋㄜ nê²

어조사나(語助辭)。

【哩】

㈠(리) 寘 リ、マイル mile
㈡(리) 〔新字〕 ㄌㄧ li¹ ·
li³

草書 ㈠어조사리(語助詞)。 ㈡마일리(英國里程 〈Mile〉)。

【哩囉:이라】 어린이의 말(言)。 어린이의 서투른 말。

【哫】

(족) 沃 ソク、へつらう flattery

草書 아첨할족(以言求媚─訾)。

【哬】

(하) 歌 カ、おおいこえ voice of many people

뭇소리하(衆聲)。

【哭】

(곡) 屋 コク、なく wail ㄎㄨ k'u¹

小篆 草書 ❶울곡(哀之發聲)。 『禮歌于斯─于斯。 ❷곡례곡(─禮)。 『論語述而』 ─則不歌。

【哭臨:곡림】 ❶뭇사람이 슬퍼서 울음。 ❷《國》임금이 친히 죽은 신하를 조문함。

【哭聲:곡성】 곡하는 소리。

【哭泣:곡읍】 소리 내어 슬피 울음。 『禮記』 父死不得與于──之哀。

【哭竹:곡죽】 《故》대나무 숲에 들어가서 슬피 울음。 효자 孟宗의 故事。

◎哀─、痛─。

【哮】

(효) 豪 コウ、ほえる roar ㄒㄧㄠ hsiao¹

小篆 草書 ❶돼지놀란소리효(豕驚聲)。 ❷성낼효(怒也)。 ❸울부짖을효(獸類怒吼)。 『風俗通』 闞如─虎。 ❹큰소리낼효(大聲發)。

【哮噬:효서】 성이 나서 물음。 《轉》군대의 맹렬한 기세。 『唐書』 ──無前。

【哮症:효증】 《醫》百日咳。

【哮喘:효천】 《醫》해수병。 喘息。

【哮咆:효포】 ＝咆哮。

【哮闞:효함】 ❶성내어 으르렁거림。 『李白』 暗鳴──、風旋電往。 ❷몹시 짖음。

【哮哮:효효】 성낸 짐승의 우는 소리。

【哯】

(현) 銑 ケン、ゲン、ちちをはく disgorge the milk

小篆 아이젖토할현(小兒嘔乳)。

【哰】

(로) 豪 ロウ、はっきりしない ㄌㄠ lao²

말알지못할로(言語不解嘯─)。

【哰哰:노로】 言語가 不明한 모양。 『穆修·殘春病醒詩』 風簾窣窣燕──。

【哱】

(발) 月 ホツ、ハイ、みだれる trumpət

대평소발(─囉軍器)。 『紀効新書』 凡吹─囉是要衆兵起身執器。

【哱囉:발라】 軍隊에서 쓰이는 나팔類。 『正子通』 哱、──、軍器。

【哲】

(철) 屑 テツ、あきらか sagacious ㄓㄜ chê²

小篆 或體 古文 草書 ❶밝을철(明也)。 『漢書』 哀鰥─獄。 ❷슬기스러울철(智也)。 『書』 濬─文明。 ❸슬기로운이철(知者)。 (『喆』과 같음)

【哲理:철리】 ❶철학의 이치。 ❷아주 깊고 묘한 이치。

【哲命:철명】 ❶어진 지혜。 ❷밝은 가르침。

【哲辟:철벽】 밝고 어진 임금。

【哲夫:철부】 어질고 현명한 남편。 ↕哲婦。

【哲婦:철부】 어질고、 현명한 부인。 ↕哲夫。

【哲嗣:철사】 《中》남의 後嗣의 美稱。

【哲人:철인】 사물의 이치에 밝고、 식견이 높은 사람。 賢人。 哲士。

【哲匠:철장】❶현명하고 才藝가 있는 사람。❷㉠현명한 大臣을 일컬음。〔殷仲文·南州桓公九井作詩〕一一感蕭晨。㉡文人을 일컬음。〔杜甫·贈汝陽王詩〕辭華一一能。㉢畫家를 일컬음。〔歷代名畫記〕一一開出。

【哲學:철학】(哲)人生의 의의、세계의 본체 등 궁극의 근본 원리를 연구하는 학문。Philosophy。

【哲學史:철학사】(哲)역사에 나타난 순서를 따라、철학 사상의 개요·발전·관계 등을 연구하는 학문。또는 그 책。

【哲學的:철학적】근본적 원리를 追求하는 그것。

◎滿一、明一、先一、聖一、英一、前一、賢一。

【哳】(찰) 黠 タツ、なきこえ ㄓㄚ cha²
새지저귈찰(啁一鳥鳴)。〔楚辭〕鵾鷄啁一而悲鳴。

【咩】(마) 馬 バ、メ、ひつじのなくこえ bleat ㄇㄧㄝ mieh¹
양울마(羊鳴)。

【哷】(렬) 屑 レツ、にわとりのこえ cock-a-doodle-doo ㄌㄜ lê⁴
닭우는 소리렬(鷄鳴聲)。

【哹】(부) 尤 フ、ふく blow
❶부는소리부(吹氣一一)。❷물새소리부(水鳥鳴一一)。

【哺】(포) 遇 ホ、くらう eat ㄅㄨ pu³⁴
❶씹어먹을포(口中嚼食)。〔史記〕一飯三吐一。❷먹일포(一之)。〔易林〕烏鵲食穀張口受一。『餔』와 통함。

【哺露疳:포로감】(醫)頭蓋骨이 서로 달라붙지 않는 腺病質의 어린애의 병。

【哺乳:포유】젖을 먹임。

【哺啜客:포철객】取食客。

【哼】(형) 庚 コウ、おろか、おびえる be afraid of ㄏㄥ hêng¹
겁낼형(愚怯貌、嗆一)。

【哽】(경) 梗 コウ、むせぶ be choked with ㄍㄥ kêng³
목막힐경(一咽塞也)。〔莊子〕壅則一一而不止則跈。『鯁』과 통함。

【哽結:경결】❶슬퍼서 목이 메이고 가슴이 답답함。❷슬퍼서 목이 멤。〔陸機〕悲慟一一。

【哽塞:경색】❶슬퍼서 목이 메고 가슴이 답답함。〔北史·魏任城王雲傳〕一一涕泗交流久而不能言。❷길이 막힘。梗塞。

【哽咽:경열】❶목메어 울음。❷흐느낌。〔劉琨〕一一不能言。

【哿】(가) 哿 カ、よい good ㄍㄜ kê³
❶옳을가(可也)。〔孟子梁惠王下〕一矣富人。❷아름다울가(嘉也)。

【哿矣:가의】정말 훌륭함。기막히게 좋음。〔詩·小雅〕一一當人、哀此惸獨。

【⿰口束】(속) 沃 ソク、すう suck
❶빨속(吸也)。❷새의부리속(鳥喙)。

【唁】(언) 霰 ゲン、とむらう condolence ㄧㄢ yen⁴
위문할언(弔生)。〔詩〕歸唁衛侯。

【唁電:언전】(中)조의의 전보。弔電。

【唀】(유)『誘』(言部 7畫)와 같음。

【唄】(패) 卦 バイ、うた song ㄅㄞ pai⁴
❶염불소리패(梵音聲)。〔法苑〕西方之有一猶東國之有讚。❷노래부를패(唱也)。〔唐書 王縉傳〕王縉佐代宗、作內道場、晝夜梵一。

【唄讚:패찬】부처의 덕을 찬미하는 노래。

【唅】(함) 勘 カン、ふくむ hold in mouth ㄏㄢ han²
❶재갈물릴함(銜也)。〔漢書 王褒傳〕蘘藜一糗。❷머금을함(哺一)。❸입빠끔하게벌일함(張口呀也)。『含』과 같음。

【唅呀:함하】입을 크게 벌리는 모양。(轉)골짜기가 훤히 트인 모양。谽谺。

【唆】(사) 歌 サ、そそのかす tempt
❶아이들 군호할사(小兒相應聲)。❷꾀일사(誘也)。

【唆囑:사촉】使嗾。

◎敎一、示一。

【唇】(진) 眞 シン、おどろく surprise ㄔㄨㄣ ch'uen²
놀랄진(驚也)。『脣』과 別字。

【唉】(애) 灰 アイ、キ、ああ deplore ㄞ ai¹
❶놀라 물을애(驚問)。〔管子 桓公問〕禹立諫鼓於朝、而備訊一。❷범연히 대답할애(慢應聲)。〔莊子 知北遊〕狂屈曰、一吾知之。❸탄식할애(恨歎辭)。〔史記〕范亞父以劍破玉玦曰一豎子不足與謀。『欸』와 같음。

【唉唉:애애】어린 아이 우는 소리。〔韋孟·諷諫詩〕應劭曰、小兒啼聲一一。

【唉姐:애저】祖母를 말함。〔新方言·釋親屬〕湖南別謂祖母爲一一。

【唈】㊀(읍) 緝 ユウ、むせぶ ㊁(압) 合 sobbing
㊀숨느껴쉴읍(嗚一短氣)。〔淮南子〕孟嘗爲之增欷一流涕狼戾不可止。㊁뜻은 ㊀과 같음。

【唊】(겹) 葉 キョウ、かまびすしい talkativeness
❶망녕되이 말할겹(妄語)。❷말많을겹、수다스러울겹(多言)。

【唌】㊀(연) 先 ㊁(단) 寒 エン、そしる slander
㊀참소할연(纏貌、一一)。㊁뜻은 ㊀과 같음。

【唍】(완) 潸 カン、ほほえむ beam upon (本音「환」)
방긋웃을완(莞爾笑)。

【唐】(당) 陽 トウ、ほら humbug ㄊㄤ t'ang²
❶당나라당(國名)。❷황당할당(荒一大言)。〔莊子〕荒一之言。❸복도당(堂途)。〔詩〕中一有甓。❹갑자기당(遽也)。❺제방당(塘也)。〔國語 周語〕陂一汚庳、以鍾其美。

【唐季:당계】唐의 末世。

【唐弓:당궁】힘의 셈과 여림이 調和된 활。

【唐錦:당금】中國에서 나는 비단。

【唐女:당녀】 中國 여자의 卑稱。
【唐唐:당당】 넓은 모양。浩浩。
【唐突:당돌】 ❶저촉함。부딪침。抵觸。【晉書】刻畫無塩、ーー西施也。❷突然。갑자기。뜻밖에。卒爾。❸올차서 조금도 꺼리는 마음이 없음。
【唐麪:당면】 中國 음식인 감자 가루로 만든 바짝 마른 국수。
【唐明皇:당 명황】 =唐玄宗。
【唐木:당목】 되게 드린 무명실로 짠 바닥이 고운 피륙의 한 가지。西洋木。
【唐木香:당목향】 (醫)쥐방울과에 딸린 식물의 뿌리。한약재로 씀。金鎖匙。
【唐蒙:당몽】 (植)새삼。메꽃과(旋花科)에 속하는 일년생의 寄生蔓草。
【唐墨:당묵】 中國에서 만든 먹。
【唐物貨:당물화】 中國에서 가져온 온갖 물건。唐屬。
【唐防草:당방초】 中國식의 벽돌。
【唐白絲:당백사】 中國에서 나는 흰 명주실。
【唐本:당본】 =唐冊。
【唐砒霜:당비상】 中國에서 나는 비상。
【唐琵琶:당비파】 네 줄과 열 두 기둥으로 된 비파。
【唐絲:당사】 中國에서 나는 실。
【唐肆:당사】 ❶빈 가게。空鋪。❷말을 매매하는 저자。(唐은 벽이 없는 집。肆는 말을 기르는 곳)。【莊子·田子方】是求馬於ーー也。
【唐四柱:당사주】 中國에서 유래한 그림으로 사주를 보는 한 법。또는 그 책。
【唐書:당서】 (書)舊唐書와 新唐書의 合稱。唐代의 正史。㉠舊唐書。二百권。後晉의 劉昫 등이 지음。㉡新唐書。二二五권。宋의 歐陽修·宋祁 지음。
【唐扇:당선】 中國에서 나는 부채。
【唐宋八大家:당송팔대가】 唐과 宋의 兩代에서 뽑은 여덟 사람의 大文章家。唐은 韓樵·柳宗元의 두 사람、宋은 歐陽修·蘇洵·蘇軾·蘇轍·曾鞏·王安石의 여섯 사람。唐宋八家。
【唐手:당수】 跆拳。
【唐詩:당시】 ❶唐代의 詩。❷中國의 詩。❸(書)三二권。清 康熙帝의 選詩에 諸臣의 註 一권을 附錄함。
【唐樂:당악】 ❶唐代 음악。❷三樂의 하나。新羅 시대에 전래한 中國의 속악。步虛子·洛陽春 등의 歌曲이 있음。↔鄉樂。
【唐雁:당안】 (動)거위。
【唐藥:당약】 한약。
【唐捐:당연】 허황되게 버림。아무런 보람 없이 버림。【玄應音義】唐、徒也、徒空也、損棄也。
【唐硯:당연】 中國에서 만든 벼루。또는 中國식의 벼루。
【唐衣:당의】 여자의 예복의 한 가지。거죽은 초록、안은 연분홍빛이며 뒷자락이 앞자락보다 길음。
【唐人:당인】 中國 사람。
【唐材:당재】 中國에서 가져온 한약재。
【唐苧:당저】 당모시。
【唐笛:당적】 저의 한 가지。小笒보다 소리가 높음。
【唐只:당지】 댕기의 取音。
【唐紙:당지】 中國에서 만들어진 종이의 일종。주로 書畫에 많이 씀。
【唐瘡:당창】 (醫)瘡病。
【唐冊:당책】 中國에서 박아 낸 책。唐本。
【唐靑:당청】 中國에서 만든 푸른 물감。
【唐棣:당체】 (植)오얏의 일종。灌木임。
【唐體:당체】 ❶글씨 체의 한 가지。가로 그은 획은 가늘고 내리 그은 획은 굵음。흔히 인쇄에 씀。❷明朝體。
【唐草紋:당초문】 덩굴풀의 벋어나가는 꼴을 그린 무늬。
【唐楸子:당추자】 호두。
【唐針:당침】 中國에서 생산된 바늘。
【唐太宗:당태종】 (人)五九八~六四九。唐의 二代 임금。姓은 李、이름은 世民、高祖의 둘째 아들。高祖를 도와 天下를 통일하였으며 임금이 되어서는 선정을 베풀었음。그 年號를 따서 貞觀之治라고 함。在位 二三년。
【唐板:당판】 中國에서 판각한 목판。
【唐筆:당필】 中國에서 생산된 붓。
【唐瘧:당학】 (醫)이틀거리。
【唐亢羅:당항라】 中國에서 생산된 亢羅。生亢羅。
【唐玄宗:당현종】 (人)六八五~七六二。唐 六代 임금。이름은 隆基。睿宗의 세째 아들。武勇과 才略이 뛰어난 唐 中興의 英主。말기 楊貴妃를 사랑하여、政事를 돌보지 않아 安祿山의 亂이 일어나고、亂을 平定한 뒤 아들 肅宗에게 양위함。
【唐鞋:당혜】 앞 뒤에 고추 모양을 그린 가죽신의 한 가지。
【唐紅:당홍】 中國에서 생산된 약간 자주빛을 띤 붉은 물감。
【唐花:당화】 ❶자색의 꽃。❷温室에서 핀 꽃철 아닌 때의 꽃。
【唐畫:당화】 中國 사람이 그린 동양풍의 그림。
【唐畫器:당화기】 彩畫를 그린 中國에서 생산된 사기그릇。
【唐畫毛:당화모】 中國에서 나는 족제비의 꼬리털。
【唐畫籍:당화적】 中國에서 지어진 畫周易。
【唐慌:당황】 놀라서 어찌할 줄을 모름。
【唐黃:당황】 성냥。
【唐黃連:당황련】 中國에서 나는 황련의 뿌리。健胃劑로 쓰임。唐惶。
◎荒ー。

【唏】
㊀(희) 微 キ、なく weep ㄒㄧ hsi¹
㊁(희) 未
㊀❶한숨쉴희(歔ー歎也)。【史記十二諸侯年表】紂爲象箸、而箕子ー。❷슬퍼 느낄희(哀而不泣)。(『欷』와 같음) ㊁슬피 울희(哀聲)。
【唏嘘:희허】 슬피 울음。【史記】言未卒、因ーー服臆。

【唽】
(제) 霽 テイ、タイ、くしゃみをする sneeze
재채기할제(鼻噴)。

【唔】
(오) 虞 ゴ、よみこえ reading sound
글읽는 소리오(讀書聲)。

【啅】
(조) ソウ、さわがしい chirp ㄗㄠ tsao⁴
지저귈조(ー噪)。

【唚】
(침) 〔中字〕
입맞출침(ー嘴)。

【喆】
(것) 〔國字〕
땅이름것(地名、ー串領)。

八 畫

【唪】
(봉) 董 ホウ、おおわらい loud laughter ㄈㄥ fêng³
크게웃을봉(大笑貌)。
【唪唪:봉봉】 열매가 많이 달린 모양。【詩經·生民】瓜瓞ーー。

【唫】
㊀(금) 寑 キン、つぐむ be shut up
㊁(음) 侵 ㄧㄣ yin²
㊀입다물금(口急閉)。㊁읊을음(咏也)。(『吟』과 같음)

【啨】
(기) 寘 キ、おろか、あざむく not listening to and not looking at
❶듣지도 보지도 않을기(無聞見)。❷

어리석을기、어두울기(暗愚)。❸속일기(紿也)。

【唬】(호) 皓 コウ、ほえる roar ㄏㄨˇ hu³
小篆 ❶웅얼거릴호(一聲)。❷범의 소리호(虎聲)。(『猇』와 같음)

【唬唬:호도】고함질러 부름。『漢冀州從事郭君碑』卜商一一。

【售】(수) 宥 シュウ、うる sell ㄕㄡˋ shou⁴
小篆 草書 ❶팔수(賣也)。❷갚을수(償也)。

【唯】(유) 紙 支 イ、ただ only ㄨㄟˊ wei³
小篆 草書 ❶오직유、뿐유(專辭獨也)。❷허락할유(許也)。❸어조사유(語助辭)。

【唯覺論:유각론】(哲)認識의 기원은 감각에 있다는 학설。

【唯諾:유락】남의 말을 받아서 하는 대답。예예 하고 응하는 소리。

【唯理論:유리론】(哲)진리는 理性으로만 얻을 수 있다는 주장。

【唯名論:유명론】(哲)普遍槪念 또는 그 부류는 個物에서 추상한 이름에 지나지 않고 實在하는 것은 오직 個物 뿐이라고 하는 주의。名目論。

【唯物論:유물론】(哲)물질만이 終局의 實在이며、精神上의 현상은 모두 물질의 작용에 불과하다는 학설。↕唯心論。

【唯物論者:유물론자】唯物論을 주장하는 사람。↕唯心論者。

【唯物史觀:유물사관】(哲)맑스主義의 歷史觀。사회의 발달·변천의 원인은 오직 물질적인 조건에 있다고 하는 생각。

【唯心:유심】(佛)一心 곧 眞如 또는 衆生의 內心으로써 만법 전개의 主體로 삼는 일。

【唯心論:유심론】(哲)精神을 떠나서 물질은 없고、天地間의 모든 현상은 모두 精神의 發現이라고 보아、精神을 終局의 實在라고 생각하는 學說。唯神論。↕唯物論。

【唯心論者:유심론자】유심론을 주장하는 사람。↕唯物論者。

【唯心史觀:유심사관】역사의 근본動力을 인간의 理性·道德意識·개인의 영웅적 행동 따위의 정신에서 구하려는 역사관。

【唯我:유아】오직 나 하나만임。내가 제「일임。獨尊。

【唯我獨尊:유아독존】❶(佛)오직 나 하나 뿐이고、天地間에는 나에게 따를 사람이 없다는 뜻。『傳燈錄』天上天下、一一。❷이 세상에서는 내가 제일이라고 자만하는 것。

【唯唯:유유】❶공손하게 대답하는 말。예예。『戰國策』范睢曰、一一。❷남의 뜻을 거역하지 않는 유순한 모양。❸고기가 꼬리를 물고 따라가는 모양。자유로이 드나드는 모양。

【唯唯諾諾:유유낙낙】일의 좋고 나쁨을 가리지 않고 무조건 따름。두 말 없이 승낙함。

【唯一:유일】오직 하나。이것 뿐。

【唯一無二:유일무이】오직 하나만 있고 둘은 없음。

【唯一神教:유일신교】=一神教。

【唯酒無量:유주무량】주량이 많아서 술을 얼마든지 마심。『論語·鄕黨』一一不及亂。

【啾】(적) 錫 セキ、ジャク、じすか calm
小篆 고요할적(靜也)。

【唱】(창) 漾 ショウ、うたう sing ㄔㄤˋ ch'ang⁴
小篆 草書 ❶노래할창(發歌)。❷인도할창(導也)。

【唱歌:창가】곡조에 맞춰 노래를 부름。또는 그 노래。『白居易』愛君簾下一一人。

【唱劇:창극】❶종래의 광대 소리인 판소리에서 발달하여 두 사람 이상의 배우가 등장하여 唱과 白으로 춘향전·심청전 따위를 엮어 나가는 연극。高宗 연대에 비롯함。❷中國의 唱으로 하는 연극。唱戲。

【唱劇調:창극조】❶광대가 부르는 노래의 곡조。❷창극같이 하는 투。

【唱道:창도】❶부르기 시작함。先唱。❷말을 퍼뜨림。❸(佛)唱導師(法會의 主席을 맡아 보는 중)의 略語。

【唱名:창명】❶呼名。❷(佛)부처의 名號(南無阿彌陀佛)를 부름。念佛。「받음。

【唱酬:창수】詩歌나 문장을 서로 주고

【唱喏:창야】❶목청을 길게 빼서 내는 소리。❷대답함。❸말을 하고 공손히 읍을 함。❹貴人의 행차에 앞장 서서 행인의 통행을 금하고 길을 인도하는 것。『名義考』貴者將出、唱便避己、故曰一一。

【唱籌量沙:창주량사】아주 작은 수량까지도 헤아림。『南史·檀道濟傳』。

【唱準:창준】❶소리를 내어 읽어 가면서 보는 校正。❷(制)李朝 때 校書館 雜職의 하나。

【唱和:창화】❶한 쪽에서 부르면 다른 한 쪽에서 이에 따라 부름。가락을 맞춤。❷남의 詩의 韻에 맞추어 詩를 지음。詩歌를 서로 贈答함。『張籍』醉後齊吟一一詩。

◎高一、獨一、名一、先一、首一、酬一、詠一、輪一、絶一、齊一、提一、主一、合一、呼一。

【哯】㊀(아) 支 ㊁(애) 佳 ジ、アイ、つくりわらい forced laugh
草書 ㊀선웃음칠아(强笑嚅一)。㊁어리광부릴애、응석할애(兒語一嗢)。

【哯嗢:애후】어린아이가 어리광을 부리며 더듬더듬 말하는 모양。

【唳】(려) 霽 レイ、なく quack ㄌㄧˋ li⁴
小篆 草書 ❶학울려(鶴鳴)。❷기러기소리려(雁聲)。

【啌】(강) 漾 キョウ、なく weep
小篆 ❶어린아이울강(小兒啼一一)。❷울어 기진할강(哭極音絶)。

【唵】㊀(암) 感 ㊁(옴) 〔慣音〕 アン、にぎりくう seize ㄢˇ an³
草書 ㊀움켜먹을암(手進食)。㊁진언옴(釋呪)。

【唶】㊀(차) 禡 ㊁(책) 陌 シャ、サク、なげく sigh
小篆 草書 ㊀탄식할차(歎也)。㊁❶우렁찰책(大聲嚄一)。❷새소리책(鳥聲)。

【唶唶:책책】새가 지저귀는 소리。『爾雅』行雁一一。

【唷】(육) 屋 イク、かまびすしい、shout ㄧㄛ yo¹
소리지를육(出聲)。

【唸】㊀(점) 豔 ㊁(전) 霰 テン、うめく groan ㄋㄧㄢˋ nien⁴
小篆 草書 ㊀신음할점(吚也)。『詩經』民之方一吚 ㊁뜻은 ㊀과 같음。

【唹】(어) 魚 ゴ、わらう smile at
고요히웃을어(靜笑)。

【⿰口夜】(야) 禡 ヤ、とりがよるなく (of birds) chirp at night
새밤에울야(鳥夜鳴)。【禽經】水鳥以夜ㅡ。

【唼】(삽) 洽 ソウ、すする sob ㄕㄚ tsa
오리와기러기먹는소리삽(鳬鴈聚食ㅡ喋)。

【唼佞:삽녕】 거짓을 꾸며 남을 참소하는 말。또는 그 사람。뒷공론。纔言。【漢書】贋修旣信椒蘭之ㅡㅡ兮。

【唼喋:삽잡】 쪼아 먹음。쪼아 먹는 모양。또는 그 소리。【司馬相如】ㅡㅡ菁藻。

【唅】(함) 覃 カン、あご jaw
❶턱함(頤也)。❷노하는모양함(怒貌)。

【唾】(타) 箇 ダ、つば spittle ㄊㄨㄛ t'uo
❶침타(口液)。❷버릴타(ㅡ罵)。(『涶』와 같음)

【唾具:타구】 가래침을 뱉아 넣는 그릇。

【唾棄:타기】 침을 뱉아 버리는 것과 같이, 버려 돌보지 않음。(轉)미워하고 싫어하는 것。【李商隱】ㅡㅡ如糞丸。

【唾罵:타매】 침을 뱉고 욕설을 함。심히 싫어하여 욕을 함。

【唾面:타면】 얼굴에 침을 뱉음。남을 심히 모욕함。【戰國策】老婦必唾其面。

【唾手:타수】 손에 침을 뱉음。(轉)㉠용기를 냄。힘을 냄。㉡일이 수월함。

【唾液:타액】 침。

【唾液腺:타액선】 (生)침을 분비하는 腺。哺乳類에서는 口腔粘膜 가운데 있으며 耳下腺·顎下腺·舌下腺이 있음。

【唾盂:타우】 침을 뱉아 넣는 그릇。唾壺。

唾盂(三才圖會)

【唾血:타혈】 ❶피를 뱉음。❷기관지 또는 폐병 등으로 말미암아 침에 섞여 나오는 피。

【唾紅症:타홍증】 (醫)타혈하는 병。

【唿】(홀) 月 コツ、うれえる about worry ㄏㄨ hu
근심할홀(憂也)。

【啀】(애) 佳 ガイ、いがむ bite
개가물려고할애(狗欲齧)。

【啀啀:애애】 개가 물려고 짖는 소리。【管子】東郭有狗ㅡㅡ、云云。【纂詁】ㅡㅡ、犬欲齧也。

【啀喍:애재】 개가 싸움을 함。

【嗒】(답) 合 トウ、かまびすしい chattering
잔말할답(多言)。(『譶』과 통함)

【嗒嗒:답답】 서로 마주 향해서 이야기함。【玉篇】野王案、ㅡㅡ、相對談也。

【啁】 ㊀(조) 肴 トウ、チョウ、なきさえずる ㊁(주) 尤 chirp ㄓㄡ chou
㊀지껄일조(聲也ㅡ嘐)。㊁새소리주(鳥聲ㅡ噍)。

【啁唧:주직】 벌레가 찍찍거리는 소리。

【啁哳:주찰】 ＝啁啾。【楚辭】鵾雞ㅡㅡ而悲鳴。

【啁噍:주초】 새가 지저귀며 우는 소리。【禮記】至于燕雀、猶有ㅡㅡ之頃焉。

【啁啾:주추】 ❶악기의 소리가 서로 섞여 들리는 소리의 형용。❷새가 지저귐。또는 그 소리。啁哳。【柳宗元】ㅡㅡ有餘樂。

【⿰口肴】(효) 肴 コウ、わらいごえ peal of laughter
웃음소리효(笑聲)。

【啃】(삽) 緝 シュウ、くちをならす smack ㄎㄣ k'ên
입다시는소리삽(口聲咠ㅡ)。

【啄】(탁) 覺 タク、ついばむ peck ㄓㄨㄛ chuo (本音「착」)
❶쪼을탁(鳥食)。❷문두드릴탁(叩門剝ㅡ)。

【啄木:탁목】 (動)딱다구리。啄木鳥。

【啄啄:탁탁】 ❶새가 나무 따위를 쪼는 소리。❷문을 두드림。사람의 발 소리의 형용。【韓愈】剝剝ㅡㅡ、有客至門。❸닭 소리。

【啅】(탁)『啄』(前條)과 같음

【商】(상) 陽 ショウ、あきない trade ㄕㄤ shang
❶장수상(行貨ㅡ賈)。❷헤아릴상(裁度)。❸상나라상(國號)。❹쇳소리상(金音)。

【商家:상가】 장사를 업으로 삼는 집。

【商街:상가】 商店이 많이 모인 市街。

【商歌:상가】 ❶가을의 노래。❷슬픈 가락의 노래。【陶潛】ㅡㅡㅡ非吾事。

【商搉:상각】 어떤 일을 헤아려 정함。비교해서 생각함。搉은 引의 뜻。

【商客:상객】 ＝商旅。

【商距:상거】 (動)노래기。【莊子】ㅡㅡ馳

【商庚:상경】 (動)꾀꼬리의 異名。【河】。

【商界:상계】 商業界의 略語。

【商估:상고】 장사하는 사람。商人。【北史】ㅡㅡ交人。

【商賈輩:상고배】 장사아치。

【商賈扇:상고선】 물건의 품질이 낮은 부채。

【商賈船:상고선】 상품을 싣고 다니는 「장삿배」。商船。

【商工業:상공업】 상업과 공업。

【商工會議所:상공회의소】 도시의 상공업자들이 그 지방의 상공업의 개량발전을 꾀하여 조직한 특수 법인。

【商科:상과】 ❶상업에 관한 敎科目。❷商科大學의 略語。

【商館:상관】 商家。商店。주로 開港場에 있는 외국인 경영의 商店。

【商圈:상권】 특정한 상업 중심지와 물자의 직접 거래가 행하여지는 지역。

【商權:상권】 상업에 관계된 권리。

【商氣:상기】 가을 기운。

【商略:상략】 ❶劃策。획책하는 일。❷討論。❸장사하는 꾀。【蜀志】楊戱ㅡㅡ、意在不群。

【商量:상량】 헤아려 생각함。商度。

【商旅:상려】 타향으로 떠돌아 다니면서 장사하는 사람。商客。行商。旅商。

【商路:상로】 장사하러 나선 길。장삿길。

【商路輩:상로배】 장사아치。

【商利:상리】 장사하여 얻은 이익。

【商理:상리】 장사의 이치。장사의 도리。

【商賣:상매】 ❶장사。팔고 삼。❷직업。영업。❸광대나 娼妓의 생활을 일컬음。

【商暮:상모】 가을의 저녁 때。【齊書】ㅡㅡ百工止。

【商務:상무】 상업상의 볼 일。

【商謎:상미】 수수께끼。한 사람은 隱語로서 묻고 상대편은 이를 맞추어 서로 웃고 즐기는 유희。

【商舶:상박】장삿배。商船。
【商法:상법】❶장사의 이치。❷《法》廣義로는 商에 관한 각종의 법률의 總稱。狹義로는 商에 관한 私權의 관계를 규정한 法律。
【商社:상사】❶상업상의 조합。상업상의 結社。❷商事會社의 略語。
【商事:상사】상업에 관한 일。
【商事會社:상사회사】商行爲를 위하는 營利社團法人。合名·合資·株式·株式合資의 네 가지 회사의 總稱。
【商船:상선】❶商業用의 船舶。❷商賈船의 略語。
【商勢:상세】상업의 형세。
【商稅:상세】장사하는 사람에게 부과하는 세금。
【商術:상술】장사 솜씨。
【商業:상업】장사하는 영업。
【商業家:상업가】상업하는 사람。또는 상업을 손익게 잘 하는 사람。
【商業界:상업계】상업의 社會。장수들의 사회。
【商業道德:상업도덕】상업 활동을 하는 데 지켜야 할 도덕이나 의리。
【商業都市:상업도시】상업으로 인하여 발전하고 번영한 도시。
【商業登記:상업등기】商法에 규정한 일을 법원의 상업 등기부에 등기하는 일。
【商業簿記:상업부기】상품의 매매로 인하여 생긴 손익의 계산을 主目的으로 하는 부기。일기장·分介帳·元帳 따위를 主要簿로 삼음。
【商業資本:상업자본】상업을 하기 위한 자본。상업에 넣은 자본。↔産業資本。
【商業學校:상업학교】상업에 관한 지식과 기술을 가르치는 실업 학교의 하나。
【商用:상용】장사에 쓰거나 쓰임。
【商議:상의】서로 이야기함。어떤 일을 의논하여 꾀함。協議·評議。
【商人:상인】장수。
【商敵:상적】자기가 경영하는 상업에 있어서의 경쟁자。
【商店:상점】가게。商鋪。
【商程:상정】정도를 헤아림。헤아려 정함。
【商秋:상추】가을。金天。『何晏』結實ㅡㅡ。
【商儈:상쾌】중간 상인。거간。
【商度:상탁】헤아려 생각함。商量。
【商兌:상태】즐거운 일이라 하여 함부로 즐거워하지 말고, 깊이 생각하여 즐김。(商은 헤아림, 兌는 즐김)。『易經』ㅡㅡ未寧。
【商牌:상패】간판。招牌。
【商布:상포】거래에서 貨幣 대신으로 쓰던 布木。
【商鋪:상포】商店。
【商標:상표】다른 사람의 제품과 구별하기 위하여 자기의 제품에 붙인 문자、도형·기호 따위의 일정한 표지。
【商品:상품】팔고 사는 물건。
【商品券:상품권】상점에서 발행하는 상품 교환권。
【商品化:상품화】돈으로 사고 팔 수 있는 것으로 되어 버림。또는 만들음。
【商風:상풍】가을 바람。金風。『梁元帝纂要』秋風曰ㅡㅡ。索風·激風·高風。(五行說에서 金은 秋에 해당됨)。
【商港:상항】상선이 모이는 항구。商埠·貿易港。
【商行爲:상행위】營利를 위하여 행해지는 매매·교환·운수·賃貸 따위의 행위。絶對的行爲와 附屬的行爲로 나뉨。
【商戶:상호】❶장사하는 집。❷장사하는 집의 호수。
【商號:상호】상인이 영업상으로 자기를 나타내는 데 쓰는 이름。
【商魂:상혼】상인의 장사에 대한 정신 및 의욕。
【商況:상황】상업의 情況。상업계의 형편。
【商會:상회】❶상업상의 조합。商社。❷상점에 쓰는 稱號。◎巨ㅡ、隊ㅡ、貿易ㅡ、都賈ㅡ、負ㅡ、富ㅡ、紳ㅡ、通ㅡ、行ㅡ、協ㅡ、豪ㅡ、華ㅡ、畫ㅡ。

【啇】(적) 錫 テキ、ねもと root
草書 ❶나무뿌리적(木根)。❷실과 꼭지적(果蔕)。❸밑동적(本也)。

【啉】(람) 覃 ラン、やかましい noisy
❶술순배람(酒巡匝)。❷떠들람(喧也)。『惏』과 같음。

【啊】(아) 箇 ア、あいする love ㄚ a¹·³·⁴
❶사랑할아(愛也)。❷어조사아(助辭)。

【咮】(교) キョウ、かまびすしい noisy
❶움직일교(動也)。❷시끄러울교(喧也)。(或音「효」)

【唔】(혼) 元 コン、こごと twaddle
❶잔말할혼(多言ㅡㅡ)。❷아득할혼(目所不見)。

【啍】(톤) 元 トン、いき breath ㄊㄨㄣ t'uen¹
小篆 草書 ❶느럭느럭할톤(重遲貌ㅡㅡ)。❷입김톤(口氣)。『噋』과 같음。
【啍啍:톤톤】❶육중하여 느릿한 모양。『詩經·傳』ㅡㅡ、重遲之貌。❷자기 생각으로 멋대로 가르침。어리석은 모양。『尙書大傳』天之命文王、非ㅡㅡ然有聲音也。❸말이 많은 모양。『孔子家語·五儀解·注』ㅡㅡ、多言。

【啎】(오) 遇 ゴ、さからう oppose ㄨˇ wu³
小篆 ❶거스를오(逆也)。❷서로마주칠오(相觸)。❸만날오(逢也)。

【問】(문) 問 ブン、モン、とう ask ㄨㄣˋ wen⁴
小篆 草書 ❶물을문(訊也)。❷문안할문(訪也)。❸문초할문(訊罪)。❹분부할문(命令)。
【問難:문난】❶일의 잘잘못을 물어 밝혀 공격함。詰問論難。❷물어 봄。
【問答:문답】물음과 대답。
【問東答西:문동답서】동쪽을 물으니 서쪽을 답함。《喩》어떤 물음에 대하여 당치도 않은 엉뚱한 대답을 하는 것。東問西答。
【問禮:문례】예절을 물음。
【問勞:문로】찾아가서 위로해 줌。『宋史』ㅡㅡ甚至。
【問柳尋花:문류심화】버들을 묻고 꽃을 찾음。《轉》㉠봄의 경치를 완상하는 것。㉡화류계에서 노는 것。
【問名:문명】婚禮에 관한 六禮의 하나。주인이 使者로 하여금 신부의 生母의 姓氏를 물어보는 것。
【問目:문목】죄인을 신문하는 조목。
【問病:문병】앓는 이를 찾아가 위로함。
【問喪:문상】❶禮記의 篇名。문답체로 居喪의 禮를 기술한 것。❷=弔喪。
【問世:문세】❶세상에 물음。그에 대한 평가를 기대하고 저작물의 출판 또는 언론의 발표를 하는 것。❷俗界에 나와서 세상 사람들과 서로 사귀는 것。
【問安:문안】아랫 사람이 웃어른에게 안부의 말씀을 여쭘。
【問安使:문안사】《制》안부를 묻기 위하여 임시로 문안 차로 보내던 사신。
【問安視膳:문안시선】안부를 묻고 반

찬의 맛을 살핌。《喩》어른을 잘 받드는 모양。

【問業:문업】 스승에게 가르침을 받음。

【問遺:문유】 안부를 묻고 물건을 선사함。

【問議:문의】 물어보고 의논함。

【問字:문자】 남에게 글자를 배움。

【問情:문정】 ❶情狀을 물음。 ❷외국 배가 항구에 처음으로 들어왔을 때、관리를 보내어 그 사정을 묻는 일。

【問鼎:문정】 天下를 빼앗으려는 숨은 뜻이 있다는 것。《故》楚王이 周鼎의 경중을 물었음。『左傳·宣·三』

【問題:문제】 ❶대답을 얻기 위한 물음。 ❷당면한 연구 사항。의문의 요점。 ❸다툼의 중심이 된 사건。논의의 제목。

【問罪:문죄】 ❶죄를 캐내어 밝힘。죄를 책망함。 ❷반역자를 토벌함。

【問津:문진】 ❶나룻터가 있는 곳을 물음。《轉》학문에 들어가는 길을 물음。 ❷의문을 물어 밝힘。

【問責:문책】 일의 잘못을 물어 책망함。책임을 물음。

【問招:문초】 죄인을 訊問함。

【問學:문학】 모르는 것을 물어서 배움。배우는 길。學問。『中庸』尊德性而道──。

【問候:문후】 ❶찾아가 봄。 ❷편지로 문안함。

◎顧─、拷─、鞫─、糾─、難─、訪─、査─、設─、詢─、審─、尋─、慰─、疑─、一─、切─、刑─、質─、借─、責─、下─、學─。

【啐】

㊀(쵀) 隊 ㊁(줄) 質 サイ、ソツ、おどろく surprise ㄘㄨㄟˋ ts'uei^4

小篆 草書 ㊀ ❶부를쵀(呼也)。 ❷놀랄쵀(咄─驚也)。 ❸맛볼쵀(嘗也)。 ㊂ ❶지껄일줄(衆聲嘈─)。 ❷쭉쭉빨줄(吮聲)。

【啐啄同時:줄탁동시】 닭이 달걀을 안아 병아리를 깔 때、병아리가 막 껍질을 깨고 밖으로 나오려고 할 때 안에서 쪼는 것을 啐、암탉이 밖에서 쪼는 일을 啄이라 하고、이 두 가지 일이 동시에 행하여진다는 말。《喩》師弟間의 인연이 어느 기회를 맞아 더욱 두터워진다는 것。

【唼】

㊀(잡) 合 ㊁(삽) 洽 ㊂(체) 〔中字〕 ソウ、すする sob

草書 ㊀ 삼킬잡(呑也)。(『咂』과 같음) ㊁ 오리가텁석텁석먹을삽(鴨食魚貌─喋)。 ㊂ 콧김불체(鼻噴氣)。

【唼血:잡혈】 ❶피를 밟고 감。사람을 많이 죽임。『史記·孝文帝紀』誅諸呂、新唼血京師。 ❷피를 마시고 맹세함。『史記·呂后紀』始與高帝──盟。

【唼喋:삽잡】 새가 쪼아 먹는 모양。『類篇·唼』──鳥食貌。

【啓】

(계) 薺 ケイ、ひらく cultivate ㄑㄧˇ ch'i^3

小篆 草書 ❶열계、가르칠계(開發)。 ❷열어볼계(開也)。 ❸인도할계(導也)。 ❹여쭐계(奏事)。 ❺떠날계(發足)。 ❻꿇을계(跪也)。(『启』와 같음)

【啓居:계거】 편안하게 앉음。

【啓導:계도】 깨치어 지도함。

【啓櫝:계독】 제사 때에 신주의 을 여는 일。開櫝。

【啓螺:계라】 거둥 때에 吹打를 임금에게 아룀。

【啓明:계명】 ❶샛별。太白星과 金星。啓明星。『爾雅』明星曰之──。 ❷예민하고 道理에 밝은 것。

【啓明星:계명성】 金星의 異名。

【啓蒙:계몽】 ❶우매한 사람을 가르쳐 지식을 넓혀 줌。어린이를 가르쳐 줌。訓蒙。 ❷일반 대중의 편견을 없애고 합리적으로 생각하도록 하는 것。

【啓蒙隊:계몽대】 계몽하기 위하여 조직한 단체。

【啓蒙運動:계몽운동】 무식하고 몽매한 사람에게 글을 가르치고 지식을 넣어주어 계몽시키는 운동。

【啓蒙主義:계몽주의】 一六세기에서 一八세기에 걸쳐 유럽에서 일어난 혁신적 사상。민중의 지식을 향상시키고 전통과 미신에서 해방시켜 자유롭고 합리적으로 사물을 생각하도록 한 주의。

【啓蒙哲學:계몽철학】 《哲》一八세기에 영국·도이치·프랑스의 사상계를 휩쓸던 철학。

【啓發:계발】 ❶뜻을 열어 줌。지식을 넓힘。사물의 이치에 밝아짐。의문을 풀음。『論語』子曰、不憤不啓、不悱不發。 ❷열어 줌。

【啓覆:계복】 임금에게 상주하여 사형을 받은 죄수를 재심함。

【啓服:계복】 네 발이 다 흰 말。

【啓本:계본】 임금에게 보이던 文書。上奏하는 글월。

【啓殯:계빈】 발인할 때 出棺하기 위하여 殯所를 열음。破殯。

【啓事:계사】 ❶웃사람에게 말함。 ❷웃사람에게 글을 올림。 ❸임금에게 사실을 적어 올리는 서면。上書。

【啓辭:계사】 《制》죄를 논할 때 임금에게 올리던 글。

【啓示:계시】 ❶가르치어 보임。빠짐 없이 보여 줌。타일러 가르침。 ❷《宗》神이 人心의 無知를 열어 진리를 教示하는 것。默示。

【啓誘:계유】 무식을 깨우쳐 알도록 이끌어 줌。啓發誘導。

【啓迪:계적】 가르쳐 길을 열어 줌。敎導。『書經』旁求俊彥、──後人。

【啓程:계정】 길을 떠남。發程。

【啓奏:계주】 임금에게 아룀。啓는 황후、奏는 임금에게 씀。

【啓處:계처】 =啓居。『詩經』不遑──。

【啓請:계청】 《制》임금에게 아뢰어 청함。

【啓蟄:계칩】 ❶동면하던 벌레가 봄철을 맞아 나와서 움직이게 됨。 ❷一년의 節候를 二十四氣로 나눈 그 중의 하나。三월六일 무렵。驚蟄。

【啓土:계토】 ❶토지를 개척함。 ❷영토를 확대함。

【啓閉:계폐】 ❶열음과 닫음。開閉。 ❷啓는 立春·立夏、閉는 立秋·立冬。『左傳·僖·五』分至──。

【啓稟:계품】 《制》임금에게 아룀。啓達。啓奏。

【啓下:계하】 《制》임금의 裁可를 받음。

【啓行:계행】 ❶앞장 서서 길을 이끌어 줌。 ❷여행길을 떠남。『詩經』元戎十乘、以先──。

◎謹─、拜─、復─、覆─、狀─、天─、行─。

【啕】

(도) 豪 トウ、かまびすしい garrulous ㄊㄠˊ t'ao^2

수다할도(多言──)。

【啖】

(담) 勘 タン、くらう swallow ㄉㄢˋ tan^4

小篆 草書 ❶씹을담(噍也)。 ❷통째로삼킬담(并呑貌)。 ❸미끼담(以利餌人)。(『啗·噉』과 같음)

【啗】

(담) 勘 タン、くらう masticate; eat ㄉㄢˋ tan^4

小篆 草書 ❶씹을담(噍也)。 ❷먹을담(食也)。(『啖』과 같음)

【啗嚼:담작】 ❶잘 씹어 먹음。 ❷서로 공격함。『韓愈』逆賊相──。

【呰】(자) 紙 シ、まずしい distitute ㄗˇ tzŭ³
❶구차할자(苟且ー窳)。❷짧을자(短也)。(『訿』와 같음)

【啚】(비) 紙 ヒ、やぶさか stingy ㄅㄧˇ pi³
인색할비、다라울비(悋嗇也)。(『鄙』와 같음)

【啜】(철) 屑 テツ、セツ、すする sob ㄔㄨㄛˋ ch'uo⁴
❶훌쩍거릴철(泣貌)。❷수다할철(多言)。❸맛볼철(嘗也)。❹부리철(喙也)。

【啜羹:철갱】국을 마심。樂羊이 敵將이 만든 제 아들의 국물을 마셨다는 故事。『戰國·中山策』。

【啜剌:철랄】複姓。『通志·氏族略·代北複姓』ーー氏、突厥首領。

【啜菽飮水:철숙음수】❶콩을 먹고 물을 마심。❷집이 가난하더라도 부모에게 효도를 극진히 함。『禮記·檀弓』ーー、盡其歡、斯之爲孝。

【啜泣:철읍】훌쩍이며 울음。『詩經·王風』有女仳離、啜其泣矣。

【啜汁:철즙】즙을 마심。남은 즙을 마심。『史記·魏世家』欲ーー者衆。

【啞】㊀(아) 馬 アク、ア、おし ㊁(아) 禡 mute ㊂(액) 陌 ㄧㄚˇ ya³
㊀벙어리아(病瘖不言)。(『瘂』와 같음) ㊁까마귀소리아(烏聲)。㊂깔깔웃을액(笑聲)。

【啞鈴:아령】英語 Dumbell의 譯語。운동 기구。

【啞鈴體操:아령체조】아령을 가지고 하는 체조。

【啞啞:①아아 ②액액】❶㉠가마귀 따위가 우는 소리。㉡어린이의 더듬거리는 말。『蘇軾』小兒ーー語牖帳。❷웃음 소리。웃으며 이야기하는 소리。

【啞羊僧:아양승】《佛》破戒는 하지 않으나 愚鈍한 중。

【啞然:①아연 ②액연】❶어이 없어 입을 딱 벌리고 있는 모양。기가 막혀 말을 못하고 있는 모양。❷크게 웃는 모양。맥없이 웃는 모양。『列子』同行者ーー大笑。

【啞者:아자】벙어리。

【啞咤:아타】❶소리가 시끄럽게 나는 모양。❷혀가 잘 돌아가지 않음。귀여운 소리。『蘇軾』ーー隔花聞好語。

【啞嘔:아후】❶겨우 말을 배운 어린이의 말。❷노젓는 소리。

【啞咿:액이】웃는 소리。◎聾ー、盲ー。

【啝】(화) 歌 ワ、すなお docile
❶순할화(順也)。❷아이울화(小兒啼)。

【唲】(애) 佳 アイ、こどものかたこと child word、
아이말애(小兒言)。

【啡】㊀(배) 灰 ハイ、ヒ、コーヒー coffee ㊁(비)〔新字〕ㄈㄟ fei¹
㊀침 뱉는 소리배(唾聲)。㊁커피차비(熱帶產植物茶名咖ー)。

【啣】(함)『銜』(金部 6畫)의 俗字

九畫

【⿰口垔】(열) 中字 エツ、のど throat
목구멍열(喉也)。

【啻】(시) 寘 シ、ただ only ㄊㄧˋ t'i⁴
뿐시、만시、쯤시(不止是、不ー)。

【啼】(체) 齊 テイ、なく weep ㄊㄧˊ t'i² (本音「제」)
울체(泣也)。〔禮記〕主人ー。

【啼眉:체미】울어서 찡그려진 눈썹。

【啼血:체혈】피를 토하며 울음。울면서 토한 피。두견새의 痛切한 울음 소리。

【⿰口是】(시) 支 シ、なく chirp
새울시(鳥鳴)。

【⿰口弇】암 覃 カン、つぐむ be shut up
❶말아니할암(不言ー嘿)。❷잠꼬대할암(寐聲ー囈)。

【⿰口弇默:암묵】입을 다물고 말을 하지 않음。『唐書·楊瑒傳』融方貴、公卿ーー唯唯、獨瑒抗議、云云。

【⿰口弇囈:암예】잠꼬대。『列子·周穆王』眠中ーー呻呼、云云。

【⿱音口】(역) 職 ヨク、こころよい chearful
쾌할역(快也)。

【啾】(추) 尤 シュウ、なく speak in
❶두런거릴추(小聲)。❷찍찍거릴추(ー唧)。

【啾嘈:추조】소리가 시끄러운 것。

【啾啾:추추】❶벌레의 우는 소리。❷새의 우는 소리。❸말의 우는 소리。『古辭·木蘭詩』燕山胡騎鳴ーー。❹원숭이의 소리。『楚辭·九歌·山鬼·注』ーー、猨聲。❺방울 소리。『楚辭·離騷·注』ーー、鳴聲也。❻피리 소리。『潘岳·閑居賦』管ーー而並吹。❼亡魂이 우는 소리。

【啿】㊀(담) 感 タン、ゆたか ㊁(잠) 豏 abundant
㊀수두룩할담、많을담(豐厚之貌ーー)。㊁뜻은 ㊀과 같음

【喀】(객) 陌 カク、キャク、はく spew ㄎㄚˋ k'a⁴
❶기침할객(欬聲)。❷토할객(吐也)。

【喀喀:객객】토하는 소리。

【喀痰:객담】담을 뱉음。

【喀血:객혈】피를 토함。咯血。

【喁】㊀(옹) 冬 ギョウ、よびあう unison ㊁(우) 虞 ㄩㄥˊ yung²
㊀❶고기입오물거릴옹(魚口聚貌喁ー)。❷고기입쳐들옹(衆口向上)。㊁서로부를우(相呼)。

【喁喁:옹옹】❶고기가 입을 쳐들고 오물거리는 모양。《轉》衆人이 추앙하는 모양。❷할 일 없이 평범한 모양。

【善】(선) 銑 ゼン、よい good 霰 ㄕㄢˋ shan⁴
❶착할선(良也)。❷길할선(吉也)。❸많을선(多也)。❹좋을선、좋아할선(好也)。❺옳게여길선(ー之)。

【善賈:선가】좋은 값。高價。『論語』求ーー而沽諸。

【善價:선가】많은 값。후한 값。

【善感:선감】牛痘 따위의 感染이 잘됨。

【善果:선과】《佛》善業에 의하여 받은 좋은 果報。좋은 결과。

【善巧:선교】교묘한 방법에 의하여 남

에게 이익을 줌。
【善根:선근】《佛》❶좋은 果報를 받을 좋은 原因이라는 뜻。착한 行業의 공덕。善因。❷온갖 선을 내는 근본。
【善女:선녀】마음씨가 착한 여자。선량한 여자。↔惡女。
【善待:선대】잘 대접함。
【善德:선덕】바르고 착한 덕행。↔惡德。
【善刀:선도】칼을 씻어 칼집에 꽂음。《喩》재주를 숨겨 둠。『莊子·養生主』。
【善導:선도】올바른 길로 인도함。
【善良:선량】착하고 어질음。
【善隣:선린】이웃 나라와 화친함。이웃 나라와 사이 좋게 지내는 것。
【善隣政策:선린정책】이웃 나라와 친선하기 위한 정책。
【善忘:선망】잘 잊어 버림。『漢書』怱怱——不樂。
【善美:선미】착하고 아름다움。
【善防:선방】잘 막아 냄。
【善變:선변】전보다 좋게 변함。
【善報:선보】《佛》善果。
【善本:선본】❶精本。❷얻기 어려운 책。貴重本。❸《佛》좋은 결과를 얻을 수 있는 좋은 원인이 될 행위。善根。功德。
【善士:선사】=善人。『孟子』一鄉之——、斯友一鄉之——。
【善射:선사】활·총 따위를 잘 쏨。
【善辭令:선사령】익숙하게 잘하는 말。
【善書:선서】글씨를 잘 씀。
【善手:선수】솜씨가 월등한 사람。
【善始善終:선시선종】시작부터 끝까지 한결같이 잘함。
【善心:선심】❶착한 마음。❷남을 도와주는 마음。↔惡心。
【善惡:선악】착함과 모질음。착함과 악함。『史記』布同——。
【善惡果:선악과】《宗》선악과나무의 열매。아담과 이브가 이를 먹고 에덴 동산에서 쫓겨났다는 禁斷의 열매。
【善惡樹:선악수】선악과 나무。
【善惡之報:선악지보】선과 악에 대한 갚음。
【善語:선어】말을 잘 함。
【善業:선업】=善根。
【善緣:선연】《佛》좋은 因緣。
【善用:선용】알맞게 잘 씀。
【善友:선우】좋은 친구。
【善遇:선우】잘 대접함。善待。「잘 함。
【善爲說辭:선위설사】말을 솜씨 있게
【善柔:선유】남에게 아첨한 뿐 성실하지 못함。또는 그런 사람。「심。
【善飮:선음】술을 썩 좋아하거나 잘 마
【善意:선의】=好意。「醫。
【善醫:선의】병을 잘 고치는 의사。良
【善人:선인】행실이 착한 사람。선량한 사람。『論語』——、吾不得而見之。
【善因善果:선인선과】《佛》善業을 닦으면 그로 말미암아 반드시 좋은 業果를 받음。↔惡因惡果。
【善政:선정】훌륭한 정치。또는 바르고 착하게 집정함。↔惡政。『孟子』風流——。
【善終:선종】❶유종의 미를 거둠。❷天壽를 다함。❸남의 죽음에 애도의 정을 다하여 조상함。『左傳·文·十五』喪親之終也、雖不能始、——可也。❹죽음을 두려워하지 않고 이를 초월함。
【善種:선종】좋은 씨앗。良種。
【善竹橋:선죽교】《歷》高麗末에 鄭夢周가 立節한 開城에 있는 돌다리。다리 위 石面에 흘린 핏자국이 아직도 남아 있다는 전설이 있음。
【善策:선책】좋은 꾀나 방법。
【善處:선처】적당한 방법으로 잘 처리함。좋도록 처리함。
【善治:선치】잘 다스림。
【善行:선행】착한 행실。↔惡行。『禮記』修身踐言、謂之——。
【善形容:선형용】시늉을 잘 함。
【善化:선화】깨우치고 이끌어서 착한 사람이 되도록 함。
【善後策:선후책】뒷처리를 잘 하는 조처。실패한 앞서의 일을 회복할 수 있는 꾀。뒷처리。
◎勸—、獨—、不—、性—、僞—、仁—、慈—、積—、至—、最—、親—。

【喃】(남) 覃 感 ナン、しゃべる chatter ㄋㄢ nan²
草書 ❶말분명치못할남(語不了呢—)。❷제비소리남、재재거릴남(燕語)。
【喃喃:남남】❶지루하게 지껄임。『北史·房陵王勇傳』乃向西北奮頭、——細語。❷讀書하는 소리。『寒山詩』仙書一兩卷、樹下讀——。

【喖】(유) 尤 ジュウ、こどものこえ ㄖㄡ jou²
어린아이소리유(小兒聲—呢)。

【喅】(육) 屋 イク、かまびすしい voice of many people
小篆 뭇소리육(衆聲)。

【喆】(철) 屑 テツ あきらか bright ㄓㄜ che²
❶밝을철(明也)。❷쌍길철(雙吉)。
(『哲』과 같음)

【喇】㊀(랄) 曷 ㊁(라)〔慣音〕 ラツ、はやくち chatter ㄌㄚ la¹·³·⁴
草書 ㊀말급히할랄(言急喝—)。㊁❶나팔라(—叭)。❷〔新字〕나마교라(—嘛)。
【喇嘛:나마】《宗》❶Lama。티베트말로 最勝無上의 뜻。❷나마교의 중。
【喇嘛敎:나마교】《宗》티베트의 종교인 불교에서 나누어진 것。북인도의 명승 蓮華上座師가 敬祖。신구 두 파가 있음。紅敎가 구파、黃敎가 신파임。敎主를 다라이 라마、副主를 판첸 라마라고 함。
【喇叭:나팔】금속으로 만든 管樂器의 한가지。

喇叭(三才圖會)
【喇叭管:나팔관】《生》輸卵管。
【喇叭管炎:나팔관염】《醫》자궁 나팔관의 염증으로 생긴 병。
【喇叭管妊娠:나팔관 임신】《醫》나팔관 안에서 임신된 變態 임신의 하나。
【喇嘴:날취】호언장담하는 것。허풍을 침。
【喇唬:날호】사깃군。야바우군。『六部成語·注解』詐騙之匪徒也。

【喈】(개) 佳 カイ、はやい fast ㄐㄧㄝ chieh¹
小篆 草書 ❶새소리개(鳥鳴)。❷빠를개(疾貌)。

【喉】(후) 尤 コウ、のど throat ㄏㄡ hou²
小篆 草書 목구멍후(咽也)。
【喉骨:후골】《生》成年男子의 甲狀軟骨의 突起 부분。
【喉衿:후금】❶목과 옷깃。❷急所。要害地。『孟子題辭』論語者五經之錧鎋、六藝之——也。
【喉痰:후담】《醫》기침할 때마다 가래가 나오고 목구멍이 아픈 병。
【喉頭:후두】=咽頭。
【喉頭音:후두음】후두를 좁히거나 막고 氣流를 마찰 또는 파열시켜서 내는

소리。

【喉舌:후설】 ❶목구멍과 혀。《轉》중요한 곳。❷말。『墨子·非命』動勞其──。❸임금의 말을 아래에 전하는 사람。즉 宰相。『詩經·烝民』出納王命、王之──。

【喉聲:후성】 목소리。

【喉音:후음】 내쉬는 숨으로 목젖을 마찰하여 내는 소리。◎咽─。

【喉】 (후)『喉』(前條)의 本字

【喊】 (함) 感 豏 カン、さけぶ shout ㄏㄢˇ han³
❶고함지를함(譁聲)。❷입다물함(持意口閉)。❸성난소리할함(怒聲)。❹꾸짖을함(呵也)。

【喊聲:함성】 여러 사람이 함께 높이 지르는 고함 소리。

【喊喧酬酢:함훤수작】 큰 소리로 외치며 떠들썩하게 서로 주고 받는 수작。◎高─、鼓─、吶─。

【喌】 ㊀(주) 尤 ㊁(축) 屋 シュウ、シュク、とりをよぶ(こえ) call a cock
㊀닭부르는소리주(呼鷄聲)。㊁뜻은 ㊀과 같음。

【喋】 ㊀(첩) 葉 ㊁(잡) 洽 チョウ、トウ しゃべる chatter ㄉㄧㄝˊ tieh²
㊀말잘할첩(利口──)。㊁오리 와기러기텁석거려먹는소리잡(鳧雁食聲)。

【喋囁:첩섭】 소곤거림。

【喋喋:첩첩】 거침 없이 지꺼리는 모양。말이 많음。呶呶·諜諜。「잘 함。

【喋喋利口:첩첩이구】 말을 거침없이

【喋血:첩혈】 유혈이 낭자한 형용。喋血。

【喋呷:잡합】 오리나 기러기가 모여 먹이를 먹음。『劉基』──藻荇獵蓬蒿。

【喍】 (재) 佳 サイ、ゼ、いぬのけんか (of dog's) fight
개싸움할재(犬鬪貌─嘊)。

【喏】 (야) 馬 ジャ、うやうやしい polite ㄖㄜˇ jê³
공손히대답할야(敬言答聲唱─)。

【嗭】 (질) 質 チツ、かむ chew
씹을질(咀也)。

【喑】 ㊀(음) 沁 ㊁(음) 侵 ㊂(암) 覃 イン、オン、なく weep ㄧㄣ yin¹
㊀❶소리지를음(聲也、─啞)。❷안간힘쓸음(聚氣)。㊁목쉴음、목잠길음(失聲不能言)。㊂훌쩍거릴암(泣無聲)。

【喑啞:음아】 ❶벙어리。❷입을 다물어 버림。『唐書』好人──。

【喑噁叱咤:음오질타】 큰 소리로 꾸짖음。『史記』項王──、千人皆廢。

【喑喑:음음】 말을 못하는 모양。『風俗通義』無聲響、徒──而已。

【喲】 (유) 尤 ユウ、うたう chant
❶읊는소리유(吟聲咿─)。❷사슴울유(鹿鳴──)。(『呦』와 통함)

【喓】 (요) 蕭 ヨウ、むしのこえ chirp ㄧㄠ yao¹
벌레소리요(虫聲──)。

【喓喝:요갈】 모기의 날개 소리 같은 작은 소리의 形容。(喝은 흐느낌)。『聞見後錄』。

【喓聲:요성】 벌레 우는 소리。

【喓喓:요요】 벌레의 우는 소리。

【喒】 (잠) 覃 サン、われ I, me ㄗㄚˊ tsa²
나잠(我也)。

【喔】 (악) 覺 アク、にわとりのこえ a crow ㄛ o¹
닭의울음소리악(鷄聲─)。

【喔喔:악악】 닭 소리。닭 우는 소리。『白居易』──雞下樹。

【喔咿:악이】 ❶억지로 웃는 얼굴을 함。억지로 선웃음을 침。『楚辭』──嚅唲、以事婦人乎。❷닭 우는 소리。

【喔齪:악착】 ❶마음이 좁음。❷성질이 모질고 깜찍스러움。齷齪。

【唏】 (시) 支 シ、はなしをはじめる begin to speak
말시작할시(始言)。

【喗】 (운) 軫 吻 グン、おおくち big mouth
❶입클운(口大)。❷이빨이더러울운(齒醜)。

【喘】 (천) 銑 ゼン、あえぐ pant ㄔㄨㄢˇ ch'uan³
헐떡거릴천、숨찰천(疾息)。(『歂』과 같음)

【喘急:천급】 매우 심한 喘息。

【喘氣:천기】 과히 심하지 않은 천식。

【喘滿:천만】 해수 따위로 말미암아 숨이 차서 가슴이 답답하고 벌덕거림。

【喘息:천식】 ❶헐떡임。숨찬 것。『詩經』嘽嘽、駱馬、傳』嘽嘽──之貌、馬勞則─。❷기침이 나는 병。

【喘喘:천천】 ❶헐떡이는 모양。❷조바심 치는 모양。『韓愈』──焉無以冀朝夕。◎餘─、咳─。

【咢】 (악) 藥 ガク、はぐき gum
잇몸악(齒齶)。

【吻】 (문) 吻 フン、くちさき mouth corner
입아귀문(口脣邊)。(『吻』와 같음)

【喙】 (훼) 隊 カイ、くちばし bill ㄏㄨㄟˋ hui⁴
❶부리훼、주둥아리훼(鳥獸口)。❷숨쉴훼(息也)。〔漢書〕行─息。❸괴로울훼(苦也)。

【喙息:훼식】 주둥이로 숨쉬는 것。鳥獸의 類。◎烏─、容─。

【喛】 (환) 翰 ガン、いかる get angry
❶성낼환(怒也)。❷근심할환(憂也)。

【喚】 (환) 翰 カン、よぶ call ㄏㄨㄢˋ huan⁴
❶부를환(呼也)。❷새이름환(禽名─起)。

【喚起:환기】 ❶사라지려는 기억을 불러 일으킴。❷새(鳥)의 이름。『韓愈』──䆗前曙、催歸日未西。(催歸도 새 이름)。

【喚問:환문】 불러 내어 물어 봄。

【喚想:환상】 지나간 생각을 불러 일으킴。想起。

【喚醒:환성】 잠자는 사람이나 어리석은 「사람을 깨우침。

【喚呼:환호】 소리 높이、부름。

【喜】(희) 紙 キ、よろこぶ glad ㄒㄧ hsi³ 小篆 古文 草書 ❶기쁠희、즐거울희(樂也)。❷좋다할희(好也)。〔史記〕孔子晩而—易。

【喜歌劇:희가극】 歌唱과 對話를 넣어서 上演하는 익살스러운 극。

【喜見天:희견천】 (佛)수미산 꼭대기에 있는 三三天。곧 도리천주 帝釋天이 사는 天宮。喜見城。喜見宮。善見城。

【喜劇:희극】 ❶사람을 웃기는 연극。결과가 행복으로 끝나는 연극。↕悲劇。❷웃음거리가 될 만한 사건。

【喜氣:희기】 기쁜 기분。

【喜怒:희노⇩희로】 ❶기쁨과 노염。❷노여。성냄。〔柳宗元〕司馬遷觸天下——。(喜는 意味없는 助辭)。

【喜怒哀樂:희노애락⇩희로애락】 기쁨과 노염과 슬픔과 즐거움。곧 사람의 온갖 감정。

【喜動顔色:희동안색】 얼굴에 기쁜 빛이 나타남。

【喜樂:희락】 기뻐하고 즐거워함。〔詩經〕且以——、且以永日。

【喜母:희모】 (動)다리가 긴 거미。↓喜子。

【喜報:희보】 기쁜 기별。기쁜 소식。

【喜悲:희비】 기쁨과 슬픔。

【喜事:희사】 기쁜 일。

【喜捨:희사】 ❶(佛)기쁘게 재물을 베풀어 줌。주로 三寶에 供養하기 위하여 돈이나 물건을 寄附하는 것。❷사람 또는 어떤 일을 위하여 재물을 베풀어 줌。

【喜捨金:희사금】 희사하여 내 놓은 돈。

【喜色:희색】 기쁜 듯이 보이는 얼굴。기뻐하는 모양。

【喜色滿面:희색만면】 아주 기쁜 듯이 보임。

【喜笑:희소】 기뻐서 웃음。

【喜消息:희소식】 기쁜 소식。

【喜壽:희수】 일흔 일곱 살。

【喜躍:희약】 기뻐서 날뜀。〔柳宗元〕無任抃蹈——之至。

【喜悅:희열】 =喜樂。

【喜容:희용】 ❶즐기는 모양。❷菊花의 異名。

【喜雨:희우】 가뭄 뒤에 오는 반가운 비。

【喜憂:희우】 즐거운 일과 근심스런 일。

【喜子:희자】 거미의 異名。

【喜鵲:희작】 ❶까치의 異名。(까치의 우는 소리를 들으면、慶事가 있다는 俗談에 의하여 喜字를 붙임)。〔歐陽修〕蜘蛛——誤人多。❷唐、寶申의 異名。❸(地)湖南省 乾城縣의 東北에 있는 땅。

【喜出望外:희출망외】 기대하지 않던 기쁜 일이 생김。

【喜幸:희행】 기쁘고 다행함。

【喜喜樂樂:희희낙락】 매우 기뻐함。◎驚—、慶—、大—、隨—、歡—、欣—。

【喖】(호) 虞 コ、のどこえ voice of laryn geal ❶목젖호(咽下垂)。❷목소리호(喉聲)。

【喝】㈠(갈) 曷 ㈡(애) 卦 カツ、アイ、しかる chide ㄏㄜ he⁴ (本音「할」) 小篆 草書 ㈠❶꾸짖을갈(訶也)。❷성낸소리갈(怒聲)。㈡목쉴애(嘶聲)。

【喝道:갈도】 ❶잘못을 들어 꾸짖음。❷길을 인도하는 하인이 앞에 서서 소리를 질러 통행을 금하는 것。〔韓愈〕不覺中丞——來。❸(制)李朝 때 司諫院이나 玉堂의 관리가 仕進할 때 앞에서서 길을 치우며 인도하던 하인。

【喝食:갈식】 (佛)절에서 食事 심부름하는 아이。

【喝采:갈채】 소리를 지르며 칭찬하여 줌。〔馬臻〕新腔翻得梨園譜、喜入王孫——聲。

【喝破:갈파】 ❶큰 소리로 꾸짖음。❷다른 사람의 言論을 說破함。❸不正을 물리치고 진리를 말하여 밝힘。◎恐—、大—、一—。

【喞】㈠(질) 質 ㈡(직) 職 ショク、ソク、そそぐ mutter ㄐㄧ chi¹·² 草書 ㈠두런거릴질(衆聲啾—)。㈡찍찍거릴직(多聲——)。

【喞噥:직농】 중얼거리는 소리。입속 말을 함。喞喞噥噥。〔西廂記〕夫人時下有些——。

【喞蔟:직족】 벌레가 물건을 긁는 소리。〔王令·夢蝗詩〕。

【喞筒:직통】 펌프。

【喟】㈠(위) 寘 ㈡(괴) 卦 キ、なげく sigh ㄎㄨㄟ k'uei⁴ (本音「귀」) 小篆 或體 草書 ㈠한숨쉴위(太息)。㈡뜻은 ㈠과 같음

【喟然:위연】 한숨 쉼。탄식함。또는 그 모양。〔論語〕夫子——歎曰、吾與點也。

【喟然歎息:위연탄식】 크게 탄식함。

【喠】(종) 腫 ショウ、おし dumb ❶벙어리종(瘂也)。❷구역질할종(嘔逆)。

【壽】(수)『壽』(士部 11畫)의 古字

【喣】㈠(후) 麌 ㈡(후) 虞 ク、ふく blow 草書 ㈠불후(吹也)。(『嘘』와 같음) ㈡❶선웃음칠후(諂笑貌)。❷품어줄후(溫潤)。

【喣嘘呼吸:후허호흡】 몸 속의 공기를 내뿜고、새로운 공기를 마시는 것。

【喣喣:후후】 선웃음을 치는 모양。억지로 웃는 모양。〔柳宗元〕——趄趄。

【喤】㈠(황) 陽 ㈡(횡) 庚 コウ、かまびすしい gabble ㄏㄨㄤ huang² 小篆 草書 ㈠아이울음소리황(兒聲)。㈡지껄일횡(喧也)。

【喤喤:①황황 ②횡횡】 ❶어린아이의 큰 울음소리。❷㉠떠들썩한 모양。㉡종과 북 소리가 어울리는 모양。〔詩·執競〕鐘鼓——。

【喤呷:횡합】 ❶많음。여럿。〔集韻〕喤—、衆也。❷시끄러움。시끄럽게 떠드는 모양。

【喦】(엽) 葉 ヨウ、あらそう struggle 小篆 ❶땅이름엽(地名)。❷다툴엽(爭也)。

【喧】(훤) 元 ケン、やかましい chatter ㄒㄩㄢ hsuan¹ 草書 ❶지껄일훤、들렐훤(大語嘩也)。(『嚾』과 같음) ❷싸움할훤(爭也)。

【喧聒:훤괄】 요란함。시끄러움。喧豗。

【喧呶:훤노】 떠들썩하게 지껄임。시끄러움。喧噪。〔柳宗元〕淡泊辭——。

【喧鬧:훤뇨】 여러 사람이 냅다 떠들음。

【喧騰:훤등】 ❶시끄럽게 떠들음。❷評判이 높음。

【喧訴:훤소】 떠들썩하게 호소함。〔南史〕賓客——。

【喧騷:훤소】 뒤떠들어서 소란스러움。

【喧藉:훤자】 뭇사람의 입에 오르내려 왁자하게 됨。喧傳。

【喧爭:훤쟁】 떠들고 다툼。

【喧傳:훤전】 뭇 사람의 입에 오르내려 왁자하게 됨。시끄럽게 말을 이리 저리 퍼뜨림。

【喧呼:훤호】 떠들며 부름。〔後漢書〕—

—滿道。

【喧譁:훤화】 시끄러운 것。喧譁。『史記』諸侯——疾鼂錯。

【喧豗:훤회】 시끄러운 소리。喊聲。喧聒。『李白』飛湍瀑流爭——。

【喧囂:훤효】 시끄럽게 떠들음。喧噪。

【喨】 (량) 漾 リョウ、なきやまない keep cry ㄌㄧㄤ liang⁴ 울고그치지않을량(泣不止)。

【喩】 (유) 遇 虞 ユ、さとす、たとえる enlighten; simile ㄩ yü⁴ ❶효유할유、깨우쳐줄유、알려줄유(曉諭)。❷고할유(告也)。❸비유할유(譬也)。❹좋아할유(好也)。(『諭』와 같음)

【喩林:유림】 《書》一二〇권。明、徐元太 지음。옛사람의 喩言을 모아 그 出處를 밝힌 책。『博喩』喎喎——喜也。◎比—、譬—、訓—。

【[illegible]】 (략) 藥 リャク、とぐ sharpen a sword ❶칼갈략(磨刀)。❷날카로울략(利也)。(『䂮』과 같음)

【喪】 (상) 漾 陽 ソウ、うしなう lose; die ㄙㄤ sang¹ ❶상사상、복입을상(持服曰—)。❷죽을상、구길상(亡也)。❸없어질상、잃어버릴상(失也)。

【喪家:상가】 ❶사람이 죽은 집。초상난 집。❷상제의 집。

【喪家狗:상가구】 상가집 개。《喩》몹시 쇠약한 사람을 일컫는 말。상가는 슬퍼하는 나머지 개밥도 제대로 주지 못하므로 그 개는 몹시 여위었다는 데서 온 말。

【喪故:상고】 =喪事。

【喪具:상구】 장례 때에 쓰는 제구。『禮記』——君子恥具。

【喪國:상국】 나라를 잃음。

【喪期:상기】 거상을 입는 동안。

【喪紀:상기】 ❶喪事를 일컬음。❷喪과 飢饉。喪荒。❸記錄을 잃음。『周禮』山澤之賦、以待——。

【喪氣:상기】 기운을 잃음。낙심을 함。

【喪膽:상담】 膽을 서늘하게 함。《轉》매우 두려워함。

【喪亂:상란】 전쟁·전염병·천재지변 따위로 인하여 사람이 많이 죽는 일。『詩經』天降——。

【喪禮:상례】 喪中에 행하는 모든 예절。「凶禮。

【喪笠:상립】 방갓。「버림。

【喪亡:상망】 잃어버림。없어짐。망해

【喪明之痛:상명지통】 아들의 죽음을 당한 마음의 아픔。

【喪門煞:상문살】 사람의 죽은 방위로부터 퍼진다는 煞。

【喪配:상배】 喪妻의 尊稱。

【喪變:상변】 =喪事。

【喪服:상복】 상제로 있는 동안 입는 예복。凶服。『周禮』——凶器、不入宮門。

【喪夫:상부】 남편의 죽음을 당함。과부가 됨。↔喪妻。「喪需。

【喪費:상비】 초상에 드는 모든 비용。

【喪事:상사】 초상이 난 일。喪故。

【喪性:상성】 ❶근본되는 性品을 잃어버림。❷몹시 보챔。

【喪需:상수】 =喪費。

【喪神:상신】 =失神。

【喪失:상실】 잃어버림。

【喪心:상심】 本心을 잃음。근심 걱정으로 마음이 산란하고 맥이 빠짐。失心。

【喪輿:상여】 시체를 나르는 제구。『左傳』哀樂而樂哀、皆——也。

【喪偶:상우】 =喪妻。

【喪人:상인】 =喪制。

【喪杖:상장】 상제가 짚는 지팡이。父喪에는 대、母喪에는 오동나무를 씀。

【喪章:상장】 喪服 대신으로 平服에 붙인 喪中의 標識。

【喪葬:상장】 장사 지내는 일과 상중에 하는 모든 예식。

【喪葬之節:상장지절】 상장의 절차。

【喪制:상제】 ❶부모나、이미 아버지가 세상을 뜬 뒤에 조부모의 상중에 있는 사람。棘人。喪人。❷상중의 服制。

【喪主:상주】 주장이 되는 상제。

【喪中:상중】 상제의 몸으로 있는 동안。

【喪志:상지】 =喪心。「빚。

【喪債:상채】 喪故를 치르기 위하여 진

【喪妻:상처】 아내의 죽음을 당함。홀아비가 됨。↔喪夫。

【喪布:상포】 初喪 때에 쓰는 포목。

【喪行:상행】 장사 지내러 묘지를 향하여 가는 사람들의 행렬。

◎問—、心—、哀—、沮—、弔—、初—、脫—、好—、護—、婚—。

【[illegible]】 (상)『喪』(前條)의 本字

【喫】 (끽) 錫 ケキ、キツ、くらう、のむ eat; drink ㄔ ch'ih¹ 먹을끽、마실끽(食飮)。(本音「긱」)

【喫怯:끽겁】 몹시 겁을 먹음。

【喫苦:끽고】 고생을 겪음。

【喫緊:끽긴】 요긴함。『中庸·註』此一節、子思——爲人處。

【喫茶:끽다】 ❶茶를 마심。❷여자가 시집을 가는 일。(茶의 열매를 두 번 다시 옮겨 심지 못하므로 여자가 再嫁하지 못함에 비유함)。

【喫茶店:끽다점】 =茶房。

【喫力:끽력】 힘을 씀。어떤 일을 위하여 힘을 다함。

【喫飯:끽반】 밥을 먹음。

【喫煙:끽연】 담배를 피움。

【喫著不盡:끽착부진】 입을 것과 먹을 것이 모자라지 않고 넉넉함。

【喫醋:끽초】 《喩》질투함。獅子는 매일 초와 駝酪을 각각 한 병을 먹어야 하므로 질투하는 마누라를 獅子에 비유하여

【喫破:끽파】 먹어 없애 버림。「말한 것。

【喫虧:끽휴】 손해를 봄。결손이 남。◎滿—。

【㗊】 (즙) 緝 シュウ、かまびすしい many mouths 뭇입즙(衆口)。

【喬】 (교) 蕭 キョウ、たかい tall tree ㄑㄧㄠ ch'iao² ❶큰나무교(大樹·松、梢、檜、杉類)。❷높을교(高也)。❸창갈구리교(矛上句)。❹교만할교(驕也)。(『驕』와 통함)

【喬幹:교간】 높고 큰 나무의 줄기。

【喬木:교목】 키가 큰 나무。大樹。↔灌木。『詩經』南有——。「↔灌木帶。

【喬木帶:교목대】 교목이 자라는 지대。

【喬木世家:교목세가】 대대로 문벌이 높은 집안。

【喬木世臣:교목세신】 여러 대를 두고 높은 지위에 있던 신하。

【喬竦:교송】 우뚝 솟음。

【喬才:교재】 ❶거짓말을 잘 하는 사람。 거짓말을 잘 하는 才智。 ❷才智가 있다고 자만하는 사람。 바보。 ❸교활한 것。

【喬志:교지】 교만한 마음。 『禮記』齊音敖辟。 「산。

【喬陟:교척】 높은 산。 중첩하여 있는

【喬遷:교천】 ❶남의 이사함을 축하하여 하는 말。 ❷벼슬 자리가 높아지는 것。 『張籍』衆目望ㅣㅣ。

【喬詰:교힐】 마음이 편하지 못함。 불평불만。 『莊子』天下始ㅣㅣ卓鷙。

【喭】

㊀(안) 翰 カン、いやしい ㊁(언) 霰 ㄧㄢˋ mean yen⁴

嗐 草書 ㊀추솔할안(失容)。 〔論語〕由也ㅣ。 ㊁조상할언(弔生)。 (『唁』과 통함)

【喭喭:안안】 힘차고 바른 것。 『易林』ㅣㅣ諤諤。

【單】

㊀(단) 寒 タン、セン、ひとつ ㊁(선) 先 single ㊂(선) 銑 ㄉㄢ tan¹

單 小篆 草書 ㊀❶홀로단、홑단(獨也)。 ❷다할단(盡也)。 ❸클단(大也)。 ❹엷을단(薄也)。 ㊁되임금선(廣大貌ㅣ于)。 ㊂❶성선(姓也)。 ❷고을이름선(縣名、ㅣ父)。

【單家:단가】 不運으로 가난하고 세력 없이 지나는 집。 寒家。

【單價:단가】 낱 單位의 값。

【單間:단간】 단 한 간。

【單竭:단갈】 끝이 남。 줄어들음。

【單個:단개】 단 한 개。

【單擧:단거】 오직 한 사람만을 천거함。

【單科大學:단과대학】 다만 하나의 學部로만 이루어진 대학。

【單光:단광】 《物》한 가지의 빛으로만 되어 프리즘에 흩어지지 않는 光。

【單鉤:단구】 書道에서 붓을 잡는 법의 하나。 ↕雙鉤。

【單卷冊:단권책】 한 권으로 이루어진 「책。 單卷。

【單根:단근】 가랑이가 없는 뿌리。

【單衾:단금】 한 채의 이불。 얇은 이불。

【單級:단급】 둘 이상의 학년 또는 학급을 하나로 짠 학급。

【單技:단기】 한 가지의 재주。

【單騎:단기】 ❶혼자 말 타고 감。 ❷한 사람의 騎兵。 『後漢書』ㅣㅣ追擊之。

【單記:단기】 ❶따로따로 적음。 그것 하나만을 기입함。 ❷單記投票。

【單記無記名投票:단기무기명투표】 투표 용지에 피선거인의 이름만을 적고 선거인의 성명을 밝히지 않는 선거법의 하나。

【單刀:단도】 한 자루의 칼。

【單刀直入:단도직입】 ❶홑몸으로 칼을 휘두르며 거침 없이 적진에 쳐 들어감。 ❷문장이나 言論 등에 있어 요점을 바로 풀이하여 들어감。 비유나 보기를 들지 않고 바로 說破함。 『傳燈錄』ㅡㅡ、則聖盡露眞。

【單獨:단독】 단 하나。 혼자。 ↕共同。

【單獨講和:단독강화】 동맹국 가운데 한 나라가 이탈하여 적국과의 사이에 단독으로 하는 강화。

【單獨經濟:단독경제】 《經》개인·가족·단체 등과 같이 따로따로 독립하는 경제 단위。 ↕共同經濟。

【單獨國:단독국】 단 하나의 주권 아래에서 독립된 나라。

【單獨犯:단독범】 《法》혼자서 행한 범죄。 또는 그 범인。 ↕共犯。

【單獨一身:단독일신】 홑몸。

【單獨裁判:단독재판】 《法》단독 判事에 의하여 성립되는 재판。

【單獨責任:단독책임】 혼자서 지는 책「임。

【單獨行動:단독행동】 단체를 떠나서 각자 제 마음대로 하는 행동。

【單獨行爲:단독행위】 《法》당사자 한쪽 만의 의사 표시에 의하여 성립되는 법률 행위。 계약의 해제·遺言 같은 행위。

【單露:단로】 孤立하여 전부 나타나는 것。 방어하는 것이 없다는 말。

【單利:단리】 원금에만 대하여 치는 변리。 ↕複利。

【單母音:단모음】 홑으로 나는 모음。 홑홑소리。 ↕複母音。

【單門:단문】 외로운 一族。 군색한 집。 寒門。 『南史』雖ㅣㅣ後進、必加善誘。

【單發機:단발기】 단 한 대의 발동거를 지닌 비행기。 「番。

【單放:단방】 ❶단 한 번만 놓음。 ❷單

【單方:단방】 ❶손 쉬운 방법。 ❷간단한 處方。 「方文。 單方。

【單方文:단방문】 한 가지로만 쓰는 藥

【單方藥:단방약】 한 가지만으로 병을 다스리는 약。

【單拜:단배】 한번 절함。

【單番:단번】 단한 번。 한 차례。

【單本位制:단본위제】 《經》한 가지의 돈으로 本位貨를 삼고、 다른 것은 보조화로 쓰는 제도。

【單比:단비】 《數》단식의 비。 ↕複比。

【單比例:단비례】 《數》단식의 비례。 단순한 비례 관계。 複比例。

【單絲:단사】 홑실。 「색。

【單色:단색】 한 가지 빛깔。 단조로운 채

【單席:단석】 외겹의 돗자리。 「語。

【單線:단선】 ❶외줄。 ❷單線軌道의 略

【單設:단설】 ❶하나만을 장만함。 ❷神主 하나만을 모셔 제사 지냄。

【單性生殖:단성생식】 《生》암컷과 수컷의 교배 없이 단독으로 되는 생식。

【單性花:단성화】 《植》수꽃 또는 암꽃만을 가진 식물。

【單細胞動物:단세포동물】 《動》아뫼바(Amoeba) 따위처럼 온몸이 하나의 세포로 된 동물。

【單細胞植物:단세포식물】 《植》박테리아 따위처럼 하나의 세포로 된 식물。

【單數:단수】 ❶홑수。 單一한 수。 ❷물건의 數가 홑임。 ❸문법에서 사람이나 일이나 물건이 오직 하나임을 나타내는 품사의 꼴。 ↕複數。

【單純:단순】 ❶간단하고 복잡하지 않음。 ❷雜物이 섞이지 않고 純一함。 ❸조건이나 제한이 없음。

【單食口:단식구】 혼자만인 식구。

【單式簿記:단식부기】 《經》돈이나 그 밖의 재산의 나드는 관계를 단순하게 치부하는 방법。 ↕複式簿記。

【單身:단신】 홑몸。 單獨。 獨身。

【單身赴任:단신부임】 관리가 홑몸으로 부임하는 일。

【單語:단어】 한 덩이의 관념을 나타낸 「낱낱의 말。 낱말。

【單葉:단엽】 《植》❶외겹으로 된 꽃잎。 單瓣。 ❷배나무나 벚나무처럼 잎사귀 몸이 하나이며、 잎꼭지에 마디가 없는 잎。

【單元:단원】 어떤 主題를 중심으로 편의상 하나로 묶은 학습의 단위。 經驗單元과 敎科單元、 大單元과 小單元의 구별이 있음。

【單元論:단원론】 《哲》단 하나의 원리에 따라 온 우주의 온갖 현상을 풀어 보려는 학설。 ↕多元論。

【單院制度:단원제도】 《法》議會가 단 하나의 議院으로 성립되어 있는 제도。 ↕兩院制度。

【單位:단위】 ❶量을 헤아리는 기준。 ❷모든 사물의 비교·계산의 기본이 되는

것。 ❸조직을 구성하는 기본적인 집단。 ❹학업의 年數를 헤아리는 기준。

【單爲生殖:단위생식】(生)有性生殖의 한 가지。卵子가 受精을 하지 않고 발육하여 새로운 개체를 만드는 일。 單性生殖。處女生殖。

【單音:단음】❶홑으로 되어서、그 나는 동안의 앞뒤를 따라 아무 다름이 없이 한 가지로만 나는 소리。홑소리。❷單一弦運動에서 나는 소리。❸음악에서 單一한 旋律만을 내는 소리。↕複音。

【單衣:단의】❶단벌의 의복。❷한 가지 옷。홑옷。

【單一物:단일물】하나만으로 한 몸을 이룬 물건。

【單一民族:단일민족】 같은 인종으로 「만 된 민족。

【單字:단자】單語를 표시한 글자。

【單子:단자】❶부조하는 물건의 수량이나 이름을 적은 종이。❷우주 만물을 조직한 個體的 實在의 요소。

【單子論:단자론】(哲)우주는 무수한 單子로 되어 있으며、단자란 더 이상 분할할 수 없는 단일한 것으로 각각 독립해 있으며 물질이 아닌 정신적인 힘이라고 본 라이프니츠(Leibniz)의 학설。

【單子音:단자음】홑으로 나는 자음。↕複子音。

【單傳:단전】❶오직 한 스승의 가르침을 傳受하는 것。❷(佛)글이나 말에 의하지 않고 마음으로부터 마음에 전하여 주는 것。❸(中)直系만이 家統을 잇고 旁系가 없는 것。一子相傳。

【單調:단조】변화가 없이 싱거운 가락。

【單至:단지】가볍게 길을 떠나는 모양。『列子·力命·注』ㅣㅣ、輕發之貌。

【單振動:단진동】(物)그 圓運動을 원의 평면 내에서 볼 때의 운동。

【單站:단참】중도에 쉬지 아니하고 곧장 계속함。단숨。

【單體:단체】제 홀로 있는 元素。

【單稱:단칭】한 개만을 일컬음。↕複稱。

【單罷議:단파의】한 번만 의논하고 곧 정해 버림。

【單寒:단한】❶親族이 드물며 고독하고 가난함。❷가난하고 이름도 나지 않은 사람。❸의지할 곳 없어 추위에 떨음。『後漢書』家傳ㅣㅣ。

【單行:단행】❶혼자서 길을 감。獨行。『後漢書』微服ㅣㅣ。❷한 가지만으로 된 出版。單行本。

【單行犯:단행범】(法)단 한 차례의 위법 행위로써 성립된 범죄。

【單行本:단행본】어떤 한 가지만 단독으로 출판한 책。

【單厚:단후】참으로 두터운 것。『詩·天保』俾爾ㅣㅣ。

◎簡ㅣ、孤ㅣ、名ㅣ、食ㅣ、傳ㅣ。

【喲】(약) ヤク 一ㄠ yao¹ 감탄하는 어조사약(感歎詞)。

【喳】(사)〔中字〕 サ、こたえ ㄓㄚ cha¹ 예하고 대답하는 소리사(應答聲)。

【営】(영)『營』(13畫 火部)의 略字

【喸】(푯)〔國字〕 땅이름푯(地名、ㅣ乭岩)。

【喰】(식)〔日字〕 くう eat 草書 먹을식(飧也)。

十 畫

【嗇】(상)『喪』(9畫 口部)의 古字

【喿】(소) 號 ソウ、なく (of birds) chirp 小篆 새 떼지어울소(鳥羣鳴)。(『噪·譟』와 통함)

【嗀】(학) 覺 カク、コク、はく nauseate 小篆 小篆 구역질할학(嘔吐貌)。『左傳』臣疾異於人若見之君將ㅣ之。(『殼』과 같음)

【嗁】(제) 齊 テイ、なく wail ㄊㄧ t'i² 小篆 草書 부르짖어울제(號泣)。(『啼』와 같음)

【嗁妝:제장】化粧의 한 방법。눈 아래를 엷게 화장하여 고운 것처럼 보이게 하는 화장법。『後漢書』愁眉ㅣㅣ。

【嗂】(요) 蕭 ヨウ、よろこぶ glad 小篆 ❶기꺼울요(喜也)。❷즐거울요(樂也)。

【嗃】㊀(효) 肴 コウ、カク、きびしい scold severely ㊁(학) 藥 ㄒㄧㄠ hsiao¹ 巧 小篆 草書 ㊀❶볼멘소리효(恚聲)。❷크게부르짖을효(大叫)。㊂❶엄숙히꾸짖을학(嚴厲ㅣㅣ)。❷기뻐할학(悅樂)。

【嗃嗃:학학】嚴酷한 모양。『易經』家人ㅣㅣ。

【嗄】㊀(애) 卦 サ、しわがれごえ ㊁(사) 禡 get hoarse 草書 ㊀목쉴애(氣逆聲敗)。㊁목갈랠사(聲變)。

【嗄飯:사반】반찬。副食物。『夢粱錄·天曉諸人出市』。

【嗅】(후) 宥 キュウ、かぐ smell 草書 ❶냄새맡을후(以鼻取氣)。❷냄새날후(就臭)。(『臭』와 통함)

【嗅覺:후각】냄새를 맡는 감각。

【嗅感:후감】＝嗅覺。

【嗅官:후관】(生)五官의 하나。냄새를 맡는 器官인 코를 일컬음。

【嗅器:후기】＝嗅官。

【嗅神經:후신경】(生)嗅覺을 맡고 있는 신경。

【嗅藥:후약】(醫)냄새만을 맡고도 병을 고치는 약。

【嘗】(상)『嘗』(11畫 口部)의 俗字 ソウ、ふく

【嗆】(창) 陽 belch ㄑㄧㄤ ch'iang¹·⁴ ❶새먹을창(鳥食)。❷뿜을창(噴出)。❸어리석을창(愚也ㅣ哼)。

【嗕】(구) 宥 コウ、うたう sing ❶부를구(唱也)。❷꿩울구(雉鳴)。

【嗇】(색) 職 ショク、おしむ stingy ㄙㄜ sê⁴ 小篆 古文 草書 ❶아낄색(愛也)。『呂氏春秋』ㅣ其大寶。❷인색할색、다라울색(慳也)。『易經』爲吝ㅣ。❸탐낼색(貪也)。『左傳』ㅣ于禍。❹권농색、농부색(ㅣ夫田畯)。(『穡』과 같음)

【嗇夫:색부】❶農夫。百姓。『說文』田夫謂之ㅣㅣ。❷(制)古代 中國의 벼슬 이름。❸(制)자리가 낮은 벼슬。小臣。『書經』ㅣㅣ馳、庶人走。

◎吝ㅣ。

【嗈】(옹) [冬] ヨウ、がんのこえ cry of wild geese 기러기 짝지어울옹(鴈和鳴)。〔詩〕——鳴鴈旭日始朝。

【嗉】(소) [遇] ソ、えぶくろ crop ㄙㄨˋ su⁴ 멀떠구니소(鳥受食處)。

【嗉囊:소낭】(生胃。鳥類나 그 밖의 동물에 있는 消化管의 일부로서 한 때 먹이를 저장하는 곳。멀떠구니。

【嗊】(홍) [董] コウ、きよくのな tune 서방바라는노래홍(囉—望夫歌曲)。

【嗋】(협) [葉] キョウ、すう breathe in 들이마실협(吸氣)。

【嗋呷:협합】숨을 쉼。呼吸。〔梅堯臣〕——氣苑危。

【嗂】(담)『啗』(口部 8畫)과 같음。

【㗲】(능) [迥] ノウ、かまびすしい talkative ❶말많을능、수다스러울능(多言)。

【嗌】 一(익) [陌] ヤク、アイ、のど throat ㄧˋ i⁴ 二(액) [陌] 一목구멍익(咽喉)。二뜻은 一과 같음。

【嗌嘔:액구】입에서 토함。〔新語〕絕恬美之味、疎——之情。

【嗌喔:액악】억지로 웃음을 지어 아첨함。〔楚辭〕誸譏兮——。「——。」

【嗌嗌:액액】웃는 모양。〔韓詩外傳〕失笑——。

【嗎】(마) [禡] バ、ののしる ㄇㄚ ma³ 꾸짖을마(叱罵)。『罵』의 俗字。

【嗐】 一(할) [黠] カツ、あくび sigh ㄏㄞˋ hai⁴ 二(해) [泰] 一하품할할(開口吐氣)。二뜻은 一과 같음。

【嗑】(합) [合] コウ、やかましい talkative (本音 갑) [洽] ㄎㄜˋ k'ê⁴ ❶입다물합(合也)。❷먹을합(食也)。❸잔말할합(多言)。〔孔叢子〕子路——、尙飮十榼。❹웃는소리합(笑聲)。〔韓詩外傳〕疾笑——。❺괘이름합(卦名、噬——)。

【嗑嗑:합합】❶말이 많은 모양。❷깔깔 웃는 소리。〔莊子〕——然而笑。

【嗒】(탑) [合] トウ、うっとりする listless ㄊㄚˋ t'a⁴ 우두먼할탑(解體貌)。〔莊子〕——然似喪其耦。

【嗒然:탑연】아무 생각 없이 우두커니 있는 모양。

【嗓】(상) [養] ソウ、のど throat ㄙㄤˇ sang³ ❶목구멍상(喉也)。❷말병들어 코침흐를상(馬病鼻流涎)。

【㗰】(소) [號] ソウ、さわぐ noisy 시끄러울소(騷也)。

【嗔】(진) [眞] シン、いかる scold ㄔㄣ ch'ên² 성낼진(怒也)。(『瞋』과 같음)

【嗔喝:진갈】성을 내어 꾸짖어 못하게 함。〔杜甫〕誰能即——。

【嗔心:진심】성을 왈칵 내는 마음。

【嗔言:진언】성을 내서 꾸짖는 말。

【嗔責:진책】꾸짖어 나무람。

【嗔詬:진후】성내어 부르짖음。〔馬祖常〕汝素謹禮法、口未見——。

【嗕】(욕) [沃] ジョク、やばんじん savage 오랑캐이름욕(羌別種)。

【啤】(패) [蟹] ヒ、ビ、わける divide ❶나눌패(分解)。❷달리할패(別也)。❸찢을패(裂也)。

【嗙】(방) [庚] ボウ、わらう laugh ㄆㄤˇ p'ang³ ❶웃을방(笑也)。❷노랫소리방(歌聲)。

【嗚】(오) [虞] オ、ウ、ああ ㄨ wu¹ ❶탄식할오、오홉다할오(歎辭)。❷노래이름오(歌也)。

【嗚啞:오아】웃는 소리。웃는 모양。〔李賀〕弄月聊——。「行路亦——。」

【嗚咽:오열】목이 메도록 울음。〔蔡琰〕

【嗚唈:오읍】❶상심함。❷흐느껴 울음。

【嗚呼:오호】탄식의 소리。감탄의 말。烏乎。於乎。

【㗘】(박) [藥] ハク、くらう eat 먹을박(喰也)。

【嗜】(기) [寘] シ、たしなむ amuse ㄕˋ shih⁴ (本音 시) ❶즐길기、욕심낼기(慾也)。❷좋을기(好也)。(『醋』와 같음)

【嗜客:기객】어느 것에 대하여 지나치게 즐기는 사람。

【嗜僻:기벽】치우쳐 좋아하는 버릇。〔劉基〕——惟書史。

【嗜玩:기완】재미로 가지고 놂음。〔漢書〕恭儉少——。

【嗜慾:기욕】즐겨 좋아하는 욕심。기호와 慾心。〔淮南子〕神淸者、——弗能亂。

【嗜酒:기주】술을 좋아함。

【嗜好:기호】음식물이나 어떤 일에 대하여 즐기고 좋아함。〔韓愈〕——與俗殊酸鹹。

【嗜好品:기호품】사탕·고추·차 따위의 사람이 즐기고 좋아하는 물건。

【𠿝】(당) [陽] トウ、おおごと talk big 큰말할당(大言嗁—)。

【嗛】 一(겸) [鹽] カン、ケン、ふくむ hold in mouth ㄑㄧㄢˇ ch'ien³ 二(겸) [琰] 三(함) [咸] 四(협) [葉] 一❶부족히여길겸(不足貌)。(『謙』과 같음) ❷겸손겸(謙也)。二입에밥물고있을겸(口裏貯食)。三❶머금을함(口有銜)。❷한할함(恨也)。(『銜』과 통함) 四넉넉할협(足也)。

【嗛嗛:겸겸】❶작은 모양。〔國語〕——之德。❷겸양하는 모양。〔漢書〕易之——。

【嗛閃:겸섬】조그마한 일에 구애되어 겁을 내는 일。

【嗛然:협연】상쾌한 모양。만족한 모양。〔荀子〕——而終日不言。

【嗛志:협지】만족한 생각。배부른 생각。〔史記〕天下人民、未有——。

【𠿰】(잘) [黠] タツ、とりがさえずる chirp 새울잘(鳥囀)。

【嗝】(격) 陌 カク、しゃくり hiccup ㄍㄜ kê²
❶딸꾹질할격(逆氣)。❷꿩울격(雉鳴)。

【嗞】(자) 支 シ、なげく ㄗ tzŭ¹
탄식할자(歎也)。

【嗟】㊀(차) 禡 サ、なげく sigh
㊁(차) 麻 ㄐㄧㄝ chieh¹
㊀❶슬플차(咨也)。【盧琦詩】冷宦莫ㅡ鄕國遠。❷탄식할차(歎也)。【詩】猗ㅡ昌兮。❸가엾을차(惜也)。❹한숨소리차(歎息聲)。【唐書 宋璟傳】帝益ㅡ重。㊁잠깐동안차(瞬間)。【世說 汰侈】石崇作豆粥、咄ㅡ而辦。
【嗟懼:차구】탄식하고 두려워함。【後漢書】海內ㅡㅡ。
【嗟賞:차상】=嗟稱。【宋史】見其所爲文ㅡㅡ之。
【嗟惜:차석】아까와서 탄식함。嗟悼。【宋史】。
【嗟吁:차우】탄식。탄식하는 소리。
【嗟嗞:차자】탄식하는 소리。
【嗟稱:차칭】마음에 감동하여 칭찬함。嗟賞。【李白】千金答漂母、萬古共ㅡㅡ。
【嗟歎:차탄】❶탄식。❷감동하여 칭찬함。【詩經·序】言之不足、故ㅡㅡ之。◎怨ㅡ、咨ㅡ。

【嗡】(옹) 東 オウ、なく bellow ㄨㄥ wêng¹
❶소울음옹(牛聲)。❷벌레소리옹(虫聲)。

【嗢】(올) 月 オツ、むせぶ sob ㄨㄚ wa⁴
목멜올(咽也)。【潘岳笙賦】援鳴笙而將吹先ㅡ噦而理氣。
【嗢噱:올각】웃음이 그치지 않음。허리가 부러지도록 웃음。【魏文帝】執書ㅡㅡ、不能離手。
【嗢噦:올얼】❶숨을 들이 쉬고 내 쉬는 모양。【潘岳】援鳴笙而將吹、先ㅡㅡ而理聲。❷흐느끼는 소리。
【嗢咽:올열】목메임。【陸龜蒙】到口復ㅡㅡ。

【嗅】(훌) 質 キツ、キチ くちぶえふく whistle
휘파람불훌(噓也吹口)。

【嗣】(사) 寘 シ、つぐ succeed ㄙ ssŭ⁴
❶이을사(續也、繼也)。【書】舜讓于德弗ㅡ。❷익힐사(習也)。【詩】縱我不往子寧不ㅡ音。❸자손사(子孫)。
【嗣君:사군】대를 이어 임금이 될 사람。【書經 大禹謨】罰弗及ㅡ。【晉書】ㅡㅡ成業。
【嗣歲:사세】=來年。【詩經】載燔載烈、以興ㅡㅡ。
【嗣續:사속】아버지의 대를 이음。대를 이음。【唐書】ㅡㅡ之重、不絕如縷。
【嗣音:사음】❶소식을 끊지 않음。❷음악을 배워 익힘。【詩·子衿傳】嗣、習也、古者數以詩樂、踊之歌之。❸훌륭한 聲譽를 이음。《轉》훌륭한 德이나 世業을 이어 받음。【詩·思齊】。
【嗣子:사자】대를 이은 아들。【禮記】大夫士之子、不敢自稱曰ㅡㅡ。◎繼ㅡ、後ㅡ。

【嗤】(치) 支 シ、わらう sneer ㄔ ch'ih¹
❶비웃을치(嘲笑)。【後漢書 樊宏傳】時人ㅡ之。❷냉소치(冷笑)。【古詩西門行】但爲後也ㅡ。
【嗤侮:치모】비웃고 업신여김。
【嗤笑:치소】빈정거리며 웃음。【南史】。
【嗤詆:치저】업신여겨 비웃음。冷笑。【唐書】均受ㅡㅡ。
【嗤點:치점】비웃고 뒷손가락질함。

【嗁】(이) 寘 イ、おこるこえ angry voice
성낸소리이(怒聲)。

【嘁】(축) 屋 シュク、うれえる frown
눈살찡그릴축(愁貌嚬眉)。

【嗧】(룬) [新字]
갤런(gallon, 英美의 容量單位)。

【嗩】(쇄) サ、がくきのな horn ㄙㄨㄛ suo³
호적쇄(軍中樂ㅡ吶木管蘆頭銅底)。

【㖁】(짓) [國字]
땅이름짓(地名)。

【戢】(집)→戈部9畫

【號】(호)→虍部7畫

十二畫

【嗶】(필) 質 ヒツ、なく cry ㄅㄧ pi⁴
❶울필(鳴也)。❷잔말할필(多言)。

【嗷】(오) 豪 ゴウ、やかましい noisy ㄠ ao²
❶여럿이 걱정할오(衆口愁)。❷새소리오(鳥聲)。【西京雜記】紛紜翔集嘈ㅡ鳴啼。(『熬·敖』와 통함)
【嗷訴:오소】❶억지로 호소함。❷무리를 지어 제소함。
【嗷嗷:오오】❶시끄럽게 부르는 소리。【楚辭】聲ㅡㅡ。❷슬픔에 젖은 뭇 사람의 소리。뭇 사람의 슬퍼하는 모양。【漢書】。❸여러 사람이 꾸짖고 걱정하는 소리。❹기러기의 우는 소리。【詩經·鴻雁】鴻雁于飛、哀鳴ㅡㅡ。

【嗸】(오) 豪 ゴウ、かまびすしい sad voice
슬픈소리오(哀聲)。(『嗷』와 같음)

【嗹】(련) 先 レン、くどくどいう ㄌㄧㄢ lien²
길게말할련(長言)。

【嗺】(최) 灰 サイ、かむ bite
❶입옴칠최(撮口)。❷급히마실최(促飮)。【王仁裕詩】芳尊每命管絃ㅡ。❸입추할최(口醜)。
【嗺酒:최주】술 마시기를 재촉함。

【嗻】(차) 禡 シャ、さわがしい talkative ㄓㄜ chê¹
❶말많을차(多言)。❷말안믿을차(語無信)。

【嗼】(막) 藥 バク、マク、しずか ㄇㄛ mo⁴
고요할막(靜也)。

【嗽】㊀(수) 宥 ソウ、せき cough
㊁(삭) 覺 ㄙㄡ sou³·⁴
㊀❶기침할수(瀊口上氣疾)。❷입가실수(漱也)。【史記】倉公日ㅡ三升。(『瘶·漱』와 같음) ㊁❶마실삭(口噏)。❷빨삭(吮也)。

【嗽咳:수해】 기침。기침을 함。
【嗽血:수혈】 《醫》가래에 피가 섞이어 나오는 병。
【嗽獲:수획】 中風으로 입을 실룩거리는 「모양。〖文選·風賦〗。

【嗾】 ㊀(수) 有 ㊁(주) 宥 ソウ、ゾク、そそのかす instigate ㄙㄡˇ sou[3·4]
㊀ ❶ 개부릴수(使犬聲)。〖左傳〗宣公ㅣ夫獒焉。❷ 얼려시킬수(勸爲)。〖北史宋弁傳〗爲人所ㅣ。㊁뜻은 ㊀과 같음。(『嗾』와 같음)
【嗾囑:주촉】 남을 꾀어 부추겨서 시킴。◎使ㅣ。

【噡】 (탐) 感 タン、トン、おおい sound of many people's eating
여럿이 먹는소리 탐(衆食聲)。〖詩經〗有ㅣ其饁。

【啐】 ㊀(률) 質 ㊁(설) 屑 ㊂(쇄) 卦 ㊃(술) 質 ㊄(세) 霽 サツ、セツ、すこしのむ、さえずる sip ; chirp
㊀ ❶ 지저귈률(鳥鳴聲)。❷ 울률(鳴也)。㊁ 조금마실설(小飮)。㊂뜻은 ㊁와 같음。㊃ 소리술(聲也)。㊄ 핥을세(嘗也)。

【嘁】 (축) 屋 シュク、はじ shy
부끄러울축(慼也)。

【噭】 ㊀(교) 蕭 ㊁(규) 嘯 キョウ、さけぶ shout
㊀ ❶ 부르짖을교(叫也)。〖漢書〗狂夫ㅣ謼於東崖。❷ 짐승이름교(獸名、ㅣ陽)。㊁뜻은 ㊀과 같음。(『叫』와 같음)
【噭陽:교양】 《動》佛佛(비비)。〖山海經·海內南經〗。
【噭謼:교호】 소리침。외침。〖漢書·注〗師古曰、噭古叫字也。

【嘂】 (교) 嘯 キョウ、さける cry
크게 부르짖을교(大呼)。〖公羊傳〗昭公ㅣ然而哭。

【嘅】 (개) 隊 ガイ、なげく sigh ㄎㄞˇ k'ai[3·4]
❶ 탄식할개(歎也)。〖詩〗ㅣ其嘆矣。❷ 성낼개(怒也)。(『愾』와 통함)

【嘆】 (탄) 翰 タン、なげく sigh ㄊㄢˋ t'an[4]
한숨쉴탄(呑歎太息)。〖詩〗嘅其ㅣ矣。(『歎』과 같음)
【嘆哭:탄곡】 탄식하여 울음。〖元結〗兵興向十年、所見堪ㅣㅣ。
【嘆息:탄식】 =歎息。〖諸葛亮〗ㅣㅣ痛恨。
【嘆嗟:탄차】 한탄함。◎感ㅣ、慨ㅣ、悲ㅣ、賞ㅣ、詠ㅣ、長ㅣ、讚ㅣ。

【嘇】 (삼) 咸 サン、くちにふくむ keep in one's mouth
머금을삼(物在口中、啥ㅣ)。

【嘈】 (조) 豪 號 ソウ、さわがしい chatter ㄘㄠˊ ts'ao[2]
지껄일조(喧也)。〖馬融長笛賦〗啾咋ㅣ啐。
【嘈嘈:조조】 소리가 시끄러운 모양。〖白居易·琵琶行〗大絃ㅣㅣ如急雨。
【嘈囋:조찰】 ❶ 소리의 화평한 형용。〖抱朴子·暢玄〗淸絃ㅣㅣ以齊唱。❷ 소리의 시끄러운 모양。嘈嘈。❸ 북소리의 형용。〖廣韻〗ㅣㅣ鼓聲。

【嘉】 (가) 麻 カ、よい beautiful, good ㄐㄧㄚ chia[1]
❶ 아름다울가(美也)。❷ 착할가(善也)。❸ 기릴가(褒也)。〖中庸〗ㅣ善而矜不能。❹ 즐거울가(樂也)。〖書〗ㅣ乃丕績。❺ 기꺼울가(慶也)。〖禮記·禮運〗交獻以ㅣ魂魄。❻ 맛있을가(味也)。〖晋傳充妻辛氏詩〗元正啓令節ㅣ慶肇自此。(『佳』와 같음)
【嘉慶:가경】 경사스러운 일。즐거운 일。〖魏志〗咸樂ㅣㅣ。
【嘉穀:가곡】 ❶ 좋은 곡식。❷ 경사로운 곡식。곧 벼를 말함。〖說文〗禾、ㅣㅣ也。
【嘉禽:가금】 아름다운 새。
【嘉氣:가기】 吉한 조짐의 기운。瑞氣。〖李商隱〗ㅣㅣ雲高。
【嘉納:가납】 ❶ 좋고하는 말을 기꺼이 들음。〖後漢書〗朱暉上便宜、陳密事、深見ㅣㅣ。❷ 바치는 물건을 달갑게 받아들임。
【嘉遯:가둔】 ❶ 義를 지키고 뜻을 굽히지 않으려고 세상을 피해 숨어 살음。〖易經·遯〗ㅣㅣ貞吉、以正志也。❷ 적당한 시기에 손을 뗌。
【嘉禮:가례】 ❶ 吉·凶·軍·賓·嘉 등 五禮의 하나。婚禮를 말함。〖周禮·大宗伯〗以ㅣㅣ親萬民。❷ 경사스러운 예식。
【嘉名:가명】 ❶ 잘 지은 이름。❷ 훌륭한 명예。〖楚辭〗肇錫余以ㅣㅣ。
【嘉木:가목】 아름답고 진귀한 나무。
【嘉俳日:가배일】 (國) 가윗날。
【嘉俳節:가배절】 (國) 가윗날。음력 八월 一五일의 명절。嘉排節。秋夕。
【嘉賓:가빈】 ❶ 좋은 손。마음이 통하는 손。佳客。❷ 참새의 異名。손과 같이 언제나 人家에 모여 살기 때문임。〖古今注·鳥獸〗雀、一名ㅣㅣ。
【嘉祥:가상】 좋은 징조。吉兆。吉祥。
【嘉尙:가상】 찬미함。칭찬함。
【嘉生:가생】 많은 기쁜 일。아름다운 곡식。훌륭한 물건。
【嘉善:가선】 ❶ 극히 좋은 것。❷ 착한 사람。또는 착한 일을 함。〖詩經·疏〗我有ㅣㅣ之賓客。
【嘉善大夫:가선대부】 《制》李朝 때 從二品의 文武官의 品階。高宗 二년부터 文武官·宗親·儀賓의 品階로 병용함。
【嘉蔬:가소】 ❶ 싱싱한 채소。❷ 벼의 異名。〖禮記·曲禮〗稻曰ㅣㅣ。
【嘉羞:가수】 ❶ 잘 차린 祭物。❷ 맛 좋은 물고기。〖韓愈〗淸酌ㅣㅣ、侑以音聲。
【嘉辰:가신】 경사스러운 날。
【嘉實:가실】 ❶ 아름다운 과실。佳實。❷ 梅花 나무의 열매。梅實。〖黃庭堅〗紅梅有ㅣㅣ。〖書言故事·果實類〗蒙人惠梅子、曰蒙惠ㅣㅣ。
【嘉樂:가악】 경사스러운 풍악。
【嘉愛:가애】 칭찬하여 사랑함。〖後漢書〗動有法度、帝深ㅣㅣ焉。
【嘉夜:가야】 芳草의 이름。〖漢書·禮樂志·注〗ㅣㅣ、芳草也。
【嘉釀:가양】 맛 좋은 술。美酒。〖范成大〗瓦盆ㅣㅣ灌愁城。
【嘉言:가언】 ❶ 좋은 말。佳言。〖書經〗聖謨洋洋ㅣㅣ孔彰。❷ 孔叢子의 篇名。
【嘉言善行:가언선행】 아름다운 말과 착한 행실。
【嘉悅:가열】 아랫 사람의 좋은 일에 대「한 기쁨。
【嘉玉:가옥】 ❶ 아름다운 구슬。❷ 宗廟祭祀에 공물로 쓰는 구슬。〖禮記·曲禮〗凡祭宗廟之禮、玉曰ㅣㅣ。「함。
【嘉玩:가완】 칭찬하고 맛봄。嘉賞玩味

【嘉耦:가우】 좋은 배우자。알맞는 상대。嘉偶。〔左傳〕ㅣㅣ曰妃、怨耦曰仇。
【嘉優日:가우일】 《國》가윗날。
【嘉優節:가우절】 《國》가위。
【嘉月:가월】 음력 三월의 異名。桃月。喜月。
【嘉猷:가유】 좋은 計略。嘉謀。嘉謨。〔書經·君陳〕爾有嘉謀ㅣㅣ。
【嘉儀:가의】 경사스러운 儀式。祝賀。
【嘉日:가일】 경사스럽고 반가운 날。
【嘉節:가절】 ❶좋은날。祝日。佳節。〔曹植〕一陽ㅣㅣ。❷음력 九月 九日。〔謝靈運詩·註〕ㅣㅣ謂九月九日。
【嘉靖:가정】 나라를 잘 다스려 편안하게 함。〔書經·無逸〕ㅣㅣ殷邦。
【嘉兆:가조】 경사스러운 징조。
【嘉澍:가주】 알맞게 때를 맞추어 오는 단비。嘉雨。
【嘉祉:가지】 幸福。嘉福。〔司馬相如·難蜀父老文〕咸獲ㅣㅣ靡有、闕遺矣。
【嘉薦:가천】 잘 차린 祭物。〔儀禮〕ㅣㅣ令芳。〔潘岳〕弱冠忝ㅣㅣ。
【嘉招:가초】 남의 초청을 높여서 하는 말。
【嘉歎:가탄】 가상히 여기어 감탄함。
【嘉平:가평】 음력 十二월의 異名。臘月。極月。〔史記·始皇紀〕更名臘曰ㅣㅣ。
【嘉平節:가평절】 명절。臘日。
【嘉惠:가혜】 좋은 베풀음。좋은 선물。佳惠。〔左傳〕。
【嘉禾:가화】 ❶이삭이 많이 붙은 훌륭한 벼。《轉》벼의 美稱。❷周書의 逸篇 이름。❸《地》宋代의 郡名。또는 縣名。
【嘉貺:가황】 좋은 선물。남이 주는 선물의 敬稱。
【嘉肴:가효】 맛이 좋은 안주。맛 있는 물고기。嘉殽。
【嘉殽:가효】 =嘉肴。〔詩經〕彼有旨酒、又有ㅣㅣ。

【嘊】 (애) 佳 ガイ、キ、よろめく staggar
草書 비틀거릴애(傾而不正)。(『啀』와 같음)
【嘊嘊:애애】 개가 으르렁대는 모양。〔管子〕有狗ㅣㅣ。

【嗭】 (질) 質 チツ、でたらめにしゃべる talk round
말절차없을질(語無節ㅣ咄)。

【嘌】 (표) 蕭 ヒョウ、はやい fast
小篆 草書 ❶몰아갈표(車疾行無節)。〔詩〕匪車ㅣ兮。❷휘불표(疾吹貌)。
【嘌唱:표창】 음탕한 노래。
【嘌嘌:표표】 節度가 없는 모양。〔玉篇〕嘌 謂ㅣㅣ無節度。

【嘍】 (루) 尤 有 ロウ、うるさい ㄌㄡˇ lou³
草書 ❶번거로울루(煩也)。❷어조사 루(語助辭)。❸새소리루(鳥聲)。

【嘎】 (알) 黠 カツ、なきごえ ㄍㄚ ka¹·²·³ (古音「갈」)
두루미소리알(鶴聲)。
【嘎嘎:알알】 새 우는 소리。鳥聲。

【⿰口寅】 (연) 銑 エン、おおいにわらう burst into laughter
깔깔웃을연(大笑)。

【嘏】 (하) 馬 カ、とおい far ㄍㄨˇ ku³ (本音「가」)
小篆 草書 ❶클하(大也)。〔爾雅〕凡物壯大謂之ㅣ。❷복하(福也)。〔詩〕天錫公純ㅣ。❸멀하(遠大)。〔禮記 郊特牲〕ㅣ長也ㅣ大也。❹굳을하(固也)。❺축복할하(祝福)。〔禮記 禮運〕修其祝ㅣ。

【嘋】 (습) 緝 シュウ、さむさをしのぶこえ
추위참는소리습(忍寒聲)。

【嘐】 ㊀(교) ㊁(효) 看 コウ、なきごえ crow ㄒㄧㄠ hsiao¹
小篆 草書 ㊀닭자쳐울교(鷄鳴)。〔詩〕鷄鳴ㅣㅣ。㊁큰체할효(誇大語)。〔孟子〕其志ㅣㅣ然。(『咬』와 같음)
【嘐嘐:①교교 ②효효】 ❶뜻이 크고 큰 소리하는 모양。〔孟子·盡心〕其志ㅣㅣ然。❷닭 우는 소리。膠膠。〔元稹〕雞亂響ㅣㅣ。
【嘐戛:교알】 새가 시끄럽게 지저귀는 소리。〔蘇軾·犍爲王氏書樓詩〕野鳥ㅣㅣ巖花春。
【嘐啁:효조】 말이 많은 모양。〔集韻〕嘐、ㅣㅣ、語多也。

【嘑】 ㊀(호) 虞 ㊁(호) 遇 コ、さけぶ roar ㄏㄨ hu¹
小篆 草書 ㊀❶웅얼거릴호(哮也)。❷고함칠호(大聲)。〔周禮〕鷄人夜ㅣ旦以嘂百官。㊁❶혀찰호(舌打)。❷꾸짖을호(叱咤)。〔孟子 告子上〕ㅣ爾而與之。

【嘒】 (혜) 霽 ケイ、やわらぐ harmoy ㄏㄨㄟˋ huei⁴
小篆 或體 草書 ❶매미소리혜(蟬聲)。〔詩〕鳴蜩ㅣㅣ。❷화할혜(和也)。〔詩〕管聲ㅣㅣ。❸반짝거릴혜(微貌)。〔詩〕ㅣ彼小星。(『嚖』와 통함)
【嘒唳:혜려】 매미 우는 소리의 형용。〔古今注·問答釋義〕。
【嘒彼小星:혜피소성】 희미하게 반짝이는 저 작은 별。〔詩經·召南·注〕。
【嘒嘒:혜혜】 ❶매미의 울음 소리。소리가 급한 모양。〔詩經〕鳴蜩ㅣㅣ。❷소리가 부드럽고 가락에 맞는 모양。〔詩經〕鸞車ㅣㅣ。

【嘓】 (괵) 陌 カク、キャク、うるさい tiresome
귀찮을괵(苦厭不肯)。

【嘇】 (절) 屑 セツ、ただしいことば speak without reserve
바른말할절(正言)。

【嘔】 ㊀(구) 尤 ㊁(구) 有 ㊂(후) 虞 オウ、ク、はく vomit ㄡ ou¹ (古音「우」)
草書 ㊀❶노래할구(謳也)。〔漢書 朱買臣傳〕毋歌ㅣ道中。❷소리구(物聲)。〔陸游詩〕ㅣㅣ啞啞車轉急。㊁게울구(吐也)。〔左傳 哀公二年〕吾伏ㅣ血。(『歐』와 같음) ㊂기꺼이 말할후(悅言)。〔史記 韓信傳〕言語ㅣㅣ。
【嘔氣:구기】 게울 듯한 기분。
【嘔心:구심】 심혈을 기울임。몹시 생각함。〔唐書〕。
【嘔軋:구알】 삐걱거리는 소리。咿軋。軋轢。〔陸游〕。
【嘔逆:구역】 욕지기。메스꺼워 토할 듯한 느낌。
【嘔喩:구유】 마음이 화평하여 즐거운 모양。〔王褒·聖主得賢臣頌·注〕ㅣㅣ和悅貌。
【嘔吐:구토】 토함。게움。
【嘔吐泄瀉:구토설사】 게우고 설사함。

【嘖】 (책) 陌 サク、さけぶ cry ㄗㄜˊ tsê²
小篆 草書 ❶크게부르는 소리책(大呼聲)。❷말다툼할책(爭言貌)。〔管子桓公問嘖室 注〕謂議

論者言語譁ー也。❸꾹꾹울책(鳩鳴)。
〔爾雅〕宵鳴ーー。
【嘖室：책실】 여러 사람이 모여서 회의하는 곳。회의실。〔管子·桓公問〕內於ーー之議。
【嘖嘖：책책】 ❶시끄럽게 떠드는 소리。❷사람 言爭의 모양。〔韻會〕ーー爭言貌。❸새마다 기찬하여 그치지 않는 모양。❸새 우는 소리ー 형용。〔爾雅〕。

【嫣】 (언) 先 エン、よろこぶ glad
❶기꺼워할언(喜也)。❷즐거워할언(樂也)。❸빙그레할언(笑貌)。

【噓】 (허) 御 魚 キョ、ふく blow ㄒㄩ hsü
小篆 草書 ❶불허(虛口吐氣)。〔聲類〕出氣急曰吹緩曰ー。❷뿜을허(物吹出貌)。❸아아허(歎息聲)。〔石介詩〕對我ー嚱涕泗下。
【噓呵：허가】 숨을 내쉼。
【噓風扇：허풍선】 숯불을 불어 일으키는 손 풀무의 한 가지。허풍선이。
【噓吸：허흡】 ❶숨을 쉼。呼吸。〔莊子〕孰ーー是。❷울음。흐느껴 울음。〔楚辭注〕ーー於悒、皆啼泣貌。
【噓唏：허희】 흐느껴 울음。크게 탄식하며 슬퍼함。〔阮籍〕ーー傷氣。

【嘗】 (상) 陽 ショウ、なめる taste ㄔㄤ ch'ang²
小篆 草書 ❶맛볼상(探味)。〔詩〕ー其旨否。❷시험할상(試也)。〔戰國策〕疑則少ー之。❸일찍상(曾也)。〔論語〕ー從事於斯矣。❹가을제사상(秋祭名)。〔詩〕禴祠烝ー。(『甞』과 같음)

【嘗膽：상담】 쓸개를 맛봄。《喩》원수를 갚고자 고생을 참고 견딤。→臥薪嘗膽。〔宋史〕此誠陛下ーー恩報、厲精求治之日。
【嘗味：상미】 맛보기 위하여 조금 먹어봄。
【嘗糞之徒：상분지도】 도무지 부끄러움을 돌아 보지 않고 아첨을 잘 하는 사람을 일컬음。
【嘗試：상시】 ❶시험하여 봄。❷시험 삼아 하는 計劃·計略。疎略한 計劃·計略。〔孟子〕我雖不敏、請ーー之。
【嘗新：상신】 임금이 新穀을 처음으로 먹는 일。〔禮記·月令〕孟秋之月、農乃登穀、天子ーー。

【嗲】 (차) 麻 シャ、あついくちびる thich lips
小篆 ❶입술 두터울차(厚脣)。❷입처질차(緩口貌)。

【嘨】 (실) 質 シツ、ひびき sound
소리낼실(發響)。

【嘛】 (마) 〔中字〕 マ、らま lama ㄇㄚ ma²
草書 중마、나마마(西藏蒙古稱僧曰喇ー)。

【嘞】 (륵) ロク、なく cry ㄌㄜ lê
(語助辭)。

【鳴】 (명) →鳥部3畫

十二畫

【嘩】 (화)『譁』(言部12畫)와 같음

【嘫】 (연) 删 ネン、ダン、こたえる ㄖㄢ jan²
小篆 대답할연(答也)。

【嘬】 (최) 卦 サイ、かむ bite ㄗㄨㄛ tsuo¹
草書 ❶물최(齧也)。〔孟子〕蠅蚋姑ー之。❷산적 한입에 넣을최(一擧盡臠)。〔禮〕無ー炙。
【嘬兵：최병】 크게 군사를 일으켜 탐욕이 향하는 대로 행함。〔路史〕。
【嘬炙：최적】 불고기를 한 입에 먹는 것。〔禮記〕乾肉不齒決、毋ーー。〔注〕嘬、謂一擧盡臠。
【嘬嘬：최최】 게걸스레 먹는 모양。〔太玄經·翕·注〕ーー、食疾貌。

【嘮】 (조) 看 トウ、かまびすしい ㄌㄠ lao²
小篆 지껄일조(ー呶讙也)。

【嗺】 (집) 緝 シュウ、もぐもぐする mumble
小篆 입우물거릴집(嗺貌、噂ー)。

【嘯】 (소) 嘯 ショウ、うそぶく whistle ㄒㄧㄠ hsiao
小篆 草書 ❶휘파람소(蹙口吹聲)。〔詩〕其ー也歌。❷세게 뿜을소(荒息吐出)。〔孔安國 孝經序〕虎ー而風起。❸읊을소(吟也)。〔李白詩〕撫劍夜吟ー。(『歗』와 같음)
【嘯歌：소가】 =嘯詠。〔詩經〕ーー傷懷。
【嘯詠：소영】 읊조림。〔馬祖常〕ーー氣頗雄。
【嘯傲：소오】 ❶구속이 없고 자유로운 것。❷인간 세계나 어떤 일에서 초월한 모양。〔陶潛·飲酒詩〕ーー東軒下。
【嘯聚：소취】 불러 모음。嘯集。〔唐書〕每戈獵、即相ーー。
【嘯歎：소탄】 입을 옴추리고 탄식함。〔張華〕拊枕獨ーー。

【嘰】 (기) 微 キ、くらう mumble ㄐㄧ chi¹
小篆 草書 ❶입오물어질기(口醜)。❷쪼잘거려 먹을기(小食)。〔大人賦〕噍咀芝英兮ー瓊華。❸한탄할기(唏也)。〔淮南子〕號而哭ー而哀。

【嘱】 (촉)『囑』(口部21畫)과 같음

【嚄】 (획) 陌 カク、さけぶ shout
❶부르짖을획(ー嘖叫也)。❷말똑똑할획(言聲)。

【嘲】 (조) 看 チョウ、あざける mockery ㄔㄠ ch'ao²
小篆 草書 ❶희롱할조(謔也)。〔蜀志 費禕傳〕孫權性既滑稽ー啁無方。❷경멸할조(輕蔑)。〔後漢書〕弟子私ー之。(『啁』와 통음)
【嘲弄：조롱】 ❶비웃고 놀림。❷깐보고 희롱함。〔蘇軾〕豈不思歸畏ーー。
【嘲罵：조매】 비웃고 비난함。〔莘〕。
【嘲笑：조소】 조롱하는 웃음。嘲哂。〔何〕
【嘲嘲：조조】 희롱하는 모양。〔柳宗元〕ーー自鳴爲鶻鵃。
【嘲嘈：조조】 떠들썩 하게 남의 흉을 보는 것。〔歐陽修〕下筆點竄皆ーー。
【嘲哳：조찰】 ❶말 소리。❷새 소리。❸악기의 소리가 가늘고도 번잡하여 가락이 맞지 않는 모양。
【嘲啾：조추】 ❶시끄럽게 들리는 글 읽는 소리。〔劉克莊·田舍即事詩〕鄰壁ーー誦學而、老人師少聽移時。❷새 소리。〔晁之·田中行〕鳥聲上ーー。
【嘲謔：조학】 비웃으며 희롱함。嘲戲。
【嘲哮：조효】 짐승이 소리를 지름。咆哮。

【嘲詬:조후】남을 비난하고 비웃음。〖陸游〗兩耳厭——。「頗雜——。
【嘲戲:조희】빈정거리며 희롱함。〖南史〗◎自—。

【嘳】(괴) 卦 キ、ためいき 寘 deep sigh
小篆 草書 ❶한숨쉴괴(太息—思)。〖晏子〗—然而歎。❷놀릴괴(譏他人)。

【嘴】(취) 紙 シ、くちばし bill ㄗㄨㄟˇ tsuei^3
草書 부리취(喙也)。(『觜』와 같음)

【嗶】(필) 質 ヒツ、なく cry
울필(鳴也)。

【嘵】(효) 蕭 キョウ、おどろく fear ㄒㄧㄠ hsiao^1
小篆 草書 두려워할효(懼也)。〖詩〗予維音——。
【嘵咋:효책】놀라게 하여 덮침。〖歐陽修〗——計不出。
【嘵嘵:효효】두려워하는 모양。〖詩經·鴟鴞〗予維音——。

【嘶】(시) 齊 セイ、いななく whinny ㄙ ssu^1
草書 ❶말울시(馬鳴)。〖李商隱雜纂富貴相〗駿馬—。❷목쉴시(聲破)。〖漢書〗王莽大聲而—。❸울시(鳴也)。〖馬臻詩〗—鴻入幽耳。
【嘶馬:시마】울부짖는 말。〖馬戴〗亂鐘——急。
【嘶酸:시산】애처로운 소리의 상태。〖李頎〗——雛雁失群夜。
【嘶噪:시조】시끄럽게 울음。매미 등이 시끄럽게 울음。〖元稹〗亂蟬——欲黃昏。

【嘷】(호) 豪 コウ、ほえる roar ㄏㄠˊ hao^2
小篆 草書 ❶고함지를호(叫也)。〖左傳〗❷짖을호(咆也)。豺狼所—。(『號·譹』와 같음)
【嘷音:호음】시끄러운 소리。〖歐陽修〗鼪鼯鳥獸之——也。
【嘷吠:호폐】크게 짖는 것。

【嘸】(무) 麌 ブ、あいまい be disconcerted
草書 어리둥절할무(不精明)。〖漢書韓信傳〗諸將皆—然、陽應曰諾。
【嘸然:무연】분명치 못한 모양。애매한 모양。〖漢書〗諸將皆——、陽應曰諾。

【嘹】(료) 蕭 嘯 リョウ、なく sing(bird) ㄌㄧㄠˊ liao^2
草書 ❶새소리 멀리들릴료(鳥鳴遠聞聲)。❷울료(鳴也)。❸신음할료(病呼)。
【嘹喨:요량】맑은 소리。〖正字通〗嘹、—、清徹之聲。
【嘹唳:요려】❶새 소리。〖韻會〗——、雁聲。❷매미 소리。
【嘹嘈:요조】피리 소리。

【嘺】(교) 蕭 キョウ、くちがただしくない wry-mouthed
입비뚤어질교(口不正)。

【嘻】(희) 支 キ、たのしむ harmony ㄒㄧ hsi^1
草書 ❶화락한소리희(和樂聲)。〖易〗婦子——。❷한숨쉴희(悲恨聲)。〖禮〗夫子曰—其甚矣。❸에구머니할희(驚懼聲)。〖左傳〗從者曰—速駕。❹억지웃음희(强笑)。〖史記魏其武安侯傳〗夫怒因—笑曰、將軍貴人也。❺느낄희(感也)。❻시침뗄희(自得)。〖揚雄 河東賦〗—旭旭。❼아아희(贊美聲)。〖詩經 周頌噫嘻〗噫—成王。(『噫』와 같은)
【嘻笑:희소】억지로 웃는 웃음。〖史記〗因——曰、將軍貴人也。
【嘻嘻:희희】❶스스로 만족하게 여기는 모양。〖揚雄〗——旭旭。❷화락하게 웃는 모양。〖易經〗婦子——。

【嚚】(휴) 宥 キュウ、チュウ、けだもの animal
小篆 古文 산짐승휴(山獸)。(『畜』의 古字)

【嘽】㊀(탄) 寒 タン、セン、あえぐ ㊁(천) 銑 pant ㄊㄢ t'an^1
小篆 草書 ㊀❶헐떡거릴탄(喘息)。〖詩〗——駱馬。❷성할탄(盛貌)。〖詩〗王旅——。❸기꺼워할탄(喜也)。〖詩〗徒御——。❹많을탄(衆多)。㊁❶시름없을천(紓緩聲)。〖王褒洞簫賦〗—噬逸豫戒其失。❷분이북바칠천(怒而噎噫)。
【嘽緩:천완】❶점잖고 부드러운 모양。〖禮記·註〗嘽、寬綽貌。❷가락이 화평하고 한가로운 것。〖禮記〗其聲——以緩。
【嘽嘽:탄탄】❶마소의 헐떡이는 모양。〖詩經〗四牡騑騑、——駱馬。〖傳〗——、喘息之貌。❷많은 모양。❸즐기는 모양。

【嘬】㊀(쵀) 卦 サイ、セツ、かむ ㊁(철) 屑 gulp; chew
㊀씹을쵀(囓也)。㊁훌쩍마실철(歠也)。(『歠』와 같음)

【嘾】(담) 覃 タン、のみくだす swallow
小篆 ❶꿀꺽삼킬담(含深)。〖莊子〗大甘而—。❷탐할담(貪也)。

【嘿】(묵)『默』(黑部 4畫)과 같음

【噀】(손) 願 ソン、ふく spout ㄙㄨㄣˋ suen^4
草書 ❶물뿜을손(噴水)。❷해삼손(海鼠)。(『潠』은 俗字)
【噀墨將軍:손묵장군】오징어의 異名。烏賊。

【噁】(오) 遇 オ、いかる get angry
草書 성낼오(怒也)。〖史記 淮陰侯傳〗項王喑—叱咤。

【噂】(준) 阮 ソン、うわさ rumour ㄗㄨㄣˇ tsuen^3
小篆 草書 수군거릴준(—沓聚語)。〖詩〗—沓背憎。(『譐』과 같음)
【噂沓:준답】여러 사람이 모여서 하는 이야기에 차례가 없이 서로 얽힘。또는 그 모양。〖晉書·潘尼傳〗誹謗——、毀譽縱橫。
【噂噂:준참】말 소리가 뚜렷하지 못한 모양。〖沈約·反舌鳥賦〗其聲也、鶩詭——。

【噃】(번) 元 ハン、いのしし wild boar
❶산돼지번(山猪吵—、產猶太諸山)。❷소리번(聲也)。

【噅】(위) 寘 ギ、うそ lie
❶거짓말위(口不言正)。❷곱사등이위(醜也)。〖淮南子〗啳哄哆—籧篨戚施。

【嚐】 (참) 感 サン、かむ bite 小篆 草書 ❶머금을참(嗛也)。〔淮南子〕ㅣ味含甘。❷물참(齧也)。〔莊子〕蚊虻ㅣ膚則通昔不寐。

【嚐膚：참부】 피부를 찌름。『莊子』。

【嚐】 (당) 江 トウ、たべる eat ㄔㄨㄤˊ ch'uang² 草書 먹는모양당(食貌)。

【嚬】 (축) 屋 シュク、くちとくちをつける kiss 小篆 입맞출축(口合)。

【噉】 (담) 感 タン、くらう masticate ㄉㄢˋ tan⁴ 小篆 씹을담(噍也)。(『啖』과 같음)

【噉名：담명】 지나치게 세상에 이름을 알리려고 애를 쓰는 것。

【噉飯：담반】 밥을 먹음。《轉》밥만 먹는 인물。쓸모가 없는 사람。밥 벌레。

【噉食：담식】 먹음。『蜀志·註』所ㅣㅣ、不至數升。

【噊】 ㊀(율) 質 ㊁(술) 質 イツ、シュツ、あぶない dangerous 小篆 ㊀위태할율(危也)。㊁뜻은 ㊀과 같음。

【噋】 (톤)『啍』(口部 8畫)과 같음

【噌】 ㊀(쟁) 庚 ㊁(증) 蒸 ソウ、さわがしい clamorous ㄘㄥ ts'êng¹ 草書 ㊀장꾼웅성거릴쟁(市人聲)。㊁공연히떠들증(泓ㅣ空巃)。〔晉書〕空巃者以泓ㅣ爲雅量。

【噌吰：증횡】 ❶장군이 시끄럽게 지껄이는 소리。❷鍾이나 북소리。『蘇軾·石鍾山記』ㅣㅣ如鍾鼓。

【噍】 ㊀(초) 嘯 ㊁(초) 蕭 ショウ、かむ masticate ㄐㄧㄠˋ chiao⁴ 小篆 草書 ㊀❶씹을초(嚼也)。〔漢書〕襄城無ㅣ類。❷먹고 살초(ㅣ類、生民)。㊁❶새지저귈초(啁ㅣ鳥聲)。〔禮〕燕雀猶有啁ㅣ之頃然後乃能去之。❷급할초(急也)。〔禮〕其哀心感者、其聲ㅣ以殺。

【噍類：초류】 ❶음식물을 씹어 먹는 동물의 總稱。곧 사람·길짐승 따위。❷生民。『漢書』襄城無ㅣㅣ。

【噍殺：초쇄】 소리가 슬프고 낮은 것。가락이 유창하지 못하고 낮은 것。『禮記·樂記』是故志微ㅣㅣ之音作、而民思憂。

【噍咀：초저】 씹어 먹음。咀嚼。

【噍噍：초초】 새의 지저귀는 소리。『揚雄』ㅣㅣ昆明。

【噎】 ㊀(열) 屑 ㊁(일) 質 イツ、エツ、むせぶ stick in the throat ㄧㄝ yeh¹ 小篆 草書 ㊀목멜열(飯窒喉閉)。〔詩經〕中心如ㅣ。㊁뜻은 ㊀과 같음。

【噎膈症：열격증】 (醫) 먹은 음식물이 도로 나오고 대변이 잘 통하지 않는 소화기의 병의 한 가지。

【噎嘔：열구】 ❶목이 메어 토하는 것。『蘇軾』對案頻嚬、舉箸ㅣㅣ。❷웃고 즐기는 소리。『韓愈·文』笑啼ㅣㅣ。

【噏】 (흡) 緝 キュウ、すう breathe in ㄒㄧ hsi¹ 草書 숨들이쉴흡(內息)。(『吸』과 같음)

【噏攝：흡섭】 빨아 들임。『神異經』。

【噏習：흡습】 가볍게 오르는 모양。『史記·司馬相如傳』。

【噏呷：흡합】 옷으로 먼지를 터는 소리。『史記·司馬相如傳』。

【噏噏：흡흡】 臣下가 그 職責에 충실치 못한 모양。『荀子』。

【噐】 (기)『器』(口部 13畫)의 俗字

【嗇】 (색) 職 ショク、おしむ stingy 인색할색(愛惜)。(『嗇』과 같음)

【嘟】 (도) 虞 ト、ほめる praise ㄉㄨ tu¹ ❶칭찬할도(讚詞)。❷간병날도(肝病名)。❸(中字)중얼거릴도(私罵)。

【嘟嚕：도로】 (中) 꿰미。

【噴】 (분)『噴』(口部 13畫)과 같음

十三畫

【噞】 (엄) 琰 鹽 ケン、あぎとう mumble 小篆 草書 고기우물거릴엄(ㅣ喁魚聚貌)。〔淮南子〕水濁則魚ㅣ。

【噞喁：엄옹】 물고기가 水面에 떠서 입을 오물거리며 호흡하는 모양。『左思』ㅣㅣ沈浮。

【噬】 (해) 蟹 カイ、おこる be vexed 역정낼해(怒聲)。(『諧』와 같음)

【噡】 (첨) 鹽 セン、しゃべる chattering 草書 잔말할첨(多言)。〔荀子〕口舌之均ㅣ唯則節。

【噠】 (달) 曷 タツ、えびすのくに barbarian country ㄉㄚ ta² 오랑캐나라이름달(西夷國名嚈ㅣ)。

【噢】 ㊀(욱) 屋 ㊁(우) 虞 イク、ユウ、かなしむ grieve ㄩ yü (同音「오」) 草書 ㊀슬퍼할욱(悲也)。㊁뜻은 ㊀과 같음。

【噭】 (요) 蕭 ヨウ、よろこぶ please ❶기뻐할요(喜也)。❷즐거울요(樂也)。

【噣】 ㊀(주) 宥 ㊁(탁) 覺 チュウ、タク、くちばし bill 小篆 草書 ㊀부리주(鳥喙)。〔史記〕射ㅣ鳥于東海。(『咮』와 같음) ㊁쪼을탁(啄也)。〔戰國策〕黃雀俯ㅣ白粒。

【噤】 (금) 沁 キン、つぐむ silent ㄐㄧㄣ chin⁴ 小篆 草書 ❶입다물금(口閉)。〔漢書〕鼂錯ㅣ口不敢復言。❷잠잠할금(默也)。(『吟』과 같음)

【噤吟：금음】 입을 다물고 끙끙거림。입을 다물고 말이 없음。『揚雄』蔡澤雖ㅣㅣ、而笑唐擧。

【噤戰：금전】 겁내어 떠는 것。

【噤閉：금폐】 입을 다물음。『劉向』口ㅣ而不言。

【噤害：금해】 말은 하지 않고 마음으로 미워함。

【噥】 (농) 冬 ノウ、ドウ、たわごと empty talk ㄋㄨㄥ nung² 草書 ❶달게먹을농(甘食)。❷헛된 말할농(空談)。❸(中字)두덜거릴농(咕ㅣ)。

【噧】(쾌) 卦 カイ、たかぶったこえ talk up in high spirits

小篆 기운높여떠들쾌(高氣多言)。

【噦】㊀(얼) 月 エツ、カイ、しゃくり sneeze ㄩㄝ yüeh⁴ ㊁(홰) 泰

小篆 草書 ㊀재채기할얼(氣逆聲)。【禮】不敢ㅣ噫嚏咳。㊁❶천천히갈홰(徐行貌)。【詩】鸞聲ㅣㅣ。❷밝을홰(明貌)。【詩】ㅣㅣ其冥。

【噦噦:홰홰】❶말방울소리。【集韻】ㅣㅣ: 車鑾聲。❷새소리。【玉篇】。❸밝아오는 모양。【詩經】噲噲其正、ㅣㅣ其冥。

【器】(기) 寘 キ、うつわ vessel ㄑㄧˋ ch'i⁴

小篆 草書 ❶그릇기(成形皿)。【易 繫辭】形乃謂之ㅣ。❷도량기(度量)。【論語 八佾】管仲之ㅣ小哉。❸쓰일기(使用物)。【論語 爲政】君子不ㅣ。❹그릇다울기(才量)。【論語】管仲之ㅣ小哉。❺중히여길기(重也)。

【器敬:기경】재능이 있는 사람을 존경함。【北史】彌加ㅣㅣ。

【器械:기계】❶禮器와 武具。【禮記·大傳·注】ㅣㅣ禮樂之器、及兵甲也。❷道具。機械。【周禮】ㅣㅣ之數。

【器械體操:기계체조】《運》木馬·鐵棒 따위의 기계를 사용하는 체조。

【器觀:기관】생김새。모양。【魏志】有威容ㅣㅣ。

【器官:기관】《生》생물이 생활 작용을 하는 조직。운동·감각·영양·생식의 각 기관이 있음。

【器具:기구】세간·그릇·연장등의 總稱。【宋史】修完ㅣㅣ。

【器局:기국】재능과 度量。【晉書】充居宰相、有ㅣㅣ。

【器機:기기】器具·機械·器械의 總稱。

【器量:기량】❶정해진 量。❷才能과 德量。才器와 度量。【魏文帝】ㅣㅣ優絕。

【器望:기망】才智가 뛰어났다는 評判。

【器皿:기명】그릇。【孟子】牲殺ㅣㅣ。

【器皿圖:기명도】보배롭고 귀중한 옛날 그릇을 그린 그림。

【器物:기물】그릇。器皿。

【器樂:기악】《樂》주로 樂器만으로 연주하는 음악。↔聲樂。

【器宇:기우】德量。人品。度量。【蜀志】先看ㅣㅣ高卑。

【器遇:기우】재능을 아껴 소중히 대우함。【北史】深見ㅣㅣ。

【器才:기재】기량과 재주。또는 이를 갖춘 사람。

【器重:기중】才器를 중하게 여김。【晉書】深爲從伯敦·導所ㅣㅣ。

◎國ㅣ、大ㅣ、德ㅣ、陶ㅣ、便ㅣ、寶ㅣ、石ㅣ、炻ㅣ、樂ㅣ、容ㅣ、用ㅣ、利ㅣ、瓷ㅣ、才ㅣ、祭ㅣ、酒ㅣ、土ㅣ、吐ㅣ、火ㅣ、凶ㅣ。

【𩫏】(교) 嘯 キョウ、よろめく stagger

❶뒤뚝거릴교(ㅣ髚不安)。❷높을교(高也)。

【噩】(악) 藥 ガク、おどろく be surprised ㄜˋ e⁴

草書 ❶놀랄악(驚也)。【周禮】六夢二曰ㅣ夢。❷엄숙할악(嚴肅貌)。【揚子法言】周書ㅣㅣ爾。(『愕』과 통함)

【噩耗:악모】訃告。噩音。

【噩夢:악몽】❶심히 놀란 뒤에 꾸는 꿈。【周禮】二曰、ㅣㅣ。❷不吉한 꿈。惡夢。

【噩噩爾:악악이】엄숙한 모양。【揚子法言】周書ㅣㅣ。

【噩電:악전】사람의 죽음을 알려 주는 「전보」。

【噪】(조) 號 ソウ、さわぐ chirp (本音「소」)

뭇새지저귈조(鳥羣鳴)。(『喿·譟』와 같음)

【噪聒:조괄】떠들썩하고 시끄러운 것。【劉基】ㅣㅣ亂語談。

【噪蟬:조선】시끄럽게 우는 매미。【趙嘏】ㅣㅣ聲亂日初曛。

【噪音:조음】振動이 불규칙하여 듣는 사람에게 불쾌감을 주는 소리。↔樂音。

◎喧ㅣ。

【噬】(서) 霽 セイ、ゼイ、かむ chew ㄕˋ shih⁴

小篆 草書 ❶씹을서(嚙也)。【易】頤中有物ㅣ嗑。❷미칠서(逮也)。【詩】ㅣ肯適我。

【噬啖:서담】씹어 먹음。咀啖。【王令】ㅣㅣ善人黨。

【噬臍:서제】❶배꼽을 물음。《喩》후회하여도 소용 없음。❷=噬臍莫及。【書言故事·評論類】悔事不及曰ㅣㅣ。

【噬臍莫及:서제막급】《喩》그릇된 뒤에는 후회하여도 어찌할 수 없다는 말。곧 사람에게 쫓기어 궁지에 빠진 노루가 그 배꼽의 향내 때문이라고 해서 배꼽을 물어 뜯었다는 데서 온 말。

【噬嗑:서합】❶씹어 먹음。❷易의 卦의 이름。刑獄罪囚의 象。震下離上。

◎反ㅣ。

【噫】㊀(희) 支 イ、アイ、ああ oh! ㊁(애) 卦 ㊂(억) 職 ㄧ i¹

小篆 草書 ㊀❶느낄희(痛傷聲)。【後漢書】梁鴻作五ㅣ之歌。❷한숨쉴희(歎息)。(「嘻·譆」와 통함) ㊁❶배불러씨근거릴애(飽食息)。❷기트림할애(ㅣ氣)。【莊子】大塊ㅣ氣。❸대답소리애(應答聲)。(『僾·譩』와 같음) ㊂뜻은 『抑』과 같음。

【噫嗚:희오】슬피 탄식하고 괴로와 하는 모양。【後漢書·袁安傳·注】ㅣㅣ、歎傷之貌。

【噫瘖:희음】똑똑하게 소리를 내지 못하는 모양。말이 어눌한 모양。【蘇軾】臨文但ㅣㅣ。

【噫歆:희흠】제사 때、神에게 흠향의 뜻을 알리기 위하여 하는 기침 소리。

【噫嘻:희희】탄식하는 소리。哀痛해 하는 소리。噫乎。【詩經】ㅣㅣ成王。

【噫氣:애기】❶내뿜는 입김。【莊子】大塊ㅣㅣ、其名爲風。❷트림。

【噫欠:애흠】트림과 하품。噫氣欠伸。【韓愈】ㅣㅣ爲飄風。

【噭】(교) 嘯 キョウ、ほえる cry loudly ㄐㄧㄠˋ chiao⁴

小篆 草書 ❶부를교(呼也)。❷부르짖을교(號聲)。【禮】毋ㅣ應。❸고함지를교(吼也)。❹울교(泣貌)。【公羊傳 昭公二十四年】昭公于是ㅣ然而哭。❺입교(口也)。【漢書 貨殖傳】馬蹏ㅣ千。(『叫』와 같음)

【噭噭:교교】❶슬프게 우는 소리。【莊子·至樂】我ㅣㅣ然、隨而哭之。❷원숭이의 소리。❸새소리。❹큰 소리。험찬 소리。❺웃음 소리。

【噭應:교응】소리쳐 대답함。【禮記·注】噭、號呼之聲也。

【噭誂:교조】소리가 맑고 깨끗한 모양。【楚辭】聲ㅣㅣ兮清和。【注】ㅣㅣ、清暢貌。

【噭譟:교조】뭇소리가 섞이어 시끄러움。【韓愈】高管ㅣㅣ。

【噭哮:교효】부르짖음。咆哮。

【噮】(연) 嚴 エン、はなはだあまい very sweet
몹시달연(食甘甚)。【呂氏春秋】不一而香。

【噯】(애) 泰 アイ、あたたかい warmth ㄞ ai
❶숨애(氣息)。❷더운기운애(暖氣)。❸〔中字〕물건팔려외치는소리애(叫賣聲)。

【噯氣:애기】트림。

【噯呀:애아】깜짝 놀라는 소리。驚嘆聲。

【口閜】(하) 麻 カ、おおわらい laugh aloudly
❶껄껄웃을하(大笑)。❷골속휑할하(谷中大空貌)。

【噰】(옹) 冬 ヨウ、やわらぐ ㄩㄥ yung¹
화한소리옹(和聲)。【爾雅】一一喈喈民協服也。

【噱】(갹) 藥 キャク、わらう laugh aloud ㄐㄩㄝ chüeh¹
❶껄껄웃을갹(笑不止)。【漢書】談笑大一。❷입벌일갹(口開)。

【噲】(쾌) 卦 カイ、のど throat ㄎㄨㄞ k'uai⁴
❶목구멍쾌(咽也)。❷훤할쾌(寬明貌)。【詩】一一其正。

【噲伍:쾌오】❶평범한 인물。庸流。❷벗으로서 사귀는 것을 부끄럽게 여긴다는 말。《故》漢의 韓信이가 樊噲와 같은 못난 이와 同一視하는 것을 탄식하여 自嘲한 말。【史記】信常過樊將軍噲、出門自笑曰、生乃與噲爲伍。

【噲噲:쾌쾌】너그럽고 쾌활한 모양。상쾌한 모양。【詩經】一一其正。

【噳】(우) 麌 グ、うごめく squirm in swarm
무사슴우물거릴우(羣鹿相聚貌)。【詩】麀鹿一一。

【噳噳:우우】❶많은 사슴이 입을 모은 모양。【詩經】麀鹿一一。❷웃는 모양。

【噴】㊀(분) 願 ㊁(분) 元 フン、ふく spout ㄆㄣ p'en⁴
㊀❶뿜을분(噀也)。【莊子】一則大者如珠小者如霧。❷코소리낼분(鼻鳴)。❸재채기할분(鼓鼻)。㊁❶후내불분(吐氣)。【戰國策】俛而一仰而鳴。❷꾸짖을분(叱也)。【韓詩外傳】疾言一一。

【噴氣:분기】❶개스를 뿜어 냄。또는 그 개스。❷뿜어 낸 기운。기운을 뿜어 냄。

【噴騰:분등】내 뿜어서 뻗쳐 오름。

【噴沫:분말】물방울。거품을 내뿜음。

【噴霧器:분무기】액체를 뿜어 뿌리는 기구。

【噴薄:분박】뿜어 올림。용솟음침。【岑參】亂流爭迅湍、一一如雷風。

【噴飯:분반】먹던 밥을 내뿜는다는 뜻。《喩》웃음을 참지 못할 만한 우스운 일。【北夢瑣言】不覺失笑一一滿案。

【噴噴:분분】소리가 거칠어짐。야단을 침。【韓詩外傳】瞋目搤腕、疾言一一。

【噴射:분사】뿜어서 쏘아 냄。

【噴水:분수】❶뿜어져 나오는 물。❷물을 뿜어 내게 만든 설비。

【噴水塔:분수탑】높직이 탑을 쌓고 분수를 하게 된 장치。

【噴泉:분천】땅에서 솟아오르는 샘물。

【噴出:분출】내뿜음。뿜어냄。

【噴嚏:분체】재채기。【野客叢書】今人一一不止。

【噴出巖:분출암】땅 속에 있던 용암이 땅 거죽까지 쏟아져 나와서 굳어진 바위。火山岩。火成岩。

【噴泡:분포】거품을 흘림。

【噴火:분화】불을 뿜어 냄。화산이 터져서 활동하는 현상。

【噴火口:분화구】《地》화산의 불을 내뿜는 구멍。

【噴火山:분화산】=火山。

【噶】(갈) 曷 カツ、くにのな place name ㄍㄜ kê¹
❶벼슬이름갈(官名)。❷땅이름갈(地名)。

【噸】(돈) 〔新字〕 トン ton ㄉㄨㄣ tuen⁴
톤돈(英國의 量目、Ton, 二百七十貫九百五十匁四分)。

【噺】(신) 〔日字〕 はなし tale
이야기신(古談)。

十四畫

【口㬎】(압) 合 ゴウ、やかましい noisy
시끄러울압、떠들압(喧也)。

【嚂】(람) 勘 ラン、むさぼる covet
❶입을어기적거릴람(食貌)。【淮南子】駒緣黍粱荆吳芬馨以一其口。❷탐할람(貪也)。

【口臺】(대) 賄 タイ、かたりつづける talk incessantly
말그치지않을대(言不止)。

【嚀】(녕) 靑 テイ、ネイ、ねんごろ surely ㄋㄧㄥ ning²
정녕할녕(叮一囑辭)。(『寧』과 통함)

【嚃】(탑) 合 トウ、すする drink up
훅들어마실탑(大歠)。【禮記】無一羹。

【嚄】(획) 陌 カイ、さけぶ resonant ㄏㄨㄛ huo⁴
❶우렁찰획(一唶大聲)。【史記】晋鄙一唶宿將。❷깜짝놀랄획(驚貌)。❸잔말할획(多言)。❹아아획(大嘆息聲)。【史記 外戚世家】武帝下車泣曰、一大姉何藏之深也。

【嚄唶:획책】말이 많고 시끄러운 모양。【史記】晋鄙一一宿將。

【嚄嘖:획책】큰 소리로 외침。말이 많은 모양。【柳宗元】跳浮一一。

【口犖】(락) 覺 ラク、まだらうし spotted cattle
얼룩소락(斑牛)。

【嚅】(유) 虞 ジュ、つぐむ hesitate to say
❶말머뭇거릴유(囁一欲言復縮)。【韓愈文】口將言而囁一。❷잔말할유(多言)。

【嚅唲:유아】아첨해서 웃음。자기를 굽히고 남에게 좇음。【賈誼】唲、曲從貌。

【嚆】(효) 肴 コウ、さけぶ shout ㄏㄠ hao¹
❶부르짖을효(叫也)。❷우는살효(一矢鳴鏑)。【莊子】焉知曾史之不爲桀跖一矢也。

【嚆矢：효시】 우는 화살。響箭。《喻》일의 맨 처음 시작。옛날 開戰의 信號로 먼저 우는 살을 敵陣에 쏘았다는 故事。濫觴。『莊子』焉知曾史之不爲桀跖之——哉。

【嚇】 ㊀(하) 禡 カク、おどす menace ㄒㄧㄚˋ hsia⁴
㊁(혁) 陌
(草書) ㊀❶웃을하(笑也)。❷으를하(恐動)。【喻汝礪詩】幾回—殺生仲達。㊁❶노할혁(怒也)。❷꾸짖을혁(叱也)。(『赫』과 통함)

【嚇嚇：하하】 깔깔 웃는 웃음 소리。

【嚇怒：혁노】 크게 성냄。大怒。
◎恐—、威—。

【嚊】 (비) 寘 ヒ、あえぎ pant
(草書) ❶헐떡거리는소리비(喘息聲)。❷〔日字〕아내비(妻賤稱)。

【嚌】 ㊀(억) 職 ガク、ギ、がんこ narrow-minded
㊁(의) 寘
(小篆) ㊀숙성할억(小兒有知)。【詩】克岐克—。㊁고루할의(唭—無見聞)。(『嶷』는 古字)

【嚎】 (몽) 東 モウ、ことばがはっきりしない (of speech) indistinct
말분명치않을몽(言不明)。

【嚌】 (제) 霽 セイ、なめる taste ㄐㄧˋ chi⁴
(小篆)(草書) 맛볼제(嘗也)。【書】太保受同祭—。

【嚌嚌：제제】 ❶뭇 소리。『班彪』鶡雞嚌以——。❷근심하며 슬퍼하는 모양。

【嚍】 (진) 震 シン、おこる be vexed at
화낼진(憤發)。

【嚎】 (호) 豪 コウ、おおごえ loud ㄏㄠˊ hao²
소리높을호(聲高)。

【雖】 (수)→隹部9畫

十五畫

【嚌】 (질) 質 シツ、こえ voice
퉁소김들일질(叱—聲出貌)。【王褒洞簫賦】啾叱—而將吟。

【嚌】 (질) 質 シツ、ことば words
(小篆) 천한말질(賤言)。

【嚏】 (체) 霽 テイ、くさめ sneeze ㄊㄧˋ t'i⁴
(小篆)(草書) 재채기체(嚏鼻)。【詩】願言則—。(『嚔』와 같음)

【嚏噴：체분】 재채기。【福惠全書】。

【嚏有人說：체유인설】 재채기가 날 때에는 남들이 자기 말을 하고 있음。『詩經·傳』願、猶思也、蓋他人思我、我則嚏之也。

【嚏咳：체해】 재채기와 기침。

【嚕】 (로) 麌 ロ、おしい grudge ㄌㄨˇ lu³
아깝게여길로(吐—可惜)。【元梁王女阿檻詩】吐—吐—段阿奴。

【嚚】 (현) 先 ケン、といたずねる query
❶심문할현(訊問)。❷어려울현(難也)。

【嚗】 (박) 覺 バク、いかる get angry
❶역정낼박(怒聲)。❷지팡이 던지는 소리박(放杖聲)。【莊子】神農隱几擁杖而起—然放杖而笑。

【嚊】 (표) 肴 ホウ、ビョウ、けたもののこえ animal's sound
짐승소리표(獸聲)。

【嚘】 (우) 尤 ユウ、なげく sigh
(小篆) ❶말얼버무릴우(語未定貌)。【漢書】呃伊—啞者辭未定也。❷기운뜰우(氣逆)。【老子】終日號而嗌不—氣逆也。❸탄식할우(歔—歎也)。

【嚙】 (요) 巧 ゴウ、かむ bite ㄋㄧㄝˋ nieh⁴ (俗音「교」)
(草書) ❶물요(咬也)。❷씹을요(齧也)。

【嚙鞭之馬：교편지마】 《國》말(馬)이 제 고삐를 씹음。《喻》친척을 헐뜯으면 결국 자기에게 해가 된다는 뜻。

【嚚】 (은) 眞 キン、ゴン、おろか foolish ㄧㄣˊ yin²
(小篆)(古文)(古文)(草書) ❶어리석을은(愚也)。【書】父頑母—。【左傳 僖公二十四年】口不道忠信之言爲—。❷말다툼할은(爭訟)。❸불칙하게말할은(言不忠信)。

【嚚訟：은송】 말이 忠直하지 못하고 말다툼만 좋아하는 것。【書經】帝曰、吁—可乎。

【嚚瘖：은음】 벙어리이므로 말을 못함。『國語』——不可使言。

【嚝】 (두) 宥 トウ、よむ read
읽을두(讀也)。

【齙】 (포) 巧 ホウ、たがやす culture
❶가래질할포(臿地)。❷밭갈포(耕也)。

【嚛】 (학) 藥 ガク、からい pungent
(小篆) ❶매울학(食辛)。【伊尹曰】酸而不—。❷시큼할학(酸而不酷)。❸먹을학。

【嚜】 ㊀(묵) 職 ボク、いつわる lie ㄇㄛˋ mo⁴
㊁(매) 隊
(草書) ㊀잠잠할묵(失意)。【弔屈原賦】于嗟——兮生也無故。(『默』과 같음) ㊁거짓말할매(小兒詐言)。【方言】江湘之間小兒多詐而獪謂—㞙。

【嚜㞙：매뇨】 간교함。어린아이의 거짓말。『楊子方言』——、姡獪也、江湘之間、云云、小兒多詐而獪、云云、或謂之——。

【嚜嚜：묵묵】 만족하지 못하는 모양。『賈誼』——兮、生也無故。

【嚠】 (류) 尤 リュウ、さわやか(おと) clear voice
(草書) 소리맑을류(音聲淸雅)。

十六畫

【嚥】 (연) 霰 エン、のむ swallow ㄧㄢˋ yen⁴
(草書) ❶침삼킬연(呑也)。【譚子化書】聞珍羞之名則妄有所—。❷목구멍연(咽也)。(『咽』과 같음)

【嚥日：연일】 日光을 빨아들이는 養生法의 하나。『蘇軾』晴窓——肝腸暖。

【嚥喋：연잡】 먹고 마심。『吳越春秋』鳥禽呼——。

【嚥下：연하】 마셔버림。삼키는 것。

【嚦】 (력) 錫 レキ、こえ ㄌㄧˋ li⁴
소리력(聲也——)。

【嚧】(로) 虞 ロ、わらう laugh
웃을로(笑也)。

【嚨】(롱) 東 ロウ、のど ㄌㄨㄥ lung²
小篆 목구멍롱(喉也)。

【嚪】(담)『啖』(口部 8畫)과 같음

【噈】(허) 魚 キョ、なく howl
울허(噈也)。

【嚫】(친) 震 シン、ほどこす distribute
베풀친(施也)。

【嚬】(빈) 眞 ヒン、しかめる frown ㄆㄧㄣˊ p'in²
草書 찡그릴빈(眉蹙貌)。【通鑑】韓昭侯曰明主愛一ㅣ一笑。(『顰·矉』과 같음)

【嚬笑:빈소】 눈쌀을 찡그리고 웃음。『資治通鑑』明主愛一嚬一笑。

【嚬呻:빈신】 얼굴을 찡그리고 소리를 지르는 것。苦痛이 얼굴에 나타난 모양。『黃庭堅』要使鰥寡無ㅣㅣ。

【嚬蹙:빈축】 불쾌하여 얼굴을 찡그림。

【嚭】(비) 紙 ヒ、おおいなり big ㄆㄧˇ p'i³
小篆 草書 ❶클비(大也)。❷사람이름비(人名吳大宰ㅣ)。

【嚮】(향) 漾 キョウ、コウ、むかう face toward ㄒㄧㄤˋ hsiang⁴
草書 ❶향할향(面對)。【書】若火之燎于原不可ㅣ邇。❷누릴향(享也)。【書】ㅣ用五福。❸접대향(饗也)。【漢書】ㅣ使丞相不先聞馭吏言何見勞勉之有。❹울릴향(響也)。【漢書】天下ㅣ應。❺받을향(饗也)。【漢書宣帝紀】上帝嘉ㅣ。(『向·鄕』과 통함)

【嚮導:향도】 길을 안내함。길을 안내하는 사람。『孫子』不用ㅣㅣ者、不知地利。

【嚮明:향명】 세상이 차차 밝아져 갈 때。해뜰 무렵。『易經』ㅣㅣ而治。

【嚮往:향왕】 ❶마음이 늘 어느 한 사람이나 지역으로 향하여 감。❷服從함。『曾鞏』ㅣㅣ之不足者。

【嚮用:향용】 마음에 들어 任用하는 것。『宋史』仁宗亦ㅣㅣ之。

【嚮應:향응】 메아리가 소리에 응한다는 뜻。《轉》호응하여 움직인다는 뜻。곧 한 사람의 하는 일에 응종함。『漢書』天下雲合ㅣㅣ。

【嚮邇:향이】 마주 보고 가까이 나아감。다가오는 것。『書經』若火之燎于原、不可ㅣㅣ。

【嚮晦:향회】 어두워질 무렵。해질 무렵。『易經』君子以ㅣㅣ入晏息。

十七畫

【嚱】(희) 支 キ、ああ ah!
草書 ❶소리낼희(聲發)。❷아아희(驚歎聲)。

【嚵】(첨) 鹽 豔 セン、むさぼる covet
탐낼첨(貪也)。

【嚲】(타) 哿 タ、たれる hang ㄉㄨㄛˇ tuo³
草書 휘늘어질타(垂下貌)。【岑參詩】柳ㅣ鶯嬌花復殷。

【嚲懶:타란】 사람의 눈을 속이며 게으름을 피움。『方岳·詩經』畦丁ㅣㅣ欲誰欺。

【嚳】(곡) 沃 コク、つぐ report ㄎㄨˋ k'u⁴
小篆 草書 ❶급히고할곡(急告)。❷사람이름곡(高辛氏號帝ㅣ)。

【嚳然:곡연】 極度에 達한 모양。『尙書大傳』。

【嚻】(란) 寒 ラン、ことばがわからない not clear one's says
말알수없을란(語不可解)。

【嚴】(엄) 鹽 ゲン、きびしい severe ㄧㄢˊ yen²
小篆 古文 草書 ❶굳셀엄(毅也)。❷엄할엄(威也)。❸높을엄(尊也)。❹공경할엄(敬也)。【書】日ㅣ祗敬六德。❺씩씩할엄(莊也)。【漢書】聲中ㅣ鼓之節。❻계엄할엄(戒ㅣ防備)。【孝經 三才】其政不ㅣ而治。❼혹독할엄(寒氣凜冽)。❽무서울엄(甚恐)。【大學】十目所視、十手所指、其ㅣ乎。

【祭禮】ㅣ威儼恪。【禮】收族故宗廟ㅣ。

【嚴刻:엄각】 엄격하고 잔혹함。『晉書』以ㅣㅣ立功。

【嚴恪:엄각】 엄숙하고 깊이 삼가는 것。『禮記』嚴威ㅣㅣ、非所以事親也。

【嚴勘:엄감】 엄중하게 처단함。

【嚴格:엄격】 ❶말과 행실이 엄숙하고 적당함。❷말이나 行動이 딱딱함。

【嚴譴:엄견】 ＝嚴責。「경계。

【嚴戒:엄계】 엄중하게 경계함。또는 그

【嚴棍:엄곤】 형벌로서 엄하게 곤장을 내리침。

【嚴科:엄과】 엄중한 罰科。嚴戒。

【嚴剋:엄극】 급하고 엄함。『宋史』。

【嚴棘:엄극】 감옥。교도소。옛날에는 감옥을 가시로 둘러싸 막았기 때문임。『漢書』置於ㅣㅣ之下。

【嚴禁:엄금】 엄하게 막음。엄한 禁令。『宋史』空立ㅣㅣ。

【嚴斷:엄단】 ❶엄히 처단함。❷嚴禁。『南史』立塔寺、以宅爲精舍、並ㅣㅣ之。

【嚴達:엄달】 엄중히 명령을 내림。

【嚴談:엄담】 엄격한 담판。

【嚴督:엄독】 ❶엄중하게 감독함。❷엄하게 독촉함。

【嚴凍:엄동】 혹독한 추위。嚴寒。酷寒。

【嚴冬:엄동】 매우 추운 겨울。한 겨울。『鮑照』幸値ㅣㅣ暮。

【嚴冬雪寒:엄동설한】 눈이 오고 매우 추운 겨울。隆冬雪寒。

【嚴冷:엄랭】 ❶몹시 추움。❷쌀쌀한 성질。

【嚴厲:엄려】 엄함。엄숙함。『後漢書』以ㅣㅣ爲名。「繁刑。

【嚴令:엄령】 엄중한 명령。『史記』ㅣㅣ

【嚴明:엄명】 엄격하고 명백함。『後漢書』政號ㅣㅣ。「명령。

【嚴命:엄명】 엄중하게 명령함。『史記』進受ㅣㅣ。

【嚴密:엄밀】 ❶아주 비밀히 함。❷엄중한 하고 빈틈이 없음。썩 세밀함。

【嚴密性:엄밀성】 엄밀한 성질。

【嚴罰:엄벌】 엄중한 형벌。엄하게 벌을 내림。

【嚴父:엄부】 ❶엄격한 아버지。『韓非子』雖ㅣㅣ、不加於子。❷자기 아버지의 敬稱。嚴君。嚴侍。『宋史』奉之如ㅣㅣ。

【嚴吩咐:엄분부】 엄중한 분부。

【嚴秘:엄비】 엄중한 비밀。

【嚴査:엄사】 어기지 않고 엄중하게 조사함。또는 그 조사。「爲難。

【嚴師:엄사】 엄격한 스승。『禮記』ㅣㅣ

【嚴霜:엄상】 된서리。『楚辭』冬又申之以ㅣㅣ。

【嚴色:엄색】 엄격한 표정을 지음。

【嚴選：엄선】 嚴正하게 가려냄。
【嚴守：엄수】 어기지 않고 꼭 지킴。
【嚴囚：엄수】 엄중하게 잡아 가둠。
【嚴肅：엄숙】 ❶장엄하고 정숙함。 ❷위풍 있고 엄중함。〔宋史〕治家ㅡㅡ。
【嚴肅主義：엄숙주의】 (倫)순수한 의무 의식에서 나온 행위만을 도덕적이라고 하여, 쾌락이나 행복을 도덕적 동기에서 엄중하게 배척하자는 주의。
【嚴侍下：엄시하】 아버지만 생존한 경우。↔慈侍下。
【嚴然：엄연】 엄숙한 모양。 위엄이 있어 넘보기 어려운 모양。〔禮記〕君子ㅡㅡ。
【嚴威：엄위】 엄격하고 위풍이 있음。〔禮記〕莊則ㅡㅡ。
【嚴毅：엄의】 엄숙하고 의지가 굳셈。〔唐書〕光弼、ㅡㅡ沈果有大略。
【嚴壯：엄장】 몸을 가지는 태도가 장대함。〔管子〕整齊ㅡㅡ。
【嚴全：엄전】 몸가짐이 용렬하지 않고 점잖음。
【嚴切：엄절】 성질이 매우 엄격하여 맺고 끊은 듯함。 峻嚴。 峻切。
【嚴整：엄정】 엄격하게 정돈함。
【嚴正：엄정】 엄격하고 올바름。〔唐書〕執法ㅡㅡ。
【嚴正中立：엄정중립】 ❶어느 편에도 기울지 않음。 ❷局外 중립의 위치를 엄격히 지킴。
【嚴誅：엄주】 엄하게 誅罰에 처함。〔韓非子〕重罰ㅡㅡ。
【嚴峻：엄준】 ＝嚴格。〔史記〕吏務爲ㅡㅡ。
【嚴重：엄중】 엄격하고 정중함。〔後漢書〕袁安爲人ㅡㅡ有威。
【嚴懲：엄징】 엄격히 징벌함。 嚴繩。
【嚴責：엄책】 엄하게 꾸짖음。 또는 그 책망。 嚴譴。 痛責。
【嚴處：엄처】 엄중하게 처단함。 嚴勘。
【嚴妻侍下：엄처시하】 아내에게 쥐어 사는 남편을 조롱하여 이르는 말。
【嚴峭：엄초】 엄격함。 엄격하여 친하기 가 어려움。
【嚴治：엄치】 ❶무섭게 다스림。 ❷엄하게 처벌함。 重治。
【嚴親：엄친】 ＝嚴父②。〔司馬光〕疇昔侍ㅡㅡ。
【嚴憚：엄탄】 삼가고 꺼리는 것。〔史記〕ㅡㅡ汲黯。
【嚴探：엄탐】 엄밀하게 정탐함。
【嚴寒：엄한】 혹독한 추위。
【嚴酷：엄혹】 엄하고 혹독함。 嚴刻。〔漢書〕先ㅡㅡ、致行法。
【嚴訓：엄훈】 엄중한 훈계。〔盧師道〕高祖每加ㅡㅡ。
◎家ㅡ、戒ㅡ、謹ㅡ、端ㅡ、森ㅡ、威ㅡ、莊ㅡ、侍ㅡ、峻ㅡ、華ㅡ。

【嚵】 (참) 咸 咸 サン、むさぼる covet
小篆 ❶탐할참(饕也)。(『饞』과 같음)

【嚶】 (앵) 庚 オウ、なく 一ㄥ ying¹ sing
小篆 書 草 ❶꾀꼬리소리앵(鳥鳴)。〔詩〕鳥鳴ㅡㅡ。 ❷서로 울앵(兩鳥互應答鳴)。〔詩經〕ㅡ其鳴矣、求其友聲。(『嚶』과 통함)
【嚶喔：앵악】 새가 우는 소리。〔傅休奕〕ㅡㅡ聲正悲。
【嚶嚶：앵앵】 새가 서로 응하여 우는 소리。 嚶鳴。(轉) ❶벗이 서로 격려하여 닦음。〔詩經·爾雅〕鳥鳴ㅡㅡ而、喩朋友切磋相正。 ❷방울 소리。

【嚷】 (양) 陽 ジョウ、わめく 日ㄤ jang¹·³
떠들양(喧也)。

十八畫

【嚼】 (작) 藥 シャク、かむ chew ㄐ一ㄠ chiao²·⁴
小篆 書 草 ❶씹을작(齧也)。〔後漢書〕ㅡ復ㅡ者京都飮酒相強之辭。 ❷맛볼작(味也)。〔蘇軾詩〕吟ㅡ五味足。 ❸이해할작(了解)。〔文心雕龍〕咀ㅡ文義。 ❹벌레먹을작(侵蝕)。〔眞山民詩〕水ㅡ沙洲樹根出。 ❺이를갈작(齒鳴)。〔唐書張巡傳〕ㅡ齒皆碎。
【嚼口：작구】 말 입에 물리는 재갈。
【嚼蠟：작랍】 꿀 찌끼인 밀을 씹음。(喩) 맛이 없는 것。
【嚼蛆：작저】 구더기를 씹음。(轉) 필요 없는 담화。〔曉讀書齋雜錄〕令人所談不輕者、謂之ㅡㅡ。

【嚄】 (획) 陌 カク、ほこる boast
❶자랑할획(誇貌)。 ❷큰말할획(言壯貌)。

【嚏】 (제) 霽 テイ、くしゃみ sneeze
재채기할제(噴鼻氣)。

【嚾】 ㊀(환) 寒 ㊁(훤) 翰 カン、よぶ call
書 草 ㊀부를환(呼也)。(『喚』과 통함) ㊁지껄일훤(喧囂)。〔荀子〕世俗之溝猶瞀儒ㅡㅡ然不知其所非也。(『喧』과 같음)

【囀】 (전) 霰 テン、さえずる chirp ㄓㄨㄢ chuan³
草 ❶새지저귈전(鳥吟)。〔庾信春賦〕新年鳥聲千種ㅡ。 ❷소리굴릴전(聲轉)。 ❸후렴전(亂也)。
【囀喉：전후】 목구멍을 움직임。(轉) 노래를 부름。〔韓愈〕振手覆羹ㅡㅡ觸諱ㅡㅡ。

【囁】 ㊀(섭) 葉 ㊁(엽) 葉 ショウ、ささやく whisper ㄋ一ㄝ nieh⁴
草 書 ㊀❶말하려다 멈출섭(ㅡ嚅將言未言)。 ❷중얼거릴섭(私罵)。 ❸소근거릴섭(細言)。 ❹입다물섭(噤也)。〔韓愈 送李愿歸盤谷序〕口將言而ㅡ嚅。 ㊁소곤거릴엽(細言)。(『讘』과 같음)
【囁囁：섭섭】 겁이 많아 말을 머뭇머뭇하는 모양。
【囁嚅：섭유】 겁이 많아 말을 하지 못하고 입을 여닫기만 함。〔韓愈〕口將言而ㅡㅡ。

【囂】 (효) 蕭 ゴウ、やかましい noisy Tㄧㄠ hsiao¹
小篆 或體 書 草 ❶시끄러울효(喧ㅡ)。〔詩〕讒口ㅡㅡ。 ❷들렐효(聲也)。〔左傳〕湫隘ㅡ塵。 ❸속셈든든할효(自得無欲貌)。〔孟子〕人知之亦ㅡㅡ、人不知亦ㅡㅡ。 ❹걱정할효(憂貌)。 ❺짐승 이름효(獸名)。

(三才圖會) ❺ 囂

【囂謗：효방】 뭇사람이 시끄럽게 비방함。
【囂煩：효번】 시끄럽고 번거로움。〔李白〕再得洗ㅡㅡ。
【囂浮：효부】 ❶침착하지 않고 경박한 모양。〔唐書·朱朴傳〕人心ㅡㅡ輕巧。 ❷시끄러운 俗世。 囂氣。〔水經·注〕超出雲間、欲令上延霄容下絕ㅡㅡ。
【囂塵：효진】 ❶시끄럽고 먼지가 많음。 ❷번화한 市街의 시끄러운 모양。〔左傳〕湫隘ㅡㅡ。 ❸俗世。
【囂風：효풍】 시끄럽게 떠들고 싸우는 풍습。
【囂囂：효효】 ❶뭇 소리가 시끄러운 모

양。와글와글 하는 소리『詩經』讒口ㅣㅣ。❷뭇 사람이 원망하고 근심하는 소리。또는 그 모양。❸한탄하고 근심하는 모양。『詩經』我即爾謀、聽我ㅣㅣ。❹제 분에 만족하여 다른 것을 바라지 않는 모양。然囂。『孟子』人知之ㅣㅣ。❺허전한 모양。

【嚻】(효) 蕭 ゴウ、ひま leisure
❶한가할효(ㅣ然閒暇貌)。❷땅이름효(地名)。(『囂』와 같음)

【囃】(잡) 合 ソウ、はやし keep of tune ㄘㄚˋ ts'a⁴
❶장단잡을잡(長短也)。❷춤을도우는소리잡(舞助聲)。❸어릿광대잡。

十九畫

【囅】㊀(천) 銑 テン、わらう laugh aloud ㄔㄢˇ ch'an³ ㊁(철) 屑
㊀껄껄웃을천(ㅣ然大笑貌)。『左思吳都賦』東吳王孫ㅣ然而咍。㊁뜻은 ㊀과 같음。
【囅然:천연】웃는 모양。『左思』ㅣㅣ而咍。

【囆】(채) 卦 タイ、ひとのな person's name
사람이름채(人名)。

【囈】(예) 霽 ゲイ、たわごと talking in sleep 一ˋ i⁴
❶잠꼬대할예(寱語)。『列子』眠中啽ㅣ呻呼。❷자면서웃고싱긋거릴예(寱笑)。❸헛소리예(戲言)。
【囈語:예어】잠꼬대。《轉》무의식 중에 하는 말。조리가 없는 말。『拾遺記』呂蒙ㅣㅣ通周易。

【囉】(라) 歌 ラ、しゃべる talkative ㄌㄨㄛ lo¹·²
❶노래꺾일라(歌助聲)。❷소리뒤섞일라(穌ㅣ聲迭蕩相雜貌)。『王褒洞簫賦』行鍖銋以穌ㅣ。❸잔말할라(多言)。
【囉嗊:나공】옛 노래 곡조 이름의 하나。

【囊】(낭) 陽 ノウ、ふくろ sack ㄋㄤ nang²
❶주머니낭(有底囊)。『詩』于橐于ㅣ。❷자루낭(袋也)。❸큰구멍낭(大穴)。『宋玉風賦』盛怒於土ㅣ之口。❹떠들썩할낭(佮ㅣ亂貌)。『莊子』乃始臠卷佮ㅣ而亂天下。❺쌀낭(包藏)。❻재갑낭(財布)。『賀知章詩』ㅣ中自有錢。
【囊括:①낭괄②낭활】❶자루에 넣고 자루입을 동여 맴。❷하나도 빠짐없이 가짐。『賈誼』包舉宇內、ㅣㅣ四海。
【囊刀:낭도】주머니칼。
【囊沙:낭사】모래를 자루에 넣음。《故》漢의 韓信이 濰水에서 土囊으로 上流를 막고 적이 건너오려 할 때 둑을 무너뜨려 敵을 大破했다는 故事。囊沙之計。『史記』。
【囊狀靭帶:낭상인대】《生》關節의 둘레를 주머니 모양으로 둘러 싸서 關節腔을 이룬 질긴 띠。
【囊濕症:낭습증】《醫》불알이 축축하여 지는 증세。
【囊癰:낭옹】《醫》불알에 나는 부스럼。
【囊中:낭중】주머니의 속。
【囊中物:낭중물】자기 수중에 들어 있는 물건。
【囊中取物:낭중취물】아주 쉽게 얻어 가질 수 있음을 비유하는 말。
【囊橐:낭탁】자루。전대。(囊은 입이 하나、橐은 둘 있는 것)。《喩》자기가 차지한 것。
【囊乏:낭핍】주머니가 텅 비어 있음。
【囊螢:낭형】❶개똥벌레를 주머니에 넣음。주머니에 넣은 개똥벌레。❷고생하며 학문을 닦음。《故》晋의 車胤이 개똥벌레를 주머니에 넣어서 그 빛으로 책을 읽었다는 故事。『晋書·車胤傳』。
◎胚ㅣ、背ㅣ、水ㅣ、繡ㅣ、心ㅣ。

【囋】㊀(찰) 曷 サツ、サン、がやがやいう ㊁(찬) 翰 twittering
㊀❶지저귈찰(嘈ㅣ聲也)。『陸機文賦』務嘈ㅣ而妖冶。❷북소리찰(鼓音)。㊁❶삼킬찬(呑也)。❷기롱할찬(譏也)。❸기릴찬(讚也)。『荀子』問一而告二謂之ㅣ。

【嚵】㊀(삼) 咸 サン、すする sip ㊁(참) 鹽
㊀❶조금빨아마실삼(啐也)。❷입부리삼(喙也)。❸핥을삼(嘗也)。㊁❶대신해서설명할참(譔言)。❷맛볼참(試食)。

【囍】(희) [國字]
쌍희희(雙喜)。

二十畫

【嚴】(암) 咸 カン、うごめく groan
신음할암(呻也)。

【囐】(잘) 曷 ザツ、サツ、たいこのこえ sound of drum
❶북소리잘(嘈ㅣ鼓聲)。『張衡賦』奏嚴鼓之嘈ㅣ。❷나라이름잘(闐西國名ㅣ嗟)。

【囏】(간)『艱』(艮部11畫)의 古字

二十一畫

【囑】(촉) 沃 ショク、たのむ request ㄓㄨˇ chu³
부탁할촉(付託)。
【囑望:촉망】잘 되기를 바라고 기대함。
【囑目:촉목】눈여겨 봄。注目함。〔屬望〕。
【囑言:촉언】뒷일을 남에게 부탁 하고 당부하여 두는 말。
【囑託:촉탁】❶부탁하여 맡김。부탁。❷《國》정부 기관이나 공공 단체에서 임시로 어떤 일을 맡아 보는 사람。屬託。
◎懇ㅣ、咐ㅣ、委ㅣ、啾ㅣ。

【囒】(란) 寒 ラン、いつわる lie
❶거짓말할란(誑言)。❷벌레이름란(虫名呀ㅣ)。(『讕』과 같음)

【囓】(설) 屑 ゲツ、かむ bite ㄋㄧㄝˋ nieh⁴ (本音「녈」)
씹을설(噬也)。(『齧』과 같음)

囗 部

【囗】㊀(국)『國』(口部8畫)의 古字 ㊁(위)『圍』(口部9畫)의 古字 ㊂큰입구〔部首名〕

二畫

【囙】(인)『因』(囗部 3畫)의 俗字

【囟】㊀(닙)、緝 ニュウ、ぬすむ ㊁(녑) 洽 steal

小篆 ㊀❶사사로 가질닙(私取物)。❷훔쳐갈 닙(盜也)。㊁뜻은 ㊀과 같음。

【囚】(수) 尤 シュウ、とらえる be confined ㄑㄧㄡ ch'iu²

小篆 草書 ❶가둘수(獄ㅡ拘繫)。【史記孔子世家】陽虎因ㅡ桓子。❷갇힐수(被獄拘繫)。【史記李斯傳】斯卒ㅡ。❸묶일수(束縛)。【師嚴詩】壯士豈爲章句ㅡ。❹갇힌사람수(罪人)。【禮】挺重ㅡ益其食。❺사로잡힌사람수(俘虜)。【詩經魯頌泮水】在泮獻ㅡ。❻재판의말수(獄辭)。【書經康誥】丕蔽要ㅡ。

【囚車:수거】죄인을 호송하는 수레。

囚車 (三才圖會)

【囚繫:수계】죄인을 잡아서 감옥에 가두어서 맴。囚絆。囚縛·收繫。

【囚禁:수금】죄인을 가두어 둠。拘囚。

【囚徒:수도】감옥에 갇힌 죄수。囚人。『漢書』行縣錄ㅡㅡ。

【囚虜:수로】갇혀 있는 포로。

【囚俘:수부】사로잡힘。또는 그 사람。俘囚。『左傳』費人執之爲ㅡㅡ。

【囚役:수역】죄수에게 일을 시킴。

【囚人:수인】옥에 갇힌 사람。罪囚。◎男ㅡ、俘ㅡ、死刑ㅡ、女ㅡ、瀦ㅡ、罪ㅡ、脫獄ㅡ。

【四】(사) 寘 シ、よつ four ㄙ ssu⁴

小篆 古文 籒文 草書 ❶넷사、넉사(數名)。『易繫辭』兩儀生ㅡ象。❷사방사(四方)。『論語顔淵』ㅡ海之內皆兄弟也。❸네번사(ㅡ次)。(『肆』과 통함)

【四街:사가】네 거리。

【四街里:사가리】네거리

【四角:사각】❶네 개의 각。❷네 구석에 각이 있는 모양。『岑參』ㅡㅡ礙白日。

【四角柱:사각주】네모가 진 기둥。

【四角形:사각형】《數》네 개의 直線으로 싸인 平面形。四邊形。

【四劫:사겁】《佛》세계가 이루어져서 멸망할 때까지의 커다란 네 時期。成劫·住劫·壞劫·空劫。『大藏法數』。

【四更:사경】밤을 五更으로 나눈 그 네째。새벽 두 시 전후。丁夜。『伏知道』ㅡㅡ星漢低。

【四京:사경】❶唐代의 네 서울。京兆(中京)·河南(東京)·太原(北京)·鳳翔(西京)。❷高麗 때의 네 서울。南京(서울)·東京(慶州)·中京(開城)·西京(平壤)。

【四境:사경】❶사방의 경계。❷天下。『孟子』ㅡㅡ之內不治。

【四計:사계】사람의 생활에 있어서의 네 가지 계획。하루의 계획은 새벽에、한해의 계획은 봄에、일생의 계획은 부지런함에、한 집안의 계획은 화목함에 달려 있다는 말。『月令廣義』。

【四季:사계】봄·여름·가을·겨울。四時。『張嬪』ㅡㅡ多花木。

【四季朔:사계삭】네 철의 마지막 달。陰曆 三월·六월·九월·十二월의 총칭。

【四苦:사고】《佛》人生의 네 가지 괴로움。生·老·病·死의 四苦。

【四顧:사고】사면을 둘러봄。『莊子』爲之ㅡㅡ、爲之躊躇。

【四顧無人:사고무인】주위에 아무도 없어 쓸쓸함。

【四顧無親:사고무친】의지할 만한 사람이 도무지 없음。

【四苦八苦:사고팔고】《佛》온갖 괴로움。四苦는 生·老·病·死의 네 가지。八苦는 四苦에 愛別離苦·怨憎會苦·求不得苦·五蘊盛苦의 네 가지 괴로움을 더한 것。

【四科:사과】孔子가 門人에게 가르친 네 종류의 學科。德行·言語·政事·文學。『論語·註』程子曰、ㅡㅡ乃從夫子於陳蔡者爾。

【四關:사관】《醫》곽란에 걸렸을 때에 通氣시키기 위하여 四肢의 관절에 침을 놓는 곳。

【四館:사관】《制》李朝 때의 成均館·藝文館·承文院·校書館의 總稱。

【四塊紙:사괴지】《國》白紙의 한 가지。본이 크고 좀 두꺼움。

【四郊:사교】서울 네 변두리의 郊外。『禮記』ㅡㅡ多壘、此卿大夫之辱也。

【四教:사교】❶詩·書·禮·樂의 네 가지 가르침。❷文·行·忠·信의 네 가지 가르침。『論語·述而』子以ㅡㅡ、文行忠信。❸여자의 婦德·婦言·婦容·婦功 네 가지 가르침。❹《佛》藏教·通教·別教·圓教。

【四郡:사군】《歷》漢 武帝가 우리 나라의 衛滿朝鮮을 멸하고、두었던 네 郡。樂浪·臨屯·眞蕃·玄菟。

【四君子:사군자】고결함이 군자와 같다는 네 가지 植物。곧 梅·蘭·菊·竹。

【四窮:사궁】늙은 홀아비、홀어미、부모 없는 아이、자식 없는 늙은이의 네 가지 불행。

【四窮民:사궁민】불쌍한 네 部類의 백성。鰥(老而無妻)·寡(老而無夫)·孤(幼而無父)·獨(老而無子)의 總稱。『孟子』。

【四極:사극】사방의 끝닿은 곳。사방의 아주 먼 나라。四表。四至。『楚辭』。

【四近:사근】가까운 사방。

【四氣:사기】四時의 기운。春溫·夏熱·秋冷·冬寒。『禮記·樂紀』動ㅡㅡ之和。

【四達:사달】❶사방으로 미침。❷길이 석가지 미침。『禮記』ㅡㅡ而不悖。❷길이 사방으로 통함。『戰國策』趙ㅡㅡ之國也。

【四唐:사당】唐代를 詩體上으로 나눈 初·盛·中·晩의 네 시기。곧 初唐(高祖 武德→玄宗 開元)·盛唐(玄宗 開元→代宗 大曆)·中唐(代宗 大曆→文宗 太和)·晩唐(文宗 太和→唐末)。

【四大家:사대가】李朝 宣祖 때의 네 학자。李廷龜·申欽·張維·李植을 일컬음。

【四大奇書:사대기서】明·淸 시대의 가장 뛰어난 네 개의 서적。四大小說。곧 水滸傳·三國志演義·西遊記·金甁梅。

【四大門:사대문】《制》서울에 있던 동서 남북의 네 대문。곧 興仁門·敦義門·崇禮門·肅靖門。現在는 興仁門(東大門)과 崇禮門(南大門)만이 남아 있음。

【四大弟子:사대제자】《佛》석가의 으뜸 가는 네 제자。곧 須菩提·迦旃延·迦葉·目犍連。

【四德:사덕】❶易에서 乾의 四德。元·亨·利·貞。『易經』。❷여자의 네가지 덕。言(辭令)·德(貞順)·功(絲麻)·容(婉娩)。『周禮·九嬪』。

【四樑:사량】들보 네 개를 써서 한 간 반 넓이로 집을 짓는 방식。또 그런 집。

【四䎽:사령】누에의 세 잠 잔 뒤로부터 네 잠 잘 때까지의 사이。

【四靈:사령】傳說上의 네 가지의 神靈한 동물。麟·鳳·龜·龍。『禮記』。

【四禮:사례】《制》❶네 가지 大禮。冠·婚·喪·祭。『文中子』。❷君臣·父子·兄弟·朋友 사이의 禮。『白虎通』。

【四六半切:사륙반절】四六版의 절반인 인쇄물의 規格。

【四六倍版:사륙배판】四六版의 갑절인 인쇄물의 규격。

【四六版:사륙판】❶가로 네 치、세로 여

섯치 되는 책의 규격。❷가로 석자 여섯 치、세로 두 자 여섯 치 되는 洋紙의 판。

【四輪車:사륜거】 바퀴가 넷인 수레。

【四鄰:사린】 ❶=四輔。『書經』欽ㅡㅡ。❷사방의 이웃 나라。『左傳』諸侯鄰、守在ㅡㅡ。❸집 주위에 있는 이웃。『唐彥謙』「稱。雞犬歸來識ㅡㅡ。

【四立:사립】 立春·立夏·立秋·立冬의 總稱。

【四末:사말】 《宗》사람이 면하지 못할 네 가지 종말。死·審判·天堂·地獄。

【四望:사망】 四方을 바라봄。四方의 眺望。『世說』ㅡㅡ皎然、因起彷徨。

【四孟朔:사맹삭】 네 철의 각 첫달인 陰曆 정월·四월·七월·十월。四孟。

【四面楚歌:사면초가】 孤立無援이 되는 경우。《故》楚나라 項羽가 垓下에서 漢高祖 劉邦의 군사에게 포위되었을 때、밤중에 사면의 漢 나라 군사 중에서 楚 나라의 노래가 들려 오는 것을 듣고、楚나라 백성이 이미 漢에게 항복했는가 하고 탄식한 故事。『史記·項羽紀』夜聞漢軍四面皆楚歌。

【四面春風:사면춘풍】 《國》두루 春風。《喩》누구에게나 웃는 얼굴로 좋도록 대하는 사람。『東言解』。

【四面八方:사면팔방】 四面과 八方。「모든 방면。

【四溟:사명】 사방의 바다。四海。

【四明馬:사명마】 사족발이。

【四名山:사명산】 白頭山을 줄기로 한 네 名山。金剛山·九月山·智異山·妙香山。

【四名節:사명절】 우리 나라 四大 名節。설·단오·추석·冬至。四名日。

【四勿:사물】 論語에서 금하는 네 가지 일。『論語·顏淵』非禮勿視、非禮勿聽、非禮勿言、非禮勿動。

【四民:사민】 ❶백성의 네 계급。士·農·工·商。『書經』司空掌邦土、居ㅡㅡ、時地理。❷人民。民衆。

【四民平等:사민평등】 모든 신분·계급의 國民을 다 同等한 권리와 의무를 갖도록 평등하게 취급하는 일。

【四半期:사반기】 일 년을 넷으로 등분한 그 한 기간。

【四方:사방】 ❶동·서·남·북의 總稱。四表。❷여러 방면。❸四方의 外國。四向。

【四方之志:사방지지】 천하 사방을 遊歷하며 또한 경영하려는 큰 뜻。『魏志』劉表坐保江淮之間、其無ㅡㅡ可知。

【四方枕:사방침】 팔꿈치를 괴고 비스듬히 기대어 앉게 된 네모난 큰 베개。

【四方卓子:사방탁자】 과실·과자 따위를 올려 놓는 네모 반듯한 탁자。

【四方響應:사방향응】 어떤 主唱에 應하여 천하 사방의 人士가 궐기하여 일어남。

【四邊:사변】 ❶사방의 변두리。❷주위。근처。『張詠』官舍ㅡㅡ。❸《數》네 개의 변。

【四寶:사보】 ❶붓·먹·종이·벼루를 소중하게 일컫는 말。『晁沖之』羅列ㅡㅡ、如文房。❷네 가지의 보배。

【四福音:사복음】 《宗》신약 성서 중에 있는 마태 복음·마가 복음·누가 복음·요한 복음의 總稱。

【四府:사부】 ❶봄·여름·가을·겨울의 四季。❷易經·書經·詩經·春秋의 四書。❸大將軍府·太尉府·司徒府·司空府。『後漢書·質帝紀』。

【四分五裂:사분오열】 ❶네 갈래 다섯 갈래로 나뉘지고 찢어짐。이리저리 갈기 갈기 찢어짐。❷천하가 심히 어지러움。支離滅裂。『史記』天下ㅡㅡ。

【四鄙:사비】 사방의 僻地。사방의 궁벽한 곳。『張華』囂聲振ㅡㅡ。

【四絲:사사】 실을 네 가닥으로 꼬아서 만든 끈목。

【四四半期:사사반기】 一년을 넷으로 「등분한 기간의 그 네째。

【四捨五入:사사오입】 《數》끝수가 四 이하 일 때는 버리고、五 이상은 一〇으로 하여 위에 올려서 계산하는 셈법。

【四散:사산】 사방으로 뿔뿔이 흩어짐。

【四散奔走:사산분주】 사방으로 뿔뿔이 흩어져 달아남。

【四象:사상】 周易에서 말하는 太陽·少陽·太陰·少陰。『易經』兩儀生ㅡㅡ。

【四塞:사색】 ❶사방으로 둘러싸임。『漢書』黃霧ㅡㅡ。❷사방이 둘러싸여서 외적이 침입하기 힘든 要塞。『史記·項羽紀』關中阻山河ㅡㅡ、地肥饒。

【四色:사색】 《歷》李朝 때 黨爭을 일삼던 네 당파。곧 老論·少論·南人·北人。

【四色分排:사색분배】 《制》老·少·南·北의 네 당파에서 같은 수의 사람을 내어서 벼슬을 시키던 일。四色벼름。

【四塞之地:사색지지】 주위가 험한 지형으로 둘러막힌 견고한 要塞地。

【四生:사생】 《佛》生物의 네 가지 生成의 형태。胎生·卵生·濕生·化生。

【四序:사서】 봄·여름·가을·겨울의 四時。『魏書·律曆志』ㅡㅡ遷流、五行變易。

【四書:사서】 ❶論語·孟子·大學·中庸의 總稱。❷論語·孝經·大學·中庸。❸書經의 篇名으로 虞書·夏書·商書·周書。

【四聲:사성】 《言》漢字가 갖는 高·低·長·短 네 종류의 音。平聲·上聲·去聲·入聲。

【四聖:사성】 ❶네 사람의 聖人。곧 孔子·釋迦·예수·소크라테스。또는 마호메트。❷《佛》佛·菩薩·緣覺·聲聞의 四界。❸中國의 네 사람의 聖人。伏羲氏·文王·周公·孔子。

【四星將軍:사성장군】 《軍》계급자의 별이 넷 달린 장군。곧 大將을 일컫는 말。

【四小門:사소문】 《地》서울의 東·西·南·北의 네 小門。弘化門·昭德門·光熙門·彰義門。

【四垂:사수】 ❶=四陲。❷四方에 드리워짐。『詩經·音義』屋ㅡㅡ爲宇。

【四陲:사수】 나라의 四方 변두리。四垂。

四裔。(陲는 邊)。

【四旬祭:사순제】 《宗》예수의 광야에서의 四〇日간 단식 수행을 기념하여 부활제 전 四〇일 동안에 걸쳐서 斷食·贖罪를 행하도록 한 精進의 季節。

【四始:사시】 ❶歲·時·月·日의 시작。❷정월 초하루。元旦。『史記·註』ㅡㅡ謂正月元旦。❸詩의 四體。『詩經·疏』ㅡㅡ者、風也、小雅也、大雅也、頌也。❹書經의 仲虺之誥의 仁、湯誥의 性、大甲의 誠、說命의 學。

【四時:사시】 ❶=四季。『易經』與ㅡㅡ合其序。❷하루의 네 때。곧 旦·晝·暮·夜。

【四時佳節:사시가절】 네 계절에 딸린 명절。

【四神:사신】 四方에 있는 별의 모양。곧 靑龍(東)·白虎(西)·朱雀(南)·玄武(北)。四獸。

【四十九日:사십구일】 《佛》사람의 死後 日數를 七日로써 곱셈한 일곱 번째인 四九일째。이 동안 죽은 이의 영혼이 그 집에 머무른다 함。七七日。正日。

【四十初襪:사십초말】 《俗》사십에 첫 버선。《喩》늦게야 비로소 일을 하여 봄。

【四嶽:사악】 古代 中國에서 泰山(東嶽)·華山(西嶽)·衡山(南嶽)·恒山(北嶽)의 總稱。四岳。여기에 중앙의 嵩山(中嶽)을 합하여 五嶽이라 일컬음。

【四惡道:사악도】 《佛》악인이 죽어서 가는 地獄·餓鬼·畜生·阿修羅의 네 가지 세계。四惡趣。

【四野:사야】 사방의 들。온 들。『漢書』ㅡㅡ風起。

【四言詩:사언시】 한 句가 四言으로 된 「中國의 古詩。

【四業:사업】 詩·書·禮·樂의 네 修業。『後漢書·法眞傳』體兼ㅡㅡ。

【四裔:사예】 나라의 사방의 끝。四荒。『左傳』投諸ㅡㅡ、以禦魑魅。

【四藝:사예】 거문고·바둑·글씨·그림의 네 가지 技藝。

【四友:사우】 ❶눈 속에서 피는 네 가지 꽃。玉梅·臘梅·水仙·山茶花。❷네 가지 문방구。곧 紙·筆·墨·硯。

【四隅:사우】 네 구석。四方。四維。

【四運:사운】 四時의 운행。『陸機』ーー循環轉。

【四圍:사위】 사방의 둘레。주위。

【四威儀:사위의】 修行者의 생활에 있어서의 네 가지의 몸가짐。行·住·座·臥。『釋氏要覽』經律中皆以行·住·座·臥、名ーーー。

【四維:사유】 ❶나라를 유지함에 필요한 네 가지 守則。禮·義·廉·恥。『管子·牧民』ーー不張、國乃滅亡。❷乾(西北)·坤(西南)·艮(東北)·巽(東南)의 네 방위。『小學紺珠』。

【四恩:사은】 《佛》天地·國王·父母·衆生의 네 가지 은혜。또는 國王·父母·師長·施主(檀越)의 네 가지 은혜。

【四人轎:사인교】 앞 뒤에 각각 두 사람씩 모두 네 사람이 메는 가마。

【四日成服:사일성복】 죽은 지 나흘만에 상주 이하의 服人들이 상복을 입음。

【四障:사장】 《佛》도를 닦아 터득함에 있어서의 네 가지 障害。곧 惑障·惡障·報障·見障。

【四才:사재】 네 가지 재능。身·言·書·判을 이름。

【四正:사정】 子·午·卯·酉의 네 방위。

【四正見:사정견】 《佛》진리에 대한 네 가지의 바른 견해。곧 苦·集·滅·道의 四諦。「總稱。

【四祖:사조】 父·祖父·曾祖父·外祖父의

【四爪鉤:사조구】 《歷》네 갈래진 쇠갈퀴를 사슬에 매어 敵船에 걸어 끌어 당기게 된 병기。李舜臣이 創案하였음。

【四足:사족】 ❶짐승의 네 발。또는 그 짐승。❷四肢의 俗稱。

【四從:사종】 열촌 뻘 되는 형제 자매。十寸。

【四柱:사주】 ❶占術家가 사람의 生年·月·日·時의 네 干支。또는 그에 의하여 운수를 占치는 일。→八字。❷돈 이름。梁의 敬帝 때 鑄造한 것。『南史·梁敬帝紀』。❸네 개의 기둥。『博物志·地』。

【四柱單子:사주단자】 定婚한 뒤 신랑의 四柱를 적어 신부집에 보내는 簡紙。

【四柱占:사주점】 사주를 가지고 신수를 헤아려 보는 점。

【四柱八字:사주팔자】 ❶사주의 干支가 되는 여덟 글자。❷타고난 신수。

【四衆:사중】 《佛》比丘·比丘尼·優婆塞(우바새)·優婆尼(우바니)의 총칭。『無量壽經』諸天人民、一切ーー。

【四仲朔:사중삭】 네 철의 각각 가운데 달。곧 음력의 二월·五월·八월·一一월。

【四支:사지】 두 손과 두 발。四體。四肢。『易經』暢ーー、發事業。

【四肢:사지】 =四支。『荀子』如ーー之從「心。

【四診:사진】 醫家가 병을 진찰하는 네 가지 방법。곧 神(視診)·聖(聽診)·工(問診)·巧(觸診)의 총칭。

【四盡:사진】 네 가지가 다 없어짐。곧 물에 고기 없고、산에 짐승 없고、밭에 곡식 없고、마을에 사람 없음。『南史·魚弘傳』。

【四集:사집】 《佛》불교를 배우는 네 가지 과정。書狀 都書·禪要·節要。

【四天王:사천왕】 《佛》동·서·남·북의 사방을 지키는 帝釋天의 네 부하。곧 持國天王(東)·廣目天王(西)·增長天王(南)·多聞天王(北)。

【四天王門:사천왕문】 《佛》절을 지키는 뜻으로 좌우에 東·西·南·北의 사천왕을 만들어 세운 문。

【四體:사체】 ❶두 손과 두 발。몸。身體。四支。四肢。『論語』ーー不勤、五穀不分。❷형제。『儀禮』昆弟ーー也。❸글씨의 네 가지 體。『小學紺珠』。

【四寸 사촌】 ❶아버지의 친형제의 子女。❷《法》촌수의 하나。民法의 친족 규정에서、고조부모、조부의 형제 자매、형제 자매의 孫子 등과 같이 四代를 隔한 사람과의 관계。四親等。四等親。

【四寸戚:사촌척】 내외종·姨從 등 성이 다른 사촌。

【四則:사칙】 《數》加·減·乘·除의 네 가지 計算法。

【四通五達:사통오달】 길이 사방으로 막힘 없이 통함。『史記』ーー之郊也。

【四通八達:사통팔달】 길이 사면 팔방으로 통해 있어서 매우 편리함。四通五達。『子華子』ーー、遊士之所湊也。

【四表:사표】 나라의 변두리。四方。『書經·堯典』光被ーー、格于上下。

【四標:사표】 사방의 경계표。

【四學:사학】 ❶周學·殷學·夏學·虞學의 四代의 學校。❷六朝 宋文帝 때에 세운 儒學·玄學·史學·文學의 四校。❸《國》서울의 中央과 東·西·南 네 곳에 나라에서 세운 네 학교。李朝 太宗 때 서울 안에 東·西·南·北·中 五方에 학교를 세워 管內의 士大夫 子弟를 교훈하였으나 얼마 안 되어 北學은 폐지되고 四學(東·西·南·中)만이 존속되었다가 高宗 三一年에 폐함。

【四海:사해】 ❶사방의 바다。❷나라의 사방 끝。天下。세계。❸동해·서해·남해·북해의 일컬음。❹사방의 異民族。사방의 외국。

【四海同胞主義:사해동포주의】 《哲·倫》=博愛主義。

【四海龍王:사해용왕】 동·서·남·북의 네 바다 속에 있다는 龍王。

【四海兄弟:사해형제】 온 세계 사람이 형제와 다름 없다는 말。『論語』四海之內、皆兄弟也。

【四行:사행】 ❶사람이 지켜야 할 네 가지의 道理。곧 孝·悌·忠·信。❷四德。곧 여자가 지켜야 할 네 가지 행실。婦德·婦言·婦容·婦功。❸敦厚·質樸·遜讓·節儉。

【四向:사향】 =四方。

【四荒:사황】 나라의 四方 변두리。四裔。『漢書』ーー鄕風、百姓素朴。

◎張三李ー、再三再ー、朝三暮ー。

三 畫

【孑】 (건) 銑 ケン、こども child ㄐㄧㄝ chieh²
아이건(閩人呼兒)。【靑箱雜記】唐取閩子爲宦官顧況有哀ー詩。

【回】 ㊀(회) 灰 ㊁(회) 隊 カイ、めぐる turn ; return ㄏㄨㄟ huei²

小篆 古文 草書

㊀❶돌아올회(返也)。【詩】昭ー于天。❷돌이킬회(旋也)。【史記】墨子ー車。❸간사할회(邪曲)。【詩經】其德不ー。❹어길회(違也)。【詩】求福不ー。❺머뭇거릴회(低ー紆衍貌)。【史記】適魯觀仲尼車服禮器余低ー留之。❻굽을회(曲折)。【孟浩然詩】尋幽石徑ー。❼둘레회(周圍)。❽도수회(度數)。【喩汝礪詩】幾ー咻殺生仲達。(『廻』와 통함) ㊂❶돌회(遶也)。【漢書】趙充國ー遼千里。❷피할회(畏避)。

【回看:회간】 ❶돌려서 봄。回覽。❷돌이켜 봄。

【回甲:회갑】 나이 六一세를 가리키는 말。還甲。周甲。

【回甲宴:회갑연】 환갑 잔치。

【回改:회개】 돌이켜 고침。바꾸어 고침。『南史』執心終無ーー。

【回顧:회고】 ❶돌아다 봄。❷지나간 일을 돌이켜 봄。

【回顧談:회고담】 지나간 일을 되 생각하며 하는 이야기。

【回教:회교】 =回回教。「歷합。

【回國:회국】 ❶歸國。❷여러 나라를 巡

【回軍:회군】 還軍。

【回歸:회귀】 도로 돌아옴。

【回歸無風帶:회귀무풍대】 《地》貿易風이 反對貿易風을 서로 만나서 無風이 되는 지방。無風帶。

【回歸線:회귀선】 《天》地球 적도에서 남북으로 二三度二七分에 該當하는 곳을 지나는 緯線。

【回歸熱:회귀열】 《醫》일정한 시간의 간격을 두고 熱이 나는 病。말라리아熱。

【回極:회극】 天中。하늘 가운데。『楚辭·遠遊』。

【回忌:회기】 ❶꺼려서 피함。回避。顧忌。『唐書』上言無——。❷죽은 뒤 돌아오는 忌日。

【回期:회기】 되돌아 올 시기。

【回納:회납】 ❶도로 돌려 드림。❷답장 편지 겉봉에 受信人 성명 밑에 쓰는 말。

【回答:회답】 물음에 대답함。또는 그 일。

【回讀:회독】 책 같은 것을 여럿이 돌리어 가며 읽음。

【回欄:회란】 빙 둘린 난간。『揭奚斯』蓬萊宮闕赤——。

【回覽:회람】 여럿이 차례로 돌려 가면서 봄。

【回廊:회랑】 ❶正堂의 좌우에 있는 긴 집채。『杜甫』小院——春寂寂。❷洋屋의 어떠한 房을 중심으로 둘러 댄 마루。複道。

【回糧:회량】 돌아오는 路資。

【回禮:회례】 ❶謝禮의 뜻으로 하는 禮。返禮。❷順次的으로 人事하며 도는 일。

【回路:회로】 되짚어 오는 길。返路。

【回祿:회록】 불의 神。《轉》火災。『左傳』子產禳火于玄冥——。

【回馬便:회마편】 돌아가는 말의 편。

【回文:회문】 ❶회답의 문서。❷여러 사람이 순번으로 돌려서 보는 글。回狀。

【回斑:회반】 《醫》痲疹 따위의 병으로 몸 거죽에 돋았던 것이 없어짐。

【回步:회보】 돌아오는 걸음。

【回報:회보】 ❶대답하는 報告。答報。❷돌아와서 여쭘。

【回復:회복】 이전의 상태와 같이 돌이킴。『漢書』——此都。

【回復期:회복기】 ❶원상으로 복구하는 시기。❷병이 낫는 시기。

【回附:회부】 돌리어 보냄。

【回邪:회사】 요사스럽고 올바르지 못함。邪曲。『史記』——不正。

【回謝:회사】 사례하는 뜻을 표함。

【回想:회상】 지나간 일을 돌이켜 생각함。또는 그 생각。

【回翔:회상】 새가 날아 빙빙 돌음。旋回。『禮記』過其故鄕——焉。

【回生:회생】 =蘇生。

【回書:회서】 答狀。『夢溪筆談』。

【回船:회선】 ❶돌아가는 배。또는 그 배편。❷배를 돌리어서 돌아 옴。

【回旋:회선】 빙빙 돌리거나 돌음。

【回送:회송】 =還送。

【回收:회수】 도로 거두어 들임。

【回數:회수】 ❶차례의 수효。❷여러 차례를 세는 말。

【回數券:회수권】 乘車券·入場券·따위의 몇 회분을 한 묶음하여 파는 표。

【回收益:회수익】 도로 걷어 들인 이익。

【回示:회시】 ❶남의 회답。❷죄인을 끌고 다니며 여러 사람에게 보임。

【回信:회신】 편지 또는 電信의 회답。回報·回書·回翰。

【回心:회심】 《宗》❶좋지 못한 마음을 고침。改心。❷옛날의 愛情으로 돌이킴。

【回心曲:회심곡】 《佛》임진 왜란 때에 西山大師가 善行을 권장하려고 지은 노래。

【回容:회용】 法을 굽혀 받아들임。(回曲)。

【回隱:회은】 여기저기 도망가 숨는 일。

【回章:회장】 回文。

【回傳:회전】 빌어 온 물건을 도로 돌리어 보냄。

【回電:회전】 =答電。

【回轉:회전】 ❶빙빙 돌아서 구름。또는 굴림。❷㉠竝進 또는 平行移動에 대한 剛體運動의 일종으로서 어떤 도형 또는 물체가 그 모양이나 크기를 변함 없이 고정된 一直線·일점의 위치를 변하지 않게 하는 운동。㉡어떤 물체가 다른 물체의 周圍에 일정한 軌道를 그리며 이동함。回行。❸나팔꽃의 줄기、오이의 卷鬚 따위가 다른 물건에 돌돌 감김。❹高等哺乳類의 大腦 표면에 잡힌 주름。

【回轉器:회전기】 《農》脫穀器。

【回轉爐:회전로】 《物》巨大한 圓筒을 수평 또는 다소 경사지게 설치하고、軸에 의하여 회전하게 장치한 가마。

【回轉速度:회전속도】 映寫機·錄音機 및 撮影機 등에서 필름을 돌리는 속도。

【回轉式:회전식】 회전할 수 있는 것。또는 그 방식。

【回轉椅子:회전의자】 밑은 固定된 채 자리만 회전할 수 있게 만든 의자。

【回轉軸:회전축】 《物》❶회전의 중심이 되는 일정 부동의 直線。또는 그 점。❷회전하는 기계의 總稱。

【回程:회정】 돌아오는 길에 오름。

【回漕:회조】 배로 물건을 실어 나름。

【回診:회진】 《醫》병원에서 의사가 환자의 병실을 돌아다니며 하는 진찰。

【回嗔作喜:회진작희】 성을 내었다가 슬쩍 돌리어 기뻐함。화를 풀음。

【回天:회천】 ❶천자의 뜻을 돌이키게 함。❷쇠잔한 세력을 돌이켜 회복시킴。『唐書·張玄素傳』張公論事、有——之力。

【回貼:회첩】 回答의 글。答書。回書。

【回帖:회첩】 回書。

【回春:회춘】 ❶봄이 다시 돌아 옴。❷중한 병에서 다시 건강을 회복함。

【回通:회통】 通文에 대한 회답。

【回便:회편】 돌아오는 人便。

【回風:회풍】 회오리바람。旋風。『楚辭』。

【回避:회피】 ❶피함。꺼려서 피함。『漢書』或——以全其道。❷《法》소송사건에서 判事 또는 서기가 혐의를 받을 만한 사정이 있을 경우 스스로 피하여 그 審理에서 물러 나는 일。

【回避不得:회피부득】 일을 아니하려고 피하려 하나 피할 수가 없음。

【回避策:회피책】 ❶회피하고 모면하는 방법이나 방책。❷《法》소송 사건에 있어서 判事 또는 서기가 그 사건을 안 맡으려고 피하는 계책。

【回翰:회한】 회답으로 하는 서한。答狀。

【回航:회항】 ❶항구마다 돌아다니는 航海。❷배를 타고 돌아옴。

【回向發願心:회향발원심】 《佛》이승에 닦은 善根·공덕을 돌리어 淨土에 往生하고자 하는 發願。

【回穴:회혈】 얽히어 구부러져 있음。紆曲。『後漢書』。

【回護:회호】 過失을 덮어주거나 변호하는 일。掩護。

【回婚:회혼】 《國》偕老하는 부부의 혼인한 지 六〇週年의 일컬음。回巹。

【回婚禮:회혼례】 회혼을 축하하는 잔치。

【回還:회환】 갔다가 다시 돌아옴。還來。

【回惶:회황】 두려워함。恐惶。『晉書·姚興載紀』俯仰——。

【回遑:회황】 彷徨。徊徨。『晉書』俯仰——。

【回回:회회】 ❶빙빙 도는 모양。『馬融·廣成頌』紛紛——、南北東西。❷빛나는 모양。『張衡』焱——其揚靈。❸回回教의 略稱。

【回回教:회회교】 《宗》마호메트가 시작한 종교。이슬람교。回教。

【回訓:회훈】 《政》在外 全權大使의 請訓에 對한 本國政府의 回答訓令。

◎今—、挽—、每—、旋—、前—、周—、次—、初—。

【囟】(신) 震 シン、ひよめき ㄒㄧㄣ hsin⁴ (of the head) the crown
小篆 或體 古文 숨구멍신(小兒頂門)。

【囟門:신문】❶숨구멍。❷정수리。

【囟陷:신함】《醫》어린애의 정수리가 움푹 빠져 들어가는 병。

【因】(인) 眞 イン、よる ㄧㄣ yin¹ be due to
小篆 草書 ❶인할인(仍也)。❷이을인(襲也)。〔論語〕殷—於夏禮。❸헤질인(析也)。〔書經〕厥民—。❹말미암을인(由也)。〔鄒陽上梁王書〕夜光之璧暗投於人莫不按劒相眄者無—至前也。❺의지할인(依也)。〔論語〕—不失其親亦可宗也。❻부탁할인(托也)。〔孟子〕時子—陳子以告孟子。❼인연인(緣也)。〔傳燈錄〕欲知前世—今生受者是。❽따를인(隨也)。〔中庸〕天之生物、必—其材而篤。❾겹칠인(重合)。〔十八史略 西漢〕太倉之粟、陳陳相—。❿근본인(本也)。⓫까닭인(理由)。

【因果:인과】❶《佛》因緣과 果報。과거의 인연으로 말미암은 현재의 과보와、현재의 인연으로 말미암은 미래의 과보 따위。❷《哲》원인과 결과。

【因果法則:인과법칙】=因果律。

【因果律:인과율】《哲》自然界에서 어떤 현상이 일어나는 데는 반드시 그 原因이 되는 것이 있다는 법칙。因果法則。

【因果應報:인과응보】《佛》좋은 원인에는 좋은 결과가 나오고、나쁜 원인에는 나쁜 결과가 나오는 것처럼、사람이 짓는 善惡의 因業에 응하여 반드시 거기에 相應하는 果報가 있다는 말。〔法華經〕如是因、如是緣、如是果、如是報。

【因舊遵行:인구준행】옛 前例대로 좇아 행함。

【因母:인모】친 어머니。〔儀禮·喪服傳〕

【因病致死:인병치사】병으로 因하여 죽음。

【因山:인산】《國》太上皇과 그 妃、王과 王妃、皇太子 부부、皇太孫 부부의 葬禮。

【因循:인순】❶옛 습관을 지키고 버리지 아니함。〔漢書·循吏傳〕—守職、無所改作。❷진취의 기력이 없이 우물쭈물함。〔韓愈·酬裴功曹詩〕多才自勞苦、無用祗——。

【因習:인습】이전부터 전하여 내려 오는 몸에 젖은 習慣。

【因襲:인습】재래의 습관과 禮節을 그대로 좇아 고치지 아니함。因習。因仍。〔後漢書〕後主所宜——。

【因襲道德:인습도덕】❶예로부터 지켜 내려와 고칠이 없는 도덕。❷현대생활에 안 맞는 因襲에 사로잡혀 自覺없이 그저 지켜 조금도 개선이 없는 형식적인 도덕。

【因襲主義:인습주의】스스로 깨달음이 없이 盲目的으로 인습을 고집하고 改善의 길을 묻지 않는 주의。

【因時:인시】시세를 좇음。때를 따름。

【因時制宜:인시제의】시대의 변함에 따라 그 時代에 맞도록 함。

【因緣:인연】❶연분。연줄。〔史記·田叔傳〕未有——也。❷《佛》緣由。지금 일어나고 있는 것에 대한 이전의 관계。

【因噎廢食:인열폐식】한번 체한 사람이 다시는 그것은 먹지 않는다는 뜻。《喩》한번 봉변당한 일을 몹시 무서워하여 다시는 그 일을 하려 들지 않음을 일컬음。《轉》些少한 障碍로 말미암아 重大事를 폐함을 일컬음。

【因應:인응】私心을 품지 않고 자연 그대로 맡기는 일。〔史記·老子傳贊〕老子所貴道、虛無——、變化于無爲。

【因人成事:인인성사】남에게 의뢰하여 남의 힘으로 일을 이룸。

【因仍:인잉】=因襲。

【因子:인자】❶《數》因數。여러 수를 하나씩 하나씩 곱하여 나온 수에 대하여 그 곱한 하나 하나의 수를 이름。❷어떤 사물의 관계·조건을 구성하는 낱낱의 요소。

【因諸:인제】감옥。〔博物志〕周曰囹圄、齊曰——。

【因蔯:인진】❶《植》사철쑥。❷《醫》사철쑥의 어린 잎。오줌을 通하게 하는 약。濕熱·黃疸에도 쓰임。茵蔯。

【因革:인혁】=沿革。

【因忽不見:인홀불견】언뜻 보이다가 바로 없어지고 아니 보임。

◎近—、基—、病—、成—、素—、宿—、惡—、業—、原—、遠—、敗—。

【団】(단)『團』(口部 11畫)의 略字

四畫

【囤】(돈) 阮 トン、ちいさいくら ㄉㄨㄣˊ tuen⁴ small storehouse
작은곳집돈(小廩囷類)。

【囦】(연)『淵』(水部 8畫)의 古字

【囦汯:연현】물이 깊고 넓은 모양。〔郭璞〕㵾湖之淵、澄澹汪 澄瀁滉——。

【囧】(경) 靑 キョウ、あきらか bright
草書 창밝을경(窗牖閌明)。〔韓愈詩〕月吐窗——。(『冏』과 통함)

【囪】㈠(창) 江 ソウ、まど window ㈡(총) 東 ㄔㄨㄤ ch'uan
小篆 或體 古文 草書 ㈠창창(屋戶)。㈡(『聰·窓』과 같음) ㈢굴뚝총(竈突)。

【囫】(홀) 月 コツ、かたまり ㄏㄨˊ
草書 ❶덩어리홀(物完)。❷완전할홀(完也)。

【囫圇:홀륜】물건의 모양이 완전하여 이지러지거나 모자람이 없는 덩어리。

【囫圇呑棗:홀륜탄조】대추를 통으로 삼키면 맛을 모른다는 뜻。《喩》잘 모르는 일을 우물쭈물하여 넘김을 일컫는 말。

【囫囫:홀홀】❶온전한 모양。❷둥글둥글하고 단단한 모양。

【囬】(회)『回』(口部 3畫)의 俗字

【园】(완) 寒 ガン、まるくけずる cut roundly
草書 둥글게 깎을완(削而圓形)。

【囮】(와) 歌 カ、おとり ㄜˊ kinap
小篆 或體 或體 草書 ❶새후릴와(誘禽鳥 即今鳥媒)。〔說文〕率鳥者繫生鳥以來之名曰—。❷화할와(—育化也)。〔元包經〕積類—育庶物甡植。

【囮育:와육】나서 자람。〔元包經〕群類——、庶物生植。

【囮鳥:와조】❶다른 새를 誘引하기 위하여 잡아 매 놓은 새。媒鳥。❷誘引하기 위한 것의 總稱。

【困】(곤) 願 コン、こまる distress; difficult
小篆 古文 草書 ❶곤할곤(窮苦)。〔易〕澤無水—。❷노곤할곤(倦極力乏悴也)。〔後漢書〕世祖至營勞耿純曰昨夜—乎。❸지칠곤。❹고심할곤(苦心)。〔中庸〕或—而知之。❺게으를곤(倦也力乏)。❻언짢을곤(苦也)。〔宋史 王彦章傳〕此

夕巡警甚ㅣ。❼어지러울곤(亂心)。〔論語子罕〕不爲酒ㅣ。❽괘이름곤(易卦名)。

【困坷:곤가】 곤란하여 괴로워함。고생함。『蘇軾』空室自ㅣㅣ。

【困竭:곤갈】 빈한하여 아무 것도 없음。困絕。『後漢書』賦斂煩數、官民ㅣㅣ。

【困境:곤경】 곤란한 처지。어려운 고비。

【困苦:곤고】 ❶곤란하여 고생함。❷가난하여 고생함。『莊子』安所ㅣㅣ哉。

【困窮:곤궁】 몹시 곤란함。가난하고 살림이 구차함。가난으로 고민함。『書經』四海ㅣㅣ、天祿永終。

【困急:곤급】 困難하고 위급함。『史記』上數在ㅣㅣ之中。 「이 궁핍함。

【困難:곤난⇩곤란】 ❶어려움。❷생활

【困惱:곤뇌】 困乏과 煩惱에 잠겨 있음。

【困頓:곤돈】 괴롭고 궁핍함。『花蕊夫人』歸來ㅣㅣ眠紅帳。

【困迫:곤박】 일이 困難하고 급박함。

【困步:곤보】 기운 없이 겨우 걷는 걸음。

【困否:곤부】 행복스럽지 못함。不幸。不運。『風俗通』時有ㅣㅣ。

【困憊:곤비】 =困乏。

【困塞:곤색】 ❶돈의 융통이 막힘。❷가난하고 운수가 막히어 생활이 곤궁함。

【困獸猶鬪:곤수유투】 쫓긴 짐승이 사람을 向해 덤빔。窮鼠齧猫。『左傳』ㅣㅣ、況國相乎。

【困隘:곤애】 어려움。괴로움。困阨。『劉向』常思ㅣㅣ之時。

【困厄:곤액】 곤란과 재액。災難。『史記』疾病ㅣㅣ。

【困約:곤약】 괴롭고 궁핍함。『史記·晉世家』至ㅣㅣ。

【困臥:곤와】 고단하여 잠이 깊이 들음。『蘇軾』同遊ㅣㅣ九曲嶺。

【困辱:곤욕】 괴로움과 모욕을 당함。窘辱。『史記』ㅣㅣ至此。

【困作:곤작】 글을 애써 가며 더디 지음。

【困在核心:곤재핵심】 대단히 어려운 경우를 당함。

【困絕:곤절】 =困竭。『史記』軍亦有天幸、未嘗ㅣㅣ也。

【困屯:곤준】 괴롭고 고달픔。고민。『東晳·貧家賦』嬰六極之ㅣㅣ。

【困躓:곤지】 괴로와서 쓰러짐。길이 막혀 挫折됨。『唐書』收ㅣㅣ不自振。

【困寢:곤침】 피곤하여 잠이 깊이 들음。

【困乏:곤핍】 ❶고달파서 힘이 없음。❷가난함。窮乏。『詩經·箋』。
◎窮ㅣ、飢ㅣ、貧ㅣ。

【囲】 (위)『圍』(9口部畫)의 略字

【囩】 (운) 文
둘릴운(繞回)。

【⿴囗分】 (경) 靑 ケイ、ひかる shine ㄌㄧㄥˊ ling²
빛날경(光也)。(『囧』의 俗字)

【⿴囗乂】 (도)『圖』(11口部畫)의 略字

五 畫

【囷】 (균) 眞 軫 キン、コン、こめぐら store house ㄐㄩㄣ chün¹
小篆 草書 ❶둥근곳집균(圓廩)。〔詩〕不稼不穡胡取禾三百ㅣ。❷서릴균(輪ㅣ屈曲盤戾貌)。〔漢書〕蟠木根柢輪ㅣ離奇爲萬乘器。❸곳간균(穀倉)。

囷 ❶ (三才圖會)

【囷囷:균균】 빙빙 도는 모양。『杜牧』盤盤焉、ㅣㅣ焉。

【囷鹿:균록】 쌀 창고。『國語』ㅣㅣ空虛。

【囷廩:균름】 囷倉。『梅堯臣』ㅣㅣ見餘積。

【囷倉:균창】 곡식 창고。쌀 창고。廩。倉廩。『禮記』修ㅣㅣ。

【⿴囗布】 (포) 虞 ホ、はたけ vegetable garden
채전포(菜田)。(『圃』와 같음)

【⿴囗全】 (국)『國』(8口部畫)의 古字

【囹】 (령) 靑 レイ、ひとや prison ㄌㄧㄥˊ ling²
小篆 草書 옥령(ㅣ圄獄也)。〔禮〕仲春命有司省ㅣ圄。

【囹圄:영어】 감옥。죄수를 가두는 곳。囹圉。『禮記』命有司省ㅣㅣ、去桎梏。

【囹圉:영어】 ⊕囹圄。『漢書』ㅣㅣ空虛。

【固】 (고) 遇 コ、かたい solid ㄍㄨˋ ku⁴
小篆 草書 ❶굳을고(堅也)。〔論語〕學則不ㅣ。❷막힐고(險塞)。〔禮〕城郭溝池以爲ㅣ。❸굳이고(再辭)。〔書〕禹拜稽首ㅣ辭。❹고집할고(執一不通)。〔論語〕非敢爲佞也疾ㅣ也。❺심할고(甚也)。❻고루할고(鄙陋)。〔禮〕公曰寡人ㅣ不ㅣ焉得聞此言。❼진실로고(本然之辭)。〔孟子〕天下ㅣ畏齊强。❽이미고(已然之辭)。〔孟子〕大世祿ㅣ行之。❾떳떳할고(常然之辭)。〔孟子〕若ㅣ有之。❿셀고(强也)。〔論語 季氏〕ㅣ而近於費。⓫완고할고(不變通頑ㅣ)。〔孟子告子下〕ㅣ哉高叟之爲詩也。⓬천할고(禮儀不得心)。〔論語 述而〕儉則ㅣ。⓭고질고(ㅣ疾)。(『錮』와 통함)

【固諫:고간】 굳이 간함。

【固結:고결】 굳게 뭉쳐짐。굳게 단결함。『禮記』雖ㅣㅣ之民、其不解乎。

【固窮:고궁】 ❶말할 수 없이 곤란한 지경에 빠짐。❷困窮한 것을 잘 견디어 天命에 맡김。《轉》君子의 節操를 말함。

【固窮讀書:고궁독서】 가나한 것을 달게 여기고 학문을 즐김。

【固陋:고루】 見聞이 좁고 頑固함。구습에 젖어 있어 진보를 꺼리는 일。『史記』鄙人ㅣㅣ、不知忌諱。

【固辭:고사】 굳이 사양함。『書經』禹、拜稽首ㅣㅣ。 「입。

【固所願:고소원】 원래부터 바라던 바

【固守:고수】 굳게 지킴。堅守。『後漢書』郡國皆降、光獨ㅣㅣ。 「러함。

【固然:고연】 원래 그러함。본디부터 그

【固有:고유】 ❶원래부터 있는 것。처음부터 있음。『孟子』仁義禮智非由外鑠我也、我ㅣㅣ之也。❷어떤 물건에만 특별히 있음。타고난 성질。特有。獨特。

【固有名詞:고유명사】 人名·地名등 어떤 종류에 따르는 특정한 한 개만의 이름을 나타내어、같은 종류에 속하는 딴 것과 구별 짓는 명사。홀이름씨。↔普通名詞。

【固有法:고유법】 《法》그 국가·민족의 고유한 풍속·습관을 토대로 한 법률。

【固有性:고유성】 사물의 갖고 있는 고유한 성질。↔偶有性。

【固有精神:고유정신】 어떤 한 민족만이 갖고 있는 독특한 정신。 「음。

【固意:고의】 ❶굳은 뜻。❷뜻을 굳게 먹

【固精:고정】 병자와 허약자의 精力을 강하게 함。

【固定:고정】 한 곳에 꽉 자리잡아 있어 그 자리를 바꾸지 않음。

【固定觀念:고정관념】 ❶《心》개인의 마음을 늘 차지하여 떠나지 않는 생각。固着觀念。❷《樂》固定樂想。

【固定式:고정식】 한 곳에 고정되어 있

어 움직일 수 없는 것。

【固定資本:고정자본】《經》生産 자본 중에서 몇 번이라도 계속적으로 쓸 수 있는 자본。 토지·가옥·기계 따위。 ↕流動資本。

【固持:고지】 굳게 지님。 단단히 가짐。

【固疾:고질】 오랫동안 낫지 않는 병。 痼疾。 宿痾。 『禮記』國多一一。

【固執:고집】 굳이 주장하여 버팀。 자기 의견을 굽히지 않음。 『中庸』擇善一一之者也。

【固執不通:고집불통】 고집이 너무 세어서 조금도 변통성이 없음。 「음。

【固著:고착】 단단히 붙어 떨어지지 않

【固著觀念:고착관념】《心》마음이 자연히 한 개의 대상으로 쏠려 항상 意識에 고착되어 있는 관념。 固定觀念。 「움。

【固滯:고체】 성질이 편협하고 고집스러

【固體:고체】《物》굳게 뭉쳐서 일정한 형상과 體積을 가진 물체。 ↕液體·氣體。

【固體化:고체화】 凝固하여 固體가 됨。

【固形:고형】 바탕이 단단한 形體。

【固形物:고형물】 固形의 물건이나 물질。

【固形體:고형체】 바탕이 일정한 모양으로 굳고 단단한 물체。

◎强一、堅一、凝一、確一。

【国】 (국)『國』(口部 8畫)의 俗字

六 畫

【囿】 一(유) 宥 ユウ、かき enclosure
二(육) 屋 一ㄡ· yu⁴

小篆 籒文 草書 一 ❶엔담유(苑有垣)。『詩經』王在靈一。 ❷고루할유(識不通廣)。 『尸子』列子貴虛揚子貴別一其學之相非也 拘於私也。 ❸논밭유(園圃)。 『司空

曙詩』蔬一水涓涓。 二나라동산육(苑也)。

【囿苑:유원】 새와 짐승을 기르는 동산。 『張衡』豢馴獸於一一。

【囿人:유인】 궁궐 안의 동물원을 지키는 벼슬아치。 『周禮』。

【囗方】 (국)『國』(口部 8畫)의 古字

七 畫

【圎】 一(선) 霰 セン、エン、まるい
二(연) 先 round

小篆 一둥글선(圓也)。 二뜻은 一과 같음。

【圁】 (은) 文 ギン、ゴン river

물이름은(水名)。

【圂】 一(혼) 願 コン、カン、かわや
二(환) 諫 ㄏㄨㄣˋ hu water-closet

小篆 草書 一뒷간혼(厠也)。(『溷』과 같음) 二가축환(家畜)。

【圂腴:혼유】 家畜의 위장。 圂은 개、돼지 따위。 『禮記』君子不食一一、小子走而不趨。

【圃】 (포) 麌 ホ、はたけ
遇 ㄆㄨˇ p'u³ vegetable garden

小篆 草書 ❶채전포、채마밭포(種菜場)。 『周禮』九職二曰園一毓草木。 ❷밭갈포(田作)。 ❸곳포(場所)。 ❹ 『論語子路』吾不如老一。 산이름포(崑崙山名縣一)。

【圃師:포사】 밭을 가꾸는 사람。 圃人。 圃丁。

【圃蔘:포삼】 삼포에서 재배한 인삼。

【圃田:포전】 ❶반반하게 생긴 좋은 밭。 ❷채소·과실을 심는 밭。 남새밭。

八 畫

【圄】 (어) 語 ギョ、ゴ、ろうや prison

小篆 草書 ❶옥어(圄一獄也)。 『禮記』仲春命有司省囹一。 ❷가둘어(囚也)。 『左傳 宣公四年』一伯嬴。 (「圉」과 통함)

【圅】 (함) 咸 カン、いれる
覃 ㄏㄢˊ han² put in

小篆 俗體 ❶담을함(容也)。 ❷혀함(舌也)。 ❸궤함(匣也)。 ❹갑옷함(鎧也)。 (『函』과 같음)

【圇】 (륜) 眞 リン、かたまり
lump ㄌㄨㄣˊ luen² (本音「론」)

草書 덩어리륜(囫物完)。

【圈】 一(권) 先 ケン、おり
二(권) 霰 cage ㄐㄩㄢˋ chüan⁴
三(권) 阮 ㄑㄩㄢ ch'üan¹

小篆 草書 一❶채 그릇권(屈木爲器)。 ❷술잔권(杯也)。 (『棬』과 같음) 二우리권(獸欄)。 三❶우리권(養畜欄)。 『通鑑』虎一嗇夫。 ❷비척거릴권(曳轉循地而行)。 『禮』一豚行不擧足。 ❸돌권(轉也)。 『禮記玉藻注』一轉也。 ❹둥글권(圓形)。

【圈內:권내】 금을 그은 테두리 안。

【圈豚:권돈】 비척거리며 걷는 것。 『禮記·玉藻』一一而行、不擧足。

【圈牢:권뢰】 짐승을 가두어 두는 우리。 「圈檻。

【圈外:권외】 ❶둘레 밖。 ❷범위 밖。

【圈點:권점】 ❶글을 맺는 끝에 찍는 고리 형상의 둥근 점。 ❷글이 잘 된 곳 또는 중요한 곳을 표시하기 위하여 찍는 둥근 점。 ❸漢字 옆에 찍어서 四聲을 표시하는 둥근 점。 ❹《制》李朝 때 淸官을 임명할 때에 후보자들의 성명을 죽 적어 놓고 뽑는 사람들이 각기 뽑고자 하는 사람의 성명 아래에 찍는 둥근 점。

【圈樞:권추】 圓의 중점。 원의 중심。

【圈套:권투】 ❶세력의 범위。 ❷남을 속이는 수단。 올가미를 씌우는 수단。

【圈檻:권함】 짐승을 가두어 두는 우리。 圈牢。 『淮南子』養虎豹犀象者、爲之一一。 ◎南極一、當選一、大氣一、北極一、商一、成層一、勢力一。

【圉】 (어) 語 ギョ、ゴ、うまかい
groom ㄩˇ yü³

小篆 草書 ❶마부어(一人養馬者)。 『周禮』乘馬一師四一。 ❷변방어(外垂)。 『詩』孔棘我一。 ❸어릿어릿할어(困而未舒貌)。 『孟子』始舍之一一焉。 ❹외양간어(廏也)。 ❺마굿간어(牧也)。 ❻막을어(禦也)。 『莊子 繕性』其來也不可一。 (『圄·禦』와 통함)

【圉絆:어반】 감옥에 갇힘。 간히게 됨。 『蘇軾』親族遭一一。

【圉圉:어어】 몸이 괴로와서 어릿어릿하는 모양。 『孟子·萬章集注』一一、困而未舒之貌。

【囗合】 (합) 合 コウ、あう meet

❶만날합(會也)。 ❷모을합(合也)。

【圊】 (청) 庚 セイ、かわや water-closet
青 ㄑㄧㄥ ch'ing¹

草書 뒷간청(圂厠)。

【圊房:청방】 뒷간。 변소。

【圊廁:청치】 뒷간. 변소. 『法苑珠林』於四門名作ㅡㅡ, 給人便利.

【圊桶:청통】 요강. 便器. 『李實·蜀語』便溺器曰圊桶ㅡㅡ. 「ㅡㅡ, 廁也.」

【圊圂:청혼】 뒷간. 변소. 圊溷. 『廣雅』

【圊溷:청혼】 뒷간. 변소. 圊廁. 『文天祥·正氣歌序』或ㅡㅡ積臭暴屍.

【國】 (국) 職

小篆 國 草書 ❶나라국(邦也). 『周禮』分ㅡ爲九州. ❷고향국(故ㅡ). 『庶僎詩』去ㅡ三巴遠.

コク、くに nation ㄍㄨㄛˊ kuo²

【國歌:국가】 ❶국민의 理想과 精神을 鼓吹하는 儀式 따위에서 부르는 것으로 정해져 있는 노래. 또는 國際的으로 그 나라를 대표하는 노래. ❷《國》우리나라 愛國歌.

【國家:국가】 나라. 일정한 領土에서 주권에 의하여 통치되는 人民의 집단. 邦國. 邦家.

【國家經濟:국가경제】 《經》국가 및 공공 단체의 경제. ↕個人經濟.

【國家機關:국가기관】 《法》國家 통치를 위하여 베푼 입법·사법·행정 기관의 총칭.

【國家基本權:국가기본권】 《法》각 나라가 가진 基本的 권리. 곧 國際法上의 主體로서의 독립권. 國內 사항에 한한 행동의 자유권, 자기 보존권, 자유권, 긴급 방위권, 평등권, 威嚴保存權, 國際交通權.

【國家企業:국가기업】 《經》국가가 경영의 주체가 되는 기업. ↕私企業.

【國家起源:국가기원】 國家가 맨 처음 발생한 근원.

【國家目的:국가목적】 國家가 달성하여야 할 목적.

【國家事業:국가사업】 국가에서 직접 경영하는 사업.

【國家試驗:국가시험】 나라에서 시행하는 시험. 國家考試.

【國家安全保障會議:국가안전보장회의】 美國 행정부에 속하여 대통령에 助言하는 최고 國防회의.

【國家資本:국가자본】 《經》國家가 國營企業이나 半官半民企業 등 어떤 企業에 투자하는 資本.

【國歌齊唱:국가제창】 의식 때, 國歌를 다 같이 소리 맞추어 부르는 일.

【國家組織:국가조직】 國家의 기관의 구성과 그 기능을 지배하는 질서.

【國家主義:국가주의】 國家를 구성하는 개인보다도 國家 이익을 우선시켜 國家의 통일 발전을 목적 삼는 주의.

【國家總動員:국가총동원】 戰時나 事變 때 國防을 위하여 국가의 有形無形의 全要素를 총 집결하는 일.

【國家學:국가학】 국가의 성질·조직·발달·변천 등을 연구하는 학문.

【國境:국경】 나라의 지경. 나라와 나라 사이의 경계. 『蜀志』鎭保ㅡㅡ.

【國境紛爭:국경분쟁】 국경의 불분명으로 일어나는 충돌.

【國境線:국경선】 나라와 나라 사이의 경계선.

【國慶日:국경일】 국가적인 경사를 축하기념하는 날. 우리 나라는 삼일절, 制憲節, 광복절, 개천절 등이 있음.

【國境標:국경표】 국경을 나타내는 標識物.

【國界:국계】 =國境. 『漢書』定ㅡㅡ, 上「計簿.

【國計:국계】 ❶국가의 정책. 『宋史』. ❷국가의 경제. 『荀子』.

【國庫:국고】 《經》國家 所有에 속하는 현금을 다루고 또 수입과 지출을 맡아보는 기관.

【國庫金:국고금】 《經》 국고에 속하고 있는 돈.

【國庫補助:국고보조】 《經》 국고에서 경비를 보조하는 일.

【國庫準備金:국고준비금】 《經》國家의 危急에 응하기 위하여 늘 준비하여 저장해 두는 돈.

【國穀:국곡】 국가의 소유에 속하는 곡식.

【國工:국공】 나라에서 그 재주가 뛰어난 훌륭한 工人.

【國光:국광】 나라의 威光. 나라의 명예. 『易經』觀國之光, 利用賓于王.

【國敎:국교】 국가에서 정한 종교.

【國交:국교】 나라와 나라 사이의 교제. 『史記』秦·楚之間, 將爲ㅡㅡ.

【國交斷絕:국교단절】 국교를 끊음.

【國舅:국구】 임금의 장인. 왕후의 아버지. 府院君.

【國軍:국군】 그 나라의 군대. 政府軍.

【國權:국권】 《政》나라가 행하는 權力. 『史記』擅ㅡㅡ, 侵奪民田宅.

【國權回復:국권회복】 잃었던 나라의 主權을 도로 찾음.

【國禁:국금】 국법으로 금지한 일. 국법으로 금함. 『周禮』三曰, ㅡㅡ.

【國忌:국기】 임금이나 왕후의 제삿날.

【國技:국기】 그 나라의 독특한 技藝·競技. 우리나라의 씨름. 미국의 야구 따위.

【國器:국기】 나라를 다스리는 뛰어난 재능이 있는 인물. 나라가 존중하는 그릇이라는 뜻. 『史記』從者皆ㅡㅡ.

【國紀:국기】 나라의 紀律.

【國基:국기】 나라가 이루어진 본 바탕. 國礎. 『左傳』仲尼謂子產, 於是行也, 是以爲ㅡㅡ矣.

【國旗:국기】 ❶그 나라의 標識(표지)로서 정해진 旗. ❷《國》태극기.

【國旗拜禮:국기배례】 국기에 대한 경례를 함.

【國紀解弛:국기해이】 國紀가 풀어짐.

【國難:국난】 국가가 당면한 중대한 危機. 『曹植』捐軀赴ㅡㅡ. 「침.

【國難打開:국난타개】 국난을 쳐 헤

【國內:국내】 나라 안. 國中. ↕國外.

【國內公安:국내공안】 나라 안의 안녕질서. ↕國際公安.

【國內法:국내법】 《法》한 나라의 主權이 행사되는 범위 내에서 효력을 가져, 주로 그 나라의 내부 관계를 규정하는 것을 목적으로 하는 법의 총칭. ↕國際法.

【國內城:국내성】 《歷》高句麗의 옛 都城. 지금의 滿洲 輯安縣 通溝. 一六代 故國原王 一二년에 城을 쌓음. 三〇代 長壽王 一五년까지 一八五년간의 國都였으며 여기에 廣開土大王碑가 있음.

【國內外:국내외】 나라 안과 나라 밖.

【國內情勢:국내정세】 국내의 정치적·경제적·군사적 사정.

【國度:국도】 나라의 비용. 국가의 用度.

【國道:국도】 ❶나라 서울의 도로. ❷나라에서 행정상 중요하다고 나라의 비용으로 만들고 수리하는 가장 주요한 길.

【國都:국도】 한 나라의 首都. 서울. 『史記』遠絕河山, 而爭人ㅡㅡ.

【國亂:국란】 나라 안에서 일어나는 변란.

【國亂平定:국란평정】 국란을 이겨 평온하게 안정시킴.

【國力:국력】 한 나라가 가진 힘. 나라의 힘. 『唐書』度支多遷延, 以困ㅡㅡ.

【國力伸張:국력신장】 國力을 펴서 늘임. 國力을 擴張함.

【國聯:국련】 國際聯合의 略語.

【國祿之臣:국록지신】 나라의 급료를 받는 신하.

【國論:국론】 국민 일반의 의견. 國內의 公論. 世論. 『漢書』足以謀王體, 斷ㅡㅡ.

【國論沸騰:국론비등】 국론이 물 끓듯 함.

【國利民福:국리민복】 나라와 국민의 복리. 국가의 이익과 국민의 행복.

【國立:국립】 나라에서 세움。↕私立。

【國立公園:국립공원】 나라에서 베풀어 경영·관리하는 공원。

【國立圖書館:국립도서관】 나라에서 도서의 수집·보존·및 열람에 供하며 아울러 圖書學에 관한 연구를 위하여 설치한 기관。

【國立銀行:국립은행】《經》나라에서 「직접 經營하는 은행。

【國立學校:국립학교】 정부가 직접 세우고 운영하는 학교。

【國馬:국마】《制》나라 소유의 牧場에서 「기르는 말。

【國名:국명】 나라의 이름。

【國命:국명】 나라의 사명。 또는 명령。『論語』陪臣執——。

【國母:국모】 임금의 后妃。 또는 임금의 어머니。 국민의 어머니라는 뜻。『後漢書』帝曰、皇后之尊、與朕同體、承宗廟、母天下、豈易哉。

【國務:국무】 나라의 政事에 관한 일。

【國務委員:국무위원】《法》국무원을 구성하는 別定職 공무원。 각부 장관은 국무위원 중에서 임명됨。

【國務會議:국무회의】 국무 위원들로써 성립되는 회의。 의장은 국무총리。

【國文:국문】 ❶그 나라 고유의 글。 ❷《國》한글。

【國文法:국문법】 국어에 관한 문법。

【國文學:국문학】 ❶자기 나라의 문학。 ❷우리 나라의 말과 글로써 이룩된 고유 문학。

【國民:국민】 그 나라의 국적을 가진 국민。 한 국가 권력 아래서 생활하는 인민의 집단。『左傳』——信之。

【國民歌謠:국민가요】 국민의 공통적 감정을 읊은 노래。

【國民皆兵:국민개병】《法》法律에 따라서 국민 전체가 병역에 나아감。

【國民經濟:국민경제】《經》❶한 나라 안을 통일적 시장으로 만든 경제 조직。 ❷그 국민의 공동 생활에 불가결한 경제적 활동。

【國民敎育:국민교육】 ❶그 국민으로서 반드시 받아야 할 교육。 ❷국민 정신을 길러 참다운 국민으로 만드는 교육。

【國民性:국민성】 그 국민에게 공통되는 고유한 성질。

【國民外交:국민외교】 ❶모든 국민의 여론에 따라서 행하는 외교。 ❷국민 각자가 외교관의 기분으로 외국인을 상대하여、국가의 위신을 높임。 또는 그 일。

【國民義務:국민의무】《法》한 국민으로서 부담하여야 할 公法上의 의무。

【國民葬:국민장】 국민의 信望이 두터운 사람이 죽었을 때 국민의 전체의 이름으로 지내는 장사。

【國民精神:국민정신】 ❶그 국민의 공통된 정신。 ❷한 나라의 국민으로써 나타내어야 할 정신。

【國民主權說:국민주권설】 국가의 主權이 국민 전체에 있다고 하는 학설。

【國民投票:국민투표】 나라의 중대한 일에 대하여 국민 전체가 하는 투표。

【國民學校:국민학교】 국민의 기본 교육을 시키는 초등 교육 기관。

【國防:국방】 국가의 외적에 대한 방어。

【國防費:국방비】 한 나라를 방어하는 육·해·공군의 유지비。

【國防相:국방상】 국방부 장관。

【國防色:국방색】 푸른 색을 띤 누르스름한 빛깔。 카아키색。

【國法:국법】《法》나라의 법。 국가의 법률。 憲法。 國憲。『周禮』執——。

【國法學:국법학】《法》국가의 성질·형태·구성 요소·권력·기관·작용·국체·정체 따위를 순 법률학적으로 연구하는 학문。 곧 헌법과 행정법을 연구하는 학문。

【國變:국변】 나라의 큰 변고。

【國柄:국병】 나라의 정권。 나라를 다스리는 권력。『後漢書』王專操——。

【國寶:국보】 ❶나라의 보배。『左傳』子得其——、我亦得地。 ❷古寺刹의 建造物 및 藏品 중에서 製作이 훌륭한 것、 또는 특별한 유서가 있는 것 등 나라의 보배로서 정부가 보호하고 있는 것。 ❸그 나라의 유일 무이한 학자나 기술자 따위。

【國步:국보】 한 나라의 운명。 國運。 국가의 정세。『詩經』於乎有哀、——斯頻。

【國步艱難:국보간난】 나라 운영의 처지가 여러 모로 곤란함。

【國寶的存在:국보적존재】 국보가 될 만한 가치가 있음。 또는 그것。

【國本:국본】 ❶국가의 기초。 나라가 독립·번영하는 근본。『禮記』。 ❷太子·世子。『宋史』——未立。 ❸국민。 ❹一國內의 珍奇한 책。『韓愈』得——。

【國父:국부】 나라의 아버지。 (모든 국민이 존경하는 사람에게 붙이는 尊稱)。

【國富:국부】《經》❶한 나라의 富。 ❷국민과 국가가 가지고 있는 재화의 총량을 화폐의 단위로써 평가한 총액。

【國府:국부】《政》中華民國의 정부。 國民政府의 略稱。

【國費:국비】 나라의 경비。

【國費生:국비생】 정부에서 학비를 대어 주는 학생。 곧 나라의 비용으로써 공부하는 학생。 官費生。

【國賓:국빈】 ❶임금으로부터 賓客으로서 대우받는 老臣이나 諸侯 등을 일컬음。 ❷나라의 손님으로서 국가로부터 특별한 대우를 받는 외국의 손님。

【國士:국사】 온 나라에서 특별히 뛰어난 인물。『史記』智伯以——遇我。

【國嗣:국사】 임금의 後嗣。 임금의 자리를 계승받을 사람。 太子。 國儲。 儲君。 聖嗣。『後漢書』——三絕。

【國史:국사】 ❶자기 나라의 역사。 한 나라의 역사。『詩經·序』——明乎得失之迹。 ❷《國》우리 나라 역사。 韓國史。

【國事犯:국사범】 나라의 정치상 질서를 문란하게 한 범죄。 정치범。

【國産:국산】 그 나라에서 나는 생산물。

【國産品:국산품】 ❶자기 나라에서 생산된 물품。 ❷우리나라에서 생산된 물품。

【國相:국상】 나라의 정승。 한 나라의 宰相。 國宰。『左傳』困獸猶鬪、況——乎。

【國喪:국상】 나라의 초상。 곧 임금·황후·황태후 등의 초상。 國哀。 國恤。

【國璽:국새】《制》❶국가의 標識(표지)로서 사용하는 관인。 ❷임금의 도장。 玉璽。 御寶。 國寶。

【國色:국색】 ❶그 나라에서 가장 뛰어난 용모。 절세의 미인。『公羊傳』驪姬者——也。 ❷牡丹의 異名。『王建』——朝酣酒、天香夜染衣。

【國書:국서】 ❶나라와 나라 사이에 주고 받는 文書。 一國의 元首 또는 정부에서 그 나라의 이름으로 다른 나라 元首나 정부에 보내는 공식 문서。 ❷한 나라의 역사와 문장 등에 관한 책。

【國壻:국서】 임금의 사위。『搜神記』今之——、亦爲駙馬矣。

【國選:국선】 나라에서 선택함。 官選。

【國仙:국선】《制》옛날 화랑。

【國選辯護人:국선변호인】《法》일정한 경우에 법원이 직권으로써 선임한 변호인。 ↕사선변호인。

【國稅:국세】《法》나라에서 경비의 재원을 확보하기 위하여 직접 간접으로 국민으로부터 징수하는 세금。 ↕地方稅。

【國勢:국세】 나라의 형편과 힘。

【國勢調査:국세조사】 국정의 자료로 삼기 위하여 하는 인구 조사。

【國俗:국속】 나라의 풍속。 國風。『孟子』

變ㅣㅣ。

【國叟:국수】 一國內에서 덕이 높은 늙은이。

【國手:국수】 ❶훌륭한 의사。名醫。【國語】上醫醫國、其次救人。❷바둑 따위의 기술이 그 나라에서 으뜸가는 사람。【裴說】人心無算處、ㅣㅣ有輸時。

【國讐:국수】 나라의 원수。【鄭錫】甘心赴ㅣㅣ。

【國粹:국수】 국민의 특성과 역사적·지리적 조건에 의해서 발달한 그 나라 고유의 정신상·물질상의 美點과 長點。

【國粹主義:국수주의】 자기 나라의 국민적 특수성만을 가장 우수한 것으로 믿고 행동하여、남의 나라 것을 排斥하는 주의。

【國乘:국승】 그 나라의 역사。國史。

【國是:국시】 온 나라 국민의 옳다고 지지를 받고 확정되어 있는 정치 방침。【新序】楚莊王問於孫叔敖曰、寡人未得所以爲ㅣㅣ也。

【國樂:국악】 ❶각 나라의 고유한 음악。❷우리 나라 고유의 음악。鄕樂·雅樂·唐樂 따위。

【國哀:국애】 =國喪。【南史】以ㅣㅣ、未之任。

【國語:국어】 ❶국민 전체가 쓰는 그 나라 말。❷〈書〉二一권。周 左丘是 지음。春秋時代의 八國(周·魯·齊·晉·鄭·楚·吳·越)의 역사 책。❸〈國〉우리나라 고유의 말。우리말。

【國語學:국어학】 국어를 연구 대상으로 하는 학과。

【國役:국역】 나라의 役事。

【國譯:국역】 외국어로 된 것을 자기 나라 말로 옮김。＊韓譯。

【國營:국영】 나라에서 경영함。↔私營。

【國王:국왕】 ❶한 나라의 元首。임금。❷王의 칭호가 붙은 나라의 元首。❸異民族의 元首。

【國辱:국욕】 나라의 수치。國恥。

【國用:국용】 나라의 所用。一國의 費用。【禮記】冢宰制ㅣㅣ。

【國容:국용】 ❶=國色。❷국가 평상시의 복장·의례。

【國憂:국우】 나라 전체의 근심。國患。

【國運:국운】 나라의 운수。운명。

【國威:국위】 나라의 권세와 威力。【後漢書】宣明ㅣㅣ。

【國威宣揚:국위선양】 나라의 위엄을 드러냄。

【國有:국유】 국가의 所有。↔私有。

【國有林:국유림】 나라에서 관리하는 산림。↔私有林。

【國有財産:국유재산】 국가가 소유하는 모든 재산。

【國有地:국유지】 나라 소유의 땅。公土。↔私有地。

【國有鐵道:국유철도】 국가가 소유·경영하는 철도。國鐵。↔사유철도。

【國有化:국유화】 국가 소유가 아닌 것을 국가의 소유로 바꿈。↔私有化。

【國音:국음】 ❶그 나라 고유한 말 소리。【謝莊】審ㅣㅣ于中賓。❷우리 나라 국어의 말 소리。

【國字:국자】 ❶그 나라의 통용 문자。❷〈國〉우리 나라에서 만든 漢字體의 글자。「畓·乭」 따위。곧 한글。

【國子監:국자감】 〈制〉❶관청 이름。곧 國學。晉代 이후 귀족의 子弟와 全國의 英才 등을 가르치는 일을 맡아 보던 곳。임금이 살고 있는 都城 안에 두었음。國子學。❷高麗 때의 학교。一二七五년에 國學、一三四二년 이후 成均館으로 고침。

【國葬:국장】 국가에 특별한 공훈이 있던 사람이 죽었을 때、국가의 비용으로 치르는 葬事。

【國財:국재】 국가의 재산。

【國災:국재】 나라의 災變。

【國儲:국저】 임금의 맏아들、곧 太子。國嗣。【漢書】太子ㅣㅣ副君。

【國籍:국적】 〈法〉그 나라 국민임을 표시하는 호적。

【國賊:국적】 ❶나라를 어지럽히는 사람。나라에 不利한 일을 꾀하여 실행하는 사람。❷국경을 범하는 국가의 적。

【國籍法:국적법】 〈法〉국적을 얻거나 잃는 데 관한 法律。국민된 요건을 규정한 법률。

【國籍變更:국적변경】 〈法〉❶국적을 바꿈。❷종래의 국적을 상실하고 다른 국적을 얻음。

【國籍喪失:국적상실】 〈法〉국적을 잃음。국민된 신분과 자격을 잃음。

【國籍抵觸:국적저촉】 〈法〉한 사람이 동시에 몇 개의 국적을 가지는 경우인 積極的 抵觸과、일개의 국적도 가지지 않을 경우인 消極的抵觸의 總稱。

【國籍取得:국적취득】 〈法〉한 국가의 국민으로서의 자격、곧 국적법의 조건을 갖춤으로써 國籍을 취득하는 일。

【國籍回復:국적회복】 〈法〉잃었던 국적을 다시 얻음。

【國典:국전】 ❶나라의 法典。【禮記】共飭ㅣㅣ、論時令。❷국가의 儀式。

【國展:국전】 ❶정부가 主催하는 전람회。❷大韓民國 美術展覽會의 略稱。

【國情:국정】 나라의 정세。나라의 형편。【戰國策】陳軫爲王臣、常以ㅣㅣ輸楚。

【國定:국정】 ❶나라에서 정함。또는 제정한 것。❷國家規定의 略語。

【國政:국정】 나라의 정치。나라를 다스리는 정사。【禮記】君謀ㅣㅣ。

【國政監査:국정감사】 정부가 한 政事의 잘 잘못을 감독하고 살핌。또는 그 일。

【國定教科書:국정교과서】 문교부에서 편찬하여 제정한 교과서。

【國定稅率:국정세율】 〈法〉나라에서 법률로써 정한 수출입품에 물리는 세금의 율。

【國制:국제】 나라의 제도。【遼史】。

【國際:국제】 ❶나라와 나라 사이의 교제 또는 그 관계。國交。❷세계 각국에 관한 일。

【國際間:국제간】 국가와 국가가 교제하는 사이。

【國際公法:국제공법】 〈法〉국가끼리의 법률 관계。곧 권리·의무를 규율하는 법。國際法。萬國公法。↔國際私法。

【國際共産黨:국제공산당】 〈社〉세계의 勞動者와 사회주의자의 통일을 목적한 정치 운동 단체。

【國際慣習法:국제관습법】 〈法〉국제간의 慣習으로 拘束力을 가지게 된 법。조약과 함께 국제법을 구성함。

【國際軍縮會議:국제군축회의】 〈軍〉각국이 軍備를 줄이려고 열린 회의。

【國際勞動機構:국제노동기구】 〈社〉一九一九년에 노동 조건의 개선을 위하여 국제적 평화조약에 따라 설치된 국제연맹의 한 기구。뒤에 국제연합에 딸림。

【國際團體:국제단체】 여러 국가가 조약에 의하지 아니하고 자발적으로 조직한 단체。MRA·국제 올림픽 위원회 같은 것。

【國際貿易:국제무역】 〈經〉多數의 국가나 국민 사이에 행하여지는 무역。

【國際法:국제법】 〈法〉국제 간의 합의에 따라서、주로 국가끼리의 관계를 규정짓는 법。곧 국제 공법 및 국제 사법의 總稱。國際公法。↔國內法。

【國際紛爭:국제분쟁】 두 나라 사이에 뜻이 서로 충돌하여 외교 담판으로는 해결할 수 없을 때에 일어나는 분쟁。

【國際私法:국제사법】 〈法〉두 국가 이상의 국민 사이의 권리 관계를 규정한 국제법。

【國際司法裁判所:국제사법재판소】 네델란드의 하그에 둔 국제 연합

에 딸린 司法 기관。국제 분쟁을 해결하기 위하여 國際法上 베풀어 둔 裁判所。

【國際社會:국제사회】 諸國家로써 이루어지는 社會。국제 단체

【國際市場:국제시장】 ❶국제적 상품의 수요와 공급을 위하여 集中하는 곳。또는 시장。❷경제 주체가 서로 대립하는 시장。

【國際食糧農業機構:국제식량농업기구】 세계의 양식 및 농업 문제를 항구적으로 해결하기 위하여 一九三四년에 설립된 국제 연합의 한 기구。

【國際語:국제어】 ❶국제적으로 널리 쓰이는 말。❷각 민족이 쓰는 각 국어에 대하여, 만국 공통의 사용을 목적으로 하여, 인공적으로 만들어 낸 말。에스페란토가 그 대표임。

【國際聯盟:국제연맹】 《法》제一차 세계대전후, 국제 평화의 확보와 국제 협력의 促進을 목적삼아, 베르사이유 조약에 따라 설립되었던 국제 단체。一九二〇년에 사무국을 스위스의 제네바에 두었다가 一九四六년에 해산되었음。

【國際聯合:국제연합】 一九四五년에 미국·영국·중국·소련 등이 중심이 되어, 제二차 세계 대전 후의 세계 평화와 안전을 유지하기 위하여 우호관계로 조직된 국제 협력 기구。본부는 뉴우요오크에 있음。유나이티드 네이션(United Nations)。國聯 또는 유우엔(U.N.)이라고 略稱함。

【國際聯合軍:국제연합군】 국제 연합의 목적 달성을 위하여 가맹국의 군대들로써 조직된 군대。유우엔군(U.N.軍)。

【國際聯合韓國委員會:국제연합 한국위원회】 一九四七년 一一월 국제연합에 설치된 한국 통일을 위한 위원회。

【國際的競技:국제적경기】 《運》각국 선수들이 모여서 하는 경기。

【國際赤十字:국제적십자】 《社》一八六四년 제네바 국제 적십자 회의에서 결정된 國際法人。적십자 연맹。각국의 적십자사 따위를 포함하는 總稱。

【國際條約:국제조약】 《法》두 나라 이상에 의하여 문서로써 맺은 조약。

【國際會議:국제회의】 《政》각국의 全權委員으로써 열린 회의。

【國祖:국조】 나라의 始祖。

【國祚:국조】 나라의 운수。國運。

【國朝:국조】 본국의 朝廷。聖朝。『韓愈』——盛文章。

【國朝寶鑑:국조보감】 《書》九〇권 二八책。史書。李朝 歷代 임금의 治蹟 중에서 모범될 사실을 기록한 것。世祖 命編인 四朝寶鑑을 위시하여 正祖 命編·憲宗 命編·純宗 命編으로 되어 있음。

【國朝樂章:국조악장】 《書》一책。音樂書。李朝 英祖의 명으로 洪啓禧·徐命膺등 지음。여러 樂章들을 한 권으로 모은 것。

【國族:국족】 임금과 같은 本의 姓을 가진 사람들。

【國主:국주】 한 나라의 임금。나라의 임자。

【國中:국중】 國內。

【國稷:국직】 ❶작은 나라 임금이 后稷을 祭祀함。❷작은 나라의 太稷。

【國債:국채】 국가가 그 신용으로 빌어들인 돈。국가의 빚。

【國策:국책】 ❶국가의 정책。나라의 정치상의 방침。❷戰國策의 略語。

【國戚:국척】 임금의 姻戚。

【國鐵:국철】 國有鐵道의 略語。↕私鐵。

【國體:국체】 ❶국가의 성격。나라가 成立한 상태。『漢書』通達——。❷主權의 所在에 따라 구별되는 국가의 형태。

【國初:국초】 ❶나라를 세운 때의 처음。건국의 처음。❷本朝의 처음。

【國礎:국초】 나라의 기초。國基。

【國恥:국치】 나라의 수치。나라의 불명예。國辱。『禮記』——足以興之。

【國恥日:국치일】 一九一〇년 八월二九일 韓日合倂이 되었던 국치의 날로, 매년 이날을 영원히 잊지 않도록 制定한 날。

【國泰:국태】 나라가 태평함。

【國泰民安:국태민안】 나라 안이 평화롭고 백성이 살기가 편안함。

【國土:국토】 나라의 영토。강토。邦土。

【國土兩斷:국토양단】 국토를 둘로 끊어 가름。

【國弊:국폐】 나라에 해롭고 폐로움。

【國風醇化:국풍순화】 나라 풍속을 깨끗하게 함。

【國學:국학】 ❶=國子學。❷한 나라 고유의 학문。❸《國》우리 나라 典章文物을 연구하는 학문。↕漢學·洋學。

【國漢文:국한문】 ❶국어와 한문。❷국문에 한문이 섞인 글。

【國漢文混用:국한문혼용】 국문과 한문을 섞어 씀。

【國香:국향】 ❶한 나라 안에서 제일 가는 美人。國色。❷난초의 別名。『范成大』但知愛——、此外付烏有。

【國憲:국헌】 나라의 근본 법규。憲法。國法。『漢書』釋之典刑、——以平。

【國號:국호】 한 나라의 칭호。國名。『史記』異其——、以章明德。

【國婚:국혼】 《制》王室과의 婚姻。『稱謂錄·國婚』。

【國花:국화】 그 나라의 상징으로 삼는 동시에 그 나라 국민이 가장 사랑하고 중히 여기는 꽃。우리 나라의 무궁화、프랑스의 백합、일본의 벚꽃 따위。나라 꽃。

【國會:국회】 《政》❶立憲國家에서 民意를 대표하는 기관。❷국가의 會計。

【國會議事堂:국회의사당】 국회의 議事를 행하는 建物。

【國會議員:국회의원】 《政》국회를 조직하는 각 의원의 구성원。

【國會解散:국회해산】 議院內閣 制度의 국가에 있어서 國會인 上院·下院이 정부를 불신임 결의했을 때에、정부가 국회와 맞서서 국회를 해산시키는 일。

【國諱:국휘】 임금의 이름。옛날에는 백성들이 임금의 諱字를 쓰거나 말하는 것을 꺼렸음。

【國徽:국휘】 한 나라의 標識(표지)。국기 따위。

【國恤:국휼】 ❶나라가 근심할 만한 일。『左傳』忘其——。❷임금의 초상。國喪。國哀。『元史』——方新。

◎開—、擧—、建—、經—、傾—、故—、歸—、貴—、軍—、內—、大—、萬—、亡—、母—、本—、山—、上—、小—、屬—、我—、愛—、列—、王—、外—、異—、全—、戰—、祖—、他—、海—。

九畫

【圌】 (천) 先 セン、まるいたけばこ round bamboo basket

둥근대그릇천(竹圓器)。

【圍】 (위) 微 イ、かこむ surround ㄨㄟ wei²

小篆 草書 

❶둘레위(繞也)。『易繫辭』範—天地而不過。❷에울위(環也)。『春秋』環其城邑曰—。❸에워쌀위(遮取禽獸)。『禮』春田不—澤。❹한아람위(五寸曰—一抱曰—)。『莊子』櫟社樹百—無所用故壽。❺둘러싸일위(敵包西方攻)。『莊子 胠篋』魯酒薄而邯鄲—。❻지킬위(衛也)。『管子 地員』—羣殃。❼지킬위(守也)。

【圍徑:위경】 둘레와 지름。『隋書』。

【圍棊:위기】 바둑을 두는 일。바둑。圍碁。『韓愈』——鬪白黑。

【圍籬:위리】 《制》流配人이 사는 配所에 가시로 울타리를 치던 일。圍棘。

【圍立:위립】 빙 둘러 싸고 섬。

【圍木:위목】 두 팔을 벌려 안을 정도의 큰 나무。한 아름드리의 나무。〖陶潛〗ㅣㅣ空自凋。

【圍排:위배】 죽 둘러서 벌려 놓음。

【圍擁:위옹】 ❶둘러 쌈。❷울타리。〖劉克莊〗洛麗六宮競ㅣㅣ。

【圍繞:위요】 ❶婚姻 때에 가족으로서 신랑이나 신부를 데리고 가는 사람。上客。❷싸고 돎。싸고 도는 일。

【圍繞地:위요지】 《法》❶다른 토지를 둘러 싸는 주위의 토지。❷다른 한 나라의 영토에 의하여 완전히 둘러싸인 영토。

【圍田:위전】 水害를 막기 위하여、둑을 둘러싼 耕作地。

圍田(農政全書)

【圍之三匝:위지삼잡】 겹겹으로 둘러 쌈。

◎範ㅣ、四ㅣ、周ㅣ、包ㅣ。

【圎】 (원)『圓』(口部 10畫)의 俗字

十 畫

【園】 (원) 元 エン、その garden ㄩㄢ yüan²

小篆 書 草 ❶동산원(圃之樊樹果所)。〖禮〗有樊曰ㅣ。❷능원(寢ㅣ陵也)。〖禮記曾子問〗葬于ㅣ。❸울타리원(樊也)。〖詩經 鄭風 將仲子〗將仲子兮、無踰我ㅣ。❹절원(祇ㅣ佛界)。

【園頭:원두】 《國》밭에 심은 참외·수박 따위의 총칭。

【園頭幕:원두막】 《國》참외·수박들의 밭을 지키기 위하여 만든 막。

【園林:원림】 집터에 딸린 수풀。〖許月卿〗ㅣㅣ富貴何千萬。

【園所:원소】 왕세자·왕세자빈·임금의 私親 등의 산소。

【園兒:원아】 유치원에 다니는 아이。

【園藝:원예】 《農》채소·화초·과목 따위를 심어 가꾸는 일。

【園藝家:원예가】 원예를 연구하거나 업으로 삼는 사람。

【園藝植物:원예식물】 《植》채소·과목·화초 따위와 같이 원예상 재배되는 식물。

【園藝學:원예학】 원예의 방법이나 기술 따위를 연구하는 학문。

【園囿:원유】 ❶식물원과 동물원。〖孟子〗ㅣㅣ汙池。❷園所와 나랏 동산。

【園遊會:원유회】 여러 손님을 청하여 정원이나 옥외에서 먹고 여흥하는 모임。

【園丁:원정】 庭園을 맡아 보살피는 사람。〖陸游〗ㅣㅣ刈霜稻。

【園池:원지】 ❶동산과 못。❷정원 안에 있는 못。〖史記〗請美田宅ㅣㅣ甚衆。

【園圃:원포】 실과나무나、채소 따위를 심는 뒤란이나 밭。〖洛陽名園記〗洛人云、ㅣㅣ之勝、不能相兼者六。

◎故ㅣ、公ㅣ、果樹ㅣ、樂ㅣ、農ㅣ、動物ㅣ、植物ㅣ、幼稚ㅣ、田ㅣ、菜ㅣ、學ㅣ。

【圓】 (원) 先 エン、まるい round ㄩㄢ yüan²

小篆 書 草 ❶둥글원(方之對)。〖易 繫辭〗蓍之德ㅣ而神。❷원만할원(豐滿)。〖呂氏春秋審時〗其粟ㅣ而薄糠。❸둥근꼴원(圓形)。〖韓非子 飾邪〗左手畫ㅣ、右手畫方。❹둘레원(周也)。❺온전할원(全也)。❻화폐의단위원(貨幣單位)。❼뚜렷할원。(『圓·圓』과 통함)

【圓覺:원각】 《佛》원만 무결한 깨달음。

【圓覺社:원각사】 李朝 末 光武 年間에 있었던 우리 나라 최초의 국립 극장。宮內部에 속했으며 一九〇九년 新劇을 처음 공연하였음。

【圓缺:원결】 둥근 것과 이지러진 것。〖蘇軾〗月有陰晴ㅣㅣ。

【圓徑:원경】 《數》원의 직경。

【圓丘壇:원구단】 《制》천지에 제사 지내던 단。지금 서울의 조선호텔 구내에 있음。

【圓頓:원돈】 원만히、그리고 신속히 成佛하는 法이라는 뜻。法華의 妙法。《轉》法華宗의 異名。

【圓顱:원로】 박박 깎은 머리。

【圓滿:원만】 ❶모난 데가 없이 둥글둥글하고 복스러움。❷서로 의좋게 지냄。❸마음에 흡족하게 여김。

【圓夢:원몽】 解夢。꿈을 占쳐 길흉을 판단하는 일。〖正字通〗占夢以決吉凶、曰ㅣㅣ。

【圓妙:원묘】 《佛》❶참된 마음이 周到하고 원만하여 장애가 없음。❷三諦가 圓融하여 不可思議한 일。

【圓舞:원무】 ❶원무곡에 맞춰 추는 활발한 춤。❷圓舞曲의 略語。

【圓舞曲:원무곡】 비인(Wien)에서 처음 일어난 四분의 三、또는 八분의 三박자의 빠르고 화려한 무도곡。월츠(Waltz)。

【圓盤:원반】 원반 던지기에 쓰는 운동 기구의 하나。중심과 둘레는 쇠붙이、그 밖은 목재로 되었음。

【圓衫:원삼】 《制》부녀의 禮服의 한 가지。(홑것、겹것 두 가지가 있음)。

【圓熟:원숙】 ❶무르익음。❷매우 熟練함。〖圖繪寶鑑〗筆法ㅣㅣ、用意周到。❸인격·지식 따위가 오묘한 지경에 이름。빈틈이 없음。

【圓盾:원순】 둥근 모양의 방패。〖唐書〗以ㅣㅣ傳肩。

【圓心:원심】 《數》圓의 中心。원 둘레의 각 점에서 같은 거리에 있는 점。

【圓影:원영】 ❶둥그런 그림자。❷달(月)의 異名。蟾兎。〖曹植〗ㅣㅣ光未滿。

【圓運動:원운동】 한 圓周 위의 운동。

【圓融:원융】 ❶《佛》일체의 사리가 구별없이 널리 융통하여 하나가 됨。❷거침없이 융통함。

【圓田:원전】 둥근 모양의 밭。

【圓轉:원전】 ❶빙빙 돎。둥글게 구르는 일。〖晉書〗雞子ㅣㅣ不已。❷《文》글의 뜻이 순하게 통함。

【圓轉滑脫:원전활탈】 말이나 일의 처리가 모나지 않고 거리끼지 않음。

【圓點:원점】 ❶둥근 점。❷《制》李朝 때 成均館 儒生의 出·缺席을 점검하기 위하여 식당에 들어갈 때 식당지기가 찍는 점。아침·저녁 두 끼로써 한 점、五〇점에 이르면 과거 볼 자격이 있음。

【圓頂:원정】 ❶깎은 중의 머리。圓頭。❷중。〖蘇軾〗ㅣㅣ圖松石。

【圓周:원주】 《數》원의 둘레。一平面 위에서 一定點으로부터 같은 거리에 있는 점의 軌跡。

【圓柱:원주】 ❶둥근 기둥。❷《數》圓筒形의 입체。圓壔。

【圓周率:원주율】 원주와 그 直徑과의 비례。약 三·一四一六……。파이(π)로 表示함。

【圓柱形:원주형】 둥근 기둥 같이 생긴 모양이나 형상。

【圓池:원지】 둥근 못。

【圓體:원체】 둥근 형체。

【圓錐:원추】 《數》❶圓錐體。❷圓錐面。

【圓錐形:원추형】 《數》원추 모양의 형태。

【圓錐滑車:원추활차】 원추형으로 된 활차。

【圓卓:원탁】 둥근 卓子。

【圓卓會議:원탁회의】 圓卓을 둘러 싸고 하는 회의。席順을 다투는 일을 방지하기 위하여 국제 회의는 대개 이 형식을 사용함。

【圓塔:원탑】둥글게 쌓아 올린 탑。

【圓板:원판】둥근 널빤지。

【圓形:원형】둥근 형상。둥근 모양。

【圓形劇場:원형극장】계단으로 된 관람석에 둘러 싸인 중앙에 베푼 원형의 무대。그림틀식 무대보다 자연스러운 연기를 할 수 있음。一九三二년 미국의 휴즈(Glenn Hughes)에 의해 고대 그리스의 극장을 본으로 고안됨。

【圓滑:원활】❶모난 데가 없이 원만함。【蘇軾】鵖夷讓ㅡㅡ。❷일이 거침없이 술술 진행되는 것。

◎半ㅡ、方ㅡ、一ㅡ。

十一畫

【淵】(완) 圓 ワン、みずがまわる of whirlpool

물결이 돌 완(水勢回旋)。

【圖】(도) 虞 ト、ズ、えがく、え picture: map ㄊㄨˊ t'u²

小篆 草書 ❶그림 도(畫也)。【易繫辭】河出ㅡ。❷꾀할 도(謀也)。【書】惟懷永ㅡ。❸다스릴 도(除治)。【左傳】無使滋蔓蔓難ㅡ也。❹헤아릴 도(度也)。【詩】是究是ㅡ。❺지도 도(版ㅡ簿籍)。【周禮】爲之版ㅡ以待。❻탑 도(浮ㅡ寺塔)。❼고안할 도(考也)。【李密 陳情表】ㅡ宦達、不矜名節。

【圖經:도경】산수의 地勢를 그린 책。

【圖工:도공】❶도화와 공작。❷製圖工。畫工。【淮南子】ㅡㅡ好畫鬼魅。

【圖南鵬翼:도남붕익】큰 사업을 하려 하는 企圖。큰 새가 남쪽을 향하여 날개를 펴려 하고 있다는 뜻。【莊子】然後ㅡㅡ、且適南冥。

【圖得:도득】꾀하여 얻음。

【圖錄:도록】圖讖。【後漢書】王梁孫咸、名應ㅡㅡ。

【圖賴:도뢰】자기의 나쁜 짓을 남에게 轉嫁하여 속이려 함。【福惠全書·人命】。

【圖面:도면】기계·건축·따위의 설계 또는 토지 같은 것의 과학적인 그림。圖本。

【圖免:도면】책임을 맡은 일을 벗으려고 꾀함。圖避。謀免。

【圖謀:도모】앞으로 할 일에 대하여 이루기 위하여 수단과 방법을 꾀함。

【圖法:도법】作圖法의 略語。

【圖本:도본】=圖面。

【圖生:도생】살아감을 꾀함。

【圖書:도서】❶서적。책。그림과 책 등의 총칭。【漢書】收秦丞相御史律令ㅡㅡ藏之。❷河圖洛書의 略語。《故》聖代에는 黃河에서 그림이 나오고、洛水에서 글씨가 나왔다는 故事。

【圖書館:도서관】많은 책을 모아 두고 여러 사람에게 보이는 곳。

【圖書室:도서실】일터의 직원이나 기관의 관계자를 위하여 도서를 모아 두고 볼 수 있게 한 방。

【圖說:도설】그림을 넣어 설명함。

【圖示:도시】그림으로 그려 보임。

【圖案:도안】미술·공예 작품을 製作할 때 빛깔·모양·配合 따위의 意匠을 그림으로 나타낸 것。

【圖案家:도안가】도안을 전문으로 하는 사람。또는 업으로 하는 사람。

【圖章鋪:도장포】도장을 새기는 가게。도장 가게。도장방。

【圖讖:도참】❶비결。❷未來記。미래를 예언한 책。【後漢書】李通以ㅡㅡ說帝。

【圖囑:도촉】의뢰를 請囑함。

【圖表:도표】❶그림으로 그리어 나타낸 표。❷《數》다이어 그래프。

【圖解:도해】그림으로 그려 풀이함。

【圖形:도형】❶그림의 모양。❷圖式。

【圖畫:도화】그림。【漢書】詔ㅡㅡ甘泉宮。

【圖繪:도회】=圖畫。【宣和畫譜】周昉生平ㅡㅡ甚多。

◎構ㅡ、企ㅡ、期ㅡ、設計ㅡ、略ㅡ、意ㅡ、壯ㅡ、地ㅡ、地形ㅡ、天氣ㅡ、版ㅡ、海ㅡ、畫ㅡ。

【圇】(도)『圖』(前條)의 俗字

【團】(단) 寒 ダン、あつまり group ㄊㄨㄢˊ t'uan²

小篆 草書 ❶둥글 단(圓也)。【班婕妤詩】ㅡㅡ似明月。❷모을 단(聚也)。❸군대반짝단(軍ㅡ)。❹이슬 많을 단(露多貌)。【謝惠連詩】ㅡㅡ滿葉露。❺덩이질 단(聚結貌)。【江淹詩】ㅡㅡ霜露色。❻빙빙 돌 단(旋轉狀)。【脩惠洪詩】心若旋磨驢、月夜ㅡㅡ轉。(『专』과 통함)

【團結:단결】❶많은 사람이 뭉쳐 행동하는 일。【金史】ㅡㅡ兵士、爲備。❷단체를 맺음。組合을 만들음。❸《制》唐·宋 시대의 兵制의 하나。그 지방의 住民을 가을과 겨울에 軍으로서 보집하던 일。또는 그 軍士。

【團結力:단결력】단결하는 힘。단결된 힘。뭉친 힘。

【團結心:단결심】단결하는 마음。

【團欒:단란】❶친한 사람 끼리의 모임。團圞。【孟郊·惜苦詩】戀此小ㅡㅡ。❷둥글음。【陸羽】披書寓筆月ㅡㅡ。【范成大】撚粉ㅡㅡ意。❸경단처럼 둥글게 만들음。

【團鍊:단련】義勇兵의 編隊를 敎鍊하는 것。

【團飯:단반】둥글둥글 뭉친 밥。주먹밥。

【團衫:단삼】婦人의 上衣의 한 가지。【金史·輿服志】。

【團束:단속】《國》잡도리를 단단히 함。申飭하여 단단히 다잡음。

【團圓:단원】❶둥글음。❷가정이 원만함。한 가정이 화합함。❸원만히 끝마침。結末。끝。【元稹】ㅡㅡ青玉疊。【白居易】眷屬幸ㅡㅡ。

【團子:단자】찹쌀 가루에, 꿀에 버무린 팥이나 깨로 속을 넣어 만든 동글동글한 떡。

【團長:단장】團자가 붙은 단체의 우두「머리」。

【團坐:단좌】여럿이 빙 둘러 앉음。圓坐。環坐。【文獻經籍考】ㅡㅡ飮酒以樂。

【團體:단체】단결한 동아리。같은 목적을 가진 사람들의 두 사람 이상의 집단。

【團體競技:단체경기】단체를 지어서 승부를 겨루는 경기。↔개인경기。

【團體交涉權:단체교섭권】《社》근로자가 단체 교섭을 할 수 있도록 보장된 권리。

【團體行動:단체행동】個人이 아니고 「한 떼가 같이 하는 행동。

【團體訓練:단체훈련】단체적으로 받는 훈련。

【團焦:단초】조그마한 암자。草庵。團瓢。【北齊書·神武帝紀】。

【團聚:단취】❶집안 식구나 친한 사람끼리 화목하게 모임。❷단결함。

【團合:단합】=團結。

【團環:단환】배목이 달려 있는 둥근 문「고리。

【團會:단회】圓滿한 모임。

◎軍ㅡ、劇ㅡ、師ㅡ、使節ㅡ、少年ㅡ、視察ㅡ、樂ㅡ、旅ㅡ、一ㅡ、集ㅡ。

十二畫

【圖】(도)『圖』(口部11畫)의 俗字

十三畫

【睪】(역) 陌 エキ、めぐりゆく hover

小篆 맴돌 역(回行象氣絡繹不絕)。

【圜】㈠(원) 先 ㈡(환) 刪 エン、カン、めぐる be surrounded ㄩㄢˊ yüan²

小篆 草書 ㈠ ❶옥담원(獄城)。❷둥글원(圓也)。❸제단원(祭天檀[illegible]－丘)。(『圓』과 같음) ㈡ ❶둘릴환(繞也)。〔通鑑〕－橋門而觀聽。❷에울환(圍也)。〔賈誼 治安策〕天下－視而起。

【圜流:환류】빙 둘러 흐름。環流。〔孔子家語〕－－九千里。

【圜視:환시】❶뭇 사람이 둘러서서 봄。빙둘러 서서 주목함。❷사방을 두루 둘러봄。環視。〔賈誼〕天下－－而起。

【圜冠:원관】둥근 갓。儒者의 갓을 일컬음。〔莊子〕儒者冠－－者知天形。

【圜丘:원구】임금이 冬至날에 天祭지내던 곳。天壇。〔周禮〕。

【圜牆:원장】감옥。빙 둘러 싼 감옥。圜土。〔漢書〕幽于－－之中。

【圜土:원토】감옥。둥글게 둘러 싼 감옥。〔周禮·比長〕以－－納之。

十四畫

【獄】(옥)『獄』(犬部 10畫)의 古字

十九畫

【圞】(란) 寒 ラン、まるい round

草書 둥글란(團－圓也)。〔梵書〕大家圞－頭共說無生話。

土 部

【土】㈠(토) 麌 ㈡(두) 虞 ト、ド、つち earth ㄊㄨˇ t'u³

小篆 草書 ㈠ ❶흙토(五行之一、地也)。〔書〕厥貢惟－五色。❷뿌리토(根也)。〔詩經〕撤彼桑－。❸나라토(邦－)。❹곳토(場所)。〔大學〕有人此有－。❺땅신토(地神)。〔禮記 月令〕其神后－。❻뭍토(陸也)。❼고향토(故鄕)。❽악기토(八音之一)。❾땅토(生物蕃植適所)。〔易經 離象傳〕百穀草木麗乎－。❿평지토(平地)。㈡뽕뿌리두(桑根)。

【土價:토가】땅 값。

【土疆:토강】땅의 경계。(疆은 界)。〔曹植〕恢拓－－。

【土建:토건】土木과 건축。

【土階:토계】흙으로 쌓은 계단。〔史記〕－－三等。

【土股:토고】半島。陸地가 물 가운데로 벋어 들어간 부분。

【土工:토공】❶陶器 따위를 만드는 사람。陶工。〔禮記·註〕－－、陶旋也。❷土木工事。또는 거기에 종사하는 인부。

【土功:토공】토목 공사。〔書經·益稷〕惟荒度－－。

【土貢:토공】朝廷에 바치는 그 地方의 土產物。〔漢書·匈奴傳〕物－－、制內外。

【土管:토관】흙으로 구워 만든 둥근 관。물을 뽑아 내는 데 흔히 쓰는 통。

【土橋:토교】흙다리。

【土寇:토구】도읍을 멀리 한 두메에서 일어나는 도둑떼。土匪。土賊。

【土窟:토굴】흙을 파낸 큰 구덩이。땅속에 뚫린 굴。〔神仙傳〕作－－居之。

【土圭:토규】해 그림자。또는 土地를 재는 데 쓰던 玉器。〔周禮·大司徒〕－－尺有五寸、以致日以土地。

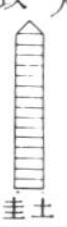

土圭 (禮器圖)

【土克水:토극수】(國)五行의 運行에서 흙이 물을 이긴다는 뜻。

【土器:토기】❶진흙으로 만들어 잿물을 올리지 않고 구운 그릇。〔史記〕野人盛－－中進之。❷원시 시대에 쓰이던 土製 그릇의 유기。

【土壇:토단】흙을 쌓아 만든 단。

【土臺:토대】❶흙만 가지고 높게 쌓아 올린 대。❷세운 집의 맨 아랫 부분이 되는 바탕。❸어느 사업 같은 것의 기초。

【土塗:토도】진흙。〔左傳〕蓄水源、積－－。

【土桃蛇:토도사】(動)굳뱀。흙구덩이 중에서 한 곳에 모여 사는 뱀의 한 가지。

【土屯:토둔】그리 높지 않고、크지 않은 언덕。자그마한 언덕。

【土卵:토란】(植)天南星科에 딸린 다년생 풀。밭에 심는데 땅 속에 감자 모양으로 球莖이 있어서 잎꼭지와 함께 먹음。

【土力:토력】植物을 길러내는 땅의 기운。

【土蓮:토련】(植)토란。

【土壟:토롱】임시로 또는 급하게 흙을 모아 간단히 만든 무덤。토분。

【土理:토리】❶흙의 성분이 기름지고 메마른 성질。❷어느 식물에 맞고 안 맞는 땅의 성질。地味。지질。

【土幕:토막】움막。움집。

【土脈:토맥】地脈。

【土木:토목】❶나무·흙·돌 등을 써서 하는 工事。土木之役。土工。〔後漢書〕極－－。❷몸차림을 하지 않는다는 뜻으로 모양이 허술함을 이름。〔晉書·嵇康傳〕－－形骸、不自藻飾。

【土木工事:토목공사】여러 모로 사회의 便益을 얻기 위하여서 지면의 표면을 변화시켜 길·다리·제방 따위를 만드는 공사의 總稱。土木之役。

【土物:토물】그 땅의 產物。

【土民:토민】여러 대를 두고 그 곳에서 붙박으로 사는 인민。土着民。〔資治通鑑〕封州－－百餘人。

【土班:토반】(國)여러 代로 그 지방에서 붙박이로 사는 兩班。鄕族。

【土蕃:토번】未開한 곳에서 붙박이로 사는 야만인。

【土壁:토벽】흙벽。

【土兵:토병】본시 그 땅에 붙박이로 사는 사람 가운데서 뽑은 군사。〔元史〕－－三千人。

【土蜂:토봉】(動)땅벌。

【土粉:토분】쌀을 쓿을 때 함께 섞어서 찧는 흰 흙가루。

【土佛:토불】(佛)흙부처。

【土崩:토붕】흙이 무너짐。또는 사물이 흙이 무너지는 것처럼 허물어져 버림。〔史記〕天下之患、在于－－、不在于瓦解。

【土崩瓦解:토붕와해】어느 모임이나 단체 같은 것이 무너져 손댈수 없이 됨。〔史記〕秦之積衰、天下——。

【土匪:토비】❶나쁜 짓을 하는 土着民。土賊。土寇。❷中國의 第一革命後 南京에서 妓生을 일컫던 말。

【土殯:토빈】정식으로 장사를 지내기 전에 임시로 관을 땅에 묻음。

【土砂:토사】흙과 모래。

【土山:토산】바위나 돌은 없고 흙으로만 이루어진 산。↔岩山。

【土產:토산】❶그 땅의 產物。土地所產。〔唐書·李德裕傳〕物非－－。❷그 땅에서 생산한 것으로 된 선물。

【土產馬:토산마】본땅에서 나는 말。

【土產物:토산물】=土地所產。

【土產種:토산종】그 지방에서 나는 종자。또는 종류。土種。

【土色:토색】흙빛。또는 흙과 같은 빛。(轉)恐怖 따위로 창백해진 얼굴 빛。

【土石:토석】흙과 돌。

【土姓:토성】姓字를 宮·商·角·徵·羽의 다섯으로 나누어 이것을 五音에 나누어

五行에 갈라 붙인 가운데 土。

【土城：토성】 ❶흙으로 쌓아 올린 성루。❷沙城의 卑稱。❸흙을 개자리 뒤에 쌓아 화살을 막는 둑。

【土性：토성】 흙의 성질。土質。토양 종류。『趙孟頫』良農知——。

【土星：토성】 《天》太陽系 가운데서 木星 다음가는 큰 遊星。二九년 一六七일 걸려서 태양을 一周함。

【土俗：토속】 그 지방의 특유한 풍속。그 땅의 풍습。『後漢書·竇融傳』 知其——。

【土深：토심】 《地》흙의 깊이。

【土壤：토양】 ❶흙。『史記』太山不讓——、故能成其大。❷곡물 등을 생장할 수 있는 흙。

【土語：토어】 ❶그 고장에서 오랫동안 붙박혀 사는 사람들이 쓰는 말。❷사투리。

【土堰堤：토언제】 흙만 가지고 쌓아 올린 둑。

【土役：토역】 흙일。

【土瀝靑：토역청】 검은 빛의 油狀 또는 塊狀의 鑛物。아스팔트。

【土沃：토옥】 흙이 기름짐。↕土瘠。

【土屋：토옥】 토담집。

【土旺：토왕】 土氣가 왕성한 일。土旺之節。『孟子·公孫丑·天時不如地利·疏』——在申西戌亥。

【土浴：토욕】 ❶닭이 발로 흙을 파 헤치고 들어 앉아 몸을 버르적거림。❷말이 땅 위를 딩굴어 몸을 비비는 일。

【土雨：토우】 흙비。

【土垣：토원】 토담。

【土月會：토월회】 一九二二년 朴勝喜등 東京 유학생을 중심으로 조직된 新劇의 발전과 보급을 위한 연극 단체。

【土音：토음】 그 지방 사람의 사투리。그 지방 사람의 音色。사투리。

【土宜：토의】 ❶그 땅에 적합한 農作物。『周禮·土方氏』辨——之法。❷그 땅의 產物。土產物。土地所產。

【土人：토인】 ❶그 땅에 사는 사람。土着民。본토박이。❷흙으로 만든 人形。土偶。❸원시적인 생활을 하고 있는 未開人。❹土着의 人種。黑人。

【土苴：토자】 두엄。흙 부스러기·거름풀。『莊子·讓王』其——以治天下。

【土葬：토장】 장사법의 한 가지。시체를 흙속에 매장하는 일。↕海葬。火葬。『南史』。

【土豬：토저】 《動》오소리。

【土賊：토적】 도둑의 떼。土寇。『元史』

【土鼎：토정】 질솥。以——作、耗竭其地稅賦。

【土亭秘訣：토정비결】 土亭 李之菡이 지었다는 책으로 일년 신수를 보는 책。

【土族：토족】 土班의 겨레붙이。

【土種：토종】 그 땅에서 나는 씨。토산종。

【土螽：토종】 《動》송장메뚜기。

【土紬：토주】 바탕이 두껍고 빛이 누르스름한 명주의 한 가지。

【土鑄字：토주자】 흙으로 만들어 낸 주자。

【土芝：토지】 《植》토란。

【土地：토지】 ❶땅。地面。❷고을。그 지방。❸領土。『孟子·盡心』諸侯之寶三、——人民政事。❹土地의 神。鄕土의 神。❺地形을 잼。땅을 잼。

【土地改良：토지개량】 《社》좋은 토질을 유지·증진하기 위하여 토지에 행하는 開墾·客土 넣기·肥料 주기 따위의 總稱。

【土地改革：토지개혁】 《社》토지를 소유하는 형태에 대한 개혁。개인이 소유하는 토지의 地代收納權을 부인하는 것이 그 근본 내용임。

【土地臺帳：토지대장】 토지의 소재지 번호·지목·등급·넓이·가격·소유자 성명 등 여러 가지 사항을 자세히 적어 각 稅務署에 보관하는 토지의 장부로、地籍에 관한 기본대장인 동시에 지세 부과의 기본 대장이 됨。

【土地登記：토지등기】 토지의 소유권을 확실하게 증거하기 위하여 등기소에 있는 등기부에 기재하여 두는 일。

【土地登記簿：토지등기부】 《法》토지에 관한 일체를 기재·등기하는 장부。

【土地收用：토지수용】 《法》공공의 이익을 위하여 개인이 소유하는 토지를 필요한 만큼 강제로 받아들이는 政府의 행정 처분。

【土地調査：토지조사】 《社》 근대적인 사조의 토지 소유권을 확립시키기 위해 필요한 일을 조사하는 일。

【土蜘蛛：토지주】 《動》땅거미。긴 주머니 모양의 집을 지어、반쯤 땅속에 두고、그 밑바닥에 棲息함。

【土質：토질】 논밭의 흙의 성질。

【土疾：토질】 한 지방의 水質과 土質이 맞지를 않아 일어나는 병의 총칭。

【土着：토착】 代代로 그 땅에 定住함。『史記·西南夷傳』其俗或——、或移徙。

【土着民：토착민】 토착한 인민。

【土瘠：토척】 땅이 거칠고 메마름。

【土蟲：토충】 《動》지네의 別名。

【土炭：토탄】 햇수가 오래지 않아서 완전히 炭化하지 못한 석탄의 한 종류。

【土豹：토표】 《動》스라소니。

【土品：토품】 논이나 밭의 품질。

【土風：토풍】 ❶지방의 유행가。『左傳』。❷그 땅의 풍속。『陸機·吳趨行』——淸且嘉。「죽。

【土皮：토피】 나무나 풀로 덮인 땅의 거죽。

【土蝦：토하】 《動》생이。새우의 한 가지。

【土豪：토호】 ❶지방에서 양반을 떠세할 만큼 세력이 있는 사람。❷지방에 웅거하여 세력을 떨치는 豪族。

【土化：토화】 농사를 지음。또는 농사。『周禮·草人』草人掌——之法。

【土話：토화】 사투리。

【土花：토화】 ❶땅 밑에 묻은 器物이 진흙 때문에 色과 質이 변화한 흔적。『梅堯臣·古鑑詩』全——未磨。❷이끼。鮮苔。『陸游·題僧庵詩』。❸地上의 꽃。『李商隱·李夫人詩』——漠漠雲茫茫。❹조개。❺濕氣로 인하여 생기는 곰팡。

【土梟：토효】 《動》올빼미。

◎國—、樂—、陶—、方—、邦—、本—、封—、敷—、腐—、腐植—、沙—、壤—、沃—、王—、瓷—、赤—、全—、田—、粘—、淨—、尺—、拓—、瘠—、草—、焦—、寸—、塡—、風—、鄕—、黃—。

一畫

【圠】 (알) 黠 アツ、かすか vast |Y ia

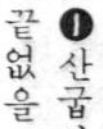
草書

❶산굽이알(山曲)。❷편할알、끝없을알(無涯、坱—)。

【壬】 ㊀(제) 齊 テイ、セイ、よい、きよい ㊁(정) 靑 ㊂(청) 梗 clear

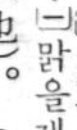
小篆

㊀맑을제(澄也)。㊁❶줄기정(莖也)。❷마룻대정(屋梁)。❸『徵』의 古字。㊂❶착할청(善也)。❷낳을청、나올청(生也)。

二畫

【圣】 ㊀(골) 月 コツ、セイ、つとめる ㊁(성) 敬 endeavor

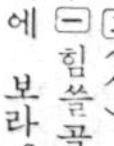
小篆

㊀힘쓸골(勉也)。㊁뜻은『聖』에 보라。

【圤】 (박) 覺 ハク、ホク、つちくれ clod

흙덩어리박(土塊)。

【圥】(록) 屋 ロク、きのこ muskroom;toad
❶버섯록(菌ㅣ、菌之異名)。❷두꺼비록(ㅣ鼀)。❸나아가지 않을록(不能前之貌)。

【圧】(압)「壓」(土部 14畫)의 略字

三畫

【在】(재) 隊 ザイ、ある be; stay ㄗㄞˋ tsai⁴
❶있을재(存也)。【論語】父母ㅣ不遠遊。❷살재(居也)。【詩經】相ㅣ爾室。❸살필재(察也)。【書經 舜典】ㅣ璿璣玉衡。❹곳재(所也)。【蔡邕獨斷】天子以四海爲家以所居爲行ㅣ所。

【在家:재가】❶집에 있음。❷(佛)집에 서 중처럼 도를 닦음。❸(制)이조 때 六注比廛에서 파는 물건을 자기 집에서 팔던 일。또는 그러한 집。

【在家無日:재가무일】바빠 돌아다니느라고 조금도 집에 있을 날이 없음。

【在監:재감】(法)矯導所에 갇히어 있음。

【在京:재경】서울에 머물러 있음。

【在庫品:재고품】팔고 남아서 곳간에 쌓여 있는 물품。

【在官:재관】官職에 있음。

【在勤:재근】=在職。

【在其中:재기중】그 가운데에 있음。

【在來:재래】그 전부터 있어 옴。

【在來種:재래종】전부터 있던 종자。

【在留:재류】❶딴 곳에 가서 한동안 머물러 있음。❷일시 머물러 있음。

【在留民:재류민】外國에 있는 居留民。

【在文:재문】(國)셈하고 남은 돈。在錢。

【在物:재물】남아 있는 물건。

【在美:재미】미국에 가 재류하고 있음。

【在喪:재상】상중에 있음。

【在席:재석】자리에 있음。

【在昔:재석】옛적。옛날。往昔。【詩經】自古ㅣㅣ 先民有作。

【在席員:재석원】자리에 있는 인원。

【在世:재세】살아 있을 동안。살아 있음。

【在所難免:재소난면】면하기 어려움。

【在所者:재소자】❶어떠한 곳에 있는 사람。❷在監者。

【在囚:재수】矯導所 안에 갇혀 있음。

【在野:재야】草野에 있다는 뜻。벼슬하지 않고 시골에 박혀 있는 일。↕在朝【孟子·萬章】ㅣㅣ曰、草莽之臣。

【在營:재영】병역으로 兵營 안에 있음。

【在外:재외】외국에 가 있음。

【在位:재위】임금의 자리에 있음。또는 그 자리에 있는 동안。御極。【書經】朕ㅣㅣ七十載。

【在日:재일】日本에 가 있음。

【在任:재임】직무에 있음。그 동안。

【在在:재재】여러곳。곳곳마다。處處。【楊萬里·詩】新晴ㅣㅣ野花香。

【在籍:재적】❶學籍에 있음。❷戶籍에 있음。❸어떤 合議體에 적이 있음。

【在前:재전】❶이전。❷曾往(증왕)。

【在朝:재조】벼슬을 살고 있음。↕在野。

【在住:재주】그 곳에 머물러 살음。

【在中:재중】속에 들어 있음。

【在職:재직】❶직장에 직을 두고 있음。❷관직에 있음。【孟子】能者ㅣㅣ。

【在此一擧:재차일거】단판 씨름。

【在天:재천】❶세상을 떠나 저 세상에 가 있음。【詩經】對越ㅣㅣ。❷하늘에 달렸음。

【在下者:재하자】웃어른을 섬기는 사람。

【在學:재학】학교에 적을 두고 공부함。

【在學生:재학생】현재 학교에 적을 두고 공부하고 있는 학생。

【在鄕軍人:재향군인】현역에서 물러나와 고향에 돌아와 있는 군인。
◎介ㅣ、健ㅣ、近ㅣ、不ㅣ、散ㅣ、所ㅣ、實ㅣ、自ㅣ、潛ㅣ、存ㅣ、駐ㅣ、滯ㅣ、偏ㅣ、現ㅣ、顯。

【圩】(우) 虞 ウ、つつみ bank ㄩˊ yu²
❶방축우(築堤防水)。❷언덕우(岸也)。

【圩頂:우정】머리 위가 오목한 것。【史記】孔子生而首上ㅣㅣ、故因名丘。

【圪】(을) 物 イツ、たかいつち (of clod) high
흙더미우뚝할을(堆高)。

【圬】(오) 虞 オ、こて trowel ㄨ wu¹
흙손오(泥鏝)。【左傳】ㅣ人以時塓館宮室。

【圬墁:오만】미장이。벽바르는 사람。泥土工。【宋書】陸萬友始業ㅣㅣ。(『杇』와 같음.)

【圬人:오인】미장이。벽바르는 것을 業으로 하는 사람。【左傳·註】ㅣㅣ塗者也。

【圭】(규) 齊 ケイ、たま gem
❶홀규(上圓下方瑞玉)。【書經】禹錫玄ㅣ。❷일영표규(土ㅣ、測日景)。【周禮】土ㅣ以致四時日月。❸달규(ㅣ刀製藥)。❹저울눈 이름규(量名六十四黍爲ㅣ)。【漢書】量多少者不失ㅣ撮。(『珪』와 같음)

【圭角:규각】❶玉의 뾰족한 모서리。❷말과 행동이 모나서 남과 잘 어울리지 않는 일。【朱熹·孟子序說】程子曰、孟子有些英氣、才有英氣、便有ㅣㅣ。

【圭復:규복】남에게서 온 편지를 몇 번이고 되풀이하여 읽는 일。(故)南容이 白圭의 詩를 여러번 되풀이하여 읽었다는 故事。【論語·公冶長】南容三復白圭。

【圭勺:규작】극히 작은 분량。사소한 것。【王禹偁】行年過半世、功業無ㅣㅣ。

【圭璋:규장】禮式 때 장식으로 쓰는 구슬。(轉)人品이 높음의 비유。【禮記·疏】ㅣㅣ、玉之貴也。

【圭撮:규촬】극히 작은 양(量)。【漢書】量多少者、不失ㅣㅣ。

【圮】(비) 紙 ヒ、やぶれる collapse ㄆㄧˇ p'i³
무너질비(毁也)。【書】方命ㅣ族。

【圮缺:비결】허물어져 이지러짐。【蘇轍】支其斜、補其ㅣㅣ。

【圮剝:비박】허물어져 벗겨짐。【後漢書】ㅣㅣ至親。

【圮絕:비절】허물어지고 끊어짐。斷絕。【蔡邕】微言ㅣㅣ。

【圮毁:비훼】허물어져 떨어짐。頹圮。頹毁。【王禹偁】雉堞ㅣㅣ。

【圯】(이) 支 イ、つちばし earthen bridge ㄧˊ i²
흙다리이(土橋)。

【圯橋:이교】中國 江蘇省에 있는 다리 이름。張良이 黃石公으로부터 太公의 兵法을 배운 곳。

【圯上老人:이상노인】黃石公을 일컫음。→圯橋。

【地】(지) 寘 チ、ジ、つち earth ㄉㄧˋ ti⁴
❶땅지(天之對、載萬物坤也)。【博物志】ㅣ以名山爲輔佐、石爲骨、川爲脈、草

木爲毛土爲肉。❷뭍지(陸也)。❸아래지(下也)。❹나라지(領土)。❺곳지(所也)。〖孟子 離婁下〗禹·稷·顔子、易ㅣ則皆然。❻예비할지(豫備)。(『第』와 통함)

【地價:지가】 토지의 가격。땅값。『北夢瑣言』以此地奉之、殊不言ㅣㅣ。

【地角:지각】 ❶땅의 한 모퉁이。大地의 구석。❷岬(곶)。(陸地가 가늘고 길게 海中에 突出한 곳。) ❸觀相術에서 사람의 頰骨을 일컬음。

【地殼:지각】 (地)地球의 外殼。바위로 복잡하게 이루어진 지구의 거죽。

【地檢:지검】 地方檢察廳의 略語。

【地境:지경】 ❶땅과 땅의 경계。地界。❷어떠한 처지。경우。형편。「나。

【地界:지계】 ❶地境。❷(佛)三界의 하

【地階:지계】 ❶여러 층으로 된 건물에 있어서의 地下室。❷고층건물의 첫째 층。

【地鷄:지계】 (動)쥐며느리。

【地庫:지고】 잡물을 넣어 두는 땅광。

【地骨皮:지골피】 (醫)藥 이름。枸杞의 根皮。해열제로 씀。

【地瓜:지과】 甘藷의 異名。

地瓜兒 (三才圖會)

【地廓:지곽】 위 아래의 눈시울。

【地官:지관】 ❶(制)벼슬 이름。周代 六職의 하나。教育과 土地·人事에 관한 일을 맡아 보던 벼슬。司徒。『周禮』ㅣㅣ司徒、曰教官之屬。❷집터·묏자리를 잘 잡는 사람。地師。風水。

【地廣人稀:지광인희】 땅은 넓고 사람은 드물음。人稀地廣。

【地塊:지괴】 ❶땅덩이。❷四方이 斷層面으로 切斷되어 있는 지각의 일부。

【地久:지구】 땅이 영원히 변하지 않음을 일컬음。『老子』天長ㅣㅣ。

【地區:지구】 어떠한 땅의 한 區域。

【地溝:지구】 거의 평행하는 두 斷層崖에 싸여 양쪽으로부터 꺼진 좁고 기다란 지대。

【地球:지구】 (地)우리 인류가 살고 있는 「天體。

【地球儀:지구의】 (地)球狀으로서、지구를 만든 작은 모형。표면에 지구 위의 바다·육지·經度·緯度 등을 나타낸 器具。

【地金:지금】 ❶제품하거나 세공을 하지 아니한 황금。❷화폐·그릇 등의 바탕의 금속。

【地錦:지금】 (植)❶담쟁이 덩굴。(蔓生植物의 하나)。❷땅빈대。

地錦草

【地氣:지기】 ❶땅의 눅눅한 기운。『禮記·月令』天氣上騰、ㅣㅣ下降。❷動植物이 그 땅에서 받는 生氣。大地의 정기。『十八史略』天下將治、ㅣㅣ自北而南。

【地段:지단】 땅을 나누어서 가른 조각。

【地代:지대】 ❶땅을 빌려 쓰고 있는 사람이 땅의 사용료로 땅 주인에게 주는 借地料。❷땅값。地料。

【地帶:지대】 한정된 일정한 구역。

【地德:지덕】 大地가 만물을 생산하고 육성하는 것을 이름。『國語·魯語』。

【地圖:지도】 (地)지구 표면의 일부 또는 전부를 일정한 縮尺에 의하여 평면상에 나타낸 그림。곧 지구상의 바다와 육지와 山川 등을 圖面으로 나타낸 것。『戰國策·趙策』臣竊天下之ㅣㅣ、案之。

【地動:지동】 (地)❶땅이 진동함。地震。❷대지가 움직이는 일。地球의 自轉 및 公轉。

【地動說:지동설】 지구가 다른 遊星과 같이 태양의 둘레를 돌고 있다고 하는 학설。코페르니쿠스에 의하여 주장되어 현재 확정적인 설이 됨。태양 중심설。

【地頭:지두】 ❶경우。❷場所。位置。地步。『朱子語類』此箇ㅣㅣ、永不到眞實ㅣㅣ。❸唐代 稅法인 青苗錢을 일컬음。

【地力:지력】 土地의 生産力。土力。『史記·平準書』李克務盡ㅣㅣ。

【地禮:지례】 땅에 지내는 제사。「곳。

【地牢:지뢰】 땅을 파서 罪人을 가두는

【地雷:지뢰】 (軍)적을 살상시키거나 건물을 파괴할 목적으로 땅 속에 묻는 폭약。

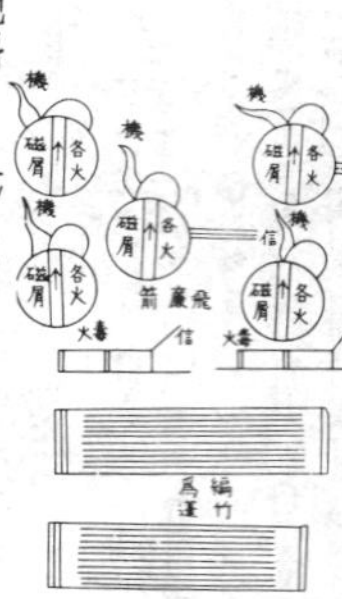
地雷 (天工開物)

【地料:지료】 地代의 新民法의 용어。

【地龍:지룡】 (動)지렁이。

【地壘:지루】 (地)양면이 斷層에 의하여 경계되어 있는 고지。(堤防모양임。)

【地利:지리】 ❶地形의 有利한 상태。지키기 쉬운 地勢。편리한 地勢。『孟子·公孫丑』天時不如ㅣㅣ。❷생산물·地代 따위의 땅에서 나는 이익。『管子』ㅣㅣ不可竭、民力不可殫。

【地理:지리】 ❶땅·산·강·바다 따위의 상태。地勢。또는 그것들에 대하여 쓴 것。『易經』仰以觀天文、俯以察ㅣㅣ。❷지구상의 물·육지·기후·생물·인구·도시·산업·교통·정치 따위의 상태。❸地理學의 略。❹土地의 모양。❺大地。地脈。

【地理學:지리학】 지구의 표면과 그 부근의 특유한 공간적 형상을 연구하고 특히 그 위의 생물、天產物과 토지와의 관계를 고찰 연구하는 광범한 학문。

【地苺:지매】 (植)뱀딸기。

【地脈:지맥】 ❶地層의 脈絡。土脈。『史記』。❷땅 속에 흐르는 물의 通路。

【地面:지면】 땅의 표면。

【地名:지명】 땅의 이름。

【地鳴:지명】 地震。

【地毛:지모】 (植)잔디。莎草의 別名。

【地貌:지모】 땅의 표면의 고저·起伏·斜面 등의 상태。

【地目:지목】 지세를 징수하기 위하여 구별한 토지의 종목。土地의 現況。

【地目變更:지목변경】 (法)땅의 명목이 변함。곧 밭이 논으로 변하는 따위。

【地文:지문】 ❶地上의 온갖 상태。『新論』日月者天之文也、山川者地之文也。❷地文學의 略語。

【地物:지물】 ❶(軍)적과 교전할 때에 몸을 숨기기에 적당한 물체。❷땅위에 있는 천연 또는 자연의 모든 물체。

【地味:지미】 ❶(佛)泉水。『長阿含經』。❷땅의 좋고 나쁨의 성질。土理。

【地盤:지반】 ❶지구 외부의 岩石으로 구성된 견고한 여러 층계。地殼。❷建物 따위의 토대로 되어 있는 땅。❸활동의 발판。根據地。❹일을 행하는 勢力 범위。❺土臺。基礎。

【地枋:지방】 下引枋(하인방)。

【地方:지방】 ❶그 土地。어느 한 일부분의 땅。『晉書』蒲子ㅣㅣ馬生人。❷서울 이외의 곳。시골。

【地方官廳:지방관청】 (法)지방의 행정 사무를 맡아보는 관청。↔中央官廳。

【地方法院:지방법원】 (法)법원 조직법에 의거하여 설치된 민사·형사 소송의 제일심을 맡아보는 최저급의 법원。

【地方分權:지방분권】 (法)지방에 분산된 통치권。또는 행정권。↔中央集權。

【地方色:지방색】 그 지방의 독특한 자연이나 인정。

【地方稅:지방세】 지방 관청 또는 자치체가 그 구역 안의 주민에게 부과하는 특별세。또는 지방 관청의 수입으로 되는 국세 부과세。

【地方時:지방시】 지구상의 어떤 지방에 있어서의 평균 태양시。

【地方熱:지방열】 제 지방 사람들끼리 좋아하는 반면에, 다른 지방 사람들을 싫어하는 일。곧 제 지방만을 몹시 아끼는 열성。

【地方版:지방판】 중앙의 신문사가 그 지면을 나누어 어떠한 지방의 기사를 게재하는 신문의 지면。

【地方風:지방풍】 지세·기후 따위의 관계로 그 지방에만 한하여 일어나는 바람。

【地方行政:지방행정】 행정사무의 한 형태。지방 단위로 행하는 행정。

【地閥:지벌】 地位와 門閥。

【地變:지변】 ❶땅의 異變。❷지각의 운동。❸地異。〔漢書〕――動于下。

【地步:지보】 자기가 있는 地位。처지。立場。〔西湖志餘〕周彭――未可知。

【地膚:지부】 《植》대싸리。

【地膚子:지부자】 《醫》대싸리의 씨。오줌을 순하게 하고 피부를 깨끗이 하는 데 약효가 있음。千頭子。

【地分:지분】 ❶뼈。해골。〔列子·天瑞〕精神者天之分、骨骸者地之分。❷地位。〔漢書·高帝紀〕。

【地比:지비】 땅의 가까운 곳에서 漸次로 먼 곳에 이름。〔史記·平準書〕各以―― 給初郡吏卒。

【地史:지사】 《地》지구의 발달 변천에 관한 역사。

【地史學:지사학】 지질학의 한 분야로서 지구의 역사를 연구하는 학문。

【地煞:지살】 《國》풍수상 地德을 입지 못한 그 터에 언짢은 일이 생기는 일。

【地上:지상】 땅의 위。

【地上莖:지상경】 《植》땅 위로 나온 고등 식물의 줄기。氣莖。↕地下莖。

【地上軍:지상군】 《軍》지상에서 전투하는 군대。主로 육군。

【地上權:지상권】 他人의 土地에서 공작물 또는 竹木을 소유하기 위하여 남의 토지를 사용하는 物權。

【地上水:지상수】 땅 위에 드러나 보이는 물。↕地下水。

【地上天國:지상천국】 《宗》천도교에서 극락세계를 이 세상에 건설할 수 있다는 靈·肉 雙全의 이상 세계。

【地壇:지선】 《動》지렁이。

【地稅:지세】 토지를 과세 물건으로 하는 租稅。〔宋史〕宅稅――之類。

【地貰:지세】 땅을 빌어 쓴 값으로 내는 세。토지 사용료。

【地勢:지세】 ❶산·내·평야의 생김새 등 土地의 형세。地形。〔漢書·高帝紀〕秦、形勝之國也、――便利。❷地位。처지。〔左思·詠史詩〕英俊沈下僚、――使之然。

【地髓:지수】 한의에서 쓰는 地黃。

【地室:지실】 壙中。

【地心:지심】 ❶땅 속의 심장부。❷地殼으로 둘러쌓인 지구의 내부。고열의 剛體로 밀도가 크다고 상상됨。地核。

【地羊湯:지양탕】 개장국。

【地役:지역】 다른 사람의 땅을 제땅의 便益을 위하여 사용하는 일。

【地域:지역】 땅의 구역。땅의 경계 또는 그 안의 땅。

【地域團體:지역단체】 ❶지역을 기초로 하는 단체。곧 국가·道·마을 따위。❷같은 지역에서 생활을 함으로써 결성되는 집단。↕血緣團體。

【地熱:지열】 ❶땅의 온도가 높음。地面이 뜨거움。❷지구 내부의 固有한 열。

【地獄:지옥】 《佛》生前의 죄로 말미암아 死後에 苛責을 받는다는 곳。(等活·黑繩·合會·叫喚·大叫喚·焦熱·大焦熱·阿鼻의 八大地獄이 있다 함)。《喩》어둡고 추하고, 처참한 곳의 비유。↕極樂。

【地運:지운】 땅의 운수。

【地位:지위】 ❶處所。❷身分。職位。❸土地의 形勢。〔盧同·新茶詩〕――淸高隔風雨。❹處地

【地油:지유】 《鑛》石油의 이칭。

【地楡:지유】 《醫》외나물의 뿌리。止血劑로 씀。

【地維:지유】 ❶大地를 얽어서 받들고 있다는 밧줄。곧 자연의 힘。〔史記〕天柱折、――缺。❷大地의 이칭。

【地異:지이】 地上의 異變。홍수·噴火·地震·海嘯 따위 地變。

【地磁氣:지자기】 《地》지구 자체의 磁「氣。

【地蠶:지잠】 《動》굼벵이。

【地漿:지장】 황토땅을 파고 거기서 나는 물을 휘저어 흐리게 한 다음 다시 가라앉힌 맑은 웃물。해독제로 씀。土漿。

【地籍:지적】 ❶땅의 所屬。❷땅에 대한 여러가지 사항을 적은 기록。

【地積:지적】 땅의 면적。땅의 평수。

【地籍圖:지적도】 각 地番의 면적을 계산하고, 경계를 밝히기 위하여 만든 토지의 평면도。

【地點:지점】 어디라고 지정한 그 곳。

【地丁:지정】 ❶地租와 人頭稅。〔淸會典·戶部〕。❷《植》민들레。

【地精:지정】 《植》인삼。

【地釘:지정】 집터 따위를 단단하게 다지는 데 주초 대신 땅속에 박는 통나무토막이나 콩크리이트 기둥。

【地政學:지정학】 정치 현상과 지리 조건과의 관계를 연구하는 학문。정치에 관한 지리학。

【地祭:지제】 지신에게 지내는 제사。

【地租:지조】 土地에 부과하는 租稅。地稅。〔唐書〕收――厚斂也。

【地主:지주】 ❶땅 임자。❷토지 소유자。〔杜甫〕常荷――恩。❸그 땅에서 사는 사람。

【地中:지중】 ❶땅 속。흙의 속。❷壙中。

【地支:지지】 十二支를 이름。子·丑·寅·卯·辰·巳·午·未·申·酉·戌·亥。↕天干。

【地志:지지】 地理書。地誌。

【地誌:지지】 地理的 현상을 분류 연구한 것。地志。〔歐陽修〕山經――不可究。

【地震:지진】 ❶땅이 흔들려 움직이는 일。〔左傳〕春秋書地震五。❷地殼의 한 부분의 급격한 변화로 地盤이 진동하는 현상。

【地震計:지진계】 지진의 진동을 자동적으로 표시하는 장치。지진이 일어날 때、땅의 진동의 속도·가속도·진동 기간·진동의 變位 따위를 관측하는 기계。

【地盡頭:지진두】 ❶더하여 볼 수 없게 된 막다른 판。❷때가 아주 절박하게 된 것의 비유。❸중앙에서 멀리 떨어져 바닷가와 잇다아 끝이 진 땅。

【地質:지질】 ❶땅의 성질。본바탕。❷地層의 狀態。地殼을 가진 온갖 성질이나 상태의 總稱。

【地質圖:지질도】 《地》어떤 지역 안에 지질 구성의 분포를 나타낸 지도。

【地質學:지질학】 《地》지학의 한 부분。지구의 구조·조직 및 지각의 발달의 역사를 계통적으로 연구하는 학문。

【地著:지착】 그 땅에 安住하고 있음。土著。〔漢書〕理民之道、――爲本。

【地軸:지축】 ❶大地를 지탱한다고 想像되는 軸。〔庾信〕德動天關、威移――。❷지구의 남북 兩極間을 연결하는 축。

【地嘴:지취】 땅의 모양이 가늘고도 뾰족하게 부리가 져서 바다로 쑥 내민 곳。지구 自轉의 回轉軸。

【地層:지층】 《地》물·바람·눈 따위의 作用으로 風化分解한 砂礫(사력)·粘土(점토) 따위가 흘러 내려 낮은 곳에 層으로되어 沈積한 것。

【地坪:지평】 땅 坪數。

【地平:지평】 ❶대지의 평면。❷하늘과 땅의 평면이 맞닿은 것처럼 보이는 곳。

【地平面:지평면】 《地》지평선 안에 포함된 넓은 육지의 표면。

【地平線:지평선】 《地》大地와 하늘이 서로 접하는 것처럼 보이는 水平直線。

【地表:지표】 지구의 표면。땅의 겉면。

【地下:지하】 ❶땅 속。〔史記〕潛行――。

❷九泉。黃泉。❸政治운동의 지하운동。
【地下莖:지하경】(植)땅 속에 묻혀 있는 식물의 줄기。고구마 따위。↔地上莖。
【地下工作:지하공작】어떤 목적을 위하여 비밀로 하는 공작。
【地下根:지하근】(植)땅 속에 묻혀 있는 식물의 보통 뿌리。
【地下道:지하도】땅 밑으로 만든 通路。
【地下線:지하선】❶땅 속으로 묻은 電線。❷기차나 전차 따위의 지하 철로。
【地下水:지하수】땅 속에 고이는 물。
【地下室:지하실】어떤 건물 아래에 땅을 파고 만들어 놓은 방。또는 광。
【地下運動:지하운동】법망을 피하여 일을 비밀히 피하여 행하는 사상적 운동。
【地下冤魂:지하원혼】원통하게 죽은 혼령。
【地下資源:지하자원】아직 채굴되지 않은 지하에 묻혀 있는 자원。아직 파내지 않은 중요한 광물 따위。
【地下鐵道:지하철도】교통 혼잡을 완화하기 위하여 땅 밑을 파고 軌道를 만든 철도。
【地陷:지함】땅이 움푹하게 주저앉음。
【地核:지핵】지구의 내부。지구 속의 아직 굳어지지 않은 부분。地心。
【地峽:지협】두 해협 또는 部分海 사이에 介在한 좁은 육지 부분。
【地形:지형】땅의 생긴 모양이나 형세。
【地皇:지황】三皇의 하나。上古의 帝王。天皇을 계승했다고 함。〔史記·三皇紀〕。
【地黃:지황】(植)약초의 하나。잎의 表裏에 가는 털이 나고、여름에 줄기 끝에 자홍색 꽃이 핌。

地皇氏(三才圖會)

地黃(三才圖會)

【地黃湯:지황탕】(醫)六味湯。
◎土瀉—、居留—、空—、國有—、窮—、根據—、樂—、落—、內—、當—、大—、墓—、門—、邊—、別天—、盆—、死—、私有—、所有—、植民—、實—、餘—、外—、要—、陸—、立—、田—、戰—、震源—、策源—、尺—、拓—、天—、寸—、土—、平—、被害—。

【圳】(수) 尤 シュウ、たはたのみぞ ditch between fields ㄔㄡˊ ch'ou^2
밭두덕둘레에 있는 도랑수(田畔周圍溝)。

【壮】(장)『壯』(士部 4畫)의 略字

四 畫

【圻】㊀(기) 微 キ、ギン、さかい boundary ㄑㄧˊ ch'i^2 ㊁(은) 眞
草書 ㊀서울지경기(王畿)。〔左傳〕天子之地—。(『畿』와 통함) ㊁언덕은(岸也)。〔淮南子〕四達無竟通于無—。

【坊】(몰) 月 ボツ、うめる bury
❶묻을몰(埋也)。❷험할몰(險也)。(『歿』과 같음)

【圿】(갈) 黠 カツ、あか stain
때낄갈(積垢)。

【圾】(급) 緝 キュウ、あやうい danger ㄐㄧˊ chi^2
草書 ❶휘뚝거릴급(危殆)。〔莊子 天地〕殆哉—乎天下。❷산높을급(高貌——)。(『岌』과 같음)
【圾圾:급급】위태한 모양。岌岌。
【圾乎:급호】위태한 모양。岌乎。『莊子』許由曰、殆哉、——天下。

【址】(지) 紙 シ、もとい site ㄓˇ chih^3
草書 터지(基也)。〔劉兼長春節詩〕太平基—千年永混一車書萬古存。(『阯』와 같음)
【址根菜:지근채】(植)잎의 가장자리는 톱니처럼 되었으며、黃白色의 꽃이 피는 多年草。
【址臺:지대】담·집채들의 지면에 터전을 잡고 돌로 쌓은 부분。
【址臺石:지대석】지댓돌。

【坻】(지) 紙 シ、とまる stay ㄓˇ chih^3
小篆 머무를지(留也)。

【坂】(판) 阮 潸 ハン、さか slope
草書 ❶언덕판(坡—)。❷산비탈판(山脅)。〔漢書〕帝欲下峻—。❸순나라 서울 이름판(舜都名蒲—)。(『阪』과 같음)
【坂路:판로】고갯길。비탈진 길。阪路。

【坄】(역) 陌 エキ、えんとつ chimney ㄧˋ i^4
小篆 굴뚝역(煙突)。

【坅】(금) 寢 キン、あな hole ㄑㄧㄣˇ ch'in^3
구덩이금(坎也)。

【均】(균) 眞 キン、ひとしい even ㄐㄩㄣ chün^1
小篆 草書 ❶고를균(調也)。〔詩經 皇皇者華〕六轡旣—。❷반듯할균、평할균(平也)。〔詩經〕大夫不—。❸두루할균(徧也)。〔易經〕坤爲—。❹기와를 만드는 틀균(造瓦具)。〔董仲舒曰〕泥之在—惟甄者之所爲。❺장단균(節樂器)。〔禮記 樂記〕樂所以立—。❻싸움옷균(戎服)。〔左傳〕—服振振。❼평등할균〔孟子 滕文公上〕經界不正、井地不—。❽학교이름균(學名)。(『鈞』과 통함)
【均等:균등】차별 없이 가지런이 고름。『北史』禮數——。
【均等社會:균등사회】권리와 의무가 고른 사회。
【均排:균배】고르게 나눔。均分。
【均服:균복】갖추어진 衣服。軍服。
【均分:균분】여럿에 똑같도록 나눔。고르게 나눔。〔管子〕。
【均如傳:균여전】(書)傳記。高麗 赦連 지음。高麗 高僧 均如의 傳記로서 그 속에 均如가 鄕歌體로 지은 普賢九願歌 一一首가 들어 있어 國語學上 重要資料가 됨。원명은 大華嚴首座圓通兩重大師均如傳。
【均役法:균역법】(歷)一七五六년(英祖 二九년)에 조세를 고르게 매기기 위하여 정하였던 납세제도。丁年者에게 균역 대신 징수하던 良布 二필을 一필로 줄여 징수하고、그 부족액을 어업세·염세·선박세·은결·전결 등에서 보충하였음。
【均穩:균온】두루 평온하고 아무 일이 없음。흔히 편지에 씀。
【均一:균일】한결같이 고름。차이가 없음。똑같음。平等。平均。〔唐書〕徭賦——。
【均一制:균일제】값이나 요금을 차등 두지 않고 똑같게 하는 제도。
【均田:균전】❶밭을 가는 일。❷국민에게 평등하게 土地를 分與하는 일。또는 그 土地。

【均霑：균점】평등히 이익을 받음。평등히 혜택을 입음。均沾(균첨)。
【均齊：균제】❶균형이 잡혀 잘 어울림。❷고르고 가지런함。均整。
【均照：균조】똑같이 비치어 반짝임。『駱賓王』曜輪——。
【均調：균조】똑같이 고름。『宋史』運用人才、——天下。
【均質：균질】❶성질이 같음。等質。❷하나의 물체 가운데 어느 부분을 취하여도 성분·성질이 일정함。
【均沾：균첨】＝均霑。
【均平：균평】❶고루 공평함。❷고루 평평함。『徐夤』朝升夕沒照——。
【均衡：균형】어느 한 쪽으로 치우침이 없이 쪽 고름。平衡。◎平—。

【坆】 ㊀(매)『梅』(木部 7畫)의 古字 ㊁(분)『墳』(土部 12畫)의 俗字

【坉】 (둔) 元 トン、あせ ridge between fields ㄉㄨㄣˊ tuen³
❶농막둔(莊家)。❷밭고랑둔(畔也)。

【坊】 (방) 陽 ボウ、ちまた village ㄈㄤ fang¹·²
小篆 草書 ❶골 이름방(邑里之名)。❷방방(房也)。❸막을방(障也)。『禮記 坊記』君子之道、譬則坊歟—民之所不足者也。❹승사방(僧舍)。「僧寺」。(『防』과 통함)
【坊間：방간】거리。坊市。市井。「—」。
【坊門：방문】거리의 문。『陸游』月白射—
【坊民：방민】그 坊 안에서 사는 백성。
【坊坊曲曲：방방곡곡】나라 안의 모든 곳。곳곳마다。
【坊本：방본】民間 書店에서 出版한 책。
【坊店：방점】가게。상점。『陸游』近村—賣新醅。◎敎—。

【坋】 (분) 吻 問 フン、ブン、ちり dust ㄈㄣˋ fen⁴
小篆 ❶티끌분(塵也)。❷섞을분(拌也)。

【坌】 (분) 願 フン、あつまる crowd ㄅㄣˋ pen⁴
草書 ❶모을분(聚也)。『唐書 儒學傳』—集京師。❷아우를분(竝也)。❸(中字) 눌려썩을분(壓腐貌)。
【坌勃：분발】먼지가 일어남。『陸龜蒙·化稻鼠文』埃壒——。
【坌竝：분병】나란히 섬。竝列。『左思』。
【坌涌：분용】힘차게 솟음。『後漢書』飛詞騁辯、溢氣——。
【坌集：분집】떼 지어 모임。『唐書』——京師。

【坍】 (담) 覃 タン、なみうちこわす break ㄊㄢ t'an¹
물이 언덕 찰담(波打岸)。
【坍壞：담괴】흙담이 무너짐。『福惠全書』——苦蓋、有無滲漏。
【坍裂：담렬】무너져 터짐。『福惠全書』臥炕有——、該甲具稟本縣。
【坍塌：담탑】무너져 부서짐。崩壞。『福惠全書』每遇霖雨、輒易——。

【坎】 (감) 感 カン、あな hollow ㄎㄢˇ k'an³
小篆 草書 ❶구덩이감(穴也)。❷험할감(險也)。『易經』習—重險也。❸작은 잔감(小皿)。❹힘쓰는 소리감(力聲)。『詩經 魏風 伐檀』——伐檀。❺괘 이름감(卦也)。❻붙우하여 뜻을 이루지 못할감(失志)。『楚辭 九辯』—壈兮貧士 失職而志不平。❼북쪽감(北方)。(『埳·坅』과 같음)
【坎坷：감가】때를 만나지 못하여 뜻을 이루지 못함。不遇。『揚雄』。
【坎方：감방】八方의 하나。북쪽。
【坎中連：감중련】八卦의 하나。坎卦의 象形인 「☵」의 일컬음。
【坎止：감지】險難한 지경에 다달아 그만두는 일。『漢書·賈誼傳』乘流則逝、得坎則止。

【坏】 (배) 灰 ハイ、したじ raw tile ㄆㄟ p'ei¹
小篆 草書 ❶날기와배(未燒陶瓦)。『後漢書』—冶一陶羣生得理。❷흙으로 틈 막을배(土封罅隙)。『禮記 月令』孟冬、使有司—城郭。❸뒷담배(屋後牆)。『揚雄 解嘲』或鑿—而遁。❹첩첩이 된 산배(二重山)。『爾雅 釋山』山再成曰—。(『阫·坯』와 통함)
【坏坩：배감】질그릇。陶器。
【坏冶：배야】굽지 않은 土器。『後漢書·崔駰傳』——一陶、羣生得理。『注』坏、土器之未燒者。
【坏車：배차】축이 달린 둥근 널조각 위에 흙 뭉치를 놓고 둥글리면서 도자기를 만들게 된 물레。
【坏土：배토】질그릇의 원료가 되는 흙。

【坐】 ㊀(좌) 箇 ㊁(좌) 哿 ザ、すわる sit ㄗㄨㄛˋ tsuo⁴
小篆 古文 草書 ㊀❶앉을좌(行之對)。❷무릎을 꿇을좌(跪也)。『禮記 曲禮上』先生書策琴瑟在前—而遷之。❸자리좌(席也)。『十八史略 宋』賜—給筆札。❹지킬좌(守護)。『左傳 桓公十二年』楚人—其北門。㊁❶죄를 입을좌(被罪人)。『漢書』除收帑相—律令。❷대심할좌(罪人對理)。『左傳 僖公二十八年』鍼莊子爲—。❸자리좌(行所止)。『漢書』當戶牖之法—。❹손발을 움직이지 않을좌(手足不動)。『孟子 滕文公上』經界既正、分田制祿、可—而定也。(『座』와 통함)
【坐脚：좌각】마음대로 쓸 수 없는 다리。
【坐客：좌객】앉은뱅이。
【坐更：좌경】❶夜警。❷制 宮中의 報漏閣에서 밤에 징과 북을 쳐서 更點을 알리는 일。
【坐高：좌고】앉은키。
【坐賈：좌고】앉은 장사。
【坐骨：좌골】(生)엉덩이뼈。骨盤中의 下部로서 一體 二枝의 뼈。
【坐屈：좌굴】스스로 찾지 않고 저 쪽으로부터 와서 찾아 보게 함。
【坐大：좌대】노력하지 않고 자연히 나라가 强大해지는 일。『諸葛亮·後出師表』。
【坐墩：좌돈】모양이 작은, 중드리 비슷한, 자기로 만들어진 걸터 앉는 물건。
【坐立：좌립】앉음과 섬。
【坐忘：좌망】雜念을 떠나서 無我의 境地에 들어감。『莊子』顏回曰、回——矣。
【坐不安席：좌불안석】마음이 불안해서 한 군데만 오래 앉아 있지 못함。
【坐産：좌산】앉아서 아이를 낳음。
【坐商：좌상】일정한 곳에 가게를 내고 하는 장사。앉은 장사。또는 그 사람。
【坐像：좌상】❶앉은 모양의 그림이나 조각。❷앉아 있는 형상。
【坐禪：좌선】(佛)도사리고 앉아서 悟道를 求함。말없이 靜坐하여 佛道의 묘리를 窮究하는 修業。主로 禪宗에서 행함。『法華經』常貴——。
【坐睡：좌수】앉아서 졸음。『抱朴子』嬌晝寢——之懈怠。

【坐收:좌수】 활동하지 않고 집에 앉은 채 수입을 얻음。
【坐市:좌시】 이리 저리 옮기지 않고 가게를 벌이고 물건을 파는 곳。
【坐視:좌시】 간섭하지 않고 가만히 두고 보기만 함。
【坐食:좌식】 가만히 앉아서 먹음。 일하지 아니하고 먹음。 無爲徒食。 臥食。 『吳志』——者、萬有餘人。
【坐藥:좌약】 항문 따위에 끼워 넣어 두는 약。
【坐業:좌업】 ❶앉은 채 손으로 만드는 工業。 ❷앉아서 일하는 직업。
【坐臥:좌와】 앉아 있음과 누움。 『史記』——卽仰膽、飮食亦嘗膽。
【坐隱:좌은】 바둑의 別名。 앉아서 隱遁한다는 뜻。 『世說·巧藝』王中郞以圍棋爲——。
【坐作:좌작】 거동。 행동。 擧措。 『周禮』教——進退、疾徐疏數之節。
【坐作進退:좌작진퇴】 起居動作。
【坐贓:좌장】 관리가 백성에게서 아무 턱 없이 뇌물을 거두어 받던 일。
【坐齋:좌재】 제사의 전날부터 정화수에 몸을 깨끗이 씻어 齋戒하는 일。
【坐定:좌정】 「앉음」의 공대말。
【坐鐘:좌종】 책상 따위에 놓는 自鳴鐘。
【坐罪:좌죄】 罪를 받음。
【坐之不遷:좌지불천】 한 곳에 눌러 앉아 옮기지 않음。
【坐處:좌처】 ❶앉은 자리。 ❷집이 차지하고 있는 그 자리。
【坐礁:좌초】 함선이 암초에 얹혀 가지 못함。
【坐板:좌판】 땅에 깔고 죽 앉게 된 널。
【坐牌:좌패】 《國》시골 불량배가 못된 짓을 계획할 때에 그곳에서 그 계책을 꾸미는 사람。 ↔出牌。
【坐夏:좌하】 《佛》여름 석달 동안을 坐禪 修學에 힘씀。
【坐向:좌향】 《國》墓地나 집터 따위의 등진 方位에서 정면으로 바라보이는 방향。
【坐化:좌화】 《佛》앉은 채로 往生하는 일。

【坑】 (갱) 庚 コウ、あな pit ㄎㄥ k'êng¹

坑 草書 ❶빠질갱(陷也)。 ❷묻을갱(埋也)。 『史記 項羽記』詐一秦降卒三十萬。 ❸구덩이갱(陂塹)。 『東方朔諫』與麋鹿同一。 (『阬』과 통함)

【坑口:갱구】 《鑛》굴의 어귀。 갱도의 들머리。 굴 문。
【坑內:갱내】 《鑛》❶구덩이의 안。 ❷鑛山의 땅 속의 굴 안。
【坑道:갱도】 ❶《鑛》鑛山 따위의 坑內의 通路。 ❷要塞戰에서 땅 밑에 판 길。
【坑戮:갱륙】 ＝坑殺。 『趙岐』——儒生。
【坑木:갱목】 坑道나 坑內에 버티어 대는 데 쓰는 통나무。
【坑夫:갱부】 鑛山·炭坑 따위에서 採鑛하는 노동자。 鑛夫。
【坑殺:갱살】 구덩이에 잡아 넣고 묻어 죽임。 『史記』盡——之。
【坑井:갱정】 큰 굴 속과 바깥이 공기가 통하도록 파 놓은 작은 구덩이。
【坑塹:갱참】 깊고 길게 파 놓은 구덩이。 참호。 『後漢書·耿弇傳』塡塞——。
【坑陷:갱함】 地面이 움푹 꺼져서 생긴 구덩이。 『唐書』——井穴、拵有標。
◎鑛—、金—、銅—、炭—。

【坒】 (비) 寘 ヒ、どちがつらなる (of land) attached

坒 小篆 ❶잇닿을비(土地相接)。 ❷견줄비(比肩)。 ❸배합할비(配合)。

【赤】 (적)→赤部0畫

【走】 (주)→走部0畫

五畫

【坡】 (파) 歌 ハ、ヒ、さか hill ㄆㄛ p'o¹

坡 小篆 草書 ❶언덕파(阪也)。 『蘇軾 後赤壁賦』二客從予 過黃泥之—。 ❷제방파(堤也)。

【坡岸:파안】 강언덕。 『宣和畫譜』——高下。
【坡陀:파타】 험준한 모양。 『爾雅』——不平。

【坣】 (당)『堂』(土部8畫)의 古字

【坤】 (곤) 元 コン、つち earth ㄎㄨㄣ k'uen¹

坤 小篆 草書 ❶따곤(地也)。 ❷순할곤(順也)。 『易經』地勢—。 ❸괘이름곤(卦名)。 ❹황후곤(皇后)。 ❺계집곤(女稱—命)。

【坤宮:곤궁】 황후。 또는 황후의 처소。
【坤德:곤덕】 땅의 德。 大地가 만물을 생육하는 힘。 《轉》婦德。 后妃의 德。 『李尤』仰鼇七曜、俯順——。
【坤道:곤도】 땅의 道。 ↔乾道。 《轉》婦人이 지켜야 할 도리。 婦道。 『易經·坤』——其順乎、承天而時行。
【坤方:곤방】 八方의 하나。 서남。
【坤時:곤시】 상오 三~四시 사이。
【坤申風:곤신풍】 西南風。
【坤輿:곤여】 大地。 輿는 수레에서 물건을 싣는 부분。 地輿。
【坤倪:곤예】 大地의 끝。 『韓愈·南海神廟碑』乾端——、軒豁呈露。
【坤元:곤원】 ❶땅。 大地。 ❷땅의 德。 (元은 大의 뜻)。 『易經·坤』至哉——、萬物資生。
【坤育:곤육】 황후의 은혜。 『後漢書』——天下。
【坤殿:곤전】 황후。 中宮殿。
【坤軸:곤축】 땅의 樞軸。 地軸。 『杜甫·後苦寒行』殺氣南行動——。
【坤后:곤후】 땅의 神。 地祇(지기)。 『抱朴子·博喩』——貴於安貞。
◎乾—。

【坥】 (저) 魚 ショ、みみずのはいたどじょう earthworms swarmed round

坥 小篆 지렁이 모인 땅저(蚯蚓集地)。

【坦】 (탄) 旱 タン、たいらか even; level ㄊㄢ t'an³

坦 小篆 草書 ❶너그러울탄(寬也)。 『論語 述而』君子—蕩蕩。 ❷평평할탄(平也)。 『易經』履道——。 ❸넓을탄(廣也)。

【坦道:탄도】 넓고 평평한 길。 평탄한 길。 『韓愈』近來自說尋——。
【坦路:탄로】 ＝坦坦大路。
【坦白:탄백】 숨김이 없이 솔직함。
【坦腹:탄복】 배를 깔고 딩굴음。 『杜甫·江亭詩』——江亭暖、長吟夜望時。
【坦率:탄솔】 성품이 관대하여 사소한 예절에 거리끼지 않음。 『北史』——無私。
【坦然:탄연】 마음이 가라앉아 아무 걱정도 없이 평정한 모양。
【坦夷:탄이】 평평함。 높낮이가 없음。 마음이 진정되어 평온함。 『韓愈·將歸贈孟東野·房蜀客詩』潁水淸且寂、箕山坦而夷。
【坦坦:탄탄】 ❶넓고 평평한 모양。 『易經』履道——。 ❷남보다 월등한 점이 없는 모양。 평범함。
【坦坦大路:탄탄대로】 높고 낮은 데가 없이 편편하고 아주 넓은 큰 길。
【坦蕩:탄탕】 평평하고 넓은 모양。 『晋書』其外——、而內淳至。
【坦平:탄평】 ❶땅 거죽이 넓고 편편함。

【劉兼】蜀路新修盡一一。❷마음이 편함。
【坦懷：탄회】넓고 편안한 마음。마음에 조금도 거리끼는 일이 없는 일。【宋書】勸與永一一。
◎平一。

【坩】(감) 覃 カン、るつぼ melting-pot ㄍㄢ kan¹
草書 도가니감(所以鎔鍊金鐵)。
【坩堝：감과】금속을 녹이는 데 쓰는、흙으로 만든 그릇。도가니。【訓蒙字會】一一、燒煉金銀器。

【坪】(평) 庚 ヘイ、たいらか field ㄆㄧㄥ p'ing²
小篆 小篆 草書 ❶벌판평(大野)。❷들평。❸평평할평(平也)。❹평수평(地積、四方六尺爲一一)。
【坪當：평당】한 평에 대한 비율。
◎建一。

【坫】(점) 豔 テン、しきり wall ㄉㄧㄢ tien⁴
小篆 草書 ❶병풍점(屛也)。❷막을점(塞也)。❸잔돌려놓는 자리점(反爵之者)。【禮記】獻酬畢反爵于一上。❹담점(屛障)。❺대청모퉁이점(堂隅)。【禮記】崇一康圭。

【坭】(니) 紙 デイ、どろ mud
진흙니(水和土)。

【坮】(대)『臺』(至部 8畫)의 古字

【坱】(앙) 陽 オウ、ほこり dust
小篆 草書 ❶티끌앙(塵埃)。【上林賦】過於一漭之野。❷질펀할앙(無涯)。【賈誼鵩賦】大鈞播物一圠無垠。❸어두울앙(昧也)。【字彙】一軋霧氣昧也。
【坱黨：앙당】때나 먼지에 섞임。坱은 먼지、黨은 때가 묻어 깨끗하지 못함을 이름。【新方言·釋言】。
【坱莽：앙망】광대하게 트인 모양。【張衡·西京賦】山谷原隰、一一無疆。
【坱圠：앙알】❶끝이 없는 모양。한없이 넓고 아득한 모양。【賈誼】一一無垠。❷地勢가 높고 낮아 평평하지 않은 모양。
【坱軋：앙알】끝없이 트인 모양。【楚辭·淮南小山王·補注】集韻、一一遠相映貌。
【坱然：앙연】성대하고 가득찬 모양。끝없는 모양。【正蒙·太和】氣一一太虛。
【坱鬱：앙울】호수나 못、또는 물의 흐름 따위의 크고 끝없는 모양。【劉峻·山栖志】山川秀麗、皐澤一一。

【坯】(배)『坏』(土部 4畫)와 같음

【坰】(경) 靑 ケイ、キョウ、まちはずれ field ㄐㄩㄥ chiun
小篆 草書 들경(郊也)。【杜甫詩】兀戎小隊出郊一。
【坰畓：경답】바닷가에 둑을 쌓고 만든 논。
【坰場：경장】野外의 장소。(轉)활짝 트인 먼 곳。【後漢書】一一區宇。

【坲】(불) 物 フツ、ちりがたつ raise a dust
티끌일어날불(塵起、一㙮)。

【坳】(요) 看 效 ヨウ、くぼみ hollow ㄠ ao¹·⁴
小篆 草書 오목할요(窊下)。【莊子·逍遙遊】覆杯水于一堂之上則芥爲之舟。(『凹』와 같음)

【坴】(륙) 屋 リク、おか hill
小篆 언덕륙(高凷)。【漢書】河溢皐一。

【坵】(구)『丘』(一部 4畫)의 俗字
【坵段：구단】토지의 區劃。논밭의 경계。方圓인 토지의 한 區를 坵라 하고、坵안의 分界을 段이라 함。【淸律·戶律·附注】方圓一區曰坵、坵中分界曰段。
【坵長：구장】村長을 말함。【淸國行政法汎論】又載圩長一一、區長等名目、皆大小村長也。
【坵墟：구허】언덕。【吳越春秋】社稷一一。「宗廟荆棘

【坶】(목) 屋 ボク、やしなう rear
小篆 ❶기를목(飬也)。❷살필목(察也)。❸다스릴목(治也)。(『牧』과 같음)

【坷】(가) 哿 箇 カ、けわしい steep ㄎㄜ k'e³
小篆 草書 ❶길험할가(行不利)。【揚雄賦】藏南巢之坎一兮。❷때에 맞지 않을가(時不利)。(『軻』와 통함)
【坷坎：가감】평탄하지 않음。坎坷。

【坌】(분) 問 フン、はく sweep away
小篆 쓸어버릴분(掃除)。(『糞』과 통함)

【坹】(혈) 屑 ケツ、あな hollow
❶비고 깊을혈(空深貌)。❷구멍혈(穴也)。❸막힐혈(窒窂)。

【坺】(발) 曷 バツ、ほる dig
小篆 ❶흙팔발(發土)。❷터닦을발(治土)。

【坻】㊀(지) 支 ㊁(지) 紙 ㊂(저) 薺 テイ、チ、しま、さか bar; hill ㄔ ch'ih²
小篆 或體 或體 草書 ㊀모래섬지(水中高地)。【左傳 昭公十二年】有酒如淮、有肉如一。㊁마당지(場也)。【方言】梁宋之間蚍蜉鼠之場謂一。㊂언덕저(隴阪)。【張衡賦】坂一巀嶭而成巘。(『阺』와 같음)
【坻頹：저퇴】산 따위가 무너지는 일。坷隤。【左思·吳都賦】。
【坻伏：지복】그치어 숨음。止匿。【左氏·昭】若泯棄之、物乃一一。
【坻崿：지악】계단의 밑바닥과 높은 곳의 사이。【張衡·西京賦】。
【坻鄂：지악】殿閣의 밑바닥과 처마의 사이。【何晏·景福殿賦·注】善曰、坻、殿基也、鄂、垠鄂也、銑曰、一一、猗畔際也。
【坻岸：지안】물가의 약간 높은 곳。
【坻場：지장】봉긋이 솟아오른 흙。【潘岳·注】善曰、方言曰、一一也、云云、謂之一一、浮壤之名也。

【坼】(탁)(本音「척」) 陌 タク、さける tear
小篆 草書 ❶찢을탁(裂也)。【後漢書 安帝紀】日南地一長百餘里。❷터질탁(分開)。❸난산할탁(難產也)。【詩經 大雅生民】不一不副。❹싹이틀탁(植物分開)。
【坼甲：탁갑】씨의 겉껍질이 터지고 싹이 틈。「一一涌水。
【坼裂：탁렬】터져 갈라짐。【後漢書】地一一。
【坼榜：탁방】(制)❶科擧에 급제한 사람의 이름을 내 걸음。❷일의 결말을 냄。
【坼封：탁봉】편지 따위 봉한 것을 뜯음。
【坼剖：탁부】찢어져서 터짐。難產을 이름。【史記·楚世家】生子六人、一一而產焉。

【圻岸:탁안】갈라 터진 강 기슭。『謝靈運』ーー壓崩奔。

【坿】(부) 週 フ、いかた raft

小篆 書 草 ❶흰 수정부(白石英)。『子虛賦』雌黃白ー。❷뗏목부(編木以渡)。(『附』와 통함)

【垺】(호) 虞 コ、ひくいかき low fence.

❶낮은담호(丘也)。❷곳집담호(庫垣)。❸번거러울호(煩也)。『淮南子』贏ー有無之精。

【垁】(치) 紙 チ、かき fence

담치(垣也)。

【垂】(수) 支 スイ、たれる hang down

小篆 書 草 ❶드리울수(自下縋下)。『易經』ー衣裳而天下治。❷변방수(邊也)。『左傳』虔劉我邊ー。❸거의수、미칠수(將及幾)。❹남길수(殘也)。『十八史略 西漢』ー功名於竹帛。❺「천한사람이 귀한 사람에게 간원(懇願) 또는 경의(敬意)를 표할 때에 쓰는 말」。『韓愈上張僕射書』ー仁採納焉。

【垂教:수교】가르침을 내림。가르쳐 보이거나 받음。垂示。

【垂鉤:수구】낚시를 드리움。고기를 낚음。『杜牧』晩步見ーー。

【垂眷:수권】은혜를 베풀음。특별히 보아줌。『曹植』君不ーー、豈云其誠。

【垂年:수년】年老하여 死期가 가까움。『資治通鑑』使ーー之母、銜差人地。

【垂堂:수당】마루 끝에 앉는 일。(轉)위험을 무릅씀。→坐不垂堂。『漢書·爰盎傳』千金之子、不ーー。

【垂簾:수렴】❶발을 늘임。또는 늘인 발。❷垂簾聽政의 略語。

【垂簾聽政:수렴청정】王大妃가 어린 임금을 대신하여 政事를 들음。발을 늘어뜨리고 신하의 의견을 듣고 다스리므로 하는 말。『漢書』太后ーー。

【垂老:수로】七〇이 가까운 노인。『宋史·王繼濤傳』王繼濤ーー之年、殞身鋒鏑。

【垂淚:수루】눈물을 떨어뜨림。

【垂柳:수류】(植)수양버들。늘어진 버들。『梁元帝』巫山巫峽長、ーー復垂楊。

【垂綸:수륜】낚싯줄을 드리움。고기를 낚음。垂釣。『杜甫』弗云江漢有ーー。

【垂暮:수모】❶날이 저물려 함。❷年老함。垂老。『張元幹·詞』年華ーー猶離索。

【垂髮:수발】뒤로 길게 늘어진 머리。(轉)아이。幼兒。幼童。垂髫。

【垂範:수범】착한 일로써 몸소 모든 사람이 모범이 되게 함。

【垂死:수사】거의 죽게 됨。瀕死。『元稹』ーー病中驚坐起。

【垂絲柳:수사류】(植)능수버들。

【垂線:수선】직선 또는 평면과 수직으로 만나는 직선。垂直線。

【垂成:수성】거의 이루어짐。

【垂手:수수】손을 드리움。또는 손을 드리우고 尊長에게 하는 경례。明代에 시작됨。

【垂垂:수수】❶차츰차츰。점점。『杜甫』江邊一樹ーー發。❷드리워 늘어지는 모양。

【垂心:수심】삼각형의 각 정점에서 그 對邊에 그은 세 垂線이 서로 만나는 점。

【垂楊:수양】(植)수양버들。垂柳。『梁元帝』ーー拂砌塵。

【垂涎:수연】음식을 먹고 싶어 침을 흘림。(轉)어떤 물건을 매우 가지고 싶어 함。切望。『賈誼』ーー相告。

【垂釣:수조】낚시를 물속에 드리움。

【垂直:수직】❶똑바로 드리움。또는 그 상태。❷(數)하나의 평면 또는 直線에 대하여 九〇도의 각도를 이루는 일。

【垂直線:수직선】❶다른 직선이나 평면과 직각으로 마주치는 선。❷지평면이나 수평면과 직각을 이룬 선。

【垂天:수천】하늘 전체를 덮듯이 드리워짐。『莊子』翼若ーー之雲。

【垂髫:수초】아이의 늘어진 머리。(轉)아이。『魏志』ーー執簡。

【垂胡:수호】턱이 늘어짐。『說文』胡、牛頷垂也。(轉)늙음을 이르는 말。

【垂訓:수훈】후세에 전하는 교훈。

【垈】(대) 〔國字〕

집터대(宅地)。

【垈田:대전】❶텃밭。❷터와 밭。

【垈地:대지】집터。

【坐】(좌)『坐』(土部 4畫)와 같음

【幸】(행)→干部 5畫

六 畫

【型】(형) 靑 ケイ、かた type ㄒㄧㄥˊ hsing²

小篆 小篆 書 草 ❶본형(鑄式)。『爾雅』以土曰ー以木曰模以金曰範。❷모범형(模範)。

【型蠟:형랍】조각할 때에 먼저 그 형상을 본 뜨는 데 사용되는 재료。송진 또는 蜜蠟 따위。

◎模ー、木ー、原ー、類ー、典ー、鑄ー、紙ー。

【垍】(게) 寘 キ、せともの pottery (古音「기」)

小篆 ❶석비레게(堅土)。❷질그릇게(陶也)。

【垎】(각) 陌 カク、つちがかわく (of soil) drained

小篆 흙마를각(土乾)。

【垒】(루) 紙 ルイ、うちがき mud-wall

흙담루(土牆)。

【垓】(해) 佳 ガイ、さかい、はて frontier

小篆 書 草 ❶땅가장자리해(八極界也)。『周語』天子之田九ー。❷햇수해(極數)。『風俗通』十億曰兆、十兆曰京、十京曰ー。❸계단해(階段)。『史記 封禪書』太乙壇三ー。(本音「개」『陔』와 같음)

【垓心:해심】境界의 한가운데。

【垓埏:해연】땅의 끝。『元史』澤被ーー。

【垓字:해자】❶陵園이나 墓의 경계。❷城 밖으로 둘려 판 壕。

【垓下:해하】(歷)땅 이름。漢의 高祖가 楚의 項羽를 攻滅한 곳。中國 安徽省 鳳陽府 靈壁縣의 東南。『史記·項羽記』漢王圍項羽ーー。

【堙】(인) 眞 イン、ふさぐ block with earth

小篆 或體 古文 막을인(土塞)。(『陻·埋』과 같음)

【垗】(조) 篠 チョウ、はかば graveyard

小篆 書 草 ❶뫼자리조(塋界宅ー)。❷제터조(壇域)。(『兆』와 통함)

【垛】(타) 哿 タ、ダ、あづち target

小篆 ❶글방타(堂塾)。❷살받이터타(射堋)。「사술(射術)을 연

습할때 흙을 돋우어서 표적을 세워 두는 곳」。【唐六典】武擧制有長ー馬射。(『垜』와 같음)
【垜馱:타타】말에 실린 짐。【福惠全書·刑名部】早起登程、ーー迷失。

【垘】(복) 屋 フク、ふさがる dike for reservoir water
보막을복(洑也土壅)。

【垜】(타) 哿 タ、ダ、あづち target
垜 草書 ❶살받이터타(射堋)。❷글방타(堂塾)。《中字》석각휘타(ー므)。(『垜』와 같음)

【垝】(궤) 紙 キ、やぶる callapse ㄍㄨㄟˇ kuei³
垝 小篆 或體 草書 무너진담궤(壞垣)。

【垞】(탁) 藥 タク、おか the hill (本音「차」)
언덕탁(小丘)。

【垟】(양) 陽 ヨウ、つちのせい monster
흙속괴물양(土怪 羵ー)。(『羵』과 같음)

【垡】(벌) 月 ハツ、たがやす cultivate
밭갈아들출벌(耕起)。(『墢』과 통함)

【垠】(은) 眞 ギン、きし hill ㄧㄣˊ yin²
垠 小篆 垠 草書 ❶언덕은(岸也)。❷하늘가장자리은(九天之際)。【楚辭】逴絕ー乎寒門。❸지경은(界限)。【李華弔古戰場文】浩浩平沙無ー。
【垠界:은계】경계。지경。
【垠際:은제】끝。가。涯際。가장자리 끝。【晉書】欲茫茫而無ー。

【垢】(구) 有 コウ、ク、あか dirt ㄍㄡˋ kou⁴
垢 小篆 垢 草書 ❶때구(塵滓)。❷더러울구(汚也)。【莊子 大宗師】仿偟乎塵ー之外。❸때가 묻을구。【禮記 內則】冠帶ー和灰請漱。❹부끄러울구(恥也)。「汚辱」。【左傳 宣公十五年】國君含ー天之道也。
【垢故:구고】때가 묻고 낡음。【齊書】
【垢膩:구니】기름때가 묻음。때묻고 기름이 묻음。기름 낀 때。【杜甫】入舟雖苦熱、ーー可灌漑。
【垢面:구면】때묻은 낯。【漢書】亂首ーー。
【垢氛:구분】더럽혀진 기운。俗氣。【元稹】夜間心寂默、洞庭無ーー。
【垢衣:구의】때묻은 옷。【杜甫】ーー生碧蘚。
【垢濁:구탁】때묻어 더러움。【白虎通】
【垢弊:구폐】때가 묻고 떨어짐。또는 그 옷。【唐書】常衣ーー。◎無ー。

【垣】(원) 元 エン、かき wall ㄩㄢˊ yüan²
垣 小篆 垣 小篆 垣 籒文 垣 籒文 垣 草書 ❶낮은 담원(卑墻)。❷보호하는 사람원(護衛者)。【詩經】大師維ー。❸별이름원(星名)。
【垣牆:원장】울。울타리。【戰國策】家之有ーー、所合好掩惡也。

【垤】(질) 屑 テツ、ありづか ant-hill ㄉㄧㄝˊ tieh² (本音「절」)
垤 小篆 垤 草書 ❶개미둑질(蟻封)。「蟻垤」。❷언덕 질(丘也)。【孟子 公孫丑上】太山之於丘ー河海之於行潦、類也。
【垤塊:질괴】개미둑。조그마한 언덕。【白居易·草堂記】ーー雜木異草、蓋覆其上。
【垤嶫:질얼】개미둑。조그마한 언덕。【皮日休·二遊詩】樓船若夏屋、欲載如ーー。

【埒】(렬) 屑 レツ、あぜ ridge between fields
밭두덕렬(塍也)。

【垌】(동) 〔國字〕
못막이동(池貯水)。

【封】(봉)→寸部6畫

七畫

【埕】(녈) 屑 ネツ、デツ、ふさぐ block
❶막을녈、막힐녈(塞也)。❷내릴녈(下也)。

【垷】(현) 銑 ゲン、どろ mud
垷 小篆 진흙현(泥土)。

【垸】(완) 寒 カン、はいをまぜる plaster mixed (本音「환」)
垸 小篆 垸 小篆 회섞어바를완(以漆和灰而髹)。

【垺】(부) 虞 尤 フ、ホウ、かこい castle-wall
垺 草書 ❶산위에물있을부(山上有水)。❷성가퀴부(郭也)。

【垻】(패) 泰 ハイ、つつみ dike ㄅㄚˋ pa⁴
방축패(防堰)。

【垽】(은) 震 ギン、かす dregs
垽 小篆 ❶해감은(澱也)。❷찌끼은(滓泥)。

【垾】(한) 翰 カン、どて、つつみ bank
❶언덕한(岸也)。❷방축한、둑한(堤也)。

【坶】㊀(매) 灰 バイ、ちり dust ㊁(목)〔慣音〕
㊀티끌매(塺也)。㊂땅이름목(地名)。

【埀】(수)『垂』(土部5畫)의 俗字

【埂】(경) 梗 コウ、あな pit ㄈㄚˊ fa²
埂 小篆 구덩이경(坑也)。

【埃】(애) 灰 アイ、ほこり dust ㄞ ai¹
埃 小篆 埃 草書 티끌애(塵也)。【漢書】杳冥晝昏塵ー抪覆。
【埃及:애급】(地)이집트、Egypt의 音譯。나라 이름。아프리카 東北部。서울은 카이로。지금의 統一아랍共和國。
【埃滅:애멸】티끌처럼 망해버림。【後漢書】自秦焚六經、聖文ーー。
【埃霧:애무】티끌이 안개처럼 일어남。【唐書】ーー冥塞。
【埃墨:애묵】검은 티끌。黑塵。【孔子家語】有ーー墮甑中。
【埃塵:애진】❶티끌。❷더러움。【蔡邕】清宇宙之ーー。

【埅】(방) 陽 ホウ、ボウ、ふせぐ bank
埅 小篆 막을방(防也)。【呂氏春秋】季春之月、命有司修利隄ー。(『防』과 같음)

【埄】(봉) 董 ホウ、ちりがたつ raise a dust ㄆㄥ p'êng²
먼지일어날봉(塵起)。

【埆】(각) 覺 カク、コク、やせち rough ㄑㄩㄝ ch'üeh⁴
草書 ❶땅이평탄치못할각(墝-瘠薄)。〔史記 三王世家〕燕地墝-。❷바위엉서리각(山多大石)。

【埆埆:각각】토지가 메마른 모양。

【埆塉:각척】쓸모 없이 된 땅。〔蔡邕〕地有--、川有墊土。

【埇】(용) 腫 ヨウ、こじ narrow street
❶길돋울용(路上加土)。❷골목길용(巷道)。

【埈】(준) 震 シュン、たかい(本音「순」) lofty, high
높을준(高也)。

【埋】(매) 佳 マイ、うめる bury ㄇㄞ mai²
草書 ❶묻을매(瘞也)。〔賈誼新書〕孫叔敖兒時、嘗出遊、見兩頭蛇、殺而-之。❷감출매(藏也)。〔左傳〕-璧于太室之庭。(『薶』와 같음)

【埋骨:매골】뼈를 묻음。〔白居易〕龍門原上土、--不埋名。

【埋根:매근】뿌리를 땅에 묻음。곧 물러나지 않음을 일컫는 말。

【埋頭沒身:매두몰신】일에 파묻혀 헤어나지 못함。

【埋立:매립】땅을 메워 올림。묻어 쌓음。

【埋名:매명】이름을 숨김。세상에 알려지지 않음。

【埋沒:매몰】파묻음。파묻힘。〔李白〕--蒿里塋。

【埋伏:매복】숨어서 엎드림。(轉)伏兵。

【埋秘:매비】묻어 감춤。

【埋玉:매옥】옥을 땅에 묻음。(喩)英才나 美人의 죽음을 슬퍼함。〔晉書·庾亮傳〕庾亮將葬、何充會之、歎曰、--樹于土中。

【埋怨:매원】원한을 품음。

【埋幽:매유】죽은 사람을 땅에 묻음。

【埋葬:매장】❶송장을 땅에 묻음。❷사회에서 몰아 냄。❸광물이 땅에 묻혔음。

【埋藏:매장】❶묻혀 있음。❷묻어서 버림。〔爾雅·註〕既祭--之。

【埋藏量:매장량】파묻혀 있는 분량。

【埋葬費:매장비】시체를 땅에 묻는 데 드는 비용。

【埋葬地:매장지】=葬地。

【埋築:매축】바닷가나 강가를 메워서 뭍을 만드는 일。

【埍】(현) 銑 ケン、ひとや(本音「견」) prison
篆小 ❶계집가두는옥현(女牢)。❷하인청현(奴僕所居)。

【城】(성) 庚 セイ、ジョウ、しろ castle ㄔㄥ ch'êng²
篆小 籀文 書草 ❶재성(築土所以盛民)。〔淮南子 原道訓〕昔者夏鯀作三仞之-。❷서울성(都邑)。〔十八史略 宋〕贏得兒童語音好、一年强半在-中。❸보루성(堡壘也)。「방비(防備)를 위하여 흙돌을 쌓아서 만든 성」。〔史記 始皇紀〕帝築萬里長-。❹성을 만들성。〔李華 弔古戰場文〕既-朔方、全師而還。

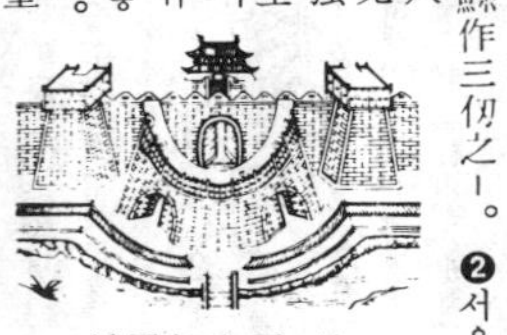
城圖 (三才圖會)

【城郭:성곽】내성과 외성 전부。성의 둘레。〔禮記〕--溝池以爲固。

【城郭都市:성곽도시】❶성곽을 중심으로 하여 발달한 도시。❷防守도시。

【城闕:성궐】城門。〔詩經〕挑兮達兮在--兮。

【城內:성내】성안。↔城外。

【城廊:성랑】성 위의 군데군데 세운 다락집。

【城壘:성루】❶城 바깥 둘레의 흙 담。❷=城堡。

【城樓:성루】성문 위에 세운 높은 망루。〔後漢書〕光武舍--上。

【城壁:성벽】城郭의 벽。성의 담벼락。〔晉書〕當興--。

【城府:성부】❶서울。都邑。城市。〔後漢書〕未嘗入--。❷마음 속에 쌓은 담。

【城肆:성사】성 아래。都市。〔鄒浩〕騎羊入--。

【城上:성상】❶성 위。❷(制)각 궁전과 관아에서 그릇을 맡아보던 下隷의 하나。

【城守:성수】성에 들어 박히어 지킴。〔史記〕--甚堅。

【城市:성시】성이 있는 도시。市街。〔戰國策〕今有--之邑七十。

【城役:성역】성을 쌓거나 수축하는 일。

【城隅:성우】❶城郭의 구석。❷城 구석에 세운 高樓。〔周禮·匠人〕--之制九雉。

【城闉:성인】城門。(闉은 二重의 門)。〔鮑照〕驅駕越--。

【城主:성주】❶성의 주인。❷성을 지키는 主將。〔六韜〕--逃北。

【城池:성지】성 둘레의 파놓은 못。城濠。〔戰國策〕--不修。

【城址:성지】성 터。

【城砦:성채】성과 진터。

【城柵:성책】성에 둘러 친 木柵。〔陳書〕立--以拒官軍。

【城下:성하】성 밑。성 아래。

【城下之盟:성하지맹】성벽 밑까지 공격당하여 맺는 講和。屈辱의 講和。〔左傳〕--、有以國斃、不能從也。

【城濠:성호】=城池。〔李白〕--失往路。

【城狐:성호】성에 사는 여우。(喩)임금 곁에서 간사한 짓을 하는 신하。〔晉書·謝鯤傳〕隗誠始禍、然--社鼠。

【城狐社鼠:성호사서】城中에 사는 여우와 社中에 사는 쥐。(喩)몸을 안전한 곳에 두고 나쁜 짓을 하는 사람。곧 임금 곁에 있는 姦臣。〔晉書·謝鯤傳〕隗誠始禍、然--也。

【城隍:성황】❶城과 壕。또는 城의 壕。〔後漢書〕京師修治宮室、濬繕--。❷國 서낭神이 붙어 있다는 나무。
◎干-、京-、古-、宮-、金-、禁-、籠-、不夜-、王-、長-、築-、皇-。

【埌】(랑) 漾 ロウ、はてしない boundless
草書 ❶아득할랑(野迥貌壙-)。❷무덤랑(塚也)。

【埏】㊀(연) 先 ㊁(선) 先 エン、セン、はて edge of the earth ㄧㄢ yen²
篆小 書草 ㊀❶땅가장자리연(地際)。〔漢書〕上暢九垓下泝八-。❷광중연(墓道)。〔後漢書 陳蕃傳〕葬親而不閉隧-。㊁❶흙이길선(水和土)。〔老子〕-埴以爲器。❷부드러운 흙선(柔土)。❸질그릇 만들선(土燒器-埴)。

【埏埴:선식】진흙을 이김。〔淮南子·精神訓〕譬猶陶人之--。

【埏闥:연달】墓에 들어가는 문。〔曹植〕臨--以郗歔、淚流射而沾巾。

【埏隧:연수】❶墓에 들어가는、땅을 파서 만든 길。〔後漢書·注〕--、今ㅅ墓道也。❷무덤 속으로 통하는 길。隧道。〔後漢書·陳蕃傳〕民有趙宣、葬親而不閉--。

【埏中:연중】墓로 들어가는 길 안。『海錄碎事』ㅡㅡ埏音延・墓道也。

【埏側:연측】墓로 들어가는 길 부근。『藩岳・注』翰曰、埏、墓道。

【埒】(랄) 屑 レツ、ラツ、かき wall 小篆 草書 ❶낮은 담랄(庳垣)。『世說』晉王濟有馬ㅡ謂于外作短垣繞之。❷갈피랄(畫界分程)。『淮南子』知八紘九野之形ㅡ。❸같을랄(等也)。『國語 晉語』叔向・子產・晏嬰之才、相等ㅡ。❹길 돋울랄(補道)。

【埒內:랄내】둘러 친 곳의 안。限界 안。

【埒略:랄략】예상되는 일을 추려 이야기함。『淮南子・要略』ㅡㅡ衰世古今之變、以褒先世之隆盛。

【埒類:랄류】品類。『淮南子』含氣化物、以成ㅡㅡ。

【埒畝:랄무】밭이랑。『淮南子』菑榛穢、聚ㅡㅡ、芟野茭、長苗秀。

【埒外:랄외】둘러친 곳의 밖。限界의 밖。

【埒竽:랄우】작은 鐘과 같은 악기。『文獻通考』。

【埒垣:랄원】에워 친 곳。『公羊・注』籬、周ㅡㅡ也。

【袁】(원)→衣部4畫

【栽】(재)→木部6畫

八 畫

【埜】(야)『野』(里部4畫)의 古字

【域】(역) 職 イキ、ヨク、さかい boundary ㄩˋ yü⁴ 小篆 草書 ❶지경역(界局)。『詩經』肇ㅡ四海。❷범위역(範圍)。『韓愈答張籍書』納諸聖賢之ㅡ。❸나라역(邦ㅡ)。『後漢書徐穉傳』穉自江南卑薄之ㅡ、而角立傑出。❹경계를 만들역。『孟子 公孫丑下』ㅡ民不以封疆之界。

【域內:역내】=域中。

【域外之議:역외지의】범속하지 않은 훌륭한 의견。卓見。『史記』。

【域中:역중】區域 또는 地域의 안。宇內。『駱賓王』請看今日之ㅡㅡ、竟是誰家之天下。

◎境ㅡ、區ㅡ、聖ㅡ、領ㅡ、靈ㅡ、流ㅡ、異ㅡ、地ㅡ。

【埠】(부) 遇 ホ、フ、はとば wharf ㄅㄨˋ pu⁴ 草書 선창부、부두부(泊船之所ㅡ頭)。『通雅』ㅡ頭水瀕也。

【埠頭:부두】선창。『通雅』ㅡㅡ、水瀕也。

【埢】(권) 先 ケン、まがりがき curved fence 굽은담권(曲墻、ㅡ垣)。

【埤】(비) 支 紙 ヒ、ヘイ、ます enlarge ㄆㄧˊ p'i² 小篆 草書 ❶더할비(增也)。❷두터울비(厚也)。『詩經』政事一ㅡ益我。❸성위의 담비(城上女墻)。❹얕고 습기가 있는 땅비(卑隰)。『國語晉語』松柏不生ㅡ。❺붙좇을비(附也)。

【埤濕:비습】낮고 습기가 많은 땅。『司馬相如』其ㅡㅡ則生藏莨蒹葭。

【埤雅:비아】(書)二〇권。宋陸佃 지음。釋魚・獸・鳥・蟲・馬・木・草・天의 八편으로 나뉨。爾雅의 埤補의 뜻。

【埤汙:비오】卑賤하게 됨。操行이 고상하지 못함。卑汙。『荀子・非相』是以終身不免ㅡㅡ傭俗。

【埦】(완) 旱 カン、さかずき cup 작은술잔완(小盃)。(『椀』과 같음)

【埩】(정) 庚 ジョウ、たがやす plough 小篆 밭갈정(耕田)。(『耕』과 같음)

【埭】(태) 隊 タイ、せき dike 草書 보뚝태(以土堰水)。(『碌』와 같음)

【埭堰:태언】물을 막는 둑。『曾鞏』ㅡㅡ湖江、天下之險爲其阻阨。

【埭程:태정】둑을 지날 때 치르는 세금。『合璧事類』江淮堰埭、商賈牽船、過處糾錢、謂之ㅡㅡ。

【埯】㊀(암) 感 ㊁(엄) 琰 アン、エン、ほらあな hollow ㊀구덩이암(坑也)。㊁흙덮을엄(土覆物)。

【埰】(채) 隊 サイ、りょうち fields endowed by King 나라에서 준 땅채(采地食邑)。(『采・寀』와 통함)

【𡊅】(장) 陽 チョウ、つちがもりあがる uncultivated ❶갈지않는 밭장(未耕田)。❷모래둔덕장(沙之墳起貌)。(『場』과 같음)

【埱】(축) 屋 シュク、はじめる for the first time 小篆 ❶땅에서 김오를축(土壤發起)。❷비로소축、비롯할축(始也)。

【埳】㊀(감) 感 ㊁(함) 旱 カン、あな hollow 草書 ㊀구덩이감(坎也)。㊁빠질함(沒也)。

【埳軻:감가】불행。不遇。『馮衍』非惜身之ㅡㅡ兮。

【埳井之蛙:감정지와】우물안 개구리。(轉)식견이 좁음。또는 그 사람。

【埴】㊀(식) 職 ㊁(치) 寘 ショク、ねばつち clay ㄓˊ chih² 小篆 草書 ㊀❶찰진흙식(黏土)。『老子』埏ㅡ以爲器。❷흙을 이길식(埏ㅡ)。『莊子』我善爲ㅡ。❸더듬어서 걸을식(瞽者冥行)。『楊子』擿ㅡ索塗冥行而已。㊁뜻은 ㊀과 같음。

【埵】(타) 哿 タ、かたつち hard soil 小篆 草書 ❶석비레타(堅土)。❷딴딴한 흙타(硬土)。

【埶】(예) 霽 ゲイ、うえる plant ㄧˋ i⁴ 小篆 草書 심을예(樹ㅡ種也)。(『藝』와 같음)

【執】(집) 緝 シュウ、シツ、とる catch ㄓˊ chih² 小篆 草書 ❶잡을집(操持)。『中庸』ㅡ柯以伐柯。❷지킬집(守也)。❸잡을집(捕也)。『論語 堯曰』允ㅡ其中。『史記 孔子世家』陽虎ㅡ懷。❹막을집(塞也)。『左傳僖公二十八年』閉ㅡ讒慝之口。❺벗집(友也)。「뜻을 같이하는 벗」。『小學 明倫』見父之ㅡ。

【執柯:집가】도끼 자루를 손에 들음。(柯는 도끼자루)。(轉)중신。仲媒人。詩經에 柯를 베는 데는 도끼를 사용하고 妻를 娶하는 데는 仲媒에 의뢰한다는 말에 연유 함。『書言故事・媒妁類』常談爲ㅡㅡ。

【執拘:집구】붙잡음。拿捕。『書經』盡ㅡ

ㅡ以歸于周。「가짐。

【執權:집권】 ❶政權을 잡음。❷권력을

【執念:집념】 ❶마음에 새겨서 움직이지 않는 一念。❷한 사물에만 정신을 쏟음。

【執達吏:집달리】 《法》지방 법원에 배치되어 送達 및 강제 집행에 관한 처분을 행하는 공무원。

【執刀:집도】 ❶칼을 잡음。❷《醫》外科 수술·해부를 위하여 解剖刀를 손에 쥠。

【執禮:집례】 행하고 지켜야 할 禮。『論語』子所雅言、詩書ㅡㅡ、皆雅言也。

【執留:집류】 公金을 사사로이 쓴 사람의 재산을 押留하는 일。

【執務:집무】 사무를 잡아서 함。

【執務時間:집무시간】 사무를 처리하는 시간。

【執迷:집미】 고집세고 明徹하지 못함。

【執方:집방】 ❶하나의 법칙을 고집함。『文中子·周公』通變之爲道、ㅡㅡ之謂器。❷隋代 廷尉가 가지던 방망이 이름。『隋書·百官志』。

【執杯:집배】 술잔을 들음。술을 마심。

【執法:집법】 법령을 遵行함。

【執柄:집병】 ❶기구의 자루를 잡음。❷정권을 잡음。또는 정권을 잡은 사람。執權。『陳琳』趙高ㅡㅡ、專制朝權。

【執服:집복】 두려워 하여 복종함。『漢書』豪强ㅡㅡ。

【執紼:집불】 棺의 줄을 잡음。《轉》葬送하는 일。『禮記·曲禮』。

【執事:집사】 ❶일을 實行함。❷貴人의 집에서 家事를 돌봐 주는 사람。侍者。『淮南子·道應訓』使歸之於ㅡㅡ。❸貴人의 尊銜(존함) 밑에 붙여 쓰는 말。또는 貴人의 代名詞。『左傳』寡君使下臣犒ㅡㅡ。❹《宗》그리스도교에서 교회 일을 맡아 보는 직분。또는 그 사람。❺《國》老兄은 지나고 尊長은 채 못 되는 사람에 대한 尊稱。

【執事者:집사자】 어느 일을 주장하여 실제로 다루는 사람。「지킴。

【執喪:집상】 부모의 居喪 중에 예절을

【執束:집속】 타작하기 전에 곡식의 묶음 수를 세어서 적음。

【執手:집수】 상대편의 손을 잡음。

【執囚:집수】 잡아 가둠。『史記』ㅡㅡ靑、欲殺之。

【執心:집심】 단단하게 한 곬으로 먹은 마음。『陸機』ㅡㅡ守時信、歲寒終不彫。

【執役:집역】 백성이 公役을 치름。

【執拗:집요】 고집이 셈。어디까지나 자기 고집을 관철하려고 끈질김。『名臣言行錄』但不曉事、又ㅡㅡ耳。

【執友:집우】 ❶벗。뜻을 같이 하는 친구。『禮記』ㅡㅡ稱其仁也。❷아버지의 친구。『書字故事·父執類』父之友曰:ㅡㅡ。

【執義:집의】 ❶《制》李朝 때 司憲府의 從三品 벼슬。太宗 원년에 中丞을 고쳐서 일컬었음。❷正義를 지켜서 고집함。

【執意:집의】 의견을 고집 세게 우겨댐。『宋史』所見ㅡㅡ不回。

【執一:집일】 ❶하나만 固守함。專心。❷한 가지 일만 專念하여 변통이 없음。

【執政:집정】 ❶정치를 맡아서 행함。또는 그 사람。宰相 따위를 일컬음。『史記』唯二三ㅡㅡ、猶吾股肱也。❷執政官의 略語。

【執政者:집정자】 정권을 잡고 정치를「하는 사람。

【執照:집조】 《制》외국인에게 行旅의 편의를 위하여 내어주던 文憑。『福惠全書』。

【執症:집증】 《醫》병의 증세를 진찰하여 알아 냄。

【執捉:집착】 죄인을 붙잡음。

【執著:집착】 《佛》事物을 깊이 생각함。딱 붙어서 떨어지지 않음。執着。『梁武帝』ㅡㅡ性易驚。

【執著力:집착력】 집착하는 힘。

【執著心:집착심】 집착하는 마음。

【執頔:집탈】 남의 허물을 꼬집어 내어 탈잡음。

【執鞭:집편】 ❶채찍을 가짐。❷채찍을 잡고 貴人의 先驅가 되는 일。『論語』富而可求、雖ㅡㅡ之士、吾亦爲之。

【執行:집행】 ❶실제로 일을 잡아서 행함。실행함。❷《法》관리가 職權으로써 법률에 정한 바 내용을 실행함。

【執行機關:집행기관】 ❶어떠한 사무를 집행하기 위하여 설치한 기관。↔議決機關。❷강제 집행의 기관。

【執行命令:집행명령】 《法》 ❶法令을 집행하기 위하여 필요한 細則을 규정한 명령。❷법원이 지불 명령에 붙이는 假執行의 명령。

【執行委員會:집행위원회】 政黨 또는 어떠한 단체의 사무를 집행하기 위하여 뽑은 위원으로 조직된 기관。

【執行猶豫:집행유예】 《法》有罪判決을 받은 사람에게 어떠한 조건에 의하여 刑의 집행을 유예함。

【執刑:집형】 《法》刑을 집행함。

【執火:집화】 게의 別稱。『事物類聚』蟹名ㅡㅡ、以其螯赤。

◎固ㅡ、我ㅡ、確ㅡ。

【埸】

(역) 陌 エキ、あぜ ridge between fields

小篆 草書 ❶밭두둑역(田畔)。『詩經』疆ㅡ翼翼。❷변방역(邊境)。『左傳 成公十三年』鄭人怒君之疆ㅡ。(『場』과는 別字)

【培】

㊀(배) 灰 バイ、ホウ、つちかう
㊁(부) 有 earth up ㄆㄟˊ p'ei²

小篆 草書 ㊀❶북돋울배(助益)。『中庸』栽者ㅡㅡ之。❷북배(敦土)。㊂두둑할부(小阜)。『晉語』必墮其蒯ㅡ。

【培根:배근】 뿌리를 북돋아 줌。

【培堤:배루】 작은 언덕。《轉》스스로 겸손하는 말。『左傳』ㅡㅡ無松柏。

【培植:배식】 ❶북돋아 심음。❷人物을 길러 키움。『金史·韓企先傳』ㅡㅡ獎勵後進。

【培養:배양】 ❶식물을 북돋아 기름。❷事物을 발달시킴。『朱熹』新知ㅡㅡ轉深沈。❸미생물이나 조직의 한 부분을 人工的으로 번식시키는 일。

【培養基:배양기】 미생물을 배양시키는 데 쓰는 영양물。

【培養土:배양토】 花草·植物 등을 재배하기 위하여 거름을 섞어 걸게 한 흙。

【培栽:배재】 栽培。

◎栽ㅡ

【基】

(기) 支 キ、もとい basis ㄐㄧ chi¹

小篆 草書 ❶터기(址也)。❷근본기(本也)。❸업기(業也)。❹웅거할기(據也)。❺호미기(田器鎡ㅡ)。❻풍류이름기(樂名立ㅡ)。

【基脚:기각】 《植》잎사귀의 몸이 잎의 꼭지에 붙은 부분。

【基幹:기간】 본바탕이 되는 줄기。

【基幹團體:기간단체】 같은 계통에 속한 여러 단체 가운데 그 母體가 되는 단체。

【基金:기금】 ❶밑천。기본금。❷어떤 목적을 위하여 모아서 준비해 놓은 자금。

【基壇:기단】 건물·비석 따위의 밑에 받치는 돌。

【基督:기독】 《宗》그리스도 (Christ)。救世主의 뜻。보통 예수를 일컬어 基督이라 함。

【基督敎:기독교】 《宗》 唯一神을 믿고 博愛主義를 理念으로 하는 종교。그리스

도를 祖宗으로 함。耶蘇敎。그리스도敎。

【基督敎女子青年會:기독교 여자청년회】(宗)예수교의 사상과 주의를 중심으로 하여 모인 부녀자의 단체。와이 더블류 시 에이(YWCA)。

【基督敎青年會:기독교청년회】(宗)예수교의 주의를 중심으로 하여 모인 청년 단체。와이 엠 시 에이(YMCA)。

【基隆:기륭】(地)臺灣 북부의 港都。陸海 교통의 要地이며 要塞 지대。

【基盤:기반】터전。기본이 되는 자리。

【基本:기본】사물의 기초와 근본。『漢書』明王愛養ㅣㅣ。

【基本金:기본금】❶어떤 사업의 기본이 되는 資金。❷利息을 어떤 일에 쓸 때의 財源인 자금。

【基本隊形:기본대형】(軍)軍에서 正規制式 敎練의 基本이 되는 대형。「짐。

【基本姿勢:기본자세】기본이 될 몸가

【基本財産:기본재산】(經)어떠한 사업의 기본이 되는 재산。

【基本的人權:기본적인권】자유·평등등 인간이 본디 타고난 권리。

【基本形:기본형】❶原形。기본이 되는 형。❷進化 이전의 原始의 形態。❸用言의 語幹에 終止形「다」를 붙여서 그 活用의 기본이 되는 語形。

【基本形態:기본형태】어떠한 형태의 기본이 되는 모양。

【基部:기부】기초가 되는 부분。

【基肥:기비】(農)밑거름。

【基線:기선】(數)❶육지 측량의 기준으로 삼기 위하여 최초로 땅 위에 定置되는 직선。❷投影畫法에서 直立 투영면과 水平 투영면과의 交線을 나타내기 위하여 畫面 중앙에 그어지는 수평 직선。

【基數:기수】(數)❶一·二·七·一五 따위와 같이 물건이 모이는 낱개의 많고 적음을 나타내는 수。個數。기본수。❷어떤 記數法 체계의 기초로서、각기 독립된 기호가 주어지는 한 짝의 수。곧 십진법에서의 ○·一·二……九의 열개의 수。❸十進法에서의 一○과 같이 어떤 記數法 체계의 기초로서、각 자리의 단위가 하나 위의 자리로 올라가기 위하여 필요한 倍數。

【基業:기업】기초가 되는 사업。『後漢書』ㅣㅣ已定、大勳方緝。

【基宇:기우】❶器量。規模。度量。『蜀志』是以ㅣㅣ亦狹。❷國土。『北史』齊之ㅣㅣ、止在於斯。

【基因:기인】기본이 되는 原因。

【基底:기저】❶기초가 되는 밑바닥。❷(數)底面。

【基點:기점】기준이 되는 점。

【基調:기조】❶主調音。❷思想의 根柢。

【基調演說:기조연설】(政)미국의 대통령 선거전의 후보자 지명 대회에 있어서 각 당의 기본 정책에 관한 연설。「전。

【基地:기지】❶군사상의 근거지。❷터

【基體:기체】(哲)어떤 변화·운동 등이 일어나는 장소로서의 質料的地盤 또는 實體。

【基礎:기초】❶건물의 주춧돌。또는 토대。❷사물의 밑자리。根柢。

【基礎工事:기초공사】사물의 기초를 튼튼하게 하기 위하여 하는 공사。

◎開ㅣ、國ㅣ、根ㅣ、水酸ㅣ、鹽ㅣ。

【埻】(준) 軫 シュン、まと target ㄓㄨㄣˇ chuen³

小篆 ❶과녁준(射的)。❷살받이터준(射堋)。

【埽】(소) 皓 號 ソウ、はく sweep ㄙㄠˇ sao³

小篆 草書 ❶쓸소(帚穢)。『周禮』闈人掌ㅣ門庭。❷그릴소(畫也)。『司空圖詩』翦得燈花自ㅣ眉。❸어덕소(隄岸)。

【埽眉:소미】눈썹을 그림。『胡會·贈薛濤詩』。

【埽星:소성】彗星의 異名。『晉書』。

【埽除:소제】털고 쓸고 하여 없애 버림。깨끗이 청소함。『周禮』。

【埽除天下:소제천하】소제하듯이 世亂을 평정하는 일。『後漢書·陳蕃傳』。

【埼】(기) 支 微 キ、きし、みさき front of a hill ㄑㄧˊ ch'i²

草書 언덕머리기(曲岸頭)。『上林賦』觸穹石激ㅣ堆。(『崎·碕·隑』와 통함)

【埾】(추) 遇 シュ、もりつち earth heaped up

小篆 ❶쌓은흙추(聚土)。❷쌓을추(聚也)。(『聚』와 같음)

【埿】(니) 霽 デイ、どろ mud

❶흙바를니(塗土)。❷진흙니(泥也)。

【堀】(굴) 物 コツ、クツ、あなほり cave

小篆 小篆 草書 ❶굴뚝굴(突也)。『左傳』吳公子光伏甲于ㅣ室而享王。❷굴굴(孔穴)。『漢書』鄒陽伏死ㅣ穴巖藪之中。❸팔굴(掘也)。(『窟·掘』과 같음)

【堀室:굴실】地下室。窟室。

【堀穴:굴혈】동굴 따위。(堀은窟)。

【堂】(당) 陽 ドウ、おもてざしき hall ㄊㄤˊ t'ang²

小篆 古文 籀文 草書 ❶마루당(正寢)。『詩經』躋彼公ㅣ。❷번듯할당、정당할당(正也)。『淮南子』ㅣㅣ之陳。❸집무하는 곳당(政事ㅣ)。『揚雄 解嘲』歷金門、上玉ㅣ。❹가까운 친척당(ㅣ內、ㅣ弟、ㅣ叔)。❺훌륭한태도당(容儀)。『論語子張』ㅣㅣ乎張也。❻훌륭한용모당(容貌)。『列仙傳 尹喜』姿形長雅云云、ㅣㅣ有天人之貌。

【堂姑母:당고모】從姑母。

【堂姑母夫:당고모부】從姑母夫。

【堂內至親:당내지친】팔촌 이내의 가까운 일가붙이。

【堂堂:당당】위엄스럽고 훌륭한 모양。威儀가 어연 번듯한모양。『論語』ㅣㅣ乎張也。(喩)公明正大한 모양。

【堂堂入選:당당입선】어연 번듯하게 입선함。

【堂山:당산】토지나 마을의 守護神이 있다고 이르는 곳。

【堂山祭:당산제】산신에게 지내는 山祭。우리 나라 중부 이남에서 많이 행함。

【堂上:당상】❶마루 위。대청 위。宮殿위。『禮記·曲禮』ㅣㅣ不趨。❷父母의 일컬음。마루 위에 계시므로 이와 같이 말함。❸公卿 곧 長官의 일컬음。堂上에서 일을 다스린 데서 온 말。堂官。❹(國)正三品 以上의 文武官。堂上官。

【堂叔:당숙】從叔의 친근한 일컬음。

【堂叔母:당숙모】從叔母。

【堂室:당실】사랑채와 안채。『後漢書』盈滿ㅣㅣ。

【堂奧:당오】마루와 방의 깊숙한 곳。(喩)학문의 깊은 뜻。奧義。蘊奧。

【堂屋:당옥】殿堂의 지붕。또는 큰 집。『晉書』ㅣㅣ五間、拉然而崩。

【堂宇:당우】堂의 처마。또는 堂。『洛陽伽藍記』放光明輝ㅣㅣ。

【堂除:당제】❶堂下의 계단。『阮籍』回雲蔭ㅣㅣ。❷=堂選。

【堂直:당직】당지기。「말。

【堂姪:당질】從姪을 친근 하게 일컫는

【堂姪女:당질녀】從姪女。

【堂姪婦:당질부】從姪婦。

【堂板:당판】 마루청의 널빤지。

【堂下:당하】 ❶堂의 아래。『孟子』牽牛而過――。❷《制》正三品 이하의 벼슬 아치。↕堂上。

【堂兄弟:당형제】 사촌 형제。從兄弟。『北史·公孫表傳』祖季眞云、二公孫同――耳。

【堂號:당호】 ❶堂宇의 호。❷別號。

【堂會:당회】 《宗》新敎에 있어서 牧師와 長老가 모이는 회합。◎講―、高―、金―、滿―、母―、書―、佛―、食―、殿―、草―、學―。

【埰】 (과) 䂐 カ、ほこりがたつ 圖 dust ❶먼지과、티끌일어날과(塵也)。❷언덕과(丘也)。

【堄】 (예) 霽 ゲイ、ひめがき battlement 草書 성위의 담예(城上女墻)。『集韻』埤―女牆也。(『睨』와 통함)

【堅】 (견) 先 ケン、かたい ㄐㄧㄢ chien¹ solid 小篆 草書 ❶굳을견(固也)。『詩經』實―實好。❷굳셀견(勁也)。❸변하지 않을견。『唐書張考忠傳』締約益―。❹반드시견(必也)。『歐陽修論范富狀』―不許辭。❺강할견(剛也)。

【堅甲:견갑】 튼튼한 갑옷。

【堅甲利兵:견갑이병】 ❶굳은 갑옷과 날카로운 칼날。《轉》强兵。『孟子』可使制梃以撻秦楚之――。❷精兵。

【堅剛:견강】 성질이 매우 야무지고 단단함。『杜牧』意氣何――。

【堅强:견강】 매우 굳세고 힘이 강함。『史記』百體――、手足便利。

【堅硬:견경】 물질이 굳고 단단함。

【堅固:견고】 ❶굳세고 단단함。『漢書』――而不移。❷確實함。

【堅果:견과】 밤 따위와 같이 굳은 껍질에 싸여 있는 종류의 과실。

【堅牢:견뢰】 굳고 튼튼함。堅固。『蘇軾』也知不作――玉。

【堅氷:견빙】 단단하게 굳고 두터운 얼음。『易經』履霜――至。

【堅城:견성】 ❶방비가 견고한 성。❷굳고 튼튼한 성。『蜀志』――皆下。

【堅守:견수】 굳게 지킴。固守。

【堅實:견실】 ❶딱딱한 果實。❷확실하고 틀림이 없음。굳고 착실함。

【堅如金石:견여금석】 서로 맺은 맹세가 금석과 같이 굳음。

【堅如盤石:견여반석】 반석처럼 튼튼하고 굳음。完如盤石。

【堅圍:견위】 굳게 포위함。『袁淑』振辯則――可解。「―伉直。

【堅忍:견인】 굳게 참고 견딤。『漢書』―

【堅忍不拔:견인불발】 굳게 참아 뜻을 옮기지 아니함。

【堅忍持久:견인지구】 굳게 참고 오래 견딤。「貞潔함。

【堅貞:견정】 꿋꿋하고 바름。堅固하고

【堅持:견지】 굳게 지님。굳게 支持함。

【堅陣:견진】 굳게 친 진。『晉書』前後屢陷――。守備가 堅固한 진。

【堅執:견집】 굳게 잡고 있음。

【堅緻:견치】 견고하고 치밀함。『宋史』治鎔――。

【堅確:견확】 견고하고 확실함。◎中―。

【堆】 (퇴) 灰 タイ、うずだかい ㄉㄨㄟ tuei¹ heap of earth 草書 ❶흙무더기퇴(聚土)。『楚辭』陵魁―以蔽視兮。❷놓을퇴(舍也)。『戰國策』鍾期―琴。❸수두룩하게 쌓일퇴(積貌)。『李商隱詩』爛穀―荊利。❹언덕퇴(阜也)。❺둘퇴(措也)。

【堆肥:퇴비】 두엄·풀이나 廢物을 쌓아 올려서 썩힌 거름。

【堆雪堂:퇴설당】 《佛》別堂。

【堆積:퇴적】 높이 쌓임。

【堆積物:퇴적물】 ❶많이 쌓인 물건。❷강물·바닷물·빙하·바람 등의 작용에 의하여 파괴되어 地表上에 운반된 쌓인 물건。

【堆積岩:퇴적암】 水成岩。

【堆積作用:퇴적작용】 《地》土砂가 물·氷河·공기·생물 등의 작용으로 운반되어 어떤 곳에 집적하는 현상。

【堆積層:퇴적층】 《地》강물·바닷물·빙하·바람 따위의 작용에 의하여 이루어진 地層。

【堆積平野:퇴적평야】 《地》모래·자갈 등의 퇴적 작용으로 말미암아 생긴 평야。

【堆疊:퇴첩】 우뚝하게 겹쳐 쌓음。

【堆堆:퇴퇴】 쌓아서 겹쳐진 모양。『韓愈·路傍堠詩』。

【堆花:퇴화】 瓷器에 두껍게 놓은 무늬。

【堆丸:퇴환】 《蟲》말똥구리。

【堇】 ㊀(근) 文 ㊁(근) 震 キン、ねばつち ㄐㄧㄣˇ chin³ clay 小篆 古文 古文 古文 草書 ㊀❶노란 진흙근(黃黏土)。『五代史』劉守光附滄州城中雜食―塊。❷때근(時也)。『管子 五行』待乎天―。(『墐』과 같음) ㊁❶진흙근(黏也)。❷흙 바를근(塗也)。❸조금근(僅也)。(『僅』과 통함)

【堇塊:근괴】 진흙。黏土。『五代史』雜食――。

【堇堇:근근】 조금。僅僅。『漢書』像章出黃金、然――。

【堈】 (강) 陽 コウ、おか hill ❶언덕강、밭두둑강(壠也)。❷독강(甕也)。(『甌』과 같음)

【堉】 (육) 屋 イク、こえたどち ㄩˋ yü⁴ fertile land 기름진땅육(肥地)。

【堊】 (악) 藥 アク、しろつち ㄜˋ ê⁴ white soil 小篆 小篆 草書 ❶색흙악(色土)。『山海經』人次之山其陽多―。❷회색벽악(飾壁)。『釋名』―者亞也次也先泥之以灰飾之。❸여막악(不塗墍)。『禮記』三年之喪廬―室之中。

【堊塗:악도】 흰 흙 칠을 함。또는 칠하는 일。『北齊書』以石――之。

【堊漫:악만】 흙손으로 칠함。漫은 墁)。흰 흙으로 칠함。『莊子』郢人――其鼻端。

【堊室:악실】 흰 벽칠을 한 집。(服喪者가 거처하는 방)。『禮記』居――。

【堊次:악차】 상제가 侍墓하면서 거처하는 흰 흙벽칠을 한 뜸집。

【堊帚:악추】 미장이가 벽 따위를 바르는 데 쓰는 솔。

【堋】 ㊀(붕) 徑 ㊁(붕) 蒸 ホウ、ほうむる bury 小篆 草書 ㊀❶광중붕(窆也)。❷파묻고 흙덮을붕。㊁❶살받이터붕(射埒)。『庾信詩』横弓先望―。❷보막을붕(雍水灌漑)。

【堋淫:붕음】 떼지어서 음란한 짓을 함。羣淫。朋淫。『說文』堋、虞書曰、堋淫于家。

【堋的:붕적】 표적。과녁。『南史·宜都王傳』宜都王堋、善射、嘗以――太闕、云云。

【堌】(고) 週 コ、ふるいつか old mound
예무덤고(古塚)。

【裁】(재)→衣部6畫

九畫

【堗】(돌) 月 トツ、えんとつ chimney
❶굴뚝돌(烟突)。❷부엌창돌(竈窗)。

【堙】(인) 眞 イン、ふさぐ intercept ㄧㄣ yin¹
草書 ❶막을인(塞也)。「陸機弔蔡邕文」彼洪川之方割豈一簣之所ー。❷흙뫼인(土山)。「公羊傳 宣公十五年」子反乘ー而窺宋城。(『陻』과 같음)

【堙陵:인릉】 운수가 막히어 차츰차츰 쇠해짐。「唐書」大歷政刑、日以ーー。

【堙滅:인멸】 묻히어 없어짐。湮滅。「史記」名ーー不稱。

【堙塞:인색】 막힘。막히어 통하지 않음。「王炎·遊硯山詩」窨穴久ーー。

【堙鬱:인울】 기운이 막히어 가슴이 답답함。「韓愈」爲之樂、以宣其ーー。

【堙窒:인질】 막히어 통하지 않음。「宋史」河渠ーー。

【堙廢:인폐】 묻히어 쇠폐하여 짐。「後漢書」傍多良田、而ーー莫稱。

【塩】(벽) 職 ヘキ、つちかたまり clod
小篆 흙덩이벽(土塊)。

【堝】(과) 歌 カ、るつぼ melting-pot ㄍㄨㄛ kuo¹
草書 도가니과(所以烹煉金銀)。「금속을녹이는데 쓰는 흙으로 만든 항아리」。

【塗】(도) 麌 ト、うめる bury ㄉㄨ tu³
묻을도(埋也)。

【堞】(첩) 葉 チョウ、ひめがき battlement ㄉㄧㄝ tieh²
小篆 草書 성위의 담첩(城上女墻)。「左傳」盧蒲嫳攻崔氏崔氏ー其宮而守之。

【堞口:첩구】 얕은 담 안에 들어가는 입구。「福惠全書」。

【堠】(후) 宥 コウ、つか high-ground
草書 ❶돈대후(封土爲壇以記里)。「오리(五里)마다 흙을 쌓아 단(壇)을 만들어 이수(里數)를 기록함」。「韓愈詩 路傍堠」堆堆路傍ー。❷흙성후(土堡)。❸봉화직이후(望烽火)。

【堠鼓:후고】 來寇를 경계하기 위하여 망보는 사람이 치는 북。

【堠槐:후괴】 里程標 대신으로 심어 놓은 회나무。「北史」當堠處、植槐樹。

【堠吏:후리】 변방에서 망보는 벼슬아치。

【堠望:후망】 높은 곳에 올라서 멀리 내려다보며 망보는 일。

【堠樹:후수】 里程을 표시하는 나무。

【堠子:후자】 里程標。里堠。

【堠程:후정】 여행의 路程。나그넷 길。「王逢」老與ーー疎。

【堡】(보) 皓 ホウ、ホ、とりで fort ㄅㄠ pao³
草書 ❶방축보、둑보(堤也)。❷작은 성보(小城)。「宋史 夏國傳上」築ー于河西、以爲保障。

【堡壘:보루】 ❶적을 막기 위해 構築한 陣地。堡砦。要塞。❷가장 튼튼한 발판。

【堡守兵:보수병】 堡壘를 지키는 병사。

【堡障:보장】 =堡壘。

【堡砦:보채】 =堡壘。

【堡柵:보책】 =堡壘。「元史」方船數百、結爲ーー。

【堡聚:보취】 많은 사람을 모아 보루를 지킴。「左傳」我敝邑用不敢ーー。

【堣】(우) 虞 グウ、くにのな place name
小篆 땅이름우(暘谷ー夷)。(『嵎』와 같음)

【堤】(제) 齊 テイ、つつみ dike ㄊㄧ t'i²
小篆 草書 ❶막을제(滯也、防也)。❷방축제(築土遏水)。❸이랑제(頃畝)。「顏師古曰」ー封者大擧其封疆也。(『隄』와 통함)

【堤塘:제당】 =堤防。「唐書」有ーー、百八十里。

【堤防:제방】 둑。방축。堤塘。

【堤封:제봉】 大凡。대개。「廣雅·釋訓」ーー都凡也。

【堤堰:제언】 물을 가두어 놓기 위하여 강이나 계곡을 가로 질러 쌓아 올려 막은 둑。댐。堰堤。◎防波ー、堰ー。

【堥】(무) 尤 ボウ、おか hill
草書 ❶질그릇무(陶器)。❷앞높고 뒤낮은 언덕무(丘貌)。

【堥敦:무돈】 앞이 높고 뒤가 낮은 언덕。또는 약간 높은 언덕。小隴。「班固·答賓戲」欲從ーー、而度高乎泰山。

【堧】(연) 先 ゼン、ダン、はとり river side ㄖㄨㄢ juan²
草書 ❶빈터연、틈서리땅연(隙地)。❷사당집바깥담연(廟堂外垣)。❸강가의땅연(江邊)。

【堦】(계) 佳 カイ、だん stairs (本音「개」)
草書 ❶섬돌계(砌也)。❷뜰계(陛也)。

【堨】(알) 曷 カツ、いせき bank
小篆 ㊀보막을알(以土障水)。㊁방축알(堰也)。

【堪】(감) 覃 カン、たえる endure ㄎㄢ k'an¹
小篆 草書 ❶견딜감、이길감(勝也)。「羊祜表」臣有何功可以ー之。❷맡을감(任也)。「古詩 焦仲卿妻」不ー吏人婦。❸하늘감(天也)。「揚雄 甘泉賦」屬ー輿以壁壘。❹산모양이 기괴할감(山奇態貌)。「揚雄 蜀都賦」ー當隱倚。

【堪耐:감내】 어려움을 참고 견딤。

【堪能:감능】 ❶일을 감당할 수 있는 능력。❷그 일에 능숙함。「宋書」其文武ーー、隨才銓用。

【堪當:감당】 ❶일을 능히 해냄。❷죄에 견주어 법을 적용시킴。「唐書」請更加ーー。

【堪勝:감승】 능히 견디어 냄。

【堪輿:감여】 ❶하늘과 땅。天地。乾坤。「范浚」茫茫ーー、俯仰無垠。❷堪輿家。

【堪忍:감인】 ❶참고 견딤。꾹 참음。忍耐。「魏書」志性慷慨、多所ーー。❷남의 허물을 용서하는 일。

【堫】(종) 東 ソウ、たがやす culture
小篆 ❶밭갈종(耕田)。❷심을종(種也)。

【堯】(요) 蕭 ギョウ、たかくとおい high and far ㄧㄠ yao²
小篆 古文 草書 ❶높을요(高嶢貌)。

❷멀요(遠也)。❸요임금요(陶唐氏號)。〔書經〕曰若稽古帝—。
〔堯桀：요걸〕聖者인 堯와 폭군인 桀。《轉》聖君과 暴君。또는 선인과 악인。『漢書』——之分、在於義利而已。
〔堯年：요년〕堯 임금이 在位한 해。《喩》太平世代。
〔堯舜：요순〕中國 古代의 聖君인 堯 임금과 舜 임금。《轉》聖君。明君。『十八史略』致君——終無術。
〔堯堯：요요〕山 따위가 매우 높고 험한 모양 嶢嶢。
〔堯天：요천〕堯 임금 때처럼 太平한 세월。『宋史·樂志』萬國戴——。

【堬】(유) 虞 ユ、つか tomb
무덤유(塚也)。

【堭】(황) 陽 コウ、ほり moat
❶대궐황(合殿)。❷해자황(城下池)。

【堮】(악) 藥 ガク、がけ slope
언덕비탈악(厓岸圻—)。

【埀】(수)『垂』(土部 5畫)의 古字

【報】㊀(보) 號 ホウ、むくいる repay：report
㊁(부) 遇 ㄅㄠ pao⁴
小篆 草書 ㊀❶대답할보(酬答)。〔詩經〕—之以瓊琚。❷고할보(告也)。〔漢書〕無文書口—。❸갚을보(復也)。〔史記 范雎傳〕睚眦之怨必—。❹합할보(合也)。〔禮記〕下殤小功帶澡麻不絶本詘而反以—之。❺공초를받아올릴보(論囚)。〔漢書 張湯傳〕爰書訊鞫論—。❻치붙을보(下婬上)。〔左傳 宣公三年〕鄭文公—鄭子之妃。㊁빠를부(急疾)。〔禮記〕—葬者—虞。(『赴』와 통함)

〔報告：보고〕❶어떤 임무를 띤 사람이 그 일에 대한 내용이나 결과를 말로나 글로 알림。❷報告書。
〔報告書：보고서〕보고하는 글。
〔報果：보과〕한 일의 보람。어떤 일에 대한 보답으로 돌아오는 결과。
〔報仇：보구〕앙갚음。
〔報國：보국〕나라의 은혜를 갚음。나라를 위해 충성을 다함。
〔報國隊：보국대〕日帝 때 징용으로 동원 되었던 노무대。
〔報答：보답〕호의나 은혜 따위를 갚음。『曹唐』——空思一劒任。
〔報德：보덕〕=報恩。『論語』以直報怨、以德——。
〔報道：보도〕❶신문 따위의 뉴우스。❷일을 전하여 알림。報告。『李涉·山居送僧詩』——花時也不閑。
〔報道管制：보도관제〕비상시에 국가가 필요에 의하여 보도를 관리 제한하는 일。
〔報道員：보도원〕먼 곳의 일을 현지에서 보도하는 사람。
〔報毒：보독〕원망으로 품었던 독을앙갚「음 함。
〔報李：보리〕남의 선물에 대하여 返禮하는 일。『詩經』投我以桃、報之以李。
〔報命：보명〕❶명령 받은 일의 결과를 보고함。復命。❷答禮로 파견되는 것。『漢書』匈奴遣使來獻、使中郞將——。
〔報復：보복〕❶원수를 갚음。앙갚음。❷답장을 보냄。答書。『徐彦博』——一何迅。
〔報復關稅：보복관세〕어떤 나라가 관세를 引上하거나 新設한 때 상대국이 보복적으로 관세를 높으게 부과하는 일。
〔報復之理：보복지리〕서로 대갚음이 되는 자연의 이치。
〔報本：보본〕생겨 나오게 된 그 근본을 잊지 않고 갚음。
〔報聘：보빙〕他國이 友好를 위하여 訪問해 준 데 대한 答禮로서 외국을 訪問하는 일。『左傳』劉康公來——。
〔報償：보상〕❶손해를 배상하는 일。❷앙갚음 하는 일。報復。『漢書·匈奴傳』毎漢兵入匈奴、匈奴輒——。
〔報書：보서〕=答書。『杜甫』將軍有——。
〔報雪：보설〕당한 수치를 깨끗이 씻음。「咫尺。
〔報讐：보수〕앙갚음。『李白』——千里如『魏志』有——之心。
〔報酬：보수〕❶갚음。謝禮。❷일한 것에 대하여 金品을 주는 일。또는 그 金品。
〔報酬金：보수금〕報酬로 주는 돈。
〔報施：보시〕善行에 대하여 행복을 줌。『史記』天之——善人、其何如哉。
〔報恩：보은〕은혜를 갚음。↔背恩。
〔報應：보응〕그 인과에 따라 善惡이 대갚음 됨。「何時有——。
〔報章：보장〕答書。『杜甫』相憶無南雁、
〔報奬金：보장금〕정부가 국민에게 어떤 일을 장려하고 그 보수로 주는 돈。
〔報知：보지〕고하여 알려줌。
〔報罷：보파〕의견이 容納되지 않는 일。《轉》落第 또는 不合格의 뜻으로도 쓰임。『漢書』詣行在所條對急政輒——。
〔報效：보효〕은혜를 갚기 위하여 전력을 다함。報効。『杜甫』——神如在。
◎警—、公—、果—、官—、急—、吉—、朗—、私—、詳—、旬—、新—、中—、年—、豫—、諜—、月—、應—、日—、雜—、電—、情—、週—、天氣豫—、通—、畫—、凶—。

【堰】(언) 霰 願 エン、せき bank ㄧㄢ yen⁴
草書 방죽언(壅水爲埭)。〔楊佺期記〕千金—在洛陽城西—上有穀水塢。
〔堰堤：언제〕댐(Dam)。堤堰。
〔堰埭：언태〕❶船舶의 通行稅를 받기 위하여 물 가운데에 막은 봇둑。『唐書·食貨志』。❷田地의 灌漑를 위하여 쌓은 방죽。『宋史·河渠志』。

【堲】㊀(질) 質 ㊁(직) 職 ショク、ソク、にくむ hate
小篆 草書 ㊀미워할질(疾也)。〔書經 舜典〕朕—讒說殄行。㊁❶불똥직(餘燼)。〔管子弟子職〕左手秉燭、右手折—。❷벽돌직(甎也)。〔禮記〕夏后氏—周。

【堳】(미) 支 ビ、かき fence
담미(墻垣)。

【場】(장) 陽 ジョウ、にわ、ば garden ㄔㄤ ch'ang²·³
小篆 草書 ❶마당장(除地)。〔詩經 豳風七月〕九月築—圃、❷제사하는 곳장(祭—、齋—)。❸싸움터장(戰—)。(『塲·鷊』과 같음)
〔場內：장내〕장소의 안。회장의 내부。
〔場面：장면〕어떠한 장소의 겉에 드러난 면。또는 그 광경。
〔場邊：장변〕장바닥에서 貸借한 돈。또는 그 변리。場邊利。
〔場稅：장세〕시장 세。場收稅。
〔場所：장소〕❶처소。❷자리。좌석。
〔場屋：장옥〕❶관리를 등용할 때의 시험장。『資治通鑑』唐人謂貢院爲——、至今猶然。❷戲場。
〔場外：장외〕❶어떠한 처소의 바깥。❷《制》科場의 밖。포장 밖。
〔場中得失：장중득실〕❶科場에서는 잘 하는 사람도 落榜할 때가 있고、못하는 사람도 及第할 때가 있듯이、일이 생각하는 바와 같이 이루어지지 않음을 일컬음。❷거의 다 되어가던 일이 뜻대로

아니 됨을 일컬음。

【場打鈴:장타령】 속된 雜歌의 한 가지。동냥하는 사람이 장판이나 길거리로 돌아다니면서 부르는 노래。

【場圃:장포】 ❶뜰。밭。〖周禮〗掌國之ㅣ。 ❷穀類를 거두어들이는 뜰。〖詩經〗九月築ㅣㅣ。

◎工ㅏ、敎ㅣ、劇ㅣ、道ㅣ、登ㅣ、滿ㅣ、牧ㅣ、沙ㅣ、寫ㅣ、射ㅣ、市ㅣ、入ㅣ、立ㅣ、戰ㅣ、退ㅣ、罷ㅣ、現ㅣ、會ㅣ。

【堵】 (도) 麌 ト、かき wall ㄉㄨˇ tu³
小篆 籒文 草書 文 ❶담도(垣也)。〖說文〗一丈爲板五板爲ㅣ。 ❷저것도(若箇這箇兀的曰阿ㅣ)。〖晋書〗王衍口未言錢字婦令婢以錢繞牀下衍晨起呼婢曰擧卻阿ㅣ中物。 ❸편안히살도(相安)。〖史記〗約法三章吏民安ㅣ如舊。

【堵列:도열】 죽 늘어섬。늘어선 列。

【堵牆:도장】 담。울타리。〖禮記·射義〗觀者如ㅣㅣ。

◎安ㅣ。

【埵】 (타) 歌 タ、いしなげ throwing stone
❶돌팔매질타(石戲飛ㅣ)。 ❷연자매타(碾輪石)。(『陀·碢』와 같음)

【埯】 (암) 感 アン、つちにうめる bury under the ground
흙에묻을암(土藏)。

【堺】 (계) 『界』(田部 4畫)와 같음

【塀】 (병) [日字] へい wall
담병(牆也)。

【埜】 (야) 『野』(里部 4畫)와 같음

【堽】 (강) 『岡』(山部 5畫)과 같음

【堿】 (감) 感 カン、しおからい salty ㄐㄧㄢˇ chien³
짤감(鹽質)。(『鹹』과 같음)

十畫

【塉】 (척) 陌 セキ、やせつち barren soil
草書 메마른흙척(薄土)。

【塉埆:척각】 걸지 않고 메마른 땅。塉薄。〖後漢書〗西州邊鄙、土地ㅣㅣ。

【塉薄:척박】 걸지 않고 메마른 땅。

【塉确:척학】 걸지 않고 자갈이 많은 땅。〖吳志〗土地實危險而ㅣㅣ、非王都安國養民之處。

【塊】 (괴) 卦 カイ、つちくれ clod
小篆 草書 ❶흙덩이괴(墣也)。〖王充論衡〗風不鳴枝、雨不破ㅣ。 ❷땅덩이괴(造物名)。〖莊子〗大ㅣ載我以形。 ❸가슴이 뭉쿨할괴(胷中不平)。〖世說〗阮籍胷中壘ㅣ、故須酒澆之。 ❹흙덩이물괴(銜ㅣ請罪)。〖唐書〗安祿山反帝欲禪位太子楊貴妃銜ㅣ請死。 ❺나괴(我也)。 ❻고독한모양괴(孤獨貌)。〖楚辭 九辯〗ㅣ獨守此無澤。

【塊莖:괴경】 (植)塊狀을 이룬 地下莖。

【塊根:괴근】 (植) 고구마·토란 같이 塊狀으로 생긴 뿌리。

【塊金:괴금】 흙 속에서 저절로 나오는 顆粒狀으로 된 天然產의 금덩이。

【塊獨:괴독】 홀로 있음。외로움。孤獨。〖楚辭〗ㅣㅣ守此無澤兮。

【塊狀:괴상】 덩어리로 된 모양。

【塊石:괴석】 돌멩이。

【塊然:괴연】 홀로 있는 모양。獨居하는 모양。〖漢書·陳湯傳〗使湯ㅣㅣ。

【塊鐵:괴철】 쇳덩이。

【塊炭:괴탄】 (鑛)덩이로 된 석탄。

◎金ㅣ、石ㅣ、肉ㅣ、銀ㅣ、土ㅣ。

【塋】 (영) 庚 エイ、はか grave
小篆 草書 ❶무덤영(墓也)。 ❷산소영(葬地)。(『塋』은 別字)

【塋墓:영묘】 =塋域。〖唐書〗大爲ㅣㅣ。

【塋樹:영수】 墓地에 심은 나무。〖唐書·褚無量傳〗忍犯吾ㅣㅣ耶。

【塋域:영역】 산소。무덤。墓地。

◎先ㅣ。

【塌】 (탑) 合 トウ、ひくい low ground ㄊㄚ t'a³
草書 ❶낮은땅탑(低地)。 ❷초벌갈탑(初耕)。 ❸떨어질탑(堕也)。

【塌颯:탑삽】 뜻을 잃은 모양。〖范成大〗生涯都ㅣㅣ。

【塍】 (승) 蒸 ショウ、うね ridge
小篆 草書 ❶밭두둑승(畦也)。 ❷큰둘승(坪也)。

【塏】 (개) 賄 カク、たかだい cool place
小篆 草書 시원한 땅개(高明處)。

【塐】 (소) 『塑』(次條)와 같음

【塑】 (소) 遇 ソ、でく scarecrow
草書 허수아비소(埏土象物)。「土像、ㅣ佛、ㅣ造今俗揑土肖鬼神象曰ㅣ」。〖謝顯道曰〗程明道如泥ㅣ人及接物一團和氣。

【塑工:소공】 흙을 이겨서 물건을 만드는 사람。

【塑像:소상】 진흙으로 만든 佛像。또는 人像。진흙에 지푸라기·雲母 등을 섞어 이긴 것을 재료로 한 鑄物의 原型。〖五代史〗ㅣㅣ以事之。

【塑壊:소소】 흙으로 만든 온갖 조각。

【塑人:소인】 흙으로 만든 人形。〖程子全書〗明道終日端坐、如泥ㅣㅣ、及接人、渾是一團和氣。

【塑造:소조】 塑像을 만듦。

【塑土:소토】 흙으로 만든 人形。

【塒】 (시) 支 シ、ジ、ねぐら perch
小篆 草書 홰시(鑿垣而棲鷄)。〖詩經 王風君子于役〗鷄棲于ㅣ。

【塒鷄:시계】 둥우리 안에 있는 닭。〖劉孝威·鷄鳴篇〗ㅣㅣ識將曙、長鳴高樹巓。

【塒圈:시권】 새나 짐승을 넣어 두는 곳。〖顏氏家訓〗雞豚之善、ㅣㅣ之所生。

【塓】 (멱) 錫 ベキ、つちをぬる plaster with earth
小篆 흙바를멱(塗也坊ㅣ)。

【塔】 (탑) 合 トウ、そとば Pagoda
草書 탑탑(西域浮圖)。〖唐時〗長安宮城南建大慈恩寺造甎浮圖藏釋玄奘所取西域佛經名鴈ㅣ。

呉越王金塗塔 (金 石 索)

【塔影:탑영】 탑의 그림자。

【塔尖:탑첨】 탑의 끝이 뾰족한 곳。

【塕】 (옹) 董 オウ、ごみたつ dusty
草書 ❶티끌일어날옹(塵起貌)。 ❷바람소리옹(風聲ㅣㅣ)。

【塕埲:옹봉】 먼지가 일어남. 『廣韻』塕――塵起。

【塕薆:옹애】 草木이 무성한 모양。『史記·司馬相如傳』觀衆樹之――兮、覽竹林之榛榛。

【塕然:옹연】 바람이 일어나는 모양。『宋玉·風賦』庶人之風――、起于窮巷之閒。『注』善曰、――、風起之貌也。

【塗】

(도) 虞 ト、ぬる coat ㄊㄨˊ tʻu²

塗 小篆 書 草 ❶진흙도(泥也)。『書經』厥土唯―泥。❷바를도(泥飾)。『詩經』如――附。❸더럽힐도(汚也)。『莊子 讓王』夷齊曰周以―吾身不如避之以潔吾行。❹두터운모양도(厚貌)。『楚辭 九歌』白露紛以――。❺길도(路也)。『藉田賦』啓四―之廣阡。❻흐리멍덩할도(不分曉)。『宋史 呂端傳』端小事糊―大事不糊―。❼글자를 고칠도(改竄)。『隋志』給事中掌侍 左右分判省事詔勅有不使者―竄奏還謂之―歸。(『途』와 통함)

【塗塗:도도】 두터운 모양。많은 모양。濃厚한 모양。『楚辭』白露紛以――。

【塗料:도료】 ❶물감。彩料。❷물건에 칠하여 그것을 美化하거나 보호하기 위한 것。 펭키·니스 따위。

【塗抹:도말】 칠함。칠하여 지워 버림。『盧仝』――詩書如老鴉。

【塗墨:도묵】 먹을 칠함。먹을 바름。

【塗褙:도배】 《國》종이로 벽·반자·장지 같은 것을 바르는 일。

【塗附:도부】 더러운 진흙 위에 다시 더러운 진흙을 칠함。《喩》착하지 못한 사람이 다시 착하지 못한 일을 더함。

【塗粉:도분】 粉을 바름。

【塗說:도설】 路上에서 듣고 곧 路上에서 말함。길거리에 퍼져 돌아다니는 뜬소문。『論語·陽貨』道聽而――。

【塗乙:도을】 塗字와 乙字。문장 속에서 글자를 지우는 일과 脫字를 넣는 일。

【塗裝:도장】 칠 따위를 발라서 꾸밈。

【塗田:도전】 水邊에 있는 논。진흙。논。泥田。

塗田 (農政全書)

【塗竄:도찬】 문장의 文句를 지우거나 다시 고쳐 쓰는 것。塗改。『唐書·百官志』詔不便者、――而奏「還。

【塗擦:도찰】 바르고 문지름。

【塗彩匠:도채장】 《國》彩色을 올리는 일을 업으로 삼는 사람。

【塗轍:도철】 길과 수레바퀴 자국。《轉》條理。道理。『近思錄』。

【塗聽塗說:도청도설】 길거리에 퍼져 돌아다니는 뜬 소문。

【塗炭:도탄】 ❶진흙물과 숯불。《轉》水火의 고통。극심한 괴로움。『書經』有夏昏德、民墜――。❷진흙과 먹。《諭》더러운 것。『孟子·公孫丑』如以朝冠坐於――。「―」。◎糊―。

【塗巷:도항】 거리。세상。『禮記』宮室―

【塘】

(당) 陽 トウ、いけ pond

塘 小篆 草 書 ❶못당(蓄池注水)。❷방축당(陂也堤岸)。

【塘馬:당마】 《制》斥候의 임무를 가진 말탄 군사。

【塘池:당지】 둑을 쌓아서 물이 괴게 한 못。用水池。

【塳】

(봉) 東 ホウ、ほこりがとぶ dusty

塳 草 書 먼지날봉(塵起貌)。

【塙】

㊀(교) 看 ㊁(각) 覺 コウ、カク、かたいつち hard soil ㄑㄩㄝˋ chʻüeh⁴

塙 小篆 草 書 ㊀ 돌많은땅교(多石土)。㊁ 단단할각(堅土)。

【塚】

(총) 『冢』(冖部 8畫)의 俗字

【塚墓:총묘】 무덤。

【塚主:총주】 무덤을 지키는 임자。

【塚中枯骨:총중고골】 무덤 속의 마른 뼈。《喩》핏기 없고 뼈만 앙상한 사람。

◎古―、疑―、貝―。

【塝】

(방) 陽 ボウ、つか ridge

❶땅두둑방(地畔)。❷평평한땅언덕방(平丘)。

【塞】

㊀(새) 隊 ㊁(색) 職 サイ、ふさぐ、とりで wall up; fortress ㄙㄞ sai⁴

塞 小篆 草 書 ㊀ ❶변방새(邊界)。『禮記』孟冬完要―。❷주사위새(戲具)。『莊子』問 何事則博―以遊。㊁ ❶막을색(塡也、窒也)。『禮記』孟冬天地閉―。❷채울색、찰색(滿也)。『漢書 公孫弘傳』無以報德―責。❸막힐색(阨險)。『史記 蘇秦傳』秦四―之國。

【塞翁得失:새옹득실】 한 때의 利가 장래에는 도리어 害가 되기도 하고、禍가 되려 福이 되기도 함을 뜻하는 말。

【塞翁之馬:새옹지마】 人生의 吉凶禍福은 변화가 많음을 비유하는 말。《故》北方의 한 老翁이 기르던 말이 胡地로 달아난 일이 있었는데 그것을 위로하는 사람에게 翁은 오히려 행복한 결과가 될는지 누가 아느냐고 대답을 하였는데 몇달 만에 그 말이 한 필의 駿馬를 데리고 돌아왔으매 동리 사람들은 다시 행운을 致賀하니 老翁은 되려 불행이 될는지 누가 아느냐는 대답이었다。그런 뒤에 老翁의 아들이 乘馬를 즐기다가 말에서 떨어져 다리를 다쳤다。그래서 또 동리 사람들은 다시 불행을 위문하게 되었는데、老翁은 또 행복이 될는지 누가 아느냐는 대답이었다。그런지 一년만에 胡人이 大擧入寇하여 壯丁들이 戰場으로 불려나가 八、九割이 死亡하였건만 老翁의 아들만은 절름발이이므로 父子가 相保하였다는 故事。塞翁失馬。塞翁得失。『熙晦機』人間萬事―、推枕軒中聽雨眠。

【塞翁禍福:새옹화복】 ＝塞翁之馬。

【塞嚶:색앵】 목메어 울음。『李賀』――折翅雁。

【塞淵:색연】 思慮가 깊고 착실한 모양。『詩經·燕燕』其心――。

【塞徼:색요】 邊境에 있는 要塞。『漢書·匈奴傳』建――、起亭隧。

【塞責:색책】 책망을 면함。책임을 완수함。『漢書·公孫弘傳』。

【塟】

(장) 『葬』(艸部 9畫)의 俗字

【塡】

㊀(진) 眞 ㊁(전) 先 ㊂(전) 銑 テン、うずめる ㄓㄣ ㄉㄢ ㄊㄧㄢˊ tʻien²

塡 小篆 草 書 ㊀ ❶오랠진(久也)。『詩經』孔―不寧。❷편안할진(安也)。❸정할진(定也)。❹눌릴진(壓也)。❺가라앉을진、진정할진。(『鎭』과 통함) 『十八史略 西漢』―國家。㊁ ❶메일전(塞也)。『博物志』炎帝女溺死東海化 精衛鳥常取西山木石以―東海。❷북소리전(鼓聲)。『孟子 梁惠王上』―然鼓之。❸순종할전(順也)。『班固 東都賦』―流泉而爲沼。㊂ ❶병들전(病也)。『詩經』瘨我―寡。❷

엄정하고 왕성한 모양전(嚴盛貌)。【淮南子 兵略訓】不擊——之旗。

【塡貸:전대】 남에게 꾸어 온 것을 다시 다른 사람에게 꾸어 줌。

【塡代:전대】 闕員이 된 관리를 보충함。

【塡補:전보】 ❶메워서 보충함。【元史】揆次——。❷記入함。

【塡然:전연】 북 소리가 대단히 나는 모양。【孟子·公孫丑】——鼓之。

【塡咽:전열】 많은 손님이 모여 들음。 꽉 참。【宋史】賓客——。

【塡委:전위】 ❶가득 참。 꽉 차서 가득함。【南史】候驛——。❷事務가 停滯됨。【舊唐書】使務——、胥吏盈庭。

【塡字:전자】 비어 있는 곳에 글자를 메워 넣음。

【塡塡:전전】 ❶重厚한 모양。❷規律이 바르고 嚴正한 모양。【淮南子】不擊——之旗。❸車馬의 수가 많은 모양。❹우뢰소리가 울리는 모양。【楚辭·山鬼】雷——兮雨冥冥。❺북 소리가 연달아 나는 일。【隋書·音樂志】。

【塡差:전차】 비어 있는 벼슬 자리에 관원을 임명하여 보충함。

【塡充:전충】 빈 곳을 채워서 메움。◎補—、充—。

【塤】(훈) 元 ケン、つちぶえ ㄒㄩㄢ hsüan¹

草書 질나팔훈(燒土樂器)。【詩經 小雅何人斯】伯氏吹— 仲氏吹篪。

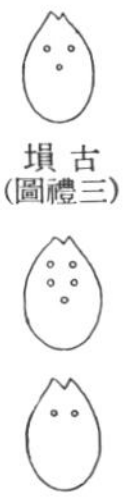

古 塤 (圖禮三)　今 塤 (圖禮三)

【塤簫:훈소】 樂器 이름。 흙으로 만든 피리와 대로 만든 길다란 퉁소。【周禮】。

【塤篪:훈지】 樂器 이름。 옆으로 부는 저。【荀子】聲樂之象、云云、——翁博。

【塤篪雅奏:훈지아주】 형제가 서로 화목함을 비유함。

【塢】(오) 麌 オ、ウ、むら ㄨ wu⁴ village

草書 ❶산언덕오(山阿)。【王維】輞川別墅有辛夷—。❷마을오(村落)。【杜甫詩】谿行盡日無村—。(『隖』와 같음)

【塢壁:오벽】 둑을 쌓아 만든 要塞。【漢書】遣兵屯河內衡要、皆作——。

【塥】(혁) 陌 カク、つちをかさねてぬる add earth to

흙덧붙일혁(重土)。(本音「격」)【管子】沙土之次曰五—。

【塩】(염)『鹽』(鹵部13畫)의 俗字

【載】(재)→車部6畫

【嘉】(가)→口部11畫

十二畫

【塲】(장)『場』(土部9畫)의 俗字

【塴】(붕) 徑 ホウ、ほうむる hold a funeral

❶장사지낼붕(窆也)。❷삼받이담붕(射埒)。❸방죽붕(壅水灌漑)。(『堋』과 같음)

【塵】(진) 眞 ジン、ちり dust ㄔㄣ ch'en²

古文 小篆 草書 ❶티끌진、먼지진(埃也)。【列仙傳】麻姑謂王方平曰見 東海三變爲桑田今將復揚—乎。❷때낄 진(—垢)。【詩經小雅無將大車】祇自—兮。❸오래될진(久也)。❹더러울진(汚也)。【李商隱詩】九廟無—八馬回。❺시끄러울진(喧也)。

【塵芥:진개】 티끌과 쓰레기。 먼지。

【塵劫:진겁】 《佛》❶물건과 시간。《轉》永遠한 시간。【齊書】釋迦成佛、有——之數。❷世間。

【塵境:진경】 塵世。俗世。【李白】朱紱遺——、青山謁梵筵。

【塵界:진계】 =塵世。【趙彦昭】皇心滿—、佛跡現虛空。

【塵垢:진구】 ❶먼지와 때。❷더러운 세상。俗世。【莊子】彷徨乎——之外。❸《佛》煩惱。

【塵襟:진금】 더러운 雜念。低俗한 생각。【韓愈】清泉潔——。

【塵念:진념】 속세의 생각。俗念。【元稹】瞥然——到江陰。

【塵泥:진니】 티끌과 진흙。【孟郊】應憐泣楚玉、棄置如——。

【塵勞:진로】 世俗事에 대한 괴로움。【蘇軾·觀臺詩】——付白骨、寂照起黃庭。

【塵累:진루】 世俗의 번뇌。 세상살이에 얽혀진 번잡한 일。塵鞅。

【塵坋:진분】 티끌。(坋도 티끌)。【梅堯臣】耳目飽——。

【塵俗:진속】 티끌 많은 속된 세상。곧 이 세상。【任昉】有高世之度、脫落——。

【塵事:진사】 世俗의 일。世事。【陶潛】閑居三十載、遂與——冥。

【塵世:진세】 티끌 많은 세상。더러운 세상。塵界。俗世。【王維】寄言——客、何處欲歸臨。

【塵埃:진애】 ❶티끌과 먼지。【莊子】野馬也——也、生物之以息相吹也。❷더러운 세상。俗世。【楚辭·漁父辭】安能以皓皓之白、蒙世俗之——乎。

【塵煙:진연】 연기처럼 일어나는 티끌。

【塵緣:진연】 世俗의 번뇌스런 인연。俗緣。塵累。【范成大】軟紅三尺舊——。

【塵塵:진진】 ❶代代。世世。【蘇軾·遷居詩】——自無際。❷和한 모양。

【塵土:진토】 티끌과 흙。【李正封】九陌無——。

【塵合泰山:진합태산】 《俗》티끌 모아 태산。《論》작은 것도 많이 모이면 나중에는 크게 이루어짐。「——」。

【塵寰:진환】 =塵世。【蘇軾】不知門外有

◎蒙—、微—、沙—、餘—、五—、紅—、黃—。

【塷】(로)『鹵』(鹵部0畫)와 같음

【⿰土梟】(효) 蕭 キョウ、たまごをうむ lay egg

알낳을효(卵產)。

【⿱殹土】(예) 齊 エイ、ちり dust

小篆 티끌예、먼지예(塵埃)。

【塹】(참) 豔 ザン、ほり trench ㄑㄧㄢ ch'ien⁴

小篆 草書 ❶구덩이참(坑也)。❷해자참(遶城水)。❸낭을팔참。【史記 秦紀】—山堙谷千八百里。

【塹壘:참루】 塹壕와 堡壘。【魏志】——未成、蜀兵大至。

【塹壕:참호】 ❶城 둘레의 壕。❷적의 공격에 對備하기 위하여 판 구덩이。

【塹壕戰:참호전】 참호에 의하여 하는 전투。상대편의 참호를 파괴하는 싸움。◎坑—、天—。

【塺】㊀(매) 灰 バイ、ちり dust ㊁(마) 箇

小篆 ㊀티끌매(塵也)。㊁뜻은 ㊀과 같음。

【塼】(전) 先 セン、かわら brick ㄓㄨㄢ chuan¹

草書 벽돌전(燒墼甓也)。(『甎』과 같음)

【塼甓：전벽】벽돌。【晋書】晝則傭賃、夜燒ーー。

【墁】(만) 寒 マン、つちでおおう cover with earth
❶흙으로 덮을만(以土覆土)。 ❷흙손만(鐵起)。(『墁』과 통함)

【塽】(상) 養 ソウ、こころよい pleaure ㄕㄨㄤ shuang
❶시원한땅상(快適地)。 ❷땅높고 밝은곳상(地高明處)。

【塾】(숙) 屋 ジュク、まなびどころ private school ㄕㄨ shu2
小篆 草書 ❶사랑방숙(門側堂)。 ❷글방숙(敎舍)。【禮記 學記】古之敎者、家有ー黨有庠。 ❸(학교의) 기숙사숙(寄宿舍)。

【塾堂：숙당】學業을 연구하는 집。學舍。塾舍。【余靖】閭有ーー、巷有校室。

【塾師：숙사】塾舍의 스승。

【塾舍：숙사】학업을 닦는 집。또는 塾生이 묵는 집。

【塾生：숙생】학사에서 공부하는 학생。

【塾長：숙장】숙생의 우두머리。
◎家ー、義ー。

【塿】(루) 有 ロウ、おか ridge ㄌㄡˇ lou3
小篆 草書 두둑할루(小阜)。【方言】小家謂之ー。(『塿』와 통함)

【墀】(지) 支 チ、にわ yard ㄔˊ ch'ih2
小篆 草書 ❶지대뜰지(階上地)。 ❷대궐지대지(殿陛)。【漢制】靑瑣丹ー。

【墀廡：지무】(建) 처마。

【墀砌：지체】넓은 돌을 깔아 만든 뜰이나 마당。【禮惠全書】桌置ーー上。

【墁】(만) 翰 寒 マン、バン、ぬる facing ㄇㄢˋ man4
草書 ❶흙손만(塗具墻壁之飾)。【孟子 滕文公下】 ❷벽만(壁也)。(『鏝』와 같음) 毁瓦畫ー。

【墁滅：만멸】발라 없앰。【孟子】有人於此、毁瓦畫畫、其志將以求食也。【注】畫地則復ーー之。

【墁治：만치】벽을 발라 고침。【韓愈】。

【境】(경) 梗 ケイ、キョウ、さかい boundary ㄐㄧㄥˋ ching4
小篆 草書 ❶갈피경、지경경(界也)。【鷄語】外臣之言不越ー。 ❷마칠경(竟也)。【說文】彊土至此而ー也。 ❸곳경(場所)。【耶律楚材詩】我愛北天眞ー界。

【境界：경계】❶사물의 구별이 되는 데가 서로 맞닿은 자리。 ❷땅이 서로 이어진 곳。界境。【列子】不知ーー之所接。

【境界線：경계선】경계가 되는 선。

【境內：경내】일정한 지경의 안。구역안。域內。【史記】掃ーー。

【境涯：경애】처해 있는 환경과 생애。

【境域：경역】❶지경。境界。 ❷境內의 땅。域內。【宋書】ーー幽遐。

【境外：경외】어떠한 경계의 밖。

【境遇：경우】❶環境。장소。 ❷一身의 형편。처지。

【境地：경지】❶한 곳의 風致。 ❷현재의 환경。처지。 ❸현재의 心境。

【境土：경토】그 나라의 국경 안에 있는 땅。疆土。領土。
◎佳ー、國ー、老ー、妙ー、邊ー、秘ー、悲ー、死ー、仙ー、順ー、心ー、逆ー、靈ー、隣ー、絕ー、地ー、出ー、環ー。

【墄】(척) 職 セキ、だんだん stairs
草書 섬돌층척(階齒)。

【墅】(서) 語 ショ、なや farmer's hut ㄕㄨˋ shu4
草書 ❶농막서(田廬)。【沈約詩】山陰柳家女、薄言出田ー。 ❷별관서(別館)。「別莊」。【晋書 謝安傳】圍棊賭別ー。

【墅扉：서비】시골집의 사립문。【李尙隱】秋水悠悠浸ーー。

【墅舍：서사】아랫채。別莊。【南齊書】出圖於新林立ーー、晨夜往還。

【墆】㊀(절) 屑 ㊁(체) 霽 タイ、テツ、たかい high
草書 ㊀❶저축할절(貯也)。 ❷그칠절(止也)。 ㊁❶으스름할체(陰貌ー翳)。 ❷높을체(高也)。

【墆霓：체예】매우 높은 모양。높고 위태한 모양。【張衡·西京賦】ーー以高居。

【墆翳：체예】으스름함。흐림。【楚辭】擧霓旌之ーー。

【墟】(하) 禡 カ、すき gap
小篆 或體 틈하(孔隙)。

【墇】(장) 陽 漾 ショウ、ふさぐ shut
小篆 ❶막을장(壅塞)。 ❷동안장(隔也)。

【㙳】(감) 勘 カン、がけ ㄎㄢˋ k'an4
❶험한비탈감。 ❷낭떠러지감(險岸)。

【墉】(용) 冬 ヨウ、かき wall ㄩㄥ yung2
小篆 古文 草書 ❶작은성용(小城)。【詩經】以伐崇ー。 ❷담용(垣也)。 ❸벽용。【禮記 郊特牲】君南向于北ー下。(『庸』과 통함) (『牅』과 같음)

【墉基：용기】담의 土臺。【曹冏·注】向日墉城牆也。

【墉屋：용옥】담과 집。【韓詩外傳】子略治蒲三年、孔子過之、入其邑、ーー甚尊樹木甚茂。

【墉垣：용원】담。

【墉圍：용위】담과 같이 둘러 싸는 일。

【墉牆：용장】담。【小爾雅·廣器】ーー、謂之障。

【墊】(점) 豔 テン、くだる fall into ㄉㄧㄢˋ tien4
小篆 草書 ❶빠질점(溺也)。【書經 益稷】下民昏ー。 ❷축축할점(濕也)。 ❸내려올점(下也)。

【墊溺：점닉】빠짐。물에빠짐。【吳志】人馬ーー。「委靡ーー」。

【墊沒：점몰】빠져 가라 앉음。【柳宗元】

【墊隘：점애】땅이 低濕하고 狹隘함。(轉) 피로하고 괴로움。【左傳】民愁則ーー。

【墋】(참) 寢 サン、すなつち sandy soil
❶모래흙참(沙土)。 ❷흐릴참(不澄淸貌)。 ❸때참(垢也)。

【墍】㊀(기) 寘 ㊁(희) 未 キ、ぬる coat ㄐㄧˋ chi4
小篆 草書 ❶흙을 바를기(泥飾屋)。【書經 梓材】塗ー。 ❷담을기(取也)。【詩經 召南 不旨】傾筐ー之。 ❸쉴기(息也)。【詩經】伊余來ー。

㊁뜻은 ㊀과 같음。

【墌】(척) 陌 シャク、どだい level ground 터다질척(築土爲基)。

【墐】(근) 震 キン、ぬる coat 墐 小篆 書 草 ❶문을근(瘞埋)。【詩經】行有死人尙或ㅣ之。❷바를근(塗也)。【詩經】塞向ㅣ戶。❸돌둑길근(溝上道)。❹막을근(塞也)。【禮記 月令】季秋之月云云、蟄蟲皆俯、在內皆ㅣ其戶。

【墐戶:근호】 바람을 막기 위하여 문을 흙으로 발라 막음。【詩經】塞向ㅣㅣ。

【墓】(묘) 遇 ボ、はか grave 〔ㄇㄨˋ mu〕 (本音「모」) 墓 小篆 書 草 무덤묘(冢也)。【禮記】古不修ㅣ。

【墓碣:묘갈】 무덤 앞에 세우는 墓碑의 한 가지。事蹟을 싣는 文體가 神道碑와 같으나 體裁가 빈약하고 규모가 작은 데 正三品 이하의 벼슬을 지낸 이에게 썼음。옛 제도에는 碑는 方形、碣은 圓形으로 하였음。

【墓碣銘:묘갈명】 墓碣의 글에 韻文으로 된 銘을 새기는 文體。

【墓界:묘계】 《制》品階를 따라서 정하던 무덤의 구역。곧 무덤을 중심으로 하여 사방 半經이 從·正一品은 一〇〇보、二品은 九〇보、三品은 八〇보、四品은 七〇보、五品이하는 五〇보、庶民은 一〇보로 하였음。

【墓丘盜賊:묘구도적】 ❶무덤 속의 물건을 훔쳐 가는 도둑。❷시체를 파가서 감추어놓고 돈을 요구하는 강도。

【墓奴:묘노】 묘지기。

【墓道:묘도】 ❶墓地에 통하는 길。❷隧「道。

【墓幕:묘막】 묘 가까이에 지어놓은 작은 집、丙舍。

【墓木:묘목】 무덤 가에 있는 나무。丘「木。

【墓門:묘문】 墓 入口의 門。

【墓碑:묘비】 ❶죽은 사람의 身分·事蹟 등을 새기어 무덤 앞에 세우는 돌의 總稱。碑石。石碑。❷神道碑。

【墓所:묘소】 산소。무덤。墓地。【後漢書】馬援行服期年、不離ㅣㅣ。

【墓隧:묘수】 무덤으로 통하는 길。墓道。

【墓域:묘역】 墓所로서 정한 구역。

【墓位畓:묘위답】 그 땅에서 나는 추수로써 제사 비용을 쓰는 논。

【墓位田:묘위전】 그 땅의 추수를 가지고 제사 비용을 쓰는 밭。

【墓祭:묘제】 산소에서 지내는 제사。

【墓地:묘지】 무덤。【周禮】凡爭ㅣㅣ者、聽其訟獄。

【墓陳:묘진】 묘지에 소속시킴으로써 조세를 면제받은 논밭。

【墓村:묘촌】 자기 집 산소가 있는 마을。

【墓下:묘하】 祖上의 산소에 소속된 땅。

【墓穴:묘혈】 무덤 구멍。곧 죽은 사람을 묻는 구멍。

◎古ㅣ、墳ㅣ、省ㅣ、展ㅣ。

【墔】(최) 灰 サイ、たかいおか lofty hill 높은언덕최(高丘)。

【臺】(대)→至部8畫

十二畫

【墜】(추) 寘 ツイ、おちる fall 〔ㄓㄨㄟˋ chuei〕 墜 小篆 書 草 ❶떨어질추(落也)。【徐寅詩】日ㅣ虞淵燭影開。❷잃을추(亡失)。【論語】文武之道未ㅣ於地在人。

【墜落:추락】 ❶높은 곳에서 떨어짐。❷《國》아버지나 할아버지의 功德을 따르지 못하고 떨어짐。

【墜緖:추서】 衰退한 사업。【韓愈·進學解】尋ㅣㅣ之茫茫。

【墜岸:추안】 낭떠러지。斷岸。【管子】ㅣㅣ三仞。

【墜典:추전】 문란해진 법도。【舊唐書】補千年之ㅣㅣ。

【墜穽:추정】 함정에 빠짐。

【壈】(류) 宥 リュウ、すえもの porcelain ❶질그릇류(盛飯瓦器)❷밥뚝배기류。

【墝】(요) 肴 コウ、やせち poor soil (本音「교」) 墝 草 書 ❶메마른 밭요(瘠土)。【淮南子】舜耕歷山田者爭處ㅣ埆以肥饒相讓。❷자갈 땅요(土不平)。

【墝肥:요비】 메마른 땅과 기름진 땅。【荀子】相高下視ㅣㅣ。

【墝埆:요척】 ❶땅이 울퉁불퉁함。❷땅이 메마름。【竹葉】自駕疲牛理ㅣㅣ。

【增】(증) 蒸 ソウ、ます increase 〔ㄗㄥ tsêng〕 增 小篆 書 草 ❶더할증(益也)。【韓愈爲人求薦書】伯樂一顧、價ㅣ三倍。❷점점증。【柳宗元謝吉甫啓】喜極ㅣ悲。❸많을증(衆也)。❹거듭증(重也)。

【增加:증가】 더 늘어 많아짐。【唐書】戶口ㅣㅣ。

【增刊:증간】 정기 이외에 간행하는 일。

【增減:증감】 많아지는 것과 적어지는 것。늘임과 줄임。增損。【唐書】百官俸錢、會昌後不復ㅣㅣ。

【增强:증강】 더하여 굳세게 함。

【增改:증개】 더 늘이고 고침。증보하고 개정함。【禮記·疏】

【增口:증구】 인구가 증가함。

【增給:증급】 월급·일급 따위를 올림。또는 올려서 줌。

【增年:증년】 나이를 더해감。나이를 먹음。【陸游】身老怯ㅣㅣ。

【增大:증대】 더하여 늘음。또는 커짐。

【增量:증량】 수량이 늘음。또는 늘임。

【增募:증모】 정한 수보다 더 모집함。

【增發:증발】 정한 수효보다 더 내보냄。

【增配:증배】 배당 또는 배급량을 늘임。

【增兵:증병】 군대수를 더 늘임。

【增補:증보】 未備한 것을 더 보태고 기워서 채움。또는 그 일。【後漢書】ㅣㅣ十六篇。

【增產:증산】 생산량을 늘림。산출량이 「늘음。

【增刪:증산】 詩文 같은 것을 다듬기 위하여 添削함。增削。添削。

【增設:증설】 더 늘여 설치함。

【增稅:증세】 租稅額을 더 매기거나 또는 세율을 높임。↕減稅。

【增損:증손】 늘임과 줄임。늘음과 줄음。增減。【史記】有能ㅣㅣ一字者、予千「金。

【增水:증수】 물이 불어서 늘음。

【增收:증수】 수입이나 수확이 늘음。또는 늘임。

【增修:증수】 책 따위를 증보 수정함。【史記】宮室列觀輿馬、益ㅣㅣ矣。

【增殖:증식】 ❶더욱 늘음。더하여 늘임。❷《生》生物 또는 그 組織·細胞 등이 생식 또는 分裂에 의하여 그 수가 늘어남。

【增額:증액】 금액을 늘임。員數·분량 따위를 늘임。또는 늘인 액수。

【增員:증원】 사람을 늘임。↕減員。

【增援:증원】 ❶인원을 늘여서 응원함。❷원조액을 늘림。↕減援。

【增益:증익】 더 낫게 함。더 늘임。↕減縮。【孟子】動心忍性、ㅣㅣ其所不能。

【增資:증자】 자본을 늘임。늘은 자본。

【增糴:증적】 例年보다 쌀을 더 많이 사들임。

【增訂:증정】 著書 따위에서 잘못된 것을 고치고 모자라는 것을 보탬。

【增註:증주】 註釋을 보충함。 또는 보충한 주석。

【增進:증진】 더하여 나아감。 증가하고 진보함。〔淨住子〕長養ㅣㅣ菩提善根。

【增秩:증질】 俸祿을 더하여 늘임。增俸。↕減俸。

【增築:증축】 이미 서 있는 건축물에 덧붙여 더 늘여 지음。〔宋史〕ㅣㅣ長隄、民賴以安。

【增幅:증폭】 《物》라디오 따위에서 전압·전류의 振幅을 늘여서 感度를 좋게 함。

【增幅器:증폭기】 무선 통신·라디오 등에서 전류의 振幅을 늘여 感度를 세게 하는 장치。

【增戶:증호】 더 늘어난 戶數。

【墝】(료) 嘯 蕭 リョウ、めぐりかき enclosure
墝 小篆 에워싼 담료(周垣)。〔西都賦〕ㅣ以周垣。

【墟】(허) 魚 キョ、しろあと ruins of a castle ㄒㄩ hsü¹
墟 草書 ❶큰두덕허(大丘)。〔禮記〕ㅣ墓之間未施哀于民而民哀。❷옛터허(古城)。〔竹書紀年〕盤庚自奄遷朝歌遂曰殷ㅣ。❸장허(商賈物貨輻湊處)。

【墟落:허락】 황폐한 마을。村落。〔王維〕斜陽照ㅣㅣ。

【墟里:허리】 =墟落。〔晁補之〕牛羊散ㅣㅣ。

【墟墓:허묘】 풀 속에 묻힌, 제사 지내는 사람도 없는 무덤。

【墟墳:허분】 =墟墓。

【墟域:허역】 옛날 있었던 집。 또는 서울의 근처。〔郭璞〕成周之ㅣㅣ。

【墠】(선) 霰 セン、ゼン、まつりのにわ altar ㄕㄢˋ shan⁴
墠 小篆 墠 草書 제터선(壇ㅣ除地祭處)。〔說文〕築土爲壇除地爲ㅣ。

【壇】(예) 霽 エイ、ほこり dust
壇 小篆 ❶티끌예。❷흙비올예(天陰塵ㅣㅣ)。

【墡】(선) 銑 ゼン、しろつき terra alba ㄕㄢˋ shan⁴
백토선(白土)。

【墢】(발)『坺』(土部 5畫)과 같음

【墣】㊀(복) 屋 ㊁(박) 覺 ボク、つちくれ clod
墣 小篆 圤 或體 ㊀흙덩이복(土塊)。㊁뜻은㊀과같음。

【墦】(번) 元 ハン、はか grave ㄈㄢˊ fan²
墦 草書 무덤번(塚也)。〔孟子〕東郭ㅣ間之祭者。

【墦間酒肉:번한주육】 墓에서 제사지내고 남은 술과 고기。〔孟子·注〕墦間、郭冢外間也、乞其祭者所餘酒肉也。

【墨】(묵) 職 ボク、すみ carbon ㄇㄛˋ mo⁴ (古音「묵」)
墨 小篆 墨 草書 ❶그을음묵(煤也)。❷먹묵。❸먹줄묵(度也)。〔小爾雅〕五尺爲ㅣ倍ㅣ爲丈。❹자자할묵(五刑之一黥也)。〔書經伊訓〕臣下不匡、其刑ㅣ。❺탐할묵(貪也)。❻어두울묵(暗也)。〔劉向新序〕國有ㅣ、而不危者未之有也。❼말을 하지않을묵。〔史記 商君傳〕武王諤諤以興、紂ㅣ以亡。❽오척(五尺)의 길이묵。〔國語 周語〕不過ㅣ丈尋常之間。

【墨客:묵객】 글씨 쓰기나 그림 그리기를 잘 하는 사람。〔李白〕ㅣㅣ多新文。

【墨光:묵광】 글씨와 그림의 먹 빛깔。

【墨斗:묵두】 먹통。

【墨吏:묵리】 탐욕하는 관리。〔左傳〕。

【墨笠:묵립】 먹물을 칠한 갓(笠)。墨衰(묵최)의 心制人이 씀。

【墨墨:묵묵】 ❶말이 없는 모양。默默。〔史記〕步王諤諤以興、紂ㅣㅣ以亡。❷어두움。〔管子〕政令不善、ㅣㅣ無夜。「금」。

【墨紋:묵문】 陶瓷器 잿물에 잘게 나간 금。

【墨寶:묵보】 ❶보배가 될 만한 좋은 글씨。❷남의 글씨의 敬稱。

【墨削:묵삭】 먹으로 글씨를 깎아 버림。

【墨床:묵상】 먹을 올려 놓고 쓰는 받침。

【墨線:묵선】 검은 선。먹으로 그은 줄。

【墨守:묵수】 자기의 의견을 굳게 지킴。《故》中國 戰國時代 墨翟이 城을 굳게 지켰다는 故事에서 온 말。

【墨水:묵수】 먹물。

【墨鴉:묵아】 아주 서투른 글씨。

【墨魚:묵어】 오징어。烏賊。

【墨義:묵의】 經義의 시험에서의 筆答。↕口義。

【墨莊:묵장】 많은 책을 간직함。〔書言故事〕諸子曰、汝父謂此爲ㅣㅣ、今貽汝輩、爲學殖之具。

【墨豬:묵저】 글씨가 굵기만 하고 힘이 없음。〔謝邁〕我書大俗如ㅣㅣ。

【墨迹:묵적】 ❶筆跡。❷肉筆로 쓴 책。墨跡。〔宋史〕以太宗ㅣㅣ、賜天下名山。

【墨詔:묵조】 직접 쓴 詔書。墨勅。

【墨竹:묵죽】 ❶먹으로 그린 대나무。❷대나무의 한 가지。

【墨汁:묵즙】 ❶먹물。❷《動》고락。

【墨汁囊:묵즙낭】 《動》고락·낙지 등의 배때기 속의 검은 물。

【墨紙:묵지】 複寫에 쓰는 炭酸紙。

【墨池:묵지】 ❶먹물을 담는 그릇。❷벼루의 물을 담는 오목한 부분。❸筆硯을 씻은 못。中國 浙江省 積穀山 기슭에 있는 못인데、王羲之가 늘 여기서 筆硯을 씻었기 때문에、못의 물이 검어졌다 함。

【墨經:묵질】 검은 물을 들인 喪服。

【墨尺:묵척】 먹자。

【墨篸:묵침】 먹칼。

【墨版:묵판】 木板 인쇄。唐의 末期에 益州에서 비롯함。

【墨海:묵해】 벼루。〔文房四譜〕。

【墨花:묵화】 벼루에 스며든 먹의 색。〔李賀〕紗帷晝暖ㅣㅣ春。

【墨畫:묵화】 먹으로 그린 그림。

【墩】(돈) 元 トン、おか eminence ㄉㄨㄣ tuen¹
墩 草書 돈대돈(平地有堆)。〔李白詩〕治城訪遺跡猶有謝公ㅣ。(『墪』과 같음)

【墩官:돈관】 《制》遼나라의 官名。〔遼史·國語解〕。

【墪】(돈)『墩』(前條)과 같음

【墮】㊀(타) 哿 ㊁(휴) 支 タ、ダ、おちる fall ㄉㄨㄛˋ tuo⁴
墮 草書 ㊀❶떨어질타(落也)。〔漢書〕周道衰法度ㅣ。❷상투타(髻也)。❸잃을타(失也)。〔朱熹答楊子直〕ㅣ在語言心實無得。㊁❶무너뜨릴휴(壞也)。❷게으를휴(惰也)。

【過秦論】ㅣ名城。

【韓非子 五蠹】侈而ㅣ者貧。

【墮其術中:타기술중】 남의 간악한 술책에 빠져 떨어짐。

【墮落:타락】 ❶실패함。『荀子』徒壞——。❷시들어 떨어짐。『詩經·註』盛極則——。❸道心을 잃고 惡道에 떨어짐。『法華經』或當——爲火所燒。❹品行이 좋지 못하여 못된 구렁에 빠짐。
【墮淚:타루】 =落淚。
【墮顚:타전】 늙어서 흰 대머리。禿頂。
【墮胎:타태】 人爲的 수단에 의하여 流產케 함。『南史』。
【墮胎罪:타태죄】 《法》落胎를 시킴으로써 성립되는 죄。

【墯】 (타)『墮』(前條)와 같음

【壜】 (담) 覃 タン さけかめ wine-bottle 목 긴 술병 담(甒屬酒瓶)。❷땅이름 담。
(『壇』과 같음)

【墱】 (등) 徑 蒸 トウ、さか slope ㄉㄥ tèng 草書 ❶자드락질등(小坂)。❷비계등(飛陛)。『左思魏都賦』。❸물갈래질등(水分派)。『左思魏都賦』一流十二、同源異口。❹복도등(閣道)。❺높은 다리등(高橋)。(『隥』과 통함)
【墱道:등도】 複道。『張衡·西京賦』。
【墱流:등류】 江의 分流。『左思·魏都賦』——、十二、同源異口。

【墲】 (모) 虞 ボ、ブ、たかいつか high mound 높은 무덤 모(高塚)。

【墳】 ㈠(분) 文 ㈡(분) 阮 フン、はか tomb ㄈㄣ fen² 小篆 草書 ㈠❶봉분 분(土之高者墓也)。『禮記』古者墓而不—。❷클 분(大也)。『周禮春官司烜氏』共—燭庭燎。❸보뚝 분(大防)。❹책이름 분(書名)。『孔安國 尙書序』伏羲神農黃帝之書謂之三—。㈡❶걸찰분(土肥膏)。『書經』白—黑—赤埴—。❷흙이 부풀어 오를 분(土沸起)。『左傳 僖公四年』公祭地地—。
【墳壚:분로】 부들어 오른 검은 석비레。土質이 下等에 들어감。『書經』下土——。
【墳墓:분묘】 무덤。『禮記』奈何去——也。
【墳樹:분수】 무덤에 난 나무。『杜牧』故人——五秋風。
【墳壤:분양】 기름진 땅。
【墳衍:분연】 물가(水涯)와 平地。『周禮』丘陵——。
【墳塋:분영】 무덤。墳墓。丘塋。『潘岳』思纏綿于——。
【墳籍:분적】 =墳典。『晉書』耽思——。
【墳燭:분촉】 큰 촛불。『周禮』司烜氏共——庭燎。

十三畫

【墺】 ㈠(오) 號 ㈡(옥) 屋 オウ、きし beach 小篆 草書 ㈠❶방구들 오(四方土可居)。❷물가 언덕 오(水厓)。❸물 오(陸也)。㈡뜻은 ㈠과 같음。

【墻】 (장)『牆』(13畫 爿部)과 같음

【墼】 (격) 錫 ケキ、やかないれんが unburned bricks 小篆 굽지 않은 벽돌 격(未燒塼)。

【墾】 (간) 阮 コン ひらく cultivation ㄎㄣ k'en³ 小篆 草書 ❶밭갈 간(耕也)。❷김맬 간(治田)。❸따비이룰 간(開田反土)。❹상할 간 (傷也)。
【蘇軾詩】 我詩久不作荒澁旋鉏—。
【墾耕:간경】 땅을 파서 갈음。『詩經·疏』。
【墾闢:간벽】 논 밭을 개간함。開拓。『後漢書』由是——倍多。
【墾殖:간식】 갈아서 심음。『吳志』勉——之勤。
【墾田:간전】 開墾함。새로 만든 田地。『國語』道無列樹、——若藪。
【墾荒:간황】 거친 땅을 갈아서 田地를 「이룸。

【墜】 (수)『隧』(13畫 阜部)와 같음

【壁】 (벽) 錫 ヘキ、かべ wall ㄅㄧ pi⁴ 小篆 草書 ❶바람벽 벽(屋垣)。『孔安國尙書序』秦始皇焚書我先人用藏其家書于屋—。❷진벽(軍壘)。『漢書』周亞父堅—而守。❸돌비탈벽(石厓之峭削)。『馬岌銘』靑—千尋。❹별이름벽(宿名二十八宿之一)。(『壁』은 別字)
【壁經:벽경】 書經의 古本。魯의 恭王 때 孔子의 옛집 壁中에서 나왔다고 해서 일컬음。
【壁鏡:벽경】 《動》납거미。
【壁煖爐:벽난로】 벽에다 아궁이를 내고 굴뚝은 벽 속으로 통하게 하여 만든 西洋式 난방 장치의 한 가지。
【壁壘:벽루】 쳐들어 오는 적을 막아내기 위하여 흙·돌 따위로 쌓은 진지。『漢書』——已定。
【壁立:벽립】 ❶깎은 듯한 낭떠러지가 바람벽처럼 우뚝 섬。❷바람벽만 있고、딴 세간은 없는 가난한 모양。
【壁門:벽문】 堡壘의 문。營門。『史記』及出——、莫敢前。
【壁報:벽보】 벽에 쓰거나 또는 붙여서 여럿에게 알리는 것。
【壁上觀:벽상관】 참가하지 않고 구경만 함。『史記·項羽紀』。
【壁書:벽서】 벽에 써 붙인 글。
【壁線:벽선】 《建》기둥에 붙여 세우는 네모진 굵은 나무。
【壁水:벽수】 泮宮에 있는 연못。
【壁蝨:벽슬】 《動》진드기。家畜의 몸에 붙어서 피를 빨아먹고 살음。
【壁心:벽심】 《建》심살。
【壁魚:벽어】 《動》좀。반대좀。衣魚。
【壁欌:벽장】 바람벽을 뚫어 만든 장。
【壁欌門:벽장문】 벽장에 다는 문。
【壁錢:벽전】 《動》납거미。平蜘蛛。
【壁紙:벽지】 벽을 도배하는 종이。
【壁體:벽체】 側面이 넓고 두께가 얇은 工作物의 구조 부분。
【壁土:벽토】 바람벽에 바르는 흙。
【壁畫:벽화】 바람벽에 그린 그림。

【壂】 (전) 霰 デン、やかたのしきち lot of shrine ❶당집터 전(堂基)。❷앙금전(滓淀)。

【壃】 (강)『疆』(14畫 田部)과 같음

【埜】 (야)『野』(4畫 里部)의 古字

【壅】 ㈠(옹) 宋 ㈡(옹) 腫 ヨウ ふさぐ be closed ㄩㄥ yung¹·³ 草書 ㈠막을 옹(塞也)。『史記 太史公自序』孔子爲魯司寇、諸侯害之、大夫—之。㈡❶막힐 옹(障也)。❷북돋울 옹(培也)。
【壅劫:옹겁】 막아서 누름。임금과 백성의 정을 막아버림。『韓非子』世主所以——失其所有也。
【壅隔:옹격】 사이를 막아버림。『王粲』悲舊鄉之——兮。
【壅固執:옹고집】 억지가 몹시 심한 고「집。

〔壅塞:옹색〕 ❶쓰려는 것이 귀하고 없어 생활이 매우 곤란함。 ❷매우 비좁음。 ❸막음。 막힘。 『禮記』謹ㅣㅣ、以備水潦。

〔壅鬱:옹울〕 가슴이 막혀 몹시 답답함。

〔壅拙:옹졸〕 성질이 너그럽지 못하고 생각이 좁음。

〔壅滯:옹체〕 막혀서 자유로 움직이지 못함。 壅塞。 『詩經·疏』淸明無所ㅣㅣ。

〔壅蔽:옹폐〕 막고 덮음。 임금의 聽明을 가리움。 『唐書』問以時事、通ㅣㅣ之路。

【壠】 (옹)『壅』(前條)과 같음

【壈】 (감) 感 カン、たいらでない uneven ❶편편하지 않을감(不平也)。 『集韻』ㅣㅣ坷、不平也。 ❷『轗·坎』과 通함。

【壈】 (람) 感 ラン、しつい misfortune 草書 ❶견둔할람(屯蹇失志)。 ❷뜻을 얻지못한 실의(失意)의 모양람(轗軻不遇)。

〔壈坎:남감〕 뜻을 이루지 못한 모양。 轗不遇。 『劉長卿』ㅣㅣ難歸來。

【壇】 (단) 寒 タン、ダン、だん、たかだい attar 小篆 草書 ❶제터단(墠也、祀場)。 『十八史略 西漢』乃設ㅣ場具禮。 ❷단단(封土)。 『禮記』燔柴于泰ㅣ祭天地。

〔壇壝:단견〕 높직하게 쌓아 놓은 흙무더기의 터。

〔壇上:단상〕 壇의 윗쪽。 교단·강단 등의 壇 위。

〔壇墠:단선〕 제터。 壇場①。

〔壇所:단소〕 祭壇이 있는 곳。

〔壇坫:단점〕 임금이 盟約을 맺는 곳。

(轉)文人이 모이는 곳。 文壇。

〔壇兆:단조〕 제사 지내는 마당。 壇場①。 『後漢書』修光武山南ㅣㅣ。

〔壇垓:단해〕 높은 단。 『王安石』 白草廢時空ㅣㅣ。

〔壇享:단향〕 壇에서 지내는 제사。

【壊】 (괴)『壞』(土部 16畫)의 略字

十四畫

【壍】 (참)『塹』(土部 11畫)과 같음

【壏】 ㊀(집) 緝 シュウ、おちる fall; sink ㊁(접) 葉 小篆 ㊀❶떨어질집(下入)。 ❷흙을 쌓을집(累土)。 ㊁❶낮아질접(墊也)。 ❷빠질접(溺也)。 ❸곡식 익을접(稔也)。

【壎】 (훈) 元 ケン、つちぶえ earthen trumpet 小篆 草書 질나팔훈(燒土樂器)。 『詩經小雅何人斯』伯氏吹ㅣ仲氏吹篪。

〔壎篪:훈지〕 兄弟의 友愛가 좋음。 『詩經·何人斯』伯氏吹壎仲氏吹篪。

【壐】 (새) 紙 シ、おうじやのしるし Imperial Seal 小篆 籀文 옥새새(帝印)。 (『璽』와 같음)

【壑】 (학) 藥 ガク、たに valley ㄏㄜˋ hè 草書 ❶골학(谷也)。 『陶潛 歸去來辭』旣窈窕以尋ㅣ。 ❷구렁학(阬也)。 『詩經』實墉實ㅣ。 ❸바다학(海也)。 『莊子』大ㅣ之爲物注焉而不滿酌焉而不渴。

〔壑谷:학곡〕 ❶구렁。 ❷지하실。 『左傳』鄭伯爲窟室夜飮、朝者曰、公安在、其人曰、吾公在ㅣㅣ。

【壒】 (애) 泰 アイ、ちり dust 小篆 草書 티끌더미애(塵合)。 『韓愈詩』幽泥化輕ㅣ。

【壓】 (압) 洽 アツ、おす press ㄧㄚ yā 小篆 草書 ❶누를압(鎭也)。 『唐書』柳仲郢曰蠻轂之下彈ㅣ爲先。 ❷짤압(笮也)。 『羅隱詩』夜槽ㅣ酒銀船滿。 ❸엎드러질압(覆壞)。 ❹틈을막을압(塞補)。 ❺눌릴압。 『杜牧之 阿房宮賦』覆ㅣ三百餘里。 ❻죽일압(殺也)。 ❼무너뜨릴압(壞也)。

〔壓驚:압경〕 놀란 마음을 진정시키기 위하여 술 등을 마시는 일。

〔壓氣:압기〕 ❶기세에 눌려서 무서워함。 ❷기세를 누름。

〔壓度:압도〕 ❶압력의 정도。 ❷《物》단위 면적에 작용하는 압력의 크기。

〔壓倒:압도〕 ❶상대방을 눌러 넘어뜨림。 굴복시킴。 크게 이김。 『唐摭言』今日ㅣㅣ元白。 ❷뛰어나서 남을 능가함。

〔壓倒的:압도적〕 힘과 세력이 세차서 남을 위압할 만한 정도나 모양。

〔壓頭:압두〕 첫머리를 차지함。

〔壓良爲賤:압량위천〕 양민을 강압하여 종을 삼음。

〔壓濾器:압려기〕 압력 장치로 액체를 거르는 기구。

〔壓力:압력〕 ❶누르는 힘。 ❷권세의 힘。

〔壓力計:압력계〕 《物》액체·기체의 압력을 재는 기구의 總稱。

〔壓顚破脣:압로파순〕 남의 무덤의 영역을 범하여 매장함。

〔壓麥:압맥〕 납작보리。

〔壓尾:압미〕 끝。 마침。 大尾。 最終。 『楊萬里』ㅣㅣ桐花也作麼。

〔壓迫:압박〕 ❶누르고 구박함。 ❷위압으로 굴복시킴。

〔壓伏:압복〕 세력으로 눌러서 복종시킴。

〔壓死:압사〕 무거운 것에 눌려서 죽음。

〔壓殺:압살〕 눌러서 죽임。 『漢書』峰崩盡ㅣㅣ。

〔壓碎機:압쇄기〕 ❶설탕을 제조하는 기계의 한 가지。 ❷눌러서 부수는 기계의 총칭。

〔壓視:압시〕 멸시함。 만만하게 봄。

〔壓點:압점〕 (生)피부의 표면에 분포하고 있는、압력을 느끼는 點狀의 感覺部位。

〔壓政:압정〕 권력으로 국민을 억압하여 행하는 정치。

〔壓制:압제〕 압박하고 억제함。

〔壓制力:압제력〕 압제하는 힘。

〔壓制政治:압제정치〕 (政)권력으로써 무리하게 억눌러 국민의 자유를 속박하는 정치。 强壓政治。

〔壓紙:압지〕 잉크나 먹물 따위를 마르기 전에 눌러서 빨아들이게 하는 종이。

〔壓搾:압착〕 눌러서 짜 냄。

〔壓搾機:압착기〕 (機)물건을 압착하여 汁液을 낼 적에 쓰는 기구。

〔壓軸:압축〕 하나의 詩軸에 실린 여러 詩 가운데 가장 잘 지은 詩。

〔壓縮:압축〕 눌러서 오그라뜨림。

〔壓縮空氣:압축공기〕 (物)압축 펌프로 압축하여서 용적을 축소시킨 공기。

〔壓縮機:압축기〕 (物)기체를 압축시키는데 사용하는 기계。

〔壓出陣痛:압출진통〕 (生)出産時 胎兒가 음문을 나올 때 받는 진통。

【壔】 (도) 皓 トウ、とりで small castle 小篆 草書 ❶작은성도(小城)。 ❷도도(圓ㅣ)。

【壕】(호) 豪 ゴウ、ほり trench ㄏㄠˊ hao²
壕草 壕書 해자호(城下池)。【柳宗元詩】鴈鳴寒雨下空ㅡ。
【壕塹:호참】❶保壘·砲臺 따위의 둘레에 판 구덩이。❷野戰에서 守備線에 구덩이를 파서 그 흙으로 앞을 막아 가리어 적에 대비하는 設備。塹壕。
【壕側:호측】城의 담 아래에 방비하기 위해 깊이 파놓은 곳의 옆。【謝朓】不見城ㅡㅡ、思君朝夕頃。

【壖】(연) 先 ゼン、きし hill
壖草 壖書 ❶빈땅연(城下河邊壖外閒地)。【漢書】田其宮ㅡ地。❷성밑밭연。❸언덕가연。(『堧』과 같음)
【壖垣:연원】神壇을 모신 祠堂의 담。【漢書】穿太上皇廟ㅡㅡ。

【墤】(궤) 寘 イ、キ、もりつち straw basket
墤草 墤書 ❶삼태기궤(簣也)。【後漢書】爲山而不終、踰乎一ㅡ。❷흙쌓을궤(累土)。

【戴】(대)→戈部14畫

十五畫

【壥】(전)『廛』(广部12畫)의 俗字

【壘】㊀(루) 紙 ルイ、とりで camp (本音「류」) ㊁(뢰) 賄 ㄌㄟˇ lei³
壘小篆 壘草㊀ 壘書 ❶진루(軍壁)。【禮記】四郊多ㅡ卿大夫之辱也。❷늘비할루(相連貌)。㊁끌밋할 뢰(壯貌)。【漢書飽宣傳】飽宣魁ㅡ之士。
【壘空:누공】조그마한 구멍。小孔。【莊子】不似ㅡㅡ之在大澤乎。
【壘塊:누괴】가슴에 서린 덩이。心中의 불평。【世說】晋阮籍、胸中ㅡㅡ、故須酒以澆之。
【壘壘:누루】무덤 같은 것이 연달아 있는 모양。【晋張載】北邙何ㅡㅡ。
【壘壁:누벽】보루。城塞。【史記】趙軍築ㅡㅡ而守之。
【壘審:누심】야구할 때 베이스(base)에서 뛰는 사람이 죽고 사는 것을 판단하는 심사원。
【壘垣:누원】보루를 둘러친 담。【舊唐書】伏於ㅡㅡ內。
【壘塹:누참】보루와 참호。【宋書】ㅡㅡ未立。

【壙】(광) 養 コウ、あな hollow
壙小篆 壙草 壙書 ❶구덩이광(墓穴)。❷들이휑할광(野空貌)。【賈誼新書】天下ㅡㅡ一人有之。❸들광(野也)。【孟子 離婁上】猶水之就下、獸之走ㅡ也。❹텅빌광(空虛)。【漢書 諸賢傳】五世ㅡ僚、至節候。
【壙壙:광광】들이 넓고 큰 모양。茫茫。【賈誼】天下ㅡㅡ、一人有之。
【壙埌:광랑】들이 아득하게 넓은 모양。【莊子】遊無何有之鄕 以處ㅡㅡ之野。
【壙中:광중】무덤 속。壙內。
【壙穴:광혈】시체를 묻는 구덩이。墓穴。

【土+臱】(면) 先 ヘン、つちをたいらにする make the ground even
땅을 편편하게 할면(平地)。

十六畫

【壚】(로) 虞 ロ、くろつち black earth ㄌㄨˊ lu²
壚小篆 壚草 壚書 ❶검은 석비레로(黑剛土)。【書經】豫州下土墳ㅡ。❷술청로(酒區)。「술을 파는 곳」。【史記司馬相如傳】使文君當ㅡ。❸저승로(黃泉)。❹화로로(爐也)。【陸游詩】茶ㅡ烟起知高興。
【壚頭:노두】술을 데우는 화로의 옆。술집。【岑參】灞上柳枝黃ㅡㅡ、酒正香。
【壚埴:노식】검은 흙。【呂覽·辨土】ㅡㅡ冥色。
【壚邸:노저】술집。【梁武帝】淫酗蕃肆、酣歌ㅡㅡ。
【壚土:노토】검은 색이 도는 土地。【呂覽】ㅡㅡ人大、沙土人細。

【壜】(담) 覃 タン、ドン、さけかめ wine bottle
壜草 壜書 술병담(酒瓶)。(『罈』과 같음)

【壝】(유) 支 寘 イ、かきね wall
壝草 壝書 ❶토담유(埒也)。❷단둘러쌓은담유(壝邊低垣)。【藉田賦】封人ㅡ宮。
【壝宮:유궁】흙으로 담을 쌓은 宮殿。【周禮】爲壇ㅡㅡ·棘門。
【壝壇:유단】담。【儀禮】。
【壝埒:유랄】주위의 담。【魏書】。

【壞】㊀(괴) 卦 カイ、やぶる destroy ㄏㄨㄞˋ huai⁴ ㊁(회) 賄
壞小篆 古文 籀文 壞草㊁ 壞書 ㊀무너뜨릴괴(毁之)。【何晏 論語集 解敍】嘗欲以孔子宅爲宮、ㅡ得古文論語。㊁무너질회(自敗)。【春秋傳】魯城門ㅡ之。
【壞決:괴결】무너짐。壞崩。
【壞亂:괴란】무너져 어지러워짐。
【壞爛:괴란】상하고 헐음。
【壞滅:괴멸】무너뜨려 멸망시킴。무너져 멸망함。【高啓】色相終ㅡㅡ。
【壞損:괴손】체면을 더럽힘。毁損。
【壞壓:괴압】눌러서 무너버림。【唐書】ㅡㅡ之變、所以示教戒。
【壞裂:괴열】❶깨뜨려 쪼갬。부서져 갈라짐。❷일이 중도에서 깨뜨려짐。
【壞坐:괴좌】앉음새를 고쳐 앉아서 편하게 함。【韓非子】。
【壞敗:괴패】무너지고 상함。【賈誼】。
【壞血病:괴혈병】(醫)비타민C가 부족해서 오는 병。잇몸이 부어 피가 나기 쉽고、피부 빛이 흙빛으로 됨。

【壟】(롱) 腫 ロウ、はか grave ㄌㄨㄥˇ lung³
壟小篆 ❶무덤롱(冢也)。【東方朔七諫】封比干之丘ㅡ。❷두둑롱(田中高處)。【史記 陳涉世家】輟耕之ㅡ上。❸언덕롱(丘也)。(『壠』과 같음)
【壟斷:농단】❶둔덕이 깎아 세운 듯이 높은 곳。【列子】冀之南、漢之陰、無ㅡㅡ焉。❷이익을 독점함。옛날 어떤 사람이 높은 곳에 올라가서 市場을 살펴보고 자기 물건을 팔기에 적당한 곳으로 가서 市利를 獨占했다는 故事。【孟子·公孫丑】。
【壟斷之術:농단지술】농단하는 재주。
【壟畝:농무】❶밭。❷시골。【史記】起ㅡㅡ之中、三年遂將五諸侯。
【壟畔:농반】논밭의 경계。【後漢書】。
【壟塋:농영】무덤。흙을 쌓아 올려 만든 무덤。【水經·注】ㅡㅡ侈大。

【壠】(롱)『壟』(前條)의 本字

十七畫

【壦】(희) 支 キ、こわれる crumble
무너질희、헐희(毁也)。

【壤】(양) 養 ジョウ、つち earth 日大ˇ jang²
(小篆)(書)(草) ❶고운흙양(柔土無塊)。❷분답할양(粉錯貌)。〔書經〕咸則三ㅡ。〔史記貨殖傳〕天下ㅡㅡ皆爲利往。❸쓰레기양(糞掃之餘積)。〔莊子〕頫ㅡ之內雷霆居之。❹풍족할양(富足)。〔列子天瑞〕一年而給、二年而足、三年大ㅡ。(『穰』과 통함)

【壤壤:양양】어지럽게 뒤섞인 모양。〔史記〕天下ㅡㅡ、皆爲利往。

【壤子:양자】❶사랑스러운 아들。〔漢書〕ㅡㅡ王梁。❷土地를 여러 아들에게 나누어 줌。〔漢書·鄒陽傳·王先謙補注〕。

【壤奠:양전】土産의 물건을 제사에 바침。〔書經〕敢執ㅡㅡ。

【壤地:양지】疆土。土地。國土。〔孟子〕夫滕、ㅡㅡ編小。

【壤土:양토】❶흙。土地。〔國語〕試諸ㅡㅡ。❷모래 三、黏土(점토)六의 비율 및 유기물이 섞인 흙。모든 농작물을 가꾸기에 알맞음。❸거처하는 곳。〔十八史略〕安其ㅡㅡ。

十八畫

【壅】(옹)『壅』(土部 13畫)과 같음

二十畫

【壜】(탑)『塌』(土部 10畫)과 같음

【壧】(암) 咸 ガン、あな cave
굴암(地穴)。

二十一畫

【壩】(파) 禡 ハ、つつみ dike ㄅㄚˋ pa⁴
(書)(草) 방죽파、둑파(堰也)。

【壩臺:파대】둑의 위에 멀리 내려다 볼 수 있도록 만들어 놓은 臺。〔六部成語〕上築高臺、以爲瞭望之所也。

【壩齒花:파치화】(植)枸杞子와 비슷하여 黃色 꽃이 피는 풀 이름。

二十二畫

【壤】(낭) 漾 ドウ、ほらあな cave ㄋㄤˋ nang⁴
❶토굴낭(土窟)。❷티끌낭(塵也)。

士 部

【士】(사) 紙 シ、さむらい scholar knight
(小篆)(書)(草) ❶선비사(儒也、四民之首)。❷벼슬사(官之總名)。〔中庸〕忠信重祿、所以勸ㅡ也。❸일사(事也)。❹군사사(ㅡ氣、勇ㅡ、兵ㅡ)。❺남자사(尊稱)。❻살필사(察也)。(『仕·事』와 통함)

【士官:사관】❶(制)唐虞時代의 獄 이름。(夏는 均臺、周는 囹圄、漢은 獄이라 일컬었음)。〔獨斷〕。❷(國)兵卒을 지휘하는 武官。將校。

【士官學校:사관학교】❶(軍)육·해·공군의 사관을 양성하는 학교。❷(宋)구세군 사관학교。

【士君子:사군자】학문이 있고 덕행이 높은 사람。상류 사회의 사람。〔禮記〕。

【士氣:사기】武士의 씩씩한 기운。〔宋史〕ㅡㅡ益奮。

【士氣旺盛:사기왕성】군사의 기운이 크게 성함。

【士農工商:사농공상】人民의 네 種別。곧 士民·農民·工民·商民。〔穀梁傳〕古者有四民、有士民、有商民、有農民、有工民。

【士大夫:사대부】❶관직에 있는 사람。〔考工記〕。❷군대의 장교。〔史記〕彼其忠實心、誠信於ㅡㅡㅡ也。❸벼슬이나 문벌이 높은 사람。士族。

【士論:사론】선비들의 公論。

【士類:사류】=士林。〔晉書〕假儻不羈、爲ㅡㅡ所稱。

【士林:사림】선비들의 세계。선비의 무리。儒林。〔羅隱〕瀟灑清名映ㅡㅡ。

【士民:사민】❶四民의 하나인 선비。곧 道德·學藝를 배우는 사람。〔管子〕ㅡㅡ貴武勇而賤得利。❷백성。

【士兵:사병】(軍)❶하사관 이하의 군인의 總稱。❷장교가 아닌 모든 卒兵。

【士夫:사부】❶젊은 남자。〔易經〕老婦得其ㅡㅡ。❷남자의 美稱。〔元好問〕。

【士庶:사서】❶일반 人民。❷士庶人。〔後漢書〕青徐ㅡㅡ、避黃巾之難。

【士友:사우】선비 벗。〔唐書〕ㅡㅡ以此親之。

【士人:사인】벼슬을 하지 않은 선비。

【士節:사절】선비의 절개。

【士操:사조】선비의 절개와 지조。〔晉書〕少無ㅡㅡ、不修廉隅。

【士族:사족】문벌이 높은 집안。士大夫의 집안。〔晉書〕家世ㅡㅡ。

【士卒:사졸】❶兵士。❷下士官과 兵卒。

【士風:사풍】❶武士의 氣風。❷선비의 風習。

【士禍:사화】(歷)간악한 무리 때문에 선비들이 화를 입은 사건。갑자·기묘사화 등。

一畫

【壬】(임) 侵 ジン、ニン、みずのえ、おおいなり vast ㄖㄣˊ jen²
(小篆)(書)(草) ❶북방임(北方位)。❷아홉째 천간임(干名)。❸간사할임(巧言也)。〔書經皐陶謨〕巧言令色孔ㅡ。❹클임(大也)。〔詩經 小雅賓之初筵〕有ㅡ有林。❺짊어질임(擔也)。(『任』과 통함)

【壬公:임공】물(水)의 異名。〔蘇軾〕ㅡ飛空丁女藏。

【壬午軍亂:임오군란】(歷)李朝末 高宗 一九년에 일어난 軍人의 亂。軍制改革과 戚臣에 대한 불평으로 일어남。

【壬人:임인】간사한 사람。간사한 小人。佞人。〔漢書〕ㅡㅡ在位。

【壬日:임일】日辰의 天干이 壬인 날。

【壬坐:임좌】뒷자리나 집터가 壬方을 등진 좌향。

【壬坐丙向:임좌병향】壬方을 등지고 丙方을 향한 좌향。

【壬辰錄:임진록】(書)小說。작자 미상。西山大師·四溟堂·李舜臣 등이 주요 인물로 활약하여 日本을 쳐서 倭王의 항복을 받았다는 내용임。

【壬辰倭亂:임진왜란】(歷)李朝 宣祖 二五년에 日本의 侵略으로 일어난 戰爭。

三畫

【壮】(장)『壯』(士部 4畫)의 俗字

四畫

【壯】(장) 漾 ソウ、さかんなり prosperious ㄓㄨㄤˋ chuang⁴
(小篆)(書)(草) ❶장할장(大也)。❷군셀장(彊也)。❸클장(大

也)。❹왕성할장(血氣盛)。〔論語季氏〕及其ㅣ也、血氣方剛。❺성하게 할장(盛也)。〔詩經 小雅采芑〕克ㅣ其猷。❻젊을장(盛年)。「ㅣ年、ㅣ丁」。❼팔월의 다른 이름장(八月別稱)。〔爾雅釋天〕八月爲ㅣ。❽상할장(傷也)。

〔禮記曲禮〕三十曰ㅣ。

【壯健:장건】씩씩하고 건강함。〔史記〕貴ㅣㅣ賤老弱。

【壯觀:장관】웅장한 경치。大觀。偉觀。〔司馬相如〕皇皇哉斯事、天下之ㅣㅣ。

【壯佼:장교】몸이 건장하고 잘 생긴 젊은이。〔禮記〕仲夏養ㅣㅣ。

【壯年:장년】기운이 씩씩하고 한창인 三、四〇세 안팎될 때、또 그 나이의 사람。〔隋書〕雖云致仕、猶克ㅣㅣ。

【壯圖:장도】씩씩하고 큰 계획이나 포부。雄圖。〔杜甫〕曹公屈ㅣㅣ。

【壯麗:장려】씩씩하고 아름다움。〔史記〕且夫天子以四海爲家、非ㅣㅣ、無以重威。

【壯烈:장렬】씩씩하고 열렬함。〔魏書〕執心ㅣㅣ、不畏強禦。

【壯猛:장맹】씩씩하고 용맹스러움。〔後漢書〕氣力ㅣㅣ。

【壯士:장사】❶=壯丁。❷혈기에 넘치는 용감한 사나이。〔戰國策〕ㅣㅣ一去不復還。

【壯月:장월】음력 八월의 別名。〔爾雅〕八月爲ㅣㅣ。

【壯遊:장유】씩씩한 뜻을 품고 멀리 노닒음。〔袁桷〕ㅣㅣ詩局豁。

【壯丁:장정】기운이 좋은 젊은 사나이。

【壯志:장지】씩씩한 뜻。壯心。매우 크게 품은 뜻。〔隋書〕少慷慷有ㅣㅣ。

【壯悍:장한】기운차며 씩씩함。〔漢書〕尙多ㅣㅣ。

【声】(성)『聲』(耳部 11畫)의 俗字

【壱】(일)『壹』(士部 9畫)의 略字

【売】(매)『賣』(貝部 8畫)의 略字

【志】(지)→心部3畫

八 畫

【壺】(호)『壺』(士部 9畫)와 같음

九 畫

【壹】(일) 質 イツ、イチ、ひとつ one 一

(小篆)(草書) ❶한결일(專也)。〔大學〕自天子以至庶人、ㅣ是皆以修身爲本。〔孟子 公孫丑上〕志ㅣ則動氣。❷정성일(誠也)。❸순박할일(醇也)。〔史記 曹參世家〕民以寧ㅣ。❹모두일(全也)。❺통일할일(合也)。❻막힐일(閉塞)。(『一』과 같음)

【壹是:일시】죄다。한결같이。〔大學〕自天子以至於庶人、ㅣㅣ皆以修身爲本。

【壹鬱:일울】기운이 막힘。걱정하는 모양。〔文選序〕ㅣㅣ之懷靡愬。

【壹意:일의】하나의 뜻。한 가지 일에 뜻을 오로지 함。

【壺】(호) 虞 コ、つぼ bottle ㄏㄨˊ

(小篆) ❶입좁고 복부가 벌어진 항아리)병호(酒器)。❷박호(匏也)。❸흙으로 만든 악기호(土樂器)。❹산이름호(三神山)。(『壼』는同字 『壷』는別字)

【壺蓋:호개】항아리의 뚜껑。〔博古圖〕。

周素壺蓋 (西淸古鑑)

【壺裏乾坤:호리건곤】언제나 술 취한 속에 있음을 일컬음。

【壺觴:호상】술 항아리와 술잔。〔陶潛〕引ㅣㅣ以自酌。

【壺狀:호상】병이나 항아리처럼 아가리가 벌어진 모양。

【壺飧:호손】항아리에 담은 밥。〔左傳〕昔趙衰以ㅣㅣ從徑、餒而弗食。

【壺罌:호앵】항아리。술 따위를 담는 병。〔鮑照〕何時傾杯竭ㅣㅣ。

【壺漿:호장】병에 담은 飮料。〔孟子〕簞食ㅣㅣ、以迎王師。

【壺尊:호준】술을 담는 그릇。

壺尊 (名物圖)

【壺中物:호중물】술。

【壺中天:호중천】別世界。別天地。仙境의 뜻。술로써 속세를 잊는 즐거움。(故漢代에 仙人 壺公이 하나의 항아리를 집으로 삼고、술을 즐기며 속세를 잊었다 함。壺天。壺中天地。〔漢書·費長房傳〕。

【壼】(운) 文 ウン、ゆううつ gloomy

(小篆) 답답할운(鬱也)。

【壻】(서) 霽 セイ、むこ son-in-law ㄒㄩˋ

(小篆)(或體)(草書) ❶사위서(女之夫)。〔楚國 先賢傳〕得ㅣ如龍。❷남자서(男子)。〔晋書 庾翼傳〕陛下勿以常ㅣ畜之。❸땅이름서(公ㅣ)。(『婿』는同字 『聟』는俗字)

【壻郞:서랑】남의 사위의 尊稱。「ㅣㅣ」。

【壻甥:서생】사위。女壻。〔王惲〕自云漢

【壻養子:서양자】사위를 아들로 삼음。또는 그 양자。

十 畫

【喜】(희)→口部9畫

【壼】(곤) 阮 コン、おくみち court corridor

(小篆)(草書) ❶대궐안길곤(宮中衖)。❷복도문곤(閤道門)。❸거할곤(居也)。(『壸』는 別字)

【壼奧:곤오】❶宮中 깊숙한 곳。❷事物의 아주 깊은 곳。〔班固〕究先聖之ㅣㅣ。

【壼闈:곤위】❶宮中의 작은 문。❷宮中의 깊숙한 곳。〔荀勗〕內訓隆ㅣㅣ。

【壼政:곤정】宮中의 內政。〔顔延之〕ㅣㅣ穆宣。

【壼訓:곤훈】부녀자의 좋은 가르침。「訓。淑

十一畫

【壽】(수) 有 宥 ジュ、いのち、とし life ㄕㄡˋ

(小篆)(草書) ❶목숨수(命也)。❷명이길수(長命)。〔論語 雍也〕仁者ㅣ。❸나이 수(年齡)。「天ㅣ」。❹오래살수(長生)。〔中庸〕故大德云云、必得其ㅣ。❺축복할수(祝福)。〔蘇軾詩〕東坡持是ㅣ卯君。❻윗사람에게잔드릴수(獻酌)。

【壽康:수강】오래 살고 편안함。〔詩經〕。

【壽豈:수개】오래 살고 즐김。〔詩經〕宜兄宜弟、令德ㅣㅣ。

【壽考:수고】오래 살음。(考는 老의 뜻。)高年。〔詩經〕周王ㅣㅣ。

【壽骨:수골】오래 살 수 있게 생긴 골격。

【壽具:수구】죽은 뒤 염할 때에 쓰는 옷·베개·이불 따위。

【壽器:수기】미리 만들어 놓은 棺。

【壽陵:수릉】살아 있는 동안에 미리 마련하여 두는 임금의 무덤。

【壽命:수명】살아 있는 동안의 목숨。〔淮南子〕不能終其ㅣㅣ。

【壽命長壽:수명장수】❶목숨이 길어

오래 살음。❷어린 아이의 명이 아무쪼록 길기를 빌어서 하는 말。

【壽門:수문】 대대로 長壽하는 집안。

【壽眉:수미】 노인의 눈썹 가운데서 가장 긴 눈썹。

【壽福:수복】 ❶오래 잘 사는 일과 행복을 누리는 일。❷댕기나 비녀 따위에 壽·福字를 박거나 새기는 일。

【壽福康寧:수복강녕】 오래 살고 복되며 건강한 몸에 편안함。

【壽富多男子:수부다남자】 오래 살고 살림이 매우 넉넉하고 아들이 많음。

【壽詞:수사】 오래 삶을 축하하는 말。

【壽序:수서】 오래 살기를 비는 글。

【壽筵:수연】 오래 삶을 축하하는 잔치。또는 그 자리。回甲잔치。

【壽宴:수연】 오래 삶을 축하하는 잔치。

【壽夭:수요】 오래 삶과 젊어서 죽음。長命과 短命。『唐庚』ㅣㅣ數也。

【壽酒:수주】 장수를 축하하는 술。

【壽則多辱:수즉다욕】 오래 살면 욕됨이 많음。곧 오래 살수록 고생이나 망신이 많음。

【壽徵:수징】 오래 살 徵兆。『詩經·箋』黃髮台背、皆ㅣㅣ也。

【壽昌:수창】 ❶오래 살고 번창함。『晉書·穆帝記』皇帝ㅣㅣ、百僚畢賀。❷《天》별 이름。❸《歷》縣 이름。晉代에 설치。지금의 浙江省 建德縣。

【壽冢:수총】 生前에 미리 만들어 두는 무덤。壽穴。『後漢書』豫作ㅣㅣ。

【嘉】 (가)→口部11畫

十二畫

【墫】 (준) 眞 ソン、よろこぶ 阮 glad

小篆 ❶춤너풀거려출준(ㅣㅣ舞貌)。❷기뻐할준(悅也)。

夂 部

【夂】 (치) 支 チ、おくれる come after ㄓˇ chih³

小篆 古文 草書 ❶뒤져서올치、뒤에이를치(後至)。❷終(糸部五畫)의 古字。

一畫

【夃】 (과) 禡 カ、またがる sit astride

小篆 ❶걸터앉을과(騎也)。❷넘을과(越也)。(『夸』와 通함)

【夃】 (고) 虞 コ、もうける gain

小篆 ❶이문 얻을고(利也)。❷팔고(賣也)。

四畫

【夆】 (봉) 冬 ホウ、あう meet

小篆 ❶서로바동거릴봉、끌어당길봉(相逆牾夆挽)。❷만날봉(逢也)。

【夅】 (혜) 泰 カイ、さえぎる shield

小篆 가릴혜(遮也)。

【麦】 (맥)『麥』(麥部 0畫)의 略字

夊 部

【夊】 (쇠) 支 スイ、おそい walk slow

小篆 草書 ❶천천히걸을쇠(徐行)。❷편안히걸을쇠(安行)。

四畫

【夋】 (준) 眞 シュン、おそい 震 walk slow

小篆 小篆 ❶갈준(行也)。❷천천히걷는 모양준(徐行貌)。❸거만할준(敖也)。

五畫

【夌】 (릉) 蒸 リョウ、こえる surpass

小篆 ❶넘을릉(越也)。❷높을릉(高也)。❸범할릉(犯也)。(『陵』의 古字)

【夎】 (맘) 琰 ベン、あたまのはち skull

小篆 두개골맘(腦蓋)。

六畫

【复】 (복) 屋 フク、もとる go

小篆 ❶갈복(行也)。❷돌아갈복(歸也)。

【夎】 (종) 東 送 シュウ、ソウ、とりのはね wing

小篆 小篆 ❶새쭉지깔종(鳥竦翅貌)。❷새가날아갈때 다리를 오무릴종。❸삭모종、말굴레치장할종(馬首飾)。(『鬷』과 같음)

七畫

【夏】 ㊀(하) 禡 カ、ゲ、なつ ㊁(하) 馬 summer ㄒㄧㄚˋ hsia⁴

草書 ㊀❶여름하(春之次季)。㊁❶나라하(中國別稱)。『書經·康誥』用肇造我區ㅣ。❷하나라하(禹國號)。❸(청·황·적·백·흑「靑·黃·赤·白·黑」의) 오색하(五色)。❹클하(大也)。『詩經·秦風·權輿』ㅣ屋渠渠。(『厦』와 통함)

【夏間:하간】 여름 동안。

【夏葛冬裘:하갈동구】 여름의 서늘한 옷과 겨울의 따뜻한 옷。곧 격에 맞음을 이르는 말。

【夏桀:하걸】 《人》夏末의 暴君。이름은 癸。殷 湯王에게 망함。殷의 紂王과 함께 暴君의 뜻으로 씀。桀紂。

夏 桀 (金石索)

【夏季:하계】 ＝夏期。

【夏枯草:하고초】 ❶《植》제비꿀。❷《醫》제비꿀의 줄기와 잎。좀 찬 성질에 쓴맛이 나고、瘰癧·子宮病·月經不順·눈병 등에 쓰는 약재。

夏枯草(三才圖會)

【夏穀:하곡】 보리와 밀 따위의 여름에 익어서 거두는 곡식。

【夏期:하기】 여름의 시기。夏季。

【夏期放學:하기방학】 여름철에 정기로 학교에서 수업을 쉬는 일。

【夏期學校:하기학교】 여름철의 휴가를 이용하여 정해진 실습이나 학과를 교수하는 학교。

【夏期休暇:하기휴가】 여름철에 건강과 휴양을 위하여 쉼。또는 그 일。

【夏冬:하동】 여름과 겨울。

【夏等:하등】❶一년을春·夏·秋·冬의 네 철로 나눈 둘째。❷(制)春·夏·秋·冬 네 철에 내는 租稅制度에서 여름에 내는 세금。

【夏爐冬扇:하로동선】여름의 화로、겨울의 부채。(喩)쓸데 없는 事物이나 無益한 言論·才能。〖論衡〗作無益之能、納無補之說、猶如以夏進爐、以冬奏扇、亦徒耳。

【夏半:하반】음력 七월의 別稱。

【夏服:하복】여름에 입는 옷。여름옷。

【夏三朔:하삼삭】음력 사월·오월·유월의 석 달。

【夏上甲:하상갑】立夏 뒤에 오는 첫째 甲子日。이 날에 비가 오면 그 해에 큰 장마가 진다고 함。

【夏扇冬曆:하선동력】여름의 부채와 겨울의 冊曆。곧 철에 맞게 선사하는 물건을 일컬음。

【夏瘦:하수】여름에 더위에 지쳐서 몸이 쇠약함。

【夏安居:하안거】(佛)여름 장마 때、중이 방에 모여서 修道하는 일。↕冬安居。

【夏礿:하약】여름 제사。〖禮記〗春祠─ ─、秋嘗冬蒸。

【夏雨:하우】여름철에 내리는 비。여름비。〖說苑〗不能以─ ─雨人、吾必窮矣。

【夏禹:하우】(人)夏의 開國의 임금。姓은 姒氏、號는 禹。舜의 禪을 받아 임금이 됨。

夏禹(金石索)

【夏雲:하운】여름의 구름。〖陶潛〗春水滿四澤、─ ─多奇峰。

【夏衣:하의】=夏服。

【夏日:하일】여름날。〖左傳〗趙盾─ ─之日也。

【夏蠶:하잠】七월에 치는 누에。여름 누에。↕春蠶·秋蠶。

【夏節:하절】❶여름 철。❷端午節。음력 五월 五일。

【夏至:하지】二十四節候의 하나。六월 二一·二二일 경。해가 가장 긴 날。↕冬至。〖史記〗─ ─日祭地祇。

【夏至線:하지선】北緯 二三度半에 그은 假定線。해가 이 線上에 오는 날을 夏至라 하고、해는 여기서 다시 南으로 돌아가기 때문에 回歸線이라고도 함。

【夏至點:하지점】黃道 위의 두 至點의 하나。春分點에서 黃經 九○度 떨어져 있는 最北의 점。태양이 이 점을 통과한 때가 夏至임。

【夏秋間:하추간】여름철에서 가을철로 접어들어갈 무렵。

【夏蟲語氷:하충어빙】여름 벌레는 얼음이 찬 것을 모름。(喩)사람의 견식이 좁음。

【夏臭:하취】고린내。

【夏海:하해】큰 바다。

【夏侯惇:하후돈】(人)三國時代 魏의 사람。曹操의 장수가 되어 많은 신임을 받음。

【夏侯淵:하후연】(人)三國時代 魏의 사람。夏侯惇의 族弟。曹操를 좇아 공을 세움。征西將軍이 됨。

【夏畦:하휴】❶여름의 炎天에 밭을 갈음。❷辛苦·苦勞·勞動의 뜻。〖孟子〗脅肩詔笑、病于─ ─。

【夎】(좌) 箇 ザ、うそつく lie

夎 小篆 草書 ❶거짓말할좌(詐也)。❷(拜不跪地)。❸공손치않을좌(詐拜)。❹무릎을 꿇지않고 절할좌 옷이떠들릴좌(衣服長起)。

八畫

【夐】(항) 養 コウ、かたい firm

夐 小篆 ❶단단할항(剛貌)。❷굳을항(堅也)。

十一畫

【夐】(형) 敬 ケイ、はるか remote ㄒㄩㄥ hsiung⁴

夐 小篆 草書 ❶멀형(遠也)。❷길형(長也)。❸구할형(求也)。(『迥』과 通함)

【夐然:형연】멀고 아득한 모양。〖王維〗─ ─鳥逝。

【夐絕:형절】멀리 떨어짐。↓懸隔。

十七畫

【夔】(기) 支 キ、もののけ monster ㄎㄨㄟ k'uei² (本音「귀」)

夔 小篆 ❶외발짐승기(一足獸)。〖說文〗─如龍一足。❷두려워할기、조심할기(敬懼)。〖書〗─ ─齊慄。❸괴물기(木石之怪)。❹나라이름기(國名)。

❶夔(三才圖會)

【夔鼓:기고】東海의 流波山에 산다는 짐승의 이름。그 소리는 우뢰와 같고、그 가죽으로 북을 만들었다 함。〖山海經〗。

【夔鳳:기봉】외발의 봉황。옛날 鍾鼎 따위에 이 무늬를 새겼음。

夔鳳紋
(西淸古鑑周夔鳳尊)

夕 部

【夕】㊀(석) 陌 ㊁(사)「國字」 セキ、ゆうべ evening ㄒㄧ hsi⁴

夕 小篆 草書 ㊀❶저녁석(朝之對)。❷저물석(暮也)。❸밤석(夜間)。❹제할석(除也)。❺쏠릴석(斜也)。❻서녘석(西方)。(『汐』과 통함) ㊁한 움큼사(一握)。

【夕刻:석각】저녁 무렵。저녁 때。

【夕刊:석간】夕刊新聞의 略語。

【夕刊新聞:석간신문】저녁 때에 발행되는 신문。↕朝刊新聞。

【夕講:석강】(制)임금이 저녁에 신하를 모아 놓고 글을 강론함。

【夕暮:석모】저녁무렵。황혼。夕陰。〖潘尼〗─ ─無停流。

【夕飯:석반】저녁 밥。

【夕上食:석상식】저녁 상식。

【夕室:석실】한 편으로 기울어진 방。

【夕陽:석양】❶저녁 해。〖杜甫〗─ ─薰細草。❷山의 서쪽。〖爾雅〗山東曰朝陽、山西曰─ ─。(喩)老年。〖白居易〗─ ─愛子孫。❸저녁나절。

【夕陽天:석양천】저녁 때의 하늘。

【夕煙:석연】저녁 때 떠오르는 연기。

【夕月:석월】❶저녁 달。❷임금이 秋分에 달에 절하던 禮。〖禮記〗天子常以秋分、─ ─於西郊。

【夕陰:석음】해가 져서 어슴푸레한 때。〖范仲淹〗朝暉─ ─。

【夕日:석일】=夕陽。夕暉。

【夕照:석조】저녁 놀。斜照。夕暉。斜陽。〖顏眞卿〗─ ─明村樹。

【夕餐:석찬】=晩餐。

【夕暉:석휘】=夕陽。夕照。

【夕曛:석훈】❶저녁 해。❷해진 뒤의 어스레한 빛。〖謝靈運〗─ ─嵐氣陰。

二畫

【外】(외) 泰 ガイ、ゲ、ほか、そと ㄨㄞ wai⁴ outside ; exterior
小篆 古文 草書 ❶바깥외(內之對)。❷다를외(他也)。〔中庸〕君子素其位而行、不願其ㅣ。❸겉외(表面)。❹다른나라외(他國)。〔禮記〕君子非有大故、不宿於ㅣ。❺멀리할외(疏斥遠之)。〔易經 否卦〕內君子、而ㅣ小人。❻잃을외(忘也)。〔莊子大宗師〕參日而後能ㅣ天下。❼버릴외(棄也)。〔呂覽 有度〕貪汙之利ㅣ矣。❽제할외(除也)。❾아버지외(父也)。

【外家:외가】 ❶皇后·皇妃의 친정。外戚의 집。〔史記〕宗室ㅣㅣ。❷어머니의 친정。외가집。

【外殼:외각】 겉껍질。

【外艱:외간】 ❶父親喪。↕內艱。❷밖에서 오는 근심。外患。

【外簡:외간】 남편의 편지를 아내가 일컫는 말。↕內簡。

【外間男子:외간남자】 친척 밖의 남자를 여자가 일컫는 말。

【外艱喪:외간상】 아버지의 상사。또는 承重喪。外憂。

【外感:외감】 ❶고뿔。❷外感覺의 略語。

【外感之情:외감지정】 마음에 느껴 받아들인 정。

【外剛內柔:외강내유】 겉으로는 굳게 보이나 속은 부드러움。↕外柔內剛。

【外客:외객】 ❶남자 손님。❷겨레붙이가 아닌 손님。외부에서 온 손님。

【外擧:외거】 緣故 관계가 없는 사람을 추천함。〔左傳〕ㅣㅣ不棄讎、內擧不失親。

【外見:외견】 ＝外觀。

【外經驗:외경험】 外觀、곧 感覺과 知覺에 의하는 경험의 객관화 또는 주관화를 일컬음。

【外界:외계】 ❶내 몸 이외의 모든 일。❷어떤 것의 주위。바깥。

【外姑:외고】 장모。〔爾雅〕妻之父爲外舅、妻之母爲ㅣㅣ。

【外科:외과】 《醫》주로 수술로써 치료하는 의술。↕內科。

【外踝:외과】、《生》발회목 바깥 쪽을 향한 복사뼈。↕內踝。

【外果皮:외과피】 《植》열매의 가장 바깥쪽에 있는 얇은 껍질。

【外槨:외곽】 棺을 담는 곽。↕外棺。

【外廓:외곽】 바깥 테두리。

【外官:외관】 地方官。

【外觀:외관】 ❶겉으로 본 모양。볼품。❷외부에 있는 宮殿。

【外光派:외광파】 ＝印象派。

【外膠:외교】 외부에서 마음을 유혹하는 것。곧 富貴利慾 따위。〔韓愈〕雖外物至、不膠於心。

【外敎:외교】 딴 나라의 종교。또는 자기가 믿지 아니하는 딴 종교。

【外交:외교】 ❶외국과의 교제。〔國語〕乃厚其ㅣㅣ。❷외부와의 교제。❸남과의 교제。

【外交家:외교가】 ❶외교에 능숙한 사람。❷외교에 봉직하는 사람。

【外交官:외교관】 외국에 주재하여、外務部 長官의 감독 아래 외교 사무에 종사하는 공무원。곧 大使·公使·領事 등의 總稱。

【外交交涉:외교교섭】 《政》두 나라 또는 여러 나라 사이에서 외교 절차에 의해 행해지는 교섭。외교 절차는 보통 외무부와 외교 使節을 통해 행해짐。

【外交權:외교권】 《政》제 삼국의 간섭을 받지 않고 외국과 국교를 맺을 수 있는 정당한 권리。

【外交談判:외교담판】 《政》外交 交涉。

【外交文書:외교문서】 《政》외교상에 관한 모든 서류。

【外交使節:외교사절】 《政》외교 교섭을 하기 위하여 외국에 派遣되는 使節。常駐外交使節과 臨時 外交使節의 두 가지가 있음。

【外交術:외교술】 외교에 임하는 수단。

【外交員:외교원】 은행·회사·상점 등에서 勸誘·선전·교섭·주문 받는 일 따위를 專任한 社員。

【外交的:외교적】 외교에 알맞는 것。외교 방면에 통하는 듯한 것。

【外交特權:외교특권】 외교 使節이 그 駐在國에서 향유하는 裁判·警察·課稅 따위에 있어서의 특권。治外法權。

【外寇:외구】 외국에서 쳐들어 오는 적。外敵。〔國語〕留ㅣㅣ而不害。

【外舅:외구】 장인。↕外姑。

【外國:외국】 자기 나라 밖의 딴 나라。他國。外邦。

【外國公債:외국공채】 《經》정부가 외국에서 발행하는 공채。

【外國貿易:외국무역】 국내와 외국과의 사이에 행하여지는 통상。海外貿易。

【外國法:외국법】 외국의 법률。

【外國法人:외국법인】 《法》內國法人이 아닌 법인。곧 외국에 주소가 있든지 또는 외국법에 준거하여 설립된 법인。

【外國使節:외국사절】 국내에 파견되어 있는 외국의 大使·公使·特使 따위。

【外國語:외국어】 다른 나라 말。

【外國郵便:외국우편】 외국과의 사이에 發受되는 우편물의 總稱。

【外國人:외국인】 ❶그 나라의 국적을 갖지 않은 사람。❷다른 나라 사람。國籍이 없는 사람도 이에 포함됨。

【外國製:외국제】 외국에서 만든 물건。

【外軍:외군】 다른 나라의 군대。

【外勤:외근】 밖에 나가서 하는 근무。

【外氣:외기】 밖의 공기。

【外記:외기】 本記 밖의 기록。

【外技:외기】 노름 기타 좋지 못한 재주。

【外難:외난】 밖에서 오는 어려운 일。

【外堂:외당】 ＝舍廊。

【外待:외대】 푸대접。

【外臺:외대】 《制》外方의 각 道에 있는 都事를 일컬음。

【外道:외도】 ❶《佛》불교 이외의 다른 종교。〔傳燈錄〕心外求法、名爲ㅣㅣ。❷바른 길을 어김。❸《國》誤入(오입)。

【外燈:외등】 집 밖에 단 등。屋外燈。

【外來:외래】 ❶밖에서 옴。❷외국에서 옴。↕在來。

【外來觀念:외래관념】 경험의 결과로 얻은 관념。↕本有觀念。

【外來式:외래식】 전부터 있어 오는 것과 다른 식。외국에서 들어 온 방식이나 법식。↕在來式。

【外來語:외래어】 外國으로부터 들어온 말。본 외국의 말이었던 것이 우리말에 파고 들어 익게 쓰이어 우리말로 인정받는 말。곧 귀화한 말。아이스케이크·빠스·남포 따위。들온말。

【外來品:외래품】 외부에서 들어온 물품。↕국산품。

【外來患者:외래환자】 입원하지 않고 진찰이나 치료만 받으러 오는 환자。

【外論:외론】 외부 사람의 논평。

【外面:외면】 ❶대면하기를 꺼려 얼굴을 돌려 버림。❷거죽。외양。겉면。

【外面的:외면적】 겉만 그럴 듯한 것。

【外貌:외모】 거죽 모양。겉으로의 모습。실속 없는 것。

【外慕:외모】 마음 밖의 딴 것。곧 名利 따위를 그리워 함。↕內省。〔韓愈〕笑暇ㅣㅣ。

【外侮:외모】 외국 또는 남한테서 받는

모욕。外侮。『左傳』懼有ㅡㅡ。

【外務:외무】 ❶외교에 관한 사무。외국에 관한 정무。❷집안에서 보지 않고 밖에 나다니며 보는 사무。

【外務部:외무부】 《制》국제 행정을 다스리는 중앙 관청。

【外門:외문】 바깥의 문。

【外聞:외문】 바깥의 소문。『宋史』惟懼缺ㅡㅡ。

【外問:외문】 초상집에 가서 들어가지 않고 문 밖에서 위문하는 일。

【外物:외물】 ❶자기 이외의 물건。物慾·富貴·名利 따위。『韓愈』雖ㅡㅡ至、不膠於心。❷마음에 접촉되는 客觀的 世界에 存在하는 모든 對象。❸物慾을 버림。

【外米:외미】 외국에서 들어온 쌀。외국에서 수입해 온 쌀。외국미。

【外泊:외박】 자기 집이나 정하여 둔 숙소 아닌 곳에·나가서 자는 일。

【外邦:외방】 자기 나라 이외의 나라。外國。他國。

【外方:외방】 바깥 쪽。外部。外下方。

【外壁:외벽】 바깥 벽。

【外邊:외변】 바깥의 둘레。바깥쪽。

【外房出入:외방출입】 딴 여자를 보고 다님。계집질을 하고 다님。

【外封:외봉】 겉봉。

【外縫線:외봉선】 《植》被子植物에서 수꽃술로 변한 잎의 主脈。

【外部:외부】 바깥。거죽。

【外婦:외부】 妾。

【外分:외분】 자기의 것 이외의 몫。

【外備:외비】 외적 침공에 대한 군사적 방비。

【外賓:외빈】 ❶바깥에서 온 귀한 손。『元稹』古者諸侯饗ㅡㅡ、鹿鳴三奏陳圭瓚。❷나라 잔치에 참석하던 朝臣。

【外貧內富:외빈내부】 외양은 구차한 것 같으나 실상은 부유함。

【外事:외사】 ❶외부에 관한 일。❷외국 사정 또는 외국에 관한 일。『左傳』能ㅡㅡ。

【外四寸:외사촌】 ＝外從四寸。

【外三寸:이삼촌】 ＝外叔。

【外相:외상】 外務部 長官。

【外傷:외상】 살 거죽의 상처。

【外生:외생】 생질。『晋書』。

【外甥:외생】 ❶처남。『爾雅』妻之昆弟曰ㅡㅡ。❷생질。❸《國》사위가 丈人에 대한 自稱。

【外城:외성】 성 밖에 겹으로 쌓은 성。羅城。↕內城。『南史』剋其ㅡㅡ。

【外勢:외세】 ❶밖깥의 형세。❷외부의 세력。외국의 세력。

【外屬:외속】 어머니 또는 아내의 친척。『漢書』史高以ㅡㅡ爲大司馬。

【外孫:외손】 ❶출가한 딸이 낳은 아이。『史記』ㅡㅡ爲單于。❷딸의 자손。

【外孫女:외손녀】 딸이 낳은 딸。

【外孫奉祀:외손봉사】 외손이 외가의 제사를 받들음。

【外孫子:외손자】 딸이 낳은 아들。

【外數:외수】 남을 속이는 꾀。속임수。

【外宿:외숙】 자기집 이외의 다른 곳에서 잠。外泊。

【外叔:외숙】 어머니의 남자 형제。

【外叔母:외숙모】 외삼촌의 아내。

【外氏:외씨】 외가。『後漢書』ㅡㅡ張竦父子喜文采。

【外飾:외식】 외면치레함。

【外信:외신】 외국에서의 통신。

【外室:외실】 남자가 거처하는 곳。舍廊。

【外心:외심】 두 마음。딴 마음。二心。異心。『史記』公前以睢有ㅡㅡ。

【外野:외야】 《運》❶야구에 있어서 內野 바깥의 지역。❷外野手의 略語。

【外野手:외야수】 《運》야구에 있어서 외야를 맡아 지키는 선수。곧 좌·우익수와 중견수를 일컬음。아우트피일더。

【外樣:외양】 거죽의 모양。

【外洋:외양】 육지에서 멀리 떨어진 바다。外海。

【外禦其侮:외어기모】 밖의 부끄러운 모욕을 막음。

【外役:외역】 ❶밖에 나가서 노동하는 일。❷외국으로 出兵하는 일。『左傳』。

【外延:외연】 《論》概念이 적용될 수 있는 사물의 범위。↕內包。

【外緣:외연】 ❶밖에서 오는 物慾。❷《佛》밖에서 힘을 주어 사물의 성립을 돕는 기운。곧 增上力。

【外燃機關:외연기관】 熱機關의 하나로 電氣機關 따위와 같이 연료를 氣筒 밖에서 직접 태워버리는 原動機의 하나。↕內燃機關。

【外熱:외열】 ❶외부의 더운 기운。❷《醫》몸 거죽의 열기。

【外翁:외옹】 외조부。外公。

【外王母:외왕모】 ＝外祖母。『爾雅』母之妣爲ㅡㅡ。

【外王父:외왕부】 ＝外祖父。『爾雅』母之考爲ㅡㅡ。

【外外家:외외가】 어머니의 외가。

【外徼:외요】 국경 밖에 가까이 있는 外地。『史記』屬遼東ㅡㅡ。

【外容:외용】 겉 모양。外形。

【外憂:외우】 ❶아버지나 친 할아버지의 喪事。外艱。❷외적이 침입하는 근심。外患。

【外援:외원】 ❶밖에서 오는 도움。『韓非子』內黨ㅡㅡ。❷外國의 원조。

【外圍:외위】 바깥의 둘레。

【外柔:외유】 성질이 겉으로는 부드럽고 속으로는 꿋꿋함。↕內剛。

【外遊:외유】 ❶외국에 여행함。❷해외로 유학함。

【外邑:외읍】 외딴 시골。

【外應:외응】 ❶밖에 있는 사람과 몰래 통함。❷밖에서 일어나는 여러 반응。

【外衣:외의】 겉옷。겉에 입는 옷。

【外議:외의】 세상의 여론。소문。世評。『五代史』陰察ㅡㅡ。

【外人:외인】 ❶같은 무리가 아닌 사람。『孟子』ㅡㅡ皆稱夫子好辯。❷남。❸외국 사람。

【外入:외입】 ＝誤入。

【外子:외자】 ❶庶子。『宋史』爲蘇ㅡㅡ。❷아내가 남에게 대해서 자기 남편을 일컫는 말。❸養子。

【外資:외자】 ❶외국 사람의 자본。❷농아리 밖의 자본。

【外姊妹:외자매】 妻兄 妻弟。

【外資輸入:외자수입】 경제 부흥, 또는 경제 개발을 위한 국내 자본의 축적이 부족할 때, 이것을 보충하기 위하여 외국으로부터 투자를 이끄는 일。

【外庄:외장】 먼 곳에 있는 자기 땅。

【外障:외장】 《醫》눈알이 백태가 끼어서 잘 안 뵈는 병。↕內障。

【外敵:외적】 ❶외국으로부터 쳐들어 오는 적。❷제 몸을 해치는 다른 동물。

【外賊:외적】 외국으로부터 쳐들어 오는 침략。또는 그 군대。

【外的關聯:외적관련】 한 사물의 표상이 다른 사물과 논리적으로 맺고 있는 외적 관계。↕內的關聯。

【外電:외전】 외국으로부터의 전신。

【外接:외접】 《數》두 개의 원이나 球가 서로 하나의 點에서 맞닿을 때、하나가 다른 하나의 외부에 있는 일。外切。

【外廷:외정】 ❶외국 朝廷。❷임금이 國政을 듣는 곳。外朝。『晋書』命臣野次ㅡㅡ。

【外情:외정】 외부나 외국의 사정。

【外征:외정】 외국으로 出征하는 일。

【外題:외제】 ❶글의 내용이 제목과는 틀

림。❷걸장에 쓰는 책의 이름。標題。

【外祖:외조】 어머니의 친정 부모。〔晉書〕當爲ㅡㅡ、成此宅相。

【外祖母:외조모】 외할머니。

【外祖父:외조부】 외할아버지。

【外族:외족】 ❶어머니 편의 일가。❷제 族屬이 아닌 族屬。

【外腫:외종】 살가죽에 난 종기。↔內腫。

【外從:외종】 外從四寸의 略語。

【外從四寸:외종사촌】 외삼촌의 아들이나 딸。↔內從四寸

【外從氏:외종씨】 남·外從의 尊稱。

【外從弟:외종제】 외종 사촌뻘이 되는 아우。

【外周:외주】 바깥쪽의 둘레。

【外誌:외지】 외국 잡지。

【外地:외지】 ❶나라 밖의 땅。↔內地。❷內地와는 다른 법이 시행되는 領土。

【外紙:외지】 외국의 신문。

【外職:외직】 지방 관청의 벼슬。

【外執:외집】 남의 물건을 남 몰래 옮겨 감추어 두는 것。

【外債:외채】 (經)국가가 외국에 대해서 지는 債務。外國債。

【外處:외처】 제 고장이 아닌 딴 곳。

【外戚:외척】 皇后 또는 어머니의 친정 친척。〔史記〕守文之君、非徒內德茂也、蓋亦有ㅡㅡ之助焉。

【外諂內疎:외첨내소】 겉으로는 알랑대며 아첨하고 속으로는 해치려 함。

【外聽道:외청도】 (生)外耳의 한 부분。耳殼에서 고막에 통하는 S자 모양의 管。外耳道。↔內聽道。

【外聽道炎:외청도염】 (醫) 외청도에 炎症이 생겨서 붓고 곪아서 고름이 나는 병。外耳道炎。

【外哨:외초】 (軍)바깥에 서 있는 哨兵。

【外出:외출】 집 밖에 잠시 나감。〔齊書〕不復ㅡㅡ。

【外出服:외출복】 나들이옷。

【外出不在:외출부재】 밖에 나가고 집 안의 제자리에 없음。

【外側:외측】 바깥 쪽。

【外廁:외측】 남자 변소。

【外治:외치】 ❶(醫)피부에 난 병을 밖으로 치료함。↔內治。❷(政)外交。

【外侈:외치】 가난한 사람이 분수 없이 사치함。

【外痔:외치】 (醫)항문 바깥에 생기는 치질。수치질。

【外親內疎:외친내소】 겉으로 보기에는 친한 체하면서도 속으로는 멀리 함。

【外套:외투】 ❶淸代에 上衣 위에 덮어 입던 옷。❷겨울에 추위 따위를 막기 위해서 의복 위에 덮어 입는 옷。

【外便:외편】 어머니 편의 일가。

【外表:외표】 겉으로 드러난 모습。

【外風:외풍】 ❶밖에서 들어오는 바람。❷외국에서 들어오는 풍속。

【外皮:외피】 겉껍질。

【外寒:외한】 바깥의 찬 기운。

【外港:외항】 船舶이 쑥 들어오지 못하는 항구。

【外海:외해】 ❶(地)국토의 주위에 있는 바다。↔內海。❷外洋。↔근해。

【外向性:외향성】 정신 작용이 외부에 관심이 많고 객관적인 思考를 하며 자기를 외부에 나타내고 남도 자기와 같이 행동하기를 바라는 따위의 성질。社交的이고 集團的임。↔內向性。

【外現:외현】 밖으로 나타남。

【外形:외형】 거죽에 나타난 형상。밖에서 본 모양。〔晉書〕無復ㅡㅡ。

【外兄:외형】 ❶고종 형。〔後漢書〕陛下之ㅡㅡ也。❷同母異父의 兄。

【外兄弟:외형제】 ❶고종 형제。❷同母異父의 형제。〔左傳〕聲伯以其外弟爲大夫。

【外護:외호】 밖으로 보호함。

【外華:외화】 外觀이 화려함。화려한 겉치레。차림새。

【外貨:외화】 외국의 화폐。↔內貨。

【外換:외환】 外國換의 略語。

【外患:외환】 밖에서 오는 근심。외국에 대한 근심。〔孟子〕無敵國ㅡㅡ者、國恆亡。

【外患罪:외환죄】 (法)外國과 通謀하여 국가의 대외적 지위를 침해함으로써 성립되는 범죄。

【夗】 (원) 阮 エン、ころがりふす tumble about
小篆 누워딩굴원(臥轉貌)。

三畫

【夙】 (숙) 屋 シュク、はやい early ㄙㄨˋ su⁴
小篆 古文 古文 草書 ❶이를숙(早也)。❷이미숙(旣也)。❸아침일찍숙。〔詩經小雅小宛〕ㅡ興夜寐。❹빠를숙(速也)。〔許渾詩〕功名異ㅡ心。❺일찍일어날숙(早起)。〔詩經大雅烝民〕ㅡ夜匪懈。❻공경할숙(敬也)。〔詩經 生民〕載震載。

【夙起:숙기】 아침에 일찍 일어남。

【夙昔:숙석】 ❶이전부터。❷옛날。❸평생。宿昔。〔古樂府〕ㅡㅡ夢見之。

【夙成:숙성】 ❶어린 나이에 이미 學藝 등을 성취함。〔後漢書〕聞幼主明智聰敏、有ㅡㅡ之德。❷나이에 비하여 키가 크거나 일찍기 지각이 들어 있음。↔晩成。

【夙夜:숙야】 이른 아침부터 깊은 밤까지。조석으로。또는 아침 일찍 일어나고 밤 늦게 잠。〔禮記〕ㅡㅡ强學以待問。

【夙悟:숙오】 ❶일찍기 깨달음。❷어리고 민첩함。〔謝靈運〕愧班生之ㅡㅡ。

【夙怨:숙원】 전부터 쌓여 온 원한。宿怨。

【夙志:숙지】 일찍부터 품고 있던 뜻。〔韓愈〕吾聞九疑好、ㅡㅡ今欲伸。

【夙興:숙흥】 일찍기 일어남。夙起。

【夙興夜寐:숙흥야매】 아침에 일찍 일어나고 밤에는 늦게 자며 부지런히 일함。

【多】 (다) 歌 タ、おおい abundant ㄉㄨㄛ tuo¹·²
小篆 古文 草書 ❶많을다(衆也)。〔左傳 僖公七年〕後之人必求ㅡ于汝、汝必不免。❷뛰어날다(勝也)。〔漢書 袁盎傳〕諸公聞之、皆ㅡ盎。❸마침다、다만다。〔論語子張〕ㅡ見其不知量也。❹넓을다(廣也)。❺아름다울다(稱美)。❻과할다(過也)。

【多角:다각】 여러 모。여러 방면。

【多角描寫:다각묘사】 (文)하나의 대상을 여러 모로 보아 여러 가지 기술로써 그려내는 표현 방법。

【多角形:다각형】 많은 모로 된 평면형。

【多感:다감】 ❶감동하기 쉬움。❷느낌이 많음。

【多感多情:다감다정】 감동하기 쉽고 정에 넘침。多情多感。

【多怯:다겁】 겁이 많음。

【多故:다고】 ❶탈이 자주 남。❷탈이 많음。〔國語〕王室ㅡㅡ。

【多孔:다공】 구멍이 많음。

【多寡:다과】 個數의 많음과 적음。多少。〔孟子〕五穀ㅡㅡ同、則價相若。

【多口:다구】 말이 많음。多言。多辯。〔孟子〕士憎玆ㅡㅡ。

【多氣:다기】 마음이 단단함。

【多岐:다기】 ❶많은 갈래。❷多方面。

【多岐亡羊:다기망양】 학문이 多方面에 미치면 얻기가 어려움。(故)달아난 羊을 찾는 사람이 여러 갈랫길에 이르러 마

침내 羊을 잃어버렸다 함。【列子·說符】 大道以——、學者以多方喪生。

【多難:다난】❶어려움이 많음。❷많은 재난이나 곤란。【禮記】國家——。

【多年:다년】여러 해。

【多年間:다년간】여러 해 동안。

【多年生:다년생】〈植〉뿌리가 남아 있어서 해마다 살아나는 식물의 기능。여러해 살이。↕일년생。

【多能:다능】재능이 많음。재주가 많음。多藝。【論語】吾少也賤、故——鄙事。

【多多益善:다다익선】많으면 많을수록 더욱 좋음。【史記】臣——而益——。

【多大:다대】많고 큼。

【多大數:다대수】=大多數。

【多量:다량】많은 분량。

【多忙:다망】매우 바쁨。일이 많음。

【多望:다망】바라는 바가 많음。

【多面:다면】❶면이 많음。많은 면。❷많은 方面。

【多面體:다면체】〈數〉평면 여럿에 둘러 막힌 立體。

【多聞:다문】많이 보고 들어、아는 것이 많음。【論語】友——。

【多聞多讀多商量:다문 다독 다상량】많이 듣고、많이 읽으며、많이 생각함。글 잘 짓는 비결。

【多聞博識:다문박식】보고 들은 것이 넓고、아는 것이 많음。

【多半:다반】절반 남직。【林逋】常憐古昔畫、——、寫漁樵。

【多方面:다방면】여러 방면。많은 곳。

【多辯:다변】말이 많음。【史記】滑稽—。

【多邊形:다변형】〈數〉세 직선 이상으로 둘려서 이루어진 平面形。

【多病:다병】병이 많음。자주 앓음。【晋書】——體羸。

【多寶塔:다보탑】❶〈佛〉多寶如來의 舍利를 供養하는 佛塔의 양식의 하나。【顏眞卿】——碑。❷〈歷〉慶州 佛國寺에 세운 石塔。多寶塔 양식 중에 그 예술적 가치로 보아 가장 높이 평가됨。

【多福:다복】복이 많음。【書經】膺受——。

【多福多男:다복다남】팔자가 좋음。곧 복이 많고 아들이 여럿임。

【多分:다분】많음。많은 분량。【諸經要集】我與汝——。

【多事:다사】❶일이 많음。【莊子】富則——。❷일이 바쁨。

【多士:다사】❶많은 秀才。❷많은 인재。【詩經】濟濟——、文王以寧。

【多謝:다사】❶깊이 감사 함。「多는 厚」의 뜻。❷깊이 사과함。【漢書】——問趙君。

【多事之秋:다사지추】일이 가장 많은 때。한가히 있지 못할 바쁜 시기。

【多産:다산】❶아이 또는 새끼를 많이 낳음。❷産物이 풍부함。

【多少:다소】❶많음과 적음。【史記】以——爲異。❷많음。(少는 助字)。【杜牧】——樓臺煙雨中。❸약간。얼마큼。

【多少間:다소간】많으나 적으나。얼마큼。多少。

【多少不計:다소불계】양이나 수의 다소를 헤아리지 않음。「느림。

【多率食口:다솔식구】많은 식구를 거느림。

【多數:다수】수효가 많음。많은 수효。

【多數決:다수결】회의 구성원 중 많은 사람의 의견에 좇아 결정함。

【多時:다시】오랜 시간。오랜 시일。【王安石】留連山水立——。

【多食:다식】음식을 많이 먹음。

【多神教:다신교】多數의 神의 존재를 인정하고 숭배하는 종교。

【多心:다심】❶의심이 많음。❷여기 저기 마음이 끌림。

【多額:다액】많은 액수。

【多樣:다양】❶여러 가지 모양 이나 모습。❷모양이나 양식이 여러 가지 임。

【多言:다언】말 수가 많음。여러 말。【詩經】人之——亦可畏也。

【多言數窮:다언삭궁】말이 많으면 자주 막힘。【老子】——、不如守中。

【多言者:다언자】말이 많은 사람。

【多辱:다욕】욕됨이 많음。【韓詩外傳】福生于無爲、而患生于——。

【多用:다용】많이 씀。쓰임이 많음。

【多元論:다원론】〈哲〉다수의 本元的인 독립된 實在를 인정하고 세계의 本元은 이 다수의 實在에 있다고 하는 세계관。↕一元論·二元論。

【多肉果:다육과】〈植〉單花科의 한 가지。살과 즙이 많은 열매。곧 감·포도 등。

【多日:다일】여러 날。

【多子孫:다자손】자손이 많음。

【多作:다작】❶작품이나 글을 많이 지음。❷농산물이나 물품을 많이 만들음。↕寡作。

【多才:다재】재주가 많음。【書經】能——多藝、能事鬼神。

【多錢善賈:다전선고】〈轉〉資材가 많으면 일을 이루기 쉬움。자본이 많은 사람이 장사를 잘 함。【韓非子】鄙諺曰、長袖善舞、——、此言多資之易爲工也。

【多情:다정】❶정이 많음。❷애정이 깊음。【韓偓】——懷酒作。

【多情多感:다정다감】다정하고 다감함。생각과 느낌이 많음。

【多情多恨:다정다한】사물에 대해 애틋한 정이 많아서 몹시 마음을 쓰라려 함。

【多照期:다조기】〈農〉볕이 쬐는 시간이 많은 시기。

【多族:다족】親族이 많음。번족함。

【多足:다족】❶많고 넉넉함。❷발의 수효가 많음。

【多種:다종】여러 가지 종류。

【多妻:다처】한 남자가 두 사람 이상의 아내를 맞음。

【多恨:다한】❶원한이 많음。❷섭섭하여 잊지 못하는 마음이 많음。

【多幸:다행】❶운수가 좋음。일이 좋게 됨。❷〈國〉우연하게 잘 됨。

【多血:다혈】몸에 혈기가 많음。

【多血質:다혈질】감각이 빠르고 外物의 자극을 쉽게 받으며 그러나 오래 지니지 못하는 기질。

【夛】(다)『多』(夕部3畫)의 俗字

【名】(명)→口部3畫

五 畫

【夜】㊀(야) 禡 ヤ、よる、よ night yeh⁴ ㊁(액) 陌 ーせ

小篆 草書

㊀❶밤야(晝之對)。「夙興—寐」。❷해질야「晨—」。❸어두울야(暗也)。❹광중야(墓穴—台)。❺풀이름야(草之名)。❻쉴야(休也)。㊁고을이름액(東海縣名)。

【夜間:야간】❶밤。밤 사이。❷야간부。

【夜客:야객】❶밤손님。❷盜賊。【李涉】井欄沙宿遇——。

【夜警:야경】밤에 도둑·화재 따위를 경계하기 위하여 마을을 살핌。또는 그 사람。【吳融】鴉鵲！——地擁冷。

【夜景:야경】밤의 경치나 情景。夜色。

【夜工:야공】밤일。夜役。【草應物】——欲洗山。

【夜攻:야공】〈軍〉밤을 이용하여 적을 침。

【夜光:야광】❶밤에 빛남。❷밤에 빛나는 빛。❸달의 異稱。❹반딧불의 異稱。❺夜光珠·夜光璧의 略稱。

【夜光珠:야광주】밤에도 빛이 나는 좋

은 구슬。『述異記』。
【夜勤：야근】 밤에 근무함。
【夜氣：야기】 ❶밤의 눅눅한 기운。❷깨끗한 마음。『孟子』——不足以存。
【夜尿症：야뇨증】 《醫》밤에 자면서 무의식 중에 오줌을 싸는 증세。
【夜讀：야독】 밤에 글을 읽음。
【夜來：야래】 밤 사이。夜間。『孟浩然』——風雨聲。
【夜漏：야루】 ❶밤 시간。『周禮·註』——未盡。❷밤의 물시계。
【夜泊：야박】 ❶밤에 배를 댐。『賈島』——疏山雨。❷《地》山 이름。湖北省에 있음。
【夜半：야반】 한밤중。밤 十二시。『張繼』——鐘聲到客船。
【夜半無禮：야반무례】 어두운 밤중에는 예의를 갖추지 못한다는 뜻。
【夜番：야번】 밤에 드는 번。또는 그 사람。
【夜別抄：야별초】 《制》高麗의 軍隊。崔瑀가 조직한 左右의 두 部隊로、밤마다 巡行하여 도둑을 방지하던 兵士。
【夜分：야분】 밤。밤중。夜半。『後漢書』——乃寐。
【夜事：야사】 남녀간의 성교。房事。
【夜思：야사】 밤이 깊어 고요한 밤에 일어나는 온갖 생각。
【夜色：야색】 =夜景。『杜牧』天涯——涼如水。
【夜船：야선】 밤 배。『許渾』溪雨——燈。
【夜雪：야설】 밤에 내리는 눈。『韋應物』茅齋——虎行蹤。
【夜嗽：야수】 밤이면 나는 기침。
【夜巡：야순】 야간의 경계를 위하여 돌아다니며 순찰함。
【夜襲：야습】 적을 밤에 엄습하여 침。夜攻。『宋書序』銜枚——。
【夜市：야시】 밤에 벌리는 저자(시장)。
【夜食：야식】 ❶밤에 먹는 음식。❷밤에 음식을 먹음。밤참。

【夜深：야심】 밤이 깊음。
【夜夜：야야】 밤마다。每夜。
【夜業：야업】 밤일。야간작업。
【夜宴：야연】 밤에 베푸는 잔치。夜筵。
【夜雨：야우】 밤에 내리는 비。밤비。『杜甫』蜀天常——。
【夜遊：야유】 밤에 놀음。밤에 노는 일。『李白』古人秉燭——、良有以也。
【夜陰：야음】 밤의 어두운 때。밤중。『魏書』——失道。
【夜飮：야음】 밤에 술을 마심。
【夜以繼日：야이계일】 밤으로서 낮을 이음。밤낮으로 쉬지 않고 힘씀。『莊子』貴者——、思慮善否。
【夜裝：야장】 야회에 나갈 때 입는 옷차림。또는 그 옷。
【夜戰：야전】 밤의 싸움。夜間戰鬪。『孫子』——多火鼓。
【夜中：야중】 밤중。
【夜直：야직】 궁중에서 宿直함。
【夜叉：야차】 《梵》 Yaksa의 音譯。모양이 醜怪하고 위력이 있는 귀신으로、사람을 해치나 바른 불법을 수호한다 함。『法華經』——惡鬼、食噉人肉毒蟲之屬。
【夜餐：야찬】 밤참。
【夜柝：야탁】 야경을 돌 때 치는 딱다기。
【夜瘧：야학】 밤이면 앓는 학질。『駱賓王』邊城——聞。
【夜學：야학】 ❶밤에 배우는 공부。『孟郊』——曉未休。❷야학교에서 글을 배움。
【夜學校：야학교】 밤에 가르치는 학교。
【夜行：야행】 밤길을 걸음。밤에 길을 감。『禮記』——以燭、無燭則止。
【夜行被繡：야행피수】 수놓은 좋은 옷을 입고 밤길을 걸음。《喩》功名이 세상에 알려지지 않음。『史記』富貴不歸故鄕、如被繡夜行、誰知之者。
【夜壺：야호】 요강。

【夜話：야화】 밤에 모여 앉아 하는 이야기。『白居易』——坐及東方明。
【夜會：야회】 ❶밤에 모여 만남。❷밤에 하는 연회나 유흥을 위한 모임。

八畫

【姓】 (청)『晴』(日部 8畫)과 같음

【夠】 (구) 宥 コウ、ク、あつめる gather ㄍㄡˋ kou⁴
❶모을구(聚也)。❷넉넉할구(饒也)。❸많을구(多也)。

【梦】 (몽)『夢』(夕部 11畫)의 俗字

【麥】 (맥)→麥部 0畫

十一畫

【夢】 ㊀(몽) 送 ㊁(몽) 東 ボウ、ム、ゆめ dream ㄇㄥˋ mèng⁴
㊀꿈몽(寐中神遊)。(『梦·夣』은 俗字)
㊁❶어두울몽、희미할몽(不明)。『詩經大雅正月』民只方殆、視天——。❷상상할몽(想像)。❸환상몽(幻像)。
【夢境：몽경】 꿈。꿈 속。『韓維』——覺來元一際。
【夢裏：몽리】 꿈속。夢中。『張九齡』所思如——。
【夢寐：몽매】 잠을 자며 꿈을 꿈。『後漢書』夙夜——、盡心所計。
【夢寐間：몽매간】 꿈을 꾸는 동안。
【夢事：몽사】 꿈에 나타난 일。
【夢想：몽상】 ❶꿈에서까지 생각함。또는 그 생각。『後漢書』——賢士、共成功業、豈有二哉。❷되지 않을 헛된 생각。
【夢想不到：몽상부도】 꿈에서도 생각할 수 없음。

【夢泄：몽설】 잠을 자다가 저절로 精液이 나옴。夢遺。
【夢魘：몽엽】 가위눌림。『韓愈』夢成魘。
【夢囈：몽예】 잠꼬대。
【夢外：몽외】 꿈에도 생각지 않았던 일。
【夢外之事：몽외지사】 뜻밖의 일。
【夢遊：몽유】 꿈에 놀음。
【夢遺：몽유】 =夢泄。
【夢遊病：몽유병】 《醫》정신병의 하나。잠을 자다가 자동적으로 일어나는 운동 기능의 활동으로서、꿈에 誘導되어 갑자기 일어나서 깨었을 적과 같은 행동을 하다가 다시 자는 변태 심리 작용의 병。다음날 깨었을 때는 發作中의 짓을 전연 기억하지 못함。
【夢兆：몽조】 꿈에 나타나는 길흉의 징조。꿈자리。『摯虞』不感于——者乎。
【夢中：몽중】 꿈 속。夢裏。『關尹子』——鑑中水中、皆有天地存焉。
【夢中夢：몽중몽】 ❶꿈 속에서 또 꿈을 꿈。❷인생이 덧없음을 일컬음。夢中占夢。『李群玉·自遣詩』浮世暫寄——。
【夢中說夢：몽중설몽】 꿈속에 꿈 이야기를 하듯이 요령을 종잡을 수 없는 말。
【夢徵：몽징】 =夢兆。『老學菴筆記』——止此。
【夢魂：몽혼】 꿈속의 혼。『李白』——不到關山難。

【夣】 (몽)『夢』(前條)의 俗字

【夤】 (인) 眞 イン、つつしむ revere ㄧㄣˊ yin²
❶조심할인(敬惕)。❷공손할인(恭也)。❸인연할인(因緣)。❹오직인(維也)。❺등골뼈인(腰絡)。
【夤緣：인연】 ❶덩굴진 풀이 무성함。덩

굴이 감김。『舊唐書』喬松孤立、蘿蔦一一。❷뇌물을 쓰거나 연줄을 타서 출세하려 함。『韓愈』靑壁無路難一一。❸머뭇거리며 떠나지 아니하는 모양。

【夥】㊀(과) 哿 カ、おびただしい abundant ㄏㄨㄛˇ huo³ ㊁(해) 蟹 小篆 草書 ㊀❶많을과(多也)。❷동무과(朋友)。㊁뜻은㊀과같음。

【夥計:과계】❶合資하여 영업함。❷店員。
【夥多:과다】많음。『史記』其物一一。
【夥伴:과반】❶동무。❷組合。
【夥數:과수】많은 수。
【夥然:과연】썩 많은 모양。
【夥人:과인】❶같은 패의 사람。同志。❷一群의 사람。群衆。

十五畫

【⿰夕貴】(괴) 賄 カイ、おおい abundant 많을괴(多也)。

大部

【大】㊀(대) 泰 タイ、ダイ、おおきい big : large ㄉㄚˋ ta⁴ ㊁(다) 箇 ㊂(태) 泰 小篆 古文 籀文 草書 ㊀❶큰대(小之對)。❷지날대(過也)。❸길대(長也)。❹높이는말대(尊稱)。(『太』와 같음) ㊁❶극할다(極也)。❷심할다(甚也)。㊂뜻은『太』에 보라。

【大哥:대가】형。大兄。
【大駕:대가】임금이 타는 수레。鳳駕。龍駕。(轉)임금。『後漢書』乘輿一一。
【大家:대가】❶큰 집。❷㉠부잣집。㉡권세가 많은 집。㉢신분이 높은 집。『後漢書』。❸㉠전문가 가운데서도 이름이 높은 사람。㉡학문이나 예술이 뛰어난 사람。❹여러 사람。❺近侍가 임금을 부르는 말。『獨斷』。❻시어머니。❼여자의 尊稱。
【大伽耶:대가야】(歷)지금의 慶尙北道 高靈 땅에 있던 六伽耶의 하나。한 때 六伽耶의 盟主로 활약한 바도 있음。
【大家族制度:대가족 제도】대가족을 이룬 제도。↔小家族制度。
【大覺:대각】❶크게 깨달음。또는 그 사람。『莊子·齊物論』。❷부처의 別稱。
【大角干:대각간】(制)新羅 十七等官階 外의 특정 官階。角干職에 있는 사람으로서 특별한 공로자에게 주었음。
【大奸:대간】아주 간사스러운 사람。
【大喝:대갈】큰 소리를 내어 꾸짖음。『水滸傳』智深一一一聲。
【大監:대감】(國)❶正二品 이상의 벼슬아치를 높여 부르던 말。❷집·터 그 밖의 여러 곳의 神을 일컫는 무당의 말。
【大綱:대강】❶큰 줄。❷일의 중요한 줄거리。大本。『揚子法言』堯有天下、擧一一命禹。
【大講堂:대강당】많은 사람이 모일 수 있는 절이나 학교의 큰 강당。
【大綱領:대강령】일의 가장 중요한 부분을 추린 강령。
【大江長流:대강장류】큰 강의 흐름。
【大蓋:대개】❶대략。대강。❷비단으로 만든 큰 우산。(蓋는 傘)。『史記』擁一一策駟馬。
【大概:대개】❶대체의 뜻이나 사연。대체의 줄거리。❷대강。
【大噱:대갹】크게 웃음。『漢書』談笑一一。

【大去:대거】❶한 번 가면 다시 돌아오지 않음。❷한 사람도 남지 않고 죄다 가버림。
【大擧:대거】여러 사람을 움직여 일을 일으킴。『蜀志』治戎講武、以俟一一。
【大怯:대겁】크게 두려워함。
【大歉:대겸】흉년이 크게 들음。
【大慶:대경】❶큰 경사。『北史』以爲一一。❷국가의 큰 경사。❸年老者의 生日。
【大驚:대경】크게 놀람。
【大經大法:대경대법】공명 정대한 원리와 법칙。經法。
【大驚小怪:대경소괴】매우 놀라서 좀 괴상스럽게 여김。
【大驚失色:대경실색】몹시 놀라 얼굴빛이 질림。「一一。
【大計:대계】큰 계획。『後漢書』宜速斷一一。
【大故:대고】❶아주 나쁜 행동。大罪。『論語』故舊無一一。❷父母喪。『孟子』不幸至於一一。❸매우 큰 탈。매우 큰 사건。『禮記』君子非有一一、不宿於外。
【大賈:대고】큼직하게 장사하는 사람。『史記』富商一一。
【大軱:대고】큰 뼈。
【大鼓:대고】큰 북。

大鼓 (淸會典圖)

【大哭:대곡】큰 소리로 슬프게 울음。
【大棍:대곤】棍杖의 한 가지。
【大空:대공】하늘。
【大工:대공】솜씨 좋은 匠色。
【大功:대공】❶큰 공。❷喪服의 이름。五服의 하나。복기는 아홉달。↓小功。
【大公至正:대공지정】아주 공변되고 지극히 바름。

【大過:대과】❶큰 허물。『論語』可以無一一矣。❷易의 卦 이름。지나치게 盛大한 象。
【大科及第:대과급제】＝文科及第。
【大官:대관】큰 벼슬에 오른 사람。『戰國策』一一未可得、小官公又弗欲。
【大觀:대관】❶사물의 도리를 깊이 이해함。❷大局的 見地에서 사물을 관찰함。『賈誼』達人一一兮、無物不可。❸웅대한 경치。
【大關節:대관절】❶일의 중요한 마디。❷대체의 요점만 말하건대。
【大匡輔國崇祿大夫:대광보국숭록대부】(制)李朝 때의 正一品의 宗親·儀賓·文武官의 품계。
【大塊:대괴】❶큰 덩어리。❷大地。天地。『莊子·齊物論』一一噫氣、其名爲風。❸造化。조물주。『同書』一一載我以形。
【大魁:대괴】장원 급제。
【大巧若拙:대교약졸】아주 능한 사람은 자연스럽고 꾀도 쓰지 않고 자랑도 아니 하므로 拙한 것처럼 보임。『老子』大直若屈、一一、大辯若訥。
【大口:대구】(動)硬骨類 대구과에 딸린 바닷물고기。大口魚。
【大區:대구】天地。『淮南子』以驅一一。
【大口魚:대구어】(動)대구。
【大局:대국】바둑판 위에 벌어진 대체의 형세。(轉)사건의 대체의 형세。
【大國:대국】크고 넓고 강대한 나라。
【大君:대군】❶임금。❷天神。❸맏아들。❹남의 아버지에 대한 敬稱。❺(國)中殿이 낳은 왕자。❻(制)高麗 때 宗親의 正一品 封爵。
【大群:대군】큰 떼。많은 무리。
【大軍:대군】수효가 아주 많은 군사。『史記』竟與一一合。
【大權:대권】❶국가의 元首가 국가를 통

어하는 헌법상의 권한。 ❷임금의 권력。 『唐書』此天子之──也。
【大闕:대궐】 궁궐。
【大歸:대귀】 ❶여자가 이혼하여 친정에 돌아옴。『左傳』。 ❷근본에 돌아감。곧 죽음。『莊子·知北遊·疏』 ❸무릇。 大略。
【大叫:대규】 크게 소리쳐 부르짖음。『漢書』──言莽當代漢有天下云。
【大逵:대규】 큰 길。 四通五達의 길。 大道。『左傳』及──不及。
【大規模:대규모】 일의 범위가 넓어 아주 큰 규모。
【大極:대극】 임금의 지위。
【大笒:대금】 피리의 한 가지。 三 가운데서 제일 큼。
【大金:대금】 ❶《國》놋쇠로 만든 징보다 조금 작은 악기。 쨍과리。 ❷많은 돈。
【大期:대기】 임신한 여자의 아이를 낳는 달。 臨月。
【大忌:대기】 크게 꺼림。
【大氣:대기】 ❶천지의 기운。 ❷공기。
【大朞:대기】 《國》죽은 지 두 돐 되는 제사。 大祥。
【大器:대기】 ❶큰 그릇。 위대한 인물을 일컫는 말。 大才。『管子』管仲者天下之賢人也、──也。 ❷임금의 자리。『易經·註』。
【大器晩成:대기만성】 큰 그릇은 늦게 이루어 짐。 《轉》크게 될 인물은 오랜 공적을 쌓아 늦게 이루어진다는 뜻。『老子』大方無隅、──。
【大氣壓:대기압】 대기의 압력。 氣壓。
【大旗幟:대기치】 《制》陣中에서 方位를 표시하던 깃발。
【大吉:대길】 매우 길함。 매우 좋음。
【大內:대내】 ❶임금의 침실。 ❷임금의 貨財·器物을 넣어 두던 창고。 또는 그것을 맡아 보던 벼슬。『史記』以──爲二千石。 「及──。
【大年:대년】 노인。 高年。『莊子』小年不

【大年號:대년호⇩다년호】 군주 시대에 있어서、 그 임금이 자리에 오른 해에 대하여 지은 칭호。
【大籠:대농】 크게 만든 橵籠。
【大農:대농】 큰 규모로 짓는 농사。
【大農家:대농가】 규모가 큰 농사를 짓는 집。 ↔小農家·細農家。
【大農地:대농지】 크게 농사를 짓는 땅。 ↔小農地。
【大腦:대뇌】 《生》정신 작용·知覺·운동·기억력 등을 맡은 腦髓의 한 부분。
【大多數:대다수】 ❶많고 큰 수효。 ❷거의 모두。 多大數。
【大團圓:대단원】 ❶맨 끝。 大尾。 ❷연극 같은 데서 사건의 엉킨 실마리를 풀어 결말을 짓는 결정적인 고비。
【大膽:대담】 담력이 큼。
【大談:대담】 큰 장담。 큰 소리。
【大隊:대대】 《軍》❶군사 쉰 사람의 한 떼。 ❷三개 中隊로 편성된 군대의 한 단위。
【大憝:대대】 大惡人。(憝는 惡)。『書經』「元惡──。
【大隊長:대대장】 大隊를 지휘 통솔하는 사람。
【大大的:대대적】 규모가 썩 큼직한 것。
【大德:대덕】 ❶높은 덕。 또는 높은 덕을 지닌 사람。『論語』──不踰閑。 ❷큰 힘。 天地造化의 일。『中庸』──敦化。 ❸《佛》지혜와 덕이 높은 중。 중의 尊稱으로 씀。
【大度:대도】 큰 도량。 마음이 넓음。 大量。『史記』有──、不事家人生産。
【大盜:대도】 큰 도둑。『莊子』聖人生而──起。 「략。 大槪。
【大都:대도】 ❶큰 도읍。『左傳』。 ❷대
【大道:대도】 ❶큰 길。 ❷사람이 지켜야 할 큰 도리。『史記』蹈──、墮壞前惡。
【大導師:대도사】 부처·보살의 德號。중

생을 선도하여 생사를 초월하게 했다는 뜻。
【大東:대동】 ❶동쪽 끝。 極東。『詩經』遂荒──。 ❷우리 나라를 일컫는 말。
【大同:대동】 ❶조금의 차이는 있어도 대체로 같음。『莊子』不同同之、之謂大。 ❷예전 大道가 행했던 평화로운 시대。『禮記·禮運』外戶而不閉、是謂──。 ❸太古때의 財産·權利·王位 등의 世襲이 없던 시대。『禮記』。 ❹큰 세력이 합동함。
【大同江:대동강】 ❶《地》江 이름。 한국에서 다섯째의 큰 강。 東白山·小白山에서 발원하여 동남으로 흘러 平安南道와 黃海道와의 경계에서 黃海로 들어감。 길이 四三九粁。 중류 이하는 땅이 기름져서 산물이 많음。 옛 이름은 浿水。 ❷高麗 때의 노래 이름。 時代·作者·內容이 모두 전하지 않음。
【大同契:대동계】 大同으로써 모은 계。
【大同團結:대동단결】 따로이던 당파가 같은 목적을 이룩하기 위해서 작은 차이를 버리고 뭉쳐 한 덩이로 됨。
【大動脈:대동맥】 ❶《生》心臟 左心室에서 세 갈래로 나와 循環되는 동맥의 으뜸줄기。 ↔大靜脈。 ❷한 나라의 큰 幹線。
【大同米:대동미】 《歷》大同法에 의하여 물리어 거두던 쌀。
【大同法:대동법】 《制》현물로 바치던 貢物을 미곡으로 환산하여 田 一結에 대하여 일정한 양을 거두어 들이던 법。
【大同小異:대동소이】 거의 같고 조금 다름。『莊子』萬事畢同畢異、此之謂──。
【大東輿地圖:대동여지도】 二三帖。朝鮮地圖。 李朝 哲宗 때 金正浩 만들음。 朝鮮 全圖를 약 一二、〇〇〇분의 一로 줄여 남북을 二二단으로 나누고 다시 각 단을 六치 六푼으로 橫絶。 山·山脈·河川의 명칭 및 營衙·邑治·城趾·鎭堡·驛站·倉庫·牧所·古鎭堡·烽燧·陵寢·坊里·古縣·

古山城·道路 등을 상세하게 표시한 우리 나라 최초의 자세한 지도로 古地名을 알아보는 데 귀중한 자료임。
【大同之論:대동지론】 여러 사람의 公論。 公共之論。
【大同之患:대동지환】 뭇 사람이 두루 당하는 환난。
【大豆:대두】 《植》콩。
【大豆粕:대두박】 콩깻묵。 「음。
【大得:대득】 뜻 밖에 알뜰한 성과를 얻
【大登:대등】 큰 풍년이 들음。
【大亂:대란】 큰 난리。 크게 어지러움。
【大略:대략】 ❶대강。 대충。『孟子』此其──也。 ❷큰 謀略。 ❸대강으로。
【大樑:대량】 대들보。
【大量:대량】 ❶큰 도량。 ❷많은 분량。
【大量生産:대량생산】 발달된 기술로 한 물건을 같은 공장에서 많은 분량으로 만들어 냄。
【大連:대련】 《地》遼寧省의 遼東半島의 東南部에 있는 항구。 무역이 번성하여 關外 第一市場이라 일컬음。 한때 旅順과 함께 日本의 租借地였음。
【大斂:대렴】 죽은 사람을 입관함。
【大領:대령】 ❶《軍》육·해·공군에서 領官 최상급의 武官。 准將의 아래 中領의 위。 보통 聯隊를 지휘 통솔함。 ❷《宗》天道敎에서 모든 敎務를 總理하는 職務。
【大禮:대례】 혼인을 치르는 큰 예식。
【大老:대로】 ❶나이가 가장 많은 사람。 ❷세간에서 존경을 받는 어진 노인。『孟子』二老、天下之──也。
【大怒:대로】 크게 화냄。
【大路:대로】 폭이 넓은 큰 길。 大道。『孟子』夫道如──然。
【大輅:대로】 임금이 타는 수레。

大 輅 (三才圖會)

【大鷺:대로】 큰

해오라기。

【大罍:대뢰】 기와로 만든 술단지。『周禮·注』――瓦罍。

大罍(三禮圖)

【大戮:대륙】 ❶死刑。❷큰 恥辱。大辟。『史記』計劃始行、卒受――。「旣作。

【大陸:대륙】 廣大한 육지。『書經』――

【大陸棚:대륙붕】《地》대륙의 주위 바다 깊이가 二〇〇米까지의 얕은 경사면。대륙의 일부분으로서 일광·태양열·영양물이 적당하여 중요한 어장이 되고 있음。

【大陸性:대륙성】 민족성은 인내력이 세고、기후는 춥고 덥고 따뜻하고 습한 차가 많은 현상 따위。↕海洋性·島嶼性。

【大陸性氣候:대륙성기후】 =大陸的氣候。

【大陸的:대륙적】 ❶대륙에 특유한 것。❷대륙답게 규모가 큰 것。

【大陸的氣候:대륙적기후】《地》봄·여름·가을·겨울과 그리고 낮과 밤、더위와 추위의 기온의 변화가 심하고、비·구름·눈·습기가 적은 대륙 특유의 기후。↕海洋的氣候。

【大利:대리】 ❶큰 이익。❷큰 성공。

【大理石:대리석】《鑛》石灰岩이 높은 온도와 강한 압력으로 변질된 반드럽고 아름다운 돌。흰 빛이 보통이나 검정·빨강·노랑 빛의 돌이 있고 건축이나 조각에 많이 씀。雲南省 大理府에서 난다고 하여 이름함。

【大利所關:대리소관】 큰 이익에 관계되는 바。

【大馬:대마】 바둑 두는 데서 많은 점으로 자리를 널리 잡은 말。

【大麻:대마】《植》삼。

【大馬不死:대마불사】 바둑에서 큰 말은 잘 죽지 않음。

【大麻油:대마유】 삼 씨를 짜낸 기름。

【大蟒:대망】《動》이무기。

【大望:대망】 큰 희망。큰 바램。

【大麥:대맥】《植》보리。

【大名:대명】 크게 소문난 이름。高名。

【大明:대명】 ❶해。햇빛。『禮記』――生於東。❷知德이 밝고 높음。❸明나라가 자기 나라를 自尊하여 일컫던 말。

【大命:대명】 ❶임금의 명령。『後漢書』臣蒙――。❷임금이 될 운명。天命。『書經』集――、撫綏萬方。

【大名日:대명일】 큰 명절날。

【大母:대모】 ❶祖母。『漢書』平王之――也。❷《國》할머니뻘 되는 여자。

【大木:대목】《國》목수。주로 규모가 큰 건축 일을 하는 목수。

【大廟:대묘】 임금의 祖先을 모셔 놓은 사당。宗廟。『論語』子入――每事問。

【大無之年:대무지년】《國》큰 흉년。

【大門:대문】 집의 正門。

【大文字:대문자】 ❶웅대한 글。❷서양 글자의 큰 체로 된 글자。

【大文章:대문장】 雄大한 글。또는 그러한 글을 짓기에 능한 사람。

【大尾:대미】 맨 끝。

【大樸未散:대박미산】 수수한 기품이 아직 있음。

【大半:대반】 열 가운데 여덟이나 아홉。↓太半。『史記』龍且軍――不得渡。

【大盤:대반】 ❶큰 소반。큰 목판。❷크게 많이 차린 음식。

【大房:대방】 ❶큰 방。❷《佛》모든 중이 한데 모여 밥을 먹는 큰 방。❸남의 어머니나 할머니에 대한 존칭。

【大白:대백】 ❶지극히 결백함。또는 그 사람。❷큰 술잔。白은 술빛。『硏北雜誌』滿引――。❸殷 나라 旗의 이름。『禮記·明堂位』殷之――。

【大凡:대범】 ❶대강 줄거리。대강 뜻。『荀子』禮之――。❷무릇。大槪。大略。『韓愈』――物不得其平則鳴。

【大法院:대법원】《制》우리 나라의 최고 법원。大法院長을 포함한 九명 이내의 대법관 열 한 명의 대법원 판사로 구성되며、民事部·刑事部·特別部가 있음。

【大法會:대법회】《佛》經典을 강설하는 큰 법회。

【大便:대변】《國》사람의 똥。「――。

【大變:대변】 크나큰 變故。『魏志』以致

【大別:대별】 크게 구분함。

【大兵:대병】 =大軍。

【大病:대병】 아주 큰 병。

【大寶:대보】 ❶매우 귀한 보물。至寶。❷임금의 地位。『易經』聖人之――曰位。

【大福:대복】 큰 복。「之――也。

【大本:대본】 근본。『中庸』中也者、天下

【大本山:대본산】《佛》같은 宗旨의 작은 절을 통할하는 큰 절。총본산 다음 감。

【大本營:대본영】《日》戰時에 大元帥가 있는 陣營。일체의 군사 계획·작전 명령을 내리던 최고의 統帥府。

【大父:대부】 祖父와 한 항렬이 되는 有服親 밖의 남자。『史記』以――父五世相韓故。

【大斧:대부】 ❶큰 도끼。『晉書·石季龍載紀』。❷大夫와 같음。『直方詩話』京師人呼大夫爲――、蓋語訛也。

【大婦:대부】 맏며느리。主婦。

【大富:대부】 재물이 썩 많은 부자。

【大部分:대부분】 반이 지나는 수효나 분량。太半。거의 모두。

【大夫人:대부인】 ❶남의 어머니의 尊稱。❷天子를 낳은 夫人。

【大北:대북】《歷》李朝 때의 당파 이름。東人의 일파인 北人에서 분파됨。

【大分:대분】 ❶수명。❷대강 규칙。『荀子』是榮辱之――也。

【大佛:대불】 큰 부처。

【大不幸:대불행】 큰 불행。「逍遊」。

【大鵬:대붕】 想像上의 큰 새。『莊子·逍

【大妃:대비】 先王의 后妃。

【大賓:대빈】 높여 공경할 손님。큰 손님。

【大使:대사】《制》❶국가 혹은 임금을 대신하는 최고의 使者。❷節度使。❸元·明代 長官 밑에서 사무를 관리하던 벼슬。

【大事:대사】 ❶큰 일。큰 사업。큰 사건。『左傳』國之――、在祀與戎。❷喪事를 일컬음。『孟子』可以當――。

【大祀:대사】 임금이 몸소 지내는 가장 큰 제사。『周禮』立――。

【大師:①대사 ②태사】 ❶㉠大車。㉡조정에서 덕이 높은 중에게 내리는 尊號。㉢《國》중을 높여서 부르는 말。❷㉠《制》周의 벼슬 이름。樂工의 長。㉡三公의 하나。文官의 最高官。㉢大學者。大先生。

【大赦:대사】《法》나라에서 경사스러운 일이 있을 때 죄수들을 석방하거나 감형하는 恩典을 베푸는 것。『史記』――天下。

【大寫:대사】 映畫에서 구경하는 사람의 주의를 끌기 위하여 특히 사람의 얼굴이나 편지의 文面 따위를 畫面에 크게 비치는 일。클로즈업。

【大司諫:대사간】《制》司諫院의 正三品「의 으뜸 벼슬。

【大使館:대사관】 大使가 駐在國에서 사무를 집행하는 公舘。

【大赦令:대사령】 大赦를 베푸는 국가원수의 명령。

【大司憲:대사헌】《制》司憲府의 正二品「의 으뜸 벼슬。都憲。

【大蒜:대산】《植》마늘。

【大繖:대산】 비단으로 만든 큰 日傘。『唐書』天子出――。

大繖(三才圖會)

【大祥:대상】 ❶장사 지낸 뒤 두 돐 만에 지내는 제사。大朞。❷크게 상서로움。❸큰 變異의 기운。

【大相不同:대상부동】 조금도 비슷하지 않고 아주 다름。

【大暑:대서】 ❶아주 심한 더위。❷二十四節候의 하나。양력 七월二十三일 경。小暑와 立秋와의 중간。

【大西洋:대서양】 三大洋의 하나。아메리카 대륙의 동쪽、유럽·아프리카 대륙의 서쪽에 위치함。

【大西洋憲章:대서양헌장】 《政》一九四一년 八월 十四일에 발표된 미국·영국의 全文 八조로 된 共同宣言。국제 연합 憲章의 基本的 理念이 됨。

【大書特筆:대서특필】 큰 글자로 특히 뚜렷이 드러나게 씀。大書特書。

【大仙:대선】 ❶뛰어난 神仙。❷=如來。

【大船:대선】 큰 배。巨船。『史記』ーー積粟。

【大選擧區:대선거구】 두 사람 이상의 의원을 선출하는 선거구。↕小選擧區。

【大禪師:대선사】 《佛》禪宗에 있어서 가장 높은 法階。

【大雪:대설】 ❶二十四節候의 하나。양력 一二월 七·八일 경。❷큰 눈。『左傳』平地尺爲ーー。

【大成:대성】 크게 이룸。큰 인물이 됨。『孟子』孔子之謂集ーー。

【大姓:대성】 대대로 번성한 집안。豪門大族。『漢書』豪猾吏及ーー犯法。

【大聲:대성】 큰 소리。

【大聖:대성】 ❶가장 덕행이 높은 성인。『後漢書』孔子ーー、不免武叔之毁。❷孔子의 尊稱。

【大猩猩:대성성】 《動》고릴라。

【大聲痛哭:대성통곡】 큰 소리로 목놓아 슬피 울음。放聲大哭。

【大盛況:대성황】 큰 성황。

【大勢:대세】 ❶大局의 형세。『魏志』威刑已合、ーー以見。❷권세가 있는 높은 지위。『晉書』ーー難居、不可不愼。❸부처의 德號。

【大笑:대소】 소리내어 크게 웃음。

【大小:대소】 크고 작음。『左傳』問鼎之ーー輕重焉。

【大小家:대소가】 ❶큰 집과 작은 집。❷본마누라 집과 작은마누라 집。

【大小朞:대소기】 =大小祥。

【大騷動:대소동】 큰 소동。

【大小民:대소민】 모든 국민。모든 백성。

【大小便:대소변】 똥과 오줌。大小避。

【大小事:대소사】 큰 일과 작은 일。

【大小祥:대소상】 대상과 소상。大小朞。

【大小疫:대소역】 마마와 紅疫。

【大小月:대소월】 큰 달과 작은 달。

【大小人員:대소인원】 높은 벼슬아치와 낮은 벼슬아치。

【大小腸:대소장】 대장과 소장。

【大小避:대소피】 =大小便。

【大率:대솔】 ❶大略。대충。『漢書』縣ー方百里。❷百濟 十六品官等의 둘째 등급。

【大松:대송】 대솔。큰 소나무。

【大水:대수】 ❶큰 물。洪水。❷큰 河·湖·海 등을 일컬음。

【大受:대수】 큰 일을 맡김。大用。『論語』君子不可小知而可大受。

【大數:대수】 ❶매우 많은 수효。❷대강의 수。어림 수。❸大運。

【大手術:대수술】 큰 규모로 하는 수술。

【大手筆:대수필】 훌륭한 문장을 쓸 솜씨。또는 그 솜씨가 있는 사람。大文章家。『晉書』文宣時國家有——、必命陵草之。

【大熟:대숙】 크게 익음。풍년。『書經』。

【大順:대순】 ❶順의 극치。道가 아주 잘 행해짐。❷自然·天理를 일컬음。❸上下 사람들이 각각 제 分守를 지켜 편안함。

【大醇小疵:대순소자】 대체로 순수하나 조금의 흠이 있음。『韓愈』荀與楊ーー而ーー。

【大循環:대순환】 血液의 體循環。

【大勝:대승】 크게 이김。大捷。『唐書』非大敗、即ーー矣。

【大乘:대승】 《佛》小乘과 더불어 佛教의 두 가지 큰 派의 하나。小乘이 개인적 해탈을 위한 教法인데 대하여 大乘은 널리 인간의 전반적 구제를 목표로 한 教法을 풀어 佛教의 深奧하고 높은 이치의 뜻을 말한 諸法의 邊底를 다한 教法。↕小乘。

【大勝利:대승리】 아주 크게 이김。

【大乘佛教:대승불교】 《佛》大乘의 교리를 주지로 하는 교파의 總稱。↕小乘佛教。

【大乘的:대승적】 《佛》❶大乘의 정신에 맞는 것。❷사사로운 정이나 눈 앞의 일에 사로잡히지 않고 대국에 서서 사물을 보는 모양。

【大始:대시】 ❶천지 개벽의 처음。❷처음·시작을 소중하게 봄。元始。

【大食:대식】 ❶음식을 많이 먹음。❷《歷》아바스朝 때의 Saracen을 唐나라에서 부른 이름。回教主 마호메트가 세운 아라비아 帝國。

【大食家:대식가】 음식을 잘 먹고 많이 먹는 사람。

【大臣:대신】 국가의 중임을 진 최고 官位의 신하。『中庸』敬ーー。「아주 잃음。

【大失所望:대실소망】 바라던 소망을

【大審院:대심원】 ❶미국의 最高法院。❷《日》최고 재판소。

【大我:대아】 ❶《哲》우주의 본체로서의 唯一絕對的인 정신。↕小我。❷《佛》좁은 견해나 執着에서 떠나서 자유로운 움직임을 하는 境地。

【大兒:내아】 나이가 많은 아이。兒。《轉》훌륭한 인물。『後漢書』ーー孔文擧、小兒揚德祖、餘子碌碌。

【大雅:대아】 ❶詩의 한 체。❷文人·學者가 平交間의 편지 겉봉에 쓰는 말。

【大惡:대악】 몹시 악한 짓。또는 그 사람。『左傳』君納諸ーー。

【大惡無道:대악무도】 몹시 모질고 도의심이 없음。무지막지하고 도리에 어긋남。심히 악하고 無禮함。

【大安:대안】 ❶매우 편안함。❷唐의 宮殿의 이름。❸宋의 음악의 이름。

【大洋:대양】 큰 바다。

【大洋文化:대양문화】 근세 이후 태평양·대서양을 중심으로 발달한 문화。

【大言壯言:대언장언】 ❶큰 소리로 장담하는 말。❷제 주제에 맞지도 않는 소리로 지껄이는 장담。

【大業:대업】 ❶큰 사업。帝王의 業。『易經』盛德ーー至矣哉。❷深奧한 學業。『漢書』潛心ーー。

【大輿:대여】 《制》나라에서 쓰던 큰 喪輿。

【大役:대역】 크게 책임 있는 일。『周禮』ーー則帥民徒而至。

【大逆:대역】 사람의 도리에서 매우 벗어난 죄악。(君·父를 죽이는 따위)。

【大逆不道:대역부도】 죄악이 아주 人道에 어그러짐。

【大宴:대연】 크게 베푼 잔치。

【大悅:대열】 아주 기뻐함。

【大熱:대열】 ❶몹시 뜨거움。❷몹시 더운 기운。高熱。심한 더위。

【大瀛:대영】 =大海。『史記』有ーー海、環其外。

【大營:대영】 큰 軍營。

【大悟:대오】 《佛》번뇌가 없어지고 진리를 깨달음。大悟徹底。

【大悟徹底:대오철저】 크게 깨달아 煩惱·疑惑이 다 없어짐。

【大獄:대옥】 큰 獄事。『後漢書』。

【大碗口:대완구】 火器의 한 가지。

【大王:대왕】 ❶王의 尊稱。『史記』以待ーー。❷先王의 尊稱。

【大往生:대왕생】 편안한 죽음。

【大王手術:대왕수술】 산모의 배를 째고 태아를 꺼내는 수술。帝王切開手術。

【大要:대요】 ❶내용의 대강。梗概。❷대체로 중요하게 보는 것。『漢書』具曉所言——。

【大辱:대욕】 큰 恥辱。

【大慾:대욕】 큰 욕심。『禮記』飮食男女、人之——存焉。

【大用:대용】 ❶크게 씀。『周禮』待邦之——。❷큰 벼슬에 任用함。『史記』。

【大雨:대우】 억수같이 내리는 비。

【大愚:대우】 대단히 어리석음。↔大智。『莊子』——者、終身不靈。

【大憂:대우】 ❶큰 근심。❷父母의 喪。親喪。

【大宇宙:대우주】 自我를 小宇宙라 일컬음에 대해 넓고 큰 실재의 우주。↔小宇宙。

【大運:대운】 ❶큰 운수。天命。『後漢書』朕承——。❷星命家의 말。一〇년마다 한 번 고쳐지는 運。

【大雄殿:대웅전】 (佛)本尊佛像을 모신 佛堂의 이름。

【大員:대원】 高官。『晉書』徒充——。

【大圓:대원】 하늘。『管子』戴——。

【大願:대원】 큰 所願。

【大院君:대원군】 (國)傍系親族 집에서 들어와서 大統을 이은 임금의 친아버지에게 주던 벼슬。

【大元帥:대원수】 ❶군사상의 최고의 통솔자。❷국가의 兵權을 총솔하는 元首。❸(佛)明王部의 總司라고 하는 天竺의 神。

【大月:대월】 ❶커다란 달。❷一년 중의 큰 달。곧 三一일이 되는 달。

【大僞:대위】 심한 거짓。자연 그대로가 아닌 人爲의 뜻。『老子』大道廢有仁義、智慧出有——。

【大違所料:대위소료】 생각하는 바와 매우 다름。

【大猷:대유】 ❶커다란 꾀。❷大道。『詩經』秩秩——、君子莫之。

【大儒:대유】 뛰어난 儒學者。학문이 깊은 學者。鴻儒。碩儒。『荀子』彼——者雖隱於窮閻漏屋、云云。

【大有年:대유년】 큰 풍년이 든 해。

【大率:대율】 =大體。

【大恩:대은】 넓고 큰 은혜。鴻恩。『舊唐書』露布初至、便降——。

【大飮:대음】 술을 많이 마심。

【大邑:대읍】 큰 고을。

【大義:대의】 ❶正道。사람으로서 꼭 지켜야 할 길。❷經書의 要義。❸대강의 뜻。대강 줄거리。『後漢書』受尙書、略通——。

【大意:대의】 ❶큰 뜻。『後漢書』小兒曹乃有——哉。❷대강의 뜻。

【大義滅親:대의멸친】 ❶큰 의리를 위해서는 사사로운 情誼를 버림。❷君國의 大事를 위해서는 父子兄弟의 情도 버림。『左傳』。

【大義名分:대의명분】 人倫上 중대한 大義와 名分。

【大耳:대이】 큰 귀。『漢書』家——而不聽察。

【大人:대인】 ❶人格이 높은 사람이나 어른에게 대한 尊稱。❷몸이 큰 사람。❸덕이 높은 사람。↔小人。『孟子』——者、不失其赤子之心者也。❹벼슬자리에 있는 사람。『孟子』說——則藐之。❺자기 아버지를 일컬음。『史記』始、——常以臣爲無賴。❻(制)周代에 꿈을 점치던 벼슬。『詩經』——占之。

【大人君子:대인군자】 도량이 넓고 덕행이 있는 점잖은 사람。↔小人。

【大人氣:대인기】 대단한 인기。널리 알려진 굉장한 인기。

【大一:대일】 ❶지극히 큼。『莊子』至大無外、謂之——。❷천지가 아직 나뉘어지지 않은 混沌한 기운。『禮記』夫禮必本於——。

【大任:대임】 큰 소임。큰 임무。『孟子』天將降——於是人也、必先苦其心志、勞其筋骨。

【大慈:대자】 ❶큰 자비。❷(佛)부처의 자비。

【大慈大悲:대자대비】 ❶부처・보살의 한없이 큰 자비를 이름。『法華經』——、常无懈倦。❷넓고 커서 가이 없는 慈悲。

【大自在:대자재】 ❶무슨 일이라도 마음대로 할 수 있는 넓고 큰 역량。❷(梵)大自在天의 略稱。『無門關』於生死岸頭、得——。

【大作:대작】 ❶큰 일을 일으켜서 함。❷盛하게 일어남。❸남의 작품의 敬稱。❹뛰어난 작품。『易經』初九利用爲——。

【大爵:대작】 지체 높은 爵位。

【大庄:대장】 ❶많은 논밭。❷넓은 田畓。

【大匠:대장】 훌륭한 匠人。名工。名匠。『老子』代——斲。

【大壯:대장】 ❶아주 씩씩함。❷易의 卦의 이름。陽이 盛한 象。君子의 道가 勝한 象。『易經』——利貞。❸宮殿。『同書』。

【大將:대장】 ❶全軍을 지휘 통솔하는 사람。『史記・淮陰侯傳』。❷(制)將官의 제일 우두머리 계급。❸한 무리의 首將。

【大腸:대장】 (生)小腸의 주위를 돌아서 肛門에 이르는 창자。

【大藏經:대장경】 (書)불교 聖典의 總稱。一切經。

【大長公主:대장공주】 임금의 고모。『文獻通考』唐制、皇姑爲——、後亦謂長長公主。

【大將軍:대장군】 ❶全軍의 統率者。總大將。❷陰陽家의 八將神의 하나。이 방향에는 모든 일을 꺼림。

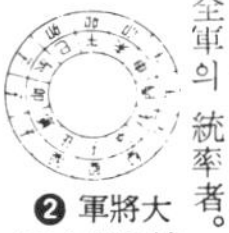

❷ 大將軍 (協紀辨方書)

【大丈夫:대장부】 意志가 강하여 늠름하고 씩씩한 남자。偉丈夫。『孟子』。

【大長線:대장선】 마루 밑의 長線을 덧받치고 있는 나무。

【大才:대재】 출중한 큰 재주。『唐書』——當大用。

【大材:대재】 거대한 재목이나 石材。

【大災:대재】 심한 큰 재앙。

【大抵:대저】 대체로 보아。무릇。『史記』——盡詆以不道。

【大賊:대적】 ❶큰 도둑。『史記』詐爲有——。❷많은 무리의 도둑。❸크게 잘못한 나쁜 사람。

【大適:대적】 ❶아주 뜻에 맞음。크게 즐김。『宋書』每醉——。❷(植)藥草 이름。두루미냉이。葶藶。

【大敵:대적】 ❶수가 많은 敵。❷강한 敵。『史記』小敵之堅、——之禽也。

【大全:대전】 ❶충분히 갖추어져서 完全함。十全。『莊子』吾不知天地之——也。❷죄다 합쳐서 엮은 책。

【大典:대전】 ❶중요한 典籍。❷중대한 법칙。❸국가의 큰 儀式。

【大殿:대전】 ❶後軍。❷(國)임금의 尊稱。❸임금이 거처하는 궁전。大內。

【大戰:대전】 큰 싸움。큰 전쟁。激戰。

【大前提:대전제】 (論)三段論法의 두 개의 전제 가운데서 大槪念을 내포한 첫째 전제。↔小前提。

【大節:대절】 ❶죽기를 한하고 지키는 절개。『左傳』男女之別、國之——也。❷職分上의 큰 책임。❸나라의 큰 사건。『論語』臨——不可奪也。

【大漸:대점】 임금의 병이 매우 심해 감。『書經』疾——惟幾、病日臻、旣彌留、

【大定:대정】 일을 딱 결정함。

【大靜脈:대정맥】 (生)몸의 모든 기관에 흩어진 피를 모아서 右心房으로 돌려보내는 중요한 정맥。↔大動脈。

【大弟:대제】 年少한 벗을 친하게 부르는 말。

【大帝:대제】 ❶하늘。『張衡』昔者——悅秦繆公。❷歷代 임금 중 특히 盛德한 임금。皇帝의 존칭。

【大祭司長:대제사장】《宗》舊約時代의 神에게 제사하는 일을 맡은 神職。
【大提學:대제학】《制》❶弘文館·藝文館의 으뜸 벼슬。❷成均館 正二品의 벼슬。文衡。大學士。主文。
【大造:대조】큰 功(造는 成就)。〔左傳〕是我有ㅣㅣ于西也。
【大棗:대조】《植》대추。
【大潮:대조】潮水의 차가 가장 큰 때의 밀물과 썰물。〔宋史〕遇ㅣㅣ。
【大族:대족】세력이 왕성하고 자손이 많은 족속。〔北史〕高門ㅣㅣ。
【大鐘:대종】큰 종。
【大腫:대종】큰 종기。
【大宗家:대종가】가장 큰 종파의 집안。
【大倧教:대종교】《宗》韓國 고유의 민속신앙적 神教。桓因·桓雄·桓儉(檀君)을 숭봉함。檀君教라고도 하지마는 三神一體의 天神教임。
【大宗孫:대종손】宗家의 맏손자。
【大罪:대죄】큰 죄。아주 중한 죄。〔書經〕乃有ㅣㅣ。
【大主教:대주교】《宗》천주교에서 管區를 주관하는 聖職。
【大衆:대중】❶여러 사람。〔禮記〕毋聚ㅣㅣ。❷《佛》모든 중。❸노동자·농민 등의 일반 근로 계급。
【大衆性:대중성】❶일반 대중이 다 같이 갖추어 있는 성질。❷대중에게 맞는 성질。
【大衆小說:대중소설】대중에게 읽히기 위하여 지은 흥미 위주의 소설。
【大衆版:대중판】일반 대중을 상대로 한 값싼 出版物。
【大衆化:대중화】특수적인 것이 일반 대중 사이에 널리 퍼짐。
【大地:대지】❶넓고 큰 땅。하늘에 대하여 땅을 일컬음。❷一國이 가진 영토。〔商子〕……侵削而不振。

【大指:대지】대강 뜻。大旨。大意。〔史記〕其治責ㅣㅣ而已。
【大志:대지】큰 뜻。
【大智:대지】뛰어난 슬기。↕大愚。〔莊子〕ㅣㅣ閑閑。
【大盡:대진】음력의 큰 달의 그믐날。곧 三〇일。
【大耋:대질】아주 늙은 노인。〔王績〕無爲嗟ㅣㅣ。
【大質:대질】몸。〔司馬遷·報任小卿書〕ㅣㅣ已虧缺矣。
【大差:대차】큰 차이。
【大借:대차】藥借의 한 가지。매우 독한 약을 먹어 힘을 굳세게 하는 일。
【大札:대찰】❶심한 유행병。❷남의 편지의 敬稱。
【大刹:대찰】《佛》큰 절。巨秋。이름난 「절。
【大冊:대책】큰 著述의 책。
【大責:대책】심히 꾸짖음。
【大處:대처】=都會地。
【大川:대천】크나큰 내。이름난 큰 내。大河。〔書經〕奠高山ㅣㅣ。
【大捷:대첩】크게 이김。大勝。〔魏志〕ㅣㅣ之後、上下輕敵。
【大廳:대청】집채 가운데 있는 마루。
【大體:대체】❶사물의 전체에서 요점만 딴 줄거리。大略·大概。〔史記〕弘ㅣㅣ不拘文法。❷마음。〔孟子·告子〕。↕小體。
【大草:대초】로마 문자의 草書體로 된 大文字。
【大村:대촌】큰 마을。
【大總:대총】대강으로서의 통틀어。
【大總統:대총통】西班牙나 혹은 中華民國의 國家元首에 대한 칭호。總統。
【大椿之壽:대춘지수】오래 살음。長壽。〔莊子·逍遙遊〕上古有大椿者、以八千歲爲春、以八千歲爲秋。
【大醉:대취】술이 몹시 취함。酩酊。
【大熾:대치】기세가 부쩍 성함。

【大侵:대침】아주 심한 흉년。大饑饉。〔穀梁傳〕五穀不登曰ㅣㅣ。
【大針:대침】큰 바늘。
【大鍼:대침】끝이 조금 둥글고 긴 침。
【大秤:대칭】백 근까지 달 수 있는 큰 저울。
【大卓:대탁】아주 잘 차린 음식 상。
【大頉:대탈】큰 탈。큰 사고。
【大宅:대택】❶天地。〔後漢書〕游精神於ㅣㅣ兮。❷道家에서 人面을 일컫는 말。
【大通:대통】❶大道。〔莊子·大宗師〕。❷크게 통함。막힌 것을 통하게 함。❸言行이 남의 눈에 뜨이지 않으면서 融通無礙하여 조금도 막힘이 없음。또는 그 사람。❹事理가 탁 트임。
【大痛:대통】심한 고통。대단한 아픔。
【大統:대통】왕위를 계승하는 계통。〔後漢書〕皇后之子、宜承ㅣㅣ。
【大統領:대통령】《制》共和國의 元首。국민에 의하여 직접 또는 간접으로 선출되어 일정한 임기 동안 그 나라의 전반에 걸친 행정을 통할하여 국가를 대표함。
【大通運:대통운】크게 터진 운수。
【大腿:대퇴】넓적다리。
【大腿骨:대퇴골】넓적다리의 뼈。
【大波:대파】큰 파도。
【大破:대파】❶심한 파손。❷많이 깨짐。❸적을 크게 쳐 부숨。
【大板:대판】넓고 큰 널조각。
【大版:대판】字體가 큰 版。
【大八梢魚:대팔초어】《動》文魚。
【大敗:대패】❶크게 실패함。❷싸움에 크게 짐。〔漢書〕是以兵ㅣㅣ。
【大平簫:대평소】❶나팔。❷날라리。❸나발을 불던 군사。
【大砲:대포】화약의 힘으로 포탄을 멀리 내쏘는 큰 火器。
【大幅:대폭】넓은 範圍。

【大風:대풍】심한 바람。《喩》大亂。〔漢書〕ㅣㅣ起兮雲飛揚。
【大豊:대풍】큰 풍년。
【大風流:대풍류】피리·笛·장구·북·깡깡이 들을 불고 치는 음악。
【大風瘡:대풍창】문둥병。
【大筆:대필】❶큰 붓。큰 글씨。❷훌륭한 글씨。또는 문장。❸남의 글씨의 敬稱。
【大廈:대하】큰 집。〔淮南子〕ㅣㅣ成而燕雀相賀。
【大河:대하】큰 강。
【大壑:대학】바다의 異名。大海。〔莊子〕ㅣㅣ爲物也、注焉而不滿、酌焉而不竭。
【大學:①②대학③태학】❶㉠가장 고급의 교육을 베푸는 학교。국가와 인류 사회 발전에 필요한 학리·응용 방법을 교수 연구하며 지도적 인격을 도야함을 목적으로 하며、초급 대학·單科大學·綜合大學의 셋으로 구분。㉡單科大學。❷《書》一권。원래 禮記 中의 한 篇。宋 이후 四書의 하나로 함。著者는 曾子라고 하나 未詳。朱子가 經一章 傳十章으로 나누어 註釋한 것을 大學章句라 함。三綱領 八條目으로 된 倫理·政治의 理念을 가르친 經典。❸《制》임금이 세운 最高學府。
【大學校:대학교】綜合大學을 單科大學과 구별하여 일컫는 名稱。
【大學院:대학원】各 大學을 졸업한 사람에게 다시 學術의 深奧함을 연구케 하기 위하여 大學內에 설치된 교육기관。연구기간은 二년이며 碩士 및 博士 학위 과정이 있음。
【大學者:대학자】學識이 아주 뛰어난 훌륭한 학자。
【大限:대한】수명이 끝남。
【大旱:대한】크게 가물음。〔孟子〕若ㅣㅣ之望雲霓。
【大寒:대한】❶심한 추위。❷二四 節候의 하나。양력 一월 二一일 경。곧 小寒

과 立春과의 사이。

【大韓:대한】(歷)❶李朝 高宗 三四년(一八九七)高宗이 皇位에 올라 정한 국호。大韓帝國의 略稱。❷大韓民國의 略稱。

【大韓每日申報:대한매일신보】李朝末에 梁起鐸이 英國人 裵說과 함께 韓英文으로 창간한 新聞。처음은 排日意識을 고취하였으나 一九一〇년 八월에 統監府에 매수되어 그 機關紙가 됨。

【大漢門:대한문】(地)서울 德壽宮의 正門。본 이름은 大安門。李太王이 隱退한 곳으로 그의 長壽를 빌어 고친 이름임。

【大韓民國:대한민국】(地)우리 나라의 현 國號。立憲民主共和國。아시아 대륙 동쪽에 있는 韓半島 전부와 濟州島·鬱陵島·獨島를 비롯한 부속 島嶼를 포함。면적은 약二二만 八四平方粁。인구는 三천만 여。古朝鮮·三國時代·統一新羅·高麗·近世朝鮮·日帝侵略 시대를 거처 一九四五년 八월 一五일 太平洋 戰爭이 끝나자 포츠담 선언에 따라 해방。얄타 협정에 의해서 北緯 三八度線으로 南北이 兩斷。一九四七년 五월 一〇일 UN 韓國委員團 감시하에 선거 가능 지역인 三八度線 이남에서 총선거 실시。동년 八월 一五일 大韓民國 獨立을 內外에 선포。초대 대통령 李承晩이 美軍政으로부터 政權을 이양 받음。一九五〇년 六월 二五일에 戰亂이 일어났으나 一九五三년 七월 二七일에 휴전이 성립되어 三八度線이 아닌 緩衝地帶로 국경 아닌 국경이 변경되었을 뿐임。

【大旱不渴:대한불갈】크게 가물어도 마르지 않음。

【大韓帝國:대한제국】(歷)李朝 末期의 國號임。李朝 二六代 高宗 三三년을 建陽 원년으로 하고 임금의 位號는 皇帝、國號를 大韓帝國이라 하여 淸 나라 세력권에서 벗어남。

【大韓海峽:대한해협】(地)韓國과 日本 對馬島 사이에 있는 海峽。東海로 통하는 문호로 釜山과 對馬島 북단 間의 거리가 五〇粁 임。

【大韓協會:대한협회】(歷)一九〇九년에 조직된 단체。一進會가 韓日合併을 주장하자 국민 대회를 열고 一進會를 규탄함。

【大黠:대할】매우 교활함。「——、宗室無貴者。」【後漢書】兒

【大喊:대함】高喊。큰 함성。

【大蛤:대합】(動)대합조개。

【大害:대해】큰 손해。큰 災害。【史記】不顧國家之——。

【大海:대해】넓은 바다。大瀛。

【大行:대행】❶크게 행해짐。❷멀리 감。❸훌륭한 행위。❹임금이 죽음。【史記】——未發、喪禮未終。❺(制)賓客을 접대하는 벼슬。【史記】——設九賓 句傳。❻(國)임금이나 后妃가 돌아간 뒤 諡號를 올리기 전의 尊稱。

【大幸:대행】크게 다행한 일。

【大饗:대향】성대한 잔치。【唐書】先時——雜進伎。

【大賢:대현】뛰어나게 어질고 지혜로운 사람。【晉書】英偉——、多出於山澤。

【大兄:대형】❶맏형。❷兄에 대한 尊稱。❸同年輩 또는 年長者에 대한 敬稱。

【大形:대형】큰 형태나 형체。

【大戶:대호】❶재산이 넉넉하고 식구가 많은 집안。❷술을 많이 마시는 사람。酒豪。

【大呼:대호】큰 소리로 부름。

【大好紙:대호지】조선 종이의 한 가지。

【大惑:대혹】크게 반함。

【大婚:대혼】임금의 혼인。【春秋·胡傳】不重——之禮。

【大火:대화】❶큰 불。큰 화재。❷여름의 심한 더위。【陸龜蒙】人間方——、此境無朱夏。❸(天)별 이름。二十八宿 중 心宿의 大赤星。【左傳】心爲——。

【大化:대화】광대한 德化。【書經】肆予——、誘我友邦君。

【大和:대화】❶매우 조화됨。太和。❷「日本의 別稱。

【大禍:대화】큰 재앙。

【大和尙:대화상】僧侶의 尊稱。

【大寰:대환】하늘 아래。天下。【吳萊】——幸混一。

【大黃:대황】❶빛이 누르고 큰 활。【史記·李將軍傳】以——、射其裨將。❷(植)마디풀과에 속하는 藥草 이름。

❷ 大黃 (三才圖會)

【大荒:대황】❶흉년。【周禮·大司徒】——大札。❷中國에서 매우 멀리 떨어진 곳。해와 달이 뜨고 지는 곳。(轉)遠地。海外。❸하늘。【韓愈·雜詩】。

【大黃蜂:대황봉】(動)말벌。

【大會:대회】많은 사람의 모임。

【大孝:대효】지극한 효도。至孝。【中庸】舜其——也與。

【大訓:대훈】임금이 국민에게 주는 訓示。【書經】守文武——。

【大勳:대훈】❶大勳勞의 略語。❷가장 높은 勳位。【書經】——未集。

【大勳勞:대훈로】매우 큰 공로。

【大勳位:대훈위】=大勳。

【大凶:대흉】❶매우 언짢음。아주 흉악함。❷심한 흉년。

【大昕:대흔】새벽。早晨。

【大喜:대희】큰 기쁨。크게 기뻐함。

【大廟:태묘】임금이나 諸侯의 始祖의 祠堂。宗廟。

【大上:태상】가장 위。最上。

【大息:태식】❶큰 한숨。❷크게 한숨 쉬며 탄식함。【史記】仰天——。

【大儀:태의】❶중대한 儀式。❷만물의 근원。太極。大道。❸唐代의 大常卿을 일컬음。❹唐代의 禮部尙書를 일컬음。

◎强—、巨—、寬—、廣—、老—、多—、肥—、事—、甚—、遠—、雄—、壯—、長—、絶—、尊—、重—、最—、針小棒—、特—。

一畫

【天】

小篆 草書

(천) 先 テン、あめ、そら heaven ; sky ㄊㄧㄢ t'ien¹

❶하늘천(乾也)。【詩經大雅旱麓】鳶飛戾—。❷만물의근본천(萬物之根本)。❸조물주천(造物主)。【易經 大有】自—祐之。❹진리천(眞理)。【孟子離婁上】順—者存、逆—者亡。❺임금의경칭천(帝王之敬稱)。「—顏—聽」。❻운명천(運命)。【五代史】成敗—也。❼날천(出生也)。❽아버지천。❾지아비천。❿중요할천(重要)。

【天家:천가】天子。帝室。朝家。【蔡邕】天子無外、以天下爲家、故稱——。

【天角:천각】하늘의 한 모퉁이。【庾信】折柱傾——。

【天干:천간】十干。十干은 甲·乙·丙·丁·戊·己·庚·辛·壬·癸。

【天蓋:천개】❶하늘。【淮南子·原道】以天爲蓋。❷棺을 덮는 뚜껑。

【天譴:천견】하늘의 꾸짖음。【宋書】上答——、下恤民瘼。

【天界:천계】하늘。天空。

【天戒:천계】하늘의 경계。【書經】先王克謹——。

【天癸:천계】❶月經。【素問】女子二七而——至。❷精液。

【天啓:천계】하늘의 계시。하늘의 인도。【左傳】天所啓、人不及也。

【天鼓:천고】❶천둥。❷별 이름。天鼓星。❸《佛》절에서 새벽에 치는 종。

【天高馬肥:천고마비】하늘이 높고 말이 살찜。《喩》가을의 좋은 계절을 이름。

【天骨:천골】❶타고난 성품。『杜甫』卓立――森開張。❷천성。❸타고난 재능。

【天公:천공】=天帝。『范成大』須知天子是――。

【天功:천공】자연의 조화。天帝의 공덕。『書經』欽哉惟時、亮――。

【天空:천공】무한이 열린 하늘。大空。

【天空海闊:천공해활】❶하늘이 끝이 없고 바다가 넓음。❷度量이 넓고 氣象이 웅대함。『古今詩話』海闊從魚躍、天空任鳥飛。

【天瓜:천과】《植》하눌타리。

【天廓:천곽】눈의 흰자위。

【天光:천광】❶맑게 갠 하늘의 빛。❷日光。『朱熹』――雲影共徘徊。

【天巧:천교】하늘의 하는 일。자연의 작용。天工。『韓愈』文字覰――。

【天咎:천구】하늘이 내리는 재앙。『揚雄』必畏――。

【天球:천구】❶지구상의 관측자를 중심으로 하여 구형으로 간주하여 일컫는 말。❷天球儀의 略語。

❷ 天球 (三才圖會)

【天球儀:천구의】천체의 분포·운행을 보이기 위하여 球狀으로 만든 모형。

【天菊:천국】《植》패랭이꽃。

【天國:천국】하늘 나라。예수교에서 죄를 벗은 사람의 영혼이 죽은 뒤에 간다는 天上界。天堂。↔地獄。

【天君:천군】❶사람의 마음。『荀子·天論』心居中虛、以治五官、夫是之謂――。❷《歷》古朝鮮 때 三韓 여러나라의 神邑의 어른、즉 蘇塗에서 祭祀를 주관하던 祭主。

【天弓:천궁】❶무지개의 異名。『侯鯖錄』――虹也、亦名帝弓。❷활을 맡은 별 이름。『晉書』。

【天眷:천권】하늘의 은혜。『晉書』非――之降、將何以至此。

【天極:천극】❶하늘의 남극과 북극。❷北極星。『楚辭』――焉加。

【天根:천근】하늘의 맨 끝。

【天衾:천금】시체를 관에 넣고 덮는 이불。그 위에 天를 덮음。

【天紀:천기】❶天體가 운행하는 원칙。『儲光羲』――啓眞命。❷별 이름。

【天氣:천기】❶하늘의 기운。『白居易』可憐――好年光。❷일정한 때 일정한 곳의 기상 상태。

【天機:천기】❶天地의 기밀。『淮南子』內有以通――。❷저절로 갖추어진 기관。㉠手足 따위 ㉡마음·소질·능력 따위。❸임금의 지위。❹국가의 정치。『吳志』秉統――。❺별 이름。

【天機漏洩:천기누설】중대한 비밀이 새어서 나감。임금의 밀지가 새어 나감。

【天氣圖:천기도】氣象狀態를 여러 가지 기호로써 지도 위에 기입하고 等壓線·等溫線 등을 사용해서 어떤 지역의 日氣狀態를 보인 그림。일기 예보에 필요함。

【天氣豫報:천기예보】=日氣豫報。

【天女孫:천녀손】《天》織女星。

【天年:천년】天然의 壽命。天壽。定命。『史記』終其――、不夭傷。

【天怒:천노】❶하늘의 노여움。❷임금의 노여움。

【天壇:천단】❶산 꼭대기。『通志』其絕頂曰――。❷왕이 하늘에 제사 지내는 곳。

【天堂:천당】=天國。

【天德:천덕】❶하늘의 덕 ❷임금의 덕。『陳後主』日月光――。❸吉日과 吉方。

【天桃:천도】仙家에서 하늘 위에 있다고 하는 복숭아。

【天道:천도】❶천지 자연의 도리。『易經』有――焉、有人道焉。❷천지를 다스리는 神。❸天體의 운행。『老子』不窺牖、見――。❹하늘。❺《佛》六道의 하나。欲界·色界·無色界의 總稱。

天道天德 (協紀辨方書)

【天道教:천도교】《國·宗》水雲、崔濟愚를 教祖로 하는 종교。人乃天、곧 天人合一의 지경에 이름을 목적으로 함。

【天道無心:천도무심】하늘이 무심함을 한탄하는 말。

【天動說:천동설】《天》지구는 우주의 중앙에 있고 모든 천체가 지구 주위를 돌아다닌다고 하던 고대 우주의 구조설。十六世紀까지 믿어 왔음。↔地動說。

【天良:천량】타고난 善心。良心。

【天路:천로】《宗》착한 일을 하고 공을 세우는 천당의 길。

【天祿:천록】❶하늘이 내린 福。『論語』四海困窮、――永終。❷하늘이 주는 복록。❸《動》짐승 이름。사슴과 비슷하며 꼬리가 길음。건축 기구 등에 장식으로 새김。❹술의 別名。『青異錄』王世充僭號、謂羣臣曰、所以輔朕和氣者、惟酒功耳、宜封――大夫。

【天籟:천뢰】❶자연의 소리。바람 소리 따위。『莊子』女聞地籟、未聞――矣。❷詩文 따위가 훌륭하여 자연의 가락에 맞음을 일컬음。

【天蓼:천료】《植》개다래나무。

【天龍:천룡】❶《天》星宿의 이름。(北斗와 織女 사이에 있으며 뱀의 형상임)。❷《佛》諸天과 龍神。『法華經』――八部、咸悉歡喜。❸지네의 異名。

【天鷚:천류】종달새의 異名。告天子。雲雀。

【天倫:천륜】부자·형제의 떳떳한 도리。『穀梁傳』兄弟――也。

【天吏:천리】❶天道를 잘 행하는 덕이 있는 사람。곧 임금。『孟子』無敵于天下者――也。❷춘·하·추·동의 일컬음。『淮南子』四時者、天之吏也。

【天理:천리】천지 자연의 도리。『禮記』滅――而窮人欲。

【天馬:천마】❶上帝가 타고 하늘을 달리는 말。❷아라비아 產의 좋은 말。

天馬 (三才圖會)

【天幕:천막】露天에 치는 장막。텐트。

【天網:천망】하늘이 친 그물。《喩》천벌。

【天明:천명】날 샐 무렵。黎明。『元稹』夜半初得處、――臨去時。

【天命:천명】❶하늘의 명령。『書經』誕膺――、以撫方夏。❷운명。天數。『孟子』――靡常。

【天名精:천명정】《植》여우오줌풀。

【天無二日:천무이일】하늘에 두 해가 없음。《喩》한 나라에는 한 임금 뿐임。『禮記』――、土無二王、家無二主、尊無二上。

【天文:천문】《天》天體의 온갖 현상。『易經』觀乎――、以察時變。

【天文臺:천문대】《天》天文을 觀測하기 위하여 설치한 望臺。

【天文圖:천문도】《天》천체에 관한 모든 형상을 나타낸 그림。

【天文學:천문학】《天》天體의 현상·운행 지구와의 관계 등을 연구하는 학문。

【天文學者:천문학자】천문학을 전문으로 연구하는 학자。

【天民:천민】❶하늘이 낸 백성。『孟子』予――之先覺者也。❷天理를 다 하는 백성。『孟子·盡心』。❸道를 체득한 사람。『莊子·庚桑楚』。

【天放:천방】자연 그대로이며 人爲가 없음。『莊子』名曰――。

【天方地軸:천방지축】❶못난 사람이 종작 없이 덤벙거림。❷너무 급하여 방향을 분별하지 못하고 함부로 날뜀。天方地方。

【天杯:천배】임금이 주는 술잔。

【天翻地覆:천번지복】하늘과 땅이 뒤

집혀 질서가 매우 어지러워 짐。『中庸或問』三辰失行、則必――。

【天罰:천벌】 하늘이 내리는 형벌。天誅。天刑。『書經』恭行――。

【天伐:천벌】 벼락을 침。

【天邊:천변】 하늘의 가。『宋之問』遊日月於――。

【天變:천변】 하늘의 괴변。(風·雷·日蝕 따위)。『漢書』――見于上、地變動于下。

【天變地異:천변지이】 하늘과 땅의 변동과 괴상한 변。 「――。

【天寶:천보】 자연의 보물。『王勃』物華

【天步:천보】 한 나라의 운명。天運。

【天福:천복】 하늘에서 내려준 복。『漢書』朕之不德、屢獲――。 「을 일컬음。

【天父:천부】 《宗》만물을 창조한 하느님

【天府:천부】 ❶天府之土。《轉》산물이 풍부한 땅。『戰國策』地勢形便、此所謂――也。❷자연의 要塞。『漢書』據――之地。❸학문이 깊음。『荀子』學問不厭、好士不倦、是――也。❹임금의 창고。❺天神의 관청。❻별 이름。❼몸의 한 부분의 이름。

【天賦:천부】 天性。『舊唐書』神資壯烈、――機謀。

【天賦權:천부권】 선천적으로 부여된 實定法을 초월한 기본권리。

【天符印:천부인】 임금의 位。곧 임금의 표지로서 天王이 내려 전하였다고 하는 세 개의 寶印。檀君 神話에 나옴。

【天府之土:천부지토】 흙이 매우 기름져서 온갖 생산물이 많이 나는 땅。

【天分:천분】 ❶천성。『世說』――有限。❷하늘이 명령한 직분。

【天崩地坼:천붕지탁】 하늘이 무너지고 땅이 터짐。곧 큰 변동。

【天崩地塌:천붕지탑】 큰 소리에 천지가 진동함。

【天崩之痛:천붕지통】 임금이나 아버지의 喪事를 입은 슬픔。

【天使:천사】 ❶해와 달。『淮南子·天文訓』日月者天之使也。❷流星。『晉書·天文誌』❸天帝의 使者를 諸侯國에서 일컫는 말。『劉禹錫』載馳――。❹《宗》예수교에서 신의 뜻을 인간에게 전교하고 인간의 기원을 신에게 전하는 使者。

【天嗣:천사】 ❶天道를 잇는 사람。❷임금의 후손。天胤。 「는 물건。

【天産物:천산물】 天然的으로 생겨 나

【天煞:천살】 不吉한 별의 이름。

【天常:천상】 하늘의 常理。五常의 道。『揚子方言』吾見――。

【天象:천상】 ❶天體의 현상。日月·星辰의 변화하는 現象。『朱熹』仰瞻――垂。❷형상이 하늘에 나타남。

【天上:천상】 ❶하늘 위。❷천국。천당。❸《佛》天上界의 略語。

【天上母后:천상모후】 《宗》성모 마리아의 尊稱。

【天上水:천상수】 빗물。天水。

【天上天下:천상천하】 우주의 사이。

【天上天下唯我獨尊:천상천하유아독존】 천지 사이에 내가 가장 존귀함。(釋迦가 처음 났을 때 한 말)。『傳燈錄』。

【天色:천색】 하늘의 빛깔。天光。『梁元帝』水際合――。 「以答――。

【天眚:천생】 =天災。『後漢書』推咎台衡、

【天生:천생】 先天的으로 타고남。하늘로부터 타고남。『朱子語類』――自然如此。

【天生配匹:천생배필】 하늘이 미리 마련하여 준 배필。저절로 이루어지는 배필。天定配匹。

【天生緣分:천생연분】 하늘에서 미리 마련하여 준 연분。天生因緣。

【天瑞:천서】 하늘이 내리는 상서로운 징조。天符。『漢書』――應誠而至。

【天閃:천섬】 번갯불。電光。

【天成:천성】 自然的으로 이루어짐。『南史』放言落紙、氣韻――。

【天性:천성】 본래 타고난 성품。天素。天資。天稟。天質。天賦。『書經』不虞――、不迪率典。

【天笑:천소】 마른 천둥。비가 잠깐 왔다가 잠깐 개는 天氣。

【天授:천수】 하늘이 내려 줌。타고난 성품。天資。天性。『史記』陛下所謂――、非人力也。 「命得以――終。

【天壽:천수】 타고난 壽命。天命。『史記』

【天數:천수】 ❶天命。❷天運。

【天水:천수】 ❶빗물。❷天上水。

【天水畓:천수답】 《農》천둥지기。

【天時:천시】 ❶하늘의 도움을 받을 수 있는 시기。❷晝夜·寒暑 등 때를 따라 돌아가는 자연의 현상。『孟子』――不如地利。

【天鵝:천아】 《動》 ❶따오기。❷白鳥。

【天鵝兒:천아아】 《動》고니。白鳥。

天鵝(三才圖會)

【天樂:천악】 ❶하늘의 음악。『李白』――下朱樓。❷宮中의 음악。『劉禹錫』重聞――不勝情。❸《宗》대종교에서 한풍류。

【天顔:천안】 임금의 얼굴。聖顔。龍顔。『杜甫』――有喜近臣知。

【天眼通:천안통】 《佛》衆生의 생사 고락과 세간 일체의 일을 自由自在로 뚫어 볼 수 있는 神通力。

【天殃:천앙】 하늘에서 내리는 재앙。『孟子』不取必有――。

【天涯:천애】 하늘의 끝。《喩》아주 멀음。

【天壤:천양】 하늘과 땅。『戰國策』業與三王爭流、名與――相敝也。 「壤之判。

【天壤之間:천양지간】 ❶天地間。❷天

【天壤之判:천양지판】 차이가 대단히 심한 사이。霄壤之判。

【天閹:천엄】 날 때부터의 고자。

【天業:천업】 임금의 사업。『杜牧』――

【天與:천여】 하늘이 줌。 〔一張。

【天淵:천연】 ❶하늘과 땅。《轉》서로가 아주 멀리 떨어짐。❷별 이름。

【天然:천연】 자연 그대로。타고난 그대로。『史記』陛下――之聖、寬仁之資。

【天然絹絲:천연견사】 명주실。

【天然紀念物:천연기념물】 鄕土나 국가의 기념물이 될만한 희귀한 천연물의 總稱。

【天然痘:천연두】 《醫》열이 나고 두통이 나며、온몸에 發疹이 생겨 잘못하면 얼굴이 얽게 되는 전염병。痘瘡。

【天然林:천연림】 자연적으로 이루어진 森林。↔人工林。

【天然物:천연물】 인공을 가하지 않은 자연 그대로의 물건。

【天然美:천연미】 =自然美。

【天然肥料:천연비료】 《農》자연물을 가공하지 않고 만든 비료。↔人工肥料。

【天然氷:천연빙】 자연히 얼어서 된 얼음。↔人造氷·食氷。

【天然色:천연색】 ❶만물이 自然히 갖추고 있는 빛깔。❷자연의 빛깔을 본뜬 빛깔。

【天然色寫眞:천연색사진】 實物의 형상과 그 빛깔을 동시에 박은 원색사진。↔黑白寫眞。

【天然色映畫:천연색영화】 천연색 필름에다 被寫體를 박아 가지고 현상한 原色映畵。色彩映畵。↔黑白映畵。

【天然磁石:천연자석】 電磁石에 대하여 磁鐵鑛의 자석을 일컬음。

【天倪:천예】 자연의 분수。『莊子』和之以――。

【天王:천왕】 ❶天子。『禮記』崩曰――崩。❷《佛》慾界·色界 등 온갖 하늘의 임금。

【天王門:천왕문】 《佛》절의 입구에 있는 四天王을 모신 문。

【天王星:천왕성】 《天》태양계에 속하는 제七惑星。

【天外:천외】 ❶아주 먼 곳。또는 매우

높은 곳。❷하늘의 바깥。
【天牛:천우】(動)하늘소。
【天宇:천우】❶天下。하늘의 전체。『晉書』母儀──、助宣王化。❷하늘。『宋史』──澄霽。❸帝都。서울。『晉書』乞歸──。
【天佑:천우】하늘의 도움。신명의 가호。天祐。天贊。『書經』惟──于一德。
【天佑神助:천우신조】하늘의 도움과 신령의 협조。
【天運:천운】❶타고난 운명。天數。❷天體의 運行。❸하늘이 정한 운수。
【天韻:천운】❶자연의 운치。❷사람의 意態가 절로 흘러 나온 것。❸王의 詩歌。
【天圓子:천원자】(植)하눌타리。
【天位:천위】❶임금의 지위。寶祚。『書經』──艱哉。❷가장 알맞은 벼슬。
【天爲:천위】하늘이 하는 바。하늘의 작용。↔人爲。
【天威:천위】❶上帝의 위력。❷임금의 위엄。『王粲』赫怒震──。❸저절로 갖추어진 위엄。『漢晉春秋』孟獲曰、公──也。
【天威咫尺:천위지척】임금을 가까이 모심。『左傳』天威不違顏咫尺。
【天維:천유】하늘이 이루어지는 근본。天綱。『淮南子』──建元。
【天恩:천은】❶하늘의 은혜。『後漢書』上全──、上完性命。❷임금의 은덕。
【天恩罔極:천은망극】天恩이 커서 한이 없음。임금의 은덕이 한없이 두터움。
【天邑:천읍】임금의 도읍지。
【天泣:천읍】구름이 한 점 없는 맑은 날에 비나 눈이 오는 일。
【天意:천의】❶하늘의 뜻。❷임금의 마음。天心。
【天人:천인】❶하늘과 사람。天意와 人道。『漢書』──相與之際。❷道가 있는 사람。仙人 따위。❸용모가 아주 뛰어난 사람。美人。『杜甫』冒字眞──。❹임금。❺才學·武勇 등이 비상한 사람。『魏志』將軍──也。
【天人共怒:천인공노】하늘과 땅이 함께 노한다는 뜻으로 도저히 용납 못함。
【天日:천일】해。太陽。『杜牧』隔離──。
【天日照臨:천일조림】하늘과 땅이 내려다보니 속일 수 없음을 이르는 말。
【天姿:천자】타고난 모습。『史記』──善爲容。
【天資:천자】타고난 성품。天稟。天質。『史記』商君者、其──刻薄人。
【天子:천자】天帝의 명을 받아서 천하를 다스리는 사람。(天帝의 아들이란 뜻)。皇帝。至尊。『書經』──作民父母、以爲天下主。
【天作之合:천작지합】하늘이 지은 배필。『詩經·大明』。
【天章:천장】❶하늘의 문채。하늘。❷임금의 詞章。
【天障:천장】❶天井。❷반자의 겉면。
【天災:천재】자연의 변화로 일어나는 재앙。水旱·地震 등。『左傳』──流行。
【天才:천재】❶자연히 갖춘 재능。『北史』識度──、必至公卿。❷아주 뛰어난 재주。또는 그러한 재주를 가진 사람。
【天災地變:천재지변】하늘의 災禍와 땅의 괴변。
【天杵:천저】(天)살별。彗星。『漢書』彗星曰──。
【天井:천정】❶사방이 높고 중앙이 깊은 곳。『陸機』臥觀──懸。❷四方 또는 三方이 집으로 둘러싸인 뜰。❸천장。❹별。
【天定:천정】하늘이 정한 것。
【天頂:천정】❶맨 꼭대기。❷(天)天文天頂의 略語。❸地心天頂의 略語。
【天頂距離:천정거리】천정에서 어떤 천체 까지의 角距離。高度의 餘角。
【天定配匹:천정배필】=天生配匹。
【天井不知:천정부지】물건 값이 자꾸 오르기만 함을 일컫는 말。
【天帝:천제】❶하늘을 다스리는 신。조물주。上帝。『戰國策』王難見如──。❷(天)별 이름。❸하느님。
【天際:천제】하늘의 가。하늘의 끝。天末。『李白』惟見長江──流。
【天祭:천제】하느님께 지내는 제사。
【天助:천조】하늘의 도움。天佑。『漢書』此皆以和致和、獲──也。
【天阻:천조】天然으로 아주 험준한 곳。要塞地。『南史』。
【天祚:천조】=天幸。『左傳』──明德有所底至。
【天造:천조】❶저절로 된 것。하늘의 조화。↔人造。❷하늘이 만물을 창조함。
【天尊:천존】❶(佛)부처。❷(宗)도교에서의 神仙의 尊稱。
【天縱:천종】하늘이 용납하여 마음대로 하게 함。(轉)날 때부터 훌륭함。『論語』固──之、將聖、又多能也。
【天誅:천주】❶하늘이 내리는 誅罰。天罰。❷하늘을 대신하여 행하는 誅罰。『孟子』──造攻自牧宮。
【天主:천주】❶神의 이름。『史記』八神一曰──。❷(佛)諸天의 最高神。❸(宗)㉠기독교의 천국의 주인。㉡천주교의 萬善 萬德을 갖춘 신。
【天主教:천주교】(宗)예수교의 구파。로마 法皇을 宗主로 함。가톨릭교。
【天主教堂:천주교당】천주교의 성당。
【天主教會:천주교회】(宗)천주교의 教團 또는 성당을 중심으로 한 건물。로마 法皇의 관하인 教會。
【天主三位:천주삼위】聖父·聖子·聖神의 三位를 일컬음。
【天柱折:천주절】하늘을 받치는 기둥이 부러짐。(轉)천하가 개우 어지러워짐。『史記』──、地維缺。
【天中:천중】❶하늘의 한 가운데。『王褒』上極──、下窮地極。❷이마의 위 쪽。
【天中佳節:천중가절】端午。天中節。
【天中節:천중절】단오절。음력 五월 五일의 午時。
【天池:천지】❶바다。『莊子·逍遙遊』南溟者──也。❷(地)㉠山西省에 있는 호수 이름。㉡(國)白頭山에 있는 호수 이름。龍王潭이라고도 함。❸(天)별 이름。
【天咫:천지】(轉)서울。『左傳』天威不違顏咫尺。
【天地:천지】❶하늘과 땅。『中庸』──位焉。萬物育焉。❷아주 다른 차이。❸위와 아래。❹세상。
【天地間:천지간】하늘과 땅 사이。
【天地開闢:천지개벽】하늘과 땅이 맨 처음으로 열림。
【天之亡我:천지망아】아무 과오도 없이 저절로 망함。天亡我。
【天地神明:천지신명】천지의 여러 조화를 맡은 신。천신·지신。
【天地災變:천지재변】자연의 재변。
【天地震動:천지진동】하늘과 땅이 뒤흔들림。(喩)소리가 굉장함을 이르는 말。
【天職:천직】❶天帝의 직분。『列子』──生覆。❷임금의 직분。『荀子』──既立、天功既成。❸하늘의 명령을 받은 직분。❹그 사람의 몸에 저절로 갖추어진 직분。
【天眞:천진】❶타고난 그대로며 꾸밈이 없음。『晉書』粲和履純、以保──。❷(佛)不生不滅의 참된 마음。
【天眞爛漫:천진난만】조금도 꾸미지 않고 있는 그대로를 言動에 나타냄。『蘇軾』──、是吾師。
【天津條約:천진조약】(歷)李朝 高宗 二二년(一八八五)、天津에서 체결한 淸日間의 條約。甲申政變의 결과 兩國의 軍隊가 韓國에서 철수하고 간섭 않기로 함。
【天質:천질】자기의 타고난 성질。天性。
【天疾:천질】先天的으로 타고난 병。『後漢書』因──自然、誦上哲之高訓。
【天體:천체】(天)우주간에 있는 온갖 물리적 물체。日月·星辰 따위의 總稱。『易經·疏』──運動。
【天體物理學:천체물리학】(天 천체

의 물리적 성질을 연구하는 천문학의 한 분파。천체 측광학·천체 사진술 따위는 이에 포함됨。

【天體力學:천체역학】《天》역학의 원리를 이용하여 주로 태양계에 속하는 천체 작용과 운동에 대하여 연구하는 학문。

【天體儀:천체의】天體를 나타낸 球。清代、康熙帝가 西洋人 南懷人에게 命하여 만든 것。『北京欽天監內의 備品』。

天體儀 (靈臺儀象志)

【天體學:천체학】《天》星辰의 圖面을 만드는 법에 대하여 연구하는 학문。

【天寵:천총】❶하늘의 은혜。❷임금의 사랑。임금의 총애。

【天聰:천총】❶타고난 총명。❷=天聽。

【天竺:천축】《地》印度의 옛 이름。

【天則:천칙】❶천지 자연의 법칙。『易經』乃見一一。❷천연의 원칙。

【天奪其魄:천탈기백】넋을 잃음。

【天台宗:천태종】《佛》中國 北齊의 智顗를 開祖로 하는 불교의 한 종파。한국에서는 高麗 肅宗때 大覺大師가 國清寺에서 처음으로 개강하였음。

【天澤:천택】❶하늘과 못。곧 上下。❷하늘의 은혜。임금의 혜택。

【天討:천토】=天誅。

【天平:천평】天平秤(천평칭)의 略語。

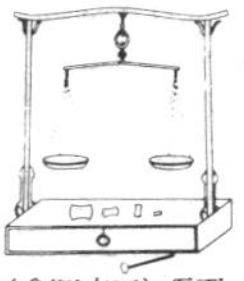
天平 (三才圖會)

【天平秤:천평칭】가운데에 줏대를 세우고 가로장을 걸치는데 양쪽 끝에 똑같은 저울판이 달린 저울의 한 가지。

【天表:천표】❶하늘 밖。『班固』遊目於一一。❷임금의 표징。또는 儀容。『晉書』一一如此、固非人臣人相也。

【天稟:천품】=天性。『王安石』予生少而戇、好古乃一一。

【天必厭之:천필염지】하늘 곧 神은 반드시 몹쓸 사람을 미워하여 벌을 내림。

【天下:천하】❶하늘 아래。우주。❷세계 萬國。❸하늘 아래의 온 세상。

【天下大勢:천하대세】세상이 돌아가는 큰 형세。趨勢。

【天下名唱:천하명창】세상에 드문 이름난 소릿군。

【天下事:천하사】帝王이 되려는 큰 일。

【天下壯士:천하장사】힘이 대단히 센 사람。세상에 드문 장사。

【天旱:천한】가뭄。

【天閑:천한】임금의 마굿간。『陸游』古來眞龍駒、未必置一一。

【天漢:천한】《天》銀河水。『魏文帝』一一回西流、三五正縱橫。

【天幸:천행】하늘이 준 다행。天祚。天祉。『史記』軍亦有一一。

【天行痘:천행두】《醫》天然痘。

【天香:천향】아주 좋은 향기。

【天香國色:천향국색】牧丹의 別名。國色은 國中 제일의 美色。『全唐詩話』天香夜染衣、國色朝酣酒。

【天險:천험】자연의 要塞地。『北史』三蜀二齊、古稱一一。

【天險之地:천험지지】천연적으로 험하고 어렵게 생긴 땅。

【天玄:천현】하늘의 正氣。

【天顯之親:천현지친】부자·형제 등의 천륜의 지친。

【天刑:천형】❶자연의 벌。하늘의 벌。❷천벌。『國語』上非一一、下非地德。❸불알을 깜。❹宦官。『後漢書』黃門侍郞一一之人。

【天刑病:천형병】문둥병。

【天惠:천혜】❶하늘의 은혜。곧 인간이 많은 재원을 태 받은 은혜。❷《宗》天主의 은혜。

【天祜:천호】하늘이 내려 주는 복。『詩經』受天之祜。

【天火:천화】❶자연히 일어나는 불。❷《醫》丹毒의 異名。❸陰陽家의 말로 불을 삼가는 날。이 날은 지붕잇기·부엌일·씨뿌리기 등을 꺼림。天火日。

【天和:천화】❶하늘의 기운。『漢書』嘉承一一。❷사람 몸의 원기。『莊子』一一將至。

【天禍:천화】하늘이 내린 災禍。

【天花:천화】❶《佛》天上의 妙花。『高僧傳』。❷《中》천연두。❸눈(雪)의 異名。『陸游』只見六出飛一一。

【天花粉:천화분】❶풀 이름。❷하눌타리 뿌리로 만든 가루。담·消渴·땀띠등에 씀。

天花粉❶ (三才圖會)

【天宦:천환】날때부터 자지 또는 불알이 없는 남자。

【天皇:천황】❶임금。『舊唐書』改皇帝稱一一。❷天帝。❸上古 三皇의 하나。

天皇氏❸ (三才圖會)

【天荒:천황】❶천지가 미개한 때의 혼돈한 모양。❷한없이 넓고 먼 땅。

【天候:천후】天氣。氣候。

【天休:천휴】하늘의 칭찬。하늘의 아름다운 道理。

◎九一、樂一、曇一、冬一、滿一、上一、先一、雪一、昇一、仰一、雨一、中一、青一、晴一、秋一、春一、皇一、曉一、後一。

【太】(태) 泰 タイ、ふとい thick; big tʻai

太 草書 ❶클태(大也)。❷굵을태(細之對)。❸심할태(甚也)。『杜甫詩』燈火何一喜。❹처음태(最初)。❺『國字』콩태(大荳)。(『大·泰』와 通함)

【太簡:태간】아주 간략하여 禮文이 없음。『論語』居簡而行簡、無乃一一乎。

【太康:태강】❶太平。『魏明帝』百姓謳吟詠一一。❷《人》夏王。啓의 아들。有窮의 임금 羿(예)에게 나라를 빼앗김。

【太剛則折:태강즉절】너무 강하면 꺾어지기 쉬움。

【太古:태고】아주 오랜 옛날。『漢書』此上天之理、而亦一一之道。

【太高:태고】몹시 높음。

【太鼓:태고】《樂》북。

【太空:태공】가망게 높고 먼 하늘。天空。『蘇軾』一一冥冥、不可得而名。

【太公:태공】❶조부。『史記·齊世家』吾一一望子久矣。❷아버지。『史記·高祖紀』高祖五日、一朝一一、如家人父子禮。❸남의 아버지의 尊稱。❹高齡者의 尊稱。❺《中》증조부。

【太過:태과】아주 지나침。

【太極:태극】《哲》천지가 개벽하기 전의 혼돈한 상태。우주 만물 구성의 근원이 되는 본체。『易經』易有一一、是生兩儀。

【太極旗:태극기】大韓民國의 국기。흰 바탕의 한 가운데 태극을 陽은 진홍빛、陰은 푸른빛으로 하고 네 卦는 사방 대각면에 검은 빛으로 함。

【太極扇:태극선】태극 모양을 그린 모양이 둥근 부채。

【太急:태급】매우 급함。

【太寧:태녕】❶땅。『宋史·樂志』。❷太平。『忠經』天地一一、君之德也。

【太多:태다】몹시 많음。

【太多數:태다수】 썩 많은 수효。
【太廟:태묘】 宗廟。 역대의 임금의 위패를 모신 사당 집。
【太半:태반】 절반 이상。 반수가 넘음。『史記』漢有天下ㅡㅡ。
【太白:태백】 ❶결백의 극치。❷별 이름。金星。『史記』歲星入月、其野有逐相、與ㅡㅡ鬪。❸《人》唐 詩人 李白의 字。
【太白山:태백산】 《地》山 이름。❶慶尙北道 奉化郡과 江原道 三陟郡 사이에 있는 산。높이 一、五六一米。태백산맥의 주봉으로 한국의 일곱째의 높은 산。❷白頭山의 옛 이름。
【太不足:태부족】 많이 모자람。
【太上:태상】 ❶태고。『晉書』悠悠ㅡㅡ、人之厥初。❷최상의 것。『禮記』ㅡㅡ貴德。❸임금 또는 皇后。❹太上皇。天子。
【太上老君:태상노군】 道敎에서의 老子의 尊稱。
【太上王:태상왕】 禪位하여 생존한 왕을 높이어 이르는 말。
【太上皇:태상황】 임금의 아버지의 존호。禪位한 임금。『漢書』上尊太公曰ㅡㅡㅡ。
【太上皇后:태상황후】 ＝皇太后。
【太歲:태세】 木星의 異名。『漢書』。一二년에 하늘을 일주함。옛날 그 운행으로 年을 기록하고 太歲가 甲에 있음을 閼逢、寅에 있음을 攝提格 등으로 일컬음。❷《天》木星。
【太素:태소】 ❶물질의 시작。천지 개벽 이전。太初。『列子』ㅡㅡ者、質之始也。❷質朴함。
【太孫:태손】 임금의 손자。皇孫。
【太守:태수】 《制》❶中國의 한 郡의 장관。『漢書』景帝更名ㅡㅡ。❷新羅 各 地方의 으뜸 벼슬。位階는 舍知로부터 重阿飡까지임。❸李朝 때 地方官의 別名。
【太瘦生·태수생】 심하게 여윔。(生은 語助)。

【太守爲脫頷頤:태수위탈함이】 《國》원이 되자 턱 떨어졌음。《喩》복이 없다는 뜻。원이 되면 잘 먹을 판인데 턱이 빠져서 먹을 수가 없게 되었다는 말。『青莊館全書』。
【太始:태시】 ❶天地가 비롯한 무렵。곧 萬物의 시작을 말함。❷萬物의 밑뿌리。
【太息:태식】 한숨。『戰國策』閔王ㅡㅡ。
【太甚:태심】 ＝極甚。
【太陽:태양】 ❶해。❷陽氣만 있고 陰氣가 조금도 없는 상태。❸여름。『蔡邕』夏爲ㅡㅡ。❹《醫》맥의 이름。
【太陽系:태양계】 《天》태양을 중심으로 하여 운행하는 천체의 한 집단。太陽·惑星·衛星·彗星·流星 등。
【太陽年:태양년】 《天》태양이 春分點을 지나서、다시 春分點으로 돌아오는 시간。곧 양력 一二달을 합한 동안。평균 태양일로 計上하면 三六五、二四二二일에 해당함。
【太陽燈:태양등】 紫外線이나 赤外線을 내쏘게 하는 醫療用의 水銀燈。
【太陽曆:태양력】 지구가 태양을 일주하는 시간을 일년으로 한 曆法。陽曆。新曆。↔太陰曆。
【太陽崇拜:태양숭배】 생명의 근원이 되는 神이라 하여 태양을 찬미하고 숭배하는 일。
【太陽時:태양시】 태양이 자오선을 지나는 때를 대중하여 재는 시간。
【太陽黑點:태양흑점】 《天》태양의 바닥에 있는 黑色의 斑點。거멓게 보이는 것은 변두리의 光球面보다 온도가 낮기 때문이라고 함。약 一一년을 週期로 하여 增減함。
【太緩:태완】 ❶아주 늦음。❷몹시 느즈러짐。
【太陰年差:태음년차】 태음년 사이에 생기는 태음 운행의 변화。
【太陰曆:태음력】 달의 차고 이지러짐에 기초를 둔 曆法。陰曆。舊曆。↔太陽曆。

【太儀:태의】 ❶＝太極。『張華』ㅡㅡ幹運。❷唐代 公主의 어머니。
【太子:태자】 임금의 자리를 이을 왕자。世子。東宮。『禮記』王ㅡㅡ、王子、群后之ㅡㅡ。
【太子宮:태자궁】 ❶황태자의 尊稱。春宮。❷황태자의 宮殿。東宮。
【太子妃:태자비】 황태자의 아내。
【太弟:태제】 임금의 아우。
【太祖:태조】 ❶開國한 임금。❷일의 맨 처음。原始。
【太宗:태종】 임금의 先祖 가운데서 그 의 나랏 일의 훈덕이 太祖와 견줄만한 임금。
【太淸:태청】 ❶하늘의 異名。『鶡冠子』聖人之德、上及ㅡㅡ。❷天道。『莊子·天運·疏』。❸道家의 三淸의 하나 四〇里 上層의 空間。
【太初:태초】 천지가 개벽한 처음。上古。太一。『列子』ㅡㅡ者氣之始也。
【太草草:태초초】 몹시 바쁨。대단히 조급함。『五代史』昨ㅡㅡ耳。
【太促:태촉】 몹시 재촉함。또는 촉급함。
【太沖:태충】 만물을 창조하는 음양의 두 원기。太虛。『莊子』吾鄕示之以ㅡㅡ。
【太平:태평】 ❶세상이 잘 다스려진 모양。『後漢書』政隆ㅡㅡ。❷풍년。❸해가 돋는 極東의 땅。
【太平歌:태평가】 태평함을 구가하여 부르는 노래。
【太平館:태평관】 李朝 시대 中國 사신을 유숙시키던 곳。
【太平聖代:태평성대】 어질고 착한 임금이 잘 다스리어 태평한 세상。
【太平盛事:태평성사】 태평한 시대의 훌륭한 일。
【太平世界:태평세계】 잘 다스려서 안락한 세상。
【太平簫:태평소】 대를 재료로 쓴 竹部에 딸린 우리 관악기의 한 가지。나무로 지은 관대에 여덟 구멍을 파고 그 아랫도리에 나팔 형상의 銅板을 붙이고 위는 갈대로 작은 혀를 끼워서 불음。날라리。
【太學:태학】 ❶옛날 中國의 최고 학부。❷《制》李朝 成均館의 別稱。
【太學士:태학사】 《制》甲午更張 뒤의 弘文館의 으뜸 벼슬。
【太學生:태학생】 成均館에서 기거하며 공부를 하던 儒生들의 총칭。
【太虛:태허】 ❶하늘。『楚辭』超于ㅡㅡ之域。❷우주의 근본 원기。『張載』ㅡㅡ者心之寔也。
【太和:태화】 ❶음양이 조화된 원기。『易經』各正性命、保合ㅡㅡ。❷음악。❸太平。
【太后:태후】 임금의 어머니。『漢書』帝母稱皇ㅡㅡ、祖母稱太皇ㅡㅡ。

【夫】

(부) 圜 man; husband ㄈㄨ fu' フ、おとこ、おっと

(小篆·草書) ❶사내부(男子通稱、丈ㅡ)。❷지아비부(配匹)。❸선생부(先生ㅡ子)。❹어조사부(語助辭)。❺저부(其也)。『論語 先進』賊ㅡ人之子。❻계집벼슬부(女職、ㅡ人)。
【夫家:부가】 ❶남녀。❷부부를 갖춘 집。❸시집。『周禮』四郊都鄙之ㅡㅡ九比之數。『漢書』婦人內ㅡㅡ、外父母家。
【夫君:부군】 아내가 남편을 일컫는 말。良人。郞君。『朱昇』懷勞猶未弭、獨有望ㅡㅡ。
【夫權:부권】 아내에 대하여 남편이 가지고 있는 신분 및 재산상의 권리。
【夫老馬:부로마】 《國》부루말。몸 빛이 흰 말。
【夫婦:부부】 남편과 아내。夫妻。『小學』禮始於謹ㅡㅡ。
【夫婦愛:부부애】 남편과 아내 사이의 「사랑」。
【夫婦有別:부부유별】 五倫의 하나로

엄격한 구별이 있어야 할 내외간의 도리。『禮記』ㅡㅡ、父子有親、云云。

【夫壻:부서】❶남편。❷아내가 남편을 일컫는 말。『杜甫』ㅡㅡ輕薄兒。

【夫役:부역】국가나 공공 단체가 국민에게 의무적으로 책임 지우는 勞役。

【夫瓦:부와】수키와。

【夫容:부용】=芙蓉。

【夫移:부이】《植》산앵두나무。棠棣。

【夫人:부인】❶諸侯의 正妻。貴人의 妻。❷皇后、王后。『禮記』天子之妃曰后、諸侯曰ㅡㅡ。❸임금의 妾。後宮。『禮記』天子有后、有ㅡㅡ。❹婦人의 封號。❺남의 어머니。『史記·註』古者名男子爲丈夫、尊大嫗爲ㅡㅡ。❻자기 어머니。❼남의 아내의 尊稱。

【夫差:부차】《人》春秋時代 吳王。越王 句踐과 싸워서 伍子胥의 말을 듣지 않아 마침내 패하고 자살함。

【夫倡婦隨:부창부수】남편이 부르면 아내가 따름。부부의 도리。夫倡婦隨。『關尹子』天下之理、夫者倡、婦者隨。

【夫妻:부처】남편과 아내。가시버시。夫婦。

◎坑ㅡ、狂ㅡ、大ㅡ、凡ㅡ、先ㅡ、漁ㅡ、女丈ㅡ、役ㅡ、驛ㅡ、人ㅡ、丈ㅡ、壯ㅡ、情ㅡ、征ㅡ、匹ㅡ。

【夬】

(쾌) 卦 カイ、きめる decide

小篆 草書 ❶결단할쾌(決也)。❷나누어정할쾌(分決)。❸괘이름쾌(卦名)。

【夬夬:쾌쾌】결단하는 모양。

【夭】

㊀(요) 篠 ヨウ、わかじに premature death ㄧㄠ yao
㊁(요) 蕭
㊂(오) 晧

小篆 草書 ㊀❶어여쁠요(少好貌ㅡ)。『詩經周南桃夭』桃之ㅡㅡ。❷얼굴빛화할요(色愉ㅡㅡ)。『論語 述而』子之燕居、申申如也ㅡㅡ如也。❸무성할요(茂盛)。❹재앙요(災也)。『詩』天ㅡ是椓。㊁❶일찍죽을요(短折)。❷굴할요(屈也)。❸배속에 든 아이요(胎兒)。『史記 孔子世家』刳胎殺ㅡ。㊂❶끊어죽일오(斷殺)。❷어릴오(物穉)。

【夭矯:요교】❶기지개를 켬。夭撟。❷自得한 모양。『郭璞·江賦·注』吸翠霞而ㅡㅡ。❸굼틀거림。『白居易·詩』船頭龍ㅡㅡ。❹屈曲의 모양。

【夭蟜:요교】❶자주 기지개를 켬。『司馬相如』ㅡㅡ支格。❷나무가 굽어서 얽힌 모양。『漢書』ㅡㅡ。❸특히 뛰어난 모양。

【夭桃:요도】싱싱한 복숭아。《轉》젊은 부녀의 얼굴。

【夭厲:요려】유행병。疾疫。『左傳』ㅡㅡ不戒。

【夭斜:요사】바르지 못함。용모가 단정하지 못하고 음란스러움。『白居易』人道最ㅡㅡ。

【夭逝:요서】=夭死。

【夭閼:요알】꺾어서 못하게 함。막아서 못하게 함。『莊子·逍遙遊』負靑天、而莫之ㅡㅡ者。

【夭夭:요요】❶젊고 용모가 아름다움。『詩經』桃之ㅡㅡ。❷낯빛이 和氣가 있는 모양。『論語·述而』子燕居、申申如也、ㅡㅡ如也。❸하늘이 죽임。(이 「夭」는 天의 잘못)。

【夭折:요절】젊어서 죽음。夭札。夭殤。夭逝。『吳志』顔回有上智之才、而尚ㅡㅡ。

【夭昏:요혼】나서 이름도 짓기 전에 죽음。『左傳』札ㅡㅡ。

【夭姬:요희】요망하고 간사스러운 계집。妖女。

【犬】(견)→犬部0畫

二畫

【央】

(앙) 陽 オウ、なかば centre ㄧㄤ yang

小篆 草書 ❶가운데앙(中也)。『詩經』宛在水中ㅡ。❷반앙(半也)。❸다할앙(盡也)。『呂氏春秋 貴直』其後患未ㅡ。❹넓을앙(廣也)。『司馬相如 長門賦』覽曲臺之ㅡㅡ。❺맑고밝을앙(鮮明)。『詩經小雅出車』旂旐ㅡㅡ。

【央瀆:앙독】부엌에서 물을 흘려 보내는 도랑。通水路。

【央央:①앙앙 ②영영】❶넓은 모양。『司馬相如』覽曲臺之ㅡㅡ。❷㉠선명한 모양。『詩經』旂旐ㅡㅡ。㉡소리가 화한 모양。

◎中ㅡ

【夯】

(항) 養 コウ、になう shoulder ㄏㄤ hang

草書 ❶다질항(用力以堅)。❷멜항(擔也擧物)。

【夯夫:항부】방망이로 땅을 때려 다지는 인부。『六部成語·注解』ㅡㅡ之夫役也、夯硪同。

【夯市:항시】市中에서 掠奪을 하는 일。『涑水紀聞』。

【夯硪:항아】地面을 굳게 다지는 일。『六部成語·注解』以木築地曰夯、以石磙壓地曰硪。

【夯杵:항저】흙을 때려 다지는 방망이。『六部成語·注解』以ㅡㅡ築地三次也。

【失】

(실) 質 シツ、うしなう miss ; forget ㄕ shih

小篆 草書 ❶잃을실(得之反)。『中庸』身不ㅡ天下之顯名。❷그릇될실(錯也)。❸틀릴실(差誤)。『諸葛亮 後出師表』先帝每稱操爲能、猶有此ㅡ。❹허물실(過也)。❺잊을실(忘也)。『朱熹中庸章句序』子思懼夫愈久而愈ㅡ其眞也。

【失脚:실각】❶발을 헛디딤。『棠陰比事』不覺ㅡㅡ亦墜于井。❷지위를 잃음。『陸游』ㅡㅡ墮世網、衰病忽侵尋。

【失格:실격】자격을 잃음。

【失計:실계】잘못된 계획。失策。『史記』其ㅡㅡ奈何、其以此王也。

【失權:실권】권리를 잃음。권세를 잃음。

【失氣:실기】❶용기를 잃음。❷기절함。

【失期:실기】기회를 놓침。

【失念:실념】잊음。忘却。『遺敎經』若ㅡㅡ者、失諸功德。

【失農:실농】농사의 시기를 잃음。

【失談:실담】실수로 잘못된 말。

【失當:실당】이치·도리에 합당하지 않음。

【失德:실덕】❶덕망을 잃음。❷점잖은 이의 과실。

【失樂園:실락원】기쁨과 즐거움을 잃은 실망의 동산。《書》淸敎徒的 세계관을 展開하면서 天帝와 魔王과의 싸움을 묘사한 英國 밀튼의 敍事詩。全一二卷。

【失儷:실려】=失合。

【失禮:실례】예의를 잃음。예의에서 벗어남。無禮。

【失路:실로】❶길을 잃음。❷출세할 길을 잃음。『柳宗元』孤生易爲感、ㅡㅡ少所宜。

【失馬治廐:실마치구】《國》말 잃고 외양간 고침。亡羊補牢·失牛治廐。《喩》실패한 뒤에 손을 댄다는 뜻。『旬五志』。

【失望:실망】희망을 잃음。失意。『左傳』早世隕命、寡君ㅡㅡ。

【失命:실명】목숨을 잃음。

【失明:실명】눈이 멀음。장님이 됨。『史記·序』左丘ㅡㅡ、厥有國語。

【失名:실명】이름이 드러나지 않아 전하지 않음。

【失名氏:실명씨】=無名氏。

【失物:실물】잃어버린 물건。또는 물건을 잃음。

【失物數:실물수】물건을 잃어버릴 운수。

【失色:실색】 ❶엄숙한 얼굴빛을 잃음。❷놀라서 얼굴빛이 달라짐。
【失攝:실섭】 몸을 잘 돌보지 못함。
【失性:실성】 정신에 이상이 생김。失眞。
【失勢:실세】 세력을 잃어버림。
【失笑:실소】 ❶픽 웃는 웃음。『蘇軾』諸生聞語定ㅡㅡ。❷알지 못하는 사이에 나오는 웃음。❸실수로 웃는 웃음。
【失手:실수】 무슨 일에서 잘못함。
【失時:실시】 때를 놓침。
【失身:실신】 ❶생명을 잃음。❷몸을 버림。몸을 더럽힘。정조를 잃음。
【失神:실신】 본 정신을 잃음。
【失心:실심】 ❶근심으로 마음이 산란하고 맥이 빠짐。失神。❷미침。정신 이상이 됨。
【失語:실어】 ❶잘못 말을 함。❷말을 잊어먹거나 또는 바르게 말을 하지 못함。
【失言:실언】 실수로 말을 잘 못함。또는 그 말。失口。
【失業:실업】 직업을 잃음。생활의 길을 잃음。失職。
【失業手當:실업수당】 실업자에게 실업 보험 규약에 따라서 지불되는 수당。
【失戀:실연】 이루지 못한 연애。또는 바라는 연애가 이루어지지 않음。
【失音:실음】 목소리가 쉼。
【失意:실의】 뜻과 같이 되지 않음。失望。↕得意。『鮑照』ㅡㅡ杯酒間。
【失人:실인】 서로 말하고 사귈 만한 사람을 놓침。『論語·衞靈公』。
【失人心:실인심】 인심을 잃음。
【失跡:실적】 자취를 잃어버림。失踪。『韓愈』中間不得意、ㅡㅡ成遷延。
【失節:실절】 절개를 지키지 못함。
【失政:실정】 정치를 잘못함。잘못된 정치。『淮南子』三月ㅡㅡ。
【失貞:실정】 ❶童貞을 잃음。곧 남자나 여자가 이성과의 性的 관계를 경험함。↕守貞。❷정조를 지키지 못하고 잃음。
【失措:실조】 조치를 잘못함。
【失調:실조】 조화를 잃음。
【失足:실족】 ❶발을 잘못 디딤。❷행동을 잘못함。❸사람을 滅亡으로 이끄는 原因。
【失踪:실종】 종적을 잃어서 있는 곳이나 생사를 알 수 없게 됨。失蹤。
【失踪宣告:실종선고】 사람의 실종이 일정 기간 계속하였을 때 利害關係人의 신청에 의하여 失踪을 선고하는 제도。
【失地:실지】 잃은 영토。
【失職:실직】 =失業。
【失眞:실진】 참됨을 잃음。정신을 잃음。
【失錯:실착】 過失。실패。(錯은 亂)。
【失策:실책】 잘못된 계책。失計。『陸機』擧不ㅡㅡ。『周禮·疏』恐事有ㅡㅡ。
【失體:실체】 체면을 잃음。체면이 상함。면목을 잃음。『北史』史書ㅡㅡ、便加鞭撻。
【失寵:실총】 총애 받음을 잃음。
【失墜:실추】 떨어짐。실패함。『後漢書』奉遵嚴敎、不敢ㅡㅡ。
【失態:실태】 ❶본 면목을 잃는 일。❷볼성 사나운 모양。
【失敗:실패】 일이 목적과는 반대로 헛일이 됨。일을 잘못하여 그르침。↕成功。
【失合:실합】 부부의 짝을 잃음。失儷。失偶。『荀子』有ㅡㅡ之憂。
【失行:실행】 좋지 못한 행동을 함。
【失血:실혈】 출혈이 그치지 아니함。脫血。
【失魂:실혼】 정신을 잃음。
【失和:실화】 사이가 좋지 않게 됨。
【失火:실화】 잘못하여 불을 냄。
【失火罪:실화죄】 실화로 인하여 전조물·기차·자동차·선박·항공기 따위를 燒失한 죄。
【失效:실효】 효력을 잃음。
◎過ㅡ、得ㅡ、亡ㅡ、紛ㅡ、消ㅡ、損ㅡ、遺ㅡ、自ㅡ。

【夰】 (호) 皓 コウ、はなつ set free
❶놓을 호(放也)。❷『昊』와 같음。『元包經』泰ㅡ入于困、元氣降也。

【夲】 ㊀(본) 阮 ホン、もと root; ㊁(토) 豪 トウ、すすむ advance
㊀뜻은 『本』에 보라。㊁❶나아갈 토(進也)。❷왔다갔다하며 볼 토(往來而見貌)。

三 畫

【夵】 ㊀(엄) 琰 エン ㊁(토) 豪 トウ、すすむ advance
㊀위가 크고 밑이 작을 엄(上大下小貌)。㊁나아갈 토(進也)。

【夷】 (이) 支 イ、えびす savage
❶평평할 이(平也)。❷동쪽 오랑캐 이(東方蠻人)。❸기꺼울 이(悅也)。『詩經』云胡不ㅡ。❹상할 이(傷也)。❺베풀 이(陳也)。❻무리 이(等也)。『禮記 喪大記』男女奉尸ㅡ於堂。❼멸할 이(誅滅)。「ㅡ九族」。❽벨 이(芟也)。❾괘 이름 이(卦名)。『禮記 曲禮』在醜ㅡ不爭。『漢書』秦用商鞅法造參ㅡ之誅。
【夷簡:이간】 평이하여 번잡하지 않음。平淡。
【夷踞:이거】 걸터앉음。한 쪽 무릎을 세우고 앉음。箕踞。『後漢書』衆皆ㅡㅡ相對。
【夷界:이계】 오랑캐의 땅。『杜甫』ㅡㅡ荒山頂、蕃州積雪邊。
【夷考:이고】 평범하게 생각함。공평하게 생각함。『孟子』ㅡㅡ其行、而不掩者也。
【夷光:이광】 《人》中國 越나라 美女의 이름。西施。
【夷曠:이광】 토지가 편편하고 넓음。夷博。
【夷戮:이륙】 죽임。『後漢書』奢淫謟慢、鮮不ㅡㅡ。
【夷漫:이만】 ❶평정하여 멸망시킴。❷갈리어 닳아서 평평함。
【夷昧:이매】 어두움。어리석음。
【夷滅:이멸】 멸망시킴。三族을 멸함。『楊惲』自以ㅡㅡ。
【夷靡:이미】 ❶무너져서 평평해짐。❷음악의 가락이 느림。
【夷博:이박】 땅이 평평하고 넓음。夷曠。『唐書』壤土ㅡㅡ。
【夷傷:이상】 상처가 남。또는 상처가 난 것。『顏延之』勉慰ㅡㅡ。
【夷延:이연】 地勢가 평평하고 넓음。
【夷然:이연】 ❶마음이 흔들리지 않고 평온한 모양。❷편편한 모양。
【夷悅:이열】 즐김。夷懌。夷愉(夷는 怡)。『孔子家語』四海舟輿之所及、莫不ㅡㅡ。
【夷由:이유】 ❶주저함。猶豫。『後漢書』ㅡㅡ未殊。❷《動》날다람쥐의 異名。
【夷翦:이전】 三族을 멸함。『隋書』恣興ㅡㅡ、取快情靈。
【夷蹲:이준】 웅쿠려 앉음。
【夷敞:이창】 =夷博。『應璩』沙場ㅡㅡ。
【夷坦:이탄】 ❶길이 평탄함。❷마음이 편함。
【夷蕩:이탕】 평평함。평안함。평온함。『晉書』八表ㅡㅡ、區內緝寧。
【夷險:이험】 토지의 평탄함과 험함。順境과 逆境。

【夸】 (과) 麻 カ、ほこる boast ㄎㄨㄚ k'ua¹
❶큰체할 과(ㅡ奓自大)。❷사치할 과(奢也)。❸아첨할 과(諛也)。『詩經』無爲ㅡ毗。
【夸矜:과긍】 자랑함。뽐냄。『史記』。

【夸大：과대】 작은 것을 크게 떠벌려서 뽐냄。誇大。풍을 침。
【夸毗：과비】 비굴하게 남에게 굽실거림。『詩經』無爲ㅣㅣ。
【夸詐：과사】 큰 소리를 쳐서 속임。『漢書』齊ㅣㅣ多變、反覆之國。
【夸奢：과사】 뽐내고 사치함。『漢書』其俗ㅣㅣ、上氣力。
【夸言：과언】 큰소리。과대한 말。大言。
【夸耀：과요】 자랑하고 빛냄。
【夸淫：과음】 방탕함。『史記』ㅣㅣ自恣、以財驕人。
【夸者：과자】 권세를 빌어 교만한 사람。『史記』ㅣㅣ死權、衆庶馮生。
【夸誕：과탄】 뽐내어 함부로 굶음。矜誕。『宋史』廓性ㅣㅣ。

【夸】 (이)『夷』(前前條)의 古字

【夻】 (화) [國字] 대구화(魚名、大口)。

四 畫

【奁】 (운) 吻 ウン、たかい high
小篆 높을운(高也)。

【奄】 (순) 眞 シュン、おおきい big
小篆 클순(大也)。

【夾】 ㊀(협) 葉 キョウ、はさむ side
㊁(협) 洽 ㄐㄧㄚ chia (古音「겹」)
小篆 草書 ㊀❶곁협(傍也)。❷잡을협(把也)。❸칼이름협(劍名)。❹성협(姓也)。㊁❶곁에서부축할협(左右持)。『左傳 僖公二十六年』ㅣ輔成王。❷낄협(挾也)。❸가까울협(近也)。『書經梓材』懷爲ㅣ。❹잡될협(雜也)。❺겸할협(兼也)。❻가길협(持也)。

【夾擊：협격】 양 쪽에서 끼고 침。夾攻。『史記』漢兵ㅣㅣ、大破之。「ㅣ之。
【夾攻：협공】 =夾擊。『左傳』背巴師而ㅣ
【夾袋：협대】 호주머니。『宋名臣言行錄』呂蒙正爲相、ㅣㅣ有冊。
【夾路：협로】 큰 길에서 갈린 좁은 길。
【夾錄：협록】 편지 속에 따로 넣은 작은 쪽지에 적은 글。
【夾門：협문】 ❶正門 옆에 따로 붙은 작은 문。❷三門 좌우에 낸 작은 문。
【夾房：협방】 곁방。
【夾輔：협보】 좌우에서 도움。『左傳』ㅣㅣ成王。
【夾書：협서】 글줄 한 옆에 덧붙여 글을 적음。또는 그 글。
【夾侍：협시】 좌우에서 가까이 모심。
【夾室：협실】 堂의 안방의 양 쪽에 있는 방。『禮記』後ㅣㅣ。
【夾擁：협옹】 좌우에서 지킴。『晉書』ㅣㅣ帝座。
【夾紙：협지】 편지 가운데에 따로 끼어 넣는 종이。
【夾戶：협호】 한 집에서 딴 살림을 하게 된 집채。

【夾】 ㊀(섬) 琰 コウ、キョウ、ぬすむ
㊁(석) 陌 steal
小篆 ㊀물건을 훔칠섬(盜取)。㊁뜻은 ㊀과 같음。

五 畫

【奄】 (엄) 琰 エン、おおう cover
鹽 ㄧㄢˇ yen³
小篆 草書 ❶문득엄(忽也)。『詩經』ㅣ有四方。❷가릴엄(覆也)。❸그칠엄(止也)。❹오랠엄(久也)。『詩經』ㅣ觀錘艾。❺매우엄。

【奄留：엄류】 (『淹』과 通함) 머무름。오래 묵음。
【奄息：엄식】 쉼。휴식함。
【奄奄：엄엄】 ❶숨이 끊어지려고 하는 모양。『李密』氣息ㅣㅣ。❷어두운 모양。
【奄有：엄유】 남기지 아니하고 전부 차지함。『詩經』ㅣㅣ四方。
【奄人：엄인】 환관。宦人。『周禮·註』奄、精氣閉藏者、今謂之宦人。
【奄遲：엄지】 머물러 움직이지 않음。『兵略』敵迫而不動、曰ㅣㅣ。
【奄忽：엄홀】 급작스러운 모양。忽然。奄然。奄欻。『漢書』ㅣㅣ如神。「奄忽。
【奄欻：엄훌】 변화가 빠른 모양。갑자기。

【㚈】 (와) 麻 ワ、おおきい large
小篆 클와(大也)。

【奅】 (포) 效 ホウ、おおきい big
❶클포(大也)。❷고을이름포(縣名)。❸소뇌돌포(礮石)。(『砲』와 통함) 『韓愈詩』投ㅣ鬧碚礔。

【奟】 (불) 物 フツ、ブツ、たすける help
小篆 ❶도울불(助也)。❷클불(大也)。

【奍】 (권) 阮 ケン、おおきい huge
몹시 클권(甚大)。

【奇】 (기) 支 キ、めずらしい strange
ㄑㄧˊ chi²
小篆 草書 ❶이상할기(異也)。❷괴술기(詭也)。❸숨길기(秘也)。『史記』陳平六出ㅣ計。❹홀수기(偶數之對)。❺때못만날기(不遇)。『史記 李廣傳』李廣老數ㅣ毋令獨當單于。❻정년미만(丁年未滿)의 남자기。『韓非子十過』遺有ㅣ人者。

【奇傑：기걸】 진기하고 뛰어난 人物。
【奇警：기경】 대단히 놀람。『宋史』弱歲ㅣㅣ、出語驚人。
【奇計：기계】 기묘한 꾀。생각도 못한 좋은 꾀。奇策。『史記』凡六出ㅣㅣ。
【奇計縱橫：기계종횡】 교묘한 꾀를 마음대로 부림。
【奇觚：기고】 기이한 책。
【奇骨：기골】 보통과 다른 氣骨。기걸스럽고 기력이 왕성한 성격。또는 그 사람。『晉書』此兒有ㅣㅣ、可試使啼。
【奇功：기공】 보기드문 공로。奇勳。『漢書』陳湯爲人多策謀、喜ㅣㅣ。
【奇觀：기관】 기이한 光景。볼만한 景致。『楊萬里』ㅣㅣ初逢慰道途。
【奇怪：기괴】 기이하고 괴상함。
【奇怪罔測：기괴망측】 너무 기괴하여 말할 수 없음。
【奇巧：기교】 기이하고 교묘함。
【奇句：기구】 교묘한 글귀。『宋史』其詩澄淡峭特多ㅣㅣ。
【奇崛：기굴】 용모가 기이하고 웅장함。
【奇窮：기궁】 살기가 몹시 어려움。
【奇詭：기궤】 기이하고 이상스러움。『唐書』謀有ㅣㅣ。「야릇함。
【奇奇：기기】 몹시 기이함。매우 이상
【奇奇妙妙：기기묘묘】 몹시 기묘함。
【奇譚：기담】 이상 야릇하고 재미있는 이야기。
【奇談：기담】 =奇譚。
【奇談怪說：기담괴설】 기이하고 괴상한 이야기와 논설。
【奇譚叢書：기담총서】 기담을 한데 모아 엮은 책。
【奇童：기동】 매우 약빠르고 꾀와 재주가 많은 아이。『唐書』賀得ㅣㅣ。
【奇麗：기려】 기묘하고 아름다움。妙麗。

『漢書』坐列販賣、操其――。

【奇論:기론】 ❶기이한 언론。 ❷기특스러운 언론。

【奇利:기리】 뜻하지 아니한 이익。『管子』――未在其中也。

【奇謀:기모】 기묘한 꾀。「雅有――大略。『北史』美風度

【奇妙:기묘】 기이하고 신묘함。

【奇文:기문】 기이하고 묘한 글。『陶潛』――共欣賞。

【奇聞:기문】 기묘하고 이상한 소문。

【奇薄:기박】 삶이 기구하고 복이 적음。

【奇拔:기발】 ❶아주 빼어남。 유달리 뛰어남。『宋史』才藻――。 ❷남이 생각지도 못하는 것。「進士益相習、爲――。

【奇僻:기벽】 괴팍한 버릇。 偏僻。『宋史』

【奇變:기변】 ❶뜻밖의 난리。 ❷기이하게 변함。

【奇兵:기병】 기이한 꾀를 써서 不意에 敵을 치는 군대。『史記』縱――、佯敗走。

【奇峰:기봉】 이상한 형태의 산。『陶潛』春水滿四澤、夏雲多――。

【奇邪:기사】 常理에 벗어남。↔中正。

【奇思:기사】 기이한 생각。

【奇衺:기사】 속임수가 비상함。

【奇事:기사】 기이한 일。

【奇事異蹟:기사이적】 기이한 事蹟。

【奇相:기상】 기이한 생김새。『金史』吾兒有――。

【奇想天外:기상천외】 상식을 벗어난 아주 엉뚱한 생각。

【奇書:기서】 기이한 내용의 책。 珍書。

【奇瑞:기서】 이상한 징조。異瑞。『論衡』。『陸游』歸當讀――。

【奇聲:기성】 기묘한 소리。 익숙하지 못한 이상한 소리。

【奇數:기수】 둘로 나눌 수 없는 정수。「無――。홀수。↔偶數。

【奇術:기술】 기이한 요술。『韓愈』悲哉

【奇襲:기습】 不意에 적을 습격함。

【奇巖怪石:기암괴석】 기이하고 괴상한 바위와 돌。

【奇藥:기약】 효험이 아주 기이한 약。

【奇言:기언】 기이스러운 말。

【奇緣:기연】 기이한 인연。

【奇穎:기영】 뛰어나게 영리함。

【奇玩:기완】 기이한 노리개。

【奇偶:기우】 奇數와 偶數。 홀수와 짝수。

【奇遇:기우】 기이한 인연으로 만남。 意外에 만남。「한 구름。『李白』奇峰出――。

【奇雲:기운】 이상한 형태의 구름。 괴상

【奇偉:기위】 대단히 훌륭함。『吳志』形貌――。

【奇瑋:기위】 기이하고 아름다움。『傅休奕』甑斯味之――。

【奇異:기이】 이상하고 괴상함。

【奇人:기인】 기묘하고 이상한 사람。『韓非子』遺有――者。

【奇才:기재】 뛰어난 재주。 또는 그런 재주를 가진 사람。『史記』年雖少、然――也。

【奇蹟:기적】 ❶사람의 心力으로는 도저히 할 수 없는 아주 신기한 일。 ❷既知의 자연 법칙을 초월하여 종교적 불가사의한 조짐으로 간주되는 것。

【奇蹟的:기적적】 아주 기적스러운 것。

【奇絶:기절】 매우 기묘함。 비할 데 없이 기이함。

【奇峻:기준】 산이 기이하고 높음。

【奇智:기지】 보통과는 다른 이상한 지혜。 기특한 지혜。『賈誼』是必有――。

【奇地:기지】 아주 신기한 땅。

【奇疾:기질】 원인 모를 이상한 병。

【奇徵:기징】 기이한 징조。 기이한 瑞祥。

【奇捷:기첩】 의외의 승리。

【奇草:기초】 이상한 풀。『李德林』神禽異獸、珍木――。

【奇峭清麗:기초청려】 산이 가파르고 기이하며 맑고 아름다움。

【奇態異狀:기태이상】 온갖 기이한 모양。

【奇特:기특】 ❶기이하고 특수함。『宋書』風骨――。 ❷이상한 效驗。

【奇品:기품】 ❶빼어난 人品。『司馬光』一城――推安國。 ❷진기한 물품。

【奇行:기행】 기이한 행동。『戰國策』是鄒魯無――也。

【奇形:기형】 기이한 형상。

【奇花:기화】 신기한 꽃。『宋史』夾岸皆――珍木。

【奇禍:기화】 의외의 불행。 이상하게 당하는 재난。

【奇貨:기화】 ❶기묘하고 귀한 물건。 ❷잘못을 못되게 이용하는 기회。

【奇花異草:기화이초】 보기 드문 이상스러운 꽃과 풀。

【奇幻:기환】 ❶이상야릇함。 ❷이상한 「허깨비。

【奇畫:기획】 뛰어난 계획。 奇計。 奇策。

【奇譎:기휼】 기묘하고 능청스럽게 남을 속임。『漢書』所到輒出――。

◎怪―、新―、獵―、珍―。

【扶】

(반) 旱 ハン、ならびゆく accompany

小篆 ❶나란히 갈반(並行)。 ❷따라 갈반(侶也)。

【奈】

㊀(내) 泰 ナ、ナイ、いかに why; how ㊁(나)〔慣音〕ㄋㄞ nai⁴

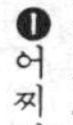

草書 ㊀❶어찌내(那也)。 ❷어찌할고 내(如何-何)。(『柰』와 같음) ㊁뜻은 ㊀과 같음。

【奈何:내하】 어찌함。

【奈落:나락】 《梵》Naraks의 音譯。 不可樂。 墮落。 지옥。 ↔極樂。

【奉】

(봉) 腫 ホウ、フ、たてまつる respect ㄈㄥˋ feng⁴

小篆

草書 ❶받들봉(恭承也)。『潘勗 冊魏公九錫文』-答天命。 ❷드릴봉(獻也)。「貢-」。 ❸높일봉(尊也)。 ❹봉양할봉(養也)。『詩經 小雅吉日小序』無不自盡以-其上焉。 ❺기다릴봉(待也)。『史記 孔子世家』景公止孔子曰、-子以季氏、吾不能。 ❻살아갈봉(-身儉薄)。『孟子 告子上』妻妾之-。 ❼녹봉(祿、秩祿、給料)。『漢書 宣帝紀』小吏勤事而-薄。(『俸』과 통함)

【奉檄之喜:봉격지희】 부모가 있는 사람이 고을의 원이 되는 기쁨。

【奉見:봉견】 받들어 봄。

【奉告:봉고】 받들어 아룀。

【奉公:봉공】 국가나 사회를 위하여 心力을 다함。 奉職。『漢書』趙禹志在――。

【奉畓:봉답】 천둥지기。「――。

【奉答:봉답】 삼가 대답함。『北史』往來

【奉戴:봉대】 공경하여 떠받들음。 받들어 임금을 삼음。『左傳』――厲公。

【奉德寺神鐘:봉덕사 신종】 《歷》慶州 박물관에 보관되어 있는 韓國 최대의 鐘。 新羅 景德王이 先考를 위하여 黃銅 一〇만 근을 내놓아 만들기 시작한 후 惠恭王 七년(七七一)에 비로소 완성되어 봉덕사에 두고 처음에는 이름을 聖德大王 神鐘이라 하였음。

【奉讀:봉독】 남의 글을 받들어 읽음。

【奉老:봉로】 늙은 부모를 모심。

【奉祿:봉록】 ＝俸祿。『史記』位在三公、――甚多。

【奉命:봉명】 임금의 명령을 받들음。

【奉盤:봉반】 ❶소반을 받들음。 ❷奉仙跳盤의 略語。

【奉別:봉별】 웃사람과 이별을 함。

【奉仕:봉사】 ❶남을 위하여 일함。 ❷남을 받들어 섬김。 奉事。

【奉事:봉사】 ❶웃어른을 받들어 섬김。 ❷소경。 ❸《制》李朝 때 從八品의 한 벼슬。

【奉祠:봉사】 조상의 제사를 받들어 모

심。〔史記〕各以歲時——。
【奉祀:봉사】 조상의 제사를 받들음。奉祭祀。
【奉祀孫:봉사손】 조상의 제사를 모시는 자손。
【奉嘗:봉상】 제사를 올림。〔後漢書〕後世子孫——我。
【奉送:봉송】 높은 분을 배웅함。
【奉受:봉수】 삼가 받음。
【奉承:봉승】 ❶높은 사람의 뜻을 이어 받음。〔左傳〕——以來、弗敢失隕。❷아첨함。
【奉安:봉안】 ❶신주 또는 화상을 받들어 모심。❷임금의 棺을 殯宮에서 山陵으로 옮겨 장사함。
【奉養:봉양】 어버이나 조부모를 받들어 모심。어른을 받들어 모심。〔十八史略〕——無不至。
【奉迎:봉영】 덕망이 높은 사람이나 귀인을 맞음。
【奉引:봉인】 손위 사람을 안내함。〔史記〕——隊車騫。
【奉錢:봉전】 남의 旅費를 돕는 돈。餞別。〔史記·蕭相國世家〕。
【奉呈:봉정】 삼가 받들어서 드림。奉獻。
【奉祭祀:봉제사】 제사를 받들어 모심。
【奉足:봉족】 어떤 일을 꾸려 나가는 사람을 곁에서 도와 줌。
【奉職:봉직】 공무에 종사함。〔史記〕——循理。
【奉天:봉천】 ❶하늘을 받들음。하늘을 따름。❷地〔瀋陽을 滿洲國 때 부르던 이름。
【奉天沓:봉천답】 천둥지기。
【奉祝:봉축】 삼가 축하함。
【奉勅:봉칙】 勅命을 받들음。
【奉親:봉친】 어버이를 받들어 모심。
【奉行:봉행】 上命을 받들어 행함。〔漢書〕方今務在——故事而已。
【奉獻:봉헌】 삼가 받들어 드림。奉呈。〔後漢書〕鄯善國遣使——。
【奉還:봉환】 받들어 돌려 보냄。
【奉候:봉후】 貴人에게 문안 드림。〔宋書〕——於新亭。

【⿱大此】 (해) 卦 カイ、おおきくひらく extend
벌릴해(張大)。

【奊】 (혈) 屑 ケツ しだらく unmoderate
❶머리비뚤어질혈(頭衺骫)。❷분수 없을혈(無志分)。〔治安策〕—詬亡節。

【奌】 (점) 『點』(黑部 5畫)의 略字

六 畫

【⿱大亘】 ㊀(한) 寒 ㊁(원) 阮 カン、エン、おごる luxurious
㊀❶사치할한(奢也)。❷클한(大也)。❸큰입한(大口貌)。㊁뜻은 ㊀과 같음。

【奎】 (규) 齊 ケイ、ほし star ㄎㄨㄟ
❶별규(西方星名)。❷공무니규(兩髀間)。
【奎文:규문】 문장。문학。문물。
【奎璧:규벽】 ❶經書를 줄여 박은 책。❷(制)諸侯가 天子께 뵈올 때에 가지던 구슬。
【奎蝺:규우】 큰 발걸음으로 성큼성큼 걷는 모양。〔文選〕——盤桓。
【奎運:규운】 文運。문예의 발달。
【奎章:규장】 임금의 글이나 글씨。奎翰。
【奎章閣:규장각】 (制)역대 임금의 글·글씨·顧名·遺敎·璿譜(선보)·寶鑑 등과 正祖의 御眞을 보관하던 관청。正祖 元年에 설치。高宗 三一년에 官內府에 두고 이듬해에 奎章院이라고 고쳤다가 三四년에 다시 본 이름으로 회복함。

【奏】 (주) 宥 ソウ、もうしあげる inform ㄗㄡ
❶아뢸주(進言)。〔書經〕敷—以言。❷천거할주(薦也)。❸풍류주(音樂)。❹상소할주(上疏)。〔漢書〕上嘗坐武帳汲黯前—事。❺편지주(簡類)。(『輳·腠·湊』와 통함)
【奏功:주공】 ❶보람이 드러남。❷일이 성취됨。
【奏達:주달】 ❶임금에게 아뢰는 일。奏稟。奏御。❷(制)管下의 上申 서류 등을 상급관청으로 올려 보냄。
【奏聞:주문】 임금에게 아룀。奏上。
【奏書:주서】 임금에게 올리는 文書。上疏。
【奏疏:주소】 ❶문체의 이름。❷신하가 임금께 올리는 상주문의 總稱。奏書。〔宋史〕——凡數十。
【奏樂:주악】 음악을 연주하는 일。또는 연주하는 음악。
【奏議:주의】 임금께 아뢰어 의논함。또는 그 意見書。〔漢書〕公卿稱職、——可述。
【奏章:주장】 奏書。上書。
【奏裁:주재】 임금께 文書를 올리어 재가를 얻음。〔唐書〕大事——。
【奏薦:주천】 관원을 추천하여 임금에게 아룀。
【奏請:주청】 上奏하여 裁可를 청함。
【奏請使:주청사】 (制)冬至使 이외에 국사에 관하여 주청할 일이 있을 때 中國에 가던 사신。
【奏彈:주탄】 임금께 상소문을 올리어 관리의 죄를 탄핵함。〔梁書〕憲臺——。
【奏稟:주품】 =奏達。〔唐書〕萬機——。
【奏下:주하】 상주한 국사 안건에 대하여 재가가 내림。
【奏劾:주핵】 임금에게 아뢰어 관리의 죄를 다스림。
【奏效:주효】 ❶효력이 나타남。❷일이 성취됨。

【奐】 (환) 翰 カン、あきらか shine ㄏㄨㄢ
❶클환(大也)。❷성할환(盛也)。❸빛날환(粲明貌)。〔禮記檀弓下〕美哉—焉。❹한가할환(閒暇貌)。〔詩經大雅卷阿〕伴—爾游矣。(『煥』과 같음)
【奐爛:환란】 많은 모양。무성한 모양。〔禮記·疏〕奐、謂其室——衆多也。
【奐焉:환언】 무늬가 있는 모양。奐乎。奐然。〔禮記·疏〕言其文章之貌也。
【奐衍:환연】 떨어져 깔리는 모양。많은 모양。渙焉。〔嵇康〕叢集累積、——於其側。
【奐乎:환호】 무늬가 있는 모양。煥乎。〔張載〕——郁郁、焜乎煌煌。
【奐奐:환환】 빛이 빛남。빛이 밝은 모양。煥煥。〔丘光庭〕——新室、禮樂其融。

【契】 ㊀(계) 霽 ㊁(글) 物 ㊂(결) 屑 ㊃(설) 屑 ケイ、セツ、ちきり contract ㄑㄧˋ ㄒㄧㄝ
㊀❶계약할계(約也)。❷문서계(券也書—)。❸합할계(合也)。❹근심하고 괴로워할계(——憂苦)。〔詩經〕——寤歎。(『鍥·挈』와 통함) ㊁나라의 이름글「—丹」。㊂근고할결(勤苦—闊)。〔詩經〕死生—闊。㊃사람의 이름설(殷湯王의 祖先의 名)。
【契勘:계감】 다른 물건과 맞대어서 살펴 봄。
【契契:계계】 ❶분주한 모양。〔柳宗元〕欣不暇熟、又——而東。❷근심스럽고 괴로운 모양。〔詩經〕——寤歎。
【契券:계권】 계약서。증서。契票。〔荀子〕合符節、別——者、所以爲信也。

【契機:계기】 어떠한 일이 일어나거나 결정되는 근거나 기회。動機。原因。
【契文:계문】 계약서。約定書。
【契分:계분】 친한 벗 사이의 두터운 정분。「분。
【契需:계수】 두려워함。『周禮』行數千里、馬不ㅡㅡ。
【契約:계약】 ❶사람과 사람 사이의 약속。『北魏書』ㅡㅡ既固。❷(法)일정한 법률적 발생을 목적으로 하는 두 개 이상의 의사 표시의 合致에 의해서 성립하는 법률 행위。❸하느님이 求靈의 業을 이루기 위하여 인간에게 표시한 특별한 의사。約定。
【契約關係:계약관계】 계약에 의하여 당사자 간에 생긴 권리 의무의 관계。
【契約書:계약서】 계약의 조항을 기재한 書面。
【契員:계원】 같은 契를 조직한 사람。
【契印:계인】 관련된 두 종이에 걸쳐 찍는 契字를 새긴 도장。割印。
【契子:계자】 =養子。
【契錢:계전】 곗돈。
【契主:계주】 계를 모으고 그 책임을 맡아 보는 사람。
【契酒:계주】 계의 모임에서 먹는 술。
【契合:계합】 ❶잘 어울림。符合。❷契合法의 略。❸親密。
【契闊久矣:계활구의】 만난 지가 썩 오래 되었음。
【契會:계회】 ❶계의 모임。❷약속하여 만남。❸장래의 일을 굳게 약속함。『司馬光』神精ㅡㅡ、形迹兩俱忘。
【契丹:글단⇩글안】 《歷》나라 이름。또는 東胡의 종족。뒤에 나라를 세워 遼라 하였는데 金에게 멸망당함。
【契丹場:글단장⇩글안장】 《歷》高麗 때의 契丹人 俘虜들의 집단 수용장。高宗 六년에 장군 金就礪가 契丹族의 江東城을 함락하고 降卒 五만 여명을 거두어 국내 여러 주군에 나누어 살게 하던 곳。

【奓】 (차) 麻 シャ、ほこる 馬 pride
❶자랑할차(夸也)。『唐書』陸贄ㅡ言無驗。❷열릴차(開也)。『天地賦』偉二儀之ㅡ濶。❸사치할차(侈也)。『西京賦』憑虛公子心ㅡ體泰。(『侈』와 같음)
【奓靡:차미】 교만하여 제멋대로 함。『抱朴子』道德之功建、而ㅡㅡ之門閉矣。
【奓心:차심】 분에 넘치는 사치스러운 마음。『張衡』有馮虛公子者、心奓體忲。
【奓言:차언】 교만스러운 말。『唐書』ㅡ無驗、不必用質言。
【奓戶:차호】 문을 열음。『莊子』日中ㅡ「ㅡ而入。
【奓闊:차활】 분에 넘쳐 사치스러움。『成公綏』何陰陽之難測、偉二儀之ㅡㅡ。

【奔】 ㊀(분) 元 ホン、はしる ㊁(분) 願 run ㊂(분) 問 ㄅㄣ pen[1]
小篆 草書
㊀❶달아날분、빨리 갈 분(走也)。『爾雅』大路謂之ㅡ。❷분주할분(趨事恐後)。『詩經』駿ㅡ走在廟。㊁급히 달아 날분(有變急赴)。㊂❶패할분(追ㅡ覆敗)。『史記』追ㅡ逐北。❷야합할분(野合)。
【奔競:분경】 ❶경주함。『南史』外示寡求、內懷ㅡㅡ。❷몹시 다툼。❸엽관 운동。
【奔告:분고】 빨리 가서 알림。「淫奔女。
【奔女:분녀】 음탕한 행위를 하는 여자。
【奔突:분돌】 달려가서 부딪침。『後漢書』馬驚ㅡㅡ賊陣。『蘇軾』ㅡㅡ過佛脚。
【奔騰:분등】 물건 값이 갑자기 올라감。
【奔流:분류】 매우 빨리 흐름。急流。『薛道衡』竹箭下ㅡㅡ。「ㅡㅡ。
【奔馬:분마】 빨리 내닫는 말。『說苑』御ㅡㅡ。
【奔忙:분망】 매우 바쁨。『郝經』自媿空

【奔放:분방】 ❶힘차게 달림。❷常規에 따르지 않고 제멋대로임。❸水勢가 빠름。詩文의 기세가 좋은 形容。『超扑』詞句大ㅡㅡ。
【奔北:분배】 전쟁에서 지고 도망하여 달아남。『書甘誓』。
【奔蜂:분봉】 작은 벌。『莊子』ㅡㅡ不能「化藿蠋。
【奔奔:분분】 ❶서로 싸워서 추하게 된 모양。❷서로 和해서 질서가 있는 모양。『詩・鶉之奔奔』。
【奔駛:분사】 ❶빨리 달림。❷騎馬・水流 따위의 氣勢가 빠름。『洛陽名園記』湍瀑則ㅡㅡ。「居易」鄕閭淤ㅡㅡ。
【奔逸:분일】 뛰어서 도망함。逸走。『白
【奔注:분주】 기운차게 물이 흘러감。『杜甫』溪行水ㅡㅡ。
【奔奏:분주】 =奔走。『詩經』予日有ㅡㅡ。
【奔湊:분주】 달려서 모임。『晉書』勢傾天下、朝野ㅡㅡ。
【奔走:분주】 ❶몹시 바쁨。❷盡力함。「많음。運動함。
【奔走多事:분주다사】 부산하여 일이 아주 바빠서 틈이 없음。
【奔走不暇:분주불가】
【奔趨:분추】 바삐 서둘러 쫓아가 참여함。『韓愈』吽譟ㅡㅡ。「ㅡㅡ。
【奔馳:분치】 빨리 달림。『後漢書』赤車
【奔波:분파】 세차게 이는 파도。奔浪。『水經・註』ㅡㅡ聒天。◎狂ㅡ、出ㅡ。

【奕】 (혁) 陌 エキ、うつくしい beautiful ㅡ[1] (古音「역」)
小篆 草書
❶클혁(大也)。『詩經 大雅韓奕』ㅡㅡ梁山、維禹甸之。❷아름다울혁(美也)。『詩經 魯頌 宮』新廟ㅡㅡ。❸차례혁(次序)。『詩經商頌那』萬舞有ㅡ。❹바둑혁(圍碁)。『孟子 告子上』奕秋通國之善ㅡ者也。❺ 대바뀔혁(ㅡ葉、累世)。(『弈』과 通함)。「ㅡ世」。❻근심할혁(憂心)。『詩經 小雅頍弁』未見君子、憂心ㅡㅡ。❼빛날혁(赫也)。『北齊書 瑯邪王儼傳』瑯邪眼光ㅡㅡ 數步射人。❽연한모양혁。『左思 吳都賦』僧從ㅡㅡ。
【奕棊:혁기】 바둑을 둠。奕棋。閑恭。『西京雜記』杜陵杜夫子、善ㅡㅡ、爲天下第一。
【奕世:혁세】 ❶代代。❷累世。『國語』ㅡ載德。

【巭】 (부) 〔國字〕
공부부(勉學)。

【美】 (미)→羊部3畫

七 畫

【套】 ㊀(토) 號 トウ、かさねる ㊁(투) 皓 pile
草書
㊀❶장대할토(長大)。❷둘씨우는어리토(囵ㅡ)。❸씌울토(重也襲也)。❹껍질토(外皮)。「筆ㅡ、封ㅡ、外ㅡ」。❺캐캐묵을토。「陳ㅡ、舊ㅡ」。❻땅이굽어진곳토。「河ㅡ(河曲)」。❼버릇토、솜씨토。(俗音「투」) ㊂전례투(前例也)。
【套管鍼:투관침】 침의 한 가지。관에 넣어 가지고 침자리에 꽂은 다음 뱅뱅 돌리며 놓는 침。
【套署:투서】 도장。印章。「것。
【套袖:투수】 토시。겨울에 손목에 끼는
【套習:투습】 본을 떠서 함。
【套語:투어】 陳腐한 말。정해진 문구。常套語。

【奘】(장) 養 漾 ソウ、ゾウ、おおいなり big ㄓㄨㄤˇ chuang³
小篆 草書 ❶클장(大也、壯也)。❷튼튼할장(强大)。〔方言〕晉秦閒人大謂之－。

【奚】(해) 齊 ケイ、なんぞ why ㄒㄧ hsi¹ (本音「혜」)
小篆 草書 ❶어찌해(問疑辭何也)。〔韓非子 十過〕－謂小忠。❷종해(隷役)。〔周禮天官酒人〕－三百人。❸큰배해(大腹)。❹종족의 이름해。「수당(隋唐)나라때 열하(熱河)의 땅에있던 종족(種族)의 이름」。〔杜甫詩〕黃頭－兒日向西。

【奚琴:해금】 악기의 이름。奚族이 좋아하던 樂器。『文獻通考·樂考』。

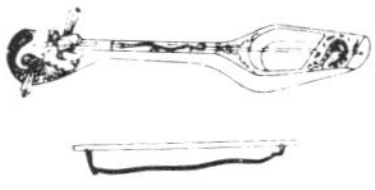
奚琴(淸會典圖)

【奚囊:해낭】 詩歌를 넣어 두는 주머니。〔柳貫〕故留皺玉薦－－。〔陸游〕詩囊隨處累－－。

【奚奴:해노】 종。僕隷。

【奚若:해약】 어찌。

【奚隷:해예】 남녀의 심부름군。

【奚特:해특】 何特。어찌 특히。

八畫

【奞】(분)『奮』(田部 5畫)의 本字

【奜】(비) 尾 未 ヒ、おおきい big
클비(大也)。

【奭】(역) 職 ヨク、つよい strong
강할역(强也)。

【奝】(조) 蕭 チョウ、おおい abundant
草書 ❶클조(大也)。❷많을조(多也)。

【奞】(순) 震 シュン、はばたく flap the wings
小篆 날개칠순(敲翼)。

【套】(투)『套』(大部 7畫)와 같음

【爽】(상)『爽』(爻部 7畫)의 俗字

【爽】(상)→爻部7畫

九畫

【奠】(전) 霰 テン、さだめる decide
小篆 草書 ❶정할전(定也)。〔書經 盤庚下〕－厥攸居。❷둘전(置也)。〔禮記〕－之而後取之。❸전올릴전(薦也)。〔禮記〕春夏釋－於先師。❹베풀전(陳也)。

【奠居:전거】 있을 곳을 정함。奠接。「전。

【奠物:전물】 부처나 신에게 올리는 물

【奠雁:전안】 혼인 때 신랑이 기러기를 가지고 신부 집에 가서 상 위에 놓고 절하는 禮。

【奠接:전접】 살 만한 곳을 정함。 머물러 있을 곳을 정함。奠居。

【奠祭:전제】 모세의 율법에 나오는 제사의 하나。

【奠菜:전채】 채소를 귀신에게 바침。또는 그 祭物。〔儀禮·士昏禮〕。

【奠枕:전침】 心身이 안정됨。〔法言·寡見〕。

【奠幣:전폐】 나라의 큰 제사 때 폐백을 드리던 일。

【奡】(오) 號 ゴウ、おごる arrogant
小篆 草書 ❶거만할오(慢也)。❷헌걸찰오(矯健)。❸이름오(寒促子名)。「중국 하(夏)나라 시대、흉폭(兇暴)하게 완력이 강했던 사람」。〔論語 憲問〕－盪舟。(『傲』와 通함)

【缺】(결)『缺』(缶部 4畫)과 같음

【奢】(사) 麻 シャ、おごる luxury
小篆 籀文 草書 ❶사치할사(侈也)。〔史記〕晏子儉矣夷吾則－。❷조카사위사(婿婿阿－)。

【奢綺:사기】 사치하고 화려함。〔吳志〕獨爲－－。

【奢靡:사미】 신분에 지나치게 치레함。

【奢傲:사오】 사치하고 거만함。〔左傳〕六卿强而－－。

【奢佚:사일】 사치하고 놀기를 좋아함。〔後漢書〕方今時俗－－。

【奢恣:사자】 마음대로 사치함。〔後漢書〕以鈔掠爲資－－無厭。

【奢僭:사참】 사치스럽고 분에 넘침。〔後漢書〕富者－－、貧者單財。

【奢侈:사치】 지나치게 향락적인 소비를 함。필요 이상으로 치장함。〔史記〕富人爭－－。

【奢侈品:사치품】 생활 필수품의 한도「를 넘는 사치스러운 물건。

【奢泰:사태】 사치스러움。奢侈。〔張衡〕－－肆情。

【奢華:사화】 사치하고 호화스러움。〔韓愈〕當春天地爭－－ 洛陽園苑尤紛拏。

【報】(보)『報』(土部 9畫)의 本字

【奤】(반) 旱 ハン、かおがおおきい broad-face
얼굴클반(面大曰－)。

十畫

【奧】(오)『奧』(大部 10畫)의 俗字

【奙】(효) 蕭 キョウ、コウ、ふとる graw fat
❶클효(大也)。❷살찔효(肥也)。❸돼지고기국효(豚肉羹)。

【奧】㊀(오) 號 オウ、オク、おく profundity
㊁(욱) 屋 ㄠ ao⁴
小篆 草書 ㊀❶속오(內也)。❷아랫목오(室隅)。❸물의굽이쳐들어간낭떠러진곳 오。〔詩經衛風淇奧〕瞻彼淇－、綠竹猗猗。❹비밀오(秘密)。❺맨끝오(極所、極點)。「究蘊－」。❻깊을오(深也)。❼알기어려울오(幽冥、深遠)。❽쌓을오(積聚)。〔周語〕野無－草。❾삶을오(烹和)。❿돼지우리오。(『懊』와 같고 『澳』와 통함)
㊁❶따스할욱(暖也)。❷모퉁이욱(隈也)。

【奧區:오구】 나라의 중심이 되는 곳。↔邊境。

【奧妙:오묘】 深奧하고 微妙함。

【奧密稠密:오밀조밀】 ❶意匠의 기술이 세밀함。❷마음이 자상스러움。

【奧秘:오비】 깊은 비밀。奧義。〔會稽典錄〕上窮陰陽之－－、下據人情之歸極。

【奧賾:오색】 매우 깊음。深奧。

【奧如:오여】 울창하고 깊숙한 모양。〔柳宗元〕曠如也 －－也。「－－闃深。

【奧衍:오연】 뜻이 매우 깊음。〔唐書〕皆

【奧義:오의】 매우 깊은 뜻。奧旨。〔宋史〕講論諸經－－。

【奧旨:오지】 매우 깊은 뜻。奧義。奧境。

【奧地利:오지리】 (地)나라 이름。유럽중부에 있는 共和國。오스트리아。

【奪】(탈)『奪』(大部11畫)의 古字

十一畫

【奩】(렴) 鹽 ㄌㄧㄢˊ lien² incense case レン、こうばこ
草書 ❶향합렴(盛香器)。❷경대렴(鏡匣)。【韓愈詩】妝一一暫開。(『匳』과 같음)

【奩具:염구】化粧할 때 쓰는 제구의 하나。

【奩幣:염폐】婚需。出嫁하는 여자들의 기물。또는 재물。【湘山野錄】

【奪】(탈) 曷 ㄉㄨㄛˊ tuo² rob ダツ、タツ、うばう
小篆 書 草 ❶빼앗을탈(强取)。❷잃어버릴탈(失也)。【論語 陽貨】惡紫之一朱也。❸빼앗길탈。❹좁은길탈(狹路)。【禮記】齊莊公襲莒于一。❺깎을탈(削除)。❻갈탈(去也)。(『敓』과 通함)

【奪告身:탈고신】죄를 지은 벼슬아치의 職帖을 빼앗아 버림。

【奪氣:탈기】❶놀라거나 겁에 질려 기운이 아주 빠짐。❷몹시 지쳐서 기운이 빠짐。

【奪略:탈략】함부로 빼앗음。

【奪掠:탈략】=脫略。

【奪倫:탈륜】올바른 가르침을 어기고 딴 짓을 함。질서를 문란하게 함。

【奪目:탈목】강렬한 빛 때문에 눈이 캄캄해짐。

【奪色:탈색】같은 것 가운데서 특히 뛰어나서 딴 것을 억누름。

【奪嫡:탈적】庶子가 嫡子를 누르고 嫡子 노릇을 함。

【奪情:탈정】❶起腹出仕。❷남의 情을 억지로 빼앗음。【公羊傳】

【奪志:탈지】강제로 욱박질러 志操를 굽히게 함。

【奪取:탈취】빼앗아 가짐。【唐書】一一賊捎。

【奪胎:탈태】형태나 형식을 아주 바꾸어 버림。【冷齋夜話】窺入其意、而形容之、謂之一一之法。
◎强一、掠一、爭一。

【奫】(윤) 眞 イン、ふかい profundity
草書 ❶물깊을윤(深廣貌)。【樂歌】聖德至深兮一一如淵。❷물이 충충할 윤(一水深)。

【奫淪:윤륜】물줄기가 돌았다가 다시 흘러나가는 모양。【白居易】魚尾上一一。

【奫潫:윤만】❶물이 다시 흘러 나가는 모양。【左思·注】一一、廻復之貌。❷물의 깊고 넓은 모양。【集韻】一一、水深廣貌。

【奫奫:윤윤】❶물의 깊고 넓은 모양。【元結·補樂歌】聖德至深兮、一一如淵。❷물결이 맴도는 모양。

【㚖】㊀(질) 質 ㊁(절) 屑 チツ、テツ、おおきい big
小篆 ㊀❶클질(大也)。❷성할질(盛也)。㊁뜻은 ㊀과 같음。

【奨】(장)『獎』(犬部11畫)의 略字

十二畫

【奭】㊀(석) 陌 ㊁(학) 藥 セキ、さかん prosperous ㄕˋ shih⁴
小篆 小篆 草書 ㊀❶클석(大也)。❷성할석(盛也)。❸성낼석(怒也)。【漢書】高遂說竇嬰曰如兩宮一將軍則妻子無類矣。❹사람이름석(召公名)。「武王의臣」。㊁❶붉은모양학(赤貌)(『赩』과 같음)

【奭懌:석역】즐겁고 기쁨。【易林】欣喜一一、所言得當。

【奭然:석연】풀리는 모양。【莊子·秋水】一一四海、淪於不測。

【樊】(번)→木部11畫

十三畫

【奮】(분) 問 フン、ふるう arise
小篆 草書 ❶드날릴분(揚也)。❷뽐낼분(勇起)。❸떨칠분(震動)。【易經 震卦】雷出地一。❹날개칠분(飛上)。❺일어날분(一起)。❻날랠분(一戰力鬪)。❼날개분(翬也)。❽성낼분(怒也)。❾분격할분(憤激)。【詩經】不能一飛。

【奮激:분격】급격하게 마음을 떨쳐 일으킴。【北史】莫不一一競赴敵場。

【奮擊:분격】=奮討。【晉書】將士一一、莫不用命。

【奮勁:분경】기운을 내어 분발함。【魏志】忠烈一一。

【奮矜:분긍】매우 자랑하는 모양。

【奮起:분기】기운을 내어 일어남。奮發。【歐陽修】自公之一一徒步、而名動京師。

【奮怒:분노】분하여 몹시 성냄。忿怒。憤怒。

【奮勵:분려】기운을 내어 힘씀。奮厲。【傅綽】奮鋒穎、勵羽翼、明目張膽。

【奮力:분력】힘을 냄。

【奮發:분발】마음을 단단히 먹고 기운을 내어 일어남。發奮。【後漢書】陛下神武一一、以少制衆。

【奮發心:분발심】단단히 먹은 마음。

【奮迅:분신】떨쳐 일어나 기세가 성함。迅速。【後漢書·耿純論】大王一一拔起。

【奮揚:분양】매우 떨치는 모양。【史記】一一武德。

【奮然:분연】떨치고 일어나는 모양。

【奮前:분전】기운을 떨쳐 나아감。奮進。

【奮戰:분전】분발하여 싸움。힘껏 싸움。

【奮戰力鬪:분전역투】있는 힘을 다하여 싸움。奮鬪。

【奮進:분진】분발하여 앞으로 나아감。【曹植】翳輕軀而一一兮。

【奮討:분토】용기를 내고 힘을 다하여 토벌함。奪擊。【蜀志】或忠義一一。

【奮鬪:분투】=奮戰。【宋史】操短兵一一。

【奮效:분효】분발하여 힘씀。【後漢書】志自一一。

【奮興:분흥】분발하여 일어남。【史記】草木一一。
◎感一、發一、興一。

十四畫

【奯】(활) 曷 カツ、ひろい vast
小篆 ❶휜할활(空大)。❷눈굴릴활(目動)。

十五畫

【奞】(환) 寒 カン、はじめ begin
❶비롯할환(始也)。❷바꿀환(化也)。【揚雄】始也、化也。

【奰】(비) 寘 ヒ、せまる tight
小篆 草書 ❶장대할비(壯大)。❷핍박할비(迫也)。❸성낼비(怒也)。【詩經】內一于中國。

【奰逆:비역】성내어 亂을 일으킴。

二十一畫

【奲】(차) 馬 シヤ、ゆるやか generous
小篆 草書 너그러울차(寬大)。

女 部

【女】 ㊀(녀) ㊁(녀) 語 御 ジョ、ニョ、おんな famale ㄋㄩˇ nü

小篆 草書 ❶계집녀, 딸녀(婦人未嫁)。 【左傳】君子謂宋共姬—而不婦。 ❷여자녀, 아낙네녀(婦人總稱)。 ❸너녀(汝也)。 「汝의 古字」。 ❹별이름녀(星名)。 ㊂시집보낼녀(以—妻人)。

【女監:여감】 여자 죄수를 가두어 두는 감방。
【女傑:여걸】 호걸다운 여자。 여장부。
【女警:여경】 여자 경찰관。
【女戒:여계】 여색에 빠짐을 경계함。
【女系:여계】 여자가 家系를 이어받음。 여자 상속자。 ↕男系。
【女工:여공】 ❶여자 직공。 ↕男工。 ❷여자들이 하는 길쌈질。 女功。
【女官:여관】 《制》옛날 궁중에서 大殿·內殿을 가까이 모시던 여자。 宮女。 侍女。
【女教師:여교사】 여자 교사。
【女權:여권】 여자의 법률상·정치상·사회상의 권리。
【女權主義:여권주의】 법률상·정치상·사회상에 있어서、 여자에게 남자와 동등한 권리를 인정하자는 주의。
【女根:여근】 =下門。 ↕男根。
【女給:여급】 ❶여자 급사。 ❷카페나 양식점 등에서 손님의 시중을 드는 여자。
【女妓:여기】 =妓女。
【女難:여난】 =女禍。
【女娘:여낭】 나이가 젊은 아가씨。
【女德:여덕】 여자로서 마땅히 행하여야 할 도덕。

【女徒:여도】 죄를 저질러서 죄수가 된 여자。 女囚。 【左傳】——無極、婦怨無終。
【女蘿:여라】 《植》소나무 겨우살이。 【漢書】復貞婦、歸——。
【女禮:여례】 여자로서 갖춰야 할 예법。
【女流:여류】 女性。 여자의 同流。
【女流文人:여류문인】 여자 文士。
【女流飛行家:여류비행가】 여자로서 항공기를 조종하는 사람。
【女流詩人:여류시인】 여자 詩人。
【女流作家:여류작가】 여자로서 문학적 창작 생활을 하는 사람。 규수 작가。
【女笠帽:여립모】 너울。 蓋頭。
【女帽:여모】 ❶여자가 쓰는 모자。 ❷여자의 주섬을 염할 때 머리를 싸는 베。
【女巫:여무】 여자 무당。 「받던 巫稅。
【女巫稅:여무세】 《制》여자 무당에게
【女服:여복】 ❶여자의 입는 옷。 ❷복색을 여자처럼 꾸민 차림새。
【女卜:여복】 여자 판수。
【女士:여사】 학문과 덕망이 높은 여자에 대한 敬稱。 淑媛。 【詩經】奮爾——。
【女史:여사】 시집간 여자나 사회적으로 이름이 있는 여자에 대한 敬稱。
【女相:여상】 여자 얼굴같이 생긴 남자 얼굴。 ↕男相。
【女桑:여상】 움뽕。 두 번째 돋아난 뽕 「나무 잎사귀。
【女喪:여상】 여자의 喪事。
【女上典:여상전】 여자 上典。
【女色:여색】 ❶여자와의 육체적 관계。 ❷여자의 모습이나 얼굴 빛。 【史記】飲食哀樂——。 ❸미인。
【女壻:여서】 사위。 딸의 남편。 女倩。 【杜甫】——近乘龍。
【女聲:여성】 여자의 목소리。
【女性:여성】 ❶여자。 ❷여자의 성질。 ❸西歐語 문법에서 낱말을 性에 따라 구별하는 말。
【女性界:여성계】 여성들의 사회。

【女性觀:여성관】 여성을 보는 관념。
【女性美:여성미】 여자답게 체질이나 성질에 있어、 정숙하고、 부드럽고 아름다운 점。 ↕男性美。
【女孫:여손】 =孫女。
【女囚:여수】 =女徒。
【女僧:여승】 여자 중。 比丘尼。 ↕男僧。
【女侍:여시】 =內人。
【女息:여식】 딸。
【女神:여신】 여성의 神。
【女信者:여신자】 《宗》=女教友。
【女兒:여아】 ❶계집아이。 ❷딸。 ↕男兒。
【女謁:여알】 대궐 안에서 정사를 어지럽게 하는 여자。
【女瓦:여와】 암키와。
【女王:여왕】 ❶여자 임금。 ❷꿀벌·개미 따위의 암놈。
【女優:여우】 여자 배우。 ↕男優。
【女戎:여융】 여자로 인한 재앙。 女禍。 【國語】有男戎者、必有——。
【女醫:여의】 여자 의사。
【女人:여인】 여편네。 여자。 부녀。
【女人禁制:여인금제】 여성을 不淨한 것으로 보고 종교적 儀式에 접근·참가함을 금하는 習俗。 미개 사회에서 흔히 볼 수 있음。 「쪽。
【女子:여자】 사람을 두 性으로 나눈 한
【女裝:여장】 남자가 여자의 복장으로 꾸미는 일。 ↕男裝。
【女將軍:여장군】 ❶여자 장군。 ❷몸집이 큰 여자의 別名。 「기개가 있는 여자。
【女丈夫:여장부】 남자 같이 헌결차고
【女賊:여적】 ❶남자의 본디의 착한 마음을 어지럽히는 여색。 ❷여자 도둑。
【女節:여절】 菊花의 別稱。 女華。
【女帝:여제】 =女皇。 【文心雕龍】庖犧以來、未聞——者也。
【女弟:여제】 누이동생。
【女尊男卑:여존남비】 권리·지위에 있어서 여자가 남자보다 높은 일。 ↕男尊女卑。 「權歸——。

【女主:여주】 여자 임금。 女王。 【後漢書】
【女主人公:여주인공】 ❶여자 주인의 敬稱。 ❷사건이나 또는 소설·희곡·영화 따위에서 가장 중심이 되는 여자。
【女中君子:여중군자】 淑德이 높은 부녀。 「기상이 호방하고 협기가 있는 부녀。
【女中豪傑:여중호걸】 여자 가운데서
【女眞:여진】 《歷》 滿洲의 동북쪽에 살던 종족 이름。 퉁구스족의 한 파。

女眞國(三才圖會)

【女唱:여창】 남자가 여자의 음조로 노래를 부르는 일。 또는 그 사람。
【女妻:여처】 나이가 어린 아내。 【易經·大過】枯楊生稊、老夫得其——。
【女儈:여쾌】 혼인의 중매를 하는 여인。
【女態:여태】 여자다운 태도。
【女筆:여필】 여자의 글씨。
【女必從夫:여필종부】 아내는 반드시 남편을 따라야 한다는 말。
【女兄:여형】 손위 누이。
【女鞋:여혜】 여자가 신는 가죽신。
【女戶:여호】 여자 戶主。 【宋史】單丁—、並免差役。
【女婚:여혼】 딸자식의 혼인。
【女禍:여화】 여자로부터 받는 재난。 女難。 【唐書】再罹——、唐祚既絕。
【女皇:여황】 여성으로서의 황제。 「制。
【女后:여후】 =皇后。 【宋史】——相繼稱
◎宮—、美—、婦—、善男善—、仙—、少—、淑—、侍—、養—、烈—、長—、織—、次—、處—、下—。

二 畫

【妀】 (질) 質 シツ、シチ、 wanton つつしまない

계집삼가지않을질(女不謹)。

【奴】(노) 虞 ト、ヌ、やっこ slave ㄋㄨˊ nu^2
小篆 古文 草書 ❶종노(僕也)。❷남을천하게일컫는 말노(賤稱)。〔漢書〕衞靑曰人ㅣ之生得無笞罵足矣安敢望封侯。❸포로노(俘虜)。

【奴家:노가】❶종이나 노는 계집으로 남의 첩이 된 여자。❷부인의 자기의 卑稱。賤妾。

【奴輩:노배】자식들。놈들。남을 얕보아 하는 말。〔晉書〕ㅣㅣ利吾財耳。「ㅣㅣ」。

【奴僕:노복】남자 종。〔漢書〕衞靑奮于

【奴婢:노비】❶남자 종과、여자 종。❷옛날 가벼운 죄를 진 죄인으로 관가에서 雜役을 하던 사람。〔周禮·註〕。

【奴屬:노속】종의 신분에 매인 무리。

【奴顔婢膝:노안비슬】남에게 종 같이 알랑거리는 비겁한 태도。〔陸龜蒙·散人歌〕——眞乞丐。

【奴隷:노예】❶종。〔晉書〕晉爲無道、ㅣ御我。❷자유를 구속당하고 남에게 부림을 당하는 사람。❸권력이나 돈 때문에 자유를 잃은 사람。

【奴隷制度:노예제도】《社》봉건 사회에서 종의 계급을 두고、노예를 생산수단으로 삼던 사회 제도。

【奴主:노주】종과 주인。

【奴主間:노주간】종과 주인 사이。

【奴主分:노주분】종과 주인과의 분별。

【奴雛:노추】종이 낳은 아이。

【奴畜:노축】노예처럼 천대하여 기름。◎守錢ㅣ。黑ㅣ。

【奵】(정) 靑 テイ、チョウ、みめよい handsome
❶얼굴좋을정(好容)。❷얼굴넓적할정(顏好貌)。

【奶】(내) 蟹 ナイ、ダイ、うしのちち milk ㄋㄞˇ nai^3
❶소젖내(牛乳)。❷주인의아내를 존대하는말내(尊大語)。

三畫

【奸】(간) 寒 カン、よこしま wicked ㄐㄧㄢ $chien^1$
小篆 草書 ❶간음할간(犯淫)。❷어지러울간(亂也)。〔諸葛亮 出師表〕作ㅣ犯科。❸거짓간(詐也)。

【奸計:간계】간사한 꾀。좋지 못한 計略。奸策。

【奸巧:간교】간사하고 교묘하게 속이는 「태도가 있음。

【奸佞:간녕】간교하게 아첨함。〔晉書〕黜ㅣㅣ於州國。

【奸黨:간당】간사한 사람의 무리。奸徒。

【奸徒:간도】간사한 무리。奸黨。

【奸毒:간독】간사하고 독살스러움。

【奸吏:간리】간사한 관리。

【奸物:간물】간사한 사람。奸人

【奸民:간민】간계를 꾸미는 백성。

【奸婦:간부】간사스러운 여자。毒婦。

【奸邪:간사】성품이 간교하고 올바르지 못함。〔韓非子〕ㅣㅣ之臣、安利於無功。

【奸詐:간사】간사하게 남을 속이고 害하려는 마음씨。〔韓非子〕下無ㅣㅣ之心。

【奸商:간상】정당하지 않은 수단으로 이익을 노리는 장사아치。

【奸臣:간신】간사스러운 신하。姦臣。姦雄。六邪의 하나。

【奸惡:간악】간사하고 악독함。奸曲。

【奸妖:간요】간사하고 요망스러움。

【奸雄:간웅】간사한 지혜가 빼어난 영웅。〔漢書〕退處士而進ㅣㅣ。

【奸僞:간위】간사한 거짓。

【奸才:간재】간사한 재주。

【奸賊:간적】간악한 도적。

【奸智:간지】간사한 지혜。

【奸漢:간한】간사한 사내。「러한 사람。

【奸猾:간활】간사하고 교활함。또는 그

【奸譎:간휼】간악하고 음흉함。

【奸凶:간흉】간악하고 음흉함。또는 그런 사람。

【她】(저) 馬 ソ、シャ、あね eldest daughter
❶맏딸저(長女)。❷아가씨저(제삼인칭의여성)。(『姐』와 같음。本音「자」)

【㚢】(구) 有 キュウ、みさお remined chaste
小篆 ❶과부수절할구(寡婦守節不嫁)。❷과부가정조를지킬구(守節)。

【奻】(난) 刪 ナン、あらそう quarrel
小篆 시끄럽게 송사할난(諠訟)。

【奼】(타) 馬 禡 タ、うつくしい beautiful ㄔㄚˋ $ch'a^4$ (本音「차」)
小篆 ❶아름다울타(美也)。❷젊은 계집타(少女)。❸아름다운계집타(美女)。

【㚤】(익) 職 ヨク、おんなのかんり woman-official's title
小篆 여자벼슬이름익(婦官名)。

【好】㊀(호) 皓 コウ、このむ、よい good ; like ㄏㄠˇ hao^3
㊁(호) 號
小篆 草書 ㊀❶좋을호(善也)。〔詩經〕琴瑟在御莫不靜ㅣ。❷아름다울호(美也)。〔史記 孔子世家〕齊國中女子、ㅣ者八十人。❸좋아할호(相善)。❹친할호(親善)。〔詩經〕永以爲ㅣ也。㊁❶사랑할호(愛也)。〔大學〕如ㅣ好色。❷구슬구멍호(璧孔)。〔周禮〕璧羨尺ㅣ三寸以爲度。❸사귈호(交也)。❹심할호(甚也)。

【好感:호감】好感情의 略語。

【好感情:호감정】좋은 감정。↔惡感情。

【好居:호거】넉넉한 살림으로 살아감。

【好件:호건】좋은 事物。좋은 物件。

【好景:호경】좋은 경치。〔蘇軾〕一年ㅣ君須記、正是橙黃橘綠時。

【好景氣:호경기】좋은 경기。

【好果:호과】훌륭한 결과。

【好逑:호구】❶좋은 짝。❷좋은 配偶者。〔詩經〕窈窕淑女、君子ㅣㅣ。

【好期:호기】좋은 시기。좋은 때。

【好機:호기】좋은 機會。好機會의 略語。

【好奇:호기】신기한 것을 좋아함。

【好奇心:호기심】신기한 것을 좋아하거나 모르는 일을 알고 싶어하는 마음。

【好道理:호도리】훌륭한 계책。앞으로 잘해 나갈 방책。

【好問:호문】❶묻기를 좋아함。❷後唐 周知裕의 字。

【好文木:호문목】매화의 異名。〔晉起居注〕晉武好文則梅開、廢學則梅不開。

【好物:호물】❶좋은 물건。❷즐기는 물건。

【好配:호배】서로 알맞는 배필。

【好辯:호변】말솜씨가 좋음。能辯。「好。

【好否:호부】좋음과 좋지 아니함。好不

【好事:호사】❶기쁜 일。〔周禮〕有ㅣㅣ於四方。❷일을 벌이기를 좋아함。

【好事多魔:호사다마】좋은 일에는 방해되는 일이 생기기 쉬움。〔通俗編〕。

【好尙:호상】즐기고 좋아함。嗜好。

【好喪：호상】 많은 나이에 복을 많이 누리다가 죽은 사람의 喪事。
【好色：호색】 女色을 좋아함。『孟子』寡人--。
【好生之物：호생지물】 되는 대로 두어도 죽지 않고 잘 사는 식물。
【好羞：호수】 맛있는 음식。『周禮·庖人』共祭祀之--。
【好勝：호승】 경쟁하여 이기고자 하는 마음이 강함。
【好勝之癖：호승지벽】 경쟁심이 왕성한 성질。
【好時期：호시기】 =好期。
【好時節：호시절】 좋은 시절。
【好食：호식】 ❶좋은 음식。또는 좋은 음식을 먹음。❷음식을 좋아함。또는 잘 먹음。↔惡食。
【好顏：호안】 기꺼나는 顏色。
【好言：호언】 친절하고 좋은 말。『詩經』--自口。
【好惡：호오】 좋아함과 미워함。愛憎。『中庸』同其--。
【好雨：호우】 때에 맞추어서 내려는 적당한 비。『杜甫』--知時節。
【好友：호우】 좋은 벗。『詩經』雖無--、式燕且喜。
【好運：호운】 좋은 운수。
【好音：호음】 ❶기쁜 소식。❷듣기 좋은 소리。❸친절한 말씨。『詩經』懷我--。
【好意：호의】 친절한 마음。厚情。『蘇軾』歸來還受一大錢、--莫違黃髮叟。
【好衣好食：호의호식】 잘 입고 잘 먹음。↔惡衰惡食。
【好餌：호이】 ❶좋은 먹이。좋은 미끼。❷능난하게 꾀는 수단。❸손쉽게 희생이 되는 물건。
【好人：호인】 성질이 좋은 사람。↔惡人。
【好材料：호재료】 좋은 재료。
【好著：호저】 좋은 저서。
【好適：호적】 꼭 알맞음。썩 적합함。
【好轉：호전】 ❶잘 되지 않던 일이 잘 되어 감。❷병 증세가 차차 나아짐。
【好酒客：호주객】 술을 좋아하는 사람。
【好天氣：호천기】 좋은 날씨。
【好天候：호천후】 몹시 좋은 날씨。
【好晴：호청】 썩 산뜻하게 날씨가 맑음。
【好投：호투】 《運》야구에서 投手가 공을 콘트롤하여 잘 던짐。
【好鬪：호투】 잘 싸움。
【好評：호평】 좋은 평판。평판이 좋음。↔惡評。
【好品：호품】 좋은 품질。품질이 훌륭한 물건。
【好學：호학】 학문을 좋아함。
【好漢：호한】 의협심이 있는 남자。『舊唐書』朕要一--任使、有乎。
【好合：호합】 서로 좋게 잘 만남。『詩經』妻子--。
【好好人：호호인】 인품이 썩 좋은 사람。사람됨이 아주 좋은 사람。
◎同-、愛-、友-、絶-。

【㚢】  小篆 (번) 願 ハン、おんなのかしこいもの 계집영오할번(女慧而員)。(of women) clever

【妁】  小篆 小篆 草書 (작) 藥 シャク なかうど match-making ❶중매작(媒也)。❷중신할작(二姓者媒也)。

【如】  小篆 草書 (여) 魚 ニョ、ジョ、ごとし likewise ㄖㄨˊ ju² ❶같을여(似也)。『大學』人之視己-見其肺肝然。❷무리들여(等也)。『十八史略 西漢』上曰-我能將幾何。❸맞먹을여、등비할여(等比)。『論語 公冶長』子曰弗-也、吾與汝弗-也。❹만약여(若也)。『王昌齡詩』洛陽親友-相問、一片氷心在玉壺。❺그러할여(語助辭、然也)。『論語 鄕黨』逞顏色怡怡-也、沒階趨翼-也。❻어떠할여(疑問辭)。「-何」。❼이를여(至也)。❽갈여(行也)。『史記 豫讓傳』襄子-厠。❾미칠여(及也)。❿부처이름여(釋迦如來)。⓫첩여(-夫人)。⓬이월여(二月名)。
【如干：여간】 ❶얼마。얼마간。若干。어지간하게。❷오죽。
【如狂如醉：여광여취】 기뻐서 미친 듯도 하고 취한 듯도 함。
【如君：여군】 남의 妾을 말함。如夫人。
【如今：여금】 方今。이제。지금。『令狐楚』--老大無筋力。
【如得千金：여득천금】 천금을 얻는 것같이 마음속에 만족을 느낌을 일컫는 말。
【如來：여래】 ❶《佛》釋迦牟尼의 尊稱。『金剛經』無所從來、亦無所去、故名--。❷衆生의 번뇌 속에 숨겨져 있는 清淨한 절대적인 不變의 本性。
【如流：여류】 흐름과 같음。흔히 세월의 빠름을 비유한 말。
【如反掌：여반장】 손바닥을 뒤집는 것처럼 아주 쉽다는 말。
【如拔痛齒：여발통치】 앓던 이가 빠진 것 같다는 뜻으로 시원하게 괴로운 일을 벗어났다는 뜻의 말。
【如法：여법】 ❶법에 맞음。❷《佛》釋迦의 교후에 맞음。『無量壽經』--修行。
【如斯：여사】 여차。
【如斯如斯：여사여사】 여차여차。
【如上：여상】 위와 같이。
【如常：여상】 평상시와 같음。보통임。
【如水投水：여수투수】 《喩》물에 물을 탄 듯이 더한 형적이 없거나 흐리멍텅함。
【如是：여시】 이와 같이 (指示하는 말)。如斯。如此。
【如是如是：여시여시】 여차여차。
【如實：여실】 ❶사실과 꼭 같음。실제와 같아 틀림 없음。❷《佛》眞如。
【如右：여우】 오른쪽에 적힌 것과 같음。
【如雨：여우】 《喩》❶많음。❷흩어진 모양을 비유함。
【如雲：여운】 《喩》❶盛함。❷매우 아름다움。
【如月：여월】 음력 二월의 異稱。
【如意：여의】 ❶일이 뜻대로 됨。❷《佛》玉·角·竹 등의 佛具。
【如蟻偸垤：여의투질】 《國》「개미 금탑을 모으듯」과 같은 뜻。《喩》자꾸 쌓아서 공을 이룬다는 뜻。『旬五志』。
【如一：여일】 한결같음。
【如前：여전】 전과 다름이 없음。
【如坐針席：여좌침석】 바늘 방석에 앉은 것과 같이 마음이 몹시 불안함。
【如此：여차】 이러함。이와 같음。若是。若此。如斯。如是。
【如出一口：여출일구】 =異口同聲。
【如廁二心：여측이심】 《喩》뒷간에 갈 적 마음 다르고、올 적 마음 다르다는 뜻으로 자기에게 긴할 때는 다급히 굴다가 그 일이 끝나면 마음이 변한다는 말。
【如脫弊屣：여탈폐사】 《喩》온갖 명리를 버리기를 헌 신짝 버리듯 아주 초연한 태도。
【如風過耳：여풍과이】 《喩》무슨 말을 귀담아 듣지 않는 태도。
【如何：여하】 ❶어찌할꼬。어찌하여。어떠한가。❷나무 이름。『神異經·南荒經』。
【如何間：여하간】 어떻게 해서라도。어떻든 간에。
【如兄若弟：여형약제】 친하기가 형제와 같음。
【如或：여혹】 만일。혹시。

【妃】 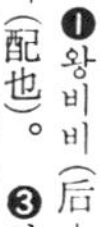 小篆 草書 ㊀(비) 微 ヒ、ハイ、きさき queen ㄈㄟ fei¹ ㊁(배) 隊 ㊀❶왕비비(后-)。❷짝비(配也)。❸태자비비(太子-)。㊁짝배(配也)。(『配』와 같음)
【妃嬪：비빈】 《制》妃와 嬪。㉠皇帝의 妾。

또는 皇族의 아내와 宮中의 高級女官。『杜牧』――媵嬙、王子皇孫。㉡《國》王后와 임금의 妾。

【妃色:비색】❶淡紅色。❷女色。『漢書·賈誼傳』及太子少長知――色、則入於學。

【妃氏:비씨】王妃로 뽑힌 아가씨의 일컬음。

【妃耦:비우】배필。配偶者。『左傳』各有「――」。

【妃嬙:비장】궁녀。女官。『左傳』――嬪御。

【妃妾:비첩】첩。小室。『漢書』我迺人之「――」。◎大―、王―、太子―、后―。

【妄】(망) 漾 ボウ、モウ、みだり dotage ㄨㄤˋ wang⁴

篆小 草書 ❶망녕될망(虛誕)。❷허망할망(虛―)。『圓覺經』認―爲眞雖眞亦―。❸성실하지않을망(不誠實)。❹범상할망(凡也)。『漢書李廣傳』諸―校尉以下。❺속일망(罔也)。『禮記』今之命儒也―。❻법에어긋날망。❼괘이름망(卦名)。

【妄覺:망각】《心》錯覺과 幻覺·實在하지 않는 현상을 實在하는 것같이 잘못 感覺함。

【妄擧:망거】=妄動。『管子』――者其事「不成。

【妄計:망계】그릇된 計策。

【妄念:망념】❶이치에 맞지 않는 망녕된 생각。❷《心》病的 원인에 의해서 생기는、객관적으로 불합리한 그릇된 주관적 信念。❸《佛》迷의 心念。妄想。

【妄斷:망단】망녕된 판단。

【妄談:망담】망녕된 말。妄言。『後漢書』採虛僞誇誕――。

【妄動:망동】分別없이 행동함。妄擧。

【妄靈:망령】늙거나 정신이 흐려서 언행이 보통 상태를 벗어남。

【妄論:망론】망녕된 이론。

【妄物:망물】도리에 벗어난 몹쓸 사람。

【妄發:망발】❶무심 중에 자기 또는 자기 조상에게 욕되게 말을 함。❷망녕된 말。妄言。

【妄想:망상】=妄念。『華嚴經』――顚倒。

【妄說:망설】이치에 맞지 않게 함부로 지껄이는 말。『漢書』喜――狂言。

【妄率:망솔】망녕되고 경솔함。

【妄身:망신】자기의 지위나 명예를 망「침。

【妄信:망신】옳지 못한 것을 함부로 그릇 믿음。

【妄言:망언】망녕된 말。事理에 맞지 않는 말。떳떳하지 못한 말。妄語。『莊子』爲女――之、女以妄聽之。

【妄意:망의】허망한 마음。함부로 하는 생각。『蘇軾』――覓桃源。

【妄人:망인】무슨 일이나 事理를 모르고 되는대로 거칠게 하는 사람。『孟子』此亦――也已矣。

【妄自尊大:망자존대】종작 없이 함부로 제가 잘난 체함。

【妄執:망집】❶망녕된 고집。❷《佛》妄想을 고치지 못하고 執着하는 일。

【妄誕:망탄】터무니 없는 거짓말。『梅堯臣』愚昧以之爲――。

【妄悖:망패】망녕되고 도리에 어그러짐。

【妄評:망평】쓸데없이 그릇되게 함부로 하는 비평。

【[女广]】(엄) 琰 ゲン、おんなのみなりがただしい good figure ❶맵시가 단정할엄(婦人容儀端整貌)。❷민첩할엄(敏疾)。

四 畫

【妊】(임) 侵 ジン、ニン、はらむ pregnancy 篆小 草書 아이밸임(懷孕)。『姙』과 같음。

【妊婦:임부】아이 밴 부녀。

【妊産:임산】아이를 배거나 낳음。

【妊産婦:임산부】妊婦와 産婦。

【妊娠:임신】아이를 뱀。또는 그 일。懷「孕。◎不―、避―、懷―。

【妋】㊀(부) 虞 ㊁(우) 尤 フ、にくむ hate ㊀탐할부(貪也)。㊁❶미워할우(憎也)。❷미워서 눈살찌프릴우(眉目間恨)。

【妌】(정) 敬 セイ、ジョウ、しずか (of women) virtuous 篆小 계집얌전할정、덕성스러울정(女德不妄動)。

【妍】(연)『姸』(女部 6畫)과 같음。

【妎】(해) 卦 泰 カイ、ねたむ jealous 篆小 ❶투기할해(妒也)。『路史』太古之民與物相友人無―物之心。❷엎지를해(覆也)。

【姌】(염) 琰 ゼン、かよわい weakness 篆小 ❶휘청거릴염(纖細)。❷연약할염(弱長)。

【妏】(문) 文 ブン、うむ bear ❶낳을문(生也)。❷여자이름문(女字)。

【妐】(종) 冬 ソウ、しゅうと husband's father ❶시아버지종(夫之父)。『呂覽』姑―知之曰爲我婦而有外心不可畜。❷시아주버니종(夫之叔)。

【妑】(파) 麻 ハ、ふたまたまげ hair done up to two locks 새앙머리파(女兒雙髻―頭)。「여자가 예장(禮裝)할때에 머리를 두 갈래로 갈라서 땋은것」。

【妒】(투) 遇 ト、ねたむ jealous 篆小 ❶투기할투(嫉也)。『詩註』以色曰―以行曰忌。❷강샘할투(猜也)。❸미워할투(媢嫉)。『史記』嫉―吾躬。❹부러워할투(羨也)。(『妬』와 通함)

【妒婦:투부】강새암이 심한 여자。

【妒妻:투처】시새움이 많은 아내。

【妒賢嫉能:투현질능】어질고 유능한 사람을 시기하여 미워함。

【妓】(기) 紙 キ、ギ、うたいめ singing girl ㄐㄧˋ chi⁴ 篆小 草書 ❶기생기(女樂)。❷갈보기(遊女)。

【妓家:기가】기생의 집。

【妓女:기녀】❶기생。❷옛날 裁縫·歌舞등을 배워 익히던 官婢의 總稱。

【妓樓:기루】기생과 노는 집。

【妓夫:기부】기둥서방。

【妓生:기생】노래나 춤 따위를 배워 술자리에 나아가 흥을 돋는 것으로 직업을 삼는 여자。

【妓生房:기생방】기생이 사는 집。

【妓生退物:기생퇴물】전에 기생 노릇을 하던 여자。退妓。

【妓樂:기악】❶기생과 풍류。❷기생의 「풍류。

【妓案:기안】옛날 官家에서 기생의 이름을 기록하여 둔 책。

【妓筵:기연】기생들이 있는 자리。『李商隱』――說俗事。

【妔】㊀(갱) 庚 ㊁(항) 陽 コウ、せせつかしい rashly ㊀예쁜계집갱(美女)。㊁계집의 성품 조급할항(女性急戾)。

【妕】(중) 送 チュウ、りこう clever
❶영리할중(怜也)。❷여자이름중(女字名)。

【妖】(요) 蕭 ヨウ、あやしい wicked ㄧㄠ yao¹
(小篆) (草書) ❶요괴로울요(異孽)。〖左傳〗人棄常則ㅣ興。❷요사한귀신요(奇怪)。❸고울요(艶也)。❹아양부릴요(媚也)。❺생긋생긋웃는모양요(巧笑貌)。

【妖怪:요괴】 요사스럽고 괴상함。〖趙抃〗鬼神縮ㅣㅣ。
【妖鬼:요귀】 요사한 귀신。
【妖氣:요기】 요망하고 간사스러운 기운。
【妖女:요녀】 요망하고 간사스러운 계집。
【妖魔:요마】 요망하고 간사스러운 마귀。〖曹植〗名都多ㅣㅣ。
【妖妄:요망】 ❶요사스럽고 망녕됨。❷언惡魔。〖歐陽修〗古鑑照ㅣㅣ。
【妖妄:요망】 ❶요사스럽고 망녕됨。❷언행이 경솔함。
【妖物:요물】 ❶요망스러운 물건。❷말과 행동이 간악한 사람을 가리키는 말。
【妖變:요변】 ❶몹시 요사스럽게 행동함。❷요사스러운 변화와 사건。
【妖變德:요변덕】 몹시 요사스러운 변덕。
【妖婦:요부】 요사스러운 계집。妖女。
【妖邪:요사】 요망스럽고 간사함。
【妖祥:요상】 禍福。吉凶。〖周禮·眡祲〗。
【妖書:요서】 인심을 惑亂시키는 요사스러운 책。
【妖術:요술】 사람의 눈을 어리게 하는 괴상한 술법。→魔術。〖元史〗以ㅣㅣ陰謀聚衆。
【妖術客:요술객】 요술장이。
【妖僧:요승】 《佛》正道를 어지럽게 하는 요사스러운 중。
【妖惡:요악】 요망스럽고 간악함。
【妖言:요언】 인심을 혼란하게 하는 요사스러운 말。
【妖孼:요얼】 요악한 귀신의 재앙。재앙의 징조。〖中庸〗國家將亡、必有ㅣㅣ。
【妖艶:요염】 사람이 홀릴 만큼 얼굴이 아리따움。요망스럽게 아리따움。妖麗。
【妖雲:요운】 불길한 징조가 있는 구름。
【妖異:요이】 요사스럽고 괴상함。妖怪。
【妖人:요인】 정도를 어지럽게 하는 요악한 사람。〖後漢書〗亦無ㅣㅣ。
【妖精:요정】 요사스러운 精靈(精氣)。妖怪。
【妖態:요태】 요사스러운 태도。〖後漢書〗色美而善爲ㅣㅣ。
【妖嬖:요폐】 요염하여 귀여움을 받는 사람。〖漢書·李固傳〗因造ㅣㅣ。
【妖幻:요환】 야릇한 술법으로 사람의 눈을 속임。〖北史〗沙門法慶旣爲ㅣㅣ。
【妖姬:요희】 요사스럽고 간사한 계집。妖女。〖陳后主〗ㅣㅣ瞼似花含露。

【妗】(금) 沁 キン、コン、かるがるしい act rashly
(小篆) (小篆) ❶싱긋벙긋할금(善笑貌)。❷계집방정스러울금(女輕薄貌)。❸외숙모금(外叔母、內舅母)。

【妘】(운) 文 ウン、ひとのみょうじ surname
(小篆) (小篆) 성운(姓也)。

【妙】(묘) 嘯 ミョウ、たえ strange
(草書) ❶묘할묘(神化不測)。❷신비할묘(神秘)。「奇ㅣ」。❸정미할묘(精微)。〖老子〗玄之又玄、衆ㅣ之門。❹예쁠묘(美也)。❺간들거릴묘(纖婿)。〖漢書〗李夫人ㅣ麗善舞。❻젊을묘(少年)。〖杜甫詩〗明公獨ㅣ年。
(『玅』와 通함)

【妙覺:묘각】 《佛》❶좋은 깨달음。佛果의 無上正覺 따위。❷부처의 이름。毗舍婆佛의 아들。「俊彥。
【妙簡:묘간】 잘 골라 뽑음。〖吳志〗ㅣㅣ俊彥。
【妙訣:묘결】 묘한 비결。〖葉適〗欲度世人、無ㅣㅣ。
【妙境:묘경】 ❶말로써 다 형언할 수 없는 예술의 極致。❷좋은 땅。매우 뛰어난 경치。佳境。
【妙計:묘계】 묘한 꾀。妙策。妙算。
【妙曲:묘곡】 미묘한 곡조。〖嵇康〗理正聲、奏ㅣㅣ。
【妙工:묘공】 =妙技。〖李白〗天人慚ㅣㅣ。
【妙句:묘구·묘귀】 묘한 글귀。잘 된 글귀。〖宋書〗至高言ㅣㅣ、音韻天成。
【妙技:묘기】 기묘한 기술。妙工。〖阮瑀〗ㅣㅣ雖工、伯牙能琴。
【妙德:묘덕】 썩 뛰어난 德。
【妙略:묘략】 묘한 計略。묘한 책략。〖晉書〗ㅣㅣ潛授。
【妙麗:묘려】 묘하고 화려함。
【妙齡:묘령】 젊은 여자의 꽃다운 나이。스물 二〇세 전후의 여자 나이。妙年。〖宋史〗綦崇禮ㅣㅣ、秀發聰敏。
【妙理:묘리】 묘한 이치。〖北史〗天下ㅣ至多、何遽問此。
【妙味:묘미】 미묘한 취미。묘한 맛。妙趣。〖晉書〗斯玉鉉之ㅣㅣ、經世之徽猷也。
【妙方:묘방】 ❶교묘한 방법。❷신묘한 처방。
【妙法:묘법】 ❶기묘한 방법。❷《佛》불교의 大乘의 總稱。특히 法華經의 尊稱。〖法華經〗如是ㅣㅣ。
【妙思:묘사】 기묘한 생각。〖蒲道源〗ㅣㅣ乃與天機通。
【妙算:묘산】 =妙策。〖晉書〗漢高捨陳平之奇行、而取其六奇之ㅣㅣ。
【妙相:묘상】 묘하게 생긴 모양。
【妙選:묘선】 잘 골라 뽑음。妙擇。〖漢書〗ㅣㅣ有德之士。妙簡。
【妙說:묘설】 뛰어난 言論。
【妙所:묘소】 묘하고 좋은 곳。〖黃庭堅〗丹青ㅣㅣ不可傳。
【妙手:묘수】 ❶묘한 수。❷솜씨가 뛰어난 사람。〖樂府解題〗伯牙爲天下ㅣㅣ。
【妙數:묘수】 사람의 기묘한 운수。
【妙案:묘안】 썩 잘된 생각。뛰어난 考案。
【妙藥:묘약】 썩 잘 듣는 약。神藥。〖沈約〗或得ㅣㅣ、或聞異香。
【妙譽:묘예】 뛰어난 명예。
【妙悟:묘오】 충분히 깨달음。충분히 깨닫는 일。〖元史〗ㅣㅣ釋典。
【妙用:묘용】 ❶묘한 作用。❷묘한 用法。〖李群玉〗刀圭藏ㅣㅣ。
【妙音:묘음】 묘한 음성。훌륭한 음성。
【妙絶:묘절】 이 위에 더 없이 묘함。絶妙。〖後漢書〗善於草書、ㅣㅣ時人。
【妙旨:묘지】 묘한 뜻。〖梁書〗窮其ㅣㅣ。
【妙策:묘책】 매우 교묘한 꾀。妙計。
【妙諦:묘체】 뛰어난 眞理。묘한 眞理。
【妙趣:묘취】 기묘한 취미。〖陸游〗簡中ㅣㅣ眞堪語、最初醺未醉時。
【妙致:묘치】 =妙味。
【妙態:묘태】 아름다운 모양。妙姿。
【妙品:묘품】 섬세하고 교묘하게 잘 된 작품。名作。佳作。
【妙筆:묘필】 ❶썩 잘 쓴 글씨。❷썩 잘 그린 그림。
【妙香山:묘향산】 《地》平安北道 寧邊郡에 있는 山이름。일명 太白山이라고도 함。寧邊 동쪽 五萬여米 떨어진 곳에 있으며、海拔 一九〇九米임。妙香山脈의 主峯。경치가 매우 좋고 檀君이 강림했다는 곳으로 유명함。普賢寺를 비롯한 西山·四溟 두 大師의 院堂이 있음。
【妙訓:묘훈】 훌륭한 가르침。〖沈約〗弘宣ㅣㅣ。
◎高ㅣ、巧ㅣ、奇ㅣ、美ㅣ、微ㅣ、神ㅣ、靈ㅣ、至ㅣ、珍ㅣ、玄ㅣ。

【㚫】(삽) 合 ソウ、うつくしい pretty face
❶얼굴예쁠삽(美容)。❷여자 이름삽(女字名)。

【妜】(얼) 屑 エツ、ケツ、はなすじ the ridge of the nose
小篆 양미간얼(眉目間)。

【妝】(장) 陽 ソウ、ショウ、よそおう toilet
小篆 草書 ❶단장할장、꾸밀장(飾也)。【韓愈詩】桃李晨ㅣ靚。❷화장할장(粧也)。(『粧』과 같음)

【妝匣:장갑】화장 갑。【楊炯】ㅣㅣ凄餘紛。

【妝扮:장분】치장하는 일。修飾하는 일。【元史·輿服志】。

【妝梳:장소】化粧。化粧함。【黃庭堅】小髮雖醜巧ㅣㅣ。

【妞】(뉴) 有 ジュウ、おんなのこども girl
❶성뉴(姓也)。❷계집아이뉴(女兒)。

【妟】(안)『晏』(日部 6畫)과 같음

【妠】㊀(날) 黠 ドツ、ドウ、むこいり ㊁(납) 合 marry
㊀어린아이 살찐모양날(媔ㅣ、小兒肥貌)。㊁❶뜻은 ㊀과 같음。❷장가들납(娶也)。❸물건을모을납、쌓을납(聚物)。

【妣】(비) 紙 ヒ、なきはは deceased mother ㄅㄧˇ pi³
小篆 籀文 草書 죽은어머니비(沒母)。【禮記】生曰父母、死曰考ㅣ。

【妣考:비고】돌아가신 어머니와 돌아가신 아버지。【琵琶記】我剪頭髮賣錢來送伊ㅣㅣ。

【妣位:비위】돌아가신 어머니와 그 위로 각 대의 할머니의 位。

【妣祖:비조】돌아가신 어머니와 先祖。『詩經·小雅』似續ㅣㅣ、築室百堵。

【妡】(흔) 文 キン、うつくしい beautiful
❶아름다울흔(美也)。❷여자이름흔(女字名)。

【妤】(여) 魚 ヨ、うつくしい beautiful
草書 ❶궁녀의 벼슬이름여(婕ㅣ女官)。【史記】婕ㅣ秩比列侯。❷아름다울여(美也)。(『伃』와 같음)

【妥】(타) 哿 ダ、やすらか peaceful
小篆 草書 ❶편안할타(安也)。❷일없을타(平穩)。【詩經】以ㅣ以侑。❸타협할타(協也)。❹떨어질타(墮와通함)。【杜甫詩】花ㅣ鶊捎蝶。

【妥結:타결】두 편의 뜻을 서로 절충하여 서로가 좋도록 이야기를 마무름。

【妥當:타당】❶事理에 마땅하고 온당함。❷(哲)사물의 판단이 認識上의 가치를 가지고 있음。

【妥當性:타당성】❶가장 온당하고도 알맞은 성질。❷(哲)어떤 판단이 인식의 가치를 가지고 있음。

【妥安:타안】평안함。안온함。【唐書】關中ㅣㅣ。

【妥議:타의】온당하게 서로 타협적으로 의논하는 일。妥商。

【妥定:타정】온당하게 작정함。순순히 작정됨。

【妥帖:타첩】온당함。적당함。【王逸】義「多乖易、事不ㅣㅣ。」

【妥辨:타판】사리를 타당하게 辦明함。

【妥協:타협】두 편이 서로 좋도록 협의함。

【妧】(완) 翰 ゲン、うつくしい pretty face
❶좋을완(好貌)。❷고울완(美也)。

【㚰】(추) 虞 シュ、うつくしい fair-faced
小篆 얼굴고울추(容美)。

【妨】(방) 陽 漾 ホウ、ボウ、さまたげる disturbance ㄈㄤ fang²
小篆 草書 ❶해로울방(害也)。❷방해할방(障害)。【隋書】太子勇數被讒毀歎曰我大覺身ㅣ。❸거리낄방(礙也)。【韓愈詩】宇宙隘而ㅣ。

【妨工害事:방공해사】헤살을 놓아 해롭게 함。남의 일을 방해함。

【妨遏:방알】가려서 막음。

【妨碍:방애】=妨害。

【妨礙:방애】막아 거리끼게 함。妨害。(礙는 碍)。【范成大】無端ㅣㅣ小蟲飛。

【妨害:방해】헤살을 놓아 해를 끼침。妨碍。【韓非子】ㅣㅣ於治民者也。

五畫

【妚】(배) 灰 ハイ、はらむ month past with child ㄐㄧㄝˇ chieh³
한달된태배(孕胎一朔曰ㅣ)。(『胚』와 같음)

【妬】(투) 遇 ト、ねたむ jealous
小篆 草書 ❶자식없는 계집투(女無子者)。❷투기할투(妒也)。(『妒』와 混用)

【妬忌:투기】질투。강새암。【漢書】人性有男女之情ㅣㅣ之別。

【妬女:투녀】질투가 많은 여자。【宋之問】ㅣㅣ猶憐鏡中髮。

【妬殺:투살】몹시 질투함。(殺은 助辭)。【萬楚】紅裙ㅣㅣ石榴花。

【妬心:투심】미워하고 시기하는 마음。

【妬嫉:투질】질투하고 미워함。妬疾。【荀子】ㅣㅣ怨誹。

【妬悍:투한】질투가 심하고 사나움。

【妭】(발) 曷 バツ、うつくしい beautiful wife つま
小篆 ❶고운처발(美妻ㅣ女)。❷고운계집발(美女)。

【妮】(니) 支 ニ、はしため maid
계집종니(婢也)。

【妯】㊀(축) 屋 チク、チュウ、かなしむ grive ㊁(추) 尤 ㄓㄡˊ chu²
小篆 ㊀동서축(ㅣ娌兄弟之妻相呼)。㊁❶슬퍼할추(悼也)。【詩經】憂心且ㅣ。❷마음이 움직일추(心動)。【詩經】憂心且ㅣ。

【妯娌:축리】형제의 아내가 서로 부르는 말。【漢書·注】孟康曰、兄弟妻相謂先後、云云。

【妴】(원) 阮 エン、たおやか mild and honest
小篆 순직할원(順直)。

【妲】(달) 曷 ダツ、タツ、だっき ㄉㄚˊ ta²
小篆 草書 계집 이름달(ㅣ己紂妃名)。【晉語】殷辛伐有蘇氏有蘇氏以ㅣ己女焉。

【妲己:달기】殷 나라 紂王의 妃。妲은 字、己는 姓。紂王을 도와서 暴虐한 일을 하였고 淫樂에 빠졌음。周 武王은 紂를

征伐하고, 妲己의 머리를 베어 작은 깃대에 매어 달았다고 함。

【妵】(두) 有 トウ、うつくしい beautiful
小篆 ❶사람이름두(人名華ㅡ)。❷예쁠두(好貌)。(『주』는 訛音)

【妷】㊀(일) 質 ㊁(질) 質 イツ、チツ、みだら lewdness
㊀❶편안할일(安也)。❷허물일(過也)。❸음란할일(淫ㅡ)。(『佚』과 같음) ㊁느지러질질(緩也ㅡ蕩)。

【妹】(매) 隊 マイ、いもうと younger sister ㄇㄟˋ mei4
小篆 草書 ❶손아랫누이매(女弟)。❷성이다른누이매(同母異父曰外ㅡ)。【詩經 大雅 大明】大邦有子、俔天之ㅡ。❸계집아이매。❹괘이름매(卦名)。
【妹家:매가】 시집간 누이의 집。
【妹妹:매매】 ❶婦人。❷아내。『北史』乳母爲姊妹、婦爲ㅡㅡ。
【妹夫:매부】 누이의 남편。
【妹婿:매서】 매제。누이 동생의 남편。『白居易』覓得黔婁爲ㅡㅡ。
【妹氏:매씨】 남의 누이의 尊稱。
【妹弟:매제】 손아래 누이의 남편。
【妹兄:매형】 손윗 누이의 남편。
◎令ㅡ、義ㅡ、姊ㅡ。

【妻】㊀(처) 齊 ㊁(처) 霽 サイ、つま wife ㄑㄧ ch'i1
小篆 古文 古文 草書 ㊀아내처、마누라처(婦也室人)。【詩經】令ㅡ壽母。㊁시집보낼처(以女嫁人)。【論語 公冶長】以其子ㅡ之。
【妻家:처가】 아내의 친정。
【妻男:처남】 아내의 남자 형제。
【妻帑:처노】 妻子。아내와 아이。【詩經】樂爾ㅡㅡ。
【妻德:처덕】 ❶아내의 은덕。❷아내의 덕행。
【妻父母:처부모】 아내의 부모。곧 장인과 장모。
【妻三寸:처삼촌】 아내의 삼촌。
【妻喪:처상】 아내의 喪故。
【妻侍下:처시하】 아내에게 눌려 지내는 사람을 조롱하는 말。
【妻子:처자】 아내와 자식。【孟子】俯足以畜ㅡㅡ。
【妻葬:처장】 ❶아내의 葬事。❷妻山。
【妻財:처재】 ❶아내가 시집올 때 가지고 온 재물。❷아내와 재물에 관한 命數를 맡았다는 六親의 하나。
【妻弟:처제】 아내의 손아래 여동생。
【妻祖母:처조모】 아내의 친정 할머니。丈祖母。
【妻祖父:처조부】 아내의 친정 할아버지。丈祖父。
【妻族:처족】 아내의 겨레붙이。妻便。
【妻姪:처질】 처조카。
【妻妾:처첩】 본 아내와 첩。嫡妾。『孟子』施施從外來、驕其ㅡㅡ。
【妻兄:처형】 아내의 형。
◎恐ㅡ、亡ㅡ、夫ㅡ、先ㅡ、愚ㅡ、賢ㅡ、荊ㅡ、後ㅡ。

【妺】(말) 曷 バツ、マツ、おんなのあざな
草書 (『妹』와 別字) 계집이름말(ㅡ嬉桀妻名)。

【妾】(첩) 葉 ショウ、めかけ concubine ㄑㄧㄝˋ ch'ieh4
小篆 草書 ❶첩첩(側室不聘)。❷작은집첩(小室)。❸처녀계집첩(童女)。【漢書 五行志】處ㅡ遇之而孕。❹나첩(女自卑稱)。【于濆詩】父兄未許人、畏ㅡ事姑舅。
【妾婦:첩부】 =妾。『孟子』以順爲正者、ㅡㅡ之道也。
【妾室:첩실】 남의 첩이 되는 여자。작은집。小室。
【妾御:첩어】 첩。小室。【禮記】妻不在、ㅡㅡ莫敢當夕。
【妾子:첩자】 =庶子。
【妾丈母:첩장모】 첩의 친어머니。
【妾丈人:첩장인】 첩의 친아버지。
【妾置家:첩치가】 첩을 얻어 딴 살림을 차림。

【妼】(필) 質 ヒツ、しとやか meat
❶계집엄전할필。❷계집단정할필(女有容儀)。

【⿰女占】(섬) 鹽 セン、かるがるしい act rashly
小篆 ❶계집경박할섬(女輕薄)。❷작고약할섬(小弱)。

【妿】(아) 歌 ア、しつけうば teacher
小篆 여스승아(女師)。

【姁】㊀(후) 麌 ㊁(후) 遇 ク、うつくしい pretty ㄒㄩˇ hsü3
小篆 草書 ㊀어여쁠후(美也)。「ㅡ媮」。㊁❶즐거워할후(樂也)。【呂覽】燕雀處堂子母ㅡㅡ焉相樂。❷노파후、할미후(嫗也)。【史記 淮陰侯傳】項王言語ㅡㅡ。
【姁媮:후유】 ❶아름다운 모양。❷즐겁고 기쁜 모양。
【姁姁:후후】 ❶웃으며 즐김。❷친절한 말씨。『史記』項王言語ㅡㅡ。❸和樂함。

【姂】(핍) 洽 ボウ、うつくしい beautiful
❶예쁠핍、얌전할핍(好貌)。❷고울핍(美貌)。

【姅】(반) 翰 ハン、けがれ menstruate
小篆 몸있을반、월경할반(ㅡ變、婦人汚)。【漢律】ㅡ變不得侍祠。古者嬪婦御夫君有月事者以丹注面。

【姆】(모) 麌 ボ、かしつき female taecher ㄇㄨˇ mu3 (本音「무」)
小篆 草書 ❶여스승모、여선생모(女師)。【唐書 白居易傳】其始生七月、能展書ㅡ指之無兩字、雖試百數不差。❷백모모(伯母)。❸외조모모(外祖母)。❹동서모(同壻)。
【姆傅:모부】 어린아이를 기르는 부인。

【姇】(부) 虞 フ、うつくしい beautiful
❶아름다울부(美也)。❷기꺼울부(悅也)。

【妳】(내) 『嬭』(女部 14畫)와 같음

【姈】(령) 靑 レイ、かしこいおんな (of women) clever
❶계집슬기로울령(女兒賢明)。❷여자이름령(女字)。

【姉】(자) 紙 シ、あね elder sister
小篆 草書 ❶맏누이자、웃누이자(女兄)。【詩經】遂及伯ㅡ。【史記】獨不憐公子ㅡ。(『姊·姐』와 같음)
【姉妹:자매】 ❶손위 누이와 손 아래 누이。❷여자끼리의 언니와 아우。❸같은 계통에 속하고 있는 많은 類似點을 가지고 있는 일。『宋史』結爲ㅡㅡ。
【姉妹機關:자매기관】 관련면으로 보아서 서로 목적과 정신을 같이하여 밀접한 관계에 있는 기관들。
【姉妹新聞:자매신문】 관련면으로 보

아서 같은 한 기관에서 같은 정신으로 발행되는 신문들。

【姊妹紙：자매지】 자매 신문。

【姊夫：자부】 매형。 손위 누이의 남편。『爾雅』ㅣㅣ在前、妹夫在後。

【姊壻：자서】 =姊夫。『後漢書』天子ㅣㅣ。

【姊姊：자자】 ❶乳母。 ❷어머니。 ❸손위 누이。『北齊書』❹아내。

【姊兄：자형】 손위의 매부。 매형。 ◎長ㅣ。

【姉】

(자)『姊』(前條)의 俗字

【始】

㊀(시) 紙 シ、はじめ beginning ㄕˇ shih³

㊁(시) 寘

小篆 草書 ㊀ ❶비로소시、처음시(初也)。【中庸章句】其書ㅣ言一理、中散爲萬事、末復合爲一理。 ❷시작할시(新起)。 ❸풍류이름시(樂名華ㅣ)。 ❹별이름시(星名旬ㅣ)。

㊁바야흐로시(方也)。【禮記】桃ㅣ華。

【始球式：시구식】 야구 시합을 시작할 때 주최자나 또는 내빈 중에서 누가 한 사람이 제일 먼저 공을 던지는 일。

【始根：시근】 근본의 원인。

【始睹：시도】 처음 봄。

【始渡式：시도식】 다리를 놓고 처음 건너는 식。 初渡式。

【始動：시동】 움직이기 시작함。

【始末：시말】 ❶시작과 끝。【晋書】東山之志、ㅣㅣ不渝。 ❷일의 내력。

【始末書：시말서】 잘못하여 일을 저지른 사람이 일의 顚末을 자세히 적는 문서。 顚末書。

【始發：시발】 첫 출발 또는 발차。

【始發驛：시발역】 기차가 시발하는 정거장。 起點。 ↔終着驛。

【始生代：시생대】 (地)始原代。 太古代。

【始審：시심】 =一審。

【始業：시업】 영업·학업 따위를 시작함。

【始業式：시업식】 ❶시업하는 의식。 ❷학교에서 학업을 시작하는 학기초 학생 및 교사전원이 모여 하는 식。 ↔終業式。

【始役：시역】 공사 일을 시작함。

【始原：시원】 처음。 原始。

【始作：시작】 처음으로 함。 하기를 비롯「함。

【始政：시정】 정무를 보기 시작함。

【始祖：시조】 한 족속의 맨 우두머리。 조상。 鼻祖。『程子遺書』冬至祭ㅣㅣ。

【始終：시종】 처음과 끝。 始末。『傳綽』ㅣㅣ研究、表裏綜覈。

【始終如一：시종여일】 처음부터 끝까지 한결같음。

【始終一貫：시종일관】 처음부터 끝까지 이 한결같이 관철함。 始終如一。

【始唱：시창】 ❶처음으로 부름。 ❷학설 등을 처음으로 주창함。

【始創：시창】 처음으로 만들어 냄。『晋書』ㅣㅣ衣冠。「事。

【始初：시초】 처음。 애초。『漢書』承ㅣㅣ ◎開ㅣ、年ㅣ、終ㅣ、創ㅣ。

【姎】

(앙) 陽 オウ、わたくし (of women) I, me

小篆 나앙(我也、女人自稱)。

【姎徒：앙도】 뜻을 같이 하는 여자의 무리。 婸徒。『後漢書』南蠻名渠帥曰精夫、相呼曰ㅣㅣ。

【姍】

㊀(산) 刪 サン、セン、そしる slander

㊁(선) 寒 先 ㄕㄢ shan¹

小篆 草書 ㊀ ❶예쁠산、고울산(好也)。 ❷비방할산(誹也)。【漢書 異姓諸侯王表】ㅣ笑三代。

㊁ ❶비척거릴선(行貌)。 ❷옷이 찰찰 끌릴선(衣裳曳地)。

【姍笑：산소】 비꼬아 웃음。 嘲笑。『漢書』ㅣㅣ三代。

【姍姍：선선】 ❶여자의 걸음 걷는 모양。 ❷뒤뚱거리며 걸음。『漢書』立而望之、何ㅣㅣ其來遲。

【姏】

(담) 覃 勘 バン、ばば old woman ㄇㄢ man²

草書 할미담(老女自稱)。

【姏母：담모】 할머니。 老婦를 이르는 말。 姏姆。『晉書』會稽王道子、寵幸尼及ㅣㅣ。

【姏姆：담모】 =老婆。『晉書』ㅣㅣ尼僧、尤爲親暱。

【姏婆：담파】 =姆姆。『正字通』姏、婦之老者、能以甘言悅人、故曰姏、今俗呼ㅣㅣ是也。

【姐】

(저) 馬 シャ、ソ、あね eldest sister ㄐㄧㄝˇ chieh³

小篆 草書 ❶맏누이저(女兄)。 ❷아가씨저「小ㅣ、大ㅣ」。 ❸교만할저(慢也)。【稽康詩】恃愛肆ㅣ不訓不師。

【娍】

(월) 月 エツ、みがるい light

小篆 가벼울월(輕也)。

【姑】

(고) 虞 コ、しゅうとめ husband's mother ㄍㄨ ku¹

小篆 草書 ❶시어머니고(夫之母)。【于濆詩】畏妾事ㅣ舅。 ❷고모고(父之姊妹)。 【詩經邶風泉水】問我諸ㅣ。 ❸시누이고(夫之女弟小ㅣ)。 ❹아직고(ㅣ息)。 【書經】ㅣ惟教之。 ❺장모고(妻之母)。 ❻별이름고(星名黃ㅣ)。 ❼살이름고(矢名)。 ❽꽃이름고(花名鼠ㅣ)。

【姑舅：고구】 시어머니와 시아버지。 남편의 부모。『于濆』畏妾事ㅣㅣ。

【姑娘：고낭】 ❶姑母。 ❷첩。 ❸出嫁하지 않은 여자。

【姑母：고모】 아버지의 누이。

【姑母夫：고모부】 고모의 남편。 姑叔。

【姑保：고보】 아직 여전히 부지함。

【姑婦：고부】 시어머니와 며느리。 姑媳。

【姑蠶：고시】 (動)바구미。 (쌀에 생기는 벌레 이름)。

【姑息：고식】 ❶우선 당장에 탈 없이 편안함。『禮記』細人之愛人也以ㅣㅣ。 ❷부녀자와 어린아이。『尸子』用ㅣㅣ之語。

【姑息的：고식적】 임시 방편 밖에는 안 되는 것。

【姑息之計：고식지계】 당장에 편한 것 「만 취하는 계책。 姑息策。

【姑息策：고식책】 =姑息之計。

【姑姊：고자】 아버지의 손위 누이。

【姑從：고종】 =姑從四寸。

【姑從妹：고종매】 고종 사촌 누이。

【姑從四寸：고종사촌】 姑母의 자녀。 內從四寸。

【姑且：고차】 ❶잠깐。 ❷소홀함。

【姛】

(시)『媤』(女部 9畫)와 같음

【姒】

(사) 紙 シ、あによめ elder brother's wife ㄙˋ ssu⁴

草書 ❶맏며누리사(長婦)。 ❷형수사(兄之妻曰ㅣ婦)。 ❸동서사(同壻)。 ❹성사(姓也)。

【姒婦：사부】 여자의 아우 동서가 맏동서를 일컬음。『爾雅』稚婦謂長婦爲ㅣㅣ。

【姓】

(성) 敬 セイ、ショウ、うじ family name ㄒㄧㄥˋ hsing⁴

小篆 草書 ❶성씨성(氏系統稱)。 ❷일가성(一族)。『詩經

周南麟之趾】振振公—。❸아이 낳을 성(生子)。【在傳 昭公四年】庚宗之婦人獻以雉、問其—、對曰、余子長矣、能奉雉而從我矣。❹ 백성 성(百—)。

【姓系:성계】 씨족의 계통。『唐書』敬淳、尤明——。

【姓名:성명】 姓과 이름。이름。『戰國策』變——、爲刑人、入宮塗廁。

【姓孫:성손】 =後孫。

【姓氏:성씨】 姓의 尊稱。

【姓字:성자】 姓을 나타내는 글자。

【姓銜:성함】 성명의 尊稱。

【姓鄕:성향】 =貫鄕。

◎改—、舊—、同—、百—、本—、四—、小—、異—、宗—。

【委】 ㊀(위) 末 イ、ゆだねる ㊁(위) 紙 entrust ㊂(위) 寘 ㄨㄟˇ wei³

小篆 草書 ㊀❶맘에 든든할 위(自得貌)。『詩經』——佗佗。❷벼이삭 고개숙일 위(—曲禾垂穗貌)。❸외곡할 위(曲也)。❹아름다울 위(美也)。㊁❶버릴 위(棄也)。『孟子』—而去之。❷맡을 위、맡길 위(任也)。【陶潛 歸去來辭】曷不—心任去留。❸붙일 위(屬也)。❹시들어질 위(萎也)。❺예복 위(禮服端—)。❻자세할 위(精細)。㊂❶쌓을 위(積也)。【唐書】書詔雲—。❷쇠할 위(—靡不振)。❸끝 위(末也)。【禮記】或原也或—也。

【委去:위거】 버리고 감。또는 내버림。『世說』駛車——。

【委結:위결】 ❶모아 結成함。❷恨을 품음。

【委曲:위곡】 ❶자세한 사정。또는 그 곡절。詳細。【史記·註】徘徊周浹——、得禮之序。❷몸을 굽혀서 좇음。隨從。

【委咎:위구】 자기의 죄를 남에게 轉嫁시킴。委罪。『晋書·石季龍載紀』。

【委屈:위굴】 몸을 굽혀 남에게 복종함。

【委寄:위기】 맡김。위탁함。

【委棄:위기】 한 번 버리고 돌보지 아니함。『漢書』陛下——不納。

【委頓:위돈】 힘이 빠짐。쇠약해 짐。疲困。『晋書』裴楷今——、臣深憂之。

【委命:위명】 ❶목숨을 맡김。❷마음을 天運에 맡김。『班固·答賓戲』。

【委靡:위미】 ❶시들어짐。❷약해짐。『韓愈』頹墮——潰敗、不可收拾。

【委叛:위반】 信義를 저버리고 돌아 섬。背叛。『宋書』吏人苦之、或至——。「못함。

【委席:위석】 자리잡고 누워서 일어나지

【委蛻:위세】 뱀이나 매미 따위의 허물。『莊子』子孫非汝有、天地之——也。

【委瑣:위쇄】 ❶작은 일에 구애됨。『史記·司馬相如傳』❷얼굴이 잘생기지 못함。

【委隨:위수】 ❶성질이 부드럽고 공순함。『後漢書』仁厚——。❷손과 발을 꾸부렸다 폈다 함이 자유롭지 못함。『枚乘』四支——。

【委輸:위수】 물건을 다른 곳으로 보냄。

【委身:위신】 어떠한 일에 몸을 맡김。

【委員:위원】 ❶일반 단체에 있어서 지명 또는 선거에 의하여 특정한 사무를 위임 맡은 사람。❷《法》委員會·審議會 등의 구성원。

【委員長:위원장】 위원 중의 우두머리。

【委員會:위원회】 위원으로 조직된 合議體 곧 행정 관청이나 어떤 단체의 諮問 기관·감사 기관·議會 같은 데의 내부 조직으로서의 여러 分科委員會 따위。

【委迤:위이】 마음의 여유가 있어서 침착하고 서두르지 아니함。

【委蛇:위이】 ❶의젓하고 천연스러운 모양。『詩經』退食自公——。❷두려워하며 걷는 모양。『史記』嫂——蒲服。❸《動》미꾸라지의 異名。

【委任:위임】 ❶一任함。『漢書』上之所——。❷사무의 처리를 다른 사람에게 맡김。❸《法》당사자의 一方이 법률 행위·기타 사무 처리를 상대방에게 위탁하여 상대방이 이것을 승락함으로써 성립되는 계약。

【委任命令:위임명령】 《法》법률의 위임을 받은 사항에 관하여 내리는 명령。

【委任立法:위임입법】 법률의 위임에 의하여 立法府 이외의 국가 기관이 法規를 定하는 일。

【委任者:위임자】 위임을 하는 사람。

【委任狀:위임장】 ❶어떤 사람에게 일정한 일을 위임한 취지를 적은 문서。❷위임에 따르는 대리가 있는 경우에 대리인의 권한을 증명하기 위하여 교부하는 문서。❸국제법상 파견국이 특정한 사람을 영사로 임명하는 취지의 문서。

【委任統治:위임통치】 한 나라가 다른 나라、또는 聯盟의 위임을 받아서 그 땅을 다스림。

【委折:위절】 까닭이 많음。曲折。「김。

【委政:위정】 정권을 부탁함。정치를 맡

【委遲:위지】 빙빙 돌아 먼 모양。『詩經』周道——。

【委囑:위촉】 남에게 맡겨서 부탁함。

【委佗:위타】 ❶마음의 여유가 있는 모양。❷아름다운 모양。『爾雅·釋訓』。

【委惰:위타】 게으르고 느른함。

【委託:위탁】 ❶남에게 맡김。의뢰하는 일。❷다른 기관이나 사람에게 어떤 법률상의 행위나 사실상의 행위를 행할 것을 의뢰하는 일。

【委託金:위탁금】 위탁하여 둔 돈。

【委託物:위탁물】 위탁하여 둔 물건。

【委託者:위탁자】 특수한 계약 아래 사물을 남에게 맡겨둔 사람。委託人。

【委託販賣:위탁판매】 《經》商人이 商品販路를 넓히기 위해 먼 곳에 있는 상인에게 상품을 積送하여 판매를 위탁함。

【委化:위화】 운명에 맡겨 버림。

【姕】 ㊀(자) 支 シ、シ、つまらぬ ㊁(치) 紙 small-minded おんな woman

小篆 ㊀하찮은 계집자(婦人小物)。㊁❶무뚝뚝할 치。❷아양떨지 않을 치(不媚)。

【㛐】 (기) 支 キ、かげま sodomy

비역할 기、남색할 기(—姦將男作女)。

六 畫

【姙】 (임)『妊』(女部 4畫)과 같음

【姙婦:임부】 아이 밴 여자。孕婦。『論衡』——食兎、子生缺脣。

【姙似之德:임사지덕】 后妃의 현숙한 덕행을 일컫는 말。

【姙娠:임신】 아이를 뱀。

【姚】 ㊀(요) 蕭 ヨウ、うつくしい ㊁(요) 嘯 beautiful ㄧㄠˊ yao²

小篆 小篆 草書 ㊀❶어여쁠 요(美好貌)。『荀子』美麗—冶。❷멀 요(遙와 같음)。❸성 요(姓也)。❹빠를 요(急疾)。㊁❶날랠 요(勁疾貌)。【漢書】霍去病爲嫖—校尉。

【姚江學派:요강학파】 陽明學派의 일컬음。明의 王守仁은 浙江省 餘姚 사람이므로 江 이름 姚江을 따서 그의 학문 계통을 姚江學派라 일컬음。

【姚姒:요사】 舜과 禹。(姚는 虞舜의 姓、姒는 夏의 禹王의 姓)。『韓愈·進學解』上規——渾渾無涯。

【姚冶:요야】 얼굴이 아름답고 고움。『荀子』美麗——。「子曰、美哉德乎——者乎。

【姚姚:요요】 예쁨。아리따움。『說苑』孔

【姚秦：요진】《歷》晉代 五胡十六國의 하나。後秦의 일컬음。

【姚黃魏紫：요황위자】 牧丹의 異稱。姚黃과 魏紫。옛날 洛陽의 秦氏·魏氏의 집에서 牧丹의 名花가 피었으므로 그렇게 말함。〔歐陽修·詩〕。

【姛】(동) 董 送 ドウ、ただしい honest
小篆 ❶계집성품곧을동(女性正直)。❷목이바를동 (正項)。

【姜】(강) 陽 キョウ、うじのな family name ㄐㄧㄤ chiang¹
小篆 草書 ❶성강(人姓)。❷걸이름강(川名)。❸강할강(强也)。

【姜維：강유】《人》三國時代 蜀의 天水 사람。字는 伯約。벼슬은 征西將軍。〔三國史·四十四〕。

【姜被：강피】《轉》이불을 같이 덮고 잠。兄弟。《故》後漢의 姜肱이 동생인 仲海·季江과 같이 화목하게 어머니를 잘 섬겼다는 故事。〔後漢書·姜肱傳〕。

【姝】(주) 虞 シュ、うつくしい pretty ㄕㄨ shu¹
小篆 草書 ❶어여쁠주(美也)。〔詩經 邶風靜女〕靜女其ㅡ。❷기운 없을주(柔懦)。〔莊子 徐無鬼〕暖暖ㅡㅡ。❸분바를주(粉飾)。〔太玄經註〕不粉飾其心而施其面猶ㅡㅡ之子遇雨則䙐無好也。

【姝麗：주려】 예쁘고 아름다움。

【姝姝：주주】 기력이 약한 모양。柔懦。〔莊子〕暖暖ㅡㅡ。

【姝好：주호】 얼굴이 좋고 아름다움。美好。〔唐書〕采擇天下ㅡㅡ。

【姝姬：주희】 아름다운 여자。美人。

【姞】(길) 質 キツ、うじのな family name ㄐㄧ chi²
小篆 草書 ❶성길(姓也)。〔左傳 文公三年〕燕ㅡ。❷후직의 이름길(后稷元妃)。

【妸】(와) 哿 カ、うつくしい· beautiful
小篆 ❶어여쁠와(美貌)。〔韓愈詩〕日著月妸煥赫婐ㅡ。❷약할와(弱也)。〔太玄經〕䔄䔄之離不宜熒且ㅡ。

【妸婐：와와】 아름다운 모양。〔戴良〕秋榮姿ㅡㅡ、春粲失婑婐。

【姡】(활) 曷 カツ、ずるい sly
小篆 ❶거짓활(詐僞)。❷교활할활(狡也)。

【姡獪：활회】 교활함。〔方言〕央亡·嚜杘、ㅡ、獪也。

【娟】(연)『娟』(女部 7畫)과 같음

【姣】(교) 巧 コウ、うつくしい pretty ㄐㄧㄠ chiao³
小篆 草書 ❶아름다울교(美也)。❷아양부릴교 (媚也)。〔史記〕前有樓閣軒轅後有長ㅡ美人。❸지혜교(智也)。〔後漢書 劉盆子傳〕卿所謂鐵中錚錚、傭中ㅡㅡ者也。❹음탕할교(淫也)。〔左傳 襄公九年〕穆姜曰、棄位而ㅡ、不可謂貞。(『佼·狡』와 통함)

【姣姣：교교】 재주와 지혜가 있음。〔後漢書〕鐵中錚錚、傭中ㅡㅡ者也。

【姣童：교동】 얼굴이 아름다운 남자。

【姣美：교미】 ＝姣好。

【姣冶：교야】 곱고 아름다움。艶冶。

【姣好：교호】 얼굴이 아름다움。〔漢書〕左右言其ㅡㅡ。

【姤】(구) 宥 有 コウ、あう meet ㄍㄡ kou⁴
小篆 草書 ❶만날구(遇也)。〔易經〕乾上巽下ㅡ。〔註〕柔遇剛也。❷어여쁠구(好也)。〔管子〕其人𤯍ㅡ。❸괘이름구(卦名)。

【姤草：구초】《植》이끼。南人의 方言。

【姤嫭：구호】 더러움과 아름다움。美醜。〔張衡〕杳ㅡㅡ之難竝兮、想依韓以流亡。

【姥】(모) 麌 ボ、ばば old woman
草書 ❶할미모(老女)。❷산이름모(山名天ㅡ)。(『姆』와 통함)

【姦】(간) 刪 カン、よこしま wicked
小篆 古文 草書 ❶간사할간(詐也)〔禮記〕政以一其行刑以防其ㅡ。❷간음할간(婬也)。❸강간할간(强ㅡ)。❹나쁜사람간(惡漢)。❺도적간(寇賊)。〔書經〕寇賊ㅡ宄。❻거짓간(僞也)。(『奸』과 통함)

【姦桀：간걸】 간교하고 굳센 사람。〔後漢書〕賓遊ㅡㅡ。

【姦計：간계】 간사한 꾀。좋지 못한 計略。奸計。

【姦吏：간리】 간사한 관리。奸吏。〔史記〕ㅡㅡ竝侵漁。

【姦利：간리】 정당하지 못한 수단으로 이익을 얻음。〔後漢書〕轢僞ㅡㅡ。

【姦伏：간복】 숨어서 나쁜 짓을 함。

【姦夫：간부】 간통한 사내。↔姦婦。

【姦婦：간부】 간통한 여자。↔姦夫。

【姦非：간비】 간사하고 나쁨。不正。〔後漢書〕爲政嚴峻、明于發摘ㅡㅡ。

【姦邪：간사】 간교함。또는 그런 사람。不正。〔韓愈〕ㅡㅡ讒佞欺負之徒。

【姦詐：간사】 간교하게 남을 속여 해치는 마음씨。〔漢書〕作爲ㅡㅡ。

【姦惡：간악】 간사하고 나쁨。邪惡。奸曲。〔潛夫論〕以防ㅡㅡ。

【姦雄：간웅】 간사한 지혜가 있는 영웅。〔魏志〕治世之能臣、亂世之ㅡㅡ。

【姦淫：간음】 부부 아닌 남녀가 性的 관계를 맺음。姦婬。

【姦淫罪：간음죄】《法》姦淫행위로 성립되는 죄。

【姦贓：간장】 公金이나 官物을 속여서 착복함。「平之ㅡㅡ。」

【姦賊：간적】 간악한 도둑。〔後漢書〕淸

【姦跡：간적】 간통한 증거가 되는 흔적。

【姦情：간정】 간통한 사실의 情狀。

【姦罪：간죄】 姦淫罪의 略語。

【姦通：간통】 ❶남녀 사이의 불의의 밀통。❷《法》배우자가 있는 사람이 배우자 이외의 이성과 합의에 의한 性的 관계。

【姦通雙罰主義：간통쌍벌주의】《法》남녀 평등의 입장에서 남녀의 간통을 똑같이 처벌하는 주의。

【姦慝：간특】 간사하고 마음 속이 나쁨。奸慝。간사하고 사특함。

【姦險：간험】 간악하고 음험함。

【姦俠：간협】 간악한 불량배。〔梁書〕遠招逋逃、多聚ㅡㅡ。

【姦猾：간활】 간사하고 교활함。奸猾。〔漢書〕從天下ㅡㅡ吏民於邊。

【姦回：간회】 ❶도리에 어긋남。❷惡人。〔左傳〕ㅡㅡ作亂。

【姦譎：간휼】 간악하고 음흉함。

【姦凶：간흉】 간사하고 흉악함。또는 그러한 사람。〔諸葛亮〕攘除ㅡㅡ。

【奸】(간)『姦』(前條)과 같음

【㛅】(오) 遇 オ、みだら lewd
小篆 ❶음탐할오(淫貪)。

【姨】(이) 支 イ はらから maternal aunt
小篆 草書 ❶이모이(母之姉妹)。❷처이모이(妻母之姉妹)。【左傳】息嬀過蔡、蔡公曰、吾ㅣ也、止而享之。
【姨母:이모】어머니의 여형제。【釋名】。
【姨母夫:이모부】이모의 남편。
【姨父:아부】이모부。어머니의 여형제의 남편。【北史】。
【姨子:이자】이종 사촌。어머니의 여형제의 아들。【左傳】。
【姨從:이종】姨從四寸의 略語。
【姨從四寸:이종사촌】이모의 자녀。
【姨姪:이질】아내의 자매의 자녀。
【姨兄弟:이형제】이종 사촌 형제。

【㛄】(의) 微 イ、はなやか brilliant
小篆 ❶빛날의、번쩍번쩍할의(華麗)。❷여자이름의(女字名)。

【姬】(희) 支 キ、ひめ young lady ㄐㄧ chi¹
小篆 草書 ❶아씨희(婦人美稱)。❷황후희、왕비희(皇后)。❸첩희(妾也)。【史記 孟嘗君傳】使人抵昭王幸ㅣ求解。❹주의성희(周姓)。
【姬姜:희강】큰 나라의 귀인의 부인이라는 뜻。(姬는 周의 姓、姜은 齊의 姓。)
【姬周:희주】三代의 周를 일컬음。姬는 周의 姓。《轉》宮女。【左傳·成·九】。
【姬妾:희첩】妾을 말함。
【姬漢:희한】周와 漢。【文選序】自ㅣㅣ以來。

【姪】(질) 質 テツ、めい、おい nephew ㄓ chih²
㊀(질) ㊁(절) 屑
小篆 草書 ❶조카질(兄弟之子)。【聞見錄】臣諸子皆豚犬、有ㅣ夷簡、宰相才也。❷조카딸질(姪女)。❸처질질。(아내의 형이나 아우가 낳은 자식)。【唐書 狄仁傑傳】姑ㅣ與母子孰親。㊁뜻은 ㊀과 같음。
【姪女:질녀】조카딸。
【姪婦:질부】조카며느리。
【姪壻:질서】조카사위。
【姪孫:질손】從孫。형제의 손자。
【姪子:질자】조카。
【姪行:질항】조카 뻘。

【姮】(항) 蒸 コウ、ゴウ、つき another name of moon
草書 ❶항아항、달에사는미인항(ㅣ娥、羿妻)。❷달의異名。(『嫦』과 같음)
【姮宮:항궁】달의 異名。또는 달나라에 있다고 하는 宮殿 이름。姮娥가 산다고 하는 月宮殿。姮娥。
【姮娥:항아】달의 異名。또는 달나라에 산다고 하는 美人의 이름。원래는 羿의 아내 이름。羿가 西王母에 請하여 얻은 不死의 藥을 훔쳐 마시고 仙人이 되어 달로 도망쳐 달의 精이 되었다고 함。漢나라 文帝의 이름이 恆이었기 때문에 漢人은 姮을 嫦으로 고침。嫦娥。蟾蜍。【淮南子】羿請不死之藥于西王母、ㅣㅣ竊之、奔月宮。

【姰】(균) 眞 キン、ひとしい equality
小篆 ❶같을균、한가지균(男女優劣同等)。❷적합할균(適合)。

【姱】(과) 麻 カ、うるわしい pretty ㄎㄨㄚ k'ua¹
어여쁠과、좋을과(美好貌)。
【姱容:과용】아름다운 얼굴 모습。

【㛅】(이) 寘 ジ おとめ virgin
小篆 ❶처녀이(未嫁女稱、處女)。❷여자이름이(女字名)。

【姶】(압) 合 オウ、うつくしい pretty
小篆 ❶아름다울압(美好)。❷계집의이름압(女名姶ㅣ)。

【姷】(유) 宥 ユウ、たがいにしたしむ couple
小篆 或體 짝유(配也)。(『侑』와 같음)

【姸】(연) 先 ケン、うつくしい pretty
小篆 ❶고울연(麗也)。❷사랑스러울연(媚也)。【韓愈文】爭ㅣ而取憐。❸총명할연(慧也)。【釋名】ㅣ硏也硏精於事宜則無蚩謬也。❹안존할연(安也)。
【姸麗:연려】어여쁘고、아름답고 화려함。【楊基】黃白自ㅣㅣ。
【姸芳:연방】아름답고 향기로움。【李綱】桃李ㅣㅣ。
【姸艶:연염】몹시 아름다움。【楊巨源】ㅣㅣ照江頭。
【姸粧:연장】❶아름다운 화장。❷예쁘게 단장함。【鮑照】京洛女兒多ㅣㅣ。
【姸倡:연창】아름다운 배우。【曹植】作齊鄭之ㅣㅣ。

【姻】(인) 眞 イン、よめいり marry ㄧㄣ yin¹
小篆 籒文 草書 ❶혼인할인(婚ㅣ)。❷사위집인(夫曰婣、婦曰ㅣ)。❸시집인。❹아내인(妻也)。❺인연인(因緣)。(『婣』과 같음)
【姻家:인가】姻戚의 집。
【姻家宴柹梨擅:인가연시리천】《國》사돈집 잔치에 감 놓아라 배 놓아라 함。(喩)주착 없이 남의 일에 쓸데 없는 참견을 함。【靑莊館全書】
【姻私:인사】친척의 인연을 맺어서 자기의 이익을 도모함。【後漢書】與官豎相ㅣㅣ。
【姻婭親戚:인아친척】一家親戚。
【姻弟:인제】처남 매부 사이에 자기를 낮추어 쓰는 편지 말。【爾雅】。
【姻族:인족】배우자의 一方과 他方의 혈족과의 사이에 생긴 姻戚。
【姻戚:인척】외가와 처가에 딸린 붙이。【後漢書】宗門廣大、ㅣㅣ不少。
【姻通:인통】혼인해서 친척이 됨。
【姻兄:인형】처남 매부 사이에 서로 높여 부르는 말。
◎外ㅣ、婚ㅣ。

【姹】(차) 馬 タ、なまめかしい pretty ㄔㄚ ch'a⁴
㊀(차) ㊁(차) 禡
草書 ㊀아리따운계집차(美女)。㊁아리따울차(美也)。(『奼』와 같음)
【姹女:차녀】少女。【漢書】河間ㅣㅣ工數錢。

【姺】㊀(신) 眞 ㊁(선) 銑 シン、くにのな name of a country ㄒㄧㄢ hsien³
小篆 小篆 草書 ㊀나라 이름신(商侯國名、ㅣ邳)。(『莘·㜪』과 같음) ㊁건듯건듯걸을선(行輕貌、媥ㅣ)。【上林賦】媥ㅣ徶循。(『蹁』과 같음)

【姼】㊀(제) 齊 ㊁(시) 紙 ㊂(치) 支 シ、かるがるしい rash
小篆 或體 ㊀예쁠제(美好貌)。【漢書】ㅣㅣ公主乃嫁烏孫。㊂죽은어머니시(母ㅣ)。【方言】南楚人

謂母妣母—。㊂경망할치(輕薄貌姑—)。

【姼姼:제제】 아름다운 모양。예쁜 모양。

【姇】(부) 有 フウ、うつくしい beautiful ❶계집행실부(女之行儀)。❷고울부(美也)。

【姽】(궤) 紙 キ、カイ、のろい walk leisurely ㄍㄨㄟˇ kuei³ ❶느릿느릿걸음궤(——閒體行)。『神女賦』既—嫿於幽靜。❷좋을궤(好也)。

【姽嫿:궤획】 조용하고 아름다운 모양。『宋玉』既——于幽靜兮、又婆娑乎人閒。

【姾】(전) 先 ゼン、しとやか virtuous ❶계집단정할전(女之端正)。❷여자이름전(女字名)。

【姿】(자) 支 シ、すがた figure ㄗ tzŭ ❶맵시자、태도자(態也)。『李白詩』憶昔嬌小—、春心亦自持。❷성품자(性品)。❸취미자(趣味)。❹맵시를 꾸밀자、모양을 낼자。『韓愈詩』羲之俗書媿—媚。(『資』와 같음)

【姿望:자망】 맵시。風采。『晋書』何劭、素有——。

【姿貌:자모】 =姿容。『後漢書』——短陋。

【姿媚:자미】 맵시를 내고 애교를 부림。『韓愈』羲之俗書逞——。

【姿色:자색】 여자의 예쁜 얼굴。『後漢書』——端麗。

【姿勢:자세】 몸을 가진 모양과 그 태도。

【姿容:자용】 얼굴 모양。容姿。姿態。『嵇康』採藥鍾山隅、服食改——。

【姿體:자체】 몸가짐。몸의 모양。

【姿態:자태】 =姿容。『北史』——雄異。◎容—、雄—、風—。

【娀】(융) 東 ジュウ、くにのな name of a country ㄙㄨㄥ sung¹ ❶나라이름융(國名有—氏)。❷성융(姓也)。(本音「숭」)『十八史略 殷紀』有—氏女。

【威】(위) 微 イ、たけしい dignity ㄨㄟ wei¹ ❶위엄위(尊嚴)。❷세력위(勢也)。『晋書 劉弘傳』弘專督江漢—行南服。❸으를위(懼也)。『孟子 公孫丑下』—天下、不以兵革之利。❹거동위(儀也)。『禮記 樂記』收其—也。❺두려울위。『中庸』民—於鈇鉞。(『畏』와 같음)

【威權:위권】 위엄과 권세。『漢書』用一「——」、爲萬世安。

【威怒:위노】 위엄 있는 힘。『易經』天之

【威德:위덕】 ❶권위와 덕망。『後漢書』貪慕——、願充行伍。❷罰과 은혜。

【威力:위력】 ❶권위에 찬 힘。❷큰 권세。『晋書』仰憑——、庶雪國家之恥。

【威令:위령】 위엄에 찬 명령。

【威望:위망】 위력과 名望。위세와 人望。『徐鉉』夕郎——拜霜臺。

【威名:위명】 위력을 떨치는 명성。威聲。『漢書』聞暴公子——舊矣。

【威武:위무】 ❶위엄과 무력。❷위엄 있고 씩씩함。武威。『孟子』——不能屈。

【威服:위복】 ❶위력으로 남을 복종시킴。『史記』——海內。❷위력에 굴복함。

【威福:위복】 ❶위력이 있고 부귀함。❷형벌을 주고 복을 주는 임금의 권력。『漢書』朝無——之臣。

【威勢:위세】 ❶사람을 위압하고 복종시키는 힘。❷위엄 있는 기세。❸맹렬한 기세。『吳志』務行——。

【威信:위신】 위엄과 信義。『後漢書』黨與聞郭伋——。

【威壓:위압】 ❶위력으로 억누름。❷위엄으로 울러댐。

【威嚴:위엄】 의젓하고 엄숙함。『戰國策』——不足以易於位。

【威然:위연】 위엄스러운 모양。

【威烈:위열】 ❶강렬한 위광。❷권세나 기력이 세참。『漢書』畏尙——、徙入山谷。

【威容:위용】 =威風。『華陽國志』——可視。

【威儀:위의】 ❶위엄이 있는 儀容。『詩經』——棣棣。❷(佛)규율에 맞는 起居動作。❸禮의 細則。曲禮。

【威重:위중】 위엄이 있고 무게가 있음。『傅休奕』養——、運神兵。「書」——遠暢。

【威風:위풍】 위엄이 있는 풍채。『後漢

【威風凜凜:위풍늠름】 풍채가 위엄이 있고 당당함。

【威逼:위핍】 =威脅。

【威嚇:위하】 =威脅。

【威脅:위협】 위력으로 으르고 협박함。

【威刑:위형】 ❶위광과 형벌。❷위엄 있는 형벌。『隋書』國之所恃、不在——。

【娞】(타) 哿 タ、うるわしい pretty ❶헤아릴타(量也)。❷아리따울타(美好貌)。

【娃】㊀(왜) 佳 ㊁(와) 麻 アイ、うつくしい beauty ㄨㄚ wa² ㊀❶어여쁜계집왜(美女)。『李白詩』吳—與越豔。❷아름다울왜(美也)。❸얼굴이 아름다울왜(美貌)。㊁뜻은 ㊀과 같음。

【娍】(세) 霽 セイ、しずか silent ❶조용할세(靜也)。❷계집의 자세(女字)。

【拏】(나)(녀)→手部5畫

【要】(요)→襾部3畫

七畫

【娹】(협) 葉 キョウ、こころよい graceful 암전할협(志靜)。

【[女+呂]】(려) 語 リョ、みにくい dirty 추잡할려(醜雜)。

【娉】㊀(빙) 敬 ㊁(빙) 庚 ヘイ、めとる take a wife ㄆㄧㄥ p'ing¹ ㊀❶물을빙(問也)。❷부를빙(召也)。❸찾을빙(訪也)。❹장가들빙(娶也)。㊁어여쁠빙(美貌)。『杜甫詩』不嫁惜—婷。

【娉婷:빙정】 부인의 아름다운 모양。또는 美人。

【娉命:빙명】 결혼 약속。『北史』與君—雖畢、二家多故、未及相見。

【娋】(초) 效 ショウ、あね elder sister 누이초(女兄)。

【娌】(리) 紙 リ、あいよめ the wife of one's husband's brother ❶동서리(妯—兄弟之妻相謂)。❷마음이 동할리(心動)。

【娎】(혈) 屑 ケツ、ここちよい joyful
기쁠혈(喜也)。

【娍】(성) 敬 ジョウ、セイ うつくしい beautiful
❶아름다울성(美也)。❷헌걸찰성(長好貌)。

【娑】㊀(사) 歌 サ、シャ、まいめぐる ㄙㄨㄛ suo¹ fluttering
㊁(사) 歌
㊀❶춤추는모양사(舞貌)。❷걸어 다니는 모양사。【杜甫詩】方知不才者、生長漫婆ㅣ。❸옷너풀거리는 모양사(衣揚貌)。【思玄賦】修初服之婆ㅣ。❹앉아 있는 모양사。❺편히 앉은모양사。❻거문고소리사。【嵇康 琴賦】紆餘婆ㅣ。㊁❶오랑캐 도읍이름사(吐蕃國都名邏ㅣ)。❷세상사(塵世ㅣ婆)。
【娑婆:사파⇩사바】❶《梵》Sahā의 音譯。堪忍。忍土라는 뜻。❷괴로움이 많은 이 세상。娑婆 世界의 略稱。❸석가가 탄생하여 살았던 이 세상。「=娑婆。
【娑婆世界:사파세계⇩사바세계】

【娒】(모)『姆』(女部 5畫)와 같음

【娓】(미) 尾 ビ、したがう ㄨㄟ wei³ obedient
❶순할미(順也)。❷아름다울미(美也)。
【娓娓:미미】❶끈덕지게 말을 붙임。❷자세한 모양。또는 번거로운 모양。『福惠全書』若言一入耳、ㅣㅣ可聽。
【娓瑣:미쇄】어물거림。『福惠全書』鴻特不厭ㅣㅣ、表而出之。

【粲】(찬) 翰 サン、うつくしい beautiful
❶아름다울찬(美也)。❷계집 셋을 둘 찬(一妻二妾)。【詩經】今夕何夕見此粲者。(『粲』과 통함)

【娖】(착) 覺 サク つつしむ prudent
조심할착(謹貌)。【史記】申屠嘉死後爲丞相者皆ㅣㅣ廉謹備員而已。
【娖娖:착착】일이나 행동을 삼가는 모양。【史記】爲丞相者、皆ㅣㅣ廉謹、備員而已。

【娗】㊀(정) 迴 テイ、テン、みめよい、きどる airs
㊁(전) 銑
㊂(정) 靑
㊀매욱할전(不開通眂ㅣ)。【列子】眂ㅣ誣諉。㊁속일전(欺慢語)。㊂모양낼정(容也)。(『婷』과 같음)

【娙】(형) 靑 ケイ、キョウ、すらりとする good firgure
❶맵시어여쁠형(形好貌)。❷계집키클형(女身長)。❸여자벼슬이름형(女官名)。
【娙娥:형아】❶보기 좋음。보기에 아름다움。『說文』娥、秦晉謂好曰ㅣㅣ。❷漢代의 女官을 이름。
【娙何:형하】漢代의 女官을 이름。『史記』

【娘】(낭) 陽 ジョウ、むすめ ㄋㄧㄤ niang² girl (本音「냥」)
❶아가씨낭、소녀낭。【李賀詩】東家嬌ㅣ求對値。❷처녀의 이름에 붙여쓰는말낭。❸속어(俗語)에 어머니를말함。【康熙字典】俗稱父曰爺、母曰ㅣ。❹딸낭(女息)。
【娘家:낭가】외갓집。
【娘娘:낭낭】❶어머니。❷皇后。
【娘子:낭자】❶처녀。少女。❷어머니。『溫公書儀』。❸아내。『輟耕錄』❹宮女。娼妓。『北里志』。❺《地》關의 이름。
【娘子軍:낭자군】❶부인으로 조직한 군대。『唐書·平陽公主傳』❷부인의 한 단체。

【娚】(남) 覃 ダン はなしごえ voice
❶말소리남(語聲)。❷【國字】오라비남(姊妹謂男兄弟曰ㅣ)。

【娛】(오) 虞 ゴ、たのしむ ㄩ yü² amuse (古音「우」)
❶즐거울오(樂也)。【西京賦】窮歡極ㅣ。❷기쁠오(喜也)。
【娛樂:오락】재미있게 놀아서 기분을 즐겁게 함。『詩經』以禮相ㅣㅣ。
【娛樂面:오락면】신문·잡지 따위의 오락 기사로 채워진 紙面。
【娛樂室:오락실】오락에 필요한 시설을 해 놓은 방。환락할 수 있는 방。
【娛樂場:오락장】❶모여 오락하는 곳。❷오락의 설비가 되어 있는 곳。
【娛遊:오유】❶즐기어 놀음。❷오락과 유희。『司馬相如』ㅣㅣ往來。
【娛適:오적】즐거워하고 기뻐함。歡娛。『蔡襄』佳人足ㅣㅣ。「軾」與我相ㅣㅣ。
【娛嬉:오희】즐거워하고 기뻐함。『蘇

【娜】(나) 哿 ダ、ナ、うつくしい ㄋㄨㄛ nuo² charming
❶아름다울나、여자의 풍채가 아리따울나(美女貌)。【曹植 洛神賦】華容婀ㅣ。❸한들거릴나(柔而長)。【杜甫詩】連笮動嫋ㅣ。
【娜娜:나나】❶한들거리는 모양。『蘇轍·元日詩』春風ㅣㅣ還吹霰。❷가냘프고 아름다운 모양。『梅堯臣』萬柳枝ㅣㅣ。

【娝】(부) 虞 ヒ、おろか foolish
어리석을부(愚也)。

【娷】(좌) 箇 サ、やすらか guard
경계할좌(戒也)。

【娞】(뇌) 賄 ノウ、うつくしい beautiful
❶고울뇌(姸也)。❷어여쁠뇌(威好貌)。

【娦】(불) 月 ホツ、こえたおんな (of women) fat
계집몸통통할불(女肥貌、娦ㅣ)。

【娟】(연) 先 ケン、エン、うつくしい ㄐㄩㄢ chüan¹ pretty
❶어여쁠연(美好)。❷얼굴이 아당할연(媚也)。❸아름다운모양연。【杜甫詩】石瀨月ㅣㅣ。❹춤추는모양연。❺가볍게 움직이는 모양연。❻아득히멀연(幽遠)。【杜甫詩】風含翠篠ㅣㅣ淨。
【娟魄·연백】달의 異名。『海錄碎事』ㅣㅣ已三孕、言三次月生也。
【娟秀:연수】얼굴이 아름다움。『唐書』左右侍姬百餘皆、ㅣㅣ光麗。
【娟容:연용】아름다운 얼굴。
【娟好:연호】容貌가 아름다움。娟好靜秀。
【娟好靜秀:연호정수】容貌가 아름답고 조용함。『韓愈』幼子ㅡㅡ、云云。

【娠】(신) 眞 シン、はらむ pregnancy ㄕㄣ shen¹
小篆 草書 ❶아이밸신(懷孕)。〔史記 高帝紀〕已而有ㅡ。❷마부신(養馬者)。(『身』과 통함)

【娣】(제) 薺 テイ、いもうと young sister ㄉㄧˋ ti⁴
小篆 草書 ❶손아래누이제(女弟妹也)。〔爾雅釋親〕女子同出、先生爲姒、後生爲ㅡ。❷계수제(弟之妻)。〔爾雅〕長婦謂稚婦爲ㅡ婦、稚婦謂長婦爲姒婦。❸동서제(ㅡ姒妯娌)。
【娣婦:제부】동생의 아내。弟嫂。〔爾雅〕長婦謂稚婦爲ㅡㅡ。
【娣姒:제사】❶아랫동서와 웃동서。❷妹와 姊。〔爾雅·釋親〕女子同出、先生爲姒、後生爲娣。

【娥】(아) 歌 ガ、みめよい beautiful ㄜˊ e²
小篆 草書 ❶어여쁠아(美好)。❷항아아(姮ㅡ羿妻)。❸선녀아(天女)。❹아황아(ㅡ皇舜妻)。
【娥姣:아교】얼굴이 아름답게 잘 생긴 모양。〔列子·楊朱〕處子之ㅡㅡ者。
【娥媌:아묘】아름답고 고귀함。〔列子〕
【娥娥:아아】여자의 아름다운 얼굴 모양。〔劉廷芝〕ㅡㅡ紅粉妝。
【娥英:아영】❶舜 임금의 두 妃인 娥皇과 女英의 일컬음。〔陶弘景·水山賦〕❷女官의 이름。〔北史·后妃傳〕

【娧】(태) 泰 タイ、よろこぶ glad
小篆 小篆 ❶더딜태(ㅡㅡ舒遲貌)。❷기뻐할태(喜也)。

【娦】(빈)『嬪』(女部 14畫)과 같음

【娨】(만) 潸 バン、おごる arrogant
교만할만(驕慢)。

【娩】(一)(만) 阮 (二)(면) 銑 ベン、メン、うむ bear ㄨㄢˇ wan³
草書 ❶해산할만(產子)。❷유순할면(柔順)。〔禮記 內則〕姆教婉ㅡ聽從。
【娩息:면식】낳아서 불어감。繁殖。〔唐書〕於牧事尤力、ㅡㅡ不訾。
【娩澤:면택】얼굴이 아름답고 윤택함。〔荀子·禮論〕悅豫ㅡㅡ。
【娩痛:면통】아이를 낳을 때의 복통。陣痛。

【娪】(오) 遇 ゴ、うつくしいおんな pretty woman
예쁜계집오(美女)。

【娭】(애) 脢 アイ、たわむれる flirt with
小篆 草書 ❶희롱할애(戲也)。〔房中歌〕神來燕ㅡ。❷계집종애(婢也)。
【娭光:애광】美女의 눈부실만큼 아름다운 모양。〔楚辭〕
【娭娭:애애】장난삼아 놀림받는 모양。〔元結〕至化之深兮、猗猗ㅡㅡ、如煦如吹、如負如持、而不知其慈、故莫周莫止、靜和而止。
【娭娛:애오】희롱하며 즐김。

【宴】(연)→宀部7畫

八畫

【婄】(탑) 合 トウ、くつする lie flat
小篆 엎드릴탑(伏也)。

【娵】(추) 虞 シュ、ソウ、たおやめ pretty girl
草書 ❶젊을추(少也)。❷물고기추(ㅡ隅魚也)。〔郝隆詩〕ㅡ隅躍清池。❸예쁜 여자추(美女)。❹별이름추(星名ㅡ訾)。
【娵魚圖:추어도】고기를 그린 그림。西南쪽의 蠻人은 고기를 娵隅라고 함。〔廣川畫跋〕成都府、官給ㅡㅡㅡ、陳于宴廳、云云。
【娵娃:추와】閭娵와 吳娃。다 같이 옛 美人。〔漢書〕孟康曰、娵、閭娵也、娃、吳娃也、師古曰、ㅡㅡ皆美女也。「·排調」
【娵隅:추우】물고기의 異名。〔世說新話

【娶】(취) 魚 シュ、めとる take a wife ㄑㄩˇ ch'ü³
小篆 草書 ❶장가들취(取妻)。〔胡安定家訓〕ㅡ婦須不若吾家則事舅姑必謹。❷중개인취(商ㅡ)。
【娶嫁:취가】시집가고 장가드는 일。嫁娶。〔後漢書〕男女ㅡㅡ既畢。
【娶禮:취례】아내를 맞는 예。婚禮。
【娶妻:취처】아내를 얻음。장가 듦음。

【姘】(평) 庚 ヘイ、とりのぞく get rid of ㄆㄧㄣ p'in¹
小篆 ❶제거할평(除去)。❷계집종을 간통할평(妻婢通姦)。
【姘識:평식】野合함。姦通함。서로 한 속이 됨。〔北京指南〕與妓女ㅡㅡ之人、曰权桿。

【娼】(창) 陽 ショウ、あそびめ prostitute ㄔㄤ ch'ang¹
草書 ❶창녀창、여광대창(女樂)。❷노는계집창(戲女)。❸갈보창(賣淫女)。(『倡』의 俗字)
【娼家:창가】娼妓의 집。「女。娼婦。
【娼妓:창기】몸을 파는 천한 기생。遊
【娼女:창녀】몸을 파는 것을 업으로 삼는 여자。娼婦。姿女。
【娼婦:창부】=娼妓·娼女。

【娷】(수) 支 スイ、たがいにたのむ ask favors each other
小篆 일 서로부탁할수(以事相託)。

【娸】(기) 支 キ、にくむ hate
小篆 ❶더럽게여길기(醜也)。❷미워할기(憎也)。

【娹】(현) 先 ゲン、まもる keep
小篆 지킬현(守也)。

【娺】(달) 黠 タツ、たけしい rough
小篆 ❶빠를달(疾也)。❷모질달(猛也)。

【娽】(록) 屋 ロク、したがう follow
小篆 따를록(從也)。

【娾】(애) 蟹 ガイ、たのしむ merry
❶즐거울애(樂也)。❷계집이추할애(醜女)。

【娿】(아) 歌 哿 ア、しなやか ramble
小篆 ❶한들거릴아(弱態貌)。❷머뭇거릴아(不決娿ㅡ)。〔石鼓歌〕詎肯感激徒娿ㅡ。
【娿嬌:아교】애교가 넘치는 모양。또는 그러한 美女。
【娿娜:아나】❶아름답고 요염함。❷美

人의 날씬한 모양。〔曹植〕華容ㅣㅣ、令我忘餐。

【婁】 ㊀(루) 尤 ル、ロウ、ひく ㊁(루) 虞 pull ㊂(루) 遇 ㄌㄡˊ lou²
小篆 籀文 古文 草書 ㊀❶끄을루(曳也)。〔詩經〕子有衣裳弗曳弗ㅣ。❷어리석을루(愚也)。〔蘇氏演義〕時人以無分別者爲郲ㅣ不辨。(『㜢』와 통함) ㊁고달플루(卷ㅣ形神交役) ㊂❶빌루(空也)。❷별이름루(星名二十八宿之一)。

【婁星:누성】二十八宿의 十六째 별。

【婁宿:누수】星宿의 이름。二十八宿의 하나。서쪽에 있음。

婁 宿 (新法曆書)

【婁】(루)『婁』(前條)의 俗字

【婄】(부) 有 フ、ブ、ふとる fat
❶살찔부(肥也)。❷둔할부(愚也)。

【婆】(파) 歌 ハ、ばば old woman ㄆㄛˊ pó²
小篆 草書 ❶할머니파(老媼)。❷춤너풀너풀출파(婆舞貌)。❸조모파(祖母)。(『㜑』와 통함)

【婆羅門:파라문⇩바라문】(梵) ❶Brahmana의 音譯。印度 四姓 가운데 가장 높은 지위의 僧族。❷(宗)釋迦 이전에 일어난 印度의 종교 이름。

【婆羅門敎:파라문교⇩바라문교】(宗)불교 이전의 바라문 종족이 신봉하던 종교。

【婆娑:파사】❶춤추는 소매가 날리는 모양。〔詩經〕ㅣㅣ其下。❷몸이 가냘픈 모양。❸초목의 잎이 떨어지고 가지가 성긴 모양。❹거문고의 소리가 꺾이는 모양。〔嵇康〕紆餘ㅣㅣ。❺徘徊。〔杜甫〕方知不才者、生長漫ㅣㅣ。

【婆心:파심】노파는 친절하므로, 친절한 마음씨。老婆心。〔傳燈錄〕。◎老ㅣ、產ㅣ、塔ㅣ。

【娸】(강) 養 キョウ、みだら disorderly
문란할강(紊亂)。

【婉】(완) 阮 エン、しなやか obedient ㄨㄢˇ wan³
小篆 草書 ❶순할완(順也)。〔禮記內則〕ㅣ娩聽從。❷예쁠완、아름다울완(美也)。❸젊을완(少也)。❹간들거릴완。〔楚辭離騷〕駕八龍之ㅣㅣ。

【婉曲:완곡】❶言行을 빙 둘러서 함。노골적이 아님。❷말씨가 곱고 차근차근함。〔樹枋得〕文勢圓活而ㅣㅣ。

【婉孌:완련】나이가 젊고 아름다움。또는 美少年。〔詩經〕。

【婉穆:완목】친절하고 유순함。

【婉美:완미】상냥하고 아름다움。

【婉媚:완미】상냥하고 애교가 넘침。〔漢書〕以ㅣㅣ貴幸。

【婉嬋:완선】곱고 아름다운 모양。〔梁簡文帝〕輕金翠之ㅣㅣ。

【婉淑:완숙】아름답고 겸손함。〔宋史〕實生ㅣㅣ。

【婉順:완순】예쁘고 순함。婉娩。〔漢書〕ㅣㅣ得婦人道。

【婉約:완약】유순하고 겸손함。〔國語·吳語〕ㅣㅣ其辭。

【婉弱:완약】성질이 순하며 아리잠직함。

【婉如:완여】아름답고 상냥한 모양。

【婉嫕:완예】수더분한 모양。유순한 모양。〔晉書〕ㅣㅣ有婦德。

【婉容:완용】상냥스러운 모양。유순하고 온화한 몸가짐。〔禮記〕有愉色者、必有ㅣㅣ。

【婉愉:완유】흐뭇하게 즐김。〔韓詩外傳〕。

【婉轉:완전】❶순탄하고 원활하여 군색하지 아니함。〔潘岳〕。❷婉婉。

【婊】(표) 篠 ヒョウ、しょうか brothell ㄅㄧㄠˇ piao³
화랑이표(娼家)。

【婌】(숙) 屋 シュク、きゅうじょ (lady) official title
궁녀벼슬이름숙(後宮女官名)。(『淑』과 통함)

【婎】(휴) 支 キ、ふるまい figure
小篆 ❶모양휴、태도휴(姿態)。❷제마음대로행동할휴(放逸)。

【娩】(반) 願 ベン、うさぎのこ young of the rabbit
小篆 토끼새끼반(兎子)。

【婐】(와) 哿 カ、こしもと waiting-maid
小篆 ❶시녀와(侍女)。❷연약할와(軟弱)。

【婐娜:와나】조용하고 아름답다는 뜻으로 婦人에 對하여 쓰임。〔太平御覽〕肥骨柔弱曰ㅣㅣ。

【婐妮:와와】연약하면서도 아름다운 모양。〔廣韻〕婐、ㅣㅣ身弱好貌。

【婐嫷:와타】조용하고 아름다움。婑嫷。〔六書故〕婐、ㅣㅣ宛孌隈倚之皃、婐、通作果。

【婓】(비) 紙 ヒ、ビ、ゆききする come and go
小篆 ❶오락가락할비(往來貌)。〔揚雄反騷〕昔仲尼之去魯兮ㅣㅣ遲遲而同邁。❷신녀비(神女名江ㅣ)。❸봅시미운모양비(醜貌)。

【婑】(유) 支 ズイ、うつくしい beautiful
아리따울유(美也)。〔列子〕公孫穆好色擇稚齒ㅣ婧者。

【䙅】(혜) 霽 ケイ、みにくい evil face
❶흉할혜(兇也)。❷방자할혜(姿也)。

【媄】(요)『妖』(女部 4畫)와 같음

【婕】(첩) 葉 ショウ、うつくしい pretty ㄐㄧㄝˊ chieh²
小篆 草書 ❶예쁠첩(美貌)。❷궁녀벼슬이름첩(ㅣ好)。(『倢』과 같음)

【婕好:첩여】漢代의 女官을 이름。美好의 뜻。또는 承·接과 音이 통하는데서 天子께 承奉하고 接幸하는 뜻으로도 봄。〔史記〕。

【婗】(예) 齊 ゲイ、こびる coquet
小篆 ❶갓난아이예(嫛ㅣ人始生)。❷예쁜체할예、아양부릴예(媞ㅣ、嫵媚貌)。

【婗子:예자】山東地方에서 幼女를 이르는 말。또는 婢女로 하여금 낳게 한 아들。〔新方言〕山東謂幼女爲ㅣㅣ、亦以稱婢兒。

【婚】(혼) 元 コン、えんぐみ marriage ㄏㄨㄣ huen¹
小篆 籀文 草書 ❶혼인할혼(結ㅣ)。❷처가혼(婦家)。❸장가들혼(取婦)。〔古詩焦仲卿妻〕云有第五郞、嬌逸未有ㅣ。

【婚嫁:혼가】=婚姻。〔隋書〕ㅣㅣ不取同姓。

【婚媾:혼구】=婚姻。〔易經〕求ㅣㅣ。

【婚期:혼기】 혼인하기에 적당한 나이。

【婚談:혼담】 혼인을 정하기 위하여 오고 가는 말。緣談。

【婚禮:혼례】 ❶혼인의 예절。❷婚禮式。

【婚禮式:혼례식】 남녀가 백년 해로를 약속하는 儀式。結婚式。「결혼식。」

【婚費:혼비】 혼인에 드는 비용。

【婚事:혼사】 혼인에 관한 일。

【婚喪:혼상】 혼인에 관한 일과 초상에 관한 일。婚事와。喪事。

【婚書:혼서】 혼인 때에 신랑 집에서 禮緞에 붙여 신부 집으로 보내는 편지。

【婚需:혼수】 혼인에 드는 물건이나 비용。婚物。

【婚約:혼약】 혼인을 맺은 언약。약혼。

【婚姻:혼인】 ❶장가 들고 시집 가는 일。『爾雅』婦之父母、壻之父母、相謂爲ㅣㅣ。❷性의 결합을 기초로 하는 계속적인 남녀 관계。婚姻申告를 함으로써 성립함。

【婚姻屆:혼인계】 ＝婚姻申告。

【婚姻申告:혼인신고】 결혼한 事由를 所轄官廳에 신고하는 일。

【婚日:혼일】 혼인을 지내는 날。

【婚材:혼재】 혼인하기에 적당한 男女。

【婚處:혼처】 혼인하기에 알맞은 상대방。

【婚擇:혼택】 ＝결혼할 날짜를 가림。혼인의 擇日。

【婚行:혼행】 혼인할 때에、신랑이 신부 집으로 가거나、또는 신부가 신랑 집으로 감。新行。

【婚嫌:혼혐】 破婚하거나 혼인이 잘 어울리지 아니하는 嫌疑。

◎結ㅣ、旣ㅣ、晩ㅣ、未ㅣ、成ㅣ、新ㅣ、ㅣ約ㅣ、離ㅣ、再ㅣ、早ㅣ、重ㅣ、初ㅣ、許ㅣ。

【婜】 (간) 刪 カン、はなやか splendid
小篆 화려할간、빛날간(美麗)。

【婩】 (엄) 豔 エン、はしため female slave
小篆 ❶모함잡을엄(誣挐)。❷계집종 엄(婢也)。❸계집다울엄(女貌)。

【婘】 (권) 先 ケン、やから relations
草書 ❶어여쁠권(美好)。❷집안붙이권(ㅣ屬)。『漢書』誅諸呂ㅣ屬。
(『眷』과 통함)

【婞】 (행) 迥 コウ、もとる peevish ㄒㄧㄥˋ hsing⁴
小篆 草書 ❶성미괘할행 (ㅣㅣ狠也)。『離騷經』鮌ㅣ直以亡身。❷친할행(親也)。

【婞直:행직】 剛直함。『楚辭·離騷』ㅣㅣ以亡身。

【婟】 (고) 遇 コ、うつくしい beautiful
小篆 ❶아낄고、안타까울고(戀惜、ㅣ嫪)。❷어여쁠고(好也)

【婟嫪:고로】 ❶사랑하여 잊지 못함。『說文』聲類云ㅣㅣ、戀惜也。❷ 倡妓가 遊客을 이르는 말。『事物異名錄』字典、倡妓呼、游壻曰ㅣㅣ。

【婠】 (완) 寒 ワン、みなりがよい fair-looking ㄨㄢ wan¹
小篆 몸맵시예쁠완(體德美好)。

【婥】 (점) 鹽 テン、わらう laugh
小篆 벙글거릴점(喜笑貌)。

【婢】 (비) 微 ヒ、はしため female slave ㄅㄧˋ pei⁴
小篆 ❶계집종비(女奴)。❷하녀비(下女)。❸천한 여자비(賤女)。

【史記孔子世家】夫子罪我以羣ㅣ故也夫。❹여자가 자기를 낮추어 일컫는 말비。『禮記曲禮』自世婦以下、自稱曰ㅣ子。

【婢女:비녀】 계집 종。

【婢僕:비복】 계집 종과、사내 종。『白居易』豪家多ㅣㅣ。

【婢子:비자】 ❶계집 종。『韓愈』丁寧顧ㅣㅣ。❷여자 자신의 謙稱。『禮記』自世婦以下、皆稱曰ㅣㅣ。

【婢妾:비첩】 종으로 첩이 된 계집。『史記』君之後宮以百數、ㅣㅣ被綺穀、餘粱肉。

【婣】 (인) 『姻』(女部 6畫)과 같음

【婤】 (주) 尤 シュウ、かおたちがよい fair-faced
小篆 얼굴얌전할주(容貌優美)。

【婥】 (작) 藥 シャク、うつくしい beautiful
小篆 草書 예쁠작(美好貌)。『莊子逍遙遊』藐姑射之山有神人居焉、肌膚如冰雪ㅣ約若處子。

【婥約:작약】 얼굴이나 몸가짐이 아름다운 모양。『莊子·逍遙遊』。

【婦】 (부) 有 フ、フウ、おんな、よめ wife;daughter-in-law ㄈㄨˋ fu⁴
小篆 草書 ❶며느리부(子之妻也)。『爾雅 釋親』子之妻爲ㅣ。❷지어미부、아내부(妻也)。❸여자부(女子)。『史記 孔子世家』彼ㅣ之謁可以死敗。❹암컷부(雌、牝)。『康熙字典』物類之陰者亦曰ㅣ。❺예쁠부(美好)。『荀子 樂論』其容ㅣ。

【婦家:부가】 친가。시집 오기 전의 집。『後漢書』其婚姻皆就ㅣㅣ。

【婦功:부공】 여자의 일。아내로서 해야 할 여러 가지 일。『周禮』婦德·婦言·婦容·ㅣㅣ。

【婦女:부녀】 부인。『史記』ㅣㅣ無所幸。

【婦女子:부녀자】 ❶부인。❷일반 여자。

【婦德:부덕】 부녀로서 지켜야 할 아름다운 덕행。

【婦道:부도】 여자가 마땅히 지켜야 할 道理。『禮記』其夫屬於子道者、妻皆ㅣㅣ也。

【婦業:부업】 ＝婦功。『後漢書』茸修ㅣㅣ、「暮誦經典。

【婦翁:부옹】 장인。아내의 아버지。『後漢書』聞君爲吏、擿ㅣㅣ。

【婦容:부용】 여자의 몸맵시。

【婦幼:부유】 여자와 어린아이。

【婦人問題:부인문제】 (社)여자의 지위·권리 따위를 대상으로 하는 여러 가지 사회적 문제。

【婦人病:부인병】 여자에게만 있는 모든 병。

【婦人席:부인석】 어떠한 집회장에서 여자가 앉게 베푼 자리。여자 들이 앉도록 따로 마련된 자리。

【婦人醫:부인의】 여자의 병을 전문으로 진찰 치료하는 의사。

【婦人之性:부인지성】 남자로서 편벽되고 좁은 여자를 닮은 성질。

【婦人會:부인회】 어떤 목적으로 조직된 부인의 모임。

【婦職:부직】 여자의 일。길삼·바느질 따위。『周禮』以ㅣㅣ之法、教九御。

◎看護ㅣ、寡ㅣ、嫠ㅣ、夫ㅣ、產ㅣ、妊ㅣ、主ㅣ、匹夫匹ㅣ、賢ㅣ。

【婧】 (청) 敬 セイ、しとやか chaste and pure
小篆 ❶조촐할청(貞潔)。❷가냘플청(纖弱)。『思玄賦』舒眇ㅣ之纖腰。

【婩】 ㊀(안) 翰 ㊁(학) 藥 カン、カク、うつくしい pretty
㊀고울안(美好)。㊁어리석을학(愚也)。

【婩斫:학작】 무뚝뚝하여 붙임성이 없는 모양。

【婪】(람) 覃 ラン むさぼる ㄌㄢˊ lan² avarice
小篆 草書 ❶탐할람(貪也)。【韓愈順宗實錄】韋執誼性貪婪詭賊。❷함부로할람(不謹愼)。(『惏』과 같음)

【婪酣:남감】 탐내어 먹음。『韓愈·月蝕詩』— — 大肚遭一飽。

【婪沓:남답】 욕심 많게 탐냄。『唐書·李忠臣傳』李忠臣、資— — 嗜色。

【婪尾春:남미춘】《植》芍藥의 異名。『清異錄』。唐末文人、有謂芍藥爲———。

【婫】(혼) 阮 コン、かみをおおう head-dressed
머리덮을혼(以物蒙頭)。

【婬】(음) 侵 イン、みだら adultery ㄧㄣˊ yin²
小篆 ❶간통할음(姦—)。❷색서방질할음(私逸女)。❸음탕할음(蕩也)。❹놀음(遊也)。❺희학질할음(戲也)。(『淫』과 통함)

【婭】(아) 禡 ア、あいむこ the husband of one's wifes sister ㄧㄚˋ ya⁴
草書 ❶동서아(姻—兩壻相謂)。❷일가아、친척아(親戚、姻戚)。(『亞』와 통함)

【婭壻:아서】 ❶자기 아내의 姊妹의 남편。동서。【唐書】長孫昕與明皇爲— —。❷혼인으로 인하여 된 친척。

九畫

【婷】(정) 靑 テイ みめよい pretty ㄊㄧㄥˊ t'ing²
草書 ❶아리따울정(美好貌)。【陳無己詩】當年不嫁惜娉—傅粉施朱學後生。❷쌀쌀할정(冷也)。(『娗』과 같음)

【婸】㊀(탕) 養 ㊁(양) 陽 トウ、ヨウ、みだら dissipated
㊀음탕할탕(淫戲)。㊁나양(我也)。

【媨】(축) 屋 シュク、おうな (of women) ugly because of age
小篆 계집늙어추할축(老媼醜貌)。

【㜁】(요) 篠 ヨウ、かよわい weak ㄧㄠˇ yao³
연약할요(弱也)。

【婺】(무) 尤 ム、したがわない disobey
小篆 小篆 草書 ❶별이름무(—女星名)。❷맘대로못할무、유순하지 못할무(不繇)。

【嫂】(수) 皓 ソウ あによめ elder brother's wife ㄙㄠˇ sao³
小篆 草書 형수수(兄之妻)。【後漢書】馬援敬事寡—不冠不入廬。(『㛐』와 같음)(本音은「소」)

【婼】㊀(착) 藥 ㊁(야) 麻 ㊂(이) 支 ジャク、さからう atrocious ㄔㄨㄛˋ ch'uo⁴
小篆 ㊀❶순하지않을착(不順)。❷악독할착(惡也)。㊁거스를야、거역할야(不順)。㊂나라이름이(—羌、國名)。

【婚】(혼)『婚』(女部 8畫)과 같음

【媮】㊀(유) 虞 ㊁(투) 尤 ユ、トウ たのしむ、ぬすむ glad; steal ㄊㄡ t'ou
小篆 草書 ㊀❶엷을유(薄也)。【左傳 襄公三十年】晋未可—也。❷즐거울유(樂也)。(『愉』에 통함)
㊁❶간교할투(巧黠)。【左傳 文公十七年】齊君之語—。❷도둑질할투(偸也)。【楚辭 卜居】將從俗富貴以—生。(『偸』와 같음)

【媮居:투거】 목전의 안락을 위하여 헛되게 그 지위에 머물러 있음。【國語】—— 幸生。

【媮薄:투박】 言行이 경솔하고 천박함。

【媮食:투식】 ❶一時的 安樂을 求하여 생활함。偸安。【左傳】吾儕— —、朝不圖夕。❷공금이나 公穀을 도둑질함。偸食。

【媮惰:투타】 安逸을 꾀함。偸安。【朱熹】因循— —、安得不至於此。

【婿】(서)『壻』(士部 9畫)와 같음

【媀】(우) 遇 グ、ねたむ be jealows envy
투기할우、강짜할우、샘낼우(女妒男)。

【媁】(위) イ、かわいらしい charming
小篆 ❶탐스러울위(美盛貌)。❷추잡할위(醜也)。

【媃】(유) 尤 ジュウ、こびる pretend to be pretty
예쁜체할유(女媚貌)。

【㛴】(노) 皓 ノウ、うらましい resentful
小篆 ❶원통할노(有所恨痛)。❷번뇌할노、마음수란할노(亂擾心)。(『惱』와 통함)

【媄】(미) 紙 ビ、うつくしい (of color) beautiful
小篆 빛고울미(色艷)。

【媅】(담) 覃 タン、たのしむ rejoice
小篆 즐길담、즐거울담(樂也)。(『妉』과 통함)

【㜕】(눈) 願 セン、かよわい weak
小篆 어릴눈、약할눈(嫩弱)。(『嫩』과 통함)

【媈】(휘) 微 キ めかけ concubine
❶첩휘(妾也)。❷작은집휘(小家)。

【媉】㊀(옥) 屋 ㊁(악) 覺 オク、アク、かわいらしい charming
㊀예쁠옥(美也)。㊁모양낼악(容飾)。

【媊】(전) 先 セン、ほしのな name of the star
小篆 별이름전(女—、星名)。【星經】太白上公妻女—。

【媌】(묘) 肴 ボウ、めもとがうつくしい charming eyes
小篆 草書 ❶눈매 고울묘(眉目美好貌)。【列子】娥—靡曼者。❷노는계집묘(妓女)。【方言註】閩人謂妓女爲—。

【媌條:묘조】 ❶키가 큼。【客座贅語】南都言人物之長曰— —。❷날씬하여 아름다움。苗條。

【媘】(성) 梗 セイ、へる decrease
小篆 축날성、깔성(減也)。

【嫨】(탄) 翰 タン、みだれる confused
❶어수선할탄(亂也)。❷예의없을탄

(無儀)。

【媍】(부)『婦』(女部 8畫)와 같음

【嫛】(이) 支 イ、キ、たのしむ joyful T l hsi¹
小篆 기쁠이(悅也)。

【媒】㊀(매) 灰 バイ、なかだち match-making ㄇㄟ mei²
㊁(매) 隊
小篆 草書 ㊀❶중매매、중신매(仲一)。〔詩經 豳風伐柯〕取妻如何、匪一不得。❷탐낼매(貪也)。❸술을빚을매(釀也)。〔漢書〕一孽其短。❹용마매(駿馬龍一)。㊁어둘매(昧也)。〔莊子 知北遊〕一一晦晦。

【媒介:매개】중간에서 관계를 맺어 줌。『唐書』房玄齡曰、古今用人、必因一一。

【媒介物:매개물】매개의 대상이 되는 물건。

【媒介者:매개자】❶매개하는 사람。❷매개를 업으로 삼는 사람。

【媒嫗:매구】중매하는 할멈。媒婆。

【媒孽:매얼】죄를 짓도록 함。媒는 誘致。孽은 누룩。누룩으로 술을 빚게 된다는 뜻에서 옴。『漢書』一一其短。

【媒煙:매연】❶그을음이 섞인 연기。❷석탄 연가。❸철매。

【媒緣:매연】중간에 서서 매개가 되고 「인연을 맺음。

【媒染染料:매염염료】직접 섬유에 물들이지 않으나 매염제의 도움을 받아 물들이는 염료。알리자린 같은 것。

【媒染劑:매염제】《化》纖維에 물감이 잘 물들게 하는 藥劑。백반·타닌 등의 「매염료。

【媒子:매자】中媒(중매)。

【媒妁:매작】중매를 함。중매하는 사람。『孟子』一一之言。

【媒妁人:매작인】中媒人(중매인)。

【媒質:매질】한 곳에서 다른 곳으로 물리적 작용을 전하여 주는 媒介物。

【媒託:매탁】미리 맺어 두는 굳은 언약。

【媒炭窯:매탄요】석탄을 때어서 그릇을 만드는 가마。

【媒婆:매파】중매하는 할멈。

【媒合:매합】혼인을 중매함。

◎溶一、仲一、觸一。

【媓】(황) 陽 コウ、おんなのあざな princess
여자이름황(女一、堯妃)。

【婳】(면) 先 メン、ねたむ jealous
❶눈매예쁠면(目美貌)。〔楚辭〕靑色直眉美目一只。❷투기할면(妒也)。

【媿】(극) 紙 コク、いやしいおんな humble woman
❶천한할미극(賤嫗)。❷상스런계집극(賤女)。

【媕】(암) 覃 エン、まごまごする hesitate ㄢ an¹
小篆 머뭇거릴암、결단못할암(一婀不決)。

【媕哢:암롱】새가 서로 부르며 울음。『柳宗元』抽黃對白、一一飛走。

【媕娿:암아】어물거려 결단성이 없음。『正字通』娿、一一、不決。

【媕媕:암암】❶여자가 임을 그려 생각하는 모양。『說文通訓定聲』媕、女有所懷、一一然也。❷마음이 안정되지 않는 모양。『宋濂』一一娿娿。

【媚】(미) 寘 ミ、ビ、こびる flatter ㄇㄟ mei⁴
小篆 草書 ❶아첨할미(諂也)。〔書經〕便辟側一。❷사랑할미(愛也)。〔詩經〕一玆一人。❸상긋거릴미(悅也)。❹부닐미(親順)。〔唐書〕太宗曰人言魏徵擧動疎慢我見其嫵一。❺아름다운모양미。〔元好問詩〕妍花紅粉妝意態工一嫵。「風月明一」。

【媚客:미객】《植》薔薇의 異稱。『中吳紀聞』。

【媚嫵:미무】아름다운 嬌態。또는 그런 「태도를 지어 보임。

【媚附:미부】아부함。아첨함。

【媚笑:미소】아양 부리는 웃음。

【媚態:미태】아양 떠는 태도。

【媍】(경) 庚 ケイ、さびしい lonely
외로울경(孤獨)。

【媛】㊀(원) 霰 エン、みめよい beautiful woman
㊁(원) 元 ㄩㄢ yuan⁴
小篆 草書 ㊀❶아리따운여자원(美女)。❷아름다울원(美也)。❸여자벼슬원(女官)。㊁맘에당길원(牽引貌)。〔楚辭〕心嬋一而傷懷兮。

【媛妃:원비】아리따운 여자。美女。『曹植』一一所以紹先。

【㛹】(변) 先 ベン、うつくしい beautiful
아름다울변(美貌)。

【媞】(제) 齊 デイ、うつくしい pretty
小篆 ❶안존할제(安也)。❷예쁘고고울제(美好貌)。〔東方朔諫〕西施一一而不得見。

【媞媞:제제】❶편안한 모양。『爾雅』一一安也。❷보기 좋은 모양。『楚辭·注』一一、好貌。

【媟】(설) 屑 セツ、あなどる haughty T l せ hsieh⁴
小篆 草書 ❶거만스러울설(慢也)。〔後漢書〕爰延上下一嬻有斷岸嶷。❷모독할설(瀆也)。❸희롱지거리할설(戲也)。❹친압할설(狎也)。
(『褻』과 같음 『褻』에 통해씀)

【媟近:설근】친압하고 가까이함。또는 그 사람。『柳宗元』謀及一一、以忝王命。

【媟嫚:설만】행동이 거만하고 무례함。『漢書』流一一。

【媟汚:설오】친압하여 더럽힘。『韓愈』人去一一氣益蘇。

【媠】(타) 哿 ダ、うるわしい pretty
草書 ❶고울타、예쁠타(豔美)。❷거만할타(不敬)。〔漢書 甑勝傳〕一嫚亡狀。❸게으를타(惰也)。〔漢書〕李夫人曰妾不敢以燕一見帝。

【媢】(모) 號 ボウ、ねたむ jealous ㄇㄠ mao⁴
小篆 草書 ❶투기할모(忌嫉)。〔大學〕一嫉以惡之。❷성낼모(怒也)。〔史記〕憲王病甚王后以妒一不嘗侍病。

【媢忌:모기】질투하고 싫어함。『唐書』。

【媢怨:모원】질투하고 원망함。『唐書』由是一一益多。

【媢嫉:모질】=嫉妬。『大學』一一以惡之。

【㜎】(염) 琰 エン、あきらか distinct
小篆 小篆 분명할염、똑똑할염(分明)。

【媤】(시) 〔國字〕
시집시(夫家)。

【媤家:시가】시부모가 있는 집。시집。

【媤姑母:시고모】남편의 고모。

【媤姑母父:시고모부】남편의 고모부。

【媤堂叔:시당숙】남편의 당숙。

【媤宅:시댁】媤家의 傳稱。

【媤同生:시동생】남편의 동생。

【媤母:시모】 =시어머니。
【媤父:시부】 =시아버지。
【媤父母:시부모】 시아버지와 시어머니。
【媤三寸:시삼촌】 남편의 삼촌。
【媤三寸宅:시삼촌댁】 ❶시삼촌의 집。❷시삼촌의 아내。
【媤庶母:시서모】 서모인 시어머니。
【媤叔:시숙】 남편의 형제。
【媤外家:시외가】 남편의 외가。
【媤外三寸:시외삼촌】 남편의 외삼촌。
【媤外三寸宅:시외삼촌댁】 ❶남편의 외숙모。❷시외삼촌의 집。
【媤外祖母:시외조모】 남편의 외조모。
【媤外祖父:시외조부】 남편의 외조부。
【媤外便:시외편】 남편의 외가 쪽。

【媥】 (편) 先 ヘン、かるい step shakily
간들간들걸을편(—姺行輕貌)。【上林賦】—姺徶徆。

【媨】 (삽) 洽 ソウ、しゃべる talk from the Point
차례없이말할삽、말납신거릴삽(急言 失序)。

【媦】 (위) 未 イ、いもうと younger sister ㄨㄟˋ wei⁴
손아래누이위(女弟)。

【媪】 (오)『媼』(10畫)와 같음

【媧】 ㊀(왜) 佳 カイ、カ、めかみ goddess (古音「괘」) ㊁(과) 麻 ㄨㄚ wa¹
㊀여자이름왜(女—古女聖名)。【史記】女—始制笙簧又煉石補天。㊁뜻은 ㊀과 같음。
【媧民:왜민】 《人》宋나라 賈黃中의 字。
【媧皇:왜황】 女媧氏를 말함。『名義考』。

十 畫

【媰】 ㊀(추) 虞 ㊁(취) 尤 シュウ、やもめ widow
㊀❶홀어미추(寡婦)。【淸河王誅】惠子—孀。❷애밸추(妊娠)。㊁성취(姓也)。

【媨】 (축) 屋 チク、こびる flatter
아첨할축(媚也)。

【媱】 (요) 蕭 ヨウ、かたがまがる bent with age ㄧㄠˊ yao²
늙어등굽을요(老而曲背)。

【媐】 (이) 寘 イ、おんなのみなり women's manner
계집태도이、맵시이(女態)。

【媲】 (비) 霽 ヒ、つれあい couple ㄆㄧˋ p'i⁴
짝비、배필비(耦也配也)。

【媳】 (식) 陌 セキ、よめ daughter in law ㄒㄧˊ hsi²
며느리식(子婦)。【元史 裕宗徽仁裕聖皇后傳】世祖每稱之爲賢德—婦。
【媳婦:식부】 며느리。아들의 아내。『元史』世祖每稱之、爲賢德——。

【媵】 (잉) 徑 ヨウ、こしもと waiting maid ㄧㄥˋ ying⁴
❶잉첩잉(從嫁)。【左傳】凡諸侯嫁女同姓—。❷부칠잉(寄物)。❸계집종잉(侍女)。【後漢書 馮衍傳】妻悍不得蓄—妾。❹둘째잔잉(飮爵)。
【媵母:잉모】 어머니가 출가할 때 따라온 侍女。『後漢書・朱浮傳』匹夫——、能尙致命。
【媵侍:잉시】 시집 갈 때 따라가던 侍女。『唐書』——疾病。
【媵嬙:잉장】 내시。宮女。『杜牧』妃嬪——、王子皇孫。
【媵妾:잉첩】 가까이 있어 시중드는 여종。侍女。『後漢書』馮衍妻悍、不得蓄——。

【媷】 (욕) 沃 ジョク、おこたる idle
게으를욕(惰怠)。

【媸】 (치) 支 シ、みにくい ugly ㄔ ch'ih¹
❶더러울치(醜也)。❷음란할치(淫也)。❸어리석을치(癡也)。(『蚩』와 같음)【陸機文賦】姸—好惡。
【媸姸:치연】 더러운 것과 아름다운 것。美醜。

【媺】 (미) 紙 ヒ、よい good-natured ㄇㄟˇ mei³
착할미(善也)。(『美』와 通함)【周禮】師氏掌—詔王。

【媻】 (반) 寒 翰 バン、よろめく shaky ㄆㄢˊ p'an²
비틀거릴반(不定貌)。

【媼】 (오) 皓 オウ、ばば old woman ㄠˇ ao³
❶할미오、노파오(女老稱)。❷어머니오(母也)。【史記 趙世家】—之愛燕后、賢于長安君。❸땅귀신오(地神)。
【媼媼:오구】 할멈。老婆。老嫗。『北史』父老及——、皆遠相攀追。
【媼神:오신】 =地神。『漢書』——蕃釐。

【媽】 (마) 麌 ボ、はは mother ㄇㄚ ma¹ (同音「모」)
❶어미마(母之稱)。❷암말마(牝馬)。
【媽姑:마고】 수자리 이름。貴州省 威寧縣의 東南쪽。많은 鐵飯의 產出地。雲南에서 成都에 이르는 通路。
【媽媽:마마】 ❶어머니를 부르는 말。『夷堅志』鄰里素諳我家事、須——起來。❷나이 많은 여자。『剪燈餘話』適因入驛、見——狀貌、酷與茗外母相類。

【婉】 (원) 元 エン、やすちか peaceful
편안할원(安也)。

【媾】 (구) 宥 コウ、よしみ friendship ㄍㄡˋ kou⁴
❶거듭혼인할구(重婚)。【左傳】惟我鄭國之有請謁焉如舊昏—。❷사랑할구(愛也)。❸화친할구(和也)。【史記】婁昌曰不如發重使爲—。❹교접할구(情交)。❺총애할구(寵愛)。【詩經 曹風候人】彼其之子、不遂其—。
【媾合:구합】 =性交。
【媾和:구화】 싸우던 나라끼리 평화를 의논함。화목함。講和。『史記』。

【媿】 (괴) 寘 キ、はじ shame
부끄러울괴(慚也)。(『愧』와 같음)
【媿屈:괴굴】 굴욕을 당함。『宋史』安石爲之——。「黜——焉。
【媿辱:괴욕】 부끄러움。『漢書』先行諠而

【婐切:괴절】 몹시 굴욕을 줌.【唐書】。

【嫁】
(가) 禡 カ、とつぐ、よめ marry ㄐㄧㄚˋ chia⁴

小篆 草書 ❶시집갈가(女適人)。【禮記】女子二十而―。❷갈가(往也)。【列子 天瑞】列子居鄭圃四十年、人無識者、將―于衛。❸떠넘길가(―禍推惡于人)。「史記 趙世家」是欲―禍於趙也。

【嫁期:가기】 ❶시집 갈 만한 나이。❷시집 날 ―기。婚期。

【嫁母:가모】 改嫁한 어머니。出母。

【嫁殤:가상】 未婚者의 죽음。殤은 一九세 이하의 죽음。【周禮】。

【嫁資:가자】 여자가 혼인할 때 쓰는 비용。『東軒筆錄』爲吾女、管辦――。

【嫁罪:가죄】 죄를 남에게 덮어 씌움。

【嫁娶:가취】 혼인함。시집가고 장가 들음。『史記』太皞始制――。

【嫁禍:가화】 화를 남에게 전가시킴。◎改―、轉―、出―。

【嫂】
(수) 皓 ソウ、あによめ leder brother's wife ㄙㄠˇ sao³

草書 형수수(兄之妻)。【後漢書】馬援敬事寡―不冠不入廬。

【嫂敬:수경】 형수를 공경함。『後漢書』援敬事寡嫂、不冠不入廬。

【嫂盜:수도】 형수를 훔침。『史記』平居家時、盜其嫂。

【嫂妹:수매】 형수와 누이동생。『史記』出游數歲、大困而歸、兄弟――妻妾、竊皆笑之。「不通問。

【嫂叔:수숙】 형수와 아우。『禮記』――

【嫂氏:수씨】 형제의 아내。

【嵯】
(차) 麻 サ、こしがほそい slender waisted

허리가늘차、허리 날신할차(腰細)。

【嫄】
(원) 元 ケン ㄩㄢˊ yuan²

小篆 草書 여자이름원(女名)。【十八史略周】后稷名棄棄母日姜―。

【嫇】
(맹) 庚 ミョウ、わかよめ young wife

❶어린지어미맹(幼婦)。【韓愈詩】彩伴颯嫈―。❷앙징스러울맹(小人貌)。

【嫈】
(앵) 庚 オウ、うつくしい beautiful

小篆 ❶예쁠앵(好貌)。❷어린지어미앵(―嫇、幼婦)。

【嫈嫇:앵맹】 ❶보기 싫음。보기 싫은 婦人의 모양。❷어린 婦人。❸小心한 모양。『韓愈』彩伴颯――。『集韻』嫇、――、幼婦。

【嫈嫈:앵앵】 보기 좋은 모양。아름다운 모양。『集韻』嫈、一曰――、好皃。

【嫋】
㈠(뇨) 篠 ㈡(약) 藥 ジョウ、ジャク、たおやか slander ㄋㄧㄠˇ niao³

小篆 草書 ㈠❶간들거릴뇨(悠揚貌)。❷하늘거릴뇨。【楚辭九歌】――兮秋風。❸휘늘어질뇨(柔長貌)。【鮑照詩】―柳垂條。❹소리가 길게 들리는 모양뇨。【蘇軾 赤壁賦】餘音――。㈢가냘플약(弱貌)。

【嫋娜:요나】 부드럽고 긴 모양。

【嫋嫋:요요】 ❶약하디 약함。『鮑照』――柳垂條。❷바람이 솔솔 부는 모양。『楚辭』――兮秋風。❸길고 약한 모양。❹소리가 가늘게 울리는 모양。『蘇軾』餘音――。

【嫉】
(질) 質 シツ、ねたむ jealous ㄐㄧˊ chi²

小篆 草書 ❶미워할질(妎也)。【離騷經註】害色日妒害賢日―。❷투기할질(妒也)。【史記】女無美惡入室見妒士無賢不肖入朝見―。

【嫉視:질시】 흘겨봄。시기하여 봄。

【嫉惡:질오】 시새어 몹시 미워함。

【嫉逐:질축】 시기하여 물리침。

【嫉妒:질투】 ❶강새암。우월한 사람을 시기하고、증오하는 감정。嫉妬。『史記』必――吾功。❷《宗》天主教 七罪宗의 하나。

【嫉妒心:질투심】 질투하는 마음。

【嫨】
(혜) 齊 ケイ、こしもと female slave

❶계집종혜(女隷)。❷투기할혜(妒也)。(『奚』와 통함)

【嫌】
(혐) 鹽 ケン、きらう hate ㄒㄧㄢˊ hsien²

小篆 草書 ❶의심할혐(疑也)。【後漢書】帝謂馮異曰將軍何―何疑而有懼意。❷혐의할혐(不平於心)。【唐書】秦王謂尉遲敬德曰 丈夫意氣相期勿以小―介意。❸싫어할혐(不好)。【後漢書】論者―其銅臭。❹유쾌하지 않을혐(不愉快)。【金史 宣宗紀】戶部侍郞奧屯阿虎言、國家多故、職官往往不仕、乞限以兩季、違者勿復任用、上―其太重。(『慊』과 같음)

【嫌家:혐가】 서로 혐의를 품은 집안。

【嫌隙:혐극】 서로 싫어서 생기는 틈。怨隙。『晉書』因是――遂構。

【嫌忌:혐기】 싫어서 꺼림。『後漢書』曹操既積――。

【嫌棄:혐기】 싫어하여 내어 버림。

【嫌怒:혐노】 싫어서 화를 냄。『禮記』。

【嫌謗:혐방】 싫어하여 훼방함。

【嫌猜:혐시】 싫어하고 꺼리는 일과、시기하고 새암 내는 일。『鮑照』不受外―。

【嫌厭:혐염】 미워하여 꺼림。「―。

【嫌惡:혐오】 싫어하고 미워함。「노낌。

【嫌惡感:혐오감】 싫어하고 미워 하는

【嫌畏:혐외】 싫어하고 두려워함。『唐書』樂引後進、然多所――。

【嫌怨:혐원】 싫어하고 원망함。『晉書』事上以禮、遇下以和、而猶有――。

【嫌疑:혐의】 ❶의심쩍음。『禮記』禮者所以定親疎決――。❷꺼리고 미워함。❸범죄를 저지른 사실이 있으리라는 의심。

【嫌疑者:혐의자】 혐의를 받는 사람。

【嫌避:혐피】 꺼리고 싫어서 서로 피함。

【嫌逼:혐핍】 매우 의심 받음。

【嫐】
(노) 皓 ヨウ、ねたむ jealous ㄋㄧㄠˇ niao³

❶계집이 사내조롱할노(戲也嘲弄)。❷샘낼노(嫉也)。

十一畫

【嫕】
(예) 霽 エイ、おとなしい meek

草書 유순할예(柔順貌)。【漢書】婉―有節操。

【嫖】
(표) 蕭 嘯 ヒョウ、かるい swift ㄆㄧㄠˊ p'iao²

小篆 草書 ❶가벼울표(輕也)。❷날랠표(勁疾)。❸색에빠질표(貪色)。❹간특스러울표(邪淫)。

【嫖舍:표사】 ❶기생집。❷유곽。靑樓。

【嫖姚:표요】 ❶微速한 모양。❷制 漢代 武官의 이름。

【嫖子:표자】妓女。賣淫婦。

【嫗】㊀(구) 遇 ウ、ばば old woman (古音「우」) ㊁(구) 麌 ㄩˋ yü⁴
小篆 草書 ㊀❶할미구(老婦之稱)。❷어머니구(母也)。『漢書 嚴延年傳』母號萬石ㅡ。❸여자구。㊁기를구(育也)。『禮記樂記』煦ㅡ覆育萬物。

【嫗煦:구후】❶잘 보살펴 기름。어버이가 자식을 기르는 것과 같이 백성을 사랑하고 보호함。『魏志·高堂隆傳』ㅡㅡ養育。❷아름다운 빛깔。

【嫘】(류) 支 ルイ、おんなのな surname ㄌㄟˊ lei²
성류(姓也)。

【嫙】(선) 先 セン、うつくしい pretty
小篆 이쁠선(美貌)。

【嫚】(만) 諫 マン、あなどる despise ㄇㄢˋ man⁴
小篆 小篆 草書 ❶업신여길만(侮易)。『左傳』其言僭ㅡ于鬼神。❷더럽힐만(渫汚)。『漢書 呂后記』單于爲書ㅡ呂太后。❸거만할만(慢也)。

【嫚罵:만매】 만만히 여기어 함부로 꾸짖음。『史記』高祖ㅡㅡ之。

【嫚戲:만희】 멸시하고 희롱하는 일。『漢書』好ㅡㅡ。

【嫛】(예) 齊 エイ、あかご baby
小篆 잣난아이예(婗ㅡ人始生)。

【嫛彌:예미】❶잣난애。嬰兒。『增韻』ㅡ、嬰兒也。❷나무 이름。『玄覽』大食西有ㅡㅡ樹、見人善笑、摘之則槁。

【嫛嫛:예예】 잣난애。嬰兒。『說文通訓定聲』ㅡㅡ、小兒言語不淸、ㅡㅡ然也。

【嫜】(장) 陽 ショウ、しゅうと しゅうとめ husband's parents ㄓㄤ chang¹
草書 ❶시부모장(姑ㅡ舅姑)。『杜甫詩』妾身未分明何以拜姑ㅡ。❷맏시아지비장(夫之兄)。

【嫟】(닉) 職 ジョク、したしむ intimacy
草書 서로친근할닉(互相親近)。

【嫎】(삼) 感 サン、みだら lewd
小篆 小篆 小篆 ❶탐할삼(婪也)。❷음란할삼(淫也)。

【嫠】(리) 支 リ、ごけ、やもめ widow ㄌㄧˊ li²
小篆 草書 홀어미리、과부리(寡婦)。『左傳』ㅡ不恤其緯。

【嫠不恤緯:이불휼위】(故) 옛날 周代에 길삼하던 한 과부가 부족한 씨를 걱정은 하지 않고、周 나라가 망하여 禍가 자신에게 미칠을 두려워하였다는 말。草野의 이름 없는 과부도 이러하거늘 하물며 大丈夫로서 나라를 근심하는 마음이 없어서야 되겠느냐라는 뜻。『左傳』不恤其緯、而憂宗周之隕。

【嫠媼:이오】 늙은 과부。『宋史』。

【嫠節:이절】 과부의 절개。정절。『元史』保全ㅡㅡ。

【嫡】(적) 錫 テキ、チャク、よつぎ eldest son ㄉㄧˊ ti²
小篆 草書 ❶정실적、큰마누라적(正室)。❷맏아들적(本妻所生子)。『左傳』內寵並后嬖子配ㅡ亂之本也。

【嫡家:적가】 庶子가 嫡子孫의 집을 가리키는 말。

【嫡男:적남】 嫡子。

【嫡女:적녀】 正室의 몸에서 난 딸。

【嫡母:적모】 庶子가 아버지의 正室을 일컫는 말。큰어머니。『南史』。

【嫡庶:적서】 正妻가 낳은 아들과 妾이 낳은 아들。嫡子와 庶子。

【嫡孫:적손】 嫡子의 본처가 낳은 아들。

【嫡子:적자】 正室 아내가 낳은 아들。嫡男。↔庶子。

【嫡傳:적전】 正統에서 正統으로 傳함。

【嫡弟:적제】 서자가 嫡派의 아우를 일컫는 말。

【嫡妻:적처】 정식으로 예를 갖추어 맞은 「아내。」

【嫡妾:적첩】 正室과 첩。妻妾。

【嫡出:적출】 正室의 몸에서 난 소생。

【嫭】(처) 御 ショ、ねたむ jealous
小篆 ❶투기할처(妒也)。❷교태부릴처(嬌也)。

【嫢】(규) 支 キ、ほそこし slender waist
小篆 小篆 가는허리규(細腰)。

【嫥】(전) 先 セン、うつくしい beautiful ㄓㄨㄢ chuan¹
小篆 ❶전일할전(壹也)。❷아름다울전(美也)。

【嫥捖:전괄】 일가붙이를 서로 和睦하게 함。『淮南子·嫥』ㅡㅡ、和調族類也。

【嫦】(항) 陽 コウ、ジョウ、つきのいめい ㄔㄤˊ ch'ang²
草書 항아항(ㅡ娥羿妻)。(『姮』과 같음) (本音은「상」)

【嫦宮:항궁】 달의 異名。月宮殿。

【嫦娥:항아】 달의 異名。姮娥。『胡曾』夜宿ㅡㅡ舊桂灃。

【嫣】㊀(언) 先 エン、にこやか smilingly ㊁(현) 先 ㄧㄢ yen¹
小篆 草書 ㊀생긋생긋웃을언(巧笑態)。『宋玉賦』ㅡ然一笑。㊁❶예쁠현(好貌)。❷긴모양현(長好貌)。

【嫣然:언연】 생긋 웃는 모양。『楚辭』ㅡㅡ笑。

【嫣紅:언홍】 아리땁고 붉은 색。『李商隱』側近ㅡㅡ伴柔綠。

【嫧】(책) 陌 セキ、つつしむ prudent
小篆 ❶삼갈책(謹也)。❷선명할책(鮮明)。

【嫩】(눈) 願 トン、やわらかい weak and slender
草書 ❶연약할눈(弱也)。『楊萬里詩』細草欣欣賀ㅡ晴。❷고울눈(艶也)。『杜甫詩』紅入桃花ㅡ。(『媆』과 같음)

【嫩芽:눈아】 새로 나온 싹。新芽。『周必大』荷葉 深稱ㅡㅡ。

【嫩晴:눈청】 비가 오다가 개임。『楊萬里』細草欣欣賀ㅡㅡ。

【嫩草:눈초】 새로 싹튼 풀。

【嫩寒:눈한】 으슬으슬 추움。微寒。『高啓』ㅡㅡ江店杏花前。

【嫪】(로) 號 リョウ、こいしたう attached to ㄌㄠˋ lao⁴
小篆 草書 ❶아낄로、애달플로(戀惜)。『韓愈詩』感物增戀ㅡ。❷사모할로(慕也)。❸오입장이로(ㅡ毒士無行)。「秦代의 大陰人」。

【嫫】(모) 虞 ボ、みにくい ugly ㄇㄛˊ mo²

小篆 草書 ❶더러울모(大醜)。❷황제의황후이름모(ㅡ母 黃帝第四妃)。

【嫫姑:모고】(植)多年生 풀 이름。蘑菇。

【嫫母:모모】黃帝 第四妃의 이름。심한 醜婦였으나、賢德은 지니고 있었다 함。(轉)醜女를 이름。嫫姆。𡟭母。【戰國·楚策·注】ㅡㅡ、醜女、黃帝時人。

【嫫姆:모모】=嫫母。

【嫭】(호)『嫮』(次條)와 같음

【嫭姱:호과】보기 좋은 모양。아름다운 모양。【楚辭·注】ㅡㅡ、好貌、嫭、一作嫮。

【嫭扒:호배】보기 좋음。얼굴이 예쁨。【楊愼】滇僰謂好曰ㅡㅡ。

【嫮】(호) 遇 コ、うるわしい beautiful

小篆 草書 ❶아름다울호(美好)。【思玄賦】咨姤ㅡ之難并兮。❷자랑할호(誇也)。

【嫮姱:호과】보기 좋은 모양。아름다운 모양。嫭姱。【黃庭堅】非復少年日、聲名取ㅡㅡ。

【嫮眼:호안】아름다운 눈。【張衡】增ㅡㅡ而娥眉。

【媕】一(암) 覃 アン、エン、むっつりする sullen 二(엄) 鹽

小篆 一계집맘둘암(女有心)。二부루퉁할엄(含怒意)。

【嫯】(오) 號 ゴウ、おごる be haughty

小篆 업신여겨볼오(蔑視)。

【嫯婷:오만】태도가 거만함。傲悍。【玉篇】婷、ㅡㅡ也。

【嫯慢:오만】태도가 거만함。傲慢。【廣韻】嫯、ㅡㅡ也。

【嫸】(참) 覃 ザン、しろいかお fair complexion

❶얼굴허연할참(顏白)。❷환할참(美貌)。

十二畫

【嫳】(별) 屑 ベツ、かるがるしい frivolous

小篆 ❶경박할별(輕薄貌)。❷발끈할별(易使怒)。

【嫳屑:별설】편안한 모양。또는 옷자락이 펄럭이는 모양。【漢書】

【嫴】(고) 虞 ク、かりそめ destitute

小篆 ❶구차할고(苟且ㅡ媮)。❷여자 죄인을보수할고(婦人罪輕不入獄而保任)。

【嫴榷:고각】모두。合計。【廣雅·釋訓】ㅡㅡ、都凡也。

【嫵】(무) 麌 ブ、なまめかしい coquet

小篆 草書 예쁠무、아담스러울무(媚也)。【元好問詩】妍花紅粉妝、意態工媚ㅡ。(『娬』와 같음)

【嫵媚:무미】예쁘고 아름다움。사랑스러움。【司馬相如】ㅡㅡ纖弱。

【⿰禾叟】(초) 肴 ショウ、あね elder sister

누님초(姊也)。

【嫶】(초) 蕭 ショウ、やつれる emaciated

草書 얼굴파리할초(ㅡ妍又ㅡ冥憂愁面疲)。【漢書】ㅡ妍太息。(『憔』와 같음)

【嫶冥:초명】말라 쇠약해짐。

【嫶妍:초연】말라 쇠약해짐。嫶冥。【漢書·注】嫶冥、猶ㅡㅡ也。

【⿰女然】(연) 先 エン、すがた figure

小篆 아리잠직할연(姿態貌)。

【⿰女覃】(담) 覃 エン、しなやか (of woman) pose

小篆 계집몸 호리호리할담(女體細長)。

【嫷】(타) 哿 タ、とりのな bird

까치같고꼬리허연새타(鳥名ㅡ翠)。

【⿰女善】(선) 銑 ゼン、はずかしめる

小篆 남의말어기기좋아할선(好枝格人語)。

【嫺】(한) 刪 カン、みやびやか elegant ㄒㄧㄢˊ hsien²

小篆 草書 ❶아담할한(雅也)。【上林賦】妖冶ㅡ都。❷익힐한(習也)。【史記 屈原傳】屈原ㅡㅡ于辭令。(『閑』과 通함)

【嫺都:한도】화려함。아름다움。風流。嫺麗。【司馬相如·注】善曰、說文曰、嫺、雅也、或作閑、小雅曰、都、盛也。

【嫺麗:한려】화려하고 秀麗함。【論衡】骨體ㅡㅡ、面色稱媚。

【嫺熟:한숙】숙달함。【福惠全書】ㅡㅡ者記簿、賞錢飮酒。

【嫺習:한습】숙련함。배움。【資治通鑑·注】余謂、嫺、習也、屈原傳、嫺嫺於辭令。

【嫺雅:한아】優雅함。閒雅。【漢書·司馬相如傳】

【嫻】(한)『嫺』(前條)과 같음

【嫼】(흑) 職 コク、いかる angry

小篆 성낼흑(怒也)。

【嫽】一(료) 蕭 二(료) 嘯 三(로) 皓 リョウ、たわむる raillery ㄌㄧㄠˊ liao²

小篆 草書 一희롱할료、희학질할료(戲也)。二❶예쁠료(好也)。❷예쁜체할료(好貌)。(『僚』와 같음) 三외조모로(母之母ㅡㅡ)。

【嫽妙:요묘】몹시 아름다운 모양。【傅毅·舞賦】貌ㅡㅡ以妖蠱兮。

【嫽釗:요초】보기 좋음。【方言】。

【嫽戲:요희】우스운 장난을 함。【廣韻】。

【嫽嫽:노로】❶外祖母。【正字通】。❷희학질함。【陸龜蒙】方愁山ㅡㅡ。

【嫿】(획) 陌 カク、ほこる pride ㄏㄨㄚˋ hua⁴

小篆 小篆 ❶안존할획(靜好)。【神女賦】既姽ㅡ于幽靜兮又婆娑乎人間。❷자랑할획(矜恃貌)。【魏都賦】風俗以韰果爲ㅡ。❸말빠르게달릴획(徽ㅡ奔馳貌)。【廣成頌】徽ㅡ霍奕別鶩分奔。

【嬀】(규) 支 ギ ㄍㄨㄟ kuei¹

小篆 草書 ❶성규(陳姓)。❷겯이름규(川名)。❸고을이름규(州名)。(『溈』와 通함)

【嬃】(수) 虞 シュ、あね elder sister ㄒㄩ hsü¹

小篆 ❶누님수(姊也)。【離騷經】女ㅡ之嬋媛。❷여자의이름수(女字呂ㅡ)。

【嬈】 ㊀(요) 篠 ㊁(뇨) 蕭 ジョウ わずらわしい fastidious ㄖㄠ jao²
嬈 小篆 嬈 小篆 嬈 草書 ㊀ 예쁜체할요(嬌―妍媚貌)。㊁❶어지러울뇨(亂也)。【漢書】除苛解―。❷까다로울뇨(苛也)。❸희롱할뇨(擾戲)。

【嬈惱:요뇌】 煩惱함。【大法句經偈】垂拱無爲、不害衆生、無所――、是爲梵行。

【嬈嬈:요요】 연약하게 아름다운 모양。【王褒】優――以婆娑。

【孄】(란) 翰 ラン、すなお obedient
小篆 籀文 籀文 순할란(順從)。

【嬉】(희) 支 キ、たのしむ merry ㄒㄧ hsi¹
嬉 草書 ❶즐거울희(樂也)。❷놀희(遊也)。【史記】―戲常陳俎豆。❸희롱할희(戲也)。❹계집이름희(妹―桀妃)。❺예쁠희(美姿)。(『喜』와 통함)

【嬉翔:희상】 즐거이 날음。【晉書】二龍交首――。

【嬉笑:희소】 실없는 웃음。장난으로 웃는 웃음。【宋史】――怒罵之辭。

【嬉娛:희오】 웃으며 즐거워함。【晉書】

【嬉遊:희유】 즐겁게 놀음。「――忘友。

【嬉嬉:희희】 기뻐하며 웃는 모양。【易經】婦子――。

【嬋】(선) 先 セン、みめよい pretty ㄔㄢ ch'an²
嬋 小篆 草書 고울선(―娟物有色態)。【吳都賦】檀欒―娟玉潤碧鮮。

【嬋連:선련】 일가붙이。親族。【楚辭】余肇祖于高陽兮、惟楚懷之――。

【嬋聯:선련】 이어 끊이지 않는 모양。【李仲璇】仰聖儀之煥兮、嘉鴻業之――。

【嬋嫣:선언】 이어진 모양。嬋媛。

【嬋姸:선연】 容貌가 아름답고 품위있는 모양。【剪燈餘話】休退宴玳瑁殿、歌舞――。

【嬋娟:선연】 ❶품위있고 아름다운 모양。【張衡·西京賦】增――以此豸。❷잇댄모양。

【嬋娟榴:선연류】 진달래。

【嬋娟媚:선연미】 진달래。【花曆百詠】――、嬋娟榴也、俗謂川鵑。

【嬌】(교) 蕭 キョウ、なまめかしい coquet ㄐㄧㄠ chiao¹
嬌 小篆 草書 ❶맵시교、태도교(態也)。❷아리따울교(妖嬈)。【元好問詩】牙牙―女總堪誇。❸여자교、처녀교(女兒)。【輟耕錄】閨中以兒女爲阿―。

【嬌女:교녀】 아양을 떠는 여자。교태가 있는 여자。【元好問】牙牙――總堪誇。

【嬌面:교면】 嬌態를 부리는 얼굴。

【嬌聲:교성】 아양 떠는 소리。

【嬌小:교소】 사랑스럽고 작은 일。또는 그런 여자。【李白·江夏行】憶昔――姿、春心亦自持。

【嬌笑:교소】 요염한 웃음。아양을 떠는 웃음。【陳後主】少婦獨――。

【嬌羞:교수】 아양 떨며 부끄러워함。【韓偓】――不肯上鞦韆。

【嬌兒:교아】 사랑스러운 사내 아이。【歐陽修】――癡女繞翁膝。

【嬌艶:교염】 교태가 있고 아름다움。【王禕】二八多――。

【嬌姿:교자】 아양부리는 자태。

【嬌態:교태】 예쁘고 아양 부리는 자태。嬌姿。【梁簡文帝】――似凌虛。

【嬌花:교화】 嬌態가 있는 꽃。【陳樵】―無信謨東風

【嬌喉:교후】 요염한 소리를 내는 목。【許有孚】其余――百囀新。
◎愛―。

十三畫

【嬩】(오) 號 オウ、ねたむ jealous
투기할오(嫉也)。

【嬐】(섬) 鹽 セン、すばやい nimble
嬐 小篆 민첩할섬(斂疾)。【大人賦】―侵潯而高縱兮紛鴻涌而上厲。

【嬒】(회) 泰 カイ、おんなのいろがくろい dark-complexioned
嬒 小篆 얼굴검은계집회(女面黑色)。

【嬖】(폐) 霽 ヘイ、かわいがる favour
嬖 小篆 草書 ❶사랑할폐(愛也)。【春秋傳】賤而得幸曰―。❷웃사람으로부터사랑받을폐(寵愛)。❸벼슬의이름폐(官名)。【左傳 昭公七年】使從―大夫。【注】下大夫也。

【嬖女:폐녀】 아양을 부리는 여자。【戰國策】。「國策」――不避席。

【嬖色:폐색】 아양을 잘 떠는 美人。【戰

【嬖御:폐어】 아첨하여 굄을 받음。또는 그런 사람。【禮記】毋以――士疾壯士。

【嬖人:폐인】 비위를 잘 맞추어 남에게 귀염을 받는 사람。【孟子】有――臧倉者。

【嬖妾:폐첩】 아양을 부려 사랑을 받는 첩。嬖媵。【左傳】。

【嬖幸:폐행】 아첨하여서 남에게 사랑을 받음。嬖倖。嬖愛。【蘇軾】使昭帝居深宮近――。

【嬖姬:폐희】 총애를 받는 여자。

【嬗】 ㊀(선) 先 ㊁(선) 霰 セン、ゼン、しずか quiet ㄕㄢ shan⁴
嬗 草書 ㊀❶고요할선(靜也)。❷중선(僧也)。(『禪』과 같음) ㊁❶전위할선(傳位)。❷터닦을선(除地封―)。

【嬴】(영) 庚 エイ、みちる full
❶성영(秦姓)。❷풀영(解也)。【禮記】天地始肅不可以―。❸가득할영(滿也)。❹남을영(餘也)。【史記】歲星―縮。❺끝영(端也)。【史記】命兮命兮曾莫我―。❻아름다울영(美也)。(『盈』과 통함)

【嬴鏤:영루】 아름다운 모양을 새겨 붙임。【淮南子·本經訓】――雕琢。

【嬴餘:영여】 나머지。剩餘。餘分。

【嬴縮:영축】 ❶빠른 것과 늦은 것。【史記】歲星――。❷나아가 道를 行함과 물러나 隱居함。盈縮。

【嬴出:영출】 늦추는 일과 당기는 일。緩急。【荀子·非相】緩急――。

【嬙】(장) 陽 ショウ、そばめ court lady ㄑㄧㄤ ch'iang²
嬙 小篆 草書 ❶궁녀벼슬이름장(嬪―婦官名)。【阿房宮賦】妃嬪媵―。❷미녀의 이름장(古美女名、毛―)。

【嬙媛:장원】 宮女。侍女。【後漢書】――侍兒歌童舞女。

【嬛】 ㊀(현) 先 ㊁(경) 庚 (本音「선」) ケン、しなやか slender ㄒㄩㄢ hsuan¹
嬛 小篆 草書 ㊀산뜻할현(便―輕麗)。㊁홀아비경(獨也)。

『惸』과 같음)
【嬛孤:경고】孤兒。
【嬛獨:경독】獨身。
【嬛佞:현녕】경솔하게 아첨함。『史記·注』武帝有所愛幸姬王夫人, 窈窕好容, 質性ㅣㅣ。

【⿱毀女】(희) 紙 キ、そしる hateful
篆小 미울희(憎也)。

【⿱毄女】(개) 蟹 カイ、なやむ be in torture
篆小 맘번뇌할개(心惱)。

【⿱歆女】㊀(암) 覃 ㊁(흠) 侵 アン、ギン、むさぼる covet
㊀탐낼암(貪也)。㊁인자할흠(仁慈)。

【⿰女黽】㊀(잉) 徑 ㊁(잉) 蒸 ジョウ、はらむ、はえ fly ; conceive
㊀아이밸잉(孕也)。【揚雄】沈其腹好-惡粥。㊂파리잉(蠅也)。

【嬝】(뇨)『嫋』(10畫女部)의 俗字

【嬟】(의) 寘 ギ、みさおがかたい very chaste
정조굳을의(堅也貞操)。

十四畫

【嬤】(마) 哿 バ、はは mamma ㄇㄚˊ ma'
엄마마(幼兒呼母)。

【嬣】(녕) 青 ネイ、くたらぬ おんな mediocrity
❶계집용렬할녕(奸ㅣ女劣貌)。❷느린녕(女態舒徐)。

【嬥】㊀(조) 篠 ㊁(조) 嘯 チョウ、ゆきかう com-and-go
㊀❶아리따울조(嬈也)。❷오락가락할조(往來貌)。❸오랑캐노래조(蠻人歌)。㊁괄조할조、 거북할조(ㅣ嬈不仁貌)。
【嬥嬈:조뇨】중하게 여기지 않음。매정스러움。『廣韻』嬈、ㅣㅣ、不仁。
【嬥嬥:조조】❶혼자서 가는 모양。또는 輕薄한 모양。『詩經·小雅』佻佻、韓詩作ㅣㅣ。❷往來하는 모양。『集韻』嬥、ㅣㅣ、往來貌。❸보기 좋은 모양。『廣雅·釋訓』ㅣㅣ、好也。

【嬪】(빈) 眞 ヒン、ひめ lady ㄆㄧㄣˊ p'in'
篆小 書草 ❶지어미빈(婦也)。【書】ㅣ于虞。❷복종할빈(服也)。❸귀녀빈(女子敬稱)。❹궁녀벼슬이름빈(婦官名)。【張說詩】藹藹綺庭ㅣ從列。❺많을빈(多也)。【漢書 王莽傳】ㅣ然成行。
【嬪宮:빈궁】(制)왕의 자리를 이어 받을 왕자의 妃。
【嬪儷:빈려】夫婦。配偶。【蔡邕】夙喪ㅣㅣ、妾不御。「其貢ㅣㅣ」。
【嬪物:빈물】婦女가 만든 물건。【周禮】
【嬪妾:빈첩】임금의 妾。嬪御。嬪嬖。【宋史】。

【嬭】(내) 蟹 ダイ、ナイ、うば nurse ㄋㄞˇ nai³
書草 ❶젖어미내、유모내(乳母)。❷누님내(姉也)。❸낮잠내、낮졸음내(黃ㅣ晝睡)。【風土歲時記】唐人呼晝睡爲黃ㅣ。(『妳』와 같음)
【嬭母:내모】乳母。嬭媼。【南史】。
【嬭媼:내오】乳母。어머니。【晉書·廣雅·釋親】ㅣㅣ、母也。

【嬬】㊀(유) 虞 ㊁(수) 虞 ジュ、つま wife
篆小 書草 ㊀아내유(妻也)。㊁약할수(弱也)。

【⿰女監】(람) 勘 ラン、あやまち mistake
篆小 그릇할람(誤也)。

【⿱厭女】(엽) 鹽 エン、しずか calm
篆小 고요할엽(靜也)。

【嬯】(대) 灰 タイ、おろか stupid
篆小 미련스러울대(愚也)。

【嬰】(영) 庚 エイ、あかご baby ㄧㄥ ying¹
篆小 書草 ❶어릴영(孩也)。「男曰兒, 女曰ㅣ」。❷더할영(加也)。【賈誼 治安策】ㅣ之以芒刃。❸찌를영(觸也)。【韓非子說難】龍喉下逆鱗ㅣ之則殺人。❹두릴영(繞也)。❺얽힐영(絆也)。【陸機詩】世網ㅣ吾身。❻머리치장할영(女首飾)。【荀子】處女ㅣ寶珠。❼걸릴영(縈也)。❽병에걸릴영(罹也)。【李密 陳情表】劉夙ㅣ疾病。❾물요괴영(水怪)。【淮南子】堯使誅九ㅣ于凶水之上。
【嬰兒:영아】젖먹이。乳兒。【老子】ㅣㅣ之未孩者, 終日號而不嗄。
【嬰孺:영유】젖먹이。【盧肇】接我ㅣㅣ。
【嬰孩:영해】어린아이。

【嬲】(뇨) 篠 ジョウ、たわむれる raillery ㄋㄧㄠˇ niao³
書草 ❶희학질할뇨(戲擾)。【王安石詩】ㅣ汝以一句。❷조롱할뇨(嘲弄)。(『嬈』와 통함)
【嬲惱:요뇌】계집을 희롱하여 귀찮게 굶。【隋書·經籍志】釋迦之苦行也, 是諸邪道, 並來ㅣㅣ, 以亂其心。

【嬴】(영) 庚 エイ、みちる full ㄧㄥˊ ying²
篆小 書草 ❶성영(秦姓)。❷풀영(解也)。【禮記 月令】天地始肅, 不可以ㅣ。❸가득할영(滿也)。❹나머지영(餘也)。【史記】歲星ㅣ縮。❺끝영(端也)。【史記】命兮命兮會莫我ㅣ。❻조화귀신영(造化神)。❼아름다울영(美也)。

【嬶】(비) 〔日字〕 かか wife
書草 여편네비(妻賤稱)。

十五畫

【⿰女適】(적) 陌 セキ、とつぐ (of girls) marriage
시집갈적(出嫁從夫)。

【嬹】(흥) 徑 コウ、よろこぶ glad
篆小 기쁠흥(悅也)。

【嬽】㊀(연) 先 ㊁(원) 元 エン、うつくしい pretty
篆小 ㊀❶아리따울연(美好貌)。❷눈매고울연(蛾眉好貌)。❸굽힐연(屈貌)。【司馬相如】柔嬈ㅣ。㊁얼굴아름다울원(美容貌)。

【嬸】(심) 寢 シン、おば aunt ㄕㄣˇ shen³
❶숙모심、작은어머니심(叔母)。❷손아래동서심(夫之弟婦)。

【嬻】(독) 屋 トク、おごる insolence
小篆 草書 거만할독、설만할독(媟-慢也)。【周語】陳侯棄其伉儷而淫于夏氏不亦-姓矣乎。

【嬻嬒:독회】 짐승 이름。幽鵅。

十六畫

【嬇】(회) 佳 カイ、おとなしい mild
온화할회(安和)。

【嬾】(란) 旱 ラン、おこたる lazy ㄌㄢˇ lan³
小篆 草書 게으를란(怠也)。

【嬾困:난곤】 ❶게을러짐。❷싫증이 남。【杜甫】春光--倚微風。

【嬾夫:난부】 게으른 남자。

【嬾婦:난부】 ❶게으른 여자。❷귀뚜라미의 異名。【陸機】蟋蟀--驚。

【嬾拙:난졸】 몸이 느른하고 모든 일이 귀찮음。【杜甫】我衰更--、生事不自謀。

【嬾惰:난타】 태만함。조심성이 없음。

【嬿】(연) 霰 エン、うつくしい beautiful
小篆 ❶아름다울연(美也)。❷수더분할연(-婉安順貌)。

【嬿服:연복】 아름다운 옷。

【嬿嬿:연연】 아름다운 모양。【白居易】夫婦新--。

【嬿婉:연완】 마음이 곱고 얼굴이 예쁜 모양。【注】濟曰、郁穆--、和美貌。

十七畫

【孀】(상) 陽 ソウ、やもめ widow ㄕㄨㄤ shuang¹
草書 과부상(寡婦)。【河清王誄】惠于孀-。

【孀閨:상규】 과부가 거처하는 방。【白居易】最似--少年婦。

【孀婦:상부】 =孀娥。【鮑照】寒機思--。

【孀娥:상아】 홀어미。과부。【楊烱】杞婦--之泣。◎靑-。

【嬌】 ㊀(교) 篠 ㊁(겸) 琰 キョ、ケン、おそる shrink
小篆 ㊀❶곱송거릴교(竦貌)。❷두려워할교(懼貌)。㊁뜻은 ㊀과 같음。

【孽】(얼) 屑 ゲツ、わきばら child born to a concubine
❶서자얼、첩의자식얼(庶子)。❷요괴얼(妖-禽獸蟲蝗之怪)。(『孼』의 俗字)

【孃】(냥) 陽 ジョウ、むすめ virgin : miss ㄋㄧㄤˊ niang²
小篆 草書 ❶어머니냥(阿-母稱)。【古樂府】不聞耶-哭子聲。❷아씨냥(處女尊稱)。(『娘』과 같음)(俗音「양」)

【孅】(섬) 鹽 セン、かよわい slender ㄒㄧㄢ hsien¹
小篆 草書 ❶가늘섬(銳細)。【漢書】古之治天下至-至悉。❷약할섬(弱也)。【上林賦】嫵媚-弱。(『纖』과 통함)

【孅介:섬개】 매우 작음。介는 小。細小。【漢書】--有不具者。

【孅嗇:섬색】 알뜰히 아낌。【史記】--筋力、治生之正道也。

【孅弱:섬약】 ❶가냘프고 약함。【司馬相如】嫵媚--。❷筆致가 가늘고 약함。

【孅妍:섬연】 날씬하고 아름다움。【魏書】崔浩、--潔白、如美婦人。

十八畫

【嬬】 ㊀(유) 紙 ㊁(휴) 寘 ユウ、おろか demon
小篆 ㊀❶어리석고 몸짓많을유(愚戇多態)。❷북쪽귀신이름유(北方神名)。【王逸】回𡸐兮北逝遇神-兮宴娭。㊁❶뜻은 ㊀과 같음。❷지날휴(過也)。

【嬭】(녑) 洽 ノウ、うつくしい pretty
아름다울녑(美貌)。

十九畫

【孉】(찬) サン、うつくしい beautiful
小篆 ❶희고예쁠찬(白好貌)。❷아리따울찬(容美貌)。

【孋】(리) 支 り ㄌㄧˊ
草書 나라이름리(國名-戎)。(『驪』와 통함)

【孌】(련) 霰 銑 レン、ラン、うつくしい beautiful ㄌㄩㄢˇ luan³
小篆 草書 ❶좇을련(從也)。❷순할련(順也)。❸사모할련(慕也)。【詩經】思-季女逝兮。❹예쁠련(美好貌)。【詩經 曹風蜉蝣】婉兮-兮、季女斯飢。

【孌童:연동】 아름다운 少年。美少年。【水經·註】。

二十畫

【孍】(엄) 鹽 ゲン、おもおもしい solemn
❶엄전할엄(莊也)。❷조용할엄(靜也)

二十一畫

【孎】(촉) 沃 ショウ、つつしむ meek and honest
小篆 계집순직할촉(女謹順貌嫡-)。

【孏】(란) 旱 ラン、おこたる idle
게으를란(怠也)。

子 部

【子】(자) 紙 シ、ス、むすこ son ㄗˇ tzu³
小篆 古文 籀文 草書 ❶아들자、자식자(嗣也、息也)。【易經】有夫婦然後有父-。❷종자자、씨자(卵-、種-)。❸당신자(男-美稱)。「如言孔-、孟-、老-、莊-」。❹어르신네자(-孫稱其先人曰-)。「如言先-、先君-」。❺임자자(夫婦互稱)。「如言內-、外-」。❻자네자(貴公)。❼사람자(人也)。「如言士-、舟-」。❽벼슬이름자(公侯伯-男)。❾첫째지지자(地支第一位)。「정북(正北)의 방각(方

角)。오후 열두시。❿칠자、기를자(人君愛養百姓曰ㅡ)。[中庸]ㅡ庶民。⓫열매자(草木之實)。⓬쥐자(鼠也)。(『慈』와 통함)

【子貢:자공】(人)孔子의 弟子。姓은 端木、이름은 賜。孔門 十哲의 한 사람。

【子宮:자궁】(生)여성 생식기의 하나。아기집。胞宮。受精卵을 양육하는 기관。

【子宮病:자궁병】(醫)자궁에 생기는 병의 總稱。畸形·炎症·位置異狀 따위。

【子宮癌:자궁암】(醫)자궁에 생기는 癌腫。帶下症·尿道症 등을 일으킴。

【子宮外妊娠:자궁외임신】(醫)受胎된 卵子가 자궁 바깥에서 發育되는 임신。

【子宮脫:자궁탈】(醫)자궁이 제 자리에서 밑으로 내려 앉는 병。

【子規:자규】杜鵑。소쩍새。[禽經]江左曰ㅡㅡ、蜀右曰杜宇。

【子金:자금】=利息。

【子囊:자낭】(植)씨주머니。胞子가 들어 있는 棍棒 모양의 주머니。

【子女:자녀】아들과 딸。[左傳]ㅡㅡ玉帛。

【子母音:자모음】자음과 모음。

【子母彈:자모탄】砲彈。榴散彈。

【子煩:자번】(醫)임신중인 부인의 가슴이 답답해하는 증상。

【子本:자본】利息과 元金。[韓愈]ㅡㅡ相侔、沒爲奴婢。

【子婦:자부】며느리。

【子舍:자사】❶子弟。❷(制)각 고을의 원의 아들이 거처하든 곳。

【子思:자사】(人)孔子의 손자。이름은 급(伋)。子思는 字。曾子에게 배웠고、中庸을 지었다고 함。

子思孔伋(三才圖會)

【子壻:자서】사위。女壻。[史記]有ㅡㅡ禮。

【子姓:자성】子孫。後孫。[國語]率其ㅡㅡ、從其時享。

【子細:자세】주의가 세밀함。빠짐이 없음。仔細。詳細。[北史]何必太ㅡㅡ也。

【子孫:자손】❶아들과 여러 代의 손자。❷後孫。[大學]保我ㅡㅡ黎民。

【子孫計:자손계】자손을 위하는 계획。

【子孫兟兟:자손신신】자손이 많음。

【子時:자시】❶一二時의 첫째 시。곧 밤 一一시에서 오전 한 시까지。❷二四時의 첫째 시。곧 밤 一一시 반에서 오전 영 시 반까지。

【子息:자식】❶아들과 딸의 總稱。[北史]其ㅡㅡ皆詣大學。❷(國)남자인 남을 욕으로 이르는 말。망할자식。

【子夜:자야】한 밤중。一二時。夜半·三更。[呂溫]涼生ㅡㅡ後。

【子與孫:자여손】아들과 손자。子若孫。

【子與姪:자여질】아들과 조카。子姪。

【子葉:자엽】움이 트면 떡잎이 되는 식물의 胚에 붙은 맨 처음의 잎。

【子午線:자오선】(天)지구 남북의 兩極을 通하여 그은 想像上의 圈線。(子는 北、午는 南)。

【子午花:자오화】(植)梧桐科에 딸린 一年生 풀。午時花。

子午花(三才圖會)

【子月:자월】음력 一一월의 異名。

【子音:자음】발음할 대 입이나 코로 나오는 길에 여러 가지의 막음을 입어서 거칠게 나는 소리。반드시 모음에 닿아서 남。닿소리。↔母音。

【子子孫孫:자자손손】자손의 끝까지。代代。[書經]惟王ㅡㅡㅡㅡ、永保民。

【子爵:자작】(制)五等爵의 제四위 벼슬。

【子正:자정】하루를 一二시로 나눈 子時의 한가운데。곧。零時。

【子弟:자제】❶남의 아들의 존칭。❷남의 집 젊은 사람。

【子枝:자지】붙고 늘어서 번성하게 퍼진 자손。번성한 자손。

【子姪:자질】아들과 조카。

【子鐵:자철】신바닥에 박는 징의 通稱。

【子彈:자탄】총알。탄환。

【子鞭:자편】도리깨열。

【子瘧:자학】태중의 여자가 앓는 학질。

【子懸症:자현증】(醫)태중인 여자의 가슴이 치밀고 아픈 병。

◎骨ㅡ、公ㅡ、君ㅡ、卵ㅡ、男ㅡ、末ㅡ、母ㅡ、帽ㅡ、父ㅡ、分ㅡ、嗣ㅡ、庶ㅡ、養ㅡ、王ㅡ、原ㅡ、義ㅡ、長ㅡ、才ㅡ、嫡ㅡ、種ㅡ、冊ㅡ、天ㅡ、太ㅡ、孝ㅡ。

【孑】(혈) 屑 ケツ、ひとり ㄐㄧㄝ chieh² solitary

小篆 草書 ❶외로울혈(孤也單也)。❷나머지혈(餘也)。[詩經]靡有ㅡ遺。❸특출할혈(ㅡㅡ特出貌)。[詩經]ㅡㅡ干旄。❹창갈구리혈(戟也)。[禮註]戈有旁出者爲句ㅡ。

【孑孓:혈궐】장구벌레。모기의 幼蟲。

【孑遺:혈유】남겨진 외톨 씨。나머지。[詩經]周餘黎民、靡有ㅡㅡ。

【孑孑:혈혈】❶우뚝하게 외로이 선 모양。❷오똑한 모양。[詩經]ㅡㅡ干旄。❸아주 작은 모양。[韓愈]ㅡㅡ爲義。

【孑孑孤蹤:혈혈고종】객지에 있어서 적적한 나그네의 종적。

【孑孑單身:혈혈단신】외로와서 의지할 곳이 없는 홀몸。

【孑孑無依:혈혈무의】홀몸으로 의지할 곳 없음。

【孓】(궐) 月 ケツ、みじかい ㄐㄩㄝ chüeh² short

小篆 草書 ❶짧을궐(孑ㅡ短也)。❷장구벌레궐(水蟲俗呼沙蟲長成化爲蚊。

一畫

【孔】(공) 董 コウ、あな ㄎㄨㄥ k'ung³ hole

小篆 草書 ❶구멍공(穴也)。「眼ㅡ、鼻ㅡ」。❷매우공、심히공(甚也)。[詩經 小雅鹿鳴]德音ㅡ昭。❸통할공(通也)。❹성공(姓也)。

【孔劇:공극】몹시 지독함。

【孔棘:공극】매우 급한 일。[詩經]ㅡㅡ且殆。

【孔老:공로】孔子와 老子。[後漢書]觀覽ㅡㅡ之論。

孔子見老子畫像(金石索)

【孔孟:공맹】孔子와 孟子。[張協]主希ㅡㅡ、賓慕顏柳。

【孔明:공명】❶대단히 밝음。[詩經]祀事ㅡㅡ。❷(人)諸葛亮의 字。

【孔武:공무】대단히 용맹함。[詩經]ㅡㅡ有力。

【孔墨:공묵】孔子와 墨子。[梁書]抑揚ㅡㅡ、流連老釋。

【孔門:공문】孔子의 제자。聖門。

【孔門十哲:공문십철】孔子의 弟子 중에 學德이 뛰어난 一〇인을 일컫는 말。곧 顏回·閔子騫·冉伯牛·仲弓(以上 德行)·宰我·子貢(以上 言語)·冉有·子路(以上 政事)·子游·子夏(以上 文學)들임。

【孔父:공부】孔子를 일컬음。[後漢書]損益之際、ㅡㅡ攸歎。

〔孔夫子：공부자〕 孔子의 높인 尊稱。

〔孔釋：공석〕 孔子와 釋迦。〔南史〕ㅣㅣ二敎、殊塗同歸。

〔孔昭：공소〕 매우 밝음。〔詩經〕我有嘉賓、德音ㅣㅣ。

〔孔顏：공안〕 孔子와 顏子。

〔孔壬：공임〕 姦惡함。또는 그런 사람。〔書經〕何畏乎巧言令色ㅣㅣ。

〔孔子：공자〕 《人》 B.C. 五五二~四七九 中國의 聖人으로 魯나라 陬邑(山東省曲阜縣) 사람。이름은 丘、字는 仲尼、仁과 禮의 道로써 三천의 門弟를 교육시키고、詩書를 刪述(산술)하였음。後世에 儒敎의 始祖가 되고 世界 四聖의 한 사람으로 尊仰됨。그의 言行을 적은 論語가 있음。

光聖像 (三才圖會)

〔孔子家語：공자가어〕 《書》一〇권。孔子 言語・行實 및 제자와의 問答 論議한 이야기를 모아 기록하였음。지은 이는 분명치 않음。

〔孔雀：공작〕 《動》鶉鷄科에 딸린 새。原產은 인도임。文禽。

〔孔雀屛風：공작병풍〕 공작을 그린 병풍。

〔孔雀夫人：공작부인〕 화려하고 아름답게 꾸민 미인。

〔孔雀扇：공작선〕 공작을 그린 부채。

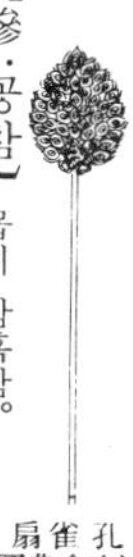

孔雀扇 (青會典圖)

〔孔慘：공참〕 몹시 참혹함。

〔孔穴：공혈〕 ❶구멍。〔後漢書〕防雖堅、漸有ㅣㅣ。❷人身의 穴道。〔舊唐書〕ㅣㅣ針灸。

〔孔懷：공회〕 형제 간의 友愛。

〔孔姬：공희〕 孔子와 周公、周公의 姓은 姬。〔蘇軾〕何用白首談ㅣㅣ。

◎鼻ㅣ、眼ㅣ。

二畫

【孕】 (잉) 徑 ヨウ、はらむ pregnancy ㄩㄣˋ yün⁴

小篆 草書 아이밸잉(懷姙)。〔李商隱雜纂 意想〕腹大師尼似有ㅣ。

〔孕母：잉모〕 =孕婦。

〔孕婦：잉부〕 아이를 밴 여자。胎母。姙婦。〔呂氏春秋〕剖ㅣㅣ而見其化。

〔孕乳：잉유〕 아이를 뱀과 낳음。〔後漢書〕見鳥獸ㅣㅣ、以別四節。

〔孕鬻：잉육〕 낳아 기름。〔禮記・樂記〕毛者ㅣㅣ。

〔孕重：잉중〕 아이를 뱀。

〔孕胎：잉태〕 아이를 뱀。

三畫

【孖】 (자) 支 シ、ふたご twins

草書 쌍동이자(雙生子)。

【字】 (자) 寘 ジ、もじ letter ㄗˋ tzŭ⁴

小篆 草書 ❶글자자、글씨자(文ㅣ)。❷자자(副名)。「실명(實名)의 외에 붙이는 일명」。〔史記 孔子世家〕孔子名丘、ㅣ仲尼。❸시집보낼자(女子許嫁笄而ㅣ 故許嫁亦曰ㅣ)。〔易經〕女子貞不ㅣ十年乃ㅣ。❹젖먹일자(乳也)。〔詩經〕牛羊腓ㅣ之。❺사랑할자(愛也)。〔書經〕父不能ㅣ厥子乃疾厥子。❻암컷자(畜牝)。❼기를자(養育)。〔書經 康誥〕父不能ㅣ其子。

〔字句：자구〕 글자와 글귀。문자와 어구。〔文心雕龍〕滋味流于ㅣㅣ。

〔字幕：자막〕 영화에서 표제・배역・설명 따위를 글자로 나타낸 것。타이틀。

〔字母：자모〕 한 개의 음절을 字音과 母音으로 갈라서 적을 수 있는 낱낱의 글자。綴音의 근본이 되는 글자。

〔字牧：자목〕 원이 백성을 애무함。

〔字撫：자무〕 사랑하여 어루만짐。

〔字牝：자빈〕 암컷。〔史記〕乘ㅣㅣ者。

〔字書：자서〕 ❶字典。글자를 모아서 풀이해 놓은 책。❷(辭書)사서。

〔字釋：자석〕 字義를 해석하는 일。

〔字樣：자양〕 글자의 모양。字體。字形。

〔字源：자원〕 글자가 맞추어져 이룩된 근원。漢字의 地는 土와 也、信은 人과 言으로써 이룩해진 것 따위。

〔字乳：자유〕 젖을 먹이어 기름。哺育。

〔字育：자육〕 養育하는 일。養育。

〔字音：자음〕 ❶글자의 음。❷漢字의 음。

〔字義：자의〕 글자의 뜻。〔魏書〕專精校考參定ㅣㅣ。

〔字典：자전〕 글자를 모아 發音・뜻・發生 원인 따위를 해석한 책。字書。

〔字指：자지〕 글자의 뜻。字旨。〔魏志・註〕博學多通ㅣㅣ。

〔字體：자체〕 ❶글자의 모양。❷글자의 「체」。字形。字樣。

〔字解：자해〕 글자의 풀이。문자의 해석。

〔字形：자형〕 글자가 되어진 꼴。곧 변이나 머리나 받침 따위의 획이나 점의 생김새。글자의 모양。

〔字型：자형〕 활자를 부어 만드는 原型。

〔字號：자호〕 ❶活字의 大小를 나타내는 번호。❷商號。商標。

〔字畫：자획〕 글자를 구성하는 點이나 畫。〔書苑〕ㅣㅣ交錯者。

〔字彙：자휘〕 ❶字典。❷《書》明의 梅膺祚가 지은 字典。❸글자의 수효。

〔字恤：자휼〕 백성을 어루만져 사랑함。

◎古ㅣ、舊ㅣ、國ㅣ、大ㅣ、同ㅣ、文ㅣ、別ㅣ、本ㅣ、細ㅣ、小ㅣ、俗ㅣ、數ㅣ、新ㅣ、略ㅣ、誤ㅣ、赤ㅣ、點ㅣ、正ㅣ、脫ㅣ、漢ㅣ、活ㅣ。

【存】 (존) 元 ゾン、ソン、ある exist ㄘㄨㄣˊ ts'uen²

小篆 草書 ❶있을존(在也)。〔唐書 陳子昂傳〕學堂至今猶ㅣ。❷존문할존(告ㅣ恤問)。〔禮記〕養幼少ㅣ諸孤。❸보존할존(保ㅣ)。❹살필존(省也)。

〔存款：존관〕 예금。저금。積立金。

〔存念：존념〕 늘 생각하고 잊이 않음。

〔存錄：존록〕 ❶잊지 않도록 記錄함。〔禮記・疏〕。❷등록하여 기념함。

〔存留：존류〕 ❶남아 있음。❷남아 살음。

〔存立：존립〕 ❶객관적인 實在로서의 관념적인 대상。❷생존하여 자립함。〔北史〕使嬰弱衆孤得蒙ㅣㅣ。

〔存亡：존망〕 있는 것과 없는 것。삶과 죽음。存續과 滅亡。興廢。〔諸葛亮〕此誠危急ㅣㅣ之秋也。

〔存命：존명〕 목숨을 붙여 살아 있음。

〔存撫：존무〕 ❶위로하여 안심하게 함。〔後漢書〕ㅣㅣ幷州之人。❷《制》唐의 벼슬 이름。뒤에 巡撫라고 함。

〔存否：존부〕 있는지 없는지란 뜻。「있음。〔左傳〕未知母之ㅣㅣ。

〔存續：존속〕 그대로 계속함。계속하여

〔存心：존심〕 마음에 두고 있지 않음。

〔存案：존안〕 보전하여 두는 안건。

〔存養：존양〕 ❶本心을 잃지 않도록 그 착한 성품을 기름。〔陸游〕致一工夫在ㅣㅣ。❷위로해서 기름。

〔存在：존재〕 ❶現存하여 있음。〔禮記・疏〕焉知禮樂所ㅣㅣ。❷《哲》經驗的 存在 및 思惟。가능한 경험적인 것。

〔存在根據：존재근거〕 사물의 존재를 가능하도록 하는 근거。實在根據。

〔存在論：존재론〕 존재 자체의 根本規

定에 관한 학문。*實存主義。
【存在性:존재성】《哲》존재할 수 있는 확실성。
【存在外:존재외】存在·非存在의 規定「밖에 있음。
【存存:존존】존재함。보존함。『易經』成性ㅣㅣ。
【存置:존치】현재의 제도나 설비를 없애지 않고 존속시켜 둠。
【存廢:존폐】남아 있는 것과 없어짐、존속과 폐지。
【存候:존후】안부를 물음。또는 그 사「람。『唐書』ㅣㅣ踵路。
【存恤:존휼】위문하고 구제함。『漢書』所從之老弱。
◎保ㅣ、生ㅣ、嚴ㅣ、現ㅣ。

【孜】(호)『好』(女部3畫)의 古字

【好】(호)→女部3畫

四 畫

【孚】(부) 虞 フ、まこと ㄈㄨˊ fu² reliable
❶믿을부(信也)。『詩經 大雅下武』成王之ㅣ。❷옥문채부(玉采)。❸기를부(育也)。❹알부(卵也)。❺씨부(種子)。❻알을깔부(孵化)。❼괘이름부(卦名)。
【孚甲:부갑】種子의 外皮。『禮記』萬物
【孚信:부신】참됨。眞實。「皆解ㅣㅣ。
【孚佑:부우】믿고 도움。信孚。『書經』上天ㅣㅣ下民。

【孛】㊀(패) 未 ハイ、ほうきぼし comet ㄅㄟˋ pei⁴
㊁(발) 月
㊀❶혜성패(彗星)。❷요기 ㊁뜻은 ㊀과 같음。
발(妖氣)。(『誖』과 통함)
【孛然:발연】❶어두운 모양。또는 빛이 빛나는 모양。❷顏色을 바꾸어 성내는 모양。
【孛星:패성】《天》彗星。이 별이 나타나면 兵亂이 일어날 前兆라 함。『釋名·釋天』ㅣㅣ、星旁氣孛孛然也。

【孜】(자) 支 シ、つとむ ㄗ tzŭ¹ diligent
부지런할자(ㅣㅣ勤也)。『書經 益稷』予思日ㅣㅣ。
(『孳』와 통함)
【孜孜:자자】❶부지런히 힘쓰는 모양。❷무슨 일에 마음을 쏟아 쉴 사이가 없음。汲汲。『書經·益稷』予思日ㅣㅣ。

【孝】(효) 效 コウ、こうこう ㄒㄧㄠˋ hsiao⁴ filial piety
❶효도효(善事父母)。『禮記』孝者畜也順於道不逆於倫之謂。❷상복입을효(喪服)。『李商隱雜纂 羞不出』重ㅣ醉酒。
【孝感:효감】효행의 덕이 스스로 神人을 감동시킴。『晉書』以爲ㅣㅣ所致。
【孝敬:효경】부모를 잘 섬기고 공경함。
【孝女:효녀】효도하는 딸。부모를 잘 섬기는 딸。효성·효행이 있는 딸。
【孝德:효덕】효도를 실천하는 德。부모를 잘 섬기는 마음。『漢書』皇帝ㅣㅣ。
【孝道:효도】부모를 잘 섬기는 도리。孝行의 道。『史記』孔子以爲能通ㅣㅣ。
【孝廉:효렴】❶孝行이 있고 마음이 潔白한 사람。❷《制》漢代의 官吏의 特別任用의 한 가지。『漢書』擧ㅣㅣ各一人。
【孝婦:효부】孝行이 두터운 며느리。『漢書』東海ㅣㅣ、養姑甚謹。
【孝祀:효사】선조를 잘 섬기어 제사를 올림。『詩經』苾芬ㅣㅣ、神嗜飮食。
【孝誠:효성】마음을 다하여 어버이를 섬기는 정성。
【孝孫:효손】❶효행하는 손자。❷祖上의 제사에 손자가 自身을 일컫는 말。
【孝順:효순】효성이 있어서 잘 순종함。『國語』ㅣㅣ以納之、忠信以發之。
【孝心:효심】효성이 있는 마음。효도하는 마음。『禮記』順死者之ㅣㅣ也。
【孝養:효양】효도하고 부모를 봉양함。『書經』用ㅣㅣ厥父母。
【孝烈:효열】❶어버이를 잘 섬김과 절개를 굳게 지킴。『後漢書』以剛强ㅣㅣ著名。❷孝子와 烈女。
【孝友:효우】부모에 대한 효도와 형제에 대한 우애。孝悌。『詩經』張仲ㅣㅣ。
【孝慈:효자】부모에게 대한 효도와 자식에게 대한 慈愛。『論語』ㅣㅣ則忠。
【孝子:효자】부모를 잘 섬기는 아들。
【孝子門:효자문】효자를 표창하여 널리 본을 보이는 뜻으로 세운 旌門。
【孝鳥:효조】까마귀。까마귀는 커서 먹이를 물어다 어미에게 주어 報恩한다는 데서 온말。孝烏。『古今註』烏一名ㅣㅣ。
【孝中:효중】❶부모의 喪中 세 해 동안。❷남의 喪中을 높이어 일컫는 말。
【孝親:효친】어버이에게 효도함。
【孝行:효행】부모를 잘 섬기는 행실。『說苑』ㅣㅣ成于內、而嘉號布于外。
◎大ㅣ、篤ㅣ、不ㅣ、純ㅣ、仁ㅣ、至ㅣ、忠ㅣ。

【斈】(교) 效 コウ、みちびく lead
인도할교(導也)。(『孝』의 俗字)

【李】(리)→木部3畫

五 畫

【孟】㊀(맹) 敬 モウ、おさ、かしら ㄇㄥˋ mêng⁴ the eldest
㊁(망) 漾
㊀❶맏맹(長也)。❷첫맹(始也)。「如ㅣ春、ㅣ夏」。❸힘쓸맹(勉也)。❹클맹(大也)。『管子』高言ㅣ行以過其情。㊁맹랑할망(ㅣ浪不精要貌)。
【孟冬:맹동】❶음력 一〇월의 異名。겨울 석 달 중의 처음 달。❷초겨울。
【孟浪:맹랑】❶아주 거짓이 많아 믿을 수 없음。❷생각보다 똑똑하거나 까다로와 허수히 볼 수 없음。
【孟母:맹모】孟子의 어머니。
【孟母斷機:맹모단기】《故》孟子가 학업을 중도에 폐지하고 돌아 왔을 때 그 어머니가 짜던 베를 칼로 잘라서 훈계하여 학업을 완성하게 했다 함。『列女傳』子之廢學、若吾斷斯機矣。
【孟母三遷:맹모삼천】《故》孟子의 어머니가 맹자를 가르치기 위하여 세번 이사했다 함。처음에 共同墓地 가까이 살았는데 맹자가 장사 지내는 흉내를 내서 市場 가까이 옮겼더니 물건 파는 흉내를 내므로、다시 글방 있는 곳으로 옮겨서 공부를 시켰다고 함。『列女傳』。
【孟朔:맹삭】음력 一월·四월·七월·一〇월의 넉달을 일컫는 말。孟月。
【孟嘗君:맹상군】《人》戰國時代 사람。姓은 田、名은 文。齊의 田嬰의 아들。齊의 재상이 되어 食客 三천명을 기름。
【孟陽:맹양】음력 정월의 異名。
【孟月:맹월】四季節이 각각 처음 시작되는 달。곧 孟春은 정월、孟夏는 四월、孟秋는 七월、孟冬은 一〇月임。孟朔。『周禮』四時之ㅣㅣ吉日。
【孟子:맹자】❶《人》B.C. 三七二～二八九 中國 戰國時代의 鄒人。이름은 軻 字는 子輿 또는 子車。孔子의 道를 이어 諸國

을 순회하며 王道 政治와 仁義를 주창하였음。❷《書》 七書의 하나。孟子의 제자들이 孟子의 언행을 모아 기록한 것。

孟軻(三才圖會)

【孟秋:맹추】 ❶음력 七월의 異名。가을 석달 중의 처음 달。❷초가을。

【孟陬:맹추】 음력 正月의 異名。

【孟春:맹춘】 ❶음력 正月의 異名。봄 석달 중의 처음 달。❷초봄。

【孟夏:맹하】 ❶음력 四월의 異名。여름 석달 중의 처음 달。❷초여름。

【孢】 (포) 巧 ホウ、はらむ pregnant
아이밸포(孕也)。

【季】 (계) 寘 キ、すえ the last ; season ㄐㄧˋ chì
小篆 草書 ❶끝계(末也)。「如一世一春」。❷막내계「伯仲叔一」。❸사철계(四時)。❹말세계(末世)。「一世、澆一」。

【季冬:계동】 ❶음력 섣달。❷늦 겨울。

【季諾:계락】 확실한 承諾。分明한 承諾。《故》漢의 季布가 一旦 承諾한 일은 반드시 실행했다는 故事에서 온 말。金諾。『史記』楚諺曰、得黃金百斤、不如得季布一諾。

【季母:계모】 季父의 아내。叔母。『後漢書』一一及婦女數百人。

【季方:계방】 사내 동생。사내 아우。

【季父:계부】 아버지의 막내 아우。막내 삼촌。↔伯父。『史記』其一一項梁。

【季商:계상】 음력 九월의 異名。商은 가을。暮商。

【季世:계세】 政治·道德·風俗 등이 쇠퇴한 시대。末世·澆世。『左傳』晏子曰、此一一也。

【季嫂:계수】 아우의 아내。弟嫂。

【季氏:계씨】 ❶春秋時代 魯의 季孫氏。❷《國》남의 남자 아우에 대한 尊稱。

【季月:계월】 ❶一년 중 맨 마지막 달。음력 一二월。❷四季의 마지막 달。곧 季春(三월)·季夏(六월)·季秋(九월)·季冬(一二월)을 일컬음。

【季子:계자】 ❶막내 아들。末子。❷蘇秦의 字。『戰國策』一一位尊而多金。

【季節:계절】 철。

【季節風:계절풍】 대륙과 대양이 존재하기 때문에 일어나는 바람으로、반 년마다 바람 방향이 바뀌며 우리 나라 부근에서는 여름에 남동풍、겨울에 북서풍이 됨。

【季指:계지】 《生》 새끼손가락이나 새끼발가락。『儀禮』一一小指也。

【季札挂劍:계찰괘검】 信義를 重히 여긴다는 뜻으로 쓰임。《故》吳의 季札이 使臣으로 갈 때 徐國을 지나가게 되었던 바 徐國 君主는 札의 劍을 얻었으면 하고 생각하였고 札도 또한 자기의 劍을 그에게 주려고 생각하고 있었으나 札이 돌아오는 길에 徐國에 들렀더니 徐國 君主는 이미 죽은 뒤라 이 때 札은 그의 墓所에 걸어 놓고 돌아왔다고 함。『史記·吳太伯世家』。

延陵季子(三才圖會)

【季秋:계추】 ❶음력 九월。❷늦가을。

【季春:계춘】 ❶음력 三월。❷늦은 봄。

【季夏:계하】 ❶음력 六월。❷늦은 여름。
◎冬一、四一、時一、節一、秋一、春一、夏一。

【孤】 (고) 虞 コ、ひとり solitude ㄍㄨ ku¹
小篆 草書 ❶외로울고(獨也)。『陶潛 歸去來辭』撫一松而盤桓。❷아비없을고(無父)。『大學』上恤一、民不倍。❸배반할고(背也)。❹우뚝할고(特也)。『李陵 答蘇武書』陵雖一恩、漢亦負德。❺나고(王侯之謙稱)。『書經』嶧陽一桐。❻벼슬 이름고(官名三公之次曰三一)。

【孤介:고개】 ❶의지할 데가 없이 홀로 섬。孤立。『宋史』王珙性一一、不與時合。❷清正하여 世俗에 물들지 않음。

【孤客:고객】 외로운 손。외로운 나그네。

【孤高:고고】 혼자만 유달리 高尚함。

【孤軍:고군】 후원이 없어 고립된 군사。

【孤軍奮鬪:고군분투】 고립된 군력으로 분발하여 싸움。

【孤窮:고궁】 외롭고 가난하여 궁함。

【孤羈:고기】 외로운 나그네。孤客。『韓愈』昨來漢水頭、始得完一一。

【孤單:고단】 집안이 번족하지 못하여 외로움。『南齊書』一一無親戚。

【孤獨:고독】 ❶외로움。『禮記』恤一一、逮不足。❷짝이 없는 홀몸。

【孤獨單身:고독단신】 고독하게 홀로 된 몸。외로운 몸。

【孤犢觸乳:고독촉유】 어미 없는 송아지가 젖을 찾아 어미를 구함。《轉》연고 없는 고독한 사람이 救援을 求함을 비유하는 말。

【孤燈:고등】 외로운 등불。『白居易』一一挑盡未成眠。

【孤老:고로】 의지할 데 없는 외로운 늙은이。『晉書』此公一一、餘年無幾。

【孤露餘生:고로여생】 어릴 때 부모를 여읜 사람。

【孤陋:고루】 見聞이 적어서 세상 물정에 어둡고 고집이 셈。『禮記』一一而寡聞。

【孤立:고립】 의지할 데가 없이 외톨이 됨。『後漢書』一一無黨。

【孤立無依:고립무의】 외톨져 기댈 곳이 없음。

【孤立政策:고립정책】 ❶美國 외교 정책의 바탕을 이루는 타국의 일에 干涉하지 않는 주의。❷남과 관계하지 않는 정책。

【孤立主義:고립주의】 개인의 처세 또는 국가의 외교에 있어 고립을 취하는 외교 정책상의 주의。*몬로주의。

【孤帆:고범】 외롭게 떠 있는 배。「우리」。孤舟。『李白』一一一片日邊來。

【孤峰:고봉】 외따로 떨어져 있는 산봉우리。

【孤負:고부】 배반함。반역함。背逆。『李陵』一一陵區區之意。

【孤僨:고분】 고립하여 세력이 쇠약함。『漢書·匈奴傳』一一之君、生于沮澤之中。

【孤孀:고상】 고아와 과부。『郝經』。

【孤城:고성】 ❶외따로 떨어져 있는 성。❷支援軍이 없어 고립한 성。

【孤城落日:고성낙일】 ❶도움이 없이 고립된 정상。『王維』遙知漢使蕭關外、愁見一一一邊。❷외로운 정상을 비유한 말。

【孤松:고송】 외따로 떨어져 있는 소나무。『陶潛』冬嶺秀一一。

【孤愁:고수】 혼자서 생각에 잠김。『陸游』一一還似客天涯。

【孤身:고신】 외로운 몸。

【孤臣:고신】 임금의 뜻과 사랑을 얻지 못하는 신하。『蘇軾』地名惶恐泣一一。

【孤身隻影:고신척영】 의지할 곳 없이 홀로 떠돌아다니는 외로운 몸。

【孤兒:고아】 부모가 없는 아이。孤子。

【孤兒院:고아원】 고아를 모아 養育하는 사회 사업 기관。『劉長卿』獨聞山吏部、流涕訪一一。

【孤雁:고안】 짝을 잃은 외로운 기러기。

【孤弱:고약】 도와 주는 사람이 없어 외롭고 힘이 약함。『吳志』哀矜一一。

【孤雲:고운】 외로이 떠 있는 구름。『李白』一一獨去閒。

【孤月:고월】 외롭고 쓸쓸히 떠 있는 달。

【孤危:고위】 외롭고 위태함。孤立危殆。

【孤掌:고장】 한 쪽 손바닥。

【孤掌難鳴:고장난명】 외손뼉은 울리

지 못한다는 말로 혼자 고립해서는 일을 하지 못한다는 뜻。〔水滸傳〕單絲不成線、孤掌豈能鳴。

【孤寂:고적】 외롭고도 쓸쓸함。

【孤節:고절】 외로이 지키는 절개。

【孤貞:고정】 마음이 외곬으로 곧음。

【孤主:고주】 외롭고 권력이 없는 임금。

【孤舟:고주】 외따로 떠 있는 작은 배。孤帆。〔陶潛〕眇眇——逝。

【孤燭:고촉】 쓸쓸히 비치는 촛불。

【孤村:고촌】 외따로 떨어져 있는 마을。〔陸游〕荻花楓葉泊——。

【孤忠:고충】 남의 도움이 없는 충성。

【孤枕:고침】 혼자 자는 외로운 베개。곧 외로운 잠자리。〔李白〕兀然就——。

【孤枕單衾:고침단금】 홀로 쓸쓸히 자는 여자의 이부자리。

【孤寒:고한】 매우 쓸쓸하고 가난한 생활。〔晉書〕

【孤孑:고혈】 孤孑單身의 略語。

【孤孑單身:고혈단신】 혈육이 없는 외로운 홀몸。

【孤魂:고혼】 의지할 곳 없이 외로이 떠돌아 다니는 넋。

【孥】(노) 虞 ド、つまこ ㄋㄨˊ nu² wife and children

孥 草書 ❶아들노(子也)。〔詩經〕樂爾妻—。❷처자노(妻子亦稱—)。❸노예노(奴隸)。〔後漢書 楊終傳〕太宗至仁、除去收—。(『帑』와 통함)

【孥戮:노륙】 남편 또는 아버지의 죄로 인하여 妻子까지 모조리 죽임을 당함。〔書經〕予則——汝。

【孥稚:노치】 아내와 어린이。또는 어린 아이。〔蘇軾〕暴秦無道、戮及——。

【𡥆】(호) 『好』(女部 3畫)와 같음

【学】(학) 『學』(子部 13畫)의 略字

【享】(향) →亠部6畫

六 畫

【孨】(전) 銑 セン、つつしむ discreet

小篆 삼갈전(謹也)。

【孩】(해) 灰 ガイ、おさなご ㄏㄞˊ hai² child

小篆 草書 ❶어린아이해(今統稱幼童曰—)。〔孟子〕—提之童。❷방글방글 웃을해(小兒笑)。

【孩笑:해소】 어린애의 웃음。천진 난만한 웃음。〔朱熹〕小兒知——。

【孩提之童:해제지동】 어린애。

【孩蟲:해충】 나온 지 얼마 안 되는 어린 벌레。〔禮記〕孟春無殺——。

【孩抱:해포】 어린애가 어른에게 안김。또는 그 아이。〔後漢書〕雖在——、奉之不異長君。

【孯】(견) 先 ケン、ひとり (本音 현) solitary

❶외로운아이견(孤獨)。❷공경하여절할견(敬拜)。

【孖】(의) 紙 ギ、さかる prosperous

번성할의(昌盛)。

七 畫

【孫】(손) 元 ソン、まご ㄙㄨㄣ suen¹ grandson

小篆 草書 ❶손자손(子之子)。❷움돋을손(物再生)。「如稻—」。❸겸손할손(謙遜)。❹순할손(順也)。〔論語 衛靈公〕—以出之。❺피할손(避也)。〔春秋 莊公元年〕夫人—于齊(『遜』과 통함)。

【孫堅:손견】 (人)三國時代 吳의 孫權의 아버지。漢末에 군사를 일으켜 董卓을 치고 또 劉表를 침。뒤에 表의 武將 黃祖의 군사에게 죽음。

【孫權:손권】 (人)一八二～二五二。三國時代 吳를 세운 사람。字는 仲謀、孫堅의 次男、孫策의 동생。劉備와 同盟하여 曹操를 赤壁에서 破함。

吳太宗 (三才圖會)

【孫女:손녀】 아들의 딸。↔孫子。

【孫婦:손부】 손자의 아내。

【孫辭:손사】 ❶겸손한 말。〔左傳·註〕❷遁辭。〔漢書〕溫顏——。

【孫世:손세】 ❶자손의 대。❷손자의 늘어 가는 정도。

【孫吳:손오】 孫武와 吳起。두 사람 다 中國 春秋시대의 兵法의 大家。〔史記〕——用兵·商鞅行法。

【孫子:손자】 ❶아들의 아들。〔詩經〕施于——。❷孫武의 존칭。❸(書)一권 一三편。周의 孫武 지음。兵書中에 가장 유명함。

【孫策:손책】 (人)三國時代 吳의 孫權의 兄。아버지인 孫堅이 죽은 뒤에 그의 남은 군사를 모아 여러 곳으로 다니며 싸워서 싸우는 대로 이겼음。

【孫行:손항】 손자 뻘 되는 항렬。

◎末—、外—、子—、嫡—、天—、玄—。

【㝃】(면) 銑 ベン、こをうむ give birth to

小篆 아이낳을면(生子)。(『娩·免』과 같음)

八 畫

【孮】(종) 冬 ソウ、さかえる be blessed of disendant

자손번성할종(子孫繁盛)。

【孰】(숙) 屋 ジュク、いずれ ㄕㄨˊ shu² what

小篆 草書 ❶누구숙(誰也)。〔孟子〕—謂子產智。❷어느숙(何也)。〔論語〕是可忍也—不可忍也。❸살필숙(審也)。❹익을숙(熟也)。(『熟』과 통함)

【孰能禦之:숙능어지】 막기 어려움。

【孰若:숙약】 양쪽을 비교해서 의문을 물어볼 때 쓰는 말。〔韓愈〕與其有譽於前、——無毁於其後。

【孰與:숙여】 =孰若。〔史記〕漢——我大。

九 畫

【㝢】(거) 語 キョ、わびしい lonely

외로울거(孤也)。

【孱】 ㊀(잔) 先 セン、よわい ㊁(잔) 刪 ㄔㄢˊ ch'an² frail

小篆 草書 ㊀잔약할잔(弱也、劣也)。〔史記〕貫高曰吾王—王也。㊁산이 높이 솟은 모양잔「—顏」。(『巉』과 통함)

【孱骨:잔골】 弱骨。

【孱羸:잔리】 몸이 말라 파리하고 약함。〔方孝孺〕我生素多病、中歲早——。

【孱夫:잔부】 약한 남자。비겁한 남자。〔晉書〕——與烏獲爭力。

【孱孫:잔손】 약질로 생긴 자손。

【孱顏:잔안】 산의 준엄한 모양。〔蘇軾·峽山寺詩〕攝衣步——。

【孱弱:잔약】 약함。

【孱劣:잔열】 잔약하고 옹졸함。

【孱拙:잔졸】 잔약하여 용렬함。

【孱孑:잔혈】 잔약하고 의지할 곳 없음。

【孹】(명) 敬 ベイ、はじめてはらむ pregnancy
첫아이밸명(初孕)。

十畫

【㷀】(형) 庚 ケイ、キョウ、ひとり lonely
외로울형(獨也)。

【孶】㊀(자) 寘 ジ、シ、つとめる diligent ㊁(자) 支 ㄗ tzu¹
小篆 籒文 草書 자(ㅣ尾乳 ㊀❶흘레할자(ㅣ尾乳化交接)。〔書經堯典〕鳥獸ㅣ尾。❷우거질자(繁殖)。〔柳宗元 郭槖駝傳〕槖駝非能使木壽且ㅣ也。(『孜』와 통함) ㊁부지런할자(ㅣㅣ猶汲汲)。〔孟子〕ㅣㅣ爲善。

【孶蔓 : 자만】 번식하여 자꾸 늘어감。〔後漢書〕蝗蟲ㅣㅣ。

【孶尾 : 자미】 =交尾。〔書經〕鳥獸ㅣㅣ。

【孶育 : 자육】 동물이 새끼를 낳아 기름。〔晉書〕萬物ㅣㅣ。

【孶孶 : 자자】 부지런히 힘써 일하는 모양。孜孜。〔孟子〕ㅣㅣ爲善者、舜之徒也。

【㝅】㊀(누) 有 ニュウ、ちち milk ㊁(구) 宥
小篆 ㊀❶젖누(乳也)。❷자식누(子也)。㊁뜻은 ㊀과 같음。

【㝆】㊀(의) 紙 ギ、さかん prosper ㊁(읍) 緝
小篆 籒文 ㊀성할의(盛貌戢ㅣ)。㊁우물우물할읍(衆多貌ㅣㅣ)。

十一畫

【孵】(부) 虞 フ、かえる hatching ㄈㄨ fu¹
草書 알깔부(ㅣ化)。

【孵卵 : 부란】 달걀·고기알 따위를 깜。

【孵卵器 : 부란기】 달걀이나 물고기 알을 인공적으로 까게 하는 기구。

【孵化 : 부화】 ❶달걀을 까서 병아리가 되게 함。❷동물의 알이 까짐。孚化。

【孷】(리) 支 寘 リ、ふたご twins
쌍동이리(雙子)。

十三畫

【學】(학) 覺 ガク、まなぶ learn ㄒㄧㄠ hsiao²
小篆 古文 草書 ❶배울학(效也受教傳覺悟)。〔書經〕ㅣ於古訓。❷글방학(庠序總名)。❸공부학「法律ㅣ、ㅣ理」。

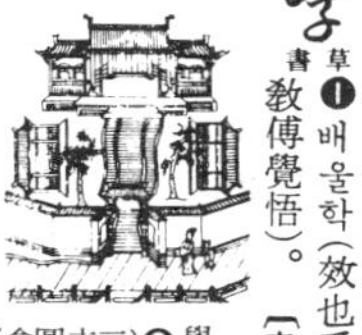
學(三才圖會)

【學界 : 학계】 학문을 연구하는 사회。학자들 사회。

【學課 : 학과】 학교의 修學課程。

【學科 : 학과】 ❶學科目의 略語。〔唐書〕優ㅣㅣ、先經義。❷官吏登用의 학술 시험。❸학술의 分科。

【學科目 : 학과목】 교수의 편의상 細分한 학과 과정의 한 단위。學科。

【學館 : 학관】 ❶學校。學舍。學校의 建物。❷講座나 그 밖의 私設教育機關。私塾。❸=學堂。

【學校 : 학교】 ❶일정한 방안과 설비에 의하여 계속적으로 교사가 학생에게 교수하여 교육을 시키는 곳。❷《制》學藝·道德을 가르치고 배우는 곳(學은 國學、校는 鄕校)。學舍·學堂·學館。庠序(상서)。

【學校林 : 학교림】 학교에 딸린 나무숲。

【學校醫 : 학교의】 委託을 받아서 학생의 신체 검사 및 교내의 위생 사무를 맡아 보는 의사。

【學校長 : 학교장】 학교 교육과 학교 운영을 주장하여 다스리는 사람。

【學究 : 학구】 ❶學問을 깊이 연구함。❷글방의 선생。訓長。❸學窮③。 「역。

【學區 : 학구】 교육 행정상 나뉘어진 지

【學規 : 학규】 ❶校規。❷學課의 규칙。

【學級 : 학급】 한 교원이 한 교실 안에서 동시에 교수하는 생도의 一團。學班。

【學期 : 학기】 學校에서 한 學年을 몇 개로 가른 그 一區分。현재 우리 나라에서는 제一·二학기로 가름。

【學年 : 학년】 ❶교육법에서 규정된 一년 간의 수업 기간。❷一년 간의 수학기에 따라서 구별한 학급。 「제도。

【學年制 : 학년제】 한 학년을 단위로 한

【學堂 : 학당】 ❶글방。❷=學校。〔北史〕祭文翁ㅣㅣ。❸男兒를 合葬한 곳。〔章學誠·信撫〕。❹귀(耳)에 가까운 곳(觀相學上)。

【學德 : 학덕】 學識과 德行。

【學徒 : 학도】 학문을 닦는 사람。學生。生徒。〔晉書〕給其宅地、備其ㅣㅣ。

【學徒兵 : 학도병】 학도로 조직된 군대。또는 그 군인。

【學童 : 학동】 어린 學生。국민학교에서 배우는 아동。학문을 하는 아이。書童。〔漢書〕漢興、太史試ㅣㅣ。

【學力 : 학력】 ❶학문의 力量。❷학문을 쌓은 정도。〔范成大〕ㅣㅣ根深方蒂固、功名水到自渠成。

【學歷 : 학력】 修學한 履歷。

【學齡 : 학령】 義務教育을 받아야할 나이。만 六세부터 만 一二세까지。 「는 아이。

【學齡兒童 : 학령아동】 학령에 해당되

【學流 : 학류】 =學派。〔北史〕唯取ㅣㅣ先

【學理 : 학리】 학문상의 理論。「相依附者。

【學理的 : 학리적】 하리를 기초로 한 것。

【學名 : 학명】 ❶動植物·醫學 따위에 있어 학술 편의상 世界共通의 라틴語로 붙인 명칭。屬名·種名·命名者名의 차례로 表記함。❷漢代、一家를 이룬 學의 이름。 「務。

【學帽 : 학모】 學生帽의 略語。

【學務 : 학무】 學事·教育에 관한 온갖 事

【學問 : 학문】 ❶배우고 닦음。(學은 모르는 것을 배우고、問은 疑問을 물음)。〔孟子〕吾他日未嘗ㅣㅣ、好馳馬好劍。❷배워 익힌 學藝。 「으로서의 적합한 조건。

【學問的 : 학문적】 體系가 서 있어 과학

【學閥 : 학벌】 같은 學校 出身者가 세력을 떨치려는 排他的인 派閥。

【學兵 : 학병】 學徒兵의 略語。

【學府 : 학부】 ❶학문이나 학자가 모인 곳。흔히 大學校를 이름。〔南史〕世稱爲ㅣㅣ。❷學問에 該博함을 비유하는 말。

【學部 : 학부】 ❶종합 대학에서 전공 학과에 따라서 나눈 部。❷《制》李朝末 교육에 관한 사무를 맡아 보던 관청。學務衙門의 後身。❸《制》學務行政을 統轄하는 기관。淸、光緖 三一년에 설치한 것인데、民國 元年에 教育部로 改稱함。 「못함。

【學不得 : 학부득】 배워도 따라 미치지

【學父兄 : 학부형】 兒童·學生의 父兄。

【學費 : 학비】 ❶學校의 경비。〔宋史〕以充ㅣㅣ。❷學業에 所用되는 費用。學資。

【學士 : 학사】 ❶學識 있는 사람。學者。〔史記〕天下之ㅣㅣ、靡然鄕風矣。❷《制》㉠魏·晉·六朝時代에 典禮·編纂·撰述에 종사한 文學士。또는 唐代以後 설치된 學士院에 초대된 翰林學士。〔唐書〕ㅣㅣ之職。㉡高麗 때 翰林院 등의 正四品 벼슬。㉢李朝 때 中樞院의 從二品 벼슬。❸

四年制 大學의 學部 과정을 수료한 자에게 수여하는 學位의 稱號。
【學舍:학사】學校 또는 校舍。『列女傳』乃徙――旁。
【學事:학사】학문에 관계되는 일。
【學事視察:학사시찰】학교의 교육 상황을 가서 살펴봄。
【學生:학생】❶學問을 닦는 사람。학교에서 공부하는 사람。특히 大學生을 일컬음。❷벼슬 못한 故人의 銘旌(명정)이나 神主에 쓰는 尊稱。「――府君神位」。❸《制》新羅 때 國學에서 교수를 받던 사람。❹弟子。後輩。
【學生帽:학생모】학생들이 쓰는 모자。校帽。
【學生服:학생복】학생들이 입는 의복。「校服。
【學生證:학생증】학생의 신분을 밝히는 증명서。
【學說:학설】學問上의 主張 및 論說。理「論。
【學術:학술】❶學問과 藝術 또는 技術。『唐書』其爲人也少――。❷應用方面을 포함한 學問의 方法。❸一定한 學問을 가리킴。
【學術語:학술어】학술 연구에 특별히 「쓰이는 말。術語。
【學術院:학술원】학술상의 연구 및 발전에 寄與하기 위하여 권위 있는 학자로써 조직된 가장 높은 학술 기관。아카데미(Academy)。
【學習:학습】❶배워 익힘。『史記』士則――法令。❷넓은 뜻으로는 精神 및 身體의 後天的 발달을 이르며、좁은 뜻으로는 과거의 경험 위에 비추어 새로운 지식이나 기술을 習得하는 일。
【學識:학식】❶학문과 識見。『[illegible]史』―當過之。❷학문에서 얻은 식견。
【學業:학업】學問을 닦는 일。『晉書』―優博。
【學藝:학예】❶學問과 技藝。『晉書』―優贍、筆削擅奇。❷德行 및 六藝를 배움。道藝를 배움。『周禮·大司徒』。
【學藝欄:학예란】신문이나 잡지 따위에서 학예에 관한 작품을 싣는 欄。
【學藝會:학예회】학교에서 생도의 학예에 대한 재능이나 작품을 사람들에게 공개하여 구경시키는 모임。
【學用品:학용품】학습에 필요한 물건。연필·필기장 따위。
【學友:학우】❶한 학교에서 같이 공부하는 벗。❷學問上으로의 벗。글동무。
【學友會:학우회】같은 학교나 같은 고장의 학우들로써 조직된 모임。
【學院:학원】❶=學校。❷一定한 자격을 갖추지 못한 학교。
【學園:학원】❶학교의 總稱。❷學校園의 「略語。
【學位:학위】《制》어떤 부분의 학술을 전문적으로 연구하여 그 진리를 발표한 사람에게 그 자격을 인정하기 위하여 法律의 節次를 거쳐 授與하는 稱號。學士·碩士·博士·名譽博士의 네 가지가 있고、大學의 總長 또는 學長이 수여하되、博士와 名譽博士에 한하여서는 文敎部長官의 승인을 받아야 함。
【學而知之:학이지지】배워서 알음。
【學人:학인】❶배우는 사람。❷學者가 雅號로 일컫는 말。
【學者:학자】❶學問하는 사람。學生。學士。『孟子』北方之――未能或之先也。❷學理에 깊이 통한 사람。『五代史』與――講論、終日無倦。
【學資金:학자금】=學費金。
【學長:학장】❶《制》單科大學에 있어서 敎務를 통할하고 소속 직원을 감독하며 학생을 지도하는 우두머리。❷學生·學校의 우두머리。
【學才:학재】학문에 대한 재주。
【學籍:학적】재학생의 성명·생년월일·주소·보호자 따위의 기록。
【學籍簿:학적부】학교에서 학적을 기록하여 備置해 두는 장부。生活記錄簿。
【學點:학점】대학에서 학생들의 학과履修를 계산하는 단위。
【學制:학제】學校 또는 敎育에 관한 제「도。
【學窓:학창】학문을 닦는 곳。學校。
【學則:학칙】=校則。『管子』一此不懈―、是謂――。
【學派:학파】學問上의 流派。學問上의 主張을 달리하는 갈래。學流。
【學風:학풍】❶學問上의 태도 및 傾向。❷學校의 氣風。校風。
【學行:학행】學問과 品行(德行)。學德。『南史』姚察――、當今無比。
【學會:학회】❶學術의 연구·장려를 목적으로 조직된 단체。❷《佛》佛學을 닦는 사람들이 모이는 곳。
◎古―、苦―、曲―、工―、科―、官―、國―、農―、大―、道―、篤―、獨―、同―、晩―、勉―、無―、文―、博―、史―、私―、商―、小―、俗―、數―、夜―、洋―、語―、力―、留―、遊―、儒―、醫―、理―、入―、在―、中―、淺―、哲―、初―、就―、退―、好―、化―、後―。

十四畫

【⿰子重】(종) 宋 チョウ、ちちしる milk
젖물종(乳汁)。

【孺】(유) 遇 虞 ジュ、ちのみご infant ㄖㄨˋ ju
小篆 草書
❶젖먹이유(乳子、幼也)。❷사모할유(慕也)。❸딸릴유(屬也)。『詩經』和樂且―。
【孺慕:유모】돌아가신 父母를 사모함。『後漢書』淮人――。
【孺人:유인】❶大夫의 妻。(孺는 屬、즉 남편에 附屬되어 있다는 뜻)。『禮記』大夫之妻曰――。❷《制》正·從九品의 文武官의 아내의 品階。❸벼슬 없는 사람의 아내의 通稱。그 銘旌이나 神主에 쓰는 尊稱。
【孺子:유자】❶아이。젖먹이。年少者。竪子。孺兒。『書經』公將不利於――。❷少年을 낮잡아 부르는 말。『史記』――可敎。❸嫡長을 이을 사람。(어린 相續人)。

十六畫

【孻】(내) 灰 ダイ、ナイ、すえこ youngest child
❶노인자제내(老人之子)。❷막내내。

【孼】(얼) 屑 ゲツ、わきばら child born to a concubine
小篆 草書
❶첩자식얼(庶子)。『史記 商君傳』商君者衛之庶―公子也。❷치장할얼(――盛飾)。『詩經』庶姜――。❸요물얼(妖害)。「妖―」。(『孽』과 통함)
【孼孫:얼손】자식의 첩이 낳은 아이。『史記』韓王信、故韓襄王――也。
【孼孼:얼얼】盛大히 치장한 모양。『詩經』庶姜――。
【孼子:얼자】=庶子。『孟子』孤臣――。
【孼妾:얼첩】=賤婦。『漢書』庶人――。

十七畫

【孽】(얼)『孼』(子部16畫)의 俗字

十九畫

【孿】㊀(산) 諫 ㊁(련) 先 サン、レン、ふたご twins ㄌㄩㄢˊ luan^2
小篆 草書
쌍동이산(雙生子)。㊁뜻은 ㊀과 같음。

【孿生：연생】 쌍동이를 낳음。쌍동이。
【孿子：연자】 쌍동이。雙生子。

二十二畫

【孌】(련)『孿』(子部19畫)과 같음

宀 部

二畫

【宀】(면) 先 ベン、うかんむり celarhovel ㄇㄧㄢˊ mien² 小篆 草書 움집면(交覆深屋)。

【宁】(저) 語 チョ、たたずむ standing still ㄓㄨˋ chu⁴ 小篆 草書 ❶조회받는곳저(門屛間視朝處)。【禮記曲禮下】天子當—而立。❷멈출저(佇也)。「—立」。(『著』와 통함)
【宁立：저립】 우두커니 섬。佇立。【禮記】天子當——。而立。

【宂】(용) 腫 ジョウ、むだ complexity ㄖㄨㄥˇ jung³ 小篆 ❶번잡할용(煩雜)。❷바쁠용(忙也)。❸긴치않을용(剩也)。❹떠돌아다닐용(民無定居)。(『冗』의 俗字)
【宂漫：용만】 글이나 말이 쓸데 없이 길음。宂長。
【宂務：용무】 중요하지 않은 사무。
【宂文：용문】 쓸데 없는 글이나 글귀。
【宂兵：용병】 필요하지 않은 군사。【蘇軾】在去三宂曰、宂官、曰——、曰宂費。
【宂費：용비】 필요하지 않은 돈。【唐書】罷——、市馬益軍。
【宂語：용어】 필요없이 수다스럽기만 한 말。
【宂員：용원】 쓸 데 없는 인원。남는 인원。候補官。
【宂雜：용잡】 뒤섞여서 분잡함。混雜。混亂。

【它】(타) 歌 タ、ダ、へび snake ㄊㄨㄛ t'uo¹ 小篆 草書 ❶뱀타(蛇也)。❷다를타(他也)。【禮記 檀弓下】有—志。(『蛇·佗』의 古字)

【宄】(귀) 紙 キ、よこしま wicked ㄍㄨㄟˇ kuei³ 小篆 古文 古文 草書 ❶간악할귀(姦也)。❷바깥도둑귀(外寇盜出內爲姦起外爲—)。【史記 帝舜紀】寇賊姦—。

【穴】(혈)→穴部0畫

三畫

【宅】(택) 陌 タク、すまい house ㄓㄞˊ chê⁴ (本音「책」) 小篆 古文 古文 草書 ❶집택(所托居處)。❷살택(居也)。❸자리택(位置)。【孟子 離婁上】仁人之安—也。❹정할택(定也)。【書經】亦惟助王—天命。❺묘구덩이택(墓穴)。
【宅居：택거】 집에 거처함。
【宅兆：택조】 무덤(墓)。(宅은 광중、兆는 塋域)。【孝經】卜其——。
【宅地：택지】 집터。垈地。
【宅診：택진】 의사가 자기 집에서 남의 병을 진찰함。↕往診。
【宅號：택호】 벼슬 이름이나、장가 든 곳의 땅 이름을 붙여서 그 사람의 집을 부르는 이름。
【宅內：댁내】 남의 집안의 尊稱。
◎家—、居—、故—、舊—、歸—、別—、私—、社—、新—、自—、邸—、住—。

【宊】㊀(구) 宥 ㊁(유) 有 キュウ、まずしくなやむ poverty-stricken 小篆 ㊀가난하고병들구(貧而病)。【詩經】在—。㊁뜻은 ㊀과 같음。

【宇】(우) 麌 ウ、やね、いえ roof ㄩˇ yü³ 小篆 籀文 草書 ❶집우(居處之屋)。【詩經】聿來胥—。❷처마기슭우(屋邊簷下)。【陶潛 歸去來辭】乃瞻衡—。❸하늘우(上下四方)。【淮南子 齊俗訓】四方上下曰—。❹품성우(品性)。「器—」。❺끝우(端也)。「眉—」。
【宇內：우내】 온 세상 안。天下。世界。海內。四海。【史記】包擧——。
【宇量：우량】 人物。性質。器量。器宇度量。【晉書·武帝記】武帝——弘厚。
【宇宙：우주】 ❶天地四方과 古今。(宇는 天地四方·宙는 古往今來)。【淮南子·齊俗訓】。❷世界。天地。❸《天》天體 그 밖의 만물을 포함하는 全空間。
【宇宙開闢論：우주개벽론】《哲》우주의 起源·발생에 관한 설명。
【宇宙論：우주론】《哲》宇宙의 起源·構成·變遷·狀態·法則을 연구하는 학문。古代·中世에는 形而上學的 自然哲學의 分野이며、現代에 와서는 觀測과 數理의 天文學的 分野로 됨。宇宙觀。世界觀。
【宇宙線：우주선】《物》끊임 없이 지구 밖의 다른 天體에서 地上으로 오는 극히 透過力이 센 몇 가지의 粒子의 總稱。Cosmology。
【宇宙引力：우주인력】 =萬有引力。
【宇宙精神：우주정신】 =世界精神。
【宇下：우하】 처마 밑。【論衡】知屋漏者在——。
◎氣—、御—、屋—、天—。

【守】(수) 有 シュ、ス、まもる defend; keep ㄕㄡˇ shou³ 小篆 草書 ❶지킬수(護也勿失)。❷보살필수(主管其事)。【左傳】山林之木衡麓—之澤之萑蒲舟鮫—之。❸원수(官名)。❹서리수(官之署理)。❺기다릴수(待也)。(『狩』와 통함)
【守閣：수각】 議政이 긴급한 중대사로 임금에게 알현하기를 청하고、그 下答이 있을 때까지 便殿의 문에서 그냥 기다리던 일。
【守兼：수겸】 =兼任。【漢書】。
【守誡：수계】《宗》誡命을 지킴。
【守瓜：수과】《動》노린재。
【守舊：수구】 묵은 습관을 지킴。保守。墨守。【宋史】士固陋——、論卑氣弱。
【守舊黨：수구당】 옛 제도를 지키기를 주장하는 당파。
【守口如甁：수구여병】 말을 몹시 삼가함。【朱子·敬齊箴】——、防意如城。
【守器：수기】 ❶所藏한 물품。❷器物을 保持함。管理하는 道具。【左傳·成·二】非·官府之——也。《轉》太子(宗廟의 祭器를 管理하고 지킨다는 뜻에서 온 말)。主器。【王褒】主暨申於——。
【守令：수령】 ❶太守와 邑令。【晉書】擧——之才。❷《制》李朝 때 東班의 外官職으로 각 고을을 다스리던 觀察使 이하의

總稱。字牧之任。府尹·牧使·府使·郡守·縣監·縣令의

【守望:수망】 침입하는 적을 방비하기 위한 望臺。『孟子』ㅣㅣ相助。

【守文:수문】 文物을 지킴。先祖의 法則을 지킴。祖業을 이어서 나라를 다스림。『史記』繼體ㅣㅣ之君。

【守門:수문】 문을 지킴。

【守門將:수문장】 《制》❶宮門이나 城門을 지키던 武官職。❷대문을 지키는 신장

【守兵:수병】 지키는 군사。「의 하나。

【守分:수분】 자기의 본분을 지킴。

【守備:수비】 힘써 지켜 막음。防備。↕攻擊。『左傳』巡大城、繕ㅣㅣ。

【守備軍:수비군】 수비를 그 주요 임무로 하는 군대。

【守備隊:수비대】 수비하는 군대。

【守備陣:수비진】 공격에 대비하여 지키는 진용。

【守舍:수사】 ❶사는 집을 지킴。❷城을 지키는 집。❸영혼이 그 몸에 있음。

【守山堤:수산제】 《歷》三韓 때 密陽에 있었던 有名한 貯水池。지금은 水田化됨。

【守相:수상】 郡과 나라의 政事를 맡은 사람。(守는 郡守、相은 諸侯의 相)。

【守成:수성】 父祖의 業을 지킴。成立된 業을 지킴。『史記』ㅣㅣ尙文。

【守城:수성】 ❶《地》江原道 杆城의 옛 이름。❷성을 지킴。

【守歲:수세】 섣달 그믐날 밤에 자지 않고 밤을 새움。『東京夢華錄』。

【守勢:수세】 적을 맞아 지키는 형세。또는 그 軍勢。↕攻勢。

【守身:수신】 자기 몸을 지켜 不義에 빠지지 않음。『孟子·離婁』。

【守約:수약】 지키는 데 요령을 갖고 있음。『孟子·公孫丑』。「諸侯、有ㅣㅣ之備。

【守禦:수어】 外患을 막음。『國語』小國

【守愚:수우】 才智를 감추고 바보인 체함。『韓偓』ㅣㅣ不覺世途險。

【守衛:수위】 ❶지킴。지키는 사람。『列子』供ㅣㅣ。❷관공서·학교·공장 따위의 경비를 맡아 보는 사람。

【守義枯槁:수의고고】 정의를 굳게 지키어 역경에 빠짐。

【守藏:수장】 《制》李朝 때 鑄字를 감수하던、校書館 잡직의 하나。

【守戰:수전】 쳐들어 온 적을 막아 싸움。

【守錢奴:수전노】 돈을 지나치게 아껴 모을 줄만 알고 쓸 줄 모르는 사람의 卑稱。守錢虜。『後漢書』馬援曰、凡殖貨財、貴能施賑、否則——耳。

【守戰同盟:수전동맹】 다른 나라의 침입이 있을 때 서로 도와 싸워 막기 위하여 두 나라 이상이 체결하는 조약。

【守節:수절】 ❶절개를 지킴。❷寡婦가 再嫁하지 않고 있음。

【守貞:수정】 《宗》동정을 지킴。↕失貞。

【守精:수정】 눈동자。(精은 睛의 뜻)。

【守操:수조】 志操를 지킴。

【守拙:수졸】 스스로 拙劣한 생활 태도에 만족함。時世에 약빠르게 適應하지 않고 만족함。『陶潛·歸田園居詩』。

【守志:수지】 志操를 지킴。

【守直:수직】 맡아서 지킴。

【守廳:수청】 ❶고관 앞에서 수종하는 일。❷청지기。

【守廳房:수청방】 《制》청지기가 거처하는 房。

【守冢:수총】 墓지기。『漢書』置ㅣㅣ二百「家。

【守護:수호】 지키어 보호함。警護。『晉書』種一株松、恆自ㅣㅣ。

【守護符:수호부】 몸을 지키기 위하여 지니는 符籍。메스커트(Mascot)。

【守護神:수호신】 지켜주는 신。◎看ㅣ、堅ㅣ、固ㅣ、墨ㅣ、保ㅣ、遵ㅣ。

【安】

(안) 寒 アン、やすい ㄢ an¹ peaceful;comfortable

小篆 草書 ❶편안할안(危之對)。『朱熹 中庸章句序』危殆而不ㅣ。❷고요할안(靜也、徐也、定也)。❸즐거울안(佚樂)。『左傳 僖公二十三年』懷與ㅣ實敗名。❹무엇안、어느안(何也)。❺자리잡을안 (位置其物)。「ㅣ置、ㅣ放」。❻값쌀안(廉價)。「ㅣ價」。

【安價:안가】 =廉價。

【安價品:안가품】 값이 싼 물품。「음。

【安敢望:안감망】 감히 기대할 수가 없

【安康:안강】 편안하고 건강함。아무 탈도 없음。安寧。安泰。安靖。太平無事。

【安車:안거】 앉아서 탈 수 있도록 만든 작은 수레。老人 및 女子乘用。『禮記』適四方、乘ㅣㅣ。『易林』天福吉祥、永得ㅣㅣ。

安車 (三才圖會)

【安居:안거】 ❶편안히 지냄。탈 없이 있음。『孟子』ㅣㅣ而天下熄。❷《佛》四월 一五일부터 九〇일간 중들이 한 곳에 모여 조용히 道를 닦음。

【安居樂業:안거낙업】 편안히 살며 각자의 生業을 즐김。安家樂業。

【安過:안과】 아무 탈 없이 지냄。

【安國:안국】 ❶나라를 平安히 함。❷平安한 나라。❸隋·唐代의 西域의 나라 이름。粟特國의 하나。지금의 중앙 아시아 브하라(Bukhara)市 부근。❹複姓의 하나。

【安南:안남】 ❶南쪽을 平安히 함。❷《地》印度支那(Annam) 동쪽의 한 地方。원래는 王國이었음。秦漢이후、中國의 藩屬。唐은 이곳에 安南都護府를 둠。기후가 더웁고 농업이 主가 됨。主都는 위에이(Huê)。

【安寧:안녕】 ❶탈 없이 無事함。平安。安康。安泰。『史記』天下ㅣㅣ。❷겨울의 別名。『爾雅·釋天』冬爲ㅣㅣ。

【安寧秩序:안녕질서】 생명 재산이 안전하고 사회의 질서가 올바름。

【安祿山:안녹산】 《人》?~七五七 唐玄宗 때의 武將。營州 柳城의 胡人。本姓은 康氏、初名은 阿犖山(또는 軋犖山)。일찍 아버지를 여의고 어머니의 再嫁한 집의 姓을 따라 安氏가 됨。지혜가 많고 인내심이 많으며 六個蕃語에 통함。平虜節度로서 入朝하여 玄宗의 총애를 받고、楊貴妃의 養兒로 허가되어 벼슬이 河東節度使에 이르자、意氣가 높아져서 軍의 증강과 私有化를 도모하고 중앙의 楊國忠과 反目이 생기자 七五五年 范陽(今·北平)에서 擧兵하여 洛陽을 공략한 후 雄武皇帝라 稱하고 國號를 燕、年號를 聖武라 하였으나 그 아들 慶緖 및 李豬兒에게 살해되었음。『唐書·二百二五』。

【安堵:안도】 ❶자기 있는 곳에서 편안히 살음。『史記』吏民皆ㅣㅣ如故。❷마음을 놓음。安心함。案堵。

【安堵感:안도감】 편안한 느낌。안심하는 심정。安心感。

【安頓:안돈】 ❶事物을 잘 정돈함。『乾淳起居注』令幕士ㅣㅣ寢殿前。❷安着함。

【安樂:안락】 ❶편안하고 즐거움。『孟子』生於憂患、而死於ㅣㅣ。❷《佛》極樂淨土의 異稱。「華經」於此命終、即往——。

【安樂世界:안락세계】 극락 세계。『法

【安樂椅子:안락의자】 팔걸이가 있고 앉아 편하게 기댈 수 있는 의자。

【安利:안리】 편안하고 형편이 좋음。편안하고 利가 있음。安樂과 利益。『史記』就ㅣㅣ而避危殆。

【安眠:안면】 편하게 잘 잠。『北史』ㅣㅣ美食、此優于遷固也。

【安眠妨害:안면방해】 잠을 잘 때 시

끄럽게 떠들어서 방해를 놓는 일。

【安命:안명】 ❶자기의 天命에 따름。❷生年의 生時로 사람의 運命을 占치는 法。

【安撫:안무】 ❶백성을 평안하게 어루만짐。❷《制》安撫使의 略稱。

【安民:안민】 ❶백성의 마음을 편안하게 함。『書經』。❷《人》宋의 長安의 石工。熙寧 年間에 蔡京이 쓴 元祐黨碑의 石刻을 命했을 때 安民은 이를 거절함。

【安民歌:안민가】 新羅 景德王 때 忠談師가 지은 鄕歌。

【安謐:안밀】 조용하고 平安함。安靜。安寧。

【安排:안배】 ❶알맞게 배치하거나 벌림。적당히 처리함。按排。『孟郊』蹇策貴——。❷있는 그대로 만족함。

【安步:안보】 조용히 걸음。『史記』麒麟踢躅、不如駑馬之——。

【安否:안부】 편안하고 편안하지 않은 소식。또는 그 물음。『禮記』今日——何如。

【安分:안분】 현재의 자기의 分數를 지킴。

【安不忘危:안불망위】 편안한 가운데서도 잊지 않고、늘 스스로를 경계함。

【安貧:안빈】 가난한 가운데서도 마음을 편안히 먹음。

【安貧樂道:안빈낙도】 몹시 곤궁하게 살면서도 평안한 마음으로 天道를 지킴。

【安產:안산】 =順產。

【安詳:안상】 ❶《佛》安穩 微妙한 모양。『法華經・方便品』。❷침착하고 조용함。擧動이 점잖음。安祥。『橫渠語錄』教小兒、先要——恭敬。

【安生:안생】 평안히 살음。

【安舒:안서】 편안하고 조용함。평온함。安閑。安徐。『漢書』湛靜——。

【安市城:안시성】 《歷》옛 땅 이름。高句麗 二八代 寶藏王 四년 唐 太宗의 침공을 성주 楊萬春이 막아 싸워서 승전한 곳。遼東地方인데 지금의 滿洲 英城子라는 설도 있음。

【安息:안식】 ❶편안하게 쉼。休息。『詩經』嗟爾君子、無恆——。❷《歷》古代 西域 페르샤 地方의 王國。B.C. 三世紀 中葉 이란족의 王國으로 본래 나라 이름은 파르티아(Parthia)이나 安息이란 國名은 그 王家名 아르사스(Arsaces)의 音譯에 의함。漢의 張騫이 처음 西域에 使臣으로 갔다 돌아와 그 國名을 전함。安息國。『史記・大宛傳』。

【安息教:안식교】 《宗》토요일을 安息日로 지키는 예수교의 한 교파。

【安息所:안식소】 =安息處。

【安息日:안식일】 《宗》기독교 신자들이 모든 일을 쉬고 종교상의 의식을 행하는 거룩한 날。日曜日。

【安息處:안식처】 편안히 쉬는 곳。安息所。

【安身:안신】 ❶몸을 편안히 함。❷立身出世함。『晉書・潘尼傳』❸편안한 몸。

【安信:안신】 평안한 소식。

【安心:안심】 ❶근심 걱정이 없어 마음을 놓음。『白居易』努力——過三考。❷《佛》신앙에 의하여 마음을 흔들리지 않고 마음의 귀추를 정하는 일。安堵。安神。安意。

【安安:안안】 평안한 모양。『書經』欽明文思——。

【安養:안양】 《佛》마음을 편안하게 지니고 몸을 쉬게 함。

【安養世界:안양세계】 《佛》극락 세계。

【安業:안업】 편안한 마음으로 업무에 종사함。

【安如泰山:안여태산】 태산같이 마음이 든든하고 끄떡 없음。安如盤石。『漢書』天下之安、猶泰山而四維之也。

【安穩:안온】 조용하고 平穩함。平穩。無事。平安。

【安臥:안와】 편안히 누움。『梁書』欲求——。

【安慰:안위】 身心을 平安하게 하여 마음을 위로함。慰安。『古詩』時時爲——、久久莫相忘。

【安危:안위】 편안함과 위험함。『史記』國家——在此一擧。

【安胃:안위】 소화가 잘 되도록 위를 편안하게 함。

【安遊:안유】 편안히 놀음。평안히 지냄。

【安諭:안유】 안심이 되도록 위로하고、타이름。『左傳』——國人。

【安意:안의】 =安心。

【安易:안이】 ❶손 쉬움。어렵지 않음。❷근심이 없고 편안함。

【安忍:안인】 ❶예사로 잔인한 짓을 함。❷《佛》安心하고 忍耐함。

【安逸:안일】 편하고 한가함。편하게 즐김。편하게 놀고 지냄。安佚。『莊子』身不得——。

【安全:안전】 온전하여 걱정이 없음。탈이 없음。『後漢書』擁兵固守、獨——。

【安全感:안전감】 편안하여 조금도 위태로움이 없는 느낌。

【安全開閉器:안전개폐기】 《物》집안의 전기 配線을 일정한 장소에서 끊게 된 장치。安全可鎔器。

【安全燈:안전등】 鑛山 같은 곳에서 鑛夫들이 굴 안에서 쓰는 등。개스의 發火를 막기 위하여 鐵網을 씌웠음。

【安全面刀:안전면도】 살을 벨 염려가 없이 된 면도의 한 가지。長方形의 칼날을 쇠로 만든 기구의 아래위 짝의 틈에 끼워서 씀。

【安全保障:안전보장】 국가의 領土的 안전을 보장하는 일。

【安全保障理事會:안전보장이사회】 《法》유엔의 가장 중요한 기관으로、국제적인 평화와 안전을 유지키 위한 필요한 행동을 취할 책임과 권한을 가짐。

【安全裝置:안전장치】 ❶기계에 있어서 필요하지 않은 때의 동작을 막기 위하여 붙여진 장치。❷총의 방아쇠가 움직이지 않도록 한 장치。

【安全第一:안전제일】 위험이나 실패가 없도록 조심함이 제일이라는 뜻。

【安全週間:안전주간】 공장・학교・교통 따위에 있어서、각 개인에게 위험에 대한 예방의 관념을 새롭게 하여、사회 안전을 꾀하는 주간。

【安全地帶:안전지대】 ❶교통이 빈번한 거리나 전차 정류장의 일정한 지역에、사람이 안전하게 피해 있도록 구획을 베푼 곳。안전선。❷조금도 위험성이 없는 편안한 지대。

【安全瓣:안전판】 증기 기관의 汽罐에서 증기의 사용되는 양이 발생하는 양보다 적어서、압력이 세찰 때 증기를 알맞게 밖으로 내보내는 자동적인 開閉 장치。

【安接:안접】 근심 없이 평안히 지냄。

【安靖:안정】 ❶이치를 편안하게 깨우침。❷편안하게 다스림。『左傳』——其國家。

【安靜:안정】 정신과 마음이 고요하고 편안함。『易經』——其身。

【安定:안정】 ❶안전하게 자리 잡음。편안히 좌정함。❷宋代 胡瑗의 稱號。❸《物》重心이 물체의 밑면의 중심에 있어 微小한 교란을 주었을 때 본디의 상태로 돌아가려는 성질。❹《化》化合物이 쉽게 分解되지 않는 상태。

【安定的:안정적】 안정스러운 것。

【安定策:안정책】 안정을 도모하기 위한 대책 또는 계획。

【安存:안존】 ❶사람됨이 얌전하고 조용함。❷편안하게 있음。『魏文帝』或暇豫——、或窮困側傾。

【安坐:안좌】 ❶편히 앉음。『莊子』——定氣。❷부처를 법당에 봉안함。❸아무 것도 하지 않고 있음。『戰國策』——而廣地。

【安住:안주】 자리를 잡고 편안히 살음。『楞嚴經』妙淨——、無爲無得。

【安地:안지】 편안한 땅。

【安集:안집】 편안함。(集은 安의 뜻)。

安輯。『史記』——百姓。

【安輯:안집】=安集。『後漢書』共定天下、同——之。

【安著:안착】아무 탈 없이 도착함。

【安置:안치】❶一定한 곳에 편안하게 備置해 둠。『白居易』——疎慵身。❷잠자는 일。❸宋代에 大臣을 귀양보내던 일。❹徒刑囚에게 일을 시킴。❺(國)귀양간 죄인을 가두어 둠。❻佛像을 두고 정성을 드림。『搜神記』

【安枕:안침】=安眠。

【安打:안타】(運)야구 용어。打者가 공을 확실하게 받아 치는 일。

【安泰:안태】=安康。『易林』解釋倒懸、歷國——。

【安胎:안태】뱃속의 태아가 놀랐을 적에 다스리어 평안하게 함。

【安宅:안택】❶편히 살만한 곳。安全하고 걱정이 없는 곳。❷仁。『孟子·公孫丑』仁、人之——也、義、人之正路也。❸(人)元의 鄒平 사람。經史에 능통함。❹(國)무당·판수가 집안의 탈이 없도록 터주를 위로하는 일。

【安土:안토】그 땅에 편히 살음。

【安土重遷:안토중천】고향을 떠나기를 즐겨하지 아니함。

【安平:안평】평안함。『周禮』和親——。

【安閑:안한】편안하고 한가함。편안하고 조용함。安閒。安舒。『白居易』隨緣逐處便——。

【安行:안행】❶안심하고 행함。『中庸』或安而行之。❷조용히 감。『詩經』爾之——、亦不遑舍。

【安享:안향】하늘이 내린 복을 평안하게 누림。『漢書』爲人——、備于諸事。

【安和:안화】평안하고 평온함。

【安候:안후】安信의 尊稱。
◎大—、問—、保—、不—、慰—、長—、治—、平—。

【写】(사)『寫』(宀部 12畫)의 略字

【字】(자)→子部3畫

四畫

【宊】(돌) 月 トツ、あらわれる appear
나타날돌(顯出)。

【宋】(송) 宋 ムメㄥ sung⁴ ソウ 小篆 草書 ❶송나라송(國名)。❷성송(姓也)。

【宋三彩:송삼채】=宋瓷加彩。

【宋書:송서】(書)一〇〇권。梁의 沈約이 齊의 武王의 勅命으로 지음。南北朝時代의 宋의 正史。帝紀 一〇권、志 三〇권、列傳 六〇권。武帝에서 順帝까지의 역사를 기록。→沈約。

【宋襄之仁:송양지인】쓸데없는 同情。(故)옛날 宋의 襄公이 楚와 싸울 때 公子 目夷가 적이 布陣하기 전에 공격하자고 進言하였으나 襄公은 君子는 남이 困窮에 빠져 있을 때 괴롭혀서는 안 된다고 듣지 않다가 도리어 楚에게 敗亡당했다는 事實에서 옴。『十八史略·春秋』。

【宋瓷加彩:송자가채】宋代에 시작된 세 가지 빛깔로 그림을 그려 넣어 만든 瓷器。宋三彩。

【宋朝:송조】❶宋 나라의 조정 九六〇~一二七九년간。❷宋朝活字의 略稱。

【宋朝體:송조체】❶中國 宋 나라 때의 楷書體의 한 가지。❷활자체의 한 가지。

【宋體:송체】宋朝體의 略語。

【宋體字:송체자】近世에 유행한 刻書의 字體。明隆慶·萬曆頃 書工이 元體字(松雪體)에 反對하고 北宋版을 모방하여 한 體를 이룬 刻書字體。↔元體字。

【宋鈔:송초】宋代의 寫本。

【宋太祖:송태조】(人)宋의 太祖。開國의 임금。본 이름은 趙匡胤、涿郡 사람。성격은 孝友 勇略하고 後周의 讓位를 받아서 帝位에 오름。탐관오리를 물리치고 법을 존중하며、농업을 장려하고 敎學을 진흥하며 형벌을 가혹히 하지 않고 收斂을 적게 하여 統一王業의 기초를 튼튼히 함。廟號는 太祖·藝祖。

【宋板:송판】宋本。현재 남은 板書中에서 最古 最良함。宋版。

【宋學:송학】(哲)宋代의 儒敎哲學。濂溪 周敦頤에게서 비롯하여、洛陽의 程顥·程頤、關中의 張載(橫渠)、閩中의 朱閩에 와서 大成된 학문。漢唐 이래의 訓詁學的 태도(經書에 대한 字句注釋을 主로 함)를 止揚하고 철학적인 思索으로 人性과 宇宙와의 관계 등 만물의 理法을 밝히려는 학문。性理學·義理學·性命學·理學·程朱學·朱子學 또는 그 生地에 따라 濂洛關閩學、傳唱者에 따라 周程張朱學(程朱學) 등 別稱이 많음。↔漢唐學。

【完】(완) 寒 カン、まったい perfect ㄨㄢˊ wan³ 小篆 小篆 草書 ❶완전할완(全也)。❷끝날완(事畢)。❸지킬완(保全)。『史記』子胥智而不能—吳。❹꾸밀완(繕也)。❺지을완(作也)。『詩經』溥彼韓城燕師所—。❻튼튼할완(堅好)。『孟子』城郭不—。

【完決:완결】일이나 사무를 완전히 결정함。또는 그 결정。

【完結:완결】=完了。完成。

【完潔:완결】행동에 결점이 없고 마음이 깨끗함。『唐書』餘慶少砥礪、行己——。

【完計:완계】빈틈없는 계획。완전한 계책。『漢書』甘心匈奴、非——也。

【完固:완고】완전하고 튼튼함。

【完久:완구】완전하여 오래 견딤。

【完具:완구】완전히 具備함。

【完久之計:완구지계】완전하여 영구히 변하지 아니할 계교。

【完局:완국】완전하여 흠이 없는 판국。

【完納:완납】바쳐야 할 것을 다 바침。

【完良:완량】흠이 없고 좋음。完善。

【完了:완료】완전히 끝마침。完濟。

【完璧:완벽】빌었던 물건을 온전히 돌려 보냄。(故)戰國時代 趙의 藺相如가 구슬(璧)을 가지고 秦에 使臣으로 갔다가 그 구슬을 빼앗기지 않고 무사히 갖고 돌아왔다 함。(轉)흠 없는 구슬。事物의 完全함。『史記』城不入、臣請——歸趙。

【完補:완보】완전하게 채워 메움。

【完本:완본】全卷이 다 갖추어져 있는 書冊。↔缺本。

【完膚:완부】傷處가 없는 完全한 살가죽。(轉)흠이 없음。『唐書·劉洒傳』酒佯瘖不答、炙無——。

【完備:완비】완전히 갖추어짐。또는 갖춤。『歐陽修』首尾——。

【完山:완산】(歷)옛 땅 이름。全州의 百濟 때 이름。

【完成:완성】완전히 다 이룸。

【完成品:완성품】완성된 물품。완전히 이루어진 물건。

【完遂:완수】뜻한 바를 완전히 이룸。

【完熟:완숙】완전히 익음。속속들이 익음。무르익음。

【完實:완실】완전하여 틀림이 없음。

【完顏:완안】❶落部名(女眞族의)。松花江 동쪽에 있었으며、宋代 金國을 세움。後에 蒙古에게 滅亡。❷金國 君主의 姓。

【完譯:완역】완전하게 번역함。죄다 번역함。또는 그것。↔抄譯。

【完然:완연】完全한 모양。『後漢書』——有自取之志。

【完完:완완】부족이나 흠이 없는 모양。『韓愈』月形如白盤、——上天東。

【完人:완인】❶신분이나 명예가 완전한 사람。❷병이 완전히 나은 사람。

【完全：완전】❶부족함이 없음。【劉眞】吟詩猶覺力一一。❷흠이 없음。
【完全無缺：완전무결】부족이나 결점이 없고 충분함。完全無欠。
【完全無欠：완전무흠】＝完全無缺。
【完全變態：완전변태】《動》곤충이 자랄 때 幼蟲·번데기(蛹)·成蟲의 단계로 변화하는 상태。
【完全葉：완전엽】《植》葉片·葉柄·托葉을 완전하게 갖춘 잎。
【完全主權國：완전주권국】《法》외국으로부터 제한을 조금도 받지 않고 한 나라의 주권을 완전히 행사하는 나라。完全獨立國。↔不完全獨立國。
【完全中立國：완전중립국】《法》완전히 중립국으로서의 의무를 이행하는 나라。↔不完全中立國。
【完全花：완전화】《植》꽃받침·꽃부리·암술·수술을 완전히 갖춘 꽃。복숭아·매화·콩 따위。
【完節：완절】한결같이 貞節이 變치 않음。
【完定：완정】완전히 작정함。
【完整：완정】完全히 整理함。
【完濟：완제】＝完了。
【完準：완준】＝校了。
【完聚：완취】❶城을 만들어 백성을 모음。❷聚는 軍糧을 準備함。【左傳】大叔一一。❸흩어져 있던 家族이 모두 모임。【元史·世祖紀】❸夫婦 사이가 圓滿함。【西廂記】
【完治：완치】완전히 치료함。
【完快：완쾌】병이 완전히 나음。
【完窆：완폄】아주 완전하게 葬事함。永窆。完葬。↔權窆。
【完戶：완호】가족이 여덟 사람 이상이 되는 집。
【完好：완호】完全히 갖추어져 좋음。

【夰】(개) 卦 カイ、ひとりすまい solitary life ❶홀로살개(獨居)。❷홀짐승개(無偶畜)。

【宍】(육)『肉』(肉部 0畫)의 古字

【宎】(요) 蕭 ヨウ、ほらあな cave 草書 ❶굴요(窟也)。❷방의 동남쪽 구석요(室東南隅)。❸굴속 소리요(深竅聲)。【莊子齊物論】一者咬者。

【宏】(굉) 庚 コウ、ひろい vast ㄏㄨㄥˊ hung² (古音「횡」) 小篆 草書 ❶넓을굉(廣大)。❷클굉(博大)。❸넓힐굉(恢一)。
【宏傑：굉걸】굉장하고 큼。【蘇軾】
【宏構：굉구】❶큰 構想。大建築物。❷大著作。
【宏達：굉달】마음이 넓고 事理에 通達함。【班固】大雅一一、於茲爲群。
【宏大：굉대】굉장히 큼。
【宏圖：굉도】큰 計畫。宏猷。【韓愈】啓中興之一一。
【宏麗：굉려】크고 고움。
【宏謨：굉모】廣大한 計畫。宏猷。宏圖。【袁宏】遂贊一一、匡此霸道。
【宏博：굉박】크고 넓음。廣博。【史記】化隆者一一。
【宏放：굉방】마음이 넓고 분방함。【書】志氣一一。
【宏辯：굉변】雄大한 辯論。雄辯。【蘇轍】聽其議論之一一。
【宏富：굉부】넓고 풍부함。【晉書】文章一一。
【宏業：굉업】큰 사업。
【宏遠：굉원】❶넓고 멂음。【晉書】雅量一一。❷썩 멂음。弘遠。弘大。悠久。
【宏猷：굉유】큰 計劃。宏圖。【晉書】一一允塞。
【宏儒：굉유】뛰어난 학자。大學者。大儒。碩學。鴻儒。【何晏】一一碩生。
【宏飮：굉음】술을 굉장히 마심。
【宏長：굉장】넓고 길음。【柳宗元】智謀一一。
【宏壯：굉장】넓거나 규모가 커서 으리으리함。크고 훌륭함。
【宏材：굉재】뛰어난 기질을 가진 인물。【晉書】景純通秀 夙振一一。
【宏才：굉재】크고 훌륭한 재능。
【宏敞：굉창】❶넓고 平坦함 ❷넓고 시원함。廣敞。弘敞。
【宏弘：굉홍】넓고 큼직함。
【宏闊：굉활】큼직하고 시원스럽게 넓음。

【宆】(면) 霰 ベン、かなう be suitable 小篆 맞을면(適合)。

【宊】(의)『宜』(宀部 5畫)의 本字

【𡧍】(정)『定』(宀部 5畫)의 俗字

【究】(구)→穴部 2畫

【牢】(뢰)→牛部 3畫

五畫

【宓】㊀(복) 屋 ビツ、フク、やすらか comfortable ㊁(밀) 質 ㄇㄧˋ mi⁴ 小篆 草書 ㊀❶엎드릴복(伏也)。❷성복(姓也)。❸편안할복(安也)。(『伏』과 같음) ㊁잠잠할밀(默也)。(『密』과 통함)
【宓妃：복비】《人》中國 고대 전설상의 帝王、伏羲氏의 딸。洛水에 빠져 죽어 水神이 되었다고 함。【司馬相如·上林賦】若夫青琴一一之徒、絕殊離俗、妖冶嫺都

【宔】(주) 麌 シュ、いはい shrine 小篆 신주독주(宗廟藏主櫝)。(『主』와 통함)

【宕】(탕) 漾 トウ、ほらあな cave 小篆 草書 ❶골집탕(洞屋)。❷방탕할탕(放也)。❸석수탕(石工)。(『蕩』과 통함)
【宕巾：탕건】갓 아래에 받쳐 쓰는 관의 한 가지。
【宕氅：탕창】宕巾과 氅衣。

【宖】㊀(횡) ㊁(홍) 庚 コウ、おおいなり profound 小篆 ㊀집울림횡(屋響)。㊁클홍(深大)。

【宗】(종) 冬 ソウ、シュウ、もと root；family ㄗㄨㄥ tsung¹ 小篆 草書 ❶밑둥종、밑종(本也)。❷높을종(尊也)。❸일가종、겨레종(同姓)。❹종묘종(一廟)。❺교파종(敎派)。❻학파종(學派)。❼우러러 받들종(奉也)。❽조회볼종(朝見)。【史記 伯夷傳】天下一周。
【宗家：종가】한 門中의 本家。큰집。【史記】晉之一一。
【宗系：종계】宗家의 혈통。根本。
【宗契：종계】조상의 제사를 목적으로 하는 계。
【宗高：종고】地盤面에서 마루 끝까지의 높이。
【宗工：종공】斯界에 가장 뛰어난 工人。
【宗敎：종교】《宗》無限·絕對의 超人間的인 神佛을 숭배하고 信仰하여、이로 말미암아 善惡을 勸戒하고 慰安·安心立命·행복을 얻고자 하는 길。古來로 그 敎義·儀式 등의 차이에 따라 佛敎·기독교·마호메트교의 三大宗敎 밖에 여러 종교가 있음。
【宗敎家：종교가】《宗》종교를 믿고 그것을 전도·포교하는 사람。목사·승려등。

〔宗教改革:종교개혁〕《歷》一五一七년 도이치의 루터에 의해 발단되어, 로마 카톨릭 교회의 폐해를 개혁하려고 프로테스탄트라는 이름으로 別派의 교회를 세운 新教운동의 總稱。
〔宗教教育:종교교육〕 청소년에게 宗教心을 일으켜 신앙을 굳게 하도록 가르치는 교육。聖育。
〔宗教文學:종교문학〕 종교에 관계가 있거나 종교적인 목적을 위한 문학。
〔宗教藝術:종교예술〕 종교적 신앙에 의하여 창작되거나 종교적 사실을 제재로 취급한 예술。
〔宗教儀式:종교의식〕《宗》 종교에서 행하는 모든 의식。
〔宗教意識:종교의식〕《心》종교의 신앙과 그 행위에 관계되는 마음의 상태。
〔宗教裁判:종교재판〕《宗》 異端說을 糾彈하는 재판의 일컬음。
〔宗教的感情:종교적감정〕 超人間的인 존재자 또는 위력의 表象에 대하여 경험하는 畏敬의 감정。
〔宗教畫:종교화〕 종교상의 사실이나 전설을 主題로 한 그림。聖畫。
〔宗國:종국〕 예속된 나라가 宗主로 받드는 나라。『孟子』吾ㅡㅡ魯先君莫之行。
〔宗畓:종답〕 宗中이 소유하는 논。
〔宗樑:종량〕 ❶두 겹 보의 마룻대가 되는 보。❷마룻대 밑까지 높이 쌓아 올린 보。 종보。
〔宗老:종로〕 ❶同族 중의 尊長者。『梁書』呼琛爲ㅡㅡ。❷官臣 중에 禮樂을 맡은 者。
〔宗廟:종묘〕 ❶조상을 모시는 祠堂。廟는 貌의 뜻으로 조상의 容貌를 봄과 같다는 뜻。宗室·임금·諸侯의 조상의 祠堂。『書經』社稷ㅡㅡ、罔不祇肅。❷國家。社稷。天下。『北齊書·神武紀下』。
〔宗門:종문〕 ❶宗家의 門中。宗族。一族。『後漢書』ㅡㅡ廣大、姻戚不少。❷《佛》같은 宗旨에 속한 一派。宗派。
〔宗班:종반〕 =宗親。宗姓。
〔宗法:종법〕 ❶《歷》周代 상층사회의 제도。祖宗廟의 제사등을 행했음。❷《佛》宗門의 法規。❸한 겨레 사이에 정한 규약。
〔宗婦:종부〕 ❶大宗의 長婦。本家의 主婦。『禮記·內則』。❷同姓의 大夫의 妻。「ㅡ天地。『春秋·莊·注』。
〔宗祀:종사〕 받들어 祭祀함。『漢書』ㅡ
〔宗師:종사〕 ❶존경할 스승。『漢書·朱浮傳』博士之官、爲天下ㅡㅡ。❷받들어 모범을 삼음。『漢書·藝文志』ㅡㅡ仲尼。❸《制》㉠宗族의 子弟를 다스리던 벼슬。『漢書·平帝記』㉡各 府의 學政을 맡던 벼슬。❹《佛》各 宗의 祖。正法을 전하여 대중에게 尊崇을 받는 大師。宗匠。
〔宗嗣:종사〕 宗家 系統의 後孫。
〔宗社:종사〕 宗廟와 社稷。《轉》國家 王室과 國土。『五代史』志安ㅡㅡ。
〔宗山:종산〕 ❶宗中의 산。❷묏자리의 穴에서 가깝고 높은 龍의 봉우리。
〔宗姓:종성〕 王室의 姓。=宗班。
〔宗孫:종손〕 宗家의 맏손자。
〔宗氏:종씨〕 같은 성으로서 촌수를 따지지 아니하는 겨레에 대한 호칭。
〔宗臣:종신〕 나라의 元勳。重臣。주된 부하。『漢書』爲一代ㅡㅡ。
〔宗室:종실〕 ❶先祖의 祠堂。太宗의 廟。宗廟。『詩經』。❷王族。宗親。『史記·孫子吳起傳』ㅡㅡ大臣。❸一族의 總本家。大宗의 집。『戰國策』周、天下之ㅡㅡ也。❹晉代 士大夫의 一族。❺大本。本據。『荀子·彊國』。
〔宗誼:종의〕 同宗 사이에 아주 가깝고 「친한 情誼。
〔宗人:종인〕 ❶同族人。一族。먼 寸 일가。『禮記』ㅡㅡ授事。❷王族。❸《制》옛날 禮儀·祭禮를 맡던 벼슬。→宗人府。
〔宗子:종자〕 ❶本家를 相續할 아들。嫡長子。宗家의 맏아들。『禮記』祇事ㅡㅡ宗婦。❷長男。
〔宗匠:종장〕 ❶工人의 우두머리。工師。❷師宗。❸宗師。『晉書』軒冕之龍門、豪梁之ㅡㅡ。❹經學에 밝고 글을 잘 하는 사람。
「는 宗中 소유의 밭。
〔宗田:종전〕 추수를 조상의 제사로 쓰
〔宗祧:종조〕 ❶=宗廟。『禮記』設爲ㅡㅡ。❷國家。『左傳』敢拜齊君之安我ㅡㅡ也。❸臺灣에서는 血統을 일컬음。『臺灣私法』。
〔宗族:종족〕 ❶父의 一族。❷一家。一門。親族。宗戚。宗類。『周禮』親ㅡㅡ兄弟。❸同宗의 族屬。
〔宗主:종주〕 ❶으뜸。根本。❷嫡長子。❸남의 尊仰을 받음。『晉書·羊祜傳』明德通賢、國之ㅡㅡ。❹宗廟의 位牌。
〔宗主國:종주국〕《法》 Suzerain State: 他國을 從屬시켜 內政·外交의 권리를 지배하는 나라。그 권리를 宗主權이라 함。
〔宗主權:종주권〕《法》한 나라가 他國植民地의 宗主가 되는 나라。을 지배하는 권리。
〔宗中:종중〕 한 門中。한 족속。
〔宗中畓:종중답〕 =宗畓。
〔宗中山:종중산〕 한 문중의 조상을 모신 산。또는 한 문중의 소유한 산。
〔宗中田:종중전〕 =宗田。
〔宗旨:종지〕 ❶주요한 뜻。主旨。『王陽明』立言ㅡㅡ。❷《佛》㉠그 宗門의 취지。宗門의 教義。㉡宗派。
〔宗枝:종지〕 本家와 分家。宗支。宗友。
〔宗職:종직〕 代代로 이어 받은 직업。世職。『左傳』使嗣ㅡㅡ。「書」。
〔宗戚:종척〕 宗親과 王室의 外戚。『宋
〔宗體:종체〕《佛》한 經典의 뼈다귀가 되는 근본 정신。宗義의 本體。
〔宗親:종친〕 ❶임금의 親族。親族。『後漢書·光武紀』。❷親屬。❸同母兄弟。『史記·五宗世家』孝景皇帝子凡三十人爲王、而母五人、同母者爲ㅡㅡ。
〔宗親府:종친부〕《制》李朝 때 宗室諸君의 府。世宗 一五년에 諸君府를 고쳐 일컫다가、高宗 元年에 宗簿寺를 합하여 그 사무를 아울러 맡고 同 三一년에 宗正府로 개편함。
〔宗通:종통〕《佛》教理·宗旨 따위를 잘 「익혀 통함。
〔宗統:종통〕 本家의 系統。嫡統。『後漢書』興復ㅡㅡ。
〔宗派:종파〕 ❶宗門(宗族)의 갈림。❷學藝 등의 流派。❸《佛》佛教의 流派。
〔宗兄:종형〕 ❶庶子가 他國에 있는 宗子를 부르는 말。『禮記·曾子問』。❷맏형。❸同宗의 兄。同族의 먼 寸 兄弟。
〔宗會:종회〕 한 門中의 모임。
◎大ㅡ、禪ㅡ、正ㅡ、祖ㅡ、曹溪ㅡ、他ㅡ。

【官】(관) 寒

カン、つかさ government post ㄍㄨㄢ kuan¹

小篆 草書

❶벼슬관(職也)。「ㅡ職」。❷관가관、마을관(朝廷治事處)。❸부릴관(使也)。❹공변될관(公也)。❺일관(事也)。『禮記』禮明樂備天地ㅡ矣謂各得其事也。❻맡을관(司也)。『禮記』左ㅡ不俟履。
〔官家:관가〕 ❶나라 일을 보는 집。公家。『白居易』自此光陰爲己有、從前日月屬ㅡㅡ。❷天子。또는 皇室。『湘山野錄』五帝官天下、三王家天下、故曰ㅡㅡ。❸시골에서 그 고을 원을 일컫던 말。
〔官決:관결〕 관청의 처결。
〔官界:관계〕 관리의 사회。
〔官桂:관계〕 품질이 가장 좋은 肉桂。
〔官階:관계〕 =官等。
〔官告:관고〕 관리 임명의 辭令。官誥。「告身。
〔官穀:관곡〕 官廳의 곡식。
〔官公吏:관공리〕 관리와 공리。公務員。
〔官公署:관공서〕 관청과 公廳。

【官拘:관구】 관직에 매어 있음。『王安石』我方——不得往。
【官軍:관군】 정부의 軍士。政府軍。國軍。官兵。↕私兵。『杜甫』——剿賊壕。
【官掘:관굴】 남의 산소를 침노한 무덤을 관청에서 파 버림。↕私掘。
【官權:관권】 ❶정부가 행할 권한。❷관청의 권력。
【官規:관규】 관청의 규율。관리에 대한 규칙。
【官金:관금】 관청의 소유에 속하는 금전。官銀。
【官給:관급】 정부에서 줌。『宋史』——錢米。
【官妓:관기】 관청에 딸린 歌舞를 행하는 기생。궁중에 종사하는 歌姬。漢代에 비롯함。↕私妓。
【官紀:관기】 관의 규칙。관리의 규율。『唐書』——蕩然。
【官紀肅淸:관기숙청】 해이된 官紀를 깨끗이 하고 엄하게 함。
【官內:관내】 관청의 안。
【官奴:관노】 관청의 남자 종。
【官奴婢:관노비】 관청의 남녀 종。↕官婢。
【官能:관능】 ❶관리의 재능。❷재능이 있는 이를 벼슬에 맡김。❸《生》生物이 가지고 있는 生理上의 능력。五官의 작용(視覺・聽覺・嗅覺・味覺・觸覺 등의 감각 기관의 기능)。
【官能的:관능적】 육체적 쾌감을 일어나게 하는 것。肉慾的。
【官能派:관능파】 ❶프랑스 및 영국을 중심으로 한 頹廢派의 사람들의 總稱。❷육감을 노려서 표현하는 사람들의 總稱。
【官途:관도】 ❶관리가 되는 길。❷관리의 地位。職務。官界。『白居易』——自是心長別。
【官等:관등】 ❶관직의 등급。官階。❷관청의 저울。
【官力:관력】 관청의 權力。官權의 힘。
【官令:관령】 관청의 명령。
【官祿:관록】 ❶官位와 봉급。❷관리가 받는 봉급。『漢書』皆受——田宅財物。
【官寮:관료】 =官員。
【官僚:관료】 ❶같은 곳에 근무하는 관리。❷官吏들。『國語』今吾子敎——。❸관同僚。同官의 사람。
【官僚政治:관료정치】 관리가 권세를 함부로 부려 국민의 복리보다도 자기들의 이익만을 찾는 정치。뷰어로크러시(bureaucracy)。
【官僚主義:관료주의】 ❶관리가 지위나 권세를 믿고 국가 사무를 등한히 하는 주의。❷관리가 국민에게 부당히 강압적으로 하는 주의。
【官僚派:관료파】 관료의 권세를 중심으로 단결한 당파。
【官廩:관름】 정부의 米穀倉庫。↕私廩。
【官吏:관리】 공무원。벼슬아치。官員。『史記』大臣不服、——尙彊。
【官立:관립】 관청에서 설립 경영함。↕私立。
【官名:관명】 벼슬의 이름。
【官命:관명】 관청의 명령。정부의 명령。『左傳』子駟曰、——未改。
【官帽:관모】 관리가 쓰는 制帽。
【官沒:관몰】 ❶정부에서 인민의 所有物을 沒收함。❷백성을 官의 노예로 삼음。
【官門:관문】 관청의 문。
【官文書:관문서】 관공서에서 만든 서류。官文字・完文。
【官物:관물】 관청의 물품。官有物。『吳志』時有盜——者。
【官民:관민】 관리와 국민。
【官民一致:관민일치】 관리와 국민이 한 마음이 됨。
【官房學:관방학】 一八세기에 도이치에 일어난 일파의 재정학・경제학・행정학의 체계로서、전제 군주의 관방에 필요한 학문을 가리킴。
【官邊側:관변측】 정부의 의향 같은 것을 신문에 발표할 때、막연히 그 출처를 나타내는 경우에 쓰이는 말。
【官兵:관병】 =官軍。
【官報:관보】 ❶정부가 法律・敍任 그 밖의 公知할 사항을 실어서 매일 發刊하는 정부의 公報。❷관청 또는 관리가 내는 公用電報。
【官福:관복】 관리로서 출세하고 있는 타고난 運命。
【官服:관복】 관리의 제복。
【官本:관본】 ❶관청의 藏書。❷관청에서 펴낸 책。
【官封:관봉】 ❶관청에서 도장을 찍어 봉함。❷정부에서 돈을 주조하여 인쳐서 봉함。
【官俸:관봉】 관의 봉급。
【官府:관부】 ❶朝廷。政府。官廳。『周禮』以八法治——。❷長官의 칭호。『唐書・姜碣傳』
【官簿:관부】 관청의 장부。
【官婢:관비】 죄로 말미암아 官에 잡혀서 노예가 된 여자。여자 종。『漢書』沒入爲——。
【官費:관비】 관청에서 내는 비용。↕私費。
【官費生:관비생】 관비로 공부하는 학생。
【官仕:관사】 官途에 오름。
【官私:관사】 公과 私。公事와 私事。
【官舍:관사】 ❶정부에서 관리가 살도록 지어주는 住宅。官邸。官宅。『漢書』何竝性清廉、妻子不至——。❷官廳。❸旅館。館舍。『史記・陳豨傳』
【官事:관사】 관청 일。『論語』——不攝。
【官署:관서】 官廳。官衙。『宋史』請置——、掌其事。
【官線:관선】 관청의 소유로 된 전선이나 철도선 따위。↕私線。
【官船:관선】 관청이 소유한 배。
【官選:관선】 《法》관청에서 뽑음。↕民選。
【官選辯護人:관선변호인】 國選 변호인의 구칭。
【官設:관설】 관청에서 설립함。
【官屬:관속】 正官의 屬吏。屬官。官徒。『左傳』卒乘——。
【官守:관수】 관리로서 마땅히 해야 할 직책。『孟子』有——者、不得其職則去。
【官修:관수】 정부에서 책을 編修하거나 또는 어떤 일을 수선함。
【官需:관수】 관청의 需要。↕民需。
【官需米:관수미】 《制》守令의 양식으로 거두는 쌀。
【官食:관식】 관청에서 지급하는 음식。↕私食。
【官衙:관아】 官廳。官署。
【官業:관업】 정부에서 경영하는 기업。『國語』其事不煩——。
【官役:관역】 관청에서 시키는 부역。
【官煙:관연】 관청에서 제조하는 담배。
【官營:관영】 정부에서 직접 하는 사업경영。↕私營・民營。
【官營料金:관영요금】 정부 직영 기관에서 정하여 받는 요금。
【官用:관용】 관청의 소용。
【官運:관운】 관리의 자리를 누릴 運數。
【官員:관원】 벼슬에 있으면서 나라의 일을 맡아 보는 사람。官吏。
【官位:관위】 관직과 職階。
【官遊:관유】 ❶관리가 됨。『史記』長卿久——不遂。❷官命을 띠고 먼데에 감。
【官有:관유】 관청의 소유。↕私有。
【官有林:관유림】 관청의 소유로 된 산림。國有林。↕私有林。
【官有物:관유물】 관청의 소유물。↕私有物。
【官有地:관유지】 관청의 소유로 된 땅。↕私有地。
【官人:관인】 벼슬에 있는 사람。벼슬아치。『後漢書』惟——不得於下。
【官印:관인】 ❶정부의 印章。❷관리가 관청에서 쓰는 공식의 印章。公印。↕私印。『漢書』佩二千石——者。
【官認:관인】 관청의 인가。
【官長:관장】 ❶관직을 主宰하는 사람。관리의 우두머리(長)。長官。『後漢書』公卿——。❷守令을 높이어 부르는 말。

【官災:관재】관청으로부터 받는 災厄。

【官災口舌:관재구설】관에서 오는 재앙과 시비하는 말。

【官邸:관저】長官級의 高官의 官舍。『後漢書』所在郡縣、爲設ㅡㅡ。

【官錢:관전】❶나라에서 만든 돈。❷官庫의 돈。

【官廷:관정】官家。官廳。『後漢書』爲人嚴毅、居家如ㅡㅡ。

【官庭:관정】관청의 뜰。公庭。

【官定式:관정식】관청의 定例。

【官制:관제】관청의 組織·權限 및 관리의 職務·權限 등을 定한 규칙。

【官題:관제】請願이나 소송 등에 대해 관청에서 써 주던 指令。

【官製:관제】관청에서 만들음。↕私製。

【官製品:관제품】관에서 만든 물품。↕私製品。

【官職:관직】관리의 직제·직책。『周禮』ㅡㅡ以辨邦治。

【官佚:관질】❶관리의 봉급。官祿。❷官位。

【官秩:관질】관리의 位階。『史記·秦本紀』遂復三人、ㅡㅡ如故。

【官撰:관찬】정부에서 편찬하는 것。또는 그 책。

【官廳:관청】맡아 보는 국가 事務에 대하여 국가의 의사를 결정하고 이것을 표시하는 권능이 주어진 국가 기관。『孔平仲』城上猶吹角、ㅡㅡ已罷更。

【官治:관치】관리 중심의 정치。↕自治。『韓非子』國家必有文武ㅡㅡ、必有賞罰。

【官治行政:관치행정】관청에 의하여 행하여지는 정치 제도。↕自治行政。

【官宅:관택】=官舍。

【官弊:관폐】관리의 잘못으로 말미암은 폐단。

【官品:관품】官階。官等①。

【官學:관학】《制》官立學校。↕私學。↓國學·國子監。『皇朝文獻通考、學校考·宗學』。❷국가에서 특별히 공인한 학문。

【官銜:관함】官職이란 뜻。銜은 재갈(馬口勒)이며、말을 制御하는 것。《轉》바르게 다스린다는 뜻임。또 일설에는 官職을 選敍할 때에 먼저 新官을 쓰고 다음에 舊官을 써서 前後가 相續한다는 뜻이라고 함。『孔子家語·禮運』官有銜、職有序。

【官海:관해】관리의 사회。宦海。『注』銜、治也。

【官廨:관해】官署。官衙。官廳。『天中記』ㅡㅡ喧擾。

【官行次:관행차】관리의 여행의 尊稱。

【官許:관허】관청의 허가。또는 관청의 허가를 받음。公許。

【官憲:관헌】❶관청。❷관리。❸관청의 규칙。

【官話:관화】中國의 표준말。官은 公衆一般의 뜻。清代에 北方말을 偏重하여 北京말을 官話로 삼음。그 밖에 南京官話、西方官話 등 두 가지의 官話가 있음。↓北京官話。

【官況:관황】지방 관청의 봉급。

◎高ㅡ、敎ㅡ、大ㅡ、文ㅡ、法ㅡ、士ㅡ、仕ㅡ、史ㅡ、上ㅡ、任ㅡ、長ㅡ、判ㅡ。

【宙】(주) 宥

小篆 草書 チュウ、あめ、そら heaven; sky ㄓㄡˋ chou⁴

❶집주(居也)。❷하늘주(天也)。「宇ㅡ」。❸때주(無限時間)。

【宙水:주수】河川의 堆積物로 된 토지 따위에 국부적으로 끼워 있는 粘土層에 고인 地下水。

【宙合:주합】管子의 篇名。

【宙合樓:주합루】창덕궁 안의 한 樓。

◎宇ㅡ。

【定】(정) 徑

小篆 草書 テイ、ジョウ、さだめる decide; fix ㄉㄧㄥˋ ting⁴

❶정할정(決也)。❷바를정(正也)。❸편안할정(安也)。❹고요할정(靜也)。❺그칠정(止也)。【書經】公ㅡ予往已。❻이마정(額也)。【詩經】麟之ㅡ。❼익은고기정(羹ㅡ熟肉)。❽별이름정(宿名)。

【定價:정가】❶일정한 가격。정해 놓은 값。❷값을 정함。

【定價票:정가표】물건 값을 써붙인 표。

【定刻:정각】정해진 시각。定時。

【定見:정견】일정한 의견。

【定界:정계】❶일정한 한계。또는 경계。❷한계를 정함。

【定界碑:정계비】《歷》우리 나라와 中國과의 국경을 정하기 위하여 白頭山 分水嶺 위에 세운 片麻岩 石碑。李朝 肅宗 一九년 通官 金慶門、勘界使 朴權 等이 清穆克登과 같이 올라가서 定界 立石한 것임。

【定款:정관】《法》社團法人의 조직 및 業務執行에 관한 근본 규칙。

【定規:정규】❶정해진 규칙。規約。❷線·角度를 그릴 때나 또는 무엇을 끊을 때 쓰는 道具。三角자 같은 것。定木。

【定極:정극】❶궁극에 달함。『書經』蕩析離居、罔有ㅡㅡ。❷머물러 永住하는 곳。

【定期:정기】일정한 기간 또는 시기。

【定期刊行:정기간행】신문·잡지·주보·월보 따위와 같이 일정한 시기에 발행하는 것。

【定期刊行物:정기간행물】《法》일정한 기간마다 내는 출판물。

【定期券:정기권】일정한 기간을 전차나 기차 따위로 區間을 왕래하는 데에 쓰는 割引 乘車券。定期乘車券。「는 배。

【定期船:정기선】날짜를 정하고 다니

【定期預金:정기예금】《經》일정한 금액을 은행에 기한을 정하여 맡기고 그 기한 안에는 찾지 아니하는 예금。

【定期積金:정기적금】《經》일정한 기한에 일정한 금액의 給付를 약속하고 그 기한 안에 몇 차례 예금을 받아들이는 은행에서의 雙務契約의 한 가지。

【定期總會:정기총회】《法》일정한 시기에 개최하는 총회。

【定期航空路:정기항공로】정기로 여객·화물을 항공 수송하는 길。

【定期航海:정기항해】일정한 시기마다의 항해。「쉬는 일。

【定期休業:정기휴업】정기로 영업을

【定道:정도】자연으로 작정된 도리。一定하여져 있어서 바꿀 수 없는 도리。

【定量:정량】일정한 분량。

【定量分析:정량분석】《化》화합물을 분석하여 각 물질의 양을 확정하는 방법。

【定力:정력】❶확정된 학문의 힘。❷定根。❸일정한 힘。「해 놓은 事例。

【定例:정례】❶일정한 規例。❷이미 정

【定論:정론】❶움직일수 없는 議論。定論。『荀子』夫是之謂ㅡㅡ。❷品等의 高下를 결정함。『禮記·王制』。

【定率:정률】일정한 비율。

【定律稅:정률세】《法》각 租稅의 단위에 대하여 稅率과 과세 표준 들을 정하여 적용하는 것。

【定理:정리】《論》이미 眞理라고 증명된 원리 곧 公理、또는 定義를 기초로 하여 증명된 일정한 命題。假定과 結論의 두 部門으로 성립함。

【定望:정망】마음에 두고 기다림。

【定命:정명】❶선천적으로 정해진 運命의 定數。天命。宿命。『南史』顧覬之、常執命有ㅡㅡ、非智力所移、乃以意命弟子愿、作ㅡㅡ論。❷《佛》타고난 壽命。❸변경못할 命令。『詩·抑』❹天命을 다함。❺천하를 安定하라는 天命。『書·洛誥』

【定命論:정명론】《論》宿命論。

【定配:정배】《制》귀양 보낼 곳을 정하고 귀양을 보냄。

【定本:정본】誤謬를 訂正한 책。異本이

많은 古典中에서 檢討 訂正한 가장 표준이 될 만한 책。校定本。↕異本。

【定比例法則:정비례법칙】《化》모든 화합물에 있어서 그 成分元素의 무게의 비는 일정하다는 법칙。

【定算:정산】 예정한 계산。

【定產:정산】 정해진 產業。恒產。『宋史』民有一一、產有定稅。

【定石:정석】 ❶움직이지 않는 돌。❷바둑에 있어서 역대의 名人·上手들이 생각해 낸 공격과 守備에 定型化된 가장 좋은 방법。《轉》事物處理의 일정한 방식。

【定說:정설】 확정된 說。결정적인 것으로 인정된 說。定論。

【定星:정성】《天》恒星。

【定性分析:정성분석】《化》각 물질이 어떠한 성분을 포함하였는가를 알기 위한 분석법。

【定數:정수】 ❶수를 정함。❷정해진 운명。定命。定分。『劉峻·辨命論』榮悴有一一。

【定數比例:정수비례】《化》어떤 화합물을 조성하고 있는 각 물질의 일정 불변한 비례。물의 수소二와 산소一로 화합되는 것 등。

【定時:정시】 정한 시간。또는 時期。

【定示:정시】 대어 보임。

【定式:정식】 일정한 규칙과 격식、또는 의식。定例。『班固』教有一一。

【定食:정식】 ❶일정하게 차려 먹는 음식。❷때를 정해 놓고 먹는 음식。

【定壓比熱:정압비열】《物》壓力이 일정한 때의 비열。

【定額:정액】 정해진 금액。일정한 금액。『五代史』租有一一。

【定額燈:정액등】 燈數에 따라 요금을 내고 켜는 등。↕從量燈。

【定約:정약】 ❶약속을 정함。❷정한 약속。

【定言:정언】 확정하여 말함。

【定言的:정언적】 확정하게 立言하는 것。

【定言的命題:정언적명제】《論》정언적 판단을 표시하고 형식상 단순한 主辭·賓辭로 되는 명제。

【定言的判斷:정언적판단】《論》아무 조건이 없는 판단。

【定業:정업】 ❶일정한 직업。❷직업을 정함。❸《佛》前世부터 정해진 業報。

【定溫:정온】 일정한 온도。

【定員:정원】 정해진 인원수。↓常員。

【定位:정위】 몸의 위치나 자세를 일정하게 잡음。「를 한정하여 明白히 설명함。

【定義:정의】 어떤 사물의 개념의 범위를 한정하여 明白히 설명함。

【定日:정일】 정해진 날。미리 정해 둔 기일。또는 기일을 정함。

【定情:정정】 결혼함。부부가 예를 이룸。

【定足數:정족수】《法》議事의 결의에 있어 필요하다고 규정된 의원의 출석수。

【定住:정주】 ❶일정한 곳에 정해진 주소。❷《人》淸乾隆 때의 武人。滿洲 黃旗人。많은 武功을 세워 벼슬이 烏魯木齊提督에 이름。

【定住者:정주자】 일정한 곳에 住居를 정하고 오랫 동안 살고 있는 사람。

【定準:정준】 정해진 표준。『李白』風水無一一。

【定著:정착】 ❶달라 붙어 떠나지 않음。❷사진 필름을 현상하여 感光板의 감광력을 없애 버림。

【定著物:정착물】 현재 토지에 附著하고 있으며 또 쉽게 그 자리를 옮기지 못할 물건。곧 건물·수목·토지에 부설된 기계 따위。

【定處:정처】 정한 곳。일정한 곳。『詩經』自西徂東、靡所一一。

【定草:정초】 완성된 글의 草。

【定礎:정초】 주춧돌을 놓음。

【定則:정칙】 정해진 규칙。일정한 법칙。

【定評:정평】 모든 사람이 다 같이 그렇다고 하는 평판。

【定限:정한】 ❶일정한 기한。❷일정한 한도。『石林詩話』文字工拙有一一。

【定驗:정험】 규정된 경험。

【定形:정형】 ❶일정한 형체。❷물고기 꼬리의 한 형상。꼬리의 두 갈래의 크고 작음이 같고 형상이 비슷함을 이르는 말。

【定型:정형】 ❶일정한 型틀이나 형식。❷정해진 型틀·모양。

【定昏:정혼】 日暮。黃昏。해가 蒙谷에 이른 시각을 일컬음。『淮南子·天文訓』。

【定婚:정혼】 혼인 자리를 정함。

【定休:정휴】 定期休業의 略語。

【定休日:정휴일】 정기로 일을 쉬는 날。

◎假一、鑑一、改一、檢一、決一、固一、規一、既一、內一、斷一、末一、法一、否一、不一、査一、選一、設一、安一、約一、豫一、議一、認一、作一、酌一、暫一、裁一、制一、測一、特一、判一、平一、評一、限一、確一。

【宛】

㊀(완) ㊁(원) ㊂(울) 阮 元 物 エン、あたかも indistinct ㄨㄢˇ wan³

㊀❶어슴푸레할완(一然)。❷지정할완(指定處)。❸언덕위언덕완(丘上有丘)。❹작을완(小也)。『詩經』一彼鳴鳩。❺여전할완(依然)。㊁서쪽나라이름원(西域國名、大一)。㊂쌓일울(積也)。

【宛丘:①완구 ②원구】 ❶중앙이 높은 언덕。(一說엔 중앙이 낮은 山)。『爾雅·釋丘』。❷《歷》땅 이름。現河南省內。伏羲·神農氏의 古都。

【宛延:완연】 길고 굽은 모양。물이 굽이쳐 흐름。

【宛然:완연】 ❶마치。恰似。서로 비슷함。❷교묘하게 사람을 피함。『詩經』一一左辟。

【宛宛:완완】 ❶굽혔다 폈다 함。屈伸。『漢書』一一黃龍。❷柔弱함。『庾信·遊山詩』一一藤蘿垂、亭亭松直竪。

【宛轉:완전】 ❶변화하는 것。『莊子·天下·疏』一一、變化也。❷눈썹이 아름답게 굽은 모양。『唐詩選·箋注』。❸綏舞함。❸구르는 모양。❹강물이 빙 돌아 흐르는 모양。『張若虛·春江花月夜詩』❻따르는 모양。❼활(弓)위의 새끼(繩)。『爾雅·釋器』。

【宛虹:완홍】 활처럼 굽은 무지개。『司馬相如』。

【宜】

(의) 支 ギ、よろしい suitable 一ˊ i²

❶옳을의(所安適理)。❷마땅할의(當也)。『禮記』不亦一乎。❸유순할의(和順)。『詩經』一其室家。❹일할의(事也)。❺제이름의(祭名)。❻좋아할의(好也)。

【宜家:의가】 한家庭을 和睦케 함。또는 和睦함。『詩·桃夭』。

【宜男:의남】 사내아이를 많이 낳은 부인。옛날엔 조상의 제사를 받드는 것은 남자에 限하므로 자연 사내아이를 많이 낳는 부인을 좋다고 하였음。그러므로 宜男草(忘憂草)를 몸에 지니고 있으면 男兒를 낳는다고 믿었음。『北史』。

【宜當:의당】 마땅히 그러함。

【宜當當:의당당】 宜當을 강조하는 말。

【宜稻:의도】 벼 심기에 꼭 알맞음。

【宜稱:의칭】 ❶좋은 이름。칭호。『韓偓』遍將一一問旁人。❷適當。

【宜土:의토】 어떤 식물을 심고 가꾸기에 알맞은 땅。「좋음。

【宜兄宜弟:의형의제】 형제간에 의가 좋음。

【宜乎:의호】 당연한 모양。마땅한 모양。

◎機一、時一、適一、土一、便一。

【宜】(의)『宜』(前條)와 같음

【宝】(보)『寶』(宀部 17畫)의 略字

【实】(실)『實』(宀部 11畫)의 俗字

【実】(실)『實』(宀部 11畫)의 略字

【空】(공)→穴部 3畫

【穹】(궁)→穴部 3畫

六 畫

【客】(객) 陌 キャク、きゃく、まらうど guest 커 k'ê
小篆 草書 ❶손객(賓也主之對)。❷부칠객(寄也)。❸나그네 객(一于他鄕)。❹지날객(過去)。❺사람객(人也)。

【客車:①객거 ②객차】❶賓客이 타는 수레。『禮記·曲禮』。❷旅客이 타는 列車。旅客列車。↔貨車。

【客卿:객경】他國에서 와서 卿相이 된 사람。『史記』拜范睢爲——。

【客苦:객고】객지에서 당하는 고생。나그네로서의 고생。

【客苦莫甚:객고막심】客苦가 대단함。

【客工:객공】❶임시로 고용한 직공。❷(工)객공잡이。

【客館:객관】객지의 숙소。『左傳』鄭穆公使視——。

【客觀:객관】(哲)英語 Object의 譯。자기 이외의 모든 것。自己意識의 목적물 또는 대상이 되는 일체의 현상。↔主觀。

【客觀描寫:객관묘사】창작에 있어서 전혀 객관적 태도로 대상을 그려 냄。

【客觀性:객관성】(哲)Objectivity; 각 개인의 주관에 기울어지지 않고 보편적으로 타당한 성질。對象性。

【客觀的:객관적】기초를 객관에 둔 것。주관의 작용과는 독립된 것。↔主觀的。

【客觀的價値:객관적가치】(經)사람이 보는 견해와는 아주 독립하여 객관적으로 결정되는 財貨의 가치。

【客觀的批評:객관적비평】예술 작품에 대하여 객관적으로 일정한 표준을 정하고 그것에 따라 비평하는 방법。또는 그 비평。↔主觀的批評。

【客觀主義:객관주의】(哲)실험·관찰·분석·종합·통계 등의 객관적 방법을 사용하는 경험론。↔主觀主義。

【客觀化:객관화】주관적인 것을 객관적인 것으로 만드는 과정。

【客軍:객군】❶다른 곳에서 임시로 와 있는 군대。❷예정하지 않았던 사람。

【客鬼:객귀】❶잡귀신。❷객지에서 죽은 사람의 혼。

【客衾:객금】손님의 소용으로 만들어 둔 이부자리。

【客氣:객기】쓸데 없는 血氣。血氣에서 나온 勇氣。『左傳』盡——。

【客難:객난】손님이 비난함。손님의 바난。『漢書·東方朔傳』。

【客年:객년】지난 해。작년。

【客談:객담】그 일에 직접 필요 없는 이야기。

【客冬:객동】작년 겨울。

【客旅:객려】❶旅行。❷나그네。『白居易』招呼新——。

【客慮:객려】雜念。쓸데 없는 생각。

【客禮:객례】손님에 대한 예의。『禮記』天子四海之內無——、莫敢爲主焉。

【客路:객로】여행하는 노정。

【客論:객론】=客說。

【客裏:객리】=客中。『杜甫』——何遷次。

【客夢:객몽】객지에서 꾸는 꿈。旅館에서 꾸는 꿈。『岑參』孤燈燃——。

【客味:객미】객지에서 고생하는 맛。

【客民:객민】他處에서 온 백성。寄留民。

【客反爲主:객반위주】손이 도리어 주인 행세를 함。주객 전도。

【客費:객비】❶꼭 필요하지 않은 데 드는 비용。浪費。❷객지에서 드는 비용。

【客死:객사】他鄕에서 죽음。旅行地에서 죽음。『史記』身——於秦。

【客舍:객사】❶客地의 숙소。旅館。旅舍。客館。『史記』商君亡至關下、欲舍——。❷(制)李朝 때 地方官衙의 하나로 각 고을마다 둠。闕牌(궐패)를 모시어 두고 초하루와 보름에 全官吏가 式을 올렸고 임금의 命을 받아 地方에 내려오는 벼슬아치를 접대함。構造는 正殿·中門·外門·廊廡 등이며 現存하는 것 중에 江陵과 成川의 것은 建築史上 유명함。

【客思:객사】객지에서 갖는 생각。『李端』廻潮動——。

【客床:객상】❶원 식구 외에 차린 밥상。❷손님을 접대하는 밥상。

【客席:객석】손님이 앉는 자리。

【客船:객선】❶여객을 태우는 배。『張繼』夜半鐘聲至——。❷다른 곳에서 온 배。

【客說:객설】객적은 말。군소리。

【客歲:객세】지나간 해。작년。

【客水:객수】❶딴 데서 들어와 섞인 물。❷필요하지 않을 때에 오는 비。❸식사 때 외에 더 먹는 물。

【客愁:객수】객지에서 느끼는 시름。『儲光義』朝暮增——。

【客僧:객승】객지에 있는 중。

【客食口:객식구】본 식구 외에 임시로 덧붙은 식구。군식구。

【客室:객실】손님을 접대하는 방。

【客心:객심】❶객지에서 느끼는 마음。『杜甫』秋水淸無底、蕭然淨——。❷딴 마음。

【客語:객어】❶=目的語。❷어떤 命題 중에서 일반 개념을 나타내는 말。

【客熱:객열】客症으로 나는 몸의 열。

【客擾:객요】손님이 많아 법석거리고 마음이 어수선함。

【客寓:객우】❶손이 되어 몸을 의탁함。❷손이 되어 거처하는 임시의 집。

【客員:객원】❶예정 밖의 인원。❷어떤 기관에서 손으로 특히 대접을 받는 사람。

【客月:객월】지난 달。去月。

【客遊:객유】손이 되어서 타향에 놂음。『史記』鄒陽——、以讒見禽。

【客衣:객의】旅行中의 衣服。旅衣。客裳。『杜甫』未足臨書卷、時能點——。

【客人:객인】❶손。❷객적은 사람。

【客子:객자】나그네。旅人。遊子。『史記』得無與諸侯——俱來乎。

【客棧:객잔】旅館。客店。

【客店:객점】길 가는 손이 음식을 사 먹거나 자는 주막。여관。

【客情:객정】客地에서 느끼는 心情。客懷。『湛方生』廨生賦新詩、忽忘羈——。

【客程:객정】여행하는 길。旅程。

【客主:객주】(國)李朝 때 일종의 상업 기관。商品이 集散하는 서울에서 都賣業·倉庫業·委託販賣業을 하였으며、또는 商品의 운송을 맡고 地方荷主를 위해 旅館業·金融業까지도 代行함。대상이 되는 商品은 주로 곡류·담배·牛皮·魚類 등이며、독점적 경향을 가졌고 開國후에는 外國貿易을 담당함。

【客酒:객주】손님을 대접하는 술。

【客中:객중】타향에 있는 동안。

【客衆:객중】많은 손님。

【客地:객지】제 집을 떠나 임시로 가 있는 곳。『張祜』——多醉酒。

【客車:객차】손님을 태우는 수레。『禮記』——不入大門。

【客窓:객창】나그네가 거처하는 방。旅窓。

【客體:객체】❶객지에 있는 몸。❷(法)意思와 行爲의 目的物。↔主體。

【客秋:객추】작년 가을。

【客春:객춘】 작년 봄。
【客夏:객하】 작년 여름。
【客鄕:객향】 나그네로 가 있는 타향。
【客火:객화】 병 중에 나는 울화。병 중에 생긴 화기。
【客況:객황】 객지에 있는 형편。
【客懷:객회】 외로운 객지에서 일어나는 쓸쓸한 회포。客情。
◎劍ㅣ、顧ㅣ、來ㅣ、訪ㅣ、賓ㅣ、上ㅣ、商ㅣ、俗ㅣ、食ㅣ、旅ㅣ、刺ㅣ、弔ㅣ、主ㅣ、珍ㅣ、醉ㅣ、行ㅣ、黃泉ㅣ。

【宨】 (귀) 紙 寘 キ、こわる collapse
무너질귀(毁也)。

【宣】 (선) 先 セン、のべる proclaim ㄒㄩㄢ hsüan¹
小篆 草書 ❶베풀선(布也)。❷펼선(弘也)。〔程頤 言箴〕人心之動、因言以ㅣ。❸밝힐선(明也)。〔書經 皐陶謨〕日ㅣ三德。❹흩을선(散也)。❺통할선(通也)。❻보일선(示也)。❼다할선(盡也)。❽일찍셀선(ㅣ髮早白)。❾임금이 스스로말할 선。(『瑄』과 같음)
【宣告:선고】 ❶널리 告知시킴。宣語。『左傳』ㅣㅣ後人、無怠於德。❷《法》판사가 법정에서 재판의 판결을 公表함。
【宣告文:선고문】 선고하는 취지를 기록한 글。판결문。
【宣敎:선교】 ❶가르침을 넓힘。❷종교를 선전하여 전도함。
【宣敎師:선교사】 ❶종교를 널리 傳道하는 사람。❷《宗》기독교의 외국 傳道에 종사하는 사람。
【宣尼:선니】 孔子。漢의 宣帝時代의 諡號。『左思』言論準ㅣㅣ、辭賦擬相如。
【宣德:선덕】 ❶德을 폄。❷銅器 또는 陶器(明宣德年間에 官業으로 함)。↓宣德鑪。❸선덕 동기를 모방하여 만든 동기。
【宣導:선도】 막힌 것을 틔움。疏通。
【宣讀:선독】 여러 사람 앞에 朗讀함。
【宣力:선력】 힘껏 주선함。
【宣明:선명】 명확하게 밝혀 宣言 또는 宣布함。聲明。『漢書』敎令ㅣㅣ。
【宣命:선명】 詔勅。또는 詔勅함。『晉書』ㅣㅣ遣使。
【宣撫工作:선무공작】 지방의 점령지의 대중에게 국가 또는 본국의 정책을 이해시키며 민심을 안정시키는 활동。
【宣髮:선발】 黑白이 섞인 頭髮。『易經釋文』黑白雜爲ㅣㅣ。
【宣父:선부】 孔子。唐의 開元二七年 文宣王이라고 追諡한 데서 온 말。『唐書·禮樂志貞』貞觀十一年、詔尊孔子爲ㅣㅣ。
【宣誓:선서】 盟誓를 세워 말함。성실함을 확실히 보증하기 위하여 맹세함。
【宣誓文:선서문】 선서하는 글。
【宣誓式:선서식】 대통령이 취임할 때 국회에서 선서하는 의식。
【宣泄:선설】 ❶물이 막히지 않고 잘 흐름。『韓愈』風氣ㅣㅣ。❷누설됨。비밀이 누설됨。『三國志』事之ㅣㅣ、受罪不測。
【宣召:선소】 임금의 부르심。宣招。『宋會要』朝夕ㅣㅣ。「『魏書』ㅣㅣ品令。
【宣示:선시】 널리 알림。公示。告示。
【宣揚:선양】 널리 떨치게 함。宣騰。顯揚。『漢書』ㅣㅣ德音。
【宣言:선언】 자기의 의견을 널리 言明함。공공연하게 世人에게 言明함。『左傳』先ㅣㅣ曰、司馬則然。
【宣言書:선언서】 선언하는 뜻을 쓴 글。
【宣諭:선유】 임금의 訓諭를 백성에게 널리 布告함。「함。
【宣淫:선음】 공공연하게 淫亂한 行爲를
【宣翼:선익】 도와줌。임금을 보필함。『晉書』ㅣㅣ之績、顯于本朝。
【宣戰:선전】 相對國에 대하여 전쟁을 개시한다는 일방적인 의사 표시를 國內外에 널리 宣布함。宣戰布告。
【宣傳:선전】 ❶백성에게 명령을 전하는 것。『北史』ㅣㅣ文武號令。❷英語의 Propaganda의 譯。어떤 事物이나 思想·主義 등을 많은 사람에게 퍼뜨려 설명해서 理解와 共鳴을 求함。
【宣戰布告:선전포고】 전쟁 개시의 뜻을 국내외에 널리 선언함。
【宣旨:선지】 ❶임금의 명령。詔勅。또는 그것을 전하는 일。『宋書』ㅣㅣ慰勞。❷詔勅를 적은 文書。
【宣哲:선철】 事理에 밝고 똑똑함。『詩經』ㅣㅣ惟人、文武惟后。
【宣托:선탁】 神이 사람을 媒介者로 하여 그 의사를 전하는 일。神託。託宣。
【宣吐:선토】 =言論。發言。『晉書』裴楷善ㅣㅣ、左右屬目。
【宣布:선포】 세상에 널리 펴 알림。公布。『周禮』ㅣㅣ四方。
【宣惠廳:선혜청】 《制》李朝 때 大同米·大同木 등의 出納을 맡아 보던 관청。宣祖 四一년에 처음으로 두었다가 高宗 三一년에 폐지하였음。
【宣弘:선홍】 세상에 널리 선포함。『易經·註』ㅣㅣ大化。
【宣化:선화】 善政을 폄。德化를 宣布함。『抱朴子』ㅣㅣ以濟俗。
【宣化堂:선화당】 《制》各道의 觀察使가 사무를 보던 正堂。
【宣喚:선환】 =宣召。『楊維楨』琵琶未受「ㅣㅣ」促。

【窔】 (요) 篠 ヨウ、すみ、おく corner
小篆 ❶어둑한구석요(隱暗處)。❷방 동남모퉁이요(室東南隅)。(『宎』와 같음)
【窔遼:요료】 深遠한 모양。『封禪儀記』仰視天門ㅣㅣ、如從穴中視天。

【室】 (실) 質 シツ、へや room ㄕ shih⁴
小篆 草書 ❶집실(家宮)。❷방실(房也)。❸안해실(夫謂婦)。❹묘의구멍실(墓穴)。〔韓愈 柳子厚墓誌銘〕是惟子厚之ㅣ。❺칼집실(鞘也)。〔史記 春申君傳〕刀劍ㅣ以珠玉飾之。❻토굴실(土窟)。「石ㅣ、氷ㅣ」。
【室家:실가】 家屋。집。방。『書經』作ㅣㅣ。《轉》부부。가정。『詩經·桃夭』宜其ㅣㅣ。
【室家之樂:실가지락】 부부 사이의 和樂。宜家之樂。
【室內:실내】 ❶방 안。↔室外。❷남의 「아내를 일컬음。
【室內燈:실내등】 실내에서 켜는 등。
【室內運動:실내운동】 屋內에서 하는 간단한 운동。屋內運動。
【室內音樂:실내음악】 독주 악기를 모아 연주되는 소규모의 합주곡。이중주곡에서 팔중주곡까지 있음。
【室女:실녀】 處女。
【室堂:실당】 집。저택。家屋。『禮記』灑掃ㅣㅣ。
【室婦:실부】 =息婦。
【室外:실외】 방 밖。↔室內。
【室邇人遠:실이인원】 그리워 하는 남자의 집은 가까운데 愛人은 오지 않음의 뜻。《喩》사모하면서 만나지 못함의 비유。
【室人:실인】 ❶主人。『詩·賓之初筵』。❷妻妾의 通稱。❸男便의 姉妹와 娣姒。『禮記·昏義』。❹家人。『詩·北門』。❺宋나라 婦人의 封贈。후에 宜人이라고 고침。
◎居ㅣ、敎ㅣ、宮ㅣ、內ㅣ、茶ㅣ、同ㅣ、別ㅣ、務ㅣ、私ㅣ、事ㅣ、產ㅣ、石ㅣ、暗ㅣ、溫ㅣ、王ㅣ、浴ㅣ、幽ㅣ、入ㅣ、蠶ㅣ、正ㅣ、帝ㅣ、宗ㅣ、地下ㅣ、診察ㅣ、寢ㅣ、土ㅣ、皇ㅣ、後ㅣ。

【宥】(유) 宥 ユウ、なだめる lenient ㄧㄡˋ yu⁴

小篆 草書 ❶너그러울유(許容)。❷죄사할유(赦罪)。❸도울유(助也)。

【宥免:유면】죄를 용서함。宥恕。〔北史·郭兆傳〕不問輕重、皆蒙ㅡㅡ。

【宥密:유밀】❶깊고 고요함。넓고 平安함。❷寬仁과 安靜。宏深과 靜密。〔詩經〕夙夜基命ㅡㅡ。

【宥恕:유서】죄를 용서함。宥免。寬宥。〔王珪〕ㅡㅡ刑獄。

【宥恕減刑:유서감형】(法)범죄 성립의 요건은 갖춰있으나 정상을 참작하여 형량을 감하여 주는 감형의 하나。

【宥恕論罪:유서논죄】(法)피고의 정상을 보아서 너그러이 논죄하는 일。

【宥罪:유죄】죄를 너그럽게 용서함。

【宥旨:유지】(制)임금이 죄인을 특별히 용서하여 주던 명령。

【宥和:유화】너그러운 태도로 사이 좋게 지냄。유화 정책。

【宥還:유환】용서함을 받아 귀양살이에서 돌아옴。

【宦】(환) 諫 カン、つかさ government post ㄏㄨㄢˋ huan⁴

小篆 草書 ❶벼슬환(官也)。❷부릴환(仕也)。❸내관환(奄人)。❹배울환(學也)。〔左傳〕ㅡ三年矣。

【宦官:환관】❶宮中侍奉의 벼슬。〔古詩〕承藉有ㅡㅡ。❷仕宦의 通稱。〔後漢書〕中興之初、ㅡㅡ悉用閹人。

【宦德:환덕】벼슬에 있음으로써 생기는 소득。

【宦途:환도】관리의 길。관리의 位階와 「昇給·降等。官途。官場。

【宦路:환로】=官途。「ㅡㅡ同雞肋。

【宦味:환미】官界의 분위기。〔高叔嗣〕

【宦福:환복】벼슬길에 대한 복。

【宦數:환수】벼슬길의 운수。

【宦厄:환액】벼슬길의 액운。

【宦業:환업】벼슬에 관한 事務。

【宦慾:환욕】벼슬에 대한 욕망。

【宦遊:환유】관리가 되어 他鄕에 살음。宦遊。〔史記〕長卿久ㅡㅡ。

【宦績:환적】벼슬에 있을 때 이룬 行績。

【宦情:환정】관리가 되고 싶은 뜻。〔晉書〕宦少無ㅡㅡ。

【宦海風波:환해풍파】官界에 있음으로써 겪는 온갖 어지러운 일。

【宧】(이) 支 イ、くりや cuisine ㄧˊ i²

小篆 방동북구석이(房之東北隅)。

【宨】(조) 篠 チョウ、ほしいまま assist

방조할조(放肆)。

【寍】(녕)『寧』(宀部11畫)과 같음

【害】(해)『害』(宀部7畫)와 같음

【突】(돌)→穴部4畫

【穽】(정)→穴部4畫

【穿】(천)→穴部4畫

七畫

【宬】(성) 庚 セイ、くら warehouse ㄔㄥˊ ch'êng²

小篆 草書 ❶사고성(藏史所)。❷도서실성(圖書室)。❸창고성(倉庫)。〔字彙補〕明大內有皇史ㅡ爲藏實錄秘典之處。

【㝗】(량) 陽 ロウ、むなしい vacant

小篆 집고요할량(靜也空家)。

【宭】(군) 文 クン、むれ living in groups ㄑㄩㄣˊ ch'üin²

小篆 여럿이 살군(羣居)。(『羣』과 통함)

【宮】(궁) 東 キュウ、グウ、みや palace ㄍㄨㄥ kung¹

小篆 草書 ❶집궁(宮也)。❷궁궐궁(至尊所居)。❸종묘궁(宗廟)。❹음소리궁(五音律之中聲)。❺불알썩힐궁(腐刑)。❻담궁(垣也)。

【宮家:궁가】왕족이 사는 궁전。

【宮觀:궁관】❶離宮·別館 등 임금이 나와서 놀거나 쉬는 곳의 總稱。❷道宮。道家의 寺觀。〔宋史·禮志〕。❸道士。〔宣和遺事·後集〕「ㅡ頗修。

【宮敎:궁교】궁중의 규칙。〔後漢書〕ㅡ

【宮闕:궁궐】❶王宮 正門의 양쪽에 둔 展望臺。❷임금이 거처하는 집。宮城。〔史記·天官書〕高祖還見ㅡㅡ壯甚怒。

【宮禁:궁금】=宮城。〔後漢書〕ㅡㅡ至重。

【宮納:궁납】(制)各宮에 바치던 稅。

【宮內:궁내】=闕內。

【宮內府:궁내부】(制)李朝 때 王室에 관한 모든 일을 맡아 보던 관청。高宗三一년(一八九四)甲午경장 때 설치하여 純宗 隆熙 四년까지 있었음。

【宮女:궁녀】宮中에서 大殿·內殿을 가까이 모시던 內命婦의 總稱。內人(나인)。侍女。官女。官娃。宮娥。宮嬪。→宮人。〔漢書〕宮室有制、ㅡㅡ不過九人。

【宮奴:궁노】(制)宮家의 奴僕。宮奴子。

【宮奴子:궁노자】=宮奴。

【宮團束:궁단속】장기 둘 때 宮을 빼앗기지 않게 특히 경계하여 지키는 일。

【宮畓:궁답】(制)各宮에 속한 논。「田。

【宮屯田:궁둔전】(制)各宮에 속한 屯

【宮漏:궁루】(制)궁중의 물시계。

【宮廟:궁묘】=宗廟。〔儀禮〕築ㅡㅡ。

【宮辟:궁벽】=宮刑。〔書經〕ㅡㅡ疑赦。

【宮相:궁상】(制)❶東宮(太子)의 屬官。〔白居易〕白馬朱衣兩ㅡㅡ。❷宮內大臣의 異稱。

【宮商角徵羽:궁상각치우】음악 五音의 名稱。곧 君·臣·民·事·物로 나눔。〔禮記〕。

【宮扇:궁선】둥근 모양의 부채。宮中에서 쓰던 부채。

【宮省:궁성】(制)❶宮中의 官廳。尙書省·中書省 따위。❷宮中。禁中。〔後漢書·何進傳〕。

【宮城:궁성】❶宮闕을 싸고 있는 城壁。宮墻。〔唐書〕西接ㅡㅡ之東北隅。❷宮廷。

【宮所任:궁소임】(制)각 궁에 딸린 하급 아전。

【宮屬:궁속】(制)각 궁의 아전 밑에 딸린 종。

【宮市:궁시】宮中에 둔 市場。後漢의 靈帝가 처음 둠。〔金樓子·箴戒〕。

【宮室:궁실】❶집。〔易經〕上古穴居而野處、後世聖人易之以ㅡㅡ。❷宮殿。御殿。❸妻子。〔荀子·大略〕賜予其ㅡㅡ。〔注〕ㅡㅡ、妻子也。❹廟와 寢室。〔呂覽·重己·注〕宮、廟也、室、寢也。

【宮娥:궁아】宮女。〔梅堯臣〕ㅡㅡ捧玉盤。

【宮醞:궁온】임금이 내리는 술。

【宮人:궁인】❶宮中에 종사하는 婦女。宮女。〔易經〕貫魚以宮人、寵無不利。❷(制)周의 벼슬 이름。天官의 屬임。王의 잠자리와 의복을 맡음。〔周禮·宮人〕。→宮女。

【宮妝:궁장】宮女의 꾸밈。宮粧。

【宮庄:궁장】=宮田。

【宮牆:궁장】 집 둘레의 담. 宮墻. 宮雉. 《轉》師門의 뜻. 子貢이 孔子를 宮牆에 比喩하여 한 말에서 옴. 『論語·子張』譬之──, 賜之牆也及肩, 窺見室家之好, 夫子之牆數仞.

【宮裝飾:궁장식】 장기에서 宮을 안전「하도록 하는 배치.

【宮田:궁전】 각 궁에 소속된 논밭.

【宮殿:궁전】 宮闕. 『漢書』掌──掖門戶.

【宮廷:궁정】 帝王의 居所. 宮庭. 宮城. 『史記』咸陽人多, 先王──小.

【宮庭:궁정】 대궐 안의 마당.

【宮廷文學:궁정문학】 궁중문학.

【宮罪:궁죄】 宮刑에 해당하는 죄. 『周禮』──五百.

【宮中:궁중】 대궐 안. 『諸葛亮』──府「中, 俱爲一體.

【宮中文學:궁중문학】 궁중 생활을 소재로 한 문학 작품. 閑中錄 따위.

【宮差:궁차】 《制》宮家에서 보낸 아전.

【宮妾:궁첩】 =宮女. 『韓愈』宦官──.

【宮綃:궁초】 비단의 한 가지.

【宮寢:궁침】 =宮殿.

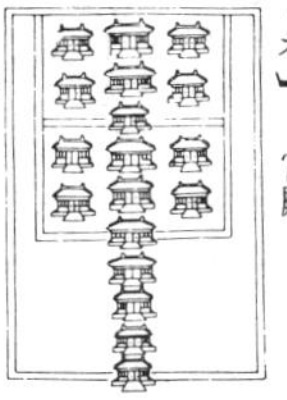

官寢制(三禮圖)

【宮土:궁토】 각 宮家에 소속된 땅.

【宮合:궁합】 《國》혼인할 신랑·신부의 四柱를 五行에 맞추어 보아서 吉凶을 占치는 方術.

【宮閤:궁합】 ❶後宮의 小門. ❷궁중의 「內殿. 『張說』決事──.

【宮刑:궁형】 《制》五刑의 하나. 死刑 다음의 무거운 刑罰. 男女不義에 대한 刑罰로서 남자는 去勢를 하고 여자는 그 陰部를 幽閉하여 버림 (일설엔 여자는 監房에 幽閉한다고 함). 宮罰. 宮罪. 宮辟. 淫刑. 『禮記』公族無──.

【宮鞋:궁혜】 궁녀가 신던 외코신.

【宮壺:궁호】 宮中에서 받는 술병. ◎東─, 迷─, 王─, 月─, 離─, 齋─, 行─, 皇─.

【害】

(오)『寤』(宀部 11畫)의 俗字

【宰】

(재) 賄 サイ, つかさ minister ㄗㄞˇ tsai³

❶주관할재(主也). ❷다스릴재(治也). 『史記』─制萬物. ❸재상재(大臣). ❹으뜸재(首也). 『朱喜論語序說』定公以孔子爲中都─. ❺잡을재(屠也). ❻삶을재(烹也).

【宰官:재관】 관리.

【宰棟:재동】 국가의 重臣. 『周書』.

【宰柄:재병】 재상의 권력. 『宋史』付以──.

【宰輔:재보】 =宰相. 『後漢書』──五世.

【宰殺:재살】 六畜을 잡아 죽임.

【宰相:재상】 ❶임금을 돕고 百僚를 지휘 감독하는 최고의 官職. 周公이冢冢宰가 되어 成王을 도운 데서 이름. 『漢書』漢興, 惟韋平父子至──. ❷唐代의 御史. 『封氏聞見記·風憲』. ❸首相.

【宰臣:재신】 =宰相.

【宰列:재열】 재상의 班列.

【宰肉:재육】 고기를 썲음. 《轉》편하게 일을 처리함. 『史記·陳丞相世家』.

【宰匠:재장】 宰相. 『蜀志』爲天下──.

【宰制:재제】 全權을 쥐고 처리함. 料理함. 宰割. 『史記』──萬物, 役使群動.

【宰執:재집】 =宰相. 『胡詮』朝廷──.

【宰割:재할】 =宰制. 『漢書』──諸夏.

【宰衡:재형】 《轉》宰相. 周公은 太宰, 伊尹은 阿衡으로 임금을 도운데서 온 말. 新의 王莽의 加號에 비롯됨. 『漢書·平帝紀』. 加安漢公號曰──.

【㾞】

(좌) 禡 サ, ひろい generous

너그러울좌(寬也).

【害】

㊀(해) 泰 ㊁(할) 曷 ガイ, そこなう harm ㄏㄞˋ hai⁴

㊀❶해할해(傷也, 禍也). ❷방해할해(妨也). ❸시기할해(忌也). ❹죽일해(殺也). ㊁어찌할(何也). 『詩經』─澣─否. (『曷』과 通함)

【害工:해공】 힘써 일하는 데 방해함.

【害咎:해구】 해가 되는 일. 방해가 되는 일.

【害毒:해독】 ❶선량한 것을 언짢게 함. 『潘岳』──蠲消. ❷害치고 毒을 끼침. ❸害와 毒. 害惡. 惡事. 惡虐.

【害馬:해마】 말의 天性을 해침. 《轉》害가 되는 것. 『莊子·徐無鬼』.

【害物之心:해물지심】 물건을 공연히 해하고자 하는 마음.

【害損:해손】 =損害. 「苑珠林』極有──.

【害心:해심】 해하고자 하는 마음. 『法

【害惡:해악】 해가 되는 나쁜 일.

【害盈:해영】 많아서 넘칠 때는 귀신으로부터 미움을 받음. 『易經』.

【害臊:해조】 부끄러워함. 怯羞.

【害蟲:해충】 사람이나 농작물에 대하여 해를 끼치는 벌레의 總稱. ↔益蟲.

【害蟲驅除:해충구제】 농작물이나 果樹의 재배·번식 등을 위해 해되는 벌레를 죽여 없앰. 방법으로는 毒殺·捕殺·點火·誘殺 따위가 있음.

【害虐:해학】 해를 끼치고 학대함. 『書經』──烝民.

◎加─, 毒─, 無─, 迫─, 妨─, 殺─, 傷─, 霜─, 損─, 水─, 實─, 要─, 危─, 有─, 利─, 自─, 風─, 被─, 旱─.

【宴】

(연) 霰 エン, さかもり banquet ㄧㄢˋ yen⁴

❶잔치연(饗也). 『晉書庾純傳』賈充─朝士. ❷즐길연(樂也). 『詩經 衛風氓』總角之─, 言笑晏晏. ❸편안할연(安也). 『易經 隨卦』君子以嚮晦, 入─息.

【宴歌:연가】 연회를 베풀어 놓고 노래함. 『北齊書』.

【宴居:연거】 집에서 한가하게 있음. 閑居. 燕居. 『高適』滿眼雲山奉──.

【宴樂:연락】 ❶㉠편안히 즐김. ㉡酒宴으로 즐김. 『易經』君子以飮食──. ㉢놀음에 젖어 小人들과 가까이 지냄. 『論語·季氏』. ❷酒宴과 음악. 『左傳·昭·九』.

【宴禮:연례】 궁중의 경사. 잔치.

【宴席:연석】 연회를 베푸는 자리.

【宴需:연수】 잔치에 드는 물건과 비용.

【宴息:연식】 편안히 쉼. 安息. 宴居. 燕息. 『易經』入──. 「편히 쉼. 燕安.

【宴安:연안】 편안히 지냄. 놀고 즐김.

【宴宴:연연】 즐기는 모양. 燕燕. 『詩經』「好言笑──.

【宴飮:연음】 =酒宴. 『左傳』──以貨爲

【宴爾:연이】 《中》新婚.

【宴坐:연좌】 ❶편안히 집에서 쉼. 宴居. 靜坐. ❷《佛》坐禪함. 燕坐.

【宴集:연집】 宴會에 모임. 모여서 酒宴을 베풂음. 宴會. 宴聚. 『晉書』.

【宴享:연향】 국빈을 대접하는 잔치.

【宴犒:연호】 연회를 열어 위로함. 『五代史』──盡歡.

【宴會:연회】 酒宴. 축하·위로·환영·惜別 따위를 위하여 여러 사람이 모여 베푸는 잔치. 『古詩』今日良──, 歡樂難具陳.

【宴會費:연회비】 연회의 비용. 「리.

【宴會席:연회석】 연회가 베풀어진 자

【宵】(소) 圍蕭 ショウ、よい、よる night ㄒㄧㄠ hsiao¹
❶밤 소(夜也)。〔詩經 豳風七月〕晝爾于茅—爾索綯。❷작을 소(小也)。〔禮記〕—雅肄三卽小雅也。❸벌레 이름 소(蟲名—行)。

〔宵明:소명〕❶밤이 밝은 것。❷《植》밤에 빛을 낸다는 풀。❸《人》舜의 딸 이름。

〔宵分:소분〕밤중。夜半。

〔宵小輩:소소배〕간사하면서 소견이 좁은 사람의 무리。

〔宵習:소습〕개똥벌레의 異名。宵行②。「宵燭。

〔宵晨:소신〕밤과 아침。〔陶潛〕淹留忘——。「刑者、金木訊之。

〔宵人:소인〕=小人。〔莊子〕——之離外

〔宵征:소정〕밤길을 걸음。夜行。

〔宵燭:소촉〕❶宵行。❷개똥벌레의 異名。〔南史〕冀——之末光。

〔宵行:소행〕❶夜行。밤길을 걸음。❷개똥벌레의 異名。宵燭。〔詩經〕肅肅——。

【家】(가) 圍麻 カ、ケ、いえ、や house; home ㄐㄧㄚ chia¹
❶집 가(住居)。❷가문 가、일족 가(一族)。❸남편 가(婦謂夫—君)。❹속 가(內家)。❺용한이 가(有專長者)。❻학파 가(學派)。〔史記〕諸子百—。

〔家家:①가가 ②고고〕❶집집。집집마다。〔皇侃〕——食空竭。❷嫡母。〔北史〕後主啓太后曰、有緣後見——。

〔家艱:가간〕부모의 喪。〔傅咸·詩序〕且有—。

〔家間事:가간사〕❶각각 자기 집에 관계되는 일。❷집안의 사사로운 일。

〔家格:가격〕집안의 격식。

〔家慶:가경〕❶집안의 즐거운 일。〔庾信〕朝章——。❷兩親이 살아 계심。具慶。

〔家系:가계〕한 집안의 계통。血統。〔孟浩然〕明朝拜——。

〔家契:가계〕집문서。

〔家計:가계〕한 집안의 生計。한 집안의 經濟。〔晉書〕吾——急、不得不爾。

〔家計簿:가계부〕한 가정의 살림살이의 씀씀이를 적어 두는 장부。

〔家故:가고〕집안에 생기는 탈。

〔家口:가구〕=妻子。

〔家具:가구〕집의 道具。家什。家財。

〔家韭子:가구자〕《醫》부추 씨。夢泄腰痛·白帶下 따위에 쓰는 약재。

〔家具店:가구점〕여러 가지 가구를 만들어서 파는 상점。

〔家君:가군〕남에게 대하여 자기의 아버지를 일컫는 말。〔墨子〕——發憲布令。

〔家券:가권〕집문서。

〔家眷:가권〕=家族。

〔家規:가규〕한 집안의 규율。〔韓愈〕諸郞皆秀朗、幾能守——。

〔家禽:가금〕집에서 기르는 닭·오리·거위 따위의 새。

〔家給人足:가급인족〕집집마다 넉넉하고 사람마다 풍족함。〔漢書〕天下——、頌聲幷作。

〔家基:가기〕집터。집에 딸린 터전。

〔家忌:가기〕집안 祖上의 忌祭祀。

〔家內:가내〕집 안。家族。가까운 일가。

〔家內工業:가내공업〕《經》상인한테서 일감을 맡아、자기 집에서 단순한 기술과 연장으로써 하는 수공업적 경영。

〔家奴:가노〕사삿집에서 부리는 사내종。

〔家當:가당〕=家財。

〔家垈:가대〕❶집의 垈地。❷垈地와 그에 딸린 園林 및 田土의 총칭。

〔家道:가도〕❶家庭道德。집안에서 행하여야 할 道德。〔程傳〕父子兄弟夫婦各得其道、則——正矣。❷家計。

〔家督:가독〕❶한 집안을 相續할 맏아들。〔史記〕家有長子、曰——。❷《法》戶主의 身分에 딸린 권리와 의무。

〔家督相續:가독상속〕《法》전 일본 민법에서 상속인이 호주의 지위 및 재산을 물려 받던 제도。

〔家豚:가돈〕남에게 대하여 자기의 아들을 일컫는 말。자기의 미련한 아들이란 뜻。＊家兒。豚兒。

〔家僮:가동〕❶집안 심부름하는 어린 사내 종。❷집안의 심부름군 아이。아이종。〔史記〕卓王孫——八百人。

〔家亂:가란〕집안이 어지러움。

〔家力:가력〕집안의 지내는 정도。

〔家禮:가례〕❶한 집안의 禮法。❷朱子家禮의 略語。

〔家老:가로〕❶一族의 長老。〔淮南子·覽冥訓〕。❷大夫 등의 家臣의 長。家宰。

〔家名:가명〕한 집안의 명예。

〔家母:가모〕❶남 앞에서 자기 어머니를 일컫는 말。❷한 집안의 主婦。

〔家廟:가묘〕祖上의 祠堂。

〔家務:가무〕집안 일。〔晉書〕不事——。

〔家門:가문〕❶家屋의 門。〔史記〕過——不敢入。❷집。家庭。❸大夫의 一家。重臣의 閥族。〔左傳〕政在——。❹家族。一族。家閭。〔南史〕以存——耳。❺家系。門閥。❻고향。〔後漢書·皇甫規傳〕。

〔家問:가문〕=家信。〔晉書〕羈留京師、

〔家邦:가방〕집안과 나라。〔久無——。

〔家閥:가벌〕=門閥。

〔家法:가법〕❶한 집안의 規律。〔後漢書〕各令隨——。❷그 집안에 대대로 내려오는 法式。「고。

〔家變:가변〕집안의 재앙。집안의 변

〔家譜:가보〕❶한 집안의 系譜。❷한 집안의 族譜。

〔家寶:가보〕❶대대로 전하여 내려오는 집안의 보물。❷한 집안의 보배。

〔家僕:가복〕《制》사삿집에서 부리는 사내종。家奴。

〔家夫:가부〕❶남에게 대하여 자기의 남편을 일컫는 말。❷아내에 대하여 자기를 일컫는 말。

〔家父:가부〕남에게 대하여 자기의 아버지를 일컫는 말。〔顏氏家訓〕稱其父曰——、稱其母曰家母。

〔家貧:가빈〕살림이 가난함。

〔家殯:가빈〕出棺하기 전에 영구를 집안에 모셔 둠。

〔家私:가사〕❶一身上의 일。가정의 私事。家事。〔王粲〕內不廢——。❷家財。家具。〔續漢書〕。

〔家事:가사〕집안 살림살이에 관한 일。집안 일。〔史記〕受命之日、不問——。

〔家舍:가사〕집。

〔家山:가산〕❶고향。❷한 집안의 묘지。

〔家産:가산〕한 집안의 재산。家資。〔史記〕不言——事。

〔家蔘:가삼〕밭에 재배한 삼。↕山蔘。

〔家常:가상〕家庭 日常의 뜻。한 가정에서의 보통의 일。家常茶飯事。〔五燈會元〕佛祖言句、如——茶飯。

〔家生:가생〕❶家計。❷家用什器。日用器具。❸代代로 그 집에 종사하는 사람。

〔家緖:가서〕家傳의 事業。家業。〔宋史〕——寢替。

〔家書:가서〕자기 집에서 온 편지。〔杜甫〕烽火連三月、——抵萬金。

〔家聲:가성〕그 집안의 명예 또는 名聲。〔司馬遷〕李陵旣生降、頹其——。

〔家世:가세〕전부터 代代로 내려오는 生業。또는 門閥。

〔家貰:가세〕집세。

〔家勢:가세〕집안 형세。

〔家屬:가속〕=家族。〔史記〕燕王詐論他人、以脫張勝——。

〔家率:가솔〕집안의 眷屬。

〔家塾:가숙〕❶개인이 세운 글방。私塾。

❷《制》周代의 교육 제도。二五家를 閭〔里〕라고 하고 그 한 洞里의 門〔閭門〕의 양쪽에 집을 지어 塾이라고 하여 里中의 子弟를 교육하던 곳。『禮記·學記』古之教者、—有—。

【家乘:가승】 한 집안의 역사。한 집안의 기록。家史。家系譜。家譜。『老學庵筆記』黃魯直有日記、謂之——。

【家食:가식】 취직을 하지 않고 집에서 놀고 먹음。

【家信:가신】 고향 집에서 온 소식。家書。鄕信。『北史』尋而——至。

【家室:가실】 ❶집。家內。『詩經』之子于歸、宜其——。❷아내。

【家兒:가아】 남에게 대하여 자기의 아들을 일컫는 말。家豚。豚兒。迷豚。迷息。迷兒。

【家雁:가안】 《動》거위。

【家鴨:가압】 《動》집오리。『埤雅』。

【家樣:가양】 살림살이의 형편。

【家釀:가양】 가정에서 家用으로 만든 술。家醞。『晉書』。

【家釀酒:가양주】 가용으로 빚은 술。

【家嚴:가엄】 남 앞에서 자기 아버지를 일컫는 말。家公。

【家業:가업】 ❶가정의 生業。『列子』離六親、廢——。❷一家 世襲의 生業。❸한 집안의 재산과 門閥。

【家役:가역】 집을 짓거나 고치는 일。집의 역사。

【家隷:가예】 집에 있는 노예。

【家屋:가옥】 집。

【家屋稅:가옥세】 《法》가옥에 대하여 집 임자에게 부과하는 조세。

【家用:가용】 ❶집안 살림살이의 비용。❷집안의 소용으로 씀。

【家運:가운】 집안의 운수。

【家運不吉:가운불길】 집안의 운수가 좋지 못함。

【家邑:가읍】 《制》周代 大夫의 領地。

【家人:가인】 ❶집안의 사람。妻子眷屬。家族。❷下僕。下人。奴隸。❸人民。庶民。❹易의 六十四卦의 하나。離下巽上。家內外中正의 狀態。

【家賃:가임】 집세。

【家慈:가자】 자기 어머니。慈親。

【家貲:가자】 =家財。『史記』與時轉——。

【家資:가자】 한 집안의 재산。

【家作:가작】 자기 집에서 직접 경작함。

【家芍藥:가작약】 집에서 재배한 작약。

【家蠶:가잠】 집에서 치는 누에。↔柞蠶。

【家狀:가장】 ❶집안 조상의 행적에 관한 기록。❷한 집안 조상의 行狀。

【家藏:가장】 제 집에 보관하여 둠。또 그 물건。『唐書』。

【家長:가장】 한 집의 주인。世帶主。戶主。『墨子』若處家得罪——。

【家長權:가장권】 가족을 지배하는 가장의 권리。

【家藏什物:가장집물】 집안의 모든 세간。

【家財:가재】 가정의 日常用具。또는 한 집안의 재산。家當。家貲。『史記』。

【家豬:가저】 집에서 기르는 돼지。

【家傳:가전】 ❶그 집에 代代로 전하는 것。❷家史。한 집안의 傳記。『北史』公宜自載——。

【家傳秘方:가전비방】 비밀히 대대로 그 집안에만 내려오는 處方。

【家丁:가정】 제 집에서 부리는 남자 상일군。

【家政:가정】 ❶집안 살림을 다스리는 일。❷한 집안의 경제。❸가정 생활을 처리해 나아가는 수단과 방법。

【家庭:가정】 ❶한 가족이 사는 집안。家內。『王僧孺』事顯——、聲者同族。❷집안의 뜰。❸부부를 중심으로 한 가족의 생활체。

【家庭經濟:가정경제】 《經》한 가족 안에서 自給自足하던 옛날 진보되지 못한 사회의 경제 상태。

【家庭教師:가정교사】 보수를 받고 남의 집에서 그 집 자녀를 가르치는 사람。

【家庭教育:가정교육】 부모 또는 兄姉가 그 자녀 또는 弟妹에 대하여 가정에 있어서의 일상 생활을 통하여 자연적으로 행하여지는 교육。

【家庭教訓:가정교훈】 가정의 어른들로부터 일상생활을 통하여 받는 교훈。

【家庭婦人:가정부인】 가정에서 살림하는 부인。↔직업부인。

【家庭學:가정학】 가정을 다스리는 방법을 연구하는 학문。

【家弟:가제】 남 앞에서 자기의 동생을 일컫는 말。舍弟。↔家兄。

【家祚:가조】 가정의 행복。『後漢書·馬援傳·贊』。

【家族:가족】 집안 사람。한 가정에 사는 집안 사람 전부。家眷。『唐書』卿違朕意、不顧——乎。

【家族計劃:가족계획】 夫婦가 各自의 생활 능력이나 생활 理想에 따라서 出産의 간격이나 産兒의 수를 계획적으로 조절하여 행복한 가정 생활을 이룩하는 데 적당한 가족의 범위를 설계하는 일。또는 그 계획。

【家族手當:가족수당】 부양 가족의 수에 따라 주는 수당。

【家族制度:가족제도】 한 가족을 국가 사회의 단위로 삼아、그 계통이 이어 나감을 소중히 하는 제도。

【家尊:가존】 ❶남의 아버지의 尊稱。『晉書·王獻之傳』。❷《中》자기 아버지의 敬稱에도 씀。

【家座:가좌】 집터의 위치。

【家主:가주】 ❶한 집안의 주인。『墨子』——獨知愛其家。❷집 임자。

【家中:가중】 ❶온 집안。❷한 집의 안。

【家珍:가진】 집안에 있는 보배。

【家什:가집】 家具。가정에서 常用하는 什器。物什。

【家牒:가첩】 한 집안의 系譜를 적은 책。

【家畜:가축】 가정에서 기르는 짐승。

【家親:가친】 남에게 대하여 자기 아버지를 일컫는 말。

【家宅:가택】 살림하는 집。

【家宅訪問:가택방문】 私宅으로 직접 찾아가서 만나 봄。私宅訪問。

【家宅搜索:가택수색】 《法》형사 사건의 피의자의 가택을 수색하는 일。

【家宅侵入:가택침입】 《法》정당한 이유 없이 남의 가택을 침입하는 일。

【家宅侵入罪:가택침입죄】 《法》남의 가택을 무단 침입한 형법상의 죄。

【家品:가품】 ❶家風。❷한 집안의 인심。

【家風:가풍】 한 집안의 규율과 風習。각 가정의 特有한 생활 형식。家例。家浴。

【家學:가학】 그 집안에 代代로 내려오는 학문。『北史』江式少專——。

【家行:가행】 =家品。

【家鄕:가향】 =故鄕。『李中』夜來夢魂至——。

【家兄:가형】 ❶남 앞에서 자기의 형을 일컫는 말。『晉書』——不改其樂。❷金錢의 別名。『成公綏·錢神論』。

【家戶:가호】 ❶호적상의 집。❷村落의 집수를 세는 말。

【家禍:가화】 집안의 재변。

【家患:가환】 집안의 우환。

【家訓:가훈】 가정의 교훈。先祖의 遺訓。家戒。家誡。庭訓。『後漢書』髫齔夙孤、不盡——。

◎故—、官—、舊—、國—、貴—、農—、傳—、諸—、宗—、主—、出—、畫—、皇—。

【宸】

(신) 眞 シン、のき eaves ㄔㄣˊ ch'en²

小篆 草書 ❶집 신(屋宇)。❷처마 신(簷也)。『國語越語』君若不忘周室、而爲敝邑—宇、亦寡人之類也。❸대궐 신(帝居)。

【宸居:신거】 임금의 居所。『唐太宗』仍茲舊貫、式表ㅡㅡ。
【宸光:신광】 =曙光。「ㅡㅡ。
【宸眷:신권】 임금의 은혜。『北史』屢動
【宸襟:신금】 임금의 품고 있는 마음 속。
【宸念:신념】 임금의 뜻。宸旨。宸義。宸慮。聖旨。『劉禕之』德優ㅡㅡ遠。
『薛元超』ㅡㅡ有豫。
【宸斷:신단】 임금의 判決。太裁。『金史』在陛下ㅡㅡ耳。
【宸憂:신우】 임금의 근심。
【宸遊:신유】 임금의 巡遊。『王維』不是ㅡㅡ玩物華。「宸文。宸翰。
【宸章:신장】 임금이 쓴 御章 또는 편지。
【宸聽:신총】 임금의 귀。임금의 聽取。『徐元弼』寂寥高曲盡、猶是滿ㅡㅡ。
【宸筆:신필】 임금의 親筆。御筆。宸翰。『畫繼』出ㅡㅡ所摸名畫。

【容】(용) 图 ヨウ、かたち figure ㄖㄨㄥ jung²
小篆 小篆 古文 草書 ❶얼굴용(貌也)。❷모양용(儀也)。【禮記】禮文始在於正ㅡ體。❸쌀용(包也)。❹놓을용(置也)。『陶潛 歸去來辭』審ㅡ膝之易安。❺용납할용(受也)。『易經』君子以ㅡ民畜衆。「ㅡ諫」。❻용서할용(宥也)。❼쓸용(用也)。❽내용용(內ㅡ)。❾안존할용(安也)。❿펄렁거릴용(飛揚貌)。⓫천천할용(從ㅡ)。⓬조사용(助詞)。
【容假:용가】 잘 사람을 받아 들임。(假는 용서)。『唐書』無所ㅡㅡ。
【容共:용공】 공산주의 또는 그 정책을 용인하는 일。
【容觀:용관】 용모와 태도。容儀。儀容。
【容光:용광】 ❶틈으로 들어오는 빛。『孟子』日月有光、ㅡㅡ必照焉。❷얼굴의 빛나는 風采。몸차림。服裝。모습。『徐幹』髣髴君ㅡㅡ。
【容器:용기】 물건을 담아 두는 그릇。
【容納:용납】 너그러운 마음으로 들어줌。받아 줌。容受。『晉書』寬綽以ㅡㅡ。
【容貸:용대】 =容恕。
【容量:용량】 ❶그릇에 물건이 담기는 분량。❷《物》일정한 상태에 있어서의 물질이 포함될 수 있는 열이나 전기를 말함。
【容貌:용모】 사람의 얼굴 모양。『論語』動ㅡㅡ、斯遠暴慢矣。
【容範:용범】 용모와 태도。容表。
【容色:용색】 ❶얼굴 생김새。❷容貌와 顏色。『史記』憂喜在於ㅡㅡ。
【容恕:용서】 ❶놓아 줌。❷죄를 면하여 줌。❸꾸짖지 아니함。容赦。容貸。『後漢書』相ㅡㅡ。
【容手:용수】 수단을 씀。
【容身:용신】 ❶몸을 둠。❷몸을 無理하지 않음。『淮南子·精神訓』。❸한 때 겨우 편안함。苟安。❹《國》㉠=容膝。㉡세상에서 겨우 살아감。「酒食開ㅡㅡ。
【容顏:용안】 얼굴의 모양。『韓愈』豈有
【容與:용여】 여유 있는 모양。태도나 마음이 태연한 모양。閑舒。徐緩。閑適。『史記』翶翔ㅡㅡ。
【容悅:용열】 아첨함。君主의 환심을 사려고 애씀。『孟子』爲ㅡㅡ者也。
【容儀:용의】 의식에 맞는 태도。『漢書』爲人矜嚴、好修ㅡㅡ。
【容疑者:용의자】 범죄의 혐의를 받고 있는 사람。被疑者。
【容易:용이】 쉬움。어렵지 아니함。『戴復古』作詩ㅡㅡ改詩難。
【容忍:용인】 용서해 주고 참음。寬容·忍耐의 뜻。『後漢書』固宜ㅡㅡ。
【容認:용인】 용납하여 인정함。
【容姿:용자】 용모와 자태。모습。姿容。
【容積:용적】 ❶물건을 담을 수 있는 부피。容量。❷《數》立方體가 차지하고 있는 공간의 부분。체적。
【容接:용접】 ❶찾아 온 손님을 맞음。❷교제함。❸가까이 지냄。『後漢書』士有被其ㅡㅡ者、名爲登龍門。
【容止:용지】 몸가짐。進退와 擧動。『孝經』ㅡㅡ可觀、進退可度。
【容質:용질】 용모와 체질。『晉書』王廣女ㅡㅡ甚美。
【容體:용체】 =容態。『禮記』正ㅡㅡ、齊顏色、順辭令。
【容態:용태】 얼굴 모양과 몸맵시。용모와 태도。『後漢書』ㅡㅡ有異、聲節悲壯。
【容許:용허】 너그러운 마음으로 용납하여 허락함。許容。
【容華:용화】 얼굴이 아름다움。容色華麗。『曹植』南國有佳人、ㅡㅡ如桃李。
【容喙:용훼】 ❶입을 놀림。❷옆에서 말참견을 함。
◎寬ㅡ、內ㅡ、美ㅡ、威ㅡ、理ㅡ、包ㅡ、形ㅡ、花ㅡ。

【寤】(오) 遇 ゴ、さめる be disillusioned
잠깰오(寢覺)。
【密】(밀)『密』(宀部 8畫)의 俗字
【寇】(구)『寇』(宀部 8畫)의 俗字
【案】(안)→木部 6畫
【窈】(요)→穴部 5畫
【窄】(착)→穴部 5畫
【窆】(폄)→穴部 5畫

八 畫

【居】(거) 魚 キョ、たくわえる save
❶쌓을거、저축할거(貯也)。❷있을거(居也)。(『居』와 같음)
【宿】㊀(숙) 屋 ㊁(수) 宥 シュク、やどる lodge ㄒㄧㄡ hsiu⁴
小篆 草書 ㊀❶잘숙(夜止)。❷드샐숙(夜止)。❸지킬숙(守也)。❹여숙숙(旅宿)。❺쉴숙(休也)。❻머무를숙(留也)。❼본디숙(素也)。❽클숙(大也)。㊁❶떼별수(列星)。❷성좌수(星座)。
【宿憾:숙감】 =宿怨『魏志·註』求釋ㅡㅡ。
【宿契:숙계】 前世부터의 약속。夙契。
【宿工:숙공】 오래 연습하여 익숙한 일。
【宿根:숙근】 ❶前世에서부터 정해진 그 사람의 능력。❷《植》겨울에 땅 위에 있는 줄기는 말라 죽고 뿌리만 남았다가 이듬해 봄에 새로 움이 돋는 묵은 뿌리。
【宿芩:숙금】 黃芩의 묵은 뿌리。
【宿耆:숙기】 德望이 있는 늙은이。老人。
【宿諾:숙낙】 승낙한 일을 미루고 실행하지 않음。『論語』子路不ㅡㅡ。
【宿德:숙덕】 ❶오래도록 쌓은 德望。『漢書』名儒ㅡㅡ爲之。
【宿留:숙류】 ❶머물러 있음。滯在。停滯。❷기다림。❸마음에 두어 잊지 않음。『漢書·李尋傳』。❹容忍함。『吳志·陸遜傳』。
【宿望:숙망】 ❶오래도록 품은 所望。宿志。宿願。❷전부터의 名望。또는 명망이 있는 사람。『唐書』朝廷推爲ㅡㅡ。
【宿麥:숙맥】 보리。보리는 가을에 심어서 이듬해 익기 때문에 宿이라고 함。
【宿命:숙명】 ❶날 때부터 정해진 운명。先天的으로 타고 난 운명。宿運。❷《佛》과거의 인연에 의한 운명。
【宿命論:숙명론】 《哲》모든 자연 현상

이나 사람의 일은 선천적으로 정해져 있어서 사람의 힘으로는 변경시키지 못 한다는 諦觀。

【宿泊:숙박】 여관이나 어떤 곳에서 잠을 자고 머무름。

【宿泊屆:숙박계】 여관에 숙박하는 사람의 名簿를 경찰에 내는 보고。

【宿泊料:숙박료】 여관 따위에서 숙박하는 값으로 내는 요금。

【宿泊簿:숙박부】 숙박하는 사람의 이름을 적은 책。

【宿泊人:숙박인】 여관 따위에 숙박하는 사람。

【宿症:숙병】 오래 된 병。 宿痾。

【宿分:숙분】 =宿命。『吳敬』命之窮達有——。

【宿舍:숙사】 숙박하는 집。 旅館。『史記』蘇秦使人微隨張儀與同——。

【宿夕:숙석】 하룻밤。 宿은 夜。 잠깐 사이라는 뜻。 一夕。 一夜。 宿昔。『戰國策·趙策』不出——、人必危之矣。

【宿昔:숙석】 ❶옛부터。 오래 전부터。 從來。 平生。 夙昔。 舊時。『張九齡』——青雲志。 ❷하룻밤。 宿夕。 ❸一朝一夕이 아니라는 뜻。『論衡·感虛』。

【宿善:숙선】 ❶좋은 일을 즉시 하지 않고 연장함。『說苑·政理』。 ❷《佛》前世에서 닦은 善根。

【宿世:숙세】 《佛》❶지난 世上。 ❷前世。 前世의 因緣。『法華經·授記品』。

【宿素:숙소】 ❶평소의 念願。『鄭玄·戒子書』。 ❷일찍부터 威望이 있는 것。 늙어서 重望이 있는 사람。 夙素。『宋史·張秉傳』人不以——稱之。

【宿所:숙소】 머물러 묵는 곳。

【宿習:숙습】 ❶옛부터의 풍습。 ❷《佛》전세부터의 풍습。

【宿食:숙식】 ❶寢食。 ❷먹은 뒤 밤이 지나도 삭지 않는 음식。

【宿心:숙심】 =宿志。『嵇康』內負——、外良朋。

【宿痾:숙아】 오래 묵은 病。 持病。 宿疉。『王安石』以——而自困。

【宿惡:숙악】 ❶오래 전부터의 나쁜 일。 또는 사람。 舊惡。『後漢書』——大姦、奔走他境。 ❷《佛》前世에서 범한 악행。

【宿案:숙안】 미리부터 생각하여 놓은 案。

【宿約:숙약】 오래 된 약조。

【宿緣:숙연】 前世부터의 因緣。 宿因。『何承天』愛欲未除、——是畏。

【宿營:숙영】 ❶兵士가 숙박하는 곳。 ❷군대가 兵營을 떠나 다른 곳에서 숙박함。 陣營。 陣所。

【宿雨:숙우】 ❶계속하여 여러 날 내리는 비。 장마。 霖雨。『王維』桃紅復含——。 ❷지나간밤부터 오는 비。

【宿怨:숙원】 오래 된 원한。 원한을 간직함。 宿恨。『孟子』不藏怒焉、不——焉。

【宿願:숙원】 오래 전부터의 所望。『隨書』今日得諸——。

【宿衞:숙위】 宿直하여 지킴。『周禮』——王宮。

【宿因:숙인】 前世의 因緣。 宿緣。『張喬』千燈有——、長老許相親。

【宿賊:숙적】 오래 동안 나쁜 짓을 하는 盜賊。

【宿敵:숙적】 오래 된 적。

【宿題:숙제】 ❶㉠미리 내두는 題目。 ↔ 兼題·即題。 ㉡알아 오도록 미리 내주는 문제。 ❷두고 생각할 문제。

【宿鳥:숙조】 자는 새。 寐鳥。『李白』花枝——喧。

【宿罪:숙죄】 前世에서 지은 죄。

【宿主:숙주】 《生》寄生한 동식물에게 양분을 주는 동식물。 寄主。

【宿志:숙지】 오래 전부터 품은 뜻。 宿望。『後漢書』奈何忘——、而慙兒女子乎。

【宿直:숙직】 직장에서 잠을 자며 지키는 일。 또는 그 사람。『齊書』親近——。

【宿直室:숙직실】 숙직하는 사람이 자는 방。

【宿直員:숙직원】 직숙하는 사람。

【宿債:숙채】 오래 된 빚。 宿負。 舊債。『黃公度』千畝債——。

【宿滯:숙체】 《醫》오래 묵은 체증。

【宿醉:숙취】 이튿날까지 깨지 않고 취함。 宿酲。『王初』——初醒一倍寒。

【宿弊:숙폐】 오래 된 폐해。 이전부터의 폐단。『唐書』鉏——、豪右慴服。

【宿學:숙학】 오랫동안 학문을 연구하여 學理에 통한 사람。 積學의 선비。 碩學。 老儒。 老學。 宿儒。『史記』當世——。

【宿恨:숙한】 =宿怨。『吳志』除棄——。

【宿嫌:숙혐】 오래 된 혐의。

【宿好:숙호】 옛부터 좋아하는 것。 오래 전부터의 즐기는 것。『陶潛』詩書敦——。

【宿虎衝鼻:숙호충비】 자는 범의 코를 찌른다는 뜻。 《喩》자기 스스로가 不利를 自招한다는 말。

【宿患:숙환】 =宿痾。

◎歸—、寄—、星—、野—、旅—、留—、在—、投—、下—、合—。

【㝛】

(숙)『宿』(前條)의 古字

【㝜】

(석) 陌 セキ、よる night

밤석(夜也)。

【寀】

㊀(채) 賄 サイ、あいやく fellow official ㊁(채) 隊 ㄘㄞˇ ts'ai³

小篆 ㊀동관채(同官)。 ㊁ 사패땅채(—地、食邑)。 (『采』와 같음)

【寂】

(적) 錫 セキ、ジャク、さびしい、しずか desolate ㄐㄧˊ chi²

小篆 或體 草書 ❶고요할적(靜也、安也)。 ❷쓸쓸할적(寥也)。 ❸적막할적(—莫)。『易經』—然不動。

【寂念:적념】 쓸쓸하고 고요한 생각。『劉孝孫』—啓玄門。

【寂漻:적료】 하늘이 높고 아득함。『漢書』——上天知厥時。

【寂寥:적료】 寂寞。『楚辭』聲嗷嗷以——兮。

【寂寞:적막】 고요하고 쓸쓸함。 寂莫。 寂漠。 寂寥。 寂歷。『後漢書』守——而存神。

【寂滅:적멸】 ❶사라져 없어짐。『隋書·牛弘傳』憲章禮樂、——無聞。 ❷《佛》㉠煩惱의 境地를 떠남。 ㉡죽음。 涅槃(열반)。 梵語의 意譯。『法華經·序品』。

【寂默:적묵】 지긋이 눈을 감고 앉아 깊이 생각하여 말이 없음。

【寂然:적연】 쓸쓸하고 고요한 모양。 寂寂。『易經』——不動。

【寂寂:적적】 외롭고 쓸쓸함。 寂然。『劉禹錫』月露滿庭人——。

【寂靜:적정】 ❶쓸쓸하고 고요함。『唐書』離俗——。 ❷몸과 마음이 흔들리지 않고 아주 고요함。 ❸《佛》번뇌를 떠나 苦를 滅한 解脫。 涅槃의 境地。

◎空—、幽—、靜—、閑—。

【寁】

(잠) 感 セン、はやい fast ㄗㄢˇ tsan³

小篆 ❶빠를잠(速也)。 ❷얼른할잠(速成)。

【寃】

(원) 元 エン、うらみ grudge

❶원통할원(怨也)。 ❷굽힐원(屈也)。 ❸죄없을원(無罪)。(『冤』과 같음)

【寄】

(기) 寘 キ、よる request; rely ㄐㄧˋ chi⁴

小篆 草書 ❶붙어있을기(寓也)。 ❷부칠기(送也)。 ❸줄기(與也)。 ❹맡길기(付托)。『論語』可以—百里之命。 ❺전할기(傳也)。 ❻방게기(小蟹)。 ❼부탁할기(請—猶囑托)。

❽향할기(向也)。❾기울어질기(傾也)。❿모을기(集也)。

【寄豭:기가】 남의 妻를 姦通함。豭는 수퇘지로 姦夫에 比喩함。有夫姦。【史記】夫爲ㅡㅡ、殺之無罪。

【寄居:기거】 ❶임시로 머물러 있음。寓居。【曹植】人生如ㅡㅡ。❷덧붙어 삼。

【寄稿:기고】 원고를 신문사나 잡지사 같은 데에 보냄。投稿。寄書。

【寄稿家:기고가】 기고하는 사람。

【寄骨:기골】 평범하지 않은 의기。

【寄口:기구】 남의 집에 붙어 사는 사람。

【寄留:기류】 ❶한 때 他鄕 또는 남의 집에서 몸을 붙여 살음。❷(法)九〇일 이상 本籍地가 아닌 일정한 곳에 住所 또는 居所를 가짐。僑居。寄寓。寄宿。

【寄留地:기류지】 본적지를 떠나서 기류 신고의 절차를 마치고 기류하고 있는 곳。

【寄命:기명】 ❶國政을 맡김。【論語·泰伯】可以寄百里之命。❷생명을 맡김。❸現世에 잠시 맡긴 목숨。【晉書·皇甫謐傳】。

【寄付:기부】 ❶물건을 줌。【白居易】貧友遠勞君ㅡㅡ。❷의지함。부탁함。

【寄附:기부】 ❶자기 재산을 공공사업이나 자선 사업에 내어 줌。喜捨。❷=寄付。

【寄附金:기부금】 기부하는 돈。

【寄附行爲:기부행위】 일정한 공익 목적을 위하여 재산을 제공하여 재단 법인을 설립하는 행위。

【寄生:기생】 ❶남에게 붙어 살음。❷(生)다른 동식물의 體表나 體內에 부착하여 영양을 섭취하며 생활하는 일。【詩經·疏】蔦ㅡㅡ也。

【寄生動物:기생동물】 다른 動物體에 기생하여 사는 동물。

【寄生木:기생목】 (植)겨우살이。

【寄生物:기생물】 기생 생활을 영위하는 생물。

【寄生蟲:기생충】 ❶다른 동물의 몸안이나 몸 밖에 붙어 그 양분을 빨아 먹고 사는 벌레。촌충·거위 따위。❷독립심이 없어 남에게 의지하고 살아 가는 사람을 욕으로 일컫는 말。

【寄書:기서】 ❶편지를 부침。❷=寄稿。

【寄書者:기서자】 편지를 보낸 이。

【寄送:기송】 물건을 이편에 보냄。

【寄宿:기숙】 남의 집에 몸을 붙여 있음。【後漢書】ㅡㅡ鄕亭。

【寄宿舍:기숙사】 여러 사람이 기숙하는 집。

【寄食:기식】 ❶남의 집에 밥을 붙여서 먹음。❷남에게 의지하여 생활함。寓食。【戰國策】ㅡㅡ門下。

【寄與:기여】 ❶부치어 줌。보내 줌。贈與。❷이바지함。貢獻。

【寄人籬下:기인이하】 (喩)남의 세력에 붙어 살음。

【寄主:기주】 기생한 동식물에게 양분을 주는 동식물。宿主。

【寄贈:기증】 선사하는 물품을 보내 줌。贈呈。

【寄贈品:기증품】 기증한 물건。

【寄託:기탁】 ❶부탁하여 맡겨 둠。委託。【蜀志】吾與孔明竝受ㅡㅡ。❷몸을 맡김。의지함。❸말 밖에 깊은 뜻을 품음。諷刺함。【王羲之·蘭亭記】。❹(法)當事者의 一方이 상대방에게 받은 것을 보관하는 계약。新民法에 任置라고 함。

【寄託物:기탁물】 기탁한 물건。

【寄航:기항】 항해중의 배가 항구에 들림。寄港。

◎投ㅡ。

【寅】

㊀(인) 眞 イン、つつしむ、とら respect yin²
㊁(이) 支 I i

小篆 古文 古 草書 ㊀❶공경할인(敬也)。❷세째지지인(十二支中第三位)。❸동북인(東北)。❹범인(虎也)。❺동관인(同官)。㊁뜻은 ㊀과 같음。

【寅念:인념】 삼가 생각함。欽念。【書經】ㅡㅡ于祀。

【寅亮:인량】 삼가 밝힘。삼가 정성을 다함。敬信。

【寅末:인말】 寅時의 마지막 시각、곧 상오 다섯시경。寅時末의 略語。

【寅方:인방】 二四方의 하나。東東北。

【寅賓:인빈】 삼가 引導함。【書·堯典傳】寅、敬、賓、導也。

【寅時:인시】 ❶子時부터 세째 時。❷一日時의 세째 時。

【寅畏:인외】 삼가 두려워 함。【書經】嚴恭ㅡㅡ。

【寅月:인월】 음력 정월의 딴 이름。

【寅誼:인의】 동료간의 情誼。

【寅餞:인전】 삼가 餞送함。

【寅正:인정】 寅時의 중간。곧 상오 네시。

【寅坐:인좌】 寅方을 등진 뒷자리나 집터 따위의 자리。

【寅清:인청】 몸을 삼가고 깨끗이 함。【書·舜典】夙夜惟寅、直哉惟清。

【寅初:인초】 寅時의 처음。곧 오전 세시 이후의 얼마쯤의 시간。

【密】

(밀) 質 ミツ、しげる、ひそか thick; secrecy ㄇㄧˋ mi⁴

小篆 草書 ❶빽빽할밀(稠也)。❷가만할밀(秘也)。❸깊을밀(深也)。【易經 繫辭上】幾事不ㅡ則害成。❹촘촘할밀「綿ㅡ、周ㅡ」。❺매우가까울밀(切近)。【書經】ㅡ邇王室。❻차근차근할밀(緻ㅡ)。❼조용할밀(靜也)。【孟子 萬章上】四海遏ㅡ八音。❽잘밀(細也)。(『宓』과 같음)

【密計:밀계】 비밀한 계략。密策。密謀。秘策。【唐書】所與秘謀ㅡㅡ甚多。

【密啓:밀계】 비밀히 아룀。임금에게 넌지시 올리는 글。

【密告:밀고】 비밀히 고함。남몰래 넌지시 일러바침。

【密記:밀기】 비밀히 적은 기록。

【密談:밀담】 =密語。

【密度:밀도】 ❶빽빽이 들어 선 정도。❷(物)일정한 물질의 어느 온도에 있어서의 單位體積의 質量。보통 C.G.S. 단위인 g/cm^3로 씀。❸精密한 尺度。

【密林:밀림】 빽빽하게 들어선 수풀。

【密林地帶:밀림지대】 밀림으로 이루어진 지대。

【密賣:밀매】 법을 어겨 파는 일。

【密賣淫:밀매음】 법을 어겨 가며 몸을 파는 일。

【密賣品:밀매품】 비밀히 파는 물건。

【密謀:밀모】 비밀히 모의 함。

【密勿:밀물】 ❶힘써 부지런히 함。黽勉。【漢書·劉向傳】。❷君主의 곁에 있어 機密에 參與하는 일。또는 그 사람。【魏志·杜恕傳】ㅡㅡ大臣。❸중요한 정사。

【密密:밀밀】 ❶남몰래。비밀히。❷세밀히。【孟郊】臨行ㅡㅡ縫。❸아주 빽빽하게 들어서 있음。

【密報:밀보】 넌지시 하는 보고。비밀히 보고 함。

【密封:밀봉】 단단히 봉함。【王建】ㅡㅡ計策非時奏。

【密封教育:밀봉교육】 일정한 기간 일정한 곳에 격리 수용하여 비밀로 행하는 또는 특수 목적을 위한 間諜教育。

【密使:밀사】 비밀히 보내는 使者。

【密事:밀사】 비밀한 일。비밀을 요하는 일。【後漢書】漏泄ㅡㅡ。

【密殺:밀살】 ❶드러나지 않게 몰래 죽임。❷家畜을 몰래 屠殺함。

【密商:밀상】 법을 어겨 몰래하는 장사。

【密生:밀생】 매우 빽빽하게 남。

【密書:밀서】 비밀히 보내는 편지。

【密石:밀석】 숫돌。表面이 매끄러운 돌。砥石。

【密船:밀선】 법을 어겨 가며、몰래 다니는 배。

【密送:밀송】 몰래 보냄。
【密輸:밀수】 나라의 禁制의 法規를 어겨 가며 외국과 상품을 거래함。
【密輸入:밀수입】 법을 어겨 가며 몰래 하는 수입。
【密輸出:밀수출】 법을 어겨 가며 몰래 「하는 수출。
【密室:밀실】 비밀한 방。
【密約:밀약】 비밀의 약속。
【密語:밀어】 ❶비밀히 하는 말。남이 알아 듣지 못하게 넌지시 하는 말。密談。❷《佛》㉠密敎에서 如來의 敎義를 설법하는 말。㉡密敎의 陀尼羅。
【密諭:밀유】 넌지시 타이름。
【密意:밀의】 숨은 뜻。비밀한 뜻。
【密議:밀의】 비밀히 의논함。「回狀。
【密移:밀이】 ❶비밀히 옮김。❷비밀의
【密邇:밀이】 ❶서로 바싹 다붙음。❷임금에게 가까이 함。『書經』——王室。
【密入國:밀입국】 절차를 밟지 않고 몰래 국경을 넘어 남의 나라에 들어감。
【密藏:밀장】 비밀히 간직함。秘藏。
【密接:밀접】 ❶아주 가까운 관계가 있음。❷썩 가깝게 맞닿음。「람。
【密偵:밀정】 비밀로 정탐함。또는 그 사람。
【密造:밀조】 금제품、허가제의 물건을 비밀히 허가 없이 만들음。
【密奏:밀주】 비밀히 임금에게 아룀。『王建』——君王知入月。
【密酒:밀주】 허가 없이 몰래 빚은 술。
【密旨:밀지】 비밀의 명령。또는 勅旨。密指。密意。『王建』長承——歸家少。
【密集:밀집】 빽빽이 모임。密聚。
【密着:밀착】 ❶빈틈 없이 단단히 붙음。❷사진을 현상된 필름 그대로의 크기로 인화지에 구워 올림。
【密策:밀책】 =密計。 「和。穆淸。
【密淸:밀청】 조용하고 깨끗한 모양。淸
【密緻:밀치】 ❶자상하고 꼼꼼함。『詩經』情性——。❷썩 곱고 빽빽함。緻密。
【密勅:밀칙】 비밀히 내린 勅旨。『梁史』陳慶之別有——。
【密探:밀탐】 몰래 하는 정탐。
【密通:밀통】 ❶남녀가 비밀히 정을 통함。❷형편을 몰래 알려 줌。
【密派:밀파】 密偵 따위를 비밀히 함。
【密閉:밀폐】 꼭 닫음。
【密航:밀항】 旅券 없이 또는 삯을 치르지 않고 몰래 배를 타고 외국으로 감。
【密行:밀행】 ❶비밀히 다님。❷비밀히 어떤 곳에 감。❸수상한 사람의 뒤를 몰래 딸아감。❹《佛》오로지 佛道의 修行에만 힘쓰는 일。『法華經·人記品』。
【密會:밀회】 ❶비밀히 모임。『崔融』心靈——。❷남녀가 비밀히 만남。❸心中에 깊이 서로 통함。
◎近—、機—、緊—、內—、綿—、秘—、詳—、細—、嚴—、精—、稠—、周—、親—。

【㝝】 (림) 侵 リン、ふかいいえ deep house
❶집깊을림(家深)。❷집충충할림(家深屋)。

【㝞】 (아) 痲 禡 ア、まがる perverse
비뚤어질아(不正)。

【宼】 (구)『寇』(次條)의 俗字

【寇】 (구) 宥 コウ、かすめとる ㄎㄡˋ k'ou⁴ seizure
小篆 小篆 草書 ❶떼도둑구(群賊)。❷사나울구(暴也)。❸겁탈할구(刦取)。❹원수구(讐也)。❺해칠구(害也)。(『寇』는 俗字)
【寇警:구경】 적이 침입했다는 警報。또는 警戒。『後漢書』匈奴衰弱、邊無——。
【寇盜:구도】 침범하여 도둑질함。『莊子』畏——之害。「大宗伯』。
【寇亂:구란】 外寇와 內亂。賊。『周禮·
【寇掠:구략】 外國에 쳐들어가 財物 등을 빼앗아 감。寇攘。寇偸。寇略。
【寇讎:구수】 怨讐。寇讐。寇敵。仇敵。
【寇擾:구요】 침범하여 교란함。『後漢書』——州郡。「經』。
【寇賊:구적】 국경을 침범하는 外賊。『書 『杜甫』張目視——。
【寇敵:구적】 ❶外敵。❷怨讐。寇讐。
【寇竊:구절】 노략질。떼를 지어 재물을 약탈함。또는 약탈하는 者。寇盜。
【寇患:구환】 침공의 우려。『後漢書』——轉盛。

【㝠】 (명)『冥』(冖部 8畫)의 俗字

【宨】 (조)→穴部 6畫

【窓】 (창)→穴部 6畫

九畫

【寊】 (정) 庚 テイ、ひろいいえ roomy house
넓은집정(廣屋)。

【富】 (부) 宥 フウ、フ、とむ rich ㄈㄨˋ fu⁴
小篆 草書 ❶많을부(豊也)。❷넉넉할부(裕也)。『唐書 宋之問傳』—文辭工書、有力絶人。❸충실할부(滿足)。❹부자부(豊財)。❺어릴부(年幼)。(『冨』로도 씀)
【富家:부가】 부잣집。
【富强:부강】 富하고 强함。나라가 富하고 强함。『漢書』秦以——、卒倂天下。
【富骨:부골】 부자답게 보이는 골격。
【富驕:부교】 재산으로 부리는 교만。
【富國:부국】 ❶재물이 풍부한 나라。부유한 나라。❷나라를 부요하게 만들음。『唐書』有——術、寵遇益厚。
【富國强兵:부국강병】 ❶나라를 富裕하게 하고 兵力을 强하게 함。❷富裕한 나라와 强한 軍隊。『戰國策·秦策』。
【富國策:부국책】 나라를 부요하게 하는 방책。
【富貴:부귀】 재산이 많고 지위가 높음。『易經』崇高莫大於——。
【富貴功名:부귀공명】 부귀와 공명。
【富貴花:부귀화】 牡丹의 異名。『周敦頤』牡丹、花之富貴者也。
【富大:부대】 몸집이 뚱뚱하고 큼。
【富力:부력】 ❶재산의 정도。❷재산이 많으므로 해서 생기는 세력。
【富士山:부사산】《地》후지山。日本 第一의 名山。靜岡(시즈오카)와 山梨(야마나시)의 두 縣의 境界에 솟아 있는 日本 第一의 高山。높이 三七七六미터。코니든式 休火山이며 山頂에는 주위 약 四粁의 분화구가 있음。年中 눈이 쌓여 있고 기상 관측소가 상설되어 있음。
【富商:부상】 자본이 많은 상인。『史記』——大賈、周流天下。
【富贍:부섬】 재물이 넉넉함。『晉書』才章——。 「賴。
【富歲:부세】 =豊年。『孟子』——子弊多
【富衍:부연】 넉넉하여 財産이 남음。돈이 넘칠 듯 많이 있음。쓰고도 남음。富溢。『宋史』號爲——。 「快樂無已。
【富饒:부요】 =富裕。『易林』——豊衍、
【富源:부원】 재물이 생길 근원。
【富有:부유】 재물을 넉넉히 가짐。『易經』——之爲大業。 「贍。富饒。
【富裕:부유】 財物이 넉넉함。富厚。富
【富裕層:부유층】 넉넉하게 잘 사는 층。

【富潤:부윤】재물이 많고 넉넉함。
【富益富:부익부】富者일수록 더욱 富者가 되려 함。
【富者:부자】재산이 넉넉한 사람。↔貧者。
【富籤:부첨】福券。景品券。
【富村:부촌】부자가 많이 사는 마을。살기가 넉넉한 마을。↔窮村·貧村。
【富戶:부호】부잣집。富家。
【富豪:부호】재산이 많고 권세가 있는 사람。〔漢書〕——皆爭匿財。
◎巨—、國—、貧—、豊—、豪—。

【寍】(녕)『寧』(宀部 11畫)의 古字

【寎】(병) 㾀 へイ、さんがつ March
❶잠들어 깜짝깜짝 놀랄병(臥驚病)。❷삼월병(三月)。(『㾀』과 같음)

【寏】(환) 寏 カン、めぐりかき enclosure
둘러싼 담환(周垣)。

【寐】(매) 寐 [ㄇㄟˋ mei⁴] ビ、ねむる sleep (本音「미」)
❶잠잘매(寢也)。❷쉴매(息也)。〔詩經〕夙興夜—。
【寐魚:매어】=鮇魚。
【寐語:매어】잠꼬대、囈語。
◎夢—。

【㝟】(예) 㝟 エイ、しずか calm
고요할예(靜也)。

【寒】(한) 寒 [ㄏㄢˊ han²] カン、さむい cold
❶추울한(暑之對)。❷찰한(冷也)。❸떨릴한(戰慄)。「心—、膽—」。❹뼈에 사무칠한。〔史記 刺客傳〕風蕭蕭兮易水—。❺쓸쓸할한。❻가난할한(窮窘)。〔史記〕范叔一—如此哉。❼추워서 얼한「飢—」。❽그만 둘한(歇也)。❾겨울한(冬也)。
【寒家:한가】❶가난한 집。貧家。❷가난한 집안。寒門。
【寒感:한감】추위를 겪어서 든 감기。
【寒乞:한걸】남루한 거지。〔宋書〕外舍家——。
【寒檠:한경】쓸쓸한 등잔불。〔劉克莊〕一間茅屋對——。
【寒苦:한고】추위로 고생되는 괴로움。〔後漢書〕民得以免——。
【寒空:한공】=寒天。〔杜甫〕蕭瑟浸——。
【寒窶:한구】매우 가난함。寒寠。赤貧。〔唐書〕家——。
【寒菊:한국】겨울에 피는 菊花。
【寒氣:한기】❶추위。❷몸에 느껴지는 으스스한 기운。病的으로 추운 추위。
【寒女:한녀】가난한 女人。〔杜甫〕彤庭所分帛、本自——出。
【寒痰:한담】=冷痰。
【寒帶:한대】(地)❶地球上의 氣候帶의 하나。南北兩半球의 緯度 六六·五도에서 兩極까지의 地帶。氣候는 몹시 추우며、太陽이 冬至 前後에는 아주 뜨지 않고、夏至 前後에는 아주 地平線 밑으로 떨어지지 않음。❷아주 추운 地帶。↔熱帶。
【寒帶植物:한대식물】한대 지방에 생장하는 식물。주로 地衣類이나 潮流·地勢 따위의 관계로 왜소해진 관목이나 草木類。蘇苔類 따위가 날 뿐임。
【寒暖:한란】추움과 따뜻함。寒氣와 暖氣。〔禮記〕必因天地——燥濕。
【寒暖計:한란계】氣溫의 높낮이를 재는 溫度計。水銀과 알코올로 된것이 가장 많이 쓰임。種類에 따라 攝氏·華氏·列氏의 三종이 있음。寒暑針。
【寒暖飢飽:한란기포】춥고 따뜻함과 주리고 배부름。
【寒冷:한랭】춥고 참。〔山谷〕燈火坐——。
【寒冷前線:한랭전선】기상학상의 不連續線의 하나。
【寒涼:한량】기운이 없고 얼굴이 파리함。
【寒露:한로】❶二十四節氣의 하나。秋分과 霜降 사이에 있는 節氣로 陽曆 十월 八·九월 경이 됨。❷찬 이슬。
【寒陋:한루】가난하고 賤함。寒微。寒賤。〔北齊書〕門族——。
【寒流:한류】❶겨울 냇물。찬 냇물。〔白居易〕——帶月澄如鏡。❷溫度가 비교적 낮은 海流。兩極에서 나와 大陸을 沿해서 赤道를 향해 흐름이 보통임 ❸가난하고 賤한 사람。寒士。
【寒盟:한맹】약속·맹세를 배반함。〔書言故事〕背約曰——。
【寒毛:한모】❶솜털。잔털。❷몹시 두려워서 몸의 털이 곤두 섬。〔晉書〕。
【寒微:한미】가난하고 賤한。寒陋。〔晉書〕吾彦出自——、有文武才幹。
【寒民:한민】가난한 백성。貧民。寒人。〔荀悅〕下有——。
【寒士:한사】가난한 선비。微賤하고 가난한 사람。寒生。〔晉書〕如布衣——。
【寒酸:한산】(轉)貧苦。寒은 寒氣、酸은 酸味。두 가지 모두 몸에 베어 들어、苦痛을 주기 때문에 온 말임。
【寒色:한색】찬 감정을 주는 빛깔。푸른 빛 또는 그에 가까운 빛깔。↔溫色。
【寒暑:한서】❶추위와 더위。❷겨울과 여름。〔易經〕——相推、而歲成矣。
【寒蟬:한선】(動)❶가을 매미。쓰르라미。茅蜩。〔禮記〕白露降、——鳴。❷울지 않는 매미。〔後漢書〕自如——。
【寒泄:한설】(醫)배가 부르며 아프고、惡寒이 나는 설사。痞泄。
【寒蟾:한섬】겨울 달。蟾은 두꺼비。달 속에 산다고 하여 달의 뜻으로 씀。寒月。
【寒素:한소】❶가난하고 儉素함。淸貧。〔晉書〕擧淸能、拔——。❷(制)司馬。晉에서 선비를 뽑던 科名。〔晉書·武帝紀〕。
【寒粟:한속】소름。
【寒羞:한수】찬밥。아침 밥。변변하지 못한 음식。〔文選·張協·七命〕。
【寒嗽:한수】(醫)감기가 들어서 자주 기침이 나는 병。
【寒濕:한습】(醫)습기로 허리의 아래가 찬 병。
【寒食:한식】名節 이름。冬至로부터 百五일 째 되는 날。四월 五·六일 쯤임。이날 나라에서는 宗廟와 各 陵園에 祭享을 지내고 民間에서도 省墓를 함。(故)이 날은 風雨가 심하여 불을 禁하고 찬 밥을 먹는 습관에서 왔다는 說과、晉의 賢人介子推가 이 날 山에서 불에 타 죽었으므로、그를 哀悼하는 뜻에서 이 날은 불을 금하고 찬 음식을 먹는다는 說등이 있음。〔荊楚歲時記〕。
【寒食省墓:한식성묘】한식 날에 조상의 무덤에 제사 지냄。
【寒心:한심】❶몹시 두려워 몸이 떨림。戰慄。〔史記〕足爲——。❷기가 막힘。
【寒餓:한아】추위와 굶주림。寒餒。〔段克己〕粟帛救——。
【寒瘍:한양】凍傷。凍瘍。
【寒熱:한열】앓을 때의 한기와 열기。〔禮記〕——不節。
【寒溫:한온】❶차고 따뜻함。寒暖。❷季節의 問安 人事 말(主客이 만났을 때)。〔晉書〕二兄多言俗事、獻之——而已。
【寒雨:한우】찬 비。겨울 비。쓸쓸한 비。
【寒燠:한욱】추움과 더움。〔韓維〕中州——與南異。
【寒月:한월】빛이 찬 것 같은 겨울의 달。〔陳子昂〕狐狖啼——。
【寒威:한위】❶심한 추위。❷추위의 威勢。
【寒慄:한율】추위에 떨음。寒戰。
【寒人:한인】가난한 사람。寒民。〔南史〕驅使——。
【寒戰:한전】=寒慄。

【寒節:한절】 몹시 추운 겨울철。寒天。
【寒劑:한제】 혼합에 의하여 낮은 온도를 생기게 하는 재료。
【寒鳥:한조】 겨울철의 새。
【寒族:한족】 =寒門。『晉書』華譚擧—周訪、爲孝廉。
【寒俊:한준】 집안은 가난하나 재주와 지혜가 뛰어난 사람。寒畯。寒雋。
【寒畯:한준】 가난하나 문벌은 좋은 선비
【寒地農業:한지농업】 기후가 한랭한 지방에서 행하는 농업。
【寒疾:한질】 《醫》=感氣·感冒。『孟子』有—、不可以風。
【寒窓:한창】 客地의 別稱。
【寒脹:한창】 《醫》배가 뚱뚱하게 붓고 토사가 나며 팔다리가 싸늘하여지는 병。
【寒菜:한채】 《植》평지。
【寒天:한천】 ❶추운 하늘。겨울 하늘。❷우무。우뭇가사리의 粘漿을 凍結·건조한 젤라틴 透明膜。여름에 물에 식히어 식용 또는 공업용으로 씀。
【寒泉:한천】 찬 물이 솟는 샘。『詩經』爰有—。「史」。
【寒賤:한천】 가난하고 賤함。寒陋。『南
【寒村:한촌】 가난한 마을。쓸쓸한 마을。
【寒縮:한축】 얼어서 줄어들음。『元好問』—寧作書生窮。「있음。
【寒蟄:한칩】 추위가 두려워서 집 속에만
【寒波:한파】 기온이 갑짜기 내려서 심한 한기가 오는 현상。↔暖波。
【寒風:한풍】 찬 바람。
【寒害:한해】 겨울에 심한 추위로 말미암아 작물이 입는 해。→霜害。「苦行。
【寒行:한행】 추운 것을 견디어 나가는
【寒鄕:한향】 ❶추운 곳。寒境。寒國。❷가난하고 쓸쓸한 곳。窮境。窮鄕。『鮑照』僕本——士、出身蒙漢恩。❸가난한 형편。또는 집안。寒境。「荆妻。
【寒荆:한형】 남에 대한 自己 妻의 謙稱。

【寒戶:한호】 가난한 집。寒門。
【寒冱:한호】 심한 추위。매우 추워서 얼음이 얼음。『周紫芝』重陰積——。
【寒號蟲:한호충】 《動》산박쥐。「試——。
【寒泓:한홍】 벼루의 異名。『文同』風前
【寒花:한화】 겨울에 피는 꽃。
【寒灰:한회】 불꺼진 재。死灰。『韋應物』心事如——。
【寒灰更煖枯樹復榮:한회경난고수부영】 꺼진 불이 다시 붙고、마른 나무에 새 움이 돋음。《喩》回生。復興。(前句는 『鮑照』寒灰滅更燃。後句는 『遊仙窟』枯樹重榮에서 引用함)。
◎輕—、苦—、極—、飢—、大—、防—、貧—、小—、嚴—、餘—、春—、避—、酷—。

【寖】 (침)『寖』(宀部 11畫)의 古字

【㝃】 (만) 阮 バン、ひく pull
당길만(引也)。

【寓】 (우) 遇 グウ、よる、やど lodging ㄩˋ yü⁴
小篆 或體 草書 ❶부칠우(寄也)。❷살우(居也)。「今旅人所居曰—」。❸부탁할우(托也)。❹빙자할우「—言、—意」。
【寓居:우거】 ❶남의 집에 임시로 살음。또는 임시로 사는 집。❷타향에서 임시로 살음。寓接。僑居。寓食。
【寓木:우목】 ❶《植》겨우살이。寄生木。❷나무 위에서 임시로 살음。
【寓目:우목】 주의해서 봄。注視。『左傳』
【寓舍:우사】 寓居하고 있는 집。
【寓生:우생】 남에게 붙어서 살음。
【寓書:우서】 편지를 써 보냄。寄書。
【寓所:우소】 우거하고 있는 곳。

【寓宿:우숙】 숙소를 정함。잠간 동안 묵음。寓居。『白居易』投山館以——。
【寓乘:우승】 남이 타고 있는 수레에 곁들어 탐。『左傳』請——。
【寓食:우식】 남의 집에 밥을 붙여 먹음。『元稹』——公堂肉。
【寓心:우심】 마음을 둠。
【寓意:우의】 自己의 생각을 다른 사물에 비유해서 은근히 나타냄。『老學庵筆記』淵明之詩、皇遍然——。
【寓接:우접】 =寓居。
【寓話:우화】 寓言。教訓의 뜻을 품고 있는 비유의 이야기。
【寓懷:우회】 생각을 무엇에 기울임。또는 생각을 무엇에 依托함。『伊洛淵源錄』——塵埃之外。

【寔】 (식) 職 ショク、まこと true ㄕˊ shih²
小篆 草書 ❶이식(是也)。❷참식(實也)。❸뿐식(止也)。

十 畫

【寖】 (침) 侵 シン、ひたす get wet ㄐㄧㄣˋ chin⁴
草書 ❶젖을침(—漬漸也)。❷잠길침(浸也)。❸점점침(漸也)。『漢書 武帝紀』—明—昌。(『浸』과 같음)
【寖廣:침광】 점점 넓어짐。『漢書』姦有所隱、則狃而——。
【寖壞:침괴】 점점 무너짐。『後漢書』刑罰不能復禁、化導以之——。
【寖薄:침박】 점점 엷어짐。『漢書』詐僞萌生、刑罰亡極、質樸日銷、恩愛——。
【寖盛:침성】 점점 盛하여짐。浸盛。『漢書』踰越禮制、——於前。
【寖深:침심】 점점 깊어짐。『漢書』間者吏用法巧、文——。
【寖弱:침약】 점점 약해짐。『漢書』外家宗族彊、上一身——日久。
【寖淫:침음】 점점 물이 들음。점차 擴大됨。『漢書·注』師古曰、寖、古浸字也、——、猶言漸染也。

【寗】 (녕)『寧』(宀部 11畫)의 譌字

【索】 (색) 陌 サク、さがす search
小篆 小篆 집에 들어와 찾을색(入家搜索)。

【寘】 (치) 寘 シ、おく put ㄓˋ chih⁴
小篆 草書 ❶둘치(置也)。❷폐할치(廢也)。❸쉴치(舍也)。(『置』와 通함)
『詩經 周南卷耳』—彼周行。
【寘耳:치이】 사람의 말을 들어 둠。『國語』不穀雖不能用、吾憖寘之於耳。
【寘酒:치주】 酒宴을 베풂。

【窳】 (유) 麌 ユ、おこたる lazy
草書 나약하고 게으를유(嬾也)。『史記』呰—偸生。

【寠】 (구) 宥 コウ、よる night
❶밤구(夜也)。❷침방구(寢室)。

【寣】 (망) 陽 モウ、ねごと talk in one's sleep
잠고대할 망(寢語)。

【寬】 (관)『寬』(宀部 12畫)의 俗字

【寧】 (녕)『寧』(宀部 11畫)의 闕畫

【寝】 (침)『寢』(宀部 11畫)의 俗字

【窟】(굴)→穴部8畫

【塞】(새)(색)→土部10畫

十一畫

【㝩】(강) 陽 養 コウ、しずか tranquil
小篆 고요할강(靜也)。

【㝪】(점) 豔 テン、かたむく incline
小篆 지붕물매점(屋傾下)。

【寞】(막) 藥 バク、さびしい solitary ㄇㄛˋ mo4
草書 ❶쓸쓸할막(寂寥)。❷고요할막(無聲寂—)。❸잠잠할막(靜也)。

【寞寞:막막】쓸쓸하고 괴괴한 모양。

【寞寞江山:막막강산】막막한 땅。또는 그 곳。

【寞寞窮山:막막궁산】쓸쓸하고 깊숙「한 높은 산。

【察】(찰) 黠 サツ、しらべる watch ㄔㄚˊ ch'a2
小篆 草書 ❶살필찰(監也)。❷알찰(知也)。❸볼찰(觀也)。❹밝힐찰(明也)。❺환히드러날찰(昭著)。❻깨끗할찰(潔貌)。❼편벽되게 볼찰(偏見苛—)。❽상고할찰(考也)。

【察納:찰납】잘 調査한 후 들어줌。『柳宗元』——微誠。

【察覽:찰람】환히 들여다 봄。『雲笈七籤』深識宏遠、——興亡。『金史』——細微。

【察問:찰문】잘 살펴서 조사함。審問。

【察色:찰색】❶얼굴색을 보살핌。❷얼굴색을 보아서 병을 진찰함。

【察書:찰서】남의 글씨를 模寫함。『金石文字記』。「書」——淸平。

【察選:찰선】분명하게 가려냄。『後漢

【察按:찰안】명백히 생각함。또는 조사함。『唐書』今所——、準漢六條、而推廣之。

【察照:찰조】❶잘 생각해서 明白히 해둠。『晉書』未垂——。❷편지나 文書 따위를 살펴서 자세히 봄。査照。

【察衆:찰중】衆生을 잘 보살핌。

【察知:찰지】❶明白히 알음。❷미루어 알아냄。살펴서 알음。推知。

【察察:찰찰】❶밝고 썩 仔細한 모양。『老子』其政——。❷潔白하고 깨끗한 모양。『史記』安能以身之——、受物之汶汶者乎。

【察驗:찰험】잘 살펴 보고 생각함。『亢倉子』淸心省念、——近習。

【察慧:찰혜】才智가 밝고 똑똑함。賢明함。聽明함。『後漢書』以——爲言。

◎監—、檢—、警—、考—、觀—、究—、糾—、明—、査—、詳—、省—、巡—、視—、推—、賢—、

【寠】㊀(루) 尤 ㊁(구) 麌 ロウ、ク、まずしい poverty
小篆 草書 ㊀❶기울어진땅루(甌—傾側地)。㊁가난할구(貧陋)。❷여윌구(衰弱)。(『窶』와 同字)

【寡】(과) 馬 カ、すくない few ㄍㄨㄚˇ kua3
小篆 草書 ❶적을과(少也)。❷드물과(罕也)。❸과부과(喪夫者皆曰—)。❹나과(諸侯自稱)。

【寡居:과거】寡婦살이。寡婦。寡處。『史記』平陽公主——。

【寡單:과단】=寡少。

【寡德:과덕】德이 적음。德望이 거의 없음。『晉書』詔曰、惟朕——、纘我弘緖。

【寡頭:과두】적은 인원。

【寡頭政治:과두정치】英語 oligarchy의 譯語。少數의 사람들이 한 국가의 권력을 掌握하여 자기들의 이익을 목적으로 하는 共和政治의 한 形式。

【寡陋:과루】見聞이 적어 頑固함。孤陋寡聞。

【寡默:과묵】말이 적음。말을 삼가서 적게 함。寡言。

【寡聞:과문】들은 바가 적음。見聞이 적음。『禮記』獨學而無友、則孤陋而——。

【寡聞淺識:과문천식】견문이 적고 학식이 얕음。

【寡薄:과박】적고 엷음。寡少。『唐書』「物産——。」

【寡婦:과부】남편을 잃은 女子。홀어미。未亡人。孀婦。嫠婦。『禮記』——不夜哭。

【寡不敵衆:과불적중】적은 것이 많은 것을 대적할 수 없음。

【寡少:과소】썩 적음。

【寡守:과수】홀어미。

【寡守宅:과수댁】寡守의 尊稱。

【寡額:과액】=小額。

【寡弱:과약】적고 약함。

【寡約:과약】儉素하고 節約함。『晉書』群僚常俸、竝皆——。

【寡言:과언】=寡默。

【寡劣:과열】재주가 부족하여 남에게 뒤떨어짐。『傅亮』臣以——、負荷國恩。

【寡慾:과욕】慾心이 적음。慾心을 적게 함。『孟子』其爲人也——。

【寡虞:과우】걱정이 적음。(虞는 慮의 뜻)。『陸機』封域——。

【寡人:과인】❶德이 적은 사람이라는 뜻으로、諸侯의 謙稱。『禮記·曲禮』諸侯自稱、曰——。❷諸侯의 夫人의 自稱。

【寡作:과작】작품 같은 것을 양적으로 적게 제작함。↔多作。

【寡照:과조】農作物에 대하여 볕의 쪼임이 적음을 일컫는 말。

【寡足:과족】❶다리를 묶음。❷나가지 못함。❸도보로 먼 길을 여행함。

【寡合:과합】남과 마음이 잘 안 맞음。남과 마음을 맞추지 않음。

【寡鵠:과혹】짝 없는 한 마리의 고니(白鳥)。《喩》配偶者를 잃은 사람。

◎多—、衆—。

【寢】(침) 寢 シン、ねる sleep ㄑㄧㄣˇ ch'in3
小篆 草書 ❶잘침(臥也)。❷쉴침(息也)。❸방침(堂室)。「內—、正—」。❹정자각침(陵—)。❺사당침(祠堂)。❻못생길침(醜貌)。『史記』武安者貌—。

【寢格:침격】❶停止함。❷廢止함。『十八史略』每內降、率——不行。

【寢具:침구】사람이 잘 때에 쓰는 제구。이부자리와 베개 따위。『司馬相如』——旣設、服玩珍奇。

【寢啖:침담】=寢食。

【寢臺:침대】사람이 누워 자게 만든 상。

【寢陋:침루】風采가 안 남。보기 싫은 몰골。『世說』嫌君——。

【寢房:침방】=寢室。

【寢不安席:침불안석】걱정이 많아서 평안히 자지 못함。

【寢不安食不安:침불안식불안】근심·걱정이 많아서 침식이 편하지 못함。

【寢牀:침상】사람이 누워 자는 상。

【寢石:침석】누워 있는 돌。『荀子』見——以爲伏虎。

【寢席:침석】침실에 까는 돗자리。

【寢睡:침수】睡眠의 尊稱。

【寢息:침식】하던 일을 그치고 쉼。『魏志』寇盜——。

【寢食:침식】잠을 잠과 음식을 먹는 일。

일상 생활。『文中子』先――而後針藥。

【寢食不安:침식불안】 걱정이 많아서 침식이 편하지 못함。

【寢室:침실】 사람이 자는 房。寢所。臥室。『資治通鑑』延引――。

【寢衣:침의】 잘 때 입는 옷。자리 옷。『論語』必有――、長一身有半。

【寢殿:침전】 ❶임금의 寢房이 있는 집。❷陵 앞에 있는 丁字形으로 지은 집。그 안에서 祭祀를 지냄。丁字閣。❸=寢廟。❹正殿。『唐書』黏――之壁、坐望臥觀。

【寢疾:침질】 病으로 누움。臥病。

【寢處:침처】 ❶누웠다가 앉았다가 함。❷항상 몸을 떠나지 않음。『左傳』――其皮。「推忠忘――。

【寢興:침흥】 자고 일어남。臥起 『杜甫』◎內―、正―、就―。

【寣】 (홀) 月 コツ、こどもがなく child's cry
小篆 아이 울홀(小兒啼――)。

【寤】 (오) 遇 ゴ、さめる awake ㄨˋ wu⁴
小篆 小篆 草書 ❶잠깰오(寐覺)。❷깨달을오(覺也)。(『悟』와 通함)

【寤寐:오매】 ❶잠을 깨는 것과 자는 것。❷자나 깨나。『詩經』――求之。

【寤寐不忘:오매불망】 자나 깨나 항상 잊지 못함。

【寤夢:오몽】 낮에 있었던 일을 꿈에 봄。『周禮』四曰――

【寤言:오언】 잠고대。헛소리。『詩經』獨寐――。

【寤摽:오표】 잠을 깨어서 가슴을 치고 슬퍼함。『詩經』靜言思之、寤辟有摽。

【寙】 (우) 尤 グウ、いえ house
집우(屋也)。『康熙字典』闇―彝人屋。

【寥】 (료) 蕭 リョウ、さびしい desolate ㄌㄧㄠˊ liao²
草書 ❶고요할료(寂也)。❷쓸쓸할료(寞也)。❸잠잠할료(靜也)。❹휑하니 빌료(空虛廓也)。

【寥閴:요격】 쓸쓸하고 고요함。(閴은 沈靜)。『杜甫』人間夜――。

【寥廓:요곽】 ❶텅 비고 넓음。하늘이 넓고 큰 모양。(廓은 大)。大空。寥豁。寥闊。『史記』鶤明已翔乎――。❷分化하지 않은 狀態。❸度量이 넓음。❹久遠。

【寥落:요락】 ❶사이가 떠 성김(疎)。별이 적은 모양。『謝朓』曉星正――。❷거칠어 처량함。쓸쓸함。『王建』❸零落 또는 沒落된 모양。

【寥寥:요요】 ❶쓸쓸하고 고요함。寂寞。寂寥。『劉長卿』――一犬吠桃源。❷空虛한 모양。『韓愈』靑天高――。❸數가 적음。稀少。

【寥寥無聞:요요무문】 명예나 명성이 드날리지 않음。「何――。

【寥闊:요활】 텅 비고 넓음。『杜甫』大雅

【實】 (실) 質 ジツ、みのる real; fruit ㄕˊ shih²
小篆 草書 ❶열매실(草木子)。❷넉넉할실(富也)。❸찰실(充滿)。「充―」。❹참스러울실(誠也)。❺사실실(事跡)。❻물건실(物品)。❼실상실(名―)。❽당할실(當也)。

【實家:실가】 ❶자기가 난 집。生家。❷결혼을 하거나 또는 양자로 他家에 들어간 사람이 그 生父母의 집을 일컬음。

【實價:실가】 실제의 값。에누리 없는 값。

【實感:실감】 ❶실제로 느낌。실제의 감정。❷如實히 느낌。체득함。❸實在의 物體에 接했을 때 일어나는 실제의 감정。

【實景:실경】 실지의 경치。또는 풍경。

【實功:실공】 실제의 공적。

【實果:실과】 먹을 수 있는 초목의 열매。「果實。

【實科:실과】 實務에 관계가 깊은 敎科。實用의 科目·家事·裁縫 따위。

【實敎友:실교우】 성실한 교우。

【實權:실권】 실지로 행사할 수 있는 권리、또는 권세。

【實記:실기】 실제로 있었던 사실의 기록。

【實稔:실념】 곡식이 여물음。

【實談:실담】 ❶사실로 있었던 말。❷거짓이 아닌 참말。

【實力:실력】 옹골진 힘。실제의 역량。

【實歷:실력】 몸소 겪은 실제의 이력。

【實例:실례】 실제의 본보기。

【實錄:실록】 ❶事實을 있는 그대로 적은 記錄。『漢書』其文直、其事該、不虛美、不隱惡、故謂之――。❷《歷》한 임금의 在位年間의 事實(實蹟)을 적은 史體。그 임금이 세상을 떠난 뒤에 實錄廳을 두고 時政記를 거두어 撰修함。李朝實錄은 五部를 作成。原本은 서울에 두고 나머지는 五臺山 등 다섯 곳에 각각 보관하였음。❸個人이 先祖의 事蹟을 기록한 것。唐의 李習의 皇祖實錄 따위。『四庫提要·史傳記類存目』。

【實利:실리】 실지로 얻은 이익。實益。

【實利主義:실리주의】 ❶일상 생활에서 실제의 이익이 있는 일만 행하려고 하는 주의。功利主義。❷《法》사회 방위의 수단으로서 곧 사회의 안녕 질서의 보호를 목적으로 둔 형벌은 사회의 필요와 실익에 기인한다는 법리상의 주의。❷바둑 둘 때 저편 말을 잡는 것보다도 이 편이 귀나 가장자리를 자기 집으로 크게 지으려는 주의。

【實名:실명】 진짜 이름。本名。↔假名。

【實母:실모】 =親母。

【實務:실무】 실제로 맡아 보는 일。

【實物:실물】 실제의 물체。

【實物廣告:실물광고】 실물의 일부나 전부를 직접 일반에게 보이는 광고。

【實物交換:실물교환】 《經》貨幣의 媒介에 의하지 않고 실물을 서로 바꾸어 需要 供給의 관계를 채움。

【實栢子:실백자】 《國》실백。껍데기를 까버린 알맹이 잣。↔겉잣。

【實犯:실범】 실지로 죄를 저지른 사람。

【實捧:실봉】 ❶실제로 받을 세금이나 빚。❷반드시 빚을 갚을 사람。

【實父:실부】 =親父。

【實不實:실부실】 ❶착실함과 착실하지 않음。❷살림살이가 넉넉함과 넉넉하지 못함。實否。

【實費:실비】 실지로 드는 비용。

【實寫:실사】 實物·實景을 그리거나 찍음。또는 그 그림이나 사진。

【實事:실사】 실지로 있는 일。實際의 일。事實。『韓非子』虛名不以借人、況――乎。

【實事求是:실사구시】 《哲》事實에 土臺를 두고 眞理·眞相을 探究하는 일。空論만 일삼는 陽明學에 대한 반동으로서 淸朝의 考證學派가 내세운 표어로、文獻學的인 학문의 태도를 말함。『漢書』河間獻王修學好古、――。

【實社會:실사회】 실제의 세상。

【實狀:실상】 실제의 형편。

【實像:실상】 發光體로부터 발사된 빛이 반사·굴절 따위에 의하여 어떤 물건에 집중하여 생기는 실제의 像。↔虛相。

【實相:실상】 ❶實際의 모양。또는 형편。있는 그대로의 狀況。正體。眞相。『張耒』鳥語演――、飯香悟眞空。❷《佛》이 世上의 自然界。곧 生滅無常의 相을 떠난 萬有의 眞相인 不變의 眞理와 實在。眞如。眞諦。『法華經』唯與佛、乃能究盡諸法――。

【實生:실생】 《植》씨를 심어 그것이 싹터서 자라는 식물。↔接木。

【實性:실성】 ❶《佛》眞如의 別稱。 眞相。
❷本性。 「득。 실제의 收獲高。
【實收:실수】 실제로 들어온 수입이나 이
【實數:실수】 ❶실제의 數。 ❷《數》有理數
・無理數의 總稱。 ↕虛數。 ❸《數》被除數。
【實受金:실수금】 실지로 받은 돈。
【實習:실습】 실제로 익혀 배움。
【實施:실시】 실제로 시행함。
【實心:실심】 침 마음。
【實額:실액】 실제의 돈의 액수。
【實業:실업】 農・工・商・鑛業 따위의
實地・實用・實利를 主로 하는 經濟的・
生產的 事業。 또는 業務。
【實業家:실업가】 실업으로 업을 삼아
이를 경영하는 사람。
【實業學校:실업학교】 실업에 관한 제
반 교육을 시행하는 학교。
【實演:실연】 실제로 연출함。
【實熱:실열】 《醫》몸이 더워지고, 갈증
이 나며, 똥 오줌이 순조롭지 못한 병。
【實葉:실엽】 《植》고비・고사리 따위의
식물에 씨주머니가 있는 잎。
【實影像:실영상】 《物》오목 거울이나
볼록 렌즈의 초점 밖에 광점을 놓아서 얻
【實用:실용】 실제로 씀。 [는 영상。
【實用單位:실용단위】 《物》시이ー 지
이ー 에스(C. G. S)단위를 실제로 쓰
는데 편리하게 만든 단위。
【實用例:실용례】 실제로 쓰이는 예。
【實用的:실용적】 실제로 쓰기에 적당
한 것。 실용에 알맞는 모양。
【實用主義:실용주의】 《哲》❶ 실용적
인 효과에 따라 사물의 가치를 결정하려
는 경향。 ❷프래그머티즘(pragmatism)。
【實用特許:실용특허】 《法》물품의 형
상・구조・結合에 있어서 실용적인 새로
운 규모로 된 產業的 考案에 관한 권리
의 특허。

【實意:실의】 본 뜻。 진실한 뜻。
【實益:실익】 실제의 이익。 實利。
【實印:실인】 관계 관청에 등록되어 있
어서 인감증명서를 낼 수 있게 된 도장。
【實子:실자】 자기가 낳은 아들。
【實作人:실작인】 농사를 착실하게 잘
짓는 소작인。
【實作者:실작자】 믿을 만한 사람。
【實才:실재】 글 재주가 있는 사람。
【實在:실재】 ❶實際로 존재함。 ❷《哲》主
觀을 떠나 客觀的으로 존재함。 곧 우리
의 認識・思惟를 떠나 독립하여 존재하
는 事物。 ❸現在高。
【實在感:실재감】 《美》그려진 물건이
일으키는 실재적 연상。
【實在根據:실재근거】 =存在根據。
【實在論:실재론】 《哲》❶관념・思惟를
초월한 실재를 인정하여, 인식이란 실재
와의 일치, 또는 파악이라고 주장하는 학
설。 實在說。 ❷=實念論。 ↕觀念論。
【實積:실적】 실제의 면적。 용적。
【實績:실적】 실제의 業績, 또는 功績。
【實戰:실전】 실제의 交戰。
【實情:실정】 ❶실제의 사정。 實況。 『冥
報記』具述委曲ーー。 ❷진실한 情誼。
【實定法:실정법】 《法》사회에 현실적으
로 행하여지고 있는 법。 주로 成文法으
로 되어 있으나, 慣習法도 이의 내용을
【實弟:실제】 친아우。 [이룸。
【實際:실제】 ❶거짓이 아닌 實地의 경
우나 형편。 ❷《佛》眞如實相의 理性。
【實存:실존】 《哲》인간이 이 세상에서 자
기의 존재에 관심을 가지면서, 그 存在理
由를 자기 자신이 결정하여 나아갈 수 있
다는 일。
【實存主義:실존주의】 《哲》실존을 주
제로 하고, 또한 그것을 자기 문제로 삼
아 나가려는 경향。 또는 그러한 주장。

【實證:실증】 ❶확실한 증거・증명。 確
證。 ❷사실에 의하여 증명함。 實驗。
【實證主義:실증주의】 《哲》 프랑스의
철학자 꽁뜨(Comte)가 제창한 것으로, 현
상의 배후에 있는 본질은 알 수 없으며
모든 지식의 대상은 경험을 통해 현실에
확증되는 것에 한한다는 철학상의 견지。
【實地:실지】 ❶實際의 처지。 實際。 事
實。 ❷실제의 장소(現場)。 「습。
【實地練習:실지연습】 실지로 하는 연
【實職:실직】 실제로 업무를 맡아 보는
文武官의 벼슬。
【實質:실질】 實相의 본바탕。 事物의 내
용 또는 성질。 本質。 內容。
【實質犯:실질범】 《法》법률상 이익의 침
해 또는 위험의 결과가 생겨야만 성립되
는 범죄。 ↕形式犯。
【實質賃金:실질임금】 물가가 오르고
내림에 따라 환산하는 임금。
【實質的:실질적】 ❶실상의 본 바탕인
그것。 ❷꾸밈이나 헛됨이 없이 실다운 그
것。 ❸실질에 알맞은 상태。
【實質主義:실질주의】 《哲》실질을 重
視하는 학설이나 주의。 ↕形式主義。
【實策:실책】 실제의 계책。
【實踐:실천】 실제로 行함。 몸소 실제로
履行함。 『宋史』眞見ーー、深探聖域。
【實踐家:실천가】 할 일을 실천에 잘 옮
기는 사람。 「행함。
【實踐躬行:실천궁행】 몸소 실제로 이
【實踐的:실천적】 실천에 근거를 두는
상태。 실제로 행하는 그것。 ↕理論的。
【實踐哲學:실천철학】 《哲》❶윤리학。
또는 審美學。 ❷의지 및 행위와 그 법칙
을 다루는 철학。 ↕理論哲學。
【實踐化:실천화】 실천에 옮김。
【實體:실체】 ❶正體。 本體。 主體。 『陸
機』無ーー之眞形。 ❷《哲》生滅變化하는
現象의 背後에 있는 永久히 변하지 않는

本體。 영원히 변하지 않는 本質的 存在。
【實體論:실체론】 《哲》❶정신 및 물질
의 실체가 작용이나 현상을 떠나서 그 배
후에 존재한다고 주장하는 학설。 ❷=本
證論。
【實體法:실체법】 《法》권리・의무의 실
체를 규정한 법률。 민법・상법 따위。 ↕
手續法。 「갖추어 있는 그것。
【實體的:실체적】 실체・본체・본질을
【實體化:실체화】 개념적・추상적・비
물질적・비독립적인 것을 실재적・독립
적인 것으로 하는 具體化。
【實測:실측】 실제로 측량함。
【實彈:실탄】 銃이나 砲에 재어 쏘아서
실제의 효력을 가져오는 탄알。
【實吐:실토】 거짓말을 섞지 않고 사실
대로 말함。 「함。
【實吐情:실토정】 사실대로 진정을 말
【實學:실학】 ❶실지로 所用되는 학문。、
實踐躬行의 학문。 『中庸章句』皆ーー也。
❷《歷》李朝의 壬辰・丙子의 두 난리 뒤
에 국민적 자각과, 淸나라를 통한 西洋文
物의 영향을 받아서 儒教 以外의 實生活
의 有益함을 목표로 實事求是와 利用厚生
에 관하여 연구하던 학문。
【實學派:실학파】 《歷》李朝 때 壬辰・丙
子의 두 亂後의 국민적 자각과 西洋文物
의 傳來로, 空理的인 朱子學에 반대하여
實事求是와 利用厚生의 實學을 주장하
던 一群의 학자들。 곧 柳馨遠・李晬光・
韓百謙・李德懋・朴趾源・丁若鏞・金正
喜・申景濬・李瀷 등。 政治・經濟・言語・
地理・天文・金石 등 광범위한 분야에 걸
쳐 李朝 社會의 近代化를 위한 학문을
연구하고 주장하였음。
【實行:실행】 ❶실제로 행함。 ❷履行함。
『風俗通』好大言、而少ーー。
【實行未遂:실행미수】 《法》범죄의 실
제 행동을 마치었으나, 그 결과가 나타
나지 아니한 사실。

【實行行爲:실행행위】 어떤 잠재하여 있는 세력을 구체적으로 실현 시키기 위한 일체의 행위。
【實驗:실험】 ❶실제로 試驗함。 ❷실제의 경험。『顔氏家訓』。 ❸어떠한 물건이나 現象에 변화를 일으켜 관찰함。
【實驗室:실험실】 특별히 실험을목적으로 설치한 방。
【實驗心理學:실험심리학】《心》일반 자연 과학과 같이 객관적 실험을 연구의 방법으로 하는 심리학。
【實現:실현】 실제로 나타냄。
【實現性:실현성】 실현될 가능성。
【實兄:실형】 =親兄。
【實刑:실형】 실제로 받은 刑。
【實惠:실혜】 실지로 받은 은혜나 혜택。
【實話:실화】 實地로 있는 또는 있었던 이야기。 「狀況。
【實況:실황】 實際의 모양과 형편。 實地
【實效:실효】 실제의 효과。『漢書』聖王不以名譽加於ㅣㅣ。
◎堅ㅣ、故ㅣ、果ㅣ、口ㅣ、內ㅣ、篤ㅣ、名ㅣ、無ㅣ、不ㅣ、史ㅣ、事ㅣ、寫ㅣ、誠ㅣ、情ㅣ、眞ㅣ、質ㅣ、着ㅣ、充ㅣ、忠ㅣ、虛ㅣ。

【塞】 (색)『塞』(土部 10畫)과 같음

【寧】 ㊀(녕) 靑 ネイ、やすい peaceful ㄋㄧㄥˊ ning² ㊁(녕) 徑
小篆 小篆 草書
㊀❶편안할녕(安也)。『說苑 政理』王道與而百姓ㅣ。 ❷차라리녕(願詞)。『論語』禮與其奢也ㅣ儉。 ❸문안할녕(省視)。『詩經』歸ㅣ父母。 ❹어찌녕(何也)。 ❺거상할녕(居喪予ㅣ)。 ❻정녕녕(諄復丁ㅣ)。 ㊁저리할녕(如何)。
【寧居:영거】 ❶안심하고 편안히 삶。 ❷마음 편하게 있음。 또는 그 곳。 寧處。『左傳』不敢ㅣㅣ。
【寧儉:영검】 =節儉。『論語』禮與其奢也。
【寧耐:영내】 ❶=忍耐。 ❷平安。
【寧謐:영밀】 =寧靜。『唐書』內外ㅣㅣ。
【寧歲:영세】 일이 없고 平和로운 해。 寧日。『國語』晋無ㅣㅣ、民無成君。
【寧所:영소】 안심하고 있음、또는 그곳。『唐書』天下喁喁、莫知ㅣㅣ。
【寧息:영식】 ❶편안히 쉼。 ❷평온하게 다스림。『史記』求其ㅣㅣ、豈不難哉。
【寧晏:영안】 편안하고 평화로움。 安寧・晏寧。『北史』九服ㅣㅣ。 「用ㅣㅣ。
【寧殷:영은】 편안하고 盛함。『荀勗』民
【寧一:영일】 安定되어 어지러워지지 않음。『史記』民以ㅣㅣ。
【寧日:영일】 일이 없고 편안한 날。 평화로운 歲月。 寧歲。『梁武帝』終無ㅣㅣ。
【寧靜:영정】 ❶평안하고 고요함。 寧謐。『後漢書』ㅣㅣ無爲。 ❷《地》山 이름。 西康省 寧靜縣의 동북에 있음。
【寧處:영처】 마음을 놓음。 자기가 있는 곳에서 平安히 살음。『左傳』不遑ㅣㅣ。
【寧貼:영첩】 平穩함。 妥貼。 妥帖。
【寧侯:영후】 훌륭한 諸侯。 功德이 많은 諸侯。『周禮·考工記·梓人』。
◎康ㅣ、安ㅣ。

【寕】 (녕)『寧』(前條)과 같음

【寨】 (채) 卦 サイ、とりで fortress ㄓㄞˋ chai⁴
草書
❶나무울채(藩落木柵)。 ❷진채(營壘)。(『砦』와 통함)
【寨內:채내】 城砦의 안。
【寨外:채외】 城砦의 밖。
【寨主:채주】 城砦 안의 將帥。『皇朝類苑』豊州河外ㅣㅣ李慶以城降。

【蜜】 (밀)→虫部8畫
【賓】 (빈)→貝部7畫
【窩】 (와)→穴部9畫
【賔】 (빈)→貝部7畫

十二畫

【惺】 (성) 梗 セイ、さとる apprehend
❶깨달을성(悟也)。 ❷잠깰성(醒也)。

【審】 (심) 寢 シン、つまびらか examine ㄕㄣˇ shen³
小篆 古文 草書
❶살필심(詳也)。 ❷알아낼심 (鞫事)。『陶潛 歸去來辭』ㅣ容膝之易安。 ❸심문할심「ㅣ理」。 ❹묶을심(束也)。 ❺참으로심、과연심(然也)。
【審決:심결】 ❶調査하여 결정함。 ❷《法》審判에서의 審理의 결정。
【審克:심극】 ❶자세히 살핌。 ❷자세히 조사하여 철저를 기함。『書經』其罪惟均、其ㅣㅣ之。
【審級:심급】《法》같은 사건을 반복 심판하는 각각 다른 법원 사이의 심판 순서。 또는 그 상하의 계급。
【審端:심단】 자세하게 바로 잡아 고침。『禮記』ㅣㅣ經術。
【審料:심료】 자세히 헤아림。 審度。『後漢書』ㅣㅣ成敗。
【審理:심리】 ❶事實이나 條理를 자세히 조사하여 처리함。『金史』ㅣㅣ寃獄。 ❷《法》裁判의 기초가 되는 사실 관계 및 법률 관계를 明確히 하기 위하여 法院이 調査를 하는 行爲。 ❸《制》獄囚의 罪案을 特旨로써 再審함。
【審問:심문】 ❶자세히 따져서 물음。『中庸』博學之、ㅣㅣ之。 ❷《法》法院에서 口頭辯論의 形式에 依하지 않고、書面 또는 口述로 當事者 및 그 밖의 사람에게 陳述시키는 일。 특히 民訴에서는 受命判事 또는 受託判事가 行함。
【審美:심미】 美와 醜를 분별해 살핌。
【審美學:심미학】《哲》美와 醜의 本質 및 法則을 연구하는 科學。 美學。
【寫査:심사】 ❶자세히 調査함。 審議하여 査定함。 審檢。 ❷《法》사람의 資格 또는 물건의 性質·價格 등을 審議 査定하고、이에 일정한 資格·性質·價格 등을 부여 하는 행위。
【審査官:심사관】 무슨 일을 銓衡하거나 또는 어떤 사건을 조사 처리하는 관리。
【審査員:심사원】 심사를 맡은 사람。
【審愼:심신】 언행을 조심하고 삼감。 明愼。『漢書』。
【審議:심의】 ❶審査하여 論議함。『宋史』據經ㅣㅣ。 ❷《法》어떤 事項에 관하여 그 利害 得失 등을 자세하게 토의함。
【審正:심정】 자세하고 바름。 철저하고 바름。『北史』風度ㅣㅣ。
【審定:심정】 자세히 조사하여 정함。
【審察:심찰】 ❶자세히 살핌。 ❷자세하게 시찰함。『說苑』耳目聰明、思慮ㅣㅣ。
【審處:심처】 =審理。(處는 處理)。『史記』定計ㅣㅣ之。
【審判:심판】 ❶《法》訴訟에 있어서 어떤 事件을 審理하여 判斷함。 또는 그 判決。 ❷운동 경기에 있어서 反則 行爲와 優劣 順位를 가리는 일。 또는 그 사람。 ❸《宗》하나님이 사람이 行한 대로 善과 惡을 구별하여 義로운 사람에게는 永生을 주고 不義한 사람은 地獄으로 보낸다는 일。
【審判官:심판관】 심판하는 사람。
【審覈:심핵】 =審査。(覈은 조사함)。

【𢾭】(최) 泰 サイ、さかい boundary
小篆 지경최(境界)。

【寄】(교) 蕭 キョウ、きゃく guest
❶손교(客也)。❷붙어있을교(寄寓)。

【寪】(위) 紙 イ、あやうい dangerous, ㄨㄟˇ wei³
小篆 草書 ❶성위(姓也)。❷위태할위(危也)。❸집모양위(屋貌)。

【寫】(사) 馬 シャ、うつす trace; copy ㄒㄧㄝˇ hsieh³
小篆 草書 ❶모뜰사(摹書)。❷베낄사(謄鈔)。〔唐書 鄭虔傳〕嘗自ㅡ其詩竝畫以獻。❸쏟을사(泄也)。〔詩經〕以ㅡ我憂。❹부어만들사(鑄像)。〔越語〕王令工以良金ㅡ范蠡之狀而朝禮之。

【寫白:사백】❶冤罪를 씻고 밝게함。〔後漢書·張奐傳〕❷깨끗이 베낌。〔朱子續集〕
【寫本:사본】文書나 책을 베낌。또는 베낀 文書나 책。〔大學衍義補〕ㅡㅡ。
【寫副:사부】베낌。副本。〔晉書〕秘書ㅡㅡ。
【寫生:사생】自然의 物象을 있는 그대로 묘사 하는 일。또는 그 畫法。〔蘇軾〕邊鸞雀ㅡㅡ。
【寫生畫:사생화】자연의 物象을 있는 그대로 보고 그린 그림。
【寫書:사서】책을 베낌。또는 그 책。〔漢書〕置ㅡㅡ之官。
【寫實:사실】사물을 실지로 있는 그대로 그려냄。
【寫實主義:사실주의】一九세기 후반에 유럽 각국에 일어난 예술상의 한 경향으로 어디까지나 자연과 현실을 발판삼고, 객관적 사실에서 출발하여 현실의 본질을 올바르게 파악하려는 것이 그 특색임。리얼리즘(realism)。

【寫憂:사우】근심을 없앰。除憂。
【寫音文字:사음문자】=表音文字。
【寫意:사의】❶誠意를 다함。❷事物의 精神을 그려내는 畫法。❸뜻을 받아 씀。
【寫字:사자】글씨를 씀。〔文同〕讀書ㅡㅡ到三更。
【寫場:사장】사진을 찍는 설비를 갖춘 곳。
【寫定:사정】베껴서 定함。〔後漢書·鄭玄傳〕
【寫眞:사진】❶있는 그대로의 모습을 베낌。〔杜甫〕每逢佳士必ㅡㅡ。❷肖像畫。❸寫眞機로 物體의 形相·狀態를 촬영한 필림을 印畫紙에 印畫한 것。
【寫眞館:사진관】사진 찍는 일을 영업으로 하는 곳。
【寫眞機:사진기】사진을 찍는 기계。렌즈로 광선을 넣어 감광판에 상을 맺게 하고 졸이개로 광선의 양을 조절하며, 셔터로 일정한 시간 노출하고 필터로 색채감을 맞추고 파인더로 찍히는 물건의 위치를 정함。카메라(camera)。
【寫眞班:사진반】신문사·잡지사 등의 사진 촬영의 임무를 맡은 반。
【寫眞師:사진사】사진 찍는 일을 업으로 하는 사람。사진을 찍는 技師。
【寫眞術:사진술】사진을 찍는 기술。
【寫眞電送:사진전송】사진이나 종이에 쓰인 글자를, 전기적으로 유선 또는 무선으로 먼곳에 보내어 再現시키는 일。
【寫眞製版:사진제판】사진술을 응용한 인쇄 제판법。감광성 막을 입힌 판면에 원고의 사진 음화를 구워서 올려 부식 등의 처리를 거쳐 여러 가지 평판·凸版·凹版을 만드는 일。
【寫眞帖:사진첩】사진을 붙여 두는 책。앨범。
【寫形:사형】❶醫師가 病者의 容態를 진찰함。〔史記·扁鵲傳〕❷圖形을 그림。
◎謄ㅡ、模ㅡ、描ㅡ、複ㅡ、書ㅡ、映ㅡ、課ㅡ、移ㅡ、轉ㅡ、抄ㅡ、縮ㅡ。

【寬】(관) 寒 カン、ひろい generous ㄎㄨㄢ k'uan¹
小篆 草書 ❶너그러울관(裕也)。❷놓을관(宥也)。❸용서할관(恕也)。

【寬假:관가】❶너그럽게 용서함。〔史記〕非少ㅡㅡ、神不來。❷여유 있게 쉼。
【寬簡:관간】마음이 너그럽고 소탈함。〔晉書〕ㅡㅡ有大量。
【寬待:관대】너그럽게 대접함。優待。厚待。
【寬大:관대】마음이 너그럽고 큼。〔漢書〕ㅡㅡ好禮讓。
【寬猛相濟:관맹상제】너그러움과 嚴格함을 함께 가져 치우침이 없고 圓滿함。〔左傳〕寬以濟猛、猛以濟寬。
【寬免:관면】❶=寬恕。〔元史〕下ㅡㅡ之令。❷租稅를 너그럽게 함。寬租。
【寬博:관박】넓음。悠悠함。寬大함。〔漢書〕ㅡㅡ謹愼。
【寬赦:관사】=寬恕。〔史記〕上以親故、常ㅡㅡ之。
【寬恕:관서】너그럽게 용서함。寬仁。〔後漢書〕以簡朴ㅡㅡ爲政。
【寬疏:관소】法이 嚴하지 않고 소홀함。〔元史〕禁網ㅡㅡ。
【寬抑:관억】너그럽게 억제함。
【寬嚴:관엄】너그러움과 嚴함。寬大와 嚴格。〔宋史〕法可謂ㅡㅡ適中。
【寬緩:관완】넓고 느릿함。넓고 큼。寬舒。〔史記〕ㅡㅡ不苛。
【寬饒:관요】❶넉넉함。豐富함。❷너그럽게 용서함。寬大。〔書經·疏〕ㅡㅡ之道。
【寬容:관용】너그럽게 받아 들이거나 용서함。〔韓詩外傳〕德行ㅡㅡ。
【寬慰:관위】慰勞함。용서하고 위로함。
【寬柔:관유】마음이 너그럽고 親切함。〔中庸〕ㅡㅡ以敎、不報無道。
【寬裕:관유】너그러움。寬大。〔禮記〕ㅡㅡ者仁之作也。

【寬忍:관인】너그러운 마음으로써 참음。
【寬仁:관인】너그럽고 어짊。〔史記〕陛下ㅡㅡ。
【寬綽:관작】넓고 느릿함。넓고 큼。〔新方言·釋言〕今謂屋及器寬大爲ㅡㅡ。
【寬敞:관창】텅 비고 넓음。〔後漢書〕府寺ㅡㅡ。
【寬閑:관한】넓고 閑暇함。〔韓愈〕耕ㅡㅡ之野。
【寬限:관한】기한을 너그러이 물림。展限。
【寬刑:관형】너그러운 法規。寬典。
【寬弘:관홍】마음이 너그럽고 큼。度量이 큼。寬大。寬裕。
【寬厚:관후】너그럽고 厚함。마음이 너그럽고 親切함。〔蜀志〕弘毅ㅡㅡ。
【寬厚長者:관후장자】관후하고 점잖은 사람。寬大長者。

【寭】(혜) 霽 ケイ、さとる perceive
❶밝힐혜(察也)。❷깨달을혜(悟也)。

【寮】(료) 蕭 リョウ、りょう villa ㄌㄧㄠˊ liao²
草書 ❶동관료(同官)。❷관리료(官吏)。❸작은창료(小窓)。❹중의집료(僧舍)。〔陸遊詩〕屋窄似僧ㅡ。〔『僚』와 통함〕

【寮舍:요사】=寄宿舍。
【寮屬:요속】=寮佐。〔吳志〕待接ㅡㅡ、略用布衣之禮。
【寮佐:요좌】웃사람을 돕는 官吏。屬官。寮屬。〔晉書〕ㅡㅡ竝遇害。
【寮寀:요채】官職。官署。僚寀。

【窮】(궁)→穴部10畫
【褰】(건)→衣部10畫
【憲】(헌)→心部12畫

十三畫

【寯】(준) 震 シュン、あつまる gather ㄐㄩㄣˋ chün⁴
❶모일준(聚也)。❷재주준(才也)。

【寰】(환) 刪 カン、ケン あがた the districts around the capital city ㄏㄨㄢˊ huan²
小篆 草書 ❶경기고을환(封畿內縣)。❷대궐담환(宮周垣)。「仙—、—宇」。

【寰區:환구】天地。天下。世上。封建時代의 天子 直轄의 區域이 廣大함에서 온 말。『後漢書』自致——之外。

【寰內:환내】임금이 다스리는 領土 전체。《轉》天下。世界。天地。宇內。畿內。寰宇。『穀梁傳』——諸侯。

【寰延:환연】하늘과 땅의 끝까지。『王勃』思周宇宙、樂極——。

【寰海:환해】天下。世界。地球의 水陸의 總稱。『韓愈·賀册皇太后表』。

【[宀+敫]】(격) 錫 ケキ、あげる lift
올릴격(揚貌)。

【[宀+絹]】(견) 銑 ケン、あみ net
그물견(網也)。

十四畫

【寱】(예) 霽 エイ、ねごと sleeper's talk
小篆 잠고대예(—語夢中言)。(『囈』와 같음)

【[宀+蹇]】(건)→足部10畫

【[宀+謇]】(건)→言部10畫

【賽】(새)→貝部10畫

十五畫

【[宀+臱]】(면) 先 メン、みえない invisible
小篆 ❶보이지 않을면(不見)。❷방에 사람없을면(室內無人)。

十六畫

【寳】(보)『寶』(宀部17畫)의 俗字

【寵】(총) 腫 東 チョウ、いつくしむ favour ㄔㄨㄥˇ ch'ung³
小篆 草書 ❶사랑할총(愛也)。❷임금께총애받을총(君主之愛)。❸은혜총(恩也)。❹영화로울총(尊榮)。❺첩총(俗謂妾曰—)。(『龍』과 通함)

【寵嘉:총가】사랑하고 찬양함。

【寵顧:총고】특별히 돌보고 사랑함。『宋史』在翰林、甚被——。

【寵光:총광】恩寵을 입은 榮光。특별한 사랑을 받는 榮光。임금의 恩德。光寵。『韓愈·爲裴度讓官表』更加——。

【寵教:총교】天主教의 別稱。

【寵靈:총령】임금의 총애를 받는 행복。

【寵命:총명】임금이 남달리 사랑하여 내리는 命令。恩命。『李密』——優渥。

【寵拔:총발】특별히 뽑아서 씀。『元史』受武宗——之恩。

【寵綏:총수】사랑하고 平安하게 함。『書·泰誓』惟其克相上帝、——四方。

【寵臣:총신】특별히 사랑을 받는 臣下。『戰國策』——不避軒。

【寵兒:총아】❶사람들에게 특별히 귀여움을 받는 아이。寵子。愛子。❷어떤 方面에서 人氣가 좋은 사람。❸幸運兒。

【寵愛:총애】❶특별히 귀엽게 여겨 사랑함。寵幸。『元稹』王姬——親。❷天主의 사랑。

【寵養:총양】총애하여 기름。

【寵佑:총우】天主의 거룩한 사랑과 신비로운 도움。

【寵遇:총우】특별한 귀여움으로 받는 대우。恩遇。『後漢書』——甚盛。

【寵恩:총은】❶은혜。또는 총애의 은혜。❷聖寵과 恩佑。

【寵奬:총장】❶특별히 寵遇하여 찬양함。❷특별히 寵遇하여 권장함。寵拔。『元稹·同州刺史謝表』——逾深。

【寵秩:총질】특별히 사랑하여 벼슬을 줌『左傳』吾又——之。

【寵妾:총첩】몹시 귀여움을 받는 妾。愛妾。『史記』景公——芮姬。

【寵嬖:총폐】마음에 들어 사랑함。또는 마음에 드는 사람。『拾遺記』宮人——。

【寵幸:총행】=寵愛。『史記』——傾九卿。

【寵厚:총후】❶후하게 대함。❷특히 사랑함。『晉書』恩隆——。

【寵姬:총희】귀염을 받는 계집。寵妾。『史記』以王之——二人、各爲隊長。

十七畫

【寶】(보) 皓 ホウ、たから treasure ㄅㄠˇ pao³
小篆 小篆 草書 ❶보배보(珍也、瑞也)。❷귀할보(貴也)。『書經』所—維賢。❸옥새보(符璽)。「傳國—」。❹돈보(錢幣)。「常平通—」。(『葆』와 通함)

【寶駕:보가】임금이 타는 수레。大駕。乘輿。聖駕。

【寶劍:보검】❶보배로운 칼。寶刀。『史記』解其——、繫之徐君 樹而去。❷儀仗으로 쓰던 칼。

【寶鏡:보경】❶貴重한 거울。《喩》日月。寶鑑。『李白』——似空水。❷《佛》至寶의 明鏡。

【寶戒:보계】❶貴重한 戒律。❷戒律의 敬稱。『傳燈錄』稟大乘金剛——。

【寶庫:보고】❶寶物을 넣어 두는 倉庫。寶藏。❷재물을 쌓아 두는 倉庫。❸훌륭한 財貨가 많이 산출되는 곳。

【寶券:보권】紙幣。『金史·食貨志』。

【寶眷:보권】❶恩惠。❷남의 家族의 敬稱。「其——而還。」

【寶器:보기】보배로운 그릇。『左傳』取

【寶帶:보대】珍貴한 寶玉으로 꾸민 훌륭한 띠。「勞者、魯之——也。」

【寶刀:보도】보배로운 칼。『穀梁傳』孟

【寶齡:보령】임금의 나이。

【寶籙:보록】道家의 符籙。未來의 豫言書。『丹經』。「記』貳師馬宛——也。」

【寶馬:보마】뛰어난 名馬。良馬。『史

【寶命:보명】하늘의 命令。上帝의 命令。天子의 命令。『書經』無墜天之降——。

【寶物:보물】보배로운 물건。귀한 물건。『後漢書』入取——。「一雙。」

【寶璧:보벽】寶石。寶玉。『戰國策』——

【寶符:보부】보배로운 부적。神符。『史記』吾藏——于常山上。

【寶算:보산】=寶齡。『徐彦伯』五龍歸——、九雁叶時康。

【寶相:보상】❶佛像의 장엄한 모양。❷《植》장미의 한 가지。

【寶璽:보새】=玉璽。『宋史』學士院上——。

【寶書:보서】❶歷史册。『公羊傳·疏』。❷天子의 玉璽가 찍혀 있는 文書。璽書。『唐書』天寶初改璽書爲——。❸귀중한 書籍。

【寶瑞:보서】복스럽고 吉한 징조。『梁簡文帝』——咸委。

【寶石:보석】《鑛》아름답고 귀한 玉돌。質이 단단하고 빛깔·光澤이 아름답고 屈

折率이 큼。變質하지 않기 때문에 身邊의 장식품으로 씀。寶玉。寶璧。

【寶玉:보옥】=寶石。寶珠。『書經』分ー于叔伯之國。

【寶位:보위】임금의 자리。寶祚。『晋書·宣帝紀論』ーー犸阻。

【寶銀:보은】말굽 銀。

【寶章:보장】훌륭한 筆蹟。귀중한 法帖。書道家들이 존중하는 筆蹟。

【寶藏:보장】❶보배로서 간직함。『史記』ーー蓍龜。❷貴重品을 간직하는 倉庫。寶庫。『中庸』ーー興焉。❸產物이 많이 나는 곳。天然의 富源。『中庸』。❹《佛》부처의 敎法을 가리킴。

【寶財:보재】=寶物。

【寶典:보전】귀중한 책。

【寶鈿玉釵:보전옥채】寶物로 만든 비녀。《轉》梅花 나무 가지를 讚揚하여 이르는 말。

【寶鼎:보정】❶貴重한 솥。『史記』黃帝作ーー三、象天地人。❷漢의 郊祀歌의 하나。武帝의 元鼎 四년 后土祀 곁에 寶鼎을 얻어 이 노래를 지었음。『漢書·武帝紀』。

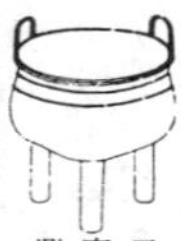
周寶鼎(西清古鑑)

【寶祚:보조】帝王의 자리。寶位。皇位。『周書』祇承ーー。

【寶座:보좌】❶임금이 앉는 자리。玉座。❷《佛》부처의 앉는 자리。蓮華의 자리。蓮座寶坐。

【寶珠:보주】❶貴重한 구슬。보배로운 구슬。『列子』彼中有ーー。❷《佛》=如意珠。

【寶珍:보진】=寶玉。『戰國策』ーー隋珠、不知佩兮。

【寶地:보지】❶뛰어난 좋은 곳。『戰國策』挾ーー爲資。❷절(寺)이 있는 地域。절의 비유。佛地。『王勃』香城ーー。

【寶釵:보채】훌륭한 비녀。아름다운 비녀。寶鈿玉釵。

【寶榻:보탑】=玉座。

【寶貝:보패】❶《動》珍貴한 조개。장식품으로 쓰이고 옛날엔 貨幣(交易用)로 쓰였음。❷《國》보배。寶物。❸옛 貨幣로 使用한 子安貝。『和漢三才圖會·介貝部』。

【寶血:보혈】《宗》인류의 죄를 求贖하기 위하여 예수가 十字架에 못 박혀 흘린 피。

【寶篋:보협】❶보배로운 상자。❷나라를 다스리는 지위。『徐陵』秦亡ーー。

【寶貨:보화】❶寶物。珍物。❷《歷》貨幣의 이름。㉠周 景王 때에 만든 화폐。『周禮·天官·外府』。㉡新、王莽 때 만든 화폐。『漢書·食貨志』。

周金寶貨(石索)

【寶貨難售:보화난수】《喩》寶物은 값이 비싸기 때문에 쉽사리 팔리지 않음과 같이、훌륭한 사람은 器量이 크므로 남에게 쉽사리 登用되기 어렵다는 뜻。大器難成。『論衡』大器難成、ーー。

◎家ー、古ー、國ー、大ー、萬ー、秘ー、三ー、財ー、史ー、至ー、珍ー、通ー。

【竇】(두)→穴部15畫

【騫】(건)→馬部10畫

十八畫

【寱】(어) 御 ヨ、うたたね 거짓잠잘어(佯宿)。pretend to fall asleep

【寢】(몽)『夢』(夕部11畫)과 같음

十九畫

【寲】(계) 寘 キ、よくねむる 깊이 잠들계(熟寐)。fall fast (sound) asleep

【懵】(몽) 迥 寒 ボウ、おろか stupid 어리석울몽、어두울몽(ー㥘)。

二十一畫

【寷】㊀(메) 薺 ㊁(미) 紙 ベイ、ねざめる be half-asleep ㊀❶잠깨지 않을메(不覺)。❷엄습당할메(魔也)。㊁뜻은 ㊀과 같음。

二十三畫

【寴】(침) 寑 シン、ねる fall asleep ❶앓아누울침(病臥)。❷잠잘침(寑也)。

【寷】(함) 覃 カン、かりねする 옷입은채잘함(寐不脫衣冠)。

寸 部

【寸】(촌) 願 スン、ソン、ながさ Korean inch ㄘㄨㄣˋ ts'uen' ❶치촌(度名十分)。❷마디촌(節也)。❸헤아릴촌(忖也)。❹조금촌(少也)。

【寸暇:촌가】아주 짧은 겨를。얼마 안 되는 겨를。寸隙。寸閑。

【寸刻:촌각】=寸陰。

【寸功:촌공】보잘 것 없는 작은 공로。

【寸關尺:촌관척】《醫》손목에서 진맥을 하는 곳。寸部에서 上焦、關部에서 中焦、尺部에서 下焦의 증세를 봄。

【寸口:촌구】손목의 脈 짚는 곳。寸脈。氣口。『說文』。

【寸晷:촌구】=寸陰。『潘尼』ーー難寶。

【寸隙:촌극】적은 틈。아주 짧은 겨를。寸暇。寸時。『薛蕙』勞生無ーー。

【寸劇:촌극】아주 짧은 연극。

【寸內:촌내】열촌 안 쪽의 친족。

【寸斷:촌단】짤막하게 토막토막으로 끊어짐。또는 끊음。

【寸白蟲:촌백충】《動》條蟲類에 딸린 기생충。척추 동물의 창자 속에 기생하며 체벽으로부터 양분을 빨아 먹음。몸은 대가리와 여러 개의 마디로 되었음。條蟲。

【寸法:촌법】律呂에서 길이를 定하는 法。『律呂·新書』。

【寸碧:촌벽】구름 사이로 나타난 푸른 하늘。『韓愈』遙岑出ーー。

【寸步:촌보】몇 걸음 안 되는 걸음。조금 걷는 걸음。『韓愈』ーー不能自致。

【寸補:촌보】약간의 補充。

【寸謝:촌사】弱小한 謝禮。선사 할 때의 謙詞。薄謝。菲儀。

【寸絲不掛:촌사불괘】조금도 마음에 걸림이 없음。『傳燈錄』。

【寸善:촌선】아주 보잘것없는 착한 일。

【寸誠:촌성】얼마 안 되는 誠意。자기의 眞心에 대한 謙稱。微衷。衷丹。『韓愈』「수。終年抱ーー。

【寸數:촌수】친족간의 관계를 나타내는 「得失ーー知。

【寸時:촌시】=寸隙。

【寸心:촌심】=方寸。『杜甫』文章千古事、得失ーー知。

【寸壤:촌양】=寸土。『李德裕』驗ーー而得泉。

【寸裂:촌열】갈가리 찢음。寸斷。『抱朴子』ーー之綿巇、不如堅完之常布。

【寸外:촌외】촌수를 따지지 않는 먼 일가。

【寸陰:촌음】아주 짧은 시간。눈 깜짝할 사이。寸刻。寸時。寸晷。『晉書』大禹聖者。乃惜ーー。

【寸楮:촌저】짧은 편지。寸紙。寸簡。

【寸田:촌전】❶얼마 못되는 田地。『蘇軾』ーー尺宅今誰耕。《轉》마음。『同書』ー

ㅣ無荆棘。❷眉間。

【寸田尺土:촌전척토】 얼마 되지 않는 조그만 땅。「結。

【寸情:촌정】 =寸志。〖范雲望〗ㅣㅣ百重

【寸志:촌지】 ❶자그마한 뜻。自己 意志의 謙稱。❷자그마한 성의를 나타내는 적은 선물。寸心。微忠。〖梁簡文帝〗ㅣㅣ。

【寸紙:촌지】 ❶적은 종이。작은 종이。종이 조각。紙片。〖北堂書鈔〗善書、ㅣㅣ不遺。❷짧은 편지。寸書。寸簡。

【寸進尺退:촌진척퇴】 (喩)진보는 적고 퇴보는 많음。한 치 나아가고 한 자 물러선다는 뜻이니、얻는 것은 적고 잃는 것이 많다는 뜻。〖韓愈〗ㅣㅣ、ㅣㅣ、卒無所成。

【寸札:촌찰】 짧은 편지。寸楮。寸紙。

【寸鐵:촌철】 짧은 칼。작은 칼。작은 武器。〖蘇軾·聚星堂雪詩〗白戰不許持ㅣㅣ。

【寸鐵殺人:촌철살인】 (喩)촌철로 살인을 함의 뜻으로 짤막한 警句로 사람의 마음을 찔러 감동시킴을 일컬음。〖鶴林玉露·地·殺人手段〗我則只有ㅣㅣ、便可殺人。

(轉)간단한 警句。〖鶴林玉露〗僧子之守約、ㅡㅡ者也。

【寸草:촌초】 짧은 풀。(喩)조금。

【寸寸:촌촌】 ❶마디마디。〖漢書〗ㅣㅣ而度之、至丈必過。❷갈가리。〖晉書〗ㅣㅣ毁裂。❸조금씩。〖唐太宗〗溪陰ㅣㅣ生。

【寸蟲:촌충】 寸白蟲의 略稱。

【寸土:촌토】 조그마한 땅。寸地。寸壤。〖宋史〗民勤耕作、無ㅣㅣ之曠。

【寸閑·촌한】 =寸暇。

三畫

【寺】 ㊀(사) 寘 ㊁(시) 〖國音〗 ジ、シ、てら temple ㄙˋ ssŭ⁴

小篆 草書 ㊀❶절사(僧居)。❷범찰사(梵刹)。❸마을사(官舍)。㊁내관시(宦ㅣ)。(『侍』와 통함)

【寺規:사규】 (佛)절의 규칙。

【寺基:사기】 절이 자리 잡은 터。

【寺內:사내】 절의 안。

【寺畓:사답】 절에 딸린 논밭。

【寺黨:사당】 떼를 지어 돌아다니며 노래와 춤을 팔던 여자。

【寺門:사문】 ❶절에 들어가는 문。〖崔國輔〗ㅣㅣ淸且凉。❷절。

【寺山:사산】 ❶절이 있는 산。❷절 소유의 산。❸절과 산。

【寺署:사서】 官廳。官衙。〖後漢書〗遠則門垣、近在ㅣㅣ。

【寺院:사원】 (佛)절。寺刹。〖唐書〗亦放赤光、通照ㅣㅣ。

【寺跡碑:사적비】 절의 역사를 기록한

【寺田:사전】 (佛)절에 딸린 밭。

【寺中:사중】 절의 안。

【寺人:시인】 (制)❶임금 곁에서 섬기는 小臣。後宮의 사무를 맡은 벼슬。宦官。❷周代 天官에 딸린 內人。女官의 戒令을 맡음。〖周禮·寺人〗「司僕ㅣ。◎古ㅣ、末ㅣ、本ㅣ、佛ㅣ、山ㅣ、廢ㅣ、

四畫

【寽】 (률) 質 リツ、とる take

小篆 취할률(取也)。

【寿】 (수)『壽』(士部 11畫)의 俗字

【対】 (대)『對』(寸部 11畫)의 略字

五畫

【导】 (애) 隊 ガイ、とまる stop

❶그칠애(止也)。❷막힐애(閉也)。

【叵】 (파) 智 ハ、できない fail to do

못할파(不可)。(『叵』와 같음)

六畫

【封】 ㊀(봉) 冬 ㊁(봉) 宋 ホウ、フウ、とじる close ㄈㄥ fêng¹

小篆 古文 籀文 草書 ㊀❶무덤봉(聚土)。❷지경봉(ㅣ疆)。❸클봉(大也)。〖詩經〗ㅣ建厥福。❹제후의영지봉(諸侯領地)。❺북돋울봉(培也)。〖十八史略春秋戰國魯〗伯禽就ㅣ。❻봉할봉(緘也)。❼봉선제봉(ㅣ禪祭)。〖吳語〗ㅣ殖越國。❽닫을봉(ㅣ鎖)。〖南史 劉孝綽傳〗寫別本ㅣ至東宮。㊁부자봉(素ㅣ富厚)。

【封疆:봉강】 (制)諸侯를 封하여 준 땅。封界。〖禮記〗思死ㅣㅣ之臣。

【封建:봉건】 (制)天子가 四方 千里(畿內)의 直轄地 이외의 土地를 나누어 주고 諸侯를 세우던 옛날 制度。封建制度의 略語。〖後漢書〗古者ㅣㅣ諸侯、以藩屛京師。

【封建國家:봉건국가】 (歷)봉건 제도로 성립된 국가。

【封建思想:봉건사상】 봉건 제도를 옳게 여기는 사상。곧 主從 관계를 엄수하여 예속적인 생활을 강요하며 각자의 개성적 발전을 무시하는 사상。

【封建社會:봉건사회】 봉건 제도를 본바탕으로 한 중세의 사회。곳에 따라 그 시기나 성질이 같지 않으나 농민이 토지에 얽매여 엄격한 신분의 구별이 확립된 점、영주인 귀족을 중심으로 각각 작은 독립국을 이룬 점、문화가 귀족이나 교회에 의해서만 보호되어 종교적 성질이 강한 점 등이 그 공통된 특징임。

【封建時代:봉건시대】 (歷)역사상의 사회 발전을 경제 기구로 보아 노예 제도 시대、봉건 제도 시대 자유 주의 시대로、분류한 그 둘째 시대。

【封建制度:봉건제도】 (制)❶㉠天子 밑에서 여러 諸侯가 땅을 世襲的으로 領有하면서 각자의 領內의 정치에 全權을 갖는 國家組織。周代의 國家體制에 비롯함。秦代에는 郡縣制度로 바뀜。㉡封建社會의 統治 形態。임금과 貴族 및 臣下의 사이가 封土의 給與와 軍務의 奉仕를 통하여 私的·人格的·階層的으로 결합된 제도。中世의 유럽 각국에서 이와 같은 恩施와 從士의 제도가 일반화 되었음。❷(國)우리 나라에서는 地主와 小作人의 主從관계에 의하여 近世까지 유지되었음。

【封境:봉경】 國境。領地內。封界。封彊。

【封庫罷職:봉고파직】 =封庫罷黜。

【封庫罷黜:봉고파출】 (制)御史나 監司가 못된 원을 파면시키고 官家의 창고를 封해 잠그는 일。封庫罷職。

【封堂:봉당】 안방과 건넌방 사이의 마루가 될 자리를 흙바닥 그대로 둔 곳。

【封度:봉도】 파운드(pound)의 音譯。❶英國의 무게의 단위 453.6g. ❷英國貨幣의 단위。一파운드는 二〇실링。磅。

【封蠟:봉랍】 편지·포장물·병 따위를 봉하여 붙이는 데 쓰는 밀이나 초 따위。

【封略:봉략】 諸侯의 領內。封疆。封域。封畛。〖左傳〗ㅣㅣ之內、何非君土。

【封祿:봉록】 諸侯가 받는 俸米。〖戰國策〗飯ㅣㅣ之粟。

【封物:봉물】 선사로 봉하여 보내는 물건으로 대개는 시골에서 서울에 있는 관리들에게 보내는 물건에 대하여 쓰이던 말。

【封駁:봉박】 上書하여 그름을 논박함。잘못된 詔勅을 封還하고 반박 의견을 말함。〖舊唐書·文宗紀〗。

【封拜:봉배】 諸侯에 봉함。〖後漢書·鄧禹傳〗我得專ㅣㅣ。

【封墳:봉분】 흙을 올려 덮어서 무덤을 「만들음。

【封墳祭:봉분제】 장사 지낼 때에 무덤

을 만든 뒤에 지내는 제사。 成墳祭。 平土祭。 봉분차례。
【封妃:봉비】 《制》왕비를 册立하던 일。
【封上:봉상】 임금이 쓸 물품을 봉하여 進上함。
【封璽:봉새】 封한 물건에 도장을 찍음。 「封印。
【封疏:봉소】 봉을 해서 바치는 上奏文。
【封送:봉송】 ❶봉한 편지。 ❷옛날 大殿에서 宗親 또는 가까운 신하에게 내리던 편지。 ❸內殿에서 그 친가에 보내던 편지。 ❹물건을 싸서 선사로 보냄。 『宋史』ㅣㅣ凡五十三以上。
【封鎖:봉쇄】 ❶封하여 꼭 잠금。 閉鎖。 ❷兵力으로 적을 포위하고 外部와의 교통을 끊음。 『歐陽修』躬親入櫃ㅣㅣ。
【封守:봉수】 封域을 지킴。 또는 지키는 사람。 『書經』愼固ㅣㅣ、以康四海。
【封樹:봉수】 흙을 높이 쌓아 무덤을 만들고 墓標로서 나무를 심음。 士 이상의 葬禮。 『後漢書』修ㅣㅣ、起祠堂。
【封豕:봉시】 큰 돼지。
【封植:봉식】 ❶諸侯에 封함。 『曹冏』ㅣ子弟。 ❷흙을 북돋아 무엇을 심음。
【封殖:봉식】 ❶培養하여 生長·增大시킴。 富强하게 함。 『國語』ㅣㅣ越國。 ❷財物을 빼앗음。 「모심。
【封神:봉신】 흙을 모아 담을 쌓고 神을
【封餘:봉여】 《制》임금에게 물건을 바칠 때에 신하들이 나누어 가지는 나머지 물건。
【封域:봉역】 國境。 封界。 領地。 『史記』諸侯各守其ㅣㅣ。
【封戎:봉융】 흩어지고 뒤섞이는 모양。 『莊子·應帝王』。
【封邑:봉읍】 ＝封地。
【封印:봉인】 봉투 따위의 封한 자리에 印을 찍음。 또는 그 印。
【封奏:봉주】 密封하여 上書함。 封事。
【封地:봉지】 諸侯를 封한 땅。 領地。 封土。 『吳越春秋』吳ㅣㅣ百里。
【封識:봉지】 ＝封印。
【封畛:봉진】 밭의 도랑。 밭의 경계。 『蘇轍』濮水弊廬、ㅣㅣ相望。
【封秩:봉질】 諸侯의 祿高。 封祿。 『魏志·武帝紀·注』。
【封窓:봉창】 ❶창문을 봉함。 ❷봉한 창문。 ❸창틀·창짝이 없이 벽에 작은 구멍을 내고 종이로 발라 놓은 창。
【封采:봉채】 婚姻式을 하기 전에 신랑 집에서 신부 집으로 采緞과 禮狀을 보내는 일。 또는 그 물건。
【封冊:봉책】 王侯에 封하는 뜻을 쓴 天子의 詔書。
【封築:봉축】 무덤을 만들기 위해 흙을 「쌓아 올림。
【封置:봉치】 봉하여 감춰 둠。
【封土:봉토】 ❶흙을 높이 쌓아 올려 祭壇을 만들음。 ❷諸侯를 封한 땅。 領地。 封地。 采邑。 「봉지。 封筒。
【封套:봉투】 편지를 써서 넣고 封하는
【封皮:봉피】 물건을 싼 종이。
【封緘:봉함】 편지를 봉투에 넣고 封함。
【封緘葉書:봉함엽서】 접어서 붙이게 되어 있는 우편 엽서의 한 가지。
【封合:봉합】 《醫》봉하여 붙임。
【封穴:봉혈】 개미구멍。
【封還:봉환】 사표 따위를 수리하지 않고 봉한 채 그대로 돌려보냄。
【封侯:봉후】 《制》諸侯에 封함。 또는 封해진 諸侯。 『史記』未有ㅣㅣ之賞。
◎開ㅣ、同ㅣ、密ㅣ、作ㅣ、緘ㅣ。

七 畫

【尌】 (숙) 屋 シュク、ひろう pick up
❶『叔』과 같음。 ❷주울숙(拾也)。

【尃】 (부) 虞 フ、ひろげる spread
小篆 펼부(布也)。

【射】 ㊀(사) 禡 ㊁(석) 陌 ㊂(야) 禡 ㊃(역) 陌 シャ、いる shoot 尸ˋ shih²
小篆 古文 草書 ㊀❶쏠사(發矢)。「以弓激矢使及遠也」。 ❷화살같이 빠를사(速如矢)。(『躲』와 같음) ㊁❶맞쳐 취할석(指物而取)。 ❷목표를 잡을석「ㅣ殺」。 ❸숨겨둔것을 알아 맞칠석「暗ㅣ地圖」。 ㊂벼슬이름야(官名)。「僕ㅣ」。 ㊃싫을역(厭也)。『中庸』矧可ㅣ思。
【射角:사각】 총포로 탄환을 쏠 때 총신이나 포신이 수평면과 이루는 각도。
【射干:사간】 ❶《植》부채꽃의 異名。 觀賞用이며 뿌리는 漢方에서 射干이라 하여 咽喉症·瘀血·下劑로 씀。 ❷《動》여우에 닮은 惡獸。 나무에 잘 오름。

❶ 射干
(三才圖會)

【射擊:사격】 銃砲를 쏘아서 目的物을 맞히거나 공격함。
【射擊場:사격장】 사격 연습을 하는 곳。
【射界:사계】 쏜 탄알이 미치는 범위。
【射工:사공】 《動》물여우(蜮)의 異名。 날도래과(石蠶科)에 속하는 昆蟲의 幼蟲。 害蟲의 하나。 短狐。 射影。 石蠶水弩。 水狐。 沙蝨 등의 異稱이 많음。
【射空中鵠:사공중곡】 《國》공중에 쏜 화살이 과녁을 맞춤。 《喩》무턱대고 한 일이 되었다는 뜻。 『旬五志』。
【射器:사기】 화살。『儀禮』命有司納ㅣㅣ。
【射獵:사렵】 활로써 하는 사냥。 『史記』李廣屛居藍田南山中ㅣㅣ。
【射利:사리】 수단과 방법을 가리지 않고 利益을 얻으려고 노림。 『唐書·食貨志』豪
【射法:사법】 활을 쏘는 방법。
賈ㅣㅣ、或時倍之。
【射殺:사살】 활이나 총포로 쏘아 죽임。 『杜甫』ㅣㅣ林中雪色鹿。
【射生:사생】 활을 쏘아 산 것을 잡음。 또는 그 잡는 사람。 『唐書·百官志』。
【射線:사선】 쏜 탄알이 지나가는 길。
【射手:사수】 활·銃을 쏘는 사람。
【射術:사술】 활 쏘는 기술。 弓術。
【射御:사어】 ❶활쏘기와 말타기。 弓術과 馬術。 『禮記』講武習ㅣㅣ角力。 ❷射와 御를 맡은 벼슬。 射騎。
【射藝:사예】 활 쏘는 技藝。 射術。 射法。 『唐書』奏對敏辯、善ㅣㅣ。
【射場:사장】 射術을 배우는 곳。 射圃。
【射的:사적】 ❶과녁。 활을 쏠 때 목표가 되는 것。 과녁을 쏘아 맞춤。 『韓非子』人之有狐疑之訟者、令之ㅣㅣ。 ❷《地》山 이름。 會稽에 있으며 모양이 과녁 같음。
【射亭:사정】 활량들이 모여 활을 쏘는 활터의 정자。 활터에 세운 정자。
【射程:사정】 銃口로부터 탄환이 도달할 수 있는 지점까지의 수평 거리。
【射精:사정】 《生》性交에서 精液을 반사적으로 내어 보내는 일。
【射帖:사첩】 ❶활의 과녁。 射的。 ❷과녁을 쏨。 『韓非子·內儲記』
【射出:사출】 ❶쏘아 내 보냄。 ❷한 점에서 放射狀으로 뿜어 나감。
【射倖:사행】 우연한 利益을 얻고자 僥幸을 노림。
【射倖心:사행심】 요행을 노리는 마음。
◎亂ㅣ、反ㅣ、發ㅣ、放ㅣ、掃ㅣ、速ㅣ、注ㅣ、直ㅣ、投ㅣ。

【尅】 (극) 『剋』(刀部 7畫)과 같음

八 畫

【将】 (장) 『將』(寸部 8畫)의 略字

【將】 ㈠(장) 陽 ㈡(장) 漾 ショウ、まさに、ひきいる in future; general ㄐㄧㄤ chiang¹

小篆 草書 ㈠ ❶장차장(漸也)。〔易經〕是以君子ㅣ有爲也ㅣ有行也。❷거의장(幾也)。〔論語 子罕〕固天縱之、ㅣ聖、又多能也。❸문득장(抑然辭)。〔楚辭〕寧誅鋤草茆以力耕乎ㅣ遊大人以成名乎。❹또장(且也)。〔詩經〕ㅣ安ㅣ樂。❺기를장(養也)。〔詩經〕不遑ㅣ父。❻도울장(助也)。〔史記〕補過ㅣ美。❼보낼장(送也)。〔詩經〕百兩ㅣ之。❽클장(大也)。〔詩經〕我受命溥ㅣ。❾받들장(奉也)。❿이을장(承也)。〔詩經〕湯孫之ㅣ。⓫곧장(即也)。⓬거느릴장(領也)。⓭나아갈장(進也)。〔詩經〕日就月ㅣ。⓮행할장(行也)。〔書經〕奉ㅣ天罰。⓯가질장(持也)。〔詩經〕無ㅣ大車。⓰곁붙을장(扶持)。⓱함께할장。〔左傳〕鄭伯ㅣ王自圉門入。⓲청컨대장(請也)。〔詩經〕ㅣ子無怒。⓳쟁그렁쟁그렁할장(聲也)。⓴으리으리할장。㉑으로서장(以也)。〔李商隱雜纂〕不達時宜ㅣ主人酒食作人情。㈡ ❶장수장(ㅣ帥)。❷대장장(大ㅣ)。❸거느릴장(ㅣ之)。「ㅣ中軍」。

【將計就計:장계취계】 저편의 계략을 미리 알아채고 그것을 이용하는 계략。

【將功贖罪:장공속죄】 공을 세워 전에 지었던 죄를 속함。

【將官:장관】 《制》 ❶=將帥。❷元帥·大將·中將·少將·准將의 總稱。❸大將·副將·參將의 總稱。

【將校:장교】 ❶陸海空軍의 少尉 이상의 武官。❷軍隊의 指揮官。軍官의 總稱。〔後漢書〕爲ㅣㅣ者各一人。❸《制》各軍營에 딸린 勸武軍官·別武官 따위와 地方官廳에서 軍務에 종사하던 屬役의 總稱。

【將軍:장군】 ❶㉠將官(准將 이상)의 사람。㉡軍의 指揮者。總大將。❷《植》자리에 속하는 一년생 蔓草。꽃은 雌雄同株이며 열매는 달걀 모양임。

【將近:장근】 때가 가깝게 됨을 나타내는 말。

【將棊:장기】 靑·紅 兩色으로 軍陣을 정하고 兩軍에 각각 將·士가 있고、車·包·馬·象·兵 또는 卒들을 써서 攻防으로 勝負를 다투는 오락의 한 가지。印度에서 일어나 中國을 거쳐 韓國에 들어왔음。大將棊·中將棊·小將棊의 三종이 있는데 현재 행하여지는 것은 주로 小將棊임。將棋。將戲。

【將器:장기】 장수가 될 만한 국량。또는 器量。〔心書〕將之器、其用大小不同。

【將來:장래】 ❶앞날。앞으로 닥쳐 올 때。後來。未來。前途。〔左傳·序〕明ㅣㅣ之法。❷가지고 옴。가지고 오게 함。

【將來性:장래성】 ❶장차 성공할 만한 가능성。❷장차 잘 될 가능성。

【將來審判:장래심판】 《宗》 ❶사람이 죽은 다음에 받는 심판。❷예수 그리스도가 再臨한 후에 받을 심판。

【將略:장략】 將帥로서의 智略。大將의 器量。〔蜀志〕應變ㅣㅣ、非其所長。

【將領:장령】 ❶將帥。〔隋書〕楊玄感陰求ㅣㅣ。❷將星。

【將牢:장로】 굳게 잡아 쥐고 움직이지 않음。〔晉書〕陛下ㅣㅣ太過耳。

【將幕:장막】 장수와 그의 幕下。

【將命:장명】 ❶將軍의 命令。❷命令을 行함。〔儀禮·聘禮〕。❸主·客의 말을 中間에서 전함。〔論語·憲問〕有童子ㅣㅣ。

【將門:장문】 武將의 집안。〔史記〕相門必有相、ㅣㅣ必有將。

【將兵:장병】 ❶將卒。장교와 병졸。❷군사를 거느려 통솔함。

【將蜂:장봉】 《動》장수벌。여왕벌。

【將士:장사】 장수와 兵卒。將校와 兵卒。將卒。將兵。〔後漢書〕大饗ㅣㅣ。

【將相:장상】 將帥와 宰相。將軍과 大臣。

【將相之材:장상지재】 《制》장수나 재상이 될 만한 인재。

【將攝:장섭】 조섭을 잘하여 몸을 튼튼히 함。休息함。養生。攝生。調攝。〔北史〕帝曰、爾侍奉誠勞、朕欲令爾ㅣㅣ。

【將星:장성】 ❶將軍의 美稱。❷어떤 사람에게든지 각각 그 응한 별。❸河魁星。

【將帥:장수】 《制》全軍을 거느리는 우두머리。大將。將領。將率。〔禮記〕思ㅣㅣ之臣。

【將順:장순】 받아들여 順從함。좇아 행함。〔孝經〕ㅣㅣ其美、匡救其惡。

【將息:장식】 養生함。攝生함。이별할 때 또는 便紙 끝에 쓰는 말。將攝。養生。〔韓愈〕ㅣㅣ之道、當先理其心。

【將養:장양】 ❶養育함。〔說苑〕聖王之於百姓也、將之養之、育之長之。❷將順。

【將材:장재】 장수가 될 만한 材器。

【將卒:장졸】 將軍과 士卒。將校와 兵卒。將士。將兵。〔史記〕。

【將指:장지】 ❶가운데 손가락。長指。❷엄지 발가락。〔左傳〕闔廬傷ㅣㅣ、取其一屨。

【將次:장차】 차차。앞으로。〔朱子語錄〕若能時習、ㅣㅣ自曉得。

【將就:장취】 ❶앞으로 늘어 나감。순조롭게 나감。❷이대로 좋음。〔詩·訪落〕。❸日將月就의 略語。

【將就性:장취성】 앞으로 진보하여 나갈 선질。또는 소질。

◎軍ㅣ、老ㅣ、大ㅣ、代ㅣ、猛ㅣ、名ㅣ。

【專】 (전) 先 セン、もっぱら entirely; only ㄓㄨㄢ chuan¹

小篆 草書 ❶오로지전(獨也)。〔論語 子路〕不能ㅣ對。❷전일할전(壹也誠也)。❸주로할전(主也)。〔晉書 劉弘傳〕弘ㅣ督江漢、威行南服。❹저대로할전(擅也)。

【專決:전결】 제 마음대로 결정함。專斷。專裁。〔魏書〕ㅣㅣ朝事。

【專攻:전공】 한 가지를 전문적으로 연구함。專修。專念。〔韓愈〕術業有ㅣㅣ。

【專科:전과】 전문으로 하는 학과。

【專管:전관】 ❶어떤 특정한 일만을 관리함。❷전혀 그 관할에 속함。

【專權:전권】 권리를 마음대로 휘두름。

【專念:전념】 오로지 그 일에만 마음을 씀。沒頭。〔儲光羲〕ㅣㅣ及滄浪。

【專斷:전단】 제 마음대로 일을 단행함。〔史記〕諸侯擅ㅣㅣ不報。

【專擔:전담】 ❶혼자서 담당함。❷전문적으로 어떤 일의 全部를 담당함。專當。

【專當:전당】 =專擔。

【專對:전대】 獨斷으로 자유로이 應答함。〔論語〕使於四方、不能ㅣㅣ。

【專獨:전독】 제 마음대로 함。〔孔子家語〕ㅣㅣ者、事之所以不成也。

【專力:전력】 오로지 그 일에만 힘을 씀。

【專利:전리】 ❶이익을 독점함。❷오로지 날카로움。〔顏氏家訓·勉學〕。

【專賣:전매】 《法》❶전매권에 의하여 일정한 물건을 독점하여 판매함。❷국고 수입의 확보를 꾀하여 담배·소금 따위를 정부가 독점하여 사업함。

【專賣權:전매권】 《法》어떠한 물건을 전매할 수 있는 권리。

【專賣收入:전매수입】 정부나 지방 단체가 물건을 전매하여 얻은 수입。

【專賣特許:전매특허】 《法》발명을 보호·장려하기 위하여 어떤 사람이 만든 물건을 전매하도록 특별히 주는 허가。

【專賣品:전매품】 전매권을 갖고 독점하여 파는 물건。전매물。

【專命:전명】 마음대로 명령함。혹은 명

령을 기다리지 않고 마음대로 일을 행함。『古傳·閔·二』。

【專務:전무】 ❶오로지 맡아 보는 사무。 ❷《法》專務取締役의 略稱。

【專務取締役:전무취체역】 《法》은행 회사의 일을 專決할 권한이 있는 취체역。

【專門:전문】 한 가지 일에 오로지 함。『漢書』一一教授。

【專門家:전문가】 어떤 특정한 학과나 일을 오로지 연구하여 그에 관한 지식·경험이 풍부한 사람。 또는 그를 담당하고 있는 사람。

【專門語:전문어】 기예·학술 따위의 각 전문의 영역에서만 쓰이는 말。

【專門醫:전문의】 《醫》의학의 일정한 분과에 대하여 전문적인 의사。

【專門知識:전문지식】 전문으로 닦은 지식。 전문 분야의 지식。

【專門學校:전문학교】 전문적인 학술 또는 기예를 가르치는 학교。 「自用。

【專愎:전복】 제 멋대로 함。『金史』一一

【專屬:전속】 어떤 단체에 오로지 딸림。

【專屬管轄:전속관할】 《法》민사 소송의 재판권을 특정 법원에서만 행사하게 하는 관할。

【專修:전수】 그 일만을 오로지 닦음。

【專室:전실】 專用으로 쓰는 방。

【專心:전심】 마음을 한 가지 일에만 기울임。 專意。『孟子』一一致志。

【專心致志:전심치지】 딴 생각 없이 그 일에만 마음을 오로지 씀。

【專業:전업】 전문으로 하는 직업이나 사업。『唐書』律學生以律令爲一一。

【專用:전용】 ❶어떤 사람만이 혼자 씀。 ❷오로지 그것만을 씀。

【專用權:전용권】 특정한 사람만 쓰고 다른 사람은 쓰지 못하게 하는 권리。

【專委:전위】 오로지 맡김。 또는 맡음。 專任。 「여 함。

【專爲:전위】 특히 한 가지 일만을 위하

【專有:전유】 혼자만 차지함。 獨占。『後漢書』君奇譲拔出、興亡所繫、可一一之耶。

【專有物:전유물】 공동 소유물이 아닌 개인의 소유물。 ↕共有物。

【專意:전의】 오로지 한 곳에만 뜻을 씀。『管子』一一心、守職不勞。

【專人急報:전인급보】 특히 사람을 보내어 급히 알림。

【專一:전일】 ❶한결같이。 한 가지에 沒頭하여 다른 것을 돌보지 않음。『左傳』若琴瑟之一一、誰能聽之。 ❷한결같아 변화가 없음。『史記·自序』道家使人精神一一。

【專任:전임】 어떤 한 일만을 오로지 맡김。 또는 그 일을 맡음。

【專任責成:전임책성】 오르지 남에게 맡겨서 책임을 지게 함。

【專恣:전자】 제 마음대로 하여 스스로 교만함。 專橫。『漢書』擧錯一一、不遵專攻。

【專政:전정】 혼자서 정치를 마음대로 함。 獨斷으로 정치를 함。

【專制:전제】 ❶다른 사람의 의사를 존중함이 없이 마음대로 일을 결정함。『左傳』一一其位。 ❷전제 정치。

【專制國:전제국】 《政》專制政體의 나라。 ↕共和國。 「하는 군주。

【專制君主:전제군주】 전제 정지를 행

【專制政體:전제정체】 국가의 주권이 지배자 한 사람에게 집중되어、헌법의 제정이 없이、지배자의 의지대로 국가 권력을 운용하는 정체。 ↕共和政體。

【專制政治:전제정치】 국민 대중의 의사나 법률상의 제약을 받지 않고 運用되는 정치。 ↕민주정치。 입헌정치。

【專制主義:전제주의】 국민의 의사를 존중하지 아니하고 지배자의 專斷에 의하여 정치를 하는 주의。

【專足:전족】 긴급한 일로 특별히 파견함。 專人。 專差。 「장함。

【專主:전주】 혼자의 마음대로 일을 주

【專執:전집】 어떤 일을 오로지 주장하여 잡음。

【專擅:전천】 오로지 마음대로 함。

【專寵:전총】 寵愛를 한 몸에 받음。

【專便:전편】 부탁하여 보내는 인편。

【專託:전탁】 오로지 남에게만 부탁함。

【專行:전행】 오로지 제 마음대로 결단하여 행함。 專擅。 擅行。 「대로 함。

【專橫:전횡】 權勢를 독차지하여 제 마음

【尉】 ㊀(위) 未 イ、やすんじる comfort ㊁(울) 物 ㄩˋ yu⁴

小篆 草書 ㊀❶벼슬이름위(官名)。『史記』廷一天下之平。 ❷가다릴위(候也)。 ❸눌릴위(按也)。 ❹평안하게할위(安也)。 ㊁성울(複性一遲)。

「周의 兵法家」。

【尉官:위관】 《制》❶군인의 계급의 하나。 正尉·參尉·副尉 따위。 ❷육해공군의 大尉·中尉·少尉 따위。

【尉藉:위자】 위로하고 도와줌。

【尉佗:위타】 漢의 南越王 趙佗를 말함。『史記』南越王一一自立爲武帝。

◎大一、都一、少一、正一、准一、中一。

九畫

【尊】 ㊀(존) 元 ソン、たっとぶ respect ㊁(준) 元 ㄗㄨㄣ tsuen¹

小篆 或體 草書 ㊀❶높을존(貴也、高也)。 ❷어른존(君父稱)。 ❸공경할존(敬也)。『禮記』自卑而一人。 ㊁술준(酒器)。(『樽』과 통함)

【尊客:존객】 존귀한 손。『禮記』一一之前、不叱狗。

【尊見:존견】 =尊意。

【尊敬:존경】 받들어 공경함。『禮記』侍坐於所一一、毋餘席。

【尊貴:존귀】 지위가 높고 귀함。『漢書』日以一一。

【尊堂:존당】 남의 어머니의 敬稱。 令堂。 「尊母。 萱堂。

【尊大:존대】 벼슬이나 인격이 높고 큼。『後漢書』子陽井底蛙耳、妄自一一。

【尊待:존대】 받들어 대접함。 ↕下待。

【尊名:존명】 높고 귀한 이름。『史記』久受一一不祥。

【尊慕:존모】 받들어 사모함。『史記』敬愛而一一之。

【尊問:존문】 웃 사람의 물음。

【尊奉:존봉】 높이어 받들음。

【尊卑:존비】 높고 낮음。 貴賤。『禮記』明堂也者、明諸侯之一一也。

【尊卑貴賤:존비귀천】 지위·신분의 높고 낮음과 귀하고 천함。

【尊尙:존상】 공경하여 높임。『魏書』椿國之老成、方所一一。

【尊盛:존성】 지위가 높고 세력이 왕성함。『漢書』聞知霍氏一一日久。

【尊姓:존성】 상대자의 姓의 尊稱。

【尊姓大名:존성대명】 상대자의 성명의 尊稱。

【尊屬:존속】 자기 부모와 그 계열 이상의 혈족。 조부모는 직계 존속이며 숙부·숙모 등은 傍系 존속임。 ↕卑屬。

【尊屬親:존속친】 부모·조부모 또는 伯叔父母의 친족적 관계의 일컬음。

【尊崇:존숭】 존경하고 숭배함。『左傳·註』一一王室。

【尊侍間:존시간】 나이가 많은 사람과 적은 사람의 사이。

【尊信:존신】 높이어 信賴함。

【尊顔:존안】 상대자의 얼굴을 높이어 부르는 말。『楞嚴經』不愧一一。

【尊嚴:존엄】 높고 엄숙함。『荀子』一一而憚、可以爲師。 「진의 尊稱。

【尊影:존영】 높은 사람의 화상이나 사

【尊榮:존영】 지위가 尊嚴하고 영화로움。『孟子』安富——。

【尊畏:존외】 높이어 공손히 함。『唐書』吏民——之。

【尊位:존위】 ❶높은 자리。❷임금의 자리。『戰國策』處——、受厚祿。

【尊意:존의】 남의 의견의 尊稱。

【尊者:존자】 ❶웃 어른。尊長。『禮記』養——、必易其服。❷《佛》㉠德·行·智가 具備한 사람。㉡학문과 덕행이 높은 佛陀의 제자의 경칭。

【尊爵:존작】 귀한 지위。尊位。『孟子』夫仁、天之——也。

【尊長:존장】 웃어른。

【尊邸:존저】 존경하는 사람의 邸宅의 尊稱。

【尊前:존전】 ❶임금의 앞。❷존경하는 사람의 앞。

【尊照:존조】 =尊影。

【尊重:존중】 높이고 중하게 여김。『史記』大將軍——益貴。

【尊執:존집】 웃어른의 尊稱。

【尊札:존찰】 =尊翰。

【尊體:존체】 상대자의 몸의 尊稱。『朱熹』——日益清安矣。

【尊稱:존칭】 ❶공경하여 높이 부르는 칭호。『左傳·註』不言公子、替其——。❷人稱代名詞의 높임을 나타내는 말。

【尊宅:존택】 존경하는 사람의 집이나 그 집안의 尊稱。

【尊筆:존필】 상대자의 필적의 尊稱。

【尊翰:존한】 상대자의 편지의 尊稱。

【尊銜:존함】 상대자의 이름의 尊稱。

【尊銜:존함】 =尊翰。

【尊行:존항】 아저씨 뻘 이상의 항렬。

【尊賢:존현】 어진 사람을 존경함。

【尊顯:존현】 지위가 높고 이름이 드러남。『賈誼』。

【尊兄:존형】 同輩간에 상대자를 높여 부르는 칭호。『蜀志·註』呼亮爲——。

【尊號:존호】 왕·왕비의 德을 칭송하여 올리던 稱號。『史記』上——、爲高皇帝。

【尊候:존후】 남의 體候의 敬稱。

【尊俎:준조】 尊은 酒器、俎는 祭器。『禮器』陳——、列籩豆。《轉》宴會席。『後漢書』起謀——之間。

◎本—、三—、釋—、世—、唯我獨—、自—、至—、推—、追—。

【𢍱】(선) 先 セン、おさめる train

❶닦을선(修也)。❷바깥선(表也)。❸따를선、좇을선(循也)。

【尋】(심) 侵 シン、たずねる look for; visit ㄒㄧㄣˊ hsin^2

小篆 草書 ❶찾을심(繹也、搜也、求也)。❷인할심(仍也)。❸이을심(繼也)。『左傳』日—干戈。❹쓸심(用也)。『左傳 僖公五年』將—師焉。❺고쳐들을심(—問)。❻아까심(俄也)。❼여덟자심(度名八尺)。❽항상심(—常一樣)。(『㝷』과 통함)

【尋究:심구】 찾아서 밝힘。尋討。『梁元帝』海中之書、略皆——。

【尋問:심문】 =尋訪。『北史』研精——。

【尋味:심미】 ❶깊은 뜻을 찾아 求함。『世說新語·文學』。❷文詞의 뜻이 깊음。

【尋訪:심방】 訪問하여 찾아 봄。尋問。『陶弘景』遍歷名山、——仙藥。

【尋思:심사】 마음을 沈着히 하여 깊히 思索함。深思。『後漢書』使歸更——。

【尋常:심상】 ❶대수롭지 않고 예사스러움。凡常。『杜甫』酒債——行處有。❷尋은 八尺、常은 一丈 六尺。《轉》얼마안 되는 길이。『韓愈』蓋——尺寸之間耳。

【尋繹:심역】 ❶되풀이 해서 행함。再三復習함。『陶潛·己酉九月九日詩』。❷事理를 연구함。찾아서 살피는 일。『漢書·循吏黃霸傳』吏民見者、語次——。

【尋幽:심유】 ❶경치 좋은 곳을 살피어 구함。❷학문의 깊은 道理를 연구함。『北史·楊伯醜傳』。

【尋人:심인】 찾는 사람。

【尋章摘句:심장적구】 옛 사람의 글귀를 따서 글을 지음。

【尋討:심토】 깊이 살피어 찾음。尋究。『魏志』——禍源。

◎千—。

十一畫

【尌】(주) 遇 チュウ、たてる set

小篆 ❶세울주(立也)。❷아이놈주(童僕)。『後漢書』耘夫牧—。❸성주(姓也)。

【對】(대) 隊 タイ、ツイ、こたえる answer ㄉㄨㄟˋ tuei^4

小篆 或體 草書 ❶마주볼대(物竝峙)。❷대답할대(答也)。『詩經』以—于天下。❸당할대(當也)。❹짝대(配也)。❺마주대(偶也)。

【對角:대각】 《數》맞선 角。

【對角線:대각선】 《數》多角形의 서로 隣接한 두 角의 頂點을 맺는 直線。

【對勘:대감】 =對決。『夢溪筆談』——以禦虛僞。

【對客:대객】 손을 마주 대함。

【對決:대결】 ❶양자가 맞서서 優劣을 결정함。❷《法》법정에서 原告와 被告와를 相對시켜서 심판함。

【對空射擊:대공사격】 地上이나 艦艇에서 공중의 적기에 대하여 하는 사격。

【對空砲:대공포】 지상이나 艦艇에서 敵機를 사격하는 포。

【對句:대구⇨대귀】 對를 맞춘 詩의 글귀。漢文·漢詩를 비롯하여 詩歌·문장에 많이 쓰임。

【對局:대국】 ❶어떤 형편이나 時局에 당면하여 대함。❷상대하여 장기나 바둑을 둠。『北史』五年未嘗——。

【對局者:대국자】 ❶일의 어떠한 국면을 대한 사람。❷바둑·장기에 있어서 서로 對局하는 사람。

【對內:대내】 內部 또는 國內에 대함。

【對談:대담】 서로 마주 보고 말함。『黃庭堅』一炷聽秋雨、何時許——。

【對答:대답】 물음에 대하여 자기의 뜻을 나타냄。

【對當:대당】 ❶서로 걸맞음。❷=對當關係。

【對等:대등】 차이가 없이 서로 맞섬。

【對等條約:대등조약】 《法》국제상 쌍방이 동등한 권리와 의무를 가진 조약。

【對流:대류】 기체 또는 액체 속의 온도가 같지 않을 때 그 물질의 운동에 따라 열이 이동하는 현상。

【對流圈:대류권】 氣象學에서 지구 표면에 가까운 大氣의 범위를 일컬음。

【對立:대립】 마주 대하여 섬。

【對馬島:대마도】 《地》日本 九州와 韓國 사이에 있는 두 섬。교통의 요지이며、壬辰倭亂 이전까지 그 島主는 우리 나라의 封爵을 받았음。

【對面:대면】 얼굴을 마주 보고 서로 대함。對顏。『唐書』千里外、猶——語。

【對舞:대무】 마주 서서 추는 춤。

【對辯:대변】 맞서서 변호함。

【對比:대비】 ❶맞대어 비교함。❷《心》어떤 자극에 대한 順應이 다른 자극에 대한 감각을 더 강하게 함。

【對備:대비】 무엇에 대응할 준비。

【對象:대상】 ❶목표가 되는 것。❷《哲》認識作用 또는 認識活動의 목적으로 우리에게 대립되어 있는 사물。거의 客觀과 비슷함。

【對生:대생】 《植》잎이 서로 반대 쪽으로 남。↕互生。

【對席:대석】 마주 앉음。

【對席判決:대석판결】(法)訴訟 當事者의 양 쪽이 다 법정에 참가한 자리에서 심리하여 내리는 판결。 對審 判決。

【對訟:대송】 訟事에 응함。

【對手:대수】 상대할 만한 敵手。 『舊唐書』與之——。

【對數:대수】(數)㡳數라 일컫는 일정한 수의 乘冪을 어떤 수와 같게 하기 위하여 필요로 하는 指數。 로가리트무스(Logaritmus)。

【對數表:대수표】(數)常用對數를 따로 쉽게 알아내는 방법으로 그 假數만 적어 벌려 적은 표。

【對審:대심】(法)당사자를 대립 관여시켜 행하는 소송의 본격적인 심리의 場面。 곧 민사 소송에서는 구두 변론, 형사 소송에서는 공판 기일의 절차를 의미함。

【對案:대안】 마주 향하여 앉음。

【對顔:대안】 서로 마주 보고 앉음。 또는 봄。 對面。 『法苑珠林』異境——。

【對岸:대안】 건너편에 있는 언덕。 『史記』與黎陽——。

【對言:대언】 마주 대하고 말함。

【對譯:대역】 原文과 對照하면서 하는 번역。

【對外:대외】 바깥에 대함。 ↔對內。

【對外軟:대외연】 정치상 외국에 대하여 연약한 태도를 씀。 ↔對外硬。

【對外投資:대외투자】 외국에 자금을 投入하는 일。

【對偶:대우】 둘이 서로 짝을 지음。

【對耦:대우】 對等한 짝。 夫婦。

【對位概念:대위개념】 =同位概念。

【對飮:대음】 =對酌。

【對應:대응】 ❶어떠한 일에 응함。 ❷마주 대하여 서로 응함。

【對人:대인】 사람을 마주 대함。

【對人權:대인권】(法)채권 따위와 같이 特定한 사람에게만 대항할 수 있는 권리。

【對人稅:대인세】 =人稅。

【對日講和條約:대일강화조약】 一九五一년 九월에 제二차 세계 대전의 끝을 맺기 위하여 연합국과 일본 사이에 샌프란시스코에서 맺은 조약。

【對酌:대작】 마주 대하여 술을 마심。 對飮。 『李白』兩人——山花開。

【對敵:대적】 ❶적과 마주 대함。 對頭。 ❷재주나 힘이 상대되는 적。 敵手。

【對戰:대전】 맞서 싸움。

【對照:대조】 마주 대어 비교함。

【對坐:대좌】 마주 바라보고 앉음。

【對衆發落:대중발락】 대중의 의논으로 결정하여 발표함。

【對陣:대진】 양쪽의 군사가 마주 대하여 진을 침。 『宋史』惟世忠與之——。

【對質:대질】 맞대해서 물음。

【對策:대책】 ❶어떤 일에 對應하는 방책。 ❷對詔。

【對處:대처】 적당한 처지를 취함。

【對蹠:대척】 ❶정반대되는 일。 ❷정반대되는 위치에 섬。 (대차는 잘못)。

【對替:대체】 어떤 계산 자리의 금액을 다른 계산 자리에 옮겨 적는 일。

【對沖:대충】 方位가 꼭 마주침。

【對充資金:대충자금】(經)이차 대전 후 미국의 원조 자금에 의한 원조 물자를 被援國의 정부가 국내에서 매각하여 얻은 국내 화폐의 대금。

【對峙:대치】 서로 마주 대하여 버팀。 『楊炯』擘波心而——。

【對稱代名詞:대칭대명사】 상대편의 이름 대신 쓰는 제이인칭 대명사。

【對稱形:대칭형】 하나의 점·직선을 중심하여 양편이 같은 모양。

【對榻:대탑】 책상을 대하여 마주 앉음。

【對抗:대항】 서로 맞서 대적함。

【對抗力:대항력】 서로 맞서는 힘。

【對抗演習:대항연습】 군대를 두 편으로 갈라서 하는 연습。

【對抗運動:대항운동】 ❶무엇에 대항하기 위한 운동。 ❷=對抗演習。

【對抗策:대항책】 대항할 方策。

【對話:대화】 서로 마주 대하여 하는 이야기。 『薩都剌』山僧——夜未央。

【對話體:대화체】 문학 표현에 있어서의 대화식 문체。

◎反—、相—、應—、敵—、絶—。

十三畫

【導】(도) 號 ドウ、みちびく lead ㄉㄠˇˋ tao³·⁴

小篆 小篆 草書 ❶이끌도(引也)。 ❷인도할도。 ❸다스릴도(治也)。 ❹통할도(通也)。 ❺열어줄도(啓廸)。 (『道』와 通함)

【導達:도달】 웃 사람이 알지 못하는 사정을 아랫 사람이 때때로 넌지시 알려줌。

【導線:도선】 전기의 兩極을 이어 전기 전도에 쓰는 쇠붙이 줄。

【導迎:도영】 잘 인도하여 맞이함。

【導迎和氣:도영화기】 온화한 기색으로 남의 기꺼움을 사는 일。

【導誘:도유】 꾀어 이끌음。 『詩經·疏』教訓者所以——人、故爲導也。

【導引:도인】 ❶길을 인도함。 『南史』有雙龍——。 ❷신선한 공기를 體內로 이끌어 넣는 뜻으로、道家의 養生法。 道引。 『漢書』——不食穀。

【導入:도입】 끌어들임。

【導從:도종】 앞뒤의 從者。 『齊書』——鹵簿、皆用羸小。

【導體:도체】(物)熱이나 電氣 따위를 전하는 물체。

【導火:도화】 ❶화약을 터뜨리게 하는 불。 ❷사건을 일으키는 직접 원인。

【導火線:도화선】 ❶화약을 터지게 하는 심지。 ❷사건을 일으킨 직접 원인。 發端。

【導訓:도훈】 인도하여 가르침。 『國語』——諸侯。

◎教—、輔—、先—、善—、誘—、引—、前—、傳—、指—、唱—、嚮—、訓—。

小部

【小】(소) 篠 ショウ、ちいさい small; little ㄒㄧㄠˇ hsiao³

小篆 草書 ❶작을소(微也)。 ❷잘소(細也)。 ❸좁을소(狹隘)。 『史記 孔子世家』秦國雖—其志大。 ❹짧을소(短也)。 「短—」。 ❺적을소(少也)。 「—數」。 ❻어릴소(幼也)。 「—兒」。 ❼천할소(賤也)。 『孟子 公孫丑上』不卑—官。 ❽적게여길소(輕之)。 『左傳 桓公十三年』莫敖狃於蒲騷之役、將自用也、必—羅。 ❾첩소(妾也)。 「—室」。

【小可:소가】 ❶작은 일。 細細한 일。 『元曲·金錢記』。 ❷자신의 謙稱。

【小家:소가】 작은 집。

【小暇:소가】 ❶아주 짧은 겨를。 小閒。 『范椁』翰林——出西城。 ❷짧은 말미。

【小伽倻國:소가야국】(歷)옛 나라 이름。 慶尙南道 固城郡에 있었음。 小伽倻는 곧 弁辰、古資國으로 新羅 智證王이 멸망시켰음。

【小家族:소가족】 ❶식구가 적은 집안。 ❷夫婦와 未成年인 子女로써 구성된 개별적 가족。

【小家族制度:소가족제도】 소가족으로 된 가족 제도。

【小角:소각】 작은 나팔。

【小簡:소간】 작고 좁게 만든 簡紙。

【小康:소강】 ❶소란하던 形勢가 다소 안

정됨。❷정치·教化가 잘 행해져 세상이 태평함을 이름。『禮記·禮運』衆以爲殃、是謂——。

【小憩：소게】잠간 쉼。小頓。「의 풍경화。

【小景：소경】❶작은 경치。❷작은 규모

【小徑：소경】좁은 길。작은 길。『王勃』——偏宜草。

【小計：소계】한 부분만의 합계。『周禮·註』主每月之——。

【小姑：소고】남편의 누이。시누이。『王建』未諳姑食性、先遣——嘗。

【小故：소고】❶작은 일。❷자그마한 理由。『蔡邕』任禁忌之書、拘住——。

【小鼓：소고】樂器의 이름。(羯鼓의 變製로 한 면만 가죽으로 꾸민 조그마한 북)。單皮鼓。『唐書·儀衞志』金鉦——。

【小曲：소곡】❶조금 굽음。❷俗曲。俚歌。

【小公園：소공원】크기와 시설이 작은 공원。

【小科：소과】生員과 進士를 뽑던 과거。

【小官：소관】관리가 스스로를 낮추어 일컫는 말。『孟子』不卑——。

【小括弧：소괄호】작은 괄호。곧 손톱 묶음。(곧 ( )를 말함)。

【小國：소국】작은 나라。

【小局：소국】❶너그럽지 못하고 좁은 소갈머리。❷작게 생긴 판국。

【小過：소과】❶조그마한 잘못。失手。❷易의 六十四卦의 하나。小事에 가능한 모양。

【小丘：소구】작은 산。언덕。『柳宗元』。

【小劇場：소극장】예술적이나 실험적인 목적으로 조직된 소규모의 극장。

【小金：소금】❶大金보다 조금 작은 악기。❷꽹과리。「하나。

【小笒：소금】中笒보다 좀 작은 三笒의

【小己：소기】個人을 이름。

【小器：소기】❶조그마한 그릇。❷작은 器量。小人物。『後漢書』朱勃——速成。

【小朞：소기】=小祥。

【小技：소기】조그만한 재주。『杜甫』文章本——、於道未爲尊。

【小女：소녀】❶성숙하지 않은 어린 여자。❷속이 좁고、실행과 말함이 떳떳하지 않은 여자。❸웃어른에게 대하여 여자가 자기를 겸손하여 가리키는 제일인칭。

【小年：소년】❶조금 모자라는 一年。『唐庚』日長如——。❷생명이 짧음。『莊子』——不知大年。❸완전히 성숙하지 아니한 사내 아이。『杜甫』汝更——能綴文。

【小農：소농】작은 農土를 가지고 한 家族만이 耕作을 하고 남을 쓰지 않는 農夫。또는 농사。

【小農家：소농가】작은 규모로 농사를 짓는 집。「는 땅。

【小農地：소농지】규모가 작게 농사 짓

【小腦：소뇌】(生)腦髓의 일부。大腦의 아래、延髓의 뒤 쪽에 있어 隨意筋의 動作을 調節하는 기관。

【小隊：소대】中隊를 셋 또는 넷으로 나눈 편제의 하나。

【小大祥：소대상】小祥과 大祥。

【小刀：소도】작은 칼。

【小島：소도】작은 섬。

【小道：소도】❶조그마한 길。❷異端。諸子百家를 말함。혹은 農圃·醫卜 등의 모든 技藝의 道를 이름。『論語·子張』雖——、必有可觀者焉。

【小道具：소도구】大道具에 대해 무대에서 쓰는 작은 도구。家具·장식품·갓·신·武器·부채·수레 따위。

【小童：소동】❶아이들。❷諸侯의 妻가 스스로 낮추어 일컫던 말。『論語』夫人自稱曰——。❸喪을 입고 있을 때에 임금이 스스로 일컫는 말。『左傳·甫·九』凡在喪、王曰——。

【小斗：소두】닷 되들이 말。↕大斗。『史記』以大斗出貸、以——收之。

【小豆：소두】오곡의 하나。팥。

【小鑼：소라】악기 이름。꽹과리보다 작은 銅鑼。後魏 宣武 때부터 있었음。

【小郞：소랑】여자가 남편의 동생을 말함。시동생。「자。

【小娘子：소랑자】少女。나이가 어린 낭

【小量：소량】좁아 너그럽지 못한 마음。

【小殮：소렴】시체를 옷과 이불로 쌈。

【小路：소로】작은 길。↕大路。

【小櫨：소로】(建)접시 받침。

【小錄：소록】요점만 적은 종이 쪽。

【小鹿島：소록도】(地)全羅南道 南海上에 있는 섬。나병 환자를 수용하는 요양원이 있음。

【小論：소론】(歷)李朝 肅宗 때 尹拯·趙持謙 등의 소장파가 세운 당파。

【小流：소류】실개천。細流。『荀子』不積——、無以成江河。

【小吏：소리】(制)하급 관청에 있는 신분이 낮은 官吏。『史記』年少時爲郡——。

【小利：소리】작은 이익。『論語』無欲速、

【小李：소리】소매치기。「無見——。

【小粒：소립】작은 낟 알맹이。

【小滿：소만】二十四節氣의 하나。立夏와 芒種의 사이에 듦。

【小梅：소매】(制)조라니。

【小賣：소매】물건을 도매상에게서 사서 중간 이익을 얻고 소비자에게 파는 장사。散賣。↕都賣。

【小賣商：소매상】소매하는 장사。또는 그 장수。散賣商。

【小賣業：소매업】소매하는 영업。散賣業。↕도매업。

【小麥：소맥】(植)참밀。

【小麥奴：소맥노】(植)밀깜부기。

【小麥麪：소맥면】❶밀가루。❷밀국수。

【小麥粉：소맥분】밀가루。「근 장。

【小麥醬：소맥장】밀로 메주를 쑤어 담

【小名：소명】어릴 때의 이름。

【小毛賊：소모적】좀도둑。

【小木匠：소목장】나무로 家具 따위를 짜는 목수。소목장이。「지。

【小門：소문】❶작은 문。↕大門。❷보

【小米：소미】좁쌀。

【小民：소민】천한 小市民。庶民。下民。『書經』惠保——。

【小盤：소반】음식을 놓고 먹는 상。

【小白山：소백산】(地)❶吉林省 중부에 있는 長白山의 支脈。❷韓國 南部에 있는 太白山脈에서 西南으로 갈려 慶尙北道·全羅北道·忠淸北道의 分岐點에 있음。

【小白山脈：소백산맥】(地)太白山脈에서 갈리어 서쪽으로 달리다가 서남쪽으로 뻗어내려 嶺南地方과 湖南地方과의 경계를 이루는 산맥。主脈은 麗水半島에 이름。

【小便：소변】오줌。小水。小溲。『漢書』郞有醉——殿上。

【小便艱澁：소변간삽】(醫)오줌이 잘 나오지 않는 병。

【小便不禁：소변불금】(醫)오줌이 자주 나와 참지 못하는 병。「잘 안 나옴。

【小便不通：소변불통】병으로 오줌이

【小便餘瀝：소변여력】병으로、소변 후 저절로 떨어지는 오줌 방울。

【小便赤澁：소변적삽】(醫)병으로 오줌이 누기 힘들고、붉은 증세。

【小補：소보】❶조그마한 도움。❷많지 않은 利益。『孟子·盡心』。

【小腹：소복】아랫배。

【小福：소복】조그마한 福力。

【小富：소부】자그마한 부자。

【小婦：소부】❶妾을 이름。『漢書·元后傳』。❷=少婦。

【小不等：소부등】조그마한 둥근 나무。「↕大不等。

【小北：소북】(歷)李朝 宣祖 三二년 四色의 하나인 北人에서 갈라진 黨派의 하

나. 柳永慶·金藎國·南以恭 등이 중심 인물임. ↔大北.

【小使:소사】 =使丁. 【唐書】捕詰——問「狀」.

【小辭:소사】 三段論法에서 小前提와 結論 가운데 있는 名辭.

【小祥:소상】 죽은 뒤 一년 만에 행하는 제사. 一周忌. 【儀禮】期而——, 又期而大祥.

【小像:소상】 조그만 肖像.

【小生:소생】 ❶新進에 대하여 後進을 이름. 【漢書】新學——, 亂道誤人. ❷자기의 謙稱. 【韓愈】——何足道.

【小序:소서】 各編 머리의 序. 【文體明辨】按, ——者序其篇章之所由作.

【小暑:소서】 二十四節氣의 하나. 夏至 다음 節候. 【禮記】——至, 蟷螂生.

【小選擧區:소선거구】 한 選擧區에서 한 사람의 議員을 뽑아내는 제도의 선거구. ↔大選擧區.

【小選擧區制:소선거구제】 한 區에서 한 議員을 뽑아내는 제도. ↔大選擧區制.

【小雪:소설】 二十四節氣의 하나. 立冬 다음 節候. 【詩經·疏】——者十月之中氣.

【小說:소설】 虛構에 의해 줄거리를 事實처럼 구성하고, 世態와 人情을 묘사, 또는 史實을 敷衍한 散文體의 문장. 곧 상상력과 寫實의 통일적 표현으로 人生과 美를 문장으로 나타낸 예술. 稗說. 【漢書·藝文志】——家者流, 蓋出於稗官.

【小說家:소설가】 소설을 쓰는 사람.

【小成:소성】 ❶작은 일을 成就함. 조그망게 이루어짐. 【禮記·學記】七年視論學取友, 謂之——. ❷(制)小科 가운데 初試나 또는 終試에 合格함.

【小小:소소】 ❶극히 작은 모양. 얼마 안 되는 모양. 些少. 【司馬相如】臣之所見, 蓋特其——耳. ❷㉠나이가 적음. ㉡젊음. 【李白】——生金屋.

【小小曲折:소소곡절】 자질구레한 여러 가지 까닭.

【小續命湯:소속명탕】 (醫)外感으로 말미암은 中風症에 먹는 탕약.

【小瑣:소쇄】 얼마 안 됨. 많지 않음. 【歐陽修·通進司上書】——目前之利, 既不足爲.

【小豎:소수】 남을 무시하여 부르는 일컬음. 豎子. 【南史】侯景——, 頗習行陣.

【小數:소수】 ❶조그마한 기술. 小術. 【孟子·告者】今夫奕之爲數, ——也. ❷(數)소수점을 써서 나타낸 하나 보다 작은 수. ↔整數.

【小數黨:소수당】 小數의 사람으로써 조직한 정당.

【小水貊:소수맥】 (歷)高句麗의 別稱. 鴨綠江의 北支流인 지금의 佟佳江을 小水라 하여 이 근방에 근거를 두고 있던 濊貊을 말함.

【小數民族:소수민족】 一國에 몇 종류의 민족이 있을 때 그 속에서 소수를 차지하고 있는 민족.

【小數點:소수점】 (數)소수를 적을 때, 소수의 부와 정수의 부와를 구획하기 위하여 一의 자리와 一〇분의 一의 자리와의 사이에 찍는 점.

【小乘:소승】 (佛)乘은 싣고 운반하는 뜻. 일반 사람들에게 이해하기 쉬운 부처의 敎理. ↔大乘. 【傳燈錄】修是——禪.

【小僧:소승】 젊은 중.

【小乘佛敎:소승불교】 (佛)小乘敎를 주지로 하는 교파의 總稱. ↔大乘佛敎.

【小柹:소시】 (植)고욤.

【小市民:소시민】 소상인·수공업자·하급 봉급 생활자 따위. 中間階級. 프티 부르조아(Petit bourgeois).

【小食:소식】 음식을 조금밖에 못 먹음. 【梁書】改常饌爲——.

【小臣:소신】 신분이 낮은 臣下. 【史記】讒賊——.

【小身:소신】 작은 몸집.

【小室:소실】 적은 집.

【小心:소심】 ❶삼가서 조심하는 마음. 【詩經】——翼翼. ❷마음이 너그럽지 못함. 도량이 좁음. ❸마음이 대담하지 못함. 【詩經】哀我——.

【小心恐怖:소심공포】 (心)아무 것도 아닌 것을 공연히 두려워하는 병적 증상.

【小心文:소심문】 細細한 점까지 周到綿密하게 議論한 文體. ↔放膽文.

【小我:소아】 ❶本能에 따르는 나. ❷現象界의 나. ↔大我.

【小兒:소아】 ❶어린 아이. 幼兒. 【史記】拜大將如呼——. ❷자기 아들의 謙稱. 【三國志·註】——無德致客. ❸사람을 천하게 여겨 부르는 말. 小人. 【晋書·陶潛傳】吾豈能折腰, 向鄕里——耶.

【小兒科:소아과】 (醫)小兒의 병을 전문으로 보는 의학의 한 부문.

【小兒痲痺:소아마비】 (醫)어린 이의 수족에 强直이 일어나는 증상. 뇌성과 척수성이 있음.

【小兒病:소아병】 ❶(醫)어린 아이에 많은 內科的 병. ❷실정을 무시하고 돌진하는 경향.

【小安:소안】 잠시 동안 편안함.

【小弱國:소약국】 땅이 좁고 약한 나라.

【小弱弟:소약제】 나이 어린 동생. 【柳宗元】以桐葉封——.

【小恙:소양】 대단치 않은 病. 微恙.

【小輿:소여】 國喪 때 좁거나 험한 길에서 쓰기 위한 작은 상여.

【小宴:소연】 성대하지 않은 보통의 작은 잔치.

【小燕:소연】 (動)제비.

【小莞草:소완초】 (植)왕골.

【小勇:소용】 소소한 일에 내는 용기. 쓸데 없는 용기. 【孟子】王請無好——.

【小雨:소우】 조금 오다 마는 비.

【小宇宙:소우주】 우주의 한 부분으로서 우주를 대표하고 있는 소규모의 우주의 뜻. 특히 인간 또는 인간의 혼을 말할 때가 있음. ↔大宇宙.

【小熊座:소웅좌】 북극성을 주로 한 星座.

【小圓:소원】 ❶작은 원. ❷小圈.

【小月:소월】 작은 달. 음력으로 二九일 양력으로 三〇일 되는 달. 다만 二월은 二八일, 또는 二九일.

【小遺:소유】 오줌. 【漢書·東方朔傳】東方朔嘗醉入殿中, ——殿中.

【小戎:소융】 數가 얼마 안 되는 兵車. 【詩經】——俴收.

【小邑:소읍】 작은 읍. 작은 고을.

【小異:소이】 약간 다름.

【小人:소인】 ❶일반 민간인. 庶民. 小民. 【論語】——之德草. ❷德이 없는 사람. 修養이 부족한 사람. 마음이 간사한 사람. 【中庸】君子中庸, 小人反之. ❸使童. 奴僕. 【論語·陽貨】. ❹자기의 謙稱. 【左傳】小人有母, 皆嘗——之食矣. ❺體軀가 작은 사람. ❻少年.

小人國(山海經圖)

【小引:소인】 ❶짧은 序文. ❷얼마 안 되는 索引.

【小子:소자】 ❶아이. 小兒. 童子. 【書經】文王誥敎——. ❷자신의 卑稱. 【論語·堯日】. ❸尊者가 낮은 사람을 부르는 일컬음. ❹스승이 弟子를 부르는 말. 【論語】吾黨之——. ❺수양이 부족한 사람을 일컬음. 【易·漸】. ❻(制)周代 벼슬 이름. 夏官에 속하며 제사의 小事를 맡음. 【周禮·小子】——下士二人.

【小疵:소자】 ❶조그마한 상처. ❷조그마한 흠집이나 缺點. 小過. 【易·繫辭】悔吝者, 言乎其——也.

【小字:소자】 ❶어렸을 때 부르던 이름. 幼名. 乳名. ❷작은 글자. 細字.

【小作:소작】 남의 田畓을 빌어서 耕作함. 半作. ↔自作.

【小酌:소작】 조그마한 宴會.

【小斫:소작】 잘게 팬 장작.

【小作權:소작권】 소작하는 권리.

【小作農:소작농】 ❶소작하는 농사. ❷소작하는 사람. ↔自作農.

【小作料:소작료】 소작인의 빌린 小作地 사용료.

【小作人：소작인】 小作料를 주기로 하고 소작을 하는 사람。作人。

【小腸：소장】 《生》창자의 일부。十二指腸에서 시작되어 꾸부러져 大腸에 통하는 管狀의 消化管。

【小丈夫：소장부】 마음이 천한 남자。賤丈夫。『孟子』予豈若是——然哉。

【小才：소재】 작은 才能。작은 재주。

【小齋：소재】 《宗》매 水曜·金曜·土曜의 三日에 肉食을 금하는 일。

【小姐：소저】 ❶나이 어린 딸。❷아가씨。처녀의 尊稱。

【小傳：소전】 사람의 일생을 기록한 傳記。『金史』作王子——、以自敍。

【小篆：소전】 書體의 이름。秦 始皇 때 李斯가 創作하였다 함。혹은 程邈의 作이라고도 함。

【小前提：소전제】 《論》三段論法에 있어서、두 개의 前提 가운데 소개념을 포함한 쪽의 전제。↕大前提。

【小節：소절】 ❶細小한 禮節。❷조그마한 義理。또는 節操。『史記』——苛禮。

【小艇：소정】 작은 배。

【小除：소제】 除夕 하루 전날。『北京·歲華記』今俗稱——夕。

【小照：소조】 小形의 사진。또는 肖像。

【小潮：소조】 干滿의 차가 제일 적을 때의 潮水。

【小鍾：소종】 자그마한 종。『唐書』。

【小宗：소종】 大宗에서 갈려나간 傍系。

【小註：소주】 本註 아래 더 자세히 풀어 단 註釋。

【小至：소지】 冬至 하루 전날。『唐庚·詩』。

【小智：소지】 조그마한 슬기。小慧。『淮南子』有——者、不可任以大功。

【小指：소지】 새끼손가락。❷새끼발가락。

【小盡：소진】 음력으로 작은 달。『歲華紀麗·註』三十日爲大盡、二十九日爲——。

【小差：소차】 조그마한 差異。

【小册子：소책자】 자그마한 책。

【小妻：소처】 妾을 일컬음。『漢書·枚乘傳』張彭祖爲——所殺。

【小妾：소첩】 여자의 자기의 謙稱。

【小青龍湯：소청용탕】 《醫》감기에 오한 발열과 해수가 심할 적에 먹는 탕약。

【小哨：소초】 전략적으로 중요한 지점에서 경계의 임무를 맡는 부대。

【小銃：소총】 携帶할 수 있는 戰鬪用 火器의 하나。작은 鐵砲。

【小春：소춘】 음력 十월의 異稱。

【小蟲：소충】 작은 벌레。

【小寢：소침】 ❶쉬는 방。寢室。『禮記』大夫退、然後適——。❷天子나 諸侯가 거처하는 寢室。중앙에 있는 正殿을 路寢이라 하고 그 좌우에 있는 便殿을 山寢이라 함。혹은 夫人의 거처를 말하기도 함。『禮記·玉藻』。

【小秤：소칭】 자그마한 저울。

【小貪大失：소탐대실】 작은 이익을 탐하다가 큰 손실을 봄。

【小片：소편】 작은 조각。

【小布：소포】 新의 王莽이 만든 돈의 이름。小形의 布幣。『漢書·食貨志』。

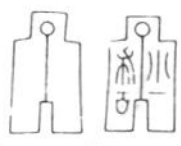

新王莽小布
(金石索)

【小圃：소포】 작은 남새밭 따위。

【小包：소포】 小包郵便物의 略語。

【小包郵便物：소포우편물】 書信과 우편 금제품 이외의 물품을 포장하여 발송할 수 있는 우편·우편물。

【小品：소품】 ❶조그마한 제작품。❷짧은 문학 작품。또는 문장。❸《佛》佛教經典의 간략한 것을 일컬음。

【小品文：소품문】 짤막한 문장。短文。

【小荷物：소하물】 기차편에 부칠 수 있는 大荷物 이외의 一般有賃荷物。

【小學：소학】 ❶아이들을 가르치는 학교。옛날에는 八세에 들어갔으며、十五세에는 대학에 들어갔다 함。❷글자의 形象·訓詁·音韻 등을 연구하는 학문。❸《書》六권。宋나라 朱熹 지음。아이들이 修行할 灑掃·應對·進退등을 기록함。

【小寒：소한】 二十四節氣의 하나。冬至 다음節候임。

【小閑：소한】 얼마 안 되는 여가。틈。

【小奚：소해】 十四·五 세의 적은 나이로 일을 하는 종。『唐書·李賀傳』。『謝莊』今之所希、唯在——。

【小嫌：소혐】 ❶조그마한 혐의。❷꺼리고 미워함。『唐書』勿以——介意。

【小形：소형】 형체가 작음。작은 형체。

【小荊：소형】 《植》싸리。

【小慧：소혜】 조그마한 슬기。小智。小才。『論語』好行——。難矣哉。

【小戶：소호】 ❶酒量이 작은 사람。『杜荀鶴·雪中別友詩』酒寒無——。❷작은 집。가난한 집。『薩都剌』矮窓——坐終日。

【小毫：소호】 ❶작은 터럭。❷분량이나 정도가 썩 작거나 적음을 가리킴。

【小火：소화】 ❶작은 화재。❷작은 불。

【小話：소화】 짤막한 이야기。간단한 이야기。『程史』記得——。

【小鬟：소환】 조그마한 쪽의 뜻。《轉》婢女。『李賀·追賦畫江潭苑詩』。

【小侯：소후】 조그마한 나라를 크게 부르는 이름。『史記·漢諸侯年表』——不過數十里。

◎輕—、群—、極——短—、大—、微—、細—、弱—、矮—、最—、縮——狹—。

一畫

【少】 ㊀(소) 篠 ㊁(소) 嘯 シヨウ、すくない little; young ㄕㄠˇ shao³

小篆 小篆 草書

㊀❶적을 소(不多)。『邵雍詩』料得—人知。❷조금 소。『儀禮鄉射禮』賓—進。❸멸시할 소(蔑視)。❹잠깐 소(暫時)。『孟子萬章上』—則洋洋焉。❺작게여길 소(短之)。㊁❶젊을 소(老之對)。『南史 劉苞傳』苞—好學、能文。❷버금 소(副貳)。

【少間：소간】 ❶잠시동안。잠시동안의 틈。❷병이 점점 나아짐。『五代史』病—、以爲左衞大將軍。

【少槩：소개】 대략의 줄거리。大略。『史記』其文辭不——見。

【少憩：소게】 잠시동안의 휴식。

【少頃：소경】 잠시동안。『陸佃』其彩五色、——百變。

【少妓：소기】 어린 기생。

【少男風：소남풍】 비가 막 오려고 할 때에 급히 부는 바람。『魏志·註』。

【少女：소녀】 어린 여자 아이。童女。

【少女風：소녀풍】 비가 오기 전에 솔솔 부는 微風。『魏志·註』。

【少年：소년】 《書》啓蒙雜誌。李朝末 隆熙三年(一九〇九)에 崔南善이 발행함。新文學 및 海外의 지식을 소개하기에 힘쓴 雜誌 이름。崔南善이 최초의 新詩를 여기에 발표함。❷나이가 어린 사내 아이。『史記』淮陰屠中——、有侮信者。

【少年輩：소년배】 젊은 사람의 무리。

【少量：소량】 적은 분량。

【少論：소론】 李朝 黨派의 하나。肅宗 때에 西人 가운데 그 領袖인 宋時烈과의 不和 反目으로 尹拯·趙持謙·韓泰東 등의 소장파가 갈리어 나와 세운 당파。

【少牢：소뢰】 ＝小牢。『禮記』大夫——。

【少半：소반】 三분의一。三분의 二는 大半。『管子·海王』食鹽五升——。

【少房：소방】 妾을 일컬음。『明·宋濂撰』。

【少婦：소부】 젊은 여자。또는 젊은 妻。『王昌齡』閨中——不知愁。

【少不介意：소불개의】 조금도 섭섭하게 여기지 않음。조금도 개의하지 않음。

〔少不動念：소불동념〕 조금도 마음을 움직이지 않음。
〔少不如意：소불여의〕 조금도 뜻대로 되지 않음。 조금도 뜻과 같지 아니함。
〔少不下：소불하〕 적어도。
〔少選：소선〕 극히 짧은 시간。須臾。 少頃·少時。『晉書』ーー復往。
〔少小：소소〕 나이가 적음。 어림。 弱年。『賀知章』ーー離家老大回。
〔少少：소소〕 적게。얼마 안 되는。小小。 瑣小。『後漢書』所失ーー、何足介意。
〔少溲：소수〕 오줌。『國語·晉語』。
〔少數：소수〕 적은 수효。↕多數。
〔少僧：소승〕 젊은 중。
〔少時：소시〕 ❶젊을 때。 ❷잠깐。 少頃。「잡。『資治通鑑·註』ーー言不多時也。
〔少室：소실〕 ❶姓의 하나。複姓。 ❷적은 집。
〔少艾：소애〕 젊고 아름다움。 또는 그 사람。男色·女色 양 쪽을 말함。『孟子·萬章』知好色則慕ーー。
〔少額：소액〕 적은 額數。 寡額。
〔少焉：소언〕 한참 만에。 한참 있다가。 暫時。『蘇軾·赤壁賦』ーー月出於東山之上。
〔少尉：소위〕 軍의 階級의 한 가지。 尉官의 최하급의 武官。 中尉의 아래。
〔少日：소일〕 짧은 日數。 며칠。
〔少壯：소장〕 나이가 젊고 血氣가 왕성한 壯年。『漢武帝』ーー幾時兮奈老何。
〔少長：소장〕 아이와 어른。 兒童과 年長者。『王羲之』群賢畢至、ーー咸集。
〔少將：소장〕 陸·海·空軍의 무관 계급의 한 가지。 准將의 위이며 中將의 아래。
〔少弟：소제〕 나이가 열 살로부터 열 두세 살까지 위 되는 사람에게 대하여 자신을 일컫는 말。
〔少妾：소첩〕 나이가 어린 첩。
〔少許：소허〕 조금。 얼마 안 되는 분량。『陶潛·飮酒詩』ーー便有餘。
◎減ー、過ー、寡ー、極ー、僅ー、老ー。

二畫

【尓】 (니) 紙 ジ、なんじ you
❶그렇다할니(然也、助辭)。 ❷너니(爾也)。

三畫

【尖】 (첨) 鹽 セン、とがる sharp-pointed ㄐㄧㄢ chien¹
❶뾰족할첨(末銳)。 ❷날카로울첨(先銳)。『杜甫詩』萬點蜀山ー。
〔尖刻：첨각〕 말소리가 매우 가혹함。
〔尖端：첨단〕 ❶물건의 뾰족하게 모난 끝。 ❷유행의 시초。先驅。
〔尖頭木驢：첨두목로〕 攻城用의 兵器의 一種。

尖頭木驢(武備志)

〔尖利：첨리〕 뾰족하고 날카로움。 尖銳。「끝。
〔尖尾：첨미〕 뾰족한 물건의 맨 끝。
〔尖兵：첨병〕 적 가까이 행군할 때 행군 부대의 전방에서 敵情을 살피고 경계하는 소부대의 군사。
〔尖纖：첨섬〕 뾰족하고 가늘음。『白居易』
〔尖銳：첨예〕 뾰족하고 날카로움。 尖利。
〔尖銳分子：첨예분자〕 급진적인 또는 과격적인 사람。급진주의를 주장하는 자。
〔尖銳化：첨예화〕 모든 사물이 아주 날카로와 짐。 첨예하게 됨。
〔尖叉：첨차〕 詩를 짓는 데 있어서 까다로운 韻字를 이름。『謝人·見和前篇』。
〔尖形：첨형〕 끝이 뾰족하고 모난 현상。

【尗】 (숙) 屋 シュク、まめ bean
콩숙(豆也)。(『菽』과 같음)

【尚】 (당) 『當』(田部 8畫)의 略字

四畫

【尖】 (참) 咸 サン、するどい sharp
날카로울참(銳也)。

【尚】 (당) 『當』(田部 8畫)의 略字

五畫

【尚】 ㊀(상) 漾 ㊁(상) 陽 ショウ、なお、たっとぶ rather; respect ㄕㄤ shang⁴
㊀❶일찍상(曾也)。 ❷거의상(庶幾)。 ❸높일상(尊也)。 ❹숭상할상(崇也)。 ❺더할상(加也)。 ❻귀하게여길상(貴也)。 ❼꾸밀상(飾也)。 ❽짝지을상(配也)。 ❾자랑할상(矜伐)。『禮記』君子不自ー其功。 ❿가상하알상(嘉也)。 ⓫오히려상(猶也)。『詩經』雖無老成人ー有典刑。 ㊂주관할상(主也)。「임금의 衣服·食物等을 감독함」。
〔尚古：상고〕 옛적의 문물을 소중히 여김。
〔尚古主義：상고주의〕 ❶옛적 文物을 숭상하여 표준 또는 모범으로 삼는 주의。 擬古主義。 ❷古典主義。
〔尚宮：상궁〕 (制) ❶女官의 하나。 唐에서 둠。 宮의 웃 어른을 中宮으로 引導하는 일을 맡음。『唐書·百官志』。 ❷高麗 때 女官의 하나。 ❸李朝 때 女官의 正五品 벼슬。
〔尚今：상금〕 이제까지。 지금까지。
〔尚農主義：상농주의〕 重農主義。
〔尚農派：상농파〕 重農派。
〔尚論：상론〕 古人의 언행·人格 등을 논함。『孟子·萬章』ーー古之人。
〔尚武：상무〕 武德을 숭상함。 ↕尚文。
〔尚文：상문〕 文藝를 崇尚함。 ↕尚武。『杜甫』此邦今ーー。
〔尚未晚：상미만〕 아직 늦지 않음。
〔尚父：상부〕 아버지와 같이 높이어 모심。 또는 그렇게 높임을 받는 사람。 周의 武王이 太公望을 尙父라한 따위。『詩·大明』。
〔尚設：상설〕 ❶늘 설비하여 둠。 ❷(制) 李朝 內侍府의 從七品 벼슬。
〔尚羊：상양〕 서성거림。 徜徉。『楚辭』託回飆風乎ーー。
〔尚佯：상양〕 왔다 갔다 서성거림。 尙羊。
〔尚友：상우〕 책을 읽고 현인을 벗으로 함。 古人을 벗으로 함。 (尙은 上)。『孟子·萬章』是以論其世也、是ーー也。
〔尚有良心：상유양심〕 매우 악한 사람에게도 양심이 있음。 아직도 양심은 있어서 완전하게 나쁜 사람이 아님을 뜻함。
〔尚章：상장〕 十干의 癸의 異名。
〔尚存：상존〕 아직 존재함。
〔尚主：상주〕 公主의 짝。 천자의 딸을 娶함。『古人姓民錄』五世ーー。
〔尚志：상지〕 뜻을 높임。생각하는 뜻을 高尙히 함。『孟子·盡心』何謂ーー、曰仁義而已矣。
〔尚齒：상치〕 老人을 존경함。 (齒는 齡)。『莊子·天道』鄕黨ーー。
〔尚饗：상향〕 받기를 원한다는 뜻으로 祭文 끝에 씀。『儀禮·士虞禮』。
◎高ー、和ー。

七畫

【覍】 (변) 霰 ベン、かんむり crown
❶『弁』의 本字。 ❷『昪』과 같음。

【𡭴】 (극) 陌 ゲキ、すきま crack of the wall
벽틈극(壁際孔)。(『隙』과 같음)

八 畫

【⿱尛京】(긔)『⿱⺌京』(小部7畫)과 같음

【⿰尐乳】(누) 有 ノウ、ちいさい small
❶작은 모양누(小貌)。❷젖먹이누(乳子)。

【⿰尐兔】(누) 尤 ドウ、うさぎのこ young of the rabbit
토끼 새끼누(兎子)。

九 畫

【⿰尐京】(량) 陽 リョウ、よくない bad
❶좋지않을량(不善)。❷엷을량(薄也)。

十 畫

【尟】(선)『尠』(次條)과 같음

【尠】(선) 銑 セン、すくない little ㄒㄧㄢˇ hsien³
小篆 小篆 草書
적을선(少也)。『鮮』과 通함。

【尠少:선소】 적음。鮮少。『大唐西域記』伽藍五所、僧徒ㅡㅡ。

十一 畫

【⿰害少】(척) 職 チョク、すこやか healthy
건강할척(健康)。

十二 畫

【⿰粦少】(렴) 鹽 レン、ちいさい little
❶적을렴(少也)。❷작을렴(小也)。❸결할렴(缺也)。

【⿰曹少】(조) 豪 ソウ、あらい wild
거칠조(荒也)。

【⿰堇少】(근) 震 キン、すくない few
❶적을근(僅也)。❷대할근(對也)。

尢 部

【尢】(왕) 陽 オウ、せむし hunchback ㄨㄤ wang¹
小篆 古文 草書
❶절름발이왕(一足跛曲)。「部首名」。❷곱사왕(傴僂)。

一 畫

【兀】(우)『尤』(次條)의 本字

【尤】(우) 尤 ユウ、もっとも most: blame
小篆 草書
❶가장우(最也)。❷더욱우(甚也)。『晋書明帝紀』帝聰明有機斷ㅣ精物理。❸탓할우(咎也)。❹허물할우(怨也)。『論語』不怨天不ㅣ人。

【尤詬:우구】 잘못을 부끄러워함。『倪瓚·素衣詩』寧避ㅡㅡ。

【尤隙:우극】 틈이 생김。사이가 나빠짐。『後漢書』漸成ㅡㅡ。

【尤極:우극】 더욱。

【尤妙:우묘】 더욱 묘함。매우 신통함。

【尤物:우물】 ❶가장 뛰어난 사람 또는 물건。逸物。逸品。『莊子·徐無鬼』夫子、物之尤也。❷얼굴이 잘생긴 여자。美人。美女。『左傳』夫有ㅡㅡ、足以移人。

【尤庵集:우암집】《書》一五八권 五三책。李朝 宋時烈의 遺稿集。尤庵은 宋時烈의 호。후에 宋子大全에 합침。

【尤異:우이】 가장 뛰어남。『漢書·宣帝紀』潁川太守黃霸、以治行ㅡㅡ。

【尤最:우최】 더 없이 가장 뛰어남。最上。上의 上。

【尤悔:우회】 잘못과 뉘우침。『漢書』淺爲ㅡㅡ、深爲敦害。

二 畫

【⿺尢力】(력) 職 リョク、ゆきなやむ step cross-leggedly
다리를 비꼬며 걸을력(脛相交而行)。

三 畫

【尥】(료) 嘯 リョウ、あしのすじ string of leg ㄌㄧㄠˋ liao⁴
小篆 小篆
❶다리힘줄 약할료(筋弱어당길료(以足釣之)。ㅣ棹)。❷발로긁어당길료(以足釣之)。

【尥掉:요도】 발의 힘이 약함。『六書故』今人謂筋骨弱、擧足不隨、爲ㅡㅡ。

【⿺尢亏】(우) 虞 ウ、ももがまがる bend the thigh
小篆
❶다리굽을우(股曲)。❷돌우(盤旋)。

四 畫

【尨】 ㊀(방) 江 ボウ、むくいぬ shaggy dog (本音「망」) ㊁(봉) 東 〔ㄇㄤˊ mang²〕
小篆 小篆 草書
㊀❶삽살개방(犬多毛者)。❷무럭무럭하게클방。❸얼룩질방(雜也)。㊁헝클어진 모양봉。『左傳 僖公五年』狐裘ㅣ茸。

【尨犬:방견】 매우 큰 개。

【尨大:방대】 형상이나 부피가 매우 큼。

【尨眉皓髮:방미호발】 半白의 눈썹과 흰 머리。老人의 일컬음。

【尨服:방복】 ❶여러 가지 色이 섞인 의복。❷염색한 옷。『左傳』衣之ㅡㅡ、遠其躬也。

【尨然:방연】 굉장히 큰 모양。

【尨茸:방용】 ❶털이 어지럽게 나 있는 모양。『左傳』狐裘ㅡㅡ。❷개의 한 가지。『爾雅·釋畜·尨狗也·義疏』「모양。

【尨雜:방잡】 털이 복잡하게 섞여 있는

【尪】(왕) 陽 オウ、まがったすね lame person ㄨㄤ wang¹
❶절름발이왕(跛曲脛)。❷파리할왕(ㅣ弱)。❸천상바라기왕(癈疾人其面向天)。

【尫傴:왕구】 곱사등이。『爾雅·註』。

【尫陋:왕루】 파리하고 약해서 추함。病身。『晋書』允自以ㅡㅡ、不肯行。

【尫病:왕병】 파리하여 병들음。잔약하여 자주 앓음。『晋書』山濤子允、少ㅡㅡ。

【尫弱:왕약】 파리하고 약함。羸弱。虛弱。『唐書』ㅡㅡ不能騎。

【尫羸:왕영】 몸이 늙어 고단함。羸弊。『韓愈』人固有ㅡㅡ而壽考。

【尫弊:왕폐】 파리하고 약해서 피로함。『晋書·皇甫謐傳』臣以ㅡㅡ、迷于道趣。

五 畫

【尩】(왕)『尪』(前條)의 俗字

【尬】(개) 卦 カイ、よろめく stagger
小篆
비틀거릴개(行不正)。

【⿺尢皮】(파) 箇 哿 ハ、あしなえ limp
小篆
❶절파(蹇也)。❷발비틀어진병파(足病)。

【⿺尢左】(좌) 箇 歌 サ、あしなえ limp
小篆 절름거릴좌(跛也)。

六 畫

【⿺尢朵】(타) 箇 タ、びっこ cripple
절뚝발이타(蹇也)。

【⿺尢危】(귀) 寘 キ、うむ tiresome
❶고달플귀(倦也)。❷절름거릴귀(跛也)。

【⿺尢皃】(요) 嘯 ヨウ、はれる limp
小篆 ❶절름거릴요(跛也)。❷다리 종기요(足腫)。

七 畫

【⿺尢妥】(퇴) 賄 タイ、あるきつかれる sick through the fatigue travel
❶노독날퇴(路毒)。❷걸어서 고단할퇴(委ㅡ)。❸풍독퇴(風毒)。

【⿺尢坐】(좌) 哿 サ、あるけないやまい cripple
❶다리병신좌(足不具)。❷앉은뱅이좌(座客)。

【⿺尢肖】(소) 蕭 ショウ、づつう headache
머리앓을소(頭痛)。

【⿺尢面】(면) 先 ベン、ななめにゆく walk not uprightly
비스듬히 걸을면(邪行)。

八 畫

【⿰谷尢】(극) 陌 コク、なまける lazy
❶느른할극、게으를극(倦也)。❷고달플극(疲也)。

【⿺尢咅】㊀(파) 箇 ㊁(부) 宥 ハ、たおれる lie flat
㊀엎드러질파(　也)。㊁뜻은 ㊀과 같음。

【⿺尢果】(라) 箇 ラ、ただしくない limp
❶절름거릴라(跛行貌)。❷절뚝발이라(蹇也)。

【⿺尢奇】(기) 紙 キ、ちんば cripple
❶절뚝발이기(蹇也)。❷절름거릴기(跛行)。❸싫증날기(倦也)。

九 畫

【尰】(종) 腫 ショウ、はれる fester
草書 ❶발곪길종(足腫)。❷수중다리종(脛氣濕腫)。(『瘇』과 같음)

【⿺尢畏】(외) 賄 ワイ、リウマチス suffering from paralysis
풍질앓을외(風疾)。

【就】(취) 宥 シュウ、ジュ、つく follow;take ㄐㄧㄡˋ chiu⁴
小篆 籀文 草書 ❶좇을취(從也)。【孟子 告子下】所ㅡ三、所去三。❷이룰취(成也)。「成 ㅡ」。【魏徵詩述懷】縱橫計不ㅡ。❸곧 취(即也)。【晉書 景帝紀】ㅡ加詔許之。❹가령취(假令)。【韓愈 送孟東野序】ㅡ其能鳴者其聲淸以淨。❺능할취(能也)。❻마칠취(終也)。❼저자취(市也)。

【就理:취리】 죄를 범한 관리가 義禁府에서 심리를 받던 일。

【就眠:취면】 잠을 잠。

【就伏白:취복백】 한문으로 편지할 때에 웃어른에게 안부를 물은 다음 여쭙고자 할 사실을 쓸 적에 쓰는 말。

【就緖:취서】 業에 任함。사업을 發足함。(緖는 業)。『詩·常武』。「語·越語」。

【就世:취세】 세상에 나아감。即世。『國書』不得ㅡㅡ、爲不孝子。

【就養:취양】 부모의 곁에서 孝養함。『唐

【就業:취업】 ❶업무에 종사함。❷취직。『魏書』擔笈負書、千里ㅡㅡ。

【就義:취의】 ❶바른 道理를 좇음。『莊子·列禦寇』❷義를 위하여서는 몸을 희생함。

【就任:취임】 맡은 임무에 나아감。

【就籍:취적】 戶籍에 빠진 사람을 실음。

【就正:취정】 ❶道를 닦은 사람에게 나아가 자기의 是非를 바르게 함。『論語·學而』就有道而正焉。❷詩文의 添削을 요청함。❸바른 일에 나아가 좇음。

【就中:취중】 ❶中間에 즈음하여。그 가운데서。❷특히。『杜荀鶴·登山寺詩』ㅡㅡ偏愛石。

【就職:취직】 직업을 얻음。就業。『宋書』乃出ㅡㅡ。

【就職難:취직난】 직업을 얻기 심히 어려운 곤란。

【就次:취차】 居할 곳에 나아감。『儀禮·士喪禮』主人揖ㅡㅡ。

【就捉:취착】 죄를 짓고 잡히게 됨。

【就寢:취침】 잠자리에 들음。잠을 잠。

【就學:취학】 ❶교육을 받기 위하여 학교에 들어감。❷스승에게 가서 학문을 배우기 시작함。『北史』初ㅡㅡ、始讀孝經。

【就航:취항】 항해하기 위해 배가 떠남。
◎去ㅡ、成ㅡ。

十 畫

【⿺尢扁】(발) 曷 ハツ、あしがおおきい large-footed
❶발이클발(足大)。❷보기흉할발(惡也)。

【尲】(감) 咸 カン、くいちがう stagger ㄍㄢ kan¹
小篆 비틀걸음감(ㅡ 行不正)。

十一 畫

【尳】(골) 月 コツ、すねのやまい get one's knee dislocated
小篆 ❶무릎병골(膝骨)。❷뼈 삘골(脫骨)。

十二 畫

【⿺尢雈】(휴) 齊 ケイ、ゆく walk
걸어갈휴(行貌)。

【尵】(퇴) 灰 タイ、うまのやまい (of horse)emaciated from hunger
말들피질퇴、말병퇴(尵ㅡ馬病)。

十三 畫

【⿺尢是】(제) 齊 テイ、ちんばであるく limp
小篆 ❶절름거리며 걸을제(跛行)。❷부축받을제(ㅡ⿺尢羸)。

十八 畫

【⿺尢雚】(관) 刪 カン、こしとびざのやまい sickness
허리와무릎아플관(腰膝痛)。

十九 畫

【⿺尢羸】㊀(라) 哿 ㊁(뤼) 支 ラ、ひざのやまい sickness
㊀허리와무릎아플라(腰膝痛)。㊁뜻은 ㊀과 같음。

二十二畫

【尰】 (휴) 齊 ケイ、ちんばであるく limp 절름거리며 걸을휴(跛行)。

尸 部

【尸】 (시) 支 シ、しかばね dead body ㄕ shih¹ ❶시동시(ㅣ童神像)。「옛적에 제(祭)를 지낼때 임시로 神의 代身이 되는 사람」。❷주검시(死體)。❸주관할시(主也)。〔詩經 召南采蘋〕誰其ㅣ之。❹진칠시(陳也)。

【尸諫:시간】 죽은 다음에 그 시체로써 임금에게 諫함。《故》衛의 大夫 史魚가 그의 임금 靈公에게 諫하였으나 듣지 않으므로 죽음에 임하여 아들에게 명하여 자기를 葬事하기 전에 다시 임금에게 諫하게 한 故事。屍諫。〔韓詩外傳〕。

【尸厥:시궐】 《醫》정신이 아찔하며 갑자기 엎드러져서 까무러치는 병。

【尸童:시동】 옛날에 제사 지낼 때에 神位 대신으로 그 자리에 앉히던 어린아이。

【尸利:시리】 일에는 충실하지 않고 이익만 꾀함。〔禮記·表記〕事君、近而不諫、則ㅣㅣ也。

【尸盟:시맹】 盟約을 맡은 사람。盟主。〔左傳〕叔向謂趙孟曰、諸侯歸晉之德、只非歸其ㅣㅣ也。

【尸臣:시신】 일을 주장으로 하는 신하。〔漢書·郊祀志〕。

【尸饔:시옹】 삶고 굽는 일을 맡음。(饔은 肉類를 요리하는 것)。〔詩·祈父〕。

【尸位素餐:시위소찬】 직책을 다하지 않고 자리만 차지하여 녹만 받아 먹는 일。〔漢書·朱雲傳〕今朝廷大臣、上不能匡主、下亡以益民、皆ㅡㅡ。

【尸咽:시인】 《醫》목구멍이 가렵고 아픈 병증세。

【尸疰:시주】 《醫》죽은 혼이 빌미가 되어 생기는 병。죽은 사람의 넋이 三년 후에 귀신이 되어 후림 바람에 딴 사람의 몸에 붙어 일어나게 한다는 병。

【尸蟲:시충】 屍體에서 생기는 벌레。〔史記·齊太公世家〕。

【尸解:시해】 道家의 말。몸은 남기고 魂魄은 神仙으로 化한다는 말。〔瑣言〕凡今之人、死視其形如生、乃ㅣㅣ也。

一 畫

【尹】 一(윤) 軫 二(윤) 眞 イン、おさめる govern ㄧㄣˇ yin³ 一❶다스릴윤(治也)。〔書經〕ㅣ茲東郊。❷바를윤(正也)。❸벼슬이름윤(官名)。❹성실할윤(誠信)。〔禮紀 聘義〕孚ㅣ旁達信也。二❶믿을윤(信也)。❷포윤(脯曰、ㅣ祭)。

【尹祭:윤제】 宗廟의 제사 때 쓰는 脯。尹은 바르다는 뜻。正方形으로 베어 쓰기 때문임。〔禮記·曲禮〕凡祭宗廟之禮、脯曰ㅣㅣ。

【尹喜:윤희】 《人》戰國時代 秦 나라 사람。字는 公道。老子로부터 道德經 五千言을 받았다 함。〈著書〉關尹子。

【尺】 (척) 陌 シャク、ものさし ruler ㄔˇ ch'ih³ ❶자척(度名、十寸爲尺)。❷가까울척(近距離)。❸법척(法也)。

【尺簡:척간】 편지。尺牘。書札。〔南史〕寫以ㅣㅣ。

【尺縑:척겸】 조그마한 헝겊。〔舊唐書〕無ㅣㅣ文帛。

【尺貫法:척관법】 길이의 단위를 尺、量의 단위를 貫으로 하는 度量衡法。

【尺口:척구】 어린아이。幼兒。〔資治通鑑〕及其家ㅣㅣ、以上五十餘人。

【尺度:척도】 ❶물건을 재는 자。❷計量의 표준。〔宋書〕至於魏、ㅣㅣ漸長於古。

【尺牘:척독】 짧은 편지。尺書。尺素。尺楮。〔漢書〕與人ㅣㅣ。

【尺童:척동】 열 살 안팎의 아이。小童。

【尺量:척량】 물건을 자로 잼。

【尺璧:척벽】 지름이 한 자 되는 寶玉。귀중한 구슬。〔淮南子〕聖人不貴尺之璧、而重寸之陰。

【尺山寸水:척산촌수】 높은 곳에서 멀리 산수를 바라볼 때 작게 보임을 이르는 말。〔張船山〕曾向華嚴頂上來、ㅡㅡ皆能說。

【尺書:척서】 ❶편지。尺牘。尺翰。尺素。尺楮。〔史記〕發一乘之使、奉咫尺之書。❷책。〔論衡·尺書〕諸子ㅣㅣ、文篇具在。

【尺雪:척설】 ❶한 자나 쌓인 눈。大雪。〔晉書〕平地ㅣㅣ。❷잣눈。

【尺水:척수】 얼마 안되는 물。〔李白〕潛龍隱ㅣㅣ。

【尺五:척오】 거리가 극히 가까운 것을 말함。〔辛氏三秦記〕城南韋杜、去天ㅣㅣ。

【尺刃:척인】 한 자 길이 되는 칼。短刀。寸鐵。

【尺地:척지】 좁은 땅。=尺土。〔孟子〕ㅣㅣ莫非其有。

【尺紙:척지】 ❶한 자 길이의 종이。❷편지。尺楮。尺簡。

【尺鐵:척철】 한 자 길이의 칼。寸鐵。

【尺寸:척촌】 한 자 한 치의 뜻。《轉》넓이·길이·功績 등 모든 事物의 작은 뜻으로 쓰임。些少。僅少。〔後漢書〕禹得效其ㅣㅣ、垂功名於竹帛耳。「也。

【尺宅:척택】 얼굴。〔黃庭經·注〕ㅣㅣ面

【尺土:척토】 얼마 안되는 땅。尺地。〔漢書〕無ㅣㅣ之階、一劍之任、五載而成帝業。「下。

【尺翰:척한】 편지。〔陳書〕ㅣㅣ馳而聊城

【尺蠖之屈:척확지굴】 자벌레가 몸을 굽히는 것은 다음에 몸을 펴고자 함임。《喩》다른 날에 성공을 기하기 위하여 잠깐 몸을 굽힘을 일컬음。〔易·繫辭〕ㅡㅡ以求信也、龍蛇之蟄、以存身也。

◎鯨ㅣ、曲ㅣ、先ㅣ。

二 畫

【尻】 (고) 豪 コウ、しり the tip of the coccyx ㄎㄠ k'ao¹ ❶꽁무니고(臀也)。「脊骨盡處脽也」。❷밑바닥고(底部)。〔屈原 天問〕崑崙縣圃、其ㅣ安在。❸구푸릴고(蹲也)。

【尼】 一(니) 支 二(닐) 質 ジ、ニ、あま nun ㄋㄧˊ ni² 一❶여승니(女僧)。❷화할니(和也)。二❶가까울닐(近也)。❷정할닐(定也)。❸그칠닐(止也)。〔孟子〕止或ㅣ之。(『柅』과 통함)

【尼丘:이구】 《地》山 이름。山東省 曲阜縣 동남에 있음。孔子가 誕生한 곳임。혹은 尼山이라고도 함。

【尼房:이방】 《佛》여자 중들이

尼丘山(古今圖書集成)

사는 집。

〔尼法師:이법사〕 (佛)여자 법사。

〔尼父:이부〕 孔子의 尊稱。『禮記·檀弓』魯哀公 孔子曰、哀哉ㅣㅣ。

〔尼寺:이사〕 (佛)比丘尼들이 있는 절。신중절。여승당。尼院。

〔尼斯今:이사금〕 (歷)新羅 初期의 王號 三代 儒理王 때부터 一八代 實聖王 때까지 사용한 王의 칭호。

〔尼山:이산〕 ＝尼丘山。

〔尼僧:이승〕 (佛)여자 중。女僧。

〔尼院:이원〕 (佛)여자 중들이 있는 절。尼寺。『白居易』ㅣㅣ佛庭寬有餘。◎僧ㅣ、比丘ㅣ。

【𡰥】

㊀(이)『仁』(人部 2畫) ㊁(인)『夷』(大部 3畫)의 古字

三 畫

【尺】

(小篆) (小篆) (직) 職 ショク、おさめる rule 다스릴직(理也)。

【尽】

(진)『盡』(皿部 9畫)의 俗字

四 畫

【尾】

(미) 尾 ビ、お、しっぽ tail ㄨㄟˇ wei³

(小篆) (草書) ❶꼬리미(鳥獸蟲魚之末梢)。❷뒤미(後也)。❸끝미(終也)。❹흘레할미(交ㅣ)。

〔尾擊:미격〕 뒤를 이어 追擊함。『後漢書』烏桓復ㅣㅣ援後。

〔尾大:미대〕 ❶꼬리가 큼。❷일의 끝이 「크게 벌어짐。

〔尾大難掉:미대난도〕 일의 끝이 크게 벌어져서 처리하기가 힘들음。尾大不掉。

〔尾閭骨:미려골〕 (生)꽁무니뼈。

〔尾閭穴:미려혈〕 ❶등마루뼈 끝에 있는 침을 놓는 자리。尾閭關。❷자꾸 줄어서 없어짐을 이르는 말。

〔尾蔘:미삼〕 (國)인삼의 잔 뿌리。

〔尾蔘茶:미삼다〕 미삼으로 달인 차。

〔尾生之信:미생지신〕 (故)魯의 尾生이란 사람이 한 여자와 다리 밑에서 만나기로 약속을 하였는데 때가 지나도 오지 않는데도 기다리며 별안간 물이 늘어도 떠나지 않고 있다가 급하여 다리 기둥을 안고 있다가 물에 빠져 죽음。『戰國策·燕策』。(喩)굳게 信義를 지키는 것을 일컬음。혹은 어리석고 지나치게 正直함을 말함。『史記』信如尾生、與女子期於梁下、女子不來、水至不去、抱柱而死。

〔尾羽:미우〕 매 또는 그 밖의 새의 꽁지 깃。

〔尾翼:미익〕 ❶꼬리 날개。❷비행기의 胴體。뒷 쪽에 있는 垂直·水平安定板·昇降舵·方向舵의 總稱。

〔尾骶骨:미저골〕 (生)꽁무니뼈。

〔尾行:미행〕 몰래 뒤를 밟음。◎交ㅣ、末ㅣ、大ㅣ、首ㅣ、龍頭蛇ㅣ、徹頭徹ㅣ、後ㅣ。

【尿】

(뇨) 嘯 ニョウ、しょうべん urine ㄋㄧㄠˋ niao⁴

(小篆) (草書) 오줌뇨(小便)。(『溺』와 같음)

〔尿𥫱:요강〕 오줌을 누는 그릇。夜壺。

〔尿管:요관〕 (生)尿道。

〔尿道:요도〕 (生)오줌이 膀胱에서 몸 밖으로 내보내는 구실을 하는 管。오줌길。

〔尿素:요소〕 (化)酒精에 잘 녹는 무색 柱狀의 결정。

〔尿意頻數:요의빈삭〕 (醫)오줌이 자주 마려워지는 병증。

〔尿精:요정〕 (醫)남자의 精液이 오줌에 섞여 나오는 병증。

〔尿閉:요폐〕 (醫)下焦에 열이 생겨 尿道가 막히므로 오줌이 잘 안 나오는 방광병。

〔尿血:요혈〕 (醫)오줌에 피가 섞여 나오는 병。요도 기관의 병이나 그 외의 중독 때문에 생김。◎檢ㅣ、排ㅣ、糞ㅣ、泌ㅣ、夜ㅣ、血ㅣ。

【局】

(국) 因 キョク、つぼね part; bureau ㄐㄩˊ chü²

(小篆) (草書) ❶마을국(官署)。❷방국(部署)。「總務ㅣ」。❸판국(部分)。❹굽힐국(曲身)。『詩經 小雅 正月』不敢不ㅣ。❺거리낄국(拘也)。❻말릴국(卷也)。『詩經小雅采綠』予髮曲ㅣ。❼줄국(縮小)。『漢書』ㅣ趣效轅下駒。❽판국(棋盤)。『十八史略 唐』長日惟消一ㅣ碁。❾시절국(世運時會)。

〔局內:국내〕 ❶墓의 지역 안。❷관청이나 회사의 한 局의 안。

〔局度:국도〕 사물을 처리하고 사람을 포섭하는 도량。『後漢書』袁紹外寬雅有ㅣ、憂喜不形於色。

〔局量:국량〕 ❶度量과 才幹。❷자로 재거나 되로 되는 것。斗量。❸너그러운 마음과 깊은 생각。『南史』蕭君ㅣㅣ堂堂。

〔局力:국력〕 재주와 슬기의 힘。『宋史』剛正有ㅣㅣ。

〔局面:국면〕 ❶일이 되어가는 상태。❷승패를 겨루기 위한 장기·바둑판의 형세。

〔局面打開:국면타개〕 切迫한 국면을 잘 처리하여 해결함。

〔局番號:국번호〕 전화 교환국의 국명에 대용되는 번호。

〔局報:국보〕 ❶관청 사이에서 서로 보내고 받는 전보의 總稱。❷방송국의 보도。

〔局部:국부〕 ❶신체 가운데의 일부분。局所。❷陰部。

〔局部痲醉:국부마취〕 (醫)수술할 자리만을 하는 마취。局所 痲醉。

〔局部運動:국부운동〕 몸의 한 부분만을 움직이는 운동。植物이 외부의 변화에 대해 그 일부분만을 움직이는 운동。

〔局所:국소〕 ❶전체 가운데 일부분。신체의 일부분。❷한정된 일정한 장소。

〔局識:국식〕 見聞과 知識이 좁음。

〔局外:국외〕 ❶장기나 바둑을 둘 때에 옆에서 구경하는 사람。❷그 사건에 관계하지 않음。『劉克莊』君看橘中戲、妙不出ㅣㅣ。

〔局外中立:국외중립〕 (法)交戰國 혹은 다른 紛爭에 가담하지 않고 中立함。

〔局員:국원〕 ❶한 局의 직원。❷元帥府나 參謀部의 한 벼슬。

〔局長:국장〕 局의 총책임자。우두머리。

〔局地:국지〕 한정된 한 구역의 땅。

〔局地戰爭:국지전쟁〕 제한된 구역 안에서만 일어나 세계 대전으로 퍼지지 않는 전쟁。↔全面戰爭。

〔局蹐:국척〕 황송하여 몸을 굽힘。

〔局促:국촉〕 ❶작은 모양。줄어든음。局縮。❷마음이 너그럽지 못하고 옹졸한 모양。『白居易』ㅣㅣ應笑予。

〔局騙:국편〕 교묘한 방법으로 타인의 재물을 속여서 빼앗음。대개 도박에서 이런 일이 많음。『元典章·刑部·禁局騙』無籍之徒、糾合惡黨、ㅣㅣ錢物。

〔局限:국한〕 어떤 부분에 한정됨。

〔局戲:국희〕 雙六。주사위。◎開ㅣ、結ㅣ、當ㅣ、對ㅣ、本ㅣ、富ㅣ、分ㅣ、時ㅣ、藥ㅣ、戰ㅣ、全ㅣ、編輯ㅣ。

【屁】

(비) 寘 ヒ、へ fart ㄆㄧˋ p'i⁴

(草書) 방귀비(氣下泄)。

五 畫

【屇】

(집) 緝 チュウ、つづく connect

(小篆) (小篆) 맞이을집(前後相連)。

【屎】(차) 支 シ、うかがう peep at
❶몰래볼차(盜視)。❷엿볼차(伺也)。

【屄】(비) 微 ヒ、おんなのいんぶ vagina ㄅㄧ pi
보지비(女子陰部)。

【屐】(복) 屋 ホク、いそがしくゆく go
小篆 갈복(行也)。

【居】㊀(거) 魚 ㊁(기) 支 キョ、いる、すむ dwell ㄐㄩ chü
小篆 或體 草書 ㊀❶살거(ㅣ之)。【中庸】禽獸ㅣ之。❷곳거(處也)。【論語】子之燕ㅣ。❸앉을거(坐也)。【論語】ㅣ吾語汝。❹항상있을거。【論語 先進】ㅣ則曰不吾知也。❺놓을거(置也)。【禮記 王制】度地以ㅣ民。❻쌓을거(貯蓄)。【十八史略 秦】奇貨可ㅣ。(『據』와 通함) ㊁어조사기(語助辭)。【詩經 邶風 柏舟】日ㅣ月諸、胡迭而微。(『其』와 通함)

【居家:거가】 늘 자기집에 있음。
【居間:거간】 사이에 들어 흥정을 붙임。
居中。『漢書』邑中賢豪。ㅣㅣ以十數。
【居甲:거갑】 으뜸가는 자리를 차지함。두목이 됨。居首。居魁。
【居居:거거】 나쁜 마음을 품고 서로 친하지 않음。『詩經』自我人ㅣㅣ。『傳』ㅣㅣ、懷惡不相親比之貌。
【居奇:거기】 좋은 財貨를 간직해 두고 값이 오를 때를 기다림。『史記·呂不韋傳』呂不韋賈邯鄲見而憐之曰、此ㅣㅣ可居也。
【居其中:거기중】 한쪽에 치우치지 않고 중간 쯤 되어 있음。어상반함。
【居留:거류】 ❶일시적으로 그곳에 머물러 살음。❷외국의 거류지에 살음。
【居留民:거류민】 거류지에서 살고 있는 외국 사람。
【居留地:거류지】 두 나라 사이의 조약에 의하여 한 나라가 그의 領土의 一部를 限定하여 외국인의 거주 및 영업을 위하여 지정한 지역。租界。
【居民:거민】 그 땅에서 사는 백성。住民。土民。『宋史』城中ㅣㅣ。
【居半:거반】 居之半의 略語。
【居士:거사】 ❶道藝가 깊은 사람으로 벼슬을 하지 않는 隱者。處士。『禮記·玉藻』ㅣㅣ錦帶。❷僧侶。❸佛門에 歸依한 남자。❹法號·雅號 밑에 덧붙여 쓰는 말。
【居喪:거상】 ❶부모 상을 당하고 있음。喪中。❷어버이의 상사에 입는 상복의 卑稱。喪服。
【居常:거상】 ❶道를 지키어 변하지 않음。❷항상。『劉得仁』ㅣㅣ只是吟。
【居生:거생】 그 자리에 머물러서 살음。
【居所:거소】 일시적으로 어떠한 목적을 가지고 계속 머무르고 있으나、생활의 본거가 아닌 곳。居處。住所。
【居室:거실】 ❶자기가 살고 있는 방。거처하는 방。『禮記』ㅣㅣ爲後。❷집에 있음。『易經』君子居其室。❸夫婦。『孟子·萬章』男女ㅣㅣ、人之大倫也。
【居心:거심】 침착한 마음과 편안한 모양。『呂氏春秋』無有ㅣㅣ。
【居然:거연】 ❶그 모양 그대로。『駱賓王·帝京篇』ㅣㅣ萬化感應。❷편안한 모양。安然。『詩經』ㅣㅣ生子。❸일에 움직이지 않은 모양。『史記·秦始皇紀』其勢ㅣㅣ也。
【居憂:거우】 喪中에 있음。忌中。『書經·太甲』。
【居移氣:거이기】 사람은 그 지위와 경우에 따라서 기분을 달리함。『孟子·盡心』ㅣ、ㅣ、養移體。
【居諸:거저】 日月을 일컬음。歲月。光陰。『詩·柏舟』日居月諸、胡迭而微。
【居接:거접】 잠시 한 때 거주함。
【居貞:거정】 ❶貞節을 지킴。❷바른 일을 지킴。『易·頤』ㅣㅣ之吉、順以從上也。
【居停:거정】 객지에 숙박함。寄宿。『宋史』ㅣㅣ主人。「王。
【居第:거제】 집。邸宅。『吳萊』ㅣㅣ擬侯
【居住:거주】 머물러 살음。또는 그 집。
【居住所:거주소】 거주하는 처소。住所。
【居住申告:거주신고】 (制)옮겨 가 살 때 당지의 행정 관청에 그 사유를 신고하는 일。
【居住者:거주자】 그 곳에 거주하는 사람。居住人。
【居住地:거주지】 현재 거주하는 곳。
【居中:거중】 쌍방 사이에 서서 힘을 다함。居間。두편 중간에 있음。
【居中調停:거중조정】 중간에 들어 화해를 붙임。사이에 들어 조정함。
【居之半:거지반】 거의。절반 이상。
【居之中天:거지중천】 =虛空。
【居處:거처】 한 자리를 정하여 두고 늘 起居하는 곳。『論語』ㅣㅣ恭。
【居村:거촌】 자기가 머물러 사는 마을。
【居鄕:거향】 시골에서 살음。
◎群ㅣ、起ㅣ、獨ㅣ、同ㅣ、別ㅣ、山ㅣ、安ㅣ、寓ㅣ、幽ㅣ、隱ㅣ、移ㅣ、離ㅣ、雜ㅣ、謫ㅣ、轉ㅣ、平ㅣ、閒ㅣ、穴ㅣ。

【屆】(계) 卦 カイ、とどける extend to ㄐㄧㄝ chieh
小篆 草書 ❶이를계(至也)。【書經 大禹謨】弗遠不ㅣ。❷극할계(極也)。【詩經】致天之ㅣ。
【屆期:계기】 정한 시기에 이름。정한 시간에 이름。
【屆出:계출】 어떠한 일을 上司나 관청에 신고함。「에 신고함。

【届】(계)『屆』(前條)의 俗字

【屇】(전) 先 デン、あな hole
구멍전(穴也)。

【屈】(굴) 物 クツ、かがむ bend; bow ㄑㄩ ch'ü
小篆 草書 ❶굽을굴(曲也)。【易繫辭】尺蠖之ㅣ以求伸也。❷굽힐굴(ㅣ節)。【孟子滕文公下】威武不能ㅣ。❸짧을굴(短也)。❹다할굴(竭也)。【漢書食貨志】用之無度、物力必ㅣ。❺줄일굴(縮也)。【易經繫辭】尺蠖之ㅣ、以求信也。❻강할굴(强也)。
【屈竭:굴갈】 있는 힘을 다함。窮竭。『後漢書』公家ㅣㅣ、賦斂重數。
【屈强:굴강】 고집이 세어서 사람에게、屈하지 않음。屈彊。『漢書』楊信爲人、剛直ㅣㅣ。
【屈巾:굴건】 喪制가 쓰는 巾。
【屈巾祭服:굴건제복】 굴건과 喪服。
【屈曲:굴곡】 이리저리 좌우로 굽어 꺾임。『李白』世路有ㅣㅣ。
【屈曲線:굴곡선】 굴곡된 선。
【屈起:굴기】 일어나 섬。일어서는 모양。起。崛起。『漢書』ㅣㅣ在此位者。
【屈伏:굴복】 ❶항복하거나 힘에 겨워 꿇어 엎드림。『李白』岡巃多ㅣㅣ。❷屈服。
【屈服:굴복】 힘이 미치지 못하여 복종함。힘에 屈하여 복종함。屈膝。『莊子』「服。ㅣㅣ者、其險言如哇。
【屈膝:굴슬】 무릎을 꿇고 절을 함。屈
【屈申:굴신】 =屈伸。『班彪』行止ㅣㅣ、與時息兮。
【屈伸:굴신】 몸의 굽힘이나 폄。屈申。屈信。『後漢書』蛇能ㅣㅣ。
【屈身:굴신】 ❶몸을 굽힘。❷겸사함。
【屈心:굴심】 남에게 대하여 제 마음을 굽힘。남에게 겸사함。
【屈枉:굴왕】 굽음。휘어져 굽음。
【屈辱:굴욕】 남에게 억눌려 업신여김을 받는 수치스러움。모욕을 받아 면목이 없음。『史記』數使諸侯、未嘗ㅣㅣ。
【屈節:굴절】 절개·정조를 간직하지 못

하고 굽힘。

【屈折:굴절】❶《物》빛이나 소리가 密度가 다른 물체에 射入할 때 방향을 변함。❷휘어 꺾임。〔莊子〕ㅡㅡ禮樂。

【屈折度:굴절도】《物》굴절하는 각도。

【屈折率:굴절률】《物》광선이 굴절될 때의 投射角의 正弦과 굴절각의 정현의 比。

【屈折面:굴절면】《物》광선이나 音波가 굴절하는 두 媒體의 바닥。

【屈折法則:굴절법칙】《物》광선이 굴절할 때에 일어나는 일정한 법칙。

【屈折運動:굴절운동】팔 다리를 꺾거나 몸을 앞뒤로 휘는 운동。

【屈從:굴종】제 뜻을 굽혀 복종함。〔後漢書〕雖王公大人、莫不ㅡㅡ。

【屈指:굴지】❶손가락을 꼽음。손 가락을 꼽아 셈。〔三國志〕ㅡㅡ心計。❷여럿 중에서 몇째 감。

【屈就:굴취】지조와 절개를 굽혀 다른 사람을 좇음。〔後漢書·陳紀傳〕。

【屈致:굴치】복종시켜서 오게 함。〔蜀志〕此人可就而見、不可ㅡㅡ也。「혀 있음。

【屈蟄:굴칩】때를 못 만나서 집에 파묻

◎不ㅡ、卑ㅡ。

【屜】(체) 霽 テイ、うまのくら saddle 언치체、말안장체(鞍具)。

【𡰱】(시)(히)『屎』(尸部6畫)와 같음

【𡰶】(둔) 元 トン、しり hip ❶궁둥이둔(臀也)。❷넓적 다리 뼈둔(髀也)。

(小篆) (或體) (或體)

六畫

【屓】(해) 卦 カイ、いびき snore 코골해(鼻息聲)。

(小篆)

【屋】(옥) 屋 オク、いえ、や house ㄨ wu¹ (小篆)(籒文)(古文)(草書) ❶집옥(舍也)。❷지붕옥(舍蓋)。❸큰도마옥(大俎夏ㅡ)。❹수레덮개옥(車蓋黃ㅡ)。❺거북껍질옥(龜甲神ㅡ)。

【屋內:옥내】방안。室內。↕屋外。

【屋梁:옥량】지붕 마루。〔杜甫〕落月滿ㅡㅡ、猶疑照顏色。

【屋廬:옥려】살림 집。住宅。〔韓愈〕辛勤三十年、以有此ㅡㅡ。

【屋漏:옥루】❶지붕이 샘。〔論衡〕ㅡㅡ在上、知之在下。❷방안의 서쪽 귀퉁이에서 中霤의 神을 祭祀 지내는 곳。《轉》사람이 잘 보이지 않는 구석진 곳。〔詩·抑〕相在爾室、尙不愧ㅡㅡ。

【屋霤水:옥류수】낙숫물。

【屋廡:옥무】지붕과 추녀。또는 처마。〔漢書〕覆以ㅡㅡ。

【屋壁:옥벽】집의 벽。〔漢書〕尙書初出于ㅡㅡ。

【屋舍:옥사】집。살림。舍屋。〔陸龜蒙〕「先夸ㅡㅡ好。

【屋上:옥상】지붕 위。

【屋上架屋:옥상가옥】지붕 위에 지붕을 더 한다는 뜻。屋上加屋。《喩》겹치는 것은 無益 함을 일컬음。

【屋椽:옥연】지붕 서까래。〔杜甫〕發地扶ㅡㅡ。

【屋瓦:옥와】지붕을 이는 기와。

【屋外:옥외】집 밖。한데。↕屋內。

【屋外燈:옥외등】옥외에 가설한 전등。

【屋外集會:옥외집회】옥외에서 하는 집회。「ㅡ。

【屋宇:옥우】집。舍屋。〔後漢書〕葺理ㅡ

【屋脊:옥척】《建》용마루。

【屋下私談:옥하사담】쓸데 없는 사사로운 이야기。

◎家ㅡ、茅ㅡ、社ㅡ、牆ㅡ、草ㅡ、破ㅡ。

【屌】(조) 篠 チョウ、おとこのいんぶ penis ㄉㄧㄠ tiao³ 자지조(男子陰)。

【𡱈】(기) 紙 キ、しり hip (小篆) 볼기기(臀也)。

【屍】(시) 支 シ、かばね dead body ㄕ shih¹ (小篆)(草書) 주검시、송장시(死體)。(「尸」와 通함)

【屍諫:시간】자기 자신을 죽여서까지 임금에게 諫言함。尸諫。

【屍水:시수】추깃물。屍汁。

【屍身:시신】송장。시체。

【屍帳:시장】시체를 조사한 檢屍證明書。

【屍汁:시즙】시체에서 흐르는 추깃물。

【屍體:시체】송장。죽은 신체。死體。死骸。死屍。

【屍臭:시취】시체에서 풍기는 냄새。

【屍親:시친】살해를 당한 사람의 친척。

【屎】㊀(히) 支 ㊁(시) 紙 シ、くそ dung ㄒㄧ hsi¹ (草書) ㊀아파서 끙끙거릴히(殿ㅡ呻吟)。㊁똥시(糞也)。〔李商隱雜纂 惱人〕淘井漢急ㅡ尿。(「矢」와 通함)

【屎尿:시뇨】똥과 오줌。〔莊子〕在瓦甓、在ㅡㅡ。

【㞙】(시) 紙 シ、ひろい wide 넓을시(廣也)。

【屏】(병)『屛』(尸部8畫)의 俗字

【𡱇】(견) 先 ケン、しり hip 엉덩이견(尻也)。

七畫

【屖】(시) 紙 シ、まつ wait 기다릴시(待也)。

【𡲡】(서) 語 ショ、はきもの clogs (小篆) 나막신서(木履)。

【屐】(극) 陌 ゲキ、ケキ、げた clogs ㄐㄧ chi¹ (小篆)(草書) 나막신극(木履)。

木屐(三才圖會)

【屐履之間:극리지간】길을 걷는 동안。〔十八史略·東晋·淝水之戰〕雖ㅡㅡ、未嘗不得其任。

【屐聲:극성】나막신을 신고 걷는 소리。《喩》사람이 찾아오는 발소리。〔陸游〕牆外泥乾無ㅡㅡ。

【屐痕:극흔】나막신의 굽 자국。《喩》사람이 다닌 자국。〔劉長卿〕春苔雙ㅡㅡ。

【屑】(설) 屑 セツ、くず pieces;powder ㄒㄩㄝ hsüeh³⁴ (小篆)(草書) ❶조촐할설(潔也)。〔詩經 邶風谷風〕不我ㅡ以。❷수고스러울설(勞也)。❸가루설(碎末)。❹마음이 편치않을설(ㅡㅡ不安)。❺가벼이볼설(輕視)。❻좋아하지않을설。〔孟子 告子下〕不ㅡ之敎誨。

【屑屑:설설】❶번거롭고 침착하지 못한 모양。〔左傳〕ㅡㅡ焉習儀以亟。❷부지런한 모양。〔漢書·王莽傳〕晨夜ㅡㅡ、寒暑勤勤。「ㅡ。

【屑塵:설진】티끌。먼지。〔管子〕粟爲ㅡ

【屑鐵:설철】헌 쇠。파쇠。쇠부스러기。

【屑糖:설당】가루사탕。

【屒】(진) 軫 チン、あついくちびる thick lips
小篆 두꺼운입술진(厚脣)。

【屎】(구) 尤 グ、おとこのいんぶ penis
자지구(男子陰莖)。

【屔】(니) 支 デイ、くぼみ pool
小篆 웅덩이니(水潦所溜)。

【屓】(희) 寘 キ、さかん magnificently
❶힘들일희(力也)。❷코골희(臥息)。

【展】(전) 銑 テン、のべる unfold ㄓㄢˇ chan³
小篆 草書 ❶펼전(舒也)。❷열전(開也)。❸늘일전(放寬)。「ㅣ限、ㅣ期」。❹열릴전(發也)。❺중히여길전(重也)。【史記 孔子世家】ㅣ親。❻맞갖출전(適也)。❼살필전(省視、審也)。❽진실로전(誠也)。【詩經 邶風雄雉】ㅣ矣君子。❾적을전(錄也)。

【展開：전개】❶펴서 벌임。❷主題를 발전시키는 것。❸늘여 폄。

【展觀：전관】펼쳐놓고 봄。展覽。

【展讀：전독】펼쳐서 읽음。『秦觀』發卷ㅣㅣ、殆不能釋手。「어 놓고 봄。

【展覽：전람】❶펴서 봄。❷여럿을 벌이

【展覽會：전람회】물건 따위를 놓고 벌이어 여러 사람에게 보이는 모임。

【展望：전망】멀리 바라봄。멀리 내다봄。

【展墓：전묘】先祖의 산소를 살핌。省墓『禮記』ㅣㅣ而入。「심하는 일。

【展眉：전미】찡그렸던 눈썹을 폄。곧 안

【展謝：전사】잘못을 빌음。『左傳』牢禮不度敢ㅣㅣ之。

【展舒：전서】펼치어 벌림。『爾雅·疏』。

【展示：전시】여러 가지 물건을 벌려 놓고 보임。또는 봄。

【展示會：전시회】어떤 특정한 물건을 벌이어 놓고 일반에게 보이는 모임。

【展玩：전완】펼쳐서 가지고 놂음。『梅堯臣』八軸ㅣㅣ忘晨炊。

【展轉：전전】되돌아감。되풀이함。反覆。『詩經』ㅣㅣ反側。「方寸能ㅣㅣ。

【展縮：전축】펼쳐짐과 움추려짐。『錢起』

【展親：전친】親交를 두텁게 함。同姓의 사람끼리 親交를 두텁게 함。『書·旅獒』。

【展布：전포】여쭘。陳述함。『左傳·哀·二十』使陪臣敢ㅣㅣ之。

【展限：전한】기한을 늘임。寬限。◎發ㅣ、進ㅣ、親ㅣ。

【屖】(세) 齊 セイ、おそい slow
小篆 小篆 ❶굳을세(堅也)。❷더딜세(遲久)。

八畫

【屐】(구) 虞 ク、はきもののお decorate the toecap
신코꾸밀구(履頭飾)。(『絇』와 같음)

【屙】(아) 歌 ア、ふりむく go to stool ㄜ e¹
뒤볼아(上厠)。

【屚】(루) 宥 ロウ、もる (of house)leak
小篆 집샐루(屋漏)。

【屛】㊀(병) 梗 ヘイ、ビョウ、びょうぶ
㊁(병) 靑 folding screen
㊂(병) 敬 ㄆㄧㄥˊ p'ing²
小篆 ㊀❶병풍병(ㅣ風)。❷덮을병(蔽也)。❸비맡은귀신병(雨師ㅣ翳)。『論語 鄕黨』ㅣ氣似不息者。㊂❶앞가림병、울타리병(ㅣ風蔽也)。『詩經』大邦維ㅣ。❷겁낼병(恐也)。「ㅣ營」。㊂물리칠 병(斥退)。『禮記』ㅣ之遠方。

【屛扞：병간】막음。지킴。『書經』我乃ㅣ璧與圭。

【屛去：병거】물러남。『北史』爲國ㅣㅣ。

【屛氣：병기】숨을 죽이고 가슴을 조림。『論語·鄕黨』ㅣㅣ似不息者。

【屛棄：병기】물리쳐 버림。廢棄。

【屛門親舊：병문친구】늘 길거리에 모여서 뜬 벌이를 하는 막벌잇군。

【屛藩：병번】四面에서 방비하는 군대。

【屛息：병식】＝屛氣。『五代史』魏人ㅣㅣ畏之。

【屛營：병영】방황하는 모양。『國語·吳語』ㅣㅣ彷徨于山林之中。

【屛畏：병외】숨을 죽일 정도로 두려워함。『宋史·王旦傳』屬吏ㅣㅣ。

【屛翳：병위】간막이 휘장。《轉》室內。

【屛帳：병장】병풍과 장막。

【屛障：병장】보이지 않게 가리는 휘장。또는 병풍。장지。『晉書』㦙府舍ㅣㅣ。

【屛迹：병적】뒤를 감춤。멀리 피함。자취를 감춤。

【屛黜：병출】❶물리침。❷사람을 쓰지 않음。斥逐。『諸葛亮』ㅣㅣ姦讒。

【屛廁：병치】변소。『急就篇·三』ㅣㅣ清溷糞土壤。

【屛退：병퇴】조심해서 물러남。『北史』。

【屛風：병풍】바람을 막고 무엇을 가리기 위하여 방안에 치는 물건。잇달아 접었다 폈다 함。『漢書』咸頭觸ㅣㅣ。

屛風 (三才圖會)

【屛風石：병풍석】陵을 보호하기 위하여 병풍처럼 둘러 세운 돌。

【屜】(제) 霽 テイ、くつしき inner sole ㄊㄧˋ t'i⁴
안창제(履中薦)。(『屧』와 같음)

【屝】(비) 未 ヒ、わらぞうり straw-shoes
小篆 草書 짚신비(草履)。(『菲』와 같음)

屝 (農政全書)

【屝屨：비구】옛 신의 한 가지。짚신。집세기。『左傳』共其資糧ㅣㅣ其可也。

【屜】(저) 遇 チョ、くつ shoes
신저(履也)。(『履』와 같음)

九畫

【屟】(집) 緝 シュウ、ふむ tread
小篆 밟을집(踏也)。

【屧】(체) 霽 テイ、くつしき inner sole
안창체(履中薦)。

【屬】(속)『屬』(尸部 八畫)의 俗字

【屛】(강) 絳 コウ、たがう differ from
어긋날강(差也)。

【屠】㊀(도) 虞 ト、ほうる、ころす butcher
㊁(저) 魚 ㄊㄨˊ t'u²
小篆 草書 ㊀❶죽일도(殺也)。❷잡을도。❸백정도(殺畜者)。❹가를도(割ㅣ)。㊁흉노왕의 이름저(匈奴王號)。

【屠狗：도구】개를 죽임。또는 그 직업을 가진 사람。『史記』樊噲者沛人也、以ㅣㅣ爲事。

【屠刲：도규】죽여서 벰。베어 죽임。『蘇軾』何以免ㅣㅣ。

【屠者：도기】어진 사람。賢者。匈奴의 사투리。『漢書·匈奴傳』匈奴謂賢曰ㅣㅣ。

【屠龍：도룡】쓸데 없는 技藝。龍을 잡

는 기술로 實用의 가치가 없음을 일컬음。『莊子』

【屠戮:도륙】 모두 무찔러 죽여 버림。

【屠門:도문】 고기를 파는 시장。肉市。

【屠博:도박】 屠殺業과 賭博을 업으로 하는 사람。『王績』ㅣㅣ暗爲儔。

【屠肆:도사】 食肉을 파는 가게。푸줏간。

【屠殺:도살】 짐승을 죽임。

【屠獸場:도수장】 소·돼지 따위의 짐승을 잡는 곳。도살장。

【屠牛:도우】 소를 잡음。

【屠牛坦:도우탄】 소를 잡는 쇠백장。

【屠人:도인】 백장。또는 요리하는 사람。

【屠者:도자】 畜類를 잡는 사람。백장。

【屠宰:도재】 屠殺함。料理함。割烹。『宋史·眞宗紀』禁ㅣㅣ刑罰。『戰國策』避仇隱ㅣㅣ之間。

【屠漢:도한】 백장。「ㅣㅣ烹殺。

【屠割:도할】 베어 죽임。屠裂。『淮南子』

【屠戶:도호】 屠殺을 업으로 하는 집。

【屡】(루)『屢』(18畫 尸部)의 略字

十一畫

【屢】(루) 遇 ル、しばしば frequent ㄌㄩˇ lü³

❶여러루(數也)。❷자주루(頻也)。『論語 先進』回也其庶乎、ㅣ空。❸빠를루(疾也)。

【屢空:누공】 어려운 처지。貧寒。『論語·先進』回也其庶乎ㅣㅣ。

【屢代:누대】 여러 대。

【屢代墳山:누대분산】 여러 대의 묘지 또는 그 무덤이 있는 곳。

【屢度:누도】 여러 차례。여러 번。

【屢報:누보】 여러 번 보도함。여러번 알림。

【屢朔:누삭】 여러 달。屢月。

【屢月:누월】 여러 달。屢朔。

【屢日:누일】 여러 날。「곰。때때로。

【屢次:누차】 ❶여러 차례。여러 번。❷가끔。

【屢回:누회】 여러 번。여러 차례。

【[illegible]】(처) 御 ショ、うかがう peep

❶엿볼처(伺視)。❷물러설처(却也)。

【屣】(사) 紙 シ、ぞうり hemp sandals ㄒㄧˇ hsi³

삼신사(麻鞋)。『孟子 盡心上』舜視棄天下、猶棄敝ㅣ。

【屣履:사리】 ❶신。❷신을 옳게 신지 못하고 急하게 감。손님을 반가이 맞이함을 비유한 말。『漢書』ㅣㅣ起迎。

【[illegible]】(퇴) 灰 タイ、くつ leathern shoes

가죽신퇴(皮靴)。

十二畫

【層】(층) 蒸 ソウ、かさなり ply ㄘㄥˊ ts'êng²

❶겹층(累也)。❷거듭층(重也)。❸층층대층(級也)。❹층층(級也)。(『曾』과 통함)

【層激:층격】 서로 거세어서 화평하지 못함。서로 대질려서 화평하지 못함。

【層隔:층격】 여러 층으로 가리어 막힘。

【層階:층계】 ❶층층이 높이 올라가게 만들어 놓은 설비。❷階層。

【層空:층공】 극히 높은 하늘。『孟郊』高步難留足、前程在ㅣㅣ。

【層臺:층대】 層層臺의 略語。

【層等:층등】 서로 같지 않은 等級。

【層欄:층란】 겹겹이 된 난간。

【層樓:층루】 높게 여러 층으로 지은 누각。層閣。『李白』ㅣㅣ高百尺、手可摘星辰。

【層巒:층만】 겹으로 連하여 진 산 봉우리。『吳均』細雨滅ㅣㅣ。

【層生疊出:층생첩출】 무슨 일이 잇달아 자꾸 일어남。

【層石:층석】 층샘돌。

【層霄:층소】 높은 하늘。九霄。『舊唐書』

【層岫:층수】 겹친 산의 산마루。

【層數:층수】 여러 층으로 된 수。

【層岩絶壁:층암절벽】 몹시 험한 바위가 겹겹으로 쌓인 낭떠러지。

【層屋:층옥】 층집。

【層雲:층운】 ❶여러 층으로 겹친 구름。『杜甫』盪胸生ㅣㅣ。❷지평선과 나란히 層狀을 이루어, 땅에 가장 가깝게 일어나는 구름。안개구름。

【層嶂:층장】 겹으로 連하여진 山峯。『文同』前對長江隔ㅣㅣ。

【層積雲:층적운】 비가 오는 전후에 흔히 볼 수 있는 검은 구름。두루말이구름。

【層梯:층제】 계단이 많은 사닥다리。

【層疊:층첩】 겹겹으로 포갬。層重。『宋史』有一本數千葉、ㅣㅣ高大。

【層出:층출】 겹겹으로 되어 나옴。

【層層:층층】 ❶여러 층으로 거듭된 층。❷낱낱의 층。『白居易』紅綠ㅣㅣ錦繡斑。

【層層臺:층층대】 여러 층으로 된 臺。

【層層侍下:층층시하】 부모·조부모가 다 살아 있는 시하。

【層下:층하】 다른 것보다 낮잡아 대접함。

【層巘:층헌】 겹쳐 連한 봉우리。層巒。層嶂。『黃庭堅』衝雪蹈ㅣㅣ。

◎高ㅣ、斷ㅣ、上ㅣ、中ㅣ、地ㅣ、下ㅣ。

【履】(리) 紙 リ、はく、ふむ wear ㄌㄩˇ lü³

❶가죽신리(皮靴)。❷신을리(以ㅣ加足)。『史記 留侯世家』良因長跪ㅣ之。❸밟을리(踏也)。『論語 鄕黨』行不ㅣ閾。❹녹리(祿也)。『詩經 周南樛木』福ㅣ綏之。

【履勘:이감】 실제로 하나 하나 검사함。

【履蹻:이갹】 짚신。또는 짚신을 신음。

【履綦:이기】 신 끈。『漢書』

【履端:이단】 정월 초하루(端月은 정월, 정월을 맞이한다는 뜻)。『左傳』先王之正時也、ㅣㅣ於始。

【履戴:이대】 땅을 밟고, 하늘을 임。『左傳·僖十五』

【履歷:이력】 지금까지의 學業·職業 따위의 경력。『宋史』考其ㅣㅣ、審取進止。

【履歷書:이력서】 이력을 적은 서면。

【履韈:이말】 신과 양말。『後漢書』

【履尾:이미】 범의 꼬리를 밟음。위험한 일의 비유。『易·履』

【履氷:이빙】 얇은 얼음을 밟는다는 뜻으로 극히 위험함을 말함。如履薄氷。『吳志』懍ㅣㅣ之險。

【履尙:이상】 품행이 高尙함。『晋書·簡文帝紀』會稽王叔、ㅣㅣ淸虛、必道不倦。

【履聲:이성】 사람이 다니는 발자국 소리。『漢書』上日、我識鄭尙書ㅣ。

【履修:이수】 차례를 밟아 학과를 마침。

【履祚:이조】 王位에 오름。踐祚。即位。『蔡邕』受玆介福、ㅣㅣ孔成。

【履蹤:이종】 밟은 발자국。(轉)사람이 다닌 자취。『張蠙』身輕無ㅣㅣ。

【履行:이행】 실제로 몸소 행함。실행함。『晋書』ㅣㅣ修明。

◎木ㅣ、敝ㅣ。

【[illegible]】 (一)(전) 霰 テン、まつ (二)(정) 迥 wait

(一)❶기다릴전(待也)。❷저축할전(儲也)。(二)❶포갤정(重也)。❷펼정(展也)。

【屧】(섭) 葉 ショウ、げた clogs ㄒㄧㄝˋ hsieh⁴

草書 나막신섭、꺽두기섭(屐也木履)。

【屧廊:섭랑】複道。『高啓』芙蓉水殿——東、白苧秋來不耐風。

【屧倒:섭도】신을 거꾸로 신음。사람을 몹시 반겨 맞이함。《轉》손님을 歡迎하는 뜻의 比喩。『皮日休』多君方閉戶、顧我能——。

十四畫

【屨】(구) 遇 ク、あさぐつ hemp sandals ㄐㄩˋ chü⁴

小篆 小篆 草書 삼신구(麻鞋)。

屨 (三才圖會)

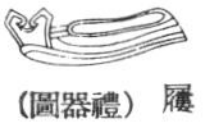
屨 (禮器圖)

【屨及劍及:구급검급】급해서 당황하는 모양。신은 신대로 가고 칼은 칼대로 간다는 뜻임。『左傳·宣·十四』。

【屨賤踊貴:구천용귀】신 값은 싸고、踊(踊은 罪에 의해서 발을 잘린 사람의 신)의 값은 비싸다는 뜻으로 罪를 犯한 사람이 많다는 비유。

十五畫

【屩】(갹) 蕭 藥 キャク、ぞうり straw sandals ㄐㄩㄝˊ chüeh² (同音「교」)

小篆 草書 짚신갹(草履)。

十六畫

【屫】(갹)『屩』(尸部15畫)과 같음

【屭】(려) 魚 ロ、すむ dwell

거처할려(居所)。

十八畫

【屬】㊀(촉) 沃 ㊁(속) 沃 ショク、ゾク belong つづく ㄓㄨˇ chu³

小篆 草書 ㊀❶이을촉(續也)。『管子小匡』幸以獲生以—其腰領。❷닿을촉(接也)。「相—猶言相連」。❸붙일촉(附著)。❹부탁할촉(托也)。『史記』獨韓信可—大事。❺모을촉(會也)。周禮』月吉則—其州之民讀邦法。❻돌볼촉(恤也)。❼조심할촉(——恭貌)。『禮記』—乎其忠。㊁❶무리속(儕等、類也)。『史記』以若—取天下。❷좇을속(從也)。『史記』項羽渡淮能—者百餘人。❸붙이속(親眷)。「親!」。❹동관속(官僚)。❺거느릴속(部曲)。❻엮을속(綴文字曰—文)。❼마침속(適也)。『左傳』下臣不幸—當戎行。

【屬纊:촉광】臨終。숨을 거두려는 사람의 코에 새솜을 대어 呼吸의 有無를 알아봄。『禮儀·旣夕禮』——以俟絶氣。

【屬令:촉령】훈계하여 명함。

【屬望:촉망】희망을 가짐。마음을 붙임。『遼史』文妃生晉王、最賢、國人皆——。

【屬目:촉목】눈을 쏘아 봄。주의하여 봄。注目。『晉書』其貴寵爲天下所——。

【屬文:촉문】문장을 얽어서 지음。『漢書·賈誼傳』。

【屬心:촉심】마음을 붙임。희망을 가짐。屬望。屬意。『後漢書』天人——。

【屬厭:촉염】厭症이 남。싫증。『左傳』願以小人之腹、爲君子之心、——而已。

【屬垣:촉원】귀를 담에 댐。《轉》몰래 엿들음。窃聞。『詩·小弁』君子 無易由言、耳屬于垣。「訓注」——謹也。

【屬臾:촉유】삼감。謹愼。『淮南子·氾論

【屬意:촉의】마음을 붙임。關心。『史記』禹子啓賢、天下皆——焉。

【屬耳:촉이】귀를 기울이어 들음。

【屬者:①촉자②속자】❶요즈음。근래。『漢書·李尋傳』——頗有變改。❷딸려 있는 사람。『史記』騎能——百餘人耳。

【屬茨:촉자】지붕을 이음。茨는 지붕을 이는 이엉。『荀子』——倚廬、席薪枕塊。

【屬酒:촉주】술잔을 남에게 권함。

【屬草:촉초】문장을 起稿함。草稿를 씀。

【屬託:촉탁】❶의뢰함。일을 부탁함。『漢書』欲—— 邑子兩人。❷부탁을 맡은 사람。

【屬官:속관】官에 속하여 있는 공무원。屬吏。장관에게 속하여 있는 관원。

【屬國:속국】形式的으로 독립되어 있으면서 정치적으로 다른 나라에 매여 있는 나라。屬邦。『漢書』何不試以臣爲——之官。

【屬隸:속례】붙어서 매임。또는 그 사람。

【屬吏:속리】관에 속한 下隸。

【屬目:속목】눈을 쏘아 봄。注目。

【屬文:속문】문장을 얽어서 만들음。

【屬邦:속방】=屬國。

【屬服:속복】영속되어 복종함。

【屬附:속부】딸려 붙음。『元史』魯之民、無所——。

【屬婦:속부】妾。小室。작은집。

【屬司:속사】그 관청에 소속되어 있는 하급 관청。

【屬性:속성】❶어떤 事物의 본래의 성질。❷사물의 본질을 이루는 성질。

【屬人主義:속인주의】《法》사람을 기준으로 삼고서 법률의 지배 관계를 정하는 주의。곧 태어난 땅은 따지지 않고、어버이의 국적에 따라서 국적을 삼는 주의。血統主義。

【屬籍:속적】한 집안에 딸린 호적。또는 國籍。『史記』母節行者、除其——。

【屬地:속지】부속된 땅。어느 나라에 딸려 있는 땅。屬土。

【屬地主義:속지주의】《法》토지를 기준 삼고 법률의 지배 관계를 정하는 주의。곧 어버이의 국적을 따지지 않고、태어난 곳을 국적으로 삼는 주의。

【屬和:속화】속해서 和함。다른 사람의 노래에 이어서 노래함。『楚辭』國中屬而和者數千人。

十九畫

【屧】(력) 錫 レキ、くつのそこ soles of shoes

小篆 신바닥력(履下)。

二十一畫

【屭】(희) 寘 キ、さかん magnificent ㄒㄧˋ hsi⁴

草書 ❶힘우적우적쓸희(力作貌)。❷으리으리할희(壯大貌)。

屮部

【屮】㊀(철) 屑 ㊁(초) 皓 テツ、ソウ、くさ grass ㄔㄜˋ ch'e⁴

小篆 草書 ㊀싹이 삐죽이 나올철(草木初生)。㊁풀초(艸의 古字)。

【屮屩:초갹】짚신。草鞋。『漢書』布衣——而牧羊。

【屮茅:초모】풀과 띠。또는 그것이 무성하게 자란 시골。草茅。『漢書』——臣無識知。

一畫

【屮】(좌) 哿 サ、ひだりのて left hand

小篆 왼손좌(左手)。(『左』와 같음)

【屯】 ㊀(둔) 元 ㊁(준) 眞 トン、チュン、たむろ cantonment ㄊㄨㄣˊ t'uen²
(小篆)(草書) ㊀❶모일둔(聚也)。❷둔칠둔(勒兵守)。❸둔전둔(一田兵耕)。㊁❶어려울준(難也)。『易經』一如邅如。❷두터울준(厚也)。❸아낄준(吝也)。❹괘이름준(卦名)。❺머뭇거릴준(難行)。

【屯坎:준감】 괴로와하여 어려운 모양。屯困。屯難。『張仲素』濟群生于一一。
【屯困:준곤】 고민함。괴로와 함。屯難。
【屯剝:준박】 不運함。재앙。『南史』晩遇一一。
【屯如:준여】 행하기 어려운 모양。곤란한 모양。『易·屯』一一邅如。
【屯躓:준지】 몹시 곤란하고 어려움。『南史·梁豫章王綜傳』嘗有人士、姓王、以一一投告。
【屯險:준험】 세상이 험악하여 處世하기 어려움。→屯坎。『南史·傅亮傳』見世路一一。
【屯墾:둔간】 =屯田。 〔之一一。
【屯據:둔거】 머물러 雄據함。『後漢書』一一厯陽。
【屯耕:둔경】 =屯田。『元史』令本軍一一
【屯畓:둔답】 《制》❶科田法의 실시에 따라 各 地方 駐屯兵의 軍糧의 자급을 위하여 頒給하던 논。❷각 宮과 관청에 소속된 논。그 소출로 경비에 충당케 하였음。
【屯蒙:둔몽】 文物이 開化되지 않음。屯은 萬物의 비롯、蒙은 만물의 生을 이름。『資治通鑑·唐紀』自文明草昧、天地一一。
【屯防:둔방】 진을 치고 적을 막음。『唐書』起於邊將之一一者。
【屯兵:둔병】 ❶어느 곳에 머물러 있는 군사。駐屯한 軍士。❷《制》屯田兵。
【屯戍:둔수】 軍營을 지킴。屯駐。
【屯營:둔영】 《制》군사가 주둔하고 있는 軍營。『左思』一一櫛比、解署棊布。
【屯田:둔전】 군인이 일선을 지키면서 농사를 짓던 밭。屯耕。屯墾。『漢書』。
【屯集:둔집】 모여 머무름。屯萃。
【屯聚:둔취】 여러 사람이 한 곳에 모여 있음。

二畫

【屮】 (지)『之』(ノ部 3畫)의 古字

三畫

【𡴑】 (생)『生』(生部 0畫)의 古字

四畫

【屰】 (역) 陌 ゲキ、さからう oppose
(小篆) ❶거스릴역(逆也)。❷갈래진창역(叉槍也)。(『逆』과 통함)

【芬】 (분) 文 フン、わかいめのにおい (of grass) sprout
(小篆)(或體) ❶풀향기날분(草香)。❷풀싹틀분(艸初生)。(『芬』과 같음)

【𡴞】 (륙) 屋 リク、きのこ mushroom
(小篆)(小篆)(古文)(古文) ❶버섯륙(茸也)。❷풀잎륙(草葉)。

五畫

【𡴭】 (황) 陽 コウ、しげる flourish
(小篆)(古文) 무성할황(蔓延)。

六畫

【𡵀】 (매) 賄 バイ、しげる every time
(小篆) ❶매양매(每也)。❷풀우거질매(草盛貌)。『左傳』原田一一。❸곡척매(正方器)。❹자주매(屢也)。

八畫

【𡵉】 (얼) 屑 ゲツ、たかくあぶない steep
(小篆) 높고위태할얼(高危貌)。

【毒】 (독) 沃 ドク、どく poison
『毒』의 本字。

山 部

【山】 (산) 刪 サン、やま mountain ㄕㄢ shan¹
(小篆)(草書) 메산(峰嶺等總稱)。

山 (解圖略蒙引書四)

【山家:산가】 ❶산 속에 있는 집。山房。山莊。❷《佛》宋代의 天台宗의 正統을 이은 一派。『杜甫』一一蒸栗暖。
【山歌:산가】 시골에서 불리우는 俗謠。또는 뱃사람들이 부르는 노래。俚謠。
【山脚:산각】 산 기슭。山麓。山足。『張耒』一一繫吾纜。
【山間:산간】 산골。산과 산 사이『蘇軾』江上之淸風與一一之明月。 「산골。
【山間僻地:산간벽지】 산간의 구석진 곳。
【山客:산객】 ❶山人。『王維』花落家僮未掃、鳥啼一一猶眠。❷山賊의 異稱。❸《植》躑躅의 異名。『花譜』躑躅爲一一。
【山居:산거】 산중에 살음。山處。『戰國策』韓地險惡一一。
【山景:산경】 산의 경치。
【山徑:산경】 산길。산 속에 있는 조그만 길。山路。『孟子』一一之蹊、間介然用之而成路。
【山薊:산계】 《植》❶삽주。❷白朮。
【山鷄:산계】 《動》산새。꿩의 종류。『禽經』首有彩毛曰一一。
【山鷄野鶩:산계야목】 성미가 사나와 제 마음대로만 하여 말을 듣지 않는 사람의 비유。
【山高水長:산고수장】 군자나 어진 사람의 덕이 후세에 길이길이 전함을 이르는 말。『嚴先生祠堂記』先生之風、一一一一。
【山高水淸:산고수청】 산이 높고 물이 맑아 경치가 좋음。
【山谷:산곡】 산골짜기。『史記』道涉一一、行三千里。
【山谷間:산곡간】 산골짜기 사이。
【山廓:산곽】 눈동자 위로 반 쪽。(骨相學에서 쓰는 말)。
【山怪:산괴】 산짐승。「一用虎節。
【山國:산국】 산이 많은 나라。『周禮』一
【山菊:산국】 =山菊花。
【山菊花:산국화】 《植》국화과에 딸린 다년생 풀。산과 들에 저절로 남。
【山君:산군】 ❶산의 신령。❷범의 異稱。『駢雅·釋獸』虎爲獸長、亦曰一一。
【山歸來:산귀래】 《植》나도물통이。蔓草의 하나。
【山祇:산기】 山神。『皮日休』醜可駭一一。
【山氣:산기】 산에 끼는 雲氣。또는 뽀얗게 피어 오른 안개。『陶潛』一一日夕佳。산기 씩씩하고도 고운 기세。
【山內:산내】 ❶산속。❷절의 구역 안。
【山念佛:산념불】 俗謠의 한 가지。
【山農:산농】 山田에서 짓는 농사。
【山獺:산달】 《動》❶담비。❷검은 담비。

❸너구리。
【山獺皮:산달피】 검은 담비의 毛皮。
【山堂:산당】 山神堂의 略語。
【山臺都監:산대도감】 《國》산대놀음을 하는 사람들이 모인 都中。
【山圖:산도】 묏자리의 그림。
【山道:산도】 =山路。『漢書』――不通。
【山洞:산동】 =山村。
【山東:산동】 《地》省의 이름。中國 東部 沿海岸의 省의 하나。기후는 온화하고 農產物·水產物·鑛產物이 많이 남。
【山頭:산두】 산꼭대기。
【山粱:산량】 ❶산 속의 징검다리。溪流를 가로지른 岩石。❷《動》꿩의 異名。『枚乘·七發』「――景從。
【山靈:산령】 산신령。『庾信』川后讓德、山靈――。
【山路:산로】 산길。산중의 길。『北周書』遏絕――。「甫」亭午下――。
【山麓:산록】 산기슭。山足。山脚。『杜甫』亭午下――。
【山籟:산뢰】 산에서 부는 바람 소리。『鮑照』野風振――。「異名。
【山龍子:산룡자】 《動》도마뱀。의
【山流:산류】 ❶경사가 급한 땅 위를 흐르는 내。↔野流。❷내나 강의 상류와 중류를 함께 일컫는 말。
【山陵:산릉】 ❶산과 언덕。『史記』右倍――。❷帝王 后妃의 무덤。❸아직 이름을 짓기 전의 새 능。
【山梨:산리】 ❶똘배。❷산똘배。
【山林:산림】 ❶산과 숲。『荀子』――鳥獸之居也。❷산에 있는 숲。『孟子』斧斤以時入――。❸벼슬을 하지 않은 學識과 道德이 높은 숨은 선비。
【山林門下:산림문하】 學德은 높으나 벼슬을 하지 않은 선비의 문하。
【山林之士:산림지사】 山林에 묻히어 있는 君子。山谷之士。『漢書』――、往而不能反。
【山林學士:산림학사】 시골에 파묻혀 살면서 글이나 읽고 지내는 사람。
【山林學派:산림학파】 《歷》李朝 燕山君 때 士禍가 일어난 뒤부터 江湖에 파묻혀 글이나 읽기를 즐기던 학자들。
【山立:산립】 산과 같이 바르게 섬。흔들리지 않음。『禮記·玉藻·注』――猶正立也。
【山幕:산막】 사냥이나 약 캐는 사람이 쓰려고 산속에 임시로 지은 간소한 집。
【山脈:산맥】 일정한 방향으로 한 줄 또는 여러 줄기로 벋어 나간 산악의 줄기。
『朱熹』――從雲中來。
【山面:산면】 산의 表面。
【山鳴:산명】 산이 울리는 소리。
【山明水麗:산명수려】 산과 물。곧 자연의 경치가 아름다움。
【山門:산문】 ❶《佛》절。『宋史』法駕臨――。❷절의 바깥。
【山紋:산문】 산 모양으로 된 무늬。山文。『輟耕錄·古銅器』。

山紋(西周淸山古紋鑑壺)

【山味:산미】 산나물이나 과실 따위의 맛。
【山民:산민】 산 속에 사는 백성。『後漢書』――愿朴。
【山房:산방】 ❶山莊。山家。『溫庭筠』――霜氣晴、一宿遂平生。❷書齋。書室。
【山樊:산번】 山의 곁。산 그늘。산 밑。『莊子·則陽』冬則䲃于江、夏則休乎――。
【山伐:산벌】 산의 나무를 伐採함。『漢書』以漁獵――爲業。
【山腹:산복】 산의 허리。산의 중턱。山腰。『廬山記』水出――。
【山峰:산봉】 산봉우리。
【山翡翠:산비취】 《動》자주호반새。
【山寺:산사】 산 속에 있는 절。『孟浩然』松門――深。
【山査:산사】 《植》❶아가위나무。❷산사자(山査子)。
【山査肉:산사육】 산사나무의 씨를 발라 낸 살。소화를 돕는 약제。
【山査正果:산사정과】 산사자로 만든 정과。
【山査湯:산사탕】 산사자를 걸러 넣어서 끓이다가 설탕이나 꿀을 탄 음식。
【山蔘:산삼】 깊은 산 속에 저절로 나서 자란 인삼。약효가 썩 좋다 함。
【山桑:산상】 《植》산뽕나무。
【山上:산상】 ❶산 위。❷뫼가 있는 곳。
【山上寶訓:산상보훈】 《宗》예수가 갈릴리 호숫가의 산 위에서 기독교인으로서의 덕에 관하여 행한 설교。신약 전서 마태복음 五~七장에 있음。
【山塞:산새】 山賊이 사는 집。『岑參』――多雕愛。「微雨昏――。
【山色:산색】 산 빛。산의 경치。『杜牧』
【山墅:산서】 산 속에 있는 별장。山莊。
【山蘚:산선】 산의 이끼。『陸龜蒙』――幾重生草履。『楊萬里』――遠城邑。「――本孤峻。
【山城:산성】 산 위에 쌓은 성。『張九齡』
【山勢:산세】 산의 형세。
【山所:산소】 ❶무덤의 尊稱。❷무덤이 있는 곳。
【山訟:산송】 산소에 관한 송사。
【山藪:산수】 산과 못。또는 큰 늪。『左傳』――藏疾、川澤納汙。
【山水:산수】 ❶산과 물。❷자연의 경치。山川。『南史』有佳――。❸山水畫의 略語。
【山水圖:산수도】 ❶산수의 형세를 그린 그림。❷山水畫。
【山水屛:산수병】 산수를 그린 병풍。
【山水畫:산수화】 東洋畫의 하나。산과 물이 있는 경치를 그린 그림。
【山神:산신】 =山神靈·山祇。「집。
【山神堂:산신당】 《國》山神을 모신 당
【山神靈:산신령】 《佛》산을 수호한다는 신령。山君①。
【山神祭:산신제】 산신에게 지내는 제사。山祭。
【山鴉:산아】 《動》산갈가마귀。
【山嶽:산악】 크고 작은 모든 산。『左傳』――則配天。
【山嶽國:산악국】 산악이 많은 나라。
【山嶽氣像:산악기상】 산악처럼 장엄하고 웅장한 기상。「체。
【山嶽會:산악회】 登山하는 사람들의 단
【山眼:산안】 묏자리를 알아보는 눈。
【山櫻:산앵】 《植》❶벚나무。❷산벚나무。
【山野:산야】 산과 들。
【山藥:산약】 《植》마의 塊根。강장제로 遺精·夢泄·帶下·腰痛 등에 쓰임。
【山藥酒:산약주】 마를 섞어 빚은 술。
【山藥粥:산약죽】 마를 갈아 껍질을 벗기고 꿀과 함께 볶아서 쑨 죽。
【山養:산양】 산에 옮겨 심어 기른 인삼。
【山羊:산양】 《動》偶蹄類 가운데 反芻類에 속하는 동물。모양은 羊과 같음。
【山陽:산양】 ❶산의 남쪽。↔山陰。❷《地》縣 이름。陝西省·河南省·江蘇省 안의 一部分。
【山羊皮:산양피】 염소 가죽。
【山役:산역】 뫼를 만드는 일。
【山驛:산역】 산중에 있는 역마을。『盧琦』西馬發――。
【山影:산영】 산 그림자。
【山玉簪花:산옥잠화】 《植》나리과에 딸린 다년생 풀。잎은 卵形으로 긴 꼭지가 있고、여름에 叢葉 사이에서 꽃줄기가 나와 자줏빛 꽃이 핌。
【山翁:산옹】 시골에 사는 늙은이。
【山蝸:산와】 《動》달팽이。
【山隈:산외】 산 모퉁이。山曲。山阿。
【山腰:산요】 산의 허리。산의 中腹。山腹。『元稹』――虹似巾。
【山容水相:산용수상】 산이 생김새와 물이 흐르는 모양。

【山芋:산우】 (植)마。
【山雨:산우】 산에 내리는 비。
【山雲:산운】 산에 끼어 있는 구름。
【山運:산운】 뫼자리가 좋고 나쁜 데 따라 생긴다는 운수。
【山榆:산유】 (植)난티나무。
【山陰:산음】 산의 북쪽。산 그늘。『漢書·郊祀志』山南曰陽、山北爲陰。
【山蔭:산음】 좋은 자리에 뫼를 씀으로 써 그 자손이 받는다는 복。
【山邑:산읍】 산 속의 고을。山郡。
【山茨菰:산자고】 (植)까치무릇。
【山紫水明:산자수명】 햇빛을 받아 산은 보라빛으로、물은 맑게 또렷이 보임。곧 산수의 경치가 맑고 아름다움。
【山雀:산작】 (動)곤줄박이。
【山芍藥:산작약】 ❶산에서 캔 작약。❷(植)작약과에 딸린 다년생 풀。산에 저절로 나는 작약의 한 가지。
【山蠶:산잠】 (動)산누에。멧누에。
【山莊:산장】 산에 있는 별장。山墅。山房。『梁昭明太子』命駕出ㅡㅡ。
【山有花:산유화】 옛부터 전해 오는 메나리의 한 가지。옛부터 전하는 노래。
【山猪:산저】 (動)산돼지。멧돼지。
【山猪膽:산저담】 (醫)산돼지의 쓸개。鎭痙·홍분제로 씀。
【山猪毛:산저모】 산돼지 털。
【山猪皮:산저피】 산돼지 가죽。
【山猪血:산저혈】 산돼지 피。野豬血。
【山猪黃:산저황】 산돼지의 뱃속에 생기는 누른 물건。止血劑로 쓰임。
【山賊:산적】 산 속에 있어 지나는 사람의 재물을 빼앗는 도둑。↕海賊。
【山積:산적】 산과 같이 쌓여 겹침。累積。『後漢書』處士ㅡㅡ、學者川流。
【山田:산전】 산 속에 있는 밭。
【山前:산전】 산의 앞 편。
【山巓:산전】 산꼭대기。『詩經·疏』。
【山戰水戰:산전수전】 세상의 온갖 고생과 어려움을 다 겪어 경험이 많음。
【山亭:산정】 산속에 지은 정자。『王勃』ㅡㅡ涼夜長。
【山庭:산정】 ❶콧마루。콧날。코를 뜰에 쌓인 山에 비유해 말함。『任昉』ㅡㅡ異表。❷산에 있는 넓은 廣場。
【山頂:산정】 산이마。산꼭대기。山巓。
【山精:산정】 ❶山神。산의 精靈。❷산 속의 怪物。❸산울림。메아리。
【山祭堂:산제당】 ＝山神堂。
【山鳥:산조】 산새。
【山足:산족】 산기슭。山脚。山麓。『詩·旱麓·傳』麓ㅡㅡ也。
【山主:산주】 ❶산 임자。❷산비탈을 보존하는 사람。❸무당들이 조직한 神廳 職名의 하나。
【山竹:산죽】 산 속에 저절로 난 대。
【山峻水急:산준수급】 산이 험하고 물살이 빠름。
【山中開野:산중개야】 산 속에 있는 너르고 평평한 땅。
【山中貴物:산중귀물】 ❶그 고장에서는 나지 않는 귀한 물건。❷산중에서 만 나는 귀한 물건。
【山中豪傑:산중호걸】 범을 일컫는 말。
【山地:산지】 ❶산이 많은 땅。산달。❷뫼를 쓰기에 적당한 땅。
【山池:산지】 ❶산과 못。❷산속에 있는 「연못。
【山直:산직】 산지기。
【山盡水窮:산진수궁】 막다른 길에 이르러 빠져 나갈 수 없게 된 경우。
【山珍海味:산진해미】 ＝山海珍味。
【山珍海錯:산진해착】 盛饌을 이름。산이나 바다에서 나는 珍奇한 물건으로 만든 반찬。錯은 섞인다는 뜻。『韋應物·長安道詩』—棄藩籬。
【山菜:산채】 ❶산나물。❷멧나물。
【山處:산처】 뫼。山所。
【山脊:산척】 산등성마루。
【山躑躅:산척촉】 (植)진달래。
【山川:산천】 산과 내。자연。山澤。山河。『詩經』ㅡㅡ悠遠。
【山川草木:산천초목】 산천과 초목。산과 물과 풀과 나무。곧 자연。
【山草:산초】 ❶산에 나는 풀。❷山田에 심은 담배。
【山椒:산초】 ❶산마루。山頂。『謝莊』菊散芳于ㅡㅡ。❷(植)산초나무 열매。분디。
【山椒魚:산초어】 (動)도롱뇽。
【山村:산촌】 산 속에 있는 마을。두메。山洞。『蘇軾』霜露滿ㅡㅡ。
【山葱:산총】 (植)산마늘。
【山陬:산추】 산 모퉁이。山阿。
【山致誠:산치성】 산신에게 정성을 드림。
【山梔子:산치자】 (醫)피를 그치게 하고 열을 풀고 오줌을 잘나오게 하는 데 쓰이는 한약재로서 산에 저절로 나는 치자나무의 열매。
【山漆:산칠】 (植)산에 나는 옻나무。
【山打令:산타령】 (國)선소리의 하나。앞산 타령과 뒷산 타령의 두 가지가 있고、京畿와 西道의 두 형식이 있음。서울의 전면과 背面에 솟아 있는 명산을 두루 遍踏하여 경치 좋음을 예찬한 躍動的이고 경쾌한 소리 곡조임。
【山啄木:산탁목】 (動)청 딱따구리。
【山啄木鳥:산탁목조】 ＝山啄木。
【山汰:산태】 산비탈이 무너져 생기는 沙汰。
【山澤:산택】 산과 못。山林과 川澤。『孟子』益烈ㅡㅡ焚之。
【山兎:산토】 (動)산토끼。
【山坂:산판】 멧갓。
【山蝙蝠:산편복】 (動)산박쥐。
【山葡萄:산포도】 (植)머루。
【山皮:산피】 산짐승의 가죽。
【山下:산하】 ❶산 아래。↕山上。❷先山下의 略語。
【山河:산하】 산과 강。
【山鴿灸:산합구】 비둘기 구이。「해。
【山害:산해】 뫼자리가 나쁘면 입는다는
【山海:산해】 ❶산과 바다。『史記』擅ㅡㅡ之利。❷온갖 곳。
【山海經:산해경】 (書)一八권。禹王 지음。또는 伯益의 지음이라고도 함。山川草木 鳥獸의 奇談을 적었음。
【山海關:산해관】 (地)關의 이름。瀋山鐵路의 종점。河北省 臨榆縣의 東門。고대의 渝關의 땅。臨閭關·臨渝關이라고도 함。古來로 天下 第一關이라고 하는 要害處임。
【山海珍味:산해진미】 산의 산물과 바다의 산물을 다 갖추어 썩 잘 차린 진귀한 음식。山珍海味。「ㅡ乘檋。
【山行:산행】 산길을 걸어감。『史記』ㅡ
【山莧菜:산현채】 (植)쇠무릎지기。
【山穴:산혈】 ❶산의 精氣가 모였다는 뫼자리。❷산에 패인 구멍。
【山峽:산협】 두메。
【山形:산형】 산의 생김새。산의 형상。
【山蹊:산혜·산계】 산 속의 小路。山中의 지름 길。
【山戶:산호】 산 속에 사는 화전민의 집。
【山禍:산화】 (國)뫼자리가 좋지 못하여 받는다는 재앙。
【山火:산화】 산불。
【山花:산화】 산에서 피는 꽃。
【山鴞:산효】 (動)올빼미。
【山後:산후】 산 뒤。산의 뒤쪽。
【山喜鵲:산희작】 (動)메까치。
◎高ㅡ、故ㅡ、鑛ㅡ、金ㅡ、禁ㅡ、南ㅡ、銅ㅡ、登ㅡ、名ㅡ、氷ㅡ、雪ㅡ、深ㅡ。

二畫

【⿱山入】 (침) 侵 シン、やまぶかくはいる deep into a mountain

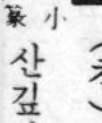
小篆

산깊이들어갈침(深入山)。

【屴】(력) 職 リョク、やまがたかい (of a mountain)high
산높을력(山高貌)。
【屴崱:역측】산 봉우리가 높이 솟은 모양。

三 畫

【屹】(흘) 物 キツ、そばだつ aloft ㄧ` i⁴
❶산우뚝할흘(山聳)。【蘇舜欽詩】烽臺ㅡㅡ百丈起。❷의연한 모양흘(毅然)。【宋史 施師點傳】師點ㅡ立、不肯少動。
【屹立:흘립】산이 깎아 세운 듯이 우뚝 솟아 있음。우뚝 솟음。聳立。【薩都剌 雙崖】ㅡㅡ幾千仞。
【屹然:흘연】❶=屹屹。❷홀로 屈하지 않고 굳센 모양。毅然。
【屹然獨立:흘연독립】위엄 있게 우뚝 솟아서 외따로 섬。「아 있음。
【屹出:흘출】산이 높고도 위엄스럽게 솟아 있음。
【屹屹:흘흘】산이 우뚝 솟은 모양。屹然。【蘇舜欽】烽臺ㅡㅡ百丈起。

【屺】(기) 紙 キ、はげやま barren mountain
민둥산기(山無草木)。
【屺瞻:기첨】❶淸나라 何焯의 字。❷淸나라 周慶增의 號。❸淸나라 沈屺懋의 本名。❹淸나라 孫在豐의 字。❺淸나라 李念慈의 字。

【屼】(올) 月 コツ はげやま barren mountain
산이우뚝한모양올(禿山貌)。【唐樂府】山屹ㅡ兮水淪漣。

【屾】(신) 眞 シン、ふたつのやま two connected mountains
같이선산신(兩山連接)。

四 畫

【岃】(종) 東 ソウ、ひくい low
❶낮을종(低也)。❷저물종(暮也)。

【岅】(판)『阪』(阜部 4畫)과 같음

【岈】(하) 麻 カ、やまがふかい empty-valleyed
산골휑할하(山谷空虛)。
【岈然:하연】깊은 산의 모양。또는 높은 곳에서 멀리 내려다 보았을 때、높고 낮은 地勢 중에서 높은 곳을 말함。【柳宗元】其高下之勢、ㅡㅡ洼然。

【岉】(물) 物 ブツ、やまがたかい (of mountain)high
산높을물(山高貌)。

【岊】(절) 屑 セツ、やまのくま projected
산모퉁이가 우뚝내밀절(山之陬隅高處)。【吳都賦】蠢緣山嶽之ㅡ。(『節』과 通함)

【岋】(업) 葉 ゴウ、あぶない dangerous
❶위태할업(危也)。❷흔들리는 모양업(震動貌)。

【岌】(급) 緝 キュウ、たかい、あやうい towering; dangerous ㄐㄧˊ chi²
❶산쭈뼛할급(高貌)。【爾雅 釋山】小山ㅡ。❷키클급。【楚辭 離騷】高余冠之ㅡㅡ兮。❸위태로울급(危也)。【孟子 萬章上】天下殆哉ㅡㅡ乎。(『圾』과 같음)
【岌岌:급급】❶높음。높은 모양。【廣雅】ㅡㅡ、高也。❷위험한 모양。安定되지 않는 모양。岌岌乎。【韓非子】孔子曰、當是時也、危哉、天下ㅡㅡ。❸疾走하는 모양。【潘岳·注】翰曰、ㅡㅡ、急疾貌。❹盛한 모양。【廣雅】ㅡㅡ、盛也。
【岌岌乎:급급호】❶安定되지 않는 모양。❷위험한 모양。岌岌②。【孟子】孔子曰、於斯時也 天下殆哉、ㅡㅡ。
【岌峨:급아】산의 높고 위험한 모양。岌峨。【王延壽·魯靈光殿賦】層櫨碟佹以ㅡㅡ。
【岌嶪:급업】높고 盛한 모양。【張衡·西京賦】狀嵬峨以ㅡㅡ。【注】銑曰、嵬峨·ㅡㅡ高壯貌。
【岌然:급연】높이 솟아 오른 모양。【剪燈新話】屛下設石假山、三峯ㅡㅡ競秀。
【岌嶷:급의】높고 가파름。岌峨。【楊
【岌嵃:급합】쇠를 때리는 소리。【馬融】。
【岌乎:급호】위험한 모양。岌岌乎。【墨子·非儒下】孔丘與其門弟子閒坐、曰、夫舜見瞽叟蹵、然、此時天下ㅡㅡ。

【岎】(분) 文 フン、やまのわかれめ (of mountains) parted
산갈래질분(山岐)。

【岏】(완) 寒 ガン、やまがとがる (of mountains) sharp-peaked
산뾰족할완(山銳高)。

【岐】(기) 支 キ、えだみち rugged ㄑㄧˊ ch'i²
❶높을기(峻也)。【詩經】克ㅡ克嶷。❷두개로갈라질기(分支)。❸산이름기(山名)。【詩經】古公亶父至于ㅡ下。
【岐岐:기기】❶지혜가 있고 어진 모양。【詩經·箋】ㅡㅡ然意有所知也。❷높은 모양。【梅堯臣】尾嬌嬌角ㅡㅡ。
【岐路:기로】갈림길。몇 갈래로 갈라진 길。岐塗。【文中子】我未見處ㅡㅡ而不遲回者。「二達謂之ㅡㅡ。
【岐傍:기방】두 갈래 길。岐路。【爾雅】
【岐嶷:기의】높게 빼어난 뜻으로 어릴 때부터 才能이 뛰어남。詩經 克岐克嶷에서 온말。【晉書·簡文帝紀】童幼而ㅡㅡ、弱冠而著德。
【岐周:기주】周의 異稱。나라를 岐山에 세웠기 때문임。【孟子·離婁】。
【岐黃:기황】黃帝와 岐伯。같이 醫家의 始祖。《轉》醫術을 이름。【稱謂錄·醫·岐黃】。
◎多ㅡ、分ㅡ。

【岑】㊀(잠) 侵 ㊁(음) 寢 シン、ギン、みね the peak ㄘㄣˊ ts'en²
㊀❶멧부리잠(山小而高)。【謝靈運詩】明登天姥ㅡ。❷아플잠(痛也)。【漢書外戚傳】我頭ㅡㅡ也、藥中得無有毒。㊁❶기슭음、언덕음(岸也)。❷낭떠러지음(崖也)。【莊子 徐無鬼】未始離於ㅡ。
【岑莖:잠경】=苦蔘。
【岑樓:잠루】높이 솟은 산。또는 높은 다락집。高樓。【孟子】方寸之木、可使高於ㅡㅡ。
【岑城:잠성】(歷)黃海道 牛峰의 옛 이름。
【岑峨:잠아】고르지 못한 모양。人心이 험악함의 비유。【楚辭·東方朔】世沈而難論兮、俗ㅡㅡ而嵾嵯。
【岑嵒:잠암】높고 험악한 바위。岑巖。
【岑蔚:잠울】산이 깊고 숲이 무성한 곳。【嵇康】崔嵬ㅡㅡ。【大學·註】丘隅、ㅡㅡ之處。
【岑崟:잠음】높고 가파른 산봉우리。【司馬相如】ㅡㅡ參差、日月蔽虧。
【岑岑:잠잠】머리가 아픈 모양。속이 답답하여 괴로운 모양。【漢書·外戚傳】我頭ㅡㅡ也。
【岑寂:잠적】❶적막한 모양。【蘇軾】山堂夜ㅡㅡ。❷쓸쓸하게 높이 솟은 모양。【鮑照】去帝鄕之ㅡㅡ。

【岒】(검) 侵 ケン、ちいさくたかい hilly but high
산작고높을검(峰山而高)。

【岓】(기) 微 キ、いし rock near a mountain
草書 산곁에놓여있는돌기(山傍石立)。

【岔】(차) 禡 タ、みつまた みち a three forked road ㄔㄚˋ ch'a⁴
草書 산길나뉠차(三分路)。

〔岔曲:차곡〕 노래 이름。清나라의 乾隆中、阿桂가 金川을 공격했을 때 쓴 軍歌。寶恒小岔가 編하였다고 하여 岔曲。부를 때 八角鼓를 쓰므로 八角鼓曲이라고도 함。

〔岔河:차하〕 ❶수자리 이름。㉠山東省 萊陽縣의 동쪽。海陽縣의 境界에 接함。㉡江蘇省 淮安縣의 西南쪽、白馬湖의 西岸。安徽省 淮貽縣에 통하는 길이 있음。跤河라기도 함。㉢江蘇省 如皐縣의 東쪽。❷다리 이름。山東省 高苑縣의 東南쪽。

五畫

【岝】(작) 藥 サク、たかい high
草書 산높을작(山峻高)。

〔岝㟧:작악〕 ❶산의 높은 모양。또는 산에 高低가 있는 모양。『集韻』岝、ㅡㅡ、山高貌。❷산 이름。江蘇省 吳縣의 西南쪽。예 支硎山。『吳地記』ㅡㅡ山在縣西十二里、吳王僚葬之。

〔岝嶺:작액〕 산의 높은 모양。『木華·海賦·注』善曰、鄭玄注曰、ㅡㅡ、高貌。

〔岝客:작액〕 산의 높은 모양。또는 산에 높낮이가 있는 모양。『嵇康·琴賦』玄嶺巉巖、ㅡㅡ嶇崟。『注』善曰、皆山石嶮峻之貌、良曰、並山峻而不齊貌。

【岞】(작)『岝』(前條)과 같음

ㅡ山足也。

【岟】(앙) 陽 オウ、ふもと foot
❶후미질앙(峽深邃)。『魏都賦』山林幽ㅡ。❷산골짜기앙(山麓幽ㅡ)。

〔岟峠:앙비〕 산기슭。『太玄經·注』ㅡㅡ、山足也。

【岠】(거) 語 キョ、おおやま great mountain
草書 ❶큰산거(泰山)。❷이를거(至也)。『漢書 食貨志』元龜ㅡ冉、長尺二寸。❸상거할거(距也)。『爾雅 釋地』ㅡ齊州以南。

【岡】(강) 陽 コウ、おか mountain ridge ㄍㄤ kang¹·³
小篆 草書 멧등강、산등성이강(山脊)。『詩經小雅天保』知ㅡ如陵。『崗』은 俗字

〔岡陵:강릉〕 언덕이나 작은 산。丘陵。

〔岡巒:강만〕 언덕과 산。丘山。『張衡』ㅡㅡ參差。

〔岡阜:강부〕 언덕。(阜는 土山)。丘阜。

【岢】(가) 哿 カ name of mountain ㄎㄜˇ k'o³
❶가람산가(ㅡ嵐太原山名)。❷고을이름가(州名)。

〔岢嵐:가람〕 ❶산 이름。지금의 山西省 岢嵐縣의 北쪽。東北쪽에는 管涔山脈이 接해 있고、西南쪽에는 呂梁山脈이 있음。『括地志』。❷내 이름。山西省 岢嵐縣의 南쪽。縣의 東南쪽 乞馬嶺에서 흐르기 시작하여 西北쪽으로 흘러 黃河에 들어감。一名 嵐漪河。❸縣의 이름。㉠後魏 때 岢嵐縣을 두었다가 隋나라 때 없앰。故城은 山西省、嵐縣의 북쪽。㉡漢代의 汾陽縣의 땅。隋때는 岢嵐鎭을 두었고、宋나라는 岢嵐軍을 두었으며 이어 縣으로 고침。지금의 山西省 五寨縣의 西南쪽。『讀史方輿紀要』。

【岣】(구) 宥 コウ、いただき peak ㄍㄡˇ kou³
草書 ❶산이마구(山顚)。❷산이름구(衡陽山名)。

〔岣嶁:구루〕 ❶산봉우리。山頂。❷《地》산 이름。湖南省 衡山縣에 있는 衡山의 主峰。禹王의 廟가 있음。

【岥】(파) 歌 ハ、ななめ (of mountain) steep
산비알질파(斜也ㅡ陁)。

【岧】(초) 蕭 チョウ、たかい aloft ㄊㄧㄠˊ t'iao²
草書 산이우뚝할초(山高貌)。『張衡西京賦』狀亭亭以ㅡㅡ。

〔岧嶤:초요〕 산의 높은 모양。『何晏』ㅡ岑立、崔嵬巒居。

〔岧嵽:초질〕 먼 모양。『正延壽·注』翰曰、ㅡㅡ、遠也。

〔岧岧:초초〕 산의 높은 모양。『張衡』干雲霧而上達、狀亭亭以ㅡㅡ。

【岨】 ㊀(저) 魚 ソ、いしやま roky ㊁(조) 語 ㄐㄩ chü¹
小篆 草書 ㊀돌산에 흙덮일저(石山戴土)。『說文』ㅡ、石戴土也。㊁❶산울퉁불퉁할조(ㅡ峿山形)。❷험한산길조(山路險也)。『曹植九愁』踐隆之危ㅡ。

〔岨峿:저어〕 어긋나 편하지 못한 모양。鉏鋙。『陸機·文賦』或ㅡㅡ而不安。

〔岨峻:저준〕 험하고 높음。

【岩】(암)『嵒』(山部 9畫)의 俗字『巖』(山部 20畫)

〔岩窟:암굴〕 바위 굴。

〔岩石:암석〕 바위와 돌。巖石。

【岪】(불) 物 フツ、けわしい aloft
小篆 草書 ❶산첩첩할불(山貌ㅡ嶭)。❷산이험하고아주깊숙할불(山險深貌)。『司馬 相如子虛賦』盤紆ㅡ鬱。(『岪』과 같음)

〔岪岪:불불〕 일어나는 모양。『管子·白心·注』ㅡㅡ興起貌。

〔岪蔚:불울〕 산이 우뚝하게 빼어난 모양。『王延壽·魯靈光殿賦』下ㅡㅡ以璀錯。

〔岪鬱:불울〕 산이 높고 겹쳐 깊숙한 모양。『司馬相如·子虛賦』其山則盤紆ㅡㅡ。

【岪】(불) 物 フツ、やまみち bend of a mountain
산굽이불(山曲)。(『岪』과 같음)

【岫】(수) 宥 シュウ、いわあな Grifice ㄒㄧㄡˋ hsiu⁴
小篆 籀文 草書 바위구멍수(岩穴)。『陶潛 歸去來辭』雲無心以出ㅡ。(『峀』와 같음)

〔岫雲:수운〕 산의 굴에서 일어나는 구름。『杜甫』落落出ㅡㅡ。

【岬】(갑) 洽 コウ、みさき cape ㄐㄧㄚˇ chia³
草書 ❶산허구리갑(山脅)。『淮南子』徘徊於山ㅡ之旁。❷줄이느런할갑(ㅡ嵑接連貌)。

〔岬角:갑각〕 육지가 바다 안으로 突出한 尖端의 部分。곶(岬)。

〔岬嵑:갑갈〕 이어진 모양。『正字通』岬、ㅡㅡ、連接貌。

〔岬寺:갑사〕 《地》忠淸南道 公州郡 鷄龍面 鷄龍山에 있는 절。百濟 久爾辛王 때 阿道和尙이 창건。文武王 一九년에 義湘이 鷄龍岬寺를 甲寺로 고침。국보는 무

쇠 幢竿支柱·浮圖·釋譜詳節 木刊板이 있음。 관광지로 유명함。

【岬岫:갑수】 산허리。또는 산의 岩窟。『左思·吳都賦』傾藪薄倒——。『注』善曰、淮南子注曰、岬、山旁、爾雅曰、山有穴曰岫。

【岭】(령) 靑 レイ、やまがふかい retired and quiet 산으슥할령(山深貌)。〔唐樂府〕入—中而登玉峯。

【岭嶙:영린】 돌의 소리。『揚雄·蜀都賦』。

【岭嶸:영형】 깊고 끝없는 모양。 山의 깊숙한 모양。『揚雄·注』。

【岭岺:영형】 산의 깊숙한 모양。『集韻』 岺、——、山深貌。

【岮】(타) 歌 タ、ななめ steep 산비탈질타(岐—不平貌)。〔潘岳賦〕裁岐—以隱嶙。

【岯】(비) 支 ヒ、ビ、かさなる remote ❶산이름비(山名大—)。 ❷산첩첩할비(山頂重疊)。(『坯』와 통함)

【岰】(유) 有 ヨウ、やまのまがり curve of a mountain ㄧㄡˇ yu3 산굽이유(山曲貌)。

【岱】(대) 隊 タイ name of a mountain ㄉㄞˋ tai4 小篆 小篆 草書 산이름대 (山名—宗)。

【岱嶽:대악】 泰山의 異稱。岱宗。

【岱輿:대여】 海中의 仙山。渤海의 東쪽에 있는 다섯 仙山의 하나。『列子·湯問』。

【岱宗:대종】 산 이름。 泰山(泰山은 五嶽 중에 제일 높다는 뜻으로 宗임)。岱嶽。『風俗通』東方泰山、尊曰——、岱者長也。

【岱華:대화】 泰山과 華山。

【岳】(악)『嶽』(山部 20畫)과 같음

【岳頭:악두】 산 꼭대기。頂上。『白居易』尋寺到——。

【岳母:악모】 아내의 어머니。丈母。

【岳父:악부】 아내의 아버지。丈人。

【岳飛:악 비】《人》宋、湯陰 사람。字는 鵬擧、諡號는 武穆。南宋의 武將。더욱 忠誠心이 두터우며 金人이 侵入할 때 여러 차례 적을 쳐 勇名을 떨침。秦檜의 主和說에 반대하여 紹興 一一년 享年 三九歲로 獄中에서 죽음。〈著書〉武穆集。『宋史·三百六十五』。

【岳陽:악양】 ❶《地》太岳山 남쪽。지금의 山西省 安澤·趙城 二縣 남쪽 땅。❷=岳州府。

岳陽 (名山圖)

【岳翁:악옹】 岳父。聘父。

【岳丈:악장】 장인의 경칭。岳父。

【岵】(호) 麌 コ、しげやま thickly-wooded 小篆 산에숲질호(山多草木)。

【岻】(니) 支 ジ、やまのな mountain ㄏㄨˋ hu4 산이름니(山名丘—)。

【岷】(민) 眞 ミン、ビン、みね peak ㄇㄧㄣˊ min2 小篆 小篆 草書 ❶민산민(蜀山名)。 ❷봉우리민(峰也)。

【岷山:민산】《地》산 이름。四川省 松潘縣 북쪽에 있음。혹은 汶山이라 함。

【岷山丹:민산단】 仙藥의 이름。『雲笈七籤』——、服之不死、百日、盲者能視、百病即愈。

【岸】(안) 翰 ガン、きし cliff; shore ㄢˋ an4 小篆 草書 ❶언덕안(厓也)。❷낭떠러지안(水涯接處)。『詩經』高—爲谷。❸섬돌안(階也)。『西京賦』襄—夷塗。❹기운찰안(魁—雄傑)。『漢書』江充爲人魁—。❺갓비스듬히 쓸안(露頂)。『後漢書』帝—幘見馬援。❻나타낼안(—幘)。❼옥이름안(獄名)。

【岸傑:안걸】 體軀가 크고 씩씩하고 쾌활함。魁傑。『左思·吳都賦』。

【岸曲:안곡】 물기슭이 들어간 곳。汀曲。『唐書』恃功——、無所憚。

【岸畔:안반】 물 기슭 가。부둣가。岸頭。『宋史』沿——。

【岸壁:안벽】 ❶船舶을 옆으로 대기에 편리하도록 水深을 깊게 하여 부두에 쌓은 擁壁。❷깎아지른 듯이 험한 물가。

【岸忽:안홀】 까불고 사람을 멸시함。『唐書·魚朝恩傳』恃功——無所憚。

◎江—、對—、沿—、彼—、河—、海—、湖—。

六 畫

【岾】(점) 〔國字〕 ❶고개점(嶺也)。 ❷절이름점(楡—寺)。

【峇】(갑) 合 コウ、やま mountain ❶산모양갑(山形)。❷산굴갑(山窟)。❸『峆』과 같음。

【峉】(액) 陌 ガク、たかくおおきい high and grand 草書 산이높고웅장할액(山高大貌)。『楚辭』山峉兮——。

【峉峉:액액】 산이 높고 큰 모양。『楚辭』。

【峊】(얼) 屑 ゲツ、やまくずれ be cut off 산끊어질얼(山斷絕屹—)。

【峋】(순) 眞 シュン、ジュン、おくふかい ㄒㄩㄣˊ hsün2 小篆 草書 후미질순(嶙—山厓重深貌)。『甘泉賦』岭巆嶙—洞無涯兮。

【峌】(질) 屑 チツ、たかい high 산높을질(山高)。

【峍】(률) 質 リツ、いしがけ cliff 돌비탈률(硉矹山崖)。『子虛賦』其山則盤紆岪鬱隆崇峍崒。(『硉』과 같음)

【峖】(앙) 江 コウ、けわしい steep 산가파를앙(山峻貌)。『韓愈詩』詎敢陵崆—。

【峎】(언) 阮 ゴン、たかいさか high pass 높은고개언(高坂)。

【峒】 ㊀(동) 東 ㊁(동) 送 ドウ、いわあな orifice ㄊㄨㄥˊ t'ung2 草書 ㊀산이름동(岷州山名 崆—)。 ㊁산굴동(山穴)。(『洞』과 통함)

【峒人:동인】 蠻人의 하나。中國 西南에

살음。『峒谿纖志』。

【峒丁:동정】峒蠻의 壯丁。『宋史·高宗紀』。

【峐】(해) 灰 カイ、はげやま barren mountain
민둥산해(山無草木)。

【峓】(이) 支 イ、やまのな mountain
산이름이(嵎ー東表山名)。(『夷』와 통함)

【峗】㊀(위) 支 キ、たかい lofty ㊁(외) 灰
㊀산이름위(三ー山名)。 ㊁산뾰족할외(山高貌)。

【峘】(환) 寒 カン、たかい high
작은산이큰산보다높을환(小山高於大山)。

【岍】(견) 先 ケン、やまのな mountain ㄑㄧㄢ ch'ien¹
산이름견(雍州山名)。

【峙】(치) 紙 ジ、そばだつ aloft ㄓ chih⁴
草書 ❶산이 우뚝솟을치(屹立)。『東都賦』散似驚濤聚似京ー。❷갖출치(具也、共也)。『詩經』以ー其粻。❸쌓을치(積也)。『書經 費誓』ー乃糗糧。(『跱』와 같음)

【峙立:치립】山이 높게 우뚝 섬。屹立。『吳志·註』吳魏ーー、誰將平一海內者乎。

【峙積:치적】갖추어 쌓음。모아 쌓음。『宋史』商賈貿遷、芻粟ーー。

【峛】(리) 紙 リ、さかみち slanting
草書 산낮고길리(ー崺山卑長)。『法言』觀東岳而知衆山之ー崺。

【峛崺:이이】❶비탈길。❷산이 낮고 길게 連함。『揚子·法言』。

【峠】(상) [日字] とうげ (mountain) pass
草書 고개상、재상(山嶺)。

七畫

【峨】(아) 歌 ガ、たかい high ㄜ ê²
小篆 草書 ❶산이 높을아(嵯ー山高)。『陸機詩』崇山鬱嵯ー。『詩經 大雅棫樸』奉璋ーー。❷산이름아(ー眉山名)。『李白詩』ー眉山月半輪秋。

【峨冠:아관】높은 冠。冠을 높게 씀。『韓愈』ーー講唐虞。(唐虞는 堯舜)。

【峨眉:아미】(地)산 이름。峨嵋 라고도 함。山東省 博山縣에 있으며 金이 난다 함。『李白』ーー山月半輪秋。

峨眉(名山圖)

【峨峨:아아】❶산이 높고 험악한 모양。嵯峨。巍峨。『列子』鍾子期曰、善哉ーー兮、若泰山。❷儀容이 嚴肅하고 威嚴이 있는 모양。『詩經』奉璋ーー。

【峩】(아)『峨』(前條)와 같음

【山那】(나) 箇 ナ、つらなる connected ㄧㄝ yeh²
산연접할나(山連接貌)。

【峪】(욕) 沃 ヨク、たに valley ㄩ yü⁴
草書 ❶산골욕(谷也)。❷관의이름욕(關名)。

【峭】(초) 嘯 ショウ、けわしい steep ㄑㄧㄠ ch'iao⁴
草書 ❶높고험악할초、가파를초(峻也)。「ー絕、峻ー」。『淮南子』岸ー者必弛。❷급할초(急也)。『漢書』鼂錯爲人ー直刻深。

【峭刻:초각】엄하고 가혹함。인정이 없음。苛刻。嚴刻。『宋史』無矯厲ーー之習。

【峭鯁:초경】마음이 엄하고 剛直함。『唐書』性ーー、論議無所屈。

【峭急:초급】엄하고 날카로움。『吳志』。

【峭厲:초려】엄하고 험악함。칼 끝이 심히 밖으로 나타나는 모양。『論語·集註』廉謂稜角ーー。

【峭麗:초려】엄숙하며 아름다움。

【峭拔:초발】높이 빼어난 모양。

【峭法:초법】매우 엄한 법률。『淮南子』ーー刻誅者、非霸王之業也。

【峭壁:초벽】벽처럼 험악하게 치솟음。

【峭崖:초애】몹시 험한 낭떠러지。『陸游』山斷ーー立。

【峭絕:초절】심히 험악함。險絕。

【峭正:초정】엄하고 바름。嚴正。『唐書』疾ーー、不甚用。

【峭整:초정】엄하고 바르게 갖춤。峻整。『唐書』風采ーー、天子器之。

【峭峻:초준】산이 높고 험악하게 몹시 가파름。險峻。『漢書』領水之山ーー、漂石破舟。

【峭直:초직】마음이 엄하고 바름。剛直함。『漢書』錯爲人、ーー刻深。

【峭寒:초한】몹시 추움。몹시 참。『徐積』清明前後ーー多。

【峭覈:초핵】날카롭고 엄함。事物에 대하여 철저함。『後漢書·第五倫傳論』。

【峭刑:초형】엄한 형벌。峻刑。

【峭乎:초호】엄한 모양。『韓愈』ーー其言、若不接其情也。

【峮】(군) 眞 キン、つらなる ranged
산이연할군(山連貌)。

【山忌】(기) 紙 キ、たかい aloft
❶산우뚝할기(崚峰)。❷산이 높은모양기(山高貌)。

【峯】(봉) 冬 ホウ、みね peak ㄈㄥ fêng¹
小篆 草書 봉우리봉(直上而銳)。『李白詩』五老ー爲筆。(『峰』과 같음)

【峯頭:봉두】산봉우리。맨 꼭대기。山峯。山頂。『皮日休』ーー孤家爲雲穴。

【峯巒:봉만】산 꼭대기의 날카로운 봉우리들。『柳宗元』日影下ーー。

【峯勢:봉세】산봉우리의 형태。『唐太宗』ーー接雲危。

【峯崖:봉애】산의 낭떠러지。『張種』ーー刻削。

【峯嶂:봉장】산봉우리。山頂。『李白』ーー亦冥密。

◎高ー、孤ー、群ー、奇ー、起ー、上ー、連ー、靈ー、主ー、峻ー。

【峱】(노) 豪 ドウ
小篆 草書 산이름노(山名)。(山東省에 있는 山)。『詩經 齊風』

還』遭我乎ㅣ之間兮。

【峰】(봉)『峯』(前前條)과 같음

【[山+殳]】(투) 尤 トウ、けわしい steep 산험준할투(山峻貌)。【揚雄】ㅣ嶢嵬

【峴】(현) 銑 ケン、ゲン、とうげ ridge ㄒㄧㄢˇ hsien³ 草書 ❶재현、고개현(嶺小高)。【謝靈運詩】迢遞陟陘ㅣ。❷산이름현(中國의湖北省襄陽에 있는山)。

【峵】(횡) 庚 コウ、たかくけわしい high and steep 산높고험할횡(高峻)。

【島】(도) 皓 トウ、しま island ㄉㄠˇ tao³ 小篆 草書 섬도(海中有山可居)。【書經】ㅣ夷卉服。(『嶋·嶌』로씀)

【島國:도국】섬나라。海國。

【島國根性:도국근성】섬나라 사람의 옹졸한 성질。배타적이고 단결성과 독립성이 강함。

【島國民:도국민】섬나라의 국민。

【島民:도민】섬에서 사는 사람。섬사람。

【島配:도배】《制》죄인을 섬으로 流配함。島流。

【島嶼:도서】섬。島는 큰 섬。嶼는 작은 섬。【江總】望ㅣㅣ之邅廻。

【島嶼性:도서성】섬나라 국민의 성격。민족성은 排他的이고、단결성과 독립성이 강하나、너그럽지 못하고 옹졸하며、기후는 해양성 기후임。島國性。↔大陸性。

【島夷:도이】❶섬에 사는 오랑캐。【書經】ㅣㅣ卉服。❷南北朝 시대에 北人이 南人을 일컬었음。【北史】南書謂北爲索虜、北書謂南爲ㅣㅣ。

【島中:도중】섬의 안。◎孤ㅣ、群ㅣ、無人ㅣ、諸ㅣ、半ㅣ、列ㅣ、絶遠ㅣ、海ㅣ、火山ㅣ。

【峷】(신) 眞 シン、かみのな demon 두억시니신(神名、似狗有角文身五采)。

【峹】(도) 虞 ト、やまのな mountain 산이름도(會稽山名)。(『塗』와 통함)

【[山+妥]】㊀(퇴) 賄 ㊁(타) 哿 タイ、やまがたかい high ; far-extended ㊀산높을퇴(山高貌)。㊁산긴모양타(長山貌)。

【峻】(준) 震 シュン、けわしい steep ㄐㄩㄣˋ chün⁴ 小篆 或體 草書 ❶높을준(高也)。❷높고 클준(高大)。【中庸】ㅣ極于天。❸혹독할준(嚴也)。【史記 酷吏傳】吏務爲嚴ㅣ。❹클준(大也)。【大學】克明ㅣ德。❺험할준(險也)。「高ㅣ、ㅣ險」。(『駿』과 통함)

【峻刻:준각】엄한 時刻。嚴刻。【宋史】風俗ㅣㅣ、强弱相陵。

【峻拒:준거】엄하게 거절함。딱 잡아뗌。

【峻潔:준결】엄숙하고 깨끗함。【韓愈】南朝ㅣㅣ推弘景。「고결함。

【峻極:준극】❶대단히 높음。❷성질이

【峻急:준급】❶性質이 엄하여 사람을 容納하지 못함。또는 雅量이 없음。【晋書】天性ㅣㅣ、不能有所容。❷물의 흐름이 심히 빠름。【柳宗元】ㅣㅣ多抵石。

【峻德:준덕】뛰어난 德。밝은 덕。大德。明德。

【峻嶺:준령】높은 산봉우리。峻峰。【王羲之】此地有崇山ㅣㅣ茂林修竹。

【峻路:준로】험악한 길。險路。【班固】臨ㅣㅣ而開扉。

【峻論:준론】深刻한 議論。【杜牧】危言ㅣㅣ。

【峻樓:준루】높은 다락。高樓。危樓。【李尤】ㅣㅣ臨門。

【峻法:준법】엄격한 법。【漢書】不避嚴「刑ㅣㅣ。

【峻峰:준봉】험하고 가파른 산봉우리。

【峻山:준산】험하고 높은 산。

【峻隘:준애】❶산이 험악하고 좁음。❷마음이 좁고 너그럽지 못함。【晋書·王雅傳】「험하고 높음。

【峻嚴:준엄】❶엄숙함。嚴峻。嚴刻。❷

【峻烈:준열】엄하고 험악함。峻切。

【峻宇:준우】높고 훌륭한 집。【書經】ㅣㅣ彫牆。

【峻切:준절】嚴함。嚴肅함。峻烈。【魏書】時命ㅣㅣ、不敢不赴。

【峻絶:준절】산이 몹시 험악함。絶峻。

【峻節:준절】고상한 節操。높은 절개。

【峻截:준절】❶산이 높고 깎아 세운 듯함。【顔延之】巢由之抗行、夷皓之ㅣㅣ。❷매우 위엄 있고 정중함。

【峻挺:준정】높이 빼어남。挺拔。峻特。

【峻整:준정】엄숙하게 가지런히 갖춤。【宋史】風神ㅣㅣ、見者憚之。

【峻阻:준조】험악함。嶮峻。

【峻直:준직】높고 곧음。崇高하고 正直「함。

【峻責:준책】준엄하게 꾸짖음。

【峻砌:준체】높은 섬돌。높게 쌓은 섬돌。

【峻峭:준초】❶산이 높고 험악한 모양。❷俗된 것을 벗어나고 氣槪가 높음。【鄭遙】特起ㅣㅣ。【韓愈·感春詩】風骨ㅣㅣ遺塵埃。

【峻坂:준판】험한 산비탈。峭坂。【漢書】「帝馳下ㅣㅣ。

【峻險:준험】산이 높고 험악함。險峻。【張衡】修路ㅣㅣ。

【峻狹:준협】산의 골이 험악하고 좁음。【張載】山崢嶸以ㅣㅣ。

【峻刑:준형】엄한 刑罰。嚴刑。【史記】殘傷民以ㅣㅣ。

【峻酷:준혹】엄하고 苛酷함。지나치게 엄함。峻刻。嚴酷。【宋史】上以繼和ㅣㅣ、欲軍士感其惠。

【崡】(함) 覃 ガン、おおたに broad valley ❶큰골함(大谷)。【集韻】ㅣ、大谷也。❷산이 깊은모양함(山深貌)。

【峽】(협) 洽 キョウ、はさま gorge ㄒㄧㄚˊ hsia² 草書 ❶물낀 두메협、물낀 산골협(山峭夾水)。【荊州記】三ㅣ兩岸連山無斷處。❷산이름협(山名)。

【峽間:협간】=峽中。

【峽谷:협곡】산의 골짜기。谿谷。

【峽農:협농】산골 두메에서 짓는 농사。

【峽路:협로】산 속의 길。두멧길。

【峽灣:협만】비슷한 정도의 좁은 폭으로 육지 깊이 쑥 들어간 좁고 긴 만。빙하의 작용으로 된 것으로 노르웨이 해안에 발달되었음。표르트(Fjord)

【峽氓:협맹】두메 속에서 농사나 짓는 백성。

【峽雨:협우】谿谷에 내리는 비。【杜甫 晩晴詩】ㅣㅣ落餘飛。

【峽中:협중】양쪽 산 사이의 골。산 사이。골짜기。두메。

【峽村:협촌】두메에 있는 마을。◎山ㅣ、地ㅣ、海ㅣ。

【[沂+山]】(은) 眞 ギン、みずのうずまき (of water) meander 물이 굽이쳐돌아나갈은(水回旋貌ㅣ淪)。【郭璞江賦】ㅣ淪瀤乍浥乍堆。

【峿】(어) 語 ギョ、ゴ、くいちがう rugged ㄨˇ wu² ❶산이울퉁불퉁할어(險也)。❷산이름어(山名嶇ㅣ)。

【崆】(형)『陘』(阜部 7畫)과 같음

八畫

【崆】㊀(공) 東 コウ、そばたつ aloft ㊁(강) 江 ㄎㄨㄥ k'ung¹
草書 ㊀산이름공「-峒」。(『空』과 通함) ㊁가파를강(險也)。❷산이우뚝할공(山高貌)。

【崆峒:공동】 산 이름。傳說上의 산임。後人이 그 所在에 對해 많은 說이 있음。

【崆峣嵑嵑:공앙갈갈】 산에 바위가 높고 울퉁불퉁 험악한 모양。『張衡』

【崇】(숭) 東 シュウ、ス、たかい nobility ㄔㄨㄥˊ ch'ung²
小篆 草書 ❶높을숭(高貴)。『易繫辭』-高莫大於富貴。❷높일숭(尊也)。「-拜、-敬」。『禮配祭統』-事宗廟社稷。❸공경할숭(敬也)。『書經』欽-天道。❹채울숭(充也)。『儀禮』主人再拜-酒。❺모을숭(聚也)。『詩經』福祿來-。❻마칠숭(終也)。『詩經』誰謂宋遠曾不-朝。❼귀인숭(貴人)。『左傳 宣公十二年』師叔楚之-也。❽산이름 숭 (山名五岳之一)。

【崇肩:숭견】 높이 퍼진 어깨。『唐書·楊元琰傳』琰秀眉美髯、--博頤。

【崇扃:숭경】 높은 문。扃은 문을 잠그기 위하여 가로지르는 나무。『鮑照』楚關有--。

【崇敬:숭경】 거룩하게 공경하여 높임。尊敬。『漢書』制禮--。

【崇高:숭고】 뜻이 존엄하고 고상함。『易經』--莫大乎富貴。

【崇古:숭고】 옛적 文物을 숭상함。

【崇曠:숭광】 높고 넓음。『韋應物』精舍何--。「-間館。

【崇臺:숭대】 높은 樓臺。『班固』承以-宇--。

【崇麗:숭려】 높고 아름다움。『晉書』館

【崇嶺:숭령】 높은 산봉우리。高峰。『潘岳』仰--之嵯峨。

【崇禮門:숭례문】《地》서울 四大門의 하나。南쪽에 있는 正門의 이름。李朝 太祖 四년에 착공하여 七년에 준공、현재의 건물은 世宗 二九년 改築。一九六三년에 重修。규모가 宏大함。國寶第一號。南大門。

【崇樓:숭루】 높은 다락。高樓。危樓。

【崇慕:숭모】 우러러 사모함。「높임。

【崇文:숭문】 글을 숭상함。또는 文學을

【崇班:숭반】 높은 지위。崇位。『盧懷愼』無因酬大德、空此愧--。

【崇拜:숭배】 공경하여 절함。공경하여 높임。歸依함。信仰함。

【崇報:숭보】 은덕을 갚음。

【崇奉:숭봉】 崇拜하여 받들음。

【崇佛:숭불】《佛》부처를 숭상함。불교를 숭상함。

【崇事:숭사】 宗廟·社稷 등을 공경하여 섬김。혹은 웃어른을 공경하여 섬김。敬事。『禮記』--宗廟社稷、則子孫順孝。

【崇祀:숭사】 祭祀를 숭상함。『柳宗元』--式孚。

【崇尙:숭상】 공경하여 높임。

【崇昔:숭석】 아득한 옛날。太古。『張華』永思慮--。

【崇秀:숭수】 높고 빼어남。「山--。『陳子昻』景

【崇崇:숭숭】 높은 모양。隆隆。『楊雄·甘泉賦』--圓丘。

【崇信:숭신】 ❶《歷》慶尙北道 善山의 옛 이름。高麗 太祖 開泰寺 願文에 丙申秋崇信城邊에 與百濟交戰이라 하였음。❷공경하여 믿음。『後漢書』爲臺閣所--。

【崇神:숭신】 신을 숭상함。「--。

【崇巖:숭암】 높은 바위。『晉書』其居依

【崇仰:숭앙】 높여 우러러봄。

【崇嚴:숭엄】 숭고하고 존엄함。『晉書』。

【崇位:숭위】 높은 지위。

【崇儒:숭유】 儒敎를 숭상함。

【崇奬:숭장】 널리 勸奬함。

【崇情:숭정】 品位 있는 고상한 마음。『王僧孺』--符遠迹。

【崇朝:숭조】 새벽에서 朝飯 때까지의 사이。『詩·蝃蝀』朝隮于西、--其雨。

【崇祖尙門:숭조상문】 조상을 숭배하고 문중을 위함。

【崇峻:숭준】 높음。品位가 높고 귀함。『唐書』掖省--。

【崇則:숭칙】 귀중한 법칙。『後漢書』師孔聖之--。

【崇廈:숭하】 높고 큰 집。大廈。

【崇垓:숭해】 높은 낭떠러지。

【崇好:숭호】 숭상하고 좋아함。『北史』--道術。

◎尊-。

【崈】(숭)『崇』(前條)과 같음

【崥】(괴) 賄 カイ、けわしい steep
산험할괴(山險)。

【崋】(화) 禡 カ、はなやか ㄏㄨㄚˋ hua⁴
小篆 草書 ❶산이름화(山名)。❷「華」와 같음。

【崋山:화산】 산 이름。四嶽의 하나。

【倨】(거) 魚 キョ、ふかい deep (retired) mountain
깊은산거(深也)。

【崍】(래) 灰 ライ、やまのな mountain
산이름래(印-蜀山名)。

【崎】(기) 支 キ、けわしい risky ㄑㄧˊ ch'i²
草書 산길험할기(山路險峻)。(『埼』와 通함)

【崎嶇:기구】 ❶산길이 험악한 모양。『陶潛』亦--而經丘。❷處世하기 어려운 모양。괴로운 모양。『史記·燕世家』--强國之間、最爲弱小。

【崎崟:기음】 험악한 산봉우리。『杜甫』挽葛上--。

【崎嶬:기취】 산 허구리가 날카롭게 쭉 튀어 나온 곳。「嶬」

【崎險:기험】 성질이 궂고 험상스러움。

【崟】(음) 侵 ギン、みね peak ㄧㄣˊ yin²
小篆 小篆 草書 ❶멧부리음 (山頂)。❷산높을음 (山高嶔-)。『杜甫詩』挽葛上崎-。

【崟岌:음급】 산의 높은 모양。『李白』玄猿綠羆、舔舕--。

【崟崟:음음】 ❶높고 험한 모양。

【崐】(곤)『崑』(山部 8畫)과 같음

【崒】(줄) 質 シュツ、けわしい steep
小篆 草書 ❶산높을줄(山高)。❷위태로울줄(危也)。

【崒乎:줄호】 山이 험하고 높게 쭈뼛한 모양。『吳融』巉乎--。

【崓】(고) 遇 コ、しま island
섬고(島也)。『宋史』出沒島-。

【崔】(최) 灰 サイ、たかい aloft ㄘㄨㄟ ts'uei¹
小篆 草書 ❶산우뚝할최(山高貌-嵬)。❷높고가파를최。『何晏景福殿賦』高甍-嵬。❸성최(姓也)。❹고을이름최(齊邑名)。

【崔四入:최사입】唐의 崔垂休가 네 번 조정에 들어가 宰相이 된 故事。『唐書』垂休素厚朱全忠、委心結之、四拜宰相、世謂—。
【崔嵬:최외】산이 아주 높고 험함。『詩經』陟彼——、我馬虺隤。
【崔巍:최위】산이 높고 험함。『胡曾』重岡複嶺勢——。
【崔崒:최줄】높고 험악한 모양。『張衡·西京賦』隆崛——。
【崔崔:최최】산이 우뚝하게 섬。높고 큰 모양。『詩經』南山——。
【崔隤:최퇴】미끄러짐。무너짐。中途에 실패함。摧頹。『漢書·廣川惠王越傳』日—、時不再來。
【崔判官:최판관】죽은 사람의 생전의 선악을 판단한다는 저승의 벼슬。

【崑】(곤) 元 コン name of a mountain ㄎㄨㄣ k'uen¹
곤륜산곤(山名—崙山)。
【崑岡:곤강】崑崙山의 異名。
【崑崙:곤륜】❶(地)산 이름。中國의 西方에 있는 最大의 靈山。西方의 樂士로 西王母가 산다고 하며 美玉이 난다고 함。

崑崙山(古今圖書集成)

❷예전 西戎의 나라 이름。❸예전 種族의 이름。❹腦의 別稱。『黃庭經』子欲不死、修——。
【崑山片玉:곤산편옥】崑崙山에서 나는 이름난 玉의 하나。(喩)人物을 얻기 어려움을 이름。『晉書』桂林之一枝、——。
【崑玉:곤옥】崑崙山에서 나는 아름다운 玉。崑瓊。崑璞。

【崕】(애)(의)『崖』(次條)와 같음

【崖】㊀(애) 佳 ガイ、ギ、がけ cliff ㊁(의) 支 ㄧㄞ yai²
㊀❶낭떠러지애(水邊—岸)。『郭璞江賦』觸曲—以縈繞。❷변덕많을애。『康熙字典』不和物曰—岸。❸땅이름애「—山」。㊁언덕의(岸也)。
【崖檢:애검】행동을 조심함。『宋史』少好武事、頗輕佻、不治——。
【崖略:애략】대개。大略。槪略。『莊子』夫道難言、爲汝言其——。
【崖蜜:애밀】험한 斷崖에서 養蜂한 꿀。
【崖畔:애반】언덕가。岸際。『郭遐叔』。
【崖壁:애벽】낭떠러지의 벽。斷厓。
【崖樹:애수】낭떠러지에 자라난 나무。
【崖岸:애안】❶물가의 斷崖。❷오만하여 남과 어울리지 않음。『舊唐書』不爲——嶄絕之行。
【崖鹽:애염】소금의 한 가지。岩鹽。
【崖崟:애음】높고 험한 산。『湯顯祖』籌策高于——。
【崖異:애이】특출하여 보통 사람과 다름。『莊子』行不——之謂寬。
【崖穽:애정】낭떠러지에 있는 함정。『宋史』秦檜陰險如——。
【崖椒:애초】(植)분디。
【崖錐:애추】(地)풍화 작용으로 말미암아、낭떠러지 산허리에 쌓여 모인 바위의 부스러기。

【崁】(감) 感 カン、あな pit in a mountain
산구덩이감(山坑)。

【崘】(륜)『崙』(次條)과 같음

【崙】(륜) 元 ロン name of a mountain ㄌㄨㄣ luen²
❶곤륜산륜(崑—山名)。❷나라 이름 륜(荒服國名)。(『崘』과 통함)
【崙菌:윤균】산의 험준한 모양。『王延壽』連拳偃蹇、——崢嶸。
【崙崛:윤굴】산의 험준한 모양。『集韻』崙、——、山貌。

【崚】(릉) 蒸 リョウ、たかい high ㄌㄥ lêng²
산이 언틀먼틀할릉(—嶒山貌)。『沈約詩』—嶒起青嶂。
【崚嶒:능증】산의 높고 험하게 중첩된 모양。『沈約』鬱律構丹巘、——起青嶂。

【崛】(굴) 物 クツ、そばだつ aloft ㄐㄩㄝ chüeh²
❶산높을굴「—起、—然」。❷불끈솟을굴(勃起貌)。『揚雄 甘泉賦』洪臺—其獨出兮。(『崫』과 통함)
【崛起:굴기】❶산이 높이 우뚝 섬。혹은 그 모양。❷급히 일어섬。『班固』未見——在此位者也。
【崛屼:굴물】산의 높은 모양。
【崛然:굴연】❶산이 험하고 높은 모양。❷우뚝 일어서는 모양。
【崛出:굴출】우뚝 솟아 나옴。『蔡邕』雄俊豪傑、往往——。

【嵲】(열) 屑 ケツ、たかい high
산높을열(山高)。
【嵲屼:열올】편안하지 않은 모양。『李白·梁甫吟詩』風雲感會起屠釣、大人——當安之。

【崝】(장) 陽 ショウ、けわしい precipitous
험할장(險也)。

【崝】(정) 庚 セイ、けわしい precipitous
❶험하고 높을정(險高貌)。❷깊을정(深也)。
【崝嶸:정영】산이 높이 솟아 오른 모양。

【崞】(곽) 藥 カク、くにのな place name
땅이름곽(地名)。

【崟】(음) 侵 ギン、むかいあう face each other
산이 마주향할음(山相對)。

【崢】(쟁) 庚 ソウ、たかい steep ㄓㄥ ch'êng¹
❶가파를쟁(險也)。❷산높을쟁(山峻—嶸)。(『崝』과 같음)
【崢嶸:쟁영】崢嶸。❶높고 험한 모양。『班固』金石——。❷深遠하고 험한 모양。『注』——、深遠貌也。❸깊숙한 모양。속깊고 어두운 모양。『揚雄·甘泉賦』似紫宮之——。❹추위의 지독한 모양。『羅隱·雪霽詩』南山雪乍晴、寒氣轉——。❺歲暮의 多事함을 이름。『書言故事』言歲除多事、曰歲事——。
【崢巆:쟁영】❶높고 험한 모양。❷속깊은 모양。『漢書』似紫宮之——。『注』——、深邃也。「深冥也。」
【崢嵤:쟁형】속깊은 모양。『廣雅』——、

【崣】(위) 紙 イ、やまたかい lofty
산높을위(山高)。

【嶢】(효) 肴 コウ 丨幺 yao²
草書 ❶산이름효(河南省河南府所在)。【賈誼 過秦論】秦孝公據ㅣ函之固。❷내이름효(河名)。

【崦】(엄) 鹽 琰 エン、ひのいるやま mountain of sun set 丨ㄢ yen¹
草書 해지는산이름엄(ㅣ嵫日入所山名)。【離騷經】望ㅣ嵫而勿迫。
〔崦嵫:엄자〕❶(地)산 이름。甘肅省 天水縣에 있음。弇茲。❷해가 지는 곳。(轉)사람의 晩年 또는 老境。【楚辭·離騷】吾令羲和弭節兮、望ㅣㅣ而勿迫。

【崧】(숭) 東 スウ、そばだつ great mountain ㄙㄨㄥ sung¹
草書 ❶산불끈솟을숭(竦也)。【詩經大雅崧高】ㅣ高維嶽。❷산웅장할숭(山高而大)。❸산이름숭(高麗山名ㅣ岳)。(『嵩』과 같음)
〔崧高:숭고〕❶산이 높고 웅장함。崧峻。【詩經】ㅣㅣ維嶽。❷詩經 大雅의 篇 이름。
〔崧陽:숭양〕(地)지금의 開城의 別稱。
〔崧陽書院:숭양서원〕李朝 中葉에 鄭夢周를 享祀하기 위하여 開城에 세운 書院。현재 鄭夢周의 遺蹟 및 畫像이 보관되었음。
〔崧峻:숭준〕=崧高。

【崩】(붕) 蒸 ホウ、くずれる collapse ㄅㄥ pêng¹
小篆 古文 草書 ❶산무너질붕(自上墜下山壞)。【春秋】沙鹿ㅣ。❷황제가죽을붕(殂落)。【穀梁傳】高曰ㅣ、厚曰ㅣ、尊曰「ㅣ御」。❸부서질붕(破也)。【論語陽貨】三年不爲樂、樂必ㅣ。
〔崩壞:붕괴〕=崩潰。
〔崩潰:붕궤〕무너져 흩어짐。崩壞。
〔崩湍:붕단〕물결이 일어나는 여울。【柳宗元】洶涌之ㅣㅣ。
〔崩落:붕락〕무너져 떨어짐。崩墜。
〔崩剝:붕박〕무너져 어지러이 흩어짐。剝은 亂。崩擾。紛亂。
〔崩御:붕어〕임금의 죽음。(임금의 죽음은 산이 무너짐과 같다는 뜻)。仙馭。登遐。升遐。崩殂。
〔崩弛:붕이〕무너져 풀어짐。
〔崩墜:붕추〕=崩落。【論衡】ㅣㅣ坑谷之間矣。
〔崩塌:붕탑〕무너져서 두려빠짐。
〔崩頹:붕퇴〕무너짐。허물어짐。崩壞。
◎山ㅣ、土ㅣ。

【崨】(첩) 葉 ショウ、つらなる connect
이을첩(連也)。

【崗】(강)『岡』(山部5畫)의 俗字

九畫

【崱】(측) 職 ソク、たかくけわしい grand mountain
❶산이웅장할측(ㅣ屴山大貌)。❷산맥이연해있을측(山連)。【劉峻詩】開軒望崱ㅣ。
〔崱屴:측력〕가지런하지 못함。

【崲】(황) 陽 コウ、みずうみのな lake
늪이름황(湖名休ㅣ)。

【嵔】(외) 佳 アイ、けわしい steep ㄨㄟ wei¹
草書 평평치아니할외(不平貌)。
〔嵬魁:외괴〕산의 험준한 모양。嵬巍。【漢書】洞出鬼谷之堀疊ㅣㅣ。
〔嵬巍:외외〕산의 험준한 모양。【邢居實】山ㅣㅣ而造天兮、踐羊氏之北境。
〔嵬嵬:외외〕❶험준한 모양。【楚辭】軫石ㅣㅣ、蹇吾願兮。❷평탄하지 않은 모양。【集韻】
〔嵬磈:외외〕山勢가 높고 길게 이어진 모양。【司馬相如】ㅣㅣ嵔廆丘虛堀礨、隱轔鬱壘、登降施靡。
〔嵬㠑:외회〕평탄하지 않은 모양。또는 중첩되는 모양。【左思·注】

【崵】(양) 陽 ヨウ、とおいやま remote mountain
小篆 먼산양(遠山)。

【崷】(추) 尤 シュウ、とおくたかい high and far
산길고우뚝할추(ㅣ崒山長而高貌)。
〔崷崒:추줄〕山이 높고 험한 모양。【班固·西都賦·注】ㅣㅣ崢嶸、高峻貌也。

【崺】(이) 紙 イ、ひくくながい low and far
산이낮고길이(迆ㅣ山卑長貌)。【法言】觀東岳而知衆山之迆ㅣ。

【崻】(치) 紙 チ、そばだつ loft
우뚝솟을치(聳立貌)。

【崽】㈠(재) 賄 シ、むすこ son ㈡(새) 佳 ㄗㄞ tsai³
草書 ㈠❶자식재(子也)。❷저재(彼稱)。㈡뜻은 ㈠과 같음。
〔崽子:재자〕예쁜 아이。【詞林海錯】。

【嵁】(감) 覃 カン、けわしい steep
草書 산험할감、바위너설감(ㅣ巖不平貌)。【莊子】大山ㅣ巖之下。
〔嵁崿:감악〕높은 모양。【左思】恆碣ㅣㅣ于青霄。
〔嵁巖:감암〕산이 높고 험한 모양。【莊子】大山ㅣㅣ之下。

【崿】(악) 藥 ガク、がけ cliff ㄜ è
草書 ❶낭떠러지악(崖也)。【謝靈運詩】連嶂疊巘ㅣ。❷벼랑악(岸也)。【郭璞江賦】碕嶺爲之嵒ㅣ。❸높고가파를악(山高而峻也)。
〔崿嶂:악장〕斷崖로 된 봉우리。【鮑照】瀾漫潭洞波、合沓ㅣㅣ雲。

【㟧】(악)『崿』(前條)과 같음

【嵂】(률) 質 リツ、けわしい steep ㄌㄩ lü⁴
草書 산가파를률(ㅣ崒山高峻貌)。【子虛賦】隆崇ㅣ崒。
〔嵂崒:율줄〕山이 높고 험한 모양。【司馬相如】隆崇ㅣㅣ。

【嵃】(언) 霰 ゲン、けわしい steep
산가파를언(ㅣ峭高峻貌)。【西征賦】峻ㅣ峭以繩直。

【嵋】(미) 支 ビ ㄇㄟ mei²
草書 산이름미(峨ㅣ蜀山名)。

【嵆】(혜)『嵇』(次條)와 같음

【嵇】(혜) 齊 ケイ name of a mountain ㄐㄧ chi¹
小篆 草書 ❶산이름혜(中國河南省所在)。❷사람의성혜「ㅣ康(三國魏)」。
〔嵇康:혜강〕(人)三國時代 魏나라 사람。

字는 叔夜。竹林七賢의 한 사람。老莊의 學問을 즐김。〈著書〉養生論。

【嵌】(감) 咸 カン、ふかいたに deed valley ㄑㄧㄢ ch'ien¹ 小篆 草書 ❶깊은골감(ㅣ巖深谷)。【甘泉賦】ㅣ巖巖其龍鱗。❷겉굴감(坎旁孔)。❸깊은산감 (深山ㅣ巉)。

【嵌谷:감곡】 산의 洞窟。山洞。『武元衡』集旅布ㅣㅣ。

【嵌工:감공】 象眼。벽 또는 金·銀이나 나무에 加工하는 職工。

【嵌空:감공】 텅 빈 굴。洞窟。空洞。『朱熹·詩』竅石何ㅣㅣ。「ㅣㅣ」。

【嵌竇:감두】 구멍。空洞。『杜甫』竹竿接

【嵌巖:감암】 굴이 있는 바위。巖穴。『盧照隣』因ㅣㅣ以爲室、就芬芳以列筵。

【嵌然:감연】 山이 벌어져 펼쳐진 모양。『楊雄·甘泉賦·注』ㅣㅣ開張也。

【嵌巉:감참】 山이 벌어지고 험악한 모양。『白居易』ㅣㅣ嵩山峭。

【嵎】(우) 虞 グ、グウ、すみ、くま spur of a mountain ㄩ yu² 小篆 草書 ❶산굽이우(山曲)。【孟子】虎負ㅣ。【支遁詩】息肩棲南ㅣ。❷해돋이우(ㅣ夷日出處)。(『隅』와 通함)

【嵎嵎:우우】 山이 겹쳐 높은 모양。『柳宗元·夢歸賦』山ㅣㅣ以巖立兮。

【嵎夷:우이】 해가 돋는 곳。『書·堯典』宅ㅣㅣ日暘谷。

【嵏】(종) 東 ソウ、そばたつ aloft 小篆 ❶봉우리가 뾰족뾰족할종 (峯聚)。【校獵賦】虎路山ㅣ。❷산 이름종(馮翊山名九ㅣ)。

【嵐】(람) 覃 ラン、あらし rainstorm ㄌㄢ lan² 小篆 草書 ❶아지랑이람 (山氣蒸潤)。「山氣」。【謝靈運西射堂詩】夕曛ㅣ氣陰。❷폭풍람(暴風)。【一切經音義】ㅣ山風也。

【嵐光:남광】 山氣가 김처럼 올라 빛나는 모양。『鄭谷』ㅣㅣ蓮嶽迫。

【嵐氣:남기】 山에 가득찬 안개。山氣。『謝靈運·晩出西射堂詩』夕曛ㅣㅣ陰。

【嵐翠:남취】 푸른 색의 山氣。『白居易』三十六峰晴、雪銷ㅣㅣ生。

【嵔】㊀(위) 尾 ㊁(외) 賄 イ、たかい high ㊀산 구불퉁구불퉁할 위 (山盤曲貌崔ㅣ)。㊁산높을외(山高)。

【嵑】(갈) 曷 カツ、そびえる aloft 草書 산우뚝할갈(特立孤山)。(『碣』과 通함)

【嵬】(외) 賄 ワイ、やまのな mountain ❶산이름외(山名)。❷산높을외(山高貌)。

【嵬選:외선】 우등으로 과거에 급제함。

【嵬瘣:외외】 굴곡이 되어 편하지 못한 모양。『史記·司馬相如傳』嵬磈ㅣㅣ。

【嵒】(암) 咸 ガン いわお rock ㄧㄢ yen² 小篆 ❶바위암(山巖)。【嵇康 琴賦】盤紆隱深崔嵬岑ㅣ。❷산우뚝할 암(嶃ㅣ山高貌)。(『巖』과 通함)

【嵒崿:암악】 ❶연하여 있는 바위의 그늘。『郭璞』碕嶺爲之ㅣㅣ。❷가지가지의 山勢의 모양。

【嵓】(암)『嵒』(前條)과 같음

【十畫】

【嵊】(승) 徑 ショウ、やまのな mountain ㄕㄥ shêng⁴ 산이름승(山名)。

【嵞】(도) 虞 ト、やまのな mountain 小篆 ❶산이름도(山名)。❷『塗』와 通함 ❸『峹』와 같음。

【嵦】(애) 泰 アイ、いただき peak 메봉우리끝애(山尖極端)。

【嵨】(명) 梗 メイ、くらい (of a mountain)dark 산기운어둘명(山氣暗昧)。

【嶏】(비) 紙 ヒ、くずれる crumble 小篆 무너질비(壞也)。

【嵟】(퇴) 灰 賄 タイ、たかい high 小篆 높을퇴(高也)。

【嵣】(당) 陽 トウ、やまのまがり bend of a mountain foot 산굽이당(山隈)。

【嵤】(형) 青 ケイ、おくふかい remote ❶산으슥할형(崄ㅣ山深貌)。❷산가파를형(崢ㅣ山峻貌)。

【嵥】(걸) 屑 ケツ、きわめてたかい loftiest 한없이높을걸(高也無比)。

【嵩】(숭) 東 スウ、とうとぶ high ㄙㄨㄥ sung¹ 小篆 草書 ❶높을숭(高也)。❷산이름숭(山名)。

【嵩高:숭고】 ❶산이 험하고 높음。『詩經』ㅣㅣ維岳、峻極于天。❷《地》산 이름。河南省 登封縣 북 쪽에 있음。五嶽의 하나。中嶽。山에는 三尖峰이 있으며 中은 峻極、東은 太室、西는 少室이라 일컬음。『漢書』翌日親登ㅣㅣ。

【嵩丘:숭구】 =嵩山。『潘岳』前瞻太室、傍眺ㅣㅣ。

嵩岳 (名山圖)

【嵩岫:숭수】 높은 산의 굴。『抱朴子』慕伊川於ㅣㅣ。

【嵩峻:숭준】 높고 험악함。

【嵩呼:숭호】 백성이 임금의 萬歲를 부름。《故》漢의 武帝가 嵩山에서 登封할 때 곳곳에서 만세 소리가 들렸다 함。山呼。『張昱』千人魚貫振ㅣㅣ。

【嵫】(자) 支 シ、けわしい lofty ㄗ tzu¹ 해지는 산이름자(崦ㅣ日入山)。

【嵬】㊀(외) 灰 ㊁(외) 賄 カイ、けわしい aloft ㄨㄟ wei² 小篆 草書 ㊀산뾰족할외(崔ㅣ高貌)。【詩經】陟彼崔ㅣ。㊁산울뚝질뚝할외(嵔ㅣ山高下貌)。【魏都賦】或ㅣ嵔而複陸。

【嵬礧:외괴】 살골짜기가 평탄하지 못한

모양。〔史記·司馬相如傳〕。

【嵬崛:외굴】 산이 빼어나게 불끈 솟아 있음。〔郭璞〕巫廬ㅣㅣ而比嶠。

【嵬岌:외급】 산이 높이 솟은 모양。〔王潤〕百仞登ㅣㅣ。峨。嵬嵬。

【嵬說:외설】 쓸 데 없는 허망한 풍설。〔荀子·正論〕夫是之謂ㅣㅣ。

【嵬巍:외외】 山이 높고 큼。→嵬嶷。〔揚雄〕前殿ㅣㅣ。

【嵬嶷:외의】 높고 큰 모양。〔左思〕其山澤則ㅣㅣ嶢屼。

【嵔】 (괴)『嵬』(前條)와 같음

【嵯】 ㊀(차) 歌 サ、 けわしい lofty ㊁(치) 支 ちㄨㄛ tsʻuo²

(小篆)(草書) ㊀산높을차(ㅣ峨山石貌)。〔唐詩〕稽山罷霧鬱ㅣ峨。㊁산울뚝 질뚝할치(嵾ㅣ山不齊貌)。

【嵯峨:차아】 嵯峩。❶높이 불쑥 솟아 험한 모양。〔玉篇〕嵯、ㅣㅣ、高貌。❷산 이름。陝西省、涇陽縣의 北쪽。一名 嶻嶭山。

【嵯耶:차야】 唐代 南詔의 降舜의 年號。

【嵳】 (차)『嵯』(前條)와 같음

【嵱】 (용) 冬 ヨウ、 やまのみね many-peaked

봉우리 쭝긋쭝긋할용(ㅣ嵷山峯上下衆多貌)。

【嵱嵷:용송】 높고 낮은 봉우리의 수가 많은 모양。〔文選·揚雄·甘泉賦〕陵高衍之ㅣㅣ兮。

【嵲】 (얼) 屑 ケツ、 やまがたかい high

산높을얼(嵽ㅣ山高貌)。

十一畫

【嵸】 ㊀(종) 董 ショウ、ソウ たかい ㊁(송) 腫 aloft

㊀산높을종(巃ㅣ、山高貌)。〔上林賦〕巃ㅣ崔巍。㊁뾰족한 봉우리송(嵱ㅣ山峯貌)。

【嵺】 ㊀(교) 看 リョウ、 そびえる ㊁(료) 蕭 very lofty

㊀산불끈솟을교(山聳貌)。㊁뜻은 ㊀과 같음。

【嵼】 (산) 潸 サン、 まがりくねったやま zigzag

산이 구불퉁구불퉁할산(嵼ㅣ 山屈曲貌)。

【嵺】 (료) 蕭 リョウ、ふかくむない retired and empty

산속이 휑할료(山深空貌)。

【嵽】 ㊀(절) 屑 テツ、 たかい ㊁(제) 霽 high-peaked

㊀산우뚝할절(山突兀貌)。〔西京賦〕直ㅣ嵲以高居。㊁뜻은 ㊀과 같음。

【嵾】 (참) 侵 シン、 ひとしくない unevenly-peaked

산이 울멍줄멍할참(山不齊貌)。(『嵾』과 通함)

【嵾】 (참)『嵾』(前條)과 같음

【嶂】 (장) 漾 ショウ、 みね lofty ㄓㄤ chang⁴

(草書) ❶산봉우리 둘릴장(峯如屛障)。〔沈約詩〕峻嶒起靑ㅣ。❷험하게 연달아 있는 봉우리장(連峯峻貌)。

【嶂密:장밀】 높고 험한 봉우리가 겹침。〔王勃〕葉濃磎淨、花深ㅣㅣ。

【嶂葉:장엽】 높고 험한 봉우리에 있는 나뭇잎。〔王勃〕。

【嶂雲:장운】 높고 험한 봉우리에 덮인 구름。〔錢起〕金鏡逃山魅、霜風破ㅣㅣ。

【嶂遠:장원】 높은 봉우리들이 멀리까지 이어짐。〔水經〕。

【嶂表:장표】 높고 험한 봉우리의 위。〔虞世南〕渺渺地角、悠悠ㅣㅣ。

【嶁】 (루) 有 ロウ、 がけ brow 麌 ㄌㄡ lou³

(草書) ❶산이름루(岣ㅣ衡山峯名)。❷산이 마루(山巓)。

【嶁嶺:누령】 산봉우리。〔後漢書〕。

【嶁山先生:누산선생】 《人》明나라 吳道行의 尊稱。

【嶄】 (참) 咸 ザン、 けわしい steep ㄓㄢ chan³

(草書) ❶산높을참(山高峻貌)。〔丘遲詩〕ㅣ絕峯殊狀。❷산봉우리가 뾰족한 모양참(ㅣ巖尖銳貌)。(『嶃』과 같음)

【嶄嵌:참감】 산이 깊숙한 모양。〔沈約〕寧計路ㅣㅣ。

【嶄壁:참벽】 낭떠러지의 벽。斷崖。絕壁。〔李中〕兩厓ㅣㅣ連天起。

【嶄新:참신】 처음이어서 가장 새로움。

【嶄巖:참암】 산이 뾰족하고 날카로움。〔司馬相如〕ㅣㅣ嵾嵯。

【嶄然:참연】 보통 보다 훨씬 높이 뛰어난 모양。(衆人보다 傑出한 모양)。〔韓愈〕ㅣㅣ見頭角。

【嶄絕:참절】 =嶄崒。〔丘遲〕ㅣㅣ峰殊狀。

【嶄崒:참줄】 산이 높고 험준함。巍絕。〔江淹〕刻劃ㅣㅣ兮。

【嶃】 (참)『嶄』(前條)과 같음

【嶅】 (오) 肴 ゴウ、 いしやま stony mountain

(小篆) ❶산에 돌이 많을오(山多小石)。❷산우뚝할오(山高貌)。(『嶴』와 通함)

【嶅】 (오)『嶅』(前條)와 같음

【嶕】 (표) 篠 ヒョウ、 みね ridge

❶산이마표(山巓)。❷산마루표。

【嶆】 (조) 豪 ソウ、ふかくむなしい retired and empty

산속 휑할조(山深空貌)。

【嶇】 (구) 虞 ク、 けわしい steep ㄑㄩ chʻü¹

(草書) ❶산길 언틀먼틀할구(崎ㅣ山路不平)。〔西征賦〕軌崎ㅣ以低仰。❷산가파를구(山峻)。❸위태로운모양구(峻危貌)。

【嶇嶔:구금】 산의 험한 모양。또는 험한 산。嶇崟。〔王褒〕徒觀其旁山側兮、則ㅣㅣ歸崎。

【嶇路:구로】 험악한 길。〔李群玉〕正穿詰曲崎ㅣㅣ。

【嶇岑:구잠】 산이나 岩石 따위의 험한 모양。〔嵇康〕玄嶺巉巖、岩崿ㅣㅣ。〔注〕善曰、皆山石嶮峻之貌。

【嵺】 (창) 養 ショウ、やまのよりあい close to each other

산이 서로 닿은듯할창(山相摩貌)。

【嶈】 (장) 陽 ショウ、 おおやま great mountain

❶산이 높고 클장(山高貌)。❷물이 마주쳐 산을 울릴장(水激山聲)。

【嶊】 (주) 紙 スイ、 やまのまがり bend of a mountain foot

산굽이주(山隈)。

【嶋】 (도)『島』(山部 7畫)와 같음

【嶌】 (도)『島』(山部 7畫)와 같음

十二畫

【崥】(배) 隊 ハイ、くずれるおと collapsed sound ❶산무너지는소리배(山崩聲)。❷바 위떨어지는 소리배(巖隕聲)。

【巏】(건) 阮 ケン、やまのまがり bend 산굽을건(山曲)。

【㵎】(간) 諫 カン、たにみず water flowing a valley 산골물간(山夾水)。(『澗·磵』과 같음)

【嶝】(동) 東 トウ、はげやま barren mountain 민둥산동(山無木草)。

【嶒】(증) 蒸 ソウ、そばだつ lofty ㄘㄥ ts'êng² 산이언틀먼틀할증(崚—山貌)。

【嶒崚:증릉】『何遜詩』絶壁駕峻—。 산이 높고 몹시 험함。

【嶒嶸:증영】 험하고 높은 모양。『孫綽』陟峭崿之——。

【嘘】(허) 魚 キョ、けわしい steep(本音「거」) 산길험할허(山路峻)。

【嶓】(파) 歌 ハ、やまのな mountain ㄅㄛ po¹ 산이름파(梁州山名)。

【嶔】(금) 侵 キン、そばだつ rise ㄑㄧㄣ ch'in¹ ❶산불끈솟을금(山勢聳立貌)。❷산골어귀금(山開張其口)。『㠢嶂詩』隨山上嶇—。

【嶔嶇:금구】 산이 험악한 모양。嶇嶔。『陳亮』出門畏——。

【嶔崎:금기】 산이 험악한 모양。《轉》世俗에서 벗어나 高潔하여 짐。『王延壽』處嶃巖之——。

【嶔巖:금암】 험악하게 생긴 바위。『公羊傳』之——、是文王之所辟風雨者也。

【嶔崟:금음】 산이 우뚝하게 솟은 모양。『張衡』慕歷阪之——。

【嶔巇:금희】 산이 위험하고 험한 모양。嶔崎。『張衡』——屹嶒。

【嶕】(초) 蕭 ショウ、みね ridge ❶산이마초(山巓)。❷산이우뚝하게 높은모양초(山高貌)。『東都賦』別風—嶢。

【嶕石:초석】 海洋中의 작은 섬을 말함。

【嶕嶢:초요】 산의 지극히 높은 모양。『集韻』嶢、——、山高貌。

【嵲】(집) 緝 シュウ、たかい lofty and remote ❶높고첩첩할집(山高而重疊貌)。❷산이높을첩(山高貌)。

【嶕】(집) 『嵲』(前條)과 같음

【嶘】(잔) 諫 サン、きわたかい aloft 산우뚝할잔(尤高)。『元結閔中岭樂府』大淵蘊蘊兮絶—岌岌。

【嶙】㊀(린) 軫 ㊁(린) 眞 リン、さか sloping ㄌㄧㄣ lin² ㊀산비탈질린(山峻貌)。㊁산층대질린(山節級貌)。

【嶙嶙:인린】 起伏이 있어 평탄하지 않은 모양。『歐陽脩』淺山——、亂石矗矗。

【嶙峋:인순】 ❶斷崖의 몹시 깊은 모양。『揚雄』岭嶒——、洞無厓兮。❷山의 層이 위엄 있게 솟아 오른 모양。

【嶚】(료) 蕭 リョウ、たかい high 높을료(高也)。『魏都賦』劒閣雖—憑之者蹶。(『嵺』와 같음)

【嶛】(료)『嶚』(前條)와 같음

【嶜】(침) 侵 シン、たかくけわしい lofty 산봉우리가 뾰족할침(高銳貌)。『羽獵賦』玉石—崟。

【嶜岑:침잠】 산봉우리가 뾰족하고 험함。『張衡』幽谷——含霜雪。

【嶝】(등) 徑 トウ、さかみち sloping road ㄉㄥ têng⁴ ❶작은비탈등(小坂)。❷산비탈진길등(登陟道)。『蘇軾詩』上山絶梯—。(『磴』과 같음)

【嶞】(타) 哿 ダ、たかい aloft 희리봉타(山小而銳)。

【嶟】(준) 元 ソン、そびえる lofty 산우뚝솟을준(山高貌)。

【嶟嶟:준준】 산이 높게 우뚝 솟은 모양。『揚雄·甘泉賦』橳北極之——。

【嶠】(교) 嘯 キョウ、やまみち mountain path ㄐㄧㄠ chiao⁴ ❶산길교(山逕)。『顏延之詩』山祇蹕—路。❷산쭈뼛할교(山銳而高)。❸산 이름교(山名)。『列子 湯問』渤海之東、其中有五山焉、二曰員—。(『喬』와 通함)

【嶠南:교남】 =嶺南。

【嶠嶼:교서】 바다 가운데에 우뚝 솟은 조그마한 섬。

【嶠嶽:교악】 높은 산。喬嶽。

【嶡】㊀(귀) 霽 ㊁(궐) 月 ケイ、そばだつ aloft ㄐㄩㄝ chueh² ㊀산이불끈솟을귀(山崛起貌)。㊁㊂도마이름궐(俎名)。

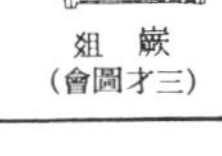
嶡 俎 (三才圖會)

【嶢】(요) 蕭 ギョウ、たかい high ㄧㄠ yao² 높을요(高也)。

【嶢闕:요궐】 높은 문。宮闕의 높은 문。『宋史·樂志』天仗回——。

【嶢崎:요기】 事物의 복잡한 곡절을 일컬음。『朱子語錄』不曾有許多——。

【嶢巖:요암】 높고 험준한 모양。『李白』——汪公柵、突兀陳焦墓。

【嶢嶢:요요】 산이 높은 모양。《轉》志操가 高尙한 모양。『漢書·揚雄傳』直——以造天兮。

【嶢崢:요쟁】 높은 모양。산이 높음。『張衡』蹈玉階之——。

十三畫

【巉】(첨) 鹽 セン、みね ridge ❶봉우리첨(山峯)。❷산비탈첨(山阪)。

【嶨】(학) 覺 カク、いわのおおいやま rocky 산에바위많을학(山多石)。

【嶧】(역) 陌 エキ、つらなるみね range of mountain ㄧˋ i⁴ ❶산이름역(鄒—山)。「山東省兗州府所在」。❷연달아있는산역(連山)。(『繹』과 通함)

【嶧山刻石：역산각석】 秦始皇이 일찌기 嶧山에 올라, 秦의 功德을 돌「碑」에 새김。『史記·秦始皇記』。

【嶪】 (업) 葉 ギョウ、けわしい high and steep
산이 높고 웅장할업(高壯貌)。『杜甫詩』岌ㅡ土囊口。

【嶪岌：업급】 산의 높고 험한 모양。《轉》意氣 旺盛함。

【嶪峨：업아】 높고 큰 모양。『韓愈』。

【嶪嶪：업업】 산의 높고 험한 모양。『何晏』峩峩ㅡㅡ、罔識所屆。

【嶬】 (의) 紙 ギ、けわしい lofty
❶산깍아지른듯할의(山峯嶮巖)。『靈光殿賦』上崎ㅡ而重注。

【嶉】 (최) 賄 サイ、けわしい steep
❶험준할최(險峻貌)。❷높을최(高貌)。

【嶭】 ㊀(알) 曷 ゲツ、けわしい ㊁(얼) 屑 steep
㊀산가파를알(山高峻貌)。『上林賦』九峻巀ㅡ。㊁뜻은 ㊀과 같음。

【嶮】 (험) 琰 ケン、けわしい steep ㄒㄧㄢˇ hsien³
산가파를험(高峻貌)。『嵇康琴賦』丹崖ㅡ巇青壁萬尋。

【嶮介：험개】 가파르고 험준함。『郭璞』壯天地之ㅡㅡ。

【嶮路：험로】 험준한 길。

【嶮惡：험악】 험하고 나쁨。

【嶮隘：험애】 지형 따위가 험하고 좁음。『楚辭』路幽昧以ㅡㅡ。

【嶮岨：험조】 험준함。(岨는 難)。

【嶮峻：험준】 험하고 가파름。險峻。

【嶮巘：험헌】 산이 높고 가파른 모양。『嵇康』丹崖ㅡㅡ。

【嶮巇：험희】 위태롭고 험준함。

【嶰】 (해) 蟹 カイ、ケ、たに gorge ㄒㄧㄝˋ hsieh⁴
❶골이름해(곤륜산「崑崙山」의 北쪽에 있는 골(谷)이름)。❷골짝사이해(山澗)。

【嶰澗：해간】 골짜기와 골짜기의 사이。『左思』。

【嶰谿：해계】 =嶰谷①。『呂覽·古樂』。

【嶰谷：해곡】 ❶崑崙의 북쪽 골짜기。解谿。『說苑』取竹於ㅡㅡ。❷淸나라 馬曰琯의 號。

【嶰壑：해학】 깊고 평탄한 모양。산 줄기가 부드럽게서로 잇달아 있는 모양。『馬融·笛賦』。

【嶱】 (갈) 曷 カツ、いしがたかく けわしい (of a stone) high
돌우뚝할갈(石高)。

【嶲】 (쉬) 紙 スイ ㄙㄨㄟˇ suei³
고을이름쉬(地名)。

十四畫

【嶷】 ㊀(의) 支 ギ、ぬきんでる precocity ㊁(억) 職 ㄧˊ i²
㊀산이름의(九ㅡ山名)。「湖南省永州府所在」。(『疑』와 通함) ㊁❶숙성할억「아이가 영리(伶俐)한것」。『詩經 大雅生民』克岐克ㅡ。❷높을억(高也)。『史記帝嚳紀』其德ㅡㅡ。

【嶷岌：의급】 높은 모양。岌嶷。『杜甫』洞宮儼以ㅡㅡ。

【嶷立：의립】 높이 우뚝 선 모양。『儀禮』婦ㅡㅡ于席西。

【嶷然：의연】 뛰어나게 높이 빼어남。『晉書·江統傳』。

【嶷嶷：의의】 ❶德이 높은 모양。『史記·五帝紀』其德ㅡㅡ。❷어린 아이의 지혜가 영리함。『詩·生民·克岐克嶷·箋』其貌ㅡㅡ然、有所識別也。

【嶺】 (령) 梗 レイ、みね、とうげ ridge ㄌㄧㄥˇ ling³
❶고개령、재령(山肩通路)。❷산길 령。❸산봉우리령(山峯)。(『領』과 통함)

【嶺曲：영곡】 嶺南 지방에서 나는 曲蔘。

【嶺南：영남】 《地》❶五嶺 남 쪽의 땅。廣東·廣西 兩廣의 땅。嶺表。❷三南의 하나。鳥嶺의 남 쪽。곧 慶尙南北道。嶠南。

【嶺南歌：영남가】 歌辭。李朝 宣朝 때 朴仁老 지음。嶺南巡察使 李謹元이 善政함을 보고 읊은 것。

【嶺東：영동】 江原道 大關嶺 동 쪽의 땅。

【嶺東八景：영동팔경】 =關東八景。

【嶺木：영목】 嶺南에서 나는 무명。

【嶺上：영상】 고개 위。산 위。영마루。『陶弘景』山中何所有、ㅡㅡ多白雲。

【嶺西：영서】 江原道 大關嶺 서쪽의 땅。

【嶺扇：영선】 嶺南 지방에서 나오는 부채를 말함。

【嶺樹：영수】 산 꼭대기의 나무。『張九齡』月明看ㅡㅡ、風靜聽溪流。

【嶺儒：영유】 嶺南 지방의 선비。

【嶺岑：영잠】 산봉우리。嶺嶂·山峰。『蘇軾』小巢依ㅡㅡ。

【嶺嶂：영장】 산봉우리。嶺岑。山峰。『宋之問』ㅡㅡ窮攀越、

【嶺底：영저】 높은 고개의 아래 기슭。

【嶺紙：영지】 慶尙道에서 나는 종이。

【嶺直：영직】 慶尙道에서 나는 直蔘。

【嶺版：영판】 嶺南에서 출판된 책。

【嶺表：영표】 =嶺南①。

【嶸】 ㊀(영) 庚 エイ、たかい lofty ㊁(횡) 庚 ㄖㄨㄥˊ jung²
산높을영(山峻貌)。『西都賦』金石崢ㅡ。㊁뜻은 ㊀과 같음。

【巀】 ㊀(찰) 曷 サツ、セツ、けわしい steep ㊁(절) 屑
㊀산가파를찰(山高峻貌)。『上林賦』九嵏ㅡ嶭。㊁비탈절(山阪)。

【嶼】 (서) 語 ショ、しま island ㄩˇ yü³
섬서、뭍의섬서(陸島)。「水中에 있는 작은 山、또는 洲」。「島ㅡ(島는大、ㅡ는小)」。

【嶽】 (악) 覺 ガク、たけ great mountain ㄩㄝˋ yüeh⁴
❶큰산악(山宗)。「五ㅡ」。❷엄하고 위엄있는모양악。『漢書 朱雲傳』五鹿ㅡ 朱雲折其角。(『岳』에 通함)

【嶽降：악강】 貴人의 탄생。『詩經』維ㅡ神、生甫及申。

【嶽公：악공】 丈人의 尊稱。嶽丈。

【嶽崇海豁：악숭해활】 산과 같이 높고 바다와 같이 넓음。

【嶽嶽：악악】 뽐내는 모양。모가 나고 엄한 모양。『漢書·朱雲傳』五鹿ㅡㅡ、朱雲折其角。

【嶽丈：악장】 아내의 아버지。岳父。『黃晉』俗呼人之婦翁、曰ㅡㅡ、曰泰山。

【嶾】(은) 吻 イン、けわしい steep
산가파를은(山峻貌)。

十五畫

【巀】(찰) 曷 サツ、たかくけわしい lofty and steep
小篆 ❶산높고 가파를찰(高峻貌)。❷산이름찰(山名)。

【巁】㊀(례) 霽 レイ、たかい lofty
㊁(렬) 屑
小篆 ㊀산높을례(巍高)。㊁산높을렬(巍高)。

【巄】(뢰) 賄 ライ、けわしい rugged
울퉁불퉁할뢰(山高下貌)。【魏都賦】或ㅣ嵬而複陸。

十六畫

【巃】(롱) 東 ロウ、けわしい steep
산가파를롱(山峻貌)。【上林賦】崇山巃巃ㅣ嵸崔巍。

【巆】(회) 佳 カイ、けわしい precipitous-valleyed
산골험할회(山谷嶮貌)。

十七畫

【巆】(형) 庚 コウ、やまがふかい remote
산골으슥할형(山深貌)。

【巉】(참) 咸 ザン、けわしい lofty ㄔㄢˊ ch'an²
草書 ❶높을참(高也)。❷산깎아지른듯할참(山嶮絶如削)。【高唐賦】登ㅣ巖而下望兮。(『嶄·嶃』과 같음)

【巉巖:참암】 바위가 높고 위태함。【楚辭】登ㅣㅣ而下望兮。

【巉巉:참참】 산이 높고 험한 모양。【岑參】凛凛三伏寒、ㅣㅣ五丁迹。

【巉峭:참초】 산이 깎아지른 듯이 가파르고 험함。【唐書】左右ㅣㅣ。

【巇】(희) 支 ギ、あやうい dangerous ㄒㄧ hsi¹
草書 ❶산가파를희(山危險貌)。【張九齡詩】經途避嶮ㅣ。❷틈희(釁隙)。【揚子法言】ㅣ可抵乎。

【巏】(건) 銑 ケン、まがりくねり zigzag
산구불구불할건(山屈曲貌)。(『蹇』과 通함)

【巊】(영) 梗 エイ、やまがふかい gloomy ; dark
산기운어둠침침할영(山氣暗昧)。

【巋】㊀(규) 支 キ、たかい aloft
㊁(규) 眞 ㄎㄨㄟ k'uei¹
草書 ㊀가파를규(高峻貌)。㊁산오뚝할규(ㅣ然獨貌)。【莊子】ㅣ然有餘。

【巋崎:규기】 산이 험하고 길게 이어진 모양。【王褒】徒觀其旁山側兮、則嶇嶔ㅣㅣ。

【巋焉:규언】 홀로 우뚝 서 있는 모양。높고 큰 모양。【蘇軾】龍山之陽、ㅣㅣ新宮、匪私於錢、唯以勸忠。

【巋然:규연】 ❶높고 크고 堅固한 모양。【爾雅】按釋文、ㅣㅣ、高峻貌。❷獨立自足하는 모양。【莊子】ㅣㅣ而有餘。【注】獨立自足之謂。

【巋巍:규외】 산이 홀로 높고 크게 서 있는 모양。【雲南山川志】條岡百里、ㅣㅣ十峯、上揷雲漢、下臨麗水。

十八畫

【巖】(암)『巖』(20畫 山部)과 같음

【巍】(외) 微 ギ、たかい high ㄨㄟˊ wei² (本音「위」)
小篆 草書 ❶높을외(高峻貌)。【論語】ㅣㅣ乎唯天爲大唯堯則之。❷높고큰모양외(高大貌)。【論語泰伯】ㅣㅣ乎、舜禹之有天下也。

【巍峨:외아】 높은 산이 우뚝하게 솟은 모양。嵯峨。

【巍然:외연】 ❶산이나 건축물 따위가 매우 높게 솟아 있는 모양。❷인격이 특히 뛰어난 모양。

【巍巍:외외】 산이 높고 크고 웅장함。홀로 서 있는 모양。【語語】ㅣㅣ乎唯天爲大。

【巍勳:외훈】 높은 훈공。

【巎】(송) 腫 ショウ、みねがそびえたつ high-peaked
산봉우리가 우뚝할송(山峰峻貌)。【杜甫】風御冉以縱ㅣ。

十九畫

【巑】(찬) 寒 サン、つらなる range of mountain
草書 ❶산쭝긋쭝긋할찬(竦列貌)。【高唐賦】盤岸ㅣ岏。❷산이 연달아 있는 모양찬(山連貌)。【楚辭 九歎】登ㅣ岏以長企兮。

【巑岏:찬완】 높은 모양。【楚辭】登ㅣㅣ以長企兮。

【巒】(만) 寒 ラン、みね peak ㄌㄨㄢˊ luan² (本音「란」)
小篆 草書 ❶산봉우리만(山圓峯)。❷작고뾰족한산만(山小而鋭)。【楚辭】登石ㅣ而遠望兮。❸산둘러있을만。

【巒岡:만강】 언덕。【孫樵】繚ㅣㅣ而四崇。

【巒峰:만봉】 산봉우리。여러 산。峰巒。

【巒巘:만헌】 산봉우리。(巘은 峰)。

【巓】(전) 先 テン、いただき top ㄉㄧㄢ tien¹
草書 산꼭대기전(山頂)。【謝惠運詩】縱巒萬尋ㅣ。【詩經】采苓采苓首陽之ㅣ。(『顚』에 通함)

【巓倒:전도】 顚倒。【枚乘】。

【巓末:전말】 顚末。

【巓越:전월】 떨어짐。(巓은 殞。越은 墜)。

【巖一:전일】 한결같음。

【巕】(미) 紙 ヒ、けわしい steep
❶산모양미(山貌)。❷산험할미(山嶮峻貌)。

二十畫

【巖】㊀(암) 咸 ガン、ゲン、いわお rock
㊁(엄) 鹽 ㄧㄢˊ yen²
小篆 草書 ㊀❶바위암(石窟)。❷험할암(險也)。【左傳】制ㅣ邑也。❸산가파를암(高峻貌)。【上林賦】嶄ㅣ嵾嵯。❹대궐곁채암(ㅣ廊殿廡)。【漢書】虞舜之時遊於ㅣ廊之上。㊁높을엄(高貌)。【詩經】泰山ㅣㅣ。(『岩』과 같음)

【巖角:암각】 모가 난 바위。

【巖居:암거】 깊은 산속에 살음。俗界를 피하여 山野에 隱居함。巖處。【杜牧】白雲深處有ㅣㅣ。

【巖扃:암경】 巖石에 의해서 만들어진 문。巖扉。【杜甫·橋陵詩】好鳥鳴ㅣㅣ。

【巖窟:암굴】 바위의 굴。巖穴。【薛據】

鍊㷰在——。 「撩——。

【巖根:암근】 바위의 뿌리。『沈約』或結

【巖洞:암동】 바위의 굴。 洞窟。

【巖竇:암두】 바위의 구멍。 巖穴。『元好問』竇焰出——。

【巖廊:암랑】 宮殿 옆에 있는 월랑(廂)。《轉》宮殿을 이름。『漢書·董仲舒傳』虞舜之時、遊於——之上。

【巖溜:암류】 바위에서 떨어지는 물방울。『劉禹錫』幽響滴——。

【巖盤:암반】 ❶바위로 이루어진 땅바닥。 ❷봅시 굳은 바닥을 이르는 비유。

【巖壁:암벽】 깎아 지른 듯이 험하게 솟아 있는 바위。 벽 모양으로 높이 솟은 바위。 絶壁。

【巖山:암산】 바위가 많은 산。 鋸山。

【巖棲:암서】 바위에 살음。《喩》세상을 피하여 숨음。 巖栖。『禽經』山鳥——。

【巖石:암석】 바위。

【巖石層:암석층】 《地》암석으로 이루어진 지층。

【巖岫:암수】 바위굴。 巖穴。 石窟。『沈約』——杳無窮。

【巖巖:암암】 돌이 높게 겹쳐 위험한 모양。『詩·節南山』節彼南山、維石——。

【巖鹽:암염】 《鑛》지하에서 천연으로 산출되는 염화 나트륨의 결정으로 무색·투명 또는 백색의 고체。 石鹽。

【巖漿:암장】 깊은 땅 속에서 지열로 말미암아 熔融 상태로 있는 造岩 물질。

【巖牆:암장】 높고 위험한 牆壁。『孟子』知命者、不立于——之下。

【巖嶂:암장】 암석의 봉우리。 험준한 산。『水經·註』——峻嶮。

【巖泉:암천】 바위에서 솟아나는 샘。

【巖築:암축】 ❶담장이나 城壁을 쌓는 工事。 ❷傅說이 巖築에 從事한 것을 이름。『後漢書·郅惲傳』高宗禮傅說於——、桓公取管仲於射鉤、故能立弘烈、就元勳。

【巖罅:암하】 바위가 갈라진 틈。

【巖壑:암학】 바위와 골。 谷川。

【巖穴:암혈】 ❶바위의 굴。『莊子』豊狐文狸棲於山林、伏於——靜也。 ❷巖穴之士의 略。《轉》속세를 벗어나 山中에 사는 선비。『史記·伯夷傳』——之士趣、舍有時。

【巖紅葉:암홍엽】 《植》돌단풍。

【巗】 (암) 『巖』(前條)과 같음

【巘】 (헌) 阮 ケン、みね peak ㄧㄢˇ yen^3 (本音은「언」)

草書 ❶시루봉헌(山形如甑)。 ❷봉우리헌(峯也)。『南都賦』坂抵巀嶭而成—。

【巘崿:헌악】 산봉우리의 낭떠러지。『謝靈運』連嶂疊——。

【巘巘:헌헌】 높고 험한 모양。『韓愈·南山詩』。

二十一畫

【巙】 (얼) 屑 ゲツ、はなれやま be separated

산따로떨어질얼(山斷絶貌峭—)。

二十四畫

【巚】 (령) 青 レイ、やまがふかい deep

산깊을령(山深貌)。

二十九畫

【巙】 (울) 物 ウツ、かすみかかる foggy

❶산에연기낄울(山烟掩貌)。 ❷산에안개자욱할울(山霞掩貌)。

巛 部

【巛】 (천) 『川』(次條)과 같음

【巜】 (견) 銑 ケン、こみぞ ditch ㄑㄩㄢˇ ch'üan^3

小篆 古文 籀文 도랑견(溝也)。

【巜】 (괴) 泰 カイ、おおみぞ large ditch ㄎㄨㄞˋ k'uai^4

小篆 큰도랑괴(大溝也)。

【川】 (천) 先 セン、かわ stream ㄔㄨㄢ ch'uan^1

小篆 草書 ❶내천(通流水)。『書經』濬高山大—。 ❷굴천(坑也)。

【川渠:천거】 물의 근원이 멀지 않은 내。

【川渠漲溢:천거창일】 큰 비로 냇물이 벌창하여 밖으로 넘침。

【川谷:천곡】 내와 골짜기。 하천과 계곡。

【川芎:천궁】 《植》풀 이름。 천궁이·궁궁이의 뿌리。 성질이 따뜻하고 맛이 시며、혈액 순환을 돕는 약재로 쓰임。

【川獵:천렵】 냇물에서 고기잡이를 함。

【川流:천류】 ❶냇물의 흐름。 河流。 ❷물의 흐름이 끊어지지 않음。『後漢書』處士山積、學者——。 ❸脈絡을 통해서 분명함。『中庸』小德——、大德敦化。

【川防:천방】 냇둑。

【川邊:천변】 냇가。

【川魚:천어】 냇물에서 사는 물고기。 민물 고기。

【川烏頭:천오두】 《植》中國 四川省에서 나는 오두의 처음 생긴 원 뿌리。 附子와 거의 비슷한 성질을 가져、약재로 씀。

【川原:천원】 ❶河川 流域의 原野。 ❷내와 高原。 ❸냇물이 말라서 沙石이 있는 곳。『詩經·疏』中國——、以百數。

【川資:천자】 여행의 비용。 旅費。

【川奠:천전】 내에서 잡히는 물고기。『周禮·川衡』祭祀賓客共——。

【川澤:천택】 내와 못。

【川何辜爲盲故:천하고 위맹고】 《國》소경이 개천 탓함。《喩》자기의 잘못은 생각지 않고 남을 원망한다는 뜻。『青莊館全書』。

◎大—、山—、河—。

三 畫

【巤】 (렬) 屑 レツ、みずのながれ flow

小篆 물흐를렬(水流貌)。

【州】 (주) 尤 シュウ、ス、さと、くに country ㄓㄡ chou^1

小篆 古文 草書 ❶고을주(郡縣)。 ❷주주(行政區劃名)。 ❸섬주(水中可居)。(『洲』와 通함)

【州國:주국】 나라。 國土。『晋書』割裂——、分王子弟。

【州閭:주려】 마을。 鄕黨。 鄕里。 村落。 州巷。『禮記』——鄕黨、稱其孝。

【州里:주리】 마을。 州는 二、五〇〇 戶、里는 二五戶임。『論語』雖——行乎哉。

【州牧:주목】 《制》州의 牧使。 지금의 道知事 따위。『書經』外有——侯伯。

【州治:주치】 州의 行政廳이 있는 곳。

【州縣:주현】 ❶하나의 州와 하나의 縣의 뜻으로 지방을 일컬음。 지금의 市·道·郡 따위。 ❷州와 縣。 →州郡。

【州胡國:주호국】 《歷》濟州道의 옛 이름。 後漢書에는 馬韓의 西海 島上에 州胡國이 있는데 거기에 사는 사람은 短小하고 머리는 깎고 韋衣를 입었으며、上衣는 있으나 下衣가 없고、牛豕를 기르며 배를 타고 往來하며 韓·中에 貨市한다 하였음。

四 畫

【巠】 小篆 古文 (경) 迥 ケイ、ちかすい water-course 물줄기경(水脈)。

【[illegible]】 小篆 一(일) 質 イツ、ながれる flow 二(견) 銑 一물흐를일(水流)。二뜻은 一과 같음。

【巡】 小篆 草書 (순) 眞 ジュン、めぐる patrol; circulate ㄒㄩㄣˊ hsün² ❶돌순(徊也)。❷순행할순(視行)。❸돌며살필순。【書經】五載一ㅣ守。❹두루순(徧也)。【左傳】楚師分涉于彭羅人欲伐之使伯嘉諜之三ㅣ數之。❺굽신거릴순(却退貌)。

【巡講：순강】 여러 곳으로 돌아 다니며 강의나 강연을 함。그 강의나 강연。

【巡檢：순검】 ❶순찰하여 검사함。『北史』ㅣㅣ河北。❷《制》李朝末 內部 警務廳에 속한 警吏。지금의 순경과 같음。

【巡警：순경】 ❶돌아 다니며 경계함。『宋史』此夕ㅣㅣ甚困。❷《法》경찰관의 최하 계급。警査의 아래。五級 공무원。

【巡更：순경】 밤에 도둑·火災 등을 경계하기 위하여 돌아 다님。

【巡邏：순라】 순찰하며 경계함。巡察。巡檢。

【巡邏軍：순라군】 《制》도둑과 화재를 경계하기 위하여 都城안의 통행을 금지시키고 순행하던 군졸。 「巡見。

【巡覽：순람】 四方으로 돌아 다니며 봄。

【巡歷：순력】 ❶각처로 돌아다니며 구경함。❷監司가 맡아 다스리는 道內의 각 고을을 돌아다니던 일。

【巡禮：순례】 《宗》종교의 발생지、本山의 所在地、聖人의 墓、居住地 등을 종교적인 목적으로 차례로 방문하여 참배함。

【巡撫：순무】 각처로 巡廻하면서 백성들을 慰撫함。『晋書』ㅣㅣ荆揚。

【巡撫使：순무사】 《制》❶高麗 忠烈王 二년에 按撫使의 고친 이름。백성의 疾苦와 守令의 근무 성적을 살피던 外官職。❷李朝 때 戰時의 군무를 맡아 보던 벼슬。巡撫大將。

【巡房：순방】 여러 방을 돌아 다니며 보살피며 순시함。

【巡杯：순배】 술잔을 돌림。酒巡。

【巡省：순성】 돌아다니며 두루 살핌。시찰함。巡視。巡察。『魏志』車駕ㅣㅣ洛陽。

【巡城：순성】 ❶성을 순회하며 경계함。❷성을 돌아다니며 구경함。

【巡守：순수】 임금이 나라 안을 巡行하는 길。巡狩。巡幸。『書經』五載一ㅣㅣ。

【巡狩碑：순수비】 《歷》임금이 巡狩한 곳을 기념하여 세워 둔 비석。남아 있는 것으로는、新羅 眞興王의 순수비가 慶尙南道 昌寧郡의 昌寧과 서울의 北漢山과 咸南 咸興郡의 黃草嶺과 咸南 利原郡의 摩雲嶺 등지에 있음。

【巡視：순시】 ❶돌아 다니며 시찰함。살핌。巡覽。巡按。『宋史』春秋ㅣㅣ、書其數。❷돌아다니며 순시하는 사람。

【巡按：순안】 巡行하며 안찰함。돌아다니며 民情을 보살핌。巡視。巡察。『唐書』詔親ㅣㅣ隴右。

【巡洋艦：순양함】 高速으로 航續力이 크며 排水量이 많은 군함。重巡洋艦·輕巡洋艦·大巡洋艦의 三종으로 구분함。

【巡業：순업】 여러 곳으로 돌아 다니며 연극 같은 것을 興行함。

【巡遊：순유】 여러 곳에 돌아 다니며 놀음。周遊。廻遊。『羅鄴』太平天子昔ㅣㅣ。

【巡靖：순정】 돌아 다니며 人心을 보살피며 편안히 함。

【巡察：순찰】 =巡按。『北史』遣侍臣ㅣㅣ。

【巡察使：순찰사】 《制》임시로 임명한 官職으로、諸國을 순시하며 정치·민정을 살피던 官吏。『唐書·百官志』。

【巡察函：순찰함】 요소요소의 벽이나 담에 달아 놓고 순찰의 표시를 하는 상자。

【巡哨：순초】 돌아다니며 적의 정세를 살핌。巡察。

【巡哨軍：순초군】 돌아다니면서 적의 정세를 살피고 염탐해 내는 군사。

【巡航：순항】 배를 타고 두루 다님。

【巡行：순행】 여러 곳으로 돌아다님。

【巡幸：순행】 =巡守。巡狩。『唐書』慮ㅣ所過囚。

【巡廻：순회】 여러 곳으로 돌아다님。

八畫

【巢】 小篆 草書 (소) 肴 ソウ、す nest ㄔㄠˊ ch'ao² (古音「초」) ❶새집소(鳥棲)。❷집지을소。『莊子逍遙遊』鷦ㅣ林、不過一枝。❸새보금자리소。『詩經』維鵲有ㅣ維鳩居之。❹적진 망보는 높은 수레소(轈車)。❺도둑굴소(賊窟)。❻큰피리소(大笙)。❼채소이름소(菜名)。

【巢車：소거】 수레에 望樓를 설치하여 적의 동정을 살필 수 있게 만든 兵車。『左傳·成·十六』楚子登ㅣㅣ、以望晋軍。

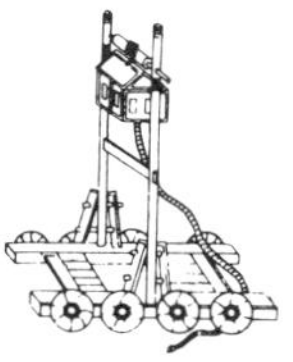

巢車(武備志)

【巢居：소거】 새의 보금자리 처럼 나무위에 집을 얽음。또는 얽어 살음。巖棲。『莊子』民皆ㅣㅣ避之。

【巢窟：소굴】 ❶나무 위에 집을 얽고 사는 것과 땅에 굴을 파고 사는 것。巢穴。『南史·謝瀹傳』君ㅣㅣ在何處。❷도둑·악한의 무리가 자리잡고 사는 곳。

【巢林一枝：소림일지】 조그만 집。小家。『莊子』鷦鷯巢於深林、不過一枝。

【巢蜜：소밀】 개꿀。

【巢父：소부】 《人》堯 때의 高士의 이름。俗世를 떠나 나무 위에서 살았기 때문에 이 이름이 생겼음。堯 임금이 天下를 맡기고자 하여도 받지 않았음。『潛夫論』ㅣ木棲而自願。

【巢穴：소혈】 =巢窟。『後漢書』不能隱處ㅣㅣ。

◎古ㅣ、卵ㅣ、蜂ㅣ、燕ㅣ。

【巣】 (소) 『巢』(前條)의 略字

【[illegible]】 小篆 (익) 職 ヨク、ながれる flow 흐를익(流也)。

十二畫

【巤】 小篆 (렵) 葉 リョウ、たてがみ mane ❶목갈기렵(毛ㅣ)。❷근본렵(根本)。❸쥐털렵(鼠髮)。

工 部

【工】 小篆 古文 草書 (공) 東 コウ、ク、たくみ、さいく artisan ㄍㄨㄥ kung¹ ❶공교할공(巧也)。❷장인공、공장공(匠也)。『詩經』ㅣ祝致告。『禮記』天子之六ㅣ、曰土ㅣ、金ㅣ、石ㅣ、木ㅣ、獸ㅣ、草ㅣ。❸벼슬공(官也)。『書經』允釐百ㅣ。❹만들공(製作)。

【工課:공과】 공부하는 과정。

【工科:공과】 大學의 한 分科。 工學에 관한 학문을 연구하는 과정。 土木·電氣·機械·造船 등의 학과가 있음。

【工科大學:공과대학】 工學에 관한 전문적인 학문을 연구하는 대학。

【工具:공구】 공작에 쓰이는 작은 기구의 총칭。 道具。 器具。

【工區:공구】 공사를 하고 있는 구역。

【工女:공녀】 공장에서 일하는 여자。 職工。 女工。 『史記』 ㅣㅣ下機。

【工力:공력】 ❶工夫의 힘。 물건을 만드는 역량。 『全唐詩話』 二詩ㅣㅣ悉敵。 ❷만드는 人夫。 『北史』 給其ㅣㅣ。

【工率:공률】 ❶기계가 단위 시간 안에 하는 일의 능률。 ❷작업이 진행되는 율。

【工務局:공무국】 《制》 ❶光武 一〇년으로부터 隆熙 二년까지 있던 農商工部의 한 局。 ❷공장에서 생산 작업에 관한 사무를 맡아 다스리는 局。

【工房:공방】 ❶工事 擔當者。 工事현장。 ❷《制》 工典에 관한 사무를 맡아보던 承政院의 六房의 하나。 工典에 관한 사무를 맡던 중앙·지방 관청의 六房의 하나。 胥吏·鄕吏가 이곳에서 사무를 봄。

【工兵:공병】 工兵隊에 딸린 병정。 築城·渡河 등 기술적 임무에 종사하는 병과。

【工兵隊:공병대】 군사상의 토목·건축 기타 작전상의 공사를 맡아 보는 군대。

【工夫:공부】 ❶학문 기술을 배움。 배운 것을 연습함。 『晉書』 ㅣㅣ萬計。 ❷土建工事에 쓰이는 人夫。 ❸《中》여가。 틈。

【工費:공비】 工事에 드는 費用。

【工事:공사】 공장이나 토목·건축 등에 관한 役事。

【工事場:공사장】 공사를 하고 있는 곳。

【工商:공상】 공업과 상업。 匠色과 상인。

【工船:공선】 잡은 생선을 배에서 직접 통조림·魚油 따위로 가공하는 漁船。

【工業:공업】 자연물、 또는 粗製品에 人工을 가하여 原形을 변경하여 보다 有用한 것으로 만드는 生産業。

【工業家:공업가】 공업에 종사하여 그 방면에서 일하는 사람。

【工業界:공업계】 공업 분야의 사회。

【工業都市:공업도시】 시민의 생업이 주로 공업에 속하는 도시。

【工業衛生:공업위생】 공업에 종사하는 사람들에 대한 위생。

【工業政策:공업정책】 국가 또는 공공단체가 공업의 건전한 진보를 꾀하는 정책。 기술·기업 장려·노동 문제 등이 그 주요한 과제임。

【工業地帶:공업지대】 공업이 성하여 공장이 많이 서 있는 지역。

【工業學校:공업학교】 공업에 종사하려는 사람에게 공업에 관한 지식과 기능을 가르치는 실업 학교。

【工業化:공업화】 산업 구성의 중점이 농업 광업 같은 원시 산업에서 가공 산업으로 이행하고 제조 공업이 발달하는 현상。

【工役:공역】 토목 건축의 일。

【工藝:공예】 물건을 만드는 재주와 기술。

【工藝家:공예가】 공예에 대한 기술과 지식을 가진 사람。

【工藝美術:공예미술】 ❶어떤 재료를 써서 공예품을 만드는 기술적 활동。 ❷공예품을 위한 미술。

【工藝作物:공예작물】 직접 사용되지 않고 비교적 많이 가공한 뒤에 비로소 쓰이는 삼·담배 따위의 작물。

【工藝品:공예품】 예술적 가치가 있게 만든 공작품。

【工藝學:공예학】 공예에 관한 이론과 실제를 연구하는 학문。

【工銀:공은】 품값。 賃金。 工錢。 工賃。

【工人:공인】 ❶職工과 노동자。 ❷工匠。

【工作:공작】 ❶물건을 만들음。 일을 계획하여 경영함。 『宋史』 詔罷內外ㅣㅣ。 ❷方策과 수단을 꾸밈。 즉 政治工作 같은 것임。 ❸《制》工曹·軍器寺·尙衣院·繕工監들의 從九品의 雜職。 「나 대원。

【工作隊:공작대】 일을 공작하는 부대。

【工作物:공작물】 건축물 따위와 같이 人工을 가하여 만든 모든 물건。

【工匠:공장】 ❶물건을 만드는 것을 業으로 삼는 사람의 總稱。 匠色。 『遼史』 太平五年禁ㅣㅣ、 不得銷毁金銀器。 ❷손재주로 벌어먹는 사람。

【工場:공장】 다수의 노동자가 협력하면서 물건을 만들거나 가공하는 곳。

【工場管理:공장관리】 ❶공장을 관리하는 일。 ❷노동 쟁의로 공장을 점령한 노동자의 손으로 공장을 관리 경영하는 일。

【工場勞動者:공장노동자】 기업가와 고용 관계를 맺고、 공장에서 작업을 하는 임금 노동자。 공장 근로자。

【工場組織:공장조직】 작업을 합리적으로 하기 위하여 만든 공장의 조직。

【工場閉鎖:공장폐쇄】 기업가가 사업을 중지하고 노동자를 해고함。

【工典:공전】 《制》李朝 때 六典의 하나。

【工錢:공전】 물건을 만든 데 대한 품삯。 工價。

【工程:공정】 ❶공부하는 정도。 ❷작업의 정도 또는 분량。 ❸《物》工率。

【工拙:공졸】 技巧가 능란함과 서투름。

【工遲:공지】 技巧가 훌륭하지만 속도가 느림。 『舊唐書』 兵尙拙速、 不聞ㅣㅣ。

【工廠:공창】 공장과 같음。 鐵工物을 만드는 공장。

【工緻:공치】 기술이 공교하고 치밀함。 巧妙緻密。 巧緻。 『洛陽名園記』。 「학문。

【工學:공학】 공업에 관한 것을 연구하는

【工學部:공학부】 대학에서 공학에 관한 학문을 전공하는 부문。

◎加ㅣ、 金ㅣ、 技ㅣ、 起ㅣ、 男ㅣ、 大ㅣ、 陶ㅣ、 刀ㅣ、 名ㅣ、 木ㅣ、 百ㅣ、 沙ㅣ、 石ㅣ、 旋ㅣ、 細ㅣ、 手ㅣ、 良ㅣ、 女ㅣ、 人ㅣ、 竣ㅣ、 職ㅣ、 着ㅣ、 天ㅣ、 賤ㅣ、 漆ㅣ、 針ㅣ、 土ㅣ、 靴ㅣ、 畫ㅣ。

二畫

【左】

㊀(좌) 哿 サ、 ひだり
㊁(좌) 箇 ㄗㄨㄛˇ left tsuo³

 小篆 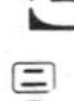 草書

㊀ ❶왼쪽 왼좌(右之對)。 ❷왼쪽갈좌(左行)。 『十八史略』 欲ㅣㅣ。 ❸그를좌、 어긋날좌(反也)。 『左傳 襄公十年』 天子所右寡君亦右之、 所ㅣ亦ㅣ之。 ❹심술 궂을좌、 패리좌(悖理)。 「ㅣ遷」。 「ㅣ道」。 ❺물리칠좌(黜也)。 ❻증거할좌(證也)。 『左傳』 ㅣ驗明白。 ㊁ 도울좌(助也)。 (『佐』와 通함)

【左降:좌강】 官等을 낮춤。 左遷。 『北夢瑣言』。 李德裕ㅣㅣ至朱崖。

【左開:좌개】 ＝左記。

【左傾:좌경】 ❶왼쪽으로 기울음。 마음이 공평하지 못함의 비유。 ❷急進的으로 과격한 사상에 기울음。 左翼思想을 가짐。

【左計:좌계】 잘못 계획함。 『韻會』 策畫不適事宜、 曰ㅣㅣ。 『范成大』 無事閉門非ㅣㅣ。

【左顧:좌고】 ❶왼쪽으로 향함。 또는 봄。 ❷웃사람이 아래 사람을 사랑함。 『古樂府』 入門時ㅣㅣ。 웃사람은 오른 쪽에 자리하고 아래 사람은 왼 쪽에 자리하기 때문임。 『漢書·淮陽憲王傳』 ㅣㅣ存恤。

【左顧右眄:좌고우면】 ＝左右顧眄。 『李白』 ㅡㅡ生光輝。

【左券:좌권】 둘로 나눈 왼 쪽의 半의 뜻

으로、증거의 표시를 이름。證書。證左。左契。『史記·田敬仲世家』公嘗執——、以責秦·韓。

【左揆：좌규】《制》左議政의 別稱。

【左記：좌기】문서의 왼쪽。곧 다음에 기록될 문구를 가리키는 말。左開。

【左袒：좌단】왼쪽 어깨의 부분의 옷을 벗는다는 뜻으로 도움。加勢함。찬성함。『史記·文帝紀』周勃入軍門行令軍中曰、爲呂氏右袒、爲劉氏——、軍中皆——。

【左黨：좌당】정부의 반대당。불란서 혁명 때 자코방당이 議會에서 左側 議席을 차지했기 때문에 말함。

【左道：좌도】바르지 못한 道。邪道。『禮·王制』執——、以亂政。

【左纛：좌독】임금의 수레 왼쪽 위에 세운 旗。『史記·項羽記』乘黃屋車、傅——。

【左理方府：좌리방부】《制》新羅 때 律令을 맡은 관아。

【左舞：좌무】왼 쪽에서 춤추는 사람。

【左文右武：좌문우무】文武並用함。『李咸用』——憐君榮。

【左番：좌번】두 쪽으로 나눈 왼 쪽 번。

【左邊：좌변】왼 편짝。왼 편 가장자리。

【左兵營：좌병영】《制》李朝 成宗 때부터 慶尙道 蔚山에 두었던 慶尙 좌병영의 통칭。

【左輔星：좌보성】《天》破軍星 다음、右弼星 위에 있는 九星 중의 여덟째 별。

【左副承旨：좌부승지】❶李朝 때 密直司의 벼슬。王命의 出納을 맡음。❷高麗 때 密直司의 正三品 벼슬。

【左賓客：좌빈객】《制》李朝 世子 侍講院의 正二品 벼슬。

【左師：좌사】《制》❶春秋時代의 벼슬 이름。宋이 左師·右師를 두어 四鄕을 左右로 나누어 다스림。❷複姓。『萬姓通譜』。

【左思：좌사】《人》晋 臨緇 사람。字는 太沖。博學能文하며 辭藻가 壯麗함。一〇년 걸려 三都賦(蜀都賦·吳都賦·魏都賦)를 지어 한때는 洛陽의 종이값이 올랐다 함。『晋書』。

【左思右考：좌사우고】이리 생각하고 저리 생각하여 곰곰 헤아려 봄。

【左思右量：좌사우량】＝左思右考。

【左相：좌상】左議政의 別稱。

【左書：좌서】❶왼쪽 손으로 글씨를 씀。❷隷書。左는 佐。隷書는 篇篆書의 미치지 못한 곳을 돕는 뜻으로 이름。

【左旋：좌선】시계 바늘이 도는 방향으로 돌림。또는 그 방향인 왼쪽으로 돌음。↕右旋。

【左旋龍：좌선룡】오른 쪽에서 머리가 시작되어 왼 쪽으로 벋은 龍의 형상을 한 산줄기。↕右旋龍。

【左手：좌수】왼 손。

【左水營：좌수영】《制》李朝 孝宗 이후 慶尙道 東萊에 두었던 慶尙 좌수영 및 成宗 一〇년 이후 全羅道 麗水에 두었던 全羅 좌수영의 통칭。高宗 三一년에 폐함。

【左授右捧：좌수우봉】그 자리에서 당장 주고 받음。

【左酬右應：좌수우응】이리 저리 여러 군데 바쁘게 應酬함。

【左承旨：좌승지】《制》❶高麗 密直司의 正三品 벼슬。王命의 出納을 맡음。❷李朝 中樞院의 正三品 벼슬。❸李朝 초 中樞院의 正三品 벼슬。太宗 원년에 左代言으로 고쳤다가、뒤에 다시 본 이름으로 함。

【左神策軍：좌신책군】《歷》京城府。지금의 서울。

【左心房：좌심방】《生》폐정맥에서 오는 피를 받아 좌심실로 보내는 구실을 하는 심장 안의 오른 쪽 윗 부분。

【左心室：좌심실】《生》좌심방에서 오는 피를 깨끗이 하여 대동맥으로 보내는 구실을 하는 심장 안의 왼 쪽 아랫 부분。

【左言：좌언】事理에 어긋나는 말。야만의 말。中國의 言語 文字를 모르는 夷狄의 말。『左思·魏都賦』或魋髻而——。

【左往右往：좌왕우왕】❶왔다 갔다 하여 몹시 바쁨。❷갈팡질팡함。

【左右：좌우】❶왼 쪽과 오른 쪽。또는 곁。옆。『書經』置諸其——。❷도움。佐佑。『詩【同書】予欲——有民。❸近臣。侍臣。『詩·棫樸』濟濟辟玉、——趣之。❹敬意를 표하는 뜻으로 그 사람을 직접 부르는 것을 꺼리어 近侍를 불러 이르는 말。『國語·晋語』。❺정도를 나타냄。『春秋·僖·五·注』十歲——。❻자유로이 합。『左傳』。

【左右間 좌우간】❶이렇든 저렇든 간에。❷兩端間。「다 봄。左顧右眄。

【左右顧眄：좌우고면】여기 저기 돌아봄。

【左右思量：좌우사량】。＝左思右量。

【左右衞：좌우위】《制》高麗 때 六衞의 하나。

【左右翼：좌우익】❶左翼과 右翼。中軍의 좌우로 갖춘 軍陣。❷좌익 사상과 우익 사상。또는 좌익 단체와 우익 단체。

【左右之：좌우지】左之 右之의 略語。

【左右請囑：좌우청촉】온갖 수단을 다하여 여러 곳에 청함。左請右囑。

【左右衝突：좌우충돌】＝左衝右突。

【左右挾攻：좌우협공】적을 양쪽에서 들어 가며 공격함。

【左宜右有：좌의우유】君子가 才德을 겸해서 갖춘 것을 이름。『詩·裳裳者華』。

【左議政：좌의정】《制》李朝 때 議政府의 正一品 벼슬。右議政의 위이며 領議政의 아래임。左揆。左相。左政丞。左閤。

【左翼：좌익】❶왼 쪽 날개。『晋書』墜地折其——。❷《軍》군대의 왼 쪽 진영。❸급진적·과격적인 당파。프랑스 대혁명 이후 의회에서 급진 과격파인 자코방(Jacobin)黨이 왼쪽의 席을 차지한 데서 옴。❹《社》과격하고 파괴적인 공산당을 일컫는 말。

【左翼小兒病：좌익소아병】《社》극단적인 公式論的、공산주의자의 행동을 일컫는 말。

【左翼手：좌익수】《運》야구 경기에 있어서 좌익을 맡아 지키는 선수。

【左翼將：좌익장】《軍》좌익군의 군사를 지휘·통솔하는 장수。↕右翼將。

【左衽：좌임】옷깃이 왼쪽으로 가는 것을 앞으로 함。(미개함을 이르는 말)。『論語·憲問』微管仲、吾其被髮——矣。

【左轉：좌전】❶왼쪽으로 돌음。『禮記』星辰——。❷＝左遷。『漢書』坐事——。

【左傳：좌전】《書》春秋左氏傳의 略。周의 史官 左丘明 지음。→春秋。

【左提右挈：좌제우설】서로 의지해서 도움。왼 쪽으로 끌고 오른 쪽으로 이끎。『史記』——、而責殺王之罪。

【左族：좌족】庶族。서파의 족속。

【左證：좌증】참고될 만한 증거。左券。左契。證左。左驗。『唐書』擧十二條、——其繆。

【左地：좌지】왼 쪽의 땅。동부의 지방을 이름。漢代에 匈奴의 左賢王은 왼 쪽에、右賢王은 오른 쪽에 있었음。『漢書·匈奴傳』左賢王數讒——貴人、——貴人皆怨。

【左支右吾：좌지우오】이리 저리 버티어 겨우 지탱해 나감。

【左之右之：좌지우지】❶제 마음대로 다룸。❷남에게 이래라 저래라 함。

【左遮右攔：좌차우란】온갖 힘을 다하여 이리 저리 막아 냄。

【左贊成：좌찬성】《制》李朝 議政府의 從一品 벼슬。

【左參贊：좌참찬】《制》李朝 議政府의 正二品 벼슬。

【左戚：좌척】임금의 外戚을 이름。『漢書·文帝紀』。先王右賢——、先民後己。

【左遷：좌천】높은 지위에서 낮은 지위로 떨어짐。중앙에서 지방으로 전근됨。

『史記』王獨遠居之、此──也。

【左寸:좌촌】 =手寸。

【左衝右突:좌충우돌】 이리 저리 막치고 받고 함。

【左側:좌측】 왼 쪽 옆。↔右側。

【左側通行:좌측통행】 질서 있는 교통을 위해 사람은 왼편 길을 택해 걷는 일。

【左派:좌파】 政黨 가운데의 急進派。

【左便:좌편】 왼 쪽。↔右便。

【左學:좌학】 《歷》殷代의 小學의 이름。 서민층의 노인을 위로하며 노인을 공경하는 禮를 가르치던 곳。

【左閤:좌합】 李朝 左議政의 別稱。

【左海:좌해】 ❶東海。『玉海』臨安西界浙江界──。❷우리 나라의 別稱。

【左驗:좌험】 =左券。『漢書』──明白。

【左舷:좌현】 船尾에서 뱃머리를 향해서 왼 쪽의 뱃전。

◎極─、言─。

【巧】(교) 巧

コウ、たくみ skill; tactful ㄑㄧㄠˇ ch'iao³

小篆 草書 ❶교묘할교(拙之反)。『周禮』材有美工有─。❷훌륭한 솜씨교。「─妙、技─」。『漢書 王莽傳』與─者刳剝之。❸거짓말을 꾸밀교。『論語 學而』─言令色、鮮矣仁。❹재능교(枝能)。❺공교할교(機─)。❻똑똑할교(黠慧)。『道德經』大─若拙。❼어여쁠교(好也)。『詩經』─笑倩兮。

【巧故:교고】 교묘하게 사람을 속임。『呂氏春秋·論人』釋智謀去──。

【巧妙:교묘】 썩 잘 되고 묘함。『李白』良工──稱絶群。

【巧敏:교민】 교묘하고 민첩한。 巧智。 巧慧。『荀子』──佞說、取寵乎上。

【巧辯:교변】 교묘한 말。 재치 있는 말。 巧舌。『魏徵』便佞之徒肆其──。

【巧婦:교부】 손 재주가 있는 부인。『白居易』──才人常薄命。

【巧婦鳥:교부조】 《動》뱁새。

【巧詐:교사】 교묘한 말로 사람을 속임。 巧僞。『淮南子』──藏於胸中。

【巧詐反覆:교사반복】 교사한 짓을 되풀이함。

【巧舌:교설】 교묘한 말。 재치 있는 말。 巧言。 巧辯。『劉兼』──如簧、總莫聽。

【巧說:교설】 묘한 말로 설명함。『漢書』便辭──。

【巧笑:교소】 사랑스러운 웃음。 아양을 떠는 웃음。『詩經』──倩兮、美目盼兮。

【巧手:교수】 교묘한 수단。 妙手。

【巧語:교어】 巧言。 「語。

【巧言:교언】 교묘하게 꾸며대는 말。 巧

【巧言亂德:교언난덕】 巧言은 是非를 어지럽게 하고 人德을 잃게 함。『論語·衛靈公』子曰、──、小不忍則亂大謀。

【巧言令色:교언령색】 남의 환심을 사기 위하여 말로 교묘하게 꾸며 대며 얼굴빛을 좋게 하여 아첨함。 간사한 者의 모양。『論語·學而』──鮮矣仁。

【巧佞:교영】 교묘한 재주。 교묘하게 아첨함。『史記』──之語。

【巧月:교월】 음력 七월의 異稱。 乞巧奠의 달이란 뜻。

【巧違:교위】 뜻밖의 사고로 인하여 공교롭게 기회를 놓침。

【巧僞:교위】 巧詐。 교묘하게 속임。『說苑』──不如拙誠。

【巧諛:교유】 교묘하게 아첨함。

【巧匠:교장】 교묘한 목수。 교묘한 匠人。 良匠。『史記』──不斲兮、孰察其揆正。

【巧拙:교졸】 수완이 있는 사람과 없는 사람。 上手와 下手。 巧妙와 拙劣。『韓愈』登明選公、雜進──。

【巧智:교지】 교묘하고 민첩한 슬기。 巧慧。『莊子』──神聖之人。

【巧緻:교치】 精巧하고 치밀함。

【巧態:교태】 아름답게 아양부리는 모양。 媚態。『南史』麗服──。

【巧儇:교현】 교묘하고 영리함。『韓維』騈章儷句鬪──。

【巧猾:교활】 간사한 꾀가 많음。 巧黠。 狡猾。『金史』──之徒。

◎計─、奇─、技─、機─、詐─、纖─、精─。

【巨】(거) 語

キョ、おおきい big; huge ㄐㄩˋ chü⁴

小篆 或體 古文 草書 ❶클거(大也)。『孟子』爲─室。❷많을거(鉅也)。「─多」。『史記 平準書』京師之錢、累─萬。❸억거(萬萬數也)。(『鉅』와 같음)

【巨家:거가】 문벌이 높은 집안。

【巨家大族:거가대족】 대대로 번영한 문벌이 있는 집안。 巨室世族。

【巨姦:거간】 큰 죄를 저지른 사람。

【巨鯨:거경】 큰 고래。『抱朴子』見──而知寸介之細。

【巨款:거관】 많은 돈。 巨額。

【巨觀:거관】 볼만한 큰 구경거리。 경치。

【巨魁:거괴】 악한 무리의 우두머리。 巨物인 괴수。 張本。 頭魁。

【巨軀:거구】 거창한 몸뚱이。 巨體。

【巨口細鱗:거구세린】 큰 입에 조그마한 비늘의 고기。『蘇軾·後赤壁賦』──、狀如松江之鱸。

【巨金:거금】 巨額의 돈。 많은 돈。

【巨囊:거낭】 큰 주머니。

【巨盜:거도】 큰 도둑。 巨賊。 大盜。『莊子』──至則負匱揭篋。

【巨濤:거도】 큰 파도。

【巨頭:거두】 ❶머리가 큰 사람。❷우두머리。 중요한 인물。

【巨浪:거랑】 큰 물결。 또는 파도。 巨濤。『水經·註』──長湍。

【巨量:거량】 많은 분량。

【巨利:거리】 큰 이익。 많은 이익。 大利。『南史』更招──。 「──騎京魚。

【巨鱗:거린】 큰 고기。 大魚。『揚雄』乘

【巨瘼:거막】 ❶큰 고질。❷큰 폐해。❸고치기 어려운 큰 병통。

【巨萬:거만】 심히 많음。 막대한 수。 萬。『史記·平準書』京師之錢、累──。

【巨溟:거명】 =巨海。 大海。『皮日休』全吳臨──。

【巨文島事件:거문도사건】 《歷》一八八五년 四월 一五일 英國이 全羅南道에 있는 巨文島를 不法占據함으로써 일어난 사건。 淸의 調整으로 露國이 韓國을 점령하지 않겠다는 확약을 얻고 물러감。

【巨物:거물】 큰 인물이나 물건。

【巨物級:거물급】 거물의 부류。 또는 그 부류에 속하는 인물。

【巨舶:거박】 큰 배。 巨船。 巨舫。『吳萊』富貴──窺天星。

【巨擘:거벽】 ❶엄지손가락。❷뛰어난 인물。 頭目。『孟子』吾必以仲子爲──。

【巨富:거부】 썩 큰 부자。 豪富。『後漢書』自是暴至──。

【巨費:거비】 많은 비용。

【巨事:거사】 매우 거창한 일。 큰 일。

【巨商:거상】 장사를 크게 하는 사람。

【巨石:거석】 큰 돌。

【巨船:거선】 아주 큰 배。

【巨姓:거성】 大姓。

【巨星:거성】 ❶위대한 사람。❷큰 별。

【巨細:거세】 ❶大와 小。 巨大와 細小。❷크고 작음을 물론하고。『朱熹·中庸章句序』詳略相因、──相擧。

【巨松:거송】 큰 소나무。

【巨視的:거시적】 ❶우리들의 感覺으로 직접 識別할 수 있는 정도의 크기의 對象에 관하여 이르는 말。↕微視的。❷(心)構成心理學과 같이 觀察對象을 斷片的인 要素過程으로 分析하지 아니하고 意味 있는 體制를 갖춘 全體過程을 그대로 취급하는 立場。

【巨室:거실】 ❶큰 집。大廈。『孟子』爲巨室、必使工師求大木。❷권력있는 大家。巨族。『同書』――之所慕。❸天地의 異稱。『莊子』人且偃然、寢於――。

【巨室世族:거실세족】 ＝巨家大族。

【巨額:거액】 큰 값어치。큰 액수。多額。

【巨役:거역】 ❶큰 일。❷크고 거창한 役事。큰 공사。

【巨鼇:거오】 큰 거북。神仙이 있는 海中의 五山을 등에 얹고 있다고 함。『列子』――一五、擧首戴之。

【巨儒:거유】 ❶이름난 유학자。❷학식이 많은 선비。大儒·碩儒。

【巨益:거익】 아주 많은 이익。

【巨人:거인】 ❶몸이 큰 사람。『史記』。❷뛰어난 人物。❸偉人。

【巨子:거자】 墨家의 道를 體得한 사람을 이름。儒家의 儒碩과 같음。《轉》중심 인물을 말함。『莊子·天下』以――爲聖人。

【巨作:거작】 ❶규모가 큰 작품。❷傑作。

【巨匠:거장】 위대한 예술가。大家。

【巨材:거재】 ❶썩 큰 재목。❷뛰어난 재능。大材。偉才。

【巨財:거재】 많은 재산。큰 재물。

【巨迹:거적】 위대한 업적의 발자취。

【巨賊:거적】 큰 도둑。大賊。

【巨績:거적】 큰 공적。大功。元勳。『吳志』元勳――、侯於古人。

【巨濟:거제】 큰 나루터。『鮑照』長河――、異源同淸。

【巨族:거족】 큰 가족。권력 있는 家門。權勢家。『歐陽修』名臣――。

【巨鐘:거종】 아주 큰 종。

【巨罪:거죄】 큰 죄。大罪。

【巨指:거지】 엄지손가락。巨擘。

【巨刹:거찰】 큰 절。큰 寺刹。大伽藍。

【巨瓶:거창】 사물이 엄청나게 큼。巨創。

【巨體:거체】 거창한 몸뚱이。큰 체격。

【巨彈:거탄】 ❶큰 탄환。또는 폭탄。❷중요한 聲明이나 宣言 따위。

【巨桶:거통】 크게 만든 통。큰 통。

【巨弊:거폐】 큰 弊害。

【巨砲:거포】 큰 대포。

【巨漢:거한】 몸집이 큰 사나이。

【巨艦:거함】 매우 큰 군함。『左思』弘舸連舳、――接艫。

【巨海:거해】 큰 바다。大海。巨溟。『史記』齊東有――。

【巨患:거환】 큰 근심。또는 질병·재앙。大患。『後漢書』貪吏割其財、此其――也。

【巨猾:거활】 매우 교활하고 악함。大惡。

三 畫

【乬】 (걱) 〔國字〕 사람의 이름걱(人名)。「林―正」。

四 畫

【玒】 (공) 腫 キョウ、かかえる embrace

小篆 或體

안을공、품을공(擁也)。

【巫】 (무) 虞 フ、みこ witch ㄨ′ wu¹·²

小篆 古文 草書

❶무당무(―祝事無形以舞降神者)。『楚語』男曰覡女曰―。❷산이름무(盧縣山名)。

【巫鼓:무고】 터무니 없는 말。妄說。『法言·君子』。

【巫瞽:무고】 무당과 판수。

【巫蠱:무고】 ❶남을 혹독하게 저주함。❷(巫는 무당、蠱는 간사한 일)。사람을 迷惑하게 하는 사람。『漢書』江充典治――。

【巫女:무녀】 무당。

【巫堂:무당】 神과 인간의 중개 구실을 한다 하여 길흉을 점치고 굿을 하는 여자。巫女。巫子。

【巫卜:무복】 무당과 점장이。

【巫夫:무부】 무당 서방。

【巫俗:무속】 무당의 풍속。무당들의 세계에서만 관용되는 풍속。

【巫術:무술】 ❶무당의 술법。魔法。『後漢書』善――。❷(宗)샤아머니즘。

【巫醫:무의】 ❶巫覡과 醫師。『論語』人而無恆、不可以作――。❷돌파리。庸醫。

【巫子:무자】 무당。

【巫呪:무주】 무당의 주문。禁呪。『穆子容』降神――。

【巫布:무포】 《制》무당에게서 받아 들이던 稅布。

七 畫

【差】 ㊀(차) 麻 ㊁(치) 支 ㊂(채) 佳 ㊃(채) 卦 サ、シ、たがう difference ㄔㄚ′ ch'a¹·⁴

小篆 籒文 草書

㊀❶어기어질차(舛也)。『漢書』失之毫釐―以千里―。❷가릴차(擇也)。『詩』穀旦于―。❸이름차(人名)。❹다를차(異也)。『韓愈詩』颶風有時作掀簸眞―事。㊁❶어긋날치、층날치(不齊)。『詩經』參―荇菜。❷오르락나리락할치(燕飛)。『詩經邶風燕燕』燕燕于飛、―池其羽。❸구분지을치(區分)。「等―」。㊂❶버금채(貳也)。❷가릴채(擇也)。❸부릴채(使也)。『唐書』宣宗詔曰凡役事委令輪―。❹보낼채(送也)。㊃❶지나칠채(過也)。『離騷經』同論道而莫―。❷견줄채(較也)。『左傳』拔旗投衡使不帆風―輕。❸병나을채(病愈)。

【差減:차감】 비교하여 덜어 냄。

【差强人意:차강인의】 사람의 마음을 차츰차츰 떨치게 함。『後漢書·吳漢傳』吳松――。

【差遣:차견】 ❶관리를 나라 일로 國內外로 보냄。派遣。出張。『魏書·于烈傳』可爲――。❷사람을 시켜서 보냄。差送。

【差劇:차극】 병 증세의 더함과 덜함。차도。『元史』嘗覺以驗――。

【差金:차금】 덜어내고 남은 돈。差額。

【差代:차대】 갈려간 자리에 後任者를 뽑아 빈 자리를 채움。

【差貸:차대·치대】 잘못。가지런하지 못함。差忒。『禮記·月令』無或――。

【差度:차도】 ❶병이 조금씩 나아감。❷비교하여 헤아림。또는 가림。『漢書·王莽傳』。

【差等:차등】 등급의 차이。等次。差次。『舊唐書』國家班列、自有――。

【差戾:차려】 서로 어기어 짐。「괴함。『晋書』參星――。

【差排:차배】 앞으로 할 일을 계획하여 分別。區分。

【差別:차별】 등급이 있게 나누어 가름。『白居易』一音無――。

【差別關稅:차별관세】 《法》같은 상품에 대하여 세율을 차별하여 매기는 관세。

【差別待遇:차별대우】 각각 차별을 두고서 하는 대우。

【差分:차분】 등급을 두어 나눔。

【差備:차비】 ❶갖추어 차림。채비。❷《制》특별한 사무를 맡기려고 임시로 任命함。

【差事:차사】 ❶《制》官에서 正式으로 任官한 이외의 임시로 맡긴 職務。또는 나라의 중요 임무를 가지고 파견된 관리。❷이상한 일。怪異한 일。『韓愈·瀧吏詩』。

【差使:차사】《制》❶중요한 임무를 위하여 파견하는 臨時職。❷고을 원이 죄인을 잡으려고 보내는 하인。

【差上差下:차상차하】 좀 윗길 되기도 하고 아랫길 되기도 함。莫上莫下。

【差先差後:차선차후】 앞 서기도 하고 뒤서기도 함。

【差數:차수】 차이가 나는 수。틀림。어긋남。『莊子』。

【差勝:차승】 조금 나아짐。

【差押:차압】《法》押留의 舊稱。

【差額:차액】 서로 틀리는 액수。差金。

【差訛:차와】 잘못。어긋남。『韓愈·石鼓歌』毫髮盡備、無ㅣㅣ。

【差緩:차완】 조금 느직이 풀어짐。

【差違:차위】 =差異。

【差異:차이】 서로 같지 않고 틀림。差違。『魏志』子弟宜有ㅣㅣ。

【差異性:차이성】《哲》사물의 차이를 만드는 원리。한 물건과 다른 물건과의 관계를 성립시켜 그 個物만이 가질 수 있는 특성을 형성하는 원리。

【差益:차익】 ❶비용을 뺀 이익。❷가격의 개정등으로 생기는 이익。

【差入:차입】 ❶물건을 넣어 줌。❷未決囚에게 음식이나 물건을 넣어 줌。

【差定:차정】 사무를 맡김。

【差次:차차】 순서에 따라 생기는 차이。等差。『史記·商君傳』明尊卑爵秩等級、各以ㅣㅣ。

【差錯:차착】 ❶서로 어긋매김。『漢書』紛湛湛其ㅣㅣ兮。❷순서가 틀림。높고 낮음이 뒤바뀌어 있음。乘錯。『周禮·註』使不ㅣㅣ。

【差出:차출】 ❶빼어서 냄。提出。提供。「❷官員을 임명함。

【差忒:차특·치특】 틀림。어긋나 차이가 생김。差錯。『顏延之·庭文』。

【差品:차품】 차별。등급。분별。『漢書·貨殖傳序』各有ㅣㅣ。

【差下:차하】 벼슬을 시킴。

【差池:치지】 가지런하지 않은 모양。서로 어긋나는 모양。『詩·燕燕』燕燕于飛、ㅣㅣ其羽。

【差差:치치】 가지런하지 않은 모양。고르지 못한 모양。『荀子·正名』君子之言、ㅣㅣ然而齊。

◉均時ㅣ、落ㅣ、大ㅣ、等ㅣ、小ㅣ、時ㅣ、視ㅣ、誤ㅣ、雲泥之ㅣ。

十二畫

【㠭】(차)『差』(工部 7畫)의 古字

己 部

【己】(기) 紙 キ、コ、おのれ self 니ˇ chi³

小篆 古文 草書 ❶몸기、저기(身也)。『書經』舍ㅣ從人。❷사사기(私也)。『論語』克ㅣ復禮。❸마련할기(紀也)。『詩經』式夷式ㅣ。❹여섯째 천간기(天幹第六位)。(『已·巳』는 別字)

【己卯名臣:기묘명신】《歷》李朝 中宗 一四년의 己卯士禍에 관련된 신하들。

【己卯士禍:기묘사화】《歷》李朝 中宗 一四년(一五一九)에 일어난 士禍。洪景舟·南袞·沈貞 등 守舊派에 의하여、趙光祖·金淨 등 많은 新進派 年少者가 몰려나、유배 또는 賜死된 사건。

【己物:기물】 자기의 물건。

【己未運動:기미운동】《歷》一九一九년 己未年에 일어난 獨立運動。孫秉熙등 三十三人이 中心되어 獨立宣言書를 낭독한 뒤、온 계레가 독립 만세를 부르고 日本官憲과 대항하여 싸워서 많은 희생자를 낸 민족 운동。

【己巳士禍:기사사화】《歷》李朝 肅宗 一五년(一六八六)에 일어난 老論의 실각 사건。元子 책립 문제로 南人의 乘隙한 바 되어 宋時烈·金壽恒 등 老論의 重臣이 流竄·賜死됨。

【己身:기신】 =自身。

【己有:기유】 자기의 所有의 물건。

【己出:기출】 자기가 낳은 자식。

【己亥邪獄:기해사옥】《歷》李朝 憲宗 五년(一八三九)에 비밀히 입국하여 布敎하던 프랑스 神父 모방·샤스탕·암베어 등과 天主敎徒 三〇여명이 잡히어 죽은 敎難。

◉克ㅣ 利ㅣ、一ㅣ、自ㅣ、知ㅣ。

【已】(이) 紙 イ、すでに already ㅣˇ i³

小篆 小篆 草書 ❶이미이(過事語辭)。『史記』灌夫ㅣ然諾。❷그칠이(止也、訖也)。❸말이(卒事之辭)。『易經』ㅣ事遄往。❹버릴이(去也)。『書經』試可乃ㅣ。❺너무이(太過)。『孟子』仲尼不爲ㅣ甚者。❻조금있다가이(踰時)。『史記』ㅣ而有娠。❼뿐이、따름이(啻也)。❽병나을이(病愈)。『史記』疾可ㅣ、身可活也。(『己·巳』는 別字)

【已決:이결】 이미 결정했거나 결정됨。

【已過之事:이과지사】 =已往之事。

【已久:이구】 이미 오래됨。

【已今當:이금당】《佛》과거·현재·미래를 통틀어 일컫는 말。

【已發之矢:이발지시】 쏘아 놓은 화살。이왕 시작한 일을 중지하기 어려움을 가리키는 말。

【已事:이사】 이미 지나간 일。

【已上:이상】 =以上。

【已甚:이심】 매우 심함。정도에 넘침。『孟子』仲尼不爲ㅣㅣ者。

【已業:이업】 이미。『史記』天子ㅣㅣ誅宛。

【已往:이왕】 그전。以前。旣往。已降。↕以降·以來。『陶潛』悟ㅣㅣ之不諫。

【已往之事:이왕지사】 이미 지나간 일。已過之事。

【已已:이이】 그침。『世說·傷逝』。

【已日:이일】 ❶後日。❷고쳐야 할 때。

【已知:이지】 이미 알고 있음。『大學章句』因ㅣㅣ之理、而益窮之。

【已下:이하】 =以下。

【已後:이후】 그보다 뒤。以後。『何晏』離居ㅣㅣ、各生異見。

【巳】(사) 紙 シ、み ム、ssŭ˙

小篆 草書 ❶여섯째지지사(地支第六位)。「方角으로서는 東南。時刻으로는 午前 十時」。❷뱀사(蛇也)。(『己·已』는 別字)

【巳末:사말】 巳時의 마지막 시각。곧 상오 一一시 경。

【巳方:사방】 二十四方位의 하나。正南에서 東으로 三〇도 됨。

【巳時:사시】 ❶一二時의 六째 時。곧 상오 九時부터 一一時까지의 사이。❷二四時의 一一째 時。곧 상오 十시부터 十一시까지의 사이。

【巳時佛供:사시불공】《佛》巳時에 올리는 불공。

【巳月:사월】 月建의 地支、곧 음력 사월을 陰陽家에서 일컫는 말。

【巳正:사정】 巳時의 중심 시각。곧 상

오一〇시。

【巳進申退：사진신퇴】《制》巳時에 출근하고 申時에 퇴근하던 일。

【巳初：사초】巳時의 첫 시각。곧 상오 九시 지난 무렵。

一 畫

【巴】(파) 麻 ハ、ともえ tail ㄅㄚ pa¹

小篆 草書 ❶땅이름파(地名、中國 四川省重慶地方)。❷뱀파(食象蛇)。〔山海經〕ー蛇 食象三歲出其骨君子服之 無心腹疾。❸꼬리파(尾也)。

【巴結：파결】❶아첨함。巴劫。巴竭。❷노력함。❸열망함。갈망함。❹부족함。困窮함。

【巴戟：파극】《植》巴戟天의 略語。山地에 나는 상록초의 하나。잎은 麥門冬과 비슷함。强壯劑로 쓰이며 中國 四川省의 특산임。不凋草(부조초)。三蔓草。

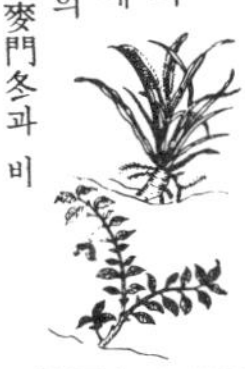

巴戟(三才圖會)

【巴戟天：파극천】《醫》不凋草의 뿌리。精血・陰痿・夢泄・遺精을 다스리는 데 쓰임。括巴天。

【巴豆：파두】《植》大戟科에 속하는 常綠濶葉灌木。東印度의 原產。열매는 藥으로 씀。

巴豆(三才圖會)

【巴豆油：파두유】《醫》파두의 씨로 짠 기름。하제나 피부의 刺戟藥으로 씀。

【巴籬：파리】울타리。

【巴鼻：파비】그릇의 손잡이。把鼻。

【巴人：파인】中國의 巴地方 사람。지금 四川省 重慶地方。《轉》촌뜨기。시골의 교양 없는 사람。野人。

【巴且：파차】《植》巴蕉。

【巴蜀：파촉】《地》四川의 異稱。巴는 지금 四川省 重慶地方、蜀은 지금 四川省 成都地方。〔史記〕南有ーー、北有代馬。

【巴巴：파파】❶매우。심히。❷노인。〔正字通〕。❸여물게 붙어 굳어진 모양。❹초조한 모양。❺《歷》種族의 이름。柏柏人(Berbers)이라고도 함。地中海 沿岸의 함族의 一族。❻노인을 이름。

二 畫

【㠭】(와) 哿 ガ、ふし knar

❶나무마디와(木節)。❷쌀와(裹也)。(『戹』과 通用)

【㠯】(이)『以』(人部 3畫)의 古字

四 畫

【巵】(치) 支 シ、さかずき wine cup

❶잔치(飮酒器)。〔史記〕高祖奉玉ー起爲太上皇壽。❷연지치(臙脂染草名紅草)。〔史記〕巴蜀亦沃野地饒ー。

五 畫

【巹】(근) 吻 キン、のびる expand ㄐㄧㄣˇ chin³

草書 ❶받들근(敬承)。❷펼근(伸也)。❸혼인근(婚姻)。❹표주박근。

【巹禮：근례】婚姻의 예식。婚禮。

【巹儀：근의】＝巹禮・婚禮。

【祀】(사)→示部3畫

六 畫

【巷】(항) 絳 コウ、ちまた street ㄒㄧㄤˋ hsiang⁴

小篆 篆文 草書 ❶거리항、골목항(里中道)。❷마을항(邑里)。❸복도항(宮中長廡)。❹내시항(ー伯)。(『衖』과 通합)

【巷歌：항가】거리에서 노래함。또는 그 노래。〔禮記〕里有殯、不ーー。

【巷間：항간】보통 민중들 사이。閭巷間。

【巷談：항담】＝巷說。

【巷陌：항백】거리。都市의 거리。〔劉禹錫〕門前ーー三條近。

【巷說：항설】거리의 풍설。세상의 풍설。한 동네의 이야기가 거리로 이 사람 저 사람의 입에 옮겨지는 말。巷談。巷語。巷議。〔漢書・藝文志・注〕街談ーー。

【巷議：항의】❶세상의 평판。길거리의 뜬 소문。❷세상에 떠도는 비난。〔史記〕入則心非、出則ーー。「ー」。

【巷戰：항전】市街戰。〔五代史〕先入猶ー혀 있음。

【巷處：항처】退官하여 거리나 시골에 묻혀 있음。〔韓愈〕去位而ーー者、誰與嬉遊。

【巸】㊀(이)㊁(희) 支 キ、ひろい broad

小篆 古文 ㊀❶넓을이(廣也)。❷길이(長也)。❸아름다울이(美也)。❹즐거울이(樂也)。㊁뜻은 ㊀과 같음。

【巻】(권)『卷』(卩部 6畫)의 俗字

八 畫

【巼】(팟)〔國字〕땅이름팟(ー乄)。

九 畫

【㠱】(기) 紙 キ、ひざまずく bestride

小篆 ❶걸어앉을기(踞也)。❷꿇어앉을 기(跪也)。

【巽】(손) 願 ソン、ゆずる modest ㄒㄩㄣˋ suen

小篆 古文 篆文 篆文 草書 ❶사양할손(讓也)。〔書經 堯典〕ー朕位。❷낮은체할손(卑也)。〔易經〕童蒙之吉順以ー。❸부드러울손(柔也)。❹괘이름손(卦名)。❺동남간방손(東南間方)。(『遜』과 通합)

【巽方：손방】❶二十四方位의 하나。正東南의 方位。❷八方의 하나。正東南方。

【巽劣：손열】낮고도 못생김。

【巽與之言：손예지언】온화하고 남을 거슬리지 않는 말。(巽은 柔)。巽言。〔論語〕ーー、能無說乎。(說은 悅)。

【巽羽：손우】닭의 날개。〔班固・幽通賦〕ーー化於宣宮兮。

【巽坐乾向：손자건향】巽方을 등지고 乾方을 向하게 된 坐向。곧 東南에서 西北 쪽으로 바라보고 앉음。

【巽下絕：손하절】八卦의 하나인 巽卦의 象形인「☴」의 일컬음。

巾 部

【巾】(건) 眞 キン、ふきん towel ㄐㄧㄣ chin¹ (本音「근」)

小篆 草書 ❶수건건(帨也)。〔禮記〕盥卒授ー。❷머리건건(首

飾蒙也)。〔玉篇〕佩ㅣ本以拭物後人著之於頭。❸건건(男子冠)。❹덮을건(冪也)。〔周語〕靜其ㅣ冪。

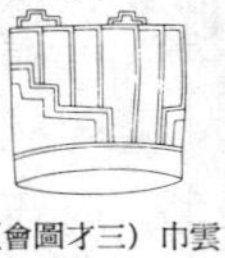
巾雲 (三才圖會)

〔巾卷:건권〕 巾箱과 책。상자에 넣은 책。

〔巾笈:건급〕 비단을 바른 상자。巾筒。巾箱。〔王安石〕。

〔巾帶:건대〕 喪服에 쓰는 삼베 巾과 삼「띠」。

〔巾箱:건상〕 =巾笈。〔元稹〕 兒拂ㅣㅣ。

〔巾帨:건세〕 수건。

〔巾櫛:건즐〕 ❶수건과 빗。❷낯 씻고 머리를 빗는 일。

〔巾幘:건책〕 머리에 쓰는 수건。〔北史〕武官平ㅣㅣ袴褶。

〔巾宕:건탕〕 망건과 당건。

〔巾布:건포〕 頭巾을 만들 베。

〔巾幅:건폭〕 나비。書畫등의 종이나、비단등의 나비。〔韓愈〕新詩溢ㅣㅣ。

一畫

【巿】(불) 吻 フツ、まえだれ apron

巿 小篆 韍 篆文 巿 草書 ❶앞치마불(膝布)。❷사람이름불(徐ㅣ、秦始皇時人)。(『巿』와 別字)

【帀】(잡) 合 ソウ、あぐる circulate ㄗㄚ tsa¹

帀 小篆 帀 草書 둘릴잡(周也)。(『匝』은 俗字)

〔帀旬:잡순〕 一〇일 간。一旬。〔柳宗元〕不ㅣㅣ而得異地者一。

二畫

【市】(시) 紙 シ、いち market;city ㄕ shih⁴

市 小篆 市 草書 ❶저자시、장시(賣買所之ㅣ場)。〔易繫辭〕日中爲ㅣ交易而退。❷흥정할시(賣買)。❸집이 많은 동리시(都邑)。「城ㅣ、都ㅣ」。

〔市價:시가〕 商品이 市場에서 매매되는 값。市場의 時價時勢。〔孟子〕ㅣㅣ不二。

〔市街:시가〕 ❶도시의 큰 길거리。❷상점이 죽 늘어서 있는 거리。저잣 거리。〔白居易〕ㅣㅣ塵不到、官樹影相連。

〔市街戰:시가전〕 시가지에서 벌어지는 전투。

〔市街地:시가지〕 시가를 이루는 땅。시가지에서 하는 싸움。

〔市估:시고〕 물건 값。〔宋史〕平其ㅣㅣ。

〔市曁:시기〕 두메 사람이 市井을 일컫는 말。〔杜甫·夔州咏懷詩·注〕峽人月市井處曰ㅣㅣ。

〔市內:시내〕 도시의 안쪽。↕市外。

〔市道之交:시도지교〕 장사를 위한 交際。〔史記·廉頗傳〕天下以——、君有勢我則從君、君無勢則去。

〔市利:시리〕 市場에서 얻는 이익。장사의 이익。〔孟子〕以左右望而罔ㅣㅣ。

〔市立:시립〕 시에서 설립하여 유지함。

〔市民:시민〕 도시에 사는 백성。市內의 住民。〔史記〕有ㅣㅣ商賈。

〔市民社會:시민사회〕 (政)시민 계급을 중심으로 한 사회。

〔市肆:시사〕 전방。가게。상점。市廛。

市肆 (禮器圖)

〔市上:시상〕 〔漢書〕開ㅣㅣ以通之。

=市場。

〔市勢:시세〕 ❶市의 종합적인 상태。❷경제계에 있어서 需要와 공급이 잘 되어 나가는 정도。

〔市勢豫測:시세예측〕 과거와 현재 시세의 되어 옴을 보아서 미리 그 장래를 미루어 보아 알아 보는 것。

〔市外:시외〕 도시의 밖。↕市內。

〔市有:시유〕 자치 단체인 시의 소유。

〔市恩:시은〕 남에게 은혜를 베풀고 자기가 이익을 얻고자 하는 것。〔唐書·裴耀卿傳〕我如其不ㅣㅣ也。

〔市隱:시은〕 세상을 피하여 市中에 숨어 사는 사람。〔王康琚〕小隱隱陵藪、大隱隱市朝에서 옴。

〔市議:시의〕 ❶市議會。❷市議會議員。

〔市議會:시의회〕 (法)시민이 公選한 의원으로써 조직된 市의 議決 기관。

〔市長:시장〕 (制)❶漢代의 벼슬 이름。❷한 市의 長。❸(法)地方自治團體인 市를 통할 대표하는 執行機關長。

〔市場:시장〕 ❶매일 또는 定期로 사람이 모여 商品 매매를 하는 곳。❷日用品·식료품 따위를 한 곳에 모아 파는 곳。저자。장。❸매매·去來를 하는 장소。

〔市場價格:시장가격〕 일정한 시기와 장소에서 상품이 실지로 매매되는 가격。

〔市糴:시적〕 쌀을 사들임。〔宋史〕增價ㅣㅣ。

〔市征:시정〕 ❶市民에게서 징수하는 세금。市稅。〔宋史〕掌大名ㅣㅣ。❷商品에 부과하는 세금。市租。

〔市井:시정〕 ❶人家가 모인 곳。市街。

市井圖 (三才圖會)

거리。(옛날 우물이 있는 곳에 사람이 모여 살았으므로、또 상품을 우물에 먼저 씻어 팔기 때문에、또 井田에 의하여 市街가 되었다고 하는 說도 있음)。〔國語〕處商就ㅣㅣ、處農就田野。❷거리의 장사치。서민。❸世上。

〔市井無賴:시정무뢰〕 市中의 不良輩。〔胡詮〕本一狎邪小人、——。

〔市井之徒:시정지도〕 ❶백성。庶民。❷市內의 不良輩。破落戶。〔舊唐書〕樊噲、蕭何刀筆吏。

〔市曹:시조〕 ❶가게·商店이 모인 곳。❷官職을 팖음。돈으로 산 官職。〔北史·常山王暉傳〕。❸사람을 處刑하는 곳。〔宣和遺事·前集〕。❹市政의 官吏。

〔市朝:시조〕 ❶市中。市內。群衆이 모이는 곳。市中의 行列이 朝廷의 百官의 列位와 같다는 뜻에서 옴。〔論語〕吾力猶能肆諸ㅣㅣ。❷市政과 朝廷。〔禮記·檀弓〕。❸市廳。

〔市中:시중〕 도시의 안。市內。

〔市債:시채〕 市가 진 채무。地方債의 한 가지。市가 發行한 債券。

〔市廳:시청〕 행정 구역의 하나인 市의 행정 사무를 맡아 보는 곳。그 廳舍。

〔市草:시초〕 품질이 낮은 살담배。

〔市脯:시포〕 市場에서 산 말린 고기。〔論語〕沽酒ㅣㅣ不食。

〔市虎:시호〕 (喩)根據 없는 말이라도 여러 사람이 말하면 속아서 믿게 됨。市內에 범이 있을 리 없지만、이 말을 하는 사람이 세 사람이 되면、믿게 된다는 것。〔淮南子·說山〕三人成ㅣㅣ。

〔市況:시황〕 시장의 매매·거래·경기。商況。

◎都ㅣ、城ㅣ、夜ㅣ、朝ㅣ、互ㅣ。

【帔】(비) 紙 ヒ、ぬのぎれ a piece of cloth

帔 小篆 헝겊조각비(片破之帛)。

【布】(포) 週 フ、ホ、ぬの、しく cloth ㄅㄨˋ pu⁴ 小篆 草書 ❶베포(麻枲葛織)。【詩經】抱ㅣ貿絲。❷피륙포(織物總絲)。❸벌릴포(陳也)。【書經】諸侯入應門右皆ㅣ乘黃朱。❹돈포(錢也)。【周禮】天官外府掌邦ㅣ之出入。❺베풀포(施也)。

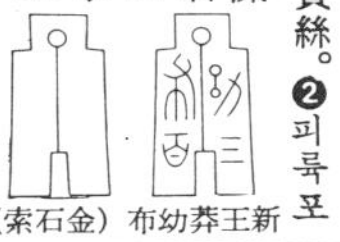
新王莽幼布 (金石索)

【布巾:포건】 머리에 쓰는 베로 만든 巾。『宋史』。평안 남북도에서 씀。

【布告:포고】 ❶告示하여 널리 一般에게 알림。❷국가의 결정적 의사를 公式으로 一般에게 알리는 것。『史記』ㅣㅣ天下。

【布穀:포곡】 《動》뻐꾸기의 異名。杜鵑科에 속하며 개개비 등의 다른 새 집에 알을 낳아 새끼를 기르며 여름에는 슬피 울음。鳲鳩。『杜甫』田家望望惜雨乾、ㅣㅣ處處催春種。

【布穀鳥:포곡조】 《動》뻐꾸기。

【布敎:포교】 ❶가르침을 널리 폄。❷宗敎를 널리 폄。宣敎。傳道。

【布衾:포금】 베로 만든 寢具。보잘 것 없는 寢具。『漢書』ㅣㅣ琉食、以儉飭身。

【布囊:포낭】 베로 만든 주머니。『漢書』死則爲ㅣㅣ盛尸。

【布帶:포대】 베로 만든 띠。

齊衰布帶 (禮器圖)

【布袋:포대】 포목으로 만든 자루。『隋書』以ㅣㅣ貯之。

【布德:포덕】 《宗》天道敎·侍天敎 등에서 한울님의 덕을 이 세상에 편다는 뜻。

【布路:포로】 많은 사람이 도중에서 흩어져 집으로 돌아가는 것。分散。『左傳·襄·三十』皆自朝ㅣㅣ而罷。

【布笠:포립】 《國》대로 만든 外面에 베·모시같은 것으로 싼 갓。

【布網:포망】 《國》상제가 쓰는 베 망건。

【布面:포면】 피륙의 표면。

【布木:포목】 《國》베와 무명。木布。

【布木店:포목점】 베와 무명 따위의 피륙을 파는 상점。시장에서 옷감을 파는 상점。布木廛。

【布帛:포백】 베와 비단。《轉》織物의 總稱。『孟子』ㅣㅣ之長短同、則買相若。

【布帛尺:포백척】 바느질자。

【布帆:포범】 베로 만든 돛。《轉》배。『晉書』行人安穩、ㅣㅣ無恙。

【布絲:포사】 베 실。

【布裳:포상】 布로써 만든 치마。『史記·禮書』。

大功布裳 (三禮圖)

【布商:포상】 베를 팔고 사는 장수。

【布石:포석】 ❶바둑 둘 때 처음에 돌을 벌려 놓는 것。❷장래를 준비함。

【布昭:포소】 天下에 明示함。『書經』惟我商王、ㅣㅣ聖武。

【布素:포소】 소박한 베옷。『宋史』常衣ㅣㅣ。

【布屬:포속】 모시·베 따위。베붙이。

【布施:①포시②보시】 ❶남에게 물건을 베풂음。『國語』享祀時至、ㅣㅣ優裕。❷《佛》Dana의 譯。탐욕이 없는 깨끗한 마음으로 佛菩薩、중、가난한 사람에게 衣食을 베풂음。❸베푼 물품이나 돈。

【布演:포연】 ❶널리 폄。❷자세히 설명을 늘어 놓음。敷演。敷衍。『阮籍』ㅣㅣ六十四卦變。

【布列:포열】 펴서 벌림。벌림。布陣。

【布諭:포유】 널리 알리기 위하여 타이르거나 법령을 펴냄。

【布衣:포의】 베로 만든 옷。《轉》벼슬이 없는 사람。(布衣는 庶民의 옷이며 庶民은 老人이 되기 前에는 비단 옷을 입지 못하였다는 뜻에서 온 말)。匹夫。庶人。『史記·田單傳論』王燭ㅣㅣ也。

【布衣之位:포의지위】 비천한 身分。

【布帳:포장】 베나 무명 따위로 만든 휘장。『史記』在ㅣㅣ。

【布政:포정】 정치를 행함。施政。『詩經』ㅣㅣ優優、百祿施遒。

【布陣:포진】 ❶전쟁이나 경기 등을 하기 위하여 陣을 침。❷품평회나 상점의 창안에 물건을 진열하여 펴 놓음。

【布尺:포척】 측량할 때에 소용되는 베로 만든 자。

【布置:포치】 分配하여 벌려 놓음。配置함。鋪置。『文心雕龍』ㅣㅣ物類。

【布置按排:포치안배】 물건을 적당한 위치에 나누어 순서 있게 벌려 놓음。

【布被:포피】 베 이불。검소한 이불。『史記』公孫弘以漢相ㅣㅣ、食不重味。

【布海苔:포해태】 《植》풀가사리。

【布濩:포호】 흩어지는 모양。널리 퍼져 가득찬 모양。

【布靴:포화】 헝겊신。

【布侯:포후】 베로 만든 과녁。大夫는 虎豹를 그리고 士는 鹿豕를 그림。

布侯 (清會典圖)

◎公ㅣ、功ㅣ、塗ㅣ、麻ㅣ、綿ㅣ、毛ㅣ、領ㅣ、斑ㅣ、發ㅣ、流ㅣ、白ㅣ、分ㅣ、散ㅣ、常ㅣ、商ㅣ、喪ㅣ、宣ㅣ、濕ㅣ、油ㅣ、造ㅣ、天ㅣ、瀑ㅣ。

三 畫

【帄】(인) 震 ジン、てぬぐい (pillow) slip 小篆 베개잇인(枕表)。

【帆】(범) 咸 陷 ハン、ほ sail ㄈㄢˊ fan² 草書 돛범(舟上幔使風)。【廣成頌】張雲ㅣ施蜺幬。(『颿』과 같음)

【帆竿:범간】 帆檣。『陸龜蒙』風生江口亞ㅣㅣ。

【帆立貝:범립패】 《動》가리비。

【帆船:범선】 돛단 배。

【帆影:범영】 멀리서 본 돛의 모양。또는 배 그림자。『李嶠』岸廻ㅣㅣ疾。

【帆檣:범장】 돛대。帆竿。

【帆布:범포】 돛을 만드는 포목。

◎白ㅣ、出ㅣ。

【衫】(삼) 覃 サン、やぶれたしたぎ ragged summer worn by woman blouse 해진적삼삼(衫破貌)。

【师】(사)『師』(巾部 7畫)의 略字

【肃】(녑) 葉 ニョウ、てあしがはやい (of hands and feet) quick 小篆 손발빠를녑(手足敏捷)。

四 畫

【帢】(갑) 合 コウ、かます cattail mat 小篆 부들자리갑(蒲席)。

【帉】(분) 文 フン、ふきん house cloth 小篆 ❶걸레분、행주분(拭物巾)。【禮記】左佩紛帨。❷차는수건분(佩巾)。(『紛』과 通함)

【㶲】(첨) 琰 テン、ゆまき wash-towel 밑가리는수건첨(掩下浴巾)。

【帊】(파) 禡 ハ、ずきん towel tied round one's head ㄆㄚˋ p'a⁴ 小篆 ❶머리수건파(幞也)。❷휘장파(帳也)。(『帕』와 같음)

【帋】 (지)『紙』(糸部 4畫)와 같음

【希】 (희) 微 キ、まれ、ねがう rare; hope ㄒㄧ hsi¹

草書 ❶드물희(罕也)。【書經】鳥獸希革。❷바랄희(望也)。【後漢書】海內ー世之流遂共相標榜。❸적을희(寡也)。(『稀』와 通함)

【希求:희구】 원하며 바람。希望。欲求。

【希覯:희구】 보기 드물음。보기 드문 것。

【希冀:희기】 =希望。【吳子】下無ーー之望。

【希代:희대】 希世。稀代。【明皇雜錄】ー一之寶、莫能計畫。

【希圖:희도】 計畫함。企圖함。또는 計畫·企畫。

【希臘教:희랍교】 (宗)기독교 舊教의 한 派。一一세기 무렵 로마教會와 分離한 한 派로 로마教皇을 인정하지 않음。희랍 正教。東方教會。

【希臘神話:희랍신화】 그리이스 반도에서 B.C. 一一세기 경부터 아리아 민족의 전하여지는 여러 가지 신화。「教。

【希臘正教:희랍정교】 (宗)그리이스正

【希望:희망】 ❶소망을 가지고 기대하여 바람。❷(心)앞일에 대한 所願。기대할 때에 일어나는 감정。希冀。希覬。希願。冀望。希幸。↔絕望。【韓愈】不足以ーー盛德。

【希冕:희면】 (制) 옛날 임금이 社稷·五祠를 제사할 때、希服을 입고 쓰던 冠。【周禮·司服】。

希冕(三才圖會)

【希微:희미】 ❶또렷하지 못함。매우 작음。熹微。❷希와 微。希는 소리가 또렷하지 못함이고、微는 모습이 있는데 잡히지 않음。【老子·十四】。

【希仙:희선】 (植)진득찰。

【希聲:희성】 매우 또렷하지 못한 소리。희미한 소리。

【希世:희세】 ❶세상에 드물음。稀世。稀代。❷世俗에 뇌동함。【莊子】ーー而行、比周而友。

【希願:희원】 =希望。

【希有:희유】 드물게 있음。稀有。珍奇。

【希指:희지】 남의 비위를 맞춤。알랑거리며 아첨함。【漢書】不ーー苟合。

【希幸:희행】 幸福을 바람。希望。

【帍】 (호) 虞 コ、くびまき muffler

❶여인목도리수건호(婦人頸巾)。❷【中字】행주치마호(巾巾)。

五畫

【帑】 (원) 元 エン、はた banner

小篆 기원(幡也)。

【帓】 (저) 語 チョ、ひつぎかけ coffin cloth

❶구의저(柩衣)。❷관싸는베저。【禮註】褚覆棺之物似幕形以布爲之。(『褚』와 같음)

【帑】 ㊀(노) 虞 ド、ト、かねぐら ware house ㊁(탕) 養 ㄋㄨ nu²

小篆 草書 ㊀❶처자식노(妻子)。【詩經】樂爾妻ー。❷새꼬리노(鳥尾)。❸감출노(藏也)。(『孥』와 通함) ㊂나라곳집탕(金幣所藏府)。【漢書】以爲虛費府ー。

【帑庫:탕고】 財貨를 넣어두는 창고。金庫。【朱史】選富家子弟、掌ーー。

【帑廩:탕름】 金庫와 쌀 창고。【唐書】所部ーー、皆可支數歲。

【帑藏:탕장】 財貨를 간직하던 內帑庫。帑庫。【後漢書·桓帝記】ーー金弊。

【帤】 (초) 蕭 ショウ、ほそいと fine thread

가는실초(細絲)。

【帒】 (대) 隊 タイ、かばん bag ㄉㄞ tai⁴

小篆 가방대、전대대(囊屬)。(『袋』와 같음)

【帓】 (말) 黠 マツ、バツ、ずきん head cloth ㄇㄛ mo⁴

草書 ❶머리수건말(幧頭)。【列子】北國之人鞨巾而袞。❷띠말(帶也)。❸버선말(襪也)。(『韈』과 같음)

【帔】 (피) 支 寘 ヒ、すそ skirt ㄆㄟ p'ei⁴

小篆 草書 ❶치마피(帬也)。❷배자피(褙子)。【南史】任昉子西華冬月著葛ー練裘。

【帕】 (파) 禡 ハ、はちまき head-band ㄆㄚ p'a⁴

草書 머리동이수건파(額首飾)。【韓愈詩】以錦纏股以紅ー首。(『帞』와 같음)

【帕頭:파두】 =帕首。

【帕首:파수】 머리에 쓰거나 또는 매는 수건。帕頭幘巾。【韓愈】以江ーー。

【帕額:파액】 머리에 매는 수건。부녀의 머리에 꽂는 장식품。

【帖】 ㊀(첩) 葉 チョウ、かきつけ archives ㊁(체) 〔國字〕 ㊂(첩) 〔國字〕 ㄊㄧㄝ

小篆 草書 ㊀❶문서첩(卷也)。❷타첩할첩(定也)。「ー妥」。❸상앞휘장첩(牀前帷)。【王逸楚辭序】義多乖異事不妥ー。❹【韓愈應科目時與人書】俛首ー耳、搖尾而乞憐者。❹습자책첩。「法ー」。(『貼』과 같음) ㊁체지체(ー紙)。㊂봉지첩(一ー、藥ー)。

【帖木兒:첩목아】 ❶蒙古의 美稱。❷(人)티무르(Timur) 一三三六~一四〇五 티무우르王朝의 始祖。

【帖服:첩복】 유순하게 복종함。帖耳。【王安石】後遂ーー、皆爲用。

【帖附:첩부】 =帖着。

【帖息:첩식】 마음을 놓음。安堵。【宋史】氣遂ーー。

【帖然:첩연】 침착하고 悠然한 모양。【晋書】群情ーー矣。

【帖耳:첩이】 아첨해 가며 同情을 바람。帖伏、帖服。【韓愈·應科目時與人書】俛首ーー、搖尾乞憐。

【帖子:첩자】 ❶수첩。帳簿。접은 책。【金史】六品以下、則具ーー以進。❷(中)兌換券。官帖과 私帖이 있음。❸명함·안내장·召集狀 따위。

【帖著:첩착】 딱 붙어서 떨어지지 않게 함。帖付。貼附。【南史】剪紙方寸、ーー舅枕。

【帖帖:첩첩】 ❶悠然히 침착한 모양。帖然。【杜牧】壇宇寬ーー。❷붙어서 떨어지지 않는 모양。【韓愈·雨中詩】。❸아래로 드리워진 모양。【爾雅】。❹마음 속으로 정성을 다하여 복종함。【韓愈·施先生墓銘】ーー坐諸生下。

【帗】 (불) 物 フツ、まう dance

小篆 춤수건불(舞具)。【周禮】凡舞有ー舞。

【帙】 (질) 質 チツ、ふまき jacket

小篆 或體 草書 ❶책갑질(書衣)。【梁昭明文選序】卷

盈于細ㅣ。❷책권차례질(書卷編次)。❸작은주머니질(小囊)。

【帙冊:질책】여러 권으로 된 한 벌의 책。

【帘】(렴) 鹽 レン、さけばた tavern banner ㄌㄧㄢˊ lien²
草書 술기렴(酒家幟)。【韓非子】宋人有沽酒者懸幟甚高。【註】幟卽ㅣ也。

【㡀】(폐) 霽 ヘイ、ぼろきもの rag
小篆 ❶옷헤질폐(衣壞)。❷더럽고 작을폐(鄙小)。

【帚】(추) 有 シュウ、ほうき broom ㄓㄡˇ chou³
小篆 草書 ❶비추(箒也)。【禮記】凡爲長者糞之禮必加ㅣ于箕上。❷털추(掃也)。(『箒』와 같음)

【帚星:추성】《天》살별。곧 慧星。

【帚掃:추소】비로 쓸음。

【帛】(백) 陌 ハク、きぬ silk fabric ㄅㄛˊ po²
小篆 草書 ❶비단백(絹也)。【周禮】ㅣ如今璧色繒也。❷폐백백(幣也)。【易經】賁于丘園束ㅣ戔戔。❸죽백백(史名)。

【帛絲:백사】윤이 나는 흰 명주실。

【帛書:백서】비단에 쓴 글자。또는 그 비단。【漢書】得雁、足有係ㅣㅣ。

◎幣ㅣ。

六畫

【帝】(제) 霽 テイ、タイ、みかど emperor ㄉㄧˋ ti⁴
小篆 古文 草書 ❶임금제 제왕제(王天下之號君也)。【白虎通】德合天者稱ㅣ。❷하느님제(上ㅣ天也)。

【帝綱:제강】帝王이 나라를 다스리는 政務의 基本되는 법。大綱。【晋書】讚武文、建ㅣㅣ。

【帝車:제거】=北斗星。【漢書】斗爲ㅣㅣ。

【帝嚳:제곡】《人》中國 古代의 傳說上의 帝王。高辛氏라고도 함。이름은 允文。黃帝의 曾孫。帝堯의 할아버지라 함。

帝嚳(金石索)

【帝紘:제굉】帝王의 道理。帝王이 나라를 다스리는 大綱。帝綱。王道。【班固】廓ㅣㅣ、恢皇綱。

【帝國:제국】❶帝王이 다스리는 나라。王國。↔共和國。❷德으로 다스리는 나라。【文中子】。

【帝國主義:제국주의】《政》海外市場을 얻기 위해 될 수 있는 대로 영토를 넓히며 또는 세력 범위를 넓히려고 하는 근대적 侵略主義의 한 형태。

【帝弓:제궁】무지개의 다른 이름。天弓。

【帝闕:제궐】宮城의 門。궁궐。황궁。禁門。宮府。皇城。

【帝德:제덕】황제의 聖德。

【帝都:제도】帝國의 首都。皇城。【李白】日本晁卿辭ㅣㅣ。

【帝道:제도】제왕이 행하는 仁義에 기인한 공명 정대한 政道。王道。【史記】吾說公以ㅣㅣ。

【帝命:제명】황제의 명령。천자의 명령。

【帝謨:제모】천자가 하는 治國의 計策。帝猷。【揚子法言】皐陶以其智、爲ㅣㅣ。

【帝城:제성】=皇城。【漢書】得入ㅣㅣ、死不恨。

【帝室:제실】❶임금의 居處。❷帝王의 一族。皇室。王室。【漢書】天降威明、用寧ㅣㅣ。

【帝業:제업】帝王의 사업。임금이 이룬 업적。帝王이 그 나라를 통치하는 것。帝緖。【班彪】此高祖大略、所以成ㅣㅣ也。

【帝王:제왕】❶군주국의 원수。❷황제 또는 국왕의 總稱。【戰國策】身立爲ㅣㅣ。

【帝王神權說:제왕신권설】제왕의 통치권은 被治者의 동의에 의하는 것이 아니고 신의 뜻에 의한다는 學說。

【帝王韻記:제왕운기】《書》二권。역사책。高麗 高宗 때、李承休 지음。상권은 中國 歷代를、하권은 우리 나라 歷代를、七言詩로 기술하였음。

【帝王切開手術:제왕절개수술】《醫》腹壁 및 子宮壁을 절개하여 胎兒를 꺼내는 수술。大王手術。

【帝位:제위】帝王의 자리。帝祚。皇祚。

【帝猷:제유】帝王의 計畫 또는 施設。帝謨。帝圖。【後漢書】ㅣㅣ顯丕。

【帝胤:제윤】帝王의 혈통。천자의 혈통。帝王의 자손。皇胤。帝系。

【帝政:제정】❶임금의 정치。❷제국주의의 정치。

【帝制:제제】❶帝王이 정한 制度。또는 法則。帝則。❷帝王이 되어 政令을 베풀음。또는 그 制度。「定海內卒踐ㅣㅣ。

【帝祚:제조】황제의 지위。帝位。【史記】平海內、卒踐ㅣㅣ。

【帝座:제좌】❶帝王이 앉는 자리。玉座。❷《天》별 이름。【後漢書】客星迫ㅣㅣ。

【帝統:제통】제왕의 계통。

【帝閑:제한】帝王의 마굿간。【蘇軾】看賜飛龍出ㅣㅣ。

【帝號:제호】제왕의 칭호。【史記】老臣妄竊ㅣㅣ、聊以自娛。

◎大ㅣ、東ㅣ、上ㅣ、先ㅣ、女ㅣ、炎ㅣ、五ㅣ、赤ㅣ、天ㅣ、青ㅣ、皇ㅣ。

【⿰巾夸】(과) 禡 カ、はだぎ underwear
❶속적삼과(小衫)。❷홑옷과(單衣)。

【帞】(파)『帕』(巾部 5畫)와 같음

【⿱列巾】(례) 霽 レイ、きぬぎれ a piece of silk
비단자투리례(帛餘)。【魏都賦】漢罪流禦秦餘徙ㅣ。

【帟】(역) 陌 エキ、ひらとばり curtain ㄧˋ i⁴
小篆 草書 ❶휘장역(帳也)。❷작은 장막역(小幕)。【周禮】幕人掌帷幕幄ㅣ綬之事。

【⿰巾光】(황) 陽 コウ、おおう shut
小篆 ❶덮을황(幪也)。❷삶아서 빤 실황(練絲)。【周禮】ㅣ氏練絲。

【⿰巾旬】(순) 眞 シュン、えりさき end of the neck
小篆 옷깃끝순(領端)。

【帢】(갑) 洽 コウ、ぼうし hat ㄑㄧㄚˋ ch'ia⁴
❶모자갑(帽子)。❷네모 질록한 고깔갑(弁缺四隅)。【魏志】太祖擬古皮弁裁縑帛以爲ㅣ。

【帣】(권) 霰 ケン、ふくろ sack
小篆 草書 ❶자루권(囊也)。【說文】三斛爲一ㅣ。❷소매 걷을권(ㅣ韝)。

【帤】(녀) 魚 ジョ、はたのきれ banner
小篆 먹걸레녀 먹수건녀(幡巾)。❷활에 심올릴녀(弓中裨)。【周禮】弓人厚其ㅣ則木堅薄其ㅣ則需。

【帥】㊀(솔) 質 ㊁(수) 寘 スイ、かしら、おさ general ㄕㄨㄞˋ shuai
小篆 或體 草書 ㊀❶거느릴솔(領兵)。【易經】長子ㅣ

師。❷좇을솔(循也)。【禮記】命鄕簡不ㅣ教者以告。㊂❶주장할수(主也)。❷장수수(將ㅣ)。
【師臣:수신】兵使와 水使를 일컫던 말。
【帥先:솔선】=率先。『晋書』躬稼穡之艱難、以ㅣㅣ天下。
◎元ㅣ、將ㅣ、統ㅣ。

七 畫

【帹】(첩) 葉 チョウ、えりさき end of the neck
帹 小篆 옷깃끝첩(領耑)。

【帨】(세) 霽 ゼイ、てぬぐい hankerchief ㄕㄨㄟ shuei⁴
帨 草書 ❶차는수건세(女子佩巾)。【儀禮】母施衿結ㅣ。❷손수건세。

帨圖(三才圖會)

【帨褵:세리】손수건과 갓끈。여자가 시집갈 때 가져가는 물품。『韓愈』長女當及時、誰助出ㅣㅣ。

【帞】(문) 元 バン、ずきん mourner's head-piece ❶통건문(括髮)。❷굴건문(喪冠)。

【帪】(지) 支 シ、はたじるし banner 기표지(旗標)。

【帩】(초) 嘯 ショウ、しばる bind ㄑㄧㄠˋ ch'iao⁴ 묶을초(縛也)。

【師】(사) 支 シ、せんせい master; teacher ㄕ shih¹
師 小篆 古文 草書 ❶스승사、선생님사(教人以道者範也)。【書經】作之君作之ㅣ。❷본받을사(效也)。【書經】百僚ㅣㅣ。❸어른사(長也)。【書經】州有十二ㅣ。❹군사사(軍旅稱衆)。❺서울사(京ㅣ)。❻벼슬이름사(官名)。「太ㅣ、小ㅣ」。❼신이름사(神名)。「雨ㅣ、雲ㅣ、風ㅣ」。❽괘이름사(卦名)。❾뭇사람사(衆人)。【詩經】殷之未喪ㅣ、克配上帝。

【師家:사가】스승의 집。또는 스승。『世說』從ㅣㅣ受書還。
【師古:사고】옛 것을 모범으로 함。
【師姑:사고】(佛)女僧。尼僧。尼姑。『傳登錄』「尊重ㅣㅣ。
【師教:사교】스승의 가르침。『詩經·箋』
【師君:사군】스승의 敬稱。
【師團:사단】(軍)軍隊(육군과 해병대) 編成의 한 단위。사령부를 가지며 독립적인 작전을 수행할 수 있는 전략 병단임。육군에서는 군단의 아래、聯隊의 위로、보통 세 개의 聯隊와 네개의 砲兵大隊 및 여러 개의 特科 근무 부대로 편성됨。
【師大:사대】師範大學의 略語。
【師徒:사도】❶軍隊。軍勢。士卒。❷스승과 제자。『蜀志』ㅣㅣ勤瘁、不遑寧居。
【師母:사모】스승의 夫人의 尊稱。
【師範:사범】❶스승으로서 모범이 될 만한 사람。모범。師表。『北史』爲世ㅣㅣ。❷柔道 따위의 武術을 가르치는 사람。
【師範學校:사범학교】초중등 교원을 양성하는 학교。
【師法:사법】❶스승을 삼는 것。본떠서 배우는 것。『漢書』魏相明易經、有ㅣㅣ。❷스승이 傳授한 法。『荀子·儒効』。❸軍出動의 길。또는 방법。『漢書·翼奉傳』。
【師輔:사보】가르쳐 인도해주는 사람과 도와주는 사람。스승과 벗。師友。『禮記·學記』。
【師父:사부】❶스승에 대한 尊稱。❷(宗)僧侶·道士들에 대한 尊稱。❸스승과 아버지。
【師傅:사부】❶스승。『詩經』尊敬ㅣㅣ。❷(制)㉠太師와 太傅。모두 임금을 補佐하는 大官。『漢書』父子竝爲ㅣㅣ。㉡李朝 때 임금의 아들을 교육하던 侍講院의 正一品 벼슬。또는 講書院의 從一品 벼슬。❸中國에서 妓女에게 歌唱을 가르치는 사람。
【師事:사사】스승으로 섬김。스승으로 삼고 가르침을 받음。『左傳』ㅣㅣ仲尼。
【師師:사사】서로 스승으로 삼아 본 받는 것。【書經】俊乂在官、百僚ㅣㅣ。
【師說:사설】스승의 학설。선생의 주장。『朱熹·中庸章句序』倍其ㅣㅣ、而淫老佛。
【師受:사수】스승에게서 학문이나 기예를 배워 받음。
【師授:사수】스승에게서 가르침을 받음。『魏書』學不ㅣㅣ。
【師叔:사숙】(佛)스님의 형제되는 스님。「叔師」。
【師承:사승】스승에게서 가르침을 받음。
【師僧:사승】(佛)스님。『黃庭堅』我學少ㅣㅣ。
【師嚴道尊:사엄도존】스승이 엄하면 그 가르치는 道도 자연히 존귀함。『禮記』師嚴、然後道尊。
【師友:사우】❶스승을 삼을 만한 벗。『後漢書』唯以同郡荀淑·陳寔爲ㅣㅣ。❷스승과 벗。❸(制)벼슬 이름。東宮을 가르치던 벼슬。王莽 때 師友祭酒가 있었고、晉代에는 師友를 두고 景帝 때 師를 傅로 고침。『晉書·職官志』。
【師恩:사은】스승의 은혜。
【師資:사자】❶스승·선생。(資는 도움)。❷스승과 제자。『後漢書·儒林傳』。
【師子:사자】(佛)스승과 재자중。『漢書』。
【師子吼:사자후】(佛)佛教徒가 모든 迫害를 두려워하지 않고 큰 소리를 내어 설법을 하는 것。師는 獅와 같으며、獅子가 으르렁거리면 모든 짐승이 두려워함에서 나온 비유의 말。『維摩經·佛國品』。(轉)큰 소리로 기운차게 연설함。獅子吼。『法華經』以大誓願而ㅣㅣㅣ。
【師匠:사장】❶학문이나 기예나 遊藝를 가르치는 스승。❷師表가 될만한 사람。
【師弟:사제】❶스승과 제자。❷(佛)자기보다 나이가 적은 중。❸스승의 아들。
【師弟間:사제간】선생과 제자 사이。
【師弟同行:사제동행】스승이나 제자가 한 마음으로 배워 나감。
【師宗:사종】스승으로 받들어 모시는 사람。尊者。
【師親會:사친회】그 학교의 교사와 학부형들이 협력하여 子女 교육의 효과를 높이기 위한 후원 단체。
【師表:사표】학식과 인격이 높아 남의 모범이 될만한 사람。모범이 되는 것。龜鑑。師範。『史記』國有賢相良將、民之ㅣㅣ也。
【師行:사행】軍隊의 行進。行軍。『詩經·疏』ㅣㅣ三十里。
【師兄:사형】❶나이나 학덕이 자기보다 높은 사람에 대한 尊稱。同門의 先輩。❷(佛)같은 弟子中 선배에 대한 尊稱。
◎京ㅣ、教ㅣ、軍ㅣ、老ㅣ、大ㅣ、牧ㅣ、法ㅣ、旋ㅣ、禪ㅣ、先ㅣ、水ㅣ、樂ㅣ、藥ㅣ、嚴ㅣ、獵ㅣ、王ㅣ、律ㅣ、恩ㅣ、醫ㅣ、祖ㅣ、宗ㅣ、舟ㅣ、出ㅣ。

【帪】(진) 眞 シン、まぐさふくろ fodder-bag 말먹이자루진(飼馬槖)。

【帬】(군) 文 クン、すそ skirt ㄑㄩㄣˊ ch'ün²
帬 小篆 或體 草書 치마군(連接裾幅裳也)。(『裙』과 같음)
【帬屐:군극】치마와 신발。곧 옷차림에 신경을 쓰는 것을 이름。

【帮】(군)『帬』(前條)과 같음

【㡍】(무) 虞 털옷무(毛衣)。 ブ、けおりもの woollen wear

【席】(석) 陌 セキ、むしろ seat T丨 hsi²
小篆 古文 草書 ❶돗석、자리석(簟也)。【急就篇註】重曰筵單曰ー。❷깔석(藉也)。❸걷을석(卷也)。【詩經】我心匪ー不可卷也。❹자뢰할석(資也)。【書經】ー寵惟舊。❺인할석(因也)。【漢書】呂祿呂産ー太后之寵。❻베풀석(陳也)。【禮記】儒有ー上之珍。

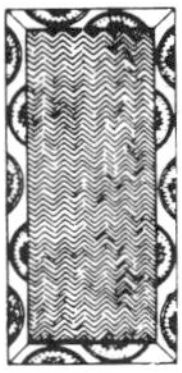
① 席 (禮器圖)

【席藁待罪:석고대죄】거적을 깔고 엎디어 처벌을 기다리는 것。
【席卷:석권】자리를 둘둘 말듯이 너른 땅이나 일을 쳐서 빼앗음。席捲。【賈誼】ーー天下、包擧宇內。
【席卷之勢:석권지세】자리를 마는 듯이 세차고 거침 없이 세력을 펴는 모양。
【席末:석말】지위의 맨 끝。末席。
【席帽:석모】❶《國》자기 마음에 만족하지 않는 벼슬。❷藤으로 짠 모자。
【席上:석상】❶=座上。❷여러 사람이 모인 어떤 모임의 자리。
【席上揮毫:석상휘호】그림 또는 글씨를 앉은 자리에서 즉시 쓰고 그림。
【席順:석순】=席次。
【席子:석자】돗자리。
【席長:석장】모인 중에 가장 어른 되는 사람。座長。
【席地:석지】땅에 앉음。땅에 자리를 깔음。땅 위에 좌석을 베풀음。
【席次:석차】❶자리의 차례。❷성적의 순서。席順。
【席薦:석천】멍석。돗자리 방석。席子。
【席寵:석총】寵愛를 받음。【書·畢命】。◎客ー、缺ー、末ー、拜ー、陪ー、首ー、連ー、筵ー、燕ー、宴ー、鼎ー、ー座、酒ー、主ー、即ー、次ー、着ー、出ー、寢ー、枕ー、花紋ー、會ー。

八畫

【帰】(귀)『歸』(止部 14畫)의 俗字

【㡓】(종) 冬 ソウ、えびすぎぬ silk 오랑캐비단종(南蠻之絹)。

【帡】(병) 庚 ヘイ、とばり curtain ㄆ丨ㄥ p'ing² 草書 휘장병(幄也)。【法言】然後知夏屋之爲ー幪。
【帡幪:병몽】幕。휘장。차일。(위에 둘러)치는 것을 帡、위에서 덮는 것을 幪이라 함。

【㡉】(현) 霰 ケン、ぬの cloth 小篆 표신기현(標信旗、幡係於桀者)。

【帴】(전) 先 セン、すそ skirt 小篆 草書 ❶치마전(帬也)。❷포대기전(小兒藉褓)。❸안갑전(鞍匣)。

【帢】(흡) 洽 コウ、かぶりもの cap ❶모자흡(帽也)。❷깁건흡(絹幘)。【魏書】武帝裁縑帛以爲ー。

【帳】(장) 漾 チョウ、とばり curtain ㄓㄤˋ chang⁴ 小篆 草書 ❶휘장장(帷也)。❷장막장(幕也)。❸앙장장(幬也)。❹치부책장(計簿)。
【帳記:장기】물건이나 논밭의 매매에 관한 物目을 적은 글발。掌記。
【帳單:장단】賣主가 買主에게 요구하는 付款의 통지서。
【帳落:장락】遊牧者의 부락。【宋史】擒酋豪、焚ーー。
【帳幕:장막】천막 또는 둘러치는 막。
【帳面:장면】❶온갖 일을 치부하는 책。❷나날의 거래를 적어두는 책。
【帳房:장방】장막을 둘러쳐서 만든 방。【元史·百官志】。
【帳簿:장부】金品의 수입 및 지출을 기록하는 책。

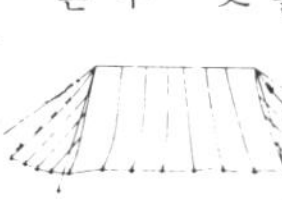
帳房(淸會典圖)

【帳設:장설】잔치 또는 놀이로 여러 사람이 모인 자리에 내어 가는 음식。
【帳設間:장설간】장설을 차리는 곳。
【帳幄:장악】幕。휘장。【王逢】彩雲ーー冷風滿。
【帳籍:장적】戶數와 식구별로 기록한 책。戶籍을 등기한 장부。戶籍簿。
【帳前:장전】❶임금이 臨御한 帳幕의 앞。❷將帥의 앞。
【帳中:장중】장막의 안。【史記】即其ーー、斬宋義頭。
【帳幅:장폭】휘장。【陸游】ーー如春煙。◎記ー、臺ー、蚊ー、房ー、繡ー、元ー、通ー、布ー、揮ー。

【帵】(완) 寒 元 ワン、たちあまりのきれ a piece of cloth 자투리완(裁餘)。【正字通】今釆帛舖剪截之餘曰ー子。

【帶】(대) 泰 タイ、おび belt ㄉㄞˋ tai⁴ 小篆 草書 ❶띠대(紳也)。❷찰대(佩也)。❸데릴대(隨行)。❹뱀대(蛇也)。❺둘레대(圓也)。「ーー」。❻쪽대(邊也)。「寒ー熱ー」。❼골이름대(朝鮮郡名)。❽가질대(持也)。「携ー」。❾대하증대(婦人病)「ー下」。❿풀이름대(草名)。
【帶甲:대갑】갑옷을 입은 兵士。甲士。【漢書】湯池百步、ーー百萬。
【帶劍:대검】❶칼을 참。몸에 찬 칼。帶刀。佩劍。❷小銃의 銃口에 꽂는 칼。
【帶鉤:대구】革帶의 두 끝을 서로 끼어 맞추는 자물 단추。【史記】射中小白ーー。
【帶刀:대도】=佩劍。【隋書】ーー升座。
【帶同:대동】데리고 함께 감。
【帶累:대루】남의 범죄에 관계됨。連累。
【帶分數:대분수】《數》整數와 眞分數로 된 분수。混數。
【帶狀:대상】좁고 길어서 띠와 같이 생긴 모양。
【帶小數:대소수】《數》정수와 소수가 합쳐 된 수。
【帶率:대솔】❶領率。❷帶率下人의 略語。
【帶水:대수】물기를 띰。
【帶電:대전】물체가 전기를 띠는 일。
【帶電體:대전체】《物》電氣를 띠고 있는 물체。
【帶鳥:대조】《動》때까치。
【帶紙:대지】물건을 싸고, 그 위를 두르는 좁고 긴 종이。
【帶妻:대처】아내를 둠。
【帶妻僧:대처승】《佛》살림을 차리고 와 가족을 거느린 중。↔比丘僧。
【帶下:대하】《醫》婦人病의 한 가지。帶下症。【史記】聞貴婦人、即爲ーー醫。(ーー醫는 婦人科의 醫師)。
【帶下症:대하증】《醫》여자의 陰部로부터 흰 빛의 白帶下 또는 붉은 빛의 赤帶下 또는 붉은 분비액이 흐르는 병。冷의 한 가지。
【帶環:대환】朝服의 띠에 다는 고리모양의 구슬。

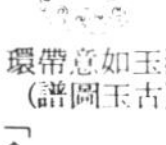
漢玉如意帶環(古玉圖譜)

【帶勳:대훈】勳位나 勳章을 가지고 있음。

【帶黑色：대흑색】 꺼무스름한 빛깔。

◎冠ㅣ、連ㅣ、熱ㅣ、玉ㅣ、溫ㅣ、紐ㅣ、一ㅣ、地ㅣ、寒ㅣ、携ㅣ。

【幓】 (업) 葉 ヨウ、ずきん head-cloth

❶두건업(幧頭)。 ❷머리동이업(綃頭)。 『釋名』齊人綃頭謂之ㅣ言斂髮使從上也。

【帷】 (유) 支 イ、とばり ㄨㄟˊ wei² curtain

小篆 古文 草書

❶휘장유(幔也)。 ❷장막유(幕也)。

【帷幕：유막】 機密을 의논하는 곳。

【帷幔：유만】 휘장。幕。드리우는 비단。幔幕。

【帷薄不修：유박불수】 부인의 품행이 좋지 못함。閨房不肅。『後漢書』盛陳ㅣㅣ、大會諸將。

【帷房：유방】 ❶휘장을 친 房。❷寢室 안。閨房。幃房。『宋書』愛止ㅣㅣ、權無外授。

【帷屛：유병】 휘장과 병풍。『南史』盛設ㅣㅣ、列女樂。

【帷幄：유악】 帷와 幄 모다 陣營에 쓰이는 幕。帷幕。《轉》❶作戰計劃을 짜는 곳。참모부。本陣。車帳。『漢書』運籌ㅣㅣ之中、決勝千里之外。❷參謀。帷幄之臣。謀臣。『後漢書』ㅣㅣ謂謀談之臣。

【帷子：유자】 밑으로 늘어뜨리는 휘장。

【帷帳：유장】 ❶휘장과 장막。『史記』ㅣㅣ鍾鼓。美人充之。❷帷幄①。

【常】 (상) 陽 ショウ、つね ㄔㄤˊ ch'ang² always

小篆 或體 草書

❶항상상、늘상(恒久)。『易繫辭』動靜有ㅣ。❷떳떳할상(庸也)。❸두길상(數名倍尋)。「八尺曰尋倍尋曰ㅣ」。❹아가위상(棣也)。『詩經』維ㅣ之華。❺오랠상(久也)。『易經』後得之而有ㅣ。❻벼슬이름상(官名)。「太ㅣ」(『裳』과 통함)

【常客：상객】 ❶늘 찾아오는 손님。❷顧客。

【常格：상격】 어느때나 항상 정해진 格式。『歐陽修』拘牽ㅣㅣ。

【常經：상경】 永久不變의 道理。사람으로서 항상 지켜야 할 떳떳한 道理。『漢書』天地之ㅣㅣ、古今之通誼。

【常軌：상궤】 항상 행할 떳떳하고 바른 길。常道。『北史』是百王之ㅣㅣ。

【常規：상규】 ❶보통의 일반적인 규정 또는 규칙。❷늘 변하지 않는 규칙。常典。

【常談：상담】 ❶보통으로 쓰는 평범한 말。❷상스러운 말。

【常度：상도】 ❶永久不變의 法則。正常的인 法度。常規。常典。『史記』ㅣㅣ未替。❷平素의 태도。『後漢書』或多惶懼、失其ㅣㅣ。

【常途：상도】 당연한 길。日常 보통의 일。『韓愈』踵ㅣㅣ之促促。

【常道：상도】 ❶때와 곳에 따라 변하지 않는、사람이 항상 지켜야 할 道理。不變不易의 道。常軌。『老子』道可道非ㅣㅣ。❷보통의 수단。

【常例：상례】 두루 많이 있는 事例。恒例。慣例。『北齊書』不依ㅣㅣ。

【常禮：상례】 定해진 예식。보통의 예법。日常의 예의。『漢書』五嶽四瀆、皆有ㅣㅣ。

【常綠：상록】 四時에 나무잎이 늘 푸름。

【常綠樹：상록수】 《植》나무잎이 四時에 언제나 푸른 나무。常磐木。↕落葉樹。

【常論：상론】 日常의 議論。異彩가 없는 의논。보통의 논설。『漢書』問不急之ㅣㅣ。

【常理：상리】 떳떳한 도리。당연한 이치。『韓愈』人生有ㅣㅣ。

【常務：상무】 ❶날마다 보는 業務。❷常務委員의 略語。❸常務取締役의 略語。

【常務委員：상무위원】 공공 단체에서 일상 업무를 처리키 위하여 특별히 選定한 위원。常務。

【常務取締役：상무 취체역】 회사·은행의 중역으로 취체역에서 선출되어 일상의 업무를 집행하는 기관。또 그 사람。

【常民：상민】 상사람。常人。↕兩班。

【常班：상반】 평민과 양반。『齊書』禮絶ㅣㅣ、寵冠群辟。

【常步：상보】 乘馬隊가 보통의 속도보다 더 느린、가장 더딘 속도로 행진하는 步度。보통 속도보다 느린 步法。

【常服：상복】 ❶늘 입는 보통의 옷。平服。『蘇軾』幅巾ㅣㅣ儼不動。❷軍의 常服。韋弁服。『詩·六月』。

【常俸：상봉】 평소에 받는 봉급。『晋書』群僚ㅣㅣ、竝皆寡約。

【常備：상비】 늘 준비하여 둠。항상 준비하여 둠。평상시에 베풀어 둠。

【常備軍：상비군】 국가가 국방을 위하여 상설하고 있는 군대。

【常備金：상비금】 어떠한 일에 대비하여 늘 갖추어 두는 돈。非常金。

【常備兵：상비병】 ❶平常時에도 備置하여 두는 軍兵。❷常備兵役에 복무하는 軍兵。有事時를 위하여 항상 보유하는 군대。

【常備藥：상비약】 가정이나 병원에서 뜻하지 않은 탈을 위하여 늘 갖추어 두는 약품。

【常事：상사】 ❶정해진 일。『書經』乃克立玆ㅣㅣ司牧人。❷흔히 있는 평범한 일。日常의 일。『晋書』惟說平生ㅣㅣ。

【常祀：상사】 平素에 定해져 있는 祭祀。例祭。『唐書』歲之ㅣㅣ、二十有二。

【常事犯：상사범】 《法》國事犯 이외의 보통의 犯罪의 總稱。또는 그 범인。

【常常：상상】 ❶日常。平常。늘。언제나。《孟子》欲ㅣㅣ而見之、故源源而來。❷無心한 모양。『莊子·山木』。❸盛한 모양。『廣雅·釋訓』。

【常設：상설】 항상 설비하여 둠。

【常設仲裁裁判所：상설중재재판소】 《法》국가 끼리의 紛爭을 평화적으로 해결짓기 위한 목적으로 一八九九년에 和蘭 海牙에 설치된 국제 재판소。

【常勢：상세】 항상 정해진 정세。언제나의 모양。『孫子』兵無ㅣㅣ、水無常形。

【常數：상수】 ❶자연으로 정하여진 운명。자연의 결과。❷《物》일정한 상태에 있어서、물질의 성질에 관계된 양을 나타낸 수。❸《數》일정한 數値。↕變數。『儀禮』

【常羞：상수】 平素의 음식。常食。『杜甫』敕廚倍ㅣㅣ。燕與羞、無ㅣㅣ。

【常習：상습】 항상 하는 버릇。

【常習犯：상습범】 노름군·매음부 따위가 항상 노름이나 매음을 하는 것처럼 상습이 된 범죄 행위를 이름。

【常習者：상습자】 어떤 한 그릇된 일에 상습이 된 사람。

【常勝：상승】 항상 이김。必勝。『列子』天下有ㅣㅣ之道。

【常時：상시】 平常時의 略語。『十八史略』「ㅣㅣ身不離鞍」。

【常侍：상시】 《制》항상 임금 左右에 있어 일을 보는 사람。散騎常侍의 略稱。

【常食：상식】 예사롭게 먹음。항상 또는 보통 때 먹는 음식。늘 먹음。

【常識：상식】 ❶보통 사람이 지니거나 또는 지녀야 할 標準知力。見識。德性。❷보통의 지식 또는 평범한 생각。

【常識化：상식화】 모든 사람의 상식이 되다시피 함。상식적으로 변함。

【常藥：상약】 민간에서 경험에 의하여 흔히 쓰는 약。

【常羊：상양】 ❶헤맴。逍遙。『漢書·禮樂志』周流ㅣㅣ。❷進退가 不定한 모양。

【常業：상업】 일정한 일。정해진 업무。『宋史』臣有常職、民有ㅣㅣ。

【常溫動物：상온동물】 ＝溫血動物。

【常鷂：상옹】 《動》딱새。

【常用：상용】 일상 생활에 늘 씀。

【常用對數:상용대수】《數》一〇을 底數로 하는 대수. 正 또는 零인 소수 부분과 正과 零, 또는 負인 정수 부분으로 이루어지는 소수의 형태로 나타내어 위의 두부분을 각각 假數 및 指標라고 이름.
【常用語:상용어】일상 생활에 흔히 쓰는 말. 늘 쓰는 말.
【常因:상인】前부터 이미 정해진 因緣. 『管子』國有——.
【常人:상인】❶보통 사람. 凡人. ❷항상 道를 지켜 不變하는 사람. ❸《國》상사람. 常漢.
【常任:상임】❶一定한 직무를 늘 계속하여 맡음. ❷《制》周代, 事務를 맡던 公卿. 『書·立政』.
【常任理事:상임이사】일정한 임무를 항상 집행하고 있는 이사.
【常情:상정】日常의 마음. 사람에게 공통적으로 있는 보통의 人情. 日常의 情誼. 『莊子·人間世』傳其——, 無傳其溢言.
【常存:상존】언제나 존재함.
【常住:상주】❶항상 거주함. 늘 머무름. ❷《佛》㉠중이 一定한 절에 살고 있음. ㉡佛法이 生滅 없고 변천 없이 늘 존재함. 永久不變. 『法華經』世間相——.
【常住不滅:상주불멸】《佛》本然眞心이 없어지지 아니하고 영원히 있는 것.
【常住坐臥:상주좌와】언제나. 日常.
【常職:상직】일정한 직무나 직업. 『孟子』抱關擊柝者, 皆有——.
【常著:상착】보통 때에 늘 입는 옷.
【常賤:상천】상사람과 賤人.
【常春藤:상춘등】《植》댕댕이덩굴.
【常態:상태】보통 때의 모양이나 형편. 정상적인 상태. ↔變態. 『後漢書』舞無——, 鼓無常節.
【常套:상투】보통으로 늘 하는 투. 예사의 버릇.
【常套手段:상투수단】버릇이 되어서 예사로 쓰는 투의 수단.

【常套語:상투어】버릇이 되어 늘 쓰는 예사로운 말. 套語.
【常套的:상투적】늘 버릇이 되다시피 한 모양.
【常平倉:상평창】《制》❶中國 後漢 宣帝 때 처음 설치한 米價 調節을 위한 창고. 米穀·면포 등 생활 필수품을 값이 쌀 때, 다소 비싼 값으로 사들였다가 값이 오르게 되면 다소 싼 값으로 팔아 물가를 조절하였음. 『漢書』. ❷우리 나라는 高麗 光宗 때 처음으로 設置. 李朝 宣祖 때 폐지하고 宣惠廳으로 고침.
【常平通寶:상평통보】《制》李朝 때 쓰던 葉錢의 이름. 仁祖 一一년에 처음 만들어 쓰고, 肅宗 一一년에 두 번째 만들어 씀.
【常漢:상한】=常人③.
【常憲:상헌】❶일반적인 規定 또는 規則. 常規. 『書經』人臣克有——. ❷늘 변하지 않는 規則. 常法. 常典.
【常刑:상형】一定한 刑罰.
【常戶:상호】상사람의 집. ↔班戶.

【帺】(기) 寘 キ、つなぐ fasten 맬 기(繫也).

九畫

【⿰巾冐】(모)『帽』(巾部 9畫)의 俗字

【⿰巾兪】(유) 虞 ユ、きぬぎれ piece of silks ㄠˋ mao⁴ ❶비단 조각 유(絹之端片). ❷토끝 유(繪端裂). ❸등거리 유(短袖襦). ❹속옷 유(近身衣).

【帽】(모) 號 ボウ、モウ、ぼうし、かぶりもの hat; cap ❶모자 모(冠也). 『唐書』烏紗—者視事及燕見賓客之服. ❷무릅쓸 모(冒也). (『冒』와 통함)
【帽帶:모대】紗帽와 각띠. 모자와 띠.
【帽名:모명】거짓으로 꾸며대는 이름. 꾸며대는 이름.
【帽憑:모빙】충분히 생각을 해 봄. 『淮南子·脩務』.
【帽子:모자】머리에 쓰는 것의 총칭.
【帽子標:모자표】모자에 붙이는 일정한 표지. 帽標. 帽章.
【帽章:모장】=帽子標.
【帽釘:모정】경첩에 치는 못. 못 대가리가 모자 모양으로 된 못. 鉸釘.
【帽標:모표】帽子標의 略語. ◎官—, 軍—, 登山—, 禮—, 制—, 着—, 脫—, 學—.

【⿱前巾】(전) 先 セン、はたじるし banner 기전(旗也).

【帾】(도) 虞 ト、はたじるし mark 찌지붙일도(標記貼物).

【幀】(정) 敬 テイ、きぬえ picture ㄓㄥˋ chêng⁴ (本音「탱」) 그림족자 정(張畫繪).
【幀首:정수】表裝의 윗부분. 『還魂記』暗藏春色, 題於——之上何如.
【幀畫:정화⇩탱화】《佛》그림으로 그려서 벽에 거는 佛像. 佛家에서는 탱화라 읽음.
【幀畫佛事:정화불사⇩탱화불사】《佛》벽에 거는 佛像을 그리는 일.

【⿰巾是】(시) 紙 シ、てぬぐい dishcloth 행주 시(拭器巾).

【⿰巾盾】(춘) 眞 チュン、こめぶくろ rice-bag 쌀자루 춘(米袋).

【⿰巾軍】(곤) 元 コン、さるまた short trousers 잠방이 곤(裩褌).

【⿱敄巾】㊀(무) 宥 ム、ブ、ほろ wagon cover ㊁(옥) 沃 ㊀차우비무(漆布覆車). ㊁차우비옥(漆布覆車).

【⿰巾央】(앙)『央』(大部 2畫)과 같음.

【⿰巾把】(파) 馬 ハ、てをかえしてうつ flap with the back of a hand 손뒤집어칠파(飜手擊之).

【幃】(위) 微 イ、におい perfume purse ㄨㄟˊ wei² ❶향낭위(香囊). 『離騷經』蘇糞壤以爲—兮. ❷홑휘장위(單帳). 『漢書』所幸愼夫人令—帳不得文繡. (『褘』와 통함)
【幃帟:위역】內室에 친 휘장. 『後漢書』定策——. 《轉》作戰計畫을 짜는 곳.
【幃帳:위장】휘장. 장막. 『史記』盛——, 侍者甚衆.

【幅】㊀(폭) 屋 フク、はば width ㊁(핍) 職 ㊂(복)〔國字〕 ㄈㄨˊ fu² (本音「벽」) ㊀❶폭폭(布帛廣狹). 『左傳』夫富如布帛之有—焉. ❷걷치레할폭(外飾). 『漢書』修飾邊—. ❸가득찰폭(滿也). ㊁행전핍(行縢).
【幅巾:복건】頭巾의 하나. 隱士가 씀. 『後漢書』.
【幅廣:폭광】한 폭이 될 만한 너비.
【幅利:폭리】利益을 제한함.
【幅員:폭원】地面의 넓이와 둘레. 넓이.

(幅은 面積、員은 둘레)。幅圓。幅隕。◎廣―、大―、滿―、半―、邊―、前―、全―、橫―。

【幄】(악) 覺 アク、とはり curtain ㄨㄛˋ wò
❶장막악(覆帳形如屋)。〔史記〕運籌帷―之中。❷군막악(軍旅之帳)。〔左傳〕子產以―幕九張行。

【幄幕:악막】 陣中에 친 장막。幄帳。〔左傳〕子產以――九張行。

【幄帷:악유】 막과 휘장。帷幄。〔魏志〕坐則侍――、行則從華蓋。

【幄次:악차】 임금이 거둥 때 쉬도록 장막을 둘러 친 곳。

【⿱剌巾】(랄) 曷 ラツ、はらう strike
칠랄(擊也)。

【幇】(방) 庚 ホウ、たすける help
❶곁들방(事物傍取者)。❷도울방(助也)。❸구할방(救也)。❹신가상이 꾸미개방(裨帖治履邊)。

【幇辦:방변】 남의 일을 도움。

【幇助:방조】 도움。옆에서 힘을 보탬。

十畫

【⿰巾旁】(방) 漾 ホウ、きぬにかく album of excellent handwritings
서첩방(書貼)。

【⿰巾虒】(체) 霽 テイ、あかいがみ red paper
붉은종이체(赤紙)。

【⿰巾兼】(렴) 鹽 レン、とばり curtain
❶휘장렴(帷也)。❷문면자렴(戶上之幔)。

【幋】(반) 寒 ハン、きものかけ clothes-rack
❶옷대보반(覆衣大巾)。❷머리동이반(首盤)。

【⿰巾冡】(몽) 東 モウ、ふろしき cloth wrapper
❶옷보몽(衣巾)。❷덮을몽(覆也)。〔方言〕嵩南陳穎之間大巾謂之―。(『幪』과 같음)

【幌】(황) 養 コウ、とばり curtain ㄏㄨㄤˇ huang
❶휘장황(帷幔)。〔晉書〕有雲母―。❷포장황(車帷)。❸방장황(房幔)。

【幌菊:황국】 (植)菊科의 宿根草로 深山幽谷에 자라며、여름에 黃色의 꽃이 핌。

【幌馬車:황마차】 포장을 두른 마차。

【幌蚊帳:황문장】 대로 세움대를 하여 만든 작은 모기장。어린애들이 잘 때 쓰임。母衣蚊帳。

【幍】(도) 豪 トウ、くみひも sheath
❶칼전대도(巾袟)。❷모자도(巾幗)。(『絛』와 같음)

【幎】(멱) 錫 ベキ、おおう cover ㄇㄧˋ mì
❶면모멱(面帽)。〔儀禮〕―目用緇。❷덮을멱(覆也)。〔十八史略〕夫差曰、吾無以見子胥、爲―冒乃死。

【幎歷:멱력】 숨었다가 나타났다가 하는 모양。〔潘岳〕――乍見。

【幎冒:멱모】 얼굴을 싸서 덮는 천。〔十八史略〕爲――乃死。

【幎目:멱목】 小殮(소렴) 때 송장의 얼굴을 싸는 헝겊。幎冒。〔儀禮〕――用緇。

(緇는 黑布)。

【幐】(등) 蒸 トウ きんちゃく purse
❶차는주머니등(帶囊)。❷자루등(袋也)。(『縢』과 통함) ❸향주머니등(香囊)。

【幏】(가) 禡 カ、みつぎぬの cloth
구실베가(蠻布稅也)。〔魏都賦〕賨―積墆琛幣充物。

【⿰巾冓】(구) 尤 コウ、ひとえ unlined clothes
❶홑옷구(單衣)。❷갑옷구(甲衣)。

十一畫

【⿰巾祭】㊀(세) 霽 ㊁(설) 屑 セイ、セツ、きぬぎれ scrap of cloth
㊀자투리세(剪帛遺餘)。㊁❶찢은비단설(裂帛)。❷가화설(剪繒爲花)。

【幑】(휘) 微 キ、はた、のぼり banner
표기휘(幟也)。〔說文〕以絳―帛著於背。(『徽』와 通함)

【⿰巾逢】(봉) 宋 ホウ、てぬぐい towel
❶수건봉(巾也)。❷향서봉(款書)。

【⿰執巾】㊀(세) 霽 ㊁(지) 寘 セ、てぬぐい (pocket) handkerchief
㊀❶예절에쓰는수건세(禮儀巾)。❷손수건세(手巾)。㊁뜻은 ㊀과 같음。

【⿰巾彗】(세) 霽 セイ、てぬぐい towel
세수수건세(盥巾)。

【幓】㊀(삼) 咸 ㊁(섬) 鹽 サン、セン はたあし
㊀수레휘장술삼(車飾貌)。㊁기복판섬(旌旗正幅)。

【幔】(만) 翰 マン、ひきまく curtain ㄇㄢˋ man
❶장막만(幕也)。❷휘장만(帳也)。〔拾遺記〕周穆王有鸞章錦―。

【幔幕:만막】 드리우는 막。〔名畫錄〕以――遮蔽。

【幔城:만성】 막으로 둘러친 성。〔宋之問〕花發――中。

【幔室:만실】 막으로 둘러친 방。〔宋史〕明堂五帝位、皆爲――。

【幔帷:만유】 幕。휘장。〔司馬相如〕張羅綺之――兮。

【幕】(막) 藥 マク、バク、まく curtain ㄇㄨˋ mù
❶장막막(帷在上)。❷장군막(將軍之稱)「―下、―僚」。❸군막막(軍旅無常居故以帳―之)。〔史記〕市租皆入―府。❹가릴막(蔽也)。❺덮을막(被覆)。(『莫』과 通함)

【幕間:막간】 연극에 있어서 막과 막 사이의 동안。

【幕間劇:막간극】 宴會 같은 데서 餘興으로서 짧은 시간에 상연되는 극。

【幕南:막남】 (地)內蒙古 고비 사막의 남쪽 지방。朔南。〔後漢書〕――無王庭。

【幕僚:막료】 ❶將軍을 輔佐하는 參謀官。幕友。〔宋史〕藩鎭――、勿得任臺官。(轉)남의 의논에 참여하는 사람。顧問。幕賓。❷(制)李朝 때 裨將·監司·留守·兵使들을 따라다니던 관리의 하나。幕客。幕裨。❸(制)君主의 帷幄。❹陸·海·空軍

의 參謀總長·司令官 등에 직속하여 참모 사무 및 副官 任務를 수행하는 將校。
【幕幕：막막】 ❶어두운 모양。【後漢書·張衡傳】。❷盛한 모양。【張衡·思玄賦】。
【幕府：막부】 ❶大將軍의 本營。장소가 일정하지 않고 필요한 곳에 幕을 치고 軍事를 지휘하였음에서 온 말。莫府。【史記】之一一對簿。❷《日》《歷》將軍이 정치를 執務하던 곳。武人의 정부。鎌倉·室町·江戶 三時代에 걸쳐 幕府政治를 하였음。❸節度使가 있던 곳。
【幕舍：막사】 ❶《軍》해병대 편제상의 부대 단위의 하나。❷판자나 천막 같은 것으로 임시로 되는 대로 허름하게 지은 집。
【幕朔：막삭】 《地》고비 사막 以北의 땅。(幕은 漠, 朔은 北으로 沙漠의 북쪽이란 뜻)。幕北。【漢書敍傳】。
【幕營：막영】 ❶임시로 幕을 친 陣舍。❷將軍의 本陣·陣營。
【幕庭：막정】 ＝幕府。【元史】建一一於和林。
【幕中：막중】 ＝裨將。
【幕天席地：막천석지】 하늘을 帳幕으로 삼고 땅을 자리로 삼는다는 뜻。《喩》志氣가 壯大한 형용。【劉伶】一一、縱意所如。
【幕下：막하】 幕府의 아래。將軍의 直屬部下。大將의 麾下。【韓愈】羅而致之一一。《轉》將軍의 尊稱。【左傳】。
◎開一、暗一、映寫一、銀一、字一、帳一、終一、酒一、天一、土一、閉一、黑一。

【幖】 (표) 蕭 ヒョウ、はたのぼり banner
幖 小篆 깃발 표(幡也、幟也)。【正韻】立木爲表繫綵其上謂之一。

【⿰巾婁】 (루) 尤 ロウ、ふくろ bag
자루 루(囊也)。【方言】關以西飼馬橐謂之一篼。

【⿰巾曹】 (조) 蕭 ソウ、しきもの baby's quilt
포대기 조(小兒藉⿰巾曹)。

【幗】 (귁) 陌 カク、かみづつみ bonnet ㄍㄨㄛˊ kuo² (古音「괵」)
幗 小篆 書 草 아낙네 관 귁(婦人冠)。【晉書】諸葛亮數挑戰帝不出因遺帝巾一婦人之飾。

【幘】 (책) 陌 サク、ずきん head-cloth ㄗㄜˊ tsê²
幘 小篆 書 草 머리수건 책(頂上覆髻)。【急就篇】一者額髮之巾所以整髮。
【幘巾：책건】 머리에 쓰는 수건。【方言·四】覆結謂之一一。
【幘梁：책량】 頭髮을 싸는 巾。【儀禮·士冠禮】纚注、今之一一也。
【幘墮：책타】 머리 따위에 쓴 것이 떨어짐。

十二畫

【幜】 (경) 迥 ケイ、きぬ silk
비단 경(帛也)。【隋書】皇后服大嚴繡衣帶綬佩加一入昭陽殿前至席位姆去一。

【幝】 (천) 銑 セン、やぶれとばり wear out curtain
幝 小篆 書 草 수레 휘장 해져 너풀거릴 천(車衣弊貌)。【詩經】檀車一一。
【幝幝：천천】 수레의 휘장이 찢어져 너덜거리는 모양。

【幟】 (치) 寘 シ、のぼり banner ㄓˋ chih⁴
幟 小篆 書 草 ❶깃대 치、표기 치(旌旗屬標)。【史記】旗一皆赤。❷기치(幡也)。
【幟竿：치간】 매는 기를 달아 세운 장대。
【幟邑：치읍】 漢字의 旁의 이름。우부방[阝]을 이름。

【幞】 (복) 沃 ボク、ずきん mourner's hempen cap ㄆㄨˊ p'u²
幞 小篆 書 草 ❶두건 복(頭巾)。【三儀實錄】古以皀羅三尺裹頭號頭巾。❷머리동이 복(帕也)。❸치마폭 복(裳削幅)。❹복두(一頭)。【唐書】一頭起於後周便武事者。

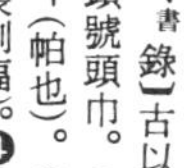
交脚幞頭 (三才圖會)

【幞巾：복건】 ❶道服에 갖추어서 머리에 쓰는 건。❷어린 사내 아이가 명절이나 돌 때에 머리에 쓰는 건。
【幞頭：복두】 科擧 급제자가 紅牌를 받을 때 쓰던 冠。頭巾。【朱子語錄】。

【幠】 (무) 虞 ブ、おおう cover
幠 小篆 ❶덮을 무(覆也)。【禮記】一用斂衾。❷거만할 무(慢也)。【禮記】毋一毋敖。

【⿰巾散】 (산) 旱 サン、きぬがさ sunshade
일산 산(蓋也)。【晉書】功曹吏一扇騎從。(『繖·傘』과 같음)

【幡】 (번) 元 ハン、ホン、はた flag ㄈㄢ fan¹
幡 小篆 書 草 ❶표기 번(幟也)。【崔豹古今註】信一古之徽號所以題表官號以爲符信。❷나붓길 번(飛揚貌)。【上林賦】垂條扶疏落英一纚。❸돌이킬 번(反也)。【孟子】旣而一然改。❹수건 번(紛帨)。❺먹걸레 번(書兒拭觚布)。【徐鉉曰】觚八稜木於上學書已以布拭之俗呼一布。(『翻』과 通함)
【幡旗：번기】 펄펄 나부끼는 기。【漢書】類舟船一一。
【幡信：번신】 旗에 써서 명령을 전함。符節의 類信幡。【漢書·藝文志】。
【幡然：번연】 ❶마음이 변하는 모양。【孟子】旣而一一改曰。❷펄펄 나부끼는 모양。翻然。
【幡然開悟：번연개오】 모르던 事理를 갑자기 깨닫는 것。
【幡幟：번치】 표를 한 旗。기의 표。旗幟。【漢書】立五采一一。

【⿰巾須】 (수) 虞 シュ、ずきん mourner's hempen cap
❶두건 수(頭巾)。❷벼 냉기오라기 수(婦人喪巾布)。【家禮】婦人成服布頭一用略細麻布一條長八寸束髮根垂其餘於後。

【幢】 (당) 江 トウ、はた flag
幢 小篆 書 草 ❶기 당(旌旗屬麾)。【漢書】建一棨植羽葆。❷수레드림 당(車幰)。【釋名】一容也施之車蓋童童然以隱蔽形容也。❸장목 너풀거릴 당(一一羽貌)。【東京賦】樹羽一一。

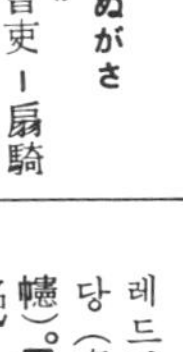
長壽幢 (淸會典圖)

【幢戟：당극】 旗가 달린 槍。
【幢幢：당당】 ❶깃털이나 포백이 드리워진 모양。【張衡·東京賦】樹羽一一。❷구름 같은 것이 덮여져 흐린 모양。❸불빛이 흔들리는 모양。【元稹·松樹詩】殘燈無燄影一一。
【幢牙：당아】 旌幢의 牙旗。指揮旗。大將이 세우는 旗。牙幢。【柳宗元】一一崇

蘺。

【幢容:당용】 수레 안에 드리우는 휘장。「童容。」
【幢號:당호】 《佛》건당할 때에 받는 法號。

【幣】(폐) 霽 ヘイ、ぬさ、きぬ gift ㄅㄧˋ pi⁴
小篆 草書 ❶폐백폐(帛也)。【周禮】九式六曰ㅡ帛之式。❷예물폐(禮物)。❸재물폐(財也)。【管子】以珠玉爲上ㅡ黃金爲中ㅡ刀布爲下…。❹돈폐(錢也)。

古幣(金石索)

【幣貢:폐공】 朝廷에 바치던 베·비단·玉·말·가축 따위。貢物。【周禮】。
【幣物:폐물】 선사하는 물건。【國語】使下臣奉其ㅡㅡ。
【幣帛:폐백】 ❶일반적인 모든 예물。【禮記】禮之先ㅡㅡ也、云云。❷《國》新婦가 처음으로 시부모를 뵐 때 올리는 대추나 乾雉(건치)。❸선물하는 물품。
【幣聘:폐빙】 예물을 보내서 남을 초대함。禮를 다하여 賢者를 초대함。【孟子】湯使人以ㅡㅡ之。
【幣制:폐제】 국가에서 제정한 화폐 제도。→貨幣制度。
【幣棗:폐조】 폐백 대추。
◎納ㅡ、造ㅡ、紙ㅡ、貨ㅡ。

十三畫

【[巾敫]】(교) 嘯 篠 キョウ、むかばき leggings
행전교(脛行縢)。

【幦】(멱) 錫 ヘキ、くるまのおおい waggon cover
小篆 草書 수레뚜껑멱(覆車笭)。【禮記】君羔ㅡ虎犆。(『幭』과 같음)

【幧】(조) 蕭 ソウ、はちまき head-cloth
小篆 草書 상투관조(帕頭所以覆髻)。【古樂府】少年見羅敷脫帽著ㅡ頭。
【幧頭:조두】 머리를 싸매는것。頭。【禮記】士以下皆禪不合而積、如今作ㅡㅡ爲之也。

【幨】(첨) 鹽 セン、えり collar ㄔㄢ ch'an¹
草書 ❶수레휘장첨(車帷)。【韻會】以帷障車傍如裳爲容飾者曰ㅡ。❷옷깃첨(披衣)。【管子】列大夫豹ㅡ。(『襜』과 같음)
【幨帷:첨유】 수레의 휘장。또는 수레 안에 있는 사람에 대한 敬稱。【後漢書】行部去ㅡㅡ、使百姓見其容服、以彰有德。
【幨車:첨거】 휘장을 친 婦人의 수레。【周禮·注】容爲ㅡㅡ、山東謂之裳幃、或曰潼容。

【幩】(분) 文 フン、くつわのお string joined to the horse-bit ㄈㄣˊ fên²
小篆 草書 말자갈끈분(馬銜外飾鐵)。【詩經】朱ㅡ鑣鑣。

十四畫

【[巾㥯]】(은) 問 イン、はだぎ underwear
❶속옷은(內衣)。❷속서로붙을은(裏相着)。

【幫】(방) 陽 ホウ、たすける help ㄅㄤ pang¹
草書 ❶곁들방(事物傍取者)。❷신가상이꾸미개방(裨帖治履邊)。(『幇』과 같음)
【幫助:방조】 거들어서 도와 줌。

【幪】 ㊀(몽) 東 ㊁(몽) 董 モウ、おおう cover ㄇㄥˊ mêng²
草書 ㊀덮을몽(覆也)。【法言】震風凌雨然後知夏屋之帡ㅡ。㊁더부룩할몽(茂盛貌)。【詩經】麻麥ㅡㅡ。(『幏』과 같음)
【幪巾:몽건】 옛날 죄가 가벼운 사람의 이마에 씌웠던 巾。【愼子】有虞氏之誅、以ㅡㅡ當墨、以草纓當劓、云云。「茂也。」
【幪幪:몽몽】 茂盛한 모양。【廣雅】ㅡㅡ、

【[巾賓]】(빈) 眞 ヒン、みだれる be tangled; worn out
❶얼크러질빈(亂貌)。❷옷해질빈(衣敝貌)。

【[巾監]】(람) 覃 ラン、へりがない hemless clothes
小篆 단없는 옷람(無緣衣)。

【幬】 ㊀(주) 尤 ㊁(도) 號 チュウ、トウ、とばり curtain ㄔㄡˊ ch'ou²
小篆 草書 ㊀❶홑휘장주(禪帳)。❷수레휘장주(車帷)。【寡婦賦】易玄帳以素ㅡ。㊁덮을도(覆也)。【禮記】辟如天地之無不覆ㅡ。(『燾』와 통함)
【幬帳:주장】 모기장、蚊帳。【南史】夏日無ㅡㅡ。

【帰】(귀) 『歸』(止部14畫)의 略字

十五畫

【幮】(주) 虞 チュウ、チュ、とばり curtain ㄔㄨˊ ch'u²
草書 장막주(帳也)。

【幭】(멸) 屑 ベツ、バツ、くるまのおおい covered wagon
小篆 草書 수레뚜껑멸(車覆)。【詩經】鞹鞃淺ㅡ。(或音「말」)

【幯】(절) 屑 セツ、ふきん wiper
걸레절(拭也)。

【[巾慧]】(세) 霽 セイ、ぬのぎれ a piece of cloth
❶베조각세(布片)。❷수건세(巾也)。

十六畫

【[巾賴]】(래) 蟹 ライ、すたれきもの ragged
옷해어질래(衣破貌)。

【[韱巾]】(섬) 鹽 セン、おおう cover
❶덮을섬(覆也)。❷수건섬(巾也)。

【[巾奮]】(분) 吻 フン、ふくろがさける (of corn-bags) tear
小篆 곡식자루터질분(穀滿而袋裂)。

【幰】(헌) 阮 ケン、ほろ wagon cover ㄒㄧㄢˇ hsien³
小篆 草書 ❶수레안장헌(車上幔)。【倉頡篇】帛張車上爲ㅡ。❷휘장헌(幨也)。
【幰弩:헌노】 儀仗에 쓰이는 쇠뇌[弩]。【玉海】。
【幰車:헌거】 포장이 있는 수레。【白居易】賓拜登華席、親迎障ㅡㅡ。

十七畫

【幱】(란) 寒 ラン、ながいころも official dress
철릭란(裳與衣連)。【廣韻】ㅡ衫ㅡ裙也。

【幨】(쟁) 敬 トウ、えぎぬ picture ㄓㄥ chêng¹ 그림족자쟁(開張畫繪)。(『幀』과 通함)

【幟】(첨) 鹽 セン、しるし mark 小篆 ❶표지첨(記也)。❷표할첨(識也)。(『籤』과 같음)

【幯】(약) 藥 ヤク、まくばり tent 막을친 집 약(張幕屋)。

十八畫

【幱】㊀(논) 元 ㊁(난) 旱 ドン、ぬぐう wipe the stone steps 小篆 小篆 ㊀❶걸레로 섬돌을 씻을논(拭墀以巾)。❷붙을논(著也)。❸바를논(塗也)。 ㊁뜻은 ㊀과 같음。

十九畫

【纙】(라) 哿 ラ、さけたきぬ torn silk ❶찢어진비단라(裂繒)。❷비단조각라(繒片)。

干 部

【干】(간) 寒 カン、たて、おかす shield ㄍㄢ kan¹ 小篆 草書 ㊀❶방패간(盾也)。『書』舞ー于兩階。❷범할간(犯也)。『左傳』其敢ー大禮以自取戾。❸구할간(求也)。『論語』子張ー祿。❹막을간(扞也)。『詩經』公侯ー城。❺물가간(水涯)。『易經』鴻漸于ー。❻얼마간(幾許)。『禮記』問天子之年對曰服衣若ー尺。❼천간간(天自甲至癸)。『皇極經世』十ー天也。❽기울간(橫斜貌)。『古樂府』月落參橫北斗闌ー。❾눈물 줄줄 흘릴간(淚流貌)。『白樂天詩』夢帝粧淚紅闌ー。❿난간간(闌ー)。『李白詩』沉香亭北倚闌ー。⓫모시간(紵也)。『後漢書』蘭ー細布織成文章如綾錦。⓬마를간(乾也)。⓭골짝간(澗也)。『詩經』秩秩斯ー。⓮간여할간(與也)。

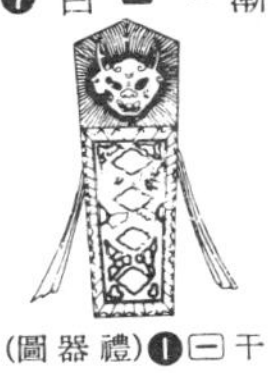
干 ㊀❶ (禮器圖)

【干戈:간과】❶槍과 방패(盾)。『詩經』ーー戚揚。《轉》❷무기의 總稱。『史記』軒轅乃用ーー、以征不享。❸싸움。戰爭。

【干求:간구】바라서 구함。要求。『禮記』春夏學ーー。

【干黷:간독】犯하여 더럽힘。冒黷。『韓愈·文』ーー尊嚴、伏地待罪。

【干連:간련】남의 범죄에 관계 있음。連帶關係가 있음。

【干櫓:간로】방패。작은 방패와 큰 방패。『禮記』禮儀以爲ーー。

【干祿:간록】❶행복을 구함。天佑를 바람。『詩經·干麓』愷悌君子、ーー不回。❷仕官하여 俸祿을 구함。『論語·爲政』子張學ーー。

【干滿:간만】干潮와 滿潮。썰물과 밀물。

【干伐飡:간벌찬】《制》伊伐飡。

【干犯:간범】법칙을 위반하고 거역함。『魏志』有ーー者、輒戮之。「펄。

【干潟地:간석지】바닷물이 드나드는 개

【干涉:간섭】❶남의 일에 뛰어 들어가 관계함。『金史』陝西之事、撻不野固不敢ーー。❷남의 일에 참견함。남의 일에 지시와 방해를 함。❸《法》國際法上 한 나라가 다른 나라의 內政을 참견함。❹《物》둘 이상의 光波·音波 등의 波動이 서로 겹쳐서 振幅이 커졌다 작아졌다 하여 다른 빛·소리를 일으키는 현상。

【干城:간성】방패와 城。함께 나라의 밖을 막고 안을 지키는 것。《轉》나라를 지키는 軍人。『詩經』公侯ーー。

【干世:간세】世俗에 迎合함。『拾遺記』。

【干時:간시】時世에 適應되려고 애씀。『蔡邕·陳太丘碑文』赳赳武夫、公侯ーー。

【干謁:간알】私事로 謁見을 구함。『唐書·裴𠈁傳』。

【干與:간여】관계함。關與。干預。

【干預:간예】=干與。參與。『晉書』好ーー人事。

【干恩:간은】임금의 은택을 바람。

【干將莫邪:간장막야】中國 춘추 시대에 칼을 만들던 간장과 그 아내 막야。곧 좋은 칼을 일컬음。『吳越春秋』。

【干潮:간조】썰물。↕滿潮。

【干證:간증】❶범죄에 관계 있는 證人。『宋史』。❷《宗》예수교에서 지은 罪를 밝혀 自服하고 信仰을 告白하는 일。「자함。

【干進:간진】벼슬을 바람。관리가 되고

【干拓:간척】바다 따위를 막고 물을 빼어 육지로 만드는 일。

【干戚:간척】❶방패와 큰 도끼。《轉》무기의 총칭。干戈。兵器。『詩經』干戈戚揚에서 옴。❷武舞에 쓰는 도끼。또는 武舞。『禮記·文王世子』。

【干掫:간추】夜警。또는 夜警을 하는 사람。딱다기。(干은 막음、掫는 침)。『左傳』陪臣ーー。「은 祿)。干祿。

【干澤:간택】官祿을 바람。(干은 求、澤◎欄ー、十ー、若ー、如ー、天ー。

二畫

【并】(임) 寢 ジン、おかす severe 약간심할임(稍甚)。

【平】㊀(평) 庚 ㊁(평) 敬 ㊂(편) 先 ヘイ、ヒョウ、たいらか flat ; even ㄆㄧㄥ p'ing² 小篆 古文 草書 ㊀❶평탄할평(坦也)。『易經』无平不陂。❷바를평(正也)。❸화할평(和也)。❹다스릴평(治也)。❺고를평(均也)。❻쉬울평(易也)。『易經』雲行雨施天下ー。『後漢書』任尙曰我以班君當有奇策今所言ーー耳。❼화친할 평(解怨和成)。『春秋』宋人及楚人ー。❽풍년들평(歲稔)。『漢書』再登曰ー 三登曰太ー。㊁❶중도위평(定物價)。『法言』一閧之市必立之ー。❷벼슬이름 평(官名廷尉ー)。❸재판관평(裁判官)。❹소리평(發音上 四聲中一)。「ー、上、去、入」。㊂편편할편(辨治)。『書經』王道ーー。(『辯』과 通함)

【平家:평가】單層집。

【平價:평가】❶표준이 되는 값。공평한 가격。일반의 가격。平賈。平估。❷《經》㉠公社債·株式 등의 시세가 額面價格과 같음。㉡국제 사이의 통화 단위를 그 含有하는 金量에 의하여 비교 표시한 비교 가격。

【平價切下:평가절하】《經》❶本位貨幣 가운데 포함된 純金分을 적게 하는 일。❷通貨의 對外價値를 떨어뜨리는 일。

【平角:평각】두 직각。곧 一八〇도와 같은 각。

【平康:평강】❶평안함。『忠經』人民和悅邦國ーー。❷遊廓。(平康은 唐代 長安에

있던 里名으로 娼妓가 모여 있었던 곳)。

【平居:평거】 =平生①。[後漢書]――不事家人生産。

【平鏡:평경】 맞보기。도수가 없는 안경。

【平寬:평관】 편편하고 민듯함。[朱熹]要須胸次亦――。

【平關:평관】 동등한 관청 사이에 照會따위로 교환되던 공문。

【平交:평교】 ❶나이가 서로 비슷한 벗。對等의 교제를 하는 사람。❷옛날부터의 친구。「벗의 사이。

【平交間:평교간】 나이가 서로 비슷한 함。

【平均:평균】 ❶많고 적음이 없이 均一함。差가 없음。平等。[詩經]暮從下上――如一。❷過不足 없는 정도。平衡。높낮이가 없게 고르게 함。❸《數》평균수의 略語。

【平均氣溫:평균기온】 일정한 기간에 觀測한 결과를 평균한 기온。

【平均數:평균수】 《數》많은 數나 또는 같은 종류의 量의 中間値를 가지는 數。

【平均年較差:평균 연교차】 월 평균 기온이 일년 중에서 가장 낮은 달과 가장 높은 달과의 차。

【平均點:평균점】 각 학과의 점수를 합계한 후 이것을 과목 수로 나눠 얻은 점수。주로 학업 성적의 경우에 이름。

【平均太陽時:평균태양시】 평균 태양이 자오선을 통과하는 때를 一二시로 하고 그 時角에 의하여 時刻을 세는 시간 단위。오늘날 사용되고 있는 시간으로서 平均 太陽日의 二四분의 一。

【平均太陽日:평균태양일】 태양이 자오선을 통과하고 또 다시 자오선을 통과할 때까지에 요하는 시간。이는 일년 동안 내내 변하지 않는 것으로 보통 하루 二四시간이라 함은 이것임。平太陽日。

【平屐子:평극자】 평나막신。

【平吉:평길】 별다른 재앙이나 복이 없이 그저 평안함。

【平年:평년】 ❶閏年이 아닌 해。❷농사가 보통 정도로 收穫을 올린 해。豊年·凶年이 아닌 해。

【平年作:평년작】 풍작도 흉작도 아닌 보통 수확의 농사。지난 五년 동안의 수확고 중 최고 최저의 해를 뺀 나머지 三개년간의 평균 수확량。

【平旦:평단】 새벽。黎明。平明①。[孟子]――之氣。

【平淡:평담】 온건하고 淡白함。平易淡白。平澹。

【平澹:평담】 마음이 고요하고 의욕이 없음。[晉書]遺韻――。

【平等:평등】 등급이 다 같음。차별이 없음。同等。[涅槃經]悉皆――無有差別。

【平亂:평란】 난리를 평정함。

【平良:평량】 ❶공평하고 선량함。[書經·傳]惟――可以斷獄。❷《人》陳平과 張良。(漢高祖의 功臣)。[隋煬帝]英名欺衞霍、智策蔑――。

【平涼笠:평량립】 패랭이。댓가비로 엮어 만든 갓의 하나。賤人이나 喪人이 썼음。平涼子。蔽陽子。

【平陸:평륙】 바닥이 편편한 땅。平地。

【平脈:평맥】 평상시의 맥박。건강할 때의 맥박。또는 그 수。일분간에 六〇~七五번 뜀이 보통임。[盧諶]――引長流。

【平面:평면】 ❶편편한 겉 쪽。❷《數》面의 하나。한 표면 위의 任意의 두 점을 통하는 직선이 늘 그 표면 위에 있는 면。

【平面角:평면각】 《數》한 평면 위에서 두 직선이 교차함으로써 생기는 角。↕立體角。

【平面鏡:평면경】 反射面이 平面을 이룬 거울。평면 거울。

【平面幾何學:평면 기하학】 《數》한 평면상에 있어서의 도형을 연구하는 기하학。↕空間幾何學。

【平面圖:평면도】 물체의 각 점을 평면 위에 그린 그림。

【平面美:평면미】 그림의 외형에 나타난 美。

【平面三角法:평면 삼각법】 《數》삼각함수를 써서 평면상 삼각형의 변과 각각의 관계를 기초로 기하학적 응용을 연구하는 학문。↕球面三角法。

【平明:평명】 ❶=平旦。[史記]五日――良往。❷공평하고 正明함。[諸葛亮]照階下――之治。

【平文:평문】 보통의 글。散文。

【平問:평문】 刑틀을 쓰지 않고 그대로 죄인을 심문함。

【平民:평민】 벼슬이 없는 사람。보통 사람。庶民。[經書]延及于――。

【平民主義:평민주의】 상하 귀천의 구별이 없이 다 똑같이 여기는 주의。

【平方:평방】 《數》❶같은 수를 곱하는 것。自乘。相乘。❷正方形의 면적。❸길이의 단위 위에 붙여서 면적의 단위를 나타내는 말。

【平方根:평방근】 甲수를 自乘하여 乙수를 얻을 때에 乙수에 대한 甲수。二乘根。自乘根。

【平方形:평방형】 사면이 똑 같은 正方「形。

【平白:평백】 ❶이유없이。까닭 없이。平白地[邊元鼎·詩]。❷공허함。[李賀·昌谷詩]。❸一生。

【平凡:평범】 보통。뛰어난 점이 없음。尋常。等分。[朱熹]思致――、筆力萎弱。

【平復:평복】 =平愈。平癒。[韓詩外傳]――如常。

【平服:평복】 평상시에 입는 옷。평상복。

【平分:평분】 공평하게 나눔。꼭 반으로 나눔。平均分配。

【平射:평사】 ❶平面에 投影하는 것。❷砲의 仰角을 작게 하고 低伸彈道에서 發射함。

【平牀:평상】 나무로 만든 침대의 한 가지。平床。

【平常:평상】 ❶平素。平生。[後漢書]飮食言笑如――。❷보통。平凡。

【平常服:평상복】 =平服。

【平常時:평상시】 보통 때。평소。

【平生:평생】 ❶平素。日常。平常。[論語·憲問]久要不忘――之言。❷일찌기。옛날。往時。往年。[阮籍·詠懷詩]――少年時、趙李相經過。❸平日과 같음。[漢書]勞苦如――歡。

【平生所願:평생소원】 일생의 소원。

【平生之計:평생지계】 일생의 생계。

【平署:평서】 한 文書에 여러 사람이 署名함。連署。

【平昔:평석】 ❶옛부터。이전부터。❷日常 언제나。[杜甫]書此豁――。

【平聲:평성】 四聲의 하나로、낮은 소리임。上平과 下平의 두 가지가 있으며、글자의 左下에 符號로서 圈點을 찍음。

【平世:평세】 잘 다스려진 세상。태평한 세상。[孟子]禹稷當――、三過其門不入。

【平素:평소】 ❶平常時。平日。[諸葛亮]存足下――元志。❷過去。往時。往事。[陶潛·詠二疎詩]揮觴道――。

【平水位:평수위】 평시의 강물의 높이。

【平順:평순】 ❶성질이 온순한。❷몸에 병이 없음。

【平視:평시】 얼굴을 대하여 바로 봄。

【平時:평시】 ❶평화스러운 때。無事한 때。❷평소。平常時。

【平詩調:평시조】 《國》❶목소리를 順平하게 내어 부르는 時調唱法의 한 가지。❷時調의 한 가지。初章이 三·四·三(四)·四、中章이 三·四·三·四、終章이 三·五·四·三으로 글자 總數가 四五字 內外의 가장 기본적이고 대표적인 時調形式。↓時調。

【平時編制:평시편제】 평상시에 있어서의 군대의 편제。

【平身:평신】 엎드려 절한 뒤에 몸을 바로 하여 섬。[元史·禮樂志]。

【平信:평신】 무사하다는 소식。 특별한 일이 없는 보통의 편지。 ↕凶報·急報。
【平信徒:평신도】 교직을 가지지 않은 일반 신자。
【平心:평심】 ❶평온한 마음。 침착한 마음。 『管子』虛氣——乃去喜怒。 ❷마음을 평온하게 함。 또는 安靜하게 함。
【平心舒氣:평심서기】 마음을 평온하고 순화롭게 함。 또는 그러한 마음。
【平安:평안】 무사하고 마음에 걱정이 없음。 무사하고 안온함。 무사히 잘 있음。 『자參』馮君傳語報——。
【平野:평야】 들。 『杜甫』星垂——闊。
【平衍:평연】 편편하고 넓음。 平廣。 『元稹』原野——。
【平然:평연】 마음에 꺼리지 않음。 침착한 모양。 예사로운 모양。
【平午:평오】 正午。 亭午。 日午。
【平溫:평온】 ❶보통 온도。 ❷평균 온도。
【平穩:평온】 고요하고 안온함。 『杜甫』十月江——、輕舟進所如。
【平凹版:평요판】 평판을 개량한 인쇄판。 칭크 평판의 畫線이나 글자 부분을 약간 오목 파이게 한 평판。 인쇄에 견디는 힘이 크며、 精密度가 우수함。
【平遠:평원】 視野가 널찍하고 평평함。
【平圓:평원】 편편하고 둥글음。
【平原:평원】 ❶평탄한 들。 平野。 『左傳』凡——出水爲大水。 ❷편편하고 낮은 곳。
【平愈:평유】 병이 나아서 본래의 상태와 같이 됨。 平復。 平癒。 『資治通鑑』。
【平癒:평유】 ＝平愈。
【平允:평윤】 ❶공평하고 진실하게 함。 『宋史』——之士。 ❷성질이 온순함。
【平音:평음】 된소리·거센소리가 아닌 보통 음。 곧 ㄱ·ㄷ·ㅂ·ㅈ·ㅅ 따위。
【平議:평의】 서로 의견을 교환하여 의논함。 是非를 가려 論定함。

【平易:평이】 ❶까다롭지 않고 쉬움。 容易함。 ❷간단함。 『史記』——近民。
【平人:평인】 ❶병이 없는 사람。 건강한 사람。 『素問平人氣象論』。 ❷벼슬이 없는 사람。 平民。 ❸무죄한 사람。
【平日:평일】 ＝平素。 平生。 平居。 平常。 『後漢書』——尙無惡言、 今反若此、 不合人情。
【平作:평작】 ❶平年作의 略語。 ❷고랑을 치지 않고 식물을 심어 가꾸는 방법。
【平章:평장】 ❶백성을 다 같이 밝게 다스림。 『書經·堯典』——百姓。 ❷공평하게 品評하여 品位를 정함。 『陸游』。 ❸결혼의 중매를 함。
【平田:평전】 높은 곳에 있는 平地。
【平定:평정】 兵亂을 평온하게 진정시킴。 賊을 진정함。 『漢書』——海內。
【平亭:평정】 공평하고 고른 것。
【平靜:평정】 평안하고 고요함。 고요하여 동요하지 않음。 寧靜。 安靜。 『晉書』道尙虛簡、 政貴——。
【平調:평조】 ❶평탄하게 고룸。 高低가 없는 가락。 ❷樂曲의 한 가지。 漢에서 六朝까지에 있었던 相和歌의 한 部門。 ❸正平調의 略稱。 ❹《國》俗樂의 音階。 대체로 中國 음악의 五調內의 徵調와 洋樂의 長調에 가까움。 淸 黃鐘宮平調와 林鐘宮平調의 두 調가 있음。
【平糶:평조】 豊年에 정부에서 쌀을 사 두었다가 凶年에 쌀이 비쌀 때 정부에서 파는 米價調節의 한 방법。 平糴。 『史記·貨殖傳』——齊物、 關市不乏。
【平坐:평좌】 격식을 차리지 않고 편하게 앉음。
【平準:평준】 ❶水平이 되도록 함。 平均。 ❷物價를 調節하는 일。
【平地:평지】 바닥이 편편한 땅。
【平地落傷:평지낙상】 《國》 평지에서 넘어져 다침。 《喩》 뜻밖에 어떤 불행한 일을 당했다는 뜻。 『東言解』。

【平地風波:평지풍파】 평온한 곳에 억지로 風波를 일으킨다는 뜻。 《喩》뜻밖에 분쟁이 일어남을 비유하는 말。 『故事瓊林』平空起事、 謂之——。
【平織:평직】 무늬 없이 그냥 짜는 방법。
【平秩:평질】 일률적으로 질서를 세움。 『書經』——東作。
【平楚:평초】 ❶높은 곳에서 보면 편편하게 보이는 숲。 一說에 풀이 많이 난 숲。 ❷풀이 무성한 平野。 『謝脁』——正蒼然。
【平仄:평측】 漢字의 平韻과 仄韻。 四聲。 平字는 發音에 高低가 없는 것。 上平과 下平이 있고、 仄字는 上·去·入의 三聲이 있어 發音이 前後 高低가 있는 字。 (平韻은 三○、 仄韻은 七六)。 漢詩作에 있어 平仄을 서로 잘 조화하는 일정한 원칙이 있음。 平仄式。 →四聲。
(○은 平字 ●은 仄字、 ◐은 平·仄 어느 쪽도 좋은 것)。 『左表參照』

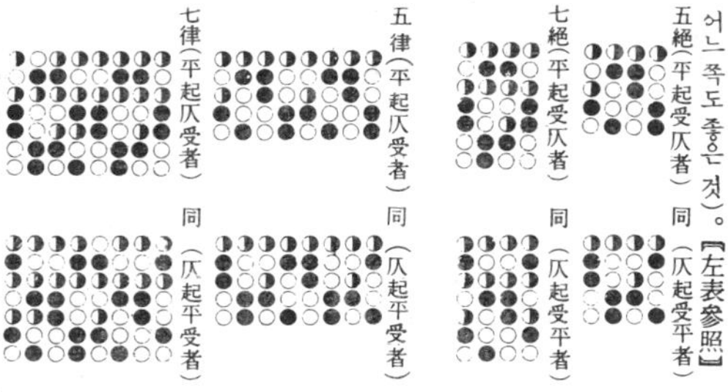

五絶(平起受仄者) 同 (仄起受平者)
七絶(平起受仄者) 同 (仄起受平者)
五律(平起仄受者) 同 (仄起平受者)
七律(平起仄受者) 同 (仄起平受者)

【平治:평치】 ❶평화롭게 다스림。 또는 다스려짐。 『孟子』欲——天下。 ❷《法》訴訟事件을 바르고 밝게 다스림。 『唐書』。
【平坦:평탄】 ❶지면이 편편함。 ❷마음이 안온함。 ❸일이 순조롭게 되어감。
【平土:평토】 관을 매장한 뒤에 흙을 쳐서 평평하게 함。
【平土葬:평토장】 봉분을 만들지 않고 평평하게 매장함。 또는 그러한 매장。 흔히 暗葬할 때 함。 平葬。
【平版:평판】 印刷版 양식의 하나。 版面에 거의 凹凸이 없고、 화학적 작용에 의하여 제판되어 잉크의 脂肪과 물과의 反撥性에 의하여 인쇄되는 印刷版。 石版·옵세트 印刷 따위。
【平便:평편】 편편하고 편안함。
【平平:평평】 ❶편편함。 平坦。 坦坦。 ❷평범함。 『後漢書』今所言——耳。 ❸같음。 『太玄經·割』 ❹무던하고 치우치지 않음。 便便。 『書經·洪範』。 ❺잘 分辨하여 다스림。 『詩經·采菽』王道——。
【平行:평행】 ❶안전하게 통행함。 『漢書·李應利傳』——至宛城。 ❷《國》並行。 두 가지 일을 한꺼번에 치르거나 행함。 ❸《數》한 평면 또는 공간 위에 있는 두 직선。 아무리 연장하여도 서로 만나지 않음。
【平行面:평행면】 《數》平行 平面。
【平行棒:평행봉】 水平되는 막대기를 적당한 높이와 넓이로 벌려 세우고 매달려 여러 가지 운동을 하는 운동 틀。
【平行四邊形:평행 사변형】 《數》 서로 마주 대하는 두 쌍의 변이 각기 평행되는 사변형。
【平行線:평행선】 平行直線의 略語。
【平虛:평허】 아무 걱정이 없이 마음이 편안함。 虛心平氣。 『管子』。
【平衡:평형】 ❶바른 저울。 저울을 바르게 함。 『漢書』準正則——鈞權矣。 ❷한쪽으로 치우치지 않고 평균을 취함。 ❸허리를 굽혀 머리와 허리가 일직선이 되도록 하여 절을 함。 『荀子·大略』——曰

拜、下衡曰稽首、至地曰稽顙。

【平和:평화】 ❶평온하고 화목함。和合하고 안온함。『左傳』心耳、乃忘――。❷전쟁이 없이 세상이 잘 다스려짐。

【平和攻勢:평화공세】 국제 관계가 험악한 때에 한 쪽 나라가 돌연 평화적 태도를 취하는 攻勢。

【平和産業:평화산업】 非軍需的인 상품 생산을 목적으로 하는 산업。

【平和條約:평화조약】 교전국간에 전쟁을 중지하고 서로 평화를 회복하기 위하여 맺는 조약。講和條約。

【平滑:평활】 편편하고 미끄러움。『白居易』――青盤石、低密綠陰樹。

◎開―、公―、不―、水―、承―、昇―、地―、治―、太―、泰―、和―。

三畫

【年】 (년) 先 ネン、とし year; age ㄋㄧㄢˊ nien²

小篆 草書 ❶해 년(穀一熟歲也)。「唐虞曰載夏曰歲商曰祀周曰―。」❷나이 년(齡也)。❸나갈 년(進也)。【禮記】凡三王皆引―。

【年間:연간】 한 해 동안。

【年鑑:연감】 一년 동안에 일어난 여러 가지 일이나 기록을 모아 엮은 每年의 定期刊行物。『宋史』――一卷。

【年甲:연갑】 나이가 거의 같은 사람。

【年高:연고】 나이가 많음。年老。年晩。年滿。『十八略史』。

【年穀:연곡】 穀物。五穀。『莊子』――熟。

【年貢:연공】 해마다 나라에 바치는 물건。

【年功:연공】 ❶여러 해 동안 근무한 공로。❷여러 해 동안 익힌 기술。

【年光:연광】 ❶변하는 四時의 경치。❷光陰。年華。『歐陽修』――隨老速。

【年久歲深:연구세심】 오랜 세월。또는 세월이 오램。歲久年深。年久月深。

【年金:연금】 공로나 사회 정책상 일정한 기간 또는 종신토록 매년 정기적으로 급여하는 금액。

【年金公債:연금공채】 《經》이자와 원금의 한 부분과의 합계를 연금의 형식으로 상환하기로 하고 起債한 공채。

【年金證書:연금증서】 연금을 받을 수 있는 권리 또는 자격을 증명한 증서。

【年級:연급】 학교 교육에 있어서 학생의 학력 정도에 따라서 학년별로 갈라 [놓은 등급。

【年給:연급】 ＝年俸。

【年忌:연기】 ❶災厄을 맞기 쉬운 해。七·一六·二五·四五·五二·六一歲 등 厄年。『靈樞經·陰陽編』。❷《佛》年年忌日의 뜻으로、사람이 죽은 후 三년·七년·一○년·一三년 등 해마다 죽은 月日에 追善供養의 佛事를 행하는 것。

【年紀:연기】 ❶나이。『後漢書』不計優劣、不論――。❷年數。年代。『晉書』計秋收之時、以爲――。❸年號。『班固·兩都賦序』。

【年內:연내】 그 해 안。그 해가 다 가기 전。『宋書』――何必還。

【年年:연년】 해마다。매년。

【年年歲歲:연년세세】 매년。『劉廷芝』―花相似、歲歲年年人不同。

【年代:연대】 ❶지나온 시대。❷햇수나 代數。『禮記·疏』――參差、所說不一。

【年代記:연대기】 연대의 순서를 따라서 주요한 사건을 적은 기록。

【年代表:연대표】 연대의 차례대로 일어났던 사실을 적은 표。

【年度:연도】 사무·회계의 편의상 구분한 一년 동안의 기간。현재 우리 나라 회계 연도는 그 해 一월부터 一二월까지 임。

【年頭:연두】 설。『林光朝』―月尾無一事。

【年頭辭:연두사】 연초에 행하는 새해의 인사 말씀。새해의 포부·계획·희망 따위를 발표하는 말이나 글。

【年頭頌:연두송】 正初에 그 새해를 禮讚하여 지은 글。

【年來:연래】 여러 해 전부터。

【年力:연력】 ❶사람의 나이와 氣力(精力)。❷나이의 힘。

【年齡:연령】 나이。『皮日休』――等寶龜。

【年例:연례】 여러 해로 내려 오는 전례。

【年例會:연례회】 매년 한 번씩 정기적으로 모이는 모임。

【年老:연로】 나이가 많아서 늙음。

【年勞:연로】 관리가 여러 해 勤續한 공로。『北齊書·文襄帝紀』。

【年輪:연륜】 《植》裸子植物 및 雙子葉植物의 木質部의 횡단면에 보이는 바퀴 모양의 동근 테。해마다 층이 생기게 되므로 나무의 나이를 알 수 있음。

【年利:연리】 ＝年邊。

【年晩:연만】 나이가 많음。늙바탕에 들「음。年滿。

【年末:연말】 ＝歲末。「略語。

【年末試驗:연말시험】 學年末 試驗의

【年命:연명】 목숨。生命。『漢書』受天祿、而永――。

【年貌:연모】 나이와 용모。

【年輩:연배】 ❶서로 비슷한 나이。또는 그런 사람。年甲。❷나이。나이의 정도。『淵源錄』楊學士――與先生相若。❸그 일에 相應한 나이。세상 일에 통한 나이。年配。

【年邊:연변】 《經》한 해 동안의 변리。

【年報:연보】 해마다 한 번씩 내는 보도。

【年俸:연봉】 年 단위로 정하여 지불해 주는 俸給。年給。

【年賦:연부】 갚아야 할 돈을 해마다 얼마씩 나누어 갚기로 정한 것。

【年賦金:연부금】 연부로 갚아 가는 돈。

【年富力强:연부역강】 나이가 젊고 혈기가 왕성함。

【年事:연사】 농사가 되어 가는 형편。農形。

【年産:연산】 일 년 동안의 생산고。

【年上:연상】 자기보다 나이가 많음。또는 나이가 많은 사람。

【年成:연성】 농사의 수확。

【年所:연소】 年月。年數。星霜。歲月。『張衡』多歷――。

【年少:연소】 나이가 젊음。나이가 어림。↔年老。『戰國策』寡人――、奉祀祭之日淺。

【年少輩:연소배】 나이가 어린 사람들。

【年少者:연소자】 ❶나이가 어린 사람。나이 젊은 사람。❷未成年者。

【年首:연수】 새 해의 첫머리。歲初。年頭。年始。『史記』以冬十月爲――。

【年數:연수】 햇수。『禮記』不知――之不足也。

【年壽:연수】 사람의 수명。壽命。『禮記』――之數、賦命自然。

【年始:연시】 ❶설。❷한 해의 처음。

【年深歲月:연심세월】 일을 장원하게 차림。

【年夜:연야】 음력 섣달 그믐날 밤。(大年夜라고도 함)。『輦下·歲時記』。

【年運:연운】 그 해의 운수。해운。

【年月:연월】 ❶때。時代。❷날짜。年月日。『史記』至於序尙書、則略無――。

【年月日:연월일】 ❶아무 해 아무 달 아무 날。❷해와 달과 날。

【年利率:연이율】 一년을 단위 기간으로 하여 정하여진 이율。

【年長:연장】 자기보다 나이가 위임。또는 그런 사람。『禮記』――以倍、則父事之。

【年長者:연장자】 자기보다 나이가 많「음。또는 그 사람。

【年前:연전】 두서너 해 전。몇 해 전。

【年祚:연조】 ❶나라의 수명。❷사람의 수명。『晉書·王沈傳』彈琴詠典、以保――。❸임금의 在位 年數。『南史』問――遠近。

【年終:연종】 세밑。

【年週差:연주차】 《天》태양과 지구、달

의 운행 거리가 일년간에 바뀌어, 이의 영향이 달의 운행을 不等하게 하는 현상。

【年中:연중】 ❶한 해 동안。 ❷始終。

【年中無休:연중무휴】 한 해 동안에 하루도 쉬지 않음。

【年中行事:연중행사】 한 해 동안에 일정한 시기에 행하는 정례의 행사。

【年增歲加:연증세가】 해마다 더하여 늘음。

【年次:연차】 ❶햇수의 차례。 ❷나이의 차례。 『論衡』老少ㅣㅣ。 ❸每年。

【年淺:연천】 나이가 적음。 햇수가 옅음。

【年杪:연초】 =年末。

【年齒:연치】 나이의 경칭。 年齡。 『後漢書』若顏淵·子奇、不拘ㅣㅣ。

【年表:연표】 역사상의 사건을 年代順으로 編列하여 表로 한 것。 史記의 一二諸侯年表가 처음임。 年譜。 年代表。 『史記·自序』作一二諸侯ㅣㅣ。

【年豐·연풍】 풍년이 들음。

【年下:연하】 자기보다 나이가 아래임。 또는 그 사람。 ↕年上。

【年賀:연하】 ❶새해의 기쁨。 새해의 복을 축하함。 新禧。 ❷노인의 長壽를 축하하는 것。

【年賀狀:연하장】 새해를 축하하여 보내는 편지。 「請寬ㅣㅣ以客。

【年限:연한】 작정된 햇수。 年期。 『唐書』

【年號:연호】 《制》 大年號(다년호)의 略語。 임금이 즉위한 해에 붙이는 칭호。 한 임금이 在位中 여러 번 고치는 수도 있음。 우리 나라는 高句麗 廣開土王 때의 永樂、 中國에서는 前漢의 武帝 때 建元이 年號의 처음。 元號。

【年華:연화】 年月。 月日。 年光。 歲華。 『徐陵』ㅣㅣ未暮、容貌先秋。

【年會:연회】 《宗》기독교에서 해마다 모이는 집회의 하나。

◎去ㅣ、隔ㅣ、舊ㅣ、來ㅣ、老ㅣ、多ㅣ、當ㅣ、同ㅣ、萬ㅣ、晩ㅣ、每ㅣ、明ㅣ、暮ㅣ、生ㅣ、少ㅣ、數ㅣ、新ㅣ、申ㅣ、弱ㅣ、歸ㅣ、連ㅣ、年ㅣ、有ㅣ、閏ㅣ、翌ㅣ、昨ㅣ、長ㅣ、壯ㅣ、積ㅣ、前ㅣ、停ㅣ、丁ㅣ、週ㅣ、中ㅣ、初ㅣ、靑ㅣ、徧ㅣ、平ㅣ、豐ㅣ、行ㅣ、凶ㅣ。

【幵】 (견) 先 ケン、たいら even

幵 篆小 평평할견(平也)。

【并】 (병) 『幷』(干部 5畫)의 俗字

四 畫

【玎】 (정) 靑 テイ、みずぎわ water's edge

물가정(水際)。 (『汀』과 같음)

【䍛】 (안) 寒 アン、また groin

사타구니안(股也)。

五 畫

【幷】 ㊀(병) 庚 ㊁(병) 敬 ヘイ、あわせる merge ㄅㄧㄥ ping⁴

幷 篆小 书草 ❶합할병(合也)。 『謝靈運詩』心跡猶未ㅣ。 ❷미칠병(及也)。 ❸같을병(同也)。 (『倂』과 같음) ㊁❶아우를병(竝也)。 ❷겸할병(兼也)。

【過秦論】ㅣ呑八荒。

【幷介:병개】 天下를 널리 이롭게 하고 自得하여 고민하지 않음。 『嵇康』吾嘗讀書、得ㅣㅣ之人。

【幷兼:병겸】 합쳐서 하나로 함。 「秦ㅣㅣ諸侯。

【幷有:병유】 한데 합하여 소유함。 倂有。 『史記』『史記』ㅣㅣ天下。

【幷州故鄕:병주고향】 第二의 고향이라는 말。 ↓并州之情。

【幷呑:병탄】 아울러 마심。 남의 것을 한데 아울러서 모두 자기 것으로 함。 삼켜 버림。 倂合。 『賈誼』ㅣㅣ八荒。

【幷合:병합】 합하여 하나로 함。 倂合。 『魏書』小者ㅣㅣ。

【幸】 (행) 梗 コウ、さいわい luck happy ㄒㄧㄥ hsing⁴

幸 篆小 书草 ❶다행할행(福善稱ㅣ)。 ❷고일행(寵愛)。 『漢書』但以婉媚貴ㅣ。 ❸바랄행(冀也)。 ❹요행행(非分而得)。 『中庸』小人行險僥ㅣ。 ❺거동행(車駕所至)。 (『倖』과 같음)

【幸冀:행기】 다행하기를 바람。 요행을 바람。 행여 바람。 『宋史』一曰、絕ㅣㅣ。

【幸民:행민】 요행만 바라는 백성。 『左傳』善人在上、則國無ㅣㅣ。

【幸福:행복】 ❶복된 좋은 운수。 ❷心身의 욕구가 만족감을 느끼는 상태。

【幸福感:행복감】 행복한 느낌。

【幸福主義:행복주의】 행복설을 주장하는 주의。

【幸不幸:행불행】 행복함과 불행함。

【幸生:행생】 ❶삶을 원함。 쓸데 없이 오래 살음。 당연히 죽을 사람이 요행으로 살아 있는 것。 ❷행복하게 태어남。 『國語·晉語』婾居ㅣㅣ。

【幸甚:행심】 ❶다행。 매우 고마움。 『史記』蕭何曰、ㅣㅣ。 ❷편지의 끝에 쓰는 말。 『韓愈』不惜時賜示、ㅣㅣ不宣。

【幸御:행어】 ❶임금의 행차。 『漢書』。 ❷사랑하여 가까이 함。 『後漢書·荀爽傳』

【幸運:행운】 행복한 운명이나 운수。 좋은 운수。 好運。 「람。

【幸運兒:행운아】 좋은 운수를 만난 사

【幸人之不幸:행인지불행】 남이 당하는 불행을 기뻐함。

【幸州大捷:행주대첩】 《歷》 壬辰倭亂 때 三大戰捷의 하나。 李朝 宣朝 二六년 二월 西漢江邊의 幸州山城에서 당시의 全羅道巡察使 權慄이 一만 여의 兵士로써 대기 하다가 쳐들어 오는 倭兵 三만 여를 무찔러 大破시킨 싸움。 지금 부인들의 행주치마는 이 싸움에서 老少男女할 것없이 力戰할 때、 부인들이 치마로 돌과 식사를 날랐다는 전설에 비롯된 말。

【幸姬:행희】 마음 드는 여자。君主의 妾。 寵妾。 『史記』孟嘗君使人抵昭王ㅣㅣ求解。

◎多ㅣ、不ㅣ、巡ㅣ、臨ㅣ、天ㅣ、行ㅣ。

十 畫

【幹】 (간) 翰 カン、みき trunk ㄍㄢ kan⁴

幹 篆小 书草 ❶줄기간(草木莖)。 『詩話』木傍生者爲枝正出者爲ㅣ。 ❷등마루뼈간(脊骨)。 『左傳』唯是偏柎所以藉ㅣ。 ❸몸뚱이간(體也)。 『易經』貞者事之ㅣ。 ❹일맡을간(堪事)。 『易經』ㅣ父之蠱。 ❺재능간(才能)。 「文ㅣ、才ㅣ」。 ❻천간간(干支)。 (『榦·管』과 通함)

【幹局:간국】 =幹才。

【幹能:간능】 일을 처리할 수 있는 能力。

【幹略:간략】 才幹과 謀略。 『晉書』劉弘有ㅣㅣ政事之才。 「機事。

【幹練:간련】 일에 익숙함。 『蔡邕』ㅣㅣ

【幹部:간부】 ❶단체의 우두머리(主幹)되는 사람들。 首腦部。 ❷군대에서 장교를 일컬음。 「는 사람들。

【幹部陣營:간부진영】 간부급에 속하

【幹事:간사】 會나 단체의 主가 되어 일을 맡아 보는 사람。 일을 주선하는 사람。 『易經』貞固足以ㅣㅣ。

【幹線:간선】 철도·도로 전선 등의 주요한 線。 ↕支線。

【幹才:간재】 일을 잘 처리해 나가는 才

幹。手腕。『淮南子·主術』。

【幹舟:간주】 작은 배。 一說엔 큰 배。

【幹枝:간지】 ❶줄기와 가지。 ❷=干支。

【幹翮:간핵】 밑뿌리。 根本。『唐書』雖一一非彊、亦可以免累。

◎骨一、軀一、根一、勤一、基一、本一、才一、主一。

【[illegible]】(견) 銑 ケン、こたば small bundle

小篆 작은단견(小束)。

幺 部

【幺】(요) 蕭 ヨウ、ちいさい small 一ㄠ yao¹

小篆 草書 ❶작을요(小也)。「一微」。〔通俗文〕不長曰一細小曰麼。 ❷어릴요(幼也)。

【幺麼:요마】 ❶매우 작음。 어린 것。 微小。 細微。『陸遊』鯤鵬尙一一。 (轉)보잘것 없는것、 또는 그런 사람。『班固』一一尙不及數子。 ❷변변하지 못함。

【幺弱:요약】 어리고 가냘픈 것。 幼弱。『柳宗元』縛取一一者。

【幺錢:요전】 (制)新、王莽 때 만든 돈。 지름은 七分、 무게는 三銖。 小錢이란 뜻。『漢書·食貨志』。

一 畫

【幻】(환) 諫 ゲン、まどわす witchcraft ㄏㄨㄢ huan⁴

小篆 草書 ❶변화할환(化也)。〔金剛經〕一切有爲法如夢一泡影。 ❷미혹할환(惑也)。『書經』民無或胥譸張爲一。 ❸요술환(妖術)。 ❹허깨비환(一形)。

【幻覺:환각】 (心)對應하는 자극이 외부에 없음에도 그것이 實在하는 것처럼 知覺表象을 가지는 일。 幻視·幻聽·幻嗅·幻味 등이 있음。

【幻怪:환괴】 의심스러움。 덧없고 괴이함。『莊子』詼詭一一之名。

【幻軀:환구】 ❶병으로 초췌하여진 몸。 ❷남의 초췌한 몸을 조롱하여 일컫는 말。 ❸덧없는 몸。

【幻燈:환등】 ❶强한 불빛을 그림·사진·實物 등에 대어 그 反射光을 렌즈에 의해서 擴大 映寫하는 장치。 슬라이드。 ❷=幻燈器。

【幻弄:환롱】 교묘한 못된 꾀로 농락함。

【幻沫:환말】 幻像과 거품。 (喩)消滅하기 쉬운 것。 夢幻泡沫。『葛長庚』死生猶一一。

【幻滅:환멸】 ❶환상에서 깨어 현실로 돌아옴。 지금까지의 美化되고 이상화되었던 사실이 헛것에 지나지 않음을 깨달음。 ❷환상과 같이 사라짐。

【幻滅感:환멸감】 환멸의 느낌。

【幻夢:환몽】 터무니 없는 꿈。

【幻相:환상】 (佛)無常한 모습。

【幻像:환상】 =幻影。

【幻想:환상】 ❶현실에 없는 것을 있는 것같이 느끼는 想念。 忘想。 ❷종잡을 수 없이 일어나는 생각。

【幻想曲:환상곡】 (樂)형식상의 제약을 받지 아니하고 樂想의 자유로운 전개에 의하여 작곡한 낭만적인 樂曲。

【幻想主義:환상주의】 美의 원리를 환상으로서 인정하려는 美學의 일파。

【幻生:환생】 (佛)형상을 바꾸어서 다시 태어남。

【幻世:환세】 ❶변하고 바뀌어서 無常한 세상。 덧없는 세상。 ❷이 세계。 現世。 人生。『白居易』一一如泡影。

【幻術:환술】 妖術。 奇術。 魔法。 幻法。

【幻心:환심】 (佛)환상과 같은 마음。 사람의 마음。『圓覺經』一一滅、故幻塵亦滅。

【幻影:환영】 ❶幻像과 그림자。 幻像。 (喩)虛無。 夢幻泡影。『蘇軾·海市詩』心知所見皆一一、敢以耳目煩神工。 ❷(心)감각의 착오로 사실 아닌 것을 사실처럼 인식하는 현상。 幽靈。 허깨비 따위。

【幻形:환형】 병이 들거나 늙어서 얼굴 모양이 변하는 것。

【幻惑:환혹】 사람의 눈을 어리게 하고 정신(마음)을 어지럽게 함。 幻術로 迷惑함。 眩惑。『吳志』能一一衆心。

◎夢一、變一。

二 畫

【幼】(유) 宥 ヨウ、おさない very young 一ㄡ yu⁴

小篆 草書 ❶어릴유(穉也)。〔禮記〕人生十年曰一學。 ❷어린아이유(小兒)。 ❸사랑할유(愛也)。

【幼孤:유고】 어린 孤兒。『漢書』一一得遂長。

【幼根:유근】 (植)땅 속에 처음 난 아주 「연한 뿌리。

【幼懦:유나】 어리고 가냘픔。『五代史』隆演一一、不能自持。

【幼年:유년】 나이가 어림。 어린이。 어릴 때。 幼齒。 幼齡。

【幼女:유녀】 어린 계집아이。

【幼男:유남】 어린 사내아이。

【幼年期:유년기】 ❶나이가 어린 시기。 대개 六세 미만을 이르며、 그 이상 만 一二세까지의 시기는 兒童期라 하고、 一二~一三세부터 二四~二六세까지를 靑年期라고 부름。 ❷一四세 미만의 어린 시기。

【幼童:유동】 어린 아이。 童幼。『蔡邕』叔父親之、猶若一一。

【幼齡:유령】 어린 나이。 幼年。 幼齒。

【幼昧:유매】 어리고 無智함。 철이 없음。『孟郊』一一思奮飛。 幼蒙。 幼愚。『阮籍』季陰一一。

【幼木:유목】 어린 나무。 작은 나무。

【幼蒙:유몽】 어린이。 아이。 幼孩。 童蒙。 幼孺。『陸機』誕自一一、逮事武皇。

【幼眇:유묘】 그윽하고 아름다움。 微妙。 窈窕。『漢書』窮極一一。

【幼少:유소】 나이가 어림。 또는 그런 사람。 幼兒。 幼小。 幼弱。 幼沖。 幼稚。 幼穉。『禮記』養一一、存諸孤。

【幼少年:유소년】 유년과 소년。

【幼少時:유소시】 =幼時。

【幼時:유시】 나이 어릴 때。

【幼兒:유아】 어린 아이。

【幼兒洗禮:유아세례】 (宗)기독교에서 아주 어린 아이에게 세례를 베푸는 일。

【幼艾:유애】 ❶젊고 예쁜 사람。 美少年。 美少女、 少艾。『楚辭』竦長劍兮擁一一。 ❷어른과 아이。

【幼弱:유약】 나약하고 어림。 또는 그런 사람。 幺弱。『禮記』成王一一。

【幼孺:유유】 =幼童。 童幼。『蕭穎士』有啼呼之一一。

【幼子:유자】 어린 아들。 어린 자식。

【幼者:유자】 어린이。

【幼主:유주】 ❶나이 어린 임금。 ❷나이 어린 주인。 幼君。『陳琳』翊衛一一。

【幼沖:유충】 =幼少。『書經』惟我一一人。

【幼蟲:유충】 (動)알에서 부화되어 아직 成蟲이 되지 못한 벌레。 애벌레。 새끼벌레。 ↔成蟲。

【幼稚:유치】 나이가 어림。 幼少。 幼穉。『漢書』君年一一。 (轉)未熟한 것。

【幼稚園:유치원】 學齡이 안 된 어린이에게 쉬운 음악·그림·공작·유희 따위의 활동을 통하여 心身의 保育 발달을 꾀

하는 교육 시설。

【幼學：유학】❶어렸을 때의 학문。『禮記』人生十年幼、學。《轉》一〇세를 말함。❷《國》벼슬을 하지 아니한 儒生。◎老ㅡ、長ㅡ。

三畫

【幺幺】 (유) 尤 ヨウ、こまかい tiny
小篆 작을유(微也)。

四畫

【幼少】 (요)『𦰡』(次條)와 같음

五畫

【𦰡】 (요) 蕭 ヨウ、こびと dwarf
小篆 ❶난장이요、자그마할요(小貌)。❷어그러질요(急戾)。(『𦰡』와 通함)

六畫

【幽】 (유) 尤 ユウ、ふかくしずか hushed and still ㄧㄡ yu¹
小篆 草書 ❶숨을유(隱也)。『易經』ㅡ人貞吉。❷그윽할유(深也)。『易繫辭』无有遠近深ㅡ。❸적을유(微也)。『史記』極ㅡ而不隱。❹어두울유(闇也)。『書經』黜陟ㅡ明。❺가둘유(囚也)。『史記』ㅡ於縲紲。❻귀신유(鬼神)。❼저승유(冥途)。『蘇軾詩』夜看金輪出九ㅡ。❽고을이름유(州名)。(『黝』와 通함)

【幽坎：유감】 어두운 구덩이。무덤。『杜甫』重行ㅡㅡ已生苔。

【幽居：유거】 ❶세상을 피하여 그윽하고 외딴 곳에 살음。『蘇軾』年來漸知ㅡㅡ味。❷쓸쓸하고 궁벽한 곳에 있는 집。幽處。隱居。幽栖。幽棲。『禮記』ㅡㅡ而不淫。

【幽境：유경】 深奧하고 고요한 곳。

【幽景：유경】 그윽하고 고요한 경치。『王禹偁』不數ㅡㅡ落人間。

【幽界：유계】 저승。

【幽谷：유곡】 그윽하고 깊은 산골。고요한 골짜기。『孟子』出於ㅡㅡ、遷于喬木。

【幽閨：유규】 여자가 거처하는 방。

【幽襟：유금】 조용한 마음。깊은 생각。

【幽期：유기】 ❶비밀의 약속。❷남녀의 「內密의 약속。『唐玄宗』方外散ㅡㅡ。

【幽念：유념】 조용하고 깊은 생각。幽思。

【幽獨：유독】 한적하여 외로움。『韓愈』採蘭起ㅡㅡ。

【幽洞：유동】 고요하고 깊숙한 굴。『陳子昂』ㅡㅡ無留行。

【幽靈：유령】 죽은 사람의 혼령。亡魂。幽鬼。『謝惠連』ㅡㅡ髣髴、歆我犧樽。

【幽靈人口：유령인구】 거짓 신고에 의하여 書類上에만 있고 실제로는 존재하지 않는 인구。

【幽靈會社：유령회사】 간판만 내걸고 실제로는 영업하고 있지 않는 회사。株金의 拂込이 불충분하든가 또는 영업 부진의 회사로서 그 존재가 불명한 것。

【幽履：유리】 세상을 버리고 숨어 사는 것。幽居。『南史·隱逸傳序』全身ㅡㅡ。

【幽昧：유매】 어두움。

【幽明：유명】 ❶어둠과 밝음。❷천지의 이치와 인간의 일。有形과 無形。『易經·繫辭』知ㅡㅡ之故。❸저 세상(죽은 뒤 세상)과 이 세상。冥土와 現世。귀신과 사람。『禮記』別ㅡㅡ以制上下。❹善과 惡。『書·舜典』。❺暗愚와 賢明。『書經』黜陟ㅡㅡ。❻雌雄。『大戴禮·誥志』。

【幽冥：유명】 ❶그윽하고 어두움。깊숙하고 妙함。高妙。微妙。『漢書』ㅡㅡ而莫知其原。❷《佛》地獄冥土。冥界。

【幽眇：유묘】 깊고 오묘한 것。精微한 것。幽妙。『韓愈』張皇ㅡㅡ。

【幽默：유묵】 ❶그윽하고 고요함。❷《中》유모어。Humour의 音譯。

【幽門：유문】 ❶《生》胃의 아래 쪽 끝 十二指腸과 잇닿은 부분。括約筋이 있어 닫혀 있다가 가끔 열려서 음식물을 腸으로 보냄。❷고요한 문。

【幽芳：유방】 ❶그윽한 향기。幽香。『張九齡』欲贈ㅡㅡ歇。❷조용히 핀 꽃。《喩》美人。『剪燈餘話·賈雲華還魂記』。

【幽房：유방】 깊숙하고 조용한 방。幽室。『張華』晨月燭ㅡㅡ。

【幽放：유방】 幽閉하여 追放함。『後漢書』離ㅡㅡ、而反國祚。

【幽僻：유벽】 시골。변두리。외딴 곳。「비밀。僻村。『杜甫』渚柳元ㅡㅡ。

【幽秘：유비】 깊숙이 숨김。깊숙히 숨긴

【幽思：유사】 고요히 생각에 잠김。또는 그 생각。幽念·幽懷。『史記』屈原憂愁ㅡㅡ、而作離騷。

【幽賞：유상】 조용히 鑑賞함。『李白』ㅡㅡ未已、高談轉淸。

【幽墅：유서】 세상과 떨어진 곳의 別莊。『溫庭筠』事迫離ㅡㅡ。

【幽囚：유수】 ❶잡힘。감옥에 갇힘。잡아 가둠。拘禁。『史記』吾ㅡㅡ受辱。❷罪囚。囚人。

【幽愁：유수】 깊은 근심。남모를 탄식。『白居易』別有ㅡㅡ暗恨生。

【幽邃：유수】 그윽하고 깊숙함。고요하고 그윽함。幽深。幽遠。

【幽勝：유승】 고요하고 좋은 경치。『林逋』百千ㅡㅡ無人見。

【幽深：유심】 ❶고요하고 아늑함。깊숙하고 그윽함。幽邃。❷고상하고 의미가 깊음。『易經』无有遠近ㅡㅡ。

【幽雅：유아】 조용하고 아름다움。그윽하고 점잖음。

【幽闇：유암】 그윽하고 어둠침침 함。

【幽厄：유액】 갇힌 괴로움。幽閉의 災難。

【幽約：유약】 俗世를 떠난 風流客의 약속。『陳高·送陸有章詩』。

【幽壤：유양】 地下。黃泉。墓。泉壤。『晋書』埋之ㅡㅡ。「書」ㅡㅡ深遠。

【幽然：유연】 조용하고 그윽한 모양。『晋

【幽鬱：유울】 ❶마음이 답답하고 기운이 개운하지 못함。鬱結。『柳家元』長吟哀歌舒泄ㅡㅡ。❷草木이 茂盛한 것。

【幽冤：유원】 밝혀지지 않는 억울한 죄。숨겨진 억울한 죄。『崔駰』ㅡㅡ遂見明。

【幽悠：유유】 깊숙하고 멀음。아득하게 멀음。幽遠。『阮籍』右ㅡㅡ而無方。

【幽人：유인】 세상 일을 멀리 피하여 한가히 사는 사람。隱者。『易經』ㅡㅡ貞吉。

【幽咽：유인】 흐느낌。목이 메어 흐느껴 울음。呦咽。《喩》물이 흐르는 아득한 소리。

【幽寂：유적】 쓸쓸하고 고요함。

【幽情：유정】 고요한 심정。속 마음。『王羲之』一觴一詠、亦足以暢敍ㅡㅡ。

【幽靜：유정】 깊숙하고 고요함。또는 그런 곳。『晉書』志在ㅡㅡ。

【幽天：유천】 《天》西北 쪽의 하늘。『淮南子·天文訓』西北方曰ㅡㅡ。

【幽宅：유택】 무덤의 異名。

【幽閉：유폐】 ❶사람을 방안 깊이 가둠。拘禁함。❷외출을 하지 아니하고 깊이 들어 박히는 일。마음이 답답하게 막힘。❸《制》古代 부인에게 적용한 刑罰。宮刑。淫刑。『書·呂刑·宮辟疑赦』

【幽抱：유포】 ＝幽懷。그윽한 회포。『沈佺期』復得散ㅡㅡ。

【幽壑：유학】 깊숙한 골짜기。깊숙한 洞壑。『蘇軾』舞ㅡㅡ之潛蛟。

【幽恨:유한】마음 속 깊이 간직한 怨恨。남 모르는 怨恨。〔元稹〕各自埋ㅡㅡ、江流終宛然。

【幽閑:유한】그윽하고 한가함。그윽하고 고요함。쓸쓸한 모양。

【幽閑靜貞:유한정정】부녀가 인품이 높아 얌전하고 점잖음。

【幽巷:유항】❶깊숙한 뒷골목。❷人家를 떠난 쓸쓸한 외딴 곳。深巷。

【幽玄:유현】❶이치가 매우 깊어 알기 어려움。微妙。〔王逢〕漢女結佩窮ㅡㅡ。❷老莊이나 禪의 哲理가 深遠함。

【幽昏:유혼】어슴프레함。〔楚辭〕方世俗之ㅡㅡ兮、眩白黑之美惡。

【幽懷:유회】그윽한 회포。마음속 깊이 품은 생각。幽抱。〔陶潛〕ㅡㅡ不可寫。

【幽興:유흥】그윽한 興趣。幽趣。〔杜甫〕平生爲ㅡㅡ、未惜馬蹄遙。

八畫

【綸】(관) 删 カン、とおす thread the spindle
小篆 북에실꿸관(以絲貫杼)。

九畫

【幾】㊀(기) 尾 キ、いくばく some; several ㊁(기) 微 ㄐㄧ chi
小篆 草書 ㊀❶얼마기(ㅡ何多少)。❷얼마못될기(無ㅡ物無多)。㊁❶기미기(ㅡ微)。〔易繫辭〕ㅡ者動之微吉之先見者。❷위태할기(危也)。〔詩〕天之降罔維其ㅡ矣。❸기약할기(期也)。〔詩〕卜爾百福如ㅡ如式。❹자못기(殆也)。❺거의기、거진기(庶ㅡ尙也)。〔孟子〕王庶ㅡ改之。❻가까울기(近也)。〔易〕月ㅡ望。❼살필기(察也)。〔禮〕御瞽ㅡ聲之上下。

【幾諫:기간】감정을 상하지 않도록 은근하게 諫함。〔論語〕事父母ㅡㅡ。

【幾度:기도】몇 번。

【幾望:기망】陰曆 매월 一四일 밤。또는 그날 밤의 달。〔易經〕月ㅡㅡ。

【幾微:기미】낌새。前兆。機微。〔韓愈〕無ㅡㅡ出於言面。

【幾般:기반】여러 번。般은 數를 세는 데 쓰는 말。〔戎昱〕愁至關心事ㅡㅡ。

【幾事:기사】機密의 일。機事。〔易·繫辭〕ㅡㅡ不密則害成。

【幾死僅生:기사근생】거의 죽을 뻔하였다가 겨우 살아남。

【幾死之境:기사지경】거의 다 죽게 된 「지경。

【幾然:기연】긴 모양。키가 큰 모양。〔史記〕ㅡㅡ而長。

【幾運:기운】기회와 시운。시세의 형편。傾向。〔後漢書〕亦ㅡㅡ之會也。

【幾重:기중】여러 층으로 겹침。〔杜甫〕煙霞隔ㅡㅡ。

【幾至死境:기지사경】거의 죽을 지경「에 이름。

【幾次:기차】몇 번。몇 차례。

【幾何:기하】❶얼마。若干。〔詩經〕爾居徒ㅡㅡ。❷(數)幾何學의 略稱。

【幾何級數:기하급수】(數)等比級數。

【幾何平均:기하평균】(數)相乘平均。

【幾何學:기하학】(數)공간에 관한 수학。곧 물건의 형상·대소·위치에 관한 진리를 연구하는 학문。

十畫

【⿰幺曷】(예) 霽 エイ、もどる return
小篆 급히 돌아올예(急戾)。

广 部

二畫

【广】(엄) 琰 ゲン、いわや rock-house ㄧㄢ yen³
小篆 草書 바윗집엄(巖屋)。〔韓愈詩〕剖竹走泉源開廊架屋ㅡ。

【庀】(비) 紙 ヒ、そなえる possess ㄆㄧ pi³
草書 ❶다스릴비(治也)。❷갖출비(具也)。〔左傳〕楚子木使ㅡ賦。〔左傳〕官ㅡ其司。『庇』와 통함。

【庁】㊀(청) 靑 テイ、チョウ、たいら ㊁(청) 靑 even
㊀❶평평할청(平也)。❷마루청(廳也)。㊁뜻은『廳』에 보라。

三畫

【広】(광)『廣』(广部 12畫)의 略字

【⿸广乇】(탁)『宅』(宀部 3畫)의 古字 『度』(广部 6畫)

【⿸广下】(사) 禡 サ、ひさし attached room ㄒㄧㄚ hsia⁴
양실사(旁屋)。

【⿸广也】(예) 霽 エイ、のき eaves
❶추녀예(簷也)。❷식당예(食堂)。

【庄】(장) 陽 ソウ、ショウ、むらさと farmhouse ㄓㄨㄤ chuang¹
❶농막장(農幕)。❷전장장(田舍)。

四畫

【庇】(비) 寘 ヒ、おおう hide; conceal ㄅㄧ pi⁴
小篆 草書 ❶덮을비(ㅡ廕、覆也)。〔禮〕有ㅡ民之大德。❷가릴비(蔽也)。『芘』와 통함。

【庇免:비면】덕택으로 벗어남。〔唐書〕魏人德華ㅡㅡ。

【庇佑:비우】보호함。庇護。

【庇蔭:비음】❶옹호하여 도움。감싸 줌。〔左傳〕本根無所ㅡㅡ。❷遮陽(차양)의 그늘。

【庇護:비호】❶감싸서 보호함。❷도움。〔五代史〕明宗爲ㅡㅡ之。

【庉】(돈) 元 ドン、くら ware house
小篆 ❶곳간돈、광돈(屯聚處)。❷벽장돈(室中藏)。❸거할돈(居也)。❹불이 활활 붙을돈(ㅡ熾盛貌)。〔詩〕風與火爲ㅡ。

【床】(상)『牀』(爿部 4畫)의 俗字

【庋】(기) 紙 キ、たな cupboard ㄐㄧ chi³
草書 찬장기(ㅡ閣藏食物)。

【庋閣:기각】선반。〔集韻〕ㅡㅡ藏食物。

【庌】(아) 馬 ガ、いえ house
小篆 ❶집아(舍也)。❷대청아(屋之正廳)。〔六書故〕廊無四達之謂ㅡ。❸덮을아(庇也)。〔周禮〕圉師夏ㅡ馬。

【庎】(개) 卦 カイ、たな shelf
시렁개(庋食器)。〔六書故〕ㅡ、版令足流水以受滌濯今人設之於廚。

【⿸广戈】(환) 圓 カン、まるかわら tile
小篆 ❶암기와바닥환(牝瓦下)。❷그물벼리환(網羅)。

【序】(서) 語 ジョ、ついで order ㄒㄩˋ hsü⁴
小篆 草書 ❶차례서(次第)。『孟子』長幼有ㅡ。❷학교서、고남서(學也)。『孟子』殷曰ㅡ。❸서지을서(陳經旨)。『爾雅』孔子作書ㅡ子夏作詩ㅡ。(『叙』와 통함)

【序曲:서곡】《樂》❶歌劇이나 聖劇 등의 主要한 부분을 시작하기 전에 연주하는 기악곡。❷管絃樂의 처음 부분。前奏曲。
【序論:서론】머리말의 論說。本論의 단서가 되는 論文。緖論。序說。
【序幕:서막】❶연극 따위에서 처음 여는 막。❷일의 처음 시작。
【序文:서문】머리말。序言。叙文。緖言。
【序跋:서발】책의 序文과 跋文。題跋。
【序說:서설】=序論。
【序詩:서시】❶책 첫머리에 서문 대신으로 쓰는 시。❷長詩에서 서문 비슷하게 첫머리에 딴 장을 마련하여 쓴 시。
【序言:서언】=序文。
【序列:서열】❶차례대로 늘어섬。❷順序。『史記』孔子ㅡㅡ古之仁聖賢人。
【序次:서차】❶차례。順序。❷차례를 세움。『國語』陰陽ㅡㅡ、風雨時至。
◎小ㅡ、順ㅡ、自ㅡ、節ㅡ、秩ㅡ、次ㅡ。

五畫

【底】㊀(지) 紙 ㊁(저) 薺 テイ、そこ bottom ㄉㄧˇ ti³
小篆 草書 ㊀❶이룰지(致也)。❷정할지(定也)。❸이를지(至也)。『詩』靡所ㅡ止。(『砥』와 통함) ㊁❶밑저(下也)。❷그칠저(止也)。❸무슨저、어쩐저(設疑辭)。『匡謬正俗』俗謂何物爲ㅡ。

【底稿:저고】=草稿。
【底力:저력】속에 간직한 끈기 있는 힘。
【底流:저류】바다와 강의 바닥의 흐름。
【底面:저면】❶밑바닥。❷《數》밑면。錐體 또는 柱體 따위에서 側稜 또는 母線과 만나는 面。
【底邊:저변】《數》三角形의 頂點에 대한 邊。밑변。
【底部:저부】바닥이 되는 부분。낮은 부분。
【底豫:저예】즐기게 됨。『孟子·離婁』。
【底蘊:저온】깊숙한 곳。속 깊이 간직한 것。蘊奧。
【底意:저의】속마음。本意。
【底定:저정】정하여짐。平定함。『書·禹貢』震澤ㅡ。
【底止:저지】닿아서 멈춤。멈추어짐。
【底板:저판】밑널。밑에 댄 널빤지。
【底下:저하】❶아래。낮음。低下。❷賤한 것。卑劣。❸《中》後日。將來。
【底下人:저하인】종。奴僕。下等人。『陔餘叢考底下人』。
◎基ㅡ、徹ㅡ、海ㅡ。

【⿸广氏】(지) 紙 シ、ひくい squalid hut
더러운집지(鄙屋)。

【庖】(포) 肴 ホウ、くりや butcher's shop
小篆 草書 ❶푸줏간포、관포(ㅡ廚宰殺所)。『詩』大ㅡ不盈。❷부엌포(廚也)。

【庖肆:포사】푸주。
【庖稅:포세】관청의 허가를 맡고 가축을 잡아 파는 곳에 물리는 세。
【庖人:포인】《制》周代 요리의 일을 맡아 보던 벼슬。《轉》요리하는 사람。
【庖丁:포정】❶《人》옛날 이름 난 料理人。庖丁은 소를 잡아 요리하는 데 뛰어난 솜씨가 있었음。『莊子』。《轉》요리하는 사람。庖人。庖宰。❷《國》백장。
【庖正:포정】《制》周代 식사의 일을 맡던 벼슬。『左傳·註』ㅡㅡ掌膳羞之官。
【庖廚:포주】❶부엌。주방。庖屋。『孟子』是以君子遠ㅡㅡ也。❷푸주。
【庖漢:포한】백장。
【庖犧:포희】《人》中國 古代傳說上 최초의 帝王。

【店】(점) 豔 テン、みせ shop ㄉㄧㄢˋ tien⁴
草書 가게점、주막점(商鋪)。『徐勉誡子書』或欲創闢田園或勸興立邸ㅡ。(『坫』과 통함)

【店頭:점두】점방의 앞 쪽。
【店幕:점막】음식을 팔거나 나그네를 묵게 하는 것으로 업을 삼는 집。
【店房:점방】가겟방。
【店肆:점사】店鋪。商店。가게。肆店。『隋書』三市ㅡㅡ、皆設帷帳。
【店員:점원】남의 상점에서 매매 따위의 일을 보아 주고 보수를 받는 사람。
【店主:점주】商店 또는 가게의 主人。
【店鋪:점포】❶집。방。❷가게。商店。
◎開ㅡ、露ㅡ、當ㅡ、賣ㅡ、本ㅡ、分ㅡ、書ㅡ、支ㅡ、閉ㅡ。

【⿸广乍】(사) 麻 サ、いえ house
❶집사(屋也)。❷어긋날사(不齊)。

【庘】(압) 洽 ゴウ、ぶたごや pigsty
❶집이기울어지려할압(屋欲壞)。❷돼지우리압(豚屋)。

【庙】(묘)『廟』(12 广部)의 略字

【废】(발) 曷 ハツ、いおり straw-thatched house
小篆 초가집발(草舍)。

【庚】(경) 庚 コウ、かわる、かのえ correct ㄍㄥ kêng¹
小篆 草書 ❶일곱째천간경(天幹第七位)。❷고칠경(更也)。❸갚을경(償也)。『易』先ㅡ三日後ㅡ三日。『禮』季子皐葬其妻 犯人之禾申詳以告曰請ㅡ之。❹곡식경(ㅡ癸穀水)。『左傳註』ㅡ西方主穀癸北方主水。❺나이경(同ㅡ年齒)。『墨客揮犀』文彥博居洛日年 七十八與和昫司馬旦席汝言爲同ㅡ會。❻굳셀경(堅强)。❼길경(道也)。『左傳』塞夷ㅡ。❽초저녁별이름경(星名長ㅡ)。❾새이름경(鳥名倉ㅡ)。❿풀이름경(草名盜ㅡ)。

【庚庚:경경】❶옆으로 놓는 모양。一說엔 변함。『漢書』大橫ㅡㅡ。❷곡식·열매 따위가 익는 모양。
【庚伏:경복】여름에 가장 더울 때。初伏은 庚日에 시작됨。三伏。『韓琦』人間酷暑痛ㅡㅡ。
【庚戌:경술】六〇甲子의 四七째。
【庚時:경시】二四時의 一八째。하오 五시로부터 六시까지의 사이。
【庚申黜陟:경신출척】《歷》李朝 肅宗 六년(一六八〇) 南人의 失脚 사건。당시 領議政으로 있던 許積의 庶子 許堅이 福善君을 끼고 逆謀한다 하여 西人의 金錫冑·金萬基 등이 일어나 南人을 몰아 냄。
【庚熱:경열】=庚炎。
【庚炎:경염】불꽃과 같은 三伏中의 더위。庚熱。伏炎。
【庚午字:경오자】李朝 銅活字의 하나。世宗 三二년(一四五〇) 庚午에 丙辰字 다음에 만든 銅活字。字本은 安平大君 瑢의 書字이며 現存함。

【庚子字:경자자】 李朝 銅活字의 하나。世宗 二년 庚子年(一四二〇)에 癸未字의 다음으로 만든 銅活字。庚子年에 만들어 그 이름이 있음。字本은 元板이며 크기는 약 平方糎。現存함。

【庚座:경좌】 뒷자리나 집터 같은 것이 庚方을 등진 坐。곧 남서를 등진 자리。庚坐甲向。

【庚辰字:경진자】 李朝 銅活字의 하나。宣祖 一三년(一五八〇)庚辰에 世宗 때 만든 甲寅字를 改鑄한 銅活字。現存함。

【庚帖:경첩】 婚姻을 약속하였을 때 남녀 兩家의 姓名·年齡·籍貫·三代의 經歷을 써서 서로 교환하는 文書。小帖。

【㡹】(저) 語 魚 ショ、よりあう interdepend

㡹 小篆 서로의지할저(相倚)。

【㢒】(예) 霽 エイ、たな cupboard

찬장예(庋也)。

【庛】(차) 寘 シ、またぎ small plough

장기술자、따비가지자(耒下歧木)。「鄭康成謂耒下前曲接耜」。

【府】(부) 麌 フ、やくしょ ㄈㄨˇ fu3 government office

府 小篆 草書 ❶마을부(官舍)。〔漢書〕文深不可居大—。❷곳집부(藏文書財幣所)。〔書〕六—三事允治。❸고을부(州也)。❹서울부(都—)。❺죽은조상부(—君)。(『腑·俯』와 통함)

【府庫:부고】 文書나 財物을 넣어 두는 창고。〔禮記〕季春開——、出幣帛。

【府君:부군】 ❶(制)漢代 太守의 尊稱。❷祖考 및 亡父(先考)의 尊稱。〔朱子語錄〕無爵曰——夫人。❸尊者·長者의 尊稱。〔搜神記〕爲泰山——所召。❹(國)各 府君堂에 모신 神靈。

【府兵:부병】 (制)宮城·朝廷을 守衛하던 兵士。近衛兵。〔後漢書〕——漸盛。

【府夫人:부부인】 正一品。李朝 때 대군의 아내와 임금의 장모에 대한 칭호。

【府史:부사】 (制)관아의 書記。〔儀禮·疏〕皆有——胥徒。

【府寺:부시】 官廳。官衙。官署。〔後漢書〕——寬敞。

【府院君:부원군】 (制)王妃의 친아버지나 正一品 功臣의 爵號。

【府尹:부윤】 (制)❶府의 長官。〔唐書〕——名一人、掌宣德化。㉠唐代、東·西·北都에 각각 둠。㉡明代、應天·順天의 二府에 둠。㉢清代、奉天·順天의 二府에 둠。❷李朝 正二品의 外官職。永興·平壤·全州·慶州의 네 府에 두었음。

【府庭:부정】 관청。또는 그 뜰。〔岑參〕甘露降——。

【府中:부중】 정치를 표면에서 행하는 관청。內閣。(宮中에 對하는 말)。〔諸葛亮〕宮中——俱爲一體。

【府帑:부탕】 정부의 금고。國庫。〔後漢書〕轉運之費、空竭——。

六畫

【庠】(상) 陽 ショウ、まなびや ㄒㄧㄤˊ hsiang2 school in a locality

庠 小篆 草書 ❶태학상(—斆)。〔孟子〕周曰—。❷고남상(養老處)。〔禮〕有虞氏養老于—。

【庠生:상생】 옛날 中國의 府·縣立學校의 學生。

【庠序:상서】 (制)中國 古代의 國民學校。序庠。庠校。(轉)學校。〔孟子〕謹——之

【㡾】(한) 删 カン、しきみ threshold

문지방한(閾也)。

【㡿】㊀(척) 陌 ㊁(차) 禡 セキ、しりぞける point

㊀❶집을물리칠척(卻屋)。❷가리킬척(指也)。❸드물척(稀也)。❹클척(大也)。❺멀리할척(疏遠)。❻꽉찰척(充滿)。❼버릴척(不用)。㊁뜻은 ㊀과 같음。

【庢】(질) 質 ジツ、いかる ㄓˋ chih4 burst out with anger

庢 小篆 ❶분북받칠질(怒發礙止而涌沸)。〔枚乘七發〕發怒—沓。❷물굽이질(水曲)。〔寰宇記〕山曲曰盩、水曲曰—。❸거리낄질(拘也)。

【庣】(조) 蕭 チョウ、みたない be short of

❶차지않을조(不滿貌)。〔漢書〕旁有—焉。❷휘조자리조(斛旁耳)。

【庤】(치) 紙 ジ、そなえる ㄓˋ chih4 possess

庤 小篆 草書 ❶쌓을치(儲置)。〔詩〕—乃錢鎛。❷갖출치(具也)。(『峙』와 통함)

【庥】(휴) 尤 キュウ、かげ ㄒㄧㄡ hsiu1 be shadowed

庥 小篆 草書 ❶덮을휴(庇蔭)。❷의지할휴(依持)。〔韓愈詩〕此邦是—。(『休』와 같음)

【度】㊀(도) 遇 ㊁(탁) 藥 ド、タク、のり たび、はかる ㄉㄨˋ tu4 ruler; conjecture

度 小篆 草書 ㊀❶법도도(法制)。❷잴도(丈尺)。〔書〕同律—量衡。❸지날도(過也)。❹국량도(—量)。〔漢書〕帝有豁達大—。❺뼘잴도(布指知尺)。❻모양도(姿態)。❼번도(數量單位)。❽때도(時也)。❾도수도(溫—)。

㊁❶꾀할탁(謀也)。〔詩〕周爰咨—。❷헤아릴탁(忖也)。〔孟子〕他人有心予忖—之。❸벼슬이름탁(官名—支)。

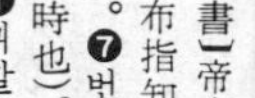

度 (三才圖會)

【度揆:도규】 ❶規則。法則。〔蔡襄〕章明——。❷度計。計料。

【度紀:도기】 壽命을 延長함。延平。〔後漢書·崔寔傳〕。

【度內:도내】 가슴 속。마음 속。↔度外。〔嵇康〕是足下——耳。

【度量:도량】 ❶자(尺)와 말(斗)。〔周禮〕壹其——。❷마음이 너그러워 사물을 잘 包容하는 品性。局量。=雅量。〔韓愈〕—不敢窺涯涘。

【度量衡:도량형】 길이와 부피와 무게。또는 자(度)·말(量)·저울(衡)의 總稱。

【度數:도수】 ❶거듭하는 回數。❷각도·온도·광도 등의 크기를 나타내는 數。〔周禮〕日月星辰之——、天道備焉。❸定해진 制度。〔莊子·天道〕禮法——刑名比詳、治之末也。❹爵等의 大小。〔周禮·墓大夫·注〕——爵等之大小。

【度厄:도액】 액막이。

【度外:도외】 ❶法度(法律과 制度)의 밖。범위의 밖。除外者。除外。〔後漢書〕當置此兩子於度外。❷마음에 두지 아니함。

【度外視:도외시】 문제로 삼지 않고 가외 것으로 보아 넘김。

【度外置之:도외치지】 문제로 삼지 않고 생각 밖으로 내버려 둠。置之度外。

【度越:도월】 남보다 뛰어남。〔漢書〕必——諸子矣。

【度日:도일】 세월을 보냄。날을 보냄。

【度牒:도첩】 (制)새로 중이 되었을 때 나라에서 주는 許可證。入寂 또는 還俗하면 도로 返納함。

【度航:도항】 배를 타고 물(바다)을 건넘。 渡航。 渡船。 『梁書』衆號二十萬、 —請戰。
【度計:탁계】 물건을 잼。 度揆。 『韓非子』人主之所與——也。
【度德量力:탁덕양력】 자신의 덕행과 역량을 헤아려 살핌。
【度支:탁지】 《制》 ❶國家의 財政官·會計官。 또는 財政。 『唐書』——掌天下租賦物産豐約之宜、 水陸道途之利、 歲計所出而支調之。 ❷=戶曹。
【度支部:탁지부】 《制》 李朝末 나라의 財政事務를 맡아 보던 관청。 戶部를 改稱한 것。 지금의 財務部。
◎角—、强—、經—、傾—、硬—、高—、過—、光—、得—、百—、速—、年—、溫—、緯—、程—、制—、濟—、進—、尺—、初—、態—、限—。

七畫

【座】 (좌) 箇 ザ、すわる ところ、しきもの seat ㄗㄨㄛˋ tsuo⁴

草書 ❶지위좌(位也)。 『李嶠表』八—樞機五曹要劇。 ❷자리좌(坐具)。 (『坐』와 통합)

【座客:좌객】 자리에 앉은 손님。
【座談:좌담】 ❶마주 자리 잡고 앉아서 하는 이야기。 ❷席上의 談話。 坐談。
【座談會:좌담회】 몇 사람이 모여 앉아서、어떤 문제를 중심으로 얘기하는 모임。
【座論:좌론】 ❶座上의 議論。 또는 卓上空論。 ❷《植》梅花의 한 가지。 座論梅。
【座目:좌목】 席次를 적은 目錄。
【座上:좌상】 ❶여러 사람이 모인 자리。 座中。 席上。 『後漢書』——客恒滿、 尊中酒不空。 ❷그 좌석에서 가장 으뜸이 되는 사람。
【座席:좌석】 ❶앉는 자리。 앉은 자리。 ❷깔고 앉는 자리 종류의 總稱。
【座席券:좌석권】 극장 따위에서 좌석을 지정하여 판매하는 관람권。
【座首:좌수】 《制》李朝 때 地方의 州·府·郡·縣에 두었던 鄕廳의 우두머리。 高宗 三二년에 鄕長으로 고침。 亞官。 首鄕。
【座右:좌우】 ❶좌석의 오른 편。 ❷곁。 옆。 坐右。
【座右銘:좌우명】 늘 자리 옆에 갖추어 두고 反省의 재료로 삼는 格言。 漢의 崔瑗이 처음 이를 만들음。 『崔瑗·座右銘』。
【座長:좌장】 集會 등에서 여러 사람에게 추대를 받아 으뜸이 된 사람。 席長。
【座前:좌전】 편지를 받아 볼 사람의 이름 아래에 쓰는 尊稱。 座下。
【座中:좌중】 여러 사람이 모인 자리。
【座次:좌차】 座席의 순서。 席順。 席次。
【座標:좌표】 어떤 위치나 點의 자리를 나타내는 데에 표준이 되는要素。 곧 한 點의 위치를 나타내기 위하여 어떤 일정한 위치와 관계를 나타내는 標。
【座下:좌하】 편지를 받을 사람의 이름 아래에 공대하여 쓰는 말。 座前。
【座興:좌흥】 어떤 모임에 있어서 그 자리의 흥취。
◎講—、滿—、末—、私—、土—、星—、御—、玉—、王—、典—、殿—、帝—、即—、鎭—。

【庨】 (효) 看 コウ、たかいいえ palace

궁집드높을효(宮室高貌)。

【庬】 ㊀(방) 江 ボウ、あつい thick (本音「망」) ㊁(몽) 董

草書 ㊀❶두터울방(厚也)。 『孝經』天度—鴻孳萌。 ❷잡될방(雜也)。 『書』不和政—。 ㊁❶분명치않은모양몽(未分之形—澒)。 ❷순전할몽(醇也)。

【庬洪:방홍】 두텁고 많음。 『漢書』湛恩——。

【庪】 (기) 紙 キ、おさめる sacred place

小篆 ❶산제터기(—縣祭山)。 『爾雅註』或—或縣置之于山。

【庫】 (고) 遇 コ、ク、くら warehouse ㄎㄨˋ k'u⁴

小篆 草書 곳집고(貯物舍兵車藏)。 『禮』審五—之量。 【註】五—車兵祭樂宴。

庫 (三才圖會)

【庫間:고간】 곳집。
【庫間車:고간차】 有蓋貨物車의 俗語。
【庫房:고방】 세간을 넣어 두는 방。
【庫封:고봉】 물건을 곳집에 넣은 뒤에 문을 잠그고、 열쇠 구멍을 종이로 封하고 도장을 찍음。
【庫舍:고사】 곳집。
【庫紗:고사】 감이 두껍고 깔깔하고 潤態가 나는 좋은 紗의 한 가지。
【庫稅:고세】 창고를 빌어 쓴 세。
【庫英:고영】 中國에서 나는 비단의 하나。 英綃의 上品。 庫英綃。
【庫入:고입】 《經》貨物을 보통 창고 또는 保稅倉庫에 奇託하여 보관시키는 일。
【庫入免狀:고입면장】 《法》保稅貨物을 창고에 넣게 하는 데 필요한 허가장。
【庫藏:고장】 ❶倉庫에 저장해 놓은 것。 『後漢書』檢閱——、收其珍寶。 ❷占術家에서 胞胎法의 辰·戌·丑·未를 가리키는 말。
【庫直:고직】 고지기。 관청의 倉庫를 지키는 사람。
◎金、—冷藏—、文—、寶—、四—、史—、書—、入—、在—、車—、倉—、出—。

【庭】 ㊀(정) 靑 テイ、にわ yard ㄊㄧㄥˊ t'ing² ㊁(정) 徑

小篆 草書 ㊀❶뜰정(堂階前)。 『易』不出戶—无咎。 ❷곧을정(直也)。 『詩』播厥百穀既—且碩。 ㊁동안뜰정(逕—隔遠貌)。 『莊子』大有逕—。

庭 ❶(三才圖會)

【庭柯:정가】 집 뜰에 있는 나무의 가지。 뜰에 심은 나무。 園樹。 庭樹。 『陶潛』眄——以怡顏。
【庭階:정계】 뜰의 階段。 《轉》門內。 家內。 『晉書·謝玄傳』欲使其生於——耳。
【庭誥:정고】 가정의 敎訓。 家敎。
【庭敎:정교】 =庭訓。 『戰國策』先生不遠千里、而——之。
【庭球:정구】 《運》테니스(tennis)。 코트에 네트를 치고 양쪽에서 래키트로 고무공을 받고 치고 하는 운동 경기。 공에는 硬·軟 두 가지가 있고、경기에는 單式·複式의 종별이 있음。
【庭辯:정변】 朝廷에서 명백히 변론함。 『漢書·公孫弘傳』。
【庭試:정시】 《制》增廣·別試 때 대궐 안 마당에서 보이던 科擧。
【庭午:정오】 해나 달이 正南 곧 中天에 있을 때。 正午。 亭午。 『孫覿』靜憩月——。
【庭園:정원】 집 안의 뜰。 美觀이나 實用을 목적으로 樹木 따위를 심은 땅。
【庭園師:정원사】 정원의 화단이나 수목을 가꾸는 사람。 園丁。
【庭闈:정위】 부모가 계시는 방。 《轉》부모。 『束皙·補南陔詩』眷戀——。

【庭牆:정장】뜰의 울타리。〔左傳〕立依於ㅡㅡ而哭。
【庭丁:정정】재판소의 사환。廷丁。
【庭除:정제】섬돌 아래。뜰。마당。(除는 大門과 담사이)。〔孟浩然〕香煙浮ㅡㅡ。
【庭享:정향】공로 있는 신하를 죽은 뒤에 宗廟 祭祀에 祔祭하는 일。廟廷配享。
【庭訓:정훈】가정에서 가르침。가정에서의 敎訓。(故)孔子의 아들 鯉가 뜰을 달려 지나갈 때、孔子가 불러 세우고 詩와 禮를 배워야 한다고 가르친 故事。〔晉書〕雖子孫班白、而ㅡㅡ愈峻。
◎家ㅡ、前ㅡ、後ㅡ。

【庮】(유) 尤 ユウ、のきづけ the dip of rafter
小篆 ❶오랜집썩은 나무냄새유(久屋朽木臭)。〔周禮〕牛夜鳴則ㅡ。❷석가래끝유(簷端)。

【廛】(전)『廛』(广部 12畫)과 같음

八 畫

【庰】(병) 梗 ヘイ、かくす hide
小篆 ❶감출병(藏也)。❷덮을병(蔽也)。〔六書故〕ㅡ門閒屏蔽者所謂塞門。❸궁벽할병(僻也)。(『𢊬·屛』과 같음)

【𢈔】(퇴) 灰 タイ、いえがかたむく inclined roof
小篆 지붕물매질퇴(屋從上傾下)。

【庳】(一)(비) 紙 ヒ、ひくい humble (二)(비) 寘 ㄅㄧ pi`
小篆 草書 (一)❶낮을비(下也)。❷오두막집비(低小屋)。〔左傳〕宮室卑ㅡ。❸짧을비(短也)。〔周禮〕其民豊肉而ㅡ。(『卑』와 같음) (二)땅이름비(舜弟象所封國名有ㅡ)。(『鼻』와 통함)
【庳車:비거】낮은 수레。〔史記〕楚民俗好ㅡㅡ。〔注〕索隱曰、庳、下也。
【庳淺:비천】낮고 얕음。
【庳側:비측】낮고 한 쪽에 기울음。
【庳下:비하】낮게 숙임。卑下。〔魏志〕后舊陵ㅡㅡ、十二月、改葬於陽陵。

【庱】(릉) 蒸 リョウ arbour
小篆 정자이름릉(亭名ㅡ亭)。

【㢈】(름)『廩』(广部 13畫)의 古字

【𢈈】(一)(적) 陌 セキ (二)(욱)〔國字〕
(一)고을이름적(縣名ㅡ縣)。(二)움집움(ㅡ幕)。

【㢋】(치) 紙 シ、ひろい broad
넓을치(廣也)。

【庵】(암) 覃 アン、いおり hermitage ㄢ an`
草書 암자암、초막암(小草舍)。〔集韻〕圜屋爲ㅡ。(『菴』과 같음)
【庵廬:암려】庵子。草庵。芽庵。〔范成大〕ㅡㅡ來往少。
【庵子:암자】❶큰 절에 딸린 작은 절。❷중이 임시로 거처하며 도를 닦는 집。
【庵主:암주】❶庵子의 主人。❷尼僧。

【㡰】(추) 尤 ソウ、くずれる(或音「취」) crumble
무너질추(崩壞)。

【庶】(서) 御 ショ、もろもろ numerous ㄕㄨ shu`
小篆 草書 ❶무리서、뭇서、여럿서(衆也)。〔易〕首出ㅡ物。❷바랄서(冀也)。❸거의서(ㅡ幾)。❹백성서(人民)。❺많을서(多也)。❻서자서(支子)。〔左傳〕其ㅡ子爲公行。
【庶官:서관】모든 官吏。百官。百僚。庶僚。〔書經〕無曠ㅡㅡ。
【庶幾:서기】❶가까움。〔孟子〕齊其ㅡㅡ乎。❷바람。희망함。〔孟子〕王ㅡㅡ改之。❸賢人을 일컬음。孔子가 顏回를 일컬은 말에서 由來함。〔論語·先進〕
【庶幾之望:서기지망】거의 될 듯한 희망。
【庶男:서남】妾에서 난 사내 아이。〔史記〕齊悼惠王劉肥者、高祖長ㅡㅡ也。
【庶女:서녀】❶平民의 아내。또는 平民의 딸。〔淮南子〕ㅡㅡ叫天。❷첩의 몸에서 난 딸。
【庶類:서류】여러 가지 흔한 종류。온갖 事物。森羅萬象。〔魏志〕東作方興、ㅡㅡ萌動。
【庶吏:서리】아전·軍校。
【庶母:서모】❶아버지의 妾으로서 자기의 生母。❷(國)아버지의 妾。
【庶務:서무】특별한 名目이 없는 일반 事務。여러 가지 잡다한 事務。〔南史〕未經ㅡㅡ。
【庶物:서물】❶온갖 물건。諸物。萬物。〔易經〕ㅡㅡ首出。❷呪物
【庶民:서민】❶일반 사람들。백성。大衆。庶人。〔詩經〕ㅡ子來。❷임금의 籍田을 耕作하는 사람。
【庶民階級:서민계급】❶권력 기관에 있지 아니한 모든 평민 계급。❷노동으로 가족의 생활을 이끌어 가는 계급。
【庶事:서사】모든 일。百事。萬事。〔書經〕ㅡㅡ康哉。
【庶三寸:서삼촌】=庶叔。
【庶孫:서손】❶庶子의 아들。❷아들의 庶子。↔嫡子。嫡孫。
【庶羞:서수】❶온갖 맛 있는 음식。〔禮記〕ㅡㅡ不踰牲。❷여러 가지 음식。
【庶孼:서얼】妾의 자식。庶子와 그 자손。〔史記〕商君子、衞之ㅡㅡ公子也。
【庶孼制度:서얼제도】李朝 때 서얼을 차별하던 제도。
【庶孼差待:서얼차대】(制)李朝 때 서얼을 차별하던 일。
【庶人:서인】❶一般 人民。보통의 사람。無位 無官의 사람。庶民。平民。〔禮記〕ㅡㅡ祭於寢。❷(制)府史의 屬官으로 있는 平民。〔禮記〕ㅡㅡ爲國君。
【庶子:서자】❶妾의 몸에서 난 子息。孼子。↔嫡子。❷(法)아버지가 認知한 私生兒。❸(制)周代 諸子卿大夫의 庶子의 教養을 맡은 벼슬。諸子라고도 함。秦漢 때는 大中庶子라 하고、六朝 以後는 太子의 屬官으로 左右庶子라고 함。唐代 左右春坊으로 改稱하여、歷代 이에 따르다가 清代에 폐지함。❹(天)별 이름。北極五星의 第三星。〔書·康誥〕
【庶績:서적】모든 功績。많은 功績。衆功。〔書經〕允釐百工、ㅡㅡ咸熙。
【庶政:서정】여러 가지의 政事。萬機。
【庶族:서족】❶모든 氏族。❷分家。❸(國)庶派의 族屬。差族。〔易經〕君子以明ㅡㅡ。
【庶徵:서징】하늘에서 人間世上에 내리는 온갖 象徵。〔書·洪範〕念用ㅡㅡ。
【庶出:서출】妾의 所生。側出。↔嫡出。
【庶派:서파】庶子의 子孫。
【庶品:서품】온갖 것。여러 가지 계급의 관리。〔孔子家語·五儀解〕
◎士ㅡ、中ㅡ、衆ㅡ。

【康】(강) 陽 コウ、やすらか peaceful; healthy ㄎㄤ k'ang
草書 ❶편안할강(安也)。〔書〕庶事ㅡ哉。❷즐거울강(樂也)。〔詩〕無已太ㅡ。❸화할강(和也)。❹다섯거리강(五達衢)。〔列子〕堯遊於ㅡ衢。

❺풍년들강(年豊)。『詩』迄用ー年。❻헛될강(空也)。❼성강(姓也)。

【康彊:강강】 튼튼함。건강함。康健。『書經』。

【康健:강건】 기력이 튼튼하고 건강함。健康。康彊。康勝。『金史』。

【康衢煙月:강구연월】 태평한 시대의 번화한 거리의 평화스러운 모습。

【康逵:강규】 큰 길。『李華』騁於ーー。

【康年:강년】 ＝豊年。『詩經』。

【康寧:강녕】 몸이 튼튼하고 마음이 편안함。平安함。

【康樂:강락】 ❶平安히 즐김。安樂。『漢書』民ーー。❷《人》晉 謝靈運의 封號。『李白』吾人詠歌、獨慚ーー。❸舞曲의 이름。『史記·孔子世家』皆衣文衣、而舞ーー。

【康梁:강량】 ❶즐거움에 빠짐。耽樂。『淮南子·要略』。❷淸末의 維新黨員이었던 康有爲·梁啓超를 併稱한 것。↓康有爲·梁啓超。

【康保:강보】 편안히 保全함。

【康阜:강부】 즐겁고 넉넉한 것。安樂豊厚。『宋史』永爾ーー。

【康乂:강예】 平安히 다스려짐。(乂는 治)。『書經』民其ーー。

【康旺:강왕】 평안하고 기운이 좋음。

考·春秋筆削大義微言考·大同書。

【康爵:강작】 빈 술잔。또는 큰 술잔。安爵。(爵은 杯、康은 空)。『書經』酌彼ーー。

【康莊:강장】 번화한 거리。四通八達의 큰 거리。康은 五達道、莊은 六達道。康衢。『史記』爲列第ーー之衢。

【康濟:강제】 백성을 平安이 하고 救濟함。『書經』ーー小民。

【康平:강평】 세상이 잘 다스려져 태평함。『漢書』上下和洽、海內ーー。

【康瓠:강호】 깨어진 독。(질 그릇)。《喩》보잘것 없는 물품。『賈誼』寶ーー。

【康熙字典:강희자전】 《書》四二권。一二集 一二三九部。淸 聖祖 康熙 五五년(一七一六) 張玉書·陳廷敬 등이 命을 받아 지음。說文·玉篇을 基本으로 하여 每字마다 聲音訓詁를 달은 古今 字書中 가장 상세한 字典。뜻과 例가 精密하고 考證이 넓음。總字數 四만 五천여 字。道光 七년 王引之가 二천 五백여 條를 訂正하여 字典考證 一二권을 만들음。

◎健ー、小ー、安ー。

【庸】 (용) 冬 ヨウ、つね、もちいる always; use ㄩㄥ yung1·2

小篆 草書 ❶쓸용(用也)。『書』疇咨若時登ー。❷떳떳할용、항상용(常也)。『易』ー言之信ー行之謹。❸공용(功也)。『書』有能奮ー熙帝之載。❹수고로울용(勞也)。『詩』我生之初尙無ー。❺화할용(和也)。『禮疏』ー者以其記中和之爲用。❻어리석을용(愚也)。『史記』周勃才能不過凡ー。❼어찌용(豈也)。『左傳』ー非貳乎。❽부용나라용(附ー、小國)。❾물도랑용(水ー溝也)。❿부세용(賦法租ー)。

(『鄘·墉·傭·鏞』과 통함)

【庸渠:용거】 《動》물새의 이름。水鷄(비오리)와 비슷함。章渠。

【庸詎:용거】 어찌。反問의 말。庸과 詎는 모두 何·豈의 뜻。『莊子·齊物論』。

【庸工:용공】 재주가 용렬한 匠人。

【庸懦:용나】 凡庸儒弱의 略語。재주가 평범하고 氣力이 약함。庸愞。

【庸德:용덕】 平常의 德行。변하지 않는 德行。庸行。『中庸』ーー之行、庸言之謹。

【庸劣:용렬】 못생기어 재주가 남만 못하고 어리석음。凡傭함。

【庸碌:용록】 평범한 사람。庸人。

【庸夫:용부】 마음이 못 생기고 기개가 없는 사나이。庸人。

【庸常:용상】 대수롭지 아니함。凡常。尋常。『康熙字典』俗謂ーー爲尋常。

【庸俗:용속】 평범한 사람。品格이 下賤한 사람。凡俗。俗物。

【庸暗:용암】 어리석음。暗愚。闇愚

【庸弱:용약】 재주가 없고 意志가 약함。

【庸言:용언】 ❶中庸을 얻은 말。『易·乾』。❷일상의 평범한 말。

【庸庸:용용】 ❶平凡。평범한 모양。平平。『左思』超百王之ーー。❷힘씀。『爾雅·釋訓』。❸아주 작은 모양。微小한 모양。

【庸愚:용우】 남보다 못생기고 어리석음。『漢書·梅福傳』。

【庸醫:용의】 의술이 용렬한 醫員。『陸游』ーー司性命、俗子議文章。

【庸人:용인】 보통 사람。평범한 사람。凡庸한 사람。『史記』始以先生爲ーー。

【庸才:용재】 평범하고 용렬한 재주。평범한 사람。『十六國春秋』劉禪有如此之地、而面縛於人、豈非ーー乎。

【庸租:용조】 賦役과 年貢。『唐書』取民一年ーー。

【庸拙:용졸】 용렬하고 초라함。

【庸中佼佼:용중교교】 평범한 사람들 가운데 조금 우수한 사람。『後漢書·劉盆子傳』鄕所謂鐵中錚錚、——者也。

【庸次:용차】 번갈아。庸态。

【庸品:용품】 ❶품질이 낮은 물건。❷낮은 品階。

【庸行:용행】 ❶中庸을 지키는 행위。❷平素의 행실 또는 품행。素行。『易經』庸言之信、庸行之謹。

◎登ー、凡ー、附ー、中ー。

【厙】 (사) 馬 シャ、こや little house

❶집머리사(屋頭)。❷작은집사(小屋)。

【廧】 (장) 陽 ショウ、かき wall

❶담장장(牆ー垣也)。❷사모할장(追慕羔ー)。❸옥장(圜ー獄也)。(『牆·墻』과 같음)

【⿸广炎】 (염) エン、あつい thick

두터울염(厚也)。

九畫

【庾】 (유) 麌 ユ、くら stack of grain ㄩˇ yu3

小篆 草書 ❶노적유(倉無屋露積)。『周語』野有ー積。❷휘유(量名、十六斗)。『左傳』粟五千ー。

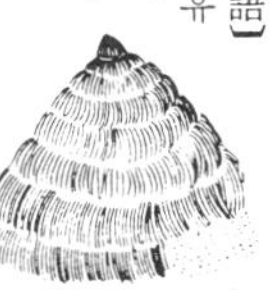
庾 (三才圖會)

(『斞』와 같음)

【庾廩:유름】 곡식 창고。『金史』人戶散亡、ーー無兩月食。

【庾積:유적】 ❶露天에 쌓아둔 곡식。『國語:周語』野有ーー。❷倉庫에 쌓아 둔 곡식。또는 곡식을 쌓아 둠。

【庿】 (묘)『廟』(12畫 广部)의 古字

【廋】 (수) 尤 ソウ、かくす hide

❶산모퉁이수(山隈)。『劉向九歎』步從容於山ー。❷숨을수(匿也)。(『廀』와 같음)

【⿸广曷】 (얼) 月 エツ、せまい (of a house) small

小篆 집좁을얼(家狹)。

【廁】 ㊀(치) 寘 シ、ソク、かわや water-closet ㊁(칙) 職 ㄘㄜ ts'e4 (本音「측」)

小篆 ㊀❶뒷간치(圂溷)。『史記』沛公起如ー。❷평상가장자리치(牀邊側)。『漢書』衛靑侍中上常踞ー而視之。❸섞일치(雜也)。❹버금치(次

也)。㊂기울칙(側也)。

〔廁足:측족〕(喩)어떤 일에 참여함。側足。插足。

〔廁間:치간〕뒷간。

〔廁木:치목〕뒷나무。

〔廁室:치실〕뒷간。

〔廁牏:치유〕❶변소의 담。〔史記·萬石君傳·注〕取親中裙ㅡㅡ、身自浣濯。❷㉠속옷。近身小衫。〔漢書·萬石君傳·注〕。㉡수챗구멍에 몸을 숨기어 붙어 있는 것。〔漢書·萬石君傳·王先謙補·注〕。

〔廁廳:치청〕크게 잘 꾸민 뒷간。

〔廁溷:치혼〕뒷간。변소。〔歸田錄〕雖ㅡㅡ間、燭淚成堆。

【廀】㊀(투) 尤 ユ、トウ、かいばおけ ㊁(유) 虞 manger

㊀❶매화틀투(行圊)。❷말죽통투(木槽)。(『牏』와 통합) ㊁뜻은 ㊀과 같음。

【㢋】(랄) 曷 ラツ、いおり hermitage

❶초막랄、암자랄(庵也)。❷옥방랄(獄室)。

【廂】(상) 陽 ショウ、ひさし outbuilding ㄒㄧㄤ hsiang

결채상、행랑상(廊也)。〔史記〕呂后側耳於東ㅡ聽。〔索隱〕正寢之東西室皆曰ㅡ。

〔廂廊:상랑〕복도。골마루。

【廃】(폐)『廢』(广部 12畫)의 略字

十 畫

【廅】(합) 合 ゴウ、かくす hide

❶산곁구멍합(山傍穴)。❷감출합(藏也)。

【廆】(외) 賄 カイ、かき wall (本音「회」)

❶담외(廦也)。❷사람이름외(人名晉慕容ㅡ)。

【廌】㊀(치) 紙 チ、タイ、のり law ㊁(채) 蟹 ㄓˋ chih⁴

㊀❶법치(法也)。❷해태치、외뿔양치(獬ㅡ一角羊)。〔王充論衡〕獬ㅡ者一角羊性知有罪皐陶治獄其罪疑者令羊觸之。(『豸』와 통합) ㊁뜻은 ㊀과 같음。

【廇】(류) 宥 リュウ、うつばり board-floored hall

대마루류、한마루류(屋ㅡ室中央)。〔劉向九歎〕刜讒賊於中ㅡ兮。

【廈】(하) 馬 カ、いえ building ㄒㄧㄚˋ hsia⁴

❶큰집하(大屋)。〔杜甫詩〕安得廣ㅡ千萬間。❷허수청하(門之廡)。❸곁방하、행랑하(旁屋)。(『夏』와 통합)

〔廈屋:하옥〕크나큰 집。〔白居易〕裁截爲ㅡㅡ。

〔廈氈:하전〕임금이 기거하는 곳。宇宙「眞。

【廉】(렴) 鹽 レン、いさぎよい integrity

❶맑을렴(淸也)。❷조촐할렴(潔也)。❸청렴할렴(不貪)。❹검소할렴(儉也)。❺모렴(ㅡ隅稜也)。❻살필렴(察也)。〔書〕簡而ㅡ。〔後漢書〕袁安使仁恕椽肥親往ㅡ之。❼서슬렴(嚴利)。〔禮〕其器ㅡ而深。❽값쌀렴(安價)。

〔廉價:염가〕싼 값。安價。

〔廉價品:염가품〕싼 값의 물품。安價品。

〔廉恪:염각〕결백하고 공손함。廉愼。廉謹。〔後漢書〕公方ㅡㅡ。

〔廉介:염개〕=廉潔

〔廉客:염객〕몰래 사정을 염탐하는 사람。염탐군。염문군。

〔廉倨:염거〕모나게 거만함。廉倨。〔漢書〕趙禹爲人ㅡㅡ。

〔廉儉:염검〕청렴하고 검소함。

〔廉潔:염결〕淸廉潔白함。마음이 깨끗하고 人品이 조촐하며 탐욕이 없음。〔南史〕ㅡㅡ者、自進無途。

〔廉勁:염경〕마음이 깨끗하고 바름。청렴하고 강직함。〔後漢書〕ㅡㅡ不阿權貴。

〔廉愧:염괴〕=廉恥。〔漢書〕終不知反ㅡㅡ之節、仁義之厚。

〔廉能:염능〕마음이 깨끗하고 재주가 있음。〔周禮〕

〔廉吏:염리〕마음이 결백하고 탐욕이 없는 관리。〔漢書〕ㅡㅡ、民之表也。

〔廉賣:염매〕아주 싼 값으로 팖。

〔廉明:염명〕마음이 청렴하고 밝음。

〔廉問:염문〕남모르게 사정을 물어 봄。廉察。尋問。〔史記〕吾使人ㅡㅡ。

〔廉防:염방〕염치와 禮防。禮防은 中正을 잃지 않도록 예법으로써 막음。

〔廉白:염백〕청렴하고 결백함。廉潔。廉淸。〔後漢書〕ㅡㅡ守道者。

〔廉士:염사〕인품이 결백하고 탐욕이 없는 사람。청렴한 사람。廉夫。〔孟子〕陳仲子豈不誠ㅡㅡ哉。

〔廉纖:염섬〕가랑비가 내리는 모양。〔韓愈·詩〕ㅡㅡ晩雨不能晴。

〔廉愼:염신〕욕심이 없고 삼가는 마음이 강함。〔于邵〕非ㅡㅡ、不足以率人。

〔廉按:염안〕❶자세히 조사함。❷음미하여 바로 잡음。〔唐書〕積薪自焚、試ㅡㅡ、果得其奸。

〔廉隅:염우〕❶물건의 모서리 구석。(轉) 행실이 방정한 것。〔禮記〕砥礪ㅡㅡ。❷(數)開平法에서 邊을 廉、角을 隅라 함。

〔廉正:염정〕마음이 깨끗하고 결백하며 공정함。

〔廉直:①염직 ②염치〕❶마음이 청렴하고 강직함。無慾正直。〔禮記〕ㅡㅡ勁正。❷싼값。安直。廉價。

〔廉察:염찰〕자세히 조사함。자세히 살펴 고침。廉按。〔後漢書〕ㅡㅡ災害。

〔廉恥:염치〕조촐하고 깨끗하여 부끄러움을 아는 마음。廉愧。〔管子〕禮義ㅡㅡ、國之四維。

〔廉探:염탐〕남 몰래 사정을 조사함。

〔廉平:염평〕마음이 결백하고 공평함。淸廉潔白。〔史記〕ㅡㅡ盡能得士心。

〔廉悍:염한〕❶모가 나고 강함。❷염직하고 굳셈。〔韓愈〕儁傑ㅡㅡ。◎低ㅡ、淸ㅡ。

【郞】(랑) 陽 ロウ、ろうか servants' rooms ㄌㄤˊ lang²

❶결채랑、행랑랑(東西廡)。❷묘당랑(巖ㅡㅡ殿下外屋)。〔漢書〕蓋聞唐虞之時遊於巖ㅡ之上。

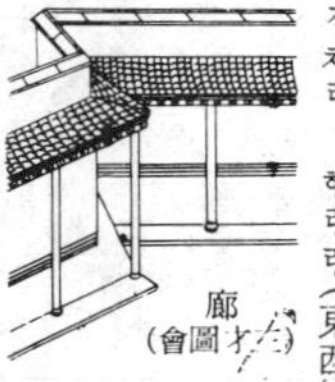

廊(會圖才會)

〔廊廟之器:낭묘지기〕宰相·大臣이 되어 政事를 맡아 볼 만한 재능。廊廟材。廊廟才。〔蜀志〕大較有ㅡㅡ。

〔廊廟之志:낭묘지지〕大臣·宰相이 되어 政事를 맡아 볼 뜻。〔文中子·禮學〕山澤有ㅡㅡ。

〔廊廡:낭무〕正殿에 부속된 건물。廊閣。〔漢書〕賜金陳ㅡㅡ下。

〔廊腰:낭요〕복도。廊下。〔杜牧〕ㅡㅡ廻、簷牙高啄。

〔廊底:낭저〕行廊。

【廊下:낭하】❶행랑。❷길게 골목진 마루. 복도。 廻廊。【唐書】列子唐西ㅣㅣ。

【廊漢:낭한】 행낭살이 하는 사람의 卑稱。

◎甚ㅣ、回ㅣ。

【廋】(수) 尤 ソウ、かくす hide ㄙㄡ sou¹

廋 草書 숨길수(隱匿)。(『搜』와 같음) 【論語】觀其眸子人焉ㅣ哉。

【廋伏:수복】 요긴한 목에 숨겨 둔 軍士。伏兵。【唐書】悉得其ㅣㅣ。

【廋辭:수사】 수수께끼。迷語。【國語】有秦客ㅣㅣ於朝。

【廋索:수색】 두루 찾음。 더듬어 찾음。搜索。【漢書】ㅣㅣ私屠沽。

【廋疏:수소】 =搜索。

【廋語:수어】 =廋辭。【五代史】多爲ㅣㅣ相誚戲。

【㢊】(추) 寘 ツイ、いえがつぶれる (of houses) crumble

집무너질추(舍壞)。

十一畫

【㢒】(사) 麻 サ、こわれいえ (of houses) likely to crumble

집이 쓰러지려할사(屋頹貌)。【淮南子】ㅣ屋之下不可坐。

【廏】(구) 宥 キュウ、うまや stable ㄐㄧㄡ chiu⁴

廏 小篆 或體 草書 마구간구(馬舍)。

(會圖才三) 廏

【詩】乘馬在ㅣ。

【廏舍:구사】 마구간. 廏閑。

【廏人:구인】(制)말을 다스리는 사람。

【廏騶:구추】 말을 다스리는 사람。騎士。【後漢書】左右ㅣㅣ。

【廏置:구치】 말을 매어두는 곳。역마을。【史記】至尸鄉ㅣㅣ。

【廐】(구)『廏』(前條)의 俗字

【廑】(근) 文 キン、わずか barely

廑 小篆 草書 ❶겨우근(纔也)。(『僅』과 같음) ❶오막집근(小屋)。

【廑廑:근근】 겨우。조금。僅僅。【史記】

【廑注:근주】❶생각을 다 기울여 애씀 ❷간절히 바람。(편지 쓸 때 쓰는 말)。

【廒】(오) 豪 ゴウ、こめぐら storehouse ㄠ ao²

❶곳집오(倉也)。 ❷겨우근(僅也)。 ❸오막살이오(陋屋)。

【廓】(확) 藥 カク、おおきい big ㄎㄨㄛ k'uo⁴ (同音「곽」)

廓 草書 ❶클확(大也)。❷휑할확(空也)。【吳志】周瑜性度恢ㅣ。❸열확(開也)。【漢書】今之處士魁然無徒ㅣ然獨居。

【廓開:확개】 넓혀서 크게 함。 열어 크게 함。【張衡】ㅣㅣ九市。

【廓寧:확녕】 넓혀 平安하게 함。【魏書】革靜荒隅, ㅣㅣ宇內。

【廓大:확대】 아주 넓혀서 크게 함。擴大。【柳宗元】廟舍峻展, 階序ㅣㅣ。

【廓落:확락】❶寬大한 모양。豁達。【晋書】少聽哲, ㅣㅣ任率, 不修行業。❷적적하고 失望한 모양。磊落。零落。【楚辭】ㅣㅣ兮羈旅, 而無友生。❸텅 빈 모양。廓如。

【廓如:확여】 텅 빈 모양。 활짝 열려 큰 모양。豁然。【楊雄】楊墨塞路, 孟子闢之ㅣㅣ也。

【廓然:확연】 넓고 텅 빈 모양。 마음이 넓고 거리낌이 없는 모양。【漢書】ㅣㅣ獨居。

【廓正:확정】 잘못을 바로잡음。

【廓清:확청】 해로운 물건을 없애버리고 깨끗하게 함。 폐단을 없애고 깨끗하게 소제함。 肅清。【後漢書】ㅣㅣ天下。

【廓土:확토】 넓은 땅。【後漢書】ㅣㅣ數千里, 勝兵將百萬。

【廓廓:확확】 허무한 모양。 거리낌이 없는 모양。【唐書】天下ㅣㅣ無事矣。

【廓揮乾斷:확휘건단】 과단성 있는 정치를 행함。

【廔】(루) 尤 ロウ、むね ridge ㄌㄡ lou²

廔 小篆 ❶집대마루루(屋脊)。❷깁창루(綺窓)。

【廖】㊀(료) 蕭 ㊁(류) 嘯 リョウ ㄌㄧㄠ liao⁴

廖 小篆 草書 ㊀사람이름료(周召伯名)。㊁성류(姓也)。

【廕】(음) 沁 イン、かげ、おおう be shadowed ㄧㄣ yin⁴

廕 草書 덮을음(庇也)。(『蔭』과 같음) 【戰國策】趙席隴畝而ㅣ庇桑陰。

【廕監:음감】❶文武官의 子孫으로서 父祖의 덕으로 國子監에 입학한 학생。↓ 廕生。❷덕을 입음。덕택。恩德。

【廕補:음보】 =廕除。(補는 補任)。

【廕庇:음비】❶덮음。덮임。【戰國策】席隴畝, 而ㅣㅣ桑陰。❷감싸 줌。보호함。

【廕生:음생】 父祖의 勳功으로 벼슬자리를 얻거나, 학생이 된 사람。

【廕敍:음서】 =廕除。【元史】選用不限ㅣㅣ。

【廕除:음제】 父祖의 덕택으로 官位를 받음。除는 임명의 뜻。廕敍。廕補。

【廕調:음조】 =廕除。(調는 選)。

【廗】(대) 泰 タイ、ゆがむ inclined house

❶집비뚤어질대(屋之傾斜)。 ❷물이름대(水名)。

十二畫

【廙】㊀(익) 職 ㊁(이) 寘 イ、ひさし entrance-hall

廙 小篆 ㊀행랑익(行屋)。 ㊁공경할이(敬也)。

【䉒】(반) 寒 ハン、たくわえる pile

❶쌓을반(儲物)。❷곳간반(峙屋)。

【廜】(도) 虞 ト、いおり hermitage

❶암자도(庵也)。 ❷평집도(屋平)。 ❸술이름도(酒名)。

【廚】(주) 虞 チュウ、くりや kitchen ㄔㄨ ch'u²

廚 小篆 草書 ❶부엌주(熟食炊也)。❷푸줏간주、관주(庖屋)。【孟子】遠庖ㅣ。❸버섯주(㕑ㅣ菌也)。

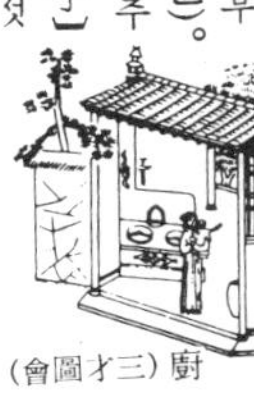
(會圖才三) 廚

【廚房:주방】 음식을 차리는 방。 음식을 만드는 곳。부엌。廚庖。

【廚人:주인】 요리하는 사람。 부엌에서 일하는 사람。廚夫。庖人。

【廚傳:주전】 음식점과 여관。廚庖와 驛傳。【漢書】ㅣㅣ勿舍。

【廚竈:주조】 부엌에 솥을 건 부뚜막。【李白】ㅣㅣ無靑烟。

【廚庖：주포】=廚房。
【廚下：주하】=廚房。【晉書】衞恒還經一一。

【廛】(전) 先 テン、みせ shop ㄔㄢˊ ch'an²
小篆 草書 ❶터전전(百畝一家之居)。【詩】胡取禾三百一兮。❷전방전、누달전(市邸)。【禮】市一而不稅。
【廛都家：전도가】같은 장사를 하는 사람끼리 모이는 집。
【廛門：전문】가게의 문。상점 문。
【廛房：전방】가게의 방。상점。전포。
【廛肆：전사】=廛鋪。店鋪。商店。
【廛市：전시】가게。저자。商店。
【廛人：전인】가게에서 물건을 파는 사람。
【廛鋪：전포】점포。상점。가게。廛肆。

【廝】(시) 支 シ、めしつかい servant
草書 ❶부릴시(使也)。❷천할시(賤也)。❸마부시(養馬者)。(「厮」와 같음)
【廝臺：시대】小人。賤人。【後漢書·黨錮傳序】。
【廝徒：시도】食事등을 맡아 보는 사람。賤役에 종사하는 下人。머슴。雜役夫。廝役。【史記】一一負養在其中矣。
【廝舍：시사】下人의 집。賤民의 집。【後漢書】京師一一、死者相枕。
【廝養卒：시양졸】나무를 하고 말을 먹이는 下人。【史記】有一一一。
【廝役：시역】下人。머슴。廝徒。【漢書】其賓客一一、皆天下俊桀。

【廞】(흠) 侵 キン、おこす rise ㄑㄧㄣ ch'in¹
小篆 草書 ❶포진할흠(陳輿服於庭)。【周禮】一裘飾皮車。❷일흠(興也)。【周禮】笙師一其樂器。❸행상제구흠(喪具)。
【廞塞：흠색】강물이 진흙으로 막힘。
【廞飾：흠식】輿服을 뜰에 陳列함。【杜甫】其所一一、或遵儉素。
【廞淤：흠어】진흙으로 막힘。【唐書】河汴自寇難以來、不復穿治、崩岸滅水、所在一一。

【廟】(묘) 嘯 ビョウ、たまや shrine ㄇㄧㄠˋ miao⁴
小篆 古文 草書 ❶모양묘(貌也)。【說文】尊先祖貌也。❷사당묘(宗一祠也)。【六書故】宮前曰一 後曰寢。❸묘당묘(廟一前殿)。

廟❷(轅軒) (三才圖會)

【廟見：묘견】新婦가 시집와서 처음으로 남편집 祠堂에 參拜함。【禮記】。
【廟啓：묘계】정부에서 임금에게 上奏함。
【廟堂：묘당】❶祖宗의 靈을 모신 곳。朝廷·宗廟와 明堂에서 온 말。옛날 朝廷에서 國事를 議決 執行하기 전에 먼저 宗廟에서 祖上에게 告하고、群臣에게 諮問하였음。祠堂廟宇·宗廟。【禮記】一一之上、罍尊在阼。❷《國》議政府의 別稱。❸朝廷 또는 政府의 稱。【呂氏春秋】夫修之於一一之上、而折衝乎千里之外。
【廟廊：묘랑】=朝廷。【酒賢】一一參畫鬢成絲。
【廟略：묘략】朝廷의 計策。廟議에서 결정한 계획。廟謀·廟策。【庾信】宰相以淸談爲一一。
【廟社：묘사】宗廟와 社稷。宗社。【韓愈】來獻闕下、以告一一。
【廟算：묘산】朝廷의 計略。戰鬪 전에 廟堂에서 作戰計畫을 한 데서 온 말。또는 將軍을 任命함에 있어 廟堂에서 齋戒시키고 成算을 주는 까닭에 생긴 말。廟略。廟畫。【孫子·始計】兵未戰而一一勝者、得算多也。
【廟勝：묘승】직접 전투를 하지 않고 朝廷에서 計略만으로 승리하는 것。廟戰。→廟策·廟算。【孫子·始計】不戰而屈人之兵、一一之術也。
【廟食：묘식】祠堂에 모시게 됨。【後漢書】大丈夫居世、生當封侯、死當一一。
【廟室：묘실】祠堂。廟堂①。【南史】一一頹毀。
【廟謁：묘알】임금이 친히 종묘에 나가 참배함。
【廟宇：묘우】신주를 모시는 집。【宋書】。
【廟議：묘의】朝廷의 議論。廟堂에서 열리는 회의。朝議。【唐書】歷代一一。
【廟廷：묘정】祠堂의 뜰。廟庭祠。【魏志】太祖一一。
【廟庭：묘정】❶廟堂의 뜰。❷朝廷。廟堂②。
【廟庭配享：묘정배향】공로 있는 신하를 죽은 뒤에 宗祠 제사에 祭하는 일。
【廟祝：묘축】❶廟社 內에서 香火에 관한 일을 맡은 사람。❷《俗》香火。
【廟號：묘호】임금의 靈을 太廟에 祀享할 때 追尊한 諡號。宗廟의 名稱。
【廟諱：묘휘】廟에 모신 先帝의 諱。임금이 죽은 뒤 지은 諱。【唐書】國忌一一。
【廟犧：묘희】제사에 바치는 제물。【陸游】一一鳥得爲孤豚。

【廠】(창) 養 ショウ、しごとば barn ㄔㄤˇ ch'ang³
草書 ❶헛간창(露舍屋無壁)。❷곳집창(庫也)。
【廠獄：창옥】《制》明代 勅命에 의하여 체포한 죄인을 수용하던 감옥。東·西 두 廠이 있음。

【廡】(무) 虞 ブ、ひさし entrance-hall ㄨˇ wu³
小篆 或體 草書 ❶월랑무、거느림채무(堂下周屋)。❷문간방무(門屋)。❸초목우거질무(草木盛貌)。(「蕪」와 통함)
【廡傍：무방】처마의 옆。【福惠全書】假如廁、命暫帶一一伺候。
【廡舍：무사】집。家屋。【戰國】蘇子說魏王曰、大王之地、名雖小、然而廬田一一、曾無所芻牧牛馬之地、云云。
【廡下：무하】처마의 밑。【史記】居大廡之下、不見人犬之憂。

【廢】(폐) 隊 ハイ、すたれる dilapidate ㄈㄟˋ fei⁴
小篆 草書 ❶집쏠릴폐(屋傾)。❷폐할폐(止也)。❸내칠폐(放也)。【周禮】八柄七曰一以馭其罪。❹클폐(大也)。【詩】一爲殘賊。❺떨어질폐(墮也)。【左傳】邾子一於爐炭。(「癈」와 통함)
【廢家：폐가】❶버려 둔 집。낡아빠진 집。❷家督相續人이 없어서 血統이 끊김。또는 그런 집。絕家。
【廢刊：폐간】신문·잡지 등의 정기 간행물의 간행을 폐지함。
【廢講：폐강】하던 講義를 폐지함。【南史】一日一一、獨居涕泣。
【廢格沮誹：폐격저비】國法 등을 실시 못하도록 방해하고 비방함。【史記·平準書】一一、窮治之獄用矣。
【廢缺：폐결】허물어져 없어짐。【班昭】夫不御婦、則威儀一一。
【廢工：폐공】공부나 하던 일을 폐지함。
【廢關：폐관】외국과의 조약을 廢함。
【廢鑛：폐광】광산 발굴을 폐지함。
【廢校：폐교】학교를 폐지함。또는 그러한 학교。閉校。
【廢國：폐국】황폐한 나라。망한 나라。亡國。【中庸】擧一一。
【廢君：폐군】폐위된 임금。廢主。
【廢棄：폐기】못쓰게 된 것을 폐지하여 버림。【論衡】或遺材而遭一一。
【廢農：폐농】❶짓던 농사를 그만 둠。❷

농사에 실패함。 「버려 둔 논。」

【廢畓:폐답】 짓던 농사를 짓지 않고 내버려 둔 논。

【廢燈:폐등】 켜던 전등을 폐지하여 켜지 않음。 또 그 전등。

【廢倫:폐륜】 남자 또는 여자가 결혼하지 아니함。 또는 못함。

【廢立:폐립】 신하가 임금을 폐하고 새로 다른 임금을 맞아 세움。 『史記·序』諸侯――分削、譜記不明。

【廢盲:폐맹】 눈이 멀어 소경이 됨。

【廢目:폐목】 視力이 불완전한 눈。

【廢物:폐물】 아무 소용 없이 된 물건。 『吳越春秋』不能報讎、畢爲――。

【廢房:폐방】 쓰지 않고 버려 둔 방。

【廢妃:폐비】 ❶王妃 자리를 물러 앉은 왕비。 ❷왕비 자리를 물러 앉게 함。

【廢寺:폐사】 황폐한 절。 폐지해 버린 절。 『許渾』――入門禾黍高。

【廢塞:폐색】 ❶버림 받아 길이 막힘。 ❷零落됨。 ❸不運하여 昇進의 길이 막힘。 『宋史』――不預榮位。

【廢船:폐선】 ❶부서져서 못 쓰게 된 배。 ❷낡아서 船籍에서 제거 처분한 배。

【廢食:폐식】 음식을 먹지 않음。

【廢案:폐안】 토의는 실시되지 않고 버린 議案이나 考案。

【廢業:폐업】 ❶學業을 그만 둠。 ❷일·직업·영업을 그만 둠。 ❸폐지된 일。 『後漢書·許楊傳』興立――。

【廢王:폐왕】 廢位된 王。

【廢位:폐위】 王位를 폐하는 일。

【廢人:폐인】 병이나 못된 버릇으로 몸을 버려 쓸모 없이 된 사람。 不具者。 棄人。 癈人。 『北齊書』――飮美酒。

【廢殘:폐잔】 ❶못 쓰게 되어 남아 있음。 ❷病者。 不具者。

【廢庄:폐장】 쓰지 않고 버려 둔 논밭。

【廢絕家:폐절가】 ❶상속인이 없어서 後嗣가 끊어진 집。 ❷家系가 끊어짐。

【廢政:폐정】 정사를 그만 둠。

【廢井:폐정】 쓰지 않고 버려 둔 우물。 『李白』――蒼苔積。

【廢除:폐제】 ❶버려 없앰。 ❷《法》법정의 推定家督相續人의 相續權을 소멸시킴。

【廢帝:폐제】 廢位된 임금。 贋天子。

【廢族:폐족】 子孫이 벼슬을 할 수 없는 刑을 받고 죽은 사람의 族屬。

【廢主:폐주】 =廢君。

【廢址:폐지】 宮殿·城廓·절 등이 허물어지고 없어진 터。 廢墟。 『陳孚』我偶過此訪――、孤兎縱橫草焦枯。

【廢紙:폐지】 休紙。 쓸데 없는 종이。 『唐書』從吏求――。

【廢止:폐지】 실시하던 제도를 행하지 않음。 그만 둠。 廢罷。

【廢止案:폐지안】 종래 행하여 오던 제도·법규·일 등을 없애버리자는 案。

【廢職:폐직】 ❶官職이 폐지되는 일。 그 관직。 ❷직무를 게을리 함。『左思』修――。

【廢疾:폐질】 고칠 수 없는 병。 또는 그 사람。 불치의 병。 不具者。 癈疾。 『禮記』矜寡孤獨――者。

【廢車:폐차】 못 쓰게 된 차。 낡은 차。

【廢撤:폐철】 ❶걷어 치움。 철거함。 ❷종래의 제도나 관습을 폐지함。 撤廢。 撤罷。 『詩經』――不遲。

【廢黜:폐출】 官職을 免함。 벼슬을 떼고 내어 보냄。 免黜。 『漢書』諸侯犯色、卒用――。

【廢置:폐치】 ❶廢止와 存置。 存廢。 『周禮』――以馭其吏。 ❷免職과 登用。

【廢寢忘餐:폐침망찬】 寢食을 잊어버리고 일에 심력을 다함。

【廢蟄:폐칩】 외출을 全廢하고 집안에만 박히어 있음。 杜門不出。

【廢頹:폐퇴】 황폐하여 무너짐。 頹廢。

【廢罷訴權:폐파소권】 《法》채권자가 자기의 채권의 충분한 辨濟를 받기 위하여 채무자가 故意로 행한 資産減少行爲를 취소할 수 있는 권리。 이 권리를 행사할 수 있는 것은 채무자의 총 재산이 총 채권액에 이르지 못하는 경우에 한함。

【廢學:폐학】 ❶學業을 中途에서 그만 둠。 ❷학업을 中途에서 폐지함。 退學。

【廢合:폐합】 어떤 것을 없애거나 딴 것에 병합함。 폐지와 병합。

【廢墟:폐허】 =廢址。 『韓維』寒花亂――。

【廢后:폐후】 왕후 자리를 폐함。 또는 그 왕후。 폐위된 왕후。

◎改―、老―、全―、存―、撤―、荒―、興―。

【廣】

廣 小篆 廣 草書

㊀(광) 養 ㊁(광) 漾 コウ、ひろい wide ㄍㄨㄤˇ kuang³

㊀넓을광(濶也)。 『易繫辭』―大配天地。 ㊁❶넓이광(橫量)。 ❷클광(大也)。

【廣開土王碑:광개토왕비】 《歷》옛 高句麗의 서울인 國內城、지금의 滿洲 奉天省 輯安縣 通溝에 있는 高句麗 廣開土王의 陵碑。 國岡上廣開土境平安好太王碑의 略語。 그의 아들 長壽王이 父王의 事蹟을 記念하기 위해 세운 碑。 높이 二八尺。 高句麗 歷代 임금의 系統과 廣開土王의 事蹟을 隷書로 새겼음。 (漢文의 傳來와 우리 글씨의 본을 아는 이외에 上古史 연구에 귀중한 자료임)。

【廣絹:광견】 명주실로 엷게 짠 비단。

【廣告:광고】 ❶세상에 널리 알림。 ❷營業商品의 존재·효능을 신문·잡지에 신거나 기타의 방법으로 널리 세상 사람의 눈에 띄게 함。 또는 그 일。

【廣告欄:광고란】 신문·잡지 따위의 광고를 싣는 紙面。

【廣告文:광고문】 광고하기 위하여 신문·잡지·삐라 등에 쓴 글。

【廣告紙:광고지】 ❶광고하기 위하여 쓰는 종이。 ❷삐라。

【廣告板:광고판】 광고하기 위하여 사람 눈에 잘 띄는 곳에 세운 판자。

【廣告風船:광고풍선】 광고의 글 또는 그림을 달아 높이 띄우는 풍선。 애드벌룬。

【廣袴:광과】 너른 바지。

【廣廣:광광】 넓은 모양。

【廣求:광구】 널리 구함。 『漢書』。

【廣衢:광구】 넓은 길。 큰 거리。 『梅堯臣』開池臨――。

【廣軌:광궤】 軌道의 폭이 一、四三五米 이상 되는 철도 선로。 ↔狹軌。

【廣卵形:광난형】 《植》넓은 난형。

【廣唐布:광당포】 광목과 당목。

【廣大:광대】 ❶넓고 큼。 宏大。 『史記』博辮――。 ❷《國》연극 또는 판소리를 하는 사람。 옛날에 俳優를 일컬음。

【廣大無邊:광대무변】 한 없이 넓고 커서 끝이 없음。

【廣東宣紙:광동선지】 中國 廣東에서 나는 質이 좋은 書畫用 종이。 玉版宣紙。

【廣東布:광동포】 中國 廣東에서 나는 베。 광당목。 廣木과 唐木。

【廣遼:광료】 넓고 멀음。 『雲笈七籤』雲起大虛、風生――。

【廣輪:광륜】 넓이。 (廣은 동서、輪은 남북)。 廣運。 廣袤。 『周禮』大司徒知九州地域、――之數。

【廣陵散:광릉산】 琴曲 이름。 晋의 嵇康이 隱者에게 배운 것이라 하나、그가 죽은 후 전하지 않음。 『晋書·嵇康傳』。

【廣漠:광막】 한 없이 넓음。 넓고 아득함。 廣莫。 『書經·註』――而斥鹵。

【廣莫:광막】 넓고 아득함。 廣漠。 『莊子』――之野。

【廣莫風:광막풍】 북 쪽에서 부는 바람。 北風。 『說文』北風曰――。

【廣面:광면】 사회의 교제가 넓어 아는 사람이 많음。

【廣木:광목】 무명 올로 西洋木처럼 폭을 넓게 짠 베。 倭布。

【廣目天:광목천】 《佛》四天王의 하나。 서쪽 천국을 지키며、그 상은 누르고 갑주를 입었으며、모든 龍王과 富樓多那를 맡았음。

【廣袤:광무】 넓이。면적。(廣은 동서의 길이、袤는 남북의 뜻)。『史記』——六里。
【廣廡:광무】 넓은 차양。『西京雜記』。
【廣問:광문】 ❶널리 탐문함。여러 사람에게 물음。❷여러 사람에게 선사품을 보냄。
【廣博:광박】 썩 넓음。넓음。(특히 학문·견식 등)。宏博。
【廣範:광범】 범위가 넓음。광범위。
【廣範圍:광범위】 넓은 범위。廣範。
【廣肆:광사】 ❶넓은 점포。❷제멋대로 함。또 그 모양。『韓非子·說難』慮事——。
【廣嗣:광사】 자식이 많음。
【廣顙:광사】 넓고 큰 누각。『水經·註』。
【廣宵大暮:광소대모】 영원이 밝지 않는 밤。무덤속。(喩)죽은 사람이 다시 돌아오지 못하는 것。『陸機·挽歌詩』廣宵何寥廓、大暮安可晨。
【廣袖:광수】 폭이 넓은 소매。濶袖。↔尖袖。
【廣修供養歌:광수공양가】 鄕歌。高麗 均如大師 지음。普賢十願歌의 하나。
【廣詢:광순】 여러 사람에게 널리 물음。
【廣野:광야】 넓은 들。너른 벌판。『史記』——氣成宮闕。
【廣魚:광어】 (動)❶넙치。❷말린 넙치。
【廣衍:광연】 ❶넓고 펀펀함。曠衍。❷넓게 뻗침。
【廣譽:광예】 넓고 큰 명예。『孟子』令聞——。
【廣運:광운】 ❶德이 널리 또는 멀리 퍼져 감。『書·大禹謨』帝德——。❷넓이。(동서를 廣、남북을 運이라 함)。廣輪。廣袤。『國語·越語』——百里。
【廣遠:광원】 한없이 멀음。넓고 멀음。
【廣裕:광유】 넓고 여유가 있음。寬裕。『國語』可謂——人民矣。
【廣義:광의】 ❶범위를 넓게 잡은 뜻。↔狹義。❷뜻을 넓힘。
【廣益:광익】 널리 세상에 이익을 끼침。『諸葛亮』裨補闕漏、有所——。

【廣作:광작】 ❶많이 짓는 농사。❷농사를 많이 지음。
【廣場:광장】 너른 마당。너른 빈터。
【廣壯:광장】 규모가 너르고 큼。
【廣長舌:광장설】 (佛)三二相의 하나。혀가 길어서 머리까지 이르는 사람。『蘇軾』溪聲便是——、山色寧非淸淨身。(轉)말을 잘함。能辯。雄辯。
【廣濟:광제】 세상 사람을 널리 구제함。
【廣坐:광좌】 여러 사람이 앉은 넓은 좌석。『戰國策』衆人——之中。
【廣敞:광창】 넓고 명랑함。『杜牧』明庭開——。
【廣窓:광창】 넓은 창。
【廣斥:광척】 넓은 干潟地。『書經·禹貢』海濱——。
【廣探:광탐】 널리 알아보거나 찾음。
【廣宅:광택】 크고 넓은 집。『後漢書』肥田——。
【廣澤:광택】 넓은 늪。또는 溪谷。『史記』平原——。
【廣板:광판】 폭이 넓직한 나무판자。
【廣布:광포】 ❶널리 펴서 알림。세상에 널리 펌。❷폭이 넓은 베。
【廣幅:광폭】 ❶폭이 넓음。❷이유 없이 남의 일에 간섭함。
【廣廈:광하】 넓고 큰 집。大廈。『漢書』。
【廣寒樓:광한루】 (地)全羅北道 南原에 있는 樓閣。李太祖 때에 黃喜가 세운 것으로 春香傳에 의하여 유명해졌음。境內에 春香의 祠堂이 있음。
【廣寒風:광한풍】 北風。
【廣欬:광해】 큰 기침。『禮記』車上不——。
【廣狹:광협】 넓음과 좁음。넓기와 좁기、곧 幅。『禮記』幅——不中量。
【廣闊:광활】 훤하게 展望이 트이어 너름。

【廇】 (류)『廇』(广部 9畫)의 本字

【⿸广處】 (곳) 곳곳(處也)。[國字]

十三畫

【廥】 (괴) 泰 カイ、まぐさぐら ware house of provender ㄎㄨㄞˋ k'uai⁴ 小篆 草書 여물광괴(芻藁之藏)。
【廥廩:괴름】 여물 창고와 쌀 창고。『唐書』陽託霖雨、增陴濬隍、料才壯、儲——。
【廥儲:괴저】 창고 안의 저장。『唐書』所賜戶口滋饒、——盈廥、上下便安。
【廥中:괴중】 창고 안。『後漢書』潛入——、夜則鑿地、晝則逃伏、云云。
【廥畜:괴축】 창고 안에 쌓음。『唐書』。

【⿸广虜】 (로) 虞 ロ、ひさし an awning 小篆 벌가릴로、차양로(遮陽)。

【廦】 (벽) 陌 ヘキ、かき wall 小篆 담벽(垣也)。

【廧】 (장)『牆』(爿部 13畫)과 같음
【廧咎如:장구여】 春秋時代의 赤狄의 一種。『左氏』狄人伐——。『注』赤狄別種也、陴姓。
【廧陰:장음】 담의 그늘。『大戴禮』鄙夫鄙婦、相會於——、可謂密矣。

【廨】 (해) 泰 カイ、やくば government office ㄒㄧㄝˋ hsieh⁴ 草書 공해해、관청해(官舍)。
【廨舍:해사】 관청의 건물。『宋書』軍未至、郡已被破、焚燒城內倉儲及——。

廨 (三才圖會)

【廨署:해서】 관청。『班固』營屯櫛比、——棊布。
【廨中:해중】 관청의 안。『唐書』出爲嶺南節度副使、——橘熟、旣食乃納直於官。

【廩】 (름) 寑 リン、こめぐら warehouse of rice ㄌㄧㄣˇ lin³ 小篆 或體 草書 ❶쌀광름(倉—米藏)。❷줄름(給也)。『後漢書』恐人稍受—往來煩劇。(『㐭』과 같음)

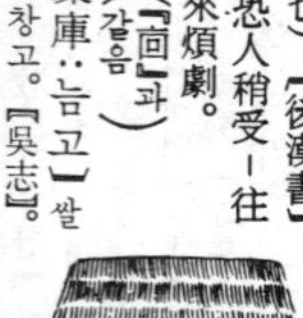
廩 (三才圖會)

【廩庫:늠고】 쌀창고。『吳志』。
【廩囷:늠균】 쌀 창고。廩은 네모난 창고。囷은 둥근 창고。『論衡』——不空。
【廩餼:늠기】 ❶扶助金。手當。餼廩。❷淸 때 廩生에게 支給한 學資料。
【廩料:늠료】 官況。『唐書』供筆札——。
【廩廩:늠름】 ❶容儀가 바름。風采가 있음。『漢書』此——庶幾德讓君子遺風矣。❷위태위태함。『漢書·食貨志』可以爲富安天下、而直爲此——。
【廩粟:늠속】 ❶창고에 있는 식량。『宋史』民饑、貸以——。❷官給米。『韓愈』月費俸錢、歲糜——。
【廩食:늠식】 정부에서 받는 扶助米。扶助米를 받음。廩俸。『漢書』蘇武旣至海上、——不至。
【廩入:늠입】 俸祿으로 받는 米粟의 收入。俸給。『唐書』以——奉之。
【廩藏:늠장】 관청에서 돈이나 곡식을 내주던 일과、보관하던 일。
【廩田:늠전】 公須田·衙祿田·學位田·驛位田 따위의 總稱。
【廩振:늠진】 官에서 쌀창고를 열어 貧民을 구호함。貧民에게 쌀을 배급함。(振은 賑)。『魏志』。

【廩稍:늠초】官에서 주는 食料。『宋濂』縣官日有ㅡㅡ之供。
【廩秋:늠추】서늘한 가을。『楚辭·九辯』。
【廩蓄:늠축】창고에 쌀을 간직함。『唐書』ㅡㅡ不乏矣。
【廩況:늠황】=官況。廩料。

十四畫

【廓】(확) 藥 カク、むなしい empty ❶빌확(空也)。❷멀확(遠也)。

十五畫

【廫】(료) 蕭 リョウ、むなしい empty 廫 小篆 ❶빌료(空也)。❷넓고큰모양료(廣大貌)。

十六畫

【⿸广穌】(소) 虞 ソ、いおり wine ❶암자소(廜ㅡ庵也)。❷술이름소(元日酒名廜ㅡ)。(『蘇』와 같음)

【廬】(려) 魚 リョ、ロ、かりや farmer's hut ㄌㄨˊ lu² 小篆 草書 ❶농막려(農人田事所)。『詩』中田有ㅡ。❷풀집려(粗屋總名)。『左傳』猶有先人之敝ㅡ。❸원집려(候舍)。『周禮』十里有ㅡㅡ有飮食。❹부칠려(寄也)。
【廬落:여락】마을。部落。『後漢書·仇覽傳』ㅡㅡ整頓、耕耘以時。
【廬幕:여막】几筵(궤연)옆이나 무덤 가까이에 두어 상제가 거처하는 草幕。
【廬廡:여무】집。처마。『史記』田舍ㅡㅡ之數。
【廬舍:여사】❶집。草幕。廬宅。『史記』破釜甑、燒ㅡㅡ。❷밭 가운데 세운 식사와 휴식용의 假屋。農幕。田舍。❸무덤 옆에 세운 상제가 거처하는 草幕。倚廬와 堊室로 됨。廬幕。❹옛날 나그네의 편의를 위해 길 도중에 적당한 위치에 세운 건물。❺군대가 일시 머물기 위해서 세운 假屋。『史記·項羽記』。
【廬兒:여아】사환。下人。『漢書』蒼頭ㅡㅡ、皆用致富。
【廬庵:여암】집。草幕。廬宅。廬舍。『趙孟頫』相期結ㅡㅡ。
【廬帳:여장】天幕으로 된 蠻夷의 집。『後漢書』ㅡㅡ而居。

十七畫

【⿸广臭】(부) 遇 フ、くさい smell ❶냄새날부(臭也)。❷썩을부(腐也)。

【⿸广翼】(익) 職 エキ、いえがひろい corridor 복도익(屋通)。

【廮】(영) 梗 エイ、やすらか にとどまる 小篆 ❶편안히 그칠영(安止)。❷골이름영(縣名ㅡ陶)。

【廯】(선) 銑 先 セン、こめぐら storehouse 곳간선(囷倉之別名)。

十八畫

【⿸广瞿】(구) 虞 ク、くら storehouse 곳집구(倉庫)。

【廱】(옹) 冬 ヨウ、やわらぐ mild ㄩㄥ yung¹ 小篆 ❶벽옹옹(辟ㅡ天子敎宮)。『詩』於樂辟ㅡ。❷화할옹(ㅡㅡ和也)。(『雍·壅』과 통함)
【廱廱:옹옹】화목하여 즐거운 모양。雍雍。『爾雅』ㅡㅡ優優、和也。

二十二畫

【廳】(청) 青 チョウ、やくしょ government office ㄊㄧㄥ t'ing¹ 草書 대청청、관청청(治官處)。

二十四畫

【⿸广攣】(련) 先 レン、よぢる clutch 휘어잡을련(攣也)。

廴 部

【廴】(인) 軫 イン、ひく draw ㄧㄣˇ yin³ 小篆 ❶길게걸을인(長行)。❷당길인(引之)。

三畫

【㢟】(천) 先 テン、しずかにあるく walk 小篆 걸을천(步也)。

四畫

【延】(연) 先 エン、のばす extend ㄧㄢˊ yen² 小篆 草書 ❶미칠연(及也)。『書』賞ㅡ于世。❷드릴연(納也)。『漢書』公孫弘開東閣以ㅡ賢人。❸미적거릴연(遷ㅡ淹久)。『左傳』晋人謂之遷ㅡ之役。❹뻗칠연、벋을연(ㅡ袤遠也)。『史記』築長城ㅡ袤萬餘里。❺서릴연(宛ㅡ盤屈貌)。『甘泉賦』颺翠氣之宛ㅡ。❻맞을연(迎也)。
【延見:연견】손님을 맞아들여 만남。引見。接見。『漢書』ㅡㅡ群臣、講習禮經。
【延頸:연경】목을 뻗침。기다리고 바람。翹首。翹望。鶴首。『漢書』思漢之士、ㅡㅡ鶴望。
【延及:연급】뻗쳐서 미침。『左傳·疏』起雉門、而ㅡㅡ兩觀。
【延亘:연긍】길게 뻗침。
【延期:연기】정한 기한을 늘임。
【延納:연납】❶=延見。『後漢書』光武愛之、數被ㅡㅡ。❷上納이 늦어 아직 끝나지 않음。
【延年:연년】❶수명을 연장함。長命。長壽。延命。『漢書』ㅡㅡ益壽。❷새해를 맞음。迎年。『漢書·郊祀志·注』ㅡㅡ即迎年。
【延年益壽:연년익수】더 오래 삶。『文選·宋玉·高唐賦』。
【延攬:연람】남을 맞아 끌어 들여 마음을 자기 편으로 함。『後漢書』方今之計、莫如ㅡㅡ英雄、務悅民心。
【延齡:연령】=延年。『宋之問』賤物貴身、尙ㅡㅡ之術。
【延蔓:연만】이리저리 뻗어서 퍼짐。蔓延。蔓衍。『阮籍』ㅡㅡ相勾連。
【延命:연명】❶=蔓延。❷목숨을 겨우 이어 살아감。『參同契』。
【延問:연문】존경하는 사람을 모셔들여 물음。『後漢書』每有災異、輒ㅡㅡ公卿。
【延逢:연봉】守令이 존귀한 사람을 나아가 맞음。
【延聘:연빙】존경하는 벗을 예로써 맞음。
【延性:연성】(物)물질이 파괴되지 않고 가늘고 길게 늘어날 수 있는 성질。
【延燒:연소】불길이 이웃으로 번져 타나감。『史記』ㅡㅡ千餘家。
【延壽:연수】❶=延年。益壽。『史記』刻曰人主ㅡㅡ。❷(人)宋의 高僧。字는 仲玄、號는 抱一子、法號는 智覺法師、王氏의 아들。蓮宗의 第六祖。五代 吳越

때 永明寺에 살았음。〈著書〉宗鏡錄。

〔延髓:연수〕《生》숨골。腦髓와 脊髓 사이에 있는 圓錐狀의 肥厚部로 목 뒤에 있으며, 嚥下·嘔吐·기침·唾液 등의 반사 중추 및 호흡 운동·심장 운동의 중추가 있음。

〔延謚:연시〕조상에게 내리는 謚號를 拜命하는 것。

〔延延:연연〕긴 모양。길게 뻗침。많은 모양。오래 된 모양。『後漢書·五行志』白蓋小車何——。『墨子』分議者——。

〔延緣:연연〕머뭇거려 나아가지 않음。나아가지 않고 오래 머무름。『莊子·漁父』漁父乃刺船而去、——葦間。

〔延譽:연예〕명예를 높이고 넓힘。널리 알려짐。『晋書』咨嗟稱咏、爲之——。

〔延音:연음〕❶한개의 音이 길게 뻗어서 두개의 音으로 되는 일。❷한 音을 규정된 拍子 이상으로 길게 연장하는 일。

〔延引:연인〕❶기다랗게 잡아 늘임。연장함。늘임。『資治通鑑』——歲月、賊勢益張。❷끌여 들임。방으로 안내함。導入。『同書』——寢室。

〔延人員:연인원〕어떤 일에 관계된 총인원을 하루 한 사람 꼴로 계산한 것。

〔延日數:연일수〕어떤 일에 걸린 총일수를 하루 한 사람 꼴로 계산한 일수。

〔延奬:연장〕美點을 칭찬하여 권장함。『宋史』竝加——。

〔延長:연장〕❶시간·길이 등을 길게 늘임。또는 그 길이。『詩經·疏』受天之命、年世——。❷《數》有限直線의 한 끝에서 그 방향으로 늘여 그은 그 부분。

〔延長線:연장선〕❶구불구불한 것을 곧게 늘여 보이는 선。❷길게 늘인 선。

〔延長戰:연장전〕두 편이 겨루는 경기에서 시간 안에 승부가 나지 않을 경우에 다시 시간을 연장하여 계속하는 경기。

〔延接:연접〕손님을 맞아 들여 면접함。또는 대접함。延見。『宋史』韓絳好——士大夫。

〔延祚:연조〕❶오래 동안의 행복。오랜 평화。❷임금의 位가 오래 계속됨。『班固』歷十二之——。

〔延著:연착〕정한 시간보다 늦게 도착함。정한 시간보다 늦게 옴。

〔延請:연청〕손을 청함。請邀。

〔延滯:연체〕일정한 기간 안에 정해진 일이나 약속을 이루지 못하고 머뭇거림。

〔延滯利息:연체이식〕❶遲延利息。❷貸金支拂이 지체된 시일에 따라서 받아들이는 이식。

〔延拖:연타〕일을 끌어서 미뤄 감。

〔延坪數:연평수〕여러 층으로 된 建物에서 각 층의 평수를 통틀어 합친 평수。

◎順—、新—、遲—、遷—。

〔延〕(정) 庚

延 小篆

갈정(征也)。

セイ、ゆく go; leave

〔廷〕(정) 青 徑

廷 小篆 草書

テイ、つかさ imperial court ㄊㄧㄥ t'ing²

❶조정정(朝—)。『論語』其在宗廟朝—。❷바를정(正也)。❸곧을정(直也)。❹벼슬이름정(秦官名—尉)。

〔廷論:정론〕❶朝廷에서 議論하는 일。❷朝廷의 公論。『魏書』——得失。

〔廷吏:정리〕법원의 開廷時 법정내의 집무에 종사하고、또 집달리와 가름하여 서류의 송달을 하기도 하는 법원의 직원。

〔廷議:정의〕朝廷의 의론。廷論②。評議。정부의 의견。廷議。

〔廷爭:정쟁〕임금 앞에서 잘못을 諫하고 다툼。廷諍。庭爭。『史記』面折——。

〔廷諍:정쟁〕=廷爭。『後漢書』于面折——、臣不如君。

〔廷折:정절〕朝廷의 여러 사람 앞에서 꾸짖어 욕되게 함。『唐書』何——我。

〔廷毁:정훼〕朝廷에서 공공연히 비방함。

〔史記〕今兒——我。

◎宮—、法—、入—、朝—、出—、退—。

六畫

〔建〕(건) 願

建 小篆 草書

ケン、コン、たてる build ㄐㄧㄢ chien⁴

❶세울건、설건(立也)。『書』—用皇極。❷둘건(置也)。『易』先王以—萬國親諸侯。❸심을건(樹也)。❹별이름건(星名)。❺칼집건(韜也)。(『鍵』과 통함)

〔建功:건공〕나라를 위하여 공을 세움。功勳을 세움。『陸機』——之路不一。

〔建國:건국〕새로 나라를 세움。肇國。開國。『周禮』惟王●—、體國經野。

〔建國紀念日:건국 기념일〕나라의 건국을 기념하는 날。

〔建軍:건군〕군대를 창건함。

〔建極:건극〕❶王位에 오름。御極。即位。『書·洪範』。→皇極。❷人倫의 모범 표준을 세워 萬民의 法則을 정함。

〔建德:건덕〕❶不動의 德。德을 행함。德政을 베푸름。『老子·四十一』。❷有德者를 諸侯로 삼음。『左傳·隱·八』。❸莊子에 보이는 이상적 나라 이름。無何有鄕。『朗詠集』邑隣——非行步。❹《歷》옛 縣 이름。唐代 至德縣、五代 楊吳 때 建德으로 고침。淸代는 安徽省 池州府에 속함。民國初 秋浦로 고쳤다가 다시 至德으로 고침。→至德。

〔建都:건도〕❶首都를 이룩함。❷定都。

〔建立:건립〕절·탑·銅像 따위를 이룩함。또는 세움。이룩하여 세움。

〔建明:건명〕政事를 밝게 일으켜 함。『十八史略』以無所——而罷。

〔建物:건물〕땅 위에 세워 지은、집 같은 물건。建築物。

〔建白:건백〕웃사람에게 의견을 드림。建言。『唐書』每——、必阿邑倡和。

〔建設:건설〕새로 세워 만들음。創立。建造。設立。『漢書』——藩屛。「모습。

〔建設譜:건설보〕건설되어 가는 힘찬 향으로 나아가는 것。↕破壞的。

〔建設的:건설적〕事物을 건설하는 방

〔建樹:건수〕베풀어 세움。設立。設置。

〔建陽:건양〕《歷》李朝 高宗의 年號。一八九六~一八九七년간。

〔建言:건언〕=建白。

〔建業:건업〕❶사업의 토대를 세움。❷《歷》南京의 옛 이름。三國時代 吳의 서울。

〔建元:건원〕❶나라를 이룩한 임금이 年號를 세움。❷《歷》新羅 때의 大年號。法興王 二三년부터 眞興王 一一년까지의 一五년간(五三六~五五〇)。

〔建議:건의〕❶의견을 내어 말함。개인이나 단체가 정부에 희망을 開陳함。『唐書』屢——釐正。❷《法》國會 또는 議員이 정부에 하는 意思 또는 희망의 표시。❸國家 또는 상급단체에 開陳 또는 표시한 의견。

〔建議權:건의권〕《法》의회가 정부에 희망이나 의견을 건의할 수 있는 권리。

〔建議書:건의서〕건의하는 書類。

〔建議案:건의안〕건의한 草案。

〔建制部隊:건제부대〕《制》평시부터 隊伍의 편성법을 제정하여 건설한 부대。곧 사단·여단·연대·대대·중대·소대 따위。

〔建造:건조〕❶건물이나 배 따위를 만들음。『王子先』——之始。❷건축물을 세움。

〔建造物:건조물〕建造한 물건。집이나 창고 따위。營造物。

〔建奏:건주〕임금에게 의견을 上奏함。『後漢書』。

〔建策:건책〕方策을 세움。大計를 세움。『班固』奉春——留侯演成。

〔建築:건축〕흙·나무·쇠 들을 써서 가옥·창고·집·성·다리 따위를 세우는 일。

〔建築物:건축물〕건축한 물건。

〔建築史:건축사〕건축 문화의 역사。

【建築術:건축술】 건축에 관한 기술。
【建築意匠:건축의장】 建物의 外觀 내용의 형태를 설계하는 고안。
【建坪:건평】 건물이 자리잡은 밑바닥의 평수。地坪。
【建艦:건함】 군함을 만들음。
◎封—、再—、創—、土—。

【廻】 (회) 灰 カイ、めぐる ㄏㄨㄟˊ huei² come back
(草書) ❶돌아올회(還也)。❷피할회(避也)。(『回』와 같음)
【廻顧:회고】 ❶돌아다 봄。❷지난 일을 생각해 봄。回顧。『蘇轍』對局不——。
【廻曲:회곡】 돌아 구부러짐。 「음」。
【廻塗:회도】 돌게 된 길。(塗는 途와 같
【廻廊:회랑】 正堂의 양 옆으로 있는 기다란 복도。방을 중심으로 둘러댄 마루。行閣。回廊。『杜甫』小院——春寂寂。
【廻禮:회례】 차례로 돌아다니며 인사를 함。
【廻旋:회선】 빙빙 돌거나 돌림。回旋。回轉。『史記』國小地狹、不足——。 「頭。
【廻首:회수】 머리를 돌이킴。回首。回
【廻縈:회영】 빙빙 돌고 돌음。廻旋。『李白』三十六曲水——。
【廻轉:회전】 빙빙 돌음。回轉。
【廻折:회절】 ❶꾸부러짐。휘어 꺾임。❷《物》전파나 광선이 매우 좁은 틈을 통과할 때 그 방향 이외의 곳에도 광선이 미치는 현상。回折。
【廻天之力:회천지력】 ❶하늘을 돌리는 힘。《轉》쇠약해진 國勢를 다시 떨쳐 일으킴。❷天子의 마음을 좋은 方向으로 돌리는 힘。『唐書』張公論事、有——。
【廻風:회풍】 회오리바람。旋風。『杜甫』急雪舞——。

【廼】 (내) 『迺』(辵部 6畫)의 俗字

七 畫

【廻】 (회) 『廻』(廴部 6畫)의 俗字

十 畫

【邅】 (천) 先 テン、はなしながらゆく talking walk
서로돌아보고갈천(相面而行)。

廾 部

【廾】 (공) 腫 キョウ こまぬく ㄍㄨㄥˇ kung³ fold one's arms
(小篆)(或體)(草書) 팔짱낄공(竦手)。

一 畫

【廿】 (입) 緝 ジュウ、にじゅう ㄋㄧㄢˋ nien⁴ twenty
(小篆)(草書) 스물입(二十)。『顔之推稽聖賦』中山何夥有子百—。

二 畫

【弁】 ㊀(반) 寒 ㊁(변) 霰 ベン、かんむり、たのしむ ㄅㄧㄢˋ pien⁴ crown; merry
(草書) ㊀❶즐거울반(樂也)。『詩』—彼鸒斯。❷시의 이름반(詩名小—)。(『般』과 같음) ㊁❶고깔변(周冠)。『儀禮』周—殷 夏收。『詩』會—如星。❷떨변(戰懼貌)。『漢書』吏皆股—。❸손바닥칠변(手博)。『漢書』試—爲期門。

弁 (禮器圖)

【弁髦:변모】 《喩》쓸데 없는 사람이나 물건。弁은 中國에서 加冠때에 한 번만 쓰는 緇布冠、髦는 童子의 드리운 머리칼。모두 加冠禮가 끝나면 쓸데 없는 것이 됨。『左傳』豈如——、而因以敝之。
【弁言:변언】 책머리에 쓰는 말。머리말。「序言。
【弁辰:변진】 《歷》弁韓。
【弁韓:변한】 《歷》三韓의 하나。지금의 慶尙南北道 및 京畿道・江原道의 일부를 차지하는 一二〇여 부락 국가로 이루어졌음。후에 신라에 병합됨。弁辰。弁辰韓。駕羅韓。
【弁行:변행】 급히 감。『禮記』。

三 畫

【异】 (이) 寘 イ、やめる ㄧˋ i⁴ retire
(小篆)(草書) ❶말이(已也)。『書』—哉試可乃已。❷들이(擧也)。❸물러갈이(退也)。❹탄식할이(歎也)。(『異』와 통함)

四 畫

【弃】 (기) 『棄』(木部 7畫)의 古字

【弆】 (귀) 支 キ、にぎり knob of an arrow
(小篆) 활잡이귀(弓拊)。

【弄】 (롱) 送 ロウ、もてあそぶ ㄋㄨㄥˋ nung⁴ mock
(小篆)(草書) ❶구경할롱(玩也)。『詩』載—之璋。❷희롱할롱(戲也)。『左傳』夷吾弱不好—。❸업신여길롱(侮也)。『漢書』自公卿在位東方朔皆敖—無所爲屈。❹곡조롱(樂曲)。『晉書』桓伊善吹笛 作三調—。❺골목롱(巷也)。
【弄假成眞:농가성진】 장난삼아 한 짓이 참으로 한 것 같이 됨。弄過成嗔。
【弄奸:농간】 남을 농락하는 간사한 짓。
【弄巧:농교】 지나치게 기교를 부림。小刀細工。
【弄巧成拙:농교성졸】 지나치게 솜씨를 부리다가 도리어 서툴게 됨。『黃庭堅・拙軒頌』——爲蛇添足。
【弄口:농구】 ❶조리도 없는 말。거짓으로 꾸며서 남을 참소함。『漢書・文三王傳』左右——、積使上下不和。❷말이 많음。「弄舌。
【弄具:농구】 노리개。玩具。
【弄權:농권】 제 분수를 넘어 권력을 남용함。권력을 제 마음대로 씀。 「말。
【弄談:농담】 농으로 하는 말。장난의
【弄法:농법】 법을 제 마음대로 惡用함。
【弄臣:농신】 主君의 놀이감이 되는 신하。『史記』此吾——、君釋之。
【弄瓦:농와】 딸을 낳음。↕弄璋。『書言故事・子孫類・弄璋弄瓦』生子曰弄璋、生女曰——。
【弄瓦之慶:농와지경】 딸을 낳았을 때의 경사。↕弄璋之慶。
【弄玩:농완】 가지고 놀음。희롱함。玩弄。
【弄月:농월】 달을 바라보고 즐김。↓吟風弄月。『宋史』吟風——以歸。 「림。
【弄姿:농자】 몸치장을 하여 미태를 부
【弄璋之慶:농장지경】 아들 낳았을 때의 경사。
【弄題:농제】 우스운 내용의 題辭。
【弄調:농조】 희롱하는 어조。
【弄蕩:농탕】 남녀가 난잡하게 놀음。
【弄編:농편】 《國》노래・곡조의 弄과 編。
【弄筆:농필】 ❶사실이 아닌 것을 사실처럼 巧妙하게 씀。❷생각나는 대로 글을 씀。❸희롱조로 지은 글。
【弄翰戲語:농한희어】 낙서와 농담。
【弄花:농화】 ❶꽃을 보고 즐김。❷화초

를 가꾸는 일。◎翻―、玩―、愚―、嘲―。

【弅】(분) 文 フン、おか high hill 높은언덕분(丘高起貌)。【莊子】登隱―之丘。

五畫

【𢍏】(욱) 屋 イク、ささげる hold up with two hands 小篆 두손으로받들욱(兩手捧物)。

【弆】(거) 語 キョ、しまいこむ store ㄐㄩˇ chü3 草書 감출거(藏也)。【漢書】陳遵性善書與人尺牘皆藏―以爲榮。(『去』와 통함)

【卌】『열반(涅槃)』의 合字

六畫

【弇】 一(감) 覃 カン、エン、おおう 二(엄) 琰 cover 三(엄) 豔 ㄧㄢˇ yen3 小篆 古文 草書 一❶뚜껑감(蓋也)。❷사람이름감(人名漢耿―)。二❶덮을엄(覆蓋)。❷좁은길엄(狹路)。【左傳】行及―中。❸산이름엄(大荒山名―州)。三쇠북배부른엄(鍾中寬)。【周禮】侈聲窄―聲鬱。

【弇中:엄중】 좁은 길。小路。【左傳】行及―。

【弈】(혁) 陌 エキ、いご (本音 역) 小篆 草書 ❶바둑둘혁(圍碁)。❷바둑잘둘혁(善棋者―秋)。

【弈具:혁구】 바둑의 도구。【南部新書】李訥性躁急而酷、尙――、每下子安詳極于寬緩、往往躁怒作。

【弈棋:혁기】 바둑을 둠。圍棋。【左氏】今甯子視君、不如――、其何以免乎、奕者擧棋不定。

【弈楸:혁추】 碁盤。棊局。【段成式】閒對――傾一壺。

【弈敗:혁패】 바둑을 두어 짐。【新論】――算撓者、是心不專一、游情外務也。

七畫

【弮】(권) 霰 ケン、にぎりめし a rice-ball 小篆 ❶주먹밥권(摶飯)。❷움큼권(握也)。

九畫

【𢍰】(위) 未 イ、しげる (of plants) thick 小篆 초목이 무성할위(草木盛貌)。

十一畫

【𢍷】(장)『奬』(大部 11畫)과 같음

十二畫

【弊】(폐) 霽 ヘイ、やぶれる wear out ㄅㄧˋ pi4 小篆 或體 草書 ❶해질폐(壞敗)。【逐貧賦】禮薄義―。❷폐단폐(惡也)。【漢書】重以周秦之―。❸곤할폐(困也)。【後漢書】軍士疲―。❹곰곰궁리할폐(――經營貌)。【莊子】――然以天下爲事。❺결단할폐(斷也)。【周禮】以―邦治。❻엎드릴폐(頓仆)。(『斃』와 같음)

【弊家:폐가】 자기 집의 謙稱。弊屋。

【弊客:폐객】 ❶남에게 괴로움을 끼치는 사람。❷찾아다니며 귀찮게 구는 사람。

【弊袴:폐고】 찢어진 바지。【韓非子】韓昭公使人藏――。

【弊困:폐곤】 피로하여 괴로움。困弊。

【弊局:폐국】 폐해가 많아 일이 거의 결딴나게 된 판국。

【弊國:폐국】 자기 나라의 謙稱。弊邦。↔貴國。

【弊端:폐단】 괴롭고 번거로운 일。

【弊竇:폐두】 폐단과 손해가 있는 곳。구멍。

【弊履:폐리】 해진 신。헌 신。

【弊瘼:폐막】 ❶없애 버리기 어려운 폐단。❷못된 병통。敝廬。

【弊事:폐사】 ❶나쁜 일。❷폐해가 있는 「사건。」

【弊絮:폐서】 헌 솜。낡은 솜。【世說】法師今日、如着――在荊棘中。

【弊習:폐습】 나쁜 버릇。弊風。

【弊屋:폐옥】 ❶황폐한 집。❷자기 집의 謙稱。

【弊源:폐원】 폐해의 근원。

【弊幽:폐유】 숨어서 깊숙함。【戰國策】南陽之――。

【弊邑:폐읍】 ❶피폐해진 마을。❷자기 나라 또는 자기 고을의 謙稱。【禮記】君主討――之罪。

【弊衣:폐의】 떨어진 옷。敝衣。

【弊政:폐정】 나쁜 정치。秕政·惡政。

【弊制:폐제】 ❶나쁜 제도。【唐書】雜條――、拘忌煩令。❷폐해가 있는 제도。

【弊風:폐풍】 ❶나쁜 버릇。弊習。❷폐해가 되는 어지러운 풍속。弊俗。

【弊害:폐해】 좋지 못한 일。해로운 일。폐단과 손해。

◎舊―、掠―、宿―、時―、惡―、語―、流―、積―、疲―。

十三畫

【䙴】(천) 先 セン、のぼる climb up high 小篆 或體 古文 높은데올라갈천(升高)。

弋部

【弋】(익) 職 ヨク、いぐるみ arrow 小篆 草書 ❶주살익(繳射)。【周禮】矰矢茀矢用諸―射。❷취할익(取也)。【書】非我小國敢―殷命。❸홰익(橜也)。【爾雅】鷄棲于―。❹검을익(黑也)。【漢書】身衣―綈。❺벼슬이름익(官名鉤―)。❻오랑캐익(羌部名無―)。

【弋羅:익라】 주살과 그물。【白居易】高喜歸鴻脫――。

【弋獵:익렵】 사냥질을 함。(弋은 새、獵은 짐승의 사냥질)。弋射。【漢書】馳騁――之娛。

【弋射:익사】 주살로 나는 새를 쏨。곧 사냥질。【宋史】盤游――之娛。

【弋綈:익제】 검은 빛깔의 비단。(喩)검소한 생활。【漢書】身衣――。

一畫

【弌】(일)『一』의 古字

二畫

【弍】(이)『二』의 古字

三畫

【弎】(삼)『三』의 古字

【式】(식) 職 シキ、しき、のり system ; ceremony ㄕ shih⁴

小篆 草書 ❶법식(法也)。〔書〕百官承―。❷쓸식(用也)。〔詩〕維此良人作爲―穀。❸제도식(制度)。〔漢書〕樞機周密品―俱備。❹구푸릴식(敬而俛)。〔書〕―商容閭。❺수레앞가로막대식(車前橫木)。❻발어사식(發語辭)。(『軾』과 통함)

【式暇:식가】(制)관원에게 주는 규정된 휴가。

【式車:식거】수레 앞 가로막이 나무에 손을 얹고 敬意를 나타냄。〔漢書〕改容―。

【式敬:식경】공경함。〔周禮·註〕「―。

【式穀:식곡】좋은 가르침으로 자식을 착한 길로 인도함。(穀은 善)。〔詩經〕教誨爾子、――似之。

【式科:식과】(制)式年科의 略語。式年마다 보이던 과거。곧 文武科를 비롯한 武科·生員進士科·律科의 總稱。

【式年:식년】太歲가 子·午·卯·酉가 드는 해。과거 보이는 시기로 정한 해。

【式年科:식년과】(制)式年마다 보이던 과거。곧 文科·武科·生員進士科·譯科·醫科·陰陽科·律科의 總稱。

【式閭:식려】마을에 절을 함。賢人이 거주하는 마을을 지날 때、차 위에서 禮함。〔經經·武成〕。

【式例:식례】일정한 前例。

【式微:식미】王室의 기운이 쇠퇴하여 미약함。쇠미함。(式은 發語辭)。〔詩經〕―――、胡不歸。

【式事:식사】의식의 행사。의식상의 예의。

【式辭:식사】식장에서 그 식에 대하여 인사로 하는 말이나 글。

【式順:식순】의식을 진행하는 순서。

【式式:식식】공경하는 모양。〔晉書〕――明儀形。

【式樣:식양】모양。形式。樣式。

【式日:식일】❶의식이 있는 날。祝日。❷정하여진 執務日。〔侍所沙汰篇〕至急事、雖非、――、被執行之。❸날마다。

【式場:식장】의식을 거행하는 장소。

【式典:식전】❶舊法을 모범 삼아 배움。❷儀式。典禮。

◎格―、結婚―、古―、公―、舊―、圖―、法―、本―、佛―、數―、新―、略―、禮―、儀―、入學―、正―、定―、整―、卒業―、解―、形―、現代―。

四畫

【杙】(장) 陽 ソウ、ふねくい pile

❶배말뚝장(繫船杙)。❷고을이름장(南越郡名―牁)。(『牂』과 통함)

九畫

【弑】(시) 寘 シ、ころす regicide ㄕ shih⁴

小篆 草書 윗사람죽일시(下殺上)。

【弑君:시군】자기가 섬기던 임금을 죽임。弑逆。

【弑殺:시살】부모나 임금을 죽이는 일。弑逆。弑害。

【弑逆:시역】신하가 임금을 죽이는 일。弑君。〔歐陽修〕――大惡也。

【弑殘:시잔】=弑虐。〔左傳〕。

【弑虐:시학】=弑逆。

【弑害:시해】=弑殺。

十畫

【⿹弋哥】(가) 歌 カ、ふなぐい pole for mooring ㄍㄜ kê¹

배말뚝가(⿹弋哥―杙也)。(『牁』와 같음)

【弒】(시)『弑』(弋部 9畫)의 本字

十二畫

【⿹弋曾】(증)『矰』(矢部 12畫)과 같음

弓部

【弓】(궁) 東 キュウ、ゆみ bow ㄍㄨㄥ kung¹

小篆 草書 ❶활궁(射器弧也)。〔周禮〕弓人取六材幹角筋膠絲漆。❷땅재는자궁(量地數)。〔度地論〕三百―爲一里。❸성궁(姓也)。

(圖器禮)弓

【弓繳:궁격】❶주살。❷주살로 새를 쏘아 잡음。弋矰。〔孟子〕思援――而射之。

【弓弩:궁노】활과 쇠뇌。활。〔周禮〕中春獻――。

【弓弩手:궁노수】(制)활·쇠뇌를 쏘던 군사。

【弓袋:궁대】활을 넣는 자루。弓衣。〔事物紀原〕。

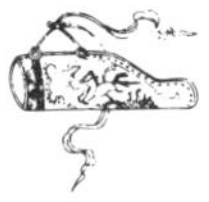

弓袋 (志備武)

【弓馬之間:궁마지간】❶활을 쏘고 말을 달리는 곳。❷戰場。

【弓馬之才:궁마지재】활 쏘고 말 타는 재주。武術。

【弓師:궁사】활을 만드는 사람。弓人。〔大法句經〕――調角。

【弓術:궁술】활 쏘는 기술。射法。

【弓矢:궁시】활과 화살。弓箭。〔詩經〕――斯張。

【弓冶:궁야】代를 이어 받은 사업。〔北史·魏季景傳論〕季景父子、雅業相傳抑――之義。

【弓腰:궁요】허리가 활처럼 굽음。〔酉陽雜俎〕舞袖――渾忘却。

【弓鉞:궁월】활과 도끼。〔韓愈〕俱授――。

【弓衣:궁의】활집。弓袋。

【弓箭:궁전】활과 화살。弓矢。〔杜甫〕行人――各在腰。

【弓箭之士:궁전지사】武士。

【弓旌:궁정】활과 旗。〔任昉〕首應――。

【弓弦:궁현】활시위。弓絃。(喩)곧은 모양。길 따위가 곧게 뻗쳐 있는 모양。↕弓背。〔宋史〕。

【弓形:궁형】❶(數)圓의 弧와 그 두 끝을 잡아 이은 弦分으로 둘러 막힌 平面의 한 부분。❷활 모양으로 굽은 형상。

◎强―、大―、半―、禮―。

【𢎘】(함) 感 カン、つぼみ bud ㄏㄢ han²

小篆 ❶꽃봉오리함(蕾也)。❷꽃함(華也)。

一畫

【弔】㊀(조) 嘯 ㊁(적) 錫 チョウ、とむらう condolence ㄉㄧㄠ tiao⁴

小篆 草書 ㊀❶조상할조(問終)。〔―〕生曰唁―死曰―。❷서러울조(傷也)。〔詩〕中心―兮。❸불쌍히여길조(愍也)。〔詩〕昊天不―。(『吊』와 같음)㊁이를적(至也)。〔詩〕神之―矣。

【弔歌:조가】죽은 사람을 애도하는 노래。挽歌。

【弔客:조객】❶조상하러 온 손。弔者。❷叢辰의 이름。

【弔哭:조곡】조상하여 우는 울음。

【弔旗:조기】조의를 표하는 뜻으로 검은 헝겊을 단 기。半旗。

【弔悼:조도】 사람의 죽음을 애석하게 여김. 弔問하고 追悼함.

【弔禮:조례】 조상하는 예절. 남의 喪에 대하여 슬픈 뜻을 표함.

【弔文:조문】 고인의 생전의 업적을 기리고 그의 명복을 비는 글. 弔文體에는 四言體와 騷體가 있음.

【弔問:조문】 죽은 사람을 슬퍼함. 상주된 이를 위문함. 『李洞』――難知主。

【弔問客:조문객】 問喪 온 사람.

【弔死:조사】 ❶남의 죽음을 조상함. ❷목을 매어 자살함. 또는 자살한 사람. 『福惠全書·刑名部·人命下·驗各種死傷法』人于家中――、移屍外掛者。『未信編』人於家中――。

【弔詞:조사】 조상하는 글. 弔辭. 弔文.

【弔辭:조사】 =弔詞.

【弔喪:조상】 사람의 죽음에 대하여 슬퍼하는 뜻을 표함.

【弔慰:조위】 죽은 이를 조상하고 유족을 위로함. 『梁書』勅諸王竝往――。

【弔慰金:조위금】 조위의 뜻을 나타내기 위하여 내는 돈.

【弔意:조의】 죽은 이를 슬퍼하여 조상하는 마음. 애도의 마음.

【弔狀:조장】 조상하는 편지. 弔書.

【弔電:조전】 조상의 뜻으로 보내는 電報.

【弔祭:조제】 죽은 사람의 靈을 위로하는 제사. 『後漢書』――賻賵甚厚。

【弔鐘:조종】 ❶죽은 사람에 대하여 슬퍼하는 뜻으로 치는 종. ❷어떤 일의 마지막을 뜻하는 말.

【弔針文:조침문】 純祖 때 兪氏라는 부인이 지었다 하나 未詳. 祭文 형식으로 되어 있는 수필. 여자가 바늘을 부러뜨리고 슬퍼하는 심정을 적은 작품.

【弔砲:조포】 나라에 공로가 있는 사람의 葬儀 때에 弔意를 표하기 위하여 쓰는 禮砲.

【弔賀:조하】 조상함과 치하함. 慶弔. 『左傳』諸侯相――。

【弔恤:조휼】 조상하고 애통해 함. 슬프게 보아서 불쌍히 여김.

【弔橋:적교】 양쪽 언덕에 줄이나 쇠사슬 따위를 건너 질러 거기에 의지하여 매달아 놓은 다리. 吊橋. 『武備志』.

【引】 (인) 軫

小篆 草書 イン、ひく pull ㄧㄣˇ yin³

❶활당길인(開弓). ❷이끌인(相牽). ❸인도할인(薦-導也). 『史記』兩人相爲-重. ❹기운들여마실인(道-服氣法). 『莊子』道-之士養形之人. ❺열길인(十丈). 『漢書』用竹爲-長十丈也. ❻노래곡조인(歌曲). 『蔡邕琴操』有思歸-.

【引據:인거】 인용하여 근거로 함. 『後漢書』――大義、正之經典.

【引鋸匠:인거장】 (國) 큰 톱장이.

【引見:인견】 ❶임금이 신하를 불러들여 만나 봄. 『陳書』即日――. ❷사람을 불러 면회함. 지위가 높은 사람이 아랫사람을 불러 만나 봄.

【引牽:인견】 끌어 당김. 牽引. 『韓愈』日暮不能散、起坐相――.

【引繼:인계】 하던 일을 넘겨 줌.

【引過自責:인과자책】 자기 잘못을 뉘우치고 스스로 책함.

【引咎:인구】 책임을 스스로 짐. 引責.

【引氣:인기】 흡수해 들이는 힘. 『吳志』孫權――責躬.

【引納:인납】 끌어 들임. 延納. 『後漢書』――群子.

【引渡:인도】 ❶물건·권리를 넘겨 줌. ❷《法》구속한 사람이나 또는 占有한 물건을 남에게 넘겨 주는 것. ❸賣買의 約定에 따라 商品과 돈을 서로 주고 받음.

【引導:인도】 ❶길을 안내함. 『南史』有群魚、躍水飛空――. ❷道家의 養生法의 이름. ❸《佛》㉠衆生을 善道로 이끌음. ㉡죽은 사람을 장사할 때 중이 棺앞에서 轉迷開悟를 說法하는 일. 『法華經』無數方便、以――衆生. ❹가르쳐 이끌음.

【引導者:인도자】 인도하는 사람.

【引力:인력】 《物》공간적으로 떨어진 物體끼리 서로 끌어 당기는 힘. 攝力.

【引例:인례】 예를 들어 증거를 보임. 또는 끌어 쓰는 예. 引用例의 略語.

【引路:인로】 길을 안내함.

【引料:인료】 잡아 당김.

【引上:인상】 ❶끌어 올림. ❷물건 값·요금·봉급 등을 올림. ↔引下.

【引上率:인상률】 물가·품값·요금 따위가 오른 比率.

【引率:인솔】 사람을 이끌고 감.

【引率者:인솔자】 인솔하는 사람. 인솔의 책임이 있는 사람.

【引水:인수】 물을 끌어 댐.

【引受:인수】 물건이나 권리를 넘기어 받음. 引繼.

【引受拒絕:인수거절】 《經》환어음의 지불인이 그 인수를 거절하는 일.

【引受人:인수인】 ❶인수하는 사람. ❷《經》환어음을 인수하여 지불할 債務를 지는 사람.

【引延:인연】 잡아 당기어 늘임.

【引鹽:인염】 정부에서 매매하는 소금. 『續文獻通考·征權考』洪武時、歲辦大――六萬三千一百五十三引有寄.

【引用:인용】 ❶남의 글·남의 말을 글이나 말 가운데 끌어 씀. ❷남을 채용함.

【引用句:인용구】 다른 글 가운데서 한 부분을 끌어다 쓴 句節. 「쓴 문장」.

【引用文:인용문】 다른 글에서 끌어다

【引用書:인용서】 인용된 書冊. 글의 귀절이나 예를 인용해 온 原本.

【引援:인원】 끌어 당김. 끌어 올림. 援引. 『莊子』――而飛.

【引飮症:인음증】 술을 먹을수록 자꾸 먹고 싶은 버릇.

【引義:인의】 ❶자진하여 벼슬을 내놓음. ❷처신과 일을 행함에 의리를 따라 함.

【引絕餠:인절병】 인절미.

【引接:인접】 ❶면회함. 引見. 『晉書』―疏遠、門無停客. ❷《佛》阿彌陀佛이 念佛行者를 맞아 衆生을 극락으로 인도함. 『彌陀經私記』人恐如來――之語. ❸《制》임금이 議政을 引見할 때에 侍臣으로 하여금 맞게 함.

【引重:인중】 ❶무거운 물건을 끌어 냄. ❷추천하여 서로 존중함. 『史記·魏其武安灌將軍傳』兩人相爲――.

【引證:인증】 다른 예를 들어서 자기가 論證하는 근거로 함. 『聞見後錄』老蘇云、學者於文用――、猶訟事之用――也.

【引進:인진】 人材를 끌어서 쓰게 함.

【引疾:인질】 병을 이유로 함. 병을 구실로 삼음.

【引責辭職:인책사직】 잘못된 일의 책임을 지고 그 職務를 사직함.

【引薦:인천】 남을 추천함. 남을 소개함. 『後漢書』.

【引致:인치】 ❶가까이 불러 들임. 데리고 다님. ❷사람을 강제로 끌어 가거나 끌어 옴. 拘引. ❸《法》어떤 사건의 수사를 위하여 權力으로써 강제로 수사 기관에 出頭케 함.

【引退:인퇴】 ❶벼슬 자리에서 물러남. ❷隱居함. 下野. 『謝莊』未遑――.

【引避:인피】 ❶길을 비킴. 『後漢書』車可以――. ❷은퇴하여 後進에게 길을 열어 줌. 『歐陽修』便合――去位.

【引下:인하】 ❶끌어 내림. ❷떨어뜨림.

【引嫌:인혐】 ❶자기의 잘못을 깨달아 뉘우침. ❷《制》책임을 지고 사퇴하는 일.

【引火:인화】 불이 옮아 붙음. 또는 옮겨 붙임.

【引火點:인화점】 《化》물질이 타기 시

작하는 데 필요한 최저 온도。
【引換:인환】 =交換。
【引換證:인환증】 引換할 수 있는 증서。
◎牽一、拘一、援一、誘一。

二 畫

【弗】 (불) 物 フツ、あらず violate ㄈㄨˊ fu²

小篆 草書 ❶어길불(違也)。❷말불 아니불(不也)。【書】續用一成。❸버릴불(去也)。❹【新字】딸라(dollar)。

【弗弗:불불】 ❶바람이 세게 부는 모양。『詩經·蓼莪』。南山律律、飄風一一。❷肯定하지 않음。『墨子·親士』君必有一一之臣。

【弗豫:불예】 즐거워하지 않음。『蔡傳』一一、不悅樂也。《轉》병에 걸림。

【弗鬱:불울】 근심하여 즐거워하지 않는 모양。『易林』心中一一。

【弗乎:불호】 ❶否定하는 말。子曰、一一、君子疾沒世而名不稱焉。❷不遇를 탄식하는 말。『史記·孔子世家』

【弗貨:불화】 《經》 달라(dollar)를 본위로 하는 화폐。곧 美貨。

【弘】 (홍) 蒸 コウ、ひろい vast ㄏㄨㄥˊ hung²

小篆 草書 ❶클홍(大也)。【易】含一光大。❷크게할홍(大之)。

【弘曠:홍광】 마음이 넓음。宏曠。『魏志』一一不足、矜貴有餘。

【弘敎:홍교】 넓은 가르침。『梁簡文帝』明度彼之一一。

【弘基:홍기】 큰 사업을 이룩하는 기초。洪基。鴻基。

【弘大:홍대】 범위가 넓고 큼。廣大。『蔡邕』器量一一。

【弘道:홍도】 도를 널리 폄。『論語·衛靈公』人能一一、非道弘人。

【弘量:홍량】 ❶큰 도량。도량을 넓힘。『韋應物』有酒今滿盈、願君盡一一。❷많은 量을 마심。『管子·註』。

【弘麗:홍려】 뛰어나게 아름다움。『漢書』一一溫雅。

【弘茂:홍무】 그 이름이 널리 떨치고 그 기세가 盛함。『晉書·裴秀傳』佐命翼世、勳業一一。

【弘文:홍문】 학문을 넓힘。

【弘文館:홍문관】 《制》❶圖書를 收藏하던 관청。唐 高祖 武德 四년에 설치한 修文館을、九년에 弘文館으로 改稱하였으며、宋代에는 昭文館、明初에 다시 弘文館으로 改稱함。❷高麗 때 諸館殿의 하나。成宗 一四년에 崇文館을 고친 이름。忠烈王때에 폐하였음。❸李朝 때 三司의 하나。內府의 經籍 및 文翰과 經筵을 맡은 관청。成宗 即位年에 그 전의 集賢殿의 기구를 따서 베풀었음。燕山君 때에 進讀廳、高宗 三一년에 經筵廳과 합병하여 이듬해에 經筵院으로 각각 改稱하다가 그 해에 다시 弘文館으로 고쳐서 宮內府에 붙였다가 純宗 隆熙 元年에 폐함。

【弘法:홍법】 《佛》佛道를 세상에 널리 펴는 일。布教。

【弘璧:홍벽】 큰 구슬。『書經』一一琬琰在西序。

【弘辯:홍변】 변론의 식견이 넓은 것。『戰國策』天下駿雄一一之士也。

【弘敷:홍부】 널리 베풂음。『書經』一一五典。

【弘宣:홍선】 널리 펴서 그 뜻을 밝게 함。廣宣。『晉書』一一天意、雕刻人意。

【弘深:홍심】 ❶넓고도 깊음。『蔡邕』器量一一。❷두터움。

【弘遠:홍원】 넓고 멀음。『晉書』識量一一。

【弘毅:홍의】 마음이 넓고 뜻이 굳셈。『論語』士不可以不一一。

【弘益:홍익】 ❶큰 이익。❷널리 이롭게 함。

【弘益人間:홍익인간】 널리 인간 세계를 이롭게 한다는 뜻。檀君의 建國理念。

【弘奬:홍장】 ❶크게 권장함。『南史』一一風流。❷널리 向進함。

【弘濟:홍제】 ❶널리 구제함。『唐太宗』一一萬品、典御十方。❷《歷》新羅 眞興王三三년(五七二)에서 眞平王 五년(五八三) 사이의 大年號。❸《人》元의 중。餘姚의 姚氏의 아들。字는 同舟、號는 天岸。〈著書〉四教儀紀正·天岸外集 등。

【弘敞:홍창】 넓고 높음。넓고 큰 것。

【弘闡:홍천】 널리 개방함。넓히어 밝힘。『晉書』端掖裁其一一。

【弘侈:홍치】 ❶크고 넓음。『國語·楚語』私欲一一、則德義鮮少。❷크게 뽐냄。사치함。『舊唐書』帝心在一一。

【弘化:홍화】 널리 德化가 미치는 것。『褚遂良』一一懿德。
◎寬一。

三 畫

【弙】 (오) 虞 ウ、ひく pull

小篆 ❶활꽉당겨겨눌오(滿弓有所向)。❷당길오(引也)。

【弛】 (탄) 『彈』(12弓部 畫)과 같음

【弟】 (퇴) 灰 タイ、くるしむ distress

궁할퇴、궁상스러울퇴(窮貌一靡)。

【弛】 (이) 紙 シ、ゆるむ loosen ㄕˇ hsih³ (本音「시」)

小篆 或體 草書 ❶늦출이(緩也)。『周禮』荒政十有二四曰一力。『註』息徭役也。❷활부릴이(弓解弦)。『禮』一弓尙角。❸방탕할이(放也)。『漢書』泛駕之馬跅一之士亦在御之而已。❹해이할이、풀어질이(解也)。『漢書』臣恐朝廷之解一。『周禮』凡國之大憂令一縣。❺놓을이(釋也)。

【弛壞:이괴】 풀어져 무너짐。『史記·註』河道一一。

【弛禁:이금】 엄한 禁令을 늦춤。『西京雜記』勅許一一、前後各一日。

【弛紊:이문】 해이하여 어지러워짐。『南史』政刑一一。

【弛然:이연】 ❶늦추는 모양。❷급하지 않고 느릿느릿한 모양。『柳宗元·捕蛇者說』一一而臥、謹食之。

【弛緩:이완】 ❶늦추어 짐。❷맥이 풀리고 힘이 없어짐。

【弛緩感情:이완감정】 주의나 기대에 대한 긴장이 풀어진 뒤에 오는 감정。

【弛罪:이죄】 지은 죄를 용서함。

【弛惰:이타】 마음이 풀어져 게으름。『南史』服其神明、莫敢一一。

【弛解:이해】 느즈러지고 풀어짐。『後漢書』。

四 畫

【弜】 (강) 養 キョウ、つよい strong ㄐㄧㄤˋ chiang⁴

小篆 강할강(强也)。

【弝】 (파) 禡 ハ、ゆづか middle of a bow ㄅㄚˋ pa⁴

草書 활줌통파(弣中手執處)。

【弞】 (결) 屑 ケツ、ゆがけ archer's thimble

草書 깍지결(鉤弦發矢者)。(『決』과 통함)

【弞】 (신) 軫 シン、にっこり smile

小篆 ❶생긋웃을신(笑不壞顏)。❷나무이름신(木名一杻)。(『哂』과 같음)

【弟】 ㊀(제) ㊁(제) 齊 霽 テイ、ダイ、おとうと younger brother ㄉㄧˋ ti⁴
(小篆)(古文)(草書) ㊀아우제、동생제(男子後生)。【書】惟孝友于兄－。㊁❶공경제(善事兄)。❷순할제(順也)。(『悌』와 통함)

【弟昆：제곤】 아우와 형。 형제。 弟兄。『杜甫』永結爲－－。

【弟妹：제매】 아우와 누이 동생。 손아래의 형제。

【弟嫂：제수】 아우의 아내。 季嫂。

【弟氏：제씨】 =季氏。

【弟子：제자】 ❶스승의 가르침을 받는 사람。 門人。『管子』先生施敎、－－是則。❷아우 또는 자식。 나이 어린 사람。『論語·學而』－－入則孝、出則弟。❸倡伎。【程大昌·演繁露】。

【弟兄：제형】 아우와 언니。 弟昆。『管子』善氣迎之、親於－－。◎高－、徒－、同母－、門－、師－、舍－、杳－、少－、損－、實－、愛－、令－、義－、異母－、子－、從－、賢－、兄－。

五 畫

【弫】 (굴) 物 クツ、いさましい brave 날랠굴(勇也)。

【弣】 (부) 麌 フ、ゆづか middle of a bow ㄈㄨˇ fu³ (草書) 활줌통부(弓中央)。【禮】左手承－。

【弤】 (저) 薺 テイ、あかゆみ red bow ㄉㄧˇ ti³ (草書) 붉은칠한활저(漆赤弓)。(『弴』와 통함)

【弢】 (도) 豪 トウ、ゆみぶくろ bow case ㄊㄠ t'ao¹ (小篆)(草書) 활전대도(弓衣)。【左傳】鄢陵之戰楚共王召養由基使射呂錡中項伏－。(『韜』와 통함)

【弥】 (미) 『彌』(弓部 14畫)와 같음

【弧】 (호) 虞 コ、きゆみ wooden bow ㄏㄨˊ hu² (小篆)(草書) ❶나무활호(木弓)。【禮】男子乃生桑－蓬矢以射四方。❷기이름호(旗名螢－)。❸벌레이름호(蟲名短－)。

【弧度：호도】 (數)원의 반경과 같은 길이의 원호에 대한 중심각。 어떤 원에서나 일정한데 중심각 측정의 단위가 됨。

【弧剌：호랄】 정확하지 않은 활。『鹽鐵論』。

【弧狀：호상】 활등처럼 굽은 형상。

【弧線：호선】 (數)활 모양으로 된 선。 半圓形의 선。

【弧矢：호시】 ❶나무로 만든 활과 화살。『易經』－－之利、以威天下。❷별 이름。【史記·天官書】狼下有四星、日孤、直狼。

【弧辰：호신】 =生日。

【弧宴：호연】 생일 잔치。

【弧形：호형】 ❶활의 모양。 ❷활과 같이 「굽은 형상。◎括－、圓－。

【弦】 (현) 先 ゲン、つる、いと bow string ㄒㄧㄢˊ hsien² (小篆)(草書) ❶시위현(弓絲)。【儀禮】有司左執弣右執－而授弓。❷반달현(半月)。「半月其形一旁曲一旁直若張弓施－。」❸맥박잦을현(脈數)。【史記】脈長而－。❹땅이름현(地名－蒲、－中)。❺풍류 줄현(樂器絲)。(『絃』과 통함)

【弦管：현관】 거문고와 저。 현악기와 관악기。【崔顥】翠幌珠簾鬪－－。

【弦琴：현금】 ❶여러 줄로 만든 악기의 總稱。 ❷弦樂器를 탐。【後漢書·鍾皓傳】－－樂古。

【弦妓：현기】 歌舞·書畫·詩文 따위의 예능을 익힌 기생。 藝妓。

【弦樂：현악】 弦樂器로 연주하는 음악。

【弦樂器：현악기】 가야금·거문고·바이얼린·피아노 따위와 같이 弦을 타거나 켜서 소리를 내는 악기。

【弦影：현영】 半月의 모양。 또는 그 빛。【李嶠】望月驚－－。

【弦月：현월】 활 모양의 달。 음력 七~九일 경을 上弦、二三~二四일 경을 下弦이라 일컬음。 半月。【范成大】雨餘－－上。

【弦刃：현인】 활과 칼。 무기。【史記】攻而不用－－者也。

【弦匏：현포】 弦樂器와 管樂器。 ◎上－、正－、下－。

【弩】 (노) 麌 ド、おおゆみ big bow ㄋㄨˇ nu³ (小篆)(草書) 쇠뇌노(有臂機射)。【史記】萬－夾道而發。

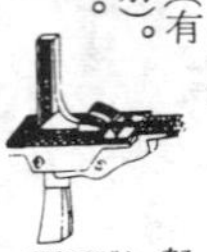
弩 (禮器圖)

【弩臺：노대】 쇠뇌의 臺。 지금의 砲臺와 같은 것。

弩臺 (武備志)

【弩手：노수】 쇠뇌를 잘 쏘는 사람。 弓手。【宋史】募天下－－。

【弩箭：노전】 쇠뇌의 화살。 「－手。

【弩砲：노포】 쇠뇌。【宋史】別置牀子－

六 畫

【弨】 (초) 蕭 ショウ、そりかえる turn inside out ㄔㄠ ch'ao¹ (小篆)(草書) 활뒤집힐초、활이뒤로처질초(弓弛體反)。【方言】翻起曰－。【詩】形弓－兮。

【弭】 (미) 紙 ビ、ゆはず ends of a bow ㄇㄧˇ mi³ (小篆)(或體)(草書) ❶활끝미(弓末)。【詩】象－魚服。❷쉴미(息也止也)。【左傳】自今以往兵其少－。❸편안할미(安也)。【史記】夫治國家而－人民者無若乎五音。❹어루만질미(按也)。【子虛賦】－節裴回。

【弭忘：미망】 잊어버림。【詩經】心之憂矣、不可－－。

【弭兵：미병】 전쟁을 그침。

【弭息：미식】 그치게 함。 멈추게 함。

【弮】 ㊀(환) 諫 ㊁(권) 先 ケン、おおゆみ big bow ㄑㄩㄢ ch'üan¹ (草書) ㊀쇠뇌활환(弩弓)。【漢書】士張空－冒白刃。㊁뜻은 ㊀과 같음。(『卷』과 통함)

【弽】 (협) 葉 キョウ、ゆがけ ascher's thimble ❶센활협(弓强)。 ❷깍지협(射決)。(『韘』과 같음)

七 畫

【弰】 (소) 肴 ショウ、ゆはず ends of a bow ㄕㄠ shao¹ (草書) ❶활끝소(弓末)。❷활쏠소(弓放箭)。

【弱】(약) 藥 ジャク、ニャク、よわい weak ㄖㄨㄛˋ juo⁴
弱(小篆) 弱(草書) ❶약할약(强之對)。「虛─」。❷못생길약(尫劣)。❸어릴약(未壯)。〔禮記〕二十日─冠。❹나약할약(懦也)。〔書經〕六極六曰─。❺부닐약(體柔貌)。〔子虛賦〕嫵媚孅─。❻절룸발이약(跛也)。〔左傳〕又孟縶之足不良─行。❼죽을약(喪也)。〔左傳〕又─一个焉。❽패할약(敗也)。〔左傳〕頡遇王子─焉。❾몸저누울약(委也)。❿활이름약(弓名)「繁─」。⓫침노할약(侵也)。〔左傳〕〔宋史〕論卑氣─。

〔弱莖:약경〕 약한 줄기。『卞敬宗』荏苒華臣─皐比之室。──。
〔弱骨:약골〕 ❶약한 골격。孱骨。❷몸이 약한 사람。弱質。
〔弱冠:약관〕 二○세의 남자。周代에는 二○세가 된 남자는 元服式을 행하였기 때문임。《轉》二○세 전후의 나이를 일컬음。『禮記·曲禮』人生十年曰幼、學、二十曰──、三十曰壯、有室、四○曰强、而仕。
〔弱國:약국〕 힘이 약한 나라。『列子』吾──也。
〔弱年:약년〕 나이가 젊음。弱歲·弱齡。『宋書』──便有宰世情、常自比管葛。
〔弱劣:약렬〕 힘이 약하고 용렬함。『魏書』稟性──、力不及健婦人。
〔弱兵:약병〕 약한 병졸。弱卒。『孫子』勇將手下無──。
〔弱勢:약세〕 약한 세력。세력이 약함。
〔弱小:약소〕 ❶약하고 작음。❷나이가 어림。❸약한 사람과 나이 어린 사람。
〔弱小國家:약소국가〕 국토·자원·군비 등이 미약한 작은 국가。↕强大國。
〔弱小民族:약소민족〕 강대국에 의하여 정치상 경제상으로 지배를 받는 식민지。또는 반식민지의 민족。
〔弱視:약시〕 시력이 약함。
〔弱肉:약육〕 약한 생명의 뜻。
〔弱肉强食:약육강식〕 약자의 살은 강자의 먹이가 됨。약자의 살을 강자가 먹음。《轉》강한 자가 약한 자를 침해함。優勝劣敗。『韓愈』弱之肉强之食。
〔弱音:약음〕 약한 음。음이 약함。
〔弱者:약자〕 약한 사람。세력이 없는 사람。『戰國策』──不能自守。
〔弱者先手:약자선수〕《國》바둑·장기 따위에서 수가 낮은 사람이 먼저 둠。
〔弱點:약점〕 ❶모자라서 남과 같지 못함。❷깨끗하지 못한 이면。缺點。
〔弱弟:약제〕 나이 어린 아우。幼弟。『蔡邕』上奉繼親、下慈──。
〔弱卒:약졸〕 약한 병졸。『恒言錄』强將手下無──。
〔弱志:약지〕 ❶의지가 약함。『淮南子』虛心而──。❷마음이 순진하고 욕심이 적음。『老子·三』弱其志强其骨。
〔弱質:약질〕 약한 체질。또는 그러한 사람。蒲柳質。『貢奎』──辭官責。
〔弱體化:약체화〕 ❶몸이 약하게 됨。❷어떤 조직체가 본래 지녔던 조직체보다 약하여 짐。
〔弱行:약행〕 ❶실행력이 약함。무슨 일에도 굳은 의지가 없음。❷절름발이。『左傳』孟縶之足、不良──。
〔弱化:약화〕 세력이 약하게 됨。세력이 약하여 짐。
◎强─、懦─、愞─、老─、文─、微─、薄─、貧─、衰─、軟─、冑─、幼─、柔─、纖─、虛─。

【弲】(현) 先 ケン、つのゆみ horn-bow
弲(小篆) 뿔활현、각궁현(角弓)。

八 畫

【弞】(신) 軫 シン、ながい long
길신(長也)。

【弩】(뇌) 隊 ズイ、ゆみをはる draw (bend) a bow
활당길뇌(張弓貌)。

【弸】(병) 庚 ホウ、はじく play ㄆㄥ pêng¹
탈병(彈也)。

【弴】㊀(돈) 元 ㊁(조) 蕭 トン、えゆみ painting bow
弴(小篆) ㊀그림그린활돈(畫弓)。〔廣韻〕天子─弓。㊁뜻은 ㊀과 같음。

【張】㊀(장) 陽 ㊁(장) 漾 チョウ、はる hold;widen ㄓㄤ chang¹
張(小篆) 張(草書) ㊀❶베풀장(施也)。〔漢書〕─羽旗設供具以祀神君。❷활시위얹을장(施弓弦)。〔禮記〕─弓尙筋。❸벌일장(開也)。〔道德經〕將欲翕之必故─之。❹자랑할장(夸也)。「誇─、布─」。❺벌장、장장(計物數)─、물건을 헤아릴때씀)。〔左傳〕子產以幄幕九─行。❻속일장(誑也)。〔書經〕民無或胥譸─爲幻。❼어기어질장(相戾)。〔補史序〕其中遠近乖─。❽고칠장(更也)。〔漢書〕琴瑟不調甚者心解而更─。㊁❶차려놓을장(設也)。〔史記〕取酒─坐飮。❷큰체할장(自大)。〔左傳〕隨─必棄小國。❸별이름장(星名)。(『帳·脹』과 通함)

〔張冠李戴:장관이대〕 명성과 실제가 일치하지 않음。『留青日札』。
〔張大:장대〕 벌려서 크게 함。확대함。와자하게 벌어져서 큼。〈張皇·脹大·擴張〉。『韓愈』太史氏又能──其事。
〔張燈:장등〕《國》등불을 켜 놓음。
〔張目:장목〕 ❶눈을 크게 부릅뜸。❷어떤 것을 보기 위하여 그 쪽으로 눈을 돌림。『史記』相如──叱之。
〔張本:장본〕 ❶일의 발단이 되는 근원。❷글의 머릿말。『左傳·註』傳具其事、爲後晉事──。❸張本人。
〔張本人:장본인〕 ❶일을 일으킨 주장자。주모자。❷일의 근본이 되는 사람。
〔張飛:장비〕《人》一六六~二二一 三國時代 蜀漢의 武將。字는 益德、諡號는 桓。關羽와 함께 劉備를 도와 車騎將軍이 되었으며 西鄕侯에 封해졌으나 吳를 칠 때 「부하에게 살해되었음。

張飛 (第一才子書)

〔張飛軍令:장비군령〕 별안간에 서두르는 일을 일컫는 말。
〔張三李四:장삼이사〕 신분도 없고 이름도 나지 않은 사람。평범한 사람。中國에서 가장 흔한 姓인 張氏의 세째 아들과 李氏의 네째 아들이라는 뜻。『傳燈錄』欲會佛法、但問取───。
〔張昭:장소〕《人》一五六~二三六 三國時代 吳主 孫權의 功臣。字는 子布、諡號는 文。〈著書〉春秋左氏傳解·論語注 등。
〔張數:장수〕 종이의 한 장 두 장의 수효。「枚數。
〔張良:장량〕《人》漢 高祖의 충신。字는 子房。諡號는 文成。先祖는 韓의 사람。秦이 韓을 滅한 報復을 하고자 始皇帝를 博良沙에서 치려고 하였으나 뜻을 이루지 못하였으므로 變姓名을 하고 下邳에 숨었을 때 黃石公으로부터 太公望의 兵

書를 받음。漢 高祖를 도와 天下를 통일함。蕭何·韓信과 함께 漢의 三傑이라 일컬음。晩年에는 은퇴하여 仙人과 같은 생활을 하였음。

【張飮:장음】 휘장을 둘러 쳐 놓고 술을 마심。帳飮。【史記·高祖紀】高祖、復留止、ーー三日。

【張儀:장의】《人》戰國時代의 辯論家。魏의 사람。蘇秦과 함께 縱橫의 술책을 鬼谷先生에 受學함。連衡策을 六國에 부르짖었으며 뒤에는 秦의 大臣이 되었음。

【張耳:장이】《人》漢 高祖의 충신。秦의 사람。韓信과 함께 陳餘를 쳐서 공을 세웠으므로 趙王에 封해졌음。

【張弛:장이】 ❶팽팽하게 캥기는 것과 늦추는 것。❷성함과 쇠함。弛張。

【張知白:장지백】《人》北宋 仁宗 때의 名臣。字는 用晦、諡號는 文節。

【張皇:장황】 ❶=張大。【書經】ーー六師。❷당황함。❸번거롭고 길음。❹지루함。

【強】 (강)『强』(弓部 9畫)의 本字

【弸】 一(팽) 庚 ホウ、みちる 二(붕) 蒸 full ㄆㄥ pêng¹

小篆 草書 一화살소리팽(弓聲)。二❶가득할붕(滿也)。【庾信馬射賦】弓如明月對ー。❷활강할붕(弓强貌)。

九 畫

【强】 一(강) 陽 キョウ、ゴウ、つよい 二(강) 漾 strong くーㄤ´ ch'iang²

草書 一❶강할강(過優)。【中庸】南方之ー與北方之ー與。❷나머지강(數餘)。【木蘭詩】賞賜百千ー。❸바구미강(米中蠹)。(『强』으로 씀) 三❶힘쓸강(勉也)。【中庸】或勉ー而行之。❷굳셀강(不屈)。❸빼득빼득할강(自是)。【漢書】乃欲以新造未集之越屈ー於此。(『彊』과 통함)

【强諫:강간】 굳세게 간함。切諫·固諫。【左傳】儒而不能ーー。

【强姦:강간】 폭행·협박의 수단을 쓰거나 心神喪失·抗拒不能을 이용하여 婦女를 姦淫하는 일。

【强姦罪:강간죄】《法》부녀자를 강간함으로써 이루워지는 범죄。

【强健:강건】 몸이 튼튼하고 건전함。

【强劫:강겁】 억지로 빼앗음。【史記】彭越ーー外黃。

【强硬:강경】 ❶굳세게 버티어 굽히지 아니함。剛梗·强鯁。【淮南子】鋤其ーー。❷柔順하지 않음。

【强硬派:강경파】 강경한 의견을 가지고 주장하는 파。

【强固:강고】 굳세고 튼튼함。

【强骨:강골】 단단한 기질。굽히지 않는 성품。

【强仇:강구】 강한 적。强敵。【戰國策】棄ーー而立厚交。

【强寇:강구】 세력이 강한 도둑。【魏志】外有ーー、衆心不安。

【强求:강구】 =强請。强要。【呂氏春秋】名號大顯、不可ーー。

【强國:강국】 강한 나라。센 나라。彊國。强邦。【戰國策】楚萬乘之ーー也。

【强軍:강군】 ❶싸우는 힘이 강한 군대。❷경기에 있어서 강한 단체。

【强弓:강궁】 위력이 있는 활。센 활。【史記】ーー勁弩。

【强勸:강권】 강제로 권함。억지로 권함。【漢書】諸生ーー。

【强權發動:강권발동】《法》법령이 지켜지지 않을 경우에 강제적으로 司法權을 행사하는 일。

【强近之親:강근지친】 아주 가까운 일가。

【强記:강기】 오래도록 잘 기억함。

【强弩:강노】 센 쇠뇌。勁弩。【史記】ーー不射。

【强大:강대】 힘이 세고 큰 것。【戰國策】罰不諱ーー、賞不私親近。

【强大國:강대국】 세계 여러 나라 가운데서 국력이 센 나라。

【强度:강도】 ❶강한 정도。❷《鑛》硬度。

【强盜:강도】 폭행·협박 등의 수단을 써서 남의 재물을 빼앗는 도둑。또는 그러한 행위。

【强盜團:강도단】 강도의 떼。

【强力:강력】 ❶힘이 셈。강한 힘。【管子】甲兵ーー。❷노력을 함。【禮記·禮器】雖有ーー之容、肅敬之心、皆倦怠矣。

【强力犯:강력범】《法》武器 또는 暴力을 쓰는 범인。

【强烈:강렬】 세차고 맹렬함。

【强隣:강린】 강한 이웃 나라。

【强賣:강매】 억지로 떠맡겨 팔음。

【强薄:강박】 강포하고 야박함。

【强迫:강박】 ❶강제로 逼迫함。❷협박하여 강제로 자기의 의사를 좇게 함。❸《法》民法상 違法行爲로 해를 끼칠 것을 통고하여 상대방에게 공포심을 일으켜서 意志를 꺾음。

【强迫觀念:강박관념】《心》❶스스로 없애려고 노력하여도 强迫的으로 의식 속에 떠오른 불쾌한 관념。❷思惟 가운데에 돌연히 그 의사에 반하여 마음 속에 침입해 들어 오는 병적 관념。

【强辯:강변】 ❶자기의 주장을 끝까지 굽히지 않는 변론。【舊唐書】風流ーー過之。❷이유를 붙여서 굳이 변명함。

【强兵:강병】 ❶강한 병사。【戰國策】徵ーー、伐諸侯。❷군대를 강하게 하는 일。

【强兵富國:강병부국】 武力이 강하고 경제적으로 넉넉한 나라。

【强死:강사】 피살 또는 자살 따위와 같이 나이가 많거나 병으로 죽지 않은 不自然스러운 죽음。非命의 죽음。橫死。【左傳】三君皆將ーー。

【强性:강성】 물질의 강한 성질。

【强盛:강성】 힘차고 왕성함。

【强勢:강세】 ❶센 형세。❷한 낱말의 다른 음절에、또는 한 문구 안의 다른 낱말에 사용된 힘의 상대적 양。액센트。

【强送:강송】 강제로 보냄。

【强襲:강습】 ❶적의 저항·방어를 무릅쓰고 습격을 강행함。❷무리하게 공격함。❸되게 엄습함。

【强食:강식】 ❶억지로 음식을 먹으면서 몸을 조섭함。【漢書】ーー愼職。❷강한 자의 미끼。

【强心劑:강심제】《醫》병으로 쇠약한 심장의 작용을 강하게 하는 약。

【强惡:강악】 극히 나쁜 것。凶惡。

【强顔:강안】 ❶얼굴 가죽이 두꺼움。❷부끄러움을 모름。【劉向新序·雜事】此天下ーー女子也。

【强壓:강압】 强한 힘으로 내려 누름。

【强壓說:강압설】 강한 자가 약한 자를 억압하여 따르게 하는 것이 사회의 법칙이라는 설。프랑스의 뒤르켐이 주창。

【强弱:강약】 강함과 약함。강자와 약자。【戰國策】明主外料其敵國之ーー。

【强弱不同:강약부동】 약자가 강자를 대적할 수 없음。

【强要:강요】 무리하게 요구함。억지로 시킴。

【强欲:강욕】 만족함을 모르는 욕심。强慾·貪慾。

【强雨:강우】 세차게 내리는 비。大雨。

【强引:강인】 ❶세게 끌어 당김。❷끝까지 굽히지 않고 버티는 모양。

【强靭:강인】 억세고 질김。

【强忍:강인】 참기 어려운 것을 억지로 참고 견딤。

【强者:강자】 힘이나 세력이 강한 者。↕弱者。【戰國策】ーー善攻。

【强恣:강자】 세력이 강하고 방자함。『晉書』桓溫——、權制朝廷。
【强壯:강장】 ❶몸이 강하고 혈기가 왕성함。『漢書』始以——出、及還鬚髮盡白。❷三·四〇대를 이름。
【强壯劑:강장제】 (醫)몸을 강장하게 하는 약제。보약。
【强壯之年:강장지년】 원기가 왕성한 나이。즉 三·四〇代를 이름。
【强將下無弱兵:강장하무약병】 강한 대장 밑에는 약한 병졸이 없음。『蘇軾』俗語云、——、眞可信。
【强敵:강적】 강한 적。만만하지 않은 적。勁敵。『吳子』戰無——、攻無堅陣矣。
【强占:강점】 강제로 남의 물건을 차지함。강제로 점령함。
【强制:강제】 ❶위력으로써 남의 자유 의사를 억제함。❷(法)법률의 힘에 의하여 사람의 의지·행위를 속박하여 그 자유를 빼앗음。
【强制管理:강제관리】 (法) 부동산에 대한 강제 집행의 한 가지。
【强制敎育:강제교육】 의무 교육。
【强制權:강제권】 (法)강제 수단을 쓰는 행정상의 권리。
【强制勞動:강제노동】 노무자의 의사를 무시하고 강제적으로 시키는 노동。
【强制力:강제력】 강제로 시키는 힘。
【强制罰:강제벌】 (法)=執行罰。
【强制送還:강제송환】 密入國者나 국내에서 폭력 행위를 행한 제삼국인을 국가 권력으로 해외로 송환하는 일。
【强制手段:강제수단】 강제하기 위하여 쓰는 수단。
【强制的:강제적】 억지로 우겨서 하는 「그것」。
【强制執行:강제집행】 (法) 채무자가 의무를 이행하지 않을 때에 국가 권력으로써 강제로 의무의 이행을 실현시키기 위한 민사 소송법상의 절차。
【强制處分:강제처분】 (法)刑事訴訟法상 증거 또는 형의 집행을 保全하기 위하여 사람 또는 물건에 대하여 강제적으로 할 수 있는 처분。
【强制通用力:강제통용력】 (經)국가 권력에 의해 貨幣가 통용되는 한도。
【强調:강조】 강력히 주장함。역설함。
【强調週間:강조주간】 어떠한 일을 강조하는 주간。
【强從:강종】 마지 못하여 따름。
【强中症:강중증】 (醫)몸이 야위고、이따금 遺精을 하고、오줌이 기름과 같아지는 병。
【强持:강지】 힘써 오래 持續함。
【强直:강직】 ❶마음이 강하고 정직함。剛直。『左傳』或主——、難乃不生。❷(醫)근육을 어떤 頻度 이상으로 자극할 때 이것이 지속적으로 크게 收縮되는 상태。
【强進:강진】 억지로 나아감。『管子』不——、則銳士挫。
【强震:강진】 심한 지진。
【强請:강청】 무리하게 청함。
【强取:강취】 상대방의 의사를 억눌러 강제로 탈취함。
【强打:강타】 ❶강하게 때림。세게 침。❷치명적인 타격을 가함。
【强奪:강탈】 억지로 빼앗음。폭력을 써서 빼앗음。强取。『史記』秦王度之、終不可——。
【强暴:강포】 완강하고 포악함。우악스럽고 사나움。또는 그러한 사람。猛暴。『史記』內褒有德、外討——。
【强風:강풍】 ❶센 바람。❷風速이 一秒에 一三·九米~一七·一米가 되는 바람。
【强悍:강한】 힘차고 사나움。
【强行:강행】 어려운 것을 무릅쓰고 행함。강제로 시행함。
【强行軍:강행군】 급한 볼 일이나 몸의 단련을 위하여 무리하게 행군함。
【强行法:강행법】 (法)公益을 위하여 절대 복종을 요구하는 법률。憲法·刑法 따위。
【强豪:강호】 ❶세력이 강하여 대들기 어려운 상대。❷힘세고 영특한 사람。❸아주 강한 팀。
【强化:강화】 강하게 됨。튼튼하게 함。
【强橫:강횡】 세력이 강하고 횡포함。『宋史』諸侯——。
◎補—、富—、列—、頑—、豪—。

【弼】 (필) 質 ヒツ、たすける help ㄅㄧˋ pi⁴
(小篆·或體·古文·古文·草書)
❶도울필(輔也)。『書經』明于五刑以—五敎。❷도지개필(正弓器)。❸거듭필(重也)。(『弻』과 같음)
【弼匡:필광】 도와서 바로 잡음。匡弼。『文選·序』箴興於補闕、戒出於——。
【弼寧:필녕】 도와서 편안케 함。『晉書』能——晉室、輔予一人。
【弼導:필도】 도와서 인도함。補導。『晉書』實有佐命——之勳。
【弼亮:필량】 도와 줌。輔弼。京佐。『書經·畢命』——四世、正色率下。『註』補佐文武成康四世爲公卿。
【弼成:필성】 도와서 이루게 함。『書經』——五服。

【弻】 (필)『弼』(前條)과 같음

【㢮】 (지) 寘 チ、はじく cause to spring
퉁길지(彈也)。

【弽】 (섭) 葉 ショウ、はる bend
❶활당길섭(張弓)。❷깍지껠섭(射決)。(『韘』과 같음)

【弹】 (탄)『彈』(弓部12畫)의 略字

十畫

【彀】 (구) 宥 コウ、はる bend ㄍㄡˋ kou⁴
(小篆·小篆·草書)
❶활당길구(弓矢持滿)。『孟子』羿之敎人射必志於—。❷과녁판구(射的)。(『句』와 通함)
【彀擊:구격】 활을 쏘고 칼로 침。
【彀騎:구기】 활을 쏘는 기병。『漢書』——萬三千匹。
【彀率:구율】 활시위를 당기는 정도。표준。『孟子·盡心』羿不爲拙射變其——。
【彀中:구중】 ❶화살 닿는 距離。❷사람을 농락함。『摭言』天下英雄入吾——矣。

十一畫

【彃】 (필) 質 ヒツ、いる、はなつ shoot
(小篆)
❶쏠필(射也)。『楚辭』羿焉—日。❷활시위필(弓弦)。

【彄】 (구) 尤 コウ、わ ring ㄎㄡ k'ou¹
(小篆)
❶활고자구(弓端)。❷가락지구(環屬)。『西京雜記』戚夫人以百鍊金爲—環照見指骨。

十二畫

【彆】 (별) 屑 ヘツ、ゆみがそる (of a bow) twisted ㄅㄧㄝˊ pieh⁴
활뒤틀릴별(弓戾)。(『㢼』과 같음)

【彇】 (소) 蕭 ショウ、ゆはず ends of a bow
활고자머리소(弓弭頭)。『禮記』右手

執ㅡ。(『彍』와 같음)

【彈】 一(탄) 寒 二(탄) 翰 ダン、はじく、たま shot ㄉㄢˋ tan^{4}

篆小 或體 或體 書 草 一❶탄알탄(丸射)。〔左傳〕晉靈公從臺上ㅡ人而觀其避丸。❷탈탄(鼓爪曰ㅡ)。〔楚辭〕新沐者必ㅡ冠。❸탄핵할탄(劾也)。〔後漢書〕州司不敢ㅡ糾。二탄자탄(行丸)。

【彈竭:탄갈】 남김 없이 다함。彈盡。

【彈弓:탄궁】 ❶탄환을 쏘는 활。❷활시위를 울림。〔唐書·百官志〕不應則ㅡㅡ。

【彈糾:탄규】 잘못이나 나쁜 일을 바룸。죄상을 조사하여 비난하고 공격함。糾彈。〔後漢書〕州司不敢ㅡㅡ。

【彈琴:탄금】 거문고·가야금 등을 탐。彈箏。〔王維〕ㅡㅡ復長嘯。

【彈琴臺:탄금대】 (地)忠州市 北西 四粁 지점에 있는 명승·古戰地。漢江·達川 합류점에 위치한 丘陵으로 강에 임하여 벼랑을 이룸。于勒이 즐겨 가야금을 타던 곳이라 하여 이 이름이 생김。壬辰倭亂 때 申砬이 倭將 小西行長에 패한 곳。

【彈帶:탄대】 (軍)탄환의 底部에 끼운 구리로 만든 띠。銃腔의 旋條와 맞물려 탄환에 旋回運動을 줌。

【彈道:탄도】 발사된 탄환이 拋物線을 그리면서 目的物에 이르는 길。

【彈塗魚:탄도어】 (動)망둥이。

【彈導彈:탄도탄】 (軍)誘道 장치가 없고 포물선의 彈道를 갖는 장거리 포탄。

【彈力:탄력】 ❶퉁기는 힘。❷본디 상태로 되돌아가려는 힘。

【彈綿:탄면】 솜을 탐。

【彈文:탄문】 彈劾하기 위하여 쓴 글。權臣의 죄과나 貴戚의 邪侈를 규탄하여 임금의 재결을 促求하는 글。彈事·彈章。〔十八史略〕袖中ㅡㅡ乃新參也。

【彈駁:탄박】 =彈劾。

【彈射:탄사】 ❶총탄을 발사함。〔賈島〕太液無ㅡㅡ、靈禽翅不垂。❷他人의 결점을 指摘하는 것。〔史記〕互相ㅡㅡ。

【彈性:탄성】 (物)外力에 의하여 물체의 부피나 모양이 변하였을 때 그 外力이 없어지면 본래대로 돌아가려는 성질。「체。

【彈性體:탄성체】 (物)탄성을 가진 물

【彈壓:탄압】 ❶남을 권력으로써 억지로 누름。制御·壓制。〔唐書〕輦轂之下、ㅡㅡ爲先。❷지배 계급이 피지배 계급에 대해 압박적으로 방해·간섭함。「고。

【彈藥:탄약】 탄환과 화약。

【彈藥庫:탄약고】 탄약을 넣어 두는 창

【彈雨:탄우】 빗발처럼 퍼붓는 총탄。

【彈子:탄자】 ❶엽총 등에 재어서 쓰는 잔 탄알。처란。❷총탄·포탄 등의 탄알의 총칭。彈丸。

【彈章:탄장】 어떤사람의 죄상을 일일이 밝혀서 하는 상소。

【彈正:탄정】 나쁜 일을 바로 잡음。〔後漢書〕惡可得ㅡㅡ者哉。

【彈奏:탄주】 ❶죄상을 밝혀 상소함。彈.劾。〔晉書〕劉隗之ㅡㅡ、不畏彊禦、皆是類也。❷가야금·바이얼린 따위의 현악기를 탐。

【彈指之間:탄지지간】 손가락을 튀길 사이라는 뜻으로 세월이 빠름을 가리키는 말。彈指。

【彈著距離:탄착거리】 ❶탄알이 발사된 지점으로부터 그 도착 지점까지의 거리。❷銃砲의 최대의 射程。著彈距離。

【彈著點:탄착점】 발사된 탄환이 최초로 맞는 점。

【彈倉:탄창】 連發銃에 있어서 보충용 탄알을 넣어 두는 곳。

【彈皮:탄피】 탄환·처란의 껍질。

【彈劾:탄핵】 ❶남의 비행이나 관리의 죄과를 조사하여 그 책임을 추궁하거나 상관에게 보고함。〔北史〕南臺將加ㅡㅡ。❷(法)행정부의 수뇌급이나 법관 등 그 신분이 보장되어 있는 공무원의 비행을 국회의 訴追에 의하여 파면 또는 처벌하는 특별한 절차。

【彈穴:탄혈】 포탄·폭탄 등의 폭발로 말미암아 지면에 파인 구덩이。「불。

【彈火:탄화】 발사한 탄환에서 일어나는

【彈丸:탄환】 ❶고대 中國에서 새를 잡을 때 쏘던 작고 둥근 물건。〔說苑·正諫〕不知ㅡㅡ在其下也。(喩)아주 작은 것의 비유。〔庾信·哀江南賦〕地惟ㅡㅡ、城猶黑子。❷총탄·포탄 따위의 總稱。탄알。

【彈丸之地:탄환지지】 적에게 포위되어 공격의 대상이 되는 아주 좁은 땅。

【彈徽:탄휘】 거문고 따위를 탐。〔楚辭〕挾秦箏而ㅡㅡ。

◎巨ㅡ、糾ㅡ、飛ㅡ、霰ㅡ、實ㅡ、流ㅡ、榴ㅡ、裝ㅡ、敵ㅡ、銃ㅡ、砲ㅡ、爆ㅡ。

【彉】 (확) 藥 カク、ひきしぼる bend

篆小 ❶베풀확(張也)。〔孫子兵勢〕勢如ㅡ弩。❷빠를확(迅速)。❸활 당길확(張弓)。(『彍』과 같음)

十三畫

【彊】 一(강) 陽 二(강) 養 三(강) 漾 キョウ、つよい firm ㄑㄧㄤˊ ch'iang^{2}

篆小 書 草 一❶센활강(有力弓)。〔史記〕材官引ㅡ。❷굳셀강(健也)。〔易經〕君子以自ㅡ不息。❸굿굿할강(壯盛)。〔書經〕身其康ㅡ。❹사나울강(暴也)。〔書經〕ㅡ不友剛克。(『强』과 같음) 三❶힘쓸강(勉也)。〔漢書〕ㅡ勉學問則聞見博而知益明。❷강잉할강(抑之使然)。〔孟子〕ㅡ而後可。三❶뻐득뻐득할강(自是)。❷송장뻣뻣할강(屍硬)。(『殭』과 通함)

【彊記:강기】 記憶力이 강함。좋은 기억력。强記。

【彊弩:강노】 센 쇠뇌。强弩。

【彊禦:강어】 악하고 강하여서 善을 잘 막아냄。

【彊要:강요】 무리하게 요구함。强要。

【彊壯:강장】 힘이 세고 원기가 왕성함。

【彊悍:강한】 성질이 딱딱하고 마음이 사나움。强悍。

【彋】 (횡) 庚 コウ、ゆみおと the boom of a arrow

❶화살소리횡(弓聲)。❷휘장에 바람치는 소리횡(帷帳風吹聲)。

【弳】 (강) 陽 キョウ、すじのさき tendon

심줄강(筋也)。

十四畫

【彌】 一(미) 支 二(미) 紙 ミ、ビ、あまねし all around ㄇㄧˊ mi^{2}

篆小 書 草 一❶활부릴미(弛弓)。❷두루미(徧也)。〔周禮〕ㅡ祀社稷。❸더할미(益也)。〔論語〕仰之ㅡ高。❹오랠미(久也)。❺마칠미(終也)。❻기울미(補闕)。❼꿰맬미(ㅡ縫)。〔易繫辭〕ㅡ綸天地之道。❽조금미(稍也)。〔漢書〕ㅡㅡ其失。(『弥』와 같음) 二그칠미(止息)。〔周禮〕ㅡ災兵。(『弭』와 같음)

【彌久:미구】 매우 오래됨。오래 끌음。〔韓非子〕曠日ㅡㅡ。

[彌留:미류] 병이 오래 낫지 않음。병이 위중함。危篤。『書經』病日臻、既一一。
[彌勒:미륵] ❶《佛》梵語 Maitreya의 音譯。菩薩의 하나。釋尊 入滅 후 五六억 七천 만 년이 지나면 다시 이 娑婆 세계에 출현하여 중생을 구제한다 함。미륵보살。❷돌부처의 凡稱。
[彌勒佛:미륵불] 《佛》미륵보살의 후신으로 나타날 장래의 부처。
[彌漫:미만] ❶널리 가득 참。그들먹함。『吳志』一一數百里、江水盛長。❷못에 물이 가득 찬 모양。
[彌滿:미만] 널리 가득 참。그들먹함。
[彌望:미망] ❶멀리 바라봄。『宋史』一一數十里。❷조망이 확 트임。
[彌彌:미미] 조금씩。차차로 불어감。稍稍。『漢書』一一其失。
[彌補:미보] 꾸려서 보충함。
[彌縫:미봉] ❶떨어진 곳을 꿰맴。『左傳』一一其闕。❷결점이나 잘못된 것을 임시 변통으로 이리 저리 주선해서 꾸며 대어 숨김。
[彌縫策:미봉책] 임시로 꾸며 대어 눈가림만 하는 일시적인 計策。
[彌旬:미순] 一○일 동안 걸림。『杜甫』款曲動一一。
[彌月:미월] ❶한 달 동안이 걸림。『韋應物』一一曠不接。❷잉태하여 一○개월의 기간을 마침。곧 만 一○개월。❸生後 만 一개월。
[彌日:미일] ❶하루 종일 걸림。❷날짜를 거듭함。
[彌天:미천] 하늘에 가득 참。滿天。《喩》뜻이 高遠함。『陸機·弔魏武帝文·注』一一、喩志高遠也。
[彌陀:미타] 《佛》阿彌陀如來의 略。『南史』上行先生已生一一淨域矣。

十五畫

【彍】(확) 藥 カク、はる bend ㄎㄨㄛˋ k'uo
小篆 草書 ❶빠를확(迅捷)。『送窮文』駕塵一風、與電爭光。❷활당길확(張弓)。(『彉』과 같음)

十八畫

【彏】(권) 先 ケン、ゆみまがり bent part of a bow
小篆 활이 굽은곳권(弓曲處)。

十九畫

【彎】(만) 刪 ワン、ひく、まがる bend ㄨㄢ wan (本音「완」)
小篆 草書 ❶당길만(引也)。『王褒·頌』逢門子一烏號。❷활에 살먹일만(持弓關矢)。❸굽을만「一曲、一屈」。
[彎曲:만곡] 활처럼 굽음。彎屈。
[彎屈:만굴] ＝彎曲。
[彎弓:만궁] 화살을 쏘려고 활시위를 잡아 당김。『史記·秦始皇紀』士不敢一一而報怨。
[彎彎:만만] 굽은 모양。『姜特立』新月秀一一。

二十畫

【彏】(확) 藥 カク、ゆみをひく draw a bow
小篆 활급히당길확(弓急張)。『尸子』鴻鵠在上扞弓一弩待之。

彐 部

【彐】(계) 霽 ケイ、ぶたあたま pig head ㄐㄧˋ chi
小篆 草書 ❶고슴도치머리계(彙頭)。❷돼지머리계(豕頭)。
【彑】(계)『彐』(前條)와 같음

三畫

【当】(당)『當』(田部 8畫)의 略字

四畫

【㣇】(하) 麻 カ、ぶた pig
小篆 돼지하(豕也)。

五畫

【㣈】(제) 齊 テイ、けながいけたもの long-haired animal
小篆 籒文 古文 ❶털긴 짐승이름 제(毛長獸名)。❷삵 새끼 제(貍子)。❸돼지 제(豕也)。
【彔】(록) 屋 ロク、きざむ cut fine ㄌㄨˋ lu
小篆 ❶나무깎을록(木削)。❷근본록(根本)。

六畫

【彖】(단) 翰 タン、はんだん judgement ㄊㄨㄢˋ t'uan
小篆 草書 ❶결단할단(斷也)。『易繫辭』一者言乎象者也。❷주역단사단(統易卦義)。❸돼지달아날단(豕走)。
[彖辭:단사] ❶易經의 一卦의 뜻을 풀이한 말。卦辭를 말함。文王 作으로 傳함。『王弼·周易略例』夫彖者、何也、統論一卦之體、明所由之主者也。

八畫

【彗】(혜) 霽 寘 ケイ、スイ、ほうき broom ㄏㄨㄟˋ huei (本音「세」)
小篆 或體 古文 草書 ❶비혜(竹帚)。(『篲』와 같음) ❷살별혜、꼬리별혜(攙搶妖星)。
[彗星:혜성] 《天》별 이름。살별。孛星。彗孛篲星。《喩》뛰어나게 뚜렷함。『楚辭』登九天、撫一一。
[彗星歌:혜성가] 鄕歌。新羅 중 融天師 지음。花郞徒가 楓岳으로 놀이를 가려 할 때 彗星이 나타나므로 이 노래를 지어 불러 물리쳤다 함。三國遺事에 전함。
[彗掃:혜소] 비로 쓸어서 깨끗하게 함。『呂溫』過處如一一、來時如電激。
[彗孛:혜패] ＝彗星。『舊唐書』飛流一一之所應。

九畫

【彘】(체) 霽 テイ、いのこ pig ㄓˋ chih
小篆 草書 ❶돼지체、돝체(豕也)。『禮記』孟夏之月天子乃以一嘗麥。❷땅이름체(地名)。
[彘肩:체견] 돼지의 어깨 죽지에 붙은 살。『史記』項王曰、賜之一一。
【㣊】(훌) 月 コツ、ぶた pig
小篆 小篆 돼지훌(豕屬)。

十畫

【彙】 ㊀(휘) 困 イ、あつめる(本音「위」) gather ㊁(휘) 〔國字〕 ㄏㄨㄟ huei⁴

小篆 或體 草書 ㊀ ❶무리휘(類也)。〔易經〕拔茅茹以其—征吉。 ❷모을휘(集也)。 ❸고슴도치휘(蝟也)。 ㊂휘휘(十五斗斛)。

【彙類：휘류】 같은 종류를 모음。

【彙報：휘보】 종류로 분류해서 한데 모은 보고。 또는 그 잡지。

【彙進：휘진】 같은 무리가 朝廷에 나아감。 떼를 지음。〔歐陽修〕朝廷清明天子聖、陽德——群陰剝。

【彙集：휘집】 같은 종류의 물건을 갈래를 따라 모음。 類聚。

【彙纂：휘찬】 여러 가지의 사실을 모아、그 종류에 따라 갈라서 편찬함。 類纂。

◎語—、辭—。

十三畫

【彘】 (시) 寘 シ、ぶた pig

小篆 古文 ❶돼지시(豕屬)。 ❷돼지소리시(豕聲)。 ❸쥐이름시(鼠名)。

【彛】 (이)『彝』(彐部15畫)의 俗字

十五畫

【彝】 (이) 支 イ、つね normal ㄧ i²

小篆 古文 古文 草書 ❶떳떳할이(常也)。〔書經〕—倫攸敍。 ❷법이(法也)。 ❸종묘제기이(廟器名尊—)。 ❹술통이(樽也)。

【彝倫：이륜】 사람으로서 떳떳이 지켜야 할 도리。〔書經〕我不知其——所敍。

【彝儀：이의】 언제나 지켜야 할 道理。 常道。〔金史〕備擧——。

【彝典：이전】 常道。 常規。〔北史·蘇綽傳〕一乎三代之——。「—」。

【彝樽：이준】 술단지。〔書經·疏〕宗廟—

【彝則：이칙】 항상 지켜야 할 법칙。 常道。〔顏師古〕宣尼——。

【彝憲：이헌】 언제나 변하지 않는 도리。 常法。 常則。〔書經〕永弼乃后於——。

【彝訓：이훈】 사람으로서 떳떳이 지켜야 할 교훈。

二十三畫

【彠】 (확) 藥 カク、のり measure

草書 재확、헤아릴확(度也)。〔馬融長笛賦〕挑截本末規摹—矩。 (『篗』과 같음)

彡 部

【彡】 (삼) 咸 サン、かみかざり hair pattern ㄕㄢ shan¹

小篆 草書 ❶털그릴삼(毛髮繪飾)。 ❷털자랄삼(毛長)。

四畫

【形】 (형) 靑 ケイ、ギョウ、かたち form ㄒㄧㄥ hsing²

小篆 草書 ❶형상형(體也)。〔易繫辭〕在地成—。 ❷형상할형(象也)。〔易經〕品物流—。 ❸나타날형(現也)。〔大學〕此謂誠於中—於外。 ❹형편형(—勢)。

【形殼：형각】 겉으로 드러난 모양과 그 형체。

【形鋼：형강】 절단한 면이 일정한 모양으로 이루어진 壓延시킨 鋼鐵材。

【形格：형격】 =體格。「—」。

【形軀：형구】 신체。 몸。〔韓愈〕大者殘—

【形氣：형기】 겉 모양과 기운。

【形貌：형모】 ❶생긴 모양。 ❷얼굴 모양。 貌形·容貌。〔世說〕——旣偉、雅懷有素。

【形魄：형백】 몸。 肉體。〔禮記〕——歸於地。

【形寫：형사】 모양을 본따서 베껴냄。

【形狀：형상】 ❶생김새。 모양。〔史記〕使——不可知。 ❷형편。 狀態。 情態。 形容。〔同書〕——末也。

【形相：형상】 ❶얼굴 모양。 人相。 ❷《哲》形式。 ❸모양을 보고 미루어 생각함。〔曹唐·小游仙詩〕心知不敢輒——。

【形象：형상】 생긴 모양。 形狀。

【形色：형색】 ❶형상과 빛깔。〔孟子〕—天性。 ❷얼굴의 생김새。

【形成：형성】 ❶어떤 모양을 이룸。 ❷일이 진척되어 감。

【形成層：형성층】 《植》나무에서 겉껍질과 목질부의 중간을 이룬 얇은 조직。

【形成判決：형성판결】 《法》법률 상태의 변경을 선언하는 판결。

【形勢：형세】 ❶山形과 地勢。〔漢書〕兼——包陰陽。 ❷情勢。〔管子〕——不得爲非。 ❸살림살이의 경제적인 형편。 ❹권력·세력이 있는 집。〔韓愈·送李愿歸盤谷序〕奔走於——之途。

【形勝：형승】 ❶지세나 경치가 뛰어남。 ❷要地。〔史記〕秦——之地。

【形勝之地：형승지지】 地勢나 풍경이 아주 뛰어난 땅。

【形式：형식】 ❶겉 모습。 外形。 ↕內容。 ❷일정한 상태。 고정된 성질。 ❸격식。 방법。 ❹《哲》사물이 어떻게 성립하며 發現하는가의 방식에 관한 개념。

【形式美：형식미】 예술적 작품에서 겉에 드러나는 형식상의 균형·조화·율동 등의 美。

【形式的：형식적】 내용보다 형식을 주로 하는 것。

【形式主義：형식주의】 ❶善惡은 行爲나 意志의 경향에 속하는 성질의 것으로 직접 感知된다고 하는 설。 ❷《哲》認識能力에는 先天形式을 具有하여 있다고 하는 설。 ❸내용보다 형식을 중요시하는 主義。 ↕實質主義。

【形言：형언】 형용하여 말함。

【形影：형영】 형체와 그림자。 《轉》언제나 서로 떨어져 있지 않음。〔張九齡·照鏡見白髮詩〕誰知明鏡裏、——自相憐。

【形影相同：형영상동】 《喩》마음 먹은 것이 그대로 밖으로 행동된다는 말。〔列子〕形枉則影曲、形直則影正。

【形容：형용】 ❶용모。 얼굴 모양。〔屈原〕——枯槁。 ❷생긴 모양。 狀態。 ❸어떤 사물을 다른 것에 비유하여 나타냄。〔李純甫〕千奇萬巧難——。

【形容詞：형용사】 《言》사물의 상태나 성질이 어떠함을 설명하는 品詞。 그림씨。

【形而上：형이상】 《哲》형식을 떠난 것。 無形의 것。 정신적인 것。 ↕形而下。〔易經〕——者謂之道、形而下者謂之器。

【形而上學：형이상학】 《哲》사물의 根底에 있는 근본 원리。 곧 우주 인생의 궁극적인 원리를 탐구하는 학문。 이것이 근세 경험과학이 발달하고 나서부터는 초경험적인 것에 관계되는 학문의 뜻으로 됨。 ↕形而下學。

【形而下：형이하】 《哲》겉 모양으로 知覺할 수 있는 것。 有形的인 것。 ↕形而上。

【形而下學：형이하학】 《哲》형체를 갖추고 있는 사물에 관한 학문。 자연과학 같은 것。 ↕形而上學。

【形跡：형적】 뒤에 남는 흔적。 形迹。

【形址：형지】 엉터리。

【形質：형질】 ❶형체와 성질。〔南史〕—

ㅡ陋小。❷모양。❸《心》氣質。
【形體:형체】❶물건의 생김새와 바탕이 되는 몸。❷생김새。물건의 외형。『漢書』便辭巧說、破壞ㅡㅡ。
【形態:형태】❶사물의 생김새。『歷代名畫記』盡其ㅡㅡ。❷《心》사물의 생김새는 그것을 이루고 있는 각 要素의 단순한 집합이 아니라 각 요소에서는 찾아볼 수 없는 성질을 지니고 있다는 견해의 用語。
【形便:형편】❶일이 되어 가는 경로。또는 결과。❷살림살이의 형세。❸形勢。❹지세가 좋고 편리함。『戰國策』蓄積饒多、地勢ㅡㅡ。
【形形色色:형형색색】가지각색。
◎角ㅡ、固ㅡ、球ㅡ、矩ㅡ、奇ㅡ、大ㅡ、圖ㅡ、無ㅡ、美ㅡ、方ㅡ、山ㅡ、三角ㅡ、象ㅡ、有ㅡ、人ㅡ、圓ㅡ、情ㅡ、整ㅡ、定ㅡ、正方ㅡ、造ㅡ、弧ㅡ、幻ㅡ、換ㅡ、環ㅡ。

【彣】(문) 文 ブン、いろどり colours ㄨㄣˊ wen²
小篆 ❶벌겋고 퍼런빛문(赤靑混色)。❷채색문(彩色)。

【彤】(동) 冬 トウ、あかぬり paint red ㄊㄨㄥˊ t'ung²
小篆 草書 붉은칠할동(丹飾)。『詩經』貽我ㅡ管。
【彤管:동관】붉게 칠한 낚싯대。『王彪之』ㅡㅡ綠筒。
【彤弓:동궁】❶붉은 칠을 한 활。공로가 있는 諸侯에게 임금이 내린 활。彤弧。『書經』ㅡㅡ一、彤矢百。❷詩經 小雅 南有嘉魚之什의 篇名。임금이 功臣에게 彤弓을 賜授한 것을 읊음。
【彤鏤:동루】칠하고 새김。구밈。『左傳』壇器不ㅡㅡ。

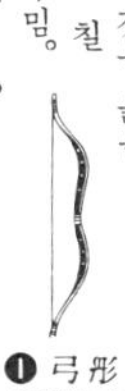
❶ 彤弓(三禮圖)

【彤矢:동시】붉은 칠을 한 화살。
【彤雲:동운】붉은 빛의 구름。『李益』霓旌絳節繞ㅡㅡ。
【彤闈:동위】=宮殿。(붉게 칠했으므로)。『楊賁』日晏下ㅡㅡ。
【彤庭:동정】궁궐의 뜰。(옛날 임금이 거처하던 궁궐의 뜰을 붉게 색칠을 하였기 때문임)。『謝靈運』ㅡㅡ赫弘敞。『齊書』ㅡㅡ爛景。

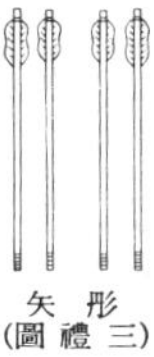
彤矢(三禮圖)

五畫

【㣌】(삼) 陷 サン、するどい sharp
❶서로붙은물건삼(相接物)。❷예리할삼(利也)。

六畫

【彥】(언) 霰 ゲン、ひこ meek scholar ㄧㄢˋ yen⁴
小篆 草書 ❶착한선비언(美士)。『書經』旁求俊ㅡ。❷클언(碩也)。
【彥士:언사】才德이 뛰어난 남자。훌륭한 인물。彥俊。『魏志』可謂國之良臣、時之ㅡㅡ矣。
【彥聖:언성】뛰어나고 賢哲한 인물。『大學』人之ㅡㅡ、其心好之。
【彥俊:언준】=彥士。

【彨】(형)『形』(彡部 4畫)의 本字

七畫

【彧】(욱) 屋 イク、あや bright ㄩˋ yu⁴
草書 ❶빛날욱(文章)。❷문채날욱(文彩)。❸무성할욱(茂盛貌)。『詩經』黍稷ㅡㅡ。
【彧彧:욱욱】❶茂盛한 모양。『詩經』疆場翼翼、黍稷ㅡㅡ。『傳』ㅡㅡ、茂盛貌。❷무늬가 있어 아름다운 모양。『何晏』嗟環瑋以壯麗、紛ㅡㅡ其難分。『注』濟曰、紛ㅡㅡ、文章多貌。

【㣍】(좌) 箇 サ、かる cut
베일좌(芟也)。

八畫

【㣎】(목) 屋 ボク、こまかいあや thin pattern
小篆 가는문채목(細文)。

【彩】(채) 賄 サイ、いろどる colour ㄘㄞˇ ts'ai³
小篆 草書 ❶채색채(文色精光)。❷빛날채(光也)。『許渾詩』輪ㅡ漸移金殿外。❸무늬채(文色)。『采』와 通함
【彩器:채기】그림 그릴 때 물감을 풀어서 담는 그릇。
【彩毯:채담】여러 가지 빛의 털을 재료로 하여 갖은 무늬를 놓아 넓게 짠 담요。
【彩料:채료】그림을 그릴 때 쓰는 물감。
【彩墨:채묵】그림을 그릴 때에 먹처럼 갈아 쓰게 된 채색을 뭉친 조각。
【彩紋:채문】채색의 무늬。
【彩屛:채병】채색을 하여 그린 병풍。
【彩色:채색】❶그림 같은 데에 색을 칠함。❷여러 가지의 고운 빛깔。
【彩船:채선】나라 잔치 때 船遊樂에 쓰던 배。彩舫。
【彩飾:채식】아름다운 빛깔로 꾸밈。
【彩靄:채애】아름다운 아지랑이。『沈約』開霞泛ㅡㅡ。
【彩雲:채운】아롱진 채색이 있는 구름。『李白』朝辭白帝ㅡㅡ間。
【彩衣:채의】무늬가 있고 빛깔이 울긋불긋한 옷。
【彩彩:채채】아름다운 모양。『詩經』ㅡㅡ衣服。
【彩筆:채필】그림 그리는 붓。彩管。
【彩霞:채하】아름다운 놀。『李白』沈吟ㅡㅡ沒、夢寐群芳歇。
【彩毫:채호】그림을 그리는 붓。『溫庭筠』ㅡㅡ一畫竟何榮。
【彩虹:채홍】아름다운 무지개。『張協』ㅡㅡ纓高雲。
【彩畫:채화】채색을 재료로 써서 그린 「그림。彩色畫。
【彩畫器:채화기】채색으로 여러 가지 무늬를 그린 사기 그릇。
【彩花席:채화석】채색으로 꽃 같은 그림을 놓아서 짠 돗자리。
◎光ㅡ、淡ㅡ、色ㅡ、映ㅡ、五ㅡ。

【彪】(표) 尤 ヒョウ、まだらとら (古音「뷰」) ㄅㄧㄠ piao¹
小篆 小篆 草書 ❶칡범표(虎之班文)。❷문채표(文也)。『法言』成文成德朙中而ㅡ外。❸작은범표(小虎)。
【彪炳:표병】❶표범의 가죽。문채가 아름다움。彪煥。『左思』符采ㅡㅡ。❷빛나고 아름다움。『李白·酬殷明佐贈五雲裘歌』文章ㅡㅡ光陸離。
【彪蔚:표위】아롱진 무늬가 많고 아름다운 모양。『文心雕龍』ㅡㅡ以文其響。
【彪彪:표표】아롱진 문채가 있는 모양。『宋史』ㅡㅡ玲玲。
【彪乎:표호】밝게 빛남。
【彪煥:표환】빛깔이 빛나는 형용。光彩가 燦然한 형용。『梁昭明太子』珠簾ㅡㅡ。

【彫】(조) 蕭 チョウ、きざむ、ほる carve ㄉㄧㄠ tiao¹
小篆 草書 ❶새길조(鏤也)。『莊子』覆載天地ㅡ刻衆刻衆形而不爲巧。❷그릴조(畫文)。『書經』峻宇

ㅣ牆。❸문채낼조(文飾)。〔漢書〕今雖欲自ㅣ琢。❹조잔할조(瘁也)。〔魏書〕於是百姓ㅣ弊。(『琱·雕』와 通함)

〔彫刻:조각〕 造形美術의 하나。글씨·그림·물건의 형상 등을 돌이나 나무·금속 따위에 새김。彫鐫·彫斲·彫刻。〔莊子〕覆載天地、ㅣㅣ象形。

〔彫刻家:조각가〕 조각을 전문으로 하는 사람。「ㅣㅣ」는 사람。

〔彫困:조곤〕 재산이 다 없어져 고생함。또는 그 사람。〔晉書〕救其ㅣㅣ。

〔彫鏤:조루〕 새김。

〔彫像:조상〕 ❶조각한 像。❷여러 가지 形像을 조각함。

〔彫塑:조소〕 ❶조각과 塑像。❷찰흙이나 석고에 像을 새김。

〔彫飾:조식〕 조각을 하여 장식함。〔漢書〕器以ㅣㅣ爲好。「ㅣㅣ」。

〔彫牆:조장〕 조각을 한 담。〔書經〕峻宇

〔彫鐫:조전〕 새김。

〔彫俎:조조〕 조각을 한 책상。〔梁書〕宗廟貴文、誠宜ㅣㅣ。

〔彫盡:조진〕 ❶다 새김。❷힘이 다 빠짐。〔左傳·昭·八〕宮室崇侈、民力ㅣㅣ。

〔彫斲:조착〕 새기고 깎음。조각함。〔北史〕ㅣㅣ之物、竝賜貧人。

〔彫琢:조탁〕 새기고 쪼음。文章의 字句를 아름답게 다듬음。彫刻琢磨 雕琢。〔孟子〕異於敎玉人ㅣㅣ玉哉。

〔彫弊:조폐〕 마르고 시들어 쇠약해짐。彫殘。〔史記〕救其ㅣㅣ。

〔彫胡米:조호미〕 줄의 열매。

◎木ㅣ、浮ㅣ。

【彬】 (빈) 眞

ヒン、あきらか bright ㄅㄧㄣ pin¹

草書 빛날빈、잘갖추어질빈(文質備也)。〔論語 雍也〕文質ㅣㅣ然後君子。(『份·斌』과 通함)

〔彬彬:빈빈〕 글의 수식과 내용이 서로 알맞게 갖추어져 있는 모양。〔論語·雍也·注〕ㅣㅣ、文質相半之貌也。

〔彬蔚:빈위〕 文采가 많음。〔晉書〕文宗鬱起、ㅣㅣ之美、競爽當年。

九畫

【彭】 ㊀(팽) 庚 ㊁(방) 陽

ホウ、たて、ふくれる shield ; swell ㄆㄥˊ p'êng²

小篆 草書 ㊀❶성팽(姓也)。❷땅이름팽(地名)。「ㅣ城」。❸방패팽(盾也ㅣ排)。❹총소리팽(銃聲ㅣㅣ)。❺북소리팽(鼓聲)。㊁❶가까울방(近也)。〔易經〕匪其ㅣ无咎。❷장할방(壯也)。〔詩經〕駟騵ㅣㅣ。❸웅기중기갈방(多衆貌)。〔詩經〕行人ㅣㅣ。

〔彭彭:방방〕 ❶많은 모양。盛한 모양。〔詩經〕行人ㅣㅣ。❷많이 가는 모양。〔詩·烝民〕四牡ㅣㅣ。❸수레소리。轟轟。〔同書〕以車ㅣㅣ。

〔彭湃:팽배〕 물결이 맞부딪쳐 솟구침。물이 넘치는 모양。파도가 넘실거리는 모양。澎湃。〔司馬相如〕洶涌ㅣㅣ。

〔彭祖:팽 조〕 (人)堯의 臣。殷의 말년까지 七〇〇여년을 살았다고 하는 仙人。〔列仙傳〕。

彭祖 (三才圖會)

十一畫

【彰】 (창) 陽

ショウ、あきらか bright ㄓㄤ chang¹ (本音「장」)

小篆 草書 ❶나타날창(著也)。〔書經〕嘉言孔ㅣ。❷밝을창(明也)。❸드러낼창(著明之)。〔書經〕ㅣ厥有常。❹문채창(文飾)。「織文鳥ㅣ」。

〔彰德:창덕〕 사람의 선행이나 미덕 따위를 세상에 밝힘。

〔彰明:창명〕 밝게 드러냄。명백。昭明·彰炳。〔司馬遷〕ㅣㅣ較著者也。

〔彰善:창선〕 남의 착한 행실을 드러냄。

〔彰示:창시〕 밝게 나타냄。明示。〔曹植〕ㅣㅣ來世。

〔彰義門:창의문〕 (歷) 서울 서북쪽에 있는 城門。일명 北門·紫霞門·四小門 중 현재 남아 있는 단 하나의 문。李朝 太祖 때 건립하였고 仁祖反正 때 義擧군사가 突破하고 들어간 門으로 仁祖反正功臣 名單의 게판이 있음。

〔彰著:창저〕 밝게 나타냄。눈에 잘 보임。彰明。〔晉書〕威服內外、衆惡ㅣㅣ。

〔彰彰:창창〕 밝게 나타나는 모양。昭昭。〔道德指歸論〕。

〔彰顯:창현〕 남이 알도록 밝혀 나타냄。널리 알리어서 나타냄。顯彰。〔後漢書〕識當時失得、不欲ㅣㅣ其名。

〔彰乎:창호〕 밝은 모양。彰彰。

◎表ㅣ。

【彯】 ㊀(표) 蕭 ㊁(표) 嘯

ヒョウ、いろどる paint ㄆㄧㄠˋ p'iao⁴

草書 ㊀끈이치렁거릴표(長組貌)。(『嫖』와 通함) ㊁단청할표(畫飾)。

【彮】 (용) 冬

ヨウ、かたち double-shaded

❶포개진 그림자용(重影)。❷모양용(形也)。

十二畫

【影】 (영) 梗

エイ、かげ shadow ㄧㄥˇ ying³

草書 ❶그림자영(物之陰形)。〔列子〕形動不生形而生ㅣ。❷형상영(形也)。❸말이름영(馬名躡ㅣ)。(『景』과 같음)

〔影國:영국〕 =屬國。〔藝林伐山〕後梁爲北魏ㅣㅣ、ㅣㅣ猶曰附庸。

〔影單:영단〕 외로운 몸。혼자 몸。〔賈奎〕凍雪封塔合、微燈照ㅣㅣ。

〔影堂:영당〕 ❶조상의 位牌나 畫像을 모신 집。〔古今註〕廟、貌也、所以 佛先人容貌也、庶人則立ㅣㅣ。❷이름난 사람의 화상이나 위패를 모신 사당。❸(佛)佛祖의 眞影을 모신 집。

〔影本:영본〕 ❶金石에 새긴 글씨나 그림을 그대로 박아 냄。또는 박은 종이。搨本。❷寫眞版。影印本。

〔影射:영사〕 ❶몸을 숨김。〔琵琶記·義倉賑濟〕若還官府親査、我便ㅣㅣ片時。❷속임。남의 명의를 빌리는 따위의 행위로서 상대편을 현혹시킴。〔明律·戶役〕詭寄出糧ㅣㅣ左役。

〔影寫:영사〕 그림이나 글씨를 밑에 받쳐 놓고 그것을 본떠서 덧 그림。

〔影像:영상〕 ❶족자에 그린 화상。影幀。肖像。〔名山記〕石中有達磨背座ㅣㅣ。❷광선의 굴절이나 반사의 작용으로 나타난 物像。〔金剛經〕諸法如ㅣㅣ、淸淨無礙。

〔影子:영자〕 그림자。

〔影殿:영전〕 ❶임금의 眞影을 모신 전각。❷이름난 사람의 화상을 모신 사당。影堂。❸神佛을 祭祀지내는 곳。〔宗之問〕ㅣㅣ臨丹壑。

〔影幀:영정〕 화상을 그린 족자。影像。

〔影職:영직〕 실제로 근무하지 아니하고 이름만을 빌리는 벼슬。借銜。

〔影響:영향〕 ❶그림자와 울림。〔後漢書〕天之應人、敏于ㅣㅣ。❷형상에 그림자、소리에 울림이 따르는 것과 같이 한 사물의 변화가 다른 사물의 변화의 원인이 됨。《喩》밀접한 관계。〔書經〕從逆凶、惟

ㅡㅣ。 「힘。

【影響力:영향력】 경향을 미칠 수 있는
◎孤ㅡ、燈ㅡ、斜ㅡ、月ㅡ、人ㅡ、印ㅡ、
日ㅡ、眞ㅡ、撮ㅡ、投ㅡ、形ㅡ、幻ㅡ。

【⿰彡景】(영)『影』(前條)과 같음

十三畫

【⿰粲彡】(찬) 翰 サン、きつい いろどり variously-patterned
문채번화할찬(文繁)。

【⿰有彧】(욱) 屋 イク、あや patterned yù
❶문채날욱(彰也)。❷『彧』과 같음。

十九畫

【⿰麗彡】(이) 支 チ、みずち big serpent chʻih (本音「치」)
草書 이무기이(似龍而無角)。「용같고 뿔없는짐승」。【史記】西伯將出獵卜之曰非龍非ㅡ非虎非羆所獲者 必覇王之輔。

彳 部

【彳】(척) 陌 テキ、たたずむ limp chʻih
小篆 草書 자축거릴척(小步)。【潘岳射雉賦】ㅡ于中輟。

【彳亍:척촉】 조금 걷다 멈춤。(왼쪽 걸음을 彳、오른쪽 걸음을 亍이라 하며 합하여 行字가 됨)。躑躅。『潘岳』ㅡㅡ中輟。

二畫

【⿰彳丩】(교) 篠 キョウ、ゆく go, leave
갈교(行貌)。

【⿰彳丁】(정) 靑 テイ、ひとりゆく walk (go) alone tīng
혼자걸을정(獨行貌)。(『行』과 같음)

三畫

【彴】㊀(박) 覺 ㊁(작) 藥 シャク、まるきばし single log bridge chuo
草書 ㊀불별박(奔星)。㊁외나무다리작(橫木橋)。【蘇軾詩】略ㅡ橫秋水。

【彴約:박약】 불별。流星。彴約。『爾雅』奔星爲ㅡㅡ。

【彴橋:작교】 외나무다리。(字解參照)。

【彶】(환) 阮 カン、まよう get lost
길잃을환(失路)。

四畫

【彶】(급) 緝 キュウ、いそいでゆく go in a hurry
小篆 급히갈급(急行)。

【彷】㊀(방) 陽 ㊁(방) 養 ホウ、さまよう wander pʻang²
草書 ㊀❶방황할방(徘徊)。❷어정거릴방。【莊子】ㅡ惶乎無爲其側。㊁비슷할방(ㅡ髴、相似)。(『仿·髣』과 같음)

【彷佛:방불】 ❶거의 비슷함。 근사함。❷멍하여 분명하지 못한 모양。 髣髴。『揚雄·甘泉賦』猶ㅡㅡ其若夢。『傳毅』ㅡㅡ神童。

【彷徉:방양】 徘徊。彷徨。方羊。彷徉。逍遙·祇徊·『史記』ㅡㅡ天下。

【彷徨:방황】 ❶일정한 목적이나 방향이 없이 어정어정 돌아다님。 彷徉。徘徊。『莊子』芒然ㅡㅡ乎塵垢之外。❷《動》모양은 뱀같고、머리가 둘 있으며、五色의 무늬가 있는 벌레。『莊子』野有ㅡㅡ。

【彷徨變異:방황변이】 《生》같은 遺傳子를 가진 생물중 환경에 따라 형태나 작용에 얼마간의 차이가 생기는 일。

【彸】(송) 冬 ショウ、あわてる in precipitation chung¹ (本音「종」)
草書 ❶눈휘둥거릴송(惶懼貌)。【王褒論】百姓征ㅡ無所措其手足。❷황급히갈송(急遽貌)。

【役】(역) 陌 エキ、ヤク、つかう work；use i⁴
小篆 古文 草書 ❶부릴역(使也)。【書經】予造天ㅡ。❷국경을 지킬역(戍ㅡ、行ㅡ)。❸부역역(賦ㅡ)。❹벌어설역(列也)。【詩經】禾ㅡ穟穟。❺부림군역(使人)。【史記】其賓客厮ㅡ皆天下俊傑。❻전쟁역(戰爭)。❼일역(職務)。❽힘써일할역(勉也)。【莊子 齊物論】終身ㅡㅡ、而不見其成功。❾골몰할역(有所求而不止)。

【役軍:역군】 ❶공사터에서 삯일을 하는 사람。❷일군。

【役徒:역도】 =人夫。『左傳』絞人爭出、驅楚ㅡㅡ于山中。

【役糧:역량】 역사할 때 먹는 양식。

【役使:역사】 불러서 일을 시킴。使役。『後漢書』ㅡㅡ鬼神。

【役事:역사】 토목이나 건축 등의 공사。

【役所:역소】 役事를 하는 터。『宋史』。

【役役:역역】 ❶心力을 기울이는 모양。『莊子·齊物論』終身ㅡㅡ、而不見其成功。❷경박하고 간사한 모양。『莊子·胠篋』舍夫種種之民、而悅夫ㅡㅡ之佞。

【役用動物:역용동물】 농사·수레 따위를 끄는 일에 부리는 가축의 總稱。

【役員:역원】 =任員。

【役人:역인】 관청이나 六注比廛에 딸려 허드렛일을 하던 사람。

【役丁:역정】 허드렛일을 하는 사람。人夫。役軍。

【役終身:역종신】 無期懲役。

【役割:역할】 소임。구실。

【役刑:역형】 ❶형무소 안에 가두어 기결수에게 노역을 시키는 형벌。❷《國》光武九년 刑法大全에 정한 刑의 한 가지。
◎監査ㅡ、苦ㅡ、軍ㅡ、勞ㅡ、大ㅡ、代ㅡ、免ㅡ、兵ㅡ、卜ㅡ、僕ㅡ、服ㅡ、使ㅡ、役ㅡ、雜ㅡ、戰ㅡ、主ㅡ、懲ㅡ、取締ㅡ、戶ㅡ。

五畫

【彼】(피) 紙 ヒ、かれ、あれ he; that pi³
小篆 草書 ❶저피(此之對)。【詩經】ㅡ月而微。❷저것피(外之辭)。【論語】ㅡ哉ㅡ哉。

【彼己:피기】 저것。저 사람。(己는 助辭)。『韻會』對物而言、曰ㅡㅡ。

【彼邊:피변】 저 편。

【彼我:피아】 그와 나。남과 자기。自他。『漢書』人道不殊ㅡㅡ。

【彼我間:피아간】 저 사람과 나의 사이。

【彼岸:피안】 ❶저 쪽 물가 언덕。❷《佛》㉠이승의 번뇌를 해탈하여 열반의 세계에 도달함。또는 그 경지。生死를 바다에 비유하여 번뇌의 이승을 此岸、涅槃의 淨土를 彼岸이라 함。到彼岸의 준말。↕此岸。㉡彼岸會의 略語。春分과 秋分의 날을 彼岸의 中日이라 하고、그 전후 三일씩 합하여 七일 동안에 행하는 佛事。㉢彼岸會의 季節。

〔彼一時此一時:피일시차일시〕 그 때는 그 때, 이 때는 이 때。각각 때에 따라서 행한 일이며, 조금도 모순이 없음。『孟子·公孫丑』——也, 五百年必有王者興。

〔彼此:피차〕 ❶저것과 이것。저 일과 이 일。『左傳』疆埸之邑、一彼一此、何常之有。❷서로。

〔彼此間:피차간〕 쌍방의 사이。

〔彼此一般:피차일반〕 쌍방이 서로 같음。

〔彼蒼:피창〕 저 넓은 하늘。가슴 속에 있는 번뇌를 하늘에 호소할 때에 하는 말。『詩經』——者天。

〔彼處:피처〕 저기。

【彽】 (지) 齊 テイ、うろつく wander

彽 草 머뭇거릴지(徘徨)。

【彾】 (령) 靑 レイ、ひとりでゆく go alone ㄌㄧㄥˊ ling²

홀로걸을령(獨行貌)。(『𢓜』과 같음)

【彿】 (불) 物 フツ、にる similar ㄈㄨˊ fu²

彿 草 ❶비스름할불(彷—)。❷비슷할불(相似)。(『髴』과 같음)

【㣙】 (적) 錫 テキ、いそいでゆく go in a hurry

㣙 小篆 급히갈적(急行)。

【往】 ㊀(왕) 養 オウ、ゆく go ㄨㄤˇ wang³ ㊁(왕) 漾

往 小篆 𢓸 古文 徃 草 ㊀❶갈왕(去也)。『禮記』禮尙—來。❷예왕(昔也)。『漢書』稽諸—古制宜於今。❸이따금왕(時時)。『史記』長老——稱黃帝堯舜之處風敎固殊焉。❹뒤왕(後也)。『論語』禘自旣灌而—者。『史記』雖不能至、然心鄕—之。㊁향할왕(向也)。(『徃』으로 씀)

〔往見:왕견〕 가서 봄。

〔往古:왕고〕 매우 먼 옛날。古往·往昔·前古·往世。『史記』雖——烈士、何以加哉。

〔往古今來:왕고금래〕 옛부터 지금까지。古往今來。

〔往觀:왕관〕 가서 봄。실지로 가서 관람함。

〔往年:왕년〕 ❶지나간 해。『史記』——殺彭越、前年殺韓信。❷옛날。

〔往答:왕답〕 이쪽에서 찾아가고 저쪽에서 찾아오고 하여 서로 왕래함。『後漢書』。

〔往來:왕래〕 ❶오고 가고 함。往復·往還。『禮記』禮尙——。❷路資。

〔往來人:왕래인〕 오가는 사람。

〔往路:왕로〕 가는 길。↔歸路。

〔往反:왕반〕 갔다가 돌아옴。往復·往還·往返。『魏志』——七里。

〔往返:왕반〕 往復。

〔往訪:왕방〕 가서 찾아 봄。

〔往復:왕복〕 ❶갔다가 돌아옴。往返、往反。『北史』陰陽有——、四時有代謝。❷문서나 편지의 왕래。

〔往復運動:왕복운동〕 시계추의 운동 따위와 같이 週期的 운동으로 어느 점까지 質點의 變移가 생겨 한 때 멈췄다가 다시 본디 위치로 돌아오는 운동。

〔往復車票:왕복차표〕 오갈 때의 것을 한데 붙여 만든 차표。

〔往事:왕사〕 지나간 일。『白居易』——渺茫都似夢。

〔往生:왕생〕 (佛)이 세상을 버리고 저승으로 감。『淨土論』——安樂國。

〔往生極樂:왕생극락〕 (佛)죽어 극락 세계에 가서 蓮花 속에 태어남。

〔往生安樂:왕생안락〕 (佛)왕생 극락하여 안락한 생을 가짐。

〔往昔:왕석〕 옛적。『孟郊』江山踐——。

〔往聖:왕성〕 옛 聖人。『陳基』——旣莫作、後賢誰當繼。

〔往世:왕세〕 옛날。지나간 세상。往代。

〔往歲:왕세〕 =往年。『左傳』——鄭伯請成于陳。『楚辭』美——之登仙。

〔往時:왕시〕 지나간 때。옛날。

〔往信:왕신〕 통신을 보내는 일。왕복 엽서의 보내는 부분。↔返信。

〔往往:왕왕〕 이따금。때때로。『漢書』諸將——耦語。

〔往者:왕자〕 ❶지나간 일。❷앞서。지난번。❸떠나는 사람。『孟子·盡心』夫子之設科也、——不追、來者不拒。

〔往者不可諫:왕자불가간〕 지나간 일은 돌이킬 수 없음。『論語·微子』。

〔往診:왕진〕 의사가 환자 집에 가서 진찰함。↔宅診。『史記』臣意未——時。

〔往參:왕참〕 직접 가서 참여함。

〔往初:왕초〕 옛날。以前。『任昉』德冠——、功無與二。

〔往行:왕행〕 과거의 행위。

〔往還:왕환〕 =往復。往反。『列子』入火——。

◎古—、旣—、來—。

【徃】 (왕) 『往』(前條)의 俗字

【征】 (정) 庚 セイ、うつ attack ㄓㄥ chêng¹

征 小篆 延 或體 𢔁 書 征 草 ❶갈정(行也)。『詩經』之子于—。❷세받을정(取稅)。『禮記』關譏而不—。❸찾을정(索也)。❹칠정(上伐下)。『書經』惟時有苗不率汝徂—。

〔征客:정객〕 여행하는 사람。『王褒』飛蓬似——、千里自長馳。

〔征途:정도〕 ❶전쟁에 나가는 길。『杜甫』終宴惜——。❷여행하는 길。❸체육 경기에 참가하려고 떠나는 길。

〔征東:정동〕 ❶동쪽을 향하여 감。❷東方을 정벌함。

〔征路:정로〕 나그네의 길。『鮑照』鳴雞戒——、暮息落日分。

〔征利:정리〕 이익을 취함。

〔征伐:정벌〕 ❶죄 있는 무리를 군대로 침。『論語』禮樂——、自天子出。❷죄 있는 사람을 벌을 주어 바르게 함。(征은 正。

〔征帆:정범〕 항해하는 배。『孟浩然』日暮——泊何處。

〔征服:정복〕 ❶정벌하여 복종시킴。❷어려운 일을 꺾어 이겨냄。

〔征服慾:정복욕〕 정복하고자 하는 욕망。

〔征夫:정부〕 ❶출정하는 군사。❷먼 길을 가는 사람。征人·行人·行客·旅人·游子。『陶潛』問——以前路。

〔征稅:정세〕 세금을 징수함。

〔征戍:정수〕 ❶변방에 가서 지킴。❷변방을 지키는 수비병。

〔征役:정역〕 租稅와 夫役。『周禮』凡——之施舍。

〔征營:정영〕 겁을 먹고 불안한 모양。『後漢書·鄧隲傳』惶窘——、昧死陳乞。

〔征戰:정전〕 전쟁。『李白』樓船習——。

〔征鳥:정조〕 ❶날아가는 새。❷(動)철새。候鳥。

〔征塵:정진〕 ❶여행하는 길에 일어나는 먼지。❷여행。❸兵馬가 지나면서 일으키는 먼지。『王勃』誰忍望——。

〔征討:정토〕 =征伐。『左傳』日尋干戈、以相——。

〔征覇:정패〕 정복하여 패권을 잡음。

◎外—、遠—、出—、親—。

【徂】 (조) 虞 ソ、ゆく go ㄘㄨˊ ts'u²

徂 小篆 𨑨 或體 𧼨 籒 𨒪 文 徂 草 ❶갈조(往也)。『詩經

豳風東山』我－東山。❷죽을조(殂死)。❸시작할조(始也)。❹겨눌조(狙也)。(『狙』와 通함)

【徂擊 : 조격】 겨누어 씀。狙擊。『漢書』－－秦皇帝。

【徂年 : 조년】 지나간 해。往年·徂歲。

【徂落 : 조락】 帝王의 죽음。崩御。殂落。『後漢書』－－已流、壯情方勇。「崩殂。

【徂旅 : 조려】 앞으로 나아가는 군대。行

【徂謝 : 조사】 길이 이 세상을 감사한다는 뜻으로、사람의 죽음을 일컫는 말。『顏眞卿』懷賢久－－。

【徂暑 : 조서】 ❶가는 더위。❷음력 六月의 異名。『詩經』四月維夏、六月－－。

【徂歲 : 조세】 往年。徂年。『謝靈運』眺－－驟經。

【径】 (경)『徑』(彳部 7畫)의 略字

六 畫

【徃】 (객) 陌 カク、いたる reach

이를객(至也)。

【待】 (대) 賄 タイ、まつ wait ㄉㄞˋ tai⁴

小篆 草書 ❶기다릴대(俟也)。『論語』儒有席上之珍以－聘。❷대접할대(遇也)。『論語』季孟之閒－之。❸막을대(備禦)。『魯語』率大讐以憚小國其雖云－之。

【待賈 : 대가】 값이 오르기를 기다림。(轉)기회를 기다려 벼슬에 오름。『論語·子罕』沽之哉、沽之哉、我－－者也。

【待客 : 대객】 손을 대접함。

【待機 : 대기】 ❶기회 오기를 기다림。❷준비를 다 갖추고 행동할 때를 기다림。

【待女 : 대녀】 (植)난초의 한 가지。『採蘭雜志』蘭－－子同種則香、故名－－。

【待年 : 대년】 약혼한 뒤에 결혼할 해를 기다림。

【待令 : 대령】 (國) 명령을 기다림。

【待令木手 : 대령목수】 戶曹에 딸려서 나라의 일을 늘 맡아 하던 목수。

【待漏 : 대루】 관원의 入朝하는 시각。

【待望 : 대망】 바라고 기다림。기대함。

【待伴 : 대반】 아직 녹지 않은 눈。『西清詩話』雪末消者、俗曰－－。

【待變 : 대변】 ❶관리가 잘못을 저질렀을 때 처분의 명령을 기다림。❷공무원이 보직 받기를 기다림。

【待變中 : 대변중】 (國) 병세가 대단히 위독하여 살아 날 가망이 없게 된 즈음。

【待時 : 대시】 ❶病勢가 몹시 위중하여 살아날 소망이 없이 됨。❷時期를 기다림。

【待遇 : 대우】 예의를 갖추어 대함。신분에 알맞게 대접함。『史記』－－漢使。

【待遇改善 : 대우개선】 처우를 낫게 하기 위하여 대우를 더 좋게 함。

【待人 : 대인】 사람을 기다림。

【待隣婦妻不娶 : 대인부처불취】 (國) 이웃 색씨 기다리다 장가 못감。(喩)한 가지만 고집하다가 실패하는 융통성 없는 짓。『青莊舘全書』。

【待人接物 : 대인접물】 남과 교제함。

【待接 : 대접】 ❶손님을 맞음。❷음식을 차려서 손님을 대접함。接待·待遇。『吳志』－－寮屬。

【待罪 : 대죄】 ❶죄인이 처벌의 명령이 있기를 기다림。❷관리가 그 벼슬에 있는 것을 謙稱함。『史記』臣無功竊寵、－－河東。

【待避 : 대피】 ❶상대방이 지나가기를 피하여 기다림。❷난을 피하여 때를 기다림。

【待合室 : 대합실】 정거장 따위에서 차를 기다릴 때 쉬는 곳。

【待候 : 대후】 웃어른의 명령을 기다림。◎苦－、企－、期－、薄－、優－、接－、招－、虐－、歡－、厚－。

【徇】 (순) 震 ジュン、となえる expose to public gaze ㄒㄩㄣˋ hsün⁴

小篆 草書 ❶조리돌릴순(行示)。『漢書』使周市－魏地。❷따라죽을순(殉也)。『漢書』貪夫－財。❸빠를순(疾也)。『史記』幼而－齊。❹부릴순(使也)。『莊子』夫－耳目內通而外於心知。❺널리펼칠순。『墨子』思慮－通。(『殉』과 통함)

【徇求 : 순구】 널리 구함。『管書』－－讜言。

【徇國 : 순국】 몸을 바쳐 나라를 위함。「殉國。

【徇難 : 순난】 國難을 위하여 목숨을 버림。殉難。『南史』公投袂－－。

【徇財 : 순재】 목숨을 걸고 財寶를 얻으려고 함。

【徇地 : 순지】 그 땅을 巡行하여 그 곳의 백성을 복종시킴。略地。

【徇通 : 순통】 ❶널리 퍼짐。❷널리 통함。『墨子』思慮－－。

【很】 (흔) 阮 コン、もとる violate ㄏㄣˇ hen³

小篆 草書 ❶말듣지 않을흔 (不聽從)。❷어길흔 (違也)。❸말다툼할흔(諍訟)。『吳語』今王將－天而伐齊。『禮記』－毋求勝。(『狠』과 通함)

【很戾 : 흔려】 ❶심술궂은 마음으로 되돌아감。『北史』其性－－。❷道理에 어그러짐。

【很命 : 흔명】 어떤 일에 깊이 마음을 쏟음。熱心。

【很心 : 흔심】 심술궂은 마음。

【很忤 : 흔오】 ❶거슬림。『柳宗元』－－貴近。❷말을 듣지 않음。

【很愎 : 흔퍅】 ❶＝很戾。『女心雕龍』孫楚－－而訟府。❷거만하여 남의 말을 잘 들으려 하지 않음。

【徉】 (양) 陽 ヨウ、うろつく walking up and down ㄧㄤˊ yang²

草書 ❶노닐양(戲蕩)。『韓愈文』終吾生而徜－。❷빈들거릴양(彷也)。

【徊】 (회) 灰 カイ、さまよう loitering ㄏㄨㄟˊ huei²

草書 ❶배회할회(彷徨)。『史記』徘－往來。❷어정거릴회(佤也)。(『佪』와 같음)

【徊翔 : 회상】 새가 빙빙 날아 돌음。(轉)進級이 늦음을 일컬음。『沈佺期·紅樓院應制詩』誰謂此中難可到、自憐深院得－－。

【徊徨 : 회황】 정처없이 이리저리 떠돌아다님。廻遑。回皇。『梁武帝』晨孤立而縈結、夕獨處而－－。「다 함。

【徊徊 : 회회】 정처없이 이리저리 왔다갔

【徙】 (이) 支 イ、やすい easy

小篆 편하고쉬울이(平易)。

【律】 (률) 質 リツ、おきて law ㄌㄩˋ lü⁴

小篆 草書 ❶법률(法也)。『管子』－者所以定分止爭。❷풍류률(－呂)。「聲－、音－」。❸지을률(述也)。『中庸』上－天時。❹저울질할률(銓也)。(『后』와 같음)

【律客 : 율객】 ❶音律에 밝은 사람。❷歌客。

【律格 : 율격】 ❶격식。규격。❷언어 문자를 써서 음악적으로 배열하는 시의 형식。

【律己 : 율기】 ❶안색을 바로잡아 엄정히

함。❷자기 자신을 단속함。率身。

【律度:율도】 법。常紀。法度。『左傳』著之話言、爲之――。

【律動:율동】 ❶규칙적인 운동。 ❷음률의 곡조。 ❸리듬에 맞추어 추는 춤。

【律呂:율려】 ❶六律과 六呂。❷음악。또는 그 가락。『國語』――不易、無姦物也。

【律令:율령】 ❶법률의 總稱。 ❷법률과 명령。『史記』。

【律例:율례】 ❶刑律의 작용에 관한 법례。 ❷刑罰法의 總稱。

【律律:율률】 ❶산이 높고 험한 모양。 ❷악한 모양。『詩經』南山――。

【律文:율문】 ❶법률의 조문。 ❷운율에 맞추어 지은 글。韻文。

【律法:율법】 ❶法度。法律。 ❷《宗》종교적·도덕적·사회적 생활에 관하여 神의 이름으로 규정된 규범。 ❸《佛》戒律。

【律師:율사】 ❶변호사。 ❷《佛》계율을 잘 아는 중。『涅槃經·三』。 ❸唐 나라 때 道士의 尊號。 ❹《佛》僧官의 하나。佛制에 의하여 一〇法을 갖추고 계율을 잘 지키는 계율의 사범을 이름。

【律詩:율시】 漢詩의 한 體。 八句로 되어 있으며、一句가 五자씩으로 되어 있는 것을 五言律詩、七자씩으로 되어 있는 것을 七言律詩라 함。律은 略語。

【律語:율어】 운율을 가진 말。 리듬이 있는 말。

【律儀:율의】 법。모범。『王褒』永垂四教、「示聲聞之――。」

【律絶:율절】 律詩와 絶句詩의 合稱。

【律調:율조】 旋律의 俗稱。音階에 따른 가락。 「立――助教。」

【律學:율학】 刑律에 관한 학문。『南史』

【後】 ㊀(후) 有 ㊁(후) 宥 コウ、ゴ、のち、うしろ rear; late ㄏㄡˋ hou⁴

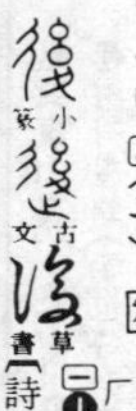

小篆 古文 草書

㊀❶뒤후(前之對)。『詩』不自我先不自我―。❷늦을후(遲也)。『史記』與長者期―何也。❸아들후(嗣也)。『孟子 離婁上』不孝有三、無―爲大。(『后』와 같음) ㊁❶뒤질후(後之)。『論語 雍也』非敢―也、馬不進也。❷시대가 지날후(經也)。『朱熹 中庸章句序』世之相―千有餘年。

【後家:후가】 뒷집。

【後嫁:후가】 후살이。

【後覺:후각】 남보다 나중에 깨달음。 「知。↕先覺。

【後艱:후간】 뒷날의 재난。 후일의 비난。後難。『書經』惟克果斷、乃罔――。

【後鑑:후감】 후세에 대한 모범。

【後件:후건】 《論》假言的判斷에 있어서 歸結 또는 결과를 표시하는 부분。

【後見:후견】 ❶會合 시간에 늦음。『左傳·昭·四』敢謝――。 ❷옛적 君主나 家長이 어릴 때、그 代理로서 보좌함。 ❸《法》未成年者 또는 禁治産者의 보호、대리하여 재산 관리 등을 하는 일。 ❹숨어 앉아 돌보아 줌。

【後見人:후견인】 後見의 직무를 행하는 사람。 최후로 親權 있는 자의 지정에 의한 것을 지정후견인、법률의 규정에 의한 것을 법정 후견인、친족회의에서 선정된 것을 選定 후견인이라 함。

【後景:후경】 ❶뒤 쪽의 경치。 ❷무대 뒷벽에 그린 경치。 「中權――。

【後頸:후경】 목의 後便。목 뒤。『左傳』

【後繼:후계】 ❶뒤를 이음。『晉書』率諸將、以爲――。 ❷後妻。

【後繼者:후계자】 뒤를 잇는 사람。

【後考:후고】 ❶나중에 상고함。 ❷후일의 증거。

【後顧:후고】 ❶뒤를 돌아봄。『元稹』――前瞻高樹枝。 ❷後患。 ❸후일의 恩顧。『李商隱』未報前四吩、旋求――。 ❹뒤에 생각이 남。 「心、垂裕――。

【後昆:후곤】 =後孫。『書經』――以禮制

【後咎:후구】 뒷날의 재난。後患。『戰國

【後軍:후군】 ❶뒤에 있는 군대。殿軍。 ❷《制》거둥때 뒤를 호위하며 따르던 군대。 ❸《國》高麗 때 五軍의 하나。

【後宮:후궁】 ❶后妃나 女官이 거처하는 궁전。『戰國策』妙音美人、必充――矣。 ❷임금의 첩。後庭。『陳書』寵傾――。

【後氣:후기】 버티어 나가는 힘。

【後期:후기】 ❶뒤의 기간。또는 時期。↕前期。 ❷뒤의 期約。 ❸後半期의 略語。

【後記:후기】 ❶뒷날의 기록。 ❷본문의 뒤에 더하여 기록하는 일。

【後難:후난】 =後艱。後患·後憂。『晉書』不慮――。

【後年:후년】 다음 다음 해。再明年。

【後念:후념】 노래 곡조 끝에 붙이어 되풀이 하여 부르는 짧은 몇 마디의 가사。 후렴。

【後腦:후뇌】 뇌수의 大腦의 아래에 자리잡고 있어서 운동 기능을 맡음。小腦。

【後堂:후당】 正堂 뒤 쪽에 있는 別堂。 『漢書』未嘗得至――。

【後代:후대】 장래의 世代。↕前代。

【後隊:후대】 ❶뒤에 있는 隊伍。 ❷후방에 있는 부대。

【後大門:후대문】 뒷대문。

【後毒:후독】 餘毒。

【後頭:후두】 뒤통수。 「분 뼈。

【後頭骨:후두골】 《生》頭蓋의 아랫 부

【後來:후래】 ❶이 뒤。將來。『齊書』――佳器也。 ❷그 뒤。 ❸뒤늦게 옴。「략함。

【後略:후략】 문장 따위의 뒷부분을 생

【後糧:후량】 군대의 뒤에서 공급하는 양식。『史記』擊楚絶其――于梁地。

【後慮:후려】 뒷날의 염려。

【後斂:후렴】 노래 곡조의 끝에 붙여 되풀이하여 부르는 짧은 몇 마디의 가사。

【後錄:후록】 글 끝에 다시 덧붙이어 적어 넣는 기록。後記。

【後望:후망】 훗보름。 一六일부터 그믐날까지의 동안。

【後面:후면】 뒤의 면。뒷편。

【後命:후명】 流配당한 죄인에게 賜藥을 내려 죽임。 「――孝謹。

【後母:후모】 =繼母。『史記』公孫弘養―

【後門:후문】 뒷쪽에 난 문。

【後聞:후문】 뒤에 들리는 소문。

【後味:후미】 뒷맛。 「뒷부분。

【後尾:후미】 ❶뒤 쪽의 끝。 ❷隊列의 댄

【後半:후반】 뒤의 절반。

【後半期:후반기】 한 기간을 둘로 가른 것의 뒤의 半期。

【後發:후발】 ❶나중에 출발함。 ❷나중에 씀。↕先發·前發。

【後房:후방】 ❶뒷방。 ❷婦人의 방。『史記』――婦女以百數。

【後方:후방】 ❶중심으로부터의 뒷쪽。 ❷적과 맞붙어 싸우는 일선군에 대한 온갖 보급에 관한 일을 도맡아 보살피는 부면을 일컫는 말。

【後方攪亂:후방교란】 전쟁 때에 적의 후방의 온갖 부문을 어지럽히는 행위。

【後方勤務:후방근무】 ❶일선 군대에 대한 온갖 보급에 관한 근무。 ❷전시에 후방에서 복무하는 근무。

【後配:후배】 ❶죽은 後室。 ❷後室。

【後輩:후배】 학문·덕행·경험·나이 등이 자기보다 뒤늦거나 적은 사람。後進。『舊唐書』――務進、多附麗之。

【後百濟:후백제】 《歷》九〇〇~九三六 王朝 이름。後三國의 하나。甄萱이 完山州에 세운 나라。新羅의 都城을 침공하여 景哀王을 自盡하게 함。二대 四五년만에 高麗에게 망함。

【後番:후번】 다음의 때。다음의 차례。

【後報:후보】 첫번 報道에 이어서 다음 가는 보도。뒷소식。

【後腹痛:후복통】 《醫》훗배앓이。

【後夫:후부】❶늦어짐。뒤늦게 다다름。(夫는 助辭)。『易經·比』不寧方來、一一凶。❷후살이의 남편。後書房。

【後婦:후부】＝後妻。『辛延年』男兒愛一一、女子重前夫。

【後部:후부】❶뒤에 있는 부분。❷《軍》隊伍나 행렬의 뒤에 자리잡은 부분。「함。

【後拂:후불】代價나 料金을 나중에 지불

【後痺:후비】《醫》목구멍 옆에 종기가 나서 목구멍이 좁아지거나 막히는 병。喉頭梅毒·후두 결핵 따위。

【後備:후비】❶어떤 사태를 위하여 예비하여 둠。❷後備役의 略語。

【後備軍:후비군】후비역의 병졸로써 편성된 군대。

【後事:후사】❶뒷일。❷죽은 뒤의 일。『白居易』家貧憂一一。

【後嗣:후사】❶뒤를 이음。❷대를 잇는 자식。後承。『書經』俾輔于爾一一。

【後産:후산】《國》해산 뒤에 태를 낳음。

【後廂:후상】❶거둥 때에 뒷쪽을 호위하는 군대。後軍。❷後廂陣。後陣。

【後生:후생】❶뒤에 난 사람。❷뒤에 배운 사람。後輩。❸자손·後裔·後胤。『詩經』壽考且寧、以保我一一。❹《佛》來生。

【後生可畏:후생가외】후배는 나이가 젊고 기력이 좋으므로、학문을 쌓으면 어떠한 역량을 나타낼지 모르기 때문에 그 앞날이 두렵다는 것。『論語』子曰、一一一一、焉知來者之不如今也。

【後席:후석】❶자리의 뒤。❷뒤에 있는 자리。❸자리의 뒤 쪽으로 물러감。

【後聖:후성】뒷 세대에 나타난 성인。

【後世:후세】❶뒤의 세상。後代。↕前世。❷뒤의 자손。後生。❸《佛》죽은 뒤의 세상。

【後屬:후속】＝後孫。

【後孫:후손】몇 대가 지나거나 또는 자기 대로부터 뒤의 자손。世嗣。後屬。

【後手:후수】❶여유。❷바둑이나 장기 등에서 뒤에 두는 일。↕先手。❸상대편에게 先手를 빼앗기어 被動이 되는 일。❹양손을 뒤로 가져 감。

【後承:후승】＝後嗣。

【後食:후식】나중에 먹음。

【後身:후신】❶다시 태어난 몸。↕前身。『魏書』惟願一一不復生天王家。❷어떤 물체나 단체가 변한 뒤의 實體。❸生涯의 後半生。❹옷을 입은 뒷부분。

【後室:후실】❶집 안 쪽에 있는 방。❷貴人의 과부。未亡人。『東鑑·三十五』右府將軍一一也。❸後妻。

【後室子息:후실자식】다시 장가든 그 아내가 낳은 자식。

【後夜:후야】❶밤중에서 아침까지。『劉長卿·鮑禪師自龍山至詩』猿聲知一一。❷《佛》밤중부터 아침까지의 勤行。

【後約:후약】뒷날의 期約。

【後言:후언】❶일이 끝난 뒤에 이러니 저러니 하는 말。『書經』汝無面從退有一一。❷뒷공론。욕설。

【後彦:후언】後進의 英才。後哲。

【後列:후열】뒤의 줄。뒤로 늘어선 줄。

【後染:후염】빛깔이 바랜 옷감 같은 것에 다시 물감을 들임。

【後葉:후엽】後代。後世。末葉。『漢書』恐一一靡麗、遂往而不返。『經』德垂一一。

【後裔:후예】代數가 먼 後孫。子孫。『書爲一一。

【後苑:후원】대궐 안에 있는 동산。

【後園:후원】집 뒤에 있는 작은 동산이나 정원。『王維』酒勸一一春。

【後援:후원】❶뒤에서 도와줌。『唐書』爲一一。❷後援軍의 略語。『周書』孤軍數千、一一未接。

【後援軍:후원군】후원의 사명을 맡은 「군대。

【後援會:후원회】어떤 일이나 단체를 도와 주기 위하여 조직하는 회。

【後月:후월】❶翌月。다음 달。❷先月。❸음력 九월 一三일 밤의 달。

【後衛:후위】❶뒤쪽의 호위。❷축구·정구·배구 등에 있어서 자기 편의 뒤 쪽에서 주로 수비를 맡아 보는 경기자。後拒·後距。❸後衛隊의 略語。❹《制》李朝忠武衛의 別稱。

【後衛隊:후위대】군대에서 뒤쪽 掩護를 맡아 보살피는 부대。↕前衛隊。

【後人:후인】❶後世의 사람。『書經』啓佑我一一。❷자손。後嗣。❸남에게 뒤짐。

【後日:후일】뒷날。他日。『書經』自今至于一一、各恭爾事。

【後任:후임】❶전임자에 대신하여 맡은 임무。또는 그 사람。❷뒤의 임무。

【後任者:후임자】후임이 되는 사람。

【後仍:후잉】＝後孫。

【後子:후자】뒤를 이을 아들。後嗣。

【後者:후자】❶두 가지 사물을 들어 말할 때의 뒤의 것。❷後世의 사람。

【後作:후작】두 그루로 짓는 농사에서 나중 번에 짓는 농사를 일컬음。↕前作。

【後場:후장】오후에 열리는 去來 市場。

【後裝:후장】총이나 대포 따위의 閉鎖器를 여닫아 裝塡하게 된 장치。

【後裝砲:후장포】후장을 하는 대포。

【後庭:후정】❶宮中의 뒷뜰。❷后妃나 宮女가 거처하는 곳。『列子·楊朱』。《轉》后妃와 宮女。後宮。『戰國策·秦策』孫穆好色、一一數十。❸《國》뒷뜰。

【後凋:후조】❶뒤늦게 시들음。❷艱難에 견디어 굳게 節操를 지킴。

【後從:후종】❶뒤에 따라 다님。❷뒤에 따라다니는 사람。

【後酒:후주】술을 떠 내고 재강에 다시 물을 부어서 떠낸 술。

【後重:후중】대변을 볼 적에 시원하게 잘 나오지 아니하고 뒤가 무지근함。

【後重氣:후중기】뒤가 무지근한 기운。

【後知:후지】❶남보다 뒤에 깨달은 사람。後覺。後進。『孟子』使先知覺一一、使先覺覺後覺。❷뒤에 알게 된 사람。

【後陣:후진】＝後軍。

【後塵:후진】사람이 걸어가는 뒤에 일어나는 먼지。《轉》남의 뒤를 따름。

【後進:후진】❶＝後輩。後學。『論語』一一於禮樂君子也。❷뒤늦게 나감。❸문물의 발달이 뒤늦인 상태。

【後進國:후진국】딴 나라보다 문물이 뒤늦게 발달된 나라。

【後進性:후진성】문물의 발달이 늦어진 데 따르는 특별한 성질。

【後妻:후처】두 번째로 맞은 아내。後娶의 낮은말。↕前妻。

【後天論:후천론】《哲》일체는 경험으로부터 얻는 것이라 하며、선천적인 事象을 부정하는 설。後天說。

【後天病:후천병】유전에 依하지 않고 후천적으로 생기는 병。

【後天事:후천사】「뒷날의 일。

【後天性:후천성】《哲》宋代 학자의 說。현실과는 동떨어진 사람의 생후 신체의 상황、사회의 환경、습관 등의 경험에 의하여 얻은 기질。또는 성품。↕先天性。

【後天的:후천적】❶생후에 얻어진 상태。❷《哲》아포스데리오리。경험적 사실에 의하여 얻어진 개념·원칙。

【後娶:후취】본처가 없게 되어 두 번째 장가 드는 일。後室。後妻。

【後娶妻家:후취처가】후취의 친가。

【後頓:후탈】❶후더침。❷일이 지나간 뒤에 생기는 탈。

【後退:후퇴】❶뒤로 물러감。후퇴 작전。❷집채의 뒤 쪽으로 있는 물림。

【後便:후편】뒤의 소식。다음의 편지。

【後篇:후편】책이나 영화에서 두 편으로 나누인 뒤의 편。↕前篇。

【後弊:후폐】뒷날의 폐단。

【後幅:후폭】 옷의 뒤 폭。
【後學:후학】 ❶後進의 학자。後生·後輩。〖後漢書〗宜爲章句以悟ㅣㅣ。❷학자가 자기 자신을 일컫는 謙稱。
【後項:후항】 ❶뒤에 적힌 條項。❷A수와 B수의 比에서 A의 수。
【後行:후행】 뒤에 오는 대열。
【後患:후환】 뒷날의 걱정과 근심。後憂·後難。〖孟子〗當如ㅣㅣ何。
【後悔:후회】 전의 잘못을 깨닫고 뉘우침。〖漢書〗宦成名立、如此不去、懼有ㅣㅣ。
【後悔莫及:후회막급】 잘못된 뒤에 아무리 후회하여도 어찌할 수가 없음。悔之無及。
【後悔噬臍:후회서제】 일이 잘못된 뒤 뉘우쳐도 미치지 못함。
【後後年:후후년】 후년의 이듬해。
◎今ㅣ、沒ㅣ、背ㅣ、病ㅣ、死ㅣ、事ㅣ、產ㅣ、先ㅣ、食ㅣ、豫ㅣ、午ㅣ、以ㅣ、前ㅣ、戰ㅣ、酒ㅣ、最ㅣ、醉ㅣ、向ㅣ。

【徍】 (와) 佳 㕠 アイ、よろめく stagger
비척거릴와(邪行貌)。

七畫

【徎】 (정) 梗 テイ、こみち a narrow path
小篆
좁은길정(狹也小路)。

【徐】 (서) 魚 ジョ、おもむろ slow ㄒㄩ hsü²
小篆 草書
❶천천할서(安行)。〖孟子〗子謂之姑ㅣㅣ云爾。❷천천히서(緩也)。〖蘇軾 赤壁賦〗淸風ㅣ來水波不興。❸한가할서(安穩貌)。〖莊子〗其臥ㅣㅣ其覺于于。❹찬찬할서(威儀貌)。〖爾雅〗其虛其ㅣ威儀容止。❺더딜서(遲緩)。❻땅이름서(地名)。(〖舒〗와 통함)
【徐看:서간】 조용히 바라봄。
【徐羅伐:서라벌】 《歷》新羅의 옛 서울。지금의 慶州。
【徐伐:서벌】 =新羅。
【徐步:서보】 천천히 걸음。
【徐徐:서서】 ❶행동이 침착한 모양。〖孟子〗子謂之姑ㅣㅣ云爾。❷잠을 자고 있는 모양。〖莊子·應帝王·徐徐·釋文〗寐之狀也。❸조용한 모양。❹疑懼하는 모양。〖易·困·釋文〗ㅣㅣ、疑懼貌。
【徐緩:서완】 천천히。진행이 느림。〖魏志〗大擧之後、將士疲勞、不可使用、且ㅣㅣ之。
【徐州夏枯草:서주하고초】 《植》꿀풀。
【徐行:서행】 천천히 감。조용히 걸음。徐步。〖孟子〗ㅣㅣ後長者、謂之弟。

【逡】 (준) 眞 シュン、しりぞく retire
물러갈준(退也)。

【徖】 (광) 養 キョウ、あおぐ fan
부채질할광(扇搖動風)。

【逢】 (봉) 冬 ホウ、つかう set to work
小篆
부릴봉、심부름할봉(使也)。

【徑】 ㊀(경) 徑 ㊁(경) 靑 ケイ、ちかみち short cut ㄐㄧㄥ ching
小篆 草書
㊀❶지름길경(小路)。〖論語 雍也〗行不由ㅣ。❷빠를경(疾也)。〖唐書〗仕宦之捷ㅣ。❸곧을경(直也)。❹방법경(法也)。❺곧경(直也)。〖李華 弔古戰場文〗ㅣ截輜重。㊁❶지날경(行過)。〖十八史略 西漢〗夜ㅣ澤中。❷드디어경(竟也)。
【徑道:경도】 좁은 길。지름길。시잇길。〖史記 滑稽傳〗不過一斗ㅣ醉矣。
【徑路:경로】 오솔길。지름길。捷徑。〖易經〗艮爲山、爲ㅣㅣ、爲小石。
【徑輪:경륜】 직경과 둘레。〖張衡〗量ㅣㅣ、考廣袤。
【徑畔:경반】 좁은 길거리。〖耶律楚材〗花藏ㅣㅣ春泉響。
【徑情直行:경정직행】 곧이곧대로 행함。
【徑尺:경척】 =徑寸。
【徑寸:경촌】 한 치의 지름。직경。〖史記·齊世家〗ㅣㅣ之珠。
【徑出:경출】 숙직할 때에 번갈아 들 사람이 오기 전에 물러나감。
【徑行:경행】 조금도 사양함이 없이 생각한 그대로를 행함。〖禮記·檀弓〗有直情而ㅣㅣ者。

【徒】 (도) 虞 ト、ともがら、むだ group ㄊㄨ t'u²
小篆 小篆 草書
❶걸어다닐도(步行)。〖易經 賁卦〗舍車而ㅣ。❷보병도(步兵)。〖詩經 魯頌 宮〗公ㅣ三萬。❸무리도(輩也)。❹다만도(但也)。〖孟子 離婁上〗ㅣ善不足以爲政。❺종도(隸也)。〖詩經 小雅 車攻〗ㅣ御不驚。❻제자도(弟子)。〖論語 先進〗非吾ㅣ也。❼학업을닦는사람도(修業者)。❽형벌의이름도(徒刑名)。
【徒杠:도공】 걸어서 겨우 건널 수 있는 외나무다리。〖孟子〗歲十一月、ㅣㅣ成。
【徒黨:도당】 뜻을 같이 하여 일을 함께 하는 무리。떼를 지은 무리。朋黨·黨類·同類。〖中論〗率其ㅣㅣ、而名震乎諸侯。
【徒勞:도로】 보람 없이 애씀。헛되이 수고함。〖高適〗遠行今若此、微祿果ㅣㅣ。
【徒勞無功:도로무공】 헛되이 수고만 하고 효과가 없음。
【徒輩:도배】 같은 무리。패。
【徒法:도법】 실천하지 않는 有名無實한 법。〖孟子〗ㅣㅣ不能以自行。
【徒兵:도병】 步兵。徒卒。〖左傳〗諸侯之師、敗鄭ㅣㅣ。
【徒步:도보】 ❶타지 않고 걸어서 감。徒行。〖後漢書〗徐穉負糧、ㅣㅣ到江夏。❷匹夫。布衣。〖戰國策·齊策〗乃稱匹夫ㅣㅣ。
【徒步旅行:도보여행】 탈 것에 의하지 않고 걸어서 하는 여행。
【徒費:도비】 낭비。돈을 무익하게 씀。
【徒死:도사】 무익한 죽음。개죽음。
【徒事:도사】 ❶虛事。❷보람 없는 일。❸계획성 없이 아무렇게나 하는 일。
【徒善:도선】 한갓 착하기만 하고 주변성이 없음。〖孟子〗ㅣㅣ不足以爲政。
【徒跣:도선】 맨발。아무 것도 신지 않은 발。徒跣。〖禮記〗喪則ㅣㅣ。
【徒涉:도섭】 徒步로 물을 건넘。〖白居易〗大軍ㅣㅣ、水如湯。
【徒囚:도수】 체포된 사람。囚徒·禽囚·罪人。〖隋書〗濫免ㅣㅣ。
【徒手:도수】 손에 아무 것도 갖지 않은 것。맨손。赤手。空拳。
【徒手體操:도수체조】 맨손 체조。
【徒食:도식】 ❶놀고 먹음。坐食·遊食。〖管子〗有無積而ㅣㅣ者。❷일은 하지 않고 놀고서 세월을 보냄。❸肉食을 아니함。
【徒顏:도안】 화장하지 아니한 있는 그대로의 얼굴。
【徒言:도언】 헛된 말。보람 없는 말。
【徒役:도역】 ❶人夫。〖周禮〗凡起ㅣㅣ、毋過家一人。❷의무적으로 공공 사업에 종사하는 人夫。
【徒爲:도위】 무익한 일。徒爾。〖躁進ㅣㅣ爾。〖范質〗
【徒弟:도제】 ❶제자。門人。❷직업에 필

요한 지식·기능을 습득하기 위하여 남의 밑에서 노무에 종사하는 어린 직공。

【徒卒:도졸】 =徒兵。『左傳』車兵——。

【徒罪:도죄】 ❶苦役을 과하는 죄。❷=徒刑。『宋史』所斷——以上獄。

【徒衆:도중】 무리。

【徒取:도취】 ❶힘들이지 않고 얻음。❷그냥 가짐。❸공 없이 벼슬을 함。『韓非子·飾邪』人臣又以——。

◎教—、門—、使—、生—、囚—、信—、逆—、暴—、學—。

八 畫

【俺】 (엄) 鹽 エン、かくす hide

숨길엄(隱也)。

【得】 (득) 職 トク、とく、える gain ㄉㄜˊ tê²

小篆 古文 草書

❶얻을득(獲也)。『易』知—而不知喪。❷탐할득(貪也)。『論語 季氏』戒之在—。❸상득할득(與人契合)。『王褒頌』聚精會神相—益章。❹만족할득(滿足)。『十八史略春秋戰國齊』意氣揚揚自—。❺잡을득(捕也)。『宋史 蔡挺傳』盜發即—。❻잘할득(能也)。『中庸』在下位不獲乎上、民不可—而治矣。「옛날에 (德)과 서로 바꾸어 씀」。

【得暇:득가】 틈을 얻음。말미를 받음。

【得計:득계】 =得策。「겨를을 얻음。

【得男:득남】 =生男。

【得男禮:득남례】 《國》득남한 것을 축하하기 위하여 한 턱을 냄。生男禮。

【得女:득녀】 딸을 낳음。生女。

【得達:득달】 《國》목적지에 도달함。목적을 달성함。

【得談:득담】 《國》남에게 비방이나 구설「을 들음。得謗。

【得道:득도】 ❶바른 길을 얻음。『孟子』——者多助。❷=得脫。

【得力:득력】 숙달하거나 또는 깊이 깨달아서 확고한 힘을 얻음。

【得隴望蜀:득롱망촉】 욕심은 한이 없음。《故》漢 光武帝가 隴을 평정한 뒤에 또 蜀을 친 데서 나온 말。

【得利:득리】 이익을 얻음。獲利。

【得理:득리】 사물의 이치를 깨달음。

【得名:득명】 이름이 널리 알려짐。

【得聞:득문】 얻어 들음。

【得物:득물】 ❶물건을 얻음。수렵하여 얻은 새나 짐승 따위。❷손에 익은 武器。

【得謗:득방】 남에게 비방이나 구설을 들「음。得談。

【得配:득배】 배필을 얻음。아내를 얻음。

【得病:득병】 병을 얻음。

【得斧失斧:득부실부】 얻은 도끼와 잃은 도끼。《喩》얻고 잃음이 없음。

【得喪:득상】 ❶얻음과 잃음。❷성공과 실패。得失。『韓詩外傳』諸侯不言利害、大夫不言——。

【得色:득색】 得意한 빛。일이 뜻대로 되어 뽐내는 빛。또는 기세。『老學庵筆記』通判欣然有——。

【得勢:득세】 ❶세력을 얻음。❷時勢가 좋게 됨。

【得少失多:득소실다】 얻은 것은 적고 잃은 것은 많음。

【得訟:득송】 송사에 이김。勝訴。

【得勝:득승】 싸움에 이김。승리를 얻음。

【得時:득시】 좋은 시기를 알맞게 얻음。「이김。때를 만남。

【得伸:득신】 ❶뜻을 펴게 됨。❷소송에

【得伸其情:득신기정】 그 뜻을 펼 수가 있음。그 뜻을 펴게 됨。

【得失:득실】 ❶얻음과 잃음。❷이익과 손해。❸좋은 것과 나쁜 것。❹장점과 단점。『朱熹』諸說之同異——。❺성공과 실패。得喪。成敗。『漢書』循行天下、察吏治——。

【得失相半:득실상반】 득실이 상반함。이로움과 해로움이 서로 마찬가지임。『金史』時論——。

【得心:득심】 ❶마음의 만족을 얻음。『易林』。❷民心을 收攬함。『孟子·離婁』得其民有道、得其心。❸마음으로 잘 알음。

【得由:득유】 말미를 얻음。受由를 받음。

【得意:득의】 생각한 대로 되어 만족함。바라던 일이 이루어져 뽐냄。↕失意。『史記』高宮室大苑囿、以明——也。

【得意揚揚:득의양양】 뜻하는 바를 이루어서 뽐내고 우쭐거림。

【得意之秋:득의지추】 뜻대로 이루어질 좋은 기회。

【得人:득인】 쓸모 있는 사람을 얻음。

【得人心:득인심】 인심을 얻음。

【得點:득점】 어떠한 시험이나 경기 같은 데서 점수를 얻음。또는 얻은 점수。

【得情:득정】 범죄의 실정을 알아냄。

【得罪:득죄】 큰 잘못으로 죄를 얻음。

【得中:득중】 지나치거나 모자람이 없이 꼭 알맞음。

【得志:득지】 바라던 것이 뜻대로 됨。「뜻을 이룸。

【得策:득책】 ❶이익이 되는 策略。❷훌륭한 계책을 얻음。

【得體:득체】 체면을 유지함。

【得寵:득총】 지극한 사랑을 받음。

【得票:득표】 선거에서 얻은 표수。「봄。

【得效:득효】 藥效와 같이 어떤 효험을

◎既—、納—、晚—、生—、所—、損—、修—、搜—、習—、拾—、採—、債—、體—、取—、攄—。

【倦】 (천) 銑 セン、あと traces

小篆

❶자취천(迹也)。❷땅이름천(地名長—)。

【徘】 (배) 佳 ハイ、さまよう loiter about ㄆㄞˊ p'ai²

草書

❶배회할배(彷徨)。『史記』—徊往來。❷어슷거릴배(徙也)。

『俳·裴』와 같음)

【徘徘徊徊:배배회회】 徘徊함。『宋書』其樂也——、雍雍喈喈。

【徘徊:배회】 ❶정처없이 이리저리 떠돌아 다님。『廣雅』——、便旋也。❷마음이 안정되지 않음。躊躇逡巡。『劉滄』遠渚葭覆綠苔、姑蘇南望思——。

【徙】 (사) 紙 シ、うつる remove ㄒㄧˇ hsi³

小篆 小篆 或體 古文 草書

❶옮길사(遷移)。『潘岳 閑居賦』孟母所以三—也。❷귀양갈사(謫也)。『漢書 陳湯傳』免湯爲庶人、—邊。❸의지할사(倚也)。『嚴忌哀時命』獨—倚而彷徉。❹넘을사(踰也)。『禮記 檀弓上』—月樂。

【徙木之信:사목지신】 爲政者는 백성을 속이지 않는다는 뜻。속이지 않음을 밝혀 둠。《故》戰國時代 秦의 商鞅은 政令을 내림에 앞서、백성이 이를 믿지 않을까 걱정하여、세 길이나 되는 나무를 南門에 세우고、현상금을 걸어서 北門에 옮겼다 함。『史記·商君傳』。

【徙植:사식】 옮겨 심음。移植。『沈約』張高衡而——。

【徙業:사업】 다른 직업으로 옮김。轉職。

【徙月:사월】 달을 넘김。踰月。『禮記』——樂。

【徙倚:사의】 ❶왔다 갔다 함。低徊。『楚辭』獨——而彷徉。❷규율이 없는 모양。『論衡』盜賊之人、見物而取、睹敵而殺、皆在——漏刻之間。

【衜】(도) 豪 トウ、まつ wait
기다릴도(待也)。

【徛】(기) 寘 キ、とびいし stepping-stones ㄐㄧˋ chi⁴
小篆 징검다리기(聚石水中以爲橋)。

【徜】(상) 陽 ショウ、さまよう ramble
草書 노닐상(戲蕩)。【韓愈文】終吾生而ー徉。

【徜徉:상양】 어슷거려 노닐음。목적 없이 왔다 갔다 함。尙羊。逍遙。【韓愈】終吾生以ーー。

【從】 ㊀(종) 冬 ショウ、ジュウ、したがう obey ㄘㄨㄥˊ ts'ung¹·²
㊁(종) 冬
㊂(종) 宋
小篆 小篆 草書 ㊀❶다를종、좇을종(隨也)。【史記 孔子世家】吾昔ー夫人、遇難於匡。❷말을들을종(相聽)。【書】汝無面ー。❸허락할종(許也)。❹나갈종(就也)。【易】雲ー龍、風ー虎。❺부터종(自也)。【十八史略殷】ー天降ー地出ー四方來。❻순할종(順也)。㊁❶종용할종(舒緩貌)。【中庸】ー容中道。❷상투가우뚝할종(高)。【禮】爾無ーー爾。㊂❶친척종(同宗)。【爾雅】父之世父叔父爲ー。❷따르는사람종(隨行者)。

【從輕論:종경론】 두 가지의 죄가 한목 드러났을 때 가벼운 죄를 따라 처단함。↕從重論。
【從姑母:종고모】 아버지의 四촌 자매。
【從姑母夫:종고모부】 아버지의 사촌 누이의 남편。堂姑母父。
【從官:종관】 ❶곁에서 시종드는 관리。【史記】武帝登中嶽、ーー在山下。❷文學으로 신임받는 관리。【韓愈】ーー盡才俊。
【從軍:종군】 군대를 따라 싸움터로 나아감。【王粲】ーー有苦樂。
【從軍記者:종군기자】 종군하여 전황 뉴우스를 보도하는 기자。
【從軍記章 종군기장】 종군하였던 군인·군속에게 주는 기장。
【從軍作家:종군작가】 종군하여 전투 실황 따위를 작품으로 창작하는 작가。
【從今:종금】 이제부터。
【從男妹:종남매】 사촌 남매。
【從多數:종다수】 여러 意思 중 많은 편의 의사에 좇음。
【從當:종당】 이 뒤에 마땅히。
【從頭至尾:종두지미】 처음부터 끝까지。
【從來:종래】 ❶이제까지。❷이전부터 최근까지 내려온 그대로。❸由來함。
【從量燈:종량등】 계량기를 장치하여 전력의 소모량에 따라서 값을 치르게 된 전등。定額燈。
【從吏:종리】 =屬官。【史記】ーー惡之。
【從妹:종매】 손아래의 四촌 누이。
【從妹夫:종매부】 사촌 누이의 남편。
【從母:종모】 姨母。【爾雅·釋親】母之姉妹爲、ーー。
【從物:종물】 主物에 딸려서 간접적으로 효용이 있는 사물。
【從犯:종범】 (法)❶正犯을 방조하는 범죄。❷正犯을 방조한 犯人。
【從法:종법】 (法)主法을 실행할 방법을 규정한 법률。곧 節次法 따위。
【從僕:종복】 사내 종。從者。↕從婢。
【從夫:종부】 남편을 좇음。
【從死:종사】 죽은 이를 따라서 죽음。『漢書』秦穆貴信、而士多ーー。
【從祀:종사】 =配享。
【從事:종사】 ❶일에 마음과 힘을 다하여 당해 감。【論語】昔者吾友、嘗ーー於斯矣。❷어떤 일을 일삼아서 함。❸(制)李朝 때 武官 雜職의 從八品 벼슬。

【從船:종선】 큰 배에 딸린 작은 배。
【從所願:종소원】 소원을 들어 줌。從自願。
【從俗:종속】 時俗 대로 좇음。從時俗의 略語。
【從屬:종속】 주되는 것에 딸려 붙음。
【從孫:종손】 형제의 손자。【國語·註】ー昆弟之孫。
【從孫女:종손녀】 자기 형제의 손녀。
【從孫婦:종손부】 從孫의 아내。
【從孫壻:종손서】 從孫女의 남편。
【從嫂:종수】 사촌 형이나 아우의 아내。『晉書』。
【從叔:종숙】 아버지의 사촌 형제。堂叔。
【從叔母:종숙모】 從叔의 아내。堂叔母。
【從順:종순】 ❶순진하고 얌전함。순진하고 말을 잘들음。柔順·柔和。【管子·註】衆皆ーー。❷바르게 좇음。【韓愈】風雨晦明、無不ーー。
【從氏:종씨】 (國)❶남에게 대하여 자기 사촌 형의 尊稱。❷남의 사촌 형을 부르는 말。
【從實:종실】 거짓이 없이 사실대로 함。
【從心:종심】 ❶七〇세의 別稱。【論語·爲政】七十而ーー之所欲、不踰矩。❷생각나는 대로 행동함。
【從心所欲:종심소욕】 마음에 하고 싶은 대로 좇아서 함。
【從業:종업】 업무에 종사함。
【從業員:종업원】 어떤 업무에 종사하는 사람。
【從然:종연】 침착한 모양。【莊子】ーー以天地爲春秋。
【從吾所好:종오소호】 자기가 좋아하는 대로 좇아서 함。
【從容:종용】 ❶자연스럽고 태연한 모양。떠들지 않고 유유한 모양。❷하는 일 없이 유유히 지남。❸오래。【集韻】從、ーー、久意。【禮記】待其ーー、然後盡其聲。❹피어서 권함。慫慂。【史記】日夜ーー。❺행동거지。❻슬슬 거닐음。【宋玉·登徒子好色賦】。❼조용히 부드럽게 말하는 모양。【漢書·嚴助傳】。❽안온하게 調和되어 있음。【中庸】ーー中道、聖人也。

【從違:종위】 ❶복종과 위배。❷용서함과 용서하지 않음。
【從人:종인】 從者。
【從子:종자】 ❶姨從。❷조카。형제의 아들。
【從者:종자】 데리고 다니는 사람。從人。僕從。從僕。【論語】ーー見之。
【從姉:종자】 손위의 사촌 누이。
【從姉妹:종자매】 사촌 되는 손위의 누이와 손아랫 누이。
【從前:종전】 ❶이전부터의 그대로。이전부터의 일을 좇음。❷以前。
【從弟:종제】 사촌 아우。↕從兄。
【從祖:종조】 從祖父의 略語。
【從祖母:종조모】 從祖父의 아내。
【從祖父:종조부】 할아버지의 형이나 아우。아버지의 從父 형제。
【從卒:종졸】 따라다니며 심부름하는 사람。從兵。
【從罪:종죄】 從犯에 과하는 죄。
【從衆:종중】 여러 사람의 언행을 따름。
【從重論:종중론】 (法)두 가지의 죄가 한꺼번에 드러난 때에 중한 죄를 좇아서 처벌함。從重은 略語。↕從輕論。
【從重推考:종중추고】 관리의 罪過를 엄중하게 신문하고 살핌。
【從地鳥:종지조】 (動)종다리。
【從姪:종질】 사촌 형제의 아들。
【從姪女:종질녀】 사촌 형제의 딸。
【從姪婦:종질부】 종질의 아내。
【從次:종차】 이 다음에。이 뒤。
【從此:종차】 이 다음。이 뒤。앞으로。
【從便:종편】 일을 편한 대로 좇음。
【從便爲之:종편위지】 일을 하는데 있어 편하고 쉬울 대로 따라 함。

【從風而靡 : 종풍이미】 쏠리는 힘에 저절로 좇음。

【從學 : 종학】 남을 좇아서 배움。

【從行間 : 종항간】《國》사촌 형제의 사이。

【從兄 : 종형】 ❶형을 따름。『孟子·離婁』仁之實事親是也、義之實一一是也。 ❷사촌 형。↕從弟。

【從兄弟 : 종형제】 사촌 형제。

【從橫 : 종횡】 ❶세로와 가로。 ❷남북과 동서。 ❸戰國時代 蘇秦의 合從說과 張儀의 連衡說。 ❹攻守·和戰의 計略。『魏徵』一一計不就。 ❺뜻대로。자유로이。『杜甫』凌雲健筆意一一。

【從厚 : 종후】 어느 일을 너무 薄하게 아니하고 厚한 편으로 따라 함。

◎屈一、盲一、面一、服一、不一、首一、隨一、順一、侍一、主一。

【愯】 (송) 图 ショウ、**おそれる** be afraid of
두려워할송(懼也)。

【徠】 ㊀(래) 灰 ライ、**くる** come
㊁(래) 隊 ㄌㄞ lai²

草書
㊀ ❶산이름래(徂一、山名)。 ❷올래(來也)。(『來』와 통함) ㊁위로할래(勞一、慰勉)。

【御】 ㊀(어) 御 ギョ、ゴ おさめる、はべる
㊁(어) 語 reign over
㊂(아) 禡 ㄩ yü⁴

小篆

古文

草書
㊀ ❶모실어(侍也)。『詩』飮一諸友。 ❷거느릴어(統也)。『賈誼 過秦論』一宇內。 ❸나아갈어(進也)。『禮記 曲禮上』一食於君。 ❹주장할어(主也)。『禮記』問大夫之子長曰能一、幼曰未能一。 ❺마부어(使馬)。『詩經 小雅車攻』徒一不驚。 ❻부인을 사랑할어(寵愛)。 ❼왕후어(后也)。 ❽임금에 대한 경칭어。(『馭』와 같음) ㊁막을어(禦也)。『詩經 邶風谷風』以亦一冬。 ㊂맞을아(迎也)。『詩經 召南鵲巢』百兩一之。

【御街 : 어가】 (『迓』와 같음) ❶대궐로 통한 길。 ❷대궐 안의 길。『李洞』一道蟬聲噪一一。

【御駕 : 어가】 임금이 타는 수레。大駕。

【御間 : 어간】 절의 법당이나 큰 방 한 복판에 있는 큰 문。

【御甲冑 : 어갑주】 임금의 갑옷과 투구。

【御供 : 어공】 임금에게 물건을 바침。

【御供米 : 어공미】 임금에게 바치는 쌀。

【御軍幕 : 어군막】 임금이 행차 도중에 잠시 머무는 幕次。

【御極 : 어극】 ❶임금의 자리에 있음。即位·馭極。『唐書』體元一一。 ❷在位。

【御冬 : 어동】 겨울 준비。禦冬。『詩經』亦以一一。

【御覽 : 어람】 ❶임금이 보심。上覽。天覽。 ❷임금이 보신 글이나 그림。

【御令 : 어령】 ❶임금의 명령。御命。 ❷존귀한 사람으로부터 나오는 명령。

【御輅 : 어로】 임금이 타는 수레。御路。

【御李 : 어리】 ❶어진 사람을 공경하여 따름。《故》後漢의 荀爽이 李膺의 御者가 되었음을 즐겁게 여겼다 함。『後漢書·李膺傳』。 ❷《植》오얏의 한 가지。『本草·李』「함。

【御臨 : 어림】 임금의 참석。임금이 臨席

【御笠 : 어립】 임금이 쓰는 갓。

【御名 : 어명】 임금의 이름。御諱。『宋史』時進士卷有犯一一者。

【御命 : 어명】 《制》임금의 명령。

【御物 : 어물】 임금이 쓰는 물건。御用。『漢書』燒宗廟、鹵一一。

【御米 : 어미】 ❶임금의 밥을 짓는 쌀。 ❷《植》양귀비의 씨。설사·경련 등에 약재로 씀。罌粟子。

【御寶 : 어보】 임금의 옥새와 옥보。

【御府 : 어부】 임금의 물건을 넣어 두던 곳집。

【御使 : 어사】 존귀한 사람의 심부름군。

【御賜 : 어사】 임금이 金品을 내림。

【御史 : 어사】 《制》❶周代 임금의 秘書官。『周禮』。 ❷秦·漢 이후 百官의 糾察을 맡아 보던 벼슬。그 長官을 御史大夫라 일컬음。 ❸《國》임금의 명령으로 특별한 사명을 띠고 지방에 파견되는 임시적 관리。감진 어사。암행 어사 등。

【御史出頭 : 어사출두】 《國》옛날 암행 어사가 지방 관청에 이르러 중요한 일을 처리하기 위하여 坐起를 벌임。

【御賜花 : 어사화】 《制》임금이 문무과에 급제한 사람에게 내리던 종이로 만든 꽃。

【御床 : 어상】 임금이 먹을 음식을 차려 놓는 상。

【御璽 : 어새】 임금의 도장。御寶。玉璽。『史記』矯王一一、及太后璽。

【御書 : 어서】 ❶임금에게 올리는 글。 ❷임금이 쓴 글이나 글씨。

【御書閣 : 어서각】 《國》 임금의 글씨를 보관하는 殿閣。御筆閣。

【御膳 : 어선】 임금에게 올리는 음식。『晉書』減一一之半。

【御世 : 어세】 천하를 다스림。御宇。

【御所 : 어소】 임금이 계시는 곳。

【御水 : 어수】 임금에게 올리는 우물의 물。『後漢書』水入御苑爲一一。

【御乘馬 : 어승마】 임금이 타는 말。

【御試 : 어시】 임금이 친히 하는 進士의 시험。『王禹偁』一一拜丹墀。

【御押 : 어압】 《國》 임금의 手決을 새긴 도장。御啣。「詔賜一一於呂公著私第。

【御筵 : 어연】 임금의 앉은 자리。『宋史』

【御營大將 : 어영대장】 《制》李朝 御營廳의 主將。從二品 벼슬임。御將은 이의 略語。

【御營廳 : 어영청】 《制》李朝 때의 軍營 이름으로 三軍門의 하나。孝宗 三년에 설치하여 高宗 一八년에 壯御營으로 이름을 고쳤다가 一九년에 본 이름으로 도로 고침。다시 同 二一년에 폐함。御廳은 이의 略語。

【御用 : 어용】 ❶임금이 쓰는 물건。御物。 ❷정부에서 씀。 ❸捕吏가 罪人을 잡음。『元史』請自今非一一、止給常米。

【御用新聞 : 어용신문】 정부의 보호를 받고 그의 시책을 옹호하는 신문。

【御用紙 : 어용지】 ＝御用新聞。

【御用學者 : 어용학자】 학자적인 양심을 버리고 집권자의 보호 밑에서 집권자에게 아부하는 학자。

【御苑 : 어원】 대궐 안에 있는 동산。禁苑。秘苑。

【御衛 : 어위】 막아서 지킴。

【御意 : 어의】 ❶남의 뜻의 敬稱。 ❷분부。명령。尊意。

【御醫 : 어의】 궁중의 侍醫。「雲拂一一。

【御衣 : 어의】 임금이 입는 옷。『李乂』低

【御殿 : 어전】 ❶임금이 있는 곳。 ❷貴人의 주거。

【御前 : 어전】 ❶임금 또는 貴人의 앞。 ❷貴人 또는 婦人의 敬語。 ❸尊貴한 사람의 左右에서 시중드는 것。『史記』出則參乘 入則一一。

【御前會議 : 어전회의】 임금의 앞에서 重臣들이 모여 國事를 의논하는 회의。

【御製 : 어제】 ❶임금이 만들음。 ❷임금이 지은 글이나 詩歌。또는 음악。御制·聖製·聖作。『宋史』賜一一五言詩寵之。

【御座 : 어좌】 ❶임금이 앉는 자리。玉座。『後漢書』明日太史奏、客星犯一一甚亟。 ❷王位。 ❸北極星의 위치。

【御廚 : 어주】 수라를 짓는 주방。水刺間。

【御眞 : 어진】 임금의 화상이나 사진。

【御札 : 어찰】 임금의 편지。聖札·宸札·

御箋。『宋史』布大號令、用ㅣㅣ。

【御牒:어첩】 왕실의 系譜의 대강을 뽑아 베낀 책。

【御寢:어침】 임금의 취침。『漢書』三夜「不ㅣㅣ。」

【御榻:어탑】 임금이 앉는 牀榻。

【御風:어풍】 바람을 탐。『莊子·逍遙遊』列子ㅣㅣ而行。

【御筆:어필】 임금의 글씨。『比史』。

【御筆閣:어필각】 임금의 글씨를 보관하는 집。御書閣。

【御患:어환】 임금의 병。

【御諱:어휘】《國》임금의 이름。御名。

◎徒ㅣ、崩ㅣ、入ㅣ、制ㅣ、統ㅣ、還ㅣ。

【待】(치) 紙 ジ、そなえる possess ㄓ chih⁴ 草書 ❶기다릴치(待也)。❷갖출치(具也)。❸바라고갈치(有望而往)。

【徢】(첩) 葉 ショウ、にげる run away 달아날첩(走也)。

九畫

【徥】(시) 支 シ、ゆく walk slowly 小篆 슬슬걸을시(行貌ㅣㅣ)。

【徸】(종) 腫 ショウ、ついでゆく follow 小篆 뒤따라갈종(連後)。

【徧】(변) 霰 ヘン、あまねし all around ㄅㄧㄢ pian⁴ 小篆 草書 ❶두루변(周也)。『書經』ㅣ于羣神。❷널리변(普也)。『史記 春申君傳』今大國之地ㅣ天下有其二垂。(『遍』과 같음)

【徧讀:변독】 책을 두루 읽음。책을 博覽함。『陸游』閉戶ㅣㅣ家藏書。

【徧歷:변력】 ❶두루 돌아다님。周遊。遍歷。『南史』ㅣㅣ名山、訪尋仙藥。❷널리 뻗침。『南史』ㅣㅣ三墳。

【徧報:변보】 두루 은혜를 보답함。『史記』ㅣㅣ諸所嘗見德者。

【徧搜:변수】 널리 찾아 구함。『李紳』遺基亦ㅣㅣ。

【徧循:변순】 두루 따름。『漢書』其事不可ㅣㅣ。

【徧至:변지】 두루 널리 이르름。『史記』「瑞應ㅣㅣ。」

【徧合:변합】 모든 것이 다 일치함。

【假】(가) 馬 カ、いたる reach; get to 小篆 이를가(至也)。

【⿰彳柔】(우) 有 ジュウ、かえる return 小篆 ❶되돌아올우(復也)。❷익힐우(習也)。

【徨】(황) 陽 コウ、さまよう wander ㄏㄨㄤ huang² 草書 방황할황(徘徊)。

【徨徨:황황】 방황하는 모양。어슷거리는 모양。

◎彷ㅣ。

【⿰彳兪】(유) 虞 ユ、ひそかにゆく steal along 몰래갈유(闇行)。

【復】㊀(복) 屋 フク、フウ、かえる revive ㊁(부) 宥 ㄈㄨ fu⁴ 小篆 草書 ❶돌아올복(返也)。『唐書 僕固懷恩傳』以ㅣ兩京有殊功。❷대답할복(答也)。『書經』說ㅣ于王。❸되풀이할복(反也)。『論語先進』南容三ㅣ白圭。❹회복할복(興ㅣ)。『出師表』興ㅣ漢室。❺아뢸복(白也)。『孟子 梁惠王上』有ㅣ於王者。❻제할복(除也)。『漢書 高帝紀』ㅣ其身及戶。❼거듭될복(重也)。『漢書』上從ㅣ道上、望見諸將往往耦語。❽심부름을 갔다 올복(反命)。❾죽은 사람의 혼을 부르는 의식복。『禮記 檀弓下』ㅣ盡愛之道也。❿덮을복(覆也)。⓫갚을복(報也)。⓬괘이름복(卦名)。㊁다시부、또부(又也、再也)。『詩經 大雅大明序』天ㅣ命武王也。

【復古:복고】 ❶옛 상태로 돌아감。『詩經·小序』車攻、宣王ㅣㅣ也。❷본래의 상태로 돌아옴。❸손실을 회복함。

【復校:복교】 정학 또는 휴학하였던 학생이 다시 등교하게 됨。

【復仇:복구】 원수를 갚음。復讎。

【復舊:복구】 그 전 모양으로 회복함。『宋書』昔減半者、可悉ㅣㅣ。

【復權:복권】《法》❶刑의 언도에 의하여 일정한 자격이나 권리를 상실하였거나 또는 정지된 사람에 대해서 그 자격 또는 권리를 회복시킴。❷破產者가 파산 채권자에 대한 全債務의 免責을 받았을 때에 파산자의 申立에 따라 법원에서 완전한 能力者로 허가하여 주는 일。

【復歸:복귀】 본래의 상태로 되돌아감。『書經』ㅣㅣ于亳。

【復答:복답】 대답을 함。대답。

【復道:복도】 ❶上下 두 겹으로 된 길。複道。『史記』爲ㅣㅣ、自阿房渡渭屬之咸陽。❷골마루。廊下。

【復禮:복례】 예의를 지킴。禮에 따라 「행함。」

【復命:복명】 ❶명령을 받고 일을 처리한 사람이 그 결과를 보고함。復申。『論語』賓退必ㅣㅣ。❷사람의 本性으로 복귀함。復性。『老子』歸根曰靜、靜曰ㅣㅣ。❸다시 살아남。『郝經』瘡痍僅ㅣㅣ。

【復發:복발】 근심이나 설움이 다시 일어남。

【復報讎:복보수】 앙갚음。

【復書:복서】 회답의 편지。

【復設:복설】 없앴던 것을 다시 베풂。

【復讐:복수】 앙갚음。원수를 갚음。『孟子』爲匹夫匹婦ㅣㅣ也。

【復習:복습】 한 번 배운 것을 다시 익혀 공부함。溫習。↕豫習。

【復申:복신】 ❶復命。❷대답함。

【復用:복용】 두번 씀。『禮記』藏之府庫、而弗ㅣㅣ。

【復運:복운】 운을 회복함。運勢가 다시 「돌아옴。」

【復元:복원】 원래대로 다시 회복함。

【復圓:복원】 일식 또는 월식이 끝나고 해나 달이 도로 둥근 모양으로 되는 일。

【復員:복원】 군대를 戰時의 編制로부터 平時의 編制로 복귀시켜 소집된 군인의 服役을 해제함。↕動員。

【復員令:복원령】《軍》소집을 해제하는 명령。↕動員令。

【復位:복위】 ❶물러났던 임금이나 后妃가 다시 그 자리에 오름。❷본래의 자리에 돌아감。

【復籍:복적】 혼인이나 養子로 인연을 맺어 남의 집에 入籍하였던 사람이 이혼이나 離緣으로 말미암아 도로 이전의 호적에 돌아감。

【復租:복조】 租稅를 면제함。『北史』問人疾苦、ㅣㅣ一年。

【復職:복직】 물러났던 관직이나 직업에 「다시 오름。」

【復唱:복창】 명령이나 남의 말을 그대로 받아서 다시 욈。

【復生:부생】 없어졌던 것이 다시 생겨남。復活。『國語』死人ㅣㅣ不悔。

【復活:부활】 ❶죽었다가 다시 되살아남。復生。復命。蘇生。『晉書』今當ㅣㅣ、愼毋葬也。❷일단 폐지하였던 것을 다시 씀。❸쇠퇴하였던 것을 다시 흥하게 함。復興。再興。❹《宗》기독교에서 사람이 죽

은 뒤에 생명을 다시 회복하고 영원한 생명을 지니 영광스럽게 된다고 하는 믿음。

【復活節:부활절】《宗》부활제 날로부터 一주일 또는 五〇일 동안。復活祭。

【復活祭:부활제】《宗》그리스도가 부활한 것을 기념하는 儀式。

【復活主日:부활주일】《宗》예수의 부활을 기념하는 날。

【復興:부흥】❶어떤 일을 다시 일으킴。❷衰했던 것이 전과 같이 다시 흥함。再興·中興。〖後漢書〗廢而一一、絕而後續。

【復興相:부흥상】부흥해 나가는 모습이나 형세。

【復興會:부흥회】《宗》예수교에서 교인들의 믿음을 북돋우기 위해 모이는 특별 기도회。

◎克一、反一、報一、收一、修一、往一、不一、回一。

【從】(종) 東 ソウ、おしえる teach

❶가르칠종(敎也)。❷갈종(行也)。

【循】(순) 眞 ジュン、めぐる circulate ㄒㄩㄣˊ hsün²

小篆 草書 ❶좇을순(行順)。〖史記 孔子世家〗孔子一道彌久。❷의지할순(依也)。〖十八史略 春秋戰國魯〗一牆而走。❸돌순(一環)。〖史記〗三王之道若一環終而復始。❹차례순(次序)。〖論語〗夫子一一然善誘人。❺돌아다닐순(巡也)。〖漢書〗遣使者一行郡國。❻위로할순(安慰)。〖漢書 李陵傳〗自一其刀環。❼착할순(善也)。❽지을순(述也)。

【循例:순례】慣例를 좇음。前例를 좇음。

【循吏:순리】법을 잘 지키며 열심히 근무하는 관리。〖史記〗奉法循理之吏、不伐功矜能。

【循私:순사】사사 정분을 좇아서 公道를 돌아보지 아니함。

【循俗:순속】풍속을 좇음。

【循守:순수】규칙이나 명령 등을 그대로 좇아서 지킴。

【循次:순차】차례를 좇음。

【循行:순행】❶여러 곳으로 돌아다님。巡行。❷명령에 따라 행함。〖漢書〗一一郡國。

【循環:순환】❶쉬지 않고 연해 돌음。〖史記〗三王之道若一一、終而復始。❷원인과 결과가 서로 쉬지 않고 돌음。〖孫子〗奇正相生、如一一之無端、孰能窮之哉。❸돈을 내돌림。❹《生》생물이 영양물을 몸의 각 부분에 운반함。

【循環系統:순환계통】심장·정맥·동맥·모세관 따위와 같이 온 몸에 피를 순환시켜 온갖 조직에 영양분을 공급하기도 하고 또는 노폐물을 수용하기도 하는 조직의 하나。循環系。

【循環期:순환기】자연의 현상이나 人爲的 期日이 돌아 오는 때。

【循環之道:순환지도】금전을 이리저리 변통하여 돌려 내는 길。

【循環之理:순환지리】흥망성쇠가 순환하는 이치。

◎因一。

十畫

【[illegible]】(설) 屑 セツ、ひるがえる (of skirts) flutter

옷자락너펄거릴설(衣飄貌)。

【徬】(방) 陽 漾 ホウ、かたわら adore ㄆㄤˋ pang⁴

小篆 草書 ❶붙어갈방(附行)。❷방황할방(徘徊一徨)。(『傍』과 같음)

【徬徨:방황】❶정처없이 이리저리 돌아다님。彷徨。〖班固〗降周流以一一。❷화살 이름。〖抱朴子〗弓名曲張、張氏星主之、矢名一一、熒惑星主之。

【徭】(요) 蕭 ヨウ、ぶやく labour ㄧㄠˊ yao²

草書 ❶역사요(役也)。❷구실요(賦也)。〖後漢書〗第五倫爲鄕嗇夫平一賦。(『傜·繇』와 통함)

【徭賦:요부】徭役과 賦稅。「者脫一一。

【徭稅:요세】徭役과 租稅。〖唐書〗轉徙

【徭戍:요수】邊境을 수비하는 병사。繇戍、戍徭。〖李華〗齊·魏一一。

【微】(미) 微 ビ、ミ、こまか delicate ㄨㄟ wei¹

小篆 草書 ❶숨을미(隱也)。〖易經 繫辭下〗知一知彰。❷작을미、가늘미(細也)。〖孟子〗具體而一。❸희미할미(不明)。〖歸去來辭〗恨晨光之熹一。❹쇠약할미(衰也)。〖詩〗式一式一。❺아닐미(非也)。〖詩經 邶風 柏舟〗一吾無酒。❻없을미(無也)。〖論語 憲問〗一管仲吾其被髮左衽矣。❼기찰할미(伺察)。〖漢書 郭解傳〗使人一知賊處。❽숨길미(匿也)。〖左傳 哀公十六年〗其徒一之。❾천할미(賤也)。〖孟子 離婁下〗子思臣也一也。(『微』로 도씀)

【微感:미감】❶약간 비쳐 감동시킴。❷조금 마음을 움직임。〖蘇軾〗天性可一一。

【微功:미공】적은 공로。미미한 공적。

【微官:미관】❶보잘것 없는 벼슬 자리。❷관리의 자기 謙稱。卑官。〖岑參〗不敢恥一一。

【微官末職:미관말직】지위가 아주 낮은 벼슬。微末之職。

【微光:미광】아주 희미한 불빛。

【微動:미동】약간 움직임。

【微騰:미등】물건 값 따위가 약간 오름。

【微冷:미랭】조금 찬 것。조금 찬 듯함。

【微涼:미량】약간 서늘함。〖杜甫〗開軒納一一。

【微量:미량】아주 적은 分量。

【微力:미력】❶적은 힘。힘이 약함。❷남을 위하여 힘쓴 자기의 힘을 겸손히 하는 말。〖崔融〗愚臣何以料、倚馬申一一。

【微粒:미립】썩 작은 알맹이。

【微粒子:미립자】《物》아주 작은 粒子。

【微末:미말】아주 작음。

【微明:미명】❶희미하게 밝음。〖杜甫〗雲月遞一一。❷아주 깊은 생각。〖老子〗是謂一一。

【微妙:미묘】❶자세하고 깊이가 있어 잘 되어 있음。玄妙·精妙。〖老子〗一一玄通、深不可識。❷이상 야릇하여 알 수가 없음。微眇。

【微物:미물】❶작은 물건。〖任昉〗弘獎名教、不隔一一。❷자질구레한 벌레。

【微微:미미】❶보잘 것 없이 아주 작은 모양。❷세력이 떨치지 않는 모양。〖張衡〗淸廟肅以一一。

【微服:미복】어떤 목적으로 남의 눈에 잘 나타나지 않도록 하기 위하여 입는 남루한 옷。〖孟子〗一一而過宋。

【微服潛行:미복잠행】남이 모르도록 미복으로 슬그머니 다님。

【微分:미분】《數》❶微分學·微分法의 略稱。❷어떤 函數의 微分商 또는 導函數를 구하는 셈법。❸어떤 函數에 있어서 독립變數의 값의 微小한 변화에 응하는 函數의 값의 변화。

【微傷:미상】가벼운 상처。

【微生物:미생물】《動》박테리아·原生動物 따위와 같이 현미경이 아니고는 볼 수 없는 매우 微細한 생물의 總稱。

【微誠:미성】자기 정성의 謙稱。

【微細:미세】❶가늘고 작음。細密。緻密。〖漢書〗一一之法。❷=微賤。〖史記〗

高祖起――、定海內。

【微小:미소】 아주 작음。 微細·些細·纖細。『荀子』――短瘠。

【微少:미소】 아주 적음。

【微笑:미소】 빙긋이 웃는 웃음。『楚辭』含喜――。

【微笑政策:미소정책】 외면상으로 친밀한 듯이 추파를 던져 상대국으로 하여금 자기의 뜻한 바에 쏠리게 함으로써 이권을 얻자는 정치적 계책。

【微瑣:미쇄】 ❶아주 가늘고 작음。 ❷재능이 별로 없음。『舊唐書』臣自顧――、何以答天恩。

【微睡:미수】 잠시 동안의 잠。 졸음。

【微示其意:미시기의】 분명히 말하지 않고 눈치만 보임。 微示。『漢書』宣帝詔求――故劍。

【微弱:미약】 작고 약함。

【微恙:미양】 ❶대단하지 않은 병。 ❷자기 병의 謙稱。 微痾。『秦觀』――不足論。

【微言:미언】 ❶微妙한 말。『漢書』仲尼沒而――絶。 ❷隱語。『列子』人可與――乎。

【微熱:미열】 ❶조금 있는 열。 ❷平熱보다 약간 높은 體溫。

【微溫:미온】 ❶미적지근함。『陸游』金鴨――香縹緲。 ❷온도가 낮음。

【微溫的:미온적】 =消極的。

【微雨:미우】 가랑비。 이슬비。 細雨·小雨。『陶潛』――自東來、好風與之俱。

【微陰:미음】 ❶음력 五월。 ❷薄曇。

【微吟緩步:미음완보】 작은 소리로 읊으며 천천히 거닐음。

【微意:미의】 ❶약간의 성의。 ❷자기의 意志나 생각의 謙稱。

【微才:미재】 ❶변변치 못한 재능。 ❷자기 재능의 謙稱。

【微積:미적】 微分學과 積分學。

【微罪:미죄】 아주 가벼운 죄。『孟子』孔子則欲以――行。

【微旨:미지】 깊고 미묘한 취지。『後漢書』孔聖旣遠、――將絶。

【微志:미지】 ❶변변치 못한 작은 뜻。 ❷자기 마음의 謙稱。 微意。 寸志。『韓愈』孤稚羸弱抱――。

【微震:미진】 흔들리는 정도가 아주 약한 地震。

【微塵:미진】 ❶아주 작은 티끌。 ❷아주 세세함。『法華經』有智人、破彼――。

【微塵說:미진설】 발광체가 내쏘는 일종의 티끌이 눈을 자극하여 빛을 느끼게 한다는 뉴우톤의 학설。

【微賤:미천】 신분이나 지위가 미약하고 비천함。『管子』疏遠――者。

【微衷:미충】 ❶心中에만 깊이 있고 겉으로는 변변치 못하게 나타나는 속 뜻。 ❷조그마한 誠意。(물품을 남에게 선사하면서 쓰는 말)。

【微稟:미품】 격식을 갖추지 아니하고 넌지시 아룀。

【微風:미풍】 살살 부는 바람。『杜甫』――燕子斜。

【微瑕:미하】 ❶작은 傷處。 ❷조그마한 결점。 약간의 흠。 細瑕·纖瑕。『梁昭明太子』白璧――。

【微行:미행】 ❶숨어서 감。 남 몰래 다님。『史記』始皇――咸陽。 ❷좁은 길。 小徑。『詩經』遵彼――。 ❸적은 행위。

【微香:미향】 약간의 향기。 희미하게 풍기는 향기。『羅鄴』――暗惹遊人步。

【微醺:미훈】 얼근히 취함。 微醉。『宋史』酌酒三四甌、――卽止。

◎輕―、機―、細―、衰―、式―、隱―。

【徯】 (혜) 齊 ケイ、まつ wait ㄒㄧ hsi¹

小篆 或體 草書 ❶기다릴 혜(待也)。『孟子 滕文公下』書曰―我后。 ❷사잇길 혜(細路)。『禮記 月令』塞―徑。(『蹊』와 통함)

【徯徑:혜경】 작고 좁은 길。 徯는 徑。『禮記·月令』塞――。

十一畫

【𢕟】 (솔) 質 シュツ、ゆく go hurriedly 바삐갈 솔(忙行)。

【徲】 (제) 齊 サイ、ゆきき come-and-go 小篆 ❶왕래할 제(往來――)。 ❷오래 섰을 제(久立)。

【㣶】 (장) 陽 ショウ、さまよう wander astray chang¹ 길잃고 헤맬 장(失途浪行)。

【𢖍】 (선) 先 セン、とおくゆく go far away 멀리갈 선(遠行)。

【徾】 (미)『微』(彳部10畫)와 같음

【徴】 (징)『徵』(彳部12畫)의 略字

十二畫

【徵】 ㊀(징) 蒸 チョウ、めす call; collect ㄓㄥ chêng¹ (本音「증」) ㊁(치) 紙

小篆 古文 草書 ㊀❶부를 징(召也)。【漢書 韋玄成傳】―至長安、 ❷효험징、징험징(驗也)。【莊子 逍遙遊】而―一國者。 ❸조세를 거둘징(斂也)。【周禮 地官閭師】以時―其賦。 ❹구할징(求也)。【左傳 僖公四年】寡人是―。 ❺이룰징(成也)。【儀禮註】―成也納幣而成婚。 ㊁치성 치(五音之一)。【孟子 梁惠王 下】蓋―招角招。

【徵求:징구】 돈、곡식 따위를 달라고 요구함。 責徵。『魏志』國家――之府。

【徵納:징납】 守令이 세금을 거두어서 나라에 바침。『後漢書』如蒙――以輔高明。

【徵募:징모】 불러서 모집함。 徵集。

【徵發:징발】 ❶戰時 또는 事變의 경우에 人夫나 物資·施設 등을 백성들에게서 募集·徵收하는 일。『北史』不得橫有――。 ❷남에게서 물품을 강제적으로 거둠。

【徵罰:징벌】 ❶장래를 경계하기 위하여 벌을 과함。 ❷공무원 등의 부정 또는 부당한 행위에 대하여 제재를 가함。

【徵辟:징벽】 임금이 草野에 있는 사람을 불러서 벼슬을 시킴。 徵聘。『晉書』三徵七辟、皆不就。

【徵兵:징병】 ❶군인을 불러 냄。『史記』――九江。 ❷국가가 法令으로 徵兵 해당자를 불러서 兵役에 복무케 함。

【徵兵檢査:징병검사】 징병관이 매년 각지에서 그 지방의 장정을 소집하여 체격·학력 따위를 검사하는 일。

【徵兵適齡:징병적령】 병역에 나아가야 되는 연령。

【徵兵制度:징병제도】 징병에 관한 국가의 皆兵制度。

【徵捧:징봉】 =徵收。

【徵色:징색】 얼굴에 나타냄。『孟子』徵於色、發於聲。

【徵瑞:징서】 경사스런 징조。 嘉瑞·祥瑞·慶瑞·徵祥。『晉書』――表祥。

【徵稅:징세】 세금을 징수함。『周禮·註』。

【徵召:징소】 불러 냄。『說苑』。

【徵收:징수】 조세·수수료·科料·벌금·곡식 또는 물품 등을 거둠。 徵捧。

【徵役:징역】 徵召하여 일을 시킴。 徵召되어 일을 함。『周禮』――于司隷。

【徵用:징용】 ❶징수하여 사용함。 징발하여 씀。 徵庸。『史記』孝文時、頗――。 ❷국가의 권력으로 국민을 강제적으로 일정한 업무에 종사시킴。

【徵兆:징조】 미리 보이는 조짐。 徵候。

『漢書』－－爲之先見。

【徵集：징집】❶사람을 모집함。❷물건을 거두어 모음。❸병역법에 의거하여 壯丁을 簡拔하여 병역에 보충함。

【徵招：징초】❶草野에 묻힌 사람을 벼슬 자리에 불러서 씀。徵聘。『韓愈』勸君韶養待－－。❷樂曲名。春秋時代 齊의 景公이 太師에게 짓게 하였음。徵韶。『孟子·梁惠王』蓋－－角招是也。

【徵驗：징험】징조를 경험함。徵證。

【徵還：징환】불러서 제 자리에 돌아가게 함。『後漢書』－－京師。

【徵會：징회】불러서 모음。『左傳』－－討貳。「집。兆候。❷效驗。

【徵候：징후】❶징조。좋거나 언짢은 조짐。兆候。❷效驗。
◎納－、明－、象－、雨－、增－、追－、特－、表－。

【德】(덕) 職

トク、とく、めぐみ
virtue
ㄉㄜˊ tê²

❶큰덕(行道有得)。『詩』好是懿－。❷품행덕(品行)。『韓愈 原道』－有凶有吉。❷은혜덕(惠也)。『書』施實－于民。❸덕되게여길덕(荷恩)。『左傳 成公三年』－我乎。❹날덕(生也)。『中庸』天地之大－曰生。❺덕있는 사람덕、군자덕。❻좋은 가르침덕(感化)。❼별이름덕(木星)。❽왕기덕(四時旺氣)。『禮記』立春盛－在木。(『悳』과 通함)

【德敎：덕교】❶도덕과 善行의 가르침。❷도덕으로써 사람을 착한 길로 인도함。『孟子』－－溢乎四海。

【德國：덕국】獨逸의 漢字 이름。

【德禽：덕금】닭의 異名。『成語考』雞有五德、故稱之曰－－。

【德器：덕기】❶德行과 器量。덕과 재능。❷德量의 器局。훌륭한 人格。『後漢書』崇簡其人、就成－－。

【德氣：덕기】❶덕스러운 기색。❷어질고 두터운 말과 얼굴색。

【德談：덕담】(國)잘되기를 비는 말。↕「惡談。

【德頭花：덕두화】(植)접시꽃。

【德量：덕량】❶도덕과 思慮。『後漢書』－－績謀。❷어질고 너그러운 마음씨。德性스러운 度量。❸덕이 있는 사람。

【德望：덕망】❶德行과 人望。『晉書』－－不逮謝安。❷많은 사람이 그의 덕을 경모하여 따르는 일。

【德門：덕문】德望이 높은 집안。『南史』。

【德分：덕분】(國)남에게 어질고 고마운 일을 함。德澤。

【德性：덕성】德義를 갖춘 本性。도덕적 의식。道德心。『中庸』君子尊－－。

【德聲：덕성】有德한 명성。좋은 평판。令聞。『曹植』不能歌－－。

【德壽宮：덕수궁】궁전 이름。서울 貞洞에 있는、李朝 成宗 때 지은 옛 대궐。옛 이름은 慶運宮。中和殿·咸寧殿·惇德殿·石造殿·寢殿 등이 있으며 正門을 大漢門이라 일컬음。

【德業：덕업】❶仁德과 功業。『後漢書』太尉－－相繼。❷덕을 세우는 사업。❸德行。

【德容：덕용】德行이 높은 모습。

【德用：덕용】쓰기 편하고 이득이 많음。

【德友：덕우】❶착하고 어진 마음으로 사귀는 벗。『莊子』吾與孔丘非君臣也、－－而已矣。❷德이 있는 벗。

【德育：덕육】德性을 기르는 교육。도덕 의식의 앙양을 주안으로 하는 교육。↕知育·體育。

【德潤身：덕윤신】덕이 속에 있으면 반드시 겉으로 나타남。『大學』富潤屋──、心廣體胖。

【德義：덕의】❶德性과 信義。❷사람으로서 마땅히 지켜야 할 도덕상의 의무。『左傳』－－、利之本也。「마음。

【德義心：덕의심】덕의를 소중히 여기는

【德人：덕인】❶남에게 덕화를 베푸는 사람。『莊子』－－者居無思、行無慮。❷복이 있는 사람。福者。

【德政：덕정】어질고 바른 정치。국민이 잘 살 수 있도록 덕으로써 다스리는 정치。『左傳』既無－－、又無威刑。

【德操：덕조】변함 없는 굳은 도덕심。確固不動한 절조。『荀子』。

【德澤：덕택】남에게 미치는 은덕의 혜택。덕분。『詩經·序』－－不加于民。

【德風：덕풍】도덕의 教化。仁德의 感化。『宋顒』－－邊草偃。

【德行：덕행】어질고 너그러운 행실。덕성스러운 행실。『易經』常－－、習教事。

【德惠：덕혜】덕이 있으며 은혜가 있는 일。은혜。仁惠。『北史』務行－－。

【德化：덕화】德行으로써 教化시킴。德行의 感化。『漢書』謹牧養民、而風－－。
◎古－、功－、公－、達－、大－、道－、明－、武－、美－、薄－、福－、不－、婦－、成－、盛－、聖－、失－、惡－、威－、有－、遺－、恩－、隱－、陰－、蔭－、人－、仁－、才－、積－、知－、至－、地－、厚－。

【徹】(철) 屑

テツ、とおる
pierce
ㄔㄜˋ chʻê⁴

❶통할철(通也)。❷사무칠철(達也)。『左傳』養由基蹲甲而射之－七札。❸다스릴철(治也)。『詩』－田爲糧。❹버릴철(去也)。『儀禮』－筵席。❺벗겨갈철(剝取)。『孟子 公孫丑上』－彼桑土。❻벌릴철(列也)。『蔡邕 獨斷』羣臣異姓有功封者曰－侯。❼주나라 세금철(周稅－田)。

【徹甲彈：철갑탄】裝甲이 두터운 목표를 貫通하는 데 사용하는 탄환。

【徹骨：철골】뼈에 사무침。

【徹頭徹尾：철두철미】❶처음부터 끝까지。하나에서 열까지。『程子』誠者物之終始、猶俗言──。❷조금도。결단코。徹上徹下。

【徹兵：철병】파견하였던 군대를 철수함。撤兵。『宋史』聞張浚來、函－－歸。

【徹宵：철소】＝徹夜。『徐鉉』輿來何惜－－看。

【徹夜：철야】잠을 자지 아니하고 밤을 새움。徹宵。通宵。『朱熹』靑燈－－課農書。

【徹底：철저】❶속 깊이 밑바닥까지 투철함。『北史』君非惟善政、淸亦－－。❷意思가 구석구석까지 잘 통함。❸학문이 奧義에 달함。

【徹天之寃：철천지원】하늘에 사무치는 크나큰 원한。徹天之恨。

【徹曉：철효】밤을 새워서 새벽이 됨。
◎貫－、通－、洞－、透－。

【彽】(제) 卦

タイ、ただすむ
stop suddenly

가다가우뚝설제(行止佇立)。

十三畫

【徼】㊀(요) 嘯 ㊁(요) 蕭

キョウ、みまわり
patrol
ㄐㄧㄠ chiao¹
(古音「교」)

㊀❶돌아다닐요(循也)。『漢書』中尉秦官掌－循京師。❷순라요(邏卒)。『後漢書』臧宮少爲縣亭長游－。❸변방요(邊也)。『十八史略 西漢』西至沫若水南至牂牁爲－。㊁❶구할요(要求)。『中庸』小人行險以－幸。❷맞을요(迎也)。❸가릴요(抄也)。『論語』惡－而爲知者。(『僥』와 통함)

【徼冀：요기】무엇을 얻으려고 함。희망함。僥冀。『宋史』武夫－－不之寵。

【徼道：요도】작은 길。小路。『漢書』治

宮室、作ㅣㅣ。

【徼循：요순】 巡察함。 지방을 돌아 다님。 徼逸。『漢書』ㅣㅣ京師。

【徼幸：요행】 뜻밖의 행복을 바람。 뜻밖에 얻는 행복。 僥倖。 徼倖。『中庸』小人行險以ㅣㅣ。

十四畫

【儜】 (녕) 徑 デイ、にげさる run away
❶가는모양녕(行貌)。 ❷달아날녕(走也)。

【徽】 (휘) 微 キ、はたじるし banner ㄏㄨㄟ huei¹
小篆 草書
❶아름다울휘(美也)。 ❷좋을휘(善也)。 ❸세겹노휘(三糾繩)。『易』繫用ㅣ 。 ❹기휘(幟也)。『禮記』必改正朔殊ㅣ號。 ❺달릴휘(奔馳貌)。『廣成頌』ㅣ嬧霍奕別鶩分奔。 ❻기러기발휘(琴節)。『嵇康琴賦』ㅣ以鐘山之玉。

【徽纆：휘묵】 노。줄。끈。徽는 세 가닥으로 꼰 것이고、纆은 두 가닥으로 꼰 것。捕繩으로 쓰이었음。『易經』係以ㅣㅣ。

【徽言：휘언】 착한 말。아름다운 말。善言·美言。『書經』嗚呼我旦已愛人之ㅣㅣ。

【徽音：휘음】 ❶좋은 말。令譽·令聞。 ❷아름다운 음악。 ❸『詩經』太姒嗣ㅣㅣ。《國》后妃의 아름다운 德行과 言語。

【徽章：휘장】 ❶=徽號。『戰國策』章子爲變其ㅣㅣ。 ❷표지·신분·직무 또는 명예를 나타내기 위하여 옷이나 모자에 붙이는 表章。마아크。 「忠讜。

【徽績：휘적】 빛나는 공적。『宋史』ㅣㅣ

【徽號：휘호】 ❶旗章。『禮記』易服色、殊ㅣㅣ。 ❷《國》后妃가 昇遐한 후에 諡號와 함께 올리는 尊號。 「ㅣㅣ以溢目。

【徽徽：휘휘】 아름다운 모양。『陸機』文

【𢕟】 (삽) 合 ソウ、おおぜいゆく go in a crowd ㄙㄚˋ sa⁴
小篆
여럿이갈삽(衆行)。

【徿】 (조) 篠 チョウ、ゆく go
❶가는모양조(行貌)。 ❷빠를조(疾也)。

十六畫

【𢖍】 (병) 靑 ヘイ、つかう set to work
小篆
부릴병(使也)。

【徿】 (롱) 董 宋 リョウ、まがる stagger (或音「룽」)
❶비틀거릴룽(行不正)。 ❷곧게갈룽(直行)。

十七畫

【𢖱】 (포) 效 ホウ、こえる arrive at one's new post
❶도임할포(新任官府)。 ❷넘을포(越也)。

【纕】 (상) 陽 ショウ、たちもとる stroll ㄒㄧㄤˊ hsiang²
노림상(ㅣ徉、逍遙)。

十八畫

【𢖲】 (대) 隹 タイ、あたまたれる lower (bow) one's head
머리를 떨어뜨릴대(垂頭貌)。

十九畫

【徿】 (미) 紙 ビ、ゆく go
갈미(行貌)。

二十畫

【𢖺】 (각) 藥 キャク、ゆく go
❶갈각(行也)。 ❷높을각(高也)。

心 部

【心】 (심) 侵 シン、こころ mind ㄒㄧㄣ hsin¹
小篆 草書
❶마음심(形之君而神明之主)。『孟子 告子上』ㅣ之官則思。 ❷가운데심(中也)。『正義』中謂中ㅣ。 ❸염통심(臟也)。『十八史略』吾聞聖人之ㅣ有七竅。 ❹가지끝심(木尖刺)。『詩』吹彼棘ㅣ。 ❺근본심(根本)。 ❻별이름심(星名)。

【心肝：심간】 심장과 간장。《轉》깊이 감추어 둔 마음。誠心·衷心。眞心。丹心。

【心怯：심겁】 마음이 약하여 대단하지 않은 일에 겁을 냄。『李白』豁達露ㅣㅣ。

【心境：심경】 마음의 상태。마음 가짐。

【心鏡：심경】 ❶거울과 같이 맑고 밝은 마음。『晉書』混暗識於ㅣㅣ。 ❷마음의 거울。心月。『圓覺經』。

【心驚：심경】 놀람。 가슴이 두근거림。

【心計：심계】 ❶暗算。속셈。『史記·平準書』桑公羊洛陽賈人之子、以ㅣㅣ年十三侍中。 ❷계획。『李山甫』自憐ㅣㅣ今如此。

【心契：심계】 겉으로만이 아니고 말 없는 가운데 서로 마음 속으로 깊이 약속함。

【心界：심계】 ❶마음의 편하고 편하지 못한 형편。 ❷心地。 ❸形而上學의 세계。『宋史』神交ㅣㅣ。

【心悸：심계】 심장의 고동。가슴이 두근거림。

【心曲：심곡】 간절하고 애틋한 마음。情曲。衷曲。『詩經』亂我ㅣㅣ。

【心骨：심골】 ❶정신과 골수。全體·全身·心身。『劉知幾』刻ㅣㅣ而不忘。 ❷마음 속。

【心巧：심교】 마음이 곰상스러움。

【心交：심교】 서로 마음을 터놓고 사귐。정신적인 교제。

【心垢：심구】 《佛》煩惱。

【心琴：심금】 외부의 자극을 받아 움직이는 미묘한 마음。

【心氣：심기】 마음으로 느끼는 기분。마음。氣分。『禮記』節嗜欲、定ㅣㅣ。

【心機：심기】 마음의 활동。마음의 기능。『張籍』官閒自覺省ㅣㅣ。

【心機一轉：심기일전】 어떠한 動機에서 기분이 급히 변함。마음이 확 달라짐。

【心念：심념】 생각。마음。

【心惱：심뇌】 마음에서 일어나는 괴로움。

【心德：심덕】 너그럽고 착한 마음의 덕。

【心動：심동】 마음이 들썽거려 흔들림。마음의 움직임。

【心得：심득】 ❶事物의 이치를 깊이 이해함。 ❷마음 깊이 깨달아서 간직하여 둠。또는 그 일。 「숭숭함。

【心亂：심란】 마음을 걷잡을 수 없게 뒤숭숭함。

【心慮：심려】 마음 속의 근심。마음 속으로 근심함。

【心力：심력】 ❶마음과 힘。 ❷마음이 미치는 힘。정신의 활동력。『書經』爾尙一乃ㅣㅣ、其克有勳。

【心靈：심령】 ❶정신。혼。心魂。神靈。『隋書』詩者所以得達ㅣㅣ。 ❷《哲》㉠정신과학으로는 설명할 수 없는 신비스러운 心的 現象。㉡육체를 떠나서 존재한다고 생각되는 마음의 主體。 「로。

【心勞：심로】 ❶마음의 수고。마음의 피로。 ❷걱정。

【心理：심리】 정신 상태。마음의 움직임。

【心理描寫：심리묘사】 소설 따위에서

작중 인물의 심리를 자세히 解剖分析하여 그려 냄。

【心理的分析:심리적 분석】《心》주어진 복잡한 정신작용의 단순한 내용을 얻거나 또는 내적 구조를 알기 위하여 內省함으로써 의식을 분석함。

【心理學:심리학】《心》생물의 意識의 활동 또는 의식과 행동과에 관하여 연구하는 학문。

【心滿意足:심만의족】마음에 흡족함。

【心無所主:심무소주】마음에 굳굳한 주견이 없음。

【心房:심방】《生》左右心房의 總稱。

【心法:심법】❶마음을 수련하는 법。『白居易』自我學——、萬機成一空。❷宋代 儒學者의 말로서、心體를 存養하고 心用을 省察하는 道。『中庸章句』孔門傳授——。❸《佛》우주 만유를 色·心의 둘로 분류할 때는 心王과 心所、五位로 분류할 때는 心王을 일컬음。以心傳心의 道。❹《國》마음씨를 쓰는 법。

【心病:심병】❶마음 속의 근심。❷《醫》가슴이 아프고 기쁜 일이나 슬픈 일을 당할 때에 아찔하여 쓰러지는 병。心疾。

【心服:심복】즐거운 마음으로 복종함。心悅誠服의 略語。『孟子』以力服人者、非——也。

【心腹:심복】❶가슴과 배。❷관계가 밀접하여 없으면 안 될 일이나 물건。❸心腹之人의 略語。극히 친밀한 사람。마음 놓고 믿을 수 있는 둘도 없는 부하。『史記』拔——、見情素。

【心腹之人:심복지인】썩 가까와 마음 놓고 믿을 수 있는 사람。

【心腹之患:심복지환】없애기 어려운 근심。『戰國策』所以爲——者趙也。

【心腹痛:심복통】《醫》근심으로 생긴 가슴앓이。

【心府:심부】마음이 있는 곳。마음。『隋書』罄竭——、誠敕殷勤。

【心事:심사】❶마음에 생각하는 일。『韋應物』——若寒灰。❷마음에 생각하는 일과 실제의 사실。

【心思:심사】❶마음。心情。心意。『孟子』旣竭——焉。❷《國》남이 하는 일에 방해를 하려는 고약한 마음보。

【心史:심사】=天君本紀。

【心散:심산】=心亂。

【心酸:심산】마음이 몹시 고통스러움。『李商隱』——子夜歌。

【心算:심산】속셈。心計。『潘岳』——無垠。

【心狀:심상】마음의 상태。

【心想:심상】❶마음。❷마음 속의 생각。

【心緖:심서】마음 속의 회포。마음의 움직임。情緖。意向。心懷。『杜甫』玉壘題詩——亂。

【心性:심성】❶마음과 性情。『戴表元』靑山——白雲身。❷본디부터 타고난 마음씨。❸《佛》㉠변하지 않는 참된 마음。眞心。㉡無常[心]과 不變[性]。

【心性情:심성정】본디부터 타고난 마음씨。

【心受:심수】곧 깨달음。마음으로 받음。『參同契·註』口傳——。

【心授:심수】마음씨 쓰는 법을 가르쳐 전함。

【心髓:심수】❶中心。사물의 가장 요긴한 곳。『白居易』寫之在琴曲、聽者酸——。❷마음의 속。❸중심에 있는 髓。

【心術:심술】❶마음씨를 쓰는 법。『荀子』形相惡而——善。❷《國》온당하지 못하고 고집스러운 마음。❸《哲》動機나 目的觀念을 도덕적으로 선택 결정하는 지속적인 意志 方向。

【心神:심신】마음과 정신。마음。精神。『魏書』蠲去邪累、澡雪——。

【心身:심신】마음과 몸。정신과 신체。

【心身不安:심신불안】마음과 몸이 몹시 불안함。

【心室:심실】《生》심장 가운데에 있는 筋肉質의 벽을 가지고、그 收縮에 의하여 혈액을 몸으로 流出시키는 器官。左右心室이 있음。

【心眼:심안】❶마음과 눈。❷사물을 관찰하고 식별하는 마음의 작용。↔肉眼。『高蓮長』——自相照了、內外由是洞徹。❸《佛》觀念의 마음。

【心弱:심약】마음이 연약함。

【心熱:심열】❶무엇의 이뤄지기를 바라는 마음 속의 열망。❷울화로 생기는 열。

【心癰:심옹】《醫》젖가슴에 생기는 종기。

【心窩:심와】《生》명치。

【心外:심외】생각 밖。

【心願:심원】❶마음으로 바람。또는 그 일。❷神이나 부처에게 대하여 마음 속으로 원을 함。

【心意:심의】=心思。心神。『史記』悏——、說耳目。

【心耳:심이】❶마음과 귀。『李白』石潭洗——。❷마음으로 들음。어떤 말을 듣고 事理를 잘 분별하는 마음。❸《生》㉠心房。㉡좌우 心房의 일부가 귀 모양으로 앞 쪽으로 툭 튀어 나온 부분。

【心腸:심장】마음의 속내。감정이 우러나는 속 자리。『鮑照』游子——斷。

【心臟:심장】❶《生》혈액의 순환 작용을 맡고 있는 혈관 계통의 中樞器官。胸腔안의 前下部에 자리잡고 있음。❷中心。가장 종요로운 곳을 일컬음。❸심장이 강하다는 뜻으로 뱃심이 세고 뻔뻔스러움을 말할 때의 뱃심。

【心臟痲痺:심장마비】《醫》염통이 마비되어 맥박이 그치는 일。

【心臟病:심장병】《醫》염통에 생기는 병증의 通稱。

【心材:심재】나무 줄기의 木質部의 內層。

【心的:심적】마음의。마음에 관한 것。

【心的要素:심적요소】《心》意識 현상을 설명하기 위하여 抽象·분석으로써 얻은 構成的 單位。

【心的現象:심적현상】《心》우리의 의식 속의 사건이나 상태。表象·判斷·情意活動의 세 가지로 나누어지며 表象이 이 중에서 기초적인 구실을 함。

【心的活動:심적활동】정신적 작용의 總稱。

【心折:심절】❶마음이 꺾임。『江淹』——骨驚。❷=心服。

【心絶:심절】서로의 사귐을 아주 끊어버림。아주 절교함。

【心情:심정】❶마음과 정。❷가슴 속。마음의 情況。

【心柱:심주】마음 속의 줏대。

【心中:심중】마음의 속。意中。中情。

【心中人:심중인】❶마음 속으로 사모하고 있는 사람。❷속으로 戀慕하고 있는 사람。意中人。『徐幹』安得鴻鸞羽、覯此——。

【心證:심증】❶마음에 받은 印象。❷《法》재판의 審理에서 변론이나 증거 등에서 얻은 재판관의 인식 또는 확신。

【心地:심지】❶마음의 본바탕。마음 자리。❷《佛》마음。정신。『釋氏要覽』衆生之心、猶大地。❸氣分。

【心志:심지】마음과 뜻。마음에 지니는 의지。마음。意志。『孟子』必先苦其——。

【心疾:심질】《醫》가슴의 병。심경의 병。격정 따위로 가슴을 앓아 일어나는 병。心病。『左傳』遂遇——而卒。

【心醉:심취】❶어떤 일에 빠져 마음을 빼앗기는 일。『莊子』列子見之而——。❷어떤 사람을 欽慕하여 感心함。

【心痛:심통】마음의 고통。격정。『潛夫論』脣亡齒寒、體傷——。

【心統:심통】마음 자리。

【心虛:심허】《醫》정신이 허약한 병증。

【心許:심허】말은 하지 않으나 마음으로는 허락함。『謝靈運』延州協——。

【心險:심험】마음이 음흉하고 험상궂음。

【心血:심혈】❶심장의 피。❷마음껏。온 정신。❸있는 대로의 힘。

【心魂:심혼】 마음과 혼。 마음과 정신。 혼。『徐照』——遠相隨。

【心火:심화】 ❶불과 같이 타오르는 격렬한 마음。 마음 속에 일어나는 울화。『白居易』憂喜皆——。 ❷《天》별 이름。 心宿。『晉書·孫惠傳』——傾移、喪亂可必。 ❸《醫》心中의 화기로 가슴이 아프고 煩燥하는 병。

【心灰:심회】 마음이 싸늘함。 냉정함。

【心懷:심회】 마음 속의 회포。『白居易』——不似爐中火。

【心候:심후】 입의 異名。『白虎通』口者、心之候。

【心胸:심흉】 가슴 속의 마음。 심중。

◎甘—、感—、開—、改—、桂—、苦—、公—、觀—、關—、求—、歸—、欺—、落—、內—、勞—、多—、丹—、都—、道—、同—、動—、童—、銘—、無—、放—、傍—、芳—、背—、變—、腹—、復讎—、本—、腐—、忿—、佛—、私—、邪—、蛇—、死—、散—、傷—、喪—、善—、誠—、聖—、細—、洗—、小—、水—、愁—、獸—、信—、失—、熱—、惡—、安—、快—、野—、良—、養—、外—、慾—、牛—、寓—、憂—、圓—、怨—、遠—、有—、唯—、義—、疑—、離—、以心傳—、二—、異—、人—、仁—、一—、掌—、赤—、賊—、摘—、專—、操—、主—、中—、重—、地—、眞—、嗔—、盡—、執—、天—、鐵—、初—、焦—、寸—、忠—、衷—、快—、痛—、寒—、許—、虛—、虛榮—、湖—、歡—、回—、灰—、會—、悔—。

【忄】(심)『心』과 같음(部首名=섬방변)

【㣺】 部首名=(밑마음심변)

一畫

【必】(필) 質 ヒツ、かならず without fail; must ㄅㄧˋ pi⁴

小篆 草書 ❶반드시필(定辭)。『大學』菑—逮夫身。 ❷그럴필(然也)。 ❸오로지필(專也)。『太玄經』赤石不奪節士之—。 ❹살필필(審也)。『後漢書』劉陶所與交友—也同志。 ❺기약필(期—)。

【必讀:필독】 꼭 읽어야 함。

【必得:필득】 꼭 자기의 물건이 됨。「멸함。

【必滅:필멸】 《佛》❶반드시 죽음。 ❷꼭

【必無:필무】 반드시 없음。

【必罰:필벌】 죄 있는 자는 반드시 처벌함。『漢書』信賞——。

【必死:필사】 ❶꼭 죽음。 죽기를 결심함。 ❷죽도록 힘을 씀。 죽음을 걸고 행함。

【必死乃已:필사내이】 틀림없이 죽고야 말음。 살아날 길이 없음。

【必死的:필사적】 어떤 일에 죽음을 무릅쓰고 노력하는 것。

【必衰:필쇠】 반드시 쇠함。「안 됨。

【必修:필수】 반드시 학습하지 아니하면

【必需:필수】 꼭 있어야 함。 必要。 必用。

【必須:필수】 반드시 없어서는 안 됨。 必要。 必用。

【必須科目:필수과목】 여러 학과 중에서 꼭 배워야 할 학과목。

【必需品:필수품】 일상 생활에 없어서는 안 될 물품。 항상 필요한 물건。

【必勝:필승】 꼭 이김。『吳子』——之道。

【必也使無訟:필야사무송】 從當에는 무사히 마침。

【必然:필연】 ❶반드시 그렇게 됨。 必至。『戰國策』處——之勢。 ❷그렇지 않고서는 다른 도리가 없음。 ↔偶然。 「성질。

【必然性:필연성】 반드시 그렇게 되는

【必要:필요】 꼭 소용이 됨。 반드시 없어서는 아니됨。 必用。

【必欲甘心:필욕감심】 원망을 풀어 없애고자 노력함。

【必用:필용】 필요하게 씀。 必要。

【必有曲折:필유곡절】 반드시 무슨 까닭이 있음。

【必至:필지】 반드시 이르름。 반드시 그렇게 됨。 必然。『魏文帝』二者——之常期、未若文章之無窮。

【必知:필지】 반드시 알아야 함。

【必携:필휴】 반드시 가지고 있어야 함。 또는 가지고 있어야 할 물건。

◎期—、何—。

二畫

【忢】(애) 泰 カイ、こらす reprimand

小篆 징계할애(戒也懲—)。(『艾』와 通함)

【忍】(의) 未 ギ おこる get angry

小篆 성낼의(怒也)。

【忉】(도) 豪 トウ、うれう anxious ㄉㄠ tao¹

草書 근심할도(憂也)。『詩經』心焉—。

【忉怛:도달】 근심하고 슬퍼함。 悲痛。『李陵』祇令人悲增——耳。 「解參照」。

【忉忉:도도】 마음에 근심하는 모양。(字

【忉利天:도리천】 《佛》欲界 六天의 第二天。 須彌山의 꼭대기에 있다고 함。 여기에 善見城이 있으며、帝釋天이 있는 곳이라고 함。 三三天。

三畫

【忌】(기) 寘 キ、いむ shun ㄐㄧˋ chi⁴

小篆 草書 ❶미워할기(憎惡)。「—功、—人」。 ❷질투할기(嫉也)。『詩箋』以色曰妒以行曰—。 ❸꺼릴기(憚也)。『左傳』民知有辟則不—于上。 ❹원망할기(怨也)。『晉語』小人—而不思。 ❺경계할기(戒也)。『書經』敬—罔有擇言在身。 ❻공경할기(敬也)。『左傳』非羈何—。 ❼제사기(—日)。

【忌克:기극】 남의 재능을 시새워 거기에 이기려고 함。 忌剋·忌尅。『左傳』其言多——、難哉。

【忌辰:기신】 忌日의 敬稱。『白氏文集』八月二日、——所造也。

【忌日:기일】 ❶어버이가 죽은 날。 ❷사람이 죽은 날。 忌辰。『禮記』君子有終身之喪、——之謂也。 ❸꺼려야 할 不吉한 날。「『書』皇后乘勢——。

【忌恣:기자】 샘이 많고 방자함。『後漢

【忌祭祀:기제사】 忌日에 지내는 제사。

【忌中:기중】 喪을 입어 언행 범절을 삼가는 기간。

【忌憎:기증】 싫어하고 미워함。『王令』好于壯士爲——。

【忌憚:기탄】 꺼림。 어려워함。『中庸』小人而無——也。

【忌妒:기투】 憎惡함。 몹시 미워함。

【忌避:기피】 ❶꺼리어 피함。 忌諱。『魏書』蹲踞褻黷、無所——。 ❷《法》訴訟法事件에서 불공평한 재판을 할 우려가 있을 때 그 判事의 재판을 받음을 거절함。

【忌避者:기피자】 기피하는 사람。

【忌嫌:기혐】 꺼리고 싫어함。

【忌諱:기휘】 ❶꺼리고 싫어함。 忌避。『漢書』鄙人不知——。 ❷어렵게 여겨 하지 않음。『老子』天下多——。

◎禁—、大—。

【忏】(천) 銑 セン、おこる be vexed

성낼천(怒也)。

【忍】(인) 軫 ジン、ニン、しのぶ bear ㄖㄣˇ ien³

小篆 草書 ❶참을인(耐也)。【書銘】—之須臾乃全汝軀。❷강잉할인(强也)。【左傳】魯以相—爲國。❸차마할인(安於不仁)。【詩】維彼—心。❹차마못할인。【孟子 公孫丑上】人皆有不—人之心。❺마음을억제할인。【杜牧詩】包羞—恥是男兒。

【忍苦:인고】 고통을 참음。괴로움을 참고 견딤。

【忍耐:인내】 참고 견딤。

【忍耐力:인내력】 참고 견디는 힘。

【忍耐心:인내심】 참고 견디는 굳은 마음。

【忍冬草:인동초】 《植》겨우살이 덩굴。

【忍勉:인면】 참고 힘씀。『鮑照』——自療治。

【忍受:인수】 恥辱을 참고 받음。

【忍心:인심】 모진 마음。殘酷한 마음。『詩經』惟彼——。

【忍愛:인애】 愛情을 참고 견디어 냄。

【忍辱:인욕】 ❶욕되는 일을 견디어 참음。❷《佛》어떠한 모욕이나 고뇌 또는 박해에도 견디어 참아 마음을 움직이지 아니함。『唯摩經』——是菩薩淨土。『法華經』。

【忍人:인인】 잔인한 사람。殘虐한 짓을 하는 사람。『左傳』蠭目而豺聲、——也。

【忍忍:인인】 불쌍함。『後漢書』情懷——。

【忍從:인종】 참고 복종함。

【忍之爲德:인지위덕】 참는 것이 덕이 됨。

◎堅—、不—、殘—。

【忐】(담) 感 タン、むなしい empty ㄊㄢˇ t'an³

草書 맘허할담(心虛)。

【忐忑:담특】 ❶마음이 허전한 모양。『五音集韻』忐、——、心虛也。❷무서워함。『長生殿』。

【忑】(특) 職 トク、こころむなしい empty (blank)-minded ㄊㄜˋ t'ê⁴

맘허할특(心虛)。

【忒】(특) 職 トク、たがう deviate ㄊㄜˋ t'ê⁴

小篆 草書 ❶어기어질특(差也)。【詩經 大雅抑】昊天不—。❷변할특(變也)。【左傳 文公二年】享祀不—。❸의심할특(疑也)。【詩經 曹風鳲鳩】其儀不—。❹틀릴특(違也)。(『慝』과 通함)

【忓】㊀(간) 寒 ㊁(한) 翰 カン、ケン、さわがしい noisy

小篆 ㊀요란할간、시끄러울간(擾亂)。㊁착할한(善也)。

【㤅】(후) 虞 ク、うれえる fear

小篆 경계할후(戒也)。

【忔】(흘) 物 キツ、ギツ、よろこぶ please ㄍㄜˋ ko⁴

草書 ❶기쁠흘(喜也)。【史記 周本紀】—如巨人之志。❷싫을흘(心不欲)。【史記 倉公傳】數—食飮。

【忕】㊀(태) 泰 ㊁(설) 屑 タイ、おごる luxury

小篆 ㊀사치할태(奢也)。(『汰』와 通함) ㊁익힐설(習也)。

【㤉】(공) 東 コウ、こころいそぐ make haste

맘급할공(心急)。

【忖】(촌) 阮 ソン、はかる consolidate ㄘㄨㄣˇ ts'uen³

小篆 草書 ❶헤아릴촌(—度思也)。❷짐작할촌(斟酌)。【孟子 梁惠王上】王說曰、詩云、他人有心、予—度之夫子之謂也。

【忖度:촌탁】 미루어 남의 마음을 헤아림。臆度。臆測。『孟子』他人有心、我—之。

【志】(지) 寘 シ、こころざし will ㄓˋ chih⁴

小篆 草書 ❶뜻지(心之所之)。【詩序】在心爲—。❷뜻할지(意向)。❸맞출지(中也)。【書】若射之有—。❹기록할지(記也)。【周禮】小史掌邦國之—。❺살촉지(箭鏃)。❻원할지、희망할지(希望)。【論語 先進】亦各言其—也。❼기억할지(記憶)。【後漢書 劉駿傳】博見彊—。(『誌』와 통함)

【志格:지격】 고상한 뜻과 높은 인격。『晉書』少剛厲、有——。

【志氣:지기】 意志와 氣槪。어떤 사물을 이루려는 의기。『禮記』——塞乎天地。

【志氣相合:지기상합】 서로 뜻이 맞음。志氣投合。

【志慮:지려】 생각。마음。『諸葛亮』此皆良實、——忠純。

【志望:지망】 뜻하여 바람。志願。希望。『諸葛亮』——旣滿。

【志士:지사】 ❶正義를 위해 마음을 다하는 사람。『孟子』——不忘在溝壑。❷기개가 높고 포부가 큰 사람。❸救世의 뜻이 있는 사람。道에 뜻을 둔 사람。

【志尙:지상】 ❶高尙한 意志。❷뜻이 쏠리어 향하는 방향。志向。『晉書』孔群有智局、——不羈。

【志願:지원】 바라고 원함。志望。希望。『許謙』丈夫有——、誰謂我無成。

【志願兵:지원병】 《軍》의무 또는 고용에 의하지 아니하고 現役을 지원하여 복무하는 병사。

【志願書:지원서】 지원에 필요한 서식을 적은 서류。

【志願者:지원자】 무엇을 지원하는 사람。

【志意:지의】 굳은 뜻。意志。『禮記』聽其雅頌之聲、——得廣焉。

【志節:지절】 굳게 지키어 변함 없는 절개。志操。『漢書』高其——。

【志操:지조】 굳은 절개。굳은 뜻。『南史』幼孤好學、有——。

【志學:지학】 ❶學問에 뜻을 둠。❷뜻을 두는 것과 배우는 것。『周子通書·志學』志伊尹之所志、學顏子之所學。❸一五세를 일컬음。《故》孔子가 一五세에 학문에 뜻을 두었다 함。『論語·爲政』。

【志向:지향】 ❶뜻이 쏠리는 방향。❷《哲》목적을 실현함에 필요한 수단 또는 豫想된 결과의 관념。

◎大—、同—、微—、素—、宿—、夙—、雄—、有—、遺—、立—、壯—、初—、寸—、鴻—。

【忘】㊀(망) 陽 ㊁(망) 漾 ボウ、わすれる forget ㄨㄤˊ wang²

小篆 草書 ㊀❶깜짝할망(忽也)。❷잃어버릴망(失也)。❸기억이없을망(不記)。【莊子 達生】氣下不上、則使人善—。❹없애버릴망(—憂)。【後漢書 宋弘傳】貧賤之交不可—。㊁잊을망(遺—志不在)。【周禮】三宥一曰遺—。

【忘却:망각】 잊어버림。忘失。『白居易』——花光晝日眠。

【忘年:망년】 ❶나이를 잊음。『元結』引望堪——。❷그 해의 괴로움을 잊음。❸나이의 차를 잊음。

【忘年交：망년교】 나이의 차를 잊고 사귀는 벗。『漢書』禰衡有逸才、小與孔融交、時衡未滿二十、而融已五十、爲——。

【忘年會：망년회】 가는 한 해의 모든 괴로움을 잊자는 뜻으로 연말에 베푸는 모임 또는 그 宴會。

【忘死生：망사생】 죽고 사는 것을 돌아보지 아니함。

【忘失：망실】 ❶잊어버림。 ❷남의 과실을 잊어버림。『後漢書』記功——。

【忘我：망아】 ❶자기 자신을 잊음。 ❷어떤 일에 열중함。『後漢書』階下——耶。

【忘憂：망우】 근심을 잊음。

【忘憂草：망우초】 《植》원추리。

【忘恩：망은】 은혜를 잊음。 은혜를 모름。

【忘懷：망회】 생각을 버림。 事物에 마음을 두지 아니함。

◎健—、不—、備—。

【忙】 (망) 陽 ボウ、モウ、いそがしい busy 〔ㄇㄤˊ mang²〕

草書 ❶바쁠망(悤—、心迫)。 ❷빠를망(急迫)。『杜甫詩』暮婚晨告別無乃大悤—。 ❸일이 많을망(繁—、多—)。

【忙迫：망박】 일에 몰리어 몹시 바쁨。

【忙事：망사】 바쁜 일。『苑成大』姑婦相呼有——。

【忙殺：망살⇨망쇄】 매우 바쁨。『馬樸臣』——鄰家小兔女。

【忙食噎喉：망식열후】 《國》급히 먹는 밥에 목이 메임。《喩》급히 서두르는 일이 실패하기 쉽다는 뜻。『旬五志』。

【忙月：망월】 一년 중에서 농사 일에 가장 바쁜 달。↕閒月。

【忙中有閑：망중유한】 바쁜 중에도 또한가한 짬이 있음。 바쁜 중에 마음의 한가한 짬을 얻음。

【忙中偸閑：망중투한】 바쁜 중에 한가한 짬을 얻어 마음을 즐김。

【忙中閑：망중한】 忙中有閑의 略語。

◎多—、煩—、繁—、奔—、慌—、惶—。

【⿰忄弋】 (억) 職 ヨク、こころうごく (of a mind) be shaken (moved)

맘동할억(心動)。

【忚】 ㊀(계) 霽 ㊁(혜) 齊 ケイ、いやがる dislike

㊀싫어할계(心不欲)。 ㊁속일혜(欺慢慴—)。

【⿰忄勺】 ㊀(조) 篠 ㊁(작) 藥 シャク、おどろく be surprised 〔ㄉㄧㄠˇ tiao³〕

㊀근심할조(憂也)。 ㊁놀랄작(驚也)。

【応】 (응)『應』(心部 13畫)의 略字

四畫

【忝】 (첨) 琰 豔 テン、はずかしめる shame 〔ㄊㄧㄢˇ t'ien³〕

小篆 草書 욕될첨(辱也)。『書經堯典』否德—帝位。

【忝累：첨루】 ❶恩義를 받고 그에 보답할 수 없는 괴로움。 ❷職責을 완수할 수 없음。溺職。『傅咸』余承先君之蹤、竊位憲臺、懼有——。

【忝顏：첨안】 부끄러움을 모름。 철면피。厚顏。『桃花扇』弟愚不才、——偸生。

【忝汚：첨오】 욕보여 더럽힘。『魏志·注』損辱神器、——宗廟。

【忝辱：첨욕】 고맙게 여김。『後漢書』——爵命。

【忝竊：첨절】 고맙게 여김。 자기를 낮추는 말。『晉書』加車騎將軍、開府如三司之儀、祜上表固謝曰、臣——雖久、云云。

【忞】 ㊀(민) 眞 ㊁(문) 吻 ビン、つとめる tough 〔ㄇㄧㄣˊ min²〕

小篆 ㊀❶강잉할민(自强)。 ❷맘다잡을민(自强)。 ㊁어수선할문(亂也)。

【忞忞：민민】 ❶마음에 이해되지 않는 곳이 있는 모양。『法言·問神』傳千里之——者莫如書。 ❷어두운 모양。

【忟】 (문)『忞』(前條)과 같음

【忠】 (충) 東 チュウ、ちゅう、まこと loyal 〔ㄓㄨㄥ chung¹〕

小篆 草書 ❶충성충(盡心不欺)。『周禮疏』中心曰—。 ❷곧을충(直也)。 ❸정성껏할충(竭誠)。『書』爲下克—。 ❹공변될충(無私)。『左傳』無私—也。

【忠恪：충각】 삼가는 마음이 깊음。『後漢書』盡——以輔朝廷。

【忠諫：충간】 충성스러운 마음으로 웃사람의 잘못을 충고함。『諸葛亮·出師表』塞——之路也。

【忠肝：충간】 ❶충성스러운 마음。 ❷진정으로 임금을 섬기는 마음。 忠膽·忠魂。『宋史』——如鐵石。

【忠肝義膽：충간의담】 충성스러운 마음。

【忠慨：충개】 진정으로 개탄함。『晉書』——亮到。

【忠敬：충경】 공경스러운 마음으로 임금을 섬김。 忠恪·忠肅。『禮記』致其誠信與其——。

【忠計：충계】 진심으로 꾸민 계획。

【忠告：충고】 충심으로 남의 허물을 경계함。『論語·顏淵』——而善道之。

【忠悃：충곤】 ❶아주 진실하고 정성스러움。 ❷篤實하여 속이지 않음。

【忠功：충공】 충성을 다해서 세운 공로。 忠勳。『唐書』不見——之效。

【忠果：충과】 ❶충성스러운 마음이 두터움。『後漢書』嘉其——。 ❷《植》橄欖。

【忠君：충군】 임금에게 충성을 다함。『戰國策』忠其君、天下皆欲以爲臣。

【忠君愛國：충군애국】 임금에게 충성을 다하고 자기 나라를 사랑함。

【忠勤：충근】 ❶충성스럽고 근실함。 ❷성실하게 근무함。『晉書』石苞在位、稱爲——。

【忠謹：충근】 성실하고 삼가함。『漢書』張安世宿衞——。

【忠奴：충노】 =忠僕。

【忠良：충량】 忠義心이 두텁고 善良함。『書經』小大之臣、咸懷——。

【忠力：충력】 진심으로 하는 일。『史記』不能爲朕盡——。

【忠烈：충렬】 忠義의 마음이 두텁고 강함。 誠忠義烈。

【忠謀：충모】 충성스러운 꾀。『杜甫』仗鉞奮——。

【忠僕：충복】 진심으로 주인을 섬기는 종。 忠奴。

【忠憤：충분】 임금에게 충성을 다하려는 마음에서 우러나는 분개심。『五代史』存節——、彌激治軍。

【忠奮：충분】 충의를 위하여 떨치고 일어남。

【忠死：충사】 충의를 위하여 죽음。

【忠邪：충사】 충성됨과 간사스러움。 忠姦。 忠奸。『舊唐書』——既辨、具物惟新。

【忠誠：충성】 ❶참 마음에서 우러나는 忠義의 정성。『漢書·王嘉傳』不盡——。 ❷참 마음。

【忠順：충순】 충직하고 온순함。『禮記』孝弟——之行立。

【忠信：충신】 ❶충성과 신의。 ❷진심을 다하고 거짓이 없음。『論語·衛靈公』言——、行篤敬。

【忠臣：충신】 六正의 하나。 충성스러운

신하。 忠節을 다하여 섬기는 신하。『老子』國家昏亂有一一。

【忠臣不事二君:충신불사이군】 충성스러운 신하는 두 임금을 섬기지 않음。『史記·田單傳』——、貞女不更二夫。

【忠實:충실】 ❶表裏가 없고 誠實함。『史記』彼其一一心、誠信於士大夫也。❷성실하게 勤務함。

【忠心:충심】 충성스러운 마음。

【忠愛:충애】 ❶충성과 사랑。❷충성스럽게 사랑함。『禮記』致其一一。❸忠君愛國의 略語。

【忠言:충언】 ❶진심에서 나오는 말。❷바르게 타이르는 말。❸=忠告。

【忠言逆耳:충언역이】 정성스럽고 바르게 하는 말은 귀에 거슬림。『孔子家語』良藥苦口利于病、——利于行。

【忠勇:충용】 충의와 용기。충성스럽고 용맹스러움。『晉書』英略奮發、一一絕世。

【忠友:충우】 ❶진심으로 사귄 벗。『說苑』。❷친절한 벗。

【忠毅:충의】 충성스럽고 꿋꿋함。『唐書』一一憂國。

【忠益:충익】 충성스러운 마음으로 이익을 꾀함。『諸葛亮』。

【忠切:충절】 忠實하고 적절함。『漢書』以言事一一、蒙尊榮。

【忠節:충절】 충성스러운 절개。굳게 忠義를 지키는 志操。『漢書』諫正有一一。

【忠正:충정】 忠實하고 올바름。

【忠貞:충정】 마음이 참되고 지조가 곧음。『書經』世篤一一、服帶王家。

【忠情:충정】 참되고 두터운 정。「書」。

【忠志:충지】 충성스러운 깊은 뜻。『晉

【忠直:충직】 誠實하고 정직함。忠正·忠方。『書經』侮聖言、逆一一。

【忠魂:충혼】 ❶충의에 넘친 마음。❷충의를 위하여 목숨을 버린 사람의 넋。

【忠效:충효】 충성을 다함。『晉書』懸賞開封、以待一一。

【忠孝:충효】 忠義와 孝行。임금과 어버이를 잘 섬기는 일。『漢書』奉安君父、一一之至也。

【忠孝雙全:충효쌍전】 충성과 효도를 다 겸함。

【忠孝烈:충효열】 충신과 효자와 열녀「의 總稱。

【忠厚:충후】 충성스럽고 淳厚함。『史記』事君一一。

【忠勳:충훈】 =忠功。『徐陵』敬答一一。◎孤一、不一、誠一、盡一。

【忡】 (충) 東 チュウ、うれえる anxieous ㄔㄨㄥ ch'ung¹

小篆 草書 근심할충(憂也)。『詩經召南艸蟲』憂心一一。

【忡怛:충달】 근심하고 슬퍼하는 모양。「情。『沈約·內典序』耿介長疏、一一在念。

【忡悵:충창】 仲怛。『吳志』臣不勝一一之

【忡忡:충충】 몹시 근심하는 모양。『詩經·草蟲』未見君子、憂心一一。

【忤】 (오) 遇 ゴ、さからう oppose ㄨˇ wu³

草書 ❶거스릴오(逆也)。『後漢書』持正之一。❷미워할오(意不喜)。(『悟·牾』와 通함)

【忤物:오물】 남과 和合하지 않음。남과 어울리지 않음。『宋史·李濤傳』性滑稽、善諧謔、亦未嘗一一。

【忤色:오색】 거역하는 낯빛。『蘇軾』擲簡搖毫無一一。

【忤視:오시】 거슬러 봄。흘겨 봄。『史記·荊軻傳』人不敢一一。『漢書』目不一一者數十年。

【忤逆:오역】 반역함。또는 반역。『陳書·傅縡傳』見佛說而信順、在我語而一一。

【忤耳:오이】 忠告하는 말이 귀에 거슬림。『韓非子·難言』至言忤于耳。

【忦】 (개) 卦 カイ、ゆるがせ easy (本音「해」)

小篆 근심없을개(無愁)。(『恝』와 같음)

【忦】 (개) 卦 ガイ、うれえる worry and fear ㄐㄧㄝ chieh⁴

小篆 근심하고두려워할개(憂懼)。

【忥】 (희) 未 キ、しずか silent ㄒㄧ hsi⁴

小篆 ❶고요할희(靜也)。❷쉴희(息也)。

【忨】 (완) 翰 カン、むさぼる covet ㄨㄢ wan⁴

小篆 草書 ❶탐할완(貪也)。❷사랑할완(愛也)。『左傳』一歲而愒日。(『翫』과 通함)

【忨愒:완개】 虛送하는 일。일없이 세월을 보냄。苟生。偸生。『左氏』趙孟將死矣、主民翫歲而愒日、其與幾何。『注』翫·愒皆貪也。

【忨日:완일】 하는일 없이 날을 보냄。

【忨懆:완조】 탐냄。『騈雅』一一、貪也。

【忨潚:완헐】 하는일 없이세월을 보냄。

【忧】 (우) 宥 ユウ、こころうごく be moved (shaken)

小篆 맘동할우(心動)。

【忩】 (총)『悤』(心部 7畫)의 俗字

【忪】 (종) 冬 シュウ、あわてる upset ㄓㄨㄥ chung¹

❶황겁할종(惶遽)。❷놀랄종(驚也)。❸맘들뜰종(心動不定)。

【快】 (쾌) 卦 カイ、こころよい pleasant ㄎㄨㄞ k'uai⁴

小篆 草書 ❶쾌할쾌(稱心)。❷기분이좋을쾌。『孟子 梁惠王上』構怨於諸侯然後一於心與。❸가할쾌(可也)。『後漢書』王允曰欲得一司隷校尉誰可作者。❹시원할쾌(爽也)。❺마음을 편하게할쾌。『史記 莊周傳』一吾志焉。❻빠를쾌(急也)。「一速力、一走船」。

【快感:쾌감】 상쾌하고 즐거운 느낌。

【快擧:쾌거】 시원스럽게 하는 짓。

【快果:쾌과】 시원한 과실이라 하여서、배(梨)의 異名。『本草』梨、一名一一。

【快男兒:쾌남아】 =快男子。

【快男子:쾌남자】 통쾌한 남자。사내답고 쾌활한 남자。快男兒。快漢。

【快啖:쾌담】 기분 좋게 먹음。충분히 먹음。『蔡襄』大嚼一一飮幾斗。

【快刀:쾌도】 아주 잘 드는 칼。利刀。『居家必用』取新葉、用一一切極細。

【快刀亂麻:쾌도난마】 잘 드는 칼로 헝클어진 삼 가닥을 자름。《喩》어지럽게 뒤섞인 사물을 명쾌하게 처단함。

【快讀:쾌독】 기분 좋게 읽음。『陳造』一一清篇病如掃。

【快諾:쾌락】 쾌히 승락함。快愈。

【快樂:쾌락】 ❶기분이 좋고 즐거움。愉快。『易林』富饒豐衍、一一無已。❷욕망의 충족에서 오는 유쾌한 감정。

【快樂主義:쾌락주의】 《哲》인생의 목적 가치의 표준을 쾌락에 두고、도덕은 쾌락을 실현하기 위한 수단이라고 하는 主義。楊朱 및 그리이스의 에피크로스가 제창한 설。快樂說。

【快論:쾌론】 시원스레 거리낌 없이 하는 이야기。快談。
【快馬:쾌마】 시원스럽게 빨리 달리는 말。『南史』騎ㅡ如龍。
【快眠:쾌면】 시원스럽게 잘 잠。佳眠。『朱熹』溽暑ㅡ知簟好。
【快聞:쾌문】 시원스러운 소문。
【快味:쾌미】 상쾌한 맛。유쾌한 느낌。
【快辯:쾌변】 거침없이 잘 하는 말。
【快報:쾌보】 ❶듣기에 시원스러운 소식。❷急報。
【快復:쾌복】 건강이 완전히 회복됨。快差。
【快奔:쾌분】 빨리 달아남。
【快事:쾌사】 상쾌한 일。통쾌한 일。
【快壻:쾌서】 마음에 드는 좋은 사위。
【快雪:쾌설】 욕되고 부끄러운 일을 시원스럽게 씻어 버림。
【快笑:쾌소】 상쾌한 웃음。시원스럽게 웃음。
【快速:쾌속】 매우 빠름。기분이 상쾌하고 빠름。
【快勝:쾌승】 통쾌한 승리。시원스럽게 이김。
【快於心:쾌어심】 마음에 시원함。
【快然:쾌연】 마음이 상쾌한 모양。
【快雨:쾌우】 시원스럽게 오는 비。『魏書』風雲竝起、竟成ㅡㅡ。
【快癒:쾌유】 병이 다 나음。快差。快復。
【快意:쾌의】 시원스러운 마음。유쾌한 뜻。『史記』甘心ㅡㅡ、結怨於匈奴。
【快人快事:쾌인쾌사】 씩씩한 이의 시원스러운 짓。
【快作:쾌작】 만족스러운 작품。
【快哉:쾌재】 뜻대로 잘 되어 매우 만족스럽게 여김。
【快著:쾌저】 썩 잘 된 저서。快作。
【快適:쾌적】 ❶心身에 적합하여 기분이 썩 좋음。『楊愼』引滿盡醉、夜臥草庵、殊覺ㅡㅡ。❷《心》쾌감을 일으키는 조건이 개인적이고 主觀的이며、有機的인 상태。

【快絶:쾌절】 나위 없이 유쾌함。
【快調:쾌조】 ❶기분 좋은 곡조。❷일이 뜻대로 진행됨。好調。
【快走:쾌주】 통쾌하도록 썩 빨리 달림。疾走。快駛。快奔。
【快差:쾌차】 병이 다 나음。
【快暢:쾌창】 기분이 상쾌하고 화창함。
【快擲:쾌척】 ❶시원스럽게 내던짐。❷돈 따위를 마땅히 쓸 자리에 시원스럽게 내어 줌。
【快晴:쾌청】 하늘이 상쾌하도록 맑게 갬。『陳與義』孤松立ㅡㅡ。
【快漢:쾌한】 기상이 용맹한 사나이。快男子。
【快活:쾌활】 ❶즐거움。즐김。기꺼움。❷마음씨나 행동이 씩씩하고 활발함。『白居易』別有優游ㅡㅡ人。
【快闊:쾌활】 시원하게 매우 넓음。
◎輕ㅡ、明ㅡ、不ㅡ、爽ㅡ、愉ㅡ、壯ㅡ、全ㅡ、痛ㅡ。

【怖】 (패) 泰 隊 ハイ、おこる be [feel] vexed ㄅㄨˋ puˋ
(小篆) 성낼패(怒也)。

【忬】 ㊀(여) 御 ヨ、ショ、あらかじめ ㊁(서) 魚 beforehand
㊀❶미리여(先也)。❷「預」와같음。
㊁❶느릴서(緩也)。❷「紓」와 같음。

【忭】 (변) 霰 ベン、よろこぶ please ㄅㄧㄢˋ pienˋ
(草書) ❶좋아할변(喜樂貌)。❷뛰놀변(踊躍)。❸즐거워할변(歡ㅡ)。
【忭躍:변약】 기뻐서 뜀。날뛰면서 기뻐함。『符載』仰天ㅡㅡ。
【忭賀:변하】 기뻐하며 하례함。
【忭懽:변환】 기뻐함。『白居易』身健逢杯且ㅡㅡ。
【忭喜:변희】 손벽을 치며 기뻐함。

【忮】 (기) 寘 シ、もとる wild (古音「지」)
(小篆)(草書) ❶사나울기(狠也)。❷용심낼기(懻ㅡ强害)。『詩』不ㅡ不求。❸질투할기(嫉妬)。『論語 子罕』不ㅡ不求、何用不臧。
【忮求:기구】 남을 시기하고 해쳐서 貪慾을 채우려고 하는 일。『詩·雄雉』不忮不求、何用不臧。
【忮心:기심】 남을 시기하고 미워하는 마음。『莊子』雖有ㅡㅡ者、不怨飄瓦。
【忮忒:기특】 남을 해치고 法을 어김。『詩經』鞫人ㅡㅡ。
【忮害:기해】 대단히 모질어서 사람을 해침。『漢書·匡衡傳』或ㅡㅡ、好陷人於罪。
【忮很:기흔】 억세어서 말을 어김。

【怑】 (판) 願 ハン、せつかち hasty
❶조급할판(急性)。❷급한성품판(急性)。❸뉘우칠판(悔也)。

【悴】 (췌)『悴』(心部 8畫)의 俗字

【忱】 (침) 侵 シン、まこと believe ㄔㄣˊ ch'en^{2} (本音「심」)
(小篆)(草書) ❶믿을침(信也)。❷정성침(誠也)。『書』越天棐ㅡ。
【忱辭:침사】 정성스러운 말。『書經』天ㅡㅡ、其考我民。
【忱恂:침순】 진심으로 함。또는 誠信。『書經』迪知ㅡㅡ于九德之行。

【忲】 (태)『忕』(心部 3畫)와 같음

【忄心】 (침) 沁 シン、いたむ pitiable
측은할침(惻也)。

【忳】 (돈) 元 トン、うれえる be sorry ㄊㄨㄣˊ t'uen^{2}
민망할돈(悶也)。
【忳忳:돈돈】 ❶어리석은 모양。『老子·二十』我愚人之心也哉、ㅡㅡ兮。❷근심하는 모양。『楚辭·九章·惜誦』中悶瞀之ㅡㅡ。

【念】 (념) 豔 ネン、おもう remind ㄋㄧㄢˋ nienˋ
(小篆)(草書) ❶생각할념(常思)。『書』ㅡ茲在茲。❷읽을념(ㅡ誦)。『李商隱雜纂』不相稱屠家ㅡ經。❸스물념(二十日ㅡ)。❹『佛』대단히 짧은시간념。『仁王經』ㅡㅡ中有九十刹那。
【念間:염간】 스무 날의 전후。스무 날께。
【念念不忘:염념불망】 언제나 생각하여 잊지 못함。念念在茲。念茲在茲。
【念讀:염독】 정신을 차리고 읽음。
【念頭:염두】 ❶생각의 시초。❷마음 속。
【念慮:염려】 마음을 놓지 못함。걱정하는 마음。『漢書』ㅡㅡ萬方、不忘元元。
【念力:염력】 온 정력을 다하는 마음。또는 그 힘。『遺敎經』ㅡㅡ堅强。
【念佛:염불】 《佛》나무아미타불을 마음속으로 생각하며 부르는 일。『寶積經』高聲ㅡㅡ、魔軍退散。『法華經』以深心ㅡㅡ、修持淨戒。
【念佛三昧:염불삼매】 《佛》一心不亂으로 염불하는 일。염불의 법으로써 잡념을 없애버리고 靈知가 열려 부처를 보게 되는 境地。『智度論』ㅡㅡ、能除種種煩惱及先世罪。
【念外:염외】 생각 밖。뜻밖。
【念願:염원】 ❶원하고 바람。마음 속으로 생각하고 바람。❷오랫동안의 소원。宿願。

【念日:염일】 스무 날。二〇일。(念은 「廿」과 音이 相近하여 俗化된 것임)。

【念前:염전】 스무 날이 되기 전。念內。

【念珠:염주】 ❶《佛》여러 개의 菩提子(보리자)를 실에 꿰어서 염불할 때에 쓰는 물건。『舊唐書』視事之暇、手持――。❷《植》㉠피나무과의 낙엽 교목。열매로 염주를 만듦으로 절에서 많이 재배함。大菩提樹。㉡포아풀과의 일년생 풀。(열매·껍질은 단단한 琺瑯質(법랑질)로 되었는데、이것으로 염주를 만들음)。

【念晦間:염회간】 스무 날께부터 그믐까지의 사이。

【念後:염후】 그 달의 스무 날이 지난 「후。

◎概―、觀―、紀―、記―、斷―、無―、邪―、思―、想―、俗―、信―、失―、實―、餘―、怨―、一―、雜―、專―、執―、通―。

【怷】 (흉)『恟』(心部 6畫)과 같음

【忦】 ㊀(가) 麻 カ、ふせる lie prone ㊁(아) 麻 ㄑ丨ㄚˊ ch'ia' ㊀엎드린 모양가(伏態)。㊁뜻은 ㊀과 같음。

【忸】 ㊀(뉴) 有 ジク、はじる shameful ㊁(뉵) 屋 ㄋ丨ㄡˋ nü' ㊀익을뉴(習也)。「荀子」―之以慶賀。㊁부끄러울뉵(慙也)。『孟子 萬章上』象曰、鬱陶思君爾―怩。

【忸忕:유설】 익힘。『後漢書』――小利。

【忸怩:육니】 부끄러워하는 모양。수줍은 모양。『書·五子之歌』顏厚有――。『孟子』鬱陶思君爾、――。

【忺】 (험) 鹽 ケン、のぞむ intend 하고자할험(心所欲)。

【忻】 (흔) 文 キン、よろこぶ glad ㄒ丨ㄣ hsin' 기쁠흔(喜也)。『史記』姜嫄見巨人跡心―然說欲踐之。(『欣』과 같음)

【忻賴:흔뢰】 기쁘게 의뢰함。『魏書』民以――。

【忻慕:흔모】 기꺼이 그리워함。欣慕。「『史記』。

【忻然:흔연】 기뻐하는 모양。기쁜 모양。欣然。『史記』姜嫄見巨人跡、心――說、欲踐之。(說은 悅)。

【忼】 (강) 陽 コウ、なげく indignant ㄎㄤˇ k'ang³ ❶강개할강(―慨意氣感激不平)。❷뜻이 크고 기개있을강(倜儻)。❸탄식할강(歎也)。(『慷』과 같음)

【忼慨:강개】 마음에 북받치어 분개하고 한탄함。慷慨。『史記·項羽紀』悲歌――。

【忼愾:강개】 =忼慨。『阮籍』――者高之。

【忽】 (홀) 月 コツ、たちまち suddenly ㄏㄨ hu' ❶깜짝할홀(卒也)。❷잊을홀(忘也)。『晏子春秋』――矣若之何。❸올홀(蠶吐絲)。『集韻』十蠶爲―。十―爲一絲。❹가벼이여길홀(輕也)。(『䬍』과 같음)

【忽遽:홀거】 갑자기。별안간。卒遽。『南史』實爲――。「히 대접함。

【忽待:홀대】 탐탁하지 않은 대접。소홀

【忽略:홀략】 소홀하고 간략함。수월함。

『書經·傳』怠惰――、必亂其政。

【忽微:홀미】 아주 잘고 가늘음。『漢書』皆以正聲應、無有――。

【忽視:홀시】 ❶눈여겨 보지 않고 슬쩍 보아 넘김。❷깔봄。

【忽焉:홀언】 ❶갑작스레。忽然。忽地。『論語』瞻之在前、――在後。❷마음에 거리끼지 않는 모양。『韓愈』――不加喜戚於其心。

【忽然:홀연】 ❶=忽地。『莊子·知北遊』人生天地間、若白駒之過郤――而已。❷忽忽。『史記』――爲人兮、何足控摶。❸일을 소홀히 여기는 모양。❹근거가 없는 모양。❺손쉬운 모양。

【忽傲:홀오】 사물을 깔보고 소홀히 함。『北史』諸府主自――。

【忽往忽來:홀왕홀래】 걸핏하면 가고 걸핏하면 오는 일。

【忽諸:홀저】 ❶문득 사라짐。『左傳』皐陶庭堅、不祀――。❷=忽略。

【忽地:홀지】 ❶문득。홀연。(地는 接尾辭)。忽爾。『王建』楊柳宮殿――春。❷갑자기 변하는 판。

【忽地風波:홀지풍파】 ❶갑자기 야단이 일어나는 풍파。❷뜻하지 않은 사이에 일어나는 騷亂。

【忽必烈:홀필렬】《人》一二一五~一二九四 元의 世祖。拖雷(타뢰)의 네째 아들。成吉思汗의 손자。→元 世祖。

【忽顯忽沒:홀현홀몰】 문득 나타났다가 문득 없어짐。

【忿】 (분) 吻 問 フン、いかる anger ㄈㄣˋ fen⁴ ❷분할분(恨也)。❷한할분(恨怒)。『書』爾無―疾于頑。❸노할분(―怒)。(『憤』과 통함)

【忿激:분격】 몹시 성냄。크게 노함。

【忿忮:분기】 성내어 남을 해침。『劉克莊』小人――。

【忿怒:분노】 분하여 몹시 성냄。憤怒·忿恚。『陸游』――緣何事。

【忿懟:분대】 성내어 원망함。忿怨과 同一。(懟는 怨)。『宋書』――有怨言。

【忿頭:분두】 분김。분결。

【忿戾:분려】 분개하여 거역함。분이 나서 어김。『論語·陽貨』今之矜也――。

【忿罵:분매】 성내어 꾸짖음。『南史』――形于辭色。

【忿病:분병】 통분한 일로 생긴 병。

【忿憤:분분】 분하고 원통하게 여김。憤排·憤忿·忿忿。『王勃』甘――而忘食。

【忿心:분심】 분한 마음。

【忿然:분연】 노여움을 드러내는 모양。분함을 벌컥 드러내는 모양。『戰國策·秦策』。

【忿怨:분원】 분하여 원망함。忿懟·忿恨。『范質』――容易生、風波當時起。

【忿爭:분쟁】 성이 나서 다툼。忿諍。『韓愈』初喧或――。

【忿嫉:분질】 성내어 미워함。忿疾。『南史』賊徒――。

【忿恨:분한】 노엽고 분함。아주 분함。怨恨。『漢書』――相告。

【忕】 (설)『怈』(心部 3畫)의 譌字

五 畫

【怽】 (말) 曷 マツ、わすれる forget ❶잊을말(忘也)。❷잃을말(失也)。

【怇】 (거) 語 キョ、あなどる despise 업신여길거(蔑視)。

【怊】 (초) 蕭 チョウ、かなしむ sorrow ㄔㄠ ch'ao' ❶슬플초(悲也)。❷섭섭할초(―悵失意貌)。『莊

子』－然若嬰兒之失母。
【怊悵：초창】❶원망하는 모양。『注』－－、恨貌也。❷서로 바라는 모양。『注』翰曰、－－、相望貌。❸실심한 모양。『集韻』怊、－－、失意。
【怊怊：초초】❶슬퍼 걱정하는 모양。『荀子』墨子之言、昭昭然爲天下憂不足。『補注』白鹿曰、當作－－然、憂貌。❷四方이 먼 모양。『楚辭』余顧瞻兮－－。『注』－－、四遠貌。
【怊乎：초호】 슬퍼하는 모양。『莊子』－「－若嬰兒之失其母。

【怉】(포) 皓 ホウ、いだく bosom
❶회포포(懷也)。❷품을포(懷也)。❸심란할포(心亂)。

【怋】(민) 眞 ビン、みだれる confuse
❶민망할민(悶也)。❷어지러울민(亂也)。

【怍】(작) 藥 サク、はじる shame ㄗㄨㄛ tsuo⁴
❶부끄러울작(慚也)。『論語』其言之不－。❷무안할작(顏色變)。『禮』容無－。(『怎』과 같음)
【怍色：작색】 부끄러워하는 모양。
【怍慍：작온】 부끄러워 성냄。
【怍意：작의】 부끄러워하는 마음。『孔叢子』而無－－。「굴 빛이 변함。
【怍靦：작전】 부끄러워함。 부끄러워 얼

【怏】(앙) 漾 養 オウ、うらむ vengeance 一ㄤ yang⁴
❶앙심먹을앙(情不滿足)。『漢書』塞其－－。❷원망할앙(怨也)。(『鞅』과 통함)
【怏忿：앙분】 분하게 여겨 앙갚음 할 마음을 품음。
【怏宿：앙숙】 원한을 품고 있어 서로의 사이가 좋지 못함。
【怏心：앙심】 원한을 품고 앙갚음 하기를 벼르는 마음。
【怏怏之心：앙앙지심】 마음에 흡족하게 여기지 않는 마음。
【怏然：앙연】 앙앙한 마음을 품은 모양。
【怏鬱：앙울】 불만이 있어 마음이 우울함。 鬱怏。悒鬱。

【怎】(즘) 寢 シン、いかに why ㄗㄣˇ tsen³
❶어찌즘、무엇즘(語辭猶何也)。❷어조사즘(助辭)。

【怐】㊀(구) 宥 ㊁(후) 宥 コウ、おろか foolish
㊀어리석을구(愚貌)。『楚辭』直－愁以自苦。(『佝』와 같음) ㊂뜻은㊀과같음。
【怐愁：구무】 어리석은 모양。『集韻』怐、－－、愚也。

【怒】(노) 遇 麌 ド、いかる angry ㄋㄨˋ nu⁴
❶성낼노、짜증낼노(憤激)。❷뽐낼노(奮也)。『莊子』－而飛。『外物篇』草木－生。
【怒甲移乙：노갑이을】 어떤 사람에게서 당한 노염을 딴 사람에게 화풀이 함。
【怒氣：노기】 노여운 기색。『吳越春秋』見敵而有－－。
【怒氣騰騰：노기등등】 노기가 얼굴에 잔뜩 오름。
【怒氣沖天：노기충천】 잔뜩 성이 나서 걷잡을 수 없는 상태。
【怒濤：노도】 무섭게 몰려오는 큰 파도。『孟貫』江上秋風捲－－。
【怒罵：노매】 성내어 꾸짖음。怒詈。『黃庭堅』嬉笑－－、皆成文章。
【怒目：노목】 성이 나서 눈을 부릅뜨고 바라봄。『顧況·從軍行』－－時一呼、萬騎皆辟易。
【怒髮：노발】 격노하여 일어선 머리카락。
【怒發大發：노발대발】 성을 매섭게 냄。
【怒色：노색】 노여운 얼굴색。怒氣。
【怒聲：노성】 성난 목소리。 성을 내서 지르는 소리。
【怒蠅拔劍：노승발검】 파리들의 성화에 골내어 칼을 뺌。《喩》사소한 일에 화를 냄。見蚊拔劍。
【怒言：노언】 성이 나서 거칠은 말을 함。 또는 그 말。『後漢書』不聞－－。
【怒潮：노조】 힘차게 밀어 닥치는 潮水。 몹시 거친 조수。『宋史』石岸復毁於－－。
【怒嫌：노혐】 노여움。
【怒號：노호】 ❶성내어 부르짖음。『莊子』萬籟－－。❷바람·물결 따위의 세찬 소리。『范仲淹·岳陽樓記』。『杜甫』八月秋高風－－。
◎激－、大－、發－、忿－、憤－、盛－、震－、喜－。

【怓】(뇨) 看 ドウ、みだれる confused in mind ㄋㄠ nao²
심란할뇨、맘어수선할뇨(心亂)。
【怓怓：뇨뇨】 心亂한 모양。『詩經·疏』惛怓者、其人好鄙爭、惛惛然、－－然。

【怔】(정) 庚 セイ、おそれる fear ㄓㄥ chêng¹
❶황겁할정(惶遽)。『晉書』王濬惶怖－營無地自　。❷겁낼정(懼也)。❸가슴두근거릴정(不安)。(『征』과 같음)
【怔營：정영】 까닭 없이 가슴이 울렁거리는 모양。(字解參照)。

【怕】(파) 禡 ハ、おそれる fear ㄆㄚˋ p'a⁴
두려울파(懼也)。『韓愈詩』鬼神－嘲詠。
【怕懼：파구】 두려워함。
【怕痒樹：파양수】《植》배롱나무의 異名。

【佟】(동) 冬 トウ、うれう anxious
❶근심할동(憂也)。❷두려워할동(怪－懼也)。

【怖】(포) 遇 フ、おそれる dread ㄅㄨ pu⁴
❶두려울포(惶懼)。『後漢書』其巫祝有依託鬼神詐－愚民。❷놀라게할포(懼之)。
【怖遽：포거】 두려워 벌벌 떨음。『魏志』－－氣索。
【怖悸：포계】 두려워하여 가슴이 두근거림。『後漢書·蔡邕傳』征營－－、肝膽塗地。
【怖懼：포구】 두려워함。怖慴。『李密·陳情表』不勝犬馬－－之情。
【怖伏：포복】 무서워 땅에 엎드림。
【怖畏：포외】 무섭고 두려움。『庾信』心宗親－－。
【怖慄：포율】 겁이 나서 떨림。『後漢書』海內－－。
【怖駭：포해】 두려워하고 놀람。『韓愈』
◎驚－、恐－。

【怗】(첩) 葉 チョウ、しずか quiet ㄊㄧㄝ t'ieh¹
❶고요할첩(靜也)。『公羊傳』卒－荆以此爲王者事。❷편안할첩(安也)。❸따를첩(服也)。(『帖』과 같음)
【怗服：첩복】 服從함。『王安石』還故地而至者千人、後遂－－、皆爲用。
【怗怗：첩첩】 조용한 모양。『元稹』不學着水荃、一生長－－。

【怙】(호) 𢈆 コ、たのむ ㄏㄨˋ huˋ rely upon

小篆 草書 ❶믿을호(恃也)。【書】—侈滅義。❷의지할호(依也)。【詩】無父何—。❸부탁할호(托也)。

【怙亂:호란】남의 混亂된 틈을 타서 쳐들어감。『左傳·哀·十七』——滅國者無〔後。

【怙勢:호세】권세를 믿음。

【怙恃:호시】❶믿어 의지함。『左傳』—其衆。❷자식이 믿어서 의지한다는 뜻으로 父母를 일컬음。『詩經』無父何怙、無母何恃。

【怙終:호종】전의 잘못을 뉘우침이 없이 다시 죄를 저지름。『書經』——賊刑。

【恒】(긍) 𢛳 コウ、かわらぬ(本音「흥」) constantly

❶맘한결같을긍(心如日日)。❷마침내긍(竟也)。

【怚】(저) 御 ショ、おごる boast

小篆 草書 ❶교만할저(驕也)。【史記】秦王—而不信人。❷투기할저(妒也)。❸거칠저(氣劇)。

【怛】(달) 曷 ダツ、おどろく be frightened ㄉㄚˊ ta²

小篆 或體 草書 ❶놀라울달(驚懼)。【莊子】無—化。❷수고로울달(勞也)。【詩】勞心——。❸슬플달(悲慘)。【詩】中心—兮。

【怛怛:달달】근심하고 애씀。슬퍼서 노심함。『詩經·甫·田』勞心——。

【怛悼:달도】비통함。애통함。『司馬遷』慘愴——。

【怛傷:달상】슬프고 애처로움。傷痛。『楚辭』心——之憯憯。

【怛然:달연】깜짝 놀라는 모양。愕然。『列子』——內熱、惕然震悸矣。

【怛惕:달척】비통하고 두려움。悚惕。『史記』萬夫爲之、——不安。

【怜】㊀(령) 靑 レイ、さとい clever ㄌㄧㄥˊ ling²
㊁(련) 先

草書 ㊀영리할령(慧也)。㊁불쌍할련(可哀)。(『憐』과 같음)

【怜悧:영리】똑똑하고 민첩함。伶俐。『朱淑眞·詩』始知——不如癡。

【怜質:영질】슬기로운 성질。영리한 성「질。

【思】㊀(사) 支 シ、おもう think ㄙ ssuˉ
㊁(사) 寘

小篆 小篆 草書 ㊀❶생각할사(念也)。❷원할사(願也)。【詩】—皇多士。❸어조사사(語助辭)。【中庸】神之格—、不可度—。㊁❶생각사(慮也)。【詩】悠悠我—。❷의사사(意—情緖)。

【思顧:사고】❶두루 생각함。❷생각하여 돌아봄。『漢書』——舊恩。

【思考:사고】❶생각。궁리。❷《心》습관적인 수단으로는 해결할 수 없는 사태에 있어서 해결의 수단을 찾아가는 정신적인 작용。❸=思惟③。

【思考力:사고력】사고하는 힘。

【思考方式:사고방식】생각하는 방법과 태도。

【思歸鳥:사귀조】《動》두견새의 別稱。不如歸。

【思念:사념】마음 속으로 생각함。깊이 생각함。또는 생각。思慮。

【思慮:사려】마음을 써서 생각함。思念·考慮。『禮記』——不違親。

【思料:사료】생각하여 헤아림。깊이깊이 생각함。思量。

【思望:사망】생각하고 바람。思慕。『詩經·疏』周人——仲山甫也。

【思慕:사모】❶그리워함。❷우러러 받들음。懷慕。『南史』每至忌日——。

【思母曲:사모곡】高麗의 俗謠。어머니에 대한 至情을 읊은 노래。樂章歌詞에 전함。

【思美人曲:사미인곡】歌辭。李朝 宣祖 때 鄭澈 지음。屈原의 離騷를 모방하여 임금의 사랑이 끊어진 신하의 심경을 남편에게 버림받은 아내의 심정에 비겨 읊은 것。

【思辨:사변】❶도리를 생각하여 시비를 가림。『中庸』博學之、審問之、愼思之、明辨之、篤行之。❷《哲》경험에 의하지 않고 순수한 思惟를 해 나감。

【思婦:사부】근심 걱정이 있는 여자。『陸機·爲顧彦先贈婦詩』東南有——、長歎充幽闥。

【思想:사상】❶생각。『曹植·磐石篇』—懷故鄕。『傳燈錄』能斷百——。❷社會 및 人生에 대한 일정한 견해。❸통일 있는 판단의 體系。❹《哲》판단과 推理를 거쳐서 생긴 의식 내용。

【思想家:사상가】사회 및 인생에 대하여 깊고 풍부한 사상을 가지고 있는 사람。

【思想界:사상계】❶사상이 작용하는 학술·종교 등의 세계。❷학자·예술가·종교가 등의 사회。

【思想犯:사상범】《法》사상의 자유가 보장되지 않은 국가에서 그 국가의 정책과 어긋나는 사상을 가짐으로써 성립되는 범죄。또는 그 범인。

【思想不穩:사상불온】사상이 그 나라의 國是에 비추어 온건하지 못함。

【思想戰:사상전】국가 사이의 主義·思想에 의한 싸움。

【思索:사색】❶사물의 이치를 따지어 깊이 생각함。『荀子·大略』能——、謂之能慮。『管子』——生知、慢易生憂。❷《哲》이론적으로 思惟함。

【思緖:사서】❶서로 엉킨 여러 가지 생각。『陸龜蒙』江湖——棼。❷생각의 실마리。

【思繹:사역】생각하고 찾아 구함。『世範』反復——。

【思惟:사유】❶생각함。❷생각。『漢書』——往古、而務以求賢。❸《哲》정신의 理論的 推理的 活動。경험을 통하여 주어진 감각 내용과 表象을 마음 속에서 구별·결합하여 판단을 내리는 理性의 작용。❹《佛》㉠對象을 分別하는 일。㉡淨土의 莊嚴을 관찰하는 일。

【思惟法則:사유법칙】《哲》모든 사유 작용의 근본이 되는 다섯 가지의 원리。곧 同一·矛盾·排中·充足·選言 따위의 원리。

【思齊:사제】어진 사람을 흠모함。『論語』見賢——。

【思潮:사조】한 시대 사람들의 사상의 일반적인 경향。사상의 흐름。

【思春期:사춘기】異性에 대해 관심을 갖게 되고 春情을 느낄 만한 나이。靑春期。

【思鄕:사향】고향을 생각함。
◎多—、相—、愁—、熟—、心—、沈—、意—、靜—、秋—、春—。

【怞】(추) 尤 チュウ、ほがらか bright

小篆 밝을추(明也)。

【恰】(합) 洽 コウ、たのしむ joyful ㄒㄧㄚˊ hsia²

❶즐거울합(樂也)。❷기쁠합(喜也)。

【怠】(태) 賄 タイ、おこたる lazy ㄉㄞˋ tai⁴

小篆 草書 ❶게으를태(惰也)。❷느릴태(遲也)。【書】汝惟不—。❸거만할태(慢也)。

【怠倦:태권】싫증이 나서 게을러짐。倦怠。[後漢書]日夜尋誦、未嘗──。
【怠棄:태기】태만하여 일을 그대로 던져 둠。怠廢。[書·甘誓][國語]其所──者多矣。
【怠慢:태만】게으름。느림。怠嫚。怠忽。[荀子·勸學][國語]有驕侈──之心。
【怠放:태방】태만하여 일을 등한히 함。[後漢書]──日甚。
【怠息:태식】쉼。休息。[漢書]君相朕躬、不敢──。
【怠業:태업】❶게으름을 피우는 일。❷勞動爭議의 한 가지。일을 다 끝내기도 전에 걷어치우거나 능률을 늦추거나 하여, 기업주에 대해 손해를 끼침으로써 紛爭의 해결을 꾀하는 일。
【怠傲:태오】거만하여 버릇이 없음。[孟子]及是時、般樂──。
【怠惰:태타】몹시 게으름。[漢書]但敎子孫──爾。
【怠解:태해】게을러 마음이 풀어짐。[漢書]上下──。

【㤓】(분) 吻 ホン、おろか foolish ㄅㄣ pen^4 ❶성품총혜치 못할분(性不慧)。❷어리석을분(愚也)。

【怡】(이) 支 イ、よろこぶ be pleased ㄧ i^2 小篆 書草 ❶기쁠이(悅也)。❷즐거울이(樂也)。❸화할이(和也)。[禮]下氣─色。
【怡穆:이목】즐거워하고 화목함。[北史]僔卑──。
【怡顏:이안】기쁜 낯을 함。안색을 부드럽게 함。[陶潛·歸去來辭]眄庭柯以──。
【怡悅:이열】기뻐서 좋아함。기쁨。怡懌。[孟浩然]隱者自──。
【怡豫:이예】기뻐하고 즐거워함。悅豫。[吳志]何敢──耶。
【怡怡:이이】즐거워하는 모양。기뻐서 좋아하는 모양。怡然。[論語·子路]朋友切切偲偲、兄弟──。
【怡易:이이】기뻐하고 조용함。[詩經·疏]情又喜樂而──也。
【怡和:이화】기뻐하고 화락함。和悅。[任昉]無待──。

【怢】(돌) 月 トツ、わすれる forget for the moment 갑작잊을돌(忽忘)。

【㤔】(부) 遇 フ、したがう follow ❶좇을부、따를부(從也)。❷붙을부(心附)。

【怤】(부) 虞 フ、おもう think 小篆 ❶생각부(思也)。❷기꺼울부(悅也)。

【急】(급) 緝 キュウ、いそぐ rapid ㄐㄧ chi^2 小篆 書草 ❶빠를급(疾也)。❷급할급(迫也)。❸좁을급(編也)。[後漢書]范丹以狷─不能從容常佩韋于朝。❹군색할급(窘也)。[禮]國無六年之畜曰─。
【急刻:급각】몹시 엄함。苛刻。[唐書]。
【急角度:급각도】❶갑자기 이루어진 각도。❷일의 방향이 갑자기 달라졌을 때에 쓰는 말。
【急減:급감】급히 줄음。별안간 줄임。
【急降下:급강하】급속히 내림。
【急客:급객】갑자기 오는 손님。
【急遽:급거】갑자기。썩 급하게。[歐陽修]──之至、先以惠音。
【急擊:급격】급히 침。급작이 공격함。急襲。[史記]項羽──秦軍。
【急擊勿失:급격물실】급히 쳐서 때를 놓치지 아니함。
【急境:급경】위급한 지경。
【急傾斜:급경사】몹시 가파른 경사。
【急告:급고】＝急報。
【急救:급구】급히 구원함。
【急劇:급극】급하고 격렬함。急激。
【急難:급난】위급한 곤란。급하고 어려운 일。[詩經]脊令在原、兄弟──。
【急湍:급단】급한 여울。急灘。急流。[杜甫·詩]片片輕鷗下──。
【急騰:급등】급히 오름。
【急流:급류】급히 흐르는 물。激流·激湍(격단)。[高適]湍上──聲如箭。
【急募:급모】급하게 모집함。
【急務:급무】급히 할 일。[漢書·谷永傳]王事之綱紀南面之──。
【急迫:급박】조금의 여유도 없이 절박함。
【急變:급변】❶급작스럽게 변함。❷급히 일어난 變故。[漢書]以──聞。
【急病:급병】급작스럽게 일어난 병。급한 병。
【急步:급보】급히 걷는 걸음。
【急報:급보】❶급한 보고。❷급히 알림。急告。[戴表元]──傳來又不眞、門前翁稚笑聲頻。
【急死:급사】별안간에 죽음。성급해서 죽음。
【急霰:급산】느닷없이 내리는 우박。
【急煞:급살】운수가 아주 나쁜 별。또는 그 귀신。
【急煞湯:급살탕】갑자기 일어나는 재앙을 말함。
【急紓:급서】급함과 완만함。急緩。[張衡]齊──于寒燠。
【急逝:급서】갑자기 세상을 떠남。
【急先務:급선무】가장 급히 먼저 보아야 할 일。
【急先鋒:급선봉】가장 과격한 앞장。일의 改革에 급히 앞장서는 자。
【急設:급설】급작스럽게 시설함。
【急性:급성】❶급한 성질。❷급작스럽게 일어나는 성질의 병。↔慢性。
【急所:급소】❶사물의 가장 중요한 곳。❷(醫)몸가운데의 다치거나 해롭게 하면, 목숨이 위험한 자리。
【急燒:급소】급히 탐。
【急速:급속】❶서두름。❷아주 빠름。疾速。迅速。[晉書]吳俗──、不能持久。
【急速度:급속도】아주 빠른 속도。
【急送:급송】지급히 보냄。
【急襲:급습】갑자기 습격함。
【急信:급신】급한 사정을 알리는 소식。
【急用:급용】긴급한 용무。매우 급히 쓸 일。
【急人之風:급인지풍】남의 위급함을 구원하여 주는 義俠스러운 풍채。
【急電:급전】급한 일을 알리는 전보。
【急轉:급전】급자기 형편이 바뀜。
【急轉直下:급전직하】형세가 갑자기 변하여 걷잡을 수 없이 막 내리 밀림。
【急切:급절】매우 급하게 닥침。몹시 切迫함。
【急停車:급정차】급히 차를 세움。[後漢書·註]背當時之──。
【急停止:급정지】급히 멈춤。
【急躁:급조】성미가 조급함。
【急卒:급졸】갑작스러움。[顏氏家訓]迫有──。
【急症:급증】급작스럽게 일어나는 병。
【急增:급증】급히 增加함。↔急減。
【急進:급진】❶빨리 진행함。❷급속히 이상을 실현하려는 일。❸벼슬자리가 급히 올라감。↔漸進。
【急進主義:급진주의】현재의 政體나 사회제도를 급속히 바꾸려는 주의。
【急進派:급진파】理想이나 어떤 일을 급히 진행시키려는 파。
【急促:급촉】조그만 여유도 없이 촉박함。急迫。
【急追:급추】급히 쫓아감。
【급파:急派】급히 파견함。

【急行:급행】 ❶급히 감。↕緩行。 ❷急行列車의 略語。

【急行券:급행권】 급행열차를 타기 위하여 특별히 구입하는 표。

【急行列車:급행열차】 도중 정거가 적고 속력이 빠른 열차。

【急行料金:급행요금】 급행 열차를 탈 때에 찻삯 밖에 특히 더 받는 돈。

【急行車:급행차】 急行列車의 略語。

◎救—、緊—、不—、性—、時—、緩—、危—、應—、早—、躁—、峻—、至—、特—、火—、遑—。

【怦】 (평) 庚 ヒョウ、せっかち quick temper ㄆㄥ p'êng'

草書 ❶맘급할평(心急)。 ❷칼칼할평(忠直)。

【怦怦:평평】 마음이 忠直한 모양。『楚辭·九辯』心——兮諒直。

【怵】 (줄) 質 シュツ、うれえる anxious

❶근심할줄(憂心)。 ❷두려워할줄(怖心)。

【性】 (성) 敬 セイ、ショウ、たち personality; character ㄒㄧㄥ hsing'

小篆 草書 ❶성품성(賦命自然)。 ❷마음성(—情、—本)。『大學』拂人之—。 ❸바탕성(質也)。 ❹색욕성(—慾)。

【性感:성감】 性交 때 느끼는 쾌감。

【性格:성격】 ❶각 사람에게 특유한 성질。인품。品性·性質·品格。『李中』——孤高世所稀。 ❷《心》人格의 도덕적 사회적 側面을 나타내는 특성。습관·情操·理想 따위가 통합된 것。

【性格描寫:성격묘사】 소설이나 戲曲·영화 등에서 개인의 성격적 특색을 그려 내는 일。

【性格俳優:성격배우】 성격극에서 하나의 성격을 창조하는 배우。

【性交:성교】 남녀가 서로 육체적으로 관계하는 일。性行爲。房事。

【性教育:성교육】 젊은 남녀에게 성에 대한 건전한 지식을 주기 위한 교육。

【性急:성급】 성질이 몹시 급함。『韓非子』西門豹——、故帶韋以自緩。

【性器:성기】 《生》生殖器。

【性能:성능】 ❶성질과 능력。 ❷기계 따위가 일을 하여 낼 수 있는 능력。

【性靈:성령】 ❶영혼。『文心雕龍』——所鍾、是謂四才。 ❷《宗》聖靈。

【性理:성리】 ❶人性과 天理。 ❷본성。『世說』——遂錯。 ❸人性의 原理。

【性理學:성리학】 《哲》人性과 天理를 論한 儒教哲學。宋의 周濂溪·張橫渠·程顥·程頤·朱熹 등이 제창한 學說。宋學。道學。理學。

【性命:성명】 ❶人性과 天命。 ❷萬物이 제각기 가지고 있는 天賦의 성질。『易·乾』乾道變化、各正——。 ❸生命。壽命。『諸葛亮』苟全——於亂世。

【性味:성미】 마음결。성질과 취미。

【性癖:성벽】 ❶성미처럼 되어 있는 버릇。 先天的 또는 主觀的으로 情慾의 만족을 지향하는 素質。 ❷성격과 버릇。

【性別:성별】 남성·여성의 구별。암·수의 구별。

【性病:성병】 《醫》주로 불결한 성교로 말미암아 생식기에 생기는 병의 통칭。임질·매독 따위。花柳病。

【性狀:성상】 ❶됨됨이나 모양새。 ❷성질과 행실。 ❸性情。

【性生活:성생활】 남녀의 육체적 교섭에 관한 생활。

【性腺:성선】 =生殖巢。

【性善說:성선설】 《哲》孟子가 제창한 도덕설。사람의 본성은 착하나、物慾 때문에 不義가 일어난다는 설。↕性惡說。『孟子』人性之善也、猶水之就下也。

【性惡說:성악설】 《哲》荀子가 제창한 도덕설。사람의 본성은 악하며、선천적으로 利慾의 마음이 강하다는 설。↕性善說。『荀子』人之性惡、其善者僞也。

【性慾:성욕】 남녀간 또는 雌雄間에 性交를 하고자 하는 욕망。色慾。

【性的:성적】 성에 관계되는 것。

【性的魅力:성적매력】 성욕상으로 이성의 상대자를 호리는 힘。

【性的生活:성적생활】 성욕에 관계되는 방면에서 본 인생의 생활。

【性的衝動:성적충동】 성욕이 일어나게 하는 충동。

【性情:성정】 ❶성질과 심정。『易經』利貞者——也。 ❷타고난 性稟。

【性燥:성조】 성질이 조급함。

【性拙:성졸】 성질이 몹시 옹졸함。

【性智:성지】 본디 타고난 지혜。『論衡』——開敏、明達六藝。

【性質:성질】 ❶타고난 기질。고유의 성격。天性·資質·性分。『唐書』——嚴重、起居皆有禮法。 ❷그것만이 가지고 있는 바탕。특성。특질。「形質。성적 특징。

【性徵:성징】 남녀·雌雄의 性의 特異的 특징。

【性體:성체】 마음의 本體。『北史』若論——、非愜非寬。

【性品:성품】 성질과 품격。성질과 됨됨이。「성질。性情。

【性稟:성품】 사람이 본디 가지고 있는 성질。

【性行:성행】 성질과 행실。

【性向:성향】 성질의 경향。

◎乾—、慣—、根—、急—、男—、德—、同—、慢—、無—、本—、佛—、酸—、習—、神—、心—、惡—、野—、藥—、陽—、兩—、女—、雄—、異—、理—、人—、自—、雌—、磁—、中—、知—、至—、眞—、天—、惰—、特—、品—、活—。

【怨】 ㊀(원) 願 ㊁(원) 元 エン、うらむ grudge ㄩㄢ yuan'

小篆 古文 草書 ㊀❶원망원(恨也)。『陳琳賦』夫何人之足—。 ❷원수원(仇也)。㊁❶원수원(讎也)。『樂毅書』我有積—深怒於齊。 ❷분낼원(恚也)。『禮』外擧不避—。

【怨歌:원가】 鄕歌。新羅 信忠 지음。옛정을 버린 王을 원망하는 내용임。

【怨苦:원고】 원망하여 고민함。

【怨骨:원골】 원한을 품고 죽은 사람。

【怨仇:원구】 원망스러운 원수。怨敵。『晉書·劉曜載記』下無——、上無怨人。

【怨咎:원구】 원망하고 타박함。원망하고 꾸짖음。怨尤。『戰國策』蒙——、欺舊交。

【怨溝:원구】 ❶원한으로 말미암아 생긴 울화。 ❷사이를 가로막는 원한의 도랑。

【怨忌:원기】 원망하고 미워함。『書經·疏』汝能不自相——。

【怨念:원념】 원한을 품은 생각。「史」。

【怨怒:원노】 원망하며 노함。怨恚。『元

【怨懟:원대】 원망함。원망。『漢書』商私——。(商은 王商)。

【怨毒:원독】 몹시 원망하고 미워함。몹시 큰 원한。『阮籍·詩』——常苦多。『史記』——之於人、甚矣哉。

【怨望:원망】 남을 못마땅하게 여기고 탓함。마음에 불평을 품고 미워함。『史記』由此日——、居常鞅鞅。

【怨慕:원모】 임금이나 父親의 無情을 원망하면서도 오히려 사모함。『孟子·萬章』何爲其號泣也、孟子曰、——也。

【怨婦:원부】 ❶남편이 없음을 한탄하는 여자。寡婦。 ❷임금의 총애를 잃은 여자。 ❸婚期를 놓친 여자。怨女。『吳少微·怨

歌行』城南有——、含情傍芳叢。

【怨誹：원비】 원망하고 비방함。 怨謗。

【怨聲：원성】 원망하는 소리。 〔史記〕小雅——而不亂。

【怨訴：원소】 원망하고 호소함。 원망스러운 하소연。〔徐陵〕。

【怨讎：원수】 ❶자기 또는 자기 나라에 참지 못할 해를 끼친 사람。 『宋史』與人交、終身無——。 ❷전쟁의 상대。 적。 ❸원한의 대상이 되는 그것。 怨敵。 『國語·晉語』卒於——。 ❹해를 끼치는 것。 讎敵。 仇敵。

【怨讎置簿：원수치부】 원수진 것을 오래 기억해 둠。

【怨心：원심】 원망스러운 마음。

【怨言：원언】 원망하는 말。 『左傳』且出——、不食其食。

【怨入骨髓：원입골수】 怨恨이 骨髓에 사무침。 怨徹骨髓。 《喩》몹시 원망하는 모양。 『漢書』或不洗沐十餘年、——。

【怨敵：원적】 원한의 적。 원수。 「名。

【怨鳥：원조】 《動》 두견새。 子規의 別

【怨天：원천】 하늘을 원망함。

【怨天尤人：원천우인】 하늘을 원망하고 사람을 탓함。

【怨慝：원특】 원한을 품고 악한 짓을 함。

【怨恨：원한】 원통하고 한되는 생각。 怨懟。 〔國語〕財亡民罷、莫不——。 『易林』國人利貞、終無——。

【怨嫌：원혐】 ❶원망과 혐의。 ❷원망하고 미워함。 怨惡·怨惛。 『後漢書』免讒口、濟——。

【怩】 ㊀(니) 支 ジ、ニ、はじる feel ashamed ㄋㄧˊ ni² ㊁(닐) 質

小篆 草書 ㊀❶겸연쩍을니(忸—心怩)。『孟子』忸—。〔註〕慚色也。❷부끄러울니(愧也)。㊁뜻은 ㊀과 같음。

【忒】 (특) 職 トク、たがう deviate from

小篆 어그러질특(違也)。

【怪】 (괴) 卦 カイ、ケ、あやしい strange ㄍㄨㄞ kua

小篆 草書 ❶기이할괴(奇也)。❷의심할괴(疑也)。❸궤술괴(詭異)。〔中庸〕索隱行—。❹괴이할괴(異也)。〔書〕鉛松—石。❺괴물괴(人妖物孽)。❻요괴괴(妖也)。〔太玄經〕—分靑赤白黑黃。❼깜짝놀랄괴(驚歎辭)。(『傀』와 같음)

【怪傑：괴걸】 괴상한 재주나 힘이 있는 호걸。 이상할 만큼 뛰어난 인물。

【怪巧：괴교】 괴상하고 교묘함。

【怪鬼：괴귀】 도깨비。 怪物·妖怪。 『唐書』厭劾——。

【怪奇：괴기】 괴상하고 기이함。 이상야릇함。 奇怪。 怪異。 황당무계함。

【怪談：괴담】 ❶괴상한 이야기。 이상야릇한 이야기。 ❷도깨비 이야기。

【怪力：괴력】 ❶超人的인 뛰어난 큰 힘。 ❷怪異와 勇力。

【怪妄：괴망】 언행이 괴상하고 망칙함。 乖僻。

【怪妄迂僻：괴망우벽】 괴망하고 올바르지 못함。

【怪夢：괴몽】 몹시 괴상한 꿈。

【怪聞：괴문】 괴상한 소문。

【怪物：괴물】 ❶괴상하게 생긴 물건。 『韓愈』天地之濱、大江之濱、曰有——焉。 ❷행동이나 생김새가 괴상한 인물。

【怪癖：괴벽】 괴이한 버릇。

【怪變：괴변】 괴상한 변고。

【怪病：괴병】 괴상한 병。

【怪事：괴사】 괴상한 일。 『晉書』作咄咄——四字而已。

【怪狀：괴상】 기괴한 모양。

【怪石：괴석】 ❶괴상하게 생긴 돌。 奇石。 『柳宗元·文』幽泉——。 ❷玉의 다음 가는 예쁜 돌。 『書經·禹貢』厥貢鉛松——。

【怪石奇草：괴석기초】 이상하게 생긴 돌과 기이한 풀。

【怪說：괴설】 이상한 믿을 수 없는 말。 『荀子』治——、玩奇辭。

【怪獸：괴수】 괴상한 짐승。 奇獸。

【怪巖：괴암】 이상하게 생긴 바위。

【怪魚：괴어】 괴상하게 생긴 물고기。 보지 못하던 물고기。

【怪言：괴언】 이상한 말。 『曹植』辭繁寡實、頗有——。

【怪勇：괴용】 괴상한 용기。

【怪雲：괴운】 모양이 괴상한 구름。

【怪異：괴이】 ＝怪奇。

【怪鳥：괴조】 ❶괴상하게 생긴 새。 ❷마음이 비틀어진 사람。

【怪疾：괴질】 《醫》 ❶원인을 알 수 없는 괴상한 병。 ❷콜레라。 虎列剌。

【怪鴟：괴치】 《動》부엉이의 異名。 『爾雅·釋鳥』。

【怪特：괴특】 남 달리 괴상한 일。 怪異。

【怪漢：괴한】 거동이 괴상한 사나이。 『柳宗元』未始知西山之——。

【怪火：괴화】 원인을 알 수 없는 괴상한 불。

◎古—、奇—、神—、妖—。

【怰】 (횡) 庚 コウ、しつぼうする be disappointed(in) 실심할횡(失志貌)。

【怫】 ㊀(비) 未 ヒ、フツ、いかる angry ㄈㄟˋ fei⁴ ㊁(불) 物

小篆 草書 ㊀❶괴란할비(—悁心不安)。❷발끈할비(忿貌)。(『沸』와 같음) ㊁답답할불(鬱也)。 〔魏樂府〕我心何—鬱。

『莊子』—然作色。

【怫戾：불려】 도리에 어그러짐。 『唐書』禮讓行于殊俗、則——者化。

【怫恚：불에】 불끈하고 성냄。 『唐書』太后方——。

【怫然：불연】 불끈하고 성내는 모양。 성을 왈칵 내는 모양。 『莊子』——作色。

【怫悅：불열】 생각이 잘 안 나는 모양。 『文選·陸機文賦』於是沈辭——。

【怫鬱：불울】 불만이나 불평이 있어 마음이 끓어 오르고 답답함。 『後漢書』心——。

【怫悁：불위】 ❶마음이 不安함。 『文選·嵇康琴賦』——煩冤。 ❷용감하게 날뛰는 모양。 沸渭。 『班固·竇車騎北征頌』士——以爭先。

【怭】 (필) 質 ヒツ、あなどる despise

草書 업신여길필(慢也)。(『佖』과 통함)

【怭怭：필필】 남을 업신여기는 모양。 행동이 거만한 모양。 『詩經·賓之初筵』威儀——。

【怮】 ㊀(요) 蕭 ヨウ、うれえる anxiety ㊁(유) 有 ㄧㄡ yu¹

小篆 ㊀❶근심할요(憂貌)。❷눈쌀찌프릴요(憂貌)。㊁❶부루퉁할유(含怒不言)。❷근심할유(憂貌)。

【怯】 (겁) 葉 キョウ、おそれる dread ㄑㄧㄝ ch'ieh⁴

草書 ❶무서워할겁(恐也)。『後漢書』光武見小敵—。❷겁낼겁(多畏)。❸으를겁(恐脅)。(『愶』과 같음)

【怯劣：겁렬】 비겁하고 용렬함。 懦劣。 『晉書』貪汙者謂之淸勤、愼法者謂之——。

【怯夫：겁부】 비겁한 사내。 懦夫。 『史記』猶孟賁之與——。

【怯聲:겁성】 겁이 나서 지르는 소리。무서워서 내는 소리。

【怯心:겁심】 겁나는 마음。

【怯弱:겁약】 겁이 많고 마음이 나약함。怯懦。『易經·註』沈沒ㅣㅣ、自守而已。

【怯疑:겁의】 겁결에 어떻게 할 바를 모름。『列子·力命』勇敢ㅣㅣ。

【怯鍼:겁침】 침맞기를 겁을 냄。

【怯惰:겁타】 겁이 많고 게으름。『宋史』軍政久廢、士氣ㅣㅣ。

【怯怖:겁포】 겁이 나서 두려워 함。怯懾。

【怱】 (총)『悤』(心部 7畫)의 俗字

【怱急:총급】 대단스럽게 바쁨。怱忙。

【怱忙:총망】 매우 급하고 바쁨。『杜甫·新婚別詩』。

【怱擾:총요】 바쁘고 부산함。

【怱卒:총졸】 ❶조급하게 총총거림。安定되지 않는 모양。❷바쁜 것。倉卒。怱忙。『歐陽修』多事ㅣㅣ。

【怱怱:총총】 ❶일이 매우 급하고 바쁜 모양。❷몹시 급하게 몰리는 모양。

【怲】 (병) 梗 敬 ヘイ、うれえる anxious ㄅㄧㄥˇ ping³

小篆 草書 근심할병(憂也)。『詩』憂心ㅣㅣ。

【怲怲:병병】 근심이 가득 찬 모양。『詩經·弁弁』未見君子憂心ㅣㅣ。

【怳】 (황) 養 コウ、くるう confused ㄏㄨㄤˇ huang³

小篆 草書 ❶당황할황(惝ㅣ狂貌)。❷실심할황(自失貌)。『楚辭』臨風ㅣ兮浩歌。❸황홀할황(沖漠難狀)。『道德經』惟ㅣ惟怱。

【怳然:황연】 ❶놀라 쳐다보는 모양。❷自失하는 모양。❸정신이 흐리멍덩하여 마음이 팔리는 모양。恍然。

【怳兮:황혜】 ❶사물이 분명하지 않은 모양。황홀한 모양。『老子·二十一』ㅣㅣ忽兮、其中有物。❷실심한 모양。『楚辭·九歌』。

【怳忽:황홀】 ❶광채가 어른어른하여 눈이 부심。❷사물에 눈이 팔려 멍하니 서 있는 모양。❸미묘하여 헤아려 알기 어려움。❹흐릿하여 분명하지 아니함。怳忽。慌惚。恍惚。『老子』道之爲物、惟惟怳忽。

【怵】 (출) 質 チュツ、かなしむ sorrow ㄔㄨˋ ch'u⁴

小篆 草書 ❶두려워할출(恐也)。❷슬플출(悽愴)。『禮』心ㅣ而奉之以禮。

【怵於禍福:출어화복】 화복을 생각하고 두려워하는 것。

【怵然:출연】 두려워하는 모양。『淮南子』ㅣㅣ若有所誘慕。

【怵惕:출척】 두려워하고 근심하는 모양。『書經·冏命』ㅣㅣ惟厲。『孟子』ㅣㅣ惻隱。

【怵怵:출출】 두려워하는 모양。『枚乘』ㅣㅣ惕惕。

【怵殆:출태】 두려워하고 위구함。『吳萊』中心旣ㅣㅣ。

【忯】 (기) 〔國字〕

산이름기(山名)。「ㅣ怚」。

【怺】 (영) こらえる endure

草書 견딜영(堪也)。〔日字〕

六畫

【恀】 ㊀(지) 紙 ㊁(치) 紙 ジ、シ、たのむ request

㊀믿을지(怙恃)。㊂뜻은 ㊀과 같음。

【恁】 ㊀(임) 沁 ㊁(님) 侵 ニン、ジン、おもう think ㄖㄣˋ jen⁴

小篆 草書 ㊀❶생각할임(念也)。『班固典引』勤ㅣ旅力。❷믿을임(信也)。㊁이러할님(如此)。

【恁麼:임마】 ❶어떻게。『傳灯』六祖問、ㅣㅣ物恁麼來。❷이와 같음。『傳燈錄』三歲孩兒、也解ㅣㅣ道。

【恁生:임생】 이와 같음。(生은 助詞)。『正字通』恁、俗言如此也、又云、恁生、俗字猶言如何也。

【恁的:임적】 이와 같음。恁地。『元曲』小官暗想來只得如此、若ㅣㅣ呵、不濟事。

【恁地:임지】 이와 같음。이와같이。『朱子全書』義理儘無窮、前人ㅣㅣ說亦未必盡。

【恃】 (시) 紙 ジ、たのむ request ㄕˋ shih⁴

小篆 草書 ❶믿을시(賴也)。❷의지할시(依也)。『詩』無母何ㅣ。❸어머니시(母也)。

【恃賴:시뢰】 믿고 의지함。의지로 함。恃憑。依賴。『後漢書』自天子及大臣、皆ㅣㅣ之。

【恃惡:시악】 자기의 惡性을 믿음。

【恃而不恐:시이불공】 믿는 곳이 있어서 두려워하지 아니함。

【恃險:시험】 험한 地形을 의지함。『國語·鄭語』。

【恂】 ㊀(순) 眞 ㊁(준) 震 シュン、まこと truth ㄒㄩㄣˊ hsün²

小篆 草書 ㊀❶진실할순(信實貌)。『後漢書』德行ㅣ ㅣ召伯春。❷믿을순(信也)。『書』廸知忱ㅣ。❸온공스러울순(恭貌)。㊁무서울준(ㅣ慄嚴也)。

【恂懼:순구】 =恂慄。『莊子』木處則惴慄ㅣㅣ。

【恂目:순목】 눈을 깜빡임。瞬目。『列子』今汝怵然、有ㅣㅣ之志。

【恂恂:순순】 ❶진실한 모양。❷진실성이 있는 모양。『論語·鄕黨』孔子於鄕黨ㅣㅣ如也。❸두려워하고 근심하는 모양。

【恂然:순연】 ❶별안간。갑작스럽게。❷두려워하는 모양。『莊子』ㅣㅣ棄而走。『柳宗元·捕蛇者說』ㅣㅣ起而視其缶。

【恂慄:순율】 두려워하여 부들부들 떨음。『大學』瑟兮僩兮者、ㅣㅣ也。

【恄】 (휼) 質 キツ、くるふ mad ㄒㄩˋ hsü⁴

미칠휼(狂也)。

【恒】 ㊀(항) 蒸 ㊁(긍) 徑 コウ、つね always ㄏㄥˊ hêng²

小篆 古文 草書 ㊀❶늘항(久也)。❷항상항(常也)。『易』ㅣ久也。❸옛항(故也)。『禮』文繡有ㅣ。❹언제든지항(平素)。『晉書祜本傳』天下不如意、ㅣ十居七八。(『恆』과 같음) ㊁❶시위긍(弦也)。『詩』如月之ㅣ。❷두루할긍(徧也)。『詩』ㅣ之秬秠。

【恒久:항구】 바뀌지 아니하고 오래오래 감。永久·永遠。『易經』天地之道、ㅣㅣ而不已也。

【恒茶飯:항다반】 《喩》예사로 늘 있어 이상하거나 신통할 것이 없는 일。

【恒德:항덕】 변함 없이 한결같게 지니고 있는 덕。『易經』恒其德貞、婦人吉、夫子凶。

【恒例:항례】 두루 많이 있는 事例。정기적인 行事。常例。

【恒士:항사】 보통 사람。凡人。常人。『戰國策』甘茂賢士、非ㅣㅣ也。

【恒事:항사】 언제나 있는 일。

【恒産:항산】 ❶생활할 수 있는 일정한 재산。❷일정한 生業。『孟子·梁惠王』無——而有恒心者、惟士爲能。

【恒常:항상】 늘 언제나。『柳宗元』進止威儀、動有——。

【恒性:항성】 언제나 변하지 않는 성질。

【恒星:항성】 《天》스스로 빛을 내며、天球上의 相對位置를 변하지 않는 별。붙박이별。↕惑星·遊星·彳星·慧星。

【恒星日:항성일】 《天》지구가 태양에 대하여 한 번 自轉하는 시간。二三시간 五六분 四·〇九一초。

【恒星週期:항성주기】 《天》 위성이나 또는 유성이 그 중심되는 천체를 한 바퀴 도는 동안。

【恒速:항속】 ❶항상 빠름。❷항상 유지하는 일정한 속도。

【恒數:항수】 ❶어떤 관계를 통하여 일정 불변의 값을 가진 수와 양。원주율、만유 인력 상수、탄성율 따위。❷일정 불변한 각종의 사물 및 그를 나타내는 기호。곧 數字 및 기타의 文字。常數。定數。↕變數。

【恒習:항습】 언제나 하는 버릇。항상 지니고 있는 습관。

【恒時:항시】 平常時。보통 때。平生。平常。『韓愈』顏色異——。

【恒式:항식】 일정 불변하는 격식。恒格。定式·常式。『舊唐書』仍編入令以爲——。

【恒心:항심】 언제나 지니고 있는 떳떳한 마음。항상 품고 있어 변하지 않는 마음。『孟子』無恒産者、無——。

【恒言:항언】 언제나 하는 말。보통 말。『孟子·離婁』人有——、天下國家。

【恒業:항업】 일정한 직업。일정한 생업。

【恒溫動物:항온동물】 《動》항상 일정한 체온을 보유하는 동물。곧 고등 척추동물。옛날에는 이 점에만 유의하여 溫血動物이라 일컬었음。等溫動物。

【恒用:항용】 ❶늘 있거나 써서 예사임。드물거나 귀할 것 없이 보통임。❷늘。보통。

【恒用件:항용건】 항상 쓰이는 물건。

【恒雨:항우】 일정한 시기에 내리는 비。『書·洪範』。

【恒醫:항의】 보통 의사。평범한 의원。庸醫。『論衡』微病——皆巧、篤劇扁鵲乃良。

【恒操:항조】 항상 변함이 없는 志操。『漢書』馮參好禮儀、終不改其——。

【恒風:항풍】 ❶항상 계속하여 부는 바람。『書經·洪範』。❷貿易風과 같이 항상 일정한 방향으로 부는 바람。언제나 赤道를 향하여 불음。지구 자전의 영향으로 北半球에서는 동북、南半球에서는 동남의 방향을 가짐。卓越風。恒信風。

【恒河沙:항하사】 印度 갠지스江의 모래알。《喩》헤아릴 수 없을 만큼 수효가 많음。『張陽』深心大海水、廣願——。

【恆】 (항)『恒』(前條)의 本字

【恈】 (모) 尤 ボウ、むさぼる covet (古音『무』) 草書 ❶탐낼모(貪也)。『荀子』——然惟利之見。❷탐내어아낄모(貪愛)。

【恈恈然:모모연】 탐하고 아끼는 모양。『荀子』——、惟利之見。

【恇】 (광) 陽 キョウ、おそれる fear ㄎㄨㄤ k'uang¹ 小篆 草書 ❶겁낼광(怯也)。❷두려워할광(恐也)。『梁鴻詩』嗟——兮誰留。

【恇怯:광겁】 겁냄。『魏志』——失守。

【恇恇:광광】 겁내는 모양。『後漢書』嗟——兮誰留。

【恇懼:광구】 겁내어 당황함。『後漢書』。

【恇勷:광양】 성질이 조급함。

【恇擾:광요】 겁내어 혼란됨。恇撓。『稽史』驕馭皆——、不知所爲。

【恇駭:광해】 겁내고 놀람。『晋書·宗室傳』闔境士庶、莫不——。

【恟】 (충) 東 シュウ、どきどきする throb ❶맘동할충(心動)。❷맘두근거릴충(惶急)。

【恊】 (협)『愶』(心部10畫)과 같음(『協』과 別字)

【恋】 (련)『戀』(心部19畫)의 俗字

【侘】 ㊀(탁) 藥 タ、はかる conjecture ㊁(차) 麻 ㄔㄚˋ ch'a⁴ 草書 ㊀요량할탁(量也)。㊁마음이 안정되지 않는 모양차(—傺)。

【恌】 (조) 篠 蕭 チョウ、うすい frivolious ㄊㄧㄠ t'iao¹ 草書 경박할조(偷薄)。『詩』視民不—。

【㤠】 ㊀(렬) 屑 レツ、うれえる worry about ㊁(례) 霽 ㊀근심할렬(憂也)。㊁놀랄례(驚也)。

【恍】 (황) 養 コウ、ほのか vague: dim ㄏㄨㄤˇ huang³ 草書 ❶어두울황(昏也)。『道德經』惚兮—兮。❷황홀할황(不明—惚)。❸흐리멍덩할황(不明)。(『慌·怳』과 같음)

【恍然:황연】 황홀하여 얼빠진 모양。然。恍焉。『朱熹·中庸章句』。

【恍惚:황홀】 ❶아름다운 물건 따위에 마음이 팔려 멍하니 서 있는 모양。❷광채가 어른어른하여 빛남。怳忽。「지。

【恍惚境:황홀경】 황홀한 지경 이나 경

【恍惚難測:황홀난측】 흐릿하고 어른어른하여 분명히 헤아리기가 어려움。

【恍恍:황황】 얼빠진 모양。『史記』聽——而無聞。

【恐】 ㊀(공) 腫 ㊁(공) 宋 キョウ、おそれる fear ㄎㄨㄥˇ k'ung³ 小篆 古文 草書 ㊀❶두려울공(懼也)。『正韻牋』—有驚惶之意懼乃畏怕之實 —在懼前也。❷겁을낼공(㤼也)。❸놀라게 할공(—嚇)。『漢書 淮陽憲王傳』令弟光—王。㊁❶염려할공(慮也)。❷의심낼공(疑也)。❸속대중할공(億度)。

【恐喝:공갈】 ❶무섭게 으르고 위협함。恐嚇。『戰國策』橫人日夜務以秦權、——諸侯、以求割地。❷《法》他人에게 협박하여 財物을 交付받거나 또는 재산상의 不法利益을 얻는 일。

【恐喝狀:공갈장】 공갈하기 위하여 남에게 보내는 글。

【恐喝罪:공갈죄】 《法》사람을 공갈하여 재물의 교부를 받거나、재산상의 불법 이익을 취득하는 죄。

【恐喝取財:공갈취재】 공갈하여 남의 「재물을 빼앗음。

【恐悸:공계】 무서워서 가슴이 두근거림。『錢𡖖·文』——難安。

【恐懼:공구】 ❶몹시 두려워함。『史記』戰戰——、善守善終哉。❷편지의 終末에 쓰는 말。

【恐慄:공률】 무서워 부들부들 떨음。『恐悚。『張衡』——若探陽。

【恐迫:공박】 무섭게 으르고 대어들음。恐喝。脅迫。劫迫。

【恐水病:공수병】 《醫》개의 傳染病의 하나。개가 미쳐서 죽을 뿐 아니라 이 병에

걸린 개에게 물리면 사람에게도 전염함。환자는 液體를 마실 수 없고、보기만 하여도 嚥下筋의 경련을 일으킴。狂犬病。

【恐愼：공신】 두려워하고 삼감。『晏子·雜·上』ㅣㅣ而不能言。

【恐縮：공축】 두려워 몸을 오므림。

【恐怖：공포】 ❶두려워함。무서워함。❷두려움과 무서움。❸《心》미래에 있어서 고통이나 재앙을 받을 것이라고 생각할 때 일어나는 情緖。

【恐怖感：공포감】 무서워하는 느낌。

【恐怖心：공포심】 무서워 하는 마음。

【恐怖政治：공포정치】 폭력으로써 反對黨을 탄압하여 행하는 정치。

【恐怖症：공포증】 《醫》항상 무엇에 질린 것처럼 불안을 느끼는 병。

【恐嚇：공하】 ＝恐喝。

【恐脅：공협】 무섭게 을러댐。威脅。劫脅。『梁武帝』更相ㅣㅣ、以求財帛。

【恐惑：공혹】 두려워서 迷惑함。『史記·晉世家』民ㅣㅣ。

【恐慌：공황】 ❶急變한 사태에 놀랍고 두려워 허둥지둥함。❷《經》經濟恐慌의 略語。물자의 생산과 소비가 均衡이 잡히지 않고、가격의 격변·실업의 증대 등을 惹起시켜、경제가 불안과 혼란에 빠지는 상태。

【恐惶：공황】 두려워서 할 바를 모름。

【怈】 ㊀(예) 囈 エイ、ならう train exercise ㊁(체) 囈 小篆 ㊀❶익힐예(習也)。❷밝을예(明也)。㊁뜻은 ㊀과 같음。

【恑】 (궤) 紙 カイ、くいる regret ㄍㄨㄟˇ kuei³ 小篆 ❶변할궤(變也)。❷뉘우칠궤(悔也)。

【恓】 (서) 齊 セイ、なやむ worry ㄒㄧ hsi¹ ❶애쓸서(煩惱貌ㅣ惶)。❸번뇌할서(煩惱貌ㅣ惶)。

【恔】 (교) 效 コウ、こころよい pleasant ㄒㄧㄠˋ hsiao⁴ (古音「효」) 小篆 草書 ❶쾌할교(快也)。『孟子』於人心獨無ㅣ乎。❷시원할교(爽也)。

【恕】 (서) 御 ショ、ゆるす pardon ㄕㄨˋ shu⁴ 小篆 古文 草書 ❶어질서(仁也)。『傳曰』仁者必ㅣ而後行也。❷헤아릴서(忖也)。『中庸疏』ㅣ者忖度其義於人也。❸용서할서(以己體人)。❹동정심서(同情心)。『論語 里仁』其ㅣ乎、己所不欲勿施於人。

【恕諒：서량】 용서하고 양해함。

【恕免：서면】 죄를 용서하여 면하게 함。

【恕思：서사】 남을 동정함。또는 동정。

【恕宥：서유】 관대하게 용서함。남의 살못을 용서함。『韓愈·南山詩』。『韓愈·南山詩』。

【恕直：서직】 관대하고 정직함。『北史』性ㅣㅣ、兼有威重。

【恖】 (사)『思』(心部 5畫)와 같음

【恙】 (양) 漾 ヨウ、つつが disease 小篆 草書 ❶근심할양(憂也)。❷병양(病也)。『風俗通』噬蟲能食人心古者 草居多被此毒故相問勞曰無ㅣ。

【恙憂：양우】 염려되는 일。근심。

【恙蟲：양충】 《動》節足動物 거미目에 딸린 진드기의 幼蟲。

【恗】 (과) 麻 カ、ほこる boast ㄎㄨㄚˇ k'ua³ ❶큰체할과(心自大)。❷자랑할과(自慢)。(『誇』와 같음)

【恚】 (에) 寘 イ、いかる angry ㄏㄨㄟˋ huei⁴ (古音「혜」) 小篆 草書 ❶성낼에(恨怒)。❷분낼에(憤也)。❸원망할에(嗔ㅣ焰)。

【恚憾：에감】 ＝恚恨。『徐陵』反爲ㅣㅣ、妄相陷辱。

【恚怒：에노】 ＝恚忿。『晋書』性無ㅣㅣ。

【恚忿：에분】 원망하고 성냄。恚怒。『魏書·崔光傳』終日怡怡、未嘗ㅣㅣ。

【恚憤：에분】 노하여 분개함。憤恚。『後漢書』出城餐糗糒、ㅣㅣ而死。

【恚汗：에한】 ❶성나서 땀이 남。『唐書』ㅣㅣ不自處。❷성나서 난 땀。「恚望。」

【恚恨：에한】 노하여 원망함。恚憾。

【恛】 (회) 灰 カイ、いらだつ fluster oneself 맘허둥거릴회(昏亂貌)。『太玄經註』小人執志不堅ㅣㅣ然從人。

【恜】 (칙) 職 チョク、つつしむ cautious ❶조심할칙(惕也)。『顏氏家訓』卜得惡卦反令ㅣㅣ。❷겁낼칙(怯也)。

【恝】 ㊀(개) 卦 カイ、カツ、うれいがない freedom from care ㊁(괄) 黠 ㄐㄧㄚˊ chia² 草書 ㊀걱정없을개(無愁貌)。『孟子』公明高以孝子之心爲不若是ㅣ。(『介』와 같음) ㊁뜻은 ㊀과같음。

【恝置：개치】 버려 둠。『福惠全書』有不能ㅣㅣ者矣。

【恝待：괄대】 푸대접함。업신여김。恝視。

【恝視：괄시】 ＝恝待。

【恝然：괄연】 恝待하는 모양。

【恞】 (이) 支 イ、よろこぶ glad 기꺼울이(悅也)。(『夷』와 통함)

【恟】 (흉) 冬 キョウ、おそれる fear ㄒㄩㄥ hsiung 草書 두려울흉(懼也)。『韓愈詩』謫夢意猶ㅣ。(『匈』과 같음)

【恟恟：흉흉】 ❶두려워서 설레는 모양。❷인심이 몹시 어지러워 어수선한 모양。

【恡】 (린) 震 リン、おしむ stingy ❶더러울린(鄙也)。❷아낄린(慳也)。

【恢】 (회) 灰 カイ、ひろい wide ㄏㄨㄟ huei¹ (古音「괴」) 小篆 草書 ❶넓을회(志大)。『後漢書』ㅣ廓大度同符高祖。❷넓힐회(拓也)。

【恢公：회공】 ❶사건의 결정을 衆議에 구하는 일。❷《制》科擧 볼 때나、都目 때에 극히 공평하게 함。

【恢宏：회굉】 넓음。또는 넓은 곳。『蘇軾』胸中幾雲夢、餘地多ㅣㅣ。

【恢詭：회궤】 몹시 이상 나릇함。駭怪。『陸游·草書歌』。恢奇。『宋史』。

【恢大：회대】 넓고 큼。『唐書』志尙ㅣㅣ。

【恢復：회복】 ❶이전의 상태대로 돌이킴。回復。『五代史』苟不能ㅣㅣ內地。❷消滅한 登記의 회복을 목적으로 하는 등기。

【恢遠：회원】 넓고 멀음。廣遠。『北史』才識ㅣㅣ。

【恢弘：회홍】 ❶넓고 큼。광대함。『書經

·序』——至道。❷널리 폄。『晉書·卞壼傳』諸君以道德——。

【恢恢:회회】❶넓고 큰 모양。크게 包容하는 모양。『老子·七十三』天網——、疏而不漏。❷여유가 많은 모양。급하지 않은 모양。綽綽。『莊子』——乎其於遊刃、必有餘地矣。

【恔】(해) カイ、くるしむ te troubled with
小篆 괴로워할해(苦貌)。

【恶】(오) 遇 オ、むさぼる covet
탐할오(貪也)。(『汙』와 通함)

【恣】(자) 寘 シ、ほしいまま self-indulgent tzŭ
小篆 草書 ❶방자할자(放—縱也)。『漢書』寵貴橫—。❷제멋대로할자(放也)。

【恣樂:자락】삼가지 않고 제 멋대로 즐김。『易林』舞蹈歡躍、——受福。

【恣放:자방】제 멋대로 놀음。放恣。恣逸。肆放。侈放。『詩經·箋』群臣——、損王之德。

【恣肆:자사】❶방자하게 자기 주장대로 함。恣擅。『唐書·張巡傳』大吏華南金樹威——。❷문장의 힘이 세찬 모양。

【恣欲:자욕】제멋대로 탐냄。

【恣意:자의】방자한 마음。

【恣縱:자종】마음대로 함。제 멋대로 함。放縱。恣肆。縱恣。『元稹』謝公——顚狂「제 멋대로의 생각。」

【恣志:자지】❶뜻을 방자하게 가짐。❷

【恤】(휼) 質 ジュツ、あわれむ compassion hsü (古音「술」)
小篆 草書 ❶근심할휼(憂也)。『書』永敬大—。❷기민먹일휼(賑也)。『通論』賑貧老曰—。❸사랑할휼(相愛)。『周禮』八刑六曰不—之刑。❹불쌍히여길휼(愍也)。

【恤孤:휼고】고아를 구제함。

【恤功:휼공】人民의 生業을 염려함。일의 勞苦를 위로함。『書·呂刑』——於民。

【恤匱:휼궤】빈한한 사람을 구제함。『國語·周語』侈則不——。

【恤金:휼금】정부에서 이재민에게 支給하는 돈。

【恤問:휼문】가엾이 여겨 문안함。『漢書』復加——。

【恤米:휼미】정부에서 罹災民에게 支給하는 쌀。

【恤民:휼민】罹災民을 구제함。

【恤病:휼병】病者를 구제함。『左傳·宣·十二』。

【恤兵:휼병】전쟁에 나간 병사에게 물품이나 금품을 보내어 위로함。

【恤貧:휼빈】가난한 사람을 구제함。『周禮』大司徒以保息六養萬民、四曰——。

【恤然:휼연】놀라고 두려워하는 모양。『枚乘』——足以駭矣。

【恤典:휼전】정부에서 이재민을 구제하는 恩典。

【恤恤:휼휼】근심하는 모양。『左傳·昭·十二』且言曰、——乎、湫乎、攸乎。
◎矜—、撫—、賑—。

【恥】(치) 紙 チ、はじ shame ch'ih
小篆 草書 ❶부끄럼치(慚也)。❷부끄러울치。『孟子』人不可以無—。❸욕될치(辱也)。『左傳』—匹夫不可以無備況國乎。(「耻」는 俗字)

【恥慨:치개】부끄러움을 당하여 탄식함。『南史·王藴傳』。

【恥格:치격】正道에 이르름。『張九齡』人斯——、庭少爭訟。

【恥骨:치골】《生》불두덩뼈。腸骨·座骨과 癒合하여 髖骨을 이루는 뼈。骨盤을 에워 싼 뼈。

【恥懼:치구】부끄러워하고 두려워함。「愧懼。」

【恥事:치사】남부끄러운 일。

【恥心:치심】부끄러움을 아는 마음。

【恥辱:치욕】부끄러움과 욕됨。수치와 모욕。不名譽。『論語』恭近于禮、遠——也。
◎國—、羞—、廉—、破廉—。

【恧】(뉵) 屋 ジク、はじる shy nü
小篆 草書 ❶부끄러울뉵(慚也)。❷겸연쩍을뉵(心愧)。『詩』心愧爲—。

【恧焉:뉵언】부끄러워하는 모양。『漢書』朕甚——。

【恧縮:뉵축】부끄러워 움츠림。『唐書』仇士良等——不能對。

【恨】(한) 願 コン、うらむ deploring hen
小篆 草書 ❶한할한(怨之極)。『蜀志』劉巴不得反使遂遠適交阯先主深以爲—。❷뉘우칠한(悔也)。

【史記】李廣曰羌降者八百人吾詐而盡殺至今大—。

【恨毒:한독】크게 한탄함。몹시 원망함。『唐書』。

【恨憤:한분】한탄하고 분개함。怨憤。『後漢書·張奐傳』——在心。

【恨不早圖:한불조도】시기를 놓친 것을 후회함。

【恨死:한사】❶원한을 품고 죽음。원통하게 죽음。억울하게 죽음。❷한 많은 죽음。원통한 죽음。억울한 죽음。

【恨事:한사】恨歎할 만한 일。원통스러운 일。억울한 일。

【恨殺:한살】원한을 품고 죽임。『虛』。

【恨恚:한에】원망하고 성냄。『論衡·書

【恨人:한인】多情多恨한 사람。정서적이고 감상적인 사람。『文選·江淹·恨賦』。

【恨歎:한탄】원통한 일이나 뉘우침이 있을 때 한숨 쉬며 탄식함。「한。」

【恨海:한해】❶원한이 깊음。❷깊은 원한。

【恨惑:한혹】한탄하고 허둥지둥함。『易林』伯氏歸國、多所——。「생각함。」

【恨悔:한회】한탄하고 후회함。분하게
◎多—、怨—、長—、情—、痛—、悔—。

【恩】(은) 元 オン、めぐみ benefit en
小篆 草書 ❶은혜은、덕택은、신세은(惠澤)。『孟子』—足以及禽獸。❷사랑할은(愛也)。❸사사은(私也)。

【恩暇:은가】은혜로서 베풀어 주는 휴가。임금이 내려 주는 휴가。恩假。

【恩功:은공】은혜와 공로。

【恩光:은광】은혜로운 빛。《轉》㉠임금의 은혜。君恩。君思。『王惲』百年蓬蒿開圭竇、一日——照士林。㉡草木이 받는 春日·雨露의 혜택。『黃庭堅』桃李終不言、朝露借——。

【恩舊:은구】은의로써 오래 사귀어 온 親交。『鮑照·樂府』人情賤——。『後漢書』高明祖父、嘗與僕有——乎。

【恩勤:은근】귀여워하여 노고를 아끼지 않음。『詩·鴟鴞』恩斯勤斯·鬻子之閔斯。

【恩金:은금】恩給으로 주는 돈。

【恩給:은급】❶恩賞으로서 祿을 줌。❷정부가 법적 조건을 갖추어 퇴직한 사람에게 죽을 때까지 주는 年金。

【恩德:은덕】은혜와 덕。은혜로서의 신세。『漢書』施——、賜民爵。

【恩祿:은록】임금이 주는 고마운 祿。

【恩賴:은뢰】❶은혜를 받음。❷받은 은혜。

【恩眄:은면】은혜를 베풀어 돌보아 줌。

『北史·虞綽傳』――隆洽。
【恩命:은명】《制》임금이 내리는 任官·宥罪의 명령。『程鉅夫』君承――住天台。
【恩反爲仇:은반위구】 은혜가 도리어 원수가 됨。
【恩傳:은부】 =恩師。
【恩師:은사】 ❶은혜를 많이 입은 스승。 가르침을 받은 선생。 ❷《佛》처음 중이 된 후 길러 준 스님。
【恩赦:은사】 ❶《制》임금이 죄인을 特赦함。 恩免·恩宥。『韓愈』前日遇――、私心喜還憂。 ❷행정권으로 형벌을 용서하거나 적게 하는 처분。
【恩賜:은사】 임금이 내려 줌。 또는 임금이 내려준 물건。 恩賚·恩錫。『唐書』每宴樂、――使者、相銜於道。
【恩山德海:은산덕해】 은덕이 산이나 바다와 같이 크고 넓음。
【恩賞:은상】 공을 가리어 임금이 상을 내림。 또는 임금이 내린 상。『後漢書』――竝薄。
【恩讎:은수】 은혜와 원수。 恩仇。 恩怨。『白居易·詩』一彈指頃報――。『韓愈』往取將相酬――。
【恩愛:은애】 ❶은혜와 도타운 애정。 ❷《佛》어버이와 자식、또는 부부의 은정에 집착하여 떨어지기 어려운 일。
【恩榮:은영】 은혜를 받는 영광。 임금의 은덕를 입는 榮譽。『杜甫·詩』端午被――。『李白』願雪會稽恥、將期報――。
【恩遇:은우】 은혜로써 대우함。 優待。 厚遇。 優遇。『張說·詩』誰知――深。
【恩怨:은원】 은혜와 원망。 恩讎。『陳泰』百年富貴誰能免、錦幄彤庭語――。
【恩宥:은유】 은혜를 베풀어 용서함。 관대하게 다룸。 恩赦。『日本外史』官家――。
【恩蔭:은음】 은혜로운 신세。『徐陵』如雲如雨、天下蒙其――。
【恩義:은의】 은혜와 덕의。 은혜로운 정의。 恩誼。『曹植』與君初婚時、結髮――深。
【恩人:은인】 은혜를 베풀어 준 사람。
【恩典:은전】 ❶은혜를 베푸는 일。 特典。 ❷나라에서 내리는 혜택에 관한 특전。『韓琦』被――之特優、顧信而甚愧。
【恩情:은정】 은혜로 사랑하는 마음。 인정스러운 마음。 恩愛의 마음。『蘇武』惟念當離別、――日以新。
【恩重泰山:은중태산】 은혜가 태산 같이 큼。
【恩津彌勒:은진미륵】《佛》石佛 이름。 忠淸南道 論山郡 般若山 灌燭寺 경내에 있는 花崗石에 조각한 彌勒의 大像。 높이는 약 六〇尺、둘레는 약 三〇尺。 高麗 光宗(九六七년) 때 중 慧明이 세움。
【恩寵:은총】 ❶높은 이로부터 받는 특별한 은혜와 사랑。『後漢書』――甚崇。 ❷《宗》기독교에서 하나님의 인류에 대한 사랑。「記」――加海內。
【恩澤:은택】 은혜로운 덕택。 恩德。『史記』――、
【恩惠:은혜】 ❶베풀어 주는 혜택。 고마움。 신세。 仁惠。 恩貸。『左傳·註』施――、舍勞役。 ❷하나님의 은총。
【恩化:은화】 은덕이 널리 세상에 미침。 惠化。 仁化。『後漢書』吏民思均――。(均은 宋均)。
【恩恤:은휼】 사랑으로 남을 도움。 은혜로 도움。『元史』。
◎感―、舊―、國―、君―、大―、背―、報―、師―、謝―、私―、四―、盛―、聖―、受―、殊―、主―、天―、親―、鴻―、皇―、厚―。

【恪】(각) 藥 カク、つつしむ careful ㄎㄜˋ k'ê⁴

草書 ❶정성각(誠也)。『詩』執事有―。 ❷삼가할각(謹也)。 ❸공경할각(敬也)。

【恪虔:각건】 삼가고 조심함。 恪肅。『宋書·謝晦傳』――夙夜。
【恪固:각고】 삼가 굳게 지킴。
【恪謹:각근】 삼감。 恪愼。『金史』百辟卿士、――迎承。
【恪勤:각근】 忠實하게 근무함。 정성껏 부지런히 힘씀。『國語』朝夕――、守以惇德。
【恪敏:각민】 조심성이 있고 기민함。『唐書·敬源乾曜傳』以淸愼――得名。
【恪別:각별】 유다름。 특별함。
【恪別操心:각별조심】 각별히 조심함。
【恪守:각수】 삼가 지킴。 각별히 정성을 다하여 힘써 지킴。
【恪愼:각신】 조심함。 삼감。『書·微子之命』――克孝。『唐書』性――坐政事堂。
【恪遵:각준】 삼가 좇음。

【恫】 ㊀(통) 東 ㊁(동) 送 トウ、いたむ sorrow ㄊㄨㄥ t'ung¹

小篆 草書 ㊀❶슬플통(痛也)。『詩』神罔時―。 ❷끙끙앓을통(呻吟)。 ❸아플통(痛也)。(『痛』과 같음) ㊁❶뜻 같지 않을 동(不得志)。 ❷놀라게 할동(―疑虛喝)。

【恫喝:동갈】 위협하여 두렵게 함。
【恫疑:동의】 의심스러운 말로 남을 위협함。『史記·蘇秦傳』――虛喝、驕矜不敢進。
【恫恐:통공】 아프고 두려움。『史記·燕世家』百姓――。

【恬】(념) 鹽 テン、やすらか(古音「첨」) peaceful ㄊㄧㄢˊ t'ien²

小篆 小篆 草書 ❶편안념(安也)。 ❷편안할념。『書』引養引―。 ❸고요할념(靜也)。『莊子』以―養志。 ❹태평한 모양념。

【恬簡:염간】 마음이 평정하고 조촐함。『陳書』性――善隷書。
【恬淡:염담】 마음이 편안하여 욕심이 없음。 이익을 탐내는 생각이 없음。 恬憺。 恬澹·活泊。『史記』今上治天下、未能――。「『歐陽詹』求諸――則常寧。
【恬謐:염밀】 고요하고 편안함。 靜謐。
【恬不爲愧:염불위괴】 올바르지 못한 짓을 하고도 조금도 부끄러워하지 않음。
【恬雅:염아】 이익을 탐내는 생각이 없고、늘 마음이 화평하고 단아함。
【恬安:염안】 마음이 평안한 모양。 靜安。·恬泰·恬靖。 恬雅。『漢書』心既和平、其性――。
【恬然:염연】 마음이 아주 평안한 모양。 마음에 아무런 생각도 없는 상태。 安閑·恬如。『荀子』――如無治者。
【恬愉:염유】 마음이 편안해서 기쁨。『管子』――無爲、去智與故。「『國語』。
【恬逸:염일】 마음이 편하고 자유로움。
【恬靜:염정】 평안하고 고요함。 恬漠。 恬靖。『北史』性――、不慕榮勢。
【恬惰:염타】 편안하여 게으름。 恬怠。『宋史』――猥懦、坐失事機。
【恬蕩:염탕】 마음이 편안하여 제 멋대로 함。『張華』安心――、棲志浮雲。
【恬泰:염태】 조용하여 마음이 태평함。 恬安。『白居易』身心轉――、煙景彌淡薄。
【恬虛:염허】 마음이 평정되고 욕심이 없는 일。 虛心平氣。『嵇康·琴賦』――樂古。
【恬嬉:염희】 맡은 사무를 게을리 함。

【恭】(공) 冬 キョウ、うやうやしい submissive ㄍㄨㄥ kung¹

小篆 草書 ❶공순할공(從和)。 ❷엄숙할공(肅也)。 ❸공경할공(敬也)。『書』貌曰―。 ❹받들공(奉也)。『書』予惟―行天之罰。(『共』과 통함)

【恭虔:공건】 공손하고 삼감。 恭謹。『舊

唐書·文宗紀』常剋己以ㅡㅡ。
【恭儉:공검】 공손하고 겸소함。 남을 존중하고, 자기는 돌보지 않음。『論語·學而』。『孟子』賢君必ㅡㅡ禮下。
【恭謙:공겸】 삼가 자기를 낮춤。 恭讓。『後漢書』陛下ㅡㅡ克讓。
【恭敬:공경】 삼가서 예를 차려 높임。 恭虔·恭肅。 恭謹。『孟子』ㅡㅡ之心、禮也。
【恭館:공관】 =宗廟。
【恭勤:공근】 ❶진심으로 삼가고 힘씀。『三國志·孫權傳』。 ❷공손하고 부지런함。
【恭待:공대】 ❶공손하게 대접함。 ↕下待。 ❷상대자에게 경어를 씀。
【恭睦:공목】 공손하고 화목함。
【恭默:공묵】 공손하고 조용함。『書經·說命』ㅡㅡ思道。
【恭卑:공비】 공손하게 자기를 낮춤。 恭謙。『樂府』賓徒盡ㅡㅡ。
【恭遜:공손】 공손하고 겸손함。『周書』ㅡㅡ謂是容德。
【恭肅:공숙】 몹시 삼감。『後漢書·鄧后傳』ㅡㅡ小心、動有法度。
【恭順:공순】 고분고분함。 공손하고 온순함。『白居易·詩』ㅡㅡ發至誠。
【恭承:공승】 ❶공손하게 이어 받음。『謝靈運』ㅡㅡ古人之意。 ❷공손하게 승복함。 敬承。『李白』ㅡㅡ鳳凰詔。
【恭容:공용】 조심성 있는 姿態。 恭姿。 恭貌。『禮記』。
【恭祝:공축】 삼가 축하함。
【恭退:공퇴】 공손하게 사양하고 나아가지 않는 모양。『舊唐書』性ㅡ無競。
【恭賀:공하】 삼가 축하함。 謹賀。
【恭賀新年:공하신년】 삼가 새해를 축하함。 謹賀新年。
【恭行:공행】 삼가 행함。『書經·甘誓』今予惟ㅡㅡ天之罰。
【㳟】 (공)『恭』(前條)의 本字

【㤨】 (공) 腫 キョウ、ふるえる fear
小篆 떨공(戰慄)。

【恮】 (전) 先 セン、つつしむ be discreet
小篆 삼갈전(謹也)。

【息】 (식) 職 ソク、いき、むすこ breath:son ㄒㄧˊ hsi²
小篆 草書 ❶쉴식(休也)。 ❷그칠식(止也)。『周禮』以ㅡ老物。 ❸처할식(處也)。『詩』無恆安ㅡ。 ❹숨쉴식(呼吸)。 ❺한숨쉴식(太ㅡ大歎)。『戰國策』閔王太ㅡ。 ❻아직편할식(安也)。『禮』小人之愛人也以姑ㅡ。 ❼자식식(子也)。『東觀漢記』此蓋我子ㅡ也。 ❽이자식(錢生子)。『周禮』凡民之貸者以國服爲之ㅡ。 ❾기를식(養也)。 ❿날식(生也)。『孟子 告子上』其日夜之所ㅡ。
【息耕:식경】 ❶논밭의 면적을 어림으로 헤아리는 말。 한 참에 갈 만한 넓이。 ❷하루갈이를 여섯에 나눈 面積。
【息鬧:식뇨】 시끄러움이 그침。
【息脈:식맥】 맥박。 脈息。『鹽鐵論·輕重』扁鵲撫ㅡㅡ、而知疾所由生。
【息民:식민】 백성을 편히 쉬게 함。 人民을 安息케 함。
【息謗:식방】 비방함을 막음。 나무람을 그치게 함。『文中子·問易』何以ㅡㅡ、子曰無辨。
【息婦:식부】 ❶며느리。 子婦。 ❷妻의 卑稱。 媳婦。『吳曾·能改齋漫錄』不學者輒易之曰ㅡㅡ。
【息訟:식송】 서로 화해하여 訴訟을 그침。
【息晏:식안】 쉬어서 편해짐。
【息影:식영】 그림자를 쉬게 함。 곧 활동을 멈추고 휴식함을 말함。 閒居함。 息景。『蔣防·惜分陰賦』理寧同於ㅡㅡ。
【息子:식자】 자기 아들。 子息。
【息借:식차】 이자를 주고 돈을 빌음。
【息喘:식천】 숨이 참。 호흡이 곤란함。『戴良·詩』ㅡㅡ倚茂松、濟券犯零露。
【息土:식토】 ❶비옥한 토지。 기름진 땅。『大戴禮·易本命』ㅡㅡ之人美、耗土之人醜。 ❷地盤이 솟아오르는 땅。『淮南子·墬形訓』禹乃以ㅡㅡ塡洪水。
【息化:식화】 敎化하는 일을 그침。『輔行』圓音敎風、ㅡㅡ歸寂。
【息禍:식화】 災禍를 없앰。
◎氣ㅡ、消ㅡ、蘇ㅡ、安ㅡ、案ㅡ、令ㅡ、利ㅡ、子ㅡ、窒ㅡ、喘ㅡ、歎ㅡ、嘆ㅡ、太ㅡ、胎ㅡ、休ㅡ。

【恰】 (흡) 洽 コウ、あたかも similar ㄑㄧㄚˋ ch'ia⁴
小篆 草書 ❶흡족할흡(ㅡ足)。『杜甫詩』野航ㅡ受兩三人。 ❷마침흡(適當辭)。 ❸새우는 소리흡(鳥鳴聲)。 ❹흡사할흡(宛然)。
【恰似:흡사】 거의 같음。 그럴 듯하게 비슷함。
【恰宜:흡의】 꼭 마땅함。
【恰好:흡호】 알맞게 좋음。 恰可。『王陽明』此乃是ㅡㅡ處。
【恰恰:흡흡】 ❶새 울음소리의 形容。『杜甫·詩』自在嬌鶯ㅡㅡ啼。 ❷흡사。 마치。『楊萬里·詩』梢頭ㅡㅡ挂氷輪。

【怠】 (흡) 合 キュウ、あう be united
합할흡(合也)。『太玄經』陰氣怠而ㅡ之。

【悅】 (열)『悅』(7畫 心部)의 俗字

七 畫

【惀】 (론) 阮 ロン、あつかましい shameless
염치없을론(無廉)。

【恾】 (망) 陽 ボウ、おそれる fear ㄇㄤˊ mang²
草書 ❶겁낼망(怖也)。『列子』ㅡ然無以應。 ❷걱정할망(憂貌)。 ❸어찌할줄모를망。(『忙』과 같음)
【恾然:망연】 겁내는 모양。『列子·楊朱』子產ㅡㅡ、無以應之。

【悀】 (용) 腫 ヨウ、いかる angry ㄩㄥˇ yung³
❶성낼용(怒也)。 ❷결낼용。 ❸분낼용(忿也)。

【悁】 ㊀(연) 先 ㊁(견) 霰 エン、いかる angry ㄐㄩㄢ chüan¹
小篆 籀文 草書 ㊀❶분할연(忿也)。『史記』乘忿ㅡ之節。 ❷근심할연(憂也)。『詩』中心ㅡㅡ。 ㊁조급할견(躁急)。
【悁忿:연분】 노함。 성냄。『韓非子·亡徵』發心ㅡㅡ。
【悁悁:연연】 ❶근심하는 모양。 ❷성냄。『詩經·服澤』中心ㅡㅡ。
【悁憂:연우】 화가 나고 걱정이 됨。
【悁急:견급】 성을 잘 내고 조급함。 성이 급함。『宋史·晏殊傳』累典州郡、吏民畏其ㅡㅡ。『南史』ㅡㅡ不爲時流所重。

【悃】 (곤) 阮 コン、まこと sincerity ㄎㄨㄣˇ k'uen³
小篆 草書 ❶정성곤(志純ㅡ)。『楚辭』ㅡㅡ款款朴以忠乎。 ❷정성껏 하는 모양곤。
【悃懇:곤간】 진실하고 간절함。 誠懇。『吳澄』ㅡㅡ問安眼。

【悃悃:곤곤】 ❶간절한 모양。 懇懇。 懇悃。 ❷志操가 곧은 모양。 『楚辭·卜居』 「寧悃悃款款、朴以忠乎。」

【悃望:곤망】 간절하게 바람。 懇望。 切望。

【悃愊:곤복】 진실하고 정성스러움。 悃款·悃誠·至誠。 『漢書』發憤——、信有憂國之心。

【悃誠:곤성】 정성。 至誠。 『楚辭』思忠正之——兮、招貞良與明智。

【恇】

(광) 漾 コウ、うそつく lie

小篆 ❶거짓말할광(詐也)。 ❷그릇할광(誤也)。 ❸혹할광(惑也)。

【悄】

(초) 篠 ショウ、うれえる anxieous ㄑ丨ㄠ ch'iao³

小篆 草書 ❶근심할초(憂也)。 『詩』 憂心——。 ❷조용한 모양초。 『曹唐詩』樹影悠悠花——。

【悄切:초절】 절실하게 근심함。 『文選·潘岳笙賦』訣厲——、又何磬折。

【悄愴:초창】 ❶격정스럽고 슬퍼함。 慘愴。 悲愴。 『江淹』——成憂。 ❷적적한 모양。 『柳宗元』——幽邃。

【悄悄:초초】 ❶풀이 죽어 근심하는 모양。 근심하여 맥이 풀린 모양。 悄然。 『詩·柏舟』憂心——。 ❷고요한 모양。 『白居易·西樓夜詩』——復——、城隅隱林杪。 『曹唐』樹影悠悠花——。

【悄兮:초혜】 근심하는 모양。 『詩經·陳風』勞心——。

【悅】

(열) 屑 エツ、よろこぶ glad ㄩㄝ yüeh⁴

草書 ❶즐거울열(樂也)。 ❷기꺼울열(喜也)。 ❸복종할열(服也)。 ❹성열(姓也)。 (『說』과 통함)

【悅口:열구】 음식이 입에 맞음。

【悅口子:열구자】 신선로에 여러 가지 魚肉과 채소를 다채롭게 넣고 그 위에 각종 과실을 넣어서 끓인 음식。 悅口子湯。 口子。 口子湯。

【悅樂:열락】 기뻐 즐김。 悅豫。 『諸葛亮』三軍——。

【悅慕:열모】 기뻐 사모함。 欣慕·歡慕。 『宋史』爾——皇化。

【悅服:열복】 기쁜 마음으로 순종함。 心服。 『書經』萬姓——。

【悅色:열색】 ❶기쁜 얼굴빛。 ❷해족해족하면서 마음에 들게 굶음。

【悅愛:열애】 기쁜 마음으로 사랑함。 愛悅。 『韓非子』夫人鄭袖知王之——之也、亦——之、甚于王。

【悅玩:열완】 즐겨 가지고 놂음。 『晉書·左思傳』皆咸——、爲之訓詁。

【悅親:열친】 어버이의 마음을 기쁘게 「함。

【悅澤:열택】 光澤이 아름답고 윤이 남。 『易林』鳧得水沒、喜笑自啄、毛羽——。

◎大—、滿—、法—、愉—、和—、喜—。

【悆】

(여) 御 ヨ、たのしむ be pleased

小篆 草書 기쁠여(悅也)。

【悆然:여연】 기뻐하는 모양。 『東方朔』心——而煩寃號。

【悇】

㊀(도) 虞 ト、ショ、うたがわしい doubtful

㊁(서) 魚

㊀속끓일도(懷憂貌)。 ㊁❶의심스러울서(禍福未定)。 ❷즐거울서(喜也)。

【悉】

(실) 質 シツ、ことごとく without exception ㄒ丨 hsi¹

小篆 古文 草書 ❶다알실(詳盡知也)。 ❷궁구할실(窮究)。 ❸다실(皆也)。

【悉皆:실개】 다。 모두。 남김없이。 全部。 『正法念經』——百味、與天同等。

【悉達:실달】 釋迦가 出家하기 전 淨飯王의 太子이었던 때의 이름。 悉達多。 悉多太子。

【悉數:실수】 하나하나 자세하게 설명함。 『禮記·儒行』遽數之、不能終其物、——之乃留、更僕未可終也。

【悉心:실심】 마음을 다함。 『漢書·成帝紀』公卿大夫、其勉——以輔不逮。

【悉知:실지】 다 알음。

【悈】

㊀(계) 卦 カイ、コク、いましめる admonition

㊁(극) 職 ㄐ丨ㄝ chieh⁴

小篆 ㊀❶신칙할계(飭也)。 『司馬法』有虞氏—於中國。 ❷경계할계(警戒)。 ㊁급할극(急也)。

【悊】

(철) 『哲』(口部 7畫)의 古字

【怍】

(작) 藥 サク、はずかしい shy

❶부끄러울작(慚也)。 『太玄經』階天不—。 ❷의심날작(疑也)。 『荀子』無所疑—。 (『作』과 같음)

【悋】

(린) 震 リン、やぶさか stingy

草書 ❶더러울린、비루할린(鄙也)。 ❷아낄린(慳也)。 『家語』商甚—於財。 ❸깍정이린。 『孔子家語 致思』甚—於財。 (『吝』과 같음)

【悋想:인상】 인색한 생각。

【悋惜:인석】 재물을 아낌。 『書經』有過則改、無所——。

【悌】

㊀(제) 薺 テイ、すなお polite ㄊ丨 t'i⁴

㊁(제) 霽

小篆 草書 ㊀❶개제할제(愷—樂易)。 ❷부드러울제(柔也)。 ㊁공경할제(善兄弟)。

【悌友:제우】 형제 또는 친구 사이가 화목함。 『韓愈』皇帝、大孝慈祥——。

◎流—、泣—、孝—。

【悍】

㊀(한) 旱 カン、たけだけしい wild

㊁(한) 翰 ㄏㄢ han⁴

小篆 草書 ㊀❶독살스러울한(性急)。 『周禮註』楚性急—。 ❷사나울한(强狠)。 ㊁❶날랠한(勇也)。 ❷모질한(桀也)。

【悍驕:한교】 사납고 교만함。 『蘇軾』呼鬼章世——。

【悍忌:한기】 포악하고 시기가 많음。 『後漢書』——不得畜媵妾。

【悍毒:한독】 성질이 매우 사납고 독살스러움。

【悍馬:한마】 사나운 말。 드센 말。 馸馬。 『侯鯖錄』見——。

【悍婦:한부】 성미가 사나운 계집。

【悍惡:한악】 성질이 사납고 악함。

【悍藥:한약】 ＝劇藥。 『史記』夫——入中、則邪氣辟矣。

【悍逆:한역】 성미가 사납고 순진하지 않음。

【悍勇:한용】 몹시 사납고 용맹스러움。 『史記·孫子吳起傳』三晉之兵、素——而輕齊。

◎精—、慓—。

【悎】

㊀(교) 效 コク、おどろく surprise

㊁(곡) 沃 ㄏㄠ hao⁴

㊀놀랄교(驚也)。 ㊁두려워할곡(懼也)。

【悎悎:교교】 놀라는 모양。

【悏】

(협) 葉 キョウ、おもう think

小篆 생각할협(思也)。

【惕】

(척) 錫 テキ、おそれる fear

두려워할척(憂懼貌)。 『楚辭』悼來者之——。 『漢書』王商卒無怵—。 (『惕』과 같음)

【悒】(읍) 緝 ユウ、うれえる anxieous 〔i⁴〕 小篆 草書 ❶답답할읍(鬱-不安)。❷근심할읍(憂也)。〔楚辭〕武發殺殷何所-。

【悒憤:읍분】 근심스럽고 분격함。〔應瑒〕--不逞。

【悒快:읍앙】 마음이 답답하고 편안하지 않은 모양。

【悒鬱:읍울】 근심스러워 마음이 답답하여짐。憂鬱。

【悒悒:읍읍】 근심하는 모양。〔大戴禮 曾子立身〕終身守比--。

【⿰忄巠】(형) 迥 ケイ、たがう deviate from 小篆 어긋날형(違也)。

【悔】㊀(회) 賄 カイ、くいる regret ㄏㄨㄟˇ huei³ ㊁(회) 隊 小篆 草書 ㊀❶뉘우칠회(懊也)。❷실패할회(失敗)。㊁❶고칠회(改也)。❷한할회(恨也)。❸후회할회(後-)。

【悔改:회개】 전의 잘못을 뉘우치고 고침。悔艾。

【悔過自責:회과자책】 자기의 잘못을 비판하여 허물을 뉘우치고 제 스스로 책망함。

【悔淚:회루】 잘못을 뉘우치는 눈물。

【悔吝:회린】 ❶悔恨。〔易經〕--者、憂虞之象也。❷조그마한 실수。〔揚子法言〕--不至。

【悔謝:회사】 허물을 사과함。〔魏書〕須其--乃食。

【悔色:회색】 후회하는 모양。또는 그 안색。뉘우치는 기색。

【悔心:회심】 잘못을 뉘우치는 마음。〔中說〕西風樂極悲來、其--之萌乎。

【悔悟:회오】 잘못을 뉘우쳐 깨달음。〔白居易〕壯歲不歡娛、長年當--。

【悔悛:회전】 ❶잘못을 뉘우치어 고침。改悛。❷《宗》기독교에서 세례를 받아 죄를 용서 받는 일。

【悔罪:회죄】 지은 罪를 뉘우침。

【悔恥:회치】 뉘우쳐 부끄럽게 여김。

【悔恨:회한】 뉘우치고 한탄함。懊恨。悔吝。〔神仙傳〕忽焉不知所在、帝甚--。

【悔禍:회화】 화를 다시 받지 않도록 뉘우침。〔左傳·隱·十一〕天其以禮--於許。

◎改-、懺-、追-、後-。

【悕】(희) 微 キ、ねがう desire ㄒㄧ hsi¹ 草書 ❶생각할희(念也)。❷원할희(願也)。❸슬플희(悲也)。〔公羊傳〕在招丘--矣。

【悖】㊀(패) 隊 ハイ、ボツ、さからう oppose ㄅㄟˋ pei⁴ ㊁(발) 月 草書 ㊀❶어지러울패(亂也)。❷거스를패(逆也)。❸어기어질패(戾也)。〔周語〕是以行事而不-。❹성할패(盛貌)。〔左傳〕其興也-然。㊁뜻은 ㊀의❷와 같음。(『勃』과 같음)

【悖談:패담】 이치에 어긋나는 말。조리가 서지 않는 말。悖說。

【悖德:패덕】 德義에 어그러짐。도리에 어그러진 행실。〔孝經〕不愛其親、而愛他人者、謂之--。

【悖戾:패려】 도리에 거슬림。성질이 참되지 못하고 비꼬임。怫戾·悖逆。〔易林〕兩人俱醉、相與--。

【悖禮:패례】 예의에 어그러짐。도리에 어그러진 예의。〔孝經·聖治章〕不敬其親、而敬他人者、謂之--。

【悖類:패류】 언행이 매욱하고 염치 없는 무리。

【悖倫:패륜】 사람으로서 마땅히 지켜야 할 도리에 어긋남。破倫。

【悖理:패리】 事理에 어긋남。

【悖慢:패만】 사람됨이 온순하지 못하고 거칠음。

【悖說:패설】 ＝悖談

【悖惡:패악】 도리에 어그러져 악함。

【悖逆:패역】 모반함。모반。悖反。〔史記·樂書〕于是有--詐僞之心。

【悖子:패자】 天倫을 거역한 자식。

【悖出悖入:패출패입】 도리에 벗어난 일을 하면 역시 도리에 어그러진 갚음을 받는다는 뜻。悖入悖出。〔大學〕言悖而出者、亦悖而入。

【悖鄉:패향】 못된 사람들이 들끓어 풍기가 좋지 않은 시골。

【悗】㊀(문) 阮 バン、わすれる forget ㊁(만) 寒 草書 ㊀잊어버릴문(廢忘)。〔莊子〕-乎忘其言。㊁의혹할만(疑惑)。

【悗密:문밀】 順眞하여 반대하지 않음。〔韓非子〕古昔黔首--惷愚、故可以虛名取也。

【悗乎:문호】 孤立한 모양。또는 잊어버리는 모양。또는 순하고 점잖은 모양。〔莊子〕--忘其言也。〔釋文〕悗、李云、無匹貌、王云、廢忘也、崔云、婉順也。

【悘】㊀(예) 霽 イ、エイ、しずか calm ㊁(의) 寘 ㊀고요할예(靜也)。㊁자세할의(詳也)。

【⿰忄匝】㊀(습) 緝 シュウ、わるがしこい shrewd ㊁(첩) 葉 ㊀약은체할습(黠貌)。㊁경망서러울첩(志輕)。

【悙】㊀(형) 庚 キョウ、コウ、あらい firm ㊁(행) 敬 ㊀굳센체할형(憉-自矜健貌)。㊁추솔할행(佷-疎率)。

【悚】(송) 腫 ショウ、おそれる fear 草書 ❶두려울송(怖也)。❷송구할송(懼也)。

【悚愧:송괴】 황송하고 부끄러움。

【悚懼:송구】 마음에 두렵고 미안함。畏懼·怖懼·惕懼。〔書經·疏〕夔夔然--。

【悚慄:송률】 두려워서 마음이 떨림。

【悚然:송연】 두려워하는 모양。悚悚。〔吳志·孫覇傳〕。

【悚縮:송축】 송구스러워 몸을 움츠림。

【悚汗:송한】 송구스러워 흘리는 땀。

【悚惶:송황】 송구스럽고 황송함。

【悛】(전) 先 セン、シュン、あらためる correct ㄑㄩㄢ ch'üan¹ (或音「준」) 小篆 草書 ❶고칠전(改也)。〔周語〕其有-乎。❷그칠전(止也)。❸차례전(次也)。〔左傳〕內外以-。❹맘꾸짖을전(責心)。

【悛改:전개】 과거의 잘못을 뉘우쳐 마음을 바르게 고침。悛換。改悛。〔北史·張彝傳〕猶無--。

【悛心:전심】 잘못을 바로 잡는 마음。〔書經〕惟受罔有--。

【悛容:전용】 ❶威儀를 차려얼굴 색을 고침。❷잘못을 뉘우친 모양。〔左傳·襄·七〕孫子無辭、亦無--。

【悛悛:전전】 정성이 넘치고 말이 적은 모양。謹厚한 모양。恂恂。〔史記·李將軍傳〕餘睹李將軍--如鄙人。

【悝】㊀(리) 紙 リ、カイ、うれえる anxieous (本音「괴」) ㊁(회) 灰 小篆 草書 ㊀❶근심할리(憂也)。❷슬퍼할리(悲也)。❸미워할리(疾也)。(『里』와 통함) ㊁❶지껄일회(嗃

也)。❷클회(大也)。

【悞】 (오) 週 ゴ、あざむく deceive
草書 ❶속일오(欺也)。❷거짓말할오(謬也)。❸의심할오(疑惑)。(『誤』와 같음)

【悟】 (오) 遇 ゴ、さとる realize ㄨˋ wu⁴
小篆 古文 草書 ❶깨달을오(覺也)〔困知記〕有所覺之謂ㅣ。❷깰오(覺也)。❸깨우쳐줄오(啓發人)。〔崔駰達旨〕唐雎華顚以ㅣ秦。(『寤』와 통함)
〔悟覺:오각〕 깨달음。覺悟。〔元稹〕ㅣㅣ誓不惑。
〔悟道:오도〕 《佛》❶번뇌를 해탈하고 佛界에 들어 갈 수 있는 길。〔王維〕ㅣㅣ正迷津。❷道를 깨침。
〔悟了:오료〕 완전히 깨달음。悟徹。
〔悟性:오성〕 ❶영리한 天性。〔趙師秀〕能文兼ㅣㅣ。❷《哲》사물을 합리적으로 생각하는 힘。理性과 感性과의 중간에 위치한 論理的 思惟의 능력。概念을 만들어 事物을 判斷하는 心的 作用。英語 Understanding의 譯。
〔悟悅:오열〕 깨달아 喜悅을 느낌。〔柳宗元·詩〕ㅣㅣ心自足。
〔悟徹:오철〕 철저하게 깨달음。悟了。
〔悟悔:오회〕 깨닫고 뉘우침。〔後漢書〕懿氓蚩之ㅣㅣ兮。
◎覺ㅣ、開ㅣ、大ㅣ、頓ㅣ、省ㅣ、悔ㅣ、會ㅣ。

【悠】 (유) 尤 ユウ、はるか far ㄧㄡ yu¹
小篆 草書 ❶멀유(遠也)。〔詩〕驅馬ㅣㅣ。❷생각할유(思也)。〔詩〕ㅣ哉ㅣ哉。❸아득할유(眇邈無期貌)。〔詩〕ㅣㅣ蒼天。❹한가할유(閒暇貌)。〔詩〕ㅣㅣ旆旌。❺근심하는모양유。〔詩經 小雅巧言〕ㅣㅣ我思。(『攸』와 통함)
〔悠曠:유광〕 ❶아주 멂。〔陸機〕悲桑梓之ㅣㅣ。❷아주 오램。
〔悠久:유구〕 年代가 아득히 오래됨。悠遠。〔中庸〕ㅣㅣ所以成物也。
〔悠闇:유암〕 멀고 컴컴함。〔荀子·議兵〕善用兵者、感忽ㅣㅣ。
〔悠然:유연〕 침착하여 서둘지 않는 모양。태도나 마음이 태연한 모양。〔陶潛詩〕采菊東籬下、ㅣㅣ見南山。
〔悠遠:유원〕 ❶아주 멂。〔詩經〕山川ㅣㅣ。❷아주 오래 됨。〔中庸〕徵則ㅣㅣ。
〔悠悠:유유〕 ❶걱정하는 모양。〔詩經·雄雉〕ㅣㅣ我思。❷썩 먼 모양。〔詩經·載馳〕驅馬ㅣㅣ。❸매우 한가한 모양。〔詩經〕ㅣㅣ旆旌。❹느릿느릿한 모양。〔詩經〕ㅣㅣ南行。❺널리 퍼지는 모양。❻많은 모양。〔後漢書·朱穆傳〕ㅣㅣ者皆是。
〔悠悠度日:유유도일〕 아무 하는 일이 없이 세월만 보냄。
〔悠悠自適:유유자적〕 俗世를 떠나서 마음대로 한가히 세월을 보냄。
〔悠悠蒼天:유유창천〕 한 없이 멀고 푸른 하늘。
〔悠爾:유이〕 마음이 아득한 모양。아득하게 생각되는 모양。〔劉滄·詩〕秋堂獨坐思ㅣㅣ。〔李群玉〕處世心ㅣㅣ。
〔悠忽:유홀〕 빈들빈들 세월을 보냄。

【悢】 (량) 漾 リョウ、かなしむ pathetic
草書 ❶슬플량(悲也)。❷섭섭할량(惆悵)。〔蘇武詩〕ㅣㅣ不能辭。
〔悢悢:양량〕 ❶몹시 슬퍼하는 모양。〔王篇〕悢、ㅣㅣ、惆悵也。❷慈愛로운 모양。〔後漢書〕天之於漢、ㅣㅣ不已。〔注〕ㅣㅣ、眷眷也。「書ㅣㅣ、知復何云。
〔悢然:양연〕 슬퍼하는 모양。〔趙至〕臨

【悧】 (리) 『俐』(人部 7畫)와 같음

【患】 (환) 諫 カン、うれえる anxieous ; ill ㄏㄨㄢ huan⁴
小篆 小篆 古文 古文 草書 ❶근심환、근심할환(憂也)。❷재앙환(禍也)。〔晉樂章〕結舌亦何憚盡忠爲身ㅣ。❸병들환(疾也)。〔謝惠連詩〕平生無志意少小嬰憂ㅣ。❹어려울환(難也)。❺괴로울환(苦也)。
〔患苦:환고〕 근심 때문에 생기는 고통。疾苦。〔晉書〕耳目人間、知外ㅣㅣ。
〔患忌:환기〕 근심하고 미워함。〔魏志〕紹ㅣㅣ之。「ㅣ、不避死。
〔患難:환난〕 근심과 재난。〔漢書〕遭ㅣ
〔患難相救:환난상구〕 어려운 일을 서로 구해 줌。患難相顧。
〔患得患失:환득환실〕 이익이나 지위를 얻지 못하여 근심하고、얻으면 잃어버릴까 하여 걱정함。이래 저래 근심 걱정이 끊일 사이 없음。〔論語·陽貨〕其未得之也、患得之、既得之、患失之。
〔患亂:환란〕 재앙。變亂。兵亂。
〔患累:환루〕 ❶재앙。❷근심 걱정。〔梁武帝·賦〕ㅣㅣ已除。
〔患部:환부〕 병 또는 상처가 난 곳。患「所。病處。
〔患憂:환우〕 근심 걱정。
〔患者:환자〕 병을 앓는 사람。病者。
〔患者室:환자실〕 ＝病室。
〔患節:환절〕 병환。편지 용어로 씀。
〔患害:환해〕 患難으로 생기는 피해。〔阮籍·詩〕多財爲ㅣㅣ。「無有ㅣㅣ。
〔患悔:환회〕 근심하고 뉘우침。〔易林〕
〔患候:환후〕 웃어른의 병을 높이어 일컫는 말。
◎急ㅣ、內ㅣ、老ㅣ、大ㅣ、病ㅣ、外ㅣ、憂ㅣ、重ㅣ、疾ㅣ、親ㅣ、後ㅣ。

【悤】 (총) 東 ソウ、あわただしい hasty
小篆 ❶바쁠총(急遽)。❷총총할총。〔晉書〕無故ㅣㅣ先自猖獗。❸덤빌총。(『怱』과 같음)

【您】 (니) 『你』(人部 5畫)의 俗字

【惱】 (뇌) 『惱』(心部 9畫)의 俗字

【悩】 (뇌) 『惱』(心部 9畫)의 略字

【悪】 (악) 『惡』(心部 8畫)의 俗字

八畫

【悰】 (종) 冬 ソウ、よろこぶ (be) joyful ㄘㄨㄥˊ ts'ung²
小篆 ❶즐거울종(樂也)。〔謝朓詩〕戚戚苦無ㅣ。(『悰』과 같음)

【悱】 (비) 尾 ヒ、いきどおる indignant ㄈㄟˇ fei³
小篆 草書 ❶분낼비(憤也)。❷뜻은 알고 있으나 말못할비(有意未言)。〔論語 述而〕不ㅣ不發。
〔悱憤:비분〕 마음 속이 분함。말 못하는 憤恨。憤悱。〔成公綏〕舒蓄思之ㅣㅣ、奮久結之纏綿。
〔悱悱:비비〕 말을 하려다 우물거리는 모양。〔論語·鄭註〕心憤憤、口ㅣㅣ、乃後啓發。
〔悱惻:비측〕 마음 속으로 슬퍼함。〔裴子野·雕蟲論〕若ㅣㅣ芬芳、楚騷爲之祖。

【悲】(비) 支 ヒ、かなしむ sorrow ; pathetic ㄅㄟ peiˉ
小篆 草書 ❶슬플비(痛也)。【楚辭】然惆悵而自ー。❷불쌍히 여길비。❸한심할비(寒心)。【楚辭 九辯】ー哉秋之爲氣也。

【悲歌:비가】 슬프고 애절한 노래。
【悲感:비감】 슬픈 느낌。또는 슬프게 느껴짐。悲歎。『隋書』歔欷ーー、不能自勝。
【悲慨:비개】 슬퍼 탄식함。『王羲之』何能不痛心ーー也。
【悲境:비경】 슬픈 경우。가련한 처지。
【悲曲:비곡】 슬픈 일을 노래한 곡조。애절한 곡조。悲響。悲調。
【悲觀:비관】 ❶사물을 슬프게만 봄。❷일생을 슬프고 괴롭게만 생각함。
【悲觀論:비관론】 《哲》사물을 어두운 면으로만 보아 아무 희망도 가질 수 없다고 주장하는 이론。↔樂觀論。
【悲劇:비극】 ❶인생의 불행과 비참한 일을 題材로 하여 破滅·苦惱·죽음으로 끝맺는 극。❷인간 사회에서 일어나는 비참한 사건。
【悲悼:비도】 몹시 슬퍼함。悲戚·哀悼·悲痛·悲惻。『蔡邕』降年不永、民斯ーー。
【悲戀:비련】 ❶슬피 사모함。❷슬픈 결말로 끝나는 연애。
【悲淚:비루】 슬픈 눈물。슬퍼서 흘리는 눈물。『盧照隣』僕本多ーー。
【悲鳴:비명】 ❶슬픈 소리로 울음。또는 그 소리。❷애처로운 울음 소리。❸다급할때 지르는 애처로운 소리。『李陵』胡笳互動、牧馬ーー。
【悲報:비보】 슬픈 소식。슬픈 기별。
【悲憤:비분】 슬프고 분함。『後漢書』追懷ーー、作詩二章。
【悲憤慷慨:비분강개】 슬프고 분하여 마음이 몹시 북받침。
【悲傷:비상】 마음이 슬프고 상함。傷悲·悲痛·悲愴·哀傷。『杜甫』衰老多ーー。
【悲愁:비수】 ❶슬픔과 근심。❷슬퍼하고 근심함。悲戚。『司馬相如』解ーー之辱。
【悲辛:비신】 견디기 힘든 슬픔。悲酸。『李白』力盡功不贍、千載爲ーー。
【悲哀:비애】 슬퍼함。슬픔。悲歎·哀痛。『史記』百姓ーー、如喪父母。
【悲運:비운】 슬픈 운수。不運·不幸。
【悲願:비원】 ❶《佛》菩薩이 衆生을 구제하려는 자비로운 大願。『大日經疏·四』勸囑阿闍梨、令興平等ーー。❷기필코 이루어 보려는 비장한 소원。
【悲泣:비읍】 슬퍼 울음。悲哽·哀泣·ーー俱無窮。「悲啼。『後漢書』。
【悲壯:비장】 슬픔 속에 오히려 씩씩한 기운이 있음。『後漢書』聲曲ーー、聽者莫不慷慨。
【悲調:비조】 ❶슬픈 음악。❷슬픈 곡조。悲曲。
【悲慘:비참】 슬프고 처참함。悲酸·悽悲。『魏明帝』ーー傷人情。
【悲愴:비창】 몹시 슬프고 서운함。『白居易·有感詩』追思多ーー。
【悲秋:비추】 만물이 구슬픈 느낌을 가지는 가을철。쓸쓸한 느낌을 주는 가을。가을 기분에 잠기어 슬퍼함。『杜甫』ーー宋玉宅。
【悲歎:비탄】 슬퍼 탄식함。슬픈 탄식。悲嘆。『曹植』ーー有餘哀。
【悲痛:비통】 마음이 슬프고 아픔。몹시 슬픔。『史記』百姓ーー。
【悲風:비풍】 ❶애절한 느낌을 주는 바람。『文選·李陵·答蘇武書』但聞ーー蕭條之聲。❷늦은 가을의 쓸쓸한 바람。『高適』寂寞向秋草、ーー千里來。
【悲風慘雨:비풍참우】 비참한 처지。인생·생활이 비참함을 일컫는 말。
【悲恨:비한】 슬프고 한탄함。『漢書』不幸蒙戮、父子ーー。
【悲話:비화】 슬픈 이야기。哀話。
【悲歡:비환】 슬픔과 즐거움。『范成大』異鄕風物雜ーー。
【悲懷:비회】 슬픈 회포。슬픈 심사。『劉楨』秋日多ーー。
【悲吼:비후】 큰 짐승의 슬픈 울부짖음。
【悲喜:비희】 슬픔과 기쁨。喜悲。
【悲喜劇:비희극】 비극과 희극。또는 비극과 희극이 뒤섞여 눈물과 웃음을 자아내는 연극。《喩》슬픈 일과 기쁜 일이 동시에 일어남。喜悲劇。
◎大慈大ー、傷ー、慈ー。

【⿰忄罙】(탐) 勘 タン、おもう think
❶실심할탐(失志)。❷생각할탐(思也)。❸황급할탐(惶遽)。

【⿰忄奄】㊀(염) 鹽 ㊁(엄) 豔 エン、いきこむ triumph
㊀의기양양한체할염(意氣多貌ー憸)。㊁맘에달게여길엄(甘心貌)。

【⿰忄直】(식) 職 ショク、もつぱら only
오로지식(專也)。

【悳】(덕)『德』(彳部 12畫)과 같음

【悴】(췌) 寘 スイ、やつれる emaciated ㄘㄨㄟˋ ts'ueiˋ (古音「취」)
小篆 草書 ❶근심할췌(憂也)。❷파리할췌(瘦瘠)。『楚辭』顧色憔ー。❸피폐할췌(疲弊)。

【悴薄:췌박】 초라함。『沈約·詩』自顧雖ーー、冠蓋曜城隅。
【悴顔:췌안】 파리한 얼굴。悴容。
【悴容:췌용】 초췌한 얼굴。모습이 파리한 모양。『謝靈運』ーー變柔顏。
【悴族:췌족】 영락한 家門。『江敳』臣寒門ーー。

【悵】(창) 漾 チョウ、いたむ dispirited ㄔㄤˋ ch'angˋ
小篆 草書 ❶실심할창(失意貌)。❷섭섭할창(望恨)。『柳宗元·夢賦』靈幽漠以瀹汨兮進怊ー而不得。❸슬플창(悲也)。

【悵缺:창결】 몹시 서운하거나 섭섭함。
【悵望:창망】 한스럽게 바라봄。불평을 가짐。『謝朓·詩』停驂我ーー。「이 없음。
【悵惘:창망】 몹시 섭섭하여 아무 경황이 없음。
【悵然:창연】 한탄하는 모양。悵悵。『李白』停梭ーー憶遠人。(遠征의 夫)。
【悵觸:창촉】 마음에 느낌。촉감。
【悵恨:창한】 비통하고 원망스러움。섭섭히 여김。悵望。『史記』ーー久之曰、苟富貴無相忘。

【悶】(민) 願 モン、もだえる agonize ㄇㄣˋ menˋ (古音「문」)
小篆 草書 ❶민망할민(懣也)。『易經』遯世无ー。❷속답답할민(心煩鬱)。❸범민할민「煩ー」。

【悶沓:민답】 딱한 생각으로 가슴이 답답함。悶鬱。「生ーー而愁憒。」
【悶懣:민만】 고민함。『賈誼·旱雲賦』群
【悶悶:민민】 ❶마음이 컴컴한 모양。事理에 어두운 모양。『老子』俗人察察、我獨ーー。❷속이 답답한 모양。속으로 고민하는 모양。『水滸傳·一』回到家中、ーー不已。
【悶死:민사】 몹시 고민하다가 죽음。
【悶絶:민절】 지나치게 고민하여 기절함。『梁書』王僧辨ーー。「遂ーー無名。
【悶歎:민탄】 고민하고 탄식함。『楚辭』
【悶懷:민회】 고민하는 마음 속에 품은

생각。〖韓愈〗－－空抑噫。◎苦－、煩－、憂－。

【惆】(민)『悶』(前條)과 같음

【悷】㊀(려) 霽 ㊁(리) 紙 レイ、リ、かなしむ sorrow
㊀서러워할려(悽－悲貌)。㊁뜻은 ㊀과 같음。

【悸】(계) 寘 キ、おののく throb ㄐㄧˋ chi⁴
小篆 草書 ❶두근거릴계(心動)。❷띠술늘어질계(帶下垂貌)。〖詩經〗垂帶－兮。
【悸悸:계계】 겁이 나서 가슴이 두근거리는 모양。〖杜甫〗外則－－然。
【悸病:계병】 가슴이 두근거리는 병。〖南史〗何偃不自安、遂發－－。
【悸心痛:계심통】 (醫)신경성으로 인해 가슴이 울렁거리며 답답하고 아픈 병。
【悸慄:계율】 부들부들 떨며 두려워함。

【悹】(관) 旱 カン、うれえる worry about
小篆 근심할관(憂也)。

【惙】(달)『怛』(心部 5畫)과 같음

【悻】(행) 迥 コウ、いかる rage ㄒㄧㄥˋ hsing⁴
草書 발끈성낼행(狠怒)。〖孟子〗－－然見於其面。(『婞』과 같음)
【悻逆:행역】 성을 내고 거역함。悖逆。
【悻直:행직】 남을 거역하면서 정직함。〖史記〗有－－詐僞之心。〖楚辭〗－－以忘身。
【悻悻:행행】 발끈 성을 내고 원망함。성미가 급하고 마음이 좁음。〖孟子〗－－然見於其面。

【悼】(도) 號 トウ、あわれむ mourn ㄉㄠˋ tao⁴
小篆 草書 ❶슬퍼할도(傷也)。〖詩〗中心是－。❷일찍죽을도(早夭)。〖謚法〗中年早夭曰－。❸속썩이며 한탄할도。〖史記孔子世家〗君若－之、則謝以實。
【悼歌:도가】 죽은 사람을 애도하는 노래。葬送할 때 부르는 노래。挽歌。
【悼懼:도구】 애통하고 두려워함。〖韓非子·六反〗重罰者盜賊也、而－－者良民也。
【悼喪:도상】 남의 喪事를 슬퍼함。
【悼惜:도석】 죽은 사람을 아깝고 애처롭게 여기어 슬퍼함。
【悼慄:도율】 비통하고 두려워함。悼懼。〖漢書〗夙夜－－、常恐汙辱聖朝。
【悼二將歌:도이장가】 鄕歌體의 歌詞。高麗 睿宗 지음。太祖를 위해 殉死한 申崇謙·金樂 두 장수를 찬양한 내용。
【悼痛:도통】 몹시 슬퍼함。슬프고 마음 아픔。〖漢書〗爲庸臣所害、甚可－－。◎悲－、傷－、哀－、追－、痛－。

【惥】(구) 有 尤 グ、うらむ grudge
小篆 원망할구(怨也)。

【悵】(애) 卦 ガイ、うらむ grudge
한할애(恨也)。

【悽】(릉) 蒸 リョウ、かなしむ sad
❶슬퍼할릉(哀也)。❷놀랄릉(驚也)。

【悽】(처) 齊 セイ、いたむ sad ㄑㄧ ch'i¹
小篆 草書 ❶슬플처(悲也)。〖後漢書〗曹操過喬公祖墓輒－愴致祭奠。❷아플처(痛也)。
【悽悼:처도】 구슬프고 애처로움。悲悼。哀悼。〖沈約〗永言－－。
【悽惘:처망】 슬퍼서 마음이 답답함。〖世說〗旣自－－、歎曰、江山遼遠。
【悽如:처여】 비통한 모양。「양。
【悽然:처연】 마음이 쓸쓸하고 구슬픈 모양。
【悽絶:처절】 더할 나위 없이 애처로움。
【悽慘:처참】 구슬프고 참혹함。悽苦。〖武元衡〗－－別魂驚。
【悽悵:처창】 구슬퍼서 탄식함。〖蘇軾〗西風送落日、萬竅含－－。
【悽愴:처창】 마음이 몹시 구슬픔。〖禮記·祭義〗霜露旣降、君子履之必有－－之心。
【悽惻:처측】 비통하여 한탄함。〖漢書平吉傳〗涕泣－－。

【悾】㊀(공) 東 ㊁(공) 董 ㊂(강) 江 コウ、まこと sincere ㄎㄨㄥ k'ung¹
草書 ㊀❶정성스러울공(誠也)。〖任昉箋〗實有愚誠不任－款。❷어리둥절할공(無知貌)。〖論語〗－－而不信。㊁경황없을공(－惚失意貌)。㊂믿을강(信也)。
【悾款:공관】 誠心。〖晉書〗荀明公有以察其－－、言豈在多。
【悾悾:공공】 어리석은 모양。〖論語·泰伯〗－－而不信。
【悾惚:공총】 이것 저것 일이 많아 바쁜 모양。시달리는 모양。倥偬。

【悷】(태) 隊 タイ、ほしいままにする audacious
小篆 방자할태(忞也)。

【惀】(론) 阮 ロン、おもう think
小篆 생각할론(思也)。

【惂】(감) 感 カン、うれえる worry about
小篆 ❶근심할감(憂也)。❷괴로울감(苦也)。

【惃】(곤) 元 コン、みだれる giddy
어지러울곤(亂也)。

【惤】㊀(견) 先 ㊁(현) 銑 ケン、ゲン、きびしい stern
㊀베이름견(布名)。㊁엄할현(嚴也)。

【惄】(녁) 錫 デキ、ひもじい hungry ㄋㄧˋ ni⁴
小篆 草書 ❶허출할녁(飢意)。〖詩〗－如調飢。❷생각녁(思也)。〖詩〗－焉如擣。❸마음졸릴녁(飢思)。(『愵』과 같음)
【惄濍:역만】 근심하고 번민함。〖沈承〗－－膺憤、陰陽氣沮。
【惄焉:역언】 생각하는 모양。근심하여 슬퍼하는 모양。〖詩經〗我心憂傷、－－如擣。〖傳〗惄、思也。〖陸機·注〗向曰、惄、憂心也。
【惄然:역연】 ❶굶주린 모양。〖爾雅·注〗－－、飢意。❷걱정하는 모양。〖新序〗楚王聞之、－－愧、以意自閔也。
【惄愵:역익】 불안한 모양。〖新方言〗廣東惠·潮·嘉應三州、謂心不安曰－－、音奴六切。

【情】(정) 庚 セイ、ジョウ、なさけ feeling ㄑㄧㄥˊ ch'ing²
小篆 草書 ❶뜻정(性之動意也)。〖漢書〗董仲舒曰人欲之謂－。❷실상정(實也)。〖論語〗上好信則民莫敢不用－。❸마음속정(心中)。(『情』은 俗字)
【情歌:정가】 남녀간의 연정을 읊은 노

래。戀歌·情詩。『王琚』——初發詞怨咽。
【情感:정감】 느낌。情調와 感興。
【情景:정경】 ❶정취와 경치。광경。❷민망한 정상。❸가엾은 정상。
【情曲:정곡】 간곡한 정회。간곡한 정。
【情款:정관】 情誼。정다운 마음。
【情交:정교】 ❶친한 교제。『女心雕龍』——而雅俗異勢。❷色情의 교제。남녀간의 연애。또는 남녀간의 性交。
【情近:정근】 정분이 매우 가까움。
【情念:정념】 감정이 따르는 생각。
【情談:정담】 ❶다정한 이야기。❷우러나는 實情의 이야기。情話。
【情到:정도】 애정이 깊음。
【情讀:정독】 마음붙여 읽음。
【情露:정로】 실정이 드러남。숨기는 바가 없음。『列子·力命』謬忤——。
【情累:정루】 인정에 이끌림。
【情理:정리】 ❶인정에 따른 의리。❷감정과 도리。『舊唐書』遠嫌疑、分——。❸事情의 대강。「——之盡也。
【情貌:정모】 심정과 용모。『荀子·禮論』
【情報:정보】 정황의 보고。사건의 실정을 알리는 보고。
【情報網:정보망】 정보를 수집하기 위하여 그물과 같이 널리 편 조직。
【情夫:정부】 남편이 아니나 정을 두고 지내는 남자。愛夫。↔情婦。
【情婦:정부】 아내가 아니나 정을 두고 지내는 여자。↔情夫。
【情分:정분】 정이 넘치는 따뜻한 마음。사귀어서 정이 든 정도。
【情死:정사】 사랑하는 사람끼리。어떤 사정으로 함께 자살하는 일。
【情事:정사】 ❶남녀간의 애정에 관한 일。❷진정。事情。『莊子·天地』畢見——。
【情狀:정상】 ❶情(마음 속에 움직이는 것)과 狀(마음 밖에 나타나는 것)。『易經·繫辭』情氣爲物、遊魂爲變、是故知鬼神之——。❷情況。『宋史』安南——難測。
【情狀酌量:정상작량】 《法》 재판관이 범죄의 사정의 情狀을 헤아려서 형벌을 가볍게 하는 일。
【情緖:정서】 ❶어떤 일을 생각함에 따라 일어나는 감정의 실마리。『司空圖·詩』無多——更傷情。『江淹』閒寂以思、——留連。❷《心》英語 Emotion의 譯。喜·怒·哀·樂 등의 복합 감정。특히 顏筋肉의 활동에 의한 표정에 따름。
【情性:정성】 ❶인정과 성질。性情。❷本性。『漢書』立人倫、正——。
【情勢:정세】 사정과 형세。일의 되어 가는 형편。『蜀志』屈伸有會——。
【情疎:정소】 따뜻한 정의에 틈이 생겨 멀어짐。情分이 멀어짐。
【情熟:정숙】 정분이 두터워서 친숙함。
【情實:정실】 ❶私情에 얽힌 사실。私的 情義에서 공정성을 잃는 일。❷眞實한 마음。『史記』齊人多詐、而無——。❸있는 대로의 事實。일의 진상。『史記·呂不韋傳』秦王下吏治、俱得——。
【情愛:정애】 ❶따뜻한 사랑。慈愛。『宋書』——甚篤。❷마음으로 사랑하는 것。相思。愛情。
【情緣:정연】 남녀 관계의 인연。
【情熱:정열】 감정의 격렬한 상태。情火。
【情熱家:정열가】 남달리 정열이 강한 사람。정열을 일으키기 쉬운 사람。
【情炎:정염】 심한 욕정。격렬한 욕정。
【情欲:정욕】 ❶마음 속에 일어나는 온갖 욕망。情慾·愛情。『詩經·傳』——之感、無介乎容儀。❷《佛》四欲의 하나。탐내고 집착하는 마음。『大藏法數』欲界衆生、多於男女情愛之境、而起貪欲、故名——。
【情慾:정욕】 色情에 대한 욕심。성욕。
【情願:정원】 진심에서 나온 소원。
【情誼:정의】 서로 사귀어 친해진 정。
【情義:정의】 인정과 의리。
【情意:정의】 ❶감정과 의지。정과 뜻。❷생각。『詩經·傳』言其——深至也。
【情田:정전】 《喩》온갖 情慾을 낳게 하는 밭이란 뜻으로 人情을 비유한 말。『禮記·禮運』人情以爲田。
【情節:정절】 궂은 일의 가엾은 정상。
【情調:정조】 ❶단순한 감각을 隨伴한 느낌。色彩·惡臭 등에 대한 快·不快의 느낌。❷취미。기분。생각。『杜牧』江南仲蔚多——。
【情操:정조】 《心》높은 정신 활동에 따라 일어나는 감정。情緖보다 知的觀念이 더하여 安定感이 있음。對象에 따라 知的·道德的·美的·宗敎的 정조로 나눔。
【情罪:정죄】 사정과 죄상。『高等感情。
【情地:정지】 ❶정든 땅。❷情景。
【情知:정지】 명확하게 앎。정말 앎。『曾肇·臨江仙詞』——春去後、管得落花無。
【情札:정찰】 따뜻한 정이 어린 편지。
【情趣:정취】 情調와 흥취。情味。『王昌齡·詩』所嗟異風俗、已自少——。
【情致:정치】 정을 돋구는 흥치。風致。(致는 趣)。『世說』船上有詠詩聲、甚有——。
【情親:정친】 정의가 아주 두터움。
【情態:정태】 ❶아첨하는 사람의 태도와 그 마음씨。『列子』備知萬物——。❷어떤 일의 됨됨이。「단。
【情弊:정폐】 情實에 의하여 일어나는 폐단。
【情表:정표】 물건을 주어 성의를 표한。
【情恨:정한】 정과 한。마음 속의 원한。
【情火:정화】 격렬한 정열。불꽃같이 일어나는 정욕。열정。情炎。
『梁簡文帝』妙工偏見詆、無由——通。
【情話:정화】 ❶연애에 관한 이야기。❷인정에 관한 이야기。『陶潛·歸去來辭』悅親戚之——。
【情況:정황】 인정상 어렵고 딱한 형편。「情形。情迹。
【情懷:정회】 생각하는 마음。정서와 회포。『杜甫』老夫——惡。
◎感—、甘—、憾—、激—、交—、嬌—、多—、同—、慕—、無—、民—、薄—、非—、私—、事—、色—、性—、世—、純—、實—、心—、愛—、旅—、餘—、興—、戀—、溫—、友—、有—、恩—、人—、中—、至—、陳—、眞—、春—、忠—、衷—、癡—、表—、下—、厚—。

【惆】 (추) 尤

チョウ、なげく　dispirited　ㄔㄡ ch'ou²

小篆 草書

❶실심할추(失意)。『荀子』—然不嗛。❷섭섭할추(—悵悲愁)。

【惆然:추연】 맥이 풀려 한탄하는 모양。『荀子』——不嗛。(不嗛은 不足)。
【惆悵:추창】 실심하는 모양。근심하고 슬퍼하는 모양。『白居易·詩』——春歸留不得。『後漢書』情——以增傷。
【惆愴:추창】 비통함。구슬픔。酸愴·慘愴。『方干』薄暮停車更——。

【惈】 (과) 哿

カ、いさましい　dare(to do)

감행할과(敢勇)。『左思』風俗以—爲人物以 害爲藝。

【惇】 (돈) 元

ジュン、トン、あつい　warm hearted　ㄉㄨㄣ tuen¹

小篆 草書

❶도타울돈(厚也)。『書』—德允元。❷힘쓸돈(勉也)。❸인정있을돈(人情)。(『敦』과 통함)

【惇謹:돈근】 인정이 두텁고 조심성이 있음。
【惇大:돈대】 두텁고 큼。『書經』明作有功、——成裕。
【惇德:돈덕】 인정이 누터운 덕행。『書經』——允元。
【惇惇:돈돈】 純厚한 모양。『後漢書·第五倫傳論』——歸諸寬厚。

【悙信:돈신】두텁게 믿음。【書經】一一明義、崇德報功。「一者敎之。
【悙惠:돈혜】두터운 은혜。【國語】使一

【惉】(첨) 鹽 セン、ととのわない discord
❶불화할첨(一懘音敗不和)。【樂書】五者不亂則無一懘之音。❷속 소리와자할첨。
【惉滯:첨체】목이 쉬어서 소리가 나지 않음。【史記·樂書】五者不亂、則無一一之音矣。
【惉懘:첨체】소리가 조화되지 않은 모양。【說文新附】惉、一一、煩聲也。

【㥊】(붕) 庚 ホウ、ふきげん ill-humoured
❶짜증잘낼붕(好嗔貌)。❷부루퉁할붕(怒貌)。

【惋】(완) 翰 ワン、なげく resent ㄨㄢˋ wan4
❶한할완(駭恨)。❷놀라탄식할완(驚歎)。【遼史】聞者莫不歎一。❸원망할완(怨也)。
【惋怛:완달】놀라고 슬퍼함。【晉書】公私一一、不須臾去懷。
【惋傷:완상】탄식하며 비통해 함。【杜甫】感時撫事、增一一。
【惋惜:완석】슬프고 애석함。
【惋愕:완악】탄식하고 놀람。驚愕。【晉書】省之一一、不解所由。
【惋恨:완한】슬퍼하고 한탄함。

【惎】(기) 寘 キ、そこなう poisonous ㄐㄧˋ chi4
❶독할기(毒也)。【左傳】管蔡啓商、一閒王室。❷가르칠기(敎也)。【左傳】一之拔旆投衡。❸꾀할기(謀也)。❹해로울기(害也)。
【惎間:기간】남을 헐고 이간시킴。(字解①參照)。

【惌】㊀(원) 元 ㊁(울) 物 エン、ウツ、ふさぎこむ melancholy
㊀작은구멍빤할원(小孔僅一)。㊁맘울적할울(心氣鬱積)。

【⿰忄知】(지) 寘 チ、よい honest-minded
맘착할지(心善)。

【惏】㊀(람) 覃 ㊁(림) 侵 ラン、リン、むさぼる covet ㄌㄢˊ lan2
㊀탐할람(貪也)。(『婪』과 같음) ㊁떨릴림(一慄寒也)。
【惏悷:남려】몹시 슬퍼하는 모양。【宋玉】於是調謳、令人一一、悽、脅息增欷。
【惏露雨:남로우】가을비의 異名。【事物異名錄】
【惏慄:남률】❶추운 모양。떨림。❷소리의 맑은 모양。【集韻】惏、一一、寒也。

【惐】(역) 屋 イク、いたむ heartache
❶맘아플역(心痛)。❷가슴아플역(痛也)。

【惑】(혹) 職 ワク、まどう bewitch ㄏㄨㄛˋ huo4
❶미혹할혹(迷也)。❷의심낼혹(疑也)。❸현란할혹(眩亂)。❹헤맬혹(無定處)。(『或』과 통함)
【惑嗜:혹기】어떤 것을 몹시 즐김。
【惑溺:혹닉】몹시 반하여 빠져 버림。미혹하여 本心을 잃음。
【惑亂:혹란】미혹하여 어지럽게 함。미혹되어 어지러워짐。【史記】以非當世、一一黔首。(黔首는 人民)。
【惑星:혹성】❶(天)遊星。❷수완·力量등이 아직 알려지지 않은 유력한 인물。
【惑世:혹세】❶어지러운 세상。❷세상을 어지럽고 문란하게 함。
【惑世誣民:혹세무민】세상 사람을 미혹하게 하여 세상을 어지럽힘。
【惑術:혹술】사람을 미혹시키는 술법。妖術。【韓非子】恍惚之言、恬淡之學、天下之一一也。
【惑信:혹신】미혹되어 꼭 믿음。
【惑愛:혹애】매우 사랑함。溺愛。
【惑疾:혹질】마음이 惑亂되는 병。【左傳·昭·元】晦淫一一、明淫心疾。
◎當一、魅一、迷一、不一、誘一、疑一、眩一、幻一。

【悡】(리) 支 リ、うらむ regret
❶한할리(恨也)。❷태만할리(怠慢)。❸기뻐할리(悅也)。

【⿰忄典】(전) 銑 テン、はじる be ashamed of ㄊㄧㄢˇ t'ien3
부끄러울전(慚也)。(『腆』과 통함)

【⿰忄囷】㊀(균) 眞 ㊁(군) 問 キン、あきる be tired of
㊀❶싫증날균(倦也)。❷고달플균(勞也)。㊁뜻은 ㊀과 같음。

【惓】(권) 先 ケン、つつしむ respect ㄑㄩㄢˊ ch'uan2
❶삼갈권(謹也)。❷정성스러울권(懇至)。【漢書】一一之義也。❸친절할권(親切)。(『倦』과 통함)
【惓惓:권권】❶일에 힘쓰는 모양。【漢書】一一之義也。❷삼가는 모양。❸친절한 모양。

【惔】(담) 覃 タン、やく worry ㄊㄢˊ t'an2
❶속탈담(燔也、燎也)。【詩】憂心如一。❷근심할담(憂也)。(『炎』과 통함)
【惔焚:담분】불사름。심한 가물의 형용。

【惕】(척) 錫 テキ、つつしむ respect ㄊㄧˋ t'i4
❶공경할척(敬也)。❷두려워할척(怵一憂懼)。❸근심할척(憂也)。(『悐』과 같음)
【惕懼:척구】경계하며 두려워함。【易經·疏】匪懈一一。
【惕念:척념】두려워하는 마음。
【惕想:척상】근심하고 생각함。【李白·詩】一一結宵夢。
【惕懾:척섭】두려워함。【沈遼】守臣方一
【惕息:척식】두려워서 한숨을 짐。【司馬遷】視徒隸、則心一一。
【惕然:척연】근심하고 두려워하는 모양。
【惕喘:척천】놀라고 두려워 숨이 참。

【⿰忄采】(채) 賄 サイ、かたましい wicked
간악할채(邪也姦惡)。

【惗】(념) 鹽 ジョウ、いつくしむ love
사랑할념(愛也)。

【惘】(망) 養 ボウ、モウ、あわてる confused ㄨㄤˇ wang3
❶경황없을망(一然失志貌)。【思玄賦】魂惘一而無疇。❷실심할망(失心)。(『罔』과 통함)
【惘惘:망망】낙심하여 멍한 모양。【韓

愈】出門ㅣㅣ。

【惘然:망연】 맥이 풀려 멍한 모양。

【惙】 ㊀(철) 屑 ㊁(체) 霽

テツ、つかれる tired ㄔㄨㄛˋ ch'uo⁴

小篆 草書 ㊀❶근심할철(憂也)。【詩】憂心ㅣㅣ。❷고달플철(疲也)。㊁성미급할체(性急)。

【惙怛:철달】 근심하고 슬퍼함。『後漢書』心ㅣㅣ兮傷悴。

【惙惙:철철】 근심하는 모양。근심하여 마음이 산란한 모양。『詩經·召南』憂心ㅣㅣ。

【惚】 (홀) 月

コツ、うっとりする ecstasy ㄏㄨ hu¹

草書 ❶황홀할홀(恍ㅡ微妙不測貌)。【道德經】惟恍惟ㅡ。❷망창할홀(心志惘惝貌)。(『忽·㐖』과 통함)

【惚惚:홀황】 황홀한 모양。恍惚。

【惜】 (석) 陌

セキ、シャク、おしむ pitiful: sorry ㄒㄧ hsi²

小篆 草書 ❶아낄석、아까울석(悋也)。❷중하게 여길석。❸가엾을석(憐也)。「寵ㅡ」。【杜甫詩】樹木猶爲人愛ㅡ。❹불쌍히여길석。❺사랑할석(愛也)。【曹植詩】寶金非所ㅡ。

【惜賣:석매】 장사아치가 값이 오르기를 바라고 물건을 팔지 않음。

【惜愍:석민】 아끼고 슬퍼함。

【惜別:석별】 서로 헤어지기를 애석하게 여김。작별을 섭섭히 여김。

【惜福:석복】 검소하게 생활하여 복을 길이 누리게 함。비용을 아끼어 사치를 하지 않음。【宋史·大祖紀】當念ㅡㅡ。

【惜陰:석음】 광음을 아낌。시간을 귀중히 여김。惜景。【晉書·陶侃傳】大禹聖者乃惜寸陰。【范咸】ㅡㅡ之士、咸有望於再中。

【惜春:석춘】 가는 봄을 아깝게 여김。『薛能·惜春賦』。

【惜敗:석패】 아깝게 짐。분한 패배。◎哀ㅡ、愛ㅡ、痛ㅡ。

【惛】 ㊀(혼) 元 ㊁(혼) 願

コン、ぼける、くらい bewildering ㄏㄨㄣ huen¹

小篆 草書 ㊀흐릴혼(心不明)。【莊子】ㅡ然若亡而存。㊁혼미할혼(迷忘)。

【惛耄:혼모】 늙어서 정신이 흐리고 쇠약함。昏耗。『宋書·王敬弘傳』顧惜ㅡㅡ、志與願違。

【惛眊:혼모】 눈이 어두움。어두움。

【惛然:혼연】 마음이 어두움。『莊子』ㅡㅡ若亡而存。

【惛愚:혼우】 어둡고 어리석음。昏愚。『管子』寡人幼弱ㅡㅡ。

【惛惛:혼혼】 ❶정신이 흐리멍덩한 모양。❷일에 마음이 팔려 열중하는 모양。

【惝】 (창) 養

ショウ、ぼんやりする dispirited ㄔㄤˇ ch'ang³

草書 ❶실심할창(失意不悅貌)。【莊子】ㅡ然若有亡也。❷깜짝놀랄창(驚貌)。(『儆』과 같음)

【惝然:창연】 서운한 모양。실심하는 모양。『莊子』ㅡㅡ若有亡也。

【惟】 (유) 支

イ、おもう、ただ considerate ;only ㄨㄟˊ wei²

小篆 草書 ❶꾀유、꾀할유(謀也)。【詩】載謀載ㅡ。❷생각할유(思也)。【書】視遠ㅡ明。❸오직유(獨也)。【書】ㅡ王不邇聲色。❹어조사유(語助辭)。【書】濟河ㅡ兗州。(『唯』와 같음)

【惟獨:유독】 오직 홀로。唯獨。『戰國策』ㅡㅡ莒即墨。

【惟惟:유유】 허락하는 모양。唯唯。『荀子』ㅡㅡ而亡者、誹也。

【惟一:유일】 오직 하나。唯一。『書經』惟精ㅡㅡ。『李邕』邁ㅡㅡ之德。

【惟日不足:유일부족】 시간이 모자람。奔走多事하여 아무리 노력해도 끝이 없다는 뜻。또는 부단히 노력을 계속함。

【惟精:유정】 私慾을 물리치고 마음을 정하게 가짐。『書·大禹謨』ㅡㅡ惟一、允執厥中。◎思ㅡ。

【惠】 (혜) 霽

ケイ、エ、めぐむ benefit ㄏㄨㄟˋ huei⁴

小篆 古文 草書 ❶어질혜(仁也)。【書】安民則ㅡ。❷순할혜(順也)。【書】亮采ㅡ疇。❸은혜、덕택혜(恩也)。【書】惟ㅡ之懷。❹줄혜(賜也)。【禮】行慶施ㅡ。❺세모창혜(三隅矛)。【書】二人雀弁執ㅡ。

【惠康:혜강】 은혜를 베풀어 편안하게 함『書經』ㅡㅡ小民。

【惠顧:혜고】 ❶=惠來。❷은혜를 베풀어 돌보아 줌。『吳志』君旣ㅡㅡ、何以佐之。

【惠念:혜념】 돌보아 주는 생각이란 뜻。慈念。『儲光羲』ㅡㅡ及滄浪。

【惠堂:혜당】 《制》宣惠堂上의 略語。

【惠來:혜래】 ❶남이 나를 찾아온 데 대한 敬稱。惠顧。惠臨。惠枉。枉臨。❷남이 나를 따르는 모양。❸好意를 보이는 모양。惠肯·惠然。『詩·邶風』。

【惠撫:혜무】 은혜를 베풀어 주고 어루만져 줌。

【惠民院:혜민원】 《制》李朝 말에 구차한 백성에게 施療하는 일을 맡았던 관청。高宗 光武 五년(一九〇一)에 베풀어서 七년에 폐함。

【惠福:혜복】 은혜로운 행복。「받음。

【惠赦:혜사】 임금의 은혜로 죄를 용서

【惠賜:혜사】 =惠赦。『陳子昂』ㅡㅡ禮物。

【惠書:혜서】 남이 나에게 준 편지에 대한 尊稱。惠音。惠札。惠翰。惠函。

【惠示:혜시】 남에게 알리어 달라고 부탁하는 뜻。흔히 편지 용어로 씀。

【惠施:혜시】 ❶은혜로서 무엇을 베풀어 줌。❷《人》戰國時代 宋의 詭辯學者。名家(論理學派)의 한 사람。惠子 一권을 지었다고 하나 전하지 않음。莊子의 벗。『莊子』ㅡㅡ多方、其書五車。

【惠愛:혜애】 은혜를 베풀어 사랑함。은혜로 사랑함。『杜甫』ㅡㅡ南翁悅。

【惠養:혜양】 은혜를 베풀어 기름。『漢書·疏廣傳』ㅡㅡ老臣。

【惠與:혜여】 은혜로 금품을 줌。남이 준다는 말의 敬稱。惠投。惠贈。惠賜。

【惠雨:혜우】 ❶만물을 축축히 적셔 자라게 하는 비。慈雨。❷오래 가물다가 오는 비。澤雨。❸임금의 은혜。

【惠育:혜육】 은혜를 베풀어서 기름。『後漢書·左雄傳』ㅡㅡ元元也。

【惠潤:혜윤】 은혜를 흡뻑 베풀음。흡뻑 베푼 은혜。『晉書·樂志』擬陶鈞垂ㅡㅡ。

【惠音:혜음】 ❶남이 나에게 준 편지에 대한 敬稱。惠書。惠札。惠翰。惠函。❷부드러운 소리。『陸機·詩』款誠寄ㅡㅡ。『陸機·擬古詩』閑夜撫鳴琴、ㅡㅡ清且悲。

【惠慈:혜자】 인자하게 사랑함。인자한 사랑。慈惠。『國語』ㅡㅡ二蔡。

【惠政:혜정】 인자한 정치。仁政。『北史』士人感其ㅡㅡ。

【惠贈:혜증】 ❶=惠與。❷남이 준 물건의 尊稱。

【惠澤:혜택】 은혜와 덕택。『汝南先賢傳』應頓爲東郡太守、ㅡㅡ洽著。

【惠風:혜풍】 ❶화창하게 불어 오는 바람。봄바람。『王羲之·蘭亭記』天朗氣晴、ㅡㅡ和暢。❷음력 三월의 別稱。❸임금의 은혜。『張衡·東京賦』ㅡㅡ光被。

【惠翰:혜한】 =惠書。

【惠函:혜함】=惠書。 「惠賜。惠賚。

【惠貺:혜황】은혜를 베풀어 내려 줌。

【惠化:혜화】은혜를 베풀어 남을 敎化함。은혜로운 感化。德化·恩化·仁化。『晉書』修德政、布——。

【惠化門:혜화문】서울 東小門의 정식 이름。원 이름은 弘化門。李朝 成宗 一四년에 세운 昌慶宮 東門을 弘化門이라 命名하였으므로 中宗 六년에 惠化門으로 고침。純祖 一六년(一八一六)에 重修하였다가 一九三〇년 서울 市街 확장 때 헐어 없앴음。

【惠訓:혜훈】❶은혜로써 가르침。❷인자한 가르침。『左傳·襄·二一』——不倦者、叔向在焉。

【惠恤:혜휼】자비심을 가지고 어루만져 돌보아 줌。『後漢書』——耆老。

【⿰忄亞】(아) 禡 ア、きがふさぐ gloomy
속답답할 아(心鬱)。

【惡】㊀(악) 藥 ㊁(오) 遇 ㊂(오) 虞 アク、オ、わるい、にくむ bad; evil ㄜˋ e3·4
(小篆) (小篆) (草書)
㊀❶악할 악、모질 악(不善)。❷더러울 악(醜陋)。『書經』六極五曰—。❸나쁠 악(不良)。㊁❶미워할 오(憎也)。『左傳』周鄭交—。❷부끄러울 오(恥也)。『孟子』羞—之心。❸욕설할 오(辱也)。㊂❶어찌 오(何也)。『論語』—乎成名。❷허 오(歎辭)。『孟子』—是何言也。

【惡感:악감】惡感情의 略語。

【惡感情:악감정】❶좋지 아니한 감정。❷분하고 원통한 감정。↕好感情。

【惡口:악구】❶남을 헐어서 말하기를 좋아하는 짓。險口。惡言。『漢書』——不信。❷《佛》一〇惡의 하나。남에게 악한 말을 하는 짓。惡說。『無量壽經』兩舌·——·妄言·綺語。

【惡鬼:①악귀 ②오기】❶악한 귀신。몹쓸 귀신。사람에게 나쁜 짓을 하는 귀신。惡魔·邪鬼。『史記』以辟——。❷무당굿에서 열 두 거리의 여덟째。죽은 이의 넋을 비는 굿。

【惡氣:악기】❶사람에게 해를 주는 악한 毒氣。고약한 냄새。惡臭。『左傳·註』❷남을 해치려는 나쁜 마음。惡意。

【惡女:악녀】❶성질이 나쁜 여자。악독한 여자。毒婦。❷얼굴이 추한 여자。醜婦。『史記』美女入室、——之仇也。

【惡念:악념】모진 생각。나쁜 마음。惡想。

【惡談:악담】❶남이 잘되지 못하도록 저주하는 말。❷남의 일을 나쁘게 말하는 짓。

【惡黨:악당】악한 도당。나쁜 무리。惡徒。惡漢。

【惡德:악덕】도덕에 벗어나는 나쁜 일。악한 행위。『書經』爵罔及——、惟其賢。

【惡徒:악도】=惡黨。

【惡毒:악독】마음이 흉악하고 독살스러움。

【惡童:악동】성품·언행이 나쁜 아이。

【惡辣:악랄】매섭고 표독함。

【惡靈:악령】원한을 품고 재앙을 내린다는 죽은 사람의 혼。

【惡例:악례】좋지 못한 前例。악한 慣例。

【惡魔:악마】《佛》사람의 마음을 혼미하게 하여 善行을 방해하고 악하게 만드는 마귀。『圓覺經』——及諸外道、惱害人心。《喩》아주 흉악한 사람。

【惡罵:악매】욕하고 꾸짖음。『蕭士良』——無復高卑。

【惡名:악명】추악한 이름。나쁜 평판。惡聲。『左傳』增其——。

【惡木:악목】재목으로 쓰기에는 적당하지 않은 나무。쓸모 없는 나쁜 나무。雜木。『管子』士懷耿介之心、不蔭——之枝。

【惡夢:악몽】흉악한 꿈。앞으로 좋지 못한 일이 닥칠 것을 알리는 듯한 꿈。↕吉夢。『周禮』乃舍萌于四方、以贈——。

【惡文:악문】졸렬한 文章。좋지 못한 글。

【惡法:악법】❶사회에 좋지 않은 영향을 끼쳐주는 법률。❷나쁜 방법。

【惡癖:악벽】고치기 힘든 나쁜 버릇。

【惡病:악병】나쁜 병。惡疾。

【惡報:악보】❶나쁜 소식。상서롭지 못한 기별。凶報。↕吉報。❷《佛》惡事에 대한 갚음。惡果。

【惡婦:악부】❶악독한 부녀。성질이 나쁜 부녀。❷보기 흉한 부녀。

【惡事:악사】❶못된 일。해서는 안되는 일。罪惡。『傳燈錄』好事不出門、——行千里。❷흉악한 일。災難。

【惡相:악상】❶흉악한 얼굴 모양。❷《佛》상서롭지 못한 相格。

【惡想:악상】나쁜 생각。모진 생각。惡念。

【惡書:악서】읽어서 해로운 책。↕良書。

【惡說:악설】❶나쁘게 욕하는 말。남을 해치려고 하는 모진 말。惡言。❷惡口。

【惡性:악성】❶모질고 악독한 성질。❷事物의 質이 좋지 못한 일。

【惡聲:악성】❶나쁜 소리。듣기 거북한 音聲。『晉書』夜聞荒雞鳴、蹴琨覺曰、此非——也。(琨은 劉琨)。❷좋지 못한 소문。『孟子』——至、必反之。

【惡獸:악수】모질고 사나운 짐승。

【惡循環:악순환】❶순환이 좋지 않음。순환이 나쁨。❷《經》물가와 임금이 한없이 惡化되어 가는 일。

【惡習:악습】❶나쁜 풍습。惡風。❷고치기 어려운 나쁜 버릇。惡癖。

【惡食:악식】값 싸고 거친 식사를 함。또는 그 음식。粗食。↕好食。『史記』以——、食項王使者。

【惡實:악실】《植》牛蒡의 異名。

惡實 (三才圖會)

【惡心:악심】❶악한 마음。나쁜 일을 하려고 하는 마음。『國語』忘善則——生。❷남을 해치려는 마음。↕善心。

【惡顔相對:악안상대】불쾌한 낯으로 서로 마주 봄。

【惡夜:악야】나쁜 밤。무섭거나 싫은 밤을 이컫는 말。

【惡言:악언】=惡說。惡口。惡語。『史記』孔子曰、自吾得由、——不聞于耳(由는 子路)。

【惡疫:악역】나쁜 돌림병。악질적인 유행병。惡癘。

【惡逆:악역】❶몹시 악하여 의리에 벗어나는 짓。『漢書』——暴著。❷옛날의 형벌의 이름。八逆의 하나。

【惡緣:악연】❶화목하지 못하거나 또는 헤어지는 남녀의 인연 관계。❷맺어서 좋지 않은 인연。불행한 인연。

【惡影響:악영향】나쁜 영향。좋지 않은 미침。↕好影響。

【惡用:악용】잘못 씀。못된 일에 씀。

【惡友:악우】악한 벗。나쁜 영향을 주는 친구。

【惡運:악운】사나운 운수。고달픈 운명。『漢書』銷——、遏亂原。

【惡意:악의】❶남을 해치려는 나쁜 생각。❷나쁜 의미。↕善意。

【惡衣惡食:악의악식】좋지 못한 거친 옷과 맛 없는 음식。변변치 못한 衣食。↕好衣好食。『論語·里仁』士志於道、而恥——者、未足與議也。

【惡人:악인】❶악한 사람。마음이 나쁜 사람。행실이 착하지 못한 사람。『揚雄』修其惡、則爲——。❷얼굴의 생김새가 험하고 추하게 생긴 사람。醜人。『孟子』雖有——、齋戒沐浴、則可以祀上帝。

【惡因:악인】《佛》나쁜 결과를 가져 오는 원인。

【惡因惡果:악인악과】《佛》악한 원인에서 악한 결과가 생김。악한 일을 하면 반드시 악한 갚음이 돌아 옴。

【惡因緣:악인연】《佛》좋지 못한 인연。

【惡日:악일】❶운이 좋지 못한 날。不吉한 날。인연이 좋지 못한 날。↕吉日。❷음력 五월 五일의 異稱。

時上禁行ㅡㅡ。❷不正한 방법으로 얻은 돈。못된 짓을 하여 얻은 돈。

【惡戰:악전】고된 싸움。고난이 많은 전쟁。또는 몹시 싸움。

【惡戰苦鬪:악전고투】죽을 힘을 다하여 몹시 싸움。

【惡政:악정】악한 정치。국민을 괴롭히고 나라를 그르치는 정치。稅政。「뿜。

【惡條件:악조건】나쁜 조건。조건이 나쁨。

【惡阻症:악조증】《醫》입덧。惡阻。

【惡種:악종】성질이 몹시 못된 사람。ㅡ 또는 그러한 동물。惡物。

【惡症:악증】❶나쁜 증세。❷나쁜 짓。

【惡地:악지】사람이 살기에 적당하지 않은 땅。↕善地。『史記』。

【惡疾:악질】나쁜 병。고치기 어려운 병。惡病。『大戴禮』有ㅡㅡ不取。

【惡質:악질】❶못되고 나쁜 성질。❷좋지 못한 바탕。

【惡瘡:악창】《醫》고치기 힘드는 악성 부스럼。『酉陽雜俎』治ㅡㅡ。

【惡策:악책】악한 꾀。나쁜 계획。惡計。

【惡妻:악처】❶악한 아내。婦德이 없는 아내。❷얼굴이 추한 아내。

【惡天候:악천후】몹시 사나운 날씨。

【惡妾:악첩】성질이 모진 첩。

【惡草:악초】질이 몹시 나쁜 담배。「害蟲。

【惡蟲:악충】이롭지 못한 나쁜 벌레。

【惡臭:악취】❶흉악한 냄새。❷물건이 썩는 냄새。『大學』如惡ㅡㅡ、如好好色。

【惡趣味:악취미】❶좋지 못한 취미。❷괴벽한 취미。

【惡評:악평】나쁘게 말하는 비평。좋지 않은 평판。惡聲。

【惡弊:악폐】좋지 않은 폐단。

【惡風:악풍】❶모진 바람。暴風。❷나쁜 風習이나 風潮。惡俗。

【惡筆:악필】❶나쁜 붓。글씨가 잘 써지지 않는 붓。❷잘 쓰지 못한 글씨。

【惡漢:악한】나쁜 놈。몹시 악독한 사람。惡徒。

【惡行:악행】악한 행실。도덕에 어그러지는 행실。법률에 저촉되는 행위。『詩經·傳』世族在位有是ㅡㅡ。「골。

【惡鄕:악향】풍기가 몹시 어지러운 시

【惡血:악혈】❶고름이 섞여 나오는 피。❷해산한 뒤에 나오는 궂은피。

【惡刑:악형】잔인하고 악독한 형벌。

【惡化:악화】❶나쁘게 됨。❷병이나 일이 못되게 더침。↕好轉。

【惡貨:악화】品質이 나쁜 화폐。실제의 가치가 表記되어 있는 것 보다 퍽 떨어지는 화폐。

【惡戱:악희】몹쓸 장난。

【惡寒:오한】❶추위를 싫어함。❷=惡寒症。

【惡寒頭痛:오한두통】《醫》오한에 겸하여 두통이 있는 증세。「기는 증세。

【惡寒症:오한증】《醫》몸에 오한이 생

【惢】㊀(쇄) 𥫗 サ、シ、うたがう ㊁(지) 支 doubt

小篆 ㊀의심낼쇄(疑也)。㊁착할지(善也)。

【惣】(총)『摠』(手部 9畫)의 譌字

【㤅】(애) 隊 アイ、ゆく go; depart

❶갈애(行貌)。❷사랑할애(愛也)。

九 畫

【惧】(구)『懼』(心部 18畫)의 俗字

【愉】(유) 虞 虞 ユ、うれう anxious

❶근심할유(憂也)。❷두려워할유(懼也)。

【愜】(극) 職 キョク、あわただしい hasty

小篆 ❶경망할극(急性)。『列子』譴ㅡ凌誶。❷급한성품극(急性)。

【惰】(타) 𥫗 箇 タ、ダ、おこたる lazy ㄉㄨㄛˋ tuo⁴

草書 ❶게으를타(懈ㅡ懶也)。『書』股肱ㅡ哉。❷태만할타(怠也)。『禮記 曲禮上』臨祭不ㅡ。(『媠』와 같음)

【惰氣:타기】게으른 마음。싫증。

【惰氣滿滿:타기만만】게으른 기분으로 충만함。

【惰農:타농】게으른 농부。농사를 게을리함。↕精農。『書經』ㅡㅡ自安。

【惰力:타력】❶惰性의 힘。❷습관의 힘。❸버릇의 힘。지금까지의 나쁜 버릇。

【惰貧:타빈】게을러서 빈한함。

【惰性:타성】❶오래 되어 굳어진 버릇。❷《物》物體가 외부의 힘을 받지 않는 한 현재의 상태를 持續하려고 하는 성질。慣性。

【惰弱:타약】의지가 약함。氣力이 약하여 쓸모 없음。墮弱。

【惰劣:타열】게을러서 뒤떨어짐。『晉書』以ㅡㅡ、無益毗佐。

【惰傲:타오】일을 되는 대로 하여 조심성이 없음。『左傳』ㅡㅡ以爲己心。

【惰容:타용】게을러 빠진 모양。빈둥거리는 모양。『十八史略』驕將惰卒、末嘗有ㅡㅡ。

【惰怠:타태】게으르고 느림。怠惰。怠惰·懈怠。『漢書』民愈ㅡㅡ。◎懶ㅡ、遊ㅡ、怠ㅡ。

【惱】(뇌) 皓 ノウ、なやむ anguish ㄋㄠˇ nao³ (本音「노」)

草書 ❶다릴뇌、고달플뇌(事物撓心)。❷한할뇌(懊ㅡ恨也)。❸번뇌할뇌(煩ㅡ)。❹걱정할뇌(憂也)。

【惱苦:뇌고】몹시 괴로움。「민。

【惱悶:뇌민】괴로와 고민함。괴로운 고

【惱殺:뇌쇄】애가 타도록 몹시 괴롭힘。특히 여자가 아름다운 용모로써 남자를 매혹하게 하는 일。(殺은 助辭)。『李白』一面紅妝ㅡㅡ人。

【惱神:뇌신】정신을 어지럽게 함。

【惱害:뇌해】괴롭히고 방해함。◎苦ㅡ、煩ㅡ、心ㅡ。

【惲】(운) 吻 ウン、はかる counsel ㄩㄣˋ yün⁴

小篆 草書 ❶혼후할운(重厚)。❷꾀할운(謀也)。❸의논할운(議也)。

【想】(상) 養 ソウ、おもう think; consider ㄒㄧㄤˇ hsiang³

小篆 草書 ❶생각상、생각할상(思也)。『後漢書』夢ㅡ賢士。❷뜻할상(意之)。❸희망할상(冀思)。

【想見:상견】생각하여 봄。『水經·註』ㅡ其人。

【想起:상기】❶지난 일을 다시 생각해 냄。喚想。❷《心》체험한 것을 의식적으로 다시 再生시킴。

【想念:상념】마음에 떠오르는 생각。

【想到:상도】생각이 미침。

【想望:상망】❶사모함。사모하여 우러러 봄。『後漢書』士大夫ㅡㅡ其風采。❷기대함。

【想像:상상】❶미루어 생각함。맞대어 짐작함。『楚辭』思舊故以ㅡㅡ兮。❷《心》이미 아는 사실이나 관념을 재료삼아 새

로운 사실이나 관념을 만드는 정신 작용。英語 Imagintaion 의 譯。❸空想。

【想像力:상상력】(哲)상상하는 힘。

【想憶:상억】❶생각함。『王獻之』即日如何、深ㅡㅡ。❷생각。

【想察:상찰】=想像②。

【想華:상화】=隨筆。

◎假ㅡ、感ㅡ、空ㅡ、奇ㅡ、妄ㅡ、冥ㅡ、瞑ㅡ、夢ㅡ、無ㅡ、思ㅡ、隨ㅡ、豫ㅡ、理ㅡ、着ㅡ、追ㅡ、幻ㅡ、回ㅡ、

【惴】(췌) 寘 ズイ、おそる dread ㄓㄨㄟˋ chuei⁴ (本音「취」)

小篆 草書 두려워할췌(憂懼)。『詩經』ㅡㅡ其慄。

【惴恐:췌공】근심하고 두려워함。惶恐。『史記』宗室豪傑、皆人人ㅡㅡ。

【惴蝡:췌연】발이 없는 벌레가 꿈틀거리는 모양。『莊子』ㅡㅡ之蟲。

【惴畏:췌외】=惴恐。『王安石』。

【惴慄:췌율】두려워서 부들부들 떨음。무서워서 벌벌 떨음。

【惴惕:췌척】두려워하고 근심함。『柳宗元』欷歔ㅡㅡ。

【惴惴:췌췌】매우 무서워서 벌벌 떠는 모양。『詩經』ㅡㅡ其慄。

【慄】㊀(협) 葉 ㊁(첩) 葉 チョウ、おそる afraid

草書 ㊀두려울협(危懼)。『後漢書』ㅡ楚黎。㊁❶눈휘둥그릴첩(懼貌)。❷두려운체할첩(懼也)。

【慄懼:첩구】무서워함。『逸周書』。

【慄息:첩식】무서워 숨을 죽임。『後漢書』自是宮房ㅡㅡ。『注』、懼也。

【慄然:첩연】무서워하는 모양。『班固』ㅡㅡ意下、捧手欲辭。

【慄慄:첩첩】무서워하는 모양。『後漢書·注』ㅡㅡ、懼也。

【惶】(황) 陽 コウ、おそれる fear ㄏㄨㄤˊ huang²

小篆 草書 ❶두려울황(恐懼)。『後漢書』蕭廣縱暴百姓ㅡ擾。❷혹할황(惑也)。❸급할황(遽也)。

【惶感:황감】황송하고 감격함。

【惶遽:황거】두려워서 당황함。惶急。『三國志·魯肅傳』備ㅡㅡ奔走、欲南渡江。

【惶怯:황겁】두려워서 겁이 남。

【惶悸:황계】두려워서 가슴이 두근거림。

【惶恐:황공】높은 자리에 눌리어서 두려움。惶悚。惶懍。『史記·萬石張叔傳』上讁死矣、甚ㅡㅡ。

【惶恐無地:황공무지】황공하여 몸 둘 「자리를 모름。

【惶愧:황괴】황송하고 부끄러움。

【惶急:황급】황황하고 급박함。『史記·刺客傳』。

【惶忙:황망】惶惶해서 매우 바쁨。

【惶悚:황송】=惶恐。

【惶慼:황척】황송하여 근심함。

【惶怖:황포】두려워서 떨음。怖惶。『漢書』皆ㅡㅡ憂念。

【惶汗:황한】너무도 두려워서 흘리는 땀。

◎驚ㅡ、恐ㅡ。

【惷】(준) 軫 シュン、みだれる disorderly

小篆 草書 ❶심란할준(亂也)。❷수선할준(動搖貌)。『左傳』鄭子太叔曰今王室實ㅡㅡ焉。❸어둔할준(愚也)。(『蠢』과 같음)

【惷愚:준우】굼뜨고 어리석음。愚惷。『儀禮』某之子ㅡㅡ。

【惷惷:준준】❶벌레의 움직이는 모양。❷무지해서 事理를 판결하지 못하는 사람의 움직임。蠢蠢。『左傳』今王室實ㅡㅡ焉。

【惷窒:준질】어리석어서 事理를 깨닫지 「못함。

【惸】(경) 庚 ケイ、うれえる worry ㄑㄩㄥˊ ch'iung²

草書 ❶근심할경(憂也)。『詩』憂心ㅡㅡ。❷홀몸경(無兄弟獨也)。『詩』哀此ㅡ獨。❸고독할경(孤獨)。(『煢』과 같음)

【惸惸:경경】근심하는 모양。『詩經·正月』憂心ㅡㅡ。

【惸獨:경독】외로와서 아무데도 의지할 곳이 없음。또는 외로운 사람。煢獨。『詩經』哀此ㅡㅡ。

【惸嫠:경리】과부。남편이 죽은 여자。

【惹】(야) 馬 ジャ、ジャク、ひく cause ㄖㄜˇ je³

小篆 草書 ❶끌야 끌릴야(引著)。❷어지러울야(亂也)。❸속일야(詭也)。❹생각케할야(ㅡ起)。

【惹起:야기】끌어 일으킴。

【惹起鬧端:야기요단】시비의 시초를 끌어 일으킴。惹端。惹鬧。

【惹端:야단】❶떠들고 법석거림。❷높은 음성으로 마구 꾸짖는 일。惹起鬧端의 略語。

【惹鬧:야료】까닭 없이 트집을 부리고 마구 떠들어 대는 짓。惹起鬧端의 略語。

【惹出:야출】이끌어 냄。끌어 냄。

【⿰忄若】(낙) 藥 ダク、ゆるす permit

허락낙(心許)。(『諾』과 같음)

【惺】㊀(성) 梗 ㊁(성) 靑 セイ、さとる perceive ㄒㄧㄥ hsing¹

草書 ㊀깰성、깨달을성(悟也)。㊁❶똑똑할성(ㅡ憁了慧)。❷조용할성。

【惺惺:성성】❶영리한 모양。똑똑한 모양。『上蔡語錄』敬是常ㅡㅡ法。❷꾀꼬리의 울음소리。『陸游』鶯語ㅡㅡ野雉驕。

【惺忪:성종】움직여서 고정되지 않은 모양。『元稹』桐花暗淡柳ㅡㅡ。

【惺憁:성총】=惺惺①。

【惻】(측) 職 ショク、ソク、いたむ lamenting ㄘㄜˋ ts'ê⁴

小篆 草書 ❶슬플측(痛也)。❷감창할측(ㅡㅡ愴也)。『易』井渫不食爲我心ㅡ。❸아플측(痛愴)。❹불쌍할측(ㅡ隱)。

【惻怛:측달】가엾게 여기어 슬퍼함。『禮記·問喪』ㅡㅡ之心、痛疾之意。

【惻憫:측민】가엾게 여기어 걱정함。憫惻。『梅堯臣』取樂在須臾、我心良ㅡㅡ。

【惻然:측연】가엾게 여기는 모양。

【惻隱:측은】딱하고 가엾음。『孟子·告子上』ㅡㅡ之心、人皆有之。

【惻隱之心:측은지심】四端의 하나。불쌍하고 가엾이 여기는 마음。

【惻愴:측창】가엾고 슬픔。『荀悅』夫賈誼過湘水、弔屈原、ㅡㅡ動懷。

【惻楚:측초】가엾게 여기어 괴로와함。『韓愈·詩』助我ㅡㅡ。

【惼】(편) 銑 ヘン、せまい narrow-minded (本音「변」)

草書 ❶조급할편(急也)。❷편협할편(愊ㅡ性狹)。『莊子』有虛船來觸舟雖有ㅡ心之人不怒。

【惼心:편심】도량이 좁은 다음。心。『莊子』雖有ㅡㅡ之人不怒。

【惼狹:편협】도량이 좁음。偏屈。

【⿰忄卻】㊀(각) 藥 ㊁(극) 陌 キャク、つかれる exhausted

小篆 ㊀고달플각(勞也)。㊁❶피로할극(疲也)。❷싫증날극(倦也)。

【惛】(혼) 元 コン、くらい、おろか stupidity
惛 書草 ❶혼암할혼(不憭)。『孟子』齊宣王曰吾ㅣ。❷마음이 흐릴혼。『孟子 梁惠王上』吾ㅣ不能進於是矣。(『惽』과 같음)

【慔】(모) 虞 ブ、いたわる love (或音「무」)
慔 小篆 사랑할모(愛也)。

【惾】(수) 宥 ソウ、わるい irritant smell
냄새코찌를수(困ㅣ氣臭薰鼻不通)。『莊子』五臭薰鼻困ㅣ中顙。

【愐】㊀(미) 紙 ベン、やめる stop ㊁(면) 銑
愐 小篆 ㊀❶그칠미(止也)。❷힘쓸미(厲也)。㊁뜻은 ㊀과 같음。

【㥐】(집) 緝 チュウ、おもいとまらない irresolute
맘둥지못할집(心不斷行)。

【惿】(제) 齊 テイ、おどおどする timid
❶심겁할제(心劫ㅣ慚)。❷맘약할제(心弱)。

【愀】(초) 篠 シュウ、あらたまる change one's face ㄑㄧㄠˇ ch'iao³
愀 書草 ❶해쓱할초(ㅣ然容色變)。『禮』ㅣ然作色。❷안색이 달라질초。❸풀이죽을초。『蘇軾 赤壁賦』ㅣ然整襟。(『悄』와 같음)

【愀如:초여】 삼가하는 모양。『法言』聞其言者ㅣㅣ也。『注』ㅣㅣ、謹也。

【愀然:초연】 ❶容貌를 바르게 고치는 모양。『禮』孔子ㅣㅣ作色而對。❷근심하는 모양。『國語·楚語上』子木ㅣㅣ。『注』ㅣㅣ愁貌。❸얼굴빛이 변하는 모양。『史記』ㅣㅣ改容。『注』索隱曰、ㅣㅣ、變色貌也。

【愀慘:초참】 몹시 슬퍼함。『權德輿』忽ㅣㅣ以顰頞。

【愀愴:초창】 愁心에 잠겨 슬퍼하는 모양。『嵇康』莫不憯懔慘淒、ㅣㅣ傷心。『注』翰曰、ㅣㅣ、悲傷之心也。

【愁】(수) 尤 シュウ、うれう worry ㄔㄡˊ ch'ou² (古音「추」)
愁 小篆 書草 ❶근심수、근심할수(憂也)。❷염려할수(慮也)。❸생각하며 괴로와할수(憫也)。❹탄식할수(歎也)。

【愁苦:수고】 수심으로 괴로워함。愁困。『李陵』身之窮困、獨坐ㅣㅣ。

【愁亂:수란】 수심이 몹시 급심하여 정신이 어지러움。愁擾。

【愁淚:수루】 근심 격정으로 흘리는 눈물。『常建』ㅣㅣ變楚竹。

【愁霖:수림】 근심을 일으키는 장마비。苦雨。『朱熹』浮雲蔽中天、ㅣㅣ隔秋窗。

【愁眉:수미】 ❶근심으로 잠긴 눈썹。❷근심스러운 顔色。『後漢書』梁冀妻孫壽、善爲妖態、作ㅣㅣ啼粧。

【愁悶:수민】 근심하고 괴로워함。憂悶。愁懣。『姚合』一官無限日、ㅣㅣ欲何如。

【愁死:수사】 몹시 근심하다가 죽음。

【愁思:수사】 =愁心。『易林』獨居ㅣㅣ。

【愁傷:수상】 근심하여 마음이 상함。

【愁色:수색】 근심스러운 기색。憂色。『王維』白雲ㅣㅣ滿蒼梧。

【愁緖:수서】 =愁心。『孟浩然』送君不相見、日暮獨ㅣㅣ。

【愁聲:수성】 근심하여 탄식하는 소리。

【愁訴:수소】 애수에 잠겨 호소함。애수에 잠긴 하소연。정신을 다하여 애처롭게 호소함。『楊萬里·詩』江山ㅣㅣ鷓爲泣。

【愁殺:수쇄】 몹시 근심함。(「殺」는 程度의 심함을 나타내는 接尾語)。『岑參·詩』不見沙場ㅣㅣ人。

【愁心:수심】 근심스러운 마음。걱정하는 마음。愁意。愁思。『王維·雜詩』ㅣㅣ視春草。

【愁心歌:수심가】 平安道 지방의 민요로 곡조가 구슬프게 되어 있음。

【愁顔:수안】 근심스러운 얼굴。『吳萊』洞府寢遠多ㅣㅣ。

【愁容:수용】 근심하는 빛이 밖으로 나타나는 얼굴 모양。수심이 어린 얼굴。

【愁然:수연】 근심하는 모양。근심스러운 모양。수심에 잠겨 있는 모양。

【愁怨:수원】 근심하고 원망함。愁恨。『後漢書』百姓ㅣㅣ、情無告訴。

【愁吟:수음】 근심스럽게 읊음。근심스럽게 읊는 소리。『杜牧·詩』

【愁絶:수절】 근심함。(絶은 助辭)。

【愁慘:수참】 몹시 비참함。매우 슬픔。

【愁歎:수탄】 근심하여 탄식함。『沈佺期』妾心君未察、ㅣㅣ劇繁星。

【愁懷:수회】 근심과 회포。◎客ㅣ、深ㅣ、哀ㅣ、旅ㅣ、憂ㅣ、春ㅣ、鄕ㅣ。

【憘】(체) 霽 カイ、すこしいかる lose one's temper
憘 小篆 약간성내고말체(小怒止也)。

【㥞】(수) 寘 スイ、かしこい profound
㥞 小篆 맘깊을수(心藏)。

【愃】㊀(선) 先 ケン、ゆたか generous ㊁(훤) 阮
愃 小篆 書草 ㊀쾌할선(快也)。㊁너그럽고 아담할훤(寬雅)。『詩經 衞風 淇奧』赫兮ㅣ兮。

【㥣】(휴) 齊 カイ、うらむ uneasy
小篆 小篆 편치않을휴(心不平)。

【愅】(격) 陌 カク、あらためる decorate
꾸밀격(飾也)。(『諽』과 같음)

【愆】(건) 先 ケン、あやまる fault
愆 小篆 或體 籒文 書草 ❶죄건(罪也)。❷허물건(過也)。『書』惟玆三風十ㅣ。❸어기어 질건(差爽)。『詩』式禮莫ㅣ。

【愆期:건기】 期日을 어김。違期。『詩經』吾匪ㅣㅣ。

【愆戾:건려】 허물。過失。『蜀志·註』ㅣ山積。

【愆尤:건우】 잘못。過失。愆過。愆戾。愆謬。『李白·詩』自古多ㅣㅣ。『張衡』祇以昭其ㅣㅣ。

【愆義:건의】 바른 道理를 어김。『左傳』於德爲ㅣㅣ、於人爲失禮。

【愆滯:건체】 일정한 기간 안에 약속을 지키지 못하고 머뭇거림。돈 갚을 기한을 어김。延滯。『蜀志』事多ㅣㅣ。「ㅣㅣ」。

【愆悔:건회】 허물。잘못。『宋書』令一思

【愇】(위) 尾 イ、うらむ grudge
한할위(恨也)。『幽通賦』ㅣ世業之可懷。

【㥠】(서) 魚 ショ、さとい wisdom
㥠 小篆 지혜서(智也)。

【愈】(유) 虞 ユ、まさる get well ㄩˋ yü⁴
愈 書草 ❶나을유(勝也過也)。『孟子』丹之治水也ㅣ於禹。❷어질유(賢也)。

禹。❸더욱유(益也)。❹심할유(甚也)。【詩】憂心ㅣㅣ。❺병나을유(病差)。【左傳】相從爲ㅣ。(『瘉』와 같음)

【愉】 ㊀(유) 虞 ㊁(투) 尤 ユ、よろこぶ pleasant ㄩˊ yu²
小篆 草書 ㊀❶기뻐할유(和悅)。【論語】ㅣㅣ如也。❷즐거울유(樂也)。【詩】他人是ㅣ。㊁구차할투(苟也)。

【愉色:유색】 기뻐하는 안색。유쾌한 얼굴빛。喜色。『禮記』有和氣者、必有ㅣㅣ。

【愉悅:유열】 유쾌하고 기쁨。欣愉・夷悅・怡怡。『謝靈運』ㅣㅣ偃東扉。

【愉逸:유일】 유쾌하여 안심함。安樂。『荀子』爲堯禹、則常ㅣㅣ。

【愉快:유쾌】 마음이 상쾌하고 즐거움。愉悅・愉樂。『史記』非武健嚴酷、惡能勝其任、而ㅣㅣ乎。

【愈往愈甚:유왕유심】 갈수록 점점 더 심함。去去益甚。

【愈愈:유유】 마음 속에 걱정하는 모양。忡忡。『詩經』憂心ㅣㅣ、是以有侮。

【愈出愈怪:유출유괴】 점점 더 괴상하여 짐。

【㥢】 (추) 尤 シュウ、わるい evil
❶나쁠추(惡也)。❷교만할추(傲也)。

【愊】 ㊀(픽) 職 ㊁(핍) 緝 フク、まこと sincerity ㄅㄧˋ pi⁴ (本音「벽」)
小篆 小篆 草書 ㊀맘꼭할픽、지성스러울픽(悃ㅣ誠志)。【漢書】悃ㅣ無華。㊁❶답답할핍(鬱也)。【顯志賦】心ㅣ意而紛紜。

【愊抑:핍억】 悲哀가 가슴에 사무치는 모양。『潘岳』ㅣㅣ失聲。

【愊憶:핍억】 마음이 우울함。가슴이 답답함。『後漢書・馮衍傳』心ㅣㅣ而紛縛。

【愍】 (민) 軫 ビン、あわれむ pitiful ㄇㄧㄣˇ min³
小篆 草書 ❶슬플민(悲痛)。❷불쌍할민(憐也、恤也)。❸서러워할민(傷也)。【左傳】吾代二子ㅣ矣。(『憫』과 같음)

【愍焉:민언】 =愍然。

【愍然:민연】 민첩하지 못한 모양。不敏함。

【愍凶:민흉】 부모와 死別한 不幸。부모를 여읜 불행。『李密』夙遭ㅣㅣ。

【愎】 (퍅) 職 ヒョク、もとる wild ㄅㄧˋ pi⁴ (古音「벽」)
草書 ❶사나울퍅(狠戾)。❷고집할퍅、강할퍅(剛ㅣ自强)。【左傳】ㅣ諫違上。

【愎諫:퍅간】 諫함을 받아들이지 않음。諫言을 듣지 않음。『左傳・僖十五』ㅣㅣ違卜。

【愎戾:퍅려】 성질이 비꼬임。『王融・文』「ㅣㅣ之情動。」

【意】 (의) 寘 イ、こころ intention ; mean ㄧˋ i⁴
小篆 草書 ❶뜻의、뜻할의(志之發心所嚮)。【大學疏】爲情所念謂之ㅣ。❷생각의(思也)。❸의리의(義理)。「ㅣ味、ㅣ義」。【孟子萬章上】以ㅣ逆志。❹형세의(勢也)。「筆ㅣ輕妙」。(『抑』과 통함)

【意見:의견】 자기의 마음 속에 느낀 생각。『舊唐書』天后上ㅣㅣ十二條。

【意見書:의견서】 의견을 기록한 글。

【意忌:의기】 마음 속으로 남을 의심하고 꺼림。『史記・陳丞相世家』項王爲人、ㅣㅣ信讒。

【意氣:의기】 ❶득의한 마음。❷장한 마음。❸기상。『魏徵・詩』人生感ㅣㅣ。

【意氣銷沈:의기소침】 의기가 쇠하여 사그라짐。

【意氣揚揚:의기양양】 뜻대로 되어 기쁘고 으쓱거리는 기상이 펄펄함。『史記』擁大蓋、策駟馬、ㅣㅣ、甚自得也。

【意氣衝天:의기충천】 득의한 마음이 하늘을 찌를 듯이 솟아 오름。

【意氣投合:의기투합】 마음이 서로 맞음。意氣相投。

【意圖:의도】 ❶장차 하려고 하는 계획。❷行爲의 終極目的의 관념。

【意量:의량】 意思와 국량。

【意料:의료】 생각하고 헤아림。『蘇軾・詩』。

【意望:의망】 마음 속의 소망。『後漢書』自誇伐、旣失ㅣㅣ。

【意味:의미】 글이나 말의 가지고 있는 뜻。意義。『杜牧』始覺空門ㅣㅣ長。

【意味深長:의미심장】 말이나 글의 뜻이 매우 깊음。『論語・序說』讀之愈久、但覺ㅣㅣ。

【意不合:의불합】 서로 의견이 맞지 않음。서로 뜻이 맞지 않음。

【意思:의사】 마음 먹은 생각。뜻。意志。『吳志』呂蒙稱陸遜ㅣㅣ深長。

【意思相通:의사상통】 의사가 서로 통함。뜻이 서로 통함。

【意識一般:의식일반】 《哲》先驗的・超個人的인 純粹意識。

【意識的:의식적】 ❶느껴 아는 경지。❷사리를 알면서도 고의로 하는 것。

【意譯:의역】 개개의 낱말 글귀에 거리끼지 않고 전체의 뜻을 살리는 번역。↕直譯。

【意外:의외】 뜻밖。생각 외。

【意外之變:의외지변】 뜻 밖에 일어난 변고。생각치 않은 변고。

【意外之事:의외지사】 뜻 밖에 일어난 일。생각치 않은 일。

【意思表示:의사표시】 ❶자기의 의사를 발표함。❷《法》私法上의 권리・의무에 관한 법률상의 효과가 생기게 하기 위하여 그 의사를 표시하는 일。

【意想:의상】 생각。또는 생각함。

【意識:의식】 ❶마음에 깨달음。❷《佛》六識 또는 八識의 하나。대상을 총괄해서 판단 분별하는 마음의 작용。分別心。❸《心》知・情・意를 포함한 정신 현상。

【意識性:의식성】 學問的인 認識이 되지 않는 의식。

【意慾:의욕】 ❶무엇을 구하거나 하고자 하는 마음。❷《哲》선택한 하나의 목표에 의지가 적극적으로 활동하는 것。❸《心》=意志。노력。

【意幽堂日記:의유당일기】 《書》李朝 李羲贊의 妻 意幽堂 金氏의 日記。咸興判官인 남편을 따라가서 그 지방에서 보고 들은 것을 한글로 적은 것。

【意義:의의】 ❶意味・趣意・理由。『神仙傳』滿紙各有ㅣㅣ。❷가치。중요한 정도。❸《哲》어떤 말・일・행위 등이 현실의 구체적 연관에 있어서 가지는 가치・내용。

【意匠:의장】 ❶考案을 실제로 응용하는 일。『杜甫』ㅣㅣ慘憺經營中。❷물품의 外觀을 아름답게 하기 위하여 모양・빛깔 따위의 조화를 더하는 고안。

【意匠家:의장가】 의장을 잘 하는 사람。또는 그것을 업으로 삼는 사람。

【意匠料:의장료】 ❶의장한 보수。❷의장의 등록 수수료。

【意適:의적】 마음에 합당함。뜻에 알맞음。『蘇軾』ㅣㅣ忽忘返。

【意中:의중】 ❶마음 속。❷마음 속으로 생각하는 일。

【意中之人:의중지인】 ❶마음 속에 새겨져 잊을 수 없는 사람。❷마음 속으로 지목한 사람。意中人。

【意志:의지】❶마음。뜻。❷思慮하고 선택하고 결심하여 실행하는 능력。지식·감정과 대립되는 정신 작용。❸(心)동기에서 시작하여 동기의 만족으로 끝나는 생리·심리 과정의 總稱。또는 動作하려고 하는 동기의 결정。

【意志力:의지력】의지의 힘。마음먹은 바를 꾸준히 수행해 나가는 강한 정신적 힘。

【意衷:의충】속 마음의 참뜻。

【意趣:의취】의지와 趣向。【世說】ㅡㅡ不協。

【意合:의합】의가 좋음。뜻과 마음이 서로 맞음。

【意向:의향】❶자기 생각。❷뜻。【南史】要是ㅡㅡ如此。

◎介ㅡ、敬ㅡ、固ㅡ、高ㅡ、故ㅡ、達ㅡ、大ㅡ、得ㅡ、微ㅡ、發ㅡ、翻ㅡ、本ㅡ、不得ㅡ、不ㅡ、私ㅡ、辭ㅡ、謝ㅡ、殺ㅡ、上ㅡ、善ㅡ、聖ㅡ、誠ㅡ、隨ㅡ、愁ㅡ、神ㅡ、心ㅡ、實ㅡ、失ㅡ、惡ㅡ、如ㅡ、寓ㅡ、人ㅡ、任ㅡ、專ㅡ、戰ㅡ、轉ㅡ、情ㅡ、主ㅡ、注ㅡ、眞ㅡ、着ㅡ、贊ㅡ、天ㅡ、趣ㅡ、合ㅡ、好ㅡ、厚ㅡ。

【愐】(면) 銑 ベン、つとめる endeavour ㄇㄧㄢˇ mien³
小篆 ❶힘쓸면(勉也)。❷생각할면(思也)。

【[忄+重]】(종) 宋 ショウ、おくれる late
小篆 ❶늦을종(遲也)。❷『慟』과 通함。

【愒】㊀(게) 霽 ㊁(개) 泰 ㊂(할) 曷 ケイ、カイ、カツ、いこう、むさぼる、おどす rest; covet; threat
小篆 草書 ㊀쉴게(息也)。【詩】不尙愒ㅡ焉。(『憩』와 같음) ㊁❶탐할개(玩ㅡ貪也)。【左傳】玩歲而ㅡ日。❷급할개(急也)。【公羊傳】葬宋繆公不及時而日ㅡ葬也。㊂❶공갈할할(恐之)。❷으를할(喝也)。

【愓】㊀(탕) 養 ㊁(상) 陽 トウ、ショウ、ほしいまま dissipate
小篆 草書 ㊀방탕할탕(放也)。【荀子】ㅡ悍憍暴。㊁빨리갈상(直疾貌)。【禮】行容ㅡㅡ。

【愓悍:탕한】放蕩하고 성질이 사나움。

【愔】(음) 侵 イン、しずまる calm ㄧㄣ yin¹
草書 ❶조용할음(深靜貌)。【稽康琴賦】ㅡㅡ琴德。❷화평할음(安和貌)。【左傳】祈招之ㅡㅡ。

【愔嫕:음예】유순하고 貞淑한 모양。【宋玉】澹淸靜其ㅡㅡ兮、性沈詳而不煩。

【愔翳:음예】호흡이 힘없고 약한 모양。【柳宗元】息ㅡㅡ而愈微。

【愔愔:음음】❶화평한 모양。【左氏】祈招之ㅡㅡ、式昭德音。【注】ㅡㅡ、安和貌。❷화평하여 기뻐하는 모양。【稽康·注】善曰、劉向雅琴賦曰、遊子心以廣觀、且德樂之ㅡㅡ、韓詩曰、ㅡㅡ、和悅貌、聲類曰、和靜貌。❸깊숙하고 조용한 모양。【蔡琰】空斷腸兮思ㅡㅡ。

【愕】(악) 藥 ガク、おどろく frighten ㄜ è⁴
草書 ❶깜짝놀랄악(錯ㅡ倉卒驚遽貌)。❷악지쓸악(阻礙不依順)。

【愘】(가) 禡 カ、たくらむ conspiracy
❶몰래할가(陰謀ㅡ訝)。❷비밀히할가(密謀)。

【愗】(무) 宥 ム、おろか foolish
❶어릿어릿할무(恂ㅡ愚貌)。❷어리석은모양무(愚痴貌)。

【愖】(심) 侵 ジン、まこと sincerity
草書 ❶믿을심(信也)。❷정성심(誠也)。❸맘머뭇거릴심(斟ㅡ遲疑)。【顯志賦】意斟ㅡ而不澹。

【[忄+禺]】(우) 虞 グ、よろこぶ please
小篆 ❶기쁠우(喜也)。❷반가울우(悅也)。

【愚】(우) 虞 グ、おろか foolish ㄩ yü²
小篆 草書 ❶어리석을우(癡也)。【荀子】非是是非之謂ㅡ。❷고지식할우(ㅡ直)。❸어두울우(闇昧)。❹우준할우(蠢也)。❺업신여길우(ㅡ弄)。

【愚見:우견】❶어리석은 생각。❷자기의 생각의 謙稱。【晉書】陳ㅡㅡ、觸犯天威。

【愚計:우계】❶어리석은 꾀。❷자기의 계교의 謙稱。【戰國策】臣效ㅡㅡ、大王不用。

【愚瞽:우고】어리석고 몽매한 사람。

【愚男:우남】어리석은 남자。

【愚鈍:우둔】❶어리석고 둔함。❷바보。愚魯。【元結】僻居養ㅡㅡ。

【愚濫:우람】어리석어서 분수를 모르고 외람됨。

【愚慮:우려】어리석은 생각。자기 생각의 謙稱。【漢書】盡乎生之ㅡㅡ。

【愚論:우론】❶어리석은 의론。❷자기의 의론을 겸손하게 일컫는 말。

【愚弄:우롱】남을 바보로 만들어 놀려댐。嘲弄。【左傳·襄·四】施賂于外、ㅡㅡ其民。

【愚陋:우루】어리석고 더러움。愚鄙。【韓愈】臣受性ㅡㅡ。

【愚謬:우류】어리석어서 일을 그르침。

【愚昧:우매】어리석고 사리에 어두움。愚瞢·愚蒙·愚蔽·愚矇·愚闇。【舊唐書】臣雖ㅡㅡ、夙嘗師範。

【愚氓:우맹】어리석은 백성。미욱한 백성。愚民。

【愚蒙:우몽】=愚昧。

【愚問:우문】어리석은 질문。【杜甫】此語亦足爲ㅡㅡ。↔賢問。

【愚物:우물】아주 어리석은 사람。

【愚迷:우미】=愚昧。

【愚民:우민】❶어리석은 백성。愚氓。【韓非子】ㅡㅡ不得無術而效之。❷백성을 어리석게 만들음。【史記·始皇紀】。

【愚樸:우박】어리석고 순박함。

【愚婦:우부】어리석은 여자。

【愚夫:우부】어리석은 남자。

【愚夫愚氓:우부우맹】어리석은 백성들。

【愚相:우상】❶어리석게 생긴 骨相。❷어리석은 宰相。【史記】夫以聖主責ㅡㅡ。

【愚生:우생】자기의 謙稱。

【愚說:우설】❶어리석은 의견。❷자기의 의견의 謙稱。

【愚息:우식】자기 자식의 謙稱。

【愚惡:우악】❶멍청하고 미련함。❷무지하고 포악함。

【愚案:우안】❶어리석은 안건。❷자기 생각의 謙稱。【史】阿倪ㅡㅡ。

【愚駭:우애】썩 못나고 어리석음。【北

【愚劣:우열】어리석고 못남。【漢書】永等ㅡㅡ。

【愚頑:우완】어리석고 頑冥함。

【愚意:우의】어리석은 의견。愚見。【魏書】ㅡㅡ所及、不能自已。

【愚人:우인】어리석은 사람。愚物。【老子】ㅡㅡ之心。

【愚者:우자】어리석은 사람。愚人。愚物。愚夫。【列者·力命】。

【愚弟:우제】자기의 아우의 謙稱。

【愚拙:우졸】어리석고 못남。【韓非子】下無ㅡㅡ之誅。

【愚蠢:우준】 어리석어 재빠르지 못함。
【愚志:우지】 어리석은 뜻。 자기 뜻의 謙稱。『劉向』故使使者陳ㅡㅡ。
【愚智:우지】 어리석음과 지혜로움。 愚者와 智者。『韓非子』ㅡㅡ提衡而立。
【愚直:우직】 어리석고 고지식함。『列子·力命』巧佞!ㅡㅡ。
【愚淺:우천】 어리석고。 수가 얕음。
【愚衷:우충】 ❶어리석은 놈의 衷心。 ❷자기의 마음 속。 ❸자기의 충심의 謙稱。
【愚癡:우치】 못나고 어리석음。 바보。 愚痴。 愚鈍。
【愚惑:우혹】 어리석어 미혹됨。『歐陽修』金紫包ㅡㅡ邪見。『史記』夫ㅡㅡ之人、豈能以一言而知之哉。
◎大ㅡ、癡ㅡ、下ㅡ、賢ㅡ。

【愛】 (애) 隊 アイ、あいする love 㐬 ai

小篆 古文 草書 ❶사랑애 (仁之發)。『韓愈文』博ㅡ之謂仁。 ❷친할애(親也)。『孟子』ㅡ人者人恒ㅡ之。 ❸은혜애(恩也)。 ❹어여삐여길애(憐也)。 ❺괴일애(寵也)。 ❻사모할애(慕也)。『詩』心乎ㅡ矣。 ❼측은히여길애(隱也)。 ❽아낄애(吝惜)。『孟子』百姓皆以王爲ㅡ。 ❾좋아할애、 기뻐할애(喜也)。 ❿몰래간통할애(密通)。

【愛敬:애경】 ❶존경하고 사랑함。 敬愛。『孝經』ㅡㅡ盡于事親。 ❷귀엽게 보이는 태도。 愛嬌。
【愛嬌:애교】 =愛敬②。 남에게 귀엽게 보이는 일。
【愛國:애국】 자기 나라를 사랑함。 자기 나라를 위하여 힘을 다함。
【愛國歌:애국가】 나라를 사랑하는 뜻으로 온 국민이 부르는 노래。「는 성질。
【愛國性:애국성】 자기 나라를 사랑하
【愛國心:애국심】 자기 나라를 사랑하고 아끼는 마음。 祖國愛。
【愛國熱:애국열】 자기 나라를 사랑하고 아끼는 열성。
【愛國者:애국자】 자기 나라를 사랑하「는 사람。
【愛國的:애국적】 애국하는 상태。 나라를 사랑하는 것。
【愛妓:애기】 특히 사랑하는 기생。 귀여「운 기생。
【愛機:애기】 자기가 조종하는 비행기。
【愛念:애념】 사랑하는 마음。『左傳·註』楚人無ㅡㅡ之者。
【愛黨:애당】 자기의 당을 사랑함。
【愛讀:애독】 즐겨서 읽음。
【愛讀者:애독자】 어떤 신문·잡지·글 따위를 늘 즐겨 읽는 사람。
【愛憐:애련】 어리거나 약한 사람을 도탑게 사랑함。 사랑하여 가련하게 여김。
【愛戀:애련】 사랑하여 그리워함。 戀愛。 愛憫。『史記』丈夫亦ㅡㅡ少子乎。
【愛悋:애린】 아깝게 여김。『曹植』沈吟有ㅡㅡ。
【愛林:애림】 ❶수풀을 사랑함。 ❷산에 나무가 잘 자라도록 잘 가꿈。 山林愛護。
【愛慕:애모】 사랑하고 사모함。『後漢書』ㅡㅡ欣欣焉。
【愛撫:애무】 사랑하여 어루만짐。 撫愛。『宋史』號令明白、ㅡㅡ士卒。
【愛物:애물】 사랑하여 아끼는 물건。
【愛民:애민】 백성을 사랑함。
【愛別:애별】 (佛)사랑하고 아끼는 사람과 이별함。「자。 情夫。
【愛夫:애부】 娼婦 따위가 정을 주는 남
【愛婢:애비】 사랑하는 여자 종。
【愛壻:애서】 귀여운 사위。 愛婿。
【愛惜:애석】 ❶아까와 중하게 여김。『宋浮·文』臨民親職、ㅡㅡ倉庫。 ❷사랑스럽고 아까움。
【愛誦:애송】 글이나 노래를 즐겨서 욈。
【愛兒:애아】 사랑하는 자식。 愛子。
【愛狎:애압】 親近함。 가까이하여 친함。

『南史』滑稽善爲諸謔、上亦ㅡㅡ之。
【愛緣:애연】 (佛)恩愛에서 생기는 사람과 사람 사이의 인연。
【愛煙:애연】 담배를 즐김。
【愛煙家:애연가】 담배를 몹시 즐기는 사람。「見者皆ㅡㅡ之。
【愛悅:애열】 사랑하고 기뻐함。『晉書』
【愛燄:애염】 애욕의 정에 불탐。『梁簡文帝』業動心風、情漂ㅡㅡ。
【愛詠:애영】 愛吟。『北史』齊人ㅡㅡ。
【愛玩:애완】 ❶매우 秘藏함。 ❷귀여워 사랑함。 愛翫。『晉書』ㅡㅡ在乎雕章。
【愛慾:애욕】 ❶(佛)욕망에 마음을 빼앗김。 ❷愛着하는 욕망。 또는 애정과 욕심。
【愛用:애용】 사랑하여 즐겨 씀。
【愛育:애육】 사랑하여 기름。 귀엽게 기름。 愛養。『北史』。
【愛恩:애은】 사랑하여 은혜를 베풂음。 恩愛。『韓愈』君臣相憐加ㅡㅡ。
【愛吟:애음】 즐겨서 詩歌를 읊음。 또는 즐겨서 읊는 詩歌。
【愛飮:애음】 =愛酒。
【愛人:애인】 ❶남을 사랑함。『禮記·檀弓』 ❷인자하게 사랑함。 人은 仁의 뜻。 仁愛。 ❸사랑하는 사람。 戀人。
【愛人如己:애인여기】 남을 제 몸 같이 사랑함。
【愛子:애자】 ❶아들을 사랑함。 ❷사랑하는 아들。 귀여운 아들。 愛兒。『左傳』文姜之ㅡㅡ也。
【愛情:애정】 ❶사랑하는 심정。 귀엽게 여기는 마음。 ❷戀情。
【愛族:애족】 겨레를 사랑함。
【愛主:애주】 (宗)천주를 사랑함。
【愛酒:애주】 술을 매우 좋아함。 愛飮。
【愛重:애중】 사랑하고 소중히 여김。
【愛憎:애증】 사랑함과 미워함。 사랑과 미움。 憎愛。『史記』甚哉ㅡㅡ之時、彌子瑕之行、可以觀後人佞幸也。
【愛之重之:애지중지】 매우 사랑하고 소중히 여기는 모양。

【愛執:애집】 ❶애정의 집착。 ❷자기의 소견이 소유를 지나치게 생각하는 일。
【愛著:애착】 애정에 사로잡혀 단념할 수 없음。 사랑하여 떨어질 수 없음。
【愛著心:애착심】 사랑하여 단념을 못하고 떨어질 수 없는 마음。
【愛餐:애찬】 (宗)옛날 기독교도가 성찬식이 끝난 뒤 한 자리에 모여 회식하던 잔치。 愛宴。
【愛唱:애창】 詩나 노래를 즐겨 부름。
【愛唱曲:애창곡】 즐겨 부르는 곡。
【愛妻:애처】 사랑하여 아끼는 아내。
【愛妾:애첩】 사랑하고 아끼는 첩。 마음에 드는 첩。 寵妾。 寵姬·幸姬。『戰國策』去貴妻、賣ㅡㅡ。
【愛寵:애총】 ❶=愛幸。『漢書』ㅡㅡ偏于一人。 ❷=愛姬。
【愛親:애친】 부모를 사랑으로 섬김。
【愛稱:애칭】 ❶친한 사이에 정답게 부르는 이름。 ❷이름으로 정답게 부름。
【愛他心:애타심】 남을 사랑하는 마음。
【愛他主義:애타주의】 남의 이익이나 행복의 增進을 行爲의 목적으로 하는 倫理學說。 공뜨의 말。 利他主義。 ↔利己主義。 愛己主義。
【愛鄕:애향】 자기의 고향을 사랑하고 아낌。 또는 사랑하고 아끼는 향토。
【愛鄕歌:애향가】 자기의 고향을 사랑하고 아껴 부르는 노래。
【愛鄕心:애향심】 자기의 고향을 사랑하고 아끼는 마음。
【愛好:애호】 사랑하여 즐김。『南史』郡有名山水、靈運素所ㅡㅡ。
【愛護:애호】 사랑하고 보호함。『顔氏家訓』借人典籍、皆須ㅡㅡ。「음。
【愛恤:애휼】 불쌍히 여겨 은혜를 베풂
【愛姬:애희】 마음에 드는 계집。 총애하는 여자。『史記』見且斬ㅡㅡ大駭。
◎嘉ㅡ、兼ㅡ、敬ㅡ、博ㅡ、私ㅡ、相ㅡ、戀ㅡ、熱ㅡ、令ㅡ、友ㅡ、恩ㅡ、割ㅡ。

【愜】(협) 葉 キョウ、こころよい ㄑㄧㄝˋ ch'ieh' pleasant

篆小 愜 草書 ❶쾌할협(快也)。❷뜻에맞을협(適意志滿)。〔漢書〕天下人民未有—志。아주 상쾌함。

【愜意:협의】생각하고 있던 바와 같이

【愜志:협지】만족하는 생각。〔漢書〕天下人民、未有——。

【愞】(一)(난) 翰 ダン、ナン、 (二)(연) 銑 ゼン、ナ、 よわい (三)(나) 箇 timid

篆小 愞 草書 (一)맘약할난(弱也)。(二)맘약할연(心弱)。(三)❶겁낼나(怯也)。❷맘약할나。〔漢書〕太守以畏—棄市。

【愞怯:나겁】마음이 여리고 겁이 많음。

【惐】(감) 豏 カン、おちつかない uneasy

마음불안할감(意不安貌)。

【感】(감) 感 カン、かんずる ㄍㄢˇ kan³ emotion; feel

篆小 感 草書 ❶감동할감(動也)。❷감격할감(格也)。❸한할감(恨也)。❹찌를감(觸也)。〔易〕聖人——人心而天下和平。❺깨달을감(覺也)。❻느낄감(應也)。

【感覺:감각】❶느끼어 깨달음。❷(心)눈·귀·코·혀·살갗 등의 감각 器官이 받은 자극에 의하여 일어나는 의식 내용。

【感覺器:감각기】感覺器官의 略語。

【感覺器官:감각기관】❶(生)몸의 겉에 있어 밖으로부터 오는 자극을 느끼는 기관。❷(心)외부의 자극을 느끼는 기관과 몸의 안에 있어 운동 감각과 유기감각을 가능하게 하는 기관。感官。

【感覺力:감각력】(生)감각하는 능력。

【感覺痲痺:감각마비】(生)감각 기관에 일어나는 마비。

【感覺神經:감각신경】(生)감각 기관이 외계로부터 받은 자극이 있을 때 이것을 신경 中樞에 전달하는 신경。

【感慨:감개】❶사물에 대한 회포의 느낌。❷마음 속 깊이 스며드는 듯이 느낌。〔李白〕知音不易得、撫劍增——。

【感慨無量:감개무량】사물에 대한 회포의 느낌이 한이 없음。

【感激:감격】❶매우 고맙게 느낌。❷어떤 사물에 느끼어서 마음이 몹시 움직임。〔後漢書〕——忘身。

【感官:감관】(生)外界의 자극을 뇌에 전하는 器官。눈·귀·혀·코·살갗 따위。感覺器官。

【感光:감광】(化)물질이 광선의 작용을 받아 光化學的 변화를 일으킴。

【感光膜:감광막】(化)寫眞 乾板·필름의 거죽에 붙어 얇은 막을 이룬 感光劑。

【感光藥:감광약】(化)광선이 닿으면 화학적 변화가 생기는 약품。→感光劑。

【感光劑:감광제】(化)젤러틴 속에서 臭化銀의 잔 粒子를 생기게 한 乳劑。유리나 필름에 발라 사진 건판을 만들음。

【感光板:감광판】感光劑를 바른 유리판。셀룰로이드板。곧 사진의 건판。

【感氣:감기】(醫)고뿔。感冒(감모)。

【感念:감념】마음에 깊이 느끼어 감사하게 생각함。느끼는 마음。

【感度:감도】사람을 느끼는 정도。

【感動:감동】깊이 느끼어 마음이 움직임。〔禮記〕足以——人之善心而已矣。

【感動力:감동력】감동되어 마음을 움직이는 힘。

【感得:감득】❶깊이 느끼어 깨달음。❷信心이 神佛에 통하여 바라는 대로 됨。

【感淚:감루】깊이 감동하여 흘리는 눈물。감격의 눈물。

【感銘:감명】감격하여 명심함。깊이 느끼어 마음 속 깊이 새겨 둠。銘感·感篆·感佩。〔陳師道〕書問見貽、——斯切。「八」。

【感冒:감모】(醫)감기。고뿔。〔水滸傳·

【感慕:감모】마음에 느끼어 사모함。〔隋書〕后早失二親、常懷——。

【感發:감발】감동하여 분발함。→感動。

【感服:감복】마음에 깊이 감동하여 진심으로 따름。〔秦觀〕王者所以——天下者、惠與威也。

【感憤:감분】감격하여 분발함。몹시 느낀바 있어 마음을 떨치어 일어섬。感奮。〔後漢書〕臧洪之——壯矣。

【感謝:감사】❶고맙게 여김。❷고맙게 여기어 사례함。〔韓愈〕——情至骨。

【感謝萬萬:감사만만】대단히 감사함。

【感謝無地:감사무지】무한히 감사함。

【感謝狀:감사장】감사한 뜻을 나타낸 글장。

【感傷:감상】❶느끼어 마음 아파함。마음에 느끼어 슬퍼함。〔詩·陳風·序〕憂心——。❷(心)감정이 하찮은 자극에도 쉽사리 흔들리어 움직이는 심적 경향。

【感賞:감상】❶마음에 감동하여 칭찬함。❷선행에 대하여 그 아름다움에 상을 내리는 것。

【感想:감상】❶마음에 느끼어 생각함。❷느끼어 일어나는 생각。〔晉書·賈充傳〕大——發于寤寐。

【感想談:감상담】느낀 바를 말하는 이야기。감상을 말하는 이야기。

【感想錄:감상록】느낀 바를 적은 기록。

【感想文:감상문】(文)느낀 바를 적은 글월。

【感傷癖:감상벽】하찮은 일에도 마음이 잘 상하는 버릇。

【感傷的:감상적】감상에 빠지기 쉬운 것。또는 그러한 성격의 소유자。

【感傷主義:감상주의】感傷을 강하게 표현하려는 문학상의 경향。비애에 치우치는 특질이 있음。센티멘털리즘(sentimentalism)。

【感性:감성】=感受性。

【感性論:감성론】(哲)보통 칸트의 先驗的 感性論을 의미함。감성의 認識에 있어서의 구실이나 妥當性을 논하는 인식론의 한 분야。

【感受:감수】❶밖으로부터의 영향을 수동적으로 받음。❷(心)감각 신경에 의하여 外界의 자극을 받아들임。

【感受性:감수성】❶사물을 느끼어 받아들이는 능력。❷(心)감각 신경에 의하여 자극을 받아들이는 작용。感性。

【感心:감심】마음에 느껴 감복함。

【感咽:감열】감동하여 목메어 울음。〔任昉〕因便——、若不自勝。

【感悅:감열】감동하여 기뻐함。

【感染:감염】❶병이 옮음。傳染。❷다른 풍습이 옮아서 물이 들음。

【感悟:감오】❶마음에 느끼어 깊이 깨달음。〔史記〕夫子旣——而贖我。❷느끼어 깨닫게 함。〔宋史〕務以誠意、——主上。

【感恩:감은】은혜를 감사함。감동됨。

【感泣:감읍】깊이 감동하여 눈물을 흘림。

【感應:감응】❶마음이 사물에 감촉되어 감동함。〔後漢書〕姦謀自消、和氣——。❷두 가지 물건이 서로 느끼어 반응이 생김。〔易經·咸〕二氣——、以相與。❸(佛)信心의 정성이 神佛에 통함。❹(物)導體가 전기나 磁氣를 띠게 됨。

【感應導體:감응도체】(物)감응 전류가 통하는 물체。

【感應電氣:감응전기】(物)磁場의 변화에 따라 생기는 전기。유도 전기。

【感應電流:감응전류】(物)磁場을 변동시킬 때 일어나는 전류。感傳電流。

【感電:감전】전기에 닿아 충격을 느낌。또는 전기 감응하는 충격。

【感傳:감전】감응하여 전파함。

【感情:감정】 ❶사물에 느끼어 일어나는 마음의 활동。喜·怒·哀·樂 따위의 심정。❷《心》意識 속에 있는 快·不快의 현상。
【感情家:감정가】 자칫하면 감정적인 언동을 나타내는 사람。다정다감한 사람。
【感情倒錯:감정도착】 《心》 감정이 평상시나 또는 보통 사람과 다르게 있는 일。
【感知:감지】 깨달아 알음。느끼어 알음。
【感之德之:감지덕지】 분에 넘치는 듯이 고맙게 여김。대단히 고맙게 여김。
【感疾:감질】 ❶《醫》疳病。❷병에 感染됨。「퍼함。
【感愴:감창】 사모하는 마음을 느끼어 슬퍼함。
【感滯:감체】 《醫》감기에 체증이 겹친 증세。
【感觸:감촉】 ❶외계의 자극에 닿아서 일어나는 느낌。觸發。❷손으로 만질 때의 느낌。觸感。『宋史·邵雍傳』 雍於凡物聲氣之所一一、輒以其動而推其變焉。
【感觸器官:감촉기관】 ＝感覺器官。
【感祝:감축】 감사하여 축하함。
【感歎:감탄】 ❶감동하여 찬탄함。『唐書』擧座一一。❷한탄하여 슬퍼함。感嘆。
【感歎符:감탄부】 《言》느낌이나 부르짖음을 나타낼 때 그 말의 다음에 쓰는 부호。「!」표의 이름。느낌표。
【感歎詞:감탄사】 《言》＝感動詞。
【感通:감통】 마음에 느끼어 알음。자기 마음이 상대자에게 통함。感徹。『韓愈·詩』豈非正直能一一。
【感佩:감패】 ❶깊이 마음에 느껴 잊지 않음。『李商隱·上尙書范陽公啓』 一一恩私、不知所喩。❷소중하게 느낌。
【感化:감화】 ❶남의 마음을 감동케 하여 착하게 만들음。❷남의 영향을 받아 마음이 착하여짐。『嵇康』美其一一、則以垂涕爲貴。
【感化力:감화력】 감화시키는 힘·능력。
【感化事業:감화사업】 불량한 성벽이 있는 소년 소녀를 환경을 바꿔 주고 보호 교육하여 감화시키는 사업。
【感化院:감화원】 불량한 아이들을 수용하고 감화시키기 위한 시설。
【感懷:감회】 지난 날을 생각하는 회포。感舊之懷。『杜牧』聊書一一韻 焚之遺賈生。
【感興:감흥】 느끼어 일어나는 흥취。『劉基』一一詩成聊自鑰。
【感喜:감희】 ❶고맙고 기쁨。❷고맙게 느끼어 기뻐함。
◎交一、多一、同一、鈍一、萬一、味一、美一、敏一、善一、所一、劣等一一、靈一一、優越一、音一、直一、觸一、快一、好一。

【慍】 (온) 問 吻 ウン、オン、いかる angry
❶분낼온(憤也)。❷한할온(恨也)。❸병온(病也)。❹노염품을 온(含怒貌)。(『慍』의 俗字)

【惚】 (총) 『愡』(心部 11畫)의 俗字

【愢】 ㊀(새) 灰 ㊁(시) 紙 サイ、シ、つつしむ polite
㊀맘에 맞지 않을새(心不可合)。㊁겸손할시(謙也)。

【悁】 (견) 先 ケン、きびしい impatient
❶마음급할견(心急貌)。❷급박할견(迫也)。

十畫

【愧】 (괴) 寘 キ、はじる shameful ㄎㄨㄟˋ k'uei⁴
부끄러울괴(慙也)。『皇極經世』無一於口不若無一於身無一於身不若無一於心。

【愧慨:괴개】 부끄럽고 탄식함。『北史』有兼一一。
【愧懼:괴구】 수치스러워서 두려워 함。『舊唐書』犯者一一、遂改節爲廉士。
【愧赧:괴난】 ❶무안해서 얼굴을 붉힘。부끄러움。『曹植』五情一一。❷부끄러움。
【愧忿:괴분】 부끄러워서 원망하고 성냄。愧憤。『宋史』契丹一一、故有此役。
【愧色:괴색】 부끄러워하는 顔色。무안해 하는 얼굴빛。慙色。『後漢書』無一一。
【愧悚:괴송】 부끄러워 두려워함。매우 무안해 함。「羞恥。愧恥。
【愧羞:괴수】 무안해 함。부끄러워함。
【愧心:괴심】 부끄러워하는 마음。무안해 하는 마음。『左傳』其祝史薦信、無一矣。
【愧愕:괴악】 부끄러워 놀람。『晉書』驚起而散、充甚一一。(充은 賈充)。
【愧慄:괴율】 부끄러워서 떨며 두려워함。『韓愈』一一難爲情。
【愧慙:괴참】 부끄러워함。수치。
【愧恥:괴치】 부끄러워함。무안해 함。부끄러움。『書經』其心一一、若撻于市。
【愧恨:괴한】 부끄럽고 한스러움。무안하여 원망함。慙恨。『吳越春秋』心氣怏怏、常有一一之色。
◎羞一、慙一。

【愨】 (각) 覺 カク、コク、つつしむ discreet ㄑㄩㄝˋ ch'üeh⁴
❶삼갈각(謹也)。(『慤』과 같음) ❷정성각(誠也)。

【慣】 (공) 送 コウ、たかぶる be proud (of)
잘난체할공(自矜)。

【愪】 (운) 軫 ウン、イン、うれう anxieous
근심할운(憂也)。

【愫】 (소) 遇 ソ、まこと sincerity ㄙㄨˋ su⁴
❶정성스러울소(誠也)。❷참뜻소(眞情)。『漢書』披心腹見情一。(『素』와 통함)

【㤂】 (배) 卦 ハイ、つかれやむ be exhausted
고달플배(病極)。(『憊』와 같음)

【愬】 ㊀(소) 遇 ㊁(색) 陌 ソ、サク、うったう appeal ㄙㄨˋ su⁴
㊀❶고할소(告也)。❷하소할소。❸알릴소(訴也)。『詩經』薄言往一。❹일러바칠소、참소할소。『論語 顔淵』膚受之一。『論語 憲問』公伯寮一子路於季孫。❺애고할소(哀告)。『班彪北征賦』諒時運之所爲兮永伊鬱其誰一。(『訴·遡』와 통함) ㊂두려워할색(驚懼)。『易』履虎尾一一終吉。
【愬愬:색색】 놀라 두려워 하는 모양。(字解㊂參照)。

【愭】 (기) 支 キ、つつしむ polite
❶공손할기(恭也)。❷두려울기(畏也)。❸공경할기(敬也)。

【愮】 (요) 蕭 ヨウ、いらいらする nervous
❶심란할요(悸也)。❷혹할요(惑也)。❸궁궁할요(憂無所愬)。『詩』中心一一。

【愰】 (황) 養 コウ、あきらか bright
❶밝을황(明也)。❷맘달뜰황(一懩心不定)。❸마음청백할황(心明)。

【嫉】(질) 質 シツ、ねたむ jealous
미워할질(妒也)。(『嫉』과、같음)

【愲】(골) 月 コツ、いらいらする nervous
草書 심란할골(心亂)。【漢書】心結ㅣ兮傷肝。

【慅】(소) 豪 ソウ、うれえる worry
❶근심소(憂也)。❷수심소(愁也)。

【愴】(창) 漾 ソウ、かなしむ grievous ㄔㄨㄤ ch'uang⁴
小篆 草書 ❶슬플창(悲也)。❷서러울창(傷也)。❸아플창(傷也)。【孔稚圭 北山移文】石泉咽而下ㅣ。
【愴悢:창량】 슬프고 비통함。『蘇武』ㅣㅣ切中懷。
【愴冥:창명】 슬프고 망막함。
【愴然:창연】 슬픈 모양。슬퍼 傷心하는 모양。몹시 슬퍼함。愴愴。
【愴愴:창창】 =愴然。『柳宗元』僕士人、頗識古今理道、獨ㅣㅣ如此。
【愴恨:창한】 몹시 한탄함。『梁竦』臨川以ㅣㅣ兮。

【愵】(닉) 錫 デキ、うれえる be anxious
小篆 근심할닉(憂也)。【元結詩】久ㅣ兮怳怳。(古音「녁」)

【愶】(협) 葉 キョウ、おどかす threaten
草書 ❶겁낼협(怯也)。❷위협할협(威力想恐)。❸으를협(脅也)。『魏志曹植傳』刦ㅣ使者。

【愷】(개) 賄 ガイ、たのしむ pleasant ㄎㄞˇ k'ai³
小篆 草書 ❶편안할개(康也)。❷즐거울개(樂也)。【詩】豈樂飮酒。❸싸움이긴풍류악개(軍勝樂)。【左傳】晉文公振旅ㅣ以入于晋。❹개제개(ㅣ悌樂易)。(『凱·豈』와 같음)
【愷歌:개가】 勝戰歌。凱歌。
【愷樂:개악】 전쟁에 이겼을 때 연주하는 음악。豈樂。『周禮』ㅣㅣ獻於社。
【愷悌:개제】 용모와 기상이 和樂하고 端雅함。愷弟。
【愷風:개풍】 남쪽 바람。南風。凱風。『楚辭』順ㅣㅣ以從遊。

【慅】(초) 皓 ソウ、こころがみだれる dizzy
심란할초(心亂ㅣ愺)。

【愻】(손) 願 ソン、つつましい humble
小篆 ❶겸손할손(順也)。❷공손할손(謹恭)。(『遜』과 통함)

【愼】(신) 震 シン、つつしむ discreet ㄕㄣˋ shen⁴
小篆 古文 草書 ❶삼갈신(謹也)。【大學】君子必ㅣ其獨也。❷정성스러울신(誠也)。【詩】ㅣ爾言也。❸고요할신(靜也)。❹생각할신(思也)。❺삼가하게할신(禁戒)。
【愼戒:신계】 삼가고 경계함。주의함。
【愼口:신구】 함부로 지껄임을 삼감。
【愼謹:신근】 삼감。謹愼。언행이나 행동을 조심함。『呂氏春秋』淳淳乎ㅣㅣ。
【愼機:신기】 기회를 소홀히 하지 않음。일의 기틀을 삼감。『崔琦』患生不德、福有ㅣㅣ。
【愼獨:신독】 사람이 없는 곳에서도 행동을 삼감。『大學』故君子愼其獨也。良心에 부끄럽지 않게 주의함。
【愼慮:신려】 정신 차려 생각함。정중히 생각함。『禮記·表記』則ㅣㅣ而從之。
【愼默:신묵】 삼가 잠잠히 있음。「삼감。
【愼微:신미】 작은 일에도 경솔하지 않고。
【愼密:신밀】 깊이 삼가고 은밀함。謹愼。緻密·縝密。『易經』是以君子ㅣㅣ、而不出也。
【愼思:신사】 신중히 생각함。
【愼色:신색】 음란한 짓을 삼감。
【愼攝:신섭】 몸을 삼가고 잘 조섭함。
【愼言:신언】 말을 삼감。말을 함부로 하지 않음。愼口。
【愼節:신절】 ❶예절을 삼감。❷《國》남의 병에 대한 尊稱。
【愼終:신종】 ❶일의 끝장을 삼가하고 못미친 점이 없도록 함。『書經』愼厥終、惟其初。❷葬事를 당하여 예절을 정중히 함。『論語』ㅣㅣ追遠、民德歸厚矣。
【愼重:신중】 삼가하여 경솔하지 않음。매우 조심스러움。愼厚·謹厚。『五代史』當時稱其ㅣㅣ。
【愼擇:신택】 삼가서 가림。신중히 선택함。『白居易』環衞之官、兼資ㅣㅣ。
【愼厚:신후】 깊이 삼가고 묵중함。「부。
【愼候:신후】 병석에 있는 손윗사람의 안

【慎】(신)『愼』(前條)의 古字

【愾】㊀(희) 未 ㊁(개) 隊 カイ、キ、ためいき sigh ㄒㄧˋ hsi⁴
小篆 草書 ㊀한숨쉴희(太息)。【詩】ㅣ我寤歎。㊁❶한숨쉴개(太息)。❷성낼개(敵ㅣ怒也)。【左傳】諸侯敵王所ㅣ而獻其功。(『愾』와 같음)
【愾憤:개분】 몹시 분개함。敵愾心。『常袞』ㅣㅣ邊戎、徘徊孤劍。
【愾然:개연】 감정이 북받치는 모양。『禮記』ㅣㅣ必有聞乎其歎息之聲。

【愿】(원) 願 ゲン、つつしむ sincerity ㄩㄢˋ yüan⁴
小篆 草書 ❶정성원(誠謹)。❷착할원(善也)。【書】ㅣ而恭。❸삼갈원(謹也)。(『原』과 통함)
【愿慤:원각】 솔직하고 성의가 있음。愿誠·慤愿。『荀子』上端誠、則下ㅣㅣ。
【愿恭:원공】 정성스럽고 공경스러움。『書經』愿而恭。
【愿謹:원근】 솔직하고 언행을 삼가함。『史記』ㅣㅣ不好外交。
【愿朴:원박】 솔직하여 꾸밈이 없음。『後漢書』山民ㅣㅣ、乃有白首不入市井者。

【㦥】(원) 元 ゲン、はかる calculate
❶측량할원(測量)。❷헤아릴원(量也)。

【愢】(이) 紙 イ、うれえる do not worry(about)
小篆 근심않을이(不憂)。

【慁】(혼) 願 コン、うれえる worry ㄏㄨㄣˋ huen⁴
小篆 草書 ❶근심할혼(憂患)。【左傳】圭不ㅣ賓。❷욕될혼(辱也)。【禮】不ㅣ君王。❸민망할혼(悶亂)。【史記】天以寡人ㅣ先生。❹어지러울혼(亂也)。(『慁』과 같음)
【慁慁:혼혼】 걱정하여 마음을 가다듬지 못한모양。『元結』愚惑者ㅣㅣ然、遂忘家國。

【寋】(식) 職 ショク、ふさがる be closed
小篆 ❶막힐식(塞也)。❷꽉찰식(充塞)。【書經】剛而ㅣ。

【慁】 (혼) 『慁』(前前條)과 같음

【慂】 (용) 腫 ヨウ、ときすすめる persuasion ㄩㄥˇ yung^3
草書 ❶권할용(勸也)。❷거들어말할용(慫—傍勸)。❸조를용(慫—)。

【慄】 (률) 質 リツ、おののく shivering ㄌㄧˋ li^4
草書 ❶두려울률(懼也)。❷쭈그릴률(竦縮)。〔書〕夔夔齊—。❸슬플률(悽愴貌)。〔楚辭〕憭—兮若在遠行。❹떨률(戰—)。❺송구할률(竦縮)。❻처량할률(悽愴)。(『栗』과 통함)

【慄烈:율렬】 추위가 혹독한 모양。

【慄慄:율률】 ❶두려워하는 모양。벌벌 떠는 모양。『書經』——危懼、若將隕于深淵。❷매우 추운 모양。『王禹偁』人日雪花——。「는 모양。

【慄然:율연】 두려워하는 모양。떨고 있

【慅】 ㊀(소) 豪 ㊁(초) 皓 ソウ、さわぐ upraor
小篆 草書 ㊀❶소동할소(動也)。❷수고로울소(勞也)。㊁수고로울초(——勞也)。〔詩〕勞心—兮。

【慅慅】 ①소소 ②③초초】 ❶두려워하는 모양。❷고달픈 모양。❸근심스러운 모양。『梁武帝·代蘇屬國婦詩』——月孤雁。

【慆】 (도) 豪 トウ、ほしいまま arrogant ㄊㄠ t'ao
小篆 草書 ❶기쁠도(喜也)。❷거만할도(慢也)。〔書〕無即—淫。❸오랠도(久也)。〔詩〕——不歸。❹의심할도(疑也)。〔左傳〕天命不—久矣。❺감출도(藏也)。〔左傳〕以樂—憂。❻지낼도(過也)。

【慆慆:도도】 ❶오랜 모양。『詩經·東山』我徂東山、——不歸。❷어지러운 모양。

【慆淫:도음】 음란하고 방종함。『書經』無即——。

【慇】 (은) 文 イン、ねんごろ polite ㄧㄣ yin^1
小篆 草書 ❶은근할은(—懃委曲)。❷공손할은(恭也)。❸간절할은(切也)。❹슬플은(痛也)。〔詩〕憂心——。(『殷』과 같음)

【慇懃:은근】 ❶태도가 겸손하고 정중함。❷은밀하게 정이 깊음。정성스럽고 다정함。

【慇慇:은은】 매우 근심하는 모양。『詩·正月』憂心——。

【慈】 (자) 支 ジ、いつくしむ humane ; love ㄘˊ tz'ŭ^2
小篆 小篆 草書 ❶사랑자(愛也)。〔左傳〕父—子孝姑—婦聽。❷착할자(善也)。❸어질자(仁也)。❹부드러울자(柔也)。❺어머니자(母也)。❻불쌍할자(憐也)。

【慈儉:자검】 자비심이 깊고 검약함。『舊唐書』愛之以——。

【慈念:자념】 仁慈하게 생각함。

【慈堂:자당】 남의 어머니의 尊稱。

【慈憐:자련】 사랑하여 가엾이 여김。『曾鞏』豈意——、更加褒進。

【慈母:자모】 ❶애정이 깊은 어머니。❷어머니。母親。❸어머니를 여읜 뒤에 자기를 길러 준 庶母。『儀禮·喪服』——如母。

【慈撫:자무】 사랑하여 어루만짐。『宋史』民所安樂、惟曰——、

【慈父:자부】 ❶애정이 깊은 아버지。❷아버지。父親。嚴父。『李密』生孩六月、——見背。

【慈悲:자비】 ❶《佛》衆生에게 복을 주어서 괴로움을 없애 주는 일。『大乘義章』愛憐名慈、惻愴曰悲。❷크게 사랑하고 가엾게 여김。

【慈悲心:자비심】 《佛》중생에게 자비를 베푸는 마음。자비지심。

【慈善:자선】 ❶불쌍히 여겨 은혜를 베풂。『北史·崔光傳』寬和——。❷불쌍한 사람을 도와줌。

【慈善家:자선가】 ❶자선 사업을 하는 사람。❷불쌍한 사람을 잘 도와 주는 사람。

【慈善病院:자선병원】 가난하거나 의지할 곳 없는 사람들의 병을 무료로나 헐한 값으로 치료해 줌을 목적으로 하는 병원。慈惠醫院。

【慈善事業:자선사업】 가엾은 사람을 불쌍히 여겨、사랑하여 구제하는 사업。

【慈善心:자선심】 가엾은 사람을 불쌍히 여겨 주관적으로 施惠란 뜻을 가짐。

【慈膝:자슬】 자애 깊은 무릎。兩親의 膝下。「히 여겨 돌보아주고싶은 마음。

【慈侍下:자시하】 《國》아버지를 여의고 어머니만 모시고 있는 처지。

【慈眼:자안】 ❶자비로운 눈。❷《佛》衆生에 대한 보살의 자비에 넘친 눈。『法華經』——視衆生。

【慈顔:자안】 자애로운 얼굴。『張萬頃』宦遊偏不樂、長爲憶——。

【慈愛:자애】 ❶아랫 사람을 도탑게 사랑함。❷도타운 사랑。『禮記』順成和同之音作而民——。

【慈愛之情:자애지정】 아랫 사람을 도탑게 사랑하는 마음。

【慈烏:자오】 까마귀의 異名。까마귀는 자라난 뒤 제 어미에게 먹이를 가져다 주어 길러 준 은혜를 갚는다는 데서 나온 말。『梁武帝·孝思賦』——反哺、以報親。

【慈雨:자우】 ❶만물을 촉촉히 적셔 자라게 하는 비。❷오래 가물다가 오는 비。澤雨。甘雨。膏雨。惠雨。『梁簡文帝』油然慧雲、沛然——。

【慈雲:자운】 《佛》부처의 은혜가 넓고 크다는 비유。『雞跖集』如來慈心、如彼大雲、蔭注世界。

【慈育:자육】 은혜를 베풀어 기름。『梁簡文章』——黎首。

【慈主:자주】 어머님。편지에 쓰는 말。

【慈旨:자지】 ❶인자한 뜻。『唐書』陛下降——。❷《國》임금의 어머님의 傳敎。

【慈葱:자총】 김장할 때 쓰는 파。

【慈親:자친】 사기 어머니。↕嚴親。『呂氏春秋』湯立爲天子、夏民大說、如得——。

【慈兄:자형】 자애가 깊은 형。

【慈惠:자혜】 인자하게 사랑하는 은혜。慈仁。『左傳』享以訓其儉、宴以示——。

【慈誨:자회】 자애가 넘치는 가르침。

【慈孝:자효】 아버지의 애정과 아들의 효도。父子間의 情愛。

【慈訓:자훈】 ❶인자한 가르침。❷어머니의 訓育。母育。慈誨。『庾信』母氏——、哀矜勞苦。

【慈恤:자휼】 은혜를 베풀어 愛恤함。

【慉】 (휵) 屋 キク、やしなう breed
小篆 草書 ❶기를휵(養也)。〔詩〕不我能—反以我爲讐。❷한할휵(恨也)。❸일어날휵(起也)。(『畜』과 통함)

【慉結:휵결】 가슴이 답답하게 막힘。鬱結。『應陽懲』牽繁攣而增制兮、心——而槃紆。

【慌】 (황) 養 コウ、うっとりする be at a loss
❶어리둥절할황(懭—昏也)。❷흐리멍덩할황(—惚不分明)。❸잊어버릴

황(忘也)。(『恍』과 같음)

【慊】㊀(겸) 琰 ㊁(협) 葉 ケン、キョウ、きらう grudge ㄑㄧㄢˋ ch'ien⁴

篆小 書草㊀ ❶앙심먹을겸(切齒恨)。❷찐덥지않을겸(意不滿)。❸불만족하게 생각할겸。『孟子公孫丑下』吾何ー哉。❹싫을겸(厭也)。『大學註』ー之言厭也謂誠意自足。❺맘에맞을겸(愜也)。『大學自謙註』謙讀爲ー云云ー快也。㊁족할협(足也)。

【慊慊:겸겸】찐덥지 않은 모양。불만스러운 모양。『莊子 天運』盡去而後ー。『陸機』歎哉行路人、ーー恆苦寒。

【慊吝:겸린】아낌。儉素함。『世說』應盤便許、略無ーー。

【慊如:겸여】찐덥지 않는 모양。불만스러운 모양。慊然。『陸機』天下其謂朕何、宮室輿服、益ーー也。

【慊然:겸연】❶마음에 차지 않는 모양。❷너무 미안하여 면목이 없는 모양。

【慊怨:겸원】앙심을 먹고 미워함。疾怨。『後漢書』ーー轉積。

【態】(태) 隊 タイ、ありさま posture ㄊㄞˋ t'ai⁴

篆小 或體 書草 ❶태도태(作姿)。❷모양태(姿也)。『徐鍇曰』心能其事然後有ー度也。❸뜻태(情ー意也)。

【態度:태도】몸가짐。모양。몸가지는 품。『韓愈』君詩多ーー。

【態勢:태세】상태와 모양。상태와 형세。敵에 대비하는 자세。

【態臣:태신】아첨하는 신하。『荀子』可謂ーー者矣。

◎舊ー、奇ー、動ー、美ー、媚ー、變ー、狀ー、常ー、生ー、世ー、容ー、姿ー、情ー、靜ー、千ー、醜ー、形ー。

【慍】(온) 問 吻 ウン、オン、いかる get angry ㄩㄣˋ yün⁴

篆小 書草 ❶성낼온(怒也)。❷한할온(恨也)。『詩』ー于羣小。❸병온(病也)。『南風歌』南風之薰兮解吾民之ー兮。❹노염품을온(含怒貌)。(『蘊』과 같음)

【慍見:온견】불평을 품고 만나 뵘。

【慍怒:온노】성을 발칵 냄。恚怒。『吳越春秋』三年不ーー。

【慍色:온색】성내고 원망하는 얼굴빛。『論語』三已之、無ーー。

【慍然:온연】성내는 모양。

【慍容:온용】성낸 얼굴。노한 얼굴。『列子』商丘開常無ーー。

【慍意:온의】노엽게 생각하는 마음。

【慏】(명) 梗 ベイ、つきない generous

맘너그러울명(寬心)。

十一畫

【慒】㊀(종) 冬 ㊁(조) 豪 ソウ、みだれる nervous

篆小 草㊀ ❶생각할종(慮也)。❷꾀할종(謀也)。(『悰』과 같음) ㊁심란할조(亂也)。

【慓】(표) 蕭 ヒョウ、すばやい nimble

篆小 書草 급할표(急也)。

【慓毒:표독】성질이 잔인하고 독살스러움。산악하고 독살스러움。

【慓疾:표질】날쌤。剽疾。

【慓悍:표한】성질이 급하고 사나움。剽悍。『史記』項羽爲人、ーー猾賊。

【慵】(비)『憊』(心部 12畫)의 本字

【慔】(모) 遇 ボ、したう endeavour

篆小 힘쓸모(勉也)。

【慕】(모) 遇 ボ、したう longing ㄇㄨˋ mu⁴

篆小 書草 ❶생각할모(思也)。『漢書食貨志』動欲ー古、不度時宜。❷사모할모(係戀不忘)。『孟子』大孝終身ー父母。❸모뜰모(愛習模範)。

【慕戀:모련】그리워하여 늘 생각함。그리워서 사모함。

【慕心:모심】그리워하는 마음。『尹關子』

【慕悅:모열】사모하여 기뻐함。『韓愈』平居里巷相ーー。

【慕義:모의】正道를 좇음。『漢書·田儋傳贊』賓客ーー、猶不能自立、豈非天乎。

【慕化:모화】덕을 사모하여 그 가르침을 좇아 感化됨。『書經·傳』四夷ーー、貢其方賄。

【慕華:모화】中國의 문물·사상을 崇慕함。

【慕華館:모화관】(歷)李朝 때 中國 사절을 영접하던 집。太宗이 西大門 밖에 건립。淸日戰爭 때 철거하고 李朝 末에 獨立門을 세움。

◎傾ー、景ー、思ー、哀ー、愛ー、戀ー、追ー。

【慘】㊀(조) 皓 ㊁(참) 感 サン、むごい severity ㄘㄢˇ ts'an³

篆小 書草㊀ 근심할조(憂也)。『詩』視爾夢夢我心ーー。(『懆』와 같음) ㊁ ❶슬플참(痛慼)。『詩』憂心ーー。❷성낼참(慍也)。❸근심할참(愁也)。❹혹독할참(酷毒)。『史記』雖ー酷斯稱其位矣。

【慘景:참경】끔찍하고 참혹한 광경이나 정상。

【慘苦:참고】몹시 참혹한 고통。

【慘劇:참극】❶참혹한 줄거리의 연극。❷참혹한 사건。

【慘澹:참담】❶몹시 암담함。『楊萬里·詩』江山ーー眞如畫。❷괴롭고 슬픔。❸근심 걱정이 가득히 보임。❹얼굴에 독기가 있음。

【慘毒:참독】아주 비참함。몹시 참혹함。慘虐。『漢書』郅支單于ーー於民。

【慘烈:참렬】❶몹시 참혹함。❷심하고 격렬함。『文選·張衡西京賦』沐霜ーー。

【慘變:참변】참혹한 변。

【慘不忍見:참불인견】끔찍히 참혹하여 참아 눈으로 볼 수가 없음。

【慘死:참사】아주 참혹하게 죽음。

【慘事:참사】참혹한 사건。비참한 일。

【慘殺:참살】참혹하게 죽임。『杜牧』幽州、幽陰ーー也。

【慘狀:참상】참혹한 상태。

【慘喪:참상】젊어서 죽은 喪事。

【慘惡:참악】비참하고 흉악함。

【慘愕:참악】참혹한 정상에 대하여 놀람。

【慘然:참연】슬프고 참혹한 모양。『郝經』巡簷思ーー。

【慘迹:참적】몹시 비참한 자취。

【慘切:참절】몹시 비참함。비참해서 마음이 절박함。『後漢書·章帝紀』憂心ー

【慘絶:참절】참혹하기 짝이 없음。ー。

【慘悴:참췌】몹시 파리함。

【慘敗:참패】비참하고 혹독하게 실패함。

【慘虐:참학】참혹하게 학대함。慘毒。

『顔氏家訓』ー孤遺、離間骨肉。

【慘害:참해】참혹한 피해。심한 손해。

【慘刑:참형】참혹한 형벌。酷刑。

【慘酷:참혹】끔찍하게 불쌍함。끔찍하게 비참함。慘苛·慘刻·慘烈。『史記』雖ㅡㅡ、斯稱其位矣。
【慘禍:참화】비참한 재화。참혹한 재화。
【慘況:참황】참혹한 상황。慘狀。
【慘凶:참흉】비참한 흉년。
◎無ㅡ、悲ㅡ。

【慙】(참) 覃 ザン、はじる ts'an² ㄘㄢ shame
小篆 草書 부끄러울참(愧也)。『書』惟有ㅡ德。『小爾雅』不直失節謂之ㅡ。
【慙慨:참개】몹시 부끄러워서 스스로 분개하여 탄식함。恥慨·愧慨。『江淹』ㅡㅡ憂灼、罔識其際。
【慙愧:참괴】부끄러워함。부끄러움。慙怍·慙羞。『漢書』未嘗不流汗而ㅡㅡ也。
【慙德:참덕】❶德化가 널리 미치지 못함을 부끄러워함。❷임금의 허물。
【慚忿:참분】부끄러워서 화를 냄。
【慙死:참사】몹시 부끄러운 처지로 죽음。부끄러워서 죽을 지경임。
【慙謝:참사】부끄러워서 사과함。『南史』倫之ㅡㅡ、質拂衣而去。
【慙色:참색】부끄러워하는 얼굴빛。
【慙悚:참송】부끄러워하고 두려워함。
『鮑照』伏追ㅡㅡ。
【慙羞:참수】부끄러워함。부끄러워서 얼굴을 붉힘。慙愧。『韓愈』弱妻抱稚子、出拜忘ㅡㅡ。 「愧。
【慙怍:참작】부끄러워함。부끄러움。慙
【慙恨:참한】부끄러워하고 恨스러워함。愧恨。『程顥』其人必ㅡㅡ、累日痛自斸。
【慙悔:참회】부끄러워서 뉘우침。

【㥽】(책) 陌 セキ、まこと fidelity
❶깨끗할책(耿介)。❷절개굳을책(堅也節操)。

【慚】(참)『慙』(前前條)과 같음

【慜】(민) 軫 ビン、かしこい clever
❶총명할민(聰也)。❷슬플민(悲也)。

【慝】(특) 職 トク、よこしま t'ê⁴ ㄊㄜ wicked
草書 ❶간악할특(惡也)。『書』旌別淑ㅡ。❷더러울특(穢也)。『禮』世亂則禮ㅡ而樂淫。❸간사할특(邪也)。『詩』之死失靡ㅡ。❹간특할특(姦ㅡ隱惡)。『荀子 天論』ㅡ則大惑。

【㥾】㈠(닐) 質 ジツ、ジョク、はじる ㈡(닉) 職 shame
㈠부끄러울닐(愧也)。(『怩』과 같음) ㈡속으로부끄러워할닉(內愧)。

【慟】(통) 送 トウ、なげく tung⁴ ㄊㄨㄥ grievous
小篆 草書 서러울통(哀過心動)。『論語』子哭之ㅡ。
【慟哭:통곡】매우 슬퍼서 큰 소리로 울음。慟泣。『李白』歸來愴途窮、日暮還ㅡㅡ。
【慟泣:통읍】매우 슬피 울음。『南史』顧歡早孤、讀詩至哀哀父母、輒執書ㅡㅡ。

【慠】(오) 號 ゴウ、おごる ao⁴ ㄠ arrogant
草書 거만할오(倨也)。(『傲』와 같음)『後漢書』生而貴者ㅡ。
【慠慢:오만】태도가 거만함。방자함。傲慢·驕慢。
【慠邁:오매】뽐내어 거만함。『晉書』神氣ㅡㅡ、竟無賓主之禮。
【慠誕:오탄】태도가 거만하며 함부로 큰 소리를 탕탕 침。『晉書』王恬性ㅡㅡ、不拘禮法。

【慭】(오)『慠』(前條)와 같음

【𢡺】(리) 支 リ、うれえる worry about
小篆 근심할리(憂也)。

【慢】(만) 諫 マン、おこたる man⁴ ㄇㄢ lazy
小篆 草書 ❶게으를만(怠也)。『荀子』君子寬而不ㅡ。❷아무렇게나할만(等閑)。『孟子』暴君汙吏、必ㅡ其經界。❸업신여길만「侮ㅡ、輕ㅡ」。『左傳 襄公三十一年』我遠而ㅡ之。❹거만할만(倨也)。❺방자할만(放肆)。『書經 益稷』惟ㅡ遊是好。❻느릴만(緩也)。『詩經 鄭風大叔于田』叔馬ㅡ忌。(『謾』과 같음)
【慢驚風:만경풍】《醫》오랫동안에 몸이 점점 쇠약하여져서 경풍이 발작되는 병。
【慢罵:만매】만만히 여겨 함부로 꾸짖음。거만스럽게 꾸짖음。
【慢侮:만모】남을 낮춰 보아 업신여김。慢易·侮慢·倨侮。『漢書』漢王ㅡㅡ人、罵詈諸侯群臣、如奴耳。
【慢脾風:만비풍】《醫》어린아이가 경풍에 걸려 몸이 몹시 쇠하여지는 병。
【慢性:만성】병의 경과가 오래 끌어 쉽사리 완쾌되지 않는 성질。↔急性。
【慢性病:만성병】만성이 된 병。
【慢性傳染病:만성전염병】잠복기가 길고 不定하며、그 경과도 완만한 전염병。결핵·나병·매독·임질 따위가 그 대표적임。
【慢心:만심】❶《佛》근본 번뇌의 하나。자신을 지나치게 믿고 자랑하며 남을 업신여기는 마음。❷자기가 잘난 줄 믿고 거드럭거리는 마음。『華嚴經』起ㅡㅡ、自高陵彼。
【慢然:만연】❶교만하여 의기양양한 모양。『淮南子·道應訓』。❷완만하여 결단성이 없는 모양。❸막연한 모양。분명하지 않은 모양。漠然。
【慢遊:만유】여러 곳을 마음 내키는 대로 돌아다니며 노는 일。漫遊。『書經』惟ㅡㅡ是好。
【慢易:만이】❶낮춰 보아 업신여김。여지없이 깔봄。『史記』高祖箕倨罵詈、莊ㅡ之。❷음악의 곡조가 莊重하지 못함。『禮記·樂記』。
【慢火:만화】뭉긋하게 타 오르는 불。
◎驕ㅡ、我ㅡ、傲ㅡ、緩ㅡ、頑ㅡ、自ㅡ、怠ㅡ、

【慣】(관) 諫 カン、なれる kuan⁴ ㄍㄨㄢ skilful
草書 ❶익을관、익숙할관(習熟)。❷버릇관(習ㅡ)。『詩』三歲ㅡ女。
(『串·貫』과 통함)
【慣例:관례】습관이 된 前例。
【慣面:관면】낯이 익음。
【慣聞:관문】귀에 익히 들음。
【慣性:관성】《物》物體가 外部로부터 힘을 加하지 않으면、그대로 정지해 있거나、또는 일정한 속도로 일정한 방향으로 나가는 성질을 갖고 있는 일。
【慣熟:관숙】매우 익숙함。習熟함。
【慣習:관습】❶버릇。익은 습관。❷사회의 습관。習慣·風習。『杜甫』ㅡㅡ炎蒸歲絺綌。
【慣習法:관습법】《法》법률상의 효력을 가지는 사회의 慣例。習慣法。 「용함。
【慣用:관용】늘 많이 씀。慣習的으로 사
【慣用句:관용구】慣用語로 된 말귀。

【慣用語：관용어】 ❶보통 습관적으로 쓰이는 말。❷문법에는 어긋나나 오랜 동안 널리 관용되는 말。

【慣用音：관용음】 올바르지는 않으나, 보통 쓰이는 글자의 音。昭(조)를 「소」로、畫(획)을 「화」로 읽는 따위。

【慣行：관행】 늘 행함。습관이 되어서 늘 행하여 지는 일。

◎舊—、習—。

【愨】 (각)『慤』(心部 10畫)과 같음

【愨士：각사】 誠實한 선비。『荀子』若是則可謂——矣。

【愨誠：각성】 眞心。精誠。

【愨實：각실】 깊이 삼가고 정직한 것。誠實。『南史』——有堪幹。

◎吉—、大—、同—、餘—。

【慥】 (조) 號 ソウ、まこと sincerity ㄗㄠˋ tsao⁴

❶진실할 조(篤實言行相應)。『中庸』君子胡不——爾。❷서로 응할 조(相應)。

【慧】 (혜) 霽 ケイ、エ、かしこい sagacity ㄏㄨㄟˋ huei⁴

小篆 草書 ❶총명할 혜(智也)。❷밝을 혜(明也)。❸영리할 혜(儇敏)。❹똑똑할 혜(姸黠)。❺요요할 혜(了也)。『論語 衞靈公』好行小—。❻지혜 혜(才智)。(『惠』와 통함)

【慧劍：혜검】 《佛》지혜가 번뇌를 끊는 것을 날카로운 칼이 물건을 끊어 버린다는 데에 비유한 말。『大智度論』一切利器中、——利爲最。

【慧巧：혜교】 영리한 슬기와 교묘한 기「교。

【慧敏：혜민】 총명하고 민첩함。慧悟。

【慧性：혜성】 총명한 성질。슬기로운 천품。『劉禹錫』色身豈吾寶、——非形礙。

【慧聖：혜성】 뛰어나고 슬기로움과 총명하고 지혜있는 사람。『淮南子』——而好治。「음。

【慧心：혜심】 영리한 마음。슬기로운 마음。

【慧眼：혜안】 ❶眼識이 銳利함。活眼。❷《佛》五眼의 하나。이 세상의 진리를 識別하는 心眼。『金剛經』如來有肉眼、如來有天眼、如來有——。

【慧悟：혜오】 총명하고 민첩함。「옴。慧敏。

【慧鳥：혜조】 《動》앵무새의 別名。

【慧智：혜지】 총명한 슬기。총명하고 지혜 있음。

【慧黠：혜힐】 교활함。간사한 꾀가 많음。狡猾・黠慧。『北史』——善彈琵琶。

◎知—、智—。

【憓】 (세) 霽 セイ、つつしむ be discreet

삼갈 세(謹也)。

【慨】 (개) 隊 ガイ、なげく indignant ㄎㄞˇ k'ai³

小篆 草書 ❶분할 개(高亢憤激)。『後漢書』馮良—然恥在厮役。❷강개할 개(慷—失意壯士不得志)。『晉書』陸機登壇慷—。❸슬플 개(悲也)。『禮』旣葬—然如不及。(『愾』와 같음)

【慨慨：개개】 탄식하는 모양。『劉向』情——而長懷兮。

【慨想：개상】 탄식하고 생각함。『葛長庚』覽江山以——。

【慨世：개세】 세상의 되어가는 형편을 탄식하고 근심함。

【慨然：개연】 ❶분개하며 한탄하는 모양。❷슬퍼 탄식하는 모양。『後漢書』——有澄清天下之志。

【慨歎：개탄】 한탄함。義憤이 북받쳐 탄「식함。

【慨恨：개한】 탄식하고 원망함。『晉書』永爲廊廟之寶、而忽爲荆楚之珍、所以——。

◎感—、憤—。

【慞】 (봉) 東 ホウ、よろこぶ joyful

❶기쁠 봉(悅也)。❷사랑할 봉(愛也)。

【漣】 (련) 先 レン、なく tear stained

小篆 ❶눈물흘린 련(泣涕)。❷훌쩍거릴 련(泣貌)。

【慪】 (우) 尤 オウ、つつしむ respect ㄡ ou'

공경할 우、삼갈 우(恪也)。

【慫】 (종) 腫 ショウ、おどろく amaze ㄙㄨㄥˇ sung³

小篆 小篆 草書 ❶놀랄 종(驚也)。❷곁들어 말할 종(—慂旁勸)。❸권할 종(—慂)。

【慫慂：종용】 ❶꾀어서 권함。❷잘 설명하고 달래어 하게 함。

【慬】 ㈠(근) 文 ㈡(근) 吻 キン、うれえる sorrow ㄑㄧㄣˊ ch'in²

草書 ㈠❶서러워할 근(憂哀)。『公羊傳』—然後得免。❷날랠 근(勇也)。『列子』無以立—於天下。㈡❶겨우 근(僅也)。❷정성 근(誠也)。

【慬然：근연】 서러워하는 모양。(字解① 參照)。

【慮】 (려) 御 魚 リョ、おもんばかる consider ㄌㄩˋ lü⁴

小篆 小篆 草書 ❶생각 려(謀思)。『論語 衞靈公』無遠—有近憂。❷염려할 려、걱정할 려(憂也)。❸의심할 려(疑也)。❹기려(—無軍前幡)。『左傳』前矛—無。❺칡려(諸—葛也)。❻땅이름 려(地名)。

【慮無：여무】 軍前에서 갖는 기。『左傳』前茅——。

【慮無所不到：여무소부도】 생각을 미치지 않는 데가 없이 자상하게 함。

【慮外：여외】 ❶뜻밖。意外。案外。『晉書』事乖——。❷어처구니 없는 일。

◎苦—、考—、顧—、無—、配—、思—、熟—、心—、憂—、遠—、千—、淺—。

【慯】 ㈠(상) 漾 ㈡(상) 陽 ショウ、かなしむ sorrow

小篆 ㈠근심할 상(憂也)。㈡❶서러울 상(痛也)。❷앓을 상(痛也)。

【慰】 (위)『慰』(次條)와 같음

【慰】 (위) 未 イ、なぐさめる comfort ㄨㄟˋ wei⁴

小篆 草書 ❶위로할 위(安之以慽其情)。『詩經』莫—母心。❷유쾌할 위(愉也)。❹아픈체할 위。(『尉』와 통함)

【慰靈祭：위령제】 죽은 혼령을 위로하는 제사。

【慰禮城：위례성】 《歷》옛 都城 이름。百濟의 始祖 溫祚가 都邑했다는 곳。위치에 관해서는 稷山、漢江北岸、서울 北東近郊、廣州地方 등 여러 설이 있음。

【慰勞：위로】 어루만져 괴로움을 잊게 함。수고를 치사함。『晉書』持節——。

【慰勞金：위로금】 위로하여 주는 돈。

【慰撫：위무】 위로하고 어루만져 달래는 일。慰拊。『漢書』上輒以詔書——不許。

【慰問：위문】 위로하기 위하여 문안함。『後漢書』帝使中黃門——。

【慰問袋：위문대】 일선에 있는 군인이나 또는 불의의 재앙으로 헐벗고 굶주리는 사람들을 위문하기 위하여 여러 가지 일용품을 넣어 보내는 주머니。

【慰問品：위문품】 ❶위문에 쓰이는 물건。❷일선에 가 있는 軍警이나 이재민、

또는 병자를 위로해 주기 위하여 보내는 일용품。

【慰拊:위부】 어루만져 위로함。 慰撫。 『宋史』克明ㅡㅡ、出衣服遺之。

【慰釋:위석】 마음을 위로하여 근심을 없앰。 『漢書·谷永傳』ㅡㅡ皇太后之憂恤。

【慰安:위안】 위로함。 위로하여 마음을 편안케 함。 『漢書』ㅡㅡ元元、便利百姓。

【慰安婦:위안부】 전쟁 때에 일선의 군인을 위로하기 위하여 동원된 여자。

【慰安處:위안처】 위안이 될 만한 곳。 위안에 필요한 시설을 해 놓은 곳。

【慰安會:위안회】 슬프거나 일이 고된 사람을 위로하기 위하여 베푼 모임。

【慰悅:위열】 위안하여 기쁘도록 함。

【慰諭:위유】 위로하고 타일러 잘 달램。 慰曉·慰譬。 『漢書』以自ㅡㅡ。

【慰藉:위자】 위로하고 도와 줌。 『後漢書』所以ㅡㅡ之、良厚。

【慰藉料:위자료】 《法》 생명·신체·명예·자유 따위를 침범당한 일에 대한 정신적 손해 배상으로서 算定된 金額。

【慰狀:위장】 위로하여 문안하는 편지。

【慰懷:위회】 마음을 위로함。

【慰恤:위휼】 위로하고 救恤함。 위로하여 물건을 베풂음。 『魏志·註』盡心ㅡㅡ。

◎安ㅡ、自ㅡ、弔ㅡ。

【慱】 (단) 寒 タン、うれえる anxieous ㄊㄨㄢˊ t'uan²

小篆 草書 근심할단(憂也)。 『詩經』勞心ㅡㅡ。

【慱慱:단단】 근심스럽고 고달픈 모양。 (字解參照)。

【慳】 (간) 删 カン、おしむ stingy ㄑㄧㄢ ch'ien¹

草書 ❶아낄간(悋也)。 『李白詩』披豁露天ㅡ。 ❷인색할간(吝也)。

【慳吝:간린】 구두쇠。 몹시 인색함。 慳嗇。 『原化記』ㅡㅡ未除。

【慳嗇:간색】 =慳吝。 『蘇軾』及此陰晴間、恐致ㅡㅡ霖。

【慳貪:간탐】 《佛》 =慳吝。 『法華經』衆生垢重、ㅡㅡ嫉妬。

【慲】 (만) 寒 マン、わすれる forget

小篆 잊을만(忘也)。

【慘】 ㊀(산) 潸 サン、おおい ㊁(찬) 諫 plentiful

㊀온전한덕산(全德)。 ㊁❶많을찬(夥也)。 ❷뜻은 ㊀과 같음。

【慴】 (접) 葉 シュウ、おそれる afraid ㄓㄜˊ chê²

小篆 草書 ❶두려울접(懼也)。 ❷겁낼접(怯也)。 『史記』一府中皆ㅡ伏。 『東都賦』八靈爲之震ㅡ。

(或音「섭」)

【慴悸:접계】 두려워서 두근거림。 『後漢書』懼以觸忤、征營ㅡㅡ。

【慴伏:접복】 =慴服。 『史記』一府中、皆ㅡㅡ、莫敢起。

【慴惴:접췌】 겁이 나서 벌벌 떪음。 『杜牧·感懷詩』屯田數十萬、隄防常ㅡㅡ。

【慴憚:접탄】 두려워서 꺼림。 『宋書』權倖之徒、ㅡㅡ宗戚。

【慵】 (용) 冬 ヨウ、ものうい lazy ㄩㄥ jung¹ (本音「송」)

小篆 草書 게으를용(懶也)。 『白居易詩』行ㅡ擧足遲。

【慵起:용기】 아침에 일어나는데 노곤함。 『吳融』ㅡㅡ不知晨。

【慵懶:용란】 게으름。 慵惰。 『白居易』經過莫ㅡㅡ、相去兩三坊。

【慶】 ㊀(경) 敬 ケイ、キョウ、めでたい ㊁(강) 陽 happy event ㄑㄧㄥˋ ch'ing⁴

小篆 草書 ㊀❶경사경(福也)。 『易』大有ㅡ也。 ❷착할경(善也)。 『書』一人有ㅡ。 ❸하례할경(賀也)。 『周禮』以賀ㅡ之禮親異性之國。 ❹즐거워할경。 「ㅡ喜弔禍」。 『周禮 春官宗伯疏』侯國有喜可賀、使大夫以物ㅡ賀之。 ❺포상할경。 「ㅡ以地」。 『禮記月令』行ㅡ施惠。 ㊁❶복강(福也)。 『易』積善之家必有餘ㅡ。 ❷이에강(乃也)。

【慶福:경복】 ❶경사스러움과 복됨。 ❷경사스러운 복。

【慶事:경사】 경축할 만한 일。 기쁜 일。

【慶賞:경상】 경사스러워 칭찬함。 경사스러운 賞。 『周禮』刑罰ㅡㅡ、相及相共。

【慶瑞:경서】 경사로운 조짐。 祥瑞·休徵·慶祥。 『宋史』凡國有大ㅡㅡ及出師勝捷、樞密使率內職軍校入賀。

【慶壽:경수】 임금의 탄생일의 축하。 『宋史·高宗紀』。

【慶筵:경연】 경사스러울 때 베푸는 잔치 자리。

【慶宴:경연】 경사스러울 때 베푸는 잔치。

【慶雲:경운】 경사가 생길 조짐이 되는 구름。 瑞光이 비칠 조짐의 구름。 瑞雲。

【慶運宮:경운궁】 《歷》 德壽宮의 옛 이름。

『列子·湯問』。

【慶日:경일】 경사스러운 날。

【慶節:경절】 경축하는 날。

【慶弔:경조】 혼인·회갑 따위의 경사스러운 일과、초상·장사 따위의 불행한 일。 경사와 흉사。 慶唁。 『後漢書』ㅡㅡ不行。

【慶弔相問:경조상문】 서로 경사에 축하하고 흉사에 위문함。

【慶祝:경축】 기꺼운 일을 축하함。

【慶祝日:경축일】 경축하는 날。

【慶賀:경하】 경사스러운 일을 치하함。 祝賀·賀慶。 『周禮』若國有福事、則令ㅡㅡ之。

【慶幸:경행】 다행으로 얻은 경사로운 일。 『金史』奏曰、莫非王臣ㅡㅡ、豈可有間耶。

【慶會樓:경회루】 《地》 景福宮 안 서쪽 康寧殿 연못 복판에 있는 규모가 큰 누각。 임금과 신하가 모여 잔치하던 곳으로 太宗 一二년에 건립됨。

【慶喜:경희】 경사가 있어 기뻐함。

【慷】 (강) 陽 コウ、なげく 養 deplore ㄎㄤˇ k'ang³

草書 강개할강(ㅡ慨激昂)。 『後漢書』齊武王縯性剛毅ㅡ慨。 (『忼』과 같음)

【慷慨:강개】 ❶의분이 북받쳐 슬퍼하고 한탄함。 『後漢書』定遠ㅡㅡ、專功西遐。 ❷뜻을 얻지 못한 모양。

【慷慨之士:강개지사】 세상의 그릇됨을 분하게 여겨 탄식하는 사람。

【慸】 (제) 霽 タイ、くたびれる weary

小篆 草書 ❶느른할제(困劣)。 ❷맘괴란할제(心不安)。 (『懘』와 같음)

【慸芥:제개】 ❶자그마한 가시。 ❷사소한 일。 마음에 걸리는 일。 『賈誼』細故ㅡㅡ。

【懘】 (채) 卦 タイ、おちつかない uneasy

맘에불안할채(心之不安ㅡ忦)。 (『慸』와 같음)

【慹】 ㊀(집) 緝 シュウ、おそれる ㊁(접) 葉 fear

小篆 ㊀두려울집(怖也)。 ㊁꼼짝아니할접(不動貌)。 『莊子』ㅡ然似非人。

【慹】(열) 屑 ゼツ、ありさま flattering attitude
草書 ❶정태열(情態貌)。❷모양열(態也)。

【㦆】㊀(하) 麻 ㊁(호) 虞 カ、コ、ほこる proud
㊀뜻없을하(無志)。㊁자랑할호(誇也)。

【慺】㊀(루) 虞 ル、ロウ、うやうやしい ㊁(루) 尤 polite and discreet
草書 ㊀정성스러울루(勤懇)。【後漢書】豈敢愛惜垂沒之年而不盡其ㅡㅡ之心哉。㊁❶기뻐할루(悅也)。❸공근할루(恭勤貌)。

【慺慺:누루】❶성의를 다하는 모양。慇懃。【吳志】愚情ㅡㅡ、竊有所懷。❷삼이어 삼가하는 모양。【正字通】慺、ㅡㅡ恭謹貌。

【慺慺之心:누루지심】성심껏 하려는 마음。【後漢書】。

【慼】(척) 錫 セキ、うれえる anxieous ㄑㄧ ch'i
小篆 草書 ❶근심할척(憂也)。【書】率籲衆ㅡ。❷슬플척(哀也)。(『慽』과 통함)

【慽】(척)『慼』(前條)과 같음

【慾】(욕) 沃 ヨク、ほしがる desire
草書 ❶욕심욕、게염낼욕(情所好嗜)。【杖銘】惡乎失道於嗜ㅡ。【東京賦】滌饕餮之貪ㅡ。❷탐낼욕(貪也)。❸하고자할욕(欲也)。(『欲』과 같음)

【慾界:욕계】(佛)욕심이 많은 세상。欲界。즉 現世。【大藏法數】欲有四種、一者情欲、二者色欲、三者食欲、四者婬欲。

【慾氣:욕기】❶일이나 물건에 대한 욕심의 기운。❷가지고 싶어하는 마음。慾心。

【慾念:욕념】하고자 하는 마음。욕심。

【慾望:욕망】부족을 느껴 그것을 채우려 하는 마음。欲求。

【慾心:욕심】❶자기만을 이롭게 하고자 하는 마음。❷性的 욕망。慾情。色情。

【慾情:욕정】❶한 때의 충동으로 일어나는 慾心。❷色欲。

【慾火:욕화】(佛)욕망이 강렬함을 불에 비겨 일컬음。불 같은 욕심。【楞嚴經】十萬一切如來、色目行婬、同名欲火。

【憑】(빙)『憑』(心部 12畫)의 俗字

【憀】(료) 蕭 リョウ、うらむ grudge ㄌㄧㄠˊ liao²
小篆 ❶원망할료(悲恨)。❷힘입을료(賴也)。

【憁】(총) 董 送 ソウ、ぼんやりする distract
❶실신할총(悾ㅡ失意貌)。❷뜻같지 않을총(ㅡ恫不得志貌)。

【憂】(우) 尤 ユウ、うれえる anxious ㄧㄡ yu¹
小篆 草書 ❶근심우(愁思)。❷격정할우。【書】六極三曰ㅡ。❸상제될우(居喪)。【書】王宅ㅡ。❹병우(疾也)。【禮】某有負薪之ㅡ。❺그윽할우(幽也)。【易】ㅡ則違之。❻욕될우(辱也)。【易】小人道ㅡ也。

【憂慨:우개】근심하고 개탄함。憂憤・憤慨。【元經傳】ㅡㅡ發病而卒。

【憂結:우결】격정이 되어 속이 답답함。憂鬱。【曹操】無非常之功、而受非常之福、是用ㅡㅡ。

【憂悸:우계】격정이 되어 가슴이 두근거림。憂恐・憂懼。【唐書】ㅡㅡ不能食。

【憂苦:우고】근심하고 괴로와함。마음 아파함。근심과 괴로움。憂勞。【史記】勤勞天下、ㅡㅡ萬民。

【憂國:우국】나라 일을 격정함。國事를 憂慮함。【漢書】論議通古今、ㅡㅡ如饑渴。

【憂國之士:우국지사】나라의 일을 근심하고 염려하는 사람。愛國者。

【憂國之心:우국지심】나라 일을 근심하고 염려하는 마음。

【憂惱:우뇌】근심하고 고달파함。격정하고 번민함。【白居易】去何有顧戀、住亦無ㅡㅡ。

【憂樂:우락】격정스러운 일과 즐거운 일。【申鑒】爲世ㅡㅡ者、君子之志也。

【憂慮:우려】격정함。염려함。근심과 격정。【諸葛亮】受命以來、夙夜ㅡㅡ。

【憂民:우민】백성의 신상을 근심함。

【憂悶:우민】근심하여 번민함。

【憂迫:우박】근심하여 가슴이 막힘。어찌할 方途를 찾지 못함。【後漢書・光武帝紀】諸將ㅡㅡ。

【憂色:우색】격정스러운 顔色。근심하는 기색。【左傳】文公猶有ㅡㅡ。

【憂世:우세】세상 일을 탄식하고 격정함。국가의 安危를 염려함。世道를 근심함。

【憂愁:우수】격정과 근심。우울과 수심。【史記】ㅡㅡ幽思、而作離騷。

【憂愁思慮:우수사려】근심과 염려。

【憂畏:우외】격정하고 두려워함。憂懼。【梁昭明太子】豈能戚戚、勞于ㅡㅡ。

【憂擾:우요】근심하여 마음이 어지러움。憂憒。【宋史】汾水暴漲、州民輒ㅡㅡ。

【憂鬱:우울】격정되는 일이 있어 마음이 답답함。

【憂鬱病:우울병】(醫)정신병의 하나。마음과 몸이 다 침울하여 無能感・煩悶・厭世・自殺企圖 따위를 나타내는 증세。

【憂鬱症:우울증】❶근심이나 격정이 있어서 명랑하지 못한 현상。❷=憂鬱病。

【憂惕:우척】근심하고 두려워함。憂懼。【孟郊】心無詐ㅡㅡ。

【憂惙:우철】근심。근심함。【蘇頌】坐閣若ㅡㅡ。

【憂惴:우췌】격정하고 두려워함。【唐書】王以嫡長居外、心常ㅡㅡ。

【憂恨:우한】근심하고 한탄함。【沈約】惜哉征夫子ㅡㅡ良獨多。

【憂患:우환】❶근심。근심함。【孟子】生於ㅡㅡ、而死於安樂。❷(國)疾病。

【憂患疾苦:우환질고】근심과 격정 및 질병과 고생。

【憂恤:우휼】❶근심하고 염려함。【詩・桑柔】告爾ㅡㅡ。❷동정함。불쌍히 여김。◎杞ㅡ、內ㅡ、深ㅡ、丁ㅡ。

【惷】㊀(용) 冬 ㊁(충) 宋 ㊂(창) 江 ㊃(당) 絳 ショウ、トウ、(本音「송」) おろか、にぶい idiot ㄔㄨㄥ ch'ung
小篆 草書 ㊀천치용(生而癡騃)。【周禮】三赦曰ㅡ愚。㊁어리석을충(愚也)。㊂지더릴창(癡騃)。㊃어리석을장(愚也)。

【惷婦:용부】어리석은 婦人。【淮南子】愚夫ㅡㅡ、皆能論之。

【惷心:용심】어리석은 마음。

【惷騃:용애】사물의 分別을 하지 못할 정도로 어리석은 사람。

【惷愚:용우】어리석음。미련함。【周禮・注】ㅡㅡ、生而癡騃童昏者。

【惷窒:용질】어리석어 道理에 밝지 못함。

【惷乎:용호】어리석은 모양。

【憇】(게)『憩』(心部 12畫)의 俗字

【憎】(증)『憎』(心部12畫)의 略字

十二畫

【憰】(화) 麻 カ、おごる vain 맘사치스러울화(心侈)。

【憻】(난) 潸 タン、はずかしい blush 부끄러워얼굴붉을난(愧而面赤)。(『赧』과 같음)

【憊】(비) 卦 ハイ、つかれる tired out ㄅㄟˋ pei⁴ (本音「배」) ❶고달플비(疲極)。❷다릴비(罷也)。❸노곤할비(困也)。

【憊困:비곤】노곤함。가쁘고 고달픔。

【憊懣:비만】피로하고 답답함。『洪希文』桃笙寄——。

【憊色:비색】피로한 顏色。고달픈 얼굴빛。『元稹』——秋來草。

【憊衰:비쇠】몹시 고달퍼서 쇠약해짐。

【憊臥:비와】몸이 곤하여 누움。困臥。

【憊眩:비현】피곤하여 정신이 어지러움。

【憋】(별) 屑 ヘツ、きばやい hasty ㄅㄧㄝ pieh¹ ❶조급할별(急性)。❷모질별(惡也)。『後漢書』董卓—腸狗態。

【憋腸:별장】나쁜 마음。(字解參照)。

【憍】(교) 蕭 キョウ、ほこる proud ㄐㄧㄠ chiao¹ ❶자랑할교(矜也)。❷방자할교(恣也)。『觴豆銘』戒之——則逃。❸교만할교(逸也)。(『驕』와 통함)

【憍憍:교교】❶제멋대로。❷교만으로 가득찬 모양。『周武王』戒之——則逃。

【憍蹇:교건】교만함。驕蹇。『爾雅·注』皆小人得志——之貌。

【憍奢:교사】교만하고 사치스러움。『魏書』——者人之

【憍泄:교설】교만함。『荀子』——者人之

【憍盈:교영】교만으로 가득 참。驕盈。

【憍逸:교일】제멋대로。『後漢書』今者外戚——。『北史』元叉恃寵——、懌每以公理裁斷。

【憍暴:교포】교만하고 포악함。驕暴。『荀子』愓悍——、偸以偸生反側於亂世之閒。

【憋】(별)『憋』(前前條)과 같음

【憎】(증) 蒸 ゾウ、にくむ hate ㄗㄥ tsêng¹ 미울증、미워할증(惡也)。『詩經』伊誰云—。

【憎忌:증기】꺼려서 미워함。미워서 싫어함。憎疾·憎嫌。『北齊書』朝貴中有——者。

【憎愛:증애】미워함과 사랑함。憎惡와 愛情。『後漢書』不在——、以道爲貴。

【憎惡:증오】미워함。싫어함。꺼림。憎疾·疾惡。『爾雅』居居究究惡也。『註』皆相——也。

【憎嫉:증질】미워서 질투함。憎妒·憎疾。『北史』元預兄弟、本相——。

【憎斥:증척】미워하고 배척함。

【憎唾:증타】증오하고 침 뱉음。『范成大』頑質買——。

【憎嫌:증혐】미워하고 싫어함。厭惡。『劉兼』高門頻入莫——。◎可—、愛—。

【憐】(련) 先 レン、あわれむ pitiful ㄌㄧㄢ lien² ❶불씽할련(哀也)。『吳越春秋』同病相—。❷사랑할련(愛也)。❸가련할련(可哀)。

【憐悼:연도】죽은 사람을 불쌍이 여김。불쌍히 여겨 슬퍼함。哀悼·憫悼。『齊書』人應——。

【憐憫:연민】불쌍하고 가련함。불쌍히 여김。가엾이 여김。憐愍。憐憫。『韓愈』

【憐殺:연살】지극히 불쌍히 여김。陛下——京師之人、慮其乏食。

【憐惜:연석】불쌍히 여기며 아낌。『秦觀』每每秦樓相見、見了無限——。

【憐愛:연애】불쌍히 여겨 사랑함。『唐書』飛鳥依人、自加——。

【憐察:연찰】가엾이 여겨 동정함。『韓愈』閣下其亦——之。「어 도와줌。

【憐恤:연휼】가엾이 여겨 물건을 베풀

【憨】㊀(할) 黠 ㊁(흘) 月 ㊂(찬) 旱 カツ、サン、おろか foolish ㊀잠들할(寢熟)。㊁잠깰흘(睡覺)。㊂어리석을찬(愚也)。

【憱】(창) 養 ショウ、びつくりする be surprised (at) 깜짝놀랄창(—怳驚貌)。(『惝』과 같음)

【憑】(빙) 蒸 ヒョウ、よる、たよる pretext ㄆㄧㄥ p'ing² ❶기댈빙、의지할빙(依也)。『書』—玉几。❷부탁할빙(托也)。『唐詩』—君傳語報平安。❸성할빙(盛也)。❹증거빙(據—、—票)。

【憑據:빙거】❶사실의 증명이 될 만한 근거。典據。❷根據로 함。『宋史』不知何所——。

【憑肩:빙견】친밀하여 서로 어깨를 기댐。『范成大』空記——語。

【憑考:빙고】여러 가지를 비추어 詳考「함。

【憑公營私:빙공영사】관청이나 公共의 일을 이용하여 개인의 이익을 꾀함。

【憑怒:빙노】몹시 노여워함。『列子·湯問』帝——。

【憑恃:빙시】남에게 기대어 의지함。

【憑信:빙신】남을 의지로 삼고 믿음。憑據로써 信用함。

【憑藉:빙자】❶남의 힘을 빌어서 의지함。❷내세워서 핑계함。憑恃。『晉書』靡不——寵私。「史』——威靈。

【憑仗:빙장】의지함。기댐。倚仗。『宋

【憑票:빙표】여행 허가장。憑文。

【憑河:빙하】맨발로 江을 건넘。《喻》㉠위험한 행동。㉡무모한 용기。『詩經』不敢——。「의지함。

【憑險:빙험】험한 地勢를 근거로 하여 ◎信—、證—。

【憒】(궤) 隊 カイ、みたれる confused in mind ㄎㄨㄟ k'uei⁴ ❶심란할궤(心亂)。『晉書』意慘—而無聊兮。❷어리석을궤(愚也)。『蜀志 蔣琬傳』事不當理則——矣。

【憒亂:궤란】마음이 걷잡을 수 없이 어지러움。『漢書·食貨志』百姓——。

【憒眊:궤모】마음이 昏迷하고、어지러워 깨끗하지 못함。

【憒辱:궤욕】어지럽고 더러움。『詩經·箋』衣之不辭、則——無照察。

【憓】(혜) 霽 ケイ、いつくしむ love ❶사랑할혜(愛也)。❷순할혜(順也)。『封禪書』義征不—。(『惠』와 같음)

【憕】(증) 蒸 チョウ、おちつく recover one's composure 맘가라앉을증(心平靜)。

【憔】(초) 蕭 ショウ、やつれる emaciated ㄑㄧㄠ ch'iao²
(書)(草)❶파리할초(－悴瘦也)。〔屈原漁父辭〕顏色－悴。❷걱정에여윌초(瘦也)。〔孟子 公孫丑上〕民之－悴於虐政。

【憔慮:초려】愁心에 잠겨 파리함。괴로와하며 생각함。〔後漢書〕蘇不韋毀身－－、出於百死。

【憔悴:초췌】파리함。여위어 쇠약함。〔楚辭·漁父辭〕顏色－－、形容枯槁。

【慭】(은) 震 ギン、なまじいに make efforts ㄧㄣ yin⁴
(小篆)(書)(草)❶물을은(問也)。❷공근할은(敬謹)。❸힘쓸은(勉强)。〔詩〕不－遺一老。❹원할은(願也)。〔晉語〕－庇州犁焉。❺서러워할은(傷也)。❻또은(發語辭、且也)。〔左傳〕－使吾君 聞勝與臧之死 也以爲快。

【慭遺一老:은유일로】속으로 바라던 바는 아니지만, 한 사람의 노인일지라도 남겨 두고 싶다는 것。一說에 慭은 잠시의 뜻。〔詩經〕

【慭慭:은은】恭敬하는 모양。〔柳宗元·三戒·注〕－－、恭敬也。

【憘】(희)『憙』(次條)의 古字

【憙】(희) 未 寘 キ、よろこぶ please ㄒㄧ hsi³
(小篆)(書)(草)❶기뻐할희(悅也)。〔史記〕無不欣－。❷좋아할희(好也)。〔治安策〕遇之有禮則羣臣自－。(『喜』와 같음)

【憙獵:희렵】사냥을 좋아함。〔穀梁〕陳侯－－、淫獵于蔡、與蔡人爭禽。

【憙遊:희유】놀이를 좋아함。〔越絕書〕幼而好學、長而－－。

【憙欣:희흔】기뻐함。欣憙。

【忄畫】(획) 陌 カク、かたくな obstinate
(書)(草)❶어리석을획(不慧)。〔顏氏家訓〕乃陳文墨－－無言者須言。❷어기어질획(乖戾)。❸완고할획(頑也)。

【憚】㊀(탄) 旱 ㊁(탄) 翰 タン、はばかる shun ㄉㄢ tan⁴
(小篆)(書)(草)㊀수고로울탄(勞也)。〔詩〕哀我－人。㊁❶꺼릴탄(忌難)。❷두려울탄(畏也)。

【憚改:탄개】고칠 것을 두려워하여 꺼림。고칠 것을 싫어함。

【憚服:탄복】두려워서 복종함。〔唐書〕居軍十年、士心－－。

【憚畏:탄외】꺼리고 두려워함。〔後漢書〕戎狄－－。「施無－－。」

【憚避:탄피】꺼리고 피함。忌避。〔唐書〕

【憚行:탄행】나아가는 것을 꺼려서 싫어함。〔詩·綿蠻〕豈敢－－。

【憛】㊀(담) 覃 ㊁(탐) 勘 タン、うれえる anxious
㊀❶염려할담(憂思)。㊁❶황급할탐(惶遽)。❷근심적을탐(憂惑)。

【憞】(돈) 元 タン、うらむ gloomy ㄉㄨㄟ tuei⁴
맘어둘돈(心暗)。

【忄斯】(시) 支 シ、おそれる fear
겁낼시(心怯)。

【憝】(대) 隊 タイ、うらむ resent ㄉㄨㄟ tuei⁴
(小篆)(書)(草)❶원망할대(怨也)。〔書〕凡民罔弗－。❷모질대(惡也)。〔書〕元惡大－。(『懟』와 같음)

【忄巽】㊀(준) 軫 ㊁(선) 霰 セン、よろこぶ pleasant
㊀못생기고약할준(劣弱)。㊁기쁠선(悅也)。

【憡】(책) 陌 サク、いたむ painful
❶약간아플책(小痛)。❷쓰라릴책(辛苦)。

【憢】(효) 蕭 キョウ、おそれる fearful
두려울효(懼也)。(『嘵』와 같음)

【憣】(반) 寒 ハン、うつりかわる change one's mind
(書)(草)맘변동할반(心變動)。

【憤】(분) 吻 フン、いきどおる indigant ㄈㄣ fen⁴
(小篆)(書)(草)분할분、결낼분(懣也)。〔周語〕陽－盈。(『賁』과 같음)

【憤慨:분개】❶분하여 한탄함。❷憤怒와 慨歎。忼慨·憤歎。〔傳亮〕瞻拜之日、－－交集。

【憤愾:분개】몹시 분하게 여김。憤慨。〔晉書〕未嘗臨文不痛嘆－－交懷。

【憤激:분격】❶몹시 분하여 성을 냄。❷매우 분하여 격동함。〔後漢書〕－－思奮、未失人臣之節。

【憤愧:분괴】❶분하고 부끄러움。❷마음에 뉘우침。

【憤氣:분기】분한 기운。원통한 생각。

【憤怒:분노】❶분하여 몹시 성을 냄。忿怒·憤恚。❷〈宗〉七罪宗의 하나。

【憤懣:분만】화가 치밀어 번민함。불평을 억누를 수 없음。〔司馬遷〕不得舒－－、以曉左右。

【憤發:분발】마음을 단단히 먹고 기운을 냄。기운을 내서 일어남。奮發·發憤。

【憤悱:분비】분통이 터져 불통불통함。〔論語〕不憤不啓、不悱不發。

【憤死:분사】분하여 죽음。화가 나서 죽음。분에 못 이겨 죽음。

【憤然:분연】분이 벌컥 치미는 모양。

【憤鬱:분울】분한 마음 때문에 속이 답답함。憤懣。

【憤怨:분원】몹시 분하여 원망함。〔後漢書〕皆側目－－。「切齒－－。」

【憤叱:분질】화를 내고 꾸짖음。〔南史〕

【憤痛:분통】몹시 분하여 마음이 쓰리고 아픔。

【憤敗:분패】이길 수 있는 것을 분하게 짐。

◎激－、公－、發－、悲－、私－、雪－、餘－、鬱－、義－、含－。

【憦】(로) 號 ロウ、くいる regret ㄌㄠ lao⁴
뉘우칠로(悔也)。

【憨】(감) 覃 カン、おろか stupid ㄏㄢ han¹
(書)(草)❶어리석을감(愚癡)。❷미련할감(愚也)。

【憨笑:감소】웃을 자리도 아닌데 자꾸 웃는 것。〔元好問〕只嫌－－無人管。

【憨寢:감침】푹 자는 것。熟眠함。〔冷齋夜話〕僮僕－－。「多－－。」

【憨態:감태】어리석은 태도。〔全唐詩話〕

【憧】(동) 冬 ドウ、あこがれる aspire for ㄔㄨㄥ ch'ung¹
(小篆)(書)(草)❶뜻정치 못할동、맘동할동(－－意不定)。〔易〕

――往來。❷흐리멍덩할동(騃昏)。

【憧憬:동경】 어떤 일에 마음이 팔리어 그것만을 그리워하고 못내 생각함。

【憧憧:동동】 뜻이 바로 잡히지 않는 모양。또는 끊임없이 왕래하는 모양。또는 가는 모양。『易經·釋文』――、馬云、行貌、王肅云、往來不絕貌、廣雅云、往來也、劉云、意未定也。

【憩】 (게) 霽 ケイ、いこう rest ㄑㄧˋ ch'i⁴

草書 쉴게(息也)。『詩經』召伯所―。(『愒』와 같음)

【憩泊:게박】 쉬어 머무름。머물러서 休息함。『水經·註』乘鸞所――也。

【憩息:게식】 쉼。休息。休憩·休息。『杜甫』平生――地、必種數竿竹。

【憩止:게지】 쉼。쉬는 일。休止。『晉書』每所――、薪水之車、不累主人、皆自營給。

◎小―、休―。

【憪】 (한) 刪 カン、しずか calm

小篆 草書 ❶맘고요할한(心靜愉也)。『柳宗元詩』安排秖自―。❷맘들성거릴한(―然不安貌)。『史記』文帝―然念外人之有非。❸성낼한(怒貌)。『唐書 王叔文傳』―然以爲天下無人。

【憪然:한연】 ❶마음이 편안치 못한 사람。『史記·孝文紀』――念外人之有非。❷몹시 화내는 모양。

【憫】 (민) 軫 ビン、あわれむ pitiful ㄇㄧㄣˇ min³

草書 ❶딱할민(憂恤)。❷잠잠할민(默也)。❸불쌍할민(憐也)。『元稹詩』天子深哀空―悼。❹근심할민(憂也)。『孟子 公孫丑上』阨窮而不―。

【憫悼:민도】 민망하고 섧게 생각함。哀悼。『元稹』天子深哀空――。「옴。

【憫惘:민망】 답답하고 딱하여 걱정스러움。

【憫迫:민박】 근심이 아주 절박함。

【憫笑:민소】 민망히 여겨 웃음。어리석음을 嘲笑함。『韓愈』君子小人所――。

【憫然:민연】 가엾이 여기는 모양。불쌍히 여기는 모양。

【憫恤:민휼】 가엾이 여겨 물건을 베풂。憐恤。『元史』謹愼修德、――生民。

【憴】 (려) 霽 レイ、だます deceive

❶잔말할려(多言)。❷속여말할려(―怹欺謾語)。

【憹】 (년) 霰 ネン、きがよわい feeble-minded

맘강한듯하고약할년(心强而弱)。

【憬】 (경) 梗 ケイ、さとる be awake to ㄐㄧㄥˇ ching³

小篆 草書 ❶깨달을경(覺寤)。❷멀경(遠也)。『詩』―彼淮夷。

【憬集:경집】 멀리서부터 모여 옴。

【憭】 (료) 篠 リョウ、さとい clever ㄌㄧㄠˇ liao³

小篆 草書 ❶똑똑할료(慧也)。❷떨릴료(―慄心傷)。『朱子詩』―慄起寒襟。❸밝힐료(照察)。❹쾌할료(快也)。

【憮】 (무) 麌 ブ、なでる、いつくしむ appease ㄨˇ wu³

小篆 草書 ❶어루만질무(撫也)。❷실심할무(失意貌)。『論語』夫子―然。

【憮俺:무엄】 사랑함。『方言』――、愛也。

【憮然:무연】 ❶실심한 모양。『一切經音義』――、失意貌也。❷의심하는 모양。『後漢書·注』憮、猶怪也。

【憮敖:무오】 경멸하며 거만함。『詩經』言「不――自淫恣也。

【憯】 ㊀(참) 感 ㊁(첨) 琰 サン、いたむ painful ㄘㄢˇ ts'an³

小篆 草書 ㊀❶아플참(痛也)。❷미워할참(憎也)。㊁슬플첨(―怛悽也)。

【憯怛:참달】 슬퍼 마음이 쓰림。憯痛。『史記』支體傷則怛心―。『漢書』支體傷則心――。

【憯悵:참장】 마음 아프고 슬픔。『任昉』懷人望古、――久之。

【憯憯:참참】 매우 걱정함。『詩經』曾我暬御、――日瘁。

【憯痛:참통】 =憯怛。『牛希濟』毁其父母之遺體、罔不――於心。

【憯慟:참통】 마음 아픔。매우 슬픔。『梁簡文帝』――結千心、愁眉慘千外。

【憯酷:참혹】 끔찍하게 비참함。가혹함。慘酷。『漢書』好用――之吏、賦斂亡度。

【憰】 (휼) 屑 ケツ、いつわる deceive

小篆 속일휼(權詐)。『說文』言詭曰譎心詭曰―。

【憱】 (추) 宥 シュウ、いたむ urgent

❶핍박할추(迫也)。❷근심으로 얼굴 찡그릴추(愁也顰―)。(『蹙』과 같음)

【憲】 ㊀(헌) 願 ㊁(헌) 阮 ケン、のり law;charter ㄒㄧㄢˋ hsien⁴

小篆 草書 ㊀❶법헌(法也)。『詩』萬邦爲―。❷표준될헌(表也)。❸민첩할헌(敏也)。『禮』發慮―。❹고시할헌(懸法示人)。❺밝힐헌(明也)。『中庸』――令德。❻기뻐할헌(悅貌)。『詩經』無然――。㊁성할헌(盛貌)。

【憲綱:헌강】 ❶으뜸되는 중요한 법률。또는 法의 綱領·條文。❷官職의 秩序。『南史』――日弛、漸以成俗。「必從。

【憲禁:헌금】 법률。규칙。『潛夫論』――

【憲法:헌법】 《法》❶나라의 근본이 되는 법률。『國語』賞善罰姦、國之――也。❷나라를 다스리고 國事를 행하는 방법과 국민의 권리·의무를 규정하고 있는 최고의 근본적인 법률。다른 모든 법률·명령보다 優先이 됨。

【憲法機關:헌법기관】 《法》헌법 條規에 의하여 성립된 국가 기관。대통령·국회·국무 위원·법원의 總稱。

【憲法爭議:헌법쟁의】 《法》헌법의 해석에 관한 쟁의。정부와 국회와의 사이에 일어나는 쟁의 따위。

【憲法學:헌법학】 《法》헌법의 근본 法理를 연구하는 학문。

【憲兵:헌병】 《軍》주로 軍事警察을 맡아 보고、겸하여 行政·司法의 警察도 맡아 보는 特科 軍人。

【憲兵隊:헌병대】 憲兵管區에 배치되어서 직무 집행에 종사하는 군대。

【憲章:헌장】 《法》❶본받아 명백히 함。『晉書』稽古――、大釐制度。❷법률。법칙。❸헌법의 典章。

【憲典:헌전】 憲法。『南史』虧違――。

【憲政:헌정】 《政》헌법에 의하여 행하는 정치。입헌정치。「無貳、――宜信。

【憲制:헌제】 국가의 법률。『晉書』王命

【憲則:헌칙】 법。법률。法則。『唐書』永垂――、貽範後昆。

十三畫

【憴】 (승) 蒸 ジョウ、いましめる careful

❶경계할승(――戒也)。❷삼갈승(愼

也。(『繩』과 통함)

【憶】(억) 職 オク、おぼえる memory 一ˋ

草 書 ❶생각억(念也)。『古詩』下有長相ー。❷기억할억(回ー記也)。

【憶念:억념】(佛)생각함。깊이 생각에 잠김。그 기억。思念。『法華經』ーー過去無量千萬億諸佛法藏。

【憶想:억상】생각함。생각。『唐庚』耕田佩印兩徒然、ーー平津只去年。

【憶說:억설】확실한 근거가 없는 추측의 말。억측의 말。

【憶吹簫樂:억취소악】제가 보아서 아는 대로 미루어 생각하는 일。

【憸】(一)(섬) 鹽 セン、ケン、よこしま cunning ㄒㄧㄢ hsien¹ (二)(험) 琰

小篆 草 書 (一)간사할섬(利口倿也)。『書』其勿以ー人。(二)간사히말할험(詖也)。『蔡沈尙書註』小人而謂之ー者形容其沾沾便捷之狀也。

【憸巧:섬교】간사하여 잘 아첨하는 일。『五代史』段凝爲人ーー、善窺迎人意。

【憸佞:섬녕】간사하여 아첨함。또는 그 사람。여기 붙었다 저기 붙었다 함。순진하지 못한 사람。『唐書』ーー無功。

【憸邪:섬사】奸邪。『舊唐書』豈縱ーー、復行兇暴。

【憸人:섬인】마음이 간사하여 아첨하는 사람。

【憸壬:섬임】아첨함。추종함。憸佞。『唐書』左右附之、ーー之。

【憹】(一)(노) 皓 ノウ、なさむ regret (二)(농) 冬

草 書 (一)❶한할노(恨也)。❷몹시뉘우칠노(懊ー痛悔)。(『惱・嫋』와 같음) (二)❶기뻐할농(喜也)。❷심란할농(心亂)。

【慲】(만)『慢』(心部11畫)과 같음

【憺】(一)(담) 感 タン、やすらか peaceful ㄉㄢˋ tan⁴ (二)(담) 勘

小篆 書 草 (一)❶편안할담(安也)。『楚辭』志欲憺而不ー兮。❷고요할담(靜也)。(二)움직일담(動也)。『漢書』李廣威稜ー乎隣國。

【憺憺:담담】움직이는 모양。『楚辭』心怛傷而ーー。

【憺畏:담외】두려워함。畏懼。『唐書』吐蕃ーー、不敢盜邊。

【憻】(단)『坦』(土部5畫)과 같음

【憼】(경) 敬 ケイ、うやまう respect

小篆 ❶공경할경(敬也)。❷엄숙할경(肅也)。❸경계할경(戒也)。『荀子』無私罪人ー革二兵。(『敬・儆』과 같음)

【憽】(송) 東 ソウ、さとい clever ㄙㄨㄥ sung¹

똑똑할송(聰也)。

【㦗】(一)(금) 侵 キン、しずか calm (二)(금) 寑

(一)잠잠할금(心噤貌)。(二)맘단단할금(心堅固)。

【憾】(감) 勘 カン、うらむ sorry ㄏㄢˋ han⁴ (古音「함」) 感

草 書 한할감、섭섭할감、함혐할감(恨也)。『中庸』人猶有所ー。

【憾怨:감원】원망함。『劉勰』不可以情而ーー。

【憾情:감정】마음에 언짢게 여기어 원망하거나 성나는 마음。

【憾恨:감한】원망함。怨恨。

【憾悔:감회】원망하고 후회함。『戰國策』義之所在、身雖死無ーー。
◎宿ー、遺ー。

【憿】(요) 蕭 ギョウ、さいわい luck (古音「교」)

小篆 ❶요행요(ー幸希覬非望)。❷바랄요(希也)。

【㦒】(업) 葉 ギョウ、おそれる fear

❶두려워할업(懼也)。❷위태할업(危也)。

【懁】(一)(현) 先 ケン、カン、きばやい quick-tempered (二)(환) 删

小篆 書 草 (一)급할현(急也)。『莊子』順ー而達。(二)❶성품패려할환(性戾)。❷돌아올환(還也)。

【懁急:환급】성질이 급함。성급함。

【懁促:환촉】=躁急。『劉勰』

【懂】(동) 董 トウ、こころがみだれる dizzy ㄉㄨㄥ tung³

草 書 심란할동(心亂)。

【懅】(一)(거) 魚 キョ、おそれる dread (二)(거) 御

草 書 (一)겁낼거(怯也)。(二)❶두려울거(懼也)。❷부끄러울거(慚也)。『後漢書』王霸慚ー而退。

【懃】(근) 文 キン、ねんごろ polite ㄑㄧㄣˊ ch'in²

草 書 ❶은근할근(慇ー委曲貌)。❷수고로울근(勞也)。『蘇軾祭文』雖不負米實勞且ー。❸친절할근(親切)。

【懃恪:근각】정스럽고 은근함。『宋書』忝職ーー、有匪躬之稱。

【懃懇:근간】은근하고 간절함。친절。『柳宗元』詞旨切直、意氣ーー。

【懃懃:근근】은근한 모양。지성스러운 모양。懇懇。

【懆】(조) 皓 ソウ、うれえる anxious ㄘㄠˇ ts'ao³

小篆 書 草 근심할조(ーー憂也)。『詩』念子ーー。

【懆懆:조조】근심하여 마음이 편안하지 못한 모양。(字解參照)。

【懇】(간) 阮 コン、ていねい sincerity ㄎㄣˇ k'en³

小篆 書 草 ❶정성간(悃也)。❷믿을간(信也)。❸간칙할간(ー惻至誠)。『漢書』ーー數奸死亡之誅。

【懇懇:간간】간절한 모양。지성스러운 모양。懃懃。『司馬遷』意氣懃懃ーー。

【懇曲:간곡】간절하고 극진함。

【懇求:간구】간절히 요구함。

【懇談:간담】마음을 털어 놓고 정답게 이야기함。정다운 이야기。

【懇談會:간담회】간담하는 모임。

【懇篤:간독】정이 깊고 두터움。친절함。

【懇望:간망】절실한 所望。간절히 바람。절실하게 바람。懇願。

【懇書:간서】친절한 편지。편지의 敬稱。

【懇誠:간성】지성。정성。『四子講德論』陳ーー於本朝之上。

【懇願:간원】간절히 원함。懇望。『呂溫』齊獻至誠、泣數ーー。『魏志』志意ーー。

【懇切:간절】지성스럽고 절실함。切實。

【懇情:간정】간절한 情誼。친절한 情。

【懇請:간청】간절히 청함。衷心으로 원함。『宋史』ーー愈堅。

【懇囑:간촉】간절히 부탁함。

【懇惻:간측】❶지극히 간절함。❷간절하고 측은함。『後漢書』聖人ーー。

【懇親:간친】다정하게 사귀어 친목함。

【懇親會:간친회】 간친을 목적으로 하는 회. 친목회.

【懈】 (해) 卦 カイ、おこたる lazy ㄒㄧㄝ hsieh⁴ (古音「개」)
小篆 草書 게으를해(懶怠).

【懈慢:해만】 게으르고 거만함. 게으름. 怠慢. 『後漢書』鄧通一一. 「惰容.

【懈意:해의】 게으른 마음. 『朱熹』一一

【懈弛:해이】 게을러서 마음이 느러짐. 게으름을 피워 일을 소홀히 함. 『于邵』勤身而不怠, 未嘗有一一.

【懈惰:해타】 게으름. 懈怠. 『韓詩外傳』禍生於一一.

【懈怠:해태】 게으름. 怠慢함. 마음이 느려 일을 소홀히 함. 懈惰. 怠懈·解怠. 『法華經』汝等勤作, 勿得一一.

【應】 ㊀(응) ㊁(응) 蒸 徑 オウ、こたえる answer ㄧㄥ ying¹
小篆 草書 ㊀❶응당응, 꼭응(料度辭當也). 【唐詩】一須祇一皆是也. ❷사랑할응(愛也). 【周語】其叔父實一且憎. (『膺』과 통함) ㊁❶대답할응(答也). ❷응할응(物相感). 【易】二氣感一以相與. ❸승낙할응(承諾). 「一諾」. ❹풍류이름응(樂名一鼓).

【應感:응감】 마음이 사물에 응하여 움직임. 마음에 응하여 느낌. 感應. 『張淵』尋其一一之符, 測乎冥通之數.

【應口輒對:응구첩대】 《國》물음에 응하여 거침 없이 대답함.

【應急:응급】 급한 대로 우선 처리함.

【應急手段:응급수단】 급한 대로 우선 처리하기 위하여 취하는 수단.

【應急措處:응급조처】 급한 대로 위선 처리하기 위하여 취하는 조처.

【應急治療:응급치료】 급한 대로 위선 처리하기 위하여 취하는 치료.

구하기 위하여 베푸는 치료.

【應器:응기】 《佛》바리때.

【應諾:응낙】 응하여 승낙함. 부탁함. 일을 받아 들임.

【應答:응답】 물음에 응하여 대답함. 應對. 『梁書』商較縱橫, 一一如響.

【應當:응당】 꼭. 반드시. 으레.

【應待:응대】 =應接.

【應對:응대】 ❶남의 말에 따라서 대답함. 應答·應接·酬答. 『論語』當酒掃一一進退則可也. ❷만나서 이야기함.

【應命:응명】 명령에 응함.

【應募:응모】 募集에 응함. 『漢書』張騫以郎一一使月氏.

【應募價格:응모가격】 《經》채권·주식 등의 모집에 응하여 그 액면에 대하여 실제에 내는 돈. 액면. 가격보다 약간적음.

【應募者:응모자】 응모한 사람.

【應變:응변】 그때 그때 그 時機에 임하여 적당히 일을 처리함. 臨機應變의 略稱. 『晉書』廟勝之算, 一一無窮.

【應報:응보】 ❶보답함. ❷善惡의 인연에 응하여 禍福의 갚음을 받음. 因果應報. 『中論』況人事之一一乎.

【應分:응분】 제 身分에 맞음. 제 身分에 맞도록 함.

【應瑞鳥:응서조】 《動》鳳凰의 別名.

【應聲:응성】 소리에 응함.

【應稅:응세】 徵稅에 응함.

【應訴:응소】 《法》송사에 응함. 原告가 제기한 소송에 대하여 被告가 됨.

【應訟:응송】 송사에 응함. 應訴.

【應酬:응수】 상대편의 말이나 일에 따라 응함. 응하여 수작함. 應答. 『陸游』老來萬事懶, 不獨廢一一.

【應試:응시】 시험에 응함.

【應時:응시】 ❶시기에 맞추어 행함. 『荀子』望時而待之, 孰與一一而使之. ❷그때 바로. 때에 따름. 즉시. 『曹植』有不善者, 一一改定.

【應試者:응시자】 시험에 응하는 사람.

【應我:응아】 남이 자기를 따름.

【應役:응역】 公役에 응함.

【應然:응연】 當然.

【應用:응용】 ❶어떤 일에서 얻은 理論이나 技術을 다른 일에 대하여 씀. 事物에 따라 活用함. ❷어떠한 원리를 실제로 이끌어 활용함. ❸使用함.

【應用經濟學:응용경제학】 《經》경제의 지식으로 실제의 생활에 활용할 수 있는 방법을 연구하는 경제학의 한 분과.

【應用問題:응용문제】 이미 배운 지식을 응용하여 푸는 문제. ↕이론 경제학.

【應用物理學:응용물리학】 《物》물리의 지식으로 실제의 생활에 활용할 수 있는 방법을 연구하는 물리학의 한 분과.

【應用美術:응용미술】 구경만을 목적으로 하지 않고 실용에도 적당하게 하는 미술. 곧 圖案·模型 따위.

【應援:응원】 한 편이 되어 도와 줌. 뒤에서 성원함. 加勢함. 후원함. 『諸葛亮』四隣和睦, 大國一一.

【應援歌:응원가】 응원에 부르는 노래.

【應援團:응원단】 응원하는 단체.

【應援者:응원자】 응원으로 자기를 도와 주는 사람. 응원하는 사람.

【應入:응입】 마땅히 들어올 물건. 經常의 收入.

【應粧盛飾:응장성식】 얼굴과 옷을 아름답게 단장하고 차림. 「싸움에 응함.

【應戰:응전】 적의 공격에 응하여 싸움.

【應接:응접】 ❶사람을 만나 봄. 접대함. 會見. 面會. 『世說』從山陰道上行, 山川自相映發, 使人一一不暇. ❷사물에 접촉함.

【應接無暇:응접무가】 바빠서 사람을 만날 겨를이 없음. 응접 불가.

【應接室:응접실】 손님을 접대하는 방.

【應制:응제】 《制》임금의 명령에 의하여 詩歌를 짓던 일. 應詔. 『謝枋得』一一科程之文.

【應從:응종】 응하여 그대로 따름.

【應診:응진】 환자의 진찰 의뢰를 수락함. 「民意에 순종함.

【應天順人:응천순인】 天意에 응하고

【應辦:응판】 需用에 응하여 판출함.

【應砲:응포】 저 편에 응해서 대포를 쏨.

【應驗:응험】 ❶행한 일에 대하여 드러난 표시. ❷確認함.

【應化:응화】 ❶《生》동물이나 식물이 그 환경에 적응토록 그 形態·習性 따위를 변화하는 現象. 適應. ❷《佛》부처가 衆生을 구제하기 위하여 여러 가지로 變身하여 이 세상에 나타남. 應現變化. 應現. 『西域記』降迹一一, 爲一老夫.

【應和:응화】 서로 대답함. 『白玉蟾』琴黃一聲, 前夜一一.
◎感一、內一、反一、報一、相一、順一適一、照一、饗一、響一、呼一.

【懖】 (계) 霽 ケイ、つかれる tired
小篆 고단할계(困憊).

【懊】 ㊀(오) ㊁(오) 皓 號 オウ、うらむ deplore ㄠ ao⁴
草書 ㊀❶한할오(一惱恨也). 「晉緣珠有一儂歌」. ❷원망할오(怨也). ❸번뇌할오(惱也). ㊁사랑할오(沅也). 『郭璞註』蓋人情因愛生惱終爲一恨之意.

【懊儂:오농】 뉘우치고 괴로와함. 『素問』甚則瞀悶一一.

【懊惱:오뇌】 근심하고 괴로와함. 뉘우쳐 한탄하고 괴로와함. 애태움. 『白居易』一一何人怨咽多.

【懊歎:오탄】 원망하고 한탄함. 『南史』「一一彌日.

【懊恨:오한】 원망함. 뉘우치고 한탄함.

【懋】(무) 宥 ボウ、つとめる make efforts ㄇㄠˋ mao⁴
小篆 或體 草書 ❶힘쓸무(勉也)。【書】惟時ー哉。❷아름다울무(美也)。❸성대할무(盛大)。
【懋戒:무계】힘써 경계함。『書經』其爾衆士ーー哉。
【懋懋:무무】힘쓰는 모양。黽勉·孜孜。『爾雅』ーー漠漠、勉也。『晋書』崇動ーー。
【懋績:무적】위대한 功績。뛰어난 功勳。
【懋遷:무천】交易에 힘씀。交易·貿易。『書經』ーー有無化居。
【懋勳:무훈】혁혁한 공훈。

【懌】(역) 陌 エキ、よろこぶ please ㄧˋ i⁴
小篆 草書 ❶기꺼울역(悅也)。【書】則予一人以ー。❷기쁘게 할역(以我悅彼)。【書經】和ー先後迷民用ー先王受命。
【懌懷:역회】마음을 기쁘게 함。

【懍】(름) 寢 リン、ラン、おそれる be afraid ㄌㄧㄣˇ lin³
草書 ❶공경할름(敬也)。❷두려워할름(畏也)。【書】百姓ーー。❸위태할름(危也)。❹눈휘둥그릴름(ー懼貌)。❺맘오싹할름(寒添貌)。❻추울름(寒也)。(『稟』과 같음)
【懍慄:늠률】추워서 벌벌 떨음。『杜甫』那無囊中帛、救汝寒ーー。
【懍懍:늠름】❶삼가고 두려워하는 모양。『書經』百性ーー。❷위태로와하는 모양。격정하는 모양。『漢書』直爲此ーー。
【懍畏:늠외】두려워함。怖畏。

【懐】(회)『懷』(16畫 心部)의 略字

十四畫

【懫】(습) シュウ、おしむ grudge
아낄습(慳也)。

【懕】(염) 鹽 エン、やすらか peaceful ㄧㄢ yen¹
小篆 草書 편안할염(ーー安也)。【詩】ーー夜飮。(『厭』과 통함)
【懕懕:염염】편안한 모양。厭厭。『爾雅·註』ーー好人安詳之容。

【懖】(괄) 曷 カツ、よくやる at one's will
小篆 古文 古文 임의로할괄(善自用)。

【辯】(변) 銑 ベン、うれえる worry (about)
小篆 ❶근심할변(憂也)。❷급할변(急也)。

【嚇】(하) 禡 カ、たぶらかす deceive
❶속일하(詐也)。❷공갈할하(恐嚇)。

【懘】(체) 霽 セイ、テイ、しわかれる hoarse
小篆 草書 ❶불화할체(不和滤ー)。❷목쉴체(音敗)。【樂書】五者不亂則無怗ー之音。

【懝】(애) 隊 ガイ、おどろく amaze
小篆 ❶놀랄애(駭也)。❷두려울애(惶也)。❸영민할애(小兒有知)。

【懜】㊀(몽) 東 ㊁(맹) 徑 ボウ、モウ、くらい become confused ㄇㄥˇ mêng³
小篆 草書 ㊀❶부끄러울몽(慚也)。❷어리둥절할몽(ーー無知貌)。❸맘뒤숭숭할몽(心亂)。㊁❶속캄캄할맹(ーー不明)。❷민망할맹(悶也)。

【懙】(여) 語 ヨ、うやまう respect
小篆 ❶공경할여(恭敬)。❷천천히 걸을여(行步安舒)。【韓愈詩】ー ー江南子。

【懞】(몽) 東 モウ、おろか dim ㄇㄥˊ mêng²·³
草書 흐리멍덩할몽(不明瞭)。
【懞懂:몽동】어둡고 밝지 못한 모양。흐리멍덩한 모양。『畫鑑』善畫無根樹、能描ーー山。

【懟】(대) 隊 ツイ、タイ、うらむ grudge ㄉㄨㄟˋ tuei⁴
小篆 草書 원망할대(怨也)。【詩】彊禦多ー。
【懟憾:대감】원망함。『列子』。
【懟怒:대노】원망하며 성냄。『史記』王其以我爲讐而ーー乎。
【懟怨:대원】원망함。『管子』萬民ーー。

【懠】(제) 霽 セイ、いかる angry
草書 ❶성낼제(怒也)。【詩】天之方ー。❷근심할제(愁也)。❸미워할제(疾也)。

【懢】(람) 勘 ラン、むさぼる covet ㄌㄢˋ lan⁴
❶즐길람(貪ー嗜也)。❷탐할람(貪也)。

【懤】(주) 尤 チュウ、うれえる worry(about)
草書 근심할주(憂也)。

【懇】(막) 覺 バク、うつくしい beautiful
아름다울막(美也)。

【懣】㊀(문) 阮 ㊁(만) 旱 マン、モン、もだえる worry ㄇㄣˋ men⁴
小篆 草書 ㊀번거러울문(煩也)。(『悶』과 같음) ㊁속답답할만(煩悶)。【史記】使人煩ー食不下。
【懣懣:만만⇩문문】번민하는 모양。煩悶·悶悶。『陸游』胸次ーー思同澆。
【懣然:만연⇩문연】번민하는 모양。

【懥】(치) 寘 チ、いかる angry ㄓˋ chih⁴ (古音「지」)
草書 성낼치(忿ー怒也)。【大學】身有所忿ー。

【懦】㊀(유) 虞 ㊁(연) 銑 ㊂(나) 箇 ジュ、ダ、よわい weak
小篆 草書 ㊀만만할유、나약할유(弱也)。㊁잔약할연(劣弱)。㊂부드러울나(柔也)。【荀子】偸ー憚事。
【懦怯:나겁】겁이 많음。비겁함。畏懦·怯儒。『宋史』以辛炳ーー、不能罷之。
【懦薄:나박】마음이 약하고 才德이 없음。『權德輿』書生凡輩、ーー無堪。
【懦夫:나부】❶겁이 많고 意志가 약한 사람。❷게으른 사람。『孟子』聞伯夷之風者、頑夫廉、ーー有立志。
【懦闇:나암】약하고 혼미함。약하고 어리석음。『韓非子』君儒而闇、則群臣詐。
【懦弱:나약】의지가 굳세지 못함。柔弱·尫弱。『左傳』水ーー、民狎而翫之、則多死焉。
【懦劣:나열】마음이 약하고 못남。『唐書』臣才志ーー。

【懧】(나)『懦』(前條)와 같음

十五畫

【懩】(양) 養 ヨウ、のぞむ wish
❶맘가려울양(技ㅡ有藝欲達)。【潘岳射雉賦】徒心煩而技ㅡ。•❷바랄양(望也)。(『癢』과 같음)

【𢤱】(찰) 黠 サツ、みきわめる bring to light
밝힐찰(明也)。

【懫】(치) 寘 チ、いかる angry (古音「지」)
草書 성낼치(忿戾)。【書】有夏氏之民叨ㅡ日欽。

【懬】(광) 漾 コウ、ひろい generous
小篆 ❶너그러울광(寬也)。❷빌광(虛也)。【漢書】衆僚久ㅡ。

【懭】(광) 漾 養 コウ、なげく regret
草書 ❶한할광(恨也)。❷뜻못이룰광。

【懮】(유) 有 ユウ、ゆるやか without hurry ㄧㄡˇ yu^3
草書 옹용스러울유(舒遲貌)。

【懮慄:유률】격정하는 모양。또는 원망함。【集韻】。

【懮懮:유유】근심하는 모양。【楚辭】傷余心之ㅡㅡ。

【𢣷】(숭) 東 ソウ、かしこい clever
❶똑똑할숭(惺ㅡ了慧貌)。❷영민할숭(慧也)。

【懰】㊀(류) 尤 ㊁(류) 有 リュウ、うれえる anxious ㄌㄧㄡˊ liu^2
草書 ㊀근심스러울류(ㅡ慄憂貌)。㊁❶좋아할류(好也)。❷원망할류(怨也)。

【懱】(멸) 屑 ベツ、あなどる despise: contempt
小篆 업신여길멸(輕易)。

【懲】(징) 蒸 チョウ、こらす punish ㄔㄥˊ $ch'êng^2$
小篆 草書 징계할징(ㅡ創戒也)。

【懲改:징개】잘못을 뉘우쳐 고침。【後漢書】頃雖頗繩正、猶未ㅡㅡ。

【懲戒:징계】❶잘못을 뉘우치게 경계하고 나무람。懲乂・懲創・懲警。【漢書】漢興之初、ㅡㅡ亡秦孤立之敗。❷(法)公務員이 義務를 위반한 행동을 하였을 때 이를 罰하는 처분의 하나。

【懲戒令:징계령】(法) 관리의 복무 규율에 위반된 자를 징계하는 법령。

【懲戒委員:징계위원】(法)징계 위원회를 구성하는 위원。

【懲戒委員會:징계위원회】(法)공무원의 징계를 토의 결정하는 위원회。

【懲過:징과】잘못을 꾸짖고 징계함。【劉勰】賞以勸功、罰以ㅡㅡ。

【懲勸:징권】惡을 징계하고 善을 권장하는 것。勸善懲惡。賞罰。【晉書】ㅡㅡ必行、故歷世長久。

【懲罰:징벌】장래를 경계하기 위하여 罰을 과함。【北史】各隨輕重、ㅡㅡ之。

【懲毖:징비】前過를 뉘우쳐 삼가는 것。【朱熹】所以使人警懼ㅡㅡ。

【懲習:징습】나쁜 習性을 징계함。

【懲惡:징악】못된 사람을 징계함。나쁜 사람을 제재함。【漢書】無以勸善ㅡㅡ。

【懲役:징역】(法)죄인을 제재하기 위하여 矯導所에 넣어서 정해진 期間에 勞役을 치르게 하는 일。

【懲兆:징조】미리 보이는 兆朕。

【懲戢:징즙】=懲戒。

【懲窒:징질】私情을 억제함。사사로운 정을 억누름。【易經・疏】忿慾皆有往來、故ㅡㅡ互文以相足也。「문함。

【懲逐:징축】사람을 초대하거나 또는 방함。

【懲治:징치】징계하여 다스림。제재를 가하여 善導함。허물을 징계하여 고치게 함。

【懲貶:징폄】징계하기 위하여 官位 따위를 떨어뜨림。【唐書】粗示ㅡㅡ。

◎勸ㅡ。

十六畫

【懳】(위) 霽 エイ、ねごと talk in one's sleep
小篆 잠꼬대할위(睡語)。

【𢥞】(막) 覺 バク、ほめる despise
小篆 업신여길막(陵也)。【後漢書】沮先聖之成論兮ㅡ名賢之高風。

【𢣏】(의)『懿』(18畫心部)와 같음

【懵】㊀(몽) 東 ㊁(몽) 董 ㊂(몽) 送 ボウ、みだれる confused ㄇㄥˇ $mêng^3$
㊀어리둥절할몽(ㅡㅡ無知貌)。(『懜』과 같음) ㊁심란할몽(ㅡ懂心亂)。㊂흐리멍덩할몽(惛也)。(『瞢』과 같음)

【懵懵:몽몽】마음이 어둡고 어지러움。【潛夫論】ㅡㅡ冒名也。

【懶】(란)『嬾』(16畫女部)과 같음

【懶】㊀(란) 旱 ㊁(라)〔俗音〕 ㊂(뢰) 泰 ラン、ライ、おこたる idle ㄌㄢˇ lan^3
草書 ㊀❶게으를란(懈怠)。❷누울란(臥也)。❸미워할란(嫌惡)。【蘇軾詩】傍人任嫌ㅡ。(『嬾』과 같음) ㊁㊂뜻은 ㊀과 같음。

【懶農:난농⇨나농】농삿일을 게을리함。怠農。

【懶眠:난면⇨나면】게을러서 잠자는 일。惰眠。

【懶婦:난부⇨나부】게으른 아내。【石林詩話】槐花黃擧子忙、促織鳴ㅡㅡ驚。

【懶性:난성⇨나성】게으른 성질。【杜甫】ㅡㅡ從來水竹居。

【懶惰:난타⇨나타】어수선하여 게을러짐。게으르고 느림。懶怠。【陶潛】ㅡㅡ

【懶怠:난태⇨나태】게으름。「固無匹。

【懷】(회) 佳 カイ、おもう think ㄏㄨㄞˊ $huai^2$
小篆 草書 ❶생각할회(念思)。【論語】君子ㅡ德。❷돌아갈회(歸也)。【書經】黎民ㅡ之。❸올회(來也)。【詩】曷又ㅡ止。❹편안할회(安也)。【詩經】ㅡ哉ㅡ哉。❺품을회(藏也)。【論語】ㅡ其實而迷其邦。❻서러울회(傷也)。【詩經】願言則ㅡ。❼사사회(私也)。【詩經】每ㅡ靡及。❽쌀회(包也)。【書經】蕩蕩ㅡ山襄陵。❾가슴회(ㅡ抱胷臆)。【左傳】瓊瑰盈吾ㅡ乎。❿위로할회(慰也)。【詩經】ㅡ之好音。⓫가질회(持也)。⓬성회(姓也)。

【懷古:회고】옛 생각을 돌이켜 생각함。懷舊。覽古。【北史】經涉山水、悵然ㅡㅡ。

【懷古談:회고담】지나간 자취를 회상하며 하는 이야기。

【懷顧:회고】 지난 일을 돌이켜 생각함。『詩經』睠睠——。

【懷顧錄:회고록】 생각나는 일을 기록한 글。또는 그 책。지난 일을 회고하여 적은 기록。回顧錄。

【懷舊:회구】 옛일을 돌이켜 생각함。懷古。『班固』攄——之蓄念、發思古之幽情。

【懷卷:회권】 才能을 숨기어 나타내지 않음。『張舜』——而同其塵。

【懷給:회급】 사악하고 구변이 좋음。「는재。『淮南子』辯慧——。

【懷爐灰:회로회】 불을 붙여 懷爐에 담

【懷緬:회면】 품은 마음。생각하는 마음。緬懷。『杜甫』予實苦——。

【懷慕:회모】 그리워서 마음 속 깊이 思慕함。思慕。『王粲』慨我——思、君子所同。

【懷憮:회무】 잘 어루만져서 安心시킴。잘 달램。『後漢書』誠心——、信賞分明。

【懷服:회복】 친밀하여 따름。사모하여 좇음。『馬祖常』上國崇——。

【懷想:회상】 생각함。생각해 냄。『李陵』望風——、能不依依。

【懷生:회생】 생명이 있는 것。살아 있는 모든 것。衆生。『司馬相如』——之物。

【懷危:회위】 危懼스러운 마음을 품음。

【懷誘:회유】 잘 달래어 유혹함。『後漢書』財利之所——。

【懷柔:회유】 어루만지어 잘 달램。교묘한 수단으로 설복시킴。悅服시킴。『詩經』——百神、及河喬嶽。

【懷柔政策:회유정책】 정부 또는 자본주가 반대당 또는 노동자에게 적당한 양보다 조건을 제시하여、회유하는 정책。

【懷疑:회의】 의심을 품음。의문을 가짐。

【懷疑論:회의론】 《哲》眞理를 객관적으로 認識하는 가능성을 부정하고 斷定的인 판단을 보류하는 태도。

【懷貳:회이】 두 가지 마음을 품음。『齊書』袁粲——。「함。

【懷人:회인】 마음에 있는 사람을 생각

【懷妊:회임】 애기를 뱀。姙娠함。懷胎。『晉書』以——繫獄。

【懷孕:회잉】 아이를 뱀。胚胎(배태)함。懷姙。『後漢書』妻遂——。

【懷藏:회장】 마음 속에 생각을 남몰래 간직함。包藏。『左傳·註』易——。

【懷中:회중】 ❶품속。품。『梁書』其一鈴落入裴——。❷마음 속。가슴 속。

【懷中物:회중물】 몸에 지닌 물건。마음을 둔 물건。회중품。

【懷中時計:회중시계】 몸시계。

【懷中電燈:회중전등】 몸에 지니고 다니면서 켜는 작은 전등。電池를 장치한 전등。손전등。

【懷中品:회중품】 몸에 지니는 물건。

【懷寵:회총】 임금의 寵愛를 잃을까 두려워서 애씀。지위가 떨어질까 하여 애를 태움。

【懷春:회춘】 ❶젊은 남녀가 결혼을 동경하는 일。옛날에 仲春에 결혼했으므로 이와 같이 이름。『詩經·野死有死䴥』有女——。❷남녀의 연애。

【懷胎:회태】 아이를 뱀。姙娠함。懷姙。『盛褒記』皇后——。

【懷抱:회포】 ❶가슴에 품음。어버이가 자식을 가슴에 품기도 하고 안기도 하여 기르는 일。❷마음 속으로 생각함。마음 속에 품은 생각。『王羲之·蘭亭記』取諸——、晤言室之內。

【懷鄕:회향】 고향을 그리며 생각함。

【懷鄕病:회향병】 외국이나 타향에 있는 사람이 고향을 그리워하던 나머지 생기는 병。

◎感—、本—、悲—、鄙—、所—、述—、追—。

【懸】 (현) 先 ケン、かける hang ㄒㄩㄢˊ hsuan²

草書

❶달현、달릴현(揭也、繫也)。『孟子』猶解倒—。❷멀현(—隔、遠)。(『縣』과 같음)

【懸隔:현격】 썩 동떨어짐。차이가 매우 심함。懸絶。『史記』秦形勝之國、帶河山之險、——千里。

【懸磬:현경】 그릇 속이 비어 있는 모양에서 집안이 가난하여 아무 것도 없음을 일컬음。懸磬·懸罄。『國語·註』室屋皆發撤、榱椽在、如——。『端』路過——羽節輕。

【懸橋:현교】 매어 단 다리。吊橋。『李賀子를 붙임。

【懸鉤:현구】 갈구리를 다는 일。또는 매어 달린 갈구리。「貫

【懸金:현금】 ❶懸賞金。❷《制》망건에 金

【懸念:현념】 마음에 두고 늘 생각함。

【懸湍:현단】 높은 곳에서 내리 떨어지는 물。瀑布·懸淙·懸泉。『水經·註』——廻注、崩浪震山。

【懸斷:현단】 아무 근거 없이 억측하는 것。『柳宗元』安敢——是且非乎。

【懸燈:현등】 ❶등불을 높이 매달음。❷《制》밤에 行軍할 때에 깃대에 매달던 등。

【懸欄:현란】 소란반자。

【懸鈴:현령】 ❶방울을 닮。❷기둥 같은 데 가설하여 놓고 사람을 부를 적에 줄을 당겨서 울리는 방울。설렁。招人鐘。❸《制》速達通信의 한 가지。

【懸錄:현록】 장부에 기록함。치부 책에 올려 적음。

【懸溜:현류】 흘러 떨어지는 물방울。

【懸邈:현막】 매우 동떨어짐。동떨어져서 멀음。『晉書·王羲之傳』位遇——。

【懸命:현명】 목숨을 걸음。『漢書』守塞候望、——鋒鏑。

【懸房:현방】 《國》서울에서 쇠고기·돼지고기 등을 전문으로 파는 가게。

【懸病:현병】 병으로 말미암아 결석할 때에 그 뜻을 적음。

【懸賞:현상】 상금을 걸어 모으거나 찾는 일。懸金。『塩鐵論』——以待功。

【懸賞金:현상금】 懸賞으로 건 돈。

【懸殊:현수】 동떨어짐。현격하게 차이가 있음。懸絶·軒輊·逕庭。

【懸垂:현수】 ❶아래로 곧게 드리워짐。❷鐵棒에 매달려 몸을 올렸다 내렸다 하는 일。턱걸이。懸垂運動의 略語。

【懸垂幕:현수막】 ❶방이나 극장 따위에 드리운 막。❷선전문 구호문 같은 막。

【懸鶉:현순】 해진 옷。옷이 해져서 너덜너덜한 것이 메추리의 매단 것과 같다는 뜻。노닥노닥 기운 옷。鶉衣。『荀子·大略』子夏貧、衣若——。

【懸鶉百結:현순백결】 가난하여 옷이 갈갈이 찢어진 것을 가리킴。

【懸心:현심】 마음에 걸림。不安。、關心·懸懸。『朱熹』。

【懸案:현안】 이전부터 의논하여 아직 결정을 못 지은 議案。해결되지 아니한 문제。

【懸崖:현애】 ❶깎아지른 듯한 낭떠러지。懸厓·斷崖·絶壁。『鮑照』——棲歸月。❷盆栽의 幹枝、또는 莖枝가 뿌리보다 낮게 처지도록 만든 것。

【懸癰:현옹】 《醫》肛門과 陰部 사이에 나는 종기。

【懸壅垂:현옹수】 《生》목젖。

【懸腕直筆:현완직필】 글씨 쓰는 法의 하나。팔꿈치를 들고、붓을 垂直으로 갖고 쓰는 書法。『古今法書苑』。

【懸章:현장】 군대에서 週番士官이나 週番司令들이 한쪽 어깨에서 그 반대쪽 겨드랑이에 걸쳐서 매는 飾章。

【懸絶:현절】 두드러지게 다름。懸隔。絶異。『易經·註』重險——、故水洊至也。

【懸梯:현제】 사닥다리。『南史』飛樓——。

【懸題:현제】 《制》科擧 때에 문제를 제시하던 일。

【懸肘:현주】 팔꿈치를 들고 쓰는 運筆法의 하나。

【懸珠:현주】 구슬을 달아 놓은 것처럼 보이는 눈。《喩》아리따운 눈。『漢書』目

若ㅡㅡ、齒若編只。

【懸註:현주】 註釋을 달음。

【懸針:현침】 ❶《動》올챙이。❷筆法의 하나。새로 긋는 畫의 下端이 뾰족하여、針을 매어단 것처럼 된 모양。〖法書要錄〗善ㅡㅡ垂露之法。

【懸板:현판】 글씨나 그림을 쓰거나 새겨서 문 위나 벽 위에 다는 널 조각。

【懸瀑:현폭】 瀑布。높은 곳에서 내리 떨어지는 폭포。飛泉·懸泉·懸淙。〖陳傳良〗怒號ㅡㅡ從天下。

【懸河:현하】 ❶급히 흐르는 내。急流。〖梁書〗ㅡㅡ注火、奚有不滅。❷懸河之辯의 略語。〖晉書·郭象傳〗如ㅡㅡ水注、而不竭。

【懸河口辯:현하구변】 거침없이 유창하게 잘하는 말주변。懸河雄辯。

【懸河雄辯:현하웅변】 ＝懸河口辯。

【懸河之辯:현하지변】 달리어 흐르는 물과 같이 거침없이 잘하는 말。

【懸解:현해】 거꾸로 매달린 상태로부터 풀리어 벗어남。〖後漢書〗當此時、天下ㅡㅡ矣。

【懸懸:현현】 마음이 안정되지 않는 모양。懸心。〖王建〗妾思常ㅡㅡ、君行復緜緜。◎倒ㅡ。

【⿰忄龍】 (롱) 東 ロウ、たけしい fierce ❶사나울롱(悷很)。❷되돌아올롱(戾也)。「ㅡ侗」。

【⿰忄替】 (참)『憯』(心部 12畫)의 俗字

十七畫

【懺】 (참) 陷 サン、ザン、くいる repent ㄔㄢˋ ch'an⁴ 草書 ❶뉘우칠참(悔過)。❷회계할참(戒也)。

【懺禮:참례】 《佛》부처님에게 참회하고 기도하여 복을 빎。〖南史〗家家齋戒、人人ㅡㅡ。

【懺洗:참세】 죄악을 깨달아 마음을 고쳐서 깨끗이 함。懺除。〖符載〗因于ㅡㅡ。

【懺悔:참회】 《佛》과거의 죄악을 悔改하고、부처와 사람에게 告하여 謝罪함。이렇게 함으로써 그 죄나 과실이 소멸된다고 함。〖梁武帝〗今日此衆、誠心ㅡㅡ。

【懺悔錄:참회록】 과거의 잘못을 悔改하여 쓴 기록。참회의 고백 기록。

【懺悔滅罪:참회멸죄】 《佛》참회를 함으로써 전생의 죄 지은 것을 소멸하는 일。

【⿰忄鮮】 (선) 銑 セン、はずかしい be ashamed 부끄러울선(慚也)。

【懚】 (은) 吻 イン、あわれむ sorrow ❶슬플은(哀也)。❷조심할은(憂也)。

【懻】 (기) 寘 キ、もとる fierce 草書 사나울기(ㅡ忮很也)。〖史記〗人民矜ㅡ忮好氣任俠爲姦。

【懻懻:기기】 몹시 해침。〖史記〗人民矜ㅡㅡ、好氣任俠爲姦。

【⿰忄⿱暴言】 (박) 覺 ハク、もだえる heavy 답답할박(煩悶)。(『懪』과 같음)

【⿰忄燮】 (섭) 葉 ショウ、かるがるしい imprudent 경망스러울섭(志輕慍ㅡ)。

十八畫

【⿰忄雟】 (휴) 齊 ケイ、そむく double-minded 두맘먹을휴(二心)。

【懼】 (구) 遇 ク、おそれる fearful ㄐㄩ chü⁴ 小篆 古文 草書 ❶두려울구(恐也)。〖漢書〗聞叔孫通之諫則ㅡ然。❷근심할구(憂也)。〖朱熹 中庸章句序〗子思ㅡ夫愈久而愈失其眞也。❸조심할구(愼也)。〖論語 述而〗必也臨事而ㅡ、好謀而成者也。❹깜짝 놀랄구(驚也)。(『瞿』와 같음)

【⿰忄爵】 (조) 蕭 ショウ、きびしい hot〔quick〕tempered 성품급할초(性急)。

【⿰忄夒】 (노) 豪 トウ、おとる inferior 용렬할노、못할노(劣也)。

【⿰忄蟲】 (충) 東 チュウ、うれえる anxious 草書 근심할충(ㅡㅡ憂也)。(『忡』과 같음)

【懽】 (환) 寒 カン、よろこぶ glad ㄏㄨㄢ huan¹ 小篆 草書 ❶기꺼울환(喜也)。〖孝經〗得萬國之ㅡ心。❷기쁘게할환(喜悅)。〖杜甫詩〗大庇天下寒士皆ㅡ顏。(『歡』과 같음)

【懾】 (섭) 葉 ショウ、おそる fearful ㄓㄜˊ chê² (古音「접」) 小篆 草書 ❶무서울섭(恐也)。〖荀子〗憂則挫而ㅡ。❷두려울섭(ㅡ慴恐懼)。

【⿰忄雙】 (쌍) 江 ソウ、おそる fearful (古音「상」) 草書 두려울쌍(懼也)。〖春秋傳〗駟氏愯、或作ㅡ。

【懿】 (의) 寘 イ、うるわしい beautiful ㄧˋ i⁴ 小篆 草書 ❶아름다울의(醇美)。〖詩〗我求ㅡ德。❷클의(大也)。

十九畫

【⿰忄贊】 (찰) 曷 サツ、おこたる idle 게으를찰(懵ㅡ心慢怠)。

【戀】 (련) 霰 レン、こい、こう adore ㄌㄧㄢˋ lien⁴ 草書 ❶생각련(眷念)。❷생각킬련(係慕)。〖後漢書〗姜肱兄弟相ㅡ。❸사모할련(慕也)。(『恋』은 略字)

【戁】 (난) 潸 ダン、おそる awe ㄋㄢˇ nan³ 小篆 草書 ❶두려울난(悚懼)。〖詩〗不ㅡ不悚。❷공경할난(敬也)。

【⿰忄羅】 (라) 哿 ラ、はずかしい bashful 부끄러울라(慚也)。

二十畫

【⿱願心】 (원) 願 カン、ひたい forehead ❶이마원(顚也)。❷꼭대기원(頂也)。

【⿱籌心】 (주) 尤 チュウ、ためらう hesitate 주저할주(躊也)

【戄】 (확) 藥 カク、おどろく startle 草書 ❶놀랄확(驚也)。❷눈휘둥그려볼확(遽視)。〖史記〗晏平仲

ㅣ然攝衣冠謝。(『𢥠』과 같음)

【戃】(당) 陽 トウ、おどろく be surprised (at) 깜짝놀랄당(驚貌、悅ㅣ)。

【戅】(당)『戇』(心部24畫)의 俗字

【[illegible]】(톤) 阮 トン、おろか obscure ❶밝지않을톤(不明)。❷어두울톤(暗也)。

二十一畫

二十四畫

【戇】(당) 絳 トウ、おろか foolish ㄓㄨㄤˋ chuang (古音「장」) 小篆 草書 ❶어리석을당(愚也)。❷고지식할당(愚直)。

【㦖】(공) 送 コウ、うっとりする trance ❶황홀할공(心神恍惚)。❷흐릴공(惑也)。

戈 部

【戈】(과) 歌 カ、ほこ spear 小篆 草書 ❶창과(短兵平頭戟)。【禮】進ㅣ者前 其鐏後其刃。❷전쟁과(戰爭)。【杜甫 詩】鳳林ㅣ未休。

【戈甲:과갑】창과 갑옷。武具。

【戈劍:과검】창과 칼。武器。

【戈矛:과모】창。矛는 가지가 없는 창。『詩經』修我ㅣㅣ。

【戈鋒:과봉】창 끝。뾰족한 창의 날。鋒鏑。『庾肩吾』廻天隨輦道、駐日逐ㅣㅣ。

【戈盾:과순】창과 방패。

一 畫

【戉】(월) 月 エツ、おの axe 小篆 ❶도끼월(威斧)。【司馬法】夏執玄ㅣ 周執黃ㅣ。❷별이름월(星名)。(『鉞』과 같음)

【戊】(무) 宥 ボウ、モ、つちのえ 小篆 草書 ❶다섯째천간무(天幹第五位)。❷물건무성할무(物茂盛)。

【戊夜:무야】午前 四시경。寅時。五更。

【戊午史禍:무오사화】(歷)李朝 燕山君四년(一四九八)에 일어난 士禍。柳子光등의 誣告로 金宗直이 剖棺斬屍를 당하고 많은 新進儒臣들이 賜死·流配된 사건。

【戊辰:무진】六十甲子의 五째。

二 畫

【戌】(술) 質 ジュツ、いぬ dog 小篆 草書 ❶개술(犬也)。❷열한째지지술(地支 第十一位)。❸때려부술술(破也)。

【戌末:술말】(國)❶二時의 一째의 끝。곧 하오 九시에 가까운 무렵。❷二四時의 二一째의 끝。곧 乾時에 가까운 상오 八시 반 무렵。

【戌削:술삭】깎아서 만듦。裁制。郞削。

【戌時:술시】(國)❶二時의 一째。하오 七시부터 하오 九시까지의 시각。酉時와 亥時의 사이。❷二四時의 二一째。하오 七시 반부터 八시 반까지의 시각。辛時와 乾時의 사이。

【戌正:술정】(國)戌時의 한 가운데、곧 하오 八시。

【戌坐辰向:술좌진향】戌方에서 辰方으로 향함。곧 서북서에서 동남동으로 향한 좌향。

【戌初:술초】(國)❶하루를 一二時로 나눈 一一째인 戌時의 첫머리。곧 하오 일곱시가 지난 무렵。❷하루를 二四時로 나눈 二一째인 戌時의 첫머리。곧 하오 七시 반이 지난 무렵。

【戍】(수) 遇 ジュ、まもる frontier guards 小篆 草書 ❶수자리수(守邊)。【王烈詩】黃花ㅣ 上雁長飛。❷막을수(遏也)。【杜甫詩】歸來頭白還ㅣ邊。❸집수(舍也)。「守備兵의 兵舍」。

【戍樓:수루】적군의 동정을 망보려고 성위에 만든 樓閣。『儲光羲』寒雲隱ㅣㅣ。

【戍兵:수병】국경을 지키는 兵士。戍卒。

【戍衞:수위】국경을 굳게 지키는 일。또는 그 兵士。

【戎】(융) 東 ジュウ、いくさどうぐ weapons 小篆 草書 ❶병장기융(兵也)。「軍器의 總稱」。【禮】以習五ㅣ。❷싸움수레융(元ㅣ、小ㅣ、兵車名)。【詩】元ㅣ十乘。❸클 융(大也)。【詩】念玆ㅣ功。❹너융(汝也)。【詩】ㅣ雖小子。❺도울융(相也)。【詩】烝也無ㅣ。❻서쪽 오랑캐융(蠻族)。「東夷西ㅣ南蠻北狄」。【張九齡詩】計日五ㅣ平。

【戎功:융공】큰 功勳。大功。偉功。

【戎器:융기】(軍)싸움에 쓰는 도구。兵仗器。武器。『禮記』ㅣㅣ不粥於市。

【戎壇:융단】大將의 자리。戎垣。

【戎馬:융마】❶전쟁에 쓰는 말。兵馬。軍馬。『左傳』范文子立於ㅣㅣ之前。❷武器와 軍馬。❸(轉)전쟁。또는 전쟁에 關한 일。

【戎蠻:융만】❶오랑캐。未開한 異民族이 사는 나라。野蠻國。또는 그 住民。❷(歷)蠻은 옛날 中國 남쪽의 未開國。春秋時代의 小國 이름。

【戎服:융복】(制)옛 군복의 한 가지。싸움할 때 입는 옷。戎衣。『左傳』ㅣㅣ輔王。

【戎事:융사】싸움에 관한 일。兵事。軍事。戰爭。『左傳』今棄異產、以從ㅣㅣ。

【戎衣:융의】❶싸움할 때 입는 옷。軍服。戎服。『書經』壹ㅣㅣ天下大定。❷軍服을 입음。武裝함。

【戎夷:융이】야만적인 나라。또는 그 住民。夷는 옛날 中國 동쪽에 살던 異民族。戎狄·夷狄·蠻夷。『禮記』。

【戎裝:융장】싸움의 裝備。전쟁 준비。軍裝。武裝。『唐書』ㅣㅣ克備。

【戎狄:융적】未開한 나라。또는 그 住民。戎은 서쪽、狄은 북쪽의 異民族。戎夷·夷狄。『詩經』ㅣㅣ是膺、荆舒是懲。

【戎陣:융진】싸움의 布陣。軍陣。戰陣。『蜀志』ㅣㅣ整齊。

【戎醜:융추】많은 사람。大衆。『詩·緜』乃立冢士、ㅣㅣ攸行。『傳』戎大、醜衆也。

【戎行:융행】❶군대의 活動。進軍。行軍。『左傳』不臣不幸、屬當ㅣㅣ。❷軍隊의 行列。

【戎軒:융헌】❶싸움에 쓰는 수레。兵車。❷兵器와 수레。❸戰爭。軍事。『魏徵·述懷詩』投筆事ㅣㅣ。

三 畫

【戋】(재) 灰 サイ、きずつく harm 小篆 손상할재、해할재(傷害)。

【成】(성) 庚 セイ、ジョウ、なる achieve; complete
小篆 古文 草書
❶이룰성(就也畢也)。❷평할성(平也)。〔詩〕虞芮質厥—。❸거듭성(重也)。〔周禮〕爲壇三—。❹마칠성(終也)。〔書〕簫韶九—。❺사방십리 땅성(方十里)。〔左傳〕有田——。❻될성(爲也)。❼화목할성(和睦)。

【成家:성가】❶따로 한 집을 이룸。❷학문이나 기술로 한 체계를 이룸。❸成娶。

【成格:성격】격식을 이룸。

【成功:성공】❶목적한 바를 이룸。❷사업을 완수함。〔論語〕巍巍乎其有——也。❸사업을 완수한 功績。成績。❹立身出世하는 것。

【成果:성과】❶일의 끝에 이루어진 결과。❷일의 좋은 결과。

【成句:성구⇩성귀】❶글의 귀절을 이룸。❷이미 만들어진 귀절。

【成局:성국】체격 구조 따위가 잘 알맞게 어울림。

【成規:성규】成文化된 규칙。문장으로 이루어진 규칙。〔晉書〕遠逮——。

【成均館:성균관】❶(制)㉠高麗 忠烈王 三四년 成均監을 고친 이름。㉡李朝 때 儒敎의 敎誨를 맡아 보던 곳。太祖 元年에 베풀었다가 隆熙 四년에 폐지하였음。太學。學宮。❷孔子를 제사하는 文廟와 儒學을 講學하는 明倫堂의 總稱。서울 明倫洞에 있음。

【成器:성기】❶좋은 그릇。善器。❷才藝와 技能을 완성하는 일。〔禮記·學記〕玉不琢、不——。

【成吉思汗:성길사한】(人) 징기스칸。元나라 太祖。本名은 鐵木眞(테무찐)。蒙古의 영웅으로서 蒙古族을 통일하여 皇帝에 취임。西遼·사마르칸드(Samarkand)·西夏를 각각 정복。一〇〇 이상의 민족을 정복한 稀世의 영웅임。

【成年:성년】❶成人이 되는 연령。滿二〇세 이상。❷어른。成人↔未成年。

【成年者:성년자】성년에 이른 사람。

【成膿:성농】(醫)化膿。

【成黨:성당】徒黨을 만들음。

【成道:성도】(佛)佛道의 진리를 완전히 깨달음。悟道。〔榮花〕降魔——。

【成都:성도】(地)中國 四川省 盆地의 中央에 위치하며、옛날 三國時代 蜀 나라의 都邑地。

【成童:성동】一五세 이상의 소년。〔禮記〕——舞象 學射御。

【成禮:성례】혼인의 예식을 지냄。

【成立:성립】❶사물이 이루어짐。❷成長하여 어른이 됨。〔李密·陳情表〕零丁孤苦、至於——。

【成文:성문】❶文章을 써서 나타냄。❷완성한 文章。완전한 글。

【成文法:성문법】=成文律。

【成文律:성문율】(法)法文으로 써서 표시된 法律規則。↕不文律。

【成文化:성문화】文章의 형식으로 써서 나타냄。↕不文化。

【成法:성법】❶정해진 법률。一定한 규칙。❷完遂하는 방법。실증법。

【成病:성병】근심 걱정 또는 그밖의 일로 말미암아 병이 됨。

【成服:성복】초상이 나서 사흘이나 닷새 후에 상복을 처음 입는 일。

【成否:성부】일이 成功할지 못할지의 與否。成功과 失敗。되고 안 됨。成不成。〔書經·疏〕故以三年考其功之——。

【成分:성분】❶서로 합하여 하나의 복합체를 형성하는 物質。❷하나의 文章을 이루는 各 部分。❸(物)化合物·混合物을 만들고 있는 各 元素·物質。

【成佛:성불】(佛)❶모든 번뇌를 해탈하여 佛果를 얻음。❷죽어서 부처가 됨。

【成佛寺:성불사】(地)三一 본산의 하나。黃海道 黃州郡 正方山에 있음。新羅末에 道詵이 창건。李朝 仁祖 一〇년(一六三二)에 중건、肅宗 一〇년(一六八四)에는 四〇〇근의 종을 만들어 달았음。지금은 禪·敎 兩宗의 본산이며 경치가 좋음으로 유명함。

【成不成:성불성】일의 되고 아니 되는 것。成否。

【成事:성사】❶이미 이루어진 일。다 된 일。遂事。〔論語〕——不說。❷일을 완수함。일이 완성됨。

【成算:성산】旣定된 계획。일을 이룸직한 예산。〔王逢〕經略江淮、有——。

【成雙:성쌍】=成婚。

【成所作智:성소작지】(佛) 도를 닦아 「서 얻는 지혜。

【成俗:성속】풍속으로 되어 버림。

【成數:성수】정해진 운명。

【成熟:성숙】❶곡식과 果實이 잘 익음。❷생물이 완전히 발육함。〔史記〕——萬物。❸일에 익숙하여 잘 됨。〔劉巖夫〕始學箕裘、迄今十六、不見——。❹사물이 完成 단계에 이름。

【成熟期:성숙기】❶생물의 발육이 완전해 가는 시기。❷사람의 육체와 정신의 발육이 한창인 시기。

【成習:성습】버릇처럼 됨。습관이 됨。

【成實:성실】다 자라서 열매를 맺음。

【成案:성안】❶실행될 수 있게 세운 案。❷완성된 案。❸법률의 前例。

【成樣:성양】모양을 갖춤。

【成業:성업】❶學業·事業을 이룸。❷生業으로 함。자기가 행하는 일。〔史記〕邯鄲郭縱、以鐵冶——、與王者埒富。

【成員:성원】❶어떠한 조직을 구성하고 있는 인원。❷회의를 성립시키는 데 필요한 수효의 인원。

【成因:성인】사물이 이루어지는 원인。

【成人:성인】❶인격·교양이 구비된 훌륭한 사람。全人。〔論語〕子路問——。❷어른。보통 滿 二〇세 이상。成年。❸大夫 및 士를 일컬음。〔詩·思齊·傳〕——謂大夫士也。

【成人教育:성인교육】正常的인 교육을 받지 못하고 나이를 먹은 사람에게 公民으로서 필요한 일을 가르치는 교육。

【成長:성장】생물이 자라서 점점 커짐。〔史記〕南風之詩者、——之音也。

【成績:성적】❶결과·功績·사업 따위의 이루어 놓은 成果。❷학생·생도의 학업의 결과。〔書經〕萬邦咸休、惟王有——。

【成赤:성적】혼인날에 신부의 얼굴에 연지를 찍고、분을 바르는 일。

【成丁:성정】❶心身의 발육을 마치고 어른이 된 사람。어른。❷사내 나이가 一六세가 된 사람。〔北史〕人以二十壹——。

【成腫:성종】종기가 됨。

【成瘡:성창】부스럼이 됨。成腫。

【成冊:성책】책이 됨。책으로 만듦。

【成策:성책】❶일을 完遂하는 계책。❷미리 결정된 계획。案。

【成川浦落:성천포락】논이나 밭이 냇물에 스쳐서 떨어짐。

【成體:성체】(生)성숙해져서 生殖能力이 있는 動物。↕幼生。

【成村:성촌】마을을 이룩함。

【成蟲:성충】昆蟲이 幼蟲으로부터 變態生長하여 母體와 同一形態로 되어、生殖할 수 있는 形態에 이른 것。

【成娶:성취】장가 들어 아내를 맞음。

【成就:성취】❶일을 이룸。일을 완성함。成功。〔漢書〕詣京師、受業博士、蜀生皆——。還歸。❷출세함。❸(佛)소원이 이루어짐。

【成層:성층】겹쳐서 층을 이룸。

【成層圈:성층권】(地)氣圈 중에서 氣溫이 거의 일정한 어떤 高空。地上에서

平均 一粁이며 南北極 지방에서는 약 七粁、赤道 지방에서는 약 一七粁임。

【成敗:성패】❶일의 됨과 안됨。成功과 失敗。成否。『漢書』綜其終始、稽其一一。❷이기는 일과 지는 일。勝敗。『史記』苦戰數載、一一未可知。

【成標:성표】증서를 만들음。

【成風:성풍】풍속을 이룸。

【成婚:성혼】결혼이 성립됨。결혼함。成雙。『左傳』。

【成火:성화】몹시 마음을 태워서 답답하고 번거로움。

◎結一、構一、落一、老一、達一、大一、大器晩一、生一、速一、守一、養一、完一、育一、作一、助一、早一、造一、贊一、天一、編一、合一、混一、化一。

【我】(아) 哿 ガ、われ・I

❶나아(自謂己身)。『詩』知一者謂一何求。❷이쪽아(此側)。❸고집쓸아(執也)。❹우리아(一軍、一輩)。

【我歌査唱:아가사창】《國》내가 부를 노래를 사돈이 부른다는 뜻。《喩》책망을 들을 사람이 도리어 큰 소리를 침。

【我空:아공】《佛》나라고 함은 五蘊이 쌓여 된 것으로 이것이 헤어질 때 없어지는 까닭에、나는 영구한 主宰者가 되지 못한다는 뜻。↕法空。

【我刀入他鞘亦難:아도입타초 역난】《國》내 칼도 남의 칼집에 들면 찾기 어려움。《喩》자기의 물건이라도 남의 手中에 들어가면 찾기 어렵다는 뜻。『東言解』。

【我利:아리】❶자기에게 형편이 좋음。❷자기만의 이익。

【我慢:아만】《佛》자기 자신을 자랑하면서 남을 업신여기는 마음。自慢。『四十二章經』除滅一一難。❷《轉》我執과 같음。

【我邦:아방】우리 나라。我國。↕異邦。

【我心如秤:아심여칭】마음의 공평함을 일컫는 말。秤心。『楊升菴』諸葛孔明語云、——、不能爲人作低昂。

【我欲:아욕】자기 자신을 위해서만 생각함。자기 혼자만의 욕심。자기의 욕심。

【我田引水:아전인수】《國》자기 논에만 물을 끌어 넣는다는 뜻。《轉》자기 형편에 좋도록만 생각하거나 행하는 것。

【我朝:아조】우리 나라 朝廷。

【我執:아집】《佛》자기의 心身中에 事物을 主宰할 수 있는 常住不滅의 實體가 있다고 고집하는 것。또는 자기 마음에 偏執하는 것。

◎大一、忘一、無一、物一、小一、自一、彼一。

【戒】(계) 卦 カイ、いましめる warn

❶경계할계(警也)。『書』警一無虞。❷타이를계(諭也)。❸고할계(告也)。『儀禮』主人一賓。❹방비할계(備也)。『易』一不虞。❺조심할계(肅然警惕)。『易繫辭』聖人以此齊一。❻지킬계(守也)。『周禮』夜三鼓以號一。❼삼가할계(愼也)。(『界・誡』와 같음)

【戒告:계고】❶경계함。❷《法》의무를 완수하지 않을 때、一定한 기간을 두고 의무를 완수하도록 通告하는 일。

【戒懼:계구】삼가고 두려워함。戒愼恐懼。

【戒令:계령】《制》병졸의 품행과 복무에 대하여 단속하던 여덟 가지의 명령。

【戒旦:계단】밤이 새었음을 경고함。《轉》이른 아침。早朝。『晉書・趙王傳』鷄鳴一一。

【戒壇:계단】《佛》佛文에 들어가는 사람에게 戒律을 傳授하는 式場。

【戒嚴地區:계엄지구】《法》계엄령에 의하여 계엄을 실행하는 지구。

【戒律:계율】《佛》僧尼가 지켜야 할 佛敎의 敎訓과 規則。戒와 律。

【戒飮:계음】술을 삼가함。음주를 조심하고 징계함。戒酒。

【戒杖:계장】《佛》중이나 山中의 修行者가 갖는 지팡이。錫杖。

【戒刀:계도】《佛》❶袈裟를 재단하는 데 쓰는 칼。❷중의 三衣를 끊고 악마를 방비한다는 칼。

【戒名:계명】《佛》❶중이 受戒에 의하여 주어진 이름。法號。❷중이 죽은 사람에게 붙인 이름。法名。↕俗名。

【戒文:계문】《佛》戒律의 條文。

【戒門往生:계문왕생】《佛》계율을 잘 지킨 공덕으로 극락에 가서 태어남。

【戒色:계색】여색을 경계함。계집을 삼감。

【戒善:계선】戒를 지켜 善根을 키움。

【戒愼:계신】경계하고 삼가함。조심함。

【戒心:계심】마음을 놓지 않고 경계함。

【戒嚴:계엄】전쟁이나 큰 사변이 일어났을 때에 군대로써 어떤 지역을 경계하며、그 지역의 사법권과 행정권을 군사령관이 관할하는 일。

【戒嚴令:계엄령】《法》국가 원수가 계엄 실시를 선포하는 명령。戰時 또는 事變이나 국가 비상사태를 당하여、兵力으로써 全國 또는 어떤 地區를 엄중히 경계하게 하는 명령。

【戒酒:계주】술을 삼감。戒飮。

【戒指:계지】玉・金屬 등으로 만든 반지。

【戒牒:계첩】《佛》僧尼가 戒를 받았다는 標識의 증명서。度牒。

【戒飭:계칙】경계하여 타이름。훈계하여 정신을 가다듬게 함。

【戒護:계호】❶계율을 보호함。❷교도소 안의 보안을 유지함。

◎警一、勸一、受一、授一、十一、嚴一、遺一、齋一、持一、懲一、破一、訓一。

四 畫

【⿰丮戈】(화) 馬 カ、うつ strike the heel

발뒤꿈치를 칠화(擊踝)。

【㦰】(첨) 鹽 セン、たつ cut

❶끊을첨(絶也)。❷찌를첨(刺也)。❸가래첨(鋤屬)。

【戔】㊀(잔) 寒 セン、つむ ㊁(전) 先 amass

㊀❶해할잔(賊也)。❷상할잔(傷也)。『廣韻』二戈疊加有賊傷之象。(『殘』과 통함) ㊁쌓을전(一一委積貌)。『易』束帛一一。

【⿹戈今】(감) 覃 カン、ころす kill

죽일감(殺也)。

【或】(혹) 職 ワク、あるいは some;or

❶의심낼혹(疑也)。❷혹혹、아마혹(未定辭)。『易』一躍在淵。❸괴이할혹(怪也)。『孟子』無一乎王之不智也。❹어떤사람이혹(誰人)。❺있을혹(有也)。(『惑』과 통함)

【或可或不可:혹가혹불가】어떤 사람은 옳다 하고 어떤 사람은 그르다 하여 可否가 결정되지 아니함。

【或速或遲:혹속혹지】❶어떤 때에는 빠르고 어떤 때에는 더딤。❷어떤 사람은 빠르고 어떤 사람은 더딤。

【或時:혹시】어떠한 때。
【或是:혹시】만일에。어떠한 경우에。
【或是或非:혹시혹비】❶어떤 것은 옳고 어떤 것은 그름。❷혹은 옳기도 하고 혹은 그르기도 하여 옳고 그름이 잘 분간되지 못함。❸어떤 사람은 옳다 하고 어떤 사람은 그르다고 함。
【或如:혹여】＝或是。
【或曰:혹왈】어떤 사람이 말하는 바。
【或云:혹운】＝或曰。
【或者:혹자】혹시。또는 어떤 사람。
◎間ー、設ー。

【戕】(장) 陽 ショウ、ころす kill
小篆 草書 ❶찌를장(槍也)。【春秋】邾人ー鄫子于鄫。❷죽일장(殺也)。❸상할장(傷也)。❹무찌를장(殘也)。
【戕殺:장살】무찔러서 죽임。戕戮。『金史』ーー無辜。
【戕賊:장적】쳐죽임。戕害。『孟子·告子』將ーー人以爲仁義與。
【戕虐:장학】남을 해치고 잔학한 짓을 함。『唐書』ーー似思明。
【戕害:장해】죽임。殺害。

五畫

【戓】(가) 哿 カ、ふねをつぐ mooring pole 배말뚝가(繫舟杙)。
【哉】(재)→口部6畫
【威】(위)→女部6畫
【咸】(함)→口部6畫

六畫

【戟】(격) 陌 キャク、あらそう struggle ❶싸울격(鬭也)。❷잡을격(捕也)。(『𩰗』과 같음)
【戙】(동) 送 トウ、ふないた plank on ship 배널판동(船板木)。
【戜】(용) 腫 ヨウ、たけだけしい wild 사나울용(猛也)。
【戋】(점) 鹽 セン、つきる exhaust 다할점(盡也)。

七畫

【戚】(척) 錫 セキ、みうち relation
小篆 草書 ❶겨레척(親也)。【詩】ー兄弟。❷도끼척(戊類斧也)。【詩】干戈ー揚。❸분낼척(憤也)。【禮】愠斯ー。❹슬플척(哀也)。【論語】喪與其易也寧ー。❺근심할척(憂也)。【論語】小人長ーー。(『慼·慽』과 통함)

❷ 戚 (圖器禮)

【戚末:척말】異性의 친척에 대하여 자기를 낮추어 일컫는 말。戚下。
【戚分:척분】친척이 되는 관계。
【戚屬:척속】친척이 되는 겨레붙이。친척。戚族。『晉書』宗室ーー、國之枝葉。
【戚叔:척숙】친척이 되는 사람 가운데 아저씨의 항렬이 되는 外戚。
【戚施:척시】❶곱사등이。佝僂(후루)。❷두꺼비。『國語』ーー不可使仰。얼굴 모양이 醜한 것에 비유함。또는 그런 사람。『詩經』燕婉之求、得此ーー。
【戚臣:척신】임금과 외척 관계가 있는 「신하。
【戚然:척연】근심하고 슬퍼하는 모양。
【戚誼:척의】인척간의 情誼。
【戚弟:척제】아우뻘이 되는 외척。
【戚從:척종】외척되는 사람으로서 항렬이나 나이가 낮은 사람에게 대하여 자기를 부르는 말。
【戚姪:척질】조카뻘이 되는 외척。
◎外ー、姻ー、親ー。

【戟】㊀(한) 翰 カン、たて shield ㊁(간) 寒
小篆 ㊀방패한(盾也)。㊁뜻은 ㊀과 같음。
【戞】(알)『戛』(戈部 8畫)의 本字
【戜】(철) 屑 テツ、するどい sharp
小篆 ❶빠를철(疾也)。❷날카로울철(利也)。

八畫

【戳】(착) 覺 タク、うつ strike 칠착(擊也)。
【戛】(알) 黠 カツ、ほこ spear (古音「갈」)
草書 ❶창알(戟也)。❷수레바퀴에 칠알(轢之)。【書】ー擊鳴球。❸어근버근할알(齟齬貌)。『韓愈書』ーー乎其難哉。❹상고할알(考也)。
【戛擊:알격】소리를 내어서 부딪침。樂器를 가벼이 치는 모양。『書經』ーー鳴球、搏拊琴瑟。
【戛戛:알알】❶事物이 서로 어긋나 맞지 않는 모양。『韓愈』ーー乎其難乎。❷물건이 서로 맞부딪는 소리。
【戛然:알연】❶쇠붙이가 부딪치는 소리。❷鶴이 우는 소리。『蘇軾·後赤壁賦』ー長鳴。❸서로 어긋쳐서 울림。

【戟】(극) 陌 ゲキ、ほこ spear
小篆 草書 갈래진 창극(有枝兵)。【增韻】雙枝爲ー 單枝爲戈。(『棘』과 통함)

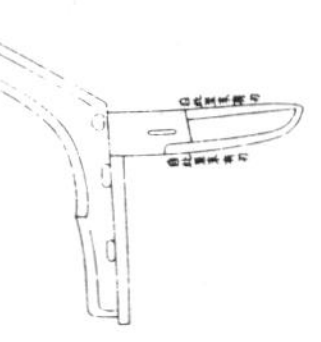
戟 (記小物創工考)

內衘秘鑿戟圖之縛纆 (記小物創工考)

戟 (圖器禮)

【戟架:극가】창을 거는 道具。『唐書』庭樹ーー。
【戟手:극수】소리 지를 때、두 손을 창가지처럼 펼침。또는 주먹을 불끈 쥐고 내저음。『蘇軾』ーー而罵人、則人怒。
【戟盾:극순】창과 방패。『漢書』前行持ーー、後行持弓弩。
【裁】(재)→衣部6畫
【幾】(기)→幺部9畫

九畫

【戡】(감) 覃 カン、さす pierce
小篆 草書 ❶이길감(勝也)。❷찌를감(刺也)。❸죽일감(殺也)。(『堪』과 통합)

【戡亂：감란】난리를 평온하게 진정시킴。

【戡夷：감이】적을 물리치고 난리를 평정함。(夷는平) 戡定。【曹植】群雄ーー。

【戡定：감정】이겨서 평정함。전쟁에 이겨서 난리를 진정함。克平。平定。【書經】ーー厥功。 「剋殄。【晉書】。

【戡殄：감진】몰살함。모조리 멸망시킴。

【戡】(시) 寘 シ、ねばつち clay 篆小 찰진흙시(黏土)。

【戢】(집) 緝 シュウ、おさむ (本音 즙) collect 篆小書草 ❶병기 모을집(藏兵)。【詩】載ー干戈。❷거둘집(斂也)。【詩】鴛鴦在梁ー其左翼。❸그칠집(止也)。【左傳】兵猶火也弗ー將自焚也。

【戢櫜：집고】거두어 치움。武器를 거두어 모아 다시 쓰지 않음。(轉)전쟁을 그만두는 것。【詩經】載戢干戈、載櫜弓矢。

【戢羽：집우】새가 날개를 움츠리고 날지 않는 것。戢翼。【陶潛·歸鳥詩】。

【戢翼：집익】새가 날개를 움츠림。(轉)벼슬을 그만두고 隱居하는 것。戢羽。

【戢戢：집집】모여드는 모양。

【⿰昜戈】(양) 陽 ヨウ、ほこ spear ❶창양(戈也)。❷도끼양(斧也)。(『揚』과 같음)

【戣】(규) 支 キ、ほこ spear 篆小書草 양지창규(戟屬)。【書】一人冕執ー。

【戤】(개) カイ、しちいれる take in pawn 전당잡힐개(以物相質)。

【戥】(등) 迥 トウ、こはかり a scale beam 書草 ❶작은저울등(小衡)。❷은을 다는저울등(衡也)。

【盞】(잔)→皿部8畫

【歲】(세)→止部9畫

十畫

【戧】(창)『創』(刀部10畫)의 古字

【戧金：창금】그릇에 金으로 細工을 함。鎗金。【丹鉛總錄】唐六典十四種金、有ーー。

【戧銀：창은】그릇에 銀으로 細工을 함。

【戨】(가) 歌 カ、くい pole 말뚝가(杙也)。

【戩】(전) 銑 セン、ほろぼす perish 篆小書草 ❶복전(福也)。❷다할전(盡也)。【詩】俾爾ー穀。❸멸할전(滅也)。【詩】實始翦商。

【戩穀：전곡】❶最善을 다함。❷福祿。【詩經】天保定爾、俾爾ーー。

【截】(절) 屑 セツ、きる、たつ cut 篆小書草 ❶끊을절(斷也)。【宋史】太祖所過苑池多令衛士射雕ー柳。❷말잘할절(ーー辯給)。【書】惟ーー善諞言。❸분명할절(分明)。

【截斷：절단】자름。끊어 버림。잘라 냄。切斷。【徐照】ーー世間塵。

【截頭：절두】머리를 자름。頭部를 자름。

【截然：절연】❶베어 자르는 모양。❷事物의 구별이 칼로 자른 듯이 確然한 모양。判然。

【截截：절절】말 잘하는 모양。辯給。【書經】惟ーー善諞言。

【截取：절취】도려 냄。잘라 냄。

【⿸厂⿰要戈】(험) 琰 ケン、つよい strong ❶굳셀험(强也)。❷건장할험(健也)。

十一畫

【戭】㊀(인) 軫 ㊁(연) 銑 イン、ながいやり long spear 篆小書草 ㊀긴창인(長戟)。㊁사람 이름연(高陽氏才子名檮ー)。

【⿹𢦏隹】(절)『截』(戈部10畫)의 本字

【戮】(륙) 屋 リク、ころす kill 篆小書草 ❶죽일륙(殺也)。❷육시할륙(刑也)。【晉語】殺其生者而ー其死者。❸욕할 륙(辱也)。『僇·剹』과 통함。

【戮力：육력】힘을 합함。協力。【書經】聿求元聖、與之ーー。

【戮民：육민】罪지은 百姓。【管子】刑餘ーー、不敢服絻。

【戮死：육사】刑罰을 입어 죽음。僇死。【管子】均之死也、ーー於君前。「則勿ーー。

【戮殺：육살】죽임。【司馬法】若畏太甚、

【戮屍：육시】이미 죽은 사람에게 斬刑을 행함。

【戮辱：육욕】刑罰에 處해짐。부끄러움。恥辱。창피를 줌。凌辱。【戰國】故天下以其君父爲ーー、憐臣子。

【戮人：육인】罪人。僇人。【商子】刑人無國位、ーー無官任。

【戮挫：육좌】죄를 씌워서 죽임。【謝莊】朝廷忠誠、必加ーー。

◎屠ー。

十二畫

【戰】(전) 霰 セン、たたかう fight : battle 篆小書草 ❶싸움전(鬪也)。【左傳】皆陳曰ー。❷경쟁할전(競也)。❸무서워떨전(ーー懼也)。【書】小大ーー。

【戰車：①전거 ②전차】(軍)❶전쟁에 사용하는 수레。兵車。【戰國策·秦策】ー千乘。❷火砲 또는 기관총을 장비하고 있는 無限軌道의 裝甲車。탱크。

【戰巾：전건】(制)군병이 머리에 쓰던 건。

【戰功：전공】전쟁에서 세운 功勳。戰勳。

【戰果：전과】(軍)❶싸움의 결과。❷전쟁에 이겨서 얻은 成果。

【戰局：전국】전쟁의 상황。전쟁의 되어 가는 局面。싸움이 벌어지고 있는 局面。

【戰國：전국】❶전쟁을 하고 있는 나라。전쟁이 끊일 사이 없는 나라。【史記】凡天下ーー七。❷전쟁으로 어지러운 세상。亂世。【漢書】海內得離ーー之苦。❸戰國時代의 略語。

【戰國時代：전국시대】(歷)B.C. 四〇三~B.C. 二二一 周 나라 威烈王으로부터 秦 나라 始皇帝가 천하를 통일하기까지의 약 二〇〇년간。

【戰國七雄：전국칠웅】(歷)中國 戰國時代의 七强國 곧 齊·楚·燕·韓·趙·魏·秦의 일곱 제후。

【戰兢：전긍】두려워서 매우 조심함。戰戰兢兢。【後漢書】承事陰后、夙夜ー

【戰記：전기】전쟁에 관한 기록。「ー。

【戰機：전기】❶전쟁이 일어나는 기미。❷전쟁의 機密。軍機。【李昌符】多應說ーー。❸싸워서 制勝할 수 있는 기회。

【戰端：전단】싸움의 시초。전쟁의 端緒。

【戰隊:전대】《軍》❶군함 二隻 이상으로 編成된 艦隊。❷전투 전대와 기지 전대의 범칭。「띠。

【戰帶:전대】《制》전대띠。군복에 띠던

【戰亂:전란】전쟁 때문에 세상이 어지러운 것。국가의 혼란。兵亂。

【戰略:전략】《軍》전쟁의 作戰 계획。軍略。『鄭畋』習起翦之兵書用關張之—。

【戰力:전력】싸우는 힘。전투의 能力。전투하는 힘。『後漢書』。

【戰歷:전력】전쟁에 참가한 경력。

【戰利品:전리품】전쟁에 이겨서 鹵獲한 物品。

【戰笠:전립】《制》軍人이 쓰는 벙거지를 군대나 또는 의식에서 일컫던 말。

【戰馬:전마】전쟁에 쓰는 말。

【戰亡:전망】싸움터에서 싸우다가 죽음。戰死。『宋書』爲——將士擧哀。

【戰犯:전범】전쟁을 일으킨 罪。전쟁에서 犯한 죄。戰爭犯罪。또는 戰爭犯罪人의 略稱。

【戰法:전법】싸움하는 방법。戰術。『周「禮·註』。

【戰費:전비】전쟁에 필요한 비용。軍費。

【戰備:전비】전쟁 준비。또는 설비。『荀子』謹蓄積、修——。

【戰士:전사】싸우는 사람。軍人。兵士。

【戰史:전사】전쟁이나 사변의 역사。

【戰死:전사】戰爭에서 싸우다가 죽음。戰亡。戰沒。陣亡。陣沒。『史記』勸——之賞罰。

【戰傷:전상】전쟁에서 입은 상처。또는 부상당함。

【戰線:전선】❶敵과 我軍이 서로 마주 향하여 陣地를 構築하고 있는 地帶。❷전투가 행해지고 있는 地帶。

【戰船:전선】싸움에 쓰는 배의 總稱。戰艦。『晉書』作——、通水道。

【戰勢:전세】전쟁이 되어 가는 형편。

【戰術:전술】❶《軍》전쟁하는 방법。作戰의 術策。戰法。❷정치 운동 등에 있어서 투쟁의 방법。

【戰勝:전승】전쟁에 이김。이긴 싸움。戰捷。勝戰。『史記』雖有——之名、而有亡國之實。「↕敗戰國。

【戰勝國:전승국】전쟁에 이긴 나라。

【戰時:전시】전쟁이 벌어진 때。

【戰時禁制品:전시금제품】전시에 있어서 적국에 공급되면 적국의 교전 능력을 증가시킬 가능성이 있는 것으로 타방 교전국이 해상에서 포획하고 몰수할 수 있는 물품。

【戰時封鎖:전시봉쇄】交戰 중 전투 수단으로 敵國 沿岸 또는 港口의 교통을 차단하는 일。

【戰時徵發:전시징발】《法》전시 교전국이 전쟁의 필요에 의하여 자국 또는 중립국의 사유 재산이나 인적 자원을 징발하는 것。

【戰時體制:전시체제】전시 상태에 적응한 통일 있는 체제。

【戰時編制:전시편제】전시에 전술상의 필요에 응하기 위해서 하는 육해공군의 편제。

【戰役:전역】전쟁이 벌어진 큰일。戰爭。

【戰渦:전와】전쟁으로 말미암아 일어나는 混亂。

【戰友:전우】❶같은 戰場에서 함께 전투에 종사하는 동료。❷같은 군대 내에 있던 동료。

【戰雲:전운】전쟁이 일어날 듯한 殺氣 띤 형세。『愈鬼』山疊——重。

【戰慄:전율】두려워서 몸이 벌벌 떨림。

【戰意:전의】싸움을 할 생각。

【戰場:전장】전쟁이 벌어지고 있는 장소。싸움터。戰地。『戰國策』攸勝於——。

【戰災:전재】전쟁 때문에 입은 災禍。

【戰災孤兒:전재고아】전쟁으로 말미암아 집과 부모를 잃어 버리고 의지할 데 없는 아이。「국민。

【戰災民:전재민】전쟁의 재난을 입은

【戰爭:전쟁】싸움。戰鬪。

【戰爭犯罪者:전쟁범죄자】《法》침략 전쟁을 계획 수행한 책임자。戰犯者。

【戰跡:전적】전쟁을 한 자취。古戰場。

【戰前:전전】전쟁 이전。

【戰戰兢兢:전전긍긍】두려워서 몸을 벌벌 떨며 조심하는 모양。『詩經·小旻』——、如臨深淵、如履薄氷。

【戰地:전지】❶전쟁이 벌어지고 있는 땅。또는 전쟁이 있었던 땅。❷군대가 出征하고 있는 땅。『孫子』先處——、而待敵者佚。

【戰陣:전진】❶진을 치고 싸우는 곳。戰場。❷싸우기 위하여 벌여 친 진영。❸싸움의 수단。戰法。

【戰塵:전진】❶전장에서 일어나는 風塵。❷전쟁의 시끄러움。

【戰債:전채】戰費에 충당하기 위한 國債。

【戰捷:전첩】=戰勝。『蜀志』亮在南中、所在——聞。

【戰取:전취】싸워 목적한 바를 얻음。

【戰鬪:전투】싸움。전쟁。전쟁을 함。『史記』撫養——之士。

【戰鬪機:전투기】《軍》軍用 비행기의 하나。戰鬪用(空中戰用)의 비행기。

【戰鬪帽:전투모】《軍》戰時에 軍人들이 쓰는 간편한 모자。

【戰鬪員:전투원】《軍》전투에 직접 참가한 사람。

【戰敗:전패】싸움에 짐。敗戰。↕戰勝。

【戰汗:전한】무섭고 떨려서 나는 식은 땀。

【戰艦:전함】❶전쟁용 함선의 總稱。軍艦。『晉書』陶侃乃以運船、爲——。❷軍艦中에서 가장 優秀한 전투력을 가지고 있는 배。戰鬪艦의 略語。

【戰火:전화】❶전쟁으로 말미암아 일어난 火災。兵火。❷戰爭。

【戰禍:전화】전쟁으로 말미암아 일어나는 災禍。戰災。

【戰況:전황】싸움하는 모습。전쟁하는 「상황。

【戰後:전후】싸움이 다 끝난 뒤。↕戰前。『張喬』故里行人——疎。

【戰後派:전후파】❶제 二次 세계 대전 직후에 프랑스를 중심으로 일어난 新文學 운동。또는 그 一派。아쁘레게에르(Après-guerre)。❷從來의 도덕 관념을 否定하는 戰後의 퇴폐적·허무적·육체적인 사상·경향·성격·생활 태도。또는 그런 사람들。戰後型。↕戰前派。

◎酣—、激—、決—、決勝—、苦—、空中—、交—、挑—、督—、奮—、思想—、宣—、雪—、舌—、水—、勝—、市街—、實—、惡—、野—、力—、歷—、連—、熱—、勇—、陸—、義—、一—、作—、接—、政—、停—、挺—、終—、主—、初—、總力—、出—、敗—、筆—、寒—、海—、血—、會—。

十三畫

【戱】(희)『戲』(戈部 13畫)의 俗字

【戫】(욱) 屋 イク、あや patterned

小篆 ❶문채날욱(文也)。❷윤기있을욱(潤也)。

【戲】 一(휘) 支 二(희) 寘 三(호) 虞 ギ、キ、ケ、たわむれる play

小篆 草書 一기휘(大將旗)。(『麾』와 같음) 二❶탄식할희(於—歎美辭)。❷희롱할희(弄也)。『禮』閨門之內—而不歎。❸희학질할희(謔也)。❹농탕칠희(嬉也)。『詩』善—謔也。三

서러울호(嗚―哀傷辭)。(『乎·呼』와 같음)

〔戲曲:희곡〕❶연극의 脚本。臺本。❷主로 會話와 연기로 표현되는 文學 作品。드라마。『輟耕錄』唐有傳奇、宋有――、金有院本·雜劇、其實一也。

〔戲具:희구〕유희에 쓰는 기구。장난감。

〔戲劇:희극〕❶익살부려 웃기는 장면이 많은 연극。『杜牧』魏帝縫囊眞――。❷진실하지 아니한 행동。

〔戲談:희담〕웃음거리로 실없이 하는 談話。戲言。『詩經』憂心如惔、不敢――。

〔戲答:희답〕실없는 대답。익살스러운 대답。농으로 하는 대답。

〔戲弄:희롱〕말이나 행동으로 실없이 놀림。『魏文帝』余于他――之事少所喜。

〔戲殺:희살〕장난을 하다가 잘못하여 죽임。

〔戲書:희서〕落書。또는 장난·익살로 쓴 것。

〔戲媟:희설〕여자를 데리고 희롱하며 놀음。

〔戲狎:희압〕장난하며 가까이함。

〔戲言:희언〕익살로 하는 말。웃음거리로 실없이 하는 말。漫語。戲談。『史記』史佚曰、天子無――。

〔戲豫:희예〕놀며 즐김。게으름 피우며 놀음。『詩經·板』敬天之怒、敢無――。

〔戲玩:희완〕장난으로 가지고 노는 일。

〔戲作:희작〕실없이 지은 글。희롱으로 쓴 글。

〔戲場:희장〕극장。연극하는 舞臺。戲園、戲館、優場。『陸游』小市豊年有――。

〔戲稱:희칭〕❶희롱하여 일컫는 말。❷諷刺。

〔戲筆:희필〕=戲墨。

〔戲謔:희학〕실없은 말로 하는 농지거리。詼謔。『中論』君子口無――之言。

〔戲畫:희화〕❶장난으로 그린 그림。❷익살스러운 그림。世態를 諷刺하기 위하여 그린 그림。만화。

◎兒―、惡―、演―、遊―、作―、雜―。

〔馘〕(괵)→首部8畫

十四畫

〔戳〕(착) 覺 タク、さす pierce with a spear

草書

창으로찌를착(刺也槍―)。

〔戴〕(대) 隊 タイ、いただく carry on one's head

小篆 籀文 草書

❶머리에일대(以首荷)。〔書〕衆非元后何―。〔李白詩〕頭―笠子日卓午。❷덤을받을대(分物得增益)。❸모실대(推―)。

〔戴冠:대관〕대관식에서 왕관을 씀。

〔戴冠式:대관식〕서양에서 임금이 卽位할 때 임금의 象徵인 冠을 쓰는 儀式。

〔戴白:대백〕白髮을 머리에 인다는 뜻。《轉》늙은이。老人。〔漢書·嚴助傳〕――之老、不見兵革。

〔戴星:대성〕별을 머리 위에 임。《轉》아침 일찌기 집을 나가고、저녁 늦게 집에 돌아오는 일。

〔戴罪擧行:대죄거행〕罪科가 정해질 때까지 現職 그대로 있게 하여 일을 보게 함。

〔戴天:대천〕하늘을 머리 위에 임。하늘 밑에 살음。이 세상에 生存함。

〔戴天之怨讐:대천지원수〕함께 한 하늘 아래서 살 수 없는 원수。不共戴天之怨讐。

十五畫

〔戲〕(희) 支 キ、わらいあう smile at each other

서로웃을희(相笑之貌)。

十七畫

〔蛾〕(아) 歌 ガ、むしのな worm

❶벌레아(蟲屬)。❷거머리아(蛭也)。

十八畫

〔戵〕(구) 虞 ク、ほこ spear

네갈래진창구(戟屬四出矛)。

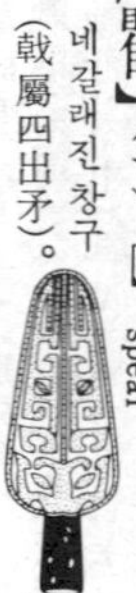

古戵 (金石索)

戶 部

〔戶〕(호) 麌 コ、と、いえ door

小篆 小篆 古文 草書

❶지게 호(室口)。〔六書精蘊〕室之口曰―、堂之口曰門、內曰―、外曰門。一扉曰―、兩扉曰門。❷백성의 집호(編―民居)。〔唐六典〕―部掌天下―口。❸집의 출입구 호(出入口)。〔陳子昂詩〕山陰滿庭―。❹머무를호(留也)。〔左傳宣公十二年〕屈蕩―之。

〔戶口:호구〕집 수와 사람 수。『史記』散亡――。

〔戶口調査:호구조사〕각 호구 및 인구에 대한 조사。또는 그 일。

〔戶大:호대〕술고래。大飮酒家。『白居易·久不見韓侍郎戲題四韻以寄之詩』――嫌甜酒。

〔戶裏:호리〕집 뒤。뒤란。

〔戶房:호방〕《制》戶典에 관한 사무를 맡아 보던 承政院、또는 지방 관청의 六房의 하나。

〔戶排:호배〕집집에 나누어 줌。

〔戶別:호별〕집집마다。軒別。每戶。

〔戶別訪問:호별방문〕가가호호 찾아다님。

〔戶別稅:호별세〕《法》살림을 하는 각 집마다 받아 들이는 地方稅의 하나。

〔戶稅:호세〕집마다 바치는 稅金。戶別稅。『唐書』免安南――丁錢二歲。

〔戶數:호수〕❶집의 수효。『國語』損其――。❷戶籍上의 집 수。

〔戶役:호역〕집집이 다 나와서 하는 부역。

〔戶疫:호역〕=天然痘。

〔戶外:호외〕집 밖。집의 바깥。

〔戶牖:호유〕지게문과 창문。또는 집의 창문。『文心雕龍』越世高談、自開――。

〔戶籍:호적〕❶戶數 및 人口를 기록한 장부。『魏志』昨案――、可得三十萬衆、故爲大州也。❷《法》한 쌍의 부부를 중심으로 하여 그 家族의 本籍地·가족 관계·生年月日 등을 記入한 공문서。

〔戶籍謄本:호적등본〕한 집안 식구의 전체를 기록한 公認文書。

〔戶籍抄本:호적초본〕호적 가운데에서 請求者가 지정하는 부분만 베낀 것。

〔戶典:호전〕《制》戶曹의 사무에 관한 규정으로、六典의 하나。

〔戶庭:호정〕❶出入口와 뜰 앞。❷집 밖의 뜰。『易經』初九不出――、無咎。

〔戶曹:호조〕《制》戶口·貢賦·錢量·食貨에 관한 일을 맡아 보던 六曹의 하나。

〔戶曹判書:호조판서〕《制》李朝 戶曹의 우두머리 正二品 벼슬。

〔戶主:호주〕❶한 집안의 주장이 되는 사람。『開元戶令』諸――皆以家長爲之。❷《法》戶主權의 主體가 되는 사람。한 집의 長으로서 가족을 統率하고 扶養하는 의무를 가진 사람。

〔戶主權:호주권〕호주가 그 가족을 통솔함에 있어서 호주에게 인정된 私權。

〔戶判:호판〕《制》戶曹判書의 略稱。

〔戶戶:호호〕집집。집집마다。每家。

◎大―、門―、貧―、商―、常―、新―。

一 畫

【戹】(액) 陌 ヤク、せまい narrow and close
小篆 草書 ❶되창문액(戶小門)。❷좁을액(隘也)。❸간난할액(艱也)。【周禮】賙萬民之囏ㅣ。❹곤할액(困也)。【史記】兩賢豈相ㅣ哉。❺재앙액(災也)。❻나무 옹두라지액(木節)。(『厄·阨』과 通함)

【戹窮:액궁】災禍를 만나 괴로와함。

【戹運:액운】地震·洪水·雨雹 따위의 災難을 입을 운수。【後漢書·註】ㅣㅣ、謂地震大水雨雹之類。

三 畫

【戺】(사) 紙 シ、みぎり stone steps
草書 ❶당모퉁이사(堂簾)。【書】四人綦弁執戈夾兩階ㅣ。❷섬돌사(砌也)。【西京賦】金ㅣ玉階。

【⿸戶巳】(사)『戺』(前條)와 같음

【戼】(묘)『卯』(卩部 3畫)의 本字

【戻】(태) 泰 タイ、くるまのと side door of a chariot
小篆 수레옆문태(輜車旁戶)。

四 畫

【戾】㊀(려) 霽 レイ、もどる deviate ㊁(렬) 屑
小篆 草書 ㊀❶어기어질려(乖也)。【左傳】其敢干大禮以自取ㅣ。❷허물려(罪也)。❸이를려(至也)。【詩】鳶飛ㅣ天。❹그칠려(止也、定也)。【書】今惟民不靖未ㅣ厥心。❺휘어질려(斜曲)。❻사나울려(狠也)。㊁뜻은 ㊀과 같음。

【戾戾:여려】급한 모양。

【戾疫:여역】惡疫。癘疫。【墨子】疾菑ㅣ。

【戾天:여천】하늘에 이름。【詩經】鳶飛ㅣㅣ、魚躍于淵。「物이란 뜻。【戰國】。

【戾蟲:여충】호랑이의 異名。暴虐한 動

【戽】(호) 遇 コ、つるべ well bucket
草書 손두레박호(斗ㅣ舟中渫水器)。

【房】(방) 陽 ボウ、へや room ㄈㄤˊ fang²
小篆 草書 ❶방방(室在旁)。❷살집방(箭室)。【左傳】如莊子每射抽矢菆納諸廚子之ㅣ。❸별이름방(星名)。❹궁이름방(宮名阿ㅣ)。❺제기방(俎也)。

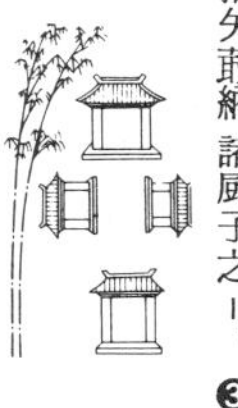
房 (三才圖會)

【房內:방내】방의 안。房中。

【房勞:방로】(國) 房事로 인한 피로。

【房門:방문】방으로 드나드는 문。

【房事:방사】寢室 안에서의 일。閨中의 비밀된 일。남녀가 性交하는 일。

【房舍:방사】집이나 기타 어떠한 곳에 사람이 거처하기 위하여 만들어진 방。

【房貰:방세】방을 빌린 세。

【房屋:방옥】假房。

【房外犯色:방외범색】자기 아내 이외의 여자를 범함。

【房子:방자】(制) ❶王室의 여자 종의 하나。❷地方 관청의 종의 하나。

【房帳:방장】❶방 안에 치는 휘장。흔히 겨울에 위풍을 막기 위하여 침。❷모기장。

【房中:방중】❶방 안。室內。【禮記】帶麻於ㅣㅣ。❷(佛) 寺中。절간의 안。

【房中術:방중술】房事의 방법과 기술。

【房親迎:방친영】나이 어린 신랑 신부가 三일을 치를 때 신부가 신방에 들어가서 얼마 동안 가만히 앉았다가 도로 나오는 일。

◎空ㅣ、官ㅣ、煖ㅣ、冷ㅣ、茶ㅣ、獨ㅣ、洞ㅣ、山ㅣ、新ㅣ、子ㅣ、厨ㅣ、寢ㅣ。

【所】(소) 語 ショ、ところ place ㄙㄨㄛˇ suo³
小篆 草書 ❶바소、것소(語辭)。【論語】視其ㅣ以。❷곳소(處也)。【詩經】獻于公ㅣ。❸쯤소(許也)。❹연고소(ㅣ以)。❺가질소(ㅣ有)。❻얼마소(幾何)。

【所幹:소간】볼 일。

【所幹事:소간사】볼 일。

【所感:소감】느낀 바。마음에 느낀 일。마음에 떠오르는 일。생각。感想。【儀禮】妊子之時、必謹ㅣㅣ。

【所見:소견】사물을 살펴보고 헤아리는 생각。인식하는 생각。

【所見表:소견표】학생의 학업·품행·신체 등에 관한 소견을 적은 서류。

【所經事:소경사】지내어 겪은 일。

【所管:소관】管理하는 일。맡아 다스리는 바。또는 그 범위。所轄。

【所關:소관】관계되는 바。

【所期:소기】기대한 바。기대함。豫期。【南史】今用卿爲近藩上佐、想副我ㅣㅣ。

【所得:소득】❶所有가 된 것。❷收入。利益。【智度論】一入佛法寶山、都無ㅣㅣ。

【所得稅:소득세】(法) 개인의 一년간의 수입을 기준으로 부과하는 세금。

【所論:소론】논하는 바。

【所望:소망】❶바라는 바。❷(宗) 예수교의 세 가지 큰 덕성의 하나。

【所聞:소문】널리 떠도는 말。「略語。

【所犯:소범】❶범한 죄。❷所犯傷寒의

【所犯傷寒:소범상한】房事의 피로로 일어난 傷寒症。

【所負:소부】❶남에게 진 신세。남에게 진 바。❷책임 진 바。「이나 물건。

【所費:소비】드는 비용。무슨 일에 든 돈

【所産:소산】❶생겨 나는 바。❷所産物의 略語。「온갖 물건。

【所産物:소산물】그 곳에서 생산되는

【所生:소생】❶낳은 어버이。父母。【詩經·小宛】夙興夜寐、無忝爾ㅣㅣ。❷자기가 낳은 자식。❸낳은 곳。出身。

【所屬:소속】딸림。어떠한 기관이나 단체에 딸림。또는 그 사람이나 물건。

【所率:소솔】자기에 딸린 식구。

【所食:소식】❶料食。❷먹는 분량。

【所信:소신】믿는 바。믿는 일。信念。

【所失:소실】❶허물。❷노름에서 돈을 잃음。또는 잃은 돈。

【所業:소업】❶해 놓은 짓。또는 일。所爲。❷業으로 삼는 일。【陶潛·雜詩】代耕本非望、ㅣㅣ在桑田。

【所與:소여】주어진 與件。부여된 바。

【所營事:소영사】업으로 경영하는 일。

【所要:소요】요구되는 바。필요한 바。

【所欲:소욕】하고 싶은 바。

【所用:소용】❶쓸 데。쓰이는 바。【佛本行經】任王ㅣㅣ。❷쓸 물건。

【所願:소원】원하는 일。원함。【宋書】遂我ㅣㅣ、以茲自寧。

【所願成就:소원성취】원하고 있던 것을 이룸。소원을 달성함。

【所謂:소위】이른바。세상에서 말하는 바。【大學】ㅣㅣ誠其意者、毋自欺也。

【所爲:소위】하는 일。해 놓은 짓。所行。所作。【莊子】世俗之ㅣㅣ也。

【所有:소유】❶가지고 있음。또는 그

물건。❷권리의 목적물을 전면적·일반적·으로 지배하는 일。

【所有權：소유권】《法》그 물건을 자기가 원하는 대로 使用·收益·處分을 할 수 있는 권리。

【所有慾：소유욕】소유하고 싶어하는 욕망。

【所有者：소유자】❶그 물건을 가진 임자。❷所有主。所有人。本主。

【所有主：소유주】소유권을 가진 사람。

【所有地：소유지】❶소유권을 가진 땅。❷가지고 있는 땅。

【所以：소이】일의 까닭。理由。

【所任：소임】❶맡은 바 직책。❷《制》下級의 관리。色掌。

【所入：소입】무슨 일에 든 돈이나 물건。

【所作：소작】해 놓은 짓。所行。所爲。

【所長：소장】❶長點으로 생각하는 일。長點。❷사무소·출장소 따위의 長。

【所掌：소장】맡아 보는 바。맡아보는 일。

【所藏：소장】자기의 것으로서 간직하고 있는 물건。간직하여 둔 물건。

【所載：소재】❶記載된 것。❷신문·잡지 따위에 記事가 실려 있는 것。

【所在：소재】❶있는 바。있는 곳。所在地。『左傳』聞王——、而後從王。❷이곳 저 곳。所所。『後漢書』致令赤子爲害、豈非——貪虐使其然乎。

【所在地：소재지】있는 곳。있는 지점。

【所傳：소전】뒷 세상에 전하는 말·글·유물 따위。

【所定：소정】정한 바。정해진 일。

【所遭：소조】고난 또는 치욕을 당함。

【所志：소지】=訴狀。

【所持：소지】가지고 있음。所有。

【所持者：소지자】지니고 있는 사람。

【所持品：소지품】몸에 가지고 있는 물건。지니고 있는 물품。

【所請：소청】남에게 무슨 일을 청함。

【所出：소출】논이나 밭에서 거둔 곡식。

【所致：소치】그렇게 된 까닭。

【所親：소친】❶서로 친하게 지내는 사람。또는 친절한 사람。친한 연배。❷먼 親戚。『杜甫』——驚老瘦、辛苦賊中來。

【所轄：소할】어떤 일 또는 땅을 管理하는 것。또는 그 범위나 事項。所管。

【所行：소행】❶행한 일。행하는 일。『法苑珠林』——惡事。❷이미 해 놓은 나쁜 짓。

【所向：소향】향하고 가는 곳。

【所向無敵：소향무적】어디를 가든지 대적할 만한 사람이 없음。

【所懷：소회】마음에 생각하는 일。생각。懷抱。『莊子』有問而應之、盡其——。

◎居—、高—、炙—、急—、短—、名—、墓—、妙—、配—、便—、宿—、漁—、場—、住—、行在—、會—。

【戼】(모) 巧 ボウ、とをあける open
❶문열모(闢戶)。❷열모(開也)。

【肩】(견)→肉部4畫

五畫

【⿸戶去】(갑) 合 キョ、とじる shut
小篆 닫을갑(閉也)。

【扁】㊀(편) 先 ヘン、ひらたい flat ㄅㄧㄢˇ pien³ ㊁(변) 銑
小篆 草書 ㊀❶특별할편(特也)。❷작을편(小也)。❸거루배편(小舟)。「小舟人曰輪—」。㊁❶현판변(署門額)。❷모진그릇변(器物不圓者)。❸낮을변(卑也)。『詩』有—斯石。

【扁桃：편도】《植》감복숭아。오얏의 한 가지。

【扁桃腺：편도선】《生》喉頭部의 좌우에 있는 복숭아처럼 생긴 모양의 淋巴腺。

【扁桃腺炎：편도선염】《醫》편도선이 붓고 음식을 넘기지 못하며 호흡이 곤란한 편도선에 생기는 염증。

【扁然：편연】數가 많은 모양。『莊子·知北遊』——而萬物、自古以固存。

【扁鵲：편작】《人》戰國時代의 名醫。『鹽鐵論』——不能肉白骨、微箕不能存亡國。(微箕는 殷나라 微子·箕子)。

【扁題：편제】문 위에 가로 다는 현판。扁額。

【扁舟：편주】작은 배。조각배。一葦。小舟。『蘇軾·赤壁賦』駕一葉之——。『史記』乃乘——、浮于江湖。

【扁竹：편죽】《植》마디풀。

【扁平：편평】넓고 평평함。

【扁額：변액】=縣板。『程史』損貲爲——金碧甚侈。

【扂】(점) 琰 テン、とざし bolt
草書 ❶빗장점(戶牡)。『韓愈文』—楔各得其宜。❷문잠글점。『韓愈 進學解』—楔。

【扃】(경) 靑 迥 ケイ、かんぬき cross bar ㄐㄩㄥ chiung¹
小篆 草書 ❶빗장경(關門橫木)。❷수레앞난간경(車前兵欄)。『左傳』楚人惎之脫—。❸문경(門戶)。『高適詩』翻然想柴—。

❶扃 (圖器禮)

【扃關：경관】門戶를 닫아 거는 빗장。『白居易』門戶無——。

【扃堂：경당】《歷》高句麗의 私學機關。平壤遷都後 전국 각처에 설치。평민층의 자제에게 經典과 弓術을 교습시켰음。

【扃扉：경비】❶문。❷문을 잠금。『張衡』方卷舌以幽居、且——而絕駟。

【扃鎖：경쇄】자물쇠。문을 잠그는 기구。

『酉陽雜俎』見草中一櫝、——甚固。

六畫

【扅】(이) 支 イ、とざし cross-bar
草書 문빗장이(門扃)。『百里奚妻琴歌』烹伏雌炊扊—。

【扆】(의) 尾 イ、ついたて folding screen
小篆 草書 천자가 치는 병풍의(戶牖間繡斧屛風)。『禮』天子斧—南鄕而立。

扆 (圖器禮)

【扇】(선) 霰 セン、うちわ fan
小篆 草書 ❶부채질할선(—涼)。❷부채선(箑也)。「舜五明—」。❸사리짝선(扉也)。『禮』乃修闔—。❹부칠선(吹揚動也)。

扇 (三才圖會)

【扇面：선면】부채。扇子。『晉書』雖復冬月——手不得休。

【扇揚：선양】부쳐 올림。他力이 미쳐 높아지는 것。특히 仁德의 힘이 미치는 것。부채가 바람을 일으키는 것과 같음을 일컬음。『柳宗元·陽城遺愛碣』昔公之來、仁風——。

【扇烈：선열】뜨거운 불을 부침。성하고 격렬한 것。

【扇子：선자】❶부채。團扇。『開元遺事』有一皮——。❷《建》선자 추녀。

【扇風機：선풍기】送風機의 한 가지。電力으로 바람을 일으키는 기구。

【扇形：선형】부채의 모양。부채꼴。

【扇惑:선혹】 치켜 세워서 현혹하게 함。煽動誘惑。『郭璞』小人愚嶮、共相——。◎團—、舞—、文—、秋—、太極—。

七 畫

【扈】(호) 麌 コ、したがう follow

小篆 古文 草書 ❶뒤따를호(後從)。『上林賦』—從橫行。❷통발뛴호(跋—强梁)。『後漢書』質帝目梁冀爲跋—將軍。❸입을호(被也)。『離騷經』—江離與辟芷兮。❹넓을호(——廣也)。『禮』爾母——爾。❺나라이름호(國名有—)。

【扈駕:호가】 임금이 타는 수레에 隨行함。扈蹕。『陸游』百萬貔貅——回。

【扈衛:호위】 궁성을 경호함。

【扈從:호종】 ❶身分이 높은 사람을 모시고 다님。또는 그 사람。隨行。❷車駕를 모시어 좇음。『司馬相如』——橫行。

八 畫

【扉】(비) 微 ヒ、とびら door

小篆 草書 ❶사립문비(門扇)。『爾雅』以木曰— 以葦曰扇。❷닫을비(閉也)。

【扉扃:비경】 門을 말함。

【扉戶:비호】 문짝。『水經』永固堂之四周隅、雉列榭階・欄檻・——・梁壁・椽互、悉文石也。

【扊】(염) 琰 エン、かんぬき cross-bar

草書 문빗장염(戶扃)。

【扊扅歌:염이가】 秦의 百里奚가 宰相이 되매 그 妻가 읊은 노래。『黃庭堅』。

【扊扅佳人:염이가인】 가난한 사람의 妻를 말함。『琵琶記』奈——、實難存活。

【扊扅豆:염이두】 《植》불콩。扁豆。『趙宦光』扁豆、一名——。

【扉】(비) 紙 ヒ、やぶる crumble

무너질비(屋壞)。

【扉】(고)(호) ↓隹部4畫

九 畫

【扉】(삽) 洽 ソウ、うすい thin

엷을삽(薄也)。

十 畫

【扉】(갑) 合 コウ、しめる shut the door

문닫을갑(閉戶)。

手 部

【手】(수) 有 シュ、て hand ㄕㄡˇ shou³

小篆 古文 草書 ❶손수(肢也)。『易』艮爲—。❷잡을수(執也)。❸칠수(擊也)。『禮』王事也子—弓而可。『上林賦』—熊羆。

【手簡:수간】 편지。手書。書簡。書翰。『老學庵筆記』淳熙末、朝士以小紙高四五寸、闊尺餘、相往來、謂之——。「물쇠。

【手匣:수갑】 죄인의 두 손을 채우는 자——。

【手巾:수건】 얼굴이나 몸을 닦기 위하여 만든 베 조각。『世說』殷徐語左右、取——。

【手決:수결】 옛날에 도장 대신으로 자기 성명이나 직함 아래에 쓰는 일정한 字形。手押。

【手硬症:수경증】 《醫》뇌척수막염으로 어린애의 손이 뻣뻣하게 되는 병。

【手鼓:수고】 북의 이름。작고 편편하며 자루가 있음。

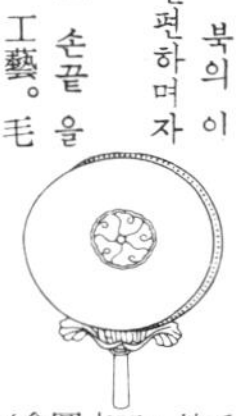

(三才圖會) 手鼓

【手工:수공】 손끝을 써서 만드는 工藝。毛細工 또는 그 일에 재능이 있는 사람。

【手工業:수공업】 小資本으로써 간단한 도구를 가지고 商品을 생산하는 工業。↔機械工業。

【手巧:수교】 손재주。

【手交:수교】 손수 내어 줌。

【手旗:수기】 ❶손에 쥐는 작은 기。❷행군할 때 장수가 가졌던 작은 기。손기。❸해상에서나 또는 군인들끼리 신호로 사용하는 붉은 손기와 흰 손기。

【手技:수기】 손재주。손으로 물건을 만드는 기술。

【手記:수기】 ❶자기의 체험을 손수 적음。또는 그 기록。手書。『朱熹』聞人之善必——。❷婦人의 손가락지。『詩經・箋』。❸手標。

【手段:수단】 일을 해 나가는 꾀와 솜씨。方法。『吳萊』茶僧——侵茶品。

【手當:수당】 일정한 급료 외에 주는 보수。가족 수당 특근 수당 같은 것。

【手鍊:수련】 巧妙한 솜씨。솜씨가 좋음。

【手榴彈:수류탄】 《軍》적의 가까이 가서 팔매질로 던지는 榴彈。

【手母:수모】 주로 구식 혼인 때 신부에 딸려 단장을 꾸며 주고、예절을 거행하게 받들어 주는 여자。

【手無分錢:수무분전】 가진 돈이 한푼 「도 없음。

【手舞足蹈:수무족도】 어쩔 줄 모르게 몹시 기뻐서 날뜀。

【手紋:수문】 손금。 「彫刻師 등。

【手民:수민】 대목。木手。『清異錄』。《轉》

【手配:수배】 ❶部署를 갈라 맡아 어떤 일을 하게 함。❷《法》범인을 잡으려고 수 「사망을 펴는 것。

【手背:수배】 손등。

【手法:수법】 ❶어떤 일을 꾸미는 데 있어서의 솜씨。❷수단 방법。

【手不釋卷:수불석권】 손에서 책을 놓지 않음。《轉》부지런히 學問에 힘씀。『華陽博議』司馬光童稚不釋卷、裴皞亂離不釋卷。

【手寫:수사】 ❶자기 손으로 씀。❷제 손으로 직접 베끼어 씀。

【手寫本:수사본】 손으로 베껴 낸 책。

【手上:수상】 손위。

【手書:수서】 ❶손수 씀。또는 손수 쓴 것。『酉陽雜俎』書跡官楷、——不如也。❷편지。手札。『史記』天子識其——、問其人、果是僞書。❸《國》손아랫 사람의 편지를 일컬음。

【手署:수서】 손수 서명함。自署。

【手勢:수세】 손시늉。『北史・柳諧傳』善鼓琴、以新聲——。

【手續:수속】 일을 행하는 節次。

【手續法:수속법】 節次法。

【手數料:수수료】 어떠한 일을 돌보아 준 데 대한 보수。

【手術:수술】 《醫》患部를 切開、또는 切斷하는 外科的인 방법에 의한 치료법。

【手握:수악】 손아귀。

【手押:수압】 ＝手決。

【手藝:수예】 ❶손끝을 써서 만드는 技藝。『柳宗元』舍其——、專其心智。❷手植。『唐書』兄弟廬墓、——松柏。

【手腕:수완】 ❶팔。손목。『晉書』淳于智乃以朱書——。❷일을 꾸미거나 치러 나가는 재간。能力。

【手腕家:수완가】 재간・능력이 뛰어난 사람。수완이 있는 사람。

【手淫:수음】 자기의 생식기를 손이나 기구 따위로 문질러서 성적(性的) 쾌감을 느끼는 짓。

【手刺：수자】 名啣。 손수 官職·姓名을 써 넣은 名刺。『朱熹』——謁謝爲禮亦恭。

【手掌：수장】 손바닥。

【手才：수재】 손재주。

【手蹟：수적】 쓴 글자。筆跡。

【手製：수제】 손으로 만들음。 또는 그 물건。 手製品。

【手製品：수제품】 손으로 만든 물건。

【手足：수족】 ❶손과 발。 ❷수족과 같이 요긴하게 부리는 사람 또는 형제의 비유。『李華』誰無兄弟、如足如手。

【手足癱瘓：수족탄탄】 《醫》 반신 불수 「의 병。

【手中：수중】 ❶손 안。『漢書』成于——。 ❷자기가 부릴 수 있는 세력 범위。

【手指：수지】 손가락。

【手織：수직】 손으로 짜거나 짠 물건。

【手陳：수진】 수지니。 길들인 매나 새매。『于濆』窓下拋梭女、——身無衣。

【手札：수찰】 손수 쓴 편지。 手書。『杜甫·暮秋遺興呈蘇侍御詩』道州——適復至。『白居易』——八行詩一篇。

【手帖：수첩】 ❶몸에 지니고 다니는 간단한 기록을 적는 작은 치붓책。 筆帖。 ❷여러 가지 증명 쪽지를 모아 엮어서 늘 몸에 지니고 다니게 한 작은 책。

【手澤：수택】 ❶책·그릇 따위에 자주 손을 댐으로써 생기는 손때。 ❷물건에 남아 있는 옛사람의 손때。 솜씨。『禮記』父沒而不能讀父之書、——存焉爾。

【手票：수표】 《經》은행과 당좌 계약을 체결하여 발행하는 금액의 쪽지 표。

【手標：수표】 돈·물건을 부칠 때 주고 받는 증서。

【手風琴：수풍금】 〔樂〕 손풍금。

【手下：수하】 ❶部下의 兵隊。『吳志』先君——兵數千餘人。 ❷손아래。 ↔手上。

【手荷物：수하물】 ❶손으로 들 만한 짐。 ❷旅客이 가지고 가는 짐。 ❸여행할 때 출발역에서 도착역까지 위탁하는 짐。

【手翰：수한】 =手札。 手簡。『韓愈』眷惠——還答、益增忻悚。

【手形：수형】 ❶《日》데가다。 손바닥에 먹을 칠하여 찍은 모양。 ❷文書에 찍어 後日의 증거로 하는 것。 ❸《經》일정한 時期에 일정한 處所에서 일정한 金額이 支拂되는 有價證券。 어음。

【手形交換：수형교환】 《經》어음 교환。

【手話：수화】 귀머거리나 벙어리들이 말 대신에 손짓으로 하는 말。 ↕口話。

【手滑：수활】 일이 숙달해 재빠르게 함。

【手慌症：수황증】 남의 물건을 훔치는 병적인 손버릇。

◎擧—、鼓—、空—、拱—、國—、技—、旗—、騎—、老—、能—、徒—、毒—、名—、妙—、射—、上—、雙—、先—、選—、袖—、握—、兩—、敵—、笛—、赤—、助—、着—、祝—、投—、捕—、下—、凶—。

【才】 (재) 灰 サイ、ちえ、わざ talent ㄘㄞˊ ts'ai²

小篆 草書 ❶재주재(技能)。 ❷능할재(能也)。『禮』必取賢斂—焉。 ❸현인재(賢人)。 ❹바탕재(質也)。『孟子 告子上』爲不善非—之罪也。 ❺근근히재(僅也)。 ❻재단재(裁也)。

【晉書】—小富貴、便豫人家事。

【才幹：재간】 재주。 幹은 재능의 뜻。

【才骨：재골】 재주가 있게 생긴 골상。 재주가 있게 생긴 사람。

【才局：재국】 재주와 국량。 度量。 材器。

【才氣：재기】 재주의 힘。 재주가 있는 기질。『史記』李度——、天下無雙。

【才器：재기】 才知와 器量。 재주 있는 바탕。 또는 그런 사람。『晉書』愛其——。

【才能：재능】 재주와 능력。 才知와 능력。『史記』非有—、徒以婉佞貴幸。

【才談：재담】 익살을 섞어 가며 재치 있게 하는 재미스러운 말。

【才德：재덕】 才知와 德行。 재주와 덕。『儲光義』英英有君子、——滿中州。

【才德兼備：재덕겸비】 재주와 덕행을 함께 갖춤。

【才童：재동】 재주가 있는 아이。『三輔決錄』扶風朱勃、年十二、時號——。

【才略：재략】 재주가 있는 꾀。 才數·智謀。『晉書』性至孝、有文武——。

【才量：재량】 재주와 度量。 才度。『晉書』少有器幹、——過人。

【才力：재력】 ❶재주와 능력。 재주의 힘。 ❷才能。『晉書』——絶人。

【才弄：재롱】 어린아이의 언행이 영민한 짓。 슬기로운 말과 귀여운 짓。

【才名：재명】 ❶재주가 있다는 평판。 ❷재주로 얻은 名望。『杜甫』——四十年、坐客寒無氈。

【才貌：재모】 재주와 얼굴 생김。

【才門：재문】 대대로 재주가 있는 집안。

【才辯：재변】 재치 있게 잘하는 말。 뛰어난 변설。『後漢書』少有——、而氣尙剛傲。

【才分：재분】 天賦의 재능。 재주의 정도。 天分。『魏志』竝論文帝臨菑——所長。

【才士：재사】 재주가 있는 남자。

【才思：재사】 재치 있게 계책을 세우는 생각。 재주가 있는 사고력。 재주있는 생각。『南史』好學有——。

【才色：재색】 뛰어난 재능과 아름다운 얼굴。 才貌。『晉書』兵家女有——。

【才勝德薄：재승덕박】 재주는 많아도 덕이 적음。

【才識：재식】 재주와 식견。

【才彦：재언】 재능이 남보다 뛰어난 사람。『韋應物』明世重——。

【才媛：재원】 才氣가 있는 젊은 여자。 시나 문장 따위에 뛰어난 여자。 閨秀。

【才子佳人：재자가인】 재주 있는 젊은 남자와 아름다운 여자。

【才操：재조】 재주。

【才俊：재준】 재주가 뛰어난 사람。 俊才。 秀才。 才儁。『杜牧』江東子弟多——。

【才智：재지】 재주와 지혜。 재주와 슬기。『漢書』——有餘。

【才質：재질】 ❶재주와 성질。『晉書』賈充女——令淑。 ❷재주가 뛰어난 성질。

【才致：재치】 눈치 빠른 재주。

【才學兼有：재학겸유】 재주가 있는 데다 학식을 아울러 가짐。

【才華：재화】 밖으로 나타난 빛나는 재주。 뛰어난 재능。『顔氏家訓』——不爲妻子所容。

◎高—、口—、鬼—、奇—、器—、多—、大—、鈍—、文—、不—、菲—、三—、秀—、殊—、手—、詩—、試—、偉—、吏—、異—、人—、逸—、俊—、天—、通—。

一 畫

【扌】 (수)『手』(前前條)와 같음

【扎】 (찰) 黠 サツ、ぬく pull out ㄓㄚ cha¹·²·³

草書 ❶빨찰(拔也)。 ❷뽑을찰(拔也)。(『揠』과 같음)

【扎鼓：찰고】 북의 一種。 元代의 宴樂器。 小鼓로서 왼 손에 들고 오른 손으로 침。『元史』——、制如杖鼓而小、左持而右擊之。

二 畫

【扣】 ㊀(검) 鹽 ㊁(규) 尤 ケン、キュウ、とる、うける catch

㊀❶움켜쥘검(手持)。 ❷앗을검(取也)。 ㊁뜻은 ㊀과 같음。

【扐】(륵) 職 ロク、はさむ put between
小篆 草書 시초손사이에낄륵(筮者著蓍指間)。【易繫辭】歸奇于ㅡ以象閏五歲再閏故再ㅡ而後掛。

【扑】(복) 屋 ボク、うつ hit ㄆㄨ p'u¹
草書 ❶칠복(打也)。【史記】高漸離擧筑ㅡ秦皇不中。❷종아리채복(杖也)。【書經】ㅡ作教刑。
(『撲』과 통함)

扑(圖禮三)

【扑擊:복격】때림。【呂覽】ㅡㅡ遏奪。
【扑撻:복달】매로 때림。鞭撻。笞撻。【儀禮】ㅡㅡ於中庭而已。
【扑滅:복멸】쳐 滅亡시킴。撲滅。
【扑牛:복우】소를 때려 죽임。【法言】扛鼎ㅡㅡ。

【扒】(배) 卦 ハイ、ぬく pick out ㄆㄚ p'a²
草書 뽑을배(拔也)。【元包經】拔岸ㅡ氏。(『拜』에 통함)

【打】㊀(타) 馬 ㊁(정) 迥 ダ、うつ beat ㄉㄚ ta²·³
草書 ㊀칠타(擊也)。【李商隱 雜纂】掩意ㅡ兒女。㊁ 뜻은 ㊀과 같음。
【打開:타개】❶헤쳐서 열음。길을 열음。❷얽히고 막힌 문제에 대하여 해결의 방법을 찾아 냄。
【打開策:타개책】얽힌 일을 헤쳐서 여는 方策。타개할 방책。
【打擊:타격】❶때리어 침。침。때림。毆打。【葛洪】岩無故自墮落ㅡㅡ煞人。❷나쁜 영향이나 어떤 영향을 받아 기운이 크게 꺾임。❸손해。손실。
【打擊順:타격순】(運) 야구 競技에서 배트를 치는 선수의 차례。
【打棄:타기】냉정히 끊어서 버림。
【打倒:타도】❶쳐서 거꾸러뜨림。❷쳐서 부수어 버림。
【打令:타령】(國)❶(樂) 음악 곡조의 한 가지。❷광대의 판소리나 雜歌의 總稱。❸어떤 사물에 대하여 자꾸 이야기하거나 뇌까리는 것。
【打麥:타맥】보리를 거두어 타작함。
【打綿:타면】솜을 탐。彈綿。
【打撲:타박】때리고 침。
【打撲傷:타박상】때려서 다친 상처。또는 물체에 부딪쳐서 생긴 상처。
【打報:타보】전보를 침。打電。
【打算:타산】계산함。利得과 損失을 헤아려 봄。(打는 의미 없는 助辭)【錢塘遺書】買似道忌、害一時任事閫臣行ㅡㅡ法以汙。
【打算的:타산적】무슨 일을 하기 전에 利害得失을 따져보는 것。
【打殺:타살】때려서 죽임。撲殺。
【打手:타수】=打者。
【打樂器:타악기】나무·가죽·쇠붙이 따위로 만든 것으로 두드려 소리를 내는 악기의 總稱。북·징 따위。
【打者:타자】야구에서 배트로 공을 치는 「사람」。
【打字:타자】손가락으로 키(key)를 눌러서 글자를 종이에 찍음。
【打字機:타자기】손가락으로 키(key)를 눌러서 글자를 종이에 찍는 기계。
【打作:타작】(農)❶곡식의 이삭을 떨어서 그 알을 거두는 일。마당질。❷배매기。❸소작 제도의 하나。
【打電:타전】전보를 침。打報。
【打點:타점】❶(中) ㉠조사함。준비함。㉡운동함。賂物 정돈함。【燕子箋·拾箋】。(뇌물)을 씀。눈가림。【福惠全書】。❷붓으로 점을 찍음。
【打鐘:타종】종을 침。
【打診:타진】❶(醫)손가락 끝이나 打診器로써 患部를 두드려 그 소리로 병을 診察하는 術法。❷상대편의 의사를 알아봄。
【打擲:타척】후려 때림。침。毆打。【法華經】爲諸童子所ㅡㅡ。
【打出:타출】쇠붙이의 판의 母型을 대고 안에서 두드려 겉으로 나오게 하여 그 물형을 만들음。
【打破:타파】規律이나 慣例 따위를 깨뜨려 버림。
【打合:타합】(日) 미리 相議함。
◎强ㅡ、毆ㅡ、亂ㅡ、本壘ㅡ、安ㅡ。

【扔】(잉) 蒸 ジョウ、ひく draw ㄖㄥ jêng¹·³
小篆 小篆 草書 ❶당길잉(引也)。❷나아갈 잉(就也)。❸꺾을잉(摧也)。【後漢書】竄伏ㅡ輪。

【扟】(신) 眞 シン、ぬく choose
❶뽑아낼신(拔引)。❷뽑을신(拔也)。

【払】(불) 『拂』(手部 5畫)의 略字

【扖】(입) 【日字】 はめる put between
草書 끼울입(挾也)。

三畫

【托】(탁) 藥 タク、おす push ㄊㄨㄛ t'uo¹
草書 ❶밀칠탁(手推)。❷떡국탁(湯餠曰不ㅡ)。【歸田錄】唐人謂湯餠爲不ㅡ。❸차반탁(承茶杯者)。(『飥』과 같음)
【托鉢:탁발】(佛)중이 修行을 하기 위하여 바리때를 들고 쌀이나 돈을 구걸하면서 집집마다 돌아다니는 것。【僧惟訓】ㅡㅡ船歸粟有餘。
【托鉢僧:탁발승】동냥다니는 중。
【托葉:탁엽】(植)보통잎의 잎 꼭지 밑에 생기는 작은 한 쌍의 잎。副葉。
【托子:탁자】茶臺。茶托。

托子(三才圖會)

【托處:탁처】몸을 依托함。託處。【漢書】曾不得聚廬而ㅡㅡ焉。
【托出:탁출】물건을 얹어서 내어 놓음。【水滸傳·三】行童ㅡㅡ茶來。

【扚】㊀(작) 藥 ㊁(조) 篠 ㊂(약) 藥 シャク、ヤク、はやくうつ attack
小篆 小篆 ㊀곁매칠작(旁擊)。㊁빨리칠조(速擊)。㊂손마디금약、손금약(手指節文)。

【扛】(강) 江 コウ、もちあげる hold up together ㄍㄤ kang¹
小篆 草書 마주들강(橫關對擧)。【史記】項籍力能ㅡ鼎。(『舡』과 같음)
【扛擧:강거】안아 올림。들어올림。
【扛鼎:강정】솥을 들어 올린다는 뜻。힘이 무척 센 것을 일컬음。【史記·項羽紀】籍長八尺餘、力能ㅡㅡ。❷筆力이 强力함。【韓愈】龍文百斛鼎、筆力可獨扛。
【扛鼎雄:강정웅】솥을 들어 올릴만큼 힘센 사람。楚의 項羽를 일컬음。【蘇軾】雖堪踞牀洗、寧揖ㅡㅡ。

【扜】(우) 虞 ウ、さしず command
扜 小篆 ❶지휘할우(指麾)。❷가질우(持也)。
【扜彌:우미】(地)漢 西域三十六國의 하나。지금의 新疆省、于闐縣。史記에는 扜罙、後漢書에는 拘彌로 기록됨。

【扝】(오) 虞 オ、ひく pull
끌어당길오(引看)。

【扞】(한) 翰 カン、ふせぐ defend ㄏㄢˋ han⁴
扞 小篆 扞 草書 ❶막을한(禦難)。【漢書】手足之ㅣ頭目。❷호위할한(衛也)。【左傳】親率ㅣ之送致諸竟。❸다닥칠한(抵也)。【禮】發然後禁則ㅣ格而不勝。❹팔찌한(臂衣)。【漢書】尹賞被鎧ㅣ持刀兵。(『捍』과 통함)
【扞拒:한거】막음。防禦。扞禦。悍禦。
【扞禦:한어】막음。悍禦。防禦。【列子】肌膚不足以自ㅣㅣ。
【漢書】丙吉ㅣㅣ大難。
【扞衛:한위】막아 지킴。防衛·掩護。
【扞制:한제】막아 제지함。【後漢書】身自ㅣㅣ。
【扞護:한호】敵을 막고 我軍을 지킴。【漫叟詩話】江漢有詩、以ㅣㅣ泛濫。

【扠】(차) 麻 サ、はさむ pinch ㄔㄚ ch'a¹
扠 草書 ❶집어낼차(挾取)。❷찌를차(刺取)。【韓愈】饞ㅣ飽活儞。

【扟】(신) 眞 シン、ひっぱる pull
扟 小篆 扟 小篆 ❶당길신(扡也)。❷추릴신(自上擇取物)。❸감할신(減也)。【元包經】損ㅣ且㪇。

【扡】㊀(타) 歌 タ、ひく draw ㊁(시) 寘 ㄕ shih⁴
扡 草書 ㊀끌을타(曳也)。(『拖』와 같음) ㊁뜻은 ㊀과 같음。

【扢】(흘) 月 物 コツ、こする rub ㄒㄧ hsi⁴ (本音「골」)
扢 草書 ❶문지를흘(摩也)。【漢書】ㅣ嘉壇扱蘭芳。❷너울거릴흘(奮舞貌)。【莊子】子路ㅣ然執干而舞。

【扣】(구) 宥 有 コウ、うつ beat ㄎㄡ k'ou⁴
扣 小篆 扣 草書 두드릴구(擊也)。【晋書】吳郡臨平岸出一石鼓張華曰可取蜀中桐材刻爲魚形ㅣ之則鳴矣。(『叩』와 通함)
【扣問:구문】質問함。叩問。【魏了翁】後生初學、扑然自是、恥于ㅣㅣ者、視此亦可以少警矣。
【扣舷:구현】뱃전을 두드림。또는 그 소리。【岑參】夜深聞ㅣㅣ。

【扦】(천) 先 セン、さす stick ㄏㄢ han¹
❶꽂을천(揷也)。❷『攑』의 俗字

【扤】(올) 月 ゴツ、うごく shake
扤 小篆 扤 小篆 扤 草書 ❶움직일올(動也)。【詩經】天之ㅣ我如不我克。❷흔들릴올(搖動)。❸불안할올(不安)。

【扷】(해) 泰 カイ、さぐる grope
더듬어찾을해(摸也)。

【扭】(뉴) 有 チュウ、こする rub ㄋㄧㄡ niu³
❶비빌뉴(手轉貌)。❷누를뉴(按也)。

四畫

【扢】(개) 隊 カイ、みがく grind
갈개(磨也)。【淮南子】禹燒不暇擂濡不給ㅣ。

【扮】㊀(분) 文 フン、よそおう disguise ㊁(반) 諫 ㄅㄢ pan⁴
扮 小篆 扮 草書 ㊀❶움큼분(握也)。❷잡을분(握也)。㊁꾸밀반(打ㅣ·裝飾)。
【扮飾:분식】몸치장함。
【扮裝:분장】❶몸을 매만져 꾸밈。❷출연 배우가 그 이야기의 어느 인물로 꾸미어 나옴。즉 어느 인물의 역을 함。

【抜】(발) 曷 ハツ、おす push
抜 小篆 ❶뽑낼발(擢也)。【淮南子】游者以足蹶以手ㅣ。❷밀발、밀칠발(推也)。❸칠발(打也)。❹기탄없을발(無憚ㅣ扈)。❺땅이름발(地名ㅣ挥)。

【扯】(차) 馬 シャ、ひきさく tear
찢어버릴차(裂破)。(『撦』와 같음)

【扱】㊀(급) 緝 キュウ、おさめる gather ㊁(삽) 洽 ㄔㄚ ch'a¹ (本音「잡」)
扱 小篆 扱 草書 ㊀거어가질급(斂取)。㊁❶거둘삽(收也)。【禮】以箕自鄕而ㅣ之。❷들삽(擧也)。❸당길삽(引也)。❹가질삽(取也)。❺깊을삽(拜手至地)。

【扲】㊀(금) 侵 キン、ケン、しるす take notes ㊁(겸) 鹽
㊀얼른집을금(急持)。㊁❶전업으로삼을겸(專職業)。【方言註】ㅣ謂基業也。❷적을겸(記也)。

【扳】(반) 刪 諫 ハン、ひく draw ㄆㄢ p'an¹
扳 草書 ❶당길반(挽也)。❷이끌반(引也)。【公羊傳】諸大夫ㅣ隱而立之。(『攀』과 같음)
【扳價:반가】價格을 올림。【通俗篇】按、俗言ㅣㅣ·扳罾用此。
【扳連:반련】牽制함。【諸葛亮】
【扳援:반원】끌어 당김。끌어 당겨서 도와줌。【史記】禿老翁、言嬰無官位ㅣㅣ也。
【扳蕩:반탕】紊亂해짐。板蕩。【舒鞏】宇內扳蕩ㅣㅣ。
【扳害:반해】百姓에게 害가 되는 말을 꺼냄。【福惠全書】禁其ㅣㅣ矣。

【扴】(갈) 黠 カツ、けずる scratch
扴 小篆 긁을갈(刮也)。【韓愈詩】室妾絲曉ㅣ。

【扵】(어)『於』(方部4畫)의 俗字

【扶】(부) 虞 フ、たすける help ㄈㄨ fu²
扶 小篆 扶 古文 扶 草書 ❶도울부(佐也)。❷붙들부(持也)。❸호위할부(護也)。❹어리광부릴부(幼貌)。【論語】顚而不ㅣ。【太玄經】赤子ㅣㅣ。❺땅이름부(地名)。
【扶起:부기】도와 일으킴。안아 일으킴。

【扶老:부로】❶노인의 지팡이. ❷지팡이의 자료가 되는 대(竹)의 이름. 『陶潛·歸去來辭』策――以來憩。

【扶伏:부복】배를 땅에 대고 김. 匍匐。

【扶蘇山:부소산】《地》扶餘의 북쪽에 있는 작은 산. 옛 궁전·迎月臺·送月臺·軍倉址·落花巖·皐蘭寺 등 고적이 있음。

【扶植:부식】❶뿌리 박아 심음. ❷도와서 세움. 『樹枋得』――綱常在此行。

【扶腋:부액】곁부축。

【扶養:부양】도와 주어 기름. 또는 貧弱者에게 생활 방도를 열어 줌。

【扶養家族:부양가족】자기가 부양하고 있는 가족. 처자나 부모 형제。

【扶養料:부양료】부양 책임을 지고 부양받을 사람에게 지불해야 할 돈。

【扶養義務:부양의무】가족이나 親族을 부양하는 도의상 또는 법률상의 의무。

【扶翼:부익】❶=扶助。❷덮어 감춤。『晉書』――皇家。

【扶助:부조】도와 줌. 힘을 더해 줌. 扶翼。扶掖。『漢書』摧折豪强、――貧弱。

【扶助金:부조금】부조로 주는 돈。

【扶持:부지】❶도와 주며 돌보아 줌. 서로 도움. 『孟子·滕文公』守望相助、疾病相――。❷고생을 참고 어려운 일을 버티어 나아감。

【扶風:부풍】날쌘 바람. 疾風。暴風。『淮南子·覽冥訓』陰陽交爭、降――、雜凍[雨。

【扶護:부호】도와서 보호함。

【牂】(장) 陽 ショウ、たすける help
小篆 도울장(扶也)。

【抵】(지) 紙 シ、うつ flap
小篆 草書 ❶곁개칠지(側擊)。『漢書』業因勢而―隴。❷헐지(毁也)。『揚雄解嘲』―穰侯而代之。(『抵』와 같음)

【批】㊀(비) 紙 ヘイ、ヒ、おす push ㊁(비) 齊 ㊂(별) 屑 ㄆㄧ p'i¹
小篆 小篆 草書 ㊀손으로칠비(手擊)。『左傳』宋萬遇仇牧于門―而殺之。(『𠜶·攄』와 통함) ㊁❶밀칠비(推也)。❷깎을비(削也)。『杜甫詩』竹―雙耳峻。❸칠비(擊也)。❹뵈어줄비(示也)。『唐書』李藩還給事中制敕有不便者黃紙後―之。㊂찔러밀칠별(觸擊)。『史記』奈何以見陵之怨欲―其逆鱗哉。

【批難:비난】남의 잘못이나 좋지 못한 점을 들어 꾸짖음. 非難。『漢書』函谷―。『註』批謂斜閉之也。

【批答:비답】임금이 大臣의 上奏文에 의견을 써서 回答하던 일. 또는 그 回答文。『朝野類要』執政以上有章奏請、則降――、以下則降詔。

【批點:비점】❶詩·文章 등의 要所·妙行에 치는 점. 『四庫全書總目』――檀弓一卷。❷詩文의 批評。

【批准:비준】❶臣下가 제출한 문서에 임금이 可否를 결정하여 허가하던 일. ❷許可。❸《法》全權委員이 署名·調印한 條約을 국가의 主權者가 확인하는 일。

【批准交換:비준교환】비준을 마친 조약문을 당사국 사이에 서로 바꿈。

【批判:비판】❶宰相이 臣下의 奏狀에 의견을 加하던 일. 『資治通鑑、註』。❷事物의 是非를 判定함. ❸비평하여 판단함。

【批判的:비판적】❶비판하는 것. 비판의 요소가 든 것. ❷비판하는 태도를 가진 것. 비판에 관한 성질의 일。

【批評:비평】事物의 善惡·是非·美醜를 평가하여 論하는 일。

【批評家:비평가】❶비평을 잘하는 사람. ❷학문·예술에 대한 비평을 전문으로 하는 사람. 評論家。

【批評眼:비평안】비평에 관한 眼識。

【批評態度:비평태도】비평에 있어 비평가가 의거하는 주의나 취하는 태도。

【批頰:비협⇩별협】뺨을 때림。

【扻】(자) 寘 カン、かみをおさめる comb
머리털빗을자(治髮)。『莊子』簡髮而―數米而炊。

【扼】(액) 陷 アク、ヤク、にぎる grasp ㄜˋ e⁴
草書 ❶움킬액(握也)。『漢書』李陵力―虎射命中。❷잡을액(握也)。(『搤』과 같음)

【扼守:액수】요긴한 대목을 굳게 지킴。

【扼腕:액완】성이 나거나 혹은 분해서 주먹을 불끈 쥠. 『十八史略·南宋』有志之士、――嘆息。搤腕。『左思』劇談戲論、――抵掌。

【扼喉:액후】목을 누름. 急所를 눌러「死活을 잡음。

【抩】(탐) 覃 タン、もつ hold in common
小篆 함께가질탐(并持)。

【扽】(돈) 願 トン、ひく move
❶움직일돈(動也)。❷끌돈(引也)。❸문지를돈(摩也)。

【找】㊀(조) 巧 カ、さお row pole ㊁(화) 麻 ㄓㄠˇ chao³
㊀채울조(補充)。㊁❶상앗대화(以竿推船)。❷『中字』찾을화(尋也)。

【找給:조급】經費가 不足할 때 그것을 메꾸는 일. 『六部成語』前發之款不足、我補以給之也。

【找補:조보】補充함. 補足함. 『淸會典事例』分撥――、遞相論轉。

【找兌:조태】앞서 發行한 不足分을 메꾸기 위하여 다시 發行하는 일. 『六部成語』前兌不足、找補兌足之意。

【承】(승) 蒸 ショウ、うける inheritance ㄔㄥˊ ch'êng²
小篆 小篆 草書 ❶받들승(奉也)。『書』后克聖臣不命其―。❷받을승(受也)。『禮』是謂―天之祜。❸이을승(繼也)。『詩』如松柏之茂無不爾或―。❹도울승(佐也)。『左傳』楚司馬子國帥師而行請―。❺차례승(順序)。(『丞』과 통함)

【承繼:승계】❶받아서 이음. 뒤를 이어 받음. 承襲. 繼承。『白虎通』天子――、當知其數。❷남의 아들을 자기의 아들로 삼는 일. 또는 남에게로 가서 그의 後嗣가 되는 일。

【承繼人:승계인】이어 받은 사람. 권리·의무를 이양받아 행사하는 사람。

【承諾:승낙】청하는 말을 들어 주는 것。

【承當:승당】❶일을 참고 견디어 냄. ❷일을 능히 하여 냄. 堪當。

【承命:승명】웃어른의 명령을 받들음。

【承聞:승문】존경하는 이의 소식을 들음。

【承服:승복】❶잘 이해하여 복종함. 納得함. 承伏。❷죄를 스스로 고백함. 『諸史』不――。

【承奉:승봉】웃사람 명령을 받들어 지킴. 『晉書』入則盡歡――。

【承史:승사】《制》承旨와 史官。

【承相:승상】政丞 직위의 中國 옛적 벼슬 이름. 우리 나라 정승에 해당하던 中國의 옛 벼슬 이름。

【承上接下:승상접하】 웃사람을 받들고 아랫사람을 어거하여 그 사이를 잘 주선함。

【承緖:승서】 제왕이나 先代의 사업을 이어 받음。

【承召:승소】 임금의 부르는 명을 받음。

【承受:승수】 웃사람의 命을 받들어 이음。

【承順:승순】 웃어른의 명을 받들어 순종함。명령에 좇아 복종함。『史記』宇縣之內、――聖意。

【承襲:승습】 이어 받음。襲爵。

【承顔:승안】 ❶남의 顔色을 보아가며 기분이 상하지 않도록 함。『晉書·孝友傳』柔色――怡怡盡樂 ❷처음 接見함。面會할 수 있음。

【承役地:승역지】 《法》地役權이 설정된 경우 의무를 지는 처지에서 要役地의 便益에 제공되는 토지。↔要役地。

【承允:승윤】 임금의 허락을 받음。

【承認:승인】 ❶옳다고 인정하여 승낙함。承知。認諾。認可。『諸史』宜乎其不――乎。❷들어 주는 일。

【承嫡:승적】 서자가 적자로 됨。

【承前:승전】 앞 글의 뒤를 받아서 계속하는 것。계속。앞의 것을 이음。

【承傳:승전】 ❶이어 받아 전함。『宋史』典儀曰再拜、贊者――皆再拜。❷임금의 뜻을 전함。

【承接:승접】 위를 받아 이어 주는 일。『羅隱』雁影相――。

【承政院:승정원】 《制》李朝 때 王命의 出納을 맡던 관청。高麗 中樞院에서 由來。李朝 定宗 때 中樞院이 三軍府와 承政院으로 分離됨。都承旨를 비롯하여 左·右承旨、左·右副承旨、注書 등의 官職이 있었음。銀臺·喉院은 別稱。政院은 略稱。

【承政院日記:승정원일기】 《書》三〇四七권。國史資料。承政院에서 날마다 일어나는 政治事實을 기록한 책。이것은 李朝史의 기본 자료이며 實錄을 꾸밀 때도 그 根本이 되었음。現存한 것은 仁祖元年부터 高宗三一年까지의 것이며 承政院은 甲午更張 뒤 폐지되고 그 기관의 명칭이 여러 번 변하는데 따라 承宣院日記 四책、宮內府日記 五책、秘書院日記 一一五책이 있는데 이것은 다 承政院日記와 같은 性質의 것임。

【承從:승종】 명령에 복종하여 좇음。

【承重:승중】 祭祀를 받드는 重한 책임을 이음。또는 그 책임을 이은 사람。小宗出身者가 大宗을 잇는 경우와 父 또는 父·祖를 모두 여읜 사람이 祖父또는 曾祖父를 잇는 경우 등이 있음。

【承旨:승지】 《制》❶李朝 때 承政院의 都承旨·左右承旨·左右副承旨의 通稱。❷高麗 密直司의 左右承旨·左右副承旨의 總稱。❸高麗 光政院의 從六品 벼슬。❹高麗 通禮門·禮賓寺·奉車署·內庫의 吏屬。

【承志:승지】 ❶남의 마음에 들도록 迎合함。❷남의 뜻을 이어 받음。

【承塵:승진】 먼지 같은 것이 떨어지지 않도록 임금의 座所 위에 쳤던 조그만 幕。『後漢書』投金于――上。

【承統:승통】 宗家의 代를 이음。『漢書』孝宣――、纂修洪業。

【承平:승평】 代代로 和平한 治世가 계속되는 것。나라가 太平함。『漢書』今累世――、豪富吏民、貲數鉅萬。

【承乏:승핍】 인재가 부족해서 재능이 없는 사람이 벼슬을 함。

【承歡:승환】 ❶남의 기분에 맞도록 함。알랑거림。❷임금 또는 부모의 기쁜 마음을 받아 도와 주는 것。『白居易·長恨歌』――侍宴無間暇。

【承誨:승회】 가르침을 받음。

【承候:승후】 웃어른에게 문안을 드림。◎繼―、拜―。

【技】 (기) 紙 寘 ギ、たくみ、わざ talent ㄐㄧˋ chi⁴

小篆 草書 ❶재주기(藝也)。❷공교할기(巧也)。『禮記』作奇―奇器以疑衆。❸능할기(能也)。『書』斷斷兮無他―。❹술법기(方術)。『禮』凡執―以事上者祝史射御醫卜及百工。(『伎』와 통함)

【技巧:기교】 ❶손재주가 아주 교묘함。伎巧。『老子』人多――。❷武技。『漢書』。❸예술의 創作。또는 표현상의 솜씨나 수단。테크닉。

【技巧家:기교가】 기교가 뛰어난 사람。

【技巧派:기교파】 작품의 내용보다도 형식을 다듬는 데 힘쓰는 작가의 일파。

【技能:기능】 손재주。才能、腕前。기술상의 才能。伎倆。『史記』無他――。

【技能學科:기능학과】 음악·미술 따위와 같이 기술적인 재능을 필요로 하는 과목。藝能科。

【技倆:기량】 技能。手腕。재주。

【技法:기법】 ❶기교와 방법。❷競技法。

【技士:기사】 《制》❶《中》벼슬 이름。그 職位는 技正의 아래임。❷《法》기술 사무를 담당하는 四급 공무원。

【技師:기사】 관청이나 공장에서 專門技術을 가진 上級의 관리。또는 會社員。

【技手:기수】 《制》技員의 옛 이름。技師 밑에 있는 기술자。

【技術:기술】 ❶손재주。藝術。❷남자를 다루는 수단。『列女傳·孽嬖傳』❸이론을 실제에 應用하는 재주。❹자연을 인간 생활에 편리하게 改變 加工하는 일。方術。『漢書』漢輿有倉公、今其――晻昧。

【技術官:기술관】 기술에 관한 사무를 맡은 관리。

【技術者:기술자】 기술을 가진 사람。기술을 업으로 하는 사람。

【技術陣容:기술진용】 ❶기술자의 배치된 형편。❷기술계의 형편。

【技癢:기양】 자기 기술을 발휘할 수 없어 안타깝게 생각하는 것。伎癢。『風俗通』高漸離變姓名、傭保于人、聞堂上擊筑、――不能無出言。

【技藝:기예】 ❶기술상의 재주。技術。『國語』――畢給則賢。❷藝能。❸手藝。藝術。

【技正:기정】 《制》❶벼슬 이름。淸末의 藝師。民國때 개칭한 것。전문 지식과 특별 기능을 가지고 기술 사무를 담당하던 관리。❷《國》기술 사무를 담당하는 三급 갑류 공무원。

【技佐:기좌】 《制》❶벼슬 이름。기술 사무를 담당하던 관리。職位는 技士 아래임。❷《國》기술 사무를 담당하는 三급 을류 공무원。

◎競―、球―、國―、末―、妙―、武―、小―、演―、雜―、長―、鬪―、特―。

【抏】 (연) 銑 エン、うごく move

움직일연(動也)。(『抁』과 같음)

【抃】 (변) 霰 ベン、てをうつ clap one's hands ㄅㄧㄢˋ pien⁴

草書 ❶손벽칠변(鼂―拊手)。『魏志』能言之倫莫不―舞。❷손장단칠변(歌舞之節)。(『拚』과 같음)

【抃踊:변용】 손벽을 치면서 기뻐 춤춤。

【抃賀:변하】 기뻐하여 축하함。

【抄】 ㊀(초) 看 ㊁(초) 效 ショウ、うつす copy ㄔㄠ ch'ao¹

草書 ㊀❶가릴초(取也)。『杜甫詩』飯―雲子白。❷노략질할초(略―)。『魏志註』―略諸郡。❸베낄초(謄寫)。❹번역할초。❺책제목초(寫錄之目)。㊁훔칠초、가로챌초

(掠也)。(『鈔』와 통함)

【抄啓:초계】(制)人材를 뽑아 임금께 上奏함。

【抄略:초략】 사람이나 재물을 위협하여 빼앗음。 鈔略。『魏志』ㅣㅣ諸郡。

【抄掠:초략】 폭력으로 빼앗음。『魏志』賊無輜重、惟以ㅣㅣ爲資。

【抄錄:초록】 소용될 만한 것만 뽑아서 적음。 抄本。『王筠』躬自ㅣㅣ、大小百餘卷。

【抄本:초본】 ❶拔萃(발췌)한 책。 ❷文書의 일부분을 빼내어 쓴 것。

【抄寫:초사】 原本의 일부분을 빼내어 씀。 抄錄。 鈔書。『事文類聚』梁袁峻ㅣㅣ日課五十紙。

【抄書:초서】 ❶책의 내용을 빼내어 씀。 抄錄。『南史』好ㅣㅣ、偶見瞥觀。『蘇軾』白首猶ㅣㅣ。 ❷책의 內容을 빼내어 쓴 책。

【抄譯:초역】 원문의 어느 일부분을 빼내서 번역함。 또는 그 번역。↕全譯。

【抄集:초집】 어떤 글을 빼내어 써서 모음。 또는 빼내어 써서 모은 것。『魏志·註』ㅣㅣ諸家兵法。

【抄輯:초집】 간략하게 줄거리만 가려 모은 기록。

【抄册:초책】 요점만 가려 뽑아 쓴 책。

【抄出:초출】 빼냄。 빼내어 씀。

【抄筆:초필】 잔 글씨를 쓸 때 사용하는 가느다란 붓。

【抅】 (구)『拘』(手部 5畫)의 俗字

【扮】 (방) 養 ホウ、よる resemble

서로같을방(相似)。

【抈】 (월) 月 ゲツ、くじく break

小篆 草書 ❶꺾을월(折也)。〔太玄經〕車軸折其衡ㅣ。 ❷움직일월(動也)。〔晋語〕其置本也固矣故不可ㅣ也。

【抆】 (문) 吻 問 ブン、ぬぐう wipe ㄨㄣˇ wen³

草書 ❶닦을문、문댈문(拭也)。〔漢書〕欲酒卿耻ㅣ拭用禁。 ❷만질문(摩也)。〔唐書〕李勉居官久未嘗ㅣ飾器用。

【抆淚:문루】 눈물을 닦음。『楚辭』。

【抆拭:문식】 쓸어냄。 털어냄。『爾雅』振訊ㅣㅣ掃刷、皆所以爲絜清。

【抇】 ㊀(골) 月 ㊁(홀) 月 コツ、ケツ、うがつ drill

草書 ㊀❶굴린골(牽物動轉)。〔柳宗元文〕掎ㅣ泥淖。 ❷뚫을골(穿也)。〔荀子〕ㅣ人之墓。 ㊁찢을홀(裂也)。

【抉】 (결) 屑 ケツ、えぐる scratch ㄐㄩㄝˊ chüeh²

小篆 草書 ❶긁을결(剔也)。〔史記〕ㅣ吾目懸吳東門之上以觀越之滅吳。 ❷당길결(掐也)。(『觖·決』과 동함)

【把】 (파) 馬 禡 ハ、にぎる catch ㄅㄚˇˋ pa³·⁴

小篆 草書 ❶줌파(握也)。〔孟子〕拱ㅣ之桐梓。 ❷잡을파(持也、執也)。〔戰國策〕左手ㅣ其袖右手堪其胷。 ❸헤칠파(播也)。 ❹〔國字〕발파(賡也)。(『爬』와 통함)

【把弄:파롱】 손에 가지고 놂음。 把玩。『陸游·詩』眄年卽八十、日月難ㅣㅣ。

【把盤:파반】 손잡이가 달린 목판。

【把手:파수】 ❶손을 잡음。 ❷그릇의 손잡이。 자루。

【把守:파수】 경계하여 지킴。 또는 그 사람。 把守軍。

【把守幕:파수막】 파수를 보는 곳。

【把守兵:파수병】 파수를 보는 병정。

【把握:파악】 ❶꽉 잡아 쥠。 어떠한 일을 잘 이해하여 확실하게 바로 바로 아는 일。 ❷한줌 정도의 僅少한 量。 또는 좁은 범위。『漢書』其爲物、輕微易藏、在于ㅣㅣ。

【把住:파주】 ❶마음 속에 간직하여 둠。 ❷《心》기왕의 경험으로 얻은 감각을 오랫 동안 인식 속에 간직하고 있어서 때때로 이것을 再現시킬 수 있는 작용。

【把指:파지】 손가락을 쥐고 있음。

【把持:파지】 ❶꽉 움키어 쥠。 쥐고 있음。『白虎通』迫脅諸侯、ㅣㅣ其政。 ❷《心》心理學에 있어서 記憶過程의 한 要素。 表象과 감정이 어느 時期까지 保存되어 있는 것。

【把捉:파착】 ❶붙잡음。 捕捉。손에 쥐어 잡음。『韓愈』優恤糧料、嚴加ㅣㅣ。 ❷마음을 굳세게 가져 흔들리지 않음。『吳澄』ㅣㅣ于中、精神心術、檢束於外。「것。

【把筆:파필】 붓대를 잡음。 글씨를 쓰는

【抌】 (침) 寢 チン、おす push

小篆 草書 ❶살박아칠침(深擊)。〔列子〕攩扮挨ㅣ亡所不爲。 ❷밀칠침(推也)。

【抍】 (증) 蒸 ショウ、すくう、あげる lift ㄓㄥˇ chêng³

小篆 或體 草書 ❶들어올릴증(上擧)。〔易曰〕用ㅣ馬壯吉。 ❷구할증(救也)。

【抎】 (운) 吻 ウン、うしなう lose

小篆 草書 ❶잃어버릴운(失也)。〔戰國策〕寡人恐悔守齊國惟恐ㅣ之。 ❷떨어질운(下也)。〔戰國策〕折清風而ㅣ之。(『隕』과 통함)

【抎失:운실】 잃어버림。『墨子』。

【抏】 (완) 寒 ガン、へる waste

草書 ❶꺾을완(挫也)。 ❷모지라질완(消耗)。〔史記〕百姓ㅣ敝以巧法。 ❸닳아없어질완(消滅)。(『刓』과 통함)

【抏弊:완폐】 消耗함。 가난하여 疲弊함。『史記』百姓ㅣㅣ以巧法。

【抑】 (억) 職 ヨク、おさえる oppress ㄧˋ i⁴

小篆 俗體 草書 ❶누를억(按也)。〔史記〕緣恩寬忍ㅣ按不揚。 ❷억울할억(屈也)。 ❸핍박할억(逼也)。〔禮〕君子之教喩也强而弗ㅣ。 ❹덜릴억(損也)。〔後漢書〕人自ㅣ損以塞咎戒。 ❺물러갈억(退也)。〔壯固傳論〕固之序事不激詭不ㅣ抗。 ❻막을억(遏也)。〔史記〕ㅣ天下物名曰平準。 ❼그칠억(止也)。〔後漢書〕章奏若有過稱虛譽尙書宜ㅣ而不省。 ❽또한억(轉語亦然辭)。〔詩〕ㅣ磬控忌。 ❾문득억(發語辭)。〔詩〕ㅣ此皇父。 ❿삼갈억(ㅣㅣ愼密貌)。〔詩〕威儀ㅣㅣ。

【抑强扶弱:억강부약】 강자를 누르고 약자를 도와 줌。↕억약부강。

【抑留:억류】 억지로 머물게 함。 자유를 구속함。『宋史』ㅣㅣ邊方。

【抑留者:억류자】 강제로 얽매여 있는 사람。 억류되어 있는 사람。

【抑買:억매】 남의 물건을 강권에 못이겨 강제로 사들임。

【抑賣:억매】 자기 물건을 억지로 팔음。

【抑塞:억색】 ❶억눌러 막아 버림。❷억눌려 마음이 우울한 것。〖杜甫〗我能拔爾——磊落之奇才。【元稹】——周遮恐君見。❸물리치고 쓰지 않음。〖南史·謝方明傳〗興奪乖謬、人事不至、必被——。

【抑損:억손】 ❶줄임。減退시킴。❷거만한 마음을 억제하고 겸손함。조심함。謙抑。〖史記〗其後夫自——。

【抑壓:억압】 억제하여 압박함。〖唐書〗否則——、以退仲尼之徒。

【抑揚:억양】 ❶거문고의 音調를 누르기도 하고 올리기도 함。〖蔡邕〗左手——、右手裴回。❷文章의 文勢를 올리기도 하고 내리기도 함。〖文章軌範〗有——、有頓挫。❸칭찬하기도 하고 내리깎기도 함。毀譽。〖北齊書〗外相——、內實附會。❹時勢를 따라 나오기도 하고 들어가기도 함。浮沈。〖漢書〗辟者與時——。

【抑揚反覆:억양반복】 혹은 억누르고 혹은 찬양하기를 여러 번 뒤집음。

【抑鬱:억울】 눌려서 마음이 활발하지 못함。애먼 일을 당해서 원통하고 답답함。

【抑寃:억원】 억울하고 원통함。寃屈。

【抑情:억정】 慾情을 눌러 나타내지 않음。

【抑制:억제】 억눌러 못하게 함。=抑止。

【抑止:억지】 억눌러 제지함。=抑制。〖揚雄〗——絲竹宴衎之樂。

【抑奪:억탈】 억지를 써서 빼앗음。〖漢書〗——下權。

【抑退:억퇴】 ❶억눌러 물리침。〖舊唐書〗漢明德馬皇后、不能——外戚。❷抑損과 같음。〖魏志〗靡不——。

【抑何心腸:억하심장】 대체 무슨 생각으로 그리 하는지 그 마음을 알 수 없다는 뜻。抑何心情。

【抒】 ㊀(서) 語 ㊁(저) 語 ジョ、チョ、くみあげる suck up ㄕㄨ shu¹

小篆 草書 ㊀❶당길서(挹也)。❷물자아올릴서(渫水)。❸쏟을서(泄也)。〖漢書〗王褒略陳愚而—情素。❹덜서(除也)。〖左傳〗有此四德者難必—矣。㊁❶당 길저(挹也)。❷북저(織具行緯)。(『杼』와 같음)

【抒情:서정】 自己 감정을 펴서 나타냄。〖後漢書〗。

【抒情詩:서정시】 《文》詩의 三大部門의 하나。감동과 정서를 主觀的으로 나타낸 시。叙情詩。

【抓】 (조) 巧 看 ソウ、かく scratch ㄓㄨㄚ chua

草書 ❶긁을조(搔也)。〖杜甫詩註〗玉搔頭今之—頭也。❷움킬조(搯也)。〖莊子〗有一狙焉委蛇攫—見巧于王。❸할퀼조(爪刺)。

【抔】 (부) 尤 ボウ、すくう handful ㄆㄡ p'ou²

草書 줌부、움큼부(手掬)。〖禮〗汙尊而—飮。(『抙·掊』와 같음)

【抔飮:부음】 손으로 움켜서 마심。〖禮記〗汙尊而——。

【抔土:부토】 ❶손으로 움켜 쥘 정도의 흙。한 움큼의 흙。❷무덤。〖漢書〗愚民取長陵一——。

【投】 (투) 尤 トウ、なげる throw ㄊㄡ t'ou²

小篆 草書 ❶던질투(擲也)。❷버릴투(棄也)。〖禮〗無—與狗骨。❸줄투(贈也)。〖詩〗—我以木瓜。❹의탁할투(適也、託也)。〖後漢書〗張儉得亡命望門—止。❺나 아갈 투(進也)。

【投江:투강】 어떤 물건을 강물에 던짐。

【投稿:투고】 신문·잡지사 등에 원고를 보냄。또는 그 원고。投書。

【投戈:투과】 전쟁을 그만 둠。休戰。

【投寄:투기】 남에게 물건을 부치어 줌。〖元稹〗律詩以相——。

【投棄:투기】 내던져 버림。〖沈佺期〗予——南裔、承恩北歸。

【投機:투기】 ❶기회를 엿보아 큰 이익을 보려는 짓。❷得失이 不確實한 이익을 얻으려는 射倖的行爲。

【投機事業:투기사업】 성패의 요행을 바라고 하는 사업。

【投網:투망】 ❶그물을 던짐。❷고기를 잡는 데 사용하는 그물의 한 가지。

【投賣:투매】 손해를 무릅쓰고 내던져 버리듯 막 싸게 팔음。덤핑(dumping)。

【投命:투명】 목숨을 내던져 버림。

【投錨:투묘】 닻을 물 속에 던져 배를 세우는 일。배의 닻을 내림。↕拔錨。

【投死:투사】 죽게 함。몸을 내던짐。致死。

【投梭:투사】 음탕한 마음을 내는 남자를 여자가 거절함。여자에게 거절을 당함。

【投射:투사】 ❶機會를 타서 利得을 보는 일。❷《物》소리 또는 빛의 波動이 한 物質內를 통과하여 다른 物質과의 境界面에 到達하는 일。入射。

【投射點:투사점】 투사선이 제일 媒質과 제이 媒質과의 境面에 합쳐지는 점。

【投書:투서】 ❶文章을 적은 書狀을 물에 던짐。〖魏志〗太朝時有——誹謗者。❷新聞·雜誌에 실리기 위하여 草稿를 보냄。投稿。寄書。❸드러나지 않은 사실이나 남의 非行을 적어서 넌지시 要路에 보냄。

【投石:투석】 ❶돌을 던짐。〖史記〗——超距。❷돌에다 던짐。〖漢書〗以桀詐堯、若卵——。

【投手:투수】 야구 경기에서 중앙의 규정 위치에 있어 타자에게 공을 던지는 사람。피쳐(pitcher)。↕捕手。

【投宿:투숙】 宿所에 머무름。여관에 들어서 잠。宿泊。〖漢書〗——諸宮。

【投身:투신】 ❶몸을 물에 던짐。入水。❷어떤 일에 몸을 던져 관계함。

【投藥:투약】 약을 씀。병에 알맞는 약을 投與함。

【投影:투영】 ❶物體가 비치는 그림자。❷《數》物體를 어떤 地點에서 본 형상의 平面圖。射影。

【投影圖:투영도】 《美》투영도법에 의하여 그린 그림。

【投影圖法:투영도법】 《美》공간에 있는 물체의 위치 형상을 正射影의 방법에 따라 둘 또는 그 이상의 投影面에 그려내는 일종의 立體幾何畫法。↕透視圖法。

【投獄:투옥】 감옥에 집어 넣음。下獄。

【投圓盤:투원반】 원반 던지기。

【投入:투입】 ❶던져 넣음。❷정한 인원 밖의 사람을 더 넣음。

【投者:투자】 《運》投手。

【投資:투자】 資本을 投入함。資本金을 사업을 위하여 사용함。

【投錢:투전】 돈치기。「놓음。

【投足:투족】 직장이나 사회에 발을 들여

【投槍:투창】 《運》창을 던지는 운동 경기의 하나。재블린(javeline)。

【投擲:투척】 내던짐。던짐。抛擲。〖韓愈〗——傾脯漿。

【投擲競技:투척경기】 投圓盤·投槍·投重錘·投砲丸 따위의 總稱。

【投鐵槌:투철퇴】 지정된 둘레 안에서 철퇴를 던지는 경기。투해머(投hammer)。

【投託:투탁】 남의 세력에 의지함。

【投託導掌:투탁도장】 ·制 자기의 토

지를 官房의 소유로 만들고 자기가 그것을 같아 하던 導掌。
【投彈:투탄】 수류탄을 던짐。 포탄을 떨어뜨림。
【投砲丸:투포환】《運》일정한 무게의 쇠공을 지정된 둘레 안에서 한 손으로 던져 그 도달 거리에 따라 승부를 겨루는 운동 경기의 하나。
【投票:투표】 선거 또는 採決할 때 各人의 意思를 표시하기 위해 票紙에 姓名 및 의견을 적어 일정한 장소에 내는 일。
【投票區:투표구】 투표의 편의를 위하여 구분된 구역。 한 선거구에 여러 개의 투표구를 두는 것이 원칙으로 되어 있음。
【投票權:투표권】 투표할 수 있는 권리。
【投票期日:투표기일】 투표 하려고 정해진 날짜。
【投票所:투표소】 투표하는 장소
【投票數:투표수】 투표한 수효。
【投票用紙:투표용지】 투표에 쓰이는 소정 양식의 용지。
【投票率:투표율】 유권자 전체에 대한 투표자 수의 비율。
【投票參觀人:투표참관인】 투표의 엄정을 기하기 위하여 투표 관리자 밑에서 투표하는 데 입회하는 사람。
【投票函:투표함】 투표자가 기입한 투표 용지를 넣는 상자。
【投下:투하】 아래로 내어 던짐。
【投荷:투하】 海難시에 선박과 積荷의 공동 위험을 면하기 위하여 일부 積荷를 바다에 버리는 일。 또는 그 화물。 除荷。
【投函:투함】 우체통 따위에 편지를 넣음。 투표함 등에 편지·投書를 넣음。
【投獻:투헌】 물건을 바침。
【投揮:투휘】 물건을 휘두름。
◎暴ㅡ。

【抖】 (두) 有 トウ、あげる hold up
草書 두수를두(ㅡ擻擧索物)。
【抖去:두거】 떨어버림。『福惠全書』先將草中塵土ㅡㅡ。
【抖擻:두수】 ❶梵語 Dhuta 의 音譯。『王維』ㅡ擻辭貧里。 ㉠깨끗이 씻어 버림。 또는 털어 버림。 ㉡俗世를 버린 사람。 托鉢。 僧侶。 斗藪。 ❷奮發함。
【抖藪:두수】 求함。 물건의 이름을 들어 求함。『王炎』ㅡ擻胸中三斗塵。

【抗】 (항) 漾 コウ、ふせぐ resist ㄉㄡˇ tou³
小篆 小篆 或體 草書 ❶막을항(扞也)。『儀禮』ㅡ木橫三縮二。 ❷들항(擧也)。 ❸겨룰항(敵也)。『漢書』子貢聘諸侯所至國君無不分庭ㅡ禮。 ❹항거할항(拒也)。 (『亢』과 통함) (古音은 「강」)
【抗拒:항거】 순종하지 아니함。 항변하면서 거절함。『齊書』高談鮮能ㅡㅡ。
【抗拒罪:항거죄】《法》공무를 집행하는 공무원에게 협박이나 폭행함으로써 방해한 죄。
【抗告:항고】《法》법원의 판결에 不服하고 다시 上級 재판소에 不服上訴하는 일。
【抗毒素:항독소】《醫》면역 혈청 가운데 포함되어 있어 독소와 결합하여 이를 독이 없게 中和시키는 물질。
【抗力:항력】 ❶저항하는 힘。 ❷《物》流水가 물체에 미치는 힘 가운데, 그 흐름의 방향의 分力。
【抗禮:항례】 동등한 交際。 對等의 禮。『漢書』無不分庭與之ㅡㅡ。
【抗論:항론】 서로 다투며 辯論함。 直言하여 屈하지 않음。 抗言。 抗辯。『後漢書』樹立風聲、ㅡㅡ惜俗。
【抗辯權:항변권】《法》항변하는 권리。
【抗生物質:항생물질】《生》細菌이나 그 밖의 생물에서 얻어지는 殺菌性物質。 곰팡이에서 생기는 페니실린 따위。
【抗顔:항안】 거만한 얼굴。 强顔。 亢顔。『柳宗元』ㅡㅡ而爲師。
【抗禦:항어】 대항하여 방어함。 맞대서서 막아냄。『晉書』招集義勇、ㅡㅡ仇讎。
【抗言:항언】 대항하는 말。 抗論。『北史』ㅡㅡ酬答、守節不撓。
【抗議:항의】 반대의 의견을 주장함。 抗卞。『後漢書』樂何之徒、ㅡㅡ在下。
【抗日:항일】 日本에 대한 항거。
【抗爭:항쟁】 대항하여 다툼。 抗戰。
【抗敵:항적】 대적함。 반항함。 敵對함。
【抗敵行爲:항적행위】《法》敵國의 戰鬪力을 부수려는 목적으로 행동하는 짓。
【抗戰:항전】 敵對하여 싸움。 대항하여 싸움。 抗爭。
【抗節:항절】 節操를 지켜서 屈하지 않음。『漢書』惟陳咸、ㅡㅡ不附。
【抗直:항직】 굳세고 바름。 뜻을 굽히지 않고 正直한 것。 剛直。『北史』天性ㅡㅡ、無所廻避。
【抗體:항체】《生》혈액 속에 抗原이 들어간 경우, 그 해독 작용을 막기 위하여 血漿 가운데 생기는 항원의 기운을 없게 만드는 물질。 항체가 생긴 경우 免疫이 됐다고 이름。
【抗衡:항형】 서로 양보하지 않고 다툼。 대항함。『三國志·諸葛亮傳』。『史記』欲以區區之越、與天子ㅡㅡ、爲敵國。
◎對ㅡ、反ㅡ、抵ㅡ。

【折】 ㊀(제) 齊 ㊁(절) 屑 ㊂(설) 屑 セツ、おる break ㄓㄜˊ shê²
小篆 籀文 古文 古文 草書 ㊀천천할제(安徐貌)。『禮』吉事欲其ㅡㅡ爾。 ㊁❶꺾을절(拗也)。『詩』無ㅡ我樹杞。 ❷결단할절(斷之)。『易』无敢ㅡ獄。 ❸알맞을절(ㅡ中)。『漢書』微孔子之言亡所ㅡ中。 ❹휘일절(曲也)。『禮』ㅡ還中矩。 ❺굽힐절(屈也)。『漢書』ㅡ節下士。 ❻욱박지를절(挫也)。『史記』諸侯吏卒乘勝輕ㅡ辱秦吏卒。 ❼헐절(毁也)。『漢書』高帝常從王媼武負貰酒兩家ㅡ券棄責。 ❽일찍죽을절(夭也)。『書』六極一曰凶短ㅡ。 ㊂부러질설(斷猶連)。
【折價:절가】 ❶물건 값을 작정함。 決價。 ❷물건을 서로 바꿀 때, 값을 겨누어 그 수량을 정함。
【折脚:절각】 짐승의 다리가 부러짐。
【折簡:절간】 온 장을 둘로 접은 편지。『晉書』王淩若有罪、公當ㅡㅡ召淩。
【折米:절미】 싸라기。 토막 쌀。
【折半:절반】 둘로 나눔。 二등분。 一半。
【折伏:절복】 ❶적을 눌러서 복종하게 함。 ❷《佛》부처의 가르침을 말하여 惡人·惡法을 屈服시킴。 破邪。 ↔攝受。『楞嚴經』不能ㅡㅡ。
【折北:절북】 전쟁에 패하여 도망함。『漢書』亡尺寸之功、ㅡㅡ不救。
【折傷:절상】 ❶뼈가 부러져 다침。 挫傷『漢書』。 ❷일찍 죽음。 夭折·夭死。
【折收:절수】 징수액을 한 번에 얼마씩 나누어서 거둠。
【折腰:절요】 허리를 꺾음。 허리를 굽혀서 남에게 절을 함。『晉書·隱逸傳』陶潛歎日、吾不能爲五斗米ㅡㅡ事鄕里小兒。
【折辱:절욕】 학대하고 욕보임。 억누르고 욕보임。『史記·項羽紀』ㅡㅡ秦吏卒。
【折枝:절지】 ❶안마。 손의 근육을 주무름。 ❷가지를 꺾음。 ❸花卉 畫法의 하나。『韓偓』猩色屛風畫ㅡㅡ。 ❹허리를 굽힘。

拜揖함。『孟子·梁惠王』爲長者ㅣㅣ。❺送別。折柳。『羅鄴』ㅣㅣ分襟十載餘。

【折跌傷:절질상】 다리가 부러지거나 겹질려진 상처。 「는 자。

【折尺:절척】 접자。접었다 폈다 할수 있

【折草:절초】 풀이나 나무를 벰。

【折衷:절충】 한 편에 치우치지 않고 알맞는 것을 취하는 일。相反하는 의견을 取捨하여 그 중간의 의견을 취하는 일。折中。『史記』中國言六藝者、ㅣㅣ於夫子。

【折衝:절충】 ❶적의 창 끝을 억누름。쳐들어 오는 敵을 막음。『晏子春秋』孔子曰、不出樽俎之間、而ㅣㅣ千里之外、晏子之謂也。❷적과 홍정하여 자기 편의 체면을 保全하는 것。❸國際上의 談判。『蘇洵』ㅣㅣ于口舌之間。

【折衷主義:절충주의】 《法》❶여러 가지 思想에서 진리라고 생각되는 것을 결합하여 새로운 진리를 발견하려는 思想傾向。❷여러 가지 주의 중에서 가려 뽑아 어울려서 된 주의。

【折破:절파】 억눌러 이김。억눌러 짐。

【折花:절화】 가지째 꺾은 꽃。또는 꽃을 꺾음。

◎曲ㅣ、屈ㅣ、百ㅣ、夭ㅣ、挫ㅣ。

五畫

【択】 (택) 『擇』(手部 13畫)의 略字

【抦】 (병) 梗 へイ、もつ seize 잡을병(持也)。(『秉』과 통함)

【抨】 (평) 庚 ヒョウ、しりぞける ㄆㄥ p'êng¹ impeach
小篆 草書 탄핵할평(彈ㅣ抨也)。『漢書註』罪敗而ㅣ彈之。

【抨擊:평격】 彈劾함。

【抨劾:평핵】 罪를 조사함。抨彈。『劉克莊』其ㅣㅣ也、霜威之凌厲、云云。

【抧】 ㊀(지) 紙 シ、あける open ㊁(채) 蟹
小篆 ㊀열지(開也)。㊁칠채·두드릴채(擊也)。

【抪】 (포) 遇 フ、しく spread
小篆 草書 ❶더듬을포(捫持)。❷펼포(舒也)。❸흩칠포(布散)。『漢書』塵埃ㅣ覆。❹칠포(擊也)。

【抪覆:포복】 散布해서 덮음。『漢書』。

【披】 ㊀(피) 支 ヒ、ひらく turn up ㊁(피) 紙
小篆 草書 ㊀❶헤칠피(開也)。『韓愈文』手不停ㅣ於百家之編。❷흩어질피(散也)。❸나눌피(分也)。『左傳』又ㅣ其邑。㊁❶흩을피(散也)。❷찢어 질피(裂也)。❸쓰러질피(ㅣ靡震伏貌)。『史記』木實繁者ㅣ其枝。『史記』項羽大呼馳下漢軍皆ㅣ靡。

【披見:피견】 文書 같은 것을 열어 봄。헤쳐 봄。披覽。『太平廣記』發車上ㅣㅣ。

【披襟:피금】 本心을 털어 놓음。胸襟을 털어 놓음。

【披覽:피람】 책 따위를 펴서 봄。披見。『北史』ㅣㅣ聖賢餘論。

【披瀝:피력】 평소에 먹은 마음을 조금도 숨기지 않고 털어 놓음。『上官儀』ㅣㅣ丹愚。

【披露:피로】 ❶털어 내놓음。속마음을 털어 놓음。披瀝。『後漢書』ㅣㅣ肝膽。❷일반에게 널리 공포하는 일。

【披露宴:피로연】 기쁜 일을 널리 알리기 위하여 베푸는 연회。

【披靡:피미】 ❶草木이 바람을 받아 한 편으로 쏠어짐。『司馬相如』應風ㅣㅣ、吐芳揚烈。❷권세에 눌리어 엎드림。『史記·項羽本紀』羽大呼馳下、漢軍皆ㅣㅣ。

【披膊:피박】 갑옷의 윗부분。肩膊을 보호하는 것。『桂海虞衡志·甲冑』。

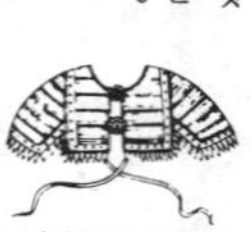
披膊(武備志)

【披髮:피발】 머리털을 풀어 헤침。

【披髮徒跣·피발도선】 父母喪을 당했을 때 여자가 머리을 풀고 버선을 벗던 일。

【披繙:피번】 책을 펴 놓고 읽음。

【披閱:피열】 열어서 조사해 봄。책이나 書類를 펴 놓고 잘 조사함。

【披帷:피유】 장막을 열음。

【披展:피전】 열어 폄。열어서 봄。『魏徵』旱捍芳猷、未諧ㅣㅣ。

【抬】 (태) 灰 タイ、うつ beat
칠태(擊也)。(『擡』의 略字)

【抬頭:태두】 ❶머리를 쳐들음。❷글월의 行을 바꿈。

【抬去:태거】 들려서 감。『福惠全書』際明ㅣㅣ沂州界內。

【抬投:태투】 들어 올림。들어서 걸음。『福惠全書』次ㅣㅣ文牌。

【抮】 (진) 軫 シン、ねじる grasp
草書 휘어잡을진(引捩)。『淮南子』雖天地覆育亦不與之ㅣ抱矣。(『紾』과 같음)

【抭】 ㊀(요) 篠 ヨウ、ユウ、くみだす ㊁(유) 尤 pound in a mortar
㊀❶절구질할유(抒臼)。『周禮』女舂ㅣ二人。❷들어낼유(擧物臼中)。『詩經』或舂或ㅣ。㊁끌유(引也)。

【抯】 (저) 馬 シャ、ひきとる(古音「자」) draw
小篆 ❶잡아당길저(捪也)。❷건져낼저(攎取)。『方言』南楚之閒凡取物於溝泥中謂之ㅣ或謂　。

【抱】 (포) 號 皓 ホウ、いだく ㄅㄠ · pao⁴ embrace
草書 ❶안을포、품을포(懷持)。『書』保ㅣ携持厥婦子。❷아람포(圍也)。❸낄포(挾也)。❹알안을포(伏鷄)。『方言』北燕朝鮮洌水之間謂伏鷄曰ㅣ。(『袌』와 같음)

【抱頭鼠竄:포두서찬】 무서워서 몰골 사납게 얼른 숨는 것。

【抱龍丸:포룡환】 《醫》신열이 올라 경풍을 일으킬 때에 쓰는 환약。

【抱璞:포박】 璞玉을 품음。《轉》좋은 바탕을 가지고 있음。『後漢書·謝該傳』良才ㅣㅣ而逃。「닌 병。

【抱病:포병】 병을 늘 지님。몸에 늘 지

【抱病客:포병객】 늘 병을 지니고 있는 사람。病客。抱病之人。

【抱腹:포복】 아주 우스워서 배를 안고 웃음。몹시 웃음。捧腹의 誤用。

【抱腹絶倒:포복절도】 몹시 우스워서 참을 수가 없어 배를 안고 웃음。

【抱負:포부】 ❶품에 안고 등에 짐。『後漢書』四方學士、莫不ㅣㅣ墳策、雲會京師。❷어린애를 보호함。『蘇軾·詩』四歲不如行、ㅣㅣ煩背腹。❸마음에 품고 있는 생각과 自信。각오。계획。

【抱孫:포손】 손자를 봄。손자가 생김。

【抱玉:포옥】 ❶玉을 안고 있음。『楚辭』荆王立、卞和抱其玉、晝夜哭。❷《喩》마음에 智·德을 품고 있음。

【抱擁:포옹】품에 껴안음。얼싸 안음。

【抱寃:포원】원망과 원한을 품음。

【抱義:포의】바른 義理를 保持하여 지킴。

【抱一:포일】하나를 안음。道를 保持하는 것。【老子】聖人--、爲天下式。

【抱才:포재】품은 재주。

【抱主:포주】❶기둥 서방。❷매음부를 데리고 있으면서 영업을 하는 주인。

【抱愴:포창】(動)물 여우。

【抱擲:포척】멀리 내던짐。

【抱恨:포한】恨을 품음。

【抱合:포합】❶서로 껴 안음。❷(化)다른 종류의 물건이 物質上의 변화 없이 結合되는 일。化合。

【抱懷:포회】마음에 품고 있는 생각。懷抱。◎懷-。

【抴】㊀(예) 霽 エイ、ゼツ、ひく ㊁(열) 屑 draw

小篆 小篆 ㊀당길예(引也)。【荀子】接人則用-。(『拽』와 같음) ㊁끌열(拕也)。(『揲』과 같음)

【抵】㊀(지) 紙 テイ、シ、ふれる ㊁(저) 薺 conflict ㄉㄧˇ ti2·3

小篆 草書 ㊀칠지(擊也)。【戰國策】蘇秦見說趙王於華屋之下-掌而談。(『抵』와 같음) ㊁❶밀칠저(擠也)。❷닥드릴저(觸也)。【漢書】習俗薄惡人民-冒。❸당할저(當也)。【漢書】傷人及盜-罪。❹막을저(拒也)。【漢書】田延年-曰無有是事。❺다달을저(至也)。【漢書】或-其罪法。❻던질저(擲也)。【後漢書】劉表與諸文人共草章奏禰衡見之毀而-地。❼하우저、대저저(大-大凡)。【史記】大-盡詆以不道。❽씨름할저、씨름저(角-技戲)。【漢書】元封三年作角-戲。(『觝』와 통합)

【抵達:저달】다달아서 이름。도착함。

【抵當:저당】❶抵抗함。抵敵。【朱子全書·學】恐事變之來、--不去也。❷(經)債務의 담보물。

【抵當權:저당권】(法)債務의 담보로 이바지한 물건。또는 특수 재산에 대하여 다른 채권자보다 먼저 갚음을 받을 수 있는 권리。

【抵當物:저당물】저당잡히는 물건。

【抵排:저배】밀어 물리침。저항하여 배척함。

【抵死爲限:저사위한】죽기를 작정하고 굳세게 저항함。抵死。

【抵牾:저오】서로 부딪침。서로 모순됨。抵觸。牴牾。【漢書】甚多疏略、或有--。

【抵掌:저장】손뼉을 침。기운차게 손뼉을 치며 말함。【戰國策·趙策】--而談。

【抵觸:저촉】❶부딪침。충돌함。抵牾。❷서로 【周禮·註】福衡所以令不得--人。스쳐감。서로 모순됨。

【抵抗:저항】❶대항함。敵對함。❷(物)어떤 힘에 대하여 그것과는 반대의 방향으로 작용하는 힘。❸電流의 통과를 방해하는 성질。抵抗運動。

【抵抗力:저항력】운동체의 운동을 방해하는 힘。

【抵抗線:저항선】공격하여 오는 적군을 막아서 그치게 하는 防禦線。◎大-。

【抹】(말) 曷 マツ、けす erase ㄇㄛˇ mo3

草書 ❶바를말(塗也)。【增韻】亂曰塗長曰-。❷삭칠말、지울말、뭉갤말(壓-撥滅也)。❸마라이말(-額巾名)。【唐書】婁師德募猛士討吐蕃乃戴紅-額來應。

【抹去:말거】지워 없앰。뭉개어 버림。抹消。

【抹木:말목】가늘게 깎아서 무슨 표가 되게 박는 말뚝。抹杖。

【抹殺:말살】❶지워 버림。抹去。掃滅·末殺·抹摋。【漢書】--災異。❷남의 존재를 面目 없이 하여 버림。

【抹撒:말살】지움。털어 없앰。抹殺去。

【抹消:말소】있는 사실을 지워 없애 버림。抹殺。

【抹銀:말은】도자기 겉에 은가루을 발라서 윤택이 나게 함。

【抹紅金彩:말홍금채】말홍 도자기에다가 金彩를 넣음。

【抶】(질) 質 チツ、むちうつ spank ㄔˋ ch'ih4

小篆 草書 종아리칠질、볼기때릴질(撻也笞刑)。【左傳】-其僕以徇。

【抻】(신) 眞 シン、のばす spread

❶펼신(展也)。❷잡아늘일신(-物長)。❸휘어잡을신(引戾)。(『申』과 같음)

【押】㊀(압) 洽 オウ、コウ、おす ㊁(갑) 洽 press ㄧㄚ ya1·2

草書 ㊀❶수결둘압(手決)。❷이름쓸압(署也)。❸찍을압、누를압(按也)。❹거느릴압、관리할압(管拘)。【唐書】朝會監察御史二人-班。❺전당잡힐압(典當)。❻운자찍을압(詩賦點韻)。㊁❶도울갑(輔也)。❷단속할갑、잡아들일갑(檢束)。(『壓·狎』과 통함)

【押交:압교】죄인을 압송하여 넘김。

【押領:압령】❶죄인을 데리고 옴。❷강제로 빼앗음。

【押牢:압뢰】(制)죄인을 감시하던 사람。

【押留:압류】(法)國家 權力으로 特定의 有體物、또는 權利에 대하여 私人의 사실상 또는 법률상의 처분을 금하는 行爲。

【押付:압부】죄인을 押送하여 넘김。押交。

【押上:압상】죄인을 上級 관청에 호송하는 것。押付上送。

【押署:압서】도장을 찍고 이름을 씀。署名捺印。【韻會】押置也、今人、言文字--是也。

【押送:압송】죄인을 어떤 장소에서 다른 장소로 護送함。죄인을 잡아 보냄。

【押送者:압송자】감시를 받으며 압송되는 사람。

【押收:압수】관리가 職權으로 증거물이나 혹은 국민의 재산을 몰수하여야 된다고 사료되는 것을 강제로 빼앗는 일。

【押韻:압운】(文)詩를 지을 때 韻을 다는 것을 일컬음。詩의 일정한 곳에 같은 韻을 달음。【宋史】張孟--十卷。

【押印:압인】도장 따위를 누름。

【押釘:압정】손가락으로 눌러 박는 대강이가 크고 납작한 쇠못。◎差-、花-。

【抽】(추) 尤 チュウ、ぬく abstract ㄔㄡ ch'ou1

草書 ❶뺄추、뽑을추(拔也)。【詩】左旋右-。❷거둘추(收也)。❸당길추(引也)。【太玄經】羣倫-緖。(『紬』와 통함)

【抽讀:추독】어떤 부분만을 빼내어 읽음。【李頻】架書--亂。

【抽拔:추발】골라서 뽑아 냄。抽擢。拔擢。【吳志】乞普加覆載--恩。

【抽象:추상】(心)具體的인 事物이나 觀念에서 일반적으로 공통된 속성을 추려

내어 종합하는 정신작용。↕具體。

〔抽象名詞:추상명사〕《文》普通名詞의 한 갈래。형태를 갖추지 못한 추상적인 사물을 나타내는 한 명사。곧 기쁨·슬픔·사랑 따위와 같은 명사。↕物質名詞。

〔抽象的:추상적〕抽象에 의하여 일반화된 思想이나 槪念。↕具體的。

〔抽象的槪念:추상적개념〕사물의 성질·상태·관계 및 작용 등을 표시하는 개념。

〔抽身:추신〕바쁜 중에서 몸을 빼。

〔抽獎:추장〕여럿 속에서 추려 올려 씀。超獎。『呂溫』會未踰年、忽蒙ㅡㅡ。

〔抽進:추진〕여러 사람 가운데서 뽑아 올려 씀。拔進。抽擢。『南史』後蒙ㅡㅡ。

〔抽籤:추첨〕제비를 뽑음。제비뽑기。

〔抽出:추출〕빼냄。뽑아냄。

〔抽擢:추탁〕많은 것 중에서 뽑아 씀。

【抾】(거) 魚 キョ、とる take

가져갈거(持去)。

【抿】(문) 眞 ビン、なでる wash

❶씻을문(拭也)。❷만질문(撫也)。

【拂】㊀(필) 質 ヒツ、フツ、はらう shake ; assist ㊁(불) 物 ㄅㄧˋ pi4

㊀도울필(輔也)。『孟子』入則無法家ㅡ士。(『弼』과 통함)

㊁❶떨칠불、건드릴불(擊而過之)。❷씻어버릴불(拭除)。『禮』進几杖者ㅡ之。❸거스를불(逆也)。❹어길불(違戾)。『詩』四方無ㅡ。❺먼지채불(塵具)。『南史』塵尾蠅ㅡ是王謝家許。

〔拂去:불거〕❶떨어 버림。『禮記·疏』ㅡㅡ塵埃也。❷뿌리치고 감。

〔拂旦:불단〕동틀 무렵。새벽。黎明。拂曉。拂曙。『沈佺期』ㅡㅡ雞鳴仙衞陳。

〔拂亂:불란〕자기의 뜻과 맞지 않음。어그러져서 어지러워짐。『孟子·告子』行ㅡㅡ其所爲。

〔拂戾:불려〕❶거역함。乖戾。背戾。悖戾。『馬融』。❷淸算하여 잔액을 돌려줌。❷貯金을 그 預金者에게 돌려 주는 일。

〔拂拭:불식〕❶더러운 것을 털어 버림。깨끗하게 닦음。『南史』ㅡㅡ衣冠。❷君主의 寵愛를 받는 일。『李白·詩』一朝君主垂ㅡㅡ。

〔拂逆:불역〕자기 마음에 거슬림。뜻대로 되지 않음。반역함。

〔拂入:불입〕치를 돈을 넣음。

〔拂子:불자〕먼지떨이。塵尾。拂塵。

佛子(三才圖會)

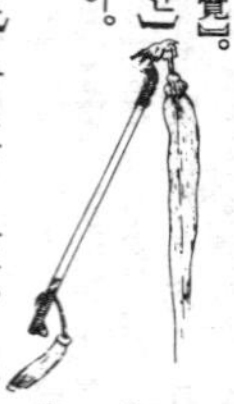

佛塵(淸會典圖)

〔拂塵:불진〕『釋氏要覽』。먼지떨이。拂子。

〔拂出:불출〕금전을 지불함。↕拂入。

〔拂下:불하〕官公署에서 一般人에게 물건을 팔아 넘기는 일。

〔拂曉:불효〕막 동이 틀 무렵。拂旦。

【拄】(주) 麌 チュ、ささえる support ㄓㄨˇ chu3

❶버틸주(撐拄)。『戰國策』齊嬰兒謠曰大冠若箕脩劍ㅡ頤。❷손가락질할주(從旁指)。『漢書』五鹿充宗爲梁丘易朱雲入論難連ㅡ五鹿君。❸막을주(拒也)。(『柱』와 같음)

〔拄杖:주장〕❶지팡이를 짚음。扶杖。『魏武帝』食芝英飮醴泉、ㅡㅡ桂杖、佩秋蘭。❷지팡이。枴杖。『幻影傳』ㅡㅡ何在、何擊之。

〔拄張:주장〕허튼 소리로 떠벌림。

〔拄置:주치〕바쳐 둠。『漢書』車師後王姑句、以道當爲ㅡㅡ、心不便也。

〔拄頰:주협〕두 손으로 뺨을 받침。『韓偓』鳥濕更梳翎、人愁方ㅡㅡ。

【拃】(잔) 潸 サン、しぼる squeeze ㄓㄚˇ cha3

❶쥐어짤잔(擠也)。『唐書』太宗遣使取熬糖法詔揚州上諸蔗ㅡ瀋如其劑。❷더듬어찾을잔(探索)。

【担】㊀(단) 旱 タン、ケツ、あげる ㊁(걸) 月 lift ㊂(담)〔俗音〕 ㄉㄢ tan1·4

㊀❶떨칠단(拂也)。❷칠단(擊也)。㊁번쩍들걸(ㅡ撟、軒擧)。㊂『擔』의 俗字

〔担撟:걸교〕올라감。『楚辭·遠遊』意恣睢以ㅡㅡ。

【扼】(액) 陌 ヤク、にぎる hold

❶잡을액(把也)。『漢書』燕齊之閒方士瞋目ㅡ掔。❷꺾을액(抑也)。『法言』或問持滿曰ㅡ敧。(『搤』과 같음)

【拆】(탁) 陌 タク、さく crack ㄔㄜˋ ch'ê4 (古音은「책」)

❶터질탁、찢어질탁(裂也)。『易』雷雨作而百果草木皆甲ㅡ。❷열릴탁(開也)。

〔拆裂:탁렬〕쪼갬。쪼개어 깨뜨림。坼裂。『柳宗元』其下ㅡㅡ而爲壕。

【拇】(무) 有 ボ、ボウ、おやゆび thumb ㄇㄨˇ mu3

엄지손가락무(手大指)。『易』咸其ㅡ。

〔拇印:무인〕엄지손가락으로 도장을 대신하여 찍는 것。손도장。

〔拇指:무지〕엄지손가락。巨指。擘指。將指。『南方草木狀』甘蕉有三子、大如ㅡㅡ。

【拈】㊀(념) 鹽 デン、ネン、つまむ ㊁(점) 琰 pick ㄋㄧㄢ nien2·3

㊀집을념、딸념(指取物)。『杜甫詩』舍西柔桑葉可ㅡ。㊁뜻은 ㊀과 같음。

〔拈華微笑:염화미소〕《佛》文字나 말에 의하지 않고 마음에서 마음으로 전하는 일。釋迦牟尼가 蓮華를 따서 제자들에게 어떤 뜻을 暗示했으나 아무도 모르고 다만 伽葉만이 그 뜻을 알아 혼자 微笑했다는 故事。拈華示衆。『五燈會元』。

〔拈出:염출⇩점출〕《慣》❶끄집어 냄。❷이렇게 저렇게 둘러 맞춤。『楊萬里』ㅡㅡ老謀開宇宙。

〔拈香:염향⇩점향〕《慣》향을 피움。燒香。『祖庭事苑』釋氏之作佛事、未嘗不以ㅡㅡ爲先。

【拉】(랍) 合 ロウ、ラツ、くじく break ; catch ㄌㄚ la1·2·3

❶꺾을랍、분지를랍(摧折)。『史記』范雎折脅ㅡ齒於魏。❷바람휙 불랍(ㅡ風聲)。『校獵賦』猋ㅡ雷厲。❸잡아 갈랍(ㅡ致)。❹끌랍(牽也)。

〔拉殺:납살〕손으로 목을 비틀어 죽임。『左傳』拉公幹而殺之。

〔拉丁語:납정어〕Latin語。로마가 繁榮했을 때 라틴 民族이 사용한 말。지금

은 主로 學術語로 사용됨。羅甸語。

【拉致:납치】 강제 수단을 써서 억지로 데리고 감。

【拉脅:납협】 옆구리에 상처를 냄。『書』ㅣㅣ折齒。『漢

【拉朽:납후】 썩은 것을 부숨。《喩》어떤 일이 容易한 것。『晉書』將軍之擧武昌、若摧枯ㅣㅣ。

【拊】 (부) 麌 フ、なでる stroke ㄈㄨˇ fu³

小篆 草書 ❶어루만질부(揗也)。『詩』ㅣ我育我。❷두드릴부(擊也拍也)。『書』予擊石ㅣ石。❸풍류이름부(樂器名)。(『撫』와 통함)

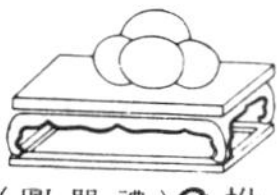
(禮器圖)

❸拊

【拊髀:부비】 ❶무릎을 치며 좋아함。❷기뻐서 어쩔 줄 모르는 도양。『莊子·在宥』鴻蒙ㅣㅣ而雀躍不輟。

【拊循:부순】 어루만져 편안하게 함。慰撫함。撫循。『史記』身自ㅣㅣ之。

【抛】 (포) 看 ホウ、なげうつ throw ㄆㄠ p'ao¹

小篆 草書 ❶버릴포(棄也)。❷던질포(擲也)。❸돌소뇌포(ㅣ車發石機)。『唐書』李勣列ㅣ車飛大石所當輒潰。

【抛車:포거】 中國 古代 전쟁 때 돌을 던지기 위하여 사용한 수레。霹靂車。『康熙字典』軍中以機發石曰ㅣㅣ。『唐書』李勣列ㅣㅣ、飛大石。

【抛棄:포기】 ❶하던 일을 중도에서 그만두어 버림。❷자기의 권리나 자격을 내버려 사용하지 않음。放棄。「울。

【抛物面鏡:포물면경】 일종의 오목거울。

【抛物線:포물선】 《數》중심을 가지지 않는 圓錐曲線。평면 위의 한 定點과 한 定直線으로부터 같은 거리에 있는 모든 점을 연결하는 곡선。

【抛物體:포물체】 《物》지상의 대기 중에 던져진 물체。중심을 가지지 않은 二次曲面體。

【抛擲:포척】 ❶내던짐。❷돌아보지 않음。放擲。『白居易』洛下田園久ㅣㅣ、吳中歌酒莫留連。

【抛撒:포철】 이리 저리 던지어 헤뜨림。「끼얹어 헤뜨림。

【抛置:포치】 던져 버려 둠。

【批】 ㊀(자) 紙 ㊁(제) 薺 セイ、シ、つかむ punch

小篆 ㊀❶꺼두를자(捽也)。❷쥐어박을자、주먹질할자(以拳加人)。㊁뜻은 ㊀과 같음。

【𢯷】 (자) 寘 シ、つむ pile up

小篆 쌓을자(積也)。

【拌】 (반) 寒 旱 ハン、すてる abandon ㄆㄢˋ p'an⁴

草書 버릴반(揖棄)。『方言』楚人凡揮棄物謂之ㅣ。(『拚』과 같음)

【拍】 (박) 藥 ハク、たたく applaud ㄆㄞ p'ai¹ (古音「백」)

小篆 草書 ❶칠박(搏也)。❷노래곡절박(樂句)。『琴集』大胡歌十八ㅣ小胡歌十九ㅣ。❸손벽칠박(ㅣ張手搏捽胡之戲)。

【拍手:박수】 두 손벽을 마주 두드림。기뻐거나 찬성·환영할 때 손뼉을 치는 일。

【拍手喝采:박수갈채】 두 손뼉을 쳐서 칭찬하거나 환영함。

【拍子:박자】 《樂》❶樂曲의 리듬의 근본이 되는 周期的인 小區分。❷音樂의 進行을 도와서 그 長短을 맞추는 일。

【拍掌:박장】 손뼉을 침。

【拍掌大笑:박장대소】 손뼉을 치며 크게 웃음。

【拍節機:박절기】 樂曲의 절대적 속도를 표시하는 기계。메투로놈(metronome)。

【拍車:박차】 말을 탈 때 신 뒤축에 붙인 쇠로 만든 물건。말을 달리게 하기 위하여 말의 腹部를 자극하는 기구。

【拍板:박판】 나무로 만든 拍。拍子를 맞추기 위하여 치는 납작한 나무 판。『元史』ㅣㅣ制、以木爲板、以繩聯之。

拍板 (三才圖會)

【拏】 (나) 麻 ナ、ダ、ひく とる haul ㄋㄚˊ na²

小篆 草書 ❶맞당길 나(相牽引)。『史記』漢匈奴 相紛ㅣ。❷잡을나(拘捕)。❸연좌될나(罪相連引)。『漢書』禍ㅣ而不解。(『拿·挐』와 같음)

【拐】 (괴) 蟹 カイ、さそう allure ㄍㄨㄞˇ kuai³

草書 ❶유인할괴、꾀일괴(誘也)。❷훔쳐 팔괴(ㅣ賣)。❸지팡이괴(杖也)。

【拐帶:괴대】 ❶물건을 몰래 훔쳐 가지고 달아남。❷위탁 맡은 물건을 가지고 도망함。

【拐子:괴자】 거짓말로 속여 사람이나 물건을 誘拐하는 사람。

【拑】 (겸) 鹽 ケン、カン、つぐむ bit a horse ㄑㄧㄢˊ ch'ien²

小篆 草書 자갈먹일겸(脅持)。『漢書』天下之士ㅣ口不敢復言矣。(『箝·鉗』과 통함)

【拑口:겸구】 입을 다물고 말을 안함。言論의 自由를 束縛하는 일。箝口。鉗口、緘口。『漢書』臣畏刑而ㅣㅣ。

【拑馬:겸마】 말의 입에 나무를 물림。箝馬。

【拒】 ㊀(거) 語 ㊁(구) 虞 キョ、ク、こばむ refuse ㄐㄩˋ chü⁴

草書 ㊀❶막을거(禦也)。『論語』其不可者ㅣ之。❷맞설거(捍也)。❸다닥칠거(格也)。❹다나를거(抵也)。(『距』와 통함) ㊁진이름구(陳名)。『左傳』鄭子元請爲左ㅣ以當蔡人衛人爲右ㅣ以當陳人。

【拒納:거납】 納稅 또는 納付하기를 거절함。

【拒馬鎗:거마창】 전쟁에 쓰는 防守用兵器。要害地에 두어서 敵騎의 진격을 막음。

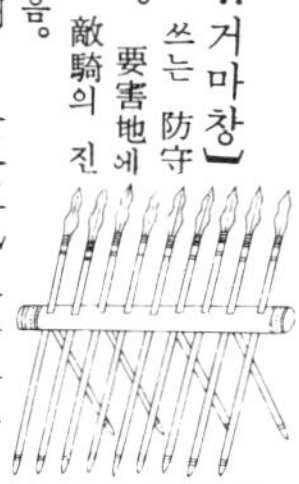
拒馬鎗 (武備志)

【拒門不納:거문불납】 문을 닫고 거절하여 문 안에 들이지 않음。「絕。

【拒否:거부】 승낙하지 않고 물리침。拒

【拒否權:거부권】 ❶남의 의견이나 요구를 거부할 수 있는 권리。❷《法》㉠立法府를 통과한 議案에 대하여 行政府가 同意를 거절하는 권리。비이토。㉡國際聯合 安全保障理事會의 票決 절차에 있어서 常任理事國에 賦與된 決議成立을 거부할 수 있는 권리。多數決을 채용하지 않고 단 한 사람이라도 不贊成이면 그 議案은 否決됨。비이토。

【拒否權行使:거부권행사】 거부권을 실지로 행함。

【拒霜:거상】 木芙蓉의 異名。가을에서 겨울에 걸쳐 꽃이 피므로 이런 이름이 「생김。

【拒守:거수】 막아서 지킴。

【拒逆:거역】 웃사람의 뜻이나 명령을 항거하여 거스름.

【拒絕:거절】 응낙하지 않고 물리침. 거절하여 끊어버림. 『左傳』ㅡㅡ忠諫。

【拒止:거지】 막아서 멈춤. 防禦하여 멈춤. 阻止. 항거하여 막음.

【拓】 ㊀(탁) 藥 タク、セキ、ひらく repulse ㊁(척) 陌 ㄓ chih²
小篆 草書 ㊀❶물리칠탁, 헤칠탁, 열탁(斥開)。『甘泉賦』ㅡ迹開統。❷밀칠탁(手推物)。『李山甫詩』ㅡㅡ纖痕更不收。❸낙척할탁(落ㅡ不耦)。『揚雄解嘲』何爲官之ㅡ落也。㊁주울척(拾也)。『思玄賦』ㅡ若華而躊躇。(『摭』과 같음)

【拓本:탁본】 金·石에 새긴 글씨나 그림을 그대로 종이에 박아 냄. 또는 그 박은 종이。搨本。『法帖譜系』往年ㅡㅡ猶有典刑。

【拓落:척락】 ❶不幸。零落함。落魄。『揚雄』何爲官之ㅡㅡ也。❷廣大한 모양。『左傳·魏都賦』。❸매조짐이 없는 모양。落拓。

【拓殖:척식】 어떤 곳에 移住하여 그 땅을 개척하는 것。拓地殖民의 뜻。

【拓地:척지】 토지를 개척함。拓土。『唐書』明皇有逸德、而ㅡㅡ太大。

【拓土:척토】 토지를 개척함。拓地。
◎干ㅡ、開ㅡ、落ㅡ。

【拔】 ㊀(발) 曷 バツ、ハイ、ぬく pull out ㊁(발) 黠 ㊂(패) 隊 ㄅㄚ pa²
小篆 草書 ㊀❶뺄발, 뽑을발(抽也)。『易』確乎 其不可ㅡ。❷돌아올발(廻也)。❸빠를발(疾也)。『漢書』ㅡ起隴畝之中。❹오니발(矢末)。『詩』舍ㅡ則獲。❺덜어버릴발(除也)。㊁❶빼어날발(挺也特立貌)。『杜甫詩』友于皆挺ㅡ。❷가릴발(擢也)。『後漢書』蔡邕連見ㅡ擢位在上列。(『犮』과 통함) ㊂❶밋밋할패(挺然)。『詩』柞棫ㅡ矣。❷휘어꺾을패(拂取)。

【拔去:발거】 빼어 버림. 치워 버림. 뽑아 버림。『韓愈』ㅡㅡ兇邪。

【拔劍:발검】 칼집에서 칼을 뽑음。拔刀。『呂氏春秋』要離中江ㅡㅡ以刺慶忌。

【拔群:발군】 여럿 가운데서 특별히 뛰어남。傑出。超群。拔萃。『梁書』聽明特達、出類ㅡㅡ。

【拔錨:발묘】 닻을 거두어 올림。곧 배가 떠난다는 뜻。↔投錨。

【拔本:발본】 근원을 뽑음。밑천을 뽑음。

【拔本塞源:발본색원】 根本을 빼내고 源泉을 막아버림。事物의 잘못을 그 根源에 거슬러 올라가서 處置한다는 것。『左傳·昭·九』伯父若裂冠毀冕、ㅡㅡㅡㅡ。

【拔貧:발빈】 가난을 벗어남。가난하던 사람이 부유하게 됨。

【拔進:발진】 여러 사람 가운데서 뽑아 昇進시킴。『漢書·李尋傳』閉絕私路、ㅡㅡ英儁。

【拔抄:발초】 필요한 대목만을 뽑아서 베낌。

【拔出:발출】 필요한 것만 빼어 냄。

【拔萃:발췌】 ❶여럿 가운데서 특별히 뛰어남。拔群。出群。『孟子』出於其類、拔乎其萃。❷書冊 속에서 要點을 빼내는 일。또는 그렇게 해서 만든 책。抄錄。

【拔萃案:발췌안】 여럿 중에서 필요한 것만 추려 내어서 만든 案件。

【拔齒:발치】 이를 뽑아 냄。

【拔擢:발탁】 여러 사람 가운데서 특별히 빼내어 일을 맡김。擢拔。『漢書』今復ㅡㅡ、備內朝臣。

【拔河:발하】 줄다리기。拉繩。『聞見錄』。
◎奇ㅡ、不ㅡ、選ㅡ、卓ㅡ、海ㅡ。

【拕】 ㊀(타) 歌 タ、ダ、ひく draw ㊁(타) 箇
草書 ㊀끌타(曳也)。『漢書』嚴助ㅡ舟而入水。(『拖』와 같음) ㊁당길타(引也)。(『拖』와 같음)

【拖】 ㊀(타) 歌 タ、ダ、ひく draw ㊁(타) 箇 ㄊㄨㄛ t'uo¹
小篆 草書 ㊀끌타(曳也)。『西都賦』挾獅豹ㅡ熊螭。㊁당길타(引也)。『論語』加朝服ㅡ紳。(『拕』와 같음)

【拖過:타과】 핑계하여 기한을 연기함。拖去。

【拖鉤:타구】 줄다리기。

【拖白:타백】 (制)科場에서 答案을 짓지 못하고 白紙대로 가지고 나옴。曳白。

【拖紫:타자】 紫色 印綬를 끌어 당김。高官이 됨。出世함。『晉書·儒林傳』紆青ㅡㅡ、服冕乘軒。

【拖杷:타파】 農具 이름。보리를 모으는데 쓰임。

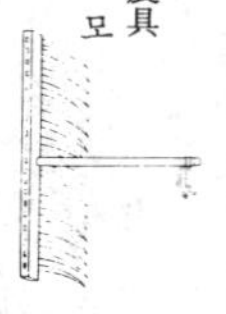
把 拖 (農政全書)

【拗】 ㊀(요) 巧 ヨウ、オウ、くじく pluck ㊁(요) 效 ㄠ ao⁴ ㄋㄧㄡ niu⁴
小篆 草書 ㊀꺾을요, 부지를요(手拉折)。『尉繚子』ㅡ矢折矛。㊁고집스러울요(心戾捩也)。『朱子語類』王臨川天資亦有ㅡ强處。

【拗强:요강】 뻐겨 우겨댐。『朱子語類』王臨川(安石)天資亦有ㅡㅡ處。

【拗怒:요노】 노여움을 누름。憤怒를 억제함。『班固』乃ㅡㅡ而少息。

【拗體:요체】 詩의 一體。일정한 平仄의 규칙에 의하지 않는 近體詩。絕句와 律詩의 變格。『三體唐詩』拗體。

【拘】 (구) 尤 ク、コウ、とらえる hold ㄐㄩ chü¹
小篆 草書 ❶잡을구(執也)。『書』盡執ㅡ以歸于周。❷거리낄구(曲礙)。『漢書』弘大體不ㅡ文法。(『拘』는 俗字)

【拘檢:구검】 언행을 구속하여 경계하고 타이름。『後漢書』ㅡㅡ者離毀。

【拘禁:구금】 (法)붙잡아 두어 밖에 나가지 못하게 함。신체를 拘束하여 監禁함。拘引。監禁。

【拘禁場:구금장】 구금하는 장소。

【拘忌:구기】 좋지 않을까 꺼림。사위함。꺼림。『晉書』服飾詭異、無所ㅡㅡ。

【拘拿:구나】 죄인을 잡음。『唐書』陰陽ㅡㅡ、非朕所顧也。

【拘泥:구니】 事物에 拘礙됨。얽어 맴。執着하여 융통성이 없음。杓子定規。『程史』剪剪ㅡㅡ、不得卽決。

【拘攣:구련】 ❶(醫)손발이 굳어지는 병。❷拘束。『揚雄』蕩然肆志、不ㅡㅡ兮。

【拘禮:구례】 禮儀에 사로잡혀 臨機應變의 능력이 없음。『劉向』ㅡㅡ之人、不足與言事。

【拘留:구류】 ❶붙잡아 머물러 둠。❷(法)法院이 被疑者 또는 被告人을 拘禁하는 强制處分。『漢書』單于亦趣ㅡㅡ漢使。

【拘留間:구류간】 =拘留場。

【拘留狀:구류장】 (法)구류할 때 발부하는 문서。

【拘留場:구류장】 (法)구류하는 곳。

【拘留處分:구류처분】 (法) 법범자 또는 그 혐의자를 구류시키는 조처。

【拘束:구속】 ❶《法》체포하여 속박함。 ❷官職·道德에 얽매어 자유롭지 못함。 ❸속박당한 것 같아서 悠悠한 기분이 없음。『晉書·王獻之傳』覽其筆蹤——若嚴家之餓隷。 ❹《法》자유 행동을 제한·정지시킴。『北史』上知其不願——、以禮發遣。
【拘束令狀:구속영장】《法》檢事의 신청으로 判事가 발부하는 피의자의 신체를 구속할 수 있는 명령서。
【拘囚:구수】 ❶죄인을 가둠。 囚禁。 ❷구금된 사람。 囚人。『韓愈』早知皆是自——。
【拘礙:구애】 거리낌。
【拘引:구인】 ❶체포하여 데리고 감。 ❷《法》法院이 어떤 사람을 審問하기 위하여 강제적으로 일정한 장소에 出頭 시키는 일。
【拘引狀:구인장】《法》拘束令狀。
【拘執:구집】 ❶불러서 오게 함。 붙려서 체포함。 拘囚。『後漢書』遂見——十餘日。 ❷固執함。『王陽明』——、一方。
【拘致:구치】 붙잡아 데리고 옴。 拘引。 引致。『後漢書』內以——防其邪計。
【拘置:구치】 ❶붙잡아 둠。 ❷《法》刑事 被告人을 拘束하여 일정한 장소에 머물러 있게 함。

【拂】 ㊀(별) 屑 ヒツ、ヒ、ねじる crush
㊁(비) 寘
㊂(필) 質
㊀❶휘어꺾을별(捩也)。 ❷쳐꺼꾸러뜨릴별(擊倒)。【西京賦】徒搏之所撞 ——。 ㊁얼러칠비(戲擊)。 ㊂찌를필(刺也)。

【拙】 (졸) 屑 セツ、つたない bad ㄓㄨㄛ chuo¹·² (古音「절」)
拙 小篆 拙 草書 ❶못날졸、졸할졸 (不巧)。【道德經】大巧若——。 ❷무딜졸(物屈不用)。 ❸나 졸(自己謙稱)。
【拙稿:졸고】 자기가 쓴 원고의 謙稱。
【拙工:졸공】 기술이 남보다 못한 職工。 기술이 서투른 목수。『孟子』大匠不爲——、改廢繩墨。
【拙技:졸기】 ❶졸렬한 技藝。 ❷자기 技藝의 謙稱。
【拙納:졸납】《佛》중의 자기 謙稱。
【拙訥:졸눌】 재주가 무디고 말을 더듬거림。 訥辯。『謝靈運』——謝浮名。
【拙劣:졸렬】 옹졸하고 비열함。
【拙論:졸론】 ❶자기 언론의 謙稱。 ❷신통하지 않은 언론。 ❸보잘것 없는 언론。
【拙陋:졸루】 졸렬하고 卑陋함。
【拙妄:졸망】 졸렬하고 망녕됨。
【拙文:졸문】 ❶졸렬하게 지은 문장。 ❷자기 문장의 謙稱。
【拙甫:졸보】 재주가 없고 졸망한 사람。
【拙誠:졸성】 졸렬하나 誠實함。『韓非子·說林上』巧詐不如——。
【拙速:졸속】 서투르나 빠름。 不備한 점은 있어도 成就는 빠른 것。『孫子·作戰』兵聞——、未覩巧之久也。
【拙作:졸작】 ❶졸렬한 작품。 ❷보잘 것 없는 저작。 자기 작품의 謙稱。
【拙丈夫:졸장부】 器局이 좁고 용렬한 남자。 ↕대장부。
【拙著:졸저】 ❶졸렬한 著作。 ❷자기 著作物의 謙稱。
【拙策:졸책】 ❶어리석은 計策。 졸렬한 方策。 ❷자기 계획의 謙稱。 拙計。
【拙妻:졸처】 자기 아내의 謙稱。 荊妻。 山妻。 拙荊。『李白』——好乘鸞。
【拙筆:졸필】 ❶粗雜한 붓。『白孔六帖』李繁下獄、從吏求——、著家傳。 ❷졸렬한 글씨。『尹程』託微言于——。 ❸글씨를 잘 쓰지 못하는 사람。 ↕達筆。 ❹자기 글씨의 謙稱。
【拙荊:졸형】 자기의 뜻으로 편지에 쓰는 말。 拙妻。『水滸傳』與——一同來。
◎古—、巧—、守—、愚—、稚—。

【拚】 ㊀(번) 元 ヘン、フン、ひるがえる fly
㊁(분) 問 ㄈㄣˋ fen⁴
㊂(변) 霰
拚 小篆 拚 草書 ㊀날번(飛也)。【詩】—飛維鳥。(『翻』과 같음) ㊁버릴분(棄也)。 ㊂손춤출변(附手舞貌)。【宋書】何承天歌—就路。(『抃』과 같음)

【招】 ㊀(초) 蕭 ショウ、まねく invite
㊁(교) 蕭 ㄓㄠ chao
招 小篆 招 草書 ㊀❶손짓할초 (手呼)。【詩】——舟子。 ❷불러올초(來之)。【書】旁—俊乂。 ㊁❶들교(擧也)。【周語】好盡言以—人過。 ❷높이들교(揭也)。【莊子】有虞氏—仁義而撓天下。
【招待:초대】 ❶손님을 불러서 대접함。 招請。 ❷임금의 명으로 불러서 오게 함。
【招待券:초대권】 어떤 모임에 오기를 청하는 文券。
【招待狀:초대장】 어떤 모임에 오기를 청하는 書狀。 초대하는 뜻을 적은 글。
【招待宴:초대연】 남을 초대하여 베푸는 연회。
【招來:초래】 불러서 오게 함。 招致。 招徠。『史記』大夏之屬、皆可——。
【招募:초모】 불러 모집함。 또는 모집된 兵士。 召集。 召募。『後漢書』——猛士。
【招撫:초무】 백성을 불러 모아 안심시킴。 歸順시킴。 모여 와서 복종하게 함。 招來。『後漢書』屯伊吾、以——之。
【招聘:초빙】 禮를 두터이 하여 부름。 鄭重히 모심。『梁書』上以時——。「위。
【招壻:초서】 ❶사위를 맞음。 ❷데릴 사
【招邀:초요】 불러서 맞음。 宴會에 부름。 招宴。
【招搖:초요】 ❶방황하는 모양。 또는 정처 없이 걷는 모양。 逍遙。『揚雄』徘徊——。『漢書』體——若永望。 ❷天 별 이름。 北斗七星의 第七星。『禮記·曲禮』——在上。 ❸內心으로는 무서워하면서 겉으로만 뽐냄。『福惠全書·欽犯』令奸黨四出——聲勢。
【招慰:초위】 ❶불러서 위안함。 招撫。『後漢書』今可遣使——、與共合力。 ❷달래어 歸順시킴。
【招誘:초유】 불러서 권유함。 가까이 부름。『晉書』或——安撫、以爲己用。
【招引:초인】 ❶죄인이 남을 끌어 넣음。 ❷불러들임。 招延。『北齊書』韓軌字晉明有俠氣、好酒誕縱、——賓客、一席之費、動至萬錢。
【招人:초인】 사람을 招請함。 또는 招請「한 賓客。
【招人鍾:초인종】 사람을 부르는 신호로 울리게 하는 종。
【招入:초입】 불러들임。
【招請:초청】 청하여 부름。『魏志』備禮——。
【招出:초출】 불러 냄。
【招致:초치】 불러서 이르게 함。 招來。『史記』——任俠姦人。
【招討使:초토사】《制》벼슬 이름。 도둑떼를 달래어 항복받기도 하고 반항하는 사람을 討伐하는 일을 管掌하였음。
【招魂:초혼】 ❶죽은 사람의 혼을 불러오는 것。 復魂。『儀禮·士喪禮』。 ❷民 사람이 죽었을 때 그 사람의 죽은 혼을 불러내기 위하여 마당에서 북쪽을 향해 「아무 동네 아무개 復(복)」이라고 세번 부르는 일。 이 일이 끝나고 發喪함。『楚辭·招魂序』。 ❸楚辭의 篇名。
【招魂祭:초혼제】 戰歿한 사람이나 殉職한 사람의 혼령을 위로하는 제사。
【招還:초환】 되돌아 오게 부름。

【拜】(배) 卦 ハイ、おがむ bow ㄅㄞˋ pai⁴
小篆 或體 或體 古文 草書
❶절배、절할배(兩手下稽首至地)。❷굴복할배(服也)。❸벼슬줄배(授官)。〔史記〕至ㅣ大將乃韓信也。❹예할배(禮也)。(『扒』와 같음)

【拜見:배견】❶貴人을 뵈옴。拜謁。拜覲。〔史記〕天子皆親ㅣㅣ。❷삼가 뵘。본다는 말의 謙稱。

【拜啓:배계】절하고 사뢴다는 뜻。편지의 첫머리에 쓰는 말。拜呈。謹啓。拜白。

【拜觀:배관】❶삼가 뵘。❷남의 글이나 물건 같은 것을 공손하게 봄。拜見。

【拜具:배구】삼가 말씀 드림。편지의 맨 끝에 써서 경이를 표하는 말。敬具。

【拜跪:배궤】무릎을 꿇고 절함。跪拜。〔十六國春秋〕爾拜爾跪、而不祗命、斯小臣之罪矣。

【拜納:배납】삼가 바침。奉納。〔戰國策〕。

【拜讀:배독】남의 글월을 공경하는 마음으로 공손이 읽음。拜覽。

【拜禮:배례】절하는 예(禮)。절을 함。禮拜。〔禮記〕明日賓、ㅣㅣ於朝。

【拜命:배명】❶삼가 명령을 받음。〔坔參〕ㅣㅣ時人羨。❷官職을 삼가 받음。拜官。〔南史〕不獲ㅣㅣ。

【拜聞:배문】간접으로 공경하는 마음으로 들음。전해 주는 말을 삼가 들음。

【拜眉:배미】삼가 뵈옴。삼가 만나 봄。

【拜白:배백】엎디어 사뢴다는 뜻으로 편지 끝 이름 아래에 쓰는 말。

【拜別:배별】作別의 謙稱。헤어짐。〔項斯〕省中重ㅣㅣ、兼領寄人書。

【拜伏:배복】엎드려 절함。절하여 엎드림。

【拜復:배복】삼가 回答함。편지 답장의 첫머리에 쓰는 말。

【拜賜:배사】삼가 下賜品을 받음。

【拜謝:배사】삼가 謝禮함。〔史記〕噲ㅣㅣ、起立而飮之。

【拜辭:배사】❶삼가 作別을 告함。❷삼가 謝絶함。삼가 사양함。辭退함。❸《制》肅拜와 朝辭。

【拜上:배상】절하고 올림。삼가 올림。편지 끝에 흔히 씀。

【拜席:배석】의식에서 배례하는 데 쓰는 자리。

【拜掃:배소】省墓。看山。삼가 先祖·父母의 무덤을 깨끗이 하며 돌본다는 뜻。〔北史〕託以ㅣㅣ求歸。

【拜疏:배소】삼가 上疏文을 올림。上疏。〔韓愈〕ㅣㅣ移閤門。

【拜送:배송】❶삼가 보냄。보냄의 謙稱。❷《國》天然痘 앓은 뒤 열사흘 만에 痘神을 餞送하는 일。❸《佛》밥을 주고 경문을 읽은 후 신들을 보내는 일。

【拜受:배수】공경하여 삼가 받음。받음의 謙稱。拜戴。〔禮記〕大夫親賜士、士ㅣㅣ。「음。받음의 謙稱。

【拜承:배승】삼가 받음。또는 삼가 들음。

【拜顔:배안】삼가 얼굴을 뵈옴。만나뵘。對面의 尊稱。拜眉。

【拜謁:배알】삼가 만나 뵈옴。貴人에게 面會하는 일에 대한 尊稱。〔史記〕代王馳至渭橋、群臣ㅣㅣ稱臣。

【拜呈:배정】❶삼가 올림。선물을 보낼 때의 尊稱。進上。呈上。❷삼가 사룀。편지의 맨 처음에 쓰는 말。拜啓·謹啓。

【拜診:배진】삼가 진찰함。

【拜察:배찰】삼가 省察함。推察의 謙稱。

【拜聽:배청】공손히 들음。

【拜稟:배품】공손히 여쭘。삼가 아룀。

【拜披:배피】삼가 편지를 공손히 폄。

【拜賀:배하】삼가 慶賀함。貴人에 대하여 慶賀의 뜻을 사뢰는 일。〔資治通鑑〕帥群臣ㅣㅣ。〔東鑑〕大臣ㅣㅣ。

【拜火敎:배화교】❶《宗》불을 신의 상징으로서 숭배하는 종교。페르샤의 조로아스터(Zoroaster)교와 印度의 婆羅門敎 따위。❷조로아스터敎。
◎謹ㅣ、答ㅣ、禮ㅣ、崇ㅣ、遙ㅣ、再ㅣ、參ㅣ。

【拝】(배)『拜』(前條)와 같음

【拠】(거)『據』(手部 13畫)의 俗字

六畫

【拪】(천) 先 セン、うつす remove
❶옮길천(遷也)。❷「遷」과 같음。

【拫】(흔) 阮 コン、ひく pull
草書 ❶끌어당길흔(引也)。「吳楚俗謂牽引前郤爲ㅣ格」。❷굴리칠흔(排擠)。〔唐書〕爲姦儉ㅣ抑。

【括】(괄) 曷 カツ、くくる wrap ㄍㄨㄚ kua¹
小篆 草書 ❶맺을괄(絜也結也)。❷쌀괄(包也)。〔禮〕祖ㅣ髮。❸이를괄(至也)。〔易〕ㅣ囊无咎无譽。❹검사할괄(檢也)。〔詩〕牛羊下ㅣ。❺궁구할괄(根刷)。〔唐書〕明經者但記帖ㅣ。❻오늬괄(矢末)。〔書〕若虞機張往者ㅣ于度則釋。❼모을괄(會也)。〔詩〕德音來ㅣ。❽닫을괄(閉也)。(『筈·筶』과 通함)

【括囊:괄낭】❶주머니 주둥이를 잡아맴。또는 그런 사람。《轉》입을 다물고 말하지 않음。〔易經〕六四ㅣㅣ、无咎无譽。❷하나로 統括함。〔後漢書·鄭玄傳論〕ㅣㅣ大典、網羅衆家。

【括髮:괄발】中國의 옛 喪禮의 하나。喪을 당한 사람이 성복 전에 삼(麻)으로 頭髮을 묶었음。髻髮。〔儀禮·聘禮〕。

【括線:괄선】글자나 또는 數字를 다른 자와 구별하기 위하여 윗쪽에 긋는 선。

【括約:괄약】❶모아서 한데 묶음。❷끝갈망을 함。

【括約筋:괄약근】《生》肛門 따위의 늘고 주는 근육。

【括巴天:괄파천】《醫》不凋草의 뿌리。精血强壯劑로서 陰萎·夢泄·遺精 등에 쓰임。巴戟天。巴戟。

【括弧:괄호】말이나 글 또는 算式을 한데 묶기 위하여 사용하는 부호。「 」·( )·〔 〕·〔 〕따위。
◎槪ㅣ、一ㅣ、總ㅣ、統ㅣ、包ㅣ。

【拭】(식) 職 ショク、シキ、ぬぐう wipe ㄕ shih⁴
草書 ❶닦을식、지울식、문댈식、씻을식(拔ㅣ揩也)。❷다듬을식(刷也)。〔六書故〕以巾ㅣ垢濡也。

【拭目:식목】눈을 씻고 자세히 봄。

【拭拂:식불】털고 훔침。拂拭。〔韓渥〕ㅣㅣ朝簪待眼明。

【拭淨:식정】씻어서 깨끗하게 함。

【拭清:식청】말끔하게 씻어서 깨끗하게 함。惡弊를 除去함。拭淨。

【拮】㊀(길) 質 ㊁(결) 屑 キツ、ケツ、はたらく work ㄐㄧㄝ chieh²
小篆 ㊀길거할길、열심히일할길(ㅣ据手口共作)。㊁뜻은 ㊀과 같음。

【拯】(증) 迥 ショウ、たすける help ㄓㄥ cheng³
小篆 草書 ❶구원할증(救也)。❷도울증(助也)。❸건질

증(援也)。【左傳】目干于眢井 而ㅣ之。
【拯劣米:증렬미】 물에 잠겼던 쌀。
【拯撫:증무】 구하여 위로함。慰撫。『晉書』隨宜ㅣㅣ。
【拯濟:증제】 건저 구제함。
【拯恤:증휼】 구하여 도와줌。救恤。『晉書』宜時ㅣㅣ救其彫困。

【拰】(님) 寑 ニン、おさえる press
❶누를님(搦也)。❷활바로잡을님(ㅣ搦調弓貌)。

【拲】㊀(공) 腫 キョウ てじょう handcuffs ㊁(국) 屋
㊀수갑지를공、조막손이낄공(兩手同械)。【周禮】上罪梏ㅣ而桎。㊁뜻은㊀과 같음。

【拱】(공) 腫 キョウ、こまぬく fold one's arms ㄍㄨㄥˇ kung³
❶팔짱낄공(斂手)。【書】垂ㅣ而天下治。❷손길잡을공(兩手大指相拄)。【禮】凡侍於君垂ㅣ。❸아람공(兩手合把)。【左傳】爾墓之木ㅣ矣。
【拱木:공목】 ❶한 아름드리 나무。拱樹。❷무덤 주위에 심은 나무。墓木。『江淹·恨賦』蔓草縈骨ㅣㅣ斂魂。
【拱璧:공벽】 한 아름드리만한 큰 寶玉。『左傳·襄·二十八』與我其ㅣㅣ。

拱璧(古玉圖)

【拱手:공수】 ❶두 손을 겹쳐 모아 행하는 절。吉事에는 남자는 왼손、여자는 오른손을 앞으로 하고、凶事에는 그 반대로 함。『禮記·曲禮·』遭先生于道、趨而進、正立ㅣㅣ。❷손을 마주 잡고 아무 일도 하지 않음。袖手。垂拱。『後漢書』天水隴西、ㅣㅣ自服。

【拳】(권) 先 ケン、こぶし fist ㄑㄩㄢˊ ch'üan²
❶주먹권(屈手)。【漢書】武帝巡守過 河間召ㅣ女 女 兩手皆ㅣ上自披伸號曰ㅣ夫人。❷근심할권(憂也)。❸부지런할권(勤懇)。【漢書】不勝ㅣㅣ不敢不盡愚心。❹맘에품을권(奉持貌)。(『惓』과 같음) 【中庸】得一善則ㅣㅣ服膺。
【拳固:권고】 주먹。拳骨。
【拳拳服膺:권권복응】 늘 마음에 두고 정성껏 간직하여 잊지 않고 지킴。
【拳攣:권련】 사랑하고 사모함。眷戀。『石介』胸中ㅣㅣ蟠蛟螭。
【拳法:권법】 《日》주먹을 휘두르며 格鬪하는 武藝。柔術과 비슷함。
【拳匪:권비】 비밀결사。곧 義和團。
【拳書:권서】 붓아닌 주먹에 먹을 묻혀 글씨를 쓰거나 또는 그렇게 쓴 글씨。
【拳術:권술】 맨손으로 相對者를 넘어뜨리는 武術。中國 國技의 하나。日本의 柔術과 비슷함。
【拳菜:권채】 《植》고사리。처음 돋아나올 때의 모양이 주먹 비슷하므로 이런 이름이 생김。
【拳銃:권총】 총의 한 가지。피스톨。短銃。
【拳銃强盜:권총강도】 권총을 들이대고 위협하여 물건을 빼앗아가는 강도。
【拳鬪:권투】 주먹으로 싸움。주먹으로 서로 때려서 勝敗를 결정하는 운동 경기의 하나。복싱(boxing)。
【拳鬪場:권투장】 권투 시합을 할 수 있도록 베풀어 놓은 링。
◎空ㅣ、鐵ㅣ。

【扌百】(박)『拍』(手部 5畫)과 같음

【拴】(전) 先 セン、えらぶ choose ㄕㄨㄢ shuan¹
가릴전(揀也)。(『詮·銓』과 通함)

【拵】(존) 元 ソン、さしはさむ insert
❶꽂을존(揷也)。❷【日字】지을존(調製)。
【拵物:존물】 진짜처럼 만든 물건。가짜。
【拵事:존사】 거짓된 事實。
【拵書:존서】 거짓 편지。

【扌戎】㊀(융) 東 ジュウ、たすける help ㊁(잉) 蒸
㊀도울융(助也、相也)。(『戎』과 봉합) ㊁인할잉(因也)。

【拶】(찰) 曷 サツ、せまる come upon ㄗㄢˇ tsan³
마주칠찰(排ㅣ逼也)。
【拶子:찰자】 犯罪한 婦人의 손가락에 사용하는 刑器。指枷。『六部成語』婦人之夾棍也、夾棍用於足、此用於乎。
【拶指:찰지】 酷刑의 一種。다섯개의 나무로 짜서 이것을 罪人의 손가락 사이에 끼워 拷問하는 方法。『正字通』拶、刑具、莊子、罪人交臂歷指、注、即今背剪ㅣㅣ也。
【拶次:찰차】 움직이는 것이 서로 조금씩 어긋남。
【拶逼:찰핍】 바싹 가까이 다가붙음。

【拷】(고) 皓 コウ、たたく whip ㄎㄠˇ k'ao³
매때릴고(ㅣ掠打也)。
【拷決:고결】 때려서 自白시킴。『明律』。
【拷拱:고공】 강제로 自白시킴。『福惠全書』ㅣㅣ旗色主名、並所逃月日。
【拷鞠:고국】 =拷問。『唐律』。
【拷掠:고략】 ❶속여서 빼앗음。奪取함。奪掠。❷拷問。『唐律·斷獄』ㅣㅣ者、杖一百。
【拷問:고문】 自白시키기 위하여 엄중하게 問責함。苦痛을 주어서 自白시킴。鞫問。按問。『後漢書』ㅣㅣ服罪。
【拷問致死:고문치사】 고문하다가 잘못하여 사람을 죽임。
【拷訊:고신】 =拷問。
【拷打:고타】 고문하여 때림。拷掠。

【扌休】(호) 豪 コ、キュウ、のぞきさる sweep
❶쓸어버릴호(除也)。❷김맬호(拔去田草)。

【扌肙】(연)『捐』(手部7畫)의 俗字

【拸】(치) 支 紙 シ、すてる throw
❶버릴치(去也)。❷칠치(拍也)。❸끌치(拽也)。【莊子】介者ㅣ畫外非譽也。

【拹】㊀(랍) 合 キョウ、くじく break ㊁(협) 葉
㊀부러질랍(拉也)。(『拉』과 같음) ㊁꺾을협(折也)。

【拺】㊀(색) 陌 ソク、サク、えらびとる choose ㊁(착) 陌
㊀고를색、추릴색(擇取物)。㊁붙들착(扶也)。

【拽】㊀(예) 霽 エイ、エツ、ひく draw ㊁(열) 屑 ㄧㄝˋ yeh⁴
㊀당길예(引也)。【朱子語類】康節凡事纔覺難便ㅣ身退。

(『曳』와 갈음) 三끌열(拖也)。【禮】車輪曳踵。(『抴』과 갈음)

【拽笳:예공】 지팡이를 끌음。散策。曳節。

【拽白:예백】 물이 급히 흘러간 뒤 그 물이 맑아지려고 하는 곳을 이름。明灘。『宋史』水猛驟移、其將澄處、望之明白、謂之ーー、亦謂之明灘。

【拽身:예신】 몸을 끄는 일。退官할 때 흔히 쓰임。『朱子語類』。

【拾】 一(습) 緝 二(십) 緝 三(겁) 葉 四(섭) 葉 シュウ、ジュウ、 ひろう pick up: gather ㄕ shih²

拾 小篆 拾 草書 一 ❶주울습、집을습(掇也)。❷거둘 습(收也)。【漢書】經術苟明其取青紫如ー地芥。❸팔찌습(射韝)。【詩】決ー旣佽。❹벼슬이름습(官名ー遺)。二열십(十也)。(「十·什」과 갈음) 三다시겁(更也)。【禮】左右告矢具請ー投。四건늘섭(ー級涉也)。【禮】ー級聚足連步以上。

❸拾(三才圖會)

【拾給:습급】 ❶계급이 한 등급씩 차례로 오름。❷계급이 한 등급 오름。

【拾得:습득】 ❶주움。『錄異記』ーー小石。❷《人》唐의 高僧。寒山과 함께 文珠·普賢 두 菩薩의 化身이라 함。→寒山拾得。

【拾得物:습득물】 주워서 얻은 물건。

【拾遺:습유】 ❶떨어뜨린 것을 주움。빠진 것을 보충함。【漢書】高祖取楚如ー。❷古記錄에 빠진 글을 주워 모아 記載함。❸임금이 모르고 있는 過失을 들어 諫함。【漢書】出入禁闕、補過ーー。❹《制》唐의 벼슬 이름。諫官의 하나。左·右拾遺의 別이 있음。左拾遺는 門下省에 속하고 右拾遺는 中書省에 속함。『唐書·百官志』左右ーー各二員。

【拾集:습집】 주워 모음。

【拾摭:습척】 =拾得。『袁淑』ーー遺餘。

【拾掇:습철】 주움。주워 가짐。『王令』寒禽冬饑啄地食、ーー穀種無餘遺。◎收ー。

【拿】 (나)『拏』(手部 5畫)의 俗字

拿鞫:나국】 중죄인을 잡아다가 鞫問함。

【拿問:나문】 죄인을 잡아 놓고 심문함。

【拿囚:나수】 죄인을 잡아 가두는 일。

【拿處:나처】 《制》重罪를 범한 죄인을 義禁府로 잡아다 처벌함。拿勘。

【拿致:나치】 죄인을 잡아 강제로 데려감。拿引。죄인을 引致하는 일。

【拿破崙:나파륜】 《人》一七六九~一八二一 프랑스 皇帝 나폴레옹(Napoléon)。

【拿捕:나포】 罪人을 붙잡는 일。罪人이나 敵船 같은 것을 붙잡음。

【拿獲:나획】 죄인을 잡거나 그 사람의 물건을 빼앗는 일。拿捕。『福惠全書』ー盜賊逃人。

【捆】 (인) 眞 イン、よる advance

捆 小篆 ❶나아갈인(就也)。❷기댈인(仍也)。

【持】 (지) 支 チ、ジ、もつ hold ㄔ chʻih²

持 小篆 持 草書 ❶가질지、잡을지(執也)。【禮】ー弓矢審固。❷물장군지(軍ー汲水具)。【陸游詩】遊山雙不借取水一軍ー。❸지킬지(守也)。

【持久:지구】 같은 상태에서 오래 견딤。오래 끌어감。【漢書】曠日ーー積數十年。

【持久力:지구력】 꾸준히 버티어가면서 견디어 나가는 힘。

【持久戰:지구전】 決戰을 피하고 시간적 여유를 얻기 위하여 오래 끄는 싸움。

【持戟:지극】 창을 가짐。또는 창을 가진 兵士。

【持難:지난】 일을 과단성 있게 처리하지 못하고 미루기만 함。

【持論:지론】 늘 가지고 있는 의견。持說。【漢書】ーー巧慧、易家不能難。

【持滿:지만】 ❶활줄을 충분히 켕김。引滿。『史記』彀弓弩ーー。❷地位를 持續함。『嵇康·答難養生論』在上何得不驕、ーー何得不溢。『孔子家語』子路進曰、敢問ーー有道乎。❸충분히 준비함。

【持病:지병】 ❶오랫 동안 낫지 않아 늘 지니고 있는 병。❷쉬이 버리지 못하는 나쁜 버릇。

【持服:지복】 喪服을 입음。服喪함。

【持斧伏闕:지부복궐】 上疏를 할 때 도끼를 가지고 대궐문 밖에 나아가 엎드리는 일。《喩》重難한 일에 대하여 諫할 대 죽음을 각오하는 것。

【持說:지설】 변하지 않고 持續하는 意見。항상 주장하는 意見。持論。

【持續:지속】 계속하여 지녀 나감。같은 상태가 끊임 없이 오래 계속됨。

【持藥:지약】 늘 잇달아 먹는 약。

【持點:지점】 撞球에 있어서 자기가 칠수 있는 끗수。제각기 지기로 정한 점수。

【持正:지정】 바른 道理를 지킴。『晉書』三人齊位、足相ーー。

【持重:지중】 ❶正道를 굳게 지킴。『後漢書·任光傳』同心畢力、ーー處世。❷무겁게 다룸。몸가짐을 愼重히 함。❸宗廟祭祀의 重任에 當하는 사람。承重。

【持參:지참】 물건을 가지고 참석함。

【持參金:지참금】 ❶당장에 가지고 있는 돈。❷신부가 시집 갈 때 친정에서 가지고 가는 돈。

【持參人:지참인】 지참한 사람。

【持參人拂手形:지참인불수형】 《經》受取人을 정하지 않고 어음에 기재된 금액을 지참인에게 지불 하도록된 어음。

【持平:지평】 ❶公平하게 하여 한 편으로 치우치지 않음。『漢書』李延年議論ーー、合和朝廷。❷《制》㉠高麗 때의 司憲府와 監察司의 正五品 벼슬。㉡李朝 때 司憲府의 正五品 벼슬。太宗 元年에 雜端을 고쳐서 일컬음。◎堅ー、固ー、保ー、所ー、受ー、維ー、住ー、支ー、護ー。

【挂】 (괘) 卦 ケイ、カイ、かかる hang ㄍㄨㄚ kua

挂 小篆 挂 草書 ❶그림족자괘(畫也)。❷걸괘、달괘(懸也)。【戰國策】無把銚ー耨之勢而有積粟之實。❸살촉괘(矢鏃)。【射雉賦】屬剛ー以潛擬。(『掛』와 통함)

【挂冠:괘관】 ❶制服의 衣冠을 벗어 기둥 같은 것에 걸음。❷官職을 그만 둠。《故》後漢의 逢萌이 王莽의 臣下되기를 꺼려하여 冠을 東都의 城門에 걸어 놓고、가족을 데리고 遼東으로 도망한 故事。挂冕。挂綬。解冠。掛冠。『後漢書·逢萌傳』逢萌謂友人曰、三綱絶矣、不去禍將及人、卽解冠挂東都城門、將家屬、浮海、客於遼東。

【挂帆:괘범】 돛을 달음。

【挂錫:괘석】 錫杖을 걸음。《轉》중이 한 곳에 滯在함。↕飛錫。『裴休』ーー十年棲蜀水。『釋氏要覽』僧止所住處、名ーー。

【挃】 (질) 質 チツ、つく beat

挃 小篆 挃 草書 ❶벼베는소리질(穫禾聲)。【詩】穫之ーー。

❷두드릴질(撞也)。〔淮南子〕五指之更彈不若捲手一ㅣ。(『桎』과 通함)

【挏】(충) 送 チュウ、はねる jump
뛸충(跳也)。

【揯】(긍) 蒸 コウ、ひっぱる snatch
휙챌긍(引急)。〔淮南子〕大弦ㅣ則小弦絶。(『抛』과 같음)

【挆】(타) 哿 ダ、タ、ゆれる shake
❶헤아릴타(忖度)。❷배돛내릴타(下帆)。❸흔들타(搖也)。(『揣』와 같음)

【挅】(타)『挆』(前條)와 같음

【挶】㊀(현) 霰 ケン、うつ strike;brandish
㊁(횡) 庚 ㄒㄩㄢˋ hsuan⁴
㊀칠현(擊也)。㊁휘두를횡(揮也)。

【指】(지) 紙 シ、ゆび、さす fingers;point ㄓˇ chih¹·²·³
(小篆·書·草)
❶손가락지、발가락지(手足端)。〔左傳〕子公之食ㅣ動。❷가리킬지(示也)。〔禮〕凡有ㅣ畫於君前用笏。❸뜻지(歸趣)。〔孟子〕言近而ㅣ遠者善言也。❹벼슬이름지(官名直ㅣ)。❺아름다울지(美也)。(『旨·脂』와 통함)

【指空:지공】하늘을 가리킴。

【指窠:지과】(制)벼슬하려는 사람이 빈 벼슬 자리 중 희망하는 자리를 고르는 일。

【指南:지남】❶가르쳐 지시함。指導。教授。〔張衡〕予習非而遂迷也、幸見ㅣㅣ於吾子。❷안내함。指針。〔李商隱〕爲百代之ㅣㅣ。

【指南車:지남거】中國 古代의 수레 이름。수레 위의 木像의 손가락이 항상 남 쪽을 가리키게 장치된 수레。『十八史略』。

指南車(三才圖會)

【指南石:지남석】=指南鐵。

【指南鐵:지남철】❶鐵을 끌어 당기는 성질이 있는 물체。천연적인 磁鐵鑛과 인공적인 永久磁石과 電磁石 등이 있음。❷指南針。자석 기운을 올려 늘 남쪽을 가리키는 성질이 있는 磁針。

【指南針:지남침】❶자석 기운을 올려 늘 남쪽을 가리키는 성질이 있는 바늘대。❷방향을 알아 보는 데 쓰는 기구。羅針。

【指導:지도】가르쳐 인도함。指導。

【指導者:지도자】남을 가르쳐 이끄는 사람。지도하는 사람。

【指東指西:지동지서】말하는 요지를 잘 모르고 엉뚱한 소리를 함。

【指頭:지두】손가락 끝。

【指頭書:지두서】손가락 끝으로 쓴 글씨。

【指令:지령】指揮。命令。

【指輪:지륜】=指環。

【指名:지명】인명을 지정함。이름을 指定함。〔史記〕非世所ㅣㅣ也。

【指名入札:지명입찰】지명한 사람에 한해서 시키는 입찰。

【指名戰:지명전】선거 따위에서 정당의 지명을 얻기 위한 경쟁。

【指名投票:지명투표】대통령이 지명한 사람을 국회에서 議決하는 푸표。

【指目:지목】❶남들이 손가락질하며 봄。❷사람이나 사물이 어떠하다고 가리키어 정함。〔史記〕皆ㅣㅣ陳勝。

【指紋:지문】손가락 끝마디 안쪽에 있는 피부의 주름。또는 그것이 어떤 물건에 남긴 흔적。指文。인장 대용에도 사용。

【指事:지사】❶事物을 가리켜 보임。❷漢字의 六書의 하나。글자의 모양이 직접 어떤 事物의 位置、또는 數量을 가리키는 것。上·下·一·二·三·凹·凸·따위。

【指授:지수】指示하여 가르쳐 줌。〔晉書〕奇畫ㅣㅣ、制勝千里。

【指數:지수】❶(數)어떤 數 또는 文字의 바른 쪽 위에 附記하여 그것의 乘羃(승멱)、또는 乘根을 표시하는 數字。또는 文字。❷(經)物價·노동·생산·지능 등의 시기적 변동을 일정한 때를 一〇〇으로 하여 비교하는 數字。

【指嗾:지수⇩지주】지휘하여 부추김。선동함。〔蘇軾·詩〕北伐犬戎隨ㅣㅣ。

【指示:지시】❶가리켜 보임。일러 가르침。〔漢書〕發蹤ㅣㅣ獸處者人也。❷지휘함。명령함。

【指示代名詞:지시대명사】事物·場所·方向 등을 지시하는 데 쓰이는 대명사。漢文에서는 此·是·之·斯·其·彼 등이 이에 該當함。가리킴 대이름씨。

【指壓:지압】손가락 끝 따위로 누르거나 두드림。

【指日可期:지일가기】다른 날에 일이 성공하게 될 것을 꼭 믿음。

【指章:지장】손도장。指紋을 찍는 일。

【指掌:지장】알기 쉬움。하기 쉬움。〔禮記·燕居〕治國其如指諸掌而已乎。

【指摘:지적】❶손가락질하여 가리킴。잘못을 지시하여 적발함。〔北史〕ㅣㅣ經史謬誤。❷손가락으로 집어 줌。골라서 씀。〔列子〕ㅣㅣ無痟癢。

【指點:지점】눈에 익혀 두었다가 손가락으로 가리킴。〔李白〕金鞭遙ㅣㅣ。

【指定:지정】❶이것이라고 가리키어 정함。❷관청·會社 등이 특별히 인정하여 어떤 권리를 賦與하는 일。

【指定詞:지정사】어떠한 사물을 지정하는 데 쓰는 品詞。「이다」「아니다」등。

【指爪:지조】손톱。

【指陳:지진】지시하면서 陳述함。〔後漢書〕宜披露得失、ㅣㅣ政要。

【指尺:지척】자의 이름。가운데 손가락의 가운데 마디를 한 치(一寸)로 잡고 만든 자。

指尺(三禮圖)

【指斥:지척】❶指稱함。指名함。❷물리침。배척함。〔摭言〕ㅣㅣ貴倖、不顧忌。

【指天爲誓:지천위서】하늘에 맹세함。

【指飭:지칙】가리켜서 타이름。

【指針:지침】❶指示 장치에 붙어 있는 바늘。시계·羅針盤의 바늘 같은 것。❷사물의 方針。❸남을 지시·인도하는 要因。

【指彈:지탄】❶손가락을 튀김。❷짧은 시간。〔劉克莊·詩〕已過光陰指一彈。❸비난함。指目하여 비방함。

【指標:지표】❶방향을 가리키는 표지。목적이 되는 표지。지시의 표지。❷(數)常用對數의 整數 부분。

【指向:지향】❶뜻하여 향함。志向。❷지정하여 그 쪽으로 향하게 함。

【指呼之間:지호지간】부르면 이내 대답할 만한 가까운 거리。

【指環:지환】가락지。장식용으로 여자의 손가락에 끼는 金·銀·珠玉 등으로 만든 고리。戒指。〔南史〕獻金剛ㅣㅣ。

【指揮:지휘】어떤 일의 해야 할 방도를 지시하여 시킴。指麾。〔史記〕不如瘖聾之ㅣㅣ也。

【指揮官:지휘관】지휘권을 가지고 군대를 지휘하는 장교。또는 그 사람。

【指揮棒:지휘봉】합창이나 合奏를 할 때 악대를 지휘하는 막대기。바통。

【指揮者:지휘자】어떤 일을 지휘하는 사람。지시하는 사람。

◎巨ㅣ、屈ㅣ、大ㅣ、無名ㅣ、食ㅣ、十ㅣ、藥ㅣ、五ㅣ、中ㅣ、彈ㅣ。

【挈】 ㊀(계) 霽 ㊁(설) 屑 ケイ、ケツ、かける、さける (本音「결」) break 小篆 草書 ㊀❶이지러질계(缺也)。 くーせ chʻien⁴ 〔封禪書〕ー三神之歡。❷거북점칠계(燃火灼龜)。〔幽通賦〕且算祀於ー龜。(『契』와 통함) ㊁❶끌설(提也)。〔禮〕班白不提ー。❷달아올릴설(懸持)。

〔挈家:설가〕 온 가족을 이끌고 감。 挈眷。

〔挈眷:설권〕 ＝挈家。

〔挈瓶之智:설병지지〕 작은 슬기。 손에 들 수 있는 작은 병에 담을 정도의 슬기。『左傳·昭·七』雖有——、守不假器。

〔挈壺:설호〕 壺의 一種。 들기에 편하게 만들어져 있음。

周(雷紋蟠首挈壺(古圖)搏)

【按】 ㊀(안) 翰 ㊁(알) 曷 アン、アツ、おさえる press ㄢ an⁴ 小篆 草書 ㊀❶누를안(抑也)。〔梁簡文箏賦〕陸離抑ー磊落縱橫。❷그칠안(止也)。〔史記〕ー兵毋出。❸어루만질안(撫也)。〔史記〕毛遂ー劍歷階而上。❹당길안(控也)。〔漢書〕天子乃ー轡徐行。❺살필안(察也)。❻안험할안、증험할안 (驗也)。❼핵실할안、알아볼안 (劾也)。〔漢書〕驗之往古ー之當今之務。 ㊁막을알(捺也)。〔詩〕以遏徂旅。(『遏』과 통함)

〔按檢:안검〕 조사하여 보살핌。 按察。

〔按劍相視:안검상시〕 서로 원수 같이 대함。

〔按擔:안담〕 남의 책임을 맡아짐。 부담「하는 것。

〔按堵:안도〕 ❶자기가 사는 곳에서 편안히 지냄。 ❷마음을 놓음。 安堵。『漢書·高帝本紀』吏民皆ーー如故。

〔按摩:안마〕 몸을 두들기거나 문질러서 병을 낫게 하는 治療法。 마사아지。 또는 治療하는 사람。『唐書』。『孟子·趙註』ー折手節解罷枝也。

〔按脈:안맥〕 맥을 짚어 봄。 의사가 병인의 맥을 짚어 보고 診察함。 察脈。 診脈。『素問』善診者。察色ーー。

〔按舞:안무〕 가곡·가요에 수반하는 동작을 연구하여 창안함。 또 그 연기자에게 가르치는 일。 또는 그 사람。

〔按撫:안무〕 民情을 잘 보살펴 어루만져 위로함。

〔按撫使:안무사〕 《制》❶李朝 高宗 二○년에 설치한 咸鏡北道 鏡城 以北의 一○고을을 다스리던 外官職。 北監司。 ❷지방에 變亂이나 災難이 있을 때 왕명으로 파견되어 백성을 按撫하던 臨時職。

〔按配:안배〕 적당히 처리함。 按排①。

〔按排:안배〕 ❶알맞게 잘 配置함。 按配。 ❷적당히 加減함。

〔按分:안분〕 《數》按分比例의 略稱。 주어진 數量을 주어진 비율에 비례하도록 고르게 분배하는 算法。 案分。 比例配分。

〔按分比例:안분비례〕 《數》 어떠한 수에 어떠한 비례로 분배하는 산법。 比例配分。

〔按手:안수〕 《宗》예수교에서 기도 받는 사람의 머리위에 손을 얹고 기도하는 일。

〔按酒:안주〕 술을 마실 때 곁들여 먹는 지짐이나 고기 등속의 음식。

〔按察:안찰〕 조사하여 바로잡음。 吟味함。『後漢書·百官志』ーー奸宄。

〔按治:안치〕 조사하여 다스림。 죄를 다스림。 按獄。『唐書』下御史ーー。

〔按覈:안핵〕 썩 자세하게 살핌。

〔按覈使:안핵사〕 《制》시골에서 일이 있을 때 그 일을 살피기 위하여 보내던 臨時職。

〔按驗:안험〕 잘 조사하여 증거를 세움。『漢書』終無所ーー。

【拏】 (책) 陌 タク、てではかる span 뼘잴책(手度物)。(『搩』과 같음)

【挵】 (롱) 『弄』(廾部 4畫)의 俗字

【捣】 ㊀(궤) 紙 ㊁(위) 尾 ギ、こわす destroy ㊀헐어버릴궤(毁撤)。 ㊁달위(懸也)。

【挋】 (진) 震 シン、ぬぐう shine 小篆 草書 ❶ 닦을진 (ー拭刷清)。〔禮〕浴用絺巾ー用浴衣。 ❷씻을진(洗也)。

【挌】 (격) 陌 カク、ラク、うつ beat ㄍㄜ kê² 小篆 草書 ❶칠격(擊也)。〔魏志〕手ー猛獸。 ❷들격(擧也)。(『格』과 通함)

〔挌鬪:격투〕 서로 맞붙어 치고 받고 하며 싸움。 格鬪。『唐書』與軍人ーー。

【拲】 (공) 腫 キョウ、つかむ take 小篆 두손으로잡을공(兩手取物)。

【挍】 (교) 效 コウ、はかる examine ㄐㄧㄠ chiao⁴ 草書 ❶알아볼교、검사할교(檢也)。 ❷살펴볼교、상고할교(考也)。 ❸헤아릴교(計量)。〔禮〕中年考ー。〔左傳〕君父之命不ー。(『校』와 같음)

【挏】 (동) 董 トウ、おす、ひく pound ㄊㄨㄥ tʻung² 小篆 草書 ❶당겼다、밀었다할 동(推引來去不定)。〔淮南子〕撣挨挺ー世之風俗。 ❷짓찧을동(撞也)。〔漢書〕給大官ー馬酒。 ❸움직일동(動也)。

【挐】 ㊀(나) 麻 ㊁(녀) 魚 ダ、ジョ、ひく pull ㄋㄚ na² 小篆 草書 ㊀끌어당길나(牽引)。〔莊子〕丈ー而引其船。(『拏』와 같음) ㊁❶끌녀(牽也)。〔揚雄解嘲〕攫ー者亡默默者存。 ❷번거러울녀(煩也)。〔宋玉九辨〕枝煩ー而交横。

〔挐攫:여확〕 서로 움켜잡고 싸움。 攫挐。『揚雄』態羆之ーー。

【挑】 ㊀(조) 蕭 ㊁(조) 篠 ㊂(도) 豪 チョウ、トウ、はねる jump ; chose ㄊㄠ tʻao¹ 小篆 小篆 草書 ㊀절구조(抒物器)。 ㊁❶긁을조(撥也)。 ❷뽑을조、가릴조(揀選取也)。 ❸멜조(肩荷)。 ❹희롱할조(弄也)。〔史記〕願與漢王ー戰決雌雄。 ❺돋울조(引調)。〔漢書〕卓文君好音相如以琴心ー之。(『佻』와 통함) ㊂❶뛸도(輕儇跳躍貌)。〔詩〕ー兮達兮。 ❷끌어낼도(引出)。

【挑達:도달】 뛰며 노는 모양。
【挑燈:도등】 등불을 돋아서 불을 더 밝게 함。『庶詢』一一更惜花。
【挑發:도발】 ❶집적거리어 일이 일어나게 함。 선동함。 ❷色情이 일어나게 함。
【挑戰:도전】 ❶싸움을 걸거나 돋움。 ❷競技 전쟁을 挑發함。【左傳】趙旃請一一。 를 하여 勝敗를 겨룰 것을 신청함。
【挑出:도출】 시비를 끌어 내거나 돋아냄。
【挑禍:도화】 災禍를 만들음。

【挒】 (렬) 屑 レツ、ひねる twist
❶내걸렬(捩也)。 ❷비틀렬(捩也)。 (『捩』와 같음)

【挖】 (알) 曷 アツ あばく pick out ㄨㄚ wa¹·²
(草書) 우벼낼알(穿索桃一)。

七 畫

【挨】 (애) 蟹 アイ、おす push away ㄞ ai¹·²
(小篆)(草書) ❶등칠애(擊背)。 ❷밀칠애(推也)。 ❸강하게 나아갈애(强進)。 ❹맞댈애(物相近)。
【挨左挨右:애좌애우】 서로 위하는 마음으로 양보하여 피함。
【挨次:애차】 順序。
【挨牌:애패】 清代에 綠營에 쓰던 牌의 이름。

挨 牌 (清會典圖)

【挩】 ㊀(탈) 曷 ㊁(세) 霽 ダツ、セイ、ぬぐう wipe
(小篆)(小篆)(草書) ㊀ ❶닦을탈(除也)。 ❷끼칠탈(遺也)。(『脫』과 같음) ㊁씻을세(拭也)。【儀禮】坐一手遂祭酒。

【挪】 (나) 歌 ダ、もむ seize and bend ㄋㄨㄛ nuo²
잡아휠나(搓一揉物)。

【挫】 (좌) 箇 ザ、くじく break ㄘㄨㄛ ts'uo⁴
(小篆)(小篆)(草書) ❶꺾을좌、꺾어질좌(摧折)。【孟子】思以一毫一於人若撻之於市。 ❷바로잡을좌(搦也)。
【挫氣:좌기】 기세가 꺾임。 기세를 꺾음。
【挫傷:좌상】 ❶기운이 꺾이고 마음이 상함。『淮南子』秋風下霜、倒生一一。 ❷打撲·衝突·墜落 등에 의하여 人體의 皮下組織이나 근육 따위를 손상하는 일。
【挫閃:좌섬】 《醫》뼈마디가 타격에 의하여 물러 앉아、그 주위의 막이 상하여 국부가 붓고 아픈 병。 捻挫。 「는 요통。
【挫閃腰痛:좌섬요통】 《醫》접질려 나
【挫折:좌절】 ❶눌러서 꺾음。 勢力을 꺾음。 ❷눌려서 꺾임。 失敗함。 頓挫。 摧折·挫頓。『後漢書』偏城難全、虜兵一一。
【挫創:좌창】 타박·충돌로 말미암아 살갗에 생기는 상처。 挫傷。 ◎頓一、捻一。

【捈】 (체) 薺 テイ、ぬぐう wipe
❶눈물뿌릴체(揮一淚)。 ❷씻을체(拭也)。

【振】 ㊀(진) 眞 ㊁(진) 震 シン、ふるう shake ㄓㄣ chen⁴
(小篆)(草書) ㊀ ❶무던할진(仁厚)。 ❷성할진(盛貌)。【詩】宜爾子孫一一。 ❸들진(擧也)。【左傳】均服一一。 ㊁ ❶떨칠진、움직일진(奮也)。【禮】孟春蟄虫始一。 ❷건질진(拯也)。【易】君子以一民育德。 ❸구원할진(救也)。【禮】一乏絶。 ❹진동할진(震也)。【戰國策】燕王一怖大王之威。 ❺정돈할진(整也)。【禮】一書端書於君前。 ❻발할진(發也)。【左傳】一廩同食。 ❼거둘진(收也)。【中庸】一河海而不洩。 ❽그칠진(止也)。 ❾떼지어 날진(羣飛貌)。【詩】振旅闐闐。【詩】一鷺于飛。(『賑』과 통함)
【振古:진고】 옛。 옛날。
【振窮:진궁】 가난한 사람을 구하여 도와줌。 振貧。 振窮。『周禮』三曰、一一。
【振起:진기】 ❶정신을 가다듬어 일으키거나 일어남。 振作。 ❷昌盛하게 함。
【振動:진동】 ❶九拜의 하나。 두 손을 마주 치는 拜禮。『周禮』。 ❷흔들어 움직임。 흔들리어 움직임。 振掉。 震盪。『史記』天下一一。 ❸《物》物體가 하나의 中心의 주위를 週期的으로 흔들어 움직임。
【振動計:진동계】 진동을 측정하는 기계。 물체가 일직선 상에서 어떤 중심의 두 쪽으로 오락가락하는 운동 상태를 재는 장치。 「동의 회수。
【振動數:진동수】 《物》단위 시간내의 진
【振動體:진동체】 《物》진동하는 물체。
【振動板:진동판】 《物》수화기에 있어서는 진동되는 음파를 내는 얇은 철판。 송화기에 있어서는 음파를 진동시키는 부분을 일컬음。
【振旅:진려】 凱旋함。 승전한 군대가 隊伍를 정비하여 돌아오는 것。 (振은收、旅는 軍事의 뜻)。『左傳』三年而治兵、入而一一。
【振撫:진무】 救하여 위로함。 어루만져 편안하게 함。『晉書』主周急一一。
【振武:진무】 武威를 떨침。
【振拔:진발】 가난한 사람을 도와 줌。
【振舒:진서】 떨쳐서 폄。
【振刷:진쇄】 지금까지의 나쁜 점을 전부 고쳐서 새롭게 함。 革新。 刷新。 刮刷。
【振肅:진숙】 두려워서 떨며 삼감。 해이하고 衰退한 것을 떨쳐 일으켜 단속함。『蘇轍』一一磨淬、不自屈服。 두려워하여 조심함。『北史』機略嚴明、事無疑滯、于是朝野一一。
【振施:진시】 구제함。 振救。 振濟。『漢書』一一賓客、家無所餘。
【振揚:진양】 떨쳐 일으켜 宣揚함。『晉書』一一仁風、開其自新之路。
【振慄:진율】 떨며 무서워함。 震慄。『史記』三軍之士、皆一一。
【振子:진자】 ❶童男童女。 侲子。『史記·註』。 ❷錘(추)。 重力의 작용으로 좌우로 일정한 운동을 되풀이하도록 만든 장치。
【振作:진작】 떨쳐 일어남。 또는 일어남。 성하게 함。 떨쳐 일으킴。 振興。 振起。
【振張:진장】 정신을 떨치어 폄。 확장함。
【振濟:진제】 구제함。 振施。『魏志』一一貧乏、通共有無。
【振振:진진】 ❶마음이 仁厚한 모양。『詩經』一一公子。 ❷盛大한 모양。『左傳』均服一一。 ❸信義心이 두터운 모양。 ❹떼지어 나는 모양。『詩經』一一鷺。 ❺혼자 잘난 체하여 우쭐거리는 모양。
【振天:진천】 ❶소리가 하늘까지 떨쳐 울림。 ❷名聲이 높아짐。『孔子家語』鐘鼓之音、上振於天、旌旗繽紛、下蟠於地。
【振替:진체】 ❶뒤바꿈。 일시 유용함。 ❷簿記에 있어서 하나의 計定科目과 다른 計定科目을 서로 교환함。 ❸振替貯金。
【振出:진출】 어음 또는 換을 발행함。
【振盪:진탕】 몹시 흔들어 움직임。 振動。
【振幅:진폭】 《物》진동하는 물체의 靜止位置로부터 振動의 바른 편 또는 왼 편

의 極點까지의 距離。
【振恤:진휼】 불쌍히 여겨 도와줌。 흉년에 곤궁한 백성을 구원하여 줌。 振救。
【振興:진흥】 떨치어 일으킴。 振作。
◎金聲玉―、不―。

【挱】(사) 歌 サ、なでる touch ㄙㄨㄛ suo¹
만질사(摩―手挼)。 【韓愈石鼓歌】誰復著手更摩―。(『抄』와 通함)

【挴】(매) 賄 バイ、むさぼる grudge
탐할매、 계엄낼매(貪也)。 【楚辭】穆王巧―夫何周流。

【挶】(국) 沃 キョク、もつ stretcher
小篆 草書 ❶가질국(撠―持也)。 ❷들것국(土轝)。 【左傳】陳畚―具綆缶。

【挹】(읍) 緝 ユウ、くむ pull ㄧˋ i⁴
小篆 草書 ❶잔질할읍(酌也)。 【詩】不可以―酒漿。 ❷잡아당길읍(抒也)。(『揖』과 通함)
【挹掬:읍국】 손으로 움킴。 또는 퍼 냄。 【蘇軾】幽灑自――。
【挹損:읍손】 자기 감정을 누르고 겸손함。 損挹·抑損。 【魏志·註】后寵愈隆、而彌自――。
【挹注:읍주】 ❶길어다 부음。 ❷여유 있는 것으로 不足한 것을 채움。

【挺】(정) 迥 テイ、ぬく outstanding ㄊㄧㄥˇ t'ing³
小篆 草書 ❶빼어날정(拔出)。 【晉書】以天―之資應期受命。 ❷너그러울정(寬也)。 【禮】仲夏―重囚益其食。 ❸당길정(引也)。 【漢書】―身逃亡其印綬。 ❹꿋꿋할정(直也)。 【左傳】周道――我心扃扃。 ❺향초이름정(香草名荔―)。
【挺傑:정걸】 아주 월등하게 뛰어남。 남달리 썩 뛰어난 傑出。 【晉書】英姿――。
【挺立:정립】 ❶뛰어나게 높이 솟음。 솟아있음。 ❷남보다 특별히 뛰어남。 挺秀。
【挺秀:정수】 훌륭하게 뛰어남。 빼어나게 뛰어남。 特秀。 挺傑。 挺特。 秀挺。 【晉書】英姿――、藉甚一時。
【挺身:정신】 ❶남들보다 앞서서 自進하여 나아감。 【蘇軾】拔劍而起、――而鬪。 ❷率先함。 【漢書】――逃、亡其印綬。 ❸몸을 빼어 감。 간신히 면함。
【挺然:정연】 남들보다 뛰어난 모양。 【晉書】方正亮直、――不群。
【挺戰:정전】 단신으로 솔선하여 앞장서서 싸움。 【南史】單身――、衆莫能當。
【挺節:정절】 절개를 굳게 지키고 굴하지 아니함。 【唐書】數嘗寇亂、――無所汙。
【挺出:정출】 ❶남달리 특히 뛰어남。 傑出。 【杜甫】自謂頗――、立登要路津。 ❷기어나옴。 【禮記】仲冬荔――。

【挻】(연) 先 セン、ながくする(古音「선」) lengthen
小篆 草書 ❶당길연(引也)。 【晉書】―亂江南。 ❷달아날연(遁也)。 【治安策】主上有敗則因而―之矣。 ❸손바닥으로칠연(掌擊)。 ❹휠연(揉也)。

【挼】㊀(뇌) 灰 ㊁(쇠) 灰 ㊂(나) 歌 ダ、もむ stroke ㄋㄨㄛˊ nuo²
小篆 草書 ㊀잡아휠뇌(按揉)。 ㊁어루만질쇠(手摩)。 ㊂꺾을나(摧也)。
【挼挲:뇌사】 부빔。 【楊萬里】。
【挼穗:뇌수】 벼의 이삭을 부빔。 벼의 이삭 양손으로 부벼서 낟알을 얻는 일。 【唐書】。

【捊】(부) 有 ホウ、すくう handful
움書부(手掬)。(『抔』와 같음)

【挽】(만) 阮 バン、ベン、ひく draw ㄨㄢˇ wan³
草書 ❶당길만(引也)。 ❷상엿군노래만(―歌)。 【崔豹古今註】露薤里二章李延年分爲二曲 薤露送王公貴人 蒿里送士大夫庶人使―柩者歌之世謂―歌。
【挽歌:만가】 ❶한국 口傳 민요의 하나。 葬禮式 때 靈柩車를 끄는 사람들이 부르는 노래。 輓歌。 【晉書】――出乎漢武帝。 ❷死者를 슬퍼하는 詩歌。 挽詩。
【挽留:만류】 붙잡고 못하게 말림。 挽住。
【挽住:만주】 =挽留。
【挽止:만지】 붙들어 말림。 挽留。
【挽執:만집】 붙들어 말림。 挽留。
【挽回:만회】 바로잡아 회복함。 처음 상태로 돌아감。

【捔】(갱) 庚 コウ、ひきのばす stretch oneself
기지개켤갱(引伸)。(『鏗』과 같음)

【捗】(접) 葉 チョウ、ひねる rub
小篆 비빌접(手摩物)。

【捀】(봉) 宋 ホウ、ささげる lift
小篆 ❶받들봉(奉也)。 ❷갈라잡고 셀봉(兩手分而數之)。

【拚】㊀(반) 寒 ㊁(번) 元 ハン、ホン、すてる abandon
草書 ㊀버릴반(棄也)。(『拌』과 같음) ㊁날번(飛也)。

【挾】(협) 葉 キョウ、はさむ insert ㄒㄧㄝˊ hsieh²
小篆 草書 ❶낄협(掖也)。 【詩】既―四鍭。 ❷가질협(持也)。 ❸도울협(輔也)。 ❹감출협(藏也)。 【漢書】除―書律。 ❺품을협(懷也)。 【孟子】不―長不―貴。 ❻띠협(帶也)。(『夾』과 같음)
【挾感:협감】 감기에 걸림。
【挾憾:협감】 원망의 뜻을 품음。 含憾。
【挾擊:협격】 양쪽에서 공격함。 挾攻。
【挾攻:협공】 양쪽으로 끼고 들이침。
【挾輔:협보】 붙들어 보좌함。 夾輔。 【後漢書】宜還本朝――王室。
【挾扶:협부】 곁에서 부축하여 지지함。 夾扶。 【晉書】扶夫人令起、于是兩人――以立。
【挾私:협사】 私情을 둠。
【挾詐:협사】 속으로 詐計를 꾸밈。 【史記·白起傳】――而盡坑殺之。 「들어감。
【挾書:협서】 科擧場에 몰래 책을 끼고
【挾勢:협세】 남의 威勢를 빙자함。
【挾旬:협순】 열흘 동안。
【挾日:협일】 열흘 간。 挾旬。
【挾雜:협잡】 옳지 않은 짓으로 남을 속이는 일。
【挾雜物:협잡물】 ❶부정한 물건이 섞여 깨끗하지 않은 물건。 ❷협잡을 하여서 얻은 물건。
【挾雜輩:협잡배】 협잡으로 남을 잘 속이는 무리。 협잡질을 하는 무리。
【挾滯:협체】 (醫) 체증이 생긴 위에 다른 병이 겹쳐 생김。

【挿】(삽)『揷』(手部 9畫)과 같음

【捁】(교) 巧 コウ、みだす disturb
捁 草書 ❶흔들교(動也)。❷깨우칠교(覺也)。❸어지럽게할교(亂也)。(『攪』와 같음)

【捂】(오) 遇 ゴ、ふる、さわる conflict
捂 草書 ❶다닥칠오(抵─觸也)。❷거스릴오(逆也)。【儀禮】若無器則─受之。❸버틸오(斜拄)。❹어금지금할오(抵─參差)。

【捃】(군) 問 クン、ひろう pick up ㄐㄩㄣˋ chün⁴
捃 草書 주울군(─摭拾收)。【史記】荀卿孟子韓非之徒往往─摭春秋之文以著書。

【捃拾:군습】주워서 모음。【蘇味道】野童來──、田叟去謳吟。

【捃採:군채】❶주워 가짐。捃摭。❷책 가운데서 요긴한 곳을 빼내어 써서 모음。【北史】──衆書。

【捃摭:군척】주워서 가짐。捃採。

【捄】㊀(구) 虞 キュウ、すくう relieve ㊁(구) 尤 ㊂(구) 宥 ㄐㄧㄡ chiu⁴
捄 小篆 草書 ㊀흙파올릴구(築墻取土捊也)。【詩】─之陾陾。㊁❶길구(長也)。【詩】有─棘匕。❷뾰족할구(角貌)。【詩】有─其角。㊂❶그칠구(止也)。❷두둔할구(護也)。【漢書】將以─溢扶衰。❸호위할구(護衛)。(『救』의 古字)

【捄弊:구폐】폐해를 올바르게 잡음。

【捄弊生弊:구폐생폐】폐해를 바로 잡으려다가 도리어 폐단을 일으킴。

【捅】(통) 董 トウ、ひく draw ㄊㄨㄥˇ t'ung³
끌어당길통(進前引也)。

【捆】㊀(곤) 阮 コン、たたく knock ㊁(혼) 元 ㄎㄨㄣˇ k'uen³
捆 草書 ㊀❶두드릴곤(叩椓)。❷짚신 삼을곤(織也)。【孟子】─屨織席。㊁❶취할혼(取也)。❷짤혼(纂組)。

【捆屨:곤구】짚신을 죄고 두드려 딴딴하게 만듦。짚신을 삼음。【孟子·滕文公】皆衣褐──織席以爲食。

【捆縛:곤박】비틀음。짬。

【捆致:곤치】가까이 맺음。사이 좋게 지냄。【詩經】室家先相──、已乃及於天下。

【捆逼:곤핍】가까이 맺음。團結함。사이 좋게 지내는 일。捆致。【詩經】室家先以相──而密緻、言其相親。

【捇】(혁) 陌 カク、ほる dig
捇 小篆 흙팔혁(掘土)。

【捈】(도) 虞 ト、ひく draw
捈 小篆 ❶궁굴릴도(臥引)。【方法】─中心之所欲通諸人之嘽嘽者莫如言。❷당길도(引也)。

【捉】(착) 覺 サク、ソク、とる catch ㄓㄨㄛ chuo¹
捉 小篆 草書 ❶잡을착(握也)。❷잡을착(搤也)。【漢書】周公躬吐─之勞。❸사로잡을착(捕也)。❹수자리살착(守─邊戍)。【唐書】兵之戍邊者大曰軍小曰守─。

【捉去:착거】붙잡아 감。

【捉頭僅捉尾:착두근착미】(國)대가리를 잡으려다가 겨우 꽁지를 잡음。(喻)큰 것을 바라다가 겨우 조그마한 것밖에 얻지 못했다는 뜻。【旬五志】

【捉來:착래】붙잡아 옴。

【捉山猪失家猪:착산저실가저】(國)멧돼지 잡으려다 집돼지 잃음。(喻)분수 밖의 욕심을 채우려다가 도리어 손해를 본다는 뜻。【旬五志】

【捉送:착송】붙잡아서 보냄。

【捉囚:착수】죄 지은 사람을 잡아 가둠。

【捉蟹放水:착해방수】게를 잡아서 물에 놓아 줌。(喻)애만 쓰고 소득이 없음。◎捕─。

【捊】(부) 尤 フ、ブ、くさとる weed out
捊 小篆 或體 ❶김맬부(引取治田)。【禮註】謂以手─聚即耕種耘鋤也。❷움큼부(掬也)。❸칠부(擊也)。❹당길부(引也)。(『抔·掊』와 通함)

【捌】(팔) 黠 ハツ、ハチ、やぶる break ㄅㄚ pa¹
捌 小篆 草書 ❶깨뜨릴팔(破也)。❷나눌팔(分也)。❸칠팔(擊也)。【淮南子】解梓者不在於─格在於批。(『八·扒』과 같음)

【捌格:팔격】싸움을 바로 수습함。(格은 擊也)

【捌髮:팔발】풀어흩어진 머리。[싸움]。

【捋】(랄) 曷 ラツ、つみとる pull out ㄌㄨㄛ luo¹·³
捋 小篆 草書 ❶쏙쏙뽑을랄(以指歷取)。【詩】采采芣苢薄言─之。❷만질랄(摩也)。【潘岳笙賦】郁─劫捂。

【捋鬚:날수】수염을 쓰다듬음。❶자기의 수염을 쓰다듬음。意氣揚揚한 態度。【馬祖上】。❷남의 수염을 쓰다듬음。親愛의 情을 보임。【古樂府】。❸捋虎鬚는 위험을 무릅쓴다는 비유。「以兩手──。

【捋乳:날유】젖을 짬。【水經】小夫人即

【捋采:날채】땀。取함。【詩經】──其劉瘼此下民。

【捍】(한) 翰 カン、ふせぐ block ㄏㄢˋ han⁴
捍 草書 ❶호위할한(衛也)。❷막을한(抵也)。❸팔찌한(臂─射具)。(『扞』과 같음)

【捍撥:한발】琵琶 채의 끝에 붙인 金·銀·象牙 등의 장식。【唐書】象牙爲──。

【捍塞:한색】막음。防止함。【魏書】詔常景、山中險路之處 悉令──。

【捍衛:한위】막아서 지킴。

【揑】(날) 屑 ネツ、おさえる press ㄐㄩㄢ chüan¹ (本音「녈」)
揑 草書 ❶꽉 찍을날(捺也)。❷꽉 누를날(搦也)。❸주워 모을날(捻聚)。❹만들날(作也)。

【揑造:날조】❶흙 같은 것으로 빚어서 물건의 형상을 만듦。❷無根한 사실을 사실처럼 造作함。

【捎】㊀(소) 效 ショウ、のぞく remove ㊁(소) 肴 ㄕㄠ shao¹
捎 小篆 草書 ㊀❶덜소(除也)。【周禮】輪人以其圍之防─其藪。❷흔들거릴소(─搖動貌)。㊁❶추릴소、출소(擠─凡取物之上者)。【史記】以夜─兔絲去之。❷버릴소(芟也)。❸휙찰소(掠也)。【校獵賦】曳─星之旃。❹말이름소(良馬名蒲─)。

【捎殺：소살】 때림。(殺은 다구차게 라는 助字)。『宋玉』鑿石伐木、ㅡㅡ林莽。

【捎雲：소운】 높은 구름。梢雲。『漢書』去之五六十里、見ㅡㅡ精白者、其將捍其士怯。

【捐】(연) 先 エン、すてる ㄐㄩㄢ nieh¹ throw

❶버릴연(棄也)。『漢書』自我得之自 我ㅡ之無所恨。❷덜릴연(除去損也)。『史記』ㅡ不急之官。❸병들어죽을연(ㅡ瘠病死)。『列子』生相憐死相ㅡ。

【捐軀：연구】 義를 위하여 몸을 버림。죽음。『曹植·表』憂國忘家、ㅡㅡ濟難。

【捐金：연금】 돈을 버림。돈을 기부함。『後漢書』乃ㅡㅡ于野、而遠尋師學。

【捐棄：연기】 버림。

【捐納：연납】 돈이나 곡식을 上納하고 벼슬자리를 얻는 일。秦·漢 이래로 明·淸에 이르기까지 飢民救濟나 大工事費의 捻出 등을 위하여 이러한 방법을 썼음。

【捐廩：연름】 公益을 위하여 官吏들이 俸祿의 일부분을 덜어 내어서 보태는 일。

【捐補：연보】 ❶자기의 재물을 내어서 다른 사람을 도와 줌。捐助。❷(宗)敎會에서 받는 獻金。

【捐生：연생】 목숨을 버림。捐金。

【捐世：연세】 死亡의 尊稱。棄世。

【捐助：연조】 남을 도와 줌。捐補。

【捐助金：연조금】 남을 도와 주기 위하여 내는 돈。捐補金。

◎棄ㅡ、義ㅡ。

【捒】 ㊀(송) 腫 ㊁(수) 遇 ショウ、つつしむ respect

㊀공경스러울송(敬也)。(『竦』과 같음) ㊁묶을수(裝也)。

【挪】(야) 麻 ヤ、あざける ㄧㄝ yeh¹·² banter

희롱지거리할야(ㅡ揄擧手相弄)。『白樂天詩』時遭人指點數被鬼ㅡ。(『揶』와 같음)

【捔】(각) 覺 カク、からみしばる bind

❶받들각、떠밀각(掎ㅡ紲後絓前)。『左傳』譬如捕鹿者晋人ㅡ之諸戎掎之。❷앞뒤로얽을각(紲也)。

【捕】(포) 遇 ホ、ブ、とらえる ㄅㄨˇ pu³·⁴ catch

사로잡을포(逮ㅡ擒捉)。『漢書』遣吏 分曹逐ㅡ。『說文』其人亡而討ㅡ之。

【捕鯨：포경】 고래를 잡음。

【捕繫：포계】 잡아서 묶음。잡아 묶어서 옥에 매어 둠。『漢書』ㅡㅡ豪强。

【捕校：포교】 (制)李朝 때 捕盜部將의 別稱。

【捕盜：포도】 도둑을 잡음。

【捕盜大將：포도대장】 (制)李朝 때 捕盜廳의 長官。捕將。

【捕盜廳：포도청】 (制)李朝 中期 이후 盜賊과 그 밖의 犯罪者를 잡기 위하여 설치한 관청。左·右廳의 둘이 있었음。捕廳은 그 略語。

【捕虜：포로】 전투에서 사로잡힌 적의 군사。俘虜。

【捕亡：포망】 도망한 사람을 잡음。

【捕縛：포박】 붙잡아서 결박함。

【捕手：포수】 (運)野球에서 本壘를 지키어 투수가 던지는 공을 받는 선수。↕投手。

【捕繩：포승】 죄인을 결박하는 노끈。縛繩。

【捕卒：포졸】 (制)李朝 때 捕盜廳의 軍卒。捕盜軍士。

【捕捉：포착】 ❶꼭 붙잡음。把捉。『唐書』ㅡㅡ未獲。❷要點이나 要領을 얻음。

【捕蟲網：포충망】 벌레를 사로잡는 데 쓰는 자루같이 생긴 그물。올이 성긴 그물。

【捕治：포치】 죄인을 잡아다가 조사함。『漢書』廣漢使吏ㅡㅡ。

【捕獲：포획】 ❶적병을 사로잡음。捕拿。『梅堯臣』津頭吏卒雖ㅡㅡ、官司直惜儒衣裳。❷짐승이나 물고기를 잡음。❸(法)戰時에 敵船 또는 中立違反의 中立國 船舶에 대하여 停止·臨檢·捜索을 하고 拿捕하는 일。

◎拿ㅡ、生ㅡ、逮ㅡ、追ㅡ。

【捗】 ㊀(척) 陌 ㊁(보) 遇 チョク、ホ、はかどる progress

㊀나갈척(進也)。㊁❶북더기모을보(收亂草ㅡ擄)。❷칠보(打也)。❸거둘보(收斂)。

【捘】 ㊀(준) 眞 ㊁(준) 願 シュン、おす push

㊀누를준(按也)。㊁❶밀칠준(推擠)。❷손톱으로찌를준(搯也)。

【捜】(수) 『搜』(手部 10畫)의 略字

八畫

【捛】(득) 職 トク、おす push

❶쥐어박을득(拳打)。❷밀칠득(挨也)。

【捥】(완) 寒 翰 ワン、うで arm

괄뚝완(臂也)。『史記』海上燕齊之間莫不搤ㅡ而自言有禁方能神仙焉。(『腕』과 같음)

【捦】(금) 侵 キン、にぎる grasp

❶움킬금(急持)。❷잡을금(捉也)。(『擒·㨸』과 通함)

【搭】(답) 合 トウ、ゆびおおい thimble

골무답(裁縫指物)。

【掭】(탁) 覺 タク、うつ beat

❶칠탁(擊也)。❷밀칠탁(推也)。❸말뚝탁(剌木)。(『椓』과 같음)

【捸】(표) 嘯 ヒョウ、わける distribute

❶나누어줄표(分與)。❷헤칠표(散也)。

【捧】(봉) 腫 ホウ、ささげる ㄆㄥˇ p'êng³ raise

❶받들봉(兩手承)。❷움큼봉(掬也)。(『奉』과 같음)

【捧納：봉납】 물건을 바치는 일。捧上。「하여 둠。捧入。

【捧留：봉류】 거두어 들인 물건을 보관하여 둠。

【捧腹絶倒：봉복절도】 거의 숨을 못 쉬어 넘어질 정도로 몹시 웃음。抱腹絶倒。

【捧負：봉부】 받들어 업음。(轉)도와 줌。扶持。『李華·弔古場戰文』提携ㅡㅡ、畏其不壽。

【捧上：봉상】 =捧納。

【捧受：봉수】 거두어서 받음。

【捧場：봉장】 ❶남을 받들어 援助함。❷좋아하는 배우에게 拍手 喝采함。

【捧招：봉초】 (制)죄인이 供招를 받음。

【捨】(사) 馬 シャ、すてる ㄕㄜˇ shê³ throw

❶놓을사(釋也)。❷버릴사(棄也)。『宋書』殷

淳愛好文義未嘗違ㅣ。❸베풀사(施也)。❹줄사(與也)。(『舍』와 같음)

【捨近取遠:사근취원】 가까운 것을 버리고 먼 것을 취함。

【捨象:사상】《心》사물과 表象을 抽象하는 반면에 다른 성질을 버리는 일。

【捨生取義:사생취의】 목숨을 버리더라도 義를 좇음。

【捨小取大:사소취대】 작은 것을 버리고 큰 것을 취함。

【捨身:사신】 ❶목숨을 버림。一身을 버림。❷《佛》修行·報恩을 위하여 俗界를 떠나서 佛門에 들어감。出家。

【捨身供養:사신공양】《佛》손·발·몸의 살 또는 온몸을 불(佛)·보살에게 바쳐 공양함。

【捨身行:사신행】《佛》㉠몸을 부처에게 공양하여 도를 닦음。㉡목숨을 걸고 하는 심한 修行。

【捨盞:사잔】 술잔을 버림。

◎取ㅣ。

【捩】(렬) 屑 レツ、レイ、ねじる bend ㄌㄧㄝ lieh^{4}

草書 ❶휘어꺾을렬(拗也)。❷비틀렬(紾也)。〔韓愈文〕ㅣ手翻羹。❸끌렬(撕也)。❹되돌아올렬(復歸)。(『攞·戾』과 通함)

【捩手:열수】 손을 비틀음。『韓愈』ㅣㅣ覆羹、轉喉觸諱。

【捩首:열수】 戰場 等에서 비틀어 꺾어 「온 머리。

【捩柁:열타】 키를 틀어서 배의 방향을 바꿈。『杜甫·詩』牙檣ㅣㅣ青樓遠。

【捫】(문) 元 ボン、モン、なでる caress

小篆 草書 ❶어루만질문、더듬을문(撫持)。〔詩〕莫ㅣ朕舌。❷잡을문(摸也)。〔史記〕漢王傷胷乃ㅣ足曰虜中吾指。

【捫蝨:문슬】 사람들 앞에서 이를 잡음。《轉》주위를 꺼리지 않는 모양。

【捴】(홀) 月 コツ、はらう dust

먼지떨홀(拂塵)。

【捬】(부) 虞 フ、なでる stroke

❶어루만질부(按撫)。❷위로할부(慰也)。(『拊·撫』와 통함)

【捭】㊀(패) 蟹 ㊁(벽) 陌 ハイ、ヒャク、なげうつ throw ㄅㄞ pai^{3}

小篆 草書 ㊀❶두손으로칠패(兩手擊)。❷던질패(擲也)。〔吳都賦〕莫不衄銳挫鋩拉ㅣ摧藏。㊁❶열벽(開也)。「鬼谷子有ㅣ闔篇蘇秦學ㅣ闔揣摩」。❷꺾을벽(折也)。

【捭闔:패합】 ❶開閉。開合。『鬼谷子』ㅣ者天地之道、ㅣㅣ者以變動陰陽。❷鬼谷子의 篇名。사람과 이야기할 때는 或은 말을 하고 或은 沈默하여 반복해서 그 속셈을 살펴야 한다고 함。

【捱】(애) 佳 ガイ、ふせぐ intercept ㄞ ai^{2}

❶막을애(拒也)。❷늘어질애(ㅣ過延緩)。

【捱過:애과】 끌고 지나감。『福惠全書』。

【捱到:애도】 천천히 到來함。『長生殿』。

【捱牌:애패】 방패의 이름。『武備志』

捱牌(武備志)

【据】㊀(거) 魚 ㊁(거) 御 キョ、よる hold ㄐㄩ chü^{1}

小篆 草書 ㊀❶가질거(戟挶持也)。❷길거할거(拮ㅣ手足爲事)。㊁❶의지할거(依也)。❷손병거(手病)。(『據』와 같음)

【据置:거치】 ❶現狀대로 두어 둠。❷《經》貯金·年金·債券 등을 一定期間 償還 또는 支拂하지 않는 것。

【捲】㊀(권) 先 ㊁(권) 銑 ケン、こぶし clench one's fist ㄐㄩㄢ chüar

小篆 草書 ㊀❶주먹부르쥘권(氣勢)。『齊語』有ㅣ勇股肱之力。❷힘우쩍우쩍쓸권(ㅣㅣ用力貌)。〔莊子〕ㅣㅣ乎后之爲人葆力之士也。㊁걷을권(斂也)。〔史記〕席ㅣ常山之險。(『卷』과 같음)

【捲歸:권귀】 거두어 가지고 돌아감。撤還。撤歸。

【捲堂:권당】 成均館 儒生들이 불평이 있을 때 示威를 하기 위하여 일제히 나가 버리던 일。空館。同盟休學。

【捲簾:권렴】 발을 말아 올림。

【捲奉:권봉】 影幀을 말아서 모시어 둠。

【捲土重來:권토중래】 砂塵을 말아 일으킨 形勢로 다시 옴。세력을 만회하여 옴。『杜牧』江東子弟多才俊、——未可知。

【捵】(전) 銑 テン、のばす straighten ㄔㄣ ch'en^{1}

바로잡을전(手伸物)。

【捴】(총) 『摠』(手部 11畫)과 같음

【捶】㊀(추) 紙 ㊁(타) 哿 スイ、タ、むちうつ lash ㄔㄨㄟ ch'uei^{2}

小篆 草書 ㊀❶종아리칠추(以杖擊)。〔魏志〕加其ㅣ扑之罰。❷짓찧을추(擣也)。〔禮〕欲乾肉則ㅣ而食之。㊁헤아릴타(忖度)。(『揣』와 같음)

【捶撻:추달】 =捶楚。〔晉書〕嫂ㅣㅣ婢過苦。

【捶殺:추살】 채찍질하여 때려 죽임。

【捶楚:추초】 매질함。

【捷】(첩) 葉 ショウ、かつ win; fact ㄐㄧㄝ chieh^{2}

小篆 草書 ❶사냥할첩(獵也)。❷이길첩(剋也)。❸첩서첩(ㅣ書、報勝)。〔詩〕一月三ㅣ。❹빠를첩(敏疾)。〔詩〕征夫ㅣㅣ。

【捷徑:첩경】 ❶지름길。捷路。『楚辭』夫唯ㅣㅣ以窘步。❷반드시 正道를 따른 것은 아니나 목적을 달성하는 데에 손쉬운 방법。❸일의 귀결이 쉽게 되리라는 뜻。

【捷給:첩급】 썩 민첩하게 공급함。《轉》對話를 잘하고 應對에 能熟한 것。『管子·大匡』聽明ㅣㅣ、可令爲東國。

【捷路:첩로】 =捷徑①。

【捷利:첩리】 민첩한 것。열쌔고 날램。

【捷聞:첩문】 =捷書。

【捷報:첩보】 싸움에 이긴 보고。捷書。

【捷書:첩서】 戰勝의 報告書。싸움에 이긴 것을 보고하는 글。捷聞。捷書。『蘇軾』ㅣㅣ夜到甘泉宮。

【捷速:첩속】 민첩하고 빠름。捷疾。『南史』其ㅣㅣ如此。

【捷捷:첩첩】 ❶거동이 민첩한 모양。『詩經』征夫ㅣㅣ。❷지껄이는 소리。

◎輕ㅣ、勁ㅣ、敏ㅣ、戰ㅣ。

【捺】(날) 曷 ナツ、おす stamp ㄋㄚ na^{4}

草書 ❶손가락으로누를날、수장찍을날(手重按)。❷도장찍을날(押印)。❸삐칠날(書法有ㅣ)。〔書法離鉤〕徵斜曰ㅣ人大等字是也橫過曰波之道等字是也。

〔捺印:날인〕 도장을 찍음。捺章。
〔捺章:날장〕 =捺印。

【捻】(념) 葉 ネン、おす press ㄋㄧㄝ nieh¹ (本音「녑」)
捻 小篆 捻 草書 손가락으로찍을념(指ㅡ捏也)。〔靑瑣 高議〕明皇時有獻牧丹者貴妃手印於花 上詔栽仙春館來歲花瓣有指印名爲一ㅡ紅。
〔捻挫:염좌〕 ❶관절을 삠。❷〔醫〕뼈마디가 타격에 의하여 물러앉아 그 주위의 막이 상하여 국부가 붓고 아픈 병。挫閃。
〔捻出:염출〕 짜아 냄。

【捼】㊀(뇌) 灰 ダ、もむ rub ㊁(나) 歌 ㄋㄨㄛ nuo²
捼 小篆 捼 草書 ㊀비빌뇌(兩手切摩)。『挼』와 같음。㊁❶꺾을나(摧也)。❷문댈나(抄也)。
〔捼抄:뇌사〕 부빔。〔楊萬里〕。

【捽】(졸) 月 ソツ、つかむ grasp ㄗㄨㄛ tsuo²
捽 小篆 捽 草書 ❶꺼두를졸(持頭髮)。〔淮南子〕溺則ㅡ其髮而拯。❷찔릴졸(觸也)。〔莊子〕齊人之井飮者相ㅡ也。

【捾】(알) 曷 アツ、ひく draw
捾 小篆 ❶당길알(援也)。❷손톱제낄알(掐也)。❷취할알(取也)。

【捿】(서) 齊 セイ、すむ roost
捿 草書 깃들일서、살서(幽居)。〔謝靈運詩〕恣此永幽ㅡ。『栖』와 같음。

【掀】(흔) 元 ケン、コン、あげる raise ㄒㄧㄢ hsien¹ (本音「헌」)
掀 小篆 掀 草書 ❶번쩍들흔(以手高擧)。〔左傳〕乃ㅡ公以出于淖。❷불끈내밀흔(東聳貌)。〔韓愈詩〕虵首ㅡㅡ。
〔掀動一世:흔동일세〕 名聲이 널리 세상에 알려짐。
〔掀天動地:흔천동지〕 떨치는 세력이 굉장함을 가리키는 말。
〔掀衝:흔충〕 피부나 근육이 화끈거리고 아픈 증세。
〔掀掀:흔흔〕 높이 솟은 모양。높이 올리는 모양。〔韓愈〕虵蛇首ㅡㅡ。

【𢭏】(지) 寘 ジ、もつ hold
❶가질지(持也)。❷꽂을지(拄杖)。

【掁】(쟁) 庚 ジョウ、ふる pierce
❶찔릴쟁、찌를쟁(觸也)。❷두드릴쟁(撞也)。❸더듬을쟁(揬也)。〔謝惠連文〕以物ㅡ發之應手灰滅。

【掂】(점) 鹽 テン、はかる weigh ㄉㄧㄢ tien¹
무게달점(衡也)。

【拼】㊀(평) 敬 ヘイ、したがえる obey ㊁(병) 庚 ㄆㄧㄥ p'in¹
㊀좇을평(隨從)。㊁물리칠병、제할병(排斥)。

【掃】(소) 號 皓 ソウ、はく sweep ㄙㄠ sao³˒⁴
掃 草書 ❶쓸소(灑ㅡ拚除)。〔詩〕灑ㅡ庭內。❷상투소(髻名鬧ㅡ)。『埽』와 같음。
〔掃萬:소만〕 모든 일을 다 제쳐 놓음。
〔掃滅:소멸〕 除去하여 없애 버림。有害物이나 盜賊을 깨끗이 除去함。쓸어서 싹 없앰。〔漢書〕ㅡ六國。
〔掃射:소사〕 〔軍〕기관총 등을 上下左右로 휘둘러 연달아 쏘는 일。
〔掃灑:소새⇨소쇄〕 쓸고 물을 뿌림。掃除。灑掃。洒掃。〔李白〕爲餘ㅡㅡ石上月。
〔掃刷:소쇄〕 좇음。좇아 냄。掃拭。〔爾雅·註〕拔拭ㅡㅡ。
〔掃拭:소식〕 털고 닦음。掃除。拂拭。〔李白〕ㅡㅡ靑玉簾。
〔掃夷:소이〕 좇아 내어 平定함。〔魏志〕ㅡㅡ凶逆。
〔掃除:소제〕 ❶쓸어서 깨끗하게 함。❷필요 없는 물건을 없애 버림。掃拭。掃淸。掃刷。掃拭。〔史記〕趙王ㅡㅡ自迎。
〔掃地無餘:소지무여〕 다 쓸어내어 나머지가 없음。〔轉〕물건이 아주 없음。
〔掃滌:소척〕 除去하여 깨끗하게 함。掃灑。〔南史〕百年棒穢、一朝ㅡㅡ。
〔掃蕩:소탕〕 모조리 除去하여 버림。平定함。〔晉書劉琨傳〕ㅡㅡ仇恥。
〔掃海:소해〕 〔軍〕바다 속에 던져 둔 水雷 따위의 위험한 물건을 쓸어 없애어 항해를 안전케 하는 일。
〔掃海艇:소해정〕 〔軍〕掃海를 임무로 하는 해군의 배。掃海船。
◎ㅡㅡ、淸ㅡ。

【掆】㊀(강) 陽 コウ、あげる raise ㊁(강) 養 ㄌㄨㄣ luen¹˒²
掆 草書 ㊀들강(擧也)。〔唐書〕ㅡ鈹金鉦。㊁끌강(捎ㅡ舁也)。

【掄】㊀(륜) 眞 リン、ロン、えらぶ choose ㊁(론) 元 ㄌㄨㄣ luen¹˒²
掄 小篆 掄 草書 ㊀가릴륜、고를륜(擇也)。〔周禮〕凡邦工入山林ㅡ材不禁。㊁뜻은 ㊀과 같음。
〔掄材:윤재〕 좋은 材木을 골음。〔詩經〕升景山ㅡㅡ木。
〔掄才:윤재〕 才能을 選擇함。人材를 골음。사람을 시험함。〔商子〕今上ㅡㅡ能知慧而任之。

【掇】(철) 屑 テツ、ひろう pick up ㄉㄨㄛ tuo¹ (本音「탈」)
掇 小篆 掇 草書 ❶주울철(拾取)。〔詩〕采采芣苢薄言ㅡ之。❷캘철(採也)。❸말채찍철(馬鞭)。
〔掇去:철거〕 깎아 버림。削去。〔漢書〕ㅡㅡ宋弘、更言因董賢以聞。
〔掇拾:철습〕 주워 가짐。주워 모음。收掇。采掇。〔揚基〕我自ㅡㅡ山中薪。
〔掇遺:철유〕 先人의 遺業을 주워 모음。〔文獻通考·經籍考〕聖宋ㅡㅡ一卷。

【授】(수) 有 ジュ、さずける give ㄕㄡ shou⁴
授 小篆 ❶줄수(予也)。〔史記〕沛公殆天ㅡ。〔禮〕男女不親ㅡ。❷부칠수(付也)。
〔授戒:수계〕 〔佛〕처음으로 佛門에 들어오는 사람에게 스승이 五戒·十戒 등의 戒律을 주는 일。
〔授權行爲:수권행위〕 〔法〕대리권을 수여하는 법률 행위의 한 가지。위임과 대리권 수여의 기초가 되는 행위。
〔授産:수산〕 가난한 사람에게 직업을 주어 생활 방도를 세워 줌。
〔授賞:수상〕 상을 줌。
〔授受:수수〕 주는 일과 받는 일。주고 받음。〔孟子〕男女ㅡㅡ不親。
〔授業:수업〕 ❶學業을 가르쳐 줌。〔漢書〕董景時爲博士、下帷講誦、弟子傳以久次、相ㅡㅡ、或莫見其面。❷살아 갈 길을 가르쳐 줌。生産의 방법을 세워 줌。授産。
〔授業料:수업료〕 피교육자가 내는 수업에 대한 요금。학생이 납부하는 돈。

【授與:수여】증서·상장·상품 또는 勳章 같은 것을 줌。
【授與式:수여식】졸업 증서·표창장 따위를 수여하는 예식。
【授乳:수유】어린아이에게 젖을 줌。
【授衣:수의】옷을 줌。《轉》겨울옷을 주는 달。음력 九월의 異稱。『詩經』七月流火、九月——。
◎口—、敎—、傳—、天—。

【掉】(도) 嘯 篠 ドウ、ふるう swing ㄉㄧㄠˋ tiao⁴ (本音「조」)
小篆 草書 ❶흔들도、두를도(搖也)。【左傳】末大必折尾大不—。❷떨칠도(振也)。
【掉頭:도두】머리를 흔들음。어떤 일을 否定하는 모양。『杜甫·詩』巢文——不肯住。
【掉尾:도미】❶꼬리를 침。❷最後가 되어 活動이 씩씩하게 됨。文章의 끝이 힘있음。
【掉舌:도설】혀를 휘둘러 辯論함。辯論을 왕성히 함。游說。

【掊】 ㈠(부) 尤 ㈡(부) 有 ホウ、あつめる gather ㄆㄡˇ p'ou³
小篆 草書 ㈠❶헤칠부(把也)。【史記】見地如鉤狀 —視得鼎。❷덜부(減也)。【易】君子以裒多益寡古作—。❸거둘부(聚斂)。㈡칠부(擊也)。【詩】曾是—克。
【掊擊:부격】침、공격함。또는 언어맞음。『莊子』——於世俗。(『剖』와 같음)
【掊克:부극】❶스스로 교만하여 남에게 이기기를 좋아함。『詩·蕩·傳』——、自伐而好勝人也。❷租稅를 課하여 거둬 들여 백성을 害치는 일。또는 그 사람。

【掌】(장) 養 ショウ、てのひら palm ㄓㄤˇ chang³
小篆 草書 ❶손바닥장(手心)。【論語】指其—。❷맡을장(職—主也)。【書】家宰—治邦。❸고달플장(鞅—失容)。【詩】或王事鞅—。
【掌匣:장갑】손에 끼는 물건。
【掌內:장내】자기가 맡아 보는 일의 범위 안。掌理하는 범위 안。
【掌大:장대】손바닥만큼의 크기。물건이나 장소의 작은 것에 비유함。
【掌禮院:장례원】《制》李朝 末 宮內部의 한 分掌。宮中의 典式·祭享·朝儀·雅樂·俗樂·陵園 등의 일을 맡았음。
【掌理:장리】맡아서 처리함。
【掌紋:장문】손금。손바닥의 무늬。
【掌狀:장상】손가락을 벌린 모양。
【掌狀脈:장상맥】《植》단풍잎·포도잎과 같이 葉脈이 손바닥 형상으로 이뤄진 網狀脈의 하나。
【掌狀複葉:장상복엽】《植》멀꿀 잎이나 으름덩굴 잎과 같이 葉柄의 꼭대기에 여러 개의 작은 잎이 손바닥 형상으로 벌어져 붙은 複葉의 한 가지。
【掌扇:장선】❶儀仗에 쓰이는 자루가 긴

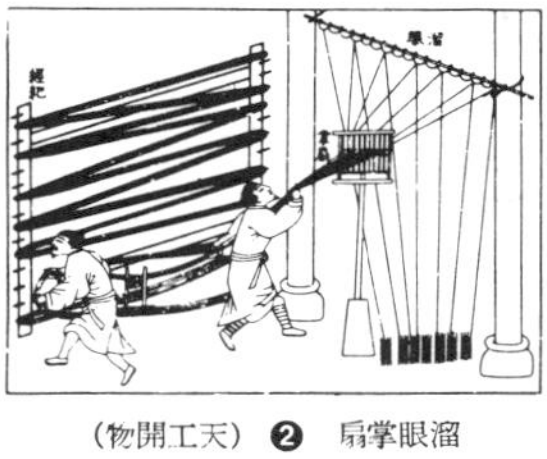
溜眼掌扇 ❷ (天工開物)

부채。❷베틀의 一種。『天工開物·經具』。

【掍】(혼) 阮 コン、あわせる put together
小篆 草書 같을혼、맞출혼(同也)。(『混』과 같음)

【掎】(기) 紙 キ、ひく draw ㄐㄧˇ chi³
小篆 草書 ❶한다리끌기(牽一脚)。【漢敍傳】秦 失其鹿劉季逐而—之。❷퉁길기(發也)。【西都賦】機不虛—。
【掎角:기각】사냥하여 사슴을 붙잡음。다리를 붙잡는 것은 掎、뿔을 붙잡는 것은 角。《愈》前後 相應하여 敵에게 대함。
【掎角之勢:기각지세】사슴을 잡을 때 뒷발과 뿔을 아울러 잡음。《喩》적을 앞뒤에서 몰아치는 태세를 일컬음。
【掎摭:기척】하나하나 주워 올림。끌어당겨서 거두어 가짐。『曹植』——病利。

【掏】(도) 豪 トウ、えらぶ choose ㄊㄠ t'ao¹
草書 ❶가릴도(擇也)。❷당길도(搯也)。(『搯』와 같음)
【掏摸:도모】손으로 더듬어서 남의 물건을 훔치는 것。소매치기 또는 그렇게 훔치는 사람。掏兒。
【掏兒:도아】소매치기。
【掏鵝:도아】《動》사다새。

【排】(배) 佳 ハイ、おしのける reject ㄆㄞˊ p'ai²·³
小篆 草書 ❶떠밀배、내밀배、밀칠배(推也擠也)。❷물리칠배(斥也)。【史記】迺—闥直入。❸벌려놓을배(安置列也)。【漢書】相推—成列。
【排却:배각】물리쳐 버림。擯却。『參同契』——衆陰邪。
【排擊:배격】배척하고 공격함。악평하며 물리침。排斥攻擊。『漢書』——剝割、而衆理解也。
【排球:배구】《體》공을 손으로 치는 운동 경기의 한 가지。발리보올。
【排氣:배기】공기를 밖으로 뽑아냄。
【排氣管:배기관】증기나 가스를 밖으로 내보내게 장치된 관。
【排尿:배뇨】오줌을 눔。
【排闥直入:배달직입】주인의 승낙 없이 문 안으로 쑥 들어감。
【排卵:배란】卵巢가 卵子를 排出함。
【排立:배립】줄지어 죽 늘어섬。
【排拂:배불】밀어 내어 없앰。除去함。排除。排斥。『陳書』必——異家。
【排佛:배불】佛敎를 배척함。
【排比:배비】비례를 따라 나누어 묶음을 지음。『唐會要』篇卷錯亂、卿爲脉——。
【排擯:배빈】밀어 내어 물리침。擯斥。排斥。『李谿』西漢則王氏擯朝、——宗室。
【排朔:배삭】달마다 얼마씩을 분배함。排月。
【排設:배설】儀式에 쓰는 諸具를 벌여 놓음。陳設。
【排泄器:배설기】《生》배설 작용을 하는 器官。
【排泄物:배설물】똥·오줌 따위의 배설된 물질。
【排設房:배설방】《制》宮中에서 遮日·휘장 따위를 베푸는 일을 맡아 보던 곳。
【排泄作用:배설작용】동물체의 배설。
【排簫:배소】樂器의 이름。대를 나란히 세워서 만듦。『元志·樂志』。

排簫 (大淸會典圖)

【排水：배수】❶불필요한 물을 밖으로 빼어 냄。❷물에 뜨는 물체가 그것이 물 속에 잠긴 만큼의 體積의 물을 사방으로 밀어 헤치는 現象。흔히 艦船의 重量을 헤아리는 데 이용됨。
【排水管：배수관】물을 뽑아 내는 관。
【排水量：배수량】❶물에 배가 뜰 적에 그 무게로 인하여 밀려 나가는 물의 분량。❷펌프가 물을 배출하는 분량。
【排水路：배수로】물을 빼어서 버리기 위하여 만든 수로。
【排列：배열】질서있게 늘어 놓음。죽 벌여서 열을 지음。配列。
【排外：배외】외국의 文物・思想 같은 것을 배척함。
【排外思想：배외사상】배외 정신을 기초로 한 사상。
【排日：배일】❶날마다 얼마씩 나누어 몇 날에 벼름。❷일본의 文物・思想・政治的 交涉 등 일체를 배격함。↔親日。
【排入：배입】방해하는 사람을 밀치고 들어옴。『晉書』一一羽嘗。
【排詆：배저】배척하여 비방함。『北史・元諸傳』性剛愎好一一。
【排定：배정】알맞게 갈라서 벌여 놓음。
【排除：배제】밀어 내어 除去함。排拂。
【排擠：배제】물리쳐 떨어뜨림。排斥。『漢書・杜周傳』阿黨所厚、一一英俊。
【排次：배차】차례를 벌여 정함。또는 그 차례。
【排斥：배척】밀어 냄。밀어 내어 물리침。擯斥。排擯。『後漢書』竟見一一。
【排出：배출】밖으로 밀어 냄。
【排置：배치】❶分排하여 벌여 놓음。排布。❷布置。『梅堯臣』一一屋角邊。
【排他：배타】남을 배척함。↔依他。
【排布：배포】❶머리를 써서 일을 이리저리 조리있게 계획함。❷排置。
【排貨：배화】어떤 나라나 어떠한 사람의 物貨를 배척하여 거래하지 않음。
【排毀：배훼】물리쳐 비방함。『拾遺記』妙年者爭嫉之、競相一一。◎安一。

【掐】(겹) 洽 コウ、つまむ pinch ㄑㄧㄚ ch'ia' 小篆 草書
꼬집을겹(爪刺)。

【掔】(古音「간」) ㊀(완) 刪 ケン、ひく ㊁(견) 先 draw 小篆 草書
㊀당길완(引也挽也)。㊁끌어갈견(牽去)。『史記』鄭襄公肉擔一羊以迎。(『牽』과 같음)
【掔羊：견양】羊을 잡아 끌음。『史記』鄭襄公肉袒一一以迎。
【掔襄：견완】튼튼한 모양。堅固한 모양。
【掔緯：견위】단단히・잡아맴。『墨子』命昏緯狗纂馬一一。

【掖】(액) 陌 エキ、わきばさむ join ㄧㄝ yeh⁴ 小篆 草書
❶낄액、겯들액、부액할액(挾扶)。『詩』誘一其君也。❷겨드랑이 액(臂下)。❸큰소매옷액(大袂衣)。『禮』衣逢一之衣。❹궁결채액(一庭宮傍舍)。❺대궐결담액(一垣殿傍垣)。(『腋』과 通함)
【掖門：액문】宮殿 正門 左右에 있는 작은문。旁門。夾門。『漢書』闌入尙方一一。
【掖垣：액원】宮中 正殿 옆의 담。『杜甫』花隱一一暮。
【掖庭：액정】❶宮中 正殿 옆에 있는 宮殿。妃嬪・宮女 들이 거처하는 宮殿。後庭・永巷。『漢書』武帝更名永巷、曰一一。❷漢代의 宮人의 벼슬。宦者가 이에 딸림。❸대궐 안。❹《制》高麗 忠宣王 때 內謁司의 고친 이름。

【掗】(아) 禡 ア、ゆれる shake ㄧㄚ ya⁴
❶흔들아(搖也)。❷억지로줄아(馬强給)。

【掘】㊀(굴) 物 クツ、コツ、ほる dig ㊁(궐) 月 ㄐㄩㄝ chüeh² 小篆 草書
㊀❶팔굴(搰也)。『孟子』有爲者辟若一井。❷굴팔굴(穿地)。❸우뚝할굴(特起貌)。『詩』蜉蝣一閱。『甘泉賦』洪臺一其獨出兮。㊂뚫을궐(穿也)。『易繫辭』一地爲臼。(『闕・窟』과 通함)
【掘開：굴개】파 헤침。發掘함。
【掘檢：굴검】묻었던 송장을 파 내어 檢證함。
【掘起：굴기】❶급히 일어섬。우뚝 솟음。堀起。❷기울어진 집안에서 큰 인물이 남。
【掘變：굴변】무덤을 파 낸 변고。
【掘移：굴이】무덤을 파서 옮김。
【掘地得金：굴지득금】땅을 파다가 금을 얻음。《轉》의외의 橫財를 얻음。
【掘鑿：굴착】파서 구멍을 뚫음。掘穿。
【掘塚：굴총】무덤을 팜。發塚。
【掘穴：굴혈】구덩이나 구멍을 팜。◎露天一、發一、試一、採一。

【掙】(쟁) 敬 ソウ、さす pierce ㄓㄥ chêng⁴
❶찌를쟁(刺也)。❷꺾을쟁(折也)。

【掛】(괘) 卦 カ、ケイ、かける hang ㄍㄨㄚ kua⁴ 草書
❶걸괘、걸릴괘、달괘(懸也)。『易』卦者一也言懸一物象以示於人。❷달아둘괘(一置)。(『挂』와 같음)
【掛竿：괘간】빨랫줄을 받치는 대。바지랑대。
【掛鏡：괘경】벽에 걸 수 있게 된 거울。
【掛冠：괘관】冠을 쓰지 않고 걸어둠。《轉》辭職。挂冠。『陸游』已罷彈冠欲一一。
【掛念：괘념】마음에 두고 잊지 아니함。掛意。掛心。
【掛圖：괘도】걸어 놓고 보는 학습용의 그림이나 지도。벽에 걸게 된 그림。
【掛曆：괘력】걸어 놓고 보는 日曆。月曆。
【掛麪：괘면】마르게 뺀 국수。마른 국수。
【掛榜：괘방】❶政令・布告를 붙이어 보임。❷시험에 합격한 사람의 이름을 써 붙임。❸匿名의 文書를 게시함。
【掛書：괘서】이름을 숨기고 揭示하는 글。謀逆의 변을 일으키거나、남을 모함할 때에 宮門・城門・관청의 門 같은 데에 써붙임。
【掛錫：괘석】錫杖을 걸음。巡行僧이 얼마 동안 머물러 살음。挂錫。『裴休』一一十年棲蜀水。
【掛心：괘심】＝掛念。
【掛意：괘의】마음에 두고 있지 아니함。掛念。
【掛鐘：괘종】걸어 놓는 시계。↔坐鐘。

【掜】(예) 霽 ゲイ、にぎる grasp
❶붙일예(寄也)。❷비길예(擬也)。❸잡을예(捉也)。❹당길예(手筋急)。『莊子』兒子終日握而手不一。

【掞】(섬) 豔 セン、のべる spread ㄕㄢ shan⁴ 草書
❶펼섬(舒也)。『蜀都賦』摛藻一天庭。❷번쩍할섬(疾動)。(『㨛』과 같음)

【掝】 ㊀(획) 陌 カク、コク さく
㊁(혹) 職 tear
㊀찢을획(裂也)。 ㊂흐릴혹(惽也)。
〔荀子〕以己之僬僬受人之ーー。

【掟】(정) 徑 ジョウ、はる enclose
草書 둘러칠정、 영갑정(揮張)。

【掠】 ㊀(량) 漾 リョク、リュウ、かすむ
㊁(략) 藥 plunder
小篆 草書 ㊀❶빼앗을량、 잇을량(鹵ー奪取)。〔左傳〕禁侵ー。 ❷볼기 칠량(拷ー搒笞)。〔禮記〕毋肆ー止獄訟。 ㊁❶노략질할략(抄ー刧人財物)。〔戰國策〕ー於郊野以足軍食。 ❷획차간략(拂過)。(『略·剠』과 通함)

【掠盜:약도】 탈취하여 도둑질함。 剽掠。盜掠。〔北史〕唯以ーー爲資。

【掠定:약정】 탈취하여 복종시킴。 공격하여 平定함。

【掠治:약치】 채찍질하여 죄인을 다스림。 채찍질하며 조사함。 捶治。〔漢書·陳萬年傳〕下獄ーー。

【掠奪:약탈】 폭력을 써서 무리하게 빼앗음。 攘奪。略奪。奪掠。鹵掠。掠劫。〔中鑑〕暴迫而取之、謂之ーー。

【掠奪婚:약탈혼】 新婦될 사람을 다른 部族에게서 약탈하여 오던 원시 시대의 결혼 형태의 하나。

【採】(채) 賄 サイ、つみとる pick up ㄘㄞˇ ts'ai3
草書 ❶딸채 캘채(摘也)。〔戰國策〕芻牧薪ー莫敢窺東門。 ❷취할채(取也)。(『采』와 通함)

【採決:채결】 채택하여 결정함。 議長이 議案에 대한 可否를 묻고 결정함。

【採光:채광】 건축물에 창 따위를 내어 빛을 받아 들임。

【採鑛:채광】 광물을 캐어 내는 일。

【採掘:채굴】 땅을 파서 鑛石 따위를 캐어 냄。

【採根:채근】 ❶초목의 뿌리를 캐 냄。 ❷일의 근원을 더듬어 냄。

【採金:채금】 금을 캐 냄。

【採納:채납】 ❶의견을 채택하여 씀。 ❷사람을 골라서 들임。〔後漢書〕宜ーー良臣、以助聖化。

【採得:채득】 搜採하여 사실을 찾아 냄。

【採鍊:채련】 광물을 채굴하여 精鍊함。

【採伐:채벌】 材木을 베어 냄。 伐採。

【採否:채부】 채용함과 채용하지 않음。

【採算:채산】 장사나 사업의 수입·지출을 셈해 보는 일。

【採蔘:채삼】 人蔘을 캐어 냄。

【採石:채석】 石材를 떠 냄。 浮石。

【採石場:채석장】 돌을 떠내는 곳。

【採拾:채습】 ❶주워 가짐。 주워 모음。 採集。 ❷섶나무를 베고 나무 열매를 주움。 가난한 생활을 일컫는 말。〔後漢書〕嘗ーー以爲養。

【採薪之憂:채신지우】 병이 들어 나무를 할 수 없다는 뜻。《喩》자기의 병을 겸사하여 일컫는 말。 負薪之憂。〔孟子·公孫丑〕。

【採藥:채약】 약재를 캐어 거둠。

【採用:채용】 채택하여 씀。 사람을 씀。 인재를 등용함。

【採油:채유】 油田에서 기름을 채굴함。

【採字:채자】 인쇄소에서 판을 짜기 위하여 원고대로 活字를 뽑는 일。 文選。

【採點:채점】 학과나 경기의 성적을 點數로 매기는 일。 또는 그 點數。

【採種:채종】 씨앗을골라서 받음。

【採集:채집】 찾아서 식물 동물 등의 종류를 모음。 표본을 찾아 모음。

【採摭:채척】 가려서 내어 줌。 뽑아서 가림。 摭摭·采摭。〔書經·序〕ーー群言。

【採樵:채초】 땔나무를 베어두었다가 마른 뒤에 거둠。 또는 거두는 일。

【採草地:채초지】 綠肥·飼料 등을 얻기 위한 草地。

【採取:채취】 ❶땅에서 캐어 냄。 ❷풀·나무 등을 베거나 캐어 내는 일。

【採炭:채탄】 石炭을 캐어 냄。

【採擇:채택】 골라서 가려 냄。 가려서 택함。〔宋書〕晉氏ーー。

【採捕:채포】 해산물 따위를 뜯거나 잡음。 또는 그 일。 「뽑음。

【採血:채혈】 수혈을 하기 위하여 피를 뽑음。 ◎伐ー、收ー。

【掭】(름) 寢 リン、ころす kill
❶죽일름(殺也)。 ❷칠름(打也)。

【探】(탐) 覃 勘 タン、さぐる grope ㄊㄢˋ t'an4
小篆 草書 ❶더듬을탐(遠取之)。 ❷찾을탐(闚索)。〔易繫辭〕ー賾索隱。 ❸취할탐(取也)。〔書〕惟爾多方ー天之威。 ❹시험할탐(試也)。〔論語〕見不善如ー湯。 ❺엿탐할탐(伺也)。(『撢』과 같음)

【探檢:탐검】 探索하고 두루 살핌。 探險。

【探鑛:탐광】 광맥이나 鑛床을 磁力이나 電氣 따위를 응용하여 살펴 찾음。

【探求:탐구】 찾아 구함。 더듬어 연구함。

【探囊取物:탐낭취물】 주머니 속에 든 물건을 꺼낸다는 뜻。《喩》매우 쉽게 찾아 얻음。 囊令取物。

【探望:탐망】 ❶살펴서 바라봄。 ❷넌지시 바람。

【探問:탐문】 더듬어 찾아서 물음。 캐어 「물음。探問。

【探聞:탐문】 수소문하여 찾아서 들음。

【探訪:탐방】 ❶探問하여 찾아 봄。 ❷신문 기자 등이 어떤 기사나 재료를 얻기 위하여 그 목적 인물을 찾아가는 일。

【探訪記者:탐방기자】 탐방하는 일을 맡은 신문·잡지사의 기자。 또는 탐방한 기자。

【探報:탐보】 더듬어 찾아 알림。

【探查:탐사】 더듬어 살펴 조사함。

【探賞:탐상】 경치 좋은 곳을 찾아 구경하고 즐김。〔梅堯臣〕在昔ーー猶可數。

【探索:탐색】 ❶도리를 찾아 구함。〔易經〕探賾索隱。 ❷實相을 더듬어 찾음。 ❸《法》失踪한 죄인의 행방이나 죄상을 살살이 찾음。

【探勝:탐승】 名勝地를 찾아 돌아다님。

【探情:탐정】 남의 의향을 더듬어 살핌。

【探偵:탐정】 몰래 남의 비밀이나 행동을 探知함。 또는 그 일을 하는 사람。

【探偵家:탐정가】 탐정하는 사람。

【探偵小說:탐정소설】 探偵事件을 주제로 한 소설。

【探照:탐조】 멀리 살피기 위하여 내 비춤。 더듬어 찾으려고 멀리 내 비춤。

【探照燈:탐조등】 아크(arc)등 에서 비치는 電光을 反射鏡에 의하여 평행 광선으로 만들어 한 방향으로만 비추게 함으로써 먼 곳을 조명하는 장치。 探海燈과 照空燈의 두 가지가 있음。

【探知:탐지】 찾아 알음。 비밀을 探査하여 알음。 더듬어 살펴 알아 냄。

【探知機:탐지기】 艦船·飛行機 또는 鑛物이 있는 곳을 電波 따위로 멀리서 探知하는 機械의 총칭

【探察:탐찰】 찾아 보고 살핌。

【探春:탐춘】 봄 경치를 찾아 다니며 구경함。 春光을 探望함。〔蘇軾〕東郊欲ーー、

未見鶯花迹。

【探險:탐험】 어떤 발견을 하기 위하여 위험을 무릅쓰고 험난한 곳을 찾는 일。「람。 探險者。 探檢。

【探險家:탐험가】 탐험에 종사하는 사람。

【探險隊:탐험대】 탐험을 목적으로 조직된 한 떼。

【探花郞:탐화랑】 (制) 李朝 때 甲科에서 셋째로 及第한 사람을 일컫는 말。 擔花郞。 探花。

【探候:탐후】 남의 安否를 물음。 ◎內ㅡ、 密ㅡ、 搜ㅡ、 偵ㅡ。

【掣】 ㊀(체) 霽 セイ、 セツ、 ひく ㊁(철) 屑 draw ㄔㄜˋ chê⁴

草書 ㊀ ❶끌체、 끌릴체(曳也)。 ❷거리낄체(滯隔不進)。 【唐書】可任則當要之於終不宜ㅡ肘於內也。 ㊁ ❶당길철(挽也)。 ❷들철(揭也)。

【掣曳:체예】 끌어 멈춰서 방해함。 끌음。 『爾雅·疏』群臣小人、 無敢我ㅡㅡ。

【掣礙:철애】 거리낌。 방해함。

【掣肘:철주】 남의 팔꿈치를 끌어서 부자유하게 함。 남을 간섭하여 맘대로 못하게 함。 『唐書』不宜ㅡㅡ於內也。

【掤】 (붕) 蒸 ヒョウ、 やづつのふた the lid of a quiver

小篆 草書 전동뚜께붕 (箭筩蓋)。 【詩】抑釋ㅡ忌。

【接】 (접) 葉 セツ、 まじわる associate ㄐㄧㄝ chieh¹

小篆 草書 ❶사귈접(交也)。 ❷합할접、 더칠접 (合也)。 ❸모을접(會也)。 【易】晝日三ㅡ。 ❹가질접(持也)。 ❺받을접(受 也)。 ❻이을접(承也)。 【史記】漢興ㅡ秦之弊。 ❼연할접、 잇닿을접(ㅡ續連也)。 【禮】堂上ㅡ武。 ❽가까울접(近 也)。 【儀禮】賓立ㅡ西塾。

【接客:접객】 손님을 대접함。 接賓。

【接客婦:접객부】 ＝接待婦。

【接客業:접객업】 음식물을 파는 음식점·다방。 몸 치장을 하여 주는 이발관·미장원·목욕탕 따위의 영업。 「살음。

【接居:접거】 임시로 잠깐 동안 머물러

【接見:접견】 맞아 들여 직접 대하여 봄。 接面。 會見。 『白虎通』以時ㅡㅡ也。

【接骨:접골】 부러진 뼈를 이어 맞춤。

【接口:접구】 ❶近口。 ❷음식을 겨우 입에 대었다 뗄 정도로 조금 먹음。

【接近:접근】 가까이 옴。 서로 바싹 다가 붙음。 『向秀』余少與嵇康·呂安、 居止ㅡㅡ。

【接待:접대】 손님을 맞아서 대접함。 待遇·接遇。 『晉書』甚見ㅡㅡ。

【接待婦:접대부】 요리집 따위에서 손을 접대하는 여자。 接客婦。

【接待員:접대원】 잔치나 모임 같은 곳에서 오는 손님의 접대를 맡아 보는 사람。

【接刀:접도】 접목하는 데 쓰는 대목을 째거나 접눈을 따는 데 쓰는 칼。

【接頭辭:접두사】 단독으로는 쓰여지지 않고 어떤 낱말의 머리에 붙어서 그 낱말에 어떤 의미를 첨가하는 구실을 하는 말。 국어의 「싯ㅡ」·「덧ㅡ」·「짓ㅡ」따위。 漢文의 不自由의 「不」、 總同盟의 「總」같은 것。 接頭語。

【接隣:접린】 서로 닿은 이웃。 서로 가까이 닿음。

【接面:접면】 맞아 들이어 대면함。 接見。

【接目:접목】 잠을 이루려고 눈을 붙임。

【接吻:접문】 입맞춤。 키쓰(kiss)。 수면하는 것。 交睫。

【接尾辭:접미사】 단독으로는 쓰여지지 않고 어떤 낱말의 뒤에 덧붙어서 그 뜻을 강하게 하거나 혹은 어떤 의미를 더하는 구실을 하는 말。 국어의 「ㅡ님」「ㅡ들」「ㅡ질」 따위。 漢文의 悠然의 「然」、 椅子의 「子」 같은 것。 接尾語。

【接伴:접반】 함께 모시고 다님。 또는 그 일을 주관하는 사람。

【接變:접변】 ❶어떤 子音이 다른 子音과 만날 때 제 音價 대로 나지 않고 달리 소리 나는 현상。 ❷子音接變。 『宋史』至境首ㅡㅡ。

【接賓:접빈】 손님을 대접함。 接客。

【接辭:접사】 어떤 말의 語幹이나 語根에 붙어서 한 말을 구성하는 말。 접두사·접미사·접요사 따위。

【接邪:접사】 ❶요사스러운 귀신이 붙었다는 뜻。 ❷시름시름 앓는 병에 걸림。

【接席:접석】 서로 앉는 자리를 가까이 함。 자리를 가까이 대어 앉음。

【接線:접선】 (數)어떤 곡선、 또는 곡면상의 한 점과 닿는 직선。

【接續:접속】 서로 맞대어 이음。

【接續詞:접속사】 品詞의 한 가지。 말과 말、 또는 귀절과 귀절을 잇는 구실을 하는 말。 국어의 및·그런데 따위。 漢文의 且·而·並 같은 것。

【接收:접수】 받아서 거둠。 물건이나 돈을 받아서 거둠。

【接受:접수】 받아 들임。 관청·공공 단체·회사 따위에서 서류를 받아 들이는 일。 또는 받아 들임。

【接受處:접수처】 관청·회사 따위에서 공적 문서 따위를 받아들이거나 안내를 하는 곳。 접수소。

【接脣:접순】 ❶近口。 ❷입을 맞춤。

【接膝:접슬】 바싹 가까이하여 무릎이 서로 닿을 정도로 앉음。

【接語:접어】 서로 말을 주고 받음。

【接應:접응】 應接。 『十八史略』ㅡㅡ不乏。

【接耳:접이】 귀에 입을 대고 가만가만 몰래 말을 함。

【接狀:접장】 서류를 접수함。

【接長:접장】 ❶어떤 접(接)의 우두머리。 ❷글방의 선생。

【接敵:접적】 적과 맞부딪침。 적진에 근접함。

【接戰:접전】 ❶가까이 다가가서 싸움。 또는 그러한 싸움。 合戰。 ❷서로 힘이 비슷하여 승부가 쉽게 나지 않는 싸움。

【接點:접점】 곡선과 접선이 닿은 자리。 『庾信』河橋ㅡㅡ、 秋水則三日不流。

【接濟:접제】 살아갈 길을 차림。

【接足:접족】 발을 들여 놓음。 발붙임。

【接踵:접종】 ❶발꿈치를 잇댐。 사람들이 계속하여 왕래함。 ❷(喩)사물이 계속해 일어나서 끊어지지 않음。 續發。 『戰國策』韓魏父子兄弟、 ㅡㅡ而死於秦者百世矣。

【接觸:접촉】 ❶맞붙어서 닿음。 ❷교섭함。

【接觸法:접촉법】 (化)觸媒를 사용하는 方法。 백금을 촉매로 하여 黃酸을 만드는 방법。

【接觸作用:접촉작용】 (化)자신은 변화를 받지 않고 딴 물질의 화학 변화를 돕는 작용。 또는 방해하는 작용。

【接合:접합】 이어 합함。 잇대어서 하나가 됨。 꼭 붙음。 銘接。

【接合子:접합자】 (植)같은 두 개의 세포가 서로 합하여 생긴 芽胞가 발육하여 된 個體。

【接合劑:접합제】 종이·금속·陶器·石材 따위를 붙이는 데 쓰이는 물질。 세메다인·몰탈 따위。

【掤】 (방) 『搒』(手部 10畫)의 本字

【控】 ㊀(공) 送 コウ、 ひかえる pull ㊁(강) 講 ㄎㄨㄥˋ k'ung⁴

小篆 草書 ㊀ ❶당길공(引也)。 【漢書】ㅡ弦四十萬騎。 ❷고할공(告也)。 【詩】ㅡ于大邦。 ❸경

마잡을공(操制勒止)。〖詩〗抑磬ㅣ忌。❹던질공(投也)。〖莊子〗時則不至而ㅣ於地而已矣。㊂칠강(打也)。

〖控所:공소〗 쉬며 기다리거나 준비하는 곳。

〖控訴:공소〗 《法》上訴 方法의 하나。第一審의 판결에 不服일 때、上訴의 재판소에 再審을 求하는 것。

〖控訴期間:공소기간〗 《法》공소를 提起할 수 있는 기간。民事 二週間、刑事 七日間。

〖控訴審:공소심〗 《法》第一審 法院의 판결에 대하여 공소가 있을 때에 개시되는 공소법원의 심리。곧 공소 절차。

〖控訴人:공소인〗 《法》공소한 사람。

〖控訴狀:공소장〗 《法》형사소송법에 있어서 공소를 신청하는 서면。

〖控御:공어〗 말(馬)을 다루듯이 남의 자유를 억누름。억눌러 단속함。控馭。〖晉書〗善于懷撫、短于ㅣㅣ。

〖控制:공제〗 억눌러 단속함。남의 자유를 억누름。控御。〖唐書〗王忠嗣帶四將印、勁兵重地、ㅣㅣ萬里。

〖控除:공제〗 금전·수량 등을 빼어 버림。

〖控除金:공제금〗 일정한 금액에서 빼내는 돈。

【推】

㊀(추) 支 ㊁(퇴) 灰 スイ、タイ、おす push ; chose ㄊㄨㄟ t'uei¹

㊀❶옮길추(順遷)。〖易 繫辭〗寒暑相ㅣ而歲成焉。❷가릴추(擇也)。〖書〗ㅣ賢讓能。❸기릴추(奬也)。❹궁구할추(尋繹)。〖漢書〗有意其ㅣ本之也。❺파물을추(窮詰)。〖漢書〗天水駱壁ㅣ滅。㊁밀퇴(排也)。〖禮〗天子三ㅣ。〖史記〗ㅣ食食我。

〖推敲:퇴고〗 《慣》추고 詩文을 지을 때 字句를 여러 번 생각하여 고치는 일。《故》唐의 詩人 賈島가 馬上에서 僧敲月下門의 詩句를 얻어 推로 할까 敲로 할까 골똘히 궁리하다가 當時의 大文章家인 韓愈의 권고로 敲로 定했다는 故事。〖唐詩紀事〗。

〖推車:추거〗 ❶수레를 밂음。❷옛날의 素朴한 수레。

〖推去:추거〗 찾아 내어 가져감。

〖推擧:추거〗 ❶남을 관직·직업에 천거하는 것。천거하여 뒤를 돌봄。推薦。〖漢書〗所ㅣㅣ、皆廉士賢于己者。❷力道에서 무거운 것을 들어 올리는 일。推上。

〖推考:추고〗 ❶미루어 생각함。❷벼슬아치의 허물을 推問하여 考察함。

〖推究:추구〗 이치를 따져서 생각함。깊이 조사하여 생각함。推窮。〖周書〗精心悉意、ㅣㅣ事源。

〖推鞫:추국〗 《制》義禁府에서 特旨에 의하여 重罪人을 신문함。推問。〖北史〗帝付蘊ㅣㅣ之。

〖推及:추급〗 미루어 생각이 미침。

〖推納:추납〗 찾아서 바침。

〖推斷:추단〗 ❶죄상을 심문하여 처단함。❷사물을 추측하여 판단함。

〖推談:추담〗 핑계로 하는 말。

〖推戴:추대〗 밀어 올림。모셔 올려 받들음。임금으로 모심。웃사람으로 받들음。

〖推倒:추도〗 ❶밀어 넘어뜨림。남을 자기 아래에 예속시킴。❷心身을 기울여 다함。〖宋史·陳亮傳〗ㅣㅣ一世之智勇。

〖推量:추량〗 推測。

〖推論:추론〗 ❶도리를 미루어 논함。❷=推理②。

〖推理:추리〗 ❶사물의 도리를 미루어 생각함。❷《哲》이미 알려진 판단에서 새로운 판단을 인도하여 내는 思考作用。旣知의 판단을 前提、새로운 판단을 結論이라 함。推論。

〖推問:추문〗 ❶推究하여 따져 물음。❷罪狀을 조사함。鞫鞫。吟味·推治·推究·推劾·推鞫·審問。〖晉書〗ㅣㅣ皆符驗。

〖推步:추보〗 天體의 운행을 관측함。〖抱朴子〗黃帝精ㅣㅣ。

〖推本:추본〗 근본을 캐어 추구함。〖漢書〗有意其ㅣㅣ之也。

〖推算:추산〗 대체의 數量을 어림으로 계산하는 일。〖宋史〗參攷ㅣㅣ頒行。

〖推上:추상〗 力器를 어깨까지 올려 가지고 머리 위로 천천히 들어 올리는 운동。

〖推尙:추상〗 받들어 높임。推尊·推右·推尊。〖唐書〗漢翰精富、一時流輩ㅣㅣ。

〖推想:추상〗 앞으로 닥쳐올 일을 ㅣ어 생각함。또는 그 생각。

〖推選:추선〗 추천하여 뽑아

〖推刷:추쇄〗 빚을 죄다 [illegible]아 들임。

〖推數:추수〗 앞으 닥쳐 올 운수를 미리 헤아려 알음。

〖推尋:추심〗 찾아 내어 가져옴。

〖推仰:추앙〗 높이 받들어서 사모함。

〖推讓:추양〗 남을 밀어서 나가게 하고 자기는 공로나 지위를 사양함。〖史記〗先富有、而後ㅣㅣ。

〖推衍:추연〗 미루어 넓힘。推演。〖漢書〗ㅣㅣ塩鐵之議。

〖推移:추이〗 일이나 형편이 점점 변하여 옮아감。또는 차차 변함。〖屈原〗聖人不凝滯於物、而能與世ㅣㅣ。

〖推引:추인〗 사람을 추천하여 씀。〖唐書〗以ㅣㅣ後進爲己任。

〖推一事可知:추일사가지〗 한 가지 일로 미루어 다른 일을 다 알 수 있음。

〖推奬:추장〗 남을 받들어 칭찬함。推頌。推譽。〖杜甫〗平昔濫ㅣㅣ。

〖推定:추정〗 추측하여 결정함。미루어서 단정함。

〖推尊:추존〗 추앙하여 존경함。〖麻九疇〗畫史ㅣㅣ爲第一。

〖推重:추중〗 높이 받들어 귀중하게 여김。〖宋書〗賈恩少有志行、爲鄕曲所ㅣㅣ。

〖推知:추지〗 미루어 알음。추측하여 알음。

〖推進:추진〗 ❶밀고 나아감。전진시킴。진행시킴。❷남을 추천함。남에게 추천됨。〖韓非子·功名〗不ㅣㅣ而名成。

〖推察:추찰〗 헤아려 살핌。미루어 생각함。推考·推量。〖後漢書〗所宜ㅣㅣ者也。

〖推窓:추창〗 창문을 밀어서 열음。

〖推薦:추천〗 밀어 나아가게 함。사람을 관청·회사 등에 천거함。推擧·推輓。〖晉書〗詩賢竝相ㅣㅣ。

〖推薦狀:추천장〗 사람을 천거하는 書狀。推薦書。

〖推測:추측〗 미루어 생각하여 헤아림。〖李商隱〗驗ㅣㅣ則咸如周卜。

〖推託:추탁〗 ❶다른 일로 핑계함。❷천거하여 일을 부탁하여 맡김。

〖推擇:추택〗 인재를 登用하기 위하여 가려 뽑음。〖史記〗不得ㅣㅣ爲吏。

〖推覈:추핵〗 죄인을 심리하는 일。〖唐書〗ㅣㅣ詔獄。◎類ㅣ。

【掩】

(엄) 琰 エン、おおう screen ㄧㄢˇ yen³

❶거둘엄(斂也)。❷가릴엄、막을엄(隱翳遮也)。〖禮〗仲夏君子齊戒處必ㅣ身。❸닫을엄(閉也)。〖韓愈詩〗獨宿門不ㅣ。❹속여잡을엄(襲取)。〖禮〗大夫不ㅣ羣。(『揜』과 같음)

〖掩擊:엄격〗 掩襲。掩討·掩襲。〖後漢書〗設伏、羌果大奔、ㅣㅣ大破之。

〖掩卷輒忘:엄권첩망〗 책을 덮으면 곧 잊어버림。《轉》기억력이 부족함。

〖掩匿:엄닉〗 덮어서 숨김。掩蔽。

〖掩門:엄문〗 문을 닫음。

〖掩殺:엄살〗 放心한 틈을 타서 뜻밖에 敵

을 엄습하여 죽임。『金史』乘夜ㅡㅡ關子山。

【掩塞:엄색】덮어 막음。들씌워 막음。掩閉。『吳越春秋』上天蒼蒼、不可ㅡㅡ。

【掩襲:엄습】적을 不意에 습격하여 침。掩擊。『晉書』不爲ㅡㅡ之計。

【掩身:엄신】집이 가난하여 잘 입지 못하고 겨우 몸만 가림。

【掩心甲:엄심갑】가슴을 가리는 갑옷。

【掩翳:엄예】가리워 숨김。掩映。『東京夢華錄』ㅡㅡ天日。

【掩耀:엄요】빛을 덮어 가림。

【掩泣:엄읍】얼굴을 가리고 울음。

【掩耳:엄이】귀를 막고 듣지 않는 모양。

【掩耳盜鈴:엄이도령】《喩》자기의 허물을 듣지 않으려고 스스로 귀를 막으나 아무 소용 없는 짓임을 일컫는 말。

【掩迹:엄적】잘못이 있는 표적이나 자극을 가리어 덮음。

【掩涕:엄체】얼굴을 가리고 눈물을 흘림。또는 우는 얼굴을 감춤。

【掩土:엄토】시체를 흙으로 겨우 가릴 정도로 간신히 치른 빈약한 매장。掩埋。

【掩蔽:엄폐】❶덮어 숨김。掩匿・掩諱。『十八史略』ㅡㅡ聰名。❷남의 見聞을 방해함。❸《天》달에 의하여 惑星이나 恒星이 가리워지는 일。星食。

【掩蔽壕:엄폐호】《軍》보이지 않게 가려 놓은 구덩이。防空壕 따위。

【掩捕:엄포】붙잡음。逮捕함。『宋史』議調兵ㅡㅡ。

【掩護:엄호】《軍》보호하며 지킴。적이 쳐오는 것을 막고、자기 편을 숨겨서 보호함。또는 자기 편의 행동・목적을 숨겨서 적의 공격을 받지 않게 함。

【掩護隊:엄호대】《軍》엄호하는 일을 맡은 부대。

【掩護射擊:엄호사격】《軍》엄호하기 위하여 적을 사격하는 일。소총 부대가 싸우는 뒤에서 砲로 사격하는 일 따위。

【措】

㊀(조) 遇 ソ、シャク、おく put ㄘㄨㄛˋ ts'uo⁴ ㊁(책) 陌

小篆 草書 ㊀❶둘조(置也)。❷들조(擧也)。❸베풀조(施布)。【禮】ㅡ則正施則行。❹정돈할조(頓也)。【漢書】幾於刑ㅡ。㊁쫓아잡을책(追捕)。【漢書】迫ㅡ青徐盜賊。

【措大:조대】❶清貧한 선비。書生。❷큰 일을 행하기에 足하다는 뜻。『宋史』某本壹ㅡㅡ耳。

【措辭:조사】詩歌・文章의 製作에 있어서 적당한 文句의 배치를 하는 일。

【措手不及:조수불급】일이 썩 급하여 손을 댈 틈이 없음。

【措手足:조수족】생활이 겨우 여유가 생겨 살아갈 만함을 가리키는 말。

【措定:조정】판단력으로써 어떤 것을 타당한 또는 존재하는 客觀이라고 규정함。定立。

【措足:조족】발을 넣어 둔다는 뜻으로 安居하는 모양。

【措處:조처】일을 잘 정돈하여 처치함。「措置。

【措置:조치】❶일의 結末을 지음。措處。❷손발을 편히 둠。곧 편안히 있는 것。『後漢書・東平憲王蒼傳』無所ㅡㅡ。◎擧ㅡ。

【掫】

(추) 尤 有 ソウ、よまわり night watch ㄗㄡ tsou¹

小篆 草書 ❶목탁칠추、딱다기칠추(干ㅡ行夜擊柝)。【左傳】陪臣干ㅡ有淫者。❷칠추(擊也)。

【掫囊:추낭】주머니의 아구리를 막음。蘊蓄을 밖에 드러내지 않음。學識은 있으되 實行하지 않음。『太平御覽』莊子曰、人而不學、命之曰視皮、學而不行、命之曰ㅡㅡ。

【掬】

(국) 屋 キク、すくう grasp ㄐㄩˊ chü²

草書 ❶움킬국(兩手撮動)。【禮】受珠玉者 以ㅡ。【左傳】舟中之指可ㅡ。❷움큼국(屈掌)。

【掬水:국수】물을 양 손에 움켜뜸。또는 움켜뜬 물。『于良史・詩』ㅡㅡ月在手。

【掬月:국월】水中의 달을 움켜쥠。

【掬飮:국음】물을 움켜 마심。◎一ㅡ。

【捷】

㊀(순) 霰 ジュン、セン、みずなわ plumb ㊁(단) 寒

㊀줄띠어다림볼순(望繩取正)。㊁뜻은 ㊀과 같음。

九畫

【揨】

(팽) 敬 ホウ、つく clash ㄆㄥˋ p'êng⁴

부딛칠팽(撞也ㅡ搖)。

【掾】

(연) 霰 エン、したやく clerk ; cause ㄩㄢˋ yüan⁴

小篆 草書 ❶아전연(官屬)。【晉書謝尙傳】王導辟爲ㅡ。❷인할연(因也)。

【掾史:연사】下級 관리。丞史。屬官。『後漢書』郡國皆置諸曹ㅡㅡ。

【掾屬:연속】=掾史。

【掾佐:연좌】屬官。下級官吏。『隋書』。

【揀】

㊀(간) 潸 カン、レン、えらぶ choose ㄐㄧㄢˇ chien³ ㊁(련) 霰

草書 ㊀❶빨간、가릴간(選擇)。분별할간(分別之)。❷【魏志】袁紹博愛容衆無所ㅡ擇。(『柬』과 같음) ㊁뜻은 ㊀과 같음。

【揀選:간선】❶人材를 선택함。選揀・揀擇。『清會典』欽派ㅡㅡ大臣司之。❷選拔한 후에 任命함。簡選。

【揀擇:간택】❶分揀하여 선택함。❷임금・왕자・왕녀의 배우자를 고르는 일。

【揾】

(문) 吻 ビン、ぬぐう wash

小篆 씻을문(拭也)。(『抆』과 같음)

【揫】

(추) 尤 シュウ、あつめる gather

小篆 모을추(聚也)。

【揃】

(전) 銑 セン、きる sever ㄐㄧㄢˇ chien³

小篆 草書 ❶가를전(分割)。【唐書】韋表微曰吾 年五十拭鏡ㅡ白。❷자를전(剪也)。【史記魯世家】周公自ㅡ其蚤、沈之河。❸가지런히할전(整齊)。(『翦』과 같음)

【揃剽:전표】찢어 나눔。『史記・西南夷傳』西純後ㅡㅡ、分二方。

【揄】

㊀(유) 虞 ユ、ユウ、ひく draw ㄩˊ yü² ㊁(유) 尤

小篆 草書 ㊀❶당길유(引也)。【史記 貨殖傳】ㅡ長袂、躡利屣。❷칭찬할유(ㅡ揚譽言)。【西都賦序】雍容ㅡ揚著於後嗣。❸희롱할유(揶ㅡ擧手笑弄)。【後漢書 王覇傳】市人皆大笑、擧手邪ㅡ之。㊁절구질할유(抒臼)。【詩經 大雅 生民】或舂或ㅡ。

【揄揚:유양】끌어 올림。《轉》찬양함。칭찬하여 치켜 세움。『班固』雍容ㅡㅡ、著於後嗣。

【揄狄:유적】青質五色의 꿩의무늬를 새기어 장식한 옷。옛날 王后 六服의 하나。

揄翟(三禮圖)

【搩】(탁) 陌 タク、さく crack
❶터질탁(裂開)。❷벌어질탁(開也)。(『坼』과 같음)

【揅】(연)『揅』(手部 11畫)의 俗字

【揯】(경) 梗 コウ、あらまし outline
❶대개경(大略)。❷깨울경(攪也)。(『挭』과 같음)

【揆】(규) 紙 キ、はかる calculate ㄎㄨㄟˊ k'uei[2·3]
小篆 書 草 ❶헤아릴규(度也)。【易經 繫辭】初率其辭而ㅣ其方。❷법도규(法也)。【孟子 離婁下】先聖後聖其ㅣ一也。❸벼슬규(官名百ㅣ)。【書經 舜典】納于百ㅣ。

【揆度:규탁】헤아림。미루어 헤아림。헤아려 생각함。『書·泰誓·傳』ㅣㅣ優劣、勝負可見。

【揣】(타) 哿 ダ、おとす fall
❶만질타(捫也)。❷떨어질타(落也)。

【揉】㊀(유) 尤 ㊁(유) 有 ジュウ、もむ rub ㄖㄡˊ jou[2]
草 書 ㊀❶풀유(調順)。❷부드럽게 할유。【詩經 大雅崧高】ㅣ此萬邦。(『柔』와 같음) ㊁❶휘일유(曲直之)。【十八史略 三皇】ㅣ木爲耒。❷바로잡을유(直也)。

【揉手:유수】左右의 손바닥을 비비고 문지르는 일。《轉》남에게 아첨할 때나 말하기 어려운 부탁 같은 것을 할 때의 어색한 태도。

【揉紙:유지】주름살을 잘게 친 종이。

【揈】(횡) 庚 コウ、うつ stroke ㄏㄨㄥ hung
치는소리횡(打聲)。

【揌】(새) 灰 サイ、うごかす move
❶움직일새(動也)。❷가릴새(擇也)。

【揎】(선) 先 セン、まくりあげる roll up one's sleeves ㄒㄩㄢ hsüan[1]
草 書 소매걷을선(捲袂出臂)。

【描】(묘) 蕭 ビョウ、えがく picture
草 書 그릴묘、모뜰묘(摹畫)。【圖繪寶鑑】白ㅣ荷花。

【描寫:묘사】❶事物을 있는 그대로 그리어 냄。❷藝術作品에 있어서 어떤 대상을 客觀的·具體的으로 표현하여 옮김。描摹。『圖繪寶鑑』ㅣㅣ飄逸。

【描線:묘선】線을 그음。또는 그은 線。

【描出:묘출】그려서 드러냄。

【描畫:묘화】❶그림을 그림。또는 그린 그림。❷다른 그림을 본떠서 그림。

【提】㊀(제) 霽 ㊁(제) 齊 ㊂(시) 支 ㊃(리)【梵語】テイ、シ、ひっさげる hold ㄕˊ shi[2]
小篆 草 書 ㊀❶들제(擧也)。【白居易詩】ㅣ魚苦酒遠相尋。❷끌제、당길제(挈也)。【詩經】言ㅣ其耳。❸젓가락제(箸也)。【禮記】羹之有菜者用挾ㅣ。❹가만가만걸을제(ㅣㅣ行步安諦)。【詩經】好人ㅣㅣ。㊁던질제(擲也)。【戰國策奏策】以藥囊ㅣ荊軻。㊂❶떼지어날시(群飛貌)。❷고을이름시(縣名朱ㅣ)。㊃ 보리수리(菩ㅣ樹)。

【提綱:제강】事物의 주요한 점을 提示함。또는 事物의 주요점을 提示한 것。提要。『宋史』ㅣㅣ而衆目張。

【提高:제고】쳐들어 높임。

【提供:제공】❶=提出。❷=供給。

【提琴:제금】❶明·清 때의 樂器의 하나。모양은 胡弓 비슷하고 二絃이 있음。❷바이올린。

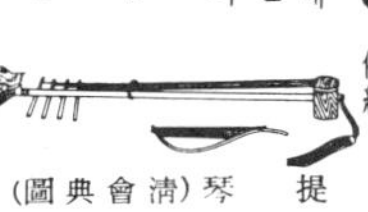
提琴(清會典圖)

【提起:제기】❶의견을 붙여 의논할 것을 내어 놓음。❷드러내어 문제를 던짐。

【提督:제독】《制》❶武官 최고의 벼슬。清代에는 전국의 중요한 省에 提督을 分設、全省의 水·陸 各軍을 統轄함。❷一隊의 兵을 통솔하는 사람。또는 艦隊의 總指揮官。海軍의 將星。❸李朝 宣祖 때 敎育을 장려·감독하던 관리。

【提燈:제등】❶자루가 있어 들고 다닐 수 있게 된 등。❷(佛)등불을 들고 부처앞에 축하하는 일。

提燈(三才圖會)

【提燈行列:제등행렬】축하하는 뜻으로 등을 들고 돌아다니는 행렬。

【提論:제론】=提議。「書」ㅣㅣ萬井。

【提封:제봉】諸侯를 封함。隄封。『漢書』

【提挈:제설】❶가지고 감。몸에 지니어 가짐。휴대함。❷處理함。❸도움。서로 도와 줌。左提右挈。『後漢書·袁術傳』天下ㅣㅣ、政在家門。

【提醒:제성】잊었던 것을 깨우침。

【提訴:제소】《法》소송을 제기함。

【提案:제안】❶書面으로 議案을 議會에 제출함。제출된 議案。❷자기 생각을 말하거나 相對方의 의견을 물음。

【提堰:제언】바닷물이나 강물을 가로 질러 막아 물을 가두어 놓기 위해 돌·흙 따위로 쌓아 올린 둑。땜。

【提要:제요】요긴한 곳을 들어 보임。要領을 제시함。摘要。『韓愈』記事者、必提其要、纂言者、必鉤其玄。

【提議:제의】어떤 의논 또는 議案을 제출함。제출한 의논。또는 議案。「할 판단。

【提題:제제】論證에 있어서 논증하여야

【提唱:제창】❶어떤 의견을 주장함。❷(佛)禪宗에서 宗師가 대중을 위하여 宗旨의 大綱을 제시하여 說法함。

【提請:제청】제출하여 임명을 청함。

【提出:제출】文案·建議·法案 등을 내어 놓음。

【提出案:제출안】제출한 案件。

【提學:제학】《制》❶地方의 學事를 統轄하던 벼슬。宋代 提擧學務司를 설치하고、清末에는 提學使로 改稱함。❷㉠高麗 때 藝文春秋館·藝文館·寶文閣·右文館·進賢館의 正三品 벼슬。㉡李朝 때 藝文館·弘文館의 從二品、또는 奎章閣의 從一品에서 從二品까지의 벼슬。

【提携:제휴】❶손을 맞잡음。서로 도와 줌。『禮記』長者與之ㅣㅣ、則兩手奉長者之手。❷協同하여 일함。❸주의와 의견이 맞는 사람들이 聯合함。
◎前ㅣ。

【㲒】(구) 宥 ク、しぼる milk
젖짤구(取牛羊乳)。

【搒】(방) 陽 ホウ、ふせぐ defend
❶막을방(捍也)。❷호위할방(衛也)。

【揑】(날) 屑 ゲツ、あつめる collect ㄋㄧㄝ nieh⁴
❶주워모을날(捻聚)。❷성날(姓也)。

【插】(삽) 洽 ソウ、さしはさむ insert ㄔㄚ ch'a¹ (本音「잡」)
小篆 草書 ❶꽂을삽(刺入)。【徐凝詩】美人曾ㅣ九枝花。❷질삽(擔也)。

【插架:삽가】 책장。書架。
【插抹:삽말】 말뚝을 박음。
【插木:삽목】 꺾꽂이。「에 꽂는 의식。
【插匙:삽시】 제사 때 숟가락을 밥 그릇
【插秧:삽앙】 모를 꽂음。모내기를 함。
【插入:삽입】 사이에 끼어 넣음。꽂음。『高適』溪水堪垂釣、江田耐ㅣㅣ。
【插刺:삽자】 꽂음。사이에 꽂음。『元稹』ㅣㅣ頭鬢相誇張。
【插紙:삽지】 인쇄할 때 기계에 종이를 먹「이는 일。
【插嘴:삽취】 말 참견을 함。불필요한 말 참견을 함。
【插版:삽판】 守城의 兵具。

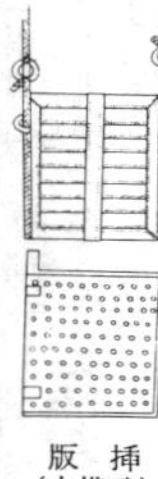
插版 (武備志)

【插花:삽화】 ❶꽃을 비녀삽아 꽂음。『張耒』ㅣㅣ野婦抱兒至。❷꽃을 꽂음。
【插畫:삽화】 신문·잡지·책 따위의 本文 가운데 그려 넣은 그림。挿圖·挿繪。
【插話:삽화】 文章이나 談話 가운데 삽입된 본 줄거리와는 직접 관련이 없는 짧은 글이나 말。에피소드。

【揘】(황) 庚 コウ、うつ beat
❶칠황(擊也)。❷찌를황(擊刺)。

【揕】(침) 沁 チン、さす pierce
草書 ❶찌를침(刺也)。【史記 荊軻傳】手持匕首ㅣ之。❷나무베는소리 침(伐木聲)。❸칠침(擊也)。

【揔】(총)『摠』(手部 11畫)의 俗字

【揖】㊀(읍) 緝 ㊁(즙) 緝 ユウ、シュウ、えしゃく bow ㄧ i¹
小篆 草書 ㊀❶읍할읍(拱手上下)。【漢書】酈生長ㅣ不拜。❷나아갈읍(進也)。❸깍지낄읍(拱也)。❹공손할읍(遜也)。【史記 秦始皇紀】摶心ㅣ志。㊁모을즙(聚也)。【詩經 周南螽斯】螽斯羽ㅣㅣ兮。(『輯·揖』과 통함)

【揖禮:읍례】 읍을 하는 禮法。
【揖遜:읍손】 겸손함。『宋史』ㅣㅣ之美、放動比隆。
【揖讓之風:읍양지풍】 읍양의 예절을 잘 지키는 아름다운 풍속。
【揖進:읍진】 인사하고 나아감。軍中에서는 투구에 손을 대고 나아감。『禮記·表記』。
【揖揖:즙즙】 많이 모여 있는 모양。「은 모양。輯輯。많

【揗】(순) 軫 シュン、ジュン、なでる stroke
小篆 ❶만질순(摩也)。❷쓰다듬을순(手相安慰)。

【揚】(양) 陽 ヨウ、あげる raise ㄧㄤ yang²
小篆 古文 草書 ❶들날릴양(飛擧)。【書經 泰誓】我武惟ㅣ。❷필양(發也)。【周易】ㅣ于王庭。❸나타낼양(顯也)。❹들양(擧也)。【書】明明ㅣ側陋。❺칭찬할양(稱說)。❻까부를양(簸去糠秕)。【詩經】維南有箕不可以簸ㅣ。❼도끼양(戚ㅣ鉞也)。

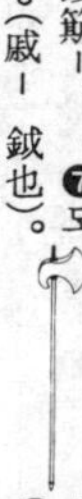
❼揚(三才圖會)

【揚搉:양각】 大略。大概。大體。『漢書 敍·傳』ㅣㅣ古今。【詩經】干戈戚ㅣ。
【揚氣:양기】 의기를 발양함。
【揚棄:양기】 《哲》矛盾되는 두 개의 概念을 調和 통일하여、한 층 높은 概念을 만들어 내는 것。止揚。
【揚力:양력】 날개에 의하여 비행기를 공중에 지탱하는 힘。
【揚陸:양륙】 ❶물 속에 잠긴 것을 뭍으로 건져 꺼냄。❷배에 실린 짐을 육지로 끌어 내림。
【揚名:양명】 이름을 높이 날림。
【揚袂:양메】 소매를 올림。또는 춤추는 모양。
【揚眉:양미】 ❶눈썹을 치켜 올림。【李白·上韓荊州書】❷意氣가 왕성한 모양。ㅣㅣ吐氣。
【揚水:양수】 물을 끌어 올림。또는 끌어 올린 물。
【揚水機:양수기】 무자위。
【揚揚:양양】 得意의 빛이 외모와 행동에 나타나는 모양。滿足해 하는 모양。『史記』意氣ㅣㅣ、甚自得也。
【揚言:양언】 ❶말을 크게 하여 여러 사람이 알게 함。❷공공연하게 말함。颺言。『大戴禮』ㅣㅣ者寡信。
【揚子江:양자강】 《地》中國大陸의 中央部를 橫流하는 大河。中國人은 흔히 長河·大河·江이라 부르고、揚子江이란 이름은 주로 外國人이 사용함。揚子江은 원래 長江 중 揚州와 鎭江 사이를 부른 명칭。全長 四、九八九粁。
【揚鞭:양편】 채찍을 들고 말을 기운차게 몰아 달리는 것。
◎揭ㅣ、激ㅣ、發ㅣ、浮ㅣ、飛ㅣ、宣ㅣ、抑ㅣ、止ㅣ、讚ㅣ、稱ㅣ。

【揙】(연) 先 ゼン、もむ rub
小篆 ❶비빌연(揉挱煩ㅣ)。❷부스러뜨릴연(碎也)。(『撋』과 같음)

【揀】(수) 尤 シュウ、ソウ、さがす search for
草書 ❶찾을수(索也)。❷수색할수(ㅣ索)。❸화살빨리갈수(矢行勁疾)。❹모을수(聚也)。(『捜』와 같음)

【換】(환) 翰 カン、かえる exchange ㄏㄨㄢ huan⁴
小篆 草書 ❶바꿀환(易也)。❷교역할환(交易)。❸방자할환(畔ㅣ强恣貌)。【李白詩】呼兒將出ㅣ美酒。【漢敍傳】項氏畔ㅣ。

【換家:환가】 집을 서로 바꿈。
【換價:환가】 換家하는 데 치는 값。집이나 토지 따위를 바꾸는 데 치는 값。
【換簡:환간】 =換標。
【換穀:환곡】 곡식을 서로 바꿈。
【換骨奪胎:환골탈태】 ❶용모가 전보다 예뻐진 것。❷古人의 詩文의 趣意를 취하여 語句·結構만을 바꾸어 自作처럼 꾸미는 일。『冷齊夜話』。
【換管理:환관리】 《經》法令에 의해서 外國換을 制限·割當·禁止하는 일。
【換局:환국】 時局이 바뀜。版局이 바뀜。
【換氣:환기】 공기를 바꾸어 넣음。通風。
【換買:환매】 물건과 물건을 직접 서로 바꿈。物物交換。「함。
【換名:환명】 남의 성명으로 거짓 행세
【換房:환방】 ❶물건을 바꿈。❷派房。

【換費:환비】 換錢을 부치는 데 드는 비용。換標를 하여 주는 사람이 받아가는 사람에게서 받는 요금。換駄價。

【換算:환산】 ❶ 어떤 單位를 다른 單位로 계산하여 고침。❷돈을 바꿈。

【換算表:환산표】 단위가 다른 수량을 환산하기에 편리하도록 대조·열거하여 산출해 놓은 표。

【換色:환색】 다른 물건과 바꿈。換品。

【換歲:환세】 해가 바뀜。새해가 됨。

【換手:환수】 ❶능한 솜씨를 서로 바꾸어서 일함。❷사람을 서로 바꾸어 일함。

【換心腸:환심장】 마음이 전보다 막되게 아주 달라짐。「손바꿈。

【換言:환언】 말을 바꿈。다른 말로 바꾸어서 말함。

【換用:환용】 바꾸어 사용함。

【換率:환율】 《經》두 나라 사이의 통화의 교환율。환시세。

【換銀:환은】 ❶ 어떤 종류의 貨幣를 다른 종류의 貨幣로 바꾸는 일。換錢。❷ 물건을 돈으로 바꿈。

【換銀行:환은행】 《經》 外國換 업무를 「취급하는 은행。

【換衣:환의】 옷을 갈아입음。更衣。『事文類聚』進士新及第、一一、以故衣予人。

【換入:환입】 바꾸어 넣음。

【換腸:환장】 換心腸의 略語。

【換節:환절】 계절이 바뀜。交節。

【換節期:환절기】 계절이 바뀌는 시기。

【換土:환토】 ❶논밭을 서로 바꿈。換地。❷논밭을 팔고 代土를 세움。

【換票:환표】 ❶표를 바꿈。❷선거에 있어서 어떤 후보자를 당선시킬 목적으로 그 후보자의 표를늘이기 위하여 상대 후보자의 표를 줄이려고 바꿔치는 일。

【換形:환형】 모양이 전과 달라짐。

【換刑:환형】 《法》벌금 또는 科料를 바치지 못한 사람을 그 대신 勞役場에 留置하거나 拘留처분 하는 일。

◎交一、變一、相一、引一、轉一、置一。

【揜】 ㊀(암) 感 ㊁(엄) 琰 エン、おおう shield ㄧㄢˇ yen³

小篆 草書 ㊀❶손으로가릴암(手掩物)。❷가득히덮을암。㊁❶찾아가질엄(索取)。【禮記 禮器】豚肩不一豆。❷곤박할엄(困迫)。【禮記】篤厚行於善道不使一 逼而被困迫也。(『掩』과 같음)

【揝】 (잠) 感 サン、てをうごかす wave one's hand ㄗㄨㄢˋ tsuan⁴

❶손흔들잠(手動)。❷[中字]잡을잠(執也)。

【揞】 (암) 感 アン、おおう cover ㄢˇ an³

❶손으로덮을암(手揞)。❷감출암(藏也)。❸멸할암(滅也)。

【揟】 (서) 魚 ショ、うおをとる fish

小篆 ❶고기잡을서(捕魚)。❷고을이름서(地名一次)。

【揠】 (알) 黠 アツ、ぬく pull out ㄧㄚˋ ya⁴

小篆 草書 ❶ 고갱이뽑을알 (拔草心)。❷잡아뽑 을알。【孟子 梁惠王上】宋人有閔其苗 之不長而一之者。

【握】 (악) 覺 アク、にぎる grasp ㄨㄛˋ wo⁴

小篆 古文 草書 ❶움큼악、 줌악(掌也)。【詩經】一粟出卜。❷조그마할악(少貌)。【禮記王制】宗廟之牛角一。

【握卷:악권】 책을 손에 가짐。(책을 좋아하여 항상 손에 쥐고 있다는 뜻)。

【握力:악력】 손아귀로 물건을 쥐는 힘。

【握力計:악력계】 손아귀의 힘의 강함과 약함을 재는 기구。

【握髮:악발】 賢人을 얻으려고 애씀。《故》옛날 周公이 한 번 머리를 씻을 동안 여러 번 머리카락을 잡은채 訪問 人士를 面接한 故事。『韓詩外傳·三』一沐三一一、一飯三吐哺。

【握手:악수】 ❶손을 서로 잡음。서로 손을 붙잡아 사랑의 情을 표시함。『後漢書·李通傳』共語移日、一一極歡。❷西洋式 禮法。서로 손을 맞잡고 하는 인사。

【握腕:악완】 서로 팔을 잡음。서로 (親睦함을 일컬음)。

【握齪:악착】 마음이 좁고 여유가 없는 모양。齷齪。握促。握齱。局促。『史記』委瑣一一、狗文牽俗。

◎掌一、把一。

【掔】 (완) 翰 ワン、にぎる handful

小篆 줌완、움큼완(手握)。

【挌】 (객) 陌 キャク、とらえる clutch ㄎㄜˋ k'ê⁴

움켜잡을객(著也手把)。

【挍】 (교) 巧 コウ、まじわる be mixed

❶접할교(接也)。❷섞일교(接交)。❸어그러질교(戾也)。

【揣】 ㊀(취) 紙 ㊁(타) 哿 シ、スイ、はかる measure ㄔㄨㄞˇ ch'uai³

小篆 草書 ㊀❶잴취(量也)。【孟子 告子下】不一 其本、而齊其末。❷시험할취(試也)。❸요량할취(忖也)。㊁헤아릴타(忖度)。

【鬼谷子】善用天下者必一諸侯之情。

【揣摩:취마】 어떤 眞相을 미루어 헤아려 보아 추측과 합치되기를 期待함。자기 마음으로 남의 마음을 헤아리는 일。臆測。『戰國策·秦策』蘇秦簡練以爲一一。

【揣知:취지】 헤아려 깨달음。『漢書·翟方進傳』一一其指不敢發言。

【揣度:취탁】 미루어 헤아림。생각하여 헤아림。忖度。『柳宗元·文』退自一一、惕然汗流。

【揻】 (열) 屑 エツ、めをえぐる rub one's eyes

눈비빌열(捩目)。

【揤】 ㊀(즉) 職 ㊁(질) 質 ソク、ジツ、つかむ grasp

小篆 ㊀꺼두를즉(捽也)。㊁씻을질(拭也)。

【捊】 (부) 有 ホウ、うつ thrash one's jacket

小篆 옷위로칠부(衣上擊之)。

【摐】 (종) 東 ソウ、かぞえる slap

❶손으로칠종(手擊)。❷셀종(數也)。

【揆】 (규) 齊 ケイ、さす thrust

찌를규(刺也)。(『刲』와 같음)

【揧】 (랄) 曷 ラツ、とぐ grind ㄌㄚˇ la³

갈랄(硏摩)。

【揩】 (개) 佳 カイ、する rub ㄎㄞ k'ai¹

草書 ❶문댈개(摩拭)。【西京賦】一枳落突棘藩。❷문질러훔칠개。

【揩磨:개마】 문대고 밀음。
【揩目:개목】 눈을 부빔。【蘇軾】。
【揩背:개배】 등을 문댐。

【揥】(체) 霽 テイ、こうがい tweezers ㄊㄧˋ ti⁴
揥 草書 ❶족집게체(摘髮)。【詩經】象揥之ー也。❷버릴체(捐也)。【陸機文賦】意徘徊而不能ー。

揥(三才圖會)

【揪】(추)『揫』(㕛條)와 같음

【揫】(추) 尤 シュウ、たばねる bind up
揫 小篆 ❶묶을추(束也)。❷거둘추(斂也)。【禮記】秋之爲言ー也。【廣成頌】ー斂九藪之動物。❸모을추(聚也)。

【揬】(돌) 月 トツ、つきあたる collide
❶당돌할돌(觸也揰ー)。❷부딛칠돌(衝突)。❸찌를돌(觸也)。

【揭】㊀(게) 霽 ㊁(갈) 月 ㊂(걸) 屑 ケイ、ケツ、あげる hoist ㄐㄧㄝ chi
揭 小篆 揭 草書 ㊀❶높이들게(高擧)。❷옷걷고물건늘게(褰衣涉水)。❸등에질게。【史記 東方朔傳】數賜縑帛擔ー而去。【賈誼 過秦論】ー竿爲旗。㊁뜻은㊀과같음。㊂❶들걸(擧也)。❷세울걸(竪也)。【史記】ー竿爲旗。❸길걸(長貌)。【詩經】葭菼ーー。❹일어날걸(起也)。【詩經】維北有斗西柄之ー。

【揭榜:게방】 榜文을 내어 붙임。
【揭示:게시】 여러 사람에게 알리기 위하여 내어 걸거나 붙이어 보게 함。또는 그 글。揭帖·揭貼。【宋史】ーー不實者、民得自言。
【揭示板:게시판】 게시하는 판대기。
【揭揚:게양】 높이 걸음。
【揭載:게재】 신문·잡지 등에 文章·광고 등을 올리어 실음。
【揭帖:게첩】 내어 걸어 붙임。또는 그 文書。揭貼。

【揢】(격) 陌 カク、あらためる fix
고칠격(改也)。

【揮】(휘) 微 キ、ふるう flourish ㄏㄨㄟ huei¹
揮 小篆 揮 草書 ❶뽐낼휘(奮也)。❷휘두를휘(振也)。【李白詩】手ー白陽刀淸晝殺仇家。❸글그림을그릴휘(書畫)。【李頎詩】ー筆如流星。❹헤칠휘(散也)。【周易】六爻發ー旁通情也。❺지휘할휘(指ー)。분별할휘(分別)。❻휘동할휘(動也)。

【揮劍:휘검】 칼을 휘두름。
【揮淚:휘루】 눈물을 뿌림。
【揮發:휘발】 (物)액체가 보통 온도에서 기체가 되어 증발함。
【揮發性:휘발성】 휘발하는 성질。
【揮發油:휘발유】 無色透明의 稀薄한 石油。石油의 原油를 蒸溜하여 맨 처음에 취한 것。
【揮灑:휘쇄】 ❶붓을 휘두르고 먹을 종이에 뿌림。글씨를 쓰고 그림을 그림。揮毫。揮洒。【杜甫】ーー容數人、十手可對面。❷물에 흔들어서 깨끗이 빠름。
【揮手:휘수】 ❶손짓을 하여 어떠한 낌새를 채게 함。❷손짓하여 거절하는 뜻을 보임。
【揮帳:휘장】 여러 폭의 피륙을 이어서 둘러 치는 막。
【揮場壯元:휘장장원】 科擧에 장원으로 급제하여 그 글이 시험장에 게시되는 영예를 받던 사람。
【揮筆:휘필】 붓을 휘둘러 글씨를 씀。
【揮汗:휘한】 이마에서 흐르는 땀을 손으로 뿌림。
【揮毫:휘호】 붓을 휘두름。글씨를 쓰고 그림을 그림。【杜甫·飮中八仙歌】ーー落地如雲煙。
【揮毫料:휘호료】 글씨나 그림에 대한 「보수。潤筆料。
◎指ー、發ー。

【揯】(긍) 蒸 コウ、きびしくひく pull(draw) something close
揯 小篆 바싹당길긍(引急)。(『搄』과 같음)

【揅】(연) 銑 エン、のべしく spread
펼연(舒布)。

【揱】(삭) 覺 サク、ほそながい pointed
揱 小篆 ❶팔날씬할삭(人臂細長)。❷뾰족할삭(尖銳)。

【揳】(설) 屑 ケツ、セツ、うつ beat
揳 草書 ❶일비뚤게할설(擖ー作事不方正)。❷쓰다듬을설(撚也)。❸막을설(塞也)。❹소리나게두드릴설(擊鳴)。【史記 貨殖傳】ー鳴琴。❺칠설(擊也)。【後漢書 申屠剛傳】捶ー牽曳於前。

【揳擊:설격】 樂器를 때려서 소리를 냄。【柳宗元】ーー吹鼓之音、飛騰幻怪之容。

【援】㊀(원) 元 ㊁(원) 霰 エン、たすける help ㄩㄢˊ yüan²
援 小篆 援 草書 ㊀❶당길원(引也)。【禮記 儒行】擧賢ー能。❷사다리원(鉤梯)。【詩經】以爾鉤ー。❸끌어잡을원(牽持)。【中庸】在下位、不ー上。❹잡을원(執也)。❺빼원(拔也)。㊁❶구원할원(救助)。【魯語】爲田隣之ー結諸侯之信。❷접할원(接也)。

【援繫:원계】 출세할 연줄。攀附。【國語】董叔娶於范氏、曰將以求ーー也。
【援救:원구】 도와 줌。救援。【後漢書】求ーー、以濟其患。
【援軍:원군】 ＝援兵。
【援例:원례】 例를 끌어 댐。
【援攀:원반】 힘을 다하여 기어 올라감。
【援兵:원병】 구원하는 군대。도와 주는 군사。救援軍。援軍。
【援用:원용】 ❶끌어다가 이용함。❷(法)자기 이익을 위하여 어떤 다른 사실이나 例를 끌어서 증거로 삼는 일。
【援助:원조】 도와 건져 줌。도움。援救。【後漢書】招伺奴、迎烏桓、以爲ーー。
【援筆:원필】 붓을 잡아 씀。
【援護:원호】 도와주고 보호함。援庇·「掩護。
【援護費:원호비】 사람이나 일을 돕는 데 드는 비용。
【援護者:원호자】 도와 주는 사람。「주는 사람。감싸
◎救ー、聲ー、應ー、支ー、後ー。

【揵】㊀(건) 先 ㊁(건) 阮 ケン、になう carry on the shoulder
揵 草書 ㊀멜건(以肩擧物)。(『楗』과 통함)【後漢書】ー弓韣九鞬。㊁❶막을건(閉塞)。【漢書 溝洫志】下淇園之竹、以爲ー。❷들건(擧也)。【司馬相如 上林賦】ー鰭掉尾。

【揵馬牌:건마패】 戰爭 때 나무 따위로 짐승 모양을 만들어서 陣 앞에 세우는 것。【宋史】。

【揲】 ㊀(설) 屑 セツ、かぞえる feel one's pulse
㊁(접) 葉 ㄕㄜˊ shê²
㊂(엽) 葉

小篆 草書 ㊀ ❶맥짚을설(閱持)。❷손사이에 시초낄설(ㅣ著)。【易繫辭】ㅣ之以四以象四時。㊁접을접(摺也)。㊂뜻은㊀과같음。

【揲貫:엽관】 때려서 뚫음。〖淮南子〗横廊六合、ㅣㅣ萬物、此聖人之游也。

【撤】(치) 寘 チ、かすみとる plunder

小篆 ❶노략질할치(掠奪)。❷찌를치(刺也)。

【揶】(야) 麻 ヤ、からかう mockery

草書 희롱할야(戲也)。(『揶』와 같음)

十畫

【搩】(혜) 佳 ケイ、はさむ insert (本音「해」)

❶낄혜(挾物)。❷붙들혜(扶也)。

【搆】(구) 宥 コウ、ひく draw

草書 ❶얽어맬구(聚也)。❷당길구(牵也)。(『構』와 는別字)

【搆兵:구병】 군대를 내어서 싸움。構兵。

【搆思:구사】 생각을 얽어 놓음。構想。

【搆成:구성】 얽어 만들음。構成。

【搆逆:구역】 叛逆을 꾀함。〖晉書〗王敦及ㅣㅣ、上疏罪協。

【搆怨:구원】 怨恨을 맺음。怨恨을 사게함。〖管子〗力成吾君之禍、以搆二國之怨。

【搆閒:구한】 不和를 일으키도록 일을 꾸밈。〖蜀志〗。

【搆害:구해】 트집을 잡아 害침。〖後漢書〗皆剝割萌黎、競恣奢欲、ㅣㅣ明賢、云云。

【搇】(금) 沁 キン、おす press

누를금(押也)。

【搉】(각) 覺 カク、たたく knock ㄍㄡˋ kou⁴

小篆 草書 ❶두드릴각(敲擊)。〖漢書 五行志〗高后支斷戚夫人手足ㅣ其眼以爲人彘。❷약간들출각(揚ㅣ都擧)。〖漢敍傳〗揚ㅣ古今監世盈虛。(『榷』과 통함)

【搉利:각리】 정부가 상품을 專賣하여 그이익을 독점함。

【搉鹽法:각염법】 《歷》高麗 忠烈王 때 소금을 專賣하던 법으로、銀 한 냥에 넉섬、베 한 필에 두 섬씩임。

【搊】(추) 尤 シュウ、はじく finger ㄔㄡ ch'ou¹

손으로퉁길추(五指擓搵手彈)。〖唐書〗五弦如琵琶而小舊以木撥彈樂工裴神符始手彈爲ㅣ琵琶。

【摻】(섬) 豔 セン、はやくうごく flash

번쩍거릴섬(疾動貌)。〖射雉賦〗ㅣ降丘以馳敵。(『掞』과 같음)

【搴】(건) 元 ケン、あいたすける help each other

小篆 ❶서로도울건(相助)。❷멜건(荷肩)。

【搋】 ㊀(최) 佳 テイ、くじく break
㊁(치) 紙 ㄔㄨㄞ ch'uai¹

㊀쥐어지를최(以拳觸人)。㊁❶꺾을치(折也)。❷끄을치(拽也)。

【搌】(전) 銑 デン、のびきる spread widely ㄓㄢˇ chan³

❶활짝펼전(展極ㅣ揺)。❷묶을전(束縛)。❸걷을전(捲也)。❹씻을전(拭也)。

【損】(손) 阮 ソン、へる injure；loss ㄙㄨㄣˇ suen³

小篆 草書 ❶덜손、감할손(減也)。〖易〗ㅣ下益上其道大行。❷잃어버릴손(失也)。❸피곤할손(疲困)。❹삼가할손(愼也)。〖十八史略 春秋戰國齊〗御者乃自抑ㅣ。❺상할손(傷也)。〖後漢 李固傳〗兆人 傷ㅣ。❻깨어질손(破也)。「破ㅣ」❼괘이름손(卦名)。

【損金:손금】 손해 본 돈。「이 상함。

【損氣:손기】 심한 자극을 받아서 기운

【損料:손료】 옷이나 세간 따위를 빌려주어 그 닳고 상한 값으로 받는 돈。

【損名:손명】 명예를 떨어뜨림。 평판을 나쁘게 함。

【損耗:손모】 씀에 따라 닳아 없어짐。〖南史〗貨賄公行、帑藏ㅣㅣ。

【損福:손복】 복이 덜림。

【損傷:손상】 떨어지고 상함。破損。毁損。〖劉禹錫〗危根易ㅣㅣ。

【損失:손실】 ❶축나서 없어짐。❷밑짐。損亡。損耗。〖後漢書〗傷藥若有所ㅣㅣ。

【損友:손우】 사귀어서 이롭지 못한 벗。〖論語〗損者三友、友便辟、友善柔、友便佞、損矣。↕益友。

【損益:손익】 ❶손해와 이익。경영의 결과로 생긴 자본 총액의 줄어짐과 닳아짐。增減·增損。〖論語〗子曰、殷因於夏禮、所ㅣㅣ可知也。❷줄고 늘음。❸易의 損卦와 益卦。

【損益計定:손익계정】 《經》期末決算의 한 節次로서 元帳의 손익에 딸린 각 계정의 殘額을 對替集合하여 純損益額을 算定하기 위한 계정。

【損財數:손재수】 재물을 잃을 운수。

【損弟:손제】 친구끼리 편지를 할 때의 자기의 謙稱。

【損敗:손패】 손해나고 패함。敗殘。〖隋書〗每年收積、勿使ㅣㅣ。

【損下益上:손하익상】 아랫 사람에게 해를 입히고 웃사람을 이롭게 함。

【損害:손해】 해를 봄。損失。〖左傳·註〗無所ㅣㅣ。

【損害賠償:손해배상】 《法》법률의 규정에 따라 남에게 끼친 손해를 메꾸어 줌。또는 그 돈이나 물건。

◎減ㅣ、缺ㅣ、汚ㅣ、增ㅣ、破ㅣ、毁ㅣ。

【搩】(삭) 藥 サク、とる grasp ㄙㄨㄛˇ suo³

❶집을삭(手捉摹ㅣ)。❷취할삭(取也)。❸구할삭(求也)。(『索』과 통함)

【搔】(소) 遇 ソ、さぐる steal

훔칠소(暗取物)。

【搠】(척) 錫 テキ、かく scratch ㄑㄧㄣ ch'in⁴

❶긁을척(搔也)。❷벨척(伐也)。

【搏】(박) 藥 ハク、うつ stroke

小篆 草書 ❶어루만질박(拊也)。〖書經〗ㅣ拊琴瑟。❷두드릴박(拍也)。〖史記 李斯傳〗彈箏ㅣ髀。❸취할박(取也)。〖史記 李斯傳〗鑠金百鎰盜跖不ㅣ。❹손바닥으로칠박(手擊)。〖左傳僖公二十八年〗晉侯夢與楚子ㅣ。❺잡을박(捕也)。

【搏擊:박격】 때림。몹시 후려 침。『漢書』——豪彊、京師畏之。
【搏拊:박부】 ❶북이나 장고 따위를 침。『書經』——琴瑟。❷악기 이름。節鼓보다 작은 북。

拊 搏
(四書引蒙略圖解)

【搏殺:박살】 손으로 쳐서 죽임。
【搏戰:박전】 格鬪。『漢書』虜見漢軍少、直前就營、陵——攻之。
【搏鬪:박투】 서로 치고 때리며 싸움。

【搐】(휵) 屋 チク、ひく attract ㄔㄨˋ po² (本音은「축」)
草書 당길휵(牽制)。『賈誼治安策』一二指ー、身慮之聊。

【搒】㈠(방) 陽 ホウ、こぐ row ㈡(방) 庚 ㈢(병) 敬 ㄆㄥˊ pêng⁴
小篆 草書 ㈠❶가릴방(掩也)。❷볼기칠방(笞掠)。『漢書 張耳傳』吏ー笞數千。㈡상앗대방(掉船一歐)。㈢❶맞당길병(相牽)。❷배저을병(進船)。
【搒人:방인】 뱃사공。榜人。
【搒笞:방태】 죄인의 볼기를 침。笞掠。『漢書』吏——數千。

【搔】(소) 豪 ソウ、かく scratch ㄙㄠ sao¹
小篆 草書 ❶긁을소(手爬)。『詩經 邶風靜女』ー首踟躕。❷휘저을소。『漢書 枚乘傳』十圍之木、始生如蘖、足可ー而絕。❸분분할소(騷也)。『吳志陸凱傳』所在ー擾、更爲煩苛。
【搔首:소수】 ❶머리를 긁음。❷걱정이 되어서 착심이 안 되는 모양。
【搔癢:소양】 가려운 데를 긁음。搔痒。『詩話總龜』隔靴——。
【搔癢症:소양증】《醫》피부가 가려운 증세。皮膚搔痒症。
【搔擾:소요】 여럿이 떠들썩하여 어수선함。騷擾。『吳志』所在——、更爲煩苛。
【搔爬:소파】《醫》組織을 긁어내는 것。人工流產 등에 행함。
【搔爬手術:소파수술】《醫》人工流產 등을 시킬 때 그 組織을 긁어내는 手術。

【搓】(차) 歌 サ、もむ chafe hand ㄘㄨㄛ ts'uo¹
草書 ❶휘두를차(ー挪)。『陸游詩』柳細ー難似花新染未乾。❷밀고칠차(推擊)。❸손비빌차(手相磨)。

【搕】(갑) 合 コウ、とる take
❶칠갑(擊也)。❷취할갑(取也)。

【搖】(요) 蕭 ヨウ、ゆるがす shake
小篆 草書 ❶흔들요(動也)。『詩經』中心——。❷움직일요(動也)。『唐書 祝欽明傳』據地ー頭睆目。❸회리바람불요(暴風 扶ー)。❹별이름요(星名招ー)。❺머리치장할요(首飾步ー)。
【搖撼:요감】 흔들음。흔들리게 함。『宋史·蘇轍傳』多起邪說、以——在位。
【搖車:요거】 어린애를 태우고 밀어 주는 수레。『戒菴漫筆』古人製小兒睡車、曰ー「함。
【搖掉:요도】 흔들림。흔들어 움직이게 함。
【搖動:요동】 흔들림。搖蕩。搖盪。『北史』汾絳舊是周齊分界、恐生——。
【搖頭顚目:요두전목】 머리를 흔들고 눈을 굴리면서 몸을 움직임。《轉》침착하지 못한 행동。
【搖頭菜:요두채】《植》두릅나물。
【搖落:요락】 흔들려 떨어짐。흩어져 가버림。『林逋』衆芳——獨暄妍。
【搖籃:요람】 젖먹이를 담아 달아 놓고, 가끔 흔들어주어 잠들게 하는 채롱。『戒菴漫筆』今眠小兒竹籃、名——。《轉》㉠고향。㉡幼年時代。㉢사물의 端緖。
【搖籃期:요람기】 ❶요람에서 자라던 사절。幼年時代。❷사물의 초기。
【搖鈴:요령】 ❶놋쇠로 만든 흔들어서 치는 작은 종。鐸鈸。❷《佛》佛家에서 예식 때에 흔드는 제구。
【搖扇:요선】 ❶부채질을 함。❷날쌘 모양。날쌤。「라 음。
【搖揚:요양】 흔들어서 올림。흔들려 올라감。
【搖搖:요요】 ❶배 따위가 흔들리는 모양。『詩經』中心——。❷마음이 안정되지 못한 모양。❸의지할 데가 없어서 불안한 모양。
【搖鐘:요종】 종의 一種。樂舞에서 치는 데 쓰임。

鐘搖和綏漢
(索石金)

【搖之不動:요지부동】 흔들어도 꿈쩍도 하지 않음。
【搖綴:요철】 가지나 잎사귀가 서로 얽히어 동요함。『柳宗元·文』蒙絡——。
【搖蕩:요탕】 흔들려 움직임。動搖。搖盪。『史記』隨風澹淡與波——。◎動ー。

【搗】(도) 皓 トウ、つく pound ㄉㄠˇ tao³
❶찧을도(舂也)。❷다듬을도(手椎)。❸방망이질할도(椎也)。(『擣』와 같음)
【搗鬼:도귀】 거짓말장이。『水滸傳』假黑旋風眞——。「不沒、——免長生。
【搗藥:도약】 약을 찧음。『杜甫』入河蟾
【搗衣:도의】 다디미질함。擣衣。『天祿識』古人——、兩女子對立、執一杵如舂米然。
【搗精:도정】 곡식을 찧고 대낌。
【搗精業:도정업】 곡식 찧는 직업。

【搘】(지) 支 シ、ささえる support ㄓ chih¹
草書 ❶버틸지(梧也)。❷고일지(柱砥)。❸나무주추지(柱礎)。(『榰』와 같음)

【搙】㈠(녹) 沃 ㈡(낙) 覺 ㈢(누) 宥 ジョク、ダク、ひねる twist
㈠비틀녹(捻也)。㈡손가락으로 누른낙(按也)。㈢버틸누(棄也)。

【搚】(랍) 合 ロウ、くじく break
草書 ❶꺾을랍(挫也)。❷부러지는 소리랍(折聲)。『公羊傳』ー幹而殺之。(『拉』과 같음)

【搥】㈠(비) 齊 ㈡(별) 屑 ヒ、ベツ、(すみやかに)ひく play quickly
㈠손뒤집어칠비(反手擊)。㈡손재게 탈별(手疾彈絃)。『琴賦』摟ー擽捋。

【搜】(수) 尤 ソウ、さがす search ㄙㄡ sou¹
小篆 草書 ❶찾을수(索也)。❷더듬을수。『韓愈 進學解』獨旁ー而遠紹。❸화살빨리가는소리수(矢行勁疾)。『詩經』束矢其ー。❹어지러울수(亂也)。『韓愈詩』炎風日

一攬。(『揆』와 같음)

【搜檢:수검】 금제품의 있고 없음을 檢査함。『南史』一一姦惡、不避强禦。

【搜求:수구】 찾아 구함。조사하여 찾음。『韓愈』雕刻文刀利、一一智網恢。

【搜得:수득】 찾아서 얻음。

【搜訪:수방】 찾아 구함。人材를 찾아다님。『晋書·山濤傳』甄拔隱屈、一一賢才。

【搜査:수사】 ❶찾아다니며 조사함。❷犯人의 行方을 찾거나 또는 증거를 모음。❸(法)刑事訴訟法上의 用語。檢事 또는 司法警察官이 公訴를 提起하기 위하여 범인 및 범죄의 사실을 認知할 증거를 수집하는 刑事訴訟法上의 절차。

【搜索:수색】 ❶더듬어서 찾음。搜求。搜討。『漢書』提拔一一、問以所聞。❷(法)押收하여야 할 물건 또는 逮捕·拘引·拘留하여야 할 犯人을 발견하기 위하여, 사람의 신체·물건·家宅을 搜査하는 强制處分。

【搜所聞:수소문】 세상에 떠돌아다니는 소문을 더듬어 살핌。

【搜集:수집】 찾아서 모음。搜聚。『南史』一一經記、招學士。

【搜探:수탐】 수사하고 알아냄。搜索。『韓維』奄有勝跡窮一一。「孜孜一一。

【搜討:수토】 찾아서 구함。『魏書』是以

【搜爬:수파】 찾아서 긁어 모음。『孔平仲』撑突盤盂觸、一一堂廡汗。

【搜挾子:수협자】(動)집게벌레。

【搡】(상) 養 ソウ、うつ strike ; beat ㄙㄤ sang³

칠상(擊也)。

【搢】(진) 震 シン、はさむ stick ㄐㄧㄣ chin⁴

小篆 草書 ❶꽂을진(揷也)。『唐書 張九齡傳』故事公卿、皆一笏于帶、而後乘馬。❷떨칠진(振也)。『吳語』搢鈹一鐸。(『薦』과 통함)

【搢紳:진신】 ❶笏(홀)을 큰 띠에 꽂음。(轉)벼슬아치의 總稱。❷지위가 높고 행동이 점잖은 사람。縉紳。薦紳·紳士。『晋書』所謂一一之士者、搢笏而垂紳帶也。

【搢紳疏:진신소】 모든 搢紳이 連名으로 낸 上疏。

【搢紳章甫:진신장보】 관원과 儒生。

【搣】(멸) 屑 メツ、にぎる、もむ grasp

小篆 ❶손길펴매릴멸(批也)。❷만질멸(摩也)。❸꺼두를멸(捽也)。❹눈썹뽑을 멸(拔眉髮揃一)。❺손으로뽑을멸(手拔)。

【搤】(액) 陌 アク、とらえる grasp ㄜ è

小篆 草書 ❶잡을액(捉也)。『史記 劉敬傳』一天下之吭。❷움킬액(握也)。『史記 周本紀』釋弓一劍。❸가질액(持也)。

【搤殺:액살】 손으로 목을 눌러 죽임。扼殺。『詩經·註』一一之。

【搤腕:액완】 흥분하여 팔짓을 함。扼腕。『史記』海上齊燕之間、莫不一一。

【搤咽:액인】 ❶멱살을 쥠。❷적의 긴요한 정보를 잡음。적의 요지를 쳐서 致命傷을 입힘。『解嘲』搤其咽、亢其氣。

【搥】㊀(추) 支 ツイ、タイ、
㊁(퇴) 灰 beat なげうつ ㄔㄨㄟ ch'ui²

草書 ㊀북칠추(擊鼓)。『唐書』三一鼓爲三嚴。(『捶』와 통함) ㊁❶던질퇴(擲也)。『揚子法言』一提仁義。❷망치로칠퇴(槌也)。『唐書 禮樂志』一一鼓。(『槌』와 같음)

【搥鼓:추고】 북을 침。『唐書』未明四刻、搥一鼓、爲一嚴。

【搥足:추족】 다리를 두들김。『白居易』。

【搦】㊀(낙) 覺 ジャク、ダク、おさえる
㊁(닉) 陌 press ㄋㄨㄛ nuo⁴

小篆 草書 ㊀❶누를낙(按也)。『史記 扁鵲傳』一髓腦。❷가질낙(持也)。㊁잡을닉(捉也)。『錢俶小詞』金鳳欲飛遭掣一。

【搧】(선) 先 霰 セン、うつ beat with a fan ㄕㄢ shan¹

부채로칠선(以扇打之)。

【搨】(탑) 合 トウ、うつす copy ; print ㄊㄚ t'a⁴

草書 ❶비문박을탑(一碑摹也)。❷베낄탑(寫也)。『梅堯臣詩』韓幹馬爲本摸一時。(『搭』과 같음)

【搨本:탑본】 金石에 새긴 글씨나 그림을 종이에 그대로 박아 냄。또는 그 종이。拓本。『寶章待訪錄』唐太師顔眞卿乞米帖、眞蹟在蘇澥處、士人多有臨一一。

【搨影:탑영】 본디의 형상을 본떠서 그림。또는 그 그림。

【搫】㊀(반) 寒 ハン、とらえる
㊁(파) 歌 catch

小篆 ㊀덫놔잡을반(一擭不正)。㊁❶활터닦을파(射也除地爲場)。❷흩을파(披散)。

【搪】(당) 陽 トウ、ふさぐ block ㄊㄤ t'ang²

草書 ❶베풀당(張也)。❷막을당(塞也)。❸당돌할당(一揬不遜)。

【搪塞:당색】 ❶간격을 막음。『唐彥謙』❷속임。『水滸傳』

【搬】(반) 寒 ハン、はこぶ transport ㄅㄢ pan¹

草書 ❶옮길반(運也)。❷운반할반(運一)。❸덜반(除也)。

【搬弄:반롱】 함부로 남의 결점을 들어서 놀림。『夢溪筆談』一一之勞。

【搬運:반운】 물건을 실어 나름。運搬。

【搬移:반이】 세간을 날라 이사함。

【搬入:반입】 운반하여 들임。↔搬出。

【搬出:반출】 운반하여 냄。↔搬入。

◎運一。

【搭】㊀(답) 合 トウ、かける hang
㊁(탑) 合 ㄉㄚ ta¹

草書 ㊀❶붙을답(附也)。❷걸답(掛也)。『白居易詩』薰籠亂一舊衣裳。❸얹을답(載也)。❹태울답(乘也)。❺칠답(擊也)。㊁❶모뜰탑(模也)。❷박을탑(搨一)。(『搨』과 같음)

【搭客:탑객】 乘客。搭乘客。

【搭船:탑선】 배를 탐。

【搭手:탑수】 등에 난 종기。

【搭乘:탑승】 자동차·비행기·배 따위에 올라탐。

【搭乘客:탑승객】 艦船·항공기 따위에 탄 손님。

【搭乘員:탑승원】 艦船·항공기 따위에 탑승하여 일에 종사하는 사람。

【搭顋腫:탑시종】(醫)볼거리。

【搭印:탑인】 본떠서 박음。

【搭載:탑재】 자동차·비행기·배 따위에 물건을 실음。

【搭載量:탑재량】 艦船·항공기 따위에 실을 수 있는 짐의 분량。

【搭載物:탑재물】 艦船·항공기 따위에

실은 물건。

【搮】(률) 質 リツ、てわけ select ㄌㄧˋ lì
가릴률(以手理物)。

【搯】(도) 豪 トウ、たたく knock ㄊㄠ t'ao¹
小篆 草書 ❶두드릴도(叩也)。、❷검도배울도(双以擊刺)。❸당길도(搯也)。

【搰】(골) 月 コツ、ほる dig ㄏㄨˊ hu² (本音「홀」)
小篆 草書 ❶팔골(掘也)。〔吳語〕狐埋之、而狐ㅣ之。❷흐릴골(濁也)。〔呂氏春秋 本性〕水之性淸、土者ㅣ之。❸힘쓸골(用力貌)。〔莊子 天地〕ㅣㅣ然用力甚多而見功寡。

〔搰搰:골골〕 힘을 쓰는 모양。〔莊子〕ㅣ然用力甚多、而見功寡。

〔搰搰然:골골연〕 힘을 쓰는 모양。

【搲】(와) 馬 ワ、かく scratch ㄨㄚˇ wa³
❶긁을와(爬也)。❷당길와(牽引)。

【搳】(一)(할) 黠 (二)(갈) 黠 カツ、けずる cut
小篆 (一)❶깎을할(刮也)。❷긁을할(搔也)。(二)뜻은 (一)과 같음。

【搴】(一)(건) 先 (二)(건) 銑 ケン、とる take ㄑㄧㄢ ch'ien¹
草書 (一)❶가질건(取也)。❷줄어들건(縮也)。❸뺄건(拔也)。〔漢書贊〕身履軍ㅣ旗者數矣。(『攓』과 같음) (三)❶빼앗을건(拔取)。〔史記 貨殖傳〕斬將ㅣ旗。❷뺄 건(拔也)。

【搵】(온) 願 オン、(ゆびで)おす press with finger ㄨㄣˋ wen⁴
小篆 ❶손가락으로 누를온(指押)。❷물에 담글온(沈物水中ㅣ抐)。

【搶】(一)(창) 漾 (二)(창) 養 ソウ、つく pierce ㄑㄧㄤ ch'iang³
草書 (一)❶모을창(集也)。❷뛸창(突也)。❸막을창(拒也)。〔戰國策〕布衣之怒亦以頭ㅣ地耳。❹찌를창(刺也)。〔校獵賦〕角ㅣ題注。❺핵채어갈창(飛掠)。〔莊子 逍遙遊〕飛ㅣ楡枋。❻어수선할창(ㅣ攘亂貌)。〔漢書 賈誼傳〕國制ㅣ攘。(二)❶뛸창(突也)。❷부딪칠창(著也)。❸다투어가져갈창(ㅣ奪爭取)。

〔搶姦:창간〕 搶奪과 姦通。『福惠全書』。

〔搶白:창백〕 남을 쌀쌀하게 꾸짖음。

〔搶攘:창양〕 몹시 어수선함。

〔搶奪:창탈〕 폭력을 써서 빼앗음。掠奪。

〔搶風:창풍〕 돛이 바람을 받음。

〔搶捍:창한〕 빨리 달리는 모양。勇躍함。『傳毅』良駿逸足、凌越ㅣㅣ。

【摃】(강) 江 コウ、あげる lift (『扛』과 통함)
들강(擧也)。

【搱】(회) 佳 カイ、ぬぐう wash
씻을회(拭也)。

【搷】(전) 先 デン、ひく draw
❶칠전(擊也)。〔楚辭〕竽瑟狂會ㅣ鳴鼓些。❷당길전(引也)。❸날릴전(揚也)。(『伸』과 같음)

【搽】(차) タ、ぬる coat ㄔㄚˊ ch'a²
바를차(塗飾)。

【搹】(격) 陌 カク、とる handful (of)
小篆 或體 줌격(手把)。

【携】(휴)『攜』(18畫 手部)의 俗字

〔携笻:휴공〕 길을 걸을 때에 지팡이를 지님。

〔携帶:휴대〕 손에 들거나 몸에 지님。「提携。扶携。

〔携帶品:휴대품〕 몸에 지니거나 손에 들고 다니는 물건。

〔携酒:휴주〕 술병을 몸에 지님。

〔携持:휴지〕 =携帶。『阮籍』猗靡相ㅣㅣ。

〔携抱:휴포〕 끌어 안음。『南史』乳嫗ㅣㅣ、匿於廬山。

〔携行:휴행〕 무엇을 몸에 지니고 다님。◎提ㅣ。

【搾】(착) 〔新字〕 サク、しぼる squeeze ㄓㄚ cha⁴
草書 ❶짤착(壓物)。❷압박할착「壓ㅣ空氣」。

〔搾乳:착유〕 젖을 짬。

〔搾取:착취〕 ❶몹시 누르거나 비틀어서 즙을 짜냄。❷자본가가 노동자를 시간 이상으로 부려서 생긴 이익을 독점함。

〔搾取階級:착취계급〕 ❶노동자의 剩餘價値를 착취하는 자본가 계급。❷노동자 계급의 자본가 계급에 대한 呼稱。

【搿】(격) ラク、もつ hold ㄍㄜˊ kê²
❶가질격(持也)。❷성격(姓也)。

十一畫

【摋】(살) 曷 サツ、うつ flog ㄙㄚ sa¹
草書 ❶후리칠살(側手擊)。〔公羊傳 莊公十二年〕宋萬臂ㅣ仇牧。❷몽갤살(掃滅)。❸삭칠살(抹殺)。〔韓愈 孟郊墓志〕惟其大翫於辭而與世抹ㅣ。

【摌】(산) 潸 サン、よりわける choose
❶가릴산(精撰捍ㅣ)。❷손으로 움직거릴산(以手動物)。

【摍】(숙) 屋 シュク、ひきぬく pick out
小篆 뺄숙(抽也)。

【摎】(一)(규) 尤 (二)(뇨) 巧 キュウ、くくる bundle up ㄐㄧㄡ chiu¹
小篆 草書 (一)❶묶을규(束也)。〔漢書 五行志〕天雨草、而葉相ㅣ結、大如彈丸。❷잡아당길규(捋也)。❸얽어죽일규(縛殺)。❹맬규(絞也)。〔儀禮〕不ㅣ垂。❺둘릴규(繞也)。(二)흔들뇨(搖也)。

【摏】(용) 冬 ショウ、つく thrust ㄔㄨㄥ ch'ung¹ (古音「송」)
草書 ❶찌를용(衝也)。❷두드릴용(撞也)。❸지찧을용(擣也)。〔左傳 文公十一年〕ㅣ其喉以戈。

【擘】(연) 先 ケン、みがく polish
小篆 ❶연마할연(靡也)。❷깨칠연(破也)。(『硏』과 통함)

【摐】(창) 江 ソウ、たたく tap ㄔㄨㄤ ch'uang¹
草書 ❶두드릴창(撞也)。【司馬相如 子虛賦】ㅣ金鼓、吹鳴籟。❷흔들거릴창(搖也)。【太玄經】喬木維ㅣ飛鳥過之或降。❸종칠창(打鐘)。

【摢】(호) 麌 コ、さからう oppose
❶거스릴호(不順理)。❷펼호(敷施)。

【摱】(두) 尤 トウ、うつ tear up ㄉㄡ tou¹
잡아헤칠두(擺開)。

【摑】(귁) 陌 カク うつ slap ㄍㄨㄛ kuo² (本音「괵」)
草書 ❶빰 때릴귁(掌耳批)。❷칠귁(打也)。

【摒】(병) 敬 ヘイ、はらう guess ㄅㄧㄥ ping⁴
❶요량할병(料理ㅣ擋)。❷제할병(除也)。(『屛』과 통함)

【摓】(봉) 冬 ホウ、ぬう sew
草書 ❶꿰맬봉、홀봉(以鍼紩衣)。【莊子 盜跖】ㅣ衣淺帶。❷받들봉(奉也)。【史記 龜策傳】ㅣ策定數。(『縫』과 같음)

【摘】㊀(적) 陌 ㊁(적) 錫 テキ、つむ pick ㄓㄞ chai¹
小篆 草書 ㊀딸적(手取)。【唐書】天后次子賢作 歌曰種瓜黃台下四ㅣ抱蔓歸。㊁❶돋구어낼적(挑發)。❷딸적(拓果)。❸움직일적(動也)。【元稹詩】兼去ㅣ船行。
【摘奸:적간】(『擿』과 같음) 부정이 있나 없나를 캐어 살핌。擿奸。
【摘錄:적록】要點을 뽑아 표시하여 둠。요점을 뽑아 적은 책。抄書·抄記·抄錄。
【摘發:적발】숨어 드러나지 않는 것을 들추어 냄。摘抉·挑發·剔抉。【後漢書】ㅣㅣ其姦。
【摘書:적서】남의 글을 따다 씀。요점만을 뽑아 씀。
【摘心:적심】樹木의 세 가지의 끝 또는 농작물·화초의 줄기의 生長點 부분을 따내는 일。
【摘芽:적아】농작물의 성숙을 빠르게 하기 위하여 새 싹을 골라서 필요 이외 것을 따 버리는 일。
【摘要:적요】요점을 뽑아 적음。
【摘載:적재】요점만을 따서 기록하여 실음。摘記。

【摔】(솔) 質 シュツ、なげる throw away ㄕㄨㄞ shuai¹·³
땅에 버릴솔(棄放地)。

【摕】㊀(철) 屑 ㊁(제) 霽 テイ、タイ、つかむ grasp (本音「절」)
小篆 ㊀❶훔쳐어갈철(掠去)。❷추릴철(捎取)。㊁움킬제(撮取)。

【摿】(요) 蕭 ヨウ、うごく shake (『搖』와 같음)
흔들요(動也)。

【摝】㊀(록) 屋 ㊁(로) 麌 ロク、ふるう tremor ㄌㄨ lu⁴
草書 ㊀❶떨칠록(振也)。❷움직일록(動也)。㊁건질로(撈也)。

【摙】(련) 銑 レン、になう carry on the shoulder
❶멜련(負荷)。❷운반할련(運搬)。

【摛】(리) 支 チ、のべる spread ㄔ ch'ih¹ (古音「치」)
小篆 草書 ❶펼리(布也、舒也)。❷필리(發也)。【班固答賓戲】ㅣ藻如春華。❸베풀리(張也)。

【摜】(관) 諫 カン、おびる girdle ㄍㄨㄢ kuan⁴
小篆 草書 ❶띠띨관(帶也)。❷익숙할관(習也)。(『慣』과 같음)

【摞】(라) 箇 ルイ、おさめる rule ㄌㄨㄛ luo⁴
다스릴라(理也)。

【摟】(루) 有 ロウ、ル、ひく drag
小篆 草書 ❶끌루(牽也)。【孟子】五伯者ㅣ諸侯 以伐諸侯者也。❷품을루(抱持)。【孟 子】踰東家牆而ㅣ其處子。
【摟搜:누수】모음。蒐集함。【李詡】鄙嗇計較者、爲ㅣㅣ。

【摠】(총) 董 ソウ、すべて all ㄗㄨㄥ tsung³
草書 ❶거느릴총(統也)。❷모을총(合也)。❸다총、모두총(皆也)。❹무리총(衆也)。❺장수총(將領)。❻맺을총(結也)。(『總』과 같음)
【摠持:총지】《佛》眞言을 외어서 모든 法을 가짐。陀羅尼。
【摠持宗:총지종】《佛》新羅 文武王 때에 惠通大師가 開宗함。뒤에 南山宗과 합쳐 摠南宗으로 됨。

【摢】(호) 遇 コ、おおう cover
덮을호(覆也)。

【摡】㊀(희) 未 ㊁(개) 隊 ガイ、あらう wash
小篆 草書 ㊀❶가질희(取也)。❷닦을희(拭也)。㊁씻을개(滌也)。【周禮 天官世婦】帥女官而濯ㅣ爲齊盛。(『漑』와 통함)

【摣】(찰)『撮』(手部12畫)과 같음

【摣】(차) 麻 サ、とらえる take up ㄓㄚ cha
草書 ❶검어쥘차(握取)。❷후려칠차(搏撮)。

【摷】(근) 問 キン、ぬぐう wash
小篆 씻을근(拭也)。

【摦】(화) 禡 カ、ひろい lenient
小篆 草書 ❶가로퍼질화(橫大)。❷너그러울화(寬也)。【左傳 昭公二十一年】今鐘ㅣ矣。

【摧】(최) 灰 サイ、くじく break ㄘㄨㄟ ts'uei¹
小篆 草書 ❶꺾을최(折也)。【古詩 焦仲卿妻】寒風ㅣ樹木。❷꺾어질최(挫也)。【同詩】ㅣ藏馬悲哀。❸억제할최(抑也)。【史記 季布傳】能ㅣ剛爲柔。❹망할최(滅也)。【詩經 大雅雲漢】先祖于ㅣ。❺저지할최、막아낼최(沮也、止也)。【詩經 邶風北門】室人交徧ㅣ我。❻여물최(秣也)。【詩經 小雅鴛鴦】ㅣ之秣之。
【摧枯拉朽:최고납후】마른 나무를 꺾기와 썩은 나무를 부러뜨리기。(喩)일이

쉬움。『晉書·甘卓傳』。

【摧謝:최사】 굴복하여 사죄함。

【摧傷:최상】 쳐서 상하게 함。『柳宗元』ーー之餘、氣力可想。

【摧碎:최쇄】 쳐서 부숨。摧折·摧破。『魏志』飛石擲之、所値皆ーー。

【摧抑:최억】 꺾어 누름。마음을 억누름。『鮑照』ーー多嗟思。「ーー。

【摧裂:최열】 쳐서 찢음。『蔡琰』哀叫聲

【摧辱:최욕】 상대방의 사기를 꺾어 욕을 보임。挫辱。『漢書』ーー宰相。

【摧沮:최저】 기세가 꺾여서 풀이 죽음。

【摧折:최절】 꺾고 부러뜨림。摧破。撓折·摧碎·摧拉·摧挫·摧剉·摧殘。『漢書』雷霆所擊無不ーー。

【摧朽:최후】 썩은 나무를 꺾음。《喩》부숴지기 쉬운 물건。

【摩】(마) 歌 マ、する polish ㄇㄛˊ mo²

小篆 草書 ❶갈마(硏也)。『孟子 梁惠王上』爲長者折枝。❷닦을마(揩也)。❸가까와질마(迫也)。❹미칠마(及也)。❺멸할마(滅也)。『史記 平準書』姦或盜ー錢裏取鎔。❻헤아릴마(揣ー)。『管子』ー之符也內內符者揣之主也。

【郭翼詩】閶闔天開勢ー盪。

【摩拳擦掌:마권찰장】 주먹과 손바닥을 비빔。《轉》기운을 모아서 勇進할 태세를 갖추고 기회를 엿봄。

【摩尼敎:마니교】《宗》三세기 때에 페르샤 사람 마니(Mani: 二一九~二七九)가 페르샤의 拜火敎를 바탕으로 하고 기독교와 불교 및 바빌로니아의 원시 신앙을 혼합하여 만든 종교。

【摩撫:마무】 撫摩。『蘇軾』欲把瘡痍手ー。

【摩挲:마사】 손으로 어루만짐。摩娑。

【摩崖:마애】 巖石 낭떠러지에 새긴 碑文·經文·佛像·詩賦·贊頌 따위。

北齊王子椿徂來山摩崖(金石索)

【摩耶夫人:마야부인】《佛》淨飯王의 아내로、석가모니의 生母。

【摩頂放踵:마정방종】 이마를 부딪쳐 발 뒤축까지 다침。

【摩旨:마지】《佛》부처에게 올리는 밥。

【摩擦:마찰】 ❶서로 닿아서 비빔。❷뜻이 맞지 않아서 옥신각신함。

【摩擦力:마찰력】《物》마찰할 때 일어나는 두 사물 사이의 저항력。

【摩擦音:마찰음】 調音器官의 어느 부분의 장애로 말미암아 숨이 마찰하여 일어나는 소리。

【摩天樓:마천루】 아주 높은 고층 건물。◎按ー。

【擘】(배) 賄 ハイ、おこす flourish

❶빌배(手起物令虛)。❷떨칠배(揚也)。

【摫】(규) 支 キ、たつ cut

마르잴규、마름질할규(裁也)。『方言』裂帛爲衣曰ー。

【摭】(척) 陌 セキ、ひろう pick up ㄓˊ chih²

草書 주울척(拾取)。『漢書 司馬遷傳贊』采經ー傳。(『拓』과 같음)

【摭拾:척습】 주워서 얻음。拾得。帖採。

【摭採:척채】 =摭拾。

【摯】(체) 霽 シ、ひきこむ pull

끌어당길체(曳挽)。

【摮】㊀(오) 豪 ㊁(교) 肴 ゴウ、うつ beat

草書 ㊀칠오(擊也)。㊁가로칠교(橫擿)。

【摯】(지) 寘 シ、とる、まこと grasp ㄓˋ chih⁴

小篆 草書 ❶잡을지(握持)。❷지극할지(至也)。『書經』大命不ー。❸폐백지(執物相見禮)。『禮』凡ー天子鬯諸侯圭卿羔大夫鴈士雉庶人之ー匹。❹나아갈지(進也)。『戰國策』近習之人其ー諂也固矣。❺극진할지(極也)。『周禮』凡甲鍛不ー則不堅。❻사나울지(猛也)。

【摲】(참) 覃 感 サン、きりとる cut off

小篆 ❶물막을참(防水)。❷꺾어가질참(截取)。❸칠참(擊也)。❹들참(擧也)。

【摲】㊀(삼) 咸 ㊁(참) 陷 サン、かる cut down

草書 ㊀풀벨삼(芟也)。『禮記』君子之於禮也有ー而播也。㊁❶물막을참(投版偃水)。❷던질참(投也)。❸벨참(芟也)。

【摲手:삼수】 拳術手法의 하나。엄지손가락을 손바닥에 붙이고 나머지 네 손가락을 垂直으로 下向시켜서 敵의 攻擊을 막는 手法。

【摳】㊀(구) 虞 ㊁(구) 尤 コウ、ク、かかげる draw ㄎㄡ k'ou¹

小篆 草書 ㊀치마걷어들구(褰裳)。㊁❶끌구(提也)。『禮記 曲禮』ー衣趨隅。❷더듬을구(探取)。『列子 黃帝』以瓦ー者巧。

【摳揄:구유】 早期에 成熟하는 곡식。『方言』ーー、旋也、秦晉、凡物樹稼早成熟。

【摳衣:구의】 옷의 뒷자락을 걷어 올림。옛날의 敬禮。『禮記』毋踐履、毋踏席、ー衣趨隅。

【摴】(저) 魚 チョ、のべる spread ㄕㄨ shu¹

小篆 草書 ❶펼저(舒也)。❷상륙저(ー蒲局戲)。

【摴博:저박】 놀음。賭博。『晉書』牛存節屯于鎭、好ーー、每求辨采者、知溫以善博見推。

【摵】(색) 陌 サク、おちる fall

小篆 草書 ❶주릴색(捎也)。❷뚝뚝 떨어질색(隕落貌)。❸우수수 잎이 떨어지는소리 색(落葉聲)。『白居易 琵琶行』楓葉荻花秋ーー。

【摶】(단) 寒 タン、セン、まるい circular ㄊㄨㄢˊ t'uan

小篆 草書 ❶후려칠단(擊也)。❷둥글단(圓也)。『禮記 曲禮』毋ー飯。❸흙장인단(ー埴土工)。『周禮』ー埴之工二。❹헤아릴단(揣度)。❺잡을단(握也)。『史記 田齊世家』ー三國之兵。(『專』과 통함)

【摶心:단심】 마음을 오로지 한 곳에만 씀。專心。『史記』ーー壹志。

【摸】㊀(모) 虞 ㊁(막) 藥 ボ、モ、うつす model ㄇㄛ mo¹

草書 ㊀❶규모모(規ー)。❷본뜰모(規倣ー範)。㊁더듬을막(手

捉)。【雜纂新續怕人知】袖中ー得風。
【摸索:모색】더듬어 찾음。【世說】暗中ーー、亦可識。
【摸捉:모착】=摸索。
【摸出:모출】집어 냄。들추어 냄。

【摹】(모) 虞 ボ、モ、ならう pattern ㄇㄛˊ mo²
小篆 草書 ❶규모모(規也)。【史記】雖日不暇給規ー弘遠矣。❷모뜰모、본뜰모、체 받을모、닮을모(ー寫)。【後漢書】正定 六經文字蔡邕 自書冊於碑使工 鐫刻立於太學門外觀視及 ー 寫者車乘日千 餘兩。(『摸』와 통함)
【摹臨:모림】見本이나 實物을 보고 본떠서 베낌。摸臨。【宣和畫譜】俗畫ーー、莫克髣髴。
【摹印:모인】玉璽 글자에 쓰는 古篆。八體의 하나。
【摹倣:모효】본뜸。摸倣。摸倣。【弘道館記述記】古風之質、一意ーー、捨此從彼。

【摥】(양)『樣』(木部11畫)과 같음

【摺】㊀(랍) 合 ロウ、ショウ、たたむ fold
㊁(접) 葉 ㄓㄜˊ chê²·³
小篆 草書 ㊀❶꺾을랍(折也)。❷분지를랍。【史記 范雎傳】魏齊使人笞擊范雎折脅ー齒。㊁❶접을접、재킬접(疊也)。❷패할접(敗也)。
【摺本:접본】책장을 베지 않고 긴 것을 차례차례 접어 만든 책。家牒 따위。
【摺扇:접선】쥘부채。
【摺紙:접지】❶종이를 접음。또는 그 종이。❷책을 꾸밀 때 책장을 접는 일。
【摺冊:접책】❶꺾어 접어 두는 책。❷粧帖으로 꾸민 책。
【摺處:접처】접은 곳。접힌 자리。
【摺尺:접척】접을 수 있도록 만든 자。
【摺綴:접철】한데 접어서 묶음。
【摺疊橋:접첩교】넓은 濠를 건널 때 쓰이는 접게 된 사닥다리。
【摺疊扇:접첩선】접게되어 있는 부채。
【摺齒:접치】이를 부러뜨림。

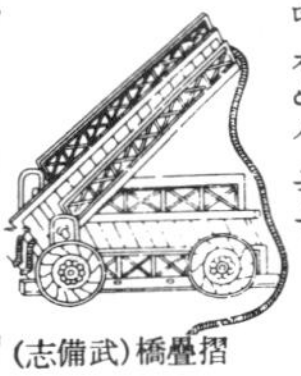
摺疊橋(武備志)

摺疊扇(三才圖會)

【摻】㊀(섬) 鹽 セン、サン、とる catch
㊁(삼) 咸 ㄕㄢ shan¹
㊂(삼) 豏
㊃(참) 勘
小篆 草書 ㊀손길 야들야들 고울섬(好手貌)。【詩經】ーー女手可以縫裳。㊁뜻은 ㊀과 같음。㊂❶잡을삼(執也)。❷가질삼(取也)。【詩經 鄭風遵大路】ー執子之袪兮。㊃북장단참(鼓曲)。【古歌】邊城晏開漁陽ー黃塵蕭蕭白日暗。
【摻手:삼수】가늘고 야들야들하게 고운 손。美人의 손。【常沂】見ーー如玉。
【摻筆:삼필】붓을 잡음。【晏子】得爲地下之臣擁札ーー、給事宮殿中右陛之下。

【摽】㊀(표) 蕭 ヒョウ、うつ strike
㊁(표) 篠 ㄆㄧㄠ p'iao²
小篆 草書 ㊀❶칠표(擊也)。【左傳 哀公十二年】長木之斃無不ー也。❷두를표(麾也)。【公羊傳】曹子ー劍而去之。❸칼끝표(刀末)。【漢書 王莽傳】ー末之功。(武 功)。(『標』와 통함) ㊁❶질러 밀칠표(ー擊)。❷떨어질표(落也)。【詩】ー有梅。❸가슴만질표(拊心貌)。【詩經 邶風柏舟】寤辟有ー。
【摽鎗:표창】던지는 창。投鎗。

標鎗(武備志)

【摼】(경) 庚 ケイ、うつ beat violently
小篆 ❶머리두드릴경(扣頭)。❷몹시칠경(强擊)。

【摑】(벽) 職 ヒョク、さく incise
草書 종기 짼벽(ー疕)。

【揞】(음) 侵 イン、たおれる fall
草書 넘어질음(倒也)。

【摢】(거)『據』(手部13畫)의 俗字

十二畫

【撅】㊀(궤) 霽 ケイ、ケツ、ほる、うがつ dig
㊁(궐) 月 ㄐㄩㄝ chüeh²·⁴
小篆 草書 ㊀옷걷을궤(揭衣)。【禮記 內則】不涉不ー。㊁❶던질궐(投也)。❷칠궐(擊也)。❸【唐書 褚遂良傳】ー高昌繫突厥。❹팔궐(掘也)。【孫子序】ー其城郭。주사위궐(采ー樗蒱)。(『掘』과 같음)
【撅豎:궤수】短小。卑劣한 者를 이름。
【撅者:궤자】옷을 걷어 올려 살결을 들어낸 사람。【墨子】是猶謂倮ーー不恭也。

【撈】(로) 豪 ロウ、とる scoop up
草書 ❶건져낼로(鉤ー沈取)。❷國字 공게로(農具曳介)。

【撆】(별)『撇』(攵條)의 本字

【撇】(별) 屑 ヘツ、うつ beat ㄆㄧㄝ p'ieh¹·³
小篆 草書 ❶칠별(擊也)。❷오른쪽 삐칠별(書法 右ー)。【書法離鉤】長ー須迅其鋒。❸당길별(引也)。(『撆』과 같음)

【撊】(한) 潸 カン、いかる angry
草書 불끈성낼한(ー然勁忿貌)。【左傳 昭公十八年】今執事ー然授兵登陴。
【撊毒:한독】혹독하게 수사하여 잡는 것。【管子·五行】

【撋】(연) 先 ゼン、もむ rub ㄖㄨㄢ juan²
草書 ❶꺾을연(摧物)。❷문댈연(挼抄)。❸닦을연(拭也)。(『擩·㨎』과 같음)

【撁】(견)『牽』(牛部7畫)의 古字

【撍】(잠) 侵 セン、サン、あつめる gather
❶모을잠(聚也盍ー)。❷빠를잠(疾也)。(『簪』과 통함)

【㩃】(건) 銑 ケン、ぬきとる pull out
小篆 빼가질건(拔取)。

【撎】(의) 寘 エイ、えしゃく bow
小篆 草書 읍할의(揖也、擧手下手)。(『揖』과 통함)

【撏】㊀(잠) 覃 ジン、とる take
㊁(섬) 侵 ㄒㄩㄣˊ hsün²
草書 ㊀가질잠(取也)。㊁❶더듬을섬(探也)。❷뜯을섬(摘也)。❸취할섬(取也)。

【撐】(탱)『撑』(次條)의 俗字

【撑】(탱) 庚 トウ、ささえる support ㄔㄥ ch'êng¹ (古音「쟁」)
草書 ❶버틸탱(以柱一物)。【韓愈詩】赤龍黑烏燒口熱翎鬣倒側相搪一。❷취할탱(取也)。❸헤칠탱(撥也)。
【撑抉：탱결】지탱함。【司空圖】其驅駕氣勢、若掀雷扶電、一一於天地之垠。
【撑柱：탱주】지탱해 나갈 기둥。넘어지지 않게 버티는 기둥。【林景熙】天地綱常要一一。
【撑中：탱중】화나 어떠한 욕심이 가슴속에 가득차 있음。
【撑天：탱천】＝衝天。

【撓】㊀(뇨) 肴 ドウ、みだれる
㊁(뇨) 巧 、scratch
㊂(뇨) 效 ㄋㄠ nao²
小篆 小篆 草書 ㊀긁을뇨(抓搔)。【左傳 十三年】一亂我同盟。㊁❶흔들뇨(擾也)。❷교란할뇨(攪也)。【左傳 成公二年】師徒一敗。㊂❶굽할뇨(屈也)。【孟子 公孫丑上】不膚一不目逃。
【撓改：요개】휘어서 고침。
【撓改不得：요개부득】도무지 고칠 도리가 없음。「게 함。屈撓。
【撓屈：요굴】못 견디게 흔들어서 굴하
【撓亂：요란】시끄럽고 떠들썩함。攪亂。
『漢書』一一國家。
【撓折：요절】꺾음。摧折。撓屈。『後漢書』一一棟梁、孤弱漢室。
【撓敗：요패】흔들어 敗하게 함。싸움에 敗함。『左傳』師徒一一。
【撓滑：요활】흔들어 어지럽게 함。『淮南子·泰族訓』張儀蘇秦、濁亂天下、一一諸侯。

【撒】(살) 曷 サツ、さらす、まく sprinkle ㄙㄚ sa¹·³
草書 ❶흩여버릴살(散放)。❷흩어질살(散也)。❸뿌릴살(一水)。
【撒袋：살대】화살을 넣는 자루。

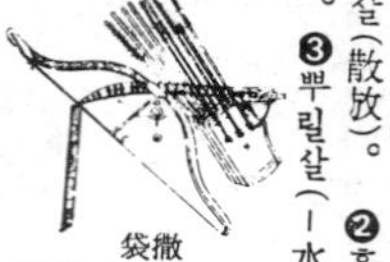
撒袋
(淸會典圖, 武備圖)

【撒肥：살비】비료를 뿌림。
【撒水：살수】물을 흩어서 뿌림。
【撒水車：살수차】물자동차。물차。
【撒帳：살장】新婚 밤에 福祿을 받으라는 뜻으로 婦女들이 돈·과일·곡식 같은 것을 新婚夫婦에게 뿌려 던지는 것。
【撒布：살포】뿌림。『東京夢華錄』。

【擂】(류) 宥 リュウ、ひく pull
小篆 或體 或體 ❶당길류(引也)。❷손으로고르게할류(以手平物)。

【擉】(획) 陌 カク、さく scratch
❶찢을획(裂也)。❷나눌획(分也)。(『摑』과 같음)

【撕】(시) 齊 セイ、ひっさげる drag ㄙ ssŭ¹
草書 ❶끌을시(提也)。【漢書 賈誼傳註】提一之。
【撕捱：시애】자기 주장을 서로 고집하여 결정 짓지 못함。(昇降의 敬稱)。

【擴】(광) 漾 コウ、みちる full
❶채울광(充也)。❷가득할광(滿也)。(『擴』과 통함)

【搭】(탑)『搭』(手部 10畫)과 같음

【撙】(준) 阮 ソン、くじく setback ㄗㄨㄣˇ tsuen³
草書 ❶꺾어질준(挫也)。【戰國策】伏軾一 銜橫歷天下。❷맞갖게할준、존절할준(裁抑)。【禮記 曲禮】恭敬一節。❸엉클어질준(聚貌)。【甘泉賦】齊總總 一一其相膠葛兮。
【撙節：준절】씀씀이를 절약함。

【撚】(년) 銑 ネン、デン ふむ trample ㄋㄧㄢˇ nien³
小篆 草書 ❶잡을년(執也)。【白居易詩】輕攏慢一撥復挑。❷닦을년(以手拭物)。❸밟을년(蹂也)。❹손끝으로 비빌년(指頭相摩)。
【撚斷：연단】손 끝으로 비벼서 끊음。『盧廷讓』吟成一箇字、一一數莖鬚。
【撚絲：연사】꼰 실。縒絲。「는 기계。
【撚絲機：연사기】방직에 쓰이는 실 꼬
【撚紙：연지】책 같은 것을 매기 위하여 손 끝으로 비벼 꼰 종이 끈。捻紙·撚子。

【撛】(린) 軫 リン、たすける save
구원할린(扶助)。

【撜】(승) 蒸 ショウ、すくう deliver
건질승(拯也)。

【撝】㊀(휘) 支 キ、さく tear
㊁(위) 支 ㄏㄨㄟ huei¹
小篆 草書 ㊀❶찢을휘(裂也)。【廣成頌】一介鮮。❷두를휘(揮也)。【易經 謙卦】一謙。㊁도울위(佐也)。【太玄經】事貌用恭一肅。
【撝謙：휘겸】남을 높이고 제 몸을 낮춤。謙遜。『易經』无不利一一。

【撞】(당) 絳 江 トウ、つく pound ㄓㄨㄤˋ chuang⁴ (古音은「장」)
小篆 草書 ❶칠당、두드릴당(擊也)。【魏志】萬石之鐘不以莛一起音。❷지찧을당(手擣)。❸부딪칠당(衝也)。【戰國策】迫則杖戟相一。
【撞球：당구】실내 경기의 한 가지。臺위에 象牙로 만든 붉은 공과 흰 공을 놓고 撞棒으로 쳐서 굴려 맞혀 승부를 겨룸。
【撞球場：당구장】당구를 하는 곳。
【撞突：당돌】서로 부딪침。
【撞棒：당봉】撞球에서 공을 치는 장대。「큐」。
【撞著：당착】앞뒤가 서로 맞지 않음。矛盾。『禪林類聚』回頭一一自家底。

【撟】㊀(교) 篠 キョウ、あげる raise
㊁(교) 蕭 ㄐㄧㄠˇ chiao³
小篆 草書 ㊀❶손들교(擧手)。【荀子 臣道】一然剛折。❷

천단히 할교(擅也)。【漢書】ㅣ制以令天下。❸바로잡을교(正曲)。【漢書 諸侯王表】ㅣ枉過直。❹꿋꿋할 교(强貌)。【荀子】ㅣ然剛折端立而無 傾側之心。(『矯』와 같음) ㊁❶밟힐교(轢也)。❷노략질할교(ㅣ捎略取)。

【撟誣:교무】 거짓말과 거짓 행동을 함。矯誣。

【撟舌:교설】 혀를 말아 올리고 소리를 내지 못함。곧 놀라서 말하지 못하는 모양。『唐書』ㅣㅣ阿旨固善。『史記·扁鵲傳』。

【撟然:교연】 ❶힘 센 모양。❷올라가는 모양。『史記』舌ㅣㅣ、而不下。

【撟引:교인】 按摩法의 한 가지。몸을 주물러 줌。按摩。『史記』鑱石ㅣㅣ。

【撠】

(극) 陌 ケキ、もつ hold

(草書) ❶가질극(持也)。【史記】救鬪者不博ㅣ。❷칠극(擊也)。(『戟』과 통함)

【摻】

(삼)『摻』(11手部畫)의 俗字

【摷】

(참)

(조)『操』(13手部畫)의 俗字

【撢】

(탐) 勘 タン、さぐる grope ㄊㄢˋ t'an⁴

(小篆)(草書) ❶더듬을탐(遠索)。❷찾을탐(探也)。(『探』과 같음)

【撤】

(철) 屑 テツ、のぞく vacate ㄔㄜˋ ch'e⁴

(草書) ❶걷을철、치울철(除也)。【唐書 高宗紀】減膳ㅣ樂。❷피울철(發也)。❸빼낼철(抽也)。❹긁을철(剝也)。

【撤家逃走:철가도주】 집안 식구를 다 데리고 도망침。

【撤去:철거】 걷어 치워 버림。撤收。撤廢·撤除·撤却。『宋史』悉命ㅣㅣ。

【撤歸:철귀】 거두어 가지고 돌아옴。捲歸。撤還。

【撤簾:철렴】 나이 어린 임금이 어른이 된 뒤에 그 母后가 垂簾聽政하던 일을 폐지함。

【撤兵:철병】 군대를 철수함。

【撤祀:철사】 제사를 마침。

【撤床:철상】 음식상이나 祭床을 거두어 치움。

【撤收:철수】 거두어 감。물러남。

【撤市:철시】 시장·점포 등을 모조리 거두어 치움。撤廛。

【撤退:철퇴】 거두어서 물러감。

【撤罷:철파】 =撤廢。

【撤廢:철폐】 거두어서 폐지함。

【撤捕:철포】 체포의 명령을 철회함。

【撤還:철환】 거두어 가지고 돌아감。

【撤回:철회】 ❶일단 제출했던 것을 도로 돌려 들임。❷철거。

【撣】

㊀(탄) 旱 タン、ゼン、ふれる collide with ㄉㄢˇ tan³

㊁(선) 先

(小篆)(草書) ㊀❶부딪칠탄(觸也)。❷다닥칠탄(觸也)。㊁당길선(牽引ㅣ援)。

【撥】

(발) 曷 ハツ、おさめる govern ㄅㄛ po¹

(小篆)(草書) ❶다스릴발(治也)。【史記 太史公自序】ㅣ亂世、反諸正。❷제할발(除也)。【漢書司馬遷傳】秦ㅣ去古文。❸뒤집을발(轉之)。【戰國策】弓ㅣ矢鉤。❹상여 줄발(葬具紼也)。【禮記】廢輴而設ㅣ竊禮之不中者也。❺채발(鼓絃物)。❻말이름발(良馬名叱ㅣ)。

【撥軍:발군】 (制)驛馬를 급히 몰아서 중요한 公文書를 遞送하던 군졸。撥卒。

【扳亂:발란】 어지러운 세상을 다스려 평안하게 함。

【撥亂反正:발란반정】 세상의 어지러움을 다스려 평화로 돌아감。『公羊傳』撥亂世反諸正、莫近於春秋。

【撥剌:발랄】 ❶활을 당기는 모양。❷바르지 않음。『淮南子·脩務訓』。❸물고기가 뛰는 소리。潑剌。

【撥簾:발렴】 발을 치는 것。

【撥馬:발마】 撥軍이 타는 말。

【撥憫:발민】 고민을 없애 버림。

【撦】

(차) 馬 シャ、ひらく tear ㄔㄜˇ ch'e³

(草書) ❶찢을차(裂開)。❷뜯을차(ㅣ折)。❸열차(啓也)。【劉克莊題跋】温李諸人困于撏ㅣ。(『扯』와 통함)

【撨】

(초) 蕭 ショウ、えらぶ choose

❶골라가질초(擇取)。❷밀칠초(推也)。❸닦을초(拭也)。

【撆】

(비) 未 ヒ、うちたおす knock down

때려넘어 뜨릴비(擊仆)。

【撩】

㊀(료) 蕭 リョウ、すくう seize ㄌㄧㄠˊ liao¹·²

㊁(료) 篠

(小篆)(草書) ㊀❶가릴료(理也)。❷움킬료(取物)。❸으를료(挑弄)。【魏志 龐德傳】但持長矛ㅣ戰。(『撩』와 같음) ㊁❶붙들료(扶也)。❷취할료(取也)。

【撩鉤:요구】 옛날 兵器의 이름。

撩 鉤 (武備志)

【撩亂:요란】 가지런하지 못하고 어지러움。『丁仙芝·餘杭醉歌贈吳山人詩』桃花昨夜ㅣㅣ開。

【撩摘:요적】 움켜집。『元稹』ㅣㅣ芳情遍。

【撫】

(무) 麌 フ、なでる caress ㄈㄨˇ fu³ (古音「부」)

(小篆)(古文)(草書) ❶누를무(按也)。【禮記】君ㅣ僕之乎。❷어루만질무(安存)。【左傳 文公十二年】鎭ㅣ其社稷。❸위로할무(慰勉)。【孟子 梁惠王上】ㅣ四夷。❹좇을무(循也)。❺두드릴무(拍也)。【晉書 謝尙傳】尙便著衣幘而舞、導令坐者ㅣ掌擊節。

【撫結:무결】 친하게 사귀어 맺음。【後漢書】ㅣㅣ雄傑、懷輯羌虜。

【撫琴:무금】 거문고를 뜯음。

【撫勞:무로】 어루만져 위로함。撫慰。『後漢書』車駕親幸ㅣㅣ。

【撫弄:무롱】 어린아이들을 사랑하며 같이 놀음。【晉書】陶潛蓄素琴、每有酒、輒ㅣㅣ。

【撫摩:무마】 ❶손으로 어루만짐。❷마음을 달래어 위로함。撫循。『宋史』輕徭薄賦、一意ㅣㅣ。

【撫世:무세】 세상 사람을 위로하여 편안하게 함。

【撫循:무순】 사랑하여 좇음。

【撫心:무심】 마음을 가라앉혀 편안하게 함。

【撫安:무안】 어루만져 편안하게 함。撫綏·撫寧。『吳志』孫策命慈、往ㅣㅣ之。

【撫愛:무애】 어루만져 사랑함。

【撫養:무양】 어루만져 기름。【後漢書】ㅣㅣ百姓、同之赤子。「綏慰·慰撫。

【撫慰:무위】 어루만져 위로함。撫勞。

【撫有:무유】 사랑하여 내 것으로 함。

【撫育：무육】 사랑하여 기름。 撫字·撫養。〔後漢書〕ㅣㅣ恩愛甚篤。
【撫字：무자】 사랑하여 기름。 撫育。〔後漢書·列女傳〕穆姜慈愛溫仁、ㅣㅣ益隆。
【撫棗：무조】 (國)혼인 때 시아버지가 새며느리의 올리는 폐백 대추를 받음。
【撫抱：무포】 어루만져 안아 줌。〔宋史〕或中夜啼號、必自起ㅣㅣ。
【撫恤：무휼】 어루만져 도와 줌。 撫卹。〔北史〕有惠政、善ㅣㅣ。

【擛】 (책) 陌 サク、たすける help
붙들어도울책(扶助)。

【撬】 (효) 蕭 キョウ、あげる lift ㄑㄧㄠ ch'iao
들효(擧也)。

【播】 (파) 箇 ハ、まく sow ㄅㄛ po
小篆 古文 草書 ❶심을파(種也)。〔詩經 豳風七月〕其始ㅣ百穀。 ❷펼파(布也)。〔書經 盤庚〕王ㅣ告之修不匿厥指。 ❸버릴파(棄也)。〔書經〕ㅣ棄黎老。 ❹헤칠파(散也)。〔書經〕又北ㅣ爲九河。 ❺까불파(揚也)。〔莊子人閒世〕鼓筴ㅣ精。 ❻달아날파(逋也)。「ㅣ遷、ㅣ越」
【播說：파설】 말을 퍼뜨림。 또는 그 말。
【播殖：파식】 씨앗을 뿌려 번식하게 함。〔後漢書〕假田ㅣㅣ、以娛朝夕。
【播植：파식】 씨앗을 뿌려 심음。 種植·播殖。〔南史〕性好ㅣㅣ、躬勤耕稼。
【播揚：파양】 ❶힘써 움직임。 發動함。 ❷퍼서 넓힘。
【播越：파월】 임금이 都城을 떠나 딴 곳으로 피란함。 播遷·播蕩·流離·流浪。〔左傳〕震盪ㅣㅣ、竄在荊蠻。
【播種：파종】 논밭에 곡식의 씨앗을 뿌림。〔孟子〕今夫麰麥、ㅣㅣ而耰之。
【播遷：파천】 임금이 서울을 떠나 난을 피함。 流離遷徙。〔韋嗣立〕相逢共ㅣㅣ。
◎乾ㅣ、傳ㅣ、直ㅣ、秋ㅣ、春ㅣ。

【撮】 (촬) 曷 サツ、つまむ gather ㄗㄨㄛ tsuo
小篆 草書 ❶자밤촬(兩指取)。〔中庸〕今夫地、一ㅣ土之多也。 ❷머리끄덩이잡을촬(摠取)。〔漢書〕司馬遷ㅣ名法之要。 ❸당길촬(挽也)。 ❹비칠촬(暎也)。 ❺모을촬(聚也)。 ❻수이름촬(數名六十四黍爲圭四圭爲ㅣ)。
【撮影：촬영】 形象을 사진이나 映畫로 찍음。
【撮影機：촬영기】 영화를 촬영하는 사진기。
【撮影所：촬영소】 영화를 촬영하는 처「소」。 스튜디오。
【撮要：촬요】 요점을 골라 취함。
【撮土：촬토】 한 줌의 흙。 적은 土地。

【撳】 (압) 『擫』(14手部畫)과 같음

【撰】 ㊀(찬) 潸 ㊁(천) 銑 ㊂(천) 霰 サン、セン、compose そなえる ㄓㄨㄢ chuan
草書 ㊀❶갖출찬(具也)。 ❷일찬(事也)。〔論語〕異乎三子者之ㅣ。 ❸글지을찬(ㅣ求屬辭記事)。〔唐書〕史館修ㅣ國史。 ❹법찬(則也)。〔易繫辭〕以體天地之ㅣ。 ㊁뜻은 ㊀의 ❷와 같음。 ㊂❶지을천(述也)。(『纂』과 같음) ❷〔歐陽修詩〕任君居太原白首勤著ㅣ。 ❷가질천(持也)。〔禮記曲禮〕君子欠伸ㅣ杖屨。 ❸모을천(集也)。 ❹고를천(擇也)。(『譔』과 같음)
【撰錄：찬록】 글을 골라 모아가지고 기록함。 撰述하고 기록함。 改撰。 剛撰。 撰集著錄。〔南史〕大小悉ㅣㅣ。
【撰文：찬문】 글을 지음。 또는 그 글。
【撰述：찬술】 글을 가려 뽑아 지음。 著述·著作·撰著。〔晉書〕凡所ㅣㅣ、百餘萬言。
【撰人：찬인】 글의 著作者。
【撰集：찬집】 골라 모음。 또는 골라 모은 그것。 특히 詩文 같은 편집。〔後漢書〕令班固ㅣㅣ其事。

【撲】 ㊀(복) 屋 ㊁(박) 覺 ボク、うつ strike
草書 ㊀❶두드릴복(拂著擊)。〔書〕若火之燎于原不可嚮邇其猶可ㅣ滅。 ❷씨름할복(相ㅣ挨也)。 ❸엎드러질복(踣也)。(『扑』과 통함) ㊁❶맞부딪칠박(相ㅣ挨也)。 ❷엎드러질박(踣也)。 ❸없앨박(滅也)。 ❹칠박(擊也)。「ㅣ殺」
【撲刀：박도】 칼 이름。 위가 넓고 아래가 좁으며、下部에 나무로 된 자루가 있음。
【撲滿：박만】 벙어리。〔堅瓠集〕ㅣㅣ卽今小兒積受罐、以土爲之、畜錢之具、可入不可出、滿則撲之。
【撲滅：박멸】 짓두드려서 없앰。〔書經〕若火之燎于原、不可嚮邇、其猶可ㅣㅣ。
【撲殺：박살】 때려 죽임。〔唐書〕何不ㅣㅣ此獠。

【擶】 (타) 哿 タ、ほそながい lanky ㄆㄨ p'u
草書 갸죽할타(狹長)。

【擞】 (수) 尤 シュ、かぜふく fatting scattered
우수수할수(ㅣㅣ蕭條)。

十三畫

【撻】 (달) 曷 タツ、むちうつ flog ㄊㄚ t'a
小篆 古文 草書 ❶종아리칠달(打也)。〔十八史略 春秋戰國魯〕王有過則ㅣ伯禽。 ❷매맞을달〔書經 說命〕若ㅣ于市。 ❸빠를달(疾也)。〔詩〕ㅣ彼殷武。 ❹농구이름 달(農具名)。

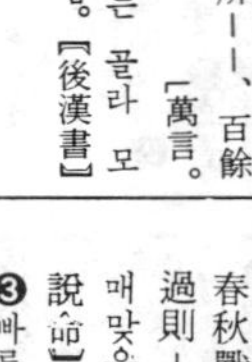
(農政全書) 撻

【撻辱：달욕】 매질하여 욕을 보임。 撻戮。笞辱·榜辱。〔晉書〕數ㅣㅣ人。
【撻戮：달육】 ＝撻辱。〔周禮〕ㅣㅣ而罰之。
【撻楚：달초】 잘못을 저질렀을 때 어버이나 스승이 훈계하느라고 회초리로 볼기나 종아리를 때림。

【撼】 (감) 感 カン、うごかす move ㄏㄢ han (古音「함」)
草書 ❶흔들감(搖也)。〔韓愈詩〕蚍蜉ㅣ大樹。 ❷깨뜨릴감(破也)。〔宋史 蘇軾傳〕元豐舊黨、多起邪說、以搖ㅣ在位。 ❸움직일감(動也)。
【撼動：감동】 뿌리를 흔들어 움직임。 搖撼。
【撼落：감락】 흔들어 떨어뜨림。
【撼摩：감마】 움직여 닿게 함。

【撽】 ㊀(교) 效 ㊁(격) 錫 ケキ、コウ、うつ beat
小篆 草書 ㊀칠교(擊也)。〔莊子 至樂〕ㅣ以馬捶。 ㊁뜻은 ㊀과 같음。

【擊】 (교) 『撽』(前條)의 本字

【撾】(과) 歌 麻

カ、うつ beat ㄓㄨㄚ chua¹

草書 ❶칠과(擊也)。【魏志 太祖紀】伯魚三娶孤女謂之一婦翁。❷두드릴과(打也)。【岑參詩】軍中置酒夜一鼓。

【撾鼓:과고】북을 침。

【撿】(검) 琰

ケン、しらべる examine ㄐㄧㄢ chien³

小篆 草書 ❶잡을검(拱也)。❷구속할검(拘束)。【漢書】郡事皆以法令一式。❸생각할 검、관찰할검、조사할검。【晉書 周顗傳】王導料一中書故事。❹비교할검(校也)。❺검사할검(巡察)。(『檢』과 通함)

【撿校:검교】살펴서 바르게 함。또는 그 ㄴ職。

【撿束:검속】단속함。구속함。

【擀】(간) 旱

カン、てをひろげる spread out one's hand ㄍㄢ kan³

손으로 펼간(以手伸物)。

【擁】(옹) 腫 冬

ヨウ、いだく embrace ㄩㄥ yung¹

小篆 草書 ❶안을옹、품을옹(抱也)。「抱一、兄弟相一而泣」。❷낄옹、가질옹(持也)。【漢書 高帝紀】太公一彗。❸옹위할옹(羣從衞也)。【十八略宋】爭一馬首。❹가릴옹(掩也)。❺이바지할옹。【禮記 內則】女子出門心一蔽其面。(『壅』과 통함)

【擁衾:옹금】몸을 이불로 휩싸 덮음。

【擁立:옹립】받들어서 임금의 자리에 모시어 세움。

【擁衞:옹위】부축하여 좌우에서 호위함。『後漢書』一一親族。

【擁蔽:옹폐】보이지 않도록 가림。『禮記』女子出門、必一一其面。

【擁護:옹호】부축하여 보호함。擁衞。『漢書』郅支怨漢一一呼韓邪、而不助己。

【擁護者:옹호자】옹위하여 보호하는 사람。부축하여 보호하는 사람。감싸 주는 사람。편들어 주는 사람。

【擂】㊀(뢰) 灰 ㊁(뢰) 隊

ライ、する grind ㄌㄟ lei⁴

草書 ㊀❶갈뢰(硏也)。❷닦을뢰。㊁❶돌내려굴릴뢰(推石自高而下)。❷칠뢰、두드릴뢰(一鼓)。

【擄】(로) 麌

ロ、かすめる seize ㄌㄨㄛ luo³

草書 ❶노략질할로(掠也)。❷사로잡을로(獲也)。❸항복받을로(服也)。(『虜』와 같음)

【擄掠:노략】떼를 지어 재물을 약탈함。

【擅】(천) 霰

セン、ゼン、ほしいまま(古音「선」) act without authority

小篆 草書 ❶오로지할천(自專)。❷제 마음대로 할천(任意)。【史記 孔子世家】晉平公 淫六卿一權。

【擅權:천권】권리를 제 멋대로 부림。專權。擅柄。『漢書』處伊尹·周公之位、擅政一一、而背宗室。

【擅斷:천단】제 멋대로 일을 결정함。專斷·獨斷。『陳琳』一一萬機。

【擅離:천리】명령을 받고 지키고 있는 자리를 제 멋대로 떠남。

【擅名:천명】명예를 혼자서 차지함。

【擅殺:천살】제 멋대로 죽임。專殺。『宋史』詔獲劫盜者、奏裁毋一一。

【擅入:천입】함부로 뛰어 들어감。

【擅恣:천자】제 멋대로 하여 교만함。專恣·放恣·放肆·專橫·縱恣。『淮南子』無一一之志。

【擅場:천장】그 장소에서 對敵할 사람이 없는 第一人者。《轉》㉠主席。㉡唐代에 送別 또는 宴會에서 詩를 지을 때에 一等한 사람。『張衡』秦政利觜長距、終得一一。

【擅朝:천조】조정의 권리를 제 멋대로 흔들음。專朝。『漢書』外氏。

【擅行:천행】專行。

【擅許:천허】독단적인 허가。

【擅橫:천횡】제 멋대로 행동함。

【擇】(택) 陌

タク、えらぶ select(古音「책」) ㄓㄞ chai²

小篆 古文 草書 ❶가릴택、추릴택、뽑을택(選也)。【書經】罔有一言在躬。❷차별할택(差也)。【孟子 梁惠王上】則牛羊何一焉。

【擇交:택교】❶外交 관계를 맺을 나라를 가림。『史記』安民之本、在乎一一。❷좋은 친구를 가리어서 사귐。

【擇吉:택길】좋은 날을 가림。擇日。

【擇良:택량】좋은 것을 선택함。

【擇里志:택리지】《書》地理書。李朝 英祖 때 李重煥 지음。우리 나라 지리책의 하나。八域志。

【擇壻:택서】좋은 사위를 고름。

【擇言:택언】道理에 맞는 말을 가려서 말함。

【擇地:택지】❶땅을 가림。장소를 가림。❷行動을 삼가는 모양。「킴。

【擇差:택차】人材를 골라서 벼슬을 시

【擇賢:택현】賢者를 고름。

◎選一、採一。

【擌】(설) 屑

セツ、ジョウ、たたむ fold

❶맥짚을설(閱持)。❷접을설(摺也)。(『揲』과 같음)

【擉】(착) 覺

サク、ショク、さす spit ㄔㄨㄛ ch'uo¹

草書 꽂을착、꼬챙이착(刺取鼈蜃)。【莊子】冬則一鼈於江。(『簎』과 같음)

【擊】(격) 錫

ゲキ、うつ strike ㄐㄧ chi²

小篆 草書 ❶칠격(打也)。【史記】急一勿失。❷두드릴격(撲也)。❸눈에마주칠격(目一觸也)。【莊子】目一而道存矣。❹죽일격(殺也)。【楚語】封羊一豕。

【擊劍:격검】적과 싸우기 위하여 長劍 쓰는 법을 익힘。劍道。劍法·劍術。『漢書』少時好讀書、學一一。

【擊鼓:격고】❶북을 침。❷《制》거둥 때에 원통한 일을 임금에게 상소하기 위하여 북을 쳐서 下問을 기다림。

【擊毬:격구】옛날 무신들의 놀이。騎와 步의 두 가지가 있었음。

【擊琴:격금】거문고를 탐。鼓琴。

【擊斷:격단】❶쳐서 끊음。『史記』涇陽華陽、一一無諱。❷마음대로 법률을 적용하여 處罰함。

【擊滅:격멸】쳐서 멸망시킴。討滅。『史記』擧兵一一之。

【擊發:격발】탄환을 쏘려고 裝藥에 點「火함。

【擊拊:격부】악기 같은 것을 가볍게 침。

【擊仆症:격부증】《醫》뇌일혈 또는 腦血栓。곧 卒中風。

【擊殺:격살】쳐서 죽임。『史記』一一之「江中。

【擊壤歌:격양가】옛날 中國 唐堯 때에

늙은 농부가 천하가 태평함을 즐거워하여 격양하면서 부른 노래。

【擊刺:격자】 치고 찌름。 劍術・擊劍。『晉書』十五學ㅣㅣ、猿臂善射。

【擊賊:격적】 적을 침。

【擊節嘆賞:격절탄상】 무릎을 손으로 치며 탄복하고 칭찬함。

【擊追:격추】 뒤를 쫓아 침。

【擊墜:격추】 적의 비행기 따위를 쳐서 떨어뜨림。

【擊筑:격축】 비파를 쳐서 울림。

【擊沈:격침】 배를 쳐서 침몰시킴。

【擊柝:격탁】 딱다기를 침。 또는 그 사람。『左傳』魯ㅣㅣ聞於邾。

【擊退:격퇴】 쳐서 물리침。 擊攘。

【擊破:격파】 쳐서 부숨。『漢書』漢王引兵、北ㅣㅣ終公。

◎攻ㅣ、雷ㅣ、突ㅣ、排ㅣ、奮ㅣ、射ㅣ、襲ㅣ、要ㅣ、邀ㅣ、遊ㅣ、電ㅣ、進ㅣ、追ㅣ、衝ㅣ、打ㅣ、砲ㅣ、爆ㅣ。

【擋】 (당) 漾 トウ、あたる treat ㄉㄤˇ tang3·4
草書 ❶처리할당(料理摒ㅣ)。 ❷주선할당(周旋)。 ❸물리칠당(斥也)。

【操】 ㊀(조) 豪 ㊁(조) 號 ソウ、もつ、とる grasp ㄘㄠˋ ts'ao4
小篆 ㊀❶잡을조(把持)。 ❷움켜쥘조(握也)。【十八史略】不得ㅣ尺寸兵。 ❸조종할 조(ㅣ從)。「ㅣ舟、ㅣ作」。 ㊁❶지조조(所守志行)。【後漢書】趙熹少有節ㅣ。 ❷풍치조(風調)。【南史】袁粲淸整有風ㅣ。 ❸가락조、 곡조조(琴曲)。【後漢書】樂詩曲ㅣ以俟君子。

【操觚:조고】 글 짓는 것。 또는 文筆에 종사하는 것。(觚는 옛날에 어떤 事實을 적던 四角 나무 패)。『文選』或ㅣㅣ以卒爾。

【操觚界:조고계】 신문・잡지 등의 세계。 또는 신문・잡지의 評論에 종사하는 사람들의 社會。

【操鍊:조련】 군대를 훈련함。 練兵。

【操鍊場:조련장】 군사를 훈련하는 곳。

【操弄:조롱】 마음대로 다루면서 데리고 놀음。『後漢書』ㅣㅣ國權。

【操束:조속】 단단히 잡아서 단속함。

【操守:조수】 지조를 삼가서 지킴。 마음을 굳게 지켜 변함이 없음。 操持・操韻・操植。『唐書』神觀邁爽、ㅣㅣ堅正。

【操身:조신】 행동을 삼감。

【操心:조심】 삼가 마음을 써서 그릇되거나 틀림이 없도록 함。

【操心性:조심성】 어떤 일에나 조심하는 성질。

【操業:조업】 각각 맡은 일을 함。『晉書』猶當崇其ㅣㅣ、以弘風尙。

【操作:조작】 ❶기계 따위를 다루어 움직이게 함。『後漢書』着布衣、ㅣㅣ而前。 ❷물자・자금 따위를 둘러 대어 편의를 도모함。 ❸취급하여 처리함。

【操縱:조종】 마음대로 다루어 부림。

【操縱士:조종사】 비행기를 조종하는 사람。

【操飭:조칙】 경계하여 삼감。

【操筆:조필】 글씨를 쓰기 위하여 붓을 손에 잡음。

【操行:조행】 몸가짐。 품행。 操履・素行・品行・行狀。『南史』ㅣㅣ爲鄕里所稱。
◎士ㅣ、節ㅣ、貞ㅣ、情ㅣ、志ㅣ、體ㅣ。

【擎】 (경) 敬 庚 ケイ、ささげる lift up ㄑㄧㄥˊ ch'ing2
草書 ❶받들경(擧也)。 ❷떠받들경(持高)。【杜甫傳】書從稚子ㅣ。

【擏】 (경)『擎』(前條)과 같음

【擐】 ㊀(관) 删 ㊁(환) 諫 カン、つらぬく penetrate ㄏㄨㄢˋ huan4
小篆 草書 ㊀꿰힐관(貫也)。【左傳】躬ㅣ甲胄。 ㊁뜻은 ㊀과 같음。

【擐甲:환갑】 갑옷을 입음。『左傳』ㅣㅣ執兵。

【擒】 (금) 侵 キン、とらえる capture ㄑㄧㄣˊ ch'in2
草書 ❶사로잡을금(生捉)。【杜甫詩】射人先射馬ㅣ賊先ㅣ王。 ❷움킬금(急持)。(『捦・禽』과 같음)

【擒縛:금박】 사로잡아 묶음。 捕縛・禽縛。

【擒生:금생】 짐승 따위를 산 채로 잡음。

【擒縱:금종】 사로잡는 것과 놓아 주는 것。『李邕』迭爲ㅣㅣ、更相觸搏。

【擒捉:금착】 사로잡음。 捕捉。『爾雅・疏』鳥力小、可ㅣㅣ而取之。

【擒斬:금참】 사로잡는 것과 베어 죽이는 것。 또는 사로잡아 베어 죽임。

【擓】 (괴) 泰 カイ、おさめる collect
거둘괴(收也)。【路史】有巢氏敎民巢居ㅣ菽桔以爲蓐。

【擔】 ㊀(담) 覃 ㊁(담) 勘 タン、になう undertake ㄉㄢ tan1
草書 ㊀❶멜담(肩荷)。【戰國策】蘇秦負書ㅣ囊。 ❷맡을담(任也)。 ㊁짐담(所負)。【左傳】弛于負ㅣ。

【擔架:담가】 들것。

【擔當:담당】 어떤 일을 맡음。

【擔輪動物:담륜동물】 =輪形動物。

【擔保:담보】 ❶맡아서 보관함。 ❷《法》채권의 안전과 확실성을 보장하기 위하여、 채무자가 채권자에게 제공하는 물건이나 증권。

【擔保物:담보물】 담보한 물건。

【擔保物權:담보물권】 《法》목적물을 채권의 담보로 제공하는 것을 목적으로 하는 물권。 곧 留置權・先取特權・質權・抵當權 따위가 있음。

【擔保責任:담보책임】 《法》계약의 당사자로부터 給付한 목적물에 흠이 있을 때에 부담하는 손해 배상과 그 밖의 책임。

【擔負:담부】 메고 짐。 負擔・荷負。『詩經』百祿是荷。【箋】謂ㅣㅣ天之多福。

【擔稅者:담세자】 납세의 의무를 실제로 지는 사람。

【擔任:담임】 책임을 지고 일에 當함。 任務를 맡음。 또는 맡아 보는 사람。

【擔著:담착】 =擔當。

【擔責:담책】 =擔任。

【擔銃:담총】 총을 어깨에 멤。
◎加ㅣ、負ㅣ、分ㅣ、荷ㅣ。

【携】 (휴)『攜』(18手部 18畫)의 俗字

【擕】 (휴)『攜』(18手部 18畫)의 俗字

【擖】 ㊀(갈) 黠 ㊁(엽) 葉 カツ、ヨウ、かく scratch ㄍㄜ ko4
小篆 草書 ㊀❶긁을갈(刮也)。 ❷종아리칠갈(撻也)。 ㊁키바닥엽(箕舌)。【禮】拚席不以執箕膺ㅣ。

【擗】 (벽) 陌 ヘキ、ひらく split ㄆㄧˋ p'i4
草書 ❶빠갤벽(擘開)。【楚辭】ㅣ蕙櫋兮旣張。 ❷가슴두드릴벽(ㅣ踊拊心)。【孝經】喪親ㅣ踊哭泣。 ❸손발굽실거릴벽(屈折手足)。【莊子】馬

踊】擗ㅡ爲禮。(『辟』과 통함)

【擗踊：벽용】❶몹시 슬퍼서 가슴을 두드리고 땅을 구르며 통곡함。❷부모의 喪事를 당하여 매우 슬피 울며 가슴을 두드림。『孝經』ㅡㅡ哭泣。

【擘】(벽) 陌 ヒャク、さく devide ㄅㄛˋ po⁴

❶나눌벽(分ㅡ擘也)。【李白詩】巨靈ㅡ太華。❷엄지손가락벽(大指)。【孟子滕文公下】吾必以仲子爲巨ㅡ焉。

【據】(거) 御 キョ、コ、よる depend ㄐㄩˋ chü⁴

❶의지할거、기댈거(依也)。【論語 述而】ㅡ於德依於仁。❷웅거할거(拒守)。【史記 趙奢傳】先ㅡ北山上者勝。❸의탁할거(依托)。❹짚을거(杖也)。❺누를거(按也)。【禮記】君賜稽首ㅡ掌致諸地。

【據守：거수】城에 의지하여 지킴。

【據實：거실】사실에 의거함。

【據有：거유】雄據하여 자기의 것을 만들음。【三國志·諸葛亮傳】孫權ㅡㅡ江東。

【據竊：거절】자리잡고 앉아서 도둑질함。

【據點：거점】依據하여 지키는 곳。활동의 근거가 되는 지점。

◎根ㅡ、本ㅡ、雄ㅡ、依ㅡ、典ㅡ、占ㅡ、證ㅡ、割ㅡ。

十四畫

【擠】(제) 齊 霽 セイ、サイ、おす repulse ㄐㄧˇ chi³

❶물리칠제(排也)。【韓愈 柳子厚墓誌銘】反ㅡ之又下石焉。❷밀칠제(推也)。❸떨어질제(墜也)。【左傳 昭公十三年】小人老而無子知ㅡ于溝壑矣。

【擠排：제배】밀어 물리침。排擠。【馮子振】揮斥日月、ㅡㅡ煙霞。

【擠抑：제억】남을 물리치고 억누름。昇進 같은 것을 못하게 억제함。【唐書】嘗爲張延賞ㅡㅡ、內怨望。

【擠陷：제함】惡意를 가지고 남을 죄에 빠지게 함。【唐書】盧杞ㅡㅡ之。

【擠害：제해】=擠陷。【元史】嘗與阿魯圖謀、ㅡㅡ脫脫。

【擟】(미) 支 ミ、おす push

❶밀미(推也)。❷산이름미(山名ㅡ拘)。

【擡】(대) 灰 タイ、もたげる raise

❶들대(擧也)。❷움직거릴대(ㅡ揌動也)。

【擡頭：대두】❶머리를 쳐들음。【明律附解】第一ㅡ、第二ㅡ。❷남보다 앞서 세력을 뻗기 시작함。❸文中의 貴人의 姓名·敬語를 표시해야 할 때에 다른 줄보다 올려서 쓰는 書式。

【擢】(탁) 覺 タク、ぬきんでる select ㄓㄨㄛˊ chuo² (古音 착)

❶뺄탁(拔也)。❷뽑을탁(選也)。❸빼낼탁(抽出)。【戰國策】ㅡ之乎賓客之中而立之乎羣臣之上。❹솟을탁(聳也)。【西都賦】抗仙掌以承露ㅡ雙立之金莖。❺이길탁(勝也)。❻앞설탁(先也)。【莊子】ㅡ德塞性以收名聲。

【擢登：탁등】뛰어난 사람을 뽑아서 벼슬 자리에 앉힘。登擢。擢昇。【後漢書】使ㅡㅡ三事協亮天工。

【擢賞：탁상】많은 가운데서 뽑아 내어 칭찬하는 일。【陳書】戶有增進、即加ㅡㅡ。

【擢秀：탁수】❶뛰어난 사람을 뽑음。또는 그 사람。【徐勉】雄州ㅡㅡ、弱冠升朝。❷초목이 무성하게 자람。

【擢用：탁용】많은 사람 가운데 優秀한 사람을 뽑아 씀。選用。【後漢書】程烏·李育以有才幹、皆ㅡㅡ之。

【擢第：탁제】시험에 합격함。及第。【北史】以明經ㅡㅡ。

【擣】(도) 皓 トウ、チュウ、つく、たたく pound ㄉㄠˇ tao³

❶두드릴도(手椎)。【李白詩】萬戶ㅡ衣聲。❷다질도(築也)。【史記 孫武傳】批亢ㅡ虛。❸찧을도(舂也)。【詩經】我心憂傷惄焉如ㅡ。

【擣葯：도약】환약 재료를 골고루 섞어 반죽하여 찧는 일。

【擣衣：도의】다듬잇방망이로 옷을 다듬음。【李白】萬戶ㅡㅡ聲。

【擣虛：도허】적의 군대가 방비가 허술한 곳을 공격함。

【⿰扌隱】(은) 問 イン、わける split

❶뻐갤은(劑也)。❷똑같이두량할은(均量)。

【擤】(형) 梗 コウ、はなをかむ blow one's nose ㄒㄧㄥˇ hsing³

코풀형(手捻鼻膿)。

【擥】(람) 感 ラン、とる hold

❶걷어잡을람(擥持)。【蜀志 諸葛亮傳】罰二十以上皆親ㅡ焉。❷총찰할람(總括)。【屈原 離騷】夕ㅡ洲之宿莽。

【⿰扌監】(람)『擥』(前條)과 같음。

【擈】(박)『撲』(手部 12畫)과 같음。

【擦】(찰) 黠 サツ、こする friction ㄘㄚ ts'a¹

❶비빌찰(摩急)。❷문지를찰(摩ㅡ)。

【擦背：찰배】沐浴湯에서 등을 닦아 주는 사람。

【擦擦：찰찰】진흙으로 만든 小塔。이것을 海邊에 놓아 바다의 災難을 鎭定시킴。【元史紀事本末】元時西僧作ㅡㅡ者、以泥爲小浮圖、云云。

◎摩ㅡ。

【擧】(거) 語 キョ、あげる raise ㄐㄩˇ chü³

❶들거(扛也)。【孟子】力足以ㅡ百鈞。❷받들거(擎也)。❸움직일거(動也)。【漢書】人主無過ㅡ。❹일컬을거(稱也揚也)。【禮記】懷忠信以待ㅡ。❺뺄거(拔也)。【孟子梁惠王下】五旬而ㅡ之。❻온통거、모두거(皆也)。【左傳】君ㅡ不信羣臣乎。【司馬光 獨樂園記】事物之理ㅡ集目前。❼행할거(行也)。【周禮】王ㅡ則從。❽말할거(言也)。【禮記 曲禮】主人不問客不先ㅡ。❾합할거(合也)。【史記 刺客傳】韓ㅡ國與仲子爲讐。❿일으킬거(起也)。【戰國策】臣聞當世之ㅡ王必誅暴正亂。⓫날을거(鳥飛)。【論語 鄕黨】色斯ㅡ矣。

【擧家：거가】온 집안。집안 전체。

【擧皆：거개】거의 전부。거의 다。

【擧棺：거관】관을 들어서 下棺이나 出柩를 함。

【擧國:거국】 온 나라 모두。국민 전부。
【擧國一致:거국일치】 온 나라 사람이 한 데 뭉쳐 행동을 같이 함。
【擧動:거동】 =擧止。
【擧頭:거두】 머리를 들음。
【擧頭對面:거두대면】 머리를 들어 서로 얼굴을 맞댐。
【擧論:거론】 말을 들어 論題를 삼음。
【擧兵:거병】 군대를 일으킴。전쟁을 일으킴。
【擧沙:거사】 논이나 밭을 덮은 모래를 「들어냄。
【擧事:거사】 일을 일으킴。 「어짐。
【擧散:거산】 온 집안 사람들이 모두 흩
【擧姓名:거성명】 성과 이름을 처들어 서 말함。 「社會 全體。
【擧世:거세】 세상 사람이 모두。온세상。
【擧手:거수】 손을 위로 들음。
【擧手可決:거수가결】 회의 때 손을 드는 방법으로 可否를 결정함。
【擧手敬禮:거수경례】 오른손 끝을 모자 챙에、탈모시는 눈썹 언저리까지 들어 올려서 하는 경례。
【擧示:거시】 구체적으로 들어 지적함。
【擧案齊眉:거안제미】 남편을 깍듯이 공경함。
【擧揚:거양】 칭찬하여 높임。
【擧業:거업】 관리 登用試驗에 합격하기 위한 학문。 「用。
【擧用:거용】 끌어 올려서 씀。登用。起
【擧義:거의】 義兵을 일으킴。
【擧人:거인】 ❶사람을 쳐들어 올림。❷사람을 登用함。❸《制》㉠옛 中國의 문관 시험 제도의 하나。各人의 鄕里에서 鄕試에 합격하여、中央에서 會試를 볼 자격을 가진 사람。㉡관리 登用 시험의 受驗者。擧子。
【擧逸:거일】 草野에 隱遁해 있는 사람을 擧用함。『漢書』存亡 繼絶、修廢ㅣㅣ。

【擧朝:거조】 ❶온 朝廷。❷朝廷 관원의 전원。
【擧條:거조】 임금에게 아뢰는 條項。
【擧錯:거조】 ❶=擧止。❷사람을 起用하는 일과 내버려 두어 쓰지 않는 일。
【擧措:거조】 行動擧止。
【擧措駭妄:거조해망】 언행이 망칙스러워 온당하지 않음。 「민족 전부。
【擧族:거족】 ❶一族이 모두。❷온 겨레。
【擧族的:거족적】 온 민족을 통틀어 하는 것。민족 전체에 관한 것。
【擧證:거증】 증거를 들어 提示함。立證。
【擧證責任:거증책임】 《法》 소송에 있어 법규 적용의 근거가 되는 사실을 증명할 책임。立證責任。
【擧止:거지】 몸의 온갖 행동。일체의 행동。擧動。擧措。
【擧薦:거천】 ❶薦擧。❷권하여 쓰게 하거나 하게 함。❸어떤 일이나 사람에 대하여 관계하기를 시작함。 「그 사람。
【擧燭:거촉】 초에 불을 켜서 들음。또는
【擧板:거판】 ❶집 재산을 탕진해 버림。❷판들어 버림。 「람에 쏘임。
【擧風:거풍】 《國》쌓아 두었던 물건을 바
【擧行:거행】 ❶의식을 치름。❷명령에 따라 행함。執行。
【擧火:거화】 ❶횃불을 켬。❷뜻밖의 재변 따위를 빨리 알리기 위하여 밤에 산 위로 올라가서 횃불을 올림。
◎經ㅣ、枚ㅣ、美ㅣ、未ㅣ、選ㅣ、列ㅣ、一ㅣ、壯ㅣ、再ㅣ、推ㅣ、快ㅣ。

【擪】 ㊀(엽) 葉 ヨウ、おさえる press
㊁(압) 洽 ㅣせ` yeh`

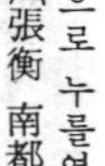
小篆 草書 ㊀손가락으로 누를엽(一指按)。〔張衡 南都賦〕彈琴ㅣ笛、流風徘徊。㊁꽉잡을압(手執堅狀)。

【擫】 (엽) (압)『擪』(前條)과 같음

【擩】 (유) 麌 ジュ、ひたす dye

小篆 草書 ❶물들일유(染也)。〔唐書〕ㅣ擠道眞。❷버틸유(拄也)。〔戰國策〕齊嬰兒謠曰大冠若箕脩劍ㅣ頤。

【摛】 (치) 寘 テイ、サイ、たおれる slide
❶거리낄치(礙不行)。❷엎드러질치(頓也)。❸미끄러질치(跆也)。

【擬】 (의) 紙 ギ、はかる ㅣ` i² estimate

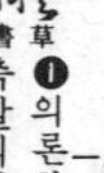
小篆 草書 ❶의론할의(議也)。❷추측할의(推測)。〔易經 繫辭〕ㅣ之而後言。❸헤아릴의(度也)。❹적용할의(適用)。❺비길 의(比ㅣ像也)。〔漢書 王孫宏傳〕管仲 相齊有三歸侈ㅣ於君。❻흡사할의(摸像ㅣ比)。〔後漢書 張衡傳〕與五經相ㅣ。
【擬古:의고】 ❶옛 風을 모방함。❷詩歌·文章 등을 옛 형식에 맞추어 지음。『抦融新語』ㅣㅣ詩難於近似。
【擬古主義:의고주의】 옛날의 체재에 맞추려는 문학상의 주의。古典主義。尙古主義。 「를 評議함。
【擬似:의사】 어느 罪에 해당이 되는가
【擬聲:의성】 소리를 흉내냄。
【擬聲語:의성어】 사물의 음성을 흉내 내는 말。곧 딸랑딸랑·빵빵·쨍그랑 등。
【擬軟體動物:의연체동물】 腕足類 동물이 두 잎의 介殼을 가진 것이 연체 동물과 같기 때문에 일컫는 말。
【擬律:의율】 法院이 罪의 경중에 따라 법을 적용함。

【擬律懲判:의율징판】 법에 의거하여 징벌을 결정함。照律懲判。
【擬人:의인】 ❶사람이 아닌 것을 사람처럼 다룸。❷自然人이 아닌 것에 법률상 인격을 부여하는 일。또는 그 인격。法人。
【擬人法:의인법】 사람이 아닌 것을 사람에 비유하여 말하는 修辭法。
【擬作:의작】 ❶만들려고 함。❷다른 것을 모방하여 만들음。
【擬裝:의장】 =僞裝。
【擬定:의정】 사실이 아닌 것을 사실인 것처럼 정함。
【擬製:의제】 본떠서 비슷하게 만들음。
【擬制:의제】 본질이 다른 것을 일정한 법률상으로 다룸에 있어、같은 것으로 보고 같은 효과를 줌。또는 그와 같이 간주함。
【擬態:의태】 ❶어느 모양이나 짓을 흉내 냄。❷《生》동물이 그 모양·빛깔·斑紋 등을 다른 물건과 흡사하게 함。또는 그 모양。나비가 마른 잎과 비슷하게 되는 것 따위。
【擬判:의판】 어떠한 사실을 가정하고 그것을 어떻게 재판할까를 판정함。
【擬皮:의피】 다른 물건으로 가죽과 흡사하게 만든 물건。 「종이。
【擬革紙:의혁지】 가죽 비슷하게 만든

【擭】 ㊀(화) 禡 カク、わな
㊁(확) 藥 snare
㊂(획) 陌 ㄏㄨㄛ` huo`

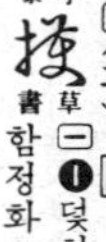
小篆 草書 ㊀❶덫화(捕獸檻)。❷함정화(檻也)。㊁뜻은 ㊀과 같음。㊂잡을획(手取)。〔西都賦〕抄木末ㅣ獑猢。

【攤】 (단) 旱 タン、まわす roll
❶자위질할단(轉簞)。❷구를단(轉也)。

【擯】(빈) 震 ヒン、しりぞける reject ㄅㄧㄣˋ pin⁴
小篆 草書 ❶물리칠빈(斥也)。❷버릴빈(棄也)。❸팽개칠빈(彈也)。【崔寔政論】寡不勝衆遂見ㅣ棄。❹손님 맞는 사신빈 (使接賓者)。【聘儀】卿爲上ㅣ大夫爲承ㅣ士爲紹ㅣ。(『儐』과 같음)
【擯却:빈각】＝擯斥。【漢書】宗室ㅣㅣ、骨肉氷釋。
【擯介:빈개】主客의 사이에 서서 주선하여 주는 사람。儐介。【儀禮·註】擯者有司佐禮者、在主人曰擯、在客曰介。
【擯不與言:빈불여언】아주 배척해 버리고 말도 아니함。
【擯斥:빈척】아주 물리쳐 버림。排斥·擯棄。【宋史】爲流俗所不容、故屢見ㅣㅣ。

【擰】(녕) 庚 ドウ、みだれる dizzy
❶어지러울녕(眩也)、❷[中字]비틀녕(捻也)。

【擱】(각) 藥 カク、おく abandon
草書 버릴각(棄也)。(『閣』의 俗字)

十五畫

【擲】(척) 陌 テキ、チャク、なげうつ throw ㄓˋ chih²
草書 ❶던질척(投也、抛也)。【晋書】卿試ㅣ地、當作金石聲也。❷던져버릴척、방기할척(放棄)。(『擿』과 같음)
【擲去:척거】내버려 두어 버림。
【擲梭:척사】북(베 짤 때 씨줄을 가로 넣는 도구)을 질러 베를 짬。【于濆】窓下ㅣㅣ女。
【擲柶:척사】(國)윷놀이。
【擲柶會:척사회】윷놀이를 위한 모임。
【擲殺:척살】몸을 내던져 쳐죽임。【金史】怒ㅣㅣ之。
【擲彈:척탄】손으로 던지는 폭탄。수류「탄」。

【擳】(즐) 質 シツ、いねがるおと the sound of mowing the rice-plant
❶벼베는소리즐(刈稻音)。❷씻을즐(拭也)。

【擴】㊀(광) 漾 ㊁(확) 藥 カ、ひろめる enlarge ㄎㄨㄛˋ k'uo⁴ (古音「곽」)
草書 ㊀채울광(充也)。㊁늘일확、넓힐확(張小使大)。【孟子 公孫丑上】凡有四端於我者、知皆ㅣ而充之矣。
【擴大鏡:확대경】物體를 크게 하여 보여 주는 렌즈。돋보기。
【擴大率:확대율】擴大鏡으로 물체를 비춰 볼 때 그 실물에 대한 크기의 比率。
【擴散:확산】어떤 액체나 기체에 다른 액체나 기체를 넣을 때 그 두 액체나 기체가 차차 혼합되는 현상。
【擴聲器:확성기】음성을 확대하는 裝置。마이크로포운、스피이커。
【擴充:확충】擴大하여 가득 채움。仁義禮智의 本性은 人心에 具備되어 있는데 이것을 넓혀서 完全하게 해야 한다는 孟子의 說에서 나온 말。【孟子】知皆擴而充之。

【擷】(힐) 屑 ケツ、つまみとる pick ㄒㄧㄝˊ hsieh² (古音「혈」)
草書 ❶딸힐(捋取)。❷잡아뽑을힐(摘取)。【許有壬詩】奚童ㅣ滿筐。

【擙】(오) 豪 オウ、みなごろし beat
무찌를오(盡殺人)。

【擸】㊀(랍) 合 ㊁(렵) 葉 ロウ、もつ hold ㄌㄚˋ la⁴
小篆 草書 ㊀꺾을랍(折也)。㊁❶가질렵(持也)。❷가다듬을렵(理持)。【儀禮】尙ㅣ坐啐醴。

【擫】(멸) 屑 ベツ、うつ beat
❶일바로못할멸(作事不正ㅣ揳)。❷칠멸(打也)。

【擮】(휘) 微 キ、ふるう flourish
❶옮길휘(移也)。❷떨칠휘(振也)。【太玄經】ㅣ而散之者人也。

【擺】(파) 蟹 ハイ、ひらく spread ㄅㄞˇ pai³ (本音「패」)
草書 ❶열파(開也)。❷제거할파(排而振之)。【馬融 廣成頌】ㅣ牲班禽。❸헤칠파(撥也)。【張協七命】鉤爪摧鉅牙ㅣ。❹손벽칠파(兩手擊)。
【擺落:파락】털어 없앰。【白居易】ㅣㅣ如泥塵。
【擺撥馬:파발마】(制)공무로 급히 가는 사람이 타는 말。서울과 義州 사이의 驛站에 두었음。
【擺脫:파탈】털어서 없애 버림。除去해 버림。예절이나 구속에서 벗어남。【韓偓】ㅣㅣ是良圖。

【擻】(수) 有 ソウ、はらう manage ㄙㄡˇ sou³·⁴
草書 ❶차릴수、수습할수(擧也)。【王維詩】抖ㅣ辭貧里。❷떨칠수(振動)。

【擽】(략) 藥 リャク、レキ、うつ strike
草書 ❶칠략(擊也)。【唐書】胡證膂力絕人取鐵燈檠ㅣ合其跗橫膝上謂客曰飮不釂者以此擊之。❷털을략(拂也)。

【擾】㊀(요) 蕭 ㊁(요) 篠 ジョウ、みだれる disturb ㄖㄠˇ jao³
小篆 草書 ㊀❶길들일요(馴也)。【十八史略夏后氏】有劉累者、學ㅣ龍。❷순할요(順也)。❸온화할요。【書經 皐陶謨】ㅣ而毅。㊁❶번거러울요(煩也)。❷난잡할요(亂雜也)。【左傳 襄公四年】德用不ㅣ。❸어지러울요(亂也)。【書經】俶ㅣ天紀。
【擾亂:요란】시끄럽고 떠들썩함。【史記】門下大驚ㅣㅣ。「게」함。
【擾民:요민】백성을 잘 다스려서 따르게 함。
【擾攘:요양】시끄럽고 어지러움。【漢書】傾側ㅣㅣ楚魏之間。
【擾攘未定:요양미정】❶정신이 어질어질하여 결정하지 못함。❷나이가 어린 탓으로 뜻이 가라앉지 못함。
【擾柔:요유】순하고 부드러움。【韓非子】龍之爲蟲也、可ㅣㅣ而騎。

【擿】㊀(척) 陌 ㊁(적) 錫 テキ、なげる throw ㄊㄧˊ t'i²
小篆 草書 ㊀❶던질척(投也)。【十八史略 春秋戰國秦】引匕首以ㅣ秦王。❷긁을척(搔也)。【後漢書】簪以玳瑁爲ㅣ。(『擲』과 같음) ㊁❶돋굴적(挑也)。【漢書】趙廣漢發姦ㅣ伏

如神。❷딸적(手取)。(『摘』과 같음)
【擿抉:적결】 숨겨진 악한 일을 들추어 냄。擿伏。擿發。【漢書】欲ㅣㅣ以揚我惡。

【攜】(휴)『攜』(手部 18畫)의 略字

【攀】(반) 刪 ハン、ひく drag ㄆㄢ p'an¹
草書 ❶휘어잡을반(自下援上)。【晉書】百歲老翁ㅣ枯枝。❷당길반(引也)。【晉語】ㅣ輦即利而舍。
【攀登:반등】 더위잡고 오름。登攀。攀躋。【曹植】願ㅣㅣ而無階。
【攀緣:반연】 ❶타인으로 말미암아 맺은 인연。❷《佛》원인을 도와서 결과를 맺게 하는 작용。【吳融】ㅣㅣ可到玉峰頭。
【攀緣莖:반연경】 風不定·根卷鬚·葉柄 따위에 따라 다른 물건에 감겨 벋는 식물의 줄기。붙는 줄기。
◎登ㅣ。

【攂】(뢰) ライ、うつ beat the drum
❶급히북칠뢰(急擊鼓)。❷돌구르는 소리뢰(轉石聲)。【唐書】徹民屋爲ㅣ石車車二百人挽之石所及輒數十人。
【攂鼓:뇌고】 북을 쉴새 없이 빨리 침。
【攂鼓吶喊:뇌고눌함】 북을 亂打하고 아우성을 침。

【擈】(박) 覺 ハク、うつ whip
❶잠간칠박(小擊)。❷회초리박(榎楚)。(『扑』과 같음)

【攃】㊀(살) 曷 サツ、する rub ㊁(찰) 曷
㊀헤칠살(散之)。【韓愈詩】星如ㅣ沙出。㊁문댈찰(摩也)。(『撒』과 같음)

【攄】(터) 魚 チョ、のべる spread ㄕㄨ shu¹ (古音「처」)
草書 ❶펼터(舒也、布也)。【封禪書】ㅣ之無窮。❷흩을터(散也)。【河東賦】奮六經以ㅣ頌。❸날칠터(騰也)。【思玄賦】八乘ㅣ而超驤。❹비길터(擬也)。
【攄得:터득】 잘 이해하여서 모조리 자기 것으로 만들음。
【攄破:터파】 내가 품은 속마음을 모두 말하여 남이 지녔던 의혹을 풀어 줌。
【攄懷:터회】 자기의 생각을 말함。【唐太宗】ㅣㅣ俗塵外、高眺白雲中。

【攢】(찬)『攢』(手部 19畫)의 俗字

十六畫

【攇】(헌) 阮 ケン、なぞらえる liken
❶비길헌(擬也)。❷물건맬헌(手約物)。

【攈】(군) 問 吻 クン、ひろう pick up ㄐㄩㄣ chün⁴
草書 ❶주울군(拾也)。❷취할군(取也)。

【攉】(확) 藥 カク、てをかえす applaud ㄏㄨㄛ huo⁴
草書 ❶손뒤집을확(手反覆)。❷손벽칠확(盤手弄)。❸홰두를확(奮迅)。【淮南子】豈可謂無大揚ㅣ乎。(『搉』과 통함)

【攪】(효) 巧 コウ、みだれる disturb
❶흔들효(擾也)。❷어지러울효(亂也)。【洞簫賦】攪搜ㅣ捎。(『攪』와 같음)

【攊】(력) 錫 レキ、うつ beat
칠력(擊也)。(『櫟』과 같음)

【攋】㊀(랄) 曷 ラツ、ライ abandon すてさる ㊁(뢰) 泰
㊀뒤적거릴랄(手披)。㊁❶버릴뢰(棄也)。❷찢어버릴뢰(毁裂)。

【攌】(환) 潸 カン、やらい wooden barricade
草書 ❶목책할환(木柵)。【史記】拘士繫俗兮ㅣ如囚拘。❷가둘환(拘繫)。【正字通】ㅣ獄名圜土使囚不得越出。

【攍】(영) 庚 エイ、になう shoulder
멜영(擔也)。

【攎】㊀(로) 虞 ㊁(로) 遇 ロ、ロウ、ひきとる draw
小篆 ㊀❶당길로(引也)。❷베풀로(張也)。㊁거둘로(收斂)。

【攏】(롱) 董 ロウ、とる grasp ㄌㄨㄥ lung³
草書 ❶가질롱(持也)。【白居易 琵琶行】輕ㅣ慢撚撥復挑。❷빼앗을롱(掠也)。❸셈댈롱(酒令籌也)。❹다스릴롱(理也)。
【攏頭:농두】 머리를 보기 좋게 잘 다듬음。
【攏統:농통】 한데 긁어 모음。總括함。【『福惠全書·刑名部·問擬』】

【攐】(건) 先 ケン、かかげる tuck up
小篆 옷걷어잡을건(摳衣)。(『褰』과 같음)

【攦】(례) 霽 レイ、さく split
찢을례(裂也)。

十七畫

【攓】(건) 先 ケン、ぬく roll up
걷을건(掇也)。【ㅣ雲篇序】雲氣自山中來以手ㅣ開籠收其中歸家雲盈籠開而放之作ㅣ雲篇。(『搴』과 같음)

【攔】(란) 寒 ラン、さえぎる shut off ㄌㄢ lan²
草書 막을란(遮也)。(『闌』과 통함)
【攔告:난고】 告訴를 막음。告發을 取下함。【元典章】原告人自願ㅣㅣ休和。
【攔頭:난두】 ❶沙工을 看守하는 사람。❷막음。阻止함。
【攔占:난점】 막아서 占領함。【燕子箋】恁般活現、平白地陽臺ㅣㅣ。

【攕】㊀(섬) 鹽 セン、しなやか supple hands ㊁(삼) 咸
小篆 ㊀손길고울섬(玉手ㅣㅣ)。(『摻』과 같음) ㊁뜻은 ㊀과 같음。

【擧】(여) 魚 ヨ、もちあげる lift
小篆 들어올릴여(擧也)。

【攘】㊀(양) 陽 ジョウ、しりぞく repulse ㄖㄤ jang³ ㊁(양) 養 ㊂(녕) 庚
小篆 草書 ㊀❶밀칠양(推也)。❷훔칠양(竊也)。【書】奪ㅣ矯虔。❸물리칠양(郤也)。【禮】左右ㅣ辟。❹잡아다릴양(捋也)。【漢書】ㅣ袂而正議。❺덜양(除也)。【詩】ㅣ之剔之。❻그칠양(止也)。❼쫓을양(逐也)。㊁❶흔들양(擾也)。【漢

書】傾側擾－楚魏之間。❷겸손할양(遜也)。【漢書】隆雅頌之聲盛揖－之容。❸호번할양(浩－繁冗)。(『讓』과 같음) 三어수선할녕(搶－亂貌)。【漢書】國制搶－。
【攘伐:양벌】쳐서 물리침。『莊子』擅相－－、以殘民人。
【攘臂大談:양비대담】소매를 걷어 올리며 큰 소리를 함。
【攘攘:양양】❶어지럽고 요란한 모양。『史記·貨殖傳』天下－－、皆爲利往。❷많은 모양。
【攘夷:양이】夷狄(오랑캐)을 물리침。
【攘災:양재】재화를 물리침。
【攘竊:양절】몰래 훔침。『書經』今殷民－－神祇之犧牲。
【攘除:양제】물리쳐 없앰。「－佛老。」
【攘斥:양척】물리침。『韓愈』詆誹異端、「－斥」
【攘奪:양탈】＝掠奪。
【攘辟:양피】물러나 피함。(辟는 避와 같음)。『禮記』左右－－。

【攖】(영) 庚 エイ からめる ㄧㄥ ying¹ entangle
草書 ❶찌를영(觸也)。❷잡을영(拈也)。❸어지러울영(亂也)。❹가까이갈영(迫近)。【孟子 盡心下】虎負嵎、莫之敢－。❺얽힐영(縈也)。(『嬰』과 통함)

【攢】(분) 問 フン、はらう clear away(out)
쓸어버릴분(掃除)。

【攙】(참) 咸 ザン、さす ㄔㄢ ch'an¹ pierce
小篆 草書 ❶찌를참(刺也)。❷꽂을참(扶也)。❸붙들참(扶也)。(『攙』과 같음)

十八畫

【攤】(옹)『擁』(手部 13畫)의 本字

【攫】(작) 藥 シャク、えらぶ choose
❶가릴작(擇也)。❷추릴작(捎也)。

【攛】(찬) 寒 サン、なげうつ ㄘㄨㄢ ts'uan¹ throw
草書 ❶던질찬(擲也)。❷후릴찬(誘人爲非)。

【攕】(송) 腫 ソウ、とる hold
❶뽑낼송(挺也)。【杜甫詩】－身思狡兔。❷잡을송(執也)。❸밀칠송(推也)。

【擽】(박) 覺 ハク、むちうつ whip
❶종아리칠박(小擊)。❷회초리박(榎楚)。(『扑』과 같음)

【攉】(곡) 沃 カク、コク、つかむ grasp
❶질곡(手把)。❷움킬곡(握也)。

【攝】一(섭) 葉 二(녑) 葉 ショウ、セツ、ひく、とる ㄕㄜ shê⁴ draw; take
小篆 草書 一❶몰아잡을섭(摠持)。❷끌섭(引持)。【左傳】請－飮焉。❸단정히할섭(整飾)。【史記】吾曩者目－之。❹겸할섭(兼也)。【論語 八佾】官事不－。❺거둘섭(收斂)。【詩經】－以威儀。❻꾸일섭(假貸)。【禮記】伯高之喪冉子－束帛乘馬而將之。❼기록할섭(錄也)。❽쫓아잡을섭(追捕)。【論語 先進】－乎大國之間。❾항복할섭(降服)。【漢書 霍去病傳】－讋者弗取。❿이을섭(結也)。【莊子】－緘縢。⓫기를섭(養也)。【老子】善－生者。三❶가질녑(持也)。❷고요할녑(諍謐貌)。【漢書 嚴助傳】天下－然、人安其生。
【攝理:섭리】❶病을 조섭함。❷대신하여 처리하고 다스림。『左傳』叔魚－－。❸神·精靈이 인간을 위하여 세상을 다스리는 일。❹《宗》기독교에서 하나님이 인간을 위하여 세상이 좋아지도록 인도하는 질서와 그 은혜。
【攝祀:섭사】남을 대신하여 제사를 지냄。
【攝生:섭생】적당한 운동과 식사로써 건강을 유지하도록 꾀함。『老子』善－－者。
【攝受:섭수】❶마음을 관대히 먹어 남을 받아 들임。❷《佛》부처가 자비심으로 一切 衆生을 두호함。
【攝氏寒暖計:섭씨한난계⇩섭씨한란계】빙점을 0도、비등점을 一〇〇도로 하는 한란계。
【攝心:섭심】마음을 거두어 흩어지지 않게 함。
【攝衣:섭의】❶옷을 단정하게 함。❷옷을 거둠。
【攝政:섭정】임금을 대신하여 정치를 함。또는 그 사람。『歐陽修』所謂－－者、臣行君事之名也。
【攝衆:섭중】중생을 두둔하고 보호함。
【攝取:섭취】❶營養物을 빨아 들임。❷《佛》부처가 자비의 光明으로써 衆生을 제도함。『大無量壽經』。
【攝行:섭행】❶대신으로 일을 함。❷겸하여 일을 함。『史記』代成王、－－政事。❸통치권을 행함。
【攝護腺:섭호선】《生》남성 생식기의 뒷부분에 있어 尿道를 둘러싸고 있는 臟器。
【攝化:섭화】《佛》중생을 두둔하고 보호하여 교화함。

【攜】(휴) 齊 ケイ、たずさえる ㄒㄧㄝ hsieh² draw
小篆 草書 ❶끌휴(提也)。❷가질휴(持也)。【白居易詩】提魚－酒遠相尋。❸떠날휴(離也)。❹나눌휴(分離)。❺연속할휴(連續)。【左傳 僖公 七年】招－以禮。【陶潛 歸去來辭】－幼入室。(『携』는 俗字)

十九畫

【攌】(관) 刪 カン、かかわる hold each other's hand
손맞잡을관(手相關付)。【太玄經】－神明而定摹。

【攞】(라) 哿 ラ、さく ㄌㄨㄛ luo³ tear
찢을라(裂也)

【攟】(군) 問 クン、ひろう ㄐㄩㄣ chün⁴ pick up
草書 주울군(－摭收拾)。【唐書】詔柳璟－摭永泰後事綴成之。(『捃』과 같음)

【攠】(미) 支 ビ、かねのうつところ the part of a bell to be struck
쇠북방망이받이미(鍾受擊處)。

【攡】一(리) 支 二(치) 支 リ、チ のべる spread
一베풀리(張也)。【太玄經】幽－萬類而不見形。三펼치(舒也)。

【攢】(찬) 旱 寒 サン、あつめる gather ㄘㄨㄢ ts'uan
❶중기중기모일찬(簇聚)。【司馬相如上林賦】ㅣ立叢倚。❷토롱할찬(不葬而掩其柩)。❸초빙할친(掩柩)。(『攅』은 俗字)
【攢立:찬립】떼를 지어 섬。
【攢峰:찬봉】여럿이 모여 상엄하게 보이는 산。또는 산봉우리。
【攢叢:찬총】❶모이는 것。❷풀밭。
【攢蹙:찬축】한 곳에 모임。한 곳에 모여 오그라들음。
【攢聚:찬취】많이 모임。

【攣】㊀(련) 先 ㊁(련) 霰 レン、つながる bind; tie ㄌㄩㄢ luan²
小篆 草書 ㊀맬련(係也)。【說文】凡拘牽連繫者皆曰ㅣ。㊁❶손발이구부러 질련、손발병신련(手足曲病)。【史記】躄踦膝ㅣ。❷사모할련(慕也)。(『戀』과 통함)
【攣拘:연구】묶임。束縛됨。拘束。【後漢書】帝知郡寮ㅣㅣ。【韓愈】ㅣㅣ屈吾眞。
【攣縮:연축】드러남과 줄음。

【攤】㊀(탄) 寒 ㊁(난) 翰 タン、ひらく spread ㄊㄢ t'an¹
小篆 草書 ㊀❶열탄(開也)。❷펼탄(手布)。「ㅣ書」。【杜甫詩】白晝ㅣ錢高浪中。㊁누를난(按也)。
【攤飯:탄반】밥 먹은 뒤 자는 낮잠。【詩人玉屑】東坡謂晨飮爲澆書、李黃門謂午睡爲ㅣㅣ。【陸游】ㅣㅣ橫眠夢蝶牀。
【攤書:탄서】책을 폄。
【攤錢:탄전】돈 치기(돈을 먼저 앞에 던지고 돌로 맞히면 따는 놀이)。

【攦】㊀(려) 霽 ㊁(렬) 屑 レイ、おる、さく break
草書 ㊀꺾을려(折也)。【莊子】ㅣ工倕之指而天下始人有其巧矣。㊁비틀렬(拗也)。(『捩』과 같음)

二十畫

【攩】(당) 養 トウ、くみ・とも group ㄉㄤ tang³
小篆 草書 ❶망치로칠당(搥打)。❷막을당(遮遏)。❸무리당(朋羣)。(『黨』과 같음)

【攪】(교) 巧 カク、コウ、かきみだす stir ㄍㄠ kao³
小篆 草書 ❶어지러울교(亂也)。❷흔들릴교(撓也)。【詩經】祇ㅣ我心。❸손놀릴교(手動)。【方岳詩】搜ㅣ平生書五車。
【攪車:교거】씨아。

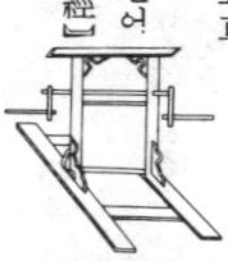
木綿攪車(三才圖會)

【攪亂:교란】뒤흔들어 어지럽게 함。【郝經】ㅣㅣ羈思、爲停觴。
【攪亂力:교란력】공간에 있어서의 두 물체의 본래의 운동에 擾動을 일으키는 第三 물체의 인력。
【攪拌:교반】휘저어 섞음。
【攪撓:교요】=攪亂。【元稹】羣動皆ㅣㅣ。
【攪土:교토】흙덩이를 부스러뜨리는 일。

【攫】(확) 藥 カク、つかむ snatch ㄐㄩㄝ chüeh² (古音「곽」)
小篆 草書 ❶후리칠확(搏也)。❷움킬확(以爪攫取)。【禮記 儒行】鷙蟲ㅣ搏。
【攫金:확금】돈을 움켜쥠。
【攫搏:확박】후려갈김。『禮記』鷙蟲ㅣㅣ。
【攫噬:확서】움켜다가 집어 먹음。【王褧】蹲如虎豹奮ㅣㅣ。
【攫取:확취】갈기고 빼앗아 가짐。
【攫奪:확탈】갈기고 빼앗음。

二十一畫

【擟】(녑) 葉 ジョウ、ひねる twist
❶손으로찍어바를녑(捏也)。❷손으로비빌녑(兩指相搓)。(『捻』과 같음)

【攬】(람) 感 ラン、とる grasp ㄌㄢ lan³
小篆 草書 ❶잡아다릴람(手取)。「ㅣ筆、ㅣ轡」。【古詩 焦仲卿妻】ㅣ裾脫絲履、擧身赴清池。❷모울람(總ㅣ)。【丁復詩】ㅣ秀目顚顚。(『擥』은 俗字)
【攬要:남요】요점을 뽑음。
【攬筆:남필】붓을 잡음。執筆。

【㩗】(파) 禡 ハイ、ハ、にぎる grasp
잡을파(把也)。(『欛』와 같음)

【㩙】(찬) 諫 サン、さす stick
꽂을찬(揷也)。

【攭】(라) 哿 ラ、レイ、あかはだか hairless
草書 터럭없을라(無羽毛貌)。【荀子】ㅣㅣ兮其狀屢化如神。

二十二畫

【㩸】(첩) 葉 チョウ、しりぞく repule ㄉㄧㄝ tieh²
❶물리칠첩(排也)。❷거둘첩(收也)。❸걸첩(掛也)。

二十九畫

【㩳】(울) 物 ウツ、ひねる twist
비틀어돌릴울(拗戾)。

支 部

【支】(지) 支 シ、えだ、ささえる branch ㄓ chih¹
小篆 古文 草書 ❶고일지、버틸지、지탱할지(拄也)。【左傳 定公元年】天之所ㅣ不可壞也。❷헤아릴지(度也)。❸내줄지(出也)。「ㅣ出」。❹뭇지(庶也)。【詩經】本ㅣ百世。❺초목의가지지。【詩經衞風芄蘭】芄蘭之ㅣ。❻흩어질지(ㅣ離分散)。❼문서지(券也)。【程頤 言箴】傷煩則ㅣ。【魏書】一ㅣ付動人一ㅣ付行臺。❽나누어질지(分也)。「ㅣ流、ㅣ線、ㅣ派」。❾이바지할지。❿지지지(十二辰名)。(『肢·枝』와 통함)
【支干:지간】十二支와 十干。干支。【史記】甲子是陽氣、ㅣㅣ之首。
【支結:지결】(醫)가슴이 막혀 답답한 열병。
【支供:지공】음식을 이바지함。
【支局:지국】本社나 本局에서 갈라져 나가 지방 따위에 있으면서 그 사무를 맡아 보는 곳。
【支給:지급】물건이나 돈을 치뤄 줌。【明律】收受ㅣㅣ官物。

【支那:지나】《地》나라 이름 中國。秦의 訛傳。『宋史』伏願—ㅣ皇帝、福壽圓滿。

【支隊:지대】본대에서 갈라져 독립적인 행동을 하는 작은 부대。

【支途:지도】금전의 용도。使途。「길。

【支路:지로】큰 길에서 갈려 나간 좁은

【支流:지류】❶원 줄기로부터 갈려 흐르는 물줄기。支川『唐書』。❷갈라진 家系。

【支離:지리】❶부질없이 오래 걸려서 괴롭고 싫증이 남。『王延壽』—ㅣ分赴。❷不具者。『莊子』—ㅣ其形者、猶足以 養其身終其天年。❸軍陣名。『左傳·註』爲—ㅣ之卒。

【支離滅裂:지리멸렬】이리저리 어지러워지고 흩어져 갈피를 잡을 수 없음。『駱賓王』生涯一滅裂、岐路幾徘徊。

【支脈:지맥】갈려 나간 산맥이나 葉脈。

【支配:지배】❶거느리어 모든 일을 처리함。『北史』夜中召邕—ㅣ、造次便了、帝甚重之。❷어떤 사람이 힘으로 他人의 생각과 행동을 規制함。

【支配階級:지배계급】《社》정치적·경제적·사회적으로 다른 계급의 사람들을 지배하는 계급。

【支配人:지배인】주인을 대신하여 그 영업에 관한 일체의 업무를 관리하는 권한을 가진 사람。

【支煩:지번】지리하고 어수선함。

【支保:지보】버티어 오랫동안 보존함。

【支部:지부】본부의 관리에 속하면서 본부와 분리되어 그 지방의 사무를 맡아보는 곳。

【支分:지분】잘게 나눔。支解。『戰國策』—ㅣ方城膏腴之地、以薄鄭。「을 갚음。

【支拂:지불】❶돈을 내어 줌。❷물건 값

【支拂命令:지불명령】《法》금전 기타의 代替物 또는 유가 증권의 일정 수량의 급부를 목적으로 하는 청구에 관하여、채권자의 일방적 신청이 있으면 채무자를 審訊하지 않고 채무자에게 그 지불을 명령하는 재판。

【支拂猶豫:지불유예】《法》긴급한 사태가 일어 났을 때 국가가 채무자를 위하여 일정한 기간의 特定 또는 전부의 채무 이행을 보류하는 조치。 모라토리움 (Moratorium)。

【支拂人:지불인】《法》❶금전 채무를 변제할 사람。❷어음 금액을 지불하여야 할 사람으로 발행인으로부터 지정된 사람。

【支拂停止:지불정지】《法》債務者가 지불할 수 없음을 스스로 표시하는 행위。

【支拂準備金:지불준비금】《經》❶은행이 예금자의 청구가 있을 때 언제든지 지불할 수 있도록 준비하여 둔 자금。❷중앙 은행의 화폐발행에 대한 정화 준비금。

【支社:지사】회사 또는 단체의 지방에 있는 分派。↕本社。

【支署:지서】본서에서 갈리어 나간 官署。

【支石:지석】❶굄돌。❷고인돌。↕立石。

【支線:지선】본선에서 갈라진 선。

【支所:지소】本所에 딸려 그 곳의 일을 맡은 곳。

【支孫:지손】支派의 자손。

【支葉:지엽】가지와 잎。枝葉。

【支吾:지오】❶서로 어긋남。❷겨우 버티어 감。枝梧。『史記』諸將攝服、莫敢枝梧。

【支援:지원】지지하여 응원함。

【支飮症:지음증】《醫》해소와 호흡 곤란으로 모로 눕기가 어려운 병증。

【支頤:지이】손으로 턱을 받침。

【支障:지장】일을 하는데 거치적거리며 방해가 됨。

【支店:지점】❶본점에서 갈리어 나온 가게。❷본점에 종속되어 그 지휘·명령에 따르는 영업소。

【支點:지점】《物》❶지레 또는 槓杆(공간)을 지탱하는 고정된 점。❷떠받침。『後漢書·章帝紀』。

【支族:지족】갈라져 나온 血族。分家。

【支柱:지주】버티게 하는 기둥。 지탱하기 위하여 세우는 기둥。받침대。

【支持:지지】❶붙들어서 버팀。 부지하여 지님。『杜甫』形容眞潦倒、答效莫—ㅣ。❷어떤 사람이나 단체의 政策·意見 등에 찬동하여 원조함。 또는 그 원조。

【支廳:지청】본청의 管理下에 있으면서、본청과 분리하여 所在地의 관리 업무를 취급하는 관청。

【支體:지체】팔다리와 몸。

【支出:지출】❶어떤 목적을 위해 금전을 내어 줌。❷국가 또는 공공 단체가 그 직능의 遂行을 위해 지불하는 경비。↕收入。

【支出簿:지출부】금전의 지출을 적는 「장부。

【支度:지탁】❶길이를 재어 보고 수를 세어 봄。❷《制》唐代의 벼슬 이름。出納

【支撐:지탱】버티어 나감。「을 맡았음。

【支派:지파】근본이 되는 파에서 갈라져 나간 파。分派。支部。『北齊書』是以具書其—ㅣ。

◎干—ㅣ、氣管—ㅣ、收—ㅣ、十二—ㅣ、—ㅣ地—ㅣ。

二 畫

【攱】(기) 寘 キ、かたむく、incline

(小篆) 기울기(傾也)。

五 畫

【攲】(괴) 紙 キ、ささえる sustain

❶버틸괴(搘也)。❷벨괴(枕也)。

六 畫

【攳】(기) 支 キ、かたむく incline

(小篆) ❶쏠릴기(傾低不正)。❷기울기(傾也)。(『攲』와 같음)

【枝】(시) 寘 シ、みそ spice

(小篆)(俗體)(草書) ❶절일시(配鹽)。❷양념할시(以調五味)。『史記』鹽—千合。❸메주시(配鹽於豆而幽淑)。(『豉』와 같음)

【敊】(지) 支 シ、おおい many

많을지(多也)。『西京賦』炙炰夥淸酤—ㅣ。

七 畫

【𢻰】(기) 支 キ、ひこばえ sprout

❶움틀기(木別生)。❷곁가지기(橫首枝)。

八 畫

【𢼨】㊀(추) 支 ㊁(기) 支 ツイ、ひとしくない uneven

㊀가지런하지 않을추(不齊)。㊁드리울기(垂也)。

【攲】(기) 支 キ、かたむく incline くー chi'

(小篆)(草書) 기울어질기(不正)。『家語』孔子觀於周廟有—器焉使子路取水試之 滿則覆中則正虛則—ㅣ。(『攳』와 같음)

【攲器:기기】周代에 임금을 경계하기 위하여 만들었다는 그릇。물이 그릇에 알맞아야만 반듯이 놓였다 함。『孔子家語』

孔子觀於周廟、有ㅣㅣ焉、使子路 取水試之、滿則覆、中則正、虛則攲。〖荀子·註〗ㅣㅣ傾攲易覆之器。

【攲攲:기기】 쭝긋한 모양。〖吳融〗ㅣㅣ「側側海門帆。

十二畫

【攳】(리) 寘 リ、ただしい right
바를리(正也)。

十六畫

【攲】(기) 支 キ、かたむく incline
기울어질기(攲隔不正)。

攴 部

【攴】(복) 屋 ボク、うつ rap
똑똑두드릴복(小擊)。

【攵】(복)『攴』(前條)과 같음

二畫

【收】㊀(수) 尤 シュウ、おさめる collect; harvest
㊁(수) 宥 ㄕㄡ shou¹
小篆 草書 ㊀ ❶모을수(聚也)。〖詩經〗我其ㅣ之。❷거둘수(斂也)。「ㅣ拾」。〖禮記 玉藻〗有事則ㅣ之。❸잡을수(捕也)。〖詩經 大雅 瞻卬〗此宜無罪、女反ㅣ之。❹쉴수(息也)。〖戰國策〗秦可以少割而ㅣ害也。❺떨칠수(振也)。〖中庸〗振河海而不洩。❻수레바퀴수(車軫)。〖詩經〗小戎俴ㅣ。❼정돈할수(整也)。〖禮記學記〗夏楚二物、ㅣ其威也。㊁ ❶추수할수(穫多)。〖禮記〗農事備ㅣ。❷걷어올릴수(汲取)。〖易經〗井ㅣ勿幕。❸거두게할수(斂之)。

【收家:수가】(制)빚장이의 청구로 빚진 사람의 집을 관청에서 몰수함。

【收監:수감】 잡아서 옥에 감금함。

【收繫:수계】 죄인을 구속함。拘禁。〖漢書〗下廷尉獄、妻子皆ㅣㅣ。

【收金:수금】 돈을 받아 들임。

【收金人:수금인】 돈을 거두어 들이기 위하여 돌아다니는 사람。

【收納:수납】 받아 들임。

【收單:수단】(國)여러 사람의 성명을 쓴 單子를 거두어 들임。

【收斂:수렴】 ❶돈이나 물품을 모아 거둠。〖陸游〗霜晴ㅣㅣ少在家。❷세금을 받아 들임。〖禮記〗命百官始ㅣㅣ。

【收錄:수록】 모아서 기록함。〖後漢書〗ㅣㅣ遺文。「ㅣㅣ考問。

【收縛:수박】 붙잡아 묶음。〖三輔黃圖〗

【收復:수복】 잃었던 땅을 도로 찾음。回復。〖唐書〗以圖ㅣㅣ。

【收稅:수세】 세금을 거두어 들임。

【收束:수속】 모아 묶음。

【收贖:수속】 죄인이 죄를 벗어나려고 바치는 돈을 거둠。

【收受:수수】 거두어서 받음。

【收授:수수】 거두어 들임과 내어 줌。

【收拾:수습】 ❶어수선하게 흩어진 물건을 다시 정돈함。〖歐陽修〗殘章與斷藁、草草各ㅣㅣ。❷어지러운 현상을 가라앉히어 안정하게 함。

【收屍:수시】 송장의 머리와 수족들을 바로 잡음。「書」ㅣㅣ致法。

【收按:수안】 잡아서 조사함。收案。〖漢

【收養:수양】 남을 맡아서 제 가족처럼 기름。收養父。收養母。收養子 따위。〖後漢書〗賑恤宗族、ㅣㅣ孤寡。

【收養女:수양녀】 수양딸。

【收養母:수양모】 낳지는 않았으나 친자식같이 길러 준 의리의 어머니。↕生母。

【收養父:수양부】 낳지는 않았으나、길러 준 의리의 아버지。수양아버지。↕生父。

【收用:수용】 ❶거둬 들여서 씀。〖蘇軾〗一時偶ㅣㅣ。❷(法)公共의 이익을 위하여、본인의 意思를 묻지 않고 강제적으로 재산권을 取得하여 국가나 第三者의 소유로 옮김。

【收容:수용】 사람이나 물건을 어떤 장소에 들여 둠。「소에 들여 둠。

【收容所:수용소】 많은 사람을 집단적으로 한 데다가 가둔 곳。

【收益:수익】 이익을 얻음。

【收益稅:수익세】(法)地稅·家屋稅·營業稅 따위와 같이 수익을 보는 물건이나 그 수익에 대하여 매기는 세금。

【收益遞減:수익체감】(經)토지의 수익이 일정한 정도가 지나면、이에 투자한 자본과 노력이 많이 증가하여도 그 수익의 비례는 점점 줄어짐。

【收入:수입】 ❶금품이나 곡물 같은 것을 거두어 들임。〖詩經·箋〗年豊ㅣㅣ踰前也。❷소득。❸(經)개인·단체·국가들이 합법적으로 얻어 들이는 일정액의 화폐。經常收入과 臨時收入으로 나눔。↕支出。

【收入金:수입금】 수입된 돈。

【收入印紙:수입인지】(法)印紙稅·등록세 따위의 국고의 수입이 되는 조세 및 수수료를 징수하는 데 쓰는 인지。

【收藏:수장】 물건 따위를 거두어서 깊이 간직함。貯藏하여 둠。〖禮記〗有不ㅣㅣ積聚者。「公常下ㅣㅣ之。

【收載:수재】 거두어 적어 둠。〖史記〗滕

【收錢:수전】 돈을 거둠。「日ㅣㅣ。

【收支:수지】 수입과 지출。〖宋史〗其五

【收支計算:수지계산】 수입과 지출의 계산。

【收集:수집】 거두어 모음。〖後漢書〗總「攬賢才、ㅣㅣ明智。

【收採:수채】 ❶거두어 들임。〖北史〗不謂天恩復垂ㅣㅣ。❷人材를 골라서 씀。

【收縮:수축】 오그라들음。〖詩經·傳〗霜降而ㅣㅣ萬物。

【收聚:수취】 거두어 모아 가짐。

【收取:수취】 거두어 들이어 손에 넣음。

【收合:수합】 거두어 모음。〖左傳〗ㅣㅣ餘燼。

【收穫:수확】 곡식 따위를 거두어 들임。또는 그 소출。〖書經〗ㅣㅣ有多少。

【收穫高:수확고】 수확한 분량。「시기。

【收穫期:수확기】 곡식을 거두어 들일

【收穫遞減:수확체감】(經)토지의 收益은 여기에 투하된 자본과 勞力의 증가에 따라 어느 정도까지는 증가하지만 정도를 넘으면 생산비의 一單位에 대한 수확의 율이 점차 감소한다는 현상。

【收賄:수회】 뇌물을 받음。
◎減ㅣ、買ㅣ、沒ㅣ、未ㅣ、領ㅣ、月ㅣ、日ㅣ、措ㅣ、徵ㅣ、撤ㅣ、秋ㅣ、還ㅣ、回ㅣ。

【攷】(고) 皓 コウ、かんがえる think
小篆 ㄎㄠˇ k'ao³
❶상고할고(稽察)。❷이룰고(成也)。(『考』의 古字)

三畫

【攺】(시) 支 シ、ほどこす bestow
小篆
베풀시(施也)。

【攸】(유) 尤 ユウ、ところ place
小篆 石刻文 草書 ㄧㄡ yu¹
❶곳유(所也)。〖詩經〗爲韓姞相

—。 ❷휙달아날유(—然迅走)。『孟子』— 然而逝。 ❸어조사유(語助辭所也)。 ❹아득할유(遠貌)。『漢叙傳』——外寓。 ❺대롱거릴유(—懸危貌)。

〔攸司:유사〕 그 관청。

〔攸然:유연〕 ❶빨리 물 속을 가는 모양。『孟子·告子』。❷침착하여 서둘지 않는 모양。 悠然。

〔攸攸:유유〕 ❶썩 먼 모양。『漢書』——外寓。 ❷느릿느릿한 모양。❸마음이나 태도가 매우 여유가 있고 한가한 모양。 悠悠。

【改】 (개) 賄 カイ、あらためる 《ㄍㄞˇ kai³》 reform

小篆 草書 ❶고칠개(更也)。『論語學而』過則勿憚—。 ❷거듭할개(再也)。『論語 先進』何必—作。 ❸바꿀개(易也)。「— 貌」。『宋書樂志』琴瑟殊未調—弦當更張。 ❹새롭게할개(新也)。「—面目」。 ❺지을개(造也)。

〔改嫁:개가〕 시집갔던 여자가 다시 다른 남자에게 시집감。『後漢書』呼榮欲——之。

〔改嫁禁止:개가금지〕 옛날 개가를 금지하던 일。

〔改刻:개각〕 다시 고치어 새김。

〔改刊:개간〕 고치어 간행함。 改版。『曹植』——古人寫鳥跡、文字無——。

〔改過:개과〕 잘못을 고침。『書經』——不吝。

〔改過遷善:개과천선〕 허물을 고쳐 착하게 됨。

〔改棺:개관〕 移葬할 때、관을 새로 만듦。

〔改構:개구〕 묵은 것을 없애고 다시 구축함。 묵은 단체를 없애고 다시 구성함。『陳書』——亭宇。

〔改金:개금〕 《佛》佛像에 금칠을 다시함。

〔改頭換面:개두환면〕 일을 근본적으로 고치지 않고 사람만 갈아 시킴。

〔改量:개량〕 다시 測量하는 것。

〔改良:개량〕 좋게 고침。 改善。

〔改良木壚:개량목로〕 《國》개량한 선술집。

〔改良服:개량복〕 개량하여 지은 옷。

〔改良種:개량종〕 개량한 종자。

〔改良主義:개량주의〕 資本主義 제도를 유지하면서、그 폐단을 국가의 힘으로 차차 고쳐 나가자는 주의。

〔改曆:개력〕 묵은 해를 보내고 새 해를 맞이함。

〔改名:개명〕 이름을 고침。

〔改備:개비〕 갈아 내고 다시 장만함。

〔改莎草:개사초〕 《國》무덤의 떼를 갈아 입힘。

〔改色:개색〕 ❶자기 뜻에 맞게 물건 따위를 바꿈。 ❷색갈을 갈아 칠함。『李德林』歲寒無——、年長有倒枝。

〔改書:개서〕 다시 고쳐 씀。

〔改選:개선〕 다시 선거함。

〔改善:개선〕 잘못을 고쳐 좋게 함。 改良。『梁紹玉』——種痘法。

〔改善主義:개선주의〕 《哲》염세주의와 낙천주의의 절충으로 노력에 의하여 최선에 가까와질 수 있다는 주의。

〔改姓:개성〕 성을 고침。

〔改新:개신〕 묵은 것을 고쳐 새롭게 함。

〔改心:개심〕 마음을 고침。 改過。

〔改惡:개악〕 악한 것을 고침。

〔改譯:개역〕 번역하였던 것을 고쳐 다시 번역함。

〔改易:개역〕 ❶딴 것으로 고쳐 바꿈。『漢書』——大臣。 ❷고쳐 만듦。『論語集解·敍』有不安者、頗爲——。

〔改悟:개오〕 전의 잘못을 뉘우쳐 바로 잡음。 改悔。 改悛。

〔改元:개원〕 ❶年號를 고침。『中說』——立號非古也。 ❷정치를 고침。『春秋·疏』諸侯于其封內、各得——。 ❸임금의 代가 바뀜。

〔改議:개의〕 ❶고쳐 의논함。❷회의에서 動議를 고침。

〔改作:개작〕 다시 고쳐 지음。 또는 그 것。『論語』何必——。

〔改葬:개장〕 장사를 다시 지냄。『左傳』——惠公。

〔改裝:개장〕 ❶다시 새롭게 꾸밈。 ❷建物등의 모양을 새로이 고쳐 꾸밈。

〔改悛:개전〕 =改悟。

〔改定:개정〕 고쳐서 다시 정함。

〔改訂:개정〕 글의 잘못된 것을 바르게 고침。 訂正함。

〔改正:개정〕 ❶잘못된 것을 바르게 고침。『漢書』無所——。 ❷正朔 곧 曆을 고침。

〔改正案:개정안〕 개정한 안건。

〔改正版:개정판〕 내용의 일부 또는 전부를 고쳐 바르게 하여 출판한 책。

〔改題:개제〕 다른 것으로 고친 제목。 또는 제목을 고침。

〔改造:개조〕 다시 고쳐 만들음。 改作。『宋史』請——新曆。

〔改宗:개종〕 ❶과거에 믿던 종교를 버리고 다른 종교를 믿음。 ❷思想과 態度를 고침。

〔改鑄:개주〕 녹혀서 다시 만들음。『後漢書』宜——大錢。

〔改紙:개지〕 새 종이로 갈아 씀。

〔改進:개진〕 ❶낡은 관습을 고쳐 진보를 꾀함。 ❷문화가 진보함。

〔改著:개착〕 딴 옷으로 갈아 입음。

〔改撰:개찬〕 책을 다시 지음。『舊唐書』故復請——實錄。

〔改竄:개찬〕 고쳐 만들음。 글이나 글자를 고쳐 씀。

〔改札:개찰〕 차표 따위를 입구에서 다시 조사함。

〔改札口:개찰구〕 차표·입장권 따위를 조사하고 사람을 들이는 어귀。

〔改築:개축〕 다시 고쳐 건축함。『史記』昭王爲隗——宮、師事之。

〔改漆:개칠〕 ❶다시 칠함。 ❷획을 긋고 다시 붓을 대어 고침。

〔改稱:개칭〕 명칭을 바꿈。

〔改編:개편〕 ❶책 따위를 고쳐 다시 엮음。 ❷단체의 조직을 다시 편성함。

〔改廢:개폐〕 고치거나 아주 없앰。『孟子』——繩墨。

〔改憲:개헌〕 《法》헌법의 전부 또는 일부를 개정함。

〔改革:개혁〕 새롭게 뜯어 고침。 改易。

〔改血:개혈〕 서로 다른 품종과 交配시켜 동물의 혈통을 개량함。

〔改號:개호〕 ❶名號를 고침。『王禹偁』其家本開封、——一何尊。 ❷연호를 고침。

〔改化:개화〕 헌 것을 고쳐 새 것이 되게 함。『史記』黜首——、遠邇同度。

〔改悔:개회〕 잘못을 뉘우쳐 고침。

◎變—、朝令暮—、朝變夕—。

【攺】 ㊀(부) 麌 フ、なでる ㊁(무) 虞 stroke

小篆 ㊀어루만질부(撫也)。 ㊁뜻은 ㊀과 같음。

【⿰乙攵】 (굴) 月 クツ、おだやかでない incomfortable

❶편치않을굴(不穩⿸厂攵—)。 ❷껄끄러울굴(不滑利—⿸厂攵)。

【攻】 (공) 東 コウ、せめる 《ㄍㄨㄥ kung¹》 attack

小篆 草書 ❶칠공(擊也)。『書經』造—自鳴條。 ❷남의 허물을말할공(摘人過失)。『蜀志諸葛亮傳』勤—吾闕則事可定。 ❸익힐공(習

也)。「專─」。【論語爲政】─乎異端。❹다스릴공(治也)。【書經】左不─于左。❺굳을공(堅也)。【詩經 小雅車攻】我車既─。❻지을공(作也)。【孟子 梁惠王上】庶民─之。❼갈공(研也)。【詩經小雅鶴鳴】他山之石、可以─玉。

【攻擊:공격】❶나아가 적을 침。『韓非子』天下無道、──不休。❷엄하게 論駁함。

【攻擊力:공격력】공격하는 힘。

【攻擊路:공격로】공격하기 위하여 만든 길。또는 공격하는 길。

【攻擊前進:공격전진】공격하면서 나아감。

【攻苦:공고】❶학문·기술 등을 열심히 공부함。❷몹시 고생함。몹시 고민함。

【攻究:공구】世理를 연구하고 조사함。학예 따위를 연구함。

【攻落:공락】공격하여 함락시킴。

【攻掠:공략】쳐서 빼앗음。

【攻略:공략】남의 땅을 쳐서 빼앗음。『晉書』──幷州、多所殘滅。

【攻略政治:공략정치】공략을 주목적으로 하는 정치。

【攻駁:공박】남의 잘못한 점을 드러내어 공격함。

【攻防:공방】공격과 방어。

【攻防戰:공방전】서로 공격하고 방어하며 하는 싸움。

【攻伐:공벌】죄 있는 사람을 침。攻討。

【攻殺:공살】전쟁에서 적군을 공격하여 죽임。

【攻城:공성】城을 공격함。

【攻城軍:공성군】《軍》성이나 도시를 공격하는 군대。

【攻城略地:공성약지】성을 치고 땅을 빼앗음。

【攻勢:공세】공격하는 態勢나 그 세력。

【攻守:공수】공격과 수비。『史記』──之勢異也。

【攻守同盟:공수동맹】다른 나라에 대한 공격이나 防禦를 같이 하자고 나라 사이에 맺은 동맹。

【攻玉:공옥】옥을 다듬음。《轉》知德을 닦음。

【攻圍:공위】에워싸 공격함。『祖君彦』四面──、千里援絕。

【攻戰:공전】공격하여 싸움。『莊子』故無──之亂。

【攻奪:공탈】공격하여 빼앗음。『朱熹』物欲互──、孤根孰能任。

【攻討:공토】=攻伐。『吳志』──一年破之。

【攻學:공학】학문을 닦고 연구함。研學。

【攻陷:공함】적의 城과 땅 등을 쳐서 빼앗음。『晉書』胡烈──關城。

◎先─、水─、遠交近─、專─、侵─、火─。

四畫

【孥】(학)『學』(子部13畫)의 俗字

【攽】(반) 刪 ハン、わける distribute

小篆 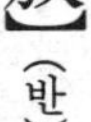 ❶나눌반(分也)。【書經】乃惟孺子─朕不暇。❷줄반(賜也)。(『頒』과 같음)

【攱】㊀(금) 侵 キン、カン、もつ hold ㊁(감) 覃

㊀가질금(持也)。㊁충날감(─敧不齊)。

【放】(방) 漾 ホウ、はなつ ㄈㄤˋ fang⁴ loosen

草書  ❶쫓을방、내칠방、귀향살이방(逐也)。【書經】─驩兜于崇山。❷버릴방(棄也去也)。❸놓을방(釋也)。「─禽」【李商穩雜纂 惱人】被醉人纏住不─。❹사놓을방(縱也)。【左傳】獄之─紛。❺놓아먹일방(逸也)。【孟子】如追─豚。❻흩어질방(散也)。❼방자할방(肆也)。❽본받을방(效也)。【書經】曰─勳。❾이를방(至也)。【孟子離婁下】─乎四海。❿넓힐방(弘也)。【中庸章句】─之則彌六合、卷之則退藏於密。⓫고할방(示也)。⓬걸어놓을방(指置)。

【放暇:방가】休暇。

【放歌:방가】높은 목소리로 노래를 부름。『杜甫』白日──須縱酒。

【放課:방과】학과를 끝냄。

【放光:방광】瑞光 또는 光線이 내쏨。

【放歸:방귀】돌아가게 놓아 둠。

【放氣:방기】방귀。

【放棄:방기】❶放免과 같음。『春秋·疏』寬其罪、而──之也。❷내버려 둠。『吳越春秋』大王──忠直之言。

【放念:방념】=放心。

【放尿:방뇨】오줌을 눔。

【放達:방달】言行의 구속을 받지 않음。『世說』劉伶恒縱酒──。

【放談:방담】생각대로 거리낌 없이 말함。

【放豚:방돈】놓아 기르는 돼지。《轉》다잡지 않아 제 멋대로 자라난 아이를 욕하여 일컫는 말。

【放浪:방랑】어디라고 정한 데 없이 떠돌아다님。『王羲之』──形骸之外。

【放浪客:방랑객】떠돌아다니는 손。

【放浪記:방랑기】방랑 생활의 기록。

【放浪生活:방랑생활】주소나 직업이 일정하지 않아 이리저리 떠돌아다니는 생활。

【放流:방류】❶죄를 짓고 피해다님。『史記』屈平雖──、顧楚國、繫心懷王。❷귀양 보냄。『大學』唯仁人──之、迸諸四夷。

【放賣:방매】물건을 내놓아 팖음。

【放免:방면】❶용서함。『唐書』王因──。❷拘留 중인 被疑者를 놓아 줌。❸刑期를 마친 四人을 出獄케 함。

【放牧:방목】牛·馬·羊 따위를 놓아 먹임。『後漢書』牛馬──、邑門不閉。

【放榜:방방】《制》科擧에 급제한 사람에게 證書를 줌。

【放伐:방벌】❶옛날 中國에서 惡政을 베푸는 임금은 물리쳐도 거리낄 바 없다고 하여 易姓革命을 인정한 思想。❷쳐서 멸망케 함。『顧璘』。

【放辟:방벽】거리낌 없이 제 멋대로 함。

【放辟奢侈:방벽사치】아무 거리낌 없이 제 멋대로 하고 분수에 넘치도록 치레만 함。『孟子·梁惠王』。

【放步:방보】되는 대로 걷는 걸음。『朱熹』出門──人爭看。

【放糞:방분】똥을 눔。

【放赦:방사】❶놓아 주어 용서함。❷《宗》천주교에서 지정된 聖物에 恩赦를 붙이는 것。

【放飼:방사】가축을 놓아 먹임。

【放肆:방사】거리낌 없이 재 멋대로 행동함。『關尹子』一蝦至微、亦能──乎大海。

【放射:방사】❶바퀴살 모양으로 중심에서 둘레로 내뻗음。❷發射。

【放射能:방사능】《物》라디움·우란들과 같은 元素는 자연히 붕괴하여·α선·β선·γ선 들과 같은 방사선을 방출하는 성질이 있는데 이 현상을 일컬음。

【放射線:방사선】《物》방사성 元素가 붕괴할 적에 방사현상으로 방출되는 α선·β선·γ선의 총칭。

【放射線寫眞:방사선사진】《物》❶엑스광선 사진。❷라디오그라프(Radiograph)。

【放射線療法:방사선요법】《醫》방사선을 쓰는 치료법。

【放射性元素:방사성원소】《物》방사능을 가진 원소。즉 原子核이 安定하여

자발적으로 방사선을 방출하여 붕괴하는 원소。天然 방사성 원소와 人工 방사성 원소로 분류함。

【放散:방산】 ❶풀어 헤침。❷自己本位。『阮籍』其民ㅣㅣ淆亂。「죽임。

【放殺:방살】 쫓아 내어 죽임。 함부로 쳐

【放釋:방석】 =釋放。

【放聲大哭:방성대곡】 몹시 슬퍼 목을 놓아 크게 울음。大聲痛哭。

【放笑:방소】 큰 소리로 웃음。

【放率:방솔】 자연적이며 꾸밈이 없음。『晉書』帝彌賞其ㅣㅣ。

【放送:방송】 ❶놓아 보냄。❷라디오·텔레비전을 통해서 뉴스·강연·연예 따위를 보냄。

【放送局:방송국】 방송하는 곳。

【放送劇:방송극】 라디오를 통해서 방송하는 연극·라디오드라마。

【放送機:방송기】 라디오 送信機。

【放送周波數:방송주파수】 《物》방송무선 전화에 사용하는 주파수。

【放水:방수】 물을 흘려 보냄。

【放囚:방수】 죄수를 놓아 줌。

【放心:방심】 ❶정신을 集注하지 않음。❷마음이 迷惑되어 그 본체를 잃어버림。『孟子』求其ㅣㅣ而已矣。❸될 대로 되라 하고 안심함。放念。

【放語:방어】 =放言。

【放言:방언】 나오는 대로 無責任하게 지껄이는 말。放語。『論語』ㅣㅣ隱居。

【放熱:방열】 열을 放散함。

【放熱器:방열기】 ❶열을 발산시켜 공기를 데우는 난방 장치。❷공기나 물에 열을 발산시켜 기계를 냉각하는 장치。

【放鷹:방응】 새를 잡기 위하여 매를 놓아 줌。『北魏書』ㅣㅣ走狗。

【放逸:방일】 마음대로 거리낌 없이 놀음。放縱。放恣。『後漢書』棄ㅣㅣ、而赴束縛。

【放溢:방일】 난봉을 부리며 제 멋대로 놀음。放逸。放恣。『魏志』ㅣㅣ無極。

【放任:방임】 간섭하지 않고 내버려 둠。

【放任主義:방임주의】 ❶되는 대로 내버려 두는 주의。自由放任主義。❷선악의 구별에 대한 지나친 寬容主義。

【放恣:방자】 =放逸。『孟子』諸侯ㅣㅣ、處士橫議。

【放電:방전】 《物》異種의 電氣가 中和해서 消失되는 현상。

【放電燈:방전등】 방전을 照明에 이용하는 전등。네온관과 같은 것。

【放鳥:방조】 잡았던 새를 놓아 줌。

【放縱:방종】 =放逸。『王僧孺』天然ㅣㅣ、極有筆力。

【放債:방채】 돈놀이。『容齋隨筆』。

【放擲:방척】 내던져 버림。

【放逐:방축】 쫓아 냄。追放。『史記』ㅣㅣ義帝、而自立。

【放出:방출】 한꺼번에 내어 놓음。

【放黜:방출】 쫓아 치워 버림。『書經』崇信姦回、ㅣㅣ師保。

【放置:방치】 내버려 둠。「疎愚ㅣㅣ。

【放惰:방타】 放心하여 게으름。『杜牧』

【放蕩:방탕】 ❶放恣와 같음。『魏志』任俠ㅣㅣ、不治行業。❷주색에 빠져 난봉을 부림。

【放學:방학】 학교에서 일정한 기간 동안 학교 생활을 쉬는 것。『陸游』貪看忘却還家飯、恰似兒童ㅣㅣ時。

【放火:방화】 불을 지름。↕消火。『張籍』ㅣㅣ燒奚帳。

【放火犯:방화범】 《法》방화죄의 범인。

【放火罪:방화죄】 《法》방화한 범죄。

【放還:방환】 귀양살이하던 사람을 놓아 집으로 돌려 보냄。

【放效:방효】 본뜸。본받음。模倣。『詩經·箋』天下莫不ㅣㅣ以爲法。◎開ㅣ、奔ㅣ、釋ㅣ、粗ㅣ、追ㅣ、解ㅣ、豪ㅣ。

【攱】(비) 支 ヒ、こわれる (of vessel) cracked 그릇금갈비(器破未離)。

【政】(정) 敬 セイ、まつりごと administration; politic ㄓㄥˋ chêng⁴

政 小篆 草書 ❶정사 정(以法正民)。「大ㅣ、國ㅣ」『論語爲政』爲ㅣ以德。❷바르게할 정(正也)。❸조세 정(租稅)。(『征』과 통함)

【政綱:정강】 정치의 綱領。

【政客:정객】 정치계에서 활동하는 사람。「회。

【政見:정견】 정치상의 의견。

【政界:정계】 정치 활동에 관계되는 사

【政敎:정교】 ❶정치와 교육。『史記』內修ㅣㅣ。❷軍中의 호령。❸정치와 종교。

【政局:정국】 정계의 판국。「상의 권리。

【政權:정권】 정치를 행하는 권력。정치

【政談:정담】 정치에 관한 이야기。

【政黨:정당】 정치상으로 政見이 같은 사람들이 그들의 정책을 실현하기 위하여 모인 단체。「사람。

【政黨員:정당원】 정당에 가입해 있는

【政黨政治:정당정치】 가장 유력한 정당의 政綱과 정책을 기초로 하여 행해지는 정치。

【政道:정도】 施政의 방법。『後漢書』ㅣㅣ或虧、則姦臣當其罰。

【政略:정략】 ❶정치상의 策略。❷智謀와 方略。「한 사람。

【政略家:정략가】 정치상의 계략에 능

【政略婚:정략혼】 主婚者가 자기의 이익을 위하여 당사자의 의사를 도외시하고 억지로 혼인을 시키는 일。

【政令:정령】 정치상의 모든 명령。『周禮』以治王宮之ㅣㅣ。

【政論:정론】 ❶정치상의 언론。❷그 시대의 정치에 관한 논의。

【政務:정무】 정치상의 사무。행정 사무。『後漢書』審此十六者、以爲ㅣㅣ。「법률。

【政法:정법】 ❶정치상의 법도。❷정치와

【政變:정변】 ❶정치상의 큰 변동。❷내각 또는 정체가 변동되는 것。

【政府:정부】 ❶국가 통치권을 행사하는 기관의 총칭。『宋史』其在ㅣㅣ、與韓琦同心輔政。❷내각에 의하여 통할되는 국가 기관。행정부。「하는 議案。

【政府案:정부안】 정부가 의회에 제출

【政事:정사】 ❶정치상의 일。『詩經』ㅣㅣ一埤益我。❷벼슬아치의 임명과 黜陟에 관한 일。

【政商輩:정상배】 政權을 이용하여 사사로운 이익을 꾀하는 무리。

【政聲:정성】 善政으로 드날리는 명성。

【政術:정술】 =政策。『後漢書』詔擧明ㅣㅣ、達古今、能直言極諫者、各一人。

【政丞:정승】 《制》❶大臣。❷高麗 太祖 一八년에 항복해 온 新羅의 敬順王에게 봉한 벼슬。그 位가 太子의 위에 있었음。❸高麗 때 侍中의 뒷 이름。❹李朝 초 侍中의 뒷 이름。

【政爭:정쟁】 政治界의 다툼。

【政敵:정적】 정치상으로 의견이 달라 반대 처지에 있는 사람。「居必有ㅣㅣ。

【政績:정적】 정치상의 성적。『南史』所

【政戰:정전】 정계에 있어서의 다툼。

【政情:정정】 정치의 정황。

【政策:정책】 국가가 國利民福을 증진하려고 하는 施政의 방법。方策。

【政廳:정청】 정무를 행하는 관청。

【政體:정체】 ❶국가 主權의 運用의 형식。『晉書』該覈——。❷국가조직의 형태。
【政治:정치】 ❶국가의 主權者가 그 영토와 국민을 다스림。政事。『左傳』入其國觀其——。❷政事가 잘 행해짐。『書經』道治——、澤潤生民。
【政治家:정치가】 정치를 맡아 보는 사람。정치에 정통한 사람。爲政者。
【政治界:정치계】 정치상의 理論과 活動이 행하여지는 사회。
【政治團體:정치단체】 정치상의 단체。
【政治面:정치면】 ❶국내·國外의 정치에 관하여 기재한 신문의 한 面。제일면。❷정치적인 方面。
【政治犯:정치범】 (法)나라의 정치상 질서를 침해한 범죄。國事犯。
【政治社會:정치사회】 ❶政治界。❷治者와 被治者와의 사이에 서로 權利와 義務로써 맺어져 있는 사회。
【政治人:정치인】 정치에 관계하는 사람。
【政治學:정치학】 정치 및 정치 현상을 연구의 대상으로 하는 학문。정치 원론·정치 철학·정치 사상사·정치사·행정학·정치 정책학 등의 총칭。「——。
【政刑:정형】 정사와 형벌。『孟子』明其政刑。
【政化:정화】 정치로써 국민을 교화함。『後漢書』禮樂、——之本。
【政況:정황】 정치계의 상황。
【政訓:정훈】 군대에서 교육과 報道에 관한 일을 맡은 한 분야。
◎家—、苛—、寬—、國—、軍—、德—、獨—、毒—、民—、法—、秕—、三—、善—、攝—、施—、時—、始—、新—、惡—、糧—、王—、爲—、議—、仁—、林—、臨—、財—、祭—、帝—、執—、參—、虐—、行—、憲—、刑—、酷—。

五畫

【敝】 (불) 物 フツ、やぶる break
❶다스릴불(理也)。❷깨뜨릴불(破也)。

【敀】 ㊀(박) 陌 ハク、せまる urgency ㊁(귀) 微
小篆 ㊀❶핍박할박(逼也)。❷때릴박(打也)。㊁『歸』의 略字

【敁】 (첨) 鹽 テン、わける devide equally ㄉㄧㄢ tien¹
❶손으로달아볼첨(量也)。❷똑같이 나눌첨(正分)。

【敂】 (구) 有 コウ、たたく rap ㄎㄡ k'ou⁴
小篆 草書 두드릴구(叩也)。『周禮』凡四方賓客—關則爲之告。

【㪅】 ㊀(경) 庚 ㊁(갱) 敬 コウ、あらためる change
㊀❶고칠경(改也)。『史記』擧事無所變—。❷대신할경(代也)。『禮記』乃留—僕未可終也。❸지날경(歷也)。❹경점경(督夜行鼓)。『西都賦』衛以嚴—之署。(『更』은 俗字) ㊁다시갱(再也)。『長門賦』懷鬱鬱其不可再—。

【故】 (고) 遇 コ、もと、ふるい reason ; ancient ㄍㄨ ku⁴
小篆 草書 ❶예고(舊也)。『論語爲政』溫—而知新。❷연고고(緣故)。❸일고(事也)。『易經繫辭』知幽明之—。❹사건고(事件)。❺변사고(變事)。『禮記 曲禮』君無—玉不去身。『韓愈 上張僕射書』非有疾病事—輒不許出。❻예습관고(先例)。『漢書』前以降及物—凡隨武還者九人。❼죽을고(物—死也)。❽까닭고(理由)。『唐庚 古硯銘』硯之壽以世計 其—何也。❾그러므로고(承上起下語) ❿짐짓고(固爲之)。『史記』朱亥—不復謝。⓫과실고(過失)。『書經 大禹謨』刑—無小。⓬초상날고(大—喪事)。『禮』非有大—不宿於外。⓭글의뜻고(指義)。『漢書』魯—二十五卷。

【故家:고가】 여러 代를 두고 지체 높이 잘 살아 온 집안。舊家。『孟子』——遺俗、流風善政。
【故舊:고구】 오래 전부터 사귀어 오는 친구。故知。『論語』——不遺。(遺는 忘)。
【故國:고국】 ❶옛 나라。『孟子』所謂——者、非有喬木之謂也。❷타국에 있으면서 출생한 자기의 나라를 일컫는 말。『杜甫』相逢——人。
【故都:고도】 옛 도읍。『史記』韓王成因「——、都陽翟。
【故例:고례】 예로부터 내려오는 관례。
【故老:고로】 ❶인습에 젖은 늙은이。❷많은 경험을 쌓아 옛 일을 두루 아는 늙은이。=古老。「서 삼。
【故買:고매】 훔쳐 낸 물건인 줄을 알면
【故犯:고범】 일부러 범한 죄。
【故事:고사】 ❶옛날에 있었던 일。古事。❷옛날부터 전해오는 일。先例。『漢書』明習——。
【故山:고산】 고향。고국。『謝靈運』——日旣遠、風波豈還時。
【故殺:고살】 ❶故意로 사람을 죽임。❷계획적이 아니고 일시적 격정으로 사람을 죽임。
【故俗:고속】 옛 풍속。古俗。『漢書』因「其——爲屬國。
【故意:고의】 ❶일부러 함。『楊萬里』群兒有新舌、六學無——。❷(法)남의 권리를 침해하는 줄 알면서도 행하는 意思。
【故人:고인】 ❶죽은 사람。❷벗。친구。『後漢書』朕——嚴子陵。❸오래 전부터 사귀어 오는 사이。『同書』——知君。
【故障:고장】 기계가 부서져서 제 기능을 잃음。
【故志:고지】 ❶옛날부터 가졌던 뜻。❷옛 기록。(志는 誌)。故記。『後漢書』皆懷歸藪澤、修其——矣。
【故址:고지】 옛날에 집이나 城 같은 것이 있었던 자취。舊跡。『賀鑄』人生物數不相待、摧頹——秋風前。
【故參:고참】 오래 전부터 그 일에 종사한 사람。
【故土:고토】 ❶出生地。❷옛날에 놀던 곳。『陳高』——多薇蕨。
【故鄕:고향】 자기가 태어나고 자란 고장。『史記』威加海內兮歸——。
【故墟:고허】 오래 된 廢墟。故址。『詩譜』成王封母弟叔虞於堯之——。
◎無—、物—、事—、喪—、細—、緣—、然—、有—、典—。

六畫

【敃】 (민) 軫 ヒン、つとめる make efforts
小篆 ❶강잉할민(彊也)。❷힘쓸민(勉也)。

【敋】 (괵) 陌 カク、うつ slap
손으로빰때릴괵(手打之類)。(『摑』과 같음)

【敆】 (갑) 合 コウ、あう gather
小篆 모을갑(會也)。

【敕】(척) 陌 チョク、むちうつ whip a horse
小篆 ❶말을때릴척(擊馬)。❷채찍질할척(鞭也)。

【敌】㊀(할) 黠 カツ、キ、あえぐ pant ㊁(기) 寘
㊀다할할(盡也)。㊁헐떡거릴기(行而喘息)。

【效】(효) 效 コウ、ききめ、ならう effect; follow ㄒㄧㄠˋ hsiao⁴
小篆 草書 ❶효험효(驗也)。〔漢書〕儒者已試之—。❷공효(功也)。〔漢書〕追思其功—。❸본받을효、닮을효(倣也)。❹배울효(學也)。〔左傳 莊公二十一年〕鄭伯—尤。❺형상할효(象也)。❻힘쓸효(勉也)。〔張九齡詩〕今人爭—忠。❼이를효(致也)。❽드릴효(獻也)。❾줄효(授也)。〔左傳〕宣王有志而後—官。❿법받을효(法也)。〔易繫辭〕—法之謂坤。(『倣·効』와 같음)

【效果:효과】❶보람。❷좋은 결과。
【效能:효능】효력의 能力。
【效力:효력】❶効驗。功勞。보람。효능。❷효과·효험·보람·공로·효능을 나타내는 힘。〔文同〕少睡始知茶——。❸힘을 쓰다。〔宋史〕上待燕士如骨肉、那無一人——者乎。
【效勞:효로】힘들인 보람。功勞。
【效命:효명】목숨을 바침。
【效顰:효빈】함부로 남의 흉내를 냄。남의 결점을 장점인 줄 알고 본뜸。《故》越의 西施가 불쾌하여 얼굴을 찡그렸던 바 어떤 醜女가 美人은 찡그린다고 여겨 자기도 찡그렸다 함。『莊子·天運』。「함。
【效死:효사】목숨을 바침。죽을 힘을 다
【效用:효용】❶=效驗。❷財貨에 대한 인간의 欲望을 채워 줄 수 있는 능력。
【效用遞減法則:효용체감법칙】《經》같은 量의 재화에 대한 효용은 그것을 줄곧 받아 들인다면 차차 줄어 들어서 포만 상태에까지 이른다는 법칙。
【效率:효율】《物》기계가 하는 일과 기계에 주어진 전 에네르기와의 比。곧 出力과 入力과의 비。
【效情:효정】참된 정을 다 바침。
【效忠:효충】충성을 다함。
【效則:효칙】본받아서 법을 삼음。
【效驗:효험】일의 좋은 보람。일의 공。効力。効用。『潛夫論』論士必定於志行、毁譽必參於——。
◎功—、失—、實—。

【敉】(미) 紙 ビ、やすんずる peaceful ㄇㄧˇ mi³
小篆 或體 草書 ❶어루만질미(撫安也)。❷편안할미(安也)。〔書經〕民獻十夫予翼以于—寧武圖功。❸사랑할미(愛也)。

【敊】㊀(축) 屋 チク、シュウ、うる gain ㊁(수) 宥
㊀몹시앓을축(—戳痛至貌)。㊁얻을수(獲也)。

七畫

【⿰旱攴】(한) 翰 カン、とまる stop
小篆 그칠한(止也)。〔周書曰〕—我于艱。

【敍】(서) 語 ジョ、のべる describe ㄒㄩˋ hsü⁴
小篆 草書 ❶베풀서(陳也)。〔王羲之 蘭亭記〕亦足以暢—幽情。❷지을서(述也)。❸쓸서(用也)。❹차례서(次第)。〔書經 舜典〕百揆時—。❺서문서(序文)。❻단서(端緖)。❼지위를줄서(—正七位)。(『叙』와 같음)

【敍景:서경】경치를 글로 그려 나타냄。
【敍別:서별】=告別。『元稹』逡巡來——。
【敍事:서사】사실을 있는 그대로 차례로 좇아 말함。
【敍事文:서사문】어떤 사실을 그 진행의 차례를 좇아서 객관적으로 설명한 글。↕抒情文。
【敍事詩:서사시】사회 집단의 흥망이나 영웅의 운명 따위를 노래한 韻文。서정시보다 이야기에 가깝고 그 형식도 긴 것이 많음。↕抒情詩。
【敍說:서설】차례를 좇아 설명함。
【敍述:서술】차례를 좇아 진술함。
【敍用:서용】죄가 있어 면관 당하였던 사람을 다시 임용하는 것。
【敍任:서임】벼슬을 내림。
【敍爵:서작】작위를 내림。
【敍情:서정】자기의 정서를 그려 냄。
【敍情詩:서정시】작자의 주관적인 감정을 언어의 가락·음감에 의하여 나타내는 시。↕敍事詩。
【敍戚:서척】멀어진 딴 성의 겨레붙이가、그 척분을 서로 따지는 것。
【敍勳:서훈】훈공의 차례대로 훈장을 내림。

【⿰孛攴】(발) 月 ボツ、のろい walk slowly
❶더디걸을발(徐行)。❷별안간발(卒然)。

【⿰甬攴】(통) 董 トウ、たたく rap
❶두드릴통(扣也)。❷끌통(引也)。

【敘】(서)『敍』(支部 7畫)와 같음

【⿰甫攴】(포) 遇 ホ、くずれる (of houses)be likely to crumble
집무너지려할포(屋欲壞)。

【敎】(교)『教』(前條)와 같음

【教】㊀(교) 肴 キョウ、おしえる teach; religion ㊁(교) 效
小篆 古文 古文 草書 ㊀❶본받을교(效也)。〔說文〕—者上所施下所效也。❷하여금교(使爲)。〔唐詩〕莫—枝上啼。㊁❶가르칠교(訓也)。〔禮記〕—訓正俗非禮不備。❷알릴교(告也)。〔十八史略 春秋戰國秦〕—以遠交近攻之策。❸훈계할교(訓戒)。〔趙岐 孟子題詞〕幼被慈母三遷之—。❹학문교(學也)。〔管子〕先生施—。❺도덕교(道德)。〔孝經〕夫孝德之本也、—之所由生也。❻줄교(授也)。❼종교교(宗—)。〔周易〕聖人以神道設—。❽법령교(—令)。〔書經〕敬敷五—在寬。❾교서교(王命)。

【教科:교과】학교에서 가르치는 과목。
【教科課程:교과과정】학생에게 학습시킬 교육 내용을 각 교과 별로 體系를 세운 것。커리큘럼。
【教科書:교과서】학교에서 가르치는 데 쓰는 도서。教本。
【教官:교관】❶교수의 직무를 가진 사람。『周禮』。❷군대에서 교수의 직무를 가진 군인。
【教具:교구】도서·표본 등 教授에 쓰이는 온갖 기구。
【教區:교구】《宗》종교를 펴는 데 있어

서 편이상 나눈 구역。 「교상의 권위。

【敎權:교권】 ❶스승으로서의 권위。❷종교상의 권위。

【敎勸:교권】 가르치고 권함。『杜牧』廣狹俗所未習、ㅡㅡ成之。

【敎權確立:교권확립】 교육 또는 교사의 권위를 확실히 세움。

【敎規:교규】 교수상의 규칙。 敎則。

【敎禁:교금】 가르침과 경계하는 규칙。

【敎難:교난】 종교에 대한 박해와 고난。종교의 受難。 「서는 단。

【敎壇:교단】 교실에서 교사가 강의할 때

【敎壇生活:교단생활】 ＝敎員生活。

【敎道:교도】 종교적인 도리。

【敎徒:교도】 종교를 믿는 사람들。信徒。

【敎導:교도】 ❶가르쳐 인도함。❷敎道와 같음。訓導。『韓詩外傳』謹其ㅡㅡ。

【敎鍊:교련】 ❶가르쳐 단련함。❷군사훈련。

【敎理:교리】 ❶李朝때 弘文館의 正五品벼슬。❷《宗》어떤 종교의 원리나 이치。

【敎命:교명】 冊封할 때에 가르치고 타이름。『五代史』太后稱詔令、皇后稱ㅡㅡ。

【敎務:교무】 ❶교수에 관한 사무。❷《宗》종교상의 사무。

【敎務主任:교무주임】 학교에서 교무를 주관하는 교원。

【敎門:교문】 교회의 정문。

【敎坊歌謠:교방가요】 임금을 歡迎하는 路上에서의 노래와 춤。 「치는 방식。

【敎範:교범】 ❶가르침의 모범。❷가르

【敎法:교법】 ❶교육의 방법。❷敎義。

【敎法師:교법사】 《宗》天主敎의 교리를 강설하는 사람。

【敎本:교본】 ❶교육의 근본。『禮記』祭者敎之本也。❷교과서。

【敎婦:교부】 직공에게 기술을 가르치고 지도하는 여자。

【敎父:교부】 《宗》천주교의 聖者。

【敎父哲學:교부철학】 《哲》 Patristic Philosophy의 譯。二세기로부터 六、七세기 사이에 있었던 基督敎徒들이 敎理를 합리적·철학적으로 조직하려고 한 학설。

【敎師:교사】 ❶학문·技藝를 가르치는 사람。❷《法》국민 학교 중학교·고등 학교의 선생에 대한 교육 공무원 법상의 일컬음。❸《宗》종교상 敎化를 맡은 사람。❹《法》형무소에서 죄수의 훈도를 맡아 보는 四급 국가 공무원。

【敎唆:교사】 ❶남을 선동하여 못된 일을 하게 하는 것。『品字箋』以信弄人、謂之唆哄ㅡㅡ。❷《法》㉠刑法上 犯意를 갖지 아니한 사람을 犯意를 갖게 하는 행위。㉡民法上 남에게 不法 행위를 할 의사를 결정시키는 것。

【敎唆犯:교사범】 《法》남을 시켜서 죄를 범하게 한 사람。

【敎生:교생】 敎職 課程에서 敎授法의 실지 연습을 위하여 학교에 나아가 학생들을 직접 가르쳐 보는 학생。敎育實習生。

【敎書:교서】 ❶글을 가르침。❷美國에서 大統領 또는 州知事가 國會 또는 州議會에 제출하는 政治上의 의견서。또는 국민에게 대해서 어떤 立法 또는 행위를 촉진하며 이해시키기 위하여 발하는 書面。

【敎勢:교세】 종교의 형세。

【敎授:교수】 ❶학문 또는 技藝를 가르침。『史記』子夏居西河ㅡㅡ、爲魏文侯師。❷학교의 가장 높은 급의 교원。❸《制》四學의 儒生을 가르치던 벼슬아치。『書言故事』宋元豊、始興三舍、諸大郡府始置ㅡㅡ人。

【敎授團:교수단】 교수들의 利權 옹호 또는 연구의 단계。

【敎授法:교수법】 교수의 방법。

【敎授案:교수안】 ＝指導案·輔導案。

【敎授用:교수용】 교수하는 데 쓰임。또는 그 물건。 「도。

【敎授進度:교수진도】 교수의 진행 정

【敎授會:교수회】 대학의 자치적인 의사결정 기관。 대학 단위로 조교수 이상으로써 구성하는 회의。

【敎習:교습】 ❶가르쳐서 익히게 함。『梁簡文帝』聚徒ㅡㅡ、學侶成群。❷특수한 관리가 될 사람을 훈련시켜 자격을 얻게하는 과정。

【敎習所:교습소】 교습하는 장소。

【敎示:교시】 가르쳐서 보임。『元稹』父兄相ㅡㅡ。

【敎室:교실】 학교 교사 가운데、오로지 수업에만 쓰이는 방。

【敎案:교안】 가르칠 내용·목표·순서·방법 등을 가르치기 전에 짠 案。敎授案。

【敎養:교양】 ❶가르쳐 기름。❷지식을 넓히고 情緖를 풍부하게 하며 인격을 닦음。

【敎養人:교양인】 교양이 있는 사람。

【敎役:교역】 설교·전도 따위의 종교적 사업。

【敎友:교우】 같은 종교를 믿는 친구。

【敎員:교원】 ＝敎師。

【敎員免許:교원면허】 교원이 될 만한 자격이 있음에 대한 면허。 「활。

【敎員生活:교원생활】 교사로서의 생

【敎員資格:교원자격】 교원으로서 가져야 할 일정한 자격。

【敎員資格檢定:교원자격검정】 교원될 자격이 있나 없나를 학력·인격·신체를 검사하여 선정하는 것。試驗檢定、無試驗檢定의 구별이 있음。

【敎員資格證:교원자격증】 교원 자격을 증명하는 증서。敎育公務員 資格證。

【敎誘:교유】 잘 달래어 가르침。敎導。

【敎諭:교유】 가르치고 타이름。『禮記』是以ㅡㅡ而德成也。

【敎育:교육】 ❶가르쳐 기름。『孟子』得天下英才、而ㅡㅡ之。❷개인의 全體的인 人間 形成의 사회적 過程。

【敎育家:교육가】 ❶교육에 종사하는 사람。❷교육 사업가。 育英事業을 하는 사람。敎育者。

【敎育監:교육감】 교육구 또는 市나 특별시 교육 위원회에 두는 교육 공무원의 우두머리。

【敎育綱領:교육강령】 교육의 목적과 순서 및 방법에 관한 근본 要綱。

【敎育界:교육계】 敎育社會。

【敎育公務員:교육공무원】 국·공립 교육 기관에 근무하는 교원·교육감·장학관·장학사·및 학교나 교육구·市(특별시) 교육 위원회의 사무 직원。사립 학교에도 준용됨。

【敎育區:교육구】 公法人으로써 교육법에 의하여 군 단위로 설치되어 교육·학예에 관한 모든 사무를 담당하는 기관。의결 기관으로 구 교육 위원회、집행 기관으로 교육감이 있음。 「기본금。

【敎育基金:교육기금】 교육 사업에 쓸

【敎育法:교육법】 교육에 관한 기본법。시행에 관하여 교육법 시행령이 있음。

【敎育稅:교육세】 의무 교육의 비용에 충당하기 위한 地方稅의 한 가지。

【敎育映畫:교육영화】 지식과 敎化를 목적으로 하는 교육적 가치가 있는 영화。

【敎育者:교육자】 교육에 종사하는 사람。 敎育家。 「정과 법도。

【敎育制度:교육제도】 교육 관계의 규

【敎育測定:교육측정】 교육 평가 중 특히 학력·특수 기능·능력의 한 측면을 양적으로 측정하는 것。

【敎育學:교육학】 교육의 본질·목적·내용·방법·및 교육 제도·교육 행정 등

에 관한 總括的인 학문。 또는 그 책。
【敎義：교의】 ❶교육의 本旨。 ❷《宗》종교의 主旨。
【敎場：교장】 ❶가르치는 곳。 ❷일정한 교육 시설을 해 놓은 장소。
【敎材：교재】 교수 재료。 수업 재료。
【敎程：교정】 ❶가르쳐 주는 정도。 ❷가르쳐 주는 양식。 ❸가르쳐 주는 과정。
【敎弟：교제】 《佛》敎友 사이에서 자기를 가리키는 자칭 대명사。
【敎條：교조】 ❶法規。 『韓愈·司徒許國·公神道碑』。 ❷학생이 지켜야 할 條規。
【敎祖：교조】 《宗》한 宗敎나 한 宗派를 처음으로 세운 사람。
【敎宗：교종】 《佛》불교의 두 파 중의 하나로 교리 중심인 派。 ↕禪宗。
【敎宗本山：교종본산】 《佛》敎宗의 가장 으뜸가는 寺刹。
【敎主：교주】 ❶종교 단체의 우두머리。 ❷=敎祖。
【敎旨：교지】 ❶《制》四品 이상 벼슬의 辭令。 ❷《宗》종교의 취지。
【敎職：교직】 ❶被敎育者를 가르치는 직무。 ❷《制》임금의 전지(傳旨)。 ❸《宗》교회에서 교도하는 직무。 목사·전도사·장로·집사 따위。
【敎則：교칙】 교육상의 규칙。 종교의 戒則。 또는 교회 안에서의 규칙。
【敎卓：교탁】 교단 앞에서 강의할 책 따위를 놓는 탁자。
【敎派：교파】 《宗》종교의 갈린 갈래。
【敎鞭：교편】 가르칠 때 교사가 가지는 회초리。 《轉》敎職。
【敎學：교학】 ❶교육과 학문。 ❷가르치는 것과 배우는 것。
【敎化：교화】 ❶가르쳐 착한 길로 인도함。 『漢書』——浹洽。 ❷《佛》불법으로 가르쳐서 착하게 함。 『法華經』轉無上法輪、——諸菩薩。
【敎化熾盛：교화치성】 교화가 크게 일어남。
【敎皇：교황】 Pope의 譯。 羅馬敎會(天主敎)의 우두머리。 본래 羅馬城의 主敎였는데 五세기에 리오 第一世가 처음으로 이 칭호를 가지고 각 교회를 統轄했음。
【敎皇廳：교황청】 《宗》로마 교황이 교회 정치를 행하는 곳。 세계의 천주교의 총본산。 바티칸시에 있음。
【敎誨：교회】 잘 가르쳐서 지난 날의 잘못을 깨우치게 함。 『詩經』——爾子。
【敎會：교회】 《宗》❶같은 종교인의 조직체。 ❷그리스도 교도가 모이거나 예배를 보는 會堂。
【敎會堂：교회당】 =禮拜堂。 교회。
【敎訓：교훈】 가르치고 타이름。 敎는 學藝上의 敎이고、 訓은 德義上의 敎。 訓誨。 『左傳』越十年生聚、而十年——。
◎監理—、舊—、國—、基督—、多神—、德—、道—、名—、文—、密—、拜火—、佛—、邪—、象—、宣—、仙—、禪—、說—、聲—、聖—、世—、新—、耶蘇—、儒—、遺—、異—、理—、一禪—、傳—、正—、政—、助—、宗—、天主—、胎—、布—、風—、下—、祆—、顯—、回—、回回—。

【敏】 (민) 軫 ビン、すばやい agile ㄇㄧㄣˇ min^{3}

小篆 草書
❶빠를민(亟也)。 ❷민첩할민(敏捷)。 【論語 學而】—於事、而愼於言。 ❸총명할민(聰也)。 「銳—、明—」。 ❹통달할민(達也)。 【論語 公治長】—而好學。 ❺공손할민(恭也)。 ❻민망할민(閔也)。 ❼엄지발가락민(足大指)。 【詩經】履帝武—歆。 ❽힘쓸민(勉也)。 【中庸】—猶勉也。

【敏感：민감】 예민한 감각。 감각이 예민함。
【敏達：민달】 민첩하고 通達함。 『漢書』——好政、欲爲國忠。
【敏速：민속】 날쌔고 재빠름。 『晉書』機悟——。
【敏腕：민완】 민첩한 수완。
【敏才：민재】 민첩한 재능。
【敏智：민지】 민첩한 지혜。
【敏捷：민첩】 재빠르고 날램。 『蜀志』幹理——。
【敏慧：민혜】 재빠르고 슬기로움。 『五代史』憐其——、以爲子。
【敏活：민활】 날쌔고 활발함。 機敏。
機—、明—、不—、銳—、精—、聰—、慧—。

【敾】 (섬) 琰 セン、てをあげる raise
❶손들섬(擧手貌)。 ❷정하지 않는모양섬(不定)。

【救】 (구) 宥 キュウ、すくう save; aid ㄐㄧㄡˋ chiu^{4}

小篆 草書
❶건질구(拯也)。 ❷구원할구(—援)。 【盤銘】溺於淵尙可游也溺於人不可—。 ❸그칠구(止也)。 【詩經】凡民有喪、匍匐—之。 ❹도울구(助也)。 ❺두둔할구(護也)。 【書經】尙賴匡—之德。 ❻바를구(正也)。 (『捄』와 通함)
【救苦：구고】 사람들의 괴로움을 건져 줌。
【救國：구국】 나라를 위기에서 구해냄。
【救國運動：구국운동】 나라를 구하기 위한 모든 활동。
【救急：구급】 위급한 사건이나、 병 같은 것을 구원함。
【救急方：구급방】 구급하는 방도。
【救急藥：구급약】 임시로 위급을 구하는 약。
【救急策：구급책】 =救急方。
【救難：구난】 어려움을 도와 줌。 『史記』救紛糾之難。
【救療：구료】 병든 사람을 돌보아 병을 고쳐 줌。 『北史』性仁恕無貴賤、皆爲——。
【救命：구명】 목숨을 건져 줌。
【救命具：구명구】 선박에서 사람의 목숨을 구조하는 데 쓰는 온갖 기구。
【救命浮帶：구명부대】 몸을 물 위에 띄워 빠지지 않게 하는 기구。
【救命索：구명색】 배 탄 사람이 물에 빠짐을 막기 위하여 배의 갑판 위에 친 줄。
【救病：구병】 병구완을 함。
【救焚：구분】 불에 타는 사람을 구함。
【救焚拯溺：구분증닉】 불에 타고 물에 빠진 위태로운 사람을 구함。 곧 남의 困厄을 구함。
【救貧：구빈】 극히 가난한 사람을 구제함。
【救貧制度：구빈제도】 구빈법에 의한 극빈자 구호 정책의 모든 제도。
【救死不瞻：구사불첨】 곤란이 극도에 달하여、 다른 일을 돌아볼 겨를이 없음。
【救世：구세】 ❶인류를 마귀의 覊絆(기반)과 죄악으로부터 구원함。 『唐書』武爲——砭劑。 (砭은 石針、劑는 藥)。 ❷《佛》세상 사람의 괴로움을 구원함。
【救世軍：구세군】 《宗》그리스도교의 한 派。 군대적인 조직으로서 傳道와 사회 사업을 하는 단체인데 英國人 부드(William Booth)가 一八六五년에 발족시켜 一八七八년에 구세군이라 일컬음。
【救世濟民：구세제민】 세상과 民生을 구제함。
【救世主：구세주】 ❶인류를 구제할 사람。 ❷《宗》예수그리스도。
【救贖：구속】 죄악에서 인류를 건져 냄。
【救藥：구약】 병을 고치는 약。 또는 병을 고치는 것。 『詩經』多將熇熇不可——。

【救援:구원】 곤란을 면하도록 도와 줌。
【救援兵:구원병】 구원의 구실을 가진 병사。
【救濟費:구제비】 구제하는 데 소용되는 비용。
【救人:구인】 어려운 일을 당할 때에 도와 주는 사람。
【救濟:구제】 구하여 건져 줌。『吳志』思平世難、ㅣㅣ黎庶。
【救助:구조】 구원하고 도와 줌。『戰國策』至其相ㅣㅣ如一也。
【救助金:구조금】 구조에 쓰는 돈。
【救助袋:구조대】 불이 났을 때 높은 건물 위에 있는 사람을 구조하여 내는 부대。
【救助網:구조망】 전차 앞에 장치하여 사람의 갈려 죽음을 막는 쇠로 만든 그물。
【救助船:구조선】 파선을 당한 사람들은 구제하는 배。
【救主:구주】 =救世主。
【救出:구출】 구제하여 냄。
【救護:구호】 도와서 보호함。『周禮·疏』ㅣㅣ、使天下得其所也。
【救火:구화】 타는 불을 끔。『鄧析子』不治其本而務其末、譬如 溺鍾之以石、ㅣㅣ投之以薪。
【救荒:구황】 흉년에 사람들의 굶주림을 「도와 줌。
【救荒作物:구황작물】 기근 때에 응급책으로 栽培하기에 알맞는 작물。
【救恤:구휼】 물건 따위를 주어서 구제함。救助。『唐書』陛下ㅣㅣ之言、未出口。
【救恤事業:구휼사업】 곤궁을 구제하는 사업。

【敓】
(탈) 曷 タツ、ぬすむ plunder

小篆 小篆 억지로빼앗을탈(强取)。『周書』曰ㅣ 攘矯虔。(『奪』과 같음)

【敒】
㊀(진) 震 チン、おさめる ㊁(신) 眞 rule

小篆 ㊀❶다스릴진(理治)。 ㊁❶다스릴신(理也)。❷펼신(伸也)。❸돌이킬신(引戾)。

【敔】
(어) 語 ギョ、とめる forbid ㄩˇ yü³

小篆 草書 ❶금할어(禁也)。❷풍류그칠어(止樂器)。【書】合止柷ㅣ。

敔 (禮器圖)

【敕】
(칙) 職 チョク、いましめる warn ㄔˋ ch'ih⁴

小篆 ❶경계할칙(誡也)。「ㅣ衆」。【釋名】ㅣ飭也使自警ㅣ不敢廢慢也。❷다스릴칙(理也)。❸삼갈칙(謹也)。【後漢書安帝紀】能ㅣ身率下。❹바를칙(正也)。❺칙서칙(制書)。【漢制】帝之下書曰ㅣ誡ㅣ刺史太守。❻기릴칙、표창할칙(褒嘉)。❼꾸짖을칙(責讓辭)。❽신칙할칙(飭也)。(『飭·勅』과 通함)
【敕差:칙차】 天子의 命을 받드는 使者。勅使。『楊萬里』道院ㅣㅣ權院事、筠菴身是住菴僧。
【敕許:칙허】 天子의 許容。勅命에 의한 免許。勅免。『南史』以秩滿、吏人詣闕請之、ㅣㅣ焉。

【敖】
(오) 豪 號 ゴウ、おごる arrogant ㄠˋ ao⁴

小篆 草書 ❶희롱할오(戲也)。【詩經】以ㅣ以遊。❷장대할오(長貌ㅣㅣ)、【詩經】碩人ㅣㅣ。❸거만할오(傲也)。【禮記 曲禮】ㅣ不可長。(『遨』와 같음)
【敖蔑:오멸】 자기 혼자 잘난 체하며 남을 멸시함。『王沈』ㅣㅣ道素、攝吁權門。
【敖民:오민】 게을러서 놀고 있는 백성。遊民。浮民。【漢書】朝無廢官、邑無ㅣㅣ。『註』敖謂逸遊。
【敖遊:오유】 거만하게 놀음。『蘇軾』挾飛仙、以ㅣㅣ、抱明月而長終。
【敖惰:오타】 거만하고 게으름。

【敗】
(패) 卦 ハイ、やぶれる defeat ㄅㄞˋ pai⁴

小篆 籒文 草書 ❶헐어질 패(毁也)。【書經 大禹謨】反道ㅣ德。❷무너질패(壞也、潰也)。❸깨어질패(破也)。❹멸망할패(滅亡)。【史記 孔子世家】吳ㅣ越王句踐會稽。❺덜릴패(損也)。❻엎드러질패(覆也)。❼썩을패(腐也)。【論語鄕黨】肉ㅣ不食。
【敗家:패가】 가산을 다 써 없앰。
【敗家亡身:패가망신】 가산을 다 써 없애고 몸을 망침。
【敗壞:패괴】 부서지고 무너짐。敗頹。『後漢書』若衣、ㅣㅣ一以相補、猶有所完。
【敗局:패국】 衰弊한 政局이나 局面。
【敗軍:패군】 싸움에 진 군사。『史記』諸ㅣㅣ皆會。「군。
【敗軍之將:패군지장】 전쟁에 진 장
【敗德:패덕】 道德과 義理를 그르침。
【敗毒散:패독산】 (醫)감기·몸살을 푸는 한약의 이름。
【敗亂:패란】 패하여 어지러움。『韓愈』當秦氏之ㅣㅣ、得一士而可王。
【敗亡:패망】 패하여 망해 버림。敗北。
『史記』今王以ㅣㅣ走胡。
【敗滅:패멸】 =敗亡。
【敗北:패배】 싸움에 짐。싸움에 지고 도망감。敗走。『史記』身七十餘戰、未嘗ㅣ
【敗報:패보】 싸움에 진 소식。 「ㅣ。
【敗死:패사】 싸움에 지고 죽음。
【敗散:패산】 싸움에 패하고 뿔뿔히 흩어짐。『宋書』民敝ㅣㅣ、自然之理。
【敗喪:패상】 敗亡。『王羲之』安西ㅣㅣ、公私惋怛。
【敗絮:패서】 쓰지 못할 헌 솜。古綿。
【敗勢:패세】 싸움이나 경기에서 패할 형세。
【敗訴:패소】 재판에서 짐。↕勝訴。
【敗俗:패속】 어지러워진 풍속。 「微。
【敗衰:패쇠】 패하여 쇠잔해짐。敗亡衰
【敗業:패업】 사업에 실패함。【戰國策】是故事無ㅣㅣ。
【敗屋:패옥】 부서진 집。弊屋。『白居易』「ㅣㅣ壓茅茨。
【敗運:패운】 기울어져 가는 운수。
【敗運煞:패운살】 일신의 운수나 집안의 운이 기울어질 변。敗數煞。
【敗衣:패의】 떨어진 옷。破衣。
【敗因:패인】 진 원인。
【敗殘:패잔】 패하여 처진 나머지。
【敗殘軍:패잔군】 싸움에 패하여 얼마 남지 않은 군사。
【敗殘兵:패잔병】 싸움에 패하여 얼마 「남지 않은 병정。
【敗將:패장】 敗軍之將의 略語。
【敗敵:패적】 싸움에 패한 적。
【敗戰:패전】 싸움에 짐。
【敗戰國:패전국】 전쟁에 진 나라。↕戰勝國。
【敗兆:패조】 전쟁이나 사업에 실패할 징 「조。
【敗走:패주】 싸움에 지고 도망함。敗北。『史記』秦嘉軍ㅣㅣ、追之至胡陵。
【敗紙:패지】 못 쓰는 종이。
【敗頹:패퇴】 어느 세력이나 풍속 같은

것이 점점 쇠퇴하여서 세력을 잃거나 몰락함。
【敗退:패퇴】 싸움에 지고 물러섬。
【敗荷:패하】 가을이 되어 시들고 찢어진 연잎。〖白居易〗芭蕉新折ㅣㅣ傾。
◎大ㅣ、腐ㅣ、憤ㅣ、惜ㅣ、成ㅣ、勝ㅣ、失ㅣ、連ㅣ、劣ㅣ、優ㅣ、全ㅣ、戰ㅣ、慘ㅣ、退ㅣ、興ㅣ。

八畫

【敉】 (비) 齊 ヒ、ヒ、こわす destroy
小篆 ❶때리는소리비(擊聲ㅣ敱)。❷헐비(毁也)。

【敆】 (률) 月 ロツ、あらい rough
❶깔깔할률(不滑)。❷거칠률(荒面)。

【敜】 (녑) 葉 ジョウ、ふさぐ intercept
小篆 草書 ❶막을녑(塞也)。【書】ㅣ乃穽。❷닫을녑(閉也)。

【敝】 (폐) 霽 ヘイ、やぶれる worn out ㄅㄧˋ pi⁴
小篆 草書 ❶무너질폐(壞也)。【論語】公治長】與朋友ㅣ之。【禮記】冠而ㅣ之可也。❷버릴폐(棄也)。❸옷해어질폐(敗衣)。【詩經】ㅣ予又改爲兮。❹파할폐(罷也)。❺실패할폐(失敗)。【左傳】以ㅣ楚人。❻활줌통폐(弓握處)。【周禮】長其畏而薄其ㅣ。【左傳 僖公十年】ㅣ於韓。
(『弊』와 통함)
【敝褐:폐갈】 해진 털베(毛布)。〖晉書〗抱ㅣㅣ以終年。
【敝件:폐건】 옷·그릇 따위의 낡고 더러워져 못 쓰게 된 물건。

【敝垢:폐구】 해져서 때가 낌。
【敝國:폐국】 자기의 나라를 외국인에게 낮추어 일컫는 말。
【敝廬:폐려】 ❶허술한 집。廢屋。敗屋。〖孟浩然〗南山歸ㅣㅣ。❷자기 집을 낮추어 일컫는 말。拙宅。敝居。敝屋。〖左傳〗杞梁之妻曰、有先人之ㅣㅣ在。
【敝笠:폐립】 부서져 못 쓰게 된 삿갓。「破笠。
【敝社:폐사】 자기 회사의 謙稱。
【敝屣:폐사】 해져서 못 신게 된 신。〖徐陵〗去之如脫ㅣㅣ。
【敝縕:폐온】 해진 묵은 솜。〖崔融〗寵織休廢、ㅣㅣ闕如。
【敝縕袍:폐온포】 ❶해진 솜。❷도포。〖論語〗衣ㅣㅣㅣ。
【敝衣:폐의】 해진 옷。鶉衣。〖史記〗ㅣㅣ間步、往見之。
【敝衣破冠:폐의파관】 구차한 상태를 가리키는 말。弊衣破笠。
【敝店:폐점】 자기 상점의 謙稱。
【敝布:폐포】 해진 피륙。

【敟】 (전) 銑 テン、つかさどる charge
小篆 ❶떳떳할전(常也)。❷맡을전、주장할전(主也)。

【敞】 (창) 養 ショウ、ひろい vast ㄔㄤˇ ch'ang
小篆 草書 ❶열창(開也)。❷드러날창(露也)。❸넓을창(豁也)。【張衡 南都賦】體爽塏以閒ㅣ。❹통창할창(高曠爽塏地)。❺눈멀건히 앉을창(ㅣ罔失容)。【史 記】ㅣ罔靡徙。
【敞麗:창려】 넓고 아름다움。〖洛陽伽藍記〗高門華屋、齋館ㅣㅣ。
【敞然:창연】 시원한 모양。
【敞豁:창활】 넓게 뚫려 있음。

【敪】 (철) 曷 屑 テツ、はかりみる estimate ㄉㄨㄛˊ tuo²
❶드레질할철(敁ㅣ知輕重)。❷더디먹을철(食不速)。

【敥】 (업) 葉 ヨウ、つく stick
❶붙을업(付着ㅣ敱)。❷미칠업(及也)。

【敱】 (예) 霽 ゲイ、こわす destroy
小篆 ❶헐예(毁也敉ㅣ)。❷때리는소리예(擊聲)。

【敡】 (이) 寘 イ、あなどる despise
小篆 ❶업신여길이(侮也)。❷쉽게말할이(輕說)。

【敢】 (감) 感 カン、あえて dare ㄍㄢˇ kan³
小篆 籒文 古文 草書 ❶구태어감(忍爲)。❷과단성 있을감(果ㅣ)。【書經】ㅣ恭生生。❸감히감(冒昧辭)。【書經】誰ㅣ不讓ㅣ不敬應。❹날랠감(勇也)。❺용맹스러울감(勇ㅣ)。❻범할감(犯也)。
【敢決:감결】 용감하게 결정 지음。〖杜甫〗壯夫思ㅣㅣ。
【敢怒不敢言:감노불감언】 성은 나도 말은 못함。「지 못함。
【敢不生心:감불생심】 감히 엄두도 내지 못함。
【敢死心:감사심】 죽기를 두려워하지 않는 마음。
【敢然:감연】 용감하게 하는 모양。
【敢爲:감위】 決行함。敢行。〖韓愈〗勇於ㅣㅣ。「其ㅣㅣ類我。
【敢戰:감전】 決死的으로 싸움。〖五代史〗

【敢直:감직】 용감하리만큼 정직함。〖唐書〗世推其ㅣㅣ。
【敢行:감행】 어려움을 참고 행하여 목적을 달함。〖史記〗斷而ㅣㅣ、鬼神避之。
◎果ㅣ、勇ㅣ。

【㪔】 (산) 旱 サン、ちらす scatter
小篆 ❶흩어질산(分離)。❷벗길산(剝也)。

【散】 ㊀(산) 翰 ㊁(산) 旱 ㊂(산) 寒 サン、ちる scatter ㄙㄢˋ san⁴
小篆 草書 ㊀❶흩어질산、펼산(布也)。【禮記】積而能ㅣ。❷허탄할산(誕也)。❸헤어 질산(分離)。❹술준산(尊也)。【周禮】凡𩰲事用ㅣ。❺방출할산(放也)。「發ㅣ、四ㅣ」。❻없어질산(消也)。❼짬산(暇也)。「閑ㅣ」。❽쓸모가 없을산(ㅣ木、ㅣ人)。❾가루약산(藥石屑)。「ㅣ藥」。❿거문고곡조산(琴曲名廣陵ㅣ)。
(本字는『㪔』) ㊁❶놓을산(放也)。【公羊傳】ㅣ舍諸宮中。❷어숫거릴산、한가할산(閒ㅣ)。【莊子】ㅣ人惡知ㅣ木。
㊂절뚝거릴산(跛行貌)。【史記】槃ㅣ行汲。

(圖器禮)❹㊀散

【散開:산개】 간격을 잡아 옆으로 너른 대형을 만드는 것。「임。
【散見:산견】 한 눈 아래 여기 저기 보
【散穀:산곡】 흩어진 곡식 알。
【散光:산광】 거칠은 면에서 빛이 사방으로 불규칙하게 반사하는 현상。또는 그

광선。

【散畓:산답】한 사람의 소유로 사방에 흩어져 있는 논。

【散亂:산란】❶흩어져 어지러움。『史記』天下ㅡㅡ、莫之能一。❷번뇌로 인하여 정신이 어지러움。❸《物》波動·粒子線 등이 物體·分子·原子 등에 닿아서 방향을 바꾸어 不規則하게 흩어져가는 현상。

【散錄:산록】되는 대로 아무렇게나 씀。또는 그 글。漫錄。

【散輪:산륜】무거운 물건을 옮길 때 그 밑에 놓고 굴려 힘을 덜 들게 하는 둥근 나무 토막。

【散漫:산만】흩어져서 어수선함。『唐書』ㅡㅡ千餘里。

【散亡:산망】흩어져 없어짐。『晉書』收集ㅡㅡ、甚有惠政。

【散賣:산매】물건을 낱개로 팔음。小賣。

【散毛纖維:산모섬유】실·피륙·종이 등의 보풀보풀하게 일어난 섬유。괴깔。

【散文:산문】韻律이나 節의 제한을 받지 않는 보통의 문장。↔韻文。

【散文詩:산문시】자유롭게 산문의 형식을 취하여 쓴 詩。

【散文學:산문학】산문으로 된 문학。

【散髮:산발】머리를 풀어 헤침。『後漢書』袁閎遂ㅡㅡ絶世。

【散兵:산병】❶여기저기 흩어져 있는 군사。❷군사를 적당한 위치로 배치하여 陣을 침。『隋書』馬步隊與軍中ㅡㅡ 交爲兩番、五日而代。

【散兵壕:산병호】=掩堡。

【散步:산보】바람을 쐬기 위해 이리저리 거닐음。『金史』ㅡㅡ門外、南望高阜。

【散飛:산비】흩어져 날음。

【散植:산식】줄지어 심지 않은 모。허튼 모。

【散失:산실】흩어져 잃어버림。

【散心:산심】❶마음이 종잡을 수 없이 흩어짐。❷마음을 놓음。放心。

【散藥:산약】가루약。

【散熱:산열】열을 放散함。

【散意:산의】생각을 딴 데로 돌림。일정하게 생각을 가지지 않음。

【散人:산인】벼슬을 하지 않고、민간에 한가히 있는 사람。散士。『蘇軾』知向江湖拜ㅡㅡ。

【散佚:산일】흩어져서 일부가 빠져 없어짐。

【散逸:산일】=散佚。『北史』山東寇亂、學者ㅡㅡ。

【散材:산재】쓸모 없는 재목、또는 사람。『陸游』社櫟終然幸ㅡㅡ。

【散在:산재】여기 저기 흩어져 있음。

【散財:산재】재산을 이리 저리 써서 없앰。『書經』散鹿臺之財。

【散炙:산적】쇠고기 같은 것을 길쭉길쭉하게 썰어 양념을 하여 꼬챙이에 꿰어서 구운 음식。사슬 산적。

【散錢:산전】사슬돈。잔돈。쇠붙이돈。

【散卒:산졸】싸움에 져서 이리 저리 흩어져 있는 군사。『戰國策』越王勾踐以ㅡㅡ三千、禽夫差於干遂。

【散尊:산준】옻칠을 했을 뿐이고 다른 장식이 없는 술준。

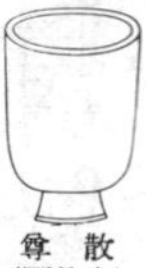
散尊(名物圖)

【散職:산직】일정한 직책이 없는 벼슬。散官。『白居易』ㅡㅡ無拘束。

【散策:산책】이리 저리 거닐어 다님。『蘇軾』ㅡㅡ塵外遊、麾手謝此世。

【散草:산초】묶지 않은 살담배。

【散村:산촌】집들이 한 곳에 모여 있지 않고 각 집이 사방에 흩어져 있는 마을。

【散播:산파】씨 뿌리는 법의 한 가지。씨를 흩어 뿌림。노가리。

【散片:산편】산산이 흩어진 조각。

【散布:산포】=撒布。『韓愈』ㅡㅡ忽無垠。

【散票:산표】표가 한 사람에게 집중되지 않고 흩어진 투표。

【散華:산화】❶꽃이 져서 흩어짐。散花。❷戰場 따위에서 죽음。❸《佛》부처를 공양하기 위하여 꽃을 뿌림。

【散會:산회】會가 끝나 사람들이 흩어져 돌아감。

◎發ㅡ、放ㅡ、分ㅡ、飛ㅡ、四ㅡ、消ㅡ、疏ㅡ、蕭ㅡ、離ㅡ、集ㅡ、退ㅡ、敗ㅡ、閑ㅡ、解ㅡ。

【⿰周攴】(주) 尤 シュウ、ふせぐ prevent
막을주(防止)。

【⿰卓攴】(一)(작) 藥 (二)(소) 篠 シャク、ショウ、うばう snatch
(一)빼앗을작(奪取物)。(二)두드릴소(揬也)。

【敦】(一)(퇴) 灰 (二)(대) 隊 (三)(돈) 元 (四)(돈) 阮 (五)(돈) 願 (六)(단) 寒 (七)(조) 蕭 タイ、タン、トン、まこと、あつい esteem ㄉㄨㄟ tuei

小篆 書草 (一)❶쪼을퇴(琢也)。❷모을퇴(聚也)。❸다스릴퇴(治也)。『詩經』ㅡ商之旅。❹끊을퇴(斷也)。『莊子』今日試使士ㅡ劍。❺끕송거릴퇴(ㅡ然獨宿貌)。『詩經』ㅡ彼獨宿。❻성낼퇴(怒也)。『追』와 통함。(二)❶옥쟁반대(玉ㅡ槃類)。『周禮』若合諸侯則共珠槃玉ㅡ。❷서직 담는 그릇대(盛黍稷器)。『禮記』有虞氏兩ㅡ。(三)❶성낼돈(怒也)。❷알소할돈、꾸짖을돈(詆也)。❸도타울돈(厚也)。❹핍박할돈(迫也)。『詩經』王事ㅡ我。❺힘쓸돈(勉也)。『漢書』ㅡ衆神使式道兮。❻누구돈(誰何)。❼클돈(大也)。(四)❶뒤섞일돈(渾ㅡ不開通貌)。❷막연한 모양돈(混沌)。『左傳 文公十八年』天下之民謂之渾ㅡ。(五)세울돈(竪也)。『莊子』ㅡ杖蹙之。(六)❶모을단(聚也)。『詩經』ㅡ彼行葦。❷외조롱 달릴단(瓜繫蔓貌)。『詩經』有ㅡ瓜苦。(七)❶아로새길조(彫也)。『詩經』ㅡ琢其旅。❷그림 그린 활조(畫弓)。『詩經』ㅡ弓旣堅。『彫』와 통함。

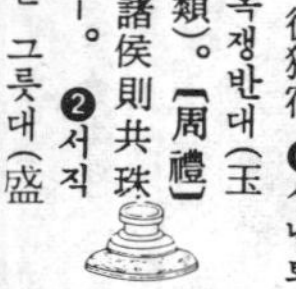
敦(二)❷(禮器圖)

【敦寧:돈녕⇨돈령】《制》王室의 친척。

【敦寧府:돈녕부⇨돈령부】《制》敦寧의 친목을 위하여 베풀었던 관청。

【敦篤:돈독】=敦厚。『後漢書』感時澆薄、慕尙ㅡㅡ。

【敦睦:돈목】사이가 두텁고 서로 화목함。『宋史』閨門ㅡㅡ。

【敦朴:돈박】진실한 마음에서 울어나오는 인정이 두터운 것。『史記』示ㅡㅡ爲天下先。

【敦迫:돈박】쉴 새 없이 재촉함。

【敦崇:돈숭】마음으로부터 우러러 봄。『晉書載記』ㅡ儒學。

【敦實:돈실】인정이 많고 진실함。

【敦諭:돈유】議政과 儒賢에게 勉勵를 권하는 임금의 말。

【敦義門:돈의문】《歷》서울 서쪽에 있던 正門。西關 앞 서쪽의 마루턱에 있었는데 지금은 없어졌음。

【敦定:돈정】튼튼하게 정함。

【敦宗:돈종】친척끼리 화목함。

【敦親:돈친】친척끼리 친목함。

【敦化：돈화】 두터운 敎化。『中庸』小德川流、大德——。
【敦化門：돈화문】《地》昌德宮의 正門。현재 서울에 남아 있는 목조 건물 가운데 가장 오래 된 건물 중의 하나。
【敦厚：돈후】 인정이 두터움。『禮記』溫柔——、詩敎也。

【敬】 (경)『敬』(9畫 支部)의 略字

九畫

【敫】 ㊀(약) 藥 ㊁(교) 嘯 キョウ、うたう sing ㄐㄧㄠˋ chiao 小篆 ㊀해그림자약(日影)。 ㊁노래할교(唱歌)。

【㪜】 ㊀(취) 紙 ㊁(타) 哿 シ、タ、はかる measure ㊀헤아릴취(量也)。❷시험할취(試也)。(『揣』와 같음) ㊁달타(捶物輕重)。

【㪗】 (도) 虞 ド、とじる shut 小篆 或體 ❶막힐도(塞也)。❷닫을도(閉也)。

【𢾾】 (쟁) 庚 ソウ、テイ、たたく beat ❶두드릴쟁(撞也)。❷다닥칠쟁(觸也)。

【敬】 (경) 敬 ケイ、うやまう respect ㄐㄧㄥˋ ching 小篆 草書 ❶공경할경(恭也)。『左傳』—民之主也。❷엄숙할경(肅也)。❸경동할경(警也)。❹삼갈경(謹愼)。『易』—以直內。『左傳』—德之聚也。
【敬虔：경건】 공경하는 마음으로 삼가 조심함。『皮日休』開卷讀數行、爲之加——。
【敬啓：경계】 삼가 사뢴다는 뜻으로 편지 첫머리에 쓰는 말。
【敬懼：경구】 ＝敬畏。『書經·傳』有土之君、不可不——。
【敬謹：경근】 삼가 공경함。
【敬待：경대】 삼가 공경하여 대접함。『後漢書』——之。
【敬禮：경례】 공경의 뜻을 나타내는 인사의 일종。
【敬老：경로】 노인을 공경함。
【敬老會：경로회】 노인을 공경하고 위로하는 모임。
【敬命：경명】 삼가 공경함。『南史』學徒——、不敢指斥。
【敬慕：경모】 존경하고 사모함。
【敬拜：경배】 삼가 절함。
【敬白：경백】 삼가 말씀 올린다는 뜻으로、편지 끝에 쓰는 말。謹拜。
【敬服：경복】 공경하여 복종함。『搜神記』百姓——、從者如歸。「——而信。
【敬事：경사】 삼가 일을 처리함。『論語』——而信。
【敬順：경순】 삼가 순종함。『左傳』兄愛而友、弟敬而順。
【敬信：경신】 공경하여 믿음。
【敬愼：경신】 공경하고 삼가함。
【敬仰：경앙】 존경하여 우러러 봄。
【敬愛：경애】 존경하고 사랑함。『管子』修恭遜——辭讓除怨。
【敬語：경어】 존경하여 높이는 말。
【敬畏：경외】 공경하여 두려워 함。敬懼。
【敬遠：경원】 ❶겉으로는 공경하는 체하면서 속으로는 멀리 함。❷존경하나 가까이 하지 않음。『論語·雍也』敬鬼神而遠之。
【敬意：경의】 공경하는 마음。존경하는 뜻。『邵軫雲』昭——於廉直。
【敬弔：경조】 존경하는 마음으로 죽은 사람을 조상함。
【敬重：경중】 공경하여 어렵게 여김。『韓非子』大——公。
【敬止：경지】 삼가서 멈추어야 할 곳에서 멈춤。『詩經』穆穆文王、於緝熙——。
【敬天：경천】 ❶하느님을 공경함。❷천도교의 三理의 하나。❸天理에 순종함。
【敬天勤民：경천근민】 하느님을 공경하고 백성을 다스리기에 부지런함。
【敬天愛人：경천애인】 하늘을 공경하고 인류를 사랑함。
【敬請：경청】 삼가 청함。
【敬聽：경청】 공경하여 들음。『蔡邕』率爾苗民、愼不——。
【敬忠：경충】 공경하고 충성을 다함。『論語』使民——以勸。
【敬稱：경칭】 ❶높여 일컬음。❷文法의 敬稱詞의 略語。
【敬憚：경탄】 공경하고 두려워함。『史記』皆素所——。
【敬歎：경탄】 공경하고 탄복함。
◎恭—、篤—、不—、肅—、崇—、愛—、禮—、畏—、尊—、忠—。

【敭】 (양) 陽 ヨウ、あきらか bright 草書 ❶밝을양、밝힐양(明也)。『書經』明明—仄陋。(『揚』의 古字)

【敹】 (련) 霰 レン、えらぶ choose ❶가릴련(擇也)。❷나른하게두드릴련(搥打物)。

【数】 (삭)(수)『數』(11畫 支部)의 略字

十畫

【㪉】 (합) 合 コウ、たたく beat (本音「갑」) 두드릴합(敲也)。

【㪈】 (감) 陷 カン、ケン、むさぼる be covetous for ❶탐할감(貪也)。❷맞출감(物相値合)。

【㪖】 (률) 月 ロツ、おちつかない uneasy 편치못할률(不安)。

【𢿝】 (개) 泰 カイ、はずかしめる speak ill of ❶욕할개(辱也)。❷칠개(伐也)。

【敱】 (애) 灰 ガイ、おさめる rule 小篆 다스릴애(治也)。

【敲】 ㊀(고) 肴 ㊁(교) 效 コウ、たたく beat (古音「교」) 小篆 草書 ㊀❶두드릴고(叩也)。❷짧은매고(短杖)。『賈誼 過秦論』執—扑、以鞭笞天下。❸칠고(擊也)。『左傳 定公二年』奪之杖以—之。❹후려칠고(橫擊)。㊁곁매칠교(從傍擊)。
【敲金戛石：고금알석】 쇠를 두드리고 돌을 울림。《喩》詩나 文章의 어울림이 뛰어남。『韓愈』未必不如吹竹彈絲——也。
【敲門：고문】 문을 똑똑 두드림。『賈島·詩』鳥宿池邊樹、僧敲月下門。

十一畫

【㪤】 (필) 質 ヒツ、つきる hasten someone to come 小篆 불러빨리오라할필(召使疾行)。

【敵】 (적) 錫 テキ、あた、かたき enemy ㄉㄧˊ ti² 小篆 草書 ❶대적할적(當也)。『左傳』—惠—怨不在後嗣。❷원수적(仇也)。『書經 微子』相爲—

讎。❸짝적(匹也)。❹대할적(對也)。〔禮記〕雖貴賤不ㅡ。❺무리적(輩也)。❻막을적(拒抵)。〔管子〕明理而勝ㅡ。

〔敵愾:적개〕❶君主의 원한을 풀려고 하는 마음。〔左傳·文·四〕諸侯敵王之所愾。❷적대하려는 의분。적과 싸우려고 하는 의기。

〔敵愾心:적개심〕적에게 대한 의분과 성낸 마음。

〔敵境:적경〕적국의 국경。

〔敵魁:적괴〕적의 우두머리。

〔敵國:적국〕❶전쟁 相對國。자기 나라에 적대하는 나라。〔史記〕君不修德、則舟中之人、皆ㅡㅡ也。❷자기 나라와 대등한 힘을 가진 나라。〔孟子〕征者上伐下也、ㅡㅡ不相征也。

〔敵軍:적군〕적의 군세。敵勢。적의 군대。對敵의 군사。

〔敵機:적기〕적국의 비행기。

〔敵臺:적대〕望臺。樓臺。〔武備志·敵臺圖說〕。

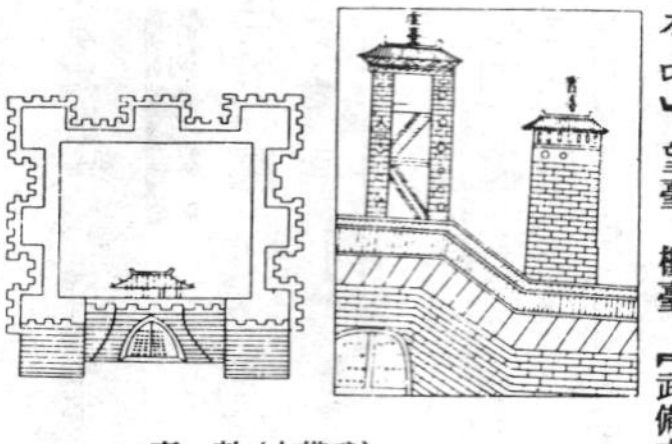

敵臺(武備志)

〔敵對:적대〕적으로서 대립함。

〔敵對視:적대시〕적으로 여김。

〔敵對者:적대자〕맞서서 대적하는 사람。

〔敵對行爲:적대행위〕서로 대적하여 버티는 짓。

〔敵壘:적루〕적군의 堡壘。적군의 진지。敵堡。

〔敵樓:적루〕城에 쌓은 樓台。望樓。〔還魂記·繕滿〕。

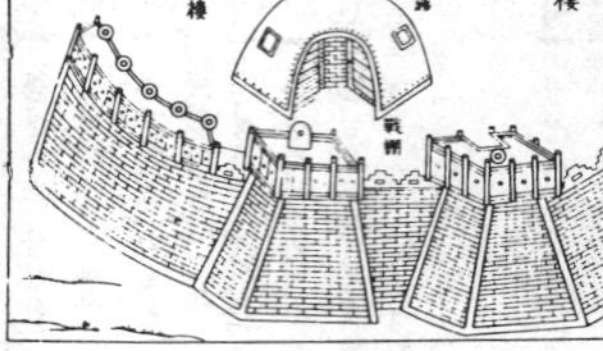

敵樓(三才圖會)

〔敵兵:적병〕적국의 병사。

〔敵本主義:적본주의〕목적은 다른 곳에 있는 것처럼 꾸며대어 놓고 갑자기 방향을 바꾸어 뜻하는 바 목적으로 나아가는 일。

〔敵船:적선〕적국의 군함이나 선박。

〔敵性:적성〕서로 대적되는 성질。交戰하는 관계에 있어 加害 행위를 할 수 있는 성질。

〔敵勢:적세〕적군의 세력。

〔敵手:적수〕❶敵。❷相對方。자기와 비슷한 힘을 가진 相對方。〔杜荀鶴〕有時逢ㅡㅡ、對局到深更。

〔敵讎:적수〕원수。仇敵。〔書經〕小民方與、相爲ㅡㅡ。

〔敵視:적시〕敵對視의 略語。

〔敵意:적의〕적대하려는 생각。

〔敵將:적장〕적국의 장수。

〔敵前:적전〕적의 바로 앞。

〔敵前上陸:적전상륙〕적군의 면전에서 감행하는 상륙。

〔敵情:적정〕적군의 사정·형편。

〔敵地:적지〕❶적의 영토。❷적이 점령하고 있는 땅。

〔敵陣:적진〕적군의 진영。

〔敵側:적측〕적의 편。

〔敵治:적치〕적이 침입하여 政治를 함。

〔敵侵:적침〕적의 침입。

〔敵彈:적탄〕적군이 쏜 탄환。

〔敵艦:적함〕적국의 軍艦。

◎强ㅡ、輕ㅡ、勁ㅡ、公ㅡ、對ㅡ、大ㅡ、無ㅡ、讎ㅡ、宿ㅡ、抵ㅡ、政ㅡ、匹ㅡ。

【戱】(자) 麻 シャ、とる take

❶취할자(取也)。❷손가락으로 누를자(以指按)。

【敻】(형) 敬 ケイ、とおい distant

草書 아득할형(遠貌)。〔李華 弔古戰場文〕ㅡ不見人。(『逈』과 같음)

【敶】(진) 震 チン、つらねる spread

❶벌릴진(列也)。❷고할진(告也)。(『陳·陣』과 같음)

【敷】(부) 虞 フ、しく disclose ㄈㄨ fū

小篆 草書 ❶베풀부(陳也)。〔書經 舜典〕ㅡ奏以言。❷펼부(布也)。〔書經 大禹謨〕文命ㅡ于四海。❸흩을부(散也)。❹너를부(廣索)。〔詩〕罔ㅡ求先王。(『傅』와 같음)

〔敷敎:부교〕❶교육을 널리 베풀음。〔書經〕敬敷五敎在寬。❷종교를 널리 폄。

〔敷求:부구〕널리 구함。

〔敷道:부도〕道를 널리 전함。

〔敷設:부설〕깔아서 설치함。線路 등을 깔음。

〔敷衍:부연〕❶널리 폄。〔舊唐書〕ㅡㅡ德音。❷뜻을 더 자세히 풀이함。〔宋史〕ㅡㅡ經旨、因以規諫。❸(中)㉠일을 대강 해둠。㉡融通함。

〔敷演:부연〕=敷衍。〔成公綏〕分賦物理、ㅡㅡ無方。

〔敷奏:부주〕의견을 陳述하여 올림。

〔敷地:부지〕어떠한 용도로 쓰이는 땅。

〔敷土:부토〕흙이나 모래를 펴서 깔음。또는 그 흙。

〔敷化:부화〕정치와 교화를 베풀음。〔宋書〕。

【數】㊀(수) 麌 サク、スウ、かぞえる count; number
㊁(수) 遇
㊂(촉) 沃
㊃(삭) 覺 ㄕㄨㄛˋ shuo

小篆 草書 ㊀❶헤아릴수、셈칠수(計也)。〔詩〕心焉ㅡ之。❷수죄할수(責也)。〔左傳〕使吏ㅡ之。❸몇수、두어수(幾也)。㊁❶셈수(算ㅡ枚也)。〔周易〕君子以制ㅡ度議德行。❷이치수(理致)。❸팔자수(命ㅡ)。❹운수수(運ㅡ)。〔書經〕天之曆ㅡ在汝躬。❺기술수(術也)。㊂빽빽할촉(細密)。〔孟子梁惠王上〕ㅡ罟不入洿池。㊃❶자주삭、여러번삭(頻屢)。〔禮記〕祭不欲ㅡ、ㅡ則煩。❷빠를삭(疾也)。

〔數刻:수각〕두서너 시간。너댓 시간。얼마 동안。

〔數間:수간〕집의 두서너 간。

〔數間斗屋:수간두옥〕두서너 간 밖에 안 되는 아주 작은 집。

〔數箇:수개〕두서너 개。댓개。

〔數口:수구〕서너 사람。너댓 사람。〔孟子〕ㅡㅡ之家、可以無飢矣。

〔數窮:수궁〕운수가 흉함。〔老子〕多言ㅡㅡ、不如守中。

【數奇:수기】운수가 사나움。不運。數窮。『史記·李將軍傳』以爲李廣老ㅣㅣ、毋令當單于。
【數年來:수년래】두서너 해를 지나 지금까지 오는 동안。
【數多:수다】個數가 많음。多數。
【數多食口:수다식구】많은 식구。
【數量:수량】個數와 分量。
【數理:수리】수학의 理論이나 理致。
【數理經濟學:수리경제학】=數理派經濟學。
【數理派經濟學:수리파경제학】《經》수학적 수단으로써 경제학의 근본 법칙을 설명하려는 경제학의 한 파。
【數萬:수만】❶두서너 갑절의 만。여러 만。❷썩 많은 수효。「ㅣㅣ。
【數百:수백】백의 두서너 배。『史記』騎
【數斯:수사】새 이름。
『山海經·西山經』。
數斯(山海經)
【數三次:수삼차】두서너 차례。
【數世:수세】三·四代。또는 五·六代。『晉書』ㅣㅣ賴之。
【數式:수식】수 또는 양을 나타내는 數字나 文字를 계산 기호로 나타낸 것。
【數厄:수액】운수에 관한 재액。
【數額:수액】물건의 수효。
【數語:수어】두어 마디 말。「효。
【數億:수억】억의 두서너 갑절 되는 수
【數月:수월】두서너 달。
【數人:수인】두서너 사람。
【數日:수일】두서너 날。
【數日間:수일간】두서너 날 사이。
【數字:수자】❶숫자。❷두서너 글자。
【數罪:수죄】여러 가지 범죄。또는 범죄 행위를 세어 들추어 냄。
【數次:수차】두어 차례。

【數處:수처】두서너 곳。몇 군데。
【數千:수천】천의 두서너 갑절 되는 수효。몇 천。
【數値:수치】《數》계산하여 얻은 수의 「값。셈 값。
【數板:수판】籌板(주판)。
【數學:수학】《數》數量의 理論 및 計量의 법식 등을 연구하는 학문。
【數行:수행】❶눈물이 뚝뚝 떨어질 때를 일컬음。『史記』涙ㅣㅣ下。❷文字의 몇줄。『羊士諤』蜀國魚牋ㅣㅣ字。
【數回:수회】두서너 번。몇 차례。
【數爻:수효】事物의 수。
【數尿症:삭뇨증】《醫》오줌이 자주 마려 「운 병。
【數便症:삭변증】《醫》대변이 자주 마려운 병。
【數數:삭삭】❶자주 되풀이함。❷바쁜 모양。『莊子·逍遙遊』。
【數遞:삭체】벼슬아치가 자주 바뀜。
【數罟:촉고】눈이 썩 잔 그물。『孟子·梁惠王』。
◎假ㅣ、計ㅣ、係ㅣ、公倍ㅣ、公約ㅣ、夥ㅣ、過ㅣ、權謀術ㅣ、級ㅣ、記ㅣ、負ㅣ、分ㅣ、不名ㅣ、比例係ㅣ、算ㅣ、上ㅣ、常ㅣ、成ㅣ、星ㅣ、素ㅣ、小ㅣ、少ㅣ、術ㅣ、乘ㅣ、矢ㅣ、實ㅣ、約ㅣ、陽ㅣ、易ㅣ、逆ㅣ、歷ㅣ、曆ㅣ、完全ㅣ、偶ㅣ、優ㅣ、運ㅣ、員ㅣ、元ㅣ、越ㅣ、有ㅣ、有理ㅣ、陰ㅣ、里ㅣ、異ㅣ、人ㅣ、因ㅣ、一ㅣ、字ㅣ、自然ㅣ、底ㅣ、全ㅣ、整ㅣ、定ㅣ、正ㅣ、除ㅣ、周波ㅣ、指ㅣ、最大公約ㅣ、最小公倍ㅣ、被除ㅣ、函ㅣ、恒ㅣ、虛ㅣ、回ㅣ。

【斆】(료) 蕭 リョウ、えらぶ select
❶두를료(揮也)。❷가릴료(簡也)。『書經』善ㅣ乃甲冑。❸궤어맬료(縫綴)。

【敺】(구) 虞 ク、かる drive ㄑㄩ ch'ü
❶쫓을구、몰구(逐也)。『周禮』方相氏以索室ㅣ疫。❷종아리칠구(捶擊)。『孟子 離婁上』爲淵ㅣ魚者獺也。
(『驅』의 古字)

十二畫

【斕】(란) 翰 ラン、わずらわしい trouble some
❶번거러울란(煩也)。❷게으를란(惰也)。❸어지러울란(亂也)。

【敿】(교) 篠 キョウ、つなぐ tie up ㄐㄧㄠ chiao
끈맬교(繫連)。『書經』ㅣ乃干。

【敾】(선) 霰 セン、おさめる rule
❶다스릴선(治也)。❷기울선(補也)。

【整】(정)『整』(次條)의 正字

【整】(정) 梗 セイ、ととのえる arrange ㄓㄥ chêng[3]
❶가지런할정、정돈할정(齊也)。『左傳』夫禮所以ㅣ民也。❷신칙할정(飭也)。『孟子 梁惠王下』爰ㅣ其旅。
【整襟:정금】옷깃을 여미고 외모를 가다듬음。
【整年:정년】온 일년。
【整頓:정돈】가지런히 바로잡음。整理。『史記』宜ㅣㅣ其士卒以守戰者也。
【整列:정렬】바르게 나란히 섬。『左傳』建鼓ㅣㅣ。

【整流:정류】❶흐름을 고르게 함。❷《物》電流를 交流에서 直流로 고침。
【整理:정리】가지런히 바로잡아 다스림。整頓。『左傳·疏』ㅣㅣ天下之民。
【整理字:정리자】《歷》活字 이름。李朝正祖 때 整理儀軌를 인쇄하기 위하여 만든 銅活字。
【整備:정비】정돈하여 갖춤。
【整數:정수】《數》一을 포함한 一의 倍數와 이에 대응하는 負數 및 ○의 총칭。↔分數·小數。
【整肅:정숙】몸가짐이 바르고 엄숙함。『晉書』闔門ㅣㅣ。
【整式:정식】《數》문자로서 제할 것을 표시하지 않은 有理式。有理整式。
【整然:정연】잘 정돈된 모양。
【整容:정용】몸의 자세를 바로잡음。
【整除:정제】《數》어떠한 整數를 다른 정수로 제할 때 그 商이 정수가 되고、남음이 없게 되는 것。
【整齊:정제】정돈되어 가지런함。『呂氏春秋』。
【整地:정지】땅을 고르게 만들음。整地作業。
【整枝:정지】과실나무의 가지를 가지런하게 만들기 위하여 자르는 일。
【整形:정형】형체를 바르게 함。
【整形手術:정형수술】《醫》整形外科에 관한 수술。
【整形外科:정형외과】《醫》운동기 계통이나 형상이 온전하지 못한 사람을 치료하는 학과。
◎修ㅣ、調ㅣ。

【敾】(산)『散』(攴部 8畫)의 本字

十三畫

【歊】(효) 嘯 キョウ、かなしむ grieve
슬퍼할효(悲也)。

【⿰雷攴】(뢰) 灰 ライ、くだく smash ❶부서뜨릴뢰(碎也)。❷꺾을뢰(摧也)。

【⿰詹攴】(점) 琰 セン、てをあげる raise one's hand 손들점(擧手)。

【斀】㊀(탁) 覺 トク、タク、きよせいする ㊁(촉) 屋 emasculate ㊀불알벨탁(去陰刑)。㊁두드릴촉(擊也)。

【斁】㊀(도) 遇 ト、エキ、いとう ㊁(역) 陌 dislike ㄉㄨˋ tu⁴ ㊀패할도(敗也)。【書經】彝倫攸ㅣ。㊁❶풀역(解也)。【書經】朕承王之休無ㅣ。❷싫을역(厭也)。❸마칠역(終也)。

【斂】㊀(렴) 琰 レン、おさめる ㊁(렴) 豔 withdraw ㄌㄧㄢˋ lien⁴ ㊀❶거둘렴(收也)。【中庸】時使薄ㅣ。❷모을렴(聚也)。【詩經】有此不ㅣ穧。㊁❶감출렴(藏也)。【儀禮】ㅣ擅。❷취할렴(取也)。(『殮』과 같음)

【斂襟:염금】옷깃을 바로 하고 정숙하게 함。斂衽。「림」。

【斂髮:염발】머리를 쪽지거나 틀어 올림。

【斂膝端坐:염슬단좌】옷을 바르게 하고 단정히 앉음。

【斂衽:염임】옷깃을 여며 바로잡음。

【斂跡:염적】종적을 감춤。「어 모음。

【斂錢:염전】거둬 모은 돈。돈을 거두

【斂昏:염혼】땅거미。黃昏。【蘇軾】山色空濛已ㅣㅣ。

【⿰嚴攴】(엄)『嚴』(17口部畫)의 俗字

十四畫

【⿰翟攴】(탁) 覺 タク、さずける give (古音「착」) ❶줄탁(授也)。❷찌를탁(刺也)。❸아플탁(痛也)。❹다질탁(築也)。❺찧을탁(舂也)。

【斃】(폐) 霽 ヘイ、たおれる dead ㄅㄧˋ pi⁴ ❶죽을폐(死也)。【禮記】射之ㅣ一人。❷엎드러질폐(踣也)。【禮記 表記】ㅣ而後已。(『獘』와 같음)

【斃踣:폐북⇩폐부】쓰려짐。【司馬光】隕越ㅣㅣ爲聖朝羞。

【斃死:폐사】쓰러져 죽음。

【斃鼠:폐서】죽은 쥐。

【⿰壽攴】㊀(추) 尤 シュ、すてる ㊁(수) 有 throw ㊀❶버릴추(棄也)。❷미워할추(惡也)。㊁뜻은 ㊀과같음。

十五畫

【⿰算攴】㊀(만) 阮 バン、マン、のぎをのぞく ㊁(취) 霽 remove ㊀쓿을만(小舂)。㊁까락바숟 취(除穀芒)。

【⿰暴攴】(박) 覺 ハク、うつ strike 칠박(擊也)。

【⿰畾攴】(뢰) 隊 ライ、おす push 밀래(推也)。

【斄】(태) 灰 タイ 땅이름태(地名)。(『邰』와 통함)

十六畫

【⿰盧攴】(로) 虞 ロ、あざむく deceive ❶속일로(欺也)。❷거둘로(斂也)。

【⿰褱攴】(괴)『壞』(16土部畫)의 籒字

【斆】(효) 效 コウ、おしえる teach ❶깨우칠효(悟也)。【書經】盤庚ㅣ于民。❷가르칠효(教也)。【書經 說命】惟ㅣ學半。(『學』의 古字)

十七畫

【⿰歷攴】(력) 錫 レキ、みだれる be dizzy 어지러울력(亂也)。

【⿰厭攴】(삼) 覃 サン、いとう hate 싫어할삼(厭也)。

【⿰糞攴】(분) 問 フン、はらう sweep away 쓸어버릴분(掃除)。

十八畫

【⿰聶攴】(녑) 葉 ショウ、あいおよぶ encounter 마주칠녑(相及)。

十九畫

【⿰麗攴】(려) 薺 レイ、かぞえる count ❶셀려(數也)。❷펼려(布也)。

【⿰糸言糸攴】(변)『變』(16言部畫)과 같음

文部

【文】㊀(문) 文 ブン、モン、ふみ ㊁(문) 問 literature；sentence ㄨㄣˊ wen⁴ ㊀❶글문、글월문(錯畫)。【尙書序】伏羲始畫八卦造書契由是ㅣ籍生焉。❷글자문(ㅣ字書契)。【中庸】書同ㅣ。❸문채문(ㅣ章)。【易繫辭】物相雜故曰ㅣ。❹어귀문(語句)。【孟子 萬章上】不以ㅣ害辭。❺빛날문(華也)。❻법문(法也)。「繁ㅣ縟禮」。❼착할문(善也)。❽아롱질문(斑也)。❾현상문(現象)。「天ㅣ、地ㅣ、人ㅣ」。❿꾸밀문(飾也)。⓫아름다울문(美也)。⓬채색문(彩色)。⓭결문(理也)。㊁❶꾸밀문(飾也)。【禮記】禮減而進以進爲ㅣ。【論語子張】小人之過也必ㅣ。❷수식할문(修飾)。【論語 憲問】ㅣ之以禮樂。

【文匣:문갑】문서나 文具를 넣어 두는 긴 궤。서랍이 여러 개 있거나 문이 달리어 있음。

【文庫:문고】❶書庫。서책을 모아 둔 곳。【宋史】金耀門有ㅣㅣ。❷문서·문방구 등을 담는 상자。❸出版物의 한 형태。보급을 목적으로 하여 만든 廉價·小型의 책。

【文稿:문고】문장의 草稿。

【文藁:문고】한 사람의 시문을 모아 엮은 원고。

【文科:문과】❶문학·사학·철학 따위의 문화에 관한 학문의 일부。理科와 크

게 둘로 나눌 때는 경제학·법률학 따위도 포함하여 일컬음。↕理科。❷《制》文官을 시험하던 科擧。

【文科及第:문과급제】《制》文科 殿試에 합격함。

【文過遂非:문과수비】허물을 어물어물 숨기고 뉘우치지 아니함。

【文官:문관】武官 이외의 관리의 總稱。↕武官。『後漢書』齎束帛、以賜——。

【文魁:문괴】文科의 壯元。

【文交:문교】글로써 사귐。

【文教:문교】학문으로써 사람을 가르쳐 이끄는 일。教育。『書經』揆——。

【文驕:문교】학식을 믿고 부리는 교만。

【文句:문구⇩문귀】문장 중의 어귀。字句。章句。文言。『宋史』析——以爲誇。

【文具:문구】❶法文만이 갖추어 있는 것。❷거죽만 꾸미는 것。

【文券:문권】땅이나 집 또는 그 밖의 권리를 양도하는 문서。

【文禽:문금】《動》孔雀의 別名。

【文氣:문기】문장의 기세。

【文壇:문단】문학인들의 사회。文學界。

【文談:문담】글에 관련된 이야기。文話。

【文答:문답】글로써 회답함。『梁書』灼灼——。

【文德:문덕】학문·교양에서 오는 덕。↕武德。『漢書』——者、帝王之利器。

【文牘:문독】❶공무상의 서류。『宋史』——山委。❷편지。

【文力:문력】글을 하는 힘。글의 힘。

【文綾:문릉】무늬 있는 비단。『唐書』貢——繪縠絲葛。

【文理:문리】❶=文脈。❷사물의 조리。❸文理科。

【文林:문림】❶문학의 세계。문학자의 모임。❷詩·文章을 모은 것。

【文望:문망】학문의 名望。

【文脈:문맥】문장의 줄기。文理。

【文盲:문맹】文字를 읽지 못하는 것。또 그 사람。문맹자。까막눈이。

【文盲打破:문맹타파】글 모르는 사람을 가르쳐 내는 응급 교육。

【文盲退治:문맹퇴치】=文盲打破。

【文面:문면】❶문장이나 편지에 적혀 있는 대강의 내용。❷서면。❸얼굴을 바늘로 찔러서 먹물 따위로 文身하는 일。또는 그 얼굴。『唐書』。

【文名:문명】詩文으로써 이름이 남。文聲。

【文明:문명】❶文德이 빛나는 것。『書經』濬哲——。❷사람의 지혜가 열리고 정신적 물질적 생활이 풍부하게 됨。文化에 비하여 기계적 물질적 방면을 포함한 뜻을 더 가짐。『易經』天下——。

【文明病:문명병】문명의 발달에 따른 정신의 불건전으로 생기는 신경 쇠약이나、근시·폐결핵 따위의 병。

【文明利器:문명이기】과학의 발달로 우리 생활에 도움을 주는 제구。

【文廟:문묘】孔子를 모신 사당。

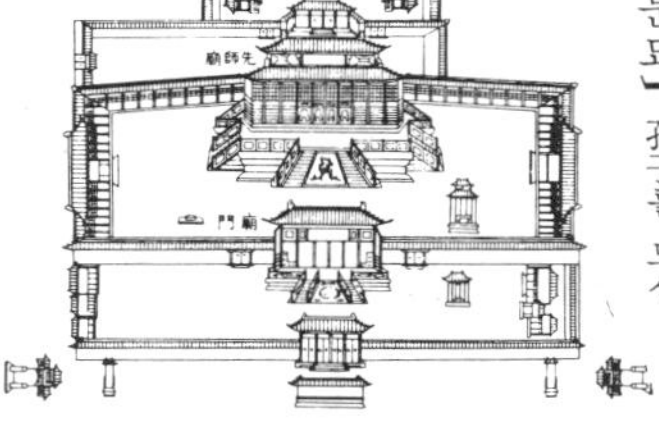

文廟總圖(古今圖書集成)

【文武:문무】❶文事와 武事。『唐書』——兼備。❷周의 文王과 武王。『中庸』——之政、布在方策。

【文武兼備:문무겸비】문예와 武事를 아울러 갖춤。또는 그런 사람。

【文武官:문무관】文官과 武官。

【文武百官:문무백관】文官·武官의 여러 벼슬아치。

【文武火:문무화】약하게 타는 불과 활활 세차게 타는 불。

【文墨:문묵】❶詩文·文筆·書畫 등의 솜씨。『史記』徒持——議論。❷文筆 또는 법률。『漢書·杜周傳』——小吏。

【文墨從事:문묵종사】글과 글씨로 일을 삼음。

【文物:문물】문화의 산물。학문·예술·교육·제도 따위 文明의 발달에 의하여 만들어진 것。『左傳』——以紀之。

【文物制度:문물제도】문물과 제정한 法度。문물에 관한 제도。

【文民:문민】武官이 아닌 사람。

【文班:문반】文臣의 班列。↕武班。

【文房:문방】❶독서하는 방。書齋。『杜牧』形弓隨武庫、金印遂——。❷文詞를 맡은 地位。『南史·江革傳』。

【文房具:문방구】문방 諸具。글과 글씨에 관한 모든 기구。

【文房四友:문방사우】종이·붓·먹·벼루의 네 가지。

【文房諸具:문방제구】종이·붓·먹·족자 따위의 글과 글씨에 관한 모든 기구。

【文範:문범】문장의 모범。

【文法:문법】❶법률。규칙。『史記』弘大體、不拘——。❷문장 구성의 법칙。❸문장에 있어서의 말의 배열 어형·변화의 체계。

【文柄:문병】학문상의 권리。『姚合』相府執——。

【文簿:문부】뒷날에 상고할 글발과 장부。文案。『晉書』——盈積。

【文不加點:문불가점】글이 잘 되어 흠이 없음。『北史』——、辭理可觀。

【文備:문비】학문상의 준비。『史記』有文事者、必有武備、有武事者、必有——。

【文憑:문빙】증빙 서류。

【文思:문사】❶학문과 교양이 있고 생각이 깊음。『書·堯典』聰明——。❷문장 속에 담겨 있는 사상。❸글을 짓고자 하는 생각。『楊基』酒酣——涌。

【文士:문사】=文人②。『韓詩外傳』君子宜避三端、——之筆端、武士之鋒端、辯士之舌端。

【文書:문서】❶상고할 글발이나 장부。❷《法》소송법상 각인이 알아볼 수 있는 기호에 의하여 사상을 표시한 모든 것。❸계약이나 소유를 밝힌 서류。『漢書』——盈于几閣。

【文書損壞:문서손괴】《法》남의 문서를 손괴·隱匿 등의 방법으로 그 효력을 害하는 행위。

【文書僞造:문서위조】《法》권한 없이 남의 名儀의 문서를 꾸밈。

【文扇:문선】문짝。

【文選:문선】❶좋은 글을 뽑아 모음。또는 그 책。❷活版所에서 採字하는 것。❸《書》三〇권。梁의 蕭統(明昭太子)이 당시의 훌륭한 詩文을 모은 것。

【文選工:문선공】문선하는 직공。

【文宣王:문선왕】《人》孔子의 尊稱。唐 玄宗이 開元 二七년(七三六)에 追贈함。

【文勢:문세】글의 힘。

【文數:문수】고무신 따위의 치수。

【文繡:문수】❶무늬가 있는 수。❷아름다운 옷。『孟子·告子』所以人之不願——也。

【文殊菩薩:문수보살】《佛》如來의 왼편에 있는 보살로 智慧를 맡은 보살。

【文飾:문식】❶장식。『禮記』不——也。❷문장을 꾸밈。❸過失이나 잘못을 꾸며 댐。『南史』每有惡事、孔範必曲爲——。

【文識:문식】글과 지식。

【文身:문신】 살갗에 바늘로 찔러서 먹물 따위를 들인 글씨·그림·무늬。또는 그렇게 만든 몸。『禮記』東方曰夷、被髮――。

文身國(三才圖會)

【文臣:문신】 ≡文官。『宋史』――不愛錢。

【文雅:문아】 ❶文事에 뛰어나게 우미한 것。❷우아한 것。風流。『吳志』――斯貴。

【文案:문안】 ❶책상。『世說』關署――。❷文章의 초고。草案。『陸機』終朝理――。

【文弱:문약】 오직 글만 숭상하여 尙武의 풍이 없어지고 약해짐。『世說』士龍爲人、――可愛。

【文樣:문양】 무늬。

【文魚:문어】 《動》❶얼룩 무늬가 있는 물고기。❷잉어。❸《國》낙지과에 딸린 연체동물。

【文語體:문어체】 글말로 적는 문장의 체。↕口語體。

【文與筆:문여필】 ≡文筆。

【文藝:문예】 ❶文物과 학문。학문과 技藝。『大戴禮』有隱於――者。❷문학과 예술。❸문학·미술의 칭호。

【文藝家:문예가】 문예에 종사 하는 사람。소설가·시인·수필가·평론가·희곡 작가·시나리오 작가 등。

【文藝讀本:문예독본】 본보기가 될 만한 문학 작품을 추려 모아서 만든 책。

【文藝復興:문예부흥】 《歷》一四 세기에서 一六세기에 걸쳐 이탈리아에서 일어나 유럽 전체에 파급한 學術·藝術 上의 혁신 운동。휴머니즘을 주장함과 아울러 그리이스·로마 古典의 부흥을 목표로 하였음。

【文藝思潮:문예사조】 한 시대의 문학 예술을 움직이는 사상의 뚜렷한 흐름이나 경향。

【文藝年鑑:문예연감】 한 해 동안에 文壇의 온갖 일을 수집하여 기록한 책。

【文藝運動:문예운동】 문예에 대한 어떤 주의나 경향을 내 세우고, 동지를 모아 이를 주장해 나가는 것。

【文藝評論:문예평론】 문예 작품이나 작가에 대한 평론。

【文王:문왕】 ❶≡周文王。❷詩經 大雅의 篇名。

周文王(三才圖會)

【文王鼎:문왕정】 《國》검은 산화동으로 만든 화로。周 文王이 만든 솥을 모방하여 만든 것。

周文王鼎(搏古圖)

【文鰩:문요】 물고기 이름。「벗。날치。飛魚。

文鰩(三才圖會)

【文友:문우】 글로써 친한 벗。

【文運:문운】 ❶학문의 기운。『袁桷』清寧闡――、覽彼古帝都。❷문명의 기운。

【文垣:문원】 《制》❶弘文館의 別稱。❷藝文館의 別稱。

【文儒:문유】 문학에 능한 학자。『晉書』崇尙――。

【文意:문의】 글의 뜻。문장이 나타내는 뜻。文義。『元史』――蒼古。

【文人:문인】 ❶文德이 있는 사람。『詩經』告于――。❷문학에 능한 사람。『書·文侯之命·疏』追行孝道於世文德之人。❸文章을 잘 쓰는 사람。文學에 종사하는 사람。文士。❹詩文·書畫 등에 종사하는 사람。

【文字:문자】 ❶말의 음과 뜻을 표시하는 시각적 기호。글자。❷말。文句。『蘇轍·爲兄軾下獄上書』不知――輕易、迹涉不遜。

【文字癖:문자벽】 학문 또는 독서를 좋아하는 버릇。『陳造』生有――。

【文狀:문장】 ❶書狀。❷文牒。

【文章:문장】 ❶무늬。장식。文采。『史記』刻鏤――、所以養目也。❷禮樂·제도·교육 등 한 나라의 문화를 이루고 있는 것。또 그것이 발달하여 아름다운 모양。『論語』煥乎其有――。❸主語와 述語를 갖추어 한 사상을 나타낸 글。『典論』――經國之大業。❹文章家의 略語。

【文章家:문장가】 문장을 뛰어나게 잘 쓰는 사람。文豪。文雄。

【文章道:문장도】 글을 짓는 올바르고 떳떳한 태도나 법칙。

【文章論:문장론】 ❶문장에 관한 논설。❷단어의 연결, 글월 종류 따위의 문장 구조법을 다루는 문법의 한 부문。월갈。

【文章法:문장법】 ❶한 문장 중의 각 부분의 위치와 그 각 부분의 관계 따위에 관한 규칙。❷문장을 재치 있게 쓰는 방법。

【文章符號:문장부호】 문장과 문장을 가르며, 또는 문장의 부분을 서로 갈라서, 글의 뜻을 알아 보기에 쉽도록 하려고 치는 점。「.」「,」「?」「!」등。

【文才:문재】 글재주。글재간。

【文籍:문적】 책。서적。『孔安國·尙書序』造書契、以代結繩之政、由是――生焉。

【文典:문전】 ❶문법·어법을 설명한 책。❷文法。

【文藻:문조】 ❶≡文采。❷≡文章。『唐書』有――智數。❸詩文을 짓는 재주。

【文證:문증】 증명이나 증거를 글로 적은 표。『禮記·序』――詳悉、義理精審。

【文職:문직】 文官의 職。

【文鎭:문진】 책장이나 종이 쪽이 날리지 않도록 누르는 물건。書鎭。

【文質:문질】 글을 꾸미는 형식과 그 내용이 되는 바탕。곧 겉에 드러난 꾸밈과 속 바탕。

【文質彬彬:문질빈빈】 외양의 美와 내용의 美가 잘 어울려서 아름다운 모양。『論語·雍也』――、然後君子。

【文集:문집】 ❶한 사람의 글을 모아서 만든 책。『白居易』塵架多――。❷詩文을 모은 책。

【文采:문채】 장식。빛을 내는 것。文章。

【文牒:문첩】 관청의 서류。

【文治:문치】 학문·예술 따위에 의한 교화와 법률 따위로 평화스럽게 다스림。↕武斷。『杜牧』朝廷用――。

【文套:문투】 《國》❶글을 짓는 법식。❷글의 버릇。

【文風:문풍】 글을 숭상하는 풍습。

【文筆:문필】 ❶詩·歌·文章 따위를 씀。또는 그 기술。『陳書』。❷韻文과 散文。

【文筆家:문필가】 글 쓰는 것으로 業을 삼는 사람。文筆人。

【文筆勞動:문필노동】 문필을 직업으로 벌어 먹는 일。

【文學:문학】 ❶학문。학예。『史記』不喜――、好任俠。❷《制》㉠학문에 관한 관청。漢代에 시작하여 魏代에 制度化됨。㉡文宗 때에 설치한 太子府에 속한 벼슬。正六品。㉢恭讓王 때에 左右文學을 두어 五品官으로 되었음。㉣李朝 때 侍講院의 한 벼슬。世子에게 글을 가르침。品階는 正五品。❸詩歌·小說·戲曲에 관한 學術。❹思想·感情을 言語나 文字에 의하여 創作하는 藝術。詩·小說·戲曲 등。

【文學家:문학가】 문학을 창작、연구하는 사람。文學人。

【文學概論:문학개론】 문학 전반에 관한 概要를 연구하는 학문。또는 그 책。

【文學界:문학계】 ❶문학의 세계。문학의 영역。❷문학자의 사회。文壇。

【文學讀本:문학독본】 =文藝讀本。
【文學論:문학론】 ❶문예에 관한 理論。❷문예의 본질에 관한 이론。
【文學史:문학사】 문학의 역사적 발전을 연구하는 학문。
【文學青年:문학청년】 ❶문학을 애호하고 작가를 지망하는 청년。❷輕薄한 문예를 좋아하는 청년을 낮추어 하는 말。
【文翰:문한】 ❶글 짓는 일에 관계 되는 일。『晋書』詔命ㅣㅣ亦悉豫焉。❷문장에 능한 사람。
【文蛤:문합】 ❶《動》무명조개。❷《醫》五倍子。
【文獻:문헌】 ❶책과 賢人。❷옛날의 제도·문물을 알 수 있는 증거가 되는 것。❸문물 제도를 기록한 책。❹학문 연구에 참고가 될 만한 기록이나 책。
【文獻公徒:문헌공도】 《歷》高麗 私學 十二徒의 하나。
【文豪:문호】 文章이 매우 능한 사람。文筆로 이름난 사람。文學의 大家。『宋名臣言行錄』眞一代之ㅣㅣ也。
【文話:문화】 글에 관계된 이야기。文談。
【文華:문화】 ❶문명의 빛。문명이 번영하는 모양。『後漢書』敷ㅣㅣ、以緯國典。❷문장의 화려한 것。❸문학에 능한 사람。
【文化:문화】 ❶文德으로써 교화함。『說苑』ㅣㅣ不改、然後加誅。❷자연을 이용하여 인류의 이상을 실현하여 나아가는 정신 활동。❸세상이 開明해 가고 學問·藝術 등이 進步하는 것。『束晳』ㅣㅣ內緝、武功外悠。
【文化史:문화사】 과학·예술·교육·정치·법률·경제·풍속·종교 등의 발달과 변천을 통하여 人類의 精神的 社會的 所産을 계통적으로 서술한 歷史。
【文化人:문화인】 ❶문화적인 교양이 높은 사람。❷문화에 관한 일에 종사하는 사람。
【文化財:문화재】 ❶문화의 발전 과정에서 산출된 것。곧 학문·예술·종교·경제 따위。❷文化財保護法에 의하여 보호되는 有形·無形의 民俗的·史的·天然的 기념물의 總稱。
【文化主義:문화주의】 문화를 사회 생활의 중심으로 삼아 정신과 물질의 양면에 걸쳐 그 발달 진보를 꾀하는 주의。
【文化住宅:문화주택】 살기 좋게 개량하여 꾸민 신식 주택。
【文化哲學:문화철학】 문화의 理想을 탐구하려는 철학。
【文化村:문화촌】 문화인 또는 문화 주택이 많이 있는 마을。
【文勳:문훈】 ❶학문상의 공적。❷정치상의 공적。『蔡邕·黃鉞銘·序』。
◎經ㅣ、高ㅣ、古ㅣ、公ㅣ、歐ㅣ、具ㅣ、口ㅣ、國ㅣ、金石ㅣ、奇ㅣ、紀行ㅣ、箋ㅣ、節ㅣ、祭ㅣ、藻ㅣ、條ㅣ、弔ㅣ、主ㅣ、注ㅣ、呪ㅣ、重ㅣ、誌ㅣ、地ㅣ、天ㅣ、祝ㅣ、漢ㅣ、現代ㅣ、混ㅣ、戲ㅣ。

三 畫

【夆】 (거)『擧』(手部14畫)의 俗字

四 畫

【斉】 (제)『齊』(齊部0畫)의 略字

六 畫

【敉】 (반) 刪 ハン、まだら spotty
얼룩덜룩할반(斑也)。

七 畫

【斎】 (재)『齋』(齊部3畫)의 略字

【訔】 (예)『譽』(言部14畫)의 略字

【覔】 (각)『覺』(見部13畫)의 略字

【斋】 (재)『齋』(齊部3畫)의 略字

八 畫

【斌】 (빈) 眞 ヒン、うるわしい refined ㄅㄧㄣ pin¹
斌 草書 ❶빛날빈(文質貌)。❷아롱질빈(頒ㅡ相雜貌)。『份·彬』과 같음。
【斌斌:빈빈】 외양과 내용이 어울려 조화하여 섞인 모양。彬彬。『史記·儒林傳』ㅣㅣ多文學之士。『蔡邕』ㅣㅣ碩人。

【斐】 (비) 尾 ヒ、うるわしい refined ㄈㄟˇ fei³
斐 小篆 草書 ❶아롱질비(分別文)。『易』君子豹變 其文ㅣ也。❷문채날비(文章相錯)。『詩經』萋兮ㅣ兮成是貝錦。
【斐斐:비비】 ❶가벼운 모양。❷아름다운 모양。『揚戲』漢麗辭理、ㅣㅣ有光。「양」。
【斐然:비연】 무늬가 있고 아름다운 모양。

【斑】 (반) 刪 ハン、まだら spotted ㄅㄢ pan¹
斑 草書 ❶아롱질반(雜色)。❷얼룩질반。『禮記』貍首之ㅣ然。
【斑鳩:반구】 《動》산비둘기。
【斑斕:반란】 ❶여러 빛깔이 섞여서 알록달록하게 빛남。❷《醫》천연두가 부르터 곪아 터져서 문드러짐。
【斑蝥:반모】 《動》가뢰。
【斑猫:반묘】 ❶《動》반묘科에 속하는 곤충。甲蟲의 하나。❷《醫》가뢰를 한방에서 부르는 이름。(瘰癧에 씀)。
【斑文:반문】 얼룩진 무늬。『司馬相如』被ㅣㅣ、跨野馬。
【斑紋:반문】 =斑文。
【斑駁:반박】 ❶뒤섞여 아롱짐。『後漢書』見非常ㅣㅣ、好聚觀之。❷뒤섞여 서로 같지 않음。
【斑髮:반발】 흰 털이 섞인 머리。
【斑白:반백】 흰 머리털이 절반이나 섞임。또는 그 사람。半白。『禮記』ㅣㅣ之者、不提挈。
【斑巖:반암】 얼룩얼룩한 바윗돌。
【斑衣:반의】 여러가지 빛깔의 옷감으로 만든 때때옷。『蒙求』老萊ㅣㅣ。
【斑節蝦:반절하】 《動》새우。
【斑點:반점】 얼룩진 점。
【斑紬:반주】 아랑주。
【斑竹:반죽】 얼룩무늬가 있는 觀賞用의 대나무。『唐書』嶺南雷州、上貢ㅣㅣ。
【斑指:반지】 한 짝으로만 된 가락지。
【斑蜘蛛:반지주】 《動》얼룩줄거미。
【斑布:반포】 반베。

九 畫

【斒】 (반) 刪 ハン、まだら spotted ㄅㄢ pan¹
斒 草書 아롱질반(ㅡ爛色不純貌)。

【斔】 (환) 翰 カン、あや patterned
문채날환(ㅡ爛文采)。

十一 畫

【斄】 (리) 支 リ、ほそくえがく draw a fine line
가늘게 그을리(微畫)。

十五 畫

【斔】(유) 麌 ユ、ます measure
열여섯말들이유(十六斗入)。(『㪷』와 같음)

十七畫

【斕】(란) 刪 ラン、あや beautiful colouring
(草書) ❶아롱질란(色雜)。❷문채날란(文采)。〔蘇軾詩〕曉得異石青ㅣ斑。

斗 部

【斗】(두) 有 ト、トウ、ます Korean measure ㄉㄡˇ tou³
(小篆)(草書) ❶말두(量名、十升)。「열되들이」。〔史記〕平ㅣ斛度量。❷구기두(酒器勺也)。〔詩經〕酌以大ㅣ。❸글씨두(科ㅣ書形)。〔尙書序〕皆科ㅣ文字。❹별이름두(星名北ㅣ、南ㅣ)。❺문득두(忽也)。

漢素斗(西淸續鑑)

【斗斛:두곡】❶말。❷한 말과 한 섬。❸얼마 안 되는 분량。❹되질하는 일。
【斗穀:두곡】말 곡식。
【斗起:두기】우뚝 솟음。
【斗膽:두담】❶한 말들이 만한 담。담이 큼。大膽。〔胡曾〕推葛亮之心、負姜維之ㅣㅣ。❷매우 큰 쓸개。
【斗頓:두돈⇨두둔】편들어 감싸 줌。
【斗落:두락】논밭의 면적 단위。마지기。
【斗量:두량】❶말로 분량을 됨。❷말로 될 만큼 분량이 많음。〔吳志·註〕車載ㅣㅣ、不可勝數。
【斗米:두미】❶한 말의 쌀。(轉)밥을 많이 먹음。〔史記·廉頗藺相如傳〕一飯、ㅣㅣ肉十斤。❷얼마 되지 않는 봉급。
【斗柄:두병】(天)北斗七星의 국자 모양의 자루에 해당되는 세개의 별。〔周禮〕。
【斗星:두성】(天)北斗七星의 略語。
【斗筲之材:두소지재】그릇이 작은 보잘 것 없는 재능。〔論語·子路〕。
【斗室:두실】한 말 들이 만한 방。아주 좁은 방。〔黃庭堅·詩〕ㅣㅣ何來豹脚蚊。
【斗然:두연】❶문득。❷우뚝하게 솟은 모양。
【斗屋:두옥】아주 작은 집。
【斗牛:두우】❶北斗星과 牽牛星。또는 南斗星과 牽牛星。〔蘇軾〕徘徊於ㅣㅣ之間。❷蚪(규、용의 일종)。明代에 功績이 있는 신하에게 주던 옷으로 繡를 노았음。

斗牛(三才圖會)

【斗入:두입】모가 지고 날카롭게 먹어 들음。〔史記·封禪書〕
【斗儲:두저】적은 저축。〔左思〕內顧無ㅣㅣ。
【斗絕:두절】❶매우 험준함。〔史記·註〕❷멀리 떨어짐。
【斗酒:두주】❶한 말의 술。〔後漢書〕ㅣㅣ隻雞。❷많은 술。〔漢書〕ㅣㅣ自勞。❸적은 술。〔陶潛·飲酒詩〕ㅣㅣ聚比鄰。
【斗酒不辭:두주불사】말술도 사양하지 않음。주량이 매우 큼。
【斗出:두출】산세가 험준하게 쑥 내밀음。
【斗護:두호】돌보아 줌。두둔함。
◎南ㅣ、漏ㅣ、北ㅣ、泰ㅣ。

三畫

【㪳】(승) 蒸 ショウ、のぼる climb
오를승(登也)。(『昇』과 통함)

五畫

【㪵】(반) 翰 ハン、わける devide
(小篆) 되어서반분할반(量物分半)。

六畫

【㪶】(알) 曷 アツ、くむ scoop by measure
말로되어담을알(斗量取物)。

【料】㊀(료) 嘯 ㊁(료) 蕭 リョウ、はかる estimate;cost ㄌㄧㄠˋ liao⁴
(小篆)(草書) ㊀❶될료、말질할료(量也)。〔史記〕嘗爲季氏吏ㅣ量平。❷고계할료(ㅣ理計也)。❸셀료(數也)。〔周禮〕ㅣ民于太原。❹잡아다릴료(捋也)。〔史記 李斯傳〕君侯自ㅣ、能孰與蒙恬。❺소고료(樂器小鼓)。❻대금료(代金)。「ㅣ金」。㊁❶헤아릴료(度也)。❷다스릴료(理也)。❸녹료(祿也)。❹거리료、가음료(人物材質)。

【料簡:요간】헤아려 고름。〔蔡邕〕ㅣㅣ貞實。
【料金:요금】수수료로 주는 돈。
【料得:요득】헤아려 얻음。상상하여 알음。〔杜甫〕蒼天變化誰ㅣㅣ。
【料理:요리】❶처리함。관리함。〔晉書〕桓沖謂曰、卿在府日久、比當相ㅣㅣ。❷시중들음。주선해 줌。❸음식물을 조리함。또는 그 음식。
【料理店:요리점】요릿집。
【料米:요미】급료로 내어 주는 쌀。
【料外:요외】뜻밖。생각 밖。
【料率:요율】요금의 정도。비율。
【料亭:요정】요릿집。
【料峭:요초】봄바람이 찬 모양。〔蘇軾·詩〕漸覺東風ㅣㅣ寒。
【料度:요탁】남의 심중을 헤아림。

七畫

【㪷】(두)『斗』(斗部0畫)의 俗字

【斛】(곡) 屋 コク、ます ㄏㄨˊ hu² (古音「혹」)
(小篆)(草書) 열말들이 휘곡、휘곡(量名)。〔漢書〕ㅣ者角斗平多少之量也。

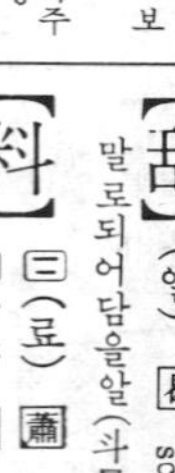
斛(三禮圖)

【斛口:곡구】말(量器)로 된 분량。
【斛斗:곡두】말(量器)의 總稱。
【斛量:곡량】곡식을 휘(量器)로 되는 일。
【斛二:곡이】一石二斗의 略。

【斜】㊀(사) 麻 ㊁(야) 麻 シャ、ななめ inclined ㄧㄝˊ yeh²
(小篆)(草書) ㊀❶빗길사(不正横也)。〔靈光殿賦〕枝掌杈枒而ㅣ據。❷흩어질사(散也)。❸잡아당길사(抒也)。㊁고을이름야(梁州谷名褒ㅣ)。

【斜角:사각】(數)直角에 대하여 銳角·鈍角의 總稱。
【斜景:사경】❶비스듬히 비친 그림자。❷저녁 해。(轉)老人。
【斜逕:사경】비탈길。〔元行恭〕草深ㅣㅣ沒、水盡曲池空。
【斜頸:사경】병적으로 구부러진 목。
【斜橋:사교】기울게 놓은 다리。
【斜路:사로】❶비탈길。❷비껴 나간 길。
【斜籠:사롱】대문이나 중문 위에 댄 창살。
【斜面:사면】❶비스듬한 바닥。❷(數)하나의 平面에 대하여 직각 이외의 각을 이룬 平面。❸고개나 山麓과 같이 비스듬하게 생긴 地面。
【斜面描寫:사면묘사】정면이 아닌 엇비슷한 방향에서 대상을 그려 내는 일。

【斜方形:사방형】 맞변이 서로 평행하고 그 낀 각은 직각이 아닌 사변형。

【斜邊:사변】《數》❶직각 삼각형의 가장 긴 변。❷평면다각형의 한 변을 저변으로 보았을 때 이와 비껴 마주치는 다른 변。

【斜插:사삽】 비껴서 꽂음。〖白居易〗水邊——一漁竿。

【斜線:사선】《數》하나의 평면 또는 직선에 대하여 수직도 평행도 아닌 선。

【斜視:사시】 ❶눈을 흘겨 봄。〖何遜〗托——于遺簪。❷사팔눈으로 봄。

【斜眼:사안】 흘겨 보는 눈。

【斜陽:사양】 서쪽으로 기울어진 해。저녁해。夕陽。〖杜牧〗暮靄生深樹——下小樓。

【斜影:사영】 비스듬히 비친 그림자。저녁해 또는 달에 비친 그림자。〖王僧孺〗翠枝結——。

【斜月:사월】 넘어가는 달。기울어진 달。〖元好問〗春閨——繞。「ㅡ。

【斜日:사일】 =斜陽。〖虞世南〗綠野明—

【斜截:사절】 비스듬하게 베어 냄。

【斜截面:사절면】 비스듬하게 잘라낸 바닥。경사지게 잘라낸 면。「光。

【斜照:사조】 =斜陽。〖上官儀〗——蕩秋

【斜塔:사탑】 비스듬하게 기울어진 탑。

【斜皮:사피】 ❶장고의 줄을 조절하는 가죽 고리。❷=皺皮。

【斜巷:사항】 유곽이 줄비한 거리。遊興街。狹斜한 거리의 뜻。

【斜暉:사휘】 저녁 햇빛。夕暉。〖蘇軾〗抱琴無語立——。

◎傾—、横—。

八畫

【斛】 (방) 陽 ホウ、あふれる brimful
넘게될방(量溢)。(『斛』의 本字)

九畫

【斝】 (가) 馬 カ、さかずき precious stone cup
小篆 草 書 옥잔가(玉爵)。ㄐㄧㄚˇ chia³ 〖詩經〗洗爵奠—。

(圖物名) 彝

【斝耳:가이】 玉으로 만든 술잔。

【斝彝:가이】 宗廟 祭享에 쓰는 祭器의 하나。

【斞】 (유) 虞 ユ、ます cubic measure
小篆 얼엿말들이휘유(量名十六斗)。〖周禮〗絲三邸漆三—。(『庾』와 通함)

【斟】 (짐) 侵 シン、くむ dip up (本音「침」)
小篆 草 書 ❶구기짐(勺也)。ㄓㄣ chen¹ 〖楚辭〗彭鏗—雉帝何饗。❷짐작할짐(—酌計也)。〖周語〗而後王—酌也。❸마음 머뭇거릴짐 (—愖遲疑)。〖後漢書〗意—愖而不濟。

【斟量:짐량】 =斟酌。

【斟愖:짐심】 머뭇거림。주저주저함。遲疑。〖後漢書〗志——而不濟。

【斟酌:짐작】 ❶술 따위를 따라 서로 주고 받음。❷事物을 헤아리고 事情을 참작하여 잘 처리함。〖蘇軾〗願子留——、敍我平生親。❸어림으로 헤아림。〖諸葛亮〗—「—損益。

【斟酒:짐주】 술을 떠서 마심。

十畫

【斢】 (조) 蕭 チョウ、ます measure
小篆 귀달린휘조(斛旁耳古量器)。

【斠】 (각) 覺 カク、はかる strickle
小篆 草 書 ❶평미레각、ㄐㄧㄠˋ chiao⁴ 고무래각(平斗斛)。❷될각(量也)。

【斡】 (간) 旱 カン、アツ、めぐる manage (古音「관」)
㊁(알) 曷
小篆 草 書 ㊀❶구를간(轉也)。ㄍㄨㄢˇ kuan³ ❷옮길간(運也)。〖漢書〗—棄周鼎。❸주장할간(主也)。〖漢書〗欲擅—山海之貨。❹자루간(柄也)。
㊁돌알(旋也)。

【斡流:알류】 돌아 흐름。〖賈誼〗——而遷兮。

【斡旋:알선】 ❶돌음。돌림。❷세력을 되돌려서 모자란 데를 보충함。❸남의 일을 돌보아 줌。周旋。〖蘇轍〗二三卿士、代天——。

【斡運:알운】 돌아감。旋轉運行。〖張華〗「大儀——。

【斡維:알유】 빙빙 회전하는 물건을 잡아 매어 두는 中軸。〖楚辭·天向〗——焉繫。

十一畫

【斠】 (루) 有 ロウ、かすめる plunder
❶겁탈할루(斠—兵奪人物)。❷노략질할루(掠也)。

【斣】 (위) 未 イ、ひのし iron
㊁(울) 物
㊀다리미위(火斗)。㊁다릴울(持火展布)。(『熨』과 같음)

十二畫

【斢】 (주) 有 トウ、うばう plunder (古音「두」)
겁탈할주(—斢兵奪人物)。

十三畫

【斶】 (축) 屋 ショク、はかる strickle
小篆 ❶평미레축(斛也)。❷맞걸릴축(相易物俱等)。

【斸】 (구) 虞 ク、くむ dip up
小篆 ❶뜰구(挹也)。〖詩經〗不可以挹酒漿。❷구기질할구(酌也)。〖儀禮註〗勺尊升所以—酌也。

斤部

【斤】 (근) 文 キン、おの axe
㊁(근) 問
小篆 草 書 ㊀❶근근、ㄐㄧㄣ chin¹ 열엿량중근(權輕重器十六兩)。❷도끼근(斫木器)。〖孟子 梁惠王上〗斧—以時入山林。❸날근(剞劂總稱)。
㊁❶도끼근(釿也)。❷밝게 살필근(明察)。〖詩經〗——其明。

【斤斤:근근】 ❶밝게 살피는 모양。〖詩經〗——其明。❷불쌍히 여기는 것。〖後漢書〗——謹愼。

【斤兩重:근량중】 물건의 무게。

【斤斧:근부】 큰 도끼。〖淮南子〗草木未落、——不得入山林。「셈。

【斤數:근수】 근 단위로 된 저울 무게의

一畫

【斥】 (척) 陌 セキ、しりぞける repulse
小篆 草 書 ❶가리킬척(指也)。ㄔˋ ch'ih⁴ 〖後漢書〗擬—乘輿。❷개척

할척(開也)。❸넓힐척(廣也)。❹쫓을척(逐也)。❺【書經】海濱廣ㅣ。 물리칠척(擯也)。【左傳】大國之求無禮以ㅣ之何饜之有。❻개펄척(鹹也)。【漢志】除山川沈ㅣ。❼언덕척(澤厓)。【西京賦】絕阬踰ㅣ。❽내칠척(屛除)。【史記】王使郞中令ㅣ免。❾망군척(ㅣ候望也)。【史記】然亦遠ㅣ候未嘗遇害。❿나타날척(現也)。【左傳襄公三十一年】盜賊充ㅣ。

【斥拒:척거】 배척하여 거절함。

【斥譴:척견】 꾸짖어서 물리침。 내쳐서 꾸짖음。『後漢書』黃門宦者、一皆ㅣㅣ。

【斥棄:척기】 내쳐서 버림。『韓愈』ㅣㅣ輿馬、背厥孫。

【斥賣:척매】 싼 값으로 마구 팔음。『史記』及衆、ㅣㅣ求奇繒物。

【斥兵:척병】 =斥候。『史記』犯秦ㅣㅣ。

【斥邪:척사】 邪氣나 邪教를 물리침。

【斥言:척언】 남을 물리치는 말。

【斥竄:척찬】 내쳐서 귀양 보냄。『遼史』ㅣㅣ邊郡。

【斥逐:척축】 쫓아 냄。『史記』西北ㅣㅣ匈奴。

【斥黜:척출】 내침。물리침。『後漢書』ㅣㅣ佞邪。

【斥退:척퇴】 물리침。『後漢書』微過ㅣㅣ。

【斥和:척화】 和議를 물리침。

【斥和碑:척화비】 《歷》李朝 때 斥洋鎖國에 관한 글을 새긴 碑。高宗 八년 大院君이 丙寅·辛未洋擾를 물리친 후 서울 각처에 세웠음。

【斥候:척후】 몰래 적의 형편을 살핌。또는 그 군사。斥兵。『左傳』納ㅣㅣ、禁侵掠。◎排ㅣ、擯ㅣ、逐ㅣ。

四 畫

【斧】(부) 麌 フ、おの axe ㄈㄨˇ fu³

小篆 草書 ❶도끼부(斫木器)。【孟子】ㅣ斤以時入山林。❷언월도부(ㅣ鉞儀仗)。(『鈇』와 통함)

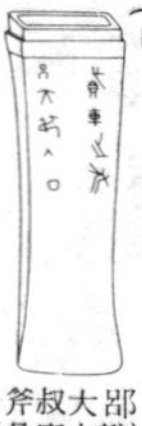

郘大叔斧 (擊古鏄彝器款識)

【斧斤:부근】 도끼。『孟子·梁惠王』ㅣㅣ以時入山林。

【斧鉞:부월】 ❶큰 도끼。《轉》무거운 형벌。❷임금이 出征하는 大將에게 주던 도끼。❸손을 봄。修正하는 것。

【斧鉞當前:부월당전】 중형으로 죽음이 앞에 닥쳤다는 뜻。

【斧鉞之下:부월지하】 임금의 위엄을 가리키는 말。

【斧鑿痕:부착흔】 ❶도끼와 끌로 다듬은 흔적。❷詩나 문장에 기교를 다한 흔적。『宣和畫譜』如良工之無斧鑿之痕。

【斧鑊:부확】 목을 벰과 솥에 삶음。極刑。『徐慶』甘從ㅣㅣ。

五 畫

【斨】(장) 陽 ソウ、ショウ、おの axe

草書 ❶괴구멍모진도끼장(方銎斧)。❷찍을장(戕也)。

【斪】(구) 虞 ク、さく cut with a axe

小篆 ❶쪼갤구(斫也)。❷호미구(鋤屬)。

【斫】(작) 藥 シャク、きる cut with a sword

草書 ❶쪼갤작、찍을작(刀ㅣ擊也)。❷베어낼작(切也)。【後漢書、呂布傳】呂布拔戟ㅣ機。

【斫刀:작도】 작두。

【斫木:작목】 벤 나무。

【斫伐:작벌】 나무를 찍어서 냄。

【斫刈:작예】 베어 죽임。斬殺。『金史』應敵力戰、ㅣㅣ甚多。

【斫斬:작참】 칼로 벰。『枚乘』ㅣㅣ以爲琴。

【斫破:작파】 찍어 둘로 쪼갬。

六 畫

【斱】(격) 陌 カク、たたかう fight ㄓㄨㄛ́ chuo²

❶싸움할격(爭鬪)。❷다툴격(爭也)。❸잡을격(捕也)。(『㦸』과 같음)

七 畫

【斬】(참) 豏 ザン、きる cut ㄓㄢˇ chan³

小篆 草書 ❶끊을참、베일참(截也)。【孟子離婁下】君子之澤五世而ㅣ。❷목베일참(斷首)。【十八史略】ㅣ首數萬。❸죽일참(殺也)。【詩經】ㅣ伐四國。❹상복에 도련아니할참(ㅣ衰喪服不緝)。❺거상입을참(居喪)。

【斬奸:참간】 惡人을 베어 죽임。

【斬級:참급】 적의 목을 벰。또는 벤 적의 목。斬首。『宋史』招納羌人者、與ㅣㅣ同賞。

【斬伐:참벌】 ❶쳐서 멸망시킴。『詩經』ㅣㅣ四國。❷죄인을 베어 죽임。『漢書』ㅣㅣ不避貴勢。❸나무를 벰。『呂氏春秋』命虞人、入山行木、無或ㅣㅣ。

【斬死:참사】 칼맞아 죽음。

【斬殺:참살】 ❶목을 베어 죽임。❷《制》형벌의 이름。斬은 도끼로 죽이고、殺은 칼로 죽임。『周禮』ㅣㅣ賊諜。

【斬首:참수】 목을 벰。또는 그 머리。『史記』攻城先登、ㅣㅣ二十三級。

【斬新:참신】 가장 새로움。嶄新。唐代의 方言으로 斬은 매우 대단히의 뜻。『杜甫』ㅣㅣ花蕊未應飛。

【斬刈:참예】 ❶초목을 벰。『論衡』鉤鎌ㅣㅣ。❷베어 죽임。『金史』ㅣㅣ甚衆。

【斬截:참절】 목을 베고 수족을 끊음。

【斬釘截鐵:참정절철】 의심없이 딱 결정하여 처리함。

【斬罪:참죄】 목을 베는 형벌。

【斬草除根:참초제근】 걱정이나 재앙이 될 일은 뿌리째 뽑아야 한다는 말。

【斬刑:참형】 목을 베는 형벌。

八 畫

【断】(단)『斷』(14斤部畫)의 略字

【斮】㊀(착) 覺 ㊁(작) 藥 サク、きる cut ㄓㄨㄛ́ chuo⁴

小篆 草書 ㊀벨착(斬也)。【書經泰誓】ㅣ朝涉之脛。㊁쪼갤작(斫也)。【史記】因齊後至則ㅣ。㊁(『斫』과 같음)

【斯】(사) 支 シ、この、これ ,this

小篆 草書 ❶쪼갤사(析也)。【詩】斧以ㅣ之。❷이사(此也)。「代名詞」。【詩經】何ㅣ違ㅣ。❸곧사(即也)。【書經】大木ㅣ拔。❹말그칠사(語已辭)。❺천할사(賤也)。【屈原 漁父辭】何故至於ㅣ。

【斯界:사계】 이 방면의 사회。

【斯道:사도】 이 길。성인의 길。儒道。『論語』何莫由ㅣㅣ也。

【斯盧國:사로국】 《歷》옛 나라 이름。弁「韓에 속함。

【斯文亂賊:사문난적】 유교에서 그 교

리에 어긋나는 언동을 하는 사람을 일컫는 말。

【斯世:사세】 이 세상。

【斯須:사수】 잠시。須臾。『禮記』禮樂不可ㅣㅣ去身。

【斯業:사업】 이 사업。 또는 이 일。

【斯螽:사종】 《動》메뚜기。

【斯學:사학】 이 학문。 그 학문。

【斮】 (기)『剞』(刀部 8畫)와 같음

九 畫

【新】 (신) 眞 シン、あたらしい ㄒㄧㄣ hsin¹ new; fresh

小篆 草書 ❶새 신、처음 신、새로울 신(初也)。『易經 大畜』日ㅣ其德。❷고울 신(鮮也)。❸새롭게할 신(革其舊)。『李商隱雜纂隔壁聞語』ㅣ娶婦。❹옛나라 이름 신。

【新刊:신간】 책을 새로 냄。 새로 刊行한 도서。

【新墾:신간】 땅을 새로 개간함。

【新墾地:신간지】 새로 일구어서 농토로 만든 땅。

【新幹會:신간회】 《歷》韓日合倂 후 조직한 民族運動團體。會員數는 三만여 이었으며 초대 회장은 李商在이었음。國內外에 支部를 설립함。光州學生事件에 관여하여 많은 인사가 투옥되고 해체당함。

【新件:신건】 새것。 새로운 事件。

【新傾向派:신경향파】 一九二〇년 전후에 우리 나라 문단에 등장한 사회 주의 문학파。

【新古典主義:신고전주의】 二〇세기 초기에 유럽에 일어난 예술 운동。 문학에서는 자연주의、신낭만주의、미술에서는 인상주의・입체파 등에 반항하여 고전적인 端正을 부활시키려던 민족 문화를 기본으로 한 새로운 고전주의。

【新曲:신곡】 새로 지은 음악의 곡。『魏文帝』絃歌奏ㅣㅣ。

【新穀:신곡】 햇곡식。『論語』舊穀既沒ㅣㅣ既升。

【新官:신관】 ❶새로 임명된 관리。❷새로 부임한 관리。↔舊官。

【新教:신교】 《宗》기독교의 일파。 로마 구교에 반대하여 一六 세기 도이치 사람 마르틴 루테르(Martin Luther : 一四八三~一五四六)가 일으킴。

【新舊:신구】 새 것과 묵은 것。 새 물건과 낡은 물건。 新古。『晉書』撫納ㅣㅣ。

【新舊官:신구관】 신관과 구관。

【新舊思想:신구사상】 새로운 사상과 오래 되어 낡은 사상。

【新舊書籍:신구서적】 새 책과 헌 책。

【新局面:신국면】 새로 벌어지는 국면。

【新規:신규】 ❶새로 베푼 규칙。『文獻通考』立ㅣㅣ。❷새로운 것。

【新劇:신극】 가면극・신파극에 대하여 일어난 새로운 경향의 연극。서양 근대극에 영향을 입고 새로운 시대 감각을 불어넣어 현대인의 생활 감정을 반영하려는 연극。

【新奇:신기】 새롭고 기이함。『宋史』今皆以爲陳腐、而別取ㅣㅣ之說。

【新記錄:신기록】 기왕에 있었던 기록보다 뛰어난 새로운 기록。

【新紀元:신기원】 ❶새로운 기원。❷劃期的인 사실로 말미암아 새로운 방향으로 나아가게 된 새로운 시대。

【新機軸:신기축】 새로 생각해 낸 방법。

【新浪漫主義:신낭만주의】 一九세기 말엽부터 상징주의와 더불어 자연주의에 대한 반동으로서 나타난 낭만적 경향의 사상。

【新年:신년】 새해。『後漢書』凡歲將終、奏ㅣㅣ曆。

【新畓:신답】 《國》새로 만들거나 산 논。

【新大陸:신대륙】 《地》南北 아메리카와 오스트레일리아。↔舊大陸。

【新都歌:신도가】 樂章。李朝 太祖 때 鄭道傳이 지음。새로 도읍을 정한 漢陽을 찬양한 작품으로 樂章歌詞에 전함。

【新羅:신라】 《歷》王朝 이름。B. C. 五七~九三五 三國의 하나。辰韓 땅에서 朴赫居世가 六部村長의 추대로 왕위에 올라 建國。二九대 太宗武烈王 때 百濟・高句麗를 멸망시키고 三〇대 文武王 때 韓半島를 통일하였으며 五六대 敬順王 때 高麗에 망함。

【新羅坊:신라방】 《歷》新羅 三國統一후에 唐에 설치된 新羅人의 居留地。 특히 文登縣에 있는 新羅坊이 유명함。

【新羅三寶:신라삼보】 《歷》新羅 시대의 예술 작품인 丈六金像・九層塔・聖帝玉帶의 세 가지 國寶。

【新郎:신랑】 새로 결혼한、 또는 결혼하는 남자。↔新婦。

【新來:신래】 ❶새로옴。❷새로 文科에 급제한 사람。新恩。

【新涼:신량】 초가을의 서늘함。『韓愈』ㅣㅣ入郊墟。

【新曆:신력】 ❶새해의 책력。『隋書』頒ㅣㅣ。❷태양력。↔舊曆。陰曆。

【新綠:신록】 초목의 새 잎의 푸른 빛。늦봄에서 첫여름에 걸쳐 볼 수 있는 잎의 푸른 빛。『白居易』風吹ㅣㅣ草芽拆。

【新面目:신면목】 새로운 면목。

【新聞:신문】 ❶새로운 소식。❷뉴우스나 여론을 빨리 보도하는 정기 간행물。❸新聞紙의 略語。

【新聞廣告:신문광고】 신문에 실려 알리는 광고。

【新聞記者:신문기자】 신문 記事의 取材・蒐集・편집을 담당한 사람의 總稱。

【新文明:신문명】 새 시대의 새로운 文明。

【新聞社:신문사】 신문을 발간하는 곳。

【新聞小說:신문소설】 신문에 여러 회로 連載하는 소설。

【新聞眼:신문안】 흔히 여러 사람이 주의하지 못하고 무심히 넘겨 버리는 곳에서 새 소식을 발견하는 才致。

【新文藝:신문예】 흔히 自然主義 이후의 문학 예술을 일컬음。 새로운 경향의 文學 예술。

【新聞紙:신문지】 신문을 박아 낸 종이。

【新聞學:신문학】 신문을 대상으로 하여 그 편집・印刷・發行・發賣 등에 관하여 연구하는 학문。

【新文學:신문학】 一九세기 말 특히 甲午更張 이후 開化 사상에 따라 일어난 새로운 形式・내용의 문학 및 그 이후의 現代 문학의 總稱。

【新文化:신문화】 새 시대의 새로운 문화。

【新發明:신발명】 새로운 발명。

【新房:신방】 신혼 부부를 위해 새로 꾸민 침실。

【新法:신법】 ❶새 방법。❷새로 制定된 법률。❸《歷》宋 神宗 때 王安石이 만든 青苗法・保安法 들의 새로운 정책。『宋史・王安石傳』號爲ㅣㅣ。

【新兵:신병】 새로 뽑은 군사。

【新報:신보】 새 소식。 또는 그것을 쓴 것。 신문。『伊洛淵源錄』、人云有ㅣㅣ云。

【新補受教輯錄:신보수교집록】 《書》二권 一책。法典類。李朝 英祖의 명으로 지음。肅宗 때의 受教輯錄 이후의 教令을 모은 것。 受教輯錄에서 빠진 것도 보충 수록했음。

【新本:신본】 ❶아직 더럽혀지지 않은 새 책。❷새로 나온 책。新刊。↔舊本。

【新婦:신부】 새로 결혼한 색시、 또는 결혼하는 여자。↔新郎。

【新婦禮:신부례】 새 색시가 처음 시집

올·때에 올리는 예식。

【新四六版：신사륙판】 보통 四六版 보다 조금 작은 책의 版。

【新思想：신사상】 새로 일어난 사상。

【新事業：신사업】 새로운 사업。

【新山：신산】 새로 이룬 산소가 있는 산。

【新生：신생】 ❶새로 생김。 ❷미숙한 書生。 ❸새로 싹을 틈。

【新生代：신생대】 《地》지질학에서 가장 새로운 시대。 哺乳類·顯花植物이 많이 발달하고、 육지가 거의 현대와 같이 된

【新生面：신생면】 새 방면。 「시대。

【新生命：신생명】 새로운 믿음으로 마음이 一變한 상태。

【新生活：신생활】 마음이나 방법을 새롭게 꾸민 생활。

【新石器時代：신석기시대】 《歷》석기 시대에서 가장 문화가 發達되었던 시대。

【新選：신선】 새로 가려서 뽑음。

【新鮮：신선】 ❶새롭고 산뜻함。『李咸用』傾筐短甑蒸——。 ❷고기가 썩지 않고 싱싱함。 ❸《中》珍貴함。

【新設：신설】 새로 설치함。

【新說：신설】 새로운 학설이나 風說。『俗語錄』務立——。

【新歲：신세】 새해。

【新世界：신세계】 ❶새 세계。 ❷새로 발견된 나라。

【新小說：신소설】 ❶主題·形式 등이 새로운 小說。 또는 새로운 시대의 小說。 ❷甲午更張 이후의 開化期를 배경으로 하여、 묵은 制度의 타파、 새 문화 생활 등을 主題로 창작된 一群의 과도기적 小說。

【新愁：신수】 지금까지 없었던 새로운 근심。『陸游』——宿醉兩參差。

【新詩：신시】 ❶새로 지은 시。『杜甫』——改罷自長吟。 ❷새로운 형식으로 지은 시。 ❸新體詩。

【新市街：신시가】 도시의 새로 벋어 나가 발전한 市街地。↕舊市街。

【新式：신식】 새로운 방식。 새로운 형식。『北史』不依——者、悉追停之。

【新芽：신아】 새로 돋은 싹。 「악。

【新樂：신악】 새로운 음악。 곧 서양 음

【新案：신안】 새 考案。 새로이 생각해 낸 것。 새로운 제안。

【新約：신약】 《宗》❶그리스도가 이 세상에 온 뒤 하나님이 인간에게 한 약속。↕舊約。 ❷新約聖書의 略語。

【新藥：신약】 ❶서양 의학에 의하여 調劑된 약。 ❷최근에 새로 발견된 약。 ❸洋藥。↕漢藥。

【新約聖書：신약성서】 ＝新約全書。

【新約全書：신약전서】 《宗》 기독교의 경전。 그리스도가 난 이후의 記事를 모은 聖書。

【新語：신어】 새로이 생긴 말。 또는 외국어가 우리 말로 녹아버린 外來語。

【新女性：신여성】 신식 교육을 받은 여자。 신 시대의 여성。↕舊女性。

【新譯：신역】 새로운 번역。

【新銳：신예】 새롭고 기세가 날카로움。

【新元：신원】 새해。 설날。

【新圓寂：신원적】 갓 죽은 사람。

【新月：신월】 ❶음력 三·四일 경의 달。 초생달。 ❷음력 초하루。 ❸갓 돋은 달。『白居易』三五夜中——色。

【新恩：신은】 ＝新來。

【新義：신의】 새 뜻。 새로운 의미。『晉書』王接注公羊春秋、多有——。

【新醫：신의】 洋醫의 俗稱。

【新異：신이】 신기하고 이상함。

【新人：신인】 ❶새로 맞은 부인。 먼저 부인에 대한 말。 ❷新婦。 ❸아내가 남편을 가리켜서 하는 말。 ❹새로운 思想이나 수완을 가진 사람。 ❺새로 이름이 난 사람。

【新人物：신인물】 ❶새로 참가한 사람。 ❷새로 나타난 사람。

【新任：신임】 새로 임명됨。 「들어옴。

【新入：신입】 어느 단체나 모임에 새로

【新入舊出：신입구출】 새 것이 들어오고 묵은 것이 나감。 곧 새 것과 헌 것이 서로 바뀜。

【新入生：신입생】 새로 입학한 학생。

【新字：신자】 새로 만든 글자。

【新作：신작】 ❶새로 만들음。 ❷새로운 그 作品이나 著述。『春秋』春——南門。

【新斫：신작】 새로 벤 장작。

【新作路：신작로】 새로 만든 큰 길。 새로 낸 길。

【新粧：신장】 새로 단장함。『陳後主』——艷質本傾城。

【新裝：신장】 ❶새로 장치함。 또는 새로운 장치。 ❷새로운 服裝。 「책。

【新著：신저】 새로 저술함。 새로 저술한

【新接：신접】 ❶따로 살림을 차려 새 살림을 이룸。 ❷타향으로부터 새로 들어와 살음。

【新正：신정】 ❶새해의 정월。 ❷양력설。

【新政：신정】 새로운 정치。

【新情：신정】 새로 든 정。↕舊情。

【新訂：신정】 새롭게 고침。

【新制：신제】 ❶새 제도。 ❷새로운 體制。

【新製：신제】 새로 지음。 또는 그 물건。 新造。『陶潛』衣裳無——。

【新調：신조】 ❶새로 바치는 물건。 ❷새로운 곡조。

【新酒：신주】 햅쌀로 빚은 술。

【新註：신주】 ❶새로 붙인 주석。 ❷漢唐 때의 訓詁上의 주석에 대하여、 宋儒의 經書에 관한 주석。

【新祉：신지】 새 해의 복。 新禧。

【新知：신지】 ❶새로 알음。 ❷새로 알게 된 사람。『顏眞卿』——滿座笑相見。

【新知識：신지식】 새로운 지식。

【新進：신진】 ❶새로 그 자리에 나옴。 새로 수에 들음。『漢書·趙廣漢傳』子孫——年少者。 ❷새로 그 사회나 그 방면에 나타남。 또는 그 사람。『司馬光』——後世未知臧否。

【新陳代射：신진대사】 ❶새 것과 묵은 것이 바뀜。 ❷《生》생명을 유지하기 위하여 필요한 것을 섭취하고 불필요한 것을 배설하는 현상。

【新進勢力：신진세력】 사회 모든 分野에 있어 現存 旣成의 낡은 움직임에 대하여 이를 물리치고 새로이 일어나는 움직임。

【新進作家：신진작가】 文壇에 등장한 지 얼마 되지 않은 작가。↕旣成作家。

【新撰：신찬】 새로 책을 지어 엮어 냄。『舊唐書』——成同進。

【新參：신참】 ❶새로 들어온 사람。『東都事略』袖中彈文、乃——也。 ❷새로 벼슬한 사람이 처음으로 관청에 들어감。↕古參。

【新天地：신천지】 새 세계。 새 방면。

【新晴：신청】 오랫 동안 날씨가 좋지 않다가 새로 맑아짐。『杜甫』久雨巫山暗、——錦繡文。

【新淸酒：신청주】 첫가을에 햇곡식으로 새로 빚은 맑은 술。

【新體：신체】 새로운 체제。 새로운 형체。『王惲』舊聲今漸遠、——此無加。

【新草：신초】 그 해에 처음 난 담배。 햇

【新秋：신추】 첫가을。 「담배。

【新築：신축】 새로 지음。 새로 지은 집。『蘇軾』——長夜室。

【新春：신춘】 첫 봄。 새해。 開春。 初春。『蘇軾』履茲——。

【新出：신출】 ❶새로 사회에 나온 인물。 또는 물건。 ❷맏물。

【新派演劇：신파연극】 ❶구극에서 신

극으로의 過渡期를 대표하는 演劇。❷값싼 感傷을 노린 低俗한 演劇。

【新版：신판】새로 출판한 것。↔舊版。

【新編：신편】새로편집함。또는 그 책。『李商隱』舊著思玄賦、ㅣㅣ雜擬詩。

【新品：신품】새 물건。

【新學期：신학기】새 학기。

【新學問：신학문】새로 들어온 학문。주로 西洋의 학문。↔舊學問。

【新行：신행】《國》혼인할 때에 신랑이 신부 집에 가거나 신부가 신랑 집에 처음 감。婚行。

【新鄕：신향】타향에서 새로 이사 해 온「鄕族。

【新婚：신혼】새로 혼인함。갓 결혼함。新昏。

【新婚旅行：신혼여행】예식을 마치고 신혼 부부가 함께 가는 여행。蜜月旅行。

【新興：신흥】새로 일어남。새로 일으킴。

【新禧：신희】새해의 기쁨。

◎改ㅣ、更ㅣ、刷ㅣ、温故知ㅣ、維ㅣ、ㅣㅣ、日ㅣ、嶄ㅣ、最ㅣ、革ㅣ。

十畫

【斷】(단)『斷』(14斤部畫)의 俗字

【斲】(착) 覺 タク けずる slice off ㄓㄨㄛˊ chuo²

小篆 或體 或體 草書 ❶깎을 착(削也)。❷쪼갤착(斫也)。【孟子梁惠王下】匠人ㅣ而小之。

【斲輪：착륜】나무를 깎아서 바퀴를 만들음。『莊子·天道』。

【斲木：착목】❶나무를 벰。❷《動》딱다구리。啄木鳥。

【斲鼻：착비】코에 바른 白土를 코를 상하지 않고 묘하게 깎아 냄。《喩》기술이 묘한 工人。《轉》문장을 묘하게 잘 지음。

【斲雕：착조】조각한 것을 깎아 없앰。《喩》화려함을 버리고 성실한 것을 취함。

十一畫

【斵】㊀(우) 尤 ㊁(후) 尤 オウ、すき ploughshare

㊀보습우(鋻屬)。㊁깎을후(削也)。

【斷】(서) 御 ショ、きる cut

❶칠서(擊也)。❷끊을서(斫也)。

【斸】(획) カク、きる cut

벨획(斫也)。

十三畫

【斵】(착)『斲』(10斤部畫)과 같음

【斶】(촉) 沃 ショク

草書 사람의이름촉(人名顏ㅣ)。

十四畫

【斷】㊀(단) 旱 ㊁(단) 翰 ダン、たちきる cut ㄉㄨㄢˋ tuan⁴

小篆 古文 古文 草書 ㊀❶끊을단(截也)。【書】乃ㅣ棄汝。❷갈길단(翦也)。❸끊어질단(絕之)。㊁❶결단할단(決也)。❷조각낼단(段也)。【易繫辭】以ㅣ天下之疑。❸한결같을단(ㅣㅣ專一)。【易繫辭】其利ㅣ金。【書】ㅣㅣ猗無他技。

【斷經：단경】《生》여자가 늙어서 월경이 그침。

【斷交：단교】교제를 끊음。

【斷交政策：단교정책】外國과의 정치적·경제적 관계를 끊으려는 정책。

【斷機之戒：단기지계】학문을 중도에서 그만 둠에 대한 훈계。《故》孟子의 어머니가 孟子를 훈계하기 위하여 짜던 베를 끊었다 함。『列女傳』。

【斷念：단념】생각을 아주 끊어버림。미련을 남기지 아주 않고 잊어버림。

【斷斷無他：단단무타】참되어 다른 마음이 없음。

【斷斷相約：단단상약】단단히 서로 약속함。

【斷頭：단두】목을 자름。

【斷頭臺：단두대】죄인의 목을 자르는「형틀。

【斷落：단락】❶긴 문장 중에 크게 끊은 곳。『品字箋』篇章ㅣㅣ亦曰節。❷《轉》일이 다 된 끝。

【斷末魔：단말마】《佛》숨이 끊어질 때의 고통。숨이 끊어질 순간。『俱舍論』臨命終時、多爲——苦受所逼。

【斷望：단망】바라던 것이 끊어져 버림。

【斷面：단면】끊어진 면。자른 면。

【斷髮：단발】❶머리털을 자름。❷머리털을 짧게 깎은 머리。「음。

【斷房：단방】房事를 끊음。犯房하지 않

【斷髮美人：단발미인】머리를 짧게 잘라 꾸민 신여성。

【斷不饒貸：단불요대】=斷不容貸。

【斷不容貸：단불용대】조금도 용서하지 않음。

【斷臂：단비】팔을 끊음。또는 그 팔。

【斷產：단산】❶아이 낳던 여자가 아이를 못 낳게 됨。❷아이 낳는 것을 끊음。

【斷想：단상】❶생각을 끊음。❷단편적인 생각。

【斷續：단속】끊어졌다 이어졌다함。『唐太宗』哀笳時ㅣㅣ。

【斷續器：단속기】電池나 발전기의 電路 속에 끼워서 이것을 자동적으로 여닫아서 전류를 단속시키는 기계。

【斷送：단송】버림。잃음。『韓愈』ㅣㅣ一生唯有酒。

【斷水：단수】❶물줄기를 막아 물이 흐르지 못하게 함。❷水道의 물을 끊음。

【斷食：단식】❶음식을 먹지 않음。絕食。❷《佛》佛願을 얻기 위하여 음식을 끊음。『佛本行經』若因ㅣㅣ當得大福者、其野獸等、應得大福。

【斷食同盟：단식동맹】어떤 목적을 관철하기 위한 抗拒의 수단으로 음식 먹기를 거부하는 동맹。飢餓同盟。

【斷惡：단악】나쁜 일을 하지 않음。

【斷岸：단안】깎아 낸 듯한 물가 언덕。『蘇軾』江流有聲、ㅣㅣ千尺。

【斷案：단안】❶옳고 그름을 판단함。❷어떤 案을 딱 잘라 정함。또는 그 案。

【斷崖：단애】깎은 듯한 낭떠러지。

【斷言：단언】딱 잘라서 말함。明言함。

【斷然：단연】딱 잘라서 하는 모양。과감히 단행하는 모양。

【斷煙：단연】담배를 끊음。

【斷熱：단열】《物》열의 전도를 막음。

【斷獄：단옥】❶죄를 결정함。❷죄를 처단함。『漢書』每歲ㅣㅣ止四百。

【斷雲：단운】조각 구름。片雲。『宋超』孤生如ㅣㅣ。

【斷飮：단음】술을 끊음。

【斷腸：단장】❶창자가 끊어짐。『魏志』病若在腸中、便ㅣㅣ湔洗。❷《喩》더할 수 없이 슬픔。『魏文帝』念君容遊思ㅣㅣ。

【斷腸曲：단장곡】몹시 슬픈 곡조。

【斷腸處：단장처】몹시 슬퍼서 창자가 잘라지는 듯한 경우。

【斷電：단전】전기의 부족·절약 따위의 이유로 송전을 끊음。또는 그 전기。

【斷折：단절】꺾음。부러뜨림。

【斷絕：단절】❶끊음。끊어짐。『戰國策』ㅣㅣ人之交。❷뒤가 끊어짐。家系가 끊어짐。『後漢書』不能使其ㅣㅣ。

【斷截：단절】끊음。끊어버림。잘라버림。斷切。『謝靈運』ㅣㅣ衢巷。

【斷定:단정】 딱 잘라서 결정함。판단하여 결정함。『裴夷直』——今年不看花。
【斷情:단정】 정을 끊음。
【斷種:단종】 《醫》생식 輸精管을 끊어버리거나 또는 생식소에 렌트겐선을 비추거나 하여 생식 능력을 잃게 함。악질 유전 따위를 없애기 위하여 행함。
【斷罪:단죄】 =斷獄。
【斷酒:단주】 술을 끊음。禁酒。『白居易』。
【斷指:단지】 ❶손가락을 잘라 버림。❷부모나 남편의 병이 위중한 때에 제 손가락을 잘라서 그 피를 먹게 하는 일。❸어떠한 굳은 맹세의 표시로 손가락을 자르는 일。
【斷趾:단지】 발을 자름。『唐書』於是除——法。
【斷層:단층】 地層이 끊어져서 어긋 맞은 곳。
【斷層面:단층면】 단층이 된 지층의 거죽。
【斷層崖:단층애】 깎아 세운 듯이 험한 벼랑。
【斷片:단편】 여럿으로 끊어진 조각。
【斷編:단편】 연속되지 않은 文章。『宋史』——殘簡。『劉因』依舊西窓理——。
【斷行:단행】 ❶딱 결단하고 실행함。과감하게 함。決行。敢行。❷끊어져 열을 짓지 않고 감。『庾信』濕雁——來。
【斷乎:단호】 ❶기어코。❷꿋꿋한 모양。斷然。『蘇軾』斷斷乎如藥石必可以伐病。
◎間—、決—、果—、禁—、聾—、道—、獨—、武—、不—、聖—、速—、處—、擅—、寸—、判—、橫—。

二十一畫

【斸】 ㊀(촉) 沃 ㊁(착) 覺 チョク、きる cut ㄓㄨˇ chu³
小篆 草書 ㊀❶쪼갤촉(段也)。❷찍을촉(斫也)。㊁뜻은 ㊀과 같음。

方 部

【方】 (방) 陽 ホウ、かど square ; direction ㄈㄤ fang¹
小篆 或體 草書 ❶모방(矩也)。『淮南子』地道曰—。『周禮』—者中矩。❷방위방(嚮也)。『周易』君子以省—觀民設教。❸이제방(今也)。『莊子』—今本身異形。❹떳떳할방(常也)。『禮記』左右就養無—。❺견줄방(比也)。『論語』子貢—人。❻또한방、바야흐로방(且也)。❼있을방(有也)。『詩經』維鳩—之。❽배아울러맬방(倂舟)。『史記』—船而下。❾방법방(術法)。『易繫辭』—以類聚。❿책방(簡策)。『中庸』布在—策。⓫방서방(醫書)。『史記』乃悉取其禁—書盡與扁鵲。
【方可謂之:방가위지】 과연 그렇다 할 만하게。방가위。
【方角:방각】 ❶方法。❷방향。나아가는 길。
【方酣:방감】 바야흐로 한창임。
【方骨:방골】 웃턱과 아랫턱의 두 끝을 잇는 작은 뼈。
【方今:방금】 바로 이제。지금。『魏志』——百姓不足、而御府多作金銀。
【方途:방도】 일을 치러 나갈 길。方法。
【方冬:방동】 음력 시월의 異名。初冬。『杜甫』——變所爲。
【方略:방략】 무슨 일을 하는 방법과 둘러 대는 꾀。方法과 才略。方策。方計。
【方里:방리】 四方 一里의 면적。『漢書』顧——如何耳。
【方笠:방립】 《國》상제가 밖에 나갈 때 쓰는 갓。방갓。
【方面:방면】 ❶어떤 방향의 지방。『後漢書』——重寄。❷네모난 얼굴。『同書』爲人尼首——。❸생각하거나 뜻 두는 데。
【方命:방명】 임금의 명령에 거스림。
【方聞:방문】 도리를 잘 지키고 知識이 넓음。『漢書·武帝紀』詳延天下——之士。
【方文:방문】 藥方文의 略語。
【方物:방물】 ❶지방의 특산물。『書經』畢獻——。❷사물을 識別함。『史記』民神雜糅、不可——。❸監司나 수령이 임금에게 바치는 그 지방의 산물。
【方伯:방백】 ❶殷·周代의 한 지방의 諸侯를 감독하는 大諸侯。❷한 지방의 장관。
【方法:방법】 목적을 이루기 위한 수단。『韓愈』相原隰之宜、指授——。
【方法論:방법론】 《論》논리학에 있어서 학문의 방법을 논하는 부문。
【方繖:방산】 《制》儀仗의 한 가지。

紅方繖(三才圖會)

【方色:방색】 동·서·남·북·중 다섯 방위에 따른 青·黃·赤·黑·白의 다섯 빛깔。
【方俗:방속】 지방 풍속。『南史』省——。
【方手:방수】 방법과 수단。
【方術:방술】 ❶方法과 技術。❷長生不死의 仙術。『史記』召文學——之士甚衆。❸醫術·占術 따위의 雜技。❹學藝·技術。『呂氏春秋·贊經』。
【方式:방식】 일정한 방법。일정한 형식。
【方案:방안】 계획。方法에 관한 考案。
【方眼紙:방안지】 세로줄과 가로줄이 일정한 간격으로 그어져 있는 종이。그래프 용지。
【方羊:방양】 ❶정처 없이 헤맴。彷徉。❷어려운 모양。『左傳』衡流而——。
【方言:방언】 ❶한 지방에서만 쓰는 말。사투리。『王維』入境聞——。❷《書》一三권。漢代 揚雄이 지었다고 함。각 지방의 사투리를 수록한 것。
【方言藝術:방언예술】 사투리를 보람있게 써서 지방색이나 인물의 성격을 뚜렷하게 나타낸 文藝作品。
【方嚴:방엄】 바르고 엄숙함。『晉書』王恭風神簡貴、志氣——。
【方椽:방연】 ❶모진 서까래。❷굴도리 밑에 받치는 네모진 나무。
【方裔:방예】 먼 변두리 지방。『晉書』[illegible]
【方枘圓鑿:방예원조】 모난 자루와 둥근 구멍。곧 사물의 서로 어긋남을 비유한 말。『史記』持方枘欲內圓鑿、其能入乎。
【方外:방외】 ❶세상 밖。❷구역 밖。나라 밖。外國。『漢書』暴骨——、以盡臣節。❸方外의 學。佛教 이외의 가리킴。❹세상을 버린 사람。常道 밖에 몸을 둔 것。『莊子·大宗師』。
【方外客:방외객】 테 밖의 손。아무 관계 없는 손。
【方外士:방외사】 俗世의 俗된 일을 벗어난 高潔한 사람。
【方外人:방외인】 테 밖의 사람。아무 관계 없는 사람。局外者。
【方外學:방외학】 儒教에서 道教나 佛教를 가리키는 말。『眞德秀』雖早從方外之學、而跬步不忌君父。
【方隅:방우】 ❶全 면적 중의 한 모퉁이。『晉書』受任——。❷경계선。國界。
【方圓:방원】 네모난 것과 둥근 것。
【方位:방위】 공간의 어떤 점이나 방향이 기준 방향에 대하여 어느 쪽으로 향하는가를 나타낸 말。『晉書』從其——加律。
【方位角:방위각】 《物》《數》어떠한 물체(천체도 포함)를 지나 지평선과 수직한 평면을 만들어、이 평면이 남 또는 북의 방위 기점과 이루는 각。
【方人:방인】 ❶인물을 비교 논평함。❷남의 허물을 말함。
【方將:방장】 ❶곧 장차。❷方今。
【方長:방장】 한창 자라남。

【方長不折:방장불절】 ❶자라나는 초목을 꺾지 아니함. ❷전도가 양양한 사람이나 사업에 헤살을 놓지 아니함.

【方纔:방재】 《中》❶방금. ❷겨우. 비로소. 方才.

【方底圓蓋:방저원개】 바닥이 네모난 그릇에 둥근 뚜껑. 알이 어긋나고 맞지 않음의 비유. 『顔氏家訓』使疎薄之人而節量親厚之恩, 猶——、必不合矣.

【方甎:방전】 네모 반듯한 벽돌. 宗甓.

【方正:방정】 ❶곧고 올바름. 또는 그러한 사람. 『漢書』擧賢良——之士. ❷네모지고 반듯함.

【方程式:방정식】 《數》식 가운데의 문자에 특정한 값을 줄 때만 성립되는 等式.

【方劑:방제】 약을 조합함. 또는 그 약. 『唐書』虛著——、終無益於世. 「선배.

【方舟:방주】 배를 나란히 함. 나란히

【方志:방지】 ❶바른 뜻. ❷한 지방의 사실들을 적은 책. 地志. 『皇甫謐』其鳥獸草木、則驗之——.

【方直:방직】 바르고 곧음. 『晉書』郭琦少——、有雅量.

【方陣:방진】 ❶네모지게 친 陣. ❷定大業之舞의 內舞가 圓陣으로부터 변하는

【方暢:방창】 바야흐로 和暢함. 「장면.

【方策:방책】 ❶방법과 꾀. 手段. ❷=方册. 『中庸』文武之政、布在——.

【方寸:방촌】 ❶四方 한 치의 넓이. 얼마 안 되는 크기. 『孟子』——之木. ❷마음. 『蜀志·諸葛亮傳』今己失老母、——亂矣. 『列子』吾見子之心矣、——之地虛矣、幾聖

【方錐:방추】 네모진 송곳. 「人也.

【方錐形:방추형】 정한 정점을 같이 가진 네 개의 평면과 다른 한 평면에 싸인 입체.

【方春和時:방춘화시】 바야흐로 봄이 한창 화창한 때.

【方針:방침】 ❶일을 처리할 방향과 계획. 主義. ❷방위를 가리키는 지남철.

【方土:방토】 어느 한 곳의 땅. 『書經·疏』盡貢其——所生之物.

【方板:방판】 네모가 반듯한 널빤지.

【方便:방편】 ❶기회. 『北史·孟業傳』患無——耳. ❷《佛》중생을 건지기 위하여 세운 수단방법. 『大藏法數』方謂方法、便謂便宜、猶善巧也. 『維摩經』以無量——、饒益衆生. ❸수단. ❹《中》좋은 형편. 알맞은 형편.

【方幅:방폭】 ❶가로 세로가 같고 바름. 《轉》법도. 『南史·徐勉傳』. ❷公然. 『世說新語·賢媛』由此李氏在世、得——齒遇.

【方行:방행】 ❶천하를 두루 돌아다님. 『書經』——天下、至于海表、罔有不服. ❷제멋대로 행동함. 橫行.

【方響:방향】 아악기의 하나. 상하 이단으로 된 架子의 장방형의 철판을 각각여덟개씩 드리우고 두 개의 채로 쳐서 소리를 냄. 方磬.

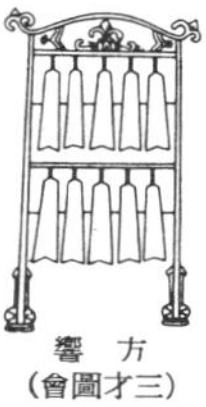
方響
(三才圖會)

【方向:방향】 향하는 쪽. 方位.

【方向轉換:방향전환】 ❶향하는 쪽을 바꿈. ❷方針이나 주장을 고침.

【方向探知器:방향탐지기】 《物》전파의 오는 방향을 測定하는 장치.

【方形:방형】 네모 반듯한 형상. 四角形.

【方環:방환】 네모진 고리.

◎間—、艮—、坎—、甲—、開—、乾—、庚—、癸—、古—、坤—、南—、東—、等—、卯—、未—、百—、丙—、本—、北—、比—、秘—、四—、巳—、朔—、遐—、漢—、亥—、行—、向—、後—.

二畫

【㫃】 小篆 古文 (언) 阮 エン、ひるがえるはた banner 깃발언(旌旗垂末).

三畫

【㫄】 小篆 (천) 銑 テン、はたざお flagstaff 깃대천(旗竿).

四畫

【斺】 (개) 卦 カイ、むすぶ knot (本音「혜」) 맺을개(結也).

【㫄】 (방) 『旁』(方部 6畫)의 本字 (팽)

【於】 ㊀(어) 魚 オ、よる、おいて on; at; in ×wu² ㊁(오) 虞

草書 ㊀❶어조사어(語助辭). ❷에어(句讀). 『論語』孟孫問孝—我. ❸거할어、살어(居也). 『韓愈 示兒詩』前榮饌賓親冠婚之所—. ❹갈어(往也). ❺대신할어(代也). ❻여기어(此也). ❼이보다어(比也). 『十八史略 春秋戰國趙』使趙重—九鼎大呂. 『戰國策 秦策』—魏王聽此言也甚詘. ㊂❶오홉다 할오(歎辭). 『書經』僉曰—鯀哉. ❷땅이름오(地名商—).

【於是乎:어시호】 이제야. 이에 있어서.

【於心:어심】 마음 속.

【於焉間:어언간】 아지 못하는 사이에 어느덧. 於焉之間

【於音:어음】 《國》❶돈 지불을 약속하는 표쪽. ❷《經》일정한 금액을 일정한 시기에 일정한 처소에서 무조건으로 지불할 사항을 기재하고 署名한 有價證券.

【於邑:어읍】 ❶원망과 수심에 잠김. 『楚辭』氣——而不可止. ❷홍분을 이기지 못함.

【於中間:어중간】 《國》❶거의 중간이 되는 곳. ❷엉거주춤한 형편.

【於此於彼:어차어피】 이렇게 하든지、저렇게 하든지. 어차피.

【於菟:오토】 범의 異稱. 『左傳·宣·四』謂乳穀、謂虎——.

【於戲:오희】 感歎하여 내는 소리. 『詩經』——前王不忘.

五畫

【施】 ㊀(시) 支 シ、セ、ほどこす bestow 尸 shih¹ ㊁(시) 紙 ㊂(시) 寘 ㊃(이) 支 ㊄(이) 寘

小篆 草書 ㊀❶베풀시(設也). 『書』以五采彰—于五色. ❷쓸시(用也). 『大學』爭民—奪. ❸더할시(加也). ❹안팎곱사등이 시(戚—不能仰). 『詩』得此戚—. ❺벙글거릴시(——喜悅貌). 『孟子』——從外來. ❻성시(姓也). ㊁버릴시(捨也). 『周禮』治其—舍. (『弛』와 같음) ㊂❶줄시(與也). ❷펼시(布也). 『易』德—普也. ❸은혜시(惠也). 『禮』太上貴德其次務—報. ❹공로시(勞也). 『左傳』—者未厭. ㊃❶잘난체할이(——自得貌). ❷비뚤어질이(斜也). ㊄❶옮길이(移也). (『迆』와 같음) 『詩』葛之覃兮—于中谷. ❷벗을이(延也). 『詩』—于子孫. ❸미칠이(及也). 『儀

禮』絕族無ー服。

【施療:시료】 병을 고쳐 줌。치료를 함。

【施肥:시비】 논밭에 거름을 줌。

【施舍:시사】 ❶은덕을 베풂음。『左傳』ー不倦。❷흥함과 패함。❸나그네가 짐을 푸는 곳。곧 여관。『左傳』旅有ーー。

【施賞:시상】 賞品 또는 상금을 줌。

【施設:시설】 베풀어서 설비함。또는 베풀어 놓은 설비。『史記』吳起兵法世多有、故弗論、論其行事所ーー者。

【施術:시술】 術法을 베풂음。

【施食:시식】 《佛》음식으로 보시함。

【施與:시여】 베풀어 줌。베풂음。『吳志』家富于財、性好ーー。

【施用:시용】 베풀어 씀。베풀어 행함。

【施威:시위】 위엄을 떨침。『史記』各乖異難ーー。

【施恩:시은】 ❶은혜를 베풂음。❷施主에게서 받는 은혜。

【施展:시전】 베풀어 폄。발전함。『白居易』平生賞心事、ーー十未一。

【施政:시정】 정치를 베풂음。정치를 함。『書經·傳』ー于我童子。

【施主:시주】 《佛》❶중이나 절에 물건을 바침。施助。또는 바치는 사람。檀那。化主。❷장례나 法會 때 그 주인이 됨。『釋氏要覽』梵語陀那鉢底、唐言ーー。

【施主乞粒:시주걸립】 중이 시주의 곡식이나 돈을 얻으려고 집집의 문앞에 서서 하는 걸립。

【施策:시책】 略策을 베풂음。또는 그 책략。

【施鍼:시침】 침을 몸에 놓음。『宋史』克明ーー而步履如初。

【施行:시행】 ❶실제로 행함。『史記』便宜ーー。❷《法》법령이 실제로 그 效力을 발생함。

【施行規則:시행규칙】 《法》법령 시행에 따르는 여러 가지 규칙。

【施行期日:시행기일】 《法》법령을 공포하여 그 효력이 발생되는 날。

【施行期限:시행기한】 《法》법령을 公布하여 그의 시행이 있을 때까지의 동안。

【施行令:시행령】 《法》법률의 시행 細則이나 그 委任에 말미암은 규정을 내용으로 하는 명령。

【施惠:시혜】 恩惠를 베풂음。또 그 은혜。◎普ー、布ー、實ー。

【斿】 (유) 尤 ユウ、リュウ、はたあし tassel of a flag

草書 ❶깃발유(旌旗末垂)。❷깃술유(旒旒)。❸면류관술유(冕前後垂)。(『游』와 같음)

【斿車:유거】 임금이 사냥갈 때 타는 수레。

【斿旐:유조】 깃술이 달린 기。『後漢書』建其ーー、尊卑上下。

【斿旆:유패】 깃발。『宋史』ーー羽紛。

【旀】 (며) 〔國字〕 ❶하며며(句讀接讀詞)。「爲ー」。❷땅이름며(新羅地名ー知縣)。

六 畫

【旁】 ㊀(방) 陽 ㊁(방) 漾 ㊂(팽) 庚 ボウ、かたわら side ㄆㄤˊ pang²

小篆 古文 古文 籒文 草書

㊀❶넓을방(廣也)。『韓愈 進學解』獨ー搜而遠紹。❷클방(大也)。❸두갈래길방(岐道)。❹덩어리방(ー礴混同)。❺오락가락할방(ー午交橫)。『漢書』使者ー午。(『傍』과 같음) ㊁오락가락할방(ー午)。㊂휘몰아갈팽(ーー驅馳不息貌)。『詩』駟介ーー。

【旁格:방격】 널리 이치를 깊이 캠。『南史』ーー幽明。

【旁系:방계】 직계에서 갈려 나간 계통。↔直系。

【旁觀:방관】 ❶곁에서 바라 봄。❷상관하지 않고 곁에서 보고만 있음。傍觀。

【旁求:방구】 널리 구함。빠짐 없이 찾아 다님。『書經』ーー俊彥。

【旁岐曲逕:방기곡경】 일을 순리대로 하지 않고、옳지 않은 방법을 써서 억지로 함을 일컬음。

【旁魄:방박】 널리 가득 참。또는 혼동함。섞임。旁礴。『漢書』大漢之德、ーー四塞。

【旁若無人:방약무인】 제 세상인 듯이 함부로 버릇 없이 행동하는 모양。傍若無人。『史記』高漸離擊筑、荊軻和而歌於市中相樂也、已而相泣、ーーー。

【旁午:방오】 ❶오고 감이 심함。『漢書』使者ーー。❷《轉》사물의 번잡한 것。❷《中》점심 때。

【旁引:방인】 널리 찾아냄。상세히 考證함。博引。旁搜。『杜牧』ーー曲釋、亹亹繹繹。

【旁註:방주】 本文 옆에 적어 넣은 주석의 글。旁注。

【旁側:방측】 곁。가까이에서 모시는 사람。左右。傍側。『漢書』內媚事ーー。

【旁通:방통】 조리가 자세하여 분명하게 알음。曲盡함。『易經』六爻發揮、ーー情也。

【旁牌:방패】 적의 창검·矢石들을 막는 무기。나무로 만들고 가죽으로 쌈。보병은 長形、기병은 圓形을 씀。『蘇軾』長刀擔ーー。

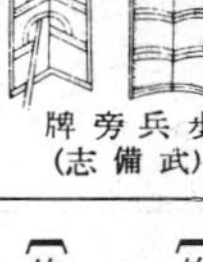

步兵旁牌 (武備志)

【旁行:방행】 ❶천하를 두루 돌아다님。『易經』ーー而不流。❷글을 가로줄로 씀。橫書。『史記·大宛傳』描壁ーー。❸옆으로 감。걸음이 정확하지 못함。

【旁旁:팽팽】 ❶말이 쉬지 않고 달리는 모양。❷왕성한 모양。

【旂】 (기) 微 キ、はた banner

小篆 草書 ❶쌍룡그린기기(交龍旗)。『周禮』交龍爲ー。❷방울단기기(懸鈴旗)。『詩』ー旐央央。

旂 (三禮圖)

【旂常:기상】 기(旗)。『周禮』銘彼ーー、勒斯鐘鼎。

【旂章:기장】 기。표。

【旂旐:기조】 ❶旂는 龍을 그린 旗이고、旐는 龜蛇를 그린 旗。❷《轉》旗。『詩經』出車彭彭、ーー央央。

【㫆】 (물) 物 ブツ、はた banner

동리기물(洞里所建旗)。

【旃】 (전) 先 セン、はた banner ㄓㄢ chan¹

小篆 或體 草書 ❶기전(曲柄旗)。『周禮』通帛爲ー。❷말그칠전(語已辭)。『詩』舍ー舍ー。(『旜·氈』과 같음)

【旃裘:전구】 모직물로 만든 옷。『史記』被ーー。

【旃檀:전단】 ❶《植》인도 특산 식물。높은 향기를 가졌음。『晉書』。❷才德 또는 詩文에 뛰어남의 비유。

【旃毛:전모】 모직물의 털。氈毛。『漢書』齧雪與ーー並咽之。

【旄】 ㊀(모) 豪 ㊁(모) 號 ボウ、おいぼれ old man ㄇㄠˊ mao²

小篆 草書 ㊀❶쇠꼬리기모(旗懸牛尾幢也)。『書』右秉白ー

以麾。❷별이름모(星名)。❸언덕 앞이 높을모(前高後下曰－丘)。

旄 (三才圖會)

㊁❶노루솜털모(鹿毛氄長)。❷늙은이모(老人)。『孟子』友其－倪。(『耄』과 통함)

【旄丘:모구】 앞이 높은 언덕。『詩經』－丘之葛兮。

【旄倪:모예】 늙은이와 어린아이。老幼。『孟子·梁惠王』反其－－、止其重器。

【旄牛:모우】 털이 긴 소。

旄牛 (三才圖會)

【旅】(려) 語 リョ、たび travel ㄌㄩˇ lü³

旅(小篆) 㫢(古文) 旅(草書) ❶나그네려、손님 려(羇－寄客)。『易』商－不行。❷무리려(衆也)。『詩』－力方剛。❸군사려(五百人爲－軍也)。『詩』班師振－。❹베풀려(陳也)。『詩』殽核惟－。❺오랑캐어른려(西戎之長曰西－)。❻괘이름려(卦名)。❼제이름려(祭名)。

【旅客:여객】 여행하는 손님。나그네。

【旅客機:여객기】 여객을 태워 나르는 비행기。

【旅客船:여객선】 여객을 태워 나르는 「배」。

【旅客列車:여객열차】 여객을 專用으로 태우는 열차。↕貨物列車。

【旅苦:여고】 ❶여행에서 겪는 괴로움。❷나그네의 고생。

【旅館:여관】 여객을 묵게 하는 집。旅舍。『高適』－－寒燈獨不眠、客心何事轉悽然。

【旅館費:여관비】 여관에서 소용되는 비용。식비·宿泊費 따위。

【旅館業:여관업】 여관을 경영하는 업。

【旅券:여권】 외국을 여행하는 사람에게 주는 정부의 허가증。

【旅團:여단】 《軍》육군 편성의 한 단위。二개 연대로 편성됨。師團 아래에 속함。

【旅路:여로】 여행 길。여행하는 길。

【旅泊:여박】 여관에서 묵음。배 안에서 묵음。『博異志』。

【旅費:여비】 여행 비용。노잣돈。

【旅思:여사】 나그네의 마음。旅愁。旅抱。『駱賓王』黃沙－－催。

【旅舍:여사】 ＝旅館。『岑參』夜眠－－雨、『曉辭春城鴉。

【旅商:여상】 ＝行商。

【旅愁:여수】 여행에서 느끼는 쓸쓸함。『杜甫』暄和散－－。

【旅宿:여숙】 ❶여관。『張籍』－－今已遠。❷＝旅泊。

【旅食:여식】 ❶여럿이 먹음。❷나그네가 되어 타향에서 지냄。『杜甫·贈掌左丞詩』騎驢三十載、－－京華春。

【旅鴈:여안】 곳으로 떠나가는 기러기。나그네의 기러기。『何遜』霜洲－－渡。

【旅人宿:여인숙】 나그네를 묵게 하는 規模가 작은 영업집。

【旅裝:여장】 길 떠날 차림。여행의 몸 「차림」。

【旅情:여정】 나그네의 정회。『楊愼』坡老－－昌歡酒。

【旅程:여정】 여행하는 日數나 里數나 길의 차례。『韓愈』－－愧淹流。

【旅次:여차】 여행 도중。旅宿。『杜甫』老夫轉不樂、－－兼百憂。

【旅窓:여창】 여객이 거처하는 방。

【旅枕:여침】 ❶나그네의 베개。❷나그넷길에서 묵음。

【旅寢:여침】 여행중에 묵는 잠자리。

【旅抱:여포】 旅情。나그네의 회포。旅思。『李商隱』－－有猿侵。

【旅行:여행】 볼 일 또는 유람을 목적으로 다른 고장이나 외국에 가는 일。

【旅行記:여행기】 여행 중에 見聞한 것과 자기의 체험한 일을 기록한 글。

【旅行社:여행사】 일반 여객이나 觀光客의 편의를 돌봐 주는 것을 업으로 하는 기업체。

【旅行案內:여행안내】 여행하는 사람의 편의를 위하여 기차·선박·여객기 따위의 발착 시간、그 연로의 명승고적、여관 따위를 소상하게 기록한 책。

【旅行證明:여행증명】 《法》외국에 여행하는 사람에게 本國이 그 여행을 허가하고 그 신분을 증명하는 문서。

【旅懷:여회】 ＝客懷。

【旆】(패) 泰 ハイ、はた banner ㄆㄟˋ p'ei⁴

旆(小篆) 旆(草書) ❶기패(繼旐旗)。『詩經』白－央央。❷깃발날릴패(－－飛揚貌)。『詩經』彼旟旐斯胡不－－。(『斾』는 俗字)

【旆旌:패정】 기(旗)。

【旆旆:패패】 ❶기가 축 늘어진 모양。❷무성하게 자란 모양。

七畫

【旇】(비) 支 ヒ、なびく flap (古音「피」)

旇(小篆) ❶휘두를비(麾也)。❷깃발휘날릴비(旌旗－靡)。❸대장기비(將旗)。

【旒】(류)『旒』(方部 9畫)의 俗字

【旉】(부)『敷』(支部 11畫)의 古字

【旊】(방) 養 ホウ、すえものつくり ceramist

旊(草書) 질그릇장인방(陶工)。『周禮』摶埴之工陶－。

【旊工:방공】 中國 周 나라 때 틀로 禮器를 만들던 工匠。

【旊人:방인】 틀로 陶瓷器를 만드는 사람。『周禮』－－爲簋。

【旋】㊀(선) 先 ㊁(선) 霰 セン、めぐる revolve

旋(小篆) 旋(草書) ㊀❶돌이킬선(反也)。『易經』其－元吉。❷빠를선(疾也)。❸오줌선(小便)。『左傳』夷射姑－焉。❹쇠북꼭지선(鐘懸)。『周禮』鐘懸謂之－。❺주선할 선(周－指麾)。❻돌아다닐선(盤－廻也)。❼구를선(斡－轉也)。㊁둘릴선(遂－遶也)。(『還』과 통함)

【旋開橋:선개교】 船舶을 통과시키기 위하여 橋體가 水平으로 回轉하여 열리는 可動橋。

【旋乾轉坤:선건전곤】 나라의 弊風을 뿌리 째 고치는 일。

【旋宮:선궁】 秦·漢 이전의 諸音法。一二律과 七音을 配合한 것。

旋宮起調 (大清會典圖樂律圖)

【旋螺風:선라풍】 《醫》가슴이 아프고 입속에 동글동글한 백태가 많이 끼는 병。噤口症。

【旋毛:선모】 곱슬곱슬한 털。

【旋反:선반】 돌아서 돌아감。『詩經』。

【旋盤:선반】 갈이 기계。쇠를 갈거나 구멍을 뚫는 기계。

【旋師:선사】 전쟁에 이겨 군사를 돌려 「돌아옴」。

【旋渦：선와】 소용돌이。(轉)분규가 集中하는 것。

【旋律：선율】 音樂의 高低·長短의 변화가 일정한 리듬으로써 연속적으로 울려 나오는 것。멜로디。

【旋轉：선전】 빙빙 돌음。빙빙 돌림。旋回。『北史』——而下、乃鵰也。

【旋踵：선종】 발길을 돌려 돌아섬。

【旋車：선차】 발로 돌리는 물레。

【旋風：선풍】 ❶회오리바람。『高適』一日千里如——。❷갑자기 큰 영향을 일으키는 「사건」。

【旋回：선회】 둘레를 빙빙 돌음。

◎凱—、螺—、盤—、斡—、轉—、周—、回—、廻—。

【旖】 (아) 𠀤 ア、はた (of a flag) flap

깃발날릴아(旌旗從風貌)。

【旌】 (정) 庚 セイ、しるし ㄐㄧㄥ ching¹ signal

小篆 書 草 ❶장목기정(旗名析羽置竿)。『詩經』孑孑干—。『周禮』析羽爲—。❷표할정(—別表也)。『周語』故爲車服以—之。

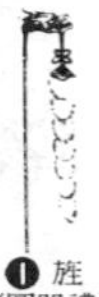
❶ 旌 (圖器禮)

【旌竿：정간】 깃대。『崔湜』霜氣下——。『常建』落日——懸。

【旌鼓：정고】 기와 북。『晉書』陳乘輿車輦——於其殿庭。

【旌旗：정기】 기。旌旆。『漢書』賜天子——。

【旌閭：정려】 충신·효자·열녀 들을 그들이 살던 고을에 旌門을 세워서 표창하던 일。

【旌銘：정명】 죽은 사람의 이름을 쓴 기。銘旌。『後漢書』表以——之儀。

【旌旄：정모】 기。지휘하는 기。『杜甫』漢苑出——。

【旌門：정문】 ❶王이 머무는 곳에 기를 세워서 표한 문。『周禮』爲帷宮設——。❷나라에 공이 많은 사람이나 孝道나 절개가 뛰어난 사람 집 앞에 나라에서 표창하고자 세운 붉은 문。

【旌別：정별】 善人과 惡人을 구별함。『書·畢命』——淑慝。

【旌賞：정상】 善行이나 공적을 표창함。『宋書』——茂異。

【旌表：정표】 善行을 칭찬하여 여러 사람에게 알림。『南史』八世同居、——門閭。

【旌麾：정휘】 지휘하는 데 쓰는 기。『江總』北窓命簫鼓、南館例——。

【旑】 (정) 『旌』(前條)과 같음

【旎】 (니) 紙 支 ジ、ひらめく ㄋㄧˇ ni³ flap

書 草 ㊀❶깃발펄펄날릴니(旖—旌旗從風貌)。『史記』旖—從風。❷구름피어오를니(雲貌)。『漢書』乘雲蜺之旖—。❸성할니(盛也)。『楚辭』紛旖—乎都房。

【族】 ㊀(족) 屋 ㊁(주) 宥 ゾク、みうち、やから ㄗㄨˊ tsu² family

小篆 書 草 ㊀❶무리족(衆也)。❷일가족、겨레족(宗—)。『書經 堯典』以親九—。❸동류족(同類)。『書徑』方命圮—。❹성씨족(姓氏)。『左傳隱公八年』羽父請謚與—。❺모일족(簇也、聚也)。『爾雅 釋詁』木—生爲灌。(『蔟』과 같음) ㊁풍류가락주(節—樂變)。(『奏』와 통함)

【族黨：족당】 一族과 家臣의 總稱。

【族類：족류】 일가붙이。『史記』——離散。

【族望：족망】 氏族과 家門 동족 가운데 聲望이 있는 사람。『南史』倚數——、深求交結。

【族譜：족보】 한 족속의 世系를 적은 책。『南史』——合百帙、七百餘卷。

【族殺：족살】 一族을 죄다 죽임。滅族。『五代史』以爲通書於梁、莊宗——之。

【族生：족생】 풀숲 등이 떨기져 더부룩하게 남。簇生。『爾雅』木——爲灌。

【族屬：족속】 같은 문중의 겨레붙이。

【族孫：족손】 동성의 有服親 이외의 손자 行列이 되는 사람。

【族緣：족연】 친척의 인연。

【族人：족인】 有服親 이외의 겨레붙이。一門의 사람。

【族丈：족장】 같은 宗門의 有服親 이외의 윗 항렬이 되는 어른。

【族長：족장】 ❶一族 가운데 제일 어른이 되는 사람。❷一族 가운데 제일 年長者。

【族制：족제】 가족에 관한 제도。

【族弟：족제】 有服親 이외의 아우뻘이 되는 남자。「임。

【族誅：족주】 한 사람의 죄로 一族을 죽이어 받던 일。

【族之族：족지족】 親戚의 관계。

【族徵：족징】 축낸 공금을 一族에게 물리어 받던 일。

【族戚：족척】 동성의 겨레와 타성의 겨레붙이。

【族親：족친】 有服親 이외의 한 집안。

【族稱：족칭】 백성의 신분의 계급。

【族兄：족형】 同宗有服親 이외의 형뻘이 되는 남자。

◎家—、甲—、巨—、擧—、九—、國—、貴—、近—、大—、同—、名—、民—、班—、蕃—、閥—、部—、附—、士—、三—、盛—、勢—、水—、氏—、魚—、豪—、皇—。

八畫

【旐】 (조) 篠 チョウ、はた ㄓㄠˋ chao⁴ banner

小篆 小篆 書 草 기조(龜蛇旗)。『詩經』設此—矣。「거북과뱀을 그린기」。

(圖禮三) 旐

九畫

【旒】 (류) 尤 リュウ、はたあし tassel of a flag

❶기술류(旗旓)。『詩經』爲下國綴—。❷면류관술류(冕前後垂)。『禮記』天子玉藻、十有二—。

【旒旗：유기】 깃술이 달린 기。『潘岳』敢託——、爰作斯誄。

【旒綴：유체】 =旗脚。『杜甫』宮闕深——。

【旓】 (소) 肴 ソウ、はたあし flag

書 草 깃발소、기술소(旗旒)。『漢書』建光耀之長—。

【旔】 (건) 願 カン、かつ win

이길건(捷也)。

【旕】 (엇) 〔國字〕

❶땅이름엇(地名、—每)。❷엇엇(—時調)。

十畫

【旖】 (의) 紙 支 イ、なびく ㄧˇ i³ flap

小篆 書 草 ❶깃발 휘날릴의(—旎旌旗從風貌)。『史記司馬相如

傳】一旎從風。❷구름이 피어오를의 (雲貌)。【漢書 揚雄傳】乘雲蜺之一旎兮。❸성할의(盛貌)。【楚辭 九辯】紛一旎乎都房。

【旖旎：의니】❶깃발이 나부끼는 모양。❷유순한 모양。【史記】一一從風。❸성한 모양。【楚辭】紛一一兮都房。

【旗】(기) 支 キ、はた flag ; banner ㄑㄧˊ chi²

小篆 草書 ❶기기(軍將所建)。【周禮】熊虎爲一 軍將所建 象其猛如虎。❷대장기기(將旗)。❸표할기(標也)。

旗
(圖器禮)

【旗脚：기각】깃대 반대쪽 위 아래 두끝에 불꽃 처럼댄 긴 오리。旒綴。

【旗竿：기간】깃대。【張正見】雜雨凍一一。

【旗鼓相當：기고상당】군대 세력이 대등함。【後漢書】願因將軍兵馬、一一。❷(轉)서로 재주를 다하여 싸움。【管輅別傳·註】單子春曰、吾欲自與卿一一。

【旗手：기수】❶旗를 가지고 信號를 일삼는 사람。❷기를 들거나 받는 군사。

【旗信號：기신호】손에 기를 들고 하는 신호。

【旗章：기장】標識(표지)로 하는 기。국기·군기·군함기·교기 등의 總稱。【禮記】以爲一一、以別貴賤等級之度。

【旗亭：기정】술집。요릿집。기를 세워 표를 한 데서 온 말。【史記·三代世表】會一一下。「을 이름。

【旗族：기족】中國、淸 나라 때의 滿洲族

【旗槍：기창】❶기를 다는 긴 창。❷高麗 儀仗의 하나。❸十八技의 하나。❹좋은 茶。잎은 旗、줄기는 槍에 비유함。

【旗幟：기치】❶軍中에서 쓰는 온갖 기。【後漢書】一一蔽野。❷처지。태도。

【旗幟鮮明：기치선명】태도나 언행이 뚜렷함。

【旗幟槍劍：기치창검】군에서 쓰는 기「창·칼·따위。

【旗幅：기폭】❶깃발。❷깃발의 나비。

【旗下：기하】❶大將旗의 아래。本陣。❷대장 직속의 군인。幕下。【後漢書】一衆尙十餘萬。❸麾下。

【旗艦：기함】사령관이 타고 있는 군함。

【旗行列：기행렬】축하나 환영의 뜻을 나타내기 위하여 旗를 들고 열을 지어 돌아다니는 일。

【旗號：기호】❶旗의 信號。❷기의 表章。◎校一、國一、軍一、軍艦一、白一、半一、反一、社一、星條一、手一、優勝一、義一、弔一、太極一、降一。

十一畫

【旛】(휘) 微 キ、はた banner ❶기휘(幟也)。❷움직일휘(動也)。

十三畫

【旝】(염) 豔 ゲン、しるし ticket 표염(證也)。

【旚】(표) 蕭 ヒョウ、はたがひるがえる flutter 깃발 번득일표(旌旗飄貌)。

十四畫

【旛】(번) 元 ハン、のぼり banner ㄈㄢ fan¹ 小篆 草書 기번(旌旗總名)。【漢書】立靑一。

十五畫

【旚】(표) 蕭 ヒョウ、はたがひるがえる flutter 小篆 깃발훌훌날릴표(旌旗飛揚貌)。

【旜】(전) 先 セン、はた banner ㄓㄢ chan¹ 草書 자루굽은기전(曲柄旗)。(『旃』과 같음)

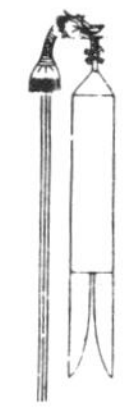
旜
(圖禮三)

【旝】(괴) 泰 カイ、さしずばた banner 小篆 草書 ❶사명기괴(大將所麾)。【左傳】一動而鼓。❷돌쇠뇌괴(機石槌擊)。【說文】建大木置石其上發機以追敵謂一。

【旞】(수) 寘 スイ、はた banner 小篆 或體 草書 ❶깃을달은기수(裝羽旗)。❷수레에 꽂는기수(導車所載全羽)。

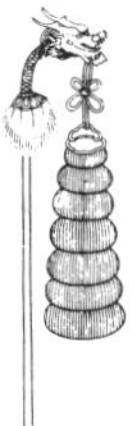
旞
(圖器禮)

十六畫

【旟】(여) 魚 ヨ、はた banner 小篆 草書 새매 그린기여(鳥隼旗)。【詩】孑孑干一。

(圖禮三) 旟

十八畫

【旞】㊀(수) 寘 ㊁(유) 支 スイ、はた feathered flag (banner) ㊀깃으로꾸민기수(裝羽旗)。㊁기유(旌也)。

十九畫

【旟】(기) 紙 キ、とりみだす change colour 얼굴빛 변할기(失容貌)。

无部

【无】(무)『無』(火部 8畫)의 古字

【无疆：무강】한계가 없음。【易經】坤厚載物、德合一一。

【无妄：무망】❶卦의 이름。震下乾上。❷진실하고 속임이 없는 것。【易經】一一之疾、勿藥有喜。

【无妄之災：무망지재】의외에 일어난 재난。【易經·无妄】。

【旡】(기) 未 キ、むせぶ stuffy ㄐㄧˋ chi⁴ 小篆 古文 草書 숨막힐기(氣塞)。

三畫

【旣】(지) 寘 シ、くちがちいさい small-mouthed 입작을지(口小貌)。

五畫

【既】(기)『旣』(无部 7畫)의 訛字

七畫

【既】(기) 未 キ すでに already ㄐㄧˋ chi⁴ 小篆 草書 ❶이미 기(已也)。〔詩經 大雅既醉〕—醉以酒、—飽以德。❷다할 기(盡也)。〔左傳 宣公十二年〕董澤之蒲、可勝—哉。❸끝날 기(畢也)。〔韓愈 進學解〕言未—有笑於列者。❹작게 먹을 기(小食)。〔論語曰〕不使勝食—。論語作氣。

【既刊:기간】이미 출판함。또는 그 책。

【既決:기결】❶이미 결정됨。↔未決。❷《法》재판의 판결이 이미 결정됨。

【既決囚:기결수】《法》유죄의 판결을 이미 받은 죄수。↔未決囚。

【既決案:기결안】이미 결정된 안건。↔未決案。

【既得:기득】이미 얻은 것。이미 자기 소유가 된 것。

【既得權:기득권】《法》사람 또는 국가가 적당한 절차를 밟아 이미 얻은 법률상의 권리。

【既望:기망】음력 一六일。또는 그날 밤의 달。〔書經〕惟二月——。〔蘇軾〕壬戌之秋、七月——。

【既報:기보】이미 알린 보고나 보도。

【既拂:기불】이미 지불함。

【既設:기설】이미 설치되어 있음。

【既成:기성】❶사물이 이미 이루어짐。❷어떤 부문에서 이미 이름이 남。↔新進。

【既成文壇:기성문단】이미 이름이 난 文人들의 사회。

【既成服:기성복】맞춤 양복이 아니라 미리 지어 놓고 파는 양복。

【既成事實:기성사실】이미 이루어진 일이나 사실。

【既成勢力:기성세력】이미 이루어진 權勢와 힘。↔新進勢力。

【既成作家:기성작가】이미 이름난 작가。↔新進作家。

【既成品:기성품】이미 만들어진 물건。↔未成品。注文品。

【既成靴:기성화】미리 만들어 놓고 파는 구두。

【既遂:기수】❶이미 일을 다 마침。❷《法》범죄 행위가 착수 실행을 거쳐 構成要件을 충실하게 함。

【既約:기약】❶이미 약속이 되어 있음。❷《數》分數 또는 分數式이 約分된 것。

【既往:기왕】이미。〔論語〕——不咎。

【既往之事:기왕지사】이미 지나간 일。

【既爲:기위】이미。

【既定:기정】이미 정해짐。↔未定。

【既定方針:기정방침】이미 결정된 방침。

【既定事實:기정사실】이미 정하여진 사실。

【既知:기지】이미 알음。

【既知數:기지수】❶《數》방정식 따위에서 이미 알고 있는 수。❷미래에 대하여 미리 알 수 있는 것。未知數。

【既娶:기취】이미 장가들음。↔未娶。

【既判力:기판력】《法》民事 소송법에서 재판이 확정된 경우에 생기는 같은 사항이 그 후 소송상의 문제가 되더라도 당사자는 이와 어긋나는 주장을 할수 없고 法院도 이와 저촉되는 재판을 할 수 없는 拘束力。

【既婚:기혼】이미 결혼한 것。↔未婚。

【既婚者:기혼자】이미 결혼한 사람。

【旣】(기)『既』(前條)의 俗字

八畫

【晾】(량) 漾 リョウ、うすい sad; bitter 小篆 ❶슬플 량(悲也)。❷쓰라릴 량(酸楚)。❸엷을 량(薄也)。

九畫

【旤】(화)『禍』(示部 9畫)의 古字

日部

【日】(일) 質 ジツ、ニチ、ひ、ひる sun; day ㄖˋ jih⁴ 小篆 古文 草書 ❶날 일、해 일(太陽精人君象)。「—月星辰、—光」。〔孟子 離婁下〕夜以繼—。❷하루 일、날자 일。〔史記 司馬相如傳〕—往而朝相如。❸먼저 일(往者)。〔左傳 襄公二十八年〕—也過此也。❹날점칠 일。〔史記 日者傳〕卜筮占候時日通名—者。

【日加月增:일가월증】날로 달로 더하여 감。

【日脚:일각】햇발。〔杜甫〕——下平地。

【日間:일간】가까운 날 사이。

【日刊:일간】날마다 발간함。또는 발간된 것。

【日刊新聞:일간신문】매일 발행하는 신문。朝刊·夕刊이 있음。

【日居月諸:일거월저】쉬지 않고 가는 세월。(居諸는 助辭)。〔詩經〕——、照臨下土。

【日計:일계】날마다의 계산。

【日工:일공】❶날품팔이。❷하루의 품삯。❸날품 삯을 주고 시키는 일。

【日課:일과】날마다 하는 일。또는 그 과정。〔陸游〕老人無——、有興即題詩。

【日課表:일과표】每日의 일을 정하여 놓은 표。

【日光:일광】햇빛。태양 광선。〔李華〕——寒兮草短。

【日光療法:일광요법】《醫》일광욕으로써 일광에 있는 紫外線을 吸收하여 주로 호흡기 병을 치료하는 방법。

【日光浴:일광욕】몸을 햇빛에 쬐어 건강을 증진하는 일。

【日光節約:일광절약】시간을 잘 이용하여 일의 능률을 꾀하는 생활。

【日較差:일교차】《地》기온·습도 따위의 하루 동안에 바뀌는 사이。

【日久月深:일구월심】날이 오래고 달이 깊어 짐。곧 골똘히 바람을 이름。

【日軌:일궤】해가 지나가는 길。黃道。〔五代史〕黃道者——也。

【日勤:일근】날마다 출근하여 일을 봄。

【日給:일급】날로 주는 급료。

【日給制:일급제】하루 하루를 단위로 쳐서 급료를 주는 제도。

【日氣:일기】그 날의 천기。날씨。

【日記:일기】그날 있었던 일이나 느낀 일들을 적은 기록。日誌。

【日氣不調:일기부조】날씨가 고르지 못함。日氣不順。

【日氣不順:일기불순】=日氣不調。

【日氣豫報:일기예보】날씨의 형편을 미리 알리는 報道。

【日記帳:일기장】❶일기를 적는 책。❷매일의 거래 사항을 기재한 상업 장부의 한 가지。

【日南:일남】해가 남쪽에 이름。

【日南至:일남지】동짓날의 異名。

【日東:일동】❶해가 동쪽에 이름。❷《地》日本의 異稱。

【日來:일래】❶每日 옴。날마다 옴。❷해가 돌아옴。〔易經〕日往則月來、月往則——。❸平素。

【日曆:일력】❶史官의 日記。〔大戴禮〕

必節——巫祝。❷하루에 한 장으로 된 달력。

【日錄:일록】 날마다 기록함。또는 그 기록。『宋史』。

【日輪:일륜】 태양。『韓愈』溟波銜——。

【日暮:일모】 해가 저물음。『孟浩然』——孤舟何處泊。

【日暮途遠:일모도원】 날은 저물었는데 갈길은 멀음。《喩》이미 늙어서 앞으로 목적한 것을 쉽게 달성 못함。『史記·伍子胥傳』吾——、故倒行而逆施之。

【日沒:일몰】 해가 짐。또는 그 무렵。日入。↕日出。

【日邊:일변】 하루하루 셈 치는 변리。

【日步:일보】 원금에 대한 하루의 이자。

【日本:일본】 《地》아시아주 동쪽 太平洋 서북쪽에 있는 섬으로 된 나라 이름。『宋史』——國、本倭奴國也、自以其國近日所出、故以——爲名

【日俸:일봉】 날마다의 수입。『白居易』爲貧逐——。

【日賦:일부】 얼마의 금액을 며칠에 나누어 나날이 갚아서 꺼 가게 함。「는 돈。

【日賦金:일부금】 일부로 얼마씩 꺼 가는 돈。

【日附變更線:일부변경선】 一八○도의 경선을 중심으로 하여 설정한 선。이 선을 동 쪽으로 향하여 넘으면, 같은 날짜를 되불이하고 서쪽으로 향하여 넘으면 하루가 빨라짐。

【日附印:일부인】 서류등에 그 날 그 날의 날짜를 넣어 찍는 도장。

【日復日:일부일】 날마다。나날이。

【日賦販賣:일부판매】 日賦로 물건을 팔음。

【日費:일비】 날마다 쓰는 비용。

【日射病:일사병】 《醫》따가운 볕에 오랫동안 쬐어 일어나는 병。

【日傘:일산】 ❶들놀이 때 볕을 가리기 위한 큰 비단 양산。❷《制》㉠儀仗의 한가지。자루가 긴 큰 양산으로 皇帝는 누른색、王과 皇太子는 붉은 색、王世子는 검은 색임。㉡ 흰 바탕에 푸른 선을 두른 긴 양산。監司·留守·守令들이 부임할 때에 받음。

【日常:일상】 늘。항상。平素。

【日常生活:일상생활】 날마다의 생활。

【日夕:일석】 ❶낮과 밤。『陶潛』忽與一觴酒、——歡相持。❷아침 저녁。❸저물 때。

【日梳:일소】 날마다 머리를 빗음。

【日收:일수】 《國》본전과 변리를 일정한 날짜에 나누어 날마다 거두어 들이는 일 또는 그 빚。

【日數:일수】 ❶날의 수효。❷그날의 운수。

【日乘:일승】 나날의 기록。日記。日誌。

【日時:일시】 날과 때。날짜와 시간。

【日時星:일시성】 =新星。

【日蝕:일식】 《天》달이 태양과 지구의 사이에 끼어서 태양을 가로막는 현상。『史記』春秋二百四十二年之間、——三六。

【日新:일신】 날로 결점을 고쳐 새로 됨。『易經』——之謂盛德。

【日甚:일심】 나날이 심하여 짐。

【日夜:일야】 ❶밤과 낮。『孟子』——之所生息、雨露之所潤。❷항상。始終。『史記』群臣——惡張儀未已。

【日域:일역】 해가 먼저 돋는 곳。『漢書』東征——。

【日影:일영】 해의 그림자。日景。日光。

【日烏:일오】 태양。태양 속에 세발달린 까마귀가 산다 함。『方干·感時詩』。

【日午:일오】 正午 한낮。『柳宗元』——獨覺無餘聲。

【日曜日:일요일】 七曜의 첫째날。

【日傭:일용】 날품팔이。

【日用:일용】 날로 씀。항상 쓰는 것。『詩經』——飮食。「건。

【日用凡百:일용범백】 일용의 모든 물건。

【日用常行:일용상행】 날마다의 품행。

【日用品:일용품】 일상 생활에 쓰이는 물건。

【日月:일월】 ❶해와 달。『易經』與——合其明。❷날짜。세월。光陰。❸날。태양。(月은 助辭)。『史記』推此志也、雖與——爭光可也。❹임금。❺一日。또는 一月。『論語』各餘則——至焉而已矣。

【日月旗:일월기】 日月의 그림이 있는 것。옛날에는 天子만이 이 기를 세웠음。『穆天子傳』。

日月旗 (三才圖會)

【日月星辰:일월성신】 해와 달과 별。

【日月蝕:일월식】 《天》日蝕과 月蝕。

【日益:일익】 나날이 더욱。

【日人:일인】 일본 사람。

【日入:일입】 ❶해가 짐。日沒。❷해넘이。↕日出。

【日字:일자】 ❶날짜。❷날수。

【日昨:일작】 =日前。

【日長月就:일장월취】 =日就月將。

【日前:일전】 며칠 전。지나간 날。일작。

【日精:일정】 국화의 異名。「課。

【日程:일정】 나날이 할 일의 예정。日

【日程表:일정표】 日程을 적어 놓은 표。

【日照:일조】 해가 내리쪼임。

【日中:일중】 ❶한낮。낮。白晝。『說范』壯而好學、如——之光。❷주야의 길이가 같은 날。春分과 秋分。『書經·傳』——謂春分之日。❸日中食。

【日中逃影:일중도영】 한낮에 그림자를 피함。《喩》불가능한 일。

【日增月加:일증월가】 날로 붇고 달로 불어 늘어감。

【日至:일지】 夏至와 또는 冬至。『孟子』千歲之——。

【日誌:일지】 =日記。『荀子』王者之功名、不可勝日志也。

【日直:일직】 낮의 당직。*宿直。

【日辰:일진】 날의 干支를 이름。곧 甲子日·乙丑日 따위。

【日進:일진】 날로 진보함。『謝靈運』有「——之功。

【日進月步:일진월보】 날로 달로 진보함。끊임없이 진보 발전함。日就月將。

【日次:일차】 날짜의 차례。『北齊書』——月紀、方極九州。

【日淺:일천】 날짜가 많지 않음。시작한지가 오래 되지 않음。

【日抄:일초】 날로 뽑아서 적음。또는 그 책。日鈔。『宋史』。

【日出:일출】 ❶해가 돋음。↕日入。『詩經』——有曜。❷해돋이。↕日沒。

【日出三竿:일출삼간】 해가 세 장대길이 즉 三丈 높이에 돋음。오전 八시경。『南齊書』——、朱黃色赤暈。

【日就月將:일취월장】 학문이 날로 달로 나아감。『詩經』維予小子、不聽敬止、——、學有緝熙于光明。

【日昃:일측】 해가 기울음。오후 두시쯤。未時。『漢書』躬有——之勞。

【日晡:일포】 저녁 때。晡는 申時(오후 네 시쯤)。

【日風:일풍】 日本式 풍속。또는 모양。倭風。

【日限:일한】 계약 또는 명령으로 특히 지정하여 놓은 날。

【日割:일할】 날짜를 갈라서 배정함。

【日行:일행】 ❶햇발。날이 감。『孟浩然』冬至——遲。❷하루의 行程。하루 걷는 걸음。『禮記』——百里。

【日和:일화】 날씨가 화장함。『歐陽修』風恬——。

【日華:일화】 햇빛。『杜甫』波亂——遲。

【日後:일후】 뒷날. 나중. 後日。

【日暈:일훈】 햇무리。

◎課ㅣ、過ㅣ、近ㅣ、今ㅣ、忌ㅣ、吉ㅣ、落ㅣ、來ㅣ、當ㅣ、同ㅣ、冬ㅣ、每ㅣ、明ㅣ、白ㅣ、百ㅣ、不ㅣ、斜ㅣ、生ㅣ、秋ㅣ、祝ㅣ、春ㅣ、他ㅣ、擇ㅣ、平ㅣ、夏ㅣ、向ㅣ、休ㅣ、凶ㅣ。

一畫

【旦】 (단) 翰 タン、よあけ (國音「조」) dawn ㄉㄢˋ tan⁴

小篆 草書 ❶아침단(朝也)。❷새벽단(曉也)。〖柳宗元 郭橐駝傳〗ㅣ視暮撫。❸일찍단(早也)。〖書經〗正月朔ㅣ。❹밝을단(明也)。❺간칙할단(ㅣㅣ懇惻款誠)。〖詩經〗信誓ㅣㅣ。❻밤에우는새단(夜鳴求ㅣ之鳥)。〖禮〗相彼盍ㅣ。

【旦旦:단단】 ❶아침마다。〖孟子〗ㅣㅣ而伐之。❷간절하고 성의가 있는 모양。〖詩經〗信誓ㅣㅣ。❹나날이。❸明白한 모양。

【旦望:단망】 ❶=朔望。❷周公 旦과 太公望。「宗人曰、ㅣㅣ行事。

【旦明:단명】 새벽。아침。黎明。〖禮儀〗

【旦暮:단모】 ❶아침과 저녁。朝夕。❷아침이나 저녁이나 늘。언제나。〖顏氏家訓〗古人云、千載一聖猶ㅣㅣ。❸切迫해짐。목숨이 얼마 남지 않은 것。〖史記·晉世家〗君老矣ㅣㅣ之人、曾不能待。

【旦夕:단석】 ❶旦暮。〖白居易〗ㅣㅣ秋風多。❷위급한 시기상태가 절박한 모양。

二畫

【旨】 (지) 紙 シ、むね meaning ㄓˇ chih³

小篆 古文 草書 ❶뜻지、뜻할지(意向)。〖易繫辭〗其ㅣ遠。❷아름다울지(美也)。〖書〗王曰ㅣ哉。❸맛지(味也)。❹조서지(詔ㅣ王言)。

【旨甘:지감】 어버이를 봉양하는 음식。맛좋은 음식。〖禮記·內則〗慈以ㅣㅣ。〖宋史〗家素貧、無以給ㅣㅣ。

【旨意:지의】 생각。취지。까닭。旨趣。

【旨義:지의】 깊고 중심이 되는 要旨。〖易經·疏〗ㅣㅣ深遠。

【旨酒:지주】 맛 좋은 술。〖孟子〗禹惡ㅣㅣ、而好善言。

【旨趣:지취】 ❶어떠한 일에 대하여 마음 먹고 있는 뜻。〖孝經·序〗擧六家之異同、會五經之ㅣㅣ。❷=趣旨。

◎內ㅣ、大ㅣ、微ㅣ、密ㅣ、本ㅣ、宣ㅣ、聖ㅣ、令ㅣ、宗ㅣ、趣ㅣ、勅ㅣ。

【早】 (조) 皓 ソウ、はやい early ㄗㄠˇ tsao³

小篆 草書 ❶새벽조、일찍조、이를조(晨也)。❷먼저조(先也)。〖易經 坤卦〗由辨之不ㅣ辨也。

【早計:조계】 실제와 좀 맞지 않고 좀 이른 계획。너무 서두르는 것。〖莊子〗汝亦太ㅣㅣ。

【早蛩:조공】 첫가을에 우는 귀뚜라미。

【早急:조급】 늦거나 느리지 않고 아주 이르고 빠름。

【早起:조기】 아침에 일찍 일어남。

【早期:조기】 이른 시기。

【早達:조달】 ❶젊어서 높은 자리에 오름。〖呂溫〗縱使他時能ㅣㅣ、定知不作黑頭人。❷어려도 어른같이 보임。「함。

【早到:조도】 일찌기 이름。빠르게 도착

【早稻:조도】 《農》일찍 먹는 벼。올벼。↕晚稻。〖白居易〗碧毯線頭抽ㅣㅣ。

【早動:조동】 남보다 일찍 활동함。

【早多:조동】 이른 겨울。↕晚多。

【早老:조로】 나이보다 일찍 늙음。

【早晚:조만】 ❶이름과 늦음。〖晉書〗器有大小、達有ㅣㅣ。❷아침 저녁。❸멀지 않아。❹〖杜甫〗孔璋才素健ㅣㅣ、檄書成。❺昨今。〖白居易〗ㅣㅣ驪山有此聲。

【早晚間:조만간】 멀지 않아。이르든지 늦든지 필경은 어느 때에든지。

【早飯:조반】 朝飯 전에 약간 먹는 음식。

【早發:조발】 ❶일찍 길을 떠남。❷어떤 꽃이 다른 꽃보다 좀 일찍 핌。❸기차 따위가 정한 시각보다 일찌기 떠남。

【早白:조백】 마흔 살 전에 머리 털이 세는 일。

【早死:조사】 젊은 나이에 일찍 죽음。

【早產:조산】 아이를 달이 차기 전에 일찍 낳음。

【早產兒:조산아】 《生》달을 다 채우지 못하고 出產한 아이。↕成熟兒。

【早霜:조상】 철보다 일찍 오는 서리。〖易林〗ㅣㅣ晚雲傷禾害稼。

【早喪父母:조상부모】 어려서 부모를 잃음。早失父母。

【早成:조성】 ❶일찍 이룸。일찌기 成就함。❷나이보다 일찍 성숙함。早熟。〖蜀志〗嫌其ㅣㅣ、恐不爲重器。

【早世:조세】 젊어서 죽음。夭死·夭折。〖左傳〗無祿ㅣㅣ隕命、寡人失望。

【早速:조속】 매우 이르고도 빠름。

【早衰:조쇠】 나이보다 일찍 衰弱함。

【早熟:조숙】 ❶일찍 익음。〖北史〗江南土熱、水田ㅣㅣ。❷나이보다 일찍 숙성하게 됨。❸일에 일찍 숙달함。

【早食:조식】 아침 밥을 일찍 먹음。

【早晨:조신】 새벽。이른 아침。早朝。

【早失父母:조실부모】 =早喪父母。

【早秧:조앙】 《農》일찍 낸 볏모。早移。

【早刈:조예】 곡식을 일찍 베는 일。

【早朝:조조】 이른 아침。아침 일찍。〖書經·疏〗君子擧事貴ㅣㅣ。

【早卒:조졸】 젊은 나이에 죽음。早死。

【早秋:조추】 이른 가을。

【早春:조춘】 이른 봄。初春。孟春。

【早出:조출】 ❶아침에 일찍 나감。❷정한 時刻보다 좀 이르게 나감。

【早退:조퇴】 일찍 물러감。일찍 돌아감。

【早夏:조하】 이른 여름。

【早行:조행】 아침 일찍 길을 떠남。〖書言故事〗ㅣㅣ曰戴星而出。

【早婚:조혼】 나이가 어려서 지내는 혼인 ↕晚婚。〖詩經·疏〗文王十五、生武王、武王有兄伯邑者、故知人君ㅣㅣ所以重繼嗣。

【早紅:조홍】 열매가 일찍 익고 빛깔이 썩 붉은 감의 한 가지。

◎尙ㅣ

【旪】 (협) 『協』(十部 6畫)과 같음

【旬】 (순) 眞 ジュン、とおか a period of ten days ㄒㄩㄣˊ hsün²

小篆 古文 草書 ❶열흘순(十日)。〖書〗朞三百有六ㅣ有六日。❷두루할순(徧也)。〖詩〗來ㅣ來宣。❸고를순(均也)。〖易〗雖ㅣ无咎。❹가득할순(滿也)。❺요괴로운 별순(妖星ㅣ始)。

【旬刊:순간】 열흘만에 한 번씩 발행함。또는 그 간행물。

【旬間:순간】 음력 초열흘께。

【旬年:순년】 一〇년。〖魏志〗從節約、修之ㅣㅣ、國富民安矣。

【旬望間:순망간】 음력 초열흘 날로부터 보름날까지의 동안。

【旬報:순보】 열흘 만에 한 번씩 내는 보고서。旬刊의 신문 또는 잡지。

【旬朔:순삭】 초하루와 열흘. 또는 열흘 동안. 『南史』遨遊山水、動盈——。
【旬月:순월】 ❶열흘이나 달포 가량. 『十八史略』——徧天下。 ❷열 달.
【旬日:순일】 ❶열흘 동안. 『南史』爭之——乃從。 ❷짧은 기간.
【旬葬:순장】 죽은 뒤 열흘 만에 지내는 「장사。
【旬前:순전】 한 달의 초열흘 전.
【旬後:순후】 음력 초열흘이 지난 뒤.
◎三—、上—、中—、初—、下—。

【旭】 (욱) 沃 キョク、あきらか bright ㄒㄩ hsü⁴ (古音「혹」)
旭 小篆 旭 草書 ❶빛날욱(明也)。 ❷햇살치밀욱(日初出貌)。『詩經』—日始旦。 ❸교만할욱 (——小人憍蹇貌)。『漢書』嘻嘻——。
【旭光:욱광】 솟아 오르는 아침 햇빛.
【旭日:욱일】 아침 해. 『詩經』——始旦。
【旭日昇天:욱일승천】 아침 해가 하늘에 떠오름. 또는 그러한 기세.
【旭暉:욱휘】 ＝旭光。

三 畫

【旰】 (간) 翰 カン、くれる late ㄍㄢ kan⁴
旰 小篆 旰 草書 ❶늦을간(晩也)。『左傳』日—不召。 ❷번화할간(——盛貌)。『漢書』采色澔—。
【旰食:간식】 임금이나 諸侯가 政事에 바빠서 늦게 식사를 하는 것. 『左傳·昭·二十』楚君大夫、其——乎。

【旱】 (한) 翰 旱 カン、ひでり dry weather ㄏㄢ han⁴
旱 小篆 旱 草書 ❶가물한(亢陽不雨)。『書經』若歲大—用汝作霖雨。 ❷물없을한(渴水)。『詩經』—既大甚。
【旱儉:한검】 가물로 곡식이 알이 들지 않음. (儉은 飢饉의 뜻). 『北史』西北州郡——。
【旱氣:한기】 가물음.
【旱稻:한도】 밭벼. 陸稻。『齊民要術』——用下田。
【旱蓮草:한련초】 《植》국화과에 딸린 일년생풀. 잎은 고추 잎사귀와 비슷함. 漢方에서 止血劑로 쓰임.
【旱路:한로】 물이 없는 道路의 뜻. 《轉》陸路。『水滸傳』却是水路、全無——。
【旱雷:한뢰】 가문 날에 치는 雨雷. 마른 번개. 천둥.
【旱魃:한발】 ❶가물음. 『詩經』——爲虐、如惔如焚。 ❷가물을 맡고 있다는 귀신.
【旱騷:한소】 가물음으로 말미암은 세상의 소동.
【旱熱:한열】 가물 때의 심한 더위.
【旱炎:한염】 가물 때의 불꽃 같은 더위.
【旱災:한재】 가물로 인하여 생기는 재앙.
【旱田:한전】 밭을 논에 대립시켜 이르는 말. 밭. ↔水田。
【旱地:한지】 ❶밭. ❷《中》육지.
【旱徵:한징】 가물음의 징조.
【旱天:한천】 가무는 날씨.
【旱草:한초】 가물음을 잘 견디는 식물.
【旱害:한해】 가물로써 오는 재해.

【旳】 (적) 錫 テキ、あきらか light
旳 小篆 旳 小篆 ❶밝을적(明也)。『隷釋魯峻碑』暵矣—。
【旳旳:적적】 밝은 모양. 『淮南子·說林注』——明也。

【旴】 (우) 虞 ク、ひので sunrise (古音「후」)
旴 草書 ❶해돋을우(日始出)。 ❷새벽우(晨也)。
【旴江:우강】 《地》물 이름. 江西省에 있음. 汝水라고도 함.

【⿰日乞】 (계) 霽 ケイ、あたたかい warm
❶따뜻할계(暖也)。 ❷따끈할계。

四 畫

【旹】 (시) 『時』(日部 6畫)의 古字

【旺】 (왕) 漾 オウ、さかん prosper ㄨㄤ wang⁴
旺 草書 ❶고울왕(光美)。 ❷해무리왕(日暈)。 ❸성할왕(物之始盛)。 ❹일왕(興—、盛—)。 (『暀』과 같음)
【旺氣:왕기】 ❶왕성한 기운. ❷행복스럽게 될 조짐.
【旺盛:왕성】 잘 되어 한창 盛함.
【旺盛期:왕성기】 한창 왕성한 시기. 가장 繁昌할 때.
【旺運:왕운】 한창 성한 운수.
【旺興:왕흥】 ＝興旺。

【旻】 (민) 眞 ビン、あきぞら autumn sky
旻 小篆 旻 草書 ❶가을하늘민(秋天)。『書經』日號泣于—天于父母。『爾雅 釋天』秋爲—天。 ❷어진하늘민(仁覆閔下)。
【旼旼:민민】 和하는 모양. 『史記·司馬相如傳』——睦睦君子之能。
【旻天:민천】 ❶가을 하늘. 『爾雅』秋爲——。 ❷蒼生을 사랑으로 돌보아 주는 어진 하늘.

【旼】 (민) 眞 ビン、やわらぐ mild
旼 草書 화할민(——和貌)。『漢書』——穆穆君子之能。

【旽】 ㊀(전) ㊁(돈) 銑 元 トン、あけぼの dawn
㊀지성스러울전(——至誠)。 ㊁먼동틀돈(日欲出)。 (『暾』과 같음)

【旿】 (오) 麌 ゴ、あきらか midday
낮밝을오、한나절오、대낮오(日當午而盛明)。

【昁】 (패) 泰 ハイ、くもる cloudy
❶흐릴패(曇也)。 ❷어둘패(暗也)。

【昂】 (앙) 陽 コウ、あがる bright :high ㄤ ang²
昂 小篆 昂 草書 ❶밝을앙(明也)。 ❷들앙(擧也)。『楚辭遠遊』服偃蹇而低—兮。 ❸높을앙(高也)。 ❹말성큼성큼 걸을앙(——馬行貌)。『楚辭』——若千里之駒。 (『卬·仰』과 통함)
【昂貴:앙귀】 값이 오름.
【昂騰:앙등】 높아짐. 물건 값이 오름. 騰貴。高騰。
【昂奮:앙분】 ❶매우 흥분함. ❷《醫》자극에 의하여 生物體에 일어나는 일시적인 상태의 변화. 興奮。
【昂揚:앙양】 높이 올라감. 높이 올림.

【昃】 (측) 職 ショク、ソク、かたむく decline
昃 小篆 昃 草書 해기울어질측(日斜)。『易』日中則—。

【昄】 (판) 潸 ハン、おおきい big ㄅㄢ ban³
昄 小篆 昄 草書 클판(大也)。『詩經 大雅卷阿』爾土宇—章。

【昆】㊀(곤) 元 コン、あに eldest brother
㊁(혼) 阮

小篆 書 草 ㊀❶맏곤、언니곤、형곤(兄也)。[詩] 謂他人ㅣ。❷뒤곤(後也)。[書] ㅣ命于元龜。❸손자곤(後ㅣ孫也)。[書] 垂裕後ㅣ。❹같을곤(同也)。[漢書] 瞧瞧ㅣ鳴。❺다곤(咸也)。(『崑·焜』과 통함) ㊁❶덩어리혼(ㅣ侖天形)。❷서쪽 오랑캐 이름혼(西夷名)。(『渾·混』과 통함)

【昆季:곤계】❶형제。❷아우。

【昆雞:곤계】새의 이름。鶴과 비슷하고 黃白色임。

昆雞(三才圖會)

【昆弟:곤제】형과 아우。형제。[中庸] 父子也、夫婦也、ㅣㅣ也。

【昆蟲:곤충】(動)❶벌레의 總稱。[漢書] 草木ㅣㅣ、咸得其所。❷곤충류에 딸린 동물。

【昆蟲類:곤충류】(動)節足動物의 한 부문。머리·가슴·배로 되어 있어 氣管으로 호흡하며 머리에는 촉각과 복안、가슴에는 세 쌍의 다리와 두 쌍의 날개를 가짐。

【昆蟲網:곤충망】곤충을 잡는 그물。

【昆蟲學:곤충학】(動)곤충에 관한 전문적인 이론을 연구하는 학문。

【昆布:곤포】(植)다시마。

【昇】(승) 蒸 ショウ、のぼる ascend ㄕㄥ shēng

小篆 書 草 ❶해돋을승(日上)。[郭璞 山海經序] 東ㅣ大人之堂。❷풍년들승(ㅣ平)。「天下ㅣ平」。(『升』과 통함)

【昇降:승강】❶오르고 내림。❷西藏의 卑語。

【昇降機:승강기】고층 건물 따위에서 동력에 의하여 사람이나 짐을 아래 위로 나르는 기계 장치。엘리베이터。

【昇降場:승강장】정거장이나 정류소의 차를 타고 내리는 곳。

【昇格:승격】격을 올림。

【昇級:승급】❶등급이 오름。進級。❷≡昇進。陞級。

【昇給:승급】봉급이 또는 급료가 오름。

【昇段:승단】바둑이나 柔道 따위의 단수가 오름。

【昇騰:승등】값 따위가 오름。升騰。陞騰。

【昇席:승석】자리에 오름。

【昇進:승진】官位나 지위가 높아짐。

【昇天:승천】❶하늘에 오름。[後漢書] 虞延初生時、其上有物、若一匹練、遂上ㅣㅣ、占者以爲吉。❷사물이 왕성한 모양。❸(宗)기독교에서 信者의 죽음을 일컬음。

【昇天日:승천일】(宗)예수가 승천한 날。

【昇平:승평】세상이 고요하고 잘 다스려짐。太平。升平。

【昇平世界:승평세계】태평한 세상。

【昇遐:승하】임금이 세상을 떠남。

【昇汞:승홍】(化)塩化第二水銀의 속칭。無色투명의 결정으로서 有毒。工業用·消毒用。

【昇汞水:승홍수】昇汞을 넣은 소독물。

【昇華:승화】(化)열을 가하면 고체가 기체로、식히면 기체가 고체로 되는 현상。

【昊】(호) 皓 コウ、なつぞら clear summer sky ㄏㄠ hao

書 草 ❶여름하늘호(夏天)。[書經] 欽若ㅣ天。❷기운이 넓을호(ㅣ天罔極)。[詩經] 浩浩ㅣ天。(『皡』와 통함)

【昊蒼:호창】하늘。昊天。『曹植』倏忽造ㅣㅣ。

【昊天:호천】❶하늘。[詩經] ㅣㅣ悠悠。❷四天의 하나。여름 하늘。[爾雅] 夏爲ㅣㅣ。❸하늘의 神。[周禮] 以禋祀祀ㅣㅣ上帝。

【昊天罔極:호천망극】끝이 없는 하늘과 같이 부모의 은혜가 크다는 것을 일컫는 말。

【昊昊:호호】크고 힘찬 모양。[李巡] 萬物盛壯、其氣ㅣㅣ。

【昉】(방) 養 ホウ、あきらか bright ㄈㄤ fǎng

小篆 書 草 ❶밝을방(明也)。❷비롯할방(始也)。❸마침방(適也)。[列子 黃帝] 衆ㅣ同疑。

【昈】(호) 麌 コ、あや beautiful colouring

小篆 ❶문채날호、빛날호(ㅣㅣ文彩貌)。[西京賦] 赫ㅣㅣ以弘敞。❷밝을호(明也)。

【昋】(계) 霽 ケイ、あきらか bright

❶성계(姓也)。❷밝을계(明也)。

【昌】(창) 陽 ショウ、さかん make prosperious ㄔㄤ ch'ang

小篆 籀文 書 草 ❶창성할창(盛也)。[書經] 邦乃其ㅣ。❷나타날창(顯也)。❸착할창(美言善也)。[書經] 禹拜ㅣ言曰兪。❹물건창(物也)。[莊子 在宥] 百ㅣ者皆生於土。❺날빛창(日光)。

【昌慶宮:창경궁】(歷)李朝 成宗 때 壽康宮 자리에 세운 宮으로 지금 昌慶苑의 一廓。光海主 때 중수했고 純宗 때 시설한 博物館·動物園·植物園 등과 함께 昌慶苑으로 개칭함。

【昌慶苑:창경원】(地)서울特別市 臥龍洞에 있는 옛 昌慶宮의 울안。본시 壽康宮이 있던 궁터로 明政殿·通明殿·養和殿·景春殿·歡慶殿 등의 殿閣과 動物園·植物園 등이 있음。

【昌德宮:창덕궁】(地)서울 苑西洞에 있는 李朝 初期에 세워진 궁궐。李朝 역대의 임금이 이곳에서 정치하고 常住했음。국보로 敦化門 등이 있음。

【昌盛:창성】번성하고 잘 되어 감。[南史] 子孫當ㅣㅣ。

【昌陽:창양】창포의 異名。長生의 약으로 씀。菖陽。[韓愈] 以ㅣㅣ引年。

【昌言:창언】❶道理에 맞는 좋은 말。[書經] 禹拜ㅣㅣ。❷곧게 진술하는 말。거리낌이 없는 말。

【昌言正論:창언정론】매우 適切하고 正大한 언론。

【昌運:창운】❶번창할 운수。[白居易] 叶聖人之ㅣㅣ。❷사물이 번영해질 시기。

【昌平:창평】❶나라가 번성하고 잘 다스려짐。❷(地)땅 이름。孔子가 난 곳。山東省 曲阜縣 東南에 있음。

【昌披:창피】매듭이 없고 어지러움。猖披。[楚辭·離騷] 何桀紂之ㅣㅣ。◎猖ㅣ、隆ㅣ。

【昍】(헌) 元 ケン、あきらか bright

밝을헌(明也)。

【明】(명) 庚 メイ、ミョウ、あきらか bright; clear ㄇㄧㄥ míng

小篆 古文 書 草 ❶밝을명(照也)。[蘇軾 赤壁賦] 月ㅣ星稀。❷분별할명(辨也)。❸총명할명(聰也)。[書經 益稷] 元首ㅣ哉。❹나타날명(著也)。❺확실할명(確也)。❻볼명

[易繫辭] 日月相推而ㅣ生焉。

(視也)。『禮記 檀弓』喪其－。❼밝힐명(顯也)。❽날이 샐명(夜明)。『詩經』東方－矣。❾낮명(晝也)。『左傳昭公六年』陰陽風雨晦－。❿현세명(現世)。⓫신령스러울명(神靈)。⓬왕조의 이름명(中國王朝名)。⓭깨달을명(曉也)。⓮빛명(光也)。⓯흴명(白也)。⓰통할명(通也)。⓱살필명(察也)。
(『盟·孟』과 통함)

【明鑑:명감】❶맑은 거울。『唐書』－－所以照形、往事所以知今。❷똑똑하게 鑑識함。❸밝고 높은 식견。

【明見:명견】❶사물을 봄이 밝음。❷밝은 意見。

【明鏡:명경】❶맑은 거울。『漢書』清水－－、不可以形逃。❷맑고 조금도 흐림이 없음。『同書』深說經義、－－聖法。

【明鏡止水:명경지수】❶맑은 거울과 잔잔한 물。❷맑고 깨끗한 마음。『莊子』仲尼曰、人莫鑑於流水、而鑑於止水。

【明官:명관】어진 정치를 베푸는 守令。

【明君:명군】밝고 어진 임금。明主。『左傳』况－－而善用其衆乎。

【明氣:명기】❶맑고 아름다운 산천의 기운。❷쾌활하고 명랑한 얼굴 빛。

【明年:명년】내년(來年)。『左傳』－－其死於高粱之虛。

【明斷:명단】훌륭한 판단。뚜렷한 판단。『後漢書』爲政－－、甄善疾非。

【明達:명달】똑똑하게 사리에 통함。『漢書』性－－好謀。

【明答:명답】아주 알맞고 똑똑한 대답。

【明堂:명당】❶임금이 정치에 대해서 묻고 혹은 나라의 제사를 지내던 집。『周禮』。❷《天》별이름。❸《醫》침을 놓을 자리 또。

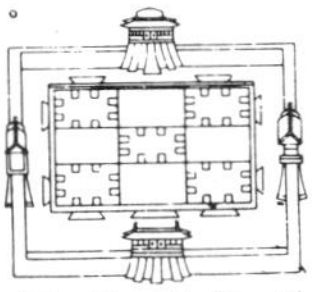
明堂(三禮圖)

는 뜸을 뜰 자리。❹아주 좋은 묏자리。

【明德:명덕】❶밝은 德行。『書經』黍稷非馨、－－惟馨。❷타고난 깨끗한 本性。『大學』明－－。

【明圖:명도】❶무당이 守護神으로 삼고 위하는 거울。明斗。❷태주。천연두로 죽은 어린아이의 귀신。

【明渡:명도】성이나 집을 남에게 넘김。

【明渡令:명도령】《法》집이나 토지따위를 명도하라는 명령。

【明渡申請:명도신청】《法》집 주인에게 들어 있는 이들이 집을 비워 주지 않을 적에、집주인이 執達吏로 하여금 집을 비워 놓도록 법원에 請願하는 일。

【明卵:명란】명태의 알。

【明朗:명랑】❶밝고 쾌활함。『晉書』－－高亮、執心弘毅。❷《人》신라 때의 중。

【明瞭:명료】분명하고 똑똑함。『郭熙』高遠者－－、深遠者細碎。

【明倫堂:명륜당】《制》人倫을 밝히는 殿堂。곧 成均館·鄕校 안의 儒學을 講學하던 곳。

【明滅:명멸】❶밝았다 어두웠다함。『杜甫』旌旗晩－－。❷불이 켜졌다 꺼졌다함。

【明命:명명】신령이나 또는 임금의 명령。『大學』顧諟天之－－。

【明明:명명】❶아주 환하게 밝음。『詩經』－－上天、照臨下土。❷明德이 있는 사람을 밝혀서 등용함。

【明明白白:명명백백】秋毫도 거리낌 없이 아주 명백함。

【明眸:명모】맑은 눈동자。美人의 형용。

【明眸皓齒:명모호치】맑은 눈동자와 흰 이。미인을 형용하는 말。『杜甫·哀江頭詩』－－今何在、血汚遊魂歸不得。

【明文:명문】❶똑똑하게 문장으로 나타냄。『典引』答三靈之蕃祉、揚放唐之－－。❷명백하게 증거가 될 문장。

【明媚:명미】아름답고 고움。山水의 경치가 매우 좋음。『劇談錄』烟水－－。

【明敏:명민】머리가 총명하고 동작이 민첩함。『北齊書』內雖－－、外若不足。

【明發:명발】새벽。『詩經』－－不寐、有懷二人。

【明辯:명변】❶명쾌한 변설。『隋書』－－有器幹。❷명백하게 따짐。❸명백하게 설명함。명백하게 말함。

【明史:명사】《書》三三六권。清代에 張廷玉등이 世宗의 명으로 지음。六〇年을 걸려 乾隆四年에 완성된 明代의 歷史書。

【明沙:명사】매우 곱고 깨끗한 모래。

【明絲:명사】명주실。

【明庶風:명서풍】東風。『史記』－－居東方、衆物盡出也。

【明夕:명석】내일 저녁。『儀禮』。

【明晳:명석】분명하고 똑똑함。

【明細:명세】❶똑똑하고 자세함。❷셈하거나 셈한 속가름。내용을 자세히 밝힘。

【明細書:명세서】내용을 구체적으로 자세하게 한 문서。

【明示:명시】분명하게 가리킴。똑똑하게 보임。『左傳』－－百官。

【明時:명시】평화스러운 세상。太平한 세상。昭代。清時。『曹植』志欲自效于－－。

【明視:명시】밝게 봄。옳게 봄。

【明視距離:명시거리】똑똑히 물체를 볼 수 있는 거리。

【明悉:명실】환하게 죄다 알음。『南史』博學－－舊章。

【明暗:명암】밝음과 어두움。

【明夜:명야】내일 밤。

【明若觀火:명약관화】환하기가 불을 봄과 같음。《喩》장차의 일이 뻔함。

【明言:명언】똑똑하게 말함。

【明月:명월】❶밝은 달。『張若虛』海上－－共潮生。❷보름달。특히 팔월 보름달。『班婕妤』團團似－－。❸구슬 이름。밤에도 빛난다 함。

【明油:명유】칠하는 데나 물건을 결는 데 쓰는 기름。

【明耳酒:명이주】귀밝이 술。

【明日:명일】내일。『論語』－－遂行。

【明正:명정】올바르게 밝힘。

【明旌:명정】죽은 사람의 관직·성명을 기록한 기。

【明朝:명조】❶내일 아침。『高適』霜鬢－－又一年。❷《歷》明 나라 조정。❸활자의 한 체。가로 획이 가늘고 세로 획이 굵음。

【明朝體:명조체】활자체의 한 가지。내리 긋는 획이 굵은 漢字。楷書體。唐體。

【明主:명주】밝고 총명한 임금。『荀子』－－急得其人、而闇主急得其勢。

【明紬:명주】명주 실로 무늬 없이 짠 피륙。綿紬。

【明珠:명주】❶빛나는 구슬。夜光珠。『蔡邕』－－不瑩、焉發其光。❷《喩》훌륭한 사람。『晉書』與玠周遊、若－－之在側、朗然照人。

【明珠闇投:명주암투】明珠를 어둠 속에 던져줌。《喩》㉠어떠한 귀한 선물도 도리에 벗어난 짓으로 주면 도리어 원망을 산다는 비유。㉡재능은 있으나 옳은 사람을 만나지 못하고 있음。『史記·鄒陽傳』明月之珠、夜光之璧、以闇投人於道路、人無不按劍相視者、何則無因而至前也。

【明證:명증】❶명백한 증거。『潛夫論』曲木惡直繩、重罰惡－－。❷明白히 證明함。明徵。

【明智:명지】총명한 지혜。『崔駰』求莫於－－。

【明知:명지】❶밝은 지혜。

【明知的見:명지적견】밝은 지혜와 的實한 견해。❷밝게 알고 적실하게 봄。

【明澄:명징】밝고 맑음。

【明察:명찰】❶밝게 살핌。『韓非子』不－－、不能燭私。❷相對의 추찰。

【明暢:명창】 ❶음성이 밝고 탁 트임。『宋史』音吐ㅡㅡ。❷論旨가 잘통함。

【明天:명천】 ❶내일。❷밝은 하늘。❸公明正大한 하느님。

【明天之下:명천지하】 총명한 임금이 다스리는 태평한 세상。

【明徹:명철】 물이 밝고 투명함。

【明哲:명철】 총명하고 사리에 밝고 똑똑함。또는 그런 사람。『書經』知之曰ㅡㅡ。「ㅡ。

【明燭:명촉】 밝은 촛불。『抱朴子』ㅡㅡ宵擧、飛蟲群起。

【明秋:명추】 내년 가을。

【明春:명춘】 내년 봄。

【明治:명치】 밝게 다스림。『易經』聖人南面聽天下、嚮明而治。

【明快:명쾌】 ❶명랑하고 쾌활함。『蘇軾』曉窓ㅡㅡ夜堂深。❷의론이나 문장등의 줄거리가 똑똑하여 기분이 좋음。

【明濁:명탁】 맑게 만든 막걸리。

【明太:명태】 《動》大口魚科에 딸린 바닷물고기 이름。동태·북어·강태。

【明太祖:명태조】 ＝朱元璋。

【明透:명투】 분명히 알음。

【明解:명해】 똑똑하게 풀음。『後漢書』練達事體ㅡㅡ、朝章。

【明確:명확】 똑똑하고 확실함。

【明後年:명후년】 來後年。二年後。

【明後日:명후일】 모레。

◎高ㅡ、公ㅡ、光ㅡ、燈ㅡ、無ㅡ、文ㅡ、發ㅡ、分ㅡ、不ㅡ、詳ㅡ、喪ㅡ、爽ㅡ、鮮ㅡ、說ㅡ、聲ㅡ、聖ㅡ、神ㅡ、失ㅡ、黎ㅡ、月ㅡ、幽ㅡ、自ㅡ、著ㅡ、證ㅡ、清ㅡ、聽ㅡ、透ㅡ、平ㅡ、賢ㅡ。

【昏】 (혼) 元 コン、くらい dusk; twilight ㄏㄨㄣ huen¹

小篆 草書 ❶날저물혼(日冥)。『淮南子』日至虞 是淵謂黃ㅡ。❷어두울혼(闇也)。『書經』下民ㅡ墊。❸어지러울혼(亂也)。『書經』ㅡ棄厥肆祀不答。❹어려서 죽을혼(夭死)。『左傳』札瘥夭ㅡ。(『昬』과 같음)

【昏困:혼곤】 정신이 흐릿하고 맥이 풀려 고달픔。『甲申雜錄』忽ㅡㅡ如夢。

【昏君:혼군】 어둡고 어리석은 임금。

【昏倒:혼도】 정신이 어지러워서 넘어짐。

【昏亂:혼란】 마음이 어둡고 어지러워짐。『陸龜蒙』耗耗ㅡㅡ。

【昏禮:혼례】 결혼의 예절。婚禮。『禮記』ㅡㅡ、萬世之始也。『左傳』間携貳覆ㅡㅡ。

【昏忘:혼망】 정신이 혼미하여 잘 잊음。『南史』ㅡㅡ不可受策。

【昏昧:혼매】 어리석어서 사리에 어둡고 아무 것도 모름。『宋史』。

【昏盲:혼맹】 어두움。어리석어 사리에 어두움。昏眊。

【昏明:혼명】 어두움과 밝음。『周禮·註』。

【昏眊:혼모】 눈이 어두움。눈이 보이지 않음。『歐陽修·謝賜漢書表』兩目ㅡㅡ。

【昏眸:혼모】 흐린 눈동자。『樓鑰』洗我ㅡㅡ十年病。

【昏懜:혼몽】 정신이 어지러워서 가물가물함。

【昏迷:혼미】 사리에 어둡고 마음이 흐리멍덩함。마음이 어지러워 희미함。混迷。

【昏憊:혼비】 마음이 어둡고 피곤함。(憊는 疲)困憊。『列子』晝則呻吟而卽事、夜則ㅡㅡ而熟寐。『書經』ㅡㅡ不恭。

【昏睡:혼수】 정신 없이 잠이 들음。『南史』從夕達旦、時或ㅡㅡ、熱其髮。

【昏睡狀態:혼수상태】 意識을 전혀 잃고 어떤 刺戟을 주어도 눈뜨지 못하는 상태。人事不省이 된 상태。

【昏沈:혼심】 정신이 混迷함。

【昏闇:혼암】 어두움。昏暗。『後漢書』吾生於ㅡㅡ之世、値乎淫侈之俗。

【昏夜:혼야】 어둡고 깊은 밤。『魏志』時帝頗出遊獵、或ㅡㅡ還宮。

【昏愚:혼우】 사리에 어둡고 아주 어리석음。暗愚。

【昏姻:혼인】 夫婦의 계약을 맺음。結婚。婚姻。『白虎通』昏時成禮、故曰昏、婦人因夫而成、故曰因。

【昏絕:혼절】 정신이 혼혼하여 까무러침。

【昏定晨省:혼정신성】 昏定과 晨省。저녁에는 잠자리를 보아 드리고 아침에는 문안을 드림。곧 부모를 섬기는 도리。『禮記』昏定而晨省。

【昏鐘:혼종】 저녁때 치는 종。晚鐘。『張九成』ㅡㅡ發林杪。

【昏醉:혼취】 술에 정신 없이 취함。『晉書』ㅡㅡ奔退、馬陷石渠。

【昏惰:혼타】 사리에 어리석고 게으름。昏怠。『宋史』御史言庠ㅡㅡ。

【昏漢:혼한】 사리에 어리석은 남자。

【昏惑:혼혹】 사리에 어둡고 마음이 어지러움。분별을 가리지 못함。昏迷。『張衡』通人闇于好惡兮、豈ㅡㅡ而能剖。

【昏昏:혼혼】 ❶어두운 모양。어리석은 모양。『孟子』今以其ㅡㅡ、使人昭昭。❷《中》㉠깊이 잠든 모양。㉡정신 없이 취한 모양。㉢조는 모양。

【昏黑:혼흑】 날이 저물어서 아주 어두움。『白居易』語別至ㅡㅡ。

【昍】 (탐) 覃 タン、ひぐれのいろ evening glow

저녁경치탐(夕景)。

【昒】 ㊀(물) 物 コツ、フツ、よあけ ㊁(홀) 月 dawn

小篆 小篆 草書 ㊀먼동틀물(ㅡ爽未明)。『幽通賦』ㅡ昕寤而仰思兮。(『曶』과 같음) ㊁❶어둑새벽홀(尙冥)。❷새벽녘홀(曉也)。

【昒爽:홀상】 새벽。무旦。『漢書』至ㅡㅡ、天子始郊。

【曶】 (물) (홀) 『昒』(前條)과 같음

【易】 ㊀(이) 寘 ㊁(역) 陌 イ、エキ、やすい、かわる easy; change

小篆 草書 ㊀❶다스릴이(治也)。『孟子』ㅡ其田疇。❷홀하게 여길이、쉽게여길이(忽也)。❸쉬울이(不難)。『論語』喪與其ㅡ也寧戚。❹게으를이(輕惰)。『公羊傳』俾君子ㅡ怠。❺편할이(安也)。『詩經 大雅文王』駿命不ㅡ。㊁❶변할역(變也)。❷바꿀역(換也)。「交ㅡ」。『易繫辭』日中爲市交ㅡ而退。❸형상 할역(象也)。『易繫辭』生生之謂ㅡ。❹물 이름역(涿郡水名)。❺역서역(ㅡ書、ㅡ經)。

【易理:①역리②이리】 ❶易의 法則。❷다스리기 쉬움。『舊唐書』官少而ㅡㅡ。

【易服:역복】 喪中이나 탈상 때 옷을 바꾸어 입는 일。또는 그 옷。소상에는 생베옷을 반베옷으로、내상애는 흰 갓과 直領으로、禫祭에는 칠한 갓과 흰 도포로、吉祭에는 평상의 옷으로 가라입음。

【易不得:역부득】 移易不得의 略語。

【易書:역서】 점에 관한 것을 적은 책。

【易俗:역속】 나쁜 풍속을 고침。

【易數:역수】 易의 법칙에 의하여 길흉을 미리 아는 술법。『宋史』陳瓘通于ㅡㅡ、言國家大事、後多驗。

【易心:①역심②이심】 ❶생각이 변함。❷업신여기는 마음。

【易田:역전】 순환 농업。땅을 한 해 혹은 몇 해 묵혀서 한 번씩 농사 지음。

【易地皆然:역지개연】 사람의 처지를

【易地思之:역지사지】 바꾸어 놓으면 그 처지에 동화된다는 뜻。처지를 바꾸어서 생각함。
【易置:역치】 바꾸어 놓음。『史記』悉更約束、ㅡㅡ軍吏。「문。
【易學:역학】 周易에 관하여 연구하는 학
【易與耳:이여이】 해내기 쉬움。
【易往:이왕】 《佛》本願念佛에 의하여 極樂世界에 가기 쉬운 것。
【易易:이이】 쉬운 모양。『禮記』知王道知ㅡㅡ也。
【易直:이직】 까다롭지 않음。 간편함。
『周禮』取諸ㅡㅡ也。
【易行:이행】 ❶행하여 나가기 쉬움。↕難行。❷易行道의 略語。
◎簡改ㅡ、輕ㅡ、交ㅡ、難ㅡ、貿ㅡ、變ㅡ、不ㅡ、安ㅡ、容ㅡ、便ㅡ、平ㅡ。

【昔】
㊀(석) 陌 ㊁(착) 藥 セキ、シャク、むかし old; ancient 「ㅣ hsi²

小篆 籀文 草書 ㊀❶옛석、이석(古也)。『詩經』自古在ㅡ先民有作。❷오랠석(久也)。❹밤석(夜也)。『詩』誰ㅡ然矣。❸어제석(去日)。『左傳 哀公四年』爲一ㅡ之期。❺옛적석(前代)。❻접때석(曏日)。❼비롯할석(始也)。(『腊』과 같음)
㊁쇠뿔비틀릴착(牛角理錯)。
【昔年:석년】 이전。여러 해 전。以前。往年。『杜甫』ㅡㅡ有狂客。
【昔昔:석석】 밤마다。每夜。『列子』精神荒散、ㅡㅡ夢爲國君。「玆入鄭。
【昔歲:석세】 작년。『左傳』ㅡㅡ入陳、今
【昔日:석일】 ❶옛날。❷이전 날。先日。
【昔者:석자】 ❶이전。以前。往年。❷어제。『論語』ㅡㅡ吾衣嘗從事於斯矣。『孟子』子來幾日矣、曰ㅡㅡ。

【昕】
(흔) 文 キン、ひので sunrise ㄒㄧㄣ hsin

小篆 草書 ❶해돋을흔(日將出)。『儀禮』凡行事 必用昏ㅡ。❷초하룻날흔(朔日)。『禮記 文王世子』天子視學大ㅡ鼓徵。
【昕夕:흔석】 朝夕。

【昖】
(연) 先 エン、ひがめぐる (of the sun) pass
해다닐연(日行)。(『昭』과 같음)

五畫

【晄】
(광) 敬 キョウ、あきらか bright
밝을광(明也)。

【昜】
(양)『陽』(阜部 9畫)과 같음

【昵】
(예) 齊 エイ、ひがかたむく (of the sun) sink
해기울예(日傾)。

【昞】
(병) 梗 ヘイ、あきらか bright ㄅㄧㄥ ping³

草書 ❶밝을병(明也)。❷사람이름병(人名)。「帝ㅡ」。宋代最後의 皇帝。(『炳』과 같음)

【昺】
(병)『昞』(前條)과 같음

【星】
(성) 靑 セイ、ショウ、ほし star ㄒㄧㄥ hsing

小篆 古文 或體 草書 ❶별성(列宿總名)。『書經』曆象日月ㅡ辰。❷희뜩희뜩할성(ㅡㅡ點點)。『謝靈運詩』ㅡㅡ自髮垂。❸세월성(歲月)。『王勃詩』物換ㅡ移幾度秋。❹천문성(天文)。『晉書 鳩摩羅什傳』博覽五明諸論及陰陽ㅡ算莫不畢盡。❺성성(姓也)。
【星光:성광】 별의 빛·星輝。
【星群:성군】 《天》별의 무리。
【星期:성기】 ❶婚禮를 하는 날짜。『書言故事』報成婚日、曰請ㅡㅡ。❷一週間。❸日曜日。
【星團:성단】 《天》하늘에 군데군데 모여 있는 별떼。
【星度:성도】 별이 돌아가는 도수。
【星羅:성라】 하늘의 별처럼 흩어져 놓여 있음。星布。『齊書』候騎ㅡㅡ。
【星羅碁布:성라기포】 별같이 벌여 있고 바둑 돌처럼 늘어 놓였다는 뜻。《喩》물건이 여기저기 많이 흩어져 있음。
【星列:성렬】 별처럼 나열되어 있음。
【星流:성류】 ❶《天》恒星의 집단적 운동。❷별이 흐르는 것처럼 빨리 가는 것。같은 방향 같은 속도로 운동하는 현상。
【星命學:성명학】 사람의 운명과 吉凶을 판단하는 학문。占術。
【星霧:성무】 =星雲。
【星變:성변】 별의 본디의 자리나 빛에 생긴 異常。
【星散:성산】 새벽 하늘의 별과 같이 흩어짐。또는 뿔뿔이 헤어짐。『蜀志』馬謖大敗于街亭、衆盡ㅡㅡ。
【星山別曲:성산별곡】 歌辭。李朝 宣祖 때 鄭澈이 지음。全羅南道 潭陽郡 昌平에 있는 星山의 景致를 노래한 것。
【星霜:성상】 歲月。별은 一년에 하늘을 一周하고 서리는 一년에 한 철씩 내린다는 뜻에서 옴。《轉》一년。『杜牧集』經幾年、曰幾換ㅡㅡ。『文天祥』干戈歷落五ㅡㅡ。
【星象:성상】 《天》星座의 모양。
【星數:성수】 운수。운명。
【星宿:성수】 ❶별의 한 묶음의 단위。星座 또는 온갖 星座의 별들。辰宿。『漢書』晝誦書傳夜觀ㅡㅡ。❷星座 이름。二十八宿의 하나。朱鳥七宿의 第四宿。

星宿圖 (新法曆書)

【星術:성술】 天文의 현상을 보고 吉凶을 판단하는 방법。곧 占星術。『五代史』周傑恥以ㅡㅡ事人。
【星辰:성신】 ❶별。❷星座。(星은 四方의 中星、辰은 해와 달이 서로 마주치는 위치)。『書經』。
【星夜:성야】 별빛이 밝은 밤。「는 밤。《轉》밤。별이 보이
【星營:성영】 夜間의 兵營。
【星雲:성운】 《天》은하의 군데군데에 구름이나 안개같이 많이 모여 있는 별들。망원경으로 보아 흐릿한 구름과 같이 보이는 천체임。星霧。
【星月:성월】 별과 달。
【星位:성위】 《天》항성의 위지。
【星移:성이】 별의 위치가 옮겨짐。《轉》세월이 바뀜。『王勃』物換ㅡㅡ幾度秋。
【星一我一:성일아일】 《國》별 하나 나 하나。《喩》무슨 물건이든 相對的으로 생겨난다는 뜻。『東言解』。
【星占:성점】 별의 빛이나 위치로서 점을 치는 것。『晉書』天官ㅡㅡ、存而不毁。
【星座:성좌】 《天》별의 位置를 표시하기 위한 星群의 구역。옛 東洋에서는 三垣 二十八宿로 大別하고 다시 三百의 星座로 나누었고 현재는 대웅좌 오리온좌 八八 개임。별자리。星次。星宿。『史記·註』ㅡㅡ有尊卑。
【星彩:성채】 ❶별의 빛 ❷별과 같은 광채。『杜荀鶴』月華ㅡㅡ坐來收。

【星布:성포】 별처럼 흩어져 있음。星散。星羅。『後漢書』屯騎羅而ㅡㅡ。
【星河:성하】 《天》銀河・天漢・星漢。『河圖括地象』川德布精、上爲ㅡㅡ。
【星學:성학】 =天文學。
【星漢:성한】 銀河의 別稱。『魏文帝』ㅡ西流夜未央。
【星火:성화】 ❶流星의 빛。별똥。《轉》일이 급박한 모양。『李密・陳情表』州司臨門、急於ㅡㅡ。❷작은 숯불。불티。『薛能』ㅡ爐邊夜坐寒。
【星火督促:성화독촉】 몹시 급하게 재촉함。
◎經ㅡ、九ㅡ、金ㅡ、明ㅡ、木ㅡ、北斗七ㅡ、水ㅡ、徧ㅡ、流ㅡ、遊ㅡ、張ㅡ、長ㅡ、將ㅡ、中ㅡ、重ㅡ、衆ㅡ、天王ㅡ、土ㅡ、太白ㅡ、恒ㅡ、彗ㅡ、惑ㅡ、火ㅡ。

【映】 (영) 敬 エイ、うつす reflect

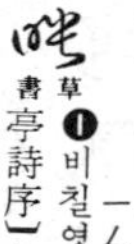

小篆 草書 ㅣㄥ yìng ❶비칠영(明相照)。『蘭亭詩序』ㅡ帶左右。❷빛날영(照也)。(『暎』과 같음)
【映空:영공】 하늘에 비침。
【映射:영사】 광선이 반사함。
【映寫:영사】 ❶原圖와 같이 정밀하게 옮겨 그림。❷영화나 幻燈을 상영함。
【映寫機:영사기】 《物》영화・환등의 필름을 영사막에 확대 영사하기 위하여 렌즈와 光源을 장치한 영사하는 기계。
【映寫幕:영사막】 영화 환등을 영사하는 幕。銀幕。스크린(screen)。
【映山紅:영산홍】 《植》진달래科에 딸린 관목 나리꽃 모양의 붉은 꽃이 핌。
【映像:영상】 ❶《物》광선의 굴곡 혹은 반사를 따라 物像이 나타나는 것。또는 그 物像。❷비치는 그림자。
【映水:영수】 물에 비침。

【映窓:영창】 방이 밝도록 방과 마루 사이에 낸 두 쪽의 미닫이문。
【映彩:영채】 환하게 빛나는 고운 빛깔。
【映畫:영화】 ❶토막진 畫像을 연속한 一連의 필름을 映寫機로 스크린에 비춰 거기에 나타나는 映像이 어떤 의미를 가지게 제작한 것。시네마。❷여화극。「회。
【映畫界:영화계】 영화에 관계 있는 사회。
【映畫館:영화관】 영화를 보일 목적으로 된 상설관。
【映畫俳優:영화배우】 영화에 있어서의 演技하는 법을 익혀 사진에서 실지로 연기하는 배우。
【映畫社:영화사】 영화의 제작・配給 또는 導入・輸出등을 業으로 하는 회사。
【映畫藝術:영화예술】 영화를 예술의 한 分野로서 본 일컬음。
【映畫化:영화화】 영화가 되게 함。소설따위를 영화로 만들음。
【映輝:영휘】 비치고 빛남。『陸佃』丹樓翠閣、ㅡㅡ湖山。
◎反ㅡ、上ㅡ。

【昡】 (현) 霰 ゲン、ひかり sunlight 햇빛현(日光)。『離騷經』世幽昧以ㅡ曜兮。

【昢】 (불) 月 フツ、あけぼの dawn ❶어둑새벽불(日未明貌)。❷해돋을불(日出貌)。

【昣】 (진) 軫 シン、あきらか bright 밝을진、빛날진(明也)。

【春】 (춘) 眞 シュン、はる spring ㄔㄨㄣ ch'uen¹

草書 ❶봄춘(歲之始、四時首)。『史記』東方木主ㅡ。❷남녀의 정사춘(男女情事)。『詩經』有女懷ㅡ、吉士誘之。❸술춘(酒之異名)。『司空圖詩品』玉壺買ㅡ。❹화할춘(和也)。『李絳兵部尙書王紹碑』彊內如ㅡ。❺해춘(歲也)。『漢書賈誼傳』ㅡ秋鼎盛。
【春間:춘간】 봄 사이。
【春江:춘강】 봄철의 강물。『蘇軾』ㅡㅡ水暖鴨先知。
【春景:춘경】 봄철의 경치。『謝靈運』淑德ㅡㅡ暄。
【春耕:춘경】 봄갈이。
【春季:춘계】 봄철。春期。
【春困:춘곤】 봄철에 느껴지는 몸의 고달픈 기운。
【春光:춘광】 ❶봄볕。❷봄 경치。韶光。
【春郊:춘교】 봄철의 경치 좋은 들。
【春宮:춘궁】 ❶太子의 宮。❷太子。春坊。東宮。『竹書紀年』周穆居ㅡㅡ。
【春窮:춘궁】 농가에서 양식이 떨어져서 궁하게 지낼 때。보릿고개。곧 음력 三、四월 경。窮春。
【春祺:춘기】 봄에 행복을 비는 말。편지에 씀。
【春期:춘기】 봄철 동안。春季。
【春氣:춘기】 봄날의 화창한 기운。『阮籍』ㅡㅡ感我心。
【春機:춘기】 ❶異性이 그리워지는 마음。남녀간의 情慾。❷春意。
【春機發動期:춘기발동기】 《生》異性이 그리워지는 마음이 일기 시작하는 시기、환경・기후・풍토・인종에 따라 다르나 대개 十五살경에 일어남。思春期。
【春暖:춘난】 봄철의 따뜻한 기운。『謝靈運』舍悲忘ㅡㅡ。
【春蘭:춘란】 《植》난초의 一種。잎이 가늘고 길며 봄에 푸른 빛깔을 띤 흰꽃이 핌。
【春聯:춘련】 섣달 그믐에 붉은 종이에 써서 문에 붙이는 對句。
【春雷:춘뢰】 철 아닌 봄날의 우뢰。「움。
【春滿:춘만】 봄빛이 가득함。평화스러
【春梅:춘매】 봄에 피는 매화나무。
【春麥:춘맥】 《植》봄보리。
【春眠:춘면】 봄철의 노곤한 졸음。『孟浩然』ㅡㅡ不覺曉。
【春麰:춘모】 《植》봄보리。
【春夢:춘몽】 ❶봄밤에 꾸는 짧은 꿈。『岑參』ㅡㅡ渡黃河。❷《喩》人生의 덧 없음을 일컬음。『侯鯖錄』內翰昔日富貴、一場ㅡㅡ。❸《中》공상。
【春半:춘반】 봄의 중간쯤。
【春服:춘복】 봄철에 입는 옷。『論語』莫春者、ㅡㅡ旣成。(莫은 暮)。
【春府丈:춘부장】 남의 아버지의 存稱。春堂。令尊。春庭。春府大人。
【春分:춘분】 二十四節氣의 네째。태양의 중심이 春點分上에 왔을 때。밤낮의 길이가 거의 같음。양력 三월 二一일 경。↕秋分。
【春分點:춘분점】 《地》赤道와 黃道가 상교하는 점。곧 태양이 赤道의 남쪽에서 북쪽으로 옮아가는 곳。
【春氷:춘빙】 봄철에 어는 얼음。
【春思:춘사】 ❶봄을 느끼는 어수선하고 산란한 생각。❷春心。❸色情。
【春山:춘산】 봄철을 만난 산。봄의 산。
【春三朔:춘삼삭】 음력 정월・二월・三월의 봄의 총칭。
【春三月:춘삼월】 봄 경치가 가장 좋은 철인 삼월 말。곧 봄의 끄트머리 되는 달。
【春色:춘색】 ❶봄의 아름다운 경치。『儲光羲』遠近看ㅡㅡ。❷술 기운。
【春雪:춘설】 봄철에 오는 눈。봄눈。
【春蔬:춘소】 봄철에 나는 菜蔬。
【春宵:춘소】 봄의 저녁。春夜。『蘇軾』ㅡㅡ。一刻直千金。

【春宵一刻直千金:춘소일각치천금】 봄밤의 잠간의 시간도 천금의 값이 있는 것처럼 느낌。

【春水:춘수】 봄철에 흐르는 물。봄물。『陶潛』──滿四澤。

【春愁:춘수】 봄철에 일어나는 뒤숭숭한 근심。『白居易』花時同醉破──。

【春樹:춘수】 봄철의 수목。

【春信:춘신】 봄 소식。『劉克莊』──分明到草廬。

【春心:춘심】 ❶봄철에 느끼는 정서。『李商隱』望帝──託杜鵑。❷異性끼리의 정욕。젊었을 때의 정욕。春情。『李白』憶昔嬌小時、──亦自持。

【春夜:춘야】 봄철의 밤。春宵。『陶潛』愁人難爲辭、遙遙──長。

【春藥:춘약】 性慾을 자극하여 흥분시키「는 약。

【春陽:춘양】 ❶봄의 햇빛。『晉書』經─而自喜。❷봄의 異稱。❸임금이 孟春(陰歷正月)에 거처하는 東堂。『禮記·月會』。❹눈(目)이 맑고 밝음。『韓詩外傳』。❺複性『通志·氏族略』。

【春雨:춘우】 봄철에 오는 비。봄비。『陸游』小樓一夜聽──。

【春雲:춘운】 봄 하늘에 뜬 구름。

【春月:춘월】 봄 밤에 돋은 달。봄 밤하늘에 걸려 있는 달。

【春遊:춘유】 봄 놀이。『史記』皇帝──「省覽遠方。

【春陰:춘음】 봄철에 아지랑이가 끼고 흐림。『常建』晴天無纖翳、郊野浮──。

【春衣:춘의】 春服。

【春意:춘의】 ❶봄철에 만물이 피어나는 화창한 기분。『杜甫』碧草違──。❷=春情。

【春蚓秋蛇:춘인추사】 봄철의 지렁이와 가을철의 뱀。《喩》문장에 힘이 없음을 말함。『晉書』子雲近世擅名江表、僅得成書、無丈夫之氣、行行如縈春蚓、字字如綰秋蛇。

【春日:춘일】 봄날。

【春蠶:춘잠】 봄철에 치는 누에。↕秋蠶。

【春丈:춘장】 春府丈의 略語。

【春節:춘절】 봄철。

【春庭:춘정】 =春府丈。

【春情:춘정】 ❶봄철에 화창한 정서。『李群玉』──不可狀、艷艷令人醉。❷異性끼리의 性的 욕정。男女間의 情欲。

【春盡:춘진】 봄이 끝날 무렵。『書經·疏』──之日、與立夏之初、時相交也。

【春晴:춘청】 맑게 개인 봄철의 날씨。『張耒』不妨微雨破──。

【春初:춘초】 봄의 처음。첫봄。春首。

【春草:춘초】 ❶봄철에 새로 돋은 보드라운 풀。『謝靈運』萋萋──生。❷《植》아마존。=백미꽃。

【春秋:춘추】 ❶봄과 가을。『禮記』──教以禮樂、冬夏教以詩書。❷歲月。나이의 敬稱。❸《書》五經의 하나。魯의 史官이 지음。孔子가 加筆했다는 역사책。『孟子』詩亡、然後──作。

【春秋服:춘추복】 봄 가을에 입는 옷。

【春秋時代:춘추시대】 《歷》周가 동쪽으로 천도한 뒤부터 晉의 大夫 韓·魏·趙의 三氏가 독립할 때까지 약 三六〇年間。B.C. 七七〇~四五〇。

【春秋戰國:춘추전국】 《歷》春秋時代와 그 다음의 戰國時代。B.C. 七七〇~二二一。

【春秋筆法:춘추필법】 大義名分을 밝혀 세우는 史筆의 준엄한 論法。

【春雉自鳴:춘치자명】 남의 명령이나 요구에 의하지 아니하고 자발적으로 하는 것을 이르는 말。

【春太:춘태】 봄철에 잡은 명태。봄명태。

【春鮐:춘태】 봄철에 잡은 복어。

【春播:춘파】 봄에 씨를 뿌림。또는 그 일。↕秋播。

【春風:춘풍】 봄바람。『李白』烟花宜落日。絲管醉──。

【春風秋雨:춘풍추우】 봄철에 부는 바람과 가을 들어 내리는 비。《喩》지나간 세월을 가리키는 말。

【春風和氣:춘풍화기】 화창한 봄날의「기운。

【春夏:춘하】 봄과 여름。

【春夏秋冬:춘하추동】 일 년의 四時。

【春恨:춘한】 봄날의 경치에 끌리어 마음에 뒤숭숭하게 일어나는 정。春愁。『王昌齡』欲捲朱簾──長。

【春旱:춘한】 봄철의 가물。

【春寒:춘한】 봄 추위。『杜甫』──花較「遲。

【春寒老健:춘한노건】 봄 추위와 늙은이의 건강처럼 모든 사물이 오래가지 않음을 가리키는 말。

【春香歌:춘향가】 춘향전을 노래로 엮은 것。판소리 춘향이 타령。

【春香傳:춘향전】 《書》古代小說。作者未詳。씌어진 연대는 一八세기 말에서 一九세기 초로 추측됨。줄거리는 退妓 梅月의 딸 成春香과 南原 원의 아들 李夢龍의 연애를 그린 작품。春香의 貞節과 당시 사회의 부패상을 잘 묘사한 艷情小說중의 으뜸이 됨。

【春花:춘화】 봄철에 피는 꽃。

【春華:춘화】 봄철 경치의 화려한 볼품。

【春畫:춘화】 春畫圖의 略。

【春畫圖:춘화도】 男女가 性交하는 광경을 그린 그림。또는 그 사진。春意圖。

【春興:춘흥】 봄철에 일어나는 興致。

◎季─、晩─、孟─、暮─、芳─、思─、仲─、靑─、初─、回─、懷─。

【昧】

㊀(매) 泰 ㊁(매) 隊 バイ、マイ、よあけ dawn ㄇㄟˋ mei^4

小篆 草書 ㊀❶어두울매(冥也)。『書經』宅西曰─谷。❷먼동틀매(─爽微明)。『書經』─爽丕顯。㊁❶무릅쓸매(貪冒)。『漢書 高祖紀』─死再拜、言大王陛下。❷어두울매(暗也)。『屈原 離騷』路幽─以險隘。❸둔할매(愚也)。『書經』兼弱攻─。

【昧旦:매단】 동틀 무렵。새벽。未明。黎明。早朝。『詩經』女曰雞鳴、士曰──。

【昧例:매례】 관례에 어두움。

【昧昧:매매】 ❶어둑어둑한 모양。『楚辭』日──其將暮。❷깊은 생각에 잠긴 모양。『書經』──我思之。❸어두운 모양。❹純厚함。

【昧死:매사】 ❶어리석어서 죽을 죄를 범함。웃사람을 두려워하며 존경하는 뜻을 나타내는 말。『戰國策秦策』臣──望見大王。❷죽기를 맹세하고 말함。편지에 쓰는 말。『漢書』──再拜、言大王陛下。

【昧事:매사】 事理에 어두움。

【昧爽:매상】 =昧旦。『書經』先王──丕顯、坐以待旦。

【昧者:매자】 어리석고 둔한 사람。愚人。

◎蒙─、三─、愚─、曖─。

【昨】

(작) 藥 サク、きのう yesterday ; last ㄗㄨㄛˊ tsuo^2

小篆 草書 ❶어제작、어저께작(隔一宵)。『莊子』周─來有中道而呼者。❷엊그제작(累日)。

【昨今:작금】 어제와 오늘。요즈음。

【昨年:작년】 금년의 전 해。去年。

【昨冬:작동】 작년 겨울。지난 겨울。

【昨晩:작만】 어젯 저녁。어젯 밤。

【昨夢:작몽】 ❶지난밤의 꿈。『陸游』化蝶飛時嗟──。❷지나간 일의 비유。

【昨報:작보】 어제한 보도。昨日의 보도。

【昨非:작비】 =前非。

【昨非今是:작비금시】 ❶어제까지 그

르다고 생각한 것이 오늘은 옳음。❷환경이 갑자기 바뀜。『陶潛·歸去來辭』。

【昨夕:작석】 어젯 저녁。〔唐書〕——倚。許臣留。

【昨宵:작소】 어젯 저녁。〔韓愈〕——夢

【昨夜:작야】 어젯 밤。

【昨日:작일】 어제。『史記』吾——醉。

【昨朝:작조】 어제 아침。

【昨秋:작추】 지난 가을。

【昨春:작춘】 지난 봄。

【昨醉未醒:작취미성】 어제 마신 술이 아직 깨어나지 아니함

【昨夏:작하】 지난 여름。

【昧】 (말) 曷 マツ、くもる gloomy in the day time

❶대낮침침할말(日中不明)。❷별이름말(小星名)。

【昪】 (변) 霰 ベン、ひかり sunlight

小篆 ❶날빛환할변(日光貌)。❷좋아할변(喜樂貌)。(『忭』과 같음)

【昫】 (구) 麌 遇 ク、あたたか warm (古音「후」)

小篆 草書 햇빛 따뜻할구(日出温)。〔淮南子 原道訓〕—嫗覆育。

【昫衍:구연】《地》縣名。漢代 設置。甘肅省鹽池縣의 境界。『漢書』北地郡、縣十九、——。

【昭】 ㊀(소) 蕭 ㊁(조) 嘯 ㊂(조) 篠 シヨウ、あきらか bright; luminous

小篆 草書 ㊀❶소명할소(詳也)。❷소목소(—穆廟位)。❸태평세월소(—代)。(『佋』와 같음) ㊁❶나타날조(著也)。〔易〕君子以自—明德。❷빛날조(光也)。❸깰조(曉也)。〔禮〕蟄蟲—蘇。(『炤』와 같음) ㊂밝을조(——明也)。〔中庸〕天斯——之多也。

【昭光:소광】 밝게 빛나는 빛。〔漢書〕——振耀。

【昭曠:소광】 山野 따위가 밝고 넓음。

【昭代:소대】 ❶잘 다스려진 세상。태평한 세상을 기리어 하는 말。❷當代를 칭찬하여 일컫는 말。〔褚亮〕聲華滿——。

【昭朗:소랑】 밝은 것。〔唐高宗〕器業英遠、風鑒——。

【昭明:소명】 밝음。〔書經〕百姓——、協和萬邦。〔禮記〕其氣發揚于上、爲——。

【昭詳:소상】 분명하고 자세함。

【昭詳分明:소상분명】 밝고 자세함。상세하여 분명함。

【昭雪:소설】 누명을 씻음。〔五代史〕。

【昭蘇:소소】 소생함。〔禮記〕蟄蟲——。

【昭昭:소소】 ❶밝은 모양。〔老子〕俗人——。❷작고 밝은 것。〔中庸〕天斯——之多也。

【昭昭應感:소소응감】 분명히 마음에 「응하여 느낌。」

【昭示:소시】 밝게 보임。明示。

【昭陽:소양】 天干 癸의 古甲子 이름。

【昭然:소연】 밝은 모양。분명함。〔漢書〕至德——。

【昭烈皇帝:소열황제】《人》蜀漢의 시조。劉備의 諡號。→劉備。

【昭應:소응】 똑똑하게 感應함。똑똑하게 대답함。〔顔延之〕。

【昭彰:소장】 밝게 나타남。

【昭著:소저】 뚜렷하게 나타남。현저함。〔南史〕驗往揆今、若斯——。

【昭和:소화】 천하가 밝고 평화스럽게 잘 다스려짐。〔書·堯典〕百姓昭明、協和萬邦。

【昭回:소회】 은하수가 하늘을 따라 밝게 돌음。〔詩經〕倬彼雲漢、——于天。《轉》비가 올 기운이 없음。

【是】 (시) 紙 シ、ゼ、よい、これ right; this ㄒ hsü³

小篆 籀文 草書 ❶이시(此也)。〔易〕不見—而無悶。❷바를시(正也)。❸곧을시(直也)。❹옳을시(非之對)。〔禮〕夫禮者所以定親疎決嫌疑別同異明—非也。

【是非:시비】 ❶시와 비。옳음과 그름。正과 不正。〔禮記〕別同明、異——。❷옳으니 그르니 하는 말다툼。소동。

【是非曲直:시비곡직】 일의 옳고 그름。正邪。시비 선악。

【是非善惡:시비선악】 시비와 선악。

【是非調:시비조】 트집을 잡아 시비하는 것 같은 말투。

【是非之心:시비지심】 옳음을 옳다 하고 그름을 그르다고 하는 마음。〔孟子·公孫丑〕——、人皆有之。

【是是非非:시시비비】 옳은 것은 옳다、그른 것은 그르다고 함。事理를 공정하게 판단하는 것。〔荀子·修身〕——、謂之知、非是是非、謂之愚。

【是耶非耶:시야비야】 좋고 나쁜 것에 迷惑하여 판단하지 못하는 것。曰是曰非。〔史記〕所謂天道——。

【是認:시인】 ❶옳다고 인정함。↔否認。❷허락함。

【是正:시정】 잘못된 것을 바로 고침。〔後漢書〕詔五經博士、——文字。◎國—、如—、或—。

【昱】 (욱) 屋 イク、あきらか bright ㄩ yü⁴

小篆 草書 햇빛밝을욱(日光明)。〔太玄經〕日—乎晝。

【昱耀:욱요】 밝게 빛남。〔梁武帝〕。

【昱昱:욱욱】 햇빛이 빛나는 모양。〔傅玄〕煥煥——、而奪人目精。

【昖】 (연) 『昖』(日部 4畫)과 같음

【昲】 (비) 未 ヒ、フツ、かわかす dry

❶말릴비(乾物—曬)。❷별쪼일비(曝也)。

【昲悅:비열】 茂盛한 모양。〔陸雲〕曜靈翕赫、以增熾、憤氣——而凌煙。

【昳】 (질) 屑 テツ、かたむく decline (古音「절」)

小篆 草書 해기울어질질(日傾)。〔漢書 游俠傳〕至日—皆會。

【昴】 (묘) 巧 ボウ、すばる the Pleiad

小篆 草書 묘별묘(西陸宿名二十八宿一)。〔爾雅〕—西方之宿別名旄頭。

【昵】 ㊀(닐) 質 ㊁(녜) 薺 ジツ、ちかずく intimate (古音「니」)

草書 ㊀가깝게할닐(親近)。〔書經〕—比罪人。(『暱』과 같음) ㊁아비사당녜(禰廟)。〔書經〕典祀無豐于—。

【昵近:일근】 친하고 가까이함。또는 그 사람。〔北齊書〕殺其——九人。

【昵比:일비】 친하고 가까이함。〔書經〕——罪人。

【昵侍:일시】 임금을 가까이 모심。

【昵狎:일압】 흉허물 없이 너무 가까이 친함。〔北史〕寵私——。

【昶】 (창) 養 ショウ、ながい long day

小篆 草書 ❶해가길창(日長)。❷밝을창(明也)。❸통할창(通也)。〔嵇康琴賦〕固以和—而足

耽矣。❹펼창(舒也)。

【昶衍：창연】 蜀主孟昶과 王衍。

【昷】(온) 元 オン、よい generous
어질온(仁也)。(『溫·昷』과 같음)

【昻】(앙)『昂』(日部4畫)의 俗字

六畫

【晛】(휼) 質 キツ、はやい early
❶이를휼(早也)。❷빠를휼(急速)。

【晁】㊀(조) 蕭 チョウ、あさ morning ㄔㄠ´ ch'ao²
㊁(조) 篠
晁 草書
㊀아침조(朝也)。(『朝』의 古字) ㊁❶땅이름조(地名東陽縣名)。❷벌레이름조(蟲名)。

【晁補之：조보지】 《人》南宋代의 문학가。字는 无咎、號는 歸來子。徽宗 때에 達·泗 二州의 知事가 됨。詩·文·書·畫에 다 뛰어남。〈著書〉七述·雞述肋集·晁无咎詞。

【時】(시) 支 ジ、シ、とき、これ time; period ㄕ´ shih²
旹 小篆 · 时 古文 · 草書
❶때시、끼니시(辰也)。「一間」。❷기약시(期也)。『書經』敬授人一。❸이시(是也)。『書經 堯典』黎民

十二辰

於變一雍。❹엿볼시(伺也)。『論語 陽貨』孔子一其亡也、而往拜之。❺가끔시(往往)。『論語 學而』學而一習之。

【時價：시가】 그 때의 상품·株式·부동산 등의 가격。시세。市價。『名山藏』有司市供祀牲犧、但準洪武一一。

【時刻：시각】 ❶한정된 시간。때。『唐書』畫題一一、夜題更籌。❷時·分·秒로 표시하는 시간。

【時艱：시간】 시국의 어려운 사정。그 시대에 있어서의 세상의 고통。

【時間：시간】 ❶어느 때로부터 어느 때까지의 사이。❷공간과 더불어 물체의 존재 변화를 설명하는 필요 조건。곧 과거와 現世와 미래에 流轉·연속하여 縱으로 無限한 것。↕空間。❸《佛》心과 色이 합친 境界。❹六〇분 동안。

【時間觀念：시간관념】 시간의 經過를 의식하게 하는 관념。

【時間給：시간급】 일한 시간에 따라서、또는 한 시간에 얼마씩 계산하여 주는 給料。시간 삯。

【時間美：시간미】 音樂·歌謠 따위의 시간의 연속으로 표현되는 미。

【時感：시감】 돌림 감기。

【時空世界：시공세계】 《物》三次元의 공간에 第四次元으로서 시간을 더하여 만들어진 四次元의 연속체。

【時局：시국】 시대의 되어 가는 상태。

【時給：시급】 時間給의 略。

【時急：시급】 때가 절박하여 急함。

【時氣：시기】 ❶사철의 기후。『漢書』一失節、恐有所傷害也。❷《醫》時患。

【時期：시기】 기회。그 즈음。

【時機：시기】 적당한 때。時期。機會。『魏徵』應一一以鼓之、總群策決之。

【時機尙早：시기상조】 아직 시기가 이르다는 말。아직 때가 덜 되었다는 말。

【時代：시대】 ❶때와 年代。❷=時期。❸當代。❹세상。『禮記·疏』一一運轉。

【時代感覺：시대감각】 시대의 特性을 느낄 수 있는 감각。

【時代病：시대병】 시대 風潮에 따라 일어나는 병폐。또는 유행병。

【時代思潮：시대사조】 그 시대의 일반적인 사상의 경향。

【時代相：시대상】 어떤 시대의 특색을 나타낸 사상이나 상태。

【時代精神：시대정신】 어떠한 시대의 社會 一般에 널리 통하는 정신。

【時代錯誤：시대착오】 ❶그 시대의 일반적인 사고 방식과 다른 시대에 뒤떨어진 생각。❷역사상의 시대에 착오한다는 뜻。

【時痘：시두】 《醫》天然痘。

【時來運到：시래운도】 때가 되어 時運이 돌아옴。

【時論：시론】 ❶그 시대의 일반적인 輿論。❷時事에 관한 평론。

【時流：시류】 ❶당시의 사람。時人。『魏書』內外顯職、一一少比。❷그 시대의 유행。당시의 風潮。

【時務：시무】 ❶세상 일。세속 일。❷철에 맞추어서 하는 일。농사 따위。『陶潛』秉耒歡一一、解顔勸農人。❸그때의 政務。時代의 急務。『蜀志·註』識一一者在乎俊傑。

【時務策：시무책】 시무에 대한 책략。

【時方：시방】 지금。今時。

【時報：시보】 ❶그때 그때의 사건의 알림。❷시간의 알림。

【時不再來：시불재래】 한 번 지난 때는 다시 오지 아니함。

【時祀：시사】 四時로 宗廟에 지내는 제사。時祭。時享。『周禮·牧人』凡一一之牲、必用牷物。

【時事：시사】 ❶그 시대나 당시에 일어난 사건。『史記』表六國一一。❷昨今에 일어난 일。近時의 社會事象。

【時事問題：시사문제】 그 당시에 일어난 세상 일의 중요한 문제。

【時事解說：시사해설】 국내나 국제의 중요 時事에 관하여 여러 사람에게 바로 알리기 위하여 풀어 설명함。

【時狀：시상】 그 때의 세상의 형편。

【時色：시색】 시대의 趨勢。時勢。

【時序：시서】 돌아가는 시절의 순서。

【時勢：시세】 ❶시대의 되어감。그 때의 사회·국가의 상태와 나아가는 방향。『戰國策』一一者、百事之長也。❷時價。

【時俗：시속】 그 시대의 풍속·습관。

【時速：시속】 한 시간의 속도。

【時時刻刻：시시각각】 시간마다。때때로。一刻一刻。

【時時晴：시시청】 날씨가 흐렸다가 때때로 개임。

【時疫：시역】 《醫》시절에 따라 생기는 유행병。

【時雨：시우】 ❶때에 알맞게 오는 비。『禮記』天降一一、山川出雲。《喩》널리 행하여지는 敎化。『孟子·滕文公』。❷茶 이름。穀雨節 지나고 열흘 뒤에 따는 것。

【時運：시운】 時勢의 되어감。世態의 움직임。『班彪』諒一一之所爲。

【時運不幸：시운불행】 時運이 불행함。

【時宜：시의】 그 시대 사정에 맞는 것。『漢書』動欲慕古、不度一一。

【時議：시의】 그 당시 사람들의 의론。그 시대의 의론。

【時移事往：시이사왕】 세월이 흐르면 그 사물도 변함。「一一歎服。

【時人：시인】 그 당시의 사람들。『南史』

【時日：시일】 ❶때와 날。期日。『禮記』信一一敬鬼神。❷좋은 날。吉日。『同書』敢用一一。

【時在：시재】 ❶현재에 가진 돈이나 곡식。❷현재。

【時節:시절】❶四時의 계절。『蜀志』百姓遂因ㅣㅣ、私祭之於道陌上。❷좋은 기회。『漢書』風雨ㅣㅣ。

【時節歌:시절가】❶시절을 읊은 俗謠。❷時調。❸嶺南 內房歌辭의 하나。

【時節病:시절병】《醫》=時患。

【時政:시정】❶그 때의 정치。『後漢書』ㅣㅣ平則文德用。❷時令 ①。『同書』天文之官、仰古俯視、以佐ㅣㅣ。

【時祭:시제】철마다 지내는 종묘의 제사。時享。『禮記』望墓而爲壇、以ㅣㅣ。

【時調:시조】高麗 末葉부터 발달하여 온 우리 나라 고유의 定型詩의 한 형태。시조에는 唱曲에 따라、平시조·辭說시조·중어리 시조·지름 시조의 네 가지가 있음。時節歌。詩調。「세。

【時準價:시준가】당시의 제일 비싼 시

【時中:시중】때에 따라서 적절하게 하는 것。『中庸』君子之中庸也、君子而ㅣㅣ。

【時疾:시질】=時患。

【時差:시차】《天》❶眞太陽時와 平均 太陽時、곧 시계의 시각과의 差。四년 간에 약 一일의 差가 있음。❷지구상의 각 지역에서 사용하고 있는 標準時의 가리키는 시각에 있어서의 상호의 差。經度 一五도마다 一시간의 차이가 있음。

【時體:시체】그 시대의 새로운 풍속。

【時體病:시체병】❶돌림병。❷그 당시에 유행하는 병。

【時直:시치】=時價。

【時針:시침】시를 가리키는 시계의 짧은 바늘。短針。↕分針。

【時態:시태】그 때의 상태。당시의 모습。그 당시의 世態。『鄭谷』ㅣㅣ懶隨人上下。

【時派:시파】《歷》李朝의 黨派。莊獻世子의 廢位事件을 계기로 생긴 파당。주로 南人으로 世子를 동정했던 派。正祖 때 僻派를 물리치고 登用됐으나 天主敎 박해 때 三百명이 피살됨。時論。

【時評:시평】❶그 때의 평판。당시의 사람들의 비평。❷時事에 대한 평론。

【時弊:시폐】그 시대의 나쁜 풍습。시대의 폐습。당시의 弊害。時病。『晉書』省非急之費、以救ㅣㅣ。

【時下:시하】요사이。지금。目下。

【時限:시한】기한이 정하여진 시각。

【時享:시향】❶해마다 음력 二월、五월、八월、十一월에 사당에 지내는 제사。❷해마다 음력 十월에 五대 이상의 조상의 산소에 지내는 제사。時祀。

【時好:시호】시대의 일반적인 嗜好。그 때의 유행。『漢書』以追ㅣㅣ。

【時和年豊:시화연풍】나라가 태평하고 곡식이 잘 됨。時和歲豊。

【時患:시환】때때로 돌아 다니는 傷寒·時氣·時令。時節病。

【時效:시효】《法》같은 상태가 일정한 기간이 계속됨에 따라 權利를 얻거나 상실하는 것。

【時候:시후】❶때。사철의 氣候。『李頻』ㅣㅣ復蒸梅。『高適』ㅣㅣ何蕭索、鄉心正鬱陶。❷年月日時의 總稱。「행。

【時諱:시휘】그 시대에 꺼림을 받는 언◎近ㅣ、當ㅣ、同ㅣ、不ㅣ、巳ㅣ、四ㅣ、常ㅣ、盛ㅣ、隱ㅣ、瞬ㅣ、往ㅣ、臨ㅣ、即ㅣ、天ㅣ、寸ㅣ、片ㅣ、恒ㅣ、花ㅣ。

【晃】(황) 養 コウ、あきらか bright ❶밝을황(明也)。❷날빛황(暉也)。❸환히 빛날황(ㅣㅣ光耀貌)。『吳都賦』炫ㅣ芬馥。

【晃朗:황랑】밝은 모양。

【晃然:황연】❶환하게 밝은 모양。❷밝게 깨닫는 모양。「달음。

【晃然大覺:황연대각】환하게 밝게 깨

【晃曜:황요】빛나고 반짝임。晃耀。『曹植』光采ㅣㅣ、配彼朝日。

【晃蕩:황탕】빛이 흔들리는 모양。밝고 넓은 모양。『蘇軾』朦朧含高峰、ㅣㅣ射峭壁。

【晃晃:황황】환하게 빛나는 모양。煌煌。『郭璞』光旰旰以ㅣㅣ。

【晄】(황)『晃』(前條)과 같음

【晅】(훤) 元 ケン、かわく dry ❶햇기훤(日氣)。❷말릴훤(乾也)。(『烜』과 같음)

【晈】(교) 篠 コウ、つきあかるい (of the moon) bright 달밝을교(皎也)。『楚辭』夜ㅣ兮既明。

【晉】(진) 震 シン、すすむ advance ❶나아갈진(進也)。『周易』ㅣ進也。❷억제할진(抑也)。『周禮』凡田王提馬而走諸侯ㅣ大夫馳。❸꽂을진(揷也)。『周禮』王ㅣ大圭。❹나라이름진(國名)。❺괘이름진(卦名)。(『晋』은 俗字)

晉鼓圖 (三才圖會)

【晉鼓:진고】북의 한 가지。길이 六尺六寸。『周禮·鼓人』以ㅣㅣ鼓金奏。

【晉山:진산】《佛》중이 새로 한 절의 住持가 되는 일。

【晉書:진서】《書》一三〇권。唐 太宗 때 房玄齡·李延壽 등이 命을 받아 지음。西晉 四代 五四년·東晉 十一代 一二〇년 사이의 正史體의 歷史。

【晉秩:진질】職品 또는 관직이 오름。

【晉體:진체】중국 남북조 시대의 晉代의 名筆 王羲之의 글씨 체。

【晋】(진)『晉』(前條)의 俗字

【晊】(질) 質 シツ、おおきい big ❶클질(大也)。❷밝을질(明也)。

【晌】(상) 養 ショウ、まひる mid-day ❶한낮상、대낮상(午也)。❷반각상(半刻)。

【晌飯:상반】점심밥。午飯。晝食。

【晌午:상오】正午。(晌은 대낮)。『翠雨軒詩話』漁洋詩、蜂聲滿院日卓午、淸閑供、ㅣㅣ挾筴理舊稿。

【晑】(향) 養 キョウ、あきらか bright 밝을향(明也)。

【晏】(안) 諫 アン、はれる clear sky ❶하늘맑을안(天淸)。『漢書 揚雄傳』天淸日ㅣ。❷늦을안(晩也)。『論語 子路』何ㅣ也。❸편안할안(安也)。❹선명할안(鮮盛貌)。『詩』羔裘ㅣ兮。❺화할안(和也)。『詩經』言笑ㅣㅣ。

【晏駕:안가】임금의 죽음。崩御。『史記·范雎傳』宮車一日ㅣㅣ、是事之不可知者。

【晏起:안기】아침 늦게 일어남。『禮記』孺子早寢ㅣㅣ。

【晏眠:안면】아침 늦게 까지 잠을 잠。늦잠。『杜甫』三軍同ㅣㅣ。

【晏息:안식】편히 쉼。安息。『詩經』嗟

爾君子、無恆——。

【晏如：안여】 태연하고 침착한 모양。晏然。『漢書』無儋石之儲——也。

【晏然：안연】 마음이 편안하고 침착함。『漢書』天下——、刑罰罕用。

【晏朝：안조】 ❶평안무사한 朝廷。『杜甫』海內久戎服、京師今——。❷朝廷에 늦게 나아감。『禮記·禮器』

【晏淸：안청】 세상이 화평하고 깨끗하여짐。晏靜。『雲仙雜記』每生神芝、則天下——。

【晏平仲：안평중】 ＝晏嬰。

【晐】 (해) 灰 ガイ、あまねく get all ready ㄍㄞ kai¹ (古音「개」)
小篆 晐 草書 ❶다해(咸也)。❷갖출 해(備也)。

【晒】 (쇄)『曬』(19日部畫)의 俗字

【晒首：쇄수】 罪人의 머리를 베어 獄門에 걸어서 뭇 사람들에게 보이는 일。또는 그 베인 머리。梟首

七畫

【晎】 (경) 梗 コウ、ひがたかい (of the sun) high
해높을경(日高)。

【晗】 (함) 覃 カン、あけかかる dawn
날샐함、샐녘함(曙也)。

【朖】 (랑) 養 ロウ、さらす expose
❶볕쬘랑(曝也)。❷밝을랑(明朗)。(『朗』과 通함)

【晙】 (준) 震 シュン、ジュン、あきらか bright
小篆 ❶밝을준(明也)。❷이를준(早也)。

【晚】 (만) 阮 バン、マン、くれ evening ㄨㄢˇ wan³
小篆 草書 ❶저물만、늦을만(暮也)。〔古詩 焦仲卿妻〕朝成繡裌裙—成單羅衫。❷뒤질만(後也)。〔史記 李斯傳〕君何見之—。❸저녁만(夕也)。❹끝날만(末也)。

【晚覺：만각】 늦게야 깨달음。

【晚景：만경】 ❶저녁 경치。『戴叔倫』—照華髮。❷늦 경치。『張何』——爾秀、晴江轉春。❸晚年。老後。

【晚境：만경】 늙바탕。

【晚計：만계】 ❶뒤늦은 계획。❷늙바탕의 일을 미리 꾀함。또는 그 계획。

【晚交：만교】 ❶늦게 사귄 친구。❷늙바탕에 사귐。

【晚年：만년】 사람의 일생중에서 나이 많은 노인의 시절。老年。老後。『盧思道』——遊赤松。

【晚達：만달】 ❶늙바탕에 벼슬과 명망이 높아짐。❷늙어서 처음으로 벼슬함。

【晚到：만도】 시간이 지난 뒤에 옴。遲刻。

【晚稻：만도】 (稙)늦게 익는 벼。늦벼。晚禾。『劉禹錫』場黃堆——。

【晚得：만득】 늦게 자식을 얻음。

【晚冬：만동】 늦은 겨울。

【晚來：만래】 늦게。늦도록。(來는 助詞)。『杜甫·喜雨詩』——聖不絕。

【晚暮：만모】 ❶해가 질 무렵。❷늙은 나이。老境。晚年。❸늙음。『漢書·劉輔傳』前 子孫之祥 猶恐——。

【晚飯：만반】 저녁 밥。『顧瑛』——柁樓

【晚福：만복】 晚年의 복。

【晚生：만생】 ❶늦게 남。늙어서 자식을 낳음。❷뒤늦게 태어난 사람。(轉)선배에 대하여 자기의 卑稱。前生。後進。

【晚生子：만생자】 늙바탕에 얻은 아들。

【晚成：만성】 늦게 이루어짐。많은 시일을 소비하여 성취함。나이가 든 후에 성공함。『老子』大器——。

【晚世：만세】 ❶요사이。近世。『劉勰』——之人、莫能閑居心思。❷末世。後世。

【晚歲：만세】 ＝晚年·老年。『唐書』逍遙——、不亦善乎。「五穀——。

【晚熟：만숙】 늦게 成熟함。『禮記·月令』

【晚時：만시】 정한 시간이나 시기보다 늦음。

【晚時之歎：만시지탄】 시기를 잃은 탄식。기회를 놓친 한탄。

【晚食當肉：만식당육】 늦게 배가 고플 때 먹으면 무엇이든지 맛이 있어 고기를 먹는 것과 같음。

【晚秧：만앙】 늦모。

【晚炎：만염】 늦더위。

【晚移秧：만이앙】 늦모내기。

【晚酌：만작】 저녁 먹을 때 마시는 술。『李白』——東窗下。

【晚蠶：만잠】 늦게 치는 여름 누에。夏蠶。『許渾』籬上青桑待——。

【晚鐘：만종】 저녁을 알리는 종 소리。暮鐘。『韋應物』迢遞——鳴。

【晚餐：만찬】 저녁 식사。晚餉。『何景明』茗葉松花進——。

【晚餐會：만찬회】 저녁에 베푼 잔치。

【晚晴：만청】 저녁 무렵에 날이 갬。또는 그 하늘。

【晚秋：만추】 늦은 가을。

【晚春：만춘】 늦은 봄。『梁元帝纂要』三月曰末春。——。

【晚翠：만취】 겨울철에도 잎의 푸른 빛이 변하지 않는 것。(喩)老後에 이르러서도 그 節操가 변하지 않는 것。『千字文』枇杷——、梧桐早凋。

【晚霞：만하】 ❶저녁 놀。『沈佺期』仙杯落——。❷해질 무렵에 끼는 안개。

【晚夏：만하】 늦은 여름。『駱賓王』荷香鎖——。

【晚學：만학】 ❶뒤에 배우는 사람。後學。『陳書』——鑽仰。❷나이가 많아서 공부를 시작하는 것。또는 그 사람。『張鷟』——更求來世達。「——。

【晚餉：만향】 ＝晚餐。『陸游』野店谿橋供——。

【晚婚：만혼】 ❶혼기가 지난 후에 결혼함。中年 후의 결혼。↔早婚。❷(中)再婚。再嫁。

【晚暉：만휘】 저녁 햇빛。해가 질 무렵의 햇빛。『王筠』霞天湛——。
◎今—、昨—、早—、朝—。

【晛】 (현) 銑 霰 ケン、ひかり daylight ㄒㄧㄢˋ hsien⁴
小篆 草書 ❶햇기운현(日氣)。❷햇발현(日光)。『詩』雨雪瀌瀌、見—則消。

【晜】 (곤) 元 コン、おじ uncle
小篆 草書 ❶삼촌곤(父之兄弟)。❷육대손곤(來孫之子)。(『昆』과 通함)

【晜孫：곤손】 來孫(六代孫)의 子。즉 玄孫의 孫。昆孫。『爾雅』來孫之子、爲——。

【㬉】 (난) 潸 ダン、あかい reddish
小篆 불그레할난(小赤)。

【曡】 (첩)『疊』(17田部畫)과 같음

【晝】 (주) 宥 チュウ、ひる daytime ㄓㄡˋ chou⁴
小篆 籀文 草書 ❶낮주(與夜爲界)。『易』—日三接。❷대낮주、한낮주(日中)。❸땅이름주(地名)。『孟子 公孫丑下』三宿而後出—。

【晝間：주간】 낮 동안。『周權』花影壓簾春——。↔夜間。

【晝耕夜讀:주경야독】❶낮에는 농사 짓고 밤에는 공부하는 한가하고 운치 있는 생활。❷바쁜 틈을 타서 어렵게 공부함。

【晝錦:주금】비단옷을 입고 낮에 다님。(喩)출세하여 고향에 돌아감。〔北史·毛遐傳〕鴻賓爲刺史、詔曰、此以晝錦榮鄕。

【晝盲:주맹】(醫)눈병의 한 가지。밝은 시각이나 장소에서는 물건이 잘 보이지 않고 좀 어두운 시각이나 장소에서 더 잘 보이는 병。白內障의 초기 증상 따위에서 나타남。↔夜盲。

【晝思夜度:주사야탁】밤낮으로 깊이 생각함。

【晝宵:주소】낮과 밤。晝夜。〔淮南子〕。

【晝食:주식】점심밥。

【晝夜:주야】밤낮。〔論語〕逝者如斯夫、「不舍ㅣㅣ。

【晝夜兼行:주야겸행】밤낮을 가리지 않고 급히 감。〔吳志〕ㅡ、至羽所。(轉)밤낮의 구별 없이 일함。

【晝夜汨沒:주야골몰】밤낮으로 쉴 사이가 없이 생각에 온 정신을 기울임。

【晝夜不息:주야불식】낮이나 밤이나 쉬지 아니함。썩 열심히 함。

【晝夜平均:주야평균】낮과 밤의 길이가 같음。春分과 秋分。

【晝長夜短:주장야단】낮은 길고 밤은 짧음。夏至의 전후。

【晝餐:주찬】＝午餐。〔白居易〕日長晝加「餐。

【晝出魍魎:주출망량】낮에 나온 도깨비라는 뜻으로 괴상한 옷차림을 하고 낮에 나타남을 일컬음。낮도깨비。

【晝寢夜梳:주침야소】낮에 자고 밤에 머리를 빗는다는 뜻으로 몸에 좋지 아니한 일을 일컬음。

【晞】(희) 微 キ、かわく dry ㄒㄧ hsi¹ 日䖏小篆 晞草書 ❶마를희(乾也)。〔詩經〕白露未ㅣ。❷햇살 치밀희(日之始昇)。〔詩經 齊風東方未明〕東方將ㅣ。❸말릴희(燥也)。

【晞覬:희개】몰래 틈을 엿봄。希覬。覬覦。

【晞堁:희과】乾燥한 땅。(堁는 土塵)。〔淮南子·注〕晞、乾也、堁、土塵也。

【晞髮:희발】머리를 풀어 흩으러 말림。〔禮記〕髮晞用象櫛。

【晞日:희일】햇볕에 말림。〔陸機〕淮月稟水不能如凉、ㅣㅣ引火不必增輝。

【晟】(성) 敬 セイ、あきらか bright ㄕㄥˋ shêng⁴ 小篆 草書 ❶밝을성(明也)。❷햇살퍼질성(日光充盛)。❸성할성(熾也)。

【晡】(포) 虞 ホ、ななつ、ひぐれ 3~5 o'clock p.m. ㄅㄨ pu¹ 草書 ❶신시포(申時)。「지금의 오후四시」〔淮南子〕日至於悲谷是謂ㅣ時。❷해질포(暮也)。〔白居易詩〕朝ㅣ頒餠餌。

【晡夕:포석】해가 질 무렵。日暮。薄暮。〔楚辭〕ㅣㅣ之後、精神恍惚、若有所喜。

【晡時:포시】❶申時。지금의 오후 三시에서 五시까지의 사이。〔淮南子〕日至於悲谷、是謂ㅣㅣ。❷저녁 때。

【晤】(오) 遇 ゴ、あう meet ㄨˋ wu⁴ 小篆 草書 ❶밝을오(明也)。〔宋史眞宗紀贊〕眞宗英ㅣ之主。❷만날오(遇也)。〔詩〕可與ㅣ歌。❸저녁별오(返照)。❹깨우쳐줄오(以言曉人)。

【晤面:오면】서로 만남。면회함。

【晤語:오어】서로 마주 보고 이야기함。또는 서로 친밀히 이야기함。晤言。

【晢】㊀(제) 霽 ㊁(절) 屑 セイ、セツ、あきらか shine ㄓㄜˊ chê² 小篆 小篆 草書 ㊀별 반짝반짝 할제(ㅣㅣ星光)。〔詩經陳風東門之楊〕明星ㅣㅣ。㊁❶밝을절(明也)。❷비칠절(照也)。

【晢晢:절절】별이 빛나는 모양。光明한 모양。밝은 모양。〔詩經〕明星ㅣㅣ。

【晣】(절)『晢』(前條)과 같음

【晥】(환) 潸 カン、あきらか bright 草書 ❶환할환(明貌)。❷깨끗할환(白淨)。(『皖』과 같음)

【⿰日孛】(패) 隊 ハイ、くらい dark 어두울패(暗也)。〔吳都賦〕旭日晻ㅣ。

【晦】(회) 隊 カイ、みそか last day a month ㄏㄨㄟˋ huei⁴ 小篆 草書 ❶그믐회(月終)。〔後漢書明帝紀〕壬寅ㅡ日有食之旣。❷늦을회(晩也)。〔易經〕君子以嚮ㅡ入宴息。❸어두울 회(冥也)。〔左傳 成公十四年〕志而ㅡ。❹안개회(霧也)。❺얼마 못될회(亡幾)。〔幽通賦〕鮮生民之ㅡ在。

【晦間:회간】그믐께 쯤。月末頃。

【晦匿:회닉】자기의 재능이나 지혜를 숨기고 남에게 알리지 않음。晦藏。

【晦盲:회맹】캄캄하여 보이지 아니함。사람에게 알려지지 아니함。〔荀子〕闇乎天下之ㅣㅣ也。

【晦名:회명】이름을 감춤。

【晦明:회명】어둠과 밝음。晝夜。

【晦冥:회명】어두움。어두컴컴함。暗黑。〔漢書〕電電ㅣㅣ。

【晦蒙:회몽】어두움。(轉)亂世가 되어 淸明하지 아니함。

【晦朔:회삭】그믐과 초하루。晦日과 朔日。〔莊子〕朝菌不知ㅣㅣ。

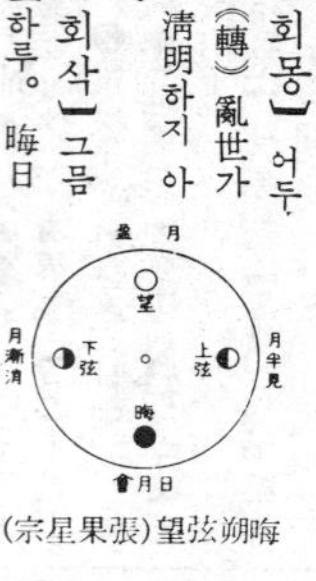

晦朔弦望(張果星宗)

【晦塞:회색】깜깜하게 아주 꽉 막힘。

【晦日:회일】그믐날。

【晦迹:회적】세상에 나타나지 아니하고 자취를 감춤。〔李白·詩〕卜地初ㅣㅣ。

【晦初間:회초간】그믐 초승。그믐과 초승의 사이。

【晦顯:회현】감추는 것과 나타 내는 것。세상에 알려지지 않음과 세상에 나타남。隱顯。〔歐陽修〕其世次ㅣㅣ、徙遷不常。

【皓】(호) 皓 コウ、あきらか shine 小篆 草書 ❶밝을호(明也)。❷빛호(光也)。❸햇살환히 치밀호(日出貌)。

【皓旰:호간】햇빛이 나는 모양。빤짝빤짝 빛나는 모양。〔爾雅·疎〕ㅣㅣ、日光出之貌也。

【晨】(신) 眞 シン、あさ dawn ㄔㄣˊ ch'en² 小篆 或體 草書 ❶샛별신(星名)。❷새일녘 신(昧爽)。〔說文〕房星之ㅣ通作辰又早朝之辰通作ㅣ。❸아침을아릴신(告ㅣ)。〔書經牧誓〕牝雞無ㅣ。

【晨鷄:신계】새벽에 우는 닭。새벽을 알리는 닭。아침을 고하는 닭。

【晨光:신광】아침의 햇빛。曙光。〔陶潛〕恨ㅣㅣ之熹熹。

【晨旦:신단】아침。晨朝。〔梅堯臣〕豈獨「專ㅣㅣ。

【晨夕:신석】 아침과 저녁。朝夕。朝晩。
【晨泄:신설】 (醫)매일 새벽마다 설사하는 病。腎泄。
【晨省:신성】 아침 일찍 일어나 부모의 침소에 가서 밤새의 안부를 살피는 일。『禮記·曲禮上』昏定而——。
【晨夜:신야】 이른 아침과 저문 밤。『詩經』不能——、不夙則莫。
【晨入夜出:신입야출】 아침 일찌기 관청에 들어가고 밤 늦게 퇴근하는 일。晨入夜歸。
【晨征:신정】 아침 일찍 나아감。晨行。『趙至』飄爾——。
【晨鐘:신종】 절에서 치는 새벽의 종。『庾信』山響——。(轉)사람을 각성시키는 言論。
【晨炊:신취】 아침 일찍 밥을 지음。『漢書』亭長之妻苦之、迺——蓐食。

八畫

【晫】(탁) 覺 タク、あきらか bright
❶환할탁(明盛貌)。❷밝을탁(明也)。

【晬】(쉬) 隊 サイ、ひとまわり anniversary ㄗㄨㄟˋ tsuei⁴ (古音「췌」)
小篆 草書 돌쉬、첫생일쉬(周年同時)。
【晬盤:쉬반】 어린애의 돌 때에 온갖 물건을 차려 놓고 마음대로 가지게 하여서 그 성격을 시험하는 일。
【晬宴:쉬연】 생일 잔치。
【晬容:쉬용】 임금의 화상。

【普】(보) 麌 フ、あまねく general ㄆㄨˇ p'u³
小篆 草書 ❶넓을보(博也)。「—遍、—天之下、—通」。❷클보(大也)。❸두루보(徧也)。『周易』見龍在田德施—也。❹칠칠할보(日無色)。
【普光寺:보광사】 (歷)忠淸南道 扶餘郡 林川面 加神里 聖住山에 있던 절。高麗 때 圓明國師가 있던 곳。국보 제一七八호 普光寺 重創碑가 있음。
【普及:보급】 널리 미침。세상에 널리 퍼뜨려 실행되게 함。
【普同共養:보동공양】 (佛)누구나 다 같이 참여할 수 있는 공양。
【普施:보시】 은혜를 널리 베풂음。『史記』高辛——利物。
【普信閣:보신각】 서울 鍾路에 있는 鐘閣。普信閣鍾。
【普信閣鐘:보신각종】 서울 鍾路 普信閣에 있는 鐘。國寶 三號。높이 三·一八米 구경 二·二八米 李朝 世祖 一四년에 주조한 큰 鐘으로 壬辰倭亂 및 六·二五動亂 때 불에 타서 音響에 損傷을 입었음。
【普天:보천】 ❶넓은 하늘。❷하늘 밑。「天下」。渾天。
【普天之下:보천지하】 하늘 아래의 전체。天下。온 세상。天之下。『左傳·昭·七』故詩曰、——莫非王土。
【普請:보청】 (佛)❶널리 施主를 청함。❷여러 사람에게 기부를 청하여 건축함。(轉)建築。『釋氏要覽』佛令鳴稚揔集共爲之、此——之始也。
【普通:보통】 예사로운 것。당연한 일。널리 일반에게 통함。通常。通例。↔特別。
【普通槪念:보통개념】 (論)개개의 사물(표상)에 대하여 그 공통의 의미가 달라지지 않고 어느 것에나 적용되는 개념。一般槪念。
【普通敎育:보통교육】 人類·신앙·사회적 職位·性別·능력 등에 의한 차별을 둠이 없이 모든 국민으로서 일반적으로 갖추어야 할 기초적인 지식과 교양을 베푸는 교육。근대 국가에서는 대개 의무교육으로 하고 있음。↔專門敎育。
【普通名詞:보통명사】 일반 개념을 나타내는 명사。↔固有名詞。
【普通法:보통법】 (法)普遍的이고 抽象的인 법규。一般法。
【普通選擧:보통선거】 일정한 나이가 된 이상 교육·신앙·재산·납세·계급 등을 제한적 요건으로 하지 않는 선거。普選。↔制限選擧。
【普通郵便:보통우편】 (法) 特殊取扱으로 하지 않는 통상 우편。↔특수우편。
【普通株:보통주】 ＝通常株。
【普遍:보편】 ❶두루 널리 미침。❷(哲)많거나 적거나 一定數의 대상에 공통하여 예외가 없는 일。좁든지 넓든지 간에 一定한 범위 안에 있는 모든 事象에 두루 합당한 일。↔特殊。
【普遍論:보편론】 (哲)特殊보다도 보편、개체보다도 전체를 중히 여기는 주장。
【普遍性:보편성】 (哲)❶모든 것에 두루 통하는 성질。❷온갖 경우에 널리 합당한 가능성。
【普遍的:보편적】 한 무리의 對象의 전체에 除外되는 例가 없이 공통하는 그것。또는 상태。
【普遍主義:보편주의】 모든 사물은 개별적으로는 성립할 수 없고、그 근저에는 보편적 일반성이 지배하고 있으므로、모든 개별적 현상은 이 보편에 참여함으로써、그 존재와 성질을 얻는다는 설。↔個體主義。個人主義。
【普遍妥當性:보편타당성】 (哲)한 命題가 모든 사물에 일반적、필연적으로 통하는 성질。보편적인 타당성。客觀的 妥當性。
【普賢十願歌:보현십원가】 鄕歌。高麗 均如大師지음。十句體로 되었는데 禮敬諸佛歌·稱讚如來歌·廣修供養歌·懺悔業障歌·隨喜功德歌·請轉法輪歌·請佛住世歌·常隨佛學歌·恒順衆生歌·普皆廻向歌·總結元畫歌 등 一一首로 均如傳에 전함。
【普洽:보흡】 두루 퍼짐。널리 손이 미침。『後漢書·和帝紀』德化——。『吳子』大化——。

【景】 ㊀(경) 梗 ケイ、けしき view ㊁(영) 梗 ㄧㄥˇ ying³
小篆 草書 ㊀❶빛경(光也)。❷경치경。『李商隱雜纂 不快意』樹陰遮—。❸밝을경(明也)。『詩經』—行行止。❹클경(大也)。『詩經』介以—福。❺형상할경(像也)。❻사모할경(慕也)。『李白 與韓荆州書』何令人之—慕、一至於此。㊁❶그림자영(物之陰影)。『詩』汎汎其—。❷옷영(衣也)。『儀禮』婦乘以几姆加—。(「影」과 通함)
【景槪:경개】 ＝景致。
【景槪絶勝:경개절승】 경치가 대단히 아름답고 좋음。
【景觀:경관】 ❶＝風景。❷어떤 지역의 특색있는 풍경。❸(地)눈에 보이는 景色。
【景光:경광】 ❶상서로운 빛。祥光。❷恩德。榮譽。『後漢書』垂——致休祥。❸歲月。光陰。『蘇武』隨時愛——。
【景敎:경교】 唐代에 中國에 傳해진 基督敎의 명칭。一名 大秦景敎。네스토르(Nestor)派의 中國 명칭。唐太宗 때에 波斯에서 阿羅本이 처음으로 들어와 長安에 敎會를 세우고 宣敎하여 약 二〇〇년 동안 유행하다가 없어졌음。당시에 세운 景敎流行中國碑가 明代에 발굴되었음。
【景氣:경기】 ❶물건의 매매나 거래가 잘

이뤄지는 형편。好景氣。❷人氣。評判。

【景幾體歌：경기체가】 高麗 시대의 長歌의 한 형식。속요에 대하여 학자들 사이에 불리워진 노래로서、필요 이상으로 한문을 많이 썼으며、매장에 「景긔엇더하니잇고」라는 글귀가 있음。

【景慕：경모】 우러러 사모함。仰慕。『柳宗元』凝情空一一。

【景武臺：경무대】 《地》景福宮 後園에 있는 臺。科擧를 보이던 곳。지금엔 大統領 官邸가 되어 있음。

【景物：경물】 ❶경치。풍경。『洛陽名園記』一一最勝。❷철을 딸라 나는 진기한 음식물。❸景品。

【景福：경복】 커다란 행복。크나큰 복。景祚。『詩經』神之聽之、介爾一一。

【景福宮：경복궁】 《地》李朝의 궁궐。서울 北岳山 남 쪽 기슭에 있음。太祖 三년에 준공、宣祖 二五년(一五九二)임진왜란 때 소실、高宗 四년(一八六七)興宣大院君이 재건하였으나 韓日合邦 후 정면에 총독부 청사를 세워 대부분 철거당하고 勤政殿・慶會樓・香遠亭・集玉齋만이 남아 있음。

【景色：경색】 경치。風致。景致。『宋之問』岑壑一一佳。

【景勝：경승】 경치가 좋은 곳。山水의 풍경이 매우 좋은 곳。『葉淸臣』一一詩逾老。

【景仰：경앙】 德을 사모하여 우러러 봄。景慕。仰望。『金史』孔子雖無位、其道可尊、使萬世一一。

【景雲：경운】 경사스러운 구름。태평 성세에 나타난다는 瑞氣를 띤 구름。慶雲。

【景祚：경조】 커다란 행복。景福。『晉書・樂志』流一一顯萬世。『易經・疏』龍吟則一一出。

【景從：경종】 그림자처럼 항상 붙어서 따라다님。(景은 影의 古字)。『賈誼・過秦論』贏糧而一一。

【景處：경처】 아름다운 경치를 이룬 곳。

【景趣：경취】 경치와 雅趣。景色。『宋史』一一幽絕。

【景致：경치】 山水 등의 자연계의 아름다운 현상。

【景品：경품】 상품을 사는 손님에게 곁들이어 주거나 또는 경품권을 주어 제비를 뽑아 타게 하는 물품。

【景品券：경품권】 경품의 제비를 뽑을 수 있도록 내어 주는 표。

【景行：경행】 ❶큰 길。大道。『詩經』高山仰止、一一行止。❷훌륭한 행실。

【景況：경황】 모양。상태。狀況。

◎佳一、光一、近一、晩一、暮一、美一、背一、山一、殺一、風一、叙一、雪一、勝一、夜一、野一、遠一、全一、前一、絶一、點一、秋一、春一、八一、風一、後一。

【晾】(량) 漾 リョウ、**さらす** bask in the sun ㄌㄧㄤˋ liang⁴

쪼일량(曬曝晒一)。

【晾夏：양하】 上巳날에 삼베옷 따위를 볕에 말리는 일。『龍游縣志』上巳日以紗葛衣出曝、謂之一一。

【睒】(섬) 琰 セン、**いなびかり** flash

❶번개빛섬(電光)。❷번쩍일섬(閃也)。

【晲】(예) 齊 ゲイ、**ひがかたむく** decline

해기울어질예(日昳)。『淮南子』有符曬一。

【晴】(청) 庚 セイ、**はれる** fair weather ㄑㄧㄥˊ ch'ing²

草書 ❶갤청(雨止無雲)。『史記』天一而見景星。❷맑은 날씨청。『陳與義詩』孤松立快一。(『暒・殅』과 같음)

【晴景：청경】 맑게 갠 경치。『溫庭筠』石壑動一一。

【晴耕雨讀：청경우독】 갠 날에는 밖에 나가 농사일을 하고、비오는 날에는 책을 읽음。부지런히 일하며 공부함。

【晴空：청공】 =晴天。『李白』碧嶂盡一一。

【晴曇：청담】 날씨의 갬과 흐림。晴陰。

【晴嵐：청람】 맑게 갠 날씨에 산에나 들에서 蒸發하는 아지랑이。『鄭谷』一一染近畿。

【晴朗：청랑】 맑고 밝음。맑고 명랑함。날씨가 맑고 화창함。『世說』天甚一一。

【晴霄：청소】 맑게 갠 하늘。『陳慥』白塔界一一。

【晴雨：청우】 갬과 비옴。晴天과 雨天。

【晴雨計：청우계】 大氣의 氣壓을 재어 그 높고 낮음에 의하여 晴雨를 알아 내는 기계。晴雨儀。

【晴天：청천】 맑게 갠 하늘。좋은 날씨。好天氣。『杜牧』半雨半一一。

【晴天白日：청천백일】 ❶맑게 갠 날씨。❷心事의 明白함。조금도 뒤가 어둡거나 거리끼는 점이 없음。青天百日。

【晴天霹靂：청천벽력】 맑은 하늘에 벼락침。《轉》갑자기 일어난 변동이나 타격。의외의 사건。青天霹靂。

【晴暉：청휘】 맑은 날씨의 햇빛。

◎快一、秋一。

【晳】(석) 陌 セキ、**あきらか** discriminate ㄒㄧ hsi¹

분석할석(明辨)。(『晰』과 같음)

【晳次：석차】 淸 梁熙의 號。

【啓】

㊀(계) 薺 ケイ、**はれる** clear up

㊁(견) 霰

小篆 ㊀❶비갤계(霽也)。❷【中字】성계(姓也)。㊁뜻은 ㊀과 같음。

【晶】(정) 庚 ショウ、**すいしょう** crystal ㄐㄧㄥ ching¹

小篆 草書 ❶맑을정(精光)。『宋之問詩』八月涼風天氣一。❷빛날정(光也)。『方岳詩』江樹曉一一。❸《鑛》함나정(美石)。❹수정(水一)。

【晶光：정광】 밝은 빛。투명한 빛。『韓愈』一一蕩相射、旗戟翩以森。

【晶溶禮：정용체】 두 가지 이상의 결정물이 섞이어 녹아서 결정된 물체。

【晶晶：정정】 반짝반짝 빛나는 모양。『方岳』江樹曉一一。

◎結一、氷一、水一。

【晷】(귀) 紙 キ、**ひかげ** shadow ㄍㄨㄟˇ kuei³ (古音「궤」)

小篆 草書 ❶해 그림자귀(日景)。『陸雲詩』願登扶桑仰結飛一。❷시각귀(刻也)。

【晷刻：귀각】 때。時刻。『梁書』常移一一。

【晷景：귀경】 그림자。日影。『漢書』一一者、所以知日之南北也。「계。《轉》時刻。

【晷漏：귀루】 晷와 漏。해시계와 물시계。

【晹】(역) 陌 エキ、**ひざしがよい** sunburst

해반짝날역(日覆雲暫見)。

【智】(지) 寘 チ、**かしこい、ちえ** wisdom ㄓˋ chih⁴

草書 ❶슬기지(心有所知知有所合)。『孟子』是非之心一之端。❷사리에 밝을지(聽明睿一)。

【智見：지견】 지혜와 識見。

【智巧：지교】 슬기롭고 공교로움。『魏志』東西南北各用一一。

【智囊：지낭】 지혜가 풍부한 사람。『史

記』滑稽多智、秦人號曰ㅣㅣ。

【智能:지능】❶지식과 재능。『戰國策』踞ㅣㅣ、示情素。❷경험을 이용하여 새로운 경우에 대처할 적당한 처리 방법을 알아내는 지적 활동의 능력。

【智能檢査:지능검사】지식·이해력·판단력·기억력·주의력 따위의 지능에 대하여 나이에 따라 그 표준을 정하고 그 표준의 이상인가 이하인가를 검사함。멘탈테스트。(mental test)

【智能犯:지능범】《法》문서 위조·사기 배임 따위의 지능을 이용하여 범한 죄。

【智略:지략】슬기로운 계략。『史記』ㅣ絶人。또는 그 사람。

【智慮:지려】슬기롭고 민첩한 생각。『戰國策』。

【智力:지력】❶슬기의 힘。才智와 勇力。『班彪』神器有命、不可以ㅣㅣ求也。❷나쁜 재주。狡猾。『史記』豈可以ㅣㅣ得哉。

【智謀:지모】슬기로운 계책。智術。『漢書』忠信質直、ㅣㅣ有餘。

【智術:지술】지혜가 깊은 꾀。『戰國策』亡辟臣之ㅣㅣ也。

【智識:지식】❶안다는 의식의 작용。知力。『宋史』ㅣㅣ恆出長老之上。❷사리를 잘 분별하는 사람。❸《佛》善智識。

【智勇:지용】지혜와 용기。智謀와 武勇『史記』其處ㅣㅣ、可謂兼之矣。

【智愚:지우】슬기로움과 어리석음。

【智育:지육】體育·德育에 대하여 지능의 계발과 지식 내용의 증가·향상을 목적으로 하는 교육。

【智異山:지이산⇩지리산】《地》慶尙南道 咸陽郡 全羅北道 南原郡·求禮郡 사이에 있는 산。높이 一九一五米 小白山脈의 서남 끝 지역에 솟아 있는 산으로 洛東江·蟾津江의 분수령을 이루고 옛부터 方丈山·頭流山과 함께 三神山의 하나로 알려져 있음。또 서남쪽의 老姑壇에 이르는 일대의 삼림은 놀라운 자연림으로 식물학·林學의 좋은 연구지임。

【智仁勇:지인용】智慧와 仁慈와 勇氣。『中庸』ㅡ三者、天下之達德也。

【智者:지자】슬기가 많은 사람。머리가 좋은 사람。『孟子』。

【智者千慮必有一失:지자천려 필유일실】슬기로운 사람도 많은 생각 중에는 간혹 실수가 있음。『史記·淮陽侯傳』ㅡ、愚者千慮、必有一得。

【智齒:지치】《生》사랑니。

【智慧:지혜】❶슬기。分別하는 마음의 작용。『老子』大道廢有仁義、ㅣㅣ出有大僞。❷《佛》事物의 實相을 觀照하여 의혹을 끊고 正覺을 얻는 힘。(智는 決斷、慧는 簡擇의 뜻)。『大乘義章·九』。❸《人》唐의 高僧。北天竺 사람。

【智慧眼:지혜안】《佛》지혜의 눈。곧 지혜의 밝은 감각으로 만상을 비추어 보는 것이 눈으로 사물을 봄과 같은 데서 이르는 말。

【智慧利劍:지혜이검】《佛》지혜가 모든 번뇌를 끊고 사리 일체를 예리하게 관조함을 칼날에 비기어 하는 말。

【智慧火:지혜화】《佛》번뇌를 태우는 것이 불과 같다는 뜻으로 지혜를 불에 비유하여 일컫는 말。

◎奸ㅣ、權ㅣ、根本ㅣ、金剛ㅣ、奇ㅣ、鈍ㅣ、無ㅣ、民ㅣ、敏ㅣ、聖ㅣ、性ㅣ、世ㅣ、臣ㅣ、神ㅣ、實ㅣ、銳ㅣ、叡ㅣ、五ㅣ、龍ㅣ、人ㅣ、眞ㅣ、慧ㅣ。

【晻】
㊀(암) 感 ㊁(엄) 琰 アン、エン、くらい dark ㄢˇ an³

小篆 草書 ㊀❶어두울암(暗也)。『漢書』三光ㅣ昧。❷막힐암(障也)。㊁햇빛침침할엄(日無光)。『楚辭』日ㅣㅣ而下頹。

【晻昧:암매】❶어두움。暗黑。暗昧。『漢書』三光ㅣㅣ。❷어리석음。愚昧。『同書』一朝以ㅣㅣ語言見廢。

【晻晻:암암】어두워지는 모양。『班彪』日ㅣㅣ其將暮兮。

【晢】
(제) 霽 セイ、あきらか starry

별빛찬란할제(ㅣㅣ星光)。『詩』明星ㅣㅣ。(『晳』와 같음)

【睚】
(왕) 養 オウ、うつくしい beautiful

小篆 ❶빛고울왕(美麗)。❷덕왕(德也)。❸옳을왕(是也)。

【晼】
(원) 阮 エン、ひぐれ sunset

草書 해 넘어갈원(ㅣ晚日落)。『楚辭』白日ㅣ晚其將入兮。

【晼晚:원만】해가 짐。『楚辭』白日ㅣㅣ其將入兮、哀余壽之弗將。

【啉】
(림) 侵 サン、しりたがる desire

알고자할림(欲所之知)。

【晤】
(혼) 元 コン、くらい dim

어두울혼(闇也)。

九畫

【晉】
(진)『晉』(日部 6畫)의 俗字

【暄】
(훤) 元 ケン、あたたか warm ㄒㄩㄢ hsüan¹

草書 ❶따뜻할훤(日暖)。『絕交論』敍温郁則寒谷成ㅣ。❷따스할훤(温也)。

【暄暖:훤난】따뜻함。溫暖。暄溫。『朱元』春寺壽ㅡㅡ。

【暄日:훤일】따뜻한 날씨。

【暄天:훤천】따뜻한 천기。

【暄風:훤풍】따뜻한 바람。봄바람。『梁元帝纂要』春風曰ㅣㅣ·陽風。

【暄和:훤화】따뜻하고 화창함。暖和。『隋書』春日ㅣㅣ。

【晅】
㊀(궁) 徑 ㊁(훤) 阮 コウ、ケン、さらす expose

㊀볕쪼일궁(曝也)。㊁말릴훤(乾燥)。『易繫辭』日以晅之。(『晅』과 같음)

【暆】
(이) 支 イ、ひがうつる orbit of the sun

小篆 ❶해다닐이(ㅣㅣ日行)。『越絕書』日昭昭浸以ㅣ與子期乎蘆之漪。❷땅이름이(樂浪縣名東ㅣ)。

【暆喻:이도】비옷(雨衣)을 이름。『事物異名錄』ㅣㅣ、雨衣也。

【暇】
(가) 禡 カ、いとま leisure ㄒㄧㄚˊ hsia²·⁴ (古音「하」)

小篆 草書 ❶한가할가(閒也)。『左傳 成公十六年』好以ㅣ。❷겨를가(休ㅣ)。『孟子 梁惠王上』壯者以ㅣ日、修其孝悌忠信。

【暇隙:가극】여가。틈。겨를。

【暇餘:가여】겨를。틈。餘暇。

【暇日:가일】틈이 있는 날。한가한 날。休日。『孟子』壯者以ㅣㅣ、修其孝弟忠信。

◎公ㅣ、賜ㅣ、小ㅣ、餘ㅣ、請ㅣ、寸ㅣ、閑ㅣ、休ㅣ。

【暈】
(운) 問 ウン、かさ halo ㄩㄣˋ yün¹·⁴

小篆 草書 ❶무리운(日月傍氣)。❷어지러울운(眩也)。『姚合詩』眼ㅣ夜書多。

【暈厥症:운궐증】《醫》어질증。

【暈色:운색⇩훈색】무지개 따위 모양

으로 둘레가 흐릿한 빛。

【暈影:운영⇩훈영】 反射光線에 따라서 일어나는 사진면의 테두리。

【暈圍:운위】 해 또는 달의 언저리에 보이는 둥근 무리。『韓非子』日月ㅣㅣ於外。

【暉】 (휘) 微 キ、ひかり ㄏㄨㄟ huei¹ sun-light

小篆 草書 햇빛휘(ㅣㅣ日光)。『易經』君子之光其ㅣ吉也。

【暉映:휘영】 반짝이며 비침。광채가 비침。輝映。耀映。『晉書』車服ㅣㅣ。

【暉暉:휘휘】 하늘이 맑고 밝은 모양。『江總』二月春ㅣㅣ。

【暋】 (민) 眞 ビン、つよい strong

草書 ❶강할민(强也)。『書經 康誥』ㅣ不畏死。❷괴로울민(悶也)。(『敃』과 같음)

『莊子 外物』慰ㅣ沈屯。

【暌】 (규) 齊 ケイ、たがう ㄎㄨㄟ k'uei² violate

草書 ❶해질규(日入)。❷어길규(違也)。

【暌索:규색】 헤어져 흩어짐。離散。『蘇舜欽』一旦又ㅣㅣ、千里或闊疎。

【暌合:규합】 어긋남과 맞음。헤어짐과 만남。離合。『謝靈運』究風波之ㅣㅣ。

【暍】 (갈) 月 カツ、あつさあたり ㄏㄜ hê⁴ suffer from hot weather

小篆 草書 ❶더위 먹을갈(傷暑中熱)。『漢書 武帝紀』夏大旱民多ㅣ死。❷빛날갈(煥也)。

【暍暍:갈갈】 患者의 熱氣가 極甚함을 이름。『素問』先寒後熱、熇熇ㅣㅣ然。

【暍死:갈사】 더위 먹어 죽음。『漢書·武帝紀』夏大旱、民乃多ㅣㅣ。

【暎】 (영)『映』(日部 5畫)과 같음

【暐】 (위) 尾 イ、ひかる ㄨㄟ wěi³ sun shine

草書 ❶햇빛위(日光)。❷빛환할위(光盛貌)。

【暐暐:위위】 빤짝빤짝 햇빛이 빛남。

【暑】 (서) 語 ショ、あつい hot; heat of summer

小篆 草書 ❶더위서、더울서(熱也)。『易繫辭』日月運行一寒一ㅣ。❷여름철서(夏節)。「大ㅣ、小ㅣ」。

【暑感:서감】 여름에 드는 감기。

【暑氣:서기】 ❶더위。暑熱。더운기운。『淮南子』ㅣㅣ多夭。❷더위에 걸린 병。「中暑。

【暑毒:서독】 더위의 毒氣。

【暑痢:서리】 《醫》더위를 먹어서 설사하는 병。熱痢瘍垢。

【暑泄:서설】 《醫》여름의 더위로 인하여 생기는 설사。

【暑歲:서세】 가뭄이 혹독한 해。大旱魃의 해。『漢書·五行志』ㅣㅣ羊多疫死。

【暑熱:서열】 =暑氣。『漢書』烏弋地ㅣㅣ「莽平。

【暑炎:서염】 타는 듯한 더위。

【暑月:서월】 더운 달。여름철。음력 六월을 일컬음。『左傳』ㅣㅣ多衣、所以示疾。

【暑節:서절】 여름의 더운 철。곧、초·중·말복의 三伏의 계절。

【暑中:서중】 여름의 한창 무더운 때。

【暑症:서증】 ❶더위。❷더위의 증세。

【暑天:서천】 여름 무더운 철의 하늘。

【暑滯:서체】 더위로 인하여 생기는 체「증。

【暑退:서퇴】 더위가 물러감。

【暑瘧:서학】 《醫》=熱瘧。

◎大ㅣ、小ㅣ、炎ㅣ、殘ㅣ、暴ㅣ、避ㅣ、寒ㅣ、酷ㅣ。

【暕】 ㊀(간) 潸 ㊁(란) 寒 カン、ラン かげぼし dry in the shade

㊀흐린아침에날밝을간(陰朝日明)。㊁그늘에말릴란(陰乾)。

【暝】 (난) 旱 ダン、あたたかい warm

따뜻할난(温也)。(『暖』과 같음)『禮』行春令則ㅣ風來至。

【暖】 ㊀(난) 旱 ㊁(훤) 元 ダン、ナン、あたたかい ㄋㄨㄢ nuan³ warm

草書 ㊀더울난(温也)。『韓愈 進學解』冬ㅣ而兒號寒。(『暝』과 같음) ㊁부드러울훤(柔貌)。『莊子』有ㅣ姝者。

【暖氣:난기】 따뜻한 기운。따뜻한 기후。↔寒氣。『張華』重衾無ㅣㅣ。

【暖帶:난대】 열대와 온대의 중간 지대。

【暖流:난류】 海流의 한 가지。赤道 부근에서 高緯度의 方向으로 흐르는 海流。

【暖房:난방】 ❶따뜻한 방。❷방을 따뜻하게 함。煖房。《轉》《中》㉠결혼식 전날 밤에 친척과 친구들이 신혼 부부가 거처할 방에서 연회를 벌리는 것。㉡새로 移徙한 집에서 축하의 연회를 베풂음。

【暖色:난색】 따뜻한 느낌을 주는 빛。노랑·빨강 따위。↔寒色。

【暖衣飽食:난의포식】 옷을 덥게 입고 몸을 따뜻하게 하고 음식을 배부르게 먹음。곧 사치스러운 생활。『孟子·滕文公』ㅣㅣ逸居而無敎。

【暖波:난파】 따뜻한 공기가 움직여 나가는 줄기。↔寒波。

【暗】 (암) 勘 アン、くらい ㄢ an⁴ dark

小篆 草書 ❶어두울암(不明)。『歐陽修詩』柳色綠將ㅣ。❷침침할암(深窈貌)。『甘泉賦』稍ㅣㅣ而靚深。❸몰래할암(秘也)。『李商隱雜纂 相似』京官似冬瓜ㅣ長。

【暗褐色:암갈색】 어두운 갈색。검은 기운이 도는 갈색。

【暗渠:암거】 땅 속으로 낸 도랑。地下를 흐르는 개천。地下溝。暗溝。『梅堯臣』野泉鳴ㅣㅣ。

【暗計:암계】 비밀한 꾀。暗謀。

【暗窟:암굴】 어두운 굴。

【暗隙:암극】 겨를。여가。틈。

【暗記:암기】 보지 않고 기억함。諳記。『後漢書』凡所經履、莫不ㅣㅣ。

【暗澹:암담】 희미하여 선명하지 못한 모양。전도에 희망이 없는 모양。『白居易』一叢ㅣㅣ將何比。

【暗毒:암독】 《國》성질이 음험하고 흉악「함。

【暗淚:암루】 남 모르게 흘리는 눈물。『賈島』白鬚相竝出、ㅣㅣ兩行分。

【暗流:암류】 ❶눈에 띄지 않게 地中으로 흐르는 물。伏流。『王勃』虛巖辨ㅣㅣ。❷표면에 나타나지 않은 내부의 움직임。

【暗昧:암매】 ❶事理에 어둡고 어리석음。蒙昧。暗愚。❷어두워서 확실하지 않음。眞僞가 명백하지 않음。애매함。❸《中》不正함。闇昧。

【暗買:암매】 물건을 몰래 삼。

【暗賣:암매】 물건을 몰래 팔음。

【暗謀:암모】 =暗計。

【暗默:암묵】 ❶보이지도 않고 들리지도 않음。❷자기 의사를 밖에 나타내지 않음。沈默。

【暗犯:암범】 남 몰래 죄나 잘못을 범함。

【暗算:암산】 머리 속으로 계산하는 것。

【暗殺:암살】 남 모르게 죽임。盜殺。加害者를 알지 못하도록 사람을 죽임。

【暗線:암선】 자외선 따위와 스펙트럼 속에 나타나는 흡수된 검은 선。

【暗笑:암소】 속으로 비웃음。

【暗誦:암송】 책을 보지 아니하고 글을 외움。〔杜甫〕詳書萬卷常－－。

【暗數:암수】 속임수。마음 속으로 셈。

【暗示:암시】 넌지시 깨우쳐 줌。직접적이 아니고 함축성 있게 알려주는 것。

【暗示性:암시성】 암시하는 성격을 띔。

【暗室:암실】 ❶어두워 사람이 들여다 볼 수 없는 방。〔南史·阮長之傳〕一生不侮－－。❷사진 現像을 하기 위하여 광선이 들어오지 않도록 캄캄하게 만든 방。

【暗暗裏:암암리】 남이 모르는 가운데。

【暗夜:암야】 캄캄한 밤。어두운 밤。闇夜。〔宋書〕兵敗衆散、時已－－。

【暗弱:암약】 어리석고 氣力이 약함。闇弱。〔蜀志·註〕劉璋－－。

【暗躍:암약】 暗中飛躍의 略語。

【暗影:암영】 ❶어두운 그림자。❷어느 일의 成事에 지장되는 일이나 방해물。

【暗愚:암우】 事理에 어둡고 어리석음。闇愚。暗昧。蒙昧。愚昧。

【暗雲:암운】 ❶금방 비가 내릴 듯한 시꺼먼 구름。❷평온하지 못한 상태。나쁜 일이 일어날 듯한 형세。

【暗赭色:암자색】 검붉은 빛。

【暗葬:암장】 남몰래 지내는 장사。偸葬。

【暗赤色:암적색】 어두운 붉은 색。검은 기운이 도는 붉은 색。검붉은 빛。

【暗箭:암전】 ❶과녁에 맞지 않고 빗나가는 화살。❷숨어서 쏘는 화살。

【暗中工作:암중공작】 남이 모르는 가운데 일을 꾸밈。또는 그 일。

【暗中摸索:암중모색】 ❶어둠 속에서 손더듬으로 물건을 찾음。짐작으로 맞춤。〔隋唐佳話〕許敬宗性輕傲、見人多忘之、中略、──著、亦可識。《轉》목표가 없이 事物을 追求하는 것。❷옛 사람의 글을 뜻도 모르고 덮어 놓고 引用함。

【暗中飛躍:암중비약】 ❶어둠 속에서 날고 뜀。❷남의 눈에 띄지 않게、또는 남모르게 활동하는 일。

【暗體:암체】 발광체가 아닌 모든 물체。

【暗礁:암초】 물 속에 숨어서 보이지 않는 岩石。(暗은 보이지 않는다는 뜻。礁는 숨어 있는 바위)。

【暗層:암층】 ❶어두운 층。❷갈피를 잡을 수 없음。

【暗鬪:암투】 서로 敵意를 표면에 나타내지 않고 남이 모르게 싸우는 일。

【暗慝:암특】 성질이 음흉스럽고 모양이 험악함。

【暗愎:암퍅】 성질이 음험하고 강 함。

【暗標:암표】 비밀한 표。넌지시 자기만 알 수 있도록 눈으로 한 표。

【暗恨:암한】 남 모르는 원한。〔白居易〕別有幽愁－－生。

【暗合:암합】 뜻하지 않았던 것이 우연히 같게 되는 일。무의식적으로 한 일이 자연히 같게 됨。闇合。〔陸機〕。

【暗海:암해】 빛이 미치지 못하여 어두운 바다 속。

【暗行:암행】 남이 모르게 다님。또는 다니는 일。

【暗行御史:암행어사】 《制》李朝 때 方伯의 治績을 살피고 백성의 疾苦를 실지로 조사하기 위하여 王命으로 비밀히 파견하던 特使。直指使。

【暗號:암호】 當事者끼리만 쓰는 신호나 부호。또는 口號。

【暗號電報:암호전보】 남이 모르도록 암호로써 치는 전보。

【暗灰:암회】 검은 회색。

【暗黑:암흑】 ❶캄캄함。어두움。❷정신면이나 생활면에 있어서 개인 또는 사회의 외부에 나타나지 않은 不安·不道德 등에서 오는 悲慘한 일들。❸文物道德이 타락된 것。

【暗黑街:암흑가】 ❶가로등이 켜 있지 않은 어두운 거리。❷비도덕적인 행위나 범죄와 죄악이 날뛰는 거리。

【暗黑面:암흑면】 ❶사물의 밝지 못한 면。❷비참하고 추악한 장면。

【暗黑相:암흑상】 ❶어둡기 짝이 없는 모양。❷질서는 문란하고 온갖 범죄가 일어나는 모양。❸어둡고 비참한 세상。

【暗黑時代:암흑시대】 ❶세태가 혼란한 시대。❷서양사에서 제五세기 처음부터 제一一세기 끝까지를 일컫는 말。↔光明時代。

【暗喜:암희】 마음 속으로 남 몰래 기뻐함。은근히 기뻐함。

◎明－、溶－、黑－。

【暘】(양) 陽 ヨウ、ひので rising sun ㄧㄤˊ yang²

篆 小 書 草 ❶해돋이양(日出處)。〔書經〕宅嵎夷曰－谷。❷밝을양(明也)。〔書經 洪範〕曰雨曰－。❸햇발쏘일양(日乾物)。(『闇』과 같음)

十 畫

【暚】(요) 蕭 ヨウ、あきらか bright ❶밝을요(明也)。❷햇빛요(日光)。

【暛】(차) 禡 サ、ひぐれ get dark 해저물차(日暮)。

【暝】㊀(명) 靑 ㊁(명) 徑 メイ、くらい dark ㄇㄧㄥˊ ming⁴

書 草 ㊀❶캄캄할명(暗也)。(『冥』과 같음) ❷어두울명(幽也)。㊁❶저물명(暮也)。〔古詩〕晻晻日欲－。❷쓸쓸할명(寂也)。〔劉孝綽詩〕誰能對雙燕、－－守空房。

【暝暝:명명】 ❶쓸쓸한 모양。〔劉孝綽〕誰能對雙燕、－－守空房。❷어두운 모양。

【暷】(박) 藥 ハク、さらす bask in the sun 볕쪼일박(曝也)。

【暟】(개) 賄 ガイ、うつくしい beautiful ❶아름다울개(美也)。〔方言〕－－美德也。❷비칠개(照也)。

【暠】㊀(고) ㊁(호) 皓 コウ、しろい white ㄍㄠˇ kao³

書 草 ㊀깨끗할고(明白貌)。(『皓』와 같음) ㊁흴호(白也)。〔漢書〕－然白首。

【暠暠:고고】 흰 모양。〔江淹〕。

【暡】(앙) 漾 オウ、くもり cloudy 날흐릴앙(曇也)。

【暢】(창) 漾 チョウ、のべる be understood

書 草 ❶길창(長也)。❷통할창(通也)。〔周易〕美在其中而－於四支。❸사무칠창(達也)。❹찰창(充也)。〔禮記〕命之曰－月。❺거문고가락창(琴曲)。〔風俗通〕命其曲曰－者道之美－。

【暢達:창달】 ❶뻗어 자람。❷구김살 없이 발달함。〔吳越春秋〕孰知其非－－之兆。

【暢茂:창무】 풀과 나무가 잘 자라서 무성함。〔孟子〕草木－－。

【暢敍:창서】 명랑하게 또는 통쾌하게 談話함。暢談。〔王羲之·蘭亭記〕－－幽情。

【暢月:창월】 음력 一一월의 別稱。〔呂氏春秋〕仲冬之月、中略、命之曰－－。

【暢適:창적】 유쾌하여 즐거움。〔陸游〕讀書取－－。

【暢快:창쾌】 마음에 무슨 거리낌이 없어 썩 시원함。

【暢懷:창회】 마음 속을 헤쳐서 시원하게 함。 ◎流ㅡ、和ㅡ。

【㬎】 ㊀(현) ㊁(압) 銑 合 ケン、まゆ cocoon ㊀❶고치현(繭也)。 ❷미묘할 현(微妙)。 ❸뚜렷할현(著也)。 ❹빛날현(光也)。 ㊁뜻은 ㊀과 같음。

【暭】(호) 皓 コウ、あきらか light ㄏㄠˋ hao⁴ 小篆 밝을호(明也)。(『皞』와 같음)

十一畫

【[日+莽]】(망) 養 ボウ、モウ、くらい dim ❶희미할망(曭ㅡ不明)。 ❷날흐릴망(日無光)。

【[日+票]】(표) 嘯 ヒョウ、さらす dry in the sun 볕쪼여말릴표(曬乾物)。

【暫】(잠) 勘 ザン、しばらく meanwhile; moment 小篆 草書 ❶잠간잠、얼른잠(不久須臾)。『書經』ㅡ遇姦宄。 ❷마칠잠(卒也)。『左傳』婦人ㅡ而免諸國。

【暫間:잠간】 매우 짧은 동안。 잠깐。

【暫見:잠견】 잠깐 봄。

【暫留:잠류】 잠시 머무름。

【暫別:잠별】 잠시 동안의 이별。

【暫逢:잠봉】 잠시 서로 만남。

【暫時:잠시】 얼마 되지 않는 동안。 잠깐。 한동안。 暫且。『高啓』ㅡㅡ握手還分手。

【暫定:잠정】 ❶일시의 안정。 ❷일시적인 결정。 사실이 분명하지 아니하여 임시적으로 정하는 것。 「것。 暫定。

【暫定的:잠정적】 임시로 우선 정해 둔

【暫定條約:잠정조약】 《法》우선 임시로 정해 두는 영구성 없는 조약。

【暫借:잠차】 잠시 동안 빌림。

【暫許:잠허】 잠깐 허락함。 잠시 허가함。

【暬】(설) 屑 セツ、なれる insolence ㄒㄧㄝˋ hsieh⁴ 小篆 草書 ❶거만할설(日狎習相慢)。 ❷모실설(侍御)。 ❸캄캄할설(晦瞑)。『詩經』曾我ㅡ御。(『媟』과 같음)

【暬御:설어】 ❶허물 없이 가까이 함。 ❷모심。 近侍의 臣。 褻御。 侍御。

【暤】(호)『皞』(日部10畫)의 俗字

【暮】(모) 遇 ボ、くれる sunset ㄇㄨˋ mu⁴ 小篆 草書 ❶저물모、늦을모(日晚)。『史記』吾日ㅡ道遠。 ❷더딜모(遲也)。『離騷經』恐美人之遲ㅡ。

【暮景:모경】 ❶날 저문 때의 경치。 ❷늙었을 때。 老境。 晚景。 「境。

【暮境:모경】 늙어 버린 판。 늙바탕。 晚

【暮年:모년】 늙바탕。 老年。 晚年。 暮齡。『魏武帝』烈士ㅡㅡ、壯心不已。

【暮冬:모동】 늦은 겨울。

【暮色:모색】 해질 무렵의 경치。 날이 저물어 가는 어스레한 풍경。『柳宗元』蒼然ㅡㅡ自遠而至。

【暮世:모세】 最近의 세상。 近世。

【暮歲:모세】 ❶한 해의 마지막 무렵。 年末。 歲暮。『白居易』ㅡㅡ風動地。 ❷老年。 暮景。『謝靈運』屈盛續于平生、申遠期于ㅡㅡ。

【暮夜:모야】 늦은 밤。 깊은 밤。 昏夜。『後漢書』ㅡㅡ無知者。 「鐘ㅡㅡ天。

【暮雨:모우】 저녁 때 오는 비。『杜牧』寒

【暮雲:모운】 저물어 갈 무렵의 구름。 저녁 구름。『杜甫』半嶺ㅡㅡ長。

【暮鐘:모종】 日暮를 알리는 종소리。 晚鐘。 夕鐘。『杜甫』衣冠起ㅡㅡ。

【暮秋:모추】 늦은 가을。 음력 九월。 晚秋。『梁元帝纂要』九月曰ㅡㅡ。

【暮春:모춘】 늦은 봄。 음력 三월。 晚春。 季春。『論語』ㅡㅡ者春服既成。

【暮夏:모하】 저물어가는 여름。 ◎薄ㅡ、歲ㅡ、朝ㅡ。

【暱】(닐) 質 ジツ、ちかずく intimacy ㄋㄧˋ ni⁴ 小篆 或體 草書 ❶해 가깝게 뜰닐(日近)。 ❷친할닐(親也)。『詩經』無自ㅡ焉。(『昵』과 같음)

【暱近:일근】 ❶가까이 있는 사람과 친해짐。『左傳·僖·二十四』親親ㅡㅡ尊賢、德之大者也。 ❷親狎하여 가까이 함。 昵近。

【暲】(장) 陽 ショウ、のぼる rising up ❶햇발돋아올장(日光上進)。 ❷밝을장(明也)。

【暳】(혜) 霽 ケイ、ほしのひかり twinkling stars 草書 별 반짝거릴혜(衆星貌)。

【暴】㊀(포) ㊁(폭) 號 屋 ボウ、はげしい、あらい rough ㄅㄠˋ pao⁴ 小篆 草書 ㊀❶사나울포(猛也)。『古詩 焦仲卿妻』我有親父兄、性行ㅡ如雷。 ❷침로할포(侵也)。 ❸가로차갈포(橫取)。 ❹급할포(急也)。『詩經』終風且ㅡ。 ❺맨 손으로 칠포(徒搏)。『詩經』襢裼ㅡ虎。 ❻불끈 일어날포(卒起貌)。『荀子』ㅡㅡ如丘山。 ❼마를포(乾也)。 ❽상할 포(傷也)。『孟子 公孫丑上』持其志無ㅡ其氣。 ㊁❶햇빛 쪼일폭(日乾)。『孟子告子上』一日ㅡ之。 ❷나타날폭(顯也)。『孟子萬章上』ㅡ之於民。 ❸드러날폭(露也)。『後漢書』皆近事ㅡ著。(『曝』과 같음)

【暴擧:포거《慣》폭거】 난폭한 행동。

【暴君:포군《慣》폭군】 포학한 임금。 無道한 임금。『孟子』ㅡㅡ代作。

【暴棄:포기】 自暴自棄의 略語。 마음에 불만이 있어 행동을 되는 대로 마구 취하고 스스로 자신을 돌아보지 아니함。『孟子』自暴者、不可與有言也、自棄者不可與有爲也。

【暴徒:포도《慣》폭도】 폭동을 일으키는 무리。 난폭한 짓을 하는 무리。

【暴動:포동《慣》폭동】 패를 지어 정부、또는 관청에 대하여 난폭한 방법으로 항쟁하는 것。 난폭한 행동。

【暴騰:포등《慣》폭등】 物價·株價 등이 갑자기 오름。

【暴落:포락《慣》폭락】 物價나 株價 등이 갑자기 대폭적으로 떨어짐。

【暴力:포력《慣》폭력】 난폭한 힘。 無法한 힘。 완력。

【暴力團:포력단《慣》폭력단】 폭력의 힘을 빌어서 소기의 목적을 달성하려는 단체。 갱단。

【暴力輩:포력배《慣》폭력배】 暴力을 쓰며 橫行하는 무리。

【暴利:포리《慣》폭리】 ❶法定 이외의 부정한 이익。 ❷지나친 이익。

【暴吏:포리《慣》폭리】 백성에게 포학하게 구는 관리。

【暴發:포발《慣》폭발】 ❶별안간 벌어짐。 ❷별안간 터짐。

【暴杯:포배《慣》폭배】 술잔을 돌리지 않고 한 사람에게만 거듭 따라 줌。「酷暑。

【暴暑:포서《慣》폭서】 몹시 심한 더위。

【暴衰:포쇠《慣》폭쇠】 ❶정력이 별안간 쇠약해짐。❷세력이 별안간 쇠약해짐。

【暴泄:포설《慣》폭설】 별안간 일어나는 설사。暴注。

【暴食:포식《慣》폭식】 음식을 지나치게 많이 먹음。음식을 함부로 먹음。

【暴惡:포악】 성질이 사납고 악함。『柳宗元』。「억압함。

【暴壓:포압《慣》폭압】 사나운 힘으로

【暴言:포언《慣》폭언】 거칠고 난폭한 말。

【暴逆:포역《慣》폭역】 난폭하여 人道에 벗어남。또는 그러한 사람。『史記』誅一一、遂有天下。

【暴炎:포염《慣》폭염】 酷暑。暴暑。

【暴雨:포우《慣》폭우】 몹시 급하게 별안간 쏟아지는 비。『禮記』猋風一一總至。

【暴飮:포음《慣》폭음】 지나치게 술을 마심。생각 없이 한꺼번에 술을 많이 마심。過飮。「古人雖一一、作事今世驚。

【暴恣:포자】 난폭하고 방자함。『蘇軾』

【暴政:포정《慣》폭정】 난폭하고 무자비한 정치。포학하고 가혹한 정치。나쁜 정치。『禮記』雖有一一、不更其所。

【暴注:포주《慣》폭주】 ❶비가 갑작스레 몹시 쏟아짐。❷《醫》暴泄。

【暴疾:포질】 ❶거칠고 빠름。『詩經·箋』。❷갑자기 일어난 병。

【暴醉:포취《慣》폭취】 술이 몹시 취함。

【暴投:포투《慣》폭투】 야구경기에서 투수가 타자에게 대하여 捕手가 잡을 수 없을 정도로 공을 세게 던짐。

【暴風:포풍《慣》폭풍】 몹시 심한 바람。거칠은 바람。『禮記』國多一一。

【暴風警報:포풍경보《慣》폭풍경보】 폭풍우·폭풍설로 상당히 큰 피해가 예상되는 경우、일반을 경계시키기 위하여 기상대 측후소에서 내는 報道。

【暴風雨:포풍우《慣》폭풍우】 격심한 비바람。大風大雨。「敢行一一。

【暴虐:포학】 난폭하고 잔악함。『書經』

【暴虐無道:포학무도】 성질이 포악하고 잔인하여 도리에 어긋남。「추위。

【暴寒:포한《慣》폭한】 별안간 닥치는

【暴漢:포한《慣》폭한】 난폭한 무리。無法한 사람。

【暴行:포행《慣》폭행】 ❶난폭한 행동。❷폭력을 남에게 가함。

【暴虎馮河:포호빙하】 범을 맨손으로 때려 잡고、강을 맨몸으로 건넘。《喩》혈기에 넘친 용기는 있으나 무모한 짓。무모한 冒險。『論語·述而』一一、死而無悔者、吾不與也。『詩經』不敢暴虎、不敢馮河。

【暴橫:포횡】 거칠고 방자함。暴慢。『後漢書·馮異傳』今諸將皆壯士、崛起多一一。

【暴露:폭로】 ❶비바람을 무릅쓰고 다님。『史記·項羽紀』一一於野三年。❷나쁜 일、음모、비밀이 드러남。또는 드러나게 함。

【暴露文學:폭로문학】 사회의 숨어 있는 죄악의 폭로를 主題로 하는 문학。

【暴露戰術:폭로전술】 반대파나 반대자의 감추어진 죄악이나 좋지 못한 일을 들추어 내어 자기 편을 유리하게 이끄는 전술。「죄를 변명함。❸辯白함。

【暴白:폭백】 ❶원통함을 하소연함。❷무
◎强一、亂一、自一、粗一、凶一、横一。

【暵】 (한) 旱 翰 カン、かわかす dry ㄏㄢˋ han⁴ 小篆 草書 ❶마를한(乾也)。❷말릴한(燥也)。『易經』燥萬物莫一乎火。❸가물한(旱也)。『詩經』中谷有蓷一其乾矣。❹쪼일한(曝也)。(『熯』과 같음)

【暵赫:한혁】 햇볕이 쬐어 더위가 심한 모양。『沈佺期』一一多瘵疾。

【暶】 (선) 先 セン、うつくしい bright ; light ❶밝을선(明也)。❷아름다울선(美也)。

十二畫

【暸】 (료) 蕭 リョウ、あきらか bright 草書 밝을료(明也)。

【暹】 (섬) 鹽 セン、のぼる sun rising ㄒㄧㄢ hsien¹ 草書 ❶나아갈섬(進也)。❷햇살 치밀섬(日光昇)。❸나라이름섬(國名)。

【暹羅:섬라】 ❶《歷》타이王國의 一九三九年 이전의 國號。『清會典』。❷《地》샴(Siam)。印度支那半島에 있는 나라 이름。지금의 泰國。

【[日+肅]】 (속) 屋 ソク、かわかす(俗音「숙」) dry ❶말릴속(乾也)。❷볕쪼일속(曝也)。

【暻】 (경) 梗 ケイ、あきらか bright 밝을경(明也)。

【暾】 (돈) 元 トン、あさひ rising sun 草書 ❶해 돋을돈(日始出)。『楚辭』一將出兮東方。❷수더분할돈(温一性不爽利)。

【曀】 (에) 霽 エイ、くもる cloudy and gloomy ㄧˋ i⁴ 小篆 草書 ❶음산할에(隱而風)。『詩經』終風且一。❷가리울게(翳也)。「黑雲一日」。

【曀曀:에에】 음산하고 흐린 모양。『詩經』一一其陰。

【曀風:에풍】 흐린 날에 부는 바람。『爾雅·釋天』陰而風爲一一。

【暿】 (희) 紙 キ、あつい awfully hot 몹시더울희(盛熱)。(『熹』와 같음)

【暨】 (기) 未 キ、ともに together 小篆 草書 ❶다못기(與也)。『書經』汝羲一和。❷미칠기(及也)。『列子·周穆王』一及化人之宮。❸굳셀기(果毅貌)。『禮記』戎容一一。

【暨暨:기기】 ❶果斷性 있고 剛毅한 모양。『廣雅』一一武也。❷부득이 함께 한다는 뜻。『公羊』暨、猶一一也、及、我欲之、暨、不得已也。

【曃】 (태) 隊 タイ、うすくらい vague 희미할태(不明貌)。『楚辭』時曖一其曭㬒兮。

【曄】 (엽) 葉 ヨウ、かがやく bright ㄧㄝˋ yeh⁴ 小篆 小篆 草書 ❶빛날엽(光也)。❷밝을엽(明也)。❸번개번쩍거릴엽(震電貌)。『後漢書』列缺一其照夜。❹성할엽(盛貌)。『漢書·敘傳』世祖一一。

【曄曄:엽엽】 빛나는 모양。밝고 윤기 있는 모양。왕성한 모양。曄然。爗爗。『漢書·敘傳』世祖一一、思弘祖業。

【曆】 (력) 錫 レキ、こよみ calendar 小篆 草書 ❶셀력(數也)。❷보로력、책력 력(一象)。

〔書經〕五曰 ㅣ數。❸세월력(歲月)。

(『歷』과 통함)

〔曆年：역년〕 책력에서 정한 一년。곧 태양력에서는 三六五일。윤년은 三六六일임。

〔曆法：역법〕 책력에 관한 법칙。또는 책력을 만드는 법。〔唐書〕 ㅣㅣ尙矣。

〔曆象：역상〕 ❶책력에 의한 天體 운행의 상태。〔書經〕 ㅣㅣ日月星辰。❷日月星辰의 일컬음。〔易經·革·虞注〕 ㅣㅣ謂日月星辰也。

〔曆書：역서〕 책력。年·月·日·時를 기록한 책。時憲書라고도 함。〔史記·自序〕作ㅣㅣ第四。

〔曆數：역수〕 ❶節氣의 돌아감。또는 日月 운행의 순서。〔書經〕五曰ㅣㅣ。❷자연히 정해진 운명。임금이 天命을 받고 帝位에 오르는 운。天運。〔論語〕天之ㅣㅣ在爾躬。❸年代。年數。

〔曆日：역일〕 ❶달력。❷달력으로 정한 月日。〔太上隱者〕山中無ㅣㅣ。

〔曆學：역학〕 책력에 관한 학문。

◎改ㅣ、舊ㅣ、西ㅣ、新ㅣ、陽ㅣ、月ㅣ、陰ㅣ、日ㅣ、册ㅣ。

〔曇〕

(담) 覃 タン、ドン、くもる cloudy ㄊㄢˊ t'an²

小篆 草書 ❶구름낄담(雲布)。❷부처이름담(西國呼世尊瞿ㅣ)。

〔曇曇：담담〕 ❶먹 구름이 낀 모양。〔江淹〕海外陰兮氣ㅣㅣ。❷흐린 모양。〔鮑照〕望波際兮ㅣㅣ。

〔曇天：담천〕 흐린 날。구름 낀 하늘。「晴天。↕

〔曇後晴：담후청〕 날이 흐렸다가 갬。

〔曈〕

(동) 東 トウ、よあけ dawn ㄊㄨㄥˊ t'ung²

小篆 草書 먼동틀동(ㅣ曨欲明)。

〔曈曈：동동〕 ❶日出時의 太陽의 모양。〔李商隱〕形魄天壇上、海日高ㅣㅣ。❷太陽처럼 빛나는 모양。〔高啓〕日光ㅣㅣ當路坐、將軍一見弧失墮。

〔曉〕

(효) 篠 ギョウ、あかつき dawn ㄒㄧㄠˇ hsiao³

小篆 小篆 草書 ❶밝을효(明也)。❷날샐효、새벽효(曙也)。❸깨달을효(知也)。〔史記〕指ㅣ南越。❹사뢸효(白也)。〔漢書〕未ㅣ大將軍。❺효유할효(開喩)。❻만날효(遇也)。❼달랠효(說也)。❽쾌할효(快也)。

〔曉起：효기〕 새벽같이 일어남。새벽에 일찍 일어남。

〔曉頭：효두〕 먼동이 틀 이른 새벽。먼동이 틀 무렵。

〔曉頭發靷：효두발인〕 葬禮 때 먼동이 트기 전에 하는 발인。

〔曉得：효득〕 깨달아 알음。알아챔。〔朱子全書·學〕自然ㅣㅣ。

〔曉霧：효무〕 새벽 안개。새벽에 끼는 안개。〔梁簡文帝〕ㅣㅣ晦階前。

〔曉色：효색〕 새벽 경치。새벽 빛。〔孟郊〕ㅣㅣ奪明月。

〔曉星：효성〕 새벽 하늘에 드문드문 보이는 별。《轉》수가 적은 것。晨星。〔謝朓〕正寥落。

〔曉習：효습〕 깨달아 익숙하게 됨。熟練。〔後漢書〕又ㅣㅣ邊事。

〔曉悟：효오〕 깨달음。了解。曉解。〔列子〕窮年不相ㅣㅣ。

〔曉勇：효용〕 사납고 날샘。

〔曉月：효월〕 새벽녘에 떠 있는 달。새벽달。〔沈佺期〕ㅣㅣ臨窓近。

〔曉諭：효유〕 깨우쳐 일러 줌。알아듣게 일러 줌。曉示。〔禮記·疏〕ㅣㅣ鬼神。

〔曉天：효천〕 새벽 하늘。새벽녘。〔陳子昂〕明月隱高樹、長河沒ㅣㅣ。

〔曉飭：효칙〕 잘 타일러서 경계하여 줌。

〔曉解：효해〕 깨달음。터득함。曉得。曉悟。〔左傳·疏〕ㅣㅣ事務。

◎今ㅣ、拂ㅣ、通ㅣ。

十三畫

〔曎〕

(역) 陌 エキ、ひかる sunlight

날빛역(日光)。

〔曏〕

(향) 漾 養 キョウ、さきに last time ㄒㄧㄤ hsiang

小篆 草書 ❶저즘께향、접때향、아레향(前時)。〔春秋傳〕ㅣ役之三月。❷지난번향(往也)。❸밝을향(明也)。〔莊子〕證ㅣ古今。

(『向』과 같음)

〔曏者：향자〕 지난 날。일찌기。前日。以前。〔呂覽〕ㅣㅣ右宰穀臣之觴吾子也。

〔暴〕

(포) 號 ボウ、にわか sudden

❶급할포(急也)。❷창졸포(猝也)。

〔曖〕

(애) 隊 アイ、うすくらい、かげる obscure ㄞˋ ai⁴

草書 ❶해희미할애(日不明)。❷침침할애(昏昧貌)。〔晏子春秋〕星之昭昭不如月之ㅣㅣ。❸덮을애(翳也)。

〔曖昧：애매〕 확실하지 못함。희미함。模糊。〔晉書·杜預傳〕不敢以ㅣㅣ之見、自取後累。

〔曖昧模糊：애매모호〕 확실하지 못하「고 희미함。

〔曖曖：애애〕 어둠침침한 모양。햇빛의 희미한 모양。曖然。

〔曖曃：애태〕 어두운 모양。〔楚辭·遠遊〕

〔曦〕

時ㅣㅣ其曭。

(희) 『曦』(日部16畫)의 俗字

十四畫

〔曃〕

(대) 隊 タイ、しげる (be) thick

성할대(茂也)。〔宋玉賦〕ㅣ兮若松榯。

〔曙〕

(서) 御 ショ、あけぼの dawn

小篆 草書 ❶새벽서 샐서(曉也)。❷동이틀서(東方明)。〔淮南子〕日入于虞淵之氾ㅣ于蒙谷之浦。❸밝을서(明也)。〔管子〕ㅣ戒勿怠。

〔曙光：서광〕 ❶새벽의 동터 오는 빛。〔岑參〕鷄鳴紫陌ㅣㅣ寒。❷캄캄한 속에서 처음 나타나는 밝은 빛。《轉》좋은 일이 일어나려는 징조。

〔曙色：서색〕 새벽 빛。〔孫逖〕禁鐘起明、納晴天之ㅣㅣ。

〔曙星：서성〕 새벽 별。明星。曉星。〔方干〕ㅣㅣ沒盡提網去。

〔曙日：서일〕 날 샐 무렵의 햇빛。아침 해。曉日。朝日。朝暾。〔王褒〕平湖開ㅣㅣ。

〔曙鐘：서종〕 새벽 종。동틀 때 울리는 종소리。曉鐘。〔駱賓王〕星月懸雲漢、風霜入ㅣㅣ。

〔曙天：서천〕 새벽 하늘。동틀 무렵。曉天。〔駱賓王〕靑山橫ㅣㅣ。

〔曚〕

(몽) 東 モウ、くらい dark ㄇㄥˊ mêng²

샐녘몽(ㅣ曨日未明)。

〔曚曚：몽롱〕 ❶햇빛이 흐릿한 모양。❷빛이나 정신의 흐릿한 모양。〔集韻〕。

〔曚昧：몽매〕 ❶어두움。〔蜀志·郤正傳〕昔在鴻荒、ㅣㅣ肇初。❷어리석음。道理에 어두움。蒙昧。

【曛】(훈) 文 クン、たそがれ twilight ㄒㄩㄣ hsün¹
草書 어둑 컴컴할훈、땅거미훈(日入餘光黃昏時)。
【曛日:훈일】 땅거미。저녁 때。〖謝靈運〗夕慮曉月流、朝忌ㅡㅡ馳。
【曛黃:훈황】 黃昏。저녁 때。日暮。曛夕。〖南史〗酣飮其中、每迫ㅡㅡ。
【曛黑:훈흑】 황혼이 짙어 어둑어둑함。해가 져서 어두움。〖舊唐書〗時已ㅡㅡ、不問色目ㅡㅡ。

【曝】(폭)〖暴〗(日部11畫)의 本字

【曜】(요) 嘯 ヨウ、かがやく glorious ㄧㄠˋ yao⁴
草書 ❶해비칠요(日光照)。〖詩經〗日出有ㅡ。❷빛날요(燿也)。❸요일요(七曜)。〖王筠詩〗百華ㅡ九枝。「日月火水木金土의 七星」。
【曜靈:요령】 해。燿靈。〖楚辭·天問〗角宿未旦ㅡㅡ安藏。
【曜魄:요백】 北斗星의 別稱。〖尙書大全〗北辰謂ㅡㅡ。
【曜曜:요요】 빛나는 모양。燿燿。〖顏延之〗ㅡㅡ振振。
【曜日:요일】 그 週 七曜 中의 하루。◎日ㅡ、七ㅡ。

十五畫

【曝】 一(포) 號 二(폭) 屋 バク、さらす expose ㄆㄨˋ p'u⁴
草書 一 볕쬘포、쏘일포(㬥也)。二 햇볕에 말릴폭(日乾)。
【曝白:포백】 베·무명 따위를 삶아 빨아서 볕에 바램。
【曝曬:포쇄】 바람을 쐬고 볕에 바램。
【曝書:폭서】 書冊을 햇볕에 쬐고 바람에 쏘임。曬書。〖四民月令〗七月七日、曝經書及衣裳不蠹。
【曝陽:폭양】 쨍쨍 쪼이는 햇볕。

【曞】(려) 霽 レイ、ひかり (of the sunbeams) beam
햇살퍼질려(日光盛輝)。

【曠】(광) 漾 コウ、むなしい vacant ㄎㄨㄤˋ k'uang⁴
小篆 草書 ❶밝을광(明也)。〖後漢書〗則ㅡ若發矇。❷빌광(空也)。〖書經〗無ㅡ庶官。❸멀광(遠也)。❹클광(大也)。❺오랠광(久也)。❻넓을광、휑할광(豁也)。❼홀아비광(ㅡ夫男壯無室)。
【曠劫:광겁】 넓고 끝 없는 세상。
【曠古:광고】 前例가 없음。前代未聞。未曾有。空前。
【曠年:광년】 긴 세월을 지남。오랜 세월。曠歲。
【曠達:광달】 마음이 넓어서 사물에 구애받지 않음。豁達。〖晉書〗時人貴其ㅡㅡ。
【曠代:광대】 當代에서 견줄 바가 없이 훌륭한 것。〖謝靈運〗丁ㅡㅡ之渥惠。
【曠度:광도】 넓은 度量。大道。宏量。〖梁肅〗融融和風、綽綽ㅡㅡ。
【曠朗:광랑】 넓고 밝음。廣大하고 明朗함。〖晉書〗野ㅡㅡ而無塵。
【曠望:광망】 널리 바라봄。먼 곳을 바라봄。〖柳宗元〗ㅡㅡ少行人。
【曠夫:광부】 홀아비。아내 없이 홀로 지내는 男子。〖孟子·梁惠王〗內無怨女、外無ㅡㅡ。
【曠世:광세】 ❶세상을 대수롭지 않게 여김。❷세상에 뛰어남。
【曠世英雄:광세영웅】 세상에 보기 드문 영웅。
【曠世之才:광세지재】 세상에 보기 드문 재주。그런 재주를 가진 사람。
【曠野:광야】 ❶廣大한 들。허허 벌판。曠原。〖詩經〗匪兕匪虎、率彼ㅡㅡ。❷배(腹)의 別稱。〖事物異名錄·形貌·腹·注〗腹爲ㅡㅡ。
【曠恩:광은】 廣大한 혜택。廣恩。〖鄧潤甫〗宣覃ㅡㅡ、徧暨群品。
【曠日:광일】 ❶하는 것 없이 여러 날을 보냄。〖漢書·賈山傳〗ㅡㅡ十年。❷오랜 時日。
【曠日彌久:광일미구】 꾸물꾸물 하여 헛되이 세월을 보냄。〖戰國·燕策〗太傅之計、ㅡㅡ、心惛然、恐不能須臾。
【曠職:광직】 ❶職務에 태만함。官職에 있으면서 직책을 다하지 않음。曠官。〖白居易〗臣等深慚ㅡㅡ。❷官職을 缺員된 채 그대로 둠。缺位。〖北史〗苟非其人、不如ㅡㅡ。
【曠蕩之典:광탕지전】 《制》大赦 또는 特赦의 恩典。→赦典。
【曠廢:광폐】 ❶오랫동안 폐지함。〖舊唐書〗邊事ㅡㅡ。❷할 일을 돌아보지 않음。
【曠懷:광회】 활달한 생각。마음을 널리 함。〖杜甫〗ㅡㅡ拂氛翳。

十六畫

【曣】(연) 霰 エン、あたたかい warm
小篆 草書 ❶더울연(暖也)。❷청명할연(ㅡ嗢日出無雲)。〖漢書〗至中山ㅡ嗢。
【曣嗢:연온】 氣가 盛한 모양。晏溫。〖史記〗至中山、ㅡㅡ有黃雲蓋焉。

【曦】(희) 支 ギ、ひかり sun·light ㄒㄧ hsi¹
草書 햇빛희(赫ㅡ日光)。「ㅡ朝ㅡ射崖光」。〖范梈詩〗赤。
【曦月:희월】 해와 달。〖水經·註〗不見ㅡㅡ。
【曦軒:희헌】 해。太陽。또는 太陽이 타고 있다는 수레。〖水經·漾水注〗若嶺紆ㅡㅡ、峯駐月駕矣。

【曥】(려) 魚 リョ、てらす shine
❶해비칠려(日照)。❷햇빛려(日色)。

【曨】 一(롱) 董 二(롱) 東 ロウ、ほのぐらい obscure; dawn ㄌㄨㄥˊ lung²
小篆 草書 一 먼동틀롱(日欲明)。二 해돋을롱(曈ㅡ日出)。

十七畫

【曩】(낭) 養 ドウ、ノウ、さきに bygone ㄋㄤˇ nang³
小篆 草書 ❶저즘께낭、접때낭、아레낭(曏也)。❷오래낭(久也)。〖左傳〗ㅡ者志入而已。
【曩日:낭일】 접때。지난 번。前日。曩時。曩者。〖梁簡文帝〗北冀無山、豈自高于ㅡㅡ。
【曩者:낭자】 =曩日。(者는 語助詞)。〖左傳〗ㅡㅡ志入而已。

十八畫

【曝】(박) 藥 ハク、てらす bask in the sun
햇빛에 쬐일박(曝也)。

【⿰日聶】(녑) 葉 チョウ、あたたか warm
따뜻할녑(暖也)。

十九畫

【曫】 一(란) 寒 二(만) 刪 ラン、たそがれ dusk
小篆 一 땅거미질란(薄暮)。二 뜻은 一과 같음。

【曬】 (쇄) 卦 サイ、さらす expose ㄕㄞ shai⁴
小篆 草書 ❶햇빛쬘쇄(曝也)。〔漢書〕白日ㅣ光。❷햇빛쬐어말릴쇄(日乾物)。(『晒』와 같음)

【曬書:쇄서】 책을 볕에 말림。晋의 郝隆이 볕을 쪼이고 누워서 배속에 있는 책을 말린다고 했다는 故事。『世說新語』。

【曬燥:쇄조】 볕에 말림。『齊民要術』將種前二十許日、開出水洮、即曬今燥。

【曬風:쇄풍】 바람을 쏘임。

二十畫

【曞】 (렬) 屑 レツ、ひぐれ dusk
❶해질렬(日落)。❷어두울렬(暮也)。

二十畫

【曭】 (당) 養 トウ、うすぐらい dim
草書 햇빛희미할당(日不明)。〔楚辭〕時曖曃其ㅣ莽兮。

【曭朗:당랑】 흐릿한 모양。밝지 못한 모양。『蕭子雲·賦』朝ㅣㅣ而戒旦。

【曮】 (엄) 鹽 ゲン、おごそか majesty
❶해다니는길엄(日之軌道)。❷엄전할엄(矜莊貌)。(『儼』과 같음)

二十一畫

【矚】 (촉) 沃 ショク、てらす shine
비칠촉(照也)。〔沈亞之書〕戎鏡包陽當日而ㅣ之則能延爍興火。(『燭』과 통함)

曰部

【曰】 (왈) 月 エツ、いわく、いう it is said ㄩㄝ yüeh¹ (古音「월」)
小篆 草書 ❶가로되왈、가라사대왈(語端)。〔大學〕帝典ㅣ、克明峻德。❷이를왈(謂也)。❸일컬을왈(稱也)。〔書經 堯典〕ㅣ若稽古帝堯ㅣ放勳。❹에왈(於也)。❺의왈(之也)。❻말낼왈(發語辭)。❼〔國字〕얌전하지못한계집왈(ㅣ字、ㅣ牌)。

【曰可曰否:왈가왈부】 어떤 일에 옳거니、옳지 않거니 하고 말함。

【曰若:왈약】 말을 시작할 때의 語詞。『書經·堯典』ㅣㅣ稽古帝堯。

【曰牌:왈패】 언행이 단정하지 못하고 수선스러운 사람。흔히 여자에게 씀。

【曰兄曰弟:왈형왈제】 서로 형이니 아우니 하고 부름。

二畫

【曲】 (곡) 沃 キョク、まがる、うた bent; tune
小篆 古文 草書 ❶굽을곡(不直)。〔書經〕木曰ㅣ直。❷곡절곡(委ㅣ節目)。〔中庸〕其次致ㅣ。❸누에발곡(養蠶器)。〔禮記〕具ㅣ植籧筐。❹곡조곡、가락곡(歌詞調也)。〔宋玉曰〕其ㅣ彌高其和彌寡。

【曲蓋:곡개】 자루가 굽은 日傘。太公望이 만든것。

典 蓋
(三才圖會)

【曲徑:곡경】 ❶꼬불꼬불한 길。❷세력을 구하는데 不正한 인연。

【曲境:곡경】 몹시 어려운 지경。困境。

【曲曲:곡곡】 ❶굴곡이 많은 山川이나 도로의 굽이굽이。❷坊坊曲曲의 略語。

【曲肱:곡굉】 구부린 팔굽。

【曲頭扇:곡두선】 《國》꼽장선。 겉살이 사북 쪽에서부터 구부러진 부채。

【曲流:곡류】 굽이쳐 흘러가는 물。

【曲馬:곡마】 말을 타고 하는 재주。

【曲馬團:곡마단】 곡마와 奇術 따위를 부려서 각지로 흥행하는 영리 단체。서어커스(circus)。

【曲面:곡면】 둥근 球 따위와 같이 어느 부분도 平面이 아닌 表面。

【曲名:곡명】 곡의 이름。

【曲目:곡목】 ❶戲曲의 목록。❷음악의 曲名。❸연주하는 樂曲의 종류。

【曲眉豊頰:곡미풍협】 활처럼 굽어서 예쁜 눈썹과、토실토실한 탐스러운 뺨。美貌의 形容。『韓愈·送李愿歸盤谷序』曲眉豊頰、清聲而便體。

【曲辯:곡변】 ❶말을 교묘히 돌려 댐。非를 是라고 우기는 말。『說苑·談叢』ㅣㅣ難爲慧。❷상세히 말함。자세히 변론함。『商子·農戰』說者得意、道路ㅣㅣ。「개。

【曲屏:곡병】 《國》❶머릿 병풍。❷가리

【曲譜:곡보】 ❶음악의 가락의 抑揚·高低·長短을 기록한 樂譜。❷《書》一四권。清의 王奕清 등이 지음。諸家의 論說과 北曲譜·南曲譜 등으로 엮음。『四庫提要·集·詞曲類』。

【曲法:곡법】 법을 굽힘。법을 어김。

【曲庇:곡비】 ❶事理를 어겨서 남을 역성함。庇蔭。『宋史』納厚賂、ㅣㅣ之。❷힘을 다하여 보호하여 줌。曲護。

【曲士:곡사】 ❶촌뜨기。산간 벽촌의 사람。보잘것 없는 사람。『莊子』ㅣㅣ不可以語於道者、束於教也。❷마음이 바르지 못한 사람。『柳宗元』師儒之席、不拒ㅣㅣ。

【曲射:곡사】 앞에 있는 장애물을 넘겨서 굽게 쏨。↕直射。

【曲射砲:곡사포】 곡사를 할수 있는 砲。

【曲蔘:곡삼】 《國》굵은 꼬리를 꼬부리어 말린 白蔘。→直蔘。

【曲線:곡선】 구부러진 線。굽이져 둥글어 豊滿한 線。曲線美。↕直線。

【曲蟺:곡선】 《動》지렁이。蛐蟮·蛐蟮。

【曲線美:곡선미】 건축이나 肉體의 곡선에서 생겨지는 미。↕直線美。

【曲線形:곡선형】 곡선으로 삥 둘려 이룬 형상。곡선 도형。↕직선형。

【曲說:곡설】 한 쪽으로 기울어진 옳지 않은 이론。편벽되어 바르지 아니한 이론。曲論。『管子』可以ㅣㅣ。

【曲成:곡성】 형세의 변동에 따라 事物에 잘 응함。臨機應變。『易·繫辭上·注』ㅣㅣ者、乘變以應物、不係一方者也。

【曲水:곡수】 굽이굽이 흐르는 물。굽이쳐 흐르는 물。

【曲藝:곡예】 ❶눈을 속이는 재주。보통 사람이 하지 못하는 재주。즉 曲馬·妖術·魔術 등。❷조그마한 技能。小技。『元稹·詩』ㅣㅣ爭工巧。

【曲藝師:곡예사】 곡예를 하는 사람。곡예를 업으로 삼는 사람。

【曲撓:곡요】 ❶굽어 휘어짐。휘어져 느슨함。屈撓。『禮記』寧折終不ㅣㅣ。❷사실이 없는 죄로 억울하게 죽음。『戰國策·齊策』田忌不進而戰不死、ㅣㅣ而死。

【曲子:곡자】 ❶마음이 곧지 아니하고 비뚤어진 사람。❷누룩。麯子。麴子。

【曲腸:곡장】 動物의 곱창。

【曲墻:곡장】 陵과 園과 禮葬한 무덤 따위의 뒤에 둘러 싸은 나지막한 토담。

【曲折:곡절】 ❶꾸부러지고 꺾어짐。❷글의 문맥 같은 것이 복잡하고 변화가 많음。❸까닭。《轉》자세한 사정。복잡한 내용。『漢書』衛青欲上書報天子失軍ㅣㅣ。

【曲節:곡절】 음악 따위의 旋律。

【曲調:곡조】 歌詞나 음악 등의 가락。『白居易』未成ㅣㅣ先有情。
【曲從:곡종】 자기 의지를 굽히고 屈從함。도리를 굽혀서 남에게 따름。
【曲坐:곡좌】 웃사람 앞에 앉을 때에 공경하는 뜻으로 마주 향하여 앉지 아니하고 옆으로 조금 돌아 앉음。
【曲直:곡직】 ❶굽은 것과 곧은 것。『書經·傳』木可以揉ㅣㅣ。❷事理의 옳고 그름。正邪·善惡·是非。『史記』不論ㅣㅣ。
【曲盡:곡진】 ❶마음과 정성을 다함。❷자세히 알음。남김 없이 상세히 말함。❸노래의 曲節。『禮記·樂記』。
【曲直不問:곡직불문】 =不問曲直。
『北史』摹擬倉楚、ㅣㅣ風制。
【曲茶:곡다⇩곡차】 절에서 술을 일컫는 말。
【曲暢:곡창】 상세히 통달함。자세한 곳까지 다다름。『朱熹、大學序』ㅣㅣ旁通。
【曲尺:곡척】 ❶곱자。木手가 直角을 구할 때에 쓰는 「ㄱ」자 모양의 金屬製의 자。긴 쪽이 一자 五치、짧은 쪽이 七치 五푼의 금이 새겨져 있음。『史記』矩、ㅣㅣ也。❷直角으로 굽은 형태。『王周石』却見長江ㅣㅣ流。
【曲鐵:곡철】 ❶총의 방아쇠를 내려뜨리는 쇠。곱쇠。❷洋琴 줄을 고르는 열쇠。
【曲筆:곡필】 사실을 거짓으로 꾸며서 씀。붓끝으로 잔꾀를 부림。舞文。『後漢書』晏嬰不降志于白刃、南史不ㅣㅣ以求存。
【曲學:곡학】 邪曲의 學問。眞理를 그르친 正道가 아닌 學問。『戰國策·趙策』窮鄕多異、ㅣㅣ多辨。
【曲學阿世:곡학아세】 正道에서 벗어난 學問을 修得하고서 邪惡에 굽혀 아첨함。不正한 學問을 닦고 俗世의 人氣를 얻으려고 애씀。《故》漢의 轅固가 公孫弘을 징계한 말。『史記·儒林傳』公孫務正學以言、無曲學以阿世。

【曲解:곡해】 ❶사실과 어긋나게 잘못 이해함。❷사람의 言動이나 心中을 故意로 사실과 어긋나게 해석함。
【曲形:곡형】 굽은 형상。
【曲護:곡호】 간곡히 보호함。曲庇。「회」
【曲會:곡회】 친한 벗끼리 모여 베푼 연회。
◎歌ㅣ、歌謠ㅣ、交響ㅣ、九ㅣ、屈ㅣ、名ㅣ、舞ㅣ、部ㅣ、悲ㅣ、私ㅣ、邪ㅣ、序ㅣ、小夜ㅣ、俗ㅣ、褶ㅣ、樂ㅣ、夜ㅣ、歪ㅣ、圓舞ㅣ、音ㅣ、作ㅣ、協奏ㅣ、戲ㅣ。

【曳】 (예) 霽 エイ、ひく drag ㄧˋ chʻü-a

❶끌예(牽也)。❷당길예(引也)。『易』見輿ㅣ其牛掣。❸천천히할예(徐也)。
(『拽』와 같음)
【曳裾:예거】 ❶옷자락을 땅에 끌음。『鄒陽』曳長裾、飛廣袖、舊長纓。❷남몰래 訪問함。『福惠全書』若其私宅ㅣㅣ、入暮謀面。
【曳光彈:예광탄】 彈道를 알 수 있도록 빛을 내며 나는 탄환。
【曳船:예선】 ❶배에다 줄을 매어 끌음。또는 그 끄는 배。❷船遊樂 춤을 출 때 배를 끄는 女妓。
【曳線器:예선기】 전선을 잡아 늘이는 데 쓰는 강철로 만든 제구。
【曳曳:예예】 ❶잇달아 나부낌。搖曳。『孟浩然·詩』ㅣㅣ半空裏。❷길게 끄는 모양。❸喊聲。
【曳牛:예우】 소를 끌음。
【曳火彈:예화탄】 발사하면 불을 끌면서 공중으로 진행하게 장치한 榴散彈。

【曳】 (유)「臾」(臼部 2畫)의 俗字

三 畫

【更】 ㊀(경) 庚 ㊁(갱) 敬 コウ、あらためる、かわる again; change

小篆 草書

㊀❶고칠경(改也)。『史記』擧事無所變ㅣ。❷대신할경(代也)。『禮記』乃留ㅣ僕未可終也。❸지날경(歷也)。❹경점할경(督夜行鼓)。『西都賦』衛以嚴ㅣ之署。㊁다시갱(再也)。『長門賦』懷鬱鬱其不可再ㅣ。
(『叓』의 俗字)
【更起:갱기】 다시 일어나거나、다시 일으킴。
【更年期:갱년기】 《心》여성의 생식 기능 소실의 한 症候로서 月經閉止가 오는 시기。보통 四〇~五〇세。정신적·신체적으로 여러 가지 장해가 일어남。
【更無道理:갱무도리】 다시 어찌할 도리가 없음。갱무 꼼짝。
【更發:갱발】 다시 발생함。
【更逢:갱봉】 다시 만남。다시 봄。
【更生:갱생】 ❶죽을 지경에서 다시 살아남。소생함。回生。蘇生。再生。『拾遺記』仙人甯封、食飛魚而死、二百年ㅣㅣ。❷菊花의 별칭。『本草·菊』。
【更選:갱선】 다시 뽑음。『後漢書』吏如班超、何故不遺而ㅣㅣ乎。
【更蘇:갱소】 =更生。
【更紙:갱지】 좀 거친 洋紙의 한 가지。
【更進:갱진】 ❶다시 나아감。더 나아감。❷다시 드림。다시 올림。
【更漏:경루】 ❶시간을 알리는 漏刻。물시계。『唐國史補』初惠遠以山中不知ㅣㅣ、乃取銅葉制器。❷時間。
【更新:경신】 고치어 새롭게 함。革新。改革。『唐書』與天下ㅣㅣ。
【更衣:경의】 ❶옷을 바꾸어 입음。옷을 갈아 입음。『高啓』ㅣㅣ直夜房。❷賓客이 옷을 갈아 입는 방。『漢書·東方朔傳』。❸변소에 감。옛날 사람은 변소에 갈 때 옷을 갈아 입었음。『論衡·四諱』ㅣㅣ之室、可謂臭矣。
【更張:경장】 ❶고치어 새롭게 함。지금까지 늦춘 것을 고쳐서 가지런히 함。❷弦琴 등의 줄을 바꾸어 갊음。❸사회적 정치적으로 부패한 제도를 바르게 고침。
【更點:경점】 ❶《制》북과 징을 쳐서 알리던 更과 點。즉 時刻을 알림。하룻밤의 시간을 다섯 更으로 나누고 다시 한 更을 다섯 點으로 나누어서 更을 알릴 때에는 북을 치고 點을 알릴 때에는 징을 쳤음。❷시간의 구분。즉 更卒과 點卒。更卒은 二시간、點卒은 二四분。『元史·曆志』。❸《佛》절에서 初更·二更·三更·四更·五更을 맞추어서 치는 鐘。
【更正:경정】 바르게 고침。개정함。
【更定:경정】 고치어 정함。개정함。訂正함。『漢書』ㅣㅣ律令。
【更訂:경정】 변경시키어 고침。
【更迭:경질】 서로 바꿈。交代。『詩經·疏』終歲列宿ㅣㅣ而見。

四 畫

【曶】 (홀) 月 コツ、おろそか careless

小篆 小篆 籒文

❶가볍게여길홀(輕也)。『漢書』於時人皆ㅣ之。❷사람이름홀(鄭公子名)。
(『忽』과 같음)

【皀】 (향)『香』(香部 0畫)의 本字

五 畫

【曷】 (갈) 曷 カツ、なんぞ why ㄏㄜˊ hé (古音「할」)

小篆 草書

❶어찌갈(何也)。『書』時日ㅣ喪。『易』ㅣ之用。

❷그칠갈(止也)。 ❸어찌아 니하리요 할갈(盍也)。 ❹벌레 이름갈(蝎也)。

【曷其:갈기】 언젠가。 어느 날엔가。 『韓愈』天下湯湯、一一其而歸。

【曷爲:갈위】 왜。 무엇 때문에。 『公羊』一一告朔、天無是月也。

【冊】 (책) 陌 サク、つげる announce 고할책、 이를책(告也)。

六 畫

【書】 (서) 魚 ショ、かく、ふみ write; book ㄕㄨ shu 小篆 草書 ❶쓸서、 적을서、 기록할서(紀也)。 ❷글씨서(六藝之一)。 【十八史略秦】一足以記姓名而已。 ❸글지을서(著也)。 ❹글서(文也)。 【中庸】一同文。 ❺책 서、서적서(經籍總名)。 ❻편지서(牘也)。 【古詩 焦仲卿妻】阿母謂阿女、 適得府君一、 明日來迎汝。

【書架:서가】 책을 얹는 선반。 文書나 서적을 얹어 두는 시렁。 『梅堯臣』宿廳一一自層層。

【書家:서가】 ❶글씨를 잘 쓰는 사람。 書道에 能通한 사람。 ❷書道를 가르치거나 또는 직업으로 하는 사람。

【書簡:서간】 편지。 書翰。 書札。 書柬。

【書簡文:서간문】 편짓글。

【書庫:서고】 ❶서적을 저장하는 곳。 文庫。 『宋史』淳化五年、 始置一一監官。 ❷博學者의 稱。 『隋書』少好學、 博學涉經史、 時人稱爲一一。

【書卷:서권】 책。 서적。 書冊。 書策。 『杜甫』風牀展一一。

【書記:서기】 ❶회의 같은 데에서 기록을 맡아보는 사람。 ❷文字를 기록함。 ❸글 쓴 文書 따위。 『漢書』涉獵一一、 不能爲醇儒。 ❹㉠(制)舊韓國 때 각 관청에서 庶務에 종사하던 判任官의 하나。 ㉡中國에서 文書·記錄을 맡아보던 벼슬。 『白居易』青衫一一何年去。 ❺(法)官公署에서 上司의 지휘·명령을 받아 사무를 처리하는 公務員。 ❻(書)百濟 高興 지음。 百濟의 歷史書。 지금 전하지 않음。

【書堂:서당】 글방。 한문을 사사로이 가르치는 곳。 學堂。 私塾。 學房。

【書道:서도】 글씨를 쓰는 방법을 배우는 일。 글씨를 능숙하게 쓰는 기술。 글씨를 아름답게 쓰는 것을 예술이라 하여 修練을 쌓는 道。 書藝。

【書圖:서도】 글씨와 그림。

【書牘:서독】 편지。 書札。 牘은 (글을 기록하는 나무조각)。 『史記』漢遺單于一一、 以尺一寸。

【書童:서동】 글방에서 글을 배우는 아이。 學童。

【書頭:서두】 ❶本論에 들어가기 전의 첫머리。 ❷책의 윗 난의 빈 자리。 ❸초벌로 매어 놓은 책 등의 가장자리。

【書燈:서등】 글 읽을 때 켜 놓는 등불。

書燈(三才圖會)

【書類:서류】 ❶글자로 기록한 文書의 總稱。 ❷書經에 관한 部類。 『宋史·藝文志』一曰易類、 二曰一一、 三曰詩類。

【書林:서림】 ❶서적을 많이 모은 곳。 『漢書』覽一一、 閱篇籍。 ❷서적을 출판 또는 파는 곳。 책을 파는 가게。 곧 책방·書店。

【書面:서면】 ❶편지。 書札。 書狀。 ❷文書의 表面。

【書面審理:서면심리】 법원이 오로지 당사자가 제출한 서면에 의하여 사건을 심리함。 ↕口頭審理。

【書面委任:서면위임】 서면으로써 위임의 의사를 표시함。

【書面主義:서면주의】 (法)민사 소송에 있어서 당사자 또는 그 대리인을 법정에 출두시켜、 직접 그 진술을 들음을 필요로 하지 않고、 서면을 제출시켜 이에 의하여 심리 재판하는 절차。

【書目:서목】 圖書의 目錄。 책 이름을 연달아 기록한 것。 『姚合』就架題一一。

【書房:서방】 (國)❶남편의 俗語。 ❷벼슬이 없는 사람의 姓 아래에 붙여 이름 대신 부르는 말。

【書法:서법】 글씨를 쓰는 방식。 『唐書·註』習書、 出禁中一一、 以授之。

【書士:서사】 代書를 업으로 하는 사람。

【書辭:서사】 편지의 文句。 書面의 말。 『左傳』一一無頗。

【書肆:서사】 書店。 書林。 (轉)서적을 모으기만 하고 읽지 않음。 『揚子法言』好書而不要諸仲尼、 一一也。

【書寫:서사】 글씨를 베낌。 『宣和書譜』不倦一一。

【書箱:서상】 책장。 서적을 넣는 상자。 書笈。 書篋。 『晉書』置一一鏡奩之具。

【書生:서생】 ❶학문을 하는 사람。 學生。 『後漢書』道逢三一一、 爲指一處。 (轉)세상사에 어두운 學者。 ❷(中)自稱의 말。 나。

【書疏:서소】 편지。 書札。 書翰。 『晉書』遠近一一、 無不手答。

【書塾:서숙】 글방。

【書式:서식】 ❶서적의 형식。 『書林淸話』張氏所見宋版一一。 ❷證書·願書 등의 일정한 格式。

【書信:서신】 편지。 서한。 편지에 의한 소식。 『晉書』我家絶無一一。

【書室:서실】 ＝書齋。

【書案:서안】 ❶책상。 『白居易』放杯一一上。 ❷文書의 草案。 『後漢書』破一一。

【書屋:서옥】 글방。 『李商隱』仰眠一一中。

【書院:서원】 (制)唐代에는 經籍을 刊行하는 官制로서 學士·修撰·知書 등의 官을 두어 集賢殿書院 또는 麗正書院이라 칭하고、 宋代에는 學問이나 德望이 높은 사람을 스승으로 맞고、 好學의 선비를 모아 講學하는 교육 기관이었고 우리 나라에서는 선비들이 모여서 학문을 講論하고 碩學 또는 忠節로 죽은 사람을 제사하던 곳。 中宗 三八년(一五四三)에 豐基郡守 周世鵬이 朱子의 白鹿洞書院을 본받아 高麗의 名儒 安珦이 전에 살던 白雲洞、 곧 榮州郡 順興面에 세운 白雲洞書院이 처음임。 『玉海』唐明皇麗正一一、 聚文學之士。

【書淫:서음】 정도에 벗어날 만큼 지나치게 독서에 열중함。 독서 또는 藏書에 지나치게 빠지는 버릇。 또는 그러한 사람。 (淫은 過度)。 『晉書·皇甫謐傳』皇甫謐耽玩典籍、 忘寢與食、 時人謂之一一。

【書字:서자】 편지。 간략한 편지。

【書狀:서장】 ❶편지。 書翰。 ❷(俗)法律用語。 訴狀·答辯書 등의 의사를 표시하는 書面을 이름。

【書齋:서재】 공부방。 書室。 독서하는 방。 『杜牧』僧話平生志、 一一幾見留。

【書齋人:서재인】 늘 서재에만 박혀 있어서 사회와의 교제가 적은 학자나 문필가。

【書蹟:서적】 쓴 글씨의 형적。 붓글씨를 쓴 흔적。 筆跡。 書跡。

【書籍:서적】 책。 書冊。 『晉書』雅愛一一、 嘗徙居、 載書三十乘。

【書傳:서전】 ❶글로 써서 전한 서적。 古人이 쓴 서적。 『後漢書』班超有口辯、 而涉獵一一。 ❷尚書의 注釋。 『宋史·藝文志』蔡沈、 一一六卷。

【書店:서점】 책을 파는 전포。

【書題:서제】 ❶(制)書吏。 ❷글을 씀。 書

記함。『岑參』憐君不解說、相憶在ㅣㅣ。 ❸《中》書籍의 題名。標題。

【書證:서증】《法》文書로써 삼는 증거。

【書鎭:서진】 책장 또는 종이 쪽이 바람에 날리지 않도록 누르는 물건。쇠·돌·나무 같은 것으로 만들음。文鎭。

古玉辟邪書鎭 (古玉圖譜)

【書帙:서질】 ❶書籍。『張謂』不用開ㅣㅣ、 ❷책을 한 권 또는 여러 권씩 싸서 넣어 두기 위하여 헝겊으로 만든 책덮개。『拾遺記』剝樹皮、編以爲ㅣㅣ。

【書札:서찰】 ❶편지。書簡。書狀。『李白』白雁上林飛、空傳一ㅣㅣ。 ❷글 쓴 쪽지。 ❸책。書冊。

【書窓:서창】 서재의 창문。또는 서재。

【書冊:서책】 ❶책。서적。 ❷책으로 맨 文書。『禮記』先生ㅣㅣ琴瑟在前。

【書尺:서척】 ❶편지를 일컫는 말。 ❷文具의 이름。文鎭。書鎭。

【書籤:서첨】 책의 제목으로 쓴 글씨。

【書帖:서첩】 이름난 이의 글씨를 모은 粘帖。名筆을 모아 꾸민 책。흔히 여러 겹으로 접게 되었음。墨帖。

古白玉琱文書尺 (古玉圖譜)

【書體:서체】 ❶글씨의 體裁。書風。 ❷글씨의 여러 形體。곧 楷書·行書·草書·篆書·隸書 따위 字體。『北史』ㅣㅣ與孔子相類、即前代之古文矣。

【書取:서취】 ❶강연·강의·낭독 따위를 받아서 씀。 ❷받아 쓰기。

【書癡:서치】 글 읽기에만 골똘하여、세상일을 돌아보지 않는 어리석음。『舊唐書』竇氏子弟皆尙武、獨威尙文、諸兄詆爲ㅣㅣ。『劉從益』蹉跎歲晚坐ㅣㅣ。

【書板:서판】 글씨 쓸 때에 종이 밑에 까는 널조각。 『了還ㅣㅣ。

【書鋪:서포】 書店。書肆。『張籍』得錢即

【書幅:서폭】 글씨를 써놓은 족자。書軸。

【書標:서표】 책장의 읽던 곳을 찾기 쉽도록 끼워 두는 종이 오리。

【書翰:서한】 ❶편지。書簡。『宋史』皆人ㅣㅣ。 ❷書蹟。『梁書』涉獵經史、工ㅣㅣ。

【書函:서함】 ❶書信의 函封。封套。《轉》편지。 ❷책을 넣는 상자。편지를 넣는 통。

【書畫:서화】 글씨와 그림。『唐書』聚ㅣㅣ、皆世所珍。

【書畫商:서화상】 서화를 매매하는 일을 업으로 하는 장수。

【書畫帖:서화첩】 서화를 모아 만든 책。

【書畫鋪:서화포】 서화를 파는 가게。

◎經ㅣ、古ㅣ、公文ㅣ、國ㅣ、軍ㅣ、著ㅣ、前ㅣ、全ㅣ、篆ㅣ、塡ㅣ、占ㅣ、正ㅣ、精ㅣ、淨ㅣ、制ㅣ、詔ㅣ、調ㅣ、珍ㅣ、眞ㅣ、淸ㅣ、靑ㅣ、草ㅣ、寸ㅣ、七ㅣ、投ㅣ、平ㅣ、楷ㅣ、行ㅣ、鄕ㅣ、稀ㅣ。

七畫

【曹】(조) 豪

ソウ、つかさ government official ㄘㄠˊ ts'ao²

小篆 書 草 ❶마을조(局也)。『漢書』置五人有三公ㅣ主斷獄事。 ❷무리조(羣也、衆也)。『蘇軾詩』我豈畏死如兒ㅣ。 ❸나라 이름조(國名)。 ❹성조(姓也)。

【曹溪宗:조계종】《佛》高麗 때 新羅의 九山禪門을 합친 宗派。天太宗에 對해서 일컫는 말。

【曹達:조달】《化》소다(Soda)。酸化나토륨。또는 보통 炭酸소다를 가리킴。天然的으로도 산출되나 인공적으로 많이 제조함。유리·비누·紙物 등의 제조 원료로 쓰임。中國名으로는 蘇達임。

【曹孟德:조맹덕】→曹操의 字。

【曹操:조조】《人》一五四~二二〇 後漢 沛國 譙 사람。魏의 武帝。字는 孟德。權謀에 능하여 많은 功을 세우고 獻帝 때에 丞相이 되어 政權을 專斷하고 魏王에 封해짐。그의 아들 曹丕가 後漢을 簒奪하고 帝라 칭하며 父를 追尊하여 武帝라 함。

魏太祖 (三才圖會)

【曼】 ㊀(만) 寒 ㊁(만) 翰 ㊂(만) 願

マン、のびる、ひく extend

小篆 書 草 ㊀멀만(ㅣㅣ脩長)。『離騷經』路ㅣㅣ 其修遠兮。 (『漫』과 같음) ㊁❶끝만(末也)。 ❷퍼질만(ㅣ衍無極)。『莊子』因以ㅣ衍所以窮年。 ㊂❶당길만(引也)。 ❷아름다울만(美也)。 ❸부드러울만(輕細)。『漢書』ㅣ辭以自解。『楚辭』平脅ㅣ膚。 ❹넓을만(廣也)。 ❺길만(長也)。 ❻윤택할만(潤澤)。

【曼理皓齒:만리호치】 살결이 아름답고 이가 흼。즉 美人의 形容。『韓非子·楊權』。

【曼曼:만만】 긴 모양。먼 모양。漫漫。『楚辭』路ㅣㅣ其脩遠兮。

【曼辭:만사】 아름답게 수식한 말。능숙한 말씨。『漢書』ㅣㅣ以自解。

【曼衍:만연】 ❶끝이 없음。無限·無極。또는 연속함。또는 변화함。漫衍。『莊子』因之以ㅣㅣ。 ❷分布함。『揚雄·甘泉賦』駢交錯而ㅣㅣ兮。

八畫

【曾】(증) 蒸 (古音「층」)

ソウ、かって last time ㄗㄥ tsêng¹

小篆 書 草 ❶일찍증(嘗也)。『史記孟嘗君傳』ㅣ待客夜食。 ❷지난번증(經也)。 ❸이에증(乃也)。 ❹곧증(則也)。『論語 學而』ㅣ是以爲孝乎。 ❺거듭증(重也)。『爾雅』王父之考爲ㅣ祖。 ❻성증(姓也)。

【曾經:증경】 이전에。이전에 지남。『盧照隣』ㅣㅣ學舞度芳年。

【曾大父:증대부】 촌수가 먼 有服 이외의 曾祖行의 남자。

【曾思:증사】 거듭 깊이 생각함。

【曾參:증삼】《人》B.C.~五〇五? 孔子의 弟子。春秋時代 魯國 사람。點의 아들。字는 子輿。尊稱하여 曾子라고 일컬음。父母에 至孝하고 一日三省하여 道를 닦음。大學을 著述하고 孝經을 著作하였다 하나 未詳함。그 學을 子思에 傳함。後世宗聖으로 모심。

曾子 (三才圖會)

【曾孫:증손】 아들의 孫子。

【曾孫女:증손녀】 손자의 딸。

【曾孫婦:증손부】 증손자의 아내。

【曾孫壻:증손서】 증손녀의 남편。

【曾往:증왕】 일찌기 지나간 적。曾前。在前。

【曾遊:증유】 以前에 놀음。옛날의 遊覽。

【曾子:증자】 ＝曾參。

【曾前:증전】 ＝曾往。

【曾祖:증조】 曾祖父의 略。

【曾祖考:증조고】 돌아가신 증조부。

【曾祖母:증조모】 아버지의 할머니。

【曾祖父:증조부】 아버지의 할아버지。

【曾祖妣:증조비】 돌아가신 증조모。

【替】(체) 霽 テイ、タイ、かえる instead ㄏㄨㄟˋ huei³
草書 ❶갈아들일체、대신할체、대신체(代也)。❷폐할체、시들체(廢也)。【書】無－厥服。❸바꿀체(交也)。

【替當：체당】 남을 대신하여 일을 담당함。

【替代：체대】 서로 번갈아 대신함。交替。

【替勞：체로】 어느 일에 남을 대신 하여 수고를 함。

【替衰：체쇠】 廢하고 衰함。衰替。

【替直：체직】 당번을 서로 갈아들음。

【替廢：체폐】 못쓰게 됨。廢替。

【替換：체환】 바꿈。대신함。갈아들임。交代함。代換。改換。

◎交－、代－、對－、隆－、振－、興－。

【最】(최) 泰 サイ、もっとも most; superior ㄗㄨㄟˋ tsuei⁴
小篆 草書 ❶가장최(第一)。【後漢書】常爲邊－。❷극진할최(極也)。❸우뚝할최(尤也)。❹나을최(勝也)。❺넉넉할최(優也)。❻잘할최(善也)。【漢敍傳】猶無益於殿－。❼백성 모을최(聚民)。【公羊傳】會猶－也。

【最古：최고】 제일 오래됨。가장 낡음。↔最新。

【最高：최고】 가장 높음。↔最低。

【最高價：최고가】 최고로 비싼 값。

【最高權：최고권】 ＝統治權。

【最高級：최고급】 높은 가운데에서도 가장 으뜸가는 級位。

【最高機關：최고기관】 일체의 활동을 총괄하는 유일한 기관。

【最高記錄：최고기록】 운동 경기 따위의 활동에 있어 세워진 가장 높은 기록。

【最高潮：최고조】 사건의 極度。頂點。크라이맥스。

【最高最低寒暖計：최고최저한란계】 《物》일정한 시간내의 최고 최저의 온도를 나타내도록 장치된 한란계。

【最高品：최고품】 최고의 물품。

【最高學部：최고학부】 《文》가장 정도가 높은 학교。대학이나 대학원 따위。

【最久：최구】 가장 오램。

【最貴：최귀】 가장 귀함。

【最近：최근】 ❶요사이。근래。❷가장 가까움(日時·거리 등)。

【最急：최급】 가장 급함。몹시 급함。

【最嗜：최기】 가장 즐기거나 좋아함。

【最緊：최긴】 매우 긴요함。가장 중요하고 긴함。

【最多：최다】 가장 많음。

【最多數：최다수】 가장 많은 수효。

【最短：최단】 가장 짧음。

【最短距離：최단거리】 가장 짧은 거리。

【最大：최대】 가장 큼。

【最大速力：최대속력】 가장 빠른 속력。

【最大壓力：최대압력】 ❶제일 큰 압력。❷飽和蒸氣壓。

【最大限度：최대한도】 가장 큰 한도。또는 매우 늘여 잡은 한도。「↔最惡。

【最良：최량】 제일 좋음。가장 어질음。

【最末：최말】 맨 끝。最後。最尾。

【最不用：최불용】 전혀 쓸모나 쓸 데가 없음。

【最上：최상】 맨 위。가장 우수함。

【最上級：최상급】 ❶가장 위 되는 계급、또는 그런 학급。❷서양말에서의 부사·형용사의 가장 정도가 센 것을 밝혀 나타내는 어미。가장 윗줄。

【最上層：최상층】 맨 윗층。

【最上品：최상품】 가장 좋은 물품。

【最善：최선】 ❶가장 좋음。가장 착함。↔最惡。❷全力。

【最先登：최선등】 맨 먼저 함。

【最小：최소】 가장 작음。【劉向】延陵季子昆弟四人、季子－－。

【最少：최소】 ❶제일 적음。❷제일 젊음。

【最小限：최소한】 最少限度의 略語。

【最小限度：최소한도】 아주 적은 한도。매우 줄잡은 한도。

【最勝：최승】 그 이상 없을 만큼 가장 나음。제일 뛰어남。

【最新：최신】 가장 새로운 최근에 된 것。

【最新式：최신식】 가장 새로운 방식。

【最甚：최심】 아주 심함。가장 심함。

【最深：최심】 몹시 깊음。

【最惡：최악】 아주 못됨。몹시 나쁨。

【最愛：최애】 가장 사랑함。제일 소중히 함。【陸龜蒙】－－笙調聞北里。

【最優等：최우등】 가장 우수한 등급。

【最長：최장】 가장 길음。

【最長距離：최장거리】 가장 긴 거리。

【最低：최저】 가장 낮음。

【最低賃金制：최저 임금제】 《法》개인의 사는 권리를 확보할 수 있는 임금의 최저액을 결정한 제도。

【最適：최적】 가장 적당하거나 적합함。

【最前：최전】 훨씬 이전。맨 앞。

【最終：최종】 맨 나중。↔最初。

【最終日：최종일】 맨 끝날。

【最終點：최종점】 맨 끝의 지점。

【最初：최초】 맨 처음。제일 먼저。↔最後·最終。

【最親：최친】 아주 친하여 가까움。

【最下：최하】 맨 아래。

【最歇：최헐】 값이 가장 쌈。

【最惠國：최혜국】 《法》通商條約을 체결한 나라 중에서 가장 유리한 취급을 받는 나라。

【最好：최호】 ❶가장 좋아함。❷썩 좋음。

【最後：최후】 맨 마지막。맨 끝。【漢書】－－出而尊貴。

【最後發惡：최후발악】 있는 힘을 다 써서 마지막으로 하는 발악。

【最後手段：최후수단】 마지막으로 쓰는 수단。

【最後運命：최후운명】 한 평생의 마지막 운명。

【最後通牒：최후통첩】 《法》Ultimatum 국제 문서의 하나。분쟁의 평화적 처리를 위한 교섭을 이루지 못할 경우에 자기 나라의 최후적 요구를 상대국에 제출하여 그것이 受諾되지 아니하면 자유행동을 취한다는 要旨를 적은 外交文書。

【朁】(참) 感 サン、かつて early
小篆 일찍참(曾也)。

九畫

【會】㊀(회) 泰 ㊁(괴) 泰 カイ、あつまり meet; society
小篆 古文 草書 ㊀ ❶모을 회(聚合也)。❷모둘회(聚)。【古詩 焦仲卿妻】俱－大道口。❸맞출 회(適也)。【史記】－天大雨。❹맹세 할회(盟也)。【左傳】有事而－不協而盟。❺조회할회(朝覲)。❻고깔혼솔회(弁中縫)。【詩經】－弁如星。㊁그릴괴(畫也)。【書經】日月星辰山龍華蟲作－。(『繪』와 通함)

【會見：회견】 만남。面會함。對面함。

【會見記：회견기】 만나서 이야기 한 것을 적어 놓은 기록。「기。

【會見談：회견담】 회견할 때에 한 이야

【會計：회계】 ❶金錢이나 物品등의 出納을 계산함。【孟子】孔子嘗爲委吏矣、曰、－－當而已矣。❷잘 따져서 셈함。❸한

데 몰아서 셈함。年末의 總決算。❹물건의 값이나 월급 등을 지불하는 일。❺재산 및 수입·지출의 관리와 運用에 관한 計算制度。❻사람을 모아서 그 功을 셈함。會稽。『史記·夏紀』會稽者——也。

【會稽:회계】❶사람을 모아 놓고 각기의 功을 잼。(稽는 計)。❷《歷》㉠浙江省 紹興縣 東南에 있는 山 이름。春秋時代에 越나라 임금 勾踐이 吳나라 임금 夫差에게 패해서 城下의 盟을 맺은 곳。㉡秦代에 설치한 郡의 이름。江蘇省의 東部와 浙江省의 西部。㉢隋代에 설치한 縣의 이름。지금의 浙江省 紹興縣。

【會計期間:회계기간】《法》회계 사무의 편의를 위하여 베풀어 놓은 기간。

【會計年度:회계연도】《法》會計上의 편의에 의하여 설정한 일정한 기간。보통 一個年을 一期로 하여 우리 나라의 會計年度는 一월一일부터 그 해 一二월 三一일까지임。

【會計學:회계학】《經》회계에 관한 사항을 연구하는 학문。

【會期:회기】❶集會나 會議의 時期。『左傳』且告——。❷開會하여 閉會할 때까지의 期間。

【會談:회담】회합하여 이야기 함。또는 「그 談話」。會話。

【會堂:회당】❶여러 사람이 모이는 집。公會堂。❷基督敎의 예배보는 곳。敎會堂。

【會同:회동】❶《制》周代에 諸侯가 임금을 拜謁하던 일。來朝。朝覲。『詩經·車改』赤芾金舃、——有繹。❷사람들의 모임。會合。❸물이 서로 모여서 하나로 됨。會合。『書經·禹貢』雷夏旣澤、灉沮——。

【會得:회득】마음에 깨달음。잘 알음。이해가 감。會弓。領會。『十國春秋』太宗曰、我自——。「사냥함。

【會獵:회렵】많은 사람이 한데 모여서

【會錄:회록】❶會議錄의 略語。❷《制》政府 소유물。주로 穀物 등을 本倉庫에 두지 못할 경우에 다른 창고에 보관하던 일。

【會盟:회맹】❶모여서 서로 맹세함。❷임금이 功臣들과 산 짐승을 잡아 하늘에 제사 지내고 그 피를 서로 나누어 빨며 단결을 맹세하던 일。❸各國이 會合하여 서로 약속을 맺음。諸侯가 合同하여 同盟을 맺음。『史記·秦紀』不與中國諸侯之——。

【會名:회명】회의 이름。

【會務:회무】어떤 회의 사무。

【會報:회보】회에 관계되는 일을 회원에게 보고하는 문서。

【會費:회비】❶어떤 모임을 하기 위하여 필요로 하는 비용。❷會를 유지하기 위하여 會員들이 일정하게 정하여 내는 돈。

【會社:회사】《法》商行爲를 목적으로 하는 두 사람 이상이 협동하여 설립한 營利사업을 경영하는 法人 조직의 단체。株式會社·合資會社·株式合資會社·合名會社 등이 있음。＊公司。「보는 사람。

【會社員:회사원】회사의 사무를 맡아

【會社合倂:회사합병】《法》둘 이상의 회사가 합하여 한 회사가 되는 행위。그 자산은 신설 또는 존속 회사에 이전함。

【會商:회상】모여 의논함。

【會席:회석】❶집회의 座席。❷會席料理의 略語。酒宴의 자리에 내놓는 훌륭한 요리。

【會所:회소】여러 사람이 모이는 처소。『南史』至——賜饌。「순서。

【會順:회순】회의 진행에 관한 사항의

【會食:회식】많은 사람들이 한 곳에 모여서 식사를 같이 함。또는 그러한 연회。『史記』今日破趙——。

【會心:회심】마음에 들음。得意。『世說』——處不必在遠。

【會晤:회오】＝會見。

【會悟:회오】깨달음。解悟。領會。『南史·羊玄保傳』——多通。

【會遇:회우】모이어 만남。마주침。『史記』以——之禮相見、揖讓而登。

【會員:회원】회를 조직한 사람。

【會飮:회음】여럿이 모여서 술을 마심。

【會陰:회음】사람의 음부와 항문과의 사이。『史記』秦王與趙王——。

【會陰破裂:회음파열】《醫》解産할 때 회음이 찢어지는 일。

【會意:회의】❶마음에 합당함。意氣相通함。會心。納得。『晋書·陶潛傳』好讀書、不求甚解、每有——、欣然忘食。❷漢字構造法의 명칭。六書의 하나。한 자와 다른 한 자를 합치어 새로운 글자를 만드는 것。즉 人과 言을 합치어 信字를、또 日과 月을 합치어 明字로 하는 따위。

【會議:회의】❶회합하여 評議함。서로 모여서 의논함。『獨斷』凡表章皆啓封、其有疑事、公卿百官——。❷어떠한 사항을 評議하기 위하여 여는 기관。

【會議錄:회의록】《法》회의의 顚末을 적은 기록。議事의 기록。

【會議室:회의실】회의를 하는 방。

【會長:회장】❶회의 일을 대표하는 사람。❷《宗》聖職者의 대신 구실을 하는 사람。

【會戰:회전】쌍방이 서로 어우러져 싸움。合戰。『孫子』知戰之地、知戰之日、則可千里而——。

【會中:회중】❶회의를 하는 도중。❷《佛》說法을 하는 도중。「한 군중。

【會衆:회중】많이 모인 뭇 사람。會集

【會誌:회지】어느 회에서 발행하는 기관지。

【會集:회집】여러 사람이 많이 모임。또는 모음。

【會則:회칙】會의 규칙。

【會辦:회판】《制》通信院의 勅任 벼슬。

【會合:회합】서로 모임。집합함。『周禮』——男女。

【會話:회화】서로 만나서 이야기함。마주 보고 말함。對談。對話。

【會話體:회화체】서로 묻고 대답하는 형식으로 쓴 文體의 한 가지。

◎歌—、佳—、嘉—、講習—、開—、契—、高—、公—、公聽—、交—、敎—、國—、國民—、機—、農—、茶菓—、雅—、安陀—、年—、宴—、儒林—、議—、理—、入—、再—、際—、朝—、照—、宗—、座談—、集—、參—、總—、親睦—、閑—、協—、歡送—。

十畫

【鞕】(동) 東 トウ、とおく きこえるつつみ drumbeat from a distance

멀리들리는 북소리동(遠聞鼓聲)。

【鞇】(인) 震 イン、こつづみ beat the drum

(小篆) ❶소고칠 인(擊小鼓)。❷풍류끄는소리인(引樂聲)。

鼓 鞇 (三才圖會)

【朅】㊀(걸) 屑 ケツ、さる go ㊁(흘) 月 ㄑㄧㄝ ch'ieh⁴

(小篆)(草書) ㊀갈걸(去也)。『漢書』回車去來兮。㊁씩씩할흘、헌걸찰흘(武壯貌)。『詩經』庶士有—。

十一畫

【䁝】㊀(녕) 靑 デイ、つげる announce ㊁(니) 支

㊀고할녕(告也)。㊁뜻은 ㊀과 같음。

十三畫

【[illegible]】 (첨) 𪛁 テン、ます increase
더할첨(益也)。

月部

【月】 (월) 月 ゲツ、ガツ、つき moon; month ㄩㄝ yüeh⁴

小篆 小篆 古文 草書 ❶달월(太陰精水精土精)。〔易〕陰陽之義配日ㅣ。❷한달월(三十日)。〔禮記〕ㅣ以爲量。

【月間:월간】 ❶달과 달 사이。달의 중간。❷한달 동안。

【月刊:월간】 매달 한 차례씩 인쇄물을 발행함。또는 그 刊行物。

【月刊誌:월간지】 ❶어떤 기관에서 매달 한 번씩 발행하는 기관지나 신문 따위。❷月刊雜誌의 略語。

【月建:월건】 달의 干支。

月建
(協紀辨方書)

【月頃:월경】 한 달쯤。달포。

【月經:월경】 《生》생식기가 발달한 여자가 임신 또는 授乳의 기간을 제외하고 매달 주기적으로 자궁에서 분비하는 생리적 혈액。멘스。經水。月事·月信·月客。

【月經帶:월경대】 개짐。

【月經痛:월경통】 《醫》월경시에 일어나는 下腹部나 子宮의 통증。

【月計:월계】 어떤 일의 한 달 동안의 계산。

【月季:월계】 《植》=海棠花。

【月桂冠:월계관】 아폴로神의 靈樹로 치던 月桂樹의 잎으로 장식하여 만든 冠。옛날 希臘(Greece)에서 경기에 우승한 사람에게 명예와 영광의 表章으로서 머리에 씌우던 冠。《轉》우승자의 명예。가장 명예로운 지위。승리의 표지。

【月桂樹:월계수】 《植》유럽 地中海 연안의 原產으로, 녹나무(樟)科에 속하는 常綠 亞喬木。

【月雇:월고】 달에 얼마씩으로 품삯을 정하여 사람을 쓰는 일。

【月光:월광】 달빛。月華。〔李白〕牀前看ㅣㅣ、疑是地上霜。

【月宮:월궁】 ❶달 속에 姮娥가 살고 있다는 전설상의 宮殿。❷月天子의 宮殿。곧 달의 세계。〔韋莊〕笑說君王在ㅣㅣ。

【月宮姮娥:월궁항아】 《喩》美人을 가리키는 말。〔天寶遺事〕明皇與申天仙、中秋夜遊ㅣㅣ。

【月給:월급】 다달이 받는 급료。月俸。月料。〔白居易〕俸錢萬六千、ㅣㅣ亦有餘。

【月內:월내】 한 달 안。

【月旦:월단】 ❶달의 첫날。月朔。朔日。❷月旦評의 略語。〔後漢書〕。

【月當:월당】 달마다 정한 액수。매월의 定額。月額。

【月廊:월랑】 《建》❶行廊。❷行閣。

【月來:월래】 두어 달 동안。달포。

【月曆:월력】 ❶한 달 중에 행한 政事를 적은 서면。〔後漢書·禮儀志〕。❷달력。

【月令歌:월령가】 정월부터 섣달까지 기후의 변화와 온갖 생산물의 성숙을 차례로 읊은 歌辭。

【月例:월례】 다달이 정해 놓고 하는 절차。

【月例會:월례회】 달마다 정하여 놓고 모이는 모임。

【月露:월로】 달밤의 이슬。〔劉禹錫〕ㅣㅣ滿庭人寂寂。

【月廩:월름】 月俸으로 지급하는 給料米。(廩은 給米)。〔宋史·兵志〕給官馬ㅣㅣ。

【月利:월리】 달변。

【月滿則虧:월만즉휴】 달이 차서 滿月이 되어 둥글어지면 반드시 또 이지러짐。《喩》무슨 일이든지 성하면 반드시 또 衰하게 됨。月盈則食。〔史記·蔡澤傳〕日中則移、ㅡ物盛則衰。

【月末:월말】 그 달의 마지막。〔白居易〕窮冬ㅣㅣ兩三日。

【月面:월면】 ❶달의 表面。❷달처럼 생긴 얼굴。〔宋濂〕歌扇但疑遮ㅣㅣ。

【月明:월명】 달빛이 밝음。〔司空圖〕海風碧雲、夜渚ㅣㅣ。

【月明兜率歌:월명도솔가】 鄕歌。新羅景德王 때 月明師가 지음。

【月魄:월백】 달의 넋。月魂。

【月邊:월변】 다달이 내는 利子。

【月餠:월병】 달 모양으로 둥글게 만든 떡。

【月報:월보】 다달이 내는 보고、또는 그 圖書。

【月俸:월봉】 다달이 받는 급료。月給。〔周禮·註〕祿若今月奉也。

【月賦:월부】 ❶달을 읊은 詩賦。漢의 公孫乘、宋의 謝莊 등의 작품이 있음。❷값 또는 빚을 다달이 나누어 갚아 가는 일。

【月費:월비】 다달이 쓰는 비용。

【月事:월사】 =月經。〔黃帝內經〕ㅣㅣ以時下。

【月謝:월사】 매달 스승에게 바치는 禮金。授業料。月敬。

【月謝金:월사금】 다달이 내는 수업료。

【月色:월색】 달빛。月光。

【月夕:월석】 ❶달이 떠 있는 저녁。月夜。❷月末。〔荀子·禮論〕。❸음력 八월 一五일 밤。〔提要錄〕八月十五爲ㅣㅣ。

【月貰:월세】 朔月貰의 略語。

【月世界:월세계】 달 세계。

【月梳:월소】 빗살이 굵고 성긴 큰 빗。얼레빗。

【月水:월수】 =月經。

【月收:월수】 ❶本月에 利子를 얹어서 다달이 갚아 가는 빚。❷다달이 들어 오는 돈。一개월의 수입。

【月蝕:월식】 《天》지구의 그림자가 달을 가림으로 인하여 달의 전부 또는 일부분이 보이지 않게 되는 현상。皆旣月蝕과 部分月蝕의 두 가지가 있음。〔宋書〕朔則交會、望則ㅣㅣ。

【月額:월액】 =月當。

【月夜:월야】 달밤。〔史記〕。

【月餘:월여】 일개월이 넘음。한 달 남짓。

【月影:월영】 달그림자。달빛。

【月曜日:월요일】 七曜의 둘째。

【月容:월용】 달 모양으로 예쁘게 생긴 얼굴。

【月印釋譜:월인석보】 《書》李朝 世祖 때 月印千江之曲과 釋譜祥節을 합쳐서 간행한 것。

【月印千江之曲:월인천강지곡】 《書》李朝 世宗 지음。釋迦의 공덕을 찬양한 노래。그의 妃 昭憲王后의 冥福을 빌기 위한 것。釋譜祥節을 보고 감흥하여 지었다 함。

【月日:월일】 ❶달과 해。❷달과 날。

【月子:월자】 여자의 머리를 딸 적에 머리털의 숱을 많게 하려고 덧 넣는 머리。다리(䯹)。〔汪元量〕ㅣㅣ纖纖雲裏見。

【月將:월장】 달마다 진보함。(將은 進의 뜻)。〔詩經〕日就ㅣㅣ、學有緝熙于光明。

【月前:월전】 한 달쯤 전。

【月定:월정】 달로 정함。

【月終試驗:월종시험】 다달이 그 달에 배운 것을 시험하는 일。

【月支國:월지국】 《歷》옛 나라 이름。馬韓에 속함。

【月初:월초】 그달의 처음。

【月波:월파】 달 그림자가 비치는 물결。

【月牌:월패】 달 모양으로 되거나 그린 패。

【月評:월평】 다달이 하는 비평。

【月表:월표】 어떠한 사실을 달마다 기록

하여 보기 쉽게 만든 표。

【月下:월하】 달빛이 비치는 곳。『賈島』僧敲——門。『文同』張翠帷於——兮。

【月下氷人:월하빙인】 인연을 맺어 주는 神。혼인을 중매하는 사람。月下老와 氷上人과의 故事에서 나온 말。月下老。氷上人。『晉書』。

【月花:월화】 ❶달과 꽃。❷달마다 피는 꽃。「向江頭眺——。

【月華:월화】 ＝月光·月彩。『梁元帝』共

【月晦:월회】 음력의 그믐날。『劉長卿』——逢休澣、年光逐宴移。

【月暈:월훈】 달무리。달 주위에 생기는 둥근 雲氣。『孟浩然』太虛生——。

◎隔—、今—、吉—、臘—、來—、當—、心—、年—、令—、迎—、盈—、臨—、日—、殘—、前—、·正—、秋—、風—、寒—、花—、花鳥風—。

二畫

【有】 ㈠(유) 有 ㈡(유) 宥 ユウ、ある、もつ is; have ㄧㄡ yu³

小篆 草書 ㈠ ❶있을유 (無之對)。❷얻을유(得也)。【易疏】能大所—。❸취할유(取也)。『詩經』奄—九—。❹질정할유(質也)。❺과연유(果然)。❻가절유(保也)。【大學】—國者不可以不愼。❼친할유(親也)。【左傳 昭公二十年】是不—寡君也。 ㈢또유(又也)。【孟子 滕文公下】邪說暴行—作。

【有價:유가】 값이 있음。

【有價證券:유가증권】 재산권을 표시하는 증권。그 권리의 이용에 있어서는 반드시 증권으로써 행하여질 것을 요구함。어음·수표·채권·주권 따위。

【有頃:유경】 잠시 후에。조금 지나서。

【有故:유고】 사고가 있음。「자。성공함。

【有功:유공】 공로가 있음。또는 그 공로

【有功賞牌:유공상패】 박람회·품평회 따위에 출품한 물품을 유공하다고 인정할 때 주는 상패。

【有口無言:유구무언】 아무 소리도 못함。《轉》변명할 여지가 없음。

【有口不言:유구불언】 할 말이 있으되 사정이 거북하거나 따분하여 말을 하지 않음。

【有權者:유권자】 ❶權力이 있는 사람。❷權利를 가진 사람。❸選擧權이 있는 사람。「有郤。

【有隙:유극】 틈이 생김。사이가 나빠짐。

【有給:유급】 給料가 있음。

【有期:유기】 有期限의 略語。

【有機:유기】 동식물처럼 생활 기능을 갖추어 생활력이 있는 것。↕無機。

【有期禁錮:유기금고】 《法》한 달 이상 一五년 이하의 自由刑의 하나로서 교도소에 단순히 수용될 뿐이며、定役이 强制되지 아니함。

【有機物:유기물】 ❶《生》생물에게만 있고 또 생물만이 만드는 물질。❷《化》동식물을 구성하는 물질。또는 그 생활 작용에 의하여 생긴 물질。有機化合物。↕無機物。

【有機肥料:유기비료】 동식물질의 비료。綠肥、魚粉、堆肥 따위。

【有機的:유기적】 ❶서로 떠날 수 없는 관계。❷부분과 전체가 필연적 관계를 가지는 것。사회나 國家組織 따위。

【有機質:유기질】 有機性이 있는 것。動植物性。

【有機體:유기체】 ❶《生》생활 기능을 가지고 있는 조직체。곧 동식물。生物體。↕無機體。❷《哲》우주·국가·사회 등과 같이 부분이 일정한 목적하에 통일되어 부분과 전체가 필연적 관계를 가지고 있는 것。

【有期限:유기한】 일정한 기일과 기한이 있음。

【有機化學:유기화학】 《化》 有機化合物을 연구의 대상으로 하는 화학。

【有機化合物:유기화합물】 《化》炭素를 주성분으로 하는 화합물。

【有年:유년】 ❶五穀이 전부 익음。有秋。豐年。『詩·甫田』自古——。❷여러 해가 지남。數年。『陶潛·詩』頗——。「남。

【有能:유능】 재능이 있음。재주가 뛰어

【有能者:유능자】 유능한 사람。

【有段者:유단자】 劍道·柔道·당수·바둑 따위에서 初段 이상의 사람。

【有德:유덕】 ❶덕행이 있는 사람。『書經』天命——、五服五章哉。❷덕이 있음。

【有毒:유독】 독기가 있음。↕無毒。『佐傳』臧文仲日、君無謂邾小、蜂蠆——、況國君乎。

【有毒植物:유독식물】 독이 있는 식물。

【有力:유력】 ❶힘이 있음。腕力이 셈。『莊子』夜半——者、負之而走。❷세력이 있음。쓸모가 있음。↕無力。『韓愈』——者、哀其窮、而運轉之。❸확실한 가능성이 있음。❹자기 刑을 贖良(속량)할 資力이 있는 사람。『福惠全書·刑名·問擬』饒裕之家謂之——。「사람。

【有力家:유력가】 권세나 재산이 있는

【有力視:유력시】 ❶세력이 있는 것으로 봄。❷유망하게 봄。가능성이 있게

【有力者:유력자】 유력한 사람。「봄。

【有利:유리】 ❶이익이 있음。❷형편이 좋음。↕不利。

【有理:유리】 ❶事理에 맞음。이치가 서 있음。❷《數》有理演算 이외의 관계를 포함하지 않는 일。↕無理。

【有望:유망】 ❶가능성이 있음。희망을 가질 수가 있음。❷멀리 바라다봄。

【有名:유명】 ❶이름이 있음。❷이름이 세상에 널리 퍼져 있음。『韓愈』愈也道不加修、而文日益——。

【有名無實:유명무실】 ❶이름만 훌륭하고 그 내용이 비어 있음。『漢書』澆淳散樸、竝行僞貌、——。❷《佛》假名 뿐이고 實體가 없는 것。『涅槃經』。

【有無:유무】 ❶있는 것과 없는 것。『史記』交易——之道通。❷물건이 충분히 있는 것과 없는 것。또는 승락을 하는 것과 하지 않는 것。❸《佛》有에 집착하는 그릇된 견해와 無에 집착하는 그릇된 견해。

【有無間:유무간】 있고 없음을 관계할 것 없음。있고 없고 간에。『十卷楞伽經·五』。

【有無相通:유무상통】 있고 없는 것을 서로 융통함。

【有無實:유무실】 실상의 있음과 없음。

【有別:유별】 다름이 있음。구별이 있음。

【有福:유복】 복이 있음。

【有福之人:유복지인】 복이 많은 사람。

【有服之親:유복지친】 복을 입을 수 있는 가까운 친척。

【有夫姦:유부간】 유부녀가 딴 사내와 간통함。「핫어미。

【有夫女:유부녀】 남편이 있는 여자。

【有朋:유붕】 벗이 있음。친구가 있음。『論語·學而』——自遠方來。「기 비롯함。

【有史:유사】 역사가 시작됨。역사가 있

【有事:유사】 ❶일이 있음。용무가 있음。또는 직무가 있는 사람。『論語』——弟子服其勞。❷전쟁이나 제사와 같이 평상시와는 다른 사건이 일어남。

【有事時:유사시】 비상한 사고가 있을 때。특별한 일이 생겼을 때。

【有史以來:유사이래】 역사가 생긴 그 뒤。「을 때。

【有事之秋:유사지추】 비상한 일이 있

【有產階級:유산계급】 자본가·지주 따

위의 재산이 많은 계급。

【有產者:유산자】 재물을 많이 소유한 사람。富者。財產家。有產家。有產階級。

【有償:유상】 어떤 행위의 결과에 대하여 報償이 있음。곧 一方에서 얻은 이익에 대하여 다른 일방의 보상이 있음。

【有償契約:유상계약】 당사자의 쌍방이 서로 代價의 뜻을 가지는 給付를 하는 계약。↕無償契約。

【有償貸付:유상대부】 報酬를 받고 금전이나 권리를 대부하는 일。

【有償沒收:유상몰수】 어떠한 사물에 대하여 그 소유자에게 적당한 값을 주고 국가에서 몰수함。

【有象無象:유상무상】 ❶형체가 있는 것 없는 것 전부。萬物。森羅萬象。❷數는 많으나 하나도 쓸모가 없는 사람들。

【有色人:유색인】 살빛이 누른 빛이나 구리쇠빛이나 검은빛 따위의 빛깔을 띤 사람。또는 인종。有色人種。

【有色人種:유색인종】 황색 인종、흑색 인종의 總稱。

【有生物:유생물】 식물과 같이 제 스스로 생활하여 가는 물건。

【有線:유선】 電線을 架設한 것。電線의 필요가 있음。↕無線。

【有性生殖:유성생식】 암수 양성의 교접으로 되는 생식。

【有聲音:유성음】 聲帶의 울림이 가는 소리。곧 모든 母音과 鼻音·流音 따위。↕無聲音。

【有勢:유세】 ❶세력이 있음。❷자랑 삼아 세도를 부림。

【有所聞:유소문】 소문이 자자함。

【有始無終:유시무종】 시작만 하여 놓고 끝을 맺지 못함。

【有始有終:유시유종】 시작할 때부터 끝을 맺을 때까지 변함이 없음。「가는。

【有時乎:유시호】 어떤 때에는。혹 가다

【有識:유식】 ❶학문이나 견식이 있음。또는 그러한 사람。識者。『後漢書』凡擧事、母爲——者所笑、而爲見仇者所快。❷事理에 밝아지는 나이。三〇세에 다다른 사람을 일컬음。『張華·答何劭詩』。❸《佛》凡夫。衆生。生物。『觀經散善義』。

【有信:유신】 信義가 있음。성의가 있음。

【有神論:유신론】 《哲》 Theism: 우주를 초월하여 존재하면서 이를 창조하고 維持·攝理하고 있는 인격적인 神의 존재를 주장하는 說。다수의 神의 존재를 주장함을 多神論이라 하고、唯一의 神의 존재를 주장함을 一神論이라 함。人格神論。↕無神論。

【有神論者:유신론자】 유신론을 믿는 「사람。

【有心:유심】 注意를 기울임。

【有耶無耶:유야무야】 어느 쪽도 아님。애매함。흐지부지함。흐리멍덩함。

【有若無:유약무】 있기는 있으나 없는 것과 다름 없음。

【有餘:유여】 ❶나머지가 있음。❷나머지。餘分。『老子』天之道、損——、補不足。❸《佛》아직 窮極까지 事理를 밝히지 못함。『勝鬘經』。

【有煙炭:유연탄】 연기를 내며 타는 석 〔탄。

【有要:유요】 필요가 있음。

【有用:유용】 쓰일 길이 있음。쓸모가 있음。도움이 됨。↕無用。『莊子』人皆知—一之用、而莫知無用之用。

【有用植物:유용식물】 인류의 생활에 有益하고 필요한 식물。

【有爲:유위】 ❶능력이 있음。재능이 있음。쓸모가 있음。有能。『孟子』將大——之君、必有所不召之臣。❷職務가 있음。『李白』莫戀漁樵興、人生各——。❸《梵》 Samskrta: (爲는 爲作)。인연으로 말미암아 조작되는 모든 현상。

【有爲者:유위자】 유능하여 쓸모 있는 사람。有爲之事。

【有意:유의】 ❶의지가 있음。또는 의지 있는 행위。❷의미가 있음。

【有意莫遂:유의막수】 마음에는 간절하여도 뜻대로 되지 아니함。

【有益:유익】 이익이 있음。쓸모가 있음。有利。↕無益。

【有益費:유익비】 유익한 곳에 쓰이는 비용。

【有子生女:유자생녀】 ❶아들과 딸을 많이 낳음。❷아들도 두고 딸도 낳음。

【有靦面目:유전면목】 무안한 빛이 얼굴에 나타남。

【有情:유정】 ❶喜·怒·哀·樂 등의 情이 있음。인정이 있음。↕無情。『莊子·太宗師』夫道——有信、無爲無形。❷存在하는 모양이 있음。實情이 있음。❸情趣가 있음。취미가 있음。❹남녀가 그리워하는 마음이 있음。戀愛。↕非情。❺《佛》살아서 喜·怒·哀·樂의 感情을 가지고 있는 일체의 사람·禽獸 등의 동물을 일컬음。↕無情。(草木 등)。

【有助:유조】 도움이 있음。

【有足:유족】 모자람이 없이 넉넉함。

【有終:유종】 끝이 있음。끝을 잘 맺음。『易經』君子——、吉。

【有終之美:유종지미】 마지막 결과가 훌륭히 이루어짐。

【有罪:유죄】 ❶죄가 있음。죄를 범함。또는 그 사람。『詩經』舍彼——。❷《法》재판에서 범죄의 성립을 인정함。판결에 의하여 죄가 있다고 그 범죄 사실을 인정하는 일。↕無罪。❸《中》실례하였다는 뜻。

【有主之物:유주지물】 주인이 있는 물건。有主物。

【有志:유지】 어떤 일에 참가·실행할 의지가 있음。또는 그러한 사람。

【有志之士:유지지사】 세상 일에 뜻이 있는 사람。

【有進無退:유진무퇴】 앞으로 나아가기만 하고 뒤로 물러나지 않음。

【有脊動物:유척동물】 등골뼈를 가지고 있는 동물。脊椎動物。

【有體物:유체물】 형체가 있는 물건。

【有初:유초】 投壺 놀이에서 최초의 살(箭)이 맞힌 것을 말함。『投新格』。

有初
(投壺新格)

【有畜農業:유축농업】 경작에서 생긴 먹이로 가축을 길러、그 가축의 勞力 및 가축을 기름으로써 생기는 비료를 경작에 이용하는 농업 경영 방법。

【有土:유토】 나라를 保有함。또는 그 國王。『書經·皐陶謨』達于上下、敬哉——。

【有表:유표】 여럿 속에서 특별히 두드러짐。얼핏 눈에 뜨임。

【有限:유한】 끝이 있음。수·양·물체의 크기·공간의 넓이 등에 한이 있음。↕無限。『徐陵』散——之微財、供無期之久客。

【有閑:유한】 ❶틈이 있음。한가함。❷생활에 여유가 있을 만큼 資產이 있어 여가가 많음。

【有閑階級:유한계급】 사회의 생산적 활동에는 관계하지 않고 자기의 소유한 자본의 이윤으로써 생활하는 계급。

【有閑夫人:유한부인】 유한 마담。

【有限責任:유한책임】 《法》일정한 재산에 한하여 그에 대한 채무를 갚기로 된 책임。無限責任。

【有限責任會社:유한책임회사】 전 社員이 유한 책임을 지는 회사。

【有害:유해】 ❶해가 됨。유익하지 아니함。『漢書』通渠有三利、不通有三害。❷해독이 됨。有毒。↕無害。「익은 없음。

【有害無益:유해무익】 해는 있으되 이

【有形:유형】 형태가 있음。또는 그러한 物體。形而下。

【有形無形:유형무형】 ❶형체가 있는

것과 없는 것。 ❷형체의 있고 없음이 분명치 아니함。 「無形體。

【有形物:유형물】 형체가 있는 물건。↕

【有形人:유형인】 法人에 대하여 自然人을 가리키는 말。↕無形人。

【有形資本:유형자본】 상품·화폐·토지 따위와 같이 일정한 값이 있는 자본。

【有形體:유형체】 형체가 있는 물건。

【有效:유효】 ❶효력이 있음。 ❷도움이 됨。 ❸《法》그 자격이 있어 법률상의 효력이 생김。↕無效。

【有效期間:유효기간】 유효한 기간。

【有效需要:유효수요】 어떤 가격에 있어서 購買하려고 표시된 수량。

◎兼ㅣ、固ㅣ、共ㅣ、公ㅣ、官ㅣ、具ㅣ、國ㅣ、萬ㅣ、保ㅣ、富ㅣ、私ㅣ、所ㅣ、領ㅣ、專ㅣ、占ㅣ、特ㅣ。

三 畫

【肙】 (외) 脢 ワイ、はく vomit
토할외(吐也)。

四 畫

【朊】 (원) 阮 ゲン、うすいつき (of the moonlight) dim
달빛희미할원(月光稀微)。

【朋】 (붕) 蒸 ホウ、とも friend
草書 ❶벗붕(友也、同師同門同道)。【周易】君子以ㅣ友講習。 ❷무리붕(羣也)。【書經】ㅣ淫于家。 ❸패물붕(五貝)。【韓愈上宰相書】錫我百ㅣ。 ❹두단지붕(兩尊)。【詩經】ㅣ酒斯饗。

【朋黨:붕당】 ❶벗。동료。 ❷주의·利害를 같이한 사람이 하나로 결합하여 다른 사람을 배척하는 단체。【戰國策】ㅣㅣ比周。

【朋輩:붕배】 신분·연령이 같은 또래의 무리。同輩。朋曹。朋徒。

【朋友:붕우】 ❶벗。친구。朋은 同師·同門의 벗。友는 同志의 벗。友朋。朋知。【論語】與ㅣㅣ共、敝之而無憾 不信乎。 ❷群臣을 이름。【詩經·假樂】燕及ㅣㅣ。【傳】ㅣㅣ群臣也。

【朋友有信:붕우유신】 五倫의 하나。벗과 사귀는 도리는 믿음에 있음。

【朋友責善:붕우책선】 벗끼리 서로 좋은 일을 권함。

【朋執:붕집】 벗。朋知。【盧思道】內無怙恃、外寡ㅣㅣ。

【肦】 ㊀(반) 刪 ㊁(분) 文 ハン、みつぎ taxation
草書 ㊀부세반(賦也)。【禮】名山大澤不以ㅣ。(『班』과 通함) ㊁머리통클분(大首)。(「頒」과 通함)

【服】 (복) 屋 フク、きもの、したがう clothes; obey ㄈㄨˊ fu²
小篆 古文 草書 ❶옷복(衣也)。【易經】以訟受ㅣ。 ❷수레 첫째멍에복(車右騎)。【易繫辭】牛乘馬。 ❸직분복(職也)。【書】無替厥ㅣ。 ❹생각할복(思也)。【詩經】寤寐思ㅣ。 ❺다스릴복(治也)。【詩經】ㅣ之無斁。 ❻익힐복(習也)。【漢書】ㅣ其水土。 ❼행할복(行也)。【書經】旨哉說乃言惟ㅣ。 ❽좇을복(從也)。【史記 春申君傳】韓魏ㅣ而事秦。 ❾일복(事也)。【詩經】昭哉嗣ㅣ。 ❿갓복(冠也)。 ⓫제후 나라복(邦國)。【周禮】乃辨九ㅣ之邦國。 ⓬동개복(盛矢器)。【詩經】象弭魚ㅣ。 ⓭친숙할복(親也)。

【服劍:복검】 ❶칼을 참。 ❷짧은 칼。短刀。服刀。

周服劍(西淸古鑑)

【服勤:복근】 매우 힘든 일에 종사함。服勞。

【服念:복념】 마음에 남기어 잊지 아니함。생각하여 잊지 않음。【書經】要囚ㅣㅣ。

【服勞:복로】 ❶좇아서 힘씀。 ❷勞役에 종사함。고된 일을 힘들여서 함。【書經】ㅣㅣ王家。

【服務:복무】 職務를 맡아 봄。

【服色:복색】 의복·車馬 등의 빛깔。옛날 中國에서는 王朝가 바꾸일 때마다 服色이 달라져서 夏代는 黑色、殷代에는 白色、周代에는 赤色을 존중하여 사용하였음。【禮記·大傳】改正朔、易ㅣㅣ。

【服屬:복속】 ❶좇고 따름。부하가 됨。從屬。服從。【漢書】諸侯兵皆ㅣㅣ楚者。 ❷服을 입을 親屬。有服親。【梁武帝】凡是宗戚有ㅣㅣ者、竝可賜沐食。

【服食:복식】 ❶의복과 음식。【書經】畢獻方物、惟ㅣㅣ器用。 ❷음식물이나 약을 복용함。마심。먹음。伏食。 ❸道家의 養生法。丹藥을 服用함。【古詩】ㅣㅣ求神仙。【魏志·註】性好ㅣㅣ、採御上藥。

【服飾:복식】 ❶의복과 裝身具。의복의 裝飾品。【漢書】ㅣㅣ甚偉。 ❷服色의 꾸밈。【周禮】設其ㅣㅣ。 「求長年。

【服藥:복약】 약을 먹음。【唐書】ㅣㅣ以

【服役:복역】 ❶公共의 일에 종사함。쓰임을 받아 힘씀。【莊子·漁父】先生不羞而比之ㅣㅣ。【韓愈】ㅣㅣ不辱、言不譏。 ❷兵役에 종사함。 ❸罪囚가 懲役을 사는 일。

【服用:복용】 ❶옷을 입음。 ❷몸에 붙임。【禮記】獻其上、而後敢ㅣㅣ其次也。 ❸약을 먹음。 「사람。

【服人:복인】 朞年 이하의 喪服을 입는

【服制:복제】 ❶신분·직업 등에 맞추어 만든 의복의 규정。制服。【書經·傳】觀示法象之ㅣㅣ。 ❷喪服의 제도。

【服從:복종】 좇고 따름。다른 사람의 의지·명령에 좇음。【禮記】明君在上、則諸臣ㅣㅣ。

【服罪:복죄】 죄에 따라 벌을 받음。伏罪。【蜀志】ㅣㅣ輸情者、雖重必釋。

【服中:복중】 朞年服 이하의 服을 입는 동안。

【服佩:복패】 몸에 붙임。몸에 참。또는 마음에 새기어 잊지 아니함。佩服。

◎敬ㅣ、輕ㅣ、公ㅣ、校ㅣ、軍ㅣ、鬼ㅣ、信ㅣ、心ㅣ、洋ㅣ、燕尾ㅣ、禮ㅣ、五ㅣ、威ㅣ、衣ㅣ、征ㅣ、正ㅣ、除ㅣ、制ㅣ、祭ㅣ、朝ㅣ、調ㅣ、着ㅣ、衰ㅣ、追ㅣ、歎ㅣ、脫ㅣ、平ㅣ、被ㅣ、夏ㅣ、韓ㅣ。

五 畫

【昤】 (령) 靑 レイ、うつくしいつき (of the moonlight) brilliant
달빛영롱할령(ㅣ朧月光彩)。

【朏】 ㊀(비) 尾 ㊁(불) 月 ヒ、ホツ、みかづき crescent
小篆 草書 ㊀ ❶초사흘달빛비(月三日明)。【書經】三月惟丙午ㅣ。 ❷먼동틀비(向曙色)。 ㊁뜻은 ㊀과 같음。

【朐】 (구) 虞 ク、くびき yoke
草書 수레 멍에목구(車軛)。【左傳】繇ㅣ汰輈。(『軥』와 같음)

六 畫

【朕】 (홍) 董 コウ、くらいつき dimly moonlit night
어스름달밤홍(月不明夜)。

【朒】(뉵) 屋 ジク、ちぢまる crumple 小篆 草書 ❶쪼그러질뉵(不寬伸貌)。『漢書』王侯縮ㅣ不任事。❷초생달 동에서뜰뉵(朔而月見東方)。

【朓】(조) 蕭 チョウ、みそかづき last day of a month 小篆 草書 그믐달서쪽에뜰조(晦而月見西方)。

【朔】(삭) 覺 サク、ついたち new moon; north ㄕㄨㄛˋ shuo⁴ 小篆 草書 ❶초하루 삭(月一日)。『白虎通』ㅣ之言蘇也明消更生故言ㅣ。❷처음삭(初也)。『禮記』皆從其ㅣ。❸북방삭(北方)。『書經』宅ㅣ方曰幽都。

【朔鼓:삭고】틀 위에 달 모양을 새긴 북。

【朔禽:삭금】기러기의 別名。北方의 寒地를 좇아다닌다는 뜻。『謝靈運·山居賦』海鳥違風、ㅣㅣ避涼。

【朔氣:삭기】❶北方의 寒烈한 기운。寒氣。❷每月初에 드는 節氣。『周禮·大史·疏』。

【朔漠:삭막】북방의 사막。『杜甫』一去「紫臺連ㅣㅣ。

【朔望:삭망】초하루와 보름。음력의 一일과 一五일。『後漢書』以ㅣㅣ、問大夫人起居。

【朔望奠:삭망전】喪中인 집에서 매달 초하루와 보름에 지내는 제사。

【朔方:삭방】북쪽。北方。『書經』申命和叔、宅ㅣㅣ、曰幽都。

【朔北:삭북】❶北方。『李陵』幾死ㅣㅣ之野。❷中國 北方의 邊地。北方 塞外의 蠻夷 땅。

【朔雪:삭설】북방의 눈。朔은 北方。『李白·千里思詩』迢迢五原關、ㅣㅣ亂邊花。

【朔月:삭월】朔日。

【朔月貰:삭월세】❶남의 집을 빌어 살면서 다달이 내는 일정한 세。달세。❷삭월세집。

【朔日:삭일】음력의 매달 초하룻날。朔月。『詩經』ㅣㅣ辛卯日。

【朔地:삭지】북방 오랑캐의 땅。朔北의 地。朔土。朔野。

【朔參:삭참】❶다달이 음력 초하룻날 아침에 祠堂에 참배하는 일。❷달의 초하룻날 參朝함。매달 초하룻날만 參朝하는 관리。

【朔風:삭풍】겨울철의 北風。朔吹。『夏侯湛』ㅣㅣ動秋草、邊馬有歸心。

【朔晦:삭회】음력 초하루와 그믐。『魏志』弦望ㅣㅣ。

【朔】(삭)『朔』(月部 6畫)의 古字

【朕】(짐) 寢 チン、われ I; emperor ㄓㄣˋ chen⁴ 小篆 草書 ❶나짐(我也)。『爾雅疏』禹曰ㅣ德罔克屈原亦云ㅣ皇考曰伯庸秦始皇定爲至尊之稱迄于今。❷조짐짐、빌미짐(兆也)。『淮南子』欲與物接而未成兆ㅣ。

七 畫

【朖】(랑)『朗』(次條)과 같음

【朗】(랑) 養 ロウ、ほがらか bright ㄌㄤˇ lang³ 小篆 草書 밝을랑(明也)。『詩經』高ㅣ令終。

【朗達:낭달】밝고 넓음。명랑하고 널리 通達함。通朗。明達。『晉書』神情ㅣㅣ、常有世外之懷。

【朗讀:낭독】소리를 높이어 읽음。맑은 소리로 명확히 읽음。朗誦。『貢奎』展卷自ㅣㅣ。

【朗讀演說:낭독연설】원고를 가지고 「읽는 연설。

【朗朗:낭랑】❶음성이 높고 맑은 모양。『韓愈』街鼓聲ㅣㅣ。❷빛이 매우 밝은 모양。분명한 모양。

【朗報:낭보】명랑한 보도。반가운 소식。

【朗誦:낭송】소리를 높이어 글을 욈。朗讀。

【朗月:낭월】밝고 맑은 달。明月。『陸機』ㅣㅣ照閑房。

【朗吟:낭음】소리를 높이어 읊음。朗詠。◎明ㅣ、淸ㅣ。

【朘】(전) 先 セン、ちぢむ crumple 草書 쪼그러질전(縮也)。『漢書 董仲舒傳』民日削月ㅣ。

【朙】(명)『明』(日部 4畫)의 古字

【朚】(황) 陽 コウ、あくるひ the next day 小篆 이튿날황(翌日)。

【望】㊀(망) 陽 ㊁(망) 漾 ボウ、モウ、のぞむ hope; watch ㄨㄤˋ wang⁴ 小篆 草書 ㊀❶볼망(瞻也)。❷원망할망(怨也)。『史記』絳侯ㅣ袁盎。㊁❶바라볼망(遠視)。『魏徵詩』出沒ㅣ平原。❷이름망(名也)。『詩經』令聞令ㅣ。❸우러러볼망(爲人所仰)。『晉書 劉毅傳』王公貴人、ㅣ風憚之。❹책망할망(責也)。❺보름달망(弦ㅣ月體)。『蘇軾 赤壁賦』是歲十月之ㅣ。❻망제망(祭名)。『書經』ㅣ于山川。❼돌아보지 않고 갈망(去而不顧)。『孟子』ㅣㅣ然去之。

【望間:망간】보름께。

【望見:망견】멀리 바라봄。『漢書』天子自帷中ㅣㅣ焉。

【望哭:망곡】❶먼 곳에서 임금이나 부모의 喪事를 당한 때나 哭을 할 자리에 몸소 가지 못할 때 그 쪽을 향하여 哀哭하는 일。❷國喪을 당하여 대궐 문앞에서 백성들이 모이어 우는 일。❸사모하여 울음。

【望九:망구】아흔을 바라본다는 뜻에서 여든 한 살을 일컫는 말。

【望軍:망군】❶망보는 일을 맡은 사람。❷燎望軍。

【望念間:망념간】음력 一五일 경부터 二〇일 경까지의 사이。

【望茶禮:망다례】음력 보름날마다 祠堂에서 지내는 차례。보름차례。

【望斷:망단】바라던 일이 실패함。

【望達:망달】出世를 바람。榮達을 희망「함。

【望臺:망대】먼 곳을 바라보기 위하여 만든 높은 건물。적군의 동정을 살피기 위한 높은 臺。望樓。

【望瞳魚:망동어】《動》망둥이。

【望頭石:망두석】=望柱石。

【望樓:망루】=望臺。

【望六:망륙】예순을 바라본다는 뜻으로 쉰 한 살을 일컫는 말。

【望門投食:망문투식】노자가 떨어졌을 때에 남의 집을 찾아가서 얻어 먹음。

【望拜:망배】멀리서 연고가 있는 쪽을 바라보고 하는 절。遙拜。

【望百:망백】백을 바라본다는 뜻으로 아흔 한 살을 일컫는 말。

【望夫石:망부석】貞烈한 안해가 멀리 떠난 남편을 기다리다 그대로 죽어 化石이 되었다는 전설적인 돌。또는 그 위에 서서 기다렸다는 돌。

【望床:망상】❶큰 잔치 때 보기에 탐스

러우라고 과실·떡·어육 등의 음식을 높이 괴어 놓은 상。❷혼인 잔치에 신랑의 몸상 뒤에 놓인 큰 상。

【望色:망색】 안색을 바라봄。 얼굴색을 살펴 바라봄。

【望星魚:망성어】《動》잉어과에 딸린 민물고기。

【望羊:망양】 멀리 바라보는 모양。 우러러 보는 모양。 막히는 것 없이 한 없는 모양。 望洋。 望陽。『史記』其爲人、黯然而黑、幾然而長、眼如――。

【望洋:망양】 멀리를 보는 모양。 廣大하여 끝이 없는 모양。 우러러보는 모양。 望羊。『吳萊』寄言漆園叟、此去眞――。

【望洋之歎:망양지탄】 어떤 일에 자기의 힘이 자라지 못할 때에 나오는 탄식。

【望霓:망예】 농민이 가뭄에 비를 고대하는 것처럼 간절히 희망함。 (霓는 비온 뒤의 무지개)。『孟子·梁惠王下』民望之、若大旱之望雲霓也。

【望外:망외】 생각 밖。 뜻밖。 바라던 것「보다 지나침。

【望雲之情:망운지정】 객지에서 부모를 생각하는 마음。 어버이를 그리워하는 심정。『舊唐書』狄仁傑登太行山、反顧見白雲孤飛、謂左右曰、吾親舍其下、顧望久之、雲移乃去。

【望遠鏡:망원경】《物》두 개 이상의 볼록 렌즈를 맞추어서 멀리 있는 물체를 크게 보이도록 만든 장치。 集光用으로 볼록렌즈를 넣어 만든 것을 屈折 망원경이라 하며、反射鏡을 썼을 경우에는 반사 망원경이라 함。 萬里鏡。 千里鏡。 縮遠鏡。

【望月:망월】 ❶달을 바라봄。『謝莊·宣貴妃誄』――方娥。 ❷음력 보름 날 밤의 달。 滿月。

【望日:망일】 ❶望이 되는 날。 ❷보름날。

【望潮魚:망조어】《動》꼴뚜기。

【望族:망족】 이름 높은 家門。 人望 있는 집안。 名門。 令族。『秦觀』王謝二氏、最爲――、江左以來、公卿將相、出其門者十七人。

【望柱石:망주석】 무덤 앞에 세우는 한 쌍의 돌 기둥。 돌 받침 위에 八모 진 기둥을 세우고、맨 위에 둥근 머리가 얹히어 있음。 望頭石。 望柱石表。 華表柱。

【望重:망중】 명망이 높음。

【望參:망참】 음력 보름날 사당에 배례하는 일。

【望蜀:망촉】 하나의 욕망을 달성하고 다시 더 욕심을 냄。 끝없이 탐욕하여 만족하지 아니함。 隴得望蜀。《故》漢光武帝가 隴을 평정한 뒤에 또 蜀 나라를 친 일。『後漢書·獻帝紀』操曰、人苦無足、旣得隴復――。

【望七:망칠】 일흔을 바라본다는 뜻으로 예순 한 살을 일컫는 말。

【望八:망팔】 여든을 바라본다는 뜻으로 일흔 한 살을 일컫는 말。

【望風:망풍】 ❶멀리서 그 모습을 그리워하며 사모함。 우러러 사모함。 ❷名望과 風采를 우러러 바라봄。

【望風而靡:망풍이미】 풍문을 듣고 놀라 싸우지 않고 헤어져 달아남。

【望鄕:망향】 고향을 바라봄。 思鄕·懷鄕。

【望後:망후】 음력 보름날 이후。『韋莊』――孤客倚高樓。

◎可―、渴―、企―、祈―、旣―、冀―、落―、大―、待―、德―、名―、文―、門―、物―、相―、先―、羨―、聲―、怨―、遠―、人―、――、展―、絶―、衆―、重―、志―、屬―、矚―、希―。

八 畫

【望】 (망)『望』(前條)과 같음

【朜】 (돈) 元 トン、つきのひかり moonlight

달빛돈(月光)。

【朝】 (조) 蕭 チョウ、あさ morning; court ㄔㄠ ch'ao²

小篆 草書

❶아침조、이를조(早也)。『詩經』東方明矣、―旣昌矣。 ❷보일조(臣下覲君)。『孟子 公孫丑下』孟子將―王。 ❸조회 받을조(―會人君視政)。 ❹조정조(―廷)。 ❺찾을조(訪也)。『史記 司馬相如傳』臨邛令謬爲恭敬、日往―相如。 ❻나라이름조(國名―鮮)。『論語 鄕黨』―與下大夫言。

【朝家:조가】 임금의 집。 帝室。 王室。 朝廷。『戴復古』――遣使嚴祀典。《轉》國家。

【朝譴:조견】 朝廷에서의 꾸짖음。 임금으로부터 견책을 받음。 天譴。

【朝貢:조공】 諸侯나 屬國 등의 사신이 來朝하여 임금에게 財物을 進上하던 일。 朝獻。

【朝官:조관】 ‖朝臣。『宋史』凡一品以下、常參之者、謂之――。

【朝冠:조관】 관리가 朝服에 쓰던 冠。

夏朝冠 (大淸會典圖)

【朝裙:조군】 淸代、大禮服을 입을 때 두르던 것。

夏朝裙 (大淸會典圖)

【朝菌:조균】 아침에 났다가 저녁에 마르는 버섯。 朝露。 《喩》사물이 덧없음。『莊子』――不知晦朔、蟪蛄不知春秋。

【朝菌不知晦朔:조균부지회삭】 아침에 났다가 저녁에 사라지는 버섯은 초하루에서 그믐 까지의 겨우 一개월이란 짧은 時日도 알지 못함。《喩》壽命이 짧음。 덧없음。『莊子·逍遙遊』――、蟪蛄不知春秋。 「寵節旄。

【朝槿:조근】 무궁화의 別稱。 아침에 꽃이 피어 저녁에 짐。《喩》변하기 쉬움。『王維』山中習靜觀――。

【朝堂:조당】 =朝廷。『後漢書』竝集――、奉觴奉壽。 「姸在――。

【朝暾:조돈】 아침 해。 朝陽。『張九齡』衆

【朝東暮西:조동모서】 정착된 주소가 없이 여기 저기 옮아 다님。

【朝得暮失:조득모실】 아침에 얻어 저녁에 잃음。 얻은지 얼마 안 되어서 곧 잃어버림。

【朝來:조래】 아침부터。 아침 일찍부터。『晉書』西山――、致有爽氣。

【朝令:조령】 ❶아침에 명령을 내림。 ❷조정에서 내린 명령。

【朝令暮改:조령모개】 ❶아침에 명령을 내리고서 저녁에 다시 변경함。《喩》법령의 나옴이 너무 빈번하여 믿을 수가 없음。 朝改暮變。『鼂錯』急政暴虐、賦斂不時、朝令而暮改。 ❷아침에 租稅를 賦課하고 저녁에 벌써 걷어들임。 (改는 得의 뜻)。『漢書·食貨志』賦斂不時朝令而暮改。

【朝露:조로】 아침 이슬。《喩》오래 가지 않음。 덧없음。『漢書』人生如――。

【朝露人生:조로인생】 아침 이슬과 같이 덧없는 인생。 草露人生。

【朝命:조명】 朝廷의 명령。 君王의 命。『耶律楚材』奉表遵――。

【朝明:조명】 ❶아침 해가 뜰 때。 날이 샐 무렵。 ❷아침이 밝은 모양。

【朝暮:조모】 ❶아침과 저녁。 아침 저녁。 朝夕。 朝晡。『孟子』王驩――見。 ❷시간이 촉박함。

【朝謨:조모】 朝廷의 謀事。 정부의 정책。『沈約』――謹肅、宰略遐震。

【朝霧:조무】 아침 안개。

【朝聞夕死:조문석사】 아침에 사람으로서의 道理를 듣고 알게 된다면、그 저녁에 죽는다 하여도 조금도 후회하지 아니함。《喩》道를 알지 아니하면 안된다는 사실을 極言한 말。『論語·里仁』子曰、朝

聞道、夕死可矣。

【朝班：조반】(制)朝會에 참가하는 벼슬아치의 벌여 서는 차례。朝列。【唐會要】彈ㅡㅡ不肅。

【朝飯：조반】아침 밥。아침식사。

【朝飯夕粥：조반석죽】아침에는 밥을 먹고 저녁에는 죽을 먹음。(喩)몹시 군색한 생활을 일컫는 말。

【朝發暮至：조발모지】아침에 출발하여 저녁에 이름。

【朝發夕至：조발석지】＝朝發暮至。

【朝房：조방】(制)朝臣들이 朝會 때를 기다리느라고 모여 있던 방。(대궐 문 밖에 있었음。) 直房。

【朝拜：조배】(宗)天主敎에서 欽崇하고 「기도하는 일。

【朝服：조복】朝廷에 出仕할 때 입는 의복。朝衣。禮服。【論語】吉月必ㅡ而朝。

諸侯朝服(三禮圖)

【朝不謀夕：조불모석】아침에는 저녁 일을 생각할 여유가 없음。(喩)일이 급박하여 다른 것을 생각할 틈이 없음。【李密·陳情表】人命危機ㅡㅡㅡ。【左傳】ㅡㅡㅡ、何其長也。

【朝不食夕不食：조불식석불식】아침도 안 먹고 저녁도 안 먹음。(喩)생활이 아주 구차하여 끼니를 항상 굶음。

【朝不慮夕：조불여석】＝朝不謀夕。

【朝聘：조빙】예전에 中國과 通交하는 것을 일컫은 말。【左傳】公如晉、朝且聽ㅡㅡ之數。

【朝三暮四：조삼모사】기만술을 써서 사람을 愚弄함。(故)春秋時代 宋의 狙公이 기르고 있는 원숭이에게 아침에 셋、저녁에 넷씩 상수리의 열매를 준다고 하였더니 원숭이가 크게 성을 내므로 그럼 아침에 넷 저녁에 셋씩 준다고 하였더니 매우 좋아하였다는 故事。【列子·黃帝】。

【朝霜：조상】아침에 내리는 서리。【左思】秋風何烈烈、白露爲ㅡㅡ。

【朝夕：조석】❶아침과 저녁。아침 저녁。(轉)날이 새나 지나。날마다。항상。朝暮。朝朝。旦暮。【書經】ㅡㅡ納誨。❷아침 저녁으로 문안을 들임。아침 근무와 저녁 근무。朝見과 暮見。【詩·雨無正】邦君諸侯莫肯ㅡㅡ。【周禮·註】朝見曰朝、暮見曰夕。❸해 그림자를 재는 기구。【管子·七法】。

【朝夕哭：조석곡】朝哭과 夕哭。

【朝夕飯：조석반】아침 밥과 저녁 밥。

【朝夕上食：조석상식】조석으로 올리는 상식。

【朝夕禮佛：조석예불】(佛)부처에게 조석으로 경건하게 절하는 일。

【朝鮮通寶：조선통보】李朝 초기의 錢幣。太宗 一五년과 世宗 五년에 鑄造。더 소급하여 定宗 원년과 太祖 三년의 鑄造로도 추정되는 것이 있음。

【朝食：조식】아침밥。

【朝臣：조신】벼슬아치。朝廷에서 벼슬하는 관리。朝廷에 出仕하는 文武 百官。【史記】上問ㅡㅡ。

【朝野：조야】❶朝廷과 民間。관리와 민간인。【晉書】ㅡㅡ淸晏。❷天下。세상。

【朝陽：조양】❶山의 동쪽。아침 해가 먼저 비치는 까닭임。【詩經】鳳凰鳴矣、于彼ㅡㅡ。❷＝朝日。

【朝宴：조연】朝廷에서 열리는 宴會。

【朝煙：조연】❶아침 하늘에 끼는 연기。❷아침밥을 짓는 연기。

【朝往暮歸：조왕모귀】아침에 갔다가 저녁에 돌아옴。

【朝雨：조우】아침의 비。曉雨。【王維】渭城ㅡㅡ浥輕塵。

【朝威：조위】朝廷의 威勢。임금의 威光。【後漢書】邪卿出疆、專命ㅡㅡ。

【朝恩：조은】朝廷의 혜택。君王의 慈惠。【舊唐書】吾荷ㅡㅡ、作藩東夏。

【朝議：조의】朝廷의 회의。또는 그 결정사항。廟議。【歐陽修】前年辭諫署、ㅡㅡ不容乞。

【朝日：조일】❶아침 해。旭日。❷天子가 朝廷에 나오는 날。【漢書】數以ㅡㅡ、引見丞相御史。❸아침 일찍이 朝廷에 나오는 일。【同書】諸生ㅡㅡ遮丞相言。【註】ㅡㅡ謂早旦欲入朝也。

【朝廷：조정】❶나라의 정치를 의논하고 집행하는 곳。임금이 政務를 의논하고 집행하는 곳。朝廷。朝堂。廟堂。【禮記】ㅡㅡ之美、濟濟翔翔。❷임금을 말함。【潘岳·楊荊州誄·注】翰曰、ㅡㅡ謂天子也。

【朝政：조정】朝廷의 정치。廟堂의 정책。朝權。

【朝朝暮暮：조조모모】매일 아침 매일 저녁。아침 저녁으로。【白居易】聖主ㅡㅡㅡ情。

【朝從：조종】朝見과 侍從。入朝와 隱行。【史記】信知漢王畏惡其能、常稱病不ㅡㅡ。

【朝酒：조주】아침에 마시는 술。卯酒。

【朝秦暮楚：조진모초】아침에는 北方의 秦나라에서、저녁에는 남방의 楚나라에서 거처함。(喩)㉠일정한 主所 없이 세상을 流浪함。【晁補之】托生理于四方、固朝秦而暮楚。㉡바뀌고 변함。항상 반대하고 좇지 아니함。【福惠全書·刑名部·問擬】此業之爲ㅡㅡ者、非一日。

【朝參：조참】❶(制)㉠임금이 正殿에 親臨한 앞에 모든 朝臣이 나아가 뵈는 일。한 달에 네 번씩 모여 하는 말을 들었음。【杜甫】頗怪ㅡㅡ懶。㉡京官職의 朝臣이 朝廷에 출근하는 일。❷(佛)早朝의 參禪。【禪門淸規】。

【朝出暮歸：조출모귀】아침 일찍 나갔다가 저녁 늦게 돌아옴。(喩)㉠늘 집에 있을 여가가 없음。㉡사물이 늘 바뀌어서 정함이 없음。

【朝聚暮散：조취모산】아침에 모였다가 저녁에 헤여짐。(喩)모이고 헤여짐이 덧없음。

【朝寢：조침】아침 잠。

【朝霞：조하】아침놀。

【朝賀：조하】신하가 朝廷에 들어가서 임금에게 賀禮함。또는 그 말。【韓愈】大開明堂受ㅡㅡ。

【朝憲紊亂：조헌문란】국가 存立의 기초인 制度를 문란하게 함。

【朝見：조현】신하가 朝廷에 들어가 임금에게 배알함。朝謁。朝覲。

【朝見禮：조현례】(制)새로 揀擇된 妃·嬪이 嘉禮 지낸 뒤에 처음으로 父王·母妃에게 뵙는 예식。

【朝虹：조홍】아침에 서쪽에 서는 무지개。

【朝會：조회】❶(制)모든 官員이 함께 正殿에 모여 王께 朝見함。【晉書】元熙元年改元不ㅡㅡ。❷아침에 학교나 관청 등에서 아침 인사·훈시·생활 반성·체조 등을 하기 위한 모임。

【朝暉：조휘】아침의 햇빛。(暉는 日光。) 晨暉。【范仲淹】ㅡㅡ夕陰。

◎國ㅡ、歸ㅡ、今ㅡ、南ㅡ、來ㅡ、每ㅡ、本ㅡ、北ㅡ、聖ㅡ、王ㅡ、元ㅡ、一ㅡ、入ㅡ、前ㅡ、早ㅡ、淸ㅡ、花ㅡ。

【朞】(기) 支 キ、ひとまわり full year

草書

❶돐기(復其時周年)。【書】ㅡ三百有六旬有六日。❷두루할기(匝也)。

【朞年：기년】朞年服의 略語。【晉書】志存義烈、言必忠信、克己ㅡㅡ。

【朞年服：기년복】喪期의 杖朞와 不杖朞。

【朞年祭：기년제】小祥。〔朞의 일컬음。

【期】(기) 支 キ、ちぎる、とき promise ; period

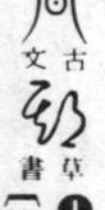
小篆 古文 草書

❶기약할기(ㅡ約)。【權德輿詩】山僧相訪ㅡ中飯。❷모을기(會也)。❸돐기

(周年)。〔中庸〕ㅡ之喪達乎大夫、三年之喪達乎天子。❹반드시기(必也)。❺백살기(百年)。〔漢書〕刻木爲吏ㅡ不對。❻당할기(當也)。〔書經〕耄ㅡ倦于勤。❼기다릴기(待也)。〔書經〕ㅡ于予治。〔陶潛 歸去來辭〕富貴非吾願、帝鄕不可ㅡ。❽때기(時也)。〔漢書 楊僕傳〕失ㅡ內顧。❾언약할기(契約)。❿믿을기(信也)。⓫한정할기(限也)。⓬네거리기(四道交出)。⓭떠듬거릴기(口吃)。〔史記〕臣ㅡㅡ知其不可。

〔期間:기간〕 어떤 정해진 시기에서 다른 정해진 시기에 이르는 동안。 기한의 사이。

〔期年:기년〕 돐。만 一년。一주년。『史記』不ㅡㅡ、千里馬至者三。

〔期待:기대〕 믿고 기다림。어떠한 일이 이루어지기를 바라고 기다림。所期。豫期。『王褘』睎余猶弟兄、往往過ㅡㅡ。

〔期待感:기대감〕 믿고 기다리는 심정。

〔期圖:기도〕 기약하여 꾀함。

〔期望:기망〕 기대하고 바람。믿고 바람。『劉浩』ㅡㅡ秋風回。

〔期成:기성〕 어떤 일을 기어코 성취하려고 기약함。

〔期成會:기성회〕 어떤 일을 이루고자 「조직된 회。

〔期約:기약〕 때를 정하고 약속함。한정 〔된 약속。

〔期然:기연〕 결코。꼭。

〔期月:기월〕 ❶미리 약속한 달。❷만 一개월。『中庸』擇乎中庸、而不能ㅡㅡ守也。❸만 一주년。『論語·子路·疏』ㅡㅡ周月也、謂周一年之十二月也。

〔期日:기일〕 날을 정함。정한 날。약속의 날。日限。『周禮』令萬民時斬材、有ㅡㅡ。

〔期日嚴守:기일엄수〕 기일을 엄하게 지킴。

〔期節:기절〕 철。때。기회。季節。時候。

〔期必:기필〕 확정하여 틀림이 없음。반드시 됨을 기약함。

〔期限:기한〕 미리 정한 시기。일정한 시기。『劉孝威』乘障無ㅡㅡ。

〔期限附:기한부〕 기한을 붙임。

〔期會:기회〕 ❶때를 약속하고 모임。❷꼭 실행하려고 계획함。또는 약속함。『史記·項羽紀』ㅡㅡ而擊楚。❸때。시기。❹會計。또는 一년 간의 會計。『漢書·王吉傳』其務在於ㅡㅡ簿書。◎今ㅡ·農繁ㅡ、滿ㅡ、末ㅡ、無ㅡ、死ㅡ、前ㅡ、定ㅡ、早ㅡ、中ㅡ、次ㅡ、初ㅡ、秋ㅡ、春ㅡ、學ㅡ、好ㅡ、婚ㅡ。

九畫

【朒】(긍) 徑 コウ、つきがでる (of the moon) rise
달돋을긍(月出也)。

【暎】(영) 庚 エイ、つきのひかり moonlight
달빛영(月色)。

十畫

【朚】(황) 養 コウ、うすいつき dimly-moonlit
어스름달밤황(朦ㅡ月不明)。

【朢】(망) 漾 ボウ、もちづき full moon
小篆
보름망(月滿與日相ㅡ)。(『望』과 같음)

十一畫

【朘】(선) 銑 セン、みじかい little
조그마할선(便ㅡ小貌)。

【晛】(년) 霰 デン、つきがでる (of the moon) rise
달돋을년(月出)。

十二畫

【暾】(돈)『朜』(月部 8畫)과 같음

【朣】(동) 東 トウ、おぼろつき (of the moonlight) lucid
草書
달빛 훤히 치밀동(ㅡ朧月欲明貌)。

〔朣朧:동롱〕 달이 떠오르면서 그 빛이 훤히 치밀어 밝아지는 모양。『李群玉』浮雲捲盡看ㅡㅡ。

〔朣朦:동몽〕 ❶흐릿한 모양。朦朧。❷명확하지 아니함。『後漢書·張衡傳』吉凶分錯、人用ㅡㅡ。

十四畫

【曄】(엽) 葉 ヨウ、つきのうごき (of the moon) pass
달이 움직일엽(月動貌)。

【朦】(몽) 東 モウ、おぼろ dim ㄇㄥˊ méng²
小篆 草書 ❶지는달빛 어른거릴몽(ㅡ朧月將入)。❷경신희미할몽(ㅡ朧)。

〔朦朧:몽롱〕 ❶달빛이 흐릿한 모양。『潘岳』月ㅡㅡ以含光兮。❷희미하게 보이는 모양。확실하지 않은 모양。❸事理가 불확실함。의식이 분명하지 아니함。

〔朦朧世界:몽롱세계〕 흐리멍덩하게 나타난 판국。

〔朦昏藥:몽혼약〕 ＝痲醉藥。

〔朦昏劑:몽혼제〕 ＝痲醉劑。

十六畫

【朧】(롱) 東 ロウ、おぼろ dim ㄌㄨㄥˊ lung²
小篆 草書 ❶달빛훤히치밀롱(朦ㅡ月欲明)。❷달빛침침할롱(月將入朦)。

〔朧朣:농동〕 長鼓나 북 소리가 연달아 겹쳐서 울리는 모양。朧橦。朧鋼。朧僮。

〔朧朧:농롱〕 흐릿한 모양。희미하게 밝아지는 모양。『潘岳·悼亡詩』歲寒無與同、朗月何ㅡㅡ。『吳融』非明非暗ㅡㅡ月。

木部

【木】㊀(목) 屋 ㊁(모)〔國字〕 ボク、モク、き tree; wood ㄇㄨˋ mu⁴
小篆 草書 ㊀❶나무목(東方位)。『書經』五行三曰ㅡ。❷질박할목(ㅡ訥質樸)。『論語』剛毅ㅡ訥近仁。❸뻣뻣할목(不和柔貌)。『漢書周勃傳』勃爲人、ㅡ彊敦厚。❹〔國字〕무명목(棉織)。㊁모과모(ㅡ瓜)。

〔木刻:목각〕 ❶나무에 서화를 새김。❷《印》木刻活字의 略語。

〔木刻畫:목각화〕 나무에 새긴 그림。

〔木刻活字:목각활자〕 《印》나무에 새긴 활자。木刻。

〔木幹:목간〕 나무의 줄기。

〔木匣:목갑〕 나무로 만든 匣。

〔木强:목강〕 억세고 만만치 않음。『史記』周勃爲人、ㅡㅡ敦厚。

〔木客:목객〕 ❶나뭇군。『蘇軾·詠湯泉詩』。❷산에 사는 괴물。산도깨비。『南康記』。

〔木劍:목검〕 나무로 만든 길고 큰 칼。『遼史』太宗時制ㅡㅡ。

〔木階:목계〕 ❶나무 층층대。❷사닥다리。

〔木工:목공〕 ❶나무로 물건을 만드는 장색。❷목수。

〔木瓜:목과⇩모과〕 모과나무의 열매。

성질이 溫하며 부종·각기·갈증·곽란의 한약재로 씀。『詩經』投我以ㅡㅡ、報之以瓊琚。

木瓜(三才圖會)

【木棺:목관】 나무로 만든 관。

【木管樂器:목관악기】 《樂》몸통이 나무로 되고 그 악기 自體에 發音體가 달려 있는 관악기。악기의 부리에 혀를 끼우고 불며 키(key)로 음의 高低를 표현함。플루트·클라리네트·색소폰 따위。

【木橋:목교】 나무를 써서 놓은 다리。

【木菌:목균】 말려서 나무 꼬치에 꿴 버섯。

【木屐:목극】 나막신。『後漢書』延熹中、京都長者、皆着ㅡㅡ。

【木克土:목극토】 《國》五行의 運行에 있어서 木은 土를 이긴다는 뜻。

【木根:목근】 나무 뿌리。

【木槿:목근】 《植》무궁화。『禮記』仲夏之月、ㅡㅡ榮。

【木琴:목금】 打樂器의 하나。音階의 순서로 나열한 나무 조각을 두 개의 방망이로 치거나 긁어서 音을 냄。실로폰。

【木器:목기】 나무로 만든 그릇。

【木乃伊:목내이】 미이라。『輟耕錄』。

【木訥:목눌】 純直하고 遲鈍하며 말재주가 없음。『論語』剛毅ㅡㅡ近仁。

【木丹:목단】 梔子의 別名。

【木刀:목도】 ❶木劍。❷《美》예새。

【木頭菜:목두채】 두릅나물。

【木蠹蟲:목두충】 《動》나무굼벵이。

【木蘭:목란】 ❶《植》연춘화。木蓮。杜蘭。林蘭。❷《人》中國 고대의 여성으로 六세기 경의 七言古詩 木蘭辭에 의하여 전하여지는 인물。

【木蓮:목련】 《植》❶연춘화。紫木蓮·白木蓮 등의 總稱。杜蘭。林蘭。黃心。木蘭。『本草·木蘭』。❷木芙蓉의 別名。❸常綠의 蔓生灌木。『本草·木蓮』薜荔、木饅頭、鬼饅頭、時珍曰、ㅡㅡ饅頭。❹도토리의 別名。『事物名錄』杼實曰橡、東海及徐州謂之ㅡㅡ。

【木櫨:목로】 선술집의 술청에 술잔을 벌여 놓는 床。酒櫨。

【木礱:목롱】 멧돌。唐臼。

木礱(天工開物)

【木瘤:목류】 옹두리。

【木理:목리】 《植》❶나뭇결。❷年輪。『酉陽雜俎』房怪其ㅡㅡ成形問之。

【木履:목리】 나막신。『釋名』屐乃ㅡㅡ之下有齒者。

【木理紋:목리문】 도자기에 나뭇결처럼 놓은 무늬。

【木磨:목마】 매통。나무 매。

【木馬:목마】 ❶建築時 발돋움의 하나。❷《運》기계 체조에 쓰는 기구의 하나。

【木馬子:목마자】 軍用 防具의 하나。가로 나무에 세개의 발을 붙인 것으로 높이 三尺、길이 六尺 縱橫으로 거듭 놓아서 敵騎의 侵攻을 막음。『武備志』ㅡㅡ、一橫木下、置三足、高三尺、長六尺。

木馬子(武備志)

【木馬牌:목마패】 《制》李朝때 나무로 둥글게 만들었던 마패。(符信의 하나)。

【木蝱:목망】 《動》등에。

【木末:목말】 메밀 가루。

【木魅:목매】 老木의 精。『鮑照·蕪城賦』。

【木麥:목맥】 메밀。

【木綿:목면】 ❶《植》목화。木棉。『王叡』紙錢飛出ㅡㅡ花。❷무명。綿布。

【木棉公:목면공】 《人》高麗 恭愍王 때 목화를 元으로부터 가져다 전파한 은공을 고맙게 여겨 文益漸을 일컫는 말。

【木綿撥車:목면발거】 옛날에 무명실을 잣는데 쓰는 물레를 이름。『三才圖會·木綿撥車圖考』ㅡㅡ其制頗肖麻苧蟠車。

木綿撥車(三才圖會)

【木綿絲:목면사】 무명실。綿絲。

【木綿織:목면직】 무명으로 짠 피륙의 總稱。

【木綿布:목면포】 무명。綿布。

【木紋:목문】 깎은 나무의 물결 같은 무늬。

【木物:목물】 나무로 만든 물건의 總稱。

【木蜜:목밀】 《植》❶대추。『本草綱目』。❷호깨나무。

【木樸頭:목박두】 나무로 만든 화살의 한가지。길이 周尺으로 넉 자나 또는 석 자 여덟치。主로 武科 보일 때와 教習할 때 쓰임。

木樸頭箭(武備志)

【木盤:목반】 ＝木板①。

【木房:목방】 목수들이 일하는 곳。

【木杯:목배】 나무로 만든 잔。나무 잔。

【木龞:목별】 《植》박 科에 딸린 다년생 덩굴진 풀。씨는 한약재로도 씀。『唐書』ㅡㅡ藤盤。

【木本:목본】 《植》❶나무의 밑동。❷木質로 된 식물의 總稱。나무。↔草本。

【木棒:목봉】 몽둥이。막대。

【木芙蓉:목부용】 《植》무궁화과에 속하는 낙엽 관목。관상용으로 재배함。拒霜。芙蓉。『王安石』水邊無數ㅡㅡ、露滴胭脂色未濃。

【木佛:목불】 《佛》나무로 만든 부처。

【木碑:목비】 나무로 만든 비。

【木絲:목사】 무명실。

【木商:목상】 ❶材木商。❷떼목이나 장작·재목 등을 도매로 팔고 사는 장수。

【木像:목상】 ❶木偶。『葛長庚』ㅡㅡ入廟而汗流。❷《美》나무로 만든 諸像의 彫刻。

【木常山:목상산】 《植》조팝나무。

【木箱子:목상자】 나무로 만든 상자。

【木犀:목서】 《植》물푸레나무。『楊萬里』覺來簾外ㅡㅡ風。

【木石:목석】 나무와 돌。《喩》나무나 돌과 같이 감정이 없는 사람을 비유하는 말。『孟子』與ㅡㅡ居、與鹿豕游。

【木石不傅:목석불부】 나무에도 돌에도 붙일 곳이 없음。《喩》가난하고 외로와서 의지할 곳이 없는 처지를 이르는 말。

【木船:목선】 나무로 만든 배。

【木屑:목설】 톱밥。『晋書』造船ㅡㅡ及竹頭。

【木性:목성】 나뭇결。木理。

【木星:목성】 《天》太陽으로부터 다섯째로 가까운 遊星。德星。歲星。

【木姓:목성】 《民》五行의 木에 붙은 姓。사람의 姓을 宮·商·角·徵(치)·羽의 五音으로 나누는 術家의 말。곧 金·朴·高·趙·崔·車·劉 등이 이에 속함。

【木梳:목소】 나무로 만든 빗。

【木手:목수】 나무를 다루어 집을 짓거나 諸具를 만드는 일로 업을 삼는 사람。大木。

【木燧:목수】 나무를 마찰시켜서 불을 내는 기구。『白虎通』。

【木蝨:목슬】 《動》나무진디。

【木神:목신】 나무 귀신。

【木腎:목신】 《醫》자지가 힘 없이 일어나고 따끔따끔 아픈 병。脊椎의 外傷으로부터 흔히 생김。

【木實:목실】 나무의 열매。

【木洋襪:목양말】 무명실로 짠 양말。

【木洋製:목양제】 《建》나무를 써서 지은 서양식의 건물。

【木魚:목어】 《佛》❶목탁。❷불교의 經典

을 읽을 때에 두드리는 잉어처럼 만든 제구。[蘇軾]——呼粥亮且淸。❸〈動〉도루묵。

❷木魚 (三才圖會)

【木葉:목엽】 나무의 잎。

【木纓:목영】 나무로 구슬같이 만들어 칠을 하여 꿴 갓끈。

【木罌:목앵】 나무로 만든 병。[墨子·備城門]用瓦—— 容十升以上者。

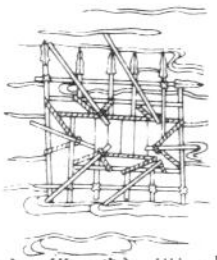
木罌 (武備志)

【木王:목왕】 〈植〉개오동나무의 別名。

【木旺之節:목왕지절】 五行의 木氣가 성하는 때。곧 봄을 일컬음。

【木偶:목우】 나무로 만든 사람의 形像。木像。木人。〈喩〉아주 무능한 사람。[史記]見——人與土偶人相與語。

【木蔭:목음】 나무의 그늘。

【木耳:목이】 나무에서 돋는 버섯。

【木印:목인】 나무에 새긴 도장。

【木棧:목잔】 나무로 사닥다리처럼 놓은 길。

【木簪:목잠】 나무로 만든 비녀。(상제가 꽂음)。

【木匠:목장】 ❶목공。[淸異錄]——總號運斤之藝。❷〈制〉李朝 때 校書館·軍器寺·歸厚署·內需司·繕工監·造紙署 및 各道에서 나무를 다루던 工匠。

【木材:목재】 ❶재목。❷나무로 된 재료。

【木箸:목저】 나무로 만든 젓가락。

【木賊:목적】 〈植〉속새。줄기는 眼疾·脫肛·치질·便血등의 한약재로 씀。

【木箭:목전】 〈制〉나무로 만든 화살。武科의 初試와 覆試 때에 썼음。

【木精:목정】 메틸알코올의 譯語。

【木製:목제】 나무로 만들음。木造。

【木祭器:목제기】 나무로 만든 祭器。木器。

【木彫:목조】 〈美〉나무에 조각하는 일。또는 그 작품。

【木槽:목조】 나무로 만든 구유。

【木造:목조】 나무로 만든 물건。나무로 지은 집。木製。

【木柱礎:목주초】 나무로 된 주추。

【木芝:목지】 〈植〉靈芝의 한 가지。산속의 썩은 나무에 寄生함。

【木質:목질】 ❶나무의 성질。❷나무의 살을 이룬 내부의 단단한 부분。❸나무와 같이 단단한 성질。

【木寨:목채】 =木柵。

【木柵:목책】 말뚝을 박아 만든 울짱。

【木尺:목척】 나무 자。

【木天蓼:목천료】 〈植〉다래과에 속하는 落葉闊葉灌木。과실은「개다래」라고 하여 약용 및 食用으로 쓰임。개다래나무。

木天蓼 (三才圖會)

【木青:목청】 綠色。

【木杪:목초】 휘추리。[謝靈運]攀——而哀鳴。

【木燭臺:목촉대】 나무로 만든 촛대。

【木枕:목침】 나무 토막으로 만든 베개。

【木枕題:목침제】 아주 어려운 詩文의 글제。

【木鐸:목탁】 ❶〈佛〉불공·예불등 염불할 때 치는 속이 비고 둥글게 만든 나무 방울。❷세상 사람을 지도할 만한 사람이나 기관。[論語·八佾]天將以夫子爲——。

❶木鐸 (四書引蒙略圖會)

【木炭:목탄】 ❶숯。❷〈美〉그림을 그리는 데 쓰는 숯。[論畫瑣言]古人以——書圈、隨圈而點之。

【木炭紙:목탄지】 〈美〉木炭畫를 그리는 데 쓰는 여러 가지 빛의 종이。

【木炭畫:목탄화】 〈美〉木炭紙에 목탄으로 그린 그림。

【木兎:목토】 〈動〉부엉이의 別名。[爾雅·釋鳥]。

【木通:목통】 ❶〈植〉으름덩굴。〈醫〉으름덩굴의 말린 줄기。임질과 부종의 약재로 씀。通草。

【木桶:목통】 나무로 만든 통。나무통。

【木板:목판】 ❶음식을 담아 나르는 나무로 만든 그릇。木盤。❷널조각。널판。❸〈印〉木版。

【木版:목판】 〈印〉나무에 글자나 그림을 새겨 인쇄하는 데 쓰는 冊版。木板。

【木版本:목판본】 목판으로 박은 책。

【木板墻:목판장】 널판장。

【木牌:목패】 나무로 만든 牌。木札。

【木片:목편】 나뭇 조각。지저깨비。

【木布:목포】 ❶布木。❷〈佛〉負木의 옷감。

【木皮:목피】 나무 껍질。

【木筆:목필】 ❶나무로 만든 붓。[唐書]以木爲筆。❷辛夷花의 異名。[楚辭·九歌]辛夷花初發如筆、北人呼爲——花。❸글씨의 솜씨。[廣川書跋]字法奇古、——精絕。❹鉛筆의 異名。

【木盒:목합】 나무로 만든 합。나무합。

【木香:목향】 〈植〉엉거시과에 속하는 다년초。心腹痛·氣滯 등의 약재로 씀。

【木香菜:목향채】 연한 목향의 잎으로 무친 나물。

木香 (三才圖會)

【木香花:목향화】 〈植〉장미과에 속하는 攀登性 小木本。잎은 羽狀複葉으로 꽃은 노랗고 複瓣。짙은 香氣를 피움。

木香花 (三才圖會)

【木杴:목험】 넉가래。

【木鋏:목협】 나무 가지를 자르는 데 쓰는 큰 가위。

【木型:목형】 나무로 만든 골。

【木鞋:목혜】 나막신。

【木花:목화】 〈植〉❶무궁화科의 木花屬에 딸린 一年草。또는 多年生 木本의 總稱。陸地棉·海島棉·在來棉 등。❷다래가 핀 것을 자아서 紡績用으로 쓰는 一年草。劫貝。古終。吉貝。棉花。木棉。涼花。草棉。

【木靴:목화】 帽帶할 때에 신는 신。검은 녹비로 목이 길게 만드는 데 모양이 長靴와 비슷함。靴子。

【木活字:목활자】 나무에 새겨 만든 활자。

【木灰:목회】 나무가 탄 재。

◎枯—、古—、灌—、喬—、丘—、老—、臺—、大—、苗—、墓—、伐—、副—、負—、揷—、山川草—、樹—、植—、立—、材—、棱—、草—、土—、香—。

一 畫

【未】 (미) 未 ビ、ミ、いまだ ㄨㄟˋ wei not; yet 小篆 草書 ❶아닐미、못할미(不也)。[王維詩]寒梅著花—。❷여덟째지지미(地支第八位)。

【未嫁女:미가녀】 아직 시집가지 아니한 여자。

【未可信:미가신】 아직 꼭 믿을 수 없음。

【未刊:미간】 책을 아직 박아 내지 않았음。↔旣刊。

【未墾地:미간지】 개간하지 아니한 땅。

【未勘:미감】 아직 끝마감을 하지 못함。

【未開:미개】 ❶아직 민도가 낮고 문명하지 못한 상태。❷꽃 따위가 아직 피지 않음。[元稹]丁寧採芳侶、須識——叢。

【未開墾地:미개간지】 아직 개간 하지 않은 땅。↔開墾地。

【未開國:미개국】 깨지 못한 나라。문화가 발달되지 못하고 민도가 낮은 나라。↔文明國。

【未開人:미개인】 人智가 아직 덜 깬 인종。

【未開地:미개지】 ❶아직 개명되지 못한 땅。❷未開拓地의 略語。

【未開拓:미개척】 아직 개척하지 못함。

【未開拓地:미개척지】 아직 개척하지 못한 땅。未開地。

【未擧:미거】 《國》철이 나지 아니하여 아주 둔함。蒙騃。

【未見:미견】 아직 보지 못함。

【未決:미결】 ❶아직 결정하지 못함。❷《法》未決囚의 略語。

【未決監:미결감】 未決囚를 가두어 두는 감방。

【未決囚:미결수】 《法》범죄 혐의로 미결감에 가두어 둔 심리 중의 형사 피고인。↕既決囚。

【未決案:미결안】 결정짓지 못한 案件。

【未果:미과】 결과를 아직 짓지 못함。

【未久:미구】 동안이 오래지 않음。

【未久不遠:미구불원】 그 동안이 오래지 않고 가까움。

【未及:미급】 아직 미치지 못함。

【未幾:미기】 동안이 얼마 걸리지 아니함。

【未納:미납】 아직 바치지 아니 하거나 바치지 못함。

【未達:미달】 어떤 한도에 이르지 못함。

【未達一間:미달일간】 모든 일에 다 밝아도 오직 한 부분만은 서투름。

【未得:미득】 아직 얻지 못 함。↕既得。

【未來:미래】 ❶아직 오지 않은 때。『求心錄』ㅡㅡ!心不可得。❷《佛》죽은 뒤의 세상。『地持論』願ㅡㅡ世爲衆生故云云。

【未來記:미래기】 미래의 일을 예상하여 미리 적어 놓은 기록。

【未來事:미래사】 앞으로 닥쳐 올 일。

【未來派:미래파】 《美》미래주의를 신봉하는 파。

【未練:미련】 ❶익숙하지 못함。❷애착되는 마음이 있어 생각을 딱 잘라 끊지 못함。

【未了:미료】 아직 다 끝내지 못함。未畢。『貫休』三千功ㅡㅡ、大道元無程。

【未滿:미만】 ❶정한 수효나 정도에 차지 못 함。❷=未洽。

【未末:미말】 《國》未時의 맨 끝。곧 오후 三시가 되기 바로 전。

【未忘:미망】 잊을 수가 없음。

【未亡人:미망인】 남편이 죽고 홀로 남아 사는 부인。과부。원래는 自稱이었으나 지금은 他稱임。『左傳』令尹不尋諸仇讎、而於ㅡㅡㅡ之側、不亦異乎。

【未萌:미맹】 ❶아직 草木의 싹이 트지 아니함。❷사변이나 變故가 아직 일어나지 아니함。『漢書』所以安社稷絶ㅡㅡ也。

【未明:미명】 아직 날이 밝지 않은 때。날 샐 무렵。『齊書』ㅡㅡ而行。

【未返:미반】 아직 돌아오지 않음。

【未發:미발】 ❶피어나지 않음。❷떠나지 않음。↕既發。❸《佛》五欲七情이 일어나지 않음。『中庸』喜怒哀樂之ㅡㅡ、謂之中。

【未捧:미봉】 《國》未收。

【未赴任:미부임】 發令을 받고도 아직 任地에 가지 못 하거나 아니 감。

【未分明:미분명】 일이 분명하지 못함。

【未備:미비】 완전하지 못함。제대로 갖추지 못함。

【未詳:미상】 상세하지 않음。알려지지 않음。

【未嘗不:미상불】 아닌게 아니라。과연。未嘗非。

【未嘗不然:미상불연】 그렇지 않은 바가 아님。

【未設:미설】 아직 완전히 설비되지 못함。↕既設

【未成:미성】 ❶아직 이루어지지 아니함。『史記』毛羽ㅡㅡ、不可以高蜚。❷未成年의 略語。

【未成年:미성년】 ❶《法》만 二〇세가 되지 못한 나이。❷총각이나 처녀。

【未成年者:미성년자】 ❶성년이 안 된 사람。❷만 二〇세가 차지 않은 사람。

【未成熟:미성숙】 ❶아직 채 여물지 못함。❷익숙하지 못함。❸완전하게 갖추어지지 못함。

【未成案:미성안】 완성되지 못한 案。

【未成娶:미성취】 아직 장가를 들지 못하거나 아니함。↕既娶。

【未成品:미성품】 아직 완성되지 못한 물건。

【未收:미수】 아직 다 거두지 못함。

【未遂:미수】 목적한 바를 이루지 못함。『劉滄』東西ㅡㅡ歸田計、海上青山久廢耕。

【未遂犯:미수범】 《法》범죄의 실행에 착수했으나 그 행위를 끝내지 못 했거나 결과가 발생하지 않은 범죄。또 그 사람。

【未熟:미숙】 ❶익숙하지 못함。『因果經』觀諸衆生熟與ㅡㅡ。❷아직 덜 익음。

【未時:미시】 《民》子時부터 여덟째 時。오후 一시부터 三시까지의 동안。

【未熄:미식】 어떤 사건이나 변고가 그치지 않음。

【未信:미신】 미덥지 못함。

【未審:미심】 ❶일이 확실하지 않아 늘 마음이 놓이지 아니함。❷=不審。

【未安:미안】 ❶마음이 편안하지 못하고 거북스러움。❷남에게 대하여 겸연쩍고 부끄러운 마음이 있음。

【未然:미연】 아직 그렇게 되지 않음。『漢書』明者起福于無形、消患于ㅡㅡ。

【未穩:미온】 平穩하지 못함。

【未完:미완】 완성되지 못함。未完成。

【未月:미월】 음력 六월의 異名。

【未丈家:미장가】 아직 장가를 들지 않음。未成娶。

【未丈家前:미장가전】 《國》아직 장가를 들기 전。

【未定:미정】 아직 결정 짓지 못함。『尹文子』雉免在野、衆人逐之、分ㅡㅡ也。

【未定稿:미정고】 완성되지 못한 원고。

【未濟:미제】 ❶처리하는 일이 아직 끝나지 아니함。❷未濟卦의 略語。『易經』ㅡㅡ亨、小狐汔濟、濡其尾、无攸利。

【未製品:미제품】 아직 완성되지 못한 물건。

【未足:미족】 아직 넉넉하지 못함。

【未竣:미준】 맡은 工事를 다 끝내지 못함。

【未曾有:미증유】 아직까지 있어 본 일이 없음。『觀无量壽經』歡ㅡㅡㅡ、郭然大悟。

【未知:미지】 알지 못함。

【未知數:미지수】 ❶알지 못할 앞일의 셈속。❷《數》방정식에서 구하려는 수。

【未盡:미진】 아직 다하지 못함。

【未著:미착】 아직 도착하지 않음。

【未初:미초】 《國》未時의 처음。곧 오후 一시。

【未快:미쾌】 아직 병이 쾌하지 않음。

【未妥:미타】 ❶穩當하지 아니함。❷=未安。

【未婚:미혼】 아직 결혼하지 않음。↕既婚。『杜甫』昔別君ㅡㅡ、兒女忽成行。

【未婚者:미혼자】 아직 결혼을 하지 않은 사람。↕既婚者。

【未遑:미황】 미처 겨를을 내지 못함。

【未洽:미흡】 넉넉하지 못함。흡족하지 못한 부분。

【末】

(말) 曷 マツ、すえ end; final ㄇㄛˋ mo4

小篆 小篆 草書

❶끝말(木端)。『大學』其本亂、而ㅡ治者否矣。❷이마말(顚也)。❸다할말(盡也)。❹마칠말(終也)。『書經 立政』我則ㅡ惟成德之彥。❺덜말(減也)。『左傳』三數叔魚之惡不爲ㅡ減。❻장사말(商也)。❼없을말(無也)。『論語 憲問』果哉ㅡ之難也。

【末勘:말감】 《國》가장 가벼운 죄에 처함。末減。

【末境:말경】 끝판。늙바탕。

【末計:말계】 마지막 끝 판에 세운 計策。窮策。窮計。

【末期:말기】 ❶끝장에 가까운 시기。末葉。❷죽을 무렵。

【末女:말녀】 막내딸。↕長女。

【末年:말년】 일생의 끝 무렵。늘그막。

【末端:말단】 사물의 맨 끄트머리。가장 뒤 끝。

【末端行政:말단행정】 맨 하급 관청의 「행정。

【末代:말대】 시대의 끝。末世。末期。【拾遺記】——猶學焉。

【末路:말로】 ❶가는 길의 마지막。❷일생의 끝날 무렵。晚年。【漢書】秦作曲臺之宮、懸衡天下、至其晩節——。❸일이 망해 가는 길。

【末流之弊:말류지폐】 썩 잘해 나가다가 끝판에 생기는 폐단。

【末利:말리】 ❶당장 눈 앞에 보이는 작은 이익。❷商工業의 이익。(農이 本이므로)。【後漢書】理國之道、擧本業、而抑——。

【末望:말망】 《制》三望의 끝에 낀 사람。

【末尾:말미】 맨 끝。末端。

【末杯:말배】 《國》終杯。맨 마지막 잔。

【末伏:말복】 三伏 중의 마지막 伏。입추 뒤의 첫 번째 庚日。

【末殺:말살】 =抹殺。【漢書】——災異。

【末席:말석】 ❶맨 끝자리。末座。❷일터에서나 모임에서의 끝 지위。【姚康】自慙陪——、便與九霄通。

【末世:말세】 ❶정치·도덕·풍속 등이 아주 쇠퇴한 시대。망해 가는 세상。【後漢書】——闇主、誅賞各緣其私。❷《佛》末法의 세상。❸《宗》예수가 탄생한 때부터 再臨할 때까지의 세상。

【末俗:말속】 ❶말세의 풍속。【漢書】今——之弊、政事煩多。❷악독하고 타락된 풍속。

【末孫:말손】 혈통이 먼 자손。遠孫。後裔。【大戴禮】禹崩、十世乃有——桀。

【末藥:말약】 《國》가루약。粉末藥의 略語。

【末言:말언】 아주 보잘 것 없는 말。賤言。

【末葉:말엽】 맨 끝 무렵의 시대。末世。末代。【漢書】何謂土崩、秦之——是也。

【末裔:말예】 =末孫。後孫。【急就篇·註】楚左史倚相、——爲左氏。

【末藝:말예】 변변찮은 재주。末技。【王僧孺】章句小才、蟲篆——。

【末運:말운】 운수가 다하여 막다름。

【末日:말일】 ❶어떤 시기나 기한의 마지막 날。❷그 달의 마지막 날。그믐날。

【末子:말자】 막내아들。

【末節:말절】 끝 부분。맨 끝 절。【禮記】以升降爲禮者、禮之——也。

【末弟:말제】 막내아우。

【末造:말조】 =末世。【禮記】夏之——也。

【末座:말좌】 =末席。【章碣】小儒——頻傾耳。

【末症:말증】 고치기 어려운 못된 병。「末疾。

【末職:말직】 맨 끝 자리의 벼슬。

【末梢:말초】 나뭇 가지나 事物의 끝으로 갈리어 나간 가는 가지。

【末梢神經:말초신경】 《生》외부의 자극을 받아 들이고 中樞部의 명령에 좇아 知覺 운동을 맡아 보는 신경。

【末合:말합】 ❶자투리。❷마투리。

【末項:말항】 ❶마지막에 적어 둔 條項。❷《數》數式의 끝 項。

【末行:말행】 글의 끝줄。【漢書】君慕子胥之——。

◎結—、年—、木—、本—、粉—、四—、席—、細—、歲—、始—、月—、顚—、終—、週—、學期—、亥—。

【本】

(본) 阮 ホン、もと root; origin ㄅㄣˇ pen³

❶밑 본、뿌리본(草木根柢)。【左傳】木水之有—源。❷비롯할본(始也)。❸옛본(舊也)。❹아래본(下也)。【禮】反—修古不忘其初。❺자장본(張—豫爲後地)。❻밑천본(資本)。❼정말본(眞正)。❽나본(—國我也)。❾체법본(書畫法帖)。❿당자본(—人當者)。⓫이본(—日今也)。⓬책본(册也)。

【本家:본가】 ❶본집。【後漢書】其無子者願還——自選擇。❷친정。❸《建》원채。

【本幹:본간】 근본이 되는 줄기。【史記】彊——、弱枝葉之勢也。

【本據:본거】 ❶근본이 되는 증거。❷근거。【後漢書】將失——。

【本據地:본거지】 根據地。

【本格:본격】 근본이 되는 格式。

【本格的:본격적】 제대로의 격식을 온전히 갖춘 것。

【本絹:본견】 명주실로 짠 비단。↕人絹。

【本故鄕:본고향】 자기가 나서 자란 본디의 고향。

【本科:본과】 ❶《敎》本體를 이루는 科。↕豫科·別科。❷자기가 소속된 科。

【本官:본관】 ❶《制》㉠제 고을 守令을 일컬음。㉡監司나 兵使가 있는 곳의 牧使·判官·府尹의 일컬음。=本倅。❷修習·雇員·囑託 등이 아닌 정식의 官職。❸兼官에 대하여 그의 주된 본래의 官職。

【本貫:본관】 ❶始祖의 고향。貫鄕。❷=本籍·原籍地。【正字通】——鄕籍也。

【本館:본관】 分館이나 別館에 대하여 그 주장이 되는 건물。

【本校:본교】 ❶分校에 대하여 그 주장이 되는 학교。❷자기 학교。

【本國:본국】 자기의 나라。자기의 국적이 속해 있는 나라。【列子】及老而還——。

【本郡:본군】 자기가 사는 고을。이 군。

【本權:본권】 《法》사실상의 관계로서의 점유를 법률상 정당하게 하는 권리。

【本根:본근】 =本源。【舊唐書】——一搖、憂患不淺。

【本金:본금】 ❶本錢。❷純金。

【本年:본년】 올해。이 해。

【本能:본능】 선천적으로 타고난 동작이나 운동。또는 능력。

【本能主義:본능주의】 《倫》본능의 요구를 만족시키는 것을 인생의 최고 목적이라고 하는 주의。

【本隊:본대】 ❶주장되는 本部의 군대。❷자기가 소속된 隊。

【本道:본도】 ❶올바른 길。❷자기가 살고 있는 道。❸주장이 되는 큰 길。

【本來:본래】 본디。

【本來無一物:본래무일물】 《佛》萬有는 본디 空이므로 執著 없는 心鏡。

【本領:본령】 ❶근본되는 綱領。❷본래의 領地。❸=本性。

【本論:본론】 ❶중심되는 논설。❷저자의 주장이 되는 부분。↕序論·緖論·結論。

【本壘:본루】 《運》❶야구장의 타자가 공을 치는 자리。홈베이스(home bace)。❷本據가 되는 곳。

【本壘打:본루타】 《運》야구의 打者가 본루에까지 살아 돌아올 수 있게 친 安打。홈런(home run)。

【本流:본류】 물이 흘러가는 원 줄기。

【本利:본리】 본전과 이자。本邊。

【本末:본말】 ❶처음과 나중。【大學】物有——、事有終始。❷밑과 끝。

【本末顚倒:본말전도】 일의 본 줄기를 잊고 사소한 부분에만 사로잡힘。

【本望:본망】 본디부터의 소망。【宋書】深思自警、以副——。

【本面:본면】 ❶자기가 살고 있는 면의 일컬음。❷지금 말하는 이 면。

【本名:본명】 고치기 전의 본 이름。【唐高僧傳】忘其——。

【本務:본무】 ❶근본이 되는 직무。❷자기가 맡은 직무。【隋書·序】夫孝三皇五帝之——、萬事之紀綱也。

【本文:본문】❶注釋한 문장에 대하여 그 본줄기의 글。『後漢書』ㅡㅡ略存。❷增減·變化 등이 없는 본래의 글。正文。

【本物:본물】변하지 않은 본디 그대로의 물건。

【本方:본방】(醫)醫書에 있는 그대로의 方文。

【本邦:본방】=本國。『唐書』讓皇帝曰、差見ㅡㅡ人將身投外裔。

【本邊:본변】(經)본전과 변리。元利。

【本病:본병】완치되지 못 하고 때때로 도지는 본디의 병。本症。本疾。

【本俸:본봉】加俸이나 手當같은 것이 아닌 기본 급료。

【本夫:본부】❶본남편。❷본사내。

【本部:본부】어떤 기관이나 단체의 중심이 되는 조직。또는 그 조직이 있는 곳。

【本分:본분】(佛)❶자기에게 알맞은 신분。『荀子』見端不如見ㅡㅡ。❷마땅히 행하여야 할 직분。

【本非我物:본비아물】뜻밖에 얻은 물건은 잃어버려도 과히 섭섭할 것이 없다는 말。本非我土。

【本非我土:본비아토】=本非我物。

【本寺:본사】❶(佛)자기가 처음으로 출가하여 중이 된 절。❷자기가 있는 절。❸本山。

【本事:본사】❶근본이 되는 일。『荀子』ㅡㅡ不理。❷그 일。

【本社:본사】❶支社에 대하여 주가 되는 회사。❷자기가 속해 있는 회사。

【本山:본산】(佛)❶각 末寺를 통솔하는 절。本寺。❷자기가 있는 절。

【本色:본색】❶본디의 면목。『後山詩話』雖極天下之工、要非ㅡㅡ。❷본디의 형태。❸본래의 色。天然色。『晋書』凡五星不失其ㅡㅡ。

【本生家:본생가】(國)養子의 生家。本生。↕養家。

【本生父母:본생부모】(國)養子 간 사람의 生家의 父母。本生親。

【本署:본서】주장이 되는 官署。↕支署。

【本線:본선】❶줄기가 되는 線。❷幹線。

【本船:본선】주가 되는 배。

【本姓:본성】姓을 고치기 전에 본디 가졌던 姓。『漢書·註』劉媼ㅡㅡ實存。

【本性:본성】본디부터 가진 성질。天性。『荀子』豈人之ㅡㅡ也哉。

【本訴:본소】(法)訴訟의 관계가 없던 사람 사이에 처음으로 일으킨 소송。

【本是:본시】❶본디。❷본디부터 이러하게。元是。

【本始:본시】처음。본디。『史記』原念休烈、追誦ㅡㅡ。

【本室:본실】본아내。本妻。嫡室。正室。

【本心:본심】❶사람이 출생할 때부터 가지고 있는 성실한 마음。❷꾸밈 없는 본래의 마음。❸양심。正氣。本意。『孟子』此之謂失其ㅡㅡ。

【本案:본안】❶근본이 되는 案件。原案。❷이 案件。❸(法)民事訴訟法上 附隨的 또는 派生的인 사항에 대하여 주요하거나 중심이 되는 사항을 일컫는 말。

【本額:본액】본디의 돈의 액수。

【本業:본업】그 사람의 주가 되는 직업。本職。↕副業。『史記』大小戮力、ㅡㅡ耕織。

【本然:본연】본디 그대로의 自然。『朱熹中庸章句』去外誘之私、而充ㅡㅡ之善。

【本然之性:본연지성】사람이 본래부터 가지고 있는 착하고 평등한 天性。

【本營:본영】(軍)총 지휘자가 있는 軍營。本陣。

【本源:본원】주장 되는 근원。本根。『舊唐書』啓聖人之耳目、窮法度之ㅡㅡ。

【本月:본월】이 달。

【本位:본위】❶기본을 삼는 표준。❷근본의 위치。본래의 자리。

【本位貨幣:본위화폐】(經)한 나라의 화폐 제도의 기초를 이루는 화폐。

【本邑:본읍】❶本郡。❷자기가 사는 고을。

【本意:본의】본뜻。본마음。참마음。『後漢書』不曉國家及將軍ㅡㅡ。

【本義:본의】❶참뜻。本旨。❷文字의 最初의 意義。

【本人:본인】❶자기。❷바로 그 사람。당사자。

【本日:본일】오늘。이 날。今日。

【本籍:본적】(法)호적이 있는 곳。原籍。

【本籍地:본적지】(法)본적이 있는 곳。

【本錢:본전】(國)❶利子를 붙이지 않은 본래의 액수。本金。元金。❷본 밑천의 돈。資本金。『舊唐書』各與ㅡㅡ一千貫。❸본값。

【本店:본점】支店·분점·出張店이 있을 경우의 그 本部。

【本情:본정】❶본래의 참된 심정。本心。❷本意。

【本第:본제】고향에 있는 본집。

【本題:본제】❶根幹이 되는 제목。❷이 문제。❸본래의 제목。

【本朝:본조】현존하는 王朝。자기 나라 朝廷。『孟子』立乎人之ㅡㅡ、而道不行恥也。

【本尊:본존】(佛)❶숭배하는 중심이 되는 主佛。❷한 절에서 공양 예배하는 여러 불상 중에 특히 주요한 불상。『聖無動經』見ㅡㅡ圓滿悉地。❸主人公。本人。張本。

【本宗:본종】❶一族 중의 宗孫 집。❷姓과 본이 같은 일가붙이。

【本種:본종】본디부터 그 땅에 있던 종자。在來種。

【本罪:본죄】❶(法)법에 규정된 죄명。❷(宗)㉠天主敎에서 사람이 자기 뜻으로 범한 모든 죄。㉡基督敎에서 사람이 날 때부터 타고난 모든 죄。原罪。❸이 죄。

【本主:본주】본래의 주인。所有者。

【本旨:본지】❶본디 품은 마음。❷本義。❸근본이 되는 취지。『蔡邕』傳非其ㅡㅡ。

【本志:본지】본디의 뜻。또는 志操。『韓愈』悼ㅡㅡ之變化。

【本紙:본지】❶자기가 관계하고 있는 신문。❷이 신문。❸신문지·문서 등의 주되는 부분의 지면。

【本誌:본지】❶자기가 관계하고 있는 잡지。❷방금 말하고 있는 이 잡지。

【本職:본직】❶본래의 직업。❷자기가 맡고 있는 관직。❸公務員이 스스로를 일컫는 말。

【本陣:본진】=本營。

【本疾:본질】=本病。

【本質:본질】❶본바탕。❷(哲)㉠어떤 사물을 성립시키는 데 있어서 없어서는 안 될 요소。㉡현상에 대한 그 본체。

【本妻:본처】본 아내。장가처。正妻。

【本處:본처】❶본 고장。❷이 곳。

【本體:본체】❶사물의 본바탕。正體。『資治通鑑』違ㅡㅡ。❷(哲)思惟의 대상으로 理性的思惟에 의해서 포착되는 것。모든 現象을 낳는 근본적 存在。↕現象。

【本體論:본체론】(哲)實在의 가장 보편적이며 기초적인 규정을 연구하는 학문。存在學。實體論。↕現象論。

【本草:본초】❶나무와 풀。植物。❷(醫)藥材나 藥學。

【本初子午線:본초자오선】(地)지구의 經度를 측정할 때에 기준이 되는 남북 經線。

【本草學:본초학】중국 古來의 식물학 또는 藥物學。

【本村:본촌】❶갈라져 나간 마을에 대하여 주가 되는 마을。❷자기가 사는 마을。이 마을。

【本態:본태】본래의 형태。『白居易』姸蚩黑白失ㅡㅡ。

【本土:본토】❶자기가 사는 그 고장。❷=本國。本土。『後漢書』歸於ㅡㅡ。❸섬이나 속국에 대하여 주되는 국토。

【本土種:본토종】본디 그 곳에서 나는 종자。土種。

【本土之人:본토지인】본토에서 원래부터 살던 사람。

【本板:본판】본 바탕。

【本舖:본포】❶자기의 점포。❷本店。

【本刑:본형】《法》❶그 범죄에 해당한 형벌。❷본래 받을 형벌。
【本懷:본회】속마음。본마음。『晉書』今送一袍以明一一。
【本會:본회】❶自己가 속하는 회。이 회。❷本會議의 略語。
【本會議:본회의】❶이번의 회의。❷각 분과 회의에 대한 주장되는 회의。
◎假一、脚一、刊行一、見一、絹一、疏一、小一、新一、原一、院一、原刊一、僞一、異一、人一、印一、資一、張一、藏一、正一、製一、眞一、珍一、初一、草一、抄一、板一、板核一、標一、合一。

【札】

(찰) 黠 サツ、ふだ 㞢Y' cha² letteer

小篆 草書 ❶편지찰(小簡)。『爾雅疏』古未有紙載文於簡謂之簡一。❷갑옷미늘찰(甲葉)。『左傳』養由基蹲甲而射之穿七一。❸젊어죽을찰(夭死)。『左傳』民不夭一。❹노찰(撥水櫂)。

【札記:찰기】간략하게 기록하는 일。또는 그러한 雜記帳。『李慈銘·史記札記』。
【札喪:찰상】젊어서 죽음。夭札。『周禮』國之凶荒、民之一一。
【札駐:찰주】공무를 띠고 외국에 머물러 있음。駐箚。
【札札:찰찰】❶매미가 우는 소리。❷쟁기로 밭을 가는 소리。『柳宗元』一一耒耜聲。❸배 짜는 소리。『古詩』一一弄機杼。
【札翰:찰한】편지。『魏書』間習尺牘一一。
◎簡一、鑑一、毛一、印一、寸一、出一。

【朮】

(출) 質 ジュツ、おけら 㞢X chu² Tractylis ovata(俗音「술」)

草書 삽주뿌리출(藥名蒼一、白一)。【本草別錄】一有兩種白一甛而少膏赤一苦而多膏。
【朮酒:출주】삽주 뿌리(藥草名)로 빚은 술。痰冷을 治癒한다고 함。『謝靈運』一味苦、播酒味甘、並至美、兼以療病、云云、朮治痰冷。

二畫

【朱】

(주) 虞 シュ、あか 㞢X chu¹ red

小篆 草書 붉을주(赤色、南方位)。【論語 陽貨】惡紫之奪一也。(『侏』와 통함)

【朱螺:주라】《樂》붉은 칠을 한 소라 껍질로 만든 大角。
【朱欄:주란】붉은 칠을 한 欄干。朱檻。『李嘉祐』高閣一一不厭遊。
【朱欄畫閣:주란화각】丹靑 칠을 곱게 하여 화려하게 꾸민 樓閣。朱樓畫閣。
【朱蠟:주랍】편지의 겉봉 같은 것을 봉하는 데 쓰는 붉은 빛깔의 밀。
【朱陸異同:주륙이동】朱學과 陸學은 모두가 程子에 本源을 두었으며 兩者가 같이 心性을 論하여 性理學者라는 데에는 共通된다 하겠으나 한편은 伊川의 系統을 다른 한 편은 明道의 思想을 繼承한 結果、드디어는 二大思潮로서 相對되게 되었고 明의 中葉 以後로는 講學家의 한 公案으로 되었다。그 相異點을 表示하자면 위의 表와 같다。

	朱學	陸學
學風	主智的·論理的·科學的·歸納的。繁衍叢脞 空理 空論을 좇는 傾向	直覺的·唯心的 頓悟를 尊崇·演繹的。直截簡明實踐躬行을 主로함。
本體論	理氣二元	理一元
性說	本然의 性、氣質의 性	性卽理
心理說	人心道心	心卽理
倫理說	先知後行	知行合一
色彩	佛敎的 色彩가 거의 없음	禪宗의 色彩가 있음。

【朱笠:주립】《制》戎服을 입을 때 쓰던 붉은 칠을 한 갓。紫笠。
【朱明:주명】❶여름의 異名。『爾雅·釋天』夏爲一一。❷해。太陽。『楚辭』一一承明兮。❸明朝의 일컬음。明 임금의 姓이 朱氏였으므로 이렇게 부름。
【朱墨:주묵】❶붉은 빛의 먹。『蘇軾』末路益可羞、一一手自硏。❷朱色과 墨色。❸官務를 맡아봄。❹推敲와 添削。문장을 지우고 고치는 일。『韓維·魯恭太師廟詩』。
【朱門:주문】❶붉은 칠을 한 문。❷지위가 높은 관리의 집。『晉書』南開一一、北望靑樓。
【朱砂:주사】《鑛》짙은 紅色의 광택이 있는 六方晶系의 塊狀의 鑛物。水銀과 유황의 化合物임。精製하여 염료나 漢方에서 약으로 씀。『南史』帝給黃金一一曾靑雄黃等。
【朱砂石:주사석】《鑛》누른 바탕에 새빨간 점이 박힌 곱고 귀한 돌。도장의 재료로 유명함。鷄血石。
【朱色:주색】붉은 데 약간 누런 빛이 섞인 빛깔。
【朱書:주서】朱墨으로 글씨를 쓰는 일。또는 그 글씨。「하나。
【朱錫:주석】《鑛》❶놋쇠。❷금속 원소의
【朱脣:주순】❶붉고 고운 여자의 입술。❷연지를 바른 여자의 입술。
【朱脣皓齒:주순호치】❶붉은 입술과 흰 이。丹脣皓齒。❷아름다운 여자의 얼굴。『楚辭』一一、豊肉微骨。
【朱顔:주안】❶美人의 얼굴빛。❷소년시절。『白居易』又無大藥駐一一。❸술취한 붉은 얼굴。『楚辭』美人旣醉、一一酡些。❹紅顔。
【朱硯:주연】朱墨을 가는 데 쓰는 작은 벼루。「음。
【朱愚:주우】지혜나 꾀가 없고 어리석은 사람。
【朱元璋:주원장】《人》明의 始祖。字는 國瑞、廟號는 太祖、諡는 高皇帝、濠州 사람。元末의 群雄蜂起의 틈을 타 天下를 통일하여 明朝를 세우고 在位 三一년 동안 나라를 다스려 善政을 베풀었음。

明太祖高皇帝 (三才圖會)

【朱儒:주유】❶난장이。❷識見이 없는 사람。侏儒。「一一。
【朱殷:주은】붉고 검은 색。『左傳』左輪一一。
【朱印:주인】朱色의 도장。
【朱子:주자】《人》朱熹의 尊稱。
【朱紫:주자】붉은 빛과 자주빛。朱는 正色이요 紫는 間色。《轉》正과 邪。善人과 惡人。『白居易』鬢髮已班白、衣綬方一一。
【朱子學:주자학】南宋 代 朱熹가 주창한 理氣二元論 및 居敬窮理의 儒學。
【朱雀:주작】❶《國》남쪽에 있는 星宿로서 그곳을 지키는 신령。붉은 봉황을 형상하여 옛부터 棺의 앞쪽에 그렸음。❷주릿대 등 訊杖으로 쓰임。

朱雀旗 (三才圖會)

【朱杖:주장】《制》붉은 칠을 한 몽둥이。나무기로
【朱點:주점】붉은 빛으로 찍은 점。朱色의 점。
【朱點沙器:주점사기】孔雀石으로 붉은 점을 찍어 만든 사기。
【朱鳥:주조】❶붉은 빛의 새。❷南方星

座의 이름。『禮記』前ㅡㅡ而後玄武。

【朱天:주천】 서남 쪽에 있다는 九天의 하나。『淮南子』。

【朱土:주토】 ❶붉은 흙。赤土。❷石間硃。

【朱筆:주필】 ❶朱墨을 묻혀서 쓰는 붓。❷朱書。

【朱夏:주하】 여름。朱明。『傅咸』逮ㅡㅡ而誕英。

【朱軒:주헌】 옛날 中國의 高位高官이 타던 붉은 칠을 한 수레。(轉)高位高官。

【朱紅:주홍】 ❶주홍빛。❷性分이 黃化水銀인 붉은 빛의 顏料。

【朱黃:주황】 주색과 황색의 중간 빛。

【朱熹:주희】 (人)一一三〇~一二〇〇 南宋의 大儒學者。字는 元晦 또는 仲晦、號는 晦庵。朱子學의 鼻祖。(著書)資治通鑑綱目·四書集注·近思錄·小學 등。

朱晦菴(三才圖會)

【朳】 (팔) 黠 ハツ、えぶり rake

❶고무래팔、곰배팔(坌具無齒杷)。❷삼태팔(畚具)。

【朴】 (박) 覺 ボク、すなお unsophisticated ㄆㄨ p'u²

朴(小篆) 朴(草書) ❶진실할박(質也)。『漢書』示敦ㅡ爲天下先。❷밑동박、등걸박(本也)。❸약이름박(藥名厚ㅡ)。(『樸』과 같음)

【朴鈍:박둔】 단단하지 못한 그릇。『漢書·陳湯傳』。

【朴魯:박로】 꾸밈이 없고 어리석음。『宋史』東人皆ㅡㅡ純直。

【朴茂:박무】 정직하고 인정이 두터움。樸厚。『宋史』純明ㅡㅡ之美。

【朴素:박소】 ❶수수하고 검소함。❷사람의 손을 대지 않은 그 대로임。『後漢書』車騎ㅡㅡ、無金銀之飾。

【朴野:박야】 꾸밈이 없이 촌스러움。소박하고 粗野한 일。『宋史』安石外示ㅡㅡ、中藏巧詐。

【朴淵瀑布:박연폭포】 (地)京畿道 開豊郡에 있는 폭포。開城에서 四十리 가량 되는 天摩山 기슭에 있음。부근에는 약수가 있고 단풍이 아름다와 松都三絶의 하나로 알려져 있음。높이 二〇餘米。

【朴質:박질】 꾸밈 없이 성실함。朴忠。『北史』ㅡㅡ遲鈍、頗愛琴書。

【朴硝:박초】 (醫)硝石을 한 번 煉하여 만든 약재。利尿劑로 쓰임。

◎素ㅡ、淳ㅡ、質ㅡ。

【朶】 (타) 哿 タ、しだれる cluster ㄉㄨㄛ tuo³

朶(小篆) 朶(草書) ❶나무가지 휘늘어질타(樹木垂)。❷떨기타(花叢)。『杜甫詩』百花檐外ㅡ。❸턱까불타(動也)。『易經 頤卦』觀我ㅡ頤。❹움킬타(手捉物)。

【朶雲:타운】 五色을 띤 예쁜 구름。(轉)남의 편지를 높여 일컫는 말。五雲。貴書。『唐書』陟唯署名、自謂所書陟字、如五ㅡㅡ、時人暮之、號郇公五雲體。

【朶頤:타이】 ❶턱을 움직인다는 뜻으로 먹이를 먹으려는 모양。❷강국이 약소국을 삼켜 먹으려는 모양。『易經』觀我ㅡㅡ。

【朶朶:타타】 많은 가지 또는 가지가 늘어진 모양。

【朵】 (타)『朶』(前條)와 같음 朵

【朷】 ㊀(도) 豪 ㊁(목) 屋 トウ、きのしん pith

㊀나무고갱이도(木心)。㊁뽕가지치는칼목(治桑刀)。

【朸】 (력) 職 リョク、もくめ annual ring

朸(小篆) 나뭇결력、나이테력(木理、年輪)。

【朸縣:역현】 縣名。漢代 設置。지금의 山東省 商河縣治。『漢書』。

【朹】 (구) 尤 キュウ、さるなし haw

아가위구、아가배구(山樝)。

【机】 (궤) 紙 キ、つくえ desk ㄐㄧ chi³

机(小篆) 机(草書) ❶궤나무궤(木名)。『山海經』單狐之山多ㅡ木。❷책상궤(案屬)。『家語』仰視榱桷俯察ㅡ筵。(『几』와 통함)

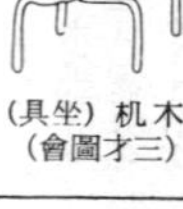
木机(坐具)(三才圖會)

【机上:궤상】 책상 위。

【机上論:궤상론】 이론뿐이고 실제의 효과가 없는 분분한 의논。空論。机上空論。

【机上肉:궤상육】 도마 위의 고기란 뜻。

【机案:궤안】 책상。

【机下:궤하】 ❶편지 겉봉에서 상대 편의 이름 밑에 붙여 쓰는 敬稱。❷책상 아래。

【朻】 (규) 尤 キュウ、まがる bent down

❶나무 아래로 굽을규(木下曲)。❷높은 나무규(高木)。

【朼】 (비) 紙 ヒ、さじ rice scoop

朼(草書) 주걱비(調飲木匙)。(『枇』와 같음)

【朽】 (후) 有 キュウ、くちる rot ㄒㄧㄡ hsiu³

朽(草書) ❶썩을후(腐也)。『左傳』恐燥濕之不時而ㅡ蠹以重敝邑之罪。❷냄새후(臭也)。『列子』饗香以爲ㅡ。❸망할후(亡也)。『左傳 襄公二十四年』死而不ㅡ何謂也。(『殞』와 같음)

【朽壞:후괴】 썩어서 파괴됨。『晉書』專事軍旅、樂器在庫、遂至ㅡㅡ。

【朽落:후락】 ❶낡고 썩어서 쓰지 못하게 됨。❷오래 되어서 빛깔이 변하고 구지레하게 됨。

【朽爛:후란】 썩고 헐어 문드러짐。

【朽老:후로】 나이 많아 기력이 쇠약해짐。또는 그러한 사람。『南史』ㅡㅡ筋力盡。

【朽滅:후멸】 썩어서 없어짐。『李白』豊功利生人、天地同ㅡㅡ。

【朽索:후삭】 썩은 밧줄。『書經』予臨兆民、凛乎若ㅡㅡ之馭六馬。

【朽損:후손】 나무 같은 것이 썩어서 헐어짐。

【朽穢:후예】 썩고 더러움。『韓愈』今無故取ㅡㅡ之物。

【朽敗:후패】 썩어서 못 쓰게 됨。『後漢書』器物取ㅡㅡ者。

◎老ㅡ、不ㅡ。

【朾】 (정) 靑 テイ、はたざお flagstaff

朾(小篆) 朾(草書) ❶깃대정(旗桿)。❷땅이름정(地名)。

【朾聽:정청】 仔細하게 살핌。廉察。『新方言』廉察謂之ㅡㅡ。

【朿】 (치) 寘 シ、とげ fragment of splinters ㄘ tz'u⁴

朿(小篆) 朿(草書) 까스랭이치(芒也)。

三畫

【杄】 (천) 先 セン、ぶどうがき Diospyros Lotus var.

고욤나무천(桾櫏木)。

【杅】(우) 虞 ウ、ゆあみだらい bath-tub ㄩˊ yü²

杅 草書 ❶목욕통우(浴器)。【荀子 君道】—方則水方。❷든든할우(——自得貌)。【荀子 儒效】——富人豈不貧而富哉。

【杅杅:우우】만족하는 모양。『荀子』——富人。

杅姜季周(圖古搏)

【杆】(간) 翰 カン、ぼう、てこ pole ㄍㄢ kan¹

杆 草書 ❶박달간(檀木)。❷쓰러진 나무간(僵木)。❸몽둥이간(木梃)。❹방패간(盾也)。【漢書 尹賞傳】被鎧—。❺팔찌간(臂衣)。

【杆菌:간균】《醫》세균의 한 가지。棒狀 또는 타원상의 형태를 하고 있음。콜레라균·백일해균·장티프스균·결핵균·炭疽菌 따위。

【杆棒:간봉】몽둥이。막대기

【杇】(오) 虞 オ、こて trowel ㄨ wu¹

杇 小篆 杇 草書 ❶흙손오(塗墁器)。❷칠할오(塗也)。【論語 公冶長】巧木不可雕也糞土之牆不可—也。(『圬·釫』와 같음)

【杈】(차) 麻 サ、えだ、また crotch of a tree ㄔㄚˋ ch'a⁴

杈 小篆 杈 草書 ❶두가장귀나무차(岐枝木)。【杜甫 雕賦】突杈—而皆折。❷작살차(捕魚具)。【周禮】以—刺泥中。❸써레차(—杷農器)。

❷❸杈 (書全政農)

【杈刺:차자】작살로 고기를 찔러서 잡음。扠는 捕魚具。『周禮』以——泥中。

【杉】(삼) 咸 サン、すぎ cryptomeria ㄕㄢ shan¹ ㄕㄚ sha¹

杉 草書 삼나무삼、으루나무삼(似松、船材)。

【杉籬:삼리】삼나무 울타리。『李商隱』桂巷——不可尋。

【杉木:삼목】《植》松科에 속하는 상록 교목。中國·日本 남쪽 지방에서 많이 나는데 나무의 질이 좋아서 건축·기물 따위에 널리 쓰임。

【杉風:삼풍】삼나무에 부는 바람。『蘇軾·詩』。

【杉檜:삼회】《植》삼나무와 전나무。목재의 대표되는 나무。

【杌】(올) 月 ゴツ、きりかぶ stump ㄨˋ wu³·⁴

杌 草書 ❶나무그루터기올(木無枝)。❷수선할올(不安貌)。【書經 秦誓】邦之—隉。❸완악할올(兇也)。❹걸상올(—子)。

【杌隉:올얼】위태로운 모양。불안한 모양。『書經』邦之——。

【杍】(자) 紙 シ、だいく carpenter

❶목수자(木匠)。❷곱자자(治木器)。(『梓』와 통함)

【李】(리) 紙 リ、すもも plum ㄌㄧˇ li³

李 小篆 李 古文 李 草書 ❶오얏리(果名似桃)。【阮籍詩】東園桃與—。❷선비천거할리(桃—薦士)。【世說苑】機桃—者夏得休息秋得其實故世謂狄仁傑桃—皆在公門。❸역말리(行—關驛)。❹행장리、보따리리(行裝)。【左傳 僖公十三年】行—之往來。(『理』와 통함)

【李唐:이당】唐朝의 일컬음。高祖 李淵의 姓에 緣由함。二○代、二八九年 만에 망함。『周朴』群玉才名冠——。

【李桃:이도】앵두의 別名。『爾雅』櫻桃俗名——、又名桼桃。

【李杜:이두】唐의 李白과 杜甫의 竝稱。『唐書』。

【李杜韓柳:이두한유】唐의 李白·杜甫·韓愈·柳宗元 네 사람을 일컫는 말。李白과 杜甫는 詩에 뛰어나고、韓愈와 柳宗元은 文에 뛰어남。

【李密:이밀】《人》晉의 武陽 사람。字는 令伯、一名 虔。陳情表의 作者。

【李白:이백】《人》七○一~七六二。唐의 大詩人。字는 太白、號는 靑蓮。蜀의 四川 사람。鬼才的인 詩人으로 唐玄宗의 부름을 받아 官界에 進出했으나 뒤에 추방되어 방랑 생활을 하면서 詩作을 계속함。杜甫와 同時人인데 杜甫의 詩風이 寫實主義임에 비하여 李白은 浪漫主義의 경향이 농후함。杜甫와 아울러 詩宗이라 함。〈著書〉李太白詩集三○권。

李太白(三才圖會)

【李父:이부】호랑이의 異名。『楊子方言』陳魏間謂虎爲——、江淮謂之李耳。

【李生窺墻傳:이생규장전】《書》漢文小說。李朝 世祖 때 金時習 지음。죽은 사람의 혼령과 부부가 된다는 이야기。金鰲新話 중에 수록되었음。

【李世民:이세민】《人》唐의 第二代의 임금。廟號는 太宗。高祖 李淵의 둘째 아들。房玄齡·杜如晦 등과 함께 아버지를 도와 천하를 통일하고 임금이 된 후 律令의 해석 등 內治에 힘씀。

唐 太宗(三才圖會)

【李舜臣:이순신】《人》一五五四~一六一一 李朝宣朝 때의 武將。字는 汝諧。德水 사람。全羅左道 水軍節度使가 되어 거북선을 創建。壬辰倭亂이 일어나자 閑山島에서 敵船을 七○여척을 불질러 대첩하였음。뒤에 露梁海戰에서 敵의 流彈에 맞아 戰死하였음。諡號는 忠武。

【李氏朝鮮:이씨조선】《歷》王朝 이름。一三九二~一九一○。高麗를 이어 李成桂가 建國。수도는 漢城。一八九七년 국호를 大韓帝國으로 고쳐오다가 二七代 純宗 四年에 韓日合邦으로 나라를 잃음。儒敎 중심의 事大的인 封建思想이 盛하고 黨爭이 심했으며 鎖國 政策으로 西歐文化의 수입을 막음。한글 창제 및 測雨器·活字·거북선 등이 발명됨。近朝鮮。

【李淵:이연】《人》唐 高祖。字는 叔德。廟號는 高祖。隴西 사람。西涼의 太祖 暠의 七世孫。在位 九年。『唐書·一』。

唐 高祖(三才圖會)

【李隆基:이융기】《人》唐의 玄宗。睿宗의 第一子 이름은 隆基。諡號는 明皇。封은 臨淄王 英武하여 才略에 뛰어났음。韋氏의 亂을 當하여 秘密히 匡復을 꾀하여 兵을 일으켜서 韋氏를 誅하고 父君睿宗을 卽位케 하여 뒤에 禪位를 받아서 帝位에 오름。姚崇·

唐 玄宗(三才圖會)

宋璟을 超用하여 善政을 베풀었음。開元의 治는 貞觀에 比較됨。天寶의 後로는 貴妃 楊氏를 寵愛하여 李林甫·楊國忠 等으로 國政을 돌보게 하였으나 安祿山의 亂을 當하여 難을 蜀으로 避함。在位四四年。廟號는 玄宗、年號는 先天·開元·天寶。

【李珥:이이】李朝 宣朝 때의 德水 사람 康平公明晨五代의 孫。小字는 見龍。字는 叔獻。號는 栗谷、또는 石潭。諡號는 文成。東西 黨爭의 調整에 힘씀。海東孔子라 稱하여짐。

【李林甫:이임보】(人)唐 玄宗代 後期의 宰相。字는 哥奴。號는 月堂。성품이 柔佞하고 狡黠하며 權術이 있어서 宦官·妃嬪과 結托하여 임금의 動靜을 살펴 迎合하고、在朝 一九년에 政事를 마음대로 농간함。天下가 모두 원수로 여기어 마침내 安史亂을 釀成함。

【李朝實錄:이조실록】=朝鮮王朝實錄。

【李鐵拐:이철괴】(人)흔히 八仙의 한 사람이라 함。이름은 洪水、小字는 拐兒 또는 鐵拐라 함。一說에 쇠지팡이를 하늘에 내던지자 龍으로 化하여、이를 타고서 사라졌다 함。

李鐵拐(三才圖會)

【李忠武公全書:이충무공전서】(書) 一四권 八一책。李朝 宣祖 때 李舜臣의 遺稿全書。正祖의 명으로 尹行恁이 편찬한 것。

【李下不正冠:이하부정관】오얏나무 밑에서 갓을 고쳐 쓰면 도둑으로 오해받기 쉬우므로 그런 곳에서는 갓을 고쳐 쓰지 말라는 뜻。(喩)남에게 의심 받을 만한 일은 아예 하지 말라는 뜻。『古樂府·君子行』。

【李鴻章:이홍장】(人)一八二三~一九〇一、淸末의 정치가。號는 漸甫。北淸事變과 淸日戰爭에 外交官으로 공을 세우고 北洋大臣·內閣太學士 등을 역임。그의 門下에 袁世凱 등의 정치가가 많음。

【李花:이화】❶오얏꽃。『劉銑』北窓晴雨裏、一樹一一明。❷李朝末의 관리들이 쓰던 徽章。❸帽標。

【杏】(행) 梗 キョウ、あんず apricot ㄒㄧㄥˋ hsing⁴

小篆 ❶살구행(果名)。『管子』五沃之土其木宜一。❷은행행(樹名)。『吳都賦註』平仲果其實如銀故曰銀一。

【杏壇二字碑:행단이자비】孔子가 그의 弟子들을 敎授하던 遺址에 세운 碑。宋의 乾興代에 大殿을 뒤로 옮겨서 講堂의 옛터에 벽돌을 쌓아 壇을 만들어 周圍에 앵두나무를 심어、金나라의 學士 黨懷英이 杏壇이라 써서 亭內에 세웠음。山東省曲阜縣의 聖廟內에 있음。

杏壇二字碑(金石索)

【杏林:행림】醫員의 美稱。또는 醫術에 從事하는 사람。(故)董奉이라는 사람이 病者를 치료한 사례로 重症者에게 다섯、輕症者에게 하나의 살구나무를 심게하여 이것을 董仙의 杏林이라 하였음。『神仙傳』。

【杏仁:행인】(醫)살구씨의 알맹이。기침·便秘의 藥材로 씀。

【杏仁糖:행인당】살구씨를 설탕에 조리어 말린 과자。

【杏子木:행자목】은행나무의 목재。

【杏子盤:행자반】은행나무의 목재로 만든 소반。품이 썩 좋고 가벼움。

【杏子板:행자판】(國)은행나무로 된 널조각。

【杏炮:행포】(國)살구를 설탕물에 조리어 만든 과자。

【杏花:행화】살구꽃。杏華。

◎銀一。

【呆】(모)『某』(木部5畫)와 같음

【材】(재) 灰 ザイ、まるた stuff; tact ㄘㄞˊ ts'ai²

草書 ❶재목재、늘미재(木直堪用)。『孟子』一木不可勝用也。❷자품재(性質)。『中庸』必因其一而篤焉。❸재주재(才也)。『書經』任官惟賢一。『才·財』와 통함

【材器:재기】사람의 됨됨이나 器量。재주가 있어 쓸모가 있는 바탕。材幹。『漢書』一一名稱、稍不能及父、而祿位彌隆。

【材能:재능】재주와 능력。才能。

【材略:재략】재주가 있는 꾀。才略。

【材料:재료】❶물건을 만드는 감。『宋史』曰營造、曰一一。❷어떤 일을 할 거리。

【材吏:재리】手腕이 있는 관리。

【材木:재목】건축이나 기구를 만드는 데 재료가 되는 나무。『孟子』一一不可勝用也。

【材木商:재목상】재목을 사고 파는 장사。또는 그 장수。木商。

【材勇:재용】재주와 용기。材武。『晉書』世貧賤、以一一、得幸于河間王顒。

【材質:재질】才局과 성질。

◎乾一、敎一、器一、木一、石一、良一、雄一、印一、題一、主一、鐵一、取一。

【村】(촌) 元 ソン、むら village ㄘㄨㄣ ts'uen¹

草書 ❶마을촌(聚落)。『陶潛詩』曖曖遠人一。❷밭집촌(野也)。❸시골촌(山一)。『邨』과 같음

【村家:촌가】시골 마을에 있는 집。『方干』日與一一事漸同、燒松啜茗學鄰翁。

【村間:촌간】마을과 마을과의 사이。

【村居:촌거】시골에서 사는 일。

【村鷄官廳:촌계관청】(國)촌닭을 관청에 잡아 온 셈이다의 뜻으로 어릿어릿함을 뜻함。

【村郊:촌교】시골의 들。『唐彥謙』一一多父老。

【村氣:촌기】시골 기풍。『隋唐嘉話』薛駙馬有一一。

【村童:촌동】촌에서 사는 아이。『王維』田父草際歸、一一雨中牧。

【村落:촌락】촌에 이루어진 부락。시골의 마을。↕都市。『元稹』農收一一盛。

【村落共同體:촌락공동체】동일 혈족의 집단으로 이뤄진 토지 공유제의 촌락사회。원시 공산적 사회의 최후의 단계。

【村里:촌리】村落。마을。

【村氓:촌맹】시골에서 사는 백성。村民。

【村名:촌명】마을의 이름。

【村味:촌미】❶시골에서 만든 음식물。❷시골에 사는 맛。

【村民:촌민】=村氓。

【村婦:촌부】시골에 사는 부녀。

【村生員:촌생원】(國)촌 샌님。

【村墅:촌서】시골에 있는 別莊。또는 農幕。『祖詠』天色混波濤、岸陰匝一一。

【村俗:촌속】시골의 풍속。

【村野:촌야】시골의 마을과 들。村郊。『劉禹錫』月明一一通。

【村媼:촌온】촌에 사는 할머니。

【村翁:촌옹】村叟。시골 노인。『杜甫』歲時伏臘走一一。

【村儒:촌유】시골의 학자。시골 선생。村夫子。『事文類聚』逆旅中遇一一。

【村長:촌장】한 마을의 일을 맡아 보는 대표。한 마을의 우두머리。

【村莊:촌장】 촌에 있는 별장。
【村中:촌중】 ❶한 마을의 中央地。 ❷온 마을。『桃花源記』ㅣㅣ聞有此人。
【村村乞食:촌촌걸식】 이 마을 저 마을로 돌아다니며 빌어 먹음。
【村濁:촌탁】《國》 시골에서 만든 막걸리。村醪。
【村漢:촌한】 촌에 사는 남자。 촌놈。
【村巷:촌항】 먼 시골의 외따로 떨어진 길거리。村路。『白居易』西風入ㅣㅣ、清涼八月天。
◎江ㅣ、孤ㅣ、農ㅣ、模範ㅣ、無醫ㅣ、僻ㅣ、山ㅣ、散ㅣ、一ㅣ、魚ㅣ、集ㅣ、寒ㅣ。

【杓】 ㊀(작) 藥 ㊁(표) 蕭 ㄕㄨㄛˋ shuo⁴ ㄆㄧㄠ piao¹ small ladle ヒョウ、シャク、ひしゃく
小篆 小篆 草書 ㊀북두자루 표(斗柄)。【漢書】玉衡ㅣ建天之綱也。 ㊁❶구기 작(飮器)。【史記】沛公不勝桮ㅣ。 ❷당길 작(引也)。【淮南子 道應訓】孔子勁ㅣ國門之關、而不以力開。 ❸묶일 작(繫也)。【淮南子 兵略】爲人ㅣ者死。(『勺』과 같음)

【杔】 ㊀(탁) 藥 ㊂(척) 陌 タク、チャク legs of a sieve さけこし
㊀탁로나무 탁(木名ㅣ櫨)。 ㊂❶(술거를때쓰는)체다리 척、 주자틀 척(漉酒具ㅣ櫨)。 ❷주두 척(柱上枅)。

【杕】 ㊀(체) 霽 ㊁(타) 哿 テイ、かじ helm ㄉㄧ ti⁴
小篆 草書 ㊀❶나무무성할 체(樹盛貌)。 ❷나무우뚝할 체(木生孤高)。【詩】有ㅣ之杜。 ㊁배의 작은키타(船尾小梢)。
【杕杜道周:체두도주】 오직 한 그루의 아그배나무가 굽은 길 가에 나서 그늘이 적은 것。《轉》사람을 용서하는 雅量이 없음을 諷刺함。『詩經』有杕之杜、生于道周。

【杖】 ㊀(장) 養 ㊁(장) 漾 ジョウ、つえ stick ㄓㄤˋ chang⁴
小篆 草書 ㊀❶지팡이 장(所以扶行)。【禮記】大夫七十而致仕賜之几ㅣ。 ❷몽둥이 장(大梃)。【家語】舜事瞽瞍小捶則待過大ㅣ則逃走。 ㊁❶가질 장(持也)。【書經】左ㅣ黃鉞。 ❷기댈 장、의지할 장(憑倚)。【左傳】ㅣ信以待晉。(『仗』과 통함)

㊀❶ 杖(禮器圖)

【杖家:장가】 집안에서 지팡이를 짚을 만한 나이。곧 五○살을 일컬음。『禮記·王制』五十杖於家、六十杖於鄕、七十杖於國、八十杖於朝。
【杖鼓:장고】 장구。長鼓。腰鼓。

杖 鼓 (丹陛樂器圖)

【杖朞:장기】 喪期에 든 사람이 지팡이를 짚고 齋衰(재최)로 一년 동안 입는 제복。
【杖毒:장독】 杖刑을 당한 상처의 독。
【杖頭:장두】 지팡이의 머리。 곧 지팡이의 손잡이 부분。

漢鳩首杖頭 (西清古鑑)

【杖頭錢:장두전】 길을 갈 때 술 값으로 지니는 몇 푼의 돈。
【杖問:장문】 곤장을 치며 訊問함。
【杖鉢:장발】 중이 가지고 다니는 錫杖과 食鉢。또는 그것을 가지고 다니는 중。
【杖殺:장살】《制》형벌로 매로 쳐서 죽임。『唐書』后怒ㅣㅣ之。『李嶠』荆南旋ㅣㅣ。
【杖傷:장상】 곤장에 맞은 상처。
【杖囚:장수】 杖之囚之의 略語。
【杖匙:장시】《體》擊毬에 쓰는 毬杖의 공을 끌어 담아 던지는 부분。
【杖之囚之:장지수지】《制》곤장으로 때린 뒤에 옥에 가둠。
【杖策:장책】 말채찍을 지팡이로 짚음。『後漢書』鄧禹ㅣㅣ軍門、說上延攬英雄。
【杖處:장처】 杖刑으로 곤장을 맞은 자리。 상처가 난 자리。
【杖下:장하】 杖刑을 하는 그 자리。
【杖下之魂:장하지혼】 장형을 당하는 그 자리에서 죽은 혼령。
【杖刑:장형】《制》中國 大明律에서 비롯한 옛 五刑의 하나。棍杖으로 볼기를 치는 형벌。六○ 번으로부터 一○○ 번까지 이름。
◎棍ㅣ、短ㅣ、錫ㅣ。

【杗】 ㊀(망) 陽 ㊁(맹) 庚 ボウ、モウ、むなぎ girder ㄇㄤˊ mang²
小篆 草書 ㊀❶대들보 망(大梁)。【韓愈 進學解】大木爲ㅣ。 ❷동자기둥 맹(棟也)。 ㊁❶고동보 맹(㽪梁)。
【杗㽪:망루】 큰 대들보。『爾雅』。

【杘】 (치) 寘 チ、ニ、いとまき handle of reel
小篆 或體 ❶얼레자루 치(收絲具籰柄)。 ❷아이 간교할 치(小兒多詐而獪)。

【杙】 (익) 職 ヨク、くい stake ㄧˋ i⁴
小篆 草書 ❶익실과 익(交趾果名)。 ❷말뚝 익(橛也)。【左傳】臧堅以ㅣ抉其傷而死。 ❸몽치 익(所以格獸)。【莊子】拱把而上求狙猴之ㅣ者斬之。

【杜】 (두) 麌 ト、ズ、やまなし hawthorn ;shut ㄉㄨˋ tu⁴
小篆 草書 ❶아가위 두(甘棠)。【樊光曰】赤者爲ㅣ白者爲棠。 ❷막을 두(塞也)。【史記 商鞅傳】公子虔ㅣ門不出、已八年矣。 ❸향초이름 두(香草名)。
【杜康:두강】《人》中國 古代에 처음으로 술을 만들었다고 하는 사람。《轉》술의 異名。『魏武帝·短歌行』憂事難忘、何以解憂、唯有ㅣㅣ。
【杜鵑:두견】《動》소쩍새。杜宇。『邵氏聞見錄』散步天津橋上、聞ㅣㅣ聲。
【杜鵑花:두견화】《植》진달래꽃。躑躅。山石榴。
【杜莖山:두경산】《植》잎은 苦蕒菜 비슷하며 가을에 黃色 꽃을 피우며、흰 枸杞子 나무만한 크기의 열매를 맺음。잎은 藥用。『本草·常山』。

杜莖山

【杜口:두구】 입을 다물음。緘口。
【杜狗:두구】 땅강아지의 別名。螻蛄。
【杜門:두문】《民》八門의 하나。 흉한 문으로 九宮의 四綠이 본자리가 됨。
【杜門洞:두문동】《地》땅 이름。京畿道 開豊郡 光德面 光德山 서쪽 기슭에 있는 고적。李成桂가 一三九二년 朝鮮 太祖로 개국하매 高麗의 遺臣 申珪·孟好誠·徐仲輔 등 七二명의 충신·열사들은 李朝를

섬기지 않고 開城 동남의 고개(현재의 不朝峴)에 朝服을 벗어 걸어 놓고 헌 갓을 바꾸어 쓰고 이 곳으로 들어갔다 함。

【杜門不出:두문불출】 집에만 있고 사회의 일이나 관직에 나가지 않음。

【杜甫:두보】《人》七一二~七七〇、唐의 詩人。字는 子美、號는 少陵。襄陽(湖北省)사람。杜陵(長安 郊外)에 있었기 때문에 스스로 杜陵의 布衣、少陵의 野老라고 일컬었음。玄宗에게 환영을 받았으나 安祿山의 亂으로 四方을 放浪、代宗의 大曆 五년 五九세에 耒陽(湖南省)에서 病死。李白과 竝稱하여 李杜라 일컬어지며、杜牧에 대해 大杜・老杜라고도 불림。〈著書〉杜工部集 二〇卷。

杜子美 (三才圖會)

【杜詩:두시】 杜甫의 詩。

【杜詩諺解:두시언해】《書》二五권 一七책。原名은 分類杜工部詩諺解。李朝 때 柳允謙 등이 成宗의 명으로 지음。杜甫의 詩를 한글로 번역한 것。國語 및 國文學 연구상 귀중한 자료。

【杜氏:두씨】 술을 빚는 사람。

【杜若:두약】《植》양하과에 속하는 多年生 宿根草。줄기 높이 三〇糎 가량이고、잎은 호생하며 긴 타원형으로 끝이 뾰족함。여름에 白色의 작은 꽃을 피우며 둥근 열매를 맺음。

杜若 (三才圖會)

【杜宇:두우】 =杜鵑。【蜀王本紀】

【杜子美:두자미】 =杜甫。

【杜絕:두절】 어떤 불의의 사고로 교통이나 통신이 막히고 끊어짐。

【杜酒:두주】 자기 집에서 직접 만든 薄酒。【杜甫・題張氏隱居詩】。

【杜黜:두출】 막고 내쫓음。【後漢書・袁紹傳】 ㅡㅡ忠功、以疑衆望。

【杜弊:두폐】 폐단을 막음。폐단이 생기지 않도록 함。

【杜衡:두형】《植》香草의 이름。산골짜기나 濕地에 남。잎은 해바라기 비슷하며 모양은 말 발굽을 닮았음。杜衡。

杜蘅 (三才圖會)

【杝】 ㊀(이) 支 ㊁(치) 紙 チ、さく、わる split

小篆 草書 ㊀피나무이(木名白椵)。㊁❶나무결로 쪼갤치(隨其理析)。「白楊類似」 ❷떨어질치(落也)。

【杝棺:이관】 피나무(白楊나무와 비슷함)로 만든 棺。【禮記】ㅡㅡ一、梓棺二。

【杞】 (기) 紙 キ、こぶやなぎ willow ㄑㄧˇ ch'i³

小篆 草書 ❶산버들기(柳屬)。【左傳】ㅡ梓皮革自楚往也。❷개버들기(可爲栝棬之屬)。【詩經 小雅南山有臺】南山有ㅡ。❸약이름기(藥名)。❹나라이름기(國名)。

【杞菊茶:기국다】 山菊花・枸杞子・검은깨・雀舌 등을 곱게 갈아 소금을 친 뒤에 駝酪을 붓고 달인 차。

【杞棘:기극】 기나무와 가시나무。【詩經】湛湛露斯、在彼ㅡㅡ。

【杞柳:기류】《植》고리버들。柳器를 만드는 버들。【孟子】性猶ㅡㅡ也、義猶杞也。

【杞憂:기우】 장래의 일에 대한 쓸데 없는 군 걱정。《故》中國 杞나라 사람이 하늘이 무너져 내려 앉지 않을까 걱정했다 함。杞人憂。杞人憂天【列子・天瑞】。◎枸ㅡ。

【束】 (속) 沃 ソク、たばねる bundle ㄕㄨˋ shu⁴

小篆 草書 ❶묶을속、동일속、얽을속(縛也)。【後漢書 卓茂傳】前密令卓茂、ㅡ身自修、執節淳固。❷단나무속(ㅡ薪)。【詩經】白茅純ㅡ。❸약속할속(約也)。【史記 高祖紀】定要ㅡ耳。❹비단다섯끝속(錦五疋爲ㅡ)。

【束帶:속대】 冠을 쓰고 띠를 띰。곧 예복을 입는 일。【論語】赤也ㅡㅡ立於朝、可使與賓客言。

束帶 (三才圖會)

【束縛:속박】 ❶몸을 자유롭지 못하게 얽어 맴。❷자유를 빼앗고 억제함。【史記】誘進以仁義、ㅡㅡ以刑罰。

【束髮:속발】 ❶어른이 되어 처음으로 상투를 꽂고 冠을 쓰는 일。結髮。【大戴禮】ㅡㅡ而就大學。❷열 다섯쯤 된 남자。

【束手:속수】 ❶손을 묶음。어찌 할 方策이 없어 아무 것도 하지 못함。【史記】父子老弱、係脰ㅡㅡ。❷저항하지 않고 순종함。【晉書】所過城邑、莫不ㅡㅡ。

【束數:속수】 묶음의 수효。

【束脩:속수】 ❶제자가 될 때에 스승에게 보내는 예물。【論語】自行ㅡㅡ以上、吾未嘗無誨焉。❷포개어서 묶은 脯。

【束手無策:속수무책】 어찌할 도리가 없어 손을 묶은 듯이 꼼짝 못함。

【束薪:속신】 묶어 놓은 땔나무。【詩經】綢繆ㅡㅡ。

【束裝:속장】 行裝을 갖추어 차림。【陸游】客枕何時穩、匆匆又ㅡㅡ。

【束芻:속추】 馬草를 묶음。묶은 한 뭇의 꼴(秣)。【詩經】綢繆ㅡㅡ、三星在隅。◎檢ㅡ、結ㅡ、拘ㅡ、團ㅡ、約ㅡ、裝ㅡ。

【杠】 (강) 江 コウ、はたざお flag-staff ㄍㄤ kang¹⁴

小篆 草書 ❶외나무다리강(小橋)。【孟子】徒ㅡ成。❷깃대강(旗竿)。【爾雅】素綿綢ㅡ。❸상앞가로대막대강(牀前橫木)。❹올릴강(擧也)。【漢書 項籍傳】力能ㅡ鼎。

【杠梁:강량】 다리。橋梁。【柳宗元】ㅡㅡ以成、人不履危。

【条】 (조)『條』(7畫 木部)의 略字

【李】 (목) 〔日字〕 だいく carpenter

草書 목수목、지위목(木手)。

【杣】 (산) 〔日字〕 そま wood-cutter

草書 나뭇군산(樵人)。

【来】 (래)『來』(6畫 人部)의 略字

四畫

【杪】 ㊀(초) 效 ㊁(묘) 篠 ビョウ、こずえ the point of a tree ㄇㄧㄠˇ miao³

小篆 草書 ㊀❶휘추리초、나무끝초(木末)。【柳宗元詩】縈廻出林ㅡ。❷끝초(末也)。❸작을초(小也)。㊁뜻은㊀과 같음。

【杪冬:초동】 겨울의 끝 무렵。

【杪頭:초두】 나무가지 끝。꼭대기。【傳咸】未升半而九息、何時達乎ㅡㅡ。

【杪歲:초세】 그 해의 끝 무렵。歲暮。『晉書』交霜雪於ㅣㅣ、晦風雨於將晨。
【杪秋:초추】 가을의 끝 무렵。

【杫】 (지) 寘 シ、まないだ chopping-board
도마지(俎也)。【方言】蜀漢之閒俎几謂之ㅣ。

【朱】 (곤)『困』(口部 4畫)의 古字

【杬】 ㊀(원) 元 ゲン、もむ
㊁(완) 翰 massage
草書 ㊀❶몸주무를원(身體按摩)。❷나무이름원(木名)。【吳都賦】緜ㅣ杶櫨。 ㊁뜻은 ㊀과 같음。

【杭】 (항) 陽 コウ、わたる across ㄏㄤ´ hang²
草書 ❶거루항(方舟)。【詩經】誰謂河廣、一葦ㅣ之。❷고을이름항(州名)。❸건널항(渡也)。(『航』과 같음)
【杭絕:항절】 배로 건너감。『史記』經營炎火、而浮弱水兮、ㅣㅣ、浮渚、而涉流沙。

【柿】 (폐) 隊 ハイ、こけら shavings
小篆 草書 대패밥폐(削下木片)。【後漢書】風吹削ㅣ。(『柹』와 같음)

【杯】 (배) 灰 ハイ、さかずき cup ㄆㄟ peiˉ
小篆 籀文 籀文 草書 ❶잔배(飲酒器)。【禮記】母沒而ㅣ棬不能飲焉。❷국바리배(羹盂)。【史記】幸分我一ㅣ羹。(『盃·桮』와 같음)

【杯棬:배권】 나무를 휘어 만든 잔。桮棬。『禮記』母沒而ㅣㅣ不能飲焉。
【杯盤:배반】 술을 마시는 잔과 그릇。
【杯觴:배상】 술잔。(觴도 술잔을 뜻함)。『劉禹錫』自家惟有ㅣㅣ興。
【杯酒:배주】 잔에 부은 술。『漢書』未嘗銜ㅣㅣ、接慇勤之歡。
【杯中蛇影:배중사영】 신경질이 많아 자기 스스로 의혹된 마음이 생겨 고민하는 일。《故》樂廣의 친구가 벽에 걸린 활의 그림자가 술잔에 비친 것을 뱀으로 잘못 알고 뱀을 삼켰다고 생각하여 병이 나서 앓다가 樂廣의 자세한 이야기를 듣고야 병이 나았다 함。『晉書·樂廣』
【杯池:배지】 잔과 같이 작은 연못。『李賀』ㅣㅣ白魚小。
◎金ㅣ、木ㅣ、玉ㅣ、銀ㅣ、酒ㅣ。

【柹】 (폐) 隊 ハイ、こけら shavings
草書 대패밥폐(削木札)。(『柿』의 俗字)

【杰】 (걸)『傑』(人部 10畫)의 俗字

【東】 (동) 東 トウ、ひがし east ㄉㄨㄥ tungˉ
小篆 草書 ❶동녘동、오른쪽동(日出方)。【史記】日起於ㅣ月起於西。【詩】自西徂ㅣ。❷봄동(春也)。「五行說」。
【東家食西家宿:동가식서가숙】 먹을 곳·잘 곳이 없어 떠돌아 다니며 얻어 먹고 지내는 일。또는 그러한 사람。
【東京:동경】 《歷》❶漢代의 洛陽。西京(長安)에 대한 칭호。❷北宋代의 開封。❸高麗 때 四京의 하나。지금의 慶州。❹《地》日本의 首都。도오꾜오。
【東經:동경】 本初 子午線을 零度로 하고 동쪽 一八〇度까지의 사이의 經線。

【東關王廟:동관왕묘】 《地》中國 三國시대의 장수 關羽의 靈을 모신 廟로 서울 東大門 밖에 있음。壬辰倭亂 때 關羽의 영이 때때로 싸움터에 나타나 우리나라와 明軍을 도왔다 하여 宣祖 三三년(一六〇〇)에 明 나라 神宗 皇帝의 勅令으로 建立하여 二년 후인 宣祖 三五년에 준공하였음。
【東郊:동교】 ❶서울 동대문 밖의 근처。❷동쪽에 있는 들。
【東九陵:동구릉】 《地》京畿道 楊州郡 九里面에 있는 아홉 陵。李太祖의 建元陵·文宗 및 文宗妃 顯德王后의 顯陵·宣祖와 宣祖妃 懿仁王后 및 繼妃 仁穆王后의 穆陵·仁祖妃 莊烈王后의 徽陵·顯宗 및 顯宗妃 明聖王后의 崇陵·景宗妃 端懿王后의 惠陵·英祖 및 英祖繼妃 貞純王后의 元陵·文祖 및 文祖妃 神貞王后의 綏陵·憲宗과 憲宗妃 孝顯王后 및 繼妃 孝定王后의 景陵의 일컬음
【東國:동국】 ❶우리 나라。❷동쪽에 있는 나라。中國에 대하여 일컫는 말。
【東國史略:동국사략】 《書》六권 二책。史書。李朝 權近·李詹·河崙 등이 太宗의 명으로 지음。檀君 때부터 高麗 말까지의 사실을 編年體로 기술함。
【東國輿地勝覽:동국여지승람】 《書》三五권。地理書。李朝 成宗 때 왕명으로 盧思愼·梁誠三 등이 世宗 때 만든 新撰八道地理志를 대본으로 하고 中國 大明一統志를 본떠 成宗 一二년에 輿地勝覽 五〇권을 완성、成宗 一七년 이를 다시 정정하여 만들음。燕山君 五년에 다시 改修에 착수하여 中宗 二五년에 李荇 등의 증보로 新增東國輿地勝覽 五五권 二五책을 만들음。내용은 各道의 沿革·風俗·廟社·宮闕 등 地理 전반에 걸친 것과 특기할 만한 사실을 기록했음。
【東國重寶:동국중보】 《制》高麗 肅宗 때에 만든 엽전의 한 가지。

【東國地理誌:동국지리지】 《書》一책。考古文獻。李朝 宣祖 때 韓百謙 지음。前漢書·後韓書에서 우리 나라 地理에 관한 기사를 뽑고 지은이의 의견을 붙여 詳細한 考證을 加한 책。
【東國通鑑:동국통감】 《書》五六권 二六책。李朝 成宗 때 徐居正·鄭孝恒 등이 왕명에 의하여 편찬함。新羅初부터 高麗末까지의 사실을 기록·편찬한 史書。
【東國通寶:동국통보】 《歷》高麗의 貨幣、肅宗 때 주조함。
【東君:동군】 ❶太陽의 異名。『史記·註』ㅣㅣ日也。❷봄을 맡았다고 하는 가상적인 神。❸靑帝。
【東宮:동궁】 《制》❶太子、또는 世子。『詩經』ㅣㅣ之妹。❷太子의 宮、또는 世子의 宮。
【東闕:동궐】 《地》昌德宮의 別稱。
【東南間:동남간】 동쪽과 남쪽과의 사이 되는 쪽。
【東南風:동남풍】 동남간에서 불어오는 「바람。景明風。
【東南向:동남향】 서북쪽에서 동남쪽으로 바라보는 면。
【東端:동단】 동쪽 끝。↕西端。
【東塗西抹:동도서말】 이리저리 하여 간신히 꾸며 댐。
【東道主:동도주】 일정한 곳으로 지나는 길손을 늘 유숙시키고 대접하는 주인。『左傳』燭之武見秦伯曰、若舍鄭、以爲ㅣ。
【東嶺:동령】 동쪽에 있는 재。
【東籬君子:동리군자】 菊花의 別名。
【東林瀑布:동림폭포】 《地》關西八景의 하나。平安北道 宣川邑에서 서쪽으로 약 一一七粁 지점인 옛날의 宣川城이 있던 곳의 폭포。물이 많아 壯觀임。
【東盟:동맹】 《制》高句麗 때 매년 시월에 지내던 祭天儀式。전국의 男女가 모여서 歌舞와 武術로 서로 즐기었음。
【東廟:동묘】 東關王廟의 略稱。

【東門:동문】 동쪽을 향한 문. 동쪽에 있는 문. ↕西門.

【東問西答:동문서답】 어떤 물음에 대하여 당치도 않은 엉뚱한 대답을 함.

【東文選:동문선】 《書》 一五四권 四五책. 詩文集. 李朝 徐居正이 成宗의 명으로 編著. 新羅 이후 李朝 초까지의 역대로 저명한 詩文을 모은 것. 中宗 때 申用漑 등이 그 續篇을 붙임.

【東班:동반】 《制》文官의 班列. 朝賀 때 문관은 동쪽, 무관은 서쪽에 각각 벌이어 섰으므로 일컫는 말. ↕西班.

【東半球:동반구】 《地》지구를 東經 一六〇도 西經 二〇도 선에서 동서 두 쪽으로 나눈 것의 동 쪽 부분. 아시아주·유럽주·아프리카주·호주·인도양과 태평양·대서양의 일부를 포함함. ↕西半球.

【東方:동방】 동쪽. 「리 나라를 일컬음.

【東邦:동방】 ❶동쪽에 있는 나라. ❷우

【東方朔:동방삭】 《人》漢 나라 武帝 때의 사람. 字는 曼倩(만청). 벼슬이 金馬門侍中에 이르고 諸謔과 辯舌로 이름이 났음. 俗說에, 西王母의 복숭아를 훔쳐 먹어 죽지 않고 長壽하였으므로 三千甲子 東方朔이라고 일컬음.

東方朔(三才圖會)

【東方禮儀之國:동방예의지국】 동쪽의 예의가 투철한 나라. 《轉》中國에서 우리 나라를 가리켜 일컫는 말.

【東壁土:동벽토】 《醫》 한약으로 쓰는 햇볕에 오래 쏘인 동쪽 벽의 흙.

【東邊:동변】 동쪽. 東便. ↕西邊.

【東部:동부】 ❶동쪽 부분. ❷《制》 ㉠서울 안의 구역을 五部로 가른 것의 하나로 동쪽의 부분. ㉡서울 안 五部 구역의 하나인 東部를 관할하던 관청. ❸《歷》順奴部.

【東扶餘:동부여】 《歷》옛 나라 이름. 上古時代에 夫餘王 解夫婁가 國都를 迦葉原(現, 江陵)으로 옮기고 개칭한 國號.

【東北:동북】 ❶동쪽과 북쪽의 중간이 되는 방위. ❷동쪽과 북쪽.

【東奔西走:동분서주】 이리저리 四方으로 매우 바삐 돌아다님. 『易林』――、喪其犬馬.

【東氷庫:동빙고】 《歷》 서울 동남방의 漢江 연안에 있었던 氷庫의 하나. 奉常寺에서 주관하였으며, 저장한 얼음은 나라 제사에 썼음. ↕西氷庫.

【東上:동상】 ❶동쪽을 上位로 함. ❷동쪽에 떠오름. 「컫는 말. 東牀. 東廂.

【東牀:동상】 남의 새 사위를 높이어 일

【東牀禮:동상례】 《國》 혼례가 끝난 뒤에 新婦 집에서 신랑이 자기 벗들에게 음식을 대접하는 일.

【東西:동서】 동쪽과 서쪽.

【東西古今:동서고금】 동양이나 서양에 있어서의 예나 지금이란 말.

【東西南北:동서남북】 ❶동쪽·서쪽·남쪽·북쪽의 四方. ❷동쪽과 서쪽 그리고 남쪽과 북쪽.

【東西班:동서반】 《制》東班과 西班.

【東西不辨:동서불변】 동쪽과 서쪽도 못 가릴 정도로 아무것도 모름.

【東閃西忽:동섬서홀】 동에서 번쩍 서에서 얼씬한다는 뜻으로 이리 왔다 저리 갔다 함을 일컫는말.

【東小門:동소문】 《地》서울의 여덟 城門 중의 하나인 惠化門의 俗稱.

【東亞:동아】 동쪽 아시아. 곧 우리 나라·中國·日本 등을 포함하는 지역.

【東岸:동안】 동쪽에 있는 강가, 또는 바닷가. 동 쪽 연안.

【東洋:동양】 《地》❶터어키의 동쪽에 있는 아시아 여러 나라의 總稱. ❷특히 아시아의 동부 및 남부 곧 우리 나라·中國·日本·印度·버마·타이·인도네시아 등을 일컬음. ↕西洋. ❸옛 中國에서의 日本에 대한 일컬음.

【東瀛:동영】 동쪽 바다. 東海. (瀛은 大海). 『王融』泻彼流水趣――.

【東隅:동우】 동쪽의 해 뜨는 곳. 《轉》 일의 시작.

【東園秘器:동원비기】 《國》李朝 때 왕실에서 쓰는 棺. 長生殿에서 만들어 두었다가 필요할 때 썼음.

【東醫寶鑑:동의보감】 《書》二五권 五책. 醫書. 李朝 때 醫官 許浚이 宣祖의 명으로 편찬했음. 中國 및 우리 나라의 醫書를 모아 체계적으로 분류하여 病마다 處方을 풀이한 것.

【東人:동인】 ❶東國의 사람. ❷主人. 東道主. 『水滸傳』投敝莊――. ❸《國》四色黨派의 하나로 明宗 때 沈義謙의 당파와 대립한 金孝元의 당파. ↕西人. ❹《書》옛날 사람들의 科文의 古風을 모아쓴 책.

【東作:동작】 봄철에 농사를 지음. 또는 그 농사. 『書經』平秩――.

【東將臺:동장대】 《制》 山城의 동쪽에 만들어 놓은 臺. 장수가 지휘하는 곳. ↕西將臺.

【東銓:동전】 《制》吏曹의 別稱.

【東漸:동점】 ❶차차 동 쪽으로 옮김. 『書經』――于海、西被于流沙. ❷불교가 동방 여러 나라에 전래함.

【東征:동정】 동쪽 지방을 정벌함.

【東征西伐:동정서벌】 여러 나라를 이리저리 정벌함.

【東朝:동조】 《歷》발을 늘이우고 政事를 [듣는 太后.

【東珠:동주】 =明珠.

【東眞:동진】 《歷》옛 나라 이름. 高麗 高宗 때 金 나라 蒲鮮萬奴가 豆滿江 강변에 세웠던 나라. 高宗 二〇년 一八년 만에 몽고에게 망함.

【東窓:동창】 동쪽으로 난 窓. ↕西窓.

【東天:동천】 ❶동쪽 하늘. ❷밝아 올녘의 하늘.

【東遷:동천】 《歷》❶동 쪽으로 옮김. ❷周의 平王이 도읍을 長安에서 동 쪽의 洛陽으로 遷都한 일. 『左傳』我周之――、晋鄭焉依.

【東村:동촌】 ❶동 쪽 마을. ❷서울 안에서 동편으로 치우쳐 있는 동네.

【東取西貸:동취서대】 여기저기 여러 곳에서 빚짐. 東西貸取. 「리저리 쏠림.

【東頹西圮:동퇴서비】 허술한 집이 이

【東坡巾:동파건】 蘇東坡가 썼던 巾.

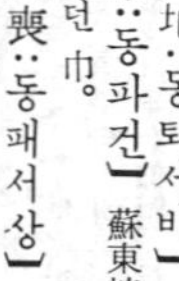
東坡巾(三才圖會)

【東敗西喪:동패서상】 이르는 곳마다 실패하거나 패망함.

【東便:동편】 동쪽 방면.

【東風:동풍】 동쪽에서 불어 오는 바람. 明庶風. 『禮記』孟春之月、――解凍.

【東風吹馬耳:동풍취마이】 말의 귀에 염불하는 것과 같이 아무런 감각이나 反應이 없음을 비유하는 말. 『李白』世人聞此皆掉頭、有如――.

【東學:동학】 《制》❶서울 四學의 하나. 東部에 있었음. ❷《宗》西學인 天主敎에 반대하여 崔濟愚가 唱導한 一種의 민족종교. 檀君神話에 나오는 桓雄을 숭배하고 無爲而化의 원리를 내걸고 儒敎·佛敎·道敎를 절충한 것을 宗旨로 삼았음.

【東學黨:동학당】 《歷》李朝 말 崔濟愚를 敎祖로 하는 東學을 信奉하고, 西學을 배척한 한 派로 東學軍이라고도 함.

【東學亂:동학란】 《歷》一八九四년에 일어난 民亂. 東學敎徒가 중심이 되었음. 全羅道 古阜郡守 趙秉甲의 학정에 반기를 들고 대대적인 농민의 폭동으로 화함. 官軍에게 진압되고 領導者 全琫準은 死刑됨.

【東海:동해】 ❶《地》우리 나라 동 쪽에 있는 바다. ❷中國의 동쪽에 있는 臺灣海峽以北 長江以南의 바다.

【東海夫人：동해부인】 紅蛤의 별칭。
【東向：동향】 동편을 향함。
【東軒：동헌】 《國》지방의 고을 원이나 監司·兵使·水使 그 밖에 守令들이 公事를 처리하는 대청이나 집。
【東峽：동협】 《地》京畿道의 동 쪽 지방과 江原道 지방을 아울러 일컫는 말。
【東皇：동황】 ❶봄을 맡았다는 假想的인 神。東君。❷青帝。
◎關ㅣ、極ㅣ、近ㅣ、大ㅣ、正ㅣ、海ㅣ。

【杲】 ㊀(고) 皓 ㊁(호) 皓 コウ、あきらか bright ㄍㄠˇ kao³
(小篆) (小篆) (草書) ㊀❶밝을고(明也)。【詩經】ㅣㅣ出日。❷높을고(高也)。【管子】ㅣ乎如登乎夫。 ㊁뜻은 ㊀과 같음。
【杲杲：고고】 햇빛이 밝은 모양。【詩經】其雨其雨、ㅣㅣ出日。
【杲乎：고호】 높은 모양。【管子】ㅣㅣ如登乎天。

【杳】 (묘) 篠 ヨウ、はるか remote ㄇㄧㄠˇ miao³ (本音「요」)
(小篆) (小篆) (草書) ❶아득할묘(冥也)。【張衡 思玄賦】日ㅣㅣ而西匿。❷깊을묘(深也)。【管子內業】ㅣ乎如入於淵。❸너그러울묘(寬也)。❹고요할묘(寂也)。
【杳昧：묘매】 아득하고 어두움。【拾遺記】悠哉ㅣㅣ。
【杳冥：묘명】 깊고 아득하여 어두움。【張衡】雲霧ㅣㅣ。
【杳杳：묘묘】 ❶어두운 모양。❷멀어서 아득함。아득한 모양。【張衡】日ㅣㅣ西匿。
【杳渺：묘묘】 아득히 먼 모양。【白居易】峯石苔蒼翠、尺波烟ㅣㅣ。
【杳然：묘연】 아득한 모양。【李白】桃花流水ㅣㅣ去、別有天地非人間。
【杳乎：묘호】 ❶깊고 넓음。❷아득함。

【杴】 (험) 鹽 ケン、すき、くわ spade
❶가래험(鍬屬)。❷약이름험(藥名稀薟草)。

鐵杴 (農政全書)

【杵】 (저) 語 ショ、きね、つち pestle ㄔㄨˇ ch'u³
(小篆) (草書) ❶공이저(擣穀)。【易繫辭】斷木爲ㅣ、掘地爲臼、ㅣ臼之利萬民以濟。❷방망이저(槌衣具)。【儲光羲詩】秋山響砧ㅣ。❸혜성저(慧星曰天ㅣ)。
【杵臼：저구】 ❶절굿공이와 절구통。【漢書·楚元王傳】❷별의 이름。【史記·天官書】ㅣㅣ四星在危南。❸《人》春秋、晉의 太原 사람。

杵臼 (農政全書)

【杵臼之交：저구지교】 귀천을 가리지 아니하고 사귐。【後漢書·吳祐傳】公孫穆來遊大學、無資糧、乃變服客傭、爲吳祐賃春、祐與語大驚、遂共定交于杵春之間。
【杵聲：저성】 절굿공이의 소리。【謝靈運】楹長ㅣㅣ哀。
【杵孫：저손】 =外孫。

【杶】 (춘) 眞 チュン、ちゃんちん cedrela sinenois ㄔㄨㄣ ch'uen¹
(小篆) (或體) (古文) (草書) 참죽나무춘(木名 似榛樹)。【書】ㅣ幹栝柏。(『櫄·橁』과 같음)
【杶幹：춘간】 옻나무와 비슷한 나무。【書經】ㅣㅣ栝柏。

【杷】 ㊀(파) 麻 ㊁(파) 禡 ハ、さらい、つか harrow ㄅㄚ pa¹ ㄆㄚˊ p'a²
(小篆) (草書) ㊀❶비파나무파(似杏)。【上林賦】枇ㅣ橪柿。❷써레파(銚也平田器)。【戰國策】商人無ㅣ銚柱耨之勢而有積粟之實。 ㊁❶칼자루파(刀柄)。❷악기이름파(琵琶)。

大把 (農政全書)

【杷車：파거】 兵車의 이름。敵陣에 돌을 내쏘게 장치된 것。李公車。孩兒杷。

杷車 (武備志)

【杸】 (수) 虞 ジュ、やり spear
(小篆) ❶팔모진창수(八稜無刃兵器)。❷칠수(擊也)。(『殳』와 같음)

【杹】 (화) 禡 カ、ふようのき Hibiscus mutabilis
목부용화(木芙蓉)。

【杻】 ㊀(뉴) 有 ㊁(추) 有 ジュウ、チュウ、てかせ handcuffs ㄋㄧㄡˇ niu³ ㄔㄡˇ ch'ou³
(草書) ㊀싸리뉴(檍也)。【詩經】隰有ㅣ。㊁수갑추、조막손이추(手械)。

【杼】 (저) 語 チョ、ジョ、ひ spindle ㄓㄨˋ chu⁴
(小篆) (草書) ❶북저(織具)。【詩經】大東小東ㅣ柚其空。❷길저(長也)。【方言】豊人ㅣ首。❸도토리저(栗屬)。【莊子 山木】衣裘褐、食ㅣ栗。
【杼機：저기】 북과 바디와 베틀。베짜는 기구。【郭泰】寒女雖妙巧、不得秉ㅣㅣ。
【杼梭：저사】 ❶베를 짜는 북과 바디。❷베 짜는일。【梅堯臣】應莫勸蠶織、生計非ㅣㅣ。
【杼栗：저율】 도토리와 밤。【莊子】衣裘褐、食ㅣㅣ。
【杼軸：저축】 북과 바디。《轉》문장을 구성하는 일。【陸機】雖ㅣㅣ於予懷、怵他人之我先。

【松】 (송) 冬 ショウ、まつ pine-tree ㄙㄨㄥ sung¹
(小篆) (或體) (草書) ❶솔송、소나무송(百木之長)。【禮記】ㅣ柏之有心也貫四時而不改柯易葉。❷향풀송(香草名)。❸땅이름송(地名ㅣ州)。❹강이름송(江名ㅣ江)。
【松江歌辭：송강가사】 《書》二권。歌辭集。李朝 宣祖 때 鄭澈 지음。國語로 엮은 關東別曲·星山別曲·思美人曲 등의 歌辭와 短歌 數一〇篇을 모아 엮은 것。
【松江之鱸：송강지로】 吳淞江(江蘇省華亭縣)에서 나는 농어로 맛 좋기로 유명함。【蘇軾】巨口細鱗、狀如——。
【松京：송경】 《地》近世朝鮮 이후에 開城을 松嶽山 밑에 있던 서울이란 뜻으로 일컫는 말。松都。
【松徑：송경】 소나무 숲 속의 작은 길。
【松膏：송고】 松津(송진)。
【松鶻：송골】 《國》송골매。
【松廣寺：송광사】 《地》全羅南道 昇州郡 松廣面 曹溪山에 있는 절。新羅 말기에 慧璘禪師가 창건하고 高麗 明宗 때 普照國師가 크게 重刱함。그 후 이 절에서 一六國師가 나왔으므로 僧寶宗刹이라 함。
【松禁：송금】 소나무를 베지 못하게 말림。
【松都：송도】 =松京。

【松都三絕:송도삼절】開城의 유명한 세 가지 뛰어난 존재。곧 徐花潭、黃眞伊、朴淵瀑布。黃眞伊가 칭한 말。
【松蘿:송라】(植)소나무겨우살이。
【松露:송로】❶솔잎에 맺혀 있는 이슬。【王勃】——穸臺深。❷(植)송로科에 딸린 버섯의 한 가지。
【松林:송림】소나무 숲。
【松明:송명】❶관솔불。松火。【陸游】夜缸油盡黜——。❷관솔。
【松木:송목】(植)소나무。
【松肪:송방】송진。
【松房:송방】(國)서울에 있는 松京。곧 開城 사람의 피륙을 파는 가게。
【松柏:송백】❶소나무와 잣나무。【論語】歲寒然後知——之後凋也。❷잣。
【松苄:송변】開城에서 만든 熟地黃。
【松餅:송병】(國)송편。「삽。질이 좋음。
【松蔘:송삼】(國)開城에서 생산되는 인삼。
【松筍:송순】소나무의 새 순。
【松筍酒:송순주】(國)소나무의 새 순을 넣고 빚은 술。
【松蕈:송심】(植)松栮(송이)。버섯의 한 가지。【本草集解】——生松陰、采無時。
【松嶽:송악】(地)開城의 異名。
【松嶽山:송악산】(地)京畿道 開城市 북쪽에 있는 鎭山。높이는 七六二米。산 아래 高麗의 궁터인 滿月臺가 있음。
【松液:송액】솔뿌리를 자른 데에서 나오는 진。
【松魚:송어】(動)연어과에 속하는 바닷물고기。우리 나라 慶尙北道 이북의 동해안에 분포함。맛이 썩 좋음。
【松葉:송엽】소나무의 잎。솔잎。
【松油:송유】❶솔가지를 잘라서 불에 구워 받은 기름。松炭油。❷(化)테레빈油。
【松茸:송이】솔밭에 나는 버섯으로, 맛이 좋아 여러 가지 음식에 많이 쓰임。
【松子:송자】❶솔방울。【杜甫】風落收——。❷잣。
【松子松:송자송】(植)잣나무。
【松田:송전】솔밭。
【松節:송절】소나무의 마디。
【松節酒:송절주】(國)소나무의 마디를 넣고 빚은 술。
【松粥:송죽】날 솔잎을 짓찧어서 짜낸 물。養生方으로나 辟穀方으로 먹음。
【松竹梅:송죽매】소나무·대나무·매화나무。이것을 歲寒三友라고 함。【李邕】醉裏呼童展畫、笑題——花。
【松脂:송지】=松津。
【松津:송진】(國)소나무의 줄기에서 분비되는 樹脂。누른 빛 또는 갈색을 띤 누른 빛의 매우 끈끈한 액체인데、硬膏·蠟膏(납고)의 원료로나 테레빈油·와니스 제조 및 製紙·비누 공업 등에 쓰임。松膏。松肪。松脂。
【松楸:송추】소나무와 가래나무。둘 다 묘지에 심는 나무。(轉)墓地。【李遠】謝公何歲掩——。
【松蟲:송충】송충이。
【松板:송판】소나무로 켠 널빤지。
【松風:송풍】솔숲을 스치어 부는 바람。
【松火:송화】관솔불。松明。【松籟。
【松花:송화】소나무의 꽃。또는 그 꽃가루。松黃。
【松花色:송화색】❶송화와 같은 엷고 누런 색。❷인색한 사람의 別名。
【松黃:송황】=松花。【本草】松花名——。
◎孤—、古—、枯—、落葉—、老—、五葉—、陸—、青—。

【板】(판) 潸 ハン、いた boards ㄅㄢˇ pan³
草書 ❶널조각판(木片)。❷널기와판(木瓦)。【詩經】在其—屋。❸홀판(笏也)。【文獻通考】晉宋以來謂之手—。❹뒤칠판(反側)。【詩經】上帝——。❺부판판(衰服背著)。【儀禮註】孝子前有衰後負—。❻풍류이름판(打樂器)。(『版』과 같음)

❻板 (古今圖書集成)

【板刻:판각】글씨나 그림을 판에 새김。【輟耕錄】蘭亭甲集十二刻、內有定武——。
【板刻本:판각본】목판으로 찍은 책。
【板橋:판교】널다리。
【板木:판목】인쇄하기 위하여 글자나 그림을 새긴 나무。
【板門:판문】판자로 만든 문。
【板門店會談:판문점회담】韓國戰亂을 終熄시키기 위하여 一九五二년 一〇월에 개최한 停戰會談。京畿道 長湍郡 津西面 板門店里에서 UN측과 공산측 대표의 회담。
【板壁:판벽】판자로 만든 壁。
【板本:판본】板木으로 인쇄한 책。刻本。↔寫本。【宋史】願賜——九經書。
【板狀:판상】널판같이 이루어진 모양새。
【板魚:판어】(動)比目魚。도다리의 異名。【北戶錄】比目魚、南越志謂之——。
【板屋:판옥】벽이 판자로 된 집。【詩經】在其——、亂我心曲。
【板琉璃:판유리】널빤지 모양으로 된 평평한 유리。큰 거울·창 유리 따위에 쓰임。
【板子:판자】❶나무로 된 널조각。❷죄인을 치는 널쪽。
【板牆:판장】널빤지를 대어 막은 울타리。木板墻。
【板紙:판지】널판처럼 단단하고 두껍게 만든 종이。
【板蕩:판탕】나라가 어지러워 흔들림。【詩經·序】天下——、無綱紀文章。
◎看—、甲—、乾—、漆—、平—、黑—。

【枀】(송)『松』(前前條)과 같음

【茉】(화) 麻 カ、もろばのすき plowshare
小篆 或體 ❶갈이름화(劒名鋸—)。❷보습화(犂鏵)。(『釫·鏵』과 같음)

【枂】(월) 月 ゲツ、はぐ peel
❶나무껍질벗길월(剝去木皮)。❷안장기와월(鞍瓦)。❸주두월(栭—柱頭木)。

【枃】(진) 震 シン、おさ reed
❶바디진(筬也)。❷사침대진(凡織先經以—梳然使不亂)。

【构】(구) 尤 コウ、まがる bend
草書 ❶구부러질구(曲也)。❷닥나무구(楮木)。

【枉】(왕) 陽 養 オウ、まがる curve ㄨㄤˇ wang³
小篆 草書 ❶굽을왕(曲也)。【論語 微子】—道而事人。❷원통할왕、원굴할왕(寃屈)。【禮記 月令】申嚴百刑、毋或—橈。❸굽힐왕(—駕)。【論語 少儀】毋循—。【戰國策】聶政曰仲子不遠千里—車騎而交臣。
【枉駕:왕가】貴人의 來訪의 敬稱。枉臨。【蜀志】將軍宜——顧之。
【枉告:왕고】사실을 거짓되게 고함。
【枉屈:왕굴】❶억눌려 굴복함。❷남이 찾아 옴의 敬稱。枉臨。【諸葛亮】猥自—

ㅣ 三顧臣於草廬之中。
【枉道:왕도】 ❶正道를 그르침。❷正道를 어기고 사람에게 아첨함。『論語』ㅣㅣ而事人。
【枉臨:왕림】 남이 자기 있는 곳으로 오는 일의 敬稱。枉駕。枉顧。惠臨。惠顧。
【枉法:왕법】 법을 굽힘。
【枉尺直尋:왕척직심】 작은 욕을 돌아보지 아니하고 큰 일을 이룸。

【枇】 ㊀(비) 支 ㊁(비) 紙 ㊂(비) 寘 ヒ、くし comb ㄆㄧˊ p'i²

小篆 草書 ㊀비파나무비(ㅣ杷似杏)。㊁주걱비(所以載牲)。㊂참빗비 (『枇』와 같음)(細櫛)。

㊂枇(圖禮三)

【枇杷:비파】 비파나무의 열매。
【枇杷菊:비파국】 菊의 一種。『沈競菊譜』ㅣㅣ、葉似枇杷、花似金盞銀臺而極大、엽不甚香。
【枇杷葉:비파엽】 《醫》비파나무의 잎。학질·구토·각기·해수·주독 따위의 약으로 씀。

【枊】 (앙) 漾 ゴウ、くい stake

小篆 草書 말뚝앙(繫馬柱)。『蜀志』先主解綬繫督郵著馬ㅣ。

【枋】 ㊀(방) 陽 ㊁(병) 敬 ホウ、え handle ㄈㄤ fang¹

小篆 草書 ㊀❶박달방(檀也)。『管子』其杞其ㅣ。❷고기살방(魚肉)。㊁자루병(柄也)。(『柄』과 같음)

【枋底:방저】 방 밑。
【枋國:병국】 나라의 權柄을 잡음。곧 宰相의 자리에 오름。
【枋司:병사】 天下의 大權을 掌握함。輔相에 相當하는 職。『定州謝上表』。

【枌】 (분) 文 フン、にれ elm tree ㄈㄣ fen²

小篆 草書 흰느릅나무분(木名白楡)。『詩經』東門之ㅣ婆娑其下。

【枌楡:분유】 ❶느릅나무。『禮記』菫荁ㅣㅣ。❷故鄕。漢高祖의 고향인 豐의 別稱。느릅나무로써 社神을 삼는 데서 온 말。『漢書』高祖禱豐ㅣㅣ社。

【枎】 (부) 虞 フ、しく spread

小篆 小篆 草書 퍼질부(布也)。『陶潛詩』遶屋樹ㅣ疎。

【枏】 ㊀(남) 覃 ㊁(염) 鹽 ダン、ゼン、うめ plum-tree ㄋㄢ nan²

小篆 草書 ㊀매화나무남(木名梅也)。『史記』江南出ㅣ梓。㊁뜻은 ㊀과 같음。(『楠』과 같음)

【枏梓:남자】 枏과 梓의 두 나무 이름。『莊子』其得ㅣㅣ豫章也。

【析】 (석) 錫 セキ、さける devide ㄒㄧ hsi¹

小篆 草書 ❶쪼갤석、빼갤석、팰석(破木)。『詩經 齊風 南山』ㅣ薪如之何、匪斧不克。❷나눌석(分也)。『書』厥民ㅣ。❸무지개석(ㅣ翳)。

【析別:석별】 나뉘어 헤어짐。離別。『後漢書』太后感ㅣㅣ之懷、各賜王赤綬。
【析出:석출】 化合物을 분석하여 어떤 物質을 골라 냄。

【枂】 (석)『析』(前條)과 같음

【枑】 (호) 遇 ゴ、こまよけ caltrap ㄏㄨ hu⁴

小篆 草書 마름쇠호(梐ㅣ遮闌調行馬)。

【枒】 ㊀(아) 麻 ㊁(야) 麻 ガ、やし hemp-palm

小篆 草書 ㊀❶종려나무아(木名)。『吳都賦』ㅣ葉無陰。❷바퀴테아(車輪外輞)。『周禮』輿人斬三材以爲轂輪ㅣ。❸가장귀아(木枒)。❹가새목지를아(迦ㅣ木相拒)。㊁뜻은 ㊀과 같음。(『椰』와 같음)

【枓】 ㊀(주) 麌 ㊁(두) 有 シュ、トウ、ひしゃく ladle

小篆 草書 ㊀❶구기주(勺也)。『徐曰』有柄如北斗用以酌酌。❷세수통주(水器)。『儀禮』司官設罍水于洗東有ㅣ。㊁주두두(栱ㅣ柱上方木)。

枓(圖器禮)

【枓栱:두공】 기둥 머리를 장식하기 위하여 끼우는 대접처럼 넓적하게 네모진 나무。대접 받침。貢包。

【柄】 (면)『棉』(木部 8畫)과 같음

【枕】 ㊀(침) 寢 ㊁(침) 沁 シン、チン、まくら ㄓㄣ chen³

小篆 草書 ㊀❶베개침(首具)。『詩經』角ㅣ粲兮。❷수레뒤 가로댄나무침(車後橫木)。❸소말뚝침(繫牛杙)。㊁벨침(ㅣ之)。『論語 述而』曲肱而ㅣ之。

【枕肱:침굉】 ❶팔을 베개 삼아 벰。❷清貧함을 즐기는 모양。『論語·述而』
【枕囊:침낭】 베개의 한 가지。속에 솜 따위를 넣고 양 마구리를 메워 만든 베개。『陸游』宋得黃花作ㅣㅣ。
【枕頭:침두】 베갯머리。
【枕木:침목】 ❶길고 큰 물건 밑을 괴어 놓는 큰 나무 토막 ❷철도 재료의 하나。軌道의 道床 위에 깔아 軌條를 받치어 軌條가 받는 차량 荷重을 道床 위에 분포시키는 木材。
【枕邊:침변】 베갯머리。『韋應物』ㅣㅣ書「卷訝風開。
【枕屛:침병】 《國》머릿병풍。가리개。
【枕上:침상】 ❶베개 위。❷누워 있을 때。
【枕席:침석】 ❶베개와 자리。❷자는 자리。『戰國策』得爲王拂ㅣㅣ。

【枔】 (심) 侵 キン、きのは leaf

나무잎사귀심(木葉)。

【枖】 (요) 嘯 篠 ヨウ、しげる (of trees) thick

小篆 나무번성할요(樹木繁盛)。

【林】 (림) 侵 リン、はやし forest ㄌㄧㄣ lin²

小篆 草書 ❶수풀림(叢木)。『詩經』依彼平ㅣ。❷더북더북날림(ㅣㅣ叢生盛貌)。『詩經』有王有ㅣ。

【林間:임간】 수풀 사이。숲 속。『白居易』ㅣㅣ暖酒燒紅葉。
【林檎:임금】 능금。사과。
【林塘:임당】 숲과 堤防。또는 숲 속의 연못。『趙嘏』數畝ㅣㅣ繞一家。
【林林:임림】 많이 모임。『柳宗元』總總而

生、ㅣㅣ而群。「있는 모양。

【林林叢叢：임림총총】 많이 모이어서 林木처럼 죽 늘어섰음。

【林立：임립】 林木처럼 죽 늘어섰음。

【林薄：임박】 초목이 무성한 野外。『晉書』士諱登朝、競赴ㅣㅣ。

【林產：임산】 재목이나 薪炭 등이 森林에서 남。또는 그 산물。

【林產物：임산물】 山林·林野의 산물。

【林藪：임수】 ❶숲。덤불。❷초목이 우거진 시골。『後漢書』四方學士、多懷挾圖書、遁逃ㅣㅣ。❸물건이 많이 모여 드는 곳。『班固·典引』仁義之ㅣㅣ。

【林野：임야】 나무가 늘어서 있는 넓은 땅。곧 삼림 지대。森林과 原野。

【林業：임업】 森林을 경영하는 사업。

【林政：임정】 산림에 관한 행정。

【林鍾：임종】 《民》❶十二律 중 陰呂의 하나。또는 그 소리를 내는 鐘。↓十二律。❷음력 六월의 別稱。「땅。

周寶林鐘(金石索)

【林地：임지】 樹木이 많이 자라고 있는

【林泉：임천】 ❶수풀과 샘물。또는 수풀 속에 있는 샘。『賀知章』主人不相識、偶坐爲ㅣㅣ。❷隱士의 庭園을 이르는 말。

【林下：임하】 ❶수풀 밑。❷벼슬을 그만두고 隱退한 곳。田野。

【林下夫人：임하부인】 《植》으름。

【林學：임학】 林業에 관한 理論과 운영 방법을 연구하는 학문。

【林壑：임학】 山林의 깊숙하고 으슥한 곳。

◎雙綠ㅣ、茂ㅣ、保安ㅣ、詞ㅣ、辭ㅣ、士ㅣ、森ㅣ、造ㅣ、竹ㅣ、處女ㅣ、翰ㅣ。

【枘】 (예) 霽 ゼイ、ほぞ handle of tools ㄖㄨㄟˋ juei⁴

草書 자루예(柄也)。『莊子』鑿不圍ㅣ。『宋玉九辨』圜ㅣ而方鑿兮吾固知鉏鋙而難入。

【枘鑿：예착】 네모난 촉꽂이와 둥근 구멍。→枘鑿不相容。

【枘鑿不相容：예착불상용】 네모난 촉꽂이를 둥근 구멍에 끼워도 맞지 않음。《喩》본질적으로 서로 다른 사람의 의견은 화합할 수 없음。『楚辭』圜枘而方鑿兮、吾固知其鉏鋙而難入。

【枙】 (와) 歌 カ、ガ、ふし knot

❶나무마디와(木節)。❷옹이와(木節)。

【枚】 (매) 灰 マイ、みき、かぞえる piece ; page ㄇㄟˊ mei²

小篆 草書 ❶줄기매(幹也)。『詩經』施于條ㅣ。❷낱매(箇也)。『書經』ㅣ卜功臣。❸셀매(數物)。❹말채찍매(馬鞭)。『左傳』以ㅣ數闔。❺함오매(銜ㅣ止喧)。❻조밀할매(ㅣㅣ龍密)。『詩經』宮有侐實實ㅣㅣ。

【枚擧：매거】 낱낱이 들어서 말함。『書經·傳』因其先後次第、而ㅣㅣ之辭也。

【枚枚：매매】 가느다란 모양。『詩經』閟宮有侐、實實ㅣㅣ。

【枚卜：매복】 하나하나 세어서 점침。『書經』ㅣ卜功臣、惟吉之從。

【枚移：매이】 《制》관청끼리 公文을 서로 주고 받음。

【枚陳：매진】 낱낱이 들어 진술함。

【朳】 (초) 效 ソウ、きのとげ splinter

나무가시초(木刺)。

【果】 (과) 哿 カ、くだもの fruit ㄍㄨㄛˇ kuo³

小篆 草書 ❶열매과、열음과、실과과(木實)。『應邵曰』木曰果、草曰蓏。❷감히할과(敢也)。❸과연과(驗也)。『宋書』今ㅣ然矣。❹날뜰과(勇也)。❺결단할과(決也)。❻배불룩할과(ㅣ然飽腹)。『莊子』三餐而反腹猶ㅣ然。❼짐승이름과(獸名)。『宋國史補』楊州取一ㅣ然數十ㅣ然可得。❽맺힐과(因ㅣ)。『隨書』釋迦教化弟子多有正ㅣ者。❾모실과(女侍)。『孟子 盡心下』二女ㅣ。(『蜾·顆』와 통함)

【果敢：과감】 과단성 있고 용감스러움。결단성이 강함。『論語』惡ㅣㅣ而窒者。

【果斷：과단】 ❶딱 잘라 결정함。❷용기있게 결정함。『書經』惟克ㅣㅣ、乃罔後艱。

【果斷性：과단성】 일을 딱 잘라 힘차게 결정하는 성질。

【果木：과목】 과실이 열리는 나무。『謝靈運』ㅣㅣ有舊行。

【果物：과물】 =果實。

【果物廛：과물전】 과실을 파는 가게。

【果房：과방】 잔치 때 음식을 보살펴 차리는 곳。熟設間。

【果柄：과병】 《植》열매의 꼭지。

【果報：과보】 《佛》❶因果應報의 略語。❷果報士의 略語。

『南史』ㅣㅣ不可不信。

【果松：과송】 《植》잣나무。

【果樹：과수】 과실 나무。

【果樹園：과수원】 과실 나무를 재배하는 농원。

【果實：과실】 ❶果樹에 열리는 열매。❷《植》顯花植物의 꽃이 受精한 후 그 子房이 발육하여 커진 것。子房 외에 花托·花被 등으로 이루어진 것을 假果라 하고 子房만인 것을 眞果라 함。❸《法》元物에서 생기는 收益物。穀物·나무 열매 등을 天然 果實、元物 사용의 代價로써 받은 利息·물건 등을 法定果實이라 함。

【果若其言：과약기언】 미리 말한 것과 사실이 과연 들어맞음。

【果然：과연】 ❶알고 보니 정말 그러함。『史記』。❷배가 부른 모양。→果腹。『莊子』腹猶ㅣㅣ。❸원숭이의 한 가지。

【果勇：과용】 과단성 있고 용기가 있음。

【果園：과원】 과수원。

【果肉：과육】 과실의 살。과실과 고기。

【果毅：과의】 결단력이 있고 굳셈。『書經』爾衆士、其尙迪ㅣㅣ、以登乃辟。

【果種：과종】 ❶실과의 종류。❷果實。

【果汁：과즙】 과실의 즙。

【果菜：과채】 과실과 채소。

【果菜類：과채류】 《植》주로 열매를 식용으로 하는 채소。가지·오이·호박 따위。

【果皮：과피】 《植》과실의 껍질。

【果下馬：과하마】 키가 썩 작은 말。타고서 과실 나무 가지 밑으로 지날 수 있다는 뜻인데、高句麗와 濊에서 났다는 전설이 있음。

◎結ㅣ、茶ㅣ、佛ㅣ、善ㅣ、成ㅣ、因ㅣ、珍ㅣ、効ㅣ。

【枝】 (지) 支 シ、えだ branch ㄓ chih¹

小篆 草書 ❶가지지(木別生柯)。『左傳』ㅣ布葉分。❷흩어질지(散也)。『易繫辭』中心疑者其辭ㅣ。❸버틸지(持也)。『史記』諸將慴伏莫敢ㅣ梧。❹손마디지(手節)。『孟子』爲長者折ㅣ。(『支』와 통함)

【枝幹：지간】 ❶十干과 十二支。干支。『後漢書』。❷가지와 줄기。『世說』ㅣㅣ扶疎。❸手足과 몸。『釋名』。

【枝莖：지경】 나무가지와 줄기。

【枝付：지부】 마음으로부터 복종함。

【枝葉:지엽】❶가지와 잎。『國語』人之有學、猶木之有――也。❷본체에서 갈라져 나간 중요하지 않은 부분。↕根幹。❸갈래。子孫。『左傳』公族、公室之――也。
【枝梧:지오】버팀。서로 어긋남。또는 抵抗함。(枝는 小柱、梧는 斜柱)。『史記·項羽紀』諸將皆慴服、無敢――。
【枝節:지절】❶가지와 마디。❷곡절이 많은 事端의 비유。
【枝指:지지】육손이의 덧붙은 손가락。『莊子』騈拇――、出乎性哉。
【枝梢:지초】가지와 휘추리。『白居易』――蝎青翠。
【枝解:지해】손발을 잘라 내는 형벌。肢解。『史記』功已成矣、而卒――。◎連―、竹―。

【校】(효) 看 コウ、たるき rafter
서까래 효(桷也)。

【枡】(승) 〔日字〕 ます measure
草書 되 승(升也量器)。

【枢】(우)(추)『樞』(木部11畫)와 같음。

五畫

【枯】(고) 虞 コ、かれき dead tree; dry (古音 구) ㄎㄨ k'u¹
小篆 草書 ❶마른 나무 고(槀木)。『史記』摧―朽者易爲力。❷마를 고(乾也)。『曹松詩』一將功成萬骨―。❸몸이 여윌 고(身弱)。『屈原·漁父辭』形容―槁。
【枯渴:고갈】물이 바짝 마름。『南史』。
【枯槁:고고】❶나무가 마름。❷말라 쇠약해짐。『莊子』――之士宿名。❸생기가 없음。『歐陽修』山林之文、其氣――。❹枯木。『淮南子』春伐――。
【枯淡:고담】청렴 결백하여 욕심이 없음。『宋史·鄭樵傳』平生甘――、樂施與。
【枯木:고목】마른 나무。
【枯木發榮:고목발영】마른 나무에 꽃이 핌。죽은 사람이 살아 돌아옴。『曹植·七啓』窮澤生流、――。
【枯木生花:고목생화】《喩》마른 나무에서 꽃이 핀다는 말로 불운한 사람이 행운을 만남을 가리키는 말。
【枯吻:고문】❶마른 입술。❷입에서 詩文 등이 술술 나오지 않음。
【枯死:고사】말라 죽음。『史記』祥桑――。
【枯蟬:고선】매미의 벗은 허물。
【枯松:고송】말라 죽은 소나무。
【枯瘦:고수】마르고 파리함。여위고 쇠약함。
【枯葉:고엽】마른 잎。시들은 잎。『庾肩吾』――落古社。
【枯榮:고영】마르는 것과 번성하는 것。衰頽와 繁榮。榮枯。『李白』如何同枝葉、各自有――。
【枯腸:고장】❶말라 붙은 창자。곧 굶주린 창자。❷문장의 재주가 없음。『盧仝·詩』三椀搜――。
【枯井:고정】물이 마른 우물。
【枯凋:고조】❶말라서 시들음。❷일의 형편이 이롭지 못하게 됨。『孟郊』執手復執手、惟言無――。
【枯燥:고조】마름。乾燥。
【枯池:고지】물이 마른 못。마른 못。『李白』窮魚守――。
【枯枝:고지】마른 나뭇가지。말라 죽은 가지。『晉書』百歲老翁攀――。
【枯草:고초】❶시들어 마른 풀。❷馬草。
【枯焦:고초】말라서 탐。
【枯蹙:고축】말라서 쭈그러짐。
【枯廢:고폐】오래 되고 낡아서 소용 없이 됨。『徐陵』風患彌留、半體――。
【枯旱:고한】가물음으로 인하여 식물이 마름。『漢書』郡中――。
【枯朽:고후】마르고 썩음。『後漢書』雖含生氣、實同――。
【枯卉:고훼】말라 죽은 나무。枯草。◎乾―、榮―。

【枰】(평) 庚 ヒョウ、ごばん chessboard ㄆㄧㄥˊ p'ing²
小篆 草書 ❶장기판 평(博局)。『博奕論』所志不過一―之上。❷바둑판 평(碁局)。❸회양목 평(木名檗也)。『上林賦』樺楓―櫨。

【枱】(이) 支 イ、すき weeder ㄊㄞˊ t'ai²
小篆 或體 草書 따비자루 이(耒柄)。

【枲】(시) 紙 シ、からむし plant ㄒㄧˇ hsi³
小篆 籒文 草書 ❶수삼 시(牡麻)。『書經』岱畎絲―。❷도꼬마리 시(草木名)。
【枲著:시착】모시로 만든 핫옷。『史記·仲尼弟子傳』。

【枳】㊀(지) 紙 ㊁(기) 支 キ、からたち hedge thorn ㄓˇ chih³
小篆 草書 ㊀탱자 지、거탓지(似橘)。『周禮』橘踰淮而化爲―。㊁❶해할 기(害也)。『孔叢子刑論』奉過以小罪謂之―。❷사타리 기(股也)。
【枳殼:지각⇨기각】《醫》탱자를 썰어 말린 藥材。
【枳棘:지극⇨기극】❶탱자나무와 가시나무。(둘다 惡木)。《轉》妨害物。『後漢書』――非鸞鳳所棲、百里豈大賢之路。❷탱자나무의 가시。
【枳首蛇:지수사】《動》머리가 둘 달린 뱀。
【枳實:지실⇨기실】《醫》미숙한 탱자를 썰어 말린 藥材。변을 통하는 데 쓰임。
【枳礙:지애⇨기애】심한 장애。

【枴】(괘) 蟹 カイ、つえ stick ㄍㄨㄞˇ kuai³
草書 노인이 지팡이 짚을 괘(老人拄杖)。

【枵】(효) 蕭 キョウ、むなしい empty ㄒㄧㄠ hsiao¹
小篆 草書 ❶속빈 나무 효(木根空)。❷주린 배 효(―腹人饑)。❸클 효(―然)。
【枵空:효공】텅 비어 있음。空虛。
【枵腹:효복】주린 배。『正字通』人饑曰――。
【枵然:효연】큰 모양。『莊子·逍遙遊』。

【架】(가) 禡 カ、たな、いこう shelf; clothesrack ㄐㄧㄚˋ chia⁴
草書 ❶틀가라 가、장강틀 가(杙也所以擧物)。❷사닥다리 가(棚也)。❸횃대 가(衣―)。❹세울 가(起也)。
【架空:가공】❶공중에 가로건너지름。『唐太宗』飛簷廻――。❷사실이 아님。거짓。
【架空線:가공선】공중에 건너 질러 가설한 전선。
【架空鐵道:가공철도】＝高架鐵道。
【架橋:가교】다리를 놓음。橋梁을 가설함。『陸游』――築道村翁事。
【架臺:가대】무엇을 얹어 놓기 위하여 밑에 받쳐 세운 구조물。
【架尾:가미】砲架의 뒤쪽 끝。
【架上:가상】시렁의 위。
【架設:가설】❶건너지름。❷깔음。
【架設料:가설료】가설한 대가로 주는

요금。

〔架設費:가설비〕 가설하는 비용。

〔架松:가송〕 시렁을 맨 것과 같이 가지가 옆으로 뻗은 소나무。 一의 하나。

〔架槽:가조〕 地上에 架設하는 通水장치

架槽 (農政全書)

◎擔ㅡ、書ㅡ、十字ㅡ、衣ㅡ、筆ㅡ。

【枷】(가) 麻 カ、からざお ㄐㄧㄚ chia¹ flail

小篆 草書 ❶칼가(項械)。〔廣成頌〕ㅡ天狗紲墳羊。❷도리깨채가(連ㅡ打穀具)。〔『耞』와 통함〕

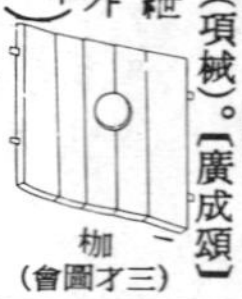

枷 (三才圖會)

〔枷鎖:가쇄〕(制)죄인의 목에 거는 형틀과 자물쇠。곧 죄인을 다스리는 刑具。〔北史〕獄無ㅡㅡ。

〔枷囚:가수〕(制)죄인의 목에 칼을 씌워 옥에 가둠。

【枸】㊀(구) 麌 ク、まがる bent ㊁(구) 尤 ㄍㄡ kou¹ ㊂(구) 有 ㄐㄩˇ chü³ ㄍㄡˇ kou³

小篆 草書 ㊀구나무구(似椹爲醬)。〔詩經〕南山有ㅡ。〔『蒟』와 같음〕 ㊁❶굽을구(曲也)。❷탱자구(ㅡ橘枳名)。〔宋玉賦〕枳ㅡ來巢。㊂구기자구(ㅡ杞)。〔爾雅疏〕一名苦ㅡ 一名地骨服之輕身益氣。

〔枸橘:구귤〕(植)탱자나무。

〔枸杞:구기〕(植)구기자나무。 괴좆나무。 잎과 뿌리는 食用。또는 藥用에 쓰임。〔唐書〕貢ㅡㅡ黃精。

枸杞 (三才圖會)

〔枸杞苗:구기묘〕 구기자의 나물。

〔枸杞子:구기자〕 구기자나무의 열매。

〔枸杞菜:구기채〕 구기자 나물。

〔枸木:구목〕 굽어 있는 나무。

〔枸櫞酸:구연산〕(化)레몬산(Lemon 酸)。레몬·蜜柑 등의 속에 있는 鹽基性酸。

〔枸櫞油:구연유〕 枸櫞皮에서 짜낸 향미료로 쓰이는 담황색의 기름。

【枹】㊀(부) 虞 フ、フウ、ばち ㄈㄨˊ fu² drum-stick ㊁(포) 肴

小篆 草書 ㊀북채부(鼓槌)。〔左傳〕左執轡右援ㅡ而鼓馬逸不能止。㊁굴싸리포(ㅡ櫟叢生者)。

〔枹鼓:부고〕 북채와 북。(轉)군대의 진지。(喩)서로 感應하는 것。〔漢書·李尋傳〕猶ㅡㅡ之相應也。

〔枹木:포목〕(植)떡갈나무。굴싸리。

【枺】(말) 曷 マツ、はしら pillar

기둥말、말장말(櫦ㅡ柱也)。

【枻】㊀(예) 霽 エイ、セツ、かい、かじ ㊁(설) 屑 ㄧˋ i⁴ rowing-sweep

草書 ㊀돛대예(楫也)。〔漁父辭〕莞爾而笑鼓ㅡ而歌。〔『栧』와 통함〕 ㊁도지게설(檠ㅡ正弓弩具)。

【枼】㊀(엽) 葉 ヨウ、かたいき ㊁(삽) angled tree

小篆 小篆 ㊀❶모진나무엽(方木)。❷엷을엽(薄也)。㊁뜻은 ㊀과 같음。

【柹】(시) 紙 シ、かき ㄕˋ shih⁴ persimmon

小篆 감시(赤實果)。〔禮〕棗栗榛ㅡ。

〔柹霜:시상〕 ≒柹雪。

〔柹色:시색〕 감의 빛。곧 茶褐色。

〔柹雪:시설〕 곶감 거죽에 생기는 하얀 가루。柹霜。

〔柹葉:시엽〕 ❶감나무 잎。 ❷비단 이름。〔張均〕洲白蘆華吐、園紅ㅡㅡ稀。〔事物異名錄〕廣志、ㅡㅡ今時綾名。

〔柹蔕:시체〕 감의 꼭지。 딸꾹질에 씀。

【柿】(시)『柹』(前條)의 本字

【柿】(시)『柹』(前前條)의 俗字

【枿】(알) 曷 ゲツ、きりかぶ sprouts

草書 나무움알(斬而復生)。〔東京賦〕山無槎ㅡ。

〔枿去:알거〕 베어서 없앰。斬伐。

【柀】(피) 紙 ヒ、すぎ ㄆㄧˇ pi³ cryptomeria

小篆 비파피 비자나무피(榧也)。

【柂】(이) 支 イ、きのな tree

草書 ❶피나무이(椵也)。〔禮〕ㅡ椵。〔註〕所謂椑棺也。❷술이름이(酒名柯ㅡ)。〔『椸』와 같음〕

【柃】(령) 靑 レイ、ひさかき knot of a tree

小篆 나무혹령(木瘤)。〔松漠紀聞〕有榛ㅡ瘿盂椀之有文理可愛者。

〔柃椙:영견〕 보리를 태우는 器具。〔集韻〕ㅡㅡ、燒麥具也。

【柁】(타) 哿 タ、ダ、かじ ㄉㄨㄛˋ tuo⁴ rudder

草書 키타(正船木設於舟尾)。〔郭璞賦〕凌波縱ㅡ。〔『舵』와 같음〕

〔柁樓:타루〕 배의 키를 조종하는 船室의 높은 곳。〔劉子翬〕山入ㅡㅡ青。

〔柁手:타수〕 배의 키를 조종하는 사람。

【柄】(병) 敬 ヘイ、え、とって handle

小篆 或體 書 ❶자루병(柯也)。❷권세병(權也)。〔左傳〕既有利權又執民ㅡ。❸잡을병(持也)。〔『枋·秉』과 통함〕

〔柄授:병수〕 권력을 내려줌。〔韓愈〕即ㅡㅡ之。

〔柄臣:병신〕 권력을 잡고 있는 신하。또는 사람。權臣。〔漢書〕賤人圖ㅡㅡ。

〔柄用:병용〕 要職에 쓰임으로써 권력을 잡음。〔漢書〕王鳳見ㅡㅡ。

◎權ㅡ。

【柊】(종) 東 シュウ、つち club

草書 방망이종(ㅡ楑椎也)。

〔柊楑:종규〕 물건을 다지는 데 쓰는 메。

〔柊葉:종엽〕(植)풀 이름。廣東地方에서 나는 芭蕉와 비슷한 풀。

【柅】㊀(니) 支 チ、くるまどめ stopcock ㊁(닐) 質 ㄋㄧˇ ni³

小篆 草書 ㊀❶팥배나무니(木名實如梨)。❷고동목니(止車木)。〔易經 姤卦〕繫于金ㅡ。❸더부룩할니(茂盛貌)。〔吳都賦〕總莖ㅡ

ㅡ。❹살필니(察也)。〔唐書〕捷ㅡ姦冒。 ㈢그칠닐(止也)。

〔柅柅:이니〕 초목이 무성한 모양。〔左思〕總莖ㅡㅡ。

〔柅杜:이두〕 거절함。〔唐書·牛徽傳〕ㅡㅡ干請、法度復振。

〔柈〕 (반) 寒 ハン、はち tray

柈 草書 ❶쟁반반(承盤)。〔杜甫詩〕焦糖幸ㅡ。❷소반반(盤也)。❸널판반(杆ㅡ板木)。〔墨子〕書名竹帛琢戒杆ㅡ。(〔盤〕과 통함)

〔柈舞:반무〕 漢代 소반을 가지고 추는 춤。 晉代에는 다시 접시를 加해서 杯柈의 춤이 되었음。〔晉書〕杯柈舞、太康中、天下爲晉世寧舞、矜手以按杯柈、反覆之、此則漢世惟有ㅡㅡ。

〔柍〕 ㈠(영) 庚 ㈡(앙) 陽 オウ、うめ plum-tree

柍 小篆 草書 ㈠매화나무영(梅也)。〔南都賦〕ㅡ柘檍檀。㈡추녀끝앙(屋端)。〔甘泉賦〕日月纔經于ㅡ桭。

〔柏〕 (백) 陌 ハク、かしわ ㄅㄞ pai3 ㄅㄛ po2 oriental arborvitae

柏 小篆 草書 ❶측나무백、칙백나무백(栢也)。〔六書故〕木皆屬陽而ㅡ向陰指西蓋木之有貞德者。❷잣나무백(ㅡ松)。(〔栢〕은 俗字)

柏 (三才圖會)

〔柏葉:백엽〕 잣나무의 잎。〔庾肩吾〕聊開ㅡㅡ酒。

〔柏子:백자〕 (〔植〕)잣。 잣나무 열매。

〔柏子糖:백자당〕 잣으로 만든 엿。

〔柏子末:백자말〕 잣으로 만든 가루。

〔柏子仁:백자인〕 (醫)측백나무 열매의 씨。 驚癎·虛汗등에 약으로 씀。

〔柏子板:백자판〕 잣나무를 썰어서 만든 널빤지。

〔柏酒:백주〕 잣나무 잎을 담갔다가 정월 초 하룻날 厄運을 물리치는 뜻에서 먹는 술。 柏葉酒。〔孟浩然〕舊曲梅花唱、新正ㅡㅡ傳。

◎冬ㅡ。

〔柎〕 ㈠(부) 虞 ㈡(부) 遇 フ、うてな ㄈㄨ ping3·4 elm tree

柎 小篆 草書 ㈠느릅나무부(楡也)。㈡❶난간발부(闌足)。❷떼부(編木以渡)。〔管子 兵法〕方舟投ㅡ。❸꽃자리부(花萼足)。〔玉篇〕凡草木之房謂之ㅡ。(〔拊〕와 통함)

〔柎橃:부벌〕 뗏목。〔楚辭〕乘氾泭以下流兮。〔注〕編竹木曰泭、楚人曰柎、秦人曰橃。

〔某〕 ㈠(모) 有 ㈡(매) 灰 ボウ、それがし ㄇㄡ mou3 so and so

某 小篆 古文 草書 ㈠아무모(不知名者)。〔論語〕ㅡ在斯。(古音은 '무') ㈡매화나무매(梅也)。(〔梅〕의 古字)

〔某官:모관〕 어떠한 벼슬。 아무 官吏。

〔某國:모국〕 아무 나라。 어떠한 나라。

〔某年:모년〕 어느 해。

〔某某:모모〕 아무아무。 누구누구。

〔某邊:모변〕 ❶아무 편의 곳。 ❷어떤 사람。

〔某事:모사〕 아무 일。 어떠한 일。

〔某數:모수〕 어떤 수。 밝히지 않은 수。

〔某時:모시〕 아무 시간。 아무 때。

〔某氏:모씨〕 아무 양반。 아무개。〔左傳〕。

〔某也某也:모야모야〕 아무 아무。

〔某樣:모양〕 (國) 일정하지 않은 양식。 어떠한 방식。

〔某月:모월〕 아무 달。 어느 달。

〔某人:모인〕 아무 사람。 어떤 사람。

〔某日:모일〕 아무 날。 어떤 날。

〔某種:모종〕 어떠한 종류。 아무 종류。

〔某地:모지〕 아무 땅。 어느 땅。

〔某處:모처〕 아무 곳。 某所。

〔柑〕 ㈠(감) 覃 ㈡(겸) 鹽 カン、みかん ㄍㄢ kan1 orange

柑 草書 ㈠감자감、감귤감(橘屬)。〔唐書〕荊州進黃ㅡ。㈡나무재갈겸(以木銜馬口)。〔公羊傳〕ㅡ馬而秣之。(〔鉗·拑〕과 통함)

〔柑果:감과〕 귤의 열매。〔世說新語〕王丞相儉節、帳下ㅡㅡ、盈溢不散。

〔柑子:감자〕 ❶귤의 열매。〔本草〕釋名、木奴、志曰、柑未經霜時、猶酸、霜後甚甜、故名ㅡㅡ。❷唐代 員外의 別名。〔海錄碎事〕。

〔柑子正果:감자정과〕 柑子의 속 또는 껍질 또는 통채 썰어서 꿀에 잰 정과。

〔柑皮:감피〕 柑子나 蜜柑의 껍질。

◎蜜ㅡ。

〔柒〕 (칠) 〔漆〕(水部 11畫)의 俗字

〔染〕 ㈠(염) 琰 ㈡(염) 豔 セン、そめる ㄖㄢ jan3 dye

染 小篆 草書 ㈠❶꼭두서니염(茜屬)。❷물들일염(以繒綵爲色)。〔周禮〕ㅡ人掌ㅡ帛。❸훌부들할염(柔貌)。〔詩經〕荏ㅡ柔木。㈡물젖을염(漬也汚也)。〔晉書〕舊ㅡ汚俗咸與維新。

〔染工:염공〕 염색소에서 일하는 사람。

〔染料:염료〕 염색의 원료。 물감。

〔染病:염병〕 (國)❶장질부사。❷전염병。

〔染色:염색〕 물을 들임。〔後漢書〕此繒特宜ㅡㅡ。

〔染色物:염색물〕 물감을 들인 물건。무색옷 따위。

〔染色術:염색술〕 물리적、화학적 방법에 의하여 피륙에 물을 들이는 방법。

〔染色體:염색체〕 (生)생물의 유전·성질등을 결정한다고 생각되는 것。

〔染俗:염속〕 世俗에 물들음。

〔染疫:염역〕 유행병에 전염됨。

〔染汚:염오〕 물들어 더럽혀짐。

〔染迹:염적〕 다소 더러워진 흔적。

〔染指:염지〕 손가락을 솥 속에 넣어 국물의 맛을 봄。(轉)不正한 利得을 구하는 짓。〔左傳〕子公怒、ㅡㅡ于鼎、嘗之而出。

〔染織:염직〕 ❶물들이는 것과 천을 짜는 것。❷피륙에 물을 들임。

〔染化:염화〕 感化시킴。〔晉書〕劉ㅡㅡ日久、風教遂成。

〔染畫:염화〕 그림을 그림。

◎感ㅡ、捺ㅡ、愛ㅡ、汚ㅡ、傳ㅡ、浸ㅡ。

〔柔〕 (유) 尤 ジュウ、ニュウ、やわらか ㄖㄡ jou2 soft

柔 小篆 草書 ❶부드러울유(剛之反)。〔書經〕沈潛剛克高明ㅡ克。❷순할유(順也)。❸편안할유(安也)。〔書經〕ㅡ遠能邇。❹연약할유(耎弱)。〔詩經〕薇亦ㅡ止。❺싹나올유(草木新生)。❻복종할유(服也)。〔左傳 僖公二十八年〕我且ㅡ之矣。

〔柔嘉:유가〕 柔和하고 善美함。〔詩經〕仲山之德、ㅡㅡ維則。

【柔强:유강】 부드럽고 강함。强靭。

【柔謹:유근】 성질이 유순하고 깊이 삼가함。『後漢書·東夷傳』以ㅡㅡ爲風。

【柔懦:유나】 마음과 기질이 약하고 겁이 많음。

【柔能制剛:유능제강】 부드러운 것이 도리어 굳센 것을 이김。『三略』ㅡㅡ、弱能制强。

【柔道:유도】 ❶부드러운 道。유순한 道。『後漢書』吾理天下亦欲以ㅡㅡ行之。❷맨손으로 상대자를 넘어뜨리거나 또는 메어치는 武術의 한 가지。柔術。

【柔毛:유모】 ❶부드러운 털。『列子』ㅡㅡ綈幕。❷《動》羊의 別名。『禮記』羊曰ㅡㅡ。

【柔撫:유무】 어루만지어 달래고 위로함。『宋書』ㅡㅡ四封。

【柔媚:유미】 연약하고 예쁨。『唐書』庾準無學術、以ㅡㅡ自進。

【柔桑:유상】 어린 뽕잎。돋아난 지 오래지 않은 뽕잎。

【柔順:유순】 성질이 부드럽고 공손함。『易經』ㅡㅡ利貞。

【柔弱:유약】 몸이나 마음이 약함。『文中子』ㅡㅡ者生之幹也、堅强者死之徒也。

【柔軟:유연】 부드럽고 연함。『南史』身體ㅡㅡ。

【柔軟性:유연성】 부드럽고 연한 성질。「融通性 있는 성질」

【柔遠:유원】 먼 곳의 백성을 화목하게 하여 순종케 함。

【柔韌性:유인성】 부드러우면서도 질긴 「성질」。

【柔荑:유제】 부드러운 띠싹。《喩》희고 아름다운 부인의 손。『詩·碩人』手如ㅡㅡ。

【柔鐵:유철】 《鑛》시우쇠。鑐鐵。

【柔脆:유취】 연하고 무름。부드럽고 연약함。『老子』萬物草木之生也ㅡㅡ。

【柔則:유칙】 말씨가 유순하고 행실이 바른 여자의 德。

【柔汗:유한】 진땀。「弱冠弄ㅡㅡ。

【柔翰:유한】 붓의 別名。『左思·詠史詩』

【柔和:유화】 성질이 부드럽고 온화함。『史記』賴吾馬ㅡㅡ。「記」。

【柔滑:유활】 부드럽고 매끈함。『西京雜

【柔訓:유훈】 여자에 대한 가르침。◎剛ㅡ、溫ㅡ、優ㅡ、和ㅡ、懷ㅡ。

【柖】 ㊀(소) 蕭 ショウ、ゆれる ㊁(초) 篠 shake
(小篆) ㊀❶나무흔들릴소(樹搖)。❷과녁소(射的)。㊁목욕상초(浴牀)。

【松】 (송)『松』(木部 4畫)과 같음

【柘】 (자) 禡 シャ、やまぐわ wild mulberry tree ㄓㄜˋ chê⁴ ㄕˊ shih²
(小篆)(草書) 산뽕나무자(山桑)。『周禮』弓人取幹之道ㅡ爲上。(『蔗』와 통함)

【柘弓:자궁】 뽕나무로 만든 활。뽕나무는 그 가지가 길고 단단하여 가지에 모여든 까마귀들을 죄다 튕겨 가지에 앉지 못하게 하여 까마귀들이 울며 달아난다고 해서 一說에는 烏號弓이라고도 함。『古史考』。

【柘黃:자황】 뽕나무로 물들인 黃赤色。또는 그 옷。天子나 高貴한 사람이 입음。『本草』其木染黃赤色、謂之ㅡㅡ、天子所服。

【柙】 (합) 洽 コウ、おり cage ㄒㄧㄚˊ hsia²
(小篆)(古文)(草書) ❶향나무합(香木)。『吳都賦』木則楓ㅡ豫章。❷우리합(藏獸檻)。『管子』生縛管仲而ㅡ以予齊。(『匣』과 통함)

【柙板:합판】 刑具의 一種。『福惠全書』ㅡㅡ痛打脚底。

【柚】 ㊀(유) 宥 ユ、チク、ゆず citron ㄧㄡˋ yu⁴ ㊁(축) 屋 ㄓㄨˊ chu²
(小篆)(草書) ㊀유자유(似橙而酢)。『書經』厥包橘ㅡ錫貢。㊁북축(織具受緯)。『詩經 小雅大東』杼ㅡ其空。(『軸』와 같음)

【柚皮:유피】 유자나무 껍질。『羣芳譜』ㅡㅡ、最厚而虛紋、更粗色黃、內多膜無筋、其味甘多辛少。

【柜】 (거) 語 キョ、けやき oak
(小篆)(草書) 떡갈나무거(ㅡ柳大葉木)。(『欅』와 같음)

【柶】 (사) 紙 シ、ふご shovel
(小篆)(或體) ❶삽사(臿也)。❷손수레사(手車)。

【柝】 (탁) 藥 タク、ひょうしぎ watchman's rattle ㄊㄨㄛˋ t'uo⁴
(草書) ❶쪼갤탁(判也)。❷조두탁、목탁탁(夜警刁斗)。『易繫辭』重門擊ㅡ以待暴客。(『㯰』과 같음)

【柞】 ㊀(작) 藥 サク、くぬぎ oak ㄗㄨㄛˋ tsuo⁴ ㊁(책) 陌
(小篆)(草書) ㊀갈참나무작(櫟也)。『詩經』維ㅡ之枝其葉蓬蓬。㊁벌목할책(除木)。『詩經 周頌載芟』載芟載ㅡ。

【柞繭:작견】 멧누에고치。

【柞櫟:작력】 《植》굴참나무。

【柞木:작목】 《植》떡갈나무。

【柞蠶:작잠】 《動》멧누에。색이 처음에는 綠色、나중에는 黃褐色으로 변함。

【柞蠶絲:작잠사】 멧누에고치로부터 뽑아낸 실。

【枏】 (남)『枬』(木部 4畫)의 俗字

【柠】 (저)『楮』(木部 9畫)와 같음

【柢】 (저) 薺 霽 テイ、ね root ㄉㄧˇ ti³
(小篆)(草書) 뿌리저(根也)。『道德經』深根固ㅡ。(『邸』와 통함)

【柣】 (질) 質 チツ、しきい threshold
(草書) 문지방질(門閾)。

【柤】 (사) 麻 サ、てすり (古音은「차」)
(小篆)(草書) ❶중방사(木閑)。❷아가위사(木名似梨而酸)。

【査】 (사) 麻 サ、しらべる seek; survey ㄔㄚˊ ch'a² ㄓㄚ cha¹
(草書) ❶떼사(水中浮木)。『博物志』仙ㅡ犯斗牛。❷조사할사、캐물을사(考察)。(『楂』와 같음)

【査家:사가】 《國》사돈집。

【査家宅:사가댁】 사돈댁。

【査檢:사검】 사실을 조사하여 속 내용을 자세히 살핌。檢査。

【査宅:사댁】 사돈집의 존칭。査頓宅。

【査頓:사돈】 ❶《國》사위와 며느리의 부모가 서로 부르는 말。❷혼인 관계로 된 친척 관계。

【査頓八寸:사돈팔촌】《國》사돈쪽의 팔촌。《喩》疎遠한 친척으로 남이나 다름이 없는 사이라는 뜻。『東言解』。
【査得:사득】 사실을 조사하여 알게 됨。
【査問:사문】 조사하여 따져 물음。
【査夫人:사부인】 사돈댁의 尊稱。
【査收:사수】 조사하여 받음。
【査受:사수】 틀림 없이 받음。
【査實:사실】 사실을 조사함。
【査案:사안】《國》事件을 조사한 기록。
【査閱:사열】 ❶실지로 하나하나 조사하여 봄。❷군대에서 장병을 정렬시켜 놓고 裝備와 士氣 등을 실지로 검열하는 일。
【査丈:사장】《國》사돈집 웃어른의 尊稱。
【査滓:사재】 찌끼。앙금。渣滓。『張憲』無因淨一一、來共上堂鐘。
【査正:사정】 조사하여 그릇된 것을 바로잡음。
【査定:사정】 조사하여 결정함。
【査證:사증】 ❶조사하여 증명함。❷외국인의 입국허가의 증명。비자(visa)。
【査察:사찰】 ❶조사하여 살핌。❷주로 사상적인 동태를 살펴 조사하는 경찰 임무의 한 직분。
【査哨:사초】 보초선을 감시하기 위해 일정한 지점에 세운 보초。
【査出:사출】 조사하여 드러냄。
【査覈:사핵】 실정을 자세히 조사함。◎監一、檢一、踏一、捜一、審一、調一、探一。

【柧】(고) 虞 コ、かど ridge
小篆 ❶모날고(棱角)。【漢書】漢棱殿堂最高轉角處。❷대마루고(一酒爵)。(『觚』와 같음) ❸술잔고(鄕飮
【柧棱:고릉】 궁궐 지붕마루의 양쪽 귀。觚稜。『後漢書·班固傳』上一一而棲金雀。

【柩】(구) 宥 キュウ、ひつぎ coffin ㄐㄧㄡ chiu⁴
小篆 籒文 草書 ❶널구(棺也)。【釋名】在牀曰尸在棺曰一。
【柩車:구거】 시체를 싣는 수레。靈柩車。
【柩肉未冷:구육미랭】 관 속의 시체가 아직 식지 않음。죽은 뒤 얼마 안 됨。
【柩衣:구의】 출관할 때에 관 위에 덮는 홑이불 같은 긴 베。

【柫】(불) 物 フツ、からざを flail
小篆 도리깨채불(擊禾連枷)。

【柬】(간) 潸 カン、えらぶ select ㄐㄧㄢˇ chien³
小篆 草書 ❶가를간、분별할간(分別)。❷가릴간(擇也)。
【荀子】安燕而血氣不惰一理也。(『揀·簡』과 통함)
【柬房:간방】 편지를 맡아 보는 사람。『福惠全書』著一一置簿、挨次登號。
【柬帖:간첩】 ❶편지。❷명함。

【柭】㊀(패) 隊 ㊁(발) 曷 ハイ、バツ、しげる dense
小篆 ㊀나무지엽돋을패(木生枝葉)。㊁❶무성할발(茂貌)。❷나무잎가지발(枝葉)。

【柯】(가) 歌 カ、えだ branch ㄎㄜ k'ê¹
小篆 草書 ❶가지가(枝也)。❷도끼자루가(斧柄)。【詩經】伐一伐一、其則不遠。
【柯葉:가엽】 가지와 잎。『陶潛·詩』一一自摧折、根株浮滄海。
【柯條:가조】 나무가지。『詩·宥橋松疏』。

【柮】(돌) 月 トツ、きりはし dead branches ㄉㄨˋ tu⁴
小篆 草書 마들가리돌、우죽돌(木頭)。

【柰】(내) 泰 ダイ、ナイ、べにりんご how ㄋㄞˋ nai⁴
小篆 草書 ❶사과내(果名)。❷어찌내(那也)。【書經 五子之歌】爲人上者、一何弗敬。
【柰苑:내원】 절(寺)의 異稱。洛陽의 白馬寺에 柰樹가 많았다는 데서 由來。『雜跖集』昔西域國有一一生果、果生有一女子、王收爲妃、女乃以苑地施佛爲伽藍、故曰一一。
【柰何:내하】 어떻게。如何히。『書經』爲「人上者一一弗敬。」

【柱】㊀(주) 麌 ㊁(주) 遇 チュウ、はしら pillar ㄓㄨˋ chu⁴
小篆 草書 ㊀기둥주(楹也)。【漢書】腐木不可以爲一。㊁❶버틸주(撑也)。【十八史略 春秋戰國趙】若膠一鼓瑟耳。❷고일주(支也)。【韓愈 王適墓誌銘】鼎也、不可以一車馬。❸막을주(搴也)。(『拄』와 통함)
【柱幹:주간】 일의 중심。또는 그 사람。
【柱根:주근】《植》支柱根。줄기를 지지하는 한편 땅속의 양분을 흡수하는 작용을 함。
【柱單:주단】 ＝四柱單子。
【柱頭:주두】《植》암꽃술의 대가리。꽃가루를 받는 부분인데 꽃에 따라서 그 모양이 여러 가지임。암술머리。
【柱聯:주련】 기둥이나 바람벽 등에 장식으로 그림이나 글씨를 써 넣어 걸치는 물건。또는 그 聯句。楹聯。
【柱半:주반】《建》기둥의 한가운데에 내리 그은 먹줄。
【柱史:주사】 老子의 異名。(老子는 周의 柱下史란 벼슬에 있었기 때문)。
【柱石:주석】 ❶기둥과 주추。또는 주추。❷가장 중요한 위치에 있는 사람을 가리키는 말。【漢書】將軍爲國一一。
【柱石之臣:주석지신】 나라에 없어서는 아니될 가장 중요한 신하。
【柱質:주질】 기둥과 주춧돌。(質은 礎)。『戰國策』皆以鍊銅爲一一。
【柱礎:주초】《建》주춧돌。『晋書』琉璃爲牆壁、水精爲一一。◎氷一、石一、圓一、電一、支一、花一。

【柲】㊀(비) 寘 ㊁(필) 質 ヒ、え、ほこ spear-handle
小篆 草書 ㊀❶창자루비(戈戟柄)。【周禮】戈一六尺有六寸。❷도지개비(弓檠)。【周禮】弓檠曰一。(『閉』와 통함) ㊁뜻은 ㊀과 같음。(『鉍』과 통함)

❷ 柲 弓
(圖器禮)

【柮】(자) 支 シ、かし elm-tree
느릅나무자(無疵木楡也)。

【柴】㊀(시) 佳 ㊁(채) 卦 シ、しば brushwood ㄔㄞˊ ch'ai² (古音「재」)
小篆 草書 ㊀❶섶시、불땔나무시(小木散材)。【禮記】收秩薪一。❷시제지낼시(燔一)。【書經】至于岱宗一。㊁❶막을채(塞也)。【莊子 天地】一其內。❷지킬채(護也)。【淮南子 道應訓】一箕子之門。❸울채(藩落)。【徐鍇曰】師行野次堅材爲區

落名曰ㅣ籬。(『寨』와 통함)

〔柴車:시거〕 헐어빠진 수레。『通鑑綱目集覽』ㅣㅣ、車之不裝飾者、卽棧車也。

〔柴毒:시독〕 나무가시에 찔려 곪는 병。

〔柴糧:시량〕 땔나무와 양식。

〔柴門:시문〕 ❶사립짝으로 된 문。 사립문。『杜甫』相送ㅣㅣ月色新。❷문을 닫음。杜門。『後漢書』於是ㅣㅣ絕賓客。

〔柴扉:시비〕 사립문。『王維』日暮掩ㅣㅣ。

〔柴薪:시신〕 땔나무。 섶나무。 薪柴。

〔柴油:시유〕 땔나무와 기름。

〔柴水:시수〕 땔나무와 마실 물。 薪水。

〔柴場:시장〕 ❶땔나무를 사고 파는 시장。 ❷나무갓。

〔柴草:시초〕 땔나무로 쓰는 마른 풀。

〔柴炭:시탄〕 ❶땔나무와 숯。 薪炭。 ❷석탄 따위。

〔柴炭商:시탄상〕 시탄을 파는 장사。「薪炭商」

〔柴炭場:시탄장〕 시탄을 파는 곳。

〔柴荊:시형〕 雜木。 散木。『陸游』時聞剝啄叩ㅣㅣ。

〔柴毁:시훼〕 初喪을 당하고 슬퍼하여 몸이 바짝 마르고 여윔。『晉書』ㅣㅣ骨立、杖而能起。

【柵】(책) 陌 サク、やらい palisade ㄓㄚˋ chaˋ ㄕㄢ shan¹
小篆 草書 ❶우리책、 울책 목책책(寨也)。『魏書』連營立ㅣ。 ❷사닥다리책(棧也)。

〔柵壘:책루〕 나무 울타리로써 둘러친 보루。『北史』士衆勞疲、ㅣㅣ未安。

〔柵門:책문〕 울타리를 둘러친 門。

〔柵門後市:책문후시〕 《歷》李朝 때 清나라에 가는 使行의 馬夫 중에 密商이 섞여가서 門柵(滿洲 鳳凰城 邊門) 밖에서 행해지던 密貿易。 一七〇〇년에 中江後市의 정식 폐지 후 더욱 성행하였음。 清의 요청과 또 使行 경비의 보충을 위하여 매년 四만냥의 세금을 받고 이를 공허하였음。

〔柵狀秧板:책상앙판〕 책상 못자리。

◎木ㅣ、鐵ㅣ。

【柳】(류) 有 リュウ、やなぎ willow tree ㄌㄧㄡˇ liu³
小篆 草書 ❶버들류(楊也)。『詩經』楊ㅣ依依。 ❷별이름류(宿名)。 ❸성류(姓也)。

〔柳車:유거〕 《制》葬事 때 梓宮이나 시체를 싣고 끌던 큰 수레。

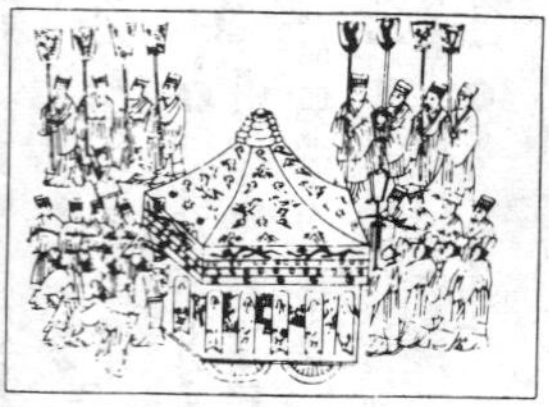
柳 車 (三禮圖)

〔柳京:유경〕 《地》平壤의 異稱。

〔柳器:유기〕 버들가지로 만든 그릇。 고리。 옷 같은 것을 담아 두는 물건。

〔柳綠花紅:유록화홍〕 ❶봄의 아름다운 自然의 경치。 ❷人工을 가하지 않은 자연 그대로의 것。『蘇軾』——眞面目。

〔柳陌:유맥〕 버드나무를 심은 둔덕길。

〔柳眉:유미〕 버드나무 잎같이 가늘고 아름다운 눈썹。 곧 미인의 눈썹을 가리키는 말。『李商隱』ㅣㅣ輕吐效顰葉。

〔柳絲:유사〕 버드나무의 가느다란 가지。『白居易』人言柳葉似愁眉、更有愁腸似ㅣㅣ。

〔柳色:유색〕 ❶푸른 버드나무의 빛。 ❷천 빛깔의 하나。 새로는 萌黃、 가로는 흰 실로 짰음。『王維·詩』客舍青春ㅣㅣ新。

〔柳絮:유서〕 늦은 봄에 솜같이 흩날리는 버들가지。『梁元席』ㅣㅣ飄春風。

〔柳眼:유안〕 버드나무의 새 싹。『元稹』春生ㅣㅣ中。

〔柳暗花明:유암화명〕 江村의 아름다운 봄 경치를 일컬음。『陸游·詩』山重水複疑無路、——又一村。

〔柳葉眉:유엽미〕 버드나무 잎같이 가늘고 아름다운 미인의 눈썹。 →柳眉。『揚維楨』湖上女兒——。

〔柳葉箭:유엽전〕 살촉이 버들잎과 같이 생긴 화살。

〔柳腰:유요〕 미인의 부드럽고 가는 허리。『戴復古·詩』細輕ㅣㅣ花十八。

〔柳枝:유지〕 ❶버드나무 가지。 ❷名妓의 이름。

〔柳炭:유탄〕 《美》그림의 윤곽을 그리는 데 쓰는 버드나무를 태워 만든 숯。

〔柳態:유태〕 버드나무 가지와 같이 가늘고 부드럽게 한들거리는 모양。 柳容。『柳淡』似逐春風知ㅣㅣ。

〔柳花:유화〕 버드나무의 꽃。『白居易』尋逐春風捉ㅣㅣ。

◎花ㅣ、細ㅣ。

【栅】(책) 『柵』(前前條)과 같음

【柾】 ㊀(구) 宥 ㊁(정) 〔日字〕 まさ straight
草書 ㊀뜻은 『柩』를 보라。 ㊁❶나무바를정(木之正)。 ❷나무결이 좋을정(木理好貌)。

【柶】(사) 寘 シ、さじ spoon ㄙˋ ssŭ⁴
小篆 草書 ❶숟가락사(匕也)。『周禮』飲醴用ㅣ者糟也不用ㅣ者糅也。 ❷뿔숟가락사(角ㅣ喪禮所用)。『禮註』ㅣ以角爲之長六寸兩頭屈曲。 ❸〔國字〕윷사(擲ㅣ)。

❶柶 (名物圖)

【柷】(축) 屋 シュク、がくき instrument of wood
小篆 小篆 축풍류축(ㅣ敔樂器)。『書經』合止ㅣ敔。

〔柷敔:축어〕 樂器 이름。(柷은 음악을 시작할 때 쓰고 敔는 음악을 그칠 때 쓰는 樂器)。『書經』合止ㅣㅣ。

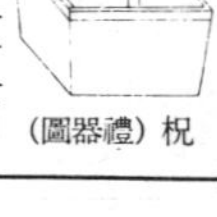
柷 (禮器圖)

【桒】(상) 『桑』(木部 6畫)의 俗字

【栄】(영) 『榮』(木部 10畫)의 略字

【栍】(생) 〔國字〕 ❶사슬생(籤也)。 ❷장승생(路程標木長ㅣ)。

六 畫

【栃】(회) 〔日字〕 とち tree
草書 상수리나무회(橡木)。(『枋』과 같음)

【栓】(전) 先 セン、きくぎ wooden peg ㄕㄨㄢ shuan¹ (本音「선」)
草書 말뚝전(木釘)。

【栒】(순) 軫 シュン、きのな tree ㄒㄩㄣˊ hsün²
❶경쇠걸이순(懸鍾磬木)。 ❷순나무순(木名)。(『筍·簴』과 같음)

【栒虡:순거】 鍾을 매다는 받침대。橫木을栒、縱木을虡라 함。『爾雅』縣鍾磬之架, 直立者爲虡、橫牽者爲栒。

【栔】 ㊀(설) 屑 セツ、ケイ、たつ
㊁(계) 霽 cut
小篆 ㊀❶끊을설(絕也)。❷이지러질설(缺也)。❸근심할설(憂也一一)。㊁새길계(刻也)。

【栖】 (서) 齊 セイ、すむ dwell
ㄑㄧ chʻi
ㄒㄧ hsi
草書 ❶깃들일서(鳥投樹)。【禽經】陸鳥曰一水鳥曰宿獨鳥曰止衆鳥曰集。❷어정댈서(一遲游息)。【陶潛詩】一遲詎爲拙。❸싸다닐서(一一猶皇皇不安)。【論語】何爲是一一者與。❹쇄서(鷄所止)。(『棲』와 같음)

【栖泊:서박】 머무름。묵고 싶。【高適】漁樵屢一一。

【栖栖:서서】 바쁜 모양。皇皇。【論語】丘何爲是一一者歟。

【栖息:서식】 깃들여 살음。【何遜·詩】一一同蝸舍。

【栖烏:서오】 보금자리에 들어 있는 까마귀。

【杝】 (이) 支 イ、あかくみ bucket to draw water in a ship
배에물푸는 두레박이(船中欲水斗)。(『栭』와 같음)

【栗】 (률) 質 リツ、くり chestnut
ㄌㄧˋ li
小篆 古文 草書 ❶밤률(果樹實有房多刺)。【周禮】饋食之籩其實一。❷신주재목률(主材)。【公羊傳】虞主用桑練主用一。❸단단할률(堅也)。【禮記 聘義】縝密以一。❹무서울률(威嚴)。【論語 八佾】使民戰一。❺공손할률(謹敬)。【書經】寬而一。❻곱송거릴률(竦縮)。❼쭉정이률(穀不秕)。【詩經】實穎實一。❽건널률(越等)。【儀禮】一階不過二等。❾풍류이름률(樂名)。

【栗殼:율각】 밤 껍질。【本草】。

【栗烈:율렬】 살을 에는 듯한 대단한 추위。凓烈。【詩經】二之日一一。

【栗木:율목】 (植)밤나무。

【栗尾:율미】 붓。【蘇軾】爲把一一書溪藤。

【栗鼠:율서】 (動)다람쥐。

【栗房:율방】 밤송이。

【栗園:율원】 밤나무가 많이 난 동산。

【栗子:율자】 밤。

【栗刺:율자】 밤 가시。

【栘】 (체) 霽 セイ、やまなし Hugeria faponica (古音「세」)
小篆 草書 ❶산매자나무체、당체나무체(棠棣)。❷파드등나무체、사시나무체(一楊)。

【栘楊:체양】 잎이 둥근 버들의 一種。蒲柳。【本草】釋名、青楊、蒲柳、蒲楊、云云。

【栙】 (항) 江 コウ、ほ sail
小篆 ❶펴지않는돛항(船帆未張一雙)。❷뜸항(雙也)。

【栙雙:항쌍】 돛을 미처 펴지 않음。

【木+𠂢】 (려) 語 リョ、きのな pine tree
소나무려(松別種)。「箭笴用材似松極佳」。

【木+𠂢松:여송】 소나무의 一種。【南史】。

【木+𠂢】 ㊀(파) 卦 ハイ、きのな wistaria
㊁(파) 禡
㊀등나무파(藤屬)。㊁뜻은 ㊀과 같음。

【栜】 (색) 陌 サク、なつめ Jujube tree
小篆 대추색(棗也)。

【栝】 (괄) 曷 カツ、びゃくしん juniper
ㄍㄨㄚ kua
小篆 草書 전나무괄(柏葉松身也)。【書經】杶幹一柏。(『檜』와 같음)

【栝樓:괄루】 (植)하눌타리。

【栝柏:괄백】 전나무와 동백나무、두 나무의 이름。【書經】杶幹一一、礪砥砮丹。

【栞】 (간) 寒 カン、きり、しおり cut
ㄎㄢ kʻan
古文 小篆 草書 깎을간(斫木)。【書經 禹貢】隨山一木。(『刊』과 같음)

【栞旅:간려】 나무를 베어서 먼 길을 통하여 山祭를 행함。【史記】九山一一。

【枅】 ㊀(계) 齊 ケイ、ケン、ますがた
㊁(견) 先 beam
小篆 ㊀가로보계(屋櫨)。【徐曰】枅上橫木承棟者橫之似笄也。㊁뜻은 ㊀과 같음。

【栟】 (병) 『栟』(木部 8畫)의 略字

【栢】 (백) 『柏』(木部 5畫)의 俗字

【栧】 (예) 霽 エイ、かじ、かい mast
돛대예(楫也)。(『枻』와 같음)

【校】 ㊀(교) 效 コウ、キョウ、まなびや、くらべる compare;school
㊁(효) 效 ㄐㄧㄠˋ chiao
ㄒㄧㄠˋ hsiao
小篆 草書 ㊀❶틀교(械也)。【周易】屨一滅趾。❷교계할교(計也)。【漢書】貫朽而不可一。❸이를교、보할교(報也)。【論語 泰伯】犯而不一。❹사냥할교(獵也)。【漢書】大一獵。❺끊을교(檢也)。【禮記】比年入學中年考一。❻교정할교(訂書)。【漢書】詔劉向一中五經秘書。❼싸움어울어질교(戰交)。❽장교교(軍官)。【漢書】司隷一尉。❾마굿간교(廐格)。【周禮】六廐成一。㊁학궁효(學宮)。【孟子 滕文公上】一者敎也云云、夏曰一。

【校歌:교가】 그 학교의 기풍을 發揚하기 위하여 특별히 제정하여 학생으로 하여금 부르게 하는 노래。

【校監:교감】 학교장을 보좌하고 校務를 감독하는 직책。또는 그 사람。

【校具:교구】 학교에서 쓰는 諸具。

【校規:교규】 학교의 규칙。

【校紀:교기】 학교의 風紀。

【校旗:교기】 학교를 대표하는 旗。

【校了:교료】 인쇄물의 교정이 끝남。

【校理:교리】 (制)❶李朝 때 校書館·承文院의 從五品 벼슬。❷李朝 때 弘文館의 正五品 벼슬。

【校牧:교목】 학교에서 종교 교육을 맡아 보는 牧師。

【校務:교무】 학교의 職務。

【校服:교복】 학교에서 학생들에게 입히는 制服。

【校本:교본】 (印)틀린 것이나 빠진 것이 없이 다 교정해 놓은 책。

【校舍:교사】 학교의 建物。

【校序:교서】 학교。『邢邵』列一一于鄕黨。

【校閱:교열】 문서나 책의 어귀나 글자의 잘못을 살피고 교정하며 검열함。『魏書』巡行諸州、ㅣㅣ守宰。
【校外生:교외생】 通信教授 또는 講義錄 등으로 교육을 받는 학생。
【校外指導:교외지도】 학생들의 학교 밖에서의 생활을 감독 지도하는 것。
【校外訓練:교외훈련】 학교 밖에 나가서 하는 훈련。
【校友:교우】 같은 학교를 다니는 벗。
【校醫:교의】 학교의 囑託을 받아 학생들의 보건을 돌보는 의사。
【校任:교임】 《國》 鄕校의 直員。
【校長:교장】 ❶학교의 사무를 관장·통솔하는 우두머리。 ❷卒伍의 우두머리。
『史記』令ㅣㅣ斬之。
【校定:교정】 글자나 문장등의 字句를 대조 비교하여 바르게 결정함。『唐書·韋述傳』韋述蓄書萬卷、皆手ㅣㅣ。
【校訂:교정】 남의 저서의 잘못된 곳을 바로 고침。 특히 이미 나온 도서의 문장 어귀를 고치는 것。 →校正。
【校庭:교정】 학교의 운동장。
【校正:교정】 ❶틀린 글자를 고치는 일。 ❷《印》교정지와 원고를 대조하여 誤字·誤植 등의 잘못된 점을 바로 고치는 일。 준보기。
【校正料:교정료】 《印》출판물의 校正을 보아준 報酬。 보아준 삯。
【校主:교주】 사립 학교의 설립 경영자。
【校註:교주】 刊行書의 글자나 문장 등을 原本과 대조하여 바르게 註釋을 하는 것。
【校準:교준】 ＝校正。 「교 터。
【校地:교지】 학교가 들어 앉은 땅。 학
【校誌:교지】 학생들이 교내에서 편집 발행하는 잡지。
【校則:교칙】 학교의 규칙。 學則。
【校風:교풍】 그 학교의 기풍。

【校訓:교훈】 학교의 교육 理念을 簡明하게 나타낸 標語。
◎貴ㅣ、登ㅣ、母ㅣ、放ㅣ、本ㅣ、分ㅣ、射ㅣ、入ㅣ、再ㅣ、他ㅣ、退ㅣ、廢ㅣ、學ㅣ。

【栩】 (허) 麌 ク、くぬぎ acorn tree ㄒㄩˇ hsü³ (古音「후」)
(小篆)(草書) ❶도토리허(栗屬橡也)。『詩經』集于苞ㅣ。 ❷만가울허(喜貌)。『莊子』ㅣㅣ然蝴蝶也。
【栩栩:허허】 기쁜 모양。『莊子·齊物論』ㅣㅣ然胡蝶也。

【梌】 (초) 『椒』(木部 8畫)의 俗字

【株】 (주) 虞 シュ、チュ、かぶ trunk of a tree ㄓㄨ chu¹
(小篆)(草書) ❶뿌리주(根也)。『周易』困于ㅣ木。 ❷그루주、나무주(木數)。『諸葛亮表』成都有桑八百株。 ❸줄기주(幹也)。『韓非子』宋人守ㅣ冀復兎。
【株價:주가】 《經》株式·株券의 價格。
【株券:주권】 《經》會社의 株式을 所有하고 있음을 증명하는 證書。
【株橛:주궐】 ❶쐐기。 ❷그루。『列子』。
【株金:주금】 《經》株式에 대한 出資金。
【株連:주련】 죄인과 어떤 관련이 있음。
【株戮:주륙】 모조리 죽임。 誅戮。『唐書』ㅣㅣ船商。
【株式:주식】 《經》 ❶株式會社의 총자본을 株의 수에 따라 나눈 자본의 구성 단위。 ❷株式去來의 略語。
【株式去來:주식거래】 《經》주식의 시세를 이용하여 株券 현물이 없이 사고 파는 일종의 投機 행위。
【株式市場:주식시장】 《經》주식의 매매가 행하여지는 시장。

【株式讓渡:주식양도】 《經》주식을 상속·매매·증여 등에 의하여 다른 사람에게 이양하는 일。
【株式合資會社:주식합자회사】 《經》 무한 책임 사원과 株主로써 조직한 회사。 곧 주식 회사와 합자 회사를 절충한 회사。
【株式會社:주식회사】 《經》 株主로써 조직된 有限責任의 회사。
【株主:주주】 《經》주식 회사에 있어서 株券을 가진 사람。
【株主總會:주주총회】 《法》주식 회사 또는 주식합자회사의 최고 議決機關。
◎守ㅣ。

【栫】 (천) 霰 セン、かこみ fence ㄐㄧㄢˋ chien⁴
(小篆)(草書) ❶거섭천(以柴壅水)。 ❷울천(籬也)。 ❸둘러막을천(圍也)。『左傳』囚諸樓台ㅣ之以棘。 ❹깃천(捕魚具)。
【栫棘:천극】 ❶《制》加棘。 ❷가난하여 갈아 입을 옷이 없어 밖에 나가지 못 함을 가리키는 말。

【栭】 (이) 支 ジ、ニ、ささぐり acorn ㄦˊ erh²
(小篆)(草書) ❶작은도토리이(小栗)。 ❷주두이(櫨也)。『西京賦』繡ㅣ雲楣。

【栮】 (이) 紙 ジ、きくらげ fungus
버섯이、느타리이(木茸)。「生於枯木上形如人耳」。(『茸』와 같음)

【栰】 (벌) 月 バツ、いかだ raft ㄈㄚˊ fa²
떼벌(桴也)。『爾雅疏』大曰ㅣ小曰桴乘之渡水。(「筏·撥」과 같음)

【栯】 (욱) 屋 イク、きのな Prunus japonica
산앵두욱(ㅣ李)。「果如櫻桃稍小赤者」。

【栱】 (공) 腫 キョウ、くい stake ㄍㄨㄥˇ kung³
(草書) ❶말장공(大杙)。『爾雅』大者爲ㅣ小者爲閣。 ❷주두공(柱頭方木)。
【栱枅:공계】 기둥 위에 짜 얹은 말모양의 둥근 나무토막。『蘇軾』跨空飛ㅣㅣ。

【桊】 (공) 腫 キョウ、かせ handcuffs
❶수갑공(手械)。 ❷두손에 수갑챌공(兩手同械)。『周禮』上罪梏桊而桎。(『拲』과 같음)

【栲】 (고) 皓 コウ、ぬるで sumac ㄎㄠˇ k'ao³
(草書) 북나무고(山樗)。
【栲栳:고로】 ❶대나무 또는 버드나무를 휘어서 만든 器物。『廣韻』栳、ㅣㅣ、柳器也。 ❷金의 烏古論鎬의 本名。

【栳】 (로) 皓 ロウ、こうり basket ㄌㄠˇ lao³
(草書) 고리짝로(栲ㅣ柳器)。

【栵】 ㊀(례) 霽 ㊁(렬) 屑 レイ、レツ、ならぶ make a line
(小篆)(草書) ㊀나무가줄로날례(木生從列)。 ㊁작은도토리렬、돌밤렬(栭栗)。

【栴】 (전) 先 セン、かおりき chinese juniper ㄓㄢ chan¹
(書·草) 향나무전(ㅣ檀香木)。

【梅檀:전단】 향나무의 이름。檀香木。『觀佛三昧經』一一根芽、漸漸生長。

【核】 ㈠(홀) 用 カク、さね、しん kernel
㈡(핵) 陌 ㄏㄜˊ hé² ㄏㄨˊ hú²

核 小篆 草書 ㈠씨홀(果中實)。【禮】賜果于君前其有一者懷其一。㈡❶실과핵(豆實)。【蘇軾 赤壁賦】肴一既盡。❷각색할핵(覈一)。【莊子】覈一太甚則必有不肖之心應之。❸자세할핵(綜一)。【漢書】綜一名實。

【核果:핵과】(植)多肉果의 하나。外果皮는 엷고、中果皮는 多肉 多漿하며 內果皮는 야무지고 딱딱한 核으로 변한 과실。살구·복숭아 따위。

【核桃:핵도】胡桃의 異名。【本草綱目】。

【核膜:핵막】(生)細胞의 核을 싸고 있는 엷은 膜。

【核物理學:핵물리학】(物) 原子核의 구조를 밝히어 그 속에서 일어나는 운동 법칙을 연구하는、제二차 세계대전 뒤에 새로 일어난 물리학의 한 분과。

【核絲:핵사】(生)核 속에 들어있는 실 모양으로 된 물질。 염색성의 작은 粒子가 붙어 있음。

【核實:핵실】확실한 사실。【曹操】多採虛名、少於一一。

【核心:핵심】事物의 중심이 되는 가장 요긴한 부분。곧 물건이나 일의 알속。

【核心體:핵심체】❶핵심이 되는 부분。❷(物)燃料原子核등이 분열하여 에네르기를 방출하는 原子爐의 中心部。

【核子:핵자】(物)알맹이。

【核質:핵질】(生)細胞의 核內에 가득 차 있는 物質。核蛋白質로 되어 있음。

【核衝擊:핵충격】(物)原子의 分裂 또는 새로운 元素를 형성하기 위하여 核體에 原子 放射物을 發射하는 일。◎結一、原子一。

【根】(근) 元 コン、ね、もと root; base ㄍㄣ kēn¹

根 小篆 草書 ❶뿌리근(柢也)。❷밑근、밑둥근(本也)。【左傳】農夫之去草絶其本一。❸그루근(木株)。❹시작할근(始也)。【孟子 盡心上】仁義禮智一於心。❺별 이름근(星名)。

【根幹:근간】❶뿌리와 줄기。【韓非子】一一不革、則動泄不失矣。❷어떤 事物의 바탕이나 중심이 되는 부분。

【根據:근거】❶근본되는 토대。❷사물의 근본이 되는 의거。【漢書】黨親連體、一一于朝廷。

【根據地:근거지】활동의 토대로 삼는 곳。근거로 삼은 곳。

【根莖:근경】❶뿌리와 줄기。【論衡】一一衆多、則華葉繁茂。❷땅 속에서 뿌리와 같이 보이는 줄기가 변태된 지하경의 하나。

【根穀:근곡】(國)❶묵은 곡식。❷밑절미로 둔 곡식。

【根氣:근기】❶참고 견디는 정력。❷근본이 되는 힘。

【根基:근기】뿌리를 잡은 터。基礎。根底。

【根瘤:근류】(植)고등 식물의 뿌리에 붙은 혹 모양의 조직。細菌 또는 菌絲의 침입으로 異常發育하여서 생김。

【根脈:근맥】(國)일이 생겨난 유래。

【根滅:근멸】뿌리째 없애 버림。

【根毛:근모】(植)식물의 뿌리에 있는 실낱같이 가는 털。

【根本:근본】❶초목의 뿌리。❷사물의 본 바탕。근원。【史記】六律爲萬事一一焉。

【根本原理:근본원리】(哲)존재 또는 認識·일반의 기초를 이루는 보편적인 원리。

【根肥:근비】뿌리언저리에 주는 비료。

【根性:근성】❶근본되는 성질。❷(佛)氣力의 근원을 根、善惡의 습관을 性이라고 함。【法苑珠林】一一輕利。

【根葉:근엽】뿌리와 잎。

【根源:근원】❶나무 뿌리와 샘。❷일의 밑바탕。【魏書】此乃學者之一一。

【根由:근유】근본의 이유。

【根因:근인】근본되는 원인。

【根底:근저】사물의 밑바탕。根本。

【根抵當:근저당】(法)계속적인 거래 관계에서 생기는 채권을 담보하기 위하여、담보물이 부담할 수 있는 최고액을 정해 두고、장차 확보될 채권을 그 범위 안에서 담보하는 저당권。최고액 저당。

【根絶:근절】다시 살아날 수 없게 뿌리째 끊어 없애 버림。

【根腫:근종】(醫)근이 박힌 부스럼。

【根種:근종】(國)한 번 농사를 지어 먹은 뒤에 다시 짓는 농사。그루갈이。

【根著:근착】❶뿌리 박힘。❷생활의 근거가 확립됨。

【根菜:근채】주로 뿌리를 먹는 채소。무우 따위。

【根蔕:근체】❶뿌리와 꼭지。❷일의 토대。

【根治:근치】병을 근본적으로 고침。【宋史】手詔提刑司一一。

【根炭:근탄】(國)나무 뿌리를 구워 만든 숯。등걸숯。

◎球一、氣一、無一、病一、舍一、善一、宿一、六一、耳一、精一、主一、柱一、支一、禍一。

【格】㈠(격) 陌 カク、キャク、のり、しな pattern; rule
㈡(락) 藥
㈢(각) 藥 ㄍㄜˊ kê²

格 小篆 ㈠❶이를격(至也)。【書】一于上下。❷올격(來也)。【書】帝曰一汝舜。❸바를격(正也)。【孟子 離婁上】一君心之非。❹오를격(登也)。【書經】皆聽朕言庶有一命。❺대적할격(敵也)。【史記】驅群羊攻猛虎不一明矣。❻감동할격(感通)。【書經】一于皇天。❼고칠격(變革)。【書經】一則承之庸之。❽법식격(法式)。【禮記】言有物、而行有一也。❾궁구할격(窮究)。【大學】致知在一物。❿시렁격(庋一)。「凡書架肉架皆曰一」。⓫표준할격(標準)。【後漢書】朝廷重其方一。⓬자품격(資一)。㈡막힐락(不入)。【禮記】發然後禁則扞一而不勝。㈢❶휘추리각(樹枝)。【徐曰】樹高長枝爲一。❷그칠각(止也)。❸막을각(阻一)。【漢書】袁盎有所關說太后議一。❹씨름할각(一五角戲)。

【格納庫:격납고】비행기 따위를 넣는 창고。

【格談:격담】(國)격에 맞는 말。

【格度:격도】品格과 度量。【魏志·滿寵傳】。

【格令:격령】規則。律格。【宋史】三曰、簡一一。

【格例:격례】(國)격식이 되어있는 慣例。

【格率:격률】도덕 행위의 규범이 되는 중요한 원리。

【格物:격물】사물의 이치를 연구함。

【格物致知:격물치지】事物의 理致를 연구하여 지식을 명확히 함。格致。【大學】欲誠其意者、先致其知、致知在格物。

【格變化:격변화】(言)주로 印歐語族에 있어서 語尾에 의한 격의 변화。

【格非:격비】그릇된 마음을 바로 잡음。【孟子·離婁】。

【格殺:격살】손으로 쳐 죽임。【後漢書·董宣傳】叱奴下車、因一一之。

【格尙:격상】품격이 높음。高尙。【魏志·王淩評傳】風節一一。

【格式: 격식】 격에 어울리는 법식。規格。法則。『北史』律令ㅡㅡ、多威所定。
【格心: 격심】 ❶바른 마음。『禮記·緇衣』。❷마음을 바르게 함。
【格言: 격언】 事理에 맞아 교훈이 될만한 짧은 말。→金言。『魏志』此周孔之ㅡㅡ。
【格外: 격외】 規格에 벗어나 있음。常例가 아님。『南史』ㅡㅡ之官、便今日爲重。
【格調: 격조】 ❶詩歌의 體制에 맞는 格과 韻致에 어울리는 調。❷사람의 品格。人格。『方干』心路玲瓏ㅡㅡ高。
【格鬪: 격투】 서로 맞붙어 치고 받고 하며 싸움。『漢書』主人遂ㅡㅡ死。
【格下: 격하】 格을 한 등급 낮춤。
◎家ㅡ、價ㅡ、歌ㅡ、骨ㅡ、具ㅡ、規ㅡ、同ㅡ、變ㅡ、本ㅡ、寺ㅡ、相ㅡ、賞ㅡ、性ㅡ、昇ㅡ、嚴ㅡ、人ㅡ、資ㅡ、正ㅡ、定ㅡ、體ㅡ、破ㅡ、品ㅡ、風ㅡ、合ㅡ。

【栻】 (식) 職 ㄕˋ shih⁴ ショク、シキ、うらないばん takle for fortune-telling
栻 草書 점판식(推占木局)。

【栽】 ㊀(재) 灰 ㊁(재) 隊 サイ、うえる plant ㄗㄞ tsai¹
栽 小篆 栽 草書 ㊀심을재(種也)。『中庸』ㅡ者培之。㊁토담틀재(築墻長板)。『左傳』水昏正而ㅡ。
【栽培: 재배】 草木을 심고 북돋아 가꿈。또는 그 일。『中庸』故栽者培之。
【栽插: 재삽】 꽂아서 심음。『蘇軾』爲翁ㅡㅡ萬松岡。
【栽植: 재식】 초목이나 농작물을 심음。『元稹』太子知ㅡㅡ。

【栾】 (란) 『欒』(木部 19畫)의 俗字

【栿】 (복) 屋 フク、はり beam
❶들보복(梁也)。❷나무덧붙일복(以小木附於大木)。

【桀】 (걸) 屑 ケツ、とまりき roost ㄐㄧㄝˊ chieh²
桀 小篆 桀 草書 ❶홰울걸(磔也)。『周禮』謂磔爲 辜古人稱ㅡ。❷홰걸(鷄棲杙)。『詩經』鷄棲于ㅡ。❸빼어날걸(秀貌)。『詩經』維莠ㅡㅡ。❹멜걸(荷也)。『左傳 成公二年』齊高國ㅡ石以投人。❺사나울걸(猛也)。❻왕이름걸(夏王號)。(『傑·榤』과 같음)
【桀桀: 걸걸】 무성한 모양。『詩經·甫田』無田甫田桀維莠ㅡㅡ。
【桀步: 걸보】 ❶게가 옆으로 기어감。❷게의 異名。『埤雅』蟹橫行、故謂之ㅡㅡ。
【桀惡: 걸악】 추악함。暴惡함。『晋書』本實匈奴ㅡㅡ之寇也。
【桀驁: 걸오】 ❶사나운 말이 아직 길들지 않음。❷성정이 거세고 나쁨。『唐書』。
【桀紂: 걸주】 夏의 桀王과 殷의 紂王。모두 暴君의 代表者。↔堯舜。

【桁】 ㊀(항) 陽 ㊁(항) 漾 ㊂(형) 庚 コウ、けた shelf ㄏㄥˊ hêng² ㄏㄤˊ hang² ㄏㄤˋ hang⁴
桁 草書 ㊀❶수갑항(ㅡ楊械也)。『莊子』ㅡ楊相推刑獄相望。❷배다리항(浮橋)。『晋書』温嶠討王敦燒朱雀ㅡ以挫其鋒。(『航』과 통함) ㊁횃대항(衣架)。『古樂府』還視ㅡ上無懸衣。(『笐』과 통함) ㊂❶시렁형(屋橫

(三禮圖) 桁

木)。❷마개형(葬具)。『儀禮註』以木ㅡ塞其口。

【桂】 (계) 霽 ケイ、かつら cinnamon ㄍㄨㄟˋ kuei⁴
桂 小篆 桂 草書 계수나무계(江南木百藥之長)。『禮』草木之滋薑ㅡ之謂也。
【桂冠詩人: 계관시인】 英國 王室에서 특별한 우대를 받던 詩人에게 내리는 稱號。
【桂棹蘭槳: 계도난장】 계수나무로 만든 노와 난초의 삿대。곧 노와 삿대를 아름답게 수식한 말。『蘇軾·赤壁賦』。
【桂輪: 계륜】 달의 異名。『唐·中宗·三藏聖教序』。
【桂林一枝: 계림일지】 進士에 급제한 것을 겸손하게 하는 말。《故》晉의 郤詵이 科擧에 급제한 것을 가리켜 계수나무 한 가지를 얻은 데 불과하다고 한 故事。《轉》대수롭지 않은 出世를 일컫는 말。『晉書·郤詵傳』。
【桂魄: 계백】 달의 別名。桂月。『王維·詩』ㅡㅡ初生秋露微。
【桂樹: 계수】 《植》계수나무。月桂樹。
【桂心: 계심】 《醫》계피의 겉 껍데기를 깎고 남은 속의 얇고 노란 부분。약에 씀。
【桂苑筆耕集: 계원필경집】 《書》二〇권 四책。新羅 崔致遠의 詩文集。
【桂月: 계월】 ❶달。『王起』蘋風已歇、ㅡㅡ初臨。❷음력 八월의 異名。
【桂舟: 계주】 계수나무로 만든 아름다운 배。『楚辭·九歌』。
【桂酒樽: 계주준】 周 나라 때에 祭禮에 쓰는 술을 담는 큰 술잔。
【桂枝: 계지】 ❶《醫》계수나무의 잔 가지。약재로 씀。❷달에 있다고 생각하는 계수나무의 가지。
【桂秋: 계추】 ❶계수나무의 꽃이 피는 가을 철。❷음력 八월의 異名。
【桂皮: 계피】 《藥》계수나무의 얇은 껍질。겉은 灰褐色으로 향기와 약간의 甘味가 있음。주성분은 알데히드(aldehyde)인데 계피유·전분·점액·수지 등을 함유하며, 향수·향료의 원료 및 矯味·矯臭劑·健胃劑로 사용하고 漢方에서는 그 외에 땀을 내면서 虛汗을 거두는 데도 씀。
【桂皮末: 계피말】 계핏가루。
【桂花: 계화】 ❶계수나무 꽃。『王建』冷露無聲濕ㅡㅡ。❷달의 異名。

桂花 (三才圖會)

【桃】 (도) 豪 トウ、もも peach ㄊㄠˊ t'ao²
桃 小篆 桃 小篆 桃 草書 ❶복숭아도(果名)。『禮記』ㅡ始華。❷앵도도(果名櫻ㅡ)。❸대나무이름도(ㅡ枝)。
【桃膠: 도교】 《醫》복숭아 나무의 진。淋疾의 약재로 씀。『廣雅』虎魄生地中、初時如ㅡㅡ。
【桃李: 도리】 ❶복숭아와 오얏。또는 그 꽃이나 열매。❷試驗해서 採用한 門下生。또는 천거한 賢士。『資治通鑑·唐紀』嘗薦悉十人、率爲各臣。或謂仁傑曰、子下ㅡ悉在公門矣。❸얼굴 빛이 아름다움을 가리키는 말。『南史·鄧郁傳』年皆可十七八許、色艶ㅡㅡ。
【桃毛: 도모】 《醫》복숭아 털。邪氣를 물리치는 데 약재로 씀。
【桃拔: 도발】 西域에 있는 動物名。사슴과 비슷하며 꼬리가 길음。뿔이 하나이고 天鹿이 둘인 것을 辟邪라 함。符拔。『漢書·西域傳』。

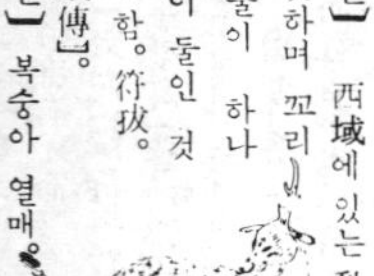
桃拔 (古今圖書集成)

【桃實: 도실】 복숭아 열매。

【桃夭:도요】 出嫁할 여자를 복숭아의 아름다운 모양에 비한 말。『詩經』 桃之夭夭、灼灼其華、之子于歸、宜其室家。

【桃夭時節:도요시절】 복숭아 꽃이 요염하게 핀 봄철。《喩》시집가기 좋은 시기。

【桃源:도원】 武陵桃源의 略語。

【桃仁:도인】 복숭아 씨의 알맹이。

【桃蟲:도충】《動》뱁새。『爾雅』。

桃蟲(三才圖會)

【桃皮觱篥:도피필률】 복숭아나무 껍질로 만든 피리。鄕觱篥의 前身。

【桃紅:도홍】 복숭아 꽃 같은 엷은 분홍빛。桃紅色。

【桃紅色:도홍색】 복숭아 꽃 빛깔。

【桃花:도화】 복숭아 꽃。

【桃花粉:도화분】 도홍색의 불그레한 분。『雲麓漫鈔』。

【桃花酒:도화주】 ❶복숭아 꽃을 넣어서 빚은 술。❷복숭아 꽃 빛깔이 나는 술。

【桃花菜:도화채】 복숭아로 만든 화채。

【桃梟:도효】《醫》나무에 달린채 저절로 마른 千葉桃의 열매。정신병에 쓰임。

◎蟠ㅣ、櫻ㅣ、胡ㅣ。

【桄】 (一)(광) 陽 (二)(광) 漾

小篆 小篆 草書 (一)광랑나무광(ㅣ榔麵樹)。(二)❶찰광(充也)。❷베틀광(織機)。

コウ、たがやさん gomutipalm ㄍㄨㄤ kuang¹ ㄍㄨㄤ kuang⁴

【桄榔:광랑】《植》야자과에 속하는 상록교목。줄기는 黑色 斑條가 있고 단단하여 床柱·火爐 등을 만드는 데 쓺。花序로는 사탕을 만들고 줄기의 髓部에서 녹말(澱粉)을 취하며 葉柄의 섬유로는 노끈을 꼼。

桄榔(三才圖會)

【桄榔子:광랑자】 광랑의 열매。

【桅】 (一)(외) 灰 (二)(괴) 紙

小篆 草書 (一)돛대외(舟上帆竿檣也) (二)치자나무괴(染黃木)。

キ、カイ、ほばしら mast of a vessel ㄨㄟ wei²

【框】 (광) 陽

草書 ❶광판광(棺門)。❷문골광(門檔)。『類篇』 朕門謂之ㅣ朕。

キョウ、かまち end of a coffin ㄎㄨㄤ k'uang⁴

【案】 (안) 翰

小篆 草書 ❶안석안(几屬)。❷지경안(界也)。『齊語』參國起ㅣ。❸상고할안(考也)。『漢書』ㅣ之當今之務。❹어루만질안(撫也)。『史記 孟嘗君傳』ㅣ劍以前。❺등록안(登錄)。❻글초잡을안(著書起義)。❼책상안(書床)。(『按』과 통함)

アン、つくえ、あん table ; plan

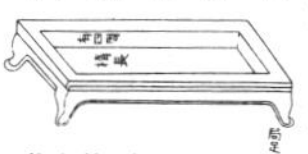

玉案(名物圖)

【案件:안건】 討議나 研究를 위하여 文書에 기록한 事件이나 記錄。

【案机:안궤】 책상。

【案內:안내】 인도하여 내용을 알려 줌。그 일。또는 그 書類。

【案內書:안내서】 안내하는 내용을 적은 책。또는 그 글。

【案內人:안내인】 ❶안내를 하는 사람。案內者。❷안내장을 내는 사람。

【案內者:안내자】 =案內人。

【案堵:안도】 ❶마음을 놓음。安堵。『史記』吏民皆ㅣㅣ如故。❷자기가 있는 곳에서 편안히 살음。

【案頭:안두】 책상 위。『杜甫·詩』 ㅣㅣ乾死讀書螢。

【案摩:안마】 손으로 몸을 두드리거나 주물러서 혈액의 循環을 돕는 일。按摩。

【案撫:안무】 보살피고 어루만져서 위로함。按撫。『素問』病生于不仁、治之以ㅣㅣ。『漢書』ㅣㅣ戎國。

【案問:안문】 罪를 조사하여 審問함。按問。『十八史略』使御史悉ㅣㅣ。

【案上:안상】 책상 위。

【案席:안석】 앉아서 몸을 기대는 방석。「案息。

【案息:안식】《國》 앉아서 몸을 기대는 방석。安席。

【案衍:안연】 ❶뻗쳐 넓어지는 모양。『史記』ㅣㅣ壇曼、緣以大江、限以巫山。❷우묵하고 낮은 모양。❸평평하지 못함。

【案出:안출】 생각하고 연구하여 냄。

【案致:안치】 罪를 조사하여 究明함。『漢書·魏相傳』ㅣㅣ其罪。

【案行:안행】 ❶조사함。『魏志·陳矯傳』欲ㅣㅣ文書耳。❷巡察함。『十八史略·東漢』ㅣㅣ諸部。❸隊列을 정돈함。『司馬相如·子虛賦』車ㅣㅣ、騎就隊。

【案驗:안험】 조사하여 증거를 세움。按驗。『漢書』終無所ㅣㅣ。

◎改訂ㅣ、考ㅣ、公ㅣ、敎ㅣ、起ㅣ、斷ㅣ、答ㅣ、圖ㅣ、名ㅣ、文ㅣ、翻ㅣ、腹ㅣ、私ㅣ、成ㅣ、新ㅣ、愚ㅣ、原ㅣ、議ㅣ、立ㅣ、提ㅣ、草ㅣ、懸ㅣ。

【桉】 (안) 翰

푸른옥바리안(食器青玉椀)。(『案』의 古字)

アン、わん、はち bowl

【桊】 (권) 霰

小篆 ❶소코뚜리권(牛鼻穿環)。❷휘어만든나무바리권(屈木盂)。(『棬』과 통함)

ケン、はなぎ noseblock

【桋】 (이) 支

小篆 草書 ❶가시목이(木名似柞赤棟)。❷암뽕나무이(雌桑)。『詩』隰有杞ㅣ。

イ、めぐわ mulberry tree

【桋桑:이상】《植》암뽕나무。나무가 작고 가지가 기다란 뽕나무。女桑。

【桌】 (탁) 覺

탁상탁(几案)。

タク、つくえ table

【桎】 (질) 質

小篆 草書 ❶수갑질(足械)。『徐曰』械在足曰ㅣ在手曰梏。❷구멍질(窒也)。『莊子 達生』故其靈臺一而不ㅣ。

シツ、あしかせ fetters ㄓ chih²

【桎檻:질감】 발에 칼을 씌워 감옥에 넣음。囚桎。『抱朴子』夷吾ㅣㅣ、而建匡合之績。

【桎梏:질곡】 차꼬와 수갑。《轉》자유를 몹시 속박함。『禮記』省囹圄、去ㅣㅣ。

【栱】 (공) 冬

小篆 떡갈나무공(柜柳)。『管子』高陵土山其木多ㅣ。

キョウ、きのな quercus dentata

【桐】 (동) 東

小篆 草書 오동나무동、머귀동(木名)。『書經』嶧陽孤ㅣ。

トウ、きり paulownia ㄊㄨㄥ t'ung²

【桐君:동군】 ❶거문고의 異名。❷《人》黃帝 때 사람。藥性·三品藥物 등의 책을 지었다고 함。

【桐孫:동손】 오동나무의 작은 가지。『蘇軾集』。

【桐油:동유】《化》油桐의 씨에서 짜 낸 「乾性의 기름。

【桐油紙:동유지】 桐油를 짜서 결은 종

이。防水性이 있어 비옷을 만드는데 씀。

【桐梓:동재】 오동나무와 가래나무。良材。

【桑】(상) 陽 ソウ、くわ mulberry tree ㄙㄤ sang¹

小篆 草書 ❶뽕나무상(蠶食葉)。『詩經 小雅南山有臺』南山有ㅣ。❷동쪽상(日出處曰扶ㅣ)。

【桑稼:상가】 養蠶과 耕作。『後漢書·明帝紀』勉務ㅣㅣ、以備災害。

【桑果:상과】《植》多花果의 한 가지。짧은 꽃대에 많은 꽃이 한 덩어리로 엉기어 피며、열매가 다닥다닥 붙어 여는 과실。오디·파인애플 따위。

【桑年:상년】 四八歲를 일컬음。桑의 俗字 桒字를 破字해 보면、「十十十十八」이 되므로 그렇게 부름。『三國志·楊洪傳·注』。

【桑蠹蟲:상두충】《動》뽕나무 벌레。

【桑麻:상마】 ❶뽕과 삼。❷桑麻를 심는 곳。《轉》田園。

【桑門:상문】《佛》梵語의 沙迦摩那의 音譯。佛門。佛徒。僧侶。『陳書·陳詳傳』。

【桑白皮:상백피】《醫》뽕나무 뿌리의 속 껍질。약재로 씀。

【桑蓬之志:상봉지지】 남자가 큰 뜻을 품고、雄飛하여 성공하려는 뜻。《故》古代 中國에서 남자를 낳으면 뽕나무 활과 쑥대 살(簇)로 天地四方을 쏘아서 성공을 기원하였다 함。『禮記·射義』。

【桑實:상실】 오디。뽕나무의 열매。

【桑椹:상심】 오디。

【桑葉:상엽】 뽕나무의 잎사귀。

【桑牛:상우】《動》뽕나무 하늘소。

【桑園:상원】 뽕나무 밭。桑田。

【桑榆:상유】 ❶해 저물 무렵。저녁 해가 뽕나무나 느릅나무 위에 걸려 있다는 뜻。『後漢書·馮異傳·註』ㅣㅣ、言日晚也。❷서쪽의 해가 지는 곳。『王維·三月三日曲水詩序·註』ㅣㅣ、日所入也。❸동쪽에 대해서는 서쪽、아침에 대해서는 저녁의 뜻。

【桑耳:상이】《植》뽕나무버섯。桑栮。

【桑梓之鄕:상재지향】 여러 代의 조상의 무덤이 있는 고향。

【桑田:상전】 뽕나무 밭。桑園。

【桑田碧海:상전벽해】 뽕나무 밭이 푸른 바다가 되고、푸른 바다가 뽕나무 밭이 되듯이 세상 일이 덧없이 變遷함을 비유하는 말。滄桑。『盧照鄰』——須臾改。

【桑天牛:상천우】《動》뽕나무하늘소。

【桑螵蛸:상표초】《醫》뽕나무에 붙은 螳螂의 알둥지。약재로 씀。

【桑海:상해】 桑田碧海의 略語。

【桑扈:상호】《動》콩새。『詩經』交交ㅣㅣ。

【桑灰水:상회수】《醫》뽕나무의 잿물。종기를 씻거나 찜을 하는 데 씀。

◎農ㅣ、扶ㅣ。

【桒】(상)『桑』(前條)의 俗字

【桓】(환) 寒 カン、しるしのき signpost ㄏㄨㄢ huan²

小篆 草書 ❶모감주나무환(木名)。『郭璞云』葉似柳子似楝。❷표목환(郵亭表)。『漢法』亭表四角建大木貫以方板名曰ㅣ表。❸굳셀환(武貌)。『詩經魯頌泮水』ㅣㅣ于征。❹머뭇거릴환(難進貌)。『易經』盤ㅣ利居貞。❺어여머리환(髻也)。『古今註』長安婦人好爲盤ㅣ髻。❻하관틀환(下棺木)。❼홀환(ㅣ圭公爵所執)。

【桓圭:환규】 길이 九寸의 圭。(周代의 小尺으로는 一寸이 一·八糎)。周代 公爵이 그 벼슬의 표시로서 가졌던 瑞玉。『周禮·春官』公執ㅣㅣ。

桓圭 (三禮圖)

【桓桓:환환】 굳세고 강한 모양。武勇。『詩經』ㅣㅣ武王、保有厥士。

【桔】(길) 屑 キツ、きっきょう garden rampion (本音「결」) ㄐㄧㄝ chieh²

小篆 草書 ❶도라지길(ㅣ梗藥名)。『戰國策』求柴胡ㅣ梗于沮澤則累世不得一焉。❷두레박틀길(井上桔槔)。『莊子』ㅣ槔者引之則俯舍之則仰。❸봉화틀길(擧烽具)。『史記註』櫓上作ㅣ槔。

【桔桀:길걸】 높고 험준함。『張衡』。

【桔梗:길경】《植》도라지。(약재로 씀)。

【桔梗菜:길경채】 도라지 나물。

【桔槔:길고】 돌을 매달아 그 무게로 물을 긷게 된 두레박 틀。『莊子·天運』子獨不見夫ㅣㅣ者乎。

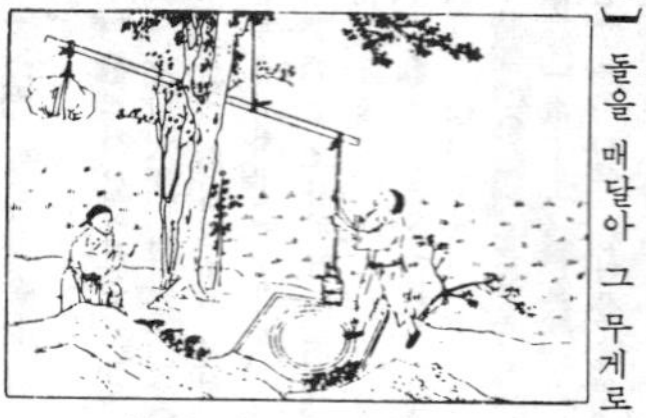

桔槔(農政全書)

【栢】(구)『梂』(木部 8畫)의 俗字

【柁】(타) 箇 タ、はしら pillar

❶나무이름타(木名)。❷헤아릴타(量也)。❸기둥타(柱也)。

【栯】(우)『杅』(木部 3畫)와 같음

【桊】(염)『染』(木部 5畫)의 俗字

【桒】(상)〔日字〕 かせ spindle

草書 물레가락상(織具)。

【桜】(앵)『櫻』(木部 17畫)의 略字

七畫

【桫】(사) 歌 サ、きのな Shorea robusta ㄙㄨㄛ suo¹

샤라나무사(ㅣ欏木名)。「類似枇杷」。

【桬】(사) 麻 サ、きのな tree

사당나무사(ㅣ棠木名)。

【梕】(진) 眞 シン、のき lath

❶평고대진(梜ㅣ屋梠)。❷대청진(兩楹間)。

【桮】(배) 灰 ハイ、さかずき goblet ㄅㄟ pei¹

술잔배(ㅣ棬飮器)。(『杯·盃』와 같음)

【桮棬:배권】 나무를 구부려서 만든 술잔。『孟子』義猶ㅣㅣ也。

【桯】(정) 靑 テイ、よりかかり couch ㄊㄧㄥ t'ing¹

小篆 草書 ❶서안정、결상정(牀前几)。❷기둥정(柱也)。

【桴】㊀(부) 尤 フ、むね raft ㊁(부) 虞 ㄈㄨ fu²

小篆 草書 ㊀❶대마루부(屋脊)。『西都賦』荷棟ㅣ而高驤。❷북채부(擊鼓杖)。㊁떼부(筏也)。『論語』乘ㅣ浮于海。(『枹』와 같음)

【桴鼓:부고】❶북채와 북。《轉》相應함。❷북채로 북을 침。
【桴筏:부벌】뗏목。『北史』可——。
【桴思:부사】울타리。『禮記·註』屏謂之樹、今——也。
【桴炭:부탄】땔나무에 불을 붙인 다음 꺼서 만든 숯。『白居易』日暮半爐——火。

【梛】(야) 麻 ヤ、やし coconut
草書 야자나무야(似椶櫚花可釀酒)。(『枒』와 같음)

【桲】(발) 月 ボツ、からざお flail
草書 ❶도리깨채발(打穀具)。「連枷」。❷막대발(杖也)。❸팥배나무발(梨屬)。【洛陽花木記】梨之別種二十七榅—其一也。

【桵】(유) 支 ズイ、たら oak ㄖㄨㄟˊ iuei¹
小篆 ❶무리참나무유(白—柞棫)。❷나무떨기로날유(木生叢—樸)。❸보습유(犂也)。(『棫』와 같음)

【桷】(각) 覺 カク、たるき rafter ㄐㄩㄝˊ chüeh²
小篆 草書 ❶서까래각(榱也、椽也)。【詩經】松—有焉。❷가로 뻗은가지각(平柯)。【周易】鴻漸于木或得其—。
【桷榱:각쇠】서까래。『爾雅』桷謂之 。

【桶】㊀(통) 董 ㊁(용) 腫 トウ、ヨウ、おけ、ます tub ㄊㄨㄥˇ t'ung³
小篆 草書 ㊀엿되들이통통(六升入木方器)。㊁휘용(斛也)。
【桶兒:통아】《國》짤막한 화살을 쏠 때에 살을 담아서 활의 시위에 메어 쏘는 가느다란 나무통。『史記』平斗—。(『角』과 通함)

【桸】(희) 支 キ、ひしゃく dipper
❶나무썩을희(朽也)。❷국자희(杓也)。

【桹】(랑) 陽 ロウ、ふないた board ㄌㄤˊ lang²
小篆 草書 ❶광랑나무랑(似栟櫚)。【後漢書註】桄—。❷배널랑(船板)。(『榔』과 같음)
【桹桹:랑랑】나무를 맞때리는 소리。『元結』榴槐兮未堅、棹兮——可屈。

【桺】(류)『柳』(木部 5畫)의 本字

【桼】(칠) 質 シツ、うるし lacquer tree
小篆 ❶옻나무칠(木汁可以黏黑)。❷물이름칠(水名)。(『榛·漆』과 통함)

【桽】(좌) 歌 ザ、わせもも peach
❶밀오얏좌(麥李)。❷일찍된복숭아좌(早桃)。

【桾】(군) 文 クン、さるがき Diospyros Lotus var.
고욤나무군(—櫏柿之小者)。

【桿】(한) 旱 カン、ぼう、てこ pole ㄍㄢˇ kan³
줄기한(木梃)。(『杆』의 俗字)

【梀】(촉) 屋 ソク、たるき eaves
❶짧은추녀촉(短椽)。❷가사목촉 박달나무촉(木名、梀也)。

【梁】(량) 陽 リョウ、はり ridgepole ㄌㄧㄤˊ liang²
小篆 小篆 古文 草書 ❶대들보량(負棟木)。❷나무다리량(木橋)。【孟子 離婁下】與—成。❸돌다리량、징검다리량(石絕水爲—)。【詩經】在彼淇—。❹발담량(以笱捕魚)。【詩】敝笱在—。❺달음박질할량(亂走貌)。【甘泉賦】飛蒙茸而走陸—。❻팔팔뛸량(跳—)。【莊子】狸狌東西跳—中于機辟。❼굳셀량(彊—)。【金人銘】彊—者不得其死。(『樑』과 같음)
【梁可:양가】複姓。『通志·氏族略』。
【梁渠:양거】짐승이름。옛날 歷石山에 살고 있었다 함。『山海經』。

梁渠 (三才圖會)

【梁棟:양동】❶들보와 마룻대。❷중요한 人物。棟梁。『梁武帝』入仕作——。
【梁麗:양려】들보。『莊子』——可以衝城。
【梁山泊:양산박】《地》못의 이름。山東省 壽張縣의 東南 梁山에 있으며、古來로 天險의 要地로 알려짐。「水滸傳」의 宋江·吳用 등 一〇八名의 義士가 여기에 모였다는 故事에서 義人 등의 集會의 뜻으로도 쓰임。『水滸傳』。
【梁上君子:양상군자】❶도둑。《故》後漢의 陳寔이 들보 위에 숨어 있는 도둑을 가리켜 한 말。❷쥐를 일컫는 말。『後漢書』。
【梁上塗灰:양상도회】들보 위에 회를 바름。《喩》女子가 얼굴에 분을 많이 바른 것을 비웃는 말。
【梁材:양재】들보가 될 수 있는 큰 材木。『爾雅』。

【梂】(구) 尤 キュウ、くぬきのみ acorn cup ㄑㄧㄡˊ ch'iu²
小篆 도토리받침구(櫟實包房)。

【梃】(정) 迥 テイ、チョウ、ほこ、つえ stick ㄊㄧㄥˇ t'ing¹·³
小篆 草書 ❶외줄기정(一枚)。❷막대정(杖也)。【孟子 梁惠王上】可使制—。❸꽂꽂할정(勁直貌)。

【梄】(유)『櫾』(木部 11畫)와 같음

【梅】(매) 灰 バイ、マイ、うめ plum ㄇㄟˊ mei²
小篆 或體 草書 ❶매화나무매(似杏實酢)。【書經】若作和羹汝惟鹽—。❷갈매나무매(雀—)。❸양매나무매(楊—)。【爾雅】時英—。❹얼굴칙칙할매(——猶昧昧)。【越郡志】會稽楊—爲天下之奇。【禮記】視容瞿瞿——。
【梅毒:매독】《醫》性病의 한 가지。瘡病。瘡疾。楊梅瘡。
【梅信:매신】매화꽃이 피기 시작한 소식。「식。봄소식。
【梅室:매실】겨울에 매화를기르는 溫室。
【梅實:매실】매화나무의 열매。
【梅雨:매우】양력 六·七월경 揚子江 유역에서 日本에 걸친 지역에 내리는 장마。
【梅雨期:매우기】매우가 내리는 철。『鄭谷』——晝溟濛。
【梅漿:매장】梅實을 소금에 절이어 만든 酢(초)。
【梅竹:매죽】매화나무와 대나무。
【梅竹簪:매죽잠】매화와 댓잎 모양을 새긴 비녀。
【梅夏:매하】六월 경의 장마지는 여름。

『唐明皇』喜麥秋之有登、玩ㅡㅡ之無事。

【梅香:매향】 매화의 향기。

【梅花:매화】 ❶매화나무。❷매화꽃。

【梅花羌飣:매화강정】 찹쌀 가루와 찰벼를 볶에 튀겨, 매화 비슷하게 된 것으로 만든 油蜜果의 한 가지。

【梅花茶:매화다】 매화 봉오리를 따서 말렸다가 끓여 만든 차。

【梅花饊子:매화산자】 油蜜果의 한가지。매화강정。

【梅花簪:매화잠】 매화꽃을 새겨 만든 「비녀。

【梅花粧:매화장】 婦女子가 이마 위에 매화 꽃을 치장으로 다는 일。『初學記』梅花落於額上、成五出之花、號爲ㅡㅡ。

【梅花酒:매화주】 매화를 주머니에 싸서 술항아리에 넣었다가 꺼낸 술。

【梆】 (방) 陽 ホウ、ひょしぎ wooden bell ㄅㄤ pang¹

梆 草書 ❶목탁방(木鐸)。❷대통칠방(發響)。

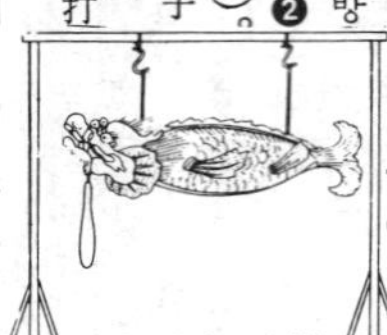

梆(三才圖會)

【梆羅:방라】 拍子木과 青銅으로 만든, 盆狀의 打樂器。

【梆子:방자】 中國의 劇의 한 가지。또는 그 劇에서 拍子를 맞추기 위하여 쓰이던 拍子木의 일컬음。

【梌】 (도) 虞 ㄊㄨˊ、ひさぎ Gleditschia Japonica var. Koraiensis

쥐엄나무도(皀莢)。

【梏】 (곡) 因 コク、てかせ handcuffs ㄍㄨˋ ku⁴

梏 小篆 梏 草書 ❶수갑곡、조막손이곡(手械)。『周禮』中罪桎ㅡ下罪ㅡ。❷어지러울곡(亂也)。『孟子』ㅡ亡之矣。❸곧을곡(貫也)。『左傳 襄公六年』以弓ㅡ華弱於朝。

【梏亡:곡망】 ❶자유를 속박 당함。❷利慾 때문에 本心을 잃음。『孟子·告子』ㅡㅡ之矣。

【梏桎:곡질】 ❶차꼬와 수갑。『漢書』中罪ㅡㅡ。❷자유를 몹시 속박함。桎梏。

【梐】 (폐) 薺 ヘイ、ひとや prison

梐 小篆 梐 草書 ❶마름쇠폐(ㅡ枑行馬)。❷우리간폐(周ㅡ牢獄)。❸목책폐、말장폐(ㅡ枑遮欄)。

【梐枑:폐호】 목책마름새。나무를 서로 엇갈리게 해서 遮闌함。漢以後에는 行馬라 함。『周禮』掌王之會同之舍、設ㅡㅡ再重。

【梒】 (함) 覃 カン、ゆすらうめ Prunus tomentosa

앵두함(櫻桃)。

【梔】 (치) 支 シ、くちなし cape fasmine ㄓ chih¹

梔 小篆 梔 草書 치자치(梔桃一名鮮支實可染黃)。『巵』와 통함。

【梔蠟:치랍】 (喩)실상은 보잘것이 없이 외양만 꾸밈을 가리키는 말。

【梔子:치자】 (植) 치자나무의 열매。

【梔子色:치자색】 치자나무열매로 들인 짙은 누른 빛에 조금 붉은 색을 띤 빛깔。

梔子花 (三才圖會)

【梓】 (재) 紙 シ、あずさ a kind of walnut (本音「자」)

梓 小篆 梓 或體 梓 草書 ❶가래나무재(楸木長)。❷목수재(木工)。『埤雅』ㅡ爲百木長。『梓材註』治木器曰ㅡ治土器曰陶治金器曰治。❸우러러볼재(橋ㅡ、家道)。『尙書大傳』橋者父道ㅡ者子道。❹고향재(故鄕)。『詩經』維桑與ㅡ。❺책판재(鋟文書於板)。「版木」。

【梓里:재리】 故鄕。桑梓。『劉迎』吾不愛錦衣、榮歸誇ㅡㅡ。

【梓木:재목】 가래나무。『搜神記』有大ㅡ、生二冢之端。「ㅡㅡ爲筍虡。

【梓人:재인】 목수의 우두머리。『周禮』

【梓材:재재】 가래나무로 만든 印刷의 版木。『張華』如彼ㅡㅡ、弗勤丹漆。

【梖】 (패) 泰 バイ、ばいたら patra

梖 草書 패엽나무패(木名)。(『貝』는 俗字)

【梗】 (경) 梗 コウ、やまにれ、とげ thorny tree ㄍㄥˇ kêng³

梗 小篆 梗 草書 ❶산느릅나무경(山枌楡)。❷곧을경(直也)。❸막힐경(塞也)。❹흔들경(撓也)。❺해로울경(害也)。❻병들경(病也)。『詩經 小雅桑柔』於今爲ㅡ。❼대개경(ㅡ槪大略)。❽놓음감경(人形、土偶)。『莊子』吾所學者土ㅡ耳。

【梗槪:경개】 소설·희곡 따위의 대강의 줄거리。大略。槪略。『張衡』言其ㅡㅡ如此。

【梗澀:경삽】 막힘。통하지 않음。梗塞。『晉書』道路ㅡㅡ、人懷危懼。

【梗塞:경색】 事物 특히 金錢이 잘 융통되지 않고 꽉 막힘。硬塞。『秦觀』道途ㅡㅡ、物價翔踴。「ㅡ、氣調英疑。

【梗正:경정】 강하고 바름。『南史』風骨ㅡ

【梛】 (나) 歌 ダ、きのな tree

梛 草書 나무이름나(木名、竹柏)。

【樧】 (찰) 曷 サツ、せまい narrow

❶좁을찰(窄也)。❷누를찰(壓也)。❸손가락형벌찰(指刑)。

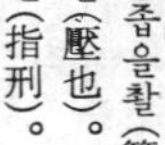

樧子 ❸ (三才圖會)

【梑】 (첩) 葉 チョウ、ちいさいは leaflet

❶작은잎첩(小葉)。❷대자리첩(竹簟)。

【梜】 (협) 葉 キョウ、はし chopstick (古音「겹」)

梜 小篆 梜 草書 ❶젓가락협(ㅡ提箸也)。❷『莢』과 같음。

【棠】 ㈠(추) 紙 ㈡(취) 支 スイ、しるす mark

棠 小篆 ㈠❶표할추(識也)。❷감출추(藏也)。❸입추(口也)。❹부리추(觜也)。㈢돌침취(石鍼)。

【條】 (조) 蕭 ジョウ、えだ、すじ branch; strand ㄊㄧㄠˊ t'iao²

條 小篆 條 草書 ❶곁가지조(小枝)。『詩經 周南汝墳』伐其ㅡ枚。❷귤조(橘屬)。『詩經』有ㅡ有梅。❸조리조、가닥조(ㅡ理)。『書經 盤庚』有ㅡ而不紊。❹노끈조(繩也)。『禮記』喪冠ㅡ屬。❺사무칠조(達也)。『漢郊祀歌』聲氣遠ㅡ。❻조목조(ㅡ目枚擧)。❼요란할조(擾亂)。『漢書』陰陽萬物靡不ㅡ鬯該成。❽길조(長也)。『書經 禹貢』厥木惟ㅡ。❾땅이름조(地名鳴ㅡ)。

【條件:조건】 ❶무슨 일을 어떻게 한다고 규정한 조항。『北史』衆逐ㅡㅡ、中臺省。❷약속할 경우에 붙이는 제한。❸(法) 법률 행위의 효력의 발생이나 소멸을 불확정한 장래의 사실의 成否에 다라 결정

지으려는 제한。

【條件反射:조건반사】《生》후천적으로 환경에 適應하기 위해서 생기는 반사 작용。개한테 밥을 줄때마다 방울을 울리면 나중에는 방울만 울려도 침이 분비되는 따위。소련의 생물 학자 파블로프(**Ivan Pavlov**)의 연구와 실험으로써 알아낸 것으로 大腦 작용의 연구에 쓰임。

【條件附:조건부】어떤 행위·판단·약속 따위에 대하여 일정한 제한을 붙이는 것。

【條款:조관】벌여 놓은 條目。

【條規:조규】조문의 규정。

【條例:조례】❶조항을 좇아 적은 規例。❷《法》지방 자치 행정의 집행의 주체가 되는 例規。❸會社나 組合의 定款。

【條目:조목】한 개 한 개씩 벌린 일의 가닥。條款。條項。『漢書·贊』增廣──。

【條文:조문】한 개 한 개씩의 조목으로 나누어 적은 글。

【條約:조약】❶조문으로써 맺은 언약。『唐書』數改──、衆不悅。❷《法》나라와 나라의 합의에 따라 약속한 서로서로의 권리나 의무。또는 그 조문。

【條鐵:조철】가늘고 길게 생긴 鐵材。

【條播:조파】《農》밭에 고랑을 치고 줄이 고루 지게 씨를 뿌리는 일。

【條風:조풍】＝東北風。『山海經·註』東北風爲──。

◎信─、前─、正─、鐵─、逐─。

【梟】

(효) 蕭 ⊤ㅣ幺 hsiao　owl　キョウ、**ふくろう**　(古音「교」)

小篆 小篆 草書 ❶올빼미효(不孝鳥)。『詩經』爲─爲鴟。❷머리베어달효(懸首木上)。『漢書』─故塞王欣首櫟陽市。❸건장할효(健也)。『漢書』北貉燕人來致─騎助漢。❹영웅효(雄也)。『淮南子』湫漻寂寞爲天下─。❺주사위효(摴蒲采名)。『晉謝艾曰』─激也六博得邀者勝。

【梟騎:효기】날쌔고 강한 騎兵。驍騎。『漢書·高帝紀』致──助漢。

【梟猛:효맹】건장하고 날램。『南史』魯爽世──、咸云萬人敵。

【梟木:효목】《制》獄門。

【梟首:효수】《制》죄인의 목을 베어 매어 달음。『漢書』──雒陽。

【梟首警衆:효수경중】《制》죄인의 목을 베어서 높은 곳에 매어 달아 뭇사람에게 보여 경계함。

【梟示:효시】효수하여 警衆하는 뜻으로 뭇사람에게 보임。

【梟勇:효용】사납고 날쌤。驍勇。梟悍。

【梟雄:효웅】❶사납고 용맹함。『後漢書』除忠害善、專爲──。❷사납고 용맹스런 영웅。『蜀志』劉備──之姿。

【梟將:효장】용감하고 강한 장수。『史記』九江王黥布、楚──。

【梟鴟:효치】《動》올빼미。

【梟悍:효한】날쌔고 사나움。

【梠】

(려) 語 ㄌㄩˇ lü³　porch　リョ、ロ、**ひさし**

小篆 草書 ❶문얼굴려、현관려(楣也)。❷평고대려(梍端連綿木)。

【梠桷:여각】평고대와 서까래。『潘岳』。

【梢】

(소) 肴 ㄕㄠ shao¹　twig　ショウ、**こずえ**

小篆 草書 ❶마들가리소、줄가리소(木無枝柯)。❷키꼬리소(船尾)。『字彙』今人謂篙師謂─子。❸장기자루소(農器)。(『艄』와 같음)

【梢溝:소구】논도랑。도랑。『周禮』──三十里而廣倍。

【梢頭:소두】가는 나뭇가지의 끝。

【梢洗:소세】머리를 빗고 낯을 씻음。

【梢魚:소어】《動》낙지。

【梢帚:소추】빗솔。

【梡】

(완) 旱 board　カン、**まないた**

小篆 小篆 草書 ❶네발도마완(四足俎)。『禮記』俎用─嶡。❷토막나무완(斷木)。

【梡俎:완조】발이 넷 달린 도마。『禮記·疏』。

【梡革:완혁】칼로 자른 가죽。

【梣】

(침) 侵 シン、**とねりこ**　*Fraxinus rhynchophylla*

小篆 或體 물푸레침(靑皮木)。

【梣木:심목】《植》물푸레나무。

【梣皮:심피】《醫》물푸레나무의 껍질。强壯劑 또는 안약으로 씀。

【梦】

(몽)『夢』(11夕部 11畫)의 俗字

【梧】

㊀(오) 虞　㊁(오) 遇　ㄨˊ wu²　paulownia　ゴ、**あおぎり**

小篆 草書 ㊀오동오、머귀나무오(─桐、木名)。『詩經』─桐生矣于彼朝陽。㊁❶버틸오(支也)。『漢書 項籍傳』諸將皆慴服、莫敢枝─。❷허울찰오(魁─奇偉貌)。『史記 留侯世家』魁─奇偉。

【梧桐:오동】《植》玄蔘科에 딸린 낙엽 교목。오동나무。『詩經』──生矣、于彼朝陽。

【梧桐喪杖:오동상장】모친상에 짚는 오동나무 지팡이。

【梧桐一葉:오동일엽】오동나무 잎이 하나 떨어지는 것으로써 가을이 옴을 알게 된다는 뜻。따라서 事物이 衰해짐을 보이는 징조를 이름。『群芳譜』──落、天下盡知秋。

【梧葉扇:오엽선】살의 끝을 휘어서 오동나무 잎의 葉脈과 비슷하게 만든 둥근 부채의 한 가지。

【梧月:오월】음력 七월의 別名。

【梧陰:오음】오동나무 그늘。『顧瑛』竹色──積翠嵐。

【梧秋:오추】음력 七월의 異稱。

【梨】

(리) 支 ㄌㄧˊ li²　pear　リ、**なし**

小篆 草書 ❶배리(山樆)。『說文』在山曰樆人植曰─。❷벌레이름리(蟲名蛤─)。(『棃』와 같음)

【梨薑膏:이강고】소주에 배汁·새앙汁·꿀 따위를 넣고 중탕하여 만든 술의 한 가지。

【梨果:이과】《植》배나 사과 따위와 같이 子房은 응어리가 되고、그 바깥 쪽에는 花托의 변화인 다육부가 있는 閉果의 하나。

【梨木:이목】《植》배나무。

【梨硼膏:이붕고】《醫》배의 속을 파내고 硼砂 五푼중과 꿀을 넣어 봉한 뒤、진흙을 발라 구워 익힌 약。기침약으로 씀。

【梨園:이원】❶배나무를 심은 庭園。❷演劇界。劇壇。『唐書』。❸옛날 唐의 玄宗이 아악을 가르치던 곳。

【梨園弟子:이원제자】俳優。광대。

【梨花:이화】배꽃。梨雪。『蘇軾』──淡白柳深靑、柳絮飛時花滿城。

【梨花酒:이화주】배꽃을 넣어 담근 술。白雲香。

【梨花槍:이화창】옛 槍法。『三才圖會·器用·梨花鎗式』。

梨花槍 (三才圖會)

【梩】(리) 支 リ、もっこ stretcher ㄌㄧˊ li²
梩草書 ❶흙담는 들것리(土轝)。❷가래리(鍬也)。【孟子 滕文公上】反藁ㅣ而掩之。

【梪】(두) 宥 トウ、たかつき wooden vessel
梪小篆 ❶독두나무두(獨ㅣ樹名)。❷나무그릇두(木食器)。

【梫】(침) 侵 シン、かつら Cinnamomum cassia
梫小篆 계수나무침、계나무침(桂也)。

【梬】(영) 梗 エイ、さるがき Diospyros Lotus var. typica (古音「잉」)
梬小篆 고욤나무영(ㅣ棗似柿而小)。

【梭】(사) 歌 サ、ひ weaver's shuttle ㄙㄨㄛ suo¹
梭小篆 梭小篆 梭草書 북사(織具)。【晉書】陶侃少漁雷澤網得一ㅣ。

【梭鷄:사계】(動)베짱이。
【梭杼:사저】베틀의 북。機杼。【江淹】流黃夕不織、寧聞ㅣㅣ音。
【梭田:사전】베틀의 북 모양으로 길쭉하고 양 끝이 빤 밭。
【梭鎗:사창】投鎗。飛槍。

梭鎗 (武備志)

【梯】(제) 齊 テイ、はしご ladder ㄊㄧ t'i¹
梯小篆 梯草書 ❶사다다리제(木階)。【虎鈐兵略篇】視城中則有雲ㅣ飛樓。❷층제(階ㅣ)。❸모없을제(無隅角者)。【楚辭】突ㅣ滑稽如脂如韋。❹휘추리제(木稚)。

【梯階:제계】❶사다리。❷일이 잘 되거나、벼슬이 차츰차츰 올라가는 순서。
【梯級:제급】=等級。
【梯索:제삭】굵은 새끼줄로 사다리의 모양으로 만든 물건。
【梯子:제자】사닥다리。
【梯航:제항】❶사다리를 타고 山에 오르고、배를 타고 바다를 건넘。곧 산을 넘고 바다를 건너 먼 곳에 감。【賀知章】冠冕中華客、ㅣㅣ異域臣。❷引導의 뜻。【金丹大要】善之一字、乃入道之ㅣㅣ也。
【梯形:제형】(數)사다리꼴。네 변에서 한 쌍의 맞서는 두 변이 平行된 四邊形。

【梮】(국) 沃 コク、かんじき footgear (『檋』과 같음)
梮草書 나무신국(山行所履)。【漢書】禹治水山行則ㅣ。

【械】(계) 卦 カイ、どうぐ implement ㄒㄧㄝ hsieh⁴ (古音「해」)
械小篆 械草書 ❶틀계、기계계(器之總名)。【禮記】器ㅣ異制。❷형구계(桎梏)。【孔穎達曰】ㅣ者戒止人不得遊行。❸무기계(武器)。「器ㅣ兵仗」。

【械器:계기】機械나 器具。【孟子】以粟易ㅣㅣ者。
【械筏:계벌】槍 모양으로 된 뗏목。

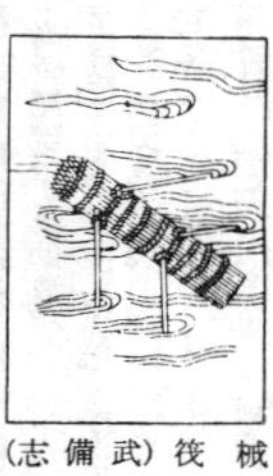
械筏 (武備志)

【械用:계용】道具。器物。【荀子】農夫不斲削、不陶冶而足ㅣㅣ。
◎器ㅣ、機ㅣ。

【梱】(곤) 阮 コン、しきみ threshold ㄎㄨㄣ k'uen³
梱小篆 梱草書 ❶문지방곤(門橛)。【禮記】外言不入于ㅣ。❷마무를곤(成就貌)。❸상자곤(柳箱子)。

【梱帥:곤수】兵使나 水使의 別稱。
【梱外之任:곤외지임】(制)兵馬를 통솔하던 구실。將軍의 職務。【周禮·疏】梱外之事、將軍裁之。

【[木+壳]】(각) 屑 曷 カク、きこく Poncirus trifoliata
탱자나무각(枳ㅣ藥名)。

【梲】㊀(절) 屑 ㊁(탈) 曷 セツ、タツ、うだち king post ㄓㄨㄛ chuo²
梲小篆 梲小篆 梲草書 ㊀동자기둥절(梁上侏儒柱)。【禮】管仲山節藻ㅣ。㊁작대기탈(大杖)。【淮南子】執彈而招鳥揮ㅣ。

【梲杖:탈장】큰 지팡이。【後漢書】手持三尺ㅣㅣ。

【梳】(소) 魚 ソ、くし comb ㄕㄨ shu¹
梳小篆 梳草書 얼레빗소(理髮櫛)。【劉禹錫詩】容顏本南國妝ㅣ學西京。

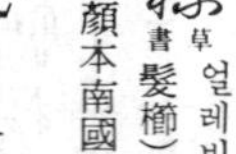
梳 (三才圖會)

【梳沐:소목】머리를 빗어 내려며 씻음。梳洗。
【梳髮:소발】머리를 빗고 씻음。【唐書】
【梳洗:소세】머리를 빗고 낯을 씻음。【崔湜】ㅣㅣ懶無情。
【梳帚:소추】칫솔。【三才圖解·器用】。

梳帚 (三才圖會)

【梴】(천) 先 テン、ながい slender ㄔㄢ ch'an¹
梴小篆 梴草書 ❶나무밋밋할천(木長貌)。【詩】松柏有ㅣ。❷방아틀천(碓機)。

【梵】(범) 陷 ボン、ぼんご Brahman ㄈㄢ fan⁴
梵小篆 梵草書 ❶중의글범(西域釋書)。【韻會】ㅣ華言清淨正言寂靜。❷웅얼거릴범(ㅣ唄吟聲)。

【梵文:범문】梵語로 된 글이나 책。
【梵本:범본】梵字로 쓴 책。梵冊。
【梵我一如:범아일여】인도 우바니샤드 철학。우주의 근본 원리인 브라만(梵)과 개인의 중심인 아트만(我)이 동일하다는 설。종교적으로는 汎神論。
【梵語:범어】古代 印度의 言語。【李嘉祐】禪心超忍辱、ㅣㅣ問多羅。
【梵魚寺:범어사】(地)慶尙南道 東萊郡 金井山에 있는 절。三十一 本山의 하나。新羅 때 義湘法師가 지은 절로 당시의 석탑이 있음。西山大師의 法孫이 주계승 하였음。
【梵宇:범우】(佛)절。梵刹。梵宮。
【梵音:범음】(佛)❶梵字의 音。❷經을 읽는 소리。
【梵字:범자】古代 印度의 文字。梵語의 母字를 悉曇(실담)、子字를 體文、點畫을 摩哆라고 일컬음。
【梵殿:범전】(佛)佛堂。
【梵鐘:범종】(佛)절에 걸어둔 종。寺鐘。【樊皐】半樹殘陽又ㅣㅣ。
【梵刹:범찰】(佛)절。【張耒】鳴鐘ㅣㅣ清。
【梵唄:범패】(佛)如來의 공덕을 찬미하는 梵音의 노래。
【梵學:범학】(佛)불교에 관한 학문。
【梵行:범행】(佛)婬慾을 끊는 행실。

【梶】(미) 尾 ビ、こずえ spring 草書 ❶나무끝미(木杪)。❷〔日字〕키 미(舵也)。

【梹】(빈)『檳』(木部 14畫)의 略字

【梺】(록)『麓』(鹿部 8畫)의 俗字

【梻】(불)〔日字〕しきみ incense 향나무불(佛供香木)。

八畫

【棃】(리)『梨』(木部 7畫)와 같음

【棄】(기) 寘 キ、すてる abandon ㄑㄧˋ ch'i⁴ 小篆 古文 籒文 草書 ❶버릴기(捐也)。❷잊어버릴기(忘也)。〔詩經〕不我遐ㅡ。❸잃을기(遺也)。

【棄却:기각】❶버려두어 쓰지 않음。❷《法》법원이 소송 당사자의 신청의 내용을 이유 없다고 하여 도로 물리치는 일。

【棄權:기권】권리를 버리고 행사하지 않음。

【棄物:기물】❶버릴 물건。또는 버린 물건。❷버려 두고 쓰지 못할 물건。『老子』聖人常善救物、故無ㅡㅡ。

【棄世:기세】❶세상을 떠남。別世。下世。『李白』王公希代寶、ㅡㅡ一何早。❷世俗을 떠나 멀리 함。『莊子』ㅡㅡ則無累。

【棄世隱遁:기세은둔】세상을 멀리 하고 숨어 지냄。

【棄兒:기아】❶버림받은 아이。『資治通鑑』ㅡㅡ滿路。❷어린애를 내버림。

【棄約:기약】약속을 지키지 않음。

【棄捐:기연】재물을 내어 남을 도와 줌。『劉向』孟子・荀卿儒術之士、ㅡㅡ於世。

【棄人:기인】=廢人。

【棄絶:기절】《宗》天主敎에서 破門。

【棄擲:기척】던져 버림。던진 채 버려둠。

【棄置:기치】버려 둠。

【棄唾:기타】뱉아 버린 침。버리고 돌아보지도 않음。『蘇軾』向來名宦事、回首如ㅡㅡ。

【棄毁:기훼】부수어 버림。破棄。『南史』時有文章、隨即ㅡㅡ、不令流布。

◎放ㅡ、揚ㅡ、遺ㅡ、打ㅡ、唾ㅡ、投ㅡ、破ㅡ、廢ㅡ。

【梌】(도) 虞 ト、ひさぎ walnut ❶나무가지퍼질도(木枝四布)。❷가래나무도(木名)。

【棅】(병) 敬 ヘイ、え handle ❶가지병(柯也)。❷자루병(柄也)。❸권세병(權也)。〔莊子〕天下奮ㅡ而不與借。❹밑둥병(本也)。(『柄』과 같음)

【棆】(륜) 眞 リン、くすのき elm-tree 小篆 ❶느릅나무륜(楡也)。❷둔나무둥치륜(母杶)。

【棇】(총)『樬』(木部 12畫)과 같음

【棉】(면) 先 メン、わた cotton ㄇㄧㄢˊ mien² 草書 목화나무면、주라나무면(木ㅡ)。『張勃吳錄』交趾安定縣有木ㅡ樹高丈餘。

【棉實油:면실유】목화씨의 기름。

【棉作:면작】목화 농사。

【棊】(간)『栞』(木部 6畫)과 같음

【棋】(기) 支 キ、ゴ、ごいし game of chess ㄑㄧˊ ch'i² 小篆 草書 ❶바둑기(圍ㅡ奕子)。『博物誌』堯造圍ㅡ丹朱善之。❷뿌리기(根也)。「根柢」。〔史記 律書〕萬物根ㅡ。(『碁・棊』와 같음)

【棋客:기객】바둑 두는 사람。바둑군。

【棋界:기계】장기나 바둑을 즐기는 사람「들의 세계」。『韓偓』目隨ㅡㅡ靜。

【棋局:기국】바둑판。『晉書』地方如ㅡㅡ。

【棋譜:기보】바둑 두는 법을 여러 가지로 모아 적은 책。

【棋士:기사】바둑이나 장기를 직업적으로 잘 두는 사람。「以自娛。

【棋槊:기삭】주사위。骰子。『韓愈』ㅡㅡ

【棋石:기석】바둑돌。

【棋子:기자】바둑돌。바둑알。

【棋敵:기적】바둑 두는 사람끼리 서로 맞서는 敵手를 일컫는 말。「落ㅡㅡ。

【棋枰:기평】바둑판。『黃庭堅』夜闌飛雹

◎將ㅡ。

【棊】(기)『棋』(前條)와 같음

【棌】(채) 賄 サイ、かしわ oak 草書 참나무채(ㅡ椽桷也)。〔史記〕ㅡ椽不刮。

【棌椽不刮:채연불괄】산에서 베어낸 그대로의 참나무의 서까래。

【棐】(비) 尾 ヒ、かや torreya nut ㄈㄟˇ fei³ 小篆 草書 ❶비자나무비(木名似柏)。〔漢書〕歲入貢ㅡ。❷도울비(輔也)。〔書經 大誥〕天ㅡ忱辭。『晉書』見ㅡㅡ滑淨、因書之、眞草相半。

【棐几:비궤】비자나무로 만든 책상。

【棍】㊀(혼) 阮 ㊁(곤) 願 コン、たばねる bundle ㄍㄨㄣˋ kuen⁴ 草書 ㊀나무묶을혼(束木)。〔楊雄反騷〕ㅡ申椒與菌桂。㊁곤장곤(ㅡ棒刑具)。

棍 式 (三才圖會)

【棍徒:곤도】부랑자。無賴漢。

【棍棒:곤봉】❶몽둥이。棍杖。❷運動用具의 하나。

【棍杖:곤장】《制》도둑이나 軍律을 어긴 죄인의 볼기를 치는 刑具의 하나。

【棎】(섬) 鹽 セン、きのな the fruit of Sorbus alnifolia var. typica 팥배섬(果名、似奈而酸)。

【棑】(패) 佳 ハイ、ヒ、たて shield ❶방패패(盾也)。❷뗏목패(筏也)。

【棒】(봉) 講 ホウ、ぼう、つえ club ㄅㄤˋ pang⁴ (本音「방」) 草書 ❶몽둥이봉(杖也)。『李商隱雜纂』把ㅡ呼狗。❷칠봉(打也)。

【棒高跳:봉고도】《運》긴 막대를 짚고 넘는 높이뛰기 경기。

【棒術:봉술】막대기를 사용하여 적을 치기도 하고、자기 몸을 護身하기도 하는 武術의 한 가지。

◎棍ㅡ、鐵ㅡ。

【棓】㊀(부) 尤 ㊁(방) 講 ボウ、たたく beat 小篆 草書 ㊀❶때릴부(打也)。❷별이름부(天ㅡ星名)。㊁도리깨채방(連枷打穀具)。(『棒』과 같음)

【棕】(종)『椶』(木部 9畫)의 俗字

【棖】(정) 庚 チョウ、ぼうだて (古音「쟁」) gatepost ㄔㄥˊ ch'êng² 小篆 草書 ❶문설주정(楔也)。❷막대정(杖也)。【謝靈運文】以物一撥應手灰滅。

【棗】(조) 皓 ソウ、なつめ jujube ㄗㄠˇ tsao³ 小篆 草書 대추조(棘實赤心果)。

【棗東栗西:조동율서】祭物을 놓을 때에 대추는 동쪽으로, 밤은 서쪽으로 놓는다는 말。

【棗騮馬:조류마】말의 한 가지。갈기와 꼬리는 검고, 배는 흰 말。

【棗本:조본】대추나무의 板本。【劉克莊】一一流傳容有僞。

【棗脩:조수】대추와 脯(포)。

【棗栗:조율】❶대추와 밤。【蘇軾】取一一啖我。❷婦人이 사용하는 예물。【國語·魯語】婦贄不過一一、以告虔也。

【棗栗梨枾:조율이시】제사에 쓰는 대추·밤·배·감 따위。

【棘】(극) 職 キョク、いばら thorny brambless ㄐㄧˊ chi² 小篆 草書 ❶가시나무극(小一叢生)。【詩經】吹彼一心。❷큰창극(大戟)。【左傳 隱公十一年】子都拔一而逐之。❸가시성쌓을극(執囚之處)。【左傳】邾子無道吳子囚諸樓臺栫之以一。❹곧극(速也)。❺약이름극(藥名天一)。『戟』과 通함

【棘鬣魚:극렵어】(動)도미의 別稱。

【棘矢:극시】가시나무로 만든 화살。복숭아 나무로 만든 활과 함께 재앙을 쫓는 뜻으로 쓰임。【左傳】桃弧一一、以除其災。

【棘人:극인】부모의 喪중에 있는 사람이 자기를 일컫는 말。喪制。【詩經】一一欒欒兮。

【棘茨:극차】가시。茨棘。【陸游】棼路壞莫補、石罅生一一。

【棘針:극침】❶가시。【晉書】以一一釘其心。❷살을 에이는 듯한 찬바람。【孟郊·寒地百姓吟】。

【棘皮動物:극피동물】(動)동물을 분류한 한 門으로、바다에 살며、海蔘·갯고사리·섬게 등이 이에 속함。

◎荊一。

【棙】(려) 霽 レイ、ばち handle of lute 비파고동려(琵琶撥機)。【唐書】雕木爲鸞鶴置機一腹中發之則飛。

【棚】(붕) 庚 ホウ、たな (古音「팽」) ladder ㄆㄥˊ p'êng² 小篆 草書 ❶사다리붕(棧也)。❷누각붕(閣也)。❸전동붕(矢藏)。

【棚棧:붕잔】溪谷을 가로 질러 높이 걸쳐 놓은 다리。埠頭에서 船舶에 걸쳐 놓아 貨物과 船客에게 편하도록 물 위에 가설한 構造物。棧橋。【沈遼】牛羊関一一。

【棚戶:붕호】(中)허름하게 임시로 지은 작은 집。바라크。

◎大陸一。

【棜】(어) 御 オ、だい small table 草書 책상반어(承尊器)。

【棝】(고) 遇 コ、ねずみおとし rat trap 小篆 쥐덫고(一斗可以射鼠)。

【梱】(곤)『梱』(木部 7畫)과 같음

【棟】(동) 送 トウ、むね pillar ㄉㄨㄥˋ tung⁴ 小篆 草書 동자기둥동(屋脊檁也)。【蘇軾詩】陳君落落堂上一。

【棟樑:동량】마룻대와 들보。(喩)一家 또는 一國의 重任을 담당하는 사람。柱石。重鎭。棟樑之材의 略語。【吳越春秋】大夫文種者、國之一一、君之爪牙。

【棟樑之材:동량지재】한 집안이나 한 나라의 기둥이 될 만한 큰 인물。

【棟宇:동우】집의 마룻대와 추녀끝。【王延壽】神靈扶其一一、歷千載而彌堅。

【棟折榱崩:동절최붕】대들보가 부러지면 서까래도 무너짐。(轉)主從관계에서 웃사람이 망하면 아랫사람도 자연히 그 영향을 받아 온전할 수 없다는 뜻。【左傳】子于鄭國棟也、一一一一、僑將壓焉。

◎病一。

【棠】(당) 陽 トウ、やまなし haw ㄊㄤˊ t'ang² 小篆 草書 ❶아가위당(杜也)。【詩經】蔽芾甘一。❷사당나무당(如李無核)。

【棠毬子:당구자】(植)아가위。

【棠梨:당리】(植)팥배。

【棠棣:당체】(植)산앵두나무。산이스랏나무。

【棣】㊀(체) 霽 ㊁(태) 隊 テイ、タイ、にわうめ Hugeria japonica ㄉㄧˋ ㄉㄞˋ 小篆 草書 ㊀❶산매자체(栘也)。【詩經】何彼穠矣唐一之華。❷통할체(通也)。【漢書】萬物一通。❸나무이름체(木名雀梅)。❹들벗꽃체(木名似櫻桃)。㊂익숙할태(一一閑習貌)。【詩經】威儀一一。

【棣棠:체당】(植)산앵두나무。棠棣。

【棣通:체통】通함。【漢書】萬物一一。

【棣棣:태태】威儀가 있는 모양。禮儀에 밝은 모양。【詩經】威儀一一、不可選也。

【棡】(강) 陽 コウ、もくさく wooden barricde ❶강나무강(木名)。❷목책가룻대강(木柵橫木)。

【棡鼓:강고】❶북의 이름。❷曲名。棡鼓에 의한 曲으로서 隋·唐의 鼓吹曲의 하나。【隋書】。

【⿰木咎】(구) 有 コウ、はぜ well-bucket 小篆 ❶두레박구(桔槔汲水具)。❷아구나무구(木名鴝一)。(『桕』와 같음)

【棨】(계) 薺 ケイ、ほこ spear 小篆 草書 ❶창틀계(一戟兵欄)。【漢書】有衣之戟曰一。❷표신계(傳信符)。【後漢書】取一信閉諸禁門。

【棨鑊:계곽】큰 괭이。

【棨戟:계극】옛날 儀仗用 器具의 하나。창 모양으로 만들어 채색 비단으로 싸서 官吏가 出行할 때 앞에 들고 가던 것。【漢書·韓延壽傳】。(轉)官吏의 行次。【王勃·滕王閣序】一一遙臨。

【棨信:계신】옛날 宮門을 出入할 때에 쓰던 信票。【後漢書】取一一、閉諸禁門。

【棧】(잔) 諫 潸 サン、かけはし ladder 小篆 草書 ❶사다리잔(棚也)。【史記】說漢王燒絕一道。❷

복도잔(閣也)。❸장강틀잔(柩車)。【儀禮】賓奠幣于ㅣ。❹마판잔(馬ㅣ)。【莊子】編之以皂ㅣ。❺작은쇠북잔(小鐘)。【爾雅】大鐘謂之鏞小鍾謂之ㅣ。

【棧橋：잔교】❶계곡을 가로 질러 높이 걸쳐 놓은 다리。❷부두에서 水中에 쑥 나가게 만들어 놓은 다리。

【棧道：잔도】산골짜기와 절벽 따위에 널빤지를 놓아 선반처럼 만든 길。棧徑。『戰國·秦策』ㅣㅣ千里、通於蜀漢、使天下皆畏秦。

棧道(名山圖)

【棧豆之戀：잔두지련】사소한 이익을 단념하지 못함을 가리키는 말。

【棧板：잔판】질그릇을 굽기 전에 담아 나르는 널빤지。

【棪】(염) 琰 エン、きのな tree

棪 小篆 재염나무염(梓ㅣ木名)。

【棫】(역) 職 イキ、たらのき tree ㄩˋ yü⁴

棫 小篆 棫 草書 ❶무리참나무역(白桵)。❷무 【詩經】柞ㅣ拔矣。저리역(ㅣ樸木叢生)。

【棫莪：역아】在野의 人材를 말함。『福惠全書』舒清廟明堂之響、化浹ㅣㅣ。

【棬】(권) 先 ケン、はなぎ noseblock ㄑㄩㄢˊ ch'üan²

棬 草書 ❶휘어만든 나무바리권(屈木爲盂)。【孟子告子上】順杞柳之性而以爲桮ㅣ。❷쇠코뚜레권(拘牛鼻)。【呂覽】五尺童子引其ㅣ。

【棬樞：권추】나무를 휘어서 집의 지도리를 만들음。집이 가난함을 뜻함。桑戶。『戰國策·秦策』蘇秦窮巷掘門、桑戶ㅣㅣ之士耳。

【棭】(액) 陌 エキ、ねむのぎ name of a tree

나무이름액(木名)。

【榃】(답) 合 トウ、ますがた pillar-head

기둥머리답(柱頭)。

【森】(삼) 侵 シン、おおい、もり luxuriant tree ㄙㄣ sen¹ ㄕㄣ shen¹

森 小篆 森 草書 ❶나무빽들어설삼(木多貌)。【射雉賦】蕭ㅣ繁茂。❷심을삼(植也)。【元包坤辭】丞ㅣ囮若。❸성할삼(盛也)。【杜甫詩】錦官城外柏ㅣㅣ。

【森羅：삼라】❶나무가 무성하게 늘어섬。『張九齡』喬木自ㅣㅣ。❷땅 위에 있는 온갖 물건의 모양。

【森羅萬象：삼라만상】우주 사이에 있는 온갖 물건과 모든 現象。萬物。『法句經』森羅及萬象、一法之所印。

【森林：삼림】나무가 많이 우거져 있는 곳。天然林·施業林·單純林·混淆林 등의 종류가 있음。

【森立：삼립】❶죽 늘어 섬。빽빽하게 들어섬。❷莊嚴하게 섬。

【森嚴：삼엄】질서가 바로서고 무서우리만큼 엄숙함。莊嚴。『唐書』韓愈·柳宗元等、排逐百家、法度ㅣㅣ。

【森然：삼연】❶樹木이 무성한 모양。❷죽 늘어 선 모양。『舊唐書』碩學通儒、ㅣㅣ在列。❸莊嚴한 모양。『白居易』其鋒ㅣㅣ、少敢當者。

【森閑：삼한】아무 소리도 안 들리고 조용함。深閑。

【棯】(임) 寢 ジン、きのな (of jujubes) become tasty

대추맛들임(ㅣ棗還味)。

【棰】(추) 紙 スイ、むち whip ㄔㄨㄟˊ ch'uei²

棰 草書 매추(杖擊)。【漢書】ㅣ楚之下何求不得。(『捶·箠』와 통함)

【棰楚：추초】매질함。매로 때림。매。答杖。『漢書·路溫舒傳』ㅣㅣ之下、何求而不得。

【棱】(릉) 蒸 リョウ、かど angle ㄌㄥˊ léng²

棱 小篆 棱 草書 ❶네모질릉(四方木柧也)。❷전각추녀릉(殿角)。❸위엄릉(神靈之威)。【漢書】李廣威ㅣ憺乎列國。❹모내지 아니할릉(模ㅣ持兩端)。【唐書】立朝ㅣㅣ有風望。(『楞』과 같음)

【棱棱：능릉】모진 모양。勢力이 强한 모양。『唐書』立朝ㅣㅣ有風望。

【棲】(서) 齊 セイ、すむ dwell ㄑㄧ ch'i¹

棲 草書 ❶쉴서(息也)。【詩】衡門之下可以ㅣ遲。❷깃들일서(鳥ㅣ)。❸평상서(牀也)。❹서성거릴서(往來貌)。【後魏書】京師遼遠實憚ㅣ屑。❺물풀이름서(水草名ㅣ苴)。(『栖』와 같음)

【棲遁：서둔】세상을 피하여 숨어서 살음。隱居。

【棲屑：서설】❶일정한 거처 없이 떠돌아 다님。❷왕래가 번잡함。『北史』京師遼遠、實憚ㅣㅣ。

【棲宿：서숙】깃들임。棲息。『阮籍』鸞鷟時ㅣㅣ、惟命有自然。

【棲息：서식】❶살음。生存함。❷새 따위가 나무에 깃들임。棲宿。

【棲隱：서은】세상에 나오지 않고 숨어서 살음。俗世로부터 隱遁하여 살음。『北史·徐則傳』ㅣㅣ靈岳、五○餘年。

【棲遑：서황】거처할 곳을 정할 여가가 없음。몸 붙여 살 곳이 없음。

【棳】(절) 屑 セツ、うだち club

棳 小篆 ❶몽치절(棒也)。❷고을이름절(縣名)。

【棵】㊀(환) 早 カン、カ、きぎれ cut of wood ㄎㄜ k'ê¹ ㊁(과) 哿 ㊂(과)(國字)

㊀❶나무토막환(切木片)。❷나뭇단환(薪束)。㊁나무이름과(木名)。㊂재협과(琹具)。

【棶】(래) 灰 ライ、きのな tree

즉내나무래(ㅣ椋、即來木)。

【棹】(도) 效 トウ、さお、かい oar ㄓㄠˋ chao⁴ (古音「조」) ㄓㄨㄛˊ chuo²

棹 草書 노도(楫也)。【謝靈運詩】鶩ㅣ逐驚流。

【棹歌：도가】뱃노래。棹唱。

【棹聲：도성】❶상앗대의 소리。❷=棹唱。『白居易』春浪ㅣㅣ急。

【棹唱:도창】 뱃노래。상앗대로 배를 저어 가면서 부르는 노래。櫂歌。『劉長卿』弄月詩ㅣㅣ。

【棷】 ㊀(취) 泰 シュウ、シュ、たきぎ(古音「취」) ㊁(추) 尤 brushwood ㊂(수) 有 ㄗㄡ tsou¹
㊀푸서리취(聚草藪也)。㊁섶추(薪也)。㊂수풀수(校ㅣ)。(『藪』와 같음)

【棸】 (추) 尤 シュウ、きのな tree
❶추나무추(木名)。❷성추(姓也)。

【棺】 (관) 寒 カン、ひつぎ coffin ㄍㄨㄢ kuan¹
❶널관(掩尸闕)。『禮記』有虞氏瓦ㅣ。❷염할관(斂也)。
【棺槨:관곽】 송장을 넣는 속 널과 겉 널。『孝經』ㅣㅣ衣衾。
【棺柩:관구】 널。棺。「棺。
【棺殮:관렴】 屍體를 관 속에 넣음。納
【棺上:관상】 관 위。
【棺上銘旌:관상명정】 시체가 든 관 위에 죽은 이의 벼슬과 성명을 쓴 銘旌。
【棺材:관재】 관을 만드는 材木。
【棺板:관판】 관을 만드는 데 쓰는 넓고 긴 널빤지。
◎石ㅣ、入ㅣ、出ㅣ。

【棼】 (분) 文 フン、むなぎ beam ㄈㄣ fen²
❶겹들보분(複屋重梁)。『西都賦』列ㅣ橑以布翼。❷삼베분(蕡麻)。『周禮』素車ㅣ蔽。❸어지러울분(亂也)。『左傳 隱公四年』猶治絲而ㅣ之也。❹나무많을분(木多)。『說文』林木ㅣ錯。
【棼橑:분료】 二重 지붕의 서까래。웅대한 건물。『班固』列ㅣㅣ以布翼。
【棼棼:분분】 뒤숭숭하고 어지러운 모양。紛紛。『書經』泯泯ㅣㅣ。
【棼錯:분착】 나무가지가 많이 엇걸려 있는 모양。『說文』林木ㅣㅣ。

【棻】 (분)『棼』(前條)과 같음

【棽】 (림) 侵 チン、しげる dense
나무가지 무성할림(ㅣ儷木枝條繁蔚貌)。

【棿】 (예) 齊 ゲイ、あやうい danger
❶불안할예(杌ㅣ不安)。❷위험할예(危也)。(『輗』와 통함)

【椀】 (완) 旱 ワン、はち、わん bowl ㄨㄢˇ wan³
❶주발완(食器小盂)。『李商隱 雜纂』不收拾ㅣ器、失家事。❷사발완(食器)。(『盌』과 같음)
【椀器:완기】 주발·바리 따위의 식기。『李商隱』不收拾ㅣㅣ。

【椈】 (굴) 物 クツ、きりかぶ cut of wood
❶토막나무굴(斷木)。❷풍당목굴(白枯木)。

【椁】 (곽) 藥 カク、ひつぎ outer coffin ㄍㄨㄛˇ kuo³
❶덧널곽(外棺)。『禮記』桓司馬爲石ㅣ三年不成。❷재일곽(度也)。『周禮』兵車之輪崇六尺有六寸ㅣ。(『槨』과 같음)

【椄】 (접) 葉 セツ、つぎき graft ㄐㄧㄝ chieh¹
❶나무접붙일접(續木)。❷형벌틀접(械也)。『莊子』吾未知聖知之不爲桁楊ㅣ槢也。❸문설주접(楔也)。『淮南子』大者爲舟航柱梁小者爲ㅣ槢也。
【椄木:접목】 植物體의 일부분을 끊어 내어 다른 植物의 일부에 結合癒着시키는 일。나무를 접붙임。
【椄本:접본】 접을 붙일 때 그 바탕이 되는 나무。臺木。
【椄穗:접수】 (植)椄枝。
【椄槢:접습】 ❶쐐기。❷옛날의 刑具의 이름。『莊子』桁楊ㅣㅣ。
【椄枝:접지】 나무를 접붙일 때 接本에 꽂는 나무가지。또는 그러한 일。

【椅】 ㊀(의) 支 イ、いす chair ㄧˇ i³ ㊁(의) 紙 ㄧ i¹
㊀가래나무의(梓也)。『詩經』ㅣ桐梓漆。㊁교의의(ㅣ子坐凳)。
【椅几:의궤】 ❶大臣이나 重臣이 致仕할 때 임금이 주는 것。❷앉았을 때 팔을 기대어 몸을 편하게 하는 것。『蘇軾』斲爲君ㅣㅣ。
【椅子:의자】 뒤에 등받이가 있는 걸상。

【椆】 (주) 尤 チュウ、かわのな stream
내이름주(川名)。

【椈】 (국) 屋 キク、ひのき cypress
측백나무국(柏也)。『禮』暢臼以ㅣ。

【栟】 (병) 庚 ヘイ、しゅろ hemp-palm ㄅㄧㄥ ping¹
종려나무병(ㅣ櫚椶也)。
【栟櫚:병려】 (植) 棕梠。

【椇】 (구) 麌 グ、けんぽなし trifoliate orange ㄐㄩˇ chü³
❶(폐백에 쓰는) 탱자나무구(枳也)。『禮』婦人之贄ㅣ榛脯脩棗栗。❷팥배구(蔆ㅣ梨屬)。❸은나라제기구(殷俎名)。(『枸』와 통함)

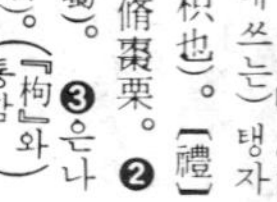
椇俎(名物圖)

【椈】 (효) 肴 コウ、くちなし Gardenia jasminoides
치자나무효(ㅣ桃梔子)。

【椉】 (승)『乘』(丿部 9畫)의 本字

【㯴】 (곡) 沃 コク、はんだい a(dining) table
❶밥상곡(食膳)。❷수레곡(輿也)。

【椊】 (졸) 月 ソツ、ほぞ handle of axe
❶도끼자루졸(ㅣ杌以柄納孔)。❷휘추리졸(ㅣ杌木短出貌)。

【椋】 (량) 陽 リョウ、むくのき Betula schmiditic ㄌㄧㄤ liang²
박달나무량(葉似柿而材堅)。
【椋葉:양엽】 싸리나무 잎。『本草』集解、「志曰、椋子木、葉似柿。

【棫】 ㊀(유) 支 スイ、たら ㊁(위) 支 oak
㊀❶떡갈나무유(棫也、木名白ㅣ)。❷

보습유(犂也)。 三굽정이위(農器)。(『椶』와 같음)

【椌】 一(공) 東 コウ、がくき instrument of wood 二(강) 江
小篆 草書 一기물질박할공(器物質朴)。 二축풍류강(柷樂)。

【植】 一(식) 職 ショク、うえる plant ㄓˊ chih² 二(치) 寘
小篆 或體 草書 一❶심을식(栽也)。【古詩焦仲卿妻】東西-松柏、左右種梧桐。❷세울식(樹立)。【左傳】子產曰陳亡國也其君弱-。❸둘식(置也)。❹초목식(草木)。
二❶방망이치(椎也)。❷심을치(種也)。❸세울치(立也)。❹기댈치(倚也)。【論語】-其杖而藝。❺달굿대치(枝幹築城楨)。【周禮】大役屬其-。❻두목치(將領主帥)。【左傳】宋華元爲-巡功。

【植林:식림】 나무를 심어 숲을 만들음。
【植木:식목】 ❶나무를 심음。뜰이나 盆에 심은 나무。植樹。盆生。『淮南子』兵如--、弩如羊角。❷種樹。
【植木日:식목일】 山林綠化를 위하여 국가적 행사로서 나무심기를 권장할 목적으로 제정된 날。四월 五日。
【植物:식물】 生物의 二大分類의 하나。草木·菌類·藻類·細菌 따위。『周禮』其--宜叢物。
【植物界:식물계】《生》자연계에 있어서 식물이란 이름으로 불리워질 수 있는 모든 것을 총괄하여서 일컫는 말。
【植物分類學:식물분류학】《植》식물의 형태 및 번식하는 방법등에 의하여 서로 비슷한 것은 모으고、다른 것은 나누어 체계를 세우는 학문。
【植物分布:식물분포】《植》지구상의 곳마다 特異한 종류의 식물이 살고 있는 상태。기후와 토질에 가장 관계가 깊음。
【植物性:식물성】 식물체 고유의 성질。
【植物性纖維:식물성섬유】《植》식물의 잎·줄기·과실 따위로부터 얻어지는 섬유。↔動物性纖維。
【植物園:식물원】 식물학의 연구 및 식물에 관한 지식의 보급을 위하여 많은 종류의 식물을 모아 기르는 곳。
【植物質:식물질】 식물성으로 조직된 물질의 바탕。↔動物質。
【植物學:식물학】《植》식물의 구조·형태·생리 등을 연구하는 학문。↔動物學。
【植民:식민】 本國 이외에 있고、本國과 정치적 從屬 관계에 있는 땅에 人民을 移住시켜서 그 곳을 경제적으로 개척하여 활동하는 일。또는 그 移住民들로써 개척된 땅。植民地。
【植民國:식민국】 식민지를 가진 나라。
【植民政策:식민정책】 식민지를 다스리기 위하여 베푸는 모든 정책。
【植民地:식민지】 植民하기 위한 땅。또는 植民한 사람들로써 開拓된 땅。殖民。
【植松望亭:식송망정】《喩》솔 심어 정자를 바라본다는 뜻으로、작은 일을 하여도 큰 일을 바라보고 한다는 말。
【植樹:식수】 나무를 심음。『雲笈七籤』種德猶--。
【植藝:식예】 =樹藝。
【植耳:식이】 귀를 기울임。『注』。
【植字:식자】《印》活版 인쇄에서 活字를 원고대로 늘여 짜는 일。組版。
【植字版:식자판】《印》=活版。
【植皮術:식피술】《醫》강건한 피부의 일부를 外傷·火傷 등으로 생긴 결손부에 移植하는 의술의 방법。
◎假-、耕-、扶-、誤-、移-、定-。

【椎】(추) 支 ツイ、つち club ㄔㄨㄟˊ ch'uei² ㄓㄨㄟ chuei¹
小篆 草書 ❶쇠몽둥이추、쇠몽치추(鐵棒)。❷칠추(擊也)。『李白詩』-秦博浪沙。❸짓찧을추(擣也)。❹뻣뻣할추(-鈍不曲撓)。【漢書 周勃傳】樸-少文。❺참나무추(椽也)。(『槌』와 같음)

東晉永昌椎 (金石索)

【椎擊:추격】 방망이나 쇠몽치를 침。
【椎結:추결】 상투의 한 가지。『漢書』此皆--、耕田有邑聚。
【椎骨:추골】《生》등골뼈。
【椎輪:추륜】 ❶바퀴살이 없는 수레바퀴。수레가 質素하고 거친 것。❷事物의 始初。『梁昭明太子』--爲大輅之始。
【椎埋:추매】 사람을 쇠몽치로 때려 죽이고 묻는 일。
【椎栮:추이】《植》표고버섯。松栮科에 속하는 버섯의 하나。「-而問桓公。」
【椎鑿:추착】 쇠몽치와 끌。『莊子』釋-
【椎剽:추표】 사람을 때려 죽이고 金品을 빼앗음。『漢書』--掘冢。
◎脊-。

【椏】(아) 麻 ア、また forking branch ㄧㄚ ya¹
草書 두가장귀질아、나무가지아귀질아(-杈樹枝分岐)。

【椐】(거) 魚 キョ、つえ stick ㄐㄩ chü¹
小篆 ❶인가목거、가마태나무거、영수목거(樻也)。

【椑】 一(비) 支 ヘキ、ハイ、ひつき coffin 二(비) 齊 三(벽) 陌 四(비)(中字)
小篆 草書 一떫은감비(烏-滋柿)。【漢書】洨侯園中有八棱椑烏-。 二❶도끼자루비(斧柄)。【周禮】句兵-。❷둥근합비(圓榼)。【急就篇】槫榼-榹。❸잔비(飲器)。 三관벽、널벽(親身棺)。【禮】君即位爲-歲一漆之藏焉。 四갈매나무비(鼠李)。

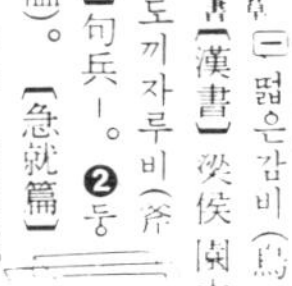
(三禮圖)

【椑輗:비예】 수레이름。【五音集韻】槫、--、車名。「韋昭曰、飲器、--也。」
【椑榼:비합】 술을 따르는 그릇。【漢書】

【榜】 一(방) 養 ボウ、むち whip 二(방) 漾 三(병) 敬
一❶나무조각방(木片)。❷게시판방(揭示)。❸방써붙일방(標題)。❹방목방(取士及選官之次序)。【後漢書】李膺廢錮士大夫更相標-。【杜牧詩】平明放-未花開。(『牓·榜』과 같음) 二❶볼기칠방(笞也)。【史記】-笞數千身無可擊。❷배떠날방(進船)。【楚辭】齊吳-以擊汰。❸뱃사공방(舟人)。 三뜻은 二의 ❸과 같음。(『搒』과 같음)

【椒】(초) 蕭 シュウ、こしょう pepper ㄐㄧㄠ chiao¹
草書 ❶후추초(樹似茱萸實味辛香烈)。【詩經】-聊之實蕃衍盈升。❷난디나무초(山-)。❸산이마초(山巓)。【楚辭】馳-丘且焉止息。❹향기

로울초(香也)。【詩經 周頌載芟】有ㅣ其馨。

【椒蘭:초란】 향기가 좋은 薰香。『荀子』芬若ㅣㅣ。

【椒林:초림】 庶孼의 異稱。

【椒目:초목】《醫》조피의 씨。성질은 냉하고 맛이 쓴데、해독·살충제로 씀。

【椒房:초방】 ❶后妃의 宮殿。山椒는 暖氣를 돕고 냄새를 없애는 효과가 있으며、또 많은 열매를 맺으므로 子孫이 많도록 축하한다는 뜻에서 이를 벽에 칠한 데서 온 말。椒屋。❷《轉》皇后。『漢官儀』皇后稱ㅣㅣ。

【椒房之親:초방지친】 后妃의 친청의 「겨레붙이。」

【椒酒:초주】 山椒와 그 밖에 藥材를 섞어서 빚은 술。屠蘇酒(도소주) 따위。

【楸】 (초)『椒』(前條)의 俗字

【椓】 (탁) 覺 タク、うつ、たたく beat ㄓㄨㄛˊ chuo (古音「착」)

小篆 草書 ❶칠탁(擊也)。『詩經』ㅣ之丁丁。❷불알베일탁(宮刑)。『書經 呂刑』劓刵ㅣ黥。

【椓杙:탁익】 말뚝을 박음。『詩經』丁丁、ㅣㅣ聲也。

【椧】 (명) 〔國字〕 ❶홈통명(筧也)。❷절이름명(寺名、比ㅣ寺在慶州)。

【椙】 (창) 〔日字〕 すぎ cryptomeria 삼나무창(杉也)。(『杉』의 俗字)

【椛】 (화) 〔日字〕 もみじ maple 단풍나무화(丹楓)。

九畫

【椶】 (소) 豪 ソウ、ふね ship 小篆 배소(船之總名)。(『船·艘』와 같음)

【椯】 (타) 哿 タ、むち whip 小篆 채쭉타、종아리채타(箠也)。

【椰】 (야) 麻 ヤ、やし cocoa-nut ㄧㄝˊ yeh² 草書 야자나무야(木名)。【左思 吳都賦】ㅣ葉無陰。(『梛』와 같음)

【椰杯:야배】 야자의 열매로 만든 술잔。『陸龜蒙』酒滿ㅣㅣ消毒霧。

【椰樹:야수】《植》야자나무。그 열매를 야자라고 함。

【椰子:야자】《植》❶야자나무。椰樹。❷야자나무의 열매。

【椰子油:야자유】 야자 열매의 씨로 짠 「기름。」

【椱】 ㊀(부) 有 ㊁(복) 屋 フク、ボク、はきもの footgear 小篆 ㊀베틀발부(機足)。㊁신복(履也)。

【椔】 (치) 支 シ、たちかれ dead tree 서서죽은나무치(木立死者)。

【椳】 (외) 灰 ワイ、とのちく hinge ㄨㄟ wei¹ 小篆 草書 ❶문지도리외、돌쩌귀외、문고리외(門樞)。❷〔國字〕윗가지외(與柧)。

【椵】 ㊀(가) 馬 ㊁(가) 禡 ㊂(가) 麻 カ、かせ citron 小篆 ㊀유자가(柚屬)。㊁틀가락가(擧物具杙)。㊂칼가(囚械)。

【椊】 (탁) 藥 タク、もくぎよ wooden gong 草書 조두탁、모탁탁(柝也)。『漢書註』周廬擊ㅣ。

【椴】 (단) 翰 タン、きのな Tilia amurensis ㄉㄨㄢˋ tuan⁴ japonica 피나무단(椵也)。【爾雅疏】一名椵樹似白楊其材能濕。

【椶】 (종) 東 ソウ、シュ、しゅろ hemp-palm ㄗㄨㄥ tsung¹ 小篆 小篆 草書 종려나무종(ㅣ櫚、一名蒲葵)。【說文】ㅣ木高一二丈旁無枝葉如車輪萃于木杪。(『棕』과 같음)

【椶櫚:종려】 =棕櫚。

【椶拂:종불】 종려 나무의 털로 만든 먼지떨이。【杜甫】ㅣㅣ且薄陋、安知身效能。

【椷】 (함) 咸 カン、はこ forgive ㄐㄧㄢ chien¹ (本音「감」) 小篆 草書 ❶함함、궤짝함(函屬木篋)。❷용납할함(容也)。❸잔함(杯也)。

【椸】 (이) 支 イ、ころもかけ clothes-rack ㄧˊ i² 小篆 草書 ❶횃대이、옷걸이이(衣架)。【禮記 曲禮】男女不同ㅣ架。❷책상이(榻前几)。(『箷』와 같음)

【椸架:이가】 衣걸이。『禮記·曲禮』男女不同ㅣㅣ。

【椹】 ㊀(침) 侵 ㊁(심) 寢 チン、シン、くわのみ mulkerry fruit ㄕㄣˋ shen⁴ 草書 ㊀❶모탕침、도끼바탕침(木趺·斫木櫍)。❷토막침(斲人櫍)。【戰國策】范睢曰臣之胷不足以當ㅣ櫍。㊁오디심(桑實)。

【椹酒:심주】 뽕나무 열매로 빚은 술。『本草』桑椹、發明、時珍曰、四時月令云、四月宜飮桑ㅣㅣ、能理百種風熱。

【椹質:침질】 ❶모탕。❷絞首臺。❸활을 쏘는 과녁。『廣雅』。

【楳】 (보) 〔國字〕 들보보(樑也)。

【楆】 (언) 願 エン、せきとめる dam up 나무로방천할언(積木防川)。

【椾】 (면)『棉』(木部 8畫)의 俗字

【椽】 (연) 先 テン、たるき rafter ㄔㄨㄢˊ ch'uan (本音「전」) 小篆 草書 서까래연(屋角榱)。【漢書 藝文志】茅屋采ㅣ。

【椽角:연각】 서까래。『三輔黃圖』ㅣㅣ皆化爲龍鳳。

【椽端:연단】《建》서까래의 추녀 쪽으로 「내민 끝。」

【椽大之筆:연대지필】 ❶서까래만한 굵은 붓。《論》大文章。大論文。훌륭한 文章。《故》晉의 王珣이、서까래만한 큰 붓을 받는 꿈을 꾼 故事에서 옴。『晉書』。❷남의 文章을 일컬음。❸大論文을 쓰는 才能。

【椽木:연목】 서까래。

【椿】 (춘) 眞 チュン、チン、たまつばき camellia ㄔㄨㄣ ch'uen 草書 ❶참죽나무춘(香欙)。❷대춘나무춘(壽木大ㅣ)。【書經】作杶。❸어르신네춘(ㅣ堂·ㅣ丈)。

【椿堂:춘당】 남의 아버지를 높여 일컫는 말。椿府丈。椿府。『莊子』。

【椿府:춘부】=椿堂。
【椿府丈:춘부장】남의 아버지의 尊稱。春府丈。椿府。椿堂。
【椿事:춘사】뜻밖에 일어난 불행한 일。
【椿象:춘상】《動》딱정벌레。黑色·黃褐色 등 종류가 매우 많음。
【椿壽:춘수】오래 살음。長壽。『杜甫』但求一一永、莫慮杞天崩。

【楀】(우) 麌 クウ、きのな tree
❶나무이름우(木名)。❷성우(姓也)。

【⿰木客】(격) 陌 カク、キャク、ころもかけ clothes-rack (或音「객」)
❶횃대격、옷걸이격(掛衣架)。❷안장이격(鞍一)。

【⿰木盃】(배)『杯』(木部 4畫)와 같음

【楂】(사) 麻 サ、いかだ raft ㄔㄚˊ ch'a² (古音「차」) ㄓㄚ cha¹
❶아가위사(果名)。『柳宗元詩』傖父饋酸一。❷등걸사(樹下體)。❸떼사(桴也)。❹까치소리사(鵲鳴)。
【楂楂:사사】까치의 울음 소리。『韓愈』鵲鳴聲一一。
【楂枒:사야】뒤섞여서 가지런하지 않은 모양。『元稹』一一矛試合、屹屹龍蛇動。

【楃】(악) 覺 アク、とばり hangings
❶나무로만든장막악(木帳)。❷방장악(房帳)。

【楄】(편) 先 ヘン、がく tablet
❶칠성판편(棺中笭狀一柎)。❷모진나무편(方木一部)。❸짧은서까래편(短椽禁一)。

【㮈】(내) 霽 デイ、たちがれ dead tree (或音「니」)
죽은나무내(枯立木)。

【⿰木省】(성) 梗 ショウ、まないた chopping board
❶도마성(俎也)。❷쳇다리성(椽交以支炊箄)。

【⿰木臿】(잡) 洽 ソウ、しげる dense
❶나무부러지는소리잡(木折聲)。❷무성할잡(茂也)。

【楅】㊀(복) 屋 フク、ヒョク、つのよけ ㄅㄧˋ bi⁴ ㊁(벽) 職
㊀❶쇠뿔에 가로댄막대복(一衡牛角橫木)。『詩註』以防牛觸人故以一木橫于角端也。❷살그릇복(承矢器)。『儀禮』設一于中庭南。㊁뜻은 ㊀과 같음。

【⿰木冒】(모) 號 ボウ、とかみ gatepost
문설주모(門樞上橫木)。

【楈】(서) 語 ショ、しゅろ tree
나무이름서(木名)。

【楉】(약) 藥 ジャク、ざくろ pomegranate
석류약(果名一榴)。

【楊】(양) 陽 ヨウ、やなぎ willow 一ㄤˊ yang²
❶메버들양(蒲柳白一)。『詩經 小稚』南山有台、北山有一。❷왕버들양(葉長青一)。❸사시나무양(圓葉弱蔕微風大搖)。❹회양나무양(黃一)。『埤雅』黃一性堅緻難長歲長一寸閏歲倒長一寸。

【楊堅:양견】《人》五四一~六〇四、隋의 제一代의 임금。文帝。梁을 滅하고 陳을 평정하여 東晉 이래 分立되어 있던 南北을 統一하여 民力培養에 힘써 天下가 잘 다스려졌음。

隋文帝 (三才圖會)

【楊國忠:양국충】《人》?~七五六、唐代 사람。楊貴妃와 再從間。玄宗 때 御史로부터 宰相이 되었음。安祿山의 亂 때 被殺。
【楊貴妃:양귀비】《人》七一九~七五六、이름은 玉環 또는 太眞。唐의 玄宗皇帝의 愛妃。天寶 四년(七四五) 貴妃(皇后를 돕는 正一品의 女官)가 되었으나 安祿山의 亂 때 被殺。
【楊柳:양류】《植》버드나무。楊은 갯버들、柳는 수양버들。『詩經』一一依依。
【楊梅:양매】《植》소귀나무。딸기 비슷한 열매를 맺는 과수。『李白』江北荷花開、江南一一熟。
【楊梅瘡:양매창】《醫》=瘡病。
【楊朱:양주】《人》中國 戰國時代의 思想家。字는 子居。極端의 利己主義·個人主義를 제창하여、墨翟(묵적)의 兼愛說과 對立하였음。
【楊枝:양지】❶이를 닦는 도구。『隋書』每日澡洗、以一一淨齒。❷버들가지。『戴表元』一一不耐秋風吹。

【楎】㊀(휘) 微 キ、クン、いこう clothes-rack ㊁(혼) 元
㊀❶옷걸이휘(掛衣架)。❷문지방휘(橛也)。㊁쟁기술혼(農具犂轅)。
【楎椸:휘이】옷걸이。횃대。

【楇】㊀(화) 箇 カ、カイ、いとまき reel ㊁(괘) 歌
㊀기름통화(塗輪膏筒)。㊁자새괘(紡車收絲具)。

【楑】(규) 支 キ、つち club
방망이규(椎也柊一)。

【楓】(풍) 東 フウ、かえで maple ㄈㄥ fêng¹
단풍나무풍、신나무풍(欇也)。『埤雅』一葉作三脊霜後色丹謂之丹一。
【楓樹苓:풍수령】《醫》豬苓。모양이 돼지 똥덩어리처럼 생긴 버섯의 한 가지。
【楓嶽:풍악】《地》楓嶽山。곧 가을의 金剛山의 別稱。
【楓葉:풍엽】단풍나무의 잎사귀。『謝靈運』曉霜一一丹。
【楓香脂:풍향지】《醫》白膠香。단풍나무의 진。止血·皮膚病에 씀。

【⿰木耎】(이) 支 ジ、きのこ mushroom
❶버섯이(木茸)。❷잇꽃이、홍화이(紅藍)。

【楔】(설) 屑 セツ、ケツ、ほこだち gatepost ㄒㄧㄝˋ hsieh⁴
❶문설주설(棖也)。『韓愈文』棖闑店一。❷기둥설(柱也)。❸노가주나무설(似松有刺)。『蜀都賦』楔枒一樅。❹앵도설(櫻桃)。❺칠설(鼓也)。
【楔子:설자】❶문설주。❷元曲에서 序幕。또는 間幕의 뜻。
【楔齒:설치】殮襲하기전에 입에 낟알을 물리려고 시체의 이를 벌리는 일。

【楔形:설형】 쐐기의 모양。

【楔形文字:설형문자】 옛날에 바빌로니아와 아씨리아 및 고대 페르샤에서 쓰던 쐐기 모양의 글자。

【楕】(타)『橢』(木部 12畫)의 略字

【楖】(즐) 質 シツ、くし comb ㄐㄧㄝˊ chieh² ㄐㄧˊ chi² ❶질률나무즐(木名ㅡ栗)。❷빗즐(櫛也)。❸고을이름즐(縣名ㅡ裴)。❹새김장이즐、각수장이즐(ㅡ人刮工)。

【楗】(건) 願 ケン、かんぬき bar ㄐㄧㄢˋ chien⁴ ❶문빗장건(鎖門橫木)。【道德經】無關ㅡ而不可開。❷문지방건(限門木關ㅡ)。

【楘】(목) 屋 ボク、ながえまき yoke dressing ㄇㄨˋ mu⁴ 가죽으로 감은 차멍에 목(車輈皮束爲飾)。

【楙】(무) 宥 ボウ、しげる dense ㄇㄠˋ mao⁴ ❶모과나무무(木瓜)。❷성할무(盛也)。(『茂』와 통함)

【楙盛:무성】 茂盛한 모양。【漢書】君主種物、使長大ㅡㅡ也。

【楙遷:무천】 貿易함。『說文通訓定聲』楙、實借爲貿、易財也。

【楜】(호) 虞 コ、こしょう pepper 후추호(胡椒)。

【楚】(초) 語 御 ソ、うばら、むち white oak; whip ㄔㄨˇ ch'u³ ❶휘추리초(叢木)。【詩經 召南漢廣】言刈其ㅡ。❷가시나무초(荊也)。【詩經】ㅡㅡ者茨言抽其棘。❸고울초(鮮明貌)。【詩經 曹風蜉蝣】蜉蝣之羽衣裳ㅡㅡ。❹초나라초(國名)。❺높을초(高也翹ㅡ)。❻종아리칠초(扑撻犯禮)。【韓愈詩】判司卑官不堪說、未免棰ㅡ塵埃間。(『憷』와 통함) ❼쓰라릴초(辛痛)。【陸機詩】慷慨含辛ㅡ。

【楚歌:초가】 楚 나라 사람의 노래。楚나라 곡조의 노래。【史記】四面ㅡㅡ。

【楚撻:초달】 회초리로 볼기나 종아리를 때림。【後漢書】ㅡㅡ旣行、何義之存。

【楚腰:초요】 美人의 가느스름한 허리。柳腰。纖腰。【杜牧】ㅡㅡ纖細掌中輕。

【楚越:초월】 楚 나라와 越 나라。즉 서로 떨어져 상관이 없는 사이。

【楚人沐猴而冠:초인목후이관】 楚나라 사람은 원숭이의 무리(品位·見識이 없는 사람에게 비김) 이면서 갓을 쓰고 있음。(喩)外貌만 번드레하고、實質이 이에 따르지 않음。【史記·項羽紀】

【楚材晉用:초재진용】 (喩)제 나라의 인재를 딴 나라에서 이용함을 가리키는 말。【左傳】雖楚有材、晉實用之。

【楚楚:초초】 ❶산뜻한 모양。鮮明한 모양。【詩經】蜉蝣之羽、衣裳ㅡㅡ。❷가시덤불이 무성한 모양。【詩經】ㅡㅡ者茨。❸苦痛하는 모양。

【楚痛:초통】 아프고 괴로움。【史記·文帝紀】何其ㅡㅡ、而不德也。

【楚漢:초한】 秦末 項羽와 劉邦이 割據하여 王이라 稱號하면서 싸우던 시대를 일컬음。또는 그 割據하던 지방。

【楛】 ㊀(호) 麌 ㊁(고) 麌 コ、わるい bad ㄏㄨˋ hu⁴ ㊀싸리나무호(木名)。【國語 魯語】東方肅愼氏有ㅡ。㊁❶물건 추 잡할고(器物濫惡)。【荀子】問ㅡ者勿告也告ㅡ。❷단단하지 못할고(不堅)。

【楛耕:고경】 아무렇게나 밭을 갈음。【荀子】ㅡㅡ傷稼。

【楛矢:고시】 楛木으로 만든 화살。【國語】肅愼氏貢ㅡㅡ石砮。

【楝】(련) 霰 レン、あうち picrasma ailanthoides ㄌㄧㄢˋ lien⁴ 고련나무련(似槐)。【淮南子】ㅡ實鳳凰所食。

楝(三才圖會)

【楞】(릉) 蒸 リョウ、かど angle ㄌㄥˊ leng² 네모질릉(四方木柧也)。【白居易詩】惟有ㅡ嚴四卷經。(『棱』과 같음)

【楞伽經:능가경】 (佛)大乘불교의 經典의 하나。

【楞嚴經:능엄경】 (佛)佛經의 이름。

【楟】(정) 靑 テイ、やまなし hawthorn 아가위정(木名棠梨)。

【楡】(유) 虞 ユ、にれ elm tree ❶느릅나무유(白枌)。【陸璣草木疏】ㅡ有十種葉皆相似皮及木理異。❷서편 쪽유(西方、晩景)。【後漢書】失之東隅收之桑ㅡ。❸별이름유(星名)。❹시골이름유(鄕名)。

【楡柳:유류】 느릅나무와 버드나무。

【楡塞:유새】 변방의 요새。【漢書】累石爲城、樹楡爲塞。

【楡岾寺:유점사】 《地》江原道 杆城郡에 있는 절。三一 本山의 하나。임진 왜란 때에 이 곳에 泗溟堂이 있었는데 왜병도 그의 도에 압도되어 오히려 사명당을 모셨다고 함。

【楡莢錢:유협전】 돈 이름。모양이 느릅나무 씨 꼬투리처럼 생긴 돈。漢代의 은돈。【漢書】爲錢重難用、更鑄ㅡㅡ。

【楠】(남) 覃 ナン、くすのき cedar ㄋㄢˊ nan² 남나무남(美材似豫章)。(『枏』과 같음)

【楢】(유) 尤 ユウ、なら tree ㄧㄡˊ yu² ❶부드러운나무유(柔木)。❷홰유(燎柴)。(『槱』와 통함)

【楣】(미) 支 ビ、ひさし lintle of a door ㄇㄟˊ mei² 인중방미(門上橫梁)。【禮記】賓升主人阼階上立當ㅡ北面再拜。

【楣閒:미한】 처마。차양。【朱熹】。

【楤】(송) 董 ソウ、たらのき Kalopanax pictum 엄나무송(木名)。(或音「총」)

【楦】(훤) 願 ケン、かた last 신골훤(履模)。(『楥』과 같음)

【楥】(원) 元 ケン、けやき oak ㄒㄩㄢˋ hsüan⁴
楥 小篆 楥 草書 ❶떡갈나무원(木名柜柳)。❷실감개원、자새원(卷絲具)。❸신골원(靴型)。(『楦』과 通함)

【楨】(정) 庚 テイ、ねずみもち privet ㄓㄣ chen¹
楨 小篆 楨 草書 ❶단단한나무정(剛木)。❷담틀마구리대정(ㅣ幹築墻具)。【書經】峙乃ㅣ幹。❸쥐똥나무정(木名)。
【楨幹:정간】담 쌓을 때 양쪽 모서리에 세우는 나무기둥。【書經費誓】峙乃ㅣㅣ。(喩)事物의 근본을 뜻하는 말。『漢書·匡衡傳』朝廷者 天下之ㅣㅣ也。

【楩】(편) 先 ベン、くすのき cedar ㄆㄧㄢˊ p'ien²
楩 草書 편나무편(南方大木似豫章)。

【㮚】(률)『栗』(木部 6畫)의 古字

【楪】(접) 葉 チョウ、すのこ flat wooden-bed
❶널평상접(牀板)。❷창접바라지접(牖也)。

【楬】(갈) 月 黠 カツ、ケツ、たてふだ sign-post ㄐㄧˋ chi⁴
楬 小篆 楬 草書 ❶패를써서표할갈(ㅣ櫫表識)。【周禮】有死于道路者令埋而置ㅣ。❷풍류 그칠재비갈(止樂器)。【禮註】椌柷也ㅣ敔也。
【楬豆:갈두】나무로 만든 접시。木豆。『禮記』夏后氏以ㅣㅣ。「之。
【楬書:갈서】패서 새긴 글。『周禮』ㅣㅣ

【楫】㊀(즙) ㊁(접) 葉 緝 シュウ、かい·かじ oar
楫 小篆 楫 草書 ㊀돛대즙 노즙(棹也)。【易繫辭】剡木爲舟剡木爲ㅣ。㊁노접(短棹曰ㅣ)。(『檝』과 같음)
【楫師:즙사】노젓는 사람。뱃사공。『左思』篙工ㅣㅣ。

【業】(업) 葉 ギョウ、わざ work; business ㄧㄝˋ yeh⁴
業 小篆 古文 ❶일업(事也)。【易繫辭】富有之謂大ㅣ。❷일할업(事之)。【孟子 盡心下】有ㅣ屨於戶上。❸위태할업(危也)。【書經 皐陶謨】兢兢ㅣㅣ 一日二日萬機。❹씩씩할업(壯也)。【詩經 大雅烝民】四牡ㅣㅣ。❺종다는 널조각업(懸鐘具大板)。【詩經】虡ㅣ維樅。❻벌써업、이미업(已然)。❼처음업(創也)。【史記 留侯世家】良ㅣ爲取履。❽공경할업(敬也)。【史記】項梁ㅣ之。

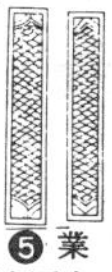
❺ 業 (三才圖會)

【業感:업감】(佛)선악의 業因에 의하여 苦樂의 果報를 받는 일。
【業界:업계】같은 產業이나 商業에 종사하는 사람들의 사회。
【業苦:업고】(佛)前生의 惡業에 대하여 받는 苦痛。『法要典據』解義不救ㅣㅣ。
【業果:업과】(佛)前生에서 한 일에 대하여 이승에서 받는 善惡의 갚음。業報。
【業力:업력】事業에 기울이는 힘。活動。『宋書』蔡廓雖ㅣㅣ弘正、而年位未高。(佛)業果(果報)를 齊來하는 業의 큰 힘。
【業命:업명】임금의 명령을 받는 일。『國語』諸侯朝修天之ㅣㅣ。
【業務:업무】❶직업으로 하는 일。❷맡아서 하는 일。
【業務妨害:업무방해】허위의 사실을 퍼뜨리거나、거짓된 계획을 쓰거나、위력으로써 업무를 못하게 하는 일。
【業務用書類:업무용서류】❶업무에 사용하는 문서。❷第四種 우편물의 하나。特定人에게 주는 통신문의 성질을 띠지 않은 문서。
【業病:업병】(佛)나쁜 일을 한 갚음으「로 걸리는 병。
【業報:업보】(佛)=業果。「移其天識。
【業習:업습】버릇。습관。『顏延之』ㅣㅣ
【業緣:업연】(佛)업보의 인연。
【業冤:업원】(佛)前生에서 지은 죄로 이승에서 받는 괴로움。
【業已:업이】이미。벌써。『史記·蘇秦傳』夫士ㅣㅣ屈首受書。
【業因:업인】(佛)善惡의 果報를 일으키는 원인이 되는 행위。『成實論』一切生法、皆屬ㅣㅣ。
【業者:업자】當業者의 略語。
【業績:업적】일의 成果。事業의 成績。「功績。
【業種:업종】영업의 종류。
【業主:업주】營業主의 略語。
【業體:업체】❶營業의 主體。❷所行。
【業畜:업축】(佛)前生에 지은 죄로 因하여 이승에 태어난 畜生。
【業火:업화】❶(佛)격렬한 忿怒를 불에 비유하여 일컬음。❷(佛)惡業의 갚음으로 받는 地獄의 맹렬한 불。『楞嚴經』以ㅣㅣ乾枯。❸무시무시한 火災。
◎家ㅣ、開ㅣ、兼ㅣ、工ㅣ、官ㅣ、勸ㅣ、正ㅣ、定ㅣ、操ㅣ、卒ㅣ、終ㅣ、從ㅣ、罪ㅣ、創ㅣ、就ㅣ、怠ㅣ、罷ㅣ、廢ㅣ、興ㅣ。

【楮】(저) 語 チョ、こうぞ paper-mulberry ㄔㄨˇ ch'u³
楮 小篆 柠 或體 楮 草書 ❶닥나무저(皮可爲紙)。【酉陽雜俎】葉有瓣曰ㅣ。❷종이돈저(紙也)。❸감매나무저(木名)。
【楮券:저권】종이로 만든 信票。또는 紙幣。『宋史』故權以ㅣㅣ。「字。
【楮墨:저묵】❶종이와 먹。❷글자。文
【楮先生:저선생】종이의 異名。『韓愈』毛穎與絳人陳玄·弘農陶泓及會稽ㅡㅡ友善。
【楮實:저실】(醫)닥나무의 열매。부증·안질의 약재로 씀。穀實。構樹子。
【楮田:저전】닥나무를 심는 밭。
【楮錢:저전】종이로 만든 돈。紙錢。
【楮知白:저지백】종이의 別名。『文房四譜』。
【楮冊:저책】종이로 만든 책。
【楮天牛:저천우】(動)닥나무를 해치는 하늘소 종류의 總稱。
【楮幣:저폐】(制)종이돈。楮貨。紙幣。『宋史』遺ㅣㅣ、以勞五砦之義丁。
【楮貨:저화】(制)닥나무 껍질로 종이를 만들어 쓰던 돈。紙貨。紙幣。

【楰】(유) 虞 慶 ユ、ねずみもち privet
楰 小篆 楰 草書 산유자나무유(鼠梓似山楸而黑)。【詩經 小雅南山有臺】北山有ㅣ。

【楯】(순) 軫 ジュン、たて shield ㄕㄨㄣˇ shuen³
楯 小篆 楯 草書 ❶난간순(欄干)。【王逸】縱曰欄橫曰ㅣ。❷방패순(干也)。❸뺄순(拔擢)。【淮南子】引ㅣ萬物羣美萌生。❹상여순(喪車)。❺벼슬이름순(官名陛ㅣ郞)。

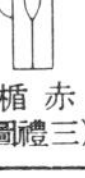
赤楯 (三禮圖)

【楯櫓:순로】방패。櫓도 楯의 一種。『晉書』遂合圍起土山地道ㅣㅣ鉤橦。
【楯矛:순모】방패와 창。盾矛。矛盾。

『韓非子』楚人有鬻楯與矛者。

【楯軒:순헌】 난간。『司馬相如』奔星更於閨闥、宛虹地於ーー。

【楯形:순형】 방패와 같은 형상。楯狀。

【楱】 (주) 宥 ソウ、たちばな small orange
❶작은귤주、감자주(小橘)。❷쇠스랑주(鐵齒杷)。

【椓】 (첨) 鹽 テン、かまどたき poker
부지깽이첨、부짓대첨(炊竈火杖)。

【楲】 (위) 微 イ、おまる chamber-pot
小篆 草書 ❶요강위(褻器ー窬)。❷수문통위(決塘木)。

【楳】 (매)『梅』(木部7畫)와 같음

【楴】 (체) 霽 テイ、かんざし tweezers
❶빗치개체(象ー整髮釵)。『詩經』象之ー也。❷족집게체(摘髮)。

【極】 (극) 職 キョク、ゴク、きわまる utmost point;pole
小篆 草書 ❶대마루극、한마루극(棟也)。『說文註』ー者屋脊之ー。❷덩어리극(天地未分前)。【易經繫辭】易有太ー。❸한가운데극(大中)。【書經 洪範】皇建其有ー。❹한끝극(方隅)。【淮南子】紀綱八ー。❺별극(辰也)。「南ー星・北ー星」。❻지극할극(至也)。【詩經】立我烝民莫非爾ー。❼다할극(盡也)。【易繫辭】ー其數遂定天下之象。❽멀극(遠也)。❾궁진할극(盡也)。❿마칠극(終也)。【通鑑 梁武紀】ー土木之美。

【極嘉:극가】 성품이나 言行이 매우 아름다움。

【極艱:극간】 극히 어렵고 가난함。

【極奸:극간】 몹시 간악함。

【極諫:극간】 極力으로 諫함。끝까지 諫함。『史記』擧賢良方正直言ーー者。

【極恭:극공】 극히 공손함。

【極光:극광】 (地)地球의 兩極 지방에서、空中에 나타나는 일종의 아름다운 光線。오로라(Aurora)。

【極怪:극괴】 몹시 괴이함。

【極口:극구】 갖은 말을 다함。

【極圈:극권】 (地)남북 兩極으로부터 각각 六六.五度 되는 곳의 緯線。

【極貴:극귀】 지극히 귀함。

【極忌:극기】 ❶몹시 꺼림。❷지극히 미워함。

【極難:극난】 몹시 어려움。

【極難事:극난사】 몹시 어려운 일。

【極南:극남】 남쪽의 맨 끝。↔極北。

【極端:극단】 ❶맨 끝。❷한쪽으로 심히 치우침。❸이르는 곳까지 이르러 더 어찌할 여지가 없음。

【極大:극대】 ❶아주 몹시 큼。❷(數)어떤 양이 일정한 법칙에 따라 변화할 때、점점 증대하였다가 감소하기 시작하려고 하는 점에 달하였을 때의 양。↔極小。

【極度:극도】 ❶窮極。❷더할 나위 없이 궁극한 정도。

【劇毒藥:극독약】 (藥)극약과 독약。

【極東:극동】 ❶동쪽 끝。❷(地)韓國・중국・日本 및 아시아 大陸의 동남 지방。歐美에서 일컬음。遠東。

【極樂:극락】 ❶한껏 즐김。『班固』方舟竝鶩、俛仰ーー。❷(佛)㉮阿彌陀佛이 있다는 지극히 즐겁고 안락한 세계。極樂淨土。❸극히 安樂한 처지。

【極樂世界:극락세계】 (佛)阿彌陀佛이 있다는 안락한 理想 세계。

【極樂往生:극락왕생】 (佛)죽어서 極樂淨土에 가서 다시 태어나는 일。

【極力:극력】 힘껏。있는힘을 다함。

【極力周旋:극력주선】 있는 힘을 다하여 주선함。

【極烈:극렬】 매우 열렬함。또는 맹렬함。

【極烈分子:극렬분자】 언어・행동에 과격한 경향이 있는 사람。

【極論:극론】 ❶힘껏 주장을 세워 의론함。❷극단적인 논의。

【極流:극류】 (地)南北양극 지방에서 적도 지방으로 흐르는 寒流。

【極律:극률】 (法)死刑에 해당하는 죄를 정한 법률。

【極妙:극묘】 ❶지극히 교묘함。至妙。『莊子』不知論ーー之言。❷아주 妙味가 있음。

【極微:극미】 지극히 작음。

【極邊:극변】 지극히 먼 변경。

【極北:극북】 북쪽의 맨 끝。↔極南。

【極秘:극비】 절대의 비밀。

【極貧:극빈】 극히 가난함。

【極貧者:극빈자】 생활이 지극히 가난한 사람。

【極上:극상】 가장 좋음。더할 나위 없이 좋음。最上。莫上。

【極上等:극상등】 가장 최고의 등급。

【極上品:극상품】 최고로 좋은 물건。

【極盛:극성】 극히 왕성함。

【極盛則敗:극성즉패】 왕성함이 지나치면 도리어 패망함。

【極細:극세】 몹시 잘고 또는 가늘음。

【極小:극소】 (數)❶몹시 작음。❷어떤 양이 일정한 법칙을 따라 변화할 때、점점 감소하다가 도리어 증대하기 시작하려고 하는 점에 달한 때의 값。↔極大。

【極少量:극소량】 아주 적은 분량。

【極少數:극소수】 극히 적은 수。

【極惡:극악】 몹시 악함。더할 수 없이 악독함。『潛夫論』下愚ーー之人也。

【極洋:극양】 남극・북극에 가까운 해양。

【極言:극언】 ❶갖은 말을 다하여 의견을 올림。❷꺼리는 일이 없이 극단적으로 말함。또는 그 말。『後漢書』入雖ーー正議、及與賓客語、未嘗及國事。

【極熱:극열】 몹시 심한 열。劇熱。

【極炎:극염】 몹시 심한 더위。劇暑。

【極銳:극예】 몹시 예민함。

【極遠:극원】 극히 멀음。

【極月:극월】 섣달。

【極點:극점】 窮極에 이른 점。맨 끝。

【極尊:극존】 ❶지위가 매우 높음。❷부모의 尊稱。『書經・疏』父母尊之極。

【極尊待:극존대】 극히 높이어 대접함。

【極地:극지】 ❶맨 끝의 땅。❷지구의 남북 兩極 지방。

【極盡:극진】 힘이나 마음을 다함。

【極讚:극찬】 지극히 칭찬함。

【極處:극처】 맨 끝。극도에 이른 곳。

【極天:극천】 ❶하늘의 가장 높은 곳。❷하늘에 이름。하늘을 능가함。『杜甫・秋興詩』。❸하늘이 있는 限。永久히。

【極致:극치】 더할수 없는 風致나 韻致。『公羊傳・註疏序』聖人之ーー、治世之要務也。

【極侈:극치】 극도로 奢侈함。極豪奢。

【極擇:극택】 아주 精密하게 고르는 일。

【極痛:극통】 지극한 아픔。또는 고통。

【極品:극품】 ❶極上品의 略語。❷가장 좋은 官位。『宋史』遂爲內臣之ーー。

【極寒:극한】 몹시 심한 추위。

【極限:극한】 ❶맨 끝。❷(數)極限値의 略語。변하는 數가 일정한 수에 한 없이 가까와질 때、그 일정한 수를 변하는 수에 대한 극한치라 함。

【極害:극해】 지극한 災害。또는 손해。

【極刑:극형】 극히 重한 형벌。死刑。極罰。

【極豪奢:극호사】몹시 사치함。極侈。
【極凶:극흉】몹시 흉악함。慘凶。
◎究—、窮—、南—、登—、罔—、無—、北—、消—、兩—、陽—、陰—、積—、終—、至—、太—。

【楶】(절) 屑 セツ、ますがた king post
동자기둥절、공대절(梁上短頭)。

【楷】(해) 佳 蟹 カイ、のり、てほん written ㄎㄞˇ k'ai³(古音「개」) ㄐㄧㄝ chieh¹
❶해나무해(孔子冢木)。〔淮南子〕—木生孔子塚上其幹枝疎而不屈。❷본뜰해、본보기해(模也)。〔後漢書〕天下模—。❸법해(法式)。〔禮記 儒行〕今世行之、後世以爲—。❹해자해(書名)。〔晉書〕上谷王次仲始作—。
【楷書:해서】書體의 이름。글자의 畫을 똑바로 方正하게 세워서 쓰는 일。또는 그 글자。〔書斷〕八分本謂之——。「글자。
【楷字:해자】隸書에서 발달된 楷書體의 글자。
【楷正:해정】글자의 畫이 똑바른 것。

【楸】(추) 尤 シュウ、ひさぎ walnut ㄑㄧㄡ ch'iu¹
❶가래나무추、노나무추(梓也)。〔埤雅〕—梧早脫故謂之秋—。❷산유자추(苦—)。❸바둑판추(棋局)。(『萩』와 같음)
【楸木:추목】《植》가래나무。
【楸子:추자】《植》❶가래。❷胡桃。
【楸住:추주】붙들어서 머무르게 함。
【楸枰:추평】바둑판。棋枰。〔温庭筠〕間對——傾一壺。
【楸下:추하】조상의 무덤이 있는 곳。
【楸行:추행】조상의 산소를 찾아서 성묘하러 가는 일。

【楹】(영) 庚 エイ、はしら pillar ㄧㄥ ying²
❶기둥영(柱也)。〔詩經〕有覺有—。❷하관틀영(桓—穸之棺具)。

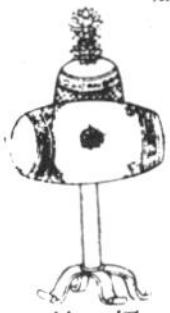
鼓 楹
(三才圖會)

【楹角:영각】기둥과 서까래。
【楹鼓:영고】胴 중앙에 기둥을 꿰어서 세운 북。〔禮記·明堂紀〕。
【楹棟:영동】❶기둥과 도리。〔魏書〕——平正。❷가장 중요한 人物。棟梁。〔蔡邕·薦太尉董卓表〕輔佐重臣、國之——。
【楹聯:영련】柱聯。聯句를 써서 기둥에 걸어 늘인 것。「—也。
【楹柱:영주】기둥。〔詩經·疏〕宮寢之—

【楺】(유) 宥 ジュウ、ためる bend
나무휠유、굽은나무유(屈木)。

【樲】(비) 〔國字〕
사다리비、비계비(木梯)。

【楼】(루)『樓』(木部11畫)의 俗字

【椳】(천) 〔日字〕 はんぞう gutter
홈통천(通水管)。

【楿】(향) 〔日字〕 かつら cinnamon
계수나무향(桂也)。

十畫

【榎】(가) 馬 カ、えのき bush-clover
❶싸리나무가(楚也)。❷가나무가(楸也)。❸차이름가(苦茶)。(『檟』와 같음)

【榏】(익) 錫 ゲキ、ふね a boat
푸른새그린배익(青雀舟)。(『艗』과 같음)

【榐】(전) 銑 テン、きがながい (of a tree) tall
나무길전(樹長貌、榐—)。

【榑】(부) 虞 フ、ふそう mulberry tree
해돋이 뽕나무부(神木名)。〔淮南子 覽冥訓〕朝發—桑。
【榑桑:부상】❶神木의 이름。해 돋는 곳에 있다 함。〔淮南子〕朝發——。❷日本의 別稱。扶桑。

【榔】(랑) 陽 ロウ、びんろう betel-nut palm-tree ㄌㄤ lang²
빈랑나무랑(果名檳—)。
【榔當:낭당】몽둥이。棍棒。〔還魂記〕敢幾個小——把㑩分的朗。
【榔榆:낭유】《植》참느릅나무의 別名。

【榕】(용) 冬 ヨウ、あこう tree ㄖㄨㄥ jung²
용나무용(南方樹名)。〔三體詩註〕—初生如葛藟緣木後乃成樹生於南方。
【榕逕:용경】용나무 밑의 작은 길。

【榖】(곡) 屋 コク、こうぞ paper-mulberry
❶닥나무곡(楮也)。〔詩經〕爰有樹檀其下維—。❷성곡(姓也)。「—梁」。
【榖桑:곡상】닥나무。楮。〔詩經〕其下維榖。〔疏〕幽州人謂——。

【縠】(곡)『穀』(前條)과 같음

【榘】(구) 麌 ク、のり rule ㄐㄩ chü³
❶곡척구(正方器)。❷법구(法也)。(『矩』와 같음)
【榘矱:구확】본。본보기。典規。〔楚辭〕求——之所同。
【榘彠:구확】=榘矱。〔鄭俠〕不惟子三人、萬古同——。

【榛】(진) 眞 シン、はしばみ hazel ㄓㄣ chen¹
❶개암나무진(實如小栗)。〔詩經〕山有—。❷덤거칠진(蕪也)。〔揚雄 反騷〕枳棘之—兮。
【榛蕪:진무】❶초목이 무성함。또는 그러한 곳。荒蕪。〔蘇軾〕月露荒——。❷草味。거칠고 어두워서 事物이 잘 정돈되지 아니한 상태。❸微賤。또는 微賤한 사람。〔杜甫〕君能微感激、亦足慰——。
【榛穢:진예】雜草가 우거짐。풀숲。〔曹植〕步——之藪。《轉》나쁜 풍습。또는 나쁜 정치。〔南史·梁武帝紀〕百年——、一朝掃滌。
【榛子:진자】《植》개암。
【榛子糖:진자당】개암 사탕。
【榛子粥:진자죽】개암죽。
【榛榛:진진】초목이 무성한 모양。

【榠】(명) 青 ミョウ、くわりん tree
명사나무명(木梨)。〔蘇頌圖經〕花葉實酷類瓜別有重蔕如乳者木瓜無者—樝。

【榜】㊀(방) 漾 ホウ、ボウ、ふだ public notice ㄅㄤˋ pang⁴
㊁(병) 敬 ㄅㄥ pêng¹
小篆 草書 ㊀❶게시판방(揭示)。❷방써붙일방(標題)。〔後漢書〕李膺廢錮士大夫更相標ㅣ。❸방목방(選職次序發表ㅣ目)。〔杜牧詩〕平明放ㅣ未花開。❹볼기칠방、매방(笞也)。〔史記 張耳傳〕ㅣ答數千身無可擊。❺배저을방(進船)。〔楚辭〕齊吳ㅣ以擊汰。❻뱃사공방(舟人)。〔張協 七命〕ㅣ人奏采菱歌。㊁뜻은 ㊀과 같음。

【榜歌:방가】뱃노래。뱃사공의 노래。〔孟浩然〕ㅣㅣ空裏失。

【榜掠:방략】죄인을 매질하여 고문함。피의자를 때려 고통을 주어서 자백시킴。〔史記〕趙高治斯、ㅣㅣ千餘。

【榜文:방문】여러 사람에게 알리기 위하여 길이나 사람이 많이 모이는 곳에 써 붙이는 글。

【榜上掛名:방상괘명】(制)科榜에 성명이 기록됨。

【榜示:방시】(制)榜文을 써서 板에 붙이어 널리 보임。게시함。

【榜人:방인】뱃사공。舟子。舟人。〔張協〕ㅣㅣ奏採菱之歌。

【榜笞:방태】매질함。죄인에게 笞刑을 가하는 일。榜楚。〔史記〕ㅣㅣ數千。

【榡】(색) 錫 セキ、こずえ branch
草書 ❶백색나무색(木名、白ㅣ)。❷나무가지색(梢也)。

【榦】㊀(간) 翰 カン、みき trunk
㊁(한) 寒
草書 ㊀❶밑줄기간(木本根)。〔淮南子〕枝不得大於ㅣ。❷담틀간(築墻木)。〔詩經〕ㅣ不庭方以佐戎辟。❸자루간(柄也)。㊁우물난간한(井上木欄)。〔莊子〕井ㅣ之上。(『幹』의 本字)

【槝】(오) 虞 オ、ウ、しぶがき green persimmons ㄨ wu¹
草書 푸른감오(青柿)。

【榣】(요) 蕭 ヨウ、きがうごく (of trees) shake
小篆 나무흔들릴요(樹動)。

【榡】(소) 遇 ソ、きじ lumber
건목칠소(未成器)。

【㮨】(즉) 職 ショク、きのな tree
小篆 小篆 草書 나무이름즉(木名)。

【榤】(걸) 屑 ケツ、ねぐら perch
草書 닭의홰걸(鷄棲杙)。

【榥】(황) 養 コウ、ふづくえ table ㄏㄨㄤˋ huang⁴
草書 책상황(讀書牀)。(『櫎』과 같음)

【榧】(비) 尾 ヒ、かや torreya nut ㄈㄟˇ fei³
草書 비자나무비(似柏文木子可食療白蟲)。(『棐』와 통함)

【榧子:비자】(醫)비자나무의 열매。구충제로 쓰이며 특히 寸蟲에 특효가 있음。

【榧子板:비자판】비자나무의 널빤지。

【榩】(건) 先 ケン、あてぎ block
❶모탕건(斫木鎖)。❷쌀고건、곳집건(米倉)。

【榨】(자) 禡 サ、サク、しめぎ oil-press ㄓㄚˋ cha⁴
草書 ❶기름틀자(打油具)。❷주자틀자(壓酒器)。(『醡』와 같음)

【榨牀:자상】物體를 짓눌러서 汁을 짜내는 器械。술 또는 기름을 짜는 器械。〔糖霜譜〕霜戶器用、曰榨斗、曰ㅣㅣ。

【榪】(마) 禡 バ、かまち frame barrels with wood
❶나무로테멜마(横木關定器物ㅣ子)。❷〔中字〕주격마(ㅣ杓)。

【槓】(공) 冬 キョウ、ちいさいふね sampan
❶거루배공(小舟)。❷가증스러울공(可憎貌ㅣ松)。

【㮫】(할) 曷 黠 カツ、ゆため the inner wheel
❶수레안바퀴할(車之內軸)。❷도지개할(正弓具)。

【榫】(순) 軫 シュン、ほぞ put a handle [haft] ㄙㄨㄣˇ suen³
자루박을순(斫木入竅)。

【榬】(원) 元 エン、いとまき reel
草書 ❶자새원、도토마리원(絡絲ㅣ)。❷종다는 나무원(懸鐘磬具)。〔管子〕懸鐘磬之ㅣ。

【榮】(영) 庚 エイ、さかえる glory;honour ㄖㄨㄥˊ jung²
小篆 草書 ❶영화영(辱之反)。❷오동나무영(桐木)。❸추녀영(屋梠之兩頭起者)。❹꽃다울영(華也)。〔爾雅 釋草〕木謂之華草謂之ㅣ、不ㅣ而實者謂之秀、ㅣ而不實者謂之英。❺무성할영(茂也)。〔陶潛 歸去來辭〕木欣欣以向ㅣ。❻명예영(名譽)。〔北齊書 柳元伯傳〕侍人ㅣ之。❼피영(血氣)。〔內經〕ㅣ衛不行五臟不通。

【榮枯:영고】성함과 쇠함。盛衰。〔曹植〕積善有餘慶、ㅣㅣ立可待。

【榮枯盛衰:영고성쇠】성하고 쇠함이 서로 뒤바뀌는 일。

【榮冠:영관】❶명예로운 冠。❷영예스러운 冠。

【榮光:영광】영예스러운 현상。빛나는 명예。〔駱賓王〕照日ㅣㅣ淨。

【榮貴:영귀】벼슬이 높고 귀함。〔杜甫〕「道自正。ㅣㅣ如糞土。

【榮達:영달】=榮貴。〔亢倉子〕ㅣㅣ則以

【榮落:영락】=榮枯。

【榮利:영리】영화와 복리。〔後漢書〕不以ㅣㅣ滑其生術。

【榮名:영명】=榮譽。〔史記〕與世浮沈、而取ㅣㅣ哉。

【榮慕:영모】남의 덕을 칭찬하고 그리워함。〔魏志〕橫加ㅣㅣ。

【榮茂:영무】매우 번화하고 무성함。〔漢書〕枯槁ㅣㅣ。

【榮養:영양】❶地位나 명망이 높아져서 부모를 영화롭게 봉양함。❷(宗)인간으로서 天主를 잘 섬기고 받들음。

【榮譽:영예】영광스러운 명예。〔常建〕「ㅣㅣ難久持。ㅣㅣ失本眞。

【榮耀:영요】빛나는 명예。榮光。〔曹植〕

【榮辱:영욕】영예와 치욕。명예와 수치。〔易經〕言行、君子之樞機、樞機之發、ㅣㅣ之主也。

【榮位:영위】영광스러운 地位。

【榮潤:영윤】집안이 번영하고 재물이 넉넉함。〔蜀志〕朝含ㅣㅣ、夕爲枯魄。

【榮爵:영작】영예스러운 작위。〔史記〕寵備ㅣㅣ、身受腑腑。

【榮典:영전】❶영광스러운 典例。❷경사스러운 儀式。❸(法)훈공이나 공적이

있는 사람에게 작위나 훈장을 주는 영예스러운 褒賞。

【榮轉：영전】 먼저 있던 자리보다 좋은 지위나 높은 자리로 옮김。『宋書』未蒙―|者。「『陸機』擢自群萃、累蒙――。

【榮進：영진】 벼슬이나 지위가 높아짐。

【榮親：영친】 부모를 영화롭게 함。

【榮顯：영현】 영달하여 뛰어남。『隋書』高位重爵、――一時。

【榮華：영화】 몸이 귀하게 되어서 이름이 남。『淮南子』有――者、必有憔悴。

【榮孝：영효】 부모를 영화롭게 하는 효도。

◎光―、繁―、虛―、顯―。

【榭】

(사) 禡 シャ、うてな arbour

小篆 書草 ❶정자사(臺有屋)。『書經』宮室臺―陂池侈服。❷사당집사(廟無室)。『春秋』成周宣―火。❸사정사(講武屋)。❹연장을 두는곳집사(庫也)。

【榯】

(시) 支 シ、そばたつ stand upright

❶나무곧게설시(木直堅立)。❷문설주시(持門樞)。

【榴】

(류)『橊』(木部12畫)의 俗字

【榴散彈：유산탄】 破裂할 때 많은 작은 彈子가 飛散하는 砲彈。

【榴月：유월】 음력 五월의 別名。石榴꽃이 피는 달이라는 뜻。

【榴彈：유탄】 彈體 안에 炸藥을 다져 넣어 쏘는 砲彈。彈着點에서 터짐。

【榴彈砲：유탄포】 砲身이 길고 적진의 머리 위에 유탄을 퍼붓는 火砲。

【榴火：유화】 石榴花의 붉은 것을 불에 비유한 말。『馬祖常·詩』園紅――鍊。

【榴花：유화】 석류나무의 꽃。

【榰】

(지) 支 シ、どだい footing

小篆 書草 ❶나무주추지(柱礎)。『說文』古用木今用石。❷이바지할지(支也)。『爾雅釋訓註』相―柱也。(『搘』와 같음)

【榰梧：지오】 버팀。지탱함。枝梧。

【榰柱：지주】 지탱함。막대기로 버팀질을 함。또는 그 막대기。『爾雅·註』相――也。

【榱】

(최) 支 スイ、たるき rafter

小篆 書草 서까래최(屋桷椽也)。ㄘㄨㄟ ts'uei¹ 『西京賦』飾華―與璧璫。

【榱桷：최각】 서까래。椽桶。榱椽。『史記』仰瞻――、伏視几筵。

【榱璫：최당】 서까래 끝에 꾸며 놓은 장식。『三輔黃圖』華壁――。

【榱題：최제】 서까래의 끝。서까래 끝이 처마에 닿은 곳。『孟子』――數尺。

【榲】

㊀(온) 問 オン、オツ、はしら pillar

㊁(올) 月

草書 ㊀기둥온(柱也)。㊁❶팥배나무올(―桲果似楂)。『花木記』―桲梨別種也。❷삼나무올(木名、杉也)。

(會圖才三) 桲 榲

【榲桲：올발】 《植》나무 이름。薔薇科의 落葉喬木。

ooled

【榷】

㊀(교) 效 カク、まるきばし log bridge

㊁(각) 覺 ㄐㄩㄝˋ chüeh² ㄑㄩㄝˋ ch'üeh⁴

小篆 書草 ㊀외나무다리교(水上橫木以渡者)。㊁❶도거리할각(獨取利)。『漢書 武帝紀』初―酒酤。❷세각(稅也)。

【榷場：각장】 交易을 허가하여 專賣稅를 받아들이고 또 감독하던 곳。

【榷會：각회】 이익을 독점하는 仲買。『漢書』爲買人――。

【榶】

(당) 陽 トウ、しで hawthorn

❶아가위당(移也)。❷주발당(椀也)。

【槔】

(길)『桔』(木部6畫)과 같음

【槔槔：길고】 두레박。桔槔。『王維』林端擧――。

【榾】

(혼) 阮 コン、まるき log

小篆 통나무혼(圓木未折)。

【榹】

(사) 支 シ、けもも a wild peach

小篆 ❶산복숭아사(山桃)。❷소반사(槃也)。

【榐】

(비) 支 ヒ、ひさし eaves

小篆 書草 ❶부연비(連檐木)。❷평고대비(桷端梠木)。

【榻】

(탑) 合 トウ、こしかけ flat wooden bed ㄊㄚˋ t'a⁴

小篆 書草 ❶평상탑(牀也)。『古詩 焦仲卿妻』移我琉璃―出置前窗下。❷모직탑(布也)。『史記 貨殖傳』―布皮革千石。❸자리탑(座也)。(『橳』과 같음)

(會圖才三) 榻

【榻本：탑본】 金石에 새긴 글씨나 그림을 그대로 박아 냄。또는 그 박은 종이。

【榻床：탑상】 의자。臥床 따위의 總稱。

【榻牀：탑상】 걸상。交椅·臥床등의 總稱。『張籍』出則聯轡馳、寢則對――。

【榻影：탑영】 원형을 본떠서 그림。

【榻前：탑전】 임금의 자리 앞。

【榻前下教：탑전하교】 임금이 즉석에서 명령을 내림。

【榻尖：탑첨】 탑 맨 위의 뾰족한 부분。

【榼】

(합) 合 コウ、さかだる wine-cask ㄎㄜ k'ê⁴ (古音「갑」)

小篆 書草 ❶술그릇합(酒器)。『左傳 成公十六年』執―承飲。❷물통합(貯水器)。『淮南子』甯水足以溢壺―而江河不能實漏巵。❸뚜껑합(蓋也)。

【榽】

㊀(혜) 齊 ケイ、カイ、たばねる bundle

㊁(계) 霽

㊀나무이름혜(木名―樜)。㊁묶을계(束也)。

【榾】

(골) 月 コツ、きりかぶ dead branches ㄍㄨˇ ku³

草書 ❶살대나무골(木中箭笴)。『本草圖經』作狗骨木體白似骨故名。❷삭정이골、마들가리골(榾柮木頭―)。

【榾柮：골돌】 나무조각。木片。또는 베어 낸 나무그루의 밑동。『韋莊』――爐前擁布衾。

【榿】

(기) 支 キ、はんのき tree

草書 기나무기(木名)。

【槁】

(고)『槀』(次條)와 같음

【槁木：고목】 마른 나무。枯木。

【槁木死灰：고목사회】 外形은 枯木과

같고, 마음은 死灰(죽은 재)처럼 되어 生氣가 없음。意慾이 없는 사람을 이르는 말。『莊子』形固可使如槁木、而心固可使如死灰乎。

【槁壤:고양】마른 흙。『孟子』上食ㅡㅡ、下飮黃泉。

【槁悴:고췌】❶草木이 말라 시듦。❷말라 빠짐。『楚辭·九歎』草木搖落時ㅡㅡ。

【槁暴:고폭】햇볕에 쬐어서 말림。

【槀】(고) 皓 コウ、かれき dry wood ㄍㄠˇ kao³

小篆 草書 ❶마른나무고(枯木)。『易說卦註』草木空中者必ㅡ也。❷말린고기고(乾魚)。『禮記 曲禮』祭ㅡ魚曰商。❸쌓일고(積也)。『左傳』富父槐去表之ㅡ道還公宮。

【槅】㊀(혁) 陌 ㊁(핵) 陌 カク、くびき yoke ㄍㄜˊ kê²

小篆 草書 ㊀멍에혁(車軛)。㊁씨핵(果中核)。

【槃】(반) 寒 ハン、たらい tray ㄆㄢˊ p'an²

小篆 籀文 古文 草書 ❶쟁반반(承皿)。『禮記 內則』少者奉ㅡ、長者奉水。❷즐거울반(樂也)。『詩經』考ㅡ在澗。❸머뭇거릴반(不進)。『宋書 吳喜傳』ㅡ停。『盤』과 같음。

棧槃(考古圖)

【槃礴:반박】두 발을 앞쪽으로 뻗쳐서 키 모양으로 앉음。箕踞。箕坐。『莊子』解衣ㅡㅡ。

【槃辟:반벽】=槃旋。『漢書』ㅡㅡ雅拜。

【槃散:반산】절룩거리며 걷는 모양。蹣跚。『史記·平原君傳』有躄者、ㅡㅡ行汲。

【槃旋:반선】빙글빙글 돌음。두루 돌아다님。놀며 돌아다님。般旋。盤旋。『史記』ㅡㅡ偃仰。

【槇】(전) 先 テン、こずえ tip of a branch

小篆 草書 ❶나무끝전(木梢)。❷자빠진나무전(顚木)。

【⿰木𤰇】(비) 寘 ヒ、きのな tree

草書 나무이름비(木名)。

【槈】(누) 宥 ドウ、すき grasscutter

小篆 或體 『管子』挾其槍刈ㅡ鎛。풀베는기구누(除草具)。

【槉】(질) 質 シツ、ますがた the head of pillar

기둥머리질、장여질(屋枅)。

【槊】㊀(삭) 覺 ㊁(소)〔國字〕サク、ほこ spear ㄕㄨㄛˋ shuo⁴

小篆 草書 ㊀❶창삭(矛也)。『說文』矛長丈八謂之ㅡ。❷쌍륙삭(雙陸)。『韓愈詩』酒食罷無事棊ㅡ。(『矟』과 같음) ㊁뇨소소(俗以茵褥裝毛曰ㅡ)。

【槊毛:삭모】기·창 따위의 머리에 이삭 모양의 술을 만들어 다는 붉은 빛깔의 가는 털。象毛。

【槊毛契:삭모계】(制)삭모를 貢物로 바치는 계。

【構】(구) 宥 コウ、かまえる build;consist ㄍㄡˋ kou⁴

小篆 草書 ❶닥나무구(楮也)。❷집세울구(屋架)。『書經』厥子乃弗肯堂矧肯ㅡ。❸모일구(合也)。『易經 繫辭』男女ㅡ精、萬物化生。❹이룰구(成也)。『漢書』事已ㅡ矣。❺글미리 지을구(宿ㅡ)。『唐書』賦詩如宿ㅡ。❻이을구(結也)。『孟子 梁惠王上』ㅡ怨於諸侯。

【構內:구내】큰 건물에 딸린 울 안。

【構內賣店:구내매점】구내에 있는 매점。

【構內食堂:구내식당】기관이나 단체의 구내에 있는 식당。

【構圖:구도】❶꾀하여 圖謀함。『三國志·夏侯尙傳』包藏禍心、ㅡㅡ凶逆。❷美的 효과를 얻기 위하여 모든 부분을 전체적으로 조화되게 배치하는 圖面構成。

【構誣:구무】터무니 없는 일을 꾸미어 남을 속임。

【構想:구상】❶생각을 얽어 놓음。또는 그 얽어 놓은 생각。構思。❷예술 작품을 창작할 때 그 내용·표현·형식 등의 구성을 생각하는 일。

【構成:구성】❶얽어서 만들음。짜서 맞춤。또는 짜서 맞춘 것。❷無實한 죄를 얽어서 성립시킴。

【構成的失業:구성적실업】(經)물가 시세의 변동과 관계 없이 늘 그 모양대로 있는 실업。

【構成派:구성파】(美)현대 미술에서 구성주의적 경향을 띤 예술의 한 파。

【構樹子:구수자】(醫)=楮實。

【構外:구외】큰 건물의 울 밖。↔構內。

【構怨:구원】서로 원한을 품음。틀린 사이가 됨。結怨。『孟子·梁惠王』ㅡㅡ於諸侯。

【構造:구조】꾸미어 만들음。짜서 맞춤。『宋書』ㅡㅡ同異、興樹禍隙。

【構造式:구조식】(化)分子式을 化學記號로 풀어서 물질의 分子 안의 各 原子의 結合·配列 상태를 나타내는 式。물의 構造式은 H-O-H로 표시됨。

【構造心理學:구조심리학】(心)정신을 具象的 전체로서 발전하는 구조 聯關에서 이해하려고 하는 심리학。

【構築:구축】❶얽어 만들어 쌓아 올림。『蘇軾』師來ㅡㅡ便能高。❷집이나 陣地 따위를 세움。

【構陷:구함】터무니 없는 말로 계획적으로 남을 얽어서 죄에 떨어뜨림。搆陷。『後漢書』ㅡㅡ太子。

【構虛:구허】거짓을 꾸밈。

【構虛捏造:구허날조】터무니 없는 거짓을 꾸며냄。構捏。

【構禍:구화】화근을 만들음。

◎結ㅡ、機ㅡ、築ㅡ、虛ㅡ。

【槌】㊀(추) 支 ㊁(퇴) 灰 ツイ、つち club ㄔㄨㄟˊ ch'uei²

小篆 草書 ㊀칠추(擊也)。『宋子侯詩』ㅡ牀使大怒。㊁❶몽둥이퇴(棒也)。『魏書 李崇傳』雙ㅡ亂擊。❷너스레퇴、누에시렁퇴(架蠶簿木)。❸딸퇴(擿也)。❹던질퇴(投也)。

雙槌(大淸會典圖)

【槌碎:추쇄】망치로 두드려 부숨。『李白』我且爲君ㅡㅡ黃鶴樓。

【槌杵:추저】망치。『于志寧』ㅡㅡ在其手。

【槍】㊀(창) 陽 ㊁(쟁) 庚 ソウ、やり spear ㄑㄧㄤ ch'iang¹

小篆 草書 ㊀❶나무창창(矟也)。❷막을창(距也)。❸낮을창(低也)。『漢書 路溫舒傳』頭ㅡ地。㊁혜성쟁(慧星)。

虎槍(大淸會典圖)

【槍杆:창간】창의 자루。

【槍劍:창검】槍과 劍。

【槍軍:창군】❶《軍》창을 쓰던 군사。❷옛날에 창을 가지고 사냥을 하던 사람。

【槍旗:창기】茶의 움과 잎。槍은 茶의 움。旗는 茶의 잎。『歐陽修·詩』——幾時錄。

【槍矛:창모】창。외가지 창과 쌍가지 창。槍과 矛。

【槍法:창법】창을 쓰는 법。

【槍術:창술】창을 쓰는 技術。槍法。

【槍攘:창양】몹시 혼란하고 어수선함。『范成大』——塵土簿書裏。

【槎】(사) 麻 サ、いかだ raft ㄔㄚˊ ch'a²
小篆 草書 ❶떼사(桴也)。❷엇찍을사、비스듬히깎을사(斜斫)。『春秋公羊傳』山木不—。(古音은「차」)『査』와 같음

【槎牙:사아】❶나무가지가 깎은 것처럼 모지게 얽힌 모양。❷바위 같은 것이 露出하여 모진 모양。

【槎枿:사알】비스듬히 자른 나무에서 돋아 나는 움。槎蘖。『張衡』山無——。

【槏】一(겸) 豏 レン、まどのはしら window-post 二(렴) 鹽
小篆 一 ❶창설주겸(牖傍柱)。❷단속할겸(檢束)。❸문겸(戶也)。二 난간렴(欞也)。

【栴】(전)『栴』(木部 6畫)과 같음

【槑】一(매)『梅』(木部 7畫) 二(모)『某』(木部 5畫)의 古字

【槓】(공) 江 コウ、てこ handspike
草書 지렛대공(梃也—扛)。

【槓杆:공간】❶지레。❷《物》고정점을 통하는 軸의 주위를 자유로이 회전할 수 있는 막대기。

【尌】(수)『樹』(木部 12畫)의 古字

【槐】(괴) 佳 カイ、えんじゅ pagoda-tree
小篆 草書 ❶회화나무괴、느티나무괴(木名花可染黃色)。『春秋說題辭』—者虛星之精。❷삼공괴(三公)。(本音은「회」)『櫰』와 같음

槐 (三才圖會)

【槐膠:괴교】《醫》신경병을 고치는 데 쓰는 홰나무의 진。

【槐木:괴목】《植》홰나무。

【槐門棘路:괴문극로】三公九卿의 住居。또는 三公九卿의 지위。槐棘②。

【槐宸:괴신】帝王의 宮殿。楓宸。『楊萬里』蒼龍觀闕啓——。

【槐安國:괴안국】개미의 나라。唐 淳于棼의 故事에 있는 꿈 속의 나라。『南柯記』。

【槐枝:괴지】《醫》홰나무의 가지。습기로 나는 모든 병의 약재로 씀。

【槐秋:괴추】《制》進士의 시험、곧 관리 등용 시험을 치르는 일。음력 七월、槐花가 누르스름할 때에 시험을 치르므로 이와 같이 일컬음。또 그 시험을 치르러 가는 일을 踏槐라고 일컬음。

【槐花:괴화】《醫》홰나무의 꽃。치질·血便·痢症에 쓰며 살충약으로도 씀。

【槐黃:괴황】홰나무 열매로부터 색소를 뽑아 내어 만든 누른 물감。

【木郤】一(혁) 陌 二(격) 陌 キョク、つくえのあし desk
小篆 一 나무밑둥이휠혁(木下白)。二 책상격(案脚)。

【木郢】(영) 梗 エイ、きのな tree
나무이름영(木名)。

【木郢桐:영동】《植》오동나무의 一種。『本草綱目』。

十一畫

【様】(양)『樣』(木部 11畫)의 略字

【樧】(살) 黠 サツ、けもも wild peach
小篆 산복숭아살(山桃)。

【槢】(습) 緝 シュウ、きのな hard tree
小篆 ❶단단한나무습(堅木)。❷틀습(械也)。

【槤】(련) 銑 レン、かんのき bolt
小篆 문빗장련(門横關木)。

【槥】(혜) 霽 ケイ、セイ、ひつぎ coffin
小篆 草書 적은관혜(小棺)。

【槥車相望:혜거상망】槥는 작은 棺인데 槥를 실은 수레가 서로 잇닿아 있음。《轉》戰死者가 많음。『漢書』士卒傷死、中國——。

【槥櫝:혜독】작은 관。『南史』遭水死者、給棺——。

【槦】(용) 冬 ヨウ、ぶきがけ shelf for weapons
❶병기없는시렁용(兵器揷架)。❷살대나무용(木中箭笴)。

【槧】一(참) 感 二(첨) 豔 ザン、セン、ふだ boards for writing
小篆 草書 一 ❶전목칠참(始削鱻樸)。『王充論衡』斷木爲—。❷서판참(削版)。『西京雜記』揚雄懷鉛提—。二 편지첨(牘也)。

【槧本:참본】版으로 찍은 책。版本。印本。『東觀餘論』頓與今行——小異。

【槧人:참인·첨인】讀書하는 사람。讀書家。『法言·閔騫』叔孫通——也。

【槨】(곽) 藥 カク、そとひつぎ outer coffin ㄍㄨㄛˇ kuo³
덧관곽(葬具外棺)。(『椁』과 같음)

【槨柩:곽구】덧널。(槨은 棺의 外椁)。『韓愈』又如遊九原、墳墓包——。

【槩】(개)『概』(次條)와 같음

【概】(개) 隊 ガイ、あらまし out-line ㄍㄞˋ kai⁴
小篆 草書 ❶평두목개(平斗斛)。❷절개개(意氣節—)。❸대강개(大率梗—)。❹거리낄개(感觸經心)。❺칠한술통개(榛樽)。(『槩』와 같음)

❺ 概 (三才圖會)

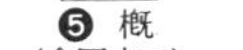
❶ 概 (三才圖會)

【概觀:개관】대충대충 살펴 봄。《美》輪廓·明暗·색채·구도 등의 대체의 모양。

【概括:개괄】類似한 事物을 하나로 統括함。總括。一般化。抽象。↔限定。

【概括的說明:개괄적설명】대충 概要만 들어 설명함。

【概念:개념】《哲》여러 觀念 중에 공통된 요소를 抽象하여 綜合한 하나의 관념。

【概念認識:개념인식】《哲》판단 작용의 결과인 개념에 의해서 얻은 인식。

【概念的:개념적】개념을 나타내는 것。실재가 아니고 순 이론적인 것。

【概略:개략】대강 추려 줄임。또는 대강 추려 줄인 것。概要。

【概論:개론】전체에 대한 대강의 논설。

【概算:개산】 ❶국가 예산의 편성 도중에 있어 總豫算案이 나오기 전의 槪略的인 計算。 ❷大略의 計算。 대체적인 見積。

【概說:개설】 대체적인 설명。 大要를 論述함。 또는 그 論說。 槪論。

【概數:개수】 어림하여 잡은 수효。 槪算。

【概述:개술】 대강의 陳述。 또는 論述。

【概要:개요】 大略。 대체의 要點。 개략의 要旨。 대체의 眼目。 「함。

【概評:개평】 대강의 비평。 또는 그렇게

【概見:①개현②개견】 ❶ 大略이 나타남。 ❷㉠大略을 알음。 【朱舜水·楠公贊】蒐萊其行事、不可ㅣㅣ。 ㉡槪括하여 봄。 대개 쭉 살피어 봄。 ㉢大體의 見解。

【概況:개황】 대개의 狀況。 대강의 형편과 모양。

【概況報告:개황보고】 개황을 상관 또는 같은 회원에게 알리는 일。 ◎景ㅣ、氣ㅣ、大ㅣ。

【槫】 (단) 寒 タン、まるい round
草書 ❶둥글단(圓也)。 ❷영구차단(柩車)。

【槎】 (다) 麻 タ、ちゃ tea plant
차나무다(茶樹)。 (本音「사」 『茶』와 같음)

【槬】 (화) 禡 カ、よこひろ spread by aside
草書 쇠북 가로퍼질화(鐘橫大)。 【左傳 昭公二十一年】ㅣ則不容。

【槭】 ㊀(색) 陌 セキ、かえで maple-tree
㊁(축) 屋 ㄗㄨˋ tsu²
小篆 草書 ㊀나뭇잎 떨어져 앙상할 색(葉落木枝空)。 【潘岳賦】庭樹ㅣ以灑落。 ㊂단풍 나무축(丹楓屬)。

【槭槭:색색】 나뭇잎이 떨어지는 소리。 【六書故】ㅣㅣ、借以狀落葉之聲、云云。

【槭然:색연】 나뭇잎이 시들어 앙상한 모양。 【王維】秦地草木、ㅣㅣ已黃。

【槮】 (삼) 侵 シン、サン、ながい slender
小篆 草書 ❶나무밋밋할삼(木長貌)。 【西京賦】橚椽櫹ㅣ。 ❷고기깃줄삼(積柴水中以取魚)。 (『罧』과 같음)

【槱】 ㊀(유) 有 ㊁(유) 宥 ユウ、やく、たく make a fire ㄧㄡˇ yu³
小篆 或體 草書 ㊀화톳불 놓고 제사 지낼 유(積薪燒之而祭天)。 【詩經】薪之ㅣ之。 ㊁❶쌓을유(積也)。 ❷나무유(薪也)。

【槲】 (곡) 屋 コク、かしわ oak ㄏㄨˊ hu²
草書 ❶떡갈나무곡(櫟類)。 ❷도토리 (櫟類ㅣ椒)。 (古音 『혹』)

槲 若 (會圖才三)

【槲木:곡목】 (植)떡갈나무。

【槲樕:곡속】 (植)떡갈나무。

【槲實:곡실】 도토리。

【槲藥:곡약】 (醫) 떡갈나무의 잎사귀。 치질·血痢·除蟲 따위의 약재로 씀。

【榫】 (신) 眞 シン、よこたえる place across
상앞에 가로댄나무신(牀前橫木)。

【槳】 (장) 養 ショウ、かい punting pole
草書 상앗대장(橫楫)。 【蘇軾 赤壁賦】桂棹兮蘭ㅣ。

【槳膜:장막】 (生) ❶漿液膜。 ❷爬類·鳥類。 哺乳類의 태아를 둘러싸고 있는 羊膜의 바깥 쪽을 다시 둘러싸고 있는 胚膜의 한 가지。

【槵】 (환) 諫 カン、むくろじ soapberry
草書 ❶무환나무환(無患木)。 【崔豹 古今註】昔有神巫名寶眊能符劾百鬼得鬼以此棒殺之世人以爲衆鬼所畏名無患。 ❷염주나무환(可爲念珠)。 【佛經】此謂當貫木ㅣ子一百八個常自隨身。

【槶】 (귀) 隊 カイ、はこ basket
小篆 草書 ㄱ리바닥귀(筐底)。

【槷】 (얼) 屑 ゲツ、まと target
草書 ❶과녁얼(射質鵠中)。 ❷줄띠 워불얼(辨正方位柱)。 【周禮註】匠人立柱須欲柱正垂繩於柱之四角繩皆附柱則正矣。 ❸휘둑거릴얼(物不安)。 ❹편치 못할얼(不安兀ㅣ)。 (『臬·闑』과 통함)

【槷刖:얼월】 위험한 모양。 【馬融·注】善曰、ㅣㅣ、危貌。

【槸】 (예) 霽 ゲイ、すれあう friction
小篆 或體 草書 나무가서로개갤예(木相磨)。 (『槷』과 같음)

【槽】 (조) 豪 ソウ、かいおけ manger ㄘㄠˊ ts'ao²
小篆 草書 ❶말구유통조(馬ㅣ溜器)。 ❷차거르는틀조(茶碓茶ㅣ)。 ❸주사틀조(酒ㅣ)。 ❹비파바탕조(ㅣ檀石ㅣ皆琵琶ㅣ也)。 ❺과실이름조(枸ㅣ子)。

【槽櫪:조력】 말 구유와 마판。 말을 기르는 곳。 【韓愈】駢死ㅣㅣ之間。

【槔】 (고) 豪 コウ、はねつるべ scoop bucket
草書 용두레두、두레박고(汲水器)。 (『皐』와 통함)

【槺】 (강) 陽 コウ、むなしい (in) vain
草書 헛될강(虛也)。 【司馬相如】委參差以ㅣ梁。

【槻】 (규) 支 キ、つき ash tree ㄍㄨㄟ kuei¹
草書 물푸레나무규(堪作弓材)。

【槾】 (만) 寒 マン、こて trowel
小篆 草書 ❶평고대만(梠也)。 ❷흙손만(杇也泥ㅣ)。 (『鏝·墁』과 같음)

【樀】 (적) 錫 テキ、のき the eaves
小篆 ❶추녀적(檐也)。 ❷도토마리적(機上卷絲具)。 ❸방망이적(槌也)。

【樀樀:적적】 문 두드리는 소리。 【白居易】西齋寂已諸暮、叩門聲ㅣㅣ。

【槿】 (근) 吻 キン、むくげ rose of sharon ㄐㄧㄣˇ chin³
草書 무궁화근(木ㅣ無窮花·一名椴·一名櫬)。

【槿籬:근리】 무궁화의 울타리。 【沈約】ㅣㅣ疎復密。

【槿域:근역】 우리 나라의 別稱。 무궁화

가 아름답게 피는 地域이라는 뜻。

【槿花:근화】《植》무궁화。《喩》變遷이 빠른 것。『白居易』松樹千年終是朽、槿花一日自成榮。

【槿花鄕:근화향】=槿域。

◎棟ㅡ、上ㅡ。

【榛】(칠) 質 シツ、うるしのき a lacquer tree

옻나무칠(木可爲杖汁可塗器)。(『漆』과 통함)

【樁】㊀(장) 江 ㊁(용) 多 トウ、ショウ、くい、つく stake ㄓㄨㄤ chuang¹

小篆 草書 ㊀말뚝장(杙也)。【韓愈詩】斬拔杙與ㅡ。㊁두드릴용(撞也)。【晉書】扼其喉而ㅡ其心。

【樁手:장수】提防工事에 從事하는 사람。『淸會典事例』。

【樂】㊀(악) 覺 ㊁(요) 效 ㊂(락) 藥 ガク、ラク、おんかく、たのしい music; pleasure ㄩㄝ yüeh⁴

小篆 草書 ㊀❶풍류악(八音之總名)。【孟子 梁惠王下】王語暴以好ㅡ。❷풍류인악(風流人)。【同書】獨ㅡ樂、與人ㅡ樂孰樂。❸사람이름악(人名)。「ㅡ毅」(燕人)。㊁❶좋아할요(好也)。【論語雍也】知者ㅡ水、仁者ㅡ山。❷하고자할요(欲也)。㊂즐길락(喜也)。【詩經 小雅常棣】宜爾室家、ㅡ爾妻帑。

【樂界:악계】=樂壇。

【樂曲:악곡】❶음악의 곡조。音曲。『唐書』ㅡㅡ遂備。❷곡조를 나타낸 부호。

【樂工:악공】=樂人。『晉書』。

【樂劇:악극】❶=歌劇。❷樂曲이 劇의 내용에 꼭 맞도록 구성된 音樂劇。

【樂劇界:악극계】❶악극의 領域。❷악극을 하는 사람들의 사회。

【樂劇團:악극단】악극을 상연할 目的으로 모인 단체。악극을 상연하는 흥행 단체。

【樂器:악기】음악을 연주하는데 쓰이는 器具의 總稱。『史記』抱其ㅡㅡ祭器而奔周。

【樂器店:악기점】樂器를 파는 가게。

【樂團:악단】❶음악을 연주하는 단체。❷樂劇團의 略語。밴드(band)。

【樂壇:악단】❶文化面에서의 음악의 分野。❷음악가들의 사회。樂界。

【樂隊:악대】器樂의 合奏隊。

【樂律:악률】❶樂音의 音律。음악의 가락。❷樂音을 音律의 高低에 따라 이론적으로 정돈한 音列。十二律·平均律 등。

【樂理:악리】음악의 이치。

【樂舞:악무】음악과 춤。

【樂譜:악보】음악의 曲譜。음악의 曲을 일정한 부호로 표기한 것。工尺譜·文字譜·略號譜·五線譜·簡譜 등의 總稱。

【樂士:악사】음악을 연주하는 사람。

【樂師:악사】❶=樂人。『禮記』ㅡㅡ辨乎聲詩。❷《制》㉠周의 벼슬 이름。大司業의 다음 자리。㉡李朝 때 掌樂院의 雜職인 典樂과 副典樂。㉢李朝 말기의 掌樂院의 풍류를 아뢰는 소임의 벼슬。㉣雅樂部의 한 벼슬。樂官。

【樂生:악생】《制》李朝의 掌樂院의 雜職의 하나。

【樂書:악서】❶음악에 관한 책。『宋史』。❷《書》㉠史記의 八書中의 하나。前漢의 司馬遷 지음。음악에 대하여 論함。㉡二〇〇권。宋의 陳暘 지음。前 九五권은 諸經의 글을 인용하여 이에 訓義하고 後 九六권 以下는 律呂本義·樂器·樂章·五禮의 樂 등에 대하여 論함。

【樂聖:악성】음악계에서 성인이라고도 이를 만한 大音樂家。

【樂手:악수】음악에 종사하는 사람。歌手에 대하여 器樂을 연주하는 사람。樂士。樂人。

【樂音:악음】규칙적인 音波의 파동으로 사람의 聽覺에 快感을 주는 소리。↕騷音。『史記』ㅡㅡ者、君子之所養義也。

【樂毅:악의】《人》中國 戰國時代의 名將。燕 나라 사람。燕 昭王의 上將軍이 되어 齊의 七〇餘城을 攻破하고 昌國君에 封함。후에 昭王의 아들 惠王과 不和、趙나라로 가서 望諸君이 되었다가 나중에는 燕、趙 두 나라의 客卿이 됨。

【樂人:악인】음악을 연주하는 사람。伶人。樂師①。樂工。

【樂作:악작】풍악을 시작함。「의 스승。

【樂匠:악장】음악에 통달한 사람。음악

【樂長:악장】奏樂 단체의 우두머리。

【樂章:악장】❶나라의 祭典、宴禮에 쓰는 奏樂을 기록한 歌詞。樂府。『禮記』喪復常讀ㅡㅡ。❷소나타·交響曲 등을 구성하는 한 樂曲의 각 부분의 曲。

【樂典:악전】樂譜·作曲·演奏에 관한 규칙을 설명한 책。『宋史·樂志』。

【樂調:악조】음악의 가락。樂律。

【樂學軌範:악학궤범】《書》九권 三책。音樂書。李朝 成宗 때 成俔·柳子光·申末平 등이 왕명으로 지음。掌樂院에 있던 儀軌·樂譜를 정리하여 편찬한 것。

【樂康:낙강】즐거워하여 편안함。安樂。『楚辭』君欣欣兮ㅡㅡ。

【樂境:낙경】안락한 경지。즐거운 곳。

【樂觀:낙관】❶모든 사물을 형편에 좋게 봄。❷장래의 진전을 밝고 희망적으로 관측함。↕悲觀。

【樂觀論:낙관론】인생을 낙관하는 이론。↕悲觀論。

【樂觀的:낙관적】사물을 희망이 있는 것으로 보는 見解。↕悲觀的。

【樂樂:낙락】매우 즐거운 모양。安樂한 모양。『荀子』ㅡㅡ兮其執道不殆也。

【樂浪:낙랑】《歷》漢의 武帝가 古朝鮮을 滅하고 설치한 郡 이름。領土는 대체로 鴨綠江 이남에서 漢江 이북。

【樂貧歌:낙빈가】歌辭。作者 未詳。四六句로 된 中篇임。가난하나 자연과 더불어 티없이 생활함을 읊음。

【樂事:낙사】즐거워 재미 붙일 만한 일。『謝靈運』天下良辰美景、賞心ㅡㅡ、四者難幷。

【樂歲:낙세】豊年。農作物이 豊富하게 여문 해。『孟子』ㅡㅡ終身飽。

【樂是苦因:낙시고인】安樂은 苦痛의 根本이라는 뜻。

【樂園:낙원】즐거움이 넘쳐 흐르는 곳。安樂한 場所。패러다이스。

【樂易:낙이】마음이 편안하여 즐거워함。『荀子·榮辱』安利者常ㅡㅡ。

【樂佚:낙일】즐기며 놂。(佚은 逸)。安樂逸遊。樂逸。

【樂從:낙종】즐거이 순종함。『史記』燕國殷富、士卒ㅡㅡ。

【樂地:낙지】즐거운 곳。安樂한 땅。安樂한 境地。樂境。『晉書』名敎內、自有ㅡㅡ。

【樂天:낙천】❶天命을 즐거워함。자기의 處地를 편안히 여김。『易經』ㅡㅡ知命、故不憂。❷모든 사물에 대하여 서두르지 않음。↕厭世。

【樂天家:낙천가】❶인생을 즐겁게 생각하는 사람。❷자기의 환경을 달갑게 여기어 악착스럽지 않은 사람。

【樂天的:낙천적】낙천주의를 받드는 見解。↕厭世的。

【樂天主義:낙천주의】인생은 선하고 유쾌하며、희망은 실현되는 것으로 보는 주의。↕厭世主義。

【樂天地:낙천지】세상과 인생의 모든 일을 즐거워하며 노는 장소。

【樂土:낙토】괴로움 없이 즐겁게 살 수 있는 땅。『詩經』ㅡㅡㅡㅡ、爰得我所。

【樂土建設:낙토건설】살기 좋은 곳을 이룩함。

【樂鄕:낙향】安樂한 鄕土。樂土。『蘇軾』嗟哉此ㅣㅣ、無乃姜子敎。
◎苦ㅣ、道ㅣ、同ㅣ、安ㅣ、哀ㅣ、娛ㅣ、遊ㅣ、音ㅣ、至ㅣ、快ㅣ、偕ㅣ、行ㅣ、享ㅣ 和ㅣ、歡ㅣ。

【槞】(랑) 陽 ロウ、にれのき elm
느릅나무랑(木名)「ㅣ楡」。

【樅】(종) 冬 ショウ、もみ fir ㄘㄨㄥ ts'ung (古音「총」)
小篆 小篆 草書 ❶전나무종(木名松葉柏身)。『漢書』ㅣ木外臧椁十五具。❷칠종(撞也)。❸엄종(ㅣㅣ崇牙貌)。
【樅木:종목】(植)전나무。
【樅樅:종종】나뭇잎이 무성한 모양。『黃庭堅』夏木已ㅣㅣ。

【樆】(리) 支 リ、やまなし wild pear ㄌㄧˊ li²
돌배리(山梨)。「在山曰ㅣ人植曰梨」。

【櫏】(천) 先 セン、さるがき Diospyros Lotus var. typica
고욤나무천(梬ㅣ木)。(『櫏』과 같음)

【樊】(번) 元 ハン、とりかご bird-cage ㄈㄢˊ fan²
小篆 草書 ❶새장번(籠也)。『莊子 逍遙遊』不期畜於ㅣ中。❷울타리번(藩籬)。『詩經 小雅 靑蠅』止於ㅣ。❸어수선할번(紛雜貌)。『莊子 齊物論』ㅣ然殽亂。❹사람의 성번(姓也)。(『蘩』과 통함)
【樊籠:번롱】새장。鳥籠。『劉兼』旱禽爭肯戀ㅣㅣ。(喩)자유가 속박된 좁은 경계。관리가 되어 부자유한 경우。혹은 감옥。『北史』此官淸華、但煩劇、妨我賞適、眞是ㅣㅣ。
【樊籬:번리】❶담。울타리。『寶牟』窮居積雨壞。❷學術·文章 등의 울 안으로 들어가는 入口。『史通』馮衍·許劭不足窺班·范之ㅣㅣ。
【樊然:번연】어지러운 모양。흐트러진 「모양。
【樊噲:번쾌】(人)漢代의 군인·정치가。諡號는 武。漢 高祖를 도와 여러 번 戰功을 세우고、또 鴻門宴에서 高祖의 難을 救함。漢이 천하를 통일한 후、官은 左丞相에 이르고 舞陽侯에 封함。
【樊噲冠:번쾌관】漢代의 武將 樊噲가 鴻門에서 項羽와 沛公을 만나러 갈 때 급히 만들어 썼다고 하는 冠을 본떠서 만든 冠。『後漢書』。

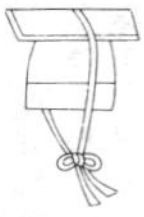
樊噲冠 (圖禮三)

【樋】(통) 東 トウ、かけい gutter
草書 ❶어름나무통(木名)。❷홈통 통(通水竹筧)。

【樎】(축) 屋 シュク、かいばおけ manger
구유통축(家畜食桶)。(『槽』와 같음)

【樿】(산) 潸 サン、きのな tree
산나무산(果樹)。

【樏】(류) 紙 支 ルイ、かんじき sledge
草書 ❶썰매류(橇也山行所乘)。❷찬합류(盤中有隔榼)。

【樑】(량)『梁』(木部 7畫)의 俗字

【樒】(밀) 質 ミツ、じんこう aloeswood
草書 침향나무밀(香木)。

【樓】(루) 尤 ロウ、たかどの tower ㄌㄡˊ lou²
小篆 草書 ❶다락루(重屋)。❷봉우리루(山之銳嶺)。『孟子』方寸之木可使高於岑ㅣ。❸문루(城ㅣ)。『史記』戰譙門中。❹어깨루(兩肩)。『蘇軾詩』凍合玉ㅣ寒起粟。❺모일루(聚也)。

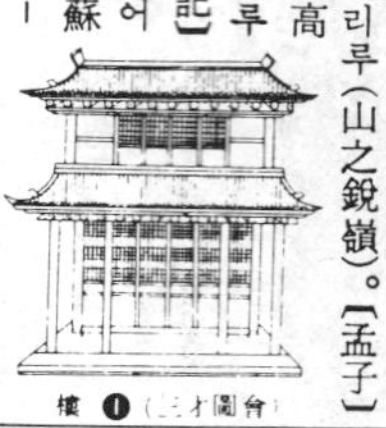
樓 ❶ (三才圖會)

【樓閣:누각】사방을 바라볼 수 있게 높이 지은 다락집。樓觀。『白居易』ㅣㅣ參差五雲起。
【樓居:누거】높은 建物。또는 훌륭한 建物에 살음。『史記』仙人好ㅣㅣ。
【樓鼓:누고】다락에 설치한 북。『陸游』ㅣㅣ聲中日又斜。
【樓觀:누관】=樓閣。『禮記』仲夏之月、可以居高明。『註』高明謂ㅣㅣ也。
【樓臺:누대】높은 건물。이층 이상의 臺。樓閣과 臺榭。『史記』海旁蜃氣象ㅣㅣ。
【樓頭:누두】다락 위의 한 부분。『元稹』庾樓今夜月、君豈在ㅣㅣ。
【樓櫓:누로】敵을 망보는 지붕 없는 展望臺。『後漢書』ㅣㅣ千里。
【樓榭:누사】다락。또는 다락과 展望臺。「人居ㅣㅣ。樓臺。
【樓上:누상】다락 위。『史記』平原君美
【樓船:누선】다락이 있는 배。높고 큰 배。안에 이층으로 집을 지은 배。『史記』大修昆明池、治ㅣㅣ、高十餘丈。

樓船 (武備志)

【樓柱:누주】길이 五米 이상、직경 五○糎 이상의 재목으로 된 뗏목。
【樓下:누하】다락집의 아래。『後漢書』殺妾家十餘口、埋在ㅣㅣ。
【樓艦:누함】=樓船。『南史』乃大營ㅣㅣ、將圖義舉。
◎高ㅣ、妓ㅣ、登ㅣ、摩天ㅣ、望ㅣ、門ㅣ、玉ㅣ、鐘ㅣ、酒ㅣ、靑ㅣ、層ㅣ、紅ㅣ、畫ㅣ。

【樶】(예) 齊 エイ、こくたん tree
오목예(葉似棕櫚材質堅輕)。

【樔】(소) 肴 ソウ、ばんごや look-out set up in the field
小篆 草書 ❶풀막소(澤上守草樓)。❷너스레소(橧巢)。
【樔處:소처】둥우리를 짓고 살음。『論衡』堯不誅許由、唐民不皆ㅣㅣ。

【樕】(속) 屋 ソク、しば oak
小篆 草書 ❶떡갈나무속(樸類槲ㅣ)。『詩經』林有樸ㅣ。❷도리참나무속(槲ㅣ)。

【樗】㈠(저) 魚 ㈡(화) 禡 チョ、ごんずい tree of heaven ㄕㄨ shu¹
小篆 或體 草書 ㈠가죽나무저(惡木不材)。『詩經』采茶薪ㅣ。㈡벚나무화(樺也)。『說文』以其皮裏松脂。(『樺』와 같음)
【樗雞:저계】(動)메뚜기。
【樗櫟:저력】樗와 櫟。즉 쓸모 없는 나무。(轉)무능한 사람。쓸모 없는 물건。自己의 謙稱。樗櫟之材。『莊子』。
【樗櫟散木:저력산목】쓰지 못할 나무。(轉)쓸데 없는 물건。무능한 사람。
【樗木:저목】(植)가죽나무。

【樗散：저산】 樗櫟散木의 略語。(轉)쓸모없는 人間。【杜甫】萍流仍汲引、ㅡㅡ尙恩慈。

【樗材：저재】 쓸모 없는 재목이란 뜻으로 자기의 재능을 낮추어 하는 말。

【樘】 (탱) 庚 トウ、はしら support (古音「쟁」)
小篆 버팀목탱(支柱)。

【標】 ㊀(표) 蕭 ㊁(표) 篠 ヒョウ、しるし mark; signal ㄅㄧㄠ piao'
小篆 草書 ㊀❶표할표(表也)。【晉書 宣帝紀】立兩ㅡ、以別新舊。❷높은가지 표(高枝)。【莊子】上如ㅡ枝民如野鹿。❸적을표(記也)。【天台山賦】名ㅡ於奇絕。❹쓸표(書也)。❺들표(擧也)。❻기표(旌旗)。【淸異錄】梁祖建火龍ㅡ。㊂나무끝표(木末)。【管子】大本而小ㅡ。

【標高：표고】 바다의 水準面에서 地表의 어느 지점에 이르는 수직의 거리。

【標高點：표고점】 표고를 수자로 나타낸 지점。

【標空：표공】 공중에 나타남。

【標記：표기】 標를 하여 기록함。 標를 함。또는 그 標。記號。符號。

【標旗：표기】 ❶목표로 세운 기。 標로 삼는 기。信號旗。❷(制) 兵曹의 主旗。

【標內：표내】 목표의 범위 안。

【標燈：표등】 신호나 목표가 되게 하기 위하여서 켜 놓은 등불。

【標枺：표말】 =標木

【標木：표목】 표를 하기 위하여 세운 말뚝。標枺。

【標目：표목】 ❶目的。目標。❷總序。梗概。

【標榜：표방】 ❶남의 善行 사실을 기록하여 그집 門戶에 揭示하는 것。(轉)남의 善行을 널리 세상에 알리거나、또는 칭찬함。【史記·註】ㅡㅡ其里門。❷자기 主義·主張 또는 處地를 어떤 名目을 붙여서 앞에 내 세움。【漢書】士大夫更ㅡㅡ。

【標本：표본】 ❶표준을 삼을 만한 물건。또는 理科·社會科 등의 授業에 사용하는 動·植·鑛物 등의 實物 見本。❷사물의 根本과 末端。【聞見前錄】診察有ㅡㅡ。

【標本室：표본실】 표본을 보호하거나 진열해 놓은 방。

【標石：표석】 푯돌。

【標示：표시】 목표가 되게 하여 나타내어 보임。또는 그렇게 나타낸 것。

【標語：표어】 主義·綱領 같은 것의 宣傳 내용을 簡明하게 표시한 語句。

【標的：표적】 자기의 뜻을 둔 곳。目的。目標。【唐書】可謂宗室ㅡㅡ焉。

【標點：표점】 =標的。【宋史】所讀無不加ㅡㅡ。

【標題：표제】 책의 表紙에 적혀 있는 책의 이름。表題。題目。

【標題音樂：표제음악】 일정한 관념이나 사물을 묘사하여 서술하기 위하여 曲名으로써 표제를 붙인 음악。絕對音樂。

【標柱：표주】 책의 欄外에 記載한 解釋。標注。頭注。

【標柱：표주】 ❶標的이 되는 기둥。목표로 세우는 대。❷측량할 때 멀리까지 내다보는 데 쓰이는 막대기。

【標準：표준】 ❶他의 規範이 되는 準則。【韓愈】聖人乃萬世之ㅡㅡ也。❷사물을 처리하는 데에 알맞는 목표。【杜甫】示我百篇文、詩家一ㅡㅡ。

【標準價格：표준가격】 일정한 기준을 정하고、품질과 규격 또는 계절에 따라 조절하는 가격。

【標準氣壓：표준기압】 표준으로 정하여 놓은 기압。위도 四五도 해상에서 온도 섭씨 零도의 一平方糎 높이 七六糎 수은 무게에 상당한 압력을 一기압이라 함。

【標準量：표준량】 어떤 다른 물건의 표준이 되는 분량。

【標準物：표준물】 規格의 표준이 되는 물건。

【標準法：표준법】 표준이 되는 방법 또는 법률。

【標準狀態：표준상태】 온도 零도 (섭씨)、압력 一기압의 상태。

【標準時：표준시】 일정한 범위의 地域에서 共通的으로 사용하는 地方時。韓國에서는 그리니치 世界標準時보다 九시간 빠른 東經 一三五도의 地方時를 標準時로 삼음。

【標準時計：표준시계】 더디거나 빠르지 않고 그 나라의 표준시와 꼭꼭 들어맞는 시계。

【標準語：표준어】 표준말。교육적·문화적·정치적 편의를 위하여 한 나라의 표준이 되게 정한 말。

【標準化：표준화】 ❶표준이 됨。❷管理의 능률 증진을 꾀하기 위하여 資材 따위의 종류·규격을 제한·통일하는 일。

【標指：표지】 목적으로 하는 主旨。方針。(指는 旨)。【宋史】以大學·語·孟·中庸爲ㅡㅡ、而達于六經。

【標紙：표지】 ❶목표로 삼기 위하여 붙이는 작은 종이。❷증거의 標로 적은 글발의 종이。

【標識：표지】 어떤 사물을 標하기 위한 기록。標幟。【宋史】植木繫彩、以爲ㅡㅡ。

【標徵：표징】 =表徵。

【標致：표치】 ❶趣旨를 나타내어 보임。【魏書】莫不欽理成章、蘊氣ㅡㅡ。❷얼굴 모양이 아름다운 것。

【標幟：표치】 =標識。【後漢書】皆着黃巾爲ㅡㅡ。

【標塔：표탑】 목표가 되도록 하기 위하여 높이 세운 탑。

【標品：표품】 =標本。

【樚】 (록) 屋 ロク、ろくろ well-sweep
두레박틀록(井上所設汲水機)。(『轆』과 통함)

【樛】 (규) 尤 キュウ、くねる、まがる hang ㄐㄧㄡ chiu'
小篆 草書 ❶가지 늘어질규(木枝下曲)。【詩經 周南樛木】南有ㅡ木。❷두루 떠다닐규(ㅡ流周流)。【揚雄反騷】望崑崙以ㅡ流。❸맺을규(結也)。【漢書 五行志】天雨草葉相ㅡ結、大如彈丸。(『繆』와 통함)

【樛嵑：규갈】 구부정하고 높음。【杜甫】樂動殷ㅡㅡ。

【樛結：규결】 뭉치어 덩어리가 됨。얽히고 설킴。【漢書】天雨草葉相ㅡㅡ、大如彈丸。

【樛流：규류】 돌고 돎음。높이 굽은 모양。曲折의 모양。【揚雄】望崐崘以ㅡㅡ。

【樛木：규목】 가지가 아래로 굽은 나무。굽은 나무。【詩經】南有ㅡㅡ葛藟纍之。

【樝】 (사) 麻 サ、こぼけ hawthorn ㄓㄚ cha' (古音「차」)
小篆 草書 아가위사(果屬似梨而酸)。【莊子】禮義法度其猶ㅡ。

【樞】 ㊀(추) 虞 ㊁(우) 尤 スウ、ねもと、かなめ root; central
小篆 草書 ㊀❶밑동추(本也)。❷지두리추(根也)。❸고동추(ㅡ機制動之主)。【易繫辭】言行君子之ㅡ機。❹북두 첫째별 추(北斗第一星)。【十八史略 五帝】大電繞北斗ㅡ星。❺긴요할추(要也)。【荀子】人君者管分之ㅡ要。❻가운데추(中也)。【淮南子】經營四隅還返于ㅡ。❼달추(月也)。【木華海賦】大明攡轡於金ㅡ之穴。❽벼슬이름추(官名ㅡ密)。㊂느릅나무

우(ㅣ楡木名)。〔詩經 唐風山有樞〕山有ㅣ。
〔樞機：추기〕❶中樞가 되는 機關。❷매우 요긴한 政務。〔易經〕言行君子之ㅣㅣ。
〔樞機卿：추기경〕《宗》로마 法皇의 최고顧問。十一세기에 확립된 교직으로 모두 七〇명인데 이들 중에서 교황이 선출됨。교회 내에서 殿下의 호칭을 받음。
〔樞密：추밀〕❶군사나 政務에 관한 중요한 사항。〔北史〕劉潔久在ㅣㅣ。❷중대하고 중요로운 기밀。〔唐六典〕典兵禁中、故名ㅣㅣ。
〔樞密院：추밀원〕《制》高麗의 관청。獻宗 元年에 中樞院을 고친 이름。뒤에 密直司·光政院 등으로 고침。
〔樞柄：추병〕정치의 가장 요긴하고 종요로운 권력。〔唐書〕無屬ㅣㅣ。
〔樞要：추요〕가장 요긴하고 종요로움。緊要。〔後漢書〕天下ㅣㅣ、在於尙書。
〔樞軸：추축〕❶사물의 가장 중요한 부분。〔朱熹〕感此南北極、ㅣㅣ遙相當。❷권력이나 정치의 중심。

【樟】(장) 陽 ショウ、くすのき camphor-laurel
草書 예장나무장(木名、豫章)。(『章』과 통함)
〔樟腦：장뇌〕樟木을 蒸溜하여 얻는 芳香이 있는 白色 結晶。香料 또는 防蟲劑·防臭劑로 쓰임。
〔樟木：장목〕《植》樟科에 딸린 常綠喬木。「녹나무」。
〔樟木魚：장목어〕《動》귀상어。

【樠】㊀(문) 元 ㊁(만) 寒 モン、マン、やに pine resin [ㄇㄢˊ man²]
小篆 草書 ㊀❶관솔문(松心木)。〔漢書〕烏孫國山多松ㅣ。❷송진흐를문(脂出貌)。〔莊子 人間世〕以爲門戶則液ㅣ。㊁나무진 나올만(木液出ㅣㅣ)。
〔樠木：만목〕《植》느티나무의 일종。〔左傳〕楚王卒于ㅣㅣ之下。

【模】(모) 虞 ボ、モ、のり、かた pattern; style [ㄇㄛˊ mo²] [ㄇㄨˊ mu²]
小篆 草書 ❶법모(法也)。❷모범할모(形也)。❸본뜰모(爲規)。❹주공묘에난 나무모(周公墓木)。(『摹·橅』와 같음)
〔模稜：모릉〕결정을 짓지 못하여 可否가 없음。摸稜。〔福惠全書·刑名部〕多ㅣ其詞。
〔模倣：모방〕본받음。본뜸。摸放。摸倣。
〔模範：모범〕본보기。模表。模楷。〔宣和書譜〕世傳、學者率ㅣㅣ焉。〔揚子法言〕師者、人之ㅣㅣ。
〔模範林：모범림〕조림의 모범을 보이기 위하여 만들어 놓은 숲。
〔模範部落：모범부락〕=模範村。
〔模範生：모범생〕모범이 될 만한 학생。
〔模範村：모범촌〕모범이 될만한 동네。
〔模本：모본〕❶본보기 ❷原本을 본떠서 쓴 책。그림의 素描。粉本。❸模型。
〔模本緞：모본단〕품질이 정밀하고 윤이 나고 무늬가 있는 비단의 한 가지。
〔模寫：모사〕❶人物을 형체 그대로 그림。❷《美》어떤 그림을 보고 그와 꼭 같이 그림。臨模。摹寫。〔後漢書〕其觀視及ㅣㅣ者、車騎日千餘兩。
〔模寫說：모사설〕《哲》認識이란 外界의 實在의 充實한 묘사·반영이라고 하는 인식론상의 한 학설。素朴實在論。
〔模索：모색〕손으로 더듬어서 물건을 찾음。더듬어 찾음。摸索。
〔模襲：모습〕모방。
〔模樣：모양〕❶狀態。形便。〔杜荀鶴〕子細尋思底ㅣㅣ。❷織物 따위의 무늬。❸女子의 容色。❹사람이나 물건의 형태·모습·맵시·생김새。
〔模擬：모의〕남의 흉내를 냄。흉내 내어 實物처럼 보이게 함。〔袁宏〕豈曰ㅣㅣ、實在雅性。
〔模擬試驗：모의시험〕실제의 시험과 똑 같은 방식으로 실시해 보는 시험。
〔模擬戰：모의전〕군대에서 實戰에 대비하기 위하여 실지의 전쟁을 본떠서 하는 가상의 전투。
〔模造：모조〕본떠서 만들음。模倣하여 「만들음。
〔模造紙：모조지〕洋紙의 一種으로 表面이 매끄럽고 光澤이 있는 印刷用紙。
〔模造品：모조품〕딴 물건을 모방하여 만든 물건。
〔模表：모표〕=模範。〔晉書〕君以道德、爲世ㅣㅣ。
〔模楷：모해〕본보기。準則。法式。〔後漢書·李膺傳〕天下ㅣㅣ李元禮。
〔模型：모형〕❶같은 형상의 물건을 만들기 위한 틀。❷實物과 構造가 같으나 규모를 다르게 만든 물건。作品을 만들기 전에 미리 만든 본보기나 또는 완성된 작품을 줄여서 만든 본보기。
〔模型圖：모형도〕모형을 그린 그림。
〔模糊：모호〕分明하지 않은 모양。模糊。〔白居易〕平明山雪白ㅣㅣ。
◎規ㅣ。

【樣】㊀(양) 漾 ㊁(상) 養 ヨウ、さま、かた pattern; style [ㄧㄤˋ yang⁴]
小篆 草書 ㊀모양양(式也貌ㅣ)。〔唐書〕柳公權在元和間書法有名劉禹錫稱爲柳家新ㅣ。㊁도토리상(栩實)。
〔樣本：양본〕상품의 見本、또는 본보기。
〔樣式：양식〕❶일정한 형식。❷모양。格式。꼴。❸예술에 있어서의 스타일。
〔樣子：양자〕❶본보기。본때。見本。❷얼굴의 생긴 모양。❸典型。形式。〔朱子語錄〕小學書、做人底ㅣㅣ。
〔樣制：양제〕모양。形式。
〔樣態：양태〕모양。형편。
◎各ㅣ、多ㅣ、同ㅣ、貌ㅣ、模ㅣ、文ㅣ、ㅣㅣ。

【穎】㊀(영) 梗 ㊁(경) 迥 キョウ、きりのえ handle of gimlet
㊀송곳자루영(錐柄)。㊁❶발달린궤경(足几)。❷상자경(篋也)。

【樤】(조) 蕭 ジョウ、ゆず orange
❶귤조(橘屬)。❷곁가지조(小枝)。

【權】(권)『權』(木部18畫)의 俗字

【樫】(견) 〔日字〕 かし oak
草書 떡갈나무견(櫟屬)。
〔樫木：견목〕《植》떡갈나무。

十二畫

【樲】(이) 寘 ジ、なつめ jujube-plum [ㄦˋ êrh⁴]
小篆 草書 신대추나무이(酸棗)。〔孟子 告子上〕養其ㅣ棘。

【樳】(심) 侵 シン、きのな tree
草書 심나무심(木名似槐)。

【樵】(초) 蕭 ショウ、きこり firewood [ㄑㄧㄠˊ ch'iao²]
小篆 草書 ❶땔나무초(散木)。〔左傳〕請無扞采ㅣ者以誘之。❷나무할초(采薪)。〔詩經 小雅白華〕ㅣ彼桑薪。❸나무하는이초(采薪者)。❹불사를초
〔王安石詩〕問ㅣㅣ不知。

(焚也)。〔公羊傳〕焚之者何 ㅣ之也。

〔樵歌:초가〕 나뭇군들이 부르는 노래。(『譙』와 통함)

〔樵徑:초경〕 나뭇군이 다니는 좁은 길。〔戴叔倫〕ㅣㅣ野田中。

〔樵汲:초급〕 나무하는 일과 물 긷는 일。樵路。〔李華〕捨事入ㅣㅣ、雲木深谷口。

〔樵童:초동〕 땔나무를 하는 시골 아이。〔杜甫〕藩籬生野徑、斤斧任ㅣㅣ。

〔樵夫:초부〕 나뭇군。樵子。樵父。樵叟。〔史記〕ㅣㅣ牧豎。

〔樵蘇:초소〕 ❶나무를 찍고 풀을 벰。또는 그 일。芻樵。芻蕘。〔史記〕ㅣㅣ後爨、師不宿飽。❷시골 사람의 生計。〔曹松·己亥歲詩〕生民何計樂ㅣㅣ。

〔樵叟:초수〕 나뭇군의 늙은이。翁樵。〔沈佺期〕伐木丁丁ㅣㅣ。

〔樵漁:초어〕 나뭇군과 漁父。나무를 하는 일과 고기를 잡는 일。漁樵。〔李紳〕路交村陌混ㅣㅣ。

〔樵隱:초은〕 깊은 산속에 묻혀 살며、속세와 멀리 떨어져 사는 어진 사람。

〔樵笛:초적〕 나뭇군이 부는 草琴。〔周權〕數聲ㅣㅣ人何處。

〔樵採:초채〕 땔나무를 하는 일。採樵。

【樴】 (직) 職 ショク、くい、ぼう stake ㄓˊ chih²

小篆 草書 ❶문지방직(橛也)。❷소 말뚝직(繫牛杙)。〔周禮〕大祭祀展犧牲繫于牢頒于ㅣ。

【樕】 (추) 尤 シュウ、みのる bear fruits 열매열추(實成)。

【𣡌】 (총)『叢』(又部16畫)의 古字

【樸】 ㊀(박) 覺 ㊁(복) 屋 ボク、ハク、きじ、すなお butt; sincere ㄆㄛˋ p'o⁴ ㄆㄨˊ p'u²

小篆 ㊀❶떡갈나무복(叢木)。❷나무빽빽들어설복(木密)。〔詩經〕林有ㅣ樕。㊁❶나무둥치박(木素)。〔徐曰〕土曰坏木曰ㅣ。❷바탕박(質也)。〔禮記〕素車之乘尊其ㅣ也。❸순박할박(朴也)。〔東都賦〕遵節儉尙素ㅣ思仲尼之克己履老氏之常足。(『朴』과 통함)

〔樸鈍:박둔〕 ❶銳利하지 못함。〔漢書〕兵刀ㅣㅣ。❷성질이 순진하고 둔함。樸愚。樸魯。〔蜀志〕少時ㅣㅣ、未有識者。

〔樸陋:박루〕 꾸밈이 없고 卑賤함。樸野、樸鄙。

〔樸素:박소〕 타고난 그대로 꾸밈이 없음。「음。朴素。質朴

〔樸淳:박순〕 質素하고 진실함。淳朴。樸醇。〔周伯琦〕郡治頗淸曠、民俗亦ㅣㅣ。

〔樸野:박야〕 꾸밈이 없고 촌티가 남。〔宋史〕外示ㅣㅣ、內藏巧詐。

〔樸愚:박우〕 꾸밈이 없고 어리석음。樸魯。〔漢書〕壅蔽ㅣㅣ。

〔樸直:박직〕 ❶정직하여 꾸미지 않음。樸實。朴直。❷撥軍의 우두머리。

【樹】 ㊀(수) 遇 ㊁(수) 麌 ジュ、き、うえる tree; plant ㄕㄨˋ shu⁴

小篆 籒文 草書 ㊀❶나무수(生植之總名)。〔淮南子 原道訓〕萍ㅣ根于水、木ㅣ根于土。❷막을수(屛也)。〔論語〕邦君ㅣ塞門。❸동물이름수(獸名)。㊁❶세울수(立也)。〔書經 說命〕ㅣ后王君公。❷심을수(植也)。〔易經 繫辭〕不封不ㅣ。

〔樹根:수근〕 나무의 뿌리。

〔樹黨:수당〕 政黨 등의 당파를 세움。

〔樹齡:수령〕 나무의 나이。나무의 자란 年數。

〔樹林:수림〕 나무가 우거진 숲。

〔樹立:수립〕 어떤 事業이나 功을 이룩하여 세움。〔魏志·註〕ㅣㅣ之意定。

〔樹木:수목〕 살아 있는 나무。〔禮記〕季夏之月、ㅣㅣ方盛。

〔樹膚:수부〕 나무 껍질。樹皮。

〔樹勢:수세〕 나무의 자라나는 기세。

〔樹植:수식〕 나무를 심어 뿌리 박게 함。〔揚子方言〕ㅣㅣ、立也。

〔樹液:수액〕 땅 속에서 빨아 올리어 나무의 양분이 되는 액。

〔樹葉:수엽〕 나무잎。〔王建〕ㅣㅣ初成鳥護窠。

〔樹影:수영〕 나무의 그림자。〔王冷然〕搖ㅣㅣ于靑岸。

〔樹藝:수예〕 ❶곡식이나 草木을 심어 가꿈。種樹。〔孟子〕ㅣㅣ五穀。❷五穀。〔荀子·王制〕養六畜閒ㅣㅣ。

〔樹羽:수우〕 編鐘·編磬架子에 꽂아 세우던、나무로 만든 孔雀。「ㅣ諷誦。

〔樹陰:수음〕 나무의 그늘。〔北史〕隨ㅣㅣ諷誦。

〔樹子:수자〕 ❶임금의 명령으로 家系를 이은 諸侯의 아들。〔孟子·告子〕無易ㅣㅣ。❷나무의 열매。

〔樹種:수종〕 ❶나무의 종자。❷곡식이나 草木을 심어 가꿈。

〔樹脂:수지〕 나무에서 나오는 진 나무에서 취하는 기름。주로 針葉樹에서 분비되며、와니스의 원료로 쓰임。

〔樹枝:수지〕 나무가지。〔後漢書〕甘露仍降、ㅣㅣ內附。

〔樹畜:수축〕 뽕과 삼을 심고 닭과 돼지를 기름。농업을 經營함。

〔樹皮:수피〕 나무의 껍질。

〔樹海:수해〕 《喩》울창한 살림의 광대함을 바다에 비유하여 일컫는 말。

〔樹勳:수훈〕 공훈을 세움。
◎街路ㅣ、巨ㅣ、果ㅣ、落葉ㅣ、芳ㅣ、常綠ㅣ、列ㅣ、針葉ㅣ、花ㅣ、闊葉ㅣ。

【樺】 (화) 禡 カ、かば a kind of birch ㄏㄨㄚˋ hua⁴

草書 벚나무화(木名皮可貼弓)。〔莊子〕原憲華冠縰履。(『樗』와 같음)

〔樺榴:화류〕 《植》紫檀의 木材。「운 장롱。薔薇科에 딸린 낙엽 교목。

〔樺榴欌:화류장〕 樺榴로 만든 아름다

〔樺木:화목〕 《植》벚나무。

〔樺燭:화촉〕 자작나무의 껍질로 심을 갈아서 켜는 촛불。〔沈佺期〕無勞秉ㅣㅣ。《轉》혼례。

〔樺太:화태〕 《地》사할린(Sakhalin)。본디 淸 나라 영토이던 것을 一時 러시아가 領有、露日戰爭後 日本이 그 南部를 차지하여 「가라후또」라 稱했으나 제二차 대전 후 다시 蘇聯 領土가 되었음。

〔樺皮:화피〕 ❶벚나무의 껍질。활을 만드는 데나 그 밖에 여러 곳에 쓰임。❷《醫》乳腫·痘疹 따위에 약으로 두루 씀。

【樻】 (궤) 寘 キ、きのな tree

小篆 ❶가마테나무궤(椐也)。❷영수목궤(靈壽木)。

【樽】 (준) 元 ソン、たる wine-jar ㄗㄨㄣ tsuen¹

草書 ❶술단지준(ㅣ彝酒器)。〔陶潛 歸去來辭〕有酒盈ㅣ。❷그칠준(止也)。〔淮南子〕ㅣ流遁之觀。(『罇』과 같음)

〔樽罍:준뢰〕 제향 때에 술을 담는 그릇。

〔樽杓:준작〕 술병과 술잔。酒尊과 杯杓。〔白居易〕塵埃滿ㅣㅣ。

〔樽俎折衝:준조절충〕 평화스러운 交

際로써 敵의 銳鋒을 누르는 일。《轉》外交上의 談判으로 國威를 빛내는 일。外交交涉。『晏子春秋』不出樽俎之間、而折衝千里之外、晏子之謂也。

【樽酒:준주】 통술。尊酒。『後漢書』。

【樽花:준화】 나라 잔치 때 樽에 꽂아 춤에 쓰던 假花。

【橡】(탑)『榻』(木部 10畫)과 같음

【樾】(월) 月 エツ、こかげ shade of trees ㄩㄝˋ yüeh⁴

草書 ❶ 두나무 그늘월(兩樹交陰之下)。『淮南子』武王蔭暍人于ー下。❷ 행로수월(行路樹)。

【樿】(전) 銑 セン、つげ knob of a tree

小篆 草書 ❶ 나무혹전(木瘤)。❷ 밋밋할전(樹長貌)。❸ 전나무전(白理木)。

【樿杓:전작】 전나무로 만든 술잔。『禮記』犧尊ーー。

【橀】(혜) 齊 ケイ、きのな tree

나무이름혜(木名)「榽ー」。

【橁】(춘) 眞 シュン、きのな Cedrela sinensis

小篆 참죽나무춘(木名琴材)。『杶』과 (같음)

【橃】(벌) 月 ハツ、おおふね ship

小篆 ❶ 큰배벌(大船)。❷ 떼벌(桴也)。❸ 유자벌(柚屬)。(『筏』과 通함)

【橆】(무) 虞 ブ、ム、しげる dense

草書 ❶ 없을무(無也)。❷ 번성할무(蕃也)。(『無·蕪』와 通함)

【橄】(감) 感 カン、かんらん olive ㄍㄢˇ kan³

草書 감람나무감(ー欖交趾木)。『三輔黃圖』漢武帝破南越得ー欖百餘本。

【橄欖:감람】 첫입에는 좀 쓰나 오래 먹으면 단맛이 나는 감람나무의 열매。

【橄欖綠色:감람녹색】 올리브(olive) 나무 잎과 같이 누른 빛을 띤 녹색。

【橄欖樹:감람수】 《植》 ❶ 감람과에 딸린 상록 교목。아시아 열대 지방 산야에 저절로 남。❷ 예수교에서 올리브를 일컬음。올리브油는 儀式에 쓰며 그 가지와 잎은 평화의 상징으로 삼음。

【橄欖油:감람유】 올리브유。

【椅】(의) 支 イ、きのふし knot of a tree

❶ 나무마디의(木節)。❷ 휘청거릴의(木弱貌)。

【橇】㊀(취) 霽 ㊁(교) 蕭 ゼイ、キョウ、そり sled ㄑㄧㄠ ch'iao¹

草書 ㊀ 진흙썰매취(泥行所乘)。『史記』泥行乘ー。㊁ 뜻은 ㊀과 같음。

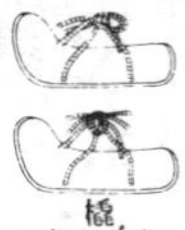

橇 (書全政農)

【㯕】(서) 齊 セイ、ゆびひしぎ (of roots) entangle

小篆 ❶ 나무밑둥서로얽힐서(木下相交)。❷ 발판서(踏板)。

【橈】㊀(요) 蕭 ㊁(뇨) 巧 ㊂(뇨) 效 ドウ、たわむ、かじ oar ㄖㄠˊ jao²

小篆 小篆 草書 ㊀ 노요(短櫂)。『陳子昂詩』停ー問土風。㊂ ❶ 흔들릴뇨(動亂貌)。❷ 구부정한나무뇨(曲木)。『易經大過』棟ー凶。㊂ ❶ 굽힐뇨(枉也)。❷ 약할뇨(弱也)。『漢書 高帝紀』謀ー楚權。❸ 꺾을뇨(摧折)。『左傳 成公二年』師徒ー敗。❹ 헤칠뇨(散也)。『易經 說掛』ー萬物者、莫疾於風。❺ 부닐뇨(骨體耎弱)。

【上林賦】柔ー嫚嫚嫵媚纖弱。

【橈橈:요요】 구부러지고 휘는 모양。「徒ーー。『元結』楷ーー兮未堅。

【橈敗:요패】 부서지고 敗함。『左傳』師ーー。

【橈凶:요흉】 약해짐。『易經』棟ーー。

【橉】(린) 震 リン、しきみ threshold

草書 ❶ 나무껍질린(木皮)。❷ 문지방린(門梱)。

【橊】(류) 尤 リュウ、ざくろ pomegranate ㄌㄧㄡˊ liu²

草書 ❶ 석류류(果名、石ー)。『博物志』張騫使西域得石ー而回。❷ 짐승이름류(獸名)。

【橊房:유방】 석류의 씨。그 씨가 많은 것에서 轉義하여 子孫이 많음을 비유。『北史』。

【橊月:유월】 五月의 異名。『瓶史』月表、五月花盟主石ーー、使令火石榴。

【橊花:유화】 석류꽃。『桂海虞衡志』。

【橋】(교) 蕭 キョウ、はし bridge ㄑㄧㄠˊ ch'iao²

小篆 草書 ❶ 다리교(水梁)。『史記』昭王五十年初作河ー。❷ 줄늘여서잴교(懸繩以度)。『水經註』闕賓之境絙ー相引。❸ 드레박틀교(桔槹上衡)。『淮南子』ー直植立而不動俯仰取制焉。❹ 업신여길교(ー泄嫚也)。『荀子』ー泄者人之殃也。❺ 강할교(强也)。『莊子 則陽』欲惡去就、於是ー起。❻ 교나무교(ー梓木名)。『尙書大傳』ー木高而仰、梓木晋而俯、以諭父子。❼ 땅이름교(魯地名陽ー)。

【橋架:교가】 다리의 기둥과 기둥 위를 가로 질러 놓아、집의 도리와 같은 구실을 하는 것。

【橋脚:교각】 橋體를 받치는 기둥。

【橋臺:교대】 다리의 양 쪽 맨 끝을 받친 다리 기둥。橋脚。

【橋道:교도】 다리와 길。橋梁과 道路。

【橋頭堡:교두보】 ❶ 다리를 防衛할 目的으로 다리의 앞뒤、또는 필요한 곳에 築造하는 保壘。❷ 我軍의 攻擊·退却을 돕기 위하여 敵陣 가까이 설치한 陣地。

【橋梁:교량】 다리。『周禮·註』川澤之阻、則ーー之。「溝ーー曲江亭。

【橋畔:교반】 다리 근처。橋邊。『薛能』御

【橋體:교체】 다리의 뼈대。

【橋下叱倅:교하질쉬】 《國》 다리 밑에서 원 욕하기。《喩》듣지 못하는 곳에서 헐뜯어 욕한다는 뜻。『旬五志』。

◎架ー、可動ー、踏ー、跳開ー、獨木ー、木ー、浮ー、石ー、陸ー、鐵ー、土ー。

【橏】㊀(전) 銑 ㊁(건) 銑 セン、きのこぶ knot of a tree

㊀ 나무혹전(木瘤)。㊁ 나무밋밋할전(樹長貌)。「ー榐」。

【橐】(탁) 藥 タク、ふくろ sack; bag ㄊㄨㄛˊ t'uo⁴

小篆 草書 ❶ 전대탁、자루탁(無底囊)。『詩經』于ー于囊。❷ 도가니탁(冶器)。『道德經』天地之間其猶ー籥乎。❸ 공잇소리탁(杵聲)。『詩經小雅斯干』椓之ーー。❹ 짐승이름탁(獸名)。

【橐駝:탁타】 ❶ 낙타의 別稱。『史記』秦說楚王曰、大王誠能用臣之計、燕代ーー

良馬、必實外廐。❷園藝師의 別稱。駝師柳。【柳完元·種樹郭橐駝傳】。❸곱사등이。곱추。佝僂。

【橐橐：탁탁】 ❶공잇 소리。【詩經·斯干】椓之一一。❷신발 소리。【明史】太祖聞履聲一一。

【橑】 ㊀(료) 蕭 ㊁(로) 皓 ロウ、たるき rafter ㄌㄠˇ lao³
小篆 書 草 ❶평고대료(椽耑木)。㊁❶서까래로(椽木)。❷수레앞장로(車前蓋幌)。

【橒】(운) 文 ウン、もくめ wooden figures
나무무늬운(木紋)。

【橓】(순) 震 シュン、むくげ Hibiscus syriacus
무궁화나무순(木槿)。「朝榮暮落」。

【橕】(탱) 庚 トウ、ささえ prop ㄔㄥ ch'êng¹ (古音「쟁」)
草 書 버팀대탱(斜柱)。【靈光殿賦】枝一杈枒而斜據。

【橕刺：탱척】 배에 사앗대질을 함。배를 저음。【韓琦】乘輿命輕舟、縱賞綏一一。

【[木+壺]】(호) 虞 コ、なつめ jujube
굵고끝뻬죽한대추호(棗大尖上)。

【[木+萃]】(취) 寘 スイ、くちぎ withered tree
썩은나무취(朽木)。

【橘】(귤) 質 キツ、みかん orange ㄐㄩˊ chü²
小篆 書 草 귤귤(柚屬一名木奴)。【史記】蜀漢江陵千樹一其人與千戶侯等。

【橘薑茶：귤강차】 橘餅과 편강을 넣고 끓인 차。

【橘顆：귤과】 귤나무의 과실。귤。귤알。

【橘餅：귤병】 귤을 꿀이나 사탕에 조려 만든 中國式 음식。

【橘柚：귤유】 ❶귤과 유자。【書經·註】小曰橘、大曰柚。❷蜜柑類。

【橘井：귤정】 (轉)醫員。(故)옛날 晉의 蘇耽이 病人에게 귤 나무의 잎과 우물 물을 먹여서 병을 치료했다는 故事。【類書纂要】晉蘇耽種橘鑿井、以療人疾、時疫病者、食橘葉飮泉水即愈、號一一。

【橘中之樂：귤중지락】 (轉)바둑을 두는 즐거움。(故)옛날 巴卬사는 사람이 귤의 큰 열매를 쪼개 보니 두 老人이 바둑을 두고 있었다는 故事。

【橘包：귤포】 귤。귤피。橘子。【陸游】「一霜後美。

【橘皮：귤피】 귤의 껍질。보위·담증·해수 등 여러 가지 약재로 씀。

【橘核：귤핵】 귤의 씨。腰痛에 약으로 씀。

【橘紅：귤홍】 귤피의 안 쪽 흰 부분을 긁어 버린 껍질。

【橘花茶：귤화차】 귤나무의 꽃을 말려 달인 차。

【橚】(숙) 屋 シュク、ながくたかい long and slender ㄙㄨˋ su⁴
小篆 書 草 길고꼿꼿할숙(長直貌)。「一矗」。

【橚爽：숙상】 草木이 무성한 모양。【張衡】一一橚槮。

【橙】 ㊀(증) 庚 ㊁(등) 徑 トウ、だいだい coolie-orange ㄔㄥˊ ch'êng² ㄔㄣˊ ch'ên²
小篆 書 草 ㊀귤증(橘屬)。【上林賦】黃甘一榛。(本音은「쟁」) ㊁등상등(几屬)。(『凳』과 같음)

橙 (三才圖會)

【橙色：등색】 귤 껍질의 빛깔。오렌지색。

【橙赤色：등적색】 등빛을 띤 붉은 빛。

【橙皮油：등피유】 귤 따위의 果皮를 건조하여 수개월간 물에 담가 두었다가 증류하여 얻은 무색 혹은 등황색의 향유。향수·비누 따위의 원료로 씀。

【橙黃色：등황색】 귤 껍질의 빛깔처럼 약간 붉은 빛을 띤 黃色。

【橛】(궐) 月 ケツ、くい、とじきみ stake; threshold ㄐㄩㄝˊ chüeh²
小篆 書 草 ❶말뚝궐(杙也)。❷문지방궐(門梱)。❸토막나무궐(斷木)。❹말재갈궐(馬銜)。【莊子】前有一飾之患。❺북채궐(擊鼓槌)。

【橛橛：궐궐】 믿는데가 있어서 움직이지 않는 모양。움직이지 않고 毅然하게 있는 모양。【素書】一一梗梗、所以立功。

【橜】(궐)『橛』(前條)과 같음

【橝】(점) 琰 タン、たるき、のき eaves
小篆 書 草 ❶평고대점(屋梠)。❷누세시렁점(置棚)。❸잿물들일점(木灰可染)。

【橞】(혜) 霽 ケイ、きのな tree
小篆 나무이름혜(木名)。

【機】(기) 微 キ、しかけ、ばね machine ㄐㄧ chi¹
小篆 書 草 ❶고동기(發動所由)。【大學】其一如此。❷기미기、기틀기(氣運之變化)。【莊子 至樂】萬物皆出於一。❸기계기(一械巧術)。【莊子】有一械者必有一事。❹베틀기(織具)。【古詩 焦仲卿妻】鷄鳴入一織、夜夜不得息。❺천진기(天眞)。【莊子】嗜欲深者天一淺。❻기회기(一會)。❼별이름기(星名、握一)。(『幾』와 통함)

【機甲：기갑】 최신 과학을 응용한 兵器。기계 따위로 裝備하는 일。

【機甲部隊：기갑부대】 기갑으로 장비한 부대。

【機警：기경】 機智가 있어 영리함。事物에 대한 理解가 빠름。【魏志】太祖少一一、有權數。

【機械：기계】 ❶巧妙한 構造의 器具。(轉)奸巧한 지혜。策略。巧詐。❷動力에 의하여 움직여 일정한 작업을 할 수 있게 만들어진 장치。❸남에게 고용되어 기계처럼 일함。또는 그러한 사람。

【機械工業：기계공업】 기계를 사용하여 생산하는 공업。↔手工業。

【機械工學：기계공학】 人力 대신 蒸氣力·水力·電力·原子力 등을 이용하여 그 힘으로 기계를 돌리는 工業。一九세기 工業革命 以後 기계공업이 盛함。

【機械力：기계력】 기계의 일하는 능력。

【機械油：기계유】 기계의 마찰 또는 마찰열을 적게 하기 위하여 굴대나 다른 마찰부에 치는 기름。

【機械的：기계적】 ❶기계처럼 아무런 의식 없이 움직이는 모양。❷기계 장치가 되어 있는 모양。

【機械準：기계준】 인쇄물을 기계에 올리기 바로 전에 다시 교정하는 일。

【機械化：기계화】 생산이나 동작을 기계에 의하여 하게 됨。

【機械化部隊：기계화부대】 현대식 병기의 장비를 갖춘 군대。

【機關：기관】 ❶活動裝置를 가진 機械。❷熱 에너르기를 動力으로 변하게 하는 裝置。엔진(engine)。❸어떤 목적을 달성하기 위하여 설치한 機構。❹남의 앞잡이가 되어 활동하는 것。【鬼谷子】口者、一一也、所以開閉情意也。

【機關手:기관수】 기관을 운전하거나 또는 수리하는 사람. 機關士.
【機關室:기관실】 ❶주요 원동기를 장치한 방. ❷汽罐室과 汽機室과의 總稱.
【機關紙:기관지】 어떤 기관의 정신을 펴거나 이익을 도모하기 위한 報告나, 또는 언론을 기재하는 출판물.
【機關車:기관차】 汽力이나 또는 딴 원동력으로 객차나 화차를 끌고 다니는 철도 車輛.
【機關銃:기관총】 자동적으로 탄환을 裝塡 발사 하게 하여 연속 사격을 할 수 있게 만들어진 소구경의 총.
【機關砲:기관포】 방아쇠만 당기면 자동적으로 계속해서 장전 발사할 수 있게 만들어진 포.
【機巧:기교】 ❶巧妙한 裝置. 『後漢書』張衡善－－、尤致思于天文·陰陽·曆算. ❷巧智. 策略. 『陸龜蒙』人皆－－求、百逕無一達.
【機構:기구】 얽어 만든 꾸밈새. 組織.
【機構改革:기구개혁】 어떠한 단체의 기구를 새롭게 고치는 일.
【機能:기능】 어느 기관이 그 기관으로서 작용할 수 있는 능력.
【機能社會:기능사회】 목적이 있어서 존재하는 사회. 政黨·敎會·學會 등이 이에 속함. 人爲社會. ↔自然社會.
【機動:기동】 ❶조직적이며 기민한 행동. ❷交戰 전후 또는 교전간에 군대가 취하는 행동.
【機動部隊:기동부대】 ❶機械의 능률적 활동 작용을 주로 하여 조직된 부대. ❷언제나 기동할 태세를 갖춘 부대.
【機動演習:기동연습】 육해공군 등에서 교육 실적을 시험하려고 실시하는 연습의 한 가지.
【機略:기략】 機會에 應한 適合한 計策. 임기응변의 계략. 機畫. 機謀.
【機謀:기모】 ＝機略.

【機務:기무】 國家의 가장 중요한 政務. 機密의 政務. 『宋書』參讚－－.
【機微:기미】 事物의 微妙한 기틀. 낌새.
【機敏:기민】 ❶민첩하고 영리함. 『魏書』性－－好學、晝夜無倦. ❷要領이 있고 슬기로움. 『唐書』應讚－－.
【機敏性:기민성】 눈치가 빠르고 행동거지가 재빠른 성질.
【機密:기밀】 ❶중요하고도 비밀인 要務. 『漢書』深留聖恩、審固－－. ❷中樞的이고 貴近한 職位.
【機密漏泄罪:기밀누설죄】 (法)군사 또는 정치의 기밀을 외국이나 敵軍에게 알려 바친 범죄.
【機密文書:기밀문서】 널리 알려지면 안 될 기밀한 일에 관한 서류.
【機密費:기밀비】 지출의 내용을 명시하지 않고 기밀한 일에 쓰는 비용.
【機密室:기밀실】 중요하고 비밀을 요하는 일을 취급 보관하여 아무나 함부로 드나들지 못하게 하는 방.
【機變:기변】 ❶奸巧한 속임수. 巧詐. ❷臨機應變의 計策. 權謀. 『孟子』爲－－之巧者、無所用恥焉.
【機變之巧:기변지교】 그 때그 때에 따라 쓰는 교묘한 수단.
【機上:기상】 항공기에 타고 있음.
【機杼:기서】 ❶베틀. 『古詩』札札弄－－. ❷베짜기. (喩)글을 짓는 솜씨. 製作하는 공부. 『魏書·祖瑩傳』文章自出－－.
【機先:기선】 事物이 일어나려고 하는 直前에 그것을 알고 먼저 그 일을 착수함. 兆朕. 『宋史』早識安石敗事、與呂誨同見－－.
【機首:기수】 항공기의 앞 머리.
【機熟:기숙】 事物의 形勢가 충분히 정비「됨」.
【機心:기심】 기회를 보고 움직이는 마음. 策略을 꾸미는 마음. 機械之心. 『莊子·天地』有機事者必有－－.
【機業:기업】 베를 짜는 事業. 織物業.

【機影:기영】 비행기의 그림자.
【機要:기요】 重要한 일. 機密에 속하는 긴요한 일. 肝要. 『魏志』包道德之－－.
【機運:기운】 돌아드는 기회와 운수. 때. 『魏書』－－可乘、實在茲日.
【機宜:기의】 ❶時期와 形便에 알맞음. 時宜. 『嵇康』不識人情、闇於－－. ❷(佛)사람의 根機가 같지 않으므로 거기에 相應하는 어떤 敎法을 받는 것이 각 사람을 위해 마땅할 것이라는 뜻. 『法華經·玄義』夫敎本應機、－－不同、故部別異.
【機制:기제】 ＝機構.
【機智:기지】 그 때 그 때의 경우에 따라 應變하는 才智. 機知.
【機織:기직】 ❶베틀로 베를 짬. ❷기계로 짠 직물.
【機體:기체】 ❶機械의 바탕. ❷비행기「의 胴體」.
【機銃掃射:기총소사】 기관총을 비질하듯 쏨.
【機樞:기추】 ❶가장 緊要한 곳. ❷중요하여 누구나 잘 아는 官職. 또는 地位. 樞機. 『薛瑩獻』遷入京輦、遂升－－.
【機會:기회】 때. 어떤 일을 하여 나가는데 가장 적당한 時機. 『韓愈』動皆中－－、以取勝於當世.
【機會均等:기회균등】 ❶어떠한 사람에게 하는 대우를 다른 일반 사람에게도 같이 함. ❷外交政策에 있어서 通商·事業經營 등에 관하여 어떤 나라에 준 대우를 다른 나라에도 줌.
【機會主義:기회주의】 자기의 定見은 조금도 없이 다만 기회를 보아 이익만을 取하려 하는 것을 이름.
◎軍－、待－、動－、萬－、無－、時－、失－、神－、心－、危－、有－、電－、轉－、戰－、織－、天－、投－、好－.

【橡】(상) 養 ショウ、つるばみ chestnut-oak
書 草 상수리상、도토리상(栩實). 『列子』夏食菱芰冬食－栗.

【橡木:상목】 (植)상수리나무.
【橡實:상실】 (植)상수리.
【橡實饅頭:상실만두】 도토리 만두.
【橡實乳:상실유】 도토리묵.

【橢】(타) 哿 ダ、こばんがた oval ㄊㄨㄛˇ t'uo³
小篆 書 草 ❶둥글길죽할타(器之圓而長者). 『楚辭』南北順－其衍幾何. ❷수레통가운데그릇타(車笭中器). ❸길죽한그릇타(器之狹長).
【橢圓:타원】 (數)圓錐曲線의 한 가지. 평면 위에서 두 定點에서의 거리의 合이 일정하게 되는 점의 軌跡. 橢圓.
【橢圓率:타원율】 (數)타원의 半長徑과 半短徑과의 差와 半短徑과의 比.
【橢圓體:타원체】 (數)하나의 타원면으로 둘러싸인 有限공간의 부분에서 이루어지는 立體.
【橢圓形:타원형】 길쭉하게 둥근 모양. [小判形.
【橢率:타율】 타원율.

【橤】(예) 紙 ズイ、しべ flower-centre
書 草 ❶여의예、꽃술방울예(花鬚頭點). 『蜀都賦』敷－. ❷드리울예(垂也). 『盧諶詩』－－芬華落.
【橤橤:예예】 ❶드리워진 모양. 『盧諶』－－芬華落. ❷꽃술. 『杜甫』－－自開春.

【橦】㊀(동) 東 ㊁(당) 江 トウ、ショウ、きぎれ cut of wood ㄊㄨㄥˊ t'ung²
小篆 書 草 ㊀❶동나무동(木名花可爲布). 『蜀都賦』布有－華. ❷진둙는수레동(陷陳車). 『晋書』輴櫓鉤－發矢石雨下. ㊁❶토막나무당(木一截). ❷깃대당(旗竿).

【橦布:동포】 橦木의 꽃으로 실을 뽑아 서 짠 布木。

【橦城:당성】 성을 쳐서 깨뜨림。

【⿱濊木】(의) 寘 キ、うま horse

草書 팔준마이름의(八駿之一曰ㅡ)。

【橧】(증) 蒸 ソウ、すみか、す roost tsêng¹ ㄗㄥ

草書 ❶너스레증(積薪住居ㅡ巢)。❷돼지울증(豚之所寢)。❸깃들일증。❹지붕이없는높은집증(高屋)。

【橧巢:증소】 上古時代 나무로 엉성하게 지은 새둥지 같은 집。【禮記·禮運】。

【樲】(분) 文 フン、きのな tree

❶나무이름분(木名)。❷발분(器物脚)。

【樲櫑:분온】 匈奴의 車。撞車。樲櫑。『魏志』兵書云、脩櫓ㅡㅡ、三月乃成。

【橪】(연) 銑 ゼン、なつめ species of jujube

小篆 草書 ❶신대추연、산대추연(酸小棗)。【上林賦】枇杷ㅡ柹。❷향내나는풀연、연지초연(香草ㅡ支)。

【橫】㊀(횡) 庚 コウ、オウ、よこ、ぬき width; horizontal hêng² ㄏㄥ ㊁(횡) 敬

小篆 草書 ㊀❶비낄횡、가로횡(縱之對)。【漢武帝秋風辭】汎樓船兮濟汾河、ㅡ中流兮揚素波。❷난간목횡(闌木)。(『衡』과 통함) ㊁❶거스를횡(ㅡ逆、不順理)。【孟子】待我以ㅡ逆。❷사나울횡(ㅡ暴)。

【橫柯:횡가】 옆으로 벋은 나뭇가지。『吳箋』ㅡㅡ上蔽、在晝猶昏。

【橫閣:횡각】 (佛)절의 큰 방에 잇대어 만들어 놓은 누각。

【橫擊:횡격】 옆에서 침。적군을 側面에서 攻擊함。【南史】ㅡㅡ大破之。

【橫膈膜:횡격막】 (生)포유동물의 胸部와 腹部의 경계에 있는 筋肉性의 膜。

【橫見:횡견】 빗겨 봄。올바로 보지 못하고 곁눈질하여 봄。

【橫經問難:횡경문난】 경서를 옆에 끼고 다니며 難解한 것을 문의함。

【橫貫:횡관】 가로 꿰뚫음。↔縱貫。【唐書】悉軍追ㅡㅡ其營。

【橫斷:횡단】 ❶가로 끊음。❷가로 지나감。橫截。↔縱斷。【魏志】乃趣爲鐵鎖ㅡㅡ江路。❸동서의 방향으로 끊어 감。

【橫斷路:횡단로】 ❶道路 따위를 횡단하는 길。❷대륙·바다 등을 횡단하는 航路。

【橫斷面:횡단면】 물체를 가로 끊은 면이나 바닥。↔縱斷面。

【橫斷步道:횡단보도】 차가 다니는 길 위에 사람이 가로 건너 가게 마련한 길。

【橫斷飛行:횡단비행】 山河·海洋 따위를 가로 건너는 장거리 비행。

【橫斷主義:횡단주의】 자본 계급들과 노동 계급들끼리 제마다 조합을 만들어서 대립하려는 주의。↔縱斷主義。

【橫談:횡담】 제 멋대로 이야기함。【王僤】玆遊聊適意、他日儘ㅡㅡ。

【橫搭:횡답】 ❶덧덮는 얇고 작은 이불。❷어린아이를 업을 때 두르는 작은 이불。처네。

【橫隊:횡대】 가로 줄을 지은 隊伍。

【橫道:횡도】 ❶가로 나간 길。❷길을 막아 섬。❸不正한 방법。간사한 방법。邪道。【法苑珠林】ㅡㅡ作賊、剽奪人衣。

【橫得:횡득】 뜻밖에 이익을 얻음。

【橫來之厄:횡래지액】 뜻밖에 닥쳐온 모질고 사나운 일。

【橫歷:횡력】 마음대로 돌아다님。橫行。『戰國策』ㅡㅡ天下。

【橫列:횡렬】 가로 느러섬。또는 그 줄。

【橫裂:횡렬】 ❶가로 찢어짐。가로 벌어짐。❷(植)葯이 익어 가로 벌어져서 꽃가루가 날리어 나오는 裂開法의 한 가지。무궁화 따위。

【橫領:횡령】 제멋대로 領有함。남의 물건을 不法的으로 가로채거나 빼앗음。

【橫領罪:횡령죄】 (法) 남의 금품이나 물건을 횡령한 죄。

【橫罹:횡리】 뜻밖에 재앙을 당함。意外의 橫厄에 걸림。

【橫木:횡목】 가로질러 놓은 나무。

【橫目:횡목】 ❶사람의 눈。『莊子』ㅡㅡ之民。❷(植)풀 이름。鼓箏草。❸四字의 隱語。

【橫文:횡문】 가로글씨로 된 글。

【橫聞:횡문】 똑 바로 듣지 못하고 그릇 들음。

【橫防:횡방】 엇막이。

【橫步:횡보】 모로 걷는 걸음。

【橫步行好去京:횡보행호거경】 (國)모로 걸어가도 서울만 가면 됨。(喩)수단은 어떻든 간에 목적만 달성하면 된다는 뜻。【青莊館全書】。

【橫死:횡사】 殺人·災害 등에 의하여 非命에 죽음。橫厄으로 죽음。變死。【南史】人無ㅡㅡ賴陸君。

【橫舍:횡사】 學校。【後漢書·鮒昱傳】德乃修起ㅡㅡ。

【橫斜:횡사】 비스듬히 옆으로 빗김。【林逋·詩】疏影ㅡㅡ水淸淺。

【橫産:횡산】 아이를 가로 낳음。아이를 팔부터 낳음。

【橫書:횡서】 ❶글씨를 가로 줄로 씀。또는 그 글씨。❷가로 글씨。

【橫線:횡선】 가로 그은 줄。

【橫說竪說:횡설수설】 조리가 없는 말을 되는 대로 지껄임。橫竪說去。橫竪說話。【祖庭事苑】ㅡㅡ、猶未知向上關子。

【橫數:횡수】 뜻밖의 운수。

【橫竪:횡수】 ❶가로와 세로。❷공간과 시간。❸(佛)他力과 自力。❹가로길이。

【橫十字:횡십자】 X자 모양으로 된 글자의 일컬음。

【橫厄:횡액】 뜻밖에 닥쳐 오는 災厄。

【橫逆:횡역】 橫暴하여 常理에 어그러짐。또는 그러한 행위。【孟子】待我以ㅡㅡ。

【橫臥:횡와】 모로 누움。옆으로 누움。橫陳。【南史】ㅡㅡ其上。

【橫夭:횡요】 젊어서 죽음。夭死。夭折。

【橫議:횡의】 제 멋대로 論議함。道理에 어긋난 議論。【孟子·滕文公】處士ㅡㅡ。

【橫逸:횡일】 自由自在하여 拘束을 받지 않음。제 멋대로 行動함。橫佚。【晉書】赤眉黃巾ㅡㅡ宇宙。

【橫溢:횡일】 ❶물이 가득차서 마구 흘러 넘침。❷넘칠 정도로 興盛함。橫濫。

【橫日性:횡일성】 (植)잎이 햇빛을 받으려고 그 방향으로 내미는 성질。

【橫財:횡재】 뜻밖에 재물을 얻음。또는 그 재물。

【橫笛:횡적】 저。가로 불게 된 管樂器의 總稱。【唐書】寧王善吹ㅡㅡ。

【橫轉:횡전】 ❶옆으로 회전함。❷水平飛行 도중 옆으로 한 번 회전하고 다시 水平飛行을 계속하는 일。

【橫政:횡정】 暴虐한 政治。暴政。虐政。【孟子】ㅡㅡ之所出、橫民之所止、不忍居也。

【橫走:횡주】 ❶아무리 하여도 안 될 짓을 함。바르지 못한 길로 감。❷가로 뛰어감。❸함부로 날뛰어 다님。橫馳。

【橫竹:횡죽】 긴 담뱃대를 뻗치어 물음。또는 뻗치어 물은 긴 담뱃대。

【橫徵:횡징】 세금 등을 함부로 마구 徵收하여 들임。【元稹】ㅡㅡ暴賦、不奉典常。

【橫窓:횡창】 =交窓。

【橫草之功:횡초지공】 (喩)戰地에 나가서 山野에 있는 적을 무찌르고 세운 큰

공。『漢書』無——、得列宿衞食祿。

【橫軸:횡축】 가로 걸도록 꾸민 족자。

【橫出:횡출】 마땅하지 못한 행동을 함。

【橫奪:횡탈】 억지로 奪取함。『說苑』討有罪而——、非所以禁暴也。

【橫波:횡파】 ❶사방에서 물결을 일으킴。또는 옆에 몰려오는 물결。❷곁눈질함。邪視。『傅毅』眉連娟以增繞兮、目流涕而——。❸《物》波動을 전달하는 물질의 진동이 파동의 진행하는 방향과 垂直일 때를 일컬음。電磁波 같은 것。

【橫板:횡판】 가로 걸쳐 놓은 널빤지。

【橫暴:횡포】 제 멋대로 굴며 亂暴함。『晉書』師役煩殷、寇賊——。

【橫幅:횡폭】 가로 넓이。『晉書』男子衣以——但結束。

【橫虐:횡학】 마구 虐待함。『唐書』鉄國忠後出、——最甚。

【橫行:횡행】 ❶모로 감。❷마음대로 행동함。『史記』——天下。❸널리 돌아다님。❹마음대로 시행됨。縱橫으로 시행됨。『戰國策·西周策』命不——於周矣。

【橫行公子:횡행공자】 《動》게의 別名。

【橫向:횡향】 ❶얼굴을 모로 돌리어 향함。❷모로 향함。

【橫禍:횡화】 不意의 災禍。『淮南子』內修極而——至者天也、非人也。◎專—、縱—。

【橬】 ㊀(잠) 鹽 シン、ふしずけ ㊁(심) 侵 fin
㊀물고기깃잠(積柴水中取魚)。(『潛』과 통함)
㊁뜻은 ㊀과 같음。

【槔】 (고) 虞 コ、ほこ species of a elm
❶무고나무고(木名)。❷나무사방으로퍼질고(木布四方)。

【橶】 (경)『耕』(耒部 4畫)과 같음

【槹】 (고) 豪 コウ、つるべ well-bucket ㄍㄠ kao'
❶두레박고、용두레고(吸水器)。❷나무이름고(木名)。(『橰』와 같음)

【橵】 (산) 〔國字〕
산자산(屋上瓦下布木—子)。

【橵子:산자】 지붕 서까래 위나 고물 위에 흙을 받치기 위하여 엮어 까는 나뭇개비、또는 수수깡。산자발。

【檪】 (자) 〔國字〕
땅이름자(地名)。

十三畫

【橽】 (달) 曷 タツ、みずおけ trough
❶물통달(所以泄水)。❷박달나무달(檀木)。

【橾】 (수) 虞 シュ、くるまのこしき spokes of a wheel
❶수레바퀴통수(車軸中空)。❷가래수(鍬也)。

【檨】 (양)『樣』(木部 11畫)의 俗字

【檀】 (단) 寒 ダン、まゆみ Betula schmiditii
❶박달나무단(善木)『詩經』奚有樹—。❷향나무단(香木)。

【檀家:단가】 《佛》절에 시주하는 집안。모음。檄致。

【檀君:단군】 우리 나라 太初의 임금。기원전 二四세기 경 檀君朝鮮을 건국하였다 하며、韓國 민족의 始祖神으로 신봉되고 있음。

【檀君開國:단군개국】 檀君이 우리 나라를 처음 창설한 일。

【檀君敎:단군교】 《宗》우리나라 시조인 檀君을 敎祖로 하는 종교。大倧敎 등。

【檀君紀元:단군기원】 단군이 즉위한 해인 기원 전 二三三三년을 元年으로 하는 기원。

【檀君神話:단군신화】 檀君에 관한 신화。桓因의 아들 桓雄이 太白山에 내려와 세상을 다스릴 때 사람이 되고자 하는 곰과 호랑이에게 靈艾와 마늘을 먹고 수행하게 하였던 바、곰만이 이를 먹고 견디어 熊女가 되고 桓雄과 결혼하여 檀君을 낳았다 함。

【檀君朝鮮:단군조선】 《歷》古朝鮮 前半期에 속하는 우리 나라 최초의 국가。檀君이 王儉城에 도읍하고 왕위에 올라 二○○○여년 동안 통치했다 함。『三國

【檀紀:단기】 檀君紀元의 略語。遺事』。

【檀木:단목】 《植》박달나무。

【檀特山:단특산】 《佛》北印度 馱羅國에 있는 山으로 釋迦牟尼가 苦行을 한 곳。陰山。

【檀板:단판】 樂器 이름。박달나무로 만든 박자를 맞추는 板。柏板。『張船山』一聲——當悲歌。

【檀香木:단향목】 《植》紫檀·白檀 등 향나무의 總稱。「藥으로 씀。

【檀桓:단환】 《醫》황백나무의 뿌리。補

【橿】 (강) 陽 キョウ、もちのき Cedrela sinenois ㄐㄧㄤ chiang'
❶참죽나무강(檍也一名萬年木)。『周禮註』轂用雜榆輻以檀牙以—。❷호미자루강(鋤柄)。❸사닥다리강(棧木)。❹억셀강(彊盛貌)。『方言』左右——。

【檃】 (은)『櫽』(木部 14畫)과 같음

【檄】 (격) 錫 ゲキ、めしぶみ manifesto ㄒㄧˊ hsi² (古音「혁」)
❶격서격(徵兵書)。『宋史 岳飛傳』—飛捕劇賊馬友云云、皆平之。❷격문격(敵惡諭告)。❸과격할격(過—)。

【檄文:격문】 급히 軍兵 또는 同志를 徵集하거나、혹은 세상 사람들의 흥분을 일으키려고 할 때 발표하는 글。檄。

【檄書:격서】 =檄文。『劉長卿』孔璋才素健、早晚——成。

【檄召:격소】 檄文을 돌려 同志를 불러 「모음。

【檄致:격치】 =檄召。

【橵】 (삼)『杉』(木部 3畫)과 같음

【檇】 (취) 支 スイ、つく pound ㄗㄨㄟ tsuei⁴ (或音「추」)
❶찧을취(以木所擣)。❷땅이름취(地名、—李)。

【櫓】 (로)『櫓』(木部 15畫)와 같음

【檈】 ㊀(선) 先 セン、まるいつくえ round table ㊁(선) 霰
㊀가리틀선、가리질할선(以繩轉軸)。㊁둥근책상선(圓案)。

【檉】 (정) 庚 テイ、ぎょりゅう weeping willow ㄔㄥ ch'êng'
능수버들정(河柳)。『詩經』其—其椐。

【檍】 (억) 職 ヨク、もちのき Cedrela sinensis ; Betula Schmidtii
❶참죽나무억(杶也)。❷박달나무억(檀也)。❸싸리나무억(杻也)。

【榦】(간) 翰 カン、やまぐわ wild mulberry ❶산뽕나무간(柘也)。❷박달나무간(檀也)。

【檋】(국) 沃 キョク、かんじき footgear ❶나막신국(山行履)。❷멍에국(直轅車)。❸썰매국(雪泥所來)。(『梮』과 같음)

【檎】(금) 侵 キン、りんご apple ㄑㄧㄣˊ ch'in² 능금금(果名)。【蜀都賦】其園則有林ー枇杷。草書

【檐】(첨) 鹽 セン、ひさし eaves ㄧㄢˊ yen² 小篆 草書 ❶추녀첨、처마첨(屋四垂)。【陸龜蒙詩】笠ー簑袂有殘聲。❷멜첨(擔也)。【管子 七法】猶ー竿而欲定其末。(古音은「염」『簷』과 같음)

【檐階:첨계】댓돌。
【檐端:첨단】처마 끝。簷端。
【檐鈴:첨령】처마 끝에 다는 風磬。
【檐馬:첨마】=檐鈴。
【檐雨:첨우】처마끝에서 방울 방울 떨어지는 비。【杜甫】ーー亂淋幔。
【檐鐸:첨탁】처마 끝에 다는 風磬 따위를 이름。鈴。馬。【陸游·詩經】。

漢 檐 鐸
(西清續鑑)

【檐下:첨하】처마 밑。

【檔】(당) 陽 トウ、つくえ table 草書 ❶책상당(册床)。❷널발판당(横木)。

【檔案:당안】官署의 案文書。官署의 記錄。永久히 保存하는 邊外와 往復하는 公文書。【柳邊紀略】。
【檔冊:당책】官署의 記錄綴。【清會典事例】。

【檑】(뢰) 灰 ライ、ぶきのな (of stone) roll over ❶돌굴릴뢰(自高轉石)。❷돌쇠뇌뢰(守城捍禦之具石ー)。(『礧·礌』와 같음)

【檑木:뢰목】나무를 圓柱形으로 깎아서 높은 곳에서 밀어뜨려 殺傷케 하는 武器。【遼史】矢石ーー併下、止傷老幼。

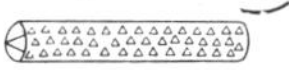
檑木(武 備 志)

【檒】(풍)『風』(風部 0畫)의 古字

【檓】(훼) 紙 キ、おおざんしょう peper 굵은산초추훼(大椒)。

【檕】(계) 霽 ケイ、つるべどめ the spindle of a water bucket 小篆 용두레채계、두레박틀계(桔槹上横木所以轉機)。

【檖】(수) 寘 スイ、やまなし Mieromeles alnifolia ㄙㄨㄟˋ suei⁴ 팥배나무수(山梨楊ー)。

【橐】(표) 蕭 ヒョウ、つつむ bag 小篆 자루아가리벌릴표(橐張大貌)。

【檘】(벽)『檗』(次條)과 같음

【檗】(벽) 陌 ハク、ビャク、きわだ Phellodendron amurense ㄅㄛˋ po⁴ 小篆 草書 ❶황경피나무벽(黃木可染)。【子虛賦】ー離朱楊。❷회양목벽(子ー)。(『蘗』과 통함)

【檛】(과) 麻 カ、むち whip ㄓㄨㄚ chua¹ (古音「좌」) 草書 ❶종아리채과(箠也)。【左傳】士會適晉繞朝贈之以策。❷채찍과(馬鞭策也)。

【檜】㊀(회) 泰 ㊁(괄) 曷 カイ、ひのき fir ㄍㄨㄟˋ kuei⁴ ㄎㄨㄞˋ k'uai⁴ 小篆 草書 ㊀❶전나무회(柏葉松身)。❷나라이름회(國名)。【詩經】ー楫松舟。㊁뜻은 ㊀과 같음。(『括』과 같음)

【檜木:회목】(楨)❶전나무。❷노송 나무。
【檜楫:회즙】전나무로 만든 노。【詩經】洪水滺滺、ーー松舟。
【檜皮:회피】전나무의 껍질。

【檝】(즙)『楫』(木部 9畫)과 같음

【檝櫂:즙도】키와 노。
【檝師:즙사】키를 잡는 사람。水夫。

【檞】(해) 蟹 カイ、まつやに pine resin ㄐㄧㄝˇ chieh³ 草書 솔고갱이해(松樠)。

【檟】(가) 馬 カ、ひさぎ walnut ㄐㄧㄚˇ chia³ 小篆 草書 가나무가(楸也)。【十八史略 春秋戰國吳】必樹吾墓ー、ー可材也。(『榎』와 같음)

【檟楚:가초】敎에 따르지 않는 者를 때리는 매(檟)와 禮를 어긴 者를 때리는 매(楚)。사람을 징벌하는 데 쓰이는 매。【晉書】無援者則、嚴加ーー。

【檠】㊀(경) 庚 ㊁(경) 敬 ケイ、ともしび lamp light ㄑㄧㄥˊ ch'ing² 小篆 草書 ㊀❶광명두경、등잔대경(燈架)。【韓愈】有短ー歌。❷도지개경(正弓器)。【淮南子】弓必待ー而後能調。㊁발달린도마경(有足几)。

【檠燈:경등】춧대에 얹어 놓은 등잔。【漢書】朝鮮民飲食以籩豆。【范成大】雨聲和深巷履、風力到短ーー。
【檠楪:경설】활을 바로 잡는 기구。【荀子】楪者、ーー也、匡弓弩之器也。

【檄】(경)『檠』(前條)과 같음

【檡】(석) 陌 タク、きのな hazel-nut 개암석、고욤석(樗棗)。

【檢】(검) 琰 ケン、しらべる inspect ; check ㄐㄧㄢˇ chien³ 小篆 草書 ❶교정할검(校也)。❷금제할검(制也)。【孟子 梁惠王上】狗彘食人食、而不知ー。❸법검(式也)。【淮南子】人主立法先自爲ー。❹봉할검(書署)。【漢書】金泥玉ー。❺책메뚜기검、수결둘검(書衣之簽)。【後漢書】皀囊施ー。❻검속할검(束也)。❼벼슬이름검(官名)。

【檢擧:검거】❶관리가 공무를 수행한 후 자기 과실을 발견했을 때 그 사정을 具申하여 소속장에게 제출함。【清會典·吏部】。❷(法)㉠범죄의 증거를 조사하여 모음。㉡검찰관 또는 사법 경찰관이 범죄인이나 피의자를 官署에 연행하는 일。
【檢擧旋風:검거선풍】한꺼번에 여러 사람을 휩쓸어 검거함。
【檢見:검견】지주가 賭租를 매기기 위

하여 추수하기 전에 농작물의 잘 되고 못된 정도를 살펴보는 일。看坪。「定함。

【檢斷:검단】 非行을 調査하여 죄를 斷

【檢督:검독】 검사하고 督勵함。

【檢卵:검란】 달걀의 부패·파손 등의 품질을 검사하는 일。透視法·振音法·比重法 따위 여러 방법이 있음。

【檢問:검문】 조사하고 묻는 일。

【檢便:검변】 《醫》病原菌·기생충의 알 등의 유무를 알기 위하여 대변을 화학적 또는 현미경으로 검사하는 일。

【檢覆:검복】 여러 번 조사하여 상세하게 함。〔崔融〕ㅡㅡ則遲留。

【檢封:검봉】 잘 검사하여 봉함。

【檢分:검분】 현장에 입회하여 검사함。

【檢事:검사】 《法》刑事의 公訴를 提起해서 법률의 적용을 청구하고、형벌의 집행을 감독하며、民事에도 때로 관계하는 사법 행정관의 하나。→檢察官。

【檢查:검사】 사실을 조사하여 是非와 優劣을 판단함。

【檢事長:검사장】 《法》고등 검찰청 또는 지방 검찰청의 장。

【檢算:검산】 계산의 결과를 확인함。또는 그렇게 하는 算法。驗算。

【檢索:검색】 검사하여 찾아봄。

【檢束:검속】 ❶자유 행동을 못하게 단속함。억제하고 구속함。〔元好問〕去作山中客、放浪誰ㅡㅡ。❷《法》公衆을 해롭게 하거나 또는 불상사를 일으킬 염려가 있는 사람을 경찰에서 잠시 구그는 일。

【檢水:검수】 물의 좋고 나쁨을 검사함。

【檢讎:검수】 조사함。조사하여 바로잡음。(讎는 對質)。〔唐書〕更相ㅡㅡ、采天下遺書、以益闕文。

【檢視:검시】 ❶사실을 조사하여 봄。〔後漢書〕使人ㅡㅡ。❷視力을 검사함。❸=檢屍。「檢視③。

【檢屍:검시】 變死者의 시체를 검사함。

【檢按:검안】 조사하여 바로잡음。檢案①。〔魏書〕馳驛ㅡㅡ。

【檢眼:검안】 《醫》눈의 視力을 검사함。

【檢案:검안】 ❶形跡이나 狀況을 조사하고 따짐。❷=檢案書。❸《法》형사 소송의 수사나 檢證에 관하여 검찰관·사법경찰관의 의뢰에 의하여 특별한 지식·경험을 가진 사람이 행하는 鑑定。

【檢案書:검안서】 《制》檢屍한 기록。

【檢疫:검역】 전염병의 퍼짐을 막기 위하여 선박·기차·화물·여객 등의 檢診 또는 소독을 행함。

【檢閱:검열】 ❶軍事用語。군대 교육의 성적을 조사하고 시험하는 일。정기·임시의 別이 있음。❷《法》公安·機密 保持 등의 치안상의 목적을 위하여 책·신문·영화 따위를 強權으로 조사하는 일。❸《制》㉠清代 文淵閣에 설치되어 서적의 校正을 管掌하던 檢閱官을 일컬음。㉡李朝 때 藝文館에 속했던 正九品 벼슬。

【檢溫:검온】 온도·체온을 재어봄。

【檢印:검인】 ❶서류나 물건을 검사한 표로 찍는 도장。❷著者가 그 著書의 발행 부수를 검사하기 위하여 刊記에 찍는 도장。

【檢認定:검인정】 ❶검사하여 인정함。「❷검정과 인정。

【檢字:검자】 漢字 字典의 索引의 한 가지。어느 部에 속하는지를 判定하기 어려운 漢字를 總畫數 순으로 排列하여 그 所屬 部首를 表示한 것。

【檢點:검점】 하나하나 조사함。點檢。

【檢正:검정】 잘 단속되어 있어 바름。조사하여 바르게 함。〔晉書〕杜輿雖無ㅡㅡ、而有力致。

【檢定:검정】 검사하여 가치·자격·품「격 등을 결정함。

【檢定料:검정료】 검정 받는 데 필요한 요금。

【檢定試驗:검정시험】 자격을 검정하「기 위한 시험。

【檢定畢:검정필】 검정을 마쳤음。

【檢診:검진】 병에 걸렸는지 아닌지를 검사하기 위하여 진찰함。

【檢車:검차】 車輛의 정비에 대한 검사。

【檢察:검찰】 ❶取調함。吟味。監察。❷《制》벼슬 이름。㉠金代、軍需 관계와 私屠·私鹽의 단속을 管掌하던 벼슬。㉡清末부터 설치된 司法官。❸범죄를 조사하여 증거를 모음。

【檢證:검증】 ❶조사하여 바로잡음。검사하여 증명함。❷《法》재판관이 실지로 증거품을 點檢하고 取調를 정확하게 함。

【檢證調書:검증조서】 《法》판사가 검증하고 그 전말을 기록한 조서。

【檢知:검지】 검사하여 알아 냄。

【檢察官:검찰관】 《制》❶中國에 있어서 국가를 대표하여 범죄를 검거하는 공무원。범죄를 수사하고、公訴를 提起·實行하며、自訴를 協助·擔當하며、刑事裁判의 執行 등을 管掌함。〔後漢書〕什主十家、伍主五家、以相ㅡㅡ。❷우리 나라의 檢察廳·軍法會議에서 檢察事務를 맡아 보는 공무원。檢事의 俗稱。

【檢察廳:검찰청】 《制》法務部에 속하여 檢察 사무를 統括하는 사법 관청。

【檢出:검출】 검사하여 냄。檢索하여 摘出함。

【檢討:검토】 ❶내용을 검사하여 가면서 따짐。자세히 조사함。❷《制》벼슬 이름。宋·明·清代에 주로 翰林院에 속하여 歷史 編修를 管掌하였음。

【檢波:검파】 《物》❶電波가 어떤 곳에 도달해 있나 없나를 검사함。❷高周波交流를 低周波脈流로 整流함。

【檢波器:검파기】 검파하는 장치。

【檣】 (장) 陽 ショウ、ほばしら mast ㄑㄧㄤ' ch'iang²

草書 돛대장(帆柱)。(『艢』과 같음)

【檣竿:장간】 돛대。帆柱。帆檣。

【檣頭:장두】 돛대의 꼭대기。

【檣樓:장루】 군함 돛대의 上部에 설치한 展望臺。

【檣桁:장형】 돛대와 돛을 걸기 위하여 돛대에 가로지른 나무。

【艤】 (의) 紙 ギ、ふなじたく bring a ship to the shore ㄧ' i³

小篆 草書 ❶배댈의(附船着岸)。〔史記 項羽紀〕烏江亭長ㅡ船待。❷줄기의(幹也)。❸푯대의(立木表物)。(『艤』와 같음)

【艤舟:의주】 배(船)를 준비함。艤船。〔玉篇〕艤、史記曰、烏江亭長、ㅡㅡ待。

【檦】 (표) 篠 ヒョウ、しるし、はしら mark;pillar

草書 ❶표할표(表也)。❷기둥표(柱也)。(『標』와 통함)

十四畫

【檧】 (송) 東 董 ソウ、はしづつ case of chopsticks

❶수저통송(箸筩桶ㅡ)。❷작은바구니송(小桶)。

【檞】 (패) 佳 ハイ、いかだ a raft

뗏목패(筏木)。

【檬】 (몽) 東 ボウ、レモン lemon ㄇㄥ' mêng²

草書 영몽몽、양귤몽(果名、lemon)。

【櫻】 (은) 眞 ギン、いちょう gingko

은행나무은(ㅡ杏)。

【檮】(도) 豪 トウ、きりかぶ cut of wood ㄊㄠ t'ao²
小篆 書草 ❶토막나무도(斷木)。❷흐리멍덩할도(－昧不知貌)。〔郭璞 爾雅序〕不揆－昧。❸흉악할도(頑凶－杌)。❹풀이름도(草名)。
【檮昧:도매】 바보。어리석음。無知。〔爾雅〕僕不揆－－、少而習焉。
【檮杌:도올】 ❶惡木의 이름。惡을 기록하여 경계로 삼는 나무。〔韻會〕－－惡木。取其記惡以爲戒也。❷〔書〕春秋時代 楚의 史書 이름。〔孟子〕晉之乘、楚之－－、魯之春秋一也。❸惡人。흉악한 사람。❹惡獸 이름。혹은 瑞獸 이름이라고도 함。

【檯】(대) 灰 ダイ、とうだい light house
❶등대대(燈臺)。
❷상대(几也)。

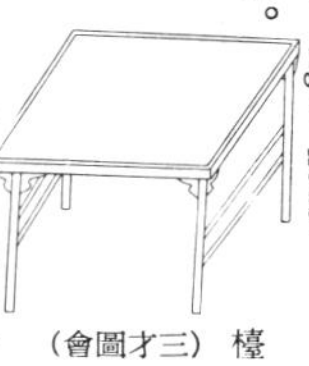
檯 (三才圖會)

【[木+對]】(대) 隊 タイ、くるまのらん かんはしら the rail-pole of a vehicle
차의 난간기둥대(車箱柱木)。(〔[木+對]〕와 같음)

【檰】(면) 先 ベン、とちゅう tree
두충면(杜沖)。

【檏】(복) 屋 ボク、なつめ jujube
小篆 ❶대추복(棗也)。❷굳을복(堅也)。❸떨기복(叢也)。

【欂】(벽) 陌 へキ、かべはしら wooden strip
小篆 중깃벽(壁桂)。

【檳】(빈) 眞 ビン、びんろう betel-nut palm tree ㄅㄧㄥ ping¹
書草 빈랑나무빈(果名、－榔)。〔類篇〕－榔樹無枝實從心出。
【檳榔:빈랑】 《植》야자科에 속하며 아시아 열대 지방에서 산출되는 常綠喬木。과실은 卵形인데 식용 또는 漢藥材로 두루 쓰임。

【檴】(확) 藥 カク、にれ elm ㄏㄨㄛ huo
書草 피나무확(樸也)。

【檵】(계) 霽 ケイ、くこ box thorn ㄐㄧ chi⁴
小篆 구기자나무계(枸－)。

【檷】(니) 紙 ジ、いとまき spool
小篆 실패니(卷絲具)。

【檸】(녕) 梗 ドウ、レモン lemon ㄋㄧㄥ ning²
書草 양귤녕(果名也、英語 Lemon.)。〔集韻〕－、木名、皮可爲藥。

【檻】(함) 豏 カン、てすり、おり railing,cage ㄎㄢ k'an³ ㄐㄧㄢ chien⁴
小篆 書草 ❶난간함(欄也)。〔漢書〕攀－－折。❷죄인타는 수레함(－車)。❸진차할함(進車貌)。〔詩經 王風大車〕大車－－。❹어리함(圈也)。〔淮南子〕養虎豹犀象者之圈。❺물이솟아오를함。〔詩經 大雅采菽〕沸－泉。(〔轞〕과 通함)
【檻輿:함여】 죄인 호송에 사용하는 사방을 판자로 두른 가마。
【檻穽:함정】 짐승을 잡기 위하여 파 놓은 구덩이。허벙다리。〔漢書〕及在－－之中、搖尾而求食。《喩》소생할 길이 없는 경우。
【檻倉:함창】 감옥。牢獄。
【檻致:함치】 죄인을 檻車에 실어 보냄。「檻送。

【[監/木]】(함) 感 カン、やせつち barren soil ㄏㄢ han³
메마른땅함(墝确地疆－)。(〔壏〕과 통함)

【檃】(은) 問 イン、むね ridge pole
小篆 ❶집마룻대은(屋脊)。❷대공은(複屋棟)。
【檃栝:은괄】 도지개。檃은 나무의 굽은 것을 바로 잡는 것、栝은 方形을 바르게 하는 것。《轉》잘못을 바로잡음。檃拴。〔荀子〕待－－烝矯、然後直。

【檽】(一)(누) 宥 (二)(유) 有 ドウ、きくらげ fungus
書草 (一)누구나무누(木名－構)。(二)버섯유(木茸)。

【檾】(경) 梗 迥 ケイ、いちび Indian mallow ㄑㄧㄥ ch'ing³
小篆 書草 어저귀경(似苧白麻)。

【櫁】(밀)『樒』(木部11畫)과 같음

【檶】(염)『檿』(次條)과 같음

【檿】(염) 琰 エン、やまぐわ wild mulberry tree ㄧㄢ yen³
小篆 書草 산뽕나무염(山桑有點文者)。〔書經〕厥篚－絲。〔爾雅〕－－山桑。
【檿桑:염상】 산뽕나무。
【檿弧箕服:염호기복】 산뽕나무로 메운 활과、箕(대의 이름)로 만든 동개。周의 宣王 때의 童謠로서 周의 멸망을 예언한 것。〔國語·鄭語〕有童謠曰、──、實亡周國。

【[木+箋]】(전) 先 セン、きのな Chinese juniper
향나무전(香木)。

【櫂】(도) 效 トウ、かい、かじ oar ㄓㄨㄛ chuo²
小篆 書草 노도(所以進船楫也)。〔釋名〕在傍撥水曰－。(〔棹〕와 같음)
【櫂歌:도가】 뱃노래。櫂唱。櫂謳。〔漢武帝〕簫鼓鳴兮發－－。
【櫂舟:도주】 배에 상앗대를 대어 저음。

【櫃】(궤) 寘 キ、ひつ、はこ wooden box ㄍㄨㄟ kuei⁴
書草 ❶궤궤(櫝也)。〔書經〕納冊于金縢之匱中。❷상자궤(篋也)。(〔匱〕와 같음)
【櫃櫝:궤독】 궤짝。匱篋。〔梅堯臣〕心煩收拾之－－。
【櫃封:궤봉】 물건 따위를 궤에 넣어 둠。
【櫃田:궤전】 흙을 북돋아 쌓아 만든 밭。水害를 막음。궤 모양으로 만든 데서 생긴 이름。〔王禎〕。

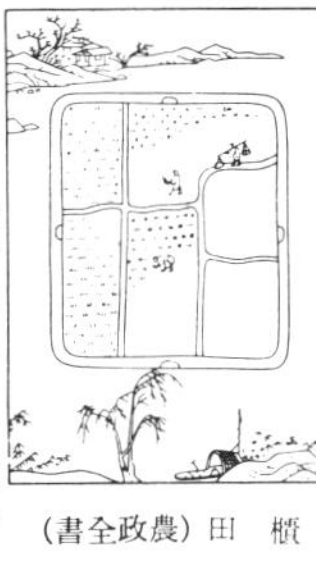
櫃田 (農政全書)

【櫅】(一)(자) 齊 (二)(제) 霽 セイ、しろなつめ white jujube tree ㄐㄧ chi¹
小篆 (一)흰대추나무자(白棗)。(二)토막나무 제(斷木)。

【櫄】(춘) 眞 シュン、きのな Cedrela sinensis
참죽나무춘(似樗可弓幹)。

【橐】(곤) 阮 コン、ふくろ long cloth-sack ㄏㄨㄣˇ huen³
[小篆] ❶전대곤(橐也)。❷묶을곤(束也)。

【櫈】(등) 徑 トウ、つくえ table
탁자등(卓子)。

十五畫

【櫋】(면) 先 ヘン、のきづけ eaves
[小篆][草書] 지붕연접할면(屋根連接)。

【櫌】(우) 尤 ユウ、くわのえ handle
[小篆][草書] 호밋자루우(鉏柄)。【論語】ㅣ而不輟。

【櫍】(질) 質 シツ、あし wood-chopping block ㄓˋ chih⁴
[小篆][草書] ❶모탕질(行刑具)。❷도끼바탕질(斫木具)。(『鑕』과 같음)

【櫎】(황) 養 コウ、ひさし window
[小篆][草書] ❶그릇받침황(所以支器)。❷창황(窓櫎通名)。❸장지황(屛風之屬)。(『榥』과 통함)

【櫑】(뢰) 賄 ライ、たる fittings of sheath ㄌㄟˊ lei²
[小篆][或體][或體][籒文][草書] ❶술잔에뇌문새길뢰(酒樽彫雲雷象)。❷칼자루에새김놓을뢰(ㅣ具劍飾)【漢書】帶ㅣ具劍。

【櫐】(루) 紙 ルイ、かずら arrowroot
[草書] 굵은칡루(似葛粗大山ㅣ)。

【櫓】(로) 麌 ロ、やぐら watch-tower ㄌㄨˇ lu³
[小篆][或體][草書] ❶큰방패로(大盾)。【禮記】禮義爲干ㅣ。❷망대로(望樓)。【後漢書】樓ㅣ千里。❸망보는수레로(戰陣高巢車)。【六韜篇】陷堅陣敗强敵武翼大ㅣ。❹노로(進船具)。【通鑑】呂蒙取荊州使白衣搖ㅣ。(『艣』와 같음)

【櫓歌:노가】뱃노래。船夫들이 노를 저으면서 부르는 노래。배따라기。

【櫓棹:노도】노와 상앗대。

【櫓聲:노성】배를 젓는 노소리。【白居易】晴虹橋影出、秋雁ㅣㅣ來。

【櫕】(찬)『欑』(木部19畫)과 같음

【⿰木巤】(랍) 合 ロウ、いぼた Ligustrum Ibota
백랍나무랍(水蠟樹)。【函史】樹可放蠟煎汁爲油可作燭。

【櫖】(려) 魚 リョ、やまふぢ Pueraria Thunbergiana
굵은칡려(山櫐)。

【櫗】(멸) 屑 ベツ、きなわ (of a tree) twist
나무비틀릴멸(木索)。

【櫚】(려) 魚 リョ、ロ、しゅろ hemp-palm
[草書] 종려나무려(椶也)。

【⿰木劉】(류) 尤 リュウ、きのな tree
나무이름류(木名)。

【櫛】(즐) 質 シツ、くし comb ㄐㄧㄝˊ chieh²
[小篆][草書] ❶빗즐(梳枇總名)。【詩經】其枇如ㅣ。❷빗질할즐(理髮)。❸즐비할즐(如ㅣ齒ㅣ比)。【洛陽伽藍記序】招提ㅣ比、寶塔騈羅。

❶櫛(圖物名)

【櫛鱗:즐린】(生)한쪽의 가장자리가 빗살같이 생긴 고기의 비늘。

【櫛沐:즐목】머리를 빗고 목욕을 함。梳沐。【晉書】母沒不ㅣㅣ。

【櫛比:즐비】많은 것이 빗살과 같이 가지런히 늘어서 있음。【四子講德論】甘露滋液、嘉木ㅣㅣ。

【櫛齒:즐치】빗살。

【櫛齒狀:즐치상】빗살 같은 형상。

【櫛風沐雨:즐풍목우】바람으로 머리를 빗고 비로 몸을 씻음。즉 온몸이 風雨에 시달림。(喩)긴 세월을 객지에서 떠돌며 갖은 고생을 다함。*風餐露宿。【唐書】文皇帝ㅡㅡ、冐野鏑、以定天下。

【櫜】(고) 豪 コウ、ゆみふくろ bow case ㄍㄠ kao¹
[小篆][草書] ❶칼집고(韜也)。❷활집고(弓衣)。❸갑옷집고(甲衣)。❹전통고(受箭器)。【左傳】右屬ㅣ鞬。

【櫜鞬:고건】활과 화살을 넣어 등에 지는 제구。동개。弓矢袋。【左傳】右屬ㅣㅣ。

鞬　櫜
(大清會典圖)

【櫜韜:고도】활집과 칼집。【周禮·註】。

【櫜韔:고창】활집。【禮記·檀弓·法】櫜甲衣、韔弓衣。

【櫝】(독) 屋 トク、ひつ wooden box; coffin ㄉㄨˊ tu²
[小篆][草書] ❶함독、궤독(櫃、匣也)。【論語 季氏】龜玉毁於ㅣ中。❷널독(棺也)。【漢書】其爲水所流壓死令郡國給槥ㅣ。(『匵』과 통함)

【櫝褓:독보】主櫝을 덮는 데 쓰는 보。神主褓。

【櫞】(연) 先 エン、ゆかん lemon ㄩㄢˊ yuan²
연나무연(枸ㅣ似橘)。

【櫟】(력) 錫 レキ、くぬぎ tree of heaven ㄌㄧˋ li⁴
[小篆][草書] ❶가죽나무력(柞屬似樗木)。【詩經】山有苞ㅣ。❷노략질할력(捎掠)。(『擽』과 통함)

【櫟散:역산】쓸모 없는 것。(樗櫟散木의 略語)。【戴逵】ㅣㅣ之質、不以斧斤致用。

【櫡】(저) 御 チョ、はし chopstick ㄓㄨˋ chu⁴
[小篆] 젓가락저(飯具匙ㅣ)。(『箸』와 같음)

【櫢】(수) 宥 スウ、しげる (of trees) thick
나무무성할수(樹盛貌ㅣ檽)。

十六畫

【櫧】(저) 魚 ショ、かし oak
[草書] 저나무저(木名)。【本草拾遺】ㅣ子生江南皮樹如栗冬月不彫子小如橡。

【櫨】(로) 虞 ロ、ますがた capital ㄌㄨ lu²
小篆 草書 ❶주두로(柱上枅)。【淮南子】短者以爲侏儒枅ㅣ。❷과실이름로(果名)。

【櫨木櫃:노목궤】(國) 노나무로 만든 네모진 그릇。(喩)변통성이 없는 것。(故)사랑하는 딸을 둔 한 노인이、사위를 고를 때에 남몰래 노나무 궤를 짜서 쌀 五斗를 넣어 두고 이것을 알아맞히는 사람에게 딸을 주기로 하자、딸이 어리석은 장삿군에게 일러 주어 알아맞히게 했다는 데서 온 말。『旬五志』。

【櫩】(염) 鹽 エン、のき eaves
草書 ❶섬돌염(砌也)。❷처마염(屋端四垂)。❸처마기슭염(曲屋步廊)。(『檐』과 같음)

【櫪】(력) 錫 レキ、くぬぎ tree of heaven ㄌㄧˋ li⁴
小篆 草書 ❶가죽나무력(木名、櫟也)。❷마판력(馬ㅣ)。❸누【桓溫詩】老驥伏ㅣ、志在千里。에날력(蠶薄)。❹형구력(刑具)。(『歷』과 통함)

【櫪馬:역마】외양간에 매어 있는 말。『白居易』ㅣㅣ非不肥。(喩)얽매여 있어 자유롭지 못한 身勢。

【櫪皁:역조】외양간。牛馬를 가두는 우리。혹은 牛馬의 구유。『方言』梁宋齊燕之間、謂櫪曰皁。

【櫜】(탁) 藥 タク、ひょうしぎ wooden gong
小篆 조두탁、목탁탁(警夜刁斗)。(『柝』과 같음)

【櫫】(저) 魚 チョ、くい、ふだ pile
草書 ❶표목저(表識揭ㅣ)。❷말뚝저(杙也)。(『槐』와 같음)

【⿰木遼】(료) 蕭 リョウ、ひのき Biota orentalis
❶측백나무료(柏也)。❷『橑』의 俗字。

【櫬】(친) 震 シン、ひつぎ coffin ㄔㄣˋ ch'en⁴ (本音「츤」)
小篆 草書 ❶널친、관친(親身棺)。【左傳】穆姜爲ㅣ。❷무궁화나무친(木槿)。❸땔나무친(薪也)。(『藽』과 같음)

【櫬宮:친궁】임금의 棺(관)。梓宮。

【櫮】(악) 藥 ガク、はながさかる be in flower
꽃활짝필악(花盛開貌)。

【櫯】(소) 虞 ソ、きのな tree
단목소(ㅣ枋可染緋)。

【櫇】(빈) 眞 ヒン、きのな apple
小篆 사과빈(柰也、ㅣ婆)。(『檳』과 통함)

【櫰】(회) 灰 カイ、えんじゅ Styphnolobium japonicum
❶회화나무회、괴나무회(槐之別名)。

【櫱】㊀(얼) 屑 ゲツ、ひこばえ bud ㄋㄧㄝˋ nieh⁴ ㊁(알) 曷
㊀그루터기얼(伐木餘)。【書經】顚木由ㅣ。㊁싹알(木生萌)。

【櫳】(롱) 東 ロウ、おり、まど cage; window ㄌㄨㄥˊ lung²
小篆 草書 ❶난간롱(檻也)。❷우리롱(養獸所)。❸창롱(窗也)。(『龒』과 같음)

【櫳櫺:농령】井間을 格子로 짠 창。格子窗。

【龒】(롱) 『櫳』(前條)과 같음

【櫲】(여) 御 ヨ、きのな tree
草書 여장나무여(ㅣ樟、美材)。

【⿰木霍】(곽) 覺 カク、からたち Poncirus trifoliata
탱자나무곽(枳木)。

【⿰木蒿】(고) 豪 コウ、さお punting pole
상앗대고(竿也)。【揚雄】所以刺船謂之ㅣ。

【⿰木⿱惢木】(참) 覃 サン、きのみ fruits
나무열매참(木實)。

十七畫

【欅】(거) 語 キョ、けやき oak
草書 떡갈나무거(柜柳)。【本草別錄】ㅣ樹皮似檀槐葉如櫟槲。(『柜』와 通함)

【⿰木選】(선) 先 セン、なつめ ripe jujube
小篆 맛든대추선(味梌棗)。

【櫹】(소) 蕭 ショウ、ながい slender
草書 ❶나무밋밋한모양소(木長貌)。❷초목이더부룩할소(草木茂盛貌)。

【櫹槮:소삼】❶나무가 무성한 모양。❷잎이 지고 줄기·가지만 있는 모양。❸나무가 긴 모양。

【櫺】(령) 靑 レイ、れんじ、のき lattice ㄌㄧㄥˊ ling²
小篆 草書 ❶난간령(檻也)。【景福殿賦】ㅣ檻邳張。❷평고대령(梠也)。【天台山賦】彤雲斐亹以翼ㅣ。❸살창령、완자창령(有間隔窓)。(『靈』과 통함)

【櫺檻:영함】격자로 짠 난간。『何晏』ㅣㅣ邳張。

【櫻】(앵) 庚 オウ、さくら cherry ㄧㄥ ying¹
小篆 草書 앵두앵、버찌앵(ㅣ桃一名含桃)。【禮記】仲夏之月以含桃先薦宗廟。❷벚나무앵(黑ㅣ)。

【櫻桃:앵도】(植)앵두。櫻桃科의 落葉灌木。

【櫻桃瘡:앵도창】(醫)목에 앵두 크기만하게 나는 부스럼의 한 가지。

【櫻脣:앵순】앵두처럼 붉은 입술。(轉)미인의 입술。『張憲』露濕ㅣㅣ金縷長。

【櫻月:앵월】음력 三월의 異稱。

【櫻花:앵화】❶앵두나무의 꽃。❷벚꽃。

【櫼】㊀(첨) 鹽 セン、くさび gate-post ㊁(삼) 咸
小篆 ㊀문설주첨(楔也)。㊁삼나무삼(木名)。

【櫼櫨:첨노】기둥의 橫木。『何晏』ㅣㅣ各落以相承。「南子」ㅣㅣ唲齵之郄。

【櫼楔:첨설】틈새를 쐐기로 막음。『淮

【櫾】(유) 宥 ユウ、ユ、ゆず citron
小篆 草書 유자유(似橙而酢)。(『柚』과 같음)

【檃】(은)『檼』(木部14畫)과 같음

【[木+戲]】(희) 支 キ、ひしゃく boxthorn
구기희(杓也)。(『桸』와 같음)

【藮】(초) 蕭 ショウ、きこり firewood
❶나무초(柴也)。❷나무할초(採薪)。(『樵』와 같음)

【欀】(양) 陽 ジョウ、ゆずりはのき tree
(書) ❶양나무양(木名)。❷길위에 선나무 양(路上木)。

【[木+麋]】(미) 支 ビ、ひし water nut
마름미(水中菱也)。

【欂】(박) 藥 ハク、ますがた capital ㄅㄛ po²
(小篆) ❶주두박(ㅡ櫨柱上方木)。〔禮記雜記註〕ㅡ櫨刻之爲山曰山節 謂柱上方木也。❷중깃박(壁柱)。

【欂櫨:박로】대공。또는 대접 받침。柱科。

【欄】(란) 寒 ラン、てすり railing ㄌㄢ lan²
(小篆)(草書) ❶난간란(階除木)。〔段國沙州記〕吐谷渾於河上作橋句ㅡ。❷외양간 란(牛圈)。〔漢書〕與牛馬同ㅡ。

(三才圖會) ❶欄

【欄干:난간】❶난간。층계나 다리 등의 가장자리에 縱橫으로 나무나 쇠를 건너 세워 놓은 살。사람이 떨어지는 것을 막고 또 장식으로도 삼음。〔蘇軾〕長明燈下石ㅡㅡ。❷눈물 같은 것이 많이 나오는 모양。〔白居易·長恨歌〕玉容寂寞淚ㅡㅡ。

【欄內:난내】欄干의 안。

【欄邊:난변】난간의 가장자리。난간 근처。欄畔。〔薛能〕ㅡㅡ淸酒落花多。

【欄衫:난삼】生員·進士에 합격된 때에 입던 예복。녹색이나 검은 빛의 團領에 각기 같은 빛의 선을 둘렀음。

【欄外:난외】❶난간의 바깥。〔庾信〕ㅡ將花、居然俱笑。❷신문이나 책 같은 것의 본문 주위의 餘白。신문·책의 둘레의 줄의 바깥。

【欄阻:난조】가로막힘。

【欄檻:난함】=欄干①。〔後漢書〕昔朱雲、廷折ㅡㅡ。

◎空ㅡ、文藝ㅡ、朱ㅡ。

【欃】(참) 咸 ザン、まゆみ Betula schmiditii ㄔㄢ ch'an²
(草書) ❶박달나무참(檀木)。❷수통참(通水管)。❸혜성참(彗星ㅡ槍)。『欃』과 통함

【欃檀:참단】檀木의 이름。〔司馬相如〕ㅡㅡ木蘭。

【欃槍:참창】(天)별 이름。彗星의 異名。孛星。〔爾雅〕彗星爲ㅡㅡ。

【欖】(람)『欖』(木部21畫)의 俗字

十八畫

【欈】(추) 支 スイ、きのな tree
❶땅이름추(地名ㅡ李)。❷나무이름 추(木名)。(『檇』와 같음)

【櫑】(류) 尤 リュウ、ふぢ wisteria
등나무류(藤也)。

【[雜+木]】(잡) 合 ソウ、とりのな water bird
❶물새이름잡(海鳥ㅡ縣)。❷섞일 잡(交雜)。

【欇】(섭) 葉 ショウ、かえで maple tree ㄕㄜ she⁴
(小篆) ❶단풍나무섭(楓也)。❷지팡이 섭(杖也)。

【權】(권) 先 ケン、いきおい authority, right ㄑㄩㄢ ch'üan²
(小篆)(草書) ❶권세권、사날권(ㅡ柄)。〔莊子〕親ㅡ者不能與人柄。❷저울질할권(稱錘)。〔孟子 梁惠王上〕ㅡ然後知輕重。❸평할권(平也)。〔禮記 王制〕立君臣之義、以ㅡ之。❹권도권(反經合道)。〔易繫辭〕巽以行ㅡ。❺벼슬겸할권(攝官)。〔鼠璞〕韓愈爲ㅡ知國子博士三歲爲眞。❻비롯할권(ㅡ輿如也)。〔詩經〕吁嗟乎不成ㅡ輿。❼모사할권(謀也)。「臨機應變의 處置」。〔孟子 離婁上〕嫂溺、援之以手ㅡ也。

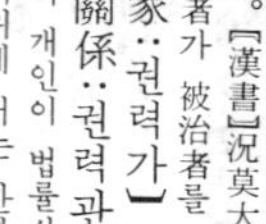
(考古學) ❷權 秦

【權家:권가】❶=權門。〔南史〕依事劾奏、不憚ㅡㅡ。❷兵家。兵法에 능통한 사람。權謀를 많이 쓰기 때문에 이런 말이 생김。〔曹子建〕ㅡㅡ雖愛勝、全國爲令名。

【權奸:권간】권세를 가진 간사스러운 신하。

【權概:권개】저울의 추와 말의 평미레。사물의 平衡을 얻음을 일컫는 말。〔禮記〕正ㅡㅡ、一以法度。

【權官:권관】❶權力이 있는 벼슬 자리。또는 그 자리에 있는 사람。❷本官 이외에 兼務하는 官職。兼官。

【權貴:권귀】벼슬이 높고 권세가 강함。또는 그러한 사람。〔齊書〕三世不事ㅡㅡ。

【權能:권능】❶권세와 일을 처리하는 능력。❷(法)權限。職權。

【權度:권도】❶저울과 자。〔周禮〕以ㅡㅡ受之。❷法則。❸저울로 무게를 달음。

【權道:권도】수단은 옳지 아니하나 결과가 常道에 합당하는 방법。臨機應變의 수단。↔常道·正道。

【權略:권략】權道와 謀略。計略。權謀。〔後漢書〕祭彤有ㅡㅡ。

【權量:권량】❶저울과 말。〔論語〕謹ㅡㅡ、審法度。❷비교함。〔鬼谷子·飛箝〕定親疏之事、然後乃ㅡㅡ之。

【權力:권력】❶남을 눌러 복종시키는 힘。權勢。〔漢書〕況莫大諸侯ㅡㅡ且十此者乎。❷治者가 被治者를 복종시키는 힘。

【權力家:권력가】권력을 가진 사람。

【權力關係:권력관계】국가 또는 공공단체와 개인이 법률상 지배자와 피지배자의 지위에 서는 관계。

【權力均衡:권력균형】(法)여러 나라의 권력이 고르게 되어 있는 상태。

【權力分立主義:권력분립주의】(法)국가 작용을 입법·사법·행정의 三權으로 나누어 서로 견제하도록 함으로써 국민의 자유와 권리를 보장시키려는 주장。

【權力慾:권력욕】권력을 잡으려는 욕심。

【權力作用:권력작용】(法)국가가 우월한 지배적 지위。곧 일방적인 명령·강제의 처지에서 행하는 작용。

【權利:권리】❶권력과 이익。〔史記〕語有之、以ㅡ合者、ㅡ盡而交疎。❷(法)일정한 이익을 주장하고 그것을 누릴 수 있는 수단으로서 법률이 일정한 자격을 가진 자에게 주는 힘。❸어떤 일을 행하거나、행하지 않을 수 있는 자격이나 능

력。↕義務。

【權利金:권리금】《法》도회지에서 특정 한 장소 사용의 이익의 代價로서 관습상 지불되는 돈。

【權利能力:권리능력】《法》권리의 주체가 될 수 있는 자격이나 지위。

【權利書:권리서】所有權을 확증한 등기 서류。

【權利義務:권리의무】권리와 의무。

【權利者:권리자】《法》❶권리를 가진 사람。 ❷債權者。

【權利株:권리주】《法》회사 성립 전、곧 법률상 株券을 발행할 수 없는 시기에 있는 株。

【權利主體:권리주체】《法》권리를 享有하며 의무를 부담할 수 있는 자격을 가진 주체。

【權利行爲:권리행위】《法》권리를 주장할 수 있는 법률상의 행위。

【權賣:권매】다시 무를 수 있도록 약속하고、잠시 동안 팔거나 사는 일。

【權謀:권모】權變의 모략。 경우에 대응하여 변하는 계책。 權略。『漢書』爲人剛暴、長于—|。

【權謀術數:권모술수】목적을 위해서는 수단·방법을 가리지 않고 교묘하게 남을 속이는 술책。

【權門:권문】권세가 있는 집안。 벼슬이 높고 사회적인 세력이 강한 집안。 權家。 權門勢家。『後漢書』—|請託。

【權門勢家:권문세가】代代로 권세 있고 官位가 높은 집안。

【權門子弟:권문자제】권력이 있는 집안의 자제。

【權變:권변】어떤 경우에 적합한 계책을 세우는 일。 또는 그 계책。 臨機應變의 計策。 權略。『史記』三晉多—|之士。

【權柄:권병】❶권력이 따르는 정치상의 힘。 남을 강제하여 굴복시키는 권력。『漢書』夫大臣操—|、持國政。 ❷남의 위에 서는 사람이 가지는 生死與奪의 권력。

【權不十年:권불십년】아무리 높은 권세라도 一〇년을 가지 못함。

【權詐:권사】계획적으로 속임。 欺瞞하는 계책。 詭計。『漢書』作爲—|、以相傾覆。

【權攝:권섭】❶임시로 다른 사람에게 어떤 직책을 겸임하게 함。『宋史』禁羨餘、罷—|。 ❷임시로 대리하여 사무를 맡아 봄。

【權勢:권세】❶권력과 세력。『南史』器量弘雅、不以—|自居。 ❷남을 복종시키는 세력。

【權數:권수】臨機應變하는 機智。 權謀術數의 略語。『魏志』太祖少機警有—|。

【權臣:권신】권세가 강한 신하。 권세를 잡은 신하。『唐書』—|巧吏。

【權輿:권여】❶사물의 시작。 또는 처음。『詩經』于嗟乎不承—|。 ❷움틈。 萌芽。

【權要:권요】❶권세가 있는 요긴한 지위。 또는 그 지위에 있는 사람。『南史』江湛爲吏部尙書、與徐湛之竝居—|。世謂江徐。 ❷요긴한 곳。 機要。

【權原:권원】권리를 얻은 원인。 또는 법률상 사물이 정당화되는 이유。

【權威:권위】❶권력과 위세。 남을 복종하게 하는 위력。 ❷=權威者。

【權威者:권위자】어떤 학문이나 기술에 있어서 가장 높은 水準에 있는 사람。 泰斗。 오오도리티(authority)。

【權益:권익】권리와 이익。

【權定:권정】권도에 의해 임시로 작정함。

【權制:권제】❶威權과 法制。『蜀志』約官職、從—|。 ❷권력으로 억눌러 다스림。『商君傳』—|獨斷。 ❸때와 장소에 적합한 법률。『揚雄·解嘲』秦法酷烈、聖[漢—|。

【權重:권중】권세가 큼。

【權察:권찰】임시로 딴 일을 겸하여 보살핌。

【權戚:권척】권세 있는 자의 친척。 권세 있는 王室의 戚分。『宋書』奉法直繩、不阿—|。

【權寵:권총】권세와 임금의 특별한 사랑。『後漢書』以此見害于—|。

【權窆:권폄】風水說에 따라 좋은 山地를 구할 때까지 임시로 송장을 묻는 일。 中窆。

【權限:권한】《法》법률이 정하는 바에 따라 처리할 수 있는 일의 범위。 權能。 職權。

【權限爭奪:권한쟁탈】《法》권한을 서로 빼앗으려함。

【權衡:권형】❶물건을 다는 도구。 저울추와 저울대。《轉》사물의 平衡。 또는 均衡。 사물의 評定。『莊子』爲之—|。 ❷《天》별의 이름。 軒轅星과 太微星。

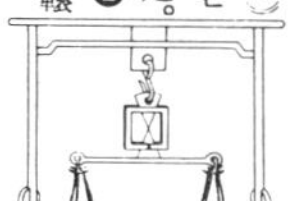
權衡 (大淸會典圖)

【權化:권화】❶《佛》부처·菩薩이 衆生을 濟度하기 위하여、편의상 사람으로 化身하여 이승에 나타나는 것。 또는 그 化身。 『法華經·科註』餘方施—|。 ❷어떤 抽象的 특질을 구체화 또는 類型化하는 일。

【權橫:권횡】권력을 믿고 제 멋대로 행동함。『宋史』今后妃無—|之家。

【權凶:권흉】권세를 함부로 쓰는 흉악한 사람。

◎公—、國—、棄—、大—、物—、民—、兵—、秉分—、私—、選擧—、所有—、實—、利—、人—、自由—、著作—、全—、占有—、政—、主—、執—、債—、親—、特—、版—、覇—。

【欋】(구) 虞 ク、くまで forked rake
❶쇠스랑구(四齒杷)。 ❷나무뿌리얽힐구(木根盤錯貌)。

【欋疏:구소】붙고 떨어짐。『太玄經』

【欌】(장) 〔國字〕
의장장、장롱장(所以衣臧)。

【欌籠:장롱】옷들을 넣는 장。

【欌門:장문】옷장 문。

【欌廛:장전】장롱 따위를 파는 가게。

【櫑】(뢰) 賄 ライ、くぐつ puppet
꼭두각시뢰(傀儡)。

十九畫

【欏】(라) 歌 ラ、かき a fence ㄌㄨㄛ luo²
❶울타리라(籬也)。 ❷찢을라(裂也)。 ❸사라나무라(似枇杷杪—)。

【欗】㊀(전) 先 ㊁(관) 刪 セン、くい stake
㊀말뚝전(杙也)。 ㊁손댈관(手相關付)。

【欐】(리) 支 リ、まがき endow
❶울타리리(藩也)。 ❷베풀리(布也)。 (『籬』와 같음)

【欐】(려) 薺 レイ、むね beam ㄌㄧˋ li⁴
[草書] ❶들보려(梁也)。『列子』雍門鬻歌餘音遶梁—三日不絕。 ❷거루려(小船)。

【欐栭:여귀】❶支柱。 대들보。『類篇』欐、——、支柱也。 ❷二重으로 함。『類篇』欐、——、一曰重累。

【欑】(찬) 寒 サン、あつめる pile up ㄘㄨㄢˊ ts'uan²
[小篆·草書] ❶휘추리나무찬(叢木)。 ❷대나무를쌓을찬(積竹杖)。『禮記』君殯用輴—至于上畢塗屋。

【櫬宮：찬궁】《制》殯殿 안에 임금의 棺을 두던 곳。

【櫬室：찬실】《制》殯宮 안의 世子의 관을 두던 곳。

【櫬賀：찬하】남의 경사에 合掌하고 祝賀함。

【欛】(파)『欛』(木部21畫)의 訛字

【欒】(란) 寒 ラン、ひじき capital ㄌㄨㄢ² luan² 小篆 草書 ❶난나무란(木名、似欄枏)。〔左思 吳都賦〕―櫨疊施。❷엄장부란(曲欂)。❸쇠북아귀란(鐘口兩角)。〔周禮註〕古之鐘不圓狀如今之鈴故有兩角也。❹파리할란(瘠貌)。〔詩經 檜風素冠〕棘人――。

【欒栱：난공】=斗洪。

【欒欒：난란】몸이 파리한 모양。〔詩經〕棘人――兮。

【欒荊：난형】《植》난나무의 一種。紫荊。〔本草〕釋名、頑荊、集解、恭曰、――。

欒荊 (三才圖會)

二十畫

【欓】(당) 養 トウ、きおけ wooden barrel ❶월나라산초당(越椒)。❷나무통당(木桶)。

【欔】(곽) 藥 カク、すき ploughshare ㄐㄩㄝ² chüeh² ❶보습곽(犂也)。❷가래곽(鍬也)。

【⿰木黍】(심) 侵 シン、あれる coarse 거칠어질심(荒也)。

【欕】(엄)〔國字〕엄나무엄(鵲不踏木)。

二十一畫

【欖】(람) 感 ラン、かんらん olive ㄌㄢ³ lan³ 草書 감람나무람(交趾果名)。

【欖仁：남인】감남나무의 씨。〔本草〕。

【欖醬：남장】감남나무의 열매를 곱게 빻아서 말린 白粉。〔本草〕。

【欖香：남향】감남나무의 樹脂에서 빼낸 香氣의 이름。〔本草〕。

【欇】(첩) 葉 チョウ、きのな tree ❶나무이름첩(木名)。❷풀이름첩(草名)。

【欗】(란) 寒 ラン、きのな magnolia 목란란(桂類木―)。

【欘】(촉) 沃 チョウ、おののえ handle of adze ㄓㄨ² chu² 小篆 草書 ❶굽은자귀자루촉(斤柄自曲者)。❷까귀촉(斫也)。❸호미촉(鋤也)。

【欙】(류)『樏』(木部11畫)와 같음

【欚】(례) 薺 レイ、おおふね ship 小篆 ❶큰배례(江中大船)。❷작은배례(小船)。

【欛】(파) 禡 ハ、つか handle of a sword ㄅㄚ' pa⁴ 草書 칼자루파(刀柄)。〔丹鉛錄〕得此―柄。

【欛柄：파병】죽이고 살리고、주고 빼앗고 하는 모든 권리를 꽉 잡음。生殺與奪의 權兵을 장악함。

二十二畫

【櫋】(면) 先 ベン、しげる thick 나무 빽빽할면(木密貌)。

【⿰木彎】(만) 刪 ワン、まがったき bent tree 굽은나무만(曲木)。

【欝】(울)『鬱』(鬯部19畫)과 같음

二十四畫

【欞】(령)『櫺』(木部17畫)과 같음

【欞星：영성】세살창。살이 가는 창문。細骨窓。

欠部

【欠】㊀(흠) 豔 ケン、あくび (本音「겸」) ㊁(감)(俗音) yawn 小篆 小篆 草書 ㊀❶하품할흠(張口氣解)。〔韓愈詩〕噫―爲飄風。❷기지개켤흠(―伸疲乏貌)。〔禮記 曲禮〕君子―伸。❸이지러질흠(不足)。〔韓愈詩〕所懷無――。❹빌릴흠(負債)。〔蘇洵論積欠狀〕自小民已上、大率皆有積―。❺빠질흠。❻구부릴흠(―身)。㊁뜻은㊀과 같음。

【欠缺：흠결】일정한 수에서 부족이 생김。

【欠席：흠석】=缺席。

【欠伸：흠신】하품과 기지개。〔禮記〕侍坐君子、君子――。

【欠身：흠신】상대방에게 경의를 표하느라고 몸을 굽힘。

【欠身答禮：흠신답례】몸을 굽히어 답례함。

【欠員：흠원】=缺員。

【欠字：흠자】문장 속에 부족된 글자。

【欠節：흠절】《國》부족하거나 잘못된 점。〔老學庵筆記〕모자라는 곳。흠집。

【欠點：흠점】=欠節。

【欠縮：흠축】《國》일정한 수효에서 부족함이 생김。欠缺。虧欠。

【欠乏：흠핍】이지러져서 모자람。

二畫

【次】(차) 寘 シ、ジ、つぎ next; secondary ㄘ tz'ŭ⁴ 小篆 古文 草書 ❶버금차(亞也)。〔中庸章句〕―言存養省察之要。❷차례차(第也)。〔十八史略、春秋戰國趙〕―者吾君、―者遂。❸군사머무를차(師止)。〔書經 泰誓〕王―于河朔。❹집사、사처사(舍也)。〔左傳 襄公二十六年〕師陳焚―。❺이를차(至也)。〔史記 酷吏傳〕內深―骨。❻장막차(幄也)。〔周禮〕掌―朝日祀五帝則張大―小―。❼가슴차、속차(中也)。〔莊子〕喜怒哀樂不入於胸―。❽갑자기차(急遽貌)。〔論語〕造―必於是。❾머리꾸밀차(編髮)。〔儀禮〕女―純衣纁袡。❿곳차(所也)。〔國語魯語〕五刑三―。⓫위치차(位置)。〔左傳 襄公二十三年〕恪居官―。⓬행차차(行也)。

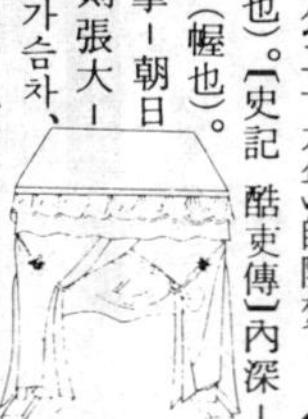
❻次 (禮器圖)

【次骨:차골】원한이 뼈에 사무침。『史記·酷吏傳』外寬內深ㅡㅡ。
【次官:차관】《制》❶宮內府의 버금가던 벼슬。❷각부 장관을 보좌하거나 대리할 수 있는 보조 기관。
【次期:차기】다음 시기。
【次男:차남】둘째 아들。
【次堂:차당】《制》각 관청의 堂上 다음 자리의 벼슬아치의 일컬음。
【次代:차대】❶다음을 이어 받을 代。❷다음 時代。
【次等:차등】다음가는 등급。
【次例:차례】❶차례 있게 나아가는 순서。❷나아가는 번。
【次上:차상】《制》詩文을 끊던 등급의 한 가지。네째 등급 중의 첫째 등급。
【次序:차서】차례의 순서。『淮南子』知日月之ㅡㅡ。
【次席:차석】首席의 다음 자리。
【次數:차수】《數》多項式에서 著眼하고 있는 문자 因數의 수。「켜 이르는 말。
【次兒:차아】부모가 둘째 아들을 가리
【次養子:차양자】《國》죽은 맏아들의 양자가 될 만한 사람이 없을 경우에 그 뒤를 잇기 위하여 조카뻘 되는 사람을 그의 아들을 낳을 때까지 양자로 삼는 일。
【次元:차원】《數》❶대수에서 곱 또는 項의 文字因數。곧 a^2b는 三次元의 項임。❷기하학에서 직선은 一次元, 평면은 二次元, 입체는 三次元이라 함。
【次位:차위】다음가는 자리。두 번째。
【次子:차자】둘째 아들。次男。「람。
【次長:차장】어떤 직책의 버금되는 사
【次點:차점】다음 점수。다음 차례。
【次第:차제】차례。『大學章句』可見古人爲學ㅡㅡ者、獨賴此篇存。「가는 일。
【次第件事:차제건사】차례대로 되어
【次座:차좌】다음의 좌석。

【次中:차중】詩文을 평하는 등급의 하나인 四등 가운데의 둘째 級。
【次知:차지】《制》❶各宮의 사무를 맡아 보던 사람。❷주인을 대신하여 형벌을 받던 하인。
【次職:차직】버금 벼슬。차석의 벼슬。
【次次:차차】어떠한 일이 조금씩 되어 가는 상태。점점。
【次次雄:차차웅】《制》新羅 때의 임금의 칭호。二代 南解王 때에 일컬었음。
【次下:차하】시문을 끊는 등급의 한 가지。세째 급。
【次號:차호】❶다음 번호。❷定期刊行物의 다음 號。
【次回:차회】다음 번。
◎今ㅡ、屢ㅡ、目ㅡ、序ㅡ、席ㅡ、順ㅡ、今ㅡ、年ㅡ、連ㅡ、列ㅡ、一ㅡ、前ㅡ、詮ㅡ、ㅡ、漸ㅡ、苦ㅡ。

三 畫

【⿸尸欠】(의) 支 キ、ためいき sigh
탄식할의(歎聲)。
【⿰亡欠】(감) 覃 カン、おろか foolish (本音「함」)
어리석을감(愚也)。

四 畫

【⿰化欠】(와) 麻 ガ、よわい weak
약할와(歃ㅡ、弱貌)。
【欣】(흔) 文 キン、よろこぶ joy; delight ㄒㄧㄣ hsin¹
小篆 草書 ❶기쁠흔(笑喜)。『陶潛 歸去來辭』乃瞻衡宇載ㅡ載走。❷좋아할흔(好也)。❸짐승이 힘센흔(獸有力)。『爾雅』兎絕有力ㅡ、牛絕力ㅡ。❹초목이 생생할흔。『陶潛 歸去來辭』木ㅡㅡ以向榮。(『忻』과 같음)
【欣感:흔감】기뻐하고 감동함。『韓愈』ㅡㅡ之誠、實倍常品。
【欣慕:흔모】기쁜 마음으로 사모함。欽慕。『應麟』海內企踵、ㅡㅡ捉髮之德。
【欣服:흔복】기쁜 마음으로 복종함。『後漢書』ㅡㅡ高義。
【欣賞:흔상】기쁜 마음으로 칭찬함。『陶潛』奇文共ㅡㅡ。「ㅡㅡ之至。
【欣躍:흔약】기뻐서 날뜀。『遜逖』無任
【欣然:흔연】기뻐하는 모양。欣欣。『史記』姜嫄見巨人跡、心ㅡㅡ說欲踐之。
【欣然待接:흔연대접】기쁜 마음으로 대접함。「움。
【欣快:흔쾌】마음이 기쁘고도 시원스러
【欣欣:흔흔】❶기뻐하는 모양。欣然。『詩經』旨酒ㅡㅡ。❷초목이 무성해서 이들이들한 모양。『陶潛』木ㅡㅡ向榮。
【欣喜:흔희】기쁨。즐거워함。欣懌。『國語』事神保民、莫不ㅡㅡ。
【⿰兮欠】㊀(혜) 齊 ケイ、うめく moan ㊁(희) 支
㊀앓는 소리혜(痛聲)。㊁신음할희(呻吟)。
【⿰斤欠】(흠) 文 キン、くさめ sneeze
재채기할흠(嚏也)。
【欦】(함) 覃 カン、すこしわらう smile
小篆 ❶빙그레웃을함(含笑)。❷탐낼함(貪欲)。❸슬기가 많을함(多智)。(『欱』과 같음)
【欧】(구)『歐』(11畫 欠部)의 略字

五 畫

【欨】(구) 虞 ク、ふく blow (古音「후」)
小篆 草書 ❶불구(吹也)。❷벙글거릴구(笑貌)。❸하품할구(欠也)。
【⿰可欠】(하) 歌 カ、いき burst into laughter
❶껄껄웃을하(大笑)。❷입을 벌리고 숨쉴하(張口出息)。(『呵』와 같음)
【⿰厄欠】(액) 陌 ヤク、わらいかたる smile
웃고말할액(笑語ㅡ歡)。
【⿰幼欠】㊀(유) 宥 ヨウ、うれえる worry (about) ㊁(욱) 屋
小篆 ㊀근심할유(愁貌)。㊁뜻은 ㊀과 같음。
【⿰召欠】(초) 蕭 ショウ、すこやか steam
❶김오를초(氣上蒸ㅡ歊)。❷건장할초(健也)。
【欪】(출) 質 チュツ、わらう shameless
小篆 ❶부끄럼없을출、뻔뻔스러울출(無慙咄ㅡ)。❷웃을출(笑也)。
【⿰只欠】(희) 支 カイ、むせぶ be irritated
상기할희(氣逆)。

六 畫

【⿰缶欠】(격) 錫 ケキ、ふく blow
草書 부는소리격(吹聲)。
【欱】(합) 合 コウ、すする inhale
小篆 草書 ❶한숨에 후들이마실합(大吸)。❷합할합(合也)。

❸주름잡을합(斂受之意)。 ❹모을합(合也)。 ❺마실합(翕也)。(『哈』과 같음)

〔欱納:합납〕 容納함。『柳宗元』。

【欳】(궤) 紙 キ、つかれきる weary

고달플궤、나른할궤(疲極)。

【欬】㊀(해) 隊 ガイ、せき cough ㄎㄜˊ k'ê² (古音「개」)
㊁(애) 卦 ㄎㄞˋ k'ai⁴

小篆 草書 ㊀❶기침할해(ㅡ嗽因風逆氣)。 ❷크게부를해(大呼)。〔禮記〕車上不廣ㅡ。 ❸일깨울(疾言)。㊁배불러숨찰애(飽食息)。

〔欬嗽:해소〕 기침。咳嗽。『魏志』苦ㅡㅡ、欲臥不安。

〔欬逆:해역〕《醫》❶痰咳病。❷喘息。『傷寒論』ㅡㅡ上氣也。

〔欬唾:해타〕 기침을 하고 가래를 뱉음。또는 그 가래。『李白』ㅡㅡ落九天、隨風生珠玉。

〔欬唾凝珠:해타응주〕 ❶침방울이 아름다운 玉이 됨。《喻》권세가 당당하고 세력이 큼。『趙壹』勢家多所宜、咳唾自凝珠。❷詩나 文章에 뛰어남을 일컬음。『晉書』。

【欮】(궐) 月 ケツ、せきこむ pant

숨찰궐、가쁠궐(逆氣)。(『瘚』과 같음)

【欯】(힐) 質 キツ、よろこぶ glad ㄒㄧˊ hsi²

小篆 ❶기쁠힐(喜也)。❷웃을힐(笑也)。

〔欯欯:힐힐〕 기뻐하는 모양。『廣雅』欯ㅡㅡ、喜也。

七 畫

【欳】(신) 㣊 シン、ゆびさしてわらう point a finger (of scorn) at (俗音「진」)

小篆 손가락질하며웃을신、빈정거릴신(指而笑)。

【欲】(욕) 沃 ヨク、ほっする want; desire ㄩˋ yü⁴

小篆 草書 ❶탐낼욕 욕심낼욕(貪也)。〔孟子 梁惠王上〕將以求吾所大ㅡ也。❷하고자할욕(期願)。〔論語〕我ㅡ仁。❸사랑할욕(愛也)。〔孟子〕可ㅡ之爲善。❹장차욕(將然)。〔古銘〕ㅡ墮不墮逢王顆。❺필요할욕(要也)。〔文章軌範 侯字集小序〕膽ㅡ大心ㅡ小。(『慾』과 같음)

〔欲界:욕계〕《佛》三界(色界・無色界・欲界)의 하나。욕심이 많은 有情이 머물고 있는 경계。『大藏法數』。

〔欲界三欲:욕계삼욕〕《佛》욕계의 세가지 욕심。곧 飮食欲・睡眠欲・淫欲을 이름。『俱舍論』欲界衆生具三事、故名欲界。

〔欲哭逢打:욕곡봉타〕 울려고 하는 아이를 때리어 마침내 울게 한다는 뜻。《喻》불평을 품고 있는 사람을 선동함。

〔欲巧反拙:욕교반졸〕 잘 만들려고 너무 기교를 다하다가 도리어 졸렬하게 만들었다는 말。《喻》너무 잘하려 하면 도리어 안 됨을 일컬음。

〔欲求:욕구〕 욕심껏 구함。하고자 함。

〔欲望:욕망〕 ❶무엇을 하거나 또는 가지고 싶어함。또는 그 마음。❷부족을 채우고자 하는 마음。

〔欲死無地:욕사무지〕 죽으려고 하여도 죽을 만한 곳이 없음。아주 분하고 원통함을 뜻함。

〔欲速不達:욕속부달〕 일을 속히 하고자 하나 도리어 이루지 못함。

〔欲速之心:욕속지심〕 속히 되기를 바라는 마음。

〔欲食其肉:욕식기육〕 그 사람의 고기를 먹고 싶음。원한이 깊음을 뜻함。

〔欲心:욕심〕 ❶분수에 넘게 하고자 하는 마음。欲念。❷色欲의 情。色情。欲情。

〔欲情:욕정〕 ＝欲心②。

〔欲吐未吐:욕토미토〕 말을 금방 할 듯할 듯하고 아직 하지 않음。

〔欲罷不能:욕파불능〕 파하고자 하여도 파할 수가 없음。

【欳】(괴) 卦 カイ、ためいき heavy sigh

크게한숨쉴괴(太息)。

【欵】(관)『款』(欠部 8畫)의 俗字

【欶】㊀(삭) 覺 サク、すう inhale
㊁(수) 宥

小篆 ㊀❶붙을삭(著也)。❷빨아들일삭(吮也含吸)。㊁기침할수(上氣咳)。(『嗽』와 같음)

【欷】(희) 微 未 キ、なく、なげく sob ㄒㄧ hsi¹

小篆 草書 ❶한숨 쉬내쉴희(息也)。❷탄식할희(歎也)。〔後漢書〕忠臣過故墟而歔ㅡ。❸흑흑 느낄희(含泣飮聲)。「歔ㅡ流涕」。(『唏』와 통함)

〔欷歔:희허〕 흐느껴 울음。훌쩍훌쩍 울음。『韓詩外傳』孟嘗ㅡㅡ就之。

【欸】(애) 灰 賄 アイ、なげく sigh ㄞˇ ai³ ei⁴

小篆 草書 ❶한숨쉴애(歎聲)。〔楚辭〕ㅡ秋冬之緖風。❷그렇다할애(然也)。〔方言〕南楚凡言然者或曰ㅡ或曰䜔。❸노젓는소리애(棹歌曰ㅡ乃)。(『唉』와 같음)

八 畫

【猗欠】(의) 支 イ、ああ adore ㄧ i¹

草書 아름답다할의、거룩하다할의(ㅡ歟歎美辭)。(『猗』와 통함)

〔欹傾:의경〕 ＝欹側。

〔欹危:의위〕 기울어져서 위태함。『杜甫』行步ㅡㅡ實怕春。

〔欹直:의직〕 기울음과 곧음。

〔欹側:의측〕 기울어짐。쫑긋솟음。『杜甫』ㅡㅡ風帆滿。

【欽】㊀(전) 霰 セン、うめく moan
㊁(점) 鹽

㊀신음할전(呻也)。㊁뜻은 ㊀과 같음。

【欺】(기) 支 キ、あざむく deceive ㄑㄧ ch'i¹

小篆 草書 ❶속일기(謾也)。〔史記〕子產治鄭民不能ㅡ子賤治單父民不忍ㅡ西門豹治鄴民不敢ㅡ。❷거짓말할기(詐也)。❸업신여길기(陵也)。❹망녕될기(妄也)。❺속을기(自昧其心)。〔大學〕毋自ㅡ也。

〔欺誑:기광〕 남을 속임。欺罔。『韓愈』姦猜畏彈射、斥逐恣ㅡㅡ。

〔欺君:기군〕 欺君罔上의 略語。

〔欺君罔上:기군망상〕 임금을 속임。

〔欺弄:기롱〕 속여 놀림。

〔欺謾:기만〕 그럴 듯하게 속임。『漢書』務爲ㅡㅡ以避其課。

〔欺瞞:기만〕 ＝欺謾。

〔欺瞞術:기만술〕 남을 그럴 듯하게 속여 넘기는、술책。

【欺瞞政策:기만정책】 속임수로 하는 정치의 책략。
【欺罔:기망】 속임。 거짓말을 함。『漢書』――世主。
【欺詐:기사】 =詐欺。『魏志』――侮易、多不得分明。
【欺世:기세】 세상을 속임。
【欺世盜名:기세도명】 세상 사람을 속이고 虛名을 드러냄。
【欺笑:기소】 남을 속여서 비웃음。
【欺心:기심】 자기의 마음을 속임。 자기의 양심을 속임。
【欺隱:기은】 속이고 감춤。
【欺人:기인】 사람을 속여 냄。
【欺人取物:기인취물】 사람을 속여 돈이나 물건을 빼앗음。 欺人騙財。
【欺情:기정】 속 마음을 드러내지 않음。
【欺騙:기편】 남을 속임。
【欺惑:기혹】 속이어 미혹하게 함。『五代史』――愚衆。
◎詐―。

【欻】(훌) 物 クツ、たちまち suddenly ㄏㄨ hu ㄔㄨㄚ ch'ua 小篆 草書 ❶홀연훌(忽也)。『吳都賦』慌罔奄―。❷훅들이마실훌(吸疾貌)。❸으슥할훌(歘―幽邃貌)。『靈光殿賦』歘―幽靄。❹흔들거릴훌(動也)。❺급히일어날훌(暴起)。(『歘』과 같음)
【欻然:훌연】 문득。 갑자기。 마침내。 欻忽。『杜甫』聲價――來向東。
【欻吸:훌흡】 바람 따위의 빠른 모양。 俄頃。『蘇軾』――如電過。

【[illegible]】(자) 寘 シ、よみがえる revive 小篆 까무러쳤다깨날자(惛死而復生)。

【[illegible]】(자) 支 シ、はじしらず shameless 염치없을자(無廉恥)。

【欽】(흠) 侵 キン、つつしむ respect (古音「금」) 小篆 草書 ❶공경할흠(敬也)。『書經』―明文思安安。❷공손할흠(恭也)。❸물끄럼히쳐다볼흠(思望意)。『詩經』憂心――。❹임금의말흠(―差皇敕)。❺쇠북절도있게맞춰칠흠(鐘聲有節)。『詩經』鼓鐘――。❻근심할흠(憂也)。
【欽命:흠명】 임금의 명령。 勅命。
【欽慕:흠모】 기쁜 마음으로 사모함。
【欽服:흠복】 공경하고 복종함。
【欽羨:흠선】 사모하고 부러워함。 歆羨。『魏書』時人莫不――焉。『書經』――天道。
【欽崇:흠숭】 공경하고 숭배함。 欽尙。
【欽仰:흠앙】 공경하고 앙모함。
【欽定:흠정】 황제가 친히 제정함。 또는 그 명령에 의하여 제정。
【欽定憲法:흠정헌법】 《法》왕의 命令에 의하여 제정하고 반포하는 헌법。↕協定憲法。
【欽遵:흠준】 임금의 명령을 받들어 시행함。
【欽差:흠차】 임금이 보내는 使臣。 勅使。『正字通』御音曰欽敕 御使曰欽命、俗曰――、皆取敬意。
【欽天監:흠천감】 《歷》明代에 설치하였던 天文測候所。
【欽勅:흠칙】 임금이 하는 말。
【欽快:흠쾌】 기쁘고 상쾌함。
【欽歎:흠탄】 아름다운 점을 몹시 칭찬함、
【欽恤之典:흠휼지전】 죄수에 대하여 신중히 審議하라는 뜻의 恩典。
【欽欽:흠흠】 ❶걱정이 되어 잊지 못하는 모양。 갈망함。『詩經』未見君子、憂心――。❷종소리를 형용하는 말。『詩經』鼓鐘――。
【欽喜:흠희】 기뻐함。

【款】(관) 旱 カン、まこと、かじょう sincere; item ㄎㄨㄢˇ k'uan³ 小篆 或體 草書 ❶정성스러울관(衷曲誠也)。❷사랑할관(敬愛)。『楚辭』寧悃悃――朴以忠乎。❸막힐관(塞也)。『徐曰』意有所欲而猶塞――然。❹두드릴관(叩也)。『晏子』前驅―門。❺이를관(至也)。『西京賦』繞黃山而―牛首。❻머무를관(留也)。『謝靈運詩』斷絕雖殊念俱爲歸慮―。❼관곡할관(―曲)。『後漢書』文叔少時謹言與人不―曲。❽조목관(條列科也)。❾기록할관(誌也)。『史記』汾陽得鼎鼎大異於衆鼎文鏤無―識。❿하고자할관(心所欲)。⓫말파리할관(馬疲)。⓬낙관관(落―)。
【款曲:관곡】 ❶매우 정답고 친절함。『後漢書』文叔少時謹言、與人不――。❷얼크러진 事緣。 委曲。『謝靈運・詩』――洲諸言。
【款款:관관】 ❶충실한 모양。『楚辭』寧悃悃――、朴以忠乎。❷느린 모양。『杜甫』點水蜻蜓――飛。❸혼자 즐기는 모양。
【款段:관단】 ❶느리고 더딘 걸음。『後漢書・馬援傳』乘下澤車、御――馬。❷망아지。『駢雅・釋獸』――小馬也。
【款談:관담】 터놓고 하는 이야기。
【款待:관대】 정성껏 접대함。 款接。
【款冬花:관동화】 《植》머위꽃。

款冬花(三才圖會)

【款門:관문】 訪問함。 《轉》따르고 복종함。 叩門。 叩關。『呂覽、愛士』夜――而謁。
【款服:관복】 진심으로 따름。 心服。『北史』周鄭――。
【款誠:관성】 간곡한 정성。
【款額:관액】 작정한 액수。
【款然:관연】 진심으로 사람을 대함。 정성껏 대함。『宋書』。
【款引:관인】 죄를 自白함。『北史』悉獲實驗、賊徒――。
【款話:관화】 간곡히 말함。 터놓고 이야기함。 款語。『癸辛雜識』欲與卿――。
【款洽:관흡】 말이 친절하고 정성스러움。『北史』情好――。
◎落―、文―、約―、定―、借―、通―。

【欿】(감) 感 カン、あきたらない discontented (本音「함」) ㄎㄢˇ k'an³ 小篆 草書 ❶서운할감、뜻에차지못할감(不自滿足)。『孟子』如其自視―然。❷찌푸릴감、걱정할감(愁貌)。『楚辭』―愁悴而委惰。
【欿憾:감감】 마음대로 되지 않는 원망。 뜻을 이루지 못한 원망。『楚辭』志――而不憺。
【欿然:감연】 마음에 부족하여 좀 서운한 모양。 모자라는 모양。『孟子』如其自視――。

九畫

【[illegible]】 ㊀(함) 覃 ㊁(감) 勘 カン、ほほえむ beam (upon) ㊀방그레웃을함(含笑)。 ㊁부르짖을감(呌也)。

【[illegible]】(원) 願 ゴン、むせぶ a hiccough 딸꾹질할원、피기할원(逆氣)。

【歀】(관)『款』(欠部 8畫)과 같음

【歂】㊀(천) 先 セン、すう inhale ㊁(천) 銑 ㄔㄨㄢˊ ch'uan'
小篆 ㊀성천(姓名、ㅣ孫ㅣ師)。㊁❶헐떡거릴천(疲息)。❷들여마실천(口氣引吸)。(『喘』과 같음)

【歃】(삽) 洽 ソウ、すする guzzle ㄕㄚˋ sha⁴
小篆 草書 ❶마실삽(飮也)。❷입에피찍어바를삽(ㅣ血)。(『唼』과 통함)
【說文】盟者以血塗口旁曰ㅣ血。

【歃盟:삽맹】피를 마셔 盟誓함。【戰國】今趙不救魏、魏ㅣㅣ於秦、是趙與强秦爲界也。

【歃血:삽혈】맹세할 때에 犧牲을 잡아 서로 그 피를 들여마셔 입술을 벌겋게 하고 서약을 꼭 지킨다는 丹心을 神에게 맹세하는 일。일설에는 피를 입술에 바른다고 함。『史記』王當ㅣㅣ而定從。

【歄】(괘) 麻 カ、よわい feeble
❶가냘플괘(弱也)。❷예쁠괘(姽也)。

【歆】(흠) 侵 キン、うける feed; desire ㄒㄧㄣ hsin¹
小篆 草書 ❶흠향할흠(ㅣ享神食氣)【詩經】上帝居ㅣ。❷먹일흠(饗也)。【周語】王ㅣ大牢班嘗之。❸으쓱할흠(動也)。【詩經 大雅生民】履帝武敏ㅣ。❹부러워할흠(羨貪)。【詩經 皇矣】無然畔援、無然ㅣ羨。❺욕심낼흠(慾也)。

【歆格:흠격】❶神明에 感應함。❷神明이 감동하여 소원에 응해 줌。

【歆嘗:흠상】神에게 제물을 바치고 제사 지냄。『崔駰』ㅣㅣ百神。

【歆羨:흠선】우러러 흠앙하여 부러워함。欽羨。歆艶。『詩經』無然ㅣㅣ。

【歆艶:흠염】=歆羨。『唐書』冀厚與祿位、使北方ㅣㅣ。

【歆饗:흠향】神明이 제물을 받음。

【歇】(헐) 月 ケツ、カツ、やむ、つきる rest; stop ㄒㄧㄝ hsieh¹
小篆 草書 ❶쉴헐(休息)。【左傳 襄公二十九年】難未ㅣ也。❷나른할헐(氣泄無餘)。【謝靈運傳】芳草亦未ㅣ。❸다할헐(竭也)。【孔稚圭 北山移文】澗愧不ㅣ。❹으슥할헐(幽邃貌)。❺스러질헐(消散)。❼흩어질헐(消散)。❼개의종류헐(犬種)。❽쌀헐、헐할헐(不貴)。

【歇價:헐가】싼 값。

【歇價放賣:헐가방매】싼 값으로 팔음。

【歇脚:헐각】잠시 다리를 쉼。

【歇看:헐간】정신이 없거나 탐탁스럽지 않을 때에 물건이나 일을 소홀히 보아 넘김。

【歇泊:헐박】쉬고 묵음。歇宿。

【歇邊:헐변】아주 低率로 주는 利子。

【歇息:헐식】쉼。휴식。『白居易』農牛冬ㅣㅣ。

【歇錢:헐전】차 값。茶代。

【歇齒:헐치】닳아서 제대로 잘 맞지 않는 기계의 톱니바퀴의 이。

【歇治:헐치】❶병을 가볍게 보고 치료를 소홀히 함。❷가볍게 벌함。

【歈】(유) 虞 ユ、うたう song ㄩˊ yü²
小篆 草書 ❶노래이름유(歌名吳ㅣ)。❷희학질할유(手相弄笑ㅣ舞)。

十畫

【歙】(협) 葉 キョウ、いきあわせ breathe ㄒㄧㄝ hsieh²
小篆 호흡맞출협、기운들이마실협(翕氣)。

【歚】(요) 蕭 ヨウ、いきがでる belch
小篆 기운날요、트림요(氣出貌ㅣㅣ)。

【歏】(치) 支 シ、わらう smile
조롱해웃을치(嘲笑)。(『嗤』와 같음)

【歉】㊀(겸) 琰 ㊁(겸) 豔 ㊂(감) 陷 ケン、カン たりない deficient ㄑㄧㄢˋ chien⁴
小篆 草書 ㊀❶흉년들겸(荒歲)。【宋書】歲久不登公私ㅣ敝。❷적을겸(少也)。(『嗛』과 통함) ㊁나쁠겸(食不滿)。㊂❶탐할감(貪也)。❷부리감(喙也)。

【歉年:겸년】=凶年。

【歉歲:겸세】歉年。『宋史』使民遇豊年而思ㅣㅣ也。

【歉然:겸연】비어 모자라는 모양。만족하지 않은 모양。

【歉敝:겸폐】농작물이 잘 되지 않아서 식량이 모자람。『宋書』歲久不登、公私ㅣㅣ。

【歉荒:겸황】흉년이 들어 곡식이 안 됨。

【歊】(효) 蕭 キョウ、のぼる steam ㄒㄧㄠ hsieh¹
小篆 草書 ❶김오를효(氣出貌)。【漢書 敍傳】陽ㅣㅣ、亦朱其堂。❷더운김효(熱氣)。【漢書 揚雄傳】散ㅣ蒸。❸지껄일효(喧也)。

【歊歊:효효】❶氣가 上昇하는 모양。【說文】歊ㅣㅣ、气上出貌。❷氣가 盛한 모양。『漢書』曲陽ㅣㅣ、亦朱其堂。

【歊烝:효증】熱氣가 올라가는 모양。『漢書』泰山之高、不嶕嶢則不能浮滃雲而散ㅣㅣ。

【歋】(이) 支 イ、からかう exchange smiles
小篆 小篆 서로웃을이(相笑)。

【歌】(가) 歌 カ、うたう、うた song ㄍㄜ kê¹
小篆 或體 草書 ❶노래가(聲音)。【蘇軾 赤壁賦】誦明月之詩、ㅣ窈窕之章。❷읊조릴가(詠也)。【書經】ㅣ永言。❸장단맞출가(曲合樂)。【詩經】我ㅣ且謠。

【歌客:가객】❶노래를 잘하는 사람。❷노래로 업을 삼는 사람。歌人。

【歌格:가격】❶노래의 규칙。❷노래의 風格。

【歌曲:가곡】❶노래。❷노래와 곡조。❸노래의 곡조。『論衡』ㅣㅣ妙者、和者則寡。

【歌曲源流:가곡원류】《書》 一권。詩調 및 歌辭集。李朝 末 朴孝寬·安玟英 편찬。時調·歌辭 등 八〇〇餘首를 모은 것。曲調의 종류에 따라 男唱과 女唱으로 가르고 뒤에 女唱類聚 一一七首를 붙였음。

【歌劇:가극】관현악의 반주로 臺詞를 부르면서 하는 연극。오페라。

【歌劇團:가극단】가극을 주로 하는 극단。

【歌女:가녀】❶노래를 잘 부르는 여자。【孟郊】生恥ㅣㅣ嬌。❷노래 부르는 것을 업으로 하는 여자。歌姬。❸《動》지렁이의 別名。『古今註』蚯蚓、江東謂之ㅣㅣ。

【歌壇:가단】歌人의 社會。

【歌舞:가무】❶노래와 춤。❷노래하고 춤을 춤。『史記』ㅣㅣ宗廟。❸공덕을 칭송함。

【歌舞伎:가무기】歌舞를 함。또는 그 사람。『唐書』ㅣㅣ百餘。

【歌詞:가사】 ❶노래의 내용이 되는 글。 ❷四四調 연속체의 운문과 산문의 중간적인 한국 고유의 문학 형식。

【歌辭:가사】 이조 초기에 三四調、四四調를 基調로 하여 발생한 비교적 장편의 律文詩。 음악상의 歌詞와 구별하여 쓰는 말。

【歌辭體:가사체】 歌辭의 문체。 四四調를 기초로 한 운문으로 되어 산문에 가까운 문체를 가진 문학 형식。

【歌聲:가성】 노래 소리。

【歌頌:가송】 공덕을 칭송하는 노래。 頌歌。 『史記』寬而靜、柔而正者、宜ㅡㅡ。

【歌手:가수】 노래를 잘 불러 그것을 업으로 삼는 사람。 소릿군。

【歌詩:가시】 ❶노래와 시。 詩歌。 ❷詩를 읊음。

【歌樂:가악】 노래와 음악。

【歌謠:가요】 ❶樂歌와 俗謠。 『詩經·傳』曲合樂曰歌、徒歌曰謠。 ❷민요·동요·속요·유행가의 총칭。

【歌謠曲:가요곡】 ❶악장에 맞춰 부르는 속요의 가락。 ❷유행가。 대중 가요。

【歌人:가인】 노래를 부르는 사람。

【歌人琴客:가인금객】 가인과 琴客。

【歌唱:가창】 ❶노래。 ❷노래를 부름。 唱歌。 『鮑照』ㅡㅡ靑齊女、彈箏燕趙人。

【歌吹:가취】 노래를 부르고 피리를 불음。 『鮑照』ㅡㅡ沸天。

【歌鬪:가투】 時調 따위를 적은 놀이 딱지。 또는 그것으로 노는 놀이。

【歌風:가풍】 ❶노래를 부름。 ❷노래의 樣式。 ◎古ㅡ、校ㅡ、軍ㅡ、短ㅡ、道ㅡ、鄕ㅡ。

【歍】 (오) 虞 オウ、はく sickening ㄨ wu¹
小篆 草書
아니꼬울오、헛구역질할오(心有所惡欲吐)。

【歍嘔:오구】 구역질함。 『山海經』。

十一畫

【歛】 (랍) 合 ロウ、たりない offend each other
서운해할랍(不滿貌ㅡ歛)。

【歉】 (강) 陽 コウ、むなしい empty
小篆
❶빌강(空也)。 ❷흉년들강(穀不充實)。 ❸주릴강(餓也)。

• 【歎】 (탄) 翰 寒 タン、なげく lament ㄊㄢˋ t'an⁴
小篆 籀文 草書
❶탄식할탄、한숨쉴탄(吟息)。 『禮記』曲禮』當食不ㅡ。 ❷아름답다할탄(稱美)。 『禮記 郊特牲』孔子屢ㅡ之。 ❸화답할탄(讚和)。 『禮記』一唱而三ㅡ。 (『嘆』과 通함)

【歎感:탄감】 몹시 마음을 움직임。 곰곰이 감심함。 感歎。 『王令』ㅡㅡ退自旋。

【歎服:탄복】 깊이 감탄하여 心服함。 『楊載』一見輒ㅡㅡ。

【歎辭:탄사】 ❶감탄하여 하는 말。 ❷탄식하여 하는 말。

【歎傷:탄상】 원통한 일이 있거나 뉘우침으로 말미암아 마음이 몹시 상함。 『溫庭筠』憶昔幾遊集、今來倍ㅡㅡ。

【歎賞:탄상】 ❶탄복하여 크게 칭찬함。 ❷심히 감탄하면서 구경함。 嘆賞。 『唐書』劉仁軌之辭、非臣所能、帝ㅡㅡ之。

【歎聲:탄성】 ❶탄식하는 소리。 ❷감탄하는 소리。

【歎息:탄식】 한숨을 쉬며 한탄함。 嘆息。 『潘岳』撫衾裯而ㅡㅡ。

【歎仰:탄앙】 감탄하여 우러러봄。 매우 존경함。

【歎願:탄원】 사정을 말하여 도와 주기를 몹시 바람。

【歎願書:탄원서】 탄원하는 글발。 『杜甫』勸君休ㅡㅡ、未必不爲福。 ◎感ㅡ、慨ㅡ、驚ㅡ、敬ㅡ、愁ㅡ、詠ㅡ、長ㅡ、ㅡ痛ㅡ、恨ㅡ。

【歎恨:탄한】 탄식하며 한탄함。

【歏】 (근) 震 キン、あくび yawn
하품할근(欠也)。

【歐】 ㊀(구) 有 ㊁(구) 尤 オウ、はく、うたう vomit ㄡˇ ou³ ㄡ ou¹ (古音「우」)
小篆 草書
㊀성구(姓也)。 ㊁❶토할구(吐也)。 『急就篇註』ㅡ逆吐而不下食。 ❷쥐어박을구(捶擊)。 『史記』張良愕然欲ㅡ之。 ❸노래할구(歌也)。 ❹(中字) 칼이름구。 『後漢書 虞詡傳』寧伏ㅡ刀、以示遠近。 〔新字〕유럽구(Europe)。

【歐刀:구도】 죄인의 목을 베는 칼。 『後漢書』寧伏ㅡㅡ以示遠近。

【歐文:구문】 유럽 여러 나라의 글자。 또는 그 글자로 쓴 글월。

【歐美:구미】 유럽 및 미국。 또는 단순히 서양 여러 나라란 뜻으로도 쓰임。

【歐美各國:구미각국】 유럽과 아메리카주의 여러 나라。

【歐泄:구설】 토하고 설사함。 구토와 설사。 『漢書』ㅡㅡ霍亂之病、相隨屬也。

【歐亞:구아】 서양과 동양。

【歐陽修:구양수】 《人》 一〇〇七~一〇七二、北宋의 文人。 字는 永叔、號는 六一居士·醉翁。 詩文에 재주가 있었음。 唐宋 八大家의 한 사람。 〈著書〉新唐書·毛詩本義·六一詩話 五大史記。

歐陽永叔 (三才圖會)

【歐洲:구주】 유럽주。 西歐。 泰西。

【歐洲大戰:구주대전】 제一차 세계 대전。

【歐洲復興會議:구주부흥회의】 마샬 플랜(Marshall plan)에 의하여、유럽 부흥 계획을 촉진하는 회의。

【歐吐:구토】 뱃속에 들어 있는 물건을 입 밖으로 게움。 嘔吐。 『北史』事母以孝聞、母曾ㅡㅡ、疑中毒、因跪嘗之。

【歐風:구풍】 유럽식。 西洋式。 西洋風。

【歐化:구화】 유럽의 사상이나 습관으로 화함。 ◎南ㅡ、東ㅡ、北ㅡ、西ㅡ。

【歑】 (호) 虞 コ、ふきあたためる breathe out lengthily ㄏㄨ hu¹
小篆
❶숨길게내쉴호(出氣太息)。 ❷불호(吹也)。

【歠】 (최) 卦 サイ、かむ chew
❶씹을최(齧也)。 ❷한입에다먹을최(一擧盡食)。 (『嘬』와 같음)

十二畫

【歔】 (허) 魚 キョ、むせびなく snort ㄒㄩ hsü¹
小篆 草書
❶한숨쉴허(ㅡ欷抽息)。 『離騷經』曾ㅡ欷余鬱悒兮。 ❷흑흑 느껴울허(泣ㅡ)。 『東方朔 七諫』泣ㅡ欷而霑衿。 ❸코로숨내쉴허(鼻出氣)。

【歔泣:허읍】 흐느껴 울음。 『江淹』一聞淸琴奏、ㅡㅡ方留連。

【歔欷:허희】 ❶흐느껴 울음。 『東方朔』泣ㅡㅡ而霑衿。 ❷흐느끼고 무서워하는 모양。 『楚辭』曾ㅡㅡ餘鬱邑兮。

【歗】 (혹) 職 コク、しわぶき spit
❶침뱉는소리혹(唾聲)。 ❷기침혹(咳也)。

【歖】(희) 支 キ、にわかによろこぶ be delighted
갑자기기뻐할희(卒喜)。

【歗】(소)『嘯』(口部 12畫)의 古字

【焱欠】(훌)『歘』(欠部 8畫)의 本字

【歙】(一)(흡) 緝 キュウ、すう breathe in ㄒㄧˋ hsi⁴
(二)(섭) 葉 ㄕㄜˋ shê⁴
❶코찡찡이흡、코막힐흡(縮鼻)。❷숨들이쉴흡(斂氣)。〔道德經〕將欲－之必故張之。(『翕』과 通함) (二)뜻은 (一)과 같음。
【歙肩:흡견】어깨를 추켜 올림。〔張衡〕我不忍以－－。
【歙然:흡연】일치하는 모양。일치함。翕然。〔漢書〕－－歸仁。

十三畫

【歛】(감) 勘 覃 カン、むさぼる desire ㄎㄢˋ kan⁴ (或音「검」)
❶탐할감(貪也)。❷구걸할감(乞也)。
【歛丐:감개】거지。乞食。동냥질 함。〔唐書〕－－貲貨。
【歛退:감퇴】退去하려고 하는 일。歛願。〔蘇軾〕枯羸之質、匪伊垂之、而帶有餘、－－之心、非敢後也、而馬不進也。

【歔】(희) 支 キ、わらいあう exchange smiles
❶서로웃을희(相笑)。❷희롱할희(戲也)。

【嗇欠】(식) 職 ショク、おそれる fear ㄙㄜˋ sê⁴
겁낼식(怯也)。

【歜】(一)(촉) 屋 ショク、サン、つけもの pickles ㄔㄨˋ ch'u⁴
(二)(잠) 感
(一)크게성낼촉、역정낼촉(怒也盛氣)。(二)창포김치잠(菖蒲葅昌－)。

【歕】(분) 元 願 フン、はく、ふく breathe out ㄆㄣ p'en¹ ㄆㄣˋ p'en⁴
❶기운불분(吹氣貌)。❷뿜을분(潠也)。(『噴』과 같음)

十四畫

【縣欠】(읍) 合 ゴウ、おろか stupid
어리석을읍(痴也)。

【歟】(여) 魚 ヨ、か、や doubt ㄩˊ yü²
❶그런가할여、어조사여(疑辭)。❷아름답다할여(歎美辭)。(『與』와 通함)

十五畫

【歠】(철) 屑 セツ、すする、のむ guzzle ㄔㄨㄛˋ ch'uo⁴
훅들이마실철(大飮)。〔屈原 漁父辭〕－其醨。
【歠菽飮水:철숙음수】콩 먹고 물마심。極貧함을 비유。〔鹽鐵論〕────、足以致其「－。」敬。
【歠醢:철해】肉汁을 마심。〔禮記〕毋－－。

【憂欠】(우) 尤 ユウ、なげく deplore
❶개탄할우、슬플우(慨歎貌)。❷가쁠우、기운역할우(氣逆)。

十七畫

【毚欠】(참) 咸 サン、わらう smile
웃을참(笑也)。

【齒欠】(축) 屋 シュク、くちをあわす kiss
입맞출축(接口)。

十八畫

【歡】(환) 寒 カン、よろこぶ joyful ㄏㄨㄢ huan¹
❶기꺼울환、좋아할환(喜樂)。〔漢武帝 秋風辭〕中流與羣臣飮燕、－甚。❷친할환(親也)。〔漢書 張耳傳〕上使泄公持節問之、勞苦如平生－。❸기뻐할환(惚也)。〔南史 劉慧斐傳〕游於匡山、遇處士張孝秀、相得甚－。❹술이름환(－伯)。❺나무이름환(木名也)。(『懽·驩』과 通함)
【歡談:환담】정답고 즐겁게 서로 주고 받는 이야기。
【歡待:환대】정성껏 후하게 대접함。〔張祜〕－－禮無違。
【歡樂:환락】기쁨。즐거움。기뻐하고 즐거워함。歡娛。歡康。〔孟子〕民－－之。
【歡樂街:환락가】극장·요릿집 따위의 遊興場이 많이 늘어선 길거리。
【歡慕:환모】기뻐하고 사모함。〔傳休奕〕海內同－－。「百姓－－。
【歡服:환복】기뻐하고 따름。〔後漢書〕
【歡聲:환성】기뻐서 고함치는 소리。
【歡笑:환소】유쾌하게 웃음。웃고 기뻐함。喜笑。〔魏志〕拊手－－。
【歡心:환심】기쁘고 즐거운 마음。〔孝經〕得百姓之－－、以事其先君。
【歡顏:환안】기뻐하는 얼굴。
【歡狎:환압】기뻐하며 따름。따르고 친절함。
【歡宴:환연】유쾌한 酒宴。〔晉書〕
【歡悅:환열】즐겁고 기쁨。歡喜。
【歡迎:환영】호의를 표하여 즐거이 맞음。〔陶潛〕僮僕－－、稚子候門。
【歡迎辭:환영사】환영할 때에 하는 인사말。
【歡迎會:환영회】환영의 뜻으로 모이는 모임。
【歡娛:환오】기쁘게 즐김。〔蘇軾〕－－在今夕。「歲－－何處去。
【歡遊:환유】즐겁게 놀음。〔白居易〕去
【歡情:환정】기쁜 마음。즐거워하는 마음。歡心。〔楚辭〕－－未接、將辭而去。
【歡謔:환학】기뻐하고 희롱함。〔韓愈〕儻不忍辛勤、何由恣－－。
【歡呼:환호】기뻐서 큰 소리로 고함을 지름。〔元稹〕萬姓－－、四方來賀。
【歡歡:환환】기뻐하는 모양。歡然。
【歡洽:환흡】즐겁고 흡족함。
【歡喜:환희】크게 기뻐함。기쁨。〔戰國策〕武安君曰、秦克趙軍、秦人－－。
◎交－、合－。

【聶欠】(一)(엽) 葉 ヨウ、きがうごく be out of spirits (古音「첩」)
(二)(첩) 葉
(一)기운뜰엽(－－氣動貌)。(二)취할첩(取也)。

十九畫

【䜌欠】(一)(란) 寒 ラン、あくび yawn
(二)(권) 霰
(一)❶하품할란(欠也)。❷마음 현혹될란(心惑貌)。(二)뜻은 (一)과 같음。

止 部

【止】(지) 紙 シ、とまる stop 㞢ˇ chih^{3}

(小篆)(草書) ❶말지(已也)。❷그칠지(停也)。〔老子〕過客—。❸고요할지(靜也)。〔禮記 玉藻〕口容—。❹쉴지(息也)。〔論語子罕〕吾—也。❺살지(居也)。〔大學〕邦畿千里惟民所—。❻마음편할지(心安)。〔大學〕在—於至善。❼머무를지(留也)。〔論語 微子〕—子路宿。❽예절지(禮節)。〔詩經 鄘風相鼠〕人而無—。❾거동지(行儀)。〔齊書〕張欣泰著鹿皮冠衲衣世祖曰將家兒何敢作此擧—。❿이를지(至也)。⓫어조사지(語助辭)。〔詩經 周頌良耜〕百室盈—、婦子寧—。

【止渴:지갈】목마름이 그침。또는 그치게 함。

【止戈:지과】전쟁을 멈춤。休戰。〔吳志·孫皓傳〕——興仁。

【止水:지수】❶흐르지 않고 괴어 있는 물。〔莊子〕仲尼曰、人莫鑑于流水、而鑑于——。❷마음이 고요하고 움직이지 않음。

【止宿:지숙】어떤 곳에서 머물러 묵음。歇宿。〔漢書〕因——。

【止息:지식】멈춤。머물러 쉼。〔史記〕未知所——也。

【止揚:지양】《哲》辯證法에서의 중요한 개념으로、어떤 것을 그 자체로서는 부정하면서 도리어 한층 高次의 단계에서 이것을 살려가는 일。모순 대립하는 것을 高次의 통일에서 해결하여 현재보다 높은 곳으로 진보하는 일。揚棄。

【止於止處:지어지처】❶정처없이 어디든지 이르는 곳에서 머물러 잠。❷사리에 맞추어 그쳐야 옳을 자리에서 그침。

【止接:지접】한때 살음。寓居。

【止痛:지통】아픔이 그침。

【止汗劑:지한제】《醫》發汗을 억제하거나 방지하는 약제。아트로핀 따위。

【止血:지혈】피가 나오다 그침。나오는 피를 그치게 함。

【止血劑:지혈제】《醫》나오는 피를 그치게 하는 약제。

◎擧—、禁—、停—、制—、終—、中—、廢—、行—、休—。

一 畫

【正】㊀(정) 庚 ㊁(정) 敬 セイ、ショウ、ただしい right; true; straight 㞢ㄥˇ chêng^{3} 㞢ㄥ chêng^{1}

(小篆)(古文)(古文)(草書) ㊀❶첫정、정월정(歲首)。〔詩經〕—月繁霜。❷과녁정(射侯畫布中)。〔周禮〕王三侯五—。❸남쪽창정(室向明處)。〔詩經〕噲噲其—。㊁❶바를정(方直不曲)。〔孟子 公孫丑上〕其冠不—、望望然去之。❷평할정(平也)。❸마땅할정(當也)。〔大學〕有所恐懼、則不得其—。❹정할정(定也)。〔周禮天官宰夫〕令羣吏—歲會。❺어른정(長也)。〔左傳〕翼九宗五—。❻떳떳할정(常也)。〔詩經 曹風鳲鳩〕—是四國。❼분별할정(分辨)。〔論語 學而〕就有道而—。❽질정할정(平質)。〔論語 述而〕—唯弟子不能及也。❾미리작정할정(預期)。〔孟子 公孫丑上〕必有事焉而勿—。❿살고기정(—肉)。⓫시우쇠정(—鐵)。

【正價:정가】정당한 가격。

【正角:정각】《數》三角法에서 두 개의 돌아가는 직선이 시계의 바늘과 반대 쪽으로 돌아서 짓는 각。

【正刻:정각】작정한 바로 그 시각。

【正覺:정각】《佛》올바른 깨달음。곧 妄惑을 斷滅한 如來의 참되고 바른 覺智。

【正諫:정간】❶손윗 사람에게 바른 말로 충고함。〔漢書〕——似直、穢德似隱。❷說苑의 篇名。

【正客:정객】긴한 손님。主賓。正賓。

【正格:정격】❶바른 격식。정당한 규격。正則。〔夢溪筆談〕詩第二字側入、謂之——、第二字平入、謂之偏格。❷漢詩의 作法上、絶句·律詩 등에 있어서 첫句의 둘째 字가 仄字로 시작되는 일。↕偏格。

【正見:정견】《佛》올바른 깨달음。곧 불교의 正道理를 是認하는 견해。↕邪見。〔江總〕深曉——、妙識來果。

【正逕:정경】옳고 바른 길。正道。

【正系:정계】바른 系統。

【正繫港:정계항】船舶을 머무르게 하는 일정한 항구。

【正鵠:정곡】❶과녁의 중심점。❷바르고 종요로운 목표。〔中庸〕射有似乎君子、失諸——、反求諸其身。

【正攻:정공】정면으로 공격하여 들어감。정정당당하게 공격함。

【正果:정과】여러 가지 과실과 새앙·인삼 따위를 꿀이나 설탕물에 졸인 과자。煎果。

【正教:정교】《宗》❶邪教가 아닌 바른 종교。↕邪教。❷大倧教의 교직의 하나。❸올바른 가르침。正道。〔晉書〕子證父、或鞭父母、問子所在、展以爲恐傷——。

【正交點:정교점】=昇交點。

【正宮:정궁】《國》임금의 正室。곧 王妃나 皇后를 後宮에 대하여 일컫는 말。↕後宮。

【正權:정권】정당한 권리。

【正軌:정궤】=正規。〔潛夫論〕明君臨衆、必以——。

【正規:정규】바른 규정。정당한 법。

【正襟:정금】옷깃을 여미고 몸을 단정히 함。

【正金:정금】❶純金。❷지폐에 대하여 금은으로 만든 正貨。❸現金。

【正金輸送點:정금수송점】《經》換의 시세가 몹시 떨어져서 외국환 어음을 이용하는 것보다 輸送費를 지불하고 正貨를 보내는 편이 유리한 점。

【正旗:정기】=大五方旗。

【正氣:정기】❶공명 정대한 기운。민족정기。〔文子〕君子行——、小人行邪氣。❷천지 자연을 지배하는 근원이 되는 기운。〔文天祥〕天地有——、雜然賦流形。❸생명의 원기。병에 대한 저항력。

【正南:정남】正南方의 略語。

【正南方:정남방】똑바로 남쪽。

【正多角形:정다각형】《數》변과 각이 다 같은 다각형。正多邊形。

【正多面體:정다면체】《數》모든 면이 다 같은 정다각형이고、모든 立體角이 다 같게 된 다면체。

【正堂:정당】몸체의 대청。〔史記〕避——。

【正當:정당】❶바르고 옳음。❷이치에 맞음。

【正當其時:정당기시】그 시기에 꼭 합당함。

【正當防衛:정당방위】《法》不法行爲에 대하여 자기를 방어하기 위하여 부득이 행하여진 加害 행위。

【正大:정대】올바르고 큼。의지나 言行이 올바르고 훌륭함。〔論語·註〕子路之學、已造乎——之域。

【正度:정도】❶규칙을 바로잡음。〔史記〕明時——、則陰陽調。❷바른 규칙。正則。〔嵇康〕合養生之——。

【正道:정도】❶올바른 길。정당한 道理。↕邪道。〔韓非子〕隱——而行私曲。❷《佛》三乘을 행하는 道。곧 無漏의 진정한 道。→八正道。

【正東:정동】正東方의 略語。

〔正東方:정동방〕 똑바로 동쪽。
〔正兩:정량〕 (國)鐵箭을 쏘는 큰 활。
〔正輦:정련〕 임금이 거둥할 때 타던 연。
〔正路:정로〕 ❶바른 길。正道。『孟子·離婁上』義人之ーー也。❷본 길。正規의 길。
〔正論:정론〕 ❶정당한 언론。이치에 합당한 議論。『漢書』人臣之誼、宜直言ーー。❷荀子의 篇名。
〔正理:정리〕 올바른 道理。
〔正面:정면〕 바로 마주 보이는 편。↔後面。側面。
〔正面攻擊:정면공격〕 ❶적을 마주 대고 정면에서 공격하는 戰鬪 方式。❷마주대고 상대편을 非難하는 일。↔側面攻擊。
〔正面圖:정면도〕 물체를 정면으로 보고 그린 그림。
〔正面衝突:정면충돌〕 ❶두 물체가 정면으로 부닥침。❷두 편의 의견이 맞부딪쳐서 서로 싸움。
〔正名:정명〕 ❶大義名分을 명확하게 함。❷올바른 이름。
〔正命:정명〕 ❶정당한 수명。天命。↔非名。『孟子』盡其道而死者ーー也。❷(佛) 八正道의 하나。正法을 좇는 바른 생활。
〔正帽:정모〕 正服 입을 때 쓰는 모자。
〔正文:정문〕 문서의 本文。『左傳』經無ーー。
〔正門:정문〕 정면에 있는 문。↔側門。
〔正反對:정반대〕 전적으로 반대 되는 일。
〔正反射:정반사〕 (物)반사 광선이 모두 같은 방향으로 나아가는 반사。
〔正反應:정반응〕 (化)可逆反應에서 가장 처음으로 화학 변화가 생기는 반응。
〔正反合:정반합〕 (哲) 헤겔에 의하여 定式化된 변증법에 있어서의 논리 전개의 三位。定立·反立·綜合의 뜻。
〔正房:정방〕 몸체。
〔正方:정방〕 ❶올바름。方正。『晉書』官聲ーー而好義。❷正四角。❸똑바로 되는 正面。『禮記』必立ーー。
〔正方形:정방형〕 (數)사각과 사변이 각각 서로 같은 사변형。正四角形。平方形。
〔正褙:정배〕 초배를 한 뒤에 정작으로 하는 도배。
〔正犯:정범〕 (法)형법상 범죄 행위를 실행한 사람。元犯。主犯。↔從犯·敎唆犯。
〔正法:정법〕 ❶바른 법칙。옳은 법。『史記』漢字有ーー。❷(佛)바른 法門。바른 敎義。↔邪法·外道。
〔正服:정복〕 ❶儀式 때에 입는 옷。❷일정하게 제정한 옷。
〔正本:정본〕 ❶副本·譯本·謄本 따위의 原本。『維摩經序』請羅什法師、重譯ーー。❷(法)판결의 原本을 토대로 하여 법원 서기가 작성한 문서。
〔正否:정부〕 바름과 바르지 못함。옳고 그름。正邪。是非。
〔正副:정부〕 으뜸과 버금。
〔正副統領:정부통령〕 대통령과 부통령。
〔正北:정북〕 正北方의 略。
〔正北方:정북방〕 똑 바른 북쪽。
〔正妃:정비〕 왕비를 後宮에 대비하여 일컫던 말。↔後宮。『史記』嫘祖爲黃帝ーー。
〔正比:정비〕 보통의 비。↔反比。
〔正比例:정비례〕 두 개의 量이 서로 연관되어 일정한 비율로 늘거나 또는 주는 일。↔反比例。
〔正史:정사〕 ❶정확한 사실의 역사。❷紀傳體에 의한 中國 歷代의 역사。↔稗史。『隋書』皆擬班馬、以爲ーー、作者尤廣。❸歷史를 바로잡음。
〔正邪:정사〕 ❶바른 일과 간사한 일。善人과 惡人。曲直。是非。正否。❷간사한 마음을 바로잡음。『左傳』刑以ーー。
〔正使:정사〕 使臣의 首席。『文獻通考』少于ーー之數。
〔正四角形:정사각형〕 =正方形。
〔正產:정산〕 胎兒를 正常的으로 해산함。
〔正三角形:정삼각형〕 (數)角이 다 같은 삼각형。
〔正常:정상〕 바르고 떳떳함。
〔正常的:정상적〕 바르고 떳떳한 것。
〔正常化:정상화〕 빗나갔던 일이 정상대로 됨。
〔正色:정색〕 ❶顔色을 바르게 함。『書經』ーー率下。❷얼굴에 나타난 嚴正한 빛。❸섞임이 없는 순수한 빛。곧 靑·黃·赤·白·黑의 五色。『禮記』衣ーー裳間色。
〔正書:정서〕 ❶書體의 하나。楷書。❷글씨를 또박또박 박아서 씀。❸초 잡았던 글을 정식으로 베껴 씀。正寫。
〔正西:정서〕 正西方의 略語。
〔正西方:정서방〕 똑 바로 서쪽。
〔正善:정선〕 마음이 바르고 착함。
〔正聲:정성〕 ❶음탕하지 않은 음률。❷올바른 소리。『禮記』ーー感人。
〔正俗:정속〕 도리에 맞고 올바른 풍속。↔異俗。
〔正手:정수〕 장기·바둑 따위에 있어서 속임수나 홀림수가 아닌 정당한 법수。
〔正數:정수〕 (數)零보다 큰 수。↔負數。
〔正承:정승〕 =政丞②。
〔正始:정시〕 ❶올바른 시초。❷시초를 올바르게 시작함。人倫의 시초인 부부 관계를 올바르게 함。『詩經·序』周南·召南、ーー之道、王化之基。
〔正視:정시〕 똑바로 봄。
〔正視眼:정시안〕 바른 視力의 눈。
〔正式:정식〕 ❶정당한 방법。❷규정대로의 올바른 式例。正格。↔略式。
〔正式裁判:정식재판〕 (法) 약식명령 또는 즉결 언도에 불복하는 사람이 법정 기간에 관할 법원에 청구하여 보통의 형사 소송 절차에 따라 받는 재판。
〔正信:정신〕 참되고 올바르게 믿는 마음。道理에서 어긋나지 않는 信仰。
〔正室:정실〕 ❶본 아내。本室。本妻。↔側室。『北史』文襄盛寵王昭儀、欲立爲ーー。❷맏아들。嫡子。長子。『周禮·小宗伯』ーー皆謂之門子。『注』門子適子也。❸집의 몸채。正寢。
〔正實:정실〕 참되고 바름。
〔正心:정심〕 바른 마음을 가다듬음。
〔正心誠意:정심성의〕 마음을 바르게 가다듬고 뜻을 정성스러이 함。
〔正樂:정악〕 ❶속되지 않은 정식의 음악。❷예로부터 전래하는 풍악。↔俗樂。
〔正眼:정안〕 =正視。
〔正顔:정안〕 얼굴빛을·엄정하게 가짐。正色함。
〔正陽:정양〕 ❶한낮。正午。❷음력 정월。
〔正言:정언〕 ❶이치에 맞는 올바른 말。❷바른 말。直言。『後漢書』目見正容、耳聞ーー。❸(制)㉠李朝 때 司諫院의 正六品 벼슬。㉡高麗 中書門下省의 郎舍 벼슬。
〔正業:정업〕 ❶정당한 직업。❷殺生·偸盜 따위의 속된 짓을 하지 않는 일。
〔正鹽:정염〕 (化)水素根原子를 전부 금속으로 置換한 염。中性염。正式염。
〔正午:정오〕 한낮。낮 一二시。亭午。
〔正誤:정오〕 잘못을 바로잡음。
〔正誤表:정오표〕 출판물의 잘못된 곳을 고쳐 적은 표。
〔正容:정용〕 몸의 자세를 바로함。
〔正員:정원〕 적당한 자격을 가진 사람。『唐書』能通者依ーー。
〔正圓:정원〕 아주 둥근 圓形。
〔正月:정월〕 일년 중의 첫째 달。一월。『春秋』春王ーー。
〔正位:정위〕 ❶바른 위치。❷정당한 위치。『孟子』立天下之ーー。❸(制)高麗 때의 鄕職。文式의 官號。
〔正僞:정위〕 올바름과 거짓。
〔正肉:정육〕 쇠고기의 살코기。
〔正閏:정윤〕 ❶평년과 윤년。❷正位와 閏位。正統과 閏統。『宋史·朱㢵傳』區別ーー。
〔正銀:정은〕 =純銀。

【正音:정음】 ❶글자의 바른 음。❷訓民正音의 略語。

【正義:정의】 ❶사람으로서 지켜야 하는 올바른 道理。正道。〔後漢書〕斯皆君臣之——、父子之紀綱。❷바른 意義。❸바른 議論。❹(哲)倫理學 用語。㉠지혜·용기·節制가 완전한 조화를 유지하는 일。플라톤의 설。㉡여러 가지 德의 中正한 相。分配的인 正義와 報償的인 正義 두 가지가 있음。아리스토텔레스의 설。

【正人:정인】 마음씨가 올바른 사람。〔書經〕其侍御僕從、莫匪——。

【正任:정임】 =實職。

【正字:정자】 ❶글자의 획이 올바른 자。↔略字·俗字。❷(制)㉠高麗의 官職。典校寺의 正八品의 벼슬。㉡李朝의 官職。弘文館·承文院·校書館의 正九品 벼슬。

【正裝:정장】 정식의 복장。바른 차림。

【正殿:정전】 (制)임금이 나와서 조회를 행하는 궁전。〔漢書〕數臨——、延見群臣。

【正田:정전】 (國)量案에 올려 있고 해마다 농사 짓는 논밭。

【正切:정절】 (數)삼각函數의 하나。탠전트(tangent)。↔餘切。

【正接:정접】 (數)삼각 함수의 한 가지。垂線을 저변으로 나눈 수。正切。탠전트(tangent. tan)。↔餘切。

【正定:정정】 ❶訂正하여 정함。〔後漢書〕——六經文字。❷(佛)八正道의 하나。산란한 생각을 떨어 버리고, 참으로 마음이 안정됨。❸府 이름。明代 이전에는 眞定、清代에 河北省 正定縣에 설치하였으며、거대한 佛像을 안치한 興隆寺가 있음。

【正正堂堂:정정당당】 ❶태도나 수단이 공정하고 떳떳함。바르고 整然하여 기세가 당당한 모양。❷正正之旗、堂堂之陣의 略。〔孫子〕無邀正正之旗、勿擊堂堂之陣、此治變者也。

【正租:정조】 ❶벼。❷正規의 租税。

【正條:정조】 ❶법의 규정된 條例。❷바른 줄。

【正朝問安:정조문안】 ❶정월 초하룻날에 朝臣이 임금에게 문안하던 일。❷어른이나 연배자에게 설날 문안하는 일。

【正條植:정조식】 식물을 일정한 간격을 두어 바르게 심는 일。

【正宗:정종】 ❶開祖의 正統을 이은 宗派。❷日本式으로 빚어 만든 清酒의 한 가지。

【正坐:정좌】 ❶단정하게 앉음。❷上座。정면의 자리。

【正中:정중】 ❶한가운데。❷똑바로 맞춤。

【正至:정지】 正朝와 冬至。

【正智:정지】 (佛)바른 지혜。正理에 맞는 지혜。

【正直:정직】 거짓이나 꾸밈이 없고 마음이 바르고 곧음。〔詩經〕好是——。

【正眞:정진】 ❶참됨。거짓이 없음。❷(佛)佛陀의 別稱。

【正札:정찰】 물건의 에누리 없는 정당한 값을 적은 종이 쪽。또는 나무 쪽。

【正察:정찰】 바르게 살핌。바르게 관찰함。

【正妻:정처】 =正室。

【正體:정체】 ❶본래의 형체。❷本心의 모양。

【正初:정초】 정월의 초승。그 해의 처음。

【正則:정칙】 바른 규칙。↔變則。

【正七月:정칠월】 정월과 七월을 맞서게 일컫는 말。七月의 降雨量은 그 해 正月의 降雪量에 비례한다고 하여 이름。

【正統:정통】 ❶바른 계통。정당한 혈통。❷정당한 계통을 이어받은 임금。〔後漢書〕廢黜——。〔蘇軾〕——之爲言、猶曰有天下云爾。

【正統派:정통파】 開祖의 教義 또는 학설을 가장 충실하고 바르게 계승한 學派。

【正統學派:정통학파】 ❶학파에 있어서 학설을 가장 바르게 계승한 한 파。❷자유 방임주의를 주장하는 학파。

【正平:정평】 저울질이나 되질을 똑바르게 함。正直。公平。〔唐書〕守節淸苦、論議——。

【正評:정평】 바른 비평。

【正布:정포】 품질이 좋은 베。

【正學:정학】 ❶올바른 學問。↔曲學。〔史記〕務——以言、無曲學以阿世。❷明의 方孝孺의 書齋 이름。

【正解:정해】 옳은 해석。바른 해답。

【正行:정행】 (佛)❶극락 세계에 가기 위하여 마음을 닦는 바른 行業。❷맑고 깨끗한 행실 또는 그러한 사람。

【正弦:정현】 (數)어떤 범위 안의 각에 대한 삼각함수의 하나。사인(Sine)。

【正刑:정형】 (法)죄인을 사형에 처하는 형벌。正法。

【正號:정호】 (數)正數를 나타내는 부호。

【正貨:정화】 금이나 은으로 만든 本位貨幣。

【正貨政策:정화정책】 (經)金銀貨幣에 대한 정책。

【正貨準備:정화준비】 교환 지폐의 발행에 대한 보증으로서 본위 화폐를 비치해 두는 일。

【正貨現送點:정화현송점】 (經)換時勢가 현저히 떨어져서 외국환 어음에 의하기보다 수송비를 지불하고 정화 곧 金을 수송하는 편이 유익하게 되는 한계。

【正確:정확】 바르고 확실함。

【正會:정회】 정월 초하루에 신하들이 朝廷에 參內하여 축하식을 거행하는 일。〔十八史略〕——雪霽地濕。

◎改—、更—、公—、匡—、歸—、校—、嚴—、午—、子—、中—、眞—、賀—。

二 畫

【此】 (차) 紙 シ、これ、この this ㄘˇ tz'ŭ³

小篆 草書 ❶그칠차(止也)。❷이차(彼之對)。〔詩經 周頌振鷺〕在彼無惡、在—無斁。

【此間:차간】 이 사이。요동한。

【此君:차군】 대나무의 別名。晉의 王徽之가 대나무를 此君이라고 일컬은 데에 由來함。〔晉書·王徽之傳〕竹曰、何可一日無——耶。

【此年:차년】 올해。

【此等:차등】 이들。이것들。

【此邊:차변】 이 편。

【此事:차사】 이 일。

【此生:차생】 이승。

【此歲:차세】 이 해。올해。

【此世:차세】 이 세상。이승。

【此世界:차세계】 이 세계。

【此世上:차세상】 이 세상。

【此時:차시】 지금。이 때。

【此亦:차역】 이것 역시。또。

【此亦是:차역시】 이것도 역시。또한。

【此外:차외】 이 밖。이 이외。

【此月:차월】 이번 달。이달。

【此月彼月:차월피월】 차일피일。

【此人:차인】 이 사람。

【此日:차일】 이 날。

【此日彼日:차일피일】 오늘 내일 하고 기한을 미룸。

【此際:차제】 이 때。이즈음。이 기회。

【此地:차지】 이 곳。이 땅。

【此處:차처】 이 곳。여기。

【此便:차편】 이 사람 편。이 편。

【此回:차회】 이번。금번。

【此後:차후】 이 다음。그 뒤。

三 畫

【步】 (보) 遇 ホ、ブ、あるく walk; step ㄅㄨˋ pu⁴

小篆 草書 ❶걸을보、다닐보(徒行)。〔書經〕王朝—自周。❷두발자취보(倍跬)。〔白虎通〕人踐三尺法天地人再擧足—備陰陽。❸하나

보、독보보(人才特出)。〔晉書〕江東獨ㅡ王文度。❹운수보(運也)。〔詩經〕國ㅡ蔑資。❺나루보(水際渡頭)。〔述異記〕上虞縣有石駝ㅡ 吳江中有魚ㅡ龜ㅡ湘中有靈妃ㅡ。❻머리치장할보(首飾曰ㅡ搖)。

【步轎:보교】《國》가마의 하나。

【步軍:보군】＝步兵。

【步屈蟲:보굴충】《動》자벌레。

【步道:보도】❶사람이 걸어다니는 길。❷사람이 다니는 길。

【步廊:보랑】건너 다니는 複道。

【步武:보무】❶사소한 간격。(一步는 六尺、武는 半步)。〔國語·周語〕目之察度也、不過ㅡㅡ尺寸之間。❷아주 적은 거리。❸활발하고 버젓하게 걷는 걸음。

【步武堂堂:보무당당】걸음걸이가 활발하고 버젓함。

【步撥:보발】《制》보행으로 급한 公文을 傳送하던 사람。서울과 東萊、서울과 鏡城 사이에 두었음。

【步法:보법】걸음걸이。걷는 법。

【步兵:보병】《軍》육군 兵科의 하나로 주로 小銃을 소지하고 徒步로 전투하는 군대。步卒。步士。〔六韜〕ㅡㅡ與騎兵戰。

【步兵隊:보병대】《軍》보병으로 편성된 군대。

【步兵銃:보병총】《軍》보병이 쓰는 작은 소총。

【步步:보보】한 걸음 한 걸음。걸음마다。一步一步。〔南史〕ㅡㅡ生蓮華也。

【步衫:보삼】《國》雨裝의 한 가지。

【步石:보석】디디고 다니려고 깔아 놓은 돌。

【步涉:보섭】길을 걷고 물을 건넘。〔後漢書〕舟車足以代ㅡㅡ之艱。

【步涉:보섭】내쳐 걷는 걸음。

【步數:보수】걸음의 수효。

【步月:보월】달밤에 거닐음。달을 바라보며 배회함。

【步爵:보작】잔을 돌림。行爵。

【步調:보조】❶걸음걸이의 속도。❷여러 사람의 행동의 맞고 안 맞는 정도。

【步哨:보초】감시의 임무를 맡은 士兵。

【步哨線:보초선】前哨線에 있는 각 보초의 연락선。

【步趨:보추】걸음걸이。步調。《轉》좇아감。〔連文釋義〕堂上謂之步、門外謂之趨。

【步驟:보취】진보가 빠름。〔漢書〕三五ㅡㅡ、優劣殊軌。

【步測:보측】걸음걸이로 거리를 잼。

【步幅:보폭】걸음의 발자국과 발자국 사이의 거리。

【步合:보합】같은 종류의 두 가지 양의 한 쪽을 백으로 잡은 데 대한 다른 한쪽의 비。

【步行:보행】걸어감。徒步。〔史記〕下馬ㅡㅡ。

【步行客:보행객】걸어서 다니는 사람。

【步行軍:보행군】《國》❶삯을 받고 먼 길에 급한 심부름을 가는 사람。❷步行客。

【步行錢:보행전】《國》보행 삯。

◎驅ㅡ、徒ㅡ、塗ㅡ、獨ㅡ、漫ㅡ、散ㅡ、徐ㅡ、速ㅡ、緩ㅡ、日進月ㅡ、月ㅡ、地ㅡ、初ㅡ、寸ㅡ、闊ㅡ、橫ㅡ。

【𣥒】(신) 震 シン、まつ wait (for)
기다릴신(待也)。

四 畫

【武】(무) 麌 虞 ム、ブ、つよい bravery; military ㄨˇ wu³ 小篆 草書
❶건장할무(健也)。❷위엄스러울무(威也)。〔書經〕乃ㅡ乃文。❸날랠무(勇也)。❹강할무(剛也)。❺자취무(迹也)。〔詩經〕履帝ㅡ敏。〔禮〕牛曰一元大ㅡ。❻이을무(繼也)。〔詩經〕下ㅡ維周。❼무단할무(ㅡ斷)。❽풍류이름무(樂名)。❾현무무(北方星名玄ㅡ)。〔國字〕호반무(軍官虎班)。

【武家:무가】《國》대대로 虎班의 벼슬을 하는 집안。武官집。

【武幹:무간】무예에 능숙함。〔晉書〕桓伊有ㅡㅡ。

【武經:무경】軍事 및 병법에 관한 글。〔宋史〕聖朝稽古、崇玆ㅡㅡ。

【武經七書:무경칠서】中國의 병법의 일곱 가지 책。곧 六韜·孫子·吳子·司馬法·黃石公三略·尉繚子·李衛公問對。

【武功:무공】싸운 공적。군사상의 공적。軍功。武烈。〔詩經〕載纘ㅡㅡ。

【武科:무과】《制》武藝와 兵書에 통한 사람을 선발하던 科擧。↔文科。

【武官:무관】《制》❶武事·軍事를 맡아보던 관리。〔漢書〕古者重ㅡㅡ。❷武科 출신의 관리。❸陸海空軍의 將校。

【武官石:무관석】능에 세우는 무관의 돌상。武石。↔文官石。

【武具:무구】武器 등 싸움에 쓰는 도구의 總稱。

【武技:무기】＝武藝。〔唐書〕少習ㅡㅡ、爲有力。

【武氣:무기】《國》武人의 용맹스럽고 군센 기상。

【武器:무기】전쟁에 쓰는 기구。武具。兵器。〔後漢書〕修ㅡㅡ以存守戰。

【武器庫:무기고】무기를 간직하여 두는 창고。

【武斷:무단】❶武力을 써서 강제로 단행함。〔史記〕ㅡㅡ于鄕曲。❷武力으로써 일을 처리함。

【武斷政治:무단정치】오로지 무력으로만 다스리는 專制的인 정치。

【武斷鄕曲:무단향곡】《國》시골에서 勢家가 백성을 억압하는 일。

【武德:무덕】武人의 권위와 덕망。↔文德。〔史記〕奮揚ㅡㅡ。

【武道:무도】❶軍事상의 모든 사항。❷武人이 지켜야 할 道理。❸《日》㉠武士道。㉡柔·劍·弓道 따위。

【武略:무략】軍事상의 策略。兵略。戰略。〔後漢書〕ㅡㅡ之士、無所奮其力能。

【武旅:무려】軍勢。軍旅。〔梁書〕分勒ㅡㅡ、百道同趨。

【武力:무력】❶싸우는 힘。군대의 힘。兵力。〔說苑〕聖人之治天下也、先文德、而後ㅡㅡ。❷용맹스러운 군대。

【武力戰:무력전】무력을 써서 하는 전쟁。

【武陵桃源:무릉도원】別天地의 뜻。《故》晉의 太元年代(三七六~三九六)에 武陵이라는 곳의 한 어부가 배를 저어 복숭아꽃이 아름답게 핀 수원지를 올라가 어떤 굴 속에서 秦의 난리를 피하여 온 사람들을 만났는데 그들은 그 동안 바깥 세상의 변천과 세월이 지난 줄도 모르고 살고 있었다 함。〔陶潛桃花源記〕。

【武猛:무맹】＝勇猛。〔後漢書〕擧ㅡㅡ堪將帥者各五人。

【武名:무명】武人으로서의 명예。勇名。

【武班:무반】＝虎班。

【武夫:무부】❶武士。武人。〔詩經〕赳赳ㅡㅡ、公侯干城。❷玉 비슷한 아름다운 돌。珷玞。碔砆。〔史記〕猶ㅡㅡ于美玉。

【武備:무비】전쟁의 준비。兵備。軍備。〔史記〕有文事者、必有ㅡㅡ。

【武事:무사】武藝와 싸움에 관한 일。〔史記〕有ㅡㅡ者、必有文備。

【武砂:무사】성문을 쌓을 적에 쓰는 돌。

【武士:무사】武道를 닦아서 武事에 익숙한 사람。〔史記〕ㅡㅡ二十萬。

【武士道:무사도】❶武士로서 마땅히 지키고 행하여야 할 도리。❷《歷》日本의 鎌倉時代 이후에 발달한 忠義·廉恥·禮儀등을 중히 여기는 도덕률로 유교나 禪學에 의하여 더욱 완전한 實踐道德이 되었음。*騎士道。

【武石人:무석인】陵 앞에 세우는 武官의 형상으로 된 돌。↔文石人。

【武術:무술】 武藝의 기술。武藝。武技。『顔延年』偃閉ㅡㅡ、闡揚文令。

【武臣:무신】 武官인 신하。『宋史』文臣不愛錢、ㅡㅡ不惜死。

【武列:무열】 ＝虎班。

【武烈:무열】 ❶군세고 용맹스러움。❷武功。『後漢書』馮衍上書陳八事、其一曰、顯文德、其二曰、褒ㅡㅡ。

【武烈之曲:무열지곡】 太祖의 武功과 太宗의 功業을 기리는 악장의 이름。세조 때 지음。

【武藝:무예】 武道에 따른 재주。武技。『蜀志』有ㅡㅡ氣力過人。

【武藝六技:무예육기】 長槍·鏜鈀·狼筅·雙手刀·籐牌·棍棒의 여섯 가지의 中國의 무예。宣祖 때 가르쳤음。

【武王:무왕】 (人)❶周의 初代 임금。姓은 姬, 이름은 發, 文王의 아들임。아우 旦과 협력하여 殷의 폭군 紂王을 토벌하여 천하를 통일하고 太公望에게 師事하여 善政을 베풀었음。❷ B.C.1169~1116 春秋時代의 楚의 初代 임금。이름은 熊通。❸戰國時代 秦의 二七대 임금。이름은 蕩, 惠王의 아들。

周武王 (三才圖會)

【武勇:무용】 武藝와 용맹。싸움에 용맹스러움。『史記』剛毅而ㅡㅡ。

【武運:무운】 ❶武人으로서의 운명。❷전쟁의 성패에 관한 운수。『謝朓』奉ㅡㅡ之方昌。

【武威:무위】 ❶武力의 위엄。❷兵力。威武。武力。『史記』ㅡㅡ旁揚。

【武衛所:무위소】 (制)李朝 때 대궐의 宿衛를 맡던 관청。高宗 一一년에 설치, 一八년에 武衛營으로 고침。

【武人:무인】 ❶군인。武夫。武士。『詩經』ㅡㅡ東征。❷武威를 휘두르는 사람。『易經』ㅡㅡ爲于大君。

【武裝:무장】 ❶전쟁 때에 하는 몸차림。❷전쟁 준비로 하는 장비。

【武將:무장】 무술에 뛰어난 장수。군대의 장군。『漢書』遣ㅡㅡ征伐。

【武裝中立同盟:무장중립동맹】 局外中立을 부지하기 위하여 어떠한 필요가 있을 적에는 군사를 쓰기로 맹약 선언하는 동맹。

【武裝解除:무장해제】 항복 또는 망명한 군사의 무장을 풀어 버려 싸움에 참가시키지 않는 일。

【武勳:무훈】 軍事上의 공적。武功。◎講ㅡ、文ㅡ、步ㅡ、神ㅡ、演ㅡ、練ㅡ、硏ㅡ、英ㅡ、勇ㅡ、威ㅡ、振ㅡ、玄ㅡ。

【歧】 (기) 支 キ、わかれみち crossroads ㄑㄧ ch'i² 草書 ❶두갈래길기(路二達)。『後漢書 張湛傳』麥穗兩ㅡ。❷둥둥 떠다닐기(飛行貌)。『潘岳 笙賦』翾翾ㅡㅡ。(『岐』와 通함)

【歧路:기로】 가름길。갈림길。岐路。『列子』ㅡㅡ亡羊。

【歧貳:기이】 의논이 가지가지여서 갈래가 짐。

【歧黃:기황】 醫家의 祖, 歧伯과 黃帝。

【歨】 (기) 支 キ、わかれみち forked road 갈림길기(岐路)。

【步】 (보)『步』(止部 3畫)의 俗字

五 畫

【歪】 (의) 佳 ワイ、ゆがむ aslant ㄨㄞ wai (或音「왜」) 草書 기울의、비뚤의(不正)。

【歪斜:의사】 옳지 못함。바르지 못함。『福惠全書』或口眼ㅡㅡ。

【歪曲:의곡】 ❶비틀리어 구부러짐。❷비꼬아 곱새김。

【歪詩:의시】 拙劣한 詩。『紅樓夢』有幾「首ㅡㅡ熟詞。」

六 畫

【歫】 (거) 語 キョ、とめる stop ㄐㄩ chü³ 小篆 ❶그칠거(止也)。❷찌를거(搶也)。❸뛸거(超ㅡ)。❹어길거(違也)。❺이를거(至也)。❻겨룰거、막을거(抗也)。❼법거(法也)。(『距』와 通함)

【歬】 (전)『前』(刀部 7畫)의 古字

【⿰止艮】 (근)『跟』(足部 6畫)과 같음

【歭】 (치) 紙 チ、ジ、ためらう hesitate ㄓ chih² 小篆 草書 ❶주저할치、머뭇거릴치(不進ㅡ躇)。❷겨룰치(抗也)。❸모을치(貯也)。『詩經 費誓』ㅡ乃糗糧。

【⿰止占】 (저) 御 チョ、もる fill 담을저(盛物於器)。(『著』의 古字)

七 畫

【⿱余止】 (도) 虞 ト、とまる stay ; stop 머무를도(止也)。

八 畫

【⿰止帚】 (귀)『歸』(止部 14畫)와 같음

【⿰歬刀】 (전)『剪』(刀部 9畫)의 古字

【歯】 (치)『齒』(齒部 0畫)의 俗字

【⿰止卒】 (취) 寘 スイ、まつ wait 기다릴취(待也)。

【⿱尚止】 ㊀(탱) 庚 ㊁(상) 漾 トウ、ショウ、(古音「쟁」) とめる、ただしい correct 小篆 ㊀뒤꿈치버디딜탱(掌拒)。『周禮』維角ㅡ之。㊁바를상(正也)。(『掌·撐』과 같음)

九 畫

【歰】 (삽) 緝 洽 シュウ、しぶい rough 小篆 ❶떫을삽(酸苦)。❷깔깔할삽(不滑)。❸돌담무늬삽(墻疊石成文ㅡ浪)。(『澁·澀』과 같음)

【⿰止重】 (종)『踵』(足部 9畫)과 같음

【歲】 (세) 霽 セイ、サイ、とし year; age ㄙㄨㄟ suei 小篆 草書 ❶해세(年也)。『史記 孔子世家』孔子居陳三ㅡ。❷곡식익을세(年穀之成)。❸돐세、일년세(周年)。『韓愈上張僕射書』ㅡ九遷其官。❹새해세(新年)。『雜纂新續 冷淡』元旦早晨賀ㅡ。❺풍년세(豊也)。『左傳 昭公三十二年』越得ㅡ。❻별이름세(星名)。『十八史略太古』ㅡ起攝提。❼절후세(時候)。❽나이세(年齡)。❾세월세(光陰)。

【歲計:세계】 일년 동안의 세입과 세출의 총계。『晉書』ㅡㅡ有餘。

【歲功:세공】 ❶해마다 해야 할 일。『漢書』立閏定時、以成ㅡㅡ。❷농사。해마다 철을 따라 짓는 농사의 收穫。『漢書』天使陽出布施於上、而主ㅡㅡ。

〔歲旦:세단〕 정월 초하루 아침. 元旦. 歲辰. 『後漢書』――與掾史入賀.

〔歲晩:세만〕 =歲暮. 『國語』今――矣, 子將奈何. 세밑.

〔歲末:세말〕 年末. 歲暮. 세밑.

〔歲暮:세모〕 ❶세밑. 歲末. 『白居易』―天地閉, 陰風生破村. ❷年老.

〔歲暮祭:세모제〕 ❶세모에 지내는 제사. ❷《制》섣달 그믐날 나라에서 지내던 祭享.

〔歲米:세미〕 歲初에 나라에서 늙은이에게 주던 쌀.

〔歲尾:세미〕 =年末.

〔歲拜:세배〕 섣달 그믐이나 正初에 친족이나 웃 어른에게 찾아가 문안하는 새해 인사.

〔歲費:세비〕 ❶일년 동안의 경비. ❷국회 의원에게 그 보수로 지출되는 一년間의 手當.

〔歲序:세서〕 세월이 바뀌어 가는 차례. 『杜甫』懽娛――長.

〔歲歲:세세〕 해마다. 年年. 『劉廷芝』年年――花相似, ――年年人不同.

〔歲歲年年:세세연년〕 해마다. 每年.

〔歲首:세수〕 年始. 年頭. 『史記』夏, 漢改曆以正月爲――.

〔歲時:세시〕 ❶一년 중의 때때. 季節. 『禮記』――以敬祭祀. ❷해와 時. 해는 一년, 時는 四時(春夏秋冬). 『左傳』――日月星辰. ❸새해. 설. 정월 초승. ❹때. 시간. 세월.

〔歲餘:세여〕 ❶一년 남짓한 동안. ❷겨울. 一년 중의 農閑期. →三餘.

〔歲用:세용〕 =歲費. 『後漢書』但絶――而已.

〔歲月:세월〕 흘러가는 시간. 光陰. 『陶潛』――不待人.

〔歲月如流:세월여류〕 세월이 물과 같이 빨리 흘러 감. 곧 덧없이 흐르는 세월을 이르는 말.

〔歲儀:세의〕 《國》연말에 선사하는 물건.

〔歲入:세입〕 《經》會計年度의 한 해 동안의 총수입. ↔歲出. 『宋史』帝曰, 苟便於民, 何顧――也.

〔歲底:세저〕 《國》세밑.

〔歲前:세전〕 새해가 되기 이전. 세안.

〔歲除:세제〕 섣달 그믐날 밤. 除夜. 『孟浩然』白髮催年老, 青陽逼――.

〔歲饌:세찬〕 《國》❶세배 온 사람에게 대접하는 음식. ❷歲儀.

〔歲初:세초〕 설.

〔歲抄:세초〕 =歲尾. 歲末. 『王勣』負鍤春前, 腰鐮――.

〔歲出:세출〕 一年 동안의 지출. ↔歲入.

〔歲鬪:세투〕 정초에 하는 온갖 노름.

〔歲寒:세한〕 ❶추운 계절. 겨울. ❷老年.

〔歲寒三友:세한삼우〕 ❶겨울의 觀賞用의 세 가지 나무. 곧 소나무·대나무·매화나무. 『高士奇』. ❷퇴폐한 세상에서 벗으로 삼을 세 가지 것. 山水·松竹·琴酒. 『陔餘叢考』. ❸梅·竹·水仙의 세가지 畫題. 흔히 東洋畫의 畫題가 됨.

〔歲後:세후〕 설을 쉰 뒤. ↔歲前.

〔歲華:세화〕 세월. 光陰. 年華. 『蘇軾』――來無窮, 老眼久已靜.

〔歲況:세황〕 설을 맞은 情況. ◎客―, 舊―, 萬―, 年―, 往―, 終―, 千―, 千秋萬―, 凶―.

十畫

【⿱止沓】 (갑) 洽 コウ, **とまる** stop 머무를갑, 그칠갑(止也).

十畫

【⿰止臭】 (후) 尤 キュウ, **いき** take a rest ❶쉴후(休息). ❷숨후(息也).

十一畫

【⿰止責】 (적) 陌 サク, **ととのう** right 바를적(正齊).

十二畫

【歷】 (력) 錫 レキ, **へる, すぎる** pass; story カ丨 li

小篆

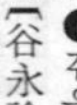
草書

❶겪을력, 지낼력(過也). 〔谷永論神怪〕曠日―年. ❷전할력(傳也). ❸지날력, 차례력(次也). 〔禮記 月令〕季冬命宰, ―卿大夫至於庶民. ❹다할력(盡也). 〔書經 盤庚〕―告爾百姓于朕志. ❺넘을력(踰越). 〔孟子 離婁下〕不―位而相與言. ❻다닐력(行也). 〔賈誼弔屈原賦〕―九州, 而相其君兮. ❼가마력(釜鬲). 〔史記〕銅―爲棺. ❽고요할력(靜也). 〔張說詩〕空山寂―道心生. ❾문채가날력(文章貌). ❿줄로설력, 나란히설력(行列貌). 〔古樂府〕――種白楡. ❿역력할력(明也). (『曆·曆』과 통함)

〔歷年:역년〕 ❶해를 지냄. 여러 해를 지냄. 또는 지나온 여러 해. 『南史』文帝正位南面, ――長久. ❷한 王朝가 王業을 누린 햇수.

〔歷代:역대〕 =歷世. 『晉書』――莫發, 眞僞靡分.

〔歷落:역락〕 ❶뒤섞임. 交錯함. 參差. 『蘇頲』初――以星峙. ❷소리가 그치지 않는 모양. 『詹本·詩』――太古調. ❸俗世를 떠나 清雅한 모양. 磊落. 『晉書·桓彝傳』茂論嶺崎――.

〔歷亂:역란〕 ❶물건이 헝클어진 모양. 『鮑照』憂來無行伍, ――如覃葛. ❷지저분하게 핀 꽃의 모양. 『梁簡文帝』新花――開.

〔歷覽:역람〕 여러 곳을 두루 다니면서 구경함. 『後漢書』――館邑.

〔歷歷:역력〕 ❶분명함. 또렷함. 『李白』分明楚漢事, ――王霸道. ❷물건이 질서정연하게 나란히 서 있는 모양.

〔歷路:역로〕 지나가는 길. 過路.

〔歷訪:역방〕 ❶사람을 차례차례 방문함. 『南史』――閭里人士. ❷名勝地를 차례차례 돌아봄.

〔歷仕:역사〕 대대로 섬김. 대대로 임금을 섬김. 歷事. 『晉書』李熹自――, 雖非清異衆, 而家無儋積.

〔歷事:역사〕 대대로 섬김. 또는 대대의 임금을 섬김. 歷仕.

〔歷史:역사〕 ❶인류 사회의 변천과 흥망의 과정. 또는 그 기록. ❷개인의 일생에 있는 경력. 來歷.

〔歷史家:역사가〕 역사를 연구하는 학자. 역사에 정통한 사람.

〔歷史劇:역사극〕 역사상의 사실을 취재하여 만든 연극 또는 희곡.

〔歷史美:역사미〕 역사적 사실에 의거하여 느끼는 미관 또는 미감. *史美.

〔歷史小說:역사소설〕 역사적인 사건 또는 인물을 소재로 하여 꾸민 소설.

〔歷史時代:역사시대〕 인류 생활에 관한 문헌 자료가 전해져 있는 시대. ↔先史時代.

〔歷史的:역사적〕 ❶歷史에 써서 남길 만한 것. ❷史上 남겨 둘 가치가 있는 상태. 역사에 관계되는 것.

〔歷史學:역사학〕 ❶역사적 사실과 그 상태를 직접 연구하여 밝히는 학문. ❷역사를 엮는 방법과 결과를 검토하여, 역사 연구의 본질을 고찰하는 학문.

〔歷史畫:역사화〕 역사상의 인물이나 사건을 묘사한 그림.

〔歷世:역세〕 代代. 歷代. 累代. 『元經』――長久.

〔歷數:역수〕 ❶하나하나 수효를 셈. ❷정해진 運命. 『後漢書·公孫述傳』十二代――畫也. ❸달력. 歷算.

〔歷歷可數:역력가수〕 뚜렷하게 셀 수가 있음.

〔歷然:역연〕 ❶확실한 모양. 또렷함.

❷조리에 맞아 事理가 정연함。

【歷遊:역유】 방방곡곡 두루 돌아다니며 놀음。

【歷日:역일】 ❶세월。 달력。 曆日。 『蘇軾』老去怕看新一一。 ❷날짜가 경과함。

【歷任:역임】 거듭하여 여러 職位를 차례로 지냄。 歷官。

【歷戰:역전】 이곳 저곳에서 눈부시게 많이 싸움。

【歷節風:역절풍】 (醫)뼈 마디가 아프거나 붓거나 굴신을 잘 하지 못하는 풍증。

【歷程:역정】 거치어 밟아온 길。

【歷朝:역조】 代代의 王朝。 代代의 임금。 『唐書』一一佐命有功。

◎經一、來一、巡一、閱一、遊一、履一、通一、偏一、學一、行一。

十三畫

【蹻】 (각)(교) 『蹻』(12畫足部)와 같음

【躇】 (저)(착) 『躇』(13畫足部)와 같음

【躄】 (벽) 『躄』(13畫足部)과 같음

十四畫

【歸】 ㊀(귀) 微 ㊁(궤) 寘 キ、かえる return ㄎㄨㄟˋ k'uei⁴ ㄍㄨㄟ kuei¹

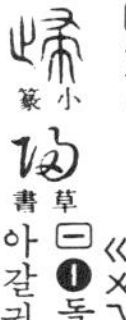

小篆 小篆 草書 ㊀❶돌아올귀、돌아갈귀(還也)。 『詩經』薄言旋一。 ❷돌려보낼귀(還所取之物)。 『朱熹 論語序說』齊人一魯侵地。 ❸던질귀(投也)。 『左傳』請一死于司敗。 ❹붙좇을귀(附也)。 『穀梁傳』王者民之所一往也。 ❺허락할귀(許也)。 『論語 顏淵』天下一仁焉。 ❻시집갈귀(嫁也)。 『詩經 周南桃夭』此子于一。 ❼사물의끝귀。 『易經 繫辭』同一而殊塗。 ❽괘이름귀(卦名)。 (『敀·歸』와 같음) ㊁먹일궤(餉也)。 『論語 陽貨』一孔子豚。 (『饋』와 같음)

【歸家:귀가】 집으로 돌아감。 또는 돌아옴。 還第。

【歸嫁:귀가】 시집감。

【歸去來:귀거래】 관직을 물러 서서 고향으로 돌아가자는 말。 晉 나라 때 陶淵明의 歸去來辭에서 나옴。 『陶潛』一一一兮、田園將蕪。

【歸結:귀결】 ❶끝을 맺음。 생각이나 의논 따위의 결론을 맺음。 ❷어떤 假定에서 推理하여 얻는 결과。 落着。 結着。

【歸校:귀교】 학교로 돌아옴。 오거나 또는 돌아감。

【歸咎:귀구】 허물을 남에게 돌림。

【歸國:귀국】 본국으로 돌아옴。 還國。

【歸覲:귀근】 객지에서 집으로 돌아가 어버이를 뵘。 歸省。

【歸期:귀기】 돌아갈 기약이나 기한。 돌아올 기약이나 기한。 『李白』長安如夢裏、何日是一一。

【歸納:귀납】 (哲)개개의 구체적인 사실에서 공통점을 가려 내어 그 원리에서 일반적인 법칙을 유도해 내는 일。 ↔演繹。

【歸納法:귀납법】 (論)歸納的 研究法。 예를 들면 사람·짐승·초목은 모두 죽는다。 사람·짐승·초목은 생물이다。 그러므로 생물은 다 죽는다。 ↔演繹法。

【歸納的推理:귀납적추리】 특수한 사실에서 일반 진리를 끌어 내는 추리。

【歸寧:귀녕】 시집 간 여자가 친정에 돌아가 부모에게 문안 드림。 覲親。 『詩經』一一父母。

【歸斷:귀단】 (國)벌어졌던 일이 끝남。

【歸途:귀도】 돌아가는 길。 歸路。 『孔德紹』今日桃源客、相顧失一一。

【歸來:귀래】 돌아옴。 『戰國策』長鋏一一乎、食無魚。

【歸老:귀로】 官職을 그만 둠。 致仕。 『史記』一一於家。

【歸路:귀로】 돌아오거나 돌아가는 길。 歸程。 『陶潛』行行循一一、計日望舊居。

【歸馬放牛:귀마방우】 다시는 戰爭을 하지 않는다는 뜻。 (故)周의 武王이 殷을 征伐하고 돌아와 전쟁에 사용한 마소를 놓아주었다 함。 『書經』乃偃武修文、歸馬于華山之陽、放牛于桃林之野、示天下弗服。

【歸命:귀명】 ❶따르고 복종함。 『新書』一一天子。 ❷(佛)三寶에 돌아가 몸과 마음을 불교에 의지함。 『法華經』咸稽首一一無上尊。

【歸夢:귀몽】 고향에 돌아가는 꿈을 꿈。 또는 그 꿈。 『謝朓』一一相思夕。

【歸伏:귀복】 귀순하여 항복함。 『晉書』此所以一一大王也。

【歸服:귀복】 =歸伏。 『後漢書』一一聖德。

【歸附:귀부】 충심으로 와서 붙좇음。 『後漢書』皆開門一一。

【歸脾湯:귀비탕】 불면증·건망증·遺精 따위의 병증에 쓰는 약。

【歸思:귀사】 고향에 돌아가고 싶은 마음。 歸心。

【歸省:귀성】 객지에서 부모를 뵈러 고향에 돌아감。 『朱慶餘』一一及花時、行吟落第詩。

【歸省列車:귀성열차】 방학 때에 귀성하는 학생들을 위하여 특별히 운행하는 열차。

【歸屬:귀속】 ❶붙좇음。 먼 곳 또는 먼 나라가 와서 복종함。 ❷재산·권리 따위가 특정한 사람이나 단체에 속하게 됨。

【歸宿:귀숙】 ❶자리잡고 머무름。 ❷머무름。 歸着點。 (宿은 止)。 『荀子』個然無所一一。

【歸順:귀순】 적이 굴복하고 순종함。 『杜甫』寇盜方一一。

【歸順兵:귀순병】 굴복하여 온 적병。

【歸心:귀심】 ❶고향을 그리워하고 돌아가고 싶어하는 마음。 『韓翃』過江秋色在、詩興與一一。 ❷따르고 복종함。 『論語』天下之民一一焉。

【歸雁:귀안】 봄철이 되어 다시 돌아가는 기러기。 『蘇軾』醒來送一一。

【歸養:귀양】 고향에 돌아가 어버이를 봉양함。

【歸於虛地:귀어허지】 헛되이 돌아감。

【歸臥:귀와】 ❶고향에 돌아가 쉼。 ❷벼슬을 내놓고 隱居함。 『李山甫』一一東林事偶諧。

【歸茸湯:귀용당】 보혈 강심제로서 當歸와 鹿茸만을 달인 약。

【歸依:귀의】 ❶돌아가 의지함。 ❷(佛)敎를 믿어 부처에게 순종하고 신앙하는 일。 『讚阿彌陀佛偈』若聞阿彌陀德號、歡喜讚仰心一一。

【歸依佛:귀의불】 귀의한 부처。

【歸依心:귀의심】 佛道에 돌아와 의지하는 마음。

【歸一:귀일】 ❶하나로 합침。 한 군데로 돌아감。 『史記』其語頗與齊·魯之間殊、然其一一也。 ❷귀착하는 바가 같음。

【歸任:귀임】 任地로 돌아감。 또는 돌아옴。

【歸葬:귀장】 타향에서 시체를 고향으로 옮겨다가 葬事지냄。 『史記』悼公死於宋一一。

【歸財:귀재】 귀속된 재산。

【歸寂:귀적】 (佛)중의 죽음。 『蓮社高賢傳』遠公一一。

【歸程:귀정】 =歸路。 『王炎』不妨緩緩計一一。

【歸正:귀정】 잘못되어 가던 사물이 바르게 되어 짐。

【歸朝:귀조】 사신이 본국으로 돌아옴。 『舊唐書』張茂昭立功河朔、擧族一一。

【歸罪:귀죄】 죄를 남에게 轉嫁함。

【歸重:귀중】 ❶중요한 곳을 좇음。 ❷글에 있어서 특히 중요로운 대목。

【歸著:귀착】 ❶돌아가 닿음。 ❷생각이나 의논이 낙착됨。 ❸마침내 그렇게 됨。

【歸著點:귀착점】 ❶돌아가 닿는 곳。❷여러 의견 끝에 낙착되는 점。
【歸天:귀천】 사람의 죽음。
【歸趨:귀추】 귀착되는 方面。또는 그 곳。
【歸趣:귀취】 귀착되는 趣旨。[左傳·註]故傳直言其ㅣㅣ。
【歸宅:귀택】 제 집에 돌아감。
【歸艦:귀함】 자기 군함으로 돌아옴。
【歸艦命令:귀함명령】 귀함하라는 명령。
【歸航:귀항】 출발지로 돌아오는 배의 항해。[僧皎然]晨發泛ㅣㅣ。
【歸港:귀항】 배가 항구로 다시 돌아옴。
【歸鄕:귀향】 고향에 돌아감。
【歸化:귀화】 ❶귀순하여 복종함。[高僧傳]感德ㅣㅣ者、十有七八焉。❷남의 나라의 國籍을 얻어 그 나라 국민이 됨。[魏志]發使告以利害、吳必ㅣㅣ。
【歸化民:귀화민】 어느 나라에 귀화한 국민。
【歸化人:귀화인】 귀화한 사람。
【歸還:귀환】 戰地 또는 外地에서 돌아옴。[古詩]不久當ㅣㅣ。
【歸還者:귀환자】 ❶돌아온 사람。❷어떤 일이나 사건으로 오랫동안 멀리 나가 있다가 되돌아온 사람。
【歸還將兵:귀환장병】 戰場에서 돌아온 장병。
【歸休:귀휴】 ❶집에 돌아와 쉼。❷美名을 남에게 돌려줌。[莊子·逍遙遊]。❸죽음。[陶潛·詩]吾生行ㅣㅣ。
【歸休兵:귀휴병】 定期의 병역을 마치기 전에 귀휴를 허락받은 병사。
◎告ㅣ、復ㅣ、不ㅣ、回ㅣ。

【[illegible]】 (귀) 未 キ、きずつける be hurt
상할귀(傷也)。

十八畫

【[illegible]】 (력) 錫 レキ、つむ pile up
쌓을력(積也)。

歹 部

【歹】 ㊀(알) 曷 ㊁(대) 賄 ガツ、タイ、もとる act contrary to ㄉㄞˇ tai³
小篆 草書 ㊀❶뼈앙상할알(剔肉置骨)。❷잔골알、살발린 뼈알(殘骨)。(『歺』과 같음) ㊁❶못쓸대、좋지않을대(不好)。❷거스릴대(逆也)。❸괴악할대(惡也)。(『歹』와 같음)
【歹事:대사】 나쁜 일。[宣和遺事]。

二 畫

【歹】 (대)『歹』(前條)와 같음
【歺】 (알)『歹』(前前條)과 같음

【歹丂】 (후) 有 キュウ、くちる decay
小篆 或體 草書 ❶저밀후、베일후、쪼갤후(割也)。[列子]楚南有炎人國其親戚死ㅣ其肉棄之然後薶其骨。❷썩을후(朽也)。(『朽』와 같음)

【死】 (사) 紙 シ、しぬ die; death ㄙˇ ssŭ³
小篆 古文 草書 ❶죽을사(澌精氣窮)。[莊子]人之生氣之聚也聚則爲生散則爲ㅣ。❷끊일사(絶也)。[中庸]袵金革、ㅣ而不厭。❸마칠사(終也)。❹다할사(盡也)。❺기운흩어질사(氣散)。❻위태할사(危險)。❼나라이름사(國名)。
【死街:사가】 사람이 살지 않아 죽은 듯이 쓸쓸한 거리。폐허가 된 거리。
【死角:사각】 총알이나 대포알이 미칠 수 있는 거리 안에 있으면서도 장애물 때문에 도저히 사격할 수 없는 범위。
【死諫:사간】 죽기를 한하고 諫함。
【死去:사거】 죽음。죽어서 이 세상을 떠남。逝去。卒去。[陸游]ㅣㅣ元知萬事空。
【死境:사경】 죽을 지경。죽음에 임박한 경지。必死의 경지。
【死苦:사고】 ❶(佛)四苦(生苦·老苦·病苦·死苦)의 하나。❷사람은 반드시 죽지 않으면 안 된다는 고통。❸죽음에 다다를 정도의 고통。❹죽을 때의 고통。
【死骨:사골】 시체의 뼈。
【死交:사교】 죽음이라도 같이 할 수 있는 交分。[北齊書]一面便定ㅣㅣ。
【死期:사기】 ❶죽는 시기。❷목숨을 버릴 시기。
【死難:사난】 난리에 죽음。
【死力:사력】 죽기를 무릅쓰고 쓰는 힘。必死의 노력。全力。[漢書]道李陵將率得士ㅣㅣ。
【死亡:사망】 죽음。없어짐。死去。[孟子]凶年不免於ㅣㅣ。
【死亡率:사망률】 일정한 기간의 일정한 인구、또는 환자 수에 대한 사망자 수의 比率。
【死亡申告:사망신고】 사람이 죽었을 때에、그 사실을 사망 진단서나、檢案書를 붙여서 시·읍·면·동회장에게 신고하는 일 또는 그 書類。
【死亡診斷書:사망진단서】 사망을 증명하는 의사의 진단서。
【死脈:사맥】 ❶거의 죽게 된 사람의 맥박。또는 그 상태。❷鑛物이 없는 광맥。
【死滅:사멸】 죽어 없어짐。
【死命:사명】 죽는 목숨。목숨。死生。[史記]今陛下能制項籍之ㅣㅣ乎。
【死無餘恨:사무여한】 죽어도 한 됨이 없음。
【死文:사문】 ❶條文만 있을 뿐 실제로는 효력이 없는 法令이나 規則。空文。❷內容·精神이 없는 文章。
【死門:사문】 八門의 하나인 흉한 문。
【死物:사물】 ❶생명이 없는 물건。❷활동하지 않는 물건。쓰지 못하는 물건。
【死法:사법】 실지로 행하여지지 않는 법령。
【死別:사별】 죽어 이별함。[杜甫]ㅣㅣ已呑聲、生別常惻惻。
【死病:사병】 살지 못할 중한 병。
【死不瞑目:사불명목】 恨이 많아서 죽어서도 눈을 감지 못함。
【死産:사산】 죽은 아이를 낳음。
【死相:사상】 ❶죽은 사람의 얼굴。❷죽게 된 얼굴。❸죽을 조짐이 나타난 상。
【死狀:사상】 죽게 된 상태。
【死傷:사상】 죽음과 상함。사망과 부상。또는 사망자와 부상자。
【死傷兵:사상병】 전투로서 죽은 군인과 다친 군인。
【死傷者:사상자】 죽은 사람과 다친 사람。
【死生:사생】 삶과 죽음。生死。
【死生決斷:사생결단】 죽음을 각오하고 대들어 끝장 냄。
【死生關頭:사생관두】 죽고 삶이 달려 있는 위태한 고비。生死關頭。
【死生同苦:사생동고】 죽고 삶을 같이 함。死地同苦。
【死線:사선】 ❶죽을 고비。❷감옥 주위 같은 곳이 베풀어 이를 넘어서면 총살하게 된 限界線。
【死粟粥:사속죽】 풋좁쌀로 쑨 죽。
【死水:사수】 흐르지 아니하고 괴어 있는 물。止水。↔活水。
【死守:사수】 목숨을 걸고 지킴。
【死信德:사신덕】 敎理를 믿기는 하나 실행하지는 않는 교인。
【死心:사심】 죽음을 각오한 마음。
【死心塌地:사심탑지】 충심으로 기꺼

이 복종함。

【死藥:사약】 먹으면 죽는 독약。

【死語:사어】 지난 날에는 썼으나 지금은 쓰지 않는 말。↔活語。

【死友:사우】 ❶죽음을 함께 할 수 있는 극친한 벗。『後漢書』出行乃得一一。❷죽은 친구。『齊家寶要』負一一者之害義、比負生友者、爲尤甚。

【死六臣:사육신】 李朝의 忠臣。端宗의 復位를 꾀하다 발각되어 世祖에게 죽임을 당한 李塏·河緯地·柳誠源·兪應孚·成三問·朴彭年의 六명을 일컬음。

【死義:사의】 정의를 위하여 죽음。

【死人:사인】 죽은 사람。死者。『國語』一一復生。

【死因:사인】 죽은 까닭。死亡 原因。

【死者:사자】 죽은 사람。死人。

【死藏:사장】 유용한 물건을 쓰지 않고 넣어 둠。

【死戰:사전】 목숨을 걸고 싸움。또는 그 싸움。必死의 전쟁。死鬪。

【死絕:사절】 죽어서 뒤가 끊어짐。

【死節:사절】 목숨을 바쳐 절개를 지킴。『胡安國』春秋重一一之臣。

【死中求活:사중구활】 궁지에 빠졌을 때에 살 길을 찾아 냄。죽을 고비에서 살 길을 찾아 냄。『後漢書』男子當一一一一、可坐窮乎。

【死地:사지】 ❶죽을 곳。❷살아 나올 길이 없는 곳。『孫子』陷之一一、然後生。

【死且不避:사차불피】 죽어도 피하지 아니함。

【死且不朽:사차불후】 몸은 죽어서 없어지지만 그의 名聲은 그대로 후세에 남음。『君爲鬰』

【死體:사체】 시체。死骸。死屍。

【死體檢案:사체검안】 죽은 원인을 알기 위하여 시체를 살펴 조사하는 일。

【死胎:사태】 뱃속에서 죽어 나온 아이。

【死土:사토】 한 번 파내었던 흙。풍수지리에서 쓰는 말。

【死鬪:사투】 죽을 힘을 다하여 싸움。死戰。

【死海:사해】 (地)서부 아시아 팔레스타인의 東海쪽에 있는 鹹水湖。염분이 二五%이어서 물고기가 살 수 없기 때문에 死海라 일컬음。

【死骸:사해】 시체。죽은 사람。死體。

【死血:사혈】 상처에 시커멓게 모인 피。죽은피。

【死刑:사형】 (法)죄인의 목숨을 끊는 형벌。

【死刑囚:사형수】 사형 선고를 받은 죄수。

【死火山:사화산】 (地)활동을 완전히 정지한 火山。↔活火山。

【死活:사활】 ❶죽기와 살기。❷죽느냐 사느냐 흥하느냐 망하느냐의 갈림길。

【死活問題:사활문제】 죽느냐 사느냐의 문제。

【死灰:사회】 ❶사그라진 재。❷생기가 없음。(喩)욕심이 없고 명예나 재물에 어두움。『莊子』形固可使如槁木、而心固可使如一一乎。

【死灰復然:사회부연】 사그라진 재에서 다시 불이 살아남。(轉)세력을 잃은 사람이 다시 권력을 얻음。(然은 燃)。『史記』安國曰、死灰獨不復然乎。

【死後:사후】 죽은 뒤。身後。

◎假一、客一、決一、枯一、急一、凍一、夭一、溺一、戰一、情一、生醉一、夢一、致一、必一、橫一。

【⿰歹人】 (사)『死』(前條)와 같음

三 畫

【⿰歹大】 (체) 霽 テイ、つかれる (be) tired
❶고달플체(極疲)。❷헐떡거릴체(喘也)。

【⿰歹乞】 (흘) 質 ギツ、ながれる flow
흐를흘(流也)。

四 畫

【⿰歹斤】 (설) 屑 セツ、わかじに die yong
❶일찍죽을설(夭死)。❷단수할설(短折)。

【歾】 一(몰) 月 二(홀) 吻 ボツ、コツ、つきる、しぬ expire; die ㄇㄛˋ mo⁴
小篆 草書 一❶마칠몰(終也)。『左傳』叔詹曰楚王其不一乎。❷죽을몰(死也)。❸천천히할몰(舒緩貌)。(『歿·沒』과 같음) 二다할홀(盡也)。(『沕』과 같음)
【太玄經】詘其節執其術共一。

【歿】 (몰) 月 ボツ、しぬ expire; die ㄇㄛˋ mo⁴
小篆 ❶죽을몰(死也)。❷천천할몰(舒緩貌)。

【殀】 (요) 篠 ヨウ、わかじに early death 一ㄠˇ yao³
草書 ❶단명할요、요사할요(壽之反短折)。『孟子 盡心上』一壽不貳。❷끊을요(斷殺)。『禮記 王制』不一夭。(『夭』와 같음)

【殀壽:요수】 夭逝과 長壽。『孟子』一一不貳、修身以俟之、所以立命也。

【⿰歹内】 (눌) 月 ドツ、みだれる nervous
심란할눌(心亂殟一)。

【⿰歹凶】 (흉)『凶』(凵部 2畫)과 같음

【⿰歹刂】 (잔) 寒 サン、くいあまり remnant of food
小篆 或體 김승먹던 찌꺼기잔(殘也)。(『殘』과 통함)

【⿰歹止】 (찰) 黠 サツ、えやみ serious disease
모진병찰、염병찰(癘疾)。

五 畫

【殂】 (조) 虞 ソ、しぬ die ㄘㄨˊ ts'u²
小篆 古文 草書 죽을조(往死一落)。

【殂落:조락】 임금의 죽음。뒤에는 正統 이외의 임금의 죽음을 일컬음。(落은 落葉의 뜻)。『書經』帝乃一一。

【殃】 (앙) 陽 オウ、わざわい misfortune 一ㄤ yang¹
小篆 草書 ❶허물앙(咎也)。❷재앙앙(禍也)。『書經』作不善降之百一。❸벌내릴앙(罰也)。『孟子 告子下』一民者、不容於堯舜之世。(『禳』과 같음)

【殃慶:앙경】 재난과 慶事。

【殃咎:앙구】 災難。咎殃。殃禍。『左傳』哀樂失時、一一必至。

【殃及子孫:앙급자손】 죄악의 갚음이 자손에게 미침。

【殃戮:앙륙】 재난을 만나 죽임을 당함。『漢書』君臣乖亂、六親一一。

【殃災:앙재】 재앙。災殃。

【殃禍:앙화】 죄의 앙갚음으로 받는 재앙。殃咎。

【⿰歹丏】 (면) 銑 メン、あわれむ pity
불쌍히여길면(矜也)。

【殄】(진) 銑 テン、つきる exhaust ㄊㄧㄢˇ t'ien³
小篆 古文 草書 ❶다할진(盡也)。❷끊을진(絕也)。❸멸할진(滅也)。❹착할진(善也)。

【殄戮：진륙】죽여 없앰。

【殄滅：진멸】남김없이 모두 멸망함。全滅함。〔書經〕遇姦宄、我乃劓ㅡㅡ之、無遺育。

【殄殲：진섬】무찔러 없애 버림。모두 멸망함。남김 없이 멸망시킴。〔書經〕ㅡㅡ乃饑。

【殄肉：진육】궂은 고기。

【殄瘁：진췌】남김 없이 없어짐。병들어서 시들음。〔詩經〕人之云亡、邦國ㅡㅡ。

【殄破：진파】패하여 망함。〔後漢書〕凶賊ㅡㅡ。

【歹尔】(진)『殄』(歹部 5畫)의 略字

【殅】(생) 庚 セイ、よみがえる resuscitate rise from the dead
죽었다살아날생(死而更生)。

【歹冬】(종)『終』(糸部 5畫)의 古字

【歹皮】㊀(피) 支 ヒ、おる dissect ㊁(피) 紙
㊀살찢어버릴피(開肉解剖)。㊁가지꺾을피(枝折)。(『披』와 통함)

【歹乍】(조)『殂』(歹部 5畫)의 古字

【殆】(태) 賄 タイ、あやうい near; danger
小篆 草書 ❶위태할태(危也)。〔論語 爲政〕多見闕ㅡ。❷가까이할태(近也)。〔詩經 小雅節南山〕無小人ㅡ。❸자못태(幾也)。〔漢書 李夫人傳〕夫人病甚、ㅡ將不起。❹비롯할태(始也)。〔詩經〕ㅡ及公子同歸。❺장차태(將也)。

【殆無：태무】거의 없음。

【殆半：태반】거의 절반。

【殆哉：태재】몹시 위태로움。

【歹句】(후)『歹丂』(歹部 2畫)의 俗字
(순)『殉』(歹部 6畫)의 譌字

六畫

【歹各】(락) 藥 ラク、にわかじた die suddenly
갑자기죽을락(卒死殆ㅡ)。

【殈】(혁) 錫 ケキ、さける chapped egg ㄒㄩˋ hsü⁴
草書 알터질혁(卵裂)。

【歹先】(승) 蒸 迥 ショウ、しにかかる swoon
까무러칠승(欲死貌)。

【歹内】(잔)『歹月』(歹部 4畫)의 本字

【殉】(순) 震 ジュン、おいじに die for ㄒㄩㄣˋ hsün⁴
草書 ❶죽은사람을따라죽을순(以人從葬)。〔禮記〕ㅡ葬非禮也。❷구할순(求也)。〔書經〕ㅡ于貨色。❸경영할순(營也)。❹좇을순(從也)。

【殉教：순교】자기의 믿는 종교를 위해 목숨을 버림。

【殉國：순국】나라를 위하여 목숨을 바침。殉難。〔漢書〕常奮不顧身、以ㅡㅡ家之急。

【殉難：순난】나라가 위기에 있을 때 목숨을 바쳐 의로운 일을 함。공훈을 세우기 위하여 몸을 희생함。〔温嶠〕温嶠闇弱不武、不能ㅡㅡ。

【殉道：순도】정의 또는 宗教를 위하여 목숨을 바침。〔孟子〕天下無道、以身ㅡㅡ。

【殉死：순사】❶나라를 위하여 목숨을 버림。❷죽은 사람의 뒤를 따라 죽음。殉節。〔王粲〕自古無ㅡㅡ。

【殉葬：순장】(制)옛날 임금 또는 귀족의 葬禮에 그를 추종하던 사람·동물·愛用하던 器物 따위를 죽은 이의 옆에 같이 묻던 일。〔禮記〕。

【殉職：순직】직무를 다 하다가 목숨을 잃음。

【歹艮】(면) 銑 ベン、あわれむ pitiful
불쌍할면(矜也)。

【殊】(수) 虞 シュ、ころす、ことに die; special ㄕㄨ shu¹
小篆 草書 ❶죽을수(死也)。〔漢令〕蠻夷長有罪當ㅡ之。❷베일수(誅也)。❸끊어질수(絕也)。〔左傳 昭公二十三年〕斷其後之木、而弗ㅡ。❹다를수(異也)。〔易經 繫辭〕天下同歸而ㅡ塗。❺상할수(傷也)。〔史記 蘇秦傳〕ㅡ而走。❻지나갈수(過去)。〔後漢書 梁竦傳〕母氏年ㅡ七十。❼어조사수(語助辭)。

【殊功：수공】뛰어난 공훈。〔張纘〕諒ㅡㅡ於百王。

【殊怪：수괴】의심스럽고 수상함。〔拾遺錄〕瑰寶ㅡㅡ之物、充于王庭。

【殊技：수기】❶뛰어난 기술。❷기능을 달리함。〔莊子〕。

【殊力：수력】뛰어난 힘。뛰어난 활동。〔北史〕渭橋之戰、卿有ㅡㅡ。

【殊邦：수방】외국。異國。異邦。

【殊服：수복】❶옷차림이 다름。〔張衡〕萬邦既協、ㅡㅡ來同。❷옷차림을 달리한 사람。곧 외국인。〔漢書〕戶異政、人ㅡㅡ。

【殊賞：수상】특별한 상。

【殊常：수상】뛰어남。보통과 달라 이상함。〔晉書〕欲建ㅡㅡ之勳。

【殊常氣：수상기】수상한 기미。

【殊勝：수승】뛰어나고 훌륭함。〔朱熹〕天然ㅡㅡ、不關風露冰雪。

【殊遇：수우】각별한 대우。후한 대우。〔蜀志〕追先帝之ㅡㅡ。

【殊恩：수은】특별한 은혜。각별한 은총。殊寵。殊眷。〔謝偃〕承置醴之ㅡㅡ。

【殊音：수음】가락이 특수한 音。〔後漢書〕ㅡㅡ異節之伎。

【殊異：수이】다름。특히 다름。몹시 다름。特異。〔詩經〕美無度、ㅡㅡ于公路。

【殊奬：수장】특별히 권장하여 도움。〔徐陵〕遂蒙ㅡㅡ、歸嗣本朝。

【殊才：수재】빼어난 재주。

【殊絶：수절】극히 뛰어남。뛰어나고 훌륭함。〔諸葛亮〕曹操智計、ㅡㅡ于人。

【殊品：수품】뛰어난 물품。〔曹植〕麗草交植、ㅡㅡ詭類。

【殊鄕：수향】이웃 지방。異鄕。〔王勃〕輟仙駕于ㅡㅡ、遇良朋于異縣。

【殊荒：수황】먼 未開한 지방。(荒은 荒服)。〔魏志〕威蓋ㅡㅡ。

【殊效：수효】❶뛰어난 공훈。殊功。〔魏書〕彰ㅡㅡ。❷特効。

【殊勳：수훈】특수한 큰 공훈。뛰어난 공훈。〔李德林〕立ㅡㅡ于魏室。◎萬ㅡ、特ㅡ、懸ㅡ。

【歹列】(례) 霽 レイ、やむ be ill
앓을례(病也)。

【残】(잔)『殘』(歹部 8畫)의 略字

【㱚】(란) 翰 ラン、しにかかる faint
까무러칠란(臨死神迷)。

七畫

【㱕】(뢰) 泰 ライ、やむ sick
앓을뢰(病也)。

【殌】㊀(결) 月 ケツ、しぬ die ㊁(경) 庚
㊀죽을결(死也)。㊁뜻은 ㊀과 같음。

【殍】(표) 篠 ヒョウ、フ うえじに starve to death ㄆㄧㄠˇ p'iao³
草書 굶어죽을표(餓死)。【鹽鐵論 水旱】野有餓ㅣ。(『莩』와 통함)

【殍殣:표근】굶어 죽음。【張廷珪】年穀莫登、在于貧弱、或至ㅣㅣ。

【殍餓:표아】굶어 죽음。殍殣。【梅堯臣】中州無ㅣㅣ。

【㱏】(형) 庚 ケイ、ふくれる swell up
부을형(腫也)。

【殏】(구) 尤 キュウ、おわる finish
❶마칠구(終也)。❷죽을구(死也)。

【㱓】(곡) 屋 コク、しをおそれる be afraid of dying
죽기를겁낼곡(臨死畏刧)。

【殐】(속) 屋 ソク、されぼね preserved from decay after death
죽어썩지않을속(殭也)。

【殑】(긍) 蒸 キョウ、しにかかる swoon ㄑㄧㄥˊ ch'ing²
❶귀신나올긍(鬼出也)。❷죽으려할긍(欲死貌)。

【殑伽女:긍가녀】《佛》자식을 사랑하는 나머지 殑河에 몸을 던져, 그 慈念의 善根力에 의하여 死後의 梵天에 태여난 女子名。【性靈集】。

【殑殑:긍긍】막 죽어가는 모양。【集韻】。

八畫

【殀】(요) 蕭 ヨウ、そこなう hurt：injure
해할요(害也)。

【㱖】(위) 支 イ、しぼむ wither ㄨㄟ wei¹
小篆 ❶말라죽을위、시들위(枯死)。❷병들위(病也)。

【殜】(엽)『殜』(歹部 9畫)의 俗字

【殔】(이) 寘 イ、うめる bury
小篆 묻을이(假葬於道側)。

【𣧾】(졸) 月 シュツ、しぬ die
小篆 ❶죽을졸(死也)。❷마칠졸(終也)。(『卒』과 통함)

【𣨁】(어) 語 オ、かれじに wither
말라죽을어(枯死)。

【㱚】(심) 沁 シン、かれる wither
초목이시들어죽을심(草木萎死)。

【殕】㊀(부) 有 フ、ボク、くさる decay ㄆㄡˇ po² ㊁(무) 虞 ㊂(복) 屋
草書 ㊀썩을부(腐也)。㊁곰을무、곰팡이날무(物腐生黴)。㊂죽을복(斃也)。

【㹆】(강) 漾 キョウ、しがい corpse
시체강、송장강(屍體)。

【殖】(식) 職 ショク、ふやす prosper ㄓˊ chih²
小篆 草書 ❶날식(生也)。❷심을식(種也)。【書經】兆民允ㅣ。❸성할식、불을식(蕃也)。【魯語】同姓不婚惡不ㅣ也。❹많아질식(增也)。【漢書 董仲舒傳】羣生和而萬民ㅣ。❺자라날식(長也)。【左傳】內官不及同姓其生不ㅣ。❻세울식(立也)。【國語 周語】以ㅣ義方。❼반듯할식(平也)。【詩經 小雅斯干】ㅣㅣ其庭。❽불릴식(興生財利)。【中庸】貸

【殖利:식리】이익을 불림。돈을 벌음。

【殖民:식민】본국 이외의 未開地에 移住시키어 개척하는 일。또는 그 移民。植民。

【殖民地:식민지】植民한 토지。植民地。

【殖產:식산】❶생산물을 불림。❷재산을 불림。【唐書】通左氏春秋、頗ㅣㅣ。

【殖殖:식식】평평하고 바른 모양。【詩經】ㅣㅣ其庭、有覺其楹。

【殖財:식재】재산을 불림。돈을 모음。殖產。殖貨。
◎繁ㅣ、生ㅣ、利ㅣ、增ㅣ、貨ㅣ。

【殑】(기) 支 キ、すてる throw
小篆 ❶버릴기(棄也)。❷죽을기(死曰大ㅣ)。

【殙】(혼) 元 コン、くらい unconcious ㄏㄨㄣ huen¹
小篆 篆 ❶흐리멍덩할혼、혼미할혼(心不明了)。❷아찔할혼(瞀也)。❸어려서죽을혼(未立名而死)。❹불쌍할혼(矜也)。(『惛』과 같음)

【殗】㊀(업) 葉 ヨウ、エン、やむ be taken ill ㄧㄝ yeh⁴ ㊁(엄) 鹽
草書 ㊀❶병들업(病也)。❷병심하지않을업(病而不甚ㅣ殜)。❸나무잎빽빽할업。㊁죽을엄(歿也)。

【殘】(잔) 寒 ザン、そこなう、のこる injure：remainder ㄘㄢˊ ts'an²
小篆 ❶쇠잔할잔(凋傷)。【史記 樊噲傳】ㅣ東垣。❷해할잔(害也)。【孟子 梁惠王下】是上漫而ㅣ下也。❸나머지잔(餘也)。

【殘缺:잔결】부족함。완전하지 못함。【漢書】周室旣微、載籍ㅣㅣ。

【殘更:잔경】날이 샐 무렵。오전 四시경。

【殘高:잔고】收支 또는 貸借 계산을 한 나머지。

【殘金:잔금】나머지 돈。쓰고 남은 돈이나 갖다 남은 돈。

【殘期:잔기】나머지 기간。

【殘年:잔년】❶남은 해。어떤 해에 다달아서 그 이후의 햇수。❷餘命。【韓愈】肯以衰朽惜ㅣㅣ。

【殘黨:잔당】토벌하여 없애버리고 남은 무리。餘黨。殘徒。【唐書】ㅣㅣ畏誅。

【殘徒:잔도】＝殘黨。【唐書】。

【殘盜:잔도】붙들고 남은 도둑。殘賊。

【殘毒:잔독】잔인하고 악독함。

【殘冬:잔동】겨울이 끝날 무렵。年末。

【吳寬】長眠不覺過ㅣㅣ。

【殘燈:잔등】❶거의 다 꺼져가는 등불。【元稹】ㅣㅣ無焰影幢幢。❷깊은 밤의 희미한 등불。殘釭。

【殘略:잔략】❶완전하지 못함과 등한함。❷침노하여 약탈함。

【殘淚:잔루】눈물을 흘린 흔적。淚痕。【劉長卿】點點留ㅣㅣ、枝枝留此心。

【殘壘：잔루】 ❶남아 있는 堡壘。 ❷야구에서 공격팀과 守備팀이 교체할 때 베이스에 走者가 살아 남아 있는 일。

【殘留：잔류】 남아서 처져 있음。

【殘亡：잔망】 ❶패하여 멸망함。『隋書』訪通議于──。 ❷지고 도망함。

【殘梅：잔매】 제 철을 지나서도 피어서 남은 매화。

【殘氓：잔맹】 살아 남은 백성。『齊書』北地──、東都遺老。

【殘滅：잔멸】 쇠잔하여 다 없어짐。 침해당하여 멸망함。『史記』項羽諸所過、無不──。

【殘命：잔명】 죽음이 얼마 남지 않은 쇠잔한 목숨。 거의 죽게 된 쇠잔한 목숨。

【殘夢：잔몽】 남은 꿈。 잠깰 무렵 어렴풋이 꾸는 꿈。『蘇軾』馬上續──、不知朝日升。

【殘務：잔무】 다 처리하지 못하고 남은 사무。

【殘民：잔민】 《國》피폐한 백성。 외롭고 「가난한 백성。

【殘飯：잔반】 ❶먹고 남은 밥。 ❷먹다 남은 찌꺼기 밥。 대궁。

【殘兵：잔병】 ❶나머지 병정。 ❷싸움에 敗하고 남은 병정。 敗殘兵。

【殘匪：잔비】 掃蕩당하고 남은 비적。

【殘渣：잔사】 남은 찌꺼기。

【殘山短麓：잔산단록】 낮고 작은 산。

【殘殺：잔살】 잔인하게 죽임。『孟雲卿』──非不痛、古來良有由。

【殘生：잔생】 나머지 생애。 餘生。『杜甫』江村獨歸去、寂寞養──。

【殘暑：잔서】 立秋 뒤의 더위。 殘炎。『白居易』──蟬催盡、新秋雁帶來。

【殘雪：잔설】 ❶녹다 남은 눈。『鄧伯羔』──寒梅未吐花。 ❷봄이 되어도 남아 있는 눈。

【殘星：잔성】 새벽녘의 별。『趙嘏』──幾點雁橫塞。

【殘惡：잔악】 잔인하고 악독함。

【殘額：잔액】 나머지 돈 액수。

【殘夜：잔야】 새벽녘。 未明。『杜甫』四更山吐月、──山明樓。

【殘陽：잔양】 ＝殘日。『羅隱』鳥噪──草「滿庭。

【殘餘：잔여】 나머지。 剩餘。『歐陽修』狼藉鳥爭──。

【殘煙：잔연】 사라져가는 연기。『周弘正』菊潭溜餘水、丹竈起──。

【殘月：잔월】 ❶거의 다 져가는 달。 ❷새벽녘까지 남아 있어 그 빛이 희미하게 된 달。『陳子昂』飛霜遙度海、──廻臨邊。

【殘邑：잔읍】 피폐한 고을。 薄邑。

【殘忍：잔인】 인정이 없고 몹시 모질음。 無慈悲。 冷酷。 殘酷。『史記』吳起──刻薄之人也。

【殘忍薄行：잔인박행】 잔인하고 야박「한 행위。

【殘日：잔일】 ❶저녁 때。 落日。 斜陽。 夕陽。『汪元量』雲橫古嶂呑──。 ❷남은 날수。 餘日。

【殘在：잔재】 남아 있음。

【殘滓：잔재】 남은 찌꺼기。

【殘滴：잔적】 남은 물방울。『虞世南』歸雲半入嶺、──尙懸枝。

【殘敵：잔적】 ❶패하고 남은 도둑。 ❷토벌당한 나머지 도둑。

【殘錢：잔전】 ❶남은 돈。 ❷우수리。

【殘政：잔정】 잔인하고 포악한 정치。

【殘照：잔조】 저녁 놀。 殘暉。『孟浩然』竹間──入。 ＊落照。

【殘存：잔존】 남아 처져 있음。

【殘地：잔지】 면적의 한 단위가 못 되는 「地面。

【殘疾之人：잔질지인】 잔병꾸러기。

【殘喘：잔천】 ❶거의 끊어져 가는、겨우 붙어 있는 숨。 ❷얼마 남지 않은 목숨。『郝經』老吟寄──。

【殘礎：잔초】 헐어 없어진 건물의 남은 주춧돌。 남은 礎石。

【殘燭：잔촉】 거의 다 타 꺼져가는 촛불。

【殘秋：잔추】 얼마 남지 않은 가을。 늦가을。 晩秋。『趙嘏』獨吟紅葉對──。

【殘春：잔춘】 얼마 남지 않은 봄。 늦은 봄。 晩春。『李嘉祐』江花鋪殘水、山木暗──。

【殘破：잔파】 부서짐。 침해당하여 부서「짐。

【殘敗：잔패】 기세가 다하여 패함。

【殘片：잔편】 남은 조각。

【殘廢：잔폐】 쇠잔하여 퇴폐함。 殘滅。

【殘暴：잔포】 ＝殘虐。

【殘品：잔품】 팔거나 쓰다 남은 물품。

【殘風：잔풍】 《國》바람이 잔잔해지는 모양。 또는 그 바람。

【殘夏：잔하】 얼마 남지 않은 여름。 늦여름。『周樸』野寺渡──。

【殘虐：잔학】 잔인하고 포악함。『唐書』肆爲──。

【殘恨：잔한】 남은 원한。 遺恨。『孟郊』「覺來──深。

【殘寒：잔한】 立春 뒤의 추위。

【殘害：잔해】 ❶해를 끼침。 상처를 입힘。 ❷잔인하게 죽임。 殘殺。 殘戮。『書經』──于爾萬姓。

【殘骸：잔해】 ❶남아있는 死骸나 물건의 뼈대。 ❷정신은 나간채 남아 있는 육체。

【殘香：잔향】 남아 있는 향기。 餘香。

【殘戶：잔호】 생활에 시달리고 지친 백성。

【殘酷：잔혹】 잔인하고、혹독함。『詩經·箋』天下邦國之君、不爲──。

【殘花：잔화】 떨어지고 남은 꽃。『劉克莊』──落盡樹蔭多。

【殘毁：잔훼】 침해당하여 부서짐。 깨뜨려 헐어버림。『郭璞』薦食無厭、肆其──。

【殘痕：잔흔】 남은 흔적。『陸游』漲餘野水有──。

九畫

【殜】

(란) 翰 ラン、くさる break

❶깨뜨릴란(研壞)。 ❷썩을란(腐也)。

【殙】

(혼)『殙』(歹部 8畫)의 本字

【殛】

(극) 職 キョク、ころす condemn to exile ㄐㄧˊ chi²

小篆 草書 ❶귀양보낼극(誅責)。【書經 舜典】─鯀于羽山。 ❷귀양가서죽을극(斥死)。 ❸죽일극(殺也)。

【殨】

(외) 賄 ワイ、おどえる lose one's senses

정신모를외(不知人事─殀)。

【殜】

(엽) 葉 ヨウ、やむ fall ill ㄧㄝˋ yeh⁴

❶병들엽(殗病)。 ❷쇠할엽(衰也)。 ❸비비듯하고앉을엽(半臥半起)。

【殠】

(훼) 隊 カイ、やみつかれる get tired

피곤할훼(疲困)。

十畫

【殥】

(언)『唁』(口部 7畫)과 같음

【殨】

(개) 灰 ガイ、はらごもり conceive the first child

小篆 ❶첫아이밸개(胅胎)。 ❷양죽여태끄집어낼개(殺羊取胎)。

【殞】

(운) 軫 イン、しぬ die ㄩㄣˇ yun³

草書 ❶죽을운(歿也)。 ❷떨어질운(落也)。【潘岳 秋興賦】槁葉夕─。

【殞感：운감】 제사 음식을 귀신이 먼저 맛 봄。

【殞命：운명】 목숨이 끊어짐。죽음。
【殞石：운석】 지구 위에 떨어진 별똥。
【殞殪：운에】 죽어 자빠짐。『劉楨』毛群ㅣㅣ。「涙。」
【殞泣：운읍】 눈물을 흘리면서 울음。落
【殞斃：운폐】 넘어짐。죽음。『魏志』顚沛ㅣㅣ、殺身濟君。

【殟】 (一)(올) 月 オン、おちつかない (二)(온) 元 have an abortion 小篆 (一)❶낙태할올(落胎)。❷심란할올(心亂)。❸천천할올(舒緩貌)。(三)❶병들온(病也)。❷극진할온(極也)。
【殟⿰歹内：온눌】 마음이 흩으러짐。『玉篇』。
【殟殁：온몰】 따뜻한 모양。『傳毅』。
【殟孫：온손】 性質이 비뚤어져서 道理에 어두운 사람。『新方言』淮南·吳·越、謂人性句脅者爲ㅣㅣ、讀如溫。

【⿰歹宰】 (재) 賄 サイ、ほろびる perisk 멸망할재(滅也)。

【⿰歹鬼】 (회) 賄 カイ、おろか foolish 어리석을회(愚也)。

【殠】 (추) 宥 シュウ、くさったにおい decayed stink ㄒㄧㄡ he 小篆 草書 썩은 냄새추(腐氣)。(『臭』와 通함)
【殠惡：추악】 썩은 냄새。『漢書』單于得漢美食好物以爲ㅣㅣ。

十一畫

【殢】 (一)(체) 霽 テイ、つかれる (二)(혜) 霽 be languid (一)느른할체(極困)。(二)막힐혜(滯也)。
【殢酒：체주】 술로 피로와함。『楊維楨』。
【殢殢：체혜】 피로함。『廣雅』。

【殣】 (근) 震 キン、うえじに starve to death ㄐㄧㄣ chin3·4 小篆 草書 ❶굶어죽을근(餓死)。『左傳 昭公二年』道ㅣ相望。❷묻을근(埋也)。(『覲』과 통함)

【⿰歹崔】 (최) 隊 サイ、こわれる be broken 깨질최(破也)。

【殤】 (상) 陽 ショウ、わかじに die young ㄕㄤ shang1 小篆 草書 어려서죽을상(未成人喪)。『禮記』年十六至十九死爲長ㅣ、十二至十五爲中ㅣ、八歲至十一歲爲下ㅣ。
【殤宮：상궁】 어려서 죽은 아이의 靈魂。宮은 躬의 假借。『國語』余左執鬼中、右執ㅣㅣ。
【殤服：상복】 여덟 살부터 아홉 살까지 사이에 죽은 子女에 관한 服制。『儀禮』。
【殤死：상사】 二○세 미만에、곧 어려서 죽음。「莫壽乎ㅣㅣ、而彭祖爲夭。」
【殤子：상자】 어려서 죽은 아이。『莊子』

【⿰歹責】 (지) 寘 シ、やむ fall ill ❶병들지(病也)。❷짐승죽을지(獸死)。

【⿰歹焦】 (소) 蕭 ソ、ただれる burn oneself 불에데일소(爛也)。

【殥】 (인) 眞 イン、とおい distant 草書 멀인(遠也)。

十二畫

【殧】 (一)(축) 屋 シュク、しぬ finish (二)(추) 宥 (一)마칠축(終也)。(二)죽을추、끊어질추(殄也)。

【殨】 (궤) 隊 カイ、ただれる (of a swelling) burst (本音「회」) 小篆 ❶종기터질궤(腫決)。❷물크러질궤(爛也)。

【⿰歹最】 (세) 泰 サイ、やせるやまい disease (古音「최」) 파리한병세、마르는병세(瘦病)。

【殪】 (에) 霽 エイ、たおれる、しぬ kill 小篆 古文 草書 ❶죽을에(死也)『左傳』鄭伯禦戎前後擊之盡ㅣ。❷죽여없앨에(殄絕)。『詩經 小雅吉日』ㅣ此大兕。
【殪殕：에부】 ❶엎드림。❷죽음。

【殫】 (탄) 寒 タン、つきる entirely ㄉㄢ tan1 小篆 草書 다할탄(盡也)。『李華 弔古戰場文』財ㅣ力痛。
(『單』과 같음)
【殫竭：탄갈】 남김없이 다함。殫盡。『晉書』儲用ㅣㅣ。
【殫竭心力：탄갈심력】 온 정신과 노력을 다함。
【殫亡：탄망】 다하여 없어짐。『韓愈』財粟ㅣㅣ。
【殫誠：탄성】 ＝盡誠。
【殫殘：탄잔】 멸망하여 없어짐。『莊子』ㅣㅣ天下之聖法。
【殫盡：탄진】 ＝殫竭。『淮南子』ㅣㅣ大半。

十三畫

【殬】 (두) 遇 ト、やぶれる defeat 小篆 小篆 草書 패할두(敗也)。『書經』彝倫攸ㅣ。

【殭】 (강) 陽 キョウ、たおれる dead ㄐㄧㄤ chiang1 草書 ❶죽어썩지않을강(死而不朽)。❷마른누에강(ㅣ蠶)。
【殭蠶：강잠】 누에가 자라서 실을 뽑아내지 않고 허옇게 말라 죽는 일。또는 그 누에。

【殜】 (업) 葉 ヨウ、やむ sick 앓을업(病也)。

【殮】 (렴) 豔 レン、おさめる shroud ❶염할렴(着衣于屍)。❷빈소할렴(殯也)。(『斂』과 通함)
【殮具：염구】 염습에 쓰는 모든 기구。
【殮襲：염습】 죽은 이의 몸을 씻긴 후에 옷을 입히는 일。襲殮。
【殮匠：염장】 염장이。
【殮葬：염장】 시체를 염습하여 장사지냄。
【殮布：염포】 염습할 때에 시체를 묶는 베。絞布。

十四畫

【殯】 (빈) 震 ヒン、かりもがり shrouding ㄅㄧㄣ pin4 小篆 草書 ❶염할빈(殮也)。『史記 孔子世家』孔子母死、乃ㅣ五父之衢。❷빈소빈(死在棺將遷葬柩賓遇之)。『禮記』孔子曰夏后氏ㅣ於東階之上殷人ㅣ於兩楹之間與賓主夾之也。❸상여소리빈(送葬歌)。
【殯宮：빈궁】 ❶發靷할 때까지 임금의 棺을 安置하던 곳。殯殿。❷(國)發靷할 때까지 王世子、또는 嬪宮의 棺을 安置하던 곳。
【殯所：빈소】 발인 때까지 棺을 두는 곳。

〔殯殿:빈전〕 發靷 때까지 왕이나 왕비의 관을 두던 곳。殿閣。
〔殯含玉:빈함옥〕 殮襲할 때에 시체의 입 속에 물리는 구슬。

【殭】 (강) [養] キョウ、たおれる fall(on one's back)
자빠질강, 넘어질강(仆也)。

十五畫

【殰】 (독) [屋] トク、りゅうさん abortion ㄉㄨˊ du²
낙태할독(殰胎)。(『贕』과 같음)

十六畫

【⿰歹歷】 (력) [錫] レキ、まさにしぬ nearly died
거의죽으려할력(幾至死境)。

十七畫

【⿰歹闌】 (란) [翰] ラン、ただれる soften to burst
물러터질란(爛敗)。

【殲】 (섬) [鹽] セン、つきる destroy
❶다할섬(盡也)。〔春秋 莊公十七年〕齊人―於遂。❷멸할섬(滅也)。〔書經〕―厥渠魁。
〔殲滅:섬멸〕 남김 없이 모두 무찔러 멸망시킴。『東方朔』淸冷冷而――兮。
〔殲滅戰:섬멸전〕 적을 다시 일어날 수 없도록 무찔러서 죽이는 싸움。
〔殲撲:섬박〕 때려 부숨。

十九畫

【⿰歹羸】 (라) [歌] ラ、かちくのえきびょう (of cattle) sick
병들라(畜産疫病)。

殳 部

【殳】 (수) [虞] シュ、ほこ spear ㄕㄨ shu¹
❶칠수(擊也)。❷날없는 창수(兵器無刃戟)。〔周禮註〕五兵者戈―戟酋矛夷矛。〔詩經〕伯也執―。(『杸』와 같음)

殳 (禮器圖)

〔殳書:수서〕 옛날 兵器 위에 쓰던 古篆 八體의 하나。

四畫

【⿰冘殳】 ㊀(담) ㊁(금) [感] [侵] タン、キン、とどめる strike upwards
㊀칠며칠담(下擊上)。㊁❶다스릴금(治也)。❷금할금(禁也)。❸제어할금(制也)。

【殴】 (구)『毆』(殳部 11畫)의 略字

五畫

【段】 (단) [翰] タン、ダン、わける、しきり step;stairs ㄉㄨㄢˋ tuan⁴
❶가릴단, 고를단(推物)。❷조각단(分片)。〔張衡詩〕美人贈我錦繡―。❸층단(階也)。❹성단(姓也)。
〔段階:단계〕 ❶일의 차례를 따라 나아가는 과정。❷순서。차례。등급。
〔段丘:단구〕 물에 쓸려간 흙。모래가 강과 바다에 地層을 이루어서 쌓인 토지。
〔段落:단락〕 ❶일이 다 된 끝。❷긴 文章 중에 크게 끊은 곳。「구별。
〔段別:단별〕 어떠한 계단을 單位로 한 ◎階―、分―、手―、初―、礎―。

六畫

【殻】 (각)『殼』(殳部 8畫)과 같음

【殷】 ㊀(은) ㊁(은) ㊂(안) [文] [吻] [刪] イン、アン、さかん、おおきい abundant ㄧㄣ yin¹ ㄧㄣˇ yin³
㊀❶많을은, 무리은(衆也)。〔詩經〕―其盈矣。❷클은(大也)。〔莊子〕翼―不逝目大不覩。❸가운데은(中也)。〔書經〕日中星鳥以―仲春。❹은나라은(成湯國號)。㊁❶융성할은(盛貌)。〔史記〕鞫鞫――若有三軍之衆。❷천둥소리은(雷發聲)。〔詩經〕―其雷在南山之陽。㊂검붉을안(黑赤色)。
〔殷鑑:은감〕 거울삼아 경계하여야 할 前例。殷의 국민은 前代의 夏가 멸망한 것을 거울삼으란 뜻。
〔殷鑑不遠:은감불원〕 경계를 삼을만한 좋은 前例는 意外로 가까운 곳에 있다는 뜻。『詩經』―、在夏後之世。
〔殷勤:은근〕 태도가 겸손하고 정중함。정성되고 다정함。慇懃。『李白』惜別室――。
〔殷雷:은뢰〕 요란한 우뢰소리。
〔殷阜:은부〕 무성함。크게 번창함。『晉書』草樹――、牛羊彌望。
〔殷富:은부〕 풍성하고 넉넉함。殷昌。殷盛。『詩經·序』國家――焉。
〔殷盛:은성〕 번화하고 성함。殷昌。『史記』移風易俗、民以――。
〔殷憂:은우〕 깊은 근심。『陸機』在――而弗違。
〔殷殷:은은〕 ❶근심 걱정이 많은 모양。『詩經』憂心――。❷우뢰·砲聲 또는 큰 소리 따위가 요란한 모양。『史記』鞫鞫――、若有三軍之衆。
〔殷奠:은전〕 넉넉한 祭物。
〔殷祭:은제〕 성대한 제사。
〔殷足:은족〕 재산이 풍부하여 여유가 있음。裕福。『後漢書』比室――。
〔殷軫:은진〕 홍성홍성하여 매우 성함。殷賑。『淮南子』士卒――。
〔殷昌:은창〕 번성함。번창함。殷盛。『曹植』省役薄賦、百姓――。
〔殷紅:은홍〕 검붉은 빛。『杜甫』――瑪「瑙盤。
〔殷紅色:은홍색〕 검붉은 색갈。

【⿰杀殳】 (살)『殺』(殳部 7畫)의 俗字

七畫

【⿰豆殳】 (두) [尤] トウ、なげる fly off
멀리칠두(遠而擊)。

【⿰辰殳】 (진) [眞] シン、うつ jump for joy
❶뛰며기뻐할진, 소스라쳐기뻐할진(躍而喜貌)。❷칠진(擊也)。

【殸】 (성)『聲』(耳部 11畫)의 古字

【殺】 ㊀(살) ㊁(쇄) ㊂(시) [黠] [卦] [寘] サツ、サイ、ころす kill ㄕㄚ sha¹ ㄕㄞ shai⁴
㊀❶죽일살(戮也)。〔春秋〕隕霜不―草。〔左傳〕始―而嘗。❷살촉살(矢鏃)。〔周禮〕―矢鍭矢用諸近射田獵。❸어수선할살、

흩어질살(散貌)。【史記】望之─然黃。❹늘어질살(垂貌)。【東京賦】飛流蘇之騷─。 ㊁❶내릴쇄(降也)。❷감할쇄(減也)。【禮記】其哀心感者其聲噍以─。❸빠를쇄(疾也)。❹옷에무어댈쇄(剪縫)。【論語】非帷裳必─之。❺널하모막이쇄(韜尸之具上曰質下曰─)。【儀禮】經─掩足。 ㊂죽일시(弑也)。

【殺菌:살균】균을 죽임。

【殺菌力:살균력】세균을 죽이는 힘。

【殺菌劑:살균제】병균을 죽이는 약。

【殺氣:살기】❶무섭고 거친 기운。살벌한 기상。【杜甫】──日相纒。❷가을이나 겨울에 나무를 말라 죽게 하는 차가운 기운。【禮記】仲秋之月、──浸盛。

【殺氣膽盛:살기담성】살기가 있어 아무 것도 무서워하지 않음。

【殺氣騰騰:살기등등】살기가 얼굴에 잔뜩 나 있음。

【殺氣衝天:살기충천】살기가 하늘을 찌를 듯이 가득함。

【殺掠:살략】사람을 죽이고 재물을 빼앗음。殺略。【史記】匈奴入鴈門、所──數千人。

【殺毋蛇:살모사】《動》살무사。

【殺伐:살벌】❶죽임。【史記】所──多矣。❷거동이 거칠고 무시무시함。❸죽이고 들이침。

【殺父之讐:살부지수】자기 아버지를 죽인 원수。「記」──大當。

【殺傷:살상】죽이고 상처를 입힘。【史

【殺生:살생】❶죽임과 살림。【戰國策】制──之威、謂之王。❷사람이나 짐승을 죽임。❸《佛》산 것을 죽임。

【殺生戒:살생계】《佛》살생을 못하게 하는 五戒 또는 一〇戒의 하나。

【殺生之柄:살생지병】죽이고 살리는 권리。生殺의 권리。

【殺手:살수】❶칼과 창을 가진 군사。❷죄인을 죽이던 사람。

【殺身成人:살신성인】절개를 지켜서 목숨을 버림。

【殺獄:살옥】사람을 죽인 큰 사건。

【殺戮:살육】사람을 마구 죽임。【書經】──無辜。

【殺意:살의】사람을 죽이려는 마음。

【殺人:살인】사람을 죽임。

【殺人强盜:살인강도】사람을 죽이고 재물을 빼앗는 도둑。

【殺人光線:살인광선】《軍》초단파전류、고압 전류、방사선 따위를 이용하여 먼 데 있는 적군을 죽이는 과학 병기。

【殺人鬼:살인귀】걸핏하면 함부로 사람을 죽이는 악한 놈。殺人魔。

【殺人未遂:살인미수】《法》❶살인을 하려다가 못 죽이고 말음。❷謀殺未遂。

【殺人犯:살인범】《法》사람을 죽이는 범죄、또는 살인죄를 범한 사람。

【殺人的:살인적】몹시 대단한 것。

【殺人罪:살인죄】《法》남을 故意로 살인하는 죄。고의가 아닌 경우에는 傷害致死罪 또는 과실 치사죄가 됨。

【殺之無惜:살지무석】죽여도 아깝지 않을 만큼 죄악이 아주 중함。

【殺蟲:살충】벌레를 죽임。

【殺蟲劑:살충제】《醫》농작물이나、人畜을 해하는 벌레를 죽여 없애는 약품。

【殺風景:살풍경】❶아주 보잘것 없는 풍경。【李商隱雜纂】。❷매몰하고 흥취가 없음。❸살기를 띤 광경。

【殺害:살해】사람을 죽임。【左傳·註】其相──、則稱弟示不義。

【殺活:살활】죽임과 살림。

【殺獲:살획】죽이고 사로잡음。【班固】觀三軍之──。

【殺到:쇄도】한꺼번에 세차게 몰려 들음。【演義三國志】混戰透迤、──神亭嶺下。

◎故─、絞─、惱─、毒─、忙─、謀─。

【殹】(예) 霽 齊 エイ、うちあたるこえ sound interceptively

小篆 소리마주칠예(聲相應)。

八畫

【⿰尚殳】(등) 庚 トウ、おす push

❶밀등(推也)。❷부딪칠등(揬也)。

【⿰臼殳】(구) 宥 キュウ、かがめる bend

小篆 ❶구푸릴구(屈也)。❷삼갈구(謹也)。❸굴복할구(屈服)。❹세게칠구(强擊)。

【殼】(각) 覺 カク、から shell; skin ㄎㄜˊ k'ê² ㄑㄩㄝˋ ch'üeh⁴

小篆 草書 ❶껍질각(皮甲)。【白居易詩】乳氣初離─。❷내리칠각(打也)。【左傳 哀公二十五年】君將─之。❸본디각(素也)。❹바탕각(物之質)。

【殼果:각과】=堅果。

【殼斗:각두】깍정이。「─怪瑣屑。

【殼物:각물】조개류。殼族。【梅堯臣】─

【殼腺:각선】《生》下等 甲殼類의 排泄器의 하나。腮腺(새선)。「爲府。

【殼族:각족】=殼物。【張說】鱗宗──嬉

【殽】(효) 肴 コウ、まじる mixed; confused ㄧㄠˊ yao²

小篆 草書 ❶섞일효(相雜錯)。【漢書】鑄作錢布皆用銅─以連錫。❷어지러울효(亂也)。【漢書】賢不肖溷─。❸마른안주효(豆實)。【詩經】─核維旅。❹진안주효(俎實)。【詩經】爾─旣將。(『肴·淆』와 같음)

【殽亂:효란】뒤섞여 어지러움。뒤죽박죽이 되어 질서가 없음。混亂。錯亂。【漢書】諸子之語、紛然──。

【殽膳:효선】술과 안주。

【殽雜:효잡】뒤섞이어 혼잡함。【于邵】風流更代、紛然──。「─維旅。

【殽核:효핵】술안주와 과실。【詩經】─

九畫

【⿰舂殳】(준) 震 シュン、つむ ram

쌓을준、다질준(築也)。

【殿】(전) 霰 テン、デン、との palace ㄉㄧㄢˋ tien⁴

小篆 草書 ❶대궐전、전각전(宸居宮─)。【史記】秦始皇始作─。❷후군전(後軍)。【左傳】析公奔晋晋人寘之戎車之─以爲謀主。❸적은공전(下功)。【漢書】丞相御史課─最之間。❹끙끙거릴전(─屎呻也)。【詩經】民之方─屎。❺진정할전(鎭定)。【詩經】─天子之邦。

【殿閣:전각】❶임금이 거처하는 궁전。❷宮殿과 樓閣。【三輔黃圖】未央宮有──三十有二。❸옛날 중국의 관청。

【殿內:전내】❶전각의 안。❷길흉을 점치고 기도를 올리는 신위를 일컬음。

【殿堂:전당】❶=殿宇。【魏志】不下──之上、而決勝千里之外。❷크고 화려한 집。❸《佛》神佛을 모셔 놓은 집。

【殿舍:전사】대궐。宮殿。【魏志】帝方隆意于──。

【殿上:전상】殿閣이나 宮殿의 위。

【殿試:전시】(制)임금이 참석해서 하는 科擧의 마지막 시험。

【殿衙:전아】관청。『朱熹』好趁春風入ーー。

【殿宇:전우】❶신령이나 부처를 모신 집。❷대궐。宮殿。

【殿戰:전전】군대의 맨 後尾에서 싸우는 일。

【殿庭:전정】궁전의 뜰。

【殿座:전좌】(制)親政이나 朝賀 때에 왕이 자리에 나옴。

【殿中:전중】대궐 안。『後漢書』時人歎曰、ーー無雙丁孝公。

【殿中省:전중성】(制)❶高麗 穆宗 때에 族屬譜牒 따위에 관한 일을 맡아 보던 관청。❷新羅 경덕왕 때의 內省의 고친 이름。

【殿最:전최】❶先攻隊와 殿軍。❷(制)관리의 治績을 비교해서 上을 最、下를 殿이라 함。우리 나라에서는 監司가 管下 각 고을 守令의 治績을 심사하여 一년에 두번씩 중앙에 보고하였음。『漢書』即奏其ーー而行賞罰。

【殿陛:전폐】殿閣의 섬돌。『後漢書』還宿ーー。

【殿下:전하】❶왕이나 왕비의 尊稱。❷皇太子·皇子·皇女의 尊稱。❸천주교에서 樞機卿에 대한 尊稱。

【殿後:전후】❶퇴각하는 군대의 맨 뒤에 남아서 敵軍을 가로막는 군대。殿軍。❷뒤떨어진 맨 뒤。❸등수에 있어서 맨 끝。最劣等。

【殿屎:전히】괴로와서 끙끙 앓는 소리。『詩經』民之方ーー。

◎宮ー、佛ー、神ー、正ー、寢ー、便ー。

【毁】(훼) 紙 キ、こわれる ruin; destroy 小篆 古文 草書 ❶헐훼、무너질훼(壞也)。『詩經』無ー我室。❷험담할훼(訾也)。『論語』誰ー誰譽。❸이갈훼(小兒去齒)。『白虎通』男八歲ー齒。❹상제얼굴파리할훼(瘠也)。『禮記』居喪之禮ー瘠不形。❺헐어질훼(非自壞而隳ー之)。

【毁家黜送:훼가출송】(國)한 고을이나 한 동리에서 풍속을 어지럽힌 집을 없애고 동리 밖으로 내쫓음。毁家黜洞。

【毁壞:훼괴】毁破。헐어 깨뜨림。

【毁棄:훼기】헐거나 깨뜨려 버림。『楚辭』黃鐘ーー、瓦釜雷鳴。

【毁棄罪:훼기죄】(法)財物 또는 文書를 損壞하여 그 效用을 減失 減少시킴으로써 성립되는 범죄。손괴죄。

【毁滅:훼멸】❶喪을 당하여 몹시 傷心하여 몸이 쇠약해지고 마음이 약해짐。『後漢書』及母沒、哀至幾于ーー。❷헐고 깨뜨려 없앰。

【毁慕:훼모】몸이 상하도록 간곡하게 죽은 어버이를 사모함。『唐書』居喪ーー、三年不澡沐。

【毁謗:훼방】❶남을 헐뜯어 비방함。❷남의 일을 방해함。『後漢書』ーー布流。

【毁事:훼사】남의 일을 훼방함。↓훼살。

【毁傷:훼상】몸에 상처를 냄。『孝經』不敢ーー、孝之始也。

【毁損:훼손】❶체면이나 명예를 손상함。❷헐거나 깨뜨리어 못쓰게 함。

【毁碎:훼쇄】깨뜨리어 부숨。

【毁言:훼언】욕설。남을 비방하는 말。『十八史略』ーー日至。

【毁譽:훼예】훼방과 칭찬。『莊子』ーー。饑渴·寒暑、是事之變。

【毁辱:훼욕】헐뜯고 욕함。

【毁訾:훼자】욕하고 헐뜯음。『管子』ーー賢者之謂訾。

【毁節:훼절】節操를 깨뜨림。

【毁折:훼절】부딪쳐서 꺾임。『周禮』巾車ーー。

【毁瘠:훼척】너무 슬퍼서 몸이 파리해짐。『禮記』居喪之禮、ーー不形。

【毁撤:훼철】부수어서 걷어 치움。

【毁破:훼파】헐어 깨뜨림。毁壞。

【毁廢:훼폐】헐거나 깨뜨려서 폐지함。『史記』齊王ーー孟嘗君、諸客皆去。

【𣪠】(각)(격)『毄』(殳部10畫)의 譌字

十畫

【㲉】(동) 冬 トウ、うつおと resonant sound 小篆 쿵쿵울리는소리동(擊空之聲)。

【毃】(각) 覺 カク、たたく deal blows to help 小篆 草書 ❶머리칠각(擊頭)。『左傳』邾莊公與夷射姑飮酒私出、閽乞肉焉奪之杖以ー之。❷곁매로칠각(橫擿)。(『敲』와 통함)

【毄】㊀(격) ㊁(각) 錫 ゲキ、あたる dash against 小篆 草書 ㊀❶맞부딪치는 소리격、충돌할격(相擊聲)。❷물리칠격、떨칠격(拂也)。❸창격(戈戟類ー兵)。(『擊』과 通함) ㊁애쓸각(勤苦用力)。(『喫』과 같음)

【毄兵:격병】兵器의 一種으로서 사람을 擊打하는 데 쓰임。戈戟屬。『周禮』ーー同強。

【毄畜:격축】家畜을 기르는 일。『漢書』郡國或磽陿、無所農桑ーー。

十一畫

【毅】(의) 未 キ、つよい firm ㄧˋ 小篆 草書 ❶굳셀의(果敢)。『書經』擾而ー。『論語』剛ー木訥近仁。❷성발끈낼의(妄怒)。

【毅武:의무】굳세고 씩씩함。『枚乘』ー孔猛。

【毅魄:의백】굳세고 단단한 정신。

【毅然:의연】지조가 굳고 끄떡 없는 모양。『蘇軾』豈不ーー大丈夫也哉。

【毅勇:의용】굳세고 용감함。

【毆】(구)(本音「우」) 有 オウ、たたく beat ㄡˇ ou 小篆 草書 쥐어박을구(捶擊)。

【毆擊:구격】=毆打。『後漢書』ーー吏卒。

【毆罵:구매】때리고 욕함。

【毆縛:구박】때려서 묶음。때려서 결박함。『柳宗元』ーー農民。

【毆殺:구살】때려 죽임。搏殺。

【毆傷:구상】때려 다치게 함。

【毆打:구타】때림。두들김。

十二畫

【𣫂】(착) 藥 サク、うがつ bore 뚫을착、팔착(穿也)。(『鑿』와 같음)

【毇】(훼) 紙 キ、こめつき clean rice 小篆 쌀쓿을훼、정미할훼(精米)。『淮南子』作粢食不ー。

【毈】(단) 翰 タン、すもり addled egg ㄉㄨㄢˋ tuan 小篆 草書 알곯아까지못할단(卵壞不孚)。

【𣫔】(소) 蕭 ショウ、がくき music 풍류소(舜樂大ー)。(『韶』와 같음)

十三畫

【㲉】(각) 覺 カク、たまご egg
草書 ❶새알각(鳥卵)。【東晳近遊錄】貫鷄一于歲首。❷알깔각(卵孵)。

十四畫

【𣫫】(수) 尤 シュウ、うつ strike
칠수(擊也)。

【𣫸】(갱) 庚 コウ、キョウ、ちかつけない be not near
가까이못할갱、멀리할갱(不可近)。

【毉】(의)『醫』(酉部11畫)와 같음
(예)『翳』(羽部11畫)

十五畫

【𣫹】(예) 霽 エイ、うつくしい beautiful
아름다울예(美也)。

毋部

【毋】㊀(무) 虞 ブ、ム、なかれ no; not ㄨˊ wu²
㊁(무) 尤
小篆 草書 ㊀❶말무(止之)。❷없을무(莫也)。【禮記】一不敬。❸말게할무(禁之勿爲辭)。❹땅이름무(地名:甯一)。(『無』와 통함) ㊁관이름무(夏后冠一追)。

【毋寧:무녕】 도리어。더욱。차라리。어찌。

【毋慮:무려】 대개。餘分이 있는 그만큼은 녁녁하게。

【毋害:무해】 해로운 것이 없음。無害。

【毌】(관) 翰 カン、つらぬく penetrate ㄍㄨㄢ kuan⁴
小篆 草書 ❶꿸관(貫也)。❷땅이름관(地名:一丘)。❸성관(魏人複姓:一丘儉)。(『貫』과 통함)

一畫

【母】(모) 有 ボ、モ、はは mother ㄇㄨˇ mu³ (本音「무」)
小篆 草書 ❶어미모、어머니모(父之配)。【詩經】一兮鞠我。【書經】惟天地萬物父一。❷장모모(妻一)。❸암컷모(禽獸之牝)。❹모체모(一體)。

【母薑:모강】 씨로 쓰는 새앙。

【母系:모계】 어머니 쪽의 계통。↔父系。

【母系制度:모계제도】 가족 제도의 하나。혈통이나 상속 관계가 어머니의 혈통을 따라 구성되는 원시적 사회 제도。

【母校:모교】 출신 학교。出身校。

【母教:모교】 어머니의 가르침。母訓。

【母國:모국】 ❶자기가 출생한 나라。❷【易林】失持一一。떨어져 나간 나라가 그 본국을 가리키는 말。

【母權:모권】 원시 가족 제도에 있어서 어머니가 행사하던 支配權。↔父權。

【母女:모녀】 어머니와 딸。

【母女間:모녀간】 어머니와 딸 사이。

【母堂:모당】 남의 어머니에 대한 尊稱。大夫人。

【母黨:모당】 어머니 편의 일가。

【母道:모도】 어머니로서 마땅히 행하여야 할 도리。【漢書】。

【母妹:모매】 同腹 누이。【資治通鑑】。

【母斑:모반】 선천적으로 피부에 생긴 점。사마귀。주근깨 따위。

【母法:모법】 (法)외국의 법을 繼受 채용했을 때의 그 외국 법。↔子法。

【母喪:모상】 어머니의 상사。

【母線:모선】 (數)❶선의 운동으로 말미암아 面이 나타날 적에 그 면에 대하여 그 선을 이름。❷幹線。

【母先亡:모선망】 어머니가 아버지에 앞서 죽음。↔父先亡。

【母性:모성】 여성이 어머니로서 갖는 감정·이성·의지·육체 등의 특징。

【母性愛:모성애】 자식에 대한 선천적이고 본능적인 어머니의 사랑。

【母性型:모성형】 자녀를 기르기에 적당한 성질을 가진 여자。家庭的인 女子。

【母氏:모씨】 어머니。【詩經】一一劬勞。

【母語:모어】 ❶어머니로부터 배운 기틀이 되는 말。❷제나라 말。

【母乳:모유】 자기를 낳아 준 어머니의 젖。

【母音:모음】 聲帶의 진동을 받은 소리가 입술·코·목구멍의 장해에 의한 마찰을 받지 아니하고 나오는 有聲音。↔子音。

【母音調和:모음조화】 출랑출랑·출렁출렁 따위와 같이 모음끼리 서로 직접으로 또는 간접으로 연결될 때, 뒤의 것이 앞의 것을 닮아서, 될 수 있는 대로 그의 가까운, 또는 아주 같은 소리가 되는 것을 이름。홀소리 고름。

【母姉:모자】 어머니와 손윗 누나。

【母慈:모자】 어머니의 알뜰한 사랑。

【母子:모자】 ❶어머니와 아들。【左傳】遂爲一一如初。❷元金과 이자。元利。【朱子語類】乃先做下一個一一。

【母子間:모자간】 어머니와 아들 사이。

【母財:모재】 元金。

【母弟:모제】 同腹 아우。同母弟。【漢書】一一丁公。

【母酒:모주】 밑술。

【母體:모체】 근본이 되는 물체。

【母側:모측】 어머니 곁。

【母親:모친】 어머니。

【母胎:모태】 ❶어머니의 태 안。❷친정편。

【母艦:모함】 航空母艦의 略稱。

【母兄:모형】 同腹 兄。【公羊傳】一一稱兄。

【母型:모형】 활자를 부어 만들어 내는 판。字母。模型。

【母訓:모훈】 어머니의 교훈。母教。

◎繼一、國一、老一、伯一、保一、父一、生一、庶一、叔一、媤一、食一、王一、姨一、字一、慈一、祖一、賢一。

三畫

【每】㊀(매) 賄 マイ、つねに、しきり every; each ㄇㄟˇ mei³
㊁(매) 隊
小篆 草書 ㊀❶매양매、늘매、일상매(常也)。❷각각매(各也)。❸무릇매(凡也)。【詩經】一懷靡及。❹비록매(雖也)。【詩經】一有良朋。❺탐할매(貪也)。【漢書】衆庶一生。❻여러번매(屢也)。㊁❶셀매(數也)。❷좋은밭매(美田)。【左傳】元田一一。❸풀더부룩할매(草盛貌)。

【每期:매기】 어떤 작정된 기간마다。

【每年:매년】 해마다。

【每每:매매】 ❶늘。번번이。【莊子】天下一一大亂。❷밭에 풀이 무성한 모양。【左傳】原田一一。❸어두운 모양。昧昧。昏昏。【莊子·胠篋·釋文】一一、猶昏昏也。

【每名:매명】 각 사람。

【每名下:매명하】 사람마다。각 앞앞이。

【每物:매물】 긴하게 쓰는 온갖 물건。

【每事:매사】 일마다。모든 일。

【每事不成:매사불성】 일마다 실패함。

【每朔:매삭】 다달이。매달。

【每生:매생】 목숨을 아끼어 오래 살기를 바라는 일。〖漢書·賈誼傳〗衆庶ーー。
【每石:매석】 한 섬 한 섬마다。매 섬。
【每升:매승】 한 되 한 되마다。되마다。
【每時:매시】 每時間의 略語。
【每時間:매시간】 시간마다。
【每夜:매야】 밤마다。
【每樣:매양】 항상 그 모양으로。
【每月:매월】 매달。달마다。每朔。
【每人:매인】 사람마다。
【每人當:매인당】 각 사람의 몫으로。
【每日:매일】 날마다。
【每場:매장】 《國》장날마다。
【每朝:매조】 아침마다。
【每週:매주】 각 주 또는 주간마다。
【每週間:매주간】 각 週日 동안마다。
【每次:매차】 각 차례마다。
【每尺:매척】 각 자마다。
【每貼:매첩】 각 첩마다。
【每疋:매필】 피륙의 각 필마다。「다。
【每匹:매필】 소나 말 따위의 각 필마
【每戶:매호】 집집마다。
【每合:매합】⇩【매홉】 각 홉마다。
【每回:매회】 한 회마다。

【毐】 (애) 賄 アイ、みだら lewed
小篆 草書 음란할애(人無行嫪ー)。「秦人以淫坐誅故世罵淫曰嫪ー」。(『娭』의 古字)

四畫

【毒】 (독) 沃 ドク、どく poison;evil ㄉㄨˊ tu²
小篆 古文 古文 草書 ❶독할독、악할독(惡也)。【書經】惟汝自生ー。❷해할독(害也)。❸아플독(痛也)。❹괴로울독(苦也)。【詩經】寧爲荼ー。❺한할독(恨也)。【後漢書】令人憤ー。❻미워할독(憎也)。❼기를독(育也)。【道德經】亭之ー之。【註】亭ー化育也。❽나라이름독(國名)。
【毒感:독감】 《醫》 ❶매우 지독한 감기 ❷인플루엔자。
【毒計:독계】 악독스러운 계교。
【毒氣:독기】 ❶독이 있는 기운。❷독살스러운 기색。
【毒物:독물】 ❶독성이 있는 물질。❷악독한 사람이나 짐승。〖漢書〗無復ーー。
【毒婦:독부】 몹시 악독한 아내。惡婦。妖婦。
【毒蛇:독사】 毒腺·毒牙가 있는 뱀。〖北史〗諸君不見ーー乎。
【毒殺:독살】 ❶독약을 먹여 죽임。毒害。〖元史〗ーー雲南王。❷악독한 殺氣。
【毒舌:독설】 악독하게 입을 놀려 남을 해치는 말。
【毒性:독성】 毒氣가 있는 성분。
【毒素:독소】 ❶독이 되는 요소。❷《化》有機物質。특히 고기·단백질 따위가 썩어서 생기는 有毒한 화합물。
【毒手:독수】 ❶남을 살해하려는 짓。❷악독한 수단。毒牙。〖晉書〗卿亦飽孤ーー。
【毒矢:독시】 촉에 독을 바른 화살。〖韓愈〗彊弓ーー。
【毒弑:독시】 독약으로 웃사람을 죽임。
【毒心:독심】 독기가 있는 마음。
【毒牙:독아】 ❶毒液을 分泌하는 이。독이。❷惡辣(악랄)한 수단。毒手。
【毒蛾:독아】 독나비。독나방。
【毒液:독액】 독기가 들어 있는 액체。
【毒藥:독약】 生命을 해치는 독기가 있는 약。〖韓非子〗用ーー、賊君殺之。
【毒焰:독염】 독기가 있는 불꽃。
【毒瓦斯:독와사】 毒가스。㉠毒이 있는 가스。㉡군사상 敵을 殺傷하기 위하여 쓰이는 독이 있는 氣體로 제一차 세계대전 때 독일 군대가 처음 사용하였음。
【毒栮:독이】 독버섯。
【毒刃:독인】 兇漢의 악독한 칼。兇刀。
【毒刺:독자】 벌의 꽁무니에 있는 독기가 있는 살。또는 그 밖에 毒蛇의 꽁무니에 있는 살 따위。〖梁簡文帝〗ーー爭興。
【毒劑:독제】 毒性을 품은 약제。
【毒腫:독종】 몹시 독한 부스럼。
【毒種:독종】 ❶성미가 악독한 사람。❷식물이나 짐승의 모질고 나쁜 品種。
【毒酒:독주】 ❶독약을 탄 술。〖列子〗扁鵲遂飮二人ーー。❷맛이 매우 독한 술。
【毒疾:독질】 지독한 병。
【毒質:독질】 독살스러운 성질。〖晉書〗。
【毒瘡:독창】 매우 독기가 있는 큰 종기。
【毒草:독초】 ❶독이 있는 풀。❷매우 쓰고 독한 담배。
【毒蟲:독충】 ❶독기를 품은 벌레。〖老子〗ーー不螫。❷《動》살무사。「이。
【毒嘴:독취】 악독한 말을 옮기는 주둥
【毒筆:독필】 남을 해치어 誹謗·中傷하려고 놀리는 붓끝。또는 그 글。
【毒害:독해】 ❶사람이나 물건을 잔인하게 해침。〖梁武帝〗口稱慈悲、心懷ーー。❷毒을 먹여 죽임。毒殺。殘害。
◎ ー、丹ー、梅ー、無ー、防ー、病ー、消ー、餘ー、鉛ー、煙ー、炎ー、遺ー、流ー、中ー、胎ー、害ー、解ー、酷ー、火ー。

十畫

【毓】 (육) 屋 イク、そだつ breed
草書 ❶기를육(養也)。❷어릴육(稚也)。【周禮】以九職任萬民二曰田園ー草木。❸많을육(盛多)。【蜀道賦】密房郁ー被其阜。(『育』과 같음)
【毓精:육정】 정기를 받음。또는 받는 일。

比 部

【比】 ㊀(비) 支 ヒ、くらべる compare ㄅㄧˇ pi³ ㊁(비) 紙 ㄅㄧˋ pi⁴ ㊂(비) 寘 ㊃(필) 質
小篆 古文 草書 ㊀❶고를비(和也)。❷아우를비(ー鄰並也)。【杜甫詩】不教鵝鴨惱ー鄰。❸차례비(次也)。❹범의가죽비(虎皮)。【左傳】蒙皐ー皮而先犯之後人以爲講席。❺혁대갈구리비(胡革帶鉤)。【戰國策】胡服黃金師ー。㊁❶비교할비(較也)。❷무리비(類也)。【齊語】ー校民之有道者。❸의방할비(方也)。【禮記】ー物醜類。❹견줄비(ー例)。【禮記】必察大小之ー以成之。㊂❶빽빽할비(密也)。【詩經】其ー如櫛。❷미칠비(及也)。【詩經】ー于文王。❸기다릴비(待也)。❹무리비(黨也)。【書經】人無有ー德。❺편벽될비(偏也)。【論語】君子周而不ー。❻가까울비(近也)。❼가지런할비(齊也)。【詩經】ー物四驪。❽좇을비(從也)。【論語】義之與ー。❾오뇌비(矢括)。【周禮】矢人爲矢夾其陰陽以設其ー夾其ー以設其羽。❿자주비(頻也)。【禮記】ー年一小聘。⓫빗비(ー余櫛具)。【史記】漢文帝遺單于ー余。㊃차례필(櫛ー次也)。【顧況持斧章】櫛之斯密如鱗櫛ー。

【比肩:비견】❶어깨를 나란히 함。❷優劣이 없이 비등함。❸나란히 걸어감。並行。『白居易·詩』步步ㅣㅣ行。

【比境:비경】領地가 나란히 계속됨。『史記』諸侯ㅣㅣ。

【比較:비교】서로 견주어 봄。

【比較文學:비교문학】여러 나라 문학 사이의 서로의 영향과 관련성이나 또는 특질을 밝히는 학문。

【比較法學:비교법학】《法》여러 사회 및 국가의 법률 제도를 비교 연구하여 그 관련성을 밝히는 학문。

【比較心理學:비교심리학】《心》개인 심리학의 연구결과들 비교하여 이루어지는 심리학。

【比丘:비구】《佛》出家하여 佛門에 들어간 남자。

【比丘尼:비구니】《佛》出家하여 佛門에 들어간 여자。

【比年:비년】❶每年。頻年。『禮記』諸侯之於天子也、ㅣㅣ一小聘。『註』ㅣㅣ每歲也。❷每年。比歲。

【比黨:비당】어울려서 徒黨을 맺음。또「는 그 당파。

【比等:비등】비교하여 볼 때 서로 어슷「비슷함。

【比來:비래】요사이。근래。

【比閭:비려】마을。동네。村落。(比는 다섯 집。閭는 스물 다섯 집으로 된 班)。『周禮』。

【比例:비례】❶典例。❷예를 들어 비교함。❸《數》두 數의 비가 다른 두 數의 비와 같은 일。그 계산법。

【比例代表制:비례대표제】한 사람의 후보자에게 집중한 得票數를 동일 정당에 속하는 다른 후보자에게 移讓함으로써 정당의 총 득표수에 비례하여 議席을 부여하는 선거 제도。單記移讓式과 名簿移讓式의 둘로 나눔。

【比例配分:비례배분】주어진 수량을 주어진 비로 나누는 셈법。按分比例。

【比例式:비례식】《數》비례를 나타내어 보이는 식。$a:b=c:d$ 따위。

【比論:비론】《論》서로 비교하여 논함。

【比類:비류】❶비슷한 종류。❷서로 비교할 만한 물건。『禮記』瞻肥瘠、察物色、必ㅣㅣ。「만함。『宋仁宗皇帝』無物堪ㅣㅣ。

【比倫:비륜】비교하여 같은 종류가 될 만함。

【比隣:비린】가까운 이웃。四隣。『王勃』天涯若ㅣㅣ。

【比目魚:비목어】❶《動》물고기의 이름。외눈박이의 물고기로서 두 마리가 並列하여 비로소 游泳하기 시작한다함『爾雅·釋地』。東方有十焉、不比不行、其名謂之鰈。❷傳奇의 이름。

比目魚❶(金石索)

【比方:비방】견줌。비교함。

【比比:비비】❶흔히。매양。『漢書·哀帝記』郡國ㅣㅣ地動。❷모두。낱낱이。무엇이든지。『戰國策·秦策』斷死於前者、ㅣㅣ是也。

【比辭:비사】비유로 쓰는 말。

【比歲:비세】=比年。『何承天』ㅣㅣ考校。「以敬。至今又四十載。

【比順:비순】친하게 따름。『管子』ㅣㅣ以敬。

【比熱:비열】어떤 물질 一 그람의 온도를 섭씨 一도만 높이는 데 드는 열량。

【比喩:비유】사물의 설명에 있어서 그와 비슷한 다른 사물을 빌어 표현하는 일。

【比率:비율】❶비교하여 헤아림。『史記』ㅣㅣ從事。❷어떤 수나 양의 다른 수나 양에 대한 比。

【比擬:비의】비교하여 헤아림。『禮記·疏』ㅣㅣ之辭也。

【比翼塚:비익총】情死한 男女를 한 구덩이에 묻은 무덤。

【比日:비일】날마다。매일。『北史』。

【比準:비준】❶둘을 마주 대서 비추어 봄。❷美的 대상에 있어서 서로 대립하는 두 개의 요소가 대립에 의하여 일종의 통일된 모양을 만들음。對照。

【比重:비중】《物》어떤 물체의 무게와 이와 같은 부피의 섭씨 四度의 물 무게와의 비교한 比。

【比興:비흥】❶재미가 있음。❷詩經의 六義中의 比와 興의 修辭法。곧 비슷한 것을 예를 들어 比喩하거나 본 뜻을 설명하기 전에 예를 들어 설명하는 일。《轉》比喩하여 재미있게 설명함。❸쓸데 없는 일。변변찮은 일。

◎對ㅣ、等ㅣ、無ㅣ、連ㅣ。

五畫

【毖】(비) 賓 ヒ、つつしむ take care ㄅㄧˋ pi⁴

小篆 草書 ❶삼갈비(愼也)。『詩經』予其懲而ㅣ後患。❷수고로울비(勞也)。『書經』無ㅣ于恤。❸샘물졸졸흐를비(泉流貌)。『詩經』ㅣ彼泉水亦流于淇。

【毖涌:비용】솟아나와 흘러감。『左思』溫泉ㅣㅣ而自浪。

【毗】(비) 支 ヒ、あつい thick ㄆㄧˊ p'i²

小篆 草書 ❶밝을비(明也)。❷두터울비(厚也)。『詩經』天子是ㅣ。❸도울비(輔也、助也)。『莊子』人大喜邪ㅣ於陽大怒邪ㅣ於陰。❹몸굽신거릴비(體柔)。『詩經』無爲夸ㅣ。❺혁대갈구리비(革帶鉤厓ㅣ)。

【毗輔:비보】도와서 모자람을 채움。『後漢書』言及政事、多所ㅣㅣ。

【毗沙門:비사문】《佛》四天王의 하나。北方을 지키어 財寶를 맡아 보며 佛法을 수호하는 善神。

【毗益:비익】도와서 이익이 되게 함。보태어 도움。輔益。『後漢書』ㅣㅣ萬分。

【毗翼:비익】도와서 힘을 보탬。輔佐함。助力함。『宋書』ㅣㅣ艱難。「ㅣ朝政。

【毗贊:비찬】도와 줌。翼贊。『晉書』

【毘】(비)『毗』(前條)와 같음

九畫

【㚇】(결) 屑 ケツ、けだもののな a marten

小篆 담비결(貉也)。

十三畫

【毚】(참) 咸 サン、はしこい sly ㄔㄢˊ ch'an²

小篆 草書 ❶약은토끼참(狡兎)。❷나무이름참(樹名咸檀)。

【毚欲:참욕】貪欲스러움。『法言』。

【毚兎:참토】❶발이 빠른 토끼。狡兎。『詩經』躍躍ㅣㅣ、遇犬獲之。❷토끼의 一種。

二十三畫

【䨲】(박) 陌 ハク、はやい speedy ; swift

빠를박(疾也)。

毛部

【毛】(모) 豪 モウ、け、けもの hair; fur ㄇㄠˊ mao²

小篆 草書 ❶터럭모、털모(眉髮之屬毫也)。『詩經』不屬于

—。❷나이차례모(序齒)。❸반쯤셀모(二—髮班白)。【禮記】古之征伐者不獲二—。❹풀모(草也)。【左傳】澗溪沼沚之—。【出師表】深入不—。❺퇴할모(去—)。【詩經】—炰胾羹。❻양모(羊也)。【禮記】羊曰柔—。❼떼모(莎草)。

【毛莨:모간】《植》❶미나리아재비。毛茛。❷미나리아재비과에 속하는 다년초。미나리와 비슷하며 六월에 노란 꽃이 핌。

【毛骨:모골】 터럭과 뼈。

【毛孔:모공】 털구멍。살갗에서 털이 나오는 구멍。『維摩經』佛以四大海水、入一——。

【毛管:모관】 毛細管의 略稱。

【毛具:모구】 털로 만든 防寒具。

【毛竅:모규】 털 구멍。

【毛竅出血:모규출혈】 《醫》온 몸의 털구멍에서 피가 솟는 병。

【毛堇:모근】 毛茛。미나리아재비。

【毛根:모근】 털 구멍 속에 박힌 터럭의 뿌리。털이 박힌 部分。

【毛起:모기】 두려울 때나 놀랐을 때、몸의 털이 곧추 섬。또는 소름이 끼침。『韓非子』人見蠋則——。

【毛鱗:모린】 털 가진 짐승과 물고기。

【毛襪:모말】 털로 만든 버선。털 양말。

【毛物:모물】 몸에 털이 있는 짐승。獸類。『周禮』一曰山林、其動物宜——。

【毛髮:모발】 ❶사람의 머리털。❷사람의 몸에 있는 터럭의 總稱。

【毛紗:모사】 털실을 써서 짠 얇다란 紗。

【毛絲:모사】 털실。 「의 검은 빛。

【毛色:모색】 ❶깃이나 털의 빛。❷비단

【毛生藥:모생약】 털을 나게 하는 약。

【毛細管:모세관】 ❶《物》물리 실험에 사용하는 가느다란 管。❷《生》혈관의 末端 부분인 동맥과 정맥과를 이은 아주 가느다란 관。

【毛細管現象:모세관현상】 가는 유리관을 물에 세웠을 때、管 속에 있는 물이 大氣의 압력 관계로 관 밖의 水面보다 높이 올라가는 현상。

【毛細血管:모세혈관】 動脈과 靜脈과의 사이를 이은 아주 가느다란 혈관。

【毛銖:모수】 극히 적은 분량。『晉書』所得未——、所喪如山崖。

【毛蝨:모슬】 《動》사면발이。陰部의 거웃 속에 붙어 있는 작고 납작한 이。

【毛樣體:모양체】 눈 血管膜의 한 부분。

【毛穎:모영】 붓의 異名。『韓愈』——者、中山人也。 「질구레한 털。

【毛茸:모용】 식물의 표피에 생기는 자

【毛毴:모용】 가늘고 부드러운 털。솜털。『王安石』細若吹——。

【毛羽:모우】 ❶짐승의 털과 날짐승의 깃。羽毛。『左傳』骨角——。❷길짐승과 날짐승。

【毛羽未成:모우미성】 사람이 아직 어림을 가리키는 말。↓未成年。

【毛衣:모의】 毛皮로 안을 댄 옷。갖옷。

【毛衣匠:모의장】 갖옷붙이를 만드는 직공。

【毛人:모인】 전신에 털이 길게 난 사람。

【毛帳:모장】 毛皮를 써서 만든 방장。

【毛嬙:모장】 옛날 美人의 이름。《轉》美人。『莊子·齊物論』——麗姬、人之所美也。 「든 褥。❷洋탄자。

【毛氈:모전】 ❶짐승의 털을 가공하여 만

【毛氈苔:모전태】 《植》모드라기풀。

【毛族:모족】 털 가진 짐승의 총칭。毛類。『馬融』散——牿羽群。

【毛織:모직】 짐승의 털로 짠 물건。

【毛織物:모직물】 짐승의 털로 짠 물건의 總稱。

【毛鞘:모초】 날은 가늘고 씨는 굵은 올로 짠 비단의 한 가지。

【毛錐:모추】 털붓。

【毛錐子:모추자】 붓의 別稱。『五代史』弘肇有大志、嘗謂人曰、安朝廷定禍亂、直須長槍大劍、若——、安足用哉。

【毛布:모포】 담요。

【毛皮:모피】 ❶털가죽。❷털이 붙은 채 벗긴 짐승의 가죽。

【毛筆:모필】 짐승의 털로 만든 붓。

【毛筆畫:모필화】 모필을 써서 그린 그림。붓으로 그린 그림。 「피와 털。

【毛血:모혈】 옛날 제사에 쓰던 犧牲의

二 畫

【毢】(녕) 徑 ジョウ、いぬのけ dog's hair
개털녕(犬毛)。

四 畫

【毞】(분) 文 フン、けがおちる (of hairs) fall out
털빠질분(毛落)。

【毠】(지) 支 シ、けおりもの woolen fabrics
❶털로짠베지(毛織)。❷가벼운털지(輕毛)。

【毢】(삽) 合 ケ、まつけがながい long-eyelashed
속눈썹길삽(目睫長貌)。

【毞】(표) 豪 ホウ、けだつ (of hairs) stand
❶털우수수하게일어날표(毛起貌)。❷가벼울표(輕也)。

【毟】(모) 〔日字〕 むしる pluck
草書 뜯을모(拔引取)。

五 畫

【毣】(초) 蕭 チョウ、とりのおのはね tail of a bird
❶새꼬리초(鳥尾翹毛)。❷깃이나쁠초(羽惡貌)。

【毤】(령) 靑 レイ、こんからかつている (of fur or wool) entangle
털엉킬령(毛結不理)。

【毠】(가) 麻 カ、けごろも woolen clothes
털옷가、모의가(毛衣)。

【毧】(무) 宥 ボウ、けぶかい dense-haired
털많이날무(毛密貌)。

【毤】(택) 陌 タク、うぶけ newly-grown hairs
갓난털택、솜털택(初生毛)。

【毡】(전)『氈』(毛部 13畫)의 俗字

【毞】(비)『紕』(糸部 4畫)과 같음

【毥】(구) 虞 ク、けむしろ blanket
담요구、담자리구(毛毯)。

六 畫

【毣】(목) 屋 ボク、うるわしい soft
草書 ❶털젖을목(毛濕)。❷함함할목(美好貌)。❸곰곰히생각할목(思貌)。【漢書】願賜數刻之間極竭——之思。❹바람휙휙불목(風貌)。【柳宗元錄】台人旣辭去舟回如飛但覺風——而過。

【毤】(목)『毣』(前條)과 같음

【毻】 ㊀(타) 箇 タ、エツ、ぬけげ ㊁(열) 屑 moult ㊀털바꿀타(羽毛解脫)。【管子】文皮ㅣ服以爲幣。㊁뜻은 ㊀과 같음。

【毦】 (이) 寘 ジ、けかざり tassel ❶삭모이、투구치장이(兜上飾)。【後漢書】金銀罽ㅣ施於犬馬。❷깃과털로꾸밀이(羽毛飾)。❸모직물이(毛織物)。❹머리틀이(結毛爲飾)。❺먼지떨이이(拂名)。【晉東宮舊事】太子納妃有白ㅣ拂二枚。❻비단이름이(錦名、兜羅ㅣ)。

【毦筆:이필】 날개 깃으로 장식한 붓。【隋書】文官七品以上毦白筆、八品以下及武官皆不ㅣㅣ。

【毧】 (융) 東 ジュウ、けおりもの down ㄖㄨㄥˊ jung² 솜털융、가는털융(細毛)。

【毨】 (선) 銑 セン、ととのう even 털다시나서고를선(毛落更生整齊)。【書經】鳥獸毛ㅣ。

七畫

【毫】 (호) 豪 ゴウ、ほそげ long hair ㄏㄠˊ hao² ❶긴털끝호(長銳毛)。【道德經】合抱之木生於ㅣ末。❷호호(數名、十絲)。【孟子】明足以察秋ㅣ之末。【禮經解】差若ㅣ釐謬以千里。❸붓호(筆也)。【陸機文賦】或含ㅣ而邈然。❹조금호(少也)。❺가늘호(細也)。(『豪』와 통함)

【毫端:호단】 붓끝。筆端。【韓愈】下視禹九州、一塵集ㅣㅣ。

【毫釐:호리】 ❶자의 눈。또는 저울 눈의 毫와 釐。❷아주 적은 분량。

【毫釐不差:호리불차】 털끝만큼도 틀리지 아니함。

【毫釐之差:호리지차】 조금의 차이。

【毫釐千里:호리천리】 처음은 조금의 차이지만 나중에는 대단한 차가 생김을 일컬음。【史記·自序】失之毫釐、差以千里。

【毫末:호말】 ❶털끝。❷조금。❸극히 작은 것。【老子】合抱之木、生於ㅣㅣ。

【毫芒:호망】 조금。극히 적은 분량。毫毛。毫釐。【陸機】定去留於ㅣㅣ。

【毫毛:호모】 ❶가는 털。❷=微少·毫芒·毛髮。【戰國策】周書曰、綿綿不絕、蔓蔓若何、ㅣㅣ不拔、將成斧柯。

【毫無:호무】 전혀 없음。

【毫髮:호발】 ❶가는 털。毫毛。【韓愈】ㅣㅣ盡備無差訛。❷털끝만큼。아주 작은 것을 이르는 말。秋毫。毫毛。【中庸·註】巨細精粗、無ㅣㅣ之不盡也。

【毫髮不動:호발부동】 꿈쩍도 아니함。

【毫分縷析:호분누석】 썩 잘게 분석함。

【毫素:호소】 붓과 종이。紙筆。毫楮。【陸機】唯ㅣㅣ之所擬。

【毬】 (구) 尤 キュウ、まり、たま ball; globe ㄑㄧㄡˊ ch'iu² ❶제기구、공구(鞠丸)。【荊楚歲時記】寒食爲打ㅣ鞦韆藏鉤之戲。❷화문모직구(毾布)。【外國志】古大宛地有瑣伏花ㅣ織鳥毾成文。❸여주구(紅荔枝)。❸띠이름구(帶名、團ㅣ)。

毬 (會圖才三)

【毬工:구공】 擊毬를 만드는 사람。

【毬果:구과】 松科 식물의 열매。솔방울。잣송이 따위。

【毬燈:구등】 모양이 둥근 등。球燈。【王世貞】半夜ㅣㅣ出未央。

【毬門:구문】 擊毬할 때에 세우는 문。

【毬場:구장】 擊毬하던 넓은 마당。

八畫

【毰】 (부) 虞 フ、ぬけげ moult ❶새털벗을부(鳥脫毛)。❷담부(毯也)。

【毲】 (첩) 葉 ショウ、まつけ eyelashes 속눈썹첩(目毛)。(『睫』과 같음)

【毿】 (사) 麻 サ、ながいけ long-haired 털길사、털너털너털할사(毛長貌)。(『毸』와 같음)

【毯】 (담) 感 タン、けむしろ carpet; blanket ㄊㄢˇ t'an³ 담자리담、담요담(毛席)。(『緂』과 통함)

【毯子:담자】 담요。

【毧】 (담)『毯』(前條)과 같음

【氂】 ㊀(리) 支 リ、けだつ ㊁(래) 灰 coarse ㊀❶센털리(彊毛)。❷털 일어설리(毛起貌)。㊁뜻은 ㊀과 같음。

【毱】 (국) 屋 キク、けまり shuttle-cock 제기국(毬也、蹴ㅣ)。(『踘』과 같음)

【毰】 (배) 灰 ハイ、はねをはる spread wings 날개펼배(張羽貌)。【韓愈詩】與與洒ㅣ毸。

【毲】 (탈) 曷 タツ、けおりもの woolen fabric 모직탈、털로짠피륙탈(織毛罽)。

【毳】 (취) 霽 セイ、にこげ wool ㄘㄨㄟˋ ts'uei⁴ ❶솜털취(獸細毛)。【周禮】共其ㅣ毛爲氈以待邦事。❷담장막취(氈也)。【李陵書】韋韝ㅣ幕。❸연하고부드러운취(柔美物)。❹예【史記】聶政朝夕得甘ㅣ以養親。

【毳褐:취갈】 ❶=毛織物。❷천한 사람。

복이름취(禮服名)。

【毳幕:취막】 毛織으로 만든 天幕。匈奴의 幕。毳幔。【李陵】韋韝ㅣㅣ。

【毳毛:취모】 부드러운 짐승의 털。또는 새의 배에 난 털。【周禮】共其ㅣㅣ爲氈。

九畫

【毸】 (방) 養 ホウ、けおりもの woolen fabrics 털로짠베방(毛織物ㅣ毸)。

【毹】 (영) 梗 エイ、けおりもの woolen cloth 털베영(毛布)。

【毷】 (모) 號 ボウ、おちる moult ❶털벗을모(解毛)。❷답답할모(鬱也)。

【毸】 (수) 尤 シュウ、じゅうたん blanket ❶담요수(織毛褥)。❷무늬놓은모직수(氍ㅣ織毛有文者)。

【毸】 (시) 灰 シ、はねをはる spread wings (本音「새」) 날개벌일시(張羽貌)。

【毹】(유) 虞 ユ、けむしろ (或音「수」) blanket ㄕㄨ shu1
小篆 草書 털방석유、담요유(毛席氍一)。【韓愈詩】兩廂鋪氍一。

【毻】(타) 哿 ダ、けかわり moult
草書 새와짐승털갈타(鳥獸解羽毛)。

【毼】(갈) 曷 カツ、けおりもの (本音「할」) blanket
草書 ❶담갈、털로짠피륙갈(毛織氀一)。❷담요갈(毛布)。

【⿰扁毛】㊀(변) ㊁(편) 銑 ヘン、ベン、けがもつれる be tangled
㊀털엉킬변(一毶毛結不理)。㊁긴털편(長毛)。

【毱】(국)『鞠』(革部8畫)과 같음

【毽】(건) 霰 ケン、けねおい shuttle-cock ㄐㄧㄢ chien4
제기건(戲具抛足)。

十畫

【⿰耆毛】(기) 支 キ、もようけおり hair-shaped
털무늬기、얼룩얼룩할기(毛文)。

【毾】(탑) 合 トウ、けむしろ fur cushion
小篆 草書 털자리탑(毛席、一㲪)。【後漢書】天竺國有細布好一㲪。

【⿰唐毛】(당) 陽 トウ、けおり long tail
❶담당(毯也一毦)。❷삭모당(冠上飾毫)。❸긴꼬리당、긴털당(長毛)。

十一畫

【毿】(삼) 覃 サン、ながいけ long hair ㄙㄢ san1
草書 털길삼、털너털거릴삼(毛長貌)。【詩經 陳風宛丘疏】一一然與衆毛異。
【毿毿:삼삼】❶털이 긴 모양。❷버들가지 같은 것이 길게 늘어진 모양。『孟浩然』綠岸一一楊柳垂。

【⿰毛崔】㊀(쇠) ㊁(최) 灰 サイ、はねをはる spread wings
㊀날개벌이는 모양쇠(張羽貌)。(『毸』와 같음) ㊁터럭모양최(羽貌)。(『⿰毛崔』와 같음)

【⿰毛㒼】(만) 元 ボン、あかもうふ red hairs
小篆 붉은털요만(赤毛褥)。

【氀】(루) 虞 ル、けおりもの blanket
草書 담루(毯也、一毹)。【後漢書】婦人能刺韋作文繡織一毹。

【氁】(모) 虞 ボ、けおりもの velvet
털비단모(毛緞)。

【氂】(리) 支 リ、お tail
小篆 草書 ❶호리리(數名、十毫)。【漢書】不失毫一。❷꼬리리(牛馬尾)。【淮南子】馬一能截玉。❸잡털리(雜毛)。

十二畫

【氃】(동) 東 トウ、みだれけ (of hairs) disperse
털흩어질동、털옹숭거릴동(散毛貌)。

【㲪】(등) 蒸 トウ、けおりもの carpet
小篆 草書 올이밴털베등(毯也、毾一)。

【⿰業毛】(복) 屋 ホク、けがもつれる entangle
털엉킬복(毛不理⿰扁毛一)。

【氄】(용) 腫 ショウ、わたげ down ㄖㄨㄥ jung3
草書 솜털용(耎毳細毛)。【書經】鳥獸一毛。

【⿰焦毛】(초) 蕭 ショウ、はねがやぶれる broken
❶투구삭모초(兜上毛飾)。❷깃이부서질초(羽殺)。

【氅】(창) 養 ショウ、はごろも clothing lined with fur ㄔㄤ ch'ang3
小篆 草書 ❶학창의창(折羽爲裘衣)。【世說】王恭著鶴一衣。(『鷩』과 같음) ❷〔國字〕창의창(官人平常服一衣)。❸기의깃술창(旗纛)。
【氅衣:창의】소매가 넓고 뒷솔기가 갈라진 웃옷。관원이 평시에 입던 웃옷。

龍頭竿纛氅 (三才圖會) ❸

十三畫

【⿰葛毛】(렵) 葉 リョウ、ほろ the curtain of a carriage
수레의휘장렵(車翣所以禦風塵者)。

【氈】(전) 先 セン、けむしろ felt
小篆 ❶담자리전、전방석전(毛席)。【周禮】秋斂皮冬斂革共其毳皮爲一。【漢書】荷一被毳。❷전전、담전(蹂毛成片)。(『旃』과 통함)
【氈裘:전구】毛織의 옷。匈奴의 의복。『司馬遷』一一之君長、咸震怖。
【氈笠:전립】털실로 짠 갓。『桃花扇·沈江』。
【氈帽:전모】모직으로 만든 모자。『南史』士人剪髮、着一一。
【氈案:전안】毛氈을 깐 책상。『周禮』王大旅、上帝則張一一。

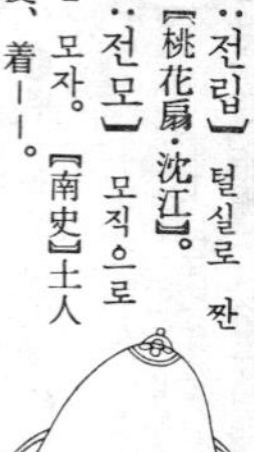
氈笠 (三才圖會)

【氊】(전)『氈』(前條)과 같음

【氉】(소) 號 ソウ、けがつよい hard hair
草書 ❶털까칠할소(健毛)。❷답답할소(煩悶毷一)。

十四畫

【氋】(몽) 東 ボウ、けがもつれる dispersed hairs ㄇㄥ mêng2
흩어진털몽(散毛貌)。【世說】羊祜有鶴善舞嘗向客稱之客試使驅來氃一而不肯舞。

【⿰蓋毛】(애) 泰 アイ、けぶかい (或音「알」) much-haired
털많을애(多毛)。

【⿰監毛】(람) 感 ラン、けながい long-haired
털길람、털너털거릴람(毛長貌)。
【⿰監毛毿:남삼】털 따위가 길게 늘어진 모양。【朱熹】四曲東南兩石巖、巖花垂露碧一一。

十五畫

【氌】(로) 麌 ロ、けおりもの flannel
서양융로、우단로(西蕃毛織)。

十七畫

【氉】(양) 陽 ジョウ、みだれる be dishevelled
모발이 흐트러질양(毛髮亂貌)。

十八畫

【氎】(엽) 葉 ジョウ、けやわらか fine-haired
털이 부드러울엽(毛柔貌)。

【氍】(구) 虞 ク、けむしろ felt
小篆 草書 담요구、ㄑㄩˊ ch'ü² 털요구(毛褥)。 (『毹』와 같음)

十九畫

【氎】(수) 虞 ス、けだつ bristly
털거슬릴수(毛之逆立)。

二十二畫

【氎】(첩) 葉 チョウ、ほそけおりもの fine woolen fabrics
가는모직첩(細毛織物)。【唐書】隴右道厥賦有毛氎白ㅡ。

氏 部

【氏】㊀(씨) 紙 ㊁(지) 支 シ、うじ name of family ㄕˋ shih⁴ ㄓ chih¹ (本音「시」)
小篆 草書 ㊀❶성씨(ㅡ族姓之所分)。【左傳】天子建德因生以賜姓胙之土而命之ㅡ。❷씨씨(婦人例稱)。 ㊁땅이름지(西域地名月ㅡ、單于妻名閼ㅡ)。

【氏名:씨명】=姓名。

【氏族:씨족】같은 조상을 가진 여러 가족의 성원으로 구성되어, 그 선조의 直系를 首長으로 하는 사회 집단。「원시 사회。【唐書】通ㅡㅡ曆數醫方。

【氏族社會:씨족사회】씨족 제도로 된

【氏族制度:씨족제도】(歷)원시 시대에 씨족을 중심으로 하여 성립한 사회 제도。이 사회에서는 공동의 선조를 받들음으로써 굳게 단결되고 각 씨족에는 酋長이 있어 통솔하였음。

一畫

【氐】㊀(저) 齊 ㊁(저) 齊 テイ、もと foundation ㄉㄧˇ ti³ ㄉㄧ ti¹
小篆 草書 ㊀❶이를저(至也)。❷근본저(本也)。【詩經】維周之ㅡ。❸별이름저(二十八宿 一)。 (『抵·邸』와 통함) ㊁❶낮을저(賤也)。【漢書】其價ㅡ賤減半。❷오랑캐이름저(西羌名)。(『低』와 같음)

【氐首:저수】고개를 숙임。俯首。

【氐人:저인】人面 魚神으로 발이 없는 想像上의 人獸를 이름。建木의 西方에 氐人國이 있다고 함。【山海經十·海內南經】。

氐人國 (山海經圖)

【氐賤:저천】❶값이 쌈。低廉。【漢書】其價ㅡㅡ。❷卑賤함。

【民】(민) 眞 ミン、ビン、たみ people ㄇㄧㄣˊ min²
小篆 古文 古文 草書 백성민(衆庶黎首)。【易經】君子以容ㅡ畜衆。【穀梁傳】士農工商爲四等ㅡ。

【民家:민가】일반 국민의 집。民戶。

【民間:민간】官이나 軍에 대한 일반 국민의 사회。【漢書】楚懷王孫心在ㅡㅡ。

【民間放送:민간방송】상업 방송。

【民間說話:민간설화】말로 민간에 전하여 내려오는 이야기。傳說。野史。

【民間信仰:민간신앙】옛부터 민간에 있는 신앙。民敎。迷信。

【民間疾苦:민간질고】정치의 변동 부패로 인하여 백성들이 받는 괴로움。

【民警:민경】국민과 경찰。

【民困:민곤】백성의 곤궁。빈곤。

【民國:민국】❶민주 정치를 시행하는 나라。❷大韓民國。❸中華民國。↕君國。

【民軍:민군】=民兵。

【民窮:민궁】국민의 가난하고 구차함。

【民窮財渴:민궁재갈】국민은 곤궁하고 재물은 다 없어짐。

【民權:민권】국민의 권리。곧 국민의 신체·재산을 보호하고 유지하는 권리와、국민이 정치에 참여하는 권리。

【民權運動:민권운동】전제 정치를 반대하고 민권의 확장을 꾀하는 운동。

【民權主義:민권주의】민권의 확장 유지를 주장하는 사상。三民主義의 하나。

【民權擴張:민권확장】인민의 정치에 참여하는 국민의 권리를 확장함。

【民團:민단】외국의 일정한 곳에 살고 있는 같은 겨레로써 조직된 자치 단체。

【民畓:민답】국민의 소유의 논。

【民度:민도】국민의 貧富와 開明의 정도。

【民亂:민란】=民擾。

【民力:민력】국민의 노력이나 재력。【孟子】文王以ㅡㅡ、爲臺爲沼。

【民立:민립】백성이 세움。

【民瘼:민막】국민에게 폐가 되는 일。民弊。【宋史】戢吏姦、詢ㅡㅡ。

【民望:민망】❶국민의 희망。輿望。【漢書】迺詐稱公子扶蘇·項燕、從ㅡㅡ也。❷국민 사이에 얻은 신망。【曹植】ㅡㅡ如草、我澤如春。❸백성의 仰望。衆望。

【民法:민법】(法)주로 개인의 권리·의무를 규정한 법률。

【民法學:민법학】민법의 이론을 연구「하는 학문。

【民兵:민병】국민이 들고 일어나 자발적으로 조직한 군대。

【民僕:민복】國民의 公僕。

【民福:민복】國民의 福利。

【民本:민본】국민의 생활의 근본。

【民本主義:민본주의】국민의 복리를 위주로 하는 정치상의 사상。

【民事:민사】❶국민이 하는 일。農事。【孟子】ㅡㅡ不可緩也。❷민간에 관한 일。【書經】無輕ㅡㅡ。❸(法)私法上의 법률관계에 관련되는 사항。↕刑事。

【民事法:민사법】(法)私法의 실제법인 민법·상법과 그 절차법인 민사 소송법 따위。↕刑事法。

【民事事件:민사사건】(法)민사 소송의 대상으로 사법에 의하여 다루어지는 개인 사이의 사건。↕刑事事件。

【民事訴訟:민사소송】(法)개인 사이의 분쟁과 이해 충돌을 국가의 재판권에 의하여 법률적 또는 강제적으로 해결 조정을 받기 위한 소송。↕刑事訴訟。

【民事裁判:민사재판】(法)민사 사건에 관하여 법원이 행하는 재판。↕刑事裁判。

【民生:민생】❶국민의 生計。국민의 생활。【左傳】ㅡㅡ在勤。❷일반 국민。❸사람의 天性。【書經】惟民生厚。❹백성의 생명。人命。

【民生問題:민생문제】민생에 관계된「문제。

【民族意識:민족의식】민족이 자기 반성에 의하여 단결 회복 강화하려는 집

단의식 및 감정。

【民族自決:민족자결】一九一九년에 美國의 二八대 대통령 윌슨이 提唱한 것으로, 어느 한 민족이 스스로 獨立하느냐, 또는 他國에 속하느냐 하는 문제는 그 민족 자체가 결정지어야 한다는 主義。

【民族精神:민족정신】일정한 민족에 共通한 精神的個性。民族性。

【民族主義:민족주의】한 민족이 다른 민족의 지배를 벗어나, 같은 민족으로써 국가를 이루려는 주의。또는 민족의 입장을 중시하여 자기 민족의 발전만을 목적으로 하는 주의。國民主義。

【民主:민주】❶주권이 국민에게 있음。❷민주주의。

【民主共和國:민주공화국】민주적인 공화 정체를 채택하는 국가。民主國。

【民主國:민주국】민주정체를 실시하는 국가。↔君主國。

【民主政體:민주정체】주권이 국민에게 있는 정치 체제。↔君主政體。

【民主政治:민주정치】민주주의에 입각하고 민주 제도에 의하여 행하여지는 정치。↔君主政治。독재정치。

【民主主義:민주주의】주권이 국민에게 있고, 국민의 의사에 의하여 국민을 위한 정치를 하는 주의。

【民衆:민중】多數의 국민。많은 사람들。大衆。民庶。

【民衆娛樂:민중오락】민중이 널리 즐길 수 있는 오락。

【民衆化:민중화】일반 민중의 것이 되게 하거나 민중과 어울리어 동화되게 함。

【民志:민지】국민의 지향하는 바의 뜻。

【民智:민지】국민 대중의 슬기

【民村:민촌】일반 백성이 사는 마을。

【民衷:민충】국민의 고충。

【民娶:민취】(國)양반으로서 常民의 딸과 결혼함。

【民治:민치】국민을 다스림。

【民弊:민폐】(國)국민에게 폐가 되는 일。民瘼(민막)。

【民風:민풍】風俗。民俗。『禮記』命太師、陳詩以觀――。백성의 풍속。

【民戶:민호】일반 국민의 집。民家。『淸會典』。백성의 집。

【民會:민회】어떤 지역 안에서의 住民의 자치 단체。

二畫

【氒】(궐)『厥』(厂部 10畫)의 古字

四畫

【氓】(맹) 庚 ボウ、たみ people ㄇㄥˊ mêng² ㄇㄤˊ mang² 小篆 草書 백성맹、어리석은백성맹(愚民)。『詩』―之蚩蚩抱布貿絲。『甿』과 같음

【氓隷:맹례】천한 백성。常民。

【氓俗:맹속】❶民俗。『庾信』年代殊――。❷백성。『韓愈·謝自然詩』――爭相先。

五畫

【⿰民平】(민) 眞 ビン、たいら even 편편할민(平也)。

六畫

【⿰氏失】(질) 屑 テツ、ふれる prick 小篆 ❶찌를질(觸也)。❷뽑을질(手拔物)。

十畫

【⿰氏垔】(인) 震 イン、ふす upset 小篆 엎어질인(仆臥)。

十四畫

【⿱與民】(효) 效 コウ、あやまる make a mistake 小篆 그릇할효(誤也)。

气 部

【气】㊀(기) 未 キ、キツ、き ㊁(걸) 物 beg ㄑㄧˋ chi⁴ 小篆 草書 ㊀기운기(雲氣)。『氣』와 같음 ㊁❶구할걸(求也)。❷가져갈걸(取也)。『乞』과 같음

二畫

【⿹气刀】(기)『气』(前條)와 같음

【気】(기)『氣』(气部 6畫)의 略字

四畫

【氛】(분) 文 フン、き vapour ㄈㄣ fen¹ 小篆 或體 草書 ❶기운분(氣也)。『左傳』楚―甚惡。❷재앙분(災殃)。『漢書 元帝詔』―邪歲增。❸기운이왕성할분(氣盛貌)。『謝惠連詩』散漫交錯、―氳蕭索。

【氛氣:분기】❶공중에 보이는 구름이나 안개 같은 氣。『楚辭』揚――兮爲旌。❷惡한 氣。재앙의 전조。『漢書·董仲舒傳』――充塞。

【氛祥:분상】不吉한 징조와 즐거운 징조。凶徵과 吉徵。吉凶。祥氣。『國語』臺不過望――。

【氛埃:분애】더러운 먼지。塵埃。氛坱。

【氛曀:분에】흐림。흐려짐。

【氛氳:분온】기운이 왕성한 모양。氤氳『謝惠連·雪賦』散漫交錯、――蕭索。

【氜】(양) 陽 ヨウ、ようき sunlight 볕기운양(陽氣)。『陽』의 俗字

六畫

【⿹气月】(음)『陰』(阜部 8畫)의 俗字

【⿹气火】(기)『氣』(气部 6畫)의 古字

【氣】(기) 未 キ、ケ、き、いき air; breath; weather ㄑㄧˋ chi⁴ 小篆 或體 或體 草書 ❶날씨기、기후기(候也)。『左傳 昭公元年』六―。❷숨기(息也)。『論語鄕黨』屛―似不息者。❸공기기(空―)。❹힘기(活動力)。❺생기기、정기기(生之元精―)。

【氣概:기개】일에 굽히지 않는 강한 意氣。氣節。氣槩。『北史』故爲――者所不重。씩씩한 기상。꿋꿋한 절개。

【氣蓋世:기개세】意氣가 왕성하여 세상을 壓倒함。『史記·項羽本紀』力拔山兮―。

【氣莖:기경】(植)땅 위에 있는 줄기。地上莖。

【氣高萬丈:기고만장】일이 뜻대로 잘 될 때에 지나치게 得意然하거나, 또는 성을 낼 때에 지나치게 自慢하는 기운이 펄펄 나는 일。

【氣骨:기골】❶氣血과 골격。❷씩씩한 의기。『南史』――似我。

【氣孔:기공】❶(生)곤충 따위의 몸 옆쪽에 있어、호흡 작용을 하는 구멍。❷

(植)잎 또는 줄기의 表皮에 뚫려 있어, 호흡 작용을 하는 작은 구멍.

【氣管:기관】 (生)❶呼吸器의 一部. 숨쉴 때에 공기가 통하는 圓柱狀의 管. 喉頭의 아래쪽 食道의 앞쪽에 있고, 아래 끝이 두 갈래의 氣管支로 째져서 허파에 잇닿아 있음. 숨통. ❷昆蟲類의 體表에 있는 氣孔으로부터 組織細部로 통하는 呼吸器의 管.

【氣管支肺炎:기관지폐염】 기관지염으로 인하여 생기는 폐의 염증.

【氣球:기구】 고무 액을 발라 공기가 통하지 않게 만든 큰 주머니에 공기보다 가벼운 氣體를 넣어 공중에 올리는 球. 자유기구·繫留기구·教導기구·探險기구 따위가 있음.

【氣圈:기권】 공기가 지구를 싸고 있는 「大氣의 둘레 안.

【氣根:기근】 ❶어려움을 참고 견디는 힘. 精力. 根氣. ❷(佛)衆生의 心中에 본디 가지고 있어, 佛의 教化에 의해서 발동하는 능력. 機根. ❸(植)공기 중에 노출되어 있는 變態根. 옥수수·風蘭 등에서 볼 수 있음.

【氣急:기급】 놀라서 소리를 지름.

【氣囊:기낭】 ❶새의 가슴에 있어서 무게를 增減시키는 공기 주머니. ❷輕氣球에 딸린 가스를 넣는 주머니.

【氣短:기단】 ❶기력이 적음. ❷숨 쉬는 동안이 짧음.

【氣痰:기담】 (醫)七情이 鬱結하여 가래가 목에 걸리어서 뱉고 삼키기가 곤란하며 가슴이 답답하고 괴로운 병.

【氣道:기도】 동식물의 숨길.

【氣量:기량】 마음의 作用. 度量. 器量. 【杜甫】此鄕之人ㅣㅣ窄.

【氣力:기력】 ❶힘. 元氣. 根氣. 【史記】朱虛侯劉章有ㅣㅣ. ❷정신과 육체의 힘. ❸(物)壓搾한 공기의 힘.

【氣流:기류】 대기의 流動.

【氣類:기류】 마음이 맞는 친구. 同類. 【南史】吳興沈約·陳郡謝朓·琅邪王融, 以ㅣㅣ相推轂.

【氣脈:기맥】 ❶氣血과 脈絡. 血脈. 【鹽鐵論】ㅣㅣ調和. ❷서로 통하는 낌새. 감정·의지 따위를 서로 통함.

【氣脈相通:기맥상통】 마음과 뜻이 서로 통함.

【氣門:기문】 벌레의 숨쉬는 구멍.

【氣味:기미】 ❶냄새와 맛. ❷마음과 취미. 臭味. 【蘇軾】貧賤安閑ㅣㅣ長. ❸(醫)약의 성질과 효능을 판단하는 기준.

【氣味相適:기미상적】 취미나 마음이 서로 어울림. 氣味相合.

【氣魄:기백】 氣力. 精神. 根氣.

【氣癖:기벽】 남에게 굽히지 않으려는 성질.

【氣不足:기부족】 (醫)원기가 부족해 생기는 병. 上·中·下氣 不足 등이 있음.

【氣分:기분】 ❶마음에 저절로 느껴지는 상태. 【孔子家語】ㅣㅣ不同. ❷(醫)血氣에 대하여 元氣 방면을 가리키는 말. ❸(心)어떤 기간 동안 지속되는 감정 상태.

【氣分描寫:기분묘사】 어떠한 場面의 분위기를 상징적 필법이나 서정적 수법으로써 묘하게 그려 내는 일.

【氣分派:기분파】 기분에 좌우되어 행동하는 사람.

【氣象:기상】 ❶타고난 性情. 氣質. ❷風雨·陰晴 등 모든 大氣 가운데서 일어나는 현상. 【范仲淹】朝暉夕陰, ㅣㅣ萬千.

【氣像:기상】 사람이 타고난 마음씨와 겉으로 드러난 몸가짐.

【氣象槪況:기상개황】 한 지방의 부근 전반에 뻗친 기상의 대체적인 상황.

【氣象觀測:기상관측】 기상을 과학적인 방법으로 관찰하여 측정하는 일.

【氣象記號:기상기호】 기상의 어떠함을 표시하는 특수한 부호.

【氣象臺:기상대】 기상의 관측과 조사를 하는 곳.

【氣象圖:기상도】 기상을 알리는 지도.

【氣象通報:기상통보】 기상 개황이나 天氣實況을 일반에게 알리는 報道.

【氣象特報:기상특보】 氣象 通報 이외에 때에 따라 하는 특별한 보도.

【氣象學:기상학】 (天)大氣의 상태 또는 그 중에서 일어나는 모든 현상을 연구하는 학문.

【氣色:기색】 ❶감정의 작용으로 얼굴에 나타나는 기분과 얼굴빛. ❷얼굴에 나타난 감정의 변화.

【氣塞:기색】 ❶숨이 막힘. ❷과격한 정신적 충동으로 호흡이 막히는 병.

【氣塞昏絶:기색혼절】 숨이 막혀 까무러침.

【氣盛:기성】 기운이 왕성함.

【氣勢:기세】 ❶意氣가 장한 형세. 남이 보기에 두려워할 만한 힘. 勢焰. 【左傳·註】軍人無復ㅣㅣ. ❷형세.

【氣數:기수】 스스로 돌아가는 그 자신의 吉凶·禍福의 운수를 일컬음. 【宋史】天地兆分, ㅣㅣ爰定.

【氣習:기습】 氣質과 습관.

【氣勝:기승】 意志가 굳세어서 좀처럼 남에게 굽히지 아니함. 또는 그러한 氣習.

【氣息:기식】 내고 들이쉬고 하는 숨 기운. 호흡의 기운.

【氣岸:기안】 거만하고 좀처럼 남에게 굽히지 않는 성질. 성질이 傲岸함.

【氣壓:기압】 (物)大氣의 압력. 대기가 지구의 인력으로 인하여 끌리어 지구 표면에 생기는 압력.

【氣壓計:기압계】 =晴雨計.

【氣逆:기역】 (醫)뱃속의 기운이 위로 치밀어 오르는 병.

【氣焰:기염】 ❶대단한 기세. 굉장한 豪氣. ❷타오르는 불꽃.

【氣焰萬丈:기염만장】 호기나 기세가 굉장함.

【氣癭:기영】 근심과 걱정으로 말미암아 몸에 생기는 혹.

【氣銳:기예】 意氣가 날카롭고 盛함.

【氣溫:기온】 大氣의 온도. 「ㅣ自行.

【氣勇:기용】 용감함. 【後漢書】以節介ㅣ

【氣宇:기우】 기개와 度量. (宇는 器量) 度量. 【蜀志】先着ㅣㅣ高卑.

【氣運:기운】 어떤 방향에 기울어지는 경향. 시세가 돌아가는 형편. 機運. 【曹植】感ㅣㅣ之和順.

【氣韻:기운】 文章이나 書畫의 아담한 멋. 【押孫新語】文章以ㅣㅣ爲主, ㅣㅣ不足, 雖有辭藻, 要非佳作也.

【氣鬱:기울】 ❶氣分이 우울한 것. ❷(醫)마음이 울적하여 가슴이 아픈 병.

【氣絶:기절】 ❶숨이 끊어짐. 호흡이 정지함. ❷눈을 굴림. 假死. 絶息. 卒倒. 【晉書】被四創ㅣㅣ.

【氣節:기절】 ❶氣槪가 높고 節操가 굳음. 意氣와 節操. 氣骨. 氣槪. 【史記】汲黯好學游俠, 任ㅣㅣ. ❷氣候. 時節.

【氣盡:기진】 기력이 다하여 없어짐.

【氣盡脈盡:기진맥진】 =氣盡力盡.

【氣盡力盡:기진역진】 기력이 다 없어짐. 氣盡脈盡.

【氣質:기질】 ❶기력과 체질. ❷인간의 성격을 특징 지을 수 있는 감정의 경향. 多血質·神經質·膽汁質·粘液質의 네가지가 있음. ❸신분·직업·연령에 相應한 특수한 氣風. 【朱子語類】變化ㅣㅣ.

【氣喘:기천】 (醫)가슴이 답답하고 숨이 차며 목구멍에서 가래 소리가 나는 병.

【氣滯:기체】 (醫)氣度가 순하지 못하여 생기는 병. 氣痛.

【氣體:기체】 ❶氣體候의 略稱 ❷공기 따위처럼 일정한 형상이나 체적이 없는 물체. 가스체.

【氣體論:기체론】 기체의 성질과 그에 관한 현상과 分子運動과를 기초로 하여 통계 역학적으로 論하는 학설.

【氣體候:기체후】웃어른께 문안할 때에 쓰는 尊稱。기력과 체후。
【氣縮:기축】意氣가 움츠러들음。기가 질림。무서워서 몸을 움츠림。
【氣痔:기치】《醫》정신이 흥분되어 붓고 아픈 치질의 한 가지。
【氣筒:기통】증기 기관이나 內燃機關의 주체가 되는 圓筒形 부분。실린더。
【氣泡:기포】유리나 액체 같은 속에 공기나 다른 기체가 들어가, 둥그런 형상을 하고 있는 것。
【氣品:기품】❶기질의 品位。❷고상한 성품。風韻。❸여러 가지 물건。萬物。
【氣稟:기품】타고난 기질。天賦의 성질。氣性。〔中庸·章句序〕——或異。
【氣風:기풍】기상과 풍채。氣質。氣性。
【氣乏:기핍】기력이 부족함。
【氣陷:기함】힘이 푹 가라앉음。
【氣合:기합】❶호흡이 맞음。❷적에게 덤비는 기세나 그 지르는 소리。
【氣合術:기합술】기합을 이용하는 일종의 정신적 술법。정신 요법。
【氣虛:기허】기력이 허약함。
【氣血:기혈】원기와 혈액。
【氣俠:기협】남자다운 기상。용맹한 마음。俠氣。〔後漢書〕皆以——立名。
【氣化:기화】《物》액체가 열의 압력의 작용으로 氣體가 되는 현상。
【氣化熱:기화열】물질이 기화하는데 필요한 열량。
【氣候:기후】❶氣는 一五일, 候는 五일。一년의 二四氣와 七二候의 總稱。時候。氣節。❷四季 寒暖의 상태。
【氣候鳥:기후조】철새。
【氣候學:기후학】각 지방의 기상의 평균 상태를 연구하는 氣象學의 한 갈래。
【氣暈:기훈】《醫》마음을 너무 써서 현기가 나고 게거품을 흘리면서 웃눈시울이 아파서 눈을 잘 뜨지 못하는 병。

【氤】(인) 圓 メン、いきおい forces

草書 ❶기운인(氣也)。天地—縕、萬物化醇。〔易經 繫辭〕 ❷천지기운합할인、기운어릴인(天地合氣)。〔杜甫詩〕佳氣日—氳。(『絪』과 통함)

【氤縕:인온】=氤氳①。
【氤氳:인온】❶기운이 왕성한 모양。絪縕·烟熅。〔杜甫·詩〕佳氣日——。❷부드러워진 氣色。〔盧照鄰·長安古意〕清歌醫轉口——。❸香氣가 좋음을 형용。紛紛。〔長生殿·聞樂〕——芳氣透衣喩。

七畫

【氥】(소) 蕭 ショウ、そら sky

❶하늘소(雲—)。❷하늘기운소(天氣)。(『霄』와 같음)

十畫

【氳】(온) 文 ウン、さかんなき vigous ㄩㄣ yün

草書 ❶기운어릴온(元氣交密)。❷기운성할온(氣盛曰氛—)。

【氳氛:온분】=氛氳①。
【氳氳:온온】=氛氳①。

水部

【水】(수) 紙 スイ、みず water; river ㄕㄨㄟˇ shuei

小篆 草書 ❶물수(地之血氣)。〔中庸〕今夫—、一勺之多。❷강수(河川)。❸홍수수(大水)。〔十八史略 五帝〕堯立七十年、有九年之—。❹물길을수(水汲)。❺국물수(漿液)。❻고를수(橫平準)。

【水脚:수각】❶水路。船荷의 운임。❷旅費의 하나。❸배가 물에 닿는 부분。船脚。喫水。
【水閘:수갑】물문。水門。〔宋史〕爲——以時啓閉焉。

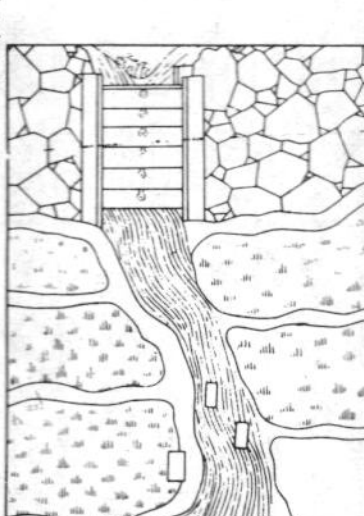

水閘 (農政全書)

【水客:수객】❶뱃사공。舟人。〔王昌齡〕——皆擁棹。❷水路를 가는 旅客。船客。❸《植》마름의 別名。
【水鏡:수경】❶물에 물체가 비치는 것과 같이 공평한 입장에서 事物을 판단하여 사람의 모범이 되는 것。〔蜀志〕司馬德操爲——。❷水面에 물체가 비쳐 보임。
【水鷄:수계】《動》뜸부기과에 속하는 쇠물닭。〔杜甫〕——啣魚來去飛。
【水界線:수계선】물과 육지의 경계선。
【水鼓:수고】물장구。
【水穀道:수곡도】창자。腸管。
【水攻:수공】강물을 막아 城을 水浸하게 하는 攻城의 兵法。攻城法。
【水瓜:수과】《植》수박。
【水郭:수곽】=水鄕·水村。〔李紳〕——津橋晚景澄。강가나 바닷가에 있는 村。
【水管:수관】❶물이 통하는 관。❷《動》軟體 동물에 있는 外套膜의 한 부분인데 몸 밖의 물을 外套腔 안으로 보내어 호흡 작용을 함。
【水槐:수괴】《植》苦蔘。
【水球:수구】水上競技의 한 가지。가로 三〇、세로 二〇米의 풀에서 七명씩의 두 편이 가죽으로 만든 공을 골(goal)에 던져 넣어서 이기고 짐을 겨룸。
【水口:수구】❶물이 흘러 나오는 곳。❷風水地理에서 말하는 得이 흘러간 곳。
【水狗:수구】《動》水獺。
【水菊:수국】《植》忍冬科에 딸린 小灌木。
【水國:수국】호수·늪·내가 많은 땅。〔李白〕——饒英奇。옛날 물 위를 방위하던 군대。
【水軍:수군】옛날 물 위를 방위하던 군대。海軍。水師。〔魏志〕司馬宣王治——於荆州。
【水宮:수궁】물 속에 있다고 상상하는 「궁궐」。龍宮。
【水龜:수귀】《動》남생이。〔本朝文粹〕匪中——。
【水克火:수극화】五行運行에서 말하는 「물은 불을 이긴다」는 말。
【水芹:수근】《植》香草의 別名。미나리。〔本草〕——一名水英。
【水根:수근】❶물의 근원。水源。❷논에 댈 물이 생겨 나오는 곳。❸《植》水生식물의 뿌리。

水靳 (三才圖會)

【水禽:수금】《動》물가 또는 물 위에 사는 새。水鳥。
【水氣:수기】❶물기운。❷腎經의 음기。
【水難:수난】물에서 일어난 불상사。溺死·破船따위。〔韓非子〕是以白圭無——。
【水煖爐:수난로】증기 난로。스팀。
【水濘:수녕】수렁。
【水弩:수노】《動》물여우。〔張祜〕溪行逢——。
【水獺:수달】《動》족제비과의 짐승。물가 또는 늪가에 굴을 파고 살며 밤에 개구리·게·물고기 등을 먹음。가죽은 毛皮중에서 가장 질이 좋음。
【水獺膽:수달담】눈병의 약으로 좋다는 물개의 쓸개。
【水獺皮:수달피】물개의 털 껍질。
【水畓:수답】골답。畓。
【水塘:수당】貯水池。地形이 낮은 곳에

둑을 쌓아 貯水한 것。灌漑·養魚에 쓰임。

水塘 (農政全書)

【水碓:수대】 물방아。水磨。

水碓 (農政全書)

【水袋:수대】 물주머니。 마소 그 밖의 雜畜의 가죽으로 만들었으며 消火用器。『式水袋圖說』。

● 水袋 (武備志)

【水道:수도】 ❶물이 흐르는 길。❷배가 통하는 길。航路。『左傳』——、不可。❸住民에게 飮料水 또는 使用水를 공급하기 위한 설비。❹上水·下水를 끄는 길。❺양편 陸地에 좁게 뻗은 水路。
【水稻:수도】 수답에 심는 벼。
【水豚:수돈】 《動》쏘가리。
【水痘:수두】 《醫》작은마마。
【水豆腐:수두부】 순두부。물두부。
【水剌:수라】 《制》임금께 올리는 진지。
【水剌床:수라상】 임금의 진짓상。
【水卵:수란】 수란짜에 담고 끓는 물 속에 넣어서 반숙한 달걀。

【水蠟:수랍】 =白蠟。
【水量:수량】 물의 분량。
【水力:수력】 물의 힘。
【水力發電:수력발전】 물의 落差를 이용하여 발전기를 돌리어 전기를 일으킴。
【水力電氣:수력전기】 물의 힘으로써 발전기를 운전하여 일으키는 전기。
【水簾:수렴】 ❶폭포。『范成大』恰似廬山看——。❷《植》浮草。
【水路:수로】 ❶배가 왕래하는 길。航路。『北史』車駕將——奉鄴。❷물이 흐르는 길。水脈。
【水路橋:수로교】 도랑물이 鐵路·道路 등을 횡단할 때 막히지 않게 하기 위해 가설한 다리。
【水雷:수뢰】 《軍》물 속에서 터뜨리어 적의 배를 파괴시키는 장치의 兵器。
【水雷驅逐艦:수뢰구축함】 =驅逐艦。
【水雷發射管:수뢰발사관】 魚雷를 쏘는 대포의 砲身과 비슷한 해군 병기。
【水雷防禦網:수뢰방어망】 적의 어뢰를 막기 위하여 군함의 艦側에 장치한 鋼鐵製의 그물。
【水雷艇:수뢰정】 수뢰로 적함을 습격하러 다니는 군함의 하나。
【水蓼:수료】 《植》여뀌。 여뀌科에 딸린 풀。溪流에 절로 남。「船也。
【水龍:수룡】 무자위。『隋書·註』——戰
【水礱:수룡】 水力을 利用해서 穀物을 쓿는 멧돌。水磨。

水礱 (農政全書)

【水漏:수루】 물시계。
【水樓:수루】 물가의 높은 누각。水閣。『許渾』夜半吹笙入——。

【水陸:수륙】 ❶물과 뭍。河海·湖沼와 陸地。❷水路와 陸路。❸水陸에서 나는 食物。山海。
【水陸萬里:수륙만리】 바다와 육지를 사이에 두고 멀리 떨어짐。
【水陸並進:수륙병진】 바다와 육지에서 군대가 아울러 나아감。「움。
【水陸戰:수륙전】 바다와 육지에서의 싸
【水陸珍味:수륙진미】 산과 바다에서 나는 맛있는 음식물。山海珍味。
【水輪:수륜】 ❶눈동자의 구멍。瞳孔。❷《佛》須彌山을 받들고 있는 三輪의 하나로서 풍륜의 위에 있는 圓輪。
【水理:수리】 河川의 分脈。水脈。
【水利:수리】 물의 편리。灌漑·飮料 또는 선박의 왕래에 편리한 것。『史記』用事者、爭言——。
【水利組合:수리조합】 수리에 관한 사업을 목적으로 설립한 法人組織의 단체。
【水理學:수리학】 水脈을 이용하여 액체의 靜止 및 운동에 관한 이치를 연구하는 학문。
【水磨:수마】 水力을 利用해서 穀物等을 찧는 큰 멧돌。後魏의 崔亮 때부터 비롯되었으며 臥輪磨·活法磨等이 있음。

水磨 (農政全書)

【水沫:수말】 ❶물거품。水泡。❷물이 부서져 흩어지는 것。물방울。飛沫。
【水媒:수매】 《植》물에 사는 顯花植物이 花粉의 受精을 물의 매개로 이루는 일。
【水脈:수맥】 ❶물이 흐르는 길。水路。❷땅 밑에서 흐르는 물길。水理。
【水面:수면】 물의 面。水上。表面。
【水母:수모】 《動》해파리과의 동물。종 또는 갓모양이며 우무와 같은 바탕으로

단단하지 않고 뼈도 없음。무렴생선。海月。水月。
【水墨:수묵】 그림 그리는 데 사용하는 빛이 엷은 먹。《轉》墨繪。墨畫。『鄭谷·詩』名畫先求——山。
【水紋:수문】 파도의 모양。『韓愈』——浮深簟。물결의 무늬。
【水門:수문】 ❶물이 통하는 문。水閘。『漢書』開通溝瀆、起——。❷關鎖의 입구。
【水門筩:수문통】 물이 빠져 나오는 물「통。
【水䵷:수민】 《動》소금쟁이。
【水蜜桃:수밀도】 《植》껍질이 얇고 물이 많은 복숭아의 한 가지。
【水畔:수반】 물가。水邊。水涯。『白居易』——行來上小船。
【水飯:수반】 ❶옛날 말린 밥을 물에 넣어 불린 것。❷後世에는 진 밥을 물에 씻어 하얗게 한 것。❸물에 만 밥。
【水防:수방】 堤防의 崩壞 따위로 생기는 水害를 경계하고 이를 막는 일。
【水伯:수백】 물의 神。水神。(伯은 神) 河伯。『山海經』。
【水邊:수변】 물가。물 근처。水岸。水涯。『楊巨源』——楊柳綠煙絲。
【水兵:수병】 ❶배 싸움。❷해군의 兵士。『宋史』——二軍。
【水夫:수부】 ❶배타는 사람。船員。水手。❷물을 긷는 사람。
【水分:수분】 ❶물이 갈라짐。흐름이 갈라짐。❷물기。水氣。습기。
【水粉:수분】 ❶물에 불린 쌀을 물과 함께 매에 갈아 체에 가라앉힌 앙금。무리。❷물분。
【水盆:수분】 물을 담고 그 속에 꽃이나 괴석을 담아 넣어 두는 그릇。
【水死:수사】 물에 빠져 죽음。溺死。『禮記』冥勤其官而——。(冥은 水官)。

水盆 (三才圖會)

【水酸基:수산기】(化)水素와 酸素가 한 原子量으로 된 原子團。곧 原子團。
【水產物:수산물】강이나 바다 속에서 나는 생산물。
【水產業:수산업】수산물의 漁獲·養殖·제조 등에 관한 사업의 總稱。
【水產組合:수산조합】수산업 전반에 걸쳐서 서로의 공동 이익을 꾀하기 위하여 행정 관청의 인가를 얻어 이루어진 법인 단체。
【水產學校:수산학교】수산업에 종사할 사람을 교육시키려고 세운 실업 학교。
【水珊瑚:수산호】(動)桃花色이 나는 산호。
【水酸化物:수산화물】(化)水酸基를 지니고 있는 무기 화합물의 總稱。
【水酸化鐵:수산화철】(化)第一鐵鹽에 알칼리를 더하여 얻는 흰 빛깔의 앙금인 수산화 제일철과 제이철염 용액에 알칼리를 더해 얻는 수산화 제이철。
【水蔘:수삼】땅에서 캐내어 아직 말리지 않은 인삼。生蔘。↔乾蔘。
【水上:수상】❶물의 위。[宋之問]君看——芙蓉色。❷흐르는 물의 상류。
【水上競技:수상경기】競泳·다이빙·水球따위와 같이 물에서 하는 경기의 일컬음。
【水上警察:수상경찰】국내 수로에 있어서의 선박이나 그 밖의 교통 정리·위험 방지·조난 구조·위생·풍기·밀항·밀수 따위를 단속하는 경찰。海上警察。
【水上飛行機:수상비행기】물 위로 滑走하여 發着하는 장치의 비행기。
【水色:수색】물 빛。물의 경치。[杜牧]天接海門秋——。
【水生木:수생목】물이 나무를 돕거나 생기게 한다고 일컫는 五行運行의 說。
【水生植物:수생식물】(植)물 속이나 수면에 떠서 사는 식물의 총칭。

【水棲:수서】물 안에서 살음。
【水棲動物:수서동물】(動)물 속에서 살며 뜨고 가라앉고 하는 器官이 있는 동물。游泳動物·浮游動物·底棲動物 따위가 있음。
【水石:수석】물과 돌。곧 물과 돌로 이뤄진 경치。泉石。
【水蘚:수선】개구리밥의 別稱。[本草]萍一名水花、一名——。
【水仙花:수선화】(植)수선과에 딸린 다년생 풀。따뜻한 지방에서 저절로 자라며 관상용으로 가꾸기도 함。鱗莖은 한약재로 씀。水仙菖。配玄。水仙。
【水泄:수설】물찌똥。
【水泄不通:수설불통】警備가 몹시 엄중하여 비밀이 새어나지 못함。
【水星:수성】(天)惑星 중에서 가장 작고 太陽系에 가장 가까운 별。辰星。「——」。
【水聲:수성】물소리。[許渾]纔駐管絃聞——。
【水性:수성】❶물의 성질。❷五行에서 水를 사람의 생년월일에 배정하여 일컫는 말。
【水成岩:수성암】(鑛)海底 또는 湖底의 沈積物이 굳어진 岩石의 총칭。碎屑岩·化沈澱岩·生物岩·有機岩 등이 있음。
【水勢:수세】❶물이 흐르는 힘。[齊書]——奔下。❷水流의 方向。
【水洗:수세】❶(宗)성수로 씻는 洗(세)방법의 한 가지。❷물로 깨끗이 씻음。
【水洗便所:수세변소】大小便器에 水筩을 설비하여 대소변을 본 뒤에 변기를 씻어 하수도로 내려 보내게 된 변소。
【水素:수소】(化)元素의 하나。無色·無味·無臭의 가벼운 氣體。
【水素彈:수소탄】水素爆彈의 略稱。
【水素爆彈:수소폭탄】수소 원자로 헬리움 원자를 합성할 때에 발생하는 굉장히 큰 에네르기의 폭발력을 이용해서 만든 폭탄。一九五二년 미국에서 발명되었으며 원자·폭탄의 千倍 이상의 위력을 가짐。
【水手:수수】=水夫。[蘇軾]便合與官充——、此生何止略知津。
【水柹:수시】수분이 많고 퍽 연한 둥주리감。
【水蝕:수식】(地)비와 물이 흙과 돌을 부스러뜨리거나 깎아 없애게 하는 작용。
【水神:수신】물의 神。水伯。[漢書]沈白馬、祀——河伯。
【水深:수심】못·호수·바다 따위의 물의 깊이。
【水壓:수압】(物)물의 壓力。
【水壓機:수압기】물이나 기름의 압력으로써 물건을 압착하거나 밀어 올리는 기계。
【水涯:수애】水邊。水畔。[後漢書]有赤草、生於——。
【水厄:수액】물로 말미암은 災厄。[南史]汝有——、深宜愼之。
【水藥:수약】물로 된 약。물약。
【水楊:수양】(植)개버들。잎이 둥글고 뾰족하며 가지는 짧고 굳음。蒲柳·蒲楊。
【水魚之交:수어지교】(喩)❶물과 고기의 관계 처럼 뗄 수 없이 친한 교제。親交。❷임금과 신하가 서로 친함。❸부부가 화목함。[蜀志·諸葛亮傳]孤之有孔明、猶魚之有水。
【水域:수역】물 위의 일정한 구역。
【水煙:수연】❶물 위에 일어나는 안개。霧。水烟。❷塔의 九輪上에 붙어 있는 불꽃 모양의 장식。❸물담배。물담뱃대。
【水鉛:수연】은백색의 稀有한 금속원소。
【水軟症:수연증】어린애의 손이 흔들흔들하고 힘이 없어지는 병。
【水英:수영】(植)미나리의 異名。水芹。

水英 (三才圖會)

【水營:수영】(制)李朝 때 水軍節度使의 軍營。京畿·忠清·黃海·江原·平壤에 각각 하나、慶尙·全羅·咸鏡에 각각 둘이 있었음。

【水泳:수영】헤엄치기。遊泳。
【水泳服:수영복】수영할 때에 입는 옷。
【水泳場:수영장】헤엄치고 노는 것을 목적으로 갖추어 마련한 곳。
【水玉:수옥】❶(鑛)水晶의 別名。[山海經]堂庭之山多——。❷玻瓈(파려)의 別名。
【水溫:수온】물의 溫度。물의 溫氣。
【水甕:수옹】물독。水缸。
【水旺之節:수왕지절】물기가 왕성한 절기。곧 五行에서 일컫는 겨울。
【水浴:수욕】물에 멱을 감음。냉수욕과 온수욕。
【水溶性:수용성】물에 녹는 성질。
【水溶液:수용액】물을 溶媒로 한 용액。
【水牛:수우】(動)물소。
【水牛皮:수우피】물소의 가죽。
【水運:수운】뱃길을 이용하여 물건을 운반하는 일。[漢書]皆便——。
【水源:수원】물이 흘러 나오는 근원。水原。[劉長卿]過雨看松色、隨山到——。
【水源地:수원지】상수도에 보낼 물을 모아 두는 곳。
【水月:수월】❶물과 달。❷물에 비치는 달 그림자。[蘇軾]心與——涼。❸(動)해파리의 別名。水母。
【水位:수위】강·바다·호수 등의 水量을 높이로 표시한 것。
【水銀:수은】(化)銀白色인 액체의 금속。청우계·한란계 기타 기계 제품에 쓰임。
【水銀氣壓計:수은기압계】大氣의 압력을 재는 장치。
【水銀燈:수은등】(物)진공관에 수은 증기를 넣고、兩極에 전압을 걸어 방전을 일으켜 光源을 얻는 燈。
【水銀柱:수은주】(物)寒暖計의 수은을 채운 유리로 된 대롱。이의 높낮이로 온도를 잼。
【水銀寒暖計:수은한란계】(物)水銀柱로 기온의 높낮이를 헤아리는 한란

계。水銀溫度計。

【水荏:수임】《植》들깨。

【水葬:수장】시체를 물속에 넣어 장사 지내는 일。*土葬·火葬。『齊書』取骨燒灰、投海中ㅡㅡ。

【水掌:수장】손바닥。

【水災:수재】큰 물의 災難。水患。『書經·疏』嗟ㅡㅡ之大也。

【水底:수저】물 밑。『杜甫』眼花落井ㅡ「ㅡ眠。

【水底線:수저선】물 밑으로 부설한 電信線이나 전화선 따위。

【水滴:수적】❶물방울。❷벼루에 물을 붓는 기구。硯滴。『類書纂要』。

【水賊:수적】《醫》바다나 큰 강에 숨어 다니면서 남의 재물을 빼앗는 도둑。

【水田:수전】물을 끌어 들여 벼를 심게 되어 있는 논。무논。畓。↕旱田·陸田。

【水戰:수전】배를 타고 海上에서 하는 전쟁。舟戰。海戰。『後漢書』。大司馬習用步騎、不曉ㅡㅡ。

【水亭:수정】물위나 물가에 세운 정자。水榭。『周瑀』荷香入ㅡㅡ。

【水程 수정】水上의 路程。물길。『元史』沿黃河計ㅡㅡ。

【水晶:수정】《鑛》보석의 하나。無色透明의 石英。水玉。玻璃。

【水精:수정】❶달의 別名。『晉書』月水之精也。❷水晶의 異稱。『後漢書』宮室皆以ㅡㅡ爲柱。❸물 속에 사는 妖精。

【水正果:수정과】새앙을 달인 물에 설탕이나 꿀을 타고、곶감·잣·계피가루 등을 넣어 만든 음식。「다운 궁전。

【水晶宮:수정궁】水晶으로 만든 아름

【水晶體:수정체】《生》眼球의 일부로서、瞳孔의 뒤쪽에 있는 투명체。網膜에 물체의 實像을 만드는 역할을 함。

【水鳥:수조】《動》물새。

【水槽:수조】물을 담아 두는 큰 통。

【水藻:수조】물 속에 나는 마름。

【水族:수족】水中에 있는 動物類。특히 魚類와 貝類。『南史』江左ㅡㅡ甚賤。

【水族館:수족관】水棲動物을 飼育·陳列하여 觀覽시키는 시설。

【水宗:수종】바닷물의 마루터기。물마루。

【水腫:수종】물집。살갗에 돋는 물집。『後漢書·註』五疸ㅡㅡ。

【水準:수준】❶사물의 표준。❷水平。

【水準器:수준기】평면이 수평인가 아닌가를 알아보는 기계。『元史』設ㅡㅡ繩墨、植表其中。

【水中:수중】물 가운데。물 속。

【水蒸氣:수증기】《物》물이 증발하여 된 김。증기。「水且。

【水芝:수지】《植》연꽃。연밥의 別名。

【水蛭:수질】《動》거머리。

【水質:수질】물의 성질。

【水疾:수질】뱃멀미。「今注」。

【水且:수차】《植》蓮의 別名。水芝。『古

【水車:수차】❶논에 물을 대는 물레。龍骨車。❷물레방아。❸경쾌한 배。水馬。

【水鴷:수찰】《動》농병아리。

【水彩畫:수채화】洋畫의 하나。물에 그림 물감을 녹여 그리는 그림。

【水柵:수책】水流를 막는 울타리。말목을 박고 나무와 대를 가로 걸치게 하여

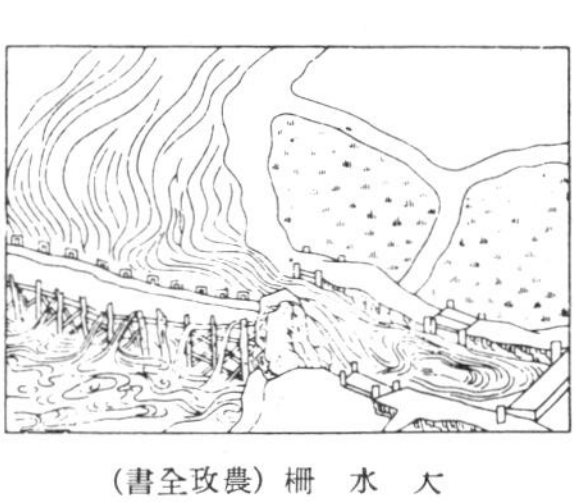

大 水 柵 (農玫全書)

水流를 막는 것。『張籍·江南行』娼樓兩岸臨ㅡㅡ。

【水喘:수천】《醫》심장병·신장병 따위로 인하여 생기는 숨찬 병。

【水鐵:수철】무쇠。

【水靑木:수청목】《植》물푸레나무。

【水清無大魚:수청무대어】너무 맑은 물에는 큰 고기가 없듯이 사람도 너무 嚴格하면 남이 가까이 하기 어려움。『後漢書·班超傳』君性嚴急、ㅡ、宜蕩佚簡易。

【水草:수초】❶물과 풀。『史記』逐ㅡㅡ遷徙。❷《植》물풀。물 또는 물가에 나는 풀。『詩經·箋』魚之依ㅡㅡ、猶人之依明王也。

【水硝子:수초자】《化》물유리。

【水銃:수총】물총。물딱총。펌프。

【水衝:수충】흐르는 물결의 부딛는 곳。水流의 正面。『漢書』太守身當ㅡㅡ、履咫尺之難。

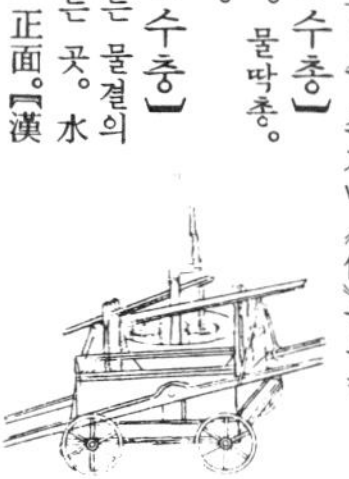

水 銃 (古今圖書集成)

【水枕:수침】防水布나 고무에 물을 넣어 서 베도록 한 베개。*木枕。「잠김。

【水沈:수침】❶물에 가라앉음。❷물에

【水土:수토】❶강과 육지。『書經』咨禹、汝平ㅡㅡ。❷土地。『史記』ㅡㅡ所殖、物類所珍。❸그 지방의 기후·風土。

【水桶:수통】물통。

【水波:수파】물결。『蘇軾』ㅡㅡ不興。

【水萍:수평】《植》❶물 위에 떠 있는 개구리밥。水簾。『江淹』兔絲與ㅡㅡ、所寄終不移。❷慈花의 別名。『本草綱目』。

【水平:수평】❶수면이 펀펀함。《轉》물체의 표면이 펀펀함을 말함。❷水平을 定하는 器具。水準。『通典』謂之ㅡㅡ。❸《數》垂直에 直角된 방향。

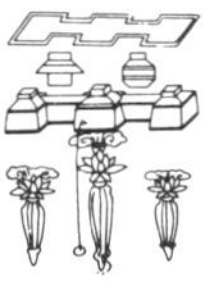

水 平 (武備志)

【水平角:수평각】《數》각의 두 邊이 다 수평면 위에 있는 각。

【水平距離:수평거리】《數》수평면 위에 있는 두 점 사이의 거리。

【水平面:수평면】❶《數》鉛直線에 수직되는 평면。❷고요한 물의 평면에 평행하는 평면。

【水平線:수평선】❶《物》地球上에 있어 重力의 방향으로 垂直한 線。❷바다물과 하늘이 接하여 한 線으로 보이는 것。↕地平線。❸보통 이상과 이하의 限界。

【水泡:수포】❶물거품。물 위에 떠 있는 泡沫。《喩》허무한 인생。『大乘經』身如浮沫、不可撮摩又如ㅡㅡ。❷헛된 結果의 비유。「한 가지。

【水疱石:수포석】《鑛》속돌。火山熔岩의

【水標:수표】물의 부피를 헤아리는 돌。量水標。

【水豹:수표】《動》바다표범。

【水筆:수필】붓촉을 항상 물에 적시어서 쓰는 붓。만년필·펜·털붓 따위。

【水下:수하】내의 下流。

【水旱:수한】水災와 旱災。장마와 가물음。澇旱。『莊子·秋水』春秋不變、ㅡㅡ不知。

【水檻:수함】물가의 손잡이。배의 손잡이。欄干。「願聞ㅡㅡ。

【水害:수해】홍수로 인한 재해。『管子』

【水鄕:수향】강 가나 바닷가에 있는 마을。물이 많은 고장。水村。水郭。『陸機』余固ㅡㅡ士。

【水滸誌:수호지】《書》元 施耐庵 지음。지은이와 연대、권수에 대한 異說이 많음。宋 徽宗 때 一〇八인의 豪傑들의 武勇談을 엮은 卓拔하고 雄渾한 소설로 三國志演義·西遊記·金瓶梅와 아울러 中國 소설 중의 四大 奇書로 일컬음。

【水紅花:수홍화】《植》들쭉나무。

【水化:수화】물이 바위와 광물에 미치

는 변화 작용。 「名。❸《鑛》속돌。
【水花:수화】❶《植》浮草。❷蓮꽃의 別
【水火:수화】❶물과 불。《喩》성질이 相反하여 사이가 나쁨。氷炭。❷물에 빠지고 불에 타는 듯한 대단한 괴로움。『孟子·滕文公』救民於──之中。❸생활상의 중요한 것。❹大水와 火災와 같이 氣勢가 왕성한 모양。『蜀志』至忿有如──。❺激怒한 모양。❻몹시 위험함。
【水和飯:수화반】물에 만 밥。물말이。
【水火相克:수화상극】물과 불이 서로 용납하지 못함과 같이 서로 원수같은 사이가 됨。
【水患:수환】홍수의 災難。水災。『後漢書』堯豫之人、多被──。
【水灰:수회】灰를 물에 녹인 것。
◎渴─、硬─、曲─、冷─、大─、萬─、防─、噴─、排─、死─、砂─、山─、上─、生─、薪─、腎─、軟─、玉─、溫─、用─、雨─、雲─、飮料─、引─、井─、淳─、淨─、精─、注─、宙─、止─、池─、天─、泉─、淸─、秋─、春─、出─、治─、濁─、湯─、風─、下─、河─、海─、香─、湖─。

【氵】(수)(삼수변)〔部首名〕。

一畫

【氷】(빙)『冰』(冫部 4畫)의 俗字
【氷潔:빙결】얼음과 같이 맑고 깨끗함。氷淸。『孔融』──淵淸、介然特立。
【氷鏡:빙경】얼음처럼 맑고 밝은 달。氷輪。『孔平仲』團團──吐淸輝。
【氷庫:빙고】❶얼음을 넣어 두는 창고。❷《制》宮中에서 藏氷에 관한 사무를 맡아 보던 관아。李朝 초에 설치하였으며 高宗 三년에 폐지하였음。 「된 창고。
【氷窖:빙고】얼음을 저장하는 地陷으로
【氷菓:빙과】아이스크림。아이스 케이크。
【氷塊:빙괴】얼음의 덩이。

【氷肌:빙기】❶얼음처럼 맑고 깨끗한 살결。雪膚。『莊子』肌膚如氷雪。❷매화의 곱고 맑은 것을 일컬음。氷姿。『黃庭堅』寒香寂寂動──。
【氷肌玉骨:빙기옥골】《喩》❶梅花의 형용。늦겨울에 깨끗한 흰 꽃이 피기 때문임。『竹坡詩話』── 淸無汗、水殿風來暗香滿。❷살결이 맑고 깨끗한 美人의 형용。『後蜀主孟昶』。 「머니。
【氷囊:빙낭】얼음 찜질에 쓰는 얼음 주
【氷糖:빙당】순량한 설탕을 결정시킨 과자。얼음사탕。
【氷臺:빙대】《植》쑥의 異名。사재발쑥。『爾雅·釋草·艾氷臺·疏』艾一名──。
【氷凍:빙동】얼음이 얼어 붙음。氷結함。『禮記』時雪不降、──消釋。
【氷冷:빙랭】몹시 추움。굉장한 추위。
【氷涼:빙량】몹시 차가움。
【氷輪:빙륜】달(月)의 異名。氷鏡。『蘇軾』雪峰缺處涌──。
【氷泊:빙박】배가 물에 얼어 붙음。
【氷排子:빙배자】＝氷牀。
【氷膚:빙부】얼음같이 희고 깨끗한 살결
【氷夫:빙부】얼음을 뜨는 일을 하는 사람。 「름어름 지냄。
【氷氷過去:빙빙과거】《國》세상을 어
【氷紗:빙사】비늘 같은 무늬가 있는 비단。純鱗。
【氷山:빙산】❶얼음의 산。極地의 氷河의 얼음이 밀려 내려와 바다에 산처럼 떠 있는 얼음 덩어리。《喩》權勢에 의뢰하지 않음。또는 그러한 사람。氷山에 熱을 가하면 곧 녹아 없어지기 때문임。『開元天寶遺事·依氷山』。❷《喩》불을 안 때어 몹시 찬 방。
【氷牀:빙상】❶땅에 얼어 붙은 얼음。❷氷上用의 썰매。氷排子·氷橇。
【氷上競技:빙상경기】얼음 위에서 하는 여러 가지 경기。

【氷釋:빙석】얼음이 녹음。《喩》자취 없이 사라져 없어짐。《轉》의혹이 풀림。『蘇軾』塵慮乃──。
【氷雪:빙설】❶얼음과 눈。《喩》心性의 결백함을 이르는 말。『杜甫』──淨聰明。❷氣成嚴의 한 가지。바위처럼 보이는 얼음 덩이。 「함。
【氷雪聰明:빙설총명】《喩》매우 聰明
【氷消瓦解:빙소와해】얼음이 녹고 기와가 깨어짐。《喩》자취도 없이 소멸함。
【氷叟:빙수】＝氷丈。『蘇軾』揭從──來游宦。
【氷蝕:빙식】빙하의 이동때문에 생기는 浸蝕。氷河가 이동할 때 얼음 덩어리 속의 돌 조각에 스쳐 암석이 깎이거나 긁힘。
【氷室:빙실】얼음이 녹지 않도록 특별히 설비하여 놓은 얼음을 두는 곳。『詩經』凌陰──也。
【氷心:빙심】얼음과 같은 맑은 마음。『王昌齡』洛陽親友如相問、一片──在玉壺。
【氷顔:빙안】❶威嚴이 있는 얼굴。❷차고 人情味가 없는 얼굴。
【氷玉:빙옥】❶얼음과 구슬。《喩》淸淨潔白。❷맑고 깨끗하여 아무 티가 없음。
【氷原:빙원】남극·북극 지방의 얼음에 뒤덮인 벌판。氷野。
【氷人:빙인】중매하는 사람。媒妁人。月下氷人。『書言故事·媒妁類』媒曰──。
【氷刃:빙인】❶시퍼런 칼날。❷칼날과 같은 얼음。 「人。岳丈。
【氷丈:빙장】《國》아내의 친아버지。丈
【氷點:빙점】❶물의 얼고 녹기 시작할 때의 온도。氷結點。結氷點。❷일반으로 物質의 凝固點。↕沸騰點。
【氷晶石:빙정석】알루미니움을 만드는 데 쓰는 광물。입방체 비슷한 결정으로 유리 같은 광택이 있으며 보통 흰 빛임。
【氷貞玉潔:빙정옥결】아주 깨끗하여 조금도 흠이 없는 절개의 비유。
【氷柱:빙주】고드름。

【氷廚:빙주】冷藏庫。氷箱。
【氷洲石:빙주석】方解石의 한 가지。빛이 없이 투명한 돌。
【氷淸玉潔:빙청옥결】얼음과 같이 맑고 구슬같이 깨끗한 心性。《喩》淸廉潔白한 節操·德行。『新論·妄瑕』。
【氷醋酸:빙초산】一六도 五부의 온도에서 굳어서 얼음과 같이 되는 순수한 초산。
【氷枕:빙침】얼음을 넣어서 베는 베개。
【氷炭:빙탄】얼음과 숯。《喩》서로 正反對가 되어 調和되지 못함。또는 그러한 사물의 비유。
【氷炭不相容:빙탄불상용】둘이 서로 어긋나 和合하지 못함의 비유。『楚辭』氷炭不可以相竝兮。
【氷板:빙판】《國》얼음이 깔린 길바닥。
【氷河:빙하】《地》❶英語 Glacier의 譯。높은 산의 雪線 이상의 低溫地帶에서 凝固한 萬年雪이 上層의 積雪의 압력에 따라 氷塊로 되어、서서히 低地로 흘러 내리는 것。❷물이 얼어붙어 된 江。
【氷河時代:빙하시대】《地》지질학상의 한 시대。빙하가 지구의 대부분을 덮고 있던 때로 지금부터 약 七〇만~八〇만 년 전에 걸친 시대。氷期。
【氷河湖:빙하호】《地》빙하가 통과할 때의 浸蝕作用 따위에 의해서 생긴 호수。
【氷海:빙해】가가 얼어붙은 바다。
【氷魂:빙혼】《植》梅花의 異名。『陸游·梅花詩』醫得──雪魄回。
【氷滑場:빙활장】滑氷場。스케이트장。
【氷戲:빙희】얼음 위에서 노는 놀이。곧 스케이팅。氷嬉。溜氷。

【永】(영) 梗 エイ、ながい eternal; long ㄩㄥˇ yung³
小篆 草書 ❶길 영(長也)。【詩】江之─矣。❷오랠 영(久

也。【書經 大禹謨】萬世ㅣ賴。❸멀영(遠也)。【詩】ㅣ觀厥成。

【永劫:영겁】(佛)대단히 긴 세월。(劫은 長時間)。【沈約】以寸陰之短晷、馳ㅣㅣ之延路。

【永劫回歸:영겁회귀】(哲) 기쁨·슬픔 등을 인생이 영원히 반복한다는 니이체의 학설。

【永訣:영결】 죽은 사람과 산 사람이 영원히 헤어짐。死別。永別。【江淹】誰能摸暫離之狀、寫ㅣㅣ之情者乎。

【永訣式:영결식】 장례때、친지가 모여 죽은 사람과 영결하는 식。

【永久:영구】 ❶길고 오램。長久。❷언제까지나。永遠。【詩經】我行ㅣㅣ。

【永久性:영구성】 길이길이 변하지 않는 성질。永遠性。恒久性。

【永久磁石:영구자석】(物)磁性을 오래 유지하는 강철로써 만든 자석。

【永久長天:영구장천】 한 없는 세월。

【永久的:영구적】 영구스러움。또는 영원히 변하지 않는 것。恒久的。

【永久築城:영구축성】 要塞 따위와 같이 영구 방어의 목적으로 이룩한 성。

【永久齒:영구치】 乳齒가 빠지고 나는 이。간이。

【永年:영년】 기나긴 해。永代。【北史】不務ㅣㅣ之宅。

【永代:영대】 永世。【魏武帝】ㅣㅣ流聲。

【永圖:영도】 영원한 계획。장래를 위한 계획。【書經·太甲】愼乃儉德、惟懷ㅣㅣ。

【永賣:영매】 토지·가옥 등을 아주 팖음。

【永眠:영면】 영원한 잠。죽음。永逝。

【永慕:영모】 ❶오래도록 사모함。❷죽을 때까지 어버이를 잊지 않는 일。

【永罰:영벌】 지옥에서 죄인이 받는 영원의 벌。↔永福。

【永別:영별】 ＝永訣。

【永福:영복】 천당에서 영원히 누리는 복락。↔永罰。

【永生:영생】 (宗)예수를 믿고 그 가르치는데로 행함으로써 천국에 회생하여 영원 무궁토록 살음。

【永逝:영서】 죽는 것。오래 간다는 뜻。長逝。【史記】拾九天而ㅣㅣ。

【永世:영세】 끊임없는 누리。세상이 있을 때까지。【書經】ㅣㅣ無窮。

【永世不忘:영세불망】 길이길이 잊지 않음。

【永世中立國:영세중립국】 (法)조약에 의하여 인접국이 침략하지 않기를 약속하고、만일 침략을 당하는 경우에는 공동으로 이를 막고、다른 나라끼리 싸우는 전쟁에 일체 개입하지 않기로 국제법상 공인된 나라。

【永續:영속】 오래 계속하는 것。

【永續性:영속성】 영속할 수 있는 성질。오래 지탱할 수 있는 성품。또는 성질。

【永續的:영속적】 영속할 수 있는 것。오래 지탱할 수 있는 것。

【永壽:영수】 오래 살음。長壽。

【永哀:영애】 오랫 동안 슬픔。

【永永:영영】 매우 긴 모양。언제까지나。【漢書】ㅣㅣ不易。

【永永無窮:영영무궁】 길게 계속하여 끝이 없는 것。【史記·孝文本紀】。

【永遠:영원】 길고 멂。永久。【書經】弗ㅣㅣ念天威。

【永遠無窮:영원무궁】 다함이 없이 오래고 오램。

【永日:영일】 ❶긴 날。遲日。【范成大】ㅣ屋頭槐影暗。❷온종일 즐기고 지냄。【詩經·山有樞】且以喜樂、且以ㅣㅣ。

【永字八法:영자팔법】 晉、王羲之가 발명한 筆法。永의 한 자로 運筆의 八法을 설명한 것임。異說로는 漢의 蔡邕의 創意로 崔瑗、張芝、鍾繇、王羲之 順으로 전해 온 것이라고 함。

永字八法

【永葬:영장】 ＝安葬。

【永絕:영절】 아주 끊어져 없어짐。

【永制:영제】 영구히 시행되는 법。

【永存:영존】 영구히 존재함。

【永住:영주】 한 곳에 오래 사는 것。

【永嘆:영탄】 오래 탄식하며 괴로와 함。長嘆。長太息。【詩經】而無ㅣㅣ。

【永窆:영폄】 완전하게 葬事 지냄。完葬。↔權窆。

【永廢:영폐】 영영 폐지함。

【永好:영호】 오래도록 사이가 좋음。

【永懷:영회】 오래 생각함。【詩經】我姑酌彼金罍、維以不ㅣㅣ。

二畫

【氻】 (륵) 職 ロク、みずのおと the sound of water 물소리륵(水聲)。

【休】 (닉)『溺』(水部10畫)의 古字

【氽】 (탄) 阮 トン、うかべる float ❶뜰탄(水推物)。❷헤엄칠탄(泳也)。

【氾】 ㊀(범) 陷 ㊁(범) 咸 ハン、ひろがる overflow ㄈㄢˋ fan⁴ ㊀❶넘칠범(ㅣ濫水漫延)【孟子】ㅣ濫於中國。❷들뜰범(未定之辭)。【楚辭】將ㅣㅣ若水中之鳧。❸넓을범(汎也)。❹물이름범(濟陰水名)。㊁❶땅이름범(鄭地名)。❷성범(姓也)。

【氾濫:범람】 ❶물이 넘쳐 흐름。【孟子】水逆行、ㅣㅣ于中國。❷제분수에 넘침。

【氾論:범론】 널리 論하는 것。대체로 論함。汎論。

【氾拜:범배】 대중에 대하여 한꺼번에 배례하는 것。【禮記·喪大記】ㅣㅣ衆賓於堂上。

【氾氾:범범】 ❶물에 뜨는 모양。❷떠 있는 일정하지 않은 모양。汎汎。【楚辭】將ㅣㅣ若水中之鳧乎。

【氾然:범연】 데면데면한 모양。

【氿】 (궤) 紙 キ、いずみ spring ❶구멍샘궤(側出泉)。【十八史略 東漢】譬之ㅣ濫、雖清而易挹。❷물가궤(水涯)。

【氿濫:궤람】 솟아 나오는 물。옆에서 나오는 것을 氿、바로 나오는 것을 濫이라 함。【爾雅】側出氿泉、正出濫泉。

【氿泉:궤천】 곁에서 나는 샘。側出泉。【詩經】有洌ㅣㅣ。

【汀】 (정) 靑 迥 テイ、なぎさ beach ㄊㄧㄥ t'ing¹ ❶물가정(水際平地)。【謝靈運詩】ㅣ曲舟已隱。❷수렁정(ㅣ濘泥淖)。

【汀蘭:정란】 물가에 자란 蘭。【范仲淹】岸芷ㅣㅣ、郁郁青青。

【汀濆:정분】 물가。물기슭。【陳子昂】出沒同州島、栖泊異ㅣㅣ。

【汀沙:정사】 물가의 모래。【劉孺】日照ㅣㅣ素。

【汀線:정선】 해면과 해안이 접하는 선。

【汀成地層:정성지층】 바닷가의 흙이 물 속에 가라앉아서 이루어진 地層。

【汀岸:정안】 물가。【祖詠】砌分池ㅣㅣ。

【汀渚:정저】 물가。물가의 편편한 땅。

【汀洲:정주】 편편한 물가에 토사가 쌓여서 이룬 땅。【楚辭】搴ㅣㅣ兮杜若。

【汁】 (집) 緝 シュウ、ジュウ、しる juice ㄓ chih¹ ❶진액집(液也)。【禮】ㅣ獻涗於醆酒。❷진눈깨비집(雨雪雜下)。【禮】天時雨ㅣ瓜瓠不成。❸국집(吸物)。(『叶』과통함 本音「즙」)

【汁液:집액】 집을 짜 내서 된 액。
【汁醬:집장】 집장。
【汁滓:집재】 집을 짜내고 난 찌끼。〔杜甫〕新麴來近市、ーー宛相俱。

【求】(구) 尤 キュウ、もとめる get; ask ㄑㄧㄡ ch'iu²

求 草書 ❶구할구(覓也)。〔易〕同氣相ー。❷구걸할구(乞也)。〔論語 述而〕富而可ー。❸찾을구(索也)。〔孟子 公孫丑上〕是自ー禍也。❹짝구(等也)。〔書〕用康乂民作ー。❺책할구(咎也)。〔論語 衛靈公〕君子ー諸己。❻요할구(要也)。〔禮記 曲禮〕不ー變俗。❼탐낼구(貪也)。〔論語 子罕〕不忮不ー。❽바랄구(所望)。〔古詩 焦仲卿妻〕東家有賢女云云、阿母爲汝ー。

【求假:구가】 ❶구해 빌어 옴。❷휴가를 원함。請暇。
【求乞:구걸】 남에게 돈 따위를 비는 일。〔後漢書〕強ーー。
【求道:구도】 ❶바른 진리를 물어 구함。❷길을 구함。길을 찾음。❸《佛》佛道를 구함。安心立命의 길을 구함。
【求道心:구도심】 도를 구하는 마음。
【求道者:구도자】 구도하는 사람。
【求得:구득】 구하여 얻음。
【求仕:구사】 벼슬자리를 구함。
【求師:구사】 스승을 구함。
【求嗣:구사】 자식을 보려고 첩을 얻음。
【求山:구산】 산소 자리를 구함。
【求償:구상】 배상 또는 償還을 청구함。
【求索:구색】 구하여 찾음。
【求心:구심】 ❶마음에 구함。❷中心으로 향하여 쏠리는 힘。↔遠心。
【求心力:구심력】 《物》圓運動을 하는 물체를 圓心에 끌어 당기는 힘。↔遠心力。
【求心運動:구심운동】 중심을 향하여 쏠리는 물체나 정신 운동。
【求愛:구애】 ❶사랑을 구함。❷異性의 사랑을 구함。
【求譽:구예】 명예를 구함。
【求友:구우】 친구를 구함。
【求人欄:구인란】 신문의 구인 광고를 싣는 난。
【求入:구입】 구하여 얻어 들임。
【求積:구적】 《數》面積·體積 등을 算出하는 것。또는 그 算法。求積法。
【求積法:구적법】 면적·체적을 셈하여 내는 법。
【求志:구지】 자기 평소의 뜻 대로 지켜 나가기를 원함。〔論語·季氏〕隱居以求其志、行義以達其道。
【求之不得:구지부득】 구해도 얻지 못함。얻으려 해도 얻을 수 없음。
【求職:구직】 직업을 구함。
【求請:구청】 사물을 남에게 요구하여 청함。請求。
【求學:구학】 배움의 길을 찾음。
【求解:구해】 양해를 구함。
【求刑:구형】 《法》형사 사건의 재판에서 피고를 어떤 형벌에 처할 것을 요구하는 일。검찰관이 피고에게 형을 科하도록 청구함。
【求婚:구혼】 혼인 자리를 찾음。구함。
◎強ー、購ー、反ー、訪ー、旁ー、要ー、請ー、追ー、探ー。

【汃】(팔) 黠 ハツ、なみおと sound of wave

汃 小篆 물결치는 소리팔(波相激聲)。〔韓愈詩〕豨江息澎ー。
【汃月:팔월】 陰曆十二月의 異名。〔事物異名錄〕ーー、丹鉛錄、汃音讀爲怕平聲。
【汃汃:팔팔】 물이 빛나는 모양。〔杜牧〕

三畫

【汊】(차) 禡 サ、えだがわ branching stream ㄔㄚ ch'a⁴

汊 草書 ❶물두갈래질차(水岐流)。❷물이름차(遼東水名三ー河)。

【汋】(작) 藥 シャク、くむ ladle

汋 小篆 汋 草書 ❶물결치는소리작(激水聲)。❷구기질할작、물떠낼작(把取)。❸인심소동할작(邦ー激衆倡亂)。〔周禮〕士師之職掌士之八成一曰邦ー。
【汋汋:작작】 물결이 激하게 치는 소리。〔釋名〕汋有水聲ーー然也。

【汍】(환) 寒 ガン、なみだ shed tears ㄨㄢ wan²

汍 小篆 汍 草書 눈물줄줄흘릴환(ー瀾涕泣貌)。〔馮衍賦〕淚ー瀾而雨集。

【汎】(一)(봉) 東 (二)(범) 陷 ハン、うかぶ float ㄈㄢ fan⁴

汎 小篆 汎 草書 (一)뜰봉(浮也)。(二)❶떠나갈범(任風波自縱)。〔詩〕亦ー其流。❷둥둥뜰범(漂也)。❸가벼울범(ー剽輕也)。❹넓을범(博也)。〔論語 學而〕ー愛衆。❺물이름범(水名)。〔『泛』과 통함〕
【汎獨逸主義:범독일주의】 도이치가 盟主가 되어 게르만 민족이 패권을 잡으려던 주의。범게르만주의。
【汎濫:범람】 ❶물이 흘러 넘침。〔孟子〕洪水橫流、ーー於天下。❷널리 모든 일에 통함。❸멋대로 지껄이는 말。〔史記·老莊韓傳〕ーー博文、則多而久之。
【汎靈論:범령론】 우주의 本體는 의지와 관념이라고 도이치의 철학자 하르트만(N.Hartmann)이 주창한 학설。
【汎論:범론】 사물 전반에 걸쳐 설명하는 것。또는 그 論。總論。泛論。
【汎理論:범리론】 理性을 우주의 모든 것의 본체로 보는 이론。
【汎美:범미】 남북 양 아메리카주의 通稱。
【汎美主義:범미주의】 ❶남북 아메리카 대륙 二一개국이 평등의 원칙에 의하여 서로의 이익을 증진하고、다른 대륙의 간섭을 물리치기 위해、미국을 중심으로 단결하려는 주장。❷《哲》美는 널리 모든 것에 다 있다고 보는 미학상의 한 사상。
【汎說:범설】 綜合的인 설명 또는 주장。總說。概說。
【汎神論:범신론】 《哲》神과 우주는 同一한 것으로、神이 우주의 모든 것이라는 宗教觀·哲學觀。
【汎心論:범심론】 《哲》우주의 모든 것에는 마음이 있다는 學說。
【汎愛:범애】 모든 사람을 차별없이 널리 사랑함。博愛。〔論語〕ーー衆而親仁。
【汎游:범유】 ❶널리 여러 면에 걸쳐 배움。〔王僧孺·文〕ーー群籍。❷떠돌아 다니며 노는 것。汎遊。
【汎意論:범의론】 萬有의 본체는 의지라는 唯心論의 일파의 학설。
【汎溢:범일】 물이 넘치는 모양。汎濫。
【汎舟:범주】 배를 물에 띄움。또는 그 배。汎舶泛舟。〔左傳〕秦輸粟於晉、命之曰ーー之役。
【汎稱:범칭】 널리 일컬음。넓은 범위로 쓰는 명칭。總稱。

【汐】(석) 陌 セキ、うしお evening tide ㄒㄧ hsi⁴

汐 草書 썰물석、저녁조수석、날물석(潮ー海濤)。〔海潮論〕地浮與大海隨氣出入上下地下則滄海之水入

江謂之潮地上則江湖之水歸之滄海謂之ㅣ。

【汐曇：석담】 썰물이 밀고 오는 水氣로 구름이 낌。

【汐水：석수】 저녁 때에 밀어 들어왔다가 나가는 바닷물。潮水。

【汐潮：석조】 저녁 썰물과 아침 썰물。潮汐。『許棠』ㅣㅣ通越分、部伍雜蠻音。

【汏】 (대) 泰 タイ、つなみ、あらう deluge; be washed

汏 小篆 汏 草書 ❶사태날대(水激過)。❷씻길대(洗也)。

【沰】 (탁) 藥 タク、すべる slide

미끄러질탁(滑也)。

【汒】 (망) 陽 ボウ、あわただしい great hurry

汒 草書 ❶바쁠망(ㅣ若悤遽貌)。【莊子】ㅣ若於夫子之言。❷큰물망(水大貌)。(『茫』과 같음)

【汒焉：망언】 失望하는 모양。茫然。『莊子』今吾聞莊子之言、ㅣㅣ異之、不知論之不及與、知之弗若與。

【汓】 (수) 尤 シュウ、およぐ swim

汓 小篆 汓 或體 헤엄칠수(浮行水上)。

【汔】 (흘) 物 キツ、かれる become dry

汔 草書 ❶물잦을흘(水涸)。❷거의흘(幾也)。【詩】ㅣ可水康。

【汔至：흘지】 거의 이르름。『易經』ㅣㅣ、亦未繘井。

【汔盡：흘진】 물이 마름。一說에는 거의 다함。『呂覽』老弱凍餒、夭瘠壯狡、ㅣㅣ窮屈、加以死虜。

【汕】 (산) 諫 サン、すくいあみ weir ㄕㄢˋ shan⁴

汕 小篆 汕 草書 ❶통발산(罩也)。【詩】南有嘉魚烝然ㅣㅣ。❷물고기자맥질할산(魚游水)。❸물이름산(我國水名)。

【汕頭：산두】 《地》廣東省 澄海縣의 西南海岸에 있는 貿易港。

【汕汕：산산】 고기가 헤엄침。『詩經』南有嘉魚、烝然ㅣㅣ。

【汗】 ㊀(한) 翰 ㊁(한) 寒 カン、あせ sweat ㄏㄢˋ han⁴ ㄏㄢˊ han²

汗 小篆 汗 草書 ㊀❶땀한(人液)。【關尹子】心悲物淚出心愧物ㅣ出。❷물질펀할한(瀾ㅣ水長貌)。【海賦】洪濤瀾ㅣ。❸단청환할한(澔ㅣ符采映耀貌)。【上林賦】采色澔ㅣ。㊁❶오랑캐이름한(突厥酋長號曰可ㅣ)。❷땅이름한(地名番ㅣ)。

【汗黨：한당】 不汗黨의 略語。

【汗馬之勞：한마지로】 ❶싸움터의 勞苦。분주한 勞苦。❷전쟁에 이긴 功勞。戰功。『史記』蕭何未嘗有——。

【汗漫：한만】 ❶대단히 넓은 모양。물의 넓은 모양。『關尹子』勿以ㅣㅣ曰道之廣。❷放漫하여 치밀함이 없음。散漫하여 절실함이 없음。『唐書』闊薄ㅣㅣ、爲有司所劾。❸들떠 있어 절심함이 없음。

【汗斑：한반】 《醫》땀띠。絲狀菌의 기생으로 생기는 慢性 피부병。

【汗背：한배】 부끄러워 등에 땀을 흘림。『史記』周勃不能對、汗出沾背。

【汗衫：한삼】 ❶속적삼。汗衣。❷여름옷의 한 가지。

【汗腺：한선】 《生》피부 밑에 있는 땀을 분비하고 체온을 조절하는 管狀의 분비선。 땀샘。

【汗牛充棟：한우충동】 책을 수레에 실고 끌게 하니 소가 땀을 흘리고、쌓아 올리니 마룻보에 닿음。《喩》책을 많이 가지고 있음。『柳宗元·陸文通墓表』其爲書、處則充棟宇、出則汗牛馬。

【汗衣：한의】 땀이 내밴 옷。

【汗蒸：한증】 《國》사방이 막힌 火穴 속에 들어가 몸을 덥게 하고 땀을 흘리게 하여 병을 고치는 方法。「를 한 곳。

【汗蒸幕：한증막】 한증을 하도록 설비

【汗出沾背：한출첨배】 몹시 두려울 때 식은땀이 등을 적시는 일。

【汗汗：한한】 水勢가 크고 넓은 모양。『潘岳』其池則湯湯ㅣㅣ。

【汗血：한혈】 ❶피와 땀。❷피 같은 땀。

◎冷ㅣ、盜ㅣ、發ㅣ、油ㅣ。

【汙】 (오)『汚』(次條)와 같음

【汚】 ㊀(오) 虞 ㊁(오) 遇 ㊂(와) 麻 オ、ワ、みずたまり、よごれる puddle; dirty

汚 草書 ㊀❶웅덩이오(窊下)。【詩】田卒ㅣ萊。❷낮을오(隆ㅣ降殺)。❸논오(ㅣ邪下地田)。【史記】甌婁滿溝ㅣ邪滿車。【禮】道ㅣ則從而ㅣ。㊁❶더러울오(穢染)。【書】舊染ㅣ俗。❷작은못오(小池)。❸굽을오(意曲)。【孟子 公孫丑上】ㅣ不至阿其所好。❹빨오(去垢)。【詩】薄ㅣ我私。㊂❶술구덩이와(ㅣ尊鑿地爲尊)。【禮】ㅣ尊而抔飮。❷더럽힐와(泥著汚)。(『洿』와 같음)

【汚泥：오니】 수렁。흙탕물。淤泥。

【汚吏：오리】 不正을 행하는 관리。『孟子』暴君ㅣㅣ、必慢其經界。

【汚衊：오멸】 ❶피를 칠하고 더럽힘。더럽힘。『漢書·文三王傳』亡益于道、ㅣㅣ宗室。❷남의 명예를 손상하게 함。『元史』竝構浮辭、ㅣㅣ有壬。(有壬은 許有壬)。

【汚名：오명】 ❶더럽혀진 이름。不名譽。❷陋名。『管子』ㅣㅣ滿天下。

【汚墨：오묵】 수치스러움。더럽혀짐。더럽힌 사람。또는 그 行爲。『蔡邕』以愚辱顯列、輒流ㅣㅣ。

【汚物：오물】 汚穢之物의 略語。

【汚世：오세】 더럽혀진 누리。濁世。『孟子』同乎流俗、合乎ㅣㅣ。

【汚俗：오속】 나쁜 風習。『書經』舊染ㅣㅣ、咸與維新。

【汚損：오손】 더럽히고 손상함。

【汚水：오수】 구정물。더러운 물。

【汚染：오염】 더러움에 물들음。더러움。옷 따위에 묻은 때。『邵說』頃遭ㅣㅣ。

【汚穢：오예】 ❶더러운 것。不潔。『白居易』抖擻ㅣㅣ衣。❷더럽힘。더럽혀짐。『後漢書』ㅣㅣ朝廷。❸人糞。「전」汚物。

【汚穢物：오예물】 지저분하고 더러운 물

【汚穢之物：오예지물】 ＝汚穢物。

【汚辱：오욕】 ❶남의 명예를 더럽히고 욕되게 함。『司馬遷』ㅣㅣ先人。❷부끄러움。수치。恥辱。❸더러움。「缺點。

【汚點：오점】 ❶＝汚染。❷나쁜 점。흠。

【汚眞：오진】 타고난 品性을 더럽힘。『杜甫·詩』行高無ㅣㅣ。

【汚塵：오진】 더러운 먼지。

【汚濁：오탁】 더럽혀짐。더럽고 탁함。

【汚陷：오함】 地面이 더럽고 우묵하게 패어 들어감。凹陷。

【汛】 (신) 震 シン、そそぐ sprinkle ㄒㄩㄣˋ hsün⁴

汛 小篆 汛 小篆 汛 草書 물뿌릴신(灑也)。【漢書】況盡ㅣ掃前聖數千載功業。

【汎問:신문】 訪問함。訊問。『後漢書』。

【汎掃:신소】 물을 뿌려서 씻어냄。灑掃。【揚雄】汎盡ー前聖數千載功業。

【汎灑:신쇄】 물을 뿌림。

【汜】(사) 紙 シ、イ、みずたまり swamp ㄙˋ ssu⁴ 小篆 草書 ❶늪사、소사(窮瀆)。【爾雅疏】ー謂困窮不通之水也。❷물갈라졌다도로합할사(水別復合)。【詩經 召南江有汜】江有ー。❸강이름사(河南水名)。❹몽사사(濛ー日入處)。【楚辭】出自湯谷次于濛ー。❺멈출사(止也)。

【沂】(인) 軫 ジン、ぬれてひっつく wet to adhere each other 小篆 젖어맞붙을인(濕相付著)。

【汝】(여) 語 ジョ、ニョ、なんじ you ㄖㄨˇ ju³ 小篆 草書 ❶너여(爾也)。【書】予欲左右有民ー翼。❷물이름여(弘農水名)。❸성여(姓也)。❹고을이름여(州名)。(『女』와 통함)

【汝等:여등】 너희들。

【汝輩:여배】 ＝汝等。『隋書』ーー以爲云何。

【汝窯:여요】 瓷器를 굽는 가마。

【汝墻折角:여장절각】 《喩》자기의 허물을 남에게 넘기려고 함의 비유。

【江】(강) 江 コウ、かわ river ㄐㄧㄤ chiang¹ 小篆 草書 ❶강강、가람강、큰내강(川之大者)。【蘇軾 赤壁賦】白露橫ー。❷물강、강수강(岷山水名)。

【江郊:강교】 강이 있는 교외。

【江口:강구】 ❶강 어귀。❷나루。

【江鷗:강구】 강에 날아다니는 갈매기。

【江南:강남】 ❶《地》揚子江 以南의 總稱。江蘇·安徽·江西 三省의 땅으로 옛날 楚·越의 땅。❷中國。

【江豚:강돈】 《動》돌고래의 別名。

【江東:강동】 《地》揚子江下流의 南岸의 땅。옛날 吳나라 땅으로 楚의 項羽가 兵을 일으킨 곳。江左。『杜牧』ーー子弟多才俊、卷土重來未可知。

【江頭:강두】 ❶강가의 나룻배 타는 곳。❷《地》唐의 서울이던 長安에 있던 曲江의 강변。『杜甫·哀江頭』ーー宮殿鎖千門。

【江流:강류】 강의 흐름。河流。『張九齡』草際曲ーー。

【江籬:강리】 《植》붉은 빛깔이 나는 바다 풀의 한 가지。

【江畔:강반】 강가의 판판한 땅。강가。江濱。『張若虛』ーー何人初見月。

【江邊:강변】 강물이 흐르는 가에 닿은 땅。강가。물가。

【江山:강산】 ❶강과 산。❷강토。『蘇軾』「ーー不可復識矣。」

【江蔘:강삼】 江原道에서 나는 人蔘。

【江上:강상】 ❶강물의 흐르는 연안。❷강물의 위。❸양자강의 위。

【江水:강수】 강물。『漢書』ーー溢、流民四千餘家。

【江心:강심】 강의 복판。中流。

【江心水:강심수】 ❶강심에 흐르는 물。❷서울 漢江의 강심에서 길어다 임금에게 바치던 물。

【江艾:강애】 《植》江華島에서 나는 약쑥。타지방의 것보다 약효가 큼。

【江瑤珠:강요주】 《動》살조개。

【江茸:강용】 江原道에서 나는 鹿茸。

【江韻:강운】 《喩》하기 어려운 일。漢詩짓기에 江字韻이 적음에서 일컫는 말。

【江材:강재】 江原道에서 나는 藥材。

【江亭:강정】 강가에 세운 정자。『王勃』ーー明月帶江流。

【江中:강중】 강 가운데。

【江直:강직】 江原道에서 나는 곧게 말린 直蔘。

【江天:강천】 멀리 떨어진 강 위의 하늘。

【江村:강촌】 강에 잇닿은 마을。江鄕。『謝眺』暖暖ーー見、離離海樹出。

【江太:강태】 江原道 앞 바다에서 나는 명태。

【江風:강풍】 강바람。『梁元帝』ーー當夏淸。

【江楓:강풍】 강변의 단풍。『張繼』ーー漁火對愁眠。

【江河:강하】 ❶揚子江과 黃河。『爾雅』ーー淮濟爲四瀆。❷큰 강。『莊子』ーー合水而爲大。

【江港:강항】 강가에 있는 항구。

【江海:강해】 강과 바다。『莊子』身在ーー之上、心居乎魏闕之下。

【江湖:강호】 ❶강과 호수。三江五湖。《轉》세상。『陶潛·詩』ーー多賤貧。❷朝廷에 대한 시골의 칭호。❸揚子江과 洞庭湖。

【江湖客:강호객】 각처를 방랑하는 사람。『杜甫·賢子至詩』欲寄ーー。

【江湖散人:강호산인】 시골에 살며 세상을 버린 사람。몸에 걸리는 것이 없이 내키는 대로 하는 사람。『書言故事』往來江湖、號ーー。

【江華島事件:강화도사건】 《歷》一八七五년 九월에 日本 軍艦 雲揚號가 江華島 앞바다에서 江華島 砲隊의 포격을 받아 일어난 사건。雲揚號 事件。그 결과 韓日修好條約이 체결됨。

【江華條約:강화조약】 《歷》一八七六년에 체결된 韓日間의 修好條約。江華島事件이 導火線이 됨。

【汞】(홍) 董 ヨウ、みずがね mercury ㄍㄨㄥˇ kung³ 수은홍(水銀丹砂所化)。

【汞粉:홍분】 ＝輕粉。

【池】㊀(지) ㊁(타) 支 歌 チ、いけ pond, pool ㄔˊ ch'ih² 小篆 草書 ㊀❶못지(穿地通水)。【禮】毋漉陂ー。❷섞바꿔나를지(差ー飛不齊貌)。【詩】燕燕于飛差ー其羽。❸풍류이름지(黃帝樂名咸ー)。㊁물이름타(幷州水名、滹ー)。(『沱』와 통함)

【池閣:지각】 못가에 있는 누각。池館。『儲光羲』月光麗ーー、野氣浮林園。

【池塘:지당】 못。연못。

【池畔:지반】 못가。

【池魚籠鳥:지어농조】 못의 고기와 조롱의 새。《轉》부자유한 신세。『潘岳·秋興賦』譬猶ーー、有江湖山藪之思。

【池魚之殃:지어지앙】 생각지 않던 재난과 화재。《故》中國 宋나라의 城門이 타는데 옆의 못의 물로 불을 껐기 때문에 고기가 모조리 죽었다는 故事。『杜弼·檄梁文』。《轉》화재。

【池苑:지원】 못과 동산。『白居易』歸來ーー皆依舊。◎城ー、貯水ー、電ー。

四畫

【汦】(지) 支 チ、シ、ととのえる even 小篆 草書 ❶균일할지、가지런할지(均一ーー)。❷멈출지(止也)。

【汩】㊀(멱) ㊁(골) 錫 月 ベキ、コツ、みたれる、しずむ confused; absorb ㄩˋ yü⁴ 小篆 草書 ㊀물이름멱(長沙水名ー灑)。㊁❶다스릴골(治也)。【書】ー陳其五行。❷어지러울골(亂也)。❸통할골(通也)。【周語】

決ㅡ九川。❹물결괄괄흐를골(波浪聲)。〔海賦〕泫泫ㅡㅡ。❺떴다잠겼다할골, 골몰할골(ㅡ沒浮沈)。〔杜甫詩〕ㅡ沒一朝伸。❻물결솟을골(ㅡ淈涌波)。〔莊子〕與齊俱入興ㅡ偕出。❼물에잠길골(水滲)。〔韓愈 雜說上〕水下土, ㅡ陵谷。

【汩汩:골골】 ❶파도 소리의 형용。〔木華〕泫泫ㅡㅡ。❷물이 빠르게 흐르는 모양。❸가라앉아 버림。〔林逋〕一壑等閒甘ㅡㅡ。❹묻히는 모양。(轉)많은 모양。 번잡한 모양。❺不安한 모양。

【汩沒:골몰】 ❶물에 가라앉음。〔杜甫〕ㅡㅡ一朝伸。(轉)僻地에 묻혀 세상에 나오지 않음。埋沒。❷浮沈。(轉)時勢에 따라 변해 가는 일。〔避暑錄〕今人言ㅡㅡ。❸물과 파도의 소리。❹오직 한 가지 일에만 정신을 쏟음。汩汩無暇의 略語。

【汩沒無暇:골몰무가】 바빠서 조금도 틈이 없음。汩汩無暇。

【汩陳:골진】 흩어 펴놓음。陳列이 흩어짐。〔書經·洪範〕ㅡㅡ其五行。

【汨羅之鬼:멱라지귀】 屈原의 영혼。鬼는 靈魂。汨羅。(轉)물에 빠져 죽음。

【汨】(율) 質 イツ、ながれる ㄍㄨˇ ku³ run fast
小篆 書 草 ❶물흐를율(水流)。〔楚辭〕浩浩湘流兮分流ㅡ兮。❷빨리걸을율(奔ㅡ疾貌)。❸환할율(光明貌)。〔景福殿賦〕羅疎柱之ㅡ越。❹북울릴율(鼓動貌)。 ❺걸을율(步貌)。〔史記〕ㅡ徂南土。

【汪】(왕) 陽 オウ、ひろい ㄨㄤ wang¹ deep and wide
小篆 書 草 ❶물출렁출렁할왕, 깊고 넓을왕(深廣)。〔後漢書〕叔度ㅡㅡ若千頃波。❷못왕(池也)。〔通俗文〕停水曰ㅡ池之于濁者。❸흐린 못왕(濁池)。〔左傳 桓公十五年〕尸諸周氏之ㅡ。❹고을이름왕(鴈門縣名, ㅡ陶)。

【汪浪:왕랑】 눈물이 그칠 새 없이 흐르는 모양。〔柳宗元·夢歸賦〕涙ㅡㅡ隕軾。

【汪茫:왕망】 물이 넓고 큰 모양。洋洋。〔唐書〕渾涵ㅡㅡ、千彙萬狀。

【汪洋:왕양】 ❶바다가 넓고 넓은 모양。넓은 바다。〔蘇軾〕新秋忽已晴、九陌尙ㅡ。❷침착한 모양。〔劉孝威·詩〕風神灑落、容止ㅡㅡ。❸미루어 헤아리기 어려움。

【汪然:왕연】 ❶눈물이 몹시 흐르는 모양。눈물이 뚝뚝 떨어지는 모양。泫然。〔柳宗元·捕蛇者說〕ㅡㅡ出涙。❷넓고 깊은 모양。깊숙한 모양。〔淮南子·俶眞訓〕ㅡㅡ平靜。❸물이 깊은 모양

【汪汪:왕왕】 ❶물이 넓고 깊은 모양。(喩)도량이 넓음。〔後漢書·黃憲傳〕ㅡㅡ若千頃之陂。❷눈에 눈물이 가득히 괸 모양。

【汭】(예) 霽 ゼイ、みずあい ㄖㄨㄟˋ juei⁴ junction of two streams
小篆 書 草 ❶물이름예(雎州水名)。〔書〕釐降二女于嬀ㅡ。❷물북쪽예(水北)。〔書〕涇屬渭ㅡ。❸물굽이예(水曲)。〔左傳〕稱淮水之曲曰淮ㅡ漢水之曲曰夏ㅡ。❹물속예(水內、嬀ㅡ)。(『內』와 통함)

【汰】(태) 泰 タイ、タ、よなげる、あらう ㄊㄞˋ t'ai⁴ rinse
書 草 ❶미끄러울태(滑也)。〔賈誼新書〕厚志隱行謂之潔反潔謂ㅡ。❷넘칠태(太過)。〔左傳〕伯棼射上ㅡ輈。❸사태태(沙ㅡ)。〔莊子〕冷ㅡ於物。❹씻길태, 밀릴태(洮ㅡ洗也亦作淘ㅡ)。〔淮南子〕所以洮ㅡ滌蕩至意。❺사치할태(奢也)。〔荀子〕閨門之內般樂奢ㅡ。❻쫓아낼태(ㅡ去)。

【汰揀:태간】 가려냄。淘汰함。〔張耒〕磨君古靑銅、ㅡㅡ寄明辨。

【汰去:태거】 (制)罪科 있는 하급 벼슬아치나 구실아치를 파면함。

【汰金:태금】 물에 씻어가며 砂金을 채취함。〔韓偓〕皺手何妨課ㅡㅡ。

【汰沙:태사】 물에 일어서 좋고 나쁜 것을 갈라 놓음。

【汰侈:태치】 신분에 맞지 않는 사치。奢汰。〔左傳〕伯有ㅡㅡ、故不免。

【汯】(굉) 庚 コウ、はやながれ (of water) flow rapidly (swiftly)
❶물빨리흐를굉(迅流ㅡㅡ)。❷물굽이쳐돌아나갈굉(水勢回旋貌)。

【汱】(견) 銑 ケン、みずおちる drop
❶물떨어질견(水落貌)。❷물샐견(伏水)。

【汲】(급) 緝 キュウ、くむ ㄐㄧˊ chi² draw water
小篆 書 草 ❶물길을급(引水於井)。〔莊子〕綆短者不可以ㅡ深。❷당길급(引也)。〔周禮〕匠人大ㅡ其版。❸급할급(遽也)。〔漢書〕不ㅡㅡ於富貴。

【汲古:급고】 옛 책을 耽讀하는 것。〔韓愈〕ㅡㅡ得修綆。

【汲汲:급급】 쉬지 않고 노력함。분주한 모양。乾乾。孜孜。〔漢書〕不ㅡㅡ於富貴、不戚戚於貧賤。

【汲路:급로】 물을 긷는 길。〔元史〕貫以亘索爲柵、以自固、李恆遣斷其ㅡㅡ。

【汲索:급색】 물 긷는 두레박의 줄。〔左傳·註〕綆ㅡㅡ。

【汲水:급수】 물을 길음。물 긷기。〔南史〕。

【汲水功德:급수공덕】 (佛)목마른 사람에게 물을 주는 착한 행실。

【汲引:급인】 ❶물을 길어 올림。물을 끌어 냄。〔郭璞〕ㅡㅡ沮漳。❷사람을 끌어 올려 씀。引進。〔陳書·袁樞傳〕銓衡ㅡㅡ。

【汲泉:급천】 샘물을 긷는 일。〔蘇軾〕ㅡㅡ何愛一夫忙。

【汳】(판)(변) 『汴』(次條)과 같음

【汴】㊀(판) 願 ㊁(변) 霰 ハン、ベン、かわのな river
小篆 書 草 ㊀물이름판(陳留水名)。㊁뜻은 ㊀과 같음。(『汳』과 같음)

【汴京:변경】 (歷)北宋의 서울。현재의 河南省 開封。지금의 汴梁縣。

【汴梁:변량】 ＝汴京。

【汵】(감) 勘 カン、あか (of a ship) leak
❶배틈으로물들감(水入船隙)。❷물이름감(水名)。(『淦』과 같음)

【汶】㊀(문) 問 ㊁(문) 吻 ブン、モン、はずかしい ㄨㄣˋ wen⁴ disgrace
小篆 書 草 ㊀물이름문(琅琊水名)。〔論語 公冶長〕在ㅡ上矣。 ㊁더럽힐문(玷辱)。〔史記 屈原傳〕受物之ㅡㅡ乎。

【汶汶:문문】 불명예。더럽힘。〔楚辭·漁父辭〕受物之ㅡㅡ乎。

【汸】(방) 陽 ボウ、おおあめ heavy rain
(草書) ❶큰비방(大雨ㅡ沱)。 ❷배아울러맬방(併船)。 ❸물이름방(水名)。

【泝】(칙) 職 ショク、みずのいきおい bend in a river
물굽이칙(水勢、湢ㅡ)。

【決】(결) 屑 ケツ、きまる decide ㄐㄩㄝˊ chüeh²
(小篆)(草書) ❶결단할결(斷也)。〔禮〕夫禮者所以定親疎 ㅡ嫌疑。 ❷물이름결(北方水名)。 ❸물골터놓을결(行流)。〔管子〕ㅡ之則行塞之則止。 ❹판단할결(判也)。〔禮〕分爭辨訟非禮不ㅡ。 ❺끊을결(絶也)。〔孟子滕文公上〕ㅡ汝漢。 ❻이별할결(別也)。〔漢書 蘇武傳〕李陵與蘇武ㅡ去。 ❼깨뜨릴결(破也)。 ❽깍지결(ㅡ拾射具)。〔詩〕ㅡ拾既佽。 ❾물어뜯을결(物絕齒)。〔禮記 禮曲〕乾肉不齒ㅡ。(『訣·缺』과 통함)

〔決價:결가〕 값을 정함。
〔決去就:결거취〕 ❶오고 가기를 결정함。 ❷일터 따위의 일신상의 진퇴를 결정함。
〔決潰:결궤〕 ❶큰 물로 인하여 둑 같은 것이 무너짐。『歐陽修』壅瘍暫畜聚、ㅡㅡ終當潰。 ❷썩은 것이 무너짐。
〔決隙:결극〕 틈。 壁의 갈라진 틈。 缺隙。『史記』夫人生居世間也、譬猶騁六驥過ㅡㅡ也。
〔決斷力:결단력〕 결단하는 능력。
〔決斷性:결단성〕 결단력이 있는 성질。
〔決答:결답〕 결단하여서 대답함。 틀림없이 決心함。 斷決。
〔決裂:결렬〕 ❶갈가리 찢어짐。『戰國策』穰侯使者操王之重、ㅡㅡ諸侯。 ❷찢어 부숨。『史記』商君ㅡㅡ阡陌、以靜生民之業。 ❸의견이 맞지 않아 각각 헤어짐。
〔決罰:결벌〕 죄인의 형벌을 결정함。
〔決死:결사〕 죽을 각오。 죽음을 각오하고 결심함。
〔決死隊:결사대〕 죽기를 각오하고 결심한 자로 편성한 부대。
〔決死報國:결사보국〕 죽음으로써 나라의 은혜를 갚음。
〔決死的:결사적〕 목숨을 거는 것。
〔決算:결산〕 ❶계산을 마감함。 ❷銀行·회사 등에서 연도의 半期 또는 연도 말에 행하는 수입·지출의 총계산。
〔決算報告:결산보고〕《法》 ❶실시한 예산에 대하여 정부가 국회에 내는 보고。 ❷《經》결산 당시의 재산 狀況과 밑지고 번 내용을 貸借對照表·재산목록·損益表 따위로써 자본주나 관계자 또는 일반 공중에게 보고하는 것。
〔決選:결선〕 ❶선거 때에 어느 누구를 당선자로 인정하기 어려운 때에、동점자나 최고 득점자 두 사람 이상만을 다시 투표하여 결정 짓는 일。 또는 그 겨룸。 ❷일등 또는 우승자를 가리는 마지막 겨룸。↔豫選。
〔決選投票:결선투표〕 동점자 가운데에서 당선자를 결정하기 위한 투표。
〔決勝:결승〕 최후의 승부를 정하는 것。『吳子』不知於戰、不可以ㅡㅡ。
〔決勝線:결승선〕 결승점에 그은 선。
〔決勝戰:결승전〕 결승을 다투는 싸움。
〔決勝點:결승점〕 마지막으로 완전히 승부를 결정하는 지점。
〔決心:결심〕 마음을 정하는 것。 決意。 決志。
〔決案:결안〕 결정된 文書。
〔決然:결연〕 ❶마음을 굳게 하는 모양。 ❷별안간。 급히。
〔決疑:결의〕 의심을 해결함。『左傳』卜以ㅡㅡ不疑何卜。
〔決議:결의〕 ❶評議하여 정함。 의견을 종합해서 정함。『漢書』按劍廷叱群臣、即日ㅡㅡ。 ❷의논한 후 결정된 의안。 議決。
〔決意:결의〕 마음을 정함。 決心。『梁武帝』思之既熟、ㅡㅡ而行。
〔決議機關:결의기관〕 의안을 결정할 수 있는 기관。↔諮問機關。
〔決議文:결의문〕 결정된 사항을 적은 글。
〔決議案:결의안〕 결의에 붙일 안건。
〔決雌雄:결자웅〕 승부를 결정함。
〔決裁:결재〕 下級官이 내 놓은 案을 上官이 裁量하여 승인하는 것。
〔決裁權:결재권〕 결재하는 권리。
〔決戰:결전〕 승패를 정하는 싸움。『史記』願爲諸君ㅡㅡ。
〔決定:결정〕 ❶작정함。 틀림없이 작정함。『史記』ㅡㅡ於冢宰。 ❷《佛》부처의 가르침을 굳게 마음에 믿는 것。『圓覺經』生ㅡㅡ信。
〔決定權:결정권〕《法》 보통 합의체의 의결에 있어서、가부가 동수인 경우 이를 결정하는 권한。
〔決定視:결정시〕 결정적인 것으로 봄。
〔決定的:결정적〕 마지막 작정이 되는 것。
〔決濟:결제〕 결정하여 끝냄。
〔決著:결착〕 결말이 낙착됨。 끝이 남。
〔決策:결책〕 꾀를 결정하는 것。
〔決處:결처〕《制》형을 집행하는 것。 결정하여 조처함。
〔決鬪:결투〕 승부를 정하는 싸움。『魏書』欲待明日ㅡㅡ。
〔決判:결판〕 시비의 옳고 그름을 가려 판정함。
〔決行:결행〕 결단하여 실행함。 斷行。
◎可ㅡ、既ㅡ、論ㅡ、對ㅡ、未ㅡ、否ㅡ、速ㅡ、議ㅡ、自ㅡ、裁ㅡ、即ㅡ、採ㅡ、處ㅡ、判ㅡ、評ㅡ、票ㅡ、表ㅡ、解ㅡ。

【汻】(오) 麌 コ、みぎわ water's edge
(小篆) 물가오(水涯)。

【汽】㊀(기) 未 ㊁(흘) 物 キ、ゆげ steam; vapour ㄑㄧˋ ch'i⁴
(小篆)(草書) ㊀물끓는김기(湯水蒸氣)。 ㊁거의흘(幾也)。

〔汽管:기관〕 蒸氣를 보내는 쇠통。
〔汽罐:기관〕 물을 증기로 변화시키는 장치의 솥。 보일러。
〔汽罐室:기관실〕 汽罐을 설치한 방。
〔汽動車:기동차〕 차량의 일부에 동력 기관을 장치하여 운행하는 객차。
〔汽船:기선〕 증기의 힘으로 추진시켜 운행하는 배의 총칭。 蒸汽船。
〔汽船會社:기선회사〕 기선을 부려서 海運 영업을 목적으로 행하는 영리 회사。
〔汽壓:기압〕 汽罐 안의 증기의 압력。
〔汽笛:기적〕 증기의 힘으로 울리게 하는 신호장치。
〔汽車:기차〕 ❶증기의 힘으로 軌道를 달리는 차。 ❷列車。

【沁】(심) 沁 シン、しみこむ steep ㄑㄧㄣˋ ch'in⁴ (俗音「침」)
(小篆)(草書) ❶물이름심(上黨水名)。 ❷물적실심(漬也)。 ❸물속에서찾을심(以物探水)。〔韓愈詩〕義泉雖至近盜索不敢ㅡ。

【汾】(분) 文 フン、かわ river ㄈㄣˊ fen²
(小篆)(草書) ❶물이름분(太原水名)。 ❷물콸콸흐를분(溫ㅡ水轉貌)。『枚乘七發』所揚汩者所溫ㅡ者。(『溢·紛』과 통함)

【汾陽:분양】皇帝의 讓位。요임금이 분양에 와서 仙人과 만나고 나서 황제의 자리를 물려 주었다는 故事에서 말함。

【沿】(연)『沿』(水部5畫)의 俗字

【沂】(기) 微 キ、かわ river ㄧ i² (本音「의」)
❶물이름기(魯南水名)。【論語 顏淵】浴于ㅡ。❷산이름기(靑州山名)。

【沂水:기수】❶江 이름。山東省에서 發源하여 泗水로 흘러 들어감。『書經』。❷縣名。隋가 設置。山東省莒縣의 西北。

【沃】(옥) 沃 ヨク、こえる fertile ㄨㄛ wo⁴
❶기름질옥、윤택할옥(潤也)。❷물로추길옥(灌漑)。【書】啓乃心ㅡ朕心。❸부드러울옥(柔也)。【詩】其葉有ㅡ。❹성할옥(盛也)。【詩】其葉ㅡ若。❺걸찰옥(ㅡ壤土腴)。【左傳】楚蔿掩爲司馬井衍ㅡ。❻손씻을옥(盥手)。【周禮】小臣大祭祀ㅡ玉盥。❼아리따울옥(壯姣)。【詩】天之ㅡㅡ。

【沃畓:옥답】지질이 아주 좋은 논。

【沃度:옥도】(化)할로겐 원소의 한 가지。화학적 작용은 염소나 臭素와 비슷하나 그 정도가 약하며、검은 암자색의 금속 광택이 있음。물에 잘 녹지 않음。

【沃度丁幾:옥도정기】(醫)옥도의 알코올 溶液。

【沃野:옥야】기름져서 농사가 잘 되는 넓은 들。

【沃野千里:옥야천리】기름진 땅이 넓게 잇달아 펼쳐져 있는 들。『史記·留侯世家』夫關中左殽函、右隴蜀、ㅡㅡ。

【沃壤:옥양】=沃土。

【沃衍:옥연】땅이 기름지고 편편한 것。『詩經·疏』平地ㅡㅡ之土、宜生草木。

【沃沮:옥저】(歷)옛 나라 이름。挹婁의 남쪽。곧 咸鏡道 일부에 자리잡고 있었던 古朝鮮의 한 部族國家。高句麗 太祖王이 이를 예속시켰음。

【沃土:옥토】기름진 땅。沃地。沃壤。『國語』ㅡㅡ之民、不材、淫也。

【沄】(운) 文 ウン、ながれる gush
❶물콸콸흐를운(轉流)。【杜甫詩】ㅡㅡ逆素浪。❷끓을운(泫ㅡ沸貌)。【揚雄箴】冀土糜沸泫ㅡ如湯。

【沄沄:운운】❶물이 구비쳐 돌아가는 모양。『杜甫』ㅡㅡ逆素浪。❷물이 솟구쳐 흐르는 모양。넓고 넓은 모양。『柳宗元·賦』凌洞庭之洋洋兮、泝湘流之ㅡ。

【沅】(원) 元 ゲン river ㄩㄢ yüan²
물이름원(長沙水名)。

【沅湘:원상】(地)沅水와 湘水를 일컬음。洞庭湖에 흐르는 강의 이름。『戴叔倫』ㅡㅡ日夜東流去、不爲愁人住少時。

【沆】(항) 養 陽 コウ、ひろい flow widely ㄏㄤ hang²
❶큰물항、물벌창할항(大水漭ㅡ)。【西京賦】滄池漭ㅡ。❷질펀할항、넓을항(水草廣大貌)。【羽獵賦】鴻濛ㅡ茫。❸물충충할항(ㅡ漾水深廣貌)。【海賦】沖融ㅡ漾。❹이슬항(露氣)。【屈原 遠遊】餐六氣而飮ㅡ瀣兮。

【沆瀣:항해】깊은 밤중에 내리는 이슬의 기운。道家에서는 이것을 들어마시어서 修命의 약으로 한다 함。

【沇】(연) 銑 エン、ながれゆく flow in a stream ㄧㄢ yen³
❶물졸졸흐를연(流行貌)。【司馬相如 上林賦】ㅡ溶淫鬻。❷물이름연(濟水別名)。【書經 禹貢】道ㅡ水、東流爲濟。

【沇沇:연연】물이 흘러가는 모양。『漢書』ㅡㅡ四塞。

【沈】㊀(침) 侵 ㊁(심) 寑 チン、シン、しずむ sink ㄔㄣ ch'en² ㄕㄣ shen³
㊀❶장마물침(陵上滈水)。❷진펄침(莽也)。【風俗通】言其平望莽莽無際涯也。❸잠길침(沒也)。【詩】載ㅡ載浮。❹채색할침(綠ㅡ采色)。【野客叢書】物色之深者皆爲綠ㅡ。❺고요할침(ㅡ思)。❻빠질침(溺也)。(『沉』과 같음) ㊁❶즙낼심(汁也)。❷성심(人姓ㅡ德潛)。❸나라이름심(國名臺駘所封)。❹으슥할심(宮殿奧深貌)。【史記 陳涉世家】ㅡㅡ者。

【沈降:침강】가라앉아 내림。

【沈降海岸:침강해안】(地)地盤의 沈下에 의하여 된 해안。리아스식 해안은 이의 대표적인 것임。

【沈痼:침고】오래도록 낫지 않는 병。오랜 병환。【劉楨】余嬰ㅡㅡ疾、竄身清漳濱。

【沈溺:침닉】❶물에 빠져 가라앉음。❷사물에 미쳐 버림。耽溺。『後漢書』今論者ㅡㅡ所習、翫守舊聞。❸곤란에 빠짐。❹(醫)濕氣로 인한 병。濕疾。『左傳』有ㅡㅡ重膇之疾。

【沈慮:침려】고요히 생각함。沈思。『諸葛亮新書』ㅡㅡ可以容衆力。

【沈淪:침륜】❶깊이 가라앉음。❷零落。淪落。『杜甫』奮飛超等級、容易失ㅡㅡ。

【沈脈:침맥】네 맥。곧 浮·沈·遲·數의 한 가지 손끝으로 눌러 보아야 알 수 있는 맥。浮脈。

【沈沒:침몰】물 밑에 가라앉음。『南史』夜嘗風浪、米船ㅡㅡ。

【沈默:침묵】❶자중하여 입을 벌리지 않음。『晉書』ㅡㅡ自守、無所言說。❷소리를 내지 않음。

【沈敏:침민】침착하고 영리함。

【沈伏:침복】가라앉아 엎드림。(轉)뜻을 얻지 못하고 묻혀 있는 것。『晉書·段灼傳』試用無績、ㅡㅡ數年。

【沈浮:침부】가라앉음과 뜸。(喩)世俗에 따름。(轉)榮枯盛衰。浮沈。『史記·遊俠傳』與世ㅡㅡ、而取榮名。

【沈鳧:침부】(動)❶물오리。❷상오리。

【沈思:침사】잠자코 생각에 골몰함。생각에 잠김。『南史』傅縡爲文、未嘗起草、ㅡㅡ者無以加焉。

【沈愁:침수】생각에 잠김。번민함。『白居易』莫遣ㅡㅡ結成病。

【沈睡:침수】잘 잠。沈眠。

【沈水:침수】물에 젖거나 잠김。

【沈水植物:침수식물】(植)식물체 전부가 물 속에 잠겨 사는 수생 식물의 한 가지。붕어마름。통발 따위。

【沈枾:침시】(國)소금물에 절여 떫은 맛을 없앤 감。침감。

【沈心:침심】마음을 가라앉힘。깊이 생각함。생각에 잠김。『雲笈七籤』ㅡ冥思、人莫知之。

【沈深:침심】염려와 생각함이 깊음。『後漢書』ㅡㅡ有大度。

【沈魚落雁:침어낙안】(喩)美人의 형용。美人을 보고 고기가 숨고 기러기가 떨어진다는 뜻。『通俗編·沈魚落雁』。

【沈於酒色:침어주색】 술과 계집에 마음을 빼앗김。주색에 빠짐。

【沈勇:침용】 침착하고 용기가 있음。沈果。『漢書』趙充國爲人、ㅣㅣ有大略。

【沈憂:침우】 근심에 깊이 잠김。『張協』感物多所懷、ㅣㅣ結心曲。

【沈鬱:침울】 기분이 맑지 못함。마음이 우울함。『韓維』端居積幽抱、ㅣㅣ久未平。

【沈吟:침음】 ❶생각에 잠김。생각에 골몰함。沈思。『古詩』ㅣㅣ聊躑躅。❷우물거리고 정하지를 못함。『後漢書·隗囂傳』得書、ㅣㅣ十餘日。❸입으로 중얼거림。작은 소리로 이죽임。『杜甫』感動一ㅣㅣ。

【沈陰:침음】 구름과 안개가 겹쳐 곧 비가 내릴 듯한 모양。

【沈潛:침잠】 ❶물 밑에 깊이 숨는 것。❷마음이 가라앉아 생각이 깊음。『書經』ㅣㅣ剛克、高明柔克。❸마음을 가라앉혀 생각을 숨김。『朱熹·中庸句序』ㅣㅣ反復、蓋亦有年。

【沈壯:침장】 침착하고 강함。『宋史』楊億稱其文ㅣㅣ淳麗。

【沈藏:침장】 김장。

【沈澱:침전】 ❶물 속에 가라앉은 것。또는 그 물질。❷流動體의 안에 가라앉은 찌꺼기。沈滓。

【沈澱物:침전물】 앙금。가라앉은 물건。

【沈澱劑:침전제】 (醫)액체 속에 섞인 물건을 침전시키기 위하여 쓰는 약품。

【沈情:침정】 마음을 가라앉힘。

【沈正:침정】 사람의 됨됨이가 침착하고 바름。『後漢書』以ㅣㅣ見重于世。

【沈靜:침정】 마음이 가라앉아 고요함。

【沈重:침중】 =沈厚。『後漢書』ㅣㅣ淵懿、道德博備。

【沈漬:침지】 물건을 물 속에 담가 적심。

【沈著:침착】 어떠한 일에도 당황하지 않고 마음이 가라앉아 있음。沈重。『法書苑』吳皇象善行草書、世稱ㅣㅣ痛快。

【沈菜:침채】 《國》김치。

【沈滯:침체】 ❶가라앉아 머무름。沈停。『國語』氣不ㅣㅣ。❷일의 진전이 없음。❸地位가 오르지 않고 늘 그대로임。『論衡』在下不汲汲、故有ㅣㅣ之留。

【沈醉:침취】 술에 취해 떨어짐。『後漢書』顯日ㅣㅣ、不能得見。

【沈沈:침침】 ❶밤이 깊어가는 모양。『蘇軾·春夜詩』鞦韆院落夜ㅣㅣ。❷그윽하고 고요한 모양。『張若虛·詩』斜月ㅣㅣ藏海霧。❸번성한 모양。초목이 무성한 모양。

【沈浸:침침】 가라앉아 잠김。점점 번져나감。『韓愈』ㅣㅣ醲郁、含英咀華。

【沈痛:침통】 ❶마음 깊이 근심함。『謝靈運』眷言懷君子、ㅣㅣ切中腸。❷文章과 詩의 痛切한 것。

【沈惑:침혹】 어떤 일이나 물건을 편벽되게 좋아하여 정신을 잃을 정도로 거기에 빠짐。

【沈厚:침후】 무슨 일에 침착하고 重厚한 태도를 가짐。沈重。『晉書』ㅣㅣ有智謀。❷병세가 위중함。

【沈佺期:심전기】 《人》?~七一三 初唐의 詩人、字는 雲卿。〈著書〉詩集 一〇권。

【沈淸傳:심청전】 《書》國文小說。작자 연대 미상。아버지의 눈을 뜨게 하기 위해 자기를 희생하는 효녀 沈淸을 그림。

◎擊ㅣ、浮ㅣ、鎖ㅣ、自ㅣ。

【沉】 (침)(심)『沈』(前條)의 俗字

【沌】 (돈) 阮 トン、ふさがる ㄉㄨㄣˋ tuen⁴ meander

書草 ❶기운덩어리돈(混ㅣ元氣未判)。『太玄經』渾ㅣ無端莫見其根。❷뭉킬돈(不開通貌)。『莊子』中央之帝爲渾ㅣ。❸물기운돈(水勢形容)。『枚乘 七發』ㅣㅣ混混、狀如奔馬。❹돌돈(轉轉)。『孫子 兵勢』渾渾ㅣㅣ形圓而不可敗。❺막힐돈(不通塞也)。

【冱】 (호) 遇 ゴ、ふさがる ㄏㄨˋ hu⁴ be closed

書草 ❶막힐호(塞也)。『左傳 昭公四年』固陰ㅣ寒。❷닫힐호(閉也)。❸얼어붙을호(凍也)。『列子湯問』川池暴ㅣ。❹마를호(涸也)。

(『涸』와 통함)

【冱陰:호음】 陰氣가 엉기는 것。『子華子』玄武ㅣㅣ。

【冱寒:호한】 추위에 物體가 위축되는 것。『左傳』深山窮谷、固陰ㅣㅣ。적적 얼어 붙는 심한 추위。

【沏】 ㈠(절) 屑 ㈡(칠) 質 セツ、こする ㄑㄧ ch'i¹ friction

書草 ㈠❶물빨리흐를절(水疾流)。❷마찰할절(磨也)。『海賦』激勢相ㅣ。❸(中字)차따를절(ㅣ茶)。㈡물소리칠(水聲)。

【沐】 (목) 屋 モク、ボク、あらう ㄇㄨˋ mu⁴ wash one's hair

小篆 書草 ❶머리감을목(濯髮)。『詩』豈無膏ㅣ。❷다스릴목(治也)。『禮』夫子助之ㅣ槨。❸추길목(潤澤之意)。『後漢書』冬無宿雪春不燠ㅣ。❹이슬비목(溟ㅣ密細之雨)。『太玄經』密雨溟ㅣ。

【沐間:목간】 ❶沐浴間의 略語。❷목욕간에서 목욕함。

【沐間桶:목간통】 목욕간에 시설하여 놓은 목욕통。

【沐露:목로】 이슬을 받음。『任昉·文』櫛風ㅣㅣ。

【沐浴:목욕】 ❶머리를 씻고 더운 물에 몸을 감는 일。湯水를 사용하여 몸을 깨끗이 함。『論語』ㅣㅣ而朝。❷은혜를 입은 것。『李密·陳情表』ㅣㅣ淸化。

【沐浴室:목욕실】 목욕하는 방。

【沐浴齋戒:목욕재계】 몸을 깨끗이 하고 마음을 가다듬어 부정을 피하는 일。

【沐浴湯:목욕탕】 여러 사람이 목욕할 수 있도록 꾸민 곳。

【沐雨:목우】 목욕하다시피 비를 흠뻑 맞음。《喩》風雨에 시달리며 노력하는 것。고생하는 것。『北齊書』ㅣㅣ櫛風。

【沐恩:목은】 은혜를 입음。浴恩。『許敬宗』ㅣㅣ空改鬢、將何謝夏成。

【沐猴而冠:목후이관】 옷은 훌륭하나 마음은 사람답지 못함을 가리키는 말。《故》楚의 項羽가 秦의 서울을 불태워 버리고 劉邦을 추방하여 富貴를 누리게 된 자기는 고향에 錦衣還鄕해야 된다고 말했을 때、韓生이 도시 그런 衣冠을 할 사람됨이 못된다고 비꼬아 말했다는 故事。『史記·項羽本紀』說者曰、人言、楚人——耳、果然。

【沑】 (유) 有 ジュウ、うるおう wet

小篆 ❶젖을유(濕也)。❷윤택할유(潤也)。

【次】 (연)『涎』(水部 7畫)과 같음

【沒】 (몰) 月 モツ、ボツ、しずむ ㄇㄟˊ mei² ㄇㄛˋ mo⁴ sink; die

小篆 書草 ❶잠길몰(沈也)。『李華 弔古戰場文』積雪ㅣ脛。❷다할몰(盡也)。『詩』曷其ㅣ矣。❸지날몰(過也)。『禮』君子不以美ㅣ禮。❹건으로빼앗을몰(乾ㅣ無潤澤而取他

人)。『史記』張湯始爲小吏乾—。❺명이 끝날 몰(死也)。『大學』此以—世不忘也。❻마칠 몰(悉也)。『論語 鄕黨』—階趨翼如也。❼숨을 몰(隱也)。❽망할 몰(泯也)。(『歿』과 같음)

【沒却:몰각】❶잃어버림。❷무시함。

【沒覺:몰각】無知沒覺의 略語。

【沒涇渭:몰경위】경위가 없음。옳고 그름의 구별이 아주 없음。

【沒交涉:몰교섭】아무런 관계가 없음。『傳燈錄』言語動用、——。

【沒喫:몰끽】다 먹어 버림。沒呑。

【沒年:몰년】❶죽은 나이。行年。卒年。❷죽은 年代。

【沒溺:몰닉】빠져 가라앉음。『說苑』不臨于深淵、何以知——之患。

【沒頭:몰두】❶목을 자름。『呂氏春秋·高義』不去斧——乎王廷。❷어떤 한 가지 일에 열중함。

【沒落:몰락】❶멸망함。『魏書』——者復一房田租。❷城 같은 것이 적의 손에 들어감。『唐律釋文』——謂中華人——蕃中。❸노쇠함。零落。

【沒利:몰리】이익이 없음。

【沒分數:몰분수】아무 요량이 없음。

【沒死:몰사】모두 죽음。

【沒殺:몰살】다 죽임。

【沒常識:몰상식】상식이 없음。보통 사람의 지식·판단력이 없음。非常識。

【沒世:몰세】❶生涯。終生。終身。(沒은 終)。『論語·衞靈公』君子疾——、而名不稱焉。❷언제까지나。永久。『大學』此以——不忘也。❸세상을 떠남。죽음。

【沒燒:몰소】송두리째 타버림。

【沒誦:몰송】깡그리 욈。

【沒收:몰수】걷어 들임。빼앗아 버림。

【沒數:몰수】數量의 온통。

【沒食:몰식】다 먹어 버림。

【沒實:몰실】=無實。

【沒我:몰아】자기를 몰각한 상태。자기를 잊는 것。

【沒藥:몰약】감람과에 屬하는 灌木。뿌리에서 나는 젖 모양의 黃汁을 말려서 藥材로 쓰임。熱帶地方産。『本草沒藥』。

沒藥樹 (三才圖會)

【沒廉恥:몰염치】염치가 아주 없음。

【沒料量:몰요량】분수가 없음。

【沒利害:몰이해】이해를 떠남。

【沒人情:몰인정】인정이 아주 없음。

【沒入:몰입】《制》❶범죄인의 재산과 살림을 강제로 정부가 압수하고 죄인은 노예로 사용하는 일。沒收。『史記·匈奴傳』坐盜者——其家。❷한 가지 일에 깊이 파고 드는 것。

【沒知覺:몰지각】지각이 아주 없음。

【沒策:몰책】計策이 없음。

【沒趣味:몰취미】취미가 없는 것。취미를 모르는 것。無趣味。

【沒風:몰풍】풍치나 風情이 없음。

【沒風情:몰풍정】風情이 아주 없음。

【沒風致:몰풍치】풍치가 아주 없음。

【沒敗:몰패】아주 패함。대패함。

【沒後:몰후】사람이 죽은 뒤。死後。

◎埋—、病—、神出鬼—、潛—、出—、沈—。

【沓】(답) 合 トウ、かさなる piled up ㄊㄚˋ t'a4 小篆 草書 ❶거듭 답(重也)。『詩經』噂—背憎。❷물 끓어 넘칠 답(水沸溢)。❸말 줄줄할 답(——語多若水流貌)。❹합할 답(合也)。『羽獵賦』出入日月天與地—。❺무릅쓸 답(冒也)。❻탐할 답(貪也)。『唐書』酋領—墨。❼느른할 답(弛緩貌)。『孟子』泄泄猶——也。❽섞일 답(雜也)。

【沓沓:답답】❶말이 많은 것。『說文』沓、語多——也。❷빨리 가는 모양。『漢書』騎——。

【沓雜:답잡】혼잡한 것。雜沓。雜踏。『枚乘』壁壘重堅、——似軍行。

【沓至:답지】겹쳐서 한꺼번에 몰려 옴。빈번히 옴。

【沓品:답품】=踏驗。「沓。重疊。

【沓合:답합】겹쳐서 합해지는 것。合

【沵】(류)『流』(水部 6畫)의 古字

【沔】(면) 銑 メン、ベン、ながれる flood ㄇㄧㄢˇ mien3 小篆 草書 ❶물 그득히 흐를 면(水流滿)。『詩』—彼流水朝宗于海。❷물이름 면(漢水別名)。(『湎』과 통함)

【沕】㊀(물) 物 ㊁(매) 隊 ブツ、ひそむ sink ㄨˋ wu4 草書 ㊀❶잠길 물(潛藏)。❷오묘할 물(—穆深微貌)。『賈誼 弔屈原賦』—淵潛以自珍。㊁뜻은 ㊀과 같음。

【沕穆:물목】고요하게 잠긴 모양。『公羊傳』——無窮兮。

【沕潏:물율】물 흐르는 모양。『史記·司馬相如傳』——漫衍。

【沘】(비) 紙 ヒ、かわ river 草書 물이름 비(水名、今謂渒水)。

【沖】(충) 東 チュウ、ふかい deep ㄔㄨㄥ ch'ung1 小篆 草書 ❶빌 충(虛也)。『道德經』大盈若—。❷화할 충(和也)。❸깊을 충(深也)。『蕭愨 詩』無累在淵—。❹흔들릴 충(搖動)。❺위로 날을 충(上飛)。『史記』一飛—天。❻어릴 충(幼少)。『書』肆予—人。❼드리울 충(垂飾貌)。『詩』鞗革——。❽얼음 끄는 소리 충(鑿氷聲)。『詩』鑿氷——。

【沖氣:충기】하늘과 땅 사이의 잘 조화된 기운。沖和。沖和之氣。『老子』萬物負陰而抱陽、——以爲和。

【沖年:충년】아주 어린 나이。

【沖澹:충담】성질이 결백함。

【沖弱:충약】유치함。

【沖寂:충적】쓸쓸하고 고요한 것。그윽하고 고요한 것。靜寂。沖寞。『孔安國』道本——、非有名言。

【沖積:충적】흐르는 물에 의하여 쌓임。

【沖積期:충적기】=沖積世。

【沖積物:충적물】흐르는 물에 딸려 내려와서 쌓인 진흙·모래와 조약돌 따위。

【沖積層:충적층】《地》바닷가 또는 강가에 흙·모래·자갈 따위가 가라앉아서 형성된 地質學上 최신의 地層。

【沖積土:충적토】흙·모래가 물에 흘러 내려 쌓인 충적층의 흙。↔風積土。

【沖積平野:충적평야】《地》상류의 흙·모래 따위가 강물에 의하여 하류에 와서 쌓여서 된 작고 평탄한 地表面。堆積平野。

【沖靜:충정】마음이 맑고 편안하여 온화함。

【沖天:충천】하늘 높이 솟음。하늘에 날아 오름。『史記』一飛——。

【沖虛:충허】허무한 것。잡념을 버리고 마음을 空虛하게 함。虛沖。『阮籍·詠懷詩』養志在——。

〔沖和:충화〕부드럽게 화하는 것。沖氣·沖和之氣。『晉書』神氣ㅡㅡ。

【沙】(사) 麻 サ、シャ、すな ㄕㄚ sha sand
小篆 或體 草書 ❶모래사(疏土)。❷바닷가사(海邊)。❸소수이름사(數名十塵爲ㅡ)。❹고을이름사(長ㅡ郡名)。(『砂』와 같음)

〔沙格:사격〕(國)사공과 그 곁군。사공과 格軍。
〔沙工:사공〕(國)뱃사공。
〔沙果:사과〕사과나무의 열매。苹果。
〔沙器:사기〕사기 그릇。
〔沙器大楪:사기대접〕사기 그릇으로 된 대접。사대접。
〔沙器廛:사기전〕사기 그릇을 파는 가게。
〔沙鑼:사라〕세숫대야의 異稱 軍에서 遠征나갔을 경우 세숫대야는 가지고 갈 수 없어 징(鑼)으로써 세숫대야를 代用한 데서 이름。

沙羅 (三才圖會)

〔沙礫:사력〕모래와 조약돌。砂礫。자갈。『漢書』大風起、ㅡㅡ擊面。
〔沙鹵:사로〕鹽分이 들어 있는 모래 땅。『漢書·匈奴傳』胡地ㅡㅡ多、乏水草。
〔沙漏:사루〕모래를 떨어뜨려 시간을 재던 옛 시계。모래시계。『博物志補』。
〔沙漠:사막〕기후가 매우 건조하여 거의 식물의 생장이 불가능한 모래와 자갈로 된 不毛의 땅。砂漠。『魏志』馳ㅡㅡ、驅戎狄。
〔沙門:사문〕(梵)Sramana의 音譯。出家하여 佛道를 닦는 사람。僧。『瑞應經』ㅡㅡ之爲道、舍妻子、捐棄愛欲也。
〔沙彌:사미〕(梵)Sramanera의 音譯。불문에 들어가 修行 중인 어린 중。『釋氏要覽』此始落髮後之稱謂也、梵音訛也。

〔沙鉢:사발〕(國)사기로 만든 밥그릇。
〔沙鉢農事:사발농사〕빌어 먹는 것을 일로 삼는 노릇을 일컫는 말。
〔沙鉢通文:사발통문〕主謀者가 드러나지 않도록 관계자의 이름을 빙 돌려 적은 통문。
〔沙蔘:사삼〕❶더덕。❷더덕의 뿌리。

沙蔘 (三才圖會)

〔沙上樓閣:사상누각〕모래 위에 지은 집。곧 헛된 일。
〔沙塞:사새〕사방으로 산이나 내로 둘러싸여서 外敵이 침입하기 힘든 要塞。
〔沙書:사서〕모래 위에 글씨를 쓰는 장난。『東京夢華錄』。
〔沙石:사석〕모래와 돌。
〔沙船:사선〕밑이 펀펀하고 얕으막한 배。中國 北部의 比較的 물이 얕은 沿岸을 航行하기에 편리한 배。

沙船 (武備志)

〔沙噀:사손〕=海蔘。
〔沙匙:사시〕❶사기로 만든 숟가락。❷「양숟가락」。
〔沙魚:사어〕(動)❶모래무지。❷상어。
〔沙渚:사저〕물가의 모래사장。沙汀。『謝靈運』哀鴻鳴ㅡㅡ、悲猿響山椒。
〔沙地:사지〕모래땅。
〔沙塵:사진〕바람에 날려 오는 모래 먼지。『杜甫』回風颯颯吹ㅡㅡ。
〔沙川:사천〕바닥이 모래인 내。
〔沙嘴:사취〕바다 안으로 길게 뻗어 나간 모래톱。
〔沙灘:사탄〕바닥이 모래인 여울。
〔沙汰:사태〕❶쌀을 물에 일어서 돌을 가려 냄。(轉)선과 악을 가림。淘汰。汰沙。『吳志』疾貪汙在位、欲ㅡㅡ之。❷(國)비로 인하여 산의 흙이 씻겨 모래 등이 밀려 나온 현상。(喩)사람이나 물건이 한꺼번에 주체할 수 없이 많이 몰려 나옴。
〔沙土:사토〕모래 흙。
〔沙盒:사합〕사기로 만든 공기。
〔沙虹:사홍〕(動)새우의 別名。『博物志』。

【沚】(지) 紙 シ、なぎさ ㄓ chih beach
小篆 草書 물가지(小渚)。『詩』于沼于ㅡ。

【沛】(패) 泰 ハイ、おおあめ ㄆㄟ p'ei cloud-burst
小篆 草書 ❶패수패、고을이름패(泗水縣名)。❷둥둥뜰패(舟行貌)。『楚辭』ㅡ吾乘兮桂舟。❸비 쏟아질패(滂ㅡ又ㅡ然雨盛貌)。『甘泉賦』雲飛揚兮雨滂ㅡ。❹넉넉할패(有餘貌)。『公羊傳』ㅡ若有餘。❺자빠질패(顚ㅡ偃仆)。『詩』顚ㅡ之揭。❻점잖을패(容俊偉貌)。『大人賦』ㅡ艾赳螑。❼클패(盛大貌)。『文天祥 正氣歌』ㅡ乎塞蒼溟。(『伂·旆』와 같음)

〔沛公:패공〕(人)漢 高祖가 帝位에 오르기 전의 칭호。↓劉備。
〔沛艾:패애〕❶용모가 뛰어난 모양。『司馬相如』ㅡㅡ赳螑。❷날뛰는 말(馬)。강포한 말이 미쳐 날뛰는 모양。『張衡』鄕騰驤而ㅡㅡ。
〔沛然:패연〕❶盛大한 모양。『漢書』ㅡ自大。❷비가 몹시 내리는 모양。『孟子』ㅡㅡ下雨。❸恩惠가 두터운 모양。❹마음에 감동하는 모양。『漢書』ㅡㅡ改容。
〔沛澤:패택〕❶雨澤。❷어떤 계기로 죄수를 特赦하는 것을 일컫는 말。❸草木과 물이 있는 곳。『孟子』園囿汙池ㅡㅡ多、而禽獸至。

【泍】(반) 翰 ハン、きし shore
草書 물가언덕반(水涯)。『唐書』翈川有芙蓉ㅡ。(『泮』과 같음)

【沝】(추) 紙 スイ、ふたつのかわ two branched
小篆 두갈래물추(二流)。

【沒】(몰)『沒』(水部4畫)의 譌字

【沢】(택)『澤』(水部13畫)의 略字

五畫

【沫】(말) 曷 マツ、バツ、あわだつ ㄇㄟ mei froth
小篆 草書 ❶침말(涎也)。『莊子』乾餘骨之ㅡ爲斯彌。❷땀말(汗也)。『漢志』霑赤汗ㅡ流赭。❸물방울말(跳波)。『長笛賦』滈瀑噴ㅡ。❹물끓는 거품말(泡也、湯華)。『陸羽茶經』凡酌置諸盌令ㅡ餑均。❺말말(已也)。『離騷經』身服義而未ㅡ。❻물이름말(西域水名)。

〔沫泣:말읍〕눈물이 흐르는 모양。『新書』噂啼ㅡㅡ而言信。

【沬】㊀(매) 隊 ㊁(회) 隊 バイ、ミ、ほのぐらい ㄇㄟ mei dim
小篆 古文 古文 草書 ㊀❶희미할매(微昧之明小星)。『易經』日中見ㅡ。❷낮별매(晝星)。❸고을이름매(地名)。『詩經 鄘風桑中』ㅡ之鄕矣。(『妹』와 통함) ㊁낮

씻을회(洗面)。(『頮·靧』와 같음)

【沬血:회혈】 피가 흘러서 얼굴을 씻은 듯이 되는 일。『司馬遷』ㅡㅡ飮泣。

【沭】

㊀(술) 質 ㊁(율) 質 ジュツ、かわのな a stream

小篆 ㊀물이름술(泗水支流名)。『周禮』其浸沂ㅡ。 ㊁뜻은 ㊀과 같음。

【沮】

㊀(저) 語 ㊁(저) 御 ㊂(저) 魚 ショ、ソ、やむ stop ㄐㄩˇ chü³ ㄐㄩ chü¹

小篆 草書 ㊀❶그칠저(止也)。❷막을저(拒也)。『史記 孔子世家』請先嘗ㅡ之。❸무너질저(壞也)。『詩』謀猶其遹何日斯ㅡ。❹공갈할저(恐怖)。『禮記』ㅡ之以兵。❺샐저(漏也)。『禮記』地氣ㅡ泄是謂發天地之房。㊁물이번질저(漸濕)。『詩』彼汾ㅡ洳。㊂❶물이름저(扶風水名)。❷나라이름저(朝鮮國名、沃ㅡ)。

【沮勸:저권】 惡을 뉘우치게 하고 善을 권함。『左傳』賞罰無章、何以ㅡㅡ。

【沮喪:저상】 기운이 없어짐。기운이 떨어짐。『十八史略』輕爲ㅡㅡ、使群下失望乎。

【沮色:저색】 ❶얼굴을 찡그리는 모양。『元稹·詩』初기분이 내키지 않는 모양。❷色을 가로막음。『李白·大獵賦』陽鳥ㅡㅡ于執日。 除湘東、妻有ㅡㅡ。

【沮遏:저알】 막아서 못하게 함。沮止。

【沮洳:저유】 =沮澤。

【沮止:저지】 막아서 못하게 함。

【沮澤:저택】 낮고 물기가 많은 땅。水草가 있는 곳。沮洳。『禮記』山川ㅡㅡ。

【沮害:저해】 막아서 못하게 해침。

【沮戲:저희】 지근덕거려 방해함。

【沰】

(탁) 藥 タク、おとす drop

❶떨어뜨릴탁(使落)。❷돌던질탁(投石)。❸떨어질탁(滴也)。『崔實農家諺』上火不落下火滴ㅡ。

【沱】

(타) 歌 タ、ダ、おおあめ heavy rain ㄊㄨㄛˊ t'uo²

小篆 草書 ❶물이갈래질타(水別流)。『書經』岷山導江東別爲ㅡ。❷큰비타(大雨貌)。『詩經小雅漸漸之石』俾滂ㅡ矣。❸눈물흐를타(涙貌)。『易經 離卦』出涕ㅡ若。❹내이름타(河名)。

【沲】

(타) 『沱』(前條)와 같음

【河】

(하) 歌 カ、ガ、かわ river ㄏㄜˊ hê²

小篆 草書 ❶물하、강물하、내하(大川)。❷황하수하(四江之一)。『史記 孔子世家』臨ㅡ而歎曰、美哉水、洋洋乎。❸은하수하(天漢)。❹복통하(腹痛)。

【河渠:하거】 강과 개천。『史記·序』。

【河界:하계】 강물의 본류와 지류와의 맥줄。 「輿」鵲橋臨片月、ㅡㅡ掩輕雲。

【河鼓:하고】 《天》牽牛星。河鼓星。『權德

【河鼓星:하고성】 《天》牽牛星。

【河工:하공】 河川工事。

【河工學:하공학】 河川에 관한 공사를 연구하는 工學의 한 분과。

【河魁星:하괴성】 陰陽家에서 殺伐을 맡았다고 이르는 北斗의 둘째 별。天璇。

【河口:하구】 바다로 흘러 들어가는 강물의 어귀。

【河南:하남】 ❶《地》中國의 省名。黃河中流 以南과 黃河 北方의 一部。❷周代의 서울。洛陽의 別名。❸黃河 南方의 땅。

【河豚:하돈】 《動》복의 別名。『蘇軾』正是ㅡㅡ欲上時。

【河東:하동】 《地》黃河 以東의 땅。山西省內의 黃河 以東의 땅。戰國時代의 魏의 땅으로 秦·漢 때 河東郡을 두었음。

【河梁:하량】 강에 걸려 있는 다리。『孟子』則移其民於ㅡㅡ。

【河流:하류】 강이나 내의 흐름。

【河馬:하마】 《動》偶蹄類에 딸린 짐승。아프리카의 남쪽의 늪에서 棲息함。

【河目:하목】 움푹 들어간 눈。아래 위의 눈까풀이 편편한 모양。賢者의 相이라고 함。『孔子家語·困誓』ㅡㅡ隆顙。

【河畔:하반】 물가。물근처。河邊。『文選』青青ㅡㅡ草、鬱鬱園中柳。

【河伯:하백】 ❶물귀신。水神。河宗。『莊子』ㅡㅡ欣然自喜。❷《書》楚辭의 九歌中의 篇名。❸烏賊(오징어)의 異稱。河伯從事。『駢雅·釋蟲魚』河伯、烏賊也。

【河濱:하빈】 黃河의 河岸。『史記』舜陶ㅡㅡ、器皆不苦窳。

【河床:하상】 ❶하천 밑의 地盤。❷평균수위가 물에 덮여져 있는 강의 형태。

【河水:하수】 냇물。강물。江水。『詩經』ㅡㅡ洋洋。 「상。

【河蝕:하식】 강물이 地表를 침식하는 현상。

【河蝕崖:하식애】 河蝕 작용을 받는 언덕。河岸 또는 하식 작용에 의하여 이루어진 언덕。

【河身:하신】 강물이 흐르는 부분。

【河心:하심】 강물이 흘러가는 한 복판。

【河岸:하안】 물가의 육지。『孟郊』策馬黃ㅡㅡ。

【河揚水:하양수】 논·밭에 물을 대기 위하여 河川에서 끌어 올리는 물。

【河潤:하윤】 ❶강물이 윤택함。❷혜택。덕분。『莊子』ㅡㅡ九里、澤及三族。

【河淸:하청】 黃河의 濁流가 맑아지는 일。《喩》어제나 탁해 있는 黃河의 물이 맑기를 기다린다는 뜻에서 온 말。『左傳·襄·八』俟河之淸、人壽幾何。

【河漢:하한】 ❶黃河와 漢水。『魏志』九月大雨、伊洛ㅡㅡ水溢。❷하늘의 강。銀河。『宋之問』萬里無雲ㅡㅡ明。

【河漢女:하한녀】 《天》별 이름。織女星。『古詩十九首』迢迢牽牛星、皎皎ㅡㅡㅡ。

【河漢之言:하한지언】 《喩》한 없이 긴 말。하늘의 강이 멀어 끝이 없다는 뜻。『莊子·逍遊』吾驚怖其言、猶河漢而無極。

【河港:하항】 江岸에 있는 항구。↕海港。

【河海:하해】 ❶黃河와 바다。『史記』ㅡ不擇細流、故能就其深。❷강과 바다。『管子』若抯於ㅡㅡ。

【河海之澤:하해지택】 河海와 같이 크고 넓은 은혜。

◎江ㅡ、大ㅡ、渡ㅡ、氷ㅡ、山ㅡ、運ㅡ、銀ㅡ、懸ㅡ。

【沴】

(려) 霽 レイ、そこなう harmful ㄌㄧˋ li⁴

小篆 草書 ❶해로울려(害也)。『漢書 五行志』惟金ㅡ木。❷요기로울려(妖氣)。『漢書』六ㅡ之作。❸물가려(水渚)。『河東賦』秦神下讋跖魂負ㅡ。❹물맛순치않을려(水不利)。

【沴氣:여기】 요사하고 독한 기운。惡氣·妖氣。『庾信·賦』ㅡㅡ朝浮。

【沴氣所鍾:여기소종】 요사스러운 사람을 가리키는 말。

【沴孽:여얼】 災難·妖孽。『柳宗元』消伏ㅡㅡ、贊揚光輝。

【泍】

(불) (비) 『沸』(水部 5畫)와 같음

【泼】(발) 月 ハツ、そそぐ irrigate

泼 草書 ❶물댈발(灌漑)。❷찰발(寒也)。❸샐발(渫也)。❹물고발(決壅水處)。

【沸】㊀(비) 未 ㊁(불) 物 ヒ、フツ、わく boil ㄈㄟˋ fei⁴

小篆 草書 ㊀끓을비(涫也)。【詩經】如－如羹。㊁물이 용솟음칠불(泉涌貌)。【詩經】觱－檻泉。

【沸騰:비등】❶끓어 오름。풀덕풀덕 끓음。【詩經】百川－－。❷議論이 떠들썩하게 일어남。議論이 분분함。【舊唐書】隋氏失馭、天下－－。

【沸騰點:비등점】《物》물이 끓는 온도。섭씨 한란계의 一〇〇도。沸點。↕氷點。

【沸湯:비탕】끓고 있는 물。熱湯。【後漢書】猶以小雪投－－。

【沸沸:불불】물이 용솟음치는 모양。【山海經】其源－－湯湯。

【沸水:불수】용솟음치는 물。噴水。【拾遺記】。

【沸波:불파】징경이。

【沸乎:불호】불끈 성을 내는 모양。佛乎。【司馬相如·上林賦】－－暴怒。

【油】(유) 尤 ユ、あぶら oil ㄧㄡˊ yu²

小篆 草書 ❶기름유(膏也)。【博物志】積－滿萬 石自然生火。❷구름피어오를유(雲盛貌)。【孟子 梁惠王上】天－然作雲。❸공손할유(和謹貌)。【禮記 玉藻】三爵而－－以進。❹물이름유(武陵水名)。

【油褲:유고】《國》유바지。雨中에 馬夫들이 입는 바지。

【油單:유단】헝겊·종이 등에 기름을 결은 포장지。또는 장판지로 쓰이는 것。

『法苑珠林』。

【油斷:유단】《佛》정신을 늦춤。넋을 잃고 있는 것。不注意。옛날 油鉢을 든 者가 不注意해서 鉢을 떨어뜨리자 罰로서 죽여 목숨을 끊었다는 데서 온 말。『涅槃經』。

【油頭:유두】기름 바른 머리。

【油頭粉面:유두분면】기름 바른 머리와 분을 바른 얼굴。부녀자의 화장을 일컬음。

【油木靴:유목화】《國》진 땅에 신는、기름에 결은 木靴。관복을 입을 때에 신음。

【油物:유물】기름칠을 하여 결은 물건。

【油蜜菓:유밀과】《國》밀가루나 쌀가루를 반죽하여 적당한 넓이와 모양으로 빚어서 바싹 말린 후 기름에 튀기어 꿀 또는 조청을 발라 튀밥이나 깨고물을 입힌 造果。油菓。

【油粕:유박】깻묵。

【油褓:유보】기름에 결은 보자기。

【油肥:유비】동물성 기름으로 만든 거름。

【油衫:유삼】《國》비와 눈 등을 막기 위하여 옷 위에 껴 입는 기름에 결은 옷。油衣。

【油狀:유상】기름과 같은 狀態·성질。

【油性:유성】기름의 성질。

【油松:유송】《植》잣나무。

【油鴨:유압】《動》농병아리。

【油然:유연】❶구름같은 것이 왕성하게 일어나는 모양。【孟子】天－－作雲。❷여유있고 침착한 모양。『孔子家語』－－若將可越而終不可及。❸명심하지 않는 모양。예사로운 모양。『蘇軾·留軾論』－－而不怪者。

【油煙:유연】기름을 태울 적에 나는 검은 炭素의 가루。먹을 만드는 데 씀。

【油衣:유의】=油衫。『隋書』煬帝觀獵遇雨、左右進－－。

【油膩:유이】❶음식이 기름짐。❷몸이 윤기가 있게 피둥피둥 살찜。

【油印物:유인물】등사한 물건。

【油榨:유자】기름을 짜는 기계。

油榨(農政全書)

【油榨器:유자기】기름틀。

【油醬:유장】기름과 장。

【油帳:유장】기름종이로 된 천막。

【油田:유전】石油를 産出하는 곳。

【油煎物:유전물】기름에 지진 음식。

【油井:유정】原油를 퍼내는 우물。

【油劑:유제】기름기 있는 약제。

【油槽船:유조선】기름통을 실은 배。

【油脂:유지】《化》동물 또는 식물에서 짜낸 기름의 通稱。

【油紙:유지】기름을 먹인 종이。防水用으로 쓰임。【宋史】－－薪炭。

【油漆:유칠】들기름으로 만든 칠。

【油汗:유한】식은땀。진땀。柔汗。

【油鞋:유혜】《國》기름에 결어서 진 땅에 신는 가죽신。진신。

【油畫:유화】亞麻仁油로 만든 그림물감으로 그린 서양식의 그림。

◎肝－、鯨－、石－、香－、揮發－。

【沺】(전) 先 デン、ひろい vast and boundless

❶물가없을전(水無際廣大)。❷물결퍼질전(水勢廣大貌)。

【治】㊀(치) 支 ㊁(치) 寘 チ、おさめる govern ㄓˋ chih⁴ ㄔˊ ch'ih²

小篆 草書 ㊀❶가릴치、다스릴치(理也)。【周禮】大宰以九職任萬民七曰嬪婦化－絲枲。❷칠치、다듬을치(攻也)。㊁❶다스릴치、효험치(理效)。【大學】家齊而后國－。❷익을치(簡習)。【周禮】－其大體。❸비교할치(校也)。【戰國策】皆無敢趙－。❹치료할치(－療)。❺도읍치(所都處)。【漢書】更王膠東－。❻고을치(州郡所駐)。

【治家:치가】집안 일을 처리함。살림살이。집안 일을 다스림。

【治教:치교】세상을 다스리며 국민을 가르치는 道。정치와 교육。

【治具:치구】❶일의 준비를 하는 것。【史記】魏其夫妻－－。❷나라를 다스리는 데 필요한 일。法令。【史記·酷吏傳】法令者、治之具。

【治國:치국】나라를 다스림。【大學】－－在齊其家。

【治國平天下:치국평천하】나라와 온 세상을 편안하게 다스림。【大學】家齊而后國治、國治而後天下平。

【治痰:치담】담이 생기는 병을 다스림。

【治道:치도】천하를 다스리는 길。정치의 방법。

【治盜棍:치도곤】《制》棍杖의 한 가지。길이 다섯자 일곱치、넓이 다섯치 서푼、두께 한 치임。*棍杖。

【治毒:치독】독한 기운을 다스려 없앰。

【治亂:치란】❶세상이 잘 다스려지는 것과 혼란해지는 것。❷혼란에 빠진 세상을 다스림。

【治冷:치랭】冷氣를 다스림。

【治鍊:치련】쇠·돌·나무 따위를 매만져 다듬는 일。

【治療:치료】병을 고침。療治。【周書】

議——之方。

【治療費：치료비】 치료하는데 소용되는 비용。

【治木：치목】 목재를 손질하여 매만짐。

【治民：치민】 국민을 다스림。

【治法：치법】 ❶나라를 다스리는 방법。 또는 그 法令。 ❷그 힘으로 나라가 다스려지는 法律。『荀子』有治人、無——。

【治兵：치병】 군대를 다스림。 군대를 훈련시킴。『周禮』中秋敎——。

【治病：치병】 병을 다스림。 治療。

【治本：치본】 병의 근원을 없애 버림。

【治山：치산】 ❶山을 다스림。 나무를 심어 수해를 막는 것。 ❷산소를 매만짐。

【治產：치산】 ❶산업을 권하여 수입을 늘림。『史記』父子——、居無幾何、致產數千萬。 ❷재산의 관리 및 처분。

【治喪：치상】 초상을 치름。

【治生：치생】 살아갈 방도를 차림。

【治世：치세】 ❶잘 다스려진 세상。『禮記』——之音、安以樂、其政和。 ❷임금의 在位年間。 ❸세상을 다스리는 것。『蜀志·註』——之能臣。

【治送：치송】 행장을 차려 떠나 보냄。

【治水：치수】 물을 잘 다스림。 물을 다스려 그 害를 막음。『孟子』禹之——、水之道也。

【治術：치술】 ❶병을 치료하는 방법。 ❷나라를 잘 다스리는 방법。 정치하는 방법。 治道。

【治安：치안】 세상이 잘 다스려져 편안한 것。 또는 편안하게 다스리는 것。『漢書』陳——之策、試詳擇焉。

【治安妨害：치안방해】 나라의 안녕 질서를 방해함。

【治安裁判：치안재판】 즉결 재판의 속칭。

【治熱：치열】 병의 熱氣를 다스림。

【治外法權：치외법권】 《法》外國에 있으면서 그 나라의 법률의 적용을 받지 않는 특권。 또는 그 土地。

【治癒：치유】 의사의 치료를 받고 병 나음。

【治者：치자】 ❶한 나라를 다스리는 사람。 ❷권력을 가진 사람。

【治粧：치장】 매만져서 잘 꾸밈。 모양을 곱게 냄。

【治裝：치장】 여행의 준비를 함。 행장을 차림。『戰國策』。

【治績：치적】 세상을 다스린 공적。 또는 정치의 성적。『蜀志』所在清嚴有——。

【治定：치정】 잘 다스리어 안정시킴。『禮記』——制禮。

【治罪：치죄】 ❶허물을 다스려서 벌을 줌。『齊書』付獄——。 ❷《法》범죄의 사실을 심리하여 판결함。

【治天下：치천하】 천하를 통치함。

【治平：치평】 ❶세상이 평온하게 잘 다스려지고 있는 것。 太平。『漢書』記人之功、忽於小過、以致——。 ❷《書》吳子의 篇名。

【治圃：치포】 채전을 가꿈。

【治下：치하】 支配下。 管下。 통치하。《轉》백성이 그 지방장관에 대한 自稱。 治下의 사람。

【治行：치행】 ❶백성을 다스리는 功勳。 地方長官의 政治 成績。『管子·八觀』——爲上、爵列爲下。 ❷여행 갈 차비를 함。『史記·曹相國世家』告舍人、趣——。

【治血：치혈】 피의 순환에 지장이 있는 병을 다스림。

【治化：치화】 백성을 다스려 善道로 이끄는 것。『莊子 繕性』興——之流。
◎官—、根—、內—、文—、民—、法—、吏—、自—、全—、政—、主—、至—、統—、退—。

【沼】 (소) 篠 ショウ、ぬま marsh ㄓㄠˇ chao³ (古音「조」)

小篆 草書 못소、늪소(曲池)。

【沼氣：소기】 못과 늪의 진흙에서 나는 無色의 개스。 메탄개스。

【沼畔：소반】 =沼上。

【沼上：소상】 늪 언저리。 沼畔。『孟子』王立於——。

【沼池：소지】 =沼澤。

【沼澤：소택】 늪과 못。

【沽】 (고) 虞 コ、うる、かう sell; buy ㄍㄨ ku¹

小篆 草書 ❶팔고(賣也)。『論語 子罕』求善賈而—諸。 ❷살고(買也)。『同書 鄕黨』—酒市脯。 ❸물이름고(漁陽水名)。 ❹등한할고(等閑)。『禮記 檀弓』以爲—也。(『𦝫』와 통함)

【沽券：고권】 ❶賣買의 證書。 ❷파는 값。 賣價。 ❸品位。 가치。 估券。

【沽名：고명】 이름을 구함。 명예를 탐냄。 명예를 매매함。

【沽聖罪：고성죄】 《宗》聖物이나 聖事의 보수로 재물을 받는 죄。

【沽販：고판】 사고 파는 일。 장사 또는 장사함。 賣買。

【沾】 ㊀(첨) 鹽 ㊁(접) 葉 セン、チョウ、うるおう moisten ㄓㄢ chan¹

小篆 草書 ㊀❶젖을첨(濡也)。『十八史略 西漢』惶懼、汗出—背。 ❷절일첨(漬也)。 ㊁❶경박할접(輕薄)。『史記 魏其傳』——自喜耳。 ❷스스로기뻐할접(自喜貌)。

【沾濕：첨습】 젖음。 젖게 함。 濕潤。『晉書』家貧衣單、——無可代。

【沾濡：첨유】 =沾濕。

【沾洽：첨흡】 ❶빠진 데 없이 널리 퍼짐。『南史』威惠——、姦盜不起。 ❷학문이 널리 전해짐。 博洽。『三國志·胡潛傳』雖學不——、然卓犖强識。

【沿】 (연) 先 エン、そう along ㄧㄢˊ yen²·⁴

小篆 草書 ❶물따라내려갈연(緣水而下)。 ❷좇을연(循也)。『禮記 樂記』故明王、以相—也。

【沿道：연도】 길바닥。 길의 양쪽。

【沿路：연로】 한길 가에 있는 땅。

【沿邊：연변】 국경이나 강가 또는 큰 길가의 언저리 일대의 지방。

【沿線：연선】 철도 선로에 연한 곳。 沿路。

【沿襲：연습】 옛 습관에 따름。 前例를 좇음。 蹈襲。 因襲。『韓愈·讀儀禮文』——不同、復之無由。

【沿岸：연안】 바다나 강에 잇따른 언덕。『沈佺期』紛紛——多。

【沿岸流：연안류】 해안을 끼고 흐르는 조류。

【沿岸貿易：연안무역】 한 나라의 같은 해안을 沿한 領海 안에서 행하는 항해 통상。 ↔海外貿易。

【沿岸海：연안해】 《法》해안 언저리의 바다。 領海의 일부로서、간조 때 재어 최소한 三海里 이내이나、그 최대한은 확정되어 있지 않음。 領海。

【沿海：연해】 ❶바다에 잇따른 육지。『國語』——泝淮、以絶吳路。 ❷대륙의 가까운 곳에 있는 얕은 바다。

【沿海氣候：연해기후】 대륙 기후와 해양기후의 중간형을 띤 연해 지방의 특색 있는 기후。 육연풍과 해연풍이 밤낮으로 바뀌어 불며 공기는 맑고 겨울에도 비교적 따뜻함。

【沿海商業：연해상업】 《經》海運에 의하여 沿海 지방의 여러 항구 사이에 행하여지는 상업。 연해무역。

【沿海岸：연해안】 바닷가를 따라서 있는 언덕。

【沿海漁業：연해어업】 연해에서 어로 작업을 하는 일。 ↔遠洋漁業。

【沿海州:연해주】《地》蘇聯의 땅 이름。본시 中國의 屬領。一八五八년 愛琿條約에 의해 黑龍江州와 함께 러시아 행정구획이 되었다가 一八六○년 北京條約으로 러시아 영토가 됨。李朝末 이후、우리 나라의 동포들이 망명하여 상당한 수가 살았음。

【沿海地:연해지】바닷가에 인접해 있는 땅。

【沿革:연혁】변천。沿은 재래의 습관에 따라 변하지 않는 것。革은 그것을 고쳐 새롭게 하는 것。처음부터 지금까지의 변해 달라진 것。變遷。『柳宗元』禮家――。

◎競―、泳―、背―、水―、遠―。

【況】

(황) 漾 キョウ、いわんや much more ㄎㄨㄤˋ k'uang⁴

小篆 小篆 草書 ❶비유할황(譬也)。『莊子 知北遊』每下愈―。❷하물며황(矧也)。『易經 文言』―於鬼神乎。❸이에황(玆也)。❹불어날황(益也)。『國語 晉語』衆―厚之。❺찾아올황(臨訪)。『司馬相如子虛賦』來―齊國。❻줄황(賜也)。『國語 魯語』―使臣以大禮。❼모양황(樣也)。❽찬물황(寒水)。(『況』과 통함)

【況味:황미】體驗의 맛。環境의 맛。境地。『耶律楚材』中隱冷官閒――、歸心無日不山林。

【況然:황연】鍾소리의 형용。『呂覽』以「椎毁之、鍾――有音。

【況榮:황영】光榮을 下賜함。光榮을 나타냄。『司馬相如』蓋號以――、上帝垂恩儲祉、將以慶成。

【泂】

(형) 迥 ケイ、とおい distant ㄐㄩㄥˇ chiung³

小篆 草書 ❶찰형(寒也)。❷멀형(遠也)。❸깊고 넓을형(深廣)。(『迥』과 같음)

【泄】

㊀(예) 霽 ㊁(설) 屑 エイ、セツ、もる、くだす leak; flux ㄒㄧㄝˋ hsieh⁴

小篆 小篆 草書 ㊀❶내칠예(出也)。❷발할예(發也)。❸날개훨훨칠예(鼓翼舒緩貌)。『詩經』俾民憂―。❹흩어질예(散也)。『詩經』――其羽。❺느릴예(怠緩貌)。『孟子 離婁上』――猶沓沓也。㊁❶샐설(漏也)。『管子』古言墻有耳者微謀外―之謂也。❷피어날설、발설할설(發越)。『禮記』季春之月陽氣發―。❸설사설、물찌똥설(瀉病)。❹업신여길설(嫚也)。『荀子』橋―者人之殃。(『洩』과 같음)

【泄氣:설기】❶방귀를 뀜。『王祺雜纂』對客――。❷揮發性 기운이 새어서 흩어짐。

【泄露:설로】탄로남。누설되어 나타남。『符載』上玄與之獻酬、后土爲之――。

【泄痢:설리】《醫》배탈。설사。泄下。『北齊書』患――、積年不起。

【泄瀉:설사】배탈이 날 적에 자주 누는 묽수구레한 똥。『揚子方言』。

【泄用:설용】섞어서 씀。混用。『後漢書』陛下垂念北邊、亦當頗――之。

【泄精:설정】=夢泄。

【泄症:설증】《醫》설사하는 증세。

【泉】

(천) 先 セン、いずみ spring; fountain ㄑㄩㄢˊ ch'üan²

小篆 草書 ❶샘천(水源)。❷폭포수천(瀑布立―)。❸돈천(錢也)。❹칼이름천(劒名)。

【泉脈:천맥】땅 속에 있는 샘 줄기。

【泉石:천석】샘과 돌。《轉》山水의 경치。水石。『南史』橘年老、又愛――。

【泉聲:천성】샘물이 흐르는 소리。

【泉水:천수】샘에서 나는 물。『詩經』相彼――、載淸載濁。

【泉壤:천양】=九泉。『北史』恩加――、澤及枯骨。

【泉源:천원】물이 흐르는 근원。『荀子』「財貨渾渾如――。

【泉幣:천폐】貨幣를 말함。泉布。『宋史』今――所積贏五千萬。

【泉下:천하】사람이 죽어서 가는 곳。저 세상。冥途。黃泉。『李益·野田行』春人未爲――客。

【泉貨:천화】돈。泉布。泉貝。(泉은 널리 퍼뜨려진다는 뜻을지님)。

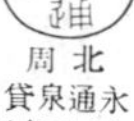
北周 永通泉貨(金石索)

【泉華:천화】온천에서 볼 수 있는 석회。또는 규산질의 앙금。

◎甘―、鑛―、九―、冷―、澄―、噴―、飛―、深―、溫―、源―、林―、井―、淸―、黃――。

【泅】

(수) 尤 シュウ、およぐ swim ㄑㄧㄡˊ ch'iu²

草書 헤엄칠수(浮行水上)。

【泅泳:수영】헤엄을 침。헤엄。(泳은 水中을 헤엄친다는 뜻)。

【泊】

(박) 藥 ハク、とまる anchour a vessel ㄆㄛˋ p'o⁴

草書 ❶그칠박(止也)。❷배머무를박(舟附岸)。❸말쑥할박(澹也)。❹떠돌아다닐박(流寓)。❺고요할박(靜也)。『揚雄 解嘲』有以自守―如也。❻쉴박(休宿)。(『薄』과 같음)

【泊如:박여】❶마음이 고요하고、無慾한 모양。『漢書·揚雄傳』有以自守――也。❷물이 넓은 모양。『漢書』――四海之池。

【泊舟:박주】배를 陸地에 댐。泊船。

【泊乎:박호】마음이 고요하고 욕심이 적은 모양。泊如①。『漢書·司馬相如傳』――無爲、澹子自持。

【泊懷:박회】淡白하여 세상 일에 번민하지 않는 마음。『韋應物』――遺滯想。

◎淡―、宿―、碇―、漂―、渟―。

【泆】

(일) 質 イツ、あふれる overflow ㄧˋ i⁴

小篆 草書 ❶넘칠일(溢也)。❷물이 출렁거릴일(水蕩―)。❸음탕할일(淫放)。『左傳 隱公三年』驕奢淫―。

【泋】

(휘) 未 キ、なみもよう ripple

草書 ❶물결무늬질휘(水波之紋)。❷물놀이칠휘(水遊)。

【泌】

㊀(비) 寘 ㊁(필) 質 ヒ、ヒツ、いずみ gush forth ㄅㄧˋ pi⁴ ㄇㄧˋ mi⁴

小篆 草書 ㊀샘물졸졸흐를비(泉水涓流貌)。㊁돌창물필、개천물필(水狹流)。

【泌丘:필구】隱君子가 있는 곳。『蔡邕』棲遲――。

【泌泌:필절】물결이 서로 부딪치는 모양。『司馬相如』偪側――。

【泌尿器:비뇨기】《生》오줌의 분비와 배설을 맡고 있는 器管。腎臟·輸尿管·膀胱·尿道로 되어 있음。

【泍】

(분) 元 ホン、いずみ gush

❶샘솟을분(泉湧貌)。❷물이 빨라 흐를분(急流)。

【泏】 (출) 質 チュツ、わきでる spring
小篆 草書 물솟을출(水湧貌)。

【泐】 (륵) 職 リョク、ふみ letter ㄌㄜˋ lè
小篆 草書 ❶돌결일어날륵(水石解散)。❷편지륵(書簡)。

【泐崿:늑언】 江언덕의 가파른 모양。『郭璞』厓隒爲之ㅣㅣ、碕嶺爲之嵒崿。

【泐布:늑포】 陳述함。『福惠全書』ㅣㅣ蕪詞、侑將芹獻、敬馳下走、用代趨承。

【泑】 (유) 有 ヨウ、みずがくろい (of water) dark
小篆 ❶물빛이검을유(水黑色)。❷물이름유(水名)。❸못이름유(澤名)。❹산이름유(山名)。

【泑藥:유약】 잿물。

【泓】 (홍) 庚 コウ、ふかい deep ㄏㄨㄥˊ hung² (古音「횡」)
小篆 草書 ❶물깊을홍(水深貌)。❷물맑을홍(水清貌)。【梁簡文帝詩】ㅣ澄靜首渠。❸내이름홍(川名)。

【泓量:홍량】 물이 깊고 부피가 있는 것。『郭璞』極ㅣㅣ而海運。

【泓澄:홍징】 물이 깊고 맑음。『梁簡文帝』ㅣㅣ龍首渠。

【泓泓:홍횡】 물이 깊은 모양。또는 물이 맑은 모양。『范成大·文』清泉ㅣㅣ。

【泔】 (감) 覃 カン、しろみず water in which rice has been washed
小篆 草書 ❶쌀뜨물감(潘瀾甘米汁)。❷삶을감(煮也)。【荀子大略】曾子食魚、有餘曰ㅣ之。

【泔最:감최】 광장히 맛이 달음。『管子』秦之水、ㅣㅣ而稽。

【法】 (법) 洽 ホウ、のり law; rule ㄈㄚˇ fa¹·²·³·⁴
小篆 古文 古文 草書 ❶법법(制度憲章)。❷본받을법(效也)。【大學】其爲父子兄弟、足ㅣ而后民ㅣ之也。【中庸】行而世爲天下ㅣ。❸형벌법(刑也)。【書經】惟作五虐之刑曰ㅣ。❹떳떳할법(常也)。【禮記】乃命太史守典奉ㅣ。❺형상법(象也)。❻가사법、장삼법(ㅣ衣)。

【法駕:법가】 옛날 임금의 거동 때、쓰던 수레의 한 가지。『班固』奉鑾輿、備ㅣㅣ。

【法綱:법강】 법률과 기율。法紀。

【法講:법강】 예식을 갖추어서 御前에서 행하던 進講。

【法戒:법계】 ❶본。계명。『漢書·劉向傳』數上疏言得失、陳ㅣㅣ。❷《佛》부처의 계명。❸《宗》律法

【法界:법계】 《佛》❶전 우주。❷佛法의 本體。변화하지 않는 萬有의 實體。實相。❸불도。❹불교 信者의 사회。佛門。『金剛經·新註』ㅣㅣ混然。

【法系:법계】 《法》한 나라의 법과 세계 여러 나라의 법률의 갈래。몇 나라 또는 몇 민족의 법의 繼受 따위에 의하여 한 계통을 이루게 된 것。

【法階:법계】 《佛》불교를 닦는 사람의 修行 계급。

【法供養:법공양】 《佛》❶불경을 읽어 들려 줌。❷법답게 大衆供養을 하는 일。

【法科:법과】 ❶규율。법률。❷법을 연구하는 學科。

【法官:법관】 《制》재판관。사법관。『唐書』處斷平允、爲ㅣㅣ之最。

【法久弊生:법구폐생】 좋은 법도 오래 되면 폐가 생김。

【法權:법권】 《法》법률의 권한。

【法規:법규】 《法》법률상의 규정。규칙。

【法禁:법금】 법으로 못하게 마련된 禁制。『漢書』陷ㅣㅣ、殞命亡國。

【法紀:법기】 =法綱。

【法談:법담】 《佛》불교에 관한 이야기。「說法。談義。

【法堂:법당】 《佛》부처를 모신 절의 正堂。法殿。

【法度:법도】 ❶법。규칙。법률과 제도。❷본。모범。『書經』儆戒無虞、罔失ㅣㅣ。

【法臘:법랍】 《佛》중이 된 뒤로부터 치는 나이。法歲。夏臘。

【法力:법력】 《佛》❶佛法의 힘。佛法의 威力。『白居易』ㅣㅣ所攝、鮮不歸心。❷《法》法律의 効力。

【法令:법령】 ❶법률과 명령。『周禮』凡治者受ㅣㅣ。❷양쪽 광대뼈와 코 사이로부터 입 가를 지나 내려 오는 굽은 線。

【法例:법례】 ❶법률상의 관습。또는 관례。『晉書』改舊律、爲刑名ㅣㅣ。❷어떤법령에 의하여 적용되는 규칙。법률의 범례。

【法類:법류】 《佛》같은 宗旨로 같은 계통의 승려。친한 관계의 계통。

【法律:법률】 국민이 지켜야 할 나라의 규율。國法。『莊子』ㅣㅣ之士廣治。

【法律家:법률가】 법률을 연구하여 이에 정통한 사람。

【法律案:법률안】 법률의 草案。法案。

【法律要件:법률요건】 《法》법률상의 효과를 발생하는 생활 관계。현대 법치 국가에 있어서는 종교、도덕 따위의 규범을 제외하고는、사람의 생활 관계의 대부분은 법률 요건이 됨。

【法律學:법률학】 《法》법률의 이론과 적용을 조직적으로 연구하는 학문。

【法律行爲:법률행위】 《法》私法上의 효과를 생기게 하는 意思表示。사건 발생의 원인이 되는 행위。

【法理:법리】 《法》법률의 原理。규율의 근본。법에 內在하는 世理。법적인 논리。『魏志』選明達ㅣㅣ者、使持典刑。

【法理學:법리학】 《法》법률 또는 법에 관한 기초적 원리를 연구하는 특수 철학。法律哲學。

【法網:법망】 법률의 그물。법률이 죄인을 잡아 놓치지 않음을 고기를 잡는 그물에 비유함。『宋史·太祖本紀』何近代ㅣㅣ之密乎。

【法名:법명】 《佛》❶중이 된 이후 지은 이름。僧名。❷佛家에서 죽은 사람에게 지어 주는 이름。戒名。

【法務:법무】 법률에 관한 사무。

【法文:법문】 ❶법률을 적은 글。❷《佛》불경의 글。

【法門:법문】 ❶《佛》불법에 들어가는 길。佛門。『舊唐書』梁武窮、心于釋氏、簡文銳意于ㅣㅣ。❷南門。❸勉學이나 일을 시작하는 方法。順序。「일。

【法問:법문】 《佛》佛法을 묻고 대답하는 로 만든 좋은 熟地黃。한약재임。

【法芐:법변】 《醫》제법에 맞추어서 제대

【法寶:법보】 《佛》三寶에서 불경을 보배로 보아 일컫는 말。

【法服:법복】 ❶정해진 正式의 의복。『孝經』非先王之ㅣㅣ不敢服。❷㉠法官이 입는 옷。㉡《佛》僧侶가 입는 옷。法衣。

【法事:법사】 =佛事。

【法嗣:법사】 《佛》法統을 이어 받는 후계자。

【法師:법사】 ❶《佛》出家僧。또는 그의 尊稱。『法華經』常修梵行、皆爲ㅣㅣ。❷《宗》道士의 尊稱。「는 床。

【法床:법상】 《佛》說法하는 중이 올라 앉

【法相:법상】 ❶漢代 여자를 後宮으로 맞이할 때 정해진 얼굴·자태의 규정。이에 맞지 않으면 宮中에 들지 못했음。『後漢書』姿色端麗、合ㅣㅣ者。❷法務大臣의

略稱。❸《佛》諸法의 모양。

【法書：법서】❶법률에 관한 서적。『易林』典册――、藏在蘭臺。❷＝法帖。

【法席：법석】《佛》佛法 강의를 하는 자리。

【法城：법성】《佛》佛法을 城에 비유한 말。

【法聲：법성】《佛》❶설법하는 소리。❷경전을 읽는 소리。

【法性土：법성토】《佛》三佛土의 하나。

【法水：법수】❶亞砒酸加里液。❷《佛》佛法으로 중생의 마음 속의 때를 씻음。

【法手：법수】방법과 수단。

【法數：법수】《數》除法에서 實數를 제하는 수。

【法術：법술】❶방법과 기술。❷方士의 술법。

【法施：법시】타일러 깨달음을 베푼다는 普施 중 三施의 하나。

【法式：법식】❶規格。규율。예의。『荀子』是禮義之――也。❷法度와 양식。

【法身：법신】《佛》三身의 하나。불타의 불멸하는 靈。『涅槃經』離無離有、所謂――。

【法案：법안】법률의 原案。

【法眼：법안】❶바른 眼識。『王維』――觀之、知其神情。❷《佛》佛道를 깨침。

【法藥：법약】《佛》중생의 마음의 번뇌를 없애주는 불법을 약에 비유한 말。

【法語：법어】❶바르게 이야기하여 깨우치게 하는 말。正面의 忠告。『論語』――之言、能無從乎。❷《佛》불교에 관한 문장。佛家의 기록。

【法言：법언】❶옳은 말。道理가 될 수 있는 말。『孝經』非先王之――、不敢言。❷書 一三권。漢 揚雄 지음。論語를 본따서 지은 책으로 學行·修身·先知·君子 등 一三항목으로 나누어 있음。

【法域：법역】❶특정한 법령의 효력이 미칠 지역적 범위。❷민법·형법 따위와 같은 법의 각 체계。

【法筵：법연】❶制 禮式을 갖추고 임금이 臣下를 접견하는 자리。『孔稚圭』――久埋。❷《佛》佛法을 講說하는 자리。『張九齡』壁石開精舍、金光照――。

【法悅：법열】❶《佛》信仰함으로써 참된 깨달음을 얻는 마음의 기쁨。❷眞理에 사무칠 때의 기쁨。

【法王：법왕】❶《佛》佛法의 우두머리。부처。釋迦如來。『法華經』我爲――、於法自在。❷《宗》로마 가톨릭 敎會의 최고의 지위에 있는 사람。로마法皇。로마 가톨릭敎會에서는 敎皇을 정식의 칭호로 함。

【法王廳：법왕청】《宗》로마市의 일부에 자리잡은 법왕의 궁전。바티칸(Vatican)。

【法外：법외】❶法律 밖。❷佛法 밖。❸事理에 맞지 않는 것。❹정도에 어긋난 일。지나친 일。

【法外意：법외의】법률 외의 방법으로 처치하되 법의 정신을 잃지 않음。

【法要：법요】《佛》❶佛法의 要義。『維摩經』。❷＝法會。

【法油：법유】들기름。

【法衣：법의】❶법관 또는 변호사들이 법정에서 입는 특별한 옷。❷《佛》袈裟。장삼。僧衣。法服。

【法意：법의】법률의 근본 되는 뜻。『蘇軾』中嚴――。

【法意識：법의식】어떠한 일을 법적으로 정당한 것、법에 적합한 일이라고 생각하는 의식。

【法醫學：법의학】醫學上으로 殺人의 死因에 대하여 犯行時刻、그밖의 解釋·鑑定 등을 구명하는 학문。犯罪醫學。

【法益：법익】법률에 의해 보호되는 생활상의 이익。

【法益說：법익설】《法》公法은 公益을、私法은 私益을 목적으로 한다는 법률상의 학설。

【法人：법인】《法》사람 또는 물건의 合體를 法律上 個人과 같이 權利·義務의 主體로 본 것。株式會社 등。

【法人所得：법인소득】《法》법인의 定款에 의거한 일체의 수입。

【法典：법전】《法》特定한 事項에 關한 法規를 體系를 세워서 編別로 조직한 成文法規集。

【法殿：법전】임금이 朝賀를 받던 正殿。

【法廷：법정】재판관이 재판하는 곳。

【法政：법정】❶법률과 정치。❷법률 운용면의 정치。

【法定：법정】법률로 정함。또는 그 사항。

【法定家督相續人：법정가독상속인】《法》법률규정에 의하여 마땅히 가독을 상속할 사람。

【法定果實：법정과실】《法》元物을 사용한 代價로 받는 돈이나 물건。

【法定代理：법정대리】《法》특별한 위임에 의하지 않고도 법률상으로 저절로 생기는 대리 관계。

【法定利子：법정이자】《法》법률상으로 규정된 이자。

【法定傳染病：법정전염병】《法》법률로 지정하여 그 병자의 격리를 강제하는 전염병。

【法定準備金：법정준비금】《法》주식회사나 주식합자 회사가 손실을 보충할 목적으로 자본금의 四분의 一에 달할 때까지、每決算期의 純利益金 중에서 二〇분의 一 이상을 적립하도록 商法에 규정된 것。

【法定刑：법정형】《法》법률상 규정된 형。형법 各條에 추상적으로 규정한 刑。

【法定後見人：법정후견인】《法》법률상 마땅히 후견인이 될 사람。

【法製：법제】물건을 법대로 만드는 일。

【法制：법제】《法》法律과 制度。또는 法律이 정한 각종 制度。『禮記』命有司、修――、繕囹圄。

【法制史：법제사】《法》법제에 관하여 역사적으로 연구하는 학문。또는 그것을 구명하는 학문。

【法條：법조】법률의 조문。

【法曹：법조】《法》일반적으로 법률 사무에 종사하는 사람。특히 법관·변호사 등을 말함。法曹人。『唐書』――司法、參軍事、掌鞫獄。

【法曹界：법조계】법률에 종사하는 사람들의 사회。

【法住寺：법주사】《地》忠淸北道 報恩郡 俗離山에 있는 절。新羅 眞興王 一四년(五五三)에 義信和尙이 印度에서 돌아와서 지었다고 함。

【法帖：법첩】《書》習字의 본이 되는 書帖。또는 法書。

【法靑：법청】景泰藍의 법랑 중에 푸른 빛을 써서 만드는 도자기의 빛。琺靑。

【法體：법체】《佛》❶宇宙萬有의 眞相。『俱舍論』三世實有、――恆有。❷중의 자태。

【法治：법치】법률에 의하여 정치를 함。

【法治國：법치국】일정한 法律에 의거하여 정치를 하는 나라。

【法治主義：법치주의】나라의 정치가 원칙적으로 의회에 의하여 제정된 법률로써 행해져야 한다고 하는 주의。

【法則：법칙】❶법률과 규칙。❷본·모범·規範·典則。『周禮』――以馭其官。❸原因結果의 규정。

【法幣：법폐】❶서기 一九三五년 一一월 三일 중화민국의 幣制 개혁으로 생긴 통화。❷法定貨幣의 略語。

【法學：법학】법률에 관한 학문。

【法學通論：법학통론】《法》법률의 개론적 설명。또는 그 책。

【法解釋學：법해석학】《法》현행 법적 질서의 규범 내용을 체계적으로 인식함을 그 임무로 하고、재판에 의한 법의 구체적 실현을 위하여 통일적·조직적인 해석을 부여하는 실용의 법학。解釋法學。

【法兄：법형】《佛》한 스승에게 같이 법을 받은 사람의 尊稱。

【法號：법호】《佛》❶出家하여 法門에 들

어온 사람에게 붙이는 이름。❷사람이 죽은 후 佛式에 의하여 붙이는 이름。戒名。法名。

〔法花:법화〕❶꽃 무늬가 있게 만든 中國製의 도자기의 하나。❷무늬 도자기에 진흙으로 가는 윤곽을 그리고, 이것을 경계로 하여 온갖 顏料로 모양낸 것。

〔法貨:법화〕❶《經》 국법으로 그 강제 통용력이 인정된 화폐。❷프랑스 화폐의 中國式 일컬음。

〔法華三昧:법화삼매〕《佛》 法華經을 꾸준히 읽어 그 묘리를 깨달음。

〔法皇:법황〕 法王②。

〔法會:법회〕《佛》❶佛法을 講說하기 위한 모임。『法華經』若人於ㅡㅡ、得聞此經典。❷죽은 사람의 靈을 위안하는 일。佛事。法要。

◎加ㅡ、苛ㅡ、家ㅡ、減ㅡ、劍ㅡ、公ㅡ、受ㅡ、修ㅡ、乘ㅡ、新ㅡ、惡ㅡ、約ㅡ、禮ㅡ、用ㅡ、違ㅡ、遺ㅡ、六ㅡ、療ㅡ、理ㅡ、立ㅡ、作ㅡ、適ㅡ、傳ㅡ、戰ㅡ、正ㅡ、政ㅡ、諸ㅡ、製ㅡ、除ㅡ、宗ㅡ、從ㅡ、主ㅡ、坐ㅡ、眞ㅡ、通ㅡ、便ㅡ、筆ㅡ、合ㅡ、行ㅡ、憲ㅡ、刑ㅡ、護ㅡ。

【泗】 (사) 寘

小篆 書草 ❶물이름사(濟陰水名)。❷콧물사(涕ㅡ鼻出)。 シ、はなしる snivel ㄙ ssu⁴

〔泗上:사상〕❶《地》泗水 근처의 땅。❷孔子學派。孔子가 泗水 근처에서 제자들에게 가르쳤다는 데서 옴。『晉書』ㅡㅡ微言、朝聞而夕死。

〔泗上弟子:사상제자〕 孔子의 門人。『史記·孔子世家』孔子葬城北、ㅡㅡ皆服三年。↕泗上。

〔泗沘城:사자성〕《歷》옛 都城。지금의 扶餘。百濟 二六代 聖王이 熊津에서 遷都하여 五〇년 간 都邑했던 곳。泗沘城。

〔泗沘水:사자수〕《歷》물 이름。百濟 때 扶餘 白馬江의 이름。

【泙】 (평) 庚

小篆 書草 물소리평、물결셀평(水聲)。(『澎』과 같음) ヒョウ、みずおと sound of the waves

【泚】 ㊀(자) 紙 ㊁(체) 薺

小篆 書草 ㊀❶물맑을자(水清)。❷고울자(鮮明)。『詩經 邶風 新臺』新臺有ㅡ。❸땀축축이날자(汗出貌)。『孟子 滕文公上』其顙有ㅡ。 ㊁뜻은 ㊀과 같음 シ、セイ、きよい clear ㄘ tz'u³ (本音「차」)

〔泚泚然:자자연〕 땀이 나는 모양。「ㅡ淸也。『孟子』其顙有泚。『注』汗出ㅡㅡ。

〔泚潩:자죄〕 맑은 모양。『集韻』潩、ㅡ

〔泚筆:체필〕 붓에 먹을 먹임。『唐書』文本爲中書舍人、云云、或策令叢遽、敕吏六、七人ㅡㅡ待、分口占授、成無遺意。

【泛】 ㊀(범) 陷 ㊁(봉) 腫 ㊂(핍) 洽

小篆 小篆 書草 ㊀❶뜰범(浮也)。『漢武帝 秋風辭』ㅡ樓船兮濟汾河。❷넓을범(汎也)。(『汎』과 같음) ㊁엎칠봉、덮을봉(覆也)。(『覂』과 통함) ㊂물소리핍(水聲)。 ハン、ホウ、うかぶ float ㄈㄢˋ fan⁴ (本音「범」)

〔泛看:범간〕 漫然히 보는 것。눈여겨 보지 않고 데면데면 봄。

〔泛過:범과〕 정신을 가다듬지 않고 데면데면하게 지나감。

〔泛讀:범독〕 데면데면 읽음。

〔泛濫:범람〕 넓게 넘침。汎濫。

〔泛論:범론〕 널리 論함。汎論。『吳志』ㅡㅡ物理。

〔泛浮:범부〕 떠 있음。뜸。

〔泛愛:범애〕 널리 사랑함。汎愛。

〔泛然:범연〕 들떠 있는 모양。침착하지 못한 모양。『莊子·田子方』味然而不應、ㅡㅡ而辭。

〔泛溢:범일〕 물이 넘쳐 흐름。汎溢。『北史』起長隄、以防ㅡㅡ。

〔泛舟:범주〕 배를 띄움。

〔泛稱:범칭〕 모두 종합한 名稱。

〔泛忽:범홀〕 데면데면하여 탐탁하지 않음。

【泜】 ㊀(지) 支 ㊁(치) 紙 ㊂(저) 霽

小篆 書草 ㊀물이름지(臨城水名)。(『滍』와 같음) ㊁물이름치(南陽水名)。㊂물이름저(常山水名)。 シ、テイ、かわ river

〔泜泜:저저〕 가즈런한 모양。『後漢書』皇道惟融、帝猷顯丕、ㅡㅡ庶類、含甘吮滋。

【泝】 (소) 遇

小篆 或體 書草 ❶거슬러올라갈소(逆流上)。❷흘러갈소(順流下)。(『溯·遡』와 같음) ソ、さかのぼる flow back-ward ㄙㄨˋ su⁴

〔泝流:소류〕 흐르는 물을 거슬러 올라감。

〔泝沿:소연〕 흐르는 물을 따라 거슬러 올라감과 흐름을 따라 내려가는 것。『伏挺』行舟迷ㅡㅡ。

〔泝游:소유〕 =泝洄。

〔泝洄:소회〕 거슬러 올라감。溯洄。『爾雅』逆流而上曰ㅡㅡ、順流而下曰泝游。

【泞】 (저) 語

맑을저(澄也)。 チョ、すんでふかい clear

【泠】 (령) 靑

小篆 書草 ❶서늘할령(凉意)。❷샘소리령(泉聲ㅡㅡ)。❸물이름령(丹陽水名)。 レイ、すずしい cool ㄌㄧㄥˊ ling²

〔泠泠:영령〕 소리가 듣기에 시원하고 분명함。『陸機』音ㅡㅡ而盈耳。

〔泠然:영연〕❶청결한 모양。『晉書』ㅡㅡ若琴瑟。❷가벼운 모양。『莊子』列子御風而行、ㅡㅡ善也。

〔泠人:영인〕 樂人。樂官。광대。伶人。『左傳』問其族、對曰ㅡㅡ也。

【泡】 (포) 肴

小篆 書草 ❶물거품포(水上浮漚)。❷물이 솟아 날포(泉出貌)。❸물흐를포(水流貌)。『山海經』其源渾渾ㅡㅡ。❹성할포(盛貌)。『揚子方言』ㅡ盛也。 ホウ、あわ foam ㄆㄠˋ p'ao⁴

〔泡起:포기〕 물거품과 같이 부풀어 오름。

〔泡沫:포말〕 거품。물거품。沫은 공중에 튀어 흩어지는 물방울로서 허무한 것에 대한 비유。『葛長庚』堪歎人間事、ㅡ風燈、阿誰肯做飛仙。

〔泡影:포영〕 물거품과 그림자。《喩》세상 일의 허무함을 일컬음。『金剛經』一切有爲法、如夢幻ㅡㅡ。

〔泡花:포화〕 물거품。

〔泡幻:포환〕 물거품과 환상。세상이 허무하고 허전한 것。夢幻。『王禹偁·詩』身世喩ㅡㅡ。

【波】 (파) 歌

小篆 書草 ❶물결파(浪也)。『爾雅』大ㅡ爲瀾小ㅡ爲淪直ㅡ ハ、なみ wave ㄆㄛ p'o¹

爲徑。❷물젖을파(潤也)。❸눈광채파(目光)。❹움직일파(動也)。『莊子外物』其孰不ㅣ。❺달빛파(月光)。【漢書】月穆穆以金ㅣ。❻책이름파(書名偃ㅣ)。
【波谷:파곡】 한 물결의 제일 낮은 위치。↕波丘。
【波光:파광】 물결이 번쩍이는 빛。
【波丘:파구】 한 물결의 제일 높은 위치 ↕波谷。
【波及:파급】 ❶점차 전하여 짐。어떠한 일의 餘波나 영향이 차차 전하여 멀리 미침。『左傳』其ㅣㅣ晉國者、君之餘也。❷《心》어떤 조건 밑에서 일정한 동작을 연습한 다음 그와 비슷한 조건 밑에서 비슷한 동작을 할 때 앞의 경우보다 아주 쉽게 배울 수 있는 일。
【波濤:파도】 큰 물결。(濤는 大波)。波浪。『杜甫』ㅣㅣ萬頃堆琉璃。
【波動:파동】 ❶파도의 움직임。❷파도와 같은 움직임。❸사회적으로 어떤 變動을 가져올 만한 거센 움직임。
【波動說:파동설】 《物》빛은 우주 안에 가득찬 에테르 속에 퍼지는 한 橫波라고 주장하는 학설。
【波亂:파란】 ❶파도가 어지러워짐。❷생활의 변화。❸떠들어 댐。騷動。
【波瀾:파란】 ❶파도。『范仲淹』春和景明、ㅣㅣ不起。❷문장법의 이름。글이 뛰어나게 起伏과 變化가 있는 것。『杜甫』ㅣㅣ獨老成。❸일이 평온하지 못함。소동。갈등。
【波瀾曲折:파란곡절】 생활 또는 일의 진행에서 일어나는 많은 곤란과 변화。『孟郊』——誓不起、妾心古井水。
【波瀾萬丈:파란만장】 일의 진행에서 일어나는 몹시 심한 起伏과 변화。
【波瀾重疊:파란중첩】 일의 진행에 있어서 온갖 변화와 난관이 많음。
【波浪:파랑】 =波濤。『韋莊』ㅣㅣ不知深幾許。
【波稜菜:파릉채】 《植》시금치。菠薐草。
【波面:파면】 물결의 겉면。
【波文:파문】 ❶파도의 무늬。파도치는 모양。波紋。『白居易·府西池詩』池有ㅣㅣ水盡開。❷어떠한 일의 영향。
【波紋:파문】 ❶=波文。❷소동。波亂。
【波斯:파사】 《歷》아시아의 一國。페르샤의 옛 이름。지금의 이란 王國。
【波狀:파상】 물결이 起伏하는 형상。上下로 彎曲한 형상。
【波狀攻擊:파상공격】 끊임 없이 공격을 계속하는 것。
【波線:파선】 물결처럼 구불구불하게 된 선。파상으로 된 선。
【波市:파시】 고기가 한창 잡힐 때 바다 위에서 열리는 생선 시장。
【波心:파심】 물결의 중심。『白居易』月點ㅣㅣ一顆珠。
【波長:파장】 《物》波動에 있어서 같은 位相을 가진 서로 이웃한 두 點 사이의 거리。
【波底:파저】 물밑。
◎金ㅣ、短ㅣ、萬ㅣ、水ㅣ、煙ㅣ、月ㅣ、銀ㅣ、音ㅣ、餘ㅣ、長ㅣ、電ㅣ、主ㅣ、中ㅣ、滄ㅣ、秋ㅣ、風ㅣ。

【泣】 (읍) 緝 キュウ、なく weep ㄑㄧˋ ch'i⁴ (本音「급」)
小篆 草書 ❶눈물줄줄흘릴읍、소리 없이 울읍(無聲出涕)。❷부글부글 끓는 소리읍(沸聲)。❸울읍(哭也)。
【泣諫:읍간】 울면서 諫함。『漢書』丘豹及內史安國皆ㅣㅣ。
【泣感:읍감】 느껴서 울음。感泣。『范仲淹』尙當ㅣㅣ風樹、憂思無窮。
【泣哭:읍곡】 소리를 내어 슬피 통곡함。
【泣訴:읍소】 눈물로써 하소연함。
【泣顔:읍안】 우는 얼굴。
【泣請:읍청】 울면서 간절히 청함。
【泣涕:읍체】 눈물을 흘리며 울음。涕泣。『詩經』瞻望弗及、ㅣㅣ如雨。
【泣血:읍혈】 當喪한 효자가 피눈물을 흘리며 슬피 울음。『禮記』ㅣㅣ三年、未嘗見齒。
◎悲ㅣ、哀ㅣ、號ㅣ、感ㅣ。

【泥】 ㊀(니) 齊 デイ、どろ mud ㄋㄧˊ ni² ㊁(니) 薺 ㄋㄧˇ ni³ ㊂(니) 霽 ㄋㄧˋ ni⁴ (本音「녜」)
小篆 草書 ㊀❶수렁니、진흙니(水和土)。『屈原漁父辭』何不淈其ㅣ而揚其波。❷물이 더러워질니(水濁)。『易經』井ㅣ不食。❸미장이니(ㅣ匠)。❹흙손니(ㅣ鏝)。❺술취할니(醉也)。『杜甫詩』先拚一飮醉如ㅣ。㊁❶이슬맺힐니(露濃貌)。『詩經小雅蓼蕭』零露ㅣㅣ。❷야들할니(柔澤貌)。『詩經』維葉ㅣㅣ。(『泥』와 같음) ㊂막힐니(滯也)。『論語 子張』致遠恐ㅣ。
【泥溝:이구】 ❶진흙 도랑。❷下賤한 지위를 말함。『韓愈·詩』陷身ㅣㅣ間、誰復稟指撝。
【泥金:이금】 금가루를 아교에 녹힌 것。書畫를 그리는 데 씀。金泥。『天寶遺事』新及第以ㅣㅣ帖字、附家書爲報。
【泥濘:이녕】 진흙탕 길。『抱朴子』夜光起于ㅣㅣ。
【泥泥:이니】 ❶풀잎이 무성한 모양。『詩經』維葉ㅣㅣ。❷풀잎이 이슬에 젖어 윤택한 모양。『詩經·蓼蕭』零露ㅣㅣ。
【泥塗:이도】 ❶진흙。진흙탕。『白居易』失足陷ㅣㅣ。❷천한 위치·경우。『杜甫』ㅣㅣ任此身。❸천해서 쓰일 곳 없음。더럽혀진 곳。糞土。塵土。『范仲淹』ㅣㅣ軒冕。
【泥鏝:이만】 흙손。
【泥生地:이생지】 냇가에 흔히 있는 모래 섞인 개흙 땅。
【泥塑人:이소인】 진흙으로 만든 인형。土偶。泥像。『近思錄』明道先生坐如ㅣㅣㅣ。
【泥水:이수】 진흙이 많이 섞인 물。『周禮』鼁蛤在ㅣㅣ之中。
【泥匠:이장】 미장이。
【泥鰍:이추】 《動》미꾸라지。
【泥醉:이취】 술에 몹시 취함。『陸游』ㅣㅣ醒常少。
【泥炭:이탄】 =土炭。
【泥土:이토】 진흙。『宋書』糠ㅣㅣ相和。
【泥海:이해】 진창길。
【泥行:이행】 진흙탕 길을 감。『史記』ㅣㅣ乘橇。
【泥鞋:이혜】 진신。
【泥灰:이회】 물에 이긴 회。

【泧】 (월) 月 エツ、おおみず flood
小篆 ❶큰물월(大水)。❷넘칠월(漲溢)。

【注】 (주) 遇 チュウ、そそぐ irrigate;intend ㄓㄨˋ chu⁴
小篆 草書 ❶물댈주(灌也)。❷물쏟을주(水流射)。『左傳 襄公二十三年』射之不中又ㅣ。❸뜻둘주(意所嚮)。❹기록할주(記也)。『風俗通』記物曰ㅣ困支分派別之意。❺조처할주(措置)。❻주낼주、풀이할주(釋經典)。(『註』와 통함)
【注脚:주각】 해석。본문의 일부분의 補足。注釋。본문의 중간에 들어가는 것을 注、아래로 들어가는 것을 脚이라 함。『困學紀聞』日用是根株、文字是ㅣㅣ。
【注力:주력】 힘을 있는대로 다 들임。

【注目:주목】❶한 곳을 주의하여 바라봄。❷어떤 일을 조심하고 경계하여 봄。注視。『晉書』四海ㅣㅣ。
【注目處:주목처】주목할 만한 곳。
【注文:주문】❶註釋의 글。❷만들어 주기를 부탁함。희망을 말하여 부탁함。
【注文書:주문서】물건을 주문하는 문서。書面。
【注文狀:주문장】=注文書。
【注文品:주문품】사려고 부탁하였거나 만들려고 마춘물건。
【注射:주사】《醫》일정한 양의 약물을 생물체의 조직·脈管 등에 주입는 일。
【注射器:주사기】《醫》주사할 때 쓰는 기구。약물을 넣는 유리통과 피스턴과 주사침으로 되어 있음。
【注射力:주사력】주사의 기운。주사 맞「은 效력。
【注射液:주사액】주사에 쓰는 약물。
【注射針:주사침】주사기의 끝에 달린 바늘。주사 바늘。
【注釋:주석】본문의 해석。문장등의 해석。注解。
【注疏:주소】經書 등의 본문의 해석·설명。注는 四書五經 등의 經文을 해석한 傳·箋 등으로 불리워지는 것。疏는 注를 다시 해석 또는 敷衍한 것。
【注水:주수】물을 부음。
【注水匜:주수이】물을 따르는 기구의 한 가지 『西淸古鑑』。

洩注水(西淸古鑑)

【注視:주시】=注目。『韓愈』天陽熙四海、ㅣㅣ首不領。
【注秧:주앙】봄에 볍씨를 모판에다 뿌「리는 일。모붓기。
【注油所:주유소】개솔린 따위를 공급하는 곳。市街의 요소 요소에 있어 자동차에게 공급함。給油所。
【注意:주의】정신을 차림。마음을 고정시킴。조심함。『史記』天下安ㅣㅣ相、天下危ㅣㅣ將。
【注意人物:주의인물】당국으로부터 주목을 받는人物。
【注入:주입】❶쏟아 부음。❷기억과 암송을 주로 삼아 가르침。↕啓發。
【注子:주자】술을 퍼서 잔에 붓는 기구。

注子(三才圖會)

【注錯:주착】措置함。處置함。『荀子』ㅣㅣ習俗、所以化性也。
【注春症:주춘증】《醫》봄을 몹시 타「는 병증。
【注夏症:주하증】《醫》여름을 몹시 타는 병증。
【注解:주해】=注釋。『晉書』杜預與賈充等、定律令既成、預爲之ㅣㅣ。◎傾ㅣ、銓ㅣ、集ㅣ。

【泪】(루)『淚』(水部 8畫)와 같음

【泬】(혈) 屑 ケツ、むなしい deserted ㄒㄩㄝ hsüeh⁴
小篆 草書 ❶휑할혈、빌혈(空貌ㅣ寥)。❷샘솟을혈(水從孔穴出)。
【泬寥天:혈요천】가을 하늘을 이름。가을엔 하늘이 높고 맑게 개이기 때문임。『白居易』青蕪卑濕地、白露ㅣㅣ。
【泬泬:혈혈】空虛한 모양。『李華』魂魄結兮天ㅣㅣ。

【泫】㊀(현) 先 ㊁(현) 銑 ゲン、ふかい deep ㄒㄩㄢˋ hsüan⁴
小篆 草書 ㊀물깊을현、물충충할현(水深廣貌)。『謝靈運詩』ㅣㅣ露垂條。㊁❶이슬맺힐현(露垂貌)。❷눈물줄줄흘릴현(流涕貌)。『禮記 檀弓』孔子ㅣ然流涕。
【泫然:현연】눈물이 철철 흘러 내리는 모양。『禮記·檀弓』孔子ㅣㅣ流涕。
【泫沄:현운】물이 솟아서 흘러 나오는 모양。『張衡』水ㅣㅣ而涌濤。
【泫泣:현읍】눈물을 흘리며 울음。
【泫泫:현현】❶눈물이 흐르는 모양。우는 형용。『吳越春秋』心惙惙兮若割、淚ㅣ兮雙懸。❷이슬이 매달려 있는 모양。『謝惠連』裴裴氣冪岫、ㅣㅣ露盈條。

【泭】(부) 虞 フ、いかだ small raft
小篆 ❶작은떼부(小木筏)。❷물거품부(水泡)。(『桴』와 같음)

【泮】(반) 翰 ハン、とける melt ㄆㄢˋ p'an⁴
小篆 草書 ❶반수반、반궁반(ㅣ水 諸侯學宮)。『詩經』思樂ㅣ水。❷얼음풀릴반(冰解)。『詩經 邶風匏有苦葉』迨冰未ㅣ。(『頖·泮』과 通함)
【泮宮:반궁】周代、諸侯의 國學。饗射를 익히게 하던 곳。東西의 門 以南은 물로 에워 싸았고 以北에는 담을 싸았음。天子의 辟雍은 四面을 물로써 싸았는데 對하여 東西門의 半에만 물로 둘러친 데 泮宮이라 이름。(泮은 半의 뜻)。『說文』泮、諸侯饗射之宮、西南爲水、東北爲牆、从水半、半亦聲。

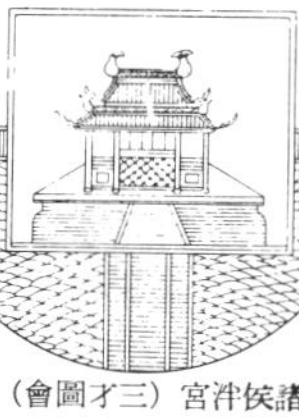
諸侯泮宮(三才圖會)

【泮水:반수】泮宮의 옆을 흐르는 물。『詩經』思樂ㅣㅣ。
【泮蛙:반와】成均館 개구리。
【泮儒:반유】옛날에 성균관에서 유숙하고 학업을 닦던 유생。
【泮人:반인】성균관에 딸려 대대로 쇠고기를 팔던 사람。관사람。
【泮長:반장】《制》=大司成。
【泮中:반중】成均館 근처에 있는 동네。「泮村。
【泮通:반통】《制》大司成을 뽑아 낼 때에 세 사람의 후보자 속에서 천거하던 일。

【泯】(민) 軫 ビン、ミン、ほろぶ perish ㄇㄧㄣˇ min³
小篆 草書 ❶빠질민(沒也)。❷잦을민、꺼질민(滅也)。『朱熹 中庸章句序』幸此書之不ㅣ。❸다할민(盡也)。『書經』天惟與民彝大ㅣ亂。❹물맑을민(水清貌)。『杜甫詩』春流ㅣㅣ淸。❺어둘민(昏也)。
【泯棄:민기】망하고 쇠퇴하여짐。『詩經』夏之篇章既以ㅣㅣ、唯有商頌而已。
【泯亂:민란】질서·도덕 등이 쇠퇴하여 어지러움。『書·康誥』民彝大ㅣㅣ。
【泯滅:민멸】形迹이 아주 없어짐 泯沒。
【泯沒:민몰】망함。淪沒。泯滅。『五代史』ㅣㅣ而無聞者。
【泯默:민묵】입을 다물고 말을 하지 않「음。
【泯然:민연】망하는 모양。『方孝孺』其肯ㅣㅣ、與庸衆人等乎。
【泯絶:민절】망하여 끊어짐。泯滅。『魏書』秦棄學術、禮經ㅣㅣ。

【泰】(태) 泰 タイ、やすらか peaceful; huge ㄊㄞˋ t'ai⁴
小篆 古文 草書 ❶클태(大也)。❷통할태(通也)。『易經 上象』天地交ㅣ。❸심할태(甚也)。『詩經 小雅巧言』昊天ㅣ憮。❹너

그러울태(寬也)。❺편안할태(安也)。❻사치할태(侈也)。〔論語 子路〕君子ㅣ而不驕。〔孟子 滕文公下〕舜受堯之天下、不以爲ㅣ。❼산이름태(山名)。❽괘이름태(卦名)。❾서양태(ㅣ西)。

〔泰斗:태두〕❶泰山北斗의 略語。世人으로부터 우러러 존경을 받는 사람。❷學問·學術의 權威者。(『太』와 같음)

〔泰封:태봉〕《歷》九〇一~九一八 나라 이름。新羅 말엽 弓裔가 松嶽에서 세움。國號는 摩震·泰封、年號는 武泰·聖冊·水德萬歲로 改元했으며 鐵圓으로 遷都했다가 부하인 王建에게 나라를 빼앗김。

〔泰山:태산〕❶《地》㉠山 이름。五岳의 하나。山東省 泰安府에 있음。古來로 天子는 이 山에서 封禪을 행하였음。㉡郡 이름。山東省 泰安縣。❷아내의 아버지。丈人。❸높고 큰 산。❹크고 많음을 가리기는 말。

泰山(名山圖)

〔泰山北斗:태산북두〕泰山과 北斗星。《喩》사람을 우러러 보며 존경함。사람들이 존경하는 훌륭한 인물。泰斗。〔唐書 韓愈傳贊〕學者仰之、如——。

〔泰山壓卵:태산압란〕큰 산이 알을 누른다는 뜻。《喩》큰 위력으로 여지없이 내리 누르는 것을 비유하는 말。〔晋書〕猛獸呑狐、——。「고개。

〔泰山峻嶺:태산준령〕큰 산과 험한

〔泰西:태서〕《地》西洋 諸國을 말함。泰는 極의 뜻。太西。↕泰東。

〔泰然:태연〕흔들리지 않고 굳건한 모양。침착한 모양。〔元史〕家貧躬耕、中略、處之ㅣㅣ。

〔泰然無心:태연무심〕아주 태연스럽고 아무런 생각도 없음。

〔泰然自若:태연자약〕마음에 무슨 충동을 받아도 뜸직하고 천연스러움。

〔泰運:태운〕태평한 운수。

〔泰侈:태치〕사치함。〔左傳·襄·三十〕ㅣㅣ者因而斃之。

〔泰平:태평〕❶몸이나 마음이나 집안이 평안함。❷세상이 잘 다스려짐。썩 평화롭게 다스려짐。太平。〔漢書〕三登曰ㅣㅣ。

【泲】(제) 薺 セイ、かわ ㄐㄧˇ chi³ river

小篆 草書 물이름제(沇水東流爲濟)。(『濟』와 같음)

〔泲水:제수〕❶소금의 아직 다 다려지지 않은 것。鹽水。〔管子〕煑ㅣㅣ爲鹽、云云。❷江 이름。山東省의 濟水의 異名。

【泱】㊀(앙) 陽 ㊁(앙) 養 オウ、エイ、ひろい ㄧㄤ yang¹ broad and deep

小篆 草書 ❶물충충할앙、물이 깊고 넓을앙(水深廣貌)。〔詩經 小雅瞻彼洛矣〕維水ㅣㅣ。❷바람소리 광대할앙(風聲宏大)。〔左傳 襄公二十九年〕ㅣㅣ乎大風。㊁❶물결빨리 갈앙(水漂疾貌)。❷펀할앙(廣大貌)。

〔泱泱:앙앙〕❶물이 깊고 넓은 모양。❷흐르는 모양。〔杜甫〕蘭溪春盡碧ㅣㅣ。❸구름이 성하게 일어나는 모양。〔潘岳〕天ㅣㅣ以垂雲。「ㅣ、將安歸兮。

〔泱鬱:앙울〕성한 모양。〔漢書〕玄靈ㅣ

【泳】(영) 敬 エイ、およぐ swim

小篆 草書 헤엄칠영、무자맥질할영(潛行水中)。〔詩〕ㅣ之游之。〔詩〕漢之廣矣不可ㅣ思。

〔泳涯:영애〕聖人의 道에 涵泳하는 일。〔書言故事·泳涯〕文藝傳序、涵泳聖涯、涯嗜道眞。

【洼】(괴) 卦 カイ、かわのな river

❶물형세괴(水勢)。❷물이름괴。(水名)。

【盥】(관) 翰 カン、てあらいかん wash-basin

손씻는그릇관(洗手器)。

六畫

【浕】(은) 眞 ギン、きし water's edge

물가은(水厓)。

【洀】㊀(주) 尤 ㊁(반) 寒 シュウ、ハン、なみうつ wave

草書 ㊀물노리칠주(水文)。㊁서릴반(曲也ㅣ屈)。

【洃】(회) 灰 カイ、ねる knead

반죽할회(溲粉)。

【洄】(회) 灰 カイ、さかのぼる ㄏㄨㄟ huei go up (a stream)

小篆 草書 물거슬러흐를회(逆流)。〔詩經〕溯ㅣ從之。

〔洄洑:회복〕물이 둥글게 굽이쳐 흐르는 모양。〔宋史·蘇軾傳〕ㅣㅣ激射。

〔洄汩:회율〕물이 굽이쳐 흐르는 모양。〔唐書〕盪ㅣㅣ乎淪漣。

〔洄注:회주〕물이 굽이쳐 흐름。〔後漢書〕更相ㅣㅣ。

〔洄洄:회회〕물이 흐르는 모양。〔王安石·詩〕雪乾沙淨水ㅣㅣ。

【洉】(후) 宥 クウ、うるおす soak

적실후(濡也)。

【洊】(천) 霰 セン、しきりに ㄐㄧㄢˋ chien⁴ repeatly

草書 거듭올천(再至)。(『荐』과 같음)〔易經 坎卦〕水ㅣ至。

〔洊雷:천뢰〕長子의 상속을 말함。

〔洊歲:천세〕몇 년이든 계속함。〔王融〕中產闕ㅣㅣ之貲。

〔洊至:천지〕❶물이 四方에서 모여 닿는 것。〔謝靈運·富春渚詩〕ㅣㅣ宜便習。❷災難이 연달아 일어남。〔史記·曆書〕。

【洋】(양) 陽 ヨウ、おおうみ、ひろい ㄧㄤ yang² ocean; wide

小篆 草書 ❶큰바다양(大海)。〔莊子〕望ㅣ向若而歎。❷물결양(瀾也)。❸물출렁출렁할양(水盛貌)。〔詩經〕河水ㅣㅣ。❹넓을양(廣也)。❺클양(大也)。❻서양양(西ㅣ)。

〔洋菓子:양과자〕西洋菓子의 略語。

〔洋館:양관〕❶西洋式으로 지은 집。❷西洋 各國의 公館。

〔洋國:양국〕서양의 나라。

〔洋菊:양국〕《植》다알리아。엉거시科에 속하는 多年草。멕시코우 原產임。

〔洋橘:양귤〕《植》네이블(navel)。오렌

지의 한 변종。브라질 原産임。
【洋女:양녀】 서양 여자。
【洋緞:양단】 은실이나 색실로 수를 놓은 고급 비단의 한 가지。
【洋刀:양도】 서양칼。
【洋燈:양등】 남포。
【洋亂:양란】 ≒洋擾。
【洋藍:양람】 ❶인디고(indigo)。暗青色의 染料。❷西洋畫의 채색의 暗青色。
【洋襪:양말】 (國)실로 뜬 서양식 버선。
【洋木:양목】 唐木。
【洋服:양복】 서양에서 전해 온 방식에 의해 만든 의복。↔韓服。
【洋服店:양복점】 양복을 만들거나 또는 파는 가게。
【洋服地:양복지】 양복감。
【洋封套:양봉투】 서양식의 봉투。
【洋婦人:양부인】 ❶서양 사람의 부인。❷양갈보를 점잖게 일컫는 말。
【洋上:양상】 큰 바다의 위。
【洋書:양서】 서양의 서적。서양의 글씨。
【洋船:양선】 서양의 배。
【洋式:양식】 西洋風。西洋型。洋風。
【洋食:양식】 서양 요리。서양식의 음식。
【洋食店:양식점】 양식을 전문으로 파는 음식점。
【洋室:양실】 서양식으로 꾸민 방。
【洋樂:양악】 서양의 음악。↔國樂。
【洋藥:양약】 ❶서양 醫術에 의한 약。↔漢藥。❷서양에서 수입한 약。
【洋藥材:양약제】 양약을 만드는 데 필요한 재료。
【洋洋:양양】 ❶넓고도 큰 모양。『詩經』牧野——。❷성대한 모양。물의 성한 모양。滔滔。『詩經』河水——。❸많은 모양。『詩·閟宮』萬舞——。❹충만한 모양。빠진 데 없이 꽉 차 있는 모양。『中庸』——載乎如在其上。❺한 없이 넓은 모양。

『楚辭·大招』西方流沙、漭——只。❻훌륭하고 아름다운 모양。『書·伊訓』聖謨——、嘉言孔彰。❼의지할 곳이 없는 모양。『楚辭·哀郢』——而爲客。❽得意한 모양。意氣가 오르는 모양。❾胸中이 걸림이 없이 편한 모양。❿천천히 꼬리를 흔드는 모양。느릿느릿한 모양。『孟子·萬章』少則——焉。⓫흐르는 모양。『廣雅·釋訓』——流也。
【洋屋:양옥】 서양식으로 지은 집。양옥집。↔韓屋。
【洋瓦:양와】 세멘트·모래·석면 따위를 「섞어서 만든 기와。
【洋擾:양요】 (國)서양 사람에 의하여 일어난 난리。李朝 高宗 三年(1860)에 프랑스 군함이 江華島에 침입한 난리와 高宗 八년에 미국 군함이 江華島에 침입한 난리。洋亂。
【洋料理:양요리】 서양식으로 만든 요「리。西洋料理。
【洋銀:양은】 ❶구리·아연·니켈을 합금하여 만든 쇠。❷洋銀錢의 略語。
【洋醫:양의】 ❶서양 의학을 배운 의사。↔漢醫。❷서양 사람의 의사。
【洋夷:양이】 서양 사람에 대한 卑稱。夷는 야만인의 뜻。
【洋人:양인】 서양 사람。
【洋溢:양일】 차서 넘치는 모양。『中庸』是以聲名、——乎中國。海溢。
【洋裝:양장】 ❶西洋風의 의복。❷洋書와 같이 꾸민 洋式의 表裝。❸여자가 서양식으로 몸을 가꾸어 꾸밈。
【洋裝美人:양장미인】 양장한 미인。
【洋裝店:양장점】 여자 의복을 양장으로 꾸미는 일을 전문으로 하는 상점。
【洋裁:양재】 ❶양복의 재단법。❷양복의 재봉。❸서양식 바느질。
【洋裁縫:양재봉】 =洋裁。
【洋裁師:양재사】 ❶양복의 재단을 하는 사람。❷양복 바느질을 하는 사람。
【洋氈:양전】 서양에서 만들었거나、또는 서양식으로 짠 전。
【洋制:양제】 서양 또는 서양식 제도。
【洋種:양종】 ❶서양의 계통。❷서양에서 들어온 종유 또는 종자。
【洋酒:양주】 서양산의 술。
【洋紙:양지】 서양식으로 만든 종이。서양에서 들어온 종이。
【洋織:양직】 서양에서 짠 직물。
【洋鐵:양철】 서양철의 略語。함석。
【洋鐵桶:양철통】 생철통。
【洋青:양청】 당청보다 빛깔이 진한 물감。
【洋醋:양초】 화학 약품에 의하여 서양「식으로 만든 식초。
【洋燭:양촉⇩양초】 서양식 초。
【洋漆:양칠】 顏料와 기름。보이르 기름 따위를 꼭 같은 분량으로 섞어 고아서 만든 서양식의 칠。페인트(paint)。
【洋品:양품】 ❶西洋風의 물건。洋服·裝身具 등。❷서양에서 수입된 물건。
【洋品店:양품점】 양품을 파는 가게。
【洋風:양풍】 =洋式。
【洋學:양학】 서양의 학문。「여 짠 항라。
【洋亢羅:양항라】 무명실을 재료로 하
【洋行:양행】 ❶中國에서의 외국인 상점。❷서양식 상점。❸서양으로 감。外國旅行。
【洋鞋:양혜】 구두。
【洋紅:양홍】 서양에서 만든 홍색의 물감。畫具 또는 著色劑로 쓰임。
【洋畫:양화】 ❶西洋畫。❷西洋에서 제작되어 우리 나라에 수입된 영화。
【洋靴:양화】 구두。
【洋靴店:양화점】 구둣방。
【洋灰:양회】 시멘트。
◎南—、內—、大—、東—、北—、北氷—、西—、外—、還—、海—。

【流】 (충) 東 チュウ、いずみ spring
❶산밑샘충(山下泉)。❷물소리충(水聲—淙)。

【洌】 (렬) 屑 レツ、きよい clear ㄌㄧㄝˋ lieh⁴
小篆 草書
❶맑을렬(淸也)。『歐陽修 醉翁亭記』泉香而酒—。❷찰렬(寒也)。『宋玉 高唐賦』—風過而增悲哀。❸물이름렬(大同江名)。(『冽』과 통함)
【洌風:열풍】 찬 바람。寒風。『楚辭』—過而增悲哀。

【浕】 (사) 紙 シ、みずのあつまり flow in
小篆
❶물모여들사(水別復入)。❷강물사(江水)。

【洎】 (계) 寘 キ、うるおう (本音「기」) glose ㄐㄧˋ chi⁴
小篆 草書
❶미칠계(及也)。『十八史略 宋』—入京師。❷、윤택할계(潤也)。『管子 水地』越之水、重濁而—。❸가마부실계(灌釜)。❹고기즙낼계(肉汁)。『左傳 襄公二十八年』以其—饋。『詩經』—之釜鬵。
【洎夫藍:계부람】 (植)菖蒲科에 속하는 多年草。地下에 球莖이 있음。가을에 엷은 紫色 또는 白色의 꽃이 핌。암술은 藥用이 됨。

【洏】 (이) 支 ジ、なみだ shed tears ㄦˊ erh²
小篆 草書
❶눈물흘릴이(流涕貌)。❷끓인물이(湯水)。

【洑】 ㈠(복) 屋 フク、ながれる flow ㄈㄨˊ fu²
㈡(보) 〔國字〕
草書
㈠물스며흐를복(伏流)。『杜甫 詩』—流何處入。(『澓』과 같음) ㈢『國

字』보막을보(引水灌田)。
【洑流：복류】 물결이 빙빙 돌며 흐름。 또는 땅에 스며들어서 흐름。 伏流(복류)
『杜甫』--何處入。
【洑垌：보동】 보의 동막이。 보를 만들기 위해 둘러쌓은 둑。
【洑稅：보세】 =洑水稅。
【洑水稅：보수세】 봇물의 사용료。
【洑主：보주】 洑의 임자。

【涓】 (연)『涓』(水部 7畫)의 俗字

【洒】 ㊀(세) 薺 サイ、セイ、あらう
㊁(새) 蟹
㊂(최) 賄 wash
㊃(쇄) 阮 ㄒㄧˇ hsi³
㊄(선) 銑 sa³ ㄙㄚˇ
㊅(선) 霰 ㄘㄨㄟˋ ts'
㊆(사) 馬 ㄒㄧㄝˇ hsie
小篆 草書 ㊀❶씻을세(洗也)。〔左傳〕 -濯其心壹以待人。❷설치할세(洗雪)。〔孟子 梁惠王上〕 願比死者一-之。(『洗』와 같음) ㊁뿌릴새(汛也)。 ㊂우뚝할최(高峻貌)。 〔詩經〕新臺有-。 ㊃닦을쇄(滌也)。〔左傳 襄公二十一年〕-濯其心。(『灑』와 같음) ㊄❶엄숙할선(肅然貌)。〔禮記 玉藻〕君子之飲酒、受一爵、而色-如也。 ❷물깊을선(水深)。〔爾雅〕望厓-而高岸。 ㊅으슬으슬떨릴선(寒慄)。〔素問〕秋刺冬分病不已令人--時寒。 ㊆물뿌릴사(-落汛也)。 〔莊子 庚桑楚〕 -然而異之。
【洒濯：세탁】 세탁함。 洗濯。
【洒落：쇄락】 마음이 상쾌함。 깔끔하여 마음에 거리낌이 없음。『宋史』人品甚高、胸中--、如光風霽月。
【洒掃：쇄소】 물을 뿌리고 비질을 함。
【洒脫：쇄탈】 俗된 氣를 벗어나 氣分이 상쾌함。
【洒然：선연】 ❶깜짝 놀라는 모양。 ❷삼가 공손히 하는 모양。『莊子』--異之。

【涑】 ㊀(색) 陌 サク、シ、こさめがふる
㊁(자) 寘 (of drizzle) drip
小篆 ㊀가는비방울뚝뚝떨어질색(水雨零落)。 ㊁물거품자(水泡)。

【洔】 (지) 紙 シ、みぎわ water's edge
小篆 ❶물가지(小渚)。 ❷물벼찰지(水暫益)。(『沚』와 같음)

【洗】 ㊀(세) 薺 セイ、セン、あらう wash
㊁(선) 銑 ㄒㄧˇ hsi³
小篆 小篆 草書 ㄒㄧㄢˇ hsien³ ㊀❶씻을세(滌也)〔易經 繫辭〕 聖人以此-心。❷세수 그릇세(承水器)。(『洒』와 같음)〔儀禮 士冠禮〕設-于東榮。 ㊁❶조출할선(潔也)。〔書經〕自-腆致用酒。 ❷율이름선(律名、姑-)。
【洗肝：세간】 간을 씻어 깨끗하게 함。 마음을 깔끔하게 씻음。 洗心。〔蘇軾〕江水洗我肝。
【洗劍亭：세검정】 《地》 서울 彰義門 밖에 있던 정자。 仁祖反正 때 李貴·金瑬 등의 志士가 光海君 폐위의 결의를 하고 칼을 씻은 곳이라 함。
【洗腦：세뇌】 사상을 개조하기 위하여 새로운 사상을 주입함。
【洗踏：세답】 빨래。
【洗踏足白：세답족백】 상전의 빨래에 종의 발꿈치가 희다란 말로、남의 일을 하여 주면 그만한 소득이 있다는 뜻。
【洗煉：세련】 ❶깨끗이 씻고 불림。 ❷지식이 연마되고 기술이 익숙하여 어색하거나 서투른 데가 없게 함。 ❸思想이나 詩文을 잘 다듬음。 ❹修養을 쌓아 人格이 圓滿하고 性品이나 취미가 고상하고 優雅하게 함。
【洗禮：세례】 ❶《宗》基督教 信者가 될 때의 儀式。 물로 죄와 더러움을 깨끗이 씻고 새로운 生命으로 蘇生한다는 뜻으로 머리에 點水함。 ❷그 道의 사람이 되기 위하여 필요한 경험。 또는 그 시련。
【洗面：세면】 얼굴을 씻음。 洗手。
【洗面器：세면기】 얼굴을 씻는 그릇。
【洗面所：세면소】 세수하는 곳。
【洗雪：세설】 씻어 버림。 부끄러움을 씻어 버림。 雪辱。『後漢書·段熲傳』--百年之逋負。
【洗手：세수】 낯을 씻음。
【洗心：세심】 마음의 언짢은 것을 깨끗이 씻음。 마음을 깨끗하게 함。『易·擊辭』聖人以此--、退藏於密。
【洗眼：세안】 눈을 씻음。《轉》景致가 아름다와 바라봄。『蘇軾·詩』雲水光中--來。
【洗藥：세약】 병든 자리나 상한 局部를 「씻는 약。
【洗堰：세언】 흐르는 물의 양이 적은 개천 따위에 있는 돌에다 콩크리트 따위로 가로질러 길 모양으로 만든 둑。
【洗悟：세오】 ❶깨닫게 함。 ❷깨달음。『十六國春秋』--矇俗。
【洗胃：세위】 胃를 씻어 깨끗이 함。 惡한 것을 是認하고 改心하는 것。『南史·荀伯玉傳』呑刀利腸、欲灰--。
【洗塵：세진】 멀리서 온 손님 또는 旅行하고 돌아온 사람을 饗應하는 것。 接風。
【洗滌：세척】 깨끗이 빨음。 또는 그 일。『後漢書』會赦行賂、復見--。
【洗滌劑：세척제】 살균및 불순물을 제거키 위하여 깨끗이 씻거나 빠는 약제。
【洗濯：세탁】 衣類 등의 더러움을 씻어 버림。 빨래。『後漢書』--祓除。
【洗濯劑：세탁제】 빨래할 때에 쓰는 비누나 약품 따위。
【洗筆：세필】 붓을 씻어 깨끗이 함。 ◎受-、筆-。

【洘】 (고) 皓 コウ、かわく dry up
물마르고(水涸)。

【洙】 (수) 虞 シュ、ほとり beach ㄓㄨ chu¹
小篆 草書 ❶물가수(水涯)。 ❷물이름수(泰山水名-泗)。
【洙泗：수사】 ❶《地》 山東省에 있는 두 江。 洙水와 泗水。『史記』孔子設敎--之上、修詩書禮樂、弟子彌至。 ❷孔子의 學。 儒學。
【洙泗學：수사학】 孔孟의 學。 儒學。『廬象』人歸——、歌盛舞雩風。

【洚】 ㊀(홍) 東 コウ、おおみず
㊁(강) 絳 flood
㊂(홍) 送 ㄐㄧㄤˋ chiang⁴
小篆 草書 ㊀물벼차게흐를홍(水不遵道)。〔孟子告子下〕水逆行謂之-水、-水者洪水也。(『洪』과 통함) ㊁❶물거슬려흐를강(水逆流)。 ❷물이름강(河內水名)。 ㊂물넘칠홍(水無涯)。
【洚水：홍수】 큰물。 洪水。

【洛】 (락) 藥 ラク、みやこ capital ㄌㄨㄛˋ luo⁴
小篆 草書 ❶낙수락(水名)。〔韓愈 送温處士序〕-之北涯

曰石生。❷서울락(都也－陽)。〔張說詩〕四合塵烟漲－城。

〔洛京:낙경〕=洛陽。

〔洛洛:낙락〕물이 흘러 내리는 모양。『山海經』奚有淫水、其清－－。

〔洛師:낙사〕=洛陽。(師는 京師)。『書經』予惟乙卯朝、至于－－。

〔洛石:낙석〕❶《植》담쟁이。❷마삭줄。

〔洛城:낙성〕=洛陽。

〔洛誦:낙송〕文章을 反覆하여 誦讀함。洛은 絡、또는 背誦을 말함。『李白·送于十八應四子擧落第還嵩山詩』夫子閒－－。

〔洛陽:낙양〕《地》東周·後漢·魏·西晉·南北朝의 北魏·唐 등의 서울。지금의 河南省 洛陽縣。洛水의 北쪽에 있음。洛京。洛師。洛城。洛邑。西京。雒陽。「않음。

〔洛繹不絕:낙역부절〕연락이 끊이지

〔洛外:낙외〕洛陽의 바깥。서울의 外郭。

〔洛中:낙중〕洛陽의 가운데。서울 안。

〔洛學:낙학〕宋學의 一派。洛陽 사람인 宋의 程顥·程頤 두 學者의 學說로、人間의 本性에 關한 性命·理氣를 主로 한 學派。『雲麓漫抄』紹熙尙程氏曰－－。

〔洛花:낙화〕《植》모란의 別名。洛陽花。『歐陽修·』－－以 雨爲開候。

【浫】 小篆 ㊀(안) 翰 ㊁(알) 曷 アン、ぬるまゆ sorrowful ㊀끓인물안(湯水)。㊁구슬플 알(卑曲不平)。

【洞】 小篆·草書 ㊀(동) 董 ㊁(동) 送 ㊂(통) 送 トウ、あな、ほら cave; hole ㄉㄨㄥˋ tung⁴ ㊀❶공손할동、조심할동(質愨貌)。『禮記 祭義』－－乎、屬屬乎如弗勝。❷덩어리질동(相連貌)。『淮南子』天地鴻－。㊁❶골동、구렁동(幽壑)。❷깊을동(深也)。『史記 蘇秦傳』遠者括辟－胸。❸빌동(空也)。❹꿸동(貫也)。❺빨리흐를동(疾流)。『西都賦』潰渭－河。❻밝을동(朗徹)。『顏延之詩』識密鑑亦－。㊂뜻은 ㊁와 같음。

〔洞契:동계〕《國》동네의 일을 위하여 洞民이 모으는 契。

〔洞口:동구〕❶동네 어귀。❷《佛》절로 들어가는 山門의 어귀。

〔洞窟:동굴〕깊고 넓은 굴。洞穴。『柳宗元』風出－－。

〔洞內:동내〕동네 안。洞中。

〔洞畓:동답〕《國》동네 사람들이 共同所有로 하는 논。

〔洞糧:동량〕《佛》동냥。

〔洞里:동리〕❶地方行政區域인 洞과 里。❷마을。

〔洞門:동문〕❶굴。門같이 된 굴。❷동네 입구에 세운 문。

〔洞房:동방〕깊숙한 방。《轉》부인의 방。

〔洞房花燭:동방화촉〕❶婦人 방의 등불이 휘황한 것。『庾信』——明、燕餘雙舞輕。❷新婚、또는 결혼의 축하。❸婚禮 뒤에 신랑이 신부의 방에서 자는 일을 이름。

〔洞報:동보〕동리에서 관청에 내는 보고。

〔洞事務所:동사무소〕행정 구역의 하나인 洞內의 사무를 맡아 보는 곳。

〔洞長:동장〕❶《制》한 동네의 우두머리。洞首。❷洞事務所의 長。

〔洞庭湖:동정호〕《地》湖名。湖南省 北部에 있는 中國 第一의 大湖。湘水·沅水 등의 물을 받아 楊子江에 흘러 들어감。名勝 岳陽樓는 그 湖岸에 있고 瀟湘八景은 그 附近에 있음。『杜甫』昔聞——。

〔洞中:동중〕❶굴 속。굴 안。❷동네。

〔洞天:동천〕❶神仙이 사는 세계。❷산에 싸이고 내에 둘린 경치 좋은 곳。

〔洞壑:동학〕❶굴。❷골。❸산과 내가 있어서 경치 좋은 곳。洞天。『後漢書』超－－越峻崖。

〔洞穴:동혈〕길고 넓은 굴의 구멍。洞窟。『揚雄』入－－出蒼梧。

〔洞會:동회〕洞事務所의 舊稱。

〔洞角:동각〕소·물소 등의 뿔같이 가지가 없고 가운데가 빈 뿔。

〔洞開:통개〕널리 열음。환히 열음。洞闢。『宋史』御正殿坐、令－－諸門。

〔洞開獄門:통개옥문〕죄의 輕重을 가리지 아니하고 恩赦로써 죄인을 다 내어 놓음。

〔洞開重門:통개중문〕문짝을 죄다 열어 놓음。출입 금지를 해제한다는 말。

〔洞見:통견〕환히 내다봄。속까지 꿰뚫어 봄。洞察。洞觀。洞視。

〔洞貫:통관〕뚫음。뚫어서 通함。『吳志』矢皆－－。

〔洞觀:통관〕❶=洞見。❷推理·思考의 作用에 의하지 않고 단번에 眞理를 깨닫는 것。

〔洞達:통달〕환히 통함。확실히 깨달음。明徹。『西陽雜俎』目可－－陰陽。

〔洞分:통분〕똑똑이 구별함。分明히 함。『宋史·趙普傳』賢愚－－、玉石殊致。

〔洞泄:통설〕몹시 하는 설사。

〔洞簫:통소〕管樂器의 하나。퉁소。단소。세로로 하여 吹奏함。『蘇軾』客有吹－－者。

〔洞然:통연〕❶텅 비어 있는 모양。❷明快한 모양。❸明白함。뚜렷함。

〔洞察:통찰〕❶온통 밝혀서 살핌。전체를 환하게 내다 봄。❷《心》問題의 解決에 있어서、실패를 거듭한 뒤에 성공하여 그 이후로는 실패 없이 행하는 경우에、그 문제되는 장면을 再構造化하여 해결하는 方途를 꾀하는 심리적인 능력。獨逸의 心理學者 쾨엘러가 소리 및 지능에 관한 類人猿의 실험 결과 주장함。

〔洞徹:통철〕뚫어 通함。확실히 깨달음。환히 통함。『白居易』淺深皆－－。

〔洞燭:통촉〕諒察의 尊稱。

〔洞曉:통효〕환히 알아 깨달음。『宋史』圖畫博奕音律、無不－－。

【洟】 小篆·草書 (이) 支 イ、はなしる watery snivel ㄊㄧˋ tʻi⁴ ❶콧물이(鼻液)。『禮記 內則』不敢唾－。❷눈물이(涙也)。❸못이름이(澤名、温－)。

【浶】 (래) 隊 ライ、そまる be dyed 물들래(染色)。

【洣】 (미) 薺 ベイ、なみ wave ❶물결미(波也)。❷물이름미(江州水名)。

【津】 小篆·古文·草書 (진) 眞 シン、わたしば ferry ㄐㄧㄣ chin¹ ❶진액진、침진(液也)。❷나루진(水渡處)。『論語 微子』問－。❸넘칠진(溢也)。『莊子』其中－－乎猶有惡。

〔津逕:진경〕나루터의 길。『水經·註』絕〔無復－－。

〔津口:진구〕나루터。

〔津氣:진기〕❶진액의 끈직끈직한 기운。❷우러나오는 속 기운。

〔津渡:진도〕나루。『孟浩然』湖平－－闊。

〔津頭:진두〕나루。『陸游』－－暮繫船。

〔津筏:진벌〕❶나루를 건너는 뗏목。『韓愈』自可得－－。❷案內。津梁。

〔津船:진선〕나룻배。

〔津涯:진애〕船着場。배를 붙이는 언덕。『書經·微子』若涉大水、其無－－。

〔津液:진액〕❶침。津唾。『素問』爲胃行

其ㅣㅣ。❷새어 나오는 汁。
【津驛:진역】 나루터。津岸。津頭。『錢起』夜火臨ㅣㅣ。
【津人:진인】 나루터의 뱃사공。「ㅣㅣ操舟若神。『莊子』
【津唾:진타】 침。津液。唾液。
【津河:진하】 나루터。渡船場。
【津航:진항】 나룻배。津船。『張絹』彼岸何遠、ㅣㅣ絶濟。

【洦】 ㊀(맥) 陌 ㊁(백) 陌 バク、あさいみず shollows
小篆 ㊀얕은물맥(淺水)。㊁뜻은 ㊀과같음。

【洧】 (유) 紙 ユウ、かわ name of a river ㄨㄟˇ wei³
小篆 草書 물이름유(潁川水名溱ㅣ)。

【洨】 (효) 肴 コウ、あう junction of river ㄒㄧㄠˊ hsiao²
小篆 草書 ❶물흘러합할효(水流合)。❷물이름효(水名)。

【汧】 (견) 先 ケン、さわ pond
小篆 ❶못견(澤也)。❷물이름견(扶風水名)。
【汧渭:견위】 汧水와 渭水。『史記』。

【洩】 ㊀(예) 霽 ㊁(설) 屑 エイ、セツ、もれる leak ㄒㄧㄝˋ hsieh⁴
草書 ㊀❶퍼질예(舒散)。『左傳』其樂也ㅣㅣ。❷날개훨훨칠예(飛翔貌)。『木華海賦』淫淫ㅣㅣ。㊁❶쉴설(歇也)。『東都賦』馬踠餘足士怒未ㅣ。❷샐설(漏也)。『中庸』振河海而不ㅣ。❸발설할설(發越)。❹덜설(減也)。『左傳』濟其不足以ㅣ其過。(『泄·渫』과 같음)、
【洩洩:예예】 ❶마음이 한가한 모양。『左傳·隱·元』其樂也ㅣㅣ。❷날아 돌아다니는 모양。떴다 가라앉았다 하는 모양。
【洩漏:설루】 새는 것。또는 새어 나감。또는 알려짐。漏洩。『陳書』侍奉機密、未嘗ㅣㅣ。

【洪】 (홍) 東 コウ、おおきい vast ㄏㄨㄥˊ hung²
小篆 草書 ❶클홍、넓을홍(大也)。『書經 大誥』ㅣ惟我幼冲人。❷큰물홍(洚水)。『書經』湯湯ㅣ水方割。❸성홍(姓也)。(『鴻·洚』과 통함)
【洪規:홍규】 큰 計略。大計。『陸機』ㅣㅣ遠略。
【洪鈞:홍균】 우주의 만물을 창조하는 神。造化。鈞은 陶器를 만드는 (轆轤) 녹로로 造物者를 뜻함。『杜甫·上韋左相詩』八方開壽城、一氣轉ㅣㅣ。
【洪大:홍대】 큼。크고 넓음。『舊唐書』體質ㅣㅣ、腰帶十圍。
【洪圖:홍도】 큰 計略。鴻圖。洪謨。『晋書·劉波傳』開拓ㅣㅣ。
【洪濤:홍도】 큰 파도。大濤。巨浪。洪瀾。『木華』ㅣㅣ瀾汗、萬里無際。
【洪量:홍량】 ❶마음이 넓은 것。큰 度量。❷큰 술군。
【洪範:홍범】 ❶《歷》夏의 禹王 때 落水에서 난 神龜의 등에서 나타났다는 九章의 글로서 天下를 다스리는 大法。『書·洪範』天迺錫禹ㅣㅣ九疇。❷위대한 본。天地의 大法。洪軌。❸《書》書經의 篇名。
【洪福:홍복】 큰 행복。鴻福。景福。『金史』社稷之ㅣㅣ也。
【洪細:홍세】 大와 小。洪纖。『梁武帝·文』求理得情、ㅣㅣ必盡。
【洪水:홍수】 큰물。강물이 넘쳐 흐르는 것。洪潦。大水。『書經』湯湯ㅣㅣ方割。
【洪水豫報:홍수예보】、상류의 강우량을 측정하여 하류의 홍수의 정도·시각 등을 미리 알리는 일。
【洪魚:홍어】 ❶《動》가오리科에 속하는 바닷물고기。韓國 沿海 및 日本 中南部 近海에 많음。❷가오리。
【洪業:홍업】 큰 사업。建國의 大業。『左思·吳都部』建至德、以創ㅣㅣ。
【洪恩:홍은】 큰 恩惠。鴻恩。大恩。『荀勗』ㅣㅣ普暢、慶及群臣。
【洪飮:홍음】 많이 마심。豪飮。『李中』ㅣㅣ花間數十場。
【洪才:홍재】 큰 활약。큰 일。뛰어난 재능。『蕭琛』ㅣㅣ類河瀉。
【洪積期:홍적기】 《地》地質時代의 하나。지구 표면에 널리 氷河가 덮여 있던 시대。洪積世。「ㅣ。
【洪鐘:홍종】 큰 종。『溫庭筠』談柄發ㅣㅣ。
【洪志:홍지】 큰 뜻。큰 희망。大志。『唐太宗』書言揚盛跡、補闕與ㅣㅣ。
【洪蕩:홍탕】 水面이 넓은 모양。
【洪統:홍통】 훌륭한 계통。위대한 血統。『陸機』綿綿ㅣㅣ、非爾孰崇。
【洪波:홍파】 큰 파도。
【洪筆:홍필】 큰 붓。
【洪化:홍화】 큰 敎化。『晉書』元首敷ㅣㅣ。
【洪荒:홍황】 ❶끝없이 넓고 큰 모양。『千字文』天地玄黃、宇宙ㅣㅣ。❷세계의 始初。天地가 아직 열리지 않은 때를 말함。太古。『揚雄』ㅣㅣ之世。
【洪勳:홍훈】 큰 공。훌륭한 공로。洪伐。偉勳。丕勳。『宋書』ㅣㅣ彌劭。

【洫】 (혁) 職 キョク、あふれる overflow ㄒㄩˋ hsü⁴
小篆 草書 ❶빌혁(虛也)。『管子』滿者ㅣ之。❷넘칠혁(濫也)。『莊子』所行備而不ㅣ。❸봇도랑혁(溝也)。(『淢』과 通함)

【洟】 (유) 尤 ユ、よごれみず dirty
❶더러울유(汚也)。❷검을유(黑也)。

【洮】 (조) 豪 チョウ、あらう(本音「도」) wash ㄊㄠ t'ao¹
小篆 小篆 草書 ❶세수할조(盥也)。『書經』王乃ㅣ頮水。❷빨조(洗濯)。『後漢書』ㅣ汰學者之累惑。❸물이름조(隴西水名)。
【洮汰:조태】 씻어서 깨끗이 함。洗濯。『後漢書』ㅣㅣ學者之累惑。

【洲】 (주) 尤 シュウ、ス、す、しま island ㄓㄡ chou¹
草書 ❶섬주(島也)。『詩經 周南關雎』關關雎鳩、在河之ㅣ。❷뭍주(陸地)。「五大ㅣ」。❸물가주(水際)。
【洲島:주도】 ❶섬。洲嶼。『孟雲卿』飄浮數ㅣㅣ。❷《地》河口에 三角洲 모양으로 土砂가 퇴적하여 이루어진 섬。
【洲嶼:주서】 섬。洲島。『韋述』沼遞望ㅣㅣ、透迤瓦津陌。
【洲渚:주저】 파도가 밀려 닿는 곳。물가。洲汀。『杜甫』風生ㅣㅣ錦帆開。
【洲汀:주정】 土砂로 이룩된 섬。洲渚。『楊炯』竹樹在ㅣㅣ之外。

【洵】 ㊀(순) 霰 ㊁(현) 眞 ジュン、まこと truly ㄒㄩㄣˊ hsün²
小篆 草書 ㊀❶웅덩이물순(渦中水)。❷소리없이 눈물흘릴순(無聲出涕)。『魯語』無ㅣ涕。❸믿을순(信也)。『詩經』ㅣ美且都。㊁멀현(遠也)。『詩經』吁嗟ㅣ兮。
【洵涕:순체】 소리없이 울음。

【洳】(여) 魚 御 ジョ、ひたる damp ㄖㄨˋ ju⁴

草書 ❶물이름여(水名)。❷물에젖을여、번질여(漸濕)。【詩經 魏風汾沮洳】彼汾沮ㅣ。

【洶】 ㊀(흉) 多 ㊁(흉) 腫 キョウ、わく rush of water ㄒㄩㄥ hsiung¹

小篆 草書 ㊀물결꿈틀거릴흉(水勢)【吳都賦】濞焉ㅣㅣ。㊁물소리흉(涌水聲)。【揚雄 羽獵賦】ㅣㅣ旭旭。

【洶急:흉급】 물 흐름이 급하고 거셈。『元史』嘉陵白水交會、勢ㅣㅣ。

【洶動:흉동】 떠들썩하여 진정되지 않음。騷擾。『宋史』每將興工、市肆ㅣㅣ。

【洶涌:흉용】 파도가 치솟음。洑湧。『司馬相如』ㅣㅣ澎湃。

【洶溶:흉용】 끓어 오름。沸騰함。『韓愈』君才誠倜儻、時論方ㅣㅣ。

【洶洶:흉흉】 ❶법석대고 떠들음。『揚雄』ㅣㅣ旭旭。❷파도가 어지럽게 일어나서 세찬 모양。『楚辭』聽波聲之ㅣㅣ。❸人心이 安定되지 못하고 몹시 어지럽고 어수선한 모양。『唐書·陸贄傳』人心驚疑如風濤然ㅣㅣ靡定。❹시끄러운 소리。

【洸】(광) 陽 コウ、いかる get angry ㄍㄨㄤ kuang¹

小篆 小篆 草書 ❶물하얗게솟을광(水涌光)。❷굳셀광(果毅貌)。『詩經 大雅江漢』武夫ㅣㅣ。❸성낼광(怒也)。『詩經』有ㅣ有潰。❹위엄스러울광(武勇ㅣㅣ)。

【洸洸:광광】 ❶굳센 것。용감한 모양。果毅。『詩經』武夫ㅣㅣ。❷물이 용솟음치는 모양。

【洸洋:광양】 ❶물이 깊고 넓은 모양。❷學說·議論 등이 廣大하여 단번에 가름할 수 없는 것。光漾。『史記·老莊申韓傳』其言ㅣㅣ、自恣以適己。

【洸漾:광양】 =洸洋。『呂溫』色必洞澈、光無ㅣㅣ。

【洸忽:광홀】 ❶事物에 마음이 팔려 멍하니 서 있는 모양。❷미묘하여 헤아려 알기 어려움。❸흐릿하여 분명하지 아니함。怳惚。恍惚。『司馬相如』西望崑崙之軋沕ㅣㅣ。

【洹】(원) 元 エン、カン、ながれる flow ㄩㄢˊ yüan²

小篆 草書 ❶흐를원(流也)。❷물이름원(水名)。

【洹洹:원원】 ❶물이 흐르는 모양。『廣雅』ㅣㅣ、流也。❷물이 많은 모양。渙渙。『詩經』溱與洧、方渙渙兮。『釋文』渙、韓詩作、洹。

【洺】(명) 庚 ベイ、かわのな waters ㄇㄧㄥˊ ming²

小篆 ❶물이름명(易陽水名)。❷고을이름명(州名)。

【活】 ㊀(활) 曷 ㊁(괄) 曷 カツ、いきる live; active ㄏㄨㄛˊ huo² ㄎㄨㄛˋ k'uo⁴

小篆 或體 草書 ㊀❶살활、살릴활(生也)。『孟子 盡心上』民非水火、不生ㅣ。❷활발할활(盛動)。❸올가미활(ㅣ細子)。㊁물콸콸흐를괄(水流聲)。『詩經 衛風 碩人』北流ㅣㅣ。

【活看:활간】 活用하여 봄。

【活計:활계】 ❶살림。생활。생계。『白居易』莫厭家貧ㅣㅣ微。❷일。바느질。

【活紐子:활고자】 올가미。

【活劇:활극】 ❶격투 등이 연출되는 장쾌한 연극。또는 영화。❷活劇과 같은 격렬한 실제의 일。

【活氣:활기】 싱싱한 元氣。위세가 등등함。『詩經·疏』皆含此當生之ㅣㅣ。

【活東:활동】 《動》올챙이。熱瘡이나 옴 등의 약재로 씀。蛞蟲。活師。

【活動力:활동력】 활동하는 힘。

【活動寫眞:활동사진】 영화의 옛 名。

【活動性:활동성】 활동할 수 있는 성질 및 능력。

【活動的:활동적】 활발하게 움직이는 것。활동하는 힘이 있는 것。

【活絡:활락】 圓滑한 것。구애하지 않은 것。거리끼지 않는 것。

【活力:활력】 생활하는 힘。활동하는 힘。

【活力說:활력설】 《哲》생물 현상을 물리 화학적으로 해석하지 않고、특수한 힘에 의하여 일어나는 합목적 체계로 보는 학설。바이털리즘(vitalism)。生氣說。

【活路:활로】 살아 나갈 길。어려운 경우에서 벗어 나가는 길。血路。

【活舞臺:활무대】 활동할 수 있는 무대。

【活物:활물】 ❶생명이 있어 살고 있는 물건。동물이나 식물。↔死物。❷물건을 살리는 물건。

【活物寄生:활물기생】 《生》生物이 다른 동식물에 기생함。

【活潑:활발】 활기가 있고 元氣가 좋은 것。『殷邁』聰外鳶魚ㅣㅣ、牀頭經典交加。

【活法:활법】 활용하는 방법。응용하는 방법。生成하는 용법。

【活佛:활불】 《佛》❶살아 있는 부처。慈悲로운 사람。❷喇嘛教의 首長。

【活貧黨:활빈당】 부자의 재물을 빼앗아다가 가난한 사람을 도와 주었다는 도둑의 무리。

【活殺:활살】 살리는 것과 죽이는 것。

【活殺自在:활살자재】 살리든지 죽이든지 살리든지 마음대로 함。마음대로 날뛰는 것。

【活塞:활색】 증기기관이나 펌프의 圓筒 안에 틈이 생기지 않게 하여 꼭 끼우고 자유로이 미끄러져 움직이게 장치한 마개。피스턴(piston)。

【活性:활성】 《化》분자나 원자가 다른 분자·원자·전자와 충돌하고 또는 복사선을 흡수하여서 에네르기 준위가 높은 상태로 되어 화학반응이 활발히 되는 일。

【活性炭素:활성탄소】 《化》특별히 강력한 吸收性·吸着性을 가지도록 제조한 炭質物의 총칭。炭素毒·가스의 흡착、油脂의 탈색 등에 쓰임。

【活水:활수】 흘러 움직이는 물。

【活眼:활안】 일의 절차와 또는 진짜 가짜를 구별할 수 있는 힘。

【活躍:활약】 ❶힘차게 뛰어 다님。❷힘차게 활동함。눈부시게 일을 함。

【活用:활용】 ❶이리저리 잘 응용함。❷《言》語尾 변화。변통하여 돌라서 씀。

【活人:활인】 ❶살고 있는 사람。❷사람을 살리는 것。醫術。『呂氏春秋·愛士』殺畜以ㅣㅣ、不亦不仁乎。

【活人積德:활인적덕】 사람의 목숨을 구하는 일로 덕을 쌓음。

【活人之方:활인지방】 ❶사람의 목숨을 구해 주는 방법。❷위험을 피해 살 수 있는 곳。

【活字:활자】 活版印刷에 사용되는 字型。

【活字金:활자금】 활자를 주조하는데 쓰는 合金。납 七〇、안티몬 二五、주석 五의 비율임。

【活字本:활자본】 활자판으로 인쇄한 「책」。↔寫本。木板本。

【活字化:활자화】 原稿가 인쇄되어 나옴。

【活脫:활탈】 매우 흡사함。있는 그대로 옮김。주로 漢詩에 쓰임。『楊萬里·詩』小春ㅣㅣ是春詩。

【活套：활투】올가미。活紐子。
【活版：활판】活字로 組版한 印刷版。活字版。活板。
【活版所：활판소】활판을 만들거나 만든 것으로써 인쇄하는 곳。
【活火：활화】한창 타고 있는 불。『蘇軾』活水還須——煎。
【活火山：활화산】《地》現在 噴火하고 있는 火山。↔死火山·休火山。
【活況：활황】활기 있는 상황。
【活訓：활훈】산 교훈。가치 있는 교훈。실천적인 교훈。
【活活：괄괄】❶물이 기운차게 흐르는 소리。『詩經·碩人』河水洋洋、北流——。❷미끄러운 것。『杜甫』所向泥——。◎復—、死—、生—、自—、快—。

【洼】

㊀(와) 麻 ㊁(왜) 薺 ワ、くぼみ curved ㄨㄚ wa¹
小篆 草書 ㊀❶물이름와(渥—陝西水名)。❷굽을와(曲也)。㊁뜻은 ㊀과 같음。
【洼水：와수】고인 물。洼水。『淮南子』。
【洼然：와연】구멍처럼 파여서 깊은 모양。『柳宗元』其高下之勢、訝然——、若垤若穴。

【洽】

(흡) 洽 コウ、あう harmony and unity ㄒㄧㄚˊ hsia² (本音「협」)
小篆 草書 ❶화합흡(和也)。『舊五代史 馮道傳』時有周元豹者云云、與道不—。❷합할흡(合也)。『詩經』—比其類。❸두루 할흡、한길흡(周徧)。❹젖을흡(霑濡)。『書經』好生之德—于民心。
【洽覽：흡람】두루두루 봄。『東晳』淯朗通微、——深識。博覽。
【洽滿：흡만】=洽足。
【洽聞：흡문】見聞이 넓은 것。博聞。多聞。『漢書』博物——通達古今。
【洽比：흡비】화목하고 친함。『詩經』——其鄰。
【洽然：흡연】아주 흡족한 모양。
【洽足：흡족】아주 넉넉하고 두루 퍼져 조금도 모자람이 없음。
【洽汗：흡한】흠뻑 땀에 젖음。『酉陽雜俎』盛暑——寫經。
【洽和：흡화】마음이 풀려서 부드러워짐。和睦。『漢書』天下——。
【洽歡：흡환】화목하여 기뻐함。『史記』四夷皆——。

【派】

(파) 卦 ハ、わかれ、わける branch ㄆㄞˋ p'ai⁴ (古音「패」)
小篆 草書 ❶물가닥파、물갈래파(分流)。『吳都賦』百川—別歸海而會。❷보낼파(—遺)。❸나눌파(分也)。❹파벌파(—閥)。
【派遣：파견】❶일할 사람을 나누어 보내는 것。❷사람에게 용무를 띠워서 출장을 보냄。
【派遣軍：파견군】어떤 특수한 사명을 띠고 파견된 군대。
【派遣團：파견단】파견된 무리·단체。
【派遣部隊：파견부대】파견군。
【派系：파계】同宗에서 갈려 나온 系統。
【派閥：파벌】出身·所屬 등을 같이 하는 사람끼리의 身分的인 聯結。
【派別：파별】❶흩어지어 헤어지는 것。❷갈래를 나누어 가름。또 그런 갈래。『左思』百川——、歸海而會。
【派兵：파병】군대를 파견함。
【派生：파생】어떤 事物의 主體로부터 갈리어 나와 생김。또는 갈라져 나오는 것。
【派生律：파생률】《哲》특별한 경우에 적용되는 일반적 법칙。
【派生語：파생어】어떠한 말에서 갈라져 나와 생긴 말。
【派生的：파생적】파생한 것。어떤 原則的인 것에 대한 종속적 또는 부분적인 것。
【派送：파송】=派遣。
【派爭：파쟁】편싸움。또는 당파 싸움。
【派出：파출】出張시킴。사무를 배당하여 사람을 출장을 보냄。
【派出所：파출소】❶파출된 사람이 근무하는 곳。❷주로 도시에 있어서 경찰관이 경찰서에서 파견되어 지정된 관할 구역의 치안을 맡아보고 있는 곳。◎便—、黨—、同—、分—、軟—、流—、一—、宗—、之—、學—。

【洿】

㊀(오) 虞 ㊁(호) 麌 オ、コ、たまりみず swamp ㄨ wu¹
小篆 草書 ㊀❶웅덩이오(窊下地水)。『孟子』數罟不入—池。㊁❶더러울호(穢也)。『左傳』趙盾爲政治舊—。❷물들일호(染也)。『漢書』以墨—色其周垣。
【洿濘：오녕】진흙탕。『抱朴子』捐懸黎于——、非夜光不眞也。
【洿池：오지】낮은 땅에 물이 괸 곳。물이 괸 못。『孟子·梁惠王』數罟不入——。

【流】

(류) 尤 リュウ、ル、ながれる flow ㄌㄧㄡˊ liu²
小篆 古文 草書 ❶흐를류(水行)。『孟子 梁惠王下』從—下而忘反。❷번져나갈류(覃也)。『詩經』如川之—。❸구할류(求也)。『詩經 周南關雎』左右—之。❹내릴류(下也)。『詩經』七月—火。❺내칠류(放也)。『書經』—宥五刑。❻펼류(布也)。『易經 乾卦』品物—形。❼달아날류(走也)。『戰國策』楚襄王—淹于城陽。❽무리류(類也)。❾귀양보낼류(刑罰之一—配)。❿근거없을류(不確實—言)。⓫등급류(等級上—下—)。⓬은혜류(恩澤)。⓭돌림류(移行)。⓮갈래류(派也)。
【流丐：유개】거지。『元史』詐爲士商——。
【流乞：유걸】거지。
【流憩：유게】여기저기 돌아다니다가 쉼。『陶潛』策扶老而——。
【流景：유경】해가 질 무렵의 경치。『張衡·西京賦』——內照、引曜日月。
【流光：유광】❶흐르는 물에 비치는 달빛。『蘇軾·赤壁賦』桂棹兮槳兮、擊空明兮遡——。❷흘러 내닫는 빛。❸조상 때부터의 은덕。❹흐르는 물과 같이 빠른 세월。流年。『李白·古風詩』逝川與——、飄忽不相待。❺感化를 줌。
【流寇：유구】❶떼를 지어 沿岸을 침범하여 掠奪하고 다니는 도둑。流賊。❷《歷》倭寇。一三—一六世紀에 中國·우리 나라의 沿岸에서 掠奪을 일삼던 日本의 海賊。
【流金鑠石：유금삭석】쇠를 녹이고 돌을 녹임。《喩》酷暑의 비유。『楚辭·招魂』十日代出、——些。
【流年：유년】흐르는 세월。『杜甫』鬱鬱——度。
【流年運氣：유년운기】觀相家들이 쓰는 말。顔面을 九十九의 部位로 나누어서 運氣를 切斷하는 法。『神相全篇』。

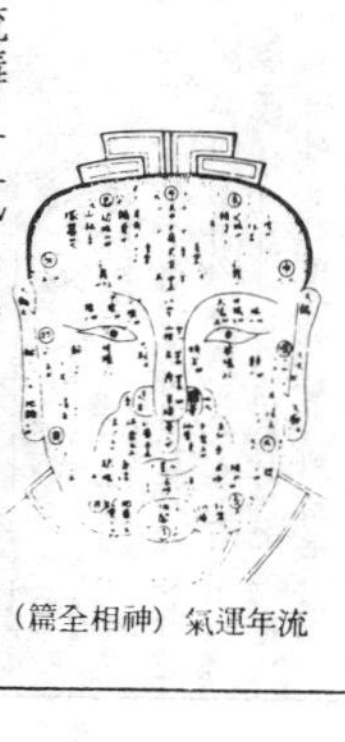
流年運氣 (神相全篇)

【流毒：유독】害毒이 세상에 퍼지는 일。또는 그 害毒。『六韜』太公曰、夫紂——諸侯、欺侮群臣。
【流動：유동】❶液體 같은 것이 흘러 움

직임。 ❷이리저리 자꾸 옮기어 다님。 『梁昭明太子』生滅ㅡㅡ、無有住相。

【流動物:유동물】 ❶이리저리 흘러 움직이는 물질。물·기름 따위의 액체。 ❷患者에게 주는 물 같은 음식。우유·미음 따위。流動食物。

【流動資本:유동자본】 《經》원료나 補助資料와 같은 한번 사용하면 그 형체가 변하고 혹은 그 자리가 바뀌어져서 그 價値의 전부가 생산물에 轉化되는 자본。運轉資本。↔固定資本。

【流動體:유동체】 《物》유동하는 물체。기체와 액체를 함께 일컫는 말。

【流頭:유두】 음력 유월 보름날。명절의 하나。

【流落:유락】 고향을 떠나 타향에 삶。『李白』白隴西布衣、ㅡㅡ楚漢。

【流覽:유람】 ❶여기저기 눈을 파는 것。 ❷두루 돌아다니며 구경함。『魏文帝』ㅡㅡ觀四海、茫茫非所識。

【流浪:유랑】 정처 없이 떠돌아 다님。일정한 目的 없이 떠돌아 다님。流離。孚浪。『鮑照』ㅡㅡ漸冉經三齡。

【流麗:유려】 글이나 말이 유창하고 아름다움。詩文·書法 등을 비평하는 데 쓰임。『蘇軾』端莊雜ㅡㅡ、剛健含婀娜。

【流連荒亡:유련황망】 놀러 다니기를 즐겨 주색에 빠지는 일。流連荒樂。『孟子·梁惠王』——爲諸侯憂。

【流露:유로】 ❶풀 위의 이슬。 ❷숨긴 데 없이 그대로 나타내는 것。眞相을 나타내는 것。또는 露出하여 보임。

【流淚:유루】 눈물을 흘림。流涕。垂淚。

【流離:유리】 =流浪。『漢書』物故ㅡㅡ、以十萬數。

【流離乞食:유리걸식】 이곳 저곳을 떠돌아다니며 빌어 먹음。

【流離漂泊:유리표박】 일정한 집과 직업을 가지지 아니하고 정처 없이 이리저리 떠돌아다니는 일。

【流亡:유망】 일정한 住居가 없이 떠돌아 다니는 일。또는 그 사람。亡命。『禮記』夫君臣習禮樂、而以ㅡㅡ者、未之有也。

【流氓:유맹】 ❶流民。 ❷無賴한 백성。

【流眄:유면】 곁눈으로 봄。곁눈질。流盼。『阮籍』ㅡㅡ顧我旁。

【流湎:유면】 ❶飮酒에 빠지는 것。沈溺。『淮南子·泰族』禹疏儀狄而絶旨酒、所以遏ㅡㅡ之行也。 ❷제멋대로 하여 맺고 끊는 것이 없음。『蜀子·非十二子』多少無法而ㅡㅡ然、雖辯、小人也。

【流目:유목】 눈을 여기저기 옮겨 봄。『李白』ㅡㅡ浦烟夕。

【流聞:유문】 널리 전해져 들림。또는 그런 소문。

【流民:유민】 일정한 居處가 없이 四方을 떠돌아다니는사람。『漢書』昭帝時、ㅡㅡ稍還。

【流泊:유박】 방랑함。飄泊。『陸游』ㅡㅡ祁連山。

【流芳:유방】 명예로운 이름을 後世에 남김。또는 그 명예。『晉書』旣不能ㅡㅡ後世、不足復遺臭萬載耶。

【流芳百世:유방백세】 꽃다운 이름을 후세에 길이 전함。

【流配:유배】 《制》죄인을 귀양 보내는 刑罰。五刑의 하나로 그 輕重에 따라 遠近의 等級이 있음。流謫。流刑。

【流筏:유벌】 나무를 강물에 띄워 보내는 뗏목。

【流氷:유빙】 얼어 있던 寒帶地方의 海面이 따뜻해짐에 따라 녹아서 바다 위를 떠다니는 얼음 덩이。

【流砂:유사】 ❶물에 밀리어 흐르는 모래。 ❷물로 飽和(포화)된 流動(유동)하기 쉬운 모래。漂砂(표사)。

【流徙:유사】 백성이 戰亂에 휩쓸려 이리저리 피해 다니는 것。『劉基』維時連年歉、道路多ㅡㅡ。

【流産:유산】 ❶胎兒가 달이 차기 전에 죽어서 나오는 것。 ❷計畫 등이 中止됨。

【流散:유산】 흘러서 흩어짐。떠돌아 다님。또는 그런 사람。『後漢書』招還ㅡㅡ。

【流逝:유서】 흘러감。『詩經·疏』如川之ㅡㅡ。

【流石:유석】 돌을 흘려보냄。

【流羨:유선】 충분히 여유가 있음。『宋史·樂志』福祿ㅡㅡ。

【流線型:유선형】 進行하는 데에 물·공기 등의 저항을 적게 받기 위하여 曲線으로 만들어진 型。紡錘形。

【流星:유성】 ❶옛 寶劍의 이름。『楊炯』赤土ㅡㅡ劍。 ❷《天》밤 하늘에 꼬리를 길게 뻗히며 흐르는 별。太陽의 둘레를 돌고 있는 작은 天體가 地球의 大氣 안에 들어와 마찰되므로 高熱을 발하여 타버리는 것。地上에 떨어지는 것이 隕石임。『史記』甘泉常有ㅡㅡ。

【流蘇寶帳:유소보장】 수실이 달린 비단 장막。

【流俗:유속】 ❶일반의 풍습。世俗。『禮記』不從ㅡㅡ。 ❷世俗的인 사람。또는 世上。『成公綏』愍ㅡㅡ未悟、獨超然而先覺。

【流速:유속】 흐르는 유체의 속도。秒를 단위 시간으로 함。

【流水:유수】 ❶흐르는 물。『詩經』沔彼ㅡㅡ、朝宗于海。 ❷강의 뜻。흐름。《喩》일의 빠름。『後漢書』車如ㅡㅡ、馬如游龍。

【流水筆:유수필】 萬年筆。

【流矢:유시】 빗나간 화살。어디선지 모르게 날아오는 화살。流箭。『司馬相如』觸白刃、冒ㅡㅡ。

【流澌:유시】 얼음이 녹아서 흐름。또는 그 얼음。

【流失:유실】 물에 씻겨 내려가 없어짐。

【流言:유언】 ❶근거 없는 소문。터무니 없는 소문。『荀子』ㅡㅡ·流說·流事·流謀。 ❷소문을 퍼뜨림。

【流言蜚語:유언비어】 도무지 근거가 없이 널리 퍼진 소문。

【流易:유역】 변하여 옮겨 가는 것。變遷。『潘岳』寒暑忽ㅡㅡ。

【流域:유역】 강물에 따른 부근의 땅。

【流衍:유연】 널리 펼치어 놓음。傳해져 퍼짐。『後漢書·桓帝本紀論』五邪嗣虐、ㅡㅡ四方。

【流涎:유연】 ❶군침을 흘리는 것。 ❷몹시 부러워함。

【流詠:유영】 널리 퍼지게 노래함。『晉書』謳歌ㅡㅡ、播溢無外。

【流譽:유예】 ❶감당할 수 없는 명예。不虞之譽。 ❷착한 평판이 전해짐。『魏書·李獎傳』入朝出牧、淸明ㅡㅡ。

【流冗:유용】 정한 곳이 없이 떠돌아 다니는 사람。『後漢書』ㅡㅡ道路。

【流用:유용】 ❶정한 용도 이외의 곳에 씀。융통하여 씀。 ❷公金을 사사로이 씀。

【流傭:유용】 流浪하여 사람에게 고용당함。流庸。『漢書』民賃于食、ㅡㅡ未盡。

【流寓:유우】 유랑하던 끝에 他鄕·他國에서 사는 것。『後漢書』廉范遂ㅡㅡ。

【流月:유월】 음력 유월의 異名。流頭가 있는 달이라는 뜻。

【流音:유음】 =振動音。

【流淫:유음】 정도에 지나쳐 행실이 문란함。『荀子·君道』士大夫無ㅡㅡ之行。

【流儀:유의】 ❶學問·예술 등의 特殊한 型。또는 그 方法。 ❷그 家門 特有의 전통。流派。

【流溢:유일】 흘러 넘침。

【流入:유입】 흘러 들어옴。

【流賊:유적】 여러 곳으로 떠돌아다니면서 노략질하는 도둑。

【流傳:유전】 세상에 널리 퍼지어 전함。『郭受』新詩海內ㅡㅡ遍。

【流電:유전】 번갯불。《喩》일의 매우 빠른 것。『李白』時光疾ㅡㅡ。

【流箭:유전】 =流矢。『後漢書』孫堅爲ㅡㅡ所中。

【流轉:유전】 ❶끊임없이 변천함。 ❷사람의 生死 등이 變轉하여 그치지 않는 것。『華嚴經』一切衆生界、ㅡㅡ生死海。 ❸여기저기 떠돌아다님。輪流。

【流腫:유종】《醫》독기가 다리로 내려가 다리가 붓는 병。脚氣。

【流終身:유종신】 죽을 때까지 귀양살이를 시킴。

【流罪:유죄】 귀양살이의 죄。流刑。『五代史』赦ㅣㅣ以下囚。「넘어서 失效가 됨。

【流質:유질】 전당 잡힌 물건이 기한이

【流竄:유찬】 ❶流罪。流刑。流放。『冊府元龜』管內多ㅣㅣ者子孫。❷放浪。

【流暢:유창】 ❶하는 말이 거침이 없음。❷글을 거침 없이 잘 읽어 흐르는 듯함。『南史』徐湛之善尺牘、音辭ㅣㅣ。

【流涕:유체】 뚝뚝 눈물을 흘리는 모양。『漢書』未嘗不ㅣㅣ也。

【流滯:유체】 흐르는 것과 막히는 것。『韓詩外傳』萬物群來、無有ㅣㅣ。

【流體:유체】 氣體와 液體와의 總稱。

【流出:유출】 ❶흘러나감 또는 흘러나옴。❷화폐가 외국으로 나감。

【流彈:유탄】 빗나간 탄환。『閩書』張德爲ㅣㅣ所斃。

【流宕:유탕】 먼 곳에 나돌아다님。또는 타락되어 떠돌아다님。『蜀志』自ㅣㅣ以來、與群士相隨。

【流通:유통】 ❶흘러서 통함。잘 흘러감。『三國志』血脈ㅣㅣ。❷사물이 세상에 널리 통용됨。

【流通稅:유통세】《法》財産의 移轉 사실에 著目하여 과해지는 稅。

【流派:유파】 ❶어떠한 파에서 갈려 나온 갈래。『張文宗』ㅣㅣ表靈長。❷藝能 등에서 各者의 特有한 流儀를 지키고 있는 一派。

【流萍:유평】 떠돌아다니는 浮萍草。『楊炯』觸ㅣㅣ而欲散。

【流弊:유폐】 전부터 전해 내려온 나쁜 버릇。세상 일반에서 행하여지는 나쁜 습관。『晉書』激揚ㅣㅣ。

【流布:유포】 널리 세상에 퍼짐。流傳。『南史』時有文章、隨即棄毁、不令ㅣㅣ。

【流風:유풍】 ❶先人이 남기고 간 좋은 습성。『蘇轍·黃州快哉亭記』其ㅣㅣ遺跡、亦足以稱快世俗。↔流弊。❷음악 소리가 바람을 타고 전해 옴。

【流汗:유한】 흐르는 땀。한창 흐르는 땀。『漢書』未嘗不ㅣㅣ而慙愧也。

【流行:유행】 ❶세상에 널리 행하여짐。또는 널리 퍼짐。『孟子』德之ㅣㅣ、速於置郵而傳命。❷청산유수 같은 말。❸병이 전파됨。

【流行歌:유행가】 어떤 시기에 일반에 「널리 유행되는 노래。

【流行病:유행병】 전염성이 있는 병。돌림병。

【流行服:유행복】 유행되는 복장。일시적 유행의 첨단적 양식을 따른 의복。

【流行性:유행성】 유행하는 성질。

【流行性感氣:유행성감기】《醫》돌림감기。인플루엔자。

【流行語:유행어】 그 시대나 사회에서 새로 생겨 널리 퍼져 쓰이는 말。

【流血:유혈】 피를 흘림。戰亂으로 인하여 부상자를 내는 것。『戰國策·魏策』伏屍百萬、ㅣㅣ千里。

【流刑:유형】《制》옛적 죄인을 먼 섬 또는 먼 땅으로 내쫓는 형벌。流配。

【流戶:유호】 일정한 居處가 없이 떠돌아 다니는 백성의 집。『唐書』以仁惠以治、歲中ㅣㅣ襁屬而還。

【流汞:유홍】 水銀을 말함。『蘇軾』白鹿泉頭山月出、寒光潑眼如ㅣㅣ。

【流丸:유환】 流彈。빗나간 탄환。『懲毖錄』ㅣㅣ中舜臣左肩。

【流黃:유황】 ❶엷은 녹색의 絹布。또는 노란 고치실로 짠 천。留黃。『沈佺期』更教明月照ㅣㅣ。❷구슬。『淮南子·本經訓·注』ㅣㅣ玉也。❸《鑛》硫黃·硫磺。

【流會:유회】 ❶모인 사람의 수가 적어 모임이 中止되는 것。❷出席者가 定足數에 달하지 못하므로 會議가 成立되지 않는 것。

【浅】 (천)『淺』(水部 8畫)의 略字

七 畫

【浘】 (미) 尾 ビ、もれる leak (草書) ❶미려혈미、바닷물샐미(澗穴海洩)。❷샘밑미(泉底)。

【浘浘:미미】 물이 흐르는 모양。『韓詩外傳』河水ㅣㅣ。

【浙】 (절) 屑 セツ、よなぐ wash rice (小篆)(小篆)(草書) ❶물이름절(錢塘水名)。❷쌀씻을절(洗米)。

【浙派:절파】 ❶中國繪畫의 한 流派。明代錢塘 사람 戴文進이 創始한 것。그가 浙江 태생이므로 南宋의 吳派에 대하여 붙인 이름。❷篆刻의 한 流派、淸代 丁敬이 創始함。蔣仁·黃易·奚岡과 더불어 西泠四家라 함。曼派。❸淸代 詞學의 一派。開祖는 朱彝尊。

【浲】 (분) 願 ホン、わきでる fountain (草書) 물날분(水出)。

【浚】 (준) 震 シュン、ふかい deep ㄐㄩㄣˋ chün⁴ (古音「순」) (小篆)(草書) ❶깊을준(深也)。『春秋』冬ㅡ洙。❷일준(淘也)。❸취할준(取也)。『左傳』ㅡ我以生。❹모름지기준(須也)。『書經』夙夜ㅡ明有家。❺팔준(堀也)。❻마을이름준(衛邑名)。

【浚急:준급】 깊고 빠른 흐름。急浚。

【浚民膏澤:준민고택】 국민의 재물을 몹시 착취함。

【浚渫:준설】 흙을 퍼내어 깊이 함。『水經·註』不嘗ㅣㅣ、而水旱不滅。

【浚渫機:준설기】 물 밑바닥의 흙、모래나 바위 등을 파 올리는 데 쓰는 기계。

【浚井:준정】 우물을 쳐내어 더 깊게 함。『孟子』使ㅣㅣ、出從而揜之。

【浚照:준조】 물이 깊고 맑음。『齊書』瓊源ㅣㅣ。

【浚湖:준호】 호수를 깊이 팜。또는 깊은 「호수。『南史』。

【浛】 (함) 覃 カン、しずむ sink 잠길함(沈也)。

【浜】 (병) 庚 ホウ、ふないれみぞ port ㄅㄤ bang¹ (古音「평」) (草書) ❶배세우는갯고랑병(安船溝)。❷물가이름병(浦名)。

【浝】 (방) 江 ボウ、おおみず flood (小篆) 큰물방(大水)。

【浞】 (착) 覺 サク、ひたす dip, soak ㄓㄨㄛˊ chuo² (本音「삭」) (小篆)(草書) ❶적실착(濡濕)。❷잠길착(漬也)。❸사람이름착(人名寒ㅡ)。

【浟】 (유) 尤 ユウ、ながれる over flowing (或音「척」) (草書) 물철철흐를유(水流貌)。

【浟浟:①유유 ②척척】 ❶물이 철철 흐르는 모양。『楚辭』東有大海、溺水ㅣㅣ只。❷빠른 모양。또는 이익을 탐내는 모양。『漢書·叙傳·注』ㅣㅣ欲利之貌也。

【浡】 (발) 月 ボツ、おこる rise ㄅㄛˊ p'o² (草書) ❶우쩍일어날발(興起貌)。『孟子 梁惠王上』苗ㅡ然興之矣。❷

바다이름발(海名―海)。『勃』과 通함。

【浡潏:발휼】 물이 콸콸 솟음。【晁補之】懸流下噴水――。

【浢】(두) 宥 トウ、かわのな waters
❶엽갯고랑두(挾涌)。❷물이름두(河北水名)。

【浣】(완) 翰 カン、あらう clean ㄏㄨㄢˇ huan³ (古音「환」)
小篆 或體 或 書 草 ❶옷빨완(濯衣垢)。❷씻을완(滌也)。【史記】身自―滌。❸내이름완(溪名、―花)。❹열흘완(十日)。

【浣雪:완설】 씻어 버림。【唐書】――盡以故地畀之。

【浣染:완염】 씻고 물들임。【唐書】身所御衣、――必至再三。

【浣胃:완위】 밥통을 씻어 깨끗이 함。

【浣衣:완의】 옷을 빨음。또는 그 일。

【浣腸:완장】 ❶배 속을 깨끗이 씻는 일。❷(醫)便秘·疫痢 등 증세에 排便을 시키기 위하여 구리세링·탄닌酸 등의 액체를 肛門에서 直腸·大腸 속으로 注入하는 일。灌腸。

【浤】(굉) 庚 コウ、わきのぼる gushing
書 草 ❶바닷물용솟음칠굉(海水騰湧貌)。【賦】――汨汨。

【浥】 ㊀(읍) 緝 ユウ、ヨウ、ひたる ㊁(업) 葉 damp; moist ㊂(압) 洽
小篆 書 草 ㊀❶젖을읍、부를읍(潤濕)。❷흠치르르할읍(潰潤)。【王維詩】渭城朝雨―輕塵。㊁뜻은 ㊀과 같음。㊂물아래로흐를압(水流下貌)。【江賦】乍―乍堆。

【浥塵:읍진】 먼지를 추길 정도의 적은 비。【王維】渭城朝雨浥輕塵。

【㳙】(숙) 屋 シュク、よい gentle (『淑』과 같음)
❶착할숙(善也)。❷맑을숙(清也)。

【浦】(포) 麌 ホ、うら creek ㄆㄨˇ pu³
小篆 書 草 ❶물가포(瀕也)。【詩經】率彼淮―。❷개포(大水有小口別通曰―)。

【浦口:포구】 개의 어귀。작은 항구。

【浦民:포민】 해변가나 냇가에서 고기잡이를 하며 사는 백성。

【浦邊:포변】 갯가。

【浦漵:포서】 바닷가。갯가。(漵는 개)。【杜甫】舟人漁子入――。

【浦稅:포세】 포구를 출입하는 貨物에 물리는 세금。

【浦田:포전】 갯가에 마련된 밭。

【浦村:포촌】 해변가나 냇가에서 고기잡이 같은 것으로 살아가는 마을。

【浦港:포항】 포구 및 항구。

【浧】(영) 梗 エイ、よどむ sink
書 草 ❶잠길영(沈也)。❷앙금영(泥滓)。

【浩】(호) 皓 コウ、おおきい、ひろい vast ㄏㄠˋ hao⁴
小篆 書 草 ❶물질펀할호(大水貌)。【書經 舜典】――滔天。❷넓고큰호(廣大)。【中庸】――其天。

【浩歌:호가】 목소리를 크게 질러 부르는 노래。【杜甫】――淚盈把。

【浩大:호대】 아주 넓고 큼。

【浩渺:호묘】 넓고 아득한 모양。【宋之問】――浸雲根、煙嵐出遠村。

【浩博:호박】 넓은 것。【宋史】汪洋――。

【浩繁:호번】 번잡한 것。雜踏。【舊唐書】舟車輻輳、人庶――。

【浩洋:호양】 물의 廣大한 모양。浩汗。【淮南子】水――而不息。

【浩穰:호양】 ❶廣大한 모양。❷多數의 뜻。백성의 수효가 많은 것。【漢書】長安中――、於三輔尤爲劇。

【浩然:호연】 ❶물이 그침 없이 흐르는 모양。❷사물이 한창 유행하는 모양。❸가고자 하는 뜻이 한창인 모양。【孟子·公孫丑】予然後――、有歸志。❹태연한 모양。❺마음이 넓고 뜻이 아주 큰 모양。

【浩然之氣:호연지기】 ❶하늘과 땅 사이에 넘치게 가득 찬、바르고 강한 큰 원기。❷道義에 뿌리를 박고 公明正大하여 조금도 부끄러울 바 없는 도덕적 용기。【孟子·公孫丑】吾善養吾――。❸사물에서 해방된 넓고 풍성한 마음。

【浩飮:호음】 술을 많이 마심。豪飮。【黃庚】劇談――不知醉。

【浩歎:호탄】 크게 탄식함。長歎息。【張九齡】――楊朱子、徒然泣路岐。

【浩蕩:호탕】 ❶넓고 큰 모양。【沈約】何斯願之――。❷마음이 자유스러운 모양。❸마음에 슬픔과 우울한 기분이 많은 모양。【楚辭·哀時命】志――而傷懷。❹물이 넓은 모양。❺베풂이 큰 것。

【浩汗:호한】 넓고 넓은 모양。(汗은 廣의 뜻)。浩洋。浩茫。【晉書】三江五湖、――無涯。

【浩浩:호호】 ❶넓고 큰 모양。【中庸】――其天。❷물이 엄청나게 많이 흐르는 모양。大水의 모양。【書經】――滔天。❸길이 길게 계속되는 모양。❹번쩍이며 빛나는 모양。澔澔。

【浩浩湯湯:호호탕탕】 물이 廣大하게 흐르는 모양。浩湯。【范仲淹·岳陽樓記】――橫無際涯。

【浪】 ㊀(랑) 陽 ロウ、なみ wave ㄌㄤˊ lang² ㊁(랑) 養 ㄌㄤˇ lang³ ㊂(랑) 漾 ㄌㄤˋ lang⁴
小篆 書 草 ㊀❶물결흐를랑(流貌)。【屈原 離騷】霑余襟之――。❷물이름랑(荊山水名)。「滄―」。❸고을이름랑(朝鮮地名樂―)。㊁맹랑할랑(不精要)。【莊子】夫子以爲孟―之言。㊂❶희롱지거리할랑(不敬)。【詩經】謔―笑傲。❷함부로쓸랑(―費)。❸물결랑(波也)。

【浪客:낭객】 허망한 사람。

【浪浪:낭랑】 ❶눈물이 흐르는 모양。【楚辭】霑余襟之――。❷비가 계속해서 내리는 모양。❸떠돌아 다니는 모양。❹정처가 없고 의지할 곳이 없는 모양。

【浪漫的:낭만적】 현실적이 아니고 공상적인 것。로만틱。

【浪漫主義:낭만주의】 一八세기 말부터 一九세기 초에 걸쳐 獨·英·佛을 중심으로 유럽을 휩쓴 근대 文藝思潮 및 그 운동。古典主義와 合理主義를 배격하고 個性의 존중을 주장하고 감정을 重視함。로만티시즘(romanticism)。

【浪漫派:낭만파】 낭만주의를 신봉하는 일파。↔古典派。

【浪費:낭비】 쓸데없는 일에 시간과 돈을 씀。【楊萬里】賜金眞――。

【浪死:낭사】 개죽음。떠돌아 다니다가 객지에서 쓸쓸히 죽음。徒死。【資治通鑑】向遼東――。

【浪說:낭설】 터무니 없는 소문。

【浪說藉藉:낭설자자】 헛된 소문이 여러 사람의 입에 오르내림。

【浪遊:낭유】 빈들빈들 놀고 지냄。『杜牧』堪恨王孫ㅣㅣ去、落英狼藉始歸來。

【浪人:낭인】 官職이 없이 流浪하는 사람。『柳宗元』李赤、江湖間ㅣㅣ也。

【浪傳:낭전】 두서없이 전함。함부로 말냄。『杜甫』將詩莫ㅣㅣ。

【浪志:낭지】 두서 없는 생각。忘念。

【浪職:낭직】 職務를 등한시함。職務를 게을리하면서도 그 職業에 종사하고 있는 사람。『孫樵』尸位ㅣㅣ、雖貴必黜。

【浪太魚:낭태어】《動》양태。硬骨類 양태科에 딸린 바닷물고기。

【浪花:낭화】 ❶파도가 서로 부딪쳐 생기는 하얀 파도의 飛沫。파도의 꽃。『杜甫』閃閃ㅣㅣ飜。❷열매를 맺지 않는 꽃。❸《國》 밀국수의 한 가지。
◎激ㅣ、放ㅣ、浮ㅣ、流ㅣ、波ㅣ、風ㅣ。

【浬】 (리) 㔾 リ、ノット nautical mile ㄌㄧˇ li³
草書 ❶추장이름리(ㅣ泥、波斯酋長)。❷〔新字〕바다잇수리(海之里數)。

【浮】 (부) 尤 フ、フウ、うかぶ float ㄈㄨˊ fu²·⁴
小篆 草書 ❶뜰부(汎也)。『論語』乘桴ㅣ于海。❷넘칠부(溢也)。❸지날부(過也)。『禮記 表記』恥名之ㅣ於行。❹떠내려갈부(順流)。『書經』ㅣ于濟漯。❺물창일할부(水盛貌)。『詩經 小雅角弓』雨雪ㅣㅣ。❻매인데없을부(無定意)。

【浮客:부객】 정한 곳 없이 떠돌아 다니는 나그네。『鮑照』ㅣㅣ未西歸。

【浮競:부경】 경솔하게 아첨하며 다루어 利를 구함。『晉書』貴遊豪戚及ㅣㅣ之徒。

【浮輕:부경】 ❶행동이 경솔함。❷부피는 크나 무게가 가벼움。

【浮誇:부과】 ❶文章 등의 사치스럽고도 크게 떠벌리는 것。『韓愈·進學解』春秋謹嚴、左氏ㅣㅣ。❷종잡을 수 없으리만큼 허풍을 떨어 말함。『晉書·劉琨傳』琨善交勝己、而頗ㅣㅣ。

【浮橋:부교】 ❶배나 뗏목을 여러 개 잇대어 그 위에 널판을 깔아 만든 다리。❷널빤지만을 걸쳐 놓은 나무 다리。

【浮漚:부구】 ❶떠 있는 거품。물거품。浮沫。《喩》매우 덧없는 것。『李遠·題僧院詩』百年如過鳥、萬事盡ㅣㅣ。❷《樂》睹哼囉。

【浮氣:부기】 ❶하늘에 자욱한 氣。아지랑이。『夢溪筆談』野馬則田野間ㅣㅣ耳。❷가볍고 옮아지기 쉬운 氣質。❸《醫》浮症으로 말미암아 부운 상태。

【浮袋:부대】 ❶《生》고기의 배안에 있어 고기가 뜨고 가라앉는 조절을 하는 주머니。❷헤엄칠 때 몸의 浮力을 돕기 위하여 쓰이는 防水布나 고무로 만들어 공기를 넣어 쓰는 주머니。浮囊。

❷浮袋(涅槃經)

【浮動:부동】 ❶떠 움직임。❷침착성 없이 마음이 들떠 움직임。『林逋』暗香ㅣㅣ月黃昏。

【浮浪:부랑】 일정한 주소나 직업이 없이 이리저리 떠돌아 다니는 것。『通典』爲之ㅣㅣ人。

【浮浪者:부랑자】 하는 일 없이 떠돌아 다니면서 난봉이나 부리는 사람。

【浮浪子弟:부랑자제】 부랑 생활을 하는 청소년。

【浮浪悖類:부랑패류】 일정한 주소나 떳떳한 職業이 없이 떠돌아 다니며 못된 짓이나 하는 무리。浮浪。

【浮麗:부려】 겉이 아름다운 것。『亢倉子』貪濁ㅣㅣ之材至。

【浮力:부력】 《物》氣體와 液體의 속에 있는 物體가 그 表面에 作用하는 壓力에 의하여 중력에 반하여 위 쪽으로 뜨게 하는 힘。

【浮弄:부롱】 들떠서 희롱함。『黃庭堅』「鴛鴦ㅣㅣ嬋娟影。

【浮流:부류】 물에 떠서 흐름。

【浮沫:부말】 떠 있는 거품。물거품。浮漚。

【浮麥:부맥】 밀 쭉정이。

【浮木:부목】 물 위에 떠 있는 木材。『埤雅』古者觀ㅣㅣ、而知爲舟。

【浮靡:부미】 가볍고 화려한 것。『唐書』ㅣㅣ相矜。

【浮民:부민】 떠돌아 다니는 국민。『近思錄·註』京師ㅣㅣ逾百萬。

【浮薄:부박】 마음이 변하기 쉬운 것。천박하고 경솔함。『聞奇錄』陸龜蒙、才名播海外、然性ㅣㅣ。

【浮碧樓:부벽루】 《地》平壤 牡丹臺 밑 절벽 위에 있는 누각。大同江 가에 있는데 경치가 썩 좋음。千여년 전에 세워진 것임。

【浮費:부비】 ❶무슨 일을 하는 데에 드는 비용。❷낭비。濫費。『晉書』勸農桑禁ㅣㅣ。

【浮氷:부빙】 물 위에 떠다니는 얼음。

【浮莎:부사】 흙이 붙은 채 떼를 떠냄。

【浮上彫:부상조】 물건의 면에 도드라지게 새긴 조각。돋을새김。凸彫。陽刻。

【浮生:부생】 덧없는 인생。『杜甫』高枕笑ㅣㅣ。

【浮石:부석】 ❶물에 뜰 정도로 가벼운 돌。속돌。❷물 위에 일부분이 나타나 있어 뜬 것같이 보이는 돌。❸산의 바위를 石材로 뜨는 일。

【浮石寺:부석사】 《地》慶尙北道 榮州에 있는 절。新羅 文武王 一六년(六七六)義湘이 지었다고 함。義湘은 이 곳에서 華嚴宗을 처음으로 열었으며 高麗 때에 지은 無量壽殿과 祖師堂만이 現存함。

【浮說:부설】 근거가 없는 소문。流言。『東方朔』聽奸臣之ㅣㅣ兮。

【浮世:부세】 괴로움이 많은 덧없는 세상。이 세상。『阮籍』逍遙ㅣㅣ、與道俱成。

【浮疏:부소】 경솔하고도 허황된 것。『梁簡文帝·與湘東王書』近見京師文體·競學ㅣㅣ。

【浮水植物:부수식물】 《植》물에 떠다니며 생활하는 식물。개구리밥·마름 따위。浮漂植物。

【浮揚:부양】 떠오름。가라앉은 배 같은 것을 띄워 올림。

【浮揚力:부양력】 띄워 올리거나、떠오르는 힘。

【浮言:부언】 ❶근거 없는 소문。뜬 소문。浮說。『書經』毋胥動以ㅣㅣ。❷無意識 중에 말하는 대중 없는 말。「근거 없는 말。

【浮言流說:부언유설】 떠돌아 다니는 사치한 것。浮華。『韓愈』ㅣㅣ侵天難就看。

【浮艷:부염】 들떠서 화려한 것。또는 사치한 것。浮華。『韓愈』ㅣㅣ侵天難就看。

【浮榮:부영】 뜬 세상의 헛된 영화。世俗的인 영화。虛榮。『王融』ㅣㅣ未能捨。

【浮訛:부와】 근거 없는 거짓말。『史通』

【浮雲:부운】 ❶하늘에 떠 있는 구름。❷하늘에 떠 있는 구름처럼 멀리 떨어져 있어 하등 관계가 없는 것。또는 종잡을 수 없는 것。『論語·述而』不義而富且貴、於我如ㅣㅣ。❸덕이 없는 小人을 말함。『李白』總爲ㅣㅣ能蔽日、長安不見使人愁。

【浮雲之志:부운지지】 하늘에 떠도는 구름처럼 富貴에 사로잡히지 않는 마음。『揚雄』仲尼抗ㅡㅡ、孟軻養浩然之氣。

【浮遊:부유】 ❶떠돌아 다님。『史記』蟬蛻於濁穢、以ㅣㅣ塵埃之外。❷정한 곳 없이 놀아남。❸직업 없이 떠돌아 다님。❹《人》黃帝의 臣下로 화살을 만든 사람。

『荀子·解蔽』。「사는 식물。
【浮遊植物:부유식물】《植》물에 떠서
【浮淫:부음】❶물에 떠서 고기를 잡고 즐기는 것。『韓非子·說疑』夏ㅣㅣ爲長夜。❷행실이 문란하고 들뜬 사람。『史記』推ㅣ「井兼之徒。
【浮子:부자】낚시찌。낚시줄에 메어 물에 뜨게 하는 木片。浮標。
【浮棧橋:부잔교】물 위에 떠 있게 만들어 배에 오르내리는 데 쓰는 잔교。
【浮雜:부잡】사람이 경솔하고 추잡스러운 것。
【浮藻:부조】❶물 위에 뜬 마름。❷詩文의 기교를 말함。『大珥·革舊習』剽窃經傳以飾ㅣㅣ。
【浮躁:부조】성질이 浮薄하고 輕躁함。『避暑錄話』以方嚴重厚、鎭服ㅣㅣ。
【浮腫:부종】《醫》皮下·粘膜下에 水分이 괴는 증세。붓는 병。浮症。「배。泛舟。
【浮舟:부주】배를 띄움。또는 떠 있는
【浮紙:부지】종이를 떠서 만들음。
【浮塵子:부진자】《動》❶머루。❷진디등에。❸강충이。
【浮淺:부천】얕고 엷음。輕浮淺薄。浮薄。『漢書』ㅣㅣ行于衆庶。
【浮取:부취】붙여 두었던 것을 떼버림。
【浮沈:부침】❶물 위에 떠오름과 물 속에 잠김。汨沒。❷운명이 흥하고 망하는 것。榮枯盛衰。『史記』與世ㅣㅣ、而取榮名哉。
【浮誕:부탄】들떠 잡되고 허황함。
【浮萍草:부평초】《植》개구리밥。
【浮標:부표】❶물 위에 띄워 어떤 표적을 삼는 물건。❷航路標識의 하나。물 위에 띄워 암초나 기타의 소재 및 航路 등을 가리켜 보이는 여러 도구。『魏武帝』流澌ㅣㅣ、舟船行難。❸眞實이 아닌 것。❹漁網과 『陸機·文賦』辭ㅣㅣ、而不歸。

魚具의 낚시찌。
【浮航:부항】배를 이어서 만든 다리。浮橋。『北史·成淹傳』造ㅣㅣ。
【浮虛:부허】마음이 들떠서 허황함。
【浮虛之說:부허지설】떠돌아 다니는 허황한 말。
【浮華:부화】겉은 화려하나 실속이 없는 것。『漢書』但有ㅣㅣ之辭。
【浮幻:부환】환상과 같이 대중할 수 없는 일。『梁昭明太子·文』何得於眞實之中、見此ㅣㅣ。
【浮黃:부황】《醫》오래 굶어 살가죽이 들떠서 붓고 누렇게 되는 병。
【浮喧:부훤】시끄러운 것。『任昉·文』雖曰人境、實少ㅣㅣ。◎輕ㅣ。

【浯】(오) 虞 ゴ、かわ river ㄨˊ wu²
小篆 草書 ❶물이름오(琅邪水名)。❷내이름오(零陵溪名)。

【浰】㊀(련) 霰 レン、リ、はやい rapid stream
㊁(리) 寘
草書 ㊀빨리흐를련(急流)。㊁뜻은 ㊀과 같음。

【浲】(봉) 冬 ホウ、かわ river
물이름봉(單狐山出水名)。(『逢』과 같음)

【浴】(욕) 沃 ヨク、あびる bath ㄩˋ yü⁴
小篆 草書 ❶미역감을욕、목욕할욕(灑身)。『屈原 漁夫辭』新ㅣ者必振衣。❷깨끗이 할욕(潔治意)。『禮記 儒行』有澡身而ㅣ德。❸물이름욕(水名)。
【浴客:욕객】목욕하는 손님。

【浴童:욕동】물에서 노는 아이。『劉孝威』ㅣㅣ爭淺岸。

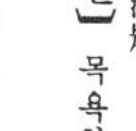
浴盤 (三禮圖)

【浴盤:욕반】목욕할 때에 쓰는 통。
【浴佛:욕불】佛像에다가 香水를 머리에서부터 끼얹어 뿌리는 일。灌佛。
【浴佛日:욕불일】《佛》음력 四월 八일의 釋迦 탄생일。灌佛會。佛生日。
【浴室:욕실】목욕탕。
【浴恩:욕은】은혜를 입음。
【浴衣:욕의】목욕한 후、또는 여름철에 입는 무명 베옷。『孟浩然』講席邀談柄、泉堂施ㅣㅣ。
【浴場:욕장】목욕을 하는 곳。
【浴殿:욕전】훌륭한 욕실。『白居易』ㅣㅣ西頭鐘漏深。
【浴槽:욕조】목욕탕。목욕할 때 쓰는 나무통。『王安石』雲涌ㅣㅣ朝自暖。
【浴湯:욕탕】沐浴湯의 略語。
【浴化:욕화】높은 덕으로써 하는 교화를 받음。德行의 感化를 받음。◎冷水ㅣ、沐ㅣ、水ㅣ、溫ㅣ、日光ㅣ、入ㅣ、海水ㅣ。

【浫】(찰) 曷 サツ、そそぐ pour
물쏟을찰(濺也)。

【浶】(로) 豪 ロウ、おそれる be frightened
草書 놀라고두려워할로(恐懼貌)。

【海】(해) 賄 カイ、うみ sea ㄏㄞˇ hai³
小篆 草書 ❶바다해(滄ㅣ百川朝宗)。『書經』江漢朝宗于ㅣ。❷세계해(世界)。❸많을해(多也)。❹넓을해(廣也)。
【海角:해각】❶바다에 길게 突出한 육지。❷바다 끝。『白居易』ㅣㅣ天涯徧始休。
【海角天涯:해각천애】세계의 끝。멀고도 먼 땅。『白居易·春生詩』春生何處闇周遊、ㅣㅣ徧始休。
【海警:해경】바다의 守備。해변의 방비。
【海賈:해고】=海商。
【海鶻:해골】水戰에 쓰이는 戰船의 하나。『類說』越人水戰有ㅣㅣ。

海鶻 (武備志)

【海空:해공】❶바다와 하늘。❷해군과 공군。
【海工:해공】바다에 관계되는 築港工事·臨海工事·港灣의 설비 등 모든 공사의 총칭。
【海關:해관】《制》海港에 설치된 세관。
【海關稅:해관세】《法》무역항에서 수출입품에게 부과하는 세금。
【海口:해구】바다의 후미진 곳으로 들어간 어귀。「ㅣㅣ時出沒。
【海鷗:해구】《動》바닷 갈매기。『謝靈運』
【海溝:해구】좁고 대단히 깊은 海底。보통 그 側面은 급한 傾斜를 이룸。海淵。
【海寇:해구】=海賊。
【海狗:해구】《動》바닷개。
【海狗腎:해구신】《醫》해구 수컷의 생식기。强壯劑로 유명하여 溫補滋養의 약효가 있으며 특히 陰痿症에 많이 쓰임。
【海軍:해군】❶海戰의 軍隊。❷海上을 지키는 것을 임무로 하는 軍備의 총칭。
【海軍根據地:해군근거지】해군의 소용으로 여러 가지 설비를 한 곳。
【海軍信號:해군신호】해군에서 연락 통신 때 사용하는 여러 가지 신호。信號燈·手旗 신호·전화·무선 전신·기적·號砲 따위가 있음。

【海權:해권】 海上權의 略語。

【海權國:해권국】 해상권을 쥐고 있는 나라。

【海鬼:해귀】 바다 속에 들어가서 魚介를 잡는 것을 業으로 삼는 사람。보자기。

【海禁:해금】 해안에 외국 선박이 들어오거나 외국인이 와서 고기잡이 함을 금하는 일。

【海金剛:해금강】《地》江原道 高城邑 末茂里·烽燧里 등 一〇粁 남짓한 거리에 걸친 바닷가와 바다 가운데의 경승지。

【海金砂:해금사】 ❶《植》실고사리。❷ 임질·습열에 쓰는 담황색을 지닌 실고사리의 胞子。

【海技:해기】 海員으로서 필요한 기술。

【海氣:해기】 바다 위에 어린 기운。『韓愈·詩昏』——昏昏水拍天。

【海難:해난】 항해하다가 만나는 災難。

【海難救助:해난구조】 바다 위에서 일어난 여러 가지 재난을 구조하기 위하여 생긴 법률 관계。

【海內:해내】 國內。天下。『孟子·梁惠王』——之地、方千里者九。

【海內冠冕:해내관면】 天下第一。『任昉·王文憲集序』。→冠冕。

【海女:해녀】 ❶바다의 女神。❷海中에 들어가 조개、미역 등을 따는 것을 직업으로 하는 여자。

【海獺:해달】《動》족제비科에 속하는 물짐승。水獺과 비슷함。해다리。

【海棠:해당】《植》❶때찔레꽃。장미科의 落葉 灌木。四월 경 淡紅色의 五瓣花가 핌。❷가냘픈 美人의 형용。『唐書』此眞—睡未足乎。

【海棠花:해당화】 =海棠①。

【海帶:해대】《植》다시마。

【海帶饊子:해대산자】 튀각산자。

【海帶佐飯:해대자반】 부각。

【海圖:해도】 바다의 깊이·바다 밑의 모양·潮流 등을 그린 주로 航海에 사용되는 圖面。

【海盜:해도】 =海賊。

【海島:해도】 바다 가운데 떨어져 있는 섬。『左思』洗兵——、刷馬江洲。

【海濤:해도】 바다의 큰 파도。

【海豚:해돈】《動》돌고래。돌고래科의 바다짐승。고래 비슷하며 등은 흑색、배는 백색임。

【海桐:해동】《植》엄나무。

【海東:해동】 우리 나라의 옛 이름。

【海東歌謠:해동가요】《書》一책。時調 및 歌辭集。李朝 英祖 때 金壽長 지음。短歌 八八三수를 작자별로 분류하여 모은 시조집。靑丘永言과 함께 시조 문학의 二大 古典임。

【海東宗:해동종】《佛》元曉大師의 사상과 법을 이어 받은 法性宗과 같은 뜻의 宗。

【海東重寶:해동중보】《制》高麗 成宗 이후 通用된 貨幣。「海東重寶」라는 네 글자가 새겨져 있음。

海東靑(三才圖會)

【海東靑:해동청】《動》보라매。매의 일종。송골매。

【海東通寶:해동통보】《制》高麗 肅宗 三년에 鑄造하여 通用한 貨幣。「海東通寶」의 네 글자가 새겨져 있음。

【海桐皮:해동피】《醫》엄나무 껍질。맛은 쓰며、허리와 다리가 저리고 바람이는 데 약으로 씀。

【海蘿:해라】《植》海藻의 이름。풀가사리。海羅。

【海螺:해라】《動》조개 이름。法螺。소라고동。껍질은 軍陣의 信號。또는 修驗者와 修行하는 僧들이 修法의 道具로 썼음。

【海騾:해라】 海狸。

【海浪賊:해랑적】 =海賊。

【海量:해량】 상대방에게 용서를 빌 때에 쓰는 말로 너른 도량으로 잘 헤아려 줌의 뜻。海諒。

【海靈:해령】 =海神。『王延壽』山神——。

【海路:해로】 航海의 길。航路。『五代史』由——、入貢京師。

【海鹿:해록】《動》섬 안에 사는 사슴。

【海龍:해룡】 =海驢。

【海柳:해류】、珊瑚의 한 가지。갯버들。

【海流:해류】 海水가 일정한 방향으로 흐르는 現象。潮流。

【海騮馬:해류마】《動》가리온。털이 희고 갈기가 검은 말。

【海陸:해륙】 水陸。바다와 육지。『洛陽伽藍記』。

【海陸風:해륙풍】《地》바다와 육지와의 온도의 變化差로 일어나는 바람。바다에서 육지로 부는 것은 海風、陸地에서 바다로 부는 것을 陸風이라 함。

【海里:해리】 海上 거리의 단위。一海里는 經度 一分의 거리의 平均値로 一·八五二米。배의 표시는 一海里를 一노트로 함。

【海狸:해리】《動》齧齒類에 딸린 哺乳動物。북부의 기온이 찬 지방에 살며、영리하고 헤엄도 잘 침。

【海馬:해마】《動》❶실고기과에 속하는 바닷물고기。五~十五粍 가량의 작은 물고기로 骨板으로 덮이고 머리가 말대가리 비슷하며 주둥이는 管狀、몸빛은 갈색임。❷食肉目 海馬科에 속하는 바다짐승。❸海象。❹《動》듀우공。

海馬(三才圖會)

【海馬牙:해마아】 해마의 잇발。象牙의 대용으로 씀。

【海灣:해만】 ❶바닷가의 후미진 곳。❷바다와 바다와의 사이의 후미진 곳。

【海霾:해매】 바다에 끼는 아주 짙은 안개。해미。

【海面:해면】 바닷물의 겉쪽。『鮑溶』東方暮空——平。

【海綿:해면】 海綿動物로부터 채취한 纖維狀의 솜과 같은 것。물을 잘 빨아들이기 때문에 水浴·醫療用으로 쓰임。

【海鳴:해명】 큰 파도가 칠 때 바다에서 일어나는 소리。

【海霧:해무】 ❶남쪽 海面에서 불어오는 따스하고 젖은 공기가 북쪽의 서늘한 해상에 이르렀을 때에 끼는 안개。❷바다 위에 끼는 안개。

【海務廳:해무청】 商工部 소속 기관의 하나。수산·조선·해운·항만 공사、일반 항만·해양의 警備에 관한 사무를 관장함。一九六一年 해체。그 업부는 농림부·교통부로 이관됨。

【海墨:해묵】 황해도 海州에서 생산하는 먹。

【海門:해문】 海峽。『張說』霜天起長望、殘月生——。

【海物:해물】 海產物의 略語。『書經』厥貢鹽絺、——惟錯。

【海味:해미】 바다에서 잡히는 맛좋은 반찬。『齊書』會稽——、無不畢致。

【海拔:해발】 海面을 기준으로 한 육지나 산의 높이。

【海拔高度:해발고도】 中等潮位를 基準으로 하여 측정한 어떤 地點의 높이。

【海方:해방】 海外의 나라。外國。『隋書·音樂志』業弘營士、聲被——。

【海防:해방】 ❶해안의 방비。❷《地》지금의 北베트남의 海港。

【海防費:해방비】 해상을 방비하기 위하여 필요한 비용。

【海防艦:해방함】 海岸 防禦의 임무를 띤 군함。

【海邊:해변】 물과 바다와의 서로 맞닿은 곳。또는 그 근처 바닷가。『李紳』——佳樹生奇彩。

【海兵:해병】 ❶해군의 병졸。❷해병대의 병졸。

【海兵隊:해병대】 해군으로서 上陸作戰과 陸戰의 보조를 위하여 편성된 부대。

【海堡:해보】 해안을 지키기 위하여 바다 안에 만든 保壘나 砲臺。

【海夫:해부】 =漁夫。

【海不揚波:해불양파】 바다의 파도가 일지 않음。《喩》天下가 태평함。『十八史略』天無烈風淫雨、——三年矣。

【海濱:해빈】 바닷가。海邊。海畔。『書經』厥土白墳、——廣斥。

【海濱植物:해빈식물】 바닷가에 나는 「식물。

【海氷:해빙】 바닷물이 얼어서 생긴 얼음。

【海事:해사】 바다 위에 관한 여러 가지 일。『韓愈』且不習——。

【海蛇:해사】 《動》❶바다뱀。❷뱀장어。

【海産物:해산물】 바다에서 잡히는 고기·조개·海草 등의 動植物、및 그 製品。

【海産肥料:해산비료】 해산물로 만든 비료。

【海蔘:해삼】 ❶《動》食用의 극피동물。근해의 바위틈、또는 모래 속에 살음。❷해삼을 익히어 볕에 말려서 만든 식품。海蔘。

【海蔘湯:해삼탕】 마른 해삼과 쇠고기 「를 넣고 끓인 국。

【海床:해상】 바다 밑의 깊은 곳。

【海商:해상】 ❶배를 이용하여 바다를 드나드는 商人。海賈。❷海上에서 거래하는 장사。『王建』津橋稅——。

【海象:해상】 《動》바다표범科에 속하는 바다짐승。海馬와 비슷하나 표범과 같이 耳介가 없고 코는 코끼리 모양으로 길。主로 北海에 살음。

【海上:해상】 바다 위。

【海上警察:해상경찰】 水上 警察。

【海上權:해상권】 《法》通商·航海·軍事上 海上을 견제하는 권력。制海權。

【海上貿易:해상무역】 《經》배로 바다를 거쳐 하는 무역。

【海上法:해상법】 《法》航海에 관한 법률。海事私法·海事公法·海事國際法등。

【海上保險:해상보험】 《法》航海에 관한 일체의 위험을 담보하는 보험 제도。

【海上捕獲:해상포획】 交戰中、적국의 艦船 또는 위법하거나 그 혐의가 있는 중립국 함선을 拿捕하는 일。

【海色:해색】 바다의 경치。

【海棲:해서】 바다 속에서 살음。

【海恕:해서】 넓은 마음으로 용서함。

【海鼠:해서】 《動》海蔘。해삼類에 속하는 海産動物。外皮는 연한 肉質。食用으로 함。

【海澨:해서】 海岸。(澨는 물가의 뜻)。『江淹·詩』且泛桂水潮、映月遊——。

【海西:해서】 黃海道의 別稱。

【海汐:해석】 저녁 潮水。저녁 무렵의 밀물 또는 썰물。『吳子孝』——魚龍夜。

【海石:해석】 《鑛》속돌。火山熔岩의 한 가지。多孔質의 가벼운 돌。물건을 가는 데 씀。輕石。浮石。蟲石。

【海城:해성】 ❶해변의 성。또는 해변의 砲臺。❷軍艦。

【海成層:해성층】 바다 밑에 퇴적하여 만들어진 地層。

【海成土:해성토】 암석의 風化物이 바닷물에 의하여 운반·陶汰·퇴적되어 이루어진 땅。

【海嘯:해소】 ❶滿潮 때 얕은 해안이나 三角形狀으로 벌어진 河口部에서 일어나는 거센 파도소리。中國의 錢塘江、南美의 아마존江 등의 것이 유명함。❷干潮 때 빠지는 조류가 바닷물과 충돌하여 일으키는 파도 소리。❸海溢·海底地震등으로 별안간 높은 파도가 해안을 덮치는것。

【海損:해손】 항해중 배와 화물이 받은 손해。

【海松:해송】 ❶《植》바닷가에 나는 소나무의 총칭。잣나무·곰솔·黑松。❷《動》산호類에 속하며 장식품에 씀。

【海松子:해송자】 《醫》잣。성질은 温한 데 영양을 도우며 대변을 순하게 함。

【海松板:해송판】 잣나무의 널빤지。

【海獸:해수】 《動》바다에 사는 哺乳動物의 총칭。고래·물개·海牛·강치 등。『宋史』廣西海 有——如馬、蹄鬣皆丹。

【海水:해수】 바닷물。

【海水浴:해수욕】 여름에 운동·위생·오락의 목적으로 바닷물에 목욕함。또는 그 목욕。

【海水浴場:해수욕장】 해수욕을 하기 위하여 여러 가지 시설을 베푼 곳。

【海市:해시】 광선의 屈折에 의하여 바다 위에 市街나 사람의 모양이 나타나는 일。→蜃氣樓。『隋唐遺事』李湛曰、此——蜃樓比爾、豈長久耶。

【海市蜃樓:해시신루】 蜃氣樓를 말함。《轉》幻像을 믿을 수 없다는 것。『隋唐遺事』此——此耳、豈長久耶。

【海蝕:해식】 《地》潮流 또는 그 외의 영향으로、해안선이 침식당하는 작용。

【海神:해신】 바다를 다스리는 神。『三齊略記』始皇于海中、作石橋、——爲之竪柱。

【海心:해심】 바다의 복판。『蕭貢』一點——。

【海深:해심】 바다의 깊이。『金烏出——。

【海嶽:해악】 바다와 산。海山。『唐書』———之服也。

【海岸:해안】 바다와 접한 육지。海邊。『孔稚圭』昔聞投簪逸——。

【海岸警備:해안경비】 해안을 지킴。

【海岸氣候:해안기후】 바닷가나 湖水가의 매우 温和한 기후。

【海岸島嶼族:해안도서족】 태평양·인도양 연안이나 대양의 섬들에 살고 있는 족속。동부에 풀리네시아족、서남부에 멜라네시아족、서북부에 마이크로네시아족、또는 말라야족이 살음。

【海岸防備:해안방비】 =海岸警備。

【海岸線:해안선】 ❶바다와 육지가 접한 곳。海陸의 경계를 길게 뻗어 간 선。❷해안에 따라 달리는 철도 선로。

【海岸要塞:해안요새】 바닷가의 적당한 곳에 설비한 요새。

【海岸砲臺:해안포대】 해안을 방비하기 위하여 설치한 포대。

【海若:해약】 바다의 神。(단순히 若이라고도 함)。『楚辭·遠遊』令——舞馮夷。

【海洋:해양】 넓은 바다。大洋。

【海洋封鎖:해양봉쇄】 해양을 국가 主權下에 두어서 필요할 때에 이것을 봉쇄하는 일。↔海洋自由。

【海洋性氣候:해양성기후】 밤과 낮、여름과 겨울의 기온은 差가 적고 흐리기 쉽고 비가 많이 내리는 기후。

【海洋自由:해양자유】 전시와 평화시를 불구하고 해양을 開放하는 일。

【海魚:해어】 바다에서 나는 물고기。

【海堰:해언】 潮水나 파도를 막는 둑。防波堤。『元史』豪民瀕——、專商舶以射利。

【海域:해역】 어느 구역의 海面。

【海淵:해연】 바다밑이 특히 움푹 패인 구역。보통 海溝 중에 있음。

【海燕:해연】 《動》歪形類에 딸린 바다에 사는 동물。바다제비。『李群玉』沅水羅紋——回。

【海軟風:해연풍】 《地》낮에 바다에서 육지로 불어오는 微風。海風。↔陸軟風。

【海營:해영】 《制》黃海道 監營의 別稱。

【海王星:해왕성】 《天》太陽에서 가장 먼 곳에 떨어져 있는 太陽界의 遊星。

【海外:해외】 ❶四海의 바깥。바다를 사이한 나라。❷바다 바깥。外國。『詩經』——有截。

【海外貿易:해외무역】 《經》內國과 外國과의 사이에 행하는 통상。外國貿易。

【海外旅行券:해외여행권】 해외 渡航者가 가져야 하는 여행권。

【海外銀行:해외은행】 외국에서 경영하는 은행。

【海外移民:해외이민】 해외로 移住하

는 것。또는 그 사람。

【海鰩魚:해요어】《動》가오리。

【海容:해용】바다가 강물을 받아들이는 것처럼 널리 사람을 包容함。바다와 같은 미음으로 남을 용서함。海涵。廣量。

【海牛:해우】《動》海牛類에 딸린 바다 짐승。몸 길이는 三米쯤 되며, 꼬리는 둥글고 콧구멍은 주둥이 끝에 뚫림。

【海宇:해우】海內의 땅。國內。『陳傳良』——正無塵, 草木亦煥赫。

【海隅:해우】❶해안이 쑥 들어간 곳。海陬。海曲。『書經』帝光天之下, 至于——蒼生。❷바다의 한 모퉁이。

【海運:해운】❶바닷물이 움직임。파도가 거칠은 것。『莊子·逍遙遊』是鳥也, ——則將徙于南冥。❷해상에서 배로 사람과 화물을 운반함。↕陸運。『元史』——自世祖用伯顏之言, 歲漕東南粟, 由海道以給京師。

【海運業:해운업】바다에서 배로 貨物·旅客을 運送하는 영업。

【海運政策:해운정책】海運에 관하여 국가가 취하는 정책。

【海員:해원】船內에서 사용되는 船長 이외의 승선원으로서 노동의 代價로 급료·보수의 지불을 받는 사람。

【海員名簿:해원명부】특정한 船舶에 乘船 중인 모든 해원의 이름을 나타내고, 또 그 雇入 계약의 내용을 적어 둔 명부。

【海月:해월】❶바다 위에 뜬 달。또는 바다 위의 하늘에 떠 있는 달。『白居易』樓前——伴潮生。❷《動》해파리。

【海衣:해의】=海苔。

【海人:해인】❶바다에서 漁業에 종사하는 사람。漁夫。『述異記』——採捕。❷바다 안에 들어가 고기·조개를 잡는 여자。海女。❸바다 안의 怪物。『南史』倭國西南萬里有——。

【海印:해인】바다의 風浪이 잔잔하여져 만상을 있는 그대로 나타낸다는 뜻。《喩》부처의 슬기를 일컫는 말。

【海印寺:해인사】《地》三十一 本山의 하나。慶尙南道 陝川郡 伽倻面 伽倻山에 있음。新羅 哀莊王 三년(八〇二)에 順應·利貞 두 대사가 세운 절。禪·敎 兩宗의 본산。修多羅·法寶殿에 八一, 二四〇장의 大藏經의 經板을 간직하고 있음。高麗 顯宗 이후 七회의 화재로 幢竿支柱와 石塔을 제외한 나머지는 모두 불탔으며 현존의 것은 李朝 末期에 중건한 것임。

【海人草:해인초】《植》紅藻類에 속하는 海草。日本·臺灣·韓國 南海岸에 分布함。七~一一월에 채취 건조하여, 胎毒·回蟲 구제약으로 씀。

【海溢:해일】지진이나 화산의 폭발 또는 폭풍우로 인하여 바다의 물결이 불시에 일어나서 육지로 넘쳐 들어옴。

【海葬:해장】바다에 장사함。水葬。

【海瘴:해장】《醫》바다 위의 습기와 열기로 말미암아 생긴 毒氣。「鰻。

【海長風魚:해장풍어】《動》붕장어。海「行——。

【海豬:해저】=海豚。

【海底:해저】바다의 밑바닥。『拾遺記』沈

【海底電線:해저전선】구리줄을 防水 絶緣物로 싸고 적당한 保護裝置를 하여 바다밑에 깐 시설。전신·전화에 씀。

【海底電信:해저전신】해저 전선으로써 바다 건너의 地點과 교환되는 전신。

【海笛:해적】樂器의 이름。부리가 작으며 길이 六寸 가량。『淸會典事例·樂府』。

海笛 (淸海典圖)

【海賊:해적】海上에서 배를 습격하는 도둑。海盜。海寇。

【海賊船:해적선】해적이 타고 부리는 배。國際法으로 어느 나라 배이든지 잡아서, 잡은 나라의 재판에 붙이게 되어 있음。

【海戰:해전】海上의 전쟁。↕陸戰。

【海程:해정】海上의 里程 또는 道程。

【海鳥:해조】《動》❶바다 또는 섬에 사는 새。『莊子』——止於魯郊。❷바다에 사는 큰 새의 한 가지。

【海藻:해조】《植》❶바다의 藻類의 總稱。그 빛에 따라 綠藻·褐藻·紅藻로 나눔。❷풀가사리。❸미역。

【海中:해중】바다 속。

【海中孤魂:해중고혼】바다 속에 빠져 죽은 외로운 물귀신。

【海鯽:해즉】《動》도미。

【海志:해지】이룰 수 없는 넓고 큰 소망。

【海錯:해착】=海産物。『蘇軾』蠻珍——聞名久。

【海菜:해채】《植》미역。甘藿。

【海尺:해척】바다에서 고기잡이만을 업으로 하는 사람。

【海靑輾:해청전】農具의 이름。판판하고 둥근 臺의 위에 石輾을 설비하여 穀物을 쓿는 기계。그 돌아가는 품이 송골매와 같이 빠르다고 해서 이름。

海靑輾 (農政全書)

【海草:해초】《植》❶바다에서 자라는 풀의 總稱。바다 풀。海藻。❷忠淸南道 해변에서 나는 담배。

【海初月:해초월】음력 섣달의 異稱。

【海鮹子:해초자】《動》낙지。頭足類의 軟體動物。

【海陬:해추】바다 부근。해변가의 마을。『楊萬里·詩』動地驚風起——。

【海鰌:해추】❶《動》고래。鯨魚。露脊鯨。❷兵船의 이름。『宋史·虞允文傳』官軍亦以——船, 衝敵舟。

【海駝:해타】해태。오른 일과 그른 일을 안다고 하는 想像上의 동물。獬豸。

【海苔:해태】《植》❶赤 또는 綠色으로 水中의 바위에 이끼 모양으로 나는 마름풀의 총칭。『南越志』海藻, 一名——。❷紅藻類에 딸린 海草。海衣。

【海蛙:해폐】《動》紅蛤。쐐기 모양이며 섭조개와 비슷함。

【海豹:해표】《動》바다표범。寒帶에 사는데 毛皮는 防寒用。

【海風:해풍】바다와 뭍이 있기 때문에 일어나는 바람으로서, 낮 동안에 바다에서 뭍으로 불음。『李益』天山雪後——寒。

【海壑:해학】❶바다와 구렁텅이。❷넓고 깊음。「『元史』赤——。

【海港:해항】바닷가에 있는 적은 港口。

【海峽:해협】《地》육지와 육지, 또는 섬과 섬 사이에 끼어 있는 바다의 좁은 부분。海門。海頸。

◎官—、苦—、近—、南—、內—、大—、渡—、東—、北—、四—、山—、桑—、西—、領—、外—、雲—、遠—、陸—、絶—、學—、航—。

【浸】(침) 沁

シン、ひたる soak; dip ㄐㄧㄣˋ chin⁴

(小篆) (草書) ❶적실침(漬也)。『論語 顔淵』—潤之譖。❷불릴 침(潤也)。『詩經』—彼稻田。❸번질 침(漸也)。『易經』剛—而長。❹빠질

침(沒也)。【史記】城不ㅣ者三版。❺잠길침(沈也)。❻젖을 침(涵也)。❼큰못침(澤之總名)。【莊子】大ㅣ稽天。

【浸假:침가】자연히 변화함。
【浸灌:침관】물을 뿌림。【莊子·逍遙遊】時雨降矣、而猶ㅣㅣ。「溽暑常ㅣㅣ。
【浸肌:침기】살에 스며들음。【柳宗元·詩】
【浸禮:침례】《宗》예수교에서、온 몸에 물을 끼얹어 죄를 씻는 의식。
【浸禮教會:침례교회】《宗》침례를 중요시하는 신교의 한 파。
【浸漏:침루】물 같은 것이 스며들어 새어 나감。새는 것。滲泄。滲漏。
【浸水:침수】❶洪水로 논·밭·집이 물에 잠김。❷물에 젖음。
【浸水家屋:침수가옥】홍수로 물에 잠긴 가옥。
【浸水地:침수지】홍수로 물에 잠긴 땅。
【浸濕:침습】물이 스며들어 젖음。
【浸蝕:침식】물이 점점 스며들어 바위나 地表 따위를 허물어뜨림。
【浸蝕盆地:침식분지】침식으로 인하여 형성된 분지。
【浸蝕作用:침식작용】=浸蝕。
【浸蝕平野:침식평야】긴 세월 동안의 침식으로 높은 데가 거의 平地로 된 땅。
【浸液:침액】스며들어 적시어 줌。浸漬。【潘尼】滋味ㅣㅣ、馨香流溢。
【浸染:침염】점점 다른 쪽으로 감화됨。【杜牧·文】君生ㅣㅣ仁父之化。
【浸潤:침윤】❶浸透②。❷점점 침범하여 넓어짐。
【浸淫:침음】어떠한 풍습에 점점 젖어 들어감。【司馬相如】ㅣㅣ衍溢。
【浸入:침입】❶물이 스며 들음。❷침범하여 들어감。무리하게 들어감。
【浸漸:침점】점차적으로 진행되는 모양。漸次。浸漬。【論衡】物之生長、無卒成暴起、皆有ㅣㅣ。
【浸漬:침지】물에 담가 적심。차차 스며들음。浸漸。《喩》참언。【孔融】三人成市虎、ㅣㅣ解膠漆。
【浸沈:침침】스며들음。浸入。滲入。【楊維楨】水光山色、ㅣㅣ胸次。
【浸怠:침태】점점 게을러짐。
【浸透:침투】❶물 같은 것이 스며들음。❷主義나 思想이 점점 사람의 마음에 스며 들어감。

浹
(협) 葉 キョウ、あまねく penetrate into ㄒㄧㄚ´ hsia²
(小篆)(草書) ❶사무칠협(徹也)。【漢書 禮樂志】教化ㅣ洽。❷둘릴협(周也)。【左傳註】自甲至癸ㅣ日自子至亥ㅣ辰。(古音은「접」『挾』과 같음)

【浹渫:협설】물결이 잇달아 오는 모양。【郭璞】長波ㅣㅣ。
【浹寓:협우】天下。
【浹和:협화】마음이 投合됨。【韓愈·新修滕王閣記】人吏ㅣㅣ。
【浹洽:협흡】❶널리 전하여짐。道理가 마음 속에 깊이 스며들음。【漢書·禮樂志】於是教化ㅣㅣ、民用和睦。❷화목하고 친밀함。和洽。

浺
(충) 東 チュウ、ふかい deep
(草書) 물충충할충(水深廣貌ㅣ瀜)。

泂
(형) 梗 キョウ、うずまき whirl
(草書) 물소용돌이칠형(水回旋貌ㅣ濴)。

浼
(매) 賄 マイ、バイ、けがす dirty ㄇㄟˇ mei³
(小篆)(草書) ❶더러울매(汚也)。【孟子 公孫丑上】爾焉能ㅣ我哉。❷물편편하게 흐를매(水平流貌)。【詩經 邶風新臺】河水ㅣㅣ。

涹
(수) 支 スイ、ほそあめ、にごる drizzle
❶작은비수、부슬비수(微小雨)。❷물흐릴수(濁也)。❸물이름수(水名)。

浿
(패) 泰 卦 バイ、かわ river
(小篆)(草書) ❶물이름패(大同江名)。【地理志】ㅣ水出遼東塞外西南至樂浪縣西入海。❷물가패(水涯)。

【浿水:패수】《歷》古朝鮮 때 江 이름。鴨綠江·大同江·淸川江 등 여러 설이 있음。
【浿營:패영】平安道의 監營。箕營。

涀
(견) 霰 ケン、こみぞ small ditch
❶작은도랑견(小溝)。❷물이름견(水名)。

涂
㊀(도) 虞 ト、みち road ㄊㄨˊ t'u²
㊁(차) 麻
(小篆)(草書) ㊀❶도랑도、개천도(溝也)。【周禮】百夫有洫洫上有ㅣ。❷길도(道也)。(『塗』와 같음) ㊁❶물젖을차(沮洳)。❷맥질할차(塗飾)。

涅
㊀(날) 屑 ネツ、デツ、くろつち black mud ㄋㄧㄝˋ nieh⁴
㊁(녈) 鹽
(小篆)(草書) ㊀❶앙금흙날、개흙날(水中黑土)。❷검은물들일날(染黑)。【論語 陽貨】ㅣ而不緇。㊁죽을녈、극락갈녈 (佛經歸依曰ㅣ槃)。

【涅槃:열반】《佛》梵語 Nirvana의 音譯。❶安樂寂滅 또는 不生不滅로 意譯함。生死의 因果를 떠나 모든 煩惱를 없애고 如來의 法身에 歸一함。❷죽는 것。入寂。入滅。【楞伽經】ㅣㅣ者、不死不生之地。
【涅槃鐘:열반종】《佛》중이 입적할 때에 치는 종。열반쇠。
【涅槃會:열반회】《佛》석가가 입적한 음력 二월 一五일에 釋迦의 죽음을 追悼하는 法會。槃忌。佛忌。
【涅齒:열치】이를 검게 물들임。또는 그 「이」。染齒。

澗
(간) 翰 カン、はやい rapid stream
(草書) ❶물빨리흐를간(水迅流貌)。❷물마를간(涸也)。

涇
(경) 靑 ケイ、とおる flow through ㄐㄧㄥ ching¹
(小篆)(草書) ❶통할경(通也)。【莊子 秋水】ㅣ流之大。❷물이름경(安定水名)。

【涇流:경류】강이 흘러 통함。흐름。【莊子·秋水】ㅣㅣ之大。
【涇渭:경위】涇水와 渭水。陝西省에 있음。《轉》涇水는 濁流、渭水는 淸流인 데서 사물의 구별이 확실하다는 뜻。【蘇軾】俗裏光塵合、胸中ㅣㅣ分。

消
(소) 蕭 シュウ、きえる extinguish ㄒㄧㄠ hsiao
(小篆)(草書) ❶다할소(盡也)。❷꺼질소、사라질소(滅也)。【易經 泰卦】小人道ㅣ。❸풀릴소(釋也)。【禮記 月令】氷凍ㅣ釋。❹해어질소(敝也)。【陶潛 歸去來辭】樂琴書、以ㅣ憂。

【消却:소각】지워 버림。써서 없애 버림。【論衡】賢名不能ㅣㅣ。
【消渴症:소갈증】《醫》당뇨병처럼 목이 말라서 물이 자꾸 먹히는 증세。
【消遣:소견】❶지워 보냄。氣分을 품。

『于禹偁』焚香默坐、――世慮。❷消日。遺悶。

【消極：소극】自進하여 일을 안함。일을 보고만 있음。↕積極。

【消極概念：소극개념】《論》否定을 나타내는 개념。「타내는 개념。

【消極的：소극적】무슨 일에 대한 태도가 소극인 것。↕積極的。

【消極的命令：소극적명령】어떤 일을 하지 말라는 명령。↕積極的命令。

【消極的意志：소극적의지】《論》온갖 欲望을 억제하는 의지。↕積極的意志。

【消極主義：소극주의】《倫》나아가서 행위를 하지 아니함으로써 악을 피하려는 주의。↕積極主義。

【消痰：소담】《醫》가래를 삭힘。

【消痰之劑：소담지제】《醫》가래를 삭히는 약제。

【消毒：소독】《醫》병의 원인이 되는 병균을 죽임。병독을 없앰。

【消毒綿：소독면】약솜。脫脂綿。

【消毒水：소독수】소독약을 푼 물。

【消毒藥：소독약】소독에 쓰는 약。알콜·석탄산·폴마린 따위。

【消毒箸：소독저】소독한 나무 젓가락。

【消毒劑：소독제】소독에 쓰는 약제。

【消燈：소등】등불을 끔。↕點燈。

【消磨歲月：소마세월】하는 일 없이 헛되이 세월만 보냄。

【消亡：소망】사라져 버림。없어짐。消失。『戰國策』不知吾精已――矣。

【消滅：소멸】사라져 없어짐。『陳琳』有何不――者哉。

【消耗：소모】사용해서 없앰。사용했기 때문에 없어짐。『參同契』藥材不至――。

【消耗戰：소모전】상대 편의 군수품을 소모시킴으로써 승리를 얻으려는 작전을 쓰는 전쟁。

【消耗品：소모품】❶쓰는 데 따라 닳아 없어져 못 쓰게 되는 물건。↕備品。❷한 번 쓰고 나면 못 쓰게 되는 물건。↕備品。

【消防：소방】불을 막아 끔。

【消防隊：소방대】消防手로 조직된 단체。官公設 및 義勇의 두 가지 있음。

【消防士：소방사】소방서에 소속하여 불이 났을 때 끄는 사람。

【消防署：소방서】도회지에 설치된 소방 사무를 맡은 곳。

【消防手：소방수】=消防士。

【消防自動車：소방자동차】소방·인명 구조에 필요한 제구를 갖추고 그 임무에 쓰이는 자동차。불자동차。

【消費：소비】사용하여 없앰。↕生產。

【消費貸借：소비대차】《法》일방 사람이 상대방 사람으로부터 돈 또는 代替物을 빌려 소비하고 같은 종류의 같은 분량의 물건을 돌려 주는 계약。

【消費物：소비물】한 번 쓰면 그만큼 없어지는 물건。

【消費事業：소비사업】생산을 목적하지 않는 문화·교육 따위 사업。

【消費稅：소비세】《法》물품의 소비로써 담세력을 추측하여 부과하는 조세。

【消費額：소비액】써버린 금액。

【消費者：소비자】물건을 소비하는 사람。↕生產者。

【消費財：소비재】《經》사람의 욕망을 채우는 데에 쓰이는 財貨。↕生產財。

【消費組合：소비조합】《經》소비자가 조직하는 협동조합의 한 가지。도매상 따위에서 직접 생계에 필요한 일용품을 구입하여 조합원에 염가로 공급하고 순이익을 배당하는 기관。

【消散：소산】흩어져 사라짐。『漢書』――「積惡。

【消索：소색】消失됨。消盡됨。(索은 盡)。『論衡』夫死精魂――。

【消暑：소서】여름의 더위를 덜어 잊게 함。銷夏。消夏。

【消釋：소석】사라짐。풀림。『禮記·月令』時雪不降、氷凍――。

【消受：소수】❶받아 가짐。享受。享有。❷참고 받음。

【消愁：소수】쓸쓸하고 애틋한 마음을 없「애 버림。

【消食：소식】먹은 음식이 삭음。

【消息：소식】❶榮枯盛衰。變遷。『易經』天地盈虛、與時――。❷보이다가 안 보이다가 하는 것。❸편지。문안 편지。尋訪。音信。『晉書』陸機語犬曰、我家絕無書信、汝能齎書、取――不。❹事情。형편。『杜甫』因君問――。

【消息欄：소식란】신문에서 人事에 관계되는 기사를 내는 난。

【消息不通：소식불통】❶소식이 없음。❷소식을 전혀 모름。❸어떤 일을 전혀 알지 못함。

【消息通：소식통】사건·인물의 행동 또는 그 경위를 잘 알고 있는 것、또는 그 사람。

【消失：소실】사라져 없어짐。消滅。消「盡。

【消搖：소요】❶目的 없이 슬슬 돌아다님。逍遙。『禮記』孔子蚤作、負手曳杖、――于門。❷멀리 바라봄。「悶。

【消憂：소우】우울함을 풀음。消遣。遣

【消融：소융】재물을 다 씀。

【消印：소인】지움을 표하는 도장。또는 그 도장을 찍음。

【消日：소일】날을 보냄。消光。消遣。『曹植』――以忘憂。

【消停：소정】❶休息함。停頓함。『趙長卿』擺脫風塵、――酸苦。❷減少함。❸平安。

【消盡：소진】사라져 모조리 없어짐。

【消暢：소창】답답한 마음을 후련하게 함。

【消瘠：소척】쇠약함。消瘦。『後漢書』積毁――、殆將滅性。

【消滯：소체】체한 음식을 소화시킴。

【消沈：소침】❶사라져 가라앉음。❷氣分이 가라앉음。❸不景氣가 되는 것。

【消蕩：소탕】없애어 平定함。『後漢書』殘醜――。「을 털어 없앰。

【消閑：소한】한가함을 보냄。권태로움

【消魂斷腸：소혼단장】근심과 슬픔으로 넋이 빠지고、창자가 끊어지는 듯함。

【消火：소화】불을 끔。화재를 진압함。

【消化：소화】❶배워 얻은 知識을 내 것으로 만들음。❷《生》消化器의 기능。섭취한 음식물의 形態를 바꾸어 이것을 腸管壁이 흡수하기에 적당한 것으로 만드는 作用。❸公債·商品 등을 팔아 없앰。

【消化器：소화기】《生》消化管·唾液腺·肝臟·膵臟등의 總稱。「는 액체。

【消化液：소화액】먹은 음식물을 삭히

【消化率：소화율】일정한 분량중 보람있게 처분한 양의 비율。

【消火栓：소화전】화재가 일어났을 때 給水하기 위한 수도의 장치。

◎雲散霧―、取―、解―。

【涉】(섭) 葉

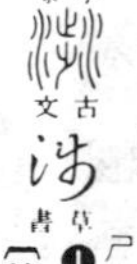

シヨウ、わたる cross ㄕㄜˋ

❶물건널섭(渡水)。『詩經 衞風氓』送子―淇。❷거칠섭、지나쳐볼섭(經也)。『漢書』―獵書記不能爲醇儒。❸돌아다닐섭。『陶潛 歸去來辭』園日―以成趣。❹경과할섭(經過)。『枚乘 七發』背秋―冬。❺간섭할섭(干―)。

【涉禽類：섭금류】《動》다리·목·부리가 모두 길어서 얕은 물속을 걸어 다니며 물고기 곤충등을 잡아 먹는 鶴 따위。

【涉歷：섭력】물을 건너고 산을 넘었다는 말로、여러 가지 경험을 가졌다는 뜻。『鍾會』好書籍、――衆書。

【涉獵：섭렵】❶여기 저기로 찾아 다님。

❷널리 책을 찾아·내어 읽음。〖漢書〗－書記、不能爲醇儒。

【涉世:섭세】 세상을 살아 나감。〖韓非子〗－－猶此其汗。

【涉水:섭수】 물을 건넘。

【涉外:섭외】 ❶外國 또는 外部와 연락·交涉하는 것。❷어떤 법률상의 일이 國內外와 관계를 가지는 것。

【涉危:섭위】 =涉險。

【涉險:섭험】 위험함을 무릅씀。涉危。

◎干－、交－、徒－、渡－。

【涎】 (선) 先 セン、うずまき swirling fountain

도래샘선(回泉)。(『漩』과 같음)

【涊】 (년) 銑 デン、よごれる sweat ㄋㄧㄢˇ nien^{3}

草書 ❶때꼽째기년(垢濁)。〖文賦〗謬玄黃之秩序故淟－而不鮮。❷빠질년、골몰할년(汨沒)。❸간사히 아첨할년(邪媚態)。❹땀날년(汗出)。〖枚乘 七發〗－然汗發。

【涊顔:연안】 낯가죽이 두터워서 부끄러움을 모르는 일。〖福惠全書〗不亦－－而思却避乎。

【涌】 (용) 腫 ヨウ、ユ、わく bubble up

小篆 草書 ❶날칠용(騰也)。〖司馬相如 上林賦〗洶－澎湃。❷물넘칠용(水溢)。〖蘇軾詩〗雲峯缺處－冰輪。(『湧』과 같음)

【涌起:용기】 힘차게 솟아 오르는 모양。

【涌騰:용등】 물이 힘차게 솟아 오르는 것。

【涌沫:용말】 솟아 나온 거품。

【涌煙:용연】 솟아오르는 연기。내뿜는 연기。〖張協〗騰雲似－－、密雨如散絲。

【涌溢:용일】 물이 솟아 넘쳐흐르는 것。〖後漢書〗霖雨積時、河水－－。

【涌出:용출】 물이 솟구쳐 나옴。〖老學庵筆記〗烈焰應手－－、以火名軍、尤爲異也。

【涍】 (효) 肴 コウ、かわのな waters

❶물가효(水涯)。❷물이름효(南郡水名)。

【涎】 ㊀(연) 先 ㊁(연) 霰 エン、よだれ spittle ㄒㄧㄢˊ hsien^{2} (古音「선」)

小篆 或體 籀文 草書 ㊀침연(口液)。〖賈誼新書〗垂－相告。㊁❶물졸졸 흐를연(水流貌)。❷연할연(相連)。〖海賦〗池－八裔。

【涎沫:연말】 침과 거품。

【涎涎:연연】 光澤이 있는 모양。번질번질하게 윤이 나는 것。〖漢書〗燕燕尾－－。

【涎篆:연전】 달팽이의 침 모양으로 된 篆文을 말함。〖馬祖常〗壁蝸－－敧。

【涏】 ㊀(정) 迥 ㊁(전) 霰 テイ、いずみ spring

㊀샘물정(小水)。㊁❶흠치르르할전(光澤貌)。❷물이 흐를전(水流貌)。

【涓】 (연) 先 ケン、しずく drop of water ㄐㄩㄢ chüan^{1} (本音「견」)

小篆 草書 ❶물방울떨어질연(滴也)。❷조촐할 연(潔也)。❸가릴연(擇也)。❹졸졸흐를연(小流)。〖陶潛 歸去來辭〗泉－－而始流。❺벼슬이름연(官名中－)。

【涓潔:연결】 깨끗하고 결백함。〖元史〗殊非－－之道。

【涓吉:연길】 좋은 날을 택함。날을 점치는 것。〖左思·魏都賦〗。

【涓流:연류】 작은 흐름。細流。〖後漢書〗－－雖寡、浸成江河。

【涓埃:연애】 물방울과 티끌。아주 작은 것을 가리키는 말。涓壒。〖杜甫〗未有－－答聖朝。

【涓然:연연】 훌쩍훌쩍 우는 모양。泫然。〖列子〗－－而泣。

【涓涓:연연】 물이 조금씩 흐르는 모양。〖陶潛·歸去來辭〗泉－－而始流。

【涓滴:연적】 물방울。아주 적은 것의 비유。〖杜甫〗重露成－－。

【涓毫:연호】 작음。아주 작은 것。〖虞茂〗從然雖觀海、何以效－－。

【涑】 ㊀(수) 尤 ㊁(속) 屋 ソク、シュウ、あらう、wash ㄙㄨˋ su^{4}

小篆 草書 ㊀❶빨래할수(濯垢)。❷양치질할수(盪口)。㊁❶물이름속(水名)。❷빨속(澣也)。

【涒】 (군) 元 クン、うずまく meander ㄊㄨㄣ t'uen^{1} (古音「톤」)

小篆 草書 ❶도포증날군(倒飽症)。❷물굽이쳐흐를군(水流曲折)。

【涔】 (잠) 鹽 シン、ひたす dip

小篆 草書 ❶적실잠(漬也)。❷쇠발자국괸물잠(牛跡中水)。〖淮南子〗牛蹄之－。❸비죽죽올잠(雨多貌)。❹눈물줄줄흐를잠(淚下貌)。〖江淹詩〗－淚猶在目。❺물고기잡는 못잠(漁池)。

【涔淚:잠루】 뚝뚝 떨어지는 눈물。〖江淹〗－－猶在目。

【涔雲:잠운】 비를 담고 있는 구름。

【涔涔:잠잠】 ❶비가 한창 내리는 모양。〖杜甫·秦州雜詩〗雲氣接崑崙、－－寒雨繁。❷땀과 눈물 등이 한창 흐르는 모양。泫然。〖羅隱〗泉客淚－－。❸괴롭고 피곤한 모양。〖杜甫〗行藥病－－。❹날씨가 흐리는 모양。〖黃庭堅〗雪意－－滿面風。

【涔旱:잠한】 洪水와 旱魃。水旱。〖淮南子〗。

【涕】 (체) 霽 薺 テイ、なみだ tears ㄊㄧˋ t'i^{4}

小篆 草書 ❶눈물체(淚也)。〖詩經 小雅小明〗－零如雨。❷울체(泣也)。

【涕淚:체루】 눈물。〖杜甫〗天涯－－一身遙。

【涕泗:체사】 눈물과 콧물。(涕는 흘러나오는 눈물、泗는 콧물)。〖杜甫·登岳陽樓詩〗戒馬關山北、憑軒－－流。

【涕泣:체읍】 눈물을 흘리며 울음。泣涕。〖禮記〗父母之喪、不辟－－而見入。

【涕泫:체현】 눈물이 줄곧 흘러 내림。〖蘇軾〗每聞耆舊亡、－－聲輒放。

【涘】 (사) 紙 シ、みぎわ、きし shore ㄙˋ ssŭ^{4}

小篆 물가사(水涯)。〖詩經 王風葛藟〗在河之－。

【涖】 (리) 寘 リ、レイ、のぞむ overlook ㄌㄧˋ li^{4}

草書 ❶여울물소리리(下瀨水聲)。〖司馬相如 上林賦〗－－下瀨。❷임할리(臨也)。〖詩經 小雅采芑〗方叔－止。(『莅』와 같음)

【浝止:이지】 와서 머무름。(止는 助辭)。『詩經』方叔ㅣㅣ、其車三千。

【涚】 (세) 霽 セイ、あく lye
小篆 草書 ❶잿물세(灰汁)。❷미지근할세(微溫)。❸맑을세(淸也)。

【涚酌:세작】 술잔을 씻고 술을 따름。『周禮·注』鄭司農曰、ㅣㅣ者、梲拭勺而酌也。

【涚齊:세제】 걸러서 맑게 한 술。水飛。『禮記』明水ㅣㅣ。『注』涚猶淸也 五齊濁、泲之使淸、謂之ㅣㅣ。

八畫

【涪】 (부) 尤 フ、あわ foam ㄈㄨˊ fu²
小篆 草書 ❶물거품부(水泡)。❷물이름부(廣漢水名)。

【涪翁:부옹】 宋의 詩人 黃庭堅의 號。(涪州 別駕의 벼슬을 하였으므로)。

【涫】 (관) 翰 カン、わく boil 寒 ㄍㄨㄢˋ kuan⁴
小篆 草書 끓일관(沸也)。『荀子』ㅣ紛紛孰知其形。

【涫沸:관불】 물이 끓어 오름。『楚辭』氣ㅣㅣ其若波。

【涬】 (행) 迥 ケイ、キョウ、ひく haul
草書 ❶기운행(自然氣)。『莊子』在宥』大同乎涬ㅣ。❷끌행、당길행(引也)。

【淊】 ㈠(감) 覃 カン、あるいは ㈡(한) 翰 or, if
㈠혹시감、혹은감(或也)。『揚雄』沆之間、凡言或如此者曰ㅣ若是。㈢뜻은 ㈠과 같음。

【涯】 ㈠(애) 佳 ガイ、みぎわ、きし ㈡(의) 支 shore ㈢(아) 麻 ㄧㄚˊ ya²
小篆 草書 ㈠❶물가애、물언덕애(水畔)。❷물이름애(水名)。(『厓』와 같음) ㈡뜻은 ㈠과 같음。㈢❶물가아(水際)。❷다할아(窮盡意)。『書經』若涉大水其無津ㅣ。『莊子』養生主』吾生也有ㅣ、而知也無ㅣ。

【涯角:애각】 궁벽스럽고 먼 땅。한 쪽으로 치우친 땅。

【涯岸:애안】 ❶물가。水涯。涯際。『通典』張海無ㅣㅣ。❷끝。경계。涯際。涯限。

【涯際:애제】 ❶물가。❷끝 근처。경계。「ㅣ。際涯。『風俗通』平望莽莽無ㅣㅣ。

【涯圻:애탁】 끝。경계。『韓愈』其誰識ㅣ

【涯限:애한】 끝 가까이。경계。『王僧孺』一旦攀附、遂無ㅣㅣ。

【涰】 (철) 屑 テツ、すすりなく shed tears
눈물흘릴철(泣也)。

【液】 (액) 陌 エキ、しる liquid ㄧˋ i⁴
小篆 草書 ❶진액、즙액(汁也津ㅣ)。❷헤칠액(解散)。『文子』渙乎其若水之液。❸불릴액(潤也)。❹물액(水也)。「ㅣ體」。

【液果:액과】 껍질에 살이 많고 즙액이 많은 과실。漿果·瓠果·柑果 따위。

【液卵:액란】 날 달걀의 껍질을 깨뜨려 쏟아 놓은 알。

【液量:액량】 액체의 분량。

【液肥:액비】 똥물·오줌 따위와 같은 묽은 거름。水肥。

【液狀:액상】 액체의 상태。액체와 같은 상태。液體狀。

【液庭:액정】 대궐안。宮中。御庭。宮庭。掖庭。『漢書』ㅣㅣ媵未充。

【液汁:액즙】 국물。물。漿。

【液體:액체】 《物》일정한 부피는 있으나 일정한 모양이 없이 流動하는 物質。물·기름 따위。↕固體。

【液體空氣:액체공기】 《物》압축·냉각에 의하여 液化된 공기。약간 청색을 띠며 저온 실험에 쓰임。

【液體酸素:액체산소】 《化》액체를 이루고 있는 산소。

【液體燃料:액체연료】 石油·重油와 같이 액체로 된 연료의 總稱。

【液體鹽素:액체염소】 《化》압력을 가하여 액화한 염소。

【液體窒素:액체질소】 《化》액체를 이루고 있는 질소。

【涳】 (공) 東 クウ、ほそあめ drizzle
小篆 ❶가는비공(細雨ㅣ濛)。❷곧게 흐를공(直流)。

【涳濛:공몽】 이슬비가 뽀얗게 오거나 안개가 자옥하게 낀 모양。

【涶】 (타) 哿 タ、なみうちぎわ be flowed with the water
❶모래밀릴타(砂石隨水流貌)。『江賦』碧沙遺ㅣ而往來。❷물결출렁거릴타(水波相重貌)。(『沱』와 같음)

【涹】 (타)『涶』(前條)의 俗字

【涴】 ㈠(완) 阮 エン、ワ、けがれる ㈡(와) 箇 pollute
草書 ㈠❶물굽이쳐돌완(水廻曲貌)。『江賦』洪瀾ㅣ演而雪廻。❷진흙묻을완(泥著物)。㈡더럽힐와(汚也)。『韓愈詩』勿使塵埃ㅣ。(『汙』와 같음)

【涴演:완연】 물이 굽이쳐 흐르는 모양。

【涵】 (함) 覃 カン、うるおう soak ㄏㄢˊ han²
小篆 草書 ❶젖을함(濡也)。❷잠길함(沈也)。❸용납할함(容也)。『詩經 小雅巧言』亂之初生、僭始既ㅣ。❹넓을함(廣也)。

【涵養:함양】 ❶자연적으로 차차 길러냄。서서히 양성함。『陳書』矧彼翔沈、孰非ㅣㅣ。❷은혜를 베풂음。❸차차 學問·見識이 몸에 배도록 양성시킴。修養함。『朱子全書』ㅣㅣ有素、方能如此。

【涵養薰陶:함양훈도】 사람을 德義로써 교도하여 才德을 이룩하게 함。

【涵泳:함영】 무자맥질。

【涵濡:함유】 젖게 함。적시어 윤택하게 함。《轉》恩澤을 베풂음。恩澤을 입음。浸漬。『歐陽修·仁宗御飛白記』仁宗之德澤、ㅣㅣ於萬物者。

【涵咀:함저】 잘 씹어서 맛을 알아 냄。《喩》자세히 探求하여 연구하는 것。『陸龜蒙』每ㅣㅣ義味、獨坐日昃。

【涵蓄:함축】 물건을 넣어서 저장함。含蓄。包藏。『王炎』胸次要ㅣㅣ。

【涵煦:함후】 따뜻하게 함。은혜를 베풀어서 기름。覆育。『宋史·徐積傳論』深仁厚澤、ㅣㅣ生民。

【涶】 (타)『唾』(口部 8畫)와 같음

【涢】 (옥)『沃』(水部 4畫)의 本字

【涷】 (동) 東 トウ、にわかあめ 送 shower
小篆 草書 ❶소나기동(暴雨)。❷얼동(凍也)。❸이슬흠치르르할동(瀧ㅣ露沾漬貌)。

【涷瀧:동농】 물에 젖어 흠치르르한 모양。東籠。『荀子』案角鹿埵隴種、東籠而

退耳。『注』東籠、與ㅡㅡ同、沾濕貌、如衣服之沾濕然。

【涷餒:동뇌】 추위에 얼고 굶주림。凍餒。

【涷雨:동우】 소나기。暴雨。

【涸】 ㊀(후) 遇 コ、カク、かれる dry ㄏㄜ hé² (本音「각」) ㊁(학) 藥

涸 小篆 㵑 或體 沽 書 草 ㊀❶마를후、잦을후(竭也)。❷막을후(塞也)。『謝靈運詩』涸汲水枯ㅡ。

㊂뜻은 ㊀과 같음。

【涸渴:학갈】 ❶강 또는 못의 물이 말라 빠짐。말라서 물이 없음。枯渴。❷없어짐。

【涸水:학수】 물이 마른 강。『梁簡文帝』

【涸陰:학음】 대단한 추위。窮陰。『張衡』ㅡㅡ冱寒。

【涸轍:학철】 《喩》막다른 괴로운 境地。困窮한 경우의 비유。→涸轍鮒魚。『李商隱』活枯鱗於ㅡㅡ。

【涸轍鮒魚:학철부어】 수레바퀴가 지나간 자리에 고인 물에 있는 붕어。《喩》몹시 고단하고 옹색함。또는 그러한 사람。轍鮒之急。『莊子·外物』

【涹】 (와) 歌 ワ、にごる become muddy ㄨㄛ wo¹

❶흐릴와(濁也)。❷더러울와(汚濊)。❸물에불릴와(漚也)。『周禮』慌氏漚其絲。

【涼】 ㊀(량) 陽 リョウ、すずしい cool ㊁(량) 漾 ㄌㄧㄤ liang²

涼 小篆 涼 書 草 ㊀❶엷을량(薄也)。『左傳 莊公三十二年』虢多ㅡ德。❷서늘할량(微冷)。(『凉』과 통함) ㊁❶도울량(佐也)。『詩經』ㅡ彼武王。❷미쁠량(信也)。『詩經』ㅡ曰不可。❸적적하고슬플량(哀也)。(『諒』과 통함)

【涼氣:양기】 서늘한 기운。『阮籍』開秋兆ㅡㅡ。

【涼德:양덕】 엷은 人德。薄德。菲德。『左傳』虢多ㅡㅡ。

【涼薄:양박】 ❶얼굴 생김이나 마음이 푼더분하지 못함。❷발。『宋裴·秋絃怨』海風吹ㅡㅡ、璇宇挂歷鉤。

【涼氛:양분】 맑고 시원스러이 부는바람。또 가을을 이름。

【涼棚:양붕】 遮日。햇볕을 가리기 위하여 마련한 것。亭子 따위。

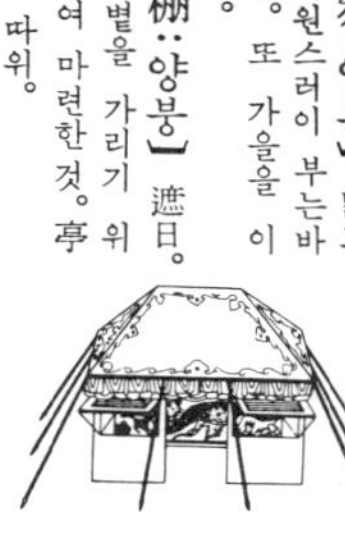

涼棚(大清會典圖)

【涼扇:양선】 부채。團扇。『金史』上所御ㅡㅡ、忽墮案下。

【涼室:양실】 햇볕을 가리기 위하여 방 또는 마루의 처마 끝에 차양을 덧달아 지은 집。

【涼雨:양우】 서늘한 비。『岑參』蒼旻霽ㅡㅡ。

【涼陰:양음】 ❶서늘한 기운。涼氣。❷서늘한 나무 그늘。涼蔭。『晉書』冬有溫廬、夏有ㅡㅡ。

【涼材:양재】 성질이 냉한 약재。↔溫材。

【涼天:양천】 서늘한 날씨。

【涼簷:양첨】 여름철에 볕을 가리기 위하여 임시로 덧댄 처마。

【涼秋:양추】 음력 九월의 異稱。『李陵』ㅡㅡ九月、塞外草衰。

【涼風:양풍】 선들바람。『禮記』孟秋之月、ㅡㅡ至。

【涼花:양화】 《植》목화。

◎納ㅡ、新ㅡ、淸ㅡ、秋ㅡ、荒ㅡ。

【淴】 (홀) 月 コツ、きよい pure

淴 小篆 㴵 小篆 ❶검푸를홀(黑靑色)。❷극히맑을홀(大淸)。❸정결할홀(極潔)。『楞嚴經』心綿愛ㅡ。❹합할홀(合也)。

【涽】 (혼) 願 コン、くらい vague

涽 書 草 ❶흐린물혼(濁水)。❷흐리멍덩할혼(未定貌)。

【涽涽:혼혼】 생각이 어두워 어지러운 모양。아직 정해지지 아니한 모양。『荀子』ㅡㅡ淑淑。

【涾】 (답) 合 トウ、なみだつ wave

涾 小篆 涾 書 草 ❶끓어넘칠답(沸溢)。❷물결출렁거릴답(水波相連貌)。

【涿】 (탁) 覺 タク、うつ beat ㄓㄨㄛ chuo¹ (古音「착」)

涿 小篆 㕓 奇字 涿 書 草 ❶물방울떨어질탁(水下滴)。❷칠탁(擊也)。『周禮』壺ㅡ氏掌除水蟲。❸물이름탁(水名)。❹땅이름탁(地名)。

【涿鹿:탁록】 直隷省에 있는 山名。(黃帝가 蚩尤를 죽였다는 곳)。

【淀】 (정) 霰 テン、よどむ shallow water ㄉㄧㄢ tien⁴ (古音「전」)

淀 書 草 ❶얕은물정(淺水)。『吳都賦』掘鯉之ㅡ。❷배댈정(船泊)。

【淀河:정하】 河北省의 大淸河를 말함。下流는 海河에 흘러 듦。

【淁】 (첩) 緝 ショウ、わく gush

淁 小篆 물솟을첩(湧出)。

【淄】 (치) 支 シ、くろ black ㄗ tzu¹

淄 書 草 ❶물이름치(梁父水名)。❷검을치(黑也)。『史記 孔子世家』不曰白乎、涅而不ㅡ。❸고을이름치(靑州縣名)。

【淄蠹:치두】 검게 좀이 먹음。더러워지고 헤어짐。『後漢書』恩隆好合、遂忘ㅡㅡ。

【淄硯:치연】 中國 山東省 淄川縣에서 나오는 벼루

【淅】 (석) 錫 セキ、よなぐ wash rice ㄒㄧ hsi¹

淅 小篆 淅 書 草 ❶쌀일석(汰米)。『孟子 萬章下』接ㅡ而行。❷빗소리석(雨聲)。『謝惠連詩』ㅡㅡ振條風。

【淅瀝:석력】 ❶비·눈·싸라눈이 오는 소리。『謝惠連·雪賦淅淅』霰ㅡㅡ而先集。❷애처롭고 쓸쓸한 모양。凄涼。蕭條。『李白·詩』飛霜早ㅡㅡ、綠艷恐休歇。

【淅淅:석석】 ❶빗소리。❷바람 부는 모양。『謝惠連』ㅡㅡ振條風。

【淆】 (효) 肴 コウ、みだれる confused ㄧㄠ yao²

淆 書 草 ❶어지러울효(亂也)。❷잡될효(雜也)。❸흐탕칠효(濁水)。『後漢書 黃憲傳』ㅡ之不濁。

【淆亂:효란】 뒤섞이어 어지러움。混淆紛亂함。混亂。

【淆紊:효문】 뒤섞이어 어지러움。紛淆。錯亂。『唐書』十不收一、取舍ㅡㅡ。

【淆薄:효박】 風俗이 아주 경박함。

【淇】 (기) 支 キ、かわ river ㄑㄧ chi²

淇 小篆 淇 書 草 ❶물이름기(河內水名)。『詩經』送子涉ㅡ。❷고을이름기(縣名)。

【淇水:기수】 《地》강 이름。河南省 衞河에 흘러 들어가는 강。

【淇奧:기오】 ❶淇水의 후미진 곳。淇澳。❷詩經衞風의 篇名。

【洴】 (병) 靑 〈イ、さらす wash ㄆㄧㄥˊ p'ing²
草書 빨래하는소리병(澼絮聲)。〔莊子 逍遙遊〕ㅣ澼絖。
〔洴澼:병벽〕 綿을 물로 바래서 희게 함。〔莊子〕世世以ㅣㅣ絖爲事。

【淈】 ㊀(굴) ㊁(홀) 月 コツ、にごる turbid
小篆 草書 ㊀ ❶흐릴굴(濁也)。〔屈原 漁父辭〕何不ㅣ其泥而揚其波。❷물괄괄흐를굴(決流)。❸ㅣ다할굴(盡也)。〔荀子〕其洸洸乎不ㅣ盡似道。㊁다스릴홀(治也)。
〔淈泥:굴이〕 진흙탕을 흐리게 함。〔楚辭·漁父〕何不淈其泥而揚其波。〔後漢書·張衡傳〕涉冬則ㅣㅣ而潛蟠避害。
〔淈盡:굴진〕 다함。〔荀子·宥坐〕其洸洸乎不ㅣㅣ、似道。〔注〕淈、讀爲屈、竭也。
〔淈濁:굴탁〕 廣東의 사투리。물의 흐려짐을 말함。〔新方言·嶺外三州語〕三州謂水濁曰ㅣㅣ、亦田淈濊。

【淊】 (함) 感 カン、どろみず muddy water
小篆 진흙물함、붉덕물함(泥水ㅣㅣ)。

【淋】 (림) 侵 リン、そそぐ wet; drip ㄌㄧㄣˊ lin²·⁴
小篆 草書 ❶축일림(以水沃)。❷지적지적할림(山下水貌)。❸번지르르할림(ㅣ漓渥貌)。〔羽獵賦〕ㅣ漓廊落。❹물댈림(澆也)。❺쓸쓸할림(寂也)。❻병의이름림(病名)。
(『痳』과 통함)
〔淋毒:임독〕 임질의 독。
〔淋浪:임랑〕 어지러운 모양。〔韓愈·醉客詩〕ㅣㅣ身上衣、顚倒筆下字。
〔淋瀝:임력〕 뚝뚝 떨어지는 모양。〔盧思道〕雨師止其ㅣㅣ。
〔淋離:임리〕 ❶긴 모양。〔楚辭·哀時命〕劍ㅣㅣ而縱橫。❷큰 모양。〔揚雄〕ㅣㅣ廓落。
〔淋病:임병〕 《醫》痳菌으로 일어나는 尿道粘膜의 炎症。淋疾。
〔淋灑:임쇄〕 물이 흘러 드는 모양。또는 끊이지 않는 모양。〔王褒·洞簫賦〕被ㅣ其靡靡兮。
〔淋疾:임질〕 《醫》성병의 한 가지。
〔淋巴腺:임파선〕 《生》淋巴液이 흐르는 淋巴管의 여러 곳에 있는 粒狀의 結節。
〔淋巴腺炎:임파선염〕 《醫》임파선에 일어나는 온갖 염증의 총칭。
〔淋巴液:임파액〕 《生》체내의 조직 사이를 흐르는 無色 透明의 액체。체내 조직에 영양을 주어 老廢物을 운반해 가는 역할을 함。
〔淋汗:임한〕 ❶땀。〔新論〕馬未馳而ㅣㅣ。❷《佛》땀을 씻음。禪家에서 여름에 땀을 씻는 일。

【淌】 (창) 漾 ショウ、おおなみ billow ㄊㄤˇ t'ang³
草書 큰물결창(大波)。〔淮南子〕ㅣ游瀷淢。

【淑】 (숙) 屋 シュク、よい good; clear ㄕㄨˊ shu²
小篆 草書 ❶맑을숙(淸湛)。❷화할숙(和也)。❸착할숙(善也)。〔詩經〕ㅣ人君子。❹사모할숙(私ㅣ)。(『婌』과 같음)
〔淑景:숙경〕 아늑하고 아름다운 경치。좋은 봄 경치。淑氣。〔杜甫〕花覆千官ㅣ移。
〔淑均:숙균〕 선량하고 공평한 것。〔諸葛亮〕性行ㅣㅣ、曉暢軍事。
〔淑氣:숙기〕 봄날의 아늑하고 따뜻한 기운。〔杜審言〕ㅣㅣ催黃鳥。
〔淑女:숙녀〕 善良하고 婦德이 있는 여자。貞淑한 부인。교양이 있어 고상한 부인。淑媛。〔詩經〕窈窕ㅣㅣ、君子好逑。
〔淑德:숙덕〕 올바르고 착한 德。주로 부인의 善美한 德行의 일컬음。〔易林〕顔氏ㅣㅣ、未有爵祿。
〔淑範:숙범〕 올바른 모범。부인의 올바른 모범。〔唐書·后妃傳序〕ㅣㅣ懿行、更爲內助。
〔淑性:숙성〕 얌전하고 착한 성질。〔張衡〕ㅣㅣ窈窕、秀色美艷。〔繆。
〔淑心:숙심〕 선량한 마음。〔陸雲〕ㅣㅣ綢小說。작자·연대 미상。夫婦間의 지극한 愛情을 그림。
〔淑英娘子傳:숙영낭자전〕 《書》國文
〔淑譽:숙예〕 善德이 있다는 평판。貞淑하다는 소문。淑名。淑問。〔晉書〕陰敎洽于宮闈、ㅣㅣ騰于區城。
〔淑婉:숙완〕 아름답고 상냥함。婉淑。〔宣和畫譜〕工寫人物、纖濃ㅣㅣ之態。
〔淑媛:숙원〕 ❶才德이 뛰어난 부인。淑女。〔曹植〕蓋有南威之容、乃可以論於ㅣㅣ。❷女官의 일컬음。〔魏志〕ㅣㅣ位視御史。
〔淑姿:숙자〕 얌전하고 훌륭한 모습。〔文心雕龍〕盼倩生于ㅣㅣ。
〔淑淸:숙청〕 성품과 언행이 맑고 깨끗함。〔淮南子〕日月ㅣㅣ而揚光。
〔淑湫:숙추〕 쓸쓸함。〔管子·水地〕察於ㅣㅣ。◎私ㅣ、貞ㅣ。

【淒】 ㊀(처) ㊁(천) 齊 霰 セイ、サイ、さむい cold ㄑㄧ ch'i¹
小篆 草書 ㊀ ❶구름피어오를처(雲起貌)。❷쓸쓸할처(寒涼)。〔詩經 邶風綠衣〕ㅣ其以風。㊁빠를천(ㅣ淛疾貌)。〔子虛賦〕儵眒ㅣ淛。
〔淒涼:처량〕 ❶쓸쓸하고 구슬픔。悽愴。〔李白〕覽古情ㅣㅣ。❷쓸쓸함。寂寥。〔杜甫〕江海日ㅣㅣ。
〔淒淚:처루〕 춥고 쓸쓸한 모양。〔漢書〕秋氣潛以ㅣㅣ兮。
〔淒然:처연〕 춥고 매서운 모양。으스스함。〔莊子·大宗師〕ㅣㅣ似秋、煖然似春。
〔淒日:처일〕 오슬오슬 추운 가을 날。가을 날。〔類書纂要〕春曰遲日、夏曰畏日、秋曰ㅣㅣ、冬曰愛日。
〔淒淒:처처〕 ❶춥고 쓸쓸한 모양。淒然。〔詩經〕秋日ㅣㅣ。❷구름이 피어 오르고 비가 올 듯한 모양。〔詩經〕有渰ㅣㅣ。
〔淒楚:처초〕 뼈아프게 슬퍼함。
〔淒風:처풍〕 ❶쌀쌀한 바람。고추바람。❷西南風。〔左傳〕春無ㅣㅣ、秋無苦雨。

【淔】 (칙) 職 チョク、かわのな waters
小篆 ❶풀이름칙(草名)。❷물이름칙(水名)。

【淖】 (뇨) 效 ドウ、どろ、ぬかる mud ㄋㄠˋ nao⁴
小篆 草書 ❶진흙뇨、수렁뇨(泥也)。〔陸游詩〕食有ㅣ糜猶足飽。❷빠질뇨(濡甚)。〔漢書〕堅冰ㅣ溺。
〔淖濘:요녕〕 진창。진수렁。〔楊載〕長衢方ㅣㅣ、山水亦風波。
〔淖糜:요미〕 질척질척한 죽。미음 같은 것。糜饘。〔陸游〕食有ㅣㅣ猶足飽。
〔淖約:요약〕 부드러운 것。柔和하고 예쁜 것。綽約。

【淘】 (도) 豪 トウ、ながれる scour ㄊㄠˊ t'ao²
草書 ❶쌀일도(淅米)。❷물흐를도(水流)。〔齊民要術〕冷水淨ㅣ。

【淘金：도금】 金을 골라서 가름。
【淘淘：도도】 물이 흐르는 모양。 滔滔。
【淘漉：도록】 水中에서 씻어 골라냄。『輟耕錄』將石子——玩弄。
【淘淸：도청】 탁한 액체를 가라앉혀서 맑고 깨끗하게 함。
【淘汰：도태】 ❶씻어 깨끗하게 함。 ❷가려서 고름。좋은 것을 골라 냄。精選。『後漢書』洮汰學者之累惑。 ❸《生》適者生存의 이치에 의하여 생물 중 환경이나 조건 등에 알맞는 것만이 살아 남고 그렇지 아니한 것은 죽어 없어지는 현상。

【淙】 ㊀(종) ㊁(장) 江 多 ソウ、そそぐ noise of water ㄘㄨㄥˊ ts'ung²
小篆 草書 ㊀물소리종(水聲)。『高適詩』石泉——若風雨。 ㊁뜻은 ㊀과 같음。
【淙然：종연】 ＝淙淙。
【淙琤：종쟁】 물 흐르는 소리의 형용。琤은 구슬이 서로 부딪쳐 나는 아름다운 소리。『韓愈·孟郊聯句』竹影金瑣碎、泉音玉——。
【淙淙：종종】 ❶물이 흘러가는 모양。또는 그 소리。潀潀。『高適』石泉——若風雨。 ❷音樂 소리。『元結·補六英樂章』我有金石分、擊拊——。

【淚】 (루) 寘 ルイ、なみだ tears ㄌㄟˋ lei⁴ (同音「뤼」)
草書 눈물루(目液)。『本草』—者肝之液。
【淚管：누관】 《生》눈물이 흘러 나오는 淚腺의 한 부분。
【淚腺：누선】 《生》眼窩의 위에 있어 窩血液 중에서 눈물을 분비하는 管。
【淚水：누수】 눈물。
【淚眼：누안】 눈물을 머금은 눈。 눈물에 어린 눈。『錢起』相思昏若夢、——幾時明。
【淚液：누액】 눈물。
【淚珠：누주】 눈물의 구슬。 눈물의 비。 눈물。『白居易』我有雙——、知君穿不得。
【淚痕：누흔】 눈물 흔적。『李白』但見——濕、不知心恨誰。
◎感—、落—、別—、悲—、聲—、暗—、熱—、血—、紅—。

【淛】 ㊀(제) 霽 セイ、かわ river ㊁(절) 屑
草書 ㊀강이름제(江名)。『山海經』禹治水、以至—河。 ㊁강이름절(江名)。(『浙』과 같음)

【淜】 (빙) 蒸 ヒョウ、わたる across a stream ㄆㄥˊ pêng¹
小篆 草書 ❶걸어물건늘빙(徒涉)。 ❷물소리빙(水聲—滂)。

【淝】 (비) 微 ヒ、かわ river ㄈㄟˊ fei² (『肥』와 통함)
草書 물이름비(九江水名)。
【淝水：비수】 《地》江 이름。 安徽省內에 있음。前秦王 符堅이 東晉에게 大敗한 古戰場。 肥水。
【淝泉：비천】 근원은 같고 흘러 드는 곳이 다른 샘。『集韻』淝、一曰、所出同所歸異曰——。

【淞】 (송) 冬 ショウ、かわ river ㄙㄨㄥ sung¹
草書 강이름송(吳郡江名)。
【淞濱：송빈】 《人》淸、許錫祺의 號。
【淞滬鐵路：송호철로】 철도의 이름。江蘇省 上海縣에서 寶山縣의 吳淞鎭礮臺灣에 이름。

【涬】 (유) 『游』(水部 9畫)의 俗字

【淟】 (전) 銑 テン、しずむ sink ㄊㄧㄢˇ t'ien³
草書 ❶때낄전(垢濁)。 ❷빠질전(沒也)。『屈原 遠遊』切—涊之流俗。
【淟汨：전골】 잠김。汨沒。『唐書』——於隋。
【淟淟：전전】 때가 묻어 더러워지는 것。『楚辭·遠遊』切——之流俗。

【淠】 (비) 霽 ヒ、ふねがゆく sail
小篆 草書 ❶배떠날비(舟行貌)。 ❷성할비(盛貌)。 ❸많을비(衆也)。 ❹물이름비(汝南水名)。
【淠淠：비비】 ❶장목기가 움직이는 모양。『詩經·小雅』其旂——、鸞聲嘒嘒。『傳』——、動也。 ❷무리가 많은 모양。『廣雅·釋訓』——、茂也。『詩經·小雅』有漼者淵、萑葦——。『傳』——、衆也。

【淔】 (석) 陌 セキ、つつみ dike (或音「책」)
小篆 방축석(隁也)。

【淴】 (호) 虞 コ、あかくみ drawing bucket
草書 자루달린드레박호 (舟中渫水器)。

【淡】 ㊀(담) 覃 ㊁(담) 感 ㊂(담) 勘 タン、あわい、うすい insipid ㄉㄢˋ tan⁴
小篆 草書 ㊀물맑을담(水淨)。 ㊁❶싱거울담、슴슴할담(薄味)。(『澹』과 같음) 『史記 叔孫通傳』食啖。 ❷물질펀할담(安流平滿貌)。『高唐賦』濆——而並入。 ㊂묽을담(濃之對)。
【淡褐色：담갈색】 엷은 갈색。
【淡羹：담갱】 맑은 장국。
【淡交：담교】 담백한 교제。『莊子』君子之交、淡若水 小人之交、甘如醴。
【淡喫：담끽】 조금씩 먹는 것。
【淡淡：담담】 ❶말쑥한 모양。 산뜻한 모양。『杜甫』雲溪花——。 ❷물이 순순히 흘러 편편하게 차는 모양。『宋玉·高唐賦』濆——而竝入。 ❸물이 흔들리어 움직이는 모양。『潘岳·詩』綠池汎——。 ❹사물의 그림자가 아른아른한 모양。
【淡綠：담록】 연한 녹색。
【淡漠：담막】 욕심이 없고 조용한 모양。恬靜。淡泊。『文子』非——、無以明德。
【淡味：담미】 ❶담백한 맛。 ❷담백한 취미。
【淡泊：담박】 ❶빛깔과 맛이 담백한 것。 ❷기분이 맑고 꾸밈이 없음。『范仲淹』宦情須——。 ❸욕심이 없는 것。
【淡碧：담벽】 엷은 푸른 색。『陸游』霧收山——、雲漏日微紅。
【淡色：담색】 진하지 아니한 빛깔。
【淡素：담소】 산뜻하고 꾸밈이 없음。
【淡愁：담수】 작은 걱정거리。『杜牧』蕭騷著——。
【淡水：담수】 짠맛이 없는 맑은 물。 단「물。 ↕鹹水。
【淡水卵：담수란】 물수란。
【淡水魚：담수어】 민물 고기의 총칭。『曹植』淡水之魚、不入于海。
【淡水醬：담수장】 무장。 마른 메주를 물에 담갔다가 소금을 타서 익힌후에 달이지않고 그냥 먹는 장。
【淡水湖：담수호】 물에 염분이 없는 호「수。
【淡食：담식】 ❶싱겁게 먹음。 ❷느끼한 고기 따위를 적게 먹음。
【淡雅：담아】 산뜻하고 고상함。『隋書』有——之風、懷曠遠之度。
【淡靄：담알】 엷은 안개。 輕靄。『陸游』—輕颸入夏初。

【淡煙:담연】 엷은 연기。엷은 안개。淡靄。부연。연기。

【淡然:담연】 산뜻한 모양。淡如。『儲光羲』何以知君子、交情復ㅡㅡ。

【淡鹽:담염】 얼간。

【淡鹽炙:담염구】 얼간 구이。

【淡鹽湯:담염탕】 소금을 조금 친 더운 「물。

【淡雲:담운】 엷은 구름。薄雲。『蘇軾』ㅡㅡ籠月照梨花。

【淡粧:담장】 산뜻한 화장。엷은 화장。『蘇軾』若把西湖比西施、ㅡㅡ濃抹總相宜。

【淡竹:담죽】 대의 한 가지。참 대보다 마디가 짧고 키는 더 큰편임。

【淡彩:담채】 엷은 彩色。산뜻한 무늬。

【淡菜:담채】 ❶紅蛤。❷섭조개。

【淡蕩:담탕】 ❶맑고 넓음。❷날이 맑게 개어 화기로움。

【淡婆姑:담파고】 《國》담배。淡婆古。

【淡香:담향】 맑고 산뜻한 향기。

【淡紅:담홍】 엷은 붉은 색。연분홍。『李紳』ㅡㅡ淺碧萬山收。◎冷ㅡ、濃ㅡ、清ㅡ。

【淢】 ㊀(역) 職 ㊁(혁) 職 ヨク、キョク、はやいながれ flow rapidly

小篆 草書 ㊀빨리 흐를역(疾流)。『南都賦』漻淚ㅡ汩。㊁❶서러울혁(悲傷貌)。❷해자혁、성개천혁(城溝)。『史記 夏紀』卑宮室、致費于溝ㅡ。

【淢汩:역율】 빨리 흐르는 모양。『騈雅·釋詁上』ㅡㅡ、漂疾也。

【淤】 (어) 御 魚 ヨ、オ、にごる、どろ dregs; mud ㄩ yü¹

小篆 草書 ❶해감어、앙금어、찌끼어(澱滓)。『杜篤論都賦』畎瀆潤ㅡ。❷진흙어(泥也)。

【淤泥:어니】 진흙。진흙탕。『蘇軾』ㅡㅡ生蓮花。

【淤賜:어사】 포식하도록 음식물을 내려 줌。『馬融』ㅡㅡ犒功。

【淤閼:어알】 진흙 때문에 물이 막힘。『唐書』州有孟瀆、久ㅡㅡ。

【淣】 (예) 齊 ゲイ、みぎわ water's edge

물가예(水際)。

【淥】 ㊀(록) 屋 ㊁(록) 沃 ロク、こす filtrate ㄌㄨˋ lu⁴

草書 ㊀❶샐록、스밀록(滲也)。❷물이름록(湘東水名)。(『漉』과 같음) ㊁물맑을록(水清)。『東京賦』ㅡ水澹澹。

【淥水:녹수】 ❶맑은 물。『左思·吳都賦』互以ㅡㅡ、玄蔭耽耽。❷樂府、琴曲歌辭의 이름。❸강의 이름。

【淥池:녹지】 맑은 못。『孔稚珪·北山移文』塵游躅於蕙路、汙ㅡㅡ以洗耳。

【淥波:녹파】 맑은 물결。『曹植·洛神賦』灼若芙蕖出ㅡㅡ。

【淦】 (감) 勘 カン、もれみず leak ㄍㄢˋ kan⁴

小篆 或體 草書 ❶배틈으로 물들 감(水入船隙)。❷물이름감(豫章水名)。(『汵』과 같음)

【淨】 (정) 敬 セイ、ジョウ、きよい clear ㄐㄧㄥˋ ching⁴

小篆 草書 ❶조촐할정、깨끗할정(無垢潔也)。『周敦頤 愛蓮說』亭亭ㅡ植。❷맑을정(清也)。

【淨潔:정결】 깨끗함。결백함。清淨潔白。

【淨潔快豁:정결쾌활】 맑고 깨끗하여 기분이 매우 상쾌함。또는 그 기분。『言志錄』肚裡自覺ㅡㅡ。

【淨界:정계】 ❶寺院 境內 등의 청결한 장소。❷《佛》淨土。『梁簡文帝』ㅡㅡ無毁、金地永貞。

【淨宮:정궁】 《佛》절。梵宮。『梁簡文帝·詩』慈波流ㅡㅡ。

【淨几:정궤】 깨끗한 책상。「ㅡㅡ讀文史。『蘇軾』細氈

【淨妙:정묘】 깨끗하고 뛰어남。

【淨飯王:정반왕】 梵語Suddhodana의 譯語。석가모니의 아버지。인도(迦毘羅城)에 있는 釋迦族의 왕。

【淨房:정방】 ❶기와집。❷변소。

【淨福:정복】 ❶아주 조촐한 행복。❷부처의 혜택。불교를 믿음으로써 얻는 행복。『徐陵』大傾財寶、同修ㅡㅡ。

【淨寫:정사】 깨끗하게 書寫함。

【淨書:정서】 깨끗하게 씀。清書。

【淨洗:정세】 깨끗하게 씻음。洗淨。『杜甫』ㅡㅡ甲兵常不用。

【淨掃:정소】 깨끗하게 소제함。『王昌齡』ㅡㅡ陰山無鳥投。

【淨水:정수】 깨끗한 물。

【淨植:정식】 깨끗하게 심어져 있음。『周敦頤·愛蓮說』亭亭ㅡㅡ。

【淨神:정신】 마음을 청결하게 함。『春秋繁露·循天之道』平意以ㅡㅡ。

【淨業:정업】 ❶깨끗한 행위。善業。❷念佛。

【淨域:정역】 ❶寺院의 境內。『宋之問』三乘歸ㅡㅡ。❷極樂淨土。

【淨穢:정예】 깨끗함과 더러움。

【淨瑠璃:정유리】 《佛》깨끗하고 透明한 유리。瑠璃는 寶石名。가장 깨끗함의 비유。理想境。『藥師瑠璃光如來本願經』。

【淨院:정원】 《佛》절。禪院。『姚合·詩』ㅡㅡ焚香獨受持。

【淨財:정재】 寺院에 내는 寄附金。또는、慈善金。喜捨金。淨捨。

【淨齋所:정재소】 절에서 밥을 짓는 곳。

【淨濟:정제】 =淨齋所。

【淨罪:정죄】 ❶죄를 깨끗하게 함。❷《宗》가톨릭교에서 苦行함으로써 죄가 깨끗하게 된다는 것。

【淨榻:정탑】 깨끗한 椅子。『謝翶·詩』ㅡ搜涼臥、危欄入醉凭。

【淨土:정토】 《佛》더럽혀지지 않은 나라。煩惱로부터 解脫된 더럽혀지지 않은 나라。極樂。極樂淨土。『大藏法數』佛土名ㅡㅡ、常清淨、自然無一切雜穢。

【淨土發願:정토발원】 《佛》往生極樂을 원하여 빌음。 「로 삼는 일。

【淨土事業:정토사업】 《佛》염불을 주

【淨土回向:정토회향】 《佛》젊어서 다른 사업을 하다가 늙바탕에 염불을 하는 일。

【淨玻璃鏡:정파리경】 《佛》閻魔大王이 있는 곳에 있는、죽은 사람의 生前의 善惡을 그대로 비쳐낸다는 거울。

【淨慧:정혜】 밝은 지혜。

【淨化:정화】 ❶깨끗하게 함。❷惡과 罪를 제거한 깨끗한 상태로 함。◎不ㅡ、洗ㅡ、清ㅡ。

【淩】 (릉) 蒸 リョウ、しのぐ surpass ㄌㄧㄥˊ ling²

小篆 ❶달릴릉(馳也)。❷지날릉(歷也)。『海賦』汎海ㅡ山。❸떨릉(慄也)。❹물이름릉(臨淮水名)。(『棱』과 통함)

【淩濛初:능몽초】 《人》?~一六四四 明의 文人。字는 初成、別號는 郎空觀主人、浙江 吳興 사람。李自成의 亂으로 殉死함。그의 編著 初刻拍案驚奇·二刻拍安驚奇 四〇권은 宋·元·明代의 短篇小說

集으로 유명함。

【渳】(니)(미)『瀰』(水部 17畫)의 俗字

【淪】 ㊀(륜) 眞 ㊁(론) 阮 リン、しずむ sink ㄌㄨㄣˊ luen²
小篆 草書 ㊀❶빠질륜(沒也)。〔書經〕今殷其ㅣ喪。❷물놀이칠륜(小波)。❸거느릴륜(率也)。〔詩經〕ㅣ胥以鋪。㊁기운덩어리질론(氣未分)。〔列子〕氣形質具而未相離故曰混ㅣ。

【淪溺:윤닉】 물에 가라앉아 빠짐。沈沒함。〔宋書〕王化阻閡、三巴ㅣㅣ。

【淪落:윤락】 ❶타락함。零落함。〔李白〕家本紫雲山、道風未ㅣㅣ。❷가라앉음。淪沒。

【淪漣:윤련】 잔잔한 파도。또는 잔잔한 파도가 이는 것。

【淪滅:윤멸】 가라앉아 없어짐。淪喪。〔馬融〕ㅣㅣ潭淵。

【淪沒:윤몰】 가라앉음。쇠퇴함。淪落。〔江淹〕惜褒宗之ㅣㅣ。

【淪塞:윤색】 ❶가라앉아 막힘。❷낙오되어 불행하게 됨。〔任昉〕年世貿遷、弧裔ㅣㅣ。

【淪失:윤실】 망해 버림。〔阮籍〕遂損棄而ㅣㅣ。

【淪猗:윤의】 잔잔한 파도。小波。細波。淪猗〔詩經〕河水淸且ㅣㅣ。

【淪墜:윤추】 아주 쇠퇴함。〔葉適·文〕禹箕之道ㅣㅣ矣。「者ㅣㅣ如此。

【淪陷:윤함】 陷落함。〔唐書〕僕與四五子

【泄】(설) 屑 セツ、もれる leak
草書 ❶샐설(漏也)。❷우물칠설(治井)。(『渫』과 같음)

【淁】(접) 葉 ショウ、みずぬれ wet
물축축할접、물자질자질할접(纔有水ㅣ涶)。

【淫】(음) 侵 イン、みだら obscene ㄧㄣˊ yin²
小篆 草書 ❶방탕할음(放也)。〔史記 孔子世家〕晋平公ㅣ、六卿擅權。❷간음할음(奸也)。❸음란할음(亂也)。〔詩經 齊風載驅序〕與文姜ㅣ。❹넘칠음(溢也)。❺과할음(過也)。〔書經 大禹謨〕罔ㅣ於樂。❻심할음(甚也)。〔列子 黃帝〕朕之過ㅣ矣。❼적실음(漬也)。〔周禮〕善防者水ㅣ之。❽오랠음(久也)。〔晋語〕底著滯ㅣ。(『婬』와 통함)

【淫巧:음교】 매우 교묘함。퍽 교활함。그럴 듯한 거짓。

【淫驕:음교】 음란하고 교만한 것。술과 색에 빠져 잘난 체하는 것。

【淫女:음녀】 ❶色慾이 센 여자。❷음탕한 여자。淫婦。

【淫溺:음닉】 매우 방탕함。遊樂에 빠짐。

【淫談:음담】 색에 관한 음탕한 이야기。〔中說〕吾文章可謂ㅣㅣ矣。

【淫談悖說:음담패설】 음탕하고 상스러운 이야기。

【淫亂:음란】 음탕하고 난잡함。〔國語〕立於ㅣㅣ之國。「람。

【淫物:음물】 음탕한 물건。또는 그런 사람。

【淫靡:음미】 음란하고 사치함。淫華。〔漢書〕議者以爲ㅣㅣ不急。

【淫放:음방】 음탕하고 제 멋대로 하는 것。淫荒。〔阮籍〕ㅣㅣ則棄親。

【淫部:음부】 사람의 생식기 또는 그것이 있는 자리。局部。陰部。

【淫婦:음부】 몸가짐이 나쁜 여인。음란한 여인。淫女。

【淫奔:음분】 음탕한 행동。정식 결혼을 않은 남녀가 私通하는 일。〔周禮〕謂不必六禮備、非ㅣㅣ也。

【淫非:음비】 바르지 못한 것。음탕。邪惡。〔管子〕ㅣㅣ之地。

【淫事:음사】 음탕한 일。주로 남녀간의 일을 말함。〔管子〕士無邪行、女無ㅣㅣ。

【淫祠:음사】 邪神을 제사한 사당。〔唐書〕毁吳楚ㅣㅣ千七百所。「放ㅣㅣ。

【淫辭:음사】 음탕한 말。〔孟子〕距詖行、

【淫書:음서】 ❶음탕한 일을 적은 책。❷독서에 몰두함。

【淫媟:음설】 음란하고 더러움。猥褻。

【淫褻:음설】 음란한 것。猥褻。

【淫聲:음성】 바르지 못한 음악。또는 음탕한 音樂。淫音。〔列女傳〕目不視邪色、耳不聽ㅣㅣ。

【淫習:음습】 음탕한 버릇。〔記〕毋ㅣㅣ。

【淫視:음시】 곁눈질。곁눈으로 봄。〔禮神無間行、民無ㅣㅣ。

【淫心:음심】 음탕한 마음。色欲。〔國語〕

【淫羊藿:음양곽】 《植》小蘗科에 딸린 숙근초。잎은 三枝九葉으로 되고、모양은 배의 닻과 비슷함。잎과 뿌리는 주로 강장제에 씀。仙靈脾。

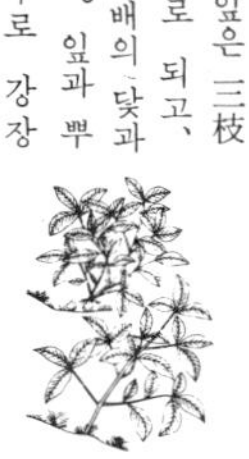

淫羊藿 (三才圖會)

【淫宴:음연】 예의가 문란한 술 좌석。〔後漢書〕設長夜之ㅣㅣ。

【淫然:음연】 앞으로 나아가는 모양。

【淫艶:음염】 색정을 띤 아름다움。음탕하고 요염함。〔齊書〕雕藻ㅣㅣ。

【淫穢:음예】 음란하고 더러움。

【淫哇:음와】 음탕한 음악。음탕스러운 소리。〔嵇康·養生論〕耳務ㅣㅣ。

【淫慾:음욕】 음탕한 욕심。色慾。情慾。

【淫雨:음우】 오래 오는 비。곡물에 해를 끼치는 비。霪雨。〔漢書·五行志〕及ㅣㅣ傷稼穡。

【淫威:음위】 대단한 위세。《轉》권력을 남용하는 것。〔詩·有客〕旣有ㅣㅣ、降福孔夷。

【淫遊:음유】 버릇없이 멋대로 노는 것。놀음에 빠지는 것。〔楚辭·離騷〕羿ㅣㅣ以佚畋兮。

【淫佚:음일】 ❶음란한 짓에 빠져 얼빠진 것。放蕩。〔左傳〕驕奢ㅣㅣ。❷남녀 사이의 음란한 교제。淫荒。〔漢書〕男女ㅣㅣ。

【淫者好酸:음자호산】 호색하는 사람은 신 것을 좋아함。

【淫貪:음탐】 음란한 것을 탐함。

【淫蕩:음탕】 酒色에 빠져 얼빠짐。

【淫虐:음학】 음란하고 잔악함。또는 매우 잔학한 것。〔史記〕紂王ㅣㅣ用自絕。

【淫惠:음혜】 부당한 혜택。사리에 맞지 않는 은혜。〔申鑒〕ㅣㅣ·曲意·私怨·此三者實枉貞道、亂大德。

【淫惑:음혹】 음란하여 매혹함。〔漢書〕將生ㅣㅣ簒弑之禍。

【淫荒:음황】 正道를 벗어나는 것。또는 벗어난 행위。특히 酒色에 정신이 빠져 행동이 거칠고 우악함。放蕩。〔史記·殷本紀〕夏桀爲虐政ㅣㅣ。

【淫戲:음희】 ❶음란한 희롱。❷음탕한 「연극。

【淬】(쉬) 隊 サイ、にらぐ dip into water(古音「채」) ㄘㄨㄟˋ ts'uei⁴
小篆 草書 ❶칼담글쉬(燒劍入水)。〔漢書〕火與水合爲ㅣ。❷물들일쉬(染也)。❸범할쉬(犯也)。

【淬勵:쉬려】 奮起하여 일에 정진함。勉。淬厲。

【淬礪:쉬려】 칼 같은 것을 숫돌에 갊음。礪淬、砥礪。《轉》스스로 나아가 수양에 힘씀。〔劉勰〕越劍性利、非ㅣㅣ而不銛。

【淬勉：쉬면】 부지런하게 힘써 일을 함。淬勵。奮勉。〔唐書〕——自彊。

【浲】 (포) 囫 ホウ、ひたす soak
❶담글포、적실포(漬也)。❷맑을포(淸也)。

【淮】 (회) 佳 カイ、ワイ、かわ river ㄏㄨㄞˊ huai²
회수회、물이름회(揚州水名)。

【淮水：회수】 (地)河南省에서 발원하여 安徽省을 지나 江蘇省을 거쳐 바다에 흘러 드는 中國에서 세째 가는 큰 江。

【淮烏：회오】 (醫)川烏頭。

【淮陰：회음】 ❶(歷) 지금의 江蘇省 淮陰縣의 땅。漢代 韓信의 封地。❷(人) 前漢의 功臣인 韓信을 일컬음。淮陰侯。

【淯】 (육) 屋 イク、ます swollen waters
❶물불을육(水增)。❷고을이름육(縣名—陽)。

【淳】 (순) 眞 ジュン、すなお pure; genuine ㄔㄨㄣˊ ch'uen²
❶맑을순(淸也)。❷순박할순、순할순(質樸)。〔思玄賦〕何道眞之—粹兮。❸짠땅순(鹹地)。〔左傳 襄公二十五年〕表—鹵。❹빙빙돌순(流動貌)。〔莊子 則陽〕禍福——。

【淳良：순량】 순하고 선량함。〔物理論〕非廉潔——不可信。

【淳朴：순박】 선량하고 꾸밈이 없음。淳樸。인정이 두텁고 淳良함。

【淳淳：순순】 조용히 흘러가는 모양。〔莊子〕禍福——。

【淳實：순실】 순량하고 소박하고 참됨。

【淳質：순질】 순수하고 선량한 성질。淳朴。〔中論〕天下——。

【淳厚：순후】 인정이 두터움。

【淳風：순풍】 순박한 기풍。

【淰】 ㈠(념) 琰 ㈡(심) 寢 シン、ネン、にごる impure ㄋㄧㄢˇ nien³
㈠❶흐릴념(濁也)。❷물놀이칠념(水動貌、—淟)。❸물살질념(魚駭貌)。〔禮記〕龍以爲畜故魚鮪不—。㈡물고기놀라물살질심(魚驚貌)。

【淰淟：심섬】 물의 움직이는 모양。또는 고기가 놀라는 모양。〔廣韻〕淰、——、水動貌、又、魚駭貌。

【淰淰：심심】 凝滯。〔杜甫·放船詩〕江市戎戎暗、山雲——寒。

【淰躍：심약】 놀라 달아남。또는 깜짝 놀람。〔集韻〕淰、——、踊逸也。

【深】 ㈠(심) 侵 ㈡(심) 沁 シン、ふかい deep ㄕㄣ shen¹
㈠❶깊을심(淺之對)。❷으슥할심(邃也)。〔元史 鐵木兒塔識傳〕伊洛諸儒之書、—所研究。❸멀심(遠也)。❹감출심(藏也)。〔周禮〕梓人必—其爪。㈡❶잴심(度淺—)。〔周禮地官大司徒〕以土圭之法、測土—。❷옷이름심(衣名)。

【深刻：심각】 ❶깊이 새김。❷깊이 가슴을 도려낼 듯한 모양。깊고 엄한 모양。❸대단히 혹독함。인정이 없고 無慈悲함。深酷。峻刻。〔後漢書·光武本紀〕獄多寃人用刑——。

【深鑑：심감】 깊이 생각해 봄。

【深坑：심갱】 깊은 구덩이。

【深更：심경】 깊은 밤。深夜。〔曹伯啓〕樓鼓辨——。

【深耕：심경】 깊이 땅을 갈음。

【深契：심계】 ❶깊은 교제。深交。〔王績〕故人有——。❷굳은 약속。

【深計：심계】 깊은 計略。〔素書〕——遠慮、所以不窮。

【深溪：심계】 깊은 골짜기。深谷。深壑。

【深痼：심고】 깊고 중한 병。(轉)고치기 어려운 마음의 병。宿痾。〔宋史〕朱熹以爲切中學者隱微——之病。

【深谷：심곡】 깊은 골짜기。幽谷。〔詩經〕高岸爲谷、——爲陵。

【深交：심교】 깊은 교제。〔晉書〕溫嶠與庾亮——。

【深究：심구】 깊이 연구함。

【深窟：심굴】 깊은 바위 굴。幽窟。

【深宮：심궁】 깊숙한 궁전。〔戰國策〕居——之中、不離保傅之手。

【深眷：심권】 깊은 은혜。深恩。〔李商隱〕披豁——。

【深閨：심규】 집 안에 있는 깊숙한 방。부인의 방。寢室。〔張正見〕——久離別。

【深根固柢：심근고저】 깊이 뿌리가 땅에 뻗어 있어 움직이지 않는 것。(喩)기초와 근본이 堅實한 것。〔老子〕是謂——、長生久視之道。

【深到：심도】 깊은 곳에 닿음。深奧한 道理를 깨침。薀奧를 다함。〔蘇舜欽〕指亦有——。

【深悼：심도】 깊이 哀悼함。매우 슬퍼함。

【深冬：심동】 추위가 한고비인 겨울。퍽 추운 겨울。

【深藍：심람】 짙은 남색。

【深量：심량】 깊이 헤아림。깊은 생각。

【深慮：심려】 깊은 생각。↔淺慮。〔後漢書〕忠良明智、——遠圖。

【深綠：심록】 진한 녹색。

【深林：심림】 깊숙한 숲。깊게 우거진 숲。〔說苑〕芷蘭生於——。

【深謀：심모】 깊은 꾀。좀처럼 생각해 낼 수 없을 만큼 깊고 슬기로운 계략。〔史記〕與勾踐——二十餘年、竟滅吳報會稽之恥。

【深霧：심무】 자욱한 안개。

【深愍：심민】 몹시 불쌍히 여김。

【深密：심밀】 ❶생각이 깊고 상세함。〔魏志〕荀攸——有智防。❷깊이 무성함。

【深博：심박】 깊고 넓음。깊이 알고 있는 것。〔韓愈〕汎濫渟蓄、爲——無涯矣。

【深秘：심비】 深奧하여 알기 어려움。깊이 숨겨 놓음。〔宋史〕踪跡——、包藏禍心。

【深思：심사】 깊이 생각함。또는 그 생각。〔史記〕穆然——。

【深謝：심사】 ❶성심으로 사례하거나 사죄함。❷마음 속으로 용서를 빌음。〔蒲道源〕——諸侯愧不能。

【深山：심산】 깊고 험한 산。

【深山幽谷：심산유곡】 깊숙하고 고요한 산과 골짜기。深山窮谷。〔列子〕寢我庭者、不願——。

【深省：심성】 깊이 깨달음。깊이 반성함。〔杜甫〕令人發——。

【深羞：심수】 큰 부끄러움。深恥。〔元結〕常聞古君子、指以爲——。

【深愁：심수】 깊은 근심。매우 근심스러운 일。〔杜甫〕春來花鳥莫——。

【深樹：심수】 깊숙히 우거져 있는 수목。

【深邃：심수】 ❶깊숙한 것。深遠。깊숙한 土地의 뜻。(轉)學術·議論 같은 것이 深遠한 모양。〔梁簡文帝·文〕慧門——、入之者固希。❷깊숙하고 그윽한 것。幽邃。

【深甚：심심】 매우 깊고 심함。

【深信：심신】 깊이 믿음。꼭 믿음。

【深心：심심】 ❶착한 길과 오묘한 진리를 구하는 마음。❷부처를 깊이 믿는 마음。

【深深山谷：심심산곡】 깊고 깊은 산골짜기。

【深深山川：심심산천】 아주 깊은 산속。

【深深藏之：심심장지】 소중한 물건을 깊이 감추어 둠。

【深愛:심애】 깊이 사랑함。『禮記』孝子之有——者、必有和氣。
【深夜:심야】 한밤중。깊은 밤。深更。『元稹』月明——古樓中。
【深語:심어】 비밀을 털어놓고 이야기함。『史記·呂不韋傳』引與坐——。
【深嚴:심엄】 深奧하고 엄함。『宋史』——之地、當得宿儒處之。
【深淵:심연】 깊은 못。淵은 물이 움직이지 않는 깊은 곳。『詩經』如臨——、如履薄氷。
【深奧:심오】 깊고 오묘함。아늑하고 웅숭깊음。蘊奧。『易經·疏』義理——。
【深穩:심온】 깊숙하고 아늑한 것。깊숙하고 고요한 것。
【深窈:심요】 깊고 고요한 모양。『蘇軾』禪室各——。
【深憂:심우】 깊이 근심함。또는 그 근심。『杜甫』兎藏三窟莫——。
【深怨:심원】 깊은 怨恨。원한이 깊음。
【深遠:심원】 깊고 멀음。깊고 멀어서 쉽사리 헤아려 알 수 없는 것。『史記·老莊申韓傳』皆原于道德之意、然而老子——矣。
【深潤:심윤】 깊이 젖음。마음이 고요한 것。『漢書』溫純——。
【深意:심의】 심오한 의미。깊은 뜻。『謝靈運』尋台皓之——。
【深入:심입】 깊숙히 들어감。
【深湛:심잠】 침착하고 무게가 있음。深沈。深重。『漢書·揚雄傳』——之思。
【深長:심장】 사물의 뜻이 깊고 복잡한 것。『論語·序說』覺意味——。
【深藏:심장】 ❶깊이 감추어 둠。❷깊이 모습을 감춤。深潛。
【深切:심절】 ❶그 일에 딱 맞음。剴切。適切。『史記·孔子世家』不如見之于行事之——著明也。❷매우 친절함。인정이 두터움。『中庸章句』示人之意、至——矣。
【深情:심정】 ❶眞心。誠意。상대방을 깊이 생각하는 마음。❷마음을 숨김。本心을 숨기고 남에게 알리지 않음。
【深阻:심조】 깊고 험한 것。『杜甫』中夜懷友朋、乾坤此——。
【深造:심조】 精微의 境地에 到達함。蘊奧를 다하는 것。
【深重:심중】 생각함이 깊고 무게가 있음。『張九齡』雲壑見——。
【深窓:심창】 ❶깊숙한 안방。『翁卷』——難得月、老屋易生風。❷깊숙한 곳에 있는 여자의 방。
【深責:심책】 깊이 허물을 꾸짖음。切責。
【深淺:심천】 깊음과 얕음。『漢書』各以恩——報之。
【深簷:심첨】 깊이 뻗어 나온 추녀。深簷。
【深青:심청】 짙은 푸른 빛。
【深衷:심충】 깊이 먹은 마음。眞心。
【深醉:심취】 술이 몹시 취함。
【深沈:심침】 ❶매우 침착한 모양。❷고요하고 깊숙한 모양。❸깊이 가라앉음。일에 몰두함。沒頭。❹밤이 깊어 가는 모양。
【深耽:심탐】 일에 매우 열중하는 것。
【深痛:심통】 몹시 마음 아파 함。
【深弊:심폐】 매우 해가 되는 것。『顏氏家訓』皆有——、不可具論。
【深恨:심한】 깊이 恨함。또는 깊은 원한。『雍陶』就中——酒錢無。
【深閑:심한】 적적하고 고요한 모양。아무 소리도 안들리고 조용한 모양。森閑。
【深巷:심항】 깊숙한 샛길。동네 샛길의 깊숙한 곳。『陶潛·歸田園居』狗吠——中、鷄鳴桑樹 。
【深解:심해】 속속들이 깨달음。『諸葛亮·與張裔蔣琬書』——兵意。
【深海:심해】 ❶깊은 바다。❷깊이가 二〇〇米 이상의 바다。
【深海魚:심해어】 심해에서 사는 고기。
【深劾:심핵】 깊이 그 죄를 캐내어 조사함。
【深玄:심현】 깊숙함。幽玄。深奧。『梁昭明太子』二諦、理實——。
【深穴:심혈】 깊은 구멍。
【深慧:심혜】 깊은 지혜。깊은 슬기。
【深呼吸:심호흡】 허파 속에 공기를 되도록 많이 드나들게 하여 하는 호흡。
【深泓:심홍】 깊은 못。
【深紅:심홍】 진분홍。빨간 색。『杜甫』可愛——間淺紅。
【深豁:심활】 깊고 넓음。
【深黃:심황】 짙은 누른 빛깔。
【深懷:심회】 깊이 생각함。深念。心緖。
【深厚:심후】 ❶깊고 두터움。『漢書』文章爾雅、訓辭——。❷친절하고 人情이 두터움。『蘇軾』詔書惻怛信——。
【深黑:심흑】 깊고 검음。짙은 검은 빛。
◎水—、夜—、幽—、海—。

【淈】 ㊀(올) 月 ㊁(홀) 月 オツ、コツ、はやい rapid
草書 ㊀❶물소리올(水聲)。❷물빨리흐를올(急流)。㊁물모양홀(水貌)。
【淈泱:올앙】 물이 빨리 흐르는 모양。『郭璞』潏湟——。

【淵】 (연) 先 エン、ふち pond ㄩㄢ yüan¹
小篆 或體 古文 草書 ❶못연(池也)。『詩經 大雅旱麓』魚躍于—。❷깊을연(深也)。『賈誼弔屈原賦』沕—潛以自珍。❸북소리둥둥할연(鼓聲)。『詩經 小雅采芑』伐鼓——。❹모래톱연(江中沙地)。
【淵客:연객】 ❶물에 익숙한 사람。배타는 사람。또는 그 우두머리。『張協』——唱淮南之曲。❷물 속에 있다는 怪人。
【淵謀:연모】 깊은 계략。淵謨。淵圖。『張衡』獻——于諸侯。
【淵謨:연모】 =淵謀。『後漢書』元侯——。
【淵博:연박】 學問·見聞이 깊고 넓음。淵弘。淵富。『華陽國志』學業——。
【淵氷:연빙】 깊은 못과 엷은 얼음。《喩》위험함。『唐書』若涉——、未知所濟。
【淵邃:연수】 깊숙하고 고요함。
【淵嶽:연악】 깊은 못과 큰 산。《喩》침착하고 흔들림이 없음。『文心雕龍』——其心、麟鳳其采。
【淵淵:연연】 ❶깊고 고요한 모양。『中庸』——其淵。❷북치는 소리。『詩·采芑』伐鼓——、振旅闐闐。
【淵源:연원】 사물의 根源。本源。『漢書』儒林之官、四海——。
【淵遠:연원】 깊고 멀음。『頭陀寺碑』業行淳修、理懷——。
【淵湛:연잠】 물이 가득하고 깊음。물이 깊은 모양。『魏書』洞庭——、猶藉泉流以增大。
【淵靜:연정】 ❶못이 깊고 고요한 것。또는 고요한 깊은 못。❷깊숙하고 고요한 것。『莊子·天地』。
【淵旨:연지】 깊은 마음。깊숙한 뜻。『任昉』仰模——、取則後昆。
【淵澄:연징】 깊고 맑음。『千字文』川流不息、——取映。
【淵泉:연천】 ❶못과 샘。또는 깊은 湖水。『列子』心如——、形如處女。❷못처럼 깊고 샘처럼 솟는 것。
【淵叢:연총】 못에 물고기가 모여 들고、숲에 새들이 모여 들듯이、사물이 많이 모이는 곳。淵藪。
【淵衷:연충】 깊은 속마음。
【淵海:연해】 ❶깊은 못과 바다。『宋書』涉——。❷깊고 큰 일。『抱朴子』五經爲道義之——。

【淶】 (래) 灰 ライ、かわのな waters ㄌㄞ lai²
小篆 草書 물이름래(黃河支流)。『周禮』幷州其浸—易。

【混】 ㊀(혼) 阮 コン、まじる(本音「혼」) mix
㊁(곤) 元 ㄏㄨㄣˇ huen²·³·⁴

小篆 混 草書 ㊀❶덩어리질혼(ㅣ沌氣未分)。【道德經】有物ㅣ成先天地生。❷섞일혼(雜也)。❸흐릴혼(濁也)。㊁오랑캐곤(西戎名ㅣ夷)。

【混居:혼거】雜居。↔獨居。

【混堂:혼당】목욕실。浴湯。

【混沌:혼돈】❶天地開闢 초에 天地가 아직 갈라지지 않았던 모양。渾沌。混淪。【雲笈七籤】昔二儀未分之時、號曰洪源、溟涬濛鴻、如雞子狀、名曰ㅣㅣ。❷사물의 구별이 확실치 않은 모양。❸악한 짐승의 이름。【神異經】崑崙有惡獸、名曰ㅣㅣ。❹가죽 주머니。皮袋。鴟夷。

【混沌世界:혼돈세계】天地開闢할 때 사물의 구별이 판연하지 아니한 시대。

【混沌湯:혼돈탕】여러 가지 음식을 뒤섞어 끓인 국。

【混沌皮:혼돈피】(生)胞衣。

【混同:혼동】❶섞이어 하나가 됨。뒤섞음。【左思】一八方而ㅣㅣ。❷뒤섞어 보거나 잘못 판단함。

【混亂:혼란】❶뒤섞이어 어지러움。❷뒤죽박죽이 되어 질서가 없음。亂雜。混交。渾亂。【雜譬喩經】顚倒ㅣㅣ。

【混亂期:혼란기】어지러운 시기。질서가 문란한 시기。

【混亂相:혼란상】어지러운 모양。질서가 문란한 상태。혼란한 世相。

【混流:혼류】뒤섞이어 하나가 되어 흘러감。【司馬相如】汨乎ㅣㅣ。

【混林:혼림】여러 가지 종류의 나무가 뒤섞여 있는 수풀。雜林。

【混芒:혼망】흐리멍덩하여 도무지 종잡을 수가 없음。混沌芒昧。混茫。【莊子·繕性】古之人、在ㅣㅣ之中。

【混冥:혼명】종잡을 수 없이 깊숙함。高妙深遠。【莊子·天地】萬事銷亡、萬物復情、此之謂ㅣㅣ。

【混迷:혼미】❶뒤섞여 모르게 됨。❷마음이 흐리고 사리에 어두움。

【混紡:혼방】종류가 틀리는 섬유를 두 가지 이상 섞어서 짜는 紡績。

【混色:혼색】뒤섞인 빛깔。

【混線:혼선】❶電線 상호간의 유도 작용 또는 接著에 의하여 전화나 전신의 신호·통화 등이 얼클어지는 일。❷말의 줄기가 없어 혼란함。

【混聲:혼성】❶뒤섞인 소리。❷(樂)남녀의 各聲部를 합한 것。

【混成:혼성】❶뒤섞어 합쳐서 만듦음。❷혼합하여 이루어지는 것。【老子】有物ㅣㅣ、先天地生。

【混成競技:혼성경기】여러 가지 종목을 섞어서 한 가지로 한 경기。

【混成部隊:혼성부대】步兵을 주력으로 하여 여러 兵科의 兵士 또는 여러 나라의 병사로 편성된 부대。

【混聲合唱:혼성합창】남녀가 各聲部로 나뉘어 부르는 합창。

【混食:혼식】❶白米와 雜穀을 섞어서 지은 主食을 먹음。❷여러 가지 음식을 섞어서 먹음。

【混植:혼식】❶두 가지 이상을 섞어서 심음。❷混成栽培。

【混用:혼용】섞어서 씀。

【混元:혼원】하늘과 땅을 총괄하여 부르는 명칭。宇宙。(元은 元氣)。【晉書·孝友傳序】大矣哉、孝之爲德也、分ㅣㅣ、而立體貫道。

【混凝土:혼응토】콘크리이트。시멘트·모래·자갈·물을 섞어 단단하게 한 건축 자재의 한 가지。

【混一:혼일】종합함。섞어서 하나로 만드는 일。【晉書】ㅣㅣ六合。

【混入:혼입】한데 섞여서 들어감。

【混作:혼작】한 해에 두 가지 이상의 농작물을 한 땅에 가꾸는 농사법。

【混雜:혼잡】❶한데 뒤섞이어 분잡함。❷뒤섞이어 구별이 없음。【陳後主】水霧遙ㅣㅣ、山雲遠相似。

【混戰:혼전】敵과 我方이 뒤섞이어 싸움。

【混淸:혼정】(醫)눈알에 푸른 빛이 나는 병。

【混稱:혼칭】서로 혼동하여 일컬음。또는 그 명칭。

【混濁:혼탁】❶진흙과 더러운 물건이 섞이어 탁함。맑지 아니함。❷세상이 어지러움。【史記·儒林傳】世以ㅣ莫能用。

【混通:혼통】혼합되어 나눌 수 없는 것。【韓非子·亡徵】內外ㅣㅣ。

【混合:혼합】❶뒤섞이어서 한데 합함。【杜牧】光塵能ㅣㅣ。❷(化)두 가지 이상의 물질이 混和하는 일。곧 化學的인 결합을 하지 않고 섞이는 일。

【混合氣體:혼합기체】두 가지 이상이 섞여서 된 기체。

【混合物:혼합물】두 가지 이상의 물질이 化學的 結合을 하지 않고 서로 섞여서 된 것。

【混合法:혼합법】(數)품질이 다른 같은 종류의 것을 섞을 때에 쓰이는 응용문제를 푸는 특수 셈법。

【混合列車:혼합열차】客車와 貨物車를 서로 연결하여 運行하는 열차。

【混合酒:혼합주】❶성질이 다른 두 가지 이상의 술을 한데 섞은 술。❷칵텔。

【混合體:혼합체】둘 이상이 섞이어 한 덩이를 이룬 물체나 단체。

【混血:혼혈】다른 種族과의 사이에 생기는 血統。↔純血。

【混血兒:혼혈아】人種이 틀리는 부모 사이에서 태어난 아이。트기。

【混混:혼혼】❶물이 솟아 나오는 모양。【孟子·離婁】源泉ㅣㅣ、不舍晝夜。❷濁한 모양。【楚辭】時ㅣㅣ兮澆饡。

【混化:혼화】뒤섞이어 딴 물건으로 됨。

【混和:혼화】섞음。混合。

【混化劑:혼화제】두 가지 이상의 재료를 섞어서 만든 藥劑。

【混殽:혼효】뒤섞음。섞음。混成。【抱朴子】眞僞顚倒、玉石ㅣㅣ。

【淸】 (청) 庚 セイ、きよい clear; pure ㄑㄧㄥ ch'ing¹

小篆 淸 草書 ❶맑을청(去濁遠穢澄也)。【杜甫詩】在山泉水ㅣ。❷고요할청(靜也)。❸조출할청(潔也)。【書經】直哉惟ㅣ。❹청렴할청(廉直)。

【淸歌:청가】맑은 소리로 노래 부름。管絃 없이 노래 부름。

【淸澗:청간】맑게 흐르는 산골의 시내。淸溪。【儲光羲】ㅣㅣ日濯足。

【淸勘:청감】깨끗이 죄다 마감함。

【淸鑒:청감】❶명확히 분간함。❷자기의 詩文·書畫 등을 사람 앞에 보일 때 상대방을 존대하여 일컬음。

【淸江:청강】맑게 흐르는 江。

【淸儉:청검】결백하고 검소함。淸約。

【淸潔:청결】깨끗하여 더러움이 없음。↔不潔。【漢書】ㅣㅣ自守。

【淸溪:청계】맑은 물이 흐르는 시내。

【淸高:청고】❶토지 등이 맑고 높음。【盧仝·茶歌】地位ㅣㅣ隔風雨。❷인격이 결백하고 기품이 높음。淸潔高尙。【晉書·胡威傳】大人ㅣㅣ。

【淸曲:청곡】❶맑은 歌曲。【謝惠連】酌桂酒兮揚。❷散曲의 別名。

【晴聒:청괄】소리가 너무 쨍쨍하여 시끄러움。

【淸光:청광】❶맑은 달빛。【李白·擬古詩】明月看欲墮、當窓懸ㅣㅣ。❷貴人의 슬기가 맑은 모양。【漢書】莫能望陛下ㅣㅣ。

【淸狂:청광】 지나치게 결백한 것。너무 청렴하여 도리어 敬遠당하는 사람。

【淸曠:청광】 깨끗하고 텅 비어 넓은 것。『後漢書』欲卜居――以樂其志。

【淸教徒:청교도】 《宗》一六세기 후반 영국 교회에 반항하여 일어난 신교도 단체。로마 교회의 儀式制度를 반대하고 순결·근엄을 주의로 함。신대륙에 건너가 미국의 기초를 이룸。퓨리탄 (Puritan)。

【淸閨:청규】 부녀가 거처하는 깨끗하고 조촐한 방。

【淸南:청남】 《歷》南人의 한 갈래。李朝 肅宗 때 南人이 西人을 내몰고 宋時烈 등의 西人을 죄줄 때 죄를 엄하게 논한 許穆 등의 일파。

【淸納:청납】 租稅를 죄다 바침。

【淸寧:청녕】 세상이 평화롭게 다스려지는 모양。『老子』天得一以淸、地得一以寧。

【淸旦:청단】 맑은 아침。淸晨。『列子』齊人有欲金者、――衣冠、而之市。

【淸談:청담】 ❶세속『名利』을 떠난 풍류적인 이야기。閑談하는 것。『後漢書』――高論、噓枯吹生。❷魏晉 시대 선비들이 老莊의 空理에 대하여 논하던 일。竹林의 七賢은 특히 유명함。『十八史略』王衍·樂廣、皆善――。

【淸淡:청담】 ❶마음이 깨끗함。❷맛이나 빛깔이 깨끗하거나 엷음。

【淸德:청덕】 私慾이 없이 마음이 시원스러운 것。『後漢書·朱穆傳』所辟用皆――。

【淸道:청도】 ❶깨끗한 길。❷길을 소제함。임금의 行次 때 미리 길을 청소하는 일。『司馬相如』且夫――以後行。

【淸朗:청랑】 맑고 명랑함。하늘이 맑게 개임。『晉書』微雨新晴、六合――。

【淸冷:청랭】 ❶마음이 상쾌하고 시원함。『梁武帝』心――、其若水。❷시원한 바람。❸밝은 이슬。❹맑게 갠 하늘。❺맑은물。

【淸亮:청량】 소리가 맑고 깨끗함。『晉書』音聲――、辭氣雅正。

【淸涼:청량】 맑고 爽涼함。『楚辭』氣埃辟而――。

【淸涼飮料:청량음료】 炭酸가스를 포함하여 맛이 산뜻하고 시원한 음료。소다水·사이다·시날코 따위。

【淸涼劑:청량제】 ❶입 안을 시원하게 하여 기분을 좋게 하는 약。❷마음 속 시원하게 하여 기분좋게 하는 일들。❸사회의 부패를 깨끗이 하는 데 필요한 것。

【淸歷:청력】 아름답게 늘어 놓음。『左思·嬌女詩』口齒自――。

【淸漣:청련】 물이 썩 맑고 잔잔함。『謝靈運』白雲抱幽谷、綠篠媚――。

【淸冽:청렬】 물이 맑고 차거움。『柳宗元』下見小潭、水尤――。

【淸廉:청렴】 마음이 깨끗하고 욕심이 없으며 행실이 올바름。『史記』正直――而謙者、宜歌風。

【淸醪:청료】 깨끗하고 맑은 술。

【淸流:청류】 ❶맑게 흐르는 물。↔濁流。『王羲之』有――激湍。❷節義를 지키는 깨끗한 사람。『晉書』延譽――。❸高貴한 사람。

【淸吏:청리】 청렴한 관리。廉吏。

【淸望:청망】 청렴하고 인망이 있는 사람。『晉書』帝重兵官、多授貴戚――。

【淸猛:청맹】 마음이 깨끗하고 용감함。『後漢書』兗州刺史牽顥之――。

【淸名:청명】 마음이 맑고 욕심이 없어 행실이 바르다는 평판。淸譽。『晉書·河間王顒傳』少有――、輕財愛士。

【淸明:청명】 ❶맑은 것。❷天下가 평화롭게 다스려지는 것。『詩經』會朝――。❸마음이 맑고 밝아 흐림이 없음。『禮記』――在躬。❹물이 맑은 것。❺二四節氣의 하나。冬至 후 一〇五일、春分에서 一五일째。음력 三월이며、양력 四월 五·六일경。『熙朝樂事』――前兩日、謂之寒食。❻金神。

【淸明風:청명풍】 春分 후에 부는 東南風。薰風。『史記』――居東南。

【淸眸:청모】 맑은 눈동자。서늘한 눈초리。明眸。淸目。『張衡·七辨』靨輔巧笑――流盼。

【淸穆:청목】 ❶마음이 맑고 온화함。『晉書·王濛傳』豈可令涇渭混流、虧――之風。❷상대방의 건강·행복을 일컫는 말。편지 用語。

【淸門:청문】 淸貧한 家門。『杜甫·丹靑引贈曹將軍霸』將軍魏武之子孫、於今爲庶爲――。

【淸味:청미】 좋은 맛。또는 산뜻한 취미。청초한 맛。

【淸敏:청민】 마음이 맑고 총명함。『南史』少――、好屬文。

【淸蜜:청밀】 꿀。

【淸謐:청밀】 맑고 고요함。(謐은 靜)。淸寧。『李白·望黃鶴樓詩』金竈生煙埃、玉潭秘――。

【淸拔:청발】 俗된 것을 초월함。『梁書』吳均文體――、有古氣。

【淸白:청백】 맑고 깨끗함。淸廉潔白。『莊子』行不――、群下荒怠。

【淸白吏:청백리】 ❶결백한 관리。『後漢書』使後世稱爲―子孫。❷《國》議政府·六曹·京兆의 二品 이상의 堂上官과 司憲府·司諫院의 우두머리가 천거하여 뽑힌 결백한 官吏。

【淸芬:청분】 맑은 향기。《轉》맑고 높은 德行을 말함。淸香。淸馥。『陸機·文賦』誦先人之――。

【淸泌:청비】 맑은 것。맑게 흘러감。『鮑照』泉流信――、原野實甘。

【淸貧:청빈】 마음이 결백하고 욕심이 없어 가난함。『魏志』華歆素――、祿賜以賑施親戚故人、家無儋石之儲。

【淸士:청사】 욕심이 없고 節義가 있는 사람。청렴 결백한 사람。『史記』擧世混濁、――乃見。

【淸算:청산】 《經》❶貸借를 계산하여 끝을 냄。❷會社·組合 등이 해산했을 때 그 재산을 정리함。❸과거의 관계를 결말 지음。

【淸算去來:청산거래】 《經》매매 물건과 대금과를 주고 받는 외에、차금의 授受에 의하여 決濟되는 거래。

【淸算人:청산인】 《經》法人 또는 기타의 단체가 해산되어 청산을 하는 경우에、그 청산 사무를 집행하는 사람。

【淸爽:청상】 몸·마음이 상쾌한 모양。산뜻함。맑고 시원함。

【淸書:청서】 =淨書。

【淸雪:청설】 깨끗이 雪恥 또는 憤을 풂。『後漢書·劉虞傳』未能――國恥。

【淸贍:청섬】 조촐하고 넉넉한 것。『北史·李德林傳』博學多才、詞藻――。

【淸世:청세】 잘 다스려진 世上。太平한 時代。淸時。明時。『唐書』抱此眞節、棄于爲識者尤。

【淸沼:청소】 물이 맑은 늪。淨沼。

【淸素:청소】 결백하고 소박함。『魏志』――在公。

【淸掃:청소】 깨끗이 소제함。

【淸灑:청쇄】 깨끗하게 씻음。

【淸水:청수】 ❶맑고 깨끗한 물。↔濁水。『漢書』――明鏡、不可以形逃。❷《宗》천도교에서 모든 의식에 쓰이는 맑은 물。

【淸秀:청수】 용모가 맑고 빼어남。眉目秀麗。『魏書』風流――、容止閑雅。

【淸修:청수】 결백한 행실。素行。『後漢書·宋弘傳』――雰白、正直無邪。

【淸肅:청숙】 맑고 고요한 것。『後漢書·陳寵傳』訟者日減、郡中――。

【淸瑟:청슬】 맑은 거문고 소리。淸琴。

【淸謚:청시】 廉潔·正直에 대한 諡號。

【淸晨:청신】 맑은 이른 아침。淸旦。淸曉。『張九齡』山川歷歷在――。

【淸新:청신】 깨끗하고 새로움。속됨이 없고 참신한 것。『杜甫』――庾開府、後逸鮑參軍。

【淸心:청심】 마음을 깨끗이 함。潔白한

마음。『晉書』ㅡㅡ玉映。
【清心寡慾:청심과욕】 마음을 깨끗이 가지고 욕심을 적게 함。
【清心劑:청심제】 (醫)心經의 열을 푸는 데 쓰는 藥劑。
【清雅:청아】 맑고 아담한 것。秀麗。高尙。『魏志』ㅡㅡ獨立、不拘世俗。
【清夜:청야】 잘 개이어 기분 좋은 밤。맑게 갠 밤。清宵。『曹植』ㅡㅡ遊西園。
【清野:청야】 ❶깨끗한 들。들을 깨끗이 함。❷전쟁 때 적의 이용의 편리를 주지 않기 위하여 집들을 헐어 없앰。『何承天·安邊論』堅壁ㅡㅡ、以俟其來。
【清約:청약】 청렴하고 검소한 것。清廉儉約。『宋書』治身ㅡㅡ。
【清語:청어】 (國)滿洲語。
【清嚴:청엄】 마음이 결백하고 정직하여 기품이 있음。
【清溫:청온】 조촐하고 상냥한 것。『朱熹』動植各生遂、德容自ㅡㅡ。
【清婉:청완】 맑고 예쁨。『北史』博覽百家、文章ㅡㅡ。
【清要:청요】 ❶중요한 직분을 갖는 地位。❷清官과 要職。높은 官吏。
【清料理:청요리】 (國)中國式의 요리。
【清友:청우】 (植)梅花의 別名。『三餘贅筆』梅花ㅡㅡ。
【清韻:청운】 맑게 울리는 것。清響。『曹植·白鶴賦』聆雅琴之ㅡㅡ、記六翮之末流。
【清怨:청원】 깨끗한 원한。아름다운 것을 애처롭게 여김。
【清月:청월】 맑은 달。清明한 달。
【清越:청월】 소리가 맑고 가락이 높은 것。『禮記·樂記』其聲ㅡㅡ以長。
【清幽:청유】 俗世와 떨어진 조촐하고 고요한 곳。『李白』弄水窮ㅡㅡ。
【清游:청유】 俗世를 떠난 깨끗한 놀이。조촐하게 노는 놀이。雅遊。清遊。『范成大』瘦筇支脚力、正爾耐ㅡㅡ。
【清猷:청유】 좋은 꾀。『梁書』ㅡㅡ映代。
【清音:청음】 ❶맑은 소리。『左思』山水有ㅡㅡ。❷聲帶의 진동이 없는 子音。p·t·k·s·h 따위의 音。無聲音。↔濁音。
【清陰:청음】 서늘한 그늘。소나무·대나무 등의 그늘。『陶潛·歸鳥詩』景庇ㅡㅡ。
【清漪:청의】 맑고 작은 파도。清漣。『元結·招孟武昌詩』杯湖澄ㅡㅡ。
【清議:청의】 조촐하고 올바른 의논。높고 깨끗한 언론。『唐書』天下ㅡㅡ尙之。
【清夷:청이】 세상이 잘 다스려지는 것。夷는 平。清平。『文天祥·正氣歌』皇路當ㅡㅡ、含和吐明庭。
【清人:청인】 清 나라 사람。
【清逸:청일】 맑고 속되지 아니함。
【清日戰爭:청일전쟁】 (歷)李朝 高宗 三一년(一八九四) 東學亂의 진압 문제를 둘러싸고 일어난 清國과 日本間의 전쟁。결과 下關條約을 체결함。
【清帳:청장】 세금·빚 같은 것을 다 갚아서 셈을 밝힘。
【清醬:청장】 진하지 아니한 간장。
【清齋:청재】 ❶마음을 깨끗하게 하여 精進하는 것。潔齋。『王維』松下ㅡㅡ折露葵。❷조촐한 방。『楞嚴經』ㅡㅡ淨室也。
【清笛:청적】 맑은 피리의 소리。
【清適:청적】 ❶기분이 상쾌하여 마음에 들음。❷무사하고 건강한 것。『黃鎭成』今日稍ㅡㅡ、獨出城西郵。
【清切:청절】 ❶심히 마음 아픔。『謝朓·拜中軍記室辭隨王牋』ㅡㅡ藩房寂寥舊華。❷극히 맑음。『杜甫』綵雲ㅡㅡ歌聲上。❸地位가 높고 중요한 일을 맡고 있는 것。
【清節:청절】 더럽히지 않는 깨끗한 정조。청렴 결백한 절조。
【清絶:청절】 지극히 깨끗함。아주 맑음。
【清正:청정】 맑고 바름。『淮南子』水定則ㅡㅡ。
【清定:청정】 세상이 깨끗하게 다스려지는 것。『後漢書』海內ㅡㅡ、萬里一統。
【清靜:청정】 조촐하고 고요함。『史記』無爲自化、ㅡㅡ自正。
【清淨:청정】 깨끗하고 더러움이 없는것。
【清淨心:청정심】 (佛)망념을 깨끗이 버린 맑은 마음。
【清操:청조】 깨끗한 정조。결백한 志操。清節。『文天祥·正氣歌』ㅡㅡ厲氷雪。
【清朝活字:청조활자】 청조체의 활자。명함·초대장 같은 데에 쓰임。
【清族:청족】 여러 代로 節義를 숭상하여 온 집안。
【清酒:청주】 맑은 술。正宗。『周禮』辨三酒之物、一曰事酒、二曰昔酒、三曰ㅡㅡ。
【清直:청직】 性情이 청렴하고 곧음。『晉書』忠毅ㅡㅡ。
【清澄:청징】 깨끗하고 갉음。
【清債:청채】 빚을 모조리 갚음。
【清泉:청천】 맑고 깨끗한 샘。『魏文帝』浮甘瓜於ㅡㅡ。
【清川江:청천강】 (地)江 이름。平安北道 狄踰嶺에서 발원하여 熙川·寧邊·定州·博川·安州 등지를 흘러 黃海로 들어 가는 강。길이 一九九粁。
【清徹:청철】 맑고 환함。
【清淸:청청】 산뜻하고 상쾌한 모양。『風賦』ㅡㅡ冷冷、愈病析酲。
【清楚:청초】 모습이 맑고 조촐한 모양。깨끗하고 고움。『白居易』ㅡㅡ肴諸律。
【清秋:청추】 ❶맑게 개인 가을。❷음력 八월의 別名。
【清快:청쾌】 조촐하고 쾌활함。
【清濁:청탁】 ❶맑은 것과 탁한 것。『左傳』ㅡㅡ大小。❷正과 邪。善과 惡。❸清音과 濁音。❹세상이 다스려지는 것과 문란한 것。『史記』制治ㅡㅡ。❺賢人과 愚人。善人과 惡人。『後漢書·鄭炎傳』賢愚豈常類、稟性在ㅡㅡ。❻清酒와 濁酒。
【清平世界:청평세계】 혼탁하지 않아 맑고 평화스러운 세상。
【清平樂:청평악】 (樂)대궐 안 잔치 때에 아뢰는 풍류의 이름。
【清泡:청포】 녹말묵。
【清標:청표】 깨끗하고 기품이 있음。『柳宗元』ㅡㅡ霜潔。
【清風:청풍】 ❶맑은 바람。『蘇軾』ㅡㅡ徐來、水波不興。❷조촐한 風格。
【清閑:청한】 ❶깨끗하고 고요함。❷상대방의 한가함을 말하는 尊稱。清閒。『嵇康』密微微其ㅡㅡ。❸청아하고 고요함。
【清海鎭:청해진】 (歷)옛 땅 이름。全羅南道 莞島郡。新羅 文聖王 때 弓福이 이 곳을 중심으로 海上權을 잡고 中國의 海賊을 물리쳤고、中·日 양국에 介在하여 東方貿易의 覇權을 잡았던 中·日 양국과의 通交의 중심지였음。
【清香:청향】 맑고 깨끗한 향기。좋은 향기。『謝靈運』怨ㅡㅡ之難留。
【清虛:청허】 마음에 잡된 생각이 없이 아주 맑고 깨끗함。『魏志』ㅡㅡ足以侔古。
【清顯:청현】 높고 좋은 地位。清貴。清官과 顯職。『蜀志』歷職ㅡㅡ。
【清血劑:청혈제】 피를 깨끗하고 맑게 하는 약제。
【清逈:청형】 맑고 아득함。逈明。
【清魂:청혼】 맑은 혼。清魄。『揚雄』澄心ㅡㅡ。
【清華:청화】 ❶문장이 조촐하고 화려함。『晉書』言及文義、詞對ㅡㅡ。❷깨끗한 꽃。❸귀한 家門。『北史』以才拔等、望ㅡㅡ。
【清話:청화】 俗世를 떠난 깨끗한 이야기。점잖은 이야기。『岑參』見君勝服藥、ㅡㅡ病能除。
【清誨:청회】 훌륭한 가르침。남의 가르침의 尊稱。『後漢書』覬承ㅡㅡ。
【清暉:청휘】 맑은 日光。清輝。『謝靈運』

昏旦變氣候、山水含——。「共——。

【淸輝:청휘】 맑은 빛。淸暉。『杜甫』萬里

【淸徽:청휘】 ❶조촐하고 기품이 있음。『晉書·殷浩傳論』——雅量、衆議攸歸。❷맑은 소리。『潘尼·詩』敷藻發——。

【淸興:청흥】 高尙하고 풍류적인 嗜好。『杜甫』挂席釣川漲、焉知——終。

◎肅—、血—。

【淸】

(청)『淸』(前條)과 같음

【淹】

(엄) 鹽 エン、ひたす dip; drown ㄧㄢ yen¹

小篆 草書 ❶담글엄、적실엄(漬也)。『禮記 儒行』—之以好樂。❷오래머물엄(留久)。『孟子 萬章下』未嘗有所終三年—也。❸빠질엄(沒也)。❹물가엄(水涯)。❺물이름엄(扶餘國水名—淲)。

【淹久:엄구】 오랫동안 머물러 있음。淹留。『左傳』吾子——於敝邑。「術。

【淹究:엄구】 널리 窮究함。『唐書』——經

【淹留:엄류】 ❶淹泊。❷막히어 나아가지 못함。『陶潛』——遂無成。

【淹沒:엄몰】 침몰。

【淹泊:엄박】 오래 머무름。체류함。관리가 오랫동안 낮은 지위에 있음。淹留。『陸游』千金易得一士難、晩途——服愈寒。

【淹博:엄박】 학식이 매우 심원함。

【淹歲:엄세】 길고 오랜 세월。『薛季宣·詩』雪中山更好、——定如何。

【淹雅:엄아】 學問이 넓고 사람됨이 품위가 있음。博學高雅。淵雅。博雅。『晉書·陸玩傳』器量——、弱冠有美名。

【淹緩:엄완】 막힘。『宋史』糾其違失 而督其——。

【淹月:엄월】 한 달이 걸림。『唐書·高祖皇后竇氏傳』怡謹、盡孝、或——不釋衣履。

【淹遲:엄지】 느리고 늦음。淹緩。遲緩。『西京雜記』枚皐文章捷疾、相如製作——。

【淹滯:엄체】 ❶막힘。정지함。❷賢才가 있고도 낮은 직위에 머물러 있는 것。또는 그 사람。『左傳』詰姦慝、擧——。

【淹該:엄해】 널리 통함。淹通。淹博。『唐書·儒林傳』——經術。

【淹恤:엄휼】 고향을 떠나 오랫동안 他鄕에 머물러 근심함。(淹은 留、恤은 憂)。『左傳』天禍魯國、君——在外。

【淺】

(천) 銑 セン、あさい shallow ㄑㄧㄢˇ ch'ien³

小篆 草書 ❶얕을천(水不深)。『詩經』就其—矣。❷고루할천、견문좁을천(少聞)。『戰國策趙上、武靈王』寡人年少、奉祠祭之日—。❸범의가죽천(虎皮)。『詩經』鞹鞃—幭。

【淺見:천견】 ❶얕은 생각。淺慮。❷자기 생각을 낮추어 일컬음。『史記』——寡聞。

【淺近:천근】 천박하고 비근한 것。얕고 俗됨。『杜預·春秋序』末有穎子嚴者、雖——亦復名家。

【淺短:천단】 천박하고 못난 것。淺劣。『漢書』智謀——。

【淺慮:천려】 얕은 생각。淺見。

【淺露:천로】 얕아서 겉으로 드러남。깊지 못하고 빔。「——。

【淺綠:천록】 엷은 綠色。『魏彦深』新枝含

【淺陋:천루】 천박하고 좁은 것。見聞이 좁은 것。『漢書』此臣——之罪也。「—。

【淺謀:천모】 얕은 計略。『左傳』深思而—

【淺聞:천문】 일을 잘 모름。見聞이 좁은 것。寡聞。淺劣。『史記』小吏——、不能究宣。

【淺薄:천박】 생각과 學問이 얕음。『後漢書』時俗——、巧僞滋生。

【淺笑:천소】 微笑를 지음。얕은 웃음。微笑。『孫覿·探梅詩』美人——憑雲端。

【淺深:천심】 얕은 것과 깊은 것。

【淺劣:천열】 知慧·見識이 얕아 남만 못함。淺陋。淺薄。『韋應物』——見推許、恐爲識者尤。

【淺紫:천자】 엷은 紫色。『歐陽修』深紅——看雖好奈顔色不奈東風吹。

【淺酌:천작】 조금 마심。조용히 알맞게 술을 마심。淺斟。『自居易·詩』玉杯——巡初匝。

【淺才:천재】 얕은 知慧。『高適』——登一命、孤劍通萬里。

【淺淺:천천】 ❶물이 빠르게 흐르는 모양。『楚辭·九歌』石瀨兮——。❷조금씩。

【淺靑色:천청색】 엷은 녹색。또는 짙

【淺灘:천탄】 여울。「은 옥색。

【淺學:천학】 ❶얕은 學問。學識이 얕은 것。❷자기의 學識의 謙稱。薄學。「—。

【淺海:천해】 얕은 바다。

【淺狹:천협】 얕고 좁음。『管子』田野—

【淺紅:천홍】 연분홍。淡紅。『杜甫』桃花一簇開無主、可愛深紅間——。

【添】

(첨) 鹽 テン、そえる add; attach ㄊㄧㄢ t'ien¹

草書 더할첨(益也加付)。

【添加:첨가】 더하여 불림。붙여 더하게 함。또는 그 일。加添。

【添減:첨감】 보탬과 덜어 냄。

【添感:첨감】 감기가 덧침。

【添杯:첨배】 술이 들어 있는 술잔에 술을 더 따름。添盞。

【添病:첨병】 무슨 병에 덮쳐서 또 다른 병이 겹침。

【添補:첨보】 더하여 補充함。

【添卜:첨복】 남이 치룰 땅세가 덧붙음。

【添付:첨부】 더함。같이 붙임。添附。

【添附:첨부】 덧붙임。

【添削:첨삭】 글·글자를 더하거나 지우거나 해서 詩文을 바르게 함。添刪。添

【添算:첨산】 더 늘여서 셈침。「竄。

【添書:첨서】 原本에 더 써서 넣음。

【添設:첨설】 첨가하여 베풀음。

【添續:첨속】 더하여 계속하는 것。

【添入:첨입】 더 보태어 넣음。

【添丁:첨정】 ❶사내아이를 낳는 것。나라를 위하여 壯丁을 添加한다는 뜻。❷자기 자식에 대한 謙稱。賦役의 壯丁으로 添加한다는 뜻에서 온 말。『唐書·盧仝傳』仝生者、名曰——、欲爲國持役也。

【添罪:첨죄】 거듭하여 죄를 저지름。

【添症:첨증】 ＝添病。

【添增:첨증】 더하여 불림。增加。

【添竄:첨찬】 詩文 따위를 연달아 添削하여 고침。

【添齒:첨치】 나이가 한 살 더 늘음。

◎加—。

【淼】

(묘) 篠 ビョウ、ひろい extensive ㄇㄧㄠˇ miao³

小篆 草書 물창일할묘(—茫大水)。『江賦』狀滔天以—茫。

【淼漫:묘만】 물이 가득 차 넓은 모양。

【淼茫:묘망】 물이 넓고 펀펀한 모양。淼淼『左思』濵渺——。淼淼。渺茫。

【淼淼:묘묘】 끝없이 넓은 물의 형용。『郭璞』滔天以——。『沈約·法王寺碑』——洪波。

【浳】

(역) 陌 エキ、つば、みちる saliva; brimful (同音「일」)

❶침역(唾液)。❷찰역(滿也)。

【湭】

(담) 旱 タン、たかいなみ surge

험한파도담(險波)。

【渋】

(삽)『澁』(水部 12畫)의 略字

九畫

【渃】(약) 藥 ジャ、しろのな castle
草書 ❶성이름약(城名)。❷시내이름약(川名)。❸큰물약(大水)。

【渙】(환) 翰 カン、つややか brilliant ㄏㄨㄢˋ huan
小篆 草書 ❶물출렁출렁할환(水盛貌)。〔詩經 鄭風溱洧〕溱與洧方——兮。❷찬란할환(文章貌)。〔後漢書〕—爛兮其溢目。❸풀어질환(散釋)。〔易正義〕—者大德之人建功立業散難釋險故謂之。❹괘이름환(卦名)。
【渙發:환발】詔勅 또는 勅命을 천하에 널리 알림。(渙은 易의 卦名으로 물이 흩어지는 것처럼 四方에 發布한다는 뜻)。『柳宗元』——大號。
【渙散:환산】❶백성이나 단체가 해산하여 흩어짐。『蔡邕』不敢——其意。❷病熱이 내림。
【渙然:환연】❶녹아서 풀리는 모양。『杜預·左傳序』——氷釋、怡然理順。❷文彩가 있는 모양。❸更新하는 모양。완전히 바뀌는 모양。
【渙然氷釋:환연빙석】얼음이 녹는 것처럼 의혹이 풀리어 없어짐。『杜預·春秋左氏傳序』。
【渙沍:환호】얼음이 녹는 것과 어는 것。『郭璞·客傲賦』——期乎寒暑。
【渙渙:환환】물이 한창 흐르는 모양。『詩經』溱與洧方——兮。

【渚】(저) 語 ショ、みぎわ islet; bank ㄓㄨˇ chu³
小篆 草書 ❶물가저(小洲)。〔詩經〕江有—。❷물갈라질저(水岐)。〔韓詩外傳〕一溢一否曰—。
【渚宮:저궁】물가에 있는 궁전。
【渚畔:저반】=渚岸。『崔顥』——鱸魚舟上釣。
【渚岸:저안】물가。汀渚。渚崖。
【渚崖:저애】물가와 냇가。渚岸。『莊子』兩涘——之間、不辨牛馬。

【減】(감) 豏 ゲン、カン、へる decrease ㄐㄧㄢˇ chien³
小篆 草書 ❶덜감(損也)。❷무지러질감(耗也)。❸가벼울감(輕也)。〔禮記〕禮主其—。❹물이름감(水名)。
【減價:감가】값을 감함。『晉書』二陸入洛、三張——。
【減價消却:감가소각】損益 계산 또는 자산 평가를 정확히 하기 위하여 토지를 제외한 고정 자산의 소모 손상에 의한 가치의 감소를 각 연도에 할당해서 계산하여 그 자산 가격을 줄여가는 일。
【減却:감각】덜어 버림。적게 함。『杜甫』一片花飛——春。
【減輕:감경】❶《制》本刑보다 가벼운 형벌에 처함。❷줄이어 가볍게 함。
【減軍:감군】군대의 수효를 줄임。
【減給:감급】품삯 따위의 정한 액수에서 낮추어 덜 줌。↕加給。
【減納:감납】납부금·세금 따위를 정한 것보다 감하여 바침。
【減等:감등】❶等級을 낮춤。減輕。❷恩典이나 특별한 사정에 의하여 減刑함。
【減磨劑:감마제】기계 따위에 마찰을 덜되게 하는 기름。
【減免:감면】❶감하여 면제함。❷。등급을 낮추어서 면제함。
【減耗:감모】줄어들음。닳아 무지러짐。『唐書』農桑不勤、倉庫——。
【減法:감법】《數》빼기。減算。↕加法。
【減俸:감봉】❶봉급을 줄임。↕增俸。❷《法》관리에 대한 징계 처분의 한 가지。
【減死:감사】죽일 죄인을 형을 감하여 죽음을 면케 함。
【減削:감삭】덜고 깎음。削減。
【減算:감산】빼어내는 계산。↕加算。
【減傷和氣:감상화기】화락한 기운을 없어지게 함。
【減省:감생】덜어서 줄임。
【減膳:감선】임금이 근신의 뜻으로 음식 가지 수를 줄이던 일。
【減稅:감세】세금을 덜하게 하는 것。↕增稅。『元稹』欲——則國用不充。
【減勢:감세】세력이 줄어짐。
【減少:감소】줄어서 적어짐。덜어서 적게 함。減損。『後漢書』墾田——。
【減速:감속】속도를 줄임。
【減速運動:감속운동】《物》시간이 갈수록 속도가 점점 줄어지는 운동。↕加速運動。
【減損:감손】줄어짐。줄임。『易經·疏』損者——之名。
【減殺:감쇄】덜어서 없앰。
【減衰:감쇠】힘이 줄어 약하여짐。힘을 쇠약하게 함。
【減收:감수】수입이나 수확이 줄음。
【減水:감수】물이 줄어짐。
【減壽:감수】목숨이 줄어짐。
【減數:감수】❶더는 수。❷수를 줄임。
【減食:감식】식사의 분량을 줄임。
【減額:감액】금액을 줄임。
【減員:감원】人員을 줄임。↕增員。
【減罪:감죄】죄를 가볍게 덜어 줌「함。
【減之又減:감지우감】감한 위에 또 감함。
【減差:감차】병 증세가 덜하여 조금씩 차도가 있음。
【減縮:감축】덜어서 줄임。
【減黜:감출】官位를 내려뜨리는 것。貶黜。降黜。『漢書』——其官。
【減退:감퇴】줄어져 쇠퇴함。『南史』以門宗貴盛、恆思——。
【減票:감표】빼기의 부호。「—」표。
【減刑:감형】형벌을 가볍게 함。減等。
【減畫:감획】글씨의 획수를 줄임。◎加—、輕—、半—、削—、節—、增—、縮—。

【渜】(난) 翰 ダン、ゆ hot water
小篆 草書 ❶목욕한물난(浴水餘汁)。❷더운물난(湯也)。

【渝】(투) 虞 ユ、かわる change ㄩˊ yü² (本音「유」)
小篆 草書 ❶빛변할투(變也)。❷더러워질투(汚也)。❸고을이름투(蜀州名)。
【渝盟:투맹】맹세를 바꿈。약속을 어김。
【渝色:투색】=退色。
【渝月:투월】달을 넘김。날짜가 감。
【渝移:투이】변하여 옮겨 감。『呂氏春秋』
【渝替:투체】변하여 衰退함。『高適·贈別王十七管記詩』逢時愧名節、遇坎悲——。

【渟】(정) 靑 テイ、とどまる stop; ditch ㄊㄧㄥˊ t'ing²
草書 ❶물고일정(止水)。❷도랑정(溝也)。〔史記〕決—水致之海。❸물가정(水際平地)。(『汀』과 통함)
【渟膏湛碧:정고잠벽】기름을 띄운 것처럼 가득 차 있는 물이 시퍼렇게 깊고 맑은 모양。『文徵明·玉女潭山居記』——、瑩潔如玉。
【渟泊:정박】배가 닻을 내리고 머무름。碇泊。投錨。停泊。『白居易』遇勝後——。
【渟水:정수】괴어 있는 물。止水。死水。『史記』決——、致之海。

【渟澄:정징】 물이 가득 차고 맑은 것。『孟郊』呀靈渟ㅣㅣ。

【渟蓄:정축】 물이 괴는 것。《轉》學問이 깊고 넓은 것。『韓愈·柳子厚墓誌銘』 汎濫ㅣㅣ、爲深博無涯涘。

【渟滀:정축】 물이 흐르지 않고 홍건하게 괴어 있는 곳。

【渠】

(거) 魚 キョ、みぞ drain; gutter ㄑㄩ ch'ü²

小篆 草書 ❶개천거、도랑거(溝也)。【禮記】溝ㅣ必步。❷휑뎅그렁할거(深廣貌)。【詩經 秦風權輿】夏屋ㅣㅣ。❸클거(大也)。【史記】誅其ㅣ帥。❹껄껄웃을거(笑貌)。【後漢書】軒ㅣ笑自若。❺저거(俗謂他人爲ㅣ儂)。【古詩 焦仲卿妻】雖與府吏要ㅣ會永無緣。❻무엇거(何也)。【史記陸賈傳】何ㅣ不若漢。
(『詎·遽』와 통함)

【渠渠:거거】 ❶집이 깊고 넓은 모양。『詩·權輿』夏屋ㅣㅣ。❷침착하지 못하는 모양。(渠는 遽로 당황하는 모양。『荀子·修身』有法而無志其義、則ㅣㅣ然。

【渠輩:거배】 저이。제 삼자를 가리킴。『金史』君相之位、皆ㅣㅣ爲之奈何。

【渠水:거수】 땅을 파서 통하게 한 水路。

【渠帥:거수】 악한 놈의 우두머리。渠魁。渠率。『史記』斬殺其ㅣㅣ。

【渠堰:거언】 개천과 둑。『唐書』川澤津梁ㅣㅣ陂池。

【渡】

(도) 遇 ト、わたる cross over ㄉㄨ tu⁴

小篆 草書 ❶건늘도(濟也)。❷통할도(通也)。【蘇軾詩 梅花】半隨飛雪ㅣ關山。❸나루도(津也)。

【渡江:도강】 강을 건너는 일。

【渡口:도구】 나룻배로 건너다니는 곳。渡頭。『丘爲』ㅣㅣ水流寬。

【渡來:도래】 외국에서 건너 옴。물을 건너서 옴。

【渡美:도미】 미국으로 건너 감。

【渡船:도선】 나룻배。

【渡船場:도선장】 나룻배를 타는 곳。

【渡世:도세】 ❶세상을 건넘。곧 살아감。❷處世하는 것。살림。生業。家業。

【渡洋作戰:도양작전】 큰 바다를 건너가서 싸우는 전쟁。

【渡日:도일】 日本으로 건너 감。

【渡田:도전】 나루에 딸렸던 논밭。

【渡津:도진】 나루。

【渡河:도하】 강물을 건너는 것。渡江。

【渡航:도항】 배로 바다를 건너 감。『梁書』衆號二十萬、ㅣㅣ請戰。

【渡海:도해】 바다를 건넘。
◎買ㅣ、明ㅣ、不ㅣ、讓ㅣ。

【渢】

㊀(풍) 東 ㊁(범) 咸 フウ、ハン、みずおと sound of the water

草書 ㊀물소리풍(水聲)。㊁❶풍류소리범(中庸聲)。❷소리둥둥뜰범(浮貌)。【左傳 襄公二十九年】美哉ㅣㅣ乎。

【渢渢:범범】 ❶적당한 소리。알맞은 소리。『左傳』美哉ㅣㅣ乎。❷떠있는 모양。

【渣】

(사) 麻 サ、かす sediment ㄓㄚ cha¹ (本音「차」)

草書 ❶찌끼사(滓也)。❷물이름사(義陽水名)。

【渣滓:사재】 찌끼。沈澱物。

【渤】

(발) 月 ホツ、きりかかる foggy ㄅㄛ po²

草書 ❶바다발(海別名)。【子虛賦】浮ㅣ澥。❷안개자욱할발(霧出貌)。【江賦】氣滃ㅣ以霧杳。❸나라이름발(ㅣ海、後高句麗國名)。

【渤然:발연】 ❶후딱 일어나는 모양。❷버럭 성을 내는 모양。勃然。

【渤海:발해】 ❶《歷》高句麗 사람 大祚榮이 세운 나라。❷《地》山東半島와 遼東半島에 둘러 싸인 黃海의 한 灣。

【渤潏:발휼】 바닷물이 뭉클뭉클 솟는 모양。浡潏。

【渥】

(악) 覺 アク、うるおす get wet ㄨㄛ wo⁴

小篆 草書 ❶비젖을악(霑也)。【詩經 小雅信南山】既優既ㅣ。❷얼굴빛이 불그레할악(厚漬)。【詩經】赫如ㅣ赭。❸흡족할악(洽也)。【韓非子 說難】周澤未ㅣ。❹윤택할악(潤澤)。❺물이름악(水名)。

【渥丹:악단】 ❶진한 빨간 색。❷얼굴빛이 붉고 윤기가 나는 모양。渥赭。『詩·終南』顏如ㅣㅣ。

【渥露:악로】 많은 이슬。繁露。『傳玄·雜詩』ㅣㅣ沾我裳。

【渥眄:악면】 따뜻하게 보살펴 줌。『庾肩吾·文』天人ㅣㅣ、增餘論之榮。

【渥味:악미】 짙은 맛。『論衡』甘香ㅣㅣ之物、蟲生常多。

【渥赭:악자】 ❶붉은 흙。『溫庭筠』風如吹煙、日如ㅣㅣ。❷=渥丹。『詩經』赫如ㅣㅣ。

【渥澤:악택】 두터운 은혜。渥恩。『王僧孺』一遇休明、多逢ㅣㅣ。

【渥厚:악후】 두터운 것。豊富한 것。

【渥洽:악흡】 두터운 은혜。厚澤。厚恩。恩澤。『楚辭』常被君之ㅣㅣ。

【渦】

㊀(와) 歌 ㊁(과) 歌 ワ、カ、うずまく whirlpool ㄨㄛ wo¹ (或音「과」)

草書 ㊀❶웅덩이와、소용돌이와(水回)。❷시끄러울와(騷也)。㊁뜻은 ㊀과 같음。

【渦動:와동】 《物》閉曲線을 軸으로 하여 돌아가는 流體의 상태。

【渦紋:와문】 소용돌이 모양의 무늬。

【渦狀:와상】 =渦形。

【渦旋:와선】 소용돌이 침。

【渦中:와중】 ❶소용돌이 치며 흐르는 물의 가운데。『朱熹』陷入此游ㅣㅣ。❷시끄럽게 떠도는 사건의 中心。

【渦形:와형】 소용돌이 모양으로 빙빙 도는 형상。

【渧】

(제) 齊 テイ、しずく drop of water

草書 듣는물제、물방울제(滴水)。

【渨】

(외) 灰 ワイ、イ、なみだつ toss and leap ㄨㄟ wei¹

小篆 草書 ❶물결용솟음할외(水波涌起貌)。❷빠질외(沒也)。❸물굽이외(水澳曲)。

【渨瀃:외루】 물결이 소용돌이 치는 모양『郭璞·江賦』游澴滎瀯、ㅣㅣ濆瀑。『注』善曰、皆波浪回旋、濆涌而超之貌也。

【渨涹:외와】 흐림。더럽혀짐。穢濁。『楚辭』溘ㅣㅣ之奸咎兮。『注』ㅣㅣ、汙薉也。

【温】

(온)『溫』(水部 10畫)의 俗字

【湎】

(면) 霰 ベン、おおみず flood

큰물면(大水貌)。

【渫】

㊀(설) 屑 ㊁(접) 葉 セツ、チョウ、ちる、もらす scatter; leak ㄒㄧㄝ hsieh⁴

小篆 草書 ㊀❶헤칠설(散也)。【漢書】農民有錢粟者有所ㅣ。❷쉴설(歇也)。【曹植七啓】爲歡未ㅣ。

❸샐설(漏也)。〔莊子 秋水〕尾閭ㅣ之而不虛。❹더러울설(汚也)。〔王褒 得賢臣頌〕去卑辱奧ㅣ、而升本朝。❺업신여길설(慢也)。〔詩經〕醉而不出是ㅣ宗也。❻씻어버릴설(除去)。❼우물칠설(治井)。〔易經〕井ㅣ不食。
(『洩』과 같음) ㊁물결출렁출렁할접(波連貌)。

〔渫惡:설악〕 더럽혀져 악함。〔史記·匈奴傳〕今聞ㅣㅣ民、貪降其進取、之利倍。
〔渫雨:설우〕 비를 뿌림。〔謝莊·宋孝武宣貴妃誄〕高唐ㅣㅣ、巫山鬱雲。〔注〕翰曰渫、出。
〔渫雲:설운〕 널리 퍼진 구름。〔謝朓·敬亭山詩〕ㅣㅣ已漫漫、多雨亦凄凄。
〔渫渫:접접〕 물결이 잇대어 출렁이는 모양。〔集韻〕渫、ㅣㅣ、波連貌。

【渪】

(유) 虞 ジュ、ぬれる wet

❶젖을유(霑也)。❷지체할유(滯也)。
(『濡』와 같음)

【湛】

(침)『浸』(水部 7畫)과 같음

【測】

(측) 職 ソク、はかる ㄘㄜˋ ts'ê⁴ measure

小篆 草書 ❶측량할측、잴측(度也)。〔易繫辭〕陰陽不ㅣ之謂神。❷깊을측(深也)。❸맑을측(淸也)。❹날카로울측(刄利意)。
〔周禮〕弓人漆欲ㅣ。

〔測角器:측각기〕《物》각도를 측정하는 기계의 총칭。
〔測怛:측달〕 불상히 여기어 슬퍼함。
〔測度:측도〕 ❶잼。 조사함。 마음으로 추측함。〔禮記·禮運〕人藏其心、不可ㅣㅣ也。❷度數를 헤아림。
〔測量:측량〕 ❶추측하는 것。 다른 사람의 마음을 추측함。〔韋莊〕天心詎ㅣㅣ。❷기계를 써서 땅의 넓이·높이、바다나 강의 깊이 같은 것을 조사하여 재는 것。
〔測量器:측량기〕 측량에 쓰는 기계。
〔測量圖:측량도〕 측량하여 만든 지도。
〔測量艦:측량함〕 연안 육지의 측량、해양·港灣의 물 깊이、물바닥、조류、氣像 따위를 재는 군함。
〔測算:측산〕 헤아려서 셈함。
〔測鎖:측쇄〕 거리를 재는 데 쓰는 자처럼 생긴 쇠사슬。
〔測水:측수〕 물의 깊이를 헤아려 잼。
〔測水深昧人心:측수심매인심〕《國》물 속 깊이는 알아도 사람의 마음은 모름。《喩》사람의 마음 속은 알기 어렵다는 뜻。〔靑莊館全書〕。
〔測雨器:측우기〕 ❶雨量을 측량하는 기구。❷《歷》李朝 世宗 二四년(一四四二)에 세계 최초로 제작 설치한 雨量計。 서울을 중심으로 국내 각처에 설치함。
〔測遠機:측원기〕 光學의 원리를 이용하여 원거리에 있는 목표까지의 거리를 측정하는 기계。 測距儀。
〔測恩:측은〕 깊은 은혜。〔江淹·雜體詩〕ㅣㅣ日月。
〔測點:측점〕 측량의 기준이 되는 점。
〔測定:측정〕 헤아려서 정함。
〔測地:측지〕 토지를 측량함。
〔測地學:측지학〕 지구의 면적·용적 및 형태를 자상히 측량하여 연구하는 학문。
〔測天:측천〕 천체를 관측하여 헤아림。
〔測板:측판〕 측량기에 딸려 照準儀를 올려놓거나 도면을 붙이기도 하는 널조각。
〔測候:측후〕 氣象을 觀測함。〔隋書〕漢初ㅣㅣ、乃知五星皆有逆行。
〔測候所:측후소〕 氣象觀測을 하고 天氣豫報 따위를 행하는 시설이 있는 곳。
◎觀ㅣ、不ㅣ、憶ㅣ、豫ㅣ、推ㅣ。

【渭】

(위) 未 イ、かわ ㄨㄟˋ wei⁴ river

小篆 草書 ❶물이름위(隴西水名)。❷속끓일위(心不安貌沸ㅣ)。

〔渭城柳:위성류〕《植》위성류과에 딸린 낙엽 소관목。 가지는 여러 갈래로 잘고 길게 늘어져 있으며 바늘 모양의 작은 잎이 密生함。 꽃은 淡紅紫色이며 봄·여름에 두 차례 핌。 관상용으로 재배함。
〔渭陽丈:위양장〕 남의 外叔의 尊稱。
〔渭陽情:위양정〕 ❶外叔, 또는 祖父를 생각하는 마음。❷外叔이 조카들을 생각하는 愛情。 外叔으로서의 愛情。

【渮】

(가) 歌 哿 カ、かわ river

小篆 小篆 草書 물이름가(山陽水名)。

【港】

(항) 講 コウ、みなと ㄍㄤˇ kang³ port; harbour (古音「강」)

小篆 草書 ❶물갈라질항(水分流)。❷뱃길항(水中行舟道)。❸땅이름항(地名香ㅣ)。❹항구항(ㅣ口)。

〔港口:항구〕 船舶의 出入口。 港門。
〔港口都市:항구도시〕 항구가 있는 바닷가의 도시。 港都。
〔港口稅:항구세〕《法》항구를 통하여 다른 나라로 輸出入하는 貨物에 대하여 받아 들이는 세。
〔港灣:항만〕 해안의 灣曲한 지점에 방파제·부두 棧橋 등의 시설을 한 水域。
〔港務:항무〕 항구에 딸린 여러 가지 행정 사무。
〔港稅:항세〕《法》항구를 통하여 輸出入하는 화물에 대하여 부과하는 세금。
〔港市:항시〕 港口都市。
◎開ㅣ、軍ㅣ、內ㅣ、商ㅣ、良ㅣ、外ㅣ、要ㅣ、入ㅣ、築ㅣ、出ㅣ。

【渰】

(엄) 琰 エン、むす ㄧㄢˇ yen³ sultry

小篆 草書 훈증할엄、구름피어오를엄(雲雨貌)。〔詩經〕有ㅣ凄凄。

【渱】

(홍) 東 コウ、ゆがわく boil up

물끓어솟을홍(水沸涌潰ㅣ)。

【渲】

(선) 霰 セン、くまどり ㄒㄩㄢˋ hsüan⁴ add colour

草書 ❶물적실선(淋之)。❷물지적지적할선(小水)。❸개칠할선(書畫ㅣ刷之法)。

〔渲染:선염〕《美》색칠할 때에 한쪽을 진하게 하고 다른 쪽으로 갈수록 엷고 흐리게 하는 일。 바림。
〔渲染法:선염법〕 畫面에 물을 칠하고 채 마르기전에 彩色을 하여서、朦朧하여 沈重한 妙味를 나타내는 畫法。

【湏】

(미) 紙 ビ、しかばねをあらう sloppy

小篆 ❶물질펀할미(水平貌)。❷송장목욕시킬미(浴尸)。

【渴】

㊀(갈) 曷 ㊁(걸) 屑 カツ、ケツ、かわく ㄎㄜˇ k'ê³ thirsty

小篆 草書 ㊀❶목마를갈(欲飮)。〔詩經〕載飢載ㅣ。❷급할갈(急也)。〔公羊傳〕不及時而日ㅣ葬也。
㊁물잦을걸(水涸)。

〔渴汨:갈골〕 몹시 조급하게 골몰함。
〔渴求:갈구〕 몹시 갈망하여 구함。

〔渴急：갈급〕 목마른 듯이 몹시 급함。

〔渴急症：갈급증〕 몹시 조급하게 무엇을 구하는 마음。

〔渴望：갈망〕 목마른 듯이 간절히 바람。熱望。『范成大』國人――公顏色、爲報褰帷入帝畿。

〔渴聞：갈문〕 목 마른 사람이 물을 마시는 것처럼 정신을 잃고 듣는 것。열심히 「들음。

〔渴水：갈수〕 물이 마름。

〔渴水期：갈수기〕 旱魃期 등을 당해 河川의 물이 마르는 시기。

〔渴仰：갈앙〕 ❶목 마르게 동경하고 사모함。❷《佛》기갈을 당하여 물을 생각하고、산을 만나서 우러러 보는 것과 같이 깊이 佛道를 숭상하는 것。『法華經』心懷戀慕――於佛。

〔渴愛：갈애〕 ❶매우 사랑함。대단한 愛情。『陸游』――湌漿美、慵便葛屨輕。❷《佛》凡人이 목마를 때 물을 바라듯 五慾에 애착하는 일。

〔渴症：갈증〕 ❶물이 몹시 먹고 싶은 증세。❷渴急症의 略語。
◎枯―、飢―。

【渷】 (연) 銑 エン、かわのな waters
물이름연(濟水別名)。(『沇』과 같음)

【游】 (유) 尤 ユウ、およぐ、うかぶ swim; float ㄧㄡˊ yu²
小篆 古文 草書 ❶헤엄칠유(浮行)。❷떠내려갈유(順流)。『詩經』遡―從之。❸노닐유(玩物適情)。『禮記』少依于德―於藝。❹깃발유(旗旓)。(『遊』와 통함)

〔游間：유간〕 다른 나라를 遊說하여 이간질하는 것。『史記』大抵爲其主、――於秦耳。

〔游擊：유격〕 ❶일정한 임무를 갖지 않고 기회를 보고 出動하여 敵을 무찌르는 것。게릴라。遊擊。❷《制》벼슬 이름。㉠漢代 雜號將軍의 하나。遊擊將軍。㉡清代의 陸軍少佐。中軍官。

〔游觀：유관〕 ❶=游覽。『陶潛』時矯首而――。❷四方을 바라다 봄。『陶潛·歸去來辭』。

〔游禽：유금〕 《動》 ❶나는 새。『王融』――暮知返。❷물새。헤엄치는 새。기러기·오리 따위。水禽。

〔游禽類：유금류〕 물 위를 헤엄쳐 다니는 새의 총칭。다리는 짧고、몸의 뒤 쪽에 붙었으며、발가락 사이에는 물갈퀴가 있고、눈은 머리의 조금 뒤 쪽에 붙으며 꼬리에 脂腺이 발달하여 있는 등 水上生活에 적당하게 되어 있음。오리·기러기·갈매기 따위。游禽。

〔游女：유녀〕 ❶散步하면서 즐기는 부인。『詩經』漢有――、不可求思。❷漢水라는 水神의 이름。『李白·惜余春賦』想――于峴山。❸遊君。賣春婦。遊女。

〔游覽：유람〕 여기 저기 놀며 구경하고 다니는 것。游觀。遊覽。『夏侯湛』臨淸池以―― 觀芙蓉之麗華。

〔游歷：유력〕 여행을 하며 여러 곳을 돌아 다니는 것。遊歷。『世說』凡所――、皆圖之于室。

〔游獵：유렵〕 사냥。遊獵。畋獵。

〔游離：유리〕 ❶떨어져 헤어짐。分離함。❷本體에서 떠나 있는 것。遊離。

〔游放：유방〕 제 멋대로 놀음。(放은 放縱。遊放。『南史』在郡――、不異永嘉。

〔游說：유세〕 ❶內治外交 등의 시책을 사방에 있는 諸侯들에게 설명하며 돌아 다니는 것。『史記·蘇秦傳』蘇秦兄弟三人皆――諸侯、以顯名。❷자기의 意見이나 자기 소속 政黨 등의 主義와 主張 등을 연설하고 다니는 것。遊說。

〔游水類：유수류〕 《動》遊禽類。

〔游食：유식〕 하는 일 없이 놀고 먹음。遊食。『後漢書』田荒不耕、――者衆。

〔游神：유신〕 마음을 즐겁게 하는 것。(神은 精神)。『馮衍』誠少――乎經書之林。

〔游揚：유양〕 ❶치켜 세움。❷널리 칭찬함。『漢書』僕――足下名於天下。

〔游言：유언〕 헛말。사실이 아닌 말。游談。『禮記』故大人不倡――。

〔游衍：유연〕 ❶하고자 하는 대로。마음 내키는 대로。游肆。❷놀고 즐김。遊樂。遊衍。『詩經』昊天曰旦、及爾――。

〔游泳：유영〕 헤엄침。水泳。水練。遊泳。『朱林』纖鱗――多。

〔游玩：유완〕 慰安하며 노는 것。『南史·徐湛之傳』招集文士、盡――之適。

〔游移：유이〕 맺고 끊는 데가 없음。흐리멍덩함。優柔不斷함。

〔游弋：유익〕 ❶사냥。遊獵。『史記·李斯傳』乃入上林齋戒、日――獵。❷군함이 바다의 경비를 위하여 바다 위를 떠돌아 다님。遊弋。

〔游日：유일〕 놀고 있는 날。

〔游子：유자〕 ❶나그네。旅客。遊子。『史記』――悲故鄕。❷일정한 직업이 없어 놀고 지내는 사람。

〔游偵：유정〕 敵情을 살피는 사람。間者。間諜。細作。

〔游塵：유진〕 ❶떠 있는 먼지。『洞冥記』風至自拂堦上――。❷음탕한 음악。淫樂。『穀梁傳·序』鼓芳風以扇――。

〔游學：유학〕 ❶他國에 나가서 學問을 닦는 것。또는 그 사람。留學。『史記』荀卿――於齊。❷여러 나라를 돌아 다니며 學問을 닦는 것。또는 學問을 한 사람。

〔游俠：유협〕 사나이다운 기질。俠客。任俠。遊俠。『史記』姤學――。

〔游魂：유혼〕 넋이 本體로 부터 떨어져 나가 떠도는 것。또는 그 넋。『易經』――爲變。

【澋】 (굉) 庚 コウ、とどろく the sound dashed against a rocks ㄏㄨㄥˊ hung²
草書 돌에물부딪는 소리굉(水石相激聲)。

【渺】 (묘) 篠 ビョウ、はるか vast ㄇㄧㄠˇ miao³
草書 ❶물이질펀히흐를묘(水長貌)。『管子』――乎如窮無極。❷아득할묘(茫也)。

〔渺漫：묘만〕 =渺渺。(漫은 廣遠)。『劉滄』白浪連空極――。「―中。

〔渺茫：묘망〕 =渺漭。『韋莊』扶桑已在―

〔渺漭：묘망〕 넓고 끝이 없는 것。멀고 아물아물한 것。

〔渺渺：묘묘〕 물이 끝없이 넓어 아득하게 보이는 것。渺茫。渺漫。『陸游·冬初出游詩』蹇驢――涉烟津。

【湝】 (성) 梗 セイ、かわのな waters
小篆 ❶물줄성(減少)。❷물이름성(水名)。

【渼】 (미) 紙 ビ、なみもよう water-ring; ripple ㄇㄟˇ mei³
草書 ❶물결무늬미(波紋)。❷물이름미(水名)。

【溨】 (재) 灰 サイ、きよい clear
小篆 맑을재(淸也)。「水名―水」。

【渾】 ㊀(혼) 元 コン、にごる confused ㊁(혼) 阮 ㄏㄨㄣˊ huen² (古音「곤」)
小篆 草書 ㊀❶흐릴혼(濁也)。『道德經』―兮其若濁。❷오랑

캐혼(戎名吐谷ㅡ)(『混』과 같음) 三❶섞일 혼(雜也)。【漢書】賢不肖ㅡ淆。❷혼후할혼(厚貌)。

【渾家:혼가】❶아내。妻。❷한 집안의 식구。家內全體。全家。渾眷。

【渾沌:혼돈】❶하늘과 땅이 아직 갈라지지 않은 상태。『莊子·應帝王』中央之帝爲ㅡㅡ。❷사물의 구별이 확실치 않은 모양。混沌。『左傳』天下之民謂之ㅡㅡ。

【渾淪:혼륜】分離하지 않는 모양。渾沌。『列子』

【渾碧:혼벽】바라다보이는 끝까지 푸른 모양。一碧。

【渾成:혼성】모든 것을 모아 하나로 만들음。

【渾率:혼솔】=渾家。

【渾身:혼신】몸 전체。全身。滿身。

【渾然:혼연】❶모아 찌그러진 데가 없는 둥근 모양。❷물이 조금도 다른 것이 섞이지 않은 모양。❸차별이 없는 모양。

【渾然天成:혼연천성】아주 쉽게 저절로 이루어짐。

【渾圓:혼원】원만함。『沈作喆』氣質ㅡㅡ。

【渾元:혼원】自然의 기운。하늘과 땅。『班固·賦』ㅡㅡ運物、流不處兮。

【渾融:혼융】아주 섞이어 차별이 없게 하나가 됨。

【渾一:혼일】물건이 녹아서 하나로 합쳐진 모양。하나로 합치는 것。混一。

【渾天儀:혼천의】옛적 天體 관측에 쓰던 기계。

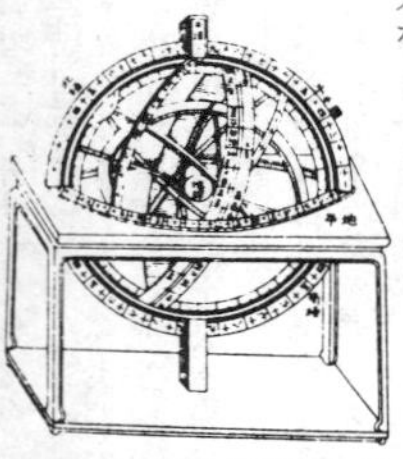
渾天儀(古今圖書集成)

【渾濁:혼탁】맑지 아니함。흐림。탁해지는 것。『老子』渾兮其若濁。

【渾和:혼화】渾然한 和氣。혼연하게 和合함。『元結』心混混兮意ㅡㅡ。

【渾殽:혼효】뒤섞이는 것。錯雜。『漢書』今賢不肖ㅡㅡ。

【渾厚:혼후】❶건잡을 수 없이 크고 풍부함。『唐書』辭致ㅡㅡ。❷사람됨이 크고 원만한 모양。『朱熹』如顏子、便ㅡㅡ不同。❸文章 같은 것이 듬직하고 흥미 있음。

【⿰氵軌】(궤) 紙 キ、かわく dry up 물마를궤(涸也)。

【⿰氵思】(사) 佳 シ、こめあらう ladle rice after washing 쌀씻어건질사(漉米)。

【渿】(내) 泰 ナイ、そそく pour 小篆 물을 쏟을내(瀎也)。

【湀】(규) 紙 ケイ、いずみ gush 小篆 샘날규(泉出)。

【湁】(립) 緝 リュウ、いずみ gush 小篆 샘솟을립(泉出貌)。

【湃】(배) 卦 ハイ、なみうつ sound of waves ㄆㄞ p'ai4 草書 물소리배(水聲)。『上林賦』洶涌澎ㅡ。

【湃湃:배배】파도의 소리。『蘇軾』空聽餘瀾鳴ㅡㅡ。

【湄】(미) 支 ビ、みぎわ margin of a lake ㄇㄟ mei2 小篆 草書 물가미(水草之交)。『詩經』在水之ㅡ。

【湅】(련) 霰 レン、ねる refined a thread ㄌㄧㄢ lien4 小篆 草書 실삶을련(熟絲)。

【湆】(읍) 緝 キュウ、しる broth; soup ㄑㄧ ch'i4 (古音 급) 小篆 축축할읍(幽濕)。

【湇】(읍) 緝 キュウ、しる soup (古音 급) 草書 국물읍(羹汁)。『禮記』凡有ㅡ者不以齊。

【湉】(첨) 鹽 テン、しずかにながれる flow quietly ㄊㄧㄢ t'ien2 草書 물고요히흐를첨(水之靜流貌)。

【湊】(주) 宥 ソウ、みなと water gathering ㄘㄡ ts'ou4 小篆 草書 ❶물모일주(水會)。『汲冢周書』周公作大邑成周于中土以爲天下之大ㅡ。❷나아갈주(進也)。『戰國策』士爭ㅡ燕。❸모을주(聚也)。(『腠』와 통함)

【湊懣:주만】번민이 간혹 일어남。『論衡』ㅡㅡ頗多殺人。

【湊泊:주박】배가 모임。

【湊集:주집】모임。모여들음。輻湊。

【湊合:주합】하나로 끌어 모으는 것。總合。

【湍】(단) 寒 タン、はやせ swift current ㄊㄨㄢ t'uan 小篆 草書 여울단(急瀨)。『漢書』水ㅡ悍難以行平地。

【湍激:단격】물 흐름이 급하고 사나운 것。『蘇軾』ㅡㅡ不受。

【湍決:단결】물이 빨라서 둑을 깨침。『金史』故致ㅡㅡ。

【湍怒:단노】흐름이 빨라서 물결이 일어남。『漢書』令水益ㅡㅡ。

【湍湍:단단】소용돌이 침。『趙岐』ㅡㅡ瀠水。

【湍流:단류】급한 물 흐름。『楚辭』長瀨ㅡㅡ、泝江潭兮。

【湍水:단수】소용돌이 치며 급하게 흐르는 물。急湍。『孟子』性猶ㅡㅡ也。

【湋】(위) 微 イ、まわる flow bendedly 小篆 ❶물돌아갈위(水回轉)。❷물이름위(關中水名)。

【湌】一(손) 元 ソン、めし eat 二(찬) 寒 (俗音 천) 一밥손(飯也)。(『飧』과 같음) 二먹을찬(餐也)。

【湎】(면) 銑 ベン、メン、おぼれる、ふける be drowned ㄇㄧㄢ mien3 小篆 草書 ❶술에젖을면(溺酒)。『詩經』天不ㅡ爾以酒。❷빠질면(溺也)。『禮記』流ㅡ而忘本。❸물젖을면(流移)。『漢書敍傳』風流民化ㅡㅡ紛紛。

【湎湎:면면】흘러 퍼지는 모양。『漢書·敍傳下』風流民化、ㅡㅡ紛紛。『注』師古曰ㅡㅡ、流移也。

【湎淫:면음】酒色에 빠짐。

【湎酒:면주】술에 빠짐。『書經·酒誥』罔敢湎于酒、不惟不敢、亦不暇。

【湑】一(서) 魚 ショ、こす filter 二(서) 語 ㄒㄩ hsu3 小篆 草書 一❶이슬방울맺일서(露貌)。『詩經 小雅蓼蕭』零

露ㅣ兮。❷성할서(盛貌)。【詩經】裳裳者華其葉ㅣ兮。㊁술거를서(漉也)。(『醑』와 같음)

【湒】(즙) 緝 シュウ、あめふる rain (或音「집」)
❶비올즙(雨下)。❷물끓어솟을즙(沸涌)。(『濈』과 같음)

【湓】(분) 願 ボン、わく spring(out) 問 ㄆㄣ p'ên²
❶물넘칠분(水溢)。❷소낙비분(驟雨)。❸물솟을분(水涌)。❹뿜을분(噴也)。❺적실분(漬也)。
【湓口:분구】(地)江西省 九江縣의 서쪽 湓水가 揚子江으로 흘러 들어가는 곳。湓江。湓浦口。
【湓水:분수】(地)江西省 九江縣에 있는 강 이름 瑞昌縣에서 發源하여 揚子江으로 흘러들어 감。
【湓魚:분어】(動)湓口에서 잡히는 물고기。
【湓溢:분일】물이 용솟음쳐 넘치는 것。盆溢。

【湔】(전) 先 セン、あらう wash 霰 ㄐㄧㄢ chien¹
❶빨전(澣也)。❷씻을전(灑也)。❸물번질전(傍沾)。❹물이름전(水名)。❺고을이름전(蜀郡名)。
【湔祓:전불】씻어 떨어 버림。舊惡을 모두 떨어 버림。【戰國策·楚策】君獨無意ㅣㅣ僕也。
【湔洗:전세】말끔히 씻어 버림。湔滌。湔灑。【後漢書】若在腸胃、則斷截ㅣㅣ、除去疾穢。
【湔灑:전쇄】말끔히 씻어 버림。湔洗。【說苑】汙辱難ㅣㅣ。
【湔除:전제】씻어 떨어 냄。깨끗이 덜어 버림。

【[氵便]】(변) 霰 ベン、しょうべん piss
오줌변(小便)。

【[氵叜]】㊀(수) 有 シュウ、しょうべん piss ㊁(수) 尤
㊀❶오줌수(小便)。❷적실수(浸溺)。㊁❶반죽할수(水調粉麵)。(『溲』와 같음) ❷거름할수(浸沃)。

【湖】(호) 虞 コ、みずうみ lake
큰못호、물호(大陂)。【周禮】揚州其浸五ㅣ。
【湖南:호남】(地)❶湖西의 남쪽。全羅南北道를 일컫는 말。❷中國中南區 六省의 하나。湖南省 揚子江 中流의 남쪽。省都는 長沙。옛 荊州의 땅。
【湖堂:호당】(國)李朝 때의 讀書堂。또는 이 곳에서 공부하던 사람。후에 奎章閣의 기구를 넓히어 이를 폐하였음。
【湖畔:호반】호숫가。못 언저리。湖上。湖邊。【李群玉】ㅣㅣ春山煙黯黯。
【湖北:호북】(地)❶湖西의 북쪽。❷中國 中南區 六省의 하나。湖北省 揚子江의 中流 유역으로 洞庭湖의 북 쪽。省都는 武昌。옛 荊州의 땅。
【湖西:호서】(地)忠淸南北道。
【湖沼:호소】호수와 늪。【江淹】鏡帶ㅣㅣ、錦匝池林。
【湖水:호수】❶큰 못。【孟浩然】八月ㅣㅣ平。❷호수의 물。
【湖心:호심】=湖中。【劉禹錫】洞庭秋月「生ㅣㅣ。
【湖中:호중】호수의 한가운데。湖心。
【湖海:호해】❶호수와 바다。❷호수。❸江湖。民間의 뜻。
【湖海之士:호해지사】호탕한 氣風을 갖고 草野에 있는 사람。湖海는 江湖와 같은 民間의 뜻。【魏志·陳登傳】許汜曰、陳元龍ㅣㅣㅣㅣ、豪氣不除。◎大ㅣ、江ㅣ。

【[氵要]】(유) 尤 ユウ、ふかい deep
깊을유(深也)。

【湘】(상) 陽 ショウ、にる boil; cook ㄒㄧㄤ hsiang¹
❶삶을상(煮也)。【詩經·召南采蘋】于以ㅣ之。❷물이름상(水名)。
【湘君:상군】❶中國 전설에 의한 堯帝의 두 딸인 娥皇·女英。같이 舜 임금의 妃。舜이 蒼梧에서 죽은 뒤를 따라 湘水에 몸을 던져 죽었다 함。湘水의 神。【史記】ㅣㅣ何神。❷楚辭九歌의 篇名。
【湘妃:상비】❶舜의 妃인 娥皇과 女英。舜 임금을 사모하여 湘水에 몸을 던져 水神이 되었다 함。→湘君①。【湘中記】❷(植)斑竹의 別名。→湘竹。
【湘竹:상죽】斑竹의 別名。湘水 부근에 나는 대。娥皇·女英이 흘린 눈물로 얼룩져 있다고 함。【白居易·江上送客詩】杜鵑聲以哭、ㅣㅣ斑如血。

【湙】(역) 陌 エキ、ながれる flow
❶흐를역(流也)。❷내이름역(川名)。

【湛】㊀(담) 覃 タン、サン、ふかい、すむ ㊁(침) 沁 deep; clear ㊂(잠) 陷 ㄓㄢ chan⁴
㊀즐거울담(樂也)。(『媅』과 같음) ㊁❶빠질침(沒也)。【詩經】子孫其ㅣ。【賈誼弔屈原賦】仄聞屈原兮自ㅣ汨羅。❷잠길침(漬也)。㊂❶편안할잠(安也)。❷맑을잠(澹也)。「神志ㅣ然」。❸이슬흠치르르할잠(露盛貌)。【詩經小雅湛露】ㅣㅣ露斯。❹성잠(姓也)。
【湛露:잠로】가득하게 내린 이슬。【潘岳·籍田賦】若ㅣㅣ之晞朝陽。繁露。
【湛冥:담명】마음 속이 깊숙한 것。深邃。【李白】誰人測ㅣㅣ。
【湛然:담연】❶물이 괴어 있는 모양。【蘇軾】ㅣㅣ如古井、終歲不復瀾。❷침착하고 고요한 모양。【宋史】苟得之、凝然ㅣㅣ。
【湛恩:담은】깊은 은혜。두터운 은혜。厚恩。大恩。【史記】威武紛紜、ㅣㅣ汪濊。
【湛溺:침닉】물에 잠기어 빠짐。가라앉아 빠짐。「ㅣㅣ安舒」。
【湛靜:침정】깊고 고요함。沈靜。【漢書】

【湜】(식) 職 ショク、きよい clear ㄕ shih²
❶물맑을식(水清)。【詩經】涇以渭濁ㅣㅣ其沚。❷엄숙할식(持正貌)。

【湝】㊀(개) 佳 カイ、さむい cold ㊁(해) 佳
㊀물성할개(水盛流貌)。㊁❶찰해(寒也)。❷빗바람칠해(風雨不止)。

【湞】(정) 庚 テイ、かわのな waters ㄓㄣ chen¹
물이름정(水名)。

【湟】(황) 陽 コウ、ひやみず cold water ㄏㄨㄤ huang²
❶찬물황(冷水)。❷빠질황(溺也)。❸물결빠를황(水波疾貌)。❹물이름황(金城水名)。

【湠】(탄) 翰 タン、ひろい broad
넓을탄(廣也)。

【湢】(벽) 職 ヒョク、フク、ゆどの bath-room ㄅㄧˋ pi⁴ ❶물용솟음할벽(水驚涌貌)。❷목욕간벽(浴室)。

【湣】㊀(민) 眞 ビン、おくりな posthumous name ㄇㄧㄣˇ min³ ㊁(혼) 元 ㊀시호이름민(謚也)。(『閔』과 같음) ㊁❶산란할혼(未定滑—)。❷민망할혼、딱할혼。

〔湣湣：혼혼〕 생각이 흐리고 어지러운 모양。(湣은 惛의 借字)。『莊子』置其——。

【湧】(용)『涌』(水部7畫)의 俗字

〔湧沫：용말〕 솟아 오르는 거품。『陸龜蒙』——飛旋圓。

〔湧泉：용천〕 ❶솟아 오르는 샘。噴泉。❷좋은 생각이 그칠 사이 없이 솟는다는 뜻。『後漢書』謀如——、勢如轉規。

〔湧出：용출〕 샘솟아 나옴。噴出。

【湨】(격) 錫 ケキ、なみうつ wave ❶물결칠격(波激)。❷물이름격(河内水名)。

【湩】(동) 送 トウ、ちち milk ❶젖동(乳汁)。『穆天子傳』巨蒐之人具牛馬之—以洗天子之足。❷북소리동(鼓聲)。『管子』—然擊鼓士忿怒。

〔湩姆：동모〕 乳母。『表異錄』諸事拾遺、屬之乳姐、傅以——。

〔湩然：동연〕 북소리。『管子·輕重甲』——擊鼓、士忿怒。『纂詁』湩、鼓聲也。

【湭】(추) 尤 シュウ、さけしる juice 술즙낼추(酒汁)。

【湫】㊀(추) 尤 ㊁(초) 篠 シュウ、ショウ、いけ、すずしい pond; cool ㄐㄧㄡ chiu¹ ㊀❶늪추、소추(水池)。❷폭포추(瀑也)。❸찌푸릴추(憂愁貌)。❹서늘할추(涼貌)。㊁웅덩이초(隘下)。『宋玉 高唐賦』—兮如風。

〔湫隘：추애〕 땅이 낮고 좁음。『左傳』—囂塵、不可以居。

〔湫低：추저〕 좁고 낮음。《轉》空氣 또는 氣分이 가라앉아 우울한 것。

〔湫湫：추추〕 근심하며 슬퍼함。『春秋繁露』——者、悲愁之狀也。

〔湫宅：추택〕 낮고 좁은 집。矮屋。『揚子法言』——閉門、不有椒房之勢。

〔湫兮：추혜〕 시원스러운 모양。『楚辭』—如風。

【湮】(인) 眞 イン、エン、しずむ fall into ㄧㄣ yin¹ ❶빠질인(沒也)。❷막힐인(塞也)。『左傳 昭公二十九年』鬱—不育。❸떨어질인(落也)。

〔湮滅：인멸〕 자취도 없이 죄다 없어짐。湮沒。『謝惠連』銘誌——、姓字不傳。

〔湮沒：인몰〕 깊숙히 숨음。흔적도 없이 사라져 버림。湮滅。『後漢書』舊章——。

〔湮厄：인액〕 불행。湮厄。『韓愈』余生命之——、曾二鳥之不如。

〔湮鬱：인울〕 근심으로 마음이 답답함。『史記』獨——兮其誰語。

〔湮替：인체〕 쇠퇴함。쇠하여 망함。『晉書』——同于編戶。

〔湮沈：인침〕 묻히어 가라앉음。湮沒。湮淪。『劉得仁』趣時不圓轉、自古易——。

【湱】(획) 陌 カク、なみのおと breaking sound of wave 물결부딪치는소리획、파도소리획(波相激聲)。

【湯】㊀(탕) 陽 ㊁(상) 陽 ㊂(탕) 漾 トウ、ゆ、わかす hot water; boil ㄊㄤ t'ang¹ ㊀❶물끓일탕、끓을탕(熱水)。『楚辭』浴蘭—兮沐芳華。❷물이름탕(水名)。㊁물결꿈틀거릴상、출렁거릴상(波動貌)。『詩經』江漢——。㊂씻을탕(熱沃蕩)。『禮記』如以熱—。

〔湯罐：탕관〕 국이나 약을 끓이는 그릇。쇠붙이나 오지로 만듦음。藥湯罐。

〔湯器：탕기〕 탕을 담는 그릇。

〔湯網：탕망〕 寬大한 처사를 말함。《故》殷代의 湯王이 들에 나가서 그물을 四面으로 치고 빌고 있는 사람을 보고 그 三面을 걷어 치우게 하고 다시 빌게 하였다는 故事。『史記』。

〔湯麪：탕면〕 국에 만 국수。

〔湯飯：탕반〕 국밥。

〔湯餠：탕병〕 밀가루로 만들어 삶은 것。국수。『事物紀原』。

〔湯水：탕수〕 더운 물。끓는 물。『法口喩經』取其——。

〔湯液：탕액〕 藥材를 삶아 낸 약물。『史記』上古之時、醫有兪跗、病不以——。

〔湯藥：탕약〕 ❶달여서 먹는 한약。湯劑。『漢書』——非陛下口所嘗弗進。❷湯治와 服藥。『李密』臣侍——、未曾廢離。

〔湯玉：탕옥〕 ＝沐浴湯。

〔湯熨：탕울〕 더운 물찜질。『史記·扁鵲傳』疾之居腠理也、——之所及也。

〔湯殿：탕전〕 浴室。목욕탕。『漢武故事』漢成帝爲趙飛燕造——。

〔湯井：탕정〕 더운 물이 솟는 우물。溫泉。『潘岳』——溫谷。『註』——溫湯也。

〔湯劑：탕제〕 《醫》＝湯藥。『唐書』詔侍醫敦進——。

〔湯池：탕지〕 ❶堅固한 城 바깥에 둘러 파놓은 도랑。뜨거운 물이 솟는 못이라는 뜻에서 온 말。『漢書』石城十仞、——百步。❷溫泉。『李白』神女沒幽境、——流大川。 「치는 일。

〔湯治：탕치〕 온천에서 목욕하여 병을 고

〔湯火：탕화〕 끓는 물과 뜨거운 불。

〔湯火瘡：탕화창〕 《醫》끓는 물이나 불에 데어서 생긴 헌데。

〔湯鑊：탕확〕 가마솥에 삶아 죽이는 刑에 쓰는 다리 없는 큰 가마。『史記·藺相如傳』臣請相如就——。

〔湯湯：상상〕 물이 한창 흐르는 모양。또는 파도치는 모양。『范仲淹』浩浩——。

◎藥—、熱—、溫—、浴—、入—、雜—。

【湲】㊀(원) 先 ㊁(환) 刪 エン、カン、みずおと sound of water ㄩㄢˊ yüan ㊀❶물소리원(水聲潺—)。❷물졸졸흐를원(水流貌)。㊁뜻은 ㊀과 같음。

【湳】(남) 感 タン、かわのな river 물이름남(西河水名)。

【渧】(제) 齊 テイ、こめのとぎしる waters 쌀뜨물제(洗米水)。

【湺】(변)『徧』(彳部9畫)과 같음

【満】(만)『滿』(水部11畫)의 略字

十畫

【溍】(진) 震 シン、かわのな river 물이름진(川名)。

【渻】㊀(연) 霰 ㊁(계) 霽 エン、ケイ、おおみず flow over
㊀물창일할연(大水貌)。㊁물이름계(水名)。

【溏】(당) 陽 トウ、いけ pool ㄊㄤˊ t'ang²
❶연못당(池也)。❷진흙수렁당(淖也)。
【溏泄:당설】《醫》설사가 나는 병의 한 가지。鶩溏。寒泄。
【溏浹:당협】가루 떡。〖駢雅·釋服食〗ㅡㅡ、粉餠也。

【源】(원) 元 ゲン、みなもと source ㄩㄢˊ yuan²
❶근원원、샘원(泉本)。〖禮記〗爲民祈祀山川百ㅡ。❷계속할원(續也)。〖孟子〗故ㅡㅡ而來。
【源究:원구】根源을 찾아 캐어냄。〖管子〗守物之終始、終身不竭、此謂ㅡㅡ。
【源流:원류】❶물이 흐르는 원천。〖毛詩譜序〗欲知ㅡㅡ淸濁之所處。❷事物이 일어나는 근원。
【源源:원원】근원이 깊어서 끊어지지 않는 모양。
【源泉:원천】❶물이 솟아나오는 근원。〖孟子〗ㅡㅡ混混。❷事物의 근원。❸《喩》글의 뜻이 넓음。〖蘇軾〗吾文如萬斛ㅡㅡ、不擇地皆可出。
◎根ㅡ、起ㅡ、發ㅡ、本ㅡ、水ㅡ、淵ㅡ、資ㅡ、字ㅡ、財ㅡ、電ㅡ、河ㅡ。

【溓】㊀(렴) 琰 ㊁(점) 鹽 ㊂(렴) 鹽 デン、レン、ひたす wet; moisten ㄌㄧㄢˊ lien²
㊀물질척질척할렴(中絕小水)。㊁붙을점(相著)。〖周禮〗輪人雖有深泥亦不之ㅡ也。㊂❶젖을렴(漬也)。❷살얼음렴(薄冰)。〖潘岳寡婦賦〗水ㅡㅡ以微凝。

【溔】(요) 篠 ヨウ、おおみず flood
❶큰물요(水無際)。❷물빛흴요(水色深白)。

【㴥】(초) 嘯 ショウ、たかいなみ high wave
높은물결초(峻波)。(『㴥』와 같음)

【準】㊀(준) 軫 ㊁(절) 屑 ジュン、セツ、たいらか、のり flat; rule ㄓㄨㄣˇ chuen³
㊀❶평평할준(平也)。〖漢書〗繩直生ㅡㅡ者所以揆平取正也。❷고를준(均也)。〖禮記〗先定ㅡ直。❸법도준(度也·則也)。〖易經 繫辭上〗易與天地ㅡ。❹비길준、보기준(擬也·倣也)。❺악기이름준(樂器名)。㊁코마루절(隆ㅡ鼻也)。

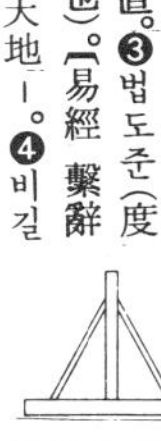
準(三才圖會)

【準價:준가】제 가치에 꼭 찬 값。
【準據:준거】표준을 삼아서 依據함。
【準決勝:준결승】=準決勝戰。
【準決勝戰:준결승전】운동 경기 등에서 결승전에 나아갈 팀을 결정하는 경기。
【準規:준규】표준이 되는 규칙。準則。
【準納:준납】일정한 기준대로 바침。
【準例:준례】❶표준이 될 만한 前例。❷어떤 例에 비겨봄。
【準棒:준봉】정한 표준대로 받아들임。
【準備:준비】❶미리 필요한 것을 마련하여 갖춤。〖宋史〗ㅡㅡ衣服。❷갑작이 갖춤。
【準備金:준비금】장래의 필요에 대비하여 준비하여 두는 돈。
【準信:준신】準據。무엇을 대중으로 삼아 좇고 믿음。
【準用:준용】무엇에 準據해서 씀。〖孟子〗規矩ㅡㅡ。
【準擬:준의】견주어 흉내 냄。
【準的:준적】표준이나 목표가 될 만함。〖後漢書〗一言一行、天下以爲ㅡㅡ。
【準準決勝:준준결승】準決勝에 나아갈 자격을 뽑는 경기。
【準紙:준지】인쇄물에 있어서 틀린 데를 잡아 놓은 종이。校正紙。準張。
【準則:준칙】표준을 삼아서 따라야 할 규칙。準規。〖晉書〗使百僚ㅡㅡ。
【準則主義:준칙주의】《法》법률에 일정한 조건을 베풀어서 그 규정에 벗어나지 않으면 관청의 허가를 필요로 하지 아니하고 法人을 설립할 수 있게 하는 주의。
【準平:준평】평평함。〖漢書〗水爲ㅡㅡ。
【準平原:준평원】장기간 外力의 작용에 의하여 山이 깎여져、낮고 평평하게 된 起伏이 크지 않은 平地。
【準行:준행】표준하여 해 나감。
【準血族:준혈족】《法》양부모 따위와 같이 실제 혈족 관계는 없으나 법률상 혈족 관계에 있는 사람。法定血族。
◎規ㅡ、基ㅡ、水ㅡ、照ㅡ、平ㅡ、標ㅡ。

【溘】(합) 合 コウ、たちまち suddenly ㄎㄜˋ k'ê⁴ (古音 갑)
❶잠간합 문득합(奄忽)。〖江淹恨賦〗朝露ㅡ至。❷이를합(至也)。❸의지할합(依也)。❹추울합(寒也)。〖劉崧詩〗沙堤十里寒ㅡㅡ。
【溘死:합사】갑자기 죽는다는 뜻으로 사람의 죽음을 말함。長逝。溘逝。〖楚辭〗恐ㅡㅡ而不得見乎陽春。
【溘逝:합서】=溘死。
【溘焉:합언】갑자기 많은 사람의 죽음을 形容함。
【溘然:합연】갑자기 되는 모양。

【涾】(답) 合 トウ、ぬれる wet
젖을답、축축할답(濕也)。

【溛】(와) 麻 ワ、くぼむ puddle
❶웅덩이와(汙下)。❷울멍줄멍할와(不平貌ㅡ瀤)。〖江賦〗溛淪ㅡ瀤。(『窊』와 같음)

【溜】(류) 宥 リュウ、したたる、しずく falling from the eaves ㄌㄧㄡˋ liu⁴
❶처마물류、낙수물류(檐水流下)。〖天台山賦〗醴泉涌ㅡ于陰渠。❷증류수류(蒸ㅡ水)。(『霤』와 통함)
【溜韁:유강】말이 고삐를 벗어나 달아남。「黍田溪ㅡㅡ。
【溜溜:유류】물 흐르는 소리。〖袁·桶詩〗
【溜氷:유빙】얼음을 지침。얼음 위를 스쳐감。
【溜水:유수】고인 물。〖庾肩吾〗懸門開ㅡㅡ、錦石鎭浮橋。
【溜飮:유음】《醫》음식이 체하여 신물이 「나오는 병。
【溜槽:유조】빗물을 받는 큰 통。
【溜滑:유활】매우 미끌미끌함。

【溝】(구) 尤 コウ、みぞ ditch ㄍㄡ kou¹
❶개천구、도랑구(水瀆)。〖周禮〗遂人十夫有ㅡ。❷성밑구덩이구(城塹)。〖禮記〗城郭溝池以爲固。❸밭도랑구(田間水道洫)。
【溝渠:구거】도랑。下水。개골창。〖禮

記』門閭ㅡㅡ必步。

【溝池:구지】❶敵이 침범하지 못하도록 城 밑에 파놓은 못。『禮記』城郭ㅡㅡ。❷도랑과 못。

【溝壑:구학】溪谷。『孟子』志士不忘在ㅡ「ㅡ。

【溝洫:구혁】田畓 사이에 있는 도랑。溝滄。『周禮』匠人爲ㅡㅡ。

【溞】

(소) 豪 ソウ、こめをとぐおと the sound of washing rice
쌀이는소리소(淅米聲)。

【溟】

㊀(명) 靑 ㊁(명) 迥 ㄇㄧㄥ ming² メイ、うみ、くらい sea; dark
小篆 草書 ㊀❶바다명(海也)。『莊子 逍遙遊』北ㅡ有魚。❷부슬비명(小雨)。『太玄經』密雨ㅡ沐。(『冥』과 통함) ㊁❶기운덩이명(自然氣)。『莊子』大同乎ㅡ涬物故自生。❷어두울명(暗也)。

【溟濛:명몽】 브슬비가 내려 날씨가 침침함。『張昱』只因 一霎ㅡㅡ雨。

【溟渤:명발】 큰 바다。滄海。『文選』穿池類ㅡㅡ。

【溟洲:명주】 큰 바다 가운데 있는 섬。

【溟池:명지】 북쪽의 큰 바다。北海。『顔延之』笳鼓震ㅡ。

【溟涬:명행】 ❶몹시 귀한 모양。『庾信』ㅡㅡ九萬里。❷아직 해가 뜨지 않아 컴컴한 모양。『莊子·天地』。❸자연의 기운。『論衡』ㅡㅡ濛澒。

【溢】

(일) 質 ㄧˋ i⁴ イツ、あふれる overflow
小篆 草書 ❶넘칠일(器滿)。❷찰일(盈也)。『孝經』滿而不ㅡ。❸치렁치렁할일(洋ㅡ)。『中庸』洋ㅡ乎中國。(『鎰』과 같음)

【溢流:일류】 넘쳐 흐름。『唐書』井水ㅡㅡ。

【溢譽:일예】 사실과는 벗어난 칭찬。『蜀志·諸葛瞻傳』是以美聲ㅡㅡ、有過其實。

【溢飮症:일음증】《醫》땀이 나지 않고 몸이 아픈 병。

【溢血:일혈】《醫》신체 조직의 내부에서 일어나는 出血。

【溢喜:일희】 더 이상 없는 기쁨。『鮑照』「不勝殊歡ㅡㅡ。

【溡】

(시) 文 シ、あまみず rain-water
빗물시(雨水)。

【滷】

(함)『涵』(水部 8畫)의 本字

【淪】

(론) 願 ロン、ふねをひく tug a ship
배끌론(水中曳船)。

【溥】

㊀(부) 麌 ㊁(박) 藥 ㄆㄨˇ p'u³ フ、あまねく extensive
小篆 草書 ㊀❶클부(大也)。❷두루할부(徧也)。❸넓을부(廣也)。『詩經』ㅡ天之下。❹펼부(布也)。『禮記 祭義』ㅡ之而橫于四海。(『敷』와 같음) ㊁물이름박(川名)。

【溥大:부대】 넓고 큰 것。『漢書』漢家至德ㅡㅡ、宇內萬里。

【溥博:부박】 廣大함。『中庸』ㅡㅡ淵泉、而時出之。

【溥天:부천】 넓은 하늘。『詩經』ㅡㅡ之下、莫非王土。

【溥洽:부흡】 널리 여러 사람에게 미침。『漢書·匈奴傳』大化神明、鴻恩ㅡㅡ。

【溧】

(률) 質 ㄌㄧˋ li⁴ リツ、みぎわ water's edge
小篆 ❶물가률(水涯)。❷물이름률(丹陽水名)。

【溮】

(짐) 寢 チン、みずのながれ babble
물졸졸흐를짐(水流貌)。

【溪】

(계)『谿』(谷部 10畫)와 같음

【溪谷:계곡】 물이 흐르는 산골짜기。

【溪嵐:계람】 산골짜기 시냇물에서 일어나는 아지랑이。『白居易』ㅡㅡ漠漠樹重重。

【溪流:계류】 산골짜기에서 흐르는 시냇물。『袁郊』ㅡㅡ垂釣人。

【溪邊:계변】 산골 시냇물 가。溪頭。

【溪聲:계성】 개울물 소리。『蘇軾』ㅡㅡ便是廣長舌、山色寧非淸淨身。

【溪泉:계천】 개울의 샘。澗泉。『王建』決決ㅡㅡ到處聞。

【溫】

㊀(온) 元 ㊁(온) 問 ㄨㄣ wen¹ オン、あたたかい warm; mild
小篆 ㊀❶따뜻할온(暖也)。『李華弔古戰場文』繒纊無ㅡ。❷데울온(燖也)。❸익힐온(習也)。『論語 爲政』ㅡ故而知新。❹화할온(和也)。『論語 季氏』色思ㅡ。❺부드러울온(柔也)。『中庸』ㅡ而理。❻샘이름온(泉名)。㊁온자할온(克自勝)。『詩經』飮酒ㅡ克。

【溫乾:온건】 따뜻하고 물기가 없음。날씨가 따뜻하고 건조함。

【溫故:온고】 ❶옛 것을 익힘。❷옛 일에 통달함。

【溫故知新:온고지신】 옛 것을 익히고 그것을 미루어서 새 것을 알음。『論語 爲政』ㅡㅡ可以爲師矣。

【溫故之情:온고지정】 옛 것을 살피고 생각하여 그리는 정。

【溫恭:온공】 온순하고、공손함。『管子』ㅡ自虛、所受是極。

【溫氣:온기】 따뜻한 기운。

【溫暖:온난】 날씨가 따뜻함。

【溫暖前線:온난전선】《天》氣象學上 不連續線의 한 가지。차고 무거운 氣團 위에、더워서 가벼운 氣團이 올라가 접촉하여 있는 線。이 線이 통과하면 기온은 급히 上昇하여 비가 내림。↕寒冷前線。

【溫膽湯:온담탕】《醫》불면증에 쓰는 약。半夏·陳皮·白茯苓·枳實等이 主材임。

【溫帶:온대】《地》熱帶와 寒帶의 사이에 「있는 지대。

【溫帶植物:온대식물】《植》온대 지방에서 생장하는 식물의 총칭。

【溫度:온도】 ❶덥고 찬 정도。❷寒暖計에 나타나는 따뜻함의 도수。

【溫度計:온도계】 물체의 온도를 재는 「기계。

【溫度神:온도신】《生》피부 신경의 변화를 느끼는 기능。온신과 냉신의 두 가지가 있음。溫度官。

【溫突:온돌】 방구들。韓滿地方의 暖房裝置。우리 나라에서는 거의 다 사용함。

【溫突房:온돌방】 구들방。

【溫冷:온랭】 따뜻함과 참。

【溫良:온량】 性品이 온화하고 順良함。

【溫麪:온면】 더운 장국에 만 국수。국수장국。↕냉면。

【溫肥:온비】 다습게 옷 입고 잘 먹어서 살찜。『嵇康』ㅡㅡ者早終、涼瘦者遲娓。

【溫床:온상】《農》❶人工的으로 溫熱을 가하여 促成栽培를 하는 苗床。❷事物이 나 사상 등의 발생하기 쉬운 환경。

【溫床栽培:온상재배】 온상에 화초·식물 따위를 기르는 일。速成栽培。

【溫色:온색】 ❶溫和한 얼굴 빛。❷따스한 느낌을 주는 빛깔。赤·黃·綠 따위。↕寒色。冷色。『白居易』白玉甎ㅡㅡ。

【溫恕:온서】 마음이 온화하고 생각하는 것이 너그러움。「三軍皆飮ㅡㅡ。

【溫水:온수】 따뜻한 물。↕冷水。『北史』

【溫順:온순】 성질이나 마음씨가 온화하고 양순함。『後漢書』宋弘少而ㅡㅡ。
【溫純:온순】 온화하고 단순함。『漢書』ㅡ深潤。
【溫菘:온숭】 (植)무우의 別名。
【溫濕:온습】 따뜻하고 축축함。
【溫室:온실】 ❶난방 장치하여 人工으로 植物을 자라게 하는 방。『西京雜記』ㅡㅡ在未央宮殿北。(佛)❷浴室。
【溫雅:온아】 온순하고 아담함。온순하고 부드러움。
【溫顏:온안】 溫和한 안색。부드러운 얼굴빛。『漢書』以ㅡㅡ遜辭、承接上下。
【溫言:온언】 溫和한 말。부드러운 말씨。『後漢書』假借ㅡㅡ、賞以財位。
【溫言順辭:온언순사】 따뜻하고 부드러운 말씨。
【溫疫:온역】 (醫)❶봄철의 유행하는 돌림병。❷癘疫。
【溫柔:온유】 온화하고 부드러움。유순함。『禮記·經解』ㅡㅡ敦厚。
【溫潤:온윤】 마음씨가 따뜻하고、몸에 和氣가 있음。『後漢書』乏ㅡㅡ之色。
【溫藉:온자】 부드럽고 인자함。
【溫慈:온자】 온화하고 인자함。부드럽고 인자함。『漢書』ㅡㅡ惠和。
【溫材:온재】 (醫)더운 성질의 약재。
【溫井:온정】 ❶땅 속에서 더운 물이 솟는 우물。❷온천。
【溫情:온정】 따뜻한 인정。정다운 마음。
【溫情主義:온정주의】 서로 온정을 베풀어서 일을 처리하는 주의。
【溫劑:온제】 (醫)몸을 덥게 하는 성질이 있는 약。↔涼劑。
【溫存:온존】 ❶친절하게 慰問함。❷소중히 여겨 보존함。
【溫處:온처】 더운 곳。또는 더운 방에서 거처함。
【溫泉:온천】 더운 물이 솟구쳐 나오는 샘。『晉書』今有ㅡㅡ、而無寒火。
【溫泉聚落:온천취락】 온천과 더불어 생기고、온천으로 인해서 살아가는 마을。
【溫湯:온탕】 온천에서 솟는 뜨거운 물。『水經·註』出ㅡㅡ、療治萬病。
【溫血:온혈】 (醫)❶사슴이나 노루의 더운 피。약으로 먹음。❷(動)외계의 온도에 관계 없이 늘 더운 피。
【溫血動物:온혈동물】 (動)체온이 바깥 온도보다 항상 높은 동물。常溫動物。定溫動物。↔冷血動物。
【溫和:온화】 ❶날씨가 따뜻함。『漢書』地ㅡㅡ田美。❷온순하고 인자함。『宋史』性ㅡㅡ、頗能延譽時儁。
【溫厚:온후】 性質이 온화하고 德이 있음。『後漢書』疾惡嚴刻、務崇ㅡㅡ。
◎檢ㅡ、氣ㅡ、微、ㅡ、水ㅡ、體ㅡ。

【溹】 (침)『浸』(水部 7畫)과 같음

【溭】 (즉) 職 ショク、なみ wave
물결이비늘같을즉(波如鱗ㅡ溭)。

【[氵+窄]】 (착) 藥 サク、うるおう wet
젖을착(濕也)。

【溯】 ㊀(소) 遇 ソ、さかのぼる flowing back-ward ㄙㄨˋ su⁴
㊁(삭) 覺
㊀거슬러올라갈소(逆流)。㊁❶물이름삭(川名)。❷빨래한물삭。
【溯考:소고】 옛일을 거슬러 올라가서 자세히 상고함。
【溯及:소급】 지나간 일에까지 거슬러 올라가서 미침。
【溯源:소원】 물의 根源을 찾아 거슬러 올라감。(轉)事物의 根本을 찾음。
【溯洄:소회】 흐르는 물의 위로 거슬러 올라감。『詩經』ㅡㅡ從之。

【溱】 (진) 眞 シン、いたる reach ㄓㄣ chen¹
❶성할진(盛也)。【班固詩】百穀ㅡㅡ。❷많을진(衆也)。【詩經 小雅無羊】室家ㅡㅡ。❸펼진(舒也)。【太玄經】引揚而進物出ㅡㅡ。❹이를진(至也)。【漢書】萬祥畢ㅡ。❺내이름진(鄭水名)。(『臻』과 같음)

【溲】 (수) 尤 シュウ、ゆばり urine; piss ㄙㄡ sou¹
❶오줌수(溺也)。❷반죽할수(水調粉麵)。❸적실수(浸沃)。(『溲』의 俗字)
【溲器:수기】 요강。便器。『西京雜記』鑄銅、象其形、爲ㅡㅡ。
【溲溺:수뇨】 오줌。또는 오줌을 눔。放尿。
【溲便:수변】 오줌。小便。『後漢書』遺矢ㅡㅡ。
【溲瓶:수병】 =溲器。

【溳】 (운) 軫 イン、なみがあいうつ (of wave) curl over and break each other
물결서로부딪칠운(波之相疊盡ㅡ)。

【溵】 (은) 文 イン、みずのおと sound
❶물소리은(水聲汨ㅡ)。❷물이름은(潁川水名)。(『濦·濦』과 같음)

【溶】 ㊀(용) 冬 ヨウ、とける melt ㄖㄨㄥˊ jung²
㊁(용) 腫
㊀❶물질펀히흐를용(安流)。【甘泉賦】ㅡ方皇于西淸。❷적적할용(間暇貌)。【晏殊詩】梨花院落ㅡㅡ月。㊁❶곱송거려뛸용(竦踊貌)。【大人賦】紛鴻ㅡ而上厲。❷녹일용(ㅡ解)。
【溶鑛爐:용광로】 鑛石을 녹여서 金屬을 製鍊해 내는 가마。
【溶媒:용매】 (化)他物을 溶解하는 데 중매가 되는 것。물·酒精·水銀 따위。
【溶媒劑:용매제】 (化)물질을 녹여 溶液으로 만드는 데 쓰이는 재료。곧 수은·알코홀 따위。
【溶液:용액】 (化)어떠한 物質을 녹인 液體。
【溶溶:용용】 ❶강물이 넓고 조용히 흐르는 모양。『杜牧』二川ㅡㅡ、流入宮牆。❷(轉)마음이 넓고 度量이 큰 모양。『楚辭·九歎』心ㅡㅡ其不可量兮。
【溶接:용접】 고도의 熱이나 가스열로 金屬을 녹여 붙임。熔接。
【溶劑:용제】 (化)고체·액체·기체 따위를 녹이는 데 쓰는 액체。
【溶質:용질】 (化)액체 속에 녹아 풀리어 있는 물질。
【溶合:용합】 녹여서 한데 합침。
【溶解:용해】 ❶녹이는 일。❷(化)物質이 液體 중에 녹아서 균일한 액체가 됨。❸金屬이 녹아서 액체가 됨。
【溶解液:용해액】 (化)溶液。
【溶解熱:용해열】 (化)물질이 溶媒에 녹을 때에 발생、또는 吸收되는 열。
【溶解劑:용해제】 (化)溶媒。
【溶解質:용해질】 (化)용해할 수 있는 물질。

【溷】 (혼) 願 コン、みだれる confused ㄏㄨㄣˋ huen⁴
❶어지러울혼(亂也)。❷흐릴혼(濁也)。【離騷經】世ㅡ濁而不分。❸더러울혼(穢也)。【禮記】君子不食ㅡ餘。❹뒷간혼(厠也)。【晉書】門庭藩ㅡ皆著紙筆。❺우리혼(畜舍)。

【溷餘：혼여】 더럽혀진 것。『禮記』君子不食ㅣㅣ。「則被 染。
【溷廁：혼치】 변소。『急就篇』近ㅣㅣ者、
【溷濁：혼탁】 맑지 아니함。어지럽고 호림。『楚辭·離騷』世ㅣㅣ而不分。
【溷淆：혼효】 ❶물이 흐림。『爾雅』衆水ㅣㅣ。❷뒤섞여서 어지러움。『漢書』ㅣㅣ無別。

【滧】 (요) 篠 ヨウ、かぎりなくふかい fathomless
깊이모를요(深不測ㅣㅣ)。

【潻】 (색) 陌 サク、あめのふるもよう rain
草書 비내리는모양색(降雨貌)。

【溺】 ㊀(뇨) 嘯 ㊁(닉) 錫 ニョウ、デキ、おぼれる drown; sink ㄋㄧˋ ni⁴ (本音「녁」)
小篆 草書 ㊀❶오줌뇨(溲也)。❷오줌눌뇨(用便)。【十八史略春秋戰國秦】使醉客更ㅣ之。㊁❶빠질닉(沒也)。【孟子離婁上】嫂ㅣ則援之以手乎。❷약할닉(弱也)。【詩經】載胥及ㅣ。❸헤어나오지못할닉(沈湎不反)。【禮記】姦聲以濫ㅣ而不止。
【溺器：요기】 오줌 그릇。尿器。『五代史』至於ㅣㅣ皆以七寶裝之。
【溺沒：익몰】 물 속에 빠져 버림。沈沒。『搜神記』船遠行、ㅣㅣ不返。
【溺死：익사】 물에 빠져 죽음。
【溺愛：익애】 몹시 사랑함。사랑에 빠짐。『江淹·賦』ㅣㅣ靡意、魂飛心離。
【溺音：익음】 사람의 마음을 음탕하게 만드는 음악。
【溺職：익직】 직무를 감당하지 못함。
【溺惑：익혹】 어떤 일에 즐겨 빠짐。耽溺。

【溼】 (습)『濕』(水部 14畫)의 本字

【溽】 (욕) 沃 ジョク、むしあつい sultry ㄖㄨˋ ju⁴
小篆 草書 ❶유월더위욕(季夏)。【呂氏春秋 季夏】是月也、土潤ㅣ暑。❷무더울욕(濕熱)。❸젖을욕(濕也)。【江賦】林無不ㅣ。❹기름질욕、무르녹을욕(濃厚)。【禮記 儒行】其飮食不ㅣ。
【溽露：욕로】 많은 이슬。溽은 濃厚。
【溽暑：욕서】 무더움。음력 六월의 더위。『禮記』土閏ㅣㅣ、大雨時行。
【溽熱：욕열】 =溽暑。『晉書』天竺國土ㅣㅣ、稻歲四熟。

【溾】 (외) 灰 アイ、にごる dirty (或音「위」)
더러울외(汙濁ㅣ涹)。

【泮】 (반) 翰 ハン、みぎわ water's edge
물가반(水涯)。

【滀】 (축) 屋 チク、あつまる get together
草書 ❶물모일축(水聚)。❷크게성난표정축(大怒貌)。【莊子 大宗師】ㅣ乎進我色也。
【滀水：축수】 고인 물。『鹽鐵論·授時』。

【滁】 (저) 魚 チョ、かわ river ㄔㄨˊ ch'u²
小篆 草書 물이름저(山東水名)。

【滂】 (방) 陽 ホウ、ながれる heavy rain ㄆㄤˊ p'ang
小篆 草書 ❶비퍼부울방(大雨)。【詩經】俾ㅣ沱矣。❷기름질방(渥也)。
【滂渤：방발】 ❶물이 盛하게 흐르는 모양。『枚乘』觀其兩旁、則ㅣㅣ怫鬱。❷몹시 성내며 激情을 일으킴。『馮衍』氣ㅣㅣ而雲披。
【滂湃：방배】 水勢가 성한 모양。澎湃。『李頎』洞照洪深闢ㅣㅣ。
【滂沱：방타】 ❶큰 비가 내리는 모양。❷눈물이 끊임 없이 흘러 내림。『詩經』月麗于畢、俾ㅣㅣ矣。『詩經』寤寐無爲、涕泗ㅣㅣ。
【滂澤：방택】 ❶장마(霖雨)。『閻丘均』ㅣ沛然。❷恩惠가 미침。

【滃】 (옹) 董 オウ、わきぐも rising of the clouds ㄨㄥˇ wêng³
小篆 草書 ❶구름피어오를옹(雲氣濃貌)。【郭璞江賦】氣ㅣ渤以霧杳。❷큰물옹(大水)。【歐陽修豊樂亭記】中有淸泉、ㅣ然而仰出。❸안개자욱할옹(霧出貌)。【江賦】氣ㅣ渤以霧杳。❹호수이름옹(湖名)。
【滃渤：옹발】 구름이나 안개가 피어 오르는 모양。『郭璞』氣ㅣㅣ以霧杳。
【滃然：옹연】 盛한 모양。또는 샘물이 치솟는 모양。『歐陽修』中有淸泉、ㅣㅣ而仰出。
【滃滃：옹옹】 雲氣。또는 큰물이 일어나는 모양。『賈誼』遙望白雲之蓬勃兮、ㅣㅣ澹澹而妄止。

【㴱】 (심)『深』(水部 8畫)의 古字

【滄】 (창) 陽 ソウ、さむい cold ㄘㄤ ts'ang¹
小篆 小篆 草書 ❶찰창(寒也)。【逸周書】天地之有ㅣ熱。❷물이름창(東海均州水名、ㅣ浪)。❸큰바다창(大海)。
【滄浪自取：창랑자취】 좋은 말이나 나쁜 말을 들음은 다 자기의 행동에 달렸다는 뜻。
【滄鷺：창로】 《動》푸른해오라기。
【滄茫：창망】 물이 푸르고 넓어 아득한 모양。『柳宗元』ㅣㅣ無形兮、往來遽卒。
【滄桑世界：창상세계】 변화가 많은 세상。변하고 변하는 세상。
【滄桑之變：창상지변】 滄海가 桑田이 되듯이 時勢의 變化가 無常함을 이름。『神仙傳』見東海三變爲桑田。
【滄滄：창창】 ❶추운 모양。『列子』日初出ㅣㅣ凉凉。❷하늘의 넓고 푸르른 모양。
【滄波：창파】 넓은 바다의 물결。滄浪。
【滄海：창해】 ❶넓고 큰 바다。滄溟。❷仙人이 있는 곳。『蘇軾』渺ㅣㅣ粟。『十洲記』。
【滄海一粟：창해일속】 넓은 바다 속에 한 낱의 좁쌀인 격으로 비교할 수 없을 만큼 극히 작은 것。또는 이 세상에서의 人間의 存在의 虛無함。

【滅】 (멸) 屑 メツ、ほろびる destroy ㄇㄧㄝˋ mieh⁴
小篆 草書 ❶멸할멸、다할멸(盡也)。【周禮註】毁其宗廟社稷曰ㅣ。❷끊을멸(絶也)。❸빠뜨릴멸(沒也)。【易經】過涉ㅣ頂。❹불꺼질멸(火熄)。【王維詩】春窗曙ㅣ九微火。
【滅却：멸각】 없애 버림。
【滅口：멸구】 秘密을 말할까바 사람을 죽이거나 가둠。《轉》말을 못하게 함。『晉書』后恐事泄致禍、手殺之以ㅣㅣ。
【滅裂：멸렬】 ❶파괴되어 形體조차 없어 찢기고 흩어져 없어짐。❷支離滅裂의 略語。『莊子』治民焉勿ㅣㅣ。
【滅亡：멸망】 망하여 없어짐。『禮記』國之ㅣㅣ、無日矣。
【滅沒：멸몰】 멸하여 없어짐。『蘇軾』ㅣㅣ倒景不可望。
【滅門：멸문】 한 집안이 멸망하여 없어짐。한 집안을 다 죽여 없앰。
【滅門之禍：멸문지화】 멸문의 큰 재앙。

【滅性:멸성】親喪을 당하여 지나친 슬픔으로 자기의 性命을 잃음。『孝經』毀不

【滅敵:멸적】적을 쳐서 없앰。「——。

【滅絶:멸절】멸망하여 끊어져 버림。

【滅族:멸족】한 가족 한 겨레가 망하여 없어짐。

【滅種:멸종】씨를 없애 버림。

【滅罪:멸죄】《佛》일체의 죄악을 없앰。

【滅覇:멸패】❶바둑 둘 때 상대편에서 쓸 팻 구멍을 미리 없애버림。❷害가 될 만한 곳을 미리 막음。

◎擊—、磨—、明—、撲—、不—、殲—、消—、掃—、入—、全—、絶—、點—、破—、幻—。

【滇】(전) 先 テン、さかん overflow 小篆 草書 ❶성할전(盛貌)。【漢書 郊祀歌】泛泛——。❷물창일할전(大水貌)。❸못이름전(益州池名)。

【滇沔:전면】물이 질펀하게 흐르는 모양。『左思』——森漫。

【滮】(사) 支 シ、みぎわ water's edge 小篆 小篆 ❶물가사(水涯)。❷물이름사(扶餘國水名淹—)。

【滈】(호) 皓 コウ、ながあめ long rain ㄏㄠˋ hao⁴ 小篆 草書 ❶장마비호(久雨)。❷물넘칠호(水盛—汗)。❸물이름호(長安水名)。

【滈瀑:호폭】물이 들끓는 모양。물이 들끓는 소리。『集韻』滈、——、水沸涌貌。

【滈汗:호한】물이 길게 흐르는 모양。『郭璞·江賦』——六州之域、經營炎景之外。『注』翰曰、——、長流貌。

【滈滈:호호】물이 희게 빛나는 모양。

【司馬相如·上林賦】安翔徐徊、翯乎——。『注』善曰、——、水白光貌也。

【滉】(황) 養 コウ、ふかくひろい deep and wide 草書 물깊고넓을황(水深廣)。【江賦】瀇—□泫。

【滉瀁:황양】물이 깊고 넓은 모양。『潘岳』——瀰漫。

【滉洋自恣:황양자자】물이 넓고 깊은 것처럼 學識文才가 깊고 넓어서 應用하는 것이 自由自在임。

【滉蕩:황탕】넓고 먼 모양。曠蕩。『韓愈·南內朝賀歸呈同官詩』——天門高著籍朝厥妻。

【滊】一(헐) 月 二(기) 未 ケツ、キ、いけ salt lake 草書 一소금못헐(鹽池)。二김오를기(蒸氣)。

【滋】(자) 支 シ、ジ、うまみ、おおい nourish; abundant ㄗ tzū 小篆 草書 ❶맛자(味旨)。【禮記 月令】薄—味。❷많을자(多也)。❸번성할자(蕃也)。【左傳 僖公十五年】象而後有—。❹진액자(液也)。【禮記】必有草木之—。❺잠길자(浸也)。❻더할자(益也)。【左傳昭公元年】其虐—甚。❼흐릴자(濁也)。【左傳 哀公八年】何故使使吾水—。

【滋味:자미】❶맛이 좋고 자양분이 많은 음식。【禮記】薄——。❷재미。

【滋殖:자식】성하여 불어남。【漢書】衣食——、刑罰用稀。

【滋甚:자심】더욱더욱 심함。점점 심함。

【滋案:자안】일의 案件이 점점 불어감。

【滋養:자양】❶보호하여 기름。【葛長庚】以佛照餘波、而——其根脚。❷몸의 영양을 분게 함。또는 그 飮食物。

【滋養分:자양분】자양이 되는 성분。

【滋雨:자우】생물에게 혜택을 주는 비。

【滋陰降火湯:자음강화탕】《醫》陰虛火動과 폐결핵에 흔히 쓰는 탕약。

【滋弊:자폐】폐해를 거듭함。

【㵒】(합) 葉 キョウ、はやせ torrents 여울합(湍流—㵖)。

【滍】(치) 紙 チ、かわ river 小篆 草書 물이름치(南陽水名)。『泜』와 같음。

【滎】(형) 青 ケイ、こかわ brook ㄧㄥˊ ying² 小篆 草書 ❶실개천형(小溝)。❷물이름형(河南水名)。

【滏】(부) 麌 フ、わく boil ㄈㄨˇ fu³ 草書 ❶물끓을부(沸也)。❷물이름부(磁州水名)。

【滐】(걸) 屑 ケツ、みずがあいうつ (of water) break to turn 물이부딪치고돌걸(水激回旋)。

【漽】(저) 齊 テイ、きね pestle ❶방아공이저(研米槌)。❷쌀뜨물저(洗米水)。

【滑】一(골) 月 二(활) 黠 カツ、コツ、なめらか slippery ㄍㄨˇ ku³ 小篆 草書 一❶어지러울골(亂也)。【晉語】置不仁以—其中。❷다스릴골(治也)。【莊子】—欲於俗思以求致其明。❸익살스러울골(俳諧—稽)。【楚辭】將突梯—稽如脂如韋。二❶이로울활(利也)。【周禮】調以—甘。❷미끄러울활(澾也)。【杜甫詩】霜濃木石—。❸땅이름활(鄭地名)。

【滑降:활강】비탈진 곳을 미끄러져 내림。

【滑降競走:활강경주】스키이 등에서 비탈진 달림길을 미끄러져 달리는 경주。

【滑空:활공】❶비행기의 엔진을 중지하든가 또는 아주 늦은 回轉으로 프로펠러의 추진력을 없애고 地面을 향하여 비스듬하게 내림。❷글라이더로 공중을 미끄러져 날음。

【滑空機:활공기】엔진과 프러펠러가 없는 비행기。글라이더(glider)。

【滑頭:활두】간사한 꾀가 많은 사람。

【滑便:활변】묽게 누는 똥。물찌똥。

【滑氷:활빙】얼음 지치기。스케이팅。

【滑石:활석】《鑛》含水硅酸과 마그네지움을 성분으로 하는 광물。몸은 무르고 겉은 반질반질함。상품은 빛이 희고 下品은 누르며 임질·외과 등의 藥品으로도 쓰임。

【滑泄:활설】《醫》설사를 몹시 하는 병。

【滑水:활수】水上飛行機나 飛行艇이 離着할 때에 水面을 미끄러져 달림。

【滑手:활수】금품이나 물건 따위를 아끼지 않고 시원스럽게 쓰는 솜씨。

【滑液:활액】《生》關節의 운동을 圓滑히 하기 위하여 위의 膜에서 分泌되는 미끄럽고 끈끈한 液體。

【滑瞖:활예】《醫》角膜이 水銀빛으로 변하고 몹시 아픈 눈병。

【滑奏:활주】피아노를 칠 때에 鍵盤 위에 손가락을 미끄러뜨려서 짚어 나가는 연주 방법。글리싼도(glissando)。

【滑走:활주】❶미끄러져 달아남。❷비행기를 부리는 기술의 한가지。곧 비행기가 날아 오르기 전이나 날아 내리고 난 뒤에 땅 위나 물 위를 내달음。

【滑走路:활주로】飛行場 안에서 비행

기가 뜨거나 앉거나 할 때 달리는 길。

【滑車:활차】 도르래。

【滑脫:활탈】 ❶미끄러워 벗어져 버림。❷變化의 自由自在로움。

【滑澤:활택】 반드럽고 光澤이 있음。【雲笈七籤】呼吸中和、一一微細。

【滑瓣:활판】 蒸氣機關 속의 汽筒 안에 장치한 앞뒤로 움직이는 상자 모양의 瓣。

【滑稽:골계】 익살。 諧謔。【史記】樗里子一一多智。

【滑稽家:골계가】 익살군。

【滑稽劇:골계극】 익살을 부려 웃기는 극。 우습게 꾸민 극。

【滑稽小說:골계소설】 익살과 웃음을 주제로 이야기하여 쓴 소설。

【滑稽畫:골계화】 익살맞게 그린 그림。

【渻】 (섬) 琰 セン、なみのうごき toss
물결출렁거릴섬(水波貌)。

【滒】 (가) 歌 カ、しる juicy
❶즙많을가、 진흐를가(多汁)。 ❷수렁가(淖也 一淖)。

【滒淖:가도】 흙탕이 깊은 것。【淮南子·兵略訓】道之浸洽一一、纖微無所不在。

【滔】 (도) 豪 トウ、はびこる overflow ㄊㄠ t'ao¹
❶물창일할도(水一一大貌)。【書經 堯典】浩浩一天。 ❷물질펀히흐를도(流貌)。【詩經】汶水一一。 ❸게으를도(慢也)。【左傳】士不濫不一。 ❹물같이흐르는모양도。【論語 微子】一一者天下皆是也。 ❺동풍도(東方風)。 ❻모일도(聚也)。【莊子 田子方】一乎前。

【滔滔:도도】 ❶廣大한 모양。 큰 물이 흘러가는 모양。 洋洋。【詩經】江漢浮浮、武夫一一。《轉》시대의 潮流에 따라 감。【論語·微子】一一者天下皆是也。❷지나가는 모양。【東方朔·七諫】年一一而日遠兮。

【滔天:도천】 ❶큰 물이 하늘까지 뒤덮음。【書經】浩浩一一。❷災禍가 큰 것。滔天之禍。【漢書敍傳】呑爾賊臣、篡漢一一。

【滔蕩:도탕】 넓고 성한 모양。【文心雕龍】志不出於一一、辭不離於哀思。

【滔乎:도호】 넓고 큰 모양。【淮南子】一一莫知所止息。

【滓】 (재) 紙 シ、おり、かす sediment ㄗ tzŭ³ (古音「자」)
앙금재、 찌끼재(澱也)。

【滓濁:재탁】 속세의 더러움。【後漢書】蟬蛻一一。

【滓炭:재탄】 잘게 부스러진 炭。

【滕】 (등) 蒸 トウ、わく、あがる spring out ㄊㄥ t'êng²
❶물이솟아오를등(水超涌)。【易經】一口說也。 ❷말줄줄할등(張口騁辭貌)。 ❸나라이름등(魯附庸國名)。(『滕』과 통함)

【滕文公:등문공】 ❶戰國時代、滕의 임금。 자기 아버지 定公이 죽으매 喪禮를 孟子에게 물었음。 戰國時代의 明君이었음。 ❷孟子 篇名。

十一畫

【滌】 (척) 錫 テキ、あらう wash ㄉㄧ ti²
❶씻을척(洗也)。 ❷닦을척(除也)。【詩經】十月一場圃。 ❸바싹바싹마를척(旱氣)。【詩經】一一山河。 ❹바람이훈훈할척(煖風)。【歲華紀麗】風惟一一木漸欣欣。 ❺우리척(牲養室)。

【滌煩:척번】 茶의 別名。 세상의 어질고 번거함을 씻어 없애 버리는 물건이라는 뜻。【施肩吾】茶爲一一。

【滌暑:척서】 더위를 씻어 버림。

【滌洗:척세】 씻어서 깨끗이 함。 洗滌。【北史】纖負微慾、應從一一。

【滌滌:척척】 ❶몹시 더움。 가뭄으로 水木이 말라서 씻어 버린 듯함。【詩·雲漢】 ❷날씨가 따뜻한 모양。 ❸笛 소리。

【滌蕩:척탕】 ❶더러움을 씻어 없앰。【晉書】心一一而無累。 ❷망하여 없어짐。 ❸흔들어 움직임。

【滫】 (수) 有 シュウ、しろみず water in which rice has been washed
❶뜨물수(浙米汁)。【禮記】一瀡以滑之。 ❷쉰뜨물수(久泔)。 ❸오줌수(溺也)。

【滬】 (호) 麌 コ、えり、あじろ fish-trap ㄏㄨ hu⁴
❶통발호、 그물호(漁具)。【漁具序】網罟之流列竹於海澨曰一。 ❷강이름호(玄一江名)。

【滬江:호강】 (地)上海의 별명。

【滬瀆:호독】 (地)松江의 下流로 上海의 東北에 있는 강。

【滬上:호상】 (地)上海의 別稱。

【滭】 (필) 質 ヒツ、わく boil up
샘솟아솟을필(泉湧一沸)。

【滭浡:필발】 성한 모양。 滭沸。

【滮】 (표) 尤 ヒュウ、ながる flow ㄅㄧㄠ piao¹ (古音「퓨」)
❶물흐를표(水流)。 ❷물이름표(水名)。

【滮池:표지】 (地)江 이름。 滮沱 또는 冰池라고도 함。 陝西省 長安縣에 있음。【詩經】一一北流。

【滯】 (체) 霽 タイ、とどこおる clog; stay ㄓ chih⁴
❶엉길체(凝也)。【屈原 漁父辭】聖人不凝一於物、而能與世推移。 ❷쌓일체(積也)。【魯語】敢告一積以紓執事。 ❸샐체(漏也)。【詩經】此有一穗。 ❹막힐체(淹也)。 ❺머물체(留也)。 ❻폐할체(廢也)。

【滯京:체경】 서울에 머무름。

【滯氣:체기】 (醫)소화가 안 되어 생기는 체증。

【滯納:체납】 세금이나 會費 따위의 납부할 의무를 가진 사람이 期限內에 납부하지 않음。 납세를 지체함。

【滯納處分:체납처분】 (法)조세 및 공과금 등의 체납자에게 그의 재산을 공매에 돌려 그 매상금으로 세금을 강제 징수하는 행정 처분。

【滯念:체념】 풀지 못하고 오래 동안 쌓인 생각。【陸機】戚戚多一一。

【滯留:체류】 =滯在。【張九齡】聊洗一一情。

【滯痢:체리】 (醫)체증에서 일어나는 이질。

【滯物:체물】 소화가 잘 되지 않아 胃에 그대로 있는 음식물。

【滯泄:체설】 (醫)체증으로 일어나는 설사。

【滯囚:체수】 죄가 결정되지 않아 오래 갇혀 있는 죄수。【資治通鑑】獄無一一。

【滯雨:체우】 비에 갇히어 머물음。

【滯頤症:체이증】 (醫)어린아이들의 침을 많이 흘리는 병。

【滯在:체재】 他鄕이나 외국에 머물러 있음。 滯留。

【滯積:체적】 ❶밀려 쌓여 있음。【左傳】國無一一、亦無困人。 ❷(醫)음식이 잘 삭지 않고 뭉치어 생기는 병。 食積。

【滯症:체증】《醫》체하여 消化가 잘 되지 않는 증세。

【滯貨:체화】運送이 잘 되지 않아 밀려 쌓인 화물。상품이 잘 팔리지 않아 남은 물건。『抱朴子』和璧變爲——。

◎澁—、食—、延—、停—、遲—、沈—。

【澋】㊀(경) ㊁(강) 敬 養 ケイ、キョウ、かわく dry up

小篆 小篆 ㊀거를경(滏也)。㊁말라붙을강(乾黏)。

【滲】㊀(삼) ㊁(삼) 侵 沁 シン、しみこむ soak into ㄕㄣˋ shen4

小篆 草書 ㊀❶거를삼(漉也)。❷부등깃 함치르르할삼(毛羽始生貌)。『海賦』鶴子淋—。㊁❶샐삼(下漉漏也)。『漢書』滋液—漉。❷물스며흐를삼(流貌)。『河東賦』澤—灕而下降。

【滲漏:삼루】액체가 스며 나옴。滲泄。『耶律楚材』破船無——、流水不能沈。

【滲泄:삼설】=滲漏。『元史』甘淡——、皆陽樂。

【滲水:삼수】스며드는 물。

【滲入:삼입】물 같은 것이 스며들음。

【滲出:삼출】스며 나옴。새어 나옴。

【滲透:삼투】잔뜩 스며듦。浸透。

【濈】(살) 黠 サツ、さむい cold

추울살(寒也)。

【滴】(적) 錫 テキ、したたる drop of water ㄉㄧ di

小篆 草書 ❶물방울적(水點)。❷스며내릴적(瀝下)。『王子年拾遺記』香露—瀝。❸물댈적(水注)。

【滴瀝:적력】물방울이 뚝뚝 떨어짐。또는 그 소리。『王延壽』時——以成響。

【滴露:적로】방울 지어 뚝뚝 떨어지는 이슬。『羅隱』庭花——疎。

【滴水:적수】물방울。『周曇』徒言——能穿石、其奈堅貞匪石心。

【滴蟲:적충】한 물방울 속에 수없이 많은 극히 작은 벌레。氈毛蟲。

◎水—、餘—、雨—、一—。點—。

【滵】(밀) 質 ミツ、みずのながれ babble

물졸졸흐를밀(水流貌)。

【滵汨:밀율】물이 급히 흐르는 모양。

【滵溢:밀일】물이 흐르는 모양。

【滷】(로) 麌 ロ、しおつち salt land ㄌㄨˇ lu3

草書 ❶쓸로(苦也)。❷간수로(鹹—苦地)。(『鹵』와 같음)

【滷水:노수】간수。

【滷蝦:노하】《動》곤쟁이。

【滷蝦油:노하유】곤쟁이 젓에서 짜 내어 만든 먹는 거림。감동油。

【滸】(호) 麌 コ、ほとり、きし bank of a river

草書 물가호(水厓)。『詩經』在河之—。

【滸滸:호호】나무조각이 떨어지는 모양。許許。『詩經·小雅』唐石經初刻——、後去水旁。

【滹】(호) 虞 コ、かわ river ㄏㄨ hu

草書 물이름호(信都水名—沱)。

【滹沱冰凝:호타빙의】後漢의 光武帝가 王郞에게 쫓기어 호타강을 건너려 했을 때、王霸가 강을 살피고 돌아와 무리의 사기를 꺾지 않고자 거짓 강이 얼어서 쉽게 건너갈 수 있다고 했다。그런데 정작 강에 이르러 보니、정말 강물이 얼어 있었다는 故事。『後漢書·王霸傳』。

【滺】(유) 尤 ユウ、ながれる flow

草書 물철철흐를유(水流貌——)。(『悠』와 같음)

【滻】(산) 潸 サン、かわのな waters

小篆 물이름산(藍田水名)。

【滻口:산구】《地》江 이름。湖北省 沔陽縣에 있음。

【滻水:산수】《地》江 이름。陝西省 藍田縣에 있음。

【滾】(곤) 阮 コン、たぎる boil ㄍㄨㄣˇ kuen3

草書 ❶물꿈틀거려흐를곤(流貌)。『杜甫詩』不盡長江——來。❷끓는물곤(湯水)。

【滾滾:곤곤】❶물이 盛하게 흐르는 모양。混混。『杜甫』不盡長江——來。❷구름이 여기저기 옮겨 가는 모양。

【滾毬:곤구】❶난방용 물통。향로의 일종。『事物異名錄』名義考、銀囊、帳中爐也、——、被中爐也。❷공을 굴림。

【滾木:곤목】둥근 나무。통나무。『西湖志餘』乾道淳熙間、承平日久、凡遊觀皆無所禁、至於吹彈·舞拍、踏——撥盆、雜藝不可指數。

【滾沸:곤불】샘이 힘차게 솟음。『名山記』笑泉在無爲州北五千里、又名呂泉、云云、人有笑謾、泉益——、故俗呼笑泉。

【滾算:곤산】이자에 이자를 加算함。

【滿】(만) 旱 マン、みちる full ㄇㄢˇ man

小篆 草書 ❶넘칠만(盈溢)。『書經』不自—假。❷찰만、가득할만(充也)。『管子』地大而不爲命曰土—、人衆而不理命曰人—、兵威而不止命曰武—。❸교만할만(慢也)。❹땅이름만(地名、—洲)。

【滿家:만가】❶집에 가득 참。❷천량이 많이 있음。

【滿腔:만강】가슴 속에 가득 참。『近思錄』——子是惻隱之心。

【滿開:만개】꽃이 활짝 핌。

【滿乾坤:만건곤】천지에 가득 참。

【滿篝:만구】바구니에 가득 참。『十八史略』甌窶——、汙邪滿車。

【滿期:만기】일정한 기한에 도달함。

【滿期除隊:만기제대】현역 복무 기간을 마치고 제대를 함。

【滿喫:만끽】❶마음껏 먹음。❷욕망을 충분히 만족시킴。

【滿堂:만당】❶집 안에 가득 참。『老子』金玉——、莫之能守。❷집안에 있는 全員。

【滿了:만료】한도가 꽉 차서 끝남。

【滿滿:만만】꽉 찬 모양。부족함이 없음。

【滿面:만면】얼굴에 가득함。온 얼굴。

【滿面愁色:만면수색】얼굴에 가득 찬 수심의 빛。

【滿面羞慚:만면수참】부끄러워하는 빛이 온 얼굴에 가득 차 있음。

【滿面喜色:만면희색】얼굴에 가득 차 있는 기쁜 빛。

【滿目蕭然:만목소연】눈에 띄는 것마다 모두가 쓸쓸함。

【滿目愁慘:만목수참】눈에 띄는 것마다 모두 슬프고 처참함。

【滿目荒涼:만목황량】눈에 띄는 것마다 모두 거칠고 처량함。

【滿盤珍羞:만반진수】소반이나 상에 가득 차린 귀하고 맛있는 음식。

【滿發:만발】많은 꽃이 한꺼번에 활짝 핌。滿開。

【滿腹:만복】❶배부름。배에 가득 차도록 먹음。❷배속에 가득 참。滿腔。『莊子』偃鼠飮河不過——。

【滿腹經綸:만복경륜】마음 속에 가득한 경륜。

【滿朔:만삭】아이 낳을 달이 참。滿月。

【滿山:만산】산에 가득함。

【滿數:만수】일정한 수효에 가득 참。

【滿身:만신】全身。몸에 가득함。온몸。

【滿身瘡:만신창】《醫》온 몸에 퍼진 부스럼。滿身瘡痍。

【滿室憂患:만실우환】집안에 앓는 사람이 많거나 걱정이 많음。

【滿心:만심】❶만족한 마음。❷온 마음。

【滿心歡喜:만심환희】마음에 만족히 여겨 기뻐함。

【滿悅:만열】만족하여 기쁨。또는 그 기쁨。

【滿員:만원】定員이 다 참。사람이 꽉 차서 더 이상 들어갈 수가 없음。

【滿月:만월】❶滿朔。❷가장 둥근 달。음력 보름달。『張九齡』思君如——、夜夜減清輝。

【滿月臺:만월대】《地》高麗 때의 옛 궁터。開城 松嶽山 밑이며、지금은 섬돌과 주춧돌만이 남아 있음。

【滿意:만의】❶다른 생각이 없는 것。滿足하다는 뜻。❷바라고 원하는 것。決意。『朱子全書·中庸』。

【滿人:만인】❶滿洲人。❷《佛》善을 행하는 사람。

【滿溢:만일】❶가득 차서 넘음。『漢書』江河——。

【滿酌:만작】술잔이 가득 차도록 술을 부음。

【滿場:만장】회장에 가득 모임。

【滿場一致:만장일치】회장에 모인 여러 사람의 뜻이 다 일치함。

【滿場中:만장중】많은 사람이 모인 곳。滿場판。

【滿載:만재】❶가득 차게 실음。『李白』多酤新豊醁——剡溪船。❷가뜩 기재함。

【滿殿春:만전춘】❶高麗 歌謠。남녀의 열렬한 사랑을 노래한 것。❷歌辭。李朝 尹淮지음。문물 제도를 노래하고 나라가 太平함을 頌禱한 것。

【滿點:만점】❶규정된 점수에 꽉 찬 점。❷완전함。

【滿廷:만정】朝廷이나 法廷에 있는 모든 사람들。

【滿庭桃花:만정도화】뜰에 가득한 복숭아꽃。

【滿潮:만조】가장 꽉 차게 들어왔을 때의 길물。↔干潮。

【滿朝:만조】온 조정。

【滿朝百官:만조백관】朝廷의 모든 신하。滿廷諸臣。

【滿足:만족】조금도 언짢음이 없음。흐뭇함。마음에 흡족함。

【滿足感:만족감】마음에 흡족한 느낌。

【滿座:만좌】❶座中의 모든 사람들。『全唐詩話』忽發狂言驚——。❷자리에 꽉참。『鮑照』絲竹徒——、憂人不解顏。

【滿座中:만좌중】여러 사람이 가득히 늘어 앉은 가운데。

【滿洲:만주】❶《地》戰國時代 이 땅에 漢民族의 植民地가 시작되어 遼東·遼西의 二郡을 두게 된 후 遼東이라 일컬음。滿洲의 이름은 文殊菩薩의 文殊의 轉音으로 滿住·滿珠에 依據한 것이라 함。❷《歷》部族의 이름。『滿洲源流考·部族』。

【滿則溢:만즉일】《國》가득 차면 넘친다는 뜻으로 모든 사물이 오래도록 盛하기만 하기가 어렵다 는 뜻。『旬五志』。

【滿紙長書:만지장서】사연을 많이 적은 긴 편지。길게 쓴 편지。

【滿天:만천】하늘에 가득참。온 하늘。『許渾』——風雨下西樓。

【滿天下:만천하】온 천하。온 세계。

【滿醉:만취】술이 잔뜩 취함。

【滿幅:만폭】정한 넓이에 꽉 참。『白居易』——風生秋水文。

【滿花:만화】가득 핀 온갖 꽃。

【滿花方席:만화방석】여러 가지 꽃무늬를 놓아 짠 방석。

【滿花席:만화석】꽃 무늬를 가득히 놓아서 짠 돗자리。

◎圓—、未—、彌—、不—、干—、充—、飽—、豊—。

【漀】(경) 迥

ケイ、みずをかたむける pour into a coutainer

小篆 ❶그릇에 물따를경(側器傾水)。❷옆으로 나오는샘경(側出泉)。

【漁】(어) 魚

ギョ、りよう、いさり fishing ㄩˊ

小篆 文 草書 ❶물고기잡을어(捕魚)。『古詩 槃操』乾澤而—、蛟龍不遊。❷낚아 빼앗을어(侵取)。『禮記』諸侯不下—色。❸낚시터어(—磯)。

【漁家:어가】고기잡이의 집。

【漁歌:어가】漁夫들이 부르는 노래。『陸龜蒙』江客——衡白苻。

【漁區:어구】수산물을 잡거나 또는 가공을 위하여 정한 구역。

【漁具:어구】고기잡이에 쓰는 도구。

【漁基:어기】고기잡이 터。漁場。漁所。

【漁期:어기】고기 잡는 시기。

【漁磯:어기】낚시터。

【漁獵:어렵】❶고기잡이。❷고기잡이와 짐승 사냥。

【漁獵時代:어렵시대】자연물의 채취、곧 어렵 등으로 생활하던 원시 시대。

【漁撈:어로】수산물을 잡음。

【漁網:어망】물고기를 잡는 그물。

【漁民:어민】고기잡기를 업으로 삼는 백성。

【漁夫:어부】고기잡이를 직업으로 삼는 사람。漁父。漁郞。漁翁。

【漁父:어부】＝漁夫。『史記』身爲——、而釣渭濱。

【漁父四時詞:어부사시사】時調。李朝 孝宗 때 尹善道 지음。漁父歌。短歌의 형식을 취하여 春夏秋冬 사철에 나누어 매철에 一〇章씩 四〇章으로 됨。

【漁父之利:어부지리】《故》둘이 서로 싸움하는 사이에 第三者가 와서 이익을 본다는 말임。『戰國策·燕策』鷸蚌之爭爲——。

【漁色:어색】女色을 탐함。『禮記』諸侯不下——。

【漁船:어선】고기잡이 배。

【漁稅:어세】《法》어업자에게 부과하는 세금。

【漁業:어업】고기잡이를 하거나 고기를 기르는 일。

【漁業權:어업권】《法》어장에서 수산물의 採捕나 養殖을 독점적·배타적으로 할 수 있는 권리。정치 어업권·구획 어업권·공동 어업권이 있음。

【漁業稅:어업세】《法》어업 또는 어업권에 대하여 그 어업자 또는 어업권자에게 물리는 지방세의 하나。

【漁業者:어업자】어업에 종사하는 사람。

【漁業政策:어업정책】어업의 보호·장려·감독에 관한 정책。

【漁業組合:어업조합】어업권·入漁權을 취득 또는 借得하여 공동 시설함을 목적으로 하는 사단 법인의 하나。

【漁翁:어옹】고기잡이를 하는 늙은이。낚시질하는 늙은이。『柳宗元』——夜傍西

【漁釣:어조】고기를 낚음。『史記』呂尙以——、奸周西伯。

【漁採:어채】고기 잡는 일。

【漁樵:어초】고기잡이와 나무하는 일。또 그 사람。『王維』薄暮——乘水入。

【漁村:어촌】漁業을 하는 사람들이 모여 사는 마을。

【漁港:어항】주로 어선이 모여드는 항

구。 「出一一。

【漁戶:어호】 어부의 집。『吳萊』蘆葦成林

【漁獲:어획】 물고기나 海草 등을 取함。
또는 그 取한 물건。

【漁獲高:어획고】 어획한 수량의 총수나
또는 그 가격의 총액。

◎禁一、出一、豐一。

【漂】

一(표) 蕭 ヒョウ、ただよう
二(표) 篠 float ㄆㄧㄠ p'iao¹

小篆 草書 一 ❶뜰표(浮也)。【書經
武成】血流一杵。❷움직
일표(動也)。【漢書】衆呴一山。❸으
스스할표(寒也)。【長笛賦】正瀏一以風
冽。❹높이휠휠날표(高飛貌)。【吊屈
原賦】鳳一一其高逝。(『飄』와 같음) 二빨
래할표(水中打絮)。【史記淮陰侯傳】
竟一數十日。

【漂女:표녀】 빨래하는 여자。「=漂泊②。

【漂浪:표랑】 ❶물 위에 떠돌아 다님。❷

【漂流:표류】 둥둥 물에 떠서 흘러감。『蘇
軾』一一二十年、始悟萬緣虛。

【漂沒:표몰】 물에 떠서 흔들흔들하다가
가라앉음。『史記』水來一一。

【漂泊:표박】 ❶물에 떠서 둥둥 떠돌아
다님。『杜甫』即今一一干戈際。❷정처 없
이 여기저기 떠돌아 다님。

【漂白:표백】 빨아서 하얗게 함。 바래서
희게 함。

【漂白粉:표백분】 《化》消石灰에 염소가
스를 흡수시킨 흰 가루이며、綿布의 표
백 등에 쓰임。

【漂白作用:표백작용】 《化》색소를 탈
색하여 희게 하는 작용。

【漂白劑:표백제】 《化》色素를 표백하는
약품。 표백분·과산화 수소 따위。

【漂浮:표부】 둥둥 물에 뜸。

【漂船:표선】 물에 둥둥 떠 있는 배。

【漂說:표설】 뜬 소문。『漢書』亡命一一、
羇族騁辭。

【漂松:표송】 나무를 베어 내는 곳에서
몇 개만 남겨 두어 표로 나타나게 한 큰
소나무。

【漂失:표실】 떠내려가서 잃어버림。 流
失。 떠내려가 없어짐。

【漂然:표연】 높고 먼 모양。

【漂鳥:표조】 《動》철새。 候鳥。↕留鳥。

【漂著:표착】 漂流하여 어떤 곳에 닿음。

【漂蕩:표탕】 ❶水災로 재산이 流失됨。
『南史』遇水資財一一。❷둥둥 떠서 흘러
감。❸툭 티어 넓은 모양。

【漂蕩奔逸:표탕분일】 정처 없이 떠돌
아 다니는 것。 배가 물에 떠 있고 말이
뛰어돌아다니는 것과 같이 매어 놓은 곳
이 없음。

【漂漂:표표】 ❶공중에 높이 떠 있는 모
양。『史記』鳳一一其高逝兮。❷물에 둥둥
떠 있는 모양。 「러감。

【漂風:표풍】 바람에 뜸。 바람결에 떠흘

【漃】

(적) 錫 セキ、きよいみず
(of water) pure

❶물맑아서정결할적(水淨一漻)。❷
고요할적(人無聲)。(『宋·寂』과 같음)

【漅】

(소) 篠 ショウ、
看 みずうみのな
lake

호수이름소(廬州湖名)。(『巢』와 같음)

【漆】

(칠) 質 シツ、うるし
lacquer
ㄑㄧ ch'i¹

小篆 草書 ❶옻칠할칠(髹物木汁)。
【十八史略 春秋戰國趙】
豫讓一身爲厲。❷옻나무칠(木名)。❸
검을칠(黑也)。❹캄캄할칠(暗也一夜)。
❺물이름칠(岐周水名)。(『桼』과 통함)

【漆工:칠공】 칠장이。『後漢書』家貧傭爲
一一。

【漆器:칠기】 옻칠을 하여 아름답게 만
든 器物。『事物紀原』唐太宗曰、舜作一一。

【漆毒:칠독】 옻의 독기。

【漆瞳:칠동】 까만 눈。 날카롭게 한 번 쳐
다보는 눈。 黑目。『蘇軾·詩』一一、已照人

【漆笠:칠립】 옻칠을 한 갓。 一天上。

【漆木:칠목】 《植》옻나무。

【漆木器:칠목기】 옻칠을 한 나무 그릇。

【漆色:칠색】 옻칠의 광택。

【漆書:칠서】 칠로 글씨를 씀。

【漆扇:칠선】 종이에 칠을 바른 부채。

【漆室:칠실】 캄캄하게 어두운 방。

【漆室之憂:칠실지우】 제 신분에 맞지
않는 근심을 가리키는 말。 《故》옛적 魯
나라의 한 賤婦가 캄캄한 방에서 나라의
일을 근심하였다 함。

【漆夜:칠야】 매우 캄캄한 밤。 앞이 안
보이는 어두운 밤。 黑夜。

【漆匠:칠장】 칠을 바르는 것으로써 업
을 삼는 사람。 漆工。

【漆欌:칠장】 옻칠을 한 衣欌。

【漆汁:칠즙】 液體 그대로 있는 옻。『蘇
軾』君家蜂作窠、歲歲添一一。

【漆板:칠판】 분필로 글씨를 쓰는 黑板
따위。 대체로 검은 칠을 바른 판。

【漆函:칠함】 옻칠을 한 함。 「그림。

【漆畫:칠화】 칠로 그림을 그림。 또는 그

【漆黑:칠흑】 옻처럼 검음。『楊萬里』去
年中秋天一一、今年中秋月雪白。
◎乾一、黑一。

【漉】

(록) 屋 ロク、こす、したたる
filter
ㄌㄨ lu⁴

小篆 古文 草書 ❶샐록、스밀록(滲
汁灑地。❷거를록(漉也)。【戰國策】一
也)。❸물젖을
록(淋也)。❹다할록(竭也)。【禮記】仲
春毋一陂池。

【漉漉:녹록】 땀 따위가 줄줄 흐르는 모
양。『爾雅·注』一一出涎沫。

【漉酳:녹윤】 씻고 닦음。『孔子家語』湛
之以一一。

【漉酒:녹주】 술을 걸르는 것。 漉酒巾。

【漉池:녹지】 못물을 마르게 함。『禮·月
令』仲春之月、毋漉陂池。

【漊】

(누) 宥 ドウ、みずのあわ
foam

물거품누(水漊)。

【漇】

(사) 紙 シ、うるおう
muddy

❶물질펀히흐를사(流貌一一)。❷흠
치르르할사(潤也)。

【漈】

(제) 霽 セイ、みぎわ
beach; water's edge
ㄐㄧ chi⁴

草書 물가제(水涯)。

【漊】

一(루) 有 ロウ、ル、みぞ
二(루) 虞 ditch;(be) rainly

小篆 一❶돌창루、봇도랑루、개천루
(通水溝)。❷성이름루(高句麗
城、溝一)。 二❶비지짐거릴루(小雨
不絕)。❷물이름루(武陵水名)。

【漌】

(근) 吻 キン、きよい
clear

맑을근(淸也)。

【漏】

(루) 宥 ロウ、ル、もる、もらす
leak; drip
ㄌㄡ lou⁴

小篆 草書 ❶샐루(泄也)。【左傳】齊
寺人貂始一師于多魚。❷
뚫을루(穿也)。【淮南子】朱絃一越。❸
구멍루(竅也)。【白虎通】禹耳三一是謂
大通。❹잃어버릴루(遺失)。【荀子】

易忘曰ㅣ。❺누수루, 물시계루(知時刻)。〔說文〕ㅣ以銅壺受水刻節晝夜百刻亦取ㅣ下之意。❻집서북모퉁이루(屋西北隅)。〔詩經〕尙不愧于屋ㅣ。❼병이름루(病名)。

〔漏刻:누각〕❶물 시계。(작은 구멍이 뚫린 漏壺에 물을 채우고 그 안에 눈을 새긴 漏箭을 세워 물이 구멍으로 새어 줄어가는 量을 보아 시간을 헤아림)。〔劉長卿〕靑瑣幽深ㅣㅣ長。❷잠시 동안。

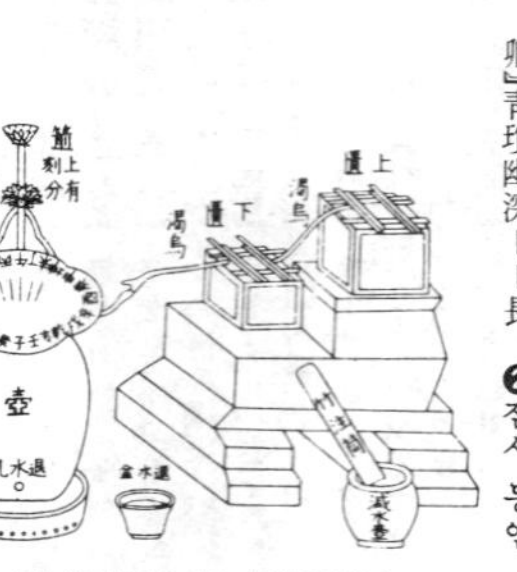

宋燕肅漏刻 (古今圖書集成)

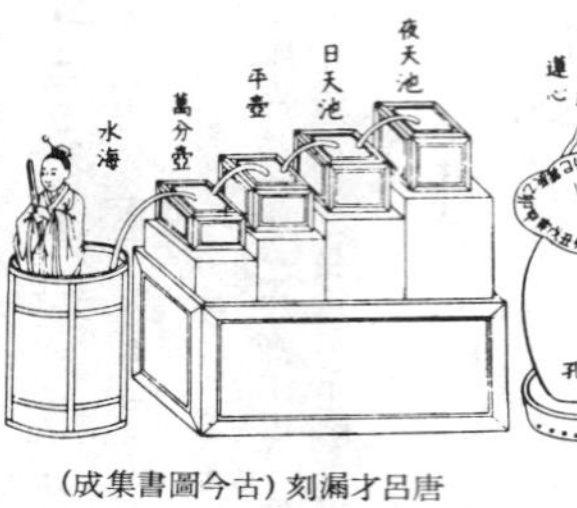

唐呂才漏刻 (古今圖書集成)

〔漏決:누결〕물이 새어 堤防 따위가 무너짐。〔班固〕隄防周起, 障塞ㅣㅣ。
〔漏告:누고〕빼어 버리고 말하지 않음。
〔漏鼓:누고〕時刻을 알리기 위하여 치는 큰 북。〔唐書〕凡夜漏盡, 擊ㅣ而開。
〔漏氣:누기〕축축하게 새어 나오는 물기。
〔漏斗:누두〕깔때기。

〔漏落:누락〕記錄에서 빠짐。
〔漏落者:누락자〕누락된 사람。
〔漏藍子:누람자〕《醫》川烏頭의 맨 가에 대추씨같이 잘게 붙은 뿌리。한약으로 씀。

漏蘆 (三才圖會)

〔漏網:누망〕잡히게 된 죄인이 어느 틈에 새어 도망감。죄인을 놓침。
〔漏聞:누문〕새어 나온 말을 얻어 들음。
〔漏泄:누설〕❶새어 나감。〔易經·疏〕若其不密而ㅣㅣ。❷비밀을 새게 함。漏洩。
〔漏說:누설〕비밀을 새게 말함。
〔漏水:누수〕❶새어 내리는 물。❷漏水器나 刻漏의 물。〔李白〕銀箭金壺ㅣ多。
〔漏濕:누습〕축축한 기운이 새어 나옴。
〔漏失:누실〕빠뜨려 잃어 버림。〔後漢書〕太初效驗, 無所ㅣㅣ。
〔漏液:누액〕《醫》손발과 겨드랑 같은 데에 땀이 늘 새어 나오는 병。
〔漏籍:누적〕호적·병적·학적 따위에서 빠짐。
〔漏電:누전〕《物》絶緣이 잘 못되어 습기를 타고 새어 나간 전류。
〔漏箭:누전〕❶刻漏의 漏壺안에 시간을 알아보도록 세운 화살。〔周禮·疏〕漏之箭, 晝夜共百刻。❷알지 못하게 날아 와서 사람을 맞힌 敵의 화살。
〔漏精:누정〕《醫》성행위에 의하지 않고 性的 衝動을 받거나 꿈결에 의식하지 않고 정액이 새어 나옴。또는 그런 정액。
〔漏盡:누진〕다 새어 없어짐。
〔漏天:누천〕비가 너무 많이 오는 것을 말함。(하늘이 샌다는 뜻)。〔華陽國志〕今諺云, 天無三日晴, 又目之爲ㅣㅣ。
〔漏催:누최〕시계가 때를 재촉함。
〔漏出:누출〕새어 나옴。
〔漏卮:누치〕술이 새는 잔。《轉》술을 잘 하는 사람을 일컬음。〔洛陽伽藍記〕京師士子見王肅一飮一斗, 號爲ㅣㅣ。
〔漏脫:누탈〕빠져 버림。새어 벗어남。〔南史〕一見卽寫, 無所ㅣㅣ。
〔漏胎:누태〕《醫》아이 밴 여자가 배도 아프지 않고 하혈함。
〔漏風症:누풍증〕《醫》온몸에 땀이 나고 열이 나며 목이 마르고 느른한 병。
〔漏血:누혈〕《醫》피가 나오는 痔疾。
〔漏戶:누호〕호적에 빠진 집。
◎疎ㅣ、遺ㅣ、痔ㅣ、脫ㅣ。

【漎】 ㊀(종) 東 ソウ、**みずあつまる**
㊁(송) 腫 flow in
㊀물모여들종(水會ㅣㅣ)。㊁빠를송(疾貌ㅣㅣ)。

【漐】 (칩) 緝 チュウ、**あせでる** perspire
❶땀날칩(汗出貌ㅣㅣ)。❷비찔끔거릴칩(小雨不輟)。

【漑】 (개) 隊 ガイ **そそぐ** irrigate ㄍㄞ kai⁴
小篆 草書 ❶물댈개(灌也)。〔韓愈 答張籍書〕ㅣ其根將食其實。❷씻을개(滌也)。〔詩經〕ㅣ之釜鬵。❸물천천히흐를개(徐流)。(『旣』와 통함)
〔漑灌:개관〕물을 댐。灌漑。〔詩經·疏〕流泉所以ㅣㅣ。
〔漑糞:개분〕물을 주고 또는 비료를 줌。〔漢書〕且漑且糞, 長我禾黍。
〔漑田:개전〕밭에 물을 댐。〔漢書〕引「水ㅣㅣ。

【演】 (연) 銑 エン、**のべる** perform ;exercise ㄧㄢˇ yen³
小篆 草書 ❶펼연(ㅣ劇、ㅣ出)。❷긴물줄기연(長流)。〔海賦〕東ㅣ折木。❸통할연(通也)。❹윤택할연(潤也)。〔國語 周語〕夫水土ㅣ而民用。❺당길연(引也)。〔西都賦〕留侯ㅣ成。❻넓힐연(廣也)。〔漢書 外戚傳〕推ㅣ聖德。❼스며흐를연(水潛行)。〔蜀都賦〕ㅣ以潛沫。❽행할연(行也)。❾익힐연(習也)。(『衍』과 같음)
〔演劇:연극〕❶俳優가 演出者의 지도를 받아 舞臺 위에서 연출하는 종합 예술。❷남을 속이기 위하여 꾸며 낸 일。
〔演劇界:연극계〕연극에 종사하는 사람들의 사회。劇界。
〔演劇人:연극인〕연극을 연구하거나 실지로 하는 사람。
〔演技:연기〕俳優가 舞臺 위에서 연출하여 보이는 말이나 동작。
〔演技場:연기장〕연기를 실제로 보이는 곳。연예장。
〔演壇:연단〕演說하는 사람이 서는 壇。
〔演武:연무〕武術을 연습함。
〔演士:연사〕연설하는 사람。
〔演說:연설〕여러 사람 앞에서 자기 주의 주장 또는 의견을 말함。
〔演說家:연설가〕❶여러 사람이 모인 가운데서 자기의 의견을 토로하는 사람。❷연설을 썩 잘 하는 사람。❸연설자。
〔演說文:연설문〕연설 내용을 적은 글。
〔演說者:연설자〕연설하는 사람。연설가。演士。
〔演說調:연설조〕연설하는 語調。
〔演習:연습〕❶자꾸 되풀이함。❷軍隊가 행하는 實戰의 練習。❸敎授의 指導下에 敎授와 學生이 같이 硏究함。
〔演繹:연역〕❶한 事實에서 다른 사실을 推論함。〔朱熹·中庸章句序〕更互ㅣㅣ, 作爲此書。❷《論》일반 原理를 바탕으로 하여 여기에 특수 원리를 이끌어 내는 推理。↔歸納。
〔演繹法:연역법〕《論》연역적 推理와 연역적 방법의 總稱。↔歸納法。
〔演繹的方法:연역적 방법〕《論》확실

한 근본 원리로부터 출발하여서、바르고 참된 인식에 도달하려는 방법

【演藝:연예】 公衆 앞에서 연극・음악・무용・만담 따위를 보임。또는 그 재주。

【演藝界:연예계】 연예인들의 사회。

【演義:연의】 ❶道理와 事實을 자세히 설명함。『潘岳』晋ㅡㅡ、以獻詔。❷歷史上의 事實을 修飾敷衍하여 俗語로 叙述함。

【演題:연제】 연설・강연 따위의 제목。

【演操:연조】 가르쳐서 단련함。敎鍊。

【演奏:연주】 音樂을 들려줌。

【演奏家:연주가】 음악을 연주하는 사람、또는 그것을 업으로 하는 사람。

【演奏所:연주소】 방속국에서 무선 전화에 의하여 강연・음악 따위를 방송하게 된 곳。

【演奏會:연주회】 음악을 연주하여 청중「에게 들려 주는 모임。」

【演出:연출】 脚本을 기준으로 하여 俳優의 演技와 기타의 要素를 綜合하여 舞臺나 映畫에 표현함。

【演出家:연출가】 무대에서 연출을 맡은 사람。또는 그것을 업으로 삼는 사람。

【演戲:연희】 말과 동작으로 많은 사람 앞에서 재주를 부림。

◎講ㅡ、開ㅡ、公ㅡ、口ㅡ、上ㅡ、試ㅡ、實ㅡ、熱ㅡ。

【漓】(리) 支 リ、しみこむ water dripping ㄌㄧˊ li²
草書 ❶물스밀리(水滲入地)。❷가을비 지정거릴리(秋雨)。(『醨』와 通함)

【漕】㊀(조) 號 ㊁(조) 豪 ソウ、こぐ、はこぶ row; marine transportation ㄘㄠˊ ts'ao²
小篆 草書 ㊀❶배로실어올조(水運)。【史記】轉ㅡ給軍。❷배질할조(航船)。㊁고을이름조(衛邑名)。

【漕渠:조거】 배로 물건을 운반하기 위하여 깊이 파서 만든 개울。漕溝。運河。

【漕溝:조구】 =漕渠。【王渾】灣環護ㅡㅡ。『史記』發卒數萬人、穿ㅡㅡ、三歲而通。

【漕度:조도】 水運의 시기。『漢書・溝洫志』ㅡㅡ可令三月罷。

【漕輓:조만】 배나 수레로써 짐을 실어 나르는 일。

【漕舫:조방】 漕運에 쓰이는 배。廻船。運漕船。

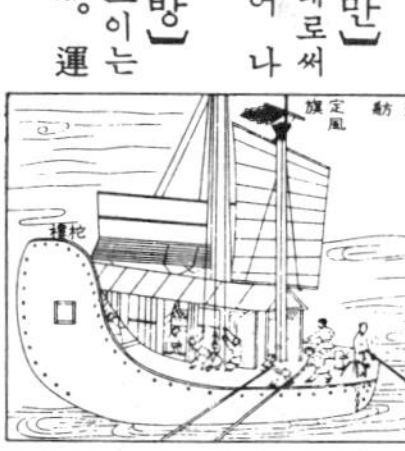

漕　舫 (天工開物)

【漕船:조선】 물건을 운반하는 배。『陳高』下邑供軍食、何時發ㅡㅡ。

【漕運:조운】 배로 물건을 운반하는 것。轉漕。漕轉。『隋書』ㅡㅡ四百里、關中賴之、名曰富人渠。

【漕運船:조운선】 물건을 운송하는 배。

【漕轉:조전】 운반하여 옮김。『史記』ㅡㅡ山東粟、以給中都官。

【漘】(순) 眞 シン、きし beach; shore ㄔㄨㄣˊ ch'uen²
小篆 草書 물가순(水厓)。【詩經】在河之ㅡ。

【漚】㊀(구) 尤 ㊁(구) 宥 オウ、ひたす brew; soak ㄡˋ ou⁴ (古音「우」)
小篆 草書 ㊀물거품구(水泡)。【楞嚴經】空生大覺中如海一ㅡ。㊁담글구、축일구、불릴구(久漬)。【詩經】東門之池可以ㅡ麻。

【漚鬱:구울】 향기가 짙은 모양。향기가 대단한 모양。【司馬相如】芬芬ㅡㅡ。

【漟】(당) 陽 トウ、たにがわ valley
❶골당(谷也)。❷시내당(溪也)。

【漙】(단) 寒 タン、つゆ dewdrop ㄊㄨㄢˊ t'uan²
小篆 草書 이슬방울맺힐단(露多貌)。【詩經 鄭風野有蔓草】零露ㅡ兮。

【漙漙:단단】 이슬 방울이 맺힘。『宋史』白露ㅡㅡ。

【漠】(막) 藥 バク、すなはら sandy desert ㄇㄛˋ mo⁴
小篆 草書 ❶모래벌막、사막막(磧鹵沙ㅡ)。❷멀막、아득할막(漫也)。【程大昌北邊對】沙磧廣ㅡ望之ㅡㅡ然也。❸맑을막(淸也)。❹베풀막(施也)。❺고요할막(恬靜貌)。❻벌릴막(布列貌)。【文子上仁篇】非淡ㅡ無以明德。【陸機詩】街巷紛ㅡㅡ。(『莫』과 통함)

【漠漠:막막】 넓고 아득함。『王維』ㅡㅡ水田飛白鷺。

【漠漠大海:막막대해】 넓고 먼 큰 바「다。」

【漠然:막연】 아득한 모양。邈然。『淮南子』ㅡㅡ無爲、而無不爲也。

【漠然不知:막연부지】 막연해서 알 수 「없음。」

【㴁】(랑) 漾 ロウ、みぞ ditch
도랑랑、개천랑(溝渠、涂ㅡ)。

【漢】(한) 翰 カン、あまのがわ Milky Way ㄏㄢˋ han⁴
小篆 古文 草書 ❶한수한(嶓冢水名)。❷은하수한(天河)。【詩經】倬彼雲ㅡ。❸놈한(男子賤稱)。【蘇子瞻雜纂】旁不忽村ㅡ有錢。❹나라한(國名)。

【漢家:한가】 ❶漢 나라 王室。『史記』天子始建ㅡㅡ之封。❷漢方醫。

【漢奸:한간】 中國에서 外國과 내통하여 賣國行爲를 하는 자를 일컫는 말。

【漢江:한강】 《地》❶=漢水。❷태백 산맥에서 강원・충북・경기도를 동서로 흘러 황해로 들어가는 강。

【漢江投石:한강투석】 《喩》아무리 많이 주워 모아도 아무 효과가 없음을 말함。한강에 돌 던지기。

【漢高祖:한고조】 《人》前漢의 始祖인 劉邦。字는 季、項羽와 같이 秦을 쳐서 멸망시키고 뒤에 또 項羽를 쳐서 天下를 統一함。

【漢果:한과】 밀가루를 꿀이나 설탕에 반죽하여 네모지게 만들어 기름에 튀겨 낸 油菓의 한가지。혼인 잔치、또는 제사에 씀。

【漢光武帝:한광무제】 《人》後漢의 始祖인 劉秀。漢高祖 九世孫。王莽의 大軍을 破하고 即位하여 洛陽에 도읍을 세우고 漢을 다시 일으켰음。

【漢拏山:한나산⇨한라산】 《地》山 이름。濟州島 중앙의 主峰。높이 一九五○米。꼭대기에는 둘레 三粁의 大噴火口가 있어 白鹿潭을 이루고 있음。참나무・산벚나무・단풍나무 들을 비롯하여 三帶(冷帶・温帶・暖帶)식물이 울창함。

【漢南:한남】 漢江 이남의 땅。↔漢北。

【漢緞:한단】 中國에서 생산되던 비단의 한가지。大緞。

【漢文:한문】 ❶中國 漢代의 文章・文學。❷漢의 文帝。『晉書』ㅡㅡ襲弋綈之服、諸侯猶侈。❸漢字만으로 씌어진 文章。

【漢文學:한문학】 ❶漢字・漢詩・漢文 등을 연구하는 학문。漢學。❷中國의 古文學。經書・史書・詩文 따위。

【漢方:한방】 中國으로부터 전해 온 醫術。漢醫處方。

【漢方藥:한방약】 漢方에서 쓰이는 약。

【漢方醫:한방의】 漢方의 醫師。漢醫。

【漢北:한북】 漢江을 경계로 한 그 以北의 땅。↕漢南。

【漢四郡:한사군】《歷》衞滿朝鮮이 망한 뒤 前漢 武帝가 설치했던 네 郡。곧 眞蕃郡·舊臨屯·樂浪郡·玄菟郡임。

【漢三傑:한삼걸】 漢 高祖 때 벼슬한 三功臣。蕭何·張良·韓信。

【漢書:한서】 ❶漢文으로 기록된 서적。❷中國의 서적 漢籍。❸《書》一二〇권。中國 二四史의 하나。後漢 班彪의 뜻을 이어 아들 班固 지음。前漢의 史書。

【漢城:한성】 ❶우리 나라 서울의 別稱。❷《地》古地名。일명 漢陽·京城。본시 高句麗 北漢山州、百濟의 두 번째 서울。三國이 爭奪하던 지역이며 漢陽·楊州·左神策軍·南京 등으로 불리다가 李朝에 와서 서울을 여기에 옮기고 漢城府로 고쳤고 李朝末 京城府로 개칭되었다가 해방후 서울特別市가 됨。

【漢城府:한성부】《制》李朝 때 서울의 行政·司法 一般을 맡아 보던 관청。

【漢城旬報:한성순보】 新聞 이름。李朝 高宗 二〇년 八월에 순 한문간으로 발간된 일종의 官報格인 신문。

【漢城條約:한성조약】《歷》一八八四年 甲申政變의 뒷처리를 하기 위한 韓日間의 條約。日本人 피해자의 배상금과 공사관 신축비 등의 지불을 규정했음。

【漢詩:한시】 漢代의 詩。漢字로 지은 詩。

【漢藥:한약】 ＝漢方藥。

【漢藥局:한약국】 한약을 파는 집。

【漢藥材:한약재】 한약의 재료。

【漢陽:한양】《地》❶郡 이름。㉠後漢代에 둠。前漢水郡을 고침。지금의 甘肅省 甘谷縣의 남쪽。㉡三國 蜀代에 둠。지금의 四川省 慶符縣의 남쪽。❷府 이름。元代에 둠。지금의 湖北省 漢陽縣。❸縣 이름。㉠漢代에 둠。지금의 四川省 慶符縣의 남쪽。㉡南朝 宋代의 四川省 縣竹縣의 땅。㉢南齊代에 둠。지금의 四川省의 境界。❹지금의 湖北省 都市。漢陽縣廳이 있음。武漢三鎭을 이루어 軍事工業의 要地임。❺＝漢城。

【漢羊皮:한양피】 中國에서 나는 양의 가죽의 한가지。한양의 가죽。

【漢語:한어】 ❶漢字音으로 된 말。❷中國人이 쓰는 말。『元史』以蒙古語諭河南、——論福建。

【漢言:한언】 中國 말。「책。

【漢譯:한역】 漢文으로 번역함。또는 그

【漢五彩:한오채】 中國 漢代에 만들어진 도자기의 한가지。磁器 바탕에 青·黃·綠·朱·白의 다섯가지 빛깔을 띠었음。

【漢音:한음】 漢字의 本音。곧 中國音。

【漢醫:한의】 ❶《醫》漢方의 醫術。❷漢醫師·漢方醫。「집。

【漢醫院:한의원】 한의업을 경영하는

【漢人:한인】 ❶漢人種。中國 본토의 在來種族。❷漢나라 사람。

【漢子:한자】 남을 낮추어 일컬음。(男子)『輟耕錄』今人謂賤丈夫爲——。

【漢字:한자】 中國語를 標記하는 中國固有의 文字。그 起源은 명확하지 않으나 紀元前 十數世紀의 殷 나라 때 이미 사용되었다 함。

【漢字語:한자어】 한자로써 이뤄진 말。

【漢籍:한적】 漢代의 서적。漢書。『宋書』考遠唐典、近徵——。

【漢族:한족】 中國 本土에서 예로부터 살아오며 東洋 古代文化를 이룩한 民族。

【漢楚:한초】 漢과 楚。項羽와 沛公。『曾鞏·虞美人草詩』。

【漢土:한토】 漢의 土地。中國 본토를 말함。漢나라。

【漢學:한학】 ❶漢文學。❷宋·明시대의 性理學에 대하여 漢·唐시대의 訓詁學을 일컫는 말。

【漢學教授:한학교수】《制》李朝 때 司譯院의 從六品 벼슬。

【漢學四大家:한학사대가】 李朝 때、한학에 조예가 깊은 네 대가。곧 月沙·李廷龜、象村·申欽、谿谷·張維、澤堂·李植。

【漢學者:한학자】 한문학에 능통한 학자。한학을 연구하는 사람。

◎惡—、兩—、銀—、天—、賤—、好—。

【漣】(련) 先 レン、さざなみ ripple ㄌㄧㄢˊ lien^2
❶물놀이칠련(水紋)。❷눈물줄줄흘릴련(涕流)。『詩經 衞風 氓』泣涕——。

【漣落:연락】 눈물이 흘러내림。落淚。『班彪』泫——而霑衣。

【漣漣:연련】 눈물 흘리는 모양。『詩·氓』不見復關泣涕——。

【漣如:연여】 눈물이 흘러내리는 모양。漣漣。『易經』泣血——。「리는 모양。

【漣然:연연】 훌쩍훌쩍 우는 것。눈물 흘

【漣漪:연의】 고운 물결。잔 물결。『詩經』河水清且——。

【漣洏:연이】 눈물을 줄줄 흘리는 모양。

【漤】(람) 感 ラン、やさいずけ press out the juice ㄌㄢˇ lan^3
❶과실장아찌람(鹽漬果)。❷물방울람(水滴下—如)。❸즙낼람(汁也)。

【漥】(와) 麻 ワ、くぼみ puddle
❶맑은물와(清水)。❷웅덩이와(窊也)。❸소발자취에괴인물와(牛跡水)。『老子』—則盈。❹깊은못와(深池)。(『窪』와 같음)

【漨】(봉)『洚』(水部 7畫)과 같음

【漦】(시) 支 シ、よだれ froth ㄌㄧˊ li^2
❶침방울시(涎沫)。『十八史略 周』—化爲黿。❷물평평히흐를시(順流)。❸땅이름시(地名、陝西省內)。

【漩】(선) 先 霰 セン、めぐる whirl ㄒㄩㄢˊ hsüan^2
❶도래샘선(回泉)。『江賦』—澴滎瀯。❷물돌선、소용돌이선(水之回—)。(『淀』과 같음)

【漪】(의) 支 イ、さざなみ ripples on water ㄧ i^1
물놀이칠의(水波文)。『初學記』水波如錦文曰—。

【漪瀾:의란】 잔잔한 물결과 큰 물결。『左思』刷盪——。「弄——。

【漪漣:의련】 잔잔한 물결。『謝靈雲』涉清

【漫】㊀(만) 寒 ㊁(만) 翰 バン、マン、あまねし spreading ㄇㄢˋ man^2
㊀❶물질펀할만(長遠貌)。❷물러터질만(水浸淫敗物)。『方言』濕敝爲—。㊁❶두루할만(徧也)。『公羊傳』郊牛死不言其所食—也。❷부질없을만(謾也)。❸아득할만(渺茫貌)。『關尹子』勿以汗—曰道之廣。❹흩어질만(分散之形)。『靈光殿賦』流離爛—。❺구름빛만(雲色)。『尙書大傳』卿雲爛兮體——兮。

【漫談:만담】 재미있고 우습게 세상과 인정을 비판하고 풍자하는 이야기。

【漫談家:만담가】 직업적으로 만담하는 사람。만담을 썩 잘하는 사람。

【漫瀾:만란】까마득하여 끝 없음。【韓愈】一一不見蹤跡。
【漫錄:만록】=漫筆。
【漫文:만문】❶隨筆。❷사물의 특징을 과장하야 우습고 재미 있고 輕妙하게 쓴 글。
【漫步:만보】한가히 거니는 걸음。散步。
【漫遊:만유】할일 없이 여기저기 떠돌아 다니며 놂음。【元結】一一無遠近。
【漫吟:만음】일정한 글제가 없이 생각나는 대로 시를 지어 읊음。
【漫評:만평】일정한 체계 없이 생각 나는 대로 하는 비평。
【漫筆:만필】붓 가는 대로 생각한 바를 쓴 글。
【漫筆畫:만필화】=漫畫。
【漫汗:만한】❶끝없이 넓은 모양。【張衡】布濩一一、漭沆洋溢。❷緊張하지 않은 모양。汗漫。
【漫忽:만홀】汗漫하고 소홀함。
【漫畫:만화】붓 가는 대로 그린 그림。時代·人情을 諷刺하는 우스운 그림。
【漫畫家:만화가】만화를 전문으로 그리는 화가。
【漫畫集:만화집】만화를 모은 책。
【漫興:만흥】이렇다하는 느낌이 없이 저절로 일어나는 흥취。
◎浪一、散一。

【漬】(지) 寘 シ、ひたす soak; steep ㄗ tzu⁴ (俗音「자」)
小篆 草書 ㊀물거품지(漚也)。【楞嚴經】空生大覺中如海一一。❶담글지、적실지(浸潤)。【詩經】東門之池可以一麻。❷물들일지(染也)。【周禮】鍾氏染羽淳而一之。❸짐승죽을지(獸死)。【禮記】四足曰一。
【漬墨:지묵】점점 더러워져서 검어짐。
【漬浸:지침】江에 적시는 것。浸漬。

【漮】(강) 陽 コウ、から empty ㄎㄤ k'ang¹
小篆 빌강(空也)。

【漯】(탑) 合 トウ、かわ river ㄊㄚ t'a⁴
書草 물이름탑(東郡水名)。
【漯河:탑하】(地)山東省 茌平縣에 있는 강。

【漰】(붕) 蒸 ホウ、みずおと sound of wave ㄆㄥ p'eng¹
書草 ❶물결치는소리붕(水激聲)。【江賦】鼓㕧窟以一渤。❷땅이름붕(地名一口)。(『堋』과 같음)
【漰渤:붕발】물이 흘러서 서로 치는 소리。【郭璞】鼓㕧窟以一一。
【漰濞:붕비】물이 몹시 심하게 치는 소리。【注克寬】驚湍渤潏而一一。
【漰湱:붕혁】물결이 맞부딪치는 소리。
【漰湱:붕획】물결이 서로 부딪치는 소리。漰渤。【郭璞】

【漲】(창) 養 漾 チョウ、みなぎる inundate ㄓㄤ chang³·⁴
書草 ❶물많을창(水多貌)。❷물불을창(水滿)。❸넘칠창(溢也)。【杜甫詩】春日一雲岑。
【漲水:창수】강물이 불어서 넘침。【李商隱】月澄新一一、星見欲消雲。
【漲溢:창일】물이 넘침。漲滿。【金史】每秋潦一一、害民田。
【漲海:창해】南海의 別稱。【舊唐書】海豐縣南五十里、即一一、渺漫無際。

【潀】(종) 東 シュウ、みずのおと sound of water (俗音「총」)
❶물소리총(水聲一一)。❷소나기총(雨急)。

【漱】(수) 宥 ソウ、くちすすぐ rinse the mouth ㄕㄨ shu⁴
小篆 小篆 書草 ❶양치질할수(盪口)。❷빨래할수(澣也)。【禮記】冠帶垢和灰請一。(『嗽』와 같음)
【漱刷:수쇄】씻어서 깨끗이 함。
【漱玉:수옥】옥을 씻음。(喩)瀑布 따위의 물방울이 흩어지는 모양。【陸士衡·詩】飛泉漱鳴玉。
【漱滌:수척】양치질을 하고 씻음。【史記】湔浣腸胃、一一五藏。
【漱澣:수한】물에 씻음。【禮記】士以下皆一一。

【漳】(장) 陽 ショウ、かわ river ㄓㄤ chang¹
小篆 書草 ❶물이름장(南郡水名)。❷고을이름장(州名)。
【漳州:장주】(地)中國 福建省에 있는 도시。상업이 성하고 교통의 요충지임。
【漳河:장하】(地)山西省에서 發源하여 河南省으로 흐르는 강。

【漵】(서) 語 ショ、うら creek ㄒㄩ hsü⁴
小篆 書草 ❶개서、포구서(浦也)。【杜甫詩】舟人漁子入浦一。❷개울이름서(楚溪名)。(『溆』와 같음)
【漵水:서수】江 이름。湖南省 辰溪縣에 있음。

【漷】㊀(곽) 藥 ㊁(획) 陌 カク、かわのな waters ㄎㄨㄛ k'uo⁴
小篆 ㊀물이름곽(魯水名)。㊁뜻은 ㊀과 같음。
【漷河:곽하】(地)江 이름。㉠南沙河라고 하는데 山東省 述山에서 發源하여 江蘇省에 와서 運河로 들어감。㉡河北省에 있는 江。

【漶】(환) 翰 旱 カン、よごれる grimy ㄏㄨㄢ huan⁴
書草 엉길환、섞일환、분명치 않을환(不分別貌猶濛鴻)。

【漸】㊀(점) 鹽 ㊁(점) 琰 ㊂(참) 咸 ゼン、ザン、ようやく gradually ㄐㄧㄢ chien⁴
小篆 書草 ㊀❶번질점(浸入)。❷물들점(染也)。【漢書 董仲舒傳】一民以仁。❸물흘러들어갈점(流也)。❹젖을점(濕也)。【詩經 衛風氓】一車帷裳。❺흡족할점(洽也)。㊁❶점점점(稍也)。❷차차점(次也)。❸나아갈점(進也)。【晉書 顧愷之傳】一入佳境。【易經】鴻一于陸。㊂높을참(高也)。【詩經 小雅漸漸之石】一一之石、維其高矣。(『嶄』과 같음)
【漸加:점가】점점 더하여 많아짐。
【漸減:점감】차차 줄어들음。
【漸近:점근】점점 가까와짐。
【漸及:점급】점점 이름。미침。
【漸摩:점마】숫돌로 가는 것처럼 점점 善良해 감。【宋史·石公弼傳】以仁義一一。
【漸滅:점멸】차차 멸망하여 감。차차 없어짐。
【漸不可長:점불가장】모든 일에 있어서 폐단이 더하기 전에 미리 막아야 함。
【漸染:점염】차차 번져서 물듦。점점 전염됨。【後漢書】一一朝事、頗識典物。
【漸悟:점오】(佛)차차 깊이 깨달음。
【漸癒:점유】병이 차차 나아 감。
【漸移:점이】차차 옮아감。
【漸入佳境:점입가경】점점 아름다운

山水의 경치나 文章의 내용에 들어간다는 뜻。또는 점점 흥미를 깨달음。『晉書』每食甘蔗、常自尾至本、人或怪之、愷之曰 ——。

【漸漸：①점점 ②참참】 ❶㉠점점。차츰 차츰。稍稍。『揚允孚』南國鄕音——稀。㉡보리 이삭이 빼어나는 모양。❷㉠바위가 높고 험한 모양。『詩經』——之石。㉡눈물이 흐르는 모양。『楚辭』涕——兮。

【漸漬：점지】 점점 물이 스며듦。점점 젖음。『史記』況中庸以下、——于失敎、被服于成俗乎。

【漸進：점진】 순서대로 차차 나아감。

【漸進主義：점진주의】 급격한 수단을 피하고 순서를 따라서 점점 나아가는 주의。↕急進主義。

【漸次：점차】 점점。차차。차례대로。

【漸層法：점층법】 《文》점차로 語意를 높이며 強調하는 修辭法의 한가지。

【漸退：점퇴】 ❶점점 뒤로 물러남。❷차차 쇠퇴하여 감。

◎東-

【滘】

(언) 先 エン、かわのな waters

小篆 물이름언(西河水名)。

【漺】

(상) 養 ソウ、きよい clear

❶물맑을상(淨也)。❷찰상(冷也)。

【漼】

㊀(최) 賄 サイ、ふかい deep; tear

㊁(최) 灰 ㄘㄨㄟˇ ts'uei³

小篆 書草 ㊀❶깊을최(深也)。『詩經 小雅小弁』有—者淵。❷고울최(鮮明)。❸눈물줄줄흘릴최(垂涕貌)。『陸機 弔武帝文』指季豹而—焉。❹휩쓰레할최、허술할최(壞貌)。『崔駰慰志賦』王綱—以陵遲。㊁눈서리쌓일최(霜雪積聚貌)。

【漼溰：최의】 눈과 서리가 쌓인 모양。

【漼漼：최최】 눈물의 흐르는 모양。『韓愈』淚落不掩何——。

【漻】

㊀(료) 蕭 リョウ、ふかい clear and deep

㊁(류) 宥 ㄌㄧㄠˊ liao²

小篆 書草 ㊀❶물충충할료(淸深)。❷아득할료(高遠貌)。『漢書』寂—上天知厥時。(『瀏』와 같음) ㊁물맑을류(水清貌)。

【漾】

(양) 養 ヨウ、ただよう waves; ripples

一ㄤˋ yang⁴

小篆 古文 書草 ❶물결출렁거릴양(水動搖貌)。❷길양(長也)。❸물이름양(隴西水名)。『王粲賦』川旣—而齊深。

【漾碧：양벽】 푸른 빛을 띠게 함。湛碧。『王勃』花鳥縈紅、蘋魚——。

【漾水：양수】 ❶떠 있는 물。『王建』沙灣——圖新粉。❷《地》江 이름。陝西省에 있는 漢水의 근원。

【漾漾：양양】 ❶江에 떠 있는 모양。『張籍』——南澗水。❷물결이 출렁거리는 모양。『宋之問』——潭際月、飄飄杉上風。

【漿】

(장) 陽 ショウ、のみもの、しる thick fluid

ㄐㄧㄤ chiang¹

小篆 古文 書草 ❶초장、둔장(酢也)。❷미음장(水米汁相將)。『周禮』辨四飮之物曰—。❸파리장(葴草寒—)。❹조개장(蚌也)。

【漿果：장과】 《植》多肉果의 한 가지。살과 물이 많은 열매。감·포도 따위。

【漿水：장수】 오래 끓인 좁쌀 미음。

【漿液：장액】 水様性의 분비액。

【漿胎：장태】 瓷土를 곱게 水飛하여 앙금을 앉힌 것。瓷器를 만드는 자료의 흙。

【漿泡：장포】 《醫》살이 부르터 진물이 괴어 곪긴 부스럼。

【潁】

(영) 梗 エイ、かわ river

ㄧㄥˇ ying³

小篆 書草 ❶물이름영(陽城水名)。❷성영(姓也)。

【潁水隱士：영수은사】 堯 때 潁川 가에 숨어 살던 許由를 말함。堯 임금이 天下를 맡긴다는 말을 듣고 귀를 더럽혔다고 귀를 潁川에 씻었음。『高士傳』。

【潃】

(순) 眞 シュン、あせがわく sweat

땀날순(汗出——)。

十二畫

【漭】

(망) 養 ボウ、モウ、はるか、ひろい vast

〔ㄇㄤˇ mang³

書草 ❶펀펀할망(平也)。❷넓을망(廣也)。❸진펄망(野也)。『司馬相如 上林賦』過乎泱—之壄。❹물질펀할망(水廣遠貌)。『宋玉 高唐賦』涉——、馳苹苹。❺새벽빛희미할망(曉色不明貌)。『謝朓詩』晨光復泱—。

【漭漭：망망】 물이 넓고 먼 모양。『宋玉·高唐賦』涉——、馳苹苹。『注』善曰、——、水廣遠貌。

【漭瀁：망양】 廣大한 모양。『後漢書·明帝紀』詔曰、水門故處、皆在河中、——廣溢、莫測圻岸。

【漭沆：망항】 물이 많아 水面이 질펀한 「모양。

【潎】

(별) 屑 ヘツ、なみうつ waves

小篆 書草 ❶물결서로부딪칠별(水相潎貌)。❷물고기오락가락할별(魚游——)。❸빨래할별(洗濯)。

【潎洌：별렬】 물의 흐름이 가볍고 빠른 모양。

【潎潎：별별】 고기가 물에서 헤엄치는 모양。『潘岳』翫游鯈之——。

【潏】

㊀(율) 質 ケツ、す sand-bank

㊁(술) 質 ㄐㄩㄝˊ chüeh² (古音「결」)

㊂(휼) 屑

小篆 書草 ㊀물흐를율(水流貌)。㊁❶모래톱술(水中小洲)。❷섬술(島也)。㊂❶샘솟을휼(泉湧)。❷물이름휼(水名)。

【潏潏：율률】 물이 솟아나오는 모양。『李郢』千蜂萬瀨水——。

【潏水：율수】 《地》㉠물 이름。山西省 臨汾縣에 있음。㉡陝西省 長安縣에 있음。

【潏湟：율황】 물이 급히 흐르는 모양。『司馬相如』。

【潐】

(초) 嘯 ショウ、つまる frequent

小篆 ❶술거를초(漉酒)。❷잦을초(盡也)。

【潐潐：초초】 자세히 살피는 모양。『荀子·不苟』

【潑】

(발) 曷 ハツ、そそぐ springkle

ㄆㄛ p'o¹

書草 ❶물뿌릴발(散水)。『畫斷』以墨—絹。❷물샐발(水漏)。❸활발할발(盛勢活—)。❹물고기펄펄뛸발(魚跳)。『杜甫詩』船尾跳魚—刺鳴。

【潑剌：발랄】 ❶고기가 물에서 뛰는 모양。『杜甫』船尾跳魚——鳴。❷원기가 왕성함。❸활을 당긴 모양。

【潑墨：발묵】 그림이나 글씨에 있어서 먹물이 퍼지는 일。山水畫法의 하나。

【潑潑:발발】 고기가 氣勢 좋게 물에서 노는 모양。『邵說』魚ーー以隨波樂只。

【潑皮:발피】 건달。無賴漢。『元典章·刑部』亦有ーー凶頑、皆非良善。

【潒】 (상) 養 ショウ、ただよう flow in torrents

潒(小篆) ❶물쏟아져내려갈상(水急貌潒ー)。❷넓을상(廣也)。❸질펀히흐를상(水流)。

【潚】 (녑) 洽 ドウ、かげがうごく (of a shadow) move

❶그림자움직일녑(影動)。❷물출렁거릴녑(波也)。

【潓】 (혜) 霽 ケイ、なみ wave

潓(小篆) ❶물결혜(水波)。❷물이름혜(水名)。

【潔】 (결) 屑 ケツ、いさぎよい clean; pure ㄐㄧㄝ chieh²

潔(小篆) 潔(草書) ❶맑을결、정결할결(清也、淨也)。『孟子』粢盛不ー、衣服不備、不敢以祭。❷조촐할결(厚志隱行)。

【潔己:결기】 자기 몸을 깨끗이 함。

【潔廉:결렴】 마음이 깨끗하고 욕심이 적음。『舊唐書』所至以ーー著稱。

【潔白:결백】 ❶깨끗함。❷허물이 없음。『漢書』顯ーー之士、昭無欲之路。

【潔白性:결백성】 결백한 성질。

【潔白淸淨:결백청정】 깨끗하고 맑음。

【潔癖:결벽】 남달리 不潔한 것을 싫어하는 性癖。『澄懷錄』米元章有ーー。

【潔癖性:결벽성】 결벽한 성질。

【潔服:결복】 깨끗한 옷。

【潔身:결신】 행동을 깨끗이 하여 몸을 더럽히지 않고 깨끗이 함。

【潔齋:결재】 제사가 있든지 神에게 기도를 해야 할 때 며칠 전부터 酒色을 금하고 雜念을 버려 心身을 깨끗이 하는 것。『登徒子』ーー俟兮惠音聲。◎簡ー、高ー、不ー、純ー、庸ー、貞ー、淨ー、精ー。

【潕】 (무) 麌 ブ、かわく dried up

潕(小篆) 물마를무(水涸)。

【潕水:무수】 《地》江 이름。河南省 泌陽縣에 있음。舞水로도 씀。

【潗】 (집) 緝 ショウ、わきでる spring out

潗(草書) ❶샘날집(泉出貌)。❷물끓을집(水沸)。❸용솟음칠집(水瀵)。

【潗潗:집집】 ❶물이 용솟음치는 소리。『文同·詩』山雨灑春城、ーー聲頗急。❷벌레가 떠들썩하는 소리。『柳宗元·晋問』蟻雜螽集、啾啾ーー。

【潙】 ㊀(규) 支 ㊁(위) 支 キ、かわ river ㄍㄨㄟ kuei¹

潙(草書) ㊀물이름규(阿東水名)。(『嬀』와 같음) ㊁물이름위(益陽水名)。

【潙山:규산】 《地》山 이름。湖南省 寧鄕縣에 있음。潙水의 發源地。

【潙水:규수】 《地》江 이름。㉠湖南省 寧鄕縣에서 發源하여 洞庭湖로 들어감。㉡山西省 永濟縣에 있음。

【潘】 ㊀(번) 元 ㊁(반) 寒 ハン、しろみず water in which rice has been washed ㄆㄢ p'an¹

潘(小篆) 潘(草書) ㊀쌀뜨물번(浙米汁)。『禮記』面垢燂ー請靧。㊁❶물이름반(阿南水名)。❷성반(姓也)。❸쌀뜨물반(浙米汁)。

【潘沐:반목】 머리를 감는데 쓰는 쌀뜨물。『左傳』遺ーー、備酒肉焉。

【潘楊之好:반양지호】 婚姻으로 인척관계를 겹친 오랜 적부터 좋은 사이。《故》晋의 潘岳의 아버지와 楊仲武의 祖父가 예적부터 親交가 있었고 潘岳의 아내가 仲武의 姑母였기 때문에 潘岳과 楊仲武는 더욱 친밀했다는 이야기。

【潚】 ㊀(축) 屋 ㊁(숙) 屋 シュク、ふかくきよい deep and clear ㄒㄧㄠ hsiao¹

潚(小篆) ㊀❶깊고맑을축(深淸)。❷빠를축(疾也)。㊁성숙(姓也)。

【潚率:숙솔】 토색질함。聚斂。『漢書·揚雄傳』吸噏ーー。

【潛】 (잠) 鹽 セン、もぐる dive ㄑㄧㄢ ch'ien² (本音「첨」)

潛(小篆) 潛(草書) ❶잠길잠(沉也)。❷자맥질할잠(游也)。❸감출잠(藏也)。『易經』陽氣ー藏。❹깊을잠(深也)。『詩經 小雅正月』ー雖伏矣、亦孔之昭。❺너겁잠(魚所息)。『詩經』ー有多魚。

【潛居:잠거】 숨어 있음。隱居。『黃石公』ーー抱道、以待其時。

【潛匿:잠닉】 행방을 감추어 남이 그 所在를 모르게 함。潛伏藏匿의 略語。

【潛德幽光:잠덕유광】 세상에 알려지지 않은 有德者의 숨은 빛。『韓愈』發之幽光ーー。

【潛龍:잠룡】 ❶연못에 깊이 숨어 있어 아직 하늘에 올라가지 않은 용。❷《轉》임금이 아직 왕위에 오르기 이전의 일컬음。또는 일어설 기회를 아직 얻지 못한 大人·君子의 비유。『易·乾』初九ーー勿用。

【潛鱗:잠린】 물 속에 깊이 잠겨 있는 고기。『孫逖』還見躍ーー。

【潛望鏡:잠망경】 잠수함 등에서 쓰는 반사식 망원경。양 끝에 프리즘을 두고 도중에서 빛의 방향을 굽혀서 물 속에서 수평선 위나 상공을 내다보게 된 장치。展望鏡。페리스코프(periscope)。

【潛寐:잠매】 깊이 잠겨서 잠。죽음을 말함。永眠。

【潛賣:잠매】 「래 팔음。暗賣。

【潛賣:잠매】 매매가 금지된 물건을 몰래 팔음。暗賣。

【潛沒:잠몰】 물 속으로 잠겨 들어감。

【潛伏:잠복】 ❶몰래 숨어 있음。『李紳』碧流ーー躍龍關。❷感染되어 있으나 병증세가 겉으로 나타나지 않음。

【潛伏期:잠복기】 《醫》병에 감염은 되었으나 아직 그 증상이 겉으로 나타나지 않고 있는 동안。

【潛思:잠사】 마음을 가라앉히고 깊이 생각에 잠김。『朱熹』ーー妙奇鬼神。

【潛像:잠상】 《物》사진술에서 빛에 댄 후 아직 현상하지 않은 感光膜 위에 있는 被寫體의 映像。

【潛商:잠상】 官의 허가를 받지 않고 법령으로 금지된 물건을 몰래 파는 장사。또는 그 장수。

【潛勢:잠세】 潛勢力의 略語。

【潛勢力:잠세력】 표면에 나타나지 않는 세력。潛勢。

【潛銷暗鑠:잠소암삭】 알지 못하는 사이에 쇠가 녹듯이 슬그머니 줄어 없어짐。

【潛水:잠수】 물 속에 잠겨 들어감。

【潛水器:잠수기】 물 속에 들어가서 일하는 사람에게 산소를 보내 주는 기계。

【潛水服:잠수복】 잠수할 때 입는 옷。

【潛水夫:잠수부】 잠수 작업을 하는 사람。또는 그것을 업으로 삼는 사람。

【潛水漁業:잠수어업】 바다 속에 들어가 海藻 따위를 채취하는 어업。

【潛水艇:잠수정】 《軍》잠수함。

【潛水艦:잠수함】 물 속을 다니며 적에 접근하여 魚雷 공격을 하는 군함。

【潛身:잠신】 몸을 숨기고 나타내지 아니함。

【潛心:잠심】 마음을 가라앉힘。『漢書』

下帷發憤、ㅡㅡ大業。

【潛陽:잠양】(醫)房事 過度나 禁慾으로 말미암아 얼마 동안 성욕이 없어져 양기가 동하지 않는 일。

【潛魚:잠어】물 속에 깊이 숨어 있는 고기。〔袁安〕ㅡㅡ擇淵。

【潛影:잠영】흔적 또는 그림자를 감춤。

【潛潤:잠윤】담뿍 적심。담뿍 젖음。〔溫庭筠〕宿雨香ㅡㅡ。

【潛隱:잠은】❶잠겨 숨음。❷벼슬하지 않고 隱遁함。

【潛匿:잠닉】잠겨 숨음。몰래 숨음。

【潛入:잠입】남몰래 들어옴。

【潛藏:잠장】潛隱。몰래 숨음。남몰래 숨김。〔易經〕陽氣ㅡㅡ。

【潛在:잠재】❶속에 숨어 겉으로 드러나지 않음。❷능력·가능성·에네르기 따위가 아직 제재로 작용하지 않는 힘으로서 저장되어 있음。

【潛在遺傳:잠재유전】(生)잠재적으로 자식에게 전하는 유전。

【潛在意識:잠재의식】(心) 의식에는 나타나지 않으나 의식과 서로 관련하여 기능적으로 自我 전체를 구성하고 있는 관념 활동。잠재 정신。副意識。

【潛跡:잠적】종적을 아주 감추어버림。潛蹤秘跡의 略語。

【潛寂:잠적】고요하고 쓸쓸함。

【潛蹤秘跡:잠종비적】종적을 아주 감추어 버림。藏蹤秘跡。

【潛竄:잠찬】깊이 숨어서 달아나 숨음。행방을감춤。〔梁書〕年十三而遭家難ㅡㅡ。

【潛採:잠채】몰래 들어가 채굴함。

【潛聽:잠청】❶정신을 들여서 잘 들음。❷몰래 남의 속내를 엿들음。

【潛通:잠통】❶몰래 姦通함。❷몰래 內通함。

【潛航:잠항】❶몰래 항해 함。❷물 속으로 잠복하여 다님。

【潛行:잠행】❶남몰래 다님。숨어서 감。〔杜甫〕春日ㅡㅡ曲江曲。❷물 속에 잠기어 감。〔史記〕鹽澤ㅡㅡ地下。❸남몰래 實行함。

【潛形:잠형】形跡을 감춤。

【潛畫:잠획】남모르게 계획함。또는 그 계획。〔晋書〕深謀秘策、獨與帝ㅡㅡ。

【潜】(잠)『潛』(前條)의 俗字

【潝】(흡) 緝 キュウ、かるがるしい ㄒㄧˋ hsi⁴ mediocrity

小篆 書 草 ❶물쏟아져내려갈흡(水流疾貌)。❷용렬할흡(不善貌)。〔詩經 小雅小旻〕ㅡㅡ訿訿。

【潝潝:흡흡】자기의 主觀이 없이 남의 말만 듣고 따라 하는 모양。〔詩經〕ㅡㅡ訿訿。

【潞】(로) 遇 ロ、かわ ㄌㄨˋ lu⁴ river

小篆 書 草 물이름로(歸德水名)。

【潞江:노강】(地)물 이름。雲南省 西北部에 있는 怒江의 別名。

【潞川:노천】(地)물 이름。山西省에 있는 강。潞河。

【潟】(석) 陌 セキ、かた ㄒㄧˋ hsi⁴ salt-land

염밭석、개펄석(鹹土鹵地)。〔周禮〕凡糞種鹹ㅡ用貆。

【潟口:석구】강의 어귀가 섬 또는 모래 개펄 따위로 둘러싸여 灣을 이룬 것。

【潟滷:석로】바닷가의 염밭(鹹土)。염밭。〔陳堇〕ㅡㅡ盡桑麻。

【潟流:석류】줄줄 흘러 들어감。〔水經·註〕衆川ㅡㅡ、合成ㅡ川。

【潠】(손) 願 ソン、ふく、わく spray [spout] one's mouthful of water

小篆 물머금어뿜을손(含水噴)。

【潢】(황) 陽 コウ、ためいけ ㄏㄨㄤˊ huang² pond

小篆 書 草 ❶웅덩이황(積水池)。〔海賦〕決陂ㅡ而相 。❷길바닥물황(ㅡ汙行潦)。❸물충충할황(水深廣貌)。〔上林賦〕灝溔ㅡ漾。❹은하수황(天河)。〔史記 天官書〕天ㅡ。❺별이름황(星名)。

【潢潦:황로】괴어 있는 물。〔韓愈〕ㅡㅡ無根源。

【潢漾:황양】깊고 넓은 모양。〔司馬相如〕然後灝溔ㅡㅡ、安翔徐回。

【潢汚:황오】잠시 동안 괴어 있는 물。〔左傳〕ㅡㅡ行潦之水。

【潢池:황지】❶물이 괴어 있는 못。〔洞冥記〕女國有ㅡㅡ、浴之而孕。❷좁은 土地의 비유。〔漢書·龔共遂傳〕故盜弄階下之兵于ㅡㅡ中耳。

【澗】(간)『澗』(次條)의 俗字

【澗】(간) 諫 カン、たにがわ ㄐㄧㄢˋ chien⁴ mountain torrent

小篆 ❶산골물간(山夾水)。〔詩經〕于ㅡ之中。❷물이름간(水名)。(『磵』과 같음)

【澗谿:간계】산골에 흐르는 물。溪流。〔左傳〕ㅡㅡ沼沚之毛。

【澗谷:간곡】산골짜기。〔南史〕每經ㅡㅡ、必坐臥其間。

【澗邊垂楊:간변수양】시냇가에 늘어진 버들。

【澗聲:간성】산골물 흐르는 소리。〔溫庭筠〕喧餘有ㅡㅡ。

【澗阿:간아】골짜기의 구부러진 곳。澗隈。〔范梈〕白日滿ㅡㅡ。

【澗壑:간학】산골물이 흐르는 골짜기。〔蘇軾〕陰風生ㅡㅡ。

【澗響:간향】산골물이 흐르는 큰 소리。〔李嶠〕落泉奔ㅡㅡ。

【潣】(민) 軫 ビン、みずのながれ babble

小篆 물졸졸흘러내릴민(水流浼浼貌)。

【潦】㈠(로) 皓 ㈡(로) 號 ロウ、おおみず ㄌㄠˇ lao³ heavy rains

小篆 書 草 ㈠❶큰비로(雨大貌)。〔禮記〕水ㅡ降。❷길바닥물로(路上流水)。〔詩經〕洞酌彼行ㅡ。㈡❶장마물로(積水)。❷장마비로(霖雨)。❸헛늙을로(ㅡ倒老也)。〔嵇康絶交書〕ㅡ倒麤疎。

【潦倒:노도】老衰하여 아무 것도 못하게 생긴 모양。〔蘇軾·詩〕嗟余ㅡㅡ無歸日。

【潦水:노수】❶땅에 괸 빗물。❷깊은 산에 괸 빗물。❸큰물。

【潦炎:노염】장마철의 더위。

【潦草:노초】경솔하고 거칠음。〔談徵〕無根曰潦、苟簡曰草。

【潦浸:노침】큰비로 물에 잠김。〔宋書〕東土ㅡㅡ、民命棘矣。

【潤】(윤) 震 ジュン、うるおう ㄖㄨㄣˋ juen⁴ shine

小篆 書 草 ❶불을윤(滋也)。〔劉詵詩〕土ㅡ蘇亢旱。❷윤택할윤、번지르르할윤(澤也)。〔荀子 勸學〕玉在山而木ㅡ。❸더할윤(益也)。〔易說卦〕雨以ㅡ之。❹꾸밀윤(飾也)。〔論語 憲問〕東里子產ㅡ色之。❺축나라베윤(蜀布名黃ㅡ)。

【潤氣:윤기】潤澤이 나는 기운。

【潤美:윤미】光澤이 있어 아름다움。〔漢書〕資質ㅡㅡ。

【潤色:윤색】❶光澤을 내고 색칠을 함。❷윤택이 나는 빛 文飾。潤飾。『論語』東里子產、——之。
【潤身:윤신】德을 쌓아서 자기 몸이 훌륭하게 되어 마치 몸에 광택을 입힌 듯함。『大學』德——。
【潤屋:윤옥】부자가 되어서 집을 보기 좋게 치장함。『大學』富——。
【潤益:윤익】❶점점 늘어 많아짐。增加。『隋書』毛公及備敬仲、又加——。❷利益。
【潤態:윤태】=潤澤。
【潤澤:윤택】아름답게 윤이 나는 빛。『孟子』若夫——之、則在君與子矣。
【潤滑:윤활】❶光澤이 나고 반질반질함。『淮南子』。❷습윤하여 매끄러움。
【潤洽:윤흡】혜택이 널리 미침。『易林』五嶽四瀆、——爲德。
◎濕—、溫—、利—、浸—。

【潨】㊀(총) 東 ㊁(종) 冬 ソウ、ショウ、みずあい waer gathering ㄘㄨㄥ chung¹
㊀❶물모일총(水會)。『詩經』鳧鷖在—。❷물소리총(水聲)。㊁뜻은 ㊀과 같음。
【潨洞:종동】큰 강에 흘러드는 작은 여울。『鮑照』——所積。
【潨然:종연】물소리。『柳宗元』行其泉於高者、墮之潭、有聲。
【潨潺:종잔】물이 흐르는 소리。『王筠』石溜正——。

【潫】(만) 刪 ワン、ふかくひろい (of waters) deep and expensive
❶물충충할만(水深廣貌)。❷물빙돌아나갈만(廻復貌渝—)。

【滜】(고) 豪 コ、きし hill
❶언덕고(岸也)。❷못고(澤也)。❸완완할고(緩也)。❹호피고(虎皮—比)。❺완만스러울고(頑貌——)。❻고할고(告也)。❼성고(姓也)。(『皐』와 같음)

【潬】(단) 旱 タン、す the sands ㄉㄢ tan⁴ (古音「탄」)
모래섬단(水中沙渚)。

【潭】(담) 覃 タン、ふかい deep ㄊㄢ t'an²
❶소담、연못담(淵也)。❷깊을담(深也)。『漢書』—思渾天。❸물가담(岸也)。『屈原 卜居』游於江—。❹물이름담(武陵水名)。
【潭根:담근】깊이 땅속에 묻힌 뿌리。『管子』——之無伐。
【潭思:담사】깊은 생각。深思。『漢書』
【潭上:담상】못 가。潭邊。『——渾天。
【潭水:담수】못에 있는 물。깊은 물。
【潭深:담심】❶못이 깊음。❷研究가 깊음。
【潭淵:담연】깊은 못。『馬融』論滅——。
【潭奧:담오】깊은 것。『郭璞·爾雅序』學覽者之——。
【潭壑:담학】깊은 골짜기。『鮑照』思盡波濤、悲滿——。

【濆】(비) 未 ヒ、いずみ gush
㊀샘솟을비(泉湧)。㊁물철렁철렁할비(水溢貌—渭)。(『沸』와 같음)

【潮】(조) 蕭 チョウ、うしお tide ㄔㄠ ch'ao²
❶조수조、밀물조(地之血脈隨氣進退)。『皇極經世』海—者地之喘息也隨月消長早則—晚則汐。❷나타날조(—紅)。❸끌뚜기조(望—魚名)。❹고을이름조(州名)。
【潮減:조감】조금。조수가 가장 낮은 때인 음력 매달 八일과 二三일。「동」。
【潮浪:조랑】조수의 물결。해수의 파도。
【潮流:조류】❶바닷물의 흐름。❷時勢의 경향。世態의 기울어져 가는 형세。
【潮勢:조세】조수의 세력。형세。
【潮水:조수】《地》해와 달、특히 달의 인력에 의하여 일정한 시간을 두고 週期的으로 海面의 수준이 올라갔다 내려갔다 하는 현상을 이루는 바닷물。『隋煬帝』流波將月去、——帶星來。
【潮信:조신】❶정해 놓은 약속。❷조수가 들어왔다가 나가는 때。『李嘉祐』東風——滿。❸潮候。
【潮熱:조열】날마다 제 시간에 꼭 일어나는 身熱。
【潮音:조음】❶조수의 물결 소리。❷《佛》많은 중들이 讀經하는 소리。❸海潮音。
【潮湯:조탕】❶바닷물을 끓인 목욕물。❷鹽分이 있는 온천。❸맹물에 소금을 넣어 끓인 물。
【潮退:조퇴】조수가 물러감。
【潮風:조풍】바닷바람。
【潮紅:조홍】부끄러워 얼굴빛이 붉게 나타남。
【潮候:조후】조수가 드나드는 時刻。潮信。『寰宇記』瓊州——不同。
◎干—、落—、滿—、思—、風—。

【潰】(궤) 隊 カイ、ついえる destroy ㄏㄨㄟ huei⁴ (古音「회」)
❶무너뜨릴궤(旁決)。『史記』大水—出。❷어지러울궤(亂也)。『詩經 大雅召旻』我相此邦、無不—止。❸흩어질궤(散也)。『左傳』民逃其上曰—。❹성낼궤(怒也)。『詩經』有光有—。❺물엇결려흐를궤(水相交過)。『高唐賦』—淡淡而並入。
【潰決:궤결】堤防 등이 무너져 끊어짐。『蘇軾』江河——、百川騰溢。
【潰滅:궤멸】무너져 망함。흩어져 망함。
【潰散:궤산】군대가 敗戰하여 흩어져 도망함。『世說』軍人——、逃走山澤。
【潰瘍:궤양】《醫》病名。臟腑 내부의 조직이 무너짐。대부분 胃壁이나 大小腸의 일부가 헐어서 일어남。
【潰裂:궤열】헤져 찢어짐。
【潰走:궤주】패하여 달아남。敗走。

【潯】(심) 侵 ジン、ふち、きし water's edge: beach ㄒㄩㄣ hsun²
❶물가심(水厓)。❷강이름심(江名)。❸땅이름심(地名)。
【潯江:심강】《地》물 이름。廣西省 南部에 있음。
【潯陽:심양】《地》물 이름。江西省 九江縣에 있음。

【潴】(저)『瀦』(水部 16畫)와 같음

【潵】(산) 翰 サン、みずまく spray water
물뿌릴산(散水)。

【潶】(흑) 職 コク、にごる muddy
❶물흐릴흑(水濁)。❷물이름흑(水名)。

【潸】(산) 刪 サン、ながれる tear ㄕㄢ shan¹
눈물줄줄흘릴산(涕淚流貌)。『詩經』—焉出涕。
【潸潸:산산】❶비가 줄줄 내림。『貢奎』疎林日暮雨——。❷=潸然。
【潸焉:산언】눈물의 흐르는 모양。
【潸然:산연】눈물을 줄줄 흘리는 모양。

【潺】(잔) 刪 サン、ながれる water flowing ㄔㄢ ch'an²
潺 小篆 潺 書草 ❶물졸졸흐를잔(水流貌)。【白居易詩】有水清——。❷눈물줄줄흘릴잔(流涕貌)。【楚辭】橫流涕兮—湲。

【潺湲:잔원】 ❶물이 졸졸 흐르는 모양。❷눈물이 줄줄 흐르는 모양。【謝靈運】乘月弄——。

【潺潺:잔잔】 ❶물이 졸졸 흐르는 모양。【魏文帝】弱水——、落葉翩翩。❷비가 줄줄 내리는 모양。

【潼】(동) 東 トウ、たかい high ㄊㄨㄥ t'ung²
潼 小篆 潼 書草 ❶물결솟아칠동(高貌)。【高唐賦】沫——而高厲。❷물이름동(廣漢水名)。❸바다이름동(北極海名)。

【潼關:동관】 《地》縣 이름。또는 關所의 이름。陝西省에 있으며 洛陽으로부터 長安으로 들어오는 要地임。

【潼潼:동동】 높은 모양。【宋玉·高唐賦】巨石溺溺之瀺灂。沫——而高厲。【注】善曰、——、高貌。

【潽】(보) 麌 フ、かわのな waters
물보(水也)。【集韻】—、水也。

【潾】(린) 眞 リン、みずきよい clear ㄌㄧㄣ lin²
❶물맑을린(水清貌)。(『粼』과 通함) ❷석간수린、돌샘린(石間水)。

【澁】(삽) 緝 シュウ、しぶい astringent
澁 書草 ❶조삽할삽、깔깔할삽(不滑)。【風俗通】冷—比于寒蠖。❷담밑에수문놓고쌓을삽(牆疊石作水文)。【溫庭筠詩】—浪浮瓊砌。❸떫을삽(酸苦)。❹대이름삽(竹名)。

【澁味:삽미】 떫은 맛。

【澁語:삽어】 더듬거리며 하는 말。

【澁噎:삽열】 음식이 목에 메이는 일。【禮記·疏】以利滑喉中、不令——。

【澁劑:삽제】 맛이 몹시 떫은 약。

【澁滯:삽체】 막힘。不進함。【王惲】必資州縣力、——方可度。

【澁濁:삽탁】 목이 쉬어 탁함。소리 같은 것이 술술 나오지 않음。◎難—。

【澀】(삽)『澁』(前條)과 같음

【澂】(징)『澄』(次條)과 같음

【澂江:징강】 《地》땅 이름。雲南省에 있는 縣名。

【澄】(징) 蒸 チョウ、きよい、すむ clear ㄔㄥ ch'êng²
澄 書草 ❶맑을징(清也)。【謝靈運詩】秋水共—鮮。❷술이름징(酒名)。(『澂』과 같음)

【澄高:징고】 달이 높이 떠서 맑게 비침。가을 하늘처럼 맑고 높은 날씨。【陶潛】靜月——、溫風始逝。

【澄潭:징담】 물이 맑은 못。【沈佺期】碧水——映遠空。

【澄明:징명】 맑고 확실함。瀲灩復——。

【澄碧:징벽】 맑고 푸른 빛 나는 물。【方干】一泓 【李白】君去滄江望——。

【澄爽:징상】 마음이 맑고 시원함。【晉書】風鑒——神清俊邁、文藻宏麗。

【澄水:징수】 맑고 깨끗한 물。【潘尼】凝霜不足方其潔、——不能喩其清。

【澄澈:징철】 대단히 맑음。【關尹子】論道者、或曰——。속이 들여다 보이도록 맑음。

【澄清:징청】 ❶맑음。❷세상의 어지러움을 다스려 맑게 함。【後漢書】慨然有——天下之志。❸安靜하게 함。清登。◎明—、清—。

【澅】(홰) 卦 カイ、みずくみ scoop up
물끌어올릴홰(揚水)。

【澆】㊀(요) 蕭 ギョウ、そそぐ thin ㊁(요) 嘯 ㄐㄧㄠ chiao¹ (本音「교」)
澆 小篆 澆 書草 ㊀❶걸찰요(灌也)。❷물뿌릴요(漓也)。❸엷을요(薄也)。【齊書 武帝紀】三季—浮、舊章陵替。❹물댈요(漑也)。㊁사람 이름요(人名寒促子—)。

【澆漑:요개】 물을 댐。【魏志】宜開河渠、可以引水——。

【澆競:요경】 人情이 輕薄하여 자기만 잘난척하고、남을 무시함。【梁武帝·中飭選人表】。

【澆季:요계】 풍속이 나빠진 末世。세상이 어지러워지려고 할 때。【北史】運當——、思復古始。

【澆漓:요리】 人情이 輕薄함。澆薄。【皮日休】玉液是——、金河乃糟粕。

【澆淳:요순】 얇은 것과 두꺼운 것。【史記】——散樸。

【澆僞:요위】 행동이 경솔하고 거짓이 많음。【晉書】季末——、設網愈密。

【澆奠床:요전상】 《國》 산소에 차려 놓은 재물。

【澇】(로) 豪 ロウ、おおなみ billow ㄌㄠ lao⁴
澇 小篆 澇 書草 큰물결로(大波)。(『潦』와 같음)

【澇朝:노조】 안개가 자욱하게 낀 아침。

【澇河:노하】 《地》江 이름。陝西省 南部에서 북으로 흘러 渭水로 들어감。

【澈】(철) 屑 テツ、すむ、きよい clear ㄔㄜ ch'ê⁴
澈 書草 물맑을철(水澄)。【關尹子】論道者或曰澄—。

【澉】(감) 感 カン、あらう wash ㄍㄢ kan³
澉 書草 ❶맛없을감(無味)。❷씻을감(洗滌澹—)。

【澉鹽:감잠】 맛이 없는 것。【廣韻】澉—、無味。

【澌】㊀(시) 支 シ、つきる drain; dry ㊁(서) 齊 ㄙ ssu¹
澌 小篆 澌 書草 ㊀❶물잦을시(水索)。❷다할시(盡也)。㊁목쉴서(散聲)。(『嘶』와 통함)

【澌澌:시시】 바람 부는 소리。눈오는 소리。바스락 바스락 하는 소리。

【澌盡:시진】 물이 마르듯이 기운이 다 없어짐。

【澍】(주) 遇 ジュ、うるおす good rain ㄕㄨ shu⁴
澍 小篆 澍 書草 ❶단비주、때맞은비주(時雨)。❷젖을주(潤濡)。❸물쏟을주(水流射)。【洞簫賦】聲礚礚而—淵。(『澤』와 같음)

【澍雨:주우】 단비。甘雨。

【澍濡:주유】 물에 젖음。물에 적심。

【澎】(팽) 庚 ホウ、みずおと sound of waves ㄆㄥ p'êng²
澎 書草 ❶물소리팽(水聲)。❷물결부딪는형세팽(水激勢)。

【澎潭：팽담】 물이 서로 부딪치는 모양。

【澎湃：팽배】 물이나 물결이 부딪치는 소리。 또는 물이 솟아 나오는 모양。 『司馬相如』沸乎暴怒、洶涌ㅣㅣ。

【澎脹：팽창】 ❶띵띵하게 부풀음。 ❷《物》물체가 열을 만나서 그 부피가 커짐。 ❸크게 늘어 퍼짐。

【澎脹率：팽창률】 《物》물체가 온도 一度가 오를 때마다 증가하는 체적과 원체적과의 비례。

【澎汃：팽팔】 물의 격한 소리。 湍聲。

【澐】 (운) 文 ウン、おおなみ billow ㄩㄣˊ yün²

小篆 草書 큰물결운(大波)。

【澐澐：운운】 강의 큰 물결 모양。 『獨孤及招北客文』其東有大江ㅣㅣ、下絶地垠。

【澑】 (류) 『溜』(水部 10畫)와 같음

【澒】 (홍) 送 董 コウ、みずがね quicksilver ㄏㄨㄥˋ hung⁴

小篆 草書 ❶수은홍(丹砂所化爲水銀)。 ❷덩어리질홍(元氣未分貌)。 『王充論衡』澒涬濛ㅣ。 ❸잇닿을홍(相連貌)。 『杜甫詩』ㅣ洞不可掇。

【澒洞：홍동】 ❶어지러운 모양。 ❷서로 연속된 모양。 「의 흐릿한 기운。

【澒濛：홍몽】 天地가 아직 나누이기 전

【澒溶：홍용】 ❶물이 깊고 넓은 모양。 『文選·吳都賦』ㅣㅣ沆瀁。 ❷혼돈한 기운。 『論衡·論死』雞卵之未字也、ㅣㅣ於卵中。

【澔】 (호) 『浩』(水部 7畫)와 같음

【澓】 (복) 屋 フク、まわりながれる percolate through flow oozily

❶은혈로 흐를복、물스며 흐를복(伏流)。 ❷물뺑돌아나갈복(水廻流貌)。

【澖】 (한) 刪 カン、ひろい expansive

넓을한(廣也無涯)。 (『㵎』과 같음)

【澣】 (한) 『寒』(宀部 9畫)과 같음

【㴔】 (임) 侵 イン、ながあめ long spell of rainy weather

장마임(久雨)。

【濆】 (분) 『濆』(水部 13畫)의 俗字

十三畫

【濜】 (동) 董 トウ、みずにおちるおと plop

물에 풍덩 떨어지는 소리동(物落水聲)。

【澞】 (우) 虞 グ、たにがわ stream ㄩˊ yü²

언덕사이물우(陵夾水)。

【澠】 ㊀(민) 軫 ㊁(면) 銑 メン、ジョウ、いけ lake ㊂(승) 蒸 ㄕㄥˊ shêng²

草書 ㊀못이름민(秦縣池名)。 ㊁뜻은 ㊀과 같음。 ㊂물이름승(臨淄縣所在水名)。

【澠水：승수】 《地》江 이름。 山東省 臨淄縣에 있음。

【澠池：면지】 《歷》漢代에 설치한 縣。 明·清 代에 府로 됨。 藺相如(난 상여)가 趙王을 도와 秦 昭王과 會見하던 곳。

【澣】 (한) 旱 カン、あらう、すすぐ wash ㄏㄨㄢˇ huan³ (本音「환」)

小篆 或體 或體 草書 ❶빨래할한(濯衣垢)。 ❷열흘한(旬也)。 『詩經 周南葛覃』薄ㅣ我衣。 『唐官制』十日一休沐今俗襲用以上中下三ㅣ爲三旬。

【澣沐：한목】 머리를 씻음。 『南史』ㅣㅣ失時。 「ㅣㅣ。

【澣帛：한백】 세탁한 비단。 『禮記』衣其

【澣衣：한의】 빨래。 『詩經』薄澣我衣。

【澣滌：한척】 옷과 그릇을 빨고 씻음。 『宋史』執ㅣㅣ之事。 「ㅣㅣ之衣。

【澣濯：한탁】 빨음。 『北史』性儉素、常服

【澡】 (조) 皓 ソウ、あらう wash ㄗㄠˇ tsao³

小篆 草書 씻을조、미역감을조(洗也)。 『禮記』 儒有ㅣ身而浴德。

【澡漑：조개】 씻어 바램。 『枚乘』ㅣㅣ胸中、灑練五藏。

【澡罐：조관】 중이 손 씻는 물을 담아 두는 그릇。 주전자처럼 생겼음。

【澡豆：조두】 팥 따위를 갈아서 만든 가루 비누。 「ㅣㅣ而精神。

【澡雪：조설】 씻어서 깨끗하게 함。 『莊子

【澡室：조실】 목욕실。 목욕탕。

【澤】 ㊀(택) 陌 タク、セキ、さわ lake; glazed (本音「책」) ㊁(석) 陌 ㄗㄜˊ tsê²

小篆 或體 ㊀❶못택(水之鍾聚陂也)。 『古詩 槃操』乾ㅣ而漁。 ❷진펄택(水草交)。 ❸진액택(液也)。 ❹윤택할택(光潤)。 『禮記』ㅣ劒首。 ❺비와이슬택(雨露)。 『易經』ㅣ上于天。 ❻덕택택(德也)。 『書經 畢命』ㅣ潤生民。 ❼기름택(油也)。 『梁樂府』八月香油好煎ㅣ。 ㊁풀석(解也)。 (『釋』과 통함)

【澤廓：택곽】 아랫눈꺼풀의 코에 가까운 곳。

【澤國：택국】 못과 늪이 많은 나라。 『曹松』ㅣㅣ江山入戰圖。 「미침。

【澤及萬世：택급만세】 혜택이 영원히

【澤蘭：택란】 ❶《植》쉽싸리。 ❷《醫》쉽싸리의 잎。 조금 온한 성질이 있고 피를 다스리는 약이어서 外科와 產婦人科에 많이 씀。

【澤梁：택량】 못에 장치한 고기를 잡는 나무。 魚梁을 쳐 놓은 못。 『孟子』ㅣㅣ無禁。

【澤畔：택반】 못가。 池畔。 『史記』行吟ㅣ。

【澤雨：택우】 만물을 적시어 주는 좋은 비。 慈雨。 『晉書』ㅣㅣ施化雲布。

【澤漆：택칠】 《植》大戟科에 딸린 일년생 毒草。 등대풀。 「게 미침。

【澤被蒼生：택피창생】 덕택이 만민에

【澤澤：석석】 풀어 흩어 지는 모양。 『詩·載芟』其耕ㅣㅣ。

◎光ㅣ、德ㅣ、山ㅣ、色ㅣ、手ㅣ、潤ㅣ、惠ㅣ、厚ㅣ。

【湫】 (수) 尤 シュウ、うれえる be anxious ㄔㄡˊ ch'ou²

小篆 ❶근심할수、찌푸릴수(憂愁貌)。 『賈誼新書』漻然ㅣ然憂以湫。 ❷배속출렁거릴수(腹中有水氣)。

【澥】 (해) 蟹 カイ、うみ sea ㄒㄧㄝˋ hsieh⁴

小篆 草書 바다해(海之別名渤ㅣ)。 『子虛賦』浮渤ㅣ。

【澧】 (례) 薺 レイ、いずみ spring ㄌㄧˇ li³

小篆 草書 ❶물이름례(衡山水名)。 ❷단물나는 샘례(甘水泉)。 『列子 湯問』ㅣ泉涌。 (『醴』와 통함)

【澧河：예하】 《地》江 이름。 ㉠湖南省 北

西境에서 發源하여 洞庭湖로 들어감。㉡湖南省 桐柏縣에 있음。

【澧縣:예현】《地》湖南省 北部 洞庭湖의 서쪽에 있음。

【溦】㊀(미) 支 ビ、こさめ drizzle ㊁(미) 微
㊀물가미(水際)。㊁가는비미(細雨)。

【澨】㊀(서) 霽 ゼイ、きし、みぎわ beach; marsh ㊁(예) 霽 ㄕ shih⁴
㊀❶개펄서、물가서(水邊土人所止者)。【江淹詩】映月遊海ㅡ。❷물이름서(水名三ㅡ)。㊁뜻은 ㊀과 같음。

【澨水:서수】《地》물 이름。湖北省 京山縣에 있음。

【[illegible]】(굴) 月 コツ、ふかい deep
물속우중충할굴(水深貌)。

【澩】(학) 覺 カク、かれたいずみ a drained fountain ㄒㄩㄝ hsüeh²
❶마른샘학(涸泉)。❷여름에만샘날학(夏有水冬無水)。

【澪】(령) 靑 レイ、みお ship's course
❶물이름령(水名)。❷배다니는길령(海中航路)。❸물떨어질령(水落)。

【澪木:영목】水路를 표시하기 위해 물속에 박은 말목。

【澪標:영표】=澪木。

【澬】(자) 支 シ、ながあめ rainy weather
❶장마자(霖雨澬ㅡ)。❷물이름자(武陵水名)。

【澭】(옹)『灉』(水部18畫)과 같음

【澉】(갈) 曷 カツ、おそい late (俗音「헐」)
❶더딜갈(遲也)。❷목마를갈(渴也)。

【澮】㊀(회) 泰 カイ、みぞ furrow; drain (本音「괴」) ㊁(쾌) 卦 ㄎㄨㄞ k'uai⁴ ㊂(활) 黠
㊀❶밭고랑회(井溝)。【周禮】千夫有ㅡ。❷물졸졸흐를회(小流)。【江賦】商搉涓ㅡ。㊁뜻은 ㊀과 같음。㊂물합쳐흐를활(兩水合流)。

【澮水:회수】《地》물 이름。山西省 翼城縣에 있음。

【澯】(찬) 翰 サン、きよい clear
❶맑을찬(淸也)。❷물출렁거릴찬(水貌ㅡ瀾)。

【[illegible]】(삽) 洽 ソウ、あふれる overflow
넘칠삽(溢也)。

【澰】(렴) 琰 豔 レン、あふれる flow over
❶물벌창할렴(水溢貌ㅡ灧)。❷물철철넘을렴(水滿泛ㅡ)。(『瀲』과 같음)

【澱】(전) 霰 テン、よどむ stagnate ㄉㄧㄢ tien⁴
❶찌끼전(滓也)。❷물고일전(淀也)。

【澱物:전물】가라앉아 앙금이 된 물건。

【澱粉:전분】《化》植物의 營養 貯藏物質로서 根莖이나 球根 같은 데 포함되어 있는 炭水化物。녹말。

【澱粉糖:전분당】《化》전분을 酸으로 분해하여 糖化시켜 만든 물건。葡萄糖。

【澱淤:전어】찌꺼기。渣滓。

【澳】㊀(오) 號 オウ、イク、ふかい deep ㊁(욱) 屋 ㄩ yü⁴
㊀❶깊을오(深也)。❷물이름오(水名)。㊁벼랑욱(水隈)。【大學】瞻彼淇ㅡ、菉竹猗猗。

【澳汨:오골】잠기는 것。

【澳溟:오명】깊고 어두운 것。『何遜·七召』至深潭之ㅡㅡ。有洞室之窅崇。

【澳門:오문】《地》廣東省 마카오。Macao. 珠江의 河口에 있는 良港。폴투갈 直轄植民地임。一八八七년 정식으로 領有함。

【澳洲:오주】大洋洲 또는 濠洲。

【澳港:욱항】항만。항구。

【澴】(환) 刪 カン、うずまく toss ㄏㄨㄢ huan²
물결꿈틀거려흐를환(波流轉貌)。

【澴河:환하】《地》江 이름。河東省 羅山縣에서 發源하여 湖北省으로 들어감。

【澶】㊀(전) 先 セン、タン、ほしいまま indulgence ㊁(단) 翰 ㄔㄢ ch'an²
㊀물이름전(宋地水名)。㊁❶한만할단(漫也)。【莊子馬蹄】ㅡ漫以爲樂。❷멀단(漫遠)。【司馬相如 上林賦】案衍ㅡ漫。❸놓을단(縱也)。

【澶漫:단만】❶방자스러움。『莊子·馬啼』ㅡㅡ爲樂。『注』ㅡㅡ、猶縱逸也。❷느릿하게 긴 모양。壇曼。『張衡·西京賦』ㅡㅡ靡迤、作鎭於近。『注』善曰、ㅡㅡ靡迤、寬長貌。❸제 멋대로 구는 것。생각나는 대로 함。『莊子』ㅡㅡ以爲樂。

【澶恬:전첨】물이 고요히 흐르는 모양。

【澷】(만)『漫』(水部11畫)의 俗字

【[illegible]】(록) 屋 ロク、こす filter
❶거를록(瀝也)。❷다할록(竭也)。(『盝』과 같음)

【澹】㊀(담) 感 タン、やすらか pure; tranquil ㊁(담) 勘 ㄉㄢ tan⁴
㊀❶맑을담(淡水)。【上林賦】隨風ㅡ淡。❷싱거울담(薄味)。㊁❶담박할담(恬靜)。『道德經』ㅡ兮其若海。❷움직일담(動也)。【漢書】相放悲震ㅡ心。❸엉길담(凝也)。❹성담(複姓、ㅡ臺)。(『淡』과 같음)

【澹澹:담담】❶마음이 흔들리지 않은 도양。『劉向』情ㅡㅡ其若淵。❷물이 고요히 출렁거리는 모양。❸고요하고 맑은 모양。『魏武帝』水河ㅡㅡ、山島竦峙。

【澹漠:담막】욕심이 적고 마음이 차근함。『史記』眞人ㅡㅡ兮、獨與道息。

【澹味:담미】산뜻한 맛。淡味。『論衡』大羹必有ㅡㅡ。

【澹泊:담박】욕심이 없고 마음이 깨끗함。淡泊。『揚雄』人君以玄默爲神、ㅡㅡ爲德。「雄」海內ㅡㅡ。

【澹然:담연】고요하고 편안한 모양。『揚

【澺】(억) 職 オク、かわ stream
강이름억(川名)。

【澺水:억수】《地》江 이름。河南省 方城縣에 있음。

【澻】(수) 寘 スイ、こみぞ ditch ㄙㄨㄟ suei
❶밭도랑수(田間小溝)。❷골속수(通谷)。

【濊】(갈) 曷 カツ、なみ wave ❶물결갈(波勢)。❷맑을갈(淸也)。

【澼】㊀(벽) 錫 陌 ヘキ、さらす bleach ㊁(피) 寘 ㄆㄧˋ p'i⁴ 草書 ㊀빨래할벽(漂絮)。【莊子】世世以洴—絖爲業。㊁창자사잇물피(腸間水)。

【澾】(달) 曷 タツ、すべる slippery ㄊㄚˋ t'a⁴ 草書 미끄러울달(泥滑)。

【激】(격) 錫 ゲキ、ケキ、はげしい violent ㄐㄧ chi¹ 小篆 草書 ❶물결부딪쳐흐를격(疾波)。【漢志】爲石隄—使東注。❷찌를격(衝也)。【潘岳詩】驚湍—巖阿。❸맑은소리격(淸聲)。【楚辭】宮庭震驚發—楚些。❹말과격히할격(言論過直)。【史記 張儀傳】以—其意。❺심할격(甚也)。

【激減:격감】갑자기 많이 줄음。또는 주림。급격하게 줄음。↔激增。

【激勸:격권】격려하여 권함。몹시 권함。【柳宗元】褒寵勳賢、——之方也。

【激怒:격노】몹시 성냄。경렬하게 노함。激忿。【後漢書】軍士——、人倍其氣。

【激湍:격단】몹시 세게 흐르는 여울。【徐璣】平沙少——。

【激突:격돌】심하게 부딪침。

【激動:격동】❶急激하게 움직임。심하게 진동함。❷몹시 感動함。

【激浪:격랑】거센 파도。激波。센물결。【潘尼】廻波——、飛沙漂瓦。

【激勵:격려】분기시킴。마음이나 기운을 북돋우어 힘쓰도록 함。【史記】欲——應侯。

【激勵辭:격려사】격려하는 뜻으로 하는 式辭。

【激烈:격렬】몹시 맹렬함。매우 맹렬함。【李白】弦聲何——。

【激論:격론】激烈한 논의。言論。

【激流:격류】사납게 흐름。또는 그 물。【謝靈運】水性本無泡、——遂聚沫。

【激務:격무】몹시 바쁘고 힘드는 일。劇務。

【激發:격발】❶갑자기 발생함。또는 그 일이나 행동。❷경동하여 일으킴。【琴苑要錄】援琴歎之、韻聲——、象霹靂之聲。

【激變:격변】갑자기 변함。

【激忿:격분】=激怒。【後漢書】諸羌——、相與解仇結婚。

【激念:격분】몹시 흥분함。【孔子家語】庸知其非——勵志之始于是乎。

【激甚:격심】매우 심함。

【激昂:격앙】감정이 高調됨。【漢書】今疾病困阨、不自——、乃反涕泣、何鄙也。

【激揚:격양】감정이나 기운이 激發하여 드날림。【後漢書】辭氣慷慨、聞其言者、無不——。

【激語:격어】과격한 말。

【激音:격음】거센소리。有氣音。

【激戰:격전】격렬한 싸움。

【激戰地:격전지】격전을 한 곳。싸움터。

【激情:격정】❶격렬한 감정。❷강렬하고 갑작스러우며 누르기 힘드는 感情。

【激增:격증】갑자기 늘거나 붊。↔激減。

【激震:격진】격렬한 지진。

【激讚:격찬】몹시 칭찬함。激賞。

【激盪:격탕】심하게 흔들려 움직임。

【激鬪:격투】몹시 심하게 싸움。

【激波:격파】센 물결。거센 파도。激浪。

【激化:격화】격렬하게 됨。

【激化一路:격화일로】오로지 격화하여 갈 뿐임。

◎感—、過—、急—、憤—、衝—。

【濁】(탁) 覺 (本音「착」) ダク、にごる impure ㄓㄨㄛˊ chuo² 小篆 草書 ❶흐릴탁(水不淸)。【杜甫詩】在山泉水淸、出山泉水—。❷더러울탁(汚也)。【屈原 漁父辭】擧世皆—、我獨淸。❸물이름탁(蒲州水名)。

【濁客:탁객】❶성질이 흐리터분한 사람。❷막걸리를 좋아하는 사람의 別名。

【濁亂:탁란】정치나 사회가 흐리고 어지러움。

【濁浪:탁랑】흐린 물결。【范仲淹】——排空。

【濁醪:탁료】막걸리。【杜甫】——有妙理。

【濁流:탁류】❶흘러가는 흐린 물。↔淸流。❷無賴輩。【歐陽修】此輩淸流、可投——。

【濁甫:탁보】(國)❶性情이 흐리터분한 사람。❷막걸리를 즐겨 마시는 사람。

【濁聲:탁성】흐린 목소리。탁한 목소리。

【濁世:탁세】(佛)이 세상。俗世。道德과 風敎가 흐려지고 어지럽게 무너진 세상。【史記】荀卿嫉——之政。

【濁水:탁수】흐린 물。↔淸水。

【濁音:탁음】(言)有聲音。성대의 울림을 갖는 소리。↔淸音。

【濁意:탁의】더러워진 마음。깨끗치 못한 마음。

【濁酒:탁주】막걸리。濁醪。【嵇康】——一杯、彈琴一曲。

◎鈍—、汚—、淸—、混—。

【濂】(렴) 鹽 レン、かるい flippant ㄌㄧㄢˊ lien² 草書 ❶경박할렴(輕薄貌)。❷시내이름렴(道州溪名)。❸성렴(姓也)。

【濂溪學派:염계학파】宋의 周敦頤의 學派。

【濂洛關閩之學:염락관민지학】濂溪에 있던 周敦頤、洛陽에 있던 程顥·程頤、關中에 있던 張載、閩中에 있던 朱熹 등이 주창하던 宋學。

【過】㊀(과) 歌 ㊁(와) 歌 カ、うずまき (of water) bend ㄍㄨㄛ kuo¹ 小篆 ㊀물돌아칠과(水回貌)。㊁뜻은 ㊀과 같음。

【過河:과하】(地)江 이름。河南省 上蔡縣에서 發源하여 安徽省으로 들어감。

【濃】(농) 冬 ノウ、こい thick; dense ㄋㄨㄥˊ nung² 小篆 草書 ❶두터울농(厚也)。❷무르녹을농(淡之對)。❸이슬맺힐농(露多貌)。【詩經 小雅 蓼蕭】零露——。(【醲】과 같음)

【濃淡:농담】짙음과 엷음。진함과 묽음。【歐陽修】雲容乍——、秋色半晴陰。

【濃度:농도】(化)混合 氣體나 또는 溶液 가운데에 존재하는 각 성분의 양의 비율。

【濃藍:농람】짙은 남색。짙은 쪽빛。

【濃霧:농무】짙은 안개。

【濃墨:농묵】진한 먹물。

【濃色:농색】짙은 빛。↔淡色。

【濃愁:농수】깊은 시름。深憂。【許衡】別酒無勞勸、——已自醺。

【濃熟:농숙】무르녹듯이 익음。

【濃液:농액】농도가 짙은 액체。

【濃艶:농염】화사하고 아름다움。【李白】一枝——露凝香、雲雨巫山枉斷腸。

【濃陰:농음】짙은 그늘。짙은 녹음。

【濃縮:농축】汁液 등이 진하게 엉기어 바짝 졸아듦。

【濃濁:농탁】매우 걸쭉하여 탁함。

【濃湯:농탕】흐무러지게 흠씬 끓인 국물。

【濃香:농향】짙은 향기。

【濃紅:농홍】짙게 붉은 빛。

〔濃灰色：농회색〕 짙은 회색。 잿빛。

〔濃厚：농후〕 ❶빛깔이 매우 짙음。 ❷液體가 묽지 않고 진함。〔禮記·疏〕溽之言欲也、卽——也。 ❸可望性이 다분히 있음。

【濅】(침) 沁 シン、ひたす soak; dip ❶큰못침(大豬)。〔漢書〕楊州川曰三江—曰五湖。 ❷물젖을침(水漬)。 ❸점점침(漸也)。〔漢書成帝紀〕—以成俗。(『浸』과 같음)

【濆】(분) 文 吻 フン、みぎわ、ほとり beach ㄈㄣˊ fen^2 ❶물가분(水漈)。〔詩經〕鋪敦淮—。 ❷물이름분(水名)。 ❸물솟을분(涌也)。

〔濆薄：분박〕 물결이 솟아나옴。

〔濆泉：분천〕 물이 솟아 나오는 샘。 噴泉。〔公羊傳〕——者何、直泉也。

【濇】(색) 職 ショク、しぶる rough ㄙㄜˋ se^4 깔깔할색(不滑)。

〔濇斂：색렴〕 藥性이 엉겨 굳은 것。

〔濇脈：색맥〕 맥이 마비되어 굳어버리는 것。〔本草綱目〕——、細而遲、往來難短且散、或一止復來。

〔濇毛：색모〕 부드럽지 않은 털。 까슬까슬한 털。〔本草·忍冬〕集解、時珍曰、葉以薛荔而靑、有——。

〔濇雪：색설〕 싸락눈을 말함。

〔濇痛：색통〕 저릿하게 아픔。〔本草·萹蓄〕附方、熱淋——、扁竹煎湯頻飮。

【湆】(읍) 緝 ユウ、みずのわくおと bubbling sound ❶물끓는소리읍(沸聲)。 ❷물결무늬읍(水紋)。

【濈】(집) 緝 ショウ、やわらぐ harmony ㄐㄧˊ chi^2 ❶화할집(和也)。 ❷뿔삐죽할집(角貌)。〔詩經 小雅無羊〕其角——。 ❸빠를집(疾貌)。 ❹빨리흐를집(急流)。〔曹植七啓〕—然鳧沒。

〔濈然：집연〕 빠른 모양。〔曹植〕——鳧沒。

〔濈濈：집집〕 부드럽고 온화한 모양。〔詩「經」其角——。

【濊】㊀(회) 泰 ㊁(예) 隊 ㊂(활) 曷 ワイ、カツ、ふかい、ひろい deep ㄏㄨㄟˋ $huei^4$ (古音「외」) ㊀물출렁출렁할회(深廣)。〔漢書〕澤汪—輯萬國。 ㊁ ❶흐릴예(濁也)。〔漢書〕濊滌濁—。 ❷물이넘칠예(水多貌)。 ㊂ ❶막힐활(礙流)。 ❷그물을물에넣는소리활(網入水聲)。〔詩經 衛風碩人〕施罛——。

〔濊貊：예맥〕 (歷)❶韓族의 先民들을 총칭하던 칭호。 ❷濊貊朝鮮의 略語。古朝鮮의 한 나라로、鴨綠江과 渾江 유역에서 山東의 兗州 및 直隷의 竝州와 山西의 代州에 이르는 판도를 지니고 강성하였으나 燕의 秦開에게 쫓겨 동쪽으로 옮겨 東濊가 됨。

〔濊濊：활활〕 그물을 물에 던지는 소리。〔詩·碩人〕施罟——。

【𣽎】(답) 合 トウ、あつい thickly ❶두툼할답(積厚)。 ❷분별모를답(無賢愚之別——)。 ❸검을답(黑也)。(『沓』과 통함)

十四畫

【濍】(효) 篠 コウ、まじる mix 섞을효(混也)。

【濔】㊀(니) 薺 ㊁(미) 紙 デイ、おおい abundant ㄇㄧˇ mi^3 ㊀ ❶많을니(衆也——)。 ❷물넘칠니(水滿)。 ㊁ ❶평평할미(廣也)。 ❷물많을미(水多)。(『瀰』와 통함)

〔濔濔：미미⇨이니〕 많은 모양。〔詩·載驅〕垂轡——。

〔濔池：미아⇨이이〕 편편하니 연속된 모양。〔文選·蕪城賦〕——平原。

【濕】(습) 緝 シツ、うるおす wet ㄕ $shih^1$ ❶젖을습、축축할습(霑潤)。 ❷소귀벌룩거릴습(牛呞動耳貌)。〔詩經 小雅無羊〕爾牛來思、其耳——。 ❸근심습、낙담습(愁也)。(『隰』과 같음)

〔濕疥：습개〕 (醫)진옴。 급성 습진이 나는 병。

〔濕厥：습궐〕 (醫)비를 맞은 습기로 머리가 어지럽고 아픈 병。

〔濕氣：습기〕 축축한 기운。

〔濕痰：습담〕 (醫)습기로 인하여 생기는 「담。

〔濕度：습도〕 (物)공기 중에 들어있는 水蒸氣의 정도。

〔濕度計：습도계〕 (物)습도를 재는 기계。 乾濕球濕度計와 毛髮濕度計 등이 있음。

〔濕冷：습랭〕 (醫)습기로 인하여 가슴 아래가 찬 병、寒濕。

〔濕痺：습비〕 (醫)습기로 인하여 뼈 마디가 저리고 쑤시는 병。

〔濕邪：습사〕 (醫)❶류우머티스(Rheumatismus)性의 病。 ❷濕氣와 邪氣。(春夏秋冬 季節에 사람을 해치는 병을 일으키는 惡氣)。

〔濕癬：습선〕 (醫)피부병의 한 가지。 진 「버짐。

〔濕泄：습설〕 장마 때 많이 생기는 설사。

〔濕笑：습소〕 쓴 웃음。〔北史〕何須乾啼—。

〔濕熱：습열〕 (醫)습기로 인하여 일어나 「는 열。

〔濕潤：습윤〕 젖어서 질척질척함。 젖음。적심。〔酉陽雜俎〕竈無故、自——。

〔濕腫：습종〕 (醫)다리에 나는 부스럼。濕瘡。

〔濕症：습증〕 (醫)습기로 말미암아 나는 「병。

〔濕地：습지〕 습기가 많은 땅。

〔濕地植物：습지식물〕 (植)끈끈이주걱따위와 같이 습지에서 자라나는 식물。

〔濕疹：습진〕 (醫)피부 거죽에 일어나는 「腫。炎症。

〔濕瘡：습창〕 (醫)피부병의 한 가지。濕

〔濕處：습처〕 습한 곳에서 삶。

〔濕草：습초〕 습한 곳에서 자라는 풀。

〔濕布：습포〕 (醫)물 또는 藥液에 적신 헝겊을 患部에 대어 염증을 치료하는 일。 또는 그 헝겊。

◎乾—、冷—、卑—、肥—、溫—。

【㵰】(서) 御 ショ、みぞ ditch ❶도랑서(溝也)。 ❷넘칠서(漲也)。〔水經註〕—方數里。

【濘】(녕) 徑 迥 ネイ、デイ、ぬかる mud ㄋㄥˋ $nêng^4$ 진흙녕、진수렁녕(淖也)。〔吳都賦〕流汗霡霂而中逵泥—。

〔濘淖：영뇨〕 진수렁。 泥濘。〔韓愈〕跳擲

雖云高、意不離ㅡㅡ。

〔濘溺:영닉〕 진흙 속에 빠짐。『蔡邕』塗ㅡㅡ而難遊。

〔濘滯:영체〕 진수렁이 빠지지 않고 굄。『魏志』濱海洿下、ㅡㅡ不通。

【濗】 (멱) 錫 ベキ、あさい shallow
물얕을멱(水淺貌)。〔水經註〕ㅡ注而已。

【濙】 ㊀(형) 靑 ㊁(형) 迥 ケイ、うずまき flow curved
㊀물돌아나갈형(水洄漩貌)。〔杜甫詩〕洪波空濙ㅡ。㊁물바자울형(泋ㅡ小水)。『甘泉賦』梁弱水之濎ㅡ兮。

【濚】 (영) 庚 靑 エイ、うずまき flow curved
물돌아나갈영(水回流)。

【濴】 (영)『濚』(前條)과 같음

【濛】 ㊀(몽) 東 ㊁(몽) 董 モウ、くらい、こさめ drizzle ㄇㄥ mêng²
小篆 草書 ㊀비부슬부슬올몽、부슬비몽(微雨)。〔詩經 豳風 東山〕零雨其ㅡ。㊁기운덩어리몽(元氣未分貌)。〔春秋序〕ㅡ鴻蒙兆。

〔濛漠:몽막〕 어두컴컴한 모양。『劉孝綽』ㅡㅡ江煙上、蒼茫沙嶼蕪。

〔濛昧:몽매〕 ❶안개 같은 것이 끼어서 침침함。『鮑照』ㅡㅡ江上霧。❷사리에 어리석고 어두움。

〔濛濛:몽몽〕 비나 안개 같은 것이 내려 자욱한 모양。『王昌齡』玉淸壇上雨ㅡㅡ。

〔濛汜:몽범〕 해가 지는 곳。『張衡』象扶桑與ㅡㅡ。

〔濛雨:몽우〕 보슬비。〔宋之問〕是日ㅡㅡ晴、返景入岩谷。

【濜】 ㊀(진) 軫 ㊁(진) 眞 シン、ながれがはやい flow in torrents
㊀물쏟아져흐를진(急流貌ㅡ湏)。㊁입김서릴진(氣液)。

〔濜河:진하〕 《地》물 이름。河北省 棗陽縣에 있음。

【漵】 (서) 語 ショ、うら creek
❶개서(浦也)。❷물이름서(水名)。(『溆』와 같음)

【濞】 (비) 寘 ビ、みずおと sound of water ㄆㄧˋ p'i⁴
小篆 草書 물소리비(水聲滂ㅡ)。

〔濞焉:비언〕 물이 별안간 닥치는 소리。『左思·吳都賦』ㅡㅡ洶洶。〔注〕向曰、濞、水暴至聲也。

〔濞洶洶:비흉흉〕 물결이 솟아오르는 모양。『宋玉·高唐賦』ㅡㅡ其無聲兮。〔注〕善曰、字林曰、濞、水暴至聲也。

【濟】 ㊀(제) 薺 ㊁(제) 霽 セイ、サイ、わたる cross a stream ㄐㄧˇ chi³
小篆 草書 ㊀❶정할제(定也)。❷그칠제(止也)。〔莊子 齊物論〕厲風ㅡ、則萬竅爲虛。❸단정할제(多威儀)。〔詩經 大雅文王〕ㅡㅡ多士。❹물이름제(水名)。㊁❶건늘제(渡也)。〔詩經 風匏有苦葉〕ㅡ有深涉。❷구할제(救也)。〔易經 繫辭〕知周乎萬物而道ㅡ天下。❸일이룰제(事遂)。〔左傳 僖公二十年〕以人從欲鮮ㅡ。

〔濟度:제도〕 ❶물을 건넘。(度는 渡)。❷《佛》일체 중생을 苦海에서 건져 極樂으로 인도하여 줌。『隋書』降大慈ㅡㅡ群品。

〔濟度方便:제도방편〕 《佛》중생을 제도하는 방법과 수단。

〔濟度衆生:제도중생〕 《佛》苦海의 중생을 건져 주는 일。「은 갓양태。

〔濟涼:제량〕 제주도에서 나는 품이 낮

〔濟馬:제마〕 濟州島產인 말。

〔濟物浦條約:제물포조약〕 《歷》李朝 高宗 一九년 壬午軍亂에 의한 日本측 피해에 대한 배상 문제를 취급한 韓日兩國間의 條約。

〔濟民:제민〕 모든 백성을 救濟함。『許衡』身在朝廷思ㅡㅡ。

〔濟貧:제빈〕 구차한 사람을 구제함。

〔濟生:제생〕 생명을 구원하여 건져 냄。

〔濟世:제세〕 세상의 弊害를 없애고 사람을 苦難에서 건져 줌。세상을 구제함。『後漢書』性剛毅有大節、常懷ㅡㅡ志。

〔濟世安民:제세안민〕 세상을 구제하고 백성을 편안하게 함。

〔濟世主:제세주〕 세상을 구제하는 거룩한 사람。

〔濟世之才:제세지재〕 세상을 구제할 만한 뛰어난 재주·역량。濟世才。

〔濟勝之具:제승지구〕 ❶健全한 다리。健脚。『世說』許非徒有勝情、有ㅡㅡ。❷놀이 갈 때 가지고 가는 여러 가지 道具。

〔濟濟:제제〕 ❶많고 성함。『詩經』ㅡㅡ有衆。❷엄숙하고 장함。『詩經』ㅡㅡ蹌蹌。

〔濟濟多士:제제다사〕 훌륭한 선비。『詩經』ㅡㅡ、文王以寧。

〔濟濟蹌蹌:제제창창〕 몸가짐이 위엄있고 위품을 떨치며 질서가 고름。

〔濟州子弟:제주자제〕 《歷》하급의 무관을 가려 쓰려고 제주도에서 해마다 뽑아 내는 사람。

〔濟衆:제중〕 모든 사람을 구제함。

〔濟化:제화〕 착한 방향으로 가르쳐 인도함。『晉書·王坦之傳』聖人所以ㅡㅡ。

【濠】 (호) 豪 ゴウ、ほり moat ㄏㄠˊ hao²
草書 ❶호수호(鐘離水名)。❷해자호(城下池)。❸고을이름호(州名)。(『壕』와 통함)

〔濠濮間想:호복간상〕 世俗을 떠나 仙境에 사는 마음。《故》莊子가 濠(川名)가에서 고기가 즐겁게 노는 것을 보고 즐거워했고、또 濮(水名)에서 낚시질 할 때 楚王이 불렀으나 응하지 않았음。『世說·言語』會心處不在遠、翳然林木、便自有ㅡ也。

〔濠州:호주〕 ＝濠太剌利。

〔濠太剌利:호태랄리〕 ❶ Australia의 音譯。南半球에 있는 大陸。❷오스트레일리아 연방。濠洲。

〔濠湟:호황〕 城 둘레에 판 연못。『金史』決引潦水。納之ㅡㅡ。

【濡】 (유) 虞 ジュ、うるおう moisten ㄖㄨˊ ju²
小篆 草書 ❶적실유(漬也)。〔詩經 風匏有苦葉〕濟盈不ㅡ軌。❷막힐유(滯也)。〔孟子 公孫丑下〕何ㅡ滯也。❸흠치르르할유、곱고 윤택할유(鮮澤)。〔詩經 小雅四牡〕六轡如ㅡ。❹참을유(含忍)。〔史記 刺客傳〕無ㅡ忍之心。❺젖을유(霑也)。❻오줌유(溺也)。〔史記 倉公傳〕不亟治、病必入ㅡ腎。

〔濡需:유수〕 잠깐 동안의 편안하고 한가함을 좋아함。『莊子 徐無鬼』有ㅡㅡ者。

〔濡染:유염〕 ❶단련해서 저절로 能力이 생김。『韓愈』目濡耳染、不學而能。❷적셔 물들임。❸글씨를 씀。『李商隱·韓碑詩』ㅡㅡ大筆何淋漓。

〔濡潤:유윤〕 적셔서 빨음。『鮑照』霜露迭ㅡㅡ草木互榮落。

〔濡滯:유체〕 머무름。〔孟子〕三宿而後出晝、是何一一也。
〔濡筆:유필〕 붓을 적심。

【濢】(취) 寘 スイ、しめっぽい wet
小篆 누눅할취(小濕)。

【濣】(알) 曷 アツ、みずくみ draw (scoop) water
물길을알(取水)。

【濤】(도) 豪 トウ、なみ billow ㄊㄠ t'ao¹·²
小篆 草 書 물결도(大波)。〔江賦〕激逸勢以前驅乃鼓怒而作一。
〔濤瀾:도란〕 =濤波。〔陸游〕此心如古井、無地起一一。
〔濤雷:도뢰〕 우뢰와 같은 큰 파도 소리。〔蘇軾〕一一殷白晝。
〔濤灣:도만〕 파도 이는 포구。
〔濤聲:도성〕 큰 파도 소리。〔白居易〕一一夜入伍員廟。
〔濤波:도파〕 큰 파도。巨浪。

【濥】(인) 軫 イン、くぐる flow through the ground
小篆 ❶물줄기통할인(水脈行地中)。❷물문인(水門)。

【濦】(은) 『溵』(水部10畫) 『𤅼』(水部17畫)과 같음。

【濧】(대) 隊 タイ、ひたす soak ㄉㄨㄟ tuei
❶담글대(漬也)。❷젖을대(濡也)。

【濩】㊀(호) 遇 ゴ、カク、ちる spread ㊁(확) 藥 ㄏㄨㄛ huo⁴
小篆 草 書 ㊀❶퍼질호(流散)。〔東京賦〕聲教布一。❷풍류호(樂名)。㊁❶기슭물떨어질확(雨流霤下貌)。❷지질확、삶을확(煮也)。〔詩經 周南葛覃〕是刈是一。❸더러울확(汚也)。❹으슥할확(宮室深邃貌)。〔甘泉賦〕娵娟蠖一之中。
〔濩落:확락〕 텅 비어 있는 모양。〔韓愈·詩〕一一門巷空。
〔濩略:확략〕 말 따위가 나아가는 모양。〔文選〕時一一而龍翥。

【濷】(추) 宥 シュウ、はやいながれ flaw swiftly
❶물급히흐를추(急流)。❷물소리추(水聲)。

【濪】(정) 徑 セイ、つめたい cool
❶찰정(冷寒)。❷맑을정(清也)。(『瀞』과 같음)

【濫】㊀(람) 勘 ラン、あふれる overflow ㊁(함) 豏 ㄌㄢ lan⁴
小篆 草 書 ㊀❶넘칠람(溢也)。〔孟子 滕文公下〕水逆行、氾一於中國。❷담글람(漬也)。〔魯語〕宣公一乎泗淵。❸남형할람(刑濫)。〔左傳 哀公五年〕不僭不一。❹번질람(水延漫氾)。〔孔子家語 三恕〕夫江始出於岷山、其源可以一觴、及至江津、不舫楫不可以涉。❺외람할람(叨也)。❻말헤프게들을람(失實)。〔左傳 昭公八年〕民聽一也。❼뜬말람、풍설람(浮辭)。〔陸機文賦〕每除煩而去一。❽풍류소리음란할람(亂音)。〔禮記〕狄成滌一之音作而民淫亂。❾냉국람(鑑漿)。㊂❶목욕통함(浴器)。〔莊子 則陽〕同一而浴。❷샘용솟음함(泉涌)。
〔濫擧:남거〕 사람을 구별하지 않고 함부로 씀。〔晉書·劉寔傳〕一一之法不改。
〔濫讀:남독〕 順序도 方法도 없이 아무렇게나 읽음。
〔濫發:남발〕 ❶함부로 발행함。❷총을 함부로 쏨。❸말을 함부로 함。
〔濫伐:남벌〕 나무를 함부로 마구 벰。
〔濫罰:남벌〕 이유 없이 마구 벌을 줌。濫罰濫賞。〔吳筠〕一一猶如斯。
〔濫法:남법〕 법을 어지럽게 함。
〔濫分:남분〕 분수에 넘침。
〔濫費:남비〕 재물을 함부로 소비함。濫用。
〔濫殺:남살〕 사람을 함부로 죽임。〔元史〕劾其一一。
〔濫觴:남상〕 事物의 시초·起源·嚆矢。揚子江 같은 큰 강도 근원을 따라 올라가면 술(只觴) 잔을 띄울(濫)만한 細流라는 뜻에서 옴。〔孔子家語·三恕〕
〔濫食:남식〕 가리지 않고 함부로 먹음。
〔濫用:남용〕 마구 씀。함부로 씀。
〔濫作:남작〕 글이나 시 따위를 함부로 많이 지음。
〔濫製:남제〕 마구 제작함。濫造。
〔濫造:남조〕 함부로 만들음。濫作。
〔濫職:남직〕 분수에 넘치는 벼슬。
〔濫徵:남징〕 타인에게서 돈이나 물건 따위를 함부로 징수함。
〔濫刑:남형〕 가리지 아니하고 함부로 형벌 함。

【濬】(준) 震 シュン、ふかい deep ㄐㄩㄣ chün⁴
草 書 ❶깊을준(幽深)。〔詩經〕一哲維商。❷팔준、개천을칠준(深通川)。〔書經 堯典〕封十有二州一川。
〔濬潭:준담〕 깊은 늪。深淵。〔謝靈運〕隨山疏一一。
〔濬源:준원〕 깊은 근원。〔舊唐書〕肅肅藝祖、滔滔一一。
〔濬池:준지〕 깊은 못이란 뜻으로 바다를 말함。〔左思〕帶朝夕之一一。
〔濬川:준천〕 내를 파서 깊이 함。
〔濬哲:준철〕 깊은 지혜가 있음。또는 그 사람。〔詩經〕一一惟商。

【濭】㊀(애) 泰 アイ、カイ、くもる ㊁(갑) 泰 (be) shadowy
㊀❶그늘질애(陰也藹一)。❷구름낄애(雲氣貌)。㊁배가모래에걸릴갑(船著沙塲)。

【濮】(복) 屋 ボク、かわ river ㄆㄨ p'u²
小篆 草 書 물이름복(東郡水名)。
〔濮上之音:복상지음〕 淫亂한 음악。《故》衞靈公이 晉에 가는 도중 濮水 가에서 들었던 음악으로서 이것을 晉平公 앞에서 演奏하게 했더니 師曠이 亡國 殷의 음악이라 하여 중지시켰음。〔禮記〕桑間一一、亡國之音也。
〔濮陽:복양〕 《地》 ❶上古 때 顓頊帝를 이곳에 장사지냈다 하며、지금 河南省 滑縣 東北에 顓頊帝 陵이 있음。❷지금의 縣이름。河南省에 속함。❸옛날의 縣 이름。㉠宋나라 때 있었는데 지금의 安徽省 靈璧 경계에 있었음。㉡後魏 때 있었는데 지금의 江蘇省 銅山縣 西北에 있었음。❹郡 이름。지금 山東省 濮縣 동쪽에 있었음。❺複姓。

【濯】(탁) 覺 タク、あらう wash; cleanse (本音「착」) ㄓㄨㄛ chuo²
小篆 草 書 ❶씻을탁、빨래할탁(澣也)。〔屈原 漁父辭〕滄浪之水清兮、可以一吾纓。❷적실탁(漑也)。〔儀禮〕反告一具。❸클탁(大也)。〔詩經〕王公伊一。❹빛날탁(光明)。〔詩經 大雅崧高〕鉤膺一一。❺산민둥민둥할탁(山無草木貌)。〔孟子 告

子上〕是以若彼ㅣㅣ也。❻살찔탁(肥澤)。〔孟子 梁惠王上〕麀鹿ㅣㅣ。❼놀탁(游貌)。

【濯船:탁선】배 부리는 일。〔漢書·鄧通傳〕以ㅣㅣ爲黃頭郞。

【濯足:탁족】❶발을 씻음。洗足。世俗을 떠남。〔孟子·離婁〕。❷멀리 여행 갔다 온 사람을 초대함。

【濯枝雨:탁지우】음력 六월쯤에 오는 큰 비。〔周處風土記〕六月有大雨。名ㅣㅣㅣ。

【濯濯:탁탁】❶빛이 밝게 비치는 모양。〔詩經〕鉤膺ㅣㅣ。❷즐겁게 노는 모양。❸태도가 아름다운 모양。❹살찐 모양。〔詩經〕麀鹿ㅣㅣ。❺山에 초목이 없이 훌떡 벗겨진 모양。〔孟子·告子〕是以若彼ㅣㅣ也。

【濰】(유) 支 イ、かわ river ㄨㄟ wei² 小篆 草書 물이름유(瑯琊水名)。

【濱】(빈) 眞 ヒン、はま shore ㄅㄧㄣ pin¹ 草書 ❶물가빈(水際)。〔書經〕海ㅣ廣斥。❷가까울빈(地近)。〔史記 貨殖傳〕鄒魯ㅣ洙泗。❸끝빈(限也)。〔詩經 小雅北山〕率土之ㅣ、莫非王臣。(『瀕』과 같음)

【濱死:빈사】죽음이 가까와 오는 것。죽어감。瀕死。〔國語〕是以濱於死。

【濱涯:빈애】물가 또는 그 근처。바닷가。〔曹植〕蚌蛤被ㅣㅣ、先彩如錦虹。

【濱海:빈해】해변。海岸。

【濱行:빈행】출발에 임박함。◎海ㅣ。

【[illegible]】(연) 先 エン、ふかい deep 깊을연(深也)。

【濶】(활)『闊』(門部 9畫)의 俗字

十五畫

【瀃】(뢰) 賄 ライ、みずわく (of wave) curling over and breaking 물결용솟음칠뢰(水波湧起貌)。(『灅』와 같음)

【濺】一(천) 先 セン、そそぐ sprinkle ㄐㄧㄢ chien⁴ (本音「전」) 二(천) 霰 草書 一쏟아져흐를천(疾流貌)。〔沈約詩〕出浦水ㅣㅣ。二뿌릴천(水激)。〔十八史略 春秋戰國趙〕臣得以頸血ㅣ大王。(『湔』과 通함)

【濺濺:천천】물이 빨리 흐르는 모양。〔沈約〕出浦水ㅣㅣ。

【瀞】(정)『淨』(水部 8畫)의 古字

【濼】一(록) 沃 ロク、ラク、いけ marsh 二(락) 藥 ㄌㄨㄛ luo⁴ 三(박) 藥 小篆 一물이름록(濟南水名)。二뜻은 一과 같음。三늪박、방죽박(陂澤)。

【濼水:낙수】《地》江 이름。山東省 歷城縣에 있음。

【濾】(려) 御 リョ、こす strain ㄌㄩ lü⁴ 草書 ❶씻을려(洗也)。❷맑을려(澄也)。❸거를려(漉水去滓)。

【濾過:여과】거름。걸러 냄。

【濾過器:여과기】액체를 거르는데 쓰는 기구。

【濾過池:여과지】상수도의 물을 걸러 받이기 위하여 만들어 놓은 못。

【濾水羅:여수라】물을 거르는 그릇。

【濿】(례) 霽 レイ、わたる the stepping stones 징검다리건너갈례(履石渡水)。

【瀀】(우) 尤 ユウ、あつい glossy ㄧㄡ yu¹ 小篆 ❶윤기많을우、흠치르르할우(潤氣多貌)。❷너그러울우(寬也)。❸기름질우(渥也)。❹젖을우(漬也)。

【瀁】(양) 漾 ヨウ、ひろい vast 養 ㄧㄤ yang⁴ 草書 ❶물망망할양(水無限)。〔吳都賦〕澒ㅣ沆ㅣ。❷물넘칠양(漲也)。(『漾』과 같음)

【⿰氵賜】(사) 寘 シ、ひのくち open the sluice ❶수문터놓을사(泄水門)。❷방죽사(障水)。

【[illegible]】(찰) 黠 タツ、にごる impure (俗音「취」) 맑지못할찰、흐릴찰、지저분할찰(不淨)。

【[illegible]】(필) 質 ヒツ、いずみ gush 샘솟을필(泉湧)。

【瀄】(즐) 質 シツ、みずのながれ flow 물흐를즐(水流貌)。

【[illegible]】(적) 錫 テキ、うるおう muddy 小篆 흙이물에풀어질적(土得水沮)。

【⿰氵膠】(교) 肴 コウ、かわのな flood 물벌창할교(大水貌)。〔海賦〕ㅣ滈浩汗。

【瀅】(형) 迥 エイ、すむ clear ㄧㄥ ying² 草書 ❶물맑을형(水澄)。❷적은물형(小水)。(『濴』과 같음)

【瀅注:형주】물이 돌아 흐르는 것。

【㶁】一(괵) 陌 カク、みずおと sound of water 二(획) 陌 ㄍㄨㄛ kuo² 小篆 草書 一물갈라져나갈괵(水裂去)。二물소리괄괄할획(水聲)。〔韓愈 藍田廳壁記〕水ㅣㅣ循除鳴。(『漍』과 같음)

【㶁㶁:괵괵】물 소리。〔韓愈〕水ㅣㅣ循除鳴。

【瀆】(독) 屋 トク、みぞ drain ㄉㄨ tu² 小篆 草書 ❶개천독(溝也)。〔論語 憲問〕自經於溝ㅣ。❷흐릴독(濁也)。〔白虎通〕ㅣ者濁也中國垢ㅣ 發源東注海其功著大故稱ㅣ。❸거만할독(慢也)。〔易經 繫辭〕君子上交不諂下交不ㅣ。❹욕될독、어지러울독(辱也)。❺변경할독(變更)。〔左傳 成公十六年〕ㅣ齊盟。

【瀆慢:독만】거만함。〔宋史〕寵幸大過、則ㅣㅣ之心生。

【瀆汚:독오】더러움。더럽힘。〔關氏易傳〕無所ㅣㅣ、謂之洗心。

【瀆職:독직】관리가 職務上 잘못한 일로 그 職을 더럽힘。汚職。

【瀆職罪:독직죄】《法》공무원으로서 옳지 못한 행위로 직책을 더럽힌 죄。

【⿰氵霅】(잡) 洽 チョウ、なみ wave ❶물결잡(波也)。❷물이름잡(水名)。

【瀇】㊀(왕) 養 オウ、ひろい ㊁(왕) 漾 ㄨㄤˇ wide; vast wang³ 草書 ㊀아득할왕、넓을왕(水深廣貌)。㊁고인물썩어냄새날왕(停水臭)。

【瀇瀁:왕양】물이 깊고 넓은 모양。『淮南子』――極望。

【瀇滉:왕황】=瀇瀁。

【濯】(휘) 微 キ、つくす spill ❶물내얹지를휘(振水去)。❷잦을휘(竭也)。

【瀉】㊀(사) 馬 シャ、そそぐ ㊁(사) 禡 ㄒㄧㄝ pour out hsieh⁴ 草書 ㊀❶쏟을사(傾也)。❷쏟아질사(ㅡ水)。【古詩 焦仲卿妻】淚落便如ㅡ。㊁❶토할사、개울사(吐也)。❷설사할사(泄也)。

【瀉痢:사리】《醫》泄瀉。

【瀉劑:사제】《醫》설사를 내리게 하는 약제。

【瀉出:사출】쏟아 냄。

【瀉土:사토】塩分이 들어 있는 흙。『論衡』地無毛則爲――。

【瀉血法:사혈법】《醫》고혈압·뇌일혈·尿毒症 등 때문에 정맥의 피를 뽑아 내는 일、방법。

【濾】(려) 魚 リョ、もれる leak 미려할려、물스밀려(泄海水涅ㅡ)。

【瀋】㊀(심) 寢 シン、しる ㊁(심) 沁 ㄕㄣˇ juice shen³ (古音「침」) 小篆 草書 ㊀즙낼심(汁也)。㊁그릇에물담을심(置水于器)。

【瀋肩:심순】=蕁肩。

【瀋陽:심양】《地》遼東省의 都市。원래의 奉天。清의 太祖가 遼陽으로부터 이곳으로 도읍을 옮기고 盛京이라 했음。

【瀌】(표) 蕭 ヒョウ、みぞれ ㄅㄧㄠ sleet piao¹ 小篆 草書 눈퍼불표、진눈깨비표(雨雪盛貌)。『詩經 小雅角弓』雨雪――。

【瀍】(전) 先 テン、かわ ㄔㄢˊ river ch'an² 草書 물이름전(河南省所在水名)。

【瀍水:전수】《地》江 이름。河南省 孟津縣 西北에서 發源하여 洛水로 들어감。

【滴】(적) 錫 テキ、しずく drop ❶물방울떨어질적(水點下)。❷물댈적(水注)。(『滴』과 같음)

【瀎】㊀(말) 曷 バツ、ぬぐう ㊁(멸) 屑 ㄇㄛˇ wipe mo³ 小篆 草書 ㊀❶걸레말、밑씻개말(淨巾ㅡ布)。❷닦아버릴말(拭滅)。❸바를말(塗也)。㊁물쏟아져흐를멸(疾流貌)。

【瀎布:말포】수건。

【瀎潏:말휼】빠른 흐름의 모양。『張衡 南都賦』沒滑――。『注』良曰、沒滑――、疾流之貌。

【瀏】㊀(류) 宥 リュウ、きよい ㊁(류) 尤 ㄌㄧㄡˊ clear liu² 小篆 草書 ㊀❶물맑을류(水清貌)。【詩經 鄭風溱洧】ㅡ其清矣。❷명랑할류(清明之稱)。『陸機 文賦』賦體而ㅡ亮。❸나무흔들리는소리류(林木鼓動聲)。【上林賦】ㅡ莅芔吸。㊁바람소리류(風聲)。【屈原 九章】秋風ㅡ以蕭蕭。

【瀏濫:유람】물이 맑고 펼쳐져 넓어지는 모양。『揚雄·甘泉賦』正――以弘惝兮。

【瀏覽:유람】책 같은 것을 처음부터 끝까지 훑어 봄。通覽。『淮南子』――偏照。

【瀏亮:유량】맑고 밝음。清明。『陸機』賦體物而――。

【瀏亮:유량】=瀏亮。

【瀏瀏:유유】❶바람이 빠른 모양。『謝惠連』亭亭映江月、――出谷飆風。❷날쌘 모양。『宋玉』乘騏驥之――兮。❸清明한 모양。

【瀏風:유풍】시원한 바람。涼風。

【瀑】㊀(포) 號 バク、たき ㊁(폭) 屋 ㄅㄠ waterfall pao⁴ 小篆 草書 ㊀❶소나기포(疾雨)。❷물거품포(水泡)。㊁폭포수폭(飛泉)。

【瀑布:폭포】흐르는 물이 垂直이나 그와 비슷한 경사로 떨어짐。瀑布水의 略語。飛泉。『水經·註』山頂泉流、――懸瀉。

【瀑布水:폭포수】흐르는 물이 수직이나 또는 그와 비슷한 경사로 떨어지는 일。斷層·절벽 같은 곳에 흔히 있음。飛泉。

【濇】(색) 緝 ショク、しぶる rough ❶깔깔할색(不滑)。❷돌담무늬색(墻石成文ㅡ浪)。❸떫을색(酸苦)。(『澀』과 같음)

十六畫

【瀳】㊀(선) 霰 セン、のむ ㊁(취) 霽 drink ㊀❶마실선(飲也)。❷빨선(歃也)。❸들이쉴선(吮也)。㊁뜻은 ㊀과 같음。

【濩】(곽) 藥 カク、なみのおと roaring (本音「확」) ❶물결소리곽(衆波聲)。❷채색빛휘황할곽(彩色眩曜不定貌)。

【濩濩:곽확】채색 현란한 모양。『文選·魯靈光殿賦』――燐亂。

【瀕】(빈) 眞 ヒン、はま ㄅㄧㄣ shore; beach pin¹ 小篆 草書 ❶물가빈(水厓)。『漢書』ㅡ河之郡。❷임박할빈(迫也)。(『濱』과 같음)

【瀕死:빈사】죽게 된 지경에 이름。

【瀕海:빈해】바다에 연해 있는 곳。浴海。海濱。『漢書』――之觀畢至。

【瀩】(알) 曷 アツ、かわのな waters 물이름알(水名金ㅡ)。

【瀶】(염) 鹽 エン、けがす dirty 小篆 더러운염(汚也)。

【瀘】(로) 虞 ロ、かわ ㄌㄨˊ river lu² 小篆 草書 물이름로(牂牁水名)。『諸葛亮 出師表』五月涉ㅡ、深入不毛。

【瀘口:노구】돌이나 흙을 써서 쌓은 불때는 아궁이。

【瀘水:노수】《地》江 이름。雲南省 西北部 怒江 上流에 있음。

【潢】(횡) 敬 コウ、わたし ㄏㄥˊ ferry hêng² 小篆 ❶작은나루횡(小津)。❷배로건늘횡(以船渡水)。❸떼횡(筏也)。

【瀚】(한) 翰 カン、ひろい ㄏㄢˋ vast han⁴ 草書 ❶질펀할한(廣大貌)。『文心雕龍篇』載籍浩ㅡ。❷사막이름한

(沙漠名)。❸북해이름한(北海)。

【瀚漠:한막】北邊에 있는 사막。『魏收·爲魏禪齊詔』關隴慕義而請好、ㅡㅡ仰德而致誠。

【瀚瀚:한한】광대한 모양。『淮南子』儲與扈治、浩浩ㅡㅡ、不可隱儀揆度、而通光耀者。『注』浩浩ㅡㅡ、廣大貌。

【瀚海:한해】蒙古의 大沙漠。=大漠

【瀛】(영) 庚 エイ、うみ ocean ㄧㄥˊ ying²

小篆 草書 ❶큰바다영(大海)。『史記 孟子荀卿傳』乃有大ㅡ海、環其外。❷신선사는산영(神山名ㅡ洲)。

【瀛洲:영주】三神山의 하나。東海 안에 있으며 神仙이 살고 있다고 함。『史記·秦始紀』海中有三神山、名曰、蓬萊·方丈·ㅡㅡ仙人居之。

【瀛表:영표】海外。外國。

【瀛海:영해】큰 바다。大洋。『史記』乃有大ㅡㅡ、環其外。

【瀜】(륭) 東 ユウ、ふかい deep (俗音「룽」)

물깊을륭(水深廣貌)。

【瀝】(력) 錫 レキ、したたる drop ㄌㄧˋ li⁴

小篆 草書 ❶샐력(滲也)。❷물방울 떨어질력(水下滴)。『靈光殿賦』動滴ㅡ以成響。❸터찌끼력(飮酒將盡餘)。『史記 滑稽傳』時賜餘ㅡ。❹물이졸졸흐를력(水微流)。『思玄賦』漱飛泉之ㅡ液。❺눈부슬부슬오는 소리력(雨雪聲)。『謝惠連雪賦』霰淅ㅡ而先集。

【瀝瀝:역력】❶물 소리。『于武陵』入戶風泉聲ㅡㅡ。❷바람 소리。淅瀝。『逸士傳』風吹ㅡㅡ有聲。

【瀝滴:역적】방울져서 떨어짐。『木華』ㅡㅡ滲淫。

【瀝青:역청】(化)❶松脂에 기름을 섞어서 짠 塗料。❷黑色 또는 濃褐色의 粘質、또는 固體의 有機物質。石炭·石油 등을 蒸溜할 때에 생김。道路 포장에 씀。

【瀝青炭:역청탄】(鑛)석탄의 한 가지。漆黑色이며 油質이 많고 무연탄보다 탄소분이 적고 불꽃이 셈。

【瀝血:역혈】❶방울져서 떨어지는 피。❷피를 묻힘。❸眞心을 나타냄。『韓愈·詩』ㅡㅡ血以書辭。

【瀞】(정) 敬 セイ、ジョウ、きよい clear

小篆 草書 맑을정、정결할정(無垢穢)。(『淨』과 같음)

【瀟】(소) 蕭 ショウ、きよい clear ㄒㄧㄠ hsiao¹

小篆 草書 ❶비바람칠소(風雨暴疾貌)。『詩經』風雨ㅡㅡ。❷물맑을소(水淸深)。❸강이름소(永州江名)。『錢起詩』ㅡ湘何事等閑回。

【瀟湘八景:소상팔경】(地)中國의 瀟水와 湘江이 모이는 곳에 있는 여덟 군데의 아름다운 경치。瀟湘。

【瀟瀟:소소】❶비가 적적하게 오는 모양。❷비바람이 심한 모양。『詩經』風雨ㅡㅡ。

【瀟洒:소쇄】❶산뜻하고 깨끗함。❷깨끗하여 質이 좋음。『孔稚圭』ㅡㅡ出塵之想。

【瀟灑:소쇄】=瀟洒。『杜甫』宗之ㅡㅡ美少年。

【瀟水:소수】(地)江 이름。中國 湖南省 寧遠縣 남쪽 九疑山에서 시작되어 西北으로 흘러 湘水로 빠짐。

【瀟寂:소적】쓸쓸하고 적적함。또는 그 「모양。

【濴】(형)『滎』(水部 17畫)과 같음

【潠】(선) 霰 セン、はく spout one's mouthful of water

물머금어뿜을선(含水噴)。

【瀡】(수) 支 寘 スイ、なめらか smooth ㄙㄨㄟˇ suei³

草書 미끄러울수(滑也)。(『瀢』와 같음)

【瀢】㊀(유) 紙 ㊁(대) 賄 イ、タイ、うおのむれ shoal

㊀물고기떼지어놀유(魚行相隨游)。

㊁물에모래밀릴대(水泛沙動貌)。

【瀣】(해) 卦 カイ、つゆ dew ㄒㄧㄝˋ hsieh⁴

小篆 草書 ❶찬이슬해(北方夜半氣)。『東方朔七諫』含沆ㅡ以長生。❷이슬기운해(露氣)。

【瀤】(회) 佳 カイ、かわのな waters ㄏㄨㄞˊ huai²

小篆 물이름회(北方水名ㅡ澤)。

【瀦】(저) 魚 チョ、たまる stagnate ㄓㄨ chu¹

小篆 草書 ❶물괼저(水所停)。『周禮』稻人以ㅡ畜水。❷못저(池也)。(『豬』와 통함)

【瀦水:저수】고인 물。『書·禹貢·疏』往前漫溢、今得ㅡㅡ爲宅。

【瀦澤:저택】물이 머물러 있는 곳。소。『拾遺記』堯命大禹、疏川ㅡㅡ、有吳之鄕、有北之地、無有妖災。

【瀦宅:저택】(制)大逆罪人의 집을 헐고 못을 만들던 형벌。

【潜】(잠)『潛』(水部 12畫)의 俗字

【瀧】㊀(롱) 東 ㊁(랑) 江 ㊂(상) 江 ロウ、はやせ swift current ㄌㄨㄥˊ lung²

小篆 草書 ㊀❶젖을롱(沾漬)。❷비부슬부슬올롱。㊁물이름랑(昭州水名)。㊂여울상(奔湍)。

【瀧瀧:농롱】❶비오는 모양。눈물이 떨어지는 모양。❷물소리。『蘇軾·詩』谷中暗水響ㅡㅡ。

【瀧水:농수】(地)江 이름。廣東省 鬱林「縣에 있음。

【瀨】(뢰) 泰 ライ、はやせ swift current ㄌㄞˋ lai⁴

小篆 草書 ❶여울뢰(水流沙石上)。『楚辭』石ㅡ兮淺淺。❷물결뢰(湍也)。『漢書』遺甲爲下ㅡ將軍。

【瀩】(대) 隊 タイ、みずがすなをただよう (of sands) accumulate

물에모래밀릴대(水帶沙往來貌)。

【瀫】(곡) 屋 コク、みずのおと sound of water (本音「혹」)

물소리곡(水聲)。

【瀫水:곡수】(地)江 이름。浙江省에 있음。衢江。

十七畫

【灆】(람) 勘 ラン、うく float

뜰람(浮貌)。

【瀯】(영) 庚 エイ、みずおと sound of water ㄧㄥˊ ying²

草書 ❶물소리영(水聲)。『柳宗元 鈷鉧潭西小邱記』ㅡㅡ之聲與耳謀。❷물빙돌아나갈영(水廻旋貌)。❸웅덩이물영、도랑물영(小水)。『杜篤論都賦』去洛邑之渟ㅡ。

【灊灊:영영】물이 흐르는 소리。『柳宗元』――之聲與耳謀。

【瀰】㊀(미) 支 ビ、ミ、みちる full ㊁(니) 紙 ㄇㄧˊ mi²
㊀물질펀할미(水曠遠貌)。【木華 海賦】渺―㵼漫。㊁❶물가득할니(水滿貌)。【詩經 匏有苦葉】有―濟盈。❷물이흐를니(水流貌)。【詩經 邶風新臺】河水――。

【瀰漫:미만】널리 가득참。彌滿。

【瀰茫:미망】넓고 넓어 끝이 없는 것。渺茫。「河水――」。

【瀰瀰:미미】물이 흐르는 모양。【詩經】

【瀰迆:미이】넓고 평평함。【文選】――平原。

【瀱】(계) 霽 ケイ、いずみ well ㄐㄧˋ chi⁴
❶우물물계(井水)。❷샘퐁퐁솟을계(泉出貌)。❸물갖을계(無水―汋)。

【瀲】㊀(렴) 琰 レン、うかぶ overflow ㊁(렴) 豔 ㄌㄧㄢˋ lien⁴
㊀물벌창할렴(水溢貌)。【木華 海賦】瀲淡―灩。㊁❶넘칠렴(水滿泛)。【江賦】或泛―于潮波。❷물결조용히움직일렴(水波微動貌)。【明宣宗詩】力飲何妨―灩斟。

【瀲瀲:염렴】❶바닷물이 넘치는 모양。❷잔물결이 일어나는 모양。【楊夔】春江――淸且急。

【瀲灩:염렴】물이 넘치는 모양。또는 잔잔한 물결이 넘쳐지는 모양。【木華】瀲淡――浮天無岸。

【瀴】(영) 庚 エイ、おおみず sloppy
❶물질펀할영(水遠貌―溟)。【海賦】經途―溟。❷멀영(遙也)。

【瀵】(분) 問 フン、ちる sprinkle ㄈㄣˋ fen⁴
❶흩어질분(散也)。❷물이름분(汾陰水名)。

【瀵水:분수】〔地〕江 이름。山西省 臨晉縣에 있음。

【瀵藥:분예】물이 꽃 서슬을 적심。【郭璞江賦】翹莖―藥、濯穎散裏。

【瀶】(림) 侵 リン、たに valley
❶골림(谷也)。❷추울림(寒也)。❸비내릴림(降雨)。

【潐】(조) 篠 ショウ、こす press out wine
❶술거를조(釃也)。❷거를조(漉也)。❸일조(浚也)。❹다할조(盡也)。

【瀷】(익) 職 ヨク、ひそみながれる flow oozily
스며흐를익(漏流)。

【瀸】(첨) 鹽 セン、ひたす soak; steep ㄐㄧㄢ chien¹
❶건샘첨、건수샘첨(泉乍出乍竭)。❷적실첨(漬也)。❸젖을첨(洽也)。❹물길을첨(汲也)。❺빠질첨(沒也)。❻멸할첨(滅也)。【公羊傳】夏齊人―于遂。

【瀸臺:첨대】물에 잠긴 대。【史記·天官書】――星近天漢。

【瀸漏:첨루】물이 샘。【左思·魏都賦】隰壤――而沮洳、林藪石留而蕪穢。

【瀸汙:첨오】짐승의 병이 전염하는 것。【禮·曲禮下·注】瀸、謂相――而死也。

【瀸漬:첨적】담가 적시는 것。또는 瀸積과 같음。【晉書】――徽猷、沐浴芳潤。

【瀸瀸:첨첨】물이 조금 있는 모양。

【瀹】(약) 藥 ヤク、あらう wash ㄧㄠˋ yao⁴
❶적실약(漬也)。❷씻을약(滌也)。【莊子 知北遊】疏―而心澡雪而精神。❸지질약(煮也)。【齊民要術】有―鷄子法。❹데칠약(薄熟)。❺출렁거릴약(動搖貌)。

【瀹茗:약명】찐 차。【朱熹·康王谷水簾詩】追薪爨絶品、――澆愁。

【瀹祭:약제】제사 이름。새로운 채소를 신에게 올리는 제사。【漢書·郊祀志】東鄰殺牛不如西鄰之――。

【瀺】(참) 咸 サン、もぐる dip; dive ㄔㄢˊ ch'an²
❶물소리참(水聲)。【上林賦】―灂霣墜。❷물고기자맥질할참(魚浮沉)。【潘岳閑居賦】游鱗―灂。

【瀻】(대) 隊 タク、さけがすまない turbid
❶술탁할대(酒不淸)。❷흐린술대(濁酒)。

【瀼】㊀(양) 陽 ジョウ、どろ swamp ㊁(낭) 漾 ㄖㄤˊ jang²
㊀이슬흠치르르할양(露濃貌)。【詩經】零露――。㊁❶수렁낭(水淤)。【漢書】杜欽曰屯氏河羨溢有塡淤反―之害。❷물철철흐를낭(水流貌)。【海賦】涓流泱―。❸물이름낭(夔州水名)。

【瀼泄:양설】=腎泄。

【瀼水:양수】〔地〕江 이름。四川省에 있음。

【瀼瀼:양양】❶이슬이 많은 모양。【詩 野有蔓草】零露――。❷물빛 일렁거리는 모양【木華】瀅瀅。

【氵隱】(은) 『溵』(水部 10畫) 『濦』(水部 13畫) 과 같음

【瀾】㊀(란) 寒 ラン、おおなみ billow ㊁(란) 翰 ㄌㄢˊ lan²
㊀❶큰물결란(大波)。【爾雅】大波爲―。❷눈물흘릴란(泣貌)。㊁❶흠치르르할란(淋濱貌)。❷질펀할란(長貌)。【木華 海賦】洪濤―汗、萬里無際。❸쌀뜨물란(米汁)。

【瀾瀾:난란】눈물이 흘러 떨어지는 모양。【元稹】今君爲我千萬彈、烏啼啄啄淚――。

【瀾漫:난만】❶물방울이 떨어지는 모양。【王褒】。❷이리 저리 흩어지는 모양。【淮南子】道――而不修。❸난잡한 모양。

【瀾汗:난한】큰 물결。【木華】洪濤――、萬里無際。

【瀿】(번) 元 ハン、あふれる overflow in
물급히넘칠번(水暴溢)。【淮南子】灌以―水。

【灀】(상) 漾 ソウ、しも heavy-frosted
된서리칠상(殺物)。

十八畫

【灂】㊀(조) 嘯 ショウ、うるしぬり lacquer ㊁(작) 覺 ㄓㄨㄛˊ chuo² ㊂(색) 陌 (本音「착」)
㊀수레채에옻칠할조(車轅漆)。㊂❶돌이물속에잠겼다드러났다할작(石在水出沒之

貌)。【高唐賦】巨石溺溺之瀺ㅣ。❷물결치는 소리작(波相激聲)。【江賦】湖湝㵿ㅣ。㊂물떨어지는소리색(水落聲)。

【灂灂:색색】물이 떨어져 내리는 모양。

【瀃】(혁) 錫 ケキ、あわてる confused 두려워할혁(怖遽ㅣ沐)。

【灃】(풍) 東 ホウ、かわのな river ㄈㄥ fêng¹ 草書 물이름풍(扶風水名)。(『豊』과 같음)

【灄】(섭) 葉 ショウ、かわのな waters ㄕㄜˋ shê⁴ ❶흠치르르할섭(雨露貌)。❷물이름섭(西陽水名)。❸떼섭(浮栰之類)。

【灅】(류) 紙 ルイ、かわのな waters 小篆 草書 물이름류(水名)。

【灆】(람) 覃 レン、きよい clear 물맑을람(淸也)。

【灈】(구) 虞 ク、かわのな waters 小篆 물이름구(水名)。

【[illegible]】(패) 卦 ハイ、なみ wave 물결패(水波)。【郭璞】漈ㅣ漩潎。

【灊】㊀(첨) 鹽 ㊁(심) 侵 セン、かわのな waters ㄑㄧㄢˊ ch'ien² 小篆 ㊀고을이름첨(廬江縣名)。㊁물이름심(巴郡水名)。

【[illegible]】(잡) 合 ソウ、ゆがわく boil ❶끓을잡(沸貌)。❷끓어질잡(絶貌)。

【灉】(옹) 冬 宋 ヨウ、かわのな river ㄩㄥ yung¹ 小篆 草書 물이름옹(曹州水名)。(『澭』과 같음)

【灋】(법)『法』(水部 5畫)의 古字

【灌】(관) 翰 カン、そそぐ irrigate ㄍㄨㄢˋ kuan⁴ 小篆 草書 ❶물댈관(漑也)。【莊子 逍遙遊】時雨降矣、而猶浸ㅣ。❷물따를관(注也)。❸적실관(漬也)。【莊子 秋水】百川ㅣ河。❹물줄관(澆也)。【吳子 論將】霖雨數至、可ㅣ而沈。❺회추리나무관(木叢生)。【詩經 周南葛覃】黃鳥于飛集于ㅣ木。❻정성껏이를관(盡誠相告)。【詩經】老夫ㅣㅣ。❼새이름관(鳥名)。(『祼』과 같음)

【灌漑:관개】논밭을 경작하는 데 필요한 물을 끌어 댐。【漢書】涇渭ㅣㅣ、極膏腴。

【灌莽:관망】雜木이 우거진 숲。【柳宗元】抵丘垤、伏ㅣㅣ。

【灌木:관목】《植》木本 植物의 한 가지。키가 낮고 줄기는 가늘고 뿌리로부터 叢生함。진달래・앵두・모란・찔레 따위。『詩經』黃鳥于飛、集于ㅣㅣ。

【灌木帶:관목대】《植》관목이 자라는 高山植物地帶의 하나。

【灌佛:관불】《佛》佛像에 향수를 뿌리는 「일。浴佛。

【灌水:관수】물을 댐。灌漑。

【灌浴:관욕】《佛》齋를 올릴 때 佛像을 목욕시키는 일。灌佛。

【灌腸:관장】藥物을 肛門으로부터 直腸 또는 大腸에 넣어 변을 통하게 함。

【灌腸劑:관장제】《醫》관장하는데 쓰이는 글리세린・타닌酸 따위의 약。

【灌注:관주】❶물이 흘러 들어감。【班固】容泉ㅣㅣ。❷=灌漑。【後漢書】陂渠ㅣㅣ。

【灌燭寺:관촉사】《地》忠淸南道 論山郡 恩津面 般若山에 있는 절。韓國 최대의 미륵보살(입상 一四五米)로 유명함。

【[illegible]】㊀(포) 號 ㊁(폭) 屋 ハク、にわかあめ shower ㊀❶소나비포(疾雨)。❷물거품포(沫也)。㊁폭포폭(懸泉流下)。(『瀑』과 같음)

十九畫

【[illegible]】(숙) 屋 シュク、なみ silvery wave 물결번득거릴숙(波貌ㅣ潤)。

【灑】㊀(새) 蟹 ㊁(쇄) 卦 ㊂(사) 馬 サイ、シャ、そそぐ sprinkle ㄙㄚˇ sa³ 小篆 草書 ㊀❶뿌릴새(汛也)。【詩經】ㅣ掃庭內。❷깜짝놀랄새(驚貌)。【莊子】ㅣ然異之。(『洒』와 통함) ㊁뜻은㊀과같음。㊂❶깨끗할사(ㅣ落)。❷뜻은㊀과같음。

【灑落:쇄락】❶기분이 상쾌하고 시원함。『十八史略』胸中ㅣㅣ、如光風霽月。❷뚝 떨어짐。

【灑淚雨:쇄루우】음력 七월 六일에 내리는 비。牽牛・織女 두 별이 서로 만나는 것을 방해한다는 것에서 하는 말。『荊楚歲時記』七月六日有雨謂之ㅣㅣㅣ、七日雨則云洗車雨。

【灑掃:쇄소】물 뿌리고 비로 쓺음。『詩經』ㅣㅣ庭內。

【灑然:쇄연】❶놀라는 모양。『莊子』ㅣㅣ異之。❷깨끗하고 산뜻한 모양。

【灑塵:쇄진】물 뿌려 먼지를 씻어 내림。

【灒】(찬) 翰 サン、そそぐ be in a sweat 小篆 땀뿌릴찬(汗灑)。(『濺』와 통함)

【灓】㊀(란) 翰 ㊁(란) 寒 ラン、わたる leak 小篆 ㊀물비껴건늘란(橫流渡)。㊁❶스며흐를란、샐란(漏流)。【戰國策】ㅣ水齧其墓。❷적실란(漬也)。

【灔】(염)『灩』(水部 28畫)의 俗字

【[illegible]】(약) 藥 ヤク、ゆがわく boil up 물펄펄끓을약(熱貌ㅣㅣ)。【思玄賦】心汋ㅣ其若湯。

【灕】(리) 支 リ、しみこむ flow extensively ㄌㄧˊ li² 草書 ❶물질펀히흐를리(流貌滲ㅣ)。【甘泉賦】ㅣ乎滲灑。❷가을비지정거릴리(秋雨淋ㅣ)。(『漓』와 같음)

【[illegible]】(라) 歌 ラ、かわのな waters 물이름라(長沙水名汨ㅣ)。(『羅』와 같음)

【灖】(미) 紙 ビ、ながれ flow 흐를미(流貌)。

【灘】㊀(탄) 翰 ㊁(탄) 寒 タン、はやせ swift current ㄊㄢ t'an¹ 小篆 俗體 草書 ㊀여울탄(瀨也)。㊁해이름탄(歲名、涒ㅣ、申年)。

【灘聲:탄성】여울의 물이 흐르는 소리。

二十畫

【灙】(당) 養 トウ、かわのな watery ❶물모양당(水形)。❷내이름당(川名)。

【瀩】(여) 魚 ヨ、かわのな (of water) toss
小篆 물출렁거릴여(水搖蕩)。

【灛】(천) 銑 セン、わかれながる tributary ㄔㄢˇ ch'an³
샛강천(水汶也、大水溢出別爲小水)。

【瀫】(열) 屑 ゲツ、ただす punish
小篆 ❶죄를 다스릴열(問罪)。❷살필열(審也)。

【瀼】(양) 養 ジョウ、どろ muddy water
진탕물양(濁泥)。

二十一畫

【灢】(낭) 養 ドウ、みずのながれ overflow
❶물철철흐를낭(流貌決ㅡ)。❷물이름낭(水名)。(『瀼』과 같음)

【灝】(호) 皓 コウ、ひろい boundless ㄏㄠˋ hao⁴
小篆 草書 ❶물줄기멀호、끝없을호(水勢遠貌)。❷질펀할호、아득할호(夷曠)。【揚子法言】商書ㅡㅡ爾。❸팥뜨물호(豆汁)。【說文長箋】禮用豆汁沐髮。

【灝灝:호호】넓고 먼 모양。【揚子法言】商書ㅡㅡ爾。

【灞】(파) 禡 ハ、かわのな river ㄅㄚˋ pa⁴ (俗音「패」)
草書 물이름파(藍田水名)。

【灞橋:파교】長安의 동쪽에 있는 다리 이름。

【灞水:파수】《地》강 이름。中國 陝西省 藍田縣에서 長安 옆을 흘러 渭水로 빠짐。

【灟】(촉) 沃 ショク、うやうやしい polite: modest
❶공손할촉(恭也ㅡㅡ)。❷눈물촉(淚也)。❸조심할촉(小心貌)。【淮南子】馮馮翼翼洞洞ㅡㅡ故曰大昭。(『屬』과 통함)

【灠】(람) 感 ラン、いずみ gush ㄌㄢˇ lan³
❶샘용솟음칠람(湧泉)。❷물들일람(染也)。❸절인실과람(漬果)。

【灡】(란) 寒 ラン、しろみず washed water of rice
小篆 뜨물란(米汁潘ㅡ)。【周禮】潘ㅡ戔餘。

二十二畫

【灣】(만) 刪 ワン、いりえ bay; curved shore ㄋㄤˊ nang⁴ (本音「완」)
草書 ❶물굽이만(水曲)。【李白詩】振窮漂水ㅡ。❷배대는곳만(港ㅡ)。

【灣碕:만기】만 안으로 굽어서 쑥 나온 육지。

【灣流:만류】《地》大西洋의 暖流의 하나。멕시코灣에서 東北으로 흘러 유럽 北西岸을 돌아서 남쪽으로 흐르는 暖流。멕시코灣流。

【灣泊:만박】항구。港灣。泊은 배가 멎는 곳。

【灣商:만상】옛날 平安北道 義州 사람으로서 中國人과 더불어 交易하던 큰 장사치。

【灣然:만연】물이 활꼴(弓形)과 같이 흘러드는 모양。【柳宗元】泓然爲池、ㅡㅡ爲溪。

【灣尹:만윤】《制》義州府尹。

【⿰氵鷬】(탄)『灘』(水部 19畫)의 本字

二十三畫

【灧】(염)『灩』(水部 28畫)의 俗字

【灧碧:염벽】푸른 빛의 물이 출렁 거리는 것。【故都宮殿記】ㅡ魚池。

【灧灧:염염】❶달빛이 물에 비치어 아름답게 빛나는 모양。【何遜】的的與沙靜、ㅡㅡ逐波輕。❷물이 넘치는 모양。

【灤】(란) 寒 ラン、もれながれる leak ㄌㄨㄢˊ luan²
草書 ❶스며흐를란、샐란(漏流)。❷물이름란(遼西水名、ㅡ河)。(『灓』과 같음)

【灤河:난하】《地》강 이름。옛 濡水。上都河라고도 함。內蒙古 沽源縣의 馬尼圖嶺에서 발원하여 滿洲 熱河省의 경계를 지나 渤海로 흘러 들어감。

【灥】㊀(순) 眞 シュン、セン、おおくのいずみ ㊁(천) 先 spring ㊂(전) 先 ㄒㄩㄣˊ hsün²
小篆 ㊀셋샘순(三泉)。㊁많은 물줄기천(衆流)。㊂『泉』과 같음。

【灦】(현) 銑 ゲン、きよくふかい deep and clear
물깊고 맑을현(水深而淸貌)。【郭璞】混瀚ㅡ渙。

二十四畫

【⿰氵鹽】(염) 鹽 エン、しおづけ salt
❶소금에 절일염(醃鹽)。❷『淹』과 같음。

【灨】㊀(공) 送 コウ、かわのな ㊁(감) 勘 waters ㄍㄢˋ kan⁴
㊀물이름공(豫章水名)。(『贛』과 같음) ㊁뜻은 ㊀과 같음。

二十八畫

【灩】㊀(염) 豔 エン、ただよう ㊁(염) 琰 water waving
草書 ㊀물그득할염(水滿貌)。【海賦】瀲淡瀲ㅡ。(『瀲』과 같음) ㊁물결출렁거릴염(波動貌)。

二十九畫

【灪】(울) 物 ウツ、おおみず flow in flood
물벌창할울(大水貌ㅡ滃)。【海賦】澎濞ㅡ礧。

火部

【火】(화) 哿 カ、ひ fire; flame ㄏㄨㄛˇ huo³
小篆 草書 ❶불화(物燒而生光熱)。❷사를화(燒也)。❸등불화(燈ㅡ)。❹빛날화(光也)。❺불날화(ㅡ災)。❻빨갈화(物體熾熱而成赤)。❼탈화(燃也)。❽급할화(急也)。❾화날화(逆上心ㅡ)。❿불화(南方位五行ㅡ)。【古史考】燧人氏初作ㅡ。⓫베이름화(ㅡ㳘)。⓬별이름화(星名)。【詩經 豳風七月】七月流ㅡ。

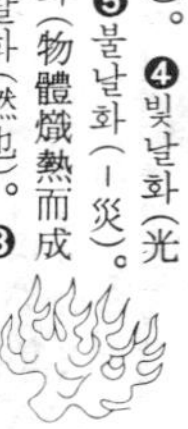
火
(四書引蒙略圖解)

【火脚:화각】위에서 내려 덮치는 불길。

【火車:화거】❶汽車。❷(佛)地獄에서 罪人을 싣는 불차(火車)。

【火鏡:화경】햇볕에 비치어서 불을 일으키는 렌즈。볼록 렌즈로 됨。

【火攻:화공】火力을 써서 敵을 공격하는 兵法。【孫子】ㅡㅡ有五。

【火光衝天:화광충천】불이 일어나서

하늘을 찌를 듯이 그 형세가 맹렬함。

【火具:화구】❶불을 이용하여 敵을 공격할 때 쓰는 道具。❷防火에 쓰는 도구。

【火口:화구】❶불을 때는 아궁이의 아가리。❷《地》火山의 터진 구멍。

【火毬:화구】兵器의 하나。불붙기 쉬운 것을 바람이 센 때 敵陣에 내던져 敵의 軍糧米 따위를 불사르게 함。

火毬 (武備志)

【火口谷:화구곡】《地》火口의 벽의 일부가 터져서 생긴 골짜기。

【火口丘:화구구】《地》火口 안에 겹으로 터져 나온 작은 화산。

【火口瀨:화구뢰】《地》화산의 外輪山을 뚫고 峽流를 이루어 흘러 나가는 개울。

【火口湖:화구호】《地》火山의 噴火口가 막혀 물이 괸 湖水。

【火克金:화극금】五行運行에서 火는 곧 金을 이긴다는 말。

【火金:화금】《鑛》搗鑛製鍊할 때 엉긴 水銀을 분리 증발시키기 위하여 불에 가열해 낸 금。

【火急:화급】타는 불과 같이 급함。대단히 급함。至急。『北史』帝特愛非時之物、取求ㅡㅡ、皆須朝徵夕辦。

【火氣:화기】❶불의 뜨거운 기운。❷가슴이 번거롭고 답답하여지는 병의 기운。❸火症。

【火器:화기】❶화약으로 발사하는 銃砲。❷불을 담는 그릇의 총칭。

【火難:화난】=火災。『韓非子』故白圭無水難、丈人無ㅡㅡ。

【火痰:화담】《醫》熱痰。

【火毒:화독】불의 독한 기운。독기。

【火斗:화두】다리미。

【火遁:화둔】불을 이용하여 자기 몸을 숨기는 기술。

【火力:화력】❶불의 세력。❷《軍》총포의 위력。

【火力發電所:화력발전소】발전기를 運轉하는 動力으로 熱機關을 사용하는 발전。↔水力發電所。

【火力電氣:화력전기】火力으로 發電되는 전기。↔水力電氣。

【火鑣:화렴】❶불을 일으키는데 쓰이는 부싯돌같은 무쇠。燧石。❷날이 선 火器。城을 攻擊할 때 쓰임。『武備具』。

火鑣 (武備志)

【火爐:화로】숯불을 담아 두는 그릇。『行廚集』ㅡㅡ大者曰元爐、煖手曰手爐。

火爐 (三才圖會)

【火輪船:화륜선】《中》汽船의 別名。

【火木:화목】땔나무。

【火斑瘡:화반창】《醫》火傷을 입어 생기는 紅斑性 皮膚炎。

【火病:화병】=鬱火病(울홧병)。

【火兵戰:화병전】《軍》총포 射擊을 하는 전쟁。火戰。

【火夫:화부】汽罐 같은 데에 불을 때는 일을 맡은 사람。

【火盆:화분】불을 담는 그릇。화덕。화로。

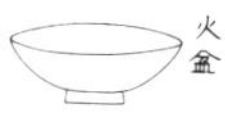

火盆 (武備志)

【火不思:화불사】樂器의 이름。四弦으로 琵琶와 비슷하여 몸은 홀쭉하게 길음。渾不似。和必斯。『元史·禮樂志』。

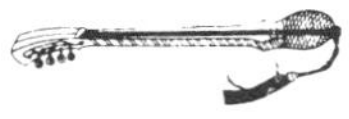
火不思 (清會典圖)

【火山:화산】《地》땅속 깊이 있는 수증기 또는 岩漿이 地殼의 약한 부분을 터뜨려 땅위로 噴出하는 곳、및 그 噴出에 의하여 形成되는 山體。活火山·休火山 등이 있음。『鮑照』ㅡㅡ赫南威。

【火山島:화산도】《地》海底에서 화산이 噴出하여 바다 위에 생기는 섬。

【火山脈:화산맥】《地》같은 계통의 火山이 잇대어 널려 있는 지대。

【火山巖:화산암】《地》巖漿이 地表로 솟아 나와서 된 바위。安山巖·玄武巖·石英粗面巖·花崗斑巖 따위。

【火山地震:화산지진】《地》화산이 터질 때 따라 일어나는 지진。

【火山活動:화산활동】《地》지구 내부에서부터 熔巖이나 개스 따위가 분출하는 활동。火山現象。

【火蔘:화삼】《植》장군풀。

【火傷:화상】불에 뎀。熱傷。

【火石:화석】《國》부싯돌。

【火扇:화선】❶불 부채。❷촛대의 초꽂이 옆에 장치하여 촛불의 밝은 정도를 조절하는 둥글고 얇은 쇳조각。

【火星:화성】《天》地球의 바로 바깥 둘레를 도는 붉은 빛의 星惑。

【火城:화성】❶관솔 같은 것에 불을 붙여서 城壁처럼 列을 지어 적을 막음。❷많은 사람이 불을 가지고 列을 지음。

【火成岩:화성암】《地》땅 속에서 熔解된 岩漿이 地表나 地下에서 굳어서 된 암석。불에 된 바위。

【火勢:화세】불의 세력。타오르는 기세。

【火巢:화소】陵園·墓 등의 垓子 밖에 있는 풀과 나무를 불살라 버린 곳。山火를 막기 위하여 행함。

【火速:화속】❶썩 빠름。❷=火急。『李俊民』柴門近日多來客、ㅡㅡ移牀待孝先。

【火嗽:화수】《醫》가래는 적으나 기침이 나고 얼굴이 붉어지며 口渴이 심해지는 병증。

【火繩銃:화승총】화승불로 터지게 하여 터뜨리는 구식 총。

【火食:화식】불에 익힌 음식을 먹음。또는 그 음식。↔生食。『禮記』東方有夷、被髮文身、有不ㅡㅡ者矣。

【火燼:화신】❶불 탄 나머지。『魏志·註』島無居人、又無ㅡㅡ。❷송두리째 타버림。灰燼。

【火藥:화약】硝石·木炭·黃 따위를 섞어서 만든 폭약。硝藥。

【火藥庫:화약고】❶화약을 저장하는 창고。❷폭발할 듯한 위험성을 내포하고 있는 지역을 비유하여 일컫는 말。

【火魚:화어】《動》達江魚(달강어)。

【火炎:화염】불꽃。火焰。『後漢書』ㅡㅡ燭天地。

【火燄:화염】불꽃。불길。火炎。『易林』卒逢ㅡㅡ、隨風僵仆。

【火焰放射器:화염방사기】《軍》燃燒劑를 분산시켜、火焰으로 敵의 陣地를 태워버리는 兵器。

【火旺之節:화왕지절】여름의 시절。

【火曜會:화요회】프랑스의 파리 로마街에서 시인·화가·음악가 등으로 구성된 文學的 集會의 하나。Les Mardis。

【火茸:화용】《國》부싯깃。

【火雲:화운】여름철의 구름。『岑參』五月山雨熱、三峰ㅡㅡ蒸。

【火源:화원】불난 근원。

【火蟻:화의】《動》불개미。

【火印:화인】❶烙印。❷옛날에 시장에서 쓰던 되。市升。

【火杖:화장】부지깽이。

【火葬:화장】❶死體를 불에 살라 장사함。*土葬·海葬。『南史』ㅡㅡ則焚爲灰燼。❷《佛》佛家의 四葬의 하나。곧 火葬·水葬·林葬·土葬의 첫째。

【火葬場:화장장】화장터。

【火葬地:화장지】화장터。

【火災:화재】불이 나는 재앙。火難。『禮記』孟秋行夏令、則多ㅡㅡ。

【火災保險:화재보험】화재로 인한 損害를 保證할 목적으로 하는 손해 보험。

【火箸:화저】 부젓가락。『湘山野錄』以一【一畫灰。

【火賊:화적】 =不汗黨。

【火箭:화전】 ❶옛날 싸움에서 불을 달아 쏘던 화살。『蜀志』發石車一一、逆燒其攻具。❷〈軍〉艦船에서 쓰이는 신호용의 기구。

【火戰:화전】 〈軍〉銃砲 사격을 하는 전쟁。火兵戰。

【火田:화전】 ❶〈農〉農地를 개간하기 위하여 山林·原野 등을 불살음。『禮記』昆蟲未蟄、不以一一。❷山火田의 略語。

【火田民:화전민】 〈農〉화전을 일궈 먹고 사는 백성。

【火正:화정】 ❶불을 맡은 神。祝融。『左傳』。❷여름을 맡은 神。❸남쪽 바다를 맡은 神。❹〈制〉벼슬 이름。五官의 하나。祝融。『國語』夫黎爲高辛氏一一。

【火鐘:화종】 불이 났을 때 알리기 위하여 치는 종。불종。

【火酒:화주】 소주·위스키·브렌디 등과 같은 酒精分이 강한 술。

【火中:화중】 불 속。

【火症:화증】 화를 벌컥 내는 症。火氣。

【火紙:화지】 담뱃불을 붙이는 데 쓰는 종이。

【火車:화차】 ❶불을 이용해서 적을 공격할 때 쓰는 수레。『齊書』推一一數道、攻戰相持。❷〈佛〉地獄에서 죄인을 태운다 함。불이 타고 있는 수레。❸〈中〉汽車。

火車❶(武備志)

火槍(武備志)

【火槍:화창】 銃砲。火力。『續通鑑』有飛一一、注藥以火發之。

【火淸:화청】 生淸을 떠내고 난 찌끼 꿀。

【火針:화침】 종기를 따려고 뜨겁게 달군 침。

【火太:화태】 〈植〉불콩。

【火宅:화택】 〈佛〉고민이 많은 세상。고민이 많은 세상을 火中에 있는 집에 비유한 말。『法華經』三界無安、猶如一一。

【火筒:화통】 기차·공장 등의 굴뚝。

【火砲:화포】 〈軍〉화약을 장치하여 탄알을 내쏘는 무기라는 뜻으로 총포를 일컬음。銃砲의 異稱。

【火海:화해】 불꽃이 널리 퍼짐을 일컬음。「음。불바다。

【火杴草:화험초】 〈佛〉진득찰。

【火刑:화형】 불로 태워 죽이는 형벌。

【火花:화화】 ❶불꽃。煙火。〈轉〉나방의 別名。飛蛾。❷燈心이 탄 나머지。

【火戲:화희】 불놀이。

◎鬼一、近一、大一、燈一、發一、放一、兵一、噴一、焚一、聖一、失一、野一、漁一、煙一、烈一、引一、點一、出一、炭一、花一。

二畫

【灮】 (광)『光』(儿部 4畫)의 本字

【灯】 (등) 蒸 テイ、トウ、ひ flame ㄉㄥ tēng¹ 草書 불꽃등(烈火)。(『燈』과 통함)

【灱】 (화) 哿 カ、ひがおこる (of fire) break out ❶불일어날화(火起)。❷불타는빛화(火光)。

【灰】 (회) 灰 カイ、はい ashes ㄏㄨㄟ huei¹ 小篆 草書 ❶재회(火餘燼)。『禮記』毋燒一。❷활기없을회(一心)。❸석회회(石一)。

【灰褐色:회갈색】 희읍스름한 朱黃色。곧 희읍스름한 검은 빛을 띤 橙色。

【灰滅:회멸】 타서 없어짐。『魏書』孤負聖恩、自貽一一。

【灰白色:회백색】 잿빛을 띤 흰 빛깔。

【灰壁:회벽】 石灰로 바른 벽。

【灰分:회분】 石灰質의 성분。

【灰三物:회삼물】 石灰·細沙·黃土를 한데 섞은 물건。壙中의 傍灰·天灰로 쓰임。또는 건축에 많이 쓰임。

【灰色:회색】 ❶잿빛。❷소속이나 主義가 분명하지 않음。❸價値도 흥미도 없음。

【灰色分子:회색분자】 소속·주의·노선 등이 뚜렷하지 못한 사람。

【灰燼:회신】 ❶불 탄 나머지。❷송두리째 타버림。『白居易』一朝爲一一、柯葉無子遺。

【灰心:회심】 꺼진 재와 같이 욕심이 없고 고요하여 外部에 유혹을 당하지 않는 마음。『莊子』心固可使如死一一乎。

【灰釉:회유】 木灰 또는 석회를 溶媒로 하여 만든 잿물。

【灰汁:회즙】 잿물。알카리 性이 있어 빨래나 또는 染色에 씀。

【灰靑色:회청색】 잿빛 바탕에 다소 푸른 빛이 섞인 빛깔。

【灰治粧:회치장】 뒷간。

【灰土:회토】 재와 흙。

【灰花蛾:회화아】 〈動〉베짱이。「잿빛。

【灰黑色:회흑색】 검은 빛이 돋는 짙은 잿빛。

◎冷一、生一、石一。

三畫

【灱】 ㈠(효) 肴 ㈡(도) 看 コウ、やく burn ㈠더울효(熱也)。㈡태울도(燒也)。

【灴】 (홍) 東 コウ、かがりび torch 횃불홍(燎也)。(『烘』과 같음)

【灴馬:홍마】 竈祭 때 供物로 바치는 암탉 한 마리와 함께 붙이는 黃紙馬。河南地方의 風習임。

【灵】 (령)『靈』(雨部 16畫)의 略·俗字

【灸】 (구) 宥 有 キュウ、やいと cauterize ㄐㄧㄡˇ chiu³ 小篆 草書 ❶구울구、지질구(灼也)。❷불사를구(燒也)。❸뜸질할구(灼體病)。『史記』形弊者不當關一鑱石及飮毒藥也。

【灸師:구사】 뜸질을 하여 병을 고치는 사람。『韓愈』一一施艾炷、酷苦獵火圍。

【灸所:구소】 〈醫〉뜸을 뜰 수 있는 몸의 어느 局部。炎穴 등。

【灸術:구술】 =灸治。

【灸點:구점】 뜸질한 자리에 먹물을 들여 점。「인 점。

【灸瘡:구창】 쑥으로 뜸뜬 자리가 헐어서 헤어진 부스럼。

【灸治:구치】 〈醫〉뜸으로써 병을 고침。「리。灸術。

【灸穴:구혈】 몸의 뜸을 뜰 수 있는 자

【炧】 (타) 禡 タ、やくおと burning soun (或音「차」) 타는소리타(燒聲)。

【灺】 (사) 馬 シヤ、もえかす spark ㄒㄧㄝˋ hsieh⁴ 小篆 불똥사、초똥사(燈燭餘燼)。『李商隱詩』香一燈光柰爾何。

【灼】 (작) 藥 シャク、やく burn: cauterize ㄓㄨㄛˊ chuo² 小篆 小篆 草書 ❶지질작、사를작(燒也)。『李商隱』雜纂不得已】忍痛一艾。❷구울작(炙也)。❸밝을작(昭也)。『書經』我其克一知厥若。❹좋아없어질작、잦아없어질

작(煎盡)。 ❺꽃활짝필작(花盛貌)。【詩經 周南桃夭】桃之夭夭、ㅣㅣ其華。 ❻빛날작(光也)。
【灼骨:작골】 뼈를 태워서 점을 치는 법。
【灼爛:작란】 불에 타서 헐음。 불에 타서 망가짐。『漢書』ㅣㅣ者、在于上行。
【灼爍:작삭】 ❶빛이 밝게 비치는 모양。 ❷光澤이 있어 아름다운 모양。『李白』淸都綠玉樹、ㅣㅣ瑤台春。『蔡邕』榮華ㅣㅣ、蕚不韡韡。
【灼然:작연】 빛이 밝은 모양。『劉寔』賢與不肖、ㅣㅣ殊矣。
【灼熱:작열】 불에 새빨갛게 달음。
【灼灼:작작】 ❶꽃이 만발한 모양。『詩經』桃之夭夭、ㅣㅣ其華。 ❷빛이 눈부시게 빛나는 모양。『阮籍』ㅣㅣ有輝光。 ❸밝아 훤한 모양。

【災】
(재) 灰 サイ、わざわい calamity ㄗㄞ tsai¹
(小篆)(或體)(籀文)(古文)(草書)
❶재앙재、천벌재(天火)。『左傳 僖公十三年』天ㅣ流行。 ❷횡액재(禍害)。『書經』眚ㅣ肆赦。 (『菑』와 같음)
【災結:재결】 災傷을 입은 논밭。
【災歉:재겸】 災傷으로 곡식이 잘 여물지 않음。
【災難:재난】 뜻밖에 일어나는 불행한 일。『晉書』ㅣㅣ延于宗子。
【災民:재민】 罹災民의 略語。
【災變:재변】 재앙으로 인하여 생긴 변고。災異。『後漢書』匡朕不逮、以塞ㅣㅣ。
【災祥:재상】 재앙과 복됨。 개앙이 생길 징조。『書經』惟天降ㅣㅣ在德。
【災傷:재상】 바람·큰물·가뭄·서리 따위의 天災。 天災로 인하여 입는 해。
【災殃:재앙】 天變地異로 말미암은 불행한 탈。 「愼楄機、ㅣㅣ後此始。
【災厄:재액】 재앙과 厄運。『范質』苟不
【災疫:재역】 天災와 전염병。『子華子』ㅣ不作、四隣寢兵。 「不ㅣㅣ勝善政。
【災妖:재요】 재앙과 妖怪。『孔子家語』
【災地:재지】 災害가 일어난 곳。
【災害:재해】 災變으로 인하여 입는 해。『左傳』是以神降之福、時無ㅣㅣ。 「生。
【災禍:재화】 재앙과 禍難。『史記』ㅣㅣ不
【災患:재환】 재앙과 憂患。
◎水ㅣ、罹ㅣ、戰ㅣ、震ㅣ、天ㅣ、避ㅣ、火ㅣ。

四 畫

【灾】
(재)『災』(前條)와 같음

【炁】
(기)『氣』(气部 6畫)와 같음

【炂】
(종) 冬 ショウ、とける melt
❶녹일종(熱化)。 ❷끓일종(熟汁)。

【炅】
(경) 梗 ケイ、ひかる shine ㄐㄩㄥˇ chiung³
(小篆) 빛날경(光也)。

【炆】
(문) 文 ブン、けむりだつ smoke
연기날문(熅也)。

【炉】
(로)『爐』(火部 16畫)의 俗字

【炌】
(홀) 物 クツ、ひがさかん burn in flames
불기운성할홀(火氣盛)。

【炊】
(취) 支 スイ、かしぐ cook ㄔㄨㄟ ch'uei
(小篆)(草書) ❶불땔취(燃也)。『公羊傳』易子而食析骸而ㅣ。 ❷밥지을취(ㅣ事、自ㅣ)。 ❸땅이름취(地名ㅣ鼻)。
【炊桂:취계】 계수나무를 때어 밥을 지음。《喩》他國에서의 부자유스런 생활。『戰國策·楚策』今臣食玉ㅣㅣ、因鬼見帝、不亦難乎。
【炊飯:취반】 밥을 지음。『陸游』赤米香ㅣㅣ、靑蔬淡虀羹。
【炊夫:취부】 부엌에서 일 보는 남자。
【炊婦:취부】 부엌에서 일하는 여자。
【炊事:취사】 부엌 일。
【炊煙:취연】 밥을 짓는 연기。
【炊湯:취탕】 《國》숭늉。
◎自ㅣ。

【炳】
(눈) 願 ドン、あつい hot
더울눈、따뜻할눈(熱也)。

【炎】
(염) 鹽 エン、ほのお、もえる flame; burn ㄧㄢˊ yen²
(小篆)(草書) ❶불꽃염(火光上)。 ❷불붙일염、불태울염(焚也)。『書經 胤征』火ㅣ崑岡玉石俱焚。 ❸더울염(熱也)。 ❹불꽃성할염(熾也)。 ❺훗훗할염(熏也)。『詩經』赫赫ㅣㅣ。 ❻임금의호염(神農帝號)。
【炎毒:염독】 여름 더위 속에 있는 독기。『杜甫』淸涼破ㅣㅣ、衰意欲登臺。
【炎涼:염량】 ❶더위와 추위。 冷暖。『齊書』裁化變寒燠、布政司ㅣㅣ。《喩》인정의 후함과 박함。『李白』ㅣ別隔千里、榮枯異ㅣㅣ。 ❷세력의 성함과 쇠함。
【炎涼世態:염량세태】 권세가 있을 때는 아첨하여 좇고、세력이 없어지면 푸대접하는 세상 인심。
【炎涼主義:염량주의】 세력이 좋은 편으로 아첨하며 붙어 다니는 기회주의。
【炎方:염방】 몹시 더운 곳이라는 뜻으로 남방을 일컬음。『杜甫』鴻洞此ㅣㅣ。
【炎暑:염서】 여름의 모진 더위。『儲光義』逍遙高殿陰、六月無ㅣㅣ。
【炎陽:염양】 아주 뜨겁게 내리쬐는 볕。
『梁簡文帝』三伏起ㅣㅣ。
【炎熱:염열】 심한 더위。炎暑。『唐太宗』人皆苦ㅣㅣ、我愛夏日長。
【炎威:염위】 삼복의 심한 더위。『劉禹錫』吟風起天籟、蔽日無ㅣㅣ。
【炎精:염정】 ❶太陽。 ❷불을 맡은 神。 ❸아지랑이。
【炎帝:염제】 ❶中國 古代 傳說에 있는 帝王。神農氏의 칭호。 불을 맡았다 함。 ❷여름을 맡은 神。 ❸太陽。
【炎症:염증】 《醫》몸의 한 부분이 細菌이나 藥品의 작용으로 붉게 부어 오르며 아픈 병。
【炎蒸:염증】 찌는 듯한 여름날의 더위。『庾信』五月ㅣㅣ氣、三時刻漏長。
【炎天:염천】 ❶몹시 더운 여름철。『孔融』赫赫ㅣㅣ路。 ❷남쪽 하늘。 九天의 하나。
【炎風:염풍】 ❶찌는 듯한 더위。 ❷東北風。『呂氏春秋』東北曰ㅣㅣ。
【炎夏:염하】 여름。 더운 여름。
【炎旱:염한】 한여름의 찌는 듯한 가물음。『李白』龍怪潛溟波、俟時救ㅣㅣ。
◎暑ㅣ、暴ㅣ。

【炐】
(방) 絳 ホウ、ふくれる burn oneself to well
❶불에데워부풀어오를방(遇火脹起)。 ❷불빛환할방(火光貌)。

【炔】
㊀(계) 霽 ゲイ、ひかり shine ㄍㄨㄟˋ kuei⁴
㊁(혈) 屑
㊂(결)
㊀빛날계(光也)。(『炅』와 같음) ㊁불붙을혈、불피울혈(火始焚)。 ㊂연기무럭무럭일어날결(煙盛貌)。

【炒】
(초) 巧 ソウ、いる parch; roast ㄔㄠˇ ch'ao³
(草書) 볶을초(熬也)。(『煼』와 같음)

【炒麪:초면】 기름에 볶은 밀국수。
【炒研:초연】 약재를 불에 볶아서 藥碾에 넣고 갈음。
【炒醬:초장】 볶은 장。
【炒黃:초황】 약재를 불에 볶아서 빛을 누렇게 만들음。

【炕】(항) 漾 コウ、かわく dry ㄎㄤˋ k'ang⁴ (本音「강」) 小篆 草書 ❶마를항(乾也)。〔漢書〕ー陽暴虐。❷구울항(炙也)。〔詩經〕燔之炙之。❸끊을항(絕也)。〔揚雄解嘲〕ー其氣。❹구들항(北地煖牀)。

【炖】(돈) 元 阮 あかほのう flare ㄉㄨㄣˋ tuen⁴ ❶바람불이불길이성할돈(從風火盛)。❷붉을돈(赤色)。

【炘】(흔) 文 キン、かがやく bright ㄒㄧㄣ hsin¹ 草書 ❶화끈거릴흔、이글이글할흔(熱貌)。❷불활활일어날흔(火盛貌ーー)。〔甘泉賦〕垂景炎之ーー。
【炘炘:흔흔】 빛이 비치는 모양。〔揚雄〕垂景炎之ーー。

【炙】㊀(자) 禡 ジャ、セキ、あぶる ㊁(적) 陌 roast ㄓˋ chih⁴ 小篆 籀文 草書 ㊀❶고기구이자(燔肉)。〔古詩 西門行〕飮醇酒ー肥牛。❷김쏘일자、친근할자(親近而薰之)。〔孟子 盡心下〕而況於親ー之者乎。❸냄새퍼질자(膾ー)。㊁뜻은 ㊀과 같음。
【炙果器:적과기】 적틀。炙臺。
【炙背:적배】 등가죽을 太陽에 쪼임。《喩》기분이 좋음。〔嵇康〕野人有快ーー而美芹子者、欲獻之至尊。
【炙鐵:적철】 적쇠。
【炙膾:적회】 산적。〔周禮·疏〕燒截ーー。

五畫

【炟】(달) 曷 タツ、ひがおこる (of fire) break out ㄉㄚˊ ta² 小篆 ❶불일어날달(火起)。❷화약불터질달(爆也)。❸〔國字〕다래달(獺ー、藤梨謂之ー艾)。

【炠】(압) 洽 コウ、かわかす dry something over the fire 불에말릴압(火乾)。

【炡】(정) 庚 セイ、かがやく scald 데칠정、불번쩍거릴정(爍也ー爚)。

【炤】㊀(소) 嘯 ショウ、てらす ㊁(조) 蕭 bright ㊂(작) 藥 ㄓㄠˋ chao⁴ 草書 ㊀밝을소(明也)。〔晉語〕明燿以ー之。(本音「조」) ㊁❶비칠조(光也)。❷반딧불조(螢火)。〔爾雅〕熒火即ー。(『照』와 같음) ㊂밝을작(明也)。(『灼』과 통함)
【炤炤:소소】 밝은 모양。

【炥】(비) 未 ヒ、あつい hot 小篆 ❶기운더울비(氣熱)。❷불탈비(燒貌)。

【炫】(현) 霰 ゲン、かがやく bright ㄒㄩㄢˋ hsüan⁴ 小篆 草書 ❶밝을현(明也)。〔戰國策 秦策〕ー熿于道。❷불빛현(火光)。
【炫怪:현괴】 기괴한 일을 해서 남의 눈을 끌음。〔柳宗元〕ーー於郡目。
【炫耀:현요】 밝게 비침。炫燿。〔史記〕錫碧金銀、衆色ーー、照爛龍鱗。
【炫炫:현현】 빛이 비치는 모양。〔漢書〕ーー上天、縣象著明。(縣은 懸)。
【炫惑:현혹】 정신이 혼미하여 어지러움。

【炦】(별) 屑 ハツ、ほのお heat of fire 小篆 ❶김오를별(氣上)。❷불기운별(火氣)。

【炪】㊀(절) 屑 セツ、ひかり ㊁(출) 質 blaze 小篆 ㊀불빛절、빛날절(火光)。㊁❶다부룩한출(鬱也)。❷연기모양출(煙貌)。❸불소리출(火聲)。

【炬】(거) 語 キョ、かがりび torch light 草書 ❶횃불거(束葦爲燎)。〔史記〕牛尾ー火光明炫燿。❷불땔거(焚也)。〔杜牧阿房宮賦〕楚人一ー、可憐焦土。(『苣』와 통함)
【炬燭:거촉】 초。炬蠟。〔南史〕義恭餉ーー十挺。
【炬火:거화】 횃불。松明。〔史記〕牛尾ーー、光明炫燿。

【炭】(탄) 翰 タン、すみ charcoal ㄊㄢˋ t'an⁴ 小篆 草書 ❶숯탄(燒木未灰)。〔禮記〕草木黃落乃伐薪爲ー。❷불똥탄(炧也)。❸복일탄(泥火)。〔書經〕民墜塗ー。❹원소이름탄(原素名)。❺석탄탄(石ー)。
【炭價:탄가】 炭의 값。
【炭坑:탄갱】 석탄을 파내는 굴。
【炭鑛:탄광】 석탄을 파서 처리하는 곳。
【炭幕:탄막】 酒幕。
【炭末:탄말】 탄의 부스러진 가루。숯가루。
【炭酸:탄산】 《化》炭酸가스와 물이 화합하여 된 酸。酸性 反應이 있음。
【炭酸加里:탄산가리】 《化》탄산칼리움。녹기 쉬운 白色의 粉末。植物의 재속에 있음。
【炭酸同化作用:탄산동화작용】 《植》식물이 외계로부터 무기 탄소를 취하여 이것을 자체 내에서 유기 탄수화물로 만들어 버리는 영양작용。炭素同化作用。
【炭酸石灰:탄산석회】 《化》탄산 칼슘。
【炭酸水:탄산수】 《化》탄산개스를 물에 용해한 것으로 천연으로는 炭酸泉으로서 나며、인공품은 흔히 청량 음료수로 사용되며 그 밖에 약용 및 화학용으로 씀。
【炭酸鹽:탄산염】 《化》탄산의 수소원자가 금속과 바뀌어 된 화합물。수소 한 원자만이 바뀌어 된 것을 중탄산염이라 함。
【炭酸瓦斯:탄산와사】 《化》炭酸가스。炭素와 酸素가 화합하여 된 無色의 기체。
【炭素:탄소】 《化》化學元素의 하나。石炭·木炭 등에 많이 들어 있음。
【炭素鋼:탄소강】 탄소와 철과의 합금。
【炭素同化作用:탄소동화작용】 《植》=炭酸同化作用。
【炭素線:탄소선】 電球 안의 발광체로 쓰이는 것으로 무명실과 대나무의 겉껍질만을 밀폐한 그릇에 넣어 구운 선。
【炭素板:탄소판】 炭素粉을 壓搾하여 만든 널 조각。
【炭水化物:탄수화물】 《化》炭素·水素·酸素의 化合物。含水炭素。
【炭疽病:탄저병】 《醫》소·말·양 따위의 草食動物이 걸리는 急性 전염병。
【炭田:탄전】 석탄이 묻혀 있는 땅。
【炭質:탄질】 숯이나 석탄 따위의 품질。
【炭層:탄층】 《地》지층의 사이에 쌓여 있는 석탄의 층。炭床。
【炭肺:탄폐】 《醫》석탄 가루를 흡입하기

때문에 폐에 그것이 축적하여 폐가 암흑색이 된 것。심하면 호흡 곤란을 일으킴。

【炭火：탄화】 숯불。〖十八史略〗爲銅柱、以膏塗之、加於ㅣㅣ之上。

【炭化：탄화】 《化》有機 化合物이 熱分解 또는 다른 化學的 변화에 의하여 炭素를 분리 析出하는 현상。

【炭化物：탄화물】 《化》쇠붙이・붕소・규소 따위와 탄소와의 화합물。

【炭化法：탄화법】 《工》양털 섬유에 섞여 있는 식물성 섬유에 산류를 작용시켜 없애 버리는 방법。

【炭化石灰：탄화석회】 《化》탄화 칼슘。

【炭化水素：탄화수소】 《化》炭素와 水素와의 化合物의 總稱。

◎木ㅣ、無煙ㅣ、石ㅣ、獸ㅣ、煉ㅣ、土ㅣ、黑ㅣ。

【炮】

(포) 看 ホウ、あぶる roast ㄆㄠˊ p'ao⁴

小篆 草書 ❶그슬릴포(毛炙肉)。〖詩經〗ㅣ之燔之。❷싸서구울포(裹物燒)。❸형벌포(刑名ㅣ烙)。

【炮烙之刑：포락지형】 《制》❶불에 달군 쇠로 단근질하는 極刑。❷불에 달군 쇠기둥을 맨발로 건너게 한 殷代 紂王이 쓰던 형벌。〖史記·殷記〗紂乃重辟刑、有炮烙之法。

【炮熬：포오】 불에 구워서 말림。〖梅堯臣〗霜前未堅好、霜後可ㅣㅣ。

【炮煨：포외】 불속에 묻어서 구움。〖陸游〗滋裏山蕷供ㅣㅣ。

【炮煮：포자】 굽는 것과 삶는 것。〖李白〗ㅣㅣ宜霜天。

【炮煎：포전】 ＝炮煮。〖張耒〗老妻坐我傍饈截腰ㅣㅣ。

【炰】

(포) 看 ホウ、やく roast ㄆㄠˊ p'ao²

草書 ❶그슬을포(炮也)。❷까불거릴포(自矜氣健貌)。〖詩經 大雅 蕩〗女ㅣ烋于中國。

【炰烋：포효】 거만하여 기세가 당당함。〖詩經〗女ㅣㅣ于中國。

【炯】

(형) 迥 ケイ、キョウ、あきらか bright ㄐㄩㄥˇ chiung³

小篆 草書 ❶빛날형(光也)。❷밝게 살필형(明察)。❸불환히비칠형(火明貌)。〖李羣玉詩〗金沙發光ㅣ。

【炯介：형개】 德이 밝음。耿介。〖顔延之〗ㅣㅣ在明淑。

【炯心：형심】 광명한 마음。〖李白〗高節不可奪、ㅣㅣ如凝丹。

【炯眼：형안】 날카로운 눈。明察하는 눈。

【炯然：형연】 ❶밝은 모양。❷밝게 비치는 모양。❸眼光이 예민한 모양。

【炯炯：형형】 ❶번질번질 光澤이 나는 모양。〖蘇舜欽〗ㅣㅣ抱明玉。❷눈이 날카로운 모양。❸흥분하여 불안한 모양。❹밝게 살피는 모양。〖楚辭〗夜ㅣㅣ而不寐。

【炱】

(태) 灰 タイ、すす soot ㄊㄞˊ t'ai²

小篆 草書 그을음태(煙火所生煤也)。〖皮日休詩〗氣湧撲ㅣ煤。

(『炲』와 같음)

【炳】

(병) 梗 ヘイ、あきらか bright ㄅㄧㄥˇ ping³

小篆 草書 ❶밝을병(明也)。❷나타날병(著也)。〖易經 革卦〗大人虎變、其文ㅣ也。❸빛날병(光也)。(『昞』과 같음)

【炳然：병연】 빛이 비쳐 밝은 모양。〖漢書〗是非ㅣㅣ可知。

【炳映：병영】 번쩍번쩍 빛남。燿映。〖拾遺記〗化爲赤雲、丹輝ㅣㅣ。

【炳燿：병요】 빛나고 번쩍거림。〖拾遺記〗交彩ㅣㅣ。

【炳煜：병욱】 밝게 빛남。〖白居易〗親賓盛輝赫、妓樂紛ㅣㅣ。

【炵】

(동) 冬 トウ、ほのお spark

❶불꽃동(火焱)。❷불활활붙을동(火盛)。

【炷】

(주) 遇 シュ、とうしん candle wick ㄓㄨˋ chu⁴

草書 심지주(燈心燼所著者)。〖讀曲歌〗燃燈不下ㅣ有油那得明。

【炸】

(사) 禡 (작) 〔俗音〕 サク、さく explosion

草書 ❶불터질작(爆也)。❷기름에 지질작(灼也)。

【炸裂：작렬】 화약에 의하여 彈丸이 폭발함。爆裂。

【炸發：작발】 화약이 발화・폭발함。

【炸藥：작약】 砲彈 속에 들어 있어 發射時에 폭발시키는 화약。

【炸彈：작탄】 ❶炸藥을 채운 彈丸。爆彈。❷炸藥을 罐 속에 채운 것。

【点】

(점)『點』(黑部 5畫)의 略字

六 畫

【烄】

(교) 巧 コウ、もやす burn

小篆 태울교(燃也)。

【烈】

(렬) 屑 レツ、はげしい burning violently ㄌㄧㄝˋ lieh⁴

小篆 草書 ❶불활활붙을렬(火猛)。〖書經 胤征〗ㅣ于猛火。❷빛날렬(光也)。〖詩經〗休有ㅣ光。❸공렬(業也)。〖孟子 滕文公下〗武王ㅣ。❹아름다울렬(美也)。〖詩經〗燕衎ㅣ祖。❺위엄스러울렬(威也)。〖詩經〗ㅣㅣ征師。❻독할렬(毒也)。〖漢書〗若湯之旱則傑之餘ㅣ也。❼사나울렬(暴也)。〖史記〗皆以酷ㅣ爲聲。❽매울렬(寒氣)。❾충직할렬(忠直)。〖史記〗ㅣ士徇名。(『列』과 통함)

【烈光：열광】 몹시 강한 빛。

【烈女：열녀】 貞節이 곧은 여자。〖史記〗忠臣不事二君、ㅣㅣ不更二夫。

【烈女門：열녀문】 열녀를 기리기 위하여 세운 문。

【烈女碑：열녀비】 열녀의 행적을 기리기 위하여 세운 비。

【烈女傳：열녀전】 열녀의 행적을 기록한 책。

【烈婦：열부】 貞烈이 곧은 여자。(대개 기혼자에 대한 말)。烈女。

【烈士：열사】 節義를 굳게 지키는 사람。〖史記〗貪夫徇財、ㅣㅣ徇名。

【烈日：열일】 몹시 내리 쬐는 태양。〖徐夤〗ㅣㅣ不融頭上雪。

【烈蹟：열적】 뚜렷하게 빛나는 事蹟。

【烈節：열절】 썩 곧은 절조。

【烈風：열풍】 세게 불어 오는 바람。맹렬하게 부는 바람。〖書經〗ㅣㅣ雷雨。

【烈行：열행】 여자의 貞烈한 행적。

【烈火：열화】 맹렬하게 타오르는 불。猛火。〖謝靈運〗ㅣㅣ縱炎煙。

◎激ㅣ、猛ㅣ、先ㅣ、熱ㅣ、偉ㅣ、遺ㅣ、義ㅣ、慘ㅣ、忠ㅣ、酷ㅣ。

【炰】

㊀(온) 元 ㊁(오) 豪 オン、あぶる roast

小篆 ㊀고기 쪼일온(微火温肉)。㊁구울오(煨也)。

【烉】

(환)『煥』(火部 9畫)의 俗字

【烊】(양) 陽 ヨウ、あぶる roast 一ㄤ yang^{2} 烊 草書 구울양(炙也)。

【烊金:양금】 금속이 녹은 액。『法苑珠林』寧食虵毒蟲、及以一一等、終不破禁戒、而食僧飲食。

【烋】㊀(효) 肴 コウ、うつくしい beautiful ;healthy ㊁(휴) 尤 ㄒㄧㄠ hsiao^{1} 烋 草書 ㊀기운건장할효、뽐낼효(氣健貌)。㊁❶아름다울휴(美也)。❷화할휴(和也)。❸복휴(福祿)。❹경사휴(慶善)。(『休』와 통함)

【烍】(선) 銑 セン、のび a field fire 들불선(野火)。

【⿱聿火】(진) 震 シン、もえかす spark 小篆 불똥진(火餘)。(『燼』과 같음)

【烏】(오) 虞 ウ、からす crow ㄨ wu^{1} 小篆 古文 古文 草書 ❶까마귀오(孝鳥)。『詩經』莫黑非一。❷검을오(黑也)。❸어찌오、어디오(何也)。『史記 司馬相如傳』使者曰、一謂此邪。❹탄식할오(歎辭)。『漢書 楊惲傳』仰天拊缶而呼一一。❺곡조이름오(奏曲名)。(『嗚』와 같음)

【烏江:오강】《地》❶中國 安徽省 和縣의 東北을 흐르는 강。楚의 項羽가 漢의 劉邦에게 쫓겨 자살한 곳。❷黑龍江의 別名。

【烏鷄:오계】❶털이 온통 새까만 닭。❷「烏骨鷄의 略語。

【烏口:오구】 까마귀의 주둥이 모양으로 되어 있는 製圖用具。줄을 긋는 데 씀。

【烏韭:오구】《植》겨우살이풀。麥門冬。漢藥材로 씀。

【烏臼木:오구목】《植》大戟科에 속하는 낙엽 교목。씨의 껍질은 脂肪分이 많으므로 비누와 蠟燭의 原料로 씀。

【烏金:오금】❶장식품에 쓰이는 검은 빛의 쇠붙이。❷적동·철·묵의 別名。

【烏銅:오동】 장식품으로 쓰이는 검붉은 구리。오금과 같은 광택이 남。

【烏頭:오두】❶《植》바곳。❷《醫》川烏頭。❸=烏喙③

【烏頭白:오두백】《喩》❶무리한 要求。『史記·註』秦王曰、一一、馬生角乃許耳。❷配所로부터 故國으로 돌아감。烏頭白馬生角의 略語。❸《故》秦王이 燕의 太子 丹을 가두었을 때에 까마귀 머리가 희고 말 대가리에 뿔이 나야 돌려 보낸다고 함。

【烏拉山脈:오랍산맥】《地》우랄산맥。아시아주와 유럽주와의 경계가 되는 산。

【烏蘞苺:오렴매】《植》 거지덩굴。포도과에 딸린 다년생의 덩굴진 풀。各地에 저절로 나며 꽃진 뒤에 漿果가 열림。뿌리는 한약재로 쓰임。五龍草。拔龍葛。

【烏龍茶:오룡다】 福建·廣東·臺灣産의 紅茶。독특한 芳香이 있음。

【烏騮馬:오류마】 온몸이 검은 빛의 말。

【烏梅:오매】《醫》껍질을 벗기고 짚불 불에 그슬려 말린 梅實。설사·기침에 씀。

【烏木:오목】 黑檀의 心材。빛은 순흑색 또는 淡黑色으로 단단하여 젓가락·담배 설대·文匣 등의 재료로 씀。

【烏飛梨落:오비이락】《國》까마귀 날자 배 떨어지기。《喩》아무 관계 없이 한 일이 공교롭게 다른 일과 때가 같으므로 무슨 관련이 있는 것처럼 혐의를 받게 되는 것。『旬五志』。

【烏絲欄:오사란】 까만 줄을 친 종이。『國史補』宋毫間、紙織成界道、謂之一一。

【烏水鏡:오수경】 검은 수정알을 박은 안경。

【烏水晶:오수정】 빛이 검은 수정。

【烏柹木:오시목】❶먹감나무。❷감나무의 검은 심。

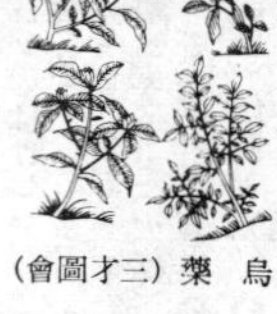

烏藥 (三才圖會)

【烏藥:오약】《醫》天台烏藥 또는 衡州烏藥의 뿌리。腹痛·吐瀉 등에 씀。

【烏芋:오우】《醫》올방개의 뿌리。止渴·明目·開胃 등에 약으로 씀。

【烏有:오유】 어찌 있을까? (틀림 없이 없을 것이다)。烏는 何。

【烏瓷器:오자기】 오지그릇。붉은 진흙을 原料로 하여 만들음。

【烏鵲:오작】 까마귀와 까치。『魏武帝』月明星稀一一南飛。

【烏鵲橋:오작교】 七月七夕에 牽牛 織女 두 별을 서로 만나게 하기 위하여 까마귀와 까치가 모여 銀河에 놓는다고 하는 假想的인 다리。『白孔六帖』烏鵲塡河、成橋而度織女。

【烏盞:오잔】 검정 잿물을 입힌 잔。

【烏賊:오적】《動》오징어。烏賊魚。

【烏摺扇:오접선】 검은 칠을 한 접부채。

【烏鳥私情:오조사정】 까마귀가 새끼 때 어미가 길러 준 그 은혜를 갚는 애정。《喩》자식이 부모에게 효성을 다하려는 마음。『李密·陳情表』一一、願乞終養。

【烏竹:오죽】《植》대과에 속하는 대의 한 가지。

【烏之雌雄:오지자웅】 까마귀의 암컷과 수컷을 구별하기 곤란한 것과 같이 일의 是非善惡을 구별하기 곤란함。『詩經』具曰予聖、誰知一一。

【烏集之交:오집지교】 거짓이 많고 신용이 없는 사귐。『管子』一一、雖美不親。

【烏梢蛇:오초사】《動》먹구렁이。

【烏騅馬:오추마】❶검은 털에 흰 털이 섞인 말。❷옛날 項羽가 탔었다는 좋은 말。

【烏兎:오토】 해와 달의 別名。태양 속에는 새발 돋친 까마귀가 살고、달 속에는 토끼가 산다는 中國 전설에 의함。『梁元帝』一一蔽虧。

【烏合之卒:오합지졸】 갑자기 모인 훈련이 없는 병정。烏合之衆。

【烏合之衆:오합지중】 까마귀 떼와 같이 秩序가 없이 문란하게 모여 있는 군중。또는 그러한 군대。烏合之卒。『後漢書』卜者王郎、集一一、震燕趙之北。

【烏乎:오호】 슬플 때나 탄식할 때에 내는 소리。烏呼。

【烏呼:오호】 =烏乎。

【烏滸:오호】 中國의 남쪽、지금의 廣西省內에서 살고 있었다고 하는 미개인。『左思』一一、南夷別名也。

【烏獲:오획】《人》秦 武王 때 벼슬했던 용사。능히 千鈞을 들었다 함。《轉》힘이 센 것을 말함。『史記·秦紀』。

【烏喙:오훼】❶까마귀 주둥이。❷까마귀 같이 욕심이 많은 사람。『吳越春秋』越王爲人長頸一一。❸《植》毒草의 이름。『戰國策』饑人不食一一、爲其充腹與餓死同患也。

【烑】(요) 蕭 ヨウ、ひかる shine 빛날요(光也)。『淮南子』挾日月而不一 潤萬物而不耕。

【烓】(계) 齊 ケイ、おきかまど oven ㄨㄟ wei^{1} (本音「예」) 小篆 草書 ❶화덕계(小竈)。❷밝을계(明也)。

【烓竈:계조】 불을 때는 화덕。『小雅』

【烕】(혈) 屑 ケツ、ほろぼす destroy ㄒㄩㄝ hsueh^{4} 小篆 草書 ❶불꺼질혈(消火)。❷멸할혈、없앨혈(滅也)。『詩經』褒姒一之。(『滅』과 같음)

【烔】(동) 東 トウ、あつい burn off ❶더운김동(熱氣)。❷불사를동(焚也)。

【烖】(재)『災』(火部 3畫)의 古字 コウ、あぶる dry at a fire ㄏㄨㄥ hung¹

【烘】(홍) 東 小篆 草書 ❶횃불홍(燎也)。【詩經】卬ー于煁。❷불에 쬐어 말릴홍(火乾物)。

【烘箱：홍상】 불을 넣어 물건을 말리는 제구。

【烘霽：홍제】 햇볕이 타는 듯이 내려 쪼「임。

【烙】(락) 藥 ラク、やく fry; frizzle ㄌㄨㄛ luo⁴ 小篆 草書 ❶지질락(灼也)。【史記】有炮ー之法。❷사를락(燒也)。❸단근질할락(火鋮)。【莊子 馬蹄】燒之ー之。

【烙殺：낙살】 사람을 단근질하여 죽임。

【烙印：낙인】 ❶불에 달구어 찍는 쇠도장。❷씻기 어려운 좋지 못한 이름。

【烙竹：낙죽】 달군 쇠로 지져서 여러 가지 무늬를 놓은 대。

【烙刑：낙형】 단근질하는 형벌。「림。

【烙畫：낙화】 (美)인두로 지져서 그린 그

【烛】㊀(충) 東 ㊁(촉) 沃 チュウ、やける drought ㊀가물충(旱也)。㊁촛불촉(燭也)。『燭』의 (俗字)

【烜】㊀(훤) 阮 ㊁(훼) 紙 ケン、キ、あきらか bright ㄒㄩㄢ hsuan³ 草書 ㊀❶빛날훤(光明)。【爾雅 釋訓】赫兮ー兮。❷불활활붙을훤(火盛貌)。❸말릴훤(乾也)。【易經 說卦】日以ー之。㊂벼슬이름훼(官名司ー)。

【烜赫：훤혁】 명성이 높은 모양。【李白·感時留別詩】羞言梁苑地、ーー耀旌旗。

【烝】(증) 蒸 ジョウ、むす steam ㄓㄥ chêng¹ 小篆 草書 ❶김오를증(熏也)。❷찔증(炊也)。❸불김증(火氣上行)。【詩經】ー之浮浮。❹임금증(君也)。【詩經 大雅文王有聲】文王ー哉。❺무리증(衆也)。【書經】ー民乃粒。❻두터울증(厚也)。【詩經】ーー皇皇。❼나아갈증(進也)。【詩經 周頌載芟】ー畀祖妣。❽웃사람과 상피붙을증(上淫)。【左傳 桓公十六年】衛宣公ー于夷姜。❾어조사증(發語辭)。❿겨울제사이름증(冬祭名)。(『蒸』과 통함)

【烝矯：증교】 구부러진 나무를 불에 쬐어서 반듯하게 잡음。【荀子·勸學】故枸木必將待隱栝ーー、然後直。

【烝徒：증도】 많은 무리。많은 徒黨。

【烝多：증동】 음력 一○월의 異名。【周禮】以ーー享先王。

【烝民：증민】 온 백성。萬民。黎民。庶民。【詩經】天生ーー、有物有則。

【烝烝：증증】 ❶성하게 일어나는 모양。【爾雅】。❷따라가는 모양。❸火氣가 올라가는 모양。【韓駒】ーー沸鼎中。❹전진하는 모양。【書·堯典】ーー从不格姦。

【烟】(연)『煙』(火部 9畫)과 같음

七畫

【焜】(훼) 紙 キ、はげしいひ burst into flames ㄏㄨㄟ huei³ 小篆 불활활붙을훼(火熾)。(『燬』와 같음)

【烰】(부) 尤 フ、ホウ、むす steam ㄈㄨ fu² 草書 ❶찔부(烝也ーー)。❷불김부(火氣)。

【烱】(경) 梗 ケイ、むす fumes ㄐㄩㄥ chiung³ 불김경(炎烝)。(『炯』과 같음)

【烻】(철) 屑 ケン、もえる catch fire ❶불당길철(火燃)。❷불기운철(火氣)。

【烴】(형) 迥 ゲイ、あたためる smell of meat ❶누린내형(焦臭)。❷데울형(灼也)。

【焫】(작) 藥 シャク、ひばな flare ❶불성할작(火盛)。❷꽃빛이 짙을작(ー爍)。

【烹】(팽) 庚 ホウ、にる boil; cook ㄆㄥ p'êng¹ 草書 ❶삶을팽(煮也)。【十八史略 西漢】狡兎死、走狗ー。❷요리팽(料理)。【蘇軾詩】寒庖有珍ー。

【烹茶：팽다】 차를 달임。煎茶。

【烹犢：팽독】 삶은 송아지。【韋應物】山珍海錯棄藩籬、ーー炮羔如折葵。

【烹卵：팽란】 삶은 달걀。熟卵。돌알。

【烹鮮：팽선】 잔 고기를 지짐。(喩)나라를 다스리는 일。잔 고기를 지질 때 잘못하면 부스러지는 데서 政治의 까다로움에 비긴 말。【老子】治大國者、若烹小鮮。

【烹熟：팽숙】 충분히 삶음。烹飪。【禮記】ーー羶薌、嘗而薦之。

【烹飪：팽임】 잘 삶음。또는 그 음식。烹熟。【孫逖】蔬食以同其ーー。

【烹宰：팽재】 음식을 요리함。또는 料理人。膳宰。廚宰。

【烹煎：팽전】 삶음。지짐。煎烹。【陸游】自携茶竈就ーー。

【烹調：팽조】 음식물의 조리。烹割。

【烹醢：팽해】 ❶고기를 삶거나 소금에 저림。❷사람을 참혹하게 죽임。【史記·魯仲連傳】吾將使秦王ーー梁王。

【焀】(혁) 陌 カク、むぎをやく parch the barley 보리볶을혁(燒麥)。

【焌】(훌) 物 クツ、やく roast ❶구울훌(火熛)。❷따뜻할훌(暖也)

【羨】(자) 馬 サ、さらす expose to the sun 小篆 ❶볕쪼일자(曝也)。❷숯을묶을자(束炭)。

【烽】(봉) 冬 ホウ、のろし signal-fire ㄈㄥ fêng¹ 小篆 草書 봉화봉(煙火警邊)。【漢書】ー擧燧燔。(『熢』과 같음)

【烽警：봉경】 ❶봉화를 올려 경보함。❷경보를 하기 위한 봉화。

【烽軍：봉군】 (制)烽燧軍의 略語。

【烽臺：봉대】 봉화둑。봉화를 올리는 높은 대。烽樓。烽燧臺。

【烽戍：봉수】 봉화를 지켜 보는 일。【蔡琰】原野蕭條兮、ーー萬里。

【烽燧：봉수】 烽은 밤에 올리는 烽火。燧는 낮에 올리는 烽煙。다 같이 변란이 있음을 알리는 불。烽火。【漢書】斥候望ーー不得臥。

【烽煙：봉연】 봉화를 올리는 연기。【席豫】朝夕候ーー。

【烽子：봉자】 (制)烽燧臺를 지키던 병졸。【戎昱】山頭ーー聲聲叫、知是將軍夜獵回。

【烽火：봉화】 변란이 있을 때에 변경에

서부터 서울까지 경보를 알리는 불。산꼭대기에서 불을 올리는데 미리 정한 신호로써 알려 전해 올라감。烽燧。〖後漢書〗築亭候修ㅣㅣ。《轉》변란。병란。〖杜甫〗ㅣㅣ連三月。

【焥】(애) 灰 アイ、かがやく shine
❶빛날애(輝也)。❷더울애(熱也)。❸불땔애(焚也)。❹불이글이글할애(火盛貌)。

【焃】(혁) 陌 カク、あかい red
❶붉을혁(赤也)。❷밝을혁(明也)。❸빛날혁(赫也)。

【焄】(훈) 文 クン、ふすべる fumigate ㄒㄩㄣ hsün¹
草書 ❶불김오를훈(火上出)。❷향내날훈(香臭)。〖蘇軾 韓文公廟碑〗ㅣ蒿悽愴。❸김쐴훈(熏炙之)。〖史記〗舞文巧詆下戶之猾以ㅣ大豪。(『熏』과 같음)

【焄蒿悽愴:훈고처창】향 냄새가 나서, 사람의 기분을 신비하게 만드는 일。〖蘇軾·韓文公廟碑〗——若或見之。

【焅】(곡) 沃 コク、かわかす droughty
小篆 ❶가무는기운곡(旱氣)。❷뜨거운김곡(熱氣)。

【㶿】(발) 月 ボツ、けむりたつ broiling ㄅㄛ po²
❶찌는듯더울발(蒸熱熨ㅣ)。❷연기무럭무럭날발(煙起貌)。

【焉】(언) 先 エン、いずくんぞ how; why ㄧㄢ yen¹
小篆 草書 ❶어찌언, 어디언(何也)。〖詩經 衞風伯兮〗ㅣ得諼草、言樹之背。❷의심쩍을언(疑也)。〖論語 公冶長〗魯無君子者、斯ㅣ取斯。❸이에언(於是)。〖左傳 隱公六年〗晋鄭ㅣ依。❹어조사언(語助辭)。〖論語 陽貨〗四時行ㅣ、百物生ㅣ。

【焉敢:언감】어찌。감히。

【焉敢生心:언감생심】감히 그런 생각을 일으킬 수도 없음。

【焉烏:언오】焉字와 烏字의 글자 모양이 서로 비슷하여 틀리기 쉬운 일。魯魚。〖宋祁·文〗目不辨於ㅣㅣ。

【焇】(소) 蕭 ショウ、かわかす expose to the sun
❶녹일소(爍也)。❷말릴소(乾也)。❸쬐일소(曝也)。

【焋】(장) 漾 ソウ、むす steam
❶김오를장(熏蒸)。〖字彙〗今炊粉餈謂之ㅣ糕。❷젯밥찔장(實米於甑)。

【焌】(준) 願 震 シュン、たく、やく fire ㄐㄩㄣ chün⁴
小篆 草書 불땔준(燃火)。

【焌契:준계】卜占의 거북 등을 지짐。〖周禮〗凡卜以明火爇燋、遂龡其ㅣㅣ、以授卜師、遂役之。〖注〗焌、讀如戈鐏之鐏、謂以契柱燋火而龡之也。

【焌糟:준조】저자에서 손님을 위해 술국자를 드는 여인。焌糟。

【焍】(제) 霽 テイ、やく frizzle
草書 거북지지는나무제(灼龜木)。

【焍黃:제황】누런 비단으로 엮은 粱卵과 龜木。焍는 거북을 지지는 나무。재앙을 쫓는데 쓰임。〖史記·龜策傳〗持龜以卵周環之、祝曰、今月吉、讖以粱印ㅣㅣ、祓去玉靈之不祥。

【焭】(경) 庚 ケイ、ひとり desolate
草書 ❶외로울경(獨也)。❷근심할경(憂也)。(『煢』과 같음)

【黒】(흑)『黑』(黑部 0畫)의 略字

八畫

【焙】(배) 隊 ハイ、ホウ、あぶる dry over at a fire ㄅㄟ pei⁴
草書 불에쬐어말릴배(煏也)。〖白居易詩〗夜火ㅣ茶香。

【焙茶:배다】❶차잎을 불에 말림。❷불에 말린 차잎。〖白居易·詩〗夜火ㅣㅣ香。

【焚】(분) 文 フン、やく burn ㄈㄣ fen²
小篆 小篆 草書 ❶불사를분(燒也)。〖書經 胤征〗玉石俱ㅣ。❷불땔분(火灼物燒)。〖禮記 月令〗仲春無ㅣ山林。

【焚劫:분겁】불을 질러서 재물을 빼앗음。焚掠。〖宋史〗ㅣㅣ我郡縣。

【焚棄:분기】불살아 없애버림。燒棄。〖魏書〗一切ㅣㅣ之。

【焚掠:분략】집을 불태우고 재산을 빼앗음。焚劫。〖唐書〗所在ㅣㅣ。

【焚滅:분멸】❶불에 태워 멸망케 함。❷불에 타서 망함。〖漢書〗周道既廢、秦撥去古文、ㅣㅣ詩書。

【焚死:분사】불에 타서 죽음。

【焚殺:분살】불에 태워 죽임。

【焚書:분서】책을 불에 태움。

【焚書坑儒:분서갱유】학문·사상이 탄압당하는 일。(故)秦 始皇이 詩書 六經을 불태우고、儒學者를 땅에 묻어 죽인 일。〖孔安國·尙書序〗滅先代典籍、——。

【焚燒:분소】불태움。불탐。불타오름。〖荀子〗餘若丘山、不時ㅣㅣ。

【焚灼:분작】❶불에 구움。❷날씨가 몹시 더운 모양。❸몹시 마음을 괴롭히는 일。〖錢珝〗ㅣㅣ常苦于寸心、芒刺日加于四體。

【焚舟:분주】배를 불태움。전쟁에서 군대가 渡河한 후 배를 불태워 버리는 일。

【焚蕩:분탕】불태워 재물을 다 없애 버림。〖李白〗吳宮又ㅣㅣ、雛盡巢亦空。

【焚香:분향】향료를 불에 피움。燒香。〖杜甫〗ㅣㅣ玉女跪、霧裏仙人來。

【焚火:분화】❶불을 사름。❷사르는 불。모닥불。

【焜】(혼) 阮 コン、かがやく bright ㄎㄨㄣ k'uen¹
小篆 草書 ❶빛환할혼(煌光)。❷밝을혼(明也)。(『煇』과 같음)

【焜爛:혼란】찬란하게 빛남。

【焜燿:혼요】환히 빛남。환히 빛나게 함。〖左傳〗ㅣㅣ寡人之望。

【焜黃:혼황】빛깔이 퇴색하는 모양。가을에 나무나 풀잎이 누렇게 되는 모양。〖文選·長歌行〗常恐秋節至、ㅣㅣ華葉衰。

【焝】(혼) 元 コン、ひがもえる glare
❶불번쩍거릴혼(火貌)。❷불탈혼(火燃)。

【焞】㊀(돈) 元 ㊁(퇴) 灰 ㊂(순) 眞 トン、タイ、うすぐらい dim ㄔㄨㄣ ch'uen²
小篆 草書 ㊀❶어슴프레할돈(薄明)。❷거북등지지는홰돈(灼龜炬)。㊁성할퇴(盛勢貌)。〖詩〗戎車嘽嘽ㅣㅣ。㊂밝을순(明也)。

【焞焞:①돈돈 ②퇴퇴】❶빛이 없는 모양。별이 해·달에 가까워졌기 때문에 희미하게 보이는 모양。〖左氏〗鶉之賁賁、天策

——、火中成軍、虢公其奔。❷성한 모양。漢書、韋玄成傳에서는 推推임。【詩·小雅】戎車嘽嘽、嘽嘽——。【傳】——、盛也。

【焞熅:돈온】 불이 흐릿한 것。【集韻】熅——、火微。

【爲】 (상)『象』(豕部 5畫)의 古字

【焠】 (쉬) 隊 サイ、にらぐ (古音「쵀」) ㄘㄨㄟ ts'uei⁴ dye; 小篆 草書 ❶물들일쉬(染也)。❷칼날물에담글쉬(燒刀納水以堅刃)。【漢書】清水—其烽。❸지질쉬(灼也)。【荀子】有子臥而—掌可謂能自忍矣。❹태울쉬(燒也)。

【焠兒:쉬아】 소나무를 종이처럼 깎아서 그 한 끝에 硫黃을 칠하여 불을 붙이는 데 쓰는 것。引火奴。【輟耕錄】又曰——、蓋以發火、及代燈燭用也。

【焠掌:쉬장】 몸과 마음을 괴롭게 하여 힘씀。刻苦勉勵。《故》孔子의 제자 有若이 졸음을 깨우기 위하여 손바닥을 태웠다는 일。【荀子·解蔽】有子惡臥而焠其掌。

【無】 (무) 虞 ブ、ム、ない none; lack ㄨ wu² 小篆 草書 ❶없을무(有之對)。【孟子 梁惠王上】仁者—敵。❷아닐무(不也)。【禮】—易之道也。❸말무(勿也)。【孟子 公孫丑上】—若宋人然。❹빌무(空虛)。【論語 泰伯】有如—。❺풀이름무(草名文—)。(『毋』와 通함)

【無價:무가】 ❶값어치가 없음。소용 없는 것。❷가격을 매길 수 없을 만큼 귀중한 것。【周曇】寶劍徒稱——寶。

【無可奈:무가내】 無可奈何의 略語。

【無可奈何:무가내하】 처치할 수단이 없음。어찌할 수 없게 됨。莫何奈何。

【無價寶:무가보】 값을 놓을 수 없는 귀중한 보배。無價之寶。

【無價値:무가치】 가치가 없음。

【無間:무간】 친하여 서로 막힘이 없음。

【無間地獄:무간지옥】 《佛》八大地獄의 하나。五逆罪를 지은 사람이 끊임 없는 고통을 받는다는 지옥。無間奈落。

【無感覺:무감각】 아무 감각이 없음。

【無疆:무강】 끝이 없음。無窮。【書經】哲人惟刑、——之辭。

【無蓋:무개】 뚜껑이 없음。덮는 것이 없「음。

【無蓋貨車:무개화차】 지붕을 씌우지 않은 화차。↕有蓋貨車。

【無據:무거】 근거가 없음。無根。

【無怯:무겁】 무서워하거나 주저함이 없「음。

【無缺:무결】 흠이 없음。결점이 없음。

【無經界:무경계】 옳고 그름의 구별이 없음。沒經界。

【無涇渭:무경위】 옳고 그름의 구별이 없음。沒涇渭。無經界。

【無稽:무계】 근거가 없음。터무니 없음。無據。無根。【書經】——之言勿聽。

【無告:무고】 누구에게도 하소연하여 구원을 받을 수 없는 사람。의지할 곳이 없는 불쌍한 사람。【書經·大禹謨】不虐——。

【無故:무고】 탈이 없음。無事。

【無辜:무고】 아무 죄가 없음。또는 그 사람。【周禮】救——、伐有罪。

【無辜疳:무고감】 《醫》어린아이의 얼굴이 누렇게 되고 팔다리가 마르는 疳病의 한가지。

【無骨:무골】 뼈대가 없음。《轉》㉠줏대가 없음。㉡뼈대가 없는 문장。

【無骨蟲:무골충】 ❶뼈 없는 벌레。❷됨됨이가 물렁하게 생긴 사람。

【無骨好人:무골호인】 뼈 없이 좋은 사람。아주 순하여 남의 비위에 두루 맞는 「사람。

【無功:무공】 공로가 없음。

【無跫:무공】 발자취 소리가 없음。

【無過失責任:무과실책임】 고의로 한 과실이 없어도 사고에 대한 책임을 지는 법률상의 제도。

【無關:무관】 ❶관계가 없음。❷마음에 걸리지 않음。괘념하지 않음。

【無關心:무관심】 ❶마음에 두지 않음。❷꺼리껴하는 마음이 없음。

【無怪:무괴】 괴이스럽지 않음。

【無愧:무괴】 제멋대로 포악한 짓을 함。또는 그런 사람。

【無垢:무구】 ❶더럽힌 곳이 없음。清淨潔白。【華嚴經】。❷순결함。❸죄가 없음。

【無口匏:무구포】 아가리 없는 박。곧 입을 다물고 말이 없음。

【無口湖:무구호】 물이 흘러 빠지는 데가 없는 호수。카스피바다。死海 따위。↕有脚湖·有口湖。

【無窮:무궁】 ❶한이 없음。無限。❷끝없이 영원히 계속함。【漢書】作憲垂法、爲——之規。

【無窮無盡:무궁무진】 끝과 다함이 없「음。

【無窮花:무궁화】 무궁화과에 딸린 落葉灌木。槿花。우리나라의 國花。

【無軌道:무궤도】 ❶궤도가 없음。❷떳떳하고 바른 길에서 벗어남。되는 대로 일을 처리함。

【無極:무극】 ❶끝이 없음。❷《哲》宋의 유학자가 주장한 학설。우주에 先行하여 존재한 원시의 근본을 이루는 것。太極。【周惇頤】——而太極。❸《物》電極이 없음。

【無極大道教:무극대도교】 《宗》姜一淳을 교조로 하는 吽哆教(훔치교) 계통의 하나。

【無根:무근】 근거가 없음。無據。

【無根之說:무근지설】 근거 없는 뜬소문。터무니 없는 말。

【無給:무급】 하는 일에 대하여 보수가 「없음。無料。

【無期:무기】 기한이 없음。끝이 없는 오랜 동안。↕有期。

【無機:무기】 ❶생활력을 갖고 있지 않음。《化》❷無機化學。❸무기 화합물。↕有機。

【無期禁錮:무기금고】 《法》교도소에 종신 감금되어 勞役을 가하지 않는 형벌。↕有期禁錮。

【無氣力:무기력】 기력이 없음。

【無記名:무기명】 성명을 쓰지 않음。↕「記名。

【無記名式:무기명식】 투표 등에서 記入者의 성명을 적지 않는 방식。

【無記名投票:무기명투표】 투표자의 이름을 투표용지에 적지 않고 하는 투표。秘密投票。↕記名投票。

【無機物:무기물】 《化》생활 기능을 가지지 않는 물질。공기·鑛物類 및 이를 원료로 삼아 인공적으로 만들어 낸 물질의 總稱。無機化合物。↕有機物。

【無機酸:무기산】 《化》탄소 이외의 비금속 및 금속과 수소와의 화합물。

【無期延期:무기연기】 기일을 정하지 않은 연기。

【無機質:무기질】 《化》無機物。

【無期懲役:무기징역】 《法》종신토록 교도소에 가두어 두는 無期刑의 하나。

【無機體:무기체】 《化》생활 기능을 가지지 않는 물체。↕有機體。

【無期限:무기한】 정한 기한이 없음。

【無期刑:무기형】 《法》형기가 정해지지 않은 終身自由刑。

【無機化學:무기화학】 《化》모든 元素와 無機化合物을 연구하는 학문。↕有機化學。

【無難:무난】 어렵지 않음。쉬움。

【無男獨女:무남독녀】 아들이 없는 집안에 귀엽게 자란 외딸。

【無念:무념】 ❶마음 속에 아무런 생각이 없음。 ❷《佛》無我의 경지에 들어가 私心·妄念이 없는 일。 執着이 없는 것。

【無念無想:무념무상】 無我의 경지에 들어가 모든 생각을 벗어남。 無想。 無念。

【無能:무능】 무능력。 재능이 없음。 쓸모가 없음。 『論語』君子病──焉。

【無能力:무능력】 일을 처리할 만한 능력이 없음。

【無能力者:무능력자】 ❶무능한 사람。 ❷《法》단독으로 완전한 法律行爲를 할 수 없는 사람。 즉 미성년자·금치산자·준금치산자 따위。

【無能自處:무능자처】 무능하다고 스스로 시인함。

【無斷:무단】 결단심이 없음。

【無端:무단】 《國》까닭이 없음。 이유가 없음。

【無斷出入:무단출입】 관계 없는 사람이 쓸데 없이 드나듦。

【無擔保:무담보】 담보물을 제공하지 않음。 담보물이 없음。

【無代:무대】 값을 치르지 않음。 거저。

【無代償:무대상】 어떤 일에 그 代價를 받지 않음。

【無大小:무대소】 彈力 있게 늘어났다 줄어졌다 하는 고무같은 물건。

【無代進呈:무대진정】 값을 받지 않고 줌의 尊稱。

【無德:무덕】 덕이 없음。 덕망이 없음。

【無道:무도】 ❶道德에 어긋남。 인도에 어그러진 좋지 못한 행실。 또는 그 사람。 『論語·顔淵』如殺──、以就有道何如。 ❷세상에 도덕이 행하여지지 않음。

【無道理:무도리】 어찌할 꾀가 없음。

【無毒:무독】 ❶물건에 毒性이 들어 있지 않음。 ❷성질이 착하고 순함。

【無頭無尾:무두무미】 밑도 끝도 없음。 처음과 나중이 없음。 沒頭沒尾。

【無得無失:무득무실】 얻음과 잃음이 없음。 이익도 손해도 없음。 無害無得。

【無等:무등】 등급이 그 위에 더할 나위 없음。 더할나위 없이。

【無等好人:무등호인】 아주 좋은 사람。

【無量:무량】 ❶한 없이 많음。 無限量。 ❷말로 표현할 수 없음。

【無量劫:무량겁】 《佛》헤아릴 수 없는、 시간。 永遠。 永久。 永劫。

【無量大福:무량대복】 그지없는 복덕。

【無量壽:무량수】 《佛》阿彌陀佛의 수명이 무한한 것。 헤아릴 수 없는 수명。

【無量壽佛:무량수불】 《佛》수명이 한없는 부처。 곧 阿彌陀佛。

【無慮:무려】 ❶아무 염려할 것이 없음。 ❷대개。 대체。 『漢書』天下大抵──、皆鑄金錢矣。

【無力:무력】 힘이 없음。 세력이 없음。 능력이 없음。 실력이 없음。

【無力所致:무력소치】 실패를 당한 일이 무력한 까닭。 능력이 없는 소치。

【無廉:무렴】 염치가 없음。

【無禮:무례】 예의가 없음。 예의를 모름。 예의에 어긋남。 ＝失禮。

【無論:무론】 말할 것도 없음。 勿論。

【無賴輩:무뢰배】 ＝無賴漢。

【無賴漢:무뢰한】 일정한 직업이 없이 돌아다니는 불량한 사람。 不良輩。

【無料:무료】 거저。 料金이 필요 없음。

【無聊:무료】 ❶심심함。 『羅隱』一醉解──。 ❷마음에 근심이 있음。 『楚辭』心煩憒兮意──。

【無料提供:무료제공】 거저 줌。

【無漏:무루】 빠짐이 없음。

【無類:무류】 같은 종류가 없음。 견줄데 없음。 無比。 『論語』有教──。

【無倫無脊:무륜무척】 일에 차례가 없음。

【無理:무리】 ❶억지로 우김。 ❷억지로 행함。 ❸사리에 맞지 않음。 이유가 닿지 않음。

【無理方程式:무리방정식】 《數》未知數가 無理數로 되어 있는 방정식。

【無理數:무리수】 《數》완전한 平方數。 또는 立方體가 아닌 수。

【無望:무망】 ❶희망이 없음。 ❷생각대로 잘 안 될듯함。 ↕有望。 『史記』世有──之福。

【無妄中:무망중】 뜻하지 않은 가운데。

【無妹獨身:무매독신】 형제 자매가 없는 외로운 몸。

【無麪:무면】 돈이나 물건이 축나는 일。

【無面渡江東:무면도강동】 일에 실패하여 고향에 돌아갈 면목이 없는 형편。

【無免許:무면허】 면허가 없음。

【無名:무명】 ❶이름을 모름。 ❷세상에 이름이 알려져 있지 않음。 유명하지 않음。 ↕有名。 ❸명분이 없음。 명분이 서지 않음。 옳은 도리가 없음。 『後漢書·袁紹傳』今棄萬安之術而興──之師。

【無名色:무명색】 두드러지게 일컬을 만한 이름이 없음。

【無明世界:무명세계】 세상의 번뇌에 사로잡힌 娑婆 세계。

【無名小卒:무명소졸】 이름이 알려지지 않은 하찮은 인간。

【無名數:무명수】 《數》특수의 量의 單位名을 붙이지 않은 보통의 수。 ↕名數。

【無名氏:무명씨】 이름을 모르는 사람。

【無名異:무명이】 ＝無名石。

【無名作家:무명작가】 널리 이름이 나지 않은 작가。 ↕著名作家。

【無名指:무명지】 네째 손가락。 약손가락。 『孟子』有無名之指、屈而不信。 (信은 伸)。

【無名之士:무명지사】 세상에 이름나지 않은 선비。

【無名草:무명초】 이름 모를 풀。

【無謀:무모】 꾀와 수단이 없음。 깊은 思慮가 없음。 無分別。 『庾信』俎豆非所習、帷幄復──。

【無紋:무문】 무늬가 없음。

【無物:무물】 물건이 없음。

【無味:무미】 ❶맛이나 재미가 없음。 『淮南子』──而五味形焉。 ❷無意味의 略語。 ❸沒趣味。

【無味乾燥:무미건조】 ❶재미가 없고 메마름。 ❷깜깜하여 운치가 없음。

【無班鄕:무반향】 문벌이 높은 사람이 살지 않는 시골。

【無妨:무방】 妨害될 것이 없음。 괜찮음。

【無防備:무방비】 외구·외적을 막아내는 시설이 없음。

【無配當:무배당】 《經》利益 배당이 없음。 특히 株式에서 배당이 없음을 이름。

【無法:무법】 법이 없음。 난폭함。 無理。 無體。

【無法天地:무법천지】 ❶법이 없는 세상。 ❷무질서한 짓。

【無邊:무변】 한이 없음。 無限。

【無邊曠野:무변광야】 끝이 없이 넓은 벌판。

【無邊大海:무변대해】 가이 없이 넓은 바다。

【無邊利:무변리】 邊利가 없음。

【無邊錢:무변전】 《國》변리가 없는 빚돈。

【無病:무병】 병이 없음。

【無報酬:무보수】 보수가 없음。

【無服親:무복친】 ❶有服親 이외의 가까운 친척。 ❷袒免親(단문친)。

【無本大商:무본대상】 밑천 없이 하는 큰 장사。 곧 도둑。

【無父母:무부모】 부모가 다 없음。

【無復餘望:무부여망】 다시 더 바랄것이 없음。

【無復餘地:무부여지】 다시 더할 여지가 없음。 思慮가 없음。

【無分別:무분별】 분별이 없음。 생각이 없음。

〖無不干涉:무불간섭〗 두루 간섭하지 않는 것이 없음。

〖無佛世界:무불세계〗 《佛》❶부처가 없는 세계。❷사람이 깨지 않은 곳。

〖無不通知:무불통지〗 모두 통하여 모르는 것이 없음。

〖無比:무비〗 =無雙。〖逸周書〗均率力貌

〖無非:무비〗 《國》全部。모두。죄다。

〖無憑:무빙〗 어떤 事實을 立證할 만한 證據가 없음。

〖無憑可考:무빙가고〗 憑據로 하여 상고할 만한 것이 없음。

〖無私:무사〗 私心이 없음。공평함。

〖無事:무사〗 ❶아무 일이 없음。〖蘇軾〗冷官ㅡㅡ室廬深。❷변함이 없음。〖戰國策〗安樂ㅡㅡ。

〖無嗣:무사〗 =無後。

〖無事得謗:무사득방〗 아무 까닭 없이 남에게 나무람을 받음。

〖無思無慮:무사무려〗 아무 생각과 근심이 없음。

〖無事奔走:무사분주〗 하는 일 없이 공연히 바쁨。

〖無事不參:무사불참〗 무슨 일이고 참견하지 않는 것이 없음。

〖無事泰平:무사태평〗 ❶아무 일 없이 무탈하고 편안함。❷어떤 일에도 개의하지 않고 泰然함。

〖無產:무산〗 재산이 없음。↕有產。

〖無產階級:무산계급〗 재산이 없고 노동하여 살아 가는 계급。프롤레타리아。

〖無產大衆:무산대중〗 노동자·농민 등 재산이 없는 가난한 민중。

〖無產者:무산자〗 재산을 가지지 못한 사람。무산 계급에 속하는 사람들。

〖無上:무상〗 ❶이 위에 더한 나위 없음。最上。❷위에서 명령을 내리는 자가 없음。❸손위 사람을 업신여김。

〖無常:무상〗 ❶일정하지 않음。덧없음。❷《佛》생사와 흥망이 덧없이 헛됨。〖釋氏要覽〗生滅輪廻、是謂ㅡㅡ。

〖無想:무상〗 마음에 아무것도 생각하지 않음。無心。

〖無償:무상〗 ❶報償이 없음。↕有償。❷거저。無料。↕有料。

〖無雙:무쌍〗 견줄 데 없으리만큼 뛰어남。無二。〖史記〗至如信者、國士ㅡㅡ。

〖無償契約:무상계약〗 《法》當事者의 한 쪽만이 給付를 행하는 契約。곧 贈與·使用貸借 같은 것。↕有償契約。

〖無常觀:무상관〗 세상을 무상하게 봄。또는 보는 견해。

〖無償貸付:무상대부〗 代償이 없이 남에게 빌려 줌。↕有償貸付。

〖無上命令:무상명령〗 《哲》칸트의 말로 절대적 명령인 도덕률。至上命令。

〖無上命法:무상명법〗 《哲》無上命令。

〖無想無念:무상무념〗 모든 생각을 벗어남。무념무상。

〖無償配付:무상배부〗 무상으로 나누어 줌。

〖無常時:무상시〗 일정한 때가 없음。

〖無常往來:무상왕래〗 아무 때나 거리낌 없이 왕래함。

〖無常出入:무상출입〗 아무 때나 자주 또는 거리낌 없이 드나들음。

〖無色:무색〗 ❶아무 빛깔도 없음。❷《國》부끄러워서 볼 낯이 없음。無顏。

〖無色界:무색계〗 《佛》三界의 하나。모든 色身·肉體·물질의 속박을 벗어나 정신적으로만 사는 세계。無色天。

〖無生起源說:무생기원설〗 《生》일체의 생물은 원래 무생물에서 발생하였다는 학설。

〖無生代:무생대〗 《地》지질학상 가장 오래된 시대。지질 시대의 첫째 구분。太古代。始生代。

〖無生物:무생물〗 생활 기능을 가지지 못한 것。생명이 없는 물건。↕生物。

〖無線:무선〗 ❶電線을 架設하지 아니함。❷無線電信·無線電話의 略語。

〖無線送信機:무선송신기〗 무선 전신과 전화를 보내는 기계。

〖無線電信:무선전신〗 電波의 작용에 의하여 통신하는 전신。

〖無線電信局:무선전신국〗 무선 전신을 다루는 곳。

〖無線電話:무선전화〗 전파를 이용하여 서로 말하는 전화。

〖無聲無臭:무성무취〗 ❶天道는 소리도 없고 냄새도 없음。❷보람 없는 존재。

〖無性世代:무성세대〗 《生》世代交番을 하는 생물중에서 무성 생식으로 자손을 번식하는 세대。

〖無聲詩:무성시〗 ❶소리 없는 시。곧 그림。❷韻이 없는 시。

〖無性芽:무성아〗 《植》무성 생식에 의하여 생긴 싹。

〖無聲映畫:무성영화〗 토오키 영화 이전의 녹음하지 않고 단지 촬영만을 한 영화。發聲映畫。

〖無聲音:무성음〗 목청을 떨어 울리지 않고 나오는 소리。淸音。↕有聲音。

〖無誠意:무성의〗 성의가 없음。

〖無稅:무세〗 세금이 부과되지 않음。

〖無勢:무세〗 세력이 없음。

〖無稅品:무세품〗 세금을 부과하지 않는 물건。↕有稅品。

〖無所可取:무소가취〗 취할 만한 것이 없음。쓸 만한 것이 없음。

〖無所顧忌:무소고기〗 기탄할 바가 없음。아무 거리낄 것이 없음。無所忌憚。

〖無訴權:무소권〗 소송할 권리가 없음。

〖無所得:무소득〗 얻는 것이 없음。

〖無所不在:무소부재〗 있지 않은 곳이 없음。《宗》천주의 積極的 稟性의 하나。

〖無所不至:무소부지〗 이르지 않은 곳이 없음。

〖無所不知:무소부지〗 모르는 것이 없이 다 알음。「이 없음。

〖無所不能:무소불능〗 능하지 않은 것

〖無所不爲:무소불위〗 못할 짓이 없음。

〖無所屬:무소속〗 어느 정당이나 단체에도 소속되어 있지 않음。또는 그 사람。

〖無消息:무소식〗 소식이 끊어짐。

〖無所用:무소용〗 소용이 없음。

〖無損:무손〗 손해 당함이 없음。

〖無水:무수〗 수분이 없는 일。

〖無數:무수〗 한이 없이 많은 수。〖杜甫〗ㅡㅡ蜻蜓齊上下。

〖無數謝禮:무수사례〗 致謝하는 뜻을 수 없이 말함。

〖無順:무순〗 순서가 없음。

〖無始:무시〗 《佛》암만 거슬러 올라가도 그 처음이 없음。한 없이 오랜 과거。

〖無時:무시〗 無常時의 略稱。

〖無視:무시〗 ❶눈여겨 보지 않는 것。❷업신여김。인정하지 않음。

〖無始無終:무시무종〗 ❶시초와 종말이 없음。❷불변의 진리。❸하느님의 소극적 성품의 하나。

〖無時服:무시복〗 정한 때가 없이 마음 내키는 대로 약을 먹음。

〖無始以來:무시이래〗 먼 과거로부터。

〖無試驗:무시험〗 시험을 요구하지 아니함。시험이 없음。

〖無識:무식〗 지식·식견이 없음。

〖無識所致:무식소치〗 무식한 까닭。

〖無信:무신〗 ❶신의가 없음。❷소식이 없음。서신·통신 왕래가 없음。

〖無神經:무신경〗 감각이 둔함。鈍感。《轉》자기에 대한 욕이나 소문 따위를 염두에 두지 않음。

〖無神論:무신론〗 《哲》神의 존재를 부인하는 입장。그리이스의 자연 철학、범신론、현대의 무신론적 실존주의 따위。

【無實:무실】 ❶그러한 사실이 없음。 실속이 없음。 ❷성실한 마음이 없음。

【無心:무심】 ❶아무런 생각이 없음。 ❷자연스러운 것。 【陶潛·歸去來辭】雲ーー以出岫。 ❸《佛》俗世에 대하여 아주 관심이 없는 경지。 無想。

【無心中:무심중】 아무 생각이 없는 동안。 마음을 쓰지 않는 가운데。

【無心草:무심초】 풀 이름。 鼠麴草의 異名。 【本草】。

無心草 (三才圖會)

【無我:무아】 ❶자기를 잊음。 我意가 없음。 【孟浩然】會理知ーー、觀空厭有形。 ❷《佛》자기의 존재를 부정함。 小乘佛教에서는 人無我를、 大乘佛教에서는 人無我와 法無我를 주장함。

【無我境:무아경】 정신이 한 곳에 통일되어 나를 잊고 있는 경지。

【無我愛:무아애】 자기는 전혀 돌보지 않는 참되고 순결한 사랑。

【無顔:무안】 면목이 없음。 부끄러워 볼 낯이 없음。

【無涯:무애】 ＝無邊。

【無碍:무애】 거리낌이 없음。 방해물이 없음。

【無碍光:무애광】 《佛》十二光의 하나。

【無恙:무양】 몸에 탈이 없음。

【無言:무언】 말이 없음。 不言。 【蘇轍】去住只今誰定是、相逢一笑各ーー。

【無言劇:무언극】 臺詞를 읽지 않고 음악·무용·몸짓 따위로 사상 감정을 표현하는 연극적 형식의 總稱。 默劇。 펜터마임(Pantomime)。

【無言不答:무언부답】 대답 못할 말이 없음。

【無言中:무언중】 말이 없는 가운데。

【無嚴:무엄】 삼가함이 없음。

【無餘地:무여지】 여지가 없음。

【無餘涅槃:무여열반】 《佛》온갖 번뇌를 말끔히 없애고 분별하는 슬기를 떠나、 또한 肉身까지도 없이하여 완전히 靜寂으로 들어선 경지。

【無緣:무연】 ❶아무 인연이 없음。 ❷죽은 뒤에 조상할 연고자가 없음。

【無煙炭:무연탄】 《鑛》석탄의 한가지。 거의 연기나 악취가 없는 질이 좋은 석탄。 炭素 九十% 이상을 함유함。

【無厭:무염】 싫증남이 없음。

【無厭之慾:무염지욕】 한 없는 욕심。

【無畏:무외】 ❶《佛》부처가 모든 사람 가운데에서 說法하되 태연하여 두려움이 없음。 ❷두려움이 없음。

【無慾:무욕】 욕심이 아주 없음。

【無用:무용】 ❶소용이 없음。 쓸모가 없음。 ↕有用。 ❷볼 일이 없음。

【無用長物:무용장물】 쓸데 없는 방해물。 쓸데 없는 것。 소용되지 않은 물건。 【世說·德行】平生無——。

【無用之物:무용지물】 아무 짝에도 所用이 없는 物件、 또는 사람。

【無憂:무우】 근심이 없음。

【無隅石:무우석】 몽우리돌。

【無宇宙論:무우주론】 《哲》個物의 總和로서의 우주의 眞實在를 인정하지 않는 학설。 無世界說。

【無援孤立:무원고립】 아무도 도와 줄 사람이 없이 외롭게 됨。 孤立無援。

【無位:무위】 地位가 없음。 無冠。

【無違:무위】 어기지 않음。

【無爲:무위】 ❶아무 일도 아니함。 간섭하지 않음。 【老子】爲ーー、則無不治。 ❷自然 그대로 두어 인공을 가하지 않음。 【王勃】ーー在岐路、兒女共沾巾。 ❸《佛》生·滅이 변화하지 않고 常住 不變하는 存在。 ↕有爲。

【無爲徒食:무위도식】 아무 하는 일 없이 한갓 먹고 놀기만 함。

【無爲無信:무위무신】 信義가 없음。

【無爲法:무위법】 한이 없는 참된 법。

【無依無托:무의무탁】 몸을 의지하고 의탁할 곳이 없음。 빈곤하고 고독한 것。

【無意識:무의식】 ❶의식이 없음。 의식을 잃고 있음。 ❷《哲》의식이 될 정신의 활동이 없는 상태。 ↕意識。

【無意義:무의의】 ❶아무 뜻이 없음。 ❷아무런 값어치도 없음。

【無意注意:무의주의】 흥미가 있거나 강한 자극이 있을 때 의지의 노력 없이 절로 되는 주의。 所動注意。

【無意志:무의지】 결의할 수가 없게 되어 행위가 불가능하여 멍한 상태。 정신병이나 신경증 따위에서 볼 수 있는 의지의 장애。

【無醫村:무의촌】 醫療施設이 전혀 없는 촌락。 의사가 없는 마을。

【無二:무이】 둘도 없음。 가장 뛰어나고 훌륭함。 無雙。 【史記】功ーー於天下。

【無異:무이】 별로 다를 것 없음。

【無利息:무이식】 돈을 꾸어주거나、 또는 받는 데 이자를 붙이지 않음。

【無二無三:무이무삼】 《佛》唯一하여 따로 견줄 것이 없음。 《轉》一心不亂으로 열중 하는 모양。 【法華經】唯有一乘法、無二又無三。

【無益:무익】 이로운 것이 없음。 ↕有益。 【書經】不作ーー害有益、功乃成。

【無人:무인】 ❶사람이 없음。 사람이 살고 있지 않음。 ❷인물이 없음。 人材가 없음。 ❸일손이 모자람。

【無人島:무인도】 사람이 살지 않는 섬。

【無因論:무인론】 《哲》일체의 물건은 특별한 원인 없이 있을 수 있다고 하는 학설。 印度의 順世派 따위。

【無人絕島:무인절도】 사람이 살지 않는 외딴 섬。

【無因證券:무인증권】 ＝不要因 證券。

【無人之境:무인지경】 사람이 전혀 없는 경지。

【無逸:무일】 安逸에 흐르지 않음。 편안히 놀고 있지 않음。 【書經·無逸】嗚乎君子、所其ーー。

【無一物:무일물】 가진 물건이 하나도 없음。 한 가지 물건도 없음。

【無一不成:무일불성】 이루지 못함이 하나도 없음。

【無任:무임】 無任所의 略語。

【無賃:무임】 삯돈을 치르지 않는 일。 賃金이 없음。 거저。

【無任所:무임소】 공통적 직책 이외에 따로 맡겨진 임무가 없음。

【無賃乘車:무임승차】 찻삯을 내지 않고 차를 탐。

【無子:무자】 ❶아들이 없음。 ❷無子息의 略語。

【無自覺:무자각】 ❶스스로 깨닫지 못함。 ❷자기 반성이 없는 것。 자기 자신에 대한 의식이 없음。

【無資格:무자격】 자격이 없음。

【無資力:무자력】 資産上의 支拂能力이 없음。 資力이 없음。

【無滋味:무자미】 재미가 없음。

【無資本:무자본】 자본이 없음。 맨주먹。

【無慈悲:무자비】 자비스러운 마음이 없음。

【無子息:무자식】 子女가 전혀 없음。

【無酌定:무작정】 《國》작정함이 없음。 제한이 없는 것。

【無腸公子:무장공자】 ❶氣力이 없는 사람의 別名。 ❷《動》창자가 없다는 뜻에서 「게」를 일컫는 말。 【抱朴子】山中稱——者、蟹也。

【無將之卒:무장지졸】 ❶장수가 없는 군사。 ❷주장이 없는 무리。

【無才:무재】 재주가 없음。 재간이 없음。

【無才無能:무재무능】 아무 재주도 능력도 없음。

【無才人:무재인】 아무 재주가 없는 사람。

【無抵抗主義:무저항주의】 어떠한 惡에 대하여서도 폭력으로 항거하지 않고, 상대편을 인도적으로 감화하려는 주의。 印度의 간디이즘 따위。

【無籍:무적】 호적이나 국적을 가지고 있지 않음。 또는 그 사람。

【無敵:무적】 강하여 대적할 사람이 없음。 아주 강함。『孟子』仁者——。

【無敵艦隊:무적함대】 《歷》一五八八년 스페인王 필립 二世가 영국을 굴복시키기 위하여 만든 함대。 英國 海峽에서 오히려 英國艦隊에게 참패함。

【無錢:무전】 ❶돈을 가지고 있지 않음。 ❷돈이 필요하지 않음。

【無電機:무전기】 무선 전신기、 무선 전화기의 略語。

【無錢旅行:무전여행】 돈을 갖지 않고 하는 여행。

【無錢取食:무전취식】 돈을 내지 않고 남의 파는 음식을 먹음。

【無節操:무절조】 절조가 아주 없음。

【無情:무정】 ❶느끼는 마음이 없음。 나무나 돌 따위。 非情。 ↕有情。『方干』怪石——更不言。 ❷인정이나 동정심이 없음。 薄情。 ❸眞情이 없음。『大學』——者、不得盡其辭。

【無定見:무정견】 일정한 의견이 없음。 일정한 主見이 없음。

【無精卵:무정란】 암닭이 수닭 없이 낳은 알。

【無政府:무정부】 정부가 없음。

【無政府狀態:무정부상태】 정부가 없는 것처럼 혼돈된 상태。

【無政府主義:무정부주의】 《社》 권력에 의한 정부의 지배를 부정하고 개인의 완전한 자유·독립·자주성이 보장된 이상적인 사회를 실현하려는 사회 이론。 아나키즘(anarchism)。

【無政府主義者:무정부주의자】 《社》 무정부주의를 받들어 믿는 사람。

【無情歲月:무정세월】 덧없이 흘러가는 세월。

【無定形:무정형】 일정하게 생긴 형체가 없음。

【無際:무제】 넓고 멀어서 끝이 없음。

【無題:무제】 제목이 없음。 제목을 붙이지 않고 지은 詩歌。

【無制限:무제한】 제한됨이 없음。

【無條件:무조건】 아무런 조건이 없음。

【無條件降伏:무조건항복】 상대국의 요구 조건을 다 듣기로 하고 하는 항복。

【無租地:무조지】 地稅를 받지 않는 땅。

【無足可責:무족가책】 사람의 됨됨이가 가히 책망을 할만한 가치가 없음。

【無足鼎:무족정】 발이 달리지 않은 솥。 《喩》신이 없어서 外出을 못하는 사람。

【無尊丈:무존장】 어른에게 대하여 버릇이 없음。

【無終:무종】 ❶끝이 없음。 ↕有終。 ❷《歷》春秋時代 山賊의 나라 이름。 지금 河北省 玉田縣。 ❸《地》山 이름。 일명 翁同山·陰山。 河北省 薊縣의 북쪽에 있음。

【無罪:무죄】 ❶허물이 없음。 ❷《法》공판에서 심리한 결과 被告 사건이 죄가 되지 않거나、 범죄의 증명이 없는 일。

【無主:무주】 임자가 없음。

【無主空山:무주공산】 개인도 나라도 소유권을 갖지 않은 산。

【無主空處:무주공처】 주인이 없는 빈 곳。 쓸쓸한 곳。

【無主物:무주물】 주인이 없는 물건。

【無智:무지】 꾀가 없음。 지혜가 없음。

【無知:무지】 ❶지혜가 없음。 無智。 ❷분별이 없음。 지각이 없음。『老子』常使民——無欲。

【無知莫知:무지막지】 몹시 무지함。

【無知沒覺:무지몰각】 무지하고 지각이 없음。

【無職:무직】 일정한 직업이 없음。

【無盡藏:무진장】 다함이 없이 줄곧 많이 있음。 수량이 많음을 형용。『蘇軾』是造物者之——也。

【無差別:무차별】 아무런 차별을 두지 않음。 차별이 없음。

【無著陸:무착륙】 항공기가 목적지에 이르기까지 한 번도 도중에 착륙하지 않음。

【無慘:무참】 끔찍하고 참혹함。

【無慚:무참】 아주 부끄러움。

【無慙:무참】 부끄러움이 없음。 無恥。 좋지 않은 일을 하고 부끄러워하지 않음。

【無策:무책】 계책이 없음。

【無責任:무책임】 책임이 없음。

【無體:무체】 몸뚱이가 없음。

【無趣味:무취미】 취미가 없음。 沒趣味。

【無恥:무치】 염치를 모름。 또는 그 사람。『論語』民免而——。

【無頉:무탈】 《國》아무 탈이 없음。 병이 나 사고가 없는 것。

【無痛:무통】 아픔을 느끼지 않음。

【無弊:무폐】 아무 弊端이 없음。

【無風:무풍】 바람이 없음。

【無風帶:무풍대】 《地》回歸無風帶。 貿易風과 反對貿易風이 서로 만나서 無風상태를 이루는 지방。 赤道 부근 등。 《轉》평화롭고 안온한 곳。 無風地帶。

【無風地帶:무풍지대】 ❶평화롭고 안온한 곳。 ❷바람이 불지 않는 지역。

【無學:무학】 =無識。『論衡』胸中——、猶手中無錢也。

【無限:무한】 한이 없음。 끝이 없음。 ↕有限。『梁武帝』連山去——、長洲望無極。

【無限軌道:무한궤도】 탱크 따위를 전진 시키기 위해 바퀴 겉 쪽에 거는 띠 모양의 장치。

【無限級數:무한급수】 《數》項數가 한없이 많은 급수。

【無限年:무한년】 =無期限。

【無限大:무한대】 한이 없이 큼。

【無限量:무한량】 한량이 없음。

【無限小:무한소】 한없이 작음。

【無限定:무한정】 한정이 없음。

【無限責任:무한책임】 《法》 채무자의 全財產을 회사의 채무에 충당하는 책임。 ↕有限責任。

【無恒產:무항산】 일정한 生業이 없음。『孟子·梁惠王』。

【無恒心:무항심】 일정한 마음 또는 생각이 없음。『孟子·梁惠王』。

【無害:무해】 해로운 것이 없음。

【無害無得:무해무득】 해로움도 없고、 이로움도 없음。 無得無失。

【無血占領:무혈점령】 싸워서 피를 흘리지 않고 손쉽게 적의 진지를 점령함。

【無血革命:무혈혁명】 피를 흘리지 않고、 평화 수단으로 혁명을 일으킴。

【無嫌:무혐】 혐의가 없음。

【無形:무형】 ❶형상이 없음。 ❷형상이 없는 물건。『禮記』爲人子者、中略、聽于無聲、視于——。

【無形無迹:무형무적】 형상이나 자취가 없음。 형적이 없음。

【無形文化財:무형문화제】 연극·음악·공예·기술 등 形體가 없는 것의 문화적 소산으로 예술상 또는 역사상 가치가 큰 것。

【無形物:무형물】 형체가 없는 물건。

【無形資本:무형자본】 무형 재산으로 이루어진 자본。 ↕有形資本。

【無形財產:무형재산】 구체적인 형체가 없는 재산。 著作權·特許權 따위。

【無形迹:무형적】 형적이 없음。

【無虎洞狸作虎:무호동이작호】 《國》범 없는 골에 이리가 범 노릇 함。 《喩》높은 사람이 없는 곳에 당치 않은 사람이 잘난 체한다는 뜻。『東言解』。

【無花果:무화과】(植)뽕나무科의 낙엽小喬木。열매는 食用, 잎과 유즙은 藥用。天仙果。
【無效:무효】❶효력이 없음。❷(法)법률 행위가 어떤 원인으로 당사자의 의도한 효력을 나타내지 못함。
【無後:무후】代를 이어 갈 자손이 끊어짐。絶嗣。無嗣。絶後。
【無後塚:무후총】자손이 없는 무덤。
【無毁無譽:무훼무예】욕함도 칭찬함도 없음。
【無休:무휴】休日이 없음。
【無欠:무흠】❶흠이 없음。❷모임에 빠짐이 없음。
◎有—、前—、後—、絶—、虛—。

【焣】(초) 巧 ソウ、いる parch
불에말릴초(火乾)。

【焦】(초) 蕭 ショウ、こがす scorch ㄐㄧㄠ chiao¹
小篆 或體 草書 ❶그슬릴초, 델초(火所傷)。❷불내날초(火之臭)。[禮]其味苦其臭—。❸구울초(炙也)。❹볶을초, 탈초(火燒黑)。❺속태울초(思煩)。[阮籍詩]誰知我心—。❻마를초(乾也)。[杜甫詩]脣—口燥呼不得。❼모일초(—點)。❽삼초초(水穀之道曰三—)。
【焦爛:초란】불에 데어서 부풀어 오름。
【焦慮:초려】=焦心。[温庭筠]勞神——、消日忘年。
【焦眉:초미】매우 위급함을 일컫는 말。
【焦眉之急:초미지급】눈썹이 타는 것과 같이 매우 급한 경우。몹시 급박한 처지。燒眉之急。
【焦悶:초민】초조하고 근심하는 것。
【焦思:초사】=焦心。[史記]禹乃勞身——。
【焦脣:초순】입술을 태움。애태움을 일컫는 말。
【焦心:초심】마음이 타도록 애씀。속을 태움。焦思。焦慮。[漢書]大臣憂戚、——合謀。
【焦心考慮:초심고려】마음을 졸이며 괴롭게 근심함。
【焦灼:초작】근심하여 속이 몹시 탐。[蔡邕]憂怖——。
【焦點:초점】❶(物)광선이 凹面鏡·렌즈 따위에 반사하거나, 또는 굴절하여 다시 집중하는 점。❷사물의 종요로운 부분。中心點。目標。
【焦燥:초조】몹시 애태움。焦躁。
【焦臭:초취】고린내。화독내。
【焦土:초토】❶까맣게 탄 흙。❷불타 없어진 자리。戰火의 흔적。[杜牧]楚人一炬、可憐——。
【焦土戰術:초토전술】(軍)敗戰하여 물러날 때 온갖 중요시설을 불살라 버려, 적의 공격력을 阻止하고 또는 敵이 이용하지 못하게 하는 전술。

【焧】(종) 東 ソウ、あたたかい hot
따뜻할종(暖也)。

【焪】(궁) 送 キュウ、つきる exhaust
❶다할궁(盡也)。❷말릴궁(乾也)。❸볕쪼일궁(曝也)。❹불똥궁(燼也)。

【焫】(열) 屑 ゼツ、やく burn ㄖㄨㄛ juo⁴ (俗音「설」)
草書 불사를열(燒也)。[戰國策]秦且燒—獲君之國。(『爇』과 같음)

【焰】(염) 琰 エン、ほのお flame
草書 불빛염(火光)。(『爓』과 통함)
【焰摩天:염마천】(佛)欲界天의 이름。
【焰室:염실】宗廟의 神主를 모신 방。[海錄碎事·帝王·宗廟]——、藏神主之室也。通典。

【焮】(흔) 問 キン、やく roast ㄒㄧㄣ hsin⁴
草書 ❶구울흔(炙也)。❷불김흔(火氣)。[左傳]司馬司寇列居火道行火所—。❸불사를흔(焚也)。❹비칠흔(燿也)。
【焮飜:흔번】물이 콸콸 나오는 모양。
【焮衝:흔충】(醫)피부나 근육이 부어서 화끈거리고 아픈 증세。

【焯】(작) 藥 シャク、やく burn ㄓㄨㄛ chuo²
小篆 草書 ❶불김작(火氣)。[羽獵賦]—爍其陂。❷사를작(焚也)。❸빛날작(光貌)。
【焯焯:작작】빛나는 모양。밝게 빛남。灼爍。[漢書]——其陂。

【烈】(렬)『烈』(火部 6畫)의 古字

【焱】㊀(혁) 錫 エン、ほのお flame ㊁(염) 琰 ㄧㄢ yen⁴
小篆 草書 ㊀불꽃혁(火華)。[班固東都賦]——炎炎。㊁뜻은 ㊀과 같음。

【焵】(강) 漾 コウ、やいば whet
칼날벼를강(燒刃)。

【然】(연) 先 ネン、ゼン、もえる、しかり burn; certainly ㄖㄢ jan²
小篆 或體 草書 ❶사를연(燒也)。[孟子 公孫丑上]若火之始—。❷그럴연, 그렇다할연(言如是)。[論語 微子]是魯孔丘徒與 曰—。❸허락할연(許也)。[史記 張耳傳]此固趙國立名義不侵, 爲—諾者也。❹그럴듯할연(如也)。[詩]惠—肯來。❺그러나연(承上接語)。[禮]—則盍行乎。❻이렇다할연(斷定)。[大學]人之視己、如見其肺肝—。❼그렇게연(而也)。[詩]胡—而天也。❽체연(假飾)。❾어미에붙여꾸밀연(修飾爲添語句尾)。[論語 先進]不得其死—。❿산이름연(山名燕—)。⓫뱀이름연(蛇名率—)。⓬원숭이연(猿屬果—)。
【然諾:연낙】청하는 바를 들어 줌。쾌히 허락함。承諾。許諾。[史記]此固趙國立名義不侵、爲——者也。
【然否:연부】그러함과 그렇지 아니함。[史記]世莫知其——、老子隱君子也。
【然則:연즉】그런즉。그러면。
【然贊:연찬】그러하다고 찬성함。[蜀志]即相——、遂擧事焉。
【然後:연후】그런 뒤。

九畫

【煁】(심) 侵 ジン、おきかまど oven ㄔㄣ ch'en²
小篆 草書 화덕심, 난부엌심(烓也)。[詩經]樵彼桑薪卬烘于—。

【煅】(단)『鍛』(金部 9畫)의 俗字

【煆】(하) 馬 麻 カ、あつい hot ㄒㄧㄚ hsia²
草書 ❶더울하(熱也)。❷마를하(乾也)。❸빛날하(赫也)。❹사를하(焚也)。❺불기운하(火氣)。
【煆煉:하련】구워 달굼。뜻이 바뀌어 여러가지로 마음을 쓰는 것。[盧照鄰·釋疾文]爲鼠肝今爲蟲臂、何——之如彼。

【煇】 ㊀(휘) 微 ㊁(훈) 文 ㊂(운) 問 ㊃(혼) 阮 キ、コン、ケン、ウン、かがやく bright ㄏㄨㄟ huei¹

小篆 草書 ㊀빛날휘(光也)。【易】剛健篤實ー光。(『輝』와 같음) ㊁지질훈(灼也)。【史記】去眼ー耳。㊂해무리운(日光氣)。【周禮】掌十ー之法以觀妖祥辨吉凶。(『暈』과 같음) ㊃❶벌걸혼(赤色)。❷불빛혼(煌火光)。(『焜』과 같음)

【煇煇:①휘휘 ②혼혼】 ❶빛남。빛냄。❷벌건 모양。

【煈】(풍) 送 フウ、やく burn (off) ❶불사를풍(焚也)。❷태울풍(燒也)。

【煉】(련) 霰 レン、ねる refine ㄌㄧㄢˋ lien⁴

小篆 草書 ❶쇠불릴련(鑠治金)。【王充論衡】女媧氏銷ー五色石以補蒼天。❷반죽할련(ー炭)。(『鍊』과 같음)

【煉靈:연령】《宗》연옥에 들어가는 영혼。

【煉白粉:연백분】 푹 고아서 膏 같이 만든 분。

【煉藥:연약】《醫》❶개어서 만든 약。❷약을 고음。

【煉獄:연옥】《宗》죄를 범한 사람이 회개하고 천국에 가기 위하여 救贖을 기다리는 곳。천국과 지옥의 사이에 있다 함。

【煉瓦:연와】 벽돌。진흙을 이기어 長方形으로 구워 낸 것。토목건축의 재료가 됨。

【煉乳:연유】 묽은 것을 진하게 달인 우유。

【煉炭:연탄】 가루 석탄을 반죽하여 만든 연료。

【煉合:연합】 여러 가지를 고아서 합함。

【煊】(훤) 元 ケン、あたたか warm 따뜻할훤(暖也)。

【煌】(황) 陽 コウ、かがやく luminous

小篆 草書 ❶빛날황(煇也)。❷환히 밝을황(光明)。【詩】明星ーー。❸성할황(盛也)。【詩】檀車ーー。❹고을이름황(郡名敦ー)。(『皇』과 통함)

【煌熠:황읍】 반짝거리며 빛남。또는 太陽。【阮籍】欣ーー之朝顯兮。

【煌煌:황황】 반짝반짝 빛나는 모양。휘황하게 빛나는 모양。【詩經·東門之楊】明星ーー。

【煎】(전) 先 霰 セン、いる fry in fat ㄐㄧㄢ chien¹

小篆 草書 ❶다릴전、지질전(熬也)。❷불에 말릴전(火乾)。❸졸일전(水煮)。【周禮】內饔掌王及后世子膳羞之割烹ー和之事。❹향이름전(香名甲ー)。❺속태울전(胸焦)。【古詩 焦仲卿妻】恐不任我意、逆以ー我懷。❻급히 닥칠전(急迫)。【同詩】漸見愁ー迫。❼익을전(熟也)。

【煎果:전과】 正果。

【煎茶:전다】 차를 달임。달인 차。烹茶。

【煎悶:전민】 ❶몹시 걱정함。❷가슴을 태우며 몹시 민망히 여김。

【煎藥:전약】 달인 약。달여 먹는 약。

【煎油:전유】 지짐질하는 일。

【煎鐵:전철】 지짐질에 쓰는 솥뚜껑 모양의 기구。燔鐵。

【煎烹:전팽】 삶음。烹煎。【蘇軾】我有至味非ーー。

【煐】(영) 庚 エイ、かがやく bright ❶빛날영(輝也)。❷사람이름영(人名 張ー)。

【煮】(자) 語 (本音「저」) ショ、シャ、にる boil; cook

草書 ❶삶을자、지질자、다릴자(烹也)。【周禮】烹人職內外饔之爨烹ー辨膳羞之物。❷삶아먹을자(烹食)。【李商隱雜纂】殺風景ー鶴燒琴。❸익을자(熟也)。

【煮饅頭:자만두】 지진 만두。

【煮沸:자비】 부글부글 끓임。부글부글 끓어 오름。

【煮鹽:자염】 바닷물을 끓여 소금을 만듦。

【煮醬:자장】 장조림。

【煮炊:자취】 삶는 일과 불 때는 일。삶기와 불때기。

【煒】(위) 尾 キ、イ、あきらか bright ㄨㄟˇ wei³

小篆 草書 ❶벌그레할위(盛赤)。【詩經 邶風靜女】彤管有ー。❷환할위(光明)。

【煒煒:위위】 뚜렷한 모양。성한 모양。【蔡邕賦】丹華ーー、綠葉參差。

【煒煌:위황】 환하게 빛남。輝煌。【韓愈·詩】章句何ーー。

【煒燁:위화】 빛나는 모양。【郭璞】丹木ーー、沸沸玉膏。

【煓】(단) 寒 タン、ひばな flaming ❶불꽃성할단(火熾盛)。❷빛날단(赫貌)。

【煔】 ㊀(삽) 咸 ㊁(첨) 豔 ㊂(점) 鹽 サン、セン、ひばな flaming ㄕㄢ shan¹

小篆 ㊀빛이성할삽(火熾貌)。【洞冥記】邀臣人雲ー之幕。㊁❶불빛첨(火光)。❷번쩍일첨(輝也)。㊂태울점(爚也)。【楚辭】炙鴰烝鳧ー鶉陳只。

【熙】(희) 支 キ、ひかる bright ㄒㄧ hsi¹

小篆 草書 ❶빛날희(光也)。【詩】於緝ー敬止。❷일어날희(興也)。【詩】時純ー矣。❸넓을희(廣也)。【書經】庶績咸ー。❹화할희(和也)。【道德經】衆人ーー。❺기뻐할희(嬉也)。

【熙笑:희소】 기뻐서 웃음。喜笑。【淮南子】禹乃ーー而稱曰、我受命於天、竭力而勞萬民。

【熙朝:희조】 잘 다스려진 시대。盛世。照代。

【熙皞:희호】 백성이 화락하게 잘 지내는 것。

【熙熙:희희】 ❶和睦하는 모양。【老子】衆人ーー如享大牢。❷넓은 모양。【左傳】廣哉ーー乎。

【熙熙壤壤:희희양양】 많은 사람이 번잡하게 왕래하는 모양。【史記·貨殖傳】天下熙熙皆爲利來、天下壤壤皆爲利往。

【煖】(난) 旱 ダン、ナン、あたたか warm ㄋㄨㄢˇ nuan³

小篆 草書 ❶더울난、따뜻할난(温也)。【禮】七十非帛不ー。❷불김난(火氣)。❸날씨난(日氣)。【禮】ー之日月。(『暖』과 통함)

【煖閣:난각】 화덕불로 따뜻하게 데운 전각。【歐陽炯】紅爐ーー佳人睡。

【煖氣:난기】 더운 기운。따뜻한 기운。暖氣。温氣。

【煖爐:난로】 화덕。스토오브。불을 때어 방 안을 따뜻이 하는 장치。

【煖房:난방】 방을 덥게 함。또는 그런 방。↕冷房。【王建】太儀前日ーー來。

【煖房裝置:난방장치】 방안을 덥게 꾸미는 시설。

〔煖衣飽食:난의포식〕 따뜻한 옷에 배불리 밥을 먹음。《喩》사치한 생활。 풍족한 생활。『孟子』。

〔煖香:난향〕 따뜻한 냄새。「岫飛泉泛ㅡㅡ。『李商隱』驪

【煗】(난)『煖』(前條)과 같음

〔煗氣:난기〕 따뜻함。또는 따뜻한 기후。煖氣。『呂覽·仲春紀』ㅡㅡ草來、蟲螟爲害。

〔煗女會:난녀회〕 혼례 후 아흐레만에 신부 집에서 신랑 집으로 주방을 옮겨 酒宴을 베푸는 것。杭州의 풍습。

【煙】 ㊀(연) 先 ㊁(인) 眞 エン、けむり smoke ㄧㄢ yen¹

小篆 或體 籒文 古文 草書

㊀연기연、내연(火鬱氣)。〔周禮〕以其ㅡ被之。(『烟』과 같음) ㊁❶김인、기운인(ㅡ熅氣也)。❷안개인(霞靄類)。❸숯그을음인(煤也)。

〔煙價:연가〕 ❶담뱃값。❷《國》주막 또는 여관의 밥값。

〔煙景:연경〕 안개·아지랑이 따위가 어린 아름다운 봄 경치。『李白·春夜宴桃李園序』陽春召我以ㅡㅡ、大塊假我以文章。

〔煙管:연관〕 ❶담뱃대。썰은 담배를 담아 피우는 도구。煙竹。❷연기가 통하는 관。

〔煙毒:연독〕 연기 속에 있는 독기。

〔煙突:연돌〕 굴뚝。불을 땔 때 연기가 빠지도록 만든 장치。煙筒。煙堗。

〔煙堗:연돌〕 =煙突。

〔煙幕:연막〕 자기편의 행동이나 사격의 목표가 될 물건을 적으로부터 가리기 위해 내는 진한 연기。

〔煙煤:연매〕 ❶철매。❷그을음。

〔煙滅:연멸〕 연기같이 흔적도 없이 사라짐。(湮滅은 뜻이 다른 말)。

〔煙霧:연무〕 ❶연기와 안개。『鮑照』短翮不能飛、徘徊ㅡㅡ裏。❷먼지가 떠올라 공중이 보얗게 흐리는 것。煙靄。煙霞。

〔煙燼:연신〕 연기와 불탄 나머지。

〔煙靄:연애〕 =煙霧。『岑參』ㅡㅡ吳楚連。

〔煙役:연역〕 煙戶雜役의 略語。

〔煙焰:연염〕 연기와 불꽃。연기 속에서 타오르는 불길。『北史』ㅡㅡ漲天。

〔煙雨:연우〕 안개처럼 내리는 가는 비。細雨。『杜牧·江南春詩』多少樓臺ㅡㅡ中。

〔煙雲:연운〕 ❶안개와 구름。雲煙。『班固』紅塵四合、ㅡㅡ相連。❷보얗게 흐린 경치。❷구름같이 피는 연기。

〔煙月:연월〕 연기 어린 隱隱한 달빛。안개 속에 보이는 달。『劉長卿』歲時長寂寞。ㅡㅡ白氛氳。

〔煙滓:연재〕 그을음。

〔煙竹:연죽〕 =煙管。

〔煙竹廛:연죽전〕 옛날 담뱃대를 팔던 가게。

〔煙塵:연진〕 ❶연기와 먼지。『毛詩正義序』簡牘與ㅡㅡ共盡。❷戰場의 티끌。兵馬가 왕래할 때 일어나는 보얀 먼지。《轉》거친 전장판。戰亂。兵塵。戰塵。『高適·詩』漢家ㅡㅡ在東北。

〔煙槍:연창〕 아편을 피워 빠는 관。

〔煙草:연초〕 ❶안개에 싸인 草原。『李益·詩』ㅡㅡ連天楓樹齊。❷《植》㉠가지科에 딸린 一年草。㉡담배。

〔煙硝:연초〕 火藥。

〔煙觜:연취〕 물부리。

〔煙土:연토〕 生阿片。精製하지 않은 阿片。

〔煙波:연파〕 안개가 자욱하게 낀 水波 또는 水面。물안개。

〔煙霞:연하〕 ❶봄 안개。『江總』日向ㅡㅡ長。❷보얗게 피어오르는 안개。❸고요한 산수의 경치。

〔煙霞痼疾:연하고질〕 자연을 사랑하고 여행을 즐기는 性癖。煙霞癖。『唐書』臣所謂泉石膏肓、ㅡㅡ者也。

〔煙海:연해〕 ❶안개가 낀 바다。『荀子·富國』鳧雁如ㅡㅡ。❷바다같이 퍼져 있는 안개。

〔煙害:연해〕 연기 속에 있는 독기로 말미암아 입는 해。

〔煙戶:연호〕 사람이 사는 집。

〔煙火中人:연화중인〕 火食을 하는 사람。불에 익힌 음식을 먹는 사람。《轉》俗世의 人間。

〔煙薰:연훈〕 연기로 말미암아 더움。

◎喫ㅡ、禁ㅡ、暮ㅡ、水ㅡ、雲ㅡ、油ㅡ、人ㅡ、紫ㅡ、炊ㅡ、香ㅡ、吸ㅡ。

【煜】 ㊀(욱) 屋 ㊁(읍) 緝 イク、ひかる blaze of fire ㄩ yü⁴

小篆 草書

㊀❶비칠욱(耀也)。〔漢書〕其餘 飛景附ㅡ雷其間者蓋不可勝載。❷불꽃욱(火焰)。❸성할욱(盛貌)。〔東都賦〕管絃曄ㅡ。㊁❶㊀의 뜻과같음。❷불빛환할읍(火貌)。

〔煜熠:욱요〕 환하게 빛남。『潘岳』廸暐ㅡㅡ。

〔煜煜:욱욱〕 빛나는 모양。『梁簡文帝』團團出天外、ㅡㅡ上層峰。

〔煜灼:욱작〕 빛남。『摯虞』要華電之ㅡㅡ。

【煝】(미) 寘 ビ、かがやく shine

❶빛날미(烼也)。❷가무는기운미(旱熱)。

【煞】 ㊀(쇄) 卦 ㊁(살) 黠 サツ、ころす kill ㄕㄚ sha¹·⁴

草書

㊀❶감할쇄(減也)。❷내릴쇄(降也)。㊁죽일살(戮也)。(『殺』과 같음)

【煟】(위) 未 イ、ひのひかり light

불빛위(火光)。

【煠】(잡) 洽 ソウ、ゆでる boil ㄧㄝ yeh⁴

草書

❶데칠잡、끓일잡(湯煠瀹也)。❷구울잡(灼也)。

〔煠熟:잡숙〕 잘 삶음。

〔煠食:잡식〕 삶아 먹음。

【熜】(총) 董 ソウ、むす heat the hem

小篆

❶삼찔총(痲蒸)。❷더운김총(熅也)。

【煢】(경) 庚 ケイ、ひとり desolate ㄑㄩㄥ ch'iung²

小篆 草書

❶외로울경(單也、獨也)。〔孟子〕詩云哿矣富人哀此ㅡ獨。❷근심할경(憂思)。〔左傳〕ㅡㅡ余在疚。(『焭』과 같음)

〔煢煢:경경〕 ❶외롭고 의지할 곳 없는 모양。『楚辭·注』ㅡㅡ、獨貌也。❷걱정하는 모양。『漢書·匡衡傳』詩云、ㅡㅡ在疚。『注』師古曰、ㅡㅡ、憂貌也。❸놀라고 두려워하는 모양。『楚辭·遠遊』魂ㅡㅡ而至曙。『注』精魂怔忪不寐、故至曙也。

〔煢獨:경독〕 형제가 없는 자와 아들이 없는 자。의지할 곳이 없는 고독한 자。『書·洪範』無虐ㅡㅡ而畏高明。

〔煢嫠:경리〕 =煢釐。

〔煢釐:경리〕 과부。『張協』。

〔煢子:경자〕 고독하여 의지할 곳이 없는 아들。『前燕錄』孤孫ㅡㅡ、十室而九。

【煤】(매) 灰 バイ、すず charcoal ㄇㄟ mei²

草書

❶그을음매(煙墨)。『呂氏春秋』嚮者ㅡ室入甑中棄食不祥回攫而飯之。❷석탄매(石炭)。❸먹매(墨也)。

【煤礦：매광】炭鑛。
【煤氣：매기】❶그을음이 섞인 공기。油煙。❷石炭가스。
【煤煙：매연】❶그을음이 섞인 연기。煤烟。❷석탄 그을음。❸철매。
【煤油：매유】石油。
【煤炭：매탄】石炭。

【尞】(료) 嘯 リョウ、てんをまつる perform sacrificial rites
小篆 ❶천제지낼료(柴ㅣ祭天)。❷불밝힐료(明火)。(『燎』와 같음)

【煣】(유) 有 ジュウ、たわめる bend ㄖㄡˇ jou³
小篆 草書 나무를불로쬐어휠유(以火屈木)。

【⿱苜火】(멸) 屑 ベツ、ひがくらい flicker
小篆 불깜박거릴멸(火不明)。

【煥】(환) 翰 カン、あきらか flaming ㄏㄨㄢˋ huan⁴
小篆 草書 ❶불빛환(火光)。❷밝을환(明也)。【廣川書跋】神明ㅣ發。❸빛날환(爛文貌)。【論語】ㅣ乎其有文章。
【煥綺：환기】밝고 무늬가 있음。『文心雕龍』山川ㅣㅣ。
【煥發：환발】❶빛이 환하게 나타남。『廣川書跋』神明ㅣㅣ。❷詔勅을 내림。渙發。
【煥然：환연】❶빨리 사라지는 모양。『史記·司馬相如傳』ㅣㅣ霧除。❷환히 빛나는 모양。煥乎。

【煦】(후) 遇 麌 ク、あたためる warm;hot ㄒㄩˇ hsü⁴
小篆 草書 ❶찔후(烝也)。❷뜨거울후(熱也)。❸품을후(覆育)。【禮記】天地訢合陰陽相得ㅣ嫗覆育萬物。❹햇빛따스할후(日光温)。❺베풀후(惠也)。【韓愈原道】ㅣㅣ謂之仁。
【煦嫗：후구】소중하게 기름。(煦는 입김、嫗는 품 속에서 녹혀 준다는 뜻)。
【煦覆：후복】따뜻이 덮어줌。『禮記』煦嫗覆育萬物。
【煦育：후육】온정을 베풀어 기름。『柳宗元』太陽旣昇、ㅣㅣ資始。
【煦煦：후후】온정을 베푸는 모양。『韓喩·原道』彼以ㅣㅣ爲仁。

【照】(조) 嘯 ショウ、てらす ilumine ㄓㄠˋ chao⁴
小篆 草書 ❶비칠조(明所燭)。【易】大人以繼明ㅣ于四方。❷빛날조(光發)。【中庸】日月所ㅣ。❸비교할조(比較)。(『炤』와 같음)
【照鑑：조감】❶대조하여서 봄。❷神佛이 밝게 보살핌。
【照考：조고】律文을 참조하여 자상하게 생각함。
【照空燈：조공등】《軍》적의 항공기를 정찰하기 위하여 공중을 비추어 보는 등。探照燈。
【照管：조관】맡아서 보관함。관리함。『歐陽修』某不久出疆、欲且奉託ㅣㅣ三數小子。
【照度：조도】《物》어떤 面의 단위 넓이가 단위 시간에 받고 있는 빛의 量으로서 그 강약을 나타냄。
【照謄：조등】글을 하나 하나 비교해 보면서 베껴 씀。謄寫하는 것。
【照覽：조람】❶비추어 밝게 봄。『易林』ㅣㅣ星辰。❷神佛이 밝게 보살핌。照鑑。
【照諒：조량】사정을 밝혀서 잘 알음。照亮。
【照例：조례】전례에 비추어 상고함。
【照里之戲：조리지희】줄다리기。
【照明：조명】❶밝게 비침。❷광선을 이용하여 비추어 밝게 하는 것。❸연극에서 무대 효과를、영화에서 촬영 효과를 높이기 위하여 사용하는 광선。
【照明燈：조명등】조명하는 데 쓰이는 촉수가 높은 전등。
【照覆：조복】조회에 대한 회답。
【照査：조사】맞대어 조사함。
【照射：조사】서로 마주 비치어 반짝임。『韓琦』國艶天姿相ㅣㅣ。
【照像：조상】사진。照相。
【照星：조성】가늠쇠。
【照數：조수】수효를 맞추어 조사하여 봄。
【照映：조영】❶비치어 반짝임。❷밝게 비침。『晉書』ㅣㅣ軒廡、光華前載。
【照耀：조요】밝게 비침。비치어서 빛남。『春秋繁露』以ㅣㅣ其所闇。
【照律懲判：조율징판】법률에 비추어 징벌을 결정함。擬律懲判。
【照應：조응】❶앞뒤가 등당아 相應하고 있음。❷문장의 앞뒤의 문구가 잘 맞음。❸요구에 따라 편의를 보아 줌。❹원인에 따라 결과가 나타남。
【照字鰒：조자복】품질이 매우 좋아서 글자가 내비칠 만큼 투명한 마른 전복。
【照準：조준】총을 겨누어 목표를 겨냥하는 일。
【照察：조찰】똑똑히 잘잘못을 알아 살핌。『潛夫論』末相ㅣㅣ、而求深固。
【照尺：조척】총의 부분품의 하나。着彈距離를 照準하는 눈을 새긴 쇳조각。
【照徹：조철】두루 비침。널리 통함。
【照合：조합】＝對照。
【照驗：조험】비추어 보아서 징험함。
【照會：조회】❶서면으로 사실 여부를 물어봄。❷의논하거나 알아보기 위하여 보내는 공문。❸公文書。『宋史』乞取索ㅣㅣ。
◎觀ㅣ、落ㅣ、對ㅣ、返ㅣ、査ㅣ、斜ㅣ、寫ㅣ、夕ㅣ、小ㅣ、參ㅣ。

【煨】(외) 灰 ワイ、うずめやく roast ㄨㄟ wei¹
小篆 草書 ❶불에묻어구울외(火中熱物)。【戰國策】犯白刃蹈ㅣ炭。❷그슬릴외(盆中火爊)。❸사람이름외(中郎將段ㅣ)。
【煨薑：외강】《醫》불에 구운 새앙。脹症으로 배가 부른 데와 冷痢에 약으로 씀。
【煨燼：외신】불탄 나머지。灰燼。『徐陵』往朝ㅣㅣ、多歷年所。
【煨瓷：외자】漿胎로 이루어진 자기。
【煨塵：외진】아직 불기가 남은 재。더운 재。『後漢書』懷琬琰而就ㅣㅣ。

【煩】(번) 元 ハン、ボン、わずらう annoy ㄈㄢˊ fan²
小篆 草書 ❶번열증날번(熱頭痛)。【孟子 滕文公上】何許子之不憚ㅣ。❷번거러울번(不簡)。【書】禮ㅣ則亂。❸간섭할번(干也)。【左傳】敢以ㅣ執事。❹수고로울번(勞也)。【禮】衛音趨數ㅣ志。❺민망할번(悶也)。【史記】病使人ㅣ懣。❻괴로울번(思惱)。【古詩 焦仲卿妻】阿兄得聞之、悵然心中ㅣ。
【煩苛：번가】몹시 잘고 까다로움。『漢書·文帝本紀』漢興除秦ㅣㅣ、約法令。
【煩簡：번간】❶煩雜과 簡易。번거로움과 손쉬움。『歐陽修』國體大小、適ㅣㅣ之宜。❷바쁜 것과 한가한 것。繁簡。
【煩渴：번갈】가슴이 답답하고 목이 마름。또는 그 증세。
【煩告：번고】쉴새 없이 번거롭게 알려바침。
【煩急：번급】몹시 번거롭고 급함。『詩經·箋』平王政敎ㅣㅣ。
【煩惱：번뇌】❶마음이 시달려 괴로움。❷《佛》마음의 迷惑。인간의 慾情에 기인하는 迷惑。↔菩提。『智度論』ㅣㅣ者、能

令心煩、能作惱 故名爲——。

【煩多:번다】 번거로울 정도로 많음。『漢書』政事——。

【煩亂:번란】 ❶마음이 번잡하고 어지러움。❷번거롭고 난잡한 것。『漢書』張敞能吏、任治——。

【煩慮:번려】 번거로운 생각。귀찮은 생각。『于部』將蕩——。

【煩禮:번례】 번거로운 예법。縟禮。

【煩勞:번로】 번거롭고 수고로움。『後漢書』——群司。

【煩論:번론】 번거로운 언론。

【煩累:번루】 번잡한 걱정과 괴로움。『釋曇遷』清談解——、愁眉始得伸。

【煩忙:번망】 번거롭고 매우 바쁨。

【煩務:번무】 번거롭고 어수선한 일。『北史』伏願思臣至言、少減——。

【煩文:번문】 번거롭고 까다로운 문장。또는 禮文。繁文。『孔安國·尙書序』覩史籍之——。

【煩悶:번민】 마음이 번거로와 답답함。煩懣。『白居易』宅小人——、泥深馬鈍頑。

【煩數:번삭】 번거로울 정도로 잦음。

【煩屑:번설】 번거롭고 자질구레하여 아주 귀찮음。

【煩褻:번설】 번잡스럽고 더러움。「碎。

【煩瑣:번쇄】 번거롭고도 자차분함。煩

【煩熱:번열】 기분이 나쁠 정도로 더움。몸이 화끈화끈 달음。『姚合·詩』客行長似病、——攻四肢。

【煩擾:번요】 번거롭고 요란스러움。『史記』我軍雖——、虜亦不得犯我。

【煩縟:번욕】 규칙·예절·절차 따위가 지나치게 형식적이어서 번거롭고 까다로움。煩文縟禮。『盧思道』流——于園籞。

【煩鬱:번울】 《醫》가슴 속이 답답하고 갑갑한 증세。

【煩冤:번원】 ❶귀찮음。❷고민하고 괴로와함。『杜甫·兵車行』新魂——舊鬼哭。

【煩雜:번잡】 번거롭고 뒤섞여 어수선함。『漢書』禮經多、春秋——。

【煩燥:번조】 《醫》身熱이 높아서 心神이 불안한 증세。

【煩醜:번추】 번거롭고 더러움。

【煩弊:번폐】 번거로운 폐단。煩累。

【煩稟:번품】 번거롭게 여쭘。

【歊】(추) 尤 シュウ、みみなり have difficulty in hearing 귀울추、귀먹먹할추(耳鳴)。

【煬】(양) 漾 陽 ヨウ、あぶる melt ㄧㄤˋ yang^{4}
小篆 草書 ❶녹을양(融也)。❷녹일양(鑠也)。❸구워말릴양(炙燥)。❹불쬘양(對火)。『莊子』冬則—之。❺불활활붙을양(火熾猛)。

【煬突:양돌】 茶를 찌는 굴뚝。『杜陽雜編』。

【煬者:양자】 밥을 짓는 사람。『莊子』——避竈。

【煬帝:양제】 《人》五八〇~六一八 隋의 제二대 임금。성은 揚氏、이름은 廣 또는 英、文帝의 둘째 아들。천성이 호탕하여 큰 토목공사를 일으키고 高句麗와도 對戰하여 敗함。고역에 지친 백성의 반항을 사서 곳곳에 群雄이 봉기하였고、마침내 신하에게 피살되었음。

【煬和:양화】 和氣가 넘쳐서 흐름。(煬은 炙)。『莊子』抱德——、以順天下、此謂眞人。

十畫

【煴】(온)『熅』(火部 10畫)과 같음

【⿱炎舛】(린) 震 リン、きつねび elf fire
小篆 도깨비불린(鬼火)。『博物志』戰鬪死亡之處有人馬血積年爲—著地及草木如露不可見行人觸之者體有光拂拭即分散無數。(『燐』과 같음)

【煹】(구) 宥 コウ、のろし kindle ❶불켤구(擧火)。❷봉화구(烽火)。

【煻】(당) 陽 トウ、うずみひ roast ❶구울당(煨火)。❷잿불당(熱灰—煨)。

【煼】(초) 巧 ソウ、いぶる fry 지질초、볶을초(熬也)。(『炒』와 같음)

【煽】(선) 霰 先 セン、あおる blaze up ㄕㄢ shan^{1}
小篆 草書 ❶성할선(熾盛)。『詩』豔妻—方處。❷불붙일선(使火熾)。『新論方慾篇』—熛章臺。❸부추길선(—動)。

【煽動:선동】 ❶남을 꾀어서 부추김。❷주로 감정에 호소하여 대중을 일정한 행동으로 몰아 넣음。애지테이션。

【煽動者:선동자】 선동하는 사람。

【煽亂:선란】 騷亂을 일으키게 부추김。

【煽揚:선양】 선동하여 일으킴。

【煽熾:선치】 세력이 왕성한 모양。熾盛。『潘岳』聲勢沸騰、種落——。

【煽惑:선혹】 선동하여 현혹하게 함。

【煛】(경) 迥 ケイ、おどろきのめ wied eyed in astonish 놀란눈모양경(驚目貌)。

【煿】(박) 藥 ハク、かわかす dry over the fire 불에말릴박(火乾)。(『爆』과 같음)

【熂】(희) 未 キ、のび make a fire on grasses 풀베어불놀희(芟木傍草燒之)。『詩』柞棫之所以茂盛者乃人—燎其旁草養治之使無害也。

【⿱宰灬】(재) 賄 サイ、にる scald 살짝데칠재、삶을재(小烹)。

【熀】(녑) 葉 ヨウ、あきらか flaming ㄏㄨㄤˇ huang^{3}
草書 불빛이글이글할녑(火光盛貌煒—)。

【熀爛:엽란】 밝음。빛남。『抱朴子』不見天光之——。

【熄】(식) 職 ソク、きえる extinguish ㄒㄧˊ hsi^{2}
小篆 草書 ❶불담을식(畜火)。❷불꺼질식(滅火)。『孟子』安居而天下—。❸불끌식(鎭火)。❹없어질식(亡也)。『孟子 離婁下』王者之迹—。❺마칠식(終也)。

【熄滅:식멸】 망해 버림。흔적도 없이 사라져 버림。그침。『韓愈·文』祀之之歲、風災——。

【熄火山:식화산】 《地》불을 뿜던 형적은 있으나 지금은 뿜지 않는 화산。

【熅】㊀(온) 元 ㊁(온) 阮 ウン、オン、あたたか warm ㄩㄣˊ yün^{2}
小篆 草書 ㊀❶내낄온、서린연기온(鬱煙)。『漢書註』—聚火無焰者。❷기운온、김온(氣也煙—)。『東都賦』降煙—調元氣。❸따뜻할온(煖也)。㊁❶불에구워펼온(火炙伸物)。❷숯불온(炭火)。『漢書 蘇武傳』置—火。(『蘊』과 통함)

【熅斗:온두】 인두。熨斗。『辭海』熅、按俗呼熨斗爲——。

【熅火:온화】 불꽃이 없는 불。『漢書·蘇武傳』置——。

【熇】 ㊀(효) 蕭 ㊁(혹) 屋 ㊂(고) 肴 ㊃(확) 藥 コク、コウ、あつい hot ㄏㄨˋ hu⁴
熇(小篆) 熇(草書) ㊀불김효(炎氣)。㊁❶불꽃이글이글할혹(炎熾)。❷뜨거울혹(熱也)。㊂마를고(乾也)。(『熇』와 通함) ㊃불꽃성할확(熾盛)。〖詩〗多將——不可救藥。
【熇暑:혹서】 날씨가 더움。暑熱。酷暑。〖左思〗宅土——、封疆瘴癘。
【熇熇:혹혹·확확】 불이 發熱함。〖詩經·板〗多將——、不可救藥。
【煕】 (희)『熙』(火部 9畫)의 俗字
【熉】 (운) 文 ウン、きいろい yellow
熉(草書) 누른빛운(黃色—然)。〖漢書〗照紫幄珠—黃。
【熊】 (웅) 東 ユウ、くま bear ㄒㄩㄥˊ hsiung²
熊(小篆) 熊(草書) ❶곰웅(獸名、似豕山居冬蟄)。〖書經〗—羆狐狸織皮。❷빛날웅(光也)。

熊 (三才圖會)

【熊旗:웅기】 旗의 이름。三才圖會·儀制 卷三에 보임。〖周禮〗。

熊旗 (三禮圖)

【熊膽:웅담】 ❶곰의 쓸개。❷(醫)곰의 쓸개를 말린 것。열병·등창·오래된 이질·심통·안질 등에 쓰임。〖唐書〗。
【熊熊:웅웅】 빛나는 모양。〖史記〗——青色有光。
【熊掌:웅장】 곰의 발바닥。八珍味의 하나。風寒을 물리친다고 함。熊蹯。〖孟子〗——亦我所欲也。
【熊虎之將:웅호지장】 곰과 범과 같은 용맹스러운 大將。〖蜀志〗劉備梟雄之姿、而有關張——。
【熊侯:웅후】 곰의 가죽을 써서 옆을 장식한 과녁。三才圖會、器用、卷四에 보임。〖周禮〗。

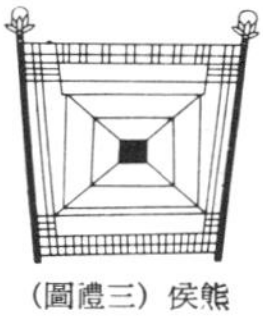
熊侯 (三禮圖)

【燗】 (섬) 咸 セン、ひらめく glare
불번쩍거릴섬、불똥튈섬(火行)。
【熏】 (훈) 文 クン、ふすぶる roast; smoke ㄒㄩㄣ hsun¹
熏(小篆) 熏(草書) ❶불김훈(火炎上出)。❷지질훈(灼也)。〖詩〗憂心如—。❸연기오를훈(煙氣)。❹좋아할훈(和悅)。〖詩〗公尸來至——。(『燻』과 같음)
【熏爐:훈로】 香를 이름。피우는 자그마한 화로를 이름。首爐。〖梁簡文帝〗蘭膏盡更益、——滅後香。

熏爐 (考古圖)

【熏夕:훈석】 저녁 때。저녁 나절。〖後漢書〗言談至——。
【熏煮:훈자】 지지고 삶음。(喩)날씨가 몹시 더움。〖蘇軾·詩〗今年苦炎熱、草木同——。
【熏灼:훈작】 불탐。(喩)세력이 왕성함。薰灼。〖漢書〗傾動前朝、——四方。
【熏風:훈풍】 =東南風。清明風。〖呂氏春秋〗。
【熏熏:훈훈】 온화하고 기뻐하는 모양。〖詩經〗公尸來止——

【熻】 (옹) 董 オウ、けむりたつ smoky
연기자욱히낄옹(煙氣—然)。
【熑】 (렴) 鹽 レン、ひがたえない burn the wheel to bend
熑(小篆) ❶수레바퀴 불로구워휠렴(輮車軔)。❷불꺼지지않을렴(火不絕)。
【熒】 ㊀(형) 靑 ㊁(형) 迥 ケイ、エイ、ともしび shining ㄧㄥˊ ying²
熒(小篆) 熒(草書) ㊀❶등불반짝거릴형(燈燭之光)。〖漢書〗守突奧之—燭。❷밝을형(明也)。〖史記〗美人——兮顏若苕之榮。❸별이름형(星名—惑)。❹빛날형(光輝)。〖杜牧 阿房宮賦〗明星——。㊁❶의심낼형(疑惑)。❷현란할형(眩眼)。〖莊子〗而目將—之。(『瑩』과 같음)
【熒光:형광】 반딧불。螢光。螢火。〖後漢書〗逐——行數里。
【熒燭:형촉】 반짝거리는 작은 촛불。〖漢書〗守突奧之——。
【熒熒:형형】 ❶빛나고 윤택한 모양。〖史記·趙世家〗美人——兮。❷빛나는 모양。〖杜牧〗明星——、開妝鏡也。❸등잔불。
【熒惑:①②형혹 ③영혹】 ❶(天)災禍나 兵亂의 징조를 보여 준다는 별의 이름。火星。熒惑星。〖史記〗——守心。❷火神의 이름。❸미혹함。〖史記〗匹夫而—諸侯。
【熒惑星:형혹성】 =火星。
【熔】 (용)『鎔』(金部 10畫)의 俗字
【熕】 (공) 〔日字〕 おおづつ heavy gun
熕(草書) ❶대포공(大砲)。❷포신공(火砲身)。

十一畫

【熚】 (필) 質 ヒツ、とびひ flare
❶불활활탈필(火貌—熒)。❷불타는 소리필(火聲)。
【熛】 (표) 蕭 ヒョウ、ひのこ sparkle ㄅㄧㄠ piao¹
熛(小篆) 熛(草書) ❶불똥튈표(飛火)。〖史記〗—至風起。❷성낼표(怒也)。❸붉을표(赤也)。❹빛날표(光也)。
【熛起:표기】 불똥이 튀듯이 맹렬하게 빨리 일어남。〖漢書〗勝廣——、梁籍扇烈。
【熛至風起:표지풍기】 飛火나 바람같이 빨리 일어남。〖史記·淮陰侯傳〗雲合霧集、魚鱗雜遝——。
【熛風:표풍】 심한 바람。회오리바람。飂風。旋風。飇風。〖史記〗熛至風起。
【熝】 (록) 屋 ロク、きたえる temper
단련할록(煉也)。
【熟】 (숙) 屋 ジュク、みのる、にる ripe; cooked ㄕㄡˊ shou²
熟(草書) ❶익힐숙、익을숙(食飪、生之反)。〖世說 德行〗兵人作食、有先—者、呼後—者共食。❷삶을숙(煮也)。〖論語 鄉黨〗君賜腥、必—而薦之。❸무르익을숙(爛也)。〖禮〗亨—羶薌。❹이룰숙(稔歲成也)。〖書〗歲則大—。❺한참동안숙(頃久)。〖戰國策〗願王—慮之。❻자세할숙(精審)。〖荀子 議兵〗凡慮事欲—。❼숙달할숙(充分習得)。❽흐물흐물할숙(深煮)。❾풍년들숙(歲稔)。
【熟客:숙객】 낯익은 손님。↕生客。

【熟考:숙고】충분히 생각함。깊이 고려함。熟慮。熟思。熟察。
【熟達:숙달】익숙하고 통달함。熟練。↕
【熟讀:숙독】익숙하도록 읽음。자세히 읽음。【朱熹】書貴――、讀多自然曉。
【熟讀玩味:숙독완미】익숙하도록 읽어 뜻을 깊이 음미함。
【熟頭:숙두】반찬을 장만하는 사람。
【熟卵:숙란】삶아 익힌 달걀。
【熟爛:숙란】❶무르녹게 잘 익음。❷풍습이 몹시 문란하여짐。爛熟。【漢書】―如此之甚也。
【熟覽:숙람】❶눈익혀 살펴 봄。❷자세히 봄。【蘇軾】新詩幸得――。
【熟冷:숙랭】❶숭늉。❷제사 때 올리는 「냉수」。
【熟慮:숙려】곰곰히 잘 생각함。익히 考慮함。【史記】願君――。
【熟練:숙련】❶빨아 익힌 명주로 지은 옷。【陸游·立夏待】❷熟達。
【熟練工:숙련공】기술이 능숙한 직공。
【熟路:숙로】익숙하게 아는 길。여러 번 다녀 본 길。【韓愈】駟馬駕輕車就――。
【熟鹿皮:숙녹피】부드럽게 만든 사슴의 가죽。《喩》성질이 유순한 사람을 두고 이르는 말。
【熟栗:숙률】삶아 익힌 밤。
【熟馬:숙마】잘 길든 말。
【熟麻:숙마】누인 삼 껍질。
【熟面:숙면】익히 잘 아는 사람。
【熟眠:숙면】잠이 깊이 들음。그 잠。熟臥。熟睡。【柳宗元】隱几――開北牖。
【熟鰒:숙복】물에 담그어 말린 전복을 엷게 썰어 꿀·기름·후추 등을 섞어 찐 것。全鰒炒。↕生鰒。
【熟思:숙사】=熟考。【梁元帝】凡百衆庶、爾其聽之、事之大小、先當――。
【熟絲:숙사】삶아 익힌 명주실。
【熟設:숙설】잔치 때 음식을 만들음。
【熟成:숙성】❶사물이 충분히 이루어짐。成熟。❷《化》물질을 적당한 온도로 오랜 시간 내버려 두어서 서서히 발효、콜로이드 粒子의 生成 등의 화학 변화를 일으키게 하는 일。
【熟省:숙성】깊이 반성함。【漢書】唯陛下留神反覆、――臣言。
【熟歲:숙세】곡식이 잘 익은 해。농사가 잘된 해。豊年。有年。↕凶年。【漢書】亡――、數有軍旅。
【熟素:숙소】누인 실로 짠 엷은 甲紗。
【熟手:숙수】❶잔치 때 음식을 만드는 사람。❷음식을 잘 만드는 사람。
【熟睡:숙수】깊이 든 졸음。충분히 잘 잠。熟眠。熟臥。【蘇軾】東坡但――。
【熟手段:숙수단】익숙한 수단。
【熟視:숙시】자세히 눈익혀 봄。눈여겨 자세히 봄。【莊子】――其狀貌。
【熟是熟非:숙시숙비】옳고 그름이 분명하지 않음。곧 누가 옳고 그른지 알기 어려움。
【熟柿主義:숙시주의】熟柿가 땅에 떨어지듯이 일이 잘 되거나 이권이 자기에게 올 때까지 앉아서 기다리는 주의。
【熟悉:숙실】익숙히 다 알음。詳知。審知。【嵇康】此意尙未――於足下。
【熟語:숙어】두 가지 이상의 말을 한데 합하여 한 뜻으로 나타내어 마치 하나의 單語처럼 쓰이는 말。익은말。
【熟臥:숙와】잘 잠。충분히 잠을 잠。熟眠。熟睡。【神仙傳】――于雪中、顏色赫然、氣息休休。
【熟議:숙의】깊이 생각하여 충분히 의논함。【宋史】使轍――。
【熟菹:숙저】숙김치。
【熟田:숙전】해마다 농사 짓는 밭。
【熟紬:숙주】누인 실로 짠 비단。
【熟知:숙지】잘 알음。익숙히 알음。
【熟地黃:숙지황】《醫》生地黃을 술에 넣고 여러 번 찐 약제。補血·補陰의 효과가 있어 虛損症·痛經·强壯劑로 쓰임。↕生地黃。
【熟察:숙찰】익히 살펴 봄。자세히 관찰함。【史記】願大王――之。
【熟菜:숙채】삶아 익힌 나물。
【熟醉:숙취】푹 취함。酩酊。爛醉。
【熟親:숙친】아주 익히 잘 아는 친분。【杜甫】――爲身謀。
【熟皮:숙피】다뤄서 만든 가죽。
【熟芐:숙하】《醫》熟地黃。
【熟黃醬:숙황장】볶은 콩과 밀가루로 만든 메주로 담근 장。
◎晩―、末―、半―、生―、成―、習―、鍊―、圓―、早―、黃―。

【熠】(습) 緝 シュウ、あざやか (古音「읍」) clear; bright
熠 小篆 書 草 ❶환할습(盛光)。【詩經 豳風東山】―燿其羽。❷선명할습(鮮明)。【陸游詩】螢火飛――。❸반딧불반짝거릴습(螢光)。【詩經】―燿宵行。
【熠燿:습요】❶빛이 선명한 모양。❷반딧불。【詩·東山·傳】――燐也、燐螢火也。
【熠煜:습욱】반짝이며 빛남。【黃溍】一炷殘燈何――。

【熢】(봉) 東 ホウ、のろし 董 beacon fire
❶연기자욱할봉(煙鬱貌)。❷불기운봉(火氣)。(『烽』과 같음)

【熨】㊀(위) 未 イ、ウツ、ひのし iron ㊁(울) 物 ㄩˋ yù
草書 ㊀❶다리미위(火斗)。【史記】毒―謂毒病之處以藥物―貼也。❷고약붙일위(膏藥患部貼附)。㊁다리미질할울(以火展帛)。(『尉』과 같음)
【熨斗:울두】다리미。火斗。【隋書】奉――於高祖。

熨斗(三才圖會)

【熷】(조) 豪 ソウ、やける burn
熷 小篆 ❶탈조(焦也)。❷사를조(燒也)。❸불탄나머지조(火餘木)。【般若經】有人持小火―燒乾草木。

【燡】(익) 職 エキ、かがやく shine
❶사람이름익(張―魏人名)。❷빛날익(輝也)。

【熸】(첨) 鹽 セン、きえる be put out (俗音「점」)
❶불꽃성할첨(火熾)。❷다할첨(盡也)。

【熪】(이) 支 イ、ひがたえない (of fire) do not die
불끄지지않을이(火不絕貌)。

【熬】(오) 豪 ゴウ、いる roast ㄠˊ áo
小篆 或體 草書 ❶볶을오(乾煎)。【周禮】共飯米―穀。❷팔진미오(淳―八珍之一)。【禮記】煎醢加于陸稻上沃之以膏曰淳―。❸걱정할오、애끓는소리오(愁苦聲)。【漢書】衆庶――苦之。(『嗸』와 통함)
【熬穀:오곡】불에 볶은 곡식。【周禮】共飯米――。
【熬熬:오오】수심에 잠긴 소리。嗷嗷。【漢書】衆庶――苦之。
【熬煎:오전】❶볶음。볶고 조림。【路史】管仲斷割、而隰朋、――之。❷근심。견디지 못하는 것。
【熬波:오파】바닷물을 끓여서 소금을 만들음。【齊書】――出素。

【熭】(위) 霨 エイ、ほす dry ㄨㄟˋ wei 熭 小篆 熭 草書 ❶불에 급히 말릴위(曝乾火)。❷쬐어 말릴위(曝乾)。【漢書】黃帝曰日中必ㅣ、操刀必割。

【熮】(료) 蕭 リュウ、やく ripe 熮 小篆 ❶사를료(燒也)。❷무르익을료(爛也)。【逸周書】味辛而不ㅣ。❸틈이 빠끔할료(穴貌)。

【熯】㊀(선) 銑 センカン、やく flaming ㄏㄢˋ han⁴ (本音「연」) ㊁(한) 旱 熯 小篆 熯 草書 ㊀❶불이 글이글할선(火盛貌)。【王充論衡】ㅣ一炬火 一鑊水。❷태울선(燒也)。【管子伯形】ㅣ焚楚地。❸공경할선(敬也)。【詩】我孔ㅣ矣式禮莫愆。㊁❶마를한(乾也)。【易經說卦】燥萬物者、莫ㅣ於火。❷구울한(炙也)。(『暵』과 같음)

【熯焚:선분】태움。불태워 버림。【管子霸形】其後楚人攻宋鄭、燒焫ㅣㅣ鄭地。

【熯薪:선신】장작을 지핌。【論衡】。

【熯熱:선열】구움。

【熯炮:선삭】더움。따뜻함。【枚乘七發】

【熰】(구) 尤 ク、はなはだあつい very hot ㄡˇ ou³ (本音「우」) 몹시 뜨거울구(熱甚)。【管子】古之祭有時而ㅣ。

【熱】(열) 屑 ネツ、あつい hot; heat ㄖㄜˋ jê⁴ 熱 小篆 熱 草書 ❶더울열、뜨거울열(溫也)。【李商隱雜纂 意想】夏月見紅似ㅣ。❷더위열(暑度)。❸불김열(炎氣)。❹흥분할열(激昂)。❺정성열(誠也)。❻쏠릴열、하고자할열(一心)。【南史鄭灼傳】多苦心ㅣ。

【熱疳:열감】《醫》어린애의 疳病。

【熱狂:열광】너무 열렬하여 미친 듯이 날뜀。

【熱氣:열기】❶뜨거운 기운。더위。❷높은 체온。身熱。❸흥분한 감정。

【熱機關:열기관】《物》열을 기계적 에네르기로 바꾸는 기계의 총칭。증기 기관·내연 기관 따위。

【熱惱:열뇌】《佛》몹시 심한 苦惱。격심한 고통이 다가와、몸이 달고 마음을 괴롭히는 일。『法華經·信解品』。

【熱鬧:열뇨】❶몹시 덥고 시끄러움。❷거리의 왕래가 번잡함。繁華。『白居易·詩』ㅣㅣ漸知隨念盡。

【熱痰:열담】《醫》신열이 대단하고 얼굴에 충혈이 생기며 눈이 진무르고 목이 쉬고 정신이 불안하여지는 병。火痰。

【熱帶:열대】《地》赤道를 중심으로 하는 南北回歸線 사이의 지대。↔寒帶。

【熱帶魚:열대어】열대에서 생장하는 물고기의 總稱。대개 완상용으로 사육함。

【熱帶地方:열대지방】《地》❶지구상의 기후대의 하나。北回歸線과 南回歸線과의 사이。❷연평균 기온 二〇도의 等溫線 사이의 지역。

【熱度:열도】❶신열의 도수。❷열중하는 정도。

【熱毒:열독】《醫》더위로 말미암아 일어나는 발진의 한가지。溫毒。

【熱量:열량】《物》물질의 온도를 높이는데 소요되는 열의 양。단위는 칼로리。

【熱力學:열력학】《物》열을 에네르기로 보는 견해에서 熱現象에 관한 근본원칙과 그 응용을 연구하는 물리학의 한 분과。

【熱烈:열렬】❶매우 맹렬함。감정이 극도에 달한 것。❷권세가 크게 떨치는 것。『抱朴子』生乎世貴之門、居乎ㅣㅣ之勢。

【熱裂:열렬】《鑛》열로 말미암아 광물이 갈라지는 현상。

【熱淚:열루】마음속 깊이 사무쳐서 흐르는 뜨거운 눈물。

【熱望:열망】열렬한 마음으로 바람。切望。

【熱罵:열매】심히 꾸짖음。

【熱門:열문】세도가 있어서 사람들이 많이 드나드는 집。

【熱辯:열변】열렬한 웅변。힘이 있는 辯舌。

【熱病:열병】《醫》몸에 열이 대단하게 나는 병。腸티프스 따위。『史記』診其脈、告曰、ㅣㅣ氣也。

【熱輻射:열복사】《物》물질의 온도가 몹시 높아질 때 그 물질에서 발하는 빛의 성질이 온도에 따라 변하는 현상。

【熱腹痛:열복통】《醫》뱃속이 뜨겁고 몹시 아프다가 별안간 그치기도 하는 병。

【熱射病:열사병】《醫》체내의 열 생성이 亢進하여 외계에 熱放射가 곤란할 때 일어나는 질병。체온이 매우 올라가서 갑자기 의식 장해가 일어남。온도가 높고 습기가 많은 환경에서 노동하는 경우에 생기기 쉬움。

【熱想:열상】理智에다 열렬한 정열이 더하여진 사상。정렬에 불타는 사상。

【熱暑:열서】날씨가 몹시 더움。심한 더위。暑熱。光暑。

【熱線:열선】《物》❶赤外線。輻射線 가운데서 파장이 可視光線보다 긴 것。물체에 부딪치면 열로써 감지됨。❷열의 輻射하는 방향。

【熱泄:열설】《醫》배가 아플 때마다 설사가 나고 그 빛이 붉은 병。火泄。

【熱性:열성】사물에 분격하기 쉬운 성질。걸핏하면 激昂하기 쉬운 성질。

【熱誠:열성】열렬한 정성。丹誠。赤誠。

【熱損:열손】《物》전기 기계에서 전력이 열로 변하여 소실되는 현상。

【熱嗽:열수】《醫》더위로 생기는 병의 하나。發熱·口渴·기침·流涎·咯血 등의 증세를 보임。

【熱心:열심】❶事物에 대해 깊이 마음을 기울임。열렬한 마음。❷熱中。

【熱愛:열애】열렬히 사랑함。열렬한 사랑。

【熱演:열연】연극이나 음악 등을 열렬하게 연출함。

【熱容量:열용량】《物》물체의 온도를 一도 올리는 데에 필요한 열량。

【熱鬱:열울】《醫》열기가 몸안에 뭉치어 口渴이 나고 오줌 빛이 붉고 흐리게 되는 병。

【熱源:열원】열이 발생하는 근원。

【熱意:열의】어떤 사물에 심신을 기울여 하고자 하는 뜻。熱中하는 마음。

【熱腸:열장】❶《喩》창자가 끓어 오르는 것 같은 슬픈 생각。❷熱心。『杜甫』訪舊半爲鬼、驚呼熱中腸。

【熱戰:열전】고조에 달한 맹렬한 전쟁。*冷戰。

【熱傳導:열전도】《物》어떤 물체의 한쪽 끝에 열을 가할 때 그 열이 다른 끝으로 전하여 가는 현상。

【熱情:열정】❶매우 높아가는 感情。열렬한 애정。어떤 일에 열중하는 마음。熱心。❷두터운 동정。두터운 마음。

【熱中:열중】정신을 한 곳으로 집중시킴。

【熱症:열증】《醫》체온이 심히 높아 가는 증세。

【熱湯:열탕】끓는 물。『禮記』利以殺草、如以ㅣㅣ。

【熱膨脹:열팽창】《物》물체의 온도가 올라감에 따라 그 부피가 커지는 현상。

【熱河日記:열하일기】《書》二六권。燕岩 朴趾源 지음。李朝 正祖 때 清 高宗의 七旬을 축하하러 가는 使臣을 따라 北京을 거쳐 熱河까지 갔던 紀行文。그 속에 소설 虎叱·許生員傳이 들어 있음。

【熱學:열학】《物》물리학의 한 부문。물

질의 열에 관한 현상을 연구하는 학문。

【熱瘧:열학】《醫》더위를 먹어 신열이 나는 학질의 한 가지。暑瘧。

【熱解離:열해리】《化》화합물의 분자가 온도의 상승에 따라 간단한 원소나 화합물로 可逆反應을 일으키는 현상。

【熱血:열혈】❶뜨거운 피。열이 아직 식지 않은 鮮血。『宋尢』軍中七日不火食、手殺降人呑ㅡㅡ。❷열정으로 말미암아 끓는 피。熱誠。『吳偉業』耿耿胸中ㅡㅡ。

【熱火:열화】❶뜨거운 불。❷매우 급한 火症。

【熱暈:열훈】《醫》신열이 심하여 정신이 어지럽고 몹시 갈증이 나는 병。◎加ㅡ、苦ㅡ、高ㅡ、微ㅡ、餘ㅡ、炎ㅡ、低ㅡ、情ㅡ、焦ㅡ、平ㅡ、解ㅡ。

【熲】(경) 迥 ケイ、ひかり light ㄐㄩㄥˇ chiung³
小篆 草書 ❶불빛경(火光)。『詩經 小雅無將大車』不出於ㅡ。❷빛날경(輝也)。『詩』無思百憂不出于ㅡ。

十二畫

【㷮】(안) 翰 ガン、ひかり light
불빛안(火色)。

【熷】(증) 蒸 ソウ、むす roast ㄗㄥ tsêng¹
小篆 고기 대속에 넣어 구울증(取生肉於竹中炙)。

【熹】(희) 支 キ、さかん prosperous ㄒㄧ hsi¹
小篆 草書 ❶성할희(盛也、熾也)。❷빛날희(光也)。❸밝을희(明也)。❹넓을희(博也)。『後漢書』改元延ㅡ。❺희미할희(微陽)。『歸去來辭』恨晨光之ㅡ微。❻찔희(烝也)。『禮疏』言天地之氣烝動猶若人之ㅡ也。❼더울희(暑也)。❽구울희(炙也)。❾주자이름희(朱子名)。

【熹微:희미】 햇빛이 희미함。『陶潛·歸去來辭』恨晨光之ㅡㅡ。

【燂】(잠) 鹽 セン、きえる extinguish ㄐㄧㄢ chien¹ (本音「점」)
草書 불꺼질잠(火滅)。『左傳』王夷師ㅡ。

【爉】(랍)『爉』(火部 15畫)과 같음

【熾】(치) 寘 シ、さかん severe ㄔ ch'ih⁴
小篆 古文 古文 草書 ❶불활활붙을치(火盛)。『詩』玁狁孔ㅡ。❷불땔치(炊也)。『左傳』柳ㅡ炭于位。

【熾結:치결】 무리를 지어 형세가 대단히 성함。『後漢書』正直廢放、邪枉ㅡㅡ。

【熾盛:치성】 불길같이 성하게 일어남。『漢書』人民ㅡㅡ、牛馬布野。

【熾烈:치열】 ❶세력이 불길같이 맹렬함。❷불길이나 햇볕이 매우 성함。『列子』陽光ㅡㅡ、堅氷立消。

【熾熱:치열】 열이 매우 높음。매우 뜨거움。

【熿】(황) 陽 コウ、かがやく shine
草書 빛날황(輝也)。

【燀】(천) 銑 セン、タン、かしぐ make food ㄔㄢ ch'an³
小篆 草書 ❶불땔천(炊也)。『左傳』ㅡ之以薪。❷환할천(光明貌)。❸성할천(熾也)。❹빛날천(燿也)。❺모닥불천。

【燀熱:천열】 따뜻함。더움。『呂氏春秋·重己』衣不ㅡㅡ。「威靈。

【燀燿:천요】 환하게 빛남。『漢書』ㅡㅡ

【燁】(엽) 葉 ヨウ、かがやく flaming ㄧㄝ
小篆 小篆 草書 ❶불이글이글할엽(火盛)。❷번쩍번쩍할엽(輝貌)。『劉基 賣柑者言』ㅡ然玉質而金色。

【燁然:엽연】 ❶비치어 환한 모양。『宋濂·送東陽馬生序』ㅡㅡ若神人。❷光澤이 아름다운 모양。『劉基·賣柑者言』ㅡㅡ玉質。

【燁燁:엽엽】 빛나고 번쩍이는 모양。『耶律楚材』ㅡㅡ受天祥。

【燂】㊀(첨) 鹽 ㊁(섬) 鹽 ㊂(심) 侵 ㊃(담) 覃 セン、あたためる burn up ㄑㄧㄢ ch'ien²
小篆 草書 ㊀불사윌첨(灰爛)。『周禮』弓人燂角欲熟于火而無ㅡ。㊁삶을섬、고기구울섬(湯瀹肉)。(『燖』과 같음) ㊂❶불에익힐심、삶을심(火熟)。❷데칠심(沈肉於湯)。(『燖』과 같음) ㊃불사를담(火焚)。『禮記』五日則ㅡ湯請浴。

【燃】(연) 先 ネン、もえる burn
草書 ❶불사를연、불탈연(燒也)。❷태울연(使燒)。❸연등절연(ㅡ燈節)。(『然』과 통함)

【燃燈節:연등절】《佛》초파일。음력 四월 八일。釋迦가 탄생한 날。탄생불의 상을 여러 가지 꽃으로 장식하여 향수 따위를 뿌리고 觀燈을 하며 축하하거나 느티떡과 검은 콩을 쪄서 먹음。觀燈節。

【燃燈會:연등회】《歷》高麗 때의 國家祭典。정월 보름날에 行함。印度의 燃燈·功德의 관념과 결부된 佛敎行事로서 온 국민이 즐겼음。八關會。

【燃料:연료】 열이나 빛을 이용하기 위하여 태우는 재료。석탄·나무·석유·가스 따위。

【燃料液化:연료액화】《化》고체 연료에 인공을 가하여 액체 연료를 만드는 일。석탄에서 석유를 뽑는 따위。

【燃眉之厄:연미지액】《喩》썩 급하게 닥치는 액화。절박한 災厄。焦眉之厄。

【燃燒:연소】 ❶불탐。❷《物》물질이 공중의 산소와 결합하여 산화할 때 열·빛을 내는 현상。

【燃燒物:연소물】 ❶불에 타는 물건。❷산소와 化合하여 열과 빛을 낼수 있는 물질。

【燃燒熱:연소열】《物》물질의 一그람、또는 一그람 분자가 완전히 탈 때 생기는 열량。

【燄】㊀(염) 琰 ㊁(염) 豔 エン、ほのお flame ㄧㄢ yen⁴
小篆 草書 ㊀불당길염(火初著)。㊁❶불번쩍거릴염(火行貌)。㊂❶『書』無若火始ㅡㅡ厥攸灼敘弗其絶。❷불꽃염(炎也)。『左傳 莊公十四年』其氣ㅡ以取之。

【燄燄:염염】 불이 타오르는 모양。『書經』火始ㅡㅡ。

【燉】(돈) 元 トン、さかんなり flaming ㄉㄨㄣ tuen⁴
草書 ❶불빛돈(火色)。❷불이글이글할돈(盛貌)。❸땅이름돈(地名 ㅡ煌)。

【燉煌:돈황】《地》땅 이름。中國 甘肅省 安西縣의 서남쪽에 있음。前漢 武帝 이후로 東西交通의 要衝이 됨。여기서 발견된 燉煌石室·千佛洞石窟은 前秦·晉으로부터 唐代에 걸쳐 만들어진 것으로서, 많은 古寫本·彫刻·壁畫 등 佛敎藝術의 귀중한 유적으로 중요시됨。敦煌。

【燅】(잠) 鹽 セン、ゆびく broil ㄒㄩㄣ hsun²

燅小篆 𤏣或 燅體 ❶고기데칠잠(湯中爚肉)。❷따스할잠(温也)。

【㷩】㊀(피) 寘 ヒョク、ひでかわかす ㊁(벽) 屋 dry over the fire

㊀❶불에말릴피(火乾)。❷마를피(乾也)。㊁익힐벽(熟也)。

【燈】(등) 蒸 トウ、ともしび lamp ㄉㄥ têng¹

燈草書 ❶등잔등、등등(錠中置燭)。【春明退朝錄】上元燃ㅣ大會。❷촛불등(燭火)。【王君玉雜纂】奴婢相ㅣ蒻ㅣ短。❸등불등(默火取明)。❹《佛》불도등(佛道)。❺풀이름등(靈草名、金ㅣ)。(『鐙』과 같음)

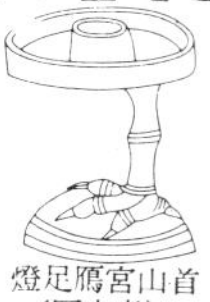
首山宮鴈足燈 (考古圖)

【燈架:등가】등경 걸이。

【燈檠:등경】등잔을 걸어 놓는 기구。燈架。【唐書】取鐵ㅣㅣ摘枝葉。

【燈臺:등대】❶등잔 대。❷航路 표지의 한 가지。沿岸을 항행하는 배에 대하여 주로 야간 燈光에 의해 육지·항구·위험한 지점 등의 소재와 원근 따위를 알리기 위해 필요한 곳에 탑을 쌓고 꼭대기의 燈室에 강력한 光源을 설치해 놓은 장치。光塔。

【燈籠:등롱】등불을 켜서 어두운 곳을 밝히는 기구。【南史】壁上掛葛ㅣㅣ。

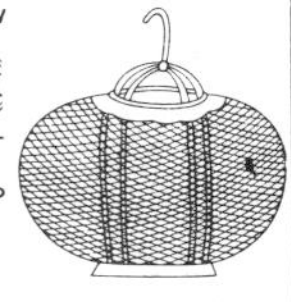
燈籠 (三才圖會)

【燈籠草:등롱초】《植》꽈리。

【燈心:등심】❶심지。❷《醫》골풀의 속。利尿·해열의 한약제。

【燈心草:등심초】《植》골풀。속의 가느다란 줄기를 가지고 등불 심지를 만들음。

【燈蛾:등아】《動》불나방。

【燈影:등영】등잔불의 그림자。

【燈油:등유】등불에 쓰는 기름。

【燈盞:등잔】등불을 켜는 그릇。사기·쇠붙이 등으로 만들음。

【燈節:등절】《佛》등을 달고 불을 켜는 명절이라는 뜻으로 음력 四월 八일을 일컫는 말。燃燈節의 略語。

【燈炷:등주】불심지。燈心。【南史】或用作「ㅣㅣ」。

【燈燭:등촉】등불과 촛불。【宋史】大張ㅣㅣ。

【燈燭契:등촉계】《佛》부처 앞에 등촉을 켜기 위하여 모은 계。

【燈皮:등피】❶양등(洋燈)의 위에 덧씌우는 유리 꺼펑이。등갓。❷남포등。

【燈下:등하】등불 아래。등잔 밑。

【燈下不明:등하불명】《國》등잔 밑이 어두움。《喩》자기 근방에서 생긴 일을 먼데 일보다 더 모른다는 뜻。【東言解】。

【燈下色:등하색】불을 켜 놓고 남녀간에 하는 房事。

【燈火:등화】등불。【漢書】嘗御ㅣㅣ至明。

【燈花:등화】불심지 끝이 타서 맺힌 불똥。【漢書】有占ㅣㅣ術。

【燈火可親:등화가친】가을 밤은 등불을 가까이 하여 글을 읽기에 시원하여 좋다는 말。【韓愈】ㅣㅣ、簡編可卷舒。

【燈火管制:등화관제】敵의 야간 공습을 막기 위하여 일정한 구역에서 등불을 끄게 하는 제도。

【燊】㊀(신) 眞 シン、カ、さかん ㊁(화) 麻 prosperous ㄕㄣ shen¹

◎街ㅣ、孤ㅣ、法ㅣ、石ㅣ、神ㅣ、外ㅣ、殘ㅣ、電ㅣ、點ㅣ、走馬ㅣ、軒ㅣ、獻ㅣ、螢光ㅣ。

燊小篆 ㊀❶성할신(熾也)。❷부릴신(役也)。❸불꽃화할신(炎和貌)。㊁활활탈화(熾也)。

【燋】㊀(초) 蕭 ショウ、たいまつ ㊁(조) 蕭 torch-light ㄐㄧㄠ chiao¹

燋小篆 草書 ㊀❶횃불초(然持火炬)。❷그슬릴초(焦也)。【漢書】ㅣ頭爛額爲上客。㊁거북등지지는횃불초(灼龜炬)。(『焦』와 통함)

燋 (禮器圖)

【燋槁:초고】햇볕에 타서 마름。(槁는枯)。【宋史】天下苦旱、百姓疫死、田穀ㅣㅣ。

【燋卷:초권】穀物의 잎 또는 씨가 햇빛에 말라서 흩어짐。【杜甫】皇天德澤降、ㅣㅣ有生意。

【燋爍:초삭】불살라 태움。【趙德文錄序】金石ㅣㅣ、斯文燦然。

【燋心:초심】애를 태움。마음을 괴롭힘。焦心。【後漢書】上下ㅣㅣ。

【燌】(분)『林·焚』(火部 8畫)과 같음

【燎】(료) 嘯 篠 リョウ、にわび signal light ㄌㄧㄠ liao⁴

燎小篆 草書 ❶뜰에세운횃불료(放火照、庭ㅣ)。【詩】庭ㅣ之光。❷불놓을료(放火)。【詩】瑟彼作棫民所ㅣ矣。❸밝을료(明也)。【詩】佼人ㅣ兮。❹비칠료(照也)。❺풀태울료(雜草燒耕也)。【詩經 小雅正月】ㅣ之方揚。❻불붙을료(燃燒)。【書經 盤庚】若火之ㅣ于原不可嚮邇。

【燎亂:요란】불이 붙어서 어지러움。

【燎燎:요료】빛나는 모양。반짝이는 모양。【韓詩外傳】ㅣㅣ乎如星辰之錯行。

【燎髮:요발】머리털을 태움。《喩》일이 대단히 쉽다는 뜻。【牛弘】攻如ㅣㅣ、戰似摧枯。

【燎野:요야】벌판을 불태움。

【燎原:요원】불이 난 벌판。

【燎原之火:요원지화】무서운 형세로 타고 있는 벌판의 불。野火。《喩》세력이 몹시 왕성하여 형세가 무서움。【左傳·隱六】惡之易也、如火之燎于原。

【燎火:요화】횃불。燎炬。燎燭。【晉書】思中原之ㅣㅣ。

【㸅】(사) 支 シ、こげくさい smell of burnt s nell ㄙ ssu¹

❶화덕내날사、단내날사(火焦臭)。❷타서눋을사(焦貌煙ㅣ)。

【燐】(린) 眞 震 リン、おにび ghost's fire ㄌㄧㄣ lin²

燐草書 ❶도깨비불린(鬼火)。【淮南子】老槐生火久血爲ㅣ。❷반디불린(螢火)。❸《化》원소이름린(元素之一)。❺불일어날린(自起煌)。(『粦』과 같음) ❻【日字】성냥린(ㅣ寸)。

【燐鑛:인광】《鑛》燐을 파내는 광산。燐酸肥料 제조의 원료가 되는 광석。

【燐光:인광】❶《化》黃燐을 공기 중에 방치할 때 그 자연 변화에 의하여 발하는 빛。❷《物》어떤 물체에 빛을 댄 후에 이 자극광을 없애도 發光 작용이 남는 현상。

【燐酸:인산】《化》燐과 窒酸을 끓여 얻

은 결정제의 酸。

【燐火:인화】 ❶燐이 타는 파란 불。❷陰濕한 곳에서 燐이 酸化하여 자연히 일어나는 불빛。도깨비불。鬼火。〔庾信〕―宵飛。

【燐火水素:인화수소】 《化》 ❶나쁜 냄새를 풍기는 무색의 猛毒 기체。불을 댕기면 타고 흰 빛의 연기를 냄。❷무색의 액체。공기 중에서 자연 發火함。

【燐灰土:인회토】 《鑛》 海鳥의 뼈나 排泄物이 雨水에 의해 용해되어 산호암에 작용하여 이루어진 흙。과린산 석회를 만들음。

【燒】 ㊀(소) 蕭 ㊁(소) 嘯 ショウ、やく burn ㄕㄠ shao¹ 燒(小篆) 燒(小篆) 㶓(草書) ㊀❶불붙을소(焚也)。〔除陵 傳大士傳〕―其苦器、製造華燈。❷불사를소(燃也)。〔禮記〕仲夏毋―灰。❸탈소(燔也)。㊁❶들불소(野火)。〔白居易 詩〕夕陽紅于―。❷불땔소(燔也)。❸불놓을소(放火)。

【燒却:소각】 불에 태워서 없애 버림。燒棄。(却은 郤)。

【燒棄:소기】 ＝燒却。〔宋祁筆記〕每見舊所作文、憎之欲――。

【燒木:소목】 ❶대궐에서 때던 참나무 장작。❷《佛》火葬할 때에 쓰는 나무。

【燒滅:소멸】 태워 없앰。타서 없어짐。

【燒餠:소병】 불에 구운 떡。〔湘素雜記〕火燒而食者、呼爲――。

【燒死:소사】 불에 타서 죽음。

【燒散:소산】 ❶불살라 흩어버림。❷火「葬。

【燒殺:소살】 불에 태워 죽임。

【燒石膏:소석고】 구운 석고。

【燒送:소송】 《佛》靈駕나 位牌 따위를 불살라 버림。

【燒失:소실】 불에 태워 없앰。

【燒夷:소이】 불에 태워 버림。〔史記〕―齊城郭。

【燒夷彈:소이탄】 《軍》燒夷劑와 炸藥을 넣은 폭탄。폭발하면 불을 뿜음。

【燒溺:소익】 불에 타는 것과 물에 빠지는 것。〔吳志〕煙炎張天、人馬――。

【燒炙:소자】 사르고 구움。〔詩經·疏〕―噉之。

【燒酒:소주】 쌀이나 잡곡 따위로 담가서 만든 알코홀 성분이 강한 술。火酒。燒酎。〔白居易〕――初開琥珀光。

【燒廚房:소주방】 《制》대궐 안의 음식을 만들던 곳。廚間。

【燒紙:소지】 《國》❶신령 앞에서 비는 뜻으로 얇은 종이를 불태워 공중으로 올리는 것。❷燒紙 올리는 종이。

【燒盡:소진】 모조리 타 버림。

【燒鍼丸:소침환】 《醫》젖먹이가 吐瀉를 할 때에 쓰는 약。

【燒香:소향】 ❶향을 피움。향을 불에 태움。焚香。〔晉書〕詣寺――禮拜、以遵典禮。❷향을 피워 부처에게 冥福을 빌음。

【燒火:소화】 불에 태움。불사름。

【燒燬:소훼】 불에 탐。또는 불에 타서 모조리 헤어져 없어짐。

【燒痕:소흔】 불탄 흔적。불탄 자리。〔蘇軾〕稍開決決流氷谷、盡放靑靑沒――。

【燓】 ㊀(번) 元 ㊁(분) 文 フン、やきはらう burn fields for cultivation ㊀화전 일으킬번(火田)。㊁『焚』과 같음。

【燔】 (번) 元 ハン、やく roast ㄈㄢˊ fan² 燔(小篆) 㸋(草書) ❶사를번(燒也)。❷구울번(炙也)。〔孟子〕―肉不至。

【燔劫:번겁】 남의 집을 불 태워 위협함。〔十八史略〕所在――。

【燔柴:번시】 나무를 태워 불을 놓고 天祭를 지냄。〔禮記〕――於泰壇、祭天也。

【燔玉:번옥】 인공으로 만든 옥。

【燔肉:번육】 ❶구운 고기。❷제사에 쓰는 고기。〔孟子〕――不至。

【燔炙:번자】 사르고 구움。〔詩經〕或燔或炙。

【燔灼:번작】 불에 굽는 일。

【燔祭:번제】 《宗》유태인이 하나님에게 올리는 제사의 한가지。아침 저녁과 安息日 또는 매달 초하루와 無酵節·贖罪祭에 지냄。「워서 만들어 냄。

【燔造:번조】 질그릇·사기그릇 따위를 구

【燔造所:번조소】 질그릇·사기그릇 들을 만드는 곳。

【燔土:번토】 질그릇을 만드는데 원료로 「쓰이는 흙。

【燖】 (심) 侵 鹽 シン、にる warm up food ㄒㄩㄣˊ hsün² 㶓(草書) ❶삶을심、불에익힐심(火熟物)。❷데칠심(沈肉於湯)。〔儀禮註〕膚豕肉也惟―者有膚。

【燖炮:심포】 삶는 것과 굽는 것。

【燕】 ㊀(연) 銑 ㊁(연) 先 エン、つばめ swallow ㄧㄢˋ yen⁴ 燕(小篆) 燕(草書) ㊀❶제비연(玄鳥)。❷편안할연(安也)。〔詩〕悉率左右以―天子。❸쉴연(息也)。〔詩〕或―居息。❹잔치연(宴也)。〔漢書 石奮傳〕雖―必冠、申申如也。㊁❶나라이름연(國名、召公所封)。〔詩〕溥彼韓城―師所完。❷땅이름연(地名、直隸省地方)。(『讌』과 통함)

【燕居:연거】 일이 없이 한가히 집에 있음。安居。閒居。〔論語·述而〕子之――、申申如也。

【燕京:연경】 《地》北京의 옛 이름。五代 이후 불리워짐。春秋戰國時代 燕의 首都였던 데서 생긴 이름。

【燕几:연궤】 ❶燕寢의 안에 있으며 몸을 쉬게 하는데 쓰이는 궤。❷宴會 때 遊戲에 쓰이는 궤의 한 가지。

燕几 ❶ (三才圖會)

【燕禮:연례】 ❶나라의 경사 잔치。❷君臣 上下가 서로 화락하는 주연。宴禮。❸儀禮의 篇名。

【燕麥:연맥】 《植》귀리。포아풀科의 一년생、또는 二년생 재배 식물。

【燕尾服:연미복】 남자용 禮服의 한 가지。빛깔은 검고、저고리 뒷 모양이 제비꼬리 같음。

【燕尾牌:연미패】 방패의 하나。길이는 手牌와 비슷하며 넓이는 한 자가 못 됨。

燕尾牌 (武備志)

【燕尾形:연미형】 제비의 꼬리같이 기름하고 둘로 갈라진 형상。

【燕服:연복】 허드레옷。常服。禮服이 아닌 집에서 입는 옷。

燕服 (三才圖會)

【燕覆子:연복자】 《植》❶으름덩굴。으름덩굴科에 딸린 落葉濶葉蔓木。과실은 먹음。❷으름덩굴의 열매。木通。林下夫人。

【燕私:연사】 한 집안 식구끼리 단란하게 모여 이야기 함。〔詩經〕諸父兄弟、備言――。

【燕席:연석】 일을 하지 않고 편안하게 「있음。

【燕巢:연소】 제비집。燕窠。

【燕息:연식】 편히 쉼。燕休。

【燕室:연실】 휴식하는 방。편히 쉬는 방。

【燕樂:①연악 ②연락】 ❶주연에서 연주하는 음악。[周禮]凡祭祀饗食奏ーー。❷잔치를 베풀고 즐김。[詩經]我有旨酒、以ーー嘉賓之心。

【燕安:연안】 몸과 마음이 한가하고 편안함。宴安。[文同]圖書好ーー。

【燕巖集:연암집】 《書》九권 三책。李朝 正祖 때 朴趾源의 詩文集。그의 아들 朴宗侃이 편집함。

【燕娛:연오】 재미있게 편히 놀음。娛樂。

【燕窩:연와】 海岸의 바위에서 사는 金絲燕의 보금자리。물고기와 海藻로 지은 것임。中國 요리에 쓰이는 비싼 음식물。

【燕窩湯:연와탕】 中國 요리의 한 가지。연와로 끓인 국。

【燕遊:연유】 ❶주연을 베풀고 놀음。❷틈을 타서 놀음。

【燕飮:연음】 주연을 베풀음。宴飮。[詩經]公尸ーー、福祿來成。

【燕翼之謀:연익지모】 자손을 위한 좋은 계교。

【燕子:연자】 《動》제비。玄鳥。燕兒。

【燕子舞:연자무】 칼춤의 한 가지。

【燕子化:연자화】 《植》제비붓꽃。붓꽃科에 딸린 多年草。

【燕雀:연작】 제비와 참새。小鳥。《喩》도량이 좁은 사람。작은 人物。

【燕雀不生鳳:연작불생봉】 불초한 사람에게서 어진 자식이 나오기 어렵다는 비유。[參同契]ーー、狐兎不乳馬。

【燕支:연지】 ❶《植》잇꽃。엉거시科의 越年生草。꽃부리는 물감 원료로 쓰임。紅藍花。❷잇꽃의 꽃부리에서 채취하는 붉은 빛의 물감。❸燕脂。여자가 단장할 때에 양쪽 뺨에 찍는 화장품。臙脂。焉支。

【燕脂:연지】 =燕支③。

【燕寢:연침】 임금이 한가롭게 지내는 궁궐。한가롭게 거처하는 殿閣。

【燕閒:연한】 아무 근심이 없고 몸과 마음이 한가함。燕安。

【燕頷虎頭:연함호두】 《喩》貴人의 人相。제비 턱에 호랑이 머리와 같은 모양을 한 얼굴。遠國의 封侯가 된다는 人相。[後漢書·班超傳]ーー、飛而食肉、萬里侯之相也。

【燕行歌:연행가】 《書》歌辭體의 紀行文 李朝 高宗 때 洪淳學 지음。北京使行에 書狀官으로 다녀온 내력을 적음。

【燕鴻之歎:연홍지탄】 길이 어긋나서 서로 만나지 못하여 하는 탄식。

【燕喜:연희】 주연을 베풀고 기뻐함。[詩經]魯侯ーー。

【燗】(란) 翰 ラン、あたためる heat up
小篆 草書 ❶술데울란(溫酒)。❷밝을란(明也)。(『爛』과 같음)

【燣】 ㊀(름) 寢 リン、ひをおかす burn ㊁(음) 寢
小篆 ㊀❶불을 범할름(侵火)。❷불탈름(火貌)。❸불펄름(火舒貌)。㊁활활붙을음(火盛貌)。

【燙】(탕) 漾 トウ、すすぐ wash ㄊㄤˋ t'ang⁴
❶씻을탕(滌也)。❷【中字】불에델탕(火傷)。

十三畫

【營】 ㊀(영) 庚 エイ、ヨウ、いとなむ manage;camp ㊁(형) 靑 ㄧㄥˊ ying²
小篆 草書 ㊀❶지을영(造也)。[詩]經之ー之。❷헤아릴영(度也)。❸다스릴영(治也)。[詩]肅肅謝功召伯ー之。❹경영할영(經ー)。[易繫辭疏]四度經ー著策乃成易之一變也。❺오락가락할영(往來貌)。[詩]ーー青蠅。❻영문영、진영(軍壘)。[史記]以師兵爲ー衛。❼황송할영(惶恐意屛ー)。㊁별이름형(星名ー惑)。

【營建:영건】 營造하여 세움。建築 따위를 하는 것。營構。[晉書]ーー辟雍。

【營救:영구】 죄에 빠진 사람을 구원하여 내는 일。[吳志]傾身ーー、方以得免。

【營內:영내】 =營中。

【營內居住:영내거주】 군인이 외박하지 않고 營內에서 거주하는 일。

【營農:영농】 농업을 營爲함。

【營力:영력】 地形을 변화시키는 힘。그 작용에 따라 외부·내부 영력으로 가름。

【營利:영리】 ❶이익을 꾀함。❷돈벌이。

【營利經濟:영리경제】 《經》화폐적 잉여의 획득을 본의로 삼는 경제。

【營利法人:영리법인】 《法》영리를 목적으로 하는 사단 법인。

【營林:영림】 森林을 경영하는 일。

【營門:영문】 ❶軍門。군영의 문。❷《制》監司가 직무를 행하던 관청。監營。

【營福:영복】 복을 구함。

【營私:영사】 자기 이익만을 꾀함。[後漢書]邪枉貪汙、ーー多欲。

【營舍:영사】 군대가 머물러 있는 집。「兵舍。

【營繕:영선】 건축하고 수리함。건축물 따위의 신축과 수선。[晉書]比年ーー、竝已修整。

【營所:영소】 군대가 주둔하는 곳。兵營。

【營室:영실】 ❶방。❷《天》별 이름。二十八宿의 하나。페가사스座 중의 두 별。

【營實:영실】 《醫》찔레나무의 열매。漢方에서 下泄劑와 利水藥으로 씀。

[十八史略·秦]絕漢抵ーー。

【營養:영양】 《生》생물이 음식물 속에서 물·탄산가스·단백질·비타민 따위의 양분을 섭취·동화하여 생활력을 유지하는 데 불가결한 양분。榮養。

【營養價:영양가】 ❶《化》영양소 一그람을 완전히 연소하였을 때에 발생하는 열량。❷《生》음식물의 영양적 가치。

【營養率:영양률】 《生》음식물이 지니고 있는 영양소의 비율。

【營養物:영양물】 《生》영양소를 많이 포함하고 있는 음식물。

【營養分:영양분】 영양소의 분량。

【營養不良:영양불량】 《醫》몸에 필요한 양의 영양이 섭취되지 않을 때 일어나는 병。영양 장해를 일으킨 상태。

【營養素:영양소】 《生》음식의 성분으로서 영양상 없으면 아니 될 요소。

【營養障碍:영양장애】 《生》섭취한 영양소가 체내에서 완전히 소화 흡수되지 않고 신진대사가 순조롭지 않은 상태。

【營養質:영양질】 《生》체내에 소화 吸收되어 생활체를 구성하는 것。또는 그 동작 발현에 필요한 물질。

【營養學:영양학】 생리학의 한 분과。생물의 영양에 대하여 연구하는 학문。

【營業:영업】 《經》영리를 목적으로 경영하는 사업。생계 또는 수입을 위하여 계속적으로 영위하는 사업。「용。

【營業費:영업비】 《經》영업에 필요한 비

【營業稅:영업세】 《經》영업에 대하여 부과하는 직접 국세의 한가지。

【營業所:영업소】 영업자가 영업을 하는 일정한 장소。

【營業讓渡:영업양도】 《經》영업을 남에게 讓渡하는 행위。「이는 것。

【營業用:영업용】 영업에 쓰임。또 쓰

【營業者:영업자】 자기의 名義로서 영업을 하거나 他人으로 하여금 영업을 시키는 사람。營業人。營業主。營業家。

【營業資生:영업자생】 영업을 하여 살아 감。

【營業財産:영업재산】《經》특정의 영업을 하기 위하여 제공되는 모든 재산。
【營業停止:영업정지】《法》영업자가 취체 규정에 위반했을 때 행정 처분으로 일정한 기간 영업을 정지시키는 일。
【營業組合:영업조합】《經》일정한 지역의 동업자끼리 공동의 이익을 꾀하기 위하여 베푸는 公共團體。
【營業主:영업주】《經》영리를 목적으로 하는 사업의 주인。영업상의 명의주。
【營營:영영】❶번화하게 왕래하는 모양。❷이익을 추구하기에 급급한 모양。『詩經』――青蠅。『庾信』胥屛喋喋、市井――。❸부지런히 일하는 모양。
【營營汲汲:영영급급】=營營逐逐。
【營營逐逐:영영축축】세력이나 이익을 얻으려고 분주하게 지냄。
【營外居住:영외거주】영내 거주를 원칙으로 하는 군인이 허가를 받아서 병영 밖에서 거주하는 일。↔營內居住。
【營爲:영위】일을 경영함。
【營作:영작】=營造。『史記』――朝宮渭南上林苑中。
【營邸吏:영저리】(制)감영 안에 있어 감영과 각 고을과의 연락을 맡아 보던 吏屬。營主人。
【營庭:영정】營內에 있는 마당。
【營造:영조】❶도목·건축 따위의 일을 경영함。『陳書』各肆――。❷경영하는 시설이나 건물。
【營造物:영조물】❶건축물。❷《法》학교·병원·철도·공원·도서관 따위처럼 국가나 공공 단체에서 직접 대중의 이익을 목적으로 지은 建造物。
【營造尺:영조척】木手들이 쓰는 자。周尺의 一자 九푼 九리에 해당함。木尺。
【營中:영중】兵營 안。營內。『齊書』―驚、太祖臥不起。
【營饌:영찬】음식을 마련함。

【營倉:영창】《軍》군대의 留置場。
【營悴:영췌】기운이 좋은 것과 병에 시달리는 것。
【營下邑:영하읍】監營이나 兵營이 있는 고을。
【營惑:영혹】남을 미혹함。미혹됨。惑熒。『漢書·劉向傳』――耳目。
◎經―、共―、公―、國―、軍―、到―、民―、兵―、本―、私―、舍―、水―、宿―、市―、運―、造―、直―、陣―。

【燠】㊀(욱) 屋 ㊁(오) 號 イク、オウ、あたたかい warm ㄩˋ yü⁴
小篆 書 草 ㊀더울욱(煖也)。『書經』曰―曰寒。㊁❶끙끙 앓을오(咻痛聲―念)。『左傳 昭公三年』民人痛疾、而或―休之。❷속답답할오(熱在中)。(『奧·隩』와 통함)
【燠館:욱관】따뜻하게 데워 놓은 방。浴室。
【燠暑:욱서】무더움。『洛陽名園記』盛夏「――、不見畏日。
【燠室:욱실】아주 더운 방。
【燠燠:욱욱】따뜻한 모양。『孔武仲』嚴風駕霜雪、吾轎頗――。
【燠火:욱화】불이 일어남。또는 그 불。
【燠休:오휴】痛念의 소리。燠咻。『左傳』民人疾痛而或――之。

【熝】(오) 豪 オウ、やく roast
재에묻어구울오(埋物灰中煨也)。『韓愈詩』熇炮煨―熟飛奔。

【燥】(조) 號 皓 ソウ、かわく dry ㄗㄠˋ tsao⁴ (古音「소」)
小篆 書 草 ❶마를조(乾也)。❷녹일조(爍也)。『易』火就―。❸물기없을조(水氣無)。『呂氏春秋 開春』―則欲溼、溼則欲―。❹재미없을조(無趣味)。
【燥渴:조갈】목이 타는 듯이 마름。
【燥渴症:조갈증】목이 몹시 마른 병。
【燥剛:조강】땅에 물기가 없어 메마르고 土質이 단단함。
【燥急症:조급증】조급하게 서두는 성「질。躁急症。
【燥澁:조삽】마르고 깔깔함。
【燥濕:조습】메마름과 축축함。
【燥熱:조열】❶바싹 마르고 더움。❷마음이 답답하고 열기가 몸에 남。
【燥症:조증】《醫》煩悶하여 마음이 편안하지 아니한 증세。
【燥涸:조학】물기가 걷히고 바싹 말라붙음。『晉書』山南諸城每至秋冬、水多――。
◎乾―、高―、焦―。

【燣】(람) 感 ラン、こげいろ hot
❶더울람(熱也)。❷누렇게 볶을람、눌을람(黃焦)。

【燦】(찬) 翰 サン、あきらか brilliant ㄘㄢˋ ts'an⁴
小篆 書 草 빛날찬、찬란할찬、밝을찬(―爛明滿)。(『粲』과 통함)
【燦爛:찬란】❶빛이 번쩍여 눈부시게 아름다움。『說文』――、明淨貌。❷=燦然。『後漢書』備哉――。
【燦爛陸離:찬란육리】빛이 영롱하고 「황홀함。
【燦閃:찬섬】번쩍번쩍 빛남。
【燦然:찬연】번쩍거리어 빛나는 모양。
【燦燦:찬찬】빛이 아름다운 모양。
【燦煥:찬환】눈부시게 아름다움。燦爛。

【燧】(수) 寘 スイ、ひうち strike fire ㄙㄨㄟˋ suei⁴
小篆 籀文 書 草 ❶봉화수(烽火)。❷불수(火也)。『禮』左佩金―右佩木―。❸나무문질러불낼수(取火於木、鑽―)。❹햇볕으로불낼수(取火於日、金―)。❺『中字』성냥수(自來火)。(『遂』와 통함)
【燧烽:수봉】봉화불。狼火。
【燧石:수석】❶《鑛》石英의 하나。❷부싯돌。쇠조각에 부딪쳐 불을 냄。
【燧人氏:수인씨】《人》三皇의 한 사람。中國 古代 전설에 나오는 帝王 이름。처 복희씨 이전의 사람으로 불의 기술을 가르쳤고 식물의 조리법을 전했다고 함。

【燩】㊀(각) 覺 ㊁(격) 錫 カク、さらす dry over the fire ; dry
㊀❶불에말릴각(火乾)。❷볕쪼일각(曝也)。㊁말릴격(乾燥)。

【燬】(훼) 紙 キ、やく burning ㄏㄨㄟˇ huei³
小篆 書 草 ❶불이글이글할훼(火盛)。『詩』王室如―。❷불꺼질훼(火滅)。(『焜』와 통함)
【燬焚:훼분】구움。불태움。『集韻』燬、焚也。
【燬燃:훼연】구움。불살음。
【燬炎:훼염】활활 타오르는 불꽃。해를 말함。『柳宗元·天對』――莫儷、淵迫而魄。「『注』謂日也。
【燬燎:훼요】햇불。
【燬火:훼화】활활 타오르는 불。『爾雅·釋言』――也。『玉篇』燬、烈火也。
【燬熸:훼잠】타고 남은 것。灰燼。『蔡邕·釋誨』爟煙炎之――、何光芒之敢揚。

【燭】(촉) 沃 ショク、ともしび candle ㄓㄨˊ chu²
小篆 書 草 ❶촛불촉(蠟炬)。『李白 春夜宴桃李園序』秉―夜遊。❷비칠촉(照也)。『漢書』日月所―

莫不率俾。❸밝을촉(明也)。❹약이름촉(藥名)。❺풀이름촉(草名)。

【燭光:촉광】❶등불 빛。❷촛불의 빛。❸(物)光度의 단위。燭力。

【燭膿:촉농】(國)촛농。초가 탈 때에 녹아서 흘러 엉기는 것。燭淚。

【燭臺:촉대】촛대。燭架。【白居易】且盡青娥紅——。

燭臺(三才圖會)

【燭燎:촉료】등불과 횃불。

【燭淚:촉루】(喩)촛농。초가 녹아서 떨어지는 모양을 눈물에 비긴 말。【歸田錄】——在地、往往成堆。

【燭數:촉수】전등의 촉광 단위의 수。

【燭悉:촉실】=燭察。

【燭心:촉심】초의 심지。양초에서는 흔히 굵은 실의 올로 만들음。

【燭營:촉영】肛門。

【燭影:촉영】등불 그림자。불빛의 그림자。【李商隱】雲母屛風——深。

【燭照數計:촉조수계】등불로 밝게 비추고 주판으로 셈은 함。(喩)일이 명확하여 그릇됨이 없음。【韓愈】若——而龜卜也。

【燭察:촉찰】밝혀 샅샅이 살핌。燭悉。

【燭下:촉하】촛불 밑。

【燭火:촉화】등불。촛불。

【燭花:촉화】❶등불의 불꽃。❷촛불의 불꽃。【梁元帝】燭燼落——明。

【燮】(섭) 葉 シヨウ、やわらぐ harmoize ㄒㄧㄝ hsieh⁴ 燮 小篆 燮 籒文 燮 草書 ❶불에 익힐섭(火熟)。❷화할섭(和也)。【書經】—理陰陽。❸불꽃섭(炎也)。

【燮理:섭리】❶協和하여 잘 다스림。宰相이 治國하는 것。【書·周官】——陰陽。❷宰相 벼슬。【朝野僉載】。

【燮伐:섭벌】협동하여 征伐함。【詩經】——大商。

【燮友:섭우】협화하여 친근함。【書經】——柔克。

【燮和:섭화】조화시켜 알맞게 함。【金史】——陰陽、宰相之職。(轉)宰相 벼슬。【姚合·和李相錢西蜀相公詩】——皆達識、出入竝登庸。

十四畫

【[illegible]】(픽) 職 ヒョク、ひにくをかわかす dry 小篆 籒文 불에 고기말릴픽(以火乾肉)。(古音은「벽」)『煏』과 같음)

【燸】(유) 虞 ジュ、あたためる warm ❶따뜻할유(温也)。❷사를유(燒也)。

【燹】㊀(희) 寘 ㊁(선) 銑 セン、のび field fire ㄒㄧㄢ hsien³ 燹 小篆 燹 草書 ㊀들불희(野火)。㊁❶난리에 불지를선(兵火)。❷봉화선(烽也)。❸㊀의 뜻과 같음。

【燺】(고) 皓 コウ、かわく dry (over the fire) ❶말릴고(燥也)。❷불에 쬘고(火乾)。

【燻】(훈) 文 クン、ふすぶる、fumes ㄒㄩㄣ hsün¹ 燻 草書 ❶불기운훈、불길치밀훈(火氣盛貌)。❷불사를훈(灼也)。❸연기치밀훈(煙上)。❹기뻐할훈(和氣——)。(『熏』과 같음)

【燻肉:훈육】燻製된 짐승 고기나 물고

【燻製:훈제】짐승 고기나 물고기 따위를 나무 부스러기 같은 것을 태운 燻氣로 말려서、직접적으로는 부패를 방지하고、간접적으로는 특수한 향미를 부여하는 일。溫燻法과 冷燻法이 있음。

【燻造:훈조】메주。

【燻腿:훈퇴】돼지고기를 소금에 절이어 燻製한 食品。햄。

【燼】(신) 震 ジン、もえのこり ashes ㄐㄧㄣ chin⁴ (或音「진」) 燼 草書 ❶깜부기불신(灰—餘火)。❷촛불똥신(燈—燭餘)。❸나머지신(餘也)。【左傳】收二國之—。❹재난의 뒤신(災難後)。

【燼滅:신멸】❶불타 없어짐。❷아주 망하여 흩어져 없어짐。【鮑照】薰歇——、光沈響絕。

【燼餘:신여】❶타다 남은 불 기운。餘燼。❷없애 버리고 난 뒤의 나머지 무리。殘黨。遺民。

【燼灰:신회】타고 남은 재。灰燼。

【燽】(주) 尤 チュウ、あきらか bright ❶밝을주(明也)。❷드러날주(現著)。

【燾】(도) 號 トウ、おおう、てらす cover ; illuminate ㄉㄠ tao⁴ 燾 小篆 燾 草書 ❶덮일도(普覆)。【公羊傳】周公盛魯公—。❷비칠도(照也)。(『燽』와 같음)

【燾育:도육】덮어 감싸서 기름。【傳咸】伊我皇之仁德兮、配——於二儀。

【燿】(요) 嘯 ヨウ、かがやく glorious ㄕㄠ shao¹ 燿 小篆 燿 草書 ❶비칠요(照也)。❷빛날요(光貌、炫—)。【晉語】光明之—也。❸환할요(明貌熠—)。

【燿燿:요요】환하게 빛나는 모양。밝은 모양。【李陵·河梁】——東南飛。

【爀】(혁) 陌 カク、ひのいろ flame ❶불빛혁(火色)。❷빛날혁(輝也)。(『赫』과 통함)

【爁】(람) 覃 ラン、もえる burning 爁 草書 불번질람(火延貌)。【淮南子】火—焱而不滅。

【[illegible]】(찬) 翰 サン、やく roast 구울찬(灼也)。

十五畫

【爄】㊀(례) 霽 ㊁(렬) 屑 レイ、レツ、きえる remove the fire ㊀불물릴례(止火)。㊁불끌렬(火斷)。

【爆】㊀(폭) 效 ㊁(박) 覺 藥 バク、さく、やく burst ; explode (古音「포」) ㄅㄠ pao⁴ 爆 小篆 爆 草書 ㊀불터질폭、폭발할폭(火裂)。㊁❶지질박(灼也)。❷사를박(燒也)。❸불에 말릴박(火乾)。

【爆擊:폭격】비행기에서 폭탄·소이탄 등을 떨구어 적의 戰力 또는 중요 시설을 파괴하거나 태워 버림。

【爆擊機:폭격기】폭탄을 싣고 가서 적의 진지나 시설을 습격할 목적으로 만들어진 비행기。

【爆裂:폭렬】=爆發。

【爆雷:폭뢰】水中爆彈의 한 가지。일정한 깊이에 도달하면 폭발하는 장치를 지님。잠수함 공격에 씀。

【爆鳴:폭명】폭발할 때에 소리가 일어

남。또는 그 소리。

【爆發:폭발】❶《化》급격히 破裂하는 일。열·빛을 수반하고、가스 발생에 의하여 강압을 일으키며、폭음을 발하는 급격한 화학 변화。❷일이 별안간 벌어짐。暴發。

【爆發物:폭발물】폭발될 성질이 있는 물건。

【爆發物團束:폭발물단속】《法》폭발성이 있는 물질의 위험성을 방지하기 위한 단속。

【爆發藥:폭발약】물건을 폭발시키는 약。爆裂藥。

【爆發彈:폭발탄】폭발성의 약품을 장치한 탄알。

【爆死:폭사】폭발물의 폭발로 인하여 죽음。

【爆笑:폭소】마구 터져 나오는 웃음。많은 사람들이 일시에 웃음을 터뜨림。

【爆藥:폭약】《化》강렬하게 폭발하는 火藥。화학 변화에 의하여 급격히 고온도의 가스를 많이 발생하여 폭발하는 化合物。炸藥 및 爆破藥의 總稱。

【爆音:폭음】❶폭발하는 큰 소리。❷비행기가 비행할 때 내는 소리。

【爆竹:폭죽】가느다란 대통 속이나 종이를 만 속에 火藥을 다져 넣고、導火線으로 여러 개를 연결시킨 물건。한 쪽에 불을 지르면 차례차례 파열하여 감。中國에서 祝日에 씀。

【爆沈:폭침】폭발시켜 물 속으로 가라앉힘。

【爆彈:폭탄】敵의 戰力이나 시설을 공격하는 兵器의 하나。폭발성의 약품을 장치한 탄알。爆發彈。爆裂彈。

【爆破:폭파】폭발시켜 부수어 버림。

【爆風:폭풍】폭발로 인하여 일어나는 바람。공기의 파도로 압력이 매우 높은 곳과 얕은 곳이 있으며 건물을 부서뜨리거나 사람의 내장까지도 파열함。

◎空—、旨—、猛—、水—、原—、自—。

【爕】(섭)『燮』(13火部)의 俗字

【爇】(설) 屑 ゼツ、やく burn ㄖㄜˋ jê⁴ (本音「열」)

小篆 草書 ❶불사를설(燒也)。【周禮】凡卜以明火—爇。❷불탈설(燃也)。【史記 秦始皇紀】入火不—。

【爇騰騰:설등등】연기가 마구 오르는 것。【長生殿·哭像】——寶香、映熒燭也。

【爇燒:설소】태우는 것。【詩經·大雅·疏】至祭之日、乃取蕭之香蒿與祭牲之脂膏、而——之行神神之位、使其馨遠聞。

【爈】(려) 御 リョ、やまび forest fire

❶산불려(山火爈—)。❷불사를려(燒也)。

【爉】(랍) 合 ロウ、ひのもえるおと the sound of fire

❶불소리랍(火聲)。❷불모양랍(火貌)。

【爎】(절) 屑 セツ、やく spark of candle-light (或音「즐」)

❶촛불똥절(燭餘燼)。❷구울절(炙也)。

【爊】(오) 豪 オウ、やく roast

草書 ❶구울오(炙也)。❷튀할오(炰毛炙肉)。【漢書】烹羊炰羔。【註】即今所謂—也。(『爊』와 같음)

【爍】(삭) 藥 シャク、かがやく bright

小篆 草書 ❶빛날삭(灼—光貌)。【楊愼詩】功牌銀—爚。❷녹일삭(鑠也)。(『鑠』과 통함)

【爍金:삭금】쇠붙이를 녹임。【周禮】—以爲刃。《喩》사람 말의 무서움。【國語·周語下】衆心成城、衆口——。

【爍爍:삭삭】번쩍이며 빛나는 모양。【李陵·詩】——三星列。

【爌】㊀(광) 漾 コウ、あかるい ㊁(황) 養 bright

㊀불빛환할광(火光明貌)。【揚雄】北—幽都。㊁❶환히밝을황(寬明)。❷불빛황(火光)。

十六畫

【爏】(력) 錫 レキ、ほのめく glare

불반짝거릴력(火貌)。

【爐】(로) 虞 ロ、いろり、ひばち brazier ㄌㄨˊ lu²

草書 ❶화로로(火器)。【范致能詩】何如田舍火—頭。❷되약볕로(烈陽洪—)。(『鑪』와 같음)

【爐甘石:노감석】《鑛》黃化亞鉛鑛과 銅脈鑛에서 나는 철·칼슘·마그네슘 등이 섞이어 있는 鑛石。

【爐邊:노변】화로의 변두리。난로가。

【爐邊談:노변담】火爐 가에 모여앉아서 주고받는 이야기。

【爐邊談話:노변담화】❶난로 가에 둘러앉아서 가족과 이야기하듯이 친밀한 태도로 주고받는 이야기。❷爐邊談。

【爐田分下:노전분하】그 자리에 그 때 있는 사람들에게만 나눔。

【爐火:노화】❶화로불。【齊書】牀下設——。❷長生不死의 약을 고움。【神仙傳】少君於安期先生、得神丹——之方。

◎暖—、反射—、手—、原子—、電—、風—、香—、火—、懷—。

【燔】(번) 元 ハン、ひもろぎ meat for religious service

小篆 제사에 쓰는 고기번(宗廟火熟肉)。【春秋傳】天子有事—焉以饋同姓諸侯。

【爓】㊀(섬) 鹽 エン、セン、ほのお ㊁(염) 豔 flame ㄧㄢˋ yen⁴

小篆 草書 ㊀❶데칠섬(沈肉于湯)。【禮】三獻—。❷아궁이섬(火門)。(『燂』과 통함) ㊁불빛염(光也)。(『焰』과 같음)

【燅】(섬) 鹽 セン、ねっする scald

튀할섬(以湯沃毛令脫)。(『燂』과 같음)

【爒】(료) 篠 リョウ、やく roast

小篆 구울료(炙也)。

【[火+賴]】㊀(랄) 曷 ラツ、そこなう ㊁(뢰) 泰 hurt

㊀해칠랄(毒也)。㊁불독뢰(火毒)。

【爗】(엽) 葉 ヨウ、ひかる glisteneng ㄧㄝˋ yeh⁴

草書 ❶불 이글이글할엽(光盛)。【反離騷】颺——之芳苓。❷번쩍거릴엽(閃光)。【詩】——震電。(『燁』과 같음)

【爖】(롱) 東 ロウ、ひ fiery ㄌㄨㄥˊ lung²

❶불모양롱(火貌)。❷【中字】불필롱。

【爋】(훈) 問 クン、ひにほす dry over the fire

불에말릴훈(火乾物)。

十七畫

【爚】(약) 藥 ヤク、やく burn ㄩㄝˋ yüeh⁴

小篆 草書 ❶불사를약(焚也)。❷번갯불약(電光)。❸불똥튈

약(火飛)。〔莊子〕外立其德而以ㅣ亂天下者也。❹빛날약(輝也)。〔楊愼詩〕功牌銀爍ㅣ。

〔爚亂:약란〕흩어버리고 어지럽힘。『莊子·胠篋』彼曾史楊墨師曠工倕離朱者、皆外立其德而以ㅣㅣ天下者也、法之所無用地。

〔爚蟬:약선〕매미를 구움。燿蟬。耀蟬。『呂覽·期賢』今夫ㅣㅣ者、務在乎明其火振其樹而已。

〔爚爚:약약〕❶電光의 밝은 모양。❷바삐 서두르는 모양。『後漢書·班固傳·注』震震ㅣㅣ、奔走之貌也。

【爛】(란) 翰 ラン、ただれる brilliant ㄌㄢˋ lan⁴

小篆 草書 ❶文불빛란(燭光)。〔韓愈詩〕華燭光邾子自投于牀廢于鑪炭ㅣ。❸밝을란ㅣㅣ。❷익을란(熟也、糜ㅣ)。〔詩〕明星有ㅣ。❹난만할란(漫也)。〔左傳〕(明也、燦ㅣ)。❺썩을란(腐敗)。〔公羊傳 僖公九年〕魚ㅣ而亡。❻데어서 벗어질란(潰也、火傷)。

〔爛柯:난가〕바둑 두는 재미를 나타내는 말。나뭇군이 바둑 구경하다가 도끼 자루 썩는 줄도 몰랐다는 이야기에서 온 말。『述異記』。「子渾如雲。

〔爛開:난개〕=爛發②。『楊萬里』ㅣㅣ梔

〔爛爛:난란〕❶번쩍번쩍 빛나는 모양。❷眼光이 날카롭게 빛나는 모양。『世說』王戎眼ㅣㅣ、如巖下電。

〔爛爛:난만〕❶爛漫③。❷헤맴。방랑함。『韋莊·庭前桃詩』曾向桃源ㅣㅣ遊。

〔爛漫:난만〕❶꽃이 만발하여 한창 무르녹는 모양。❷화려한 광채가 흐르는 모양。『莊子·在宥』大德不同 性命ㅣㅣ矣。❸빛나 번쩍이는 모양。爛縵。❹어지럽게 흩어짐。『王延壽』流離ㅣㅣ。❺잘 잠든 모양。❻똑똑히 나타나 보이는 모양。『蘇軾·詩』天眞ㅣㅣ是吾師。

〔爛漫同歸:난만동귀〕옳지 않은 일에 함부로 날뜀。

〔爛漫相議:난만상의〕여러 차례에 걸쳐 상의함。

〔爛發:난발〕❶한창 나타남。명백히 나타남。『江淹』美目艶起、秀色ㅣㅣ。❷꽃이 한창 만발함。爛開。

〔爛報:난보〕=奇別。寄別。

〔爛死:난사〕火傷을 입어 죽음。『韓愈』ㅣㅣ於沙泥、吾寧樂之。

〔爛商:난상〕잘 의논함。

〔爛熟:난숙〕❶과실이 무르녹게 잘 익음。『蘇軾』櫻桃ㅣㅣ滴堦聲。❷사태가 성숙하여 이미 衰微해지기 시작함。❸사물을 잘 체득하여 충분히 이해함。통달함。『陸游』世態十年看ㅣㅣ。

〔爛然:난연〕❶밝은 모양。燦然。『漢書』功德ㅣㅣ。❷눈부시게 아름다운 모양。燦爛。

〔爛嚼:난작〕음식을 잘 씹음。

〔爛醉:난취〕술에 몹시 취함。푹 취함。泥醉。熟醉。『蘇軾』應須ㅣㅣ答雲煙。

十八畫

【爕】(섭) 葉 ジョウ、あたたか warm ㄋㄧㄝˋ nieh⁴

따뜻할섭(溫也)。(古音「녑」)

【爞】(충) 東 チュウ、かんばつ drought ㄊㄨㄥˊ t'ung²

小篆 가물어 뜨거울충(旱熱)。(『䖵』과 통함)

【爟】(관) 翰 カン、のろし signal-fire ㄍㄨㄢˋ kuan⁴

小篆 或體 草書 ❶불켜들관(擧火)。〔周禮註〕杜子春云ㅣ爲私火鄭謂ㅣ。❷봉화불관(烽火)。❸화경관(取火於日)。❹벼슬 이름관(周官名、司ㅣ)。

〔爟星:관성〕별 이름。『晉書·天文志』軒轅西四星曰爟、爟者烽火之爟也、邊亭之警候。

〔爟火:관화〕❶熱火。❷제사에 바치는 불。『淮南子·氾論訓』洗之以湯沐祓之以ㅣㅣ。❸烽火。

【爝】㊀(초) 嘯 ㊁(작) 藥 シャク、かがりび torch-light ㄐㄩㄝˊ chüeh

小篆 草書 ㊀횃불초(炬火)。〔莊子〕日月出矣而ㅣ火不息。㊁뜻은 ㊀과 같음。

〔爝火:작화〕횃불、炬火。『莊子·逍遙遊』日月出矣、而ㅣㅣ不熄。

十九畫

【爡】(철) 屑 テツ、けむりだつ smoke

연기날철(烟出)。

【爟】(연) 『然』(火部 8畫)의 古字

【爢】(미) 支 ビ、ただれる burst

小篆 ❶데어터질미(爛也)。❷무너질미(壞也)。〔漢書〕萬鈞之所發無不ㅣ滅者。

【爣】(광) 養 コウ、ひかる shine

빛날광(光貌)。

二十畫

【爣】(당) 養 トウ、あかるい bright ㄉㄤˇ tang³

밝을당、환할당(明也)。

二十一畫

【爥】(촉) 沃 ショク、てらす light ㄓㄨˊ chu²

草書 비칠촉(昭也)。〔東都賦〕散皇明以ㅣ幽。(『燭·矚』과 같음)

〔爥房:촉방〕등불이 있는 방。『謝莊·月賦』去ㅣㅣ即月殿。

〔爥夜:촉야〕닭의 딴 이름。燭夜。

〔爥燿:촉요〕빛냄。『班固·西都賦』若摛錦布繡ㅣㅣ乎其陂。

二十二畫

【爨】(촌) 元 サン、かしぐ、たく simmer

부글부글 끓으려할촌(鼎欲沸貌)。

二十四畫

【爧】(령) 靑 レイ、ひかり light

불빛령(火光)。

二十五畫

【爨】(찬) 翰 サン、かしぐ make a fire ㄘㄨㄢˋ t'suan⁴

小篆 籒文 草書 ❶불땔찬(炊也)。❷아궁이찬、부뚜막찬(竈也)。〔詩〕執ㅣ踖踖。❸불길 오를찬(火氣上)。〔儀禮〕大羹湆在ㅣ。❹밥지을찬(炊也)。〔孟子 滕文公上〕以釜甑ㅣ。

爪 部

【爪】(조) 巧 ソウ、つめ nail ㄓㄠˇ chao³

小篆 草書 ❶손발톱조(手足甲)。〔詩〕祈父予王之ㅣ牙。❷

긁어다릴조、할퀼조(覆手取物扒也)。〔柳宗元 郭橐駝傳〕、其膚、以驗其生枯。

〔爪角：조각〕짐승의 발톱과 뿔。(喩)자기를 적으로부터 보호하여 주는 물건。『韓非子·解老』民知虎兕之有ㅣㅣ、莫知萬物之盡有ㅣㅣ也。

〔爪甲：조갑〕손톱이나 발톱。指甲。

〔爪毒：조독〕손톱으로 긁은 자리에 균이 들어가 생긴 부스럼。

〔爪傷：조상〕손톱으로 할퀸 생채기。

〔爪牙：조아〕짐승의 발톱과 어금니。(喩)㉠적을 막고、임금을 호위하는 무사。『詩經』祈父、予王之ㅣㅣ。㉡자기를 구조하여 주는 긴요한 물건이나 사람。『後漢書』悉以耿夔任當等爲ㅣㅣ。

〔爪痕：조흔〕손톱으로 할퀸 흔적。

【⿰丿乁爪】(장) 養 ショウ、もつ take

小篆 ❶가질장(持也)。❷손바닥장(掌也)。(『掌』과 같음)

【爫】(조) 손톱변[部首名]

四 畫

【⿰爪𠬝】(나) 麻 ダ、のぞく exclude

❶제할나(除也)。❷면제할나(收除)。

【爬】(파) 麻 ハ、かく scratch ㄆㄚˊ p'a²

草書 ❶긁을파(搔也)。〔韓愈文〕ㅣ羅剔抉。❷기어다닐파。「ㅣ蟲類」。

〔爬沙：파사〕게가 기어가는 모양。把沙。『韓愈』ㅣㅣ脚手鈍。「蟻聚、不可ㅣㅣ。

〔爬梳：파소〕整理함。爬櫛。『韓愈』蜂屯

〔爬痒：파양〕가려운 데를 긁음。搔痒。

〔爬櫛：파즐〕＝爬梳。『周必大』公來開別墅、草莽手ㅣㅣ。

〔爬蟲類：파충류〕(動)脊椎動物의 한 部門。冷血이며 肺로 호흡함。대개 卵生。거북·악어·뱀·도롱뇽 따위。

〔爬行：파행〕벌레·뱀 따위가 땅에 몸을 대고 기어감。

【爭】㊀(쟁) 庚 ㊁(쟁) 敬 ソウ、あらそう fight ㄓㄥ chêng¹

小篆 草書 ㊀❶다툴쟁(競也)。〔書〕汝惟不矜天下莫與汝ㅣ。❷다스릴쟁(理也)。❸분별할쟁(辨也)。〔禮〕分ㅣ辨訟非理不決。❹싸울쟁(戰也)。〔大學〕ㅣ民施奪。㊁❶옳다 그르다할쟁(辨難)。❷간할쟁(諍也)。〔孝經〕天子有ㅣ臣七人。(『諍』과 같음)

〔爭魁：쟁괴〕두목되기를 다툼。

〔爭權：쟁권〕권리를 다툼。권력을 다툼。

〔爭端：쟁단〕다투는 일의 단서。『左傳』民知ㅣㅣ矣。

〔爭頭：쟁두〕일을 먼저 하기를 다툼。

〔爭亂：쟁란〕서로 다투어 어지러워짐。소동。騷亂。

〔爭論：쟁론〕서로 다투어 가며 토론함。말다툼。爭議。『史記』ㅣㅣ於上前。

〔爭訴：쟁소〕서로 다투어 소송함。

〔爭訟：쟁송〕서로 송사를 하여 다툼。소송。爭訴。『謝靈運』虛館絕ㅣㅣ、空庭來鳥雀。

〔爭友：쟁우〕친구의 잘못을 충고하는 벗。『孝經·諫爭』士有ㅣㅣ、則身不離於令名。

〔爭議：쟁의〕❶서로 다른 의견으로 다툼。『韓愈』守法ㅣㅣ。❷노동자와 企業主 사이에 노동 문제 등을 중심으로 일어나는 다툼。勞動爭議。

〔爭點：쟁점〕爭訟의 중심이 되는 점。

〔爭進：쟁진〕다투어 나아감。

〔爭取：쟁취〕싸워서 빼앗아 가짐。

〔爭奪：쟁탈〕다투어 빼앗음。『禮記』尙辭讓、去ㅣㅣ。

〔爭奪戰：쟁탈전〕서로 다투어 무슨 사물이나 권리 등을 빼앗는 싸움。

〔爭鬪：쟁투〕서로 다투어가며 싸움。『禮記』ㅣㅣ之獄繁矣。

〔爭覇：쟁패〕❶지배자의 지위를 다툼。❷우승을 다툼。패권을 다툼。

〔爭覇戰：쟁패전〕❶覇者가 되려고 다투는 싸움。❷우승을 겨루는 싸움。

〔爭衡：쟁형〕세력의 우열·경중을 다툼。천하의 패권을 다툼。『庾信·符杖賦』楚漢ㅣㅣ。

〔爭詰：쟁힐〕서로 다투어 詰難함。

【爯】(음) 侵 イン、ちかずきも とめる make up to

小篆 가까이할음(近而求)。

五 畫

【爯】(승) 蒸 ショウ、あげる lift

小篆 ❶들승(擧也)。❷클승(大也)。

【爰】(원) 元 エン、ここに therefore ㄩㄢ yüan²

小篆 草書 ❶당길원、이끌원(引也)。❷이에원(於也)。〔書〕ㅣ革夏正。❸가로대원(曰也)。〔詩〕ㅣ及矜人。❹바꿀원(換也)。❺느즈러질원(緩也)。〔詩〕有兎ㅣㅣ。

〔爰書：원서〕❶재판에 관한 서류。判決書。❷罪人의 口供書를 교환함。爰은 換의 뜻。옛날 재판관의 情實的인 判決이 없도록 재판 서류를 서로 바꾸어서 審理하였음。『史記·張湯傳』。『經』有兎ㅣㅣ爰。

〔爰爰：원원〕느즈러진 모양。緩緩。『詩

〔爰田：원전〕古代의 稅法。政府가 수입할 公田의 稅를 상으로 백성에게 나누어 줌。『左傳』晋於是乎作ㅣㅣ。

〔爰池國：원지국〕(歷)옛 나라 이름。馬韓에 속함。

八 畫

【⿰爪叔】(나) 麻 ダ、かく scratch

긁을나(搔也)。

【爲】(위) 支 寘 イ、なす do;act;for ㄨㄟ wei²

小篆 古文 草書 ❶하위、할위(造也)。〔書〕予欲宣力四方汝ㅣ。❷다스릴위(治也)。❸하여금위(使也)。〔晋語〕疾不可ㅣ也。❹어조사위(語助辭)。〔魯語〕其ㅣ後世昭前之令聞也。〔漢書〕何但亡匿幕北寒苦之地ㅣ。❺어미원숭이위(母猴)。❻인연위(緣也)。❼지을위(著作)。❽만들위(生產)。〔記史 屈原傳〕王使屈原ㅣ之。〔大學〕ㅣ之者疾、用之者舒、則財恆足矣。❾이룰위(成也)。❿행할위(行也)。〔中庸〕尊ㅣ天子、富有四海之中。〔論語 學而〕其ㅣ仁之本歟。⓫이름지을위(名稱)。〔論語 爲政〕曾是以ㅣ孝乎。⓬생각할위(思也)。〔史記 孔子世家〕顏淵後、子曰、吾以汝ㅣ死矣。⓭배울위(學也)。〔論語 陽貨〕女ㅣ周南召南矣哉。⓮써위(所以)。〔書〕臣ㅣ上ㅣ德ㅣ下ㅣ民。⓯흉내낼위(擬也)。〔史記 范雎傳〕佯ㅣ不知永巷而入其中。⓰위할위(助也)。〔論語 述而〕夫子ㅣ衛君乎。⓱호위할위(護也)。〔論語 學而〕ㅣ人謀而不忠乎。

〔爲國：위국〕나라를 위함。

〔爲待：위대〕잘 대우함。優待。

〔爲民：위민〕군민을 위함。

【爲法自弊:위법자폐】자기가 만든 법을 범하여 죄를 당함. 자기가 정해 놓은 일에 자기가 고난을 당하는 것을 가리켜 하는 말.
【爲父母保妻子:위부모보처자】어버이를 위하고 처와 자식을 보호함.
【爲不爲間:위불위간】되든지 안 되든지. 아무렇거나.
【爲先:위선】❶우선. ❷爲先事의 略語.
【爲先事:위선사】조상을 위함. 또는 그 일.
【爲先之道:위선지도】조상을 받들어 「위하는 도리.
【爲始:위시】시작함. 비롯함. 「리.
【爲臣之道:위신지도】신하로서의 도
【爲業:위업】생업으로 함.
【爲人:위인】사람된 품.
【爲人謀忠:위인모충】사람을 위하여 정성껏 꾀함. 또는 꾀하는 일. 「로 삼음.
【爲一能事:위일능사】가장 익숙한 일
【爲子之道:위자지도】자식된 도리.
【爲政:위정】❶정치를 행하는 일. ❷論語의 篇名.
【爲政者:위정자】정치를 행하는 사람.
【爲主:위주】주장으로 삼음.
【爲妻子:위처자】아내와 자식을 위함.
【爲替:위체】《經》換.
【爲楚非爲趙:위초비위조】표면으로는 이것을 위하는 체하고 실속은 딴 일을 위함을 이르는 말.
【爲叢驅雀:위총구작】제게 이롭게 하려다가 도리어 남을 이롭게 함.
【爲親:위친】어버이를 위함.
【爲限:위한】기한이나 한도를 정함.
◎旣—、無—、當—、無所不—、有—、人—、作—、行—。

十畫

【㸏】(소)『搔』(手部 10畫)의 本字

十四畫

【爵】(작) 藥 シャク、くらい peerage ㄐㄩㄝ chüeh² 小篆 古文 草書 ❶벼슬작, 작위작(位也)。【廣韻】殷—三等周—五等。❷봉할작(封也)。❸술잔작(飮器受—升)。【詩】酌彼康—。❹벼슬줄작(授位階)。【史記 孔子世家】身擧五殺—之大夫。❺참새작(雀也)。【孟子 離婁上】爲叢敺—者鸇也。(『雀』과 통합)

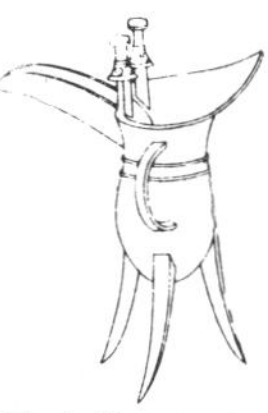

爵(西淸古鑑)

【爵羅:작라】참새를 잡는 그물. 雀羅.
『方干』未妨溪上泛漁艇、又爲門前張——。
【爵祿:작록】벼슬과 俸祿。『中庸』——可辭也、白刃可踏也。
【爵位:작위】지위. 爵號와 位階。『漢書』吾年老矣、——已極。
【爵土:작토】작위와 영토。『後漢書』奕世弘業、——酒昭。
【爵品:작품】벼슬의 품계. 職品.
【爵號:작호】爵位의 이름. 公·侯·伯·子·男。『晋書』受魏——。
◎公—、男—、伯—、封—、襲—、榮—、人—、子—、天—、侯—。

父部

【父】㊀(부) 麌 ㊁(보) フ、ホ、ちち father ㄈㄨˋ fu³·⁴ 小篆 草書 ㊀❶아비부, 아버지부(生己者)。【詩】哀哀—母生我劬勞。❷늙으신네부, 할아범부(老叟之稱)。【史記】漢文帝輦過問馮唐曰—老何自爲郞。㊁남자의미칭보(男子美稱)。(『甫』와 통합)
【父系:부계】아버지의 계통. ↕母系.
【父系制度:부계제도】原始時代 末期의 사회제도. 家系가 아버지 쪽의 계통에 의하여 상속되는 제도. 父系制. ↕母系制度.
【父敎:부교】❶아버지의 교훈. ❷아버「지의 명령. 父命.
【父權:부권】원시 시대의 가족 제도에 있어서 아버지가 가족전체에 대해 가지고 있던 온갖 권리. ↕母權.
【父女:부녀】아버지와 딸. ↕母子.
【父道:부도】❶아버지가 행하여 온 길. 『論語·學而』三年無改父之道. ❷아버지로서 지켜야 할 도리. 『禮記』天子修男敎——也.
【父老:부로】❶한 동네에서 나이가 많은 어른. 『漢書』置酒沛宮、悉召故人——子弟佐酒. ❷年老者에 대한 尊稱.
【父命:부명】아버지의 분부.
【父母:부모】어버이. 兩親. 『詩經』豈弟君子、民之——.
【父母俱沒:부모구몰】양친이 다 돌아가심. 「계심.
【父母俱存:부모구존】양친이 다 살아
【父母國:부모국】故國. 故鄕. 父母之邦. 『孟子』去——之道也.
【父母德:부모덕】부모의 은덕.
【父母喪:부모상】어버이를 여읜 喪事.
【父母妻子:부모처자】어버이와 아내와 자식.
【父師:부사】아버지와 스승. 『朱熹·中庸章句序』質以平日所聞——之言.
【父喪:부상】아버지가 돌아가심.
【父王:부왕】아버지인 임금.
【父音:부음】=子音.
【父子:부자】아버지와 아들. 『易經』有夫婦、然後有——.
【父子有親:부자유친】五倫의 하나. 아버지와 아들의 道理는 親愛에 있음. 아버지는 아들을 귀여워하고, 아들은 아버지를 잘 섬김으로써 그 사이에 진정한 情이 있음. 『朱熹·白鹿洞書院揭示』.
【父傳子承:부전자승】=父傳子傳.
【父傳子傳:부전자전】代代로 아버지가 아들에게 전함. 父傳子承.
【父祖:부조】❶아버지와 할아버지. ❷先祖. 『晋書』我——名播四海.
【父主:부주】아버님.
【父執:부집】아버지의 친구로 나이가 아버지와 비슷한 어른. 아버지의 동지. 父執尊長. 『後漢書』馬援爲梁松——.
【父執尊長:부집존장】=父執.
【父側:부측】아버지의 곁. 아버지 편.
【父親:부친】아버지.
【父兄:부형】❶아버지와 형. 『論語』出則事公卿、入則事——. ❷老人. 年長者. 『史記·項羽紀』. ❸학생의 보호자.
【父兄姉妹:부형자매】❶부형과 자매. ❷겨레붙이. 동포의 뜻으로 쓰는 말.
【父兄子弟:부형자제】아버지나 형에게 가르침을 받고 자란 사람.
【父兄會:부형회】학교 당국자와 학생의 보호자들이 모여서 학교와 가정이 협력하여 교육을 효과있게 하고자 하는 모임. 師親會.
◎家—、繼—、君—、老—、伯—、叔—、神—、岳—、養—、漁—、嚴—、王—、義—、親—。

四畫

【爸】(파) 馮 ハ、ちち father ㄅㄚˋ pa⁴ 草書 이비파, 아버지파(羌人呼父)。【正字通】夷吾稱老者爲八八或

巴巴後人因加父作ー字。

【爸爸:파파·바바】❶아버지를 부르는 말。❷노인에 대한 존칭。

六 畫

【爹】(다) 歌 タ、ちち ㄉㄧㄝ tieh¹ father

草書 아비다、아버지다(父也阿ー)。【南史】人歌曰始興王人之ー。

【爹爹:다다】(中) 아버지。

【爹娘:다랑】(中) 父母。

九 畫

【爺】(야) 麻 ヤ、ちち ㄧㄝ yeh² father

草書 ❶아비야(俗呼爲父ー字)。❷노인존칭야(老人尊稱)。❸서방님야、도련님야。

【爺爺:야야】❶年長者의 尊稱。大人。【宋史】。❷(中)祖父。할아버지。

【爺孃:야양】父母의 俗稱。爺娘。『杜甫·兵車行』ーー妻子走相送。

爻 部

【爻】(효) 肴 コウ、まじわる ㄧㄠ yao² complicate

小篆 草書 ❶사귈효(交也)。❷변할효(變也)。❸본받을효、닮을효(效也)。❹형상할효(象也)。❺괘이름효(易卦六十四ー)。

【爻象:효상】❶좋지 못한 상태。❷괘상。

【爻周:효주】글자를 爻자 모양의 표를 그어 지워 버림。

四 畫

【㸚】(례) 霽 レイ、あかるい ㄌㄧˇ li³ bright

小篆 밝을례(明白)。

【㸛】(효) 肴 コウ、たるき rafter

서까래효(桷也)。

五 畫

【㸜】(서) 魚 ショ、とおる attain

小篆 ❶이를서(通達)。❷멀저(遠也)。❸인도할서(引導)。

【爼】(조)『俎』(人部 7畫)의 譌字

七 畫

【爽】(상) 養 陽 ソウ、さわやか ㄕㄨㄤˇ shuang³ bright

小篆 篆文 草書 ❶밝을상(明也)。【書】用ー厥師。❷어기어질상、어길상(差也、忒也)。【老子】五味令人口ー。❸지나칠상(過也)。【書】先王昧ー丕顯。❹새벽상(早旦)。【書】事其ー侮。❺시원할상(清快ー塏)。❻잃어버릴상(失也)。❼매울상(烈也)。❽광활할상(廣貌)。【左傳 昭公三年】更諸ー塏者。❾혼이밝을상(神靈明也)。【左傳 昭公七年】是以有精ー以至于神明。❿반짝일상(輝也)。【書經 盤庚】故有ー德。

【爽達:상달】마음이 상쾌하고 사물의 이치에 통달함。

【爽德:상덕】❶밝은 덕。明德。【書經】故有ーー自上。❷德에 어긋남。失德。【國語】昔昭王娶於房、曰房后、實有ーー。

【爽涼:상량】산뜻하고 시원함。

【爽爽:상상】보통 사람보다 뛰어남。【南史】人中ーー有何子朗。

【爽實:상실】사실과 틀림。

【爽約:상약】약속을 어김。

【爽然:상연】❶자기 생각과는 어긋나서 멍한 모양。실심한 모양。【史記】ーー自失矣。❷상쾌한 모양。

【爽快:상쾌】기분이 썩 시원하고 유쾌함。爽闊。

【爽闊:상활】＝爽快。

十 畫

【爾】(이) 紙 ジ、ニ、しかり ㄦˇ erh³ you; so

小篆 ❶너이(汝也)。【書】肆予以ー衆士奉辭伐罪。❷가까울이(近也)。【孟子 離婁上】道在ー、而求諸遠。❸어조사이(語助辭)。【孟子 告子上】蹴ー而與之乞人不屑也。❹오직이、뿐이(唯也)。【孟子 萬章上】鬱陶思君ー。❺그러할이(然也)。【古詩 焦仲卿妻】同是被逼迫、君ー妾亦然。❻그이(其也)。❼말이(而已)。(『尒·尓』와 같음)

【爾今:이금】지금부터。이후。自今。

【爾來:이래】❶그 후부터。그 때부터。自來。【諸葛亮】奉命於危難之間、ーー二十有一年矣。❷요사이。近來。

【爾時:이시】그 때。그 당시。

【爾汝:이여】❶너희들。남을 卑下하여 일컬음。『孟子 盡心』人能充無受ーー之實。❷너。썩 친한 사이의 二人稱。

【爾餘:이여】그 外。그 밖。自餘。

【爾爾:이이】❶그러함。【古詩】諾諾復ーー。❷이러이러함。이와 같음。【晉書】王若問卿、卿但言ーー。

【爾後:이후】그 뒤。以後。自後。【詩經】保艾ーー。

爿 部

【爿】(장) 陽 ショウ、きぎれ ㄑㄧㄤˊ ch'iang² slice

小篆 草書 조각널장(判木)。【周伯琦正譌】半木左邊爲ー、右邊爲片。

四 畫

【牀】(상) 陽 ショウ、ねだい、ゆか ㄔㄨㄤˊ ch'uang² couch; floor

小篆 草書 ❶평상상(臥榻ー簀)。(或音「장」)【易】剝ー以足。❷우물난간상(井幹)。【樂府】後園鑿井銀作ー。❸마루상(人所座臥)。❹걸상상(跨床)。

【牀几:상궤】❶침상과 안석。❷접을 수 있는 걸상의 일종。

【牀頭:상두】방의 윗목。

【牀蝨:상슬】(動)빈대。빈대과의 곤충。사람의 피를 빨아 먹으며、특유한 나쁜 냄새가 남。全世界에 분포되어 있음。

【牀褥:상욕】잠 자리。【張衡】以天地爲ーー。

【牀笫:상자】평상과 삿자리。(轉)婦女。牀笫가 婦人의 침실에 있으므로 생긴 말。【左傳】趙孟曰、ーー之言、不踰閾。

【牀榻:상탑】걸고 앉거나 눕거나 하는 諸具。걸상·침대 같은 것。『五代史』器皿ーー。

五 畫

【牁】(가) 歌 カ、ふねつなぎ ㄍㄜ ko¹ stake

草書 ❶배매는말뚝가(繫舟杙)。❷고을이름가(南粵郡名牂ー)。

六畫

【爼】(조) 語 ソ、まないた chopping-board ❶도마 조(俎也)。❷『俎』와 같음。

【⿰爿兆】㊀(조) ㊁(요) 篠 篠 チョウ、ゆかいた floor ㊀마루 조(牀子)。㊁뜻은 ㊀과 같음。

【牂】(장) 陽 ショウ、めひつじ ewe ㄗㄤ tsang¹ 小篆 草書 ❶암양 장(牝羊)。【詩】ㅡ羊墳首。❷성할 장(盛貌)。【詩經】東門之楊其葉ㅡㅡ。❸태세 장(太歲、敦ㅡ)。❹고을 이름 장(郡名ㅡ牁)。(『牂』과 같음)

【牂牁:장가】❶강기슭。배 닻줄을 매는 말뚝。❷강 이름。一名 都泥江。지금 이름은 濛江。하류는 西江。근원은 貴州省 定番縣 【漢書武帝紀】元鼎五年、發夜郎兵、下ㅡㅡ江、咸會番禺。

【牂羊:장양】암양。牝羊。【詩經·小雅】ㅡㅡ墳首、三星在罶。【傳】ㅡㅡ、牝羊也。

【牂雲:장운】아상한 구름。개 모양을 한 구름。

【牂牂:장장】盛한 모양。【詩經】其葉ㅡㅡ牂。

七畫

【⿰爿求】(구) 尤 キュウ、のみのえ head of a chisel 끌머리 구(鑿首)。

八畫

【⿰爿空】(공) 送 コウ、かきをうがつ pierce the wall 담뚫을 공(穿垣)。

十畫

【牄】(장) 陽 ショウ、たべるこえ eating sound ㄑㄧㄤ ch'iang¹ 小篆 籀文 새와 짐승 먹는 소리 장(鳥獸食聲)。

十一畫

【⿰爿庸】(용) 冬 ヨウ、かき wall 담 용(垣也)。(『墉』과 같음)

十二畫

【⿰爿習】(습) 緝 シュウ、ほこがたつ erect the spear 창세울 습(殳立貌)。

【⿰爿賁】(분) 文 フン、ゆかいた board 평상널 분(牀板)。

十三畫

【⿰爿詹】(염) 鹽 エン、ひさし eaves 추녀 염(檐也)。

【牆】(장) 陽 ショウ、かき fence; wall ㄑㄧㄤ ch'iang² 小篆 籀文 籀文 草書 ❶담장(垣蔽)。【書】峻宇雕ㅡ。❷차면담장(蕭ㅡ門屛)。【論語】蕭ㅡ之內。❸옥장(圜ㅡ獄也)。【漢書】幽于圜ㅡ之中。❹사모할장(追慕)。(『墻』과 같음)

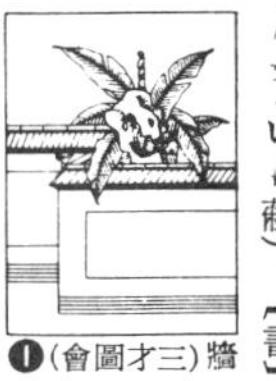
❶(三才圖會)牆

【牆角:장각】담 모퉁이。【白居易】黃葉聚ㅡㅡ、青苔圍柱根。

【牆內:장내】담 안。↕牆外。

【牆籬:장리】울타리。울짱。【鹽鐵論】奮空拳、而破百萬之師、無ㅡㅡ之難。

【牆壁:장벽】담과 벽。【漢書】戶牖ㅡㅡ。

【牆壁無依:장벽무의】전혀 의지할 곳이 없음。

【牆屋:장옥】담。

【牆外:장외】담 바깥。↕牆內。

【牆垣:장원】담。垣牆。

【牆衣:장의】담장 위의 푸른 이끼。【白居易】暖變ㅡㅡ色。

【牆下:장하】담장 밑。【孟子】五畝之宅、樹ㅡㅡ以桑。

片 部

【片】(편) 霰 ヘン、かた、きれ piece; side ㄆㄧㄢ p'ien⁴ 小篆 草書 ❶조각 편(析開木半)。【論語】ㅡ言可以折獄其由也與。❷쪼갤 편(判也)。❸화판 편(瓣也)。❹짝 편(二物事中一方)。❺성 편(姓也)。

【片刻:편각】짧은 시간。잠시。삽시간。片時。寸時。

【片簡:편간】=片書。

【片薑:편강】얄따랗게 저미어서 설탕에 조리어 만든 생강。

【片芩:편금】=宿芩。

【片利共生:편리공생】《生》한 편은 이익을 받으나 그 상대방인 다른 편은 이익도 해도 없는 공생의 한 양식。

【片鱗:편린】한 조각의 비늘。《喩》극히 작은 부분。

【片麻岩:편마암】《鑛》變成岩의 하나。石英·長石·雲母를 주성분으로 하는 알갱이 조각의 암석。雲母가 갈피지어 섞인 것이 花崗岩과 다름。

【片面:편면】한쪽 면。

【片面行爲:편면행위】《法》一方의 의사 표시에 의하여 성립하는 법률 행위。

【片務:편무】한 쪽에서만 지는 의무。

【片務契約:편무계약】《法》당사자 한쪽만이 의무를 부담하는 계약。↕雙務契約。

【片貿易:편무역】《經》두 나라 사이에서 한 나라만이 물품을 수출하는 무역。

【片書:편서】글을 써 놓은 조각。片簡。

【片手聳上:편수용상】《運》역도에서 한 손으로 力器를 잡아 머리 위로 높이 올리는 운동。

【片手振上:편수진상】《運》한 팔로 아령같은 것을 잡고 팔을 구부리지 않고 쳐들었다 내렸다 하는 운동。

【片心:편심】❶작은 마음。❷일방적인 마음。偏心。

【片岩:편암】《鑛》주로 石英과 다른 광물。곧 운모·활석 따위와의 薄層으로 된 片狀의 암석。변성암의 한가지。

【片言:편언】짤막한 말。한 마디의 말。一言隻辭。【論語】ㅡㅡ可以折獄者、其由也與。

【片言隻辭:편언척사】짤막한 말。한두 마디의 말。片言隻字·片詞隻句·一言半句。【陸機】ㅡㅡ、不關其間。

【片影:편영】❶조그마한 그림자。❷잠깐 엿본 그림자。【楊萬里】方羡冥鴻ㅡㅡ寒。

【片雲:편운】한 조각의 구름。조각 구름。

【片月:편월】초생달。眉月。初月。弦月。【徐陵】ㅡㅡ窺花簟、輕寒入錦巾。

【片肉:편육】삶아 익힌 고기。

【片楮:편저】=片紙。【郝經】隻字ㅡㅡ猶應奇。

【片箭:편전】짧고 작은 화살。

【片竹:편죽】조각 대。

【片志:편지】자그마한 뜻。寸志。

【片紙:편지】❶어떤 볼 일로 남에게 보내는 글。書簡。❷종이 조각。紙片。【宋史】高宗嘗以ㅡㅡ、書若海名。

【片紙紙:편지지】 편지를 쓰는 종이。
【片鐵:편철】 쇠조각。
【片土:편토】 작은 토지。한 조각의 땅。
【片片:편편】 ❶가볍게 뒤치는 모양。❷한 조각 한 조각。❸一方。
【片片金:편편금】 어느 것이나 다 보배로움。어느 물건이나 다 진기함。
【片片沃土:편편옥토】 어느 땅이나 모두 기름짐。
【片脯:편포】 난도질하여 반대기를 지어 말린 고기。
◎斷ㅡ、木ㅡ、一ㅡ、紙ㅡ、鐵ㅡ、破ㅡ、花ㅡ。

三畫

【⿰片女】 (창) 陽 ショウ、えかざり decorate 그림으로꾸밀창(畫飾)。(『妝』의 俗字)

四畫

【版】 (판) 潸 ハン、いた、ふだ board; edition ㄅㄢˇ pan³ 小篆 草書 ❶조각판、쪽판(判也)。❷담틀판(築墻ㅡ)。『管子』脩業不息ㅡ。❸호적판、국경판(戶籍ㅡ圖)。『周禮』八成三日聽閭里以ㅡ圖。❹홀판(笏也)。『後漢書 范滂傳』投ㅡ棄官而去。❺궁벽할판(僻也)。❻한길 판(一丈長)。『史記 趙世家』城不浸者三ㅡ。❼인쇄할판(ㅡ權、出ㅡ)。(『板』과 같음)
【版局:판국】 ❶어느 사건이 벌어진 판。❷집터 또는 산소 자리의 위치와 形局。
【版權:판권】 (法)財産權의 한가지。책을 出版하여 發行하는 권리。
【版權張:판권장】 책자 따위의 출판물 맨 끝에 그 출판물의 인쇄 간행 날자와 著作者의 주소·성명을 밝힌 적은 종잇장。
【版圖:판도】 한 국가의 통치 아래에 있는 영토。領地。領土。『周禮』聽閭里以ㅡㅡ。
【版木:판목】 인쇄하기 위하여서 글자나 그림을 새긴 나무。
【版本:판본】 木版으로 박은 책。板本。木板本。板刻本。↔寫本。
【版勢:판세】 판국의 형세。
【版時勢:판시세】 全局의 시세。
【版行:판행】 책을 인쇄하여 발행함。出版。
【版畫:판화】 木版·石版·銅版 등으로 찍어낸 그림。특히 木版畫 등을 가리킴。
◎刻ㅡ、古ㅡ、舊ㅡ、銅ㅡ、木ㅡ、附ㅡ、寫眞ㅡ、三ㅡ、三色ㅡ、石ㅡ、新ㅡ、鉛ㅡ、原ㅡ、原色ㅡ、印ㅡ、再ㅡ、重ㅡ、初ㅡ、出ㅡ、活ㅡ。

五畫

【⿰片禾】 (화) 歌 カ、かん coffin 널화(棺也)。
【牉】 (반) 翰 ハン、なかば half ㄆㄢˋ p'an⁴ 草書 ❶반쪽반(半也)。❷나눌반(分也)。❸모을반(合也)。『儀禮』夫婦ㅡ合。(『片·判』과 같음)

六畫

【⿰片旨】 (지) 支 シ、かりごや shop ❶가게지、막지(假家)。❷집이을지(盖舍)。

七畫

【⿰片朱】 (수) 虞 シュ、まるきばし board ❶물막는널수(防水板ㅡ艛)。❷통나무다리수(圓木橋)。
【⿰片良】 (라) 哿 ラ、ふなさお punting pole 상앗대라(艕別名)。
【⿰片足】 (촉) 沃 ショク、せまる urge 재촉할촉、촉박할촉(迫也)。

八畫

【牋】 (전) 先 セン、てがみ、ふだ letter ㄐㄧㄢ chien¹ 草書 ❶표전(表也)。『後漢書』所著賦ㅡ奏書凡五篇。❷글전(文書)。❸문체이름전(文體名)。(『箋』과 같음)
【牋啓:전계】 편지。『老學庵筆記』
【牋疏:전소】 임금에게 자기 의견을 아뢰는 書狀。上疏。奏疏。陳疏。『宋史』
【牋奏:전주】 임금에게 올리는 글。上奏·上表。『後漢書』文吏試ㅡㅡ。
【牋翰:전한】 ❶종이와 붓。❷편지。『劇談錄』
【⿰片忩】 (창) 『牕』(片部11畫)의 俗字
【牌】 一(패) 佳 ハイ、ふだ sign-board 二(배)(國音) ㄆㄞˊ p'ai² 草書 一❶방붙일패(牓也)。❷호패패(籍也簫ㅡ)。❸방패패(楯也)。 二배지배(下書于賤者曰ㅡ旨)。
【牌甲:패갑】 징발할 병사를 장부에 적음。또는 그 병사。『元史』
【牌刀:패도】 방패와 칼。『明史』摧鋒獞之用ㅡㅡ者。
【牌頭:패두】 ❶인부 열 사람의 우두머리。牌將。❷(制)刑曹에서 죄인에게 笞杖을 집행하던 사령。
【牌樓:패루】 (中)中國 市街에 있는 다락 있는 문。
【牌木:패목】 牌를 한 나무조각。
【牌榜:패방】 看板。牌標。『歐陽修』京師諸筆工、ㅡㅡ自稱述。
【牌子:패자】 (中)❶看板。❷商標。마크。❸位牌。神主。
【牌將:패장】 ❶관청이나 일터의 인부를 거느리던 사람。❷役事를 하는 때의 모군의 두목。❸나라에서 베푸는 의식 때에 계집 종들을 거느리던 사람。
【牌旨:패지】 높은 지위에 있는 사람이 낮은 사람에게 주는 公式 편지。牌子。
【牌招:패초】 (制)왕명으로 承旨가 신하를 부르던 일。
【牌牌:패패】 무리와 무리。여러 패。
【牌號:패호】 남들이 지어 준 別名。또는 別號。
◎骨ㅡ、金ㅡ、木ㅡ、門ㅡ、賞ㅡ、位ㅡ、銀ㅡ、號ㅡ。

九畫

【⿰片怱】 (창) 『窗』(穴部 7畫)과 같음
【⿰片畐】 (벽) 職 ヒョク、わける divide 小篆 나눌벽、쪼갤벽(判也)。
【牏】 (투) 宥 尤 トウ、おまる chamber pot ㄊㄡˊ t'ou² (俗音「유」) 小篆 草書 ❶담틀투(築墻版)。❷요강투(便器)。『史記 萬石君傳』廁ㅡ身自浣滌。
【牒】 (첩) 葉 チョウ、ふだ、かきもの letter ㄉㄧㄝˊ tieh² 小篆 草書 ❶편지첩(札也簡也)。❷글씨판첩(書板)。『左傳』右師不敢對受ㅡ而追。❸족보첩(譜也)。『史記』有玉ㅡ書。❹무늬놓은베첩(疊布)。『後漢書』皆服文組綵ㅡ。❺공문첩(官廳公文通ㅡ)。❻송사첩(訟

辭)。❼【中字】첩지첩(判任授官ㅡ紙)。
【牒報:첩보】上官에게 서면으로 보고함。
【牒案:첩안】관청의 공문서。【唐書】ㅡㅡ塡委。
【牒狀:첩장】❶회람문。回章。❷訴狀。「❸관청의 공문서。「書。
【牒呈:첩정】=牒報。
【牒紙:첩지】《制》李朝末 判任官의 任命◎譜ㅡ、移ㅡ、請ㅡ、通ㅡ。

【牐】(삽) 洽 ソウ、とびら cross bar ㄓㄚˊ cha²
草書 빗장삽、성문빗장삽(閉城門具)。『閘』과 통함
【牐版:삽판】적을 막는 문。【三才圖會】

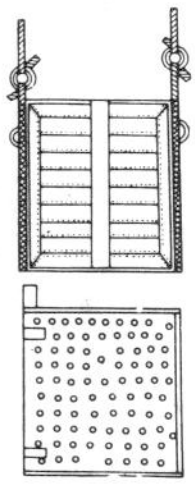

牐板(三才圖會)

十畫

【牓】(방) 養 ホウ、ふだ register ㄅㄤˇ pang³
草書 ❶패끗을방(牌也)。❷표할방(標也)。❸방붙일방(題也)。【杜甫詩】天門日射黃金ㅡ。❹나무조각방(木片)。『榜』과 통함
【牓示:방시】揭示함。
【牓子:방자】❶문패。❷임금을 뵈올 때 내어 놓는 姓名을 쓴 牌。【歸田錄】曹彬既平江南回、詣閤門入見、ㅡㅡ稱、奉勅勾當公事回、其不伐如此。
【牓札:방찰】간판。牌牓。

【牔】(박) 藥 ハン、のきいた gable
박공박(屋耑板ㅡ栱)。
【牔栱:박공】뱃집 양편에 ㅅ자 모양으로 붙인 두꺼운 널。牔風。
【牔風:박풍】=牔栱。

十一畫

【牕】(창) 江 ソウ、まど window
草書 지게창、창창(戶也)。【說文】在牆曰牖在屋曰ㅡ。『窗』과 같음

【牖】(유) 有 ユウ、まど lattice window ㄧㄡˇ yu³
小篆 草書 ❶엇살창유(穿壁以木爲交窓)。❷들창유、바라지유(壁窓)。❸향할유(向也)。【易經】納約自ㅡ。❹밝을유、깨우칠유(開明)。❺인도할유(導也)。【詩經 大雅板】天之ㅡ民。『誘』와 통함
【牖迷:유미】어리석은 사람을 가르쳐 일깨워 줌。
【牖民:유민】백성을 착하게 인도함。民智를 계발함。【詩經】天之ㅡㅡ。

十二畫

【⿰片貴】(퇴) 灰 タイ、やぶれる humble
집모양허술할퇴(屋破狀⿰片貴ㅡ)。

【⿰片粦】(린) 震 リン、かど stiff
모질린(觚ㅡ、棱也)。

十三畫

【⿰片業】(업) 葉 ギョウ、かきづくりのいた flame
❶담틀업(築墻版)。❷쇠북위에 가로댄널업(虛上橫版)。

十四畫

【⿰片臺】(대) 賄 タイ、もくめをさかさにけずる cut wood
나무결거슬러깎을대(木理逆削)。

十五畫

【牘】(독) 屋 ドク、ふだ、てがみ letter ㄉㄨˊ tu²
小篆 草書 ❶편지독、서판독(簡ㅡ書板)。【戰國策】取筆ㅡ受之。❷공문독(公案)。❸악기이름독(器名舂ㅡ)。
【牘尾:독미】文書의 餘白。文書의 末尾。【陸遊】判餘ㅡㅡ棲鴉澤、衙退庭中立鴈空。
【牘背:독배】文書의 表面。책 뒤。【史記】勃以千金與獄吏、獄吏乃書ㅡㅡ示曰、以公主爲證。
【牘書:독서】문서。편지。【新書·俗激】大臣之俗、特以ㅡㅡ不報、小期會不答耳、以爲大故不可矣。
【牘箋:독전】편지 또는 詩歌 따위를 쓰는 데 사용되는 종이。詩箋。書簡用紙。

十七畫

【⿰片毚】(참) 陷 サン、いた board
❶널판참(板也)。❷물문참(水門)。

牙 部

【牙】(아) 麻 ガ、ゲ、きば molar ㄧㄚˊ ya²
小篆 古文 草書 ❶어금니아(牡齒)。【易經】豶豕之ㅡ。❷대장기아(大將旗)。❸짐승이름아(獸名騶ㅡ)。❹코끼리어금니아(象牡齒)。❺북틀아(崇ㅡ)。

【牙疳瘡:아감창】《醫》腎疳에 걸려 어린애들의 잇몸이나 입술이 헐어서 썩는 병。牙口瘡。
【牙關:아관】입속의 윗잇몸과 아랫잇몸이 서로 접하여 있는 곳。
【牙口瘡:아구창】《醫》❶어린애의 입속이 희게 헐고 젖먹기에 애를 쓰는 병。牙疳瘡。❷소에게 나는 병의 한 가지。
【牙旗:아기】大將軍의 기。大將軍의 기는 象牙로 장식되었으므로 생긴 말。牙幢。【張衡】戈矛如林、ㅡㅡ繽紛。
【牙器:아기】상아로 만든 그릇。
【牙輪:아륜】《國》톱니바퀴。
【牙門:아문】❶牙旗를 세운 문。本陣의 문。大將軍의 진영。牙營。【後漢書】拔其ㅡㅡ。❷관청。衙門。
【牙子:아자】해독제나 기생충 제거에 쓰이는 짚신나물의 뿌리。【舊唐書】。
【牙帳:아장】옛날에 군대에서 쓰던 帳幕。【趙嘏】ㅡㅡ連烽擁萬蹄。
【牙箏:아쟁】樂器의 한 가지。大箏과 비슷하나 그보다 작은 七絃 악기。前面은 오동나무、後面은 밤나무로 만들음。
【牙錢:아전】흥정을 붙여 주고 수고로 받는 돈。口錢。口文。
【牙爪:아조】❶짐승의 어금니와 발톱。❷적을 방어하는 데 쓰이는 도구。【荀子】蚓無ㅡㅡ之利、觔骨之充。❸앞잡이。爪牙。
【牙彫:아조】象牙를 조각의 재료로 쓰는 조각법의 한 가지。
【牙籌:아주】象牙로 만든 주판。【晉書】王戎性好興利、每日執ㅡㅡ、晝夜算計。
【牙蟲:아충】《動》물땅땅이。몸 빛은 광택 있는 칠흑색。못·늪 따위에 살음。
【牙齒:아치】어금니。
【牙儈:아쾌】물건의 흥정을 붙이는 사람。거간군。우다위。牙人。牙行。【唐書】嘗買婢遷約、爲ㅡㅡ、搜索陵突。

【牙婆:아파】《國》방물 장수。

【牙牌:아패】❶骨牌。❷《制》象牙로 만든 號牌。二品 이상의 문무관이 가짐。

六 畫

【狠】(간) 潸 カン、かむ bite 씹을간(齧也)。(『齦』과 같음)

八 畫

【掌】(당) 敬 庚 トウ、ささえ support ㄔㄥ ch'êng⁴ 草書 (支柱)。❶버팀당(支也)。❷버팀목당

【掌拒:당거】떠받침。『後漢書』斬截無孑遺、尸骸相ㅡㅡ。

【掌距:당거】거스름。抵抗。『漢書·匈奴傳』遵與相ㅡㅡ、單于終持此言。

九 畫

【㸸】(우) 虞 ク、むしば pyorrhoea alveolaris 小篆 古文 너리먹을우、버레먹은이우(齲齒)。

十 畫

【㹈】(애) 灰 ガイ、きば molar ❶어금니애(牙也)。❷씹을애、새김질할애(呞也)。

牛 部

【牛】(우) 尤 ギュウ、ゴ、うし ox; cow ㄋㄧㄡ niu² 小篆 草書 ❶소우(耕畜大牲)。【易經】或繫之ㅡ。❷별이름 우(星名牽ㅡ)。【蘇軾 赤壁賦】徘徊於斗ㅡ之間。

【牛角䚡:우각새】쇠뿔 속에 든 골。

【牛車:우거·우차】❶소가 끄는 乘車。❷소가 끄는 짐수레。달구지。『史記·平準書』將相或乘ㅡㅡ。

【牛耕:우경】소로 밭을 갈음。

【牛契:우계】농사 짓는 소의 牧養을 목적하는 계。

【牛骨:우골】소의 뼈。

【牛公:우공】소를 대접하여 일컫는 말。

【牛鬼:우귀】머리가 소같이 생긴 귀신。【神。《轉》얼굴 모양이 흉한 것。『杜牧』ㅡㅡ蛇

【牛禁:우금】소 잡는 일을 금함。

【牛驥同皁:우기동조】걸음이 느린 소와 千里馬가 馬板을 같이 한다는 뜻。《喩》어진 사람과 어리석은 사람이 같은 대우를 받는 것。『史記·鄒陽傳』使不羈之士與ㅡㅡ。

【牛囊:우낭⇨우랑】소의 불알。

【牛嬭柹:우내시】고욤。고욤나무의 열매。小柹。

【牛女:우녀】牽牛星과 織女星。『曹松·七夕詩』ㅡㅡ相期七夕秋。

【牛膽:우담】소의 쓸개。

【牛踏不破:우답불파】《喩》물건의 굳고 튼튼함의 비유。

【牛桃:우도】《植》앵두나무。앵두科의 落葉灌木。열매는 작고 둥글며 맛좋음。

【牛刀割鷄:우도할계】소 잡는 칼로 닭을 잡음。《喩》작은 일을 하는 데에 큰 기구를 씀。大事를 處理하는 才能을 小事에 쓰는 것。『論語·陽貨』割雞焉用牛刀。

【牛痘:우두】《醫》소의 疱瘡。種痘의 재료로 씀。그 痘毒을 人體에 接種하여 천연두 예방을 함。

【牛頭:우두】소의 머리。

【牛臀:우둔】소의 볼기에 붙은 살。

【牛酪:우락】버터。牛乳 속의 脂肪을 분리시켜 적당히 발효시킨 뒤 소금으로 간을 맞춘 食料品。

【牛郎:우랑】❶소를 먹이는 목동。牛童。牛豎。❷牽牛星。『胡曾·黃河詩』沿流欲共ㅡㅡ語、只待靈槎送上天。

【牛馬:우마】소와 말。「ㅡ、成者如麟角。

【牛毛:우모】소의 털。『北史』學者如ㅡ

【牛蒡:우방】《植》채소의 한 가지。우엉。엉거시科의 二年草。뿌리는 먹고、씨는 牛蒡子라 하여 藥材로 씀。牛房。

【牛步:우보】❶소 걸음。❷느린 걸음。《喩》일의 진도가 느림。

【牛腹洞:우복동】兵火가 들어가지 못한다는 俗離山 근처에 있다는 상상의 동네。

【牛糞:우분】쇠똥。

【牛癬:우선】《醫》쇠버짐。머리에 생기는 피부병의 한 가지。허옇게 동전만한 것이 생겨 점점 커지고 머리털이 빠짐。白癬。

【牛舌:우설】소의 혀。

【牛舌菜:우설채】《植》소루쟁이。여뀌科의 多年草。어린 잎을 먹음。

【牛星:우성】=牛宿。

【牛酥:우수】牛乳를 加工하여 만든 食料品。버터·치즈 따위。

【牛髓:우수】소 뼛속에 든 골。

【牛溲馬勃:우수마발】쇠 오줌과 馬屁菌。《喩》가치 없는 말이나 글。賤한 물건。『韓愈』

【牛蝨:우슬】《動》진드기。

【牛蠅:우승】《動》쇠파리。

【牛市場:우시장】소를 팔고 사는 곳。「牛廛。

【牛腎:우신】소의 자지。

【牛心:우심】소의 심장。

【牛心炙:우심적】불에 구은 소의 염통。손님을 대접하는 珍味。『晉書·王羲之傳』

【牛心血:우심혈】《醫》소의 염통의 피。漢方에서는 補血强壯劑로 씀。

【牛羊:우양】소와 양。『大學』伐氷之家、不畜ㅡㅡ。

【牛疫:우역】《醫》소의 전염병。牛疾。

【牛往馬往:우왕마왕】말 갈 데、소 갈 데。갈 수 있을 만한 곳은 다 다녔다는 뜻。

【牛乳:우유】소에서 짜낸 젖。

【牛油:우유】쇠기름。

【牛肉:우육】쇠고기。

【牛飮:우음】《喩》소가 물 마시듯이 술을 많이 마심。鯨飮。『史記·註』紂爲酒池、廻船糟丘、而ㅡㅡ者三千餘人爲輩。

【牛飮馬食:우음마식】《喩》소가 물 마시고、말이 풀 먹듯이、많이 마시고 먹는 것。暴飮暴食。

【牛衣:우의】소 덕석。소 등에 덮는 멍석。漢의 王章이 立身出世하기 전에 추위를 견디기 위해 소덕석을 덮고 잤다는 이야기는 유명함。『漢書·王章傳』疾病無被、臥ㅡㅡ中。

牛衣 (三才圖會)

【牛醫:우의】소 醫員。소의 병을 고치는 의사。『後漢書』世貧賤、父爲ㅡㅡ。

【牛耳:우이】❶쇠귀。❷우두머리가 됨。《喩》盟主。옛날 諸侯들이 모여서 맹세할 때 犧牲이 되는 소의 左耳를 찢어서 피를 받아 마시었음。이 때 盟主가 소 귀를 잡았다는 데서 나온 말。贊牛耳·執牛耳。『左傳·定八』諸侯盟、誰執ㅡㅡ。

【牛耳讀經:우이독경】=牛耳誦經。

【牛耳誦經:우이송경】《國》쇠귀에 경 읽기。《喩》어리석은 사람에게는 아무리 가르쳐도 깨닫지 못한다는 뜻。『東言解』。

【牛漿:우장】소에게 천연두를 앓게 한 뒤에 그 痘瘡에서 뽑아 낸 물。

【牛鼎:우전】❶세발 달린 솥의 한가지。발의 장식이 소의 머리 모양으로 되어 있음。❷소가 들어갈 만한 크기의 세발 달

린 솥。

牛鼎(考古圖)

【牛酒松三禁:우주송삼금】 소잡기·술빚기·소나무 베기의 세 가지를 금하는 일。

【牛脂:우지】 쇠기름。

【牛嗔馬不耕:우진마불경】 元嗔煞의 하나。宮合에 소띠는 말띠를 꺼린다는 말。

【牛疾:우질】 =牛疫。

【牛喘:우천】 소가 더운 날씨에 숨차서 괴로와하는 모양。『漢書』。

【牛皮:우피】 쇠가죽。

【牛黃:우황】 《醫》소의 쓸개에 생긴 膽石(담석)。强壯劑·驚癎藥으로 씀。

【牛後:우후】 쇠 궁둥이。《喩》세력이 강한 사람 아래에 붙는 것。『史記·蘇秦傳』鄙語曰、寧爲雞口、無爲——。

【牛後投蒭:우후투추】 《國》쇠 궁둥이에 꼴 던지기。《喩》아주 어리석은 사람에게는 가르쳐도 소용이 없다는 뜻。『旬五志』

◎耕—、農—、斗—、水—、野—、乳—、天—、鬪—。

二 畫

【牝】(빈) 軫 ヒン、めす female of animals ㄆㄧㄣˋ p'in'

小篆 草書 ❶암짐승빈、암컷빈(獸之雌)。『易』利—馬之貞。❷골빈(虛—、谿谷)。『韓愈詩』有似黃金擲虛—。❸열쇠 구멍빈(鎖孔)。

【牝鷄:빈계】 암탉。

【牝鷄之晨:빈계지신】 새벽에 암탉이 울음。《喩》여자가 勢力을 부리는 것。牝鷄晨鳴。牝鷄司晨。『書經』武王曰 古人有言曰、牝鷄無晨——、惟家之索。

【牝馬:빈마】 크게 자란 암말。피마。

【牝馬之貞:빈마지정】 암말의 柔順한 德。《喩》柔順한 德에 의하여 힘든 일을 잘 참아서 成功하는 것。『易經』坤元亨、利——。

【牝牡:빈모】 ❶짐승의 암컷과 수컷。암수。雌雄。『詩經·疏』日有剛柔、猶馬有——。❷《天》별의 位置。太白星이 남쪽에 있고、太歲星이 북쪽에 있는 位置。『晉書·天文志』太白在南、歲星在北、曰——、年穀大熟。

【牝瓦:빈와】 암기와。

【牟】(모) 尤 ボウ、モ、なく、とる low; capture (俗音「무」) ㄇㄡˊ mou²

小篆 草書 ❶소울모(牛鳴)。❷클모(大也)。『淮南子』原道者盧—六合混沌萬象。❸침노할모(侵也)。『漢書』侵—萬民。❹취할모(取也)。『戰國策』上干主心下—百姓。❺빼앗을모(奪也)。『史記 平準書』富商大賈、無—大利。❻곱모、갑절모(倍也)。❼보리모(麥也)。『詩經』貽我來—。❽복도모(—首、閣道)。『吳都賦』長塗—首。❾제기모、그릇모(敦—、黍稷器)。『禮』敦—巵匜。❿땅이름모(地名、中—)。⓫나라이름모(國名)。

【牟尼:모니】 《佛》❶寂默의 뜻。❷仙人이란 뜻으로 釋迦의 尊稱。

【牟利:모리】 도독과 의리는 생각지 않고 利益만을 꾀함。謀利。『鹽鐵論』。

【牟利輩:모리배】 謀利하는 사람들。謀利輩。謀利之輩。

【牟食:모식】 음식을 탐내어 먹음。우악스럽게 먹음。『韓非子·七反』遊居厚養、——之民也。

【牟然:모연】 소가 우는 소리。『柳宗元·牛賦』——而鳴。

【牟子:모자】 ❶눈동자。眸子。『荀子·非相注』牟與眸同、參眸子、謂有二瞳之相參也。❷《書》一권。後漢의 牟融 지음。일명 理惑論。佛教의 崇信을 주장한 것이나、儒家의 論旨와 道家의 言說이 섞여 있음。

三 畫

【牠】(타) 歌 タ、つのなしうし hornless cattle ㄊㄚ t'a¹

❶뿔없는 소타(無角牛)。❷『中字』저 짐승타(他獸)。

【牡】(모) 有 ボウ、ボ、おす male of animals (本音「무」) ㄇㄨˇ mu³

小篆 草書 ❶수짐승모、수컷모(雄畜)。『詩』雉鳴求其—。❷빗장모(門關鍵)。『漢書』長安章城門門—自亡。❸열쇠모(鍵也)。❹모란모(—丹)。

【牡桂:모계】 《植》肉桂의 한 가지。껍질은 얇고 기름과 살이 적음。껍질은 健胃·强壯劑로 씀。木桂。

【牡丹:모단⇩모란】 《植》芍藥科의 落葉灌木。中國 원산으로 觀賞用임。뿌리의 껍질은 鎭痛·止血·健胃 등의 藥材로 씀。牧丹。

【牡丹餠:모단병⇩모란병】 모란 처럼 생긴 떡의 한 가지。

【牡丹屛:모단병⇩모란병】 모란을 그린 병풍。

【牡丹峰:모단봉⇩모란봉】 《地》산 이름。별칭 牡丹臺。平壤市 北部에 있는 작은 山。모양이 牡丹花 같다 해서 생긴 이름。산정은 乙密臺、동쪽은 大同江에 임한 절벽、북동으로는 北雲山、북서로는 玄武門이 있어 乙密臺와 연락됨。壬辰倭亂 때는 明軍、淸日戰爭 때는 淸軍과 日本軍이 싸운 격전지며 산정에 烽火臺·最勝臺·樓閣이 있음。

【牡蠣:모려】 ❶《動》굴조개。굴科에 딸린 조개。살은 굴이라 하여 먹고、껍질은 貝灰의 재료가 됨。❷《醫》굴조개의 말린 살。夢泄·遺精·帶下·渴症·盜汗 등의 藥으로 쓰임。

【牡蠣殼:모려각】 굴조개의 껍질。

【牡蠣殼灰:모려각회】 굴조개 껍질을 구워서 만든 회。

【牡蠣粉:모려분】 굴조개 껍질을 불에 태워서 만든 가루。

【牡蠣肉:모려육】 굴조개의 말린 살。

【牡鑰:모약】 ❶자물쇠。❷자물쇠를 잠금。『蘇軾』西園——夜沈沈、尙有游人臥柳陰。

【牡瓦:모와】 수키와。엎어 이는 기와。童瓦。夫瓦。↕牝瓦。

【牡牛:모우】 《動》수소。

【牡痔:모치】 《醫》수치질。

【牡荊:모형】 《植》마편초科에 딸린 落葉灌木。中國 남방 原産으로 화단에 심음。줄기와 잎사귀를 달여 利尿·通經의 藥材로 씀。人蔘木。

【牢】 一(로) 二(뢰)〔俗音〕 豪 ロウ、おり prison; firm ㄌㄠˊ lao²

小篆 草書 ❶굳을로(堅固)。『史記』欲連固邦根—甚。❷애오라지로(聊也)。『漢書』惜誦以下至懷沙一卷名畔—愁。❸우리로(養獸圈)。『詩』執豕于—。❹옥로(狴犴)。『史記』赤帝行德天—爲之空。❺소로(牛也、太

ー)。❻양로(羊也、少ー)。❼바다짐승로(海獸名、蒲ー)。❽쓸쓸할로(愁也)。

【牢却:뇌각】 굳게 물리침。

【牢拒:뇌거】 딱 거절함。

【牢堅:뇌견】 =牢固。『論衡』ーー不可復變。

【牢固:뇌고】 튼튼하고 굳셈。 堅牢。 堅固。『易林』ーー完全不腐。

【牢落:뇌락】 ❶不幸。❷성긴 모양。『韓愈』天星ーー雞喔咿。❸적적한 모양。『白居易·感秋寄遠詩』ーー兩成空。❹마음이 넓고 非凡함。『陸機·文賦』心ーー而無偶。

【牢籠:뇌롱】 ❶한데 묶어 놓음。『淮南子』ーー天地。❷남을 자기 마음대로 쓰는 것。 또는 수중에 넣어 마음대로 놀림。籠絡。『唐太宗』英髦旣包括、豪傑自ーー。

【牢不可破:뇌불가파】 견고하여 좀처럼 깨어지지 않음。『韓愈·平準西碑』併爲一談、ーー。

【牢死:뇌사】 옥에 갇히어 있는 동안에 죽음。獄死。

【牢牲:뇌생】 犧牲。牲牢。『韓愈』憂鼓侑ーー。

【牢騷:뇌소】 모든 일이 뜻대로 안 되어 불평이 가득 찬 것。『漢書·註』。

【牢鎖:뇌쇄】 굳게 잠금。

【牢囚:뇌수】 단단히 가둠。 또는 그 죄수。

【牢愁:뇌수】 쓸쓸하게 걱정하는 것。『劉克莊』ーー餘髮五分白。

【牢約:뇌약】 굳은 언약。

【牢獄:뇌옥】 죄인을 가두는 곳。 감옥。牢檻。『晉書』昂明則天下ーー平。

【牢定:뇌정】 굳게 작정함。

【牢刑:뇌형】 주리 트는 형벌。

【牣】 (인) [震] ジン、みちる ㄖㄣˋ jen`
(小篆)(草書) ❶가득할인(實ー、滿也)。『詩』於ー魚躍。❷더한 인(充ー、益也)。

四畫

【牥】 (방) [陽] ホウ、よいうし good cattle
좋은소방(良牛、如槖駞、日行二百里)。【穆天子傳】用ー牛二百以行流沙。

【犹】 (유) [尤] ユウ、うごかぬ motionless
❶고요할유(靜也)。❷꼼짝않을유(不動)。

【牦】 (모) [豪] ボウ、モウ、うし cattle
(草書) 들소모(野牛)。

【犻】 (패) [泰] ハイ、せのたかいうし tall cattle
(小篆) ❶두살된송아지패(二歲牛)。❷다리긴소패(長足牛)。❸키큰소패(長牛)。

【犯】 (파) [麻] ハ、あいそむくつの twisted horns
❶자빡뿔파(牛角相背)。❷천지각파(天地角)。

【犬】 (천) [霰] テン、くさくう (of cattle) graze
소풀먹을천(牛食草)。

【牧】 (목) [屋] ボク、はなしがい、まきば cattle-breeding [ㄇㄨˋ mu`]
(小篆)(草書) ❶기를목、칠목(畜養)。【周禮】ー人掌六畜而阜蕃其物以供祭祀之牲牷。❷다스릴목(治也)。【書】旣月乃日覲四岳羣ー。❸임할목(臨也)。❹맡을목(司也)。❺살필목(察也)。❻교외목(郊外)。【詩】我出我車于彼ー矣。❼권농관목(田官)。❽목장목(養畜場)。【書經禹貢】萊夷作ー。❾목단목(ー丹、丹皮)。

【牧歌:목가】 ❶牧童들이 부르는 노래。❷田園詩의 한 가지。 牧人이나 농부의 생활을 주제로 한 詩歌。『元結』爾爲ーー、當不責爾。

【牧歌的:목가적】 牧歌처럼 서정적인 것。

【牧丹:목단】 =牡丹。

【牧丹皮:목단피】 《醫》모란 뿌리의 껍질。 三년 이상 자란 모란 뿌리의 껍질을 벗겨서 그늘에 말린 것。 解熱·月經不順·血症·鬱怒症 등에 藥으로 씀。

【牧童:목동】 말·소를 먹이는 아이。 목장에서 일하는 아이。『杜牧』借問酒家何處有、ーー遙指杏花村。

【牧馬:목마】 ❶기르고 있는 말。 放牧하는 말。❷말을 기름。

【牧民:목민】 ❶지방의 백성을 기르고 다스림。『管子』凡有地ーー者、務在四時、守在倉廩。❷管子의 篇名。

【牧民官:목민관】 고을 원 등 外職文官의 通稱。

【牧民心書:목민심서】 《書》四八권、一六책。 政治書類。 李朝 純祖 때 丁若鏞 지음。 예로부터 지방 장관의 사적과 그들의 治民에 관한 도리를 논한 책으로、일일이 그릇된 事例를 들어 설명했음。

【牧伯:목백】 《制》諸侯。 牧使。『李密』二州ーー之所明知。

【牧使:목사】 《制》큰 고을의 兵權을 가졌던 원。

【牧師:목사】 ❶《制》牧場을 맡아 보던 벼슬。『周禮』ーー司牧地。❷《宗》기독교에서 교회의 관리 및 신도의 지도 등 敎役에 종사하는 사람。

【牧誓:목서】 書經의 篇名。

【牧守:목수】 地方長官。(牧은 州의 長官。 守는 郡의 長官)。『漢書』少歷ーー列卿。

【牧野:목야】 ❶=牧場。❷《歷》周의 武王이 殷의 紂王을 討滅한 곳。 지금 河南省 淇縣 남쪽。『書經』王朝至商郊ーー乃誓。

【牧羊:목양】 양을 기름。

【牧養:목양】 養育。『管子』其所ーー者幾何人。

【牧牛:목우】 소를 침。

【牧牛子修心訣:목우자수심결】 《書》 一권。 修養書類。 高麗 僧 牧牛子 지음。 李朝 世祖 때 僧 信眉가 諺解하였음。

【牧者:목자】 ❶양을 치는 사람。❷牧師。❸신자를 보호하고 지도하는 聖職者。

【牧子位田:목자위전】 《制》牧子의 보수로 경작하여 먹던 논밭。

【牧場:목장】 소나 말 따위의 家畜을 기르는 곳。 牧地·牧田。

【牧猪:목저】 돼지를 침。

【牧笛:목적】 목동이 부는 피리。『陸游』牛隨ーー入柴門。

【牧田:목전】 말·소·양·닭·개·돼지의 六種의 家畜을 기르는 곳。『周禮·註』。

【牧草:목초】 소·양·말 따위가 먹는 풀。

【牧畜:목축】 말·소·양 따위의 家畜을 다량으로 기름。

【牧畜農業:목축농업】 목축을 전문으로 하는 농업。

【牧畜時代:목축시대】 어렵시대 이후의 목축을 生業으로 삼던 시대。

【牧畜業:목축업】 목축을 업으로 삼는 일。

【牧會:목회】 《宗》목사가 교회를 담당하여 설교를 직접하며 신자의 신앙 생활을 지도하는 일。
◎放ー、遊ー、人ー。

【犾】 (심) [寢] チン、すいぎゅう buffalo
❶물소심(水牛)。❷오나라 소이름심(吳牛名)。

【物】 (물) [物] ブツ、モツ、もの substance : thing ㄨˋ wu`
(小篆)(草書) ❶만물물、물건물(有形萬ー)。【易經】品ー流行。

❷일물(事也)。【禮】孔子對曰不過乎ㅣ。❸무리물(類也)。【左傳】丁卯子同生公曰 是其生也與吾同ㅣ。❹재물물(財也)。❺헤아릴물(相度)。❻만날물(相也)。【左傳】ㅣ土方。

【物價:물가】 물건 값。시세。『隋書』ㅣ騰貴。

【物價高:물가고】 물건 값이 急騰하는 「그 높이。

【物價騰貴:물가등귀】 물건 값이 오름。物價騰踊。

【物價低落:물가저락】 물건의 가격이 떨어짐。

【物價調節:물가조절】 물가의 오르고 내림을 막아 알맞게 함。

【物價指數:물가지수】《經》일정한 지역·시기의 물가를 기준으로 하여 어떤 시기의 물가 변동을 그것과 비교하여 백분률로 나타낸 것。

【物件:물건】 ❶感官으로 감식할 수 있는、사람 이외의 有形의 모든 것。❷《法》사람이 지배하고 이용할 수 있는 구체적인 모든 것。權利·義務가 발생하는 대상이 되는 것。❸낱낱의 物品。

【物件費:물건비】 물건을 사들이는 데 쓰이는 비용。↕人件費。

【物界:물계】 물건의 세계。物質界。

【物故:물고】 ❶사람이 죽은 것。그 사람이 쓰던 물건이 아주 낡아 버렸다는 뜻。죽음을 멀리 돌려서 표현한 말。物化。『史記』士卒ㅣㅣ、亦數萬。❷《國》名士가 죽음。❸《國》죄 지은 사람을 죽임。

【物故狀:물고장】 죄 지은 사람을 죽인 것을 報告하는 글。

【物貢:물공】 雜物·물고기·소금·귤 등의 각 지방에서 바치는 貢物。

【物怪:물괴】 =妖怪·物恠。『史記』依ㅣ、欲以致諸侯。

【物恠:물괴】 괴상하게 된 물건。

【物權:물권】《法》재산권의 한가지。특정한 물건을 직접 지배하는 것을 내용으로 하는 권리。所有權·占有權·地上權·抵當權 따위。

【物納稅:물납세】 물품으로 바치는 세。

【物力:물력】 ❶물질의 힘。財力。富力。『北夢瑣言』。❷물건을 생산하는 힘。『漢書·食貨志』用之亡度、則ㅣㅣ必屈。❸租稅 이외에 백성의 재산의 多少를 헤아리어 돈을 징수하는 것。『金史·食貨志』。

【物論:물론】 여러 사람의 평판。衆人의 評論。物議。『晉書』桓沖旣卒、荊江二州、並缺ㅣㅣ。

【物累:물루】 세상에 얽매인 여러 가지 관계。『莊子·天道』無人非、無ㅣㅣ。

【物類:물류】 ❶세상에 있는 모든 물건。萬物。❷인간 이외의 벌레 따위。

【物理:물리】 ❶만물의 이치。『晉書』元帝聰明機斷、尤精。❷物理學의 略語。

【物理變化:물리변화】 =物理學的變化。

【物理療法:물리요법】《醫》약을 쓰지 않고 물리적 작용을 이용한 치료법。

【物理的變化:물리적변화】 =物理學的變化。

【物理學:물리학】《物》물질의 운동、열·소리·빛·電磁氣·물질의 구조、에네르기 따위의 현상 및 이들 사이의 관계·법칙을 연구하는 學問。

【物理學的變化:물리학적변화】《物》물질의 성분은 변화함이 없이 다만 상태만 변화하는 현상。↕化學的變化。

【物望:물망】 사람들이 높이 우러러 보아 드러난 이름。

【物名:물명】 물건의 이름。

【物目:물목】《國》물품의 목록。

【物物交換:물물교환】《經》화폐 따위의 매개 없이 직접 물건과 물건을 교환하는 賣買의 원시적 형태。物交。

【物薄情厚:물박정후】 물질적인 대우는 박하나 정신적인 우정은 매우 두터움。

【物事:물사】 ❶세상 일。『司馬光·訓儉文』會數而禮勤、ㅣㅣ。『隋書』張衡臨死大言曰、我爲人作何ㅣㅣ、而望久活。❷物品。貨物。

【物産:물산】 그 고장에서 나는 물건。産物。『左思』江湖險陂、ㅣㅣ殷充。

【物象:물상】 ❶물체의 모습。物像。❷자연의 風景。『文同·詩』此間ㅣㅣ皆新得。❸《國》물리·화학·광물학 따위의 總稱。

【物上擔保:물상담보】《法》특정의、재물로써 債權의 담보로 하는 일。↕人的擔保。

【物色:물색】 ❶물건의 빛깔。『禮記』察ㅣㅣ。❷유능한 사람을 고름。어떤 표준하에 쓸만한 사람이나 물건을 찾아 고름。❸人相書로 사람을 찾음。『後漢書·嚴光傳』帝令以ㅣㅣ訪之。❹犧牲으로 바칠 동물의 털 빛깔。『禮記·月令』。❺모양。모습。『韓愈·桃源圖詩』ㅣㅣ相猜更問語。❻風景。『顏延之·詩』ㅣㅣ柔楡時。❼여러 가지 물건。萬象。『文心雕龍·物色』。

【物膳:물선】 =膳物。

【物性:물성】 물건의 성질。

【物稅:물세】《法》집·토지 따위에 대하여 받는 稅金。對物稅。↕人稅。

【物騷:물소】 세상이 시끄러움。

【物心:물심】 물질과 마음。

【物我:물아】 ❶남과 나。外物과 自我。객관과 주관。『列子·楊朱』ㅣㅣ兼利、古之道也。❷物質界와 精神界。

【物我一體:물아일체】《哲》객관의 외물과 주관인 내가 한 덩이가 됨。

【物外:물외】 ❶형태 있는 물건 이외의 세계。俗世 밖의 세계。❷세상의 속된 일에서 손을 떼는 것。物表。『唐書·元德秀傳』彈琴讀書、陶陶然遺身ㅣㅣ。

【物慾:물욕】 금전이나 재산 등의 물질에 대한 욕심。

【物議:물의】 =物論。『南史』歷游郊野、「不屑ㅣㅣ。

【物異:물이】 사물의 이상함。

【物藏省:물장성】《制》❶泰封의 관청。❷高麗初의 工藝와 寶藏을 맡던 관청。

【物資:물자】 ❶물건을 만드는 자료。物材。❷物品。物件。

【物壯則老:물장즉로】 세상 만물은 극성하여지면 곧 노쇠함。『老子·三十』ㅣ是謂非道。

【物財:물재】 물건과 돈。

【物材:물재】 =物資。

【物的:물적】 형태를 가진 물건인 것。

【物的證據:물적증거】 물건으로 뚜렷이 드러난 증거。「어 밝혀짐。

【物的證明:물적증명】 물적 증거가 있음。

【物情:물정】 ❶事物의 모양。사물의 성질。『孟子』夫物之不齊、物之情也。❷세상의 인심。❸세상 형편。❹사철의 경치。『楊萬里·詩』幻出多般景ㅣㅣ。

【物種:물종】 물건의 종류。

【物主:물주】《國》❶工事 판이나 장사판에서 밑천을 대는 사람。❷노름판에서 애기패를 상대로 패를 잡고 승부를 다투는 사람。

【物重地大:물중지대】 생산되는 물건이 많아 번화하고 땅이 널찍함。

【物證:물증】 =證據物。

【物質:물질】 ❶물건의 본바탕。❷物品。❸=物體。↕精神。

【物質感:물질감】 물질의 형상·색채·光澤·무게 따위 물질의 본바탕에 대한 느낌。

【物質界:물질계】 물질의 세계。물질에 관한 범위。↕精神界。

【物質交代:물질교대】《生》생물이 자기 몸을 유지하기 위하여 영양분을 섭취하고 노폐물을 버리는 작용。物質代謝。新陳代謝。

【物質名詞:물질명사】 명사의 한가지。 나누어서 셀 수 없는 것을 나타내는 명사。 물·불·공기 따위。

【物質文明:물질문명】 물질의 이용을 기초로 하여 발달된 문명。 ↔精神文明。

【物質保存原則:물질보존원칙】 우주에 있는 물질의 全量은 일정하다는 원칙。

【物質不滅律:물질불멸률】 《物》 우주에 있는 물질의 全量은 일정하다는 原理。 物質不滅原則。

【物質的:물질적】 금전이나 재물 등 형태를 가진 물질에 중점을 두는 傾向。 物的。 ↔精神的。

【物質主義:물질주의】 ❶정신적인 것을 무시하고, 衣食住 따위의 물질적 문제를 첫째로 하는 입장。 ❷《哲》唯物主義。

【物體:물체】 ❶《物》물질이 모여서 이루는 空間的인 形體。 ❷감각·정신이 없는 有形의 물질。

【物則:물칙】 事物의 法則。 『國語』昭明「――以訓之。

【物表:물표】 ❶형태 있는 물건의 겉。 ❷俗世 밖。 『孔稚圭·北山移文』 亭亭―、皎皎霞外。

【物稱:물칭】 물건에 대한 일컬음。

【物品:물품】 사용의 가치가 있는 물건。

【物形:물형】 물건의 생긴 모양。

【物化:물화】 ❶물건이 변화하는 일。 萬物이 변화하는 모습。 『莊子·齊物』。 ❷사람의 죽음。 物故。 『秦觀·詩』 辯才雖―、參寥猶夙昔。

【物華:물화】 ❶물건의 빛。 보물 따위의 精彩。 『王勃·滕王閣序』――天寶。 ❷경치。 풍경。 『杜甫·詩』 且盡芳樽戀――。

【物貨:물화】 물품과 財貨。 「함。

【物貨相通:물화상통】 서로 물화가 통

【物換星移:물환성이】 세상이 변천하는 것。 『王勃·滕王閣詩』――幾度秋。

【物候:물후】 萬物이 철을 따라 찾아 오는 것。 가을이 되면 기러기가 찾아 오고, 제비는 가버리는 따위。 氣候風物。 『楊炯』平看日月、唐都之――可知。

◎格―、古―、官―、鑛―、怪―、舊―、産―、三―、生―、庶―、素―、俗―、贖―、植―、惡―、魚―、御―、英―、詠―、靈―、禮―、外―、油―、留―、唯―、遺―、異―、人―、自然―、長―、贓―、裝飾―、才―、在―、財―、靜―、造―、從―、主―、呪―、鑄―、珍―、珍奇鐵―、廢―、風―、何―、荷―、海―、海産―、貨―。

【牪】 (언) 霰 ゲン、うしのつれ two head of cattles

❶물건언(件也)。 ❷두마리의 소언(牛二匹)。

【犍】 (건) 元 ケン、きよせいうし ox

❶불친소건(犗牛)。 ❷고을이름건(―爲)。(『犍』과 같음)

五 畫

【牠】 (타) タ、つのがないうし hornless cattle

뿔없는소타(牛無角)。

【㸾】 (천) 霰 セン、いせき embank ㄐㄧㄢˋ chien⁴

草書 보막을천(土石防水)。

【牯】 (고) 虞 コ、めうし cow ㄍㄨˇ ku³

草書 암소고(牝牛)。

【牯牛嶺:고우령】 山 이름。 牯嶺이라고도 함。 江西省 九江縣의 남쪽、廬山의 북쪽에 있음。 풍경이 아름답고 기후가 좋아 여름에 피서지가 되고 있음。

【䍧】 (평) 庚 ホウ、まだらうし speckled cattle

小篆 얼룩소평(牛駁如星)。

【牱】 (가) 歌 カ、ふねつなぎ stake

❶배매는말뚝가(繫船杙)。 ❷골이름가(牂―、南粤郡名)。(『牁』와 같음)

【牲】 (생) 庚 セイ、いけにえ sacrifice ㄕㄥ sheng¹

小篆 草書 ❶희생생(犧―、將殺牛羊豕)。 『書註』六畜曰六―。 ❷짐승생(獸類總稱)。 始養之曰畜將用之曰―。

【牲口:생구】 家畜。 生口。 牲畜。

【牲牢:생뇌】 제사에 바치는 犧牲。 牢牲。 『韓愈』捨身施佛、宗廟之祭、不用――。

【牲犢:생독】 희생으로 쓰는 송아지。 『周禮』國君膳以――。

【牲醴:생례】 희생과 감주。 『袁凱』歲時具――、歌舞勞送迎。

【牲殺:생살】 제사에 쓰는 犧牲。 (희생은 반드시 죽여서 씀으로 殺이라 함)。 『孟子·滕文公』――器皿衣服不備。

【牲牷:생전】 제사에 쓰는 희생。 (牲은 소·양·돼지、牷은 흠이 없고 한 빛깔로 생긴 소)。 『左傳』吾――肥腯。

【牲幣:생폐】 희생과 폐백。

【牴】 (저) 薺 テイ、ふれる gore ㄉㄧˇ ti³

小篆 草書 ❶찌를저(觸也)。 ❷대강저(大―略也)。 ❸씨름저(角―、雜技)。 ❹당할저(當也)。 (『抵』와 통함)

【牴牾:저오】 ❶이가 맞지 아니함。 사물이 어긋남。 齟齬。 『漢書』甚多疏略、或有――。 ❷반대의 說을 내세움。 『王守仁·傳習錄』。 ❸서로 容納되지 않음。

【牴觸:저촉】 ❶서로 닥드림。 『周禮·註』不得――人。 ❷침범하여 법에 걸려 들음。

六 畫

【牷】 (전) 先 セン、いけにえ sacrifice ㄑㄩㄢˊ ch'üan²

小篆 草書 ❶순색소전、한빛털로 생긴소전(純色牛)。 『周禮』凡時祀之牲必用―物。 ❷살찐짐승전、온전한짐승전(體完牲)。 ❸희생전(犧牲)。

【牷犧:전희】 제사에 쓰는 희생。 牲牷。 『枚乘』純粹――、獻之公門。

【牸】 (자) 寘 ジ、めうし cow ㄗˋ tzu⁴

草書 ❶암소자(牝牛)。 【孔叢子陳士義】子欲速富當畜五―。 ❷품어기를자、새끼칠자(畜育子)。 ❸암말자(牝馬)。

【牸馬:자마】 암말。 牝馬。 【史記 封禪書】有畜―馬。「――。

【牸牛:자우】 암소。 牝牛。 『說苑』愚公畜

【特】 (특) 職 トク、おうし、ぬきんでる ox; special ㄊㄜˋ t'e⁴

小篆 草書 ❶우뚝할특、특별할특、가장특(挺立)。 【詩】維此奄息百夫之―。 ❷숫소특(朴牡牛父)。 ❸뛰어날특(格別)。 【書】格于藝祖用―。 【史記 魏其武安傳】此―帝在、即錄錄。 ❹짝특(匹也)。 【詩經】不思舊姻求爾新―。 ❺수컷특(雄也)。 ❻홀짐승특(獨也)。 【史記 魏其武安傳】丞相―前戲灌夫。 ❼다만특(但也)。 【史記】博士雖七十人―備員弗用。 ❽세살먹

은짐승특(獸三歲)。

【特價:특가】 한 물건의 특별히 싸게 매긴 값。

【特減:특감】 특별히 줄임。

【特講:특강】 特別講義·特別講習科의 略語。 특별히 베푸는 강의。

【特磬:특경】 (國)경쇠의 한가지。 풍류를 그칠 때에 치는 雅樂器。 編磬보다 크며, 한 架子에 하나만 달았음。

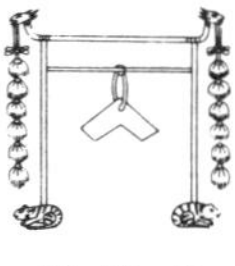

特懸磬(三禮圖)

【特攻隊:특공대】 ❶敵地를 奇襲 공격하기 위하여 특별히 훈련된 장병。 ❷제二차 대전 중에, 일본군에서 生還을 기할 수 없는 부대를 일컫던 명칭。

【特科:특과】 특수한 과목이나 兵科。 특수한 군사 교육을 요하는 步兵科 이외의 병과。 곧 포병·공병·헌병 따위。

【特權:특권】 ❶(法)일부의 사람만 특별히 가지는 권리。 ❷특별한 권능。

【特權階級:특권계급】 특권을 가지고 있는 사회상의 한 계급。

【特勤:특근】 근무 시간 밖에 특별히 더 하는 근무。 特別勤務。

【特勤手當:특근수당】 규정된 근무 시간 이외에 특별히 근무한 데 대한 보수。

【特急:특급】 特別急行의 略語。

【特給:특급】 특별히 줌。

【特技:특기】 ❶남이 쉽게 본받을 수 없는 독특한 技能。 ❷그 사람이 가지고 있는 특수한 기술。

【特記:특기】 특별히 기록함。 또는 그 기록。

【特念:특념】 특별히 걱정하여 줌。

【特達:특달】 재주가 특별히 뛰어남。『晋書』陛下天授逸才、聰鑒ㅣㅣ。

【特大:특대】 특별하게 큼。

【特待:특대】 특별한 대우。 특별히 대접함。 特遇。

【特待生:특대생】 학교에서 학업이 우수하고 품행이 단정하여 수업료 면제 등의 特典을 입는 학생。

【特等:특등】 특별히 어뛰난 등급。

【特例:특례】 특별한 예。 특별한 예규。 특별한 관례。

【特例法:특례법】 (法)특정한 사람·사물·행위 또는 지역에 한하여서 적용하는 법。 특별법。 ↔一般法。

【特賣:특매】 ❶특히 싼 값으로 팔음。 ❷경매 입찰에 의하지 않고 隨意契約에 의해 어떤 특정한 사람에게 팔음。

【特免:특면】 ❶특별히 허가함。 특별히 허가됨。 ❷특별히 죄를 면하여 줌。

【特命:특명】 ❶특별한 명령。 ❷특별한 임명。 ❸特旨。

【特命全權公使:특명전권공사】 (法)특명 전권 대사에 다음 가는 외교 사절。 직무와 특권은 대사와 같음。

【特命全權大使:특명전권대사】 (法)외교 사절의 제일 계급。 외국에 주재하여 본국 정부의 훈령에 따라 그 나라와의 외교 및 그 나라에 사는 自國民의 보호를 맡아 봄。

【特務:특무】 특별한 임무。

【特務機關:특무기관】 군의 기관으로서 군인의 신원 조사와 諜報의 일을 맡아 보는 곳。

【特放:특방】 특별히 방자함。『晋書·嵇含傳』邁矣莊周、天縱ㅣㅣ。

【特別:특별】 일반과 다름。 보통이 아님。

【特別急行:특별급행】 큰 정거장에서만 정거하고 특별히 빠른 속력으로 달리는 열차。 「꾀。

【特別方略:특별방략】 특별한 방법과

【特別法:특별법】 (法)특별한 지역·사람 또는 사항에 한해서 적용하는 법률。 例外法。 ↔普通法。

【特別稅:특별세】 (法)❶지방 자치 단체가 독립으로 부과하는 稅。 ❷특별한 용도에 충당하기 위하여 징수하는 세금。

【特別市:특별시】 지방 자치 단체의 한 가지。 법적 취급에 있어서 道와 동일한 것으로서 보통의 市가 道의 감독을 받는 데 대하여 특별시는 직접으로 중앙의 감독을 받음。

【特別委任:특별위임】 (法)특별히 어떤 事項에 관하여 행한 위임。

【特報:특보】 특별한 보도。

【特使:특사】 특별히 보내는 使者。

【特赦:특사】 (法)服役 중에 있는 특정한 죄인에게 형의 집행을 면제하는 일。

【特賜:특사】 임금이 신하에게 특별히 내려 줌。

【特產:특산】 ❶그 고장에서 특별히 산출 또는 생산되는 것。 ❷特產物의 略語。

【特產物:특산물】 그 땅에서 특별히 산출 또는 생산되는 물건。

【特賞:특상】 특별한 상。 특별한 賞與·賞金·賞品。

【特色:특색】 다른 것과 견주어 특히 눈에 띄는 점。 뛰어난 점。

【特選:특선】 특별히 골라 뽑음。 특별히 뽑힌 것。 「립함。

【特設:특설】 특별히 설비함。 특별히 설

【特性:특성】 특별히 다른 성질。 特質。

【特勢:특세】 특별히 다른 형세。

【特秀:특수】 특별히 뛰어나고 우수함。

【特殊:특수】 보통과 다름。

【特殊鋼:특수강】 특수한 목적에 쓰기 위하여 강철에 특수한 元素를 넣어서 그 성질을 좋게 한 것。

【特殊教育:특수교육】 心身에 결함이 있거나 또는 지능이 박약한 아동에게 대하여 특별한 方法으로 하는 교육。 聾啞教育·白癡教育 따위。

【特殊性:특수성】 사물의 특수한 성질。

【特愛:특애】 특별히 사랑함。

【特約:특약】 ❶특별 조건을 붙인 약속。 ❷특별한 便宜 또는 利益이 있는 계약。

【特約店:특약점】 本店과 특별한 편의 계약을 맺고 상품을 취급하는 상점。

【特用:특용】 ❶특별히 쓰이거나 씀。 ❷특별한 용도。

【特用作物:특용작물】 食料가 아니고 다른 데에 이용할 목적으로 재배하는 작물。 삼·뽕·차·모시 등。

【特遇:특우】 =特待。

【特有:특유】 ❶그 물건이 특별히 갖추고 있는 것。 ❷특별히 가지고 있음。

【特宥:특유】 특별히 용서함。 특별한 대우를 받아 죄가 용서됨。 特赦。『晋書』宜蒙ㅣㅣ、以全穆親之典。

【特有性:특유성】 그 물건만이 가지고 있는 특별한 성질。 「非常ㅣㅣ。

【特恩:특은】 특별한 은혜。『蘇轍』朝廷

【特揖:특읍】 일일이 인사함。『周禮·司士』孤卿ㅣㅣ大夫、以其等。

【特異:특이】 보통 것보다는 특별히 다름。 보통보다 훨씬 뛰어남。『漢書』。

【特異性:특이성】 ❶=特性。 ❷특별히 남다른 성질。

【特作:특작】 ❶특수한 작품。 특히 우수한 작품。 ❷비교적 많은 가공을 하여야 생활에 쓰일 수 있는 工藝作物。 特用作物。 原料作物이라고도 함。

【特著:특저】 특별히 나타남。

【特典:특전】 ❶특별히 베푸는 恩典。 ❷특별한 규칙。 ❸특별한 儀式。

【特電:특전】 어떤 신문사의 독특한 전보·전신。 주로 외국 특파원의 報道에 의한 것。

【特點:특점】 남달리 특별한 점。

【特定:특정】 특별한 指定。

【特定物:특정물】 (法)물건 거래에 있

어서 당사자의 의사로써 구체적으로 지정된 물건。곧 어느 郡 어느 面 어느 里 몇 番地의 몇 號 땅 몇 坪이라고 하는 것과 같은 것。

【特製:특제】 특별히 만들음。또는 그 만든 물품。「품。

【特製品:특제품】 특별히 만들어낸 물

【特種:특종】 ❶특별한 종류。❷신문이나 잡지 같은 記事材料에 있어서 그 신문사나 잡지사만이 특별히 얻은 중요한 기사 거리。

【特重:특중】 특히 중대함。

【特旨:특지】 특별한 王旨。特敎。

【特志:특지】 ❶좋은 일을 위하여 내는 특별한 뜻。❷特志家의 略語。

【特進:특진】 ❶《制》㉠漢代 이후 諸侯가운데서 공적이 있는 사람에게 주는 명예 칭호。『後漢書·和帝本紀』賜諸侯王公將軍——。㉡高麗 때 正二品 문관의 계급。❷특별한 공로를 세워 일정한 진급 기간이 차기 전에 되는 진급。

【特質:특질】 ❶특수한 기질。특수한 성질。❷특수한 품질。

【特輯:특집】 특정한 문제를 중심으로 신문·잡지 따위를 편집함。특정한 문제를 중심으로 한 편집。

【特徵:특징】 ❶특별히 눈에 띄는 표적。❷특별히 불러 내어 우대하는 것。『後漢書·朗顗傳』天之生固、必爲聖漢、宣蒙——以示四方。

【特創:특창】 ❶자기 혼자 힘으로 만들어 냄。❷혼자 힘으로 發明함。

【特採:특채】 특별히 채용함。

【特請:특청】 특별한 청。「출한 용모。

【特出:특출】 남보다 특별히 뛰어남。특

【特稱:특칭】 ❶전체에서 그것만 특히 가려내어 일컫는 칭호。❷얼마간의 수를 지시함。❸《論》主辭가 나타내는 事物이 한 부분에 관한 것임을 나타내는 칭호。

【特派:특파】 어떤·이·그·한·두 따위。

【特派:특파】 특별히 파견함。어떠한 사명을 지워 특별히 보냄。

【特派員:특파원】 특별히 파견된 사람。

【特品:특품】 특별히 좋은 품질。또는 물품。

【特筆:특필】 ❶특별히 두드러지게 적음。❷특별히 표내어 적는 것。

【特許:특허】 ❶특별히 허가함。『古辭』曲曲隨時變、——艷郎目。❷정부가 전기·가스 따위의 공사업의 영업권을 특별히 허가함。❸《法》工業上의 發明品에 대한 권리를 그 사람에게만 주는 行政行爲。特許權。

【特許局:특허국】 《法》商工部의 한 局으로 商工長官의 管理下에서 발명·實用新案·意匠·商標 따위에 관한 사무를 맡아 봄。

【特許權:특허권】 《法》특허를 받은 발명을 독점으로 이용할 수 있는 권리。곧 남이 함부로 그의 발명품을 제작·사용 또는 판매를 못하게 하는 특권。

【特許法:특허법】 《法》발명자에게 일정한 기간 특허권을 부여하여 발명자를 보호하고 산업의 발달을 도모하기 위하여 특허에 관한 사항을 규정한 법률。

【特許品:특허품】 특허를 얻은 제품。

【特惠:특혜】 특별히 베푸는 은혜。

【特效:특효】 ❶특별히 뛰어난 효과。❷어떤 것에 대해서만 특별히 나타나는 효험。

【特效藥:특효약】 어떤 질병에 대하여 특별한 효험이 있는 약。

七畫

【犲】 (랄) 屑 ラツ、まだらうし speckled cattle

얼룩소랄(駁牛)。

【牸】 (사) 麻 サ、めうし cow

암소사(牝牛)。

【牻】 (방) 江 ボウ、まだらうし brinded ox

얼룩소방(黑白雜色牛)。

【牼】 ㊀(경) 庚 ㊁(간) 刪 コウ、ケイ、はぎのほね tibia of cow ㄎㄥ k'êng'

㊀소무릎밑 뼈경(牛膝下骨)。㊁뜻은 ㊀과 같음。

【牽】 (견) 先 霰 ケン、ひく pull; drag ㄑㄧㄢ ch'ien'

❶당길견、이끌견(引也)。❷빠를견(速也)。『禮記』君子之敎諭也道而勿—。❸거리낄견(拘也)。『史記』學者—於所聞。❹희생견(牲也)。『周禮』賓賜之飱—。❺별이름견(星名—牛)。『史記 龜策傳』今昔壬子、宿在—牛。❻잡아당길견(挽也)。『左傳』—帥老夫以至於此。❼뱃줄견(百文—舟索)。❽나발꽃견(蕣花)。❾연할견(連也)。『易經』九二—復吉。

【牽强:견강】 억지로 끌어 당김。『蘇轍』烹煎崖蜜眞——。

【牽强附會:견강부회】 자기에게 편리하도록 말을 억지로 끌어다 붙임。

【牽聯:견련】 連續함。끌어서 관련시킴。

【牽攣乖隔:견련괴격】 마음은 서로 끌리면서도 멀리 떨어져 있는 것。『白居易·與元稹書』——、各欲白首。

【牽夫:견부】 =馬夫。

【牽牛:견우】 ❶=牽牛星。『左思』左——而右織女、似雲漢之無涯。❷소를 이끌음。『孟子·梁惠王』。❸《植》나팔꽃。

【牽牛星:견우성】 《天》은하수 동쪽에 있는 별 이름。

【牽牛花:견우화】 《植》나팔꽃。덩굴이 벋는 메꽃科의 一年草。여름에 葉腋에 나팔 모양의 꽃이 핌。狗耳草·天茄。

【牽引:견인】 서로 끌어 당김。『易經·註』茅之爲物、拔其根、而相——者也。

【牽引力:견인력】 ❶서로 끄는 힘。❷차량을 운전하는 원동력이 되는 끄는 힘。

【牽制:견제】 ❶지나친 자유 행동을 끌어 잡아 자유를 제약함。牽掣。『漢書』——文義、優游不斷。❷적을 我軍의 이로운 방향으로 끌어 들이거나 눌러 둠。❸마음이 끌리어 결단을 내리지 못함。

【牾】 (오) 麌 ゴ、さからう oppose ㄨˋ wu'

❶짐승이름오(獸名)。❷거슬릴오(捂也)。(『捂』와 같음)

【牿】 (곡) 沃 コク、おり stable ㄍㄨˋ ku'

❶외양간곡(牛馬牢)。『易經』六四童牛之—元吉。❷소뿔에댄나무곡(楅衡)。

【犁】 (려) (류) 『犂』(牛部 8畫)와 같음

八畫

【犀】 (서) 齊 セイ、サイ、さい、かたい rhinoceros; firm ㄒㄧ hsi'

❶코에 뿔난소서(南徼外牛似豕角在鼻)。❷굳을서(堅也)。『漢書』器不—利。❸박씨서、박속서(瓠瓣)。『詩經』齒如瓠—。

【犀角:서각】 ❶《醫》무소의 뿔。가루를

만들어 解毒·解熱劑로 씀。【後漢書】獻象牙──瑇瑁。❷이마 양 쪽에 툭 튀어 나온 뼈가 있는 귀골의 人相。【戰國策】──偃月、彼乃帝王之后、非諸侯之姬也。

犀角 (三才圖會)

【犀角鎊:서각방】무소 뿔의 가루。

【犀甲:서갑】무소 가죽으로 만든 갑옷。【周禮】──壽百年。《轉》견고한 갑옷。

【犀鎧:서개】=犀甲。

【犀利:서리】❶단단하고 날카로움。또는 그런 무기。【漢書】羌戎弓矛之兵耳、器不──。❷날카롭고 眞實에 들어맞는 모양。❸文章이 힘차고 날카로움。

【犂】 (一)(려) 齊 レイ、リ、からすき (二)(리) 支 plowshare (三)(류) 尤 ㄌㄧ li²

犂 小篆 (一)❶보습려(耕田具)。【山海經】─后稷之孫叔向所作。❷밭갈려(耕也)。【漢書】─其庭。❸새벽려(夜明頃)。❹검을려(黑也)。(二)❶얼룩소리(駁牛)。【論語】─牛之子骍且角山川其舍且。❷늙은이살결리(老人皮膚)。(三)무서워떨류(恐貌)。【莊子 山木】─然有當於人心。

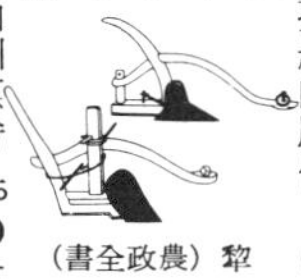
(農政全書) 犂

【犂老:이로】老人。늙은이。【書經·泰誓傳】播棄──。

【犂明:이명】동이 틀 무렵。黎明。【史記】──圍宛城三匝。

【犂色:이색】햇볕에 그으른 빛。黃褐色。

【犂然:이연】❶두려워서 벌벌 떠는 모양。【莊子·山木】──有當於人之心。❷분명한 모양。

【犂牛:이우】얼룩소。【論語·雍也】──之子。

【犂黑:이흑】❶검음。❷검은 빛。黑色。【戰國策】面目──。

【犉】(뇨) 肴 トウ、つので ひっかける thrust with horns
뿔로 받을뇨(以角挑物)。

【犄】(의) 支 イ、きんきりうし bullock ㄐ chi¹
❶소불알깔의(犗也)。❷길의(長也)。❸기댈의、의지할의(倚也)。❹베풀의(施也)。

【犅】(강) 陽 コウ、おうし red ox
犅 小篆 犅 草書 ❶숫송아지강(特牛)。❷붉은소강(赤色牛)。【公羊傳】魯公用騂─。

【犆】(一)(직) 職 チョク、トク、うし (二)(특) 職 ox
犆 草書 (一)❶선두를직(緣也)。【禮】君羔幦虎─。❷소직(犆─、牛也)。(二)하나특(一也)。【禮】天子─礿。『特』과 같음。

【犆牲:특생】한 마리의 희생。特牲。【禮記·雜記下】下大夫之虞也、──。

【犆礿:특약】각 廟에 따로따로 제사 하는 것。【禮記】

【犆言:특언】하나 하나 나누어서 말함。【穀梁·注】──、謂別言也。

【犆弔:특조】혼자서 조상함。【禮記·少儀】喪俟事、不──。

【犇】(분) 元 ホン、はしる run away ㄅㄣ pen¹
犇 草書 달아날분、소놀랄분(牛驚)。『奔』과 같음。

【犇潰:분궤】❶달아나 헤어짐。흩어져 없어짐。❷潰走。

【犇散:분산】달려 흩어짐。離散。奔散。【漢書】樂官師瞽、抱其器而──。

【犇走:분주】바삐 돌아다님。아주 바쁨。奔走。

【犉】(순) 眞 ジュン、おうし ox ㄖㄨㄣ juen²
犉 小篆 犉 草書 ❶누르고 입술 검은 소(黃牛黑脣)。❷일곱자되는 소순(七尺牛)。【詩經】九十其─。

九畫

【牛兪】(유) 虞 ユ、くろいうし black cattle
검은소유(黑牛)。【南史】建武二年賜以常所乘白─牛。

【犍】(건) 元 ケン、きんきりうし bullock ㄐㄧㄢ chien¹
犍 小篆 犍 草書 ❶불친소건(犗牛)。❷짐승이름건(獸名)。❸고을이름건、촉나라 고을이름건(蜀郡名)。

【犍牛:건우】去勢한 소。【淸國行政法汎論】凡罰例以五論者、──一、乳牛一、牛一、犙牛一。

【犍陀:건타】《佛》塞建陀 Skandha의 略語。韋駄天의 별칭。중 또는 가람의 수호신으로 받들어짐。

【犍椎:건퇴】《佛》梵語 ghantā의 音譯。절에서 사람들을 모으는 데 사용하는 종경。木魚의 종류。

【牛悤】(총)『摠』(手部 11畫)과 같음

【牛軍】(휘) 微 キ、まだらうし speckled cattle
❶얼룩소머리휘(犂牛頭)。❷소이름휘(牛名)。

【犎】(봉) 冬 ホウ、のうし cattle
犎 草書 들소봉(野牛形如橐駝)。【後漢書】疏勒國獻獅子封牛。

【犎牛:봉우】들소。【爾雅·注】即──也、領上肉犦胅起、高二尺許、狀如橐駝、肉鞍一邊、健行者日三百餘里、今交州合浦徐聞縣出此牛。

十畫

【犒】(호) 號 コウ、ねぎらう entertain ㄎㄠ k'ao⁴ (古音「고」)
犒 草書 ❶호궤할호(餉軍)。【左傳】齊孝公伐北鄙使展喜─師。❷군사 먹이소호(─師牛)。【周禮】軍事供其─牛。

【犒軍:호군】=犒饋。

【犒饋:호궤】군사에게 음식을 주어 위로함。

【犒勞:호로】군사를 위로함。【魏志】─合肥壽春諸軍。

【犒賚:호뢰】수고를 위로하고 상을 줌。犒錫。【宋史】所募多市井年少、利──。

【犒師:호사】군사에게 음식을 주어 위로함。犒饋。犒軍。【左傳·僖二六】

【犒賞:호상】군사를 위로하고 상을 줌。【唐書·李絳傳】

【犓】(추) 虞 ス、まぐさをくう graze a cattle
犓 小篆 소꼴먹일추(以芻養牛)。【春秋國語】─幾何。

【犖】(락) 覺 ラク、まだらうし brinded ox ㄌㄨㄛ luo⁴
犖 小篆 犖 草書 ❶얼룩소락(駁牛)。【上林賦】赤瑕駁─。❷뛰어날락(超絕)。【班固典引】卓─乎方州。❸

분명할락(分明)。【史記】此其ㅣㅣ大者。❹밝을락(明貌)。【韓愈與 李浙東書】心事ㅣㅣ。

【犖犖:낙락】 공명 정대한 모양。【史記】此其ㅣㅣ大者。

【犖确:낙학】 산에 바위가 많음。 산이 험한 모양。【韓愈】山石ㅣㅣ行徑微。

【犔】(희) 未 キ、うしのやまい starve a cattle ❶소굶길희(牛饑)。❷소병들희(牛病)。❸소먹일희(牛餉)。

【犕】(비) 寘 ヒ、はをそなえたうし (of a cattle) cut entire teeth 犕 小篆 ❶소이갖출비(牛具齒)。❷여덟살된 소비(八歲牛)。

【犗】(개) 卦 カイ、きんきりうし ㄐㄧㄝ chieh⁴ bullock 犗 小篆 犗 草書 ❶불알깐소개(騬牛)。【莊子】任公子爲大鉤巨緇五十ㅣ以爲餌。❷짐승건강한놈개(畜健强者)。❸불알썩할개(宮刑)。

十一畫

【⿰牜習】(랍) 合 ロウ、うしがつく horn 소가받을랍(牛牴)。

【⿰牜累】(루) 支 ルイ、こをもとめるうし cow in rut 암내낸소루(求子牛)。【淮南子】乃合ㅣ牛騰馬。

【⿰牜堇】(근) 吻 キン、おとなしい meek ❶소길들일근(牛馴)。❷부드러울근(柔也)。❸착실할근(善也)。

【⿰牜曹】(조) 遇 ソ、うしをつかう work a cattle 소부릴조(使牛)。

【⿰牜庸】(용) 冬 ヨウ、のうし cattle 들소용(野牛、犎也)。【郭璞曰】ㅣ領有肉堆即今之犎牛也。

【犛】㊀(모) 豪 ボウ、リ、からうし black cattle ㊁(리) 支 ㄌㄧ li² 犛 小篆 犛 草書 ㊀짐승이름모(獸如牛而尾長ㅣ爲旌旄)。【上林賦】犛旄貘ㅣ。㊁검정소리(南徼外黑牛)。【『犛』와 통함】

犛 (三才圖會)

【犛牛:이우】 소의 일종。【本草】集解、時珍曰、ㅣㅣ出西南徼外、居深山中、野牛也。

十二畫

【⿰牜敦】(돈) 【國字】 돈피돈(貂也)。

【⿰牜黃】(황) 陽 コウ、うしのな cattle 소이름황(牛名)。

【犝】(동) 東 トウ、こうし calf 犝 小篆 송아지동、뿔없는소동(無角牛)。

十三畫

【⿰牜僕】(박) 覺 ハク、おうし bull ❶황소박(特牛)。❷불 안깐소박(未去勢牛)。

【⿰牜畺】(강) 陽 キョウ、せながいうし tall cattle ⿰牜畺 小篆 ❶키큰소강(脊長牛)。❷흰소강(白牛)。❸등이흰소강(脊白牛)。

十四畫

【⿰牜壽】㊀(도) 豪 トウ、のめうし she-buffalo ㊁(채) 灰 ⿰牜壽 小篆 ㊀들암소도(牛無孕)。 ㊂뜻은 ㊀과 같음。

【⿰牜需】(유) 遇 ジュ、うしのはぎ cattle's penis 소자지유(牛脛)。

十五畫

【犢】(독) 屋 トク、こうし calf ㄉㄨ tu² 犢 小篆 犢 草書 송아지독(牛子)。【禮】犧牲駒ㅣ擧書其數。

【犢車:독거】 송아지에 끌리는 수레。【唐書】供奉內人乘ㅣㅣ。

【犢鼻褌:독비곤】【國】쇠코잠방이。

【犢牛:독우】 송아지。

【⿰牜嬰】(앵) 梗 オウ、こうし calf ❶소부르는소리앵(呼牛聲)。❷소우는소리앵(牛鳴聲)。❸송아지앵(犢也)。

【⿰牜憂】(요) 篠 ジョウ、おとなしい (of a cattle) tame 소순할요(牛柔)。

【犦】(박) 覺 バク、のうし cattle 犦 草書 들소박(野牛中ㅣ、犎也)。【蘇軾 韓文公廟碑】ㅣ牲鷄卜羞我觴。

【犦稍:박삭】 들소의 모양을 새긴 창。【楊巨源】

十六畫

【⿴衛牛】㊀(위) 霽 エイ、ひずめ cattle-hoof ㊁(궤) 隊 小篆 ㊀❶소굽위(牛蹄)。❷땅밟을위(踐蹋)。㊁❶받을궤(牛觸人)。❷떰베질할궤(觝也)。

【犧】㊀(희) 支 ギ、いけにえ sacrifice ㊁(사) 歌 ㄒㄧ hsi¹ 犧 小篆 犧 草書 ㊀희생희(宗廟之牲)。【書經】今殷民攘竊神祇之ㅣ牷牲。㊁술통사(ㅣ樽、酒器)。【詩經】ㅣ樽將將。【『獻·戲』와 같음】

【犧牲:희생】 ❶天地·廟祠에 제사 지낼 때 바치는 짐승。 소·양·돼지 따위。【禮記】孟春ㅣㅣ毋用牝。❷남을 구하기 위하여 자기 목숨을 바침。【故】殷의 湯王이 자기 몸을 희생하여 하늘에 祈雨祭를 지낸 故事。【十八史略·殷】

【犧牲球:희생구】(運) 야구에서 走者를 다음 베이스로 달리게 하기 위하여 희생하여 치는 공。

【犧牲物:희생물】 희생이 된 물건이나 「사람」。

【犧牲者:희생자】 희생을 당한 사람。

【犧牲打:희생타】 희생구를 침。犧打。

【犧牷:희전】 몸에 결점이 없는 완전한 희생。【大戴禮】宗廟曰芻豢、山川曰ㅣㅣ。

【犧尊:희준】 祭器의 이름。소의 모양을 한 술을 담는 그릇。【禮器】ㅣㅣ疏布。

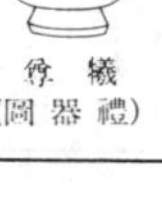

犧尊 (禮器圖)

周犧尊(博古圖)

【犨】(주) 尤 シュウ、いづ protrude ㄔㄡ ch'ou¹ (同音「추」) 犨 小篆 犨 小篆 犨 草書 ❶흰소주(白牛)。❷소 숨씩씩거릴

주(牛息聲)。❸내밀주(出也)。【呂氏春秋】南家之墻ㅣ於前而不直。❹고을이름주(縣名)。❺사람이름주(人名、魏ㅣ)。❻성주(姓也)。

【犨雞:주계】벌레 이름。趣織。【騈雅】

【犨麋:주미】옛날 추했던 사람。【左思】ㅣㅣ之與子都。【注】善曰、ㅣㅣ、古之醜人也。

十七畫

【𤜀】(영) 梗 オウ、こうし calf

❶송아지영(犢也)。❷소울영(牛鳴)。❸송아지부르는 소리영(喚牛子聲)。

十八畫

【犪】(요) 篠 ジョウ、なれる docile

犪 小篆 ❶소순할요(牛柔順)。❷좋을요(善也)。❸편안할요(安也)。(『擾』와 같음)

二十一畫

【𤛮】(루) 支 ルイ、こをもとめるうし cattle in rut

암내내는소루(求子牛)。

犬部

【犬】(견) 銑 ケン、いぬ dog ㄑㄩㄢˇ ch'üan³

小篆 草書 큰개견(大狗)。【書經】ㅡ馬非其土性不畜。

【犬馬:견마】❶개와 말。❷제게 따른 것을 낮추어 일컫는 말。

【犬馬之勞:견마지로】❶자기가 남을 위하여 일한 것의 謙稱。❷임금이나 나라에 충성을 다하는 노력。

【犬馬之誠:견마지성】=犬馬之勞。

【犬馬之心:견마지심】신하나 아들이 임금이나 어버이에게 충성을 다하여 몸을 바치는 것의 謙稱。【史記·三王世家】。

【犬馬之齒:견마지치】자기 나이의 謙稱。【漢書·趙充國傳】ㅡㅡ、七十六。

【犬猫:견묘】개와 고양이。

【犬牙:견아】❶개의 이빨。❷牙子。

【犬牙差互:견아차호】개 잇발 모양으로 서로 엇갈림。【柳宗元·至小邱西小石潭記】。

【犬羊之質:견양지질】《喩》재능이 없는 소질。【魏文帝·與吳質書】。

【犬猿:견원】❶개와 원숭이。❷서로 사이가 나쁜 두 사람。

【犬齒:견치】송곳니。門齒와 臼齒 사이에 있는 뾰족한 이。上下·左右 합하여 四개 있음。

【犬吠:견폐】개가 짖음。《喩》여러 사람이 떠드는 소리。【史記】野無ㅡㅡ之盜。

◎鷄ㅣ、狂ㅣ、軍ㅣ、猛ㅣ、愛ㅣ、野ㅣ、洋ㅣ、養ㅣ、獵ㅣ、鬪ㅣ。

【犭】(견)『犬』(前條)과 같음

一畫

【犮】(발) 曷 バツ、はしる run fast

小篆 草書 개달아날발(犬走貌)。

【犮乙:발을】뒤틀어짐。【法書要錄】。

二畫

【犯】(범) 豏 ハン、おかす offence; invade ㄈㄢˋ fan⁴

小篆 草書 ❶범할범(干也)。【韓愈諱辯】爲ㅡ二名律乎、爲ㅡ嫌名律乎。❷침노할범(侵也)。❸다닥칠범(抵觸)。【李商隱雜纂 惶愧】ㅡ人忌諱。❹참람할범(僭也)。【書】玆用不ㅡ于有司。❺이길범(打勝)。【論語】孝弟而好ㅡ上者鮮矣。❻일으킬범(起也)。【李商隱雜纂 不如不解】婦人解詩則ㅡ物議。

【犯戒:범계】《佛》계율을 범함。

【犯界:범계】남의 경계선을 넘어 들어감。

【犯科:범과】=犯法。

【犯過:범과】허물을 범함。

【犯闕:범궐】대궐을 침범함。

【犯禁:범금】금한 것을 범함。【周禮】察其ㅡㅡ者與其不者、而搏之。「需」。

【犯難:범난】위험을 무릅씀。冒險。【易·

【犯令:범령】법령을 범함。

【犯路:범로】금한 길을 들어가 범함。

【犯房:범방】《國》房事를 함。

【犯法:범법】법을 범함。犯科。

【犯分:범분】신분에 어긋나는 짓을 함。

【犯分亂理:범분난리】禮儀를 범하고 질서를 어지럽힘。【荀子·性惡】。

【犯上:범상】신하로서 임금을 범함。웃사람에게 反抗함。

【犯色:범색】함부로 색을 씀。

【犯所:범소】《法》죄를 범하던 그 자리。

【犯手:범수】남을 손으로 때림。

【犯順:범순】❶일의 順理를 범함。叛亂함。謀叛함。❷싫어하는 顔色에 개의하지 않고 직접 諫함。【晉書·劉毅傳】。

【犯染:범염】초상집에 드나드는 일。

【犯用:범용】남의 부탁을 받은 물건이나 보관하여야 할 물건을 써 버림。

【犯越:범월】국경을 넘어서 남의 나라로 침입하거나 不法入國함。

【犯意:범의】죄를 범하려는 意思。

【犯人:범인】죄를 범한 사람。

【犯入:범입】허락 없이 범하여 들어감。

【犯接:범접】가까이 범하여 접촉 함。

【犯鍾:범종】밤의 통행 시간을 어김。犯夜。

【犯罪:범죄】《法》❶죄를 지음。또는 지은 죄。❷사회의 생활 질서를 침해하는 反社會的·反文化的·反規範的 행위。

【犯罪能力:범죄능력】《法》違法 행위에 대하여 형벌을 과(科)하기에 알맞은 적응성。

【犯罪社會學:범죄사회학】《法》범죄의 원인을 사회적 환경에 구하여 사회 현상으로서의 범죄 법칙을 연구하는 학문。

【犯罪心理學:범죄심리학】《心》범행의 심리、범죄자의 성격、證言의 문제、범죄 수사의 심리학적 문제、범죄 예방을 위한 심리적 조건 따위의 범죄 및 범죄자에 대하여 연구하는 심리학의 한 분과。

【犯罪人:범죄인】《法》죄를 범한 사람。

【犯罪者:범죄자】=犯罪人。

【犯罪學:범죄학】《法》범죄가 생기는 원인을 연구하는 학문。

【犯觸:범촉】일을 저지름。【論衡】ㅡㅡ「歲月。

【犯則:범칙】규칙을 범함。

【犯則者:범칙자】범칙한 사람。「림。

【犯逋:범포】나라에 바칠 錢穀을 써버

【犯行:범행】범죄의 행위。

【犯昏:범혼】황혼이 되어 감。

【犯諱:범휘】어른의 이름을 함부로 부름。【南史】下官以ㅡㅡ被代。

◎輕ㅣ、競合ㅣ、共ㅣ、累ㅣ、防ㅣ、女ㅣ、未遂ㅣ、違ㅣ、戰ㅣ、正ㅣ、從ㅣ、主ㅣ、初ㅣ、侵ㅣ、破廉恥ㅣ。

【犰】(구) 尤 キュウ、けもの animal

草書 짐승이름구(獸名、ㅡ狳)。

【犰狳:구여】《動》짐승 이름。哺乳類에

속함。 열대 또는 온대 지방의 들이나 山의 땅 속에 굴을 파고 살며 야채·과실·개미·지렁이 따위를 夜食함。

【犳】(력) 職 リョク、いぬのあらそい growl (at)
개으르렁거릴력(犬爭貌)。

三畫

【犭卂】(신) 震 シン、いたち weasel
족제비신(小獸色黃食鼠)。

【㹱】(시) 紙 シ、おおかみ wolf
이리시(狼也)。【山海經】蛇山有獸其狀如狐白尾長耳。

【犴】㊀(안) 寒 カン、のいぬ stray dog ㊁(안) 翰 ㄢˋ an⁴
草書
㊀들개안(北地野犬)。【淮南子】青ー白虎。㊁❶우리안、옥안(狴ー、獄也)。【後漢書】獄ー塡滿。❷호박개안(逐虎犬)。

【犴狴:안폐】獄。감옥。【福惠全書】ーー之設、原以禁重囚。

【犴戶:안호】감옥。【庾信】

【犵】(힐) 質 キツ、えびす savage tribe
草書
오랑캐이름힐(南蠻ー狫)。(古音「길」)

【犵黨:힐당】彎刀의 이름。

【犵狫:힐로】蠻族의 이름。一名犵獠。廣西、湖南、貴州等에 삶。

四畫

【犺】(강) 漾 コウ、いぬ healthy dog ㄎㄤˋ k'ang⁴
小篆 草書
❶건장한개강(健犬)。❷괴이한 짐승강(ー狼、怪獸)。❸사나운짐승강(㹶ー、不順貌)。❹고슴도치강。

【犺狼:강랑】《動》짐승 이름。원숭이와 비슷하나 몸이 더 短小하며 사나움。原産은 泰國。

【犻】(패) 隊 ハイ、いぬがおこる growl (at)
小篆
개성낼패(犬怒)。

【犭开】(연) 霰 ゲン、ひとぐいいぬ fierce dog
小篆
❶사나운개연(猘犬)。❷호박개연(逐虎犬)。❸사람잡아먹는개연(食人犬)。

【犬欠】(유) 虞 ユ、こいぬをよぶ sound of calling a puppy
강아지부를유(呼犬子ーー)。

【犽】(아) 麻 ガ、えびす savage tribe
草書
오랑캐아(蠻族名)。

【犾】(은) 支 ギン、いぬがかみあう snarl at each other
小篆
개서로물을은、개마주짖을은(兩犬相齧)。

【犿】(변) 元 ハン、めぐる chase each other
草書
서로좇을변(相從連ー)。

【狀】㊀(장) 漾 ジョウ、さま、かたどる form; shape ㄓㄨㄤˋ chuang⁴ ㊁(상)(國音)
小篆 草書
㊀❶모양장、형상장(形也)。【易繫辭】知鬼神之情ー。❷형상할장(形容之)。❸같을장(類也)。❹베풀장(陳也)。【莊子】自ー其過以不當亡者衆不ー其過以不當存者寡。❺문서장(牒也)。❻편지장(札也)。㊁(상)은俗音。

【狀啓:장계】《制》벼슬아치가 임금의 命을 받들고 지방에 나가 民情을 살핀 결과를 글로써 올리던 啓。

【狀頭:장두】❶=狀元。【語林】。❷原告를 말함。【元典章·刑部聽訟原告人在逃條】。

【狀元:장원】❶《制》科擧의 甲科에서 首席으로 급제 한 사람。❷시험 성적이 첫째로 뽑힌 사람。

【狀紙:장지】訴訟狀。訴訟狀用紙。필요한 字句를 써 넣도록 일정한 양식에 의하여 인쇄한 용지。

【狀貌:상모】얼굴의 생김새。容貌。【史記】見高祖ーー、因重敬之。

【狀態:상태】현재의 모양이나 형편。【寶行經】佛說世人ーー不一。

【狀況:상황】형편과 모양。

◎公ー、告發ー、上ー、賞ー、召喚ー、信任ー、信用ー、連判ー、年賀ー、令ー、委任ー、呈ー、招待ー、請牒ー、推薦ー、行ー。

【犭斤】(은) 文 ギン、いぬがほえる bark
小篆
❶개짖는소리은(犬吠聲)。❷개싸울은(犬爭)。(『狺』과 같음)

【狁】(윤) 軫 イン、えびす savage tribe ㄩㄣˇ yun³
草書
오랑캐이름윤(玁ー匈奴別號)。【詩經】薄伐玁ー。

【狂】(광) 陽 キョウ、くるう mad ㄎㄨㄤˊ k'uang²
小篆 古文 草書
❶미칠광(心病)。【書】我其發出ー。❷경망할광(躁妄)。【詩經】衆穉且ー。❸정신잃을광(失情錯亂)。❹사나울광(暴也)。

【狂客:광객】언행이 미친 사람처럼 常理에 벗어난 사람。

【狂狷:광견】뜻만 커서 떠벌이고 識見이 좁아 고집이 센 사람。狂獧。【論語·子路】不得中行而與之、必也ーー乎。

【狂獧:광견】=狂狷。

【狂犬:광견】미친 개。【阮籍】値ーー之暴怒。

【狂犬病:광견병】《醫》=恐水病。

【狂瞽:광고】주위의 사정을 생각함이 없이 제멋대로 말하고 행동함。미치광이。【南史】盡ーー之說、披肝膽之誠。

【狂狡:광교】미친 듯이 날뜀。또는 그 사람。【後漢書】故ーー乘間、相詿誤耳。

【狂句:광구】격식이 없이 함부로 지은 노래。狂歌。

【狂叫亂攘:광규난양】미쳐 날뛰며 소란스럽게 떠듦。

【狂氣:광기】❶미친 마음。❷마음을 오로지하여 나아감。【韓愈】雲夫吾兄有ーー。❸함부로 날뛰는 성질。

【狂女:광녀】미친 여자。

【狂談:광담】미친 말。常理에 벗어난 말。狂言。

【狂談悖說:광담패설】이치에 맞지 않고 도의에 어그러지는 말。狂言妄說。

【狂濤:광도】미친 듯이 거칠게 이는 물결。狂瀾。【齊巳】ーー顚浪高漫漫。

【狂亂:광란】❶미친 듯이 어지러움。【漢書】ーー無道。❷어지러운 짓을 함。

【狂瀾:광란】❶=狂濤。❷事物의 난잡한 모양。

【狂妄:광망】미친 듯이 망녕됨。

【狂慕:광모】미친 듯이 사모함。

【狂勃:광발】미친 듯이 난폭하고 禮節에 어긋남。狂悖。【晉書】此兒ーー、宜早除之。

【狂病:광병】미친 병。

【狂夫:광부】❶미친 사람. 『詩經』――瞿瞿. ❷어리석은 남자.

【狂奔:광분】❶미친 듯이 바쁨. ❷어떤 목적을 위하여 분주히 서둚음.

【狂信:광신】도를 넘어 지나치게 믿음.

【狂信妄說:광신망설】이치에 어긋난 허망한 말. 狂言. 狂談. 狂談悖說.

【狂信者:광신자】광신하여 미친 것같이 된 사람.

【狂言:광언】이치에 맞지 않고 道理에 어긋나는 말. 『杜牧』忽發――驚滿座.

【狂言綺語:광언기어】人氣를 끌려고 여러 가지로 꾸민 말. 小說 따위. 『白居易·文』――之道. 「足下飲人――」.

【狂藥:광약】술의 別稱. 『晉書·裴楷傳』

【狂攘:광양】미친 듯이 어지러움.

【狂易:광역】미쳐서 제 정신을 잃음. 『漢書』病――. 「또는 정역」

【狂炎:광염】미친 듯이 타오르는 불꽃.

【狂飮:광음】정신 없이 술을 마구 마심. 『蘇舜欽』放歌――不知曉.

【狂恣:광자】미친 듯이 放恣함. 『晉書』此――不肅之咎也.

【狂顚:광전】미치광이. 『張籍·詩』.

【狂蝶:광접】미친 듯이 날아다니는 나비. 『陸游』――入書帷.

【狂嘲:광조】난폭하게 조롱함. 미친 듯이 비웃음. 『白居易』――更讓誰.

【狂譟:광조】미쳐서 날뜀. 狂躁. 『王令』抵觸發――.

【狂症:광증】(醫)미친 병의 증세.

【狂疾:광질】(醫)미치는 병. 정신병. 『韓愈』抑而行之, 必發――.

【狂醉:광취】미친 듯이 취함. 『李中』靜吟窮野景, ――養天眞.

【狂態:광태】미친 모양. 미친 짓.

【狂悖:광패】=狂勃. 『國語』有――之言, 有眩惑之明.

【狂暴:광폭】미친 듯이 행동이 난폭함. 『史記』――之言.

【狂風:광풍】미친 듯이 휩쓸어 일어나는 바람. 『杜甫』霹靂罔兩兼――.

【狂虐:광학】몹시 포악하고 잔학함. 『南史』蒼梧王――, 左右不自安.

【狂漢:광한】미친 놈.

【狂惑:광혹】미쳐서 혹함. 『荀子』苟不――者, 莫不爲天下顯諸侯.

【狂喜:광희】미칠 듯이 기뻐함. ◎發―, 熱―, 酒―, 醉―.

【狃】㊀(뉴) 有 ㊁(뉴) 宥 シュウ、なれる skill ㄋㄧㄡˇ niu³

小篆 書 草 ㊀❶개버르장이 사나울뉴(犬性驕). ❷친압할뉴(狎也). ❸익숙할뉴(慣也). ㊁❶익힐뉴(習也). 『左傳』莫敖―乎蒲騷之役. ❷나아갈뉴(就也). ❸탐낼뉴(貪也). 『古詩 商銘』嗛嗛之食, 不足―也.

【狃習:뉴습】익숙함. 『王安石·文』上―而知其事, 下服馴而安其教.

【狃恩:뉴은】은혜를 입고도 아무 생각도 하지 않음. 『後漢書·陳忠傳』.

【狄】(적) 錫 テキ、えびす northern barbarians

小篆 書 草 ❶북방오랑캐적(北方曰―). 『書經』南面而征北―怨. ❷아래벼슬적(下士). 『書經』―設黼綴衣. ❸악공적(人―、樂吏之賤者). ❹꿩그린옷적(揄―、畫雉衣). 『禮記』夫人揄―. ❺멀적(遠也). ❻음성빠를적(音聲早貌). 『禮記 樂記』―成滌濫之音作. (『逖·翟』과 통함)

【狄成:적성】樂曲의 속도가 빠른 모양. 急調. 『禮記』――滌濫之音作.

【狄人:적인】❶中國 北方 종족. 北狄. ❷우리 나라 북쪽에 살던 女眞族.

【狄鞮:적제】옛날 中國에서 西域의 말을 통역하던 사람. 『禮記·王制』東方曰寄, 南方曰象, 西方曰――, 北方曰譯.

【狆】(중) 東 チュウ、えびす savage tribe

書 草 ❶오랑캐이름중(貴州 雲南地方蠻族名). ❷〔日字〕삽살개중(長毛犬).

五 畫

【⿰犭弁】(변) 霰 ベン、いぬけんか (of dogs) fight

개싸울변(犬爭貌).

【⿰犭占】(첩) 葉 チョウ、いぬがなめる (of dogs) lap ; lick

개핥을첩(犬舐).

【⿰犭玄】(현) 先 ケン、きみじか quick-tempered

성급할현(性褊急).

【狉】(비) 支 ヒ、たぬき wild cat ㄆㄧ p'i¹

書 草 ❶삵의 새끼비(貍子). ❷떼지어 달아날비(――羣走貌). 『柳宗元 封建論』草木榛榛鹿豕――. (『豾』와 같음)

【狉狉:비비】짐승의 뛰는 모양. 『柳宗元·封建論』鹿豕――.

【狊】(격) 錫 ケキ、さる monkey

小篆 書 草 ❶원숭이격(獸名, 猨屬). ❷개노리고볼격(犬視貌). ❸새날개벌릴격(鳥張兩翼).

【狍】(포) 肴 ホウ、けだもののな animal

짐승이름포(獸也).

【狍鴞:포효】짐승이름. 羊身人面이며 겨드랑 밑에 눈이 있는 짐승. 『山海經, 北山經』.

狍鴞 (山海經圖)

【狋】㊀(의) 支 ㊁(치) 支 ㊂(권) 先 ギ、いがむ quarrel

小篆 書 草 ㊀❶개응승거릴의(犬怒爭). ❷개싸움할의(兩犬爭). ㊁뜻은 ㊀과 같음. ㊂고을이름권(代郡縣名―氏).

【狋狋:의의】보는 모양. 또는 개가 성난 모양. 『王延壽』齊首目以瞪眄, 徒脈脈而――.

【狌】(생) 庚 セイ、さる monkey ㄒㄧㄥ hsing¹

書 草 ❶원숭이생(獸名, 人面能言似猿). ❷삵생(野貓). 『莊子 秋水』捕鼠不如貍―. (『猩』과 같음)

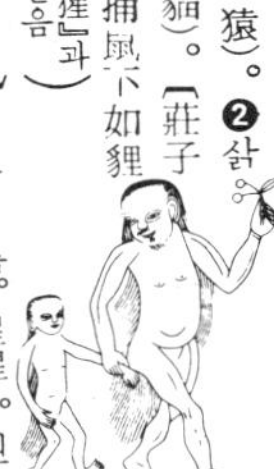
狌狌(山海經圖)

【狌狌:생생】짐승 이름. 猩猩. 원숭이의 일종. 『爾雅·釋獸·注』――若黃狗, 人面能言.

【狎】(압) 洽 コウ、なれる be familiar with (古音「합」)

小篆 書 草 ❶친압할압(親近). 『論語 鄉黨』雖―必變. ❷익힐압(習也). 『禮記』賢者―而敬之. ❸가볍게 여길압(輕也). 『書』―侮五常. ❹소홀하게여길압(忽也). 『左傳』水懦弱民―而玩之. ❺다시압(更也).

〔左傳〕且晋楚ㅣ主諸侯之盟也久矣。❻편안할압(安也)。〔左傳 襄公四年〕民ㅣ其野。

【狎客:압객】❶터 놓고 썩 가깝게 지내는 사이。❷오입장이。〔陳書〕號爲ㅣㅣ。

【狎近:압근】버릇 없이 가깝게 다가 붙음。〔韓偓〕燕俠氷霜難ㅣㅣ。

【狎獵:압렵】❶꽃잎이 쌓이는 모양。〔張衡·南都賦〕披紅葩之ㅣㅣ。❷차례차례로 거듭 잇는 모양。〔成公綏·雲賦〕。

【狎侮:압모】마구 업신여김。輕蔑。〔書經〕ㅣㅣ君子。

【狎邪:압사】❶사람에게 親狎하여 예의가 없고 마음이 간사한 사람。〔胡詮〕ㅣㅣ小人。❷遊女。

【狎褻:압설】❶사이가 너무 가까와서 예의가 없음。❷음란함。

【狎愛:압애】親狎하여 사랑함。또는 그 사랑을 받는 사람。〔北史〕臨淮王孝友、被文襄ㅣㅣ。

【狎昵:압일】=狎近。〔晋書〕ㅣㅣ諂邪。

【狎逼:압핍】어른에게 삼가는 마음이 없이 狎近함。

【狐】(호) 虞

コ、きつね fox ㄏㄨˊ hu²

狐 小篆 狐 草書 ❶여우호(妖獸)。〔易經〕田獲三ㅣ。❷의심할호(疑詞)。〔埤雅〕ㅣ性疑疑則不可以合類。

【狐假虎威:호가호위】여우가 범의 威力을 빌어 다른 짐승들을 놀라게 함。(喩)남의 權勢를 빌어 위세를 부리는 小人。〔戰國策〕。

【狐裘:호구】여우의 겨드랑 밑의 흰 털 가죽을 모아 만든 옷。〔十八史略〕ㅣㅣ三十年。

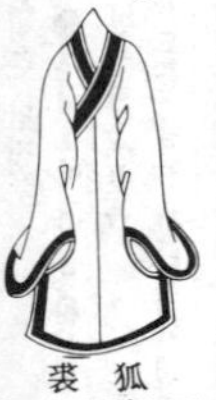
狐裘 (四書引蒙略圖解)

【狐狸:호리】❶여우와 삵괭이。〔左傳〕ㅣㅣ所居。❷남몰래 나쁜 짓을 함。〔後漢書〕豺狼當路、何問ㅣㅣ。

【狐網:호망】여우 잡이의 그물。

【狐媚:호미】여우가 사람을 호리듯이 아양을 떨고 미혹시킴。〔晋書·石勒載記〕欺他孤兒寡婦、ㅣㅣ以取天下。

【狐死首丘:호사수구】여우가 죽을 때는 머리를 제가 살던 굴 있는 언덕으로 돌림。(喩)㉠근본을 잊지 아니함。㉡故鄕을 그리워함。〔禮記〕狐死、正丘首仁也。首丘初心。〔後漢書〕。

【狐死兎泣:호사토읍】친구의 불행을 슬퍼함을 이르는 말。

【狐鼠:호서】여우와 쥐。(喩)마음이 옹졸한 사람。小人。小賊。〔柳宗元·行路難〕ㅣㅣ蜂蟻爭噬呑。

【狐鼠輩:호서배】간사스럽기가 짝이 없어 아주 되지 못한 무리。

【狐疑:호의】의심이 많고 決斷性이 없음。여우는 의심이 많아서 얼음 언 내를 건널 때에도 일일이 물이 없는 곳을 살펴서 건넌다고 함。〔史記·淮陰侯傳〕孟賁之ㅣㅣ、不如庸夫之必至也。

【狐臭:호취】암내。胡臭。

【狐貉:호학】❶여우와 담비。〔說苑〕。❷여우나 담비의 가죽으로 만든 옷。貴人이 입는 고급의 갖옷。〔論語·子罕〕衣敝縕袍、與衣ㅣㅣ者、立而不恥者、其由也與。

【狐惑:호혹】의심하고 미혹함。〔元稹〕「ㅣㅣ意顚倒。」

【狑】(령) 靑

レイ、よいいぬ clever dog

狑 草書 ❶영리한개령(狑犬)。❷오랑캐령(中國西南民)。

【狒】(비) 未

ヒ、ひひ baboon ㄈㄟˋ fei⁴

狒 草書 비비짐승비、원숭이비(獸名、梟羊)。〔爾雅〕ㅣㅣ如人被髮迅走食人。

【狒狒:비비】(動)원숭이의 한가지。〔郭璞〕ㅣㅣ怪獸。

【狓】(피) 支

ヒ、とびあがる flight

狓 草書 너풀거릴피(猖ㅣ飛颺)。

【狖】(유) 宥

ユウ、くろざる black monkey ㄧㄡˋ yu⁴

狖 草書 검은 원숭이유(黑猿仰鼻長尾)。〔楚辭〕猨狖啾啾兮ㅣ夜鳴。(〔貁〕와 같음)

【狗】(구) 有

コウ、ク、いぬ dog ㄍㄡˇ kou³

狗 小篆 狗 草書 ❶개구(犬也)。〔史記 孔子世家〕纍纍若喪家之ㅣ。❷강아지구(未成毫犬)。〔易經〕艮爲ㅣ。

【狗脚木:구각목】城을 防護하는 데 쓰이던 道具。〔武備志·狗脚木圖〕

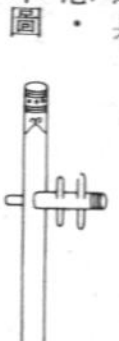
狗脚木(武備志)

【狗膏:구고】보약으로 먹는 개를 진하게 삶은 국물。

【狗膽:구담】(醫)개의 쓸개。血積·消渴·惡瘡·眼力不足 등의 약재로 씀。

【狗屠:구도】❶개를 잡음。❷개 백정。〔史記〕家貧客游、以爲ㅣㅣ。

【狗竇開:구두개】앞니가 빠진 것을 희롱하는 말。〔世說新語·排調〕。

【狗馬之心:구마지심】개나 말이 主人에게 충성을 다하는 眞心이라는 뜻으로 자기의 眞心의 卑稱。〔漢書·汲黯傳〕臣常有ㅣㅣ。

【狗尾草:구미초】(植)강아지풀。포아풀科에 속하는 一年草。

【狗飯橡實:구반상실】(國)개 밥에 도토리。(喩)혼자서 외롭게 돈다는 뜻。개가 밥에 든 도토리를 골라 놓는다는 데서 온 말。〔東言解〕。

【狗寶:구보】(醫)병든 개의 쓸개에 든 황。痰火、惡瘡 등에 씀。狗砂。狗黃。

【狗砂:구사】=狗寶。

【狗鼠:구서】개와 쥐。(喩)人格이 卑賤한 사람。

【狗舌草:구설초】(植)수리취。엉거시科에 속하는 多年草。

【狗蠅:구승】(動)개파리。개파리科에 속하는 곤충。

【狗腎:구신】(醫)개의 자지。「帶下症에 씀。痿陰症과

【狗疫:구역】개가 앓는 돌림병。

【狗肉:구육】개 고기。〔無門關〕懸羊頭賣ㅣㅣ。

【狗耳草:구이초】(植)나팔꽃。메꽃과에 속하는 一年生 蔓草。

【狗子:구자】개 새끼。〔無門關〕僧問、ㅣㅣ還有佛性也無。

【狗竊:구절】좀도둑。狗盜。〔魏書〕寧息ㅣㅣ之響。

【狗脊:구척】(植)고비。고비科에 속하는 다년생의 高等隱花植物。

【狗彘:구체】❶개와 돼지。〔孟子·梁惠王〕雞豚ㅣㅣ之畜。❷卑賤함。❸人品이 劣等한 사람。

【狗逐鷄屋只睇:구축계옥지제】(國)닭 쫓던 개 지붕 쳐다보기。(喩)일에 실패하고 낙심만 한다는 뜻。〔靑莊館全書〕。

【狗吠:구폐】❶개가 짖음。또는 그 소리。〔孟子〕雞鳴ㅣㅣ之聲相聞。❷개가 제 주인 이외의 사람을 의심하여 짖음。(轉)신하가 임금에게 충성을 다함。❸수상한 것이 왕래함。

【狗皮:구피】개의 가죽。

【狗黃:구황】(醫)병든 개의 쓸개 속에 든 황。肺經의 風毒·痰火·惡瘡 등의 약으로 씀。狗寶。

【狘】(월) 月 ケツ、はしる (古音「헐」) run away
小篆 書草 ❶짐승이름월(獸名)。❷놀라 달아날월(驚走)。
【禮記 禮運】故獸不ㅣ。

【狙】㊀(저) 魚 ショ、ソ、さる、うかがう ㄐㄩ chü¹ monkey; spy out ㊁(처) 御
小篆 書草 ❶원숭이저(猿屬)。【莊子】ㅣ公賦芧朝三而暮四衆ㅣ皆怒曰然則朝四而暮三衆ㅣ皆悅。❷엿볼저、살필저(伺也、注視)。㊁❶어미원숭이처(玃屬)。【戰國策】兵固天下之ㅣ喜也。❷간사할처(詐也)。❸견줄처(見積)。
【狙擊:저격】 노려서 쏘거나 침。날쌔게 습격함。『史記』ㅣㅣ秦皇帝博浪沙中。
【狙公:저공】 원숭이를 기르는 사람。원숭이에게 여러 가지 놀이를 시켜 돈벌이하는 사람。『莊子·齊物論』。
【狙縛:저박】 옭아 잡아서 얽어 맴。『唐書』伏叢翳、ㅣㅣ王緖。
【狙伺:저사】 원숭이가 물건을 살피는 것처럼 隱密히 살핌。『唐書』挾兩端、有所ㅣㅣ。
【狙詐:저사】 기미를 살펴서 모함함。『漢書』騁ㅣㅣ之兵。
【狙害:저해】 엿보아 해침。『唐書』ㅣㅣ陰毒、天下無不痛憤。
【狙玃:저확】 큰 원숭이。어미 원숭이。『北戶錄』大猿則ㅣㅣ猱玃之類。
【狙猴:저후】 원숭이의 別名。『張九成』登山不須扶、跳梁逐ㅣㅣ。

【狚】㊀(단) 旱 タン、さる monkey ㊁(달) 曷
書草 ㊀원숭이단(猵ㅣ、似猿)。【莊子】猨猵ㅣ以爲雌。㊁큰이리달(巨狼獦ㅣ)。

【狛】(박) 陌 ハク、こまいぬ Korean dog
小篆 書草 ❶짐승이름박(獸名)。❷【日字】조선개박(高麗犬)。
【狛笛:박적】 笛의 일종。고려악에 사용되는 것。歌口外에 구멍 셋 있는 것과 여섯 있는 것이 있음。

【狜】(고) コ、えびす babarian tribe
오랑캐이름고(西域卅族名)。
【狜宗:고종】 티베트에 살던 야만족의 이름。古狜 또는 古宗이라고도 함。현재 雲南省에 이 종족이 있음。

六畫

【狟】㊀(훤) 元 カン、むじな marten ㊁(환) 寒
小篆 書草 ㊀담비훤(貉類)。㊁개다닐환(犬行)。
【狟豬:훤저】 짐승의 이름。돼지 비슷하며 털이 흼。
【狟貉:훤학】 담비。『淮南子』ㅣㅣ得埵防弗去而緣。

【狡】(교) 巧 キョウ、わるがしこい ㄐㄧㄠ chiao³ sly; wiliness
小篆 書草 ❶하루강아지교、적은개교(小狗)。❷간교할교、교활할교(猾也)。【左傳】夫ㅣ焉思啓封疆以利社稷者何國蔑有。❸미칠교(狂也)。【左傳】亂氣ㅣ憤。❹빠를교(疾也)。【戰國策】ㅣ兎有三窟。

(三才圖會) 狡

【狡吏:교리】 간사한 꾀가 많은 나쁜 관리。

【狡詐:교사】 간사한 꾀로 속임。狡譎。
【狡算:교산】 간사한 계략。狡計。『盧思道』女奴陸氏、出自掖庭、凶智ㅣㅣ、擧世無匹。
【狡惡:교악】 교활하고 간악함。또는 그런 사람。『潛夫論』雖積ㅣㅣ、爭稱譽之。
【狡智:교지】 교활한 才知。
【狡獪:교쾌】 ＝狡猾。『史記·註』謂小兒多詐ㅣㅣ爲無賴。
【狡猾:교활】 간사한 꾀가 많음。狡獪。『揚雄』小兒多詐、謂之ㅣㅣ。
【狡譎:교휼】 간사한 꾀가 많고 거짓이 많음。狡詐。『唐書』ㅣㅣ多算。

【狠】(한) 阮 ガン、コン、もとる (本音「완」) ㄏㄣˇ hen³ fierce
小篆 書草 ❶짐승이름한(獸名)。❷사나울한(戾也)。❸개싸우는 소리한(犬鬪聲)。❹【中字】과도할한(過度之意)。
【狠戾:한려】 마음이 고약하고 사나움。『北史』其性ㅣㅣ、不切於世。
【狠恣:한자】 마음이 비뚜러져 멋대로 함。『唐書』ㅣㅣ快快。
【狠愎:한퍅】 성질이 매우 사납고 고약함。『文心雕龍』孫楚ㅣㅣ、而訟府。

【狢】(학) 藥 カク、むじな (本音「각」) marten
書草 담비학(貉也)。
【狢貐:학유】 종족의 이름。雲南省의 西邊에 있음。一名 怒夷。

【狤】(길) 質 キツ、くるう animal
❶짐승이름길(獸名ㅣ猖)。❷미칠길(狂也)。
【狤猖:길굴】 《動》西域의 짐승 이름。『集韻』。

【狥】(순)『徇』(彳部 6畫)의 俗字

【狦】(산) 刪 サン、わるくつよいいぬ fierce dog
小篆 ❶호박이산、사나운개산、모진개산(惡健犬)。❷사람이름산(人名、稽侯ㅣ)。

【狧】㊀(시) 紙 トウ、ねぶる lick; lap up ㊁(탑) 合
小篆 書草 ㊀핥을시(犬以舌取物)。【漢書】語有之曰ㅣ糠及米。㊁❶탐낼탑(貪欲意)。【太玄經】營狩ㅣㅣ。❷핥을탑(舐也)。

【狨】(융) 東 ジュウ、さる ㄖㄨㄥˊ jung² monkey
書草 원숭이융(猴屬毛可爲布)。
【本草】似猴而大毛黃赤色生廣南山谷間。

(三才圖會) 狨

【狨奴:융노】 풀 이름。狗脊의 다른 이름。淸異錄·藥譜】ㅣㅣ、狗脊。
【狨座:융좌】 狨 가죽으로 만든 자리。

【狩】(수) 宥 シュウ、シュ、かり ㄕㄡˋ shou⁴ hunting in winter
小篆 書草 ❶겨울사냥수(冬獵)。【左傳】冬ㅣ。❷순행할수(巡也)。【孟子】侯曰巡ㅣ巡ㅣ者巡所守也。
【狩獵:수렵】 사냥。
【狩獵期:수렵기】 사냥을 하도록 허가한 시기。
【狩獵法:수렵법】 《法》짐승의 보호와 번식을 위한 사냥에 관하여 정한 법률。
【狩獵時代:수렵시대】 《歷》사람의 슬

기가 발달되지 않아, 짐승을 사냥하여 주식물로 삼던 원시 시대。

【狩獵鳥:수렵조】 사냥할 수 있도록 허「락된 새。

【狩漁時代:수어시대】 =漁獵時代。

【狩田:수전】 사냥。 겨울의 사냥。『周禮』遂以——。◎巡—。

【狪】(통) 東 トウ、えびす savage tribe ❶오랑캐이름통(蠻族名)。❷짐승이름통(獸名)。

【⿰犭休】(휴) 尤 キュウ、ひょう leopard 표범휴(貅—豹屬)。(『貅』와 같음)

【狫】(로) 皓 ロウ、えびす savage tribe ㄌㄠˇ lao³ ❶오랑캐이름로。❷자자로(刺字)。(『獠』와 같음)

【独】(독)『獨』(犬部 13畫)의 略字

七 畫

【狳】(여) 魚 ヨ、けもの animal 짐승이름여(獸名、犰—)。(『犰』와 통함)

【狴】(폐) 齊 薺 ハイ、のいぬ wild dog ㄅㄧˋ pi⁴ ❶짐승이름폐(—犴獸名)。❷옥폐(—犴、牢獄)。『集韻』—犴。❸들개폐(野犬)。

【狴牢:폐뢰】 =監獄。『易林』失意懷憂、如幽——。

【狴犴:폐한】 ❶《動》사나운 짐승 이름。들개。❷監獄。(옛날 감옥문에 狴의 그림을 그려 붙인 데서 나옴)。

【狵】(방) 江 ボウ、むくいぬ shaggy dog ❶삽살개방(犬多毛)。❷별이름방(星名)。(『尨』과 같음)

【狶】 ㊀(희) 紙 ㊁(희) 微 キ、シ、いのこ wild dog ㊀왕이름희(太古帝王名)。『莊子 外物』—韋氏。㊁돼지희(猪也)。『列子』食—如食人。

【狶韋:희위】 ❶上古、帝王의 이름。『莊子·大宗師』——氏得之、以挈天地。『釋文』上古帝王名。❷벼슬 이름。『集韻』狶、——、因氏名官也。❸太史의 官名。

【狧】(패) 灰 ハイ、こだぬき young of a badger 너구리새끼패(狸子)。

【⿰犭谷】(욕) 沃 ヨク、けだもの animal 짐승이름욕(獸名、獨—)。『山海經』北囂之山有獸其狀如虎而白犬首馬尾彘鬣名獨—。

【狷】(견) 霰 銑 ケン、きみじか cross-grained ㄐㄩㄢˋ chüan⁴ ❶패려궂을견、편협할견(褊急)。❷조수할견(才不足守有餘)。『晉語』小心—介不敢行也。❸고집스러울견(有所不爲)。『論語』—者有所不爲也。

【狷介:견개】 고집이 세어 남과 화합할 줄 모르고、절개가 굳음。『國語』小心——、不敢行也。

【狷狂:견광】 識見이 좁아서 고집을 지나치게 부리고 뜻만 커서 誇張이 심함。성질이 괴팍하여 常規에 어긋남。狂狷。

【狷急:견급】 마음이 좁고 성급함。『後漢書』以——不能從俗。

【狷忿:견분】 마음이 좁아서 골을 잘냄。『舊唐書』王遂性——、不存大體。

【狷隘:견애】 마음이 좁고 편벽된 [illegible]。『南史』性甚——、欲專政事。

【狸】(리) 支 リ、たぬき racoon 삵리(狐—野貓)。『詩經』取彼狐—爲公子裘。(『貍』와 같음)

【狸奴:이노】 《動》고양이의 異名。『羅大經』陋室偏遭黠鼠欺、——雖小策動奇。

【狸毛筆:이모필】 삵괭이의 털로 만든 붓。『唐書·歐陽詢傳』。

【狹】(협) 洽 キョウ、せまい narrow ㄒㄧㄚˊ hsia² 좁을협(隘也)。『書經』無自廣以—人。(『陜』과 같음)

【狹軌:협궤】 세계의 표준 철도 軌間인 1.435미터보다 좁은 軌間。↕廣軌。

【狹量:협량】 度量이 좁음。

【狹路相逢:협로상봉】 좁은 길에서 두 사람이 마주 만남。《喩》원수。

【狹薄:협박】 좁고 토질이 나쁜 土地。『史記』此地——。

【狹小:협소】 좁고 작음。아주 좁음。『孔叢子』魏國——、乏於聖賢。

【狹隘:협애】 ❶터전이 좁음。❷마음이 너그럽지 못하고 좁음。

【狹衣:협의】 衣服。

【狹義:협의】 범위가 좁은 의미。↕廣義。

【狹長:협장】 폭이 좁고 길음。

【狹窄:협착】 자리·터전이 썩 좁음。

【狹窄射擊:협착사격】 소총 사격을 위하여 하는 照準과 사격의 요령만을 위주로 하는 사격。

【狺】(은) 文 ギン、かみあう roar ㄧㄣˊ yin² 뭇개짖는 소리은(犬爭吠聲)。『楚辭』猛犬——以迎吠。

【狺然:은연】 개가 짖는 모양。『蘇洵』投骨於地、——而爭者、犬之常也。

【狺狺:은은】 개가 물어 뜯는 소리。또、그 짖는 모양。『楚辭』猛犬——以迎吠兮。

【狻】(산) 寒 サン、しし lion ㄙㄨㄢ suan¹ 사자산(—猊、獅子)。『天子傳』—猊野馬走五百里。

【狻猊:산예】 ❶=獅子。❷獅子의 탈을 쓰고 춤을 추는 假面劇。原始印度에서 행해지던 動物擬裝舞로서 우리 나라에도 三國史記 樂志에 依하면 鄕樂의 五種의 하나라 하였음。

狻猊(三才圖會)

【狻下:산하】 《佛》高僧을 부르는 敬稱。狻은 부처가 앉는 자리。곧 獅子座。

【狼】 ㊀(랑) 陽 ㊁(랑) 漾 ロウ、おおかみ wolf ㄌㄤˊ lang² ㊀❶이리랑(獸名、似犬銳頭白頰)。『里語曰』古之烽火用—糞取其煙直而聚雖風吹之不斜。❷어수선할랑、낭자할랑(—藉)。『孟子』樂歲粒米—戾。㊁❶땅이름랑(地名博—)。❷낭패랑(—敗)。❸별이름랑(星名)。(『浪』과 통함)

〔狼顧:낭고〕 이리는 뒤를 잘 돌아봄。(喩) 사람이 무서워서 뒤를 돌아봄。『史記·蘇秦傳』秦雖欲深入則——、恐韓魏之議其後也。

〔狼毒:낭독〕 ❶(植)㉠오독도기。 ㉡오독도기의 뿌리。 積聚나 外科에 쓰이는 극렬한 약임。 ❷몹시 잔학함。

狼毒 (三才圖會)

〔狼戾:낭려〕 ❶이리와 같이 마음이 비틀어져서 도리에 어긋남。『漢書』——不仁。 ❷어지럽게 흩어져 있음。『孟子·滕文公』樂世粒米——。

〔狼牙拍:낭아박〕 敵의 공격을 막는 데 쓰이는 무기의 이름。 느릅나무나 느티나무로 만듦。 戰時에는 城 위나 樓·船上에 設置하고 공격을 막는 데 씀。『武備志·器式』。

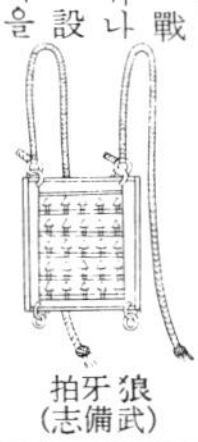
狼牙拍 (武備志)

〔狼煙:낭연〕 옛날 전쟁 때 信號로 쓰던 불。 이리의 똥을 나무 속에 섞어서 불을 피우면 바람이 불어도 연기가 똑바로 위로 올라 간다고 함。 烽火。 狼火。『玉海』虜至必擧陝西。

〔狼藉:낭자〕 흩어져 어지러운 모양。 이리가 풀을 깔고 자고난 뒤의 어지럽게 흩어져 있는 모양이라는 뜻에서 온 말。『史記·滑稽傳』杯盤——。

〔狼子野心:낭자야심〕 이리는 사람이 길들이려고 해도 본래의 野性이 있어 좀체로 길들지 아니함。(喩)凶暴한 사람이나 信義가 없는 사람은 쉽게 敎化시킬 수 없음。 모반하려는 마음。『左傳』是狼之聲也、——。

〔狼齒:낭치〕 ＝牙子。

〔狼貪:낭탐〕 이리와 같이 배부른 것도 돌보지 않고 자꾸 욕심을 냄。『韓愈』羊狼——、以口覆城。

〔狼狽:낭패〕 ❶당황함。(狽는 狼의 한가지。 狼은 앞다리가 길고 뒷다리가 짧으며 狽는 그와 반대이므로 그 두 짐승이 같이 나란히 걷다가 서로 사이가 떨어지면 넘어지게 되므로 당황함을 나타내는 말로 씀)。『荀悅』周勃——失據。 ❷中途에 失敗함。『南史』車轅折、俱——。 ❸일이 뜻대로 되지 않아 몹시 딱한 형편이 됨。

〔狼抗:낭항〕 이리와 같이 마음이 거칠고 사람들에게 마구 덤벼들기를 잘함。『晉書』——無上。

【狽】 (패) 泰 バイ、おおかみ wolf ㄅㄟˋ pei⁴
(草書) 이리패(獸名、狼屬)。『集韻』狼短後足—短前足相依而行。

【狾】 (제) 霽 セイ、きちがいいぬ mad dog ㄓˋ chih⁴
(小篆)(小篆)(草書) 미친개제(狂犬)。(『猘』와 같음)

【狿】 (연) 先 エン、けだもの animal
짐승이름연(獸名、獌—似狸而長)。『漢書』窮奇獌—。

【猀】 (사) シャ、えびす tribe
(草書) 종족이름사(廣西蠻族)。

【[犭求]】 (구) キュウ、えびす savage tribe
(草書) 오랑캐이름구(雲南蠻族)。

八畫

【猅】 (배) 佳 ハイ、くびのみじかいいぬ short-headed dog
머리짧은개배(短頭犬)。

【猇】 (효) 肴 コウ、いがむ roar ㄒㄧㄠ hsiao¹
(草書) ❶범으르렁거릴효(虎欲齧聲)。 ❷고을이름효(濟南縣名)。(『虓』와 같음)

【[犭委]】 (와)『猧』(犬部 9畫)와 같음

【猊】 (예) 齊 ゲイ、しし lion ㄋㄧˊ ni²
(草書) 사자예(獅子、狻—)。『穆天子傳』狻—野馬走五百里。

〔猊座:예좌〕 부처가 앉는 자리。 곧 獅子座。(轉)高僧이 앉는 자리。『戴叔倫詩』——聽蕭瑟。

〔猊下:예하〕 ❶高僧에 대한 敬稱。 ❷高僧의 곁。 지금은 一宗의 管長을 일컬음。

【猋】 (표) 蕭 ヒョウ、つむじかぜ whirlwind ㄅㄧㄠ piao¹
(小篆)(草書) ❶개달아날표(犬走貌)。 ❷회리바람표(回風從下上)。『禮記 月令』—風暴雨總至。

〔猋迅:표신〕 바람처럼 빠름。『潘岳』——已甚。

〔猋風:표풍〕 회오리바람。『禮記』——「暴雨總至。

【猍】 (래) 灰 ライ、たぬき wild cat
(草書) ❶삵괴래(貍也)。 ❷오랑캐이름래(廣西蠻族)。

【猑】 (곤) 元 コン、おおいぬ large dog
❶큰개곤(大犬)。 ❷들말곤(野馬)。

〔猑蹏:곤제〕(動)들말 이름。 猑䶂。『後漢書·馬融傳』絹——。

【猕】 (미)『獼』(犬部 17畫)와 같음

【猒】 (염) 鹽 艶 エン、あきる gluttony
(小篆)(或體)(草書) ❶배부를염(飽也)。 ❷넉넉할염(足也)。 ❸편안할염(安也)。 ❹싫을염(斁也)。(『饜』과 같음)

【猓】 (과) 哿 カ、さる monkey ㄍㄨㄛˇ kuo³
(草書) 담비과(獸名似猴、—然)。

〔猓然:과연〕(動)짐승 이름。 원숭이의 일종。『文選·吳都賦』狖䶂——。

【猖】 (창) 陽 ショウ、くるう mad ㄔㄤ ch'ang¹
(草書) ❶놀랄창、미칠창(駭也、—狂)。『莊子』—狂妄行乃蹈乎大方。 ❷너풀거릴창、퍼질창(縱裂貌)。『離騷經』何桀紂之—披。

〔猖狂:창광〕 ❶형식에 구속되지 않고 뜻이 큰 것。 ❷대단히 미침。『莊子』——不知所往。

〔猖獗:창궐〕 ❶좋지 못한 세력이 자꾸 걷잡을 수 없이 일어나서 퍼짐。『字彙』賊勢——。 ❷한 편으로 쏠리어 넘어감。『蜀志』智術淺短、遂用——。

〔猖厲:창려〕 생각이 깊지 않고 모짐。『蜀志』——好爲淸議。

〔猖披:창피〕 모양이 사나와지거나 또는 아니꼬움에 대한 부끄러움。

【猗】 ㊀(의) 支 ア、イ、ながい long
㊁(의) 紙 ーˇ
㊂(아) 哿 ー
(小篆)(草書) ㊀❶불깐개의(猗犬)。 ❷탄식할의(歎辭)。『詩經 周頌潛』—與漆沮。 ❸길의(長也)。『詩

經】有實其ㅣ。❹야들야들할의(ㅣㅣ始生柔弱而美盛)。〔詩經 衛風淇奧〕綠竹ㅣㅣ。㊁❶의지할의(依也)。〔漢書〕ㅣ違者連歲。❷휘청거릴의(弱貌ㅣ猊)。❸더할의(加也)。〔詩經〕楊園之道ㅣ于畝丘。㊂부드러울아(柔順)。〔詩經〕隰有萇楚ㅣ儺其枝。

〔猗儺:의나〕순박하고 유순한 모양。『詩經』隰有萇楚ㅣㅣ其枝。

〔猗猊:의니〕❶가냘프고 깨끗한 모양。阿㛑。❷하늘거리며 드리운 모양。『漢書』ㅣㅣ以招搖。

〔猗靡:의미〕❶간들거리며 쓸어짐。❷여자의 가냘프고 아름다운 모양。『阮籍·詠懷詩』ㅣㅣ情歡愛。❸서로생각한 바가 잊혀지지 아니함。

〔猗蔚:의울〕초목이 무성한 모양。『世說』條柯ㅣㅣ。

〔猗萎:의위〕바람에 따라 날리는 모양。『郭璞』翠葉ㅣㅣ、丹柯玲瓏。

〔猗違:의위〕可否를 결정할 수 없음。依違。『漢書』ㅣㅣ者連歲。

〔猗猗:의의〕❶아름답고 盛한 모양。『詩·淋淇澳』綠竹ㅣㅣ。❷길게 잇달은 모양。『稽康』微風餘音、霏霏ㅣㅣ。

〔猗嗟:의차〕탄식하는 소리。

【狢】(교) 篠 キョウ、たけしい stout
건장할교(健也、ㅣ狁)。

【猖】(굴) 物 クツ、けだもの animal
짐승이름굴(獸名、猎ㅣ)。

【猘】(제) 霽 セイ、きちがいいぬ rabid dog ㄓˋ chih⁴
狾 草書 미친개제(狂犬)。『蘇軾 甘露寺』一談收ㅣ子、再說走老瞞。

〔猘犬:체견〕=狂犬。

〔猘狗:제구〕미친 개。狂犬。『淮南子·說林訓』ㅣㅣ不自投於河。

〔猘兒:제아〕힘이 센 惡童。『吳志·孫策傳注』曹操聞孫策定江東、意甚難之、嘗呼ㅣㅣ難與爭鋒也。

〔猘子:제자〕미친 개。『事物異名錄』山堂肆考、狂犬曰ㅣㅣ。

【狰】(쟁) 庚 ソウ、あらい detestable ㄓㄥ chêng¹
狰 草書 ❶짐승이름쟁(獸名、似狐有翼)。❷밉살스러운쟁(ㅣ獰)。『續離騷』梟擾翼於獰ㅣ。

(山海經圖)❶狰

〔狰獰:쟁녕〕❶거칠고 미움。무서운 모양。凶惡。『集韻』獰、ㅣㅣ、一曰、惡也。❷개의 털。『集韻』狰ㅣㅣ、犬毛。

【猝】(탁) 覺 タク、たけしいいぬ fierce dog
❶사나운개탁(猛犬)。❷개물탁(犬嚙)。❸사냥할탁(狩也)。

【猛】(맹) 梗 モウ、たけしい fierce ㄇㄥˇ mêng³
猛 小篆 猛 草書 ❶날랠맹(勇也)。『禮記』虎豹之皮示服ㅣ也。❷엄할맹(嚴也)。『左傳 昭公二十年』惟有德者能以寬服民其次莫如ㅣ。❸모질맹、사나울맹(惡也)。『禮記』苛政ㅣ于虎。❹위엄스러울맹(威也)。❺짐승이름맹(獸名ㅣ氏如熊)。❻고을이름맹(縣名)。

〔猛可:맹가〕갑자기。突然。『水滸傳』。

〔猛擊:맹격〕猛攻擊의 略語。

〔猛犬:맹견〕몹시 사나운 개。『漢書』。

〔猛攻擊:맹공격〕맹렬한 공격。맹렬히 공격함。

〔猛氣:맹기〕몹시 사나운 氣質。『儲光羲』ㅣㅣ如熊羆。

〔猛浪:맹랑〕사납게 이는 물결。『吳均』急湍甚箭、ㅣㅣ若奔。

〔猛戾:맹려〕사납고 도리에 어긋남。『荀子』勇膽ㅣㅣ、則輔之以道順。

〔猛烈:맹렬〕기세가 몹시 사납고 세참。『書經·疏』陰陽和風雨時、無此ㅣㅣ之風。

〔猛奮:맹분〕맹렬히 힘씀。『漢書·禮樂志』。

〔猛士:맹사〕힘세고 용감한 武士。『史記·高祖紀』安得ㅣㅣ兮守四方。

〔猛省:맹성〕깊이 반성함。深省。

〔猛勢:맹세〕맹렬한 기세。

〔猛水:맹수〕세차게 흐르는 물。激流。

〔猛獸:맹수〕사나운 짐승。

〔猛襲:맹습〕맹렬한 습격。

〔猛惡:맹악〕❶사납고 모질음。『文同』風勢ㅣㅣ、山岳掀。❷氣勢가 맹열 함。

〔猛安:맹안〕(制)金代의 벼슬 이름。千戶長에 해당함。『金史·國語解』。

〔猛練習:맹연습〕맹렬하게 하는 연습。

〔猛勇:맹용〕굳세고 용감함。『論衡』主人ㅣㅣ、姦客不敢闚也。

〔猛雨:맹우〕맹렬하게 퍼붓는 비。『杜牧』萬丸跳ㅣㅣ。

〔猛威:맹위〕사나운 위세。

〔猛毅:맹의〕뜻이 강한 모양。

〔猛杖:맹장〕세차게 치는 杖刑。

〔猛將:맹장〕강하고 사나운 장수。勇將。

〔猛進:맹진〕맹렬한 기세로 나아감。

〔猛打:맹타〕❶맹렬히 침。❷맹렬한 爆擊。❸야구에서 공을 힘차게 침。

〔猛鬪:맹투〕사납게 싸움。

〔猛暴:맹포〕맹렬하고 사나움。『北史』虎狼ㅣㅣ、食肉殘生。

〔猛爆:맹폭〕맹렬하고 심한 폭격。

〔猛風:맹풍〕맹렬하게 부는 바람。

〔猛悍:맹한〕몹시 사납고 거칠음。『段克己』東山氣象太ㅣㅣ。

〔猛虎:맹호〕몹시 사나운 범。(喩)맹렬하고 강한 것。『呂氏春秋』無攻越、越ㅣㅣ也。

〔猛火:맹화〕맹렬하게 붙는 불。『書經』。

〔猛活躍:맹활약〕눈부신 활약。

〔猛灰:맹회〕매운 재。

〔猛訓練:맹훈련〕맹렬히 하는 훈련。

◎强ㅣ、勇ㅣ。

【猜】(시) 灰 サイ、そねむ jealousy; envy(古音「채」) ㄘㄞ ts'ai¹
猜 小篆 猜 草書 ❶의심낼시(疑也)。❷시기할시、샘낼시(恨也)。『左傳 僖公九年』俱無ㅣ貞也。❸두려워할시(懼也)。『左傳 昭公七年』雖吾子有ㅣ焉。❹사나울시(狠也)。

〔猜懼:시구〕의심하고 두려워 함。

〔猜忌:시기〕새암하여 미워함。『後漢書』王莽專政、朝多ㅣㅣ。

〔猜忌心:시기심〕남을 시기하는 마음。

〔猜謗:시방〕미워하여 비난함。『黃庭堅』漫默買ㅣㅣ。

〔猜畏:시외〕미워하고 두려워함。『後漢書』每懷ㅣㅣ、行止常以布自衞。

〔猜疑:시의〕새암하고 의심함。

〔猜貳:시이〕질투하고 의심함。(貳는 疑)。『李商隱』ㅣㅣ誰先致、三朝事始平。

〔猜阻:시조〕의심하는 것。疑阻。

〔猜妬:시투〕시새워 남을 미워함。

〔猜恨:시한〕질투하고 원망함。『元稹』君心半夜ㅣㅣ生。

〔猜險:시험〕❶사람을 미워하여 해를 끼침。❷새암하는 마음이 많고 엉큼함。

〔猜嫌:시혐〕새암하여 싫어함。

〔猜毀:시훼〕미워하여 비난함。『皮日休』ㅣㅣ之言、如臨帝閽。

【猝】(졸) 月 ソツ、にわか suddenly ㄘㄨˋ ts'u⁴ 小篆 草書 ❶갑자기졸、별안간졸(忽然)。【說文】犬從草中暴出逐人也。❷뛰어 나올졸(突出)。

【猝難變通:졸난변통】뜻밖에 일을 당하여 조처할 도리가 없음。

【猝富:졸부】벼락 부자。

【猝富貴不祥:졸부귀불상】벼락 부귀는 도리어 상서롭지 못해 재액이 뒤따르기 쉽다는 뜻。

【猝死:졸사】별안간 죽음。

【猝乍間:졸사간】갑작스러운 짧은 동안。

【猝然:졸연】갑작스러움。俄然。卒然。

【猝地:졸지】갑작스러운 판。

【猝地風破:졸지풍파】별안간 일어나는 풍파。

【猝寒:졸한】갑자기 닥쳐오는 추위。

【猟】(렵)『獵』(犬部15畫)의 略字

九畫

【猢】(호) 虞 コ、さる monkey ㄏㄨˊ hu² 草書 원숭이호(獸名、似猿)。

【猢猻:호손】원숭이。猿猴類。胡孫。

【猥】(외) 賄 ワイ、いやしい、みだら vulgar; mean ㄨㄟˇ wei³ 小篆 草書 ❶더러울외(鄙也)。【洞冥記】黃安自云卑―。❷굽을외(曲也)。【漢書 文三王傳】何故―自發舒。❸성할외(盛也)。【漢書 賈山傳】無不―大。❹섞일외、잡될외(幷雜)。【左傳】取此雜―之物以資器備。❺쌓을외(積也)。【漢書 董仲舒傳】科別其條勿―勿幷。❻개새끼셋낳을외(犬生三子)。❼많을외(多也)。【漢書】水―盛則放溢。

【猥多:외다】혼잡될 정도로 너무 많은 모양。『後漢書·馬援傳』。

【猥濫:외람】분수에 넘치는 일을 하여 죄송함。

【猥褻:외설】남녀간의 추잡하고 부정한 성행위。色情을 일으키게 하는 추잡한 행위。淫猥。

【猥褻罪:외설죄】(法)공공연하게 외설의 행위를 하거나、또는 그런 문서·그림·기타의 것을 판매·반포·진열하여 一三세 이상의 남녀로 하여금 외설의 행위를 하게 함으로써 성립되는 죄。

【猥雜:외잡】음탕하고 어지러움。紛猥亂雜。『齊書』。

【㹻】(암) 咸 アン、いぬがほえる bark 小篆 개짖을암(犬吠)。

【⿰犭胥】(서) 魚 ショ、さる monkey 원숭이서(猨屬)。

【猧】(와) 歌 ワ、ちん dog ㄨㄛ wo¹ 草書 와개와(犬名)。【元微之詩】嬌―睡猶怒。(『⿰犭委』와 같음)

【猧兒:와아】개의 이름。猧子。

【猧子:와자】=猧兒。

【猨】(원) 元 エン、てながざる monkey ㄩㄢˊ yüan² 草書 원숭이원、잔나비원(似彌猴而長大)。【埤雅】―猴屬長臂善嘯便攀援。(『猿』과 같음)

【猨臂:원비】원숭이의 팔처럼 긴 팔로、활을 쏘는데 편리함。猿臂。『史記』廣爲人長――、其善射、亦天性也。

【猨臂勢:원비세】정세가 유리할 때는 나아가고 불리할 때는 물러서는 것。즉 軍의 진퇴를 자유롭게 함。『唐書』勝則出、敗則守、表裏相應、使賊不得西、此――也。

【猨狖:원유】팔이 긴 원숭이와 꼬리가 긴 원숭이。『淮南子』。

【猨猴:원후】원숭이의 일종。

【猩】(성) 庚 ソウ、シヨウ、さる chimpanzee ㄒㄧㄥ hsin (同音「생」) 小篆 草書 성성이성(能言獸)。【禮記 曲禮上】――能言不離禽獸。

【猩猩:성성】❶㉠中國에서 상상하는 짐승의 이름。원숭이의 한가지。가장 人類에 가깝고 소리는 어린애의 울음소리와 같으며 사람의 말을 들을 줄 알고 또 술을 좋아한다고 함。『禮記·曲禮』。㉡(動)보르네오 등지에 사는 類人猿의 한가지。❷大酒家의 別稱。

【猩猩緋:성성비】鮮明한 深紅色。

【猩猩氈:성성전】진한 빨강으로 물들여 짠 전。

【猩脣:성순】食品中 八珍味의 하나。猩猩이의 입술。『呂覽·本味』。

【猩紅熱:성홍열】(醫)法定 전염병의 한가지。어린이에게 많이 유행되는 전염병으로 빨간 斑點이 나타나며 열이 몹시 높이 오름。

【⿰犭軍】(휘) 微 キ、けだもの animal 小篆 짐승이름휘(獸名、猨屬)。「其狀如犬而善投人則笑」。

【猪】(저) 魚 チョ、いのしし boar; pig 草書 돼지저(豕也)。(『豬』의 俗字)

【猪肝:저간】(醫)돼지의 간。어린애의 驚癇과 어른의 각기·대하증 따위에 약으로 씀。

【猪膏:저고】돼지의 지방을 고아 굳힌 물건。

【猪膽:저담】(醫)돼지 쓸개。煩渴·안질·외과 등에 약으로 쓰임。

【猪突:저돌】앞뒤를 돌아보지 않고 산돼지처럼 막 덤벼듦。『漢書·食貨志』。

【猪突豨勇:저돌희용】(喩)앞 뒤를 생각지 않고 용맹스럽게 돌진함。(制)漢代의 王莽이 천하의 죄인과 종을 모아서 조직한 군대의 이름。『漢書』。

【猪毛:저모】돼지 털。솔 따위를 만드는 데 쓰임。

【猪毛筆:저모필】돼지 털로 만든 붓。

【猪尾血:저미혈】痘瘡 따위에 쓰는 돼지 꼬리에서 받은 피。

【猪水:저수】고인 물。潴水。

【猪心血:저심혈】(醫)돼지 심장의 피。驚癇、癎疾의 약으로 씀。

【猪勇:저용】산돼지 모양으로 앞뒤를 생각지 않고 함부로 덤비는 용기。

【猪肉:저육】돼지 고기。

【猪肉廛:저육전】돼지 고기를 파는 가게。

【猪脂:저지】돼지의 기름。

【猪胎:저태】돼지의 배 속에 든 새끼。

【猪八戒:저팔계】中國小說西遊記에 나오는 돼지의 化物。(喩)성질이 흉악한 사람의 별명。

【猫】(묘) 蕭 ビョウ、ミョウ、ねこ cat 草書 고양이묘(捕鼠獸)。【詩經】有―有虎。(『貓』의 俗字)

【猫鮫:묘교】(動)괭이상어。

【猫頭瓦:묘두와】막새。처마 끝을 막는 수키와。

【猫頭懸鈴:묘두현령】(國)고양이 머리에 방울 달기。(喩)불가능한 일을 의논

하는 것。 여러 쥐들이 고양이의 습격을 방지하기 위하여 의논한 결과 고양이 목에다 방울을 달면 고양이가 오는 것을 알 수 있어 피할 수 있다는 묘안을 냈으나 방울을 달아 놓을 쥐가 없었다는 얘기。『旬五志』。

【猫鼠同眠:묘서동면】《喩》上下가 不正하게 결탁하여 나쁜 짓을 하는 것。『唐書·五行志』。

【猫兒:묘아】《動》고양이 새끼。 새끼 고양이。「양이。

【猫睛:묘정】❶고양이의 눈 동자。《轉》때에 따라서 항상 변함。❷《鑛》寶石의 한가지。 猫兒眼。 猫眼石。

【猬】(위) 未 イ、はりねずみ hedgehog ㄨㄟˋ wei⁴ 草書 고슴도치위(刺鼠食瓜)。

【猅】(제) 齊 テイ、いぬ dog 개이름제(犬名)。

【猭】㊀(천) 先 ㊁(전) 先 テン、にげる (of animals) run away ㊀짐승달아날천(獸走貌)。 ㊁뜻은 ㊀과 같음。

【献】(헌)『獻』(犬部16畫)의 俗字

【猯】(단) 寒 タン、やまねこ badger 삵단、오소리단(狸屬、似豚而肥)。(『貒』과 같음)

【猰】(알) 黠 アツ、まだらいぬ spotted dog 小篆 ❶얼룩개알(雜犬)。❷개알(犬名)。❸알유짐승알(ー貐、獸名)。(『猰』과 같음)

【猱】(노) 豪 ドウ、てながざる monkey ㄋㄠˊ nao² 草書 원숭이노(猴也、善升木)。『詩經 小雅角弓』毋敎ー升木。

【猱狖:노유】《動》원숭이。『韓愈』微瀾動水面、踊躍躁ーー。

【猱雜:노잡】희롱하는 말을 하여 떠들썩함。『南唐書·舒雅傳』。

【猱玃:노확】《動》큰 원숭이。『杜甫』ーー鬚髯古、蛟龍窟宅尊。

【猲】㊀(헐) 月 ㊁(갈) 曷 ㊂(갑) 洽 カツ、いぬ hound ㄒㄧㄝ hsieh¹ (古音「할」) (古音「겁」) 小篆 草書 ㊀사냥개헐(田犬)。㊁뜻은 ㊀과 같음。㊂으를갑、핍박할갑(恐逼)。『王莽傳』各爲權勢恐ー良民。

【猲狙:갈저】짐승 이름。 커다란 이리。 또 이리와 비슷하고 붉은 머리에 쥐눈을 한 것。『集韻』猲、ーー、巨狼、或从葛。

【猲獢:갈효】부리가 짧은 개。『爾雅·釋畜』長喙獫、短喙ーー。

【猴】(후) 尤 コウ、さる monkey ㄏㄡˊ hou² 小篆 草書 원숭이후(猱也)。『史記』人言楚人沐ー而冠果然。

【猴葵:후규】해초의 일종。 물기슭의 돌에 총생。『本草·鹿角菜』。

【猴盜:후도】원숭이를 시켜서 도적질을 하는 도적。『輟耕錄』。

【猴梅:후매】梅實의 일종。『西京雜記』。

【猴棗:후조】❶감의 일종。❷약 이름。 牛黃、狗寶의 종류로 猴의 體內에서 생기는 것이라고 함。

【猴染:후염】낙지의 一種。 紅烏賊。

【猴猿:후원】원숭이。 猿猴。『水經·沔水注』漢水、又東猴猴徑灘、山多ーー、好乘危、綴飮故灘、云云。

【猴】(후)『猴』(前條)의 本字

【猣】㊀(수) 尤 ㊁(수) 尤 シュウ、いぬ hunt in autumn ㊀가을에사냥할수(秋獵)。 ㊁수개수(南越犬名)。(『獀』와 같음)

【猵】(편) 先 ヘン、ヒン、かわおそ otter 小篆 或體 草書 수달편(ー狙、獺屬似猿)。『淮南子』畜池魚者必去ー獺。

【猵獺:편달】《動》물개。 수달。『淮南子』畜池魚者、必去ーー。

【猵狙:편저】《動》원숭이와 같으나 머리가 개 모양인 짐승。『莊子·齊論物』。

【猶】㊀(유) 尤 ㊁(유) 宥 ユウ、さる、なお monkey; yet ㄧㄡˊ yu² 小篆 草書 ㊀❶어미 원숭이유(玃屬)。❷같을유(似也)。『詩經』寔命不ー。❸오히려유(尙也)。『禮記』仲弓亦ー行古之道。❹가히유(可也)。『詩經』上愼旃哉ー來無止。❺느릿느릿할유(舒遲)。『楚辭』君不行兮夷ー。❻한가지유(同一)。㊁머뭇거릴유(不決ー豫)。『禮註』ー與二獸皆進退多疑人多疑惑謂ー與。

【猶女:유녀】조카딸。

【猶父猶子:유부유자】아재비와 조카。

【猶屬歇后:유속헐후】보다더 어려운 일이 있음。 다른 것에 비하여 훨씬 수월한 편임。

【猶與:유여】의심하여 주저함。『禮記·曲禮』卜筮者所以決嫌疑定ーー也。

【猶豫:유예】❶일이나 날짜를 미루어 감。❷猶與。『吳子』用兵之害、ーー最大。

【猶豫未決:유예미결】뒤로 미루어 결정을 짓지 못함。

【猶爲不足:유위부족】오히려 모자람。《轉》싫증이 나지 아니한다는 뜻。

【猶子:유자】조카。 형제의 아들。『禮記·檀弓』兄弟之子ーー。

【猶太:유태】《歷》❶種族 이름。 팔레스티나를 원주지로 하는 셈족의 一派인 아람(Aram)족의 일부。 헤브류우 민족。❷유태(Judea)。나라 이름。B.C. 一〇～六세기 경에 팔레스티나 지방에 있었던 猶太민족의 왕국。 지금의 이스라엘 공화국임。

【猶太敎:유태교】《宗》모세의 율법을 기초로 唯一神 여호와를 신봉하는 B.C. 四세기 경부터 발달한 유태인의 민족 종교。

【猶太哲學:유태철학】《哲》中世紀에 있어서 아라비아 철학과 交涉하면서 유태인 사이에 일어난 宗敎 哲學的 傾向의 철학。

【猶賢乎已:유현호이】아니함보다는 조금 나음。

【猶或:유혹】=設或。

【猶或可也:유혹가야】오히려 그러함직함。

【臭】(작) 藥 チャク、にげる run away 달아날작(奔走怺ー)。

【猷】(유) 尤 ユウ、はかる、えがく sttempt; picture ㄧㄡˊ yu² 草書 ❶꾀유(謀也)。『書經 君陳』爾有嘉謀嘉ー。❷그릴유(圖也)。❸옳을유(可也)。『周禮』以ー鬼神祇。❹같을유(若也)。『詩經』ー來無止。❺길유(道也)。❻탄식할유(歎辭)。『書經』ー大誥爾多邦。(『猶』와 통함)

【猷念:유념】計劃을 생각함。『書經』汝分ㅣㅣ以相從。

十 畫

【猺】(요) 蕭 ヨウ、いぬ dog ㄧㄠˊ yao²
猺(草書) ❶개요(狗種、猰ㅣ)。❷오랑캐요(蠻種名、ㅣ獞)。

【猻】(손) 元 ソン、さる monkey ㄙㄨㄣ suen¹
猻(草書) 원숭이손(猴也)。

【猼】(박) 藥 ハク、けだもの monster
모양은 사람같고 날개있는 짐승박(似人有翼獸)。

【猾】(활) 黠 カツ、わるがしこい sly; cunning ㄏㄨㄚˊ hua²
猾(草書) ❶간휼할활、교활할활(狡也)。『史記 酷吏傳 義縱』ㅣ民佐吏爲治。❷어지러울활(亂也)。『書經 舜典』蠻夷ㅣ夏。❸꾀자기활、꾀많을활(黠也)。『方言』ㅣ 小兒多詐而獪。❹짐승 이름활(獸名)。『正字通』ㅣ海獸無骨入虎口不能噬處虎腹中自內齧之。

【猾吏:활리】교활한 관리。狡吏。『唐書』不可用凡才、況ㅣㅣ乎。

【猾民:활민】교활한 백성。『史記』ㅣㅣ佐吏爲治。

【猾惡:활악】교활함。猾獪。『後漢書』ㅣㅣ自禁、人不欺犯。

【猾僞:활위】교활하고 거짓말함。

【猾賊:활적】교활하여 사람을 해침。『史記·高祖紀』項羽爲人、僄悍ㅣㅣ。

【猾橫:활횡】교활하고 道理에 어두움。

【猿】(원) 元 エン、さる monkey ㄩㄢˊ yuan²
猿(草書) 원숭이원(猴屬)。『戰國策』ㅣ獮猴錯木據水則不若魚鼈。(『猨』과 같음)

【猿騎:원기】(制)＝馬上才。

【猿臂:원비】원숭이와 같이 긴 팔。활을 쏘기에 안성맞춤인 좋은 팔。『史記·李將軍傳』。

【猿臂之勢:원비지세】군대의 進退와 攻守를 자유 자재로 하는 것。『唐書』。

【猿嘯:원소】원숭이의 울음 소리。『杜甫·登高詩』。

【猿狖:원유】팔이 긴 원숭이와 꼬리가 긴 원숭이。

【猿鶴蟲沙:원학충사】(故)周 穆王이 南征을 하였을 때 全軍의 君子는 猿鶴이 되고 小人은 沙蟲으로 化함。(喩)전쟁에 나가서 죽은 將兵。『太平御覽·七四』。

【猿猴:원후】원숭이。

【猠】(원)『猿』(前條)과 같음

【獀】(수)『狻』(犬部 9畫)와 같음

【猲】(가) 麻 カ、さる large monkey
큰원숭이가(玃也)。

【[illegible]】(치) 支 シ、かり hunt
❶사냥할치(狩也)。❷삽살개치(犬也)。

【獂】(원) 元 ゲン、ぶた swine
❶돼지원(豕屬)。『山海經』乾山有獸狀如牛而三足名曰ㅣ。❷짐승이름결원(獸也)。

獂 ❷ (山海經圖)

【獃】(애) 灰 ガイ、おろか fool ㄞˊ ai²
獃(草書) ❶못생길애、어리석을애(癡也)。❸우두커니서있을애(失志貌)。

【獃想:애상】멍하여 있는 것。『紅樓夢』。

【獃子:애자】어리석은 자。바보 같은 자。멍청한 자。『白獺髓』范石湖切官到任、其同官爲吳郡人、即云ㅣㅣ。

【[illegible]】(一)(혹) 屋 コク、いぬ dog (二)(구) 宥
(小篆)(小篆) (一)개혹(犬屬)。(二)뜻은 (一)과 같음。

【㺊】(양) 漾 ヨウ、けだもの animal
❶사자같은짐승양(獸名如獅食虎豹及人)。❷병양(恙也、病也)。『神異經』北方大荒中有獸咋人則疾名曰ㅣ 常入人室黃帝殺之人無憂疾謂之無恙。(『恙』과 같음)

【[illegible]】(혐) 鹽 ゲン、ほえる bark incessantly (古音「함」)
(小篆) ❶개연속짖을혐(犬吠不止)。❷개맞싸울혐(兩犬相爭)。

【獅】(사) 支 シ、しし lion ㄕ shih¹
獅(草書) 사자사(猛獸、狻猊食虎豹)。『爾雅釋獸注』漢順帝時、疎勒王來獻犎牛及ㅣ子。

【獅孫:사손】＝外孫。

【獅子:사자】(動)猛獸의 이름。印度와 아프리카에 많이 있음。

【獅子座:사자좌】❶(佛)부처의 座席。❷(轉)高僧의 座席。『大知度論』佛爲人中獅子、凡所坐、若牀若地、皆名ㅡㅡ。❸(天)黃道上의 第六의 星座。

【獅子吼:사자후】❶기운차게 썩 잘하는 연설。❷(佛)부처의 說法이 악마를 항복시킴의 비유。『維摩經·佛國品』。❸질투심이 많은 여자가 남편에게 앙칼스럽게 대들어 떠드는 소리。『蘇軾·詩』忽聞河東ㅡㅡ。

【獅豹:사표】사자와 표범。

【獄】(옥) 沃 ゴク、ひとや prison ㄩˋ yü⁴
獄(小篆) 獄(草書) ❶옥옥 우리옥(所以繫囚牢)。『易經』山下有火賁君子以明庶政无敢折ㅣ。❷송사옥(訟事)。『呂氏春秋 孟秋紀』審斷決ㅣ訟。

【獄具:옥구】옥에서 형벌을 주는 데 쓰는 제구。刑具。

【獄牢:옥뢰】죄인을 가두어 두는 곳。獄舍。牢獄。『淮南子』執ㅣㅣ者無病。

【獄吏:옥리】(制)옥에서 일보는 관리。獄胥。『史記』以千金與ㅣㅣ。

【獄門:옥문】❶옥의 문。❷(日)옛날 형벌의 하나。斬罪에 처형된 사람의 목을 獄舍의 문에 매어달던 일。

【獄舍:옥사】죄인을 가두어 두는 집。

【獄死:옥사】옥중에서 죽음。牢死。

【獄事:옥사】(制)역적·살인범 등의 중대한 범죄를 다스리는 일。또는 그 사건。罪獄。

【獄訟:옥송】刑事訴訟과 民事訴訟。죄의 다툼을 獄이라 하고、재물의 다툼을 訟이라 함。獄은 刑事訴訟、訟은 民事訴訟。『周禮·註』爭罪曰獄、爭財曰訟。

【獄鎖匠:옥쇄장】(制)옥에 갇힌 사람을 맡아 지키는 下隸。獄卒。

【獄丁:옥정】看守。옥을 지키는 사람。

【獄情:옥정】獄事의 情狀。

【獄卒:옥졸】❶(制)옥에서 죄수를 취급하는 일을 맡아 보는 사람。獄丁。❷(佛)지옥에서 죽은 사람을 고생시킨다고

하는 귀신。『杜子春傳』。

【獄中：옥중】 옥 속。 감옥의 안。

【獄窓：옥창】 감옥소의 창。 옥중。

【獄則：옥칙】 옥중의 규칙。

◎監—、牢—、斷—、煉—、疑—、入—、典—、地—、脫—。

十一畫

【猘】(체) 霽 セイ、きちがいいぬ mad dog
미친개체(狂犬)。

【獌】(만) 願 アン、けだもの animal
小篆 ❶짐승이름만(貍、貙—)。❷이리만(狼屬、—狿)。

猲（三才圖會）

【獍】(경) 敬 ケイ、キョウ animal ㄐㄧㄥˋ ching⁴
草書 짐승이름경(惡獸、如貙)。

【貗】(루) 虞 ル、こをもとめるぶた (of pigs) rut
돼지암내낼루(豚求子)。

【獎】(장) 養 ショウ、すすめる encourage ㄐㄧㄤˇ chiang³
小篆 草書 ❶권면할장(勸也)。❷유도할장(誘導)。❸표창할장(賞也)。❹도울장(助也)。❺이을장(承也)。【左傳 襄公十一年】—王室。❻개튀길장、개버릇사납게가르칠장(嗾犬厲之)。(『奬』과 같음)

【獎勸：장권】 =獎勵。【北史】——文學。

【獎導：장도】 권하고 인도함。『晉書』所以——民萌、裁成庶政。

【獎勵：장려】 권하여 좋은 일에 힘쓰게 북돋아 줌。『後漢書』——吏兵、討破群盜。

【獎勵金：장려금】 어떤 일을 장려하는 뜻으로 보조해 주는 돈。「뽑음。

【獎拔：장발】 장점을 추어 주고 골라서

【獎順：장순】 권하여 따라 행하게 함。

【獎諭：장유】 장려하여 訓諭함。『元史』爾輩若得朕、——之言。

【獎挹：장읍】 사람을 추천함。『唐書·李頻傳』。大加——、以女妻之。

【獎進：장진】 ❶사람을 권해서 官界에 나가게 함。『後漢書』薦達賢士、多所——。❷이끌어 세움。

【獎忠壇：장충단】 군인의 영령을 제사하던 곳。「을 장려함。

【獎學：장학】 ❶배움을 장려함。❷학문

【獎學官：장학관】 교육의 지도 및 조사 감독에 관한 사무를 맡은 교육 공무원。

【獎學金：장학금】 ❶학문의 연구를 돕기 위한 장려금。❷가난한 학생을 위한 학비 보조금。

【獎訓：장훈】 권장하고 가르침。『後漢書』好——士類。

◎勸—、推—。

【獏】(모)『貘』(豸部 11畫)와 같음

【獏猺：모요】 종족 이름。廣東省 合浦縣의 山中에 삶。莫猺。

【獑】㊀(삼) 豏 サン、たくむ animal
㊁(삼) 咸
小篆 ㊀미워할삼、패덤빌삼(賊疾)。㊁❶개구멍에 머리내밀삼(犬容頭進)。❷삼짐승삼(獸似人、山—)。

【獟】(교) 肴 コウ、みだれる disturb
小篆 草書 ❶요란할교(擾也)。❷교활할교(獪也)。

【獐】(장) 陽 ショウ、のろ deer ㄓㄤ chang¹
草書 노루장(鹿屬、似麃而小無角)。(『麞』과 같음)

【獐角：장각】 노루의 굳은 뿔。임질약으로 쓰임。「매는 데 씀。

【獐腋：장액】 노루의 겨드랑이 털。붓을

【獐腋筆：장액필】 노루의 겨드랑이 털로 맨 붓。「씀。

【獐茸：장용】 노루의 어린 뿔。보약으로

【獐足：장족】 과녁에 꽂힌 화살을 뽑아 내는 기구。

【獐脯：장포】 노루 고기로 만든 포。

【獐皮：장피】 노루 가죽。

【獐血：장혈】 노루의 피。보혈제로 씀。

【獑】(참) 咸 サン、けだもの a monkey-like animal
흰원숭이같은 짐승참(猿屬而白獸)。

【獑猢：참호】 《動》원숭이의 한가지。머리엔 긴 머리털이 있으며 허리 밑은 검음。

【獒】(오) 豪 ゴウ、つよいいぬ fierce dog ㄠˊ ao²
小篆 草書 ❶개오(四尺犬可使者)。【書經】西旅底貢厥—。❷사나운개오(猛犬)。【公羊傳】靈公有狗謂之—。

【獀】(낭) 江 ドウ、けのおおいいぬ shaggy dog
삽살개낭(多毛犬)。

十二畫

【獆】(호) 豪 コウ、ほえる bark
小篆 ❶개짖을호(犬呼)。❷울호(鳴也)。❸웅얼거릴호(咆也)。

【獖】㊀(분) 吻 フン、ひつじ sheep
㊁(분) 文
㊀양이름분(羊名)。㊁불깐돼지분(犗豕)。

【獳】(노) 豪 ドウ、むくけいぬ shaggy dog
삽살개 노(犬也)。

【獗】(궐) 月 ケツ、たけしい rampancy ㄐㄩㄝˊ chüeh²
草書 뛰놀궐、도적형세성할궐(猖—賊勢)。【字彙】賊勢猖—。

【獘】(폐) 霽 ヘイ、たおれる、わるい evil ㄅㄧˋ pi⁴
草書 ❶곤할폐(困也)。❷폐단폐(惡也)。❸죽을폐(死也)。❹해질폐(敗壞)。【爾雅釋木注】—踣也。❺엎드러질폐(頓仆)。(『斃』와 같음)

【獙】(폐) 霽 ヘイ、けだもの fox
여우폐(狐屬)。【山海經】姑逢之山有獸焉、狀如狐而有翼、音如鴻雁、名曰——。

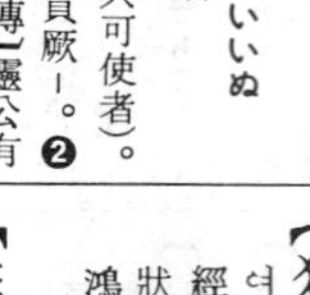

獙獙(山海經圖)

【獜】㊀(린) 眞 リン、すこやか robust
㊁(린) 震
小篆 ㊀건장할린(强健)。㊁짐승이름린(獸名)。

【獟】㊀(교) 蕭 ギョウ、いさましい brave
㊁(요) 效
小篆 草書 ㊀날랠교(勇也)㊁미친개요(狂也)。

【獟猂：교한】 용맹스럽고 사나움。『漢書』誅——、降異國王二十二。

【獝】(휼) 質 キツ、くるう mad
草書 ❶미칠휼(狂也)。 ❷어리둥절할휼(驚遽貌)。

【獞】(동) 東 トウ いぬ dog ㄊㄨㄥˊ t'ung²
草書 개이름동(獠ㅣ犬名)。

【獠】㊀(료) 嘯 ㊁(조) 巧 リョウ、かり hunt ㄌㄧㄠˊ liao²
小篆 草書 ㊀❶밤사냥할료(夜獵)。 ❷요동개료(犬名、ㅣ獞)。 ㊂서남오랑캐조(西南夷)。

【獠徒:요도】 사냥하는 사람。

【獠獵:요렵】 사냥。

【⿰犭然】(연) 先 ゼン、てながざる monkey
담비연、원숭이같은짐승연(猴名、猓ㅣ)。 〔集韻〕⿰犭然、猓⿰犭然猨屬、色靑有文。

⿰犭然 (三才圖會)

【獡】(삭) 藥 シャク、なつく follow
小篆 개가사람따를삭(犬隨人ㅣㅣ)。

【獢】(효) 蕭 キョウ、いぬ dog ㄒㄧㄠ hsiao¹
小篆 草書 부리짧은개효(短喙犬)。

【獤】(돈) 〔國字〕
❶돈피돈、잘돈(貂皮)。 ❷개돈(犬也)。

【獤蔘契:돈삼계】 (制) 獤皮와 산삼을 貢物로 바치던 계。

【獤皮:돈피】 ❶담비 종류의 모피의 총칭。 ❷노랑담비의 모피。 貂皮。

十三畫

【⿰犭离】(치) 支 チ、あらあらしい dogged animal
억센 짐승치(鷙獸)。

【㺚】(달) 曷 タツ、かわうそ otter
물개달(水狗)。 (『獺』과 같음)

【⿰犭農】(노) 豪 ドウ、けぶかいいぬ shaggy dog
小篆 草書 ❶사자개노(獅犬)。 ❷삽살개 노(多毛犬)。 ❸오랑캐이름노(廣西蠻族)。

【獦】(갈) 曷 カツ、くちのみじかいいぬ small-mouthed dog
입짧은개갈(短口犬)。

【獦狚:갈단】 이리와 비슷한 짐승。 『廣韻』。

【獧】㊀(현) 銑 ㊁(견) 霰 ケン、はやい quick; fast ㄐㄩㄢˋ chüan⁴
小篆 草書 ㊀❶급할현(急也)。〔孟子 盡心上〕狂者進取、ㅣ者有所不爲也。 ❷빠를현(疾也)。 ❸뛸현(跳也)。 ㊁❶조수할견(操守)。 ❷패려궂을견(褊急)。 (『狷』과 통함)

【獨】(독) 屋 ドク、ひとり only; solitary ㄉㄨˊ tu²
小篆 草書 ❶홀로독(單也)。〔中庸〕君子愼其ㅣ也。 ❷외로울독(孤也)。〔孟子 梁惠王下〕老而無子曰ㅣ。 ❸독짐승독(獸名、食猿)。〔埤雅〕類從曰ㅣ 一叫而猿散。 ❹나라이름독(ㅣ逸)。

【獨脚大王:독각대왕】 귀신의 한가지。 《喩》말썽 많은 사람의 비유。 「삶。

【獨居:독거】 ❶홀로 삶。 ❷남편이 없이

【獨工:독공】 홀로 공부함。

【獨鑛:독광】 혼자서 경영하는 광산。

【獨斷:독단】 ❶자기 혼자 결정함。 ❷근본적인 연구도 없이 자기 혼자 판단함。 ❸《書》二권。 漢 蔡邕(채옹) 지음。 옛 制度에 대하여 쓴 것。

【獨斷論:독단론】 《哲》독단적 편견으로 된 이론。 도그머티즘(dogmatism)「당함。

【獨擔當:독담당】 어떤 일을 혼자서 담

【獨頭蒜:독두선】 외톨 마늘。

【獨得:독득】 남이 모르는 것을 자기 혼자서 깨달은 것。 『晉書』傲然ㅣㅣ。

【獨樂:독락】 홀로 즐김。

【獨樂八曲:독락팔곡】 景幾體歌。 李朝 宣祖 때 權好文 지음。 大自然의 아름다움을 읊음。

【獨梁:독량】 외나무다리。

【獨力:독력】 ❶자기 혼자의 힘。 自力。 ❷짧고 추함。 『後漢書·南蠻傳』。

【獨立:독립】 ❶남에게 의지하지 않고 혼자 힘으로 섬。 『論語』嘗ㅣㅣ。 ❷한 나라가 완전히 獨立權을 행사할 수 있는 일。 ❸孤立。 ❹俗世 밖에 있는 일。

【獨立國:독립국】 《法》완전한 主權을 가진 나라。 곧 대내적、대외적으로 완전한 권리와 행위의 능력을 가진 나라。

【獨立軍:독립군】 나라의 독립을 위하여 싸우는 군사。

【獨立黨:독립당】 《歷》李朝末의 政治 단체。 日本의 文物을 수입하여 내정을 혁신하고 자주독립 국가를 세우려 하였음。 甲申政變이 실패되어 해체됨。

【獨立門:독립문】 《歷》서울 西大門 밖 橋北洞에 있는 문。 甲午更張 후 獨立協會에서 迫恩門을 헐어 버리고 그 자리에 獨立을 기념하기 위해 建陽 六년에 세웠음。

【獨立語:독립어】 ❶홀로말。 다른 낱말에 부속되지 않고 그 낱말 자체가 獨立해서 글의 成分이 되는 말。 ❷孤立語。

【獨立人:독립인】 제 힘으로 生計를 세우고 私權行使의 능력이 있는 사람。

【獨立自營:독립자영】 독립하여 스스로 경영함。

【獨立自活:독립자활】 독립하여 제 힘으로 생활함。

【獨立協會:독립협회】 《歷》李朝 建陽 元年에 조직된 정치 사회 단체。 徐載弼·李商在 등이 중심이 되어 국가의 독립과 민족 자립을 위한 운동을 전개하였음。

【獨木橋:독목교】 외나무다리。

【獨木橋寃家遭:독목교원가조】 《國》원수는 외나무다리에서 만남。 《喩》회피할 수 없는 경우를 가리킴。 일이 나쁜 형태로 공교롭게 마주치는 것。 『靑莊館全書』

【獨舞臺:독무대】 ❶俳優가 혼자서 演技하는 일。 ❷많은 사람 가운데서 혼자만이 특히 활동을 독차지함。 ❸혼자의 天下。

【獨房:독방】 ❶홀로 거처하는 방。 ❷罪囚 한 사람만을 가두어 두는 방。

【獨房居處:독방거처】 방 하나를 혼자서 씀。

【獨白:독백】 ❶혼잣말。 ❷연극에서 배우가 상대자 없이 혼자 말하는 대사。

【獨步:독보】 ❶혼자서 걸음。 『漢書』便衣ㅣㅣ出營。 ❷남의 힘을 빌지 않고 스스로 행함。 ❸비교가 되지 않을 정도로 뛰어남。 『後漢書』ㅣㅣ天下、誰與爲偶。

【獨不將軍:독불장군】 ❶ 사람들에게 따돌린 외로운 사람。 ❷모든 일을 혼자 처리하는 사람。

【獨山:독산】 同山所가 아니고、 혼자서만 따로 쓴 산소。

【獨蔘湯:독삼탕】 蔘 한 가지만을 달인

약。 병이 위태한 때에 홍분제로도 씀。

【獨船:독선】혼자서 타려고 빌린 배。

【獨善:독선】❶자기만을 좋게 함。❷자기만이 옳다고 생각함。〔尹文子〕爲善使人不能得從、此ㅡㅡ也。

【獨善其身:독선기신】자기 한 몸만을 온전하게 잘하여 감。獨善。

【獨先生:독선생】글방에서 따로 주인집 아이만을 가르치는 스승。

【獨善主義:독선주의】❶남의 利害나 입장을 상관하지 않고、제가 닦을 善만 행하는 주의。❷저 혼자만이 옳다고 주장하는 주의。

【獨醒:독성】혼란한 사회에서 홀로 覺醒함。

【獨修:독수】❶자기 혼자 몸을 수양함에 힘씀。❷혼자 學業을 닦음。獨習。

【獨守空房:독수공방】=獨宿空房。

【獨宿:독숙】❶홀로 잠。❷寡居함。

【獨宿空房:독숙공방】부부가 한 방에 살지 아니함。빈 방에서 혼자 지냄。

【獨習:독습】혼자 배워서 익힘。獨修。

【獨食:독식】❶혼자서 먹음。❷어떤 利益을 혼자서 차지함。

【獨愼:독신】죄수를 독방에 가두어 근신시킴。

【獨身:독신】❶홀몸。배우자가 없는 몸。〔史記〕ㅡㅡ出走。❷同氣가 없는 사람。獨者를 말함。

【獨身生活:독신생활】배우자 없이 혼자 지냄。

【獨身主義:독신주의】결혼하지 않고 독신 생활을 주장하는 주의。

【獨也靑靑:독야청청】❶홀로 푸르름。❷홀로 높은 절개를 드러내고 있음。

【獨語:독어】❶혼잣말。〔白居易〕獨行ㅡㅡ曲江頭。❷獨逸語의 略語。

【獨言:독언】혼잣말。

【獨臥:독와】혼자서 누움。

【獨逸:독일】《地》유럽洲 나라 이름。Deutschland。

【獨子:독자】❶외아들。〔史記〕ㅡㅡ無兄弟者歸養。❷獨身。

【獨自:독자】❶저 혼자。❷자기에게만 特有함。獨特。

【獨酌:독작】혼자 술을 마심。手酌。

【獨掌難鳴:독장난명】=獨掌不鳴・孤掌難鳴。

【獨掌不鳴:독장불명】《國》한쪽 손만으로는 소리가 안 남。《喩》相對가 없이 싸움이 일어나지 않는다는 뜻。孤掌難鳴。〔旬五志〕。

【獨裁:독재】❶독단으로 사물을 처리함。❷特定한 개인 또는 계급이 독단적으로 지배함。獨裁政治。

【獨裁政治:독재정치】《政》한 개인 또는 단체의 독재로 행하는 정치。

【獨占:독점】독차지。〔蘇軾〕ㅡㅡ人間分外榮。

【獨占價格:독점가격】《經》시장을 독점함으로써 결정되는 상품의 가격。

【獨占事業:독점사업】《經》혼자 차지하여 경쟁 대상이 없는 사업。

【獨占資本:독점자본】《經》어떤 사업을 독차지할 만큼 강력한 자본。자본주의 경제가 발전함에 따라 강력한 자본이 약소한 자본을 누르게 되어 생기는 현상으로 一九세기 말엽 이래 세계 각국에서 일어났음。

【獨尊:독존】자기만이 존귀하다고 생각함。〔傳燈錄〕天上天下、唯我ㅡㅡ。

【獨坐:독좌】혼자 앉아 있음。〔王維〕ㅡ幽篁裏、彈琴復長嘯。

【獨坐床:독좌상】혼인 때에 신랑과 신부가 交拜할 적에 차려 놓는 음식상。또는 그 음식을 차려 놓는 붉은 칠을 한 상。

【獨奏:독주】❶혼자 樂器를 연주함。〔庾闡〕玄谷蕭寥、鳴琴ㅡㅡ。❷혼자 上奏함。

【獨奏會:독주회】독주하는 음악회。

【獨唱:독창】❶혼자 부르는 노래。솔로(Solo)。↔合唱。❷혼자 主唱함。

【獨創:독창】模倣하지 않고 자기의 독특한 생각으로 창조함。

【獨創力:독창력】獨創하는 재주나 能力。혼자의 생각으로 창조할 수 있는 힘。오리지낼리티(originality).

【獨創性:독창성】독창적인 성향이나 성질。

【獨唱會:독창회】한 사람이 독창으로 하는 음악회。

【獨處:독처】혼자 있는 일。홀로 거처함。〔詩經〕誰與ㅡㅡ。

【獨擅:독천】자기 마음대로 쥐고 흔듦。〔戰國策〕趙ㅡㅡ之。

【獨寢:독침】같이 자지 않고 혼자 잠。

【獨湯:독탕】혼자서 따로 쓰도록 설비된 목욕탕。

【獨特:독특】특별나게 다름。

【獨學:독학】스승이 없이 또는 학교에 다니지 않고 혼자 힘으로 배움。

【獨害:독해】혼자서만 害를 입음。

【獨行:독행】❶혼자서 길을 걸어 감。〔盧綸〕幽人好ㅡㅡ。❷남의 힘을 빌지 않고 혼자 힘으로 일을 행함。〔禮記〕其特立ㅡㅡ、有如此者。❸孤獨한 일。

【獨行獨步:독행독보】남의 힘을 빌지 않고 혼자의 힘으로 일을 처리하여 감。

【獨活:독활】❶《植》멧두릅。❷《醫》멧두릅의 뿌리。감기나 濕症에 약으로 씀。

【獨凶:독흉】풍년이 든 해에 한 사람의 논밭이나、또는 한 지방만의 흉년이 드는 일。

◎孤ㅡ、單ㅡ、愼ㅡ、幽ㅡ、惟ㅡ。

【⿰蜀犬】(독)『獨』(犬部13畫)과 같음

【獩】(예) 隊 ワイ、えびす babarian tribe 동녘오랑캐예(東夷ㅡ貊)。(『濊』와 같음)

【⿰犭雍】(옹) 江 ヨウ、なれないいぬ (of dogs) untamed ❶개길들지않을옹(犬不訓)。❷군센개옹(强犬)。

【獪】㊀(회) 泰 カイ、わるがしこい sly;cunning ㊁(쾌) 卦 ㄎㄨㄞ k'uai⁴ (古音「괴」)

小篆 草書 ㊀간교할회、교활할회(狡也)。㊁뜻은 ㊀과 같음。

【獪猾:회활】간악하고 교활함。〔五大史・六臣傳〕。

【獫】㊀(험) 琰 ケン、レン、いぬ dog ㊁(렴) 鹽 ㄒㄧㄢˇ hsien³

小篆 草書 ㊀험윤오랑캐험(匈奴別名、ㅡ狁)。〔廣韻〕夏曰獯鬻周曰ㅡ狁。㊁부리긴개렴(長喙犬)。(『獵』과 같음)

【獫狁:험윤】匈奴의 別名。〔漢書・徧青傳〕薄伐ㅡㅡ、至于大原。〔注〕師古曰、ㅡㅡ、北狄名、即匈奴也。

【獬】(해) 蟹 カイ、ひつじ fabulous sheep

草書 ❶신통한 양해(神羊能別曲直)。〔庾信詩〕ㅡ豸飾刑官。❷해갓해(冠名)。〔淮南子〕楚文王愛服ㅡ冠。

【獬豸:해치】소와 비슷하게 생긴 神獸의 이름。解薦。〈異物志〉東北荒中有獸、名獬豸、一角、性忠、見人鬪則觸不直者、聞人論則咋不正者。

獬豸(禽蟲典)

十四畫

【⿰犭監】(함) 豏 カン、とらのこえ tiger roaring ❶범소리함(虎聲)。❷사나운개짖고그치지않을함(惡犬吠不止)。

【獮】(선) 銑 セン、あきがり hunting in winter ㄒㄧㄢˇ hsien³
小篆 或體 書 草 ❶죽일선(殺也)。❷가을 사냥선(秋獵)。【周禮 夏官大司馬】中秋敎治兵、遂以ー田。

【獯】(훈) 文 クン、えびす savage ㄒㄩㄣ hsün¹
草書 훈육 오랑캐훈(北方匈奴)。【廣韻】夏曰ー鬻商曰鬼方周曰玁狁漢曰匈奴。
【獯鬻:훈육】夏代 北方의 異民族。周代에는 獫狁、漢代 以後에는 匈奴라고 일컬음。『孟子』大王事ーー。

【獰】(녕) 庚 ドウ、わるい fierce ㄋㄧㄥˊ ning²
草書 ❶모질녕、영악할녕(惡也)。❷삽살개털녕(犬毛獰ー)。
【獰毒:영독】모질고 독살스러움。
【獰猛:영맹】모질고 사나움。 凶惡。 獰惡。
【獰惡:영악】사납고 악독함。「巨靈之ーー」。『郝經』
【獰慝:영특】성질이 영악하고 간특함。
【獰飇:영표】매우 무서운 바람。大風。『韓愈』ーー攪空衢。

【獱】(빈) 眞 ヒン、かわおそ otter
草書 수달빈(獺屬、似孤青色居水中食魚)。

【獲】㊀(획) 陌 ㊁(확) 藥 カク、うる、えもの acguire; catch ㄏㄨㄛˋ huo⁴
小篆 草書 ㊀❶얻을획(得也)。【書經】不慮胡ー。❷노비획、종획(奴婢)。【方言】罵奴曰臧罵婢曰ー。㊁❶실심할확(困迫失志貌)。【禮記 儒行】不隕ー於貧賤。❷더럽힐확(汙也)。
【獲穀:획곡】《動》새의 한가지。 뻐꾹새의 別名。 郭公。『荊楚歲時記』
【獲得:획득】얻어 가짐。 손에 넣음。『易林』有所ーー。
【獲得形質:획득형질】《生》유전에 의한 것이 아니고、생겨난 뒤에 이루어진 후천적인 형질。 스포오츠 등으로 굵어진 팔다리。
【獲利:획리】이익을 얻는 일。 자기에게 有利한 입장을 얻는 일。 得利。『史記·韓長孺傳』
【獲麟:획린】❶絶筆。 執筆을 중지함。❷《故》孔子가 春秋를 비판 수정할 때 魯哀公 一四년에 哀公이 巡行하다가 麒麟을 잡았는데 孔子는 獲麟의 記事에서 그를 마감하였음。『左傳·公十四』 ❸事物의 終末。
【獲罪:획죄】죄인이 됨。
◎俘ー、漁ー、捕ー。

【獵】(렵)『獵』(15畫 犬部)의 俗字

【獳】(누) 尤 ドウ、いかる angry
小篆 草書 ❶개 웅승거릴누、개성낼누(怒犬貌)。❷사람이름누(人名)。【左傳 僖公二十八年】侯ー。

【獴】(몽) 東 モウ、さる monkey
꼬리째진작은원숭이몽、몽계짐승몽(蜼之小者ー獚)。
【獴獚:몽계】꼬리 긴 원숭이。 의 작은 종류。

十五畫

【獿】(삭) 藥 シャク、おどろく be astonished
놀랄삭(驚也)。

【獵】(렵) 葉 リョウ、かり hunting ㄌㄧㄝˋ lieh⁴
小篆 草書 ❶사냥렵、사냥질할렵(捷取禽獸)。【白虎通】四時之田總名爲ー爲田除害也。❷진동할렵(震也)。【吳語】今大夫國子興其衆庶以犯ー吳國之師徒。❸어긋날렵(相差次)。【校獵賦】鴻緁絅ー。❹바람소리렵(風聲)。【鮑照詩】ーー晩風起。
【獵官:엽관】❶官職을 얻으려고 운동하는 일。❷《政》엽관 제도。
【獵官制度:엽관제도】政黨國家에서 執權黨이 교대될 때마다 그 정당에 소속된 全公務員이 갈리게 되는 제도。
【獵具:엽구】사냥할 때에 쓰는 도구。
【獵區:엽구】사냥하는 구역。
【獵期:엽기】❶법령으로 사냥을 허락하는 기간。❷새나 짐승을 사냥하기에 알맞는 시기。
【獵奇:엽기】기이한 일이나 물건을 즐겨서 쫓아다님。
【獵奇家:엽기가】이상한 것을 유달리 「좋아하는 사람」。
【獵奇小說:엽기소설】《文》都會小說의 하나。 흥미 본위로 변태적인 기이한 세계를 소재로 한 소설。
【獵奇的:엽기적】이상한 것을 남달리 「좋아하는 것」。
【獵服:엽복】사냥할 때 입도록 만든 옷。
【獵夫:엽부】사냥군。『蘇軾』麻鞵短後隨ーー、射弋狐免供朝晡。
【獵師:엽사】사냥군의 尊稱。
【獵友:엽우】사냥하러 함께 다니는 벗。
【獵鳥:엽조】《動》사냥을 허락한 새。
【獵酒:엽주】아는 사람을 체면 없이 찾아 다니면서 술을 울거 마심。
【獵銃:엽총】사냥총。
【獵戶:엽호】❶사냥군의 집。『黃庭堅』飯香ーー分熊白。❷사냥군。

【獶】㊀(뇨) 巧 ㊁(노) 豪 ㊂(우) 尤 ドウ、おどろく surprise; frighten ㄋㄠˊ nao²
草書 ㊀개놀랄뇨(犬驚貌)。㊁원숭이춤출노(獼猴戲)。【禮記 樂記】ー雜子女。㊂개이름우、우수개우(犬名ー狡)。

【獺】(혈) 屑 ゲツ、けだもの scaled animal
비늘있는 짐승혈(有鱗獸)。【山海經】釐山有獸、名曰ー、狀如犬而有鱗、其毛如彘鬣。

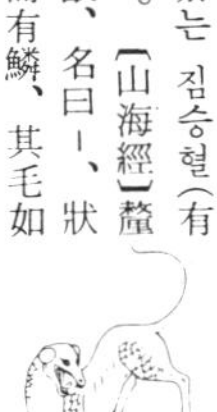
(山海經圖) 獺

【獷】(광) 梗 コウ、いぬ、あらい fierce dog ㄍㄨㄤˇ kuang³
小篆 草書 ❶개광(犬也)。❷추악할광(惡貌)。【後漢書 祭彤傳論】政移ー俗。❸【國字】족제비광。
【獷猤:광계】모질고 용감함。『左思』
【獷獷:광광】예의 풍속 등이 어지러워 난잡한 모양。『漢書』ーー亡秦、滅我聖文。
【獷戾:광려】모질고 도리에 어긋나는 추악한 행위。 悍戾。『唐書』ーー有光猊之風。「ーー」。
【獷俗:광속】거친 풍속。『後漢書』政移ーー。
【獷賊:광적】모질고 독살스러운 도둑。
【獷敵:광적】흉악하고 억센 敵手。『後漢書』招降ーー。
【獷悍:광한】모질고 독살스러움。

【獸】(수) 宥 ジュウ、けだもの beast; animal ㄕㄡˋ shou⁴
小篆 草書 짐승수(四足而毛)。【爾雅 釋獸】四足而毛謂之ー。

【獸窮則齧：수궁즉설】 짐승의 고통이 극도에 달하면 사람을 물음。《喩》사람도 困窮이 심하게 되면 나쁜 짓을 하게 된다는 말。『韓詩外傳』——、鳥窮則啄、人窮則詐。
【獸頭：수두】 ＝獸面。
【獸面：수면】 ❶짐승의 얼굴 모양을 본떠 만든 탈。❷방패나 병풍석에 그리거나 새긴 짐승의 얼굴。獸頭。
【獸性：수성】 ❶짐승의 성질。❷인간이 갖고 있는 理性에 반대되는 동물적인 성질。❸육체상의 정욕。
【獸心：수심】 짐승과 같이 사납고 모진 마음。道理에 빗나가는 마음。『列子』人必無——。
【獸疫：수역】《醫》짐승의 전염병。狂犬病 같은 것。
【獸慾：수욕】 짐승 같은 욕망。짐승과 같은 음란한 욕심。《轉》性慾。
【獸慾主義：수욕주의】 도덕·윤리를 무시하고 오직 官能에 따라 動物的 만족을 꾀하는 주의。애니멀리즘(animalism)。
【獸肉：수육】 짐승의 고기。
【獸醫：수의】《醫》가축의 병을 치료하여 고치는 의사。
【獸醫學：수의학】《醫》가축의 질병에 관한 醫術을 연구하는 학문。
【獸脂：수지】 짐승의 몸에서 빼낸 기름。
【獸牌：수패】《制》겉면에 사자·호랑이 등 짐승의 얼굴을 그린 방패。
【獸皮：수피】 짐승의 가죽。
【獸檻：수함】 짐승을 넣어 기르는 상자。『南史』出據——。
【獸行：수행】 짐승과 같은 행실。獸慾을 채우려는 행위。
【獸患：수환】 짐승의 被害로 인한 근심。
◎禽—、猛—、野—、海—。

十六畫

【獹】 (로) 虞 ロ、よいいぬ good dog
草書 좋은개로(良犬、韓—)。『玉篇』韓—天下駿犬。

【獺】 ㊀(달) 曷 ダツ、かわおそ otter ㄊㄚˇ t'a³ ㊁(찰) 黠
小篆 草書 ㊀수달달、물개달(水狗)。『禮記』—祭魚然後虞人入澤梁。㊁뜻은 ㊀과 같음。(『㺚』과 같음)

獺 (三才圖會)

【獺祭：달제】 ❶수달이 자기가 얻은 물고기를 많이 늘어 놓는 일。사람이 물건을 바쳐 제사 지내는 것과 같다는 데서 온 말。『禮記·月令』孟春之月、——魚。❷여러 가지 책을 베껴서 文章을 만드는 것。《故》唐 李商隱이 많은 書籍을 펼쳐 놓고 참고한 것이 수달이 고기를 늘어 놓는 것과 같다는 데서 온 말。『談苑』李商隱爲文、多檢閱書册、左右鱗次、號——魚。

【獻】 ㊀(헌) 願 ケン、コン、たてまつる offer; present ㄒㄧㄢˋ hsien⁴ ㊁(사) 歌
小篆 草書 ㊀❶바칠헌(呈也)。❷드릴헌(進也)。❸음식헌(羞也)。❹개헌(犬也、羹—)。❺어진이헌(賢也)。『書經』萬邦黎—。(『献』과 같음) ㊁술준사、술단지사(酒樽)。
【獻功：헌공】 ❶만들어진 물건을 웃사람에게 권함。『周禮』令諸侯春入貢秋——。❷힘을 다하여 공무에 힘씀。
【獻供：헌공】 물건을 바침。헌납。
【獻饋：헌궤】 바치는 물품。『唐書』四方——不及門。
【獻金：헌금】 돈을 바침。
【獻納：헌납】 ❶임금에게 忠言을 올림。❷金品을 바침。『潘岳』愧無——、尸素以甚。
【獻堂式：헌당식】《宗》교회당을 신축하여 하느님에게 바치는 의식。
【獻燈：헌등】 神佛에게 바치는 등。
【獻杯：헌배】 사람에게 술잔을 줌의 敬語。獻盃。獻觴。
【獻餠獻爵：헌병헌작】《宗》미사 드릴 때에 밀가루 떡과 포도주를 받들어 드림。
【獻上：헌상】 임금께 바침。물건을 올림。
【獻觴：헌상】 ＝獻杯。
【獻牲：헌생】 신에게 희생을 바침。
【獻善：헌선】 좋은 일을 임금에게 進言하는 일。『揚雄·尙書箴』。
【獻仙桃舞：헌선도무】 나라 잔치 때에 추던 춤의 한가지。場面이 바꾸일 때마다 부르는 노래가 있음。
【獻誠：헌성】 정성을 다하여 바침。
【獻歲：헌세】 正月 초하루。새해가 다가오는 일。『鮑照·春日行』——發吾將行、春山茂春日明。
【獻酬：헌수】 잔을 주고 받고 하는 일。『陶潛·詩』引滿更——。
【獻壽：헌수】 환갑 잔치 등에 長壽를 비는 뜻으로 술잔을 올림。上壽。
【獻詩：헌시】 시를 바침。어떤 對象者에게 바치는 노래。또는 그 시。
【獻食：헌식】《佛》문 앞 같은 데에 雜鬼에게 베풀어 주는 밥。또는 그 일。
【獻身：헌신】 ❶몸과 목숨을 바쳐、있는 힘을 다함。❷스스로 그 장소에 나아감。『禮記·坊記』。
【獻身的：헌신적】 헌신하는 정신으로 일하는 상태。
【獻議：헌의】 상부에 무슨 의견을 바침。
【獻酌：헌작】 제사 때에 술잔을 올림。
【獻呈：헌정】 물품을 올림。贈呈。
【獻尊：헌준】 술통。翡翠로 써 장식한 술통의 이름。犧尊。『周禮·春官』。

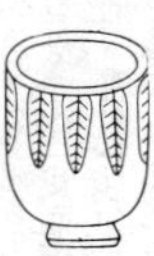
獻尊 (名物圖)

【獻策：헌책】 策問을 바침。또는 일에 대한 방책을 드림。『張九齡』——幸逢時。
【獻天花舞：헌천화무】 나라 잔치 때에 추던 춤의 이름。
【獻替：헌체】 善을 취하고 惡을 버림。임금을 돕는 것。(獻은 進、替는 廢의 뜻)。『袁宏·三國名臣序贊』入能——、謀寧社稷。
【獻春：헌춘】 첫봄。孟春。『王浚』群僚荷恩澤、朱顏感——。
【獻花歌：헌화가】 新羅의 향가。聖德王 때에 어떤 노인이 水路 부인에게 꽃을 바치며 불렀다는 작품。
【獻花卓：헌화탁】 獻天花瓶을 올려 놓는 탁자。
◎貢—、文—、奉—、進—。

十七畫

【獼】 (미) 支 ビ、おおざる monkey ㄇㄧˊ mi²
草書 원숭이미(猿屬、—猴)。
【獼猿：미원】《動》큰원숭이。獼猴。
【獼猴：미후】《動》큰 원숭이。沐猴。猢猻。『漢書·註』沐猴卽——。

【獿】 (영) 庚 エイ、けだもの animal
짐승이름영(獸名)。『山海經、西山經』皐塗之有獸焉、其狀如鹿而白尾、馬足人手而四角、名曰獿如。

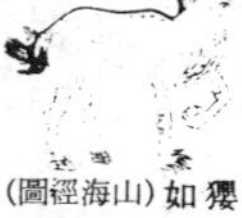
獿如 (山海經圖)

【獽】 (양) 陽 ジョウ、えびす babarian tribe
❶오랑캐이름양(野蠻族名—)。❷짐

승이름양(獸名)。

十八畫

【玃】(구) 虞 ク、うつ strike ❶두드릴구(搏也)。❷원숭이구(猿也)。

【貛】(환) 寒 カン、やまねこ badger ㄏㄨㄢ huan¹ ❶왕살기환(貒也)。❷너구리환(野豚)。『貛』과 같음。

【獿】(노)『猱』(犬部 9畫)와 같음

十九畫

【玀】(라) 歌 ラ、えびす savage 草書 오랑캐라(玀人、猓ㅣ)。

【玀玀:나라】雲南·貴州·四川 地方의 異民族。苗族의 한가지。猓玀。

二十畫

【玁】(험)『獫』(犬部 13畫)과 같음

【玁狁:험윤】옛 종족 이름。匈奴의 古稱。古代엔 山戎·獯鬻、殷代엔 鬼方、周代엔 玁狁、秦·漢代엔 匈奴라 했음。

【玃】(확) 藥 カク、ケキ、おおざる big monkey ㄐㄩㄝ chüeh² (古音「곽」) 小篆 草書 ❶어미 원숭이확(母猴)。❷큰원숭이확(大猿)。『呂氏春秋』狗似ㅣㅣ似母猴母猴似人。❸움킬확(攫也)。

【玃猿:확원】원숭이。玃猱。

【玃鳥:확조】(動)매와 같이 날쌘 새。鷙鳥。『老子』ㅣㅣ不搏。

玄 部

【玄】(현) 先 ゲン、くろ、あめ black; heaven ㄒㄩㄢ hsüan² 小篆 古文 草書 ❶검을현(黑也)。❷검붉을현(黑赤色)。『易經 坤卦』天ㅣ而地黃。❸하늘현(天也)。『隋書』受命上ㅣ。❹아득할현(幽遠)。❺고요할현(清靜)。『漢書』人君以ㅣ默爲神。❻현묘할현(理之妙)。『參同契』惟昔聖賢懷ㅣ抱眞。❼현손현(曾孫之子)。

【玄間:현간】하늘。空中。空間。天空。『韓愈·雜說』茫洋窮ㅣㅣ。

【玄鑑:현감】빈틈 없이 어디까지나 파고들어 알아내고야 마는 마음。『淮南子』執ㅣㅣ於心。

【玄袞:현곤】임금이 입는 黑色 옷。『詩經』。

【玄功:현공】❶위대한 功。❷임금의 功績。『梁書』久光素王、載闡ㅣㅣ。

【玄關:현관】❶(佛)玄妙한 道로 들어가는 문。佛道로 歸依하는 문。『傳燈錄』啓鑿ㅣㅣ。❷주택의 門。『李白·詩』。❸(佛)禪寺에서 客殿으로 들어가는 門。❹(日)집의 正門。

【玄駒:현구】❶개미의 異名。❷작은 말。❸검은 잉어의 異名。

【玄圭:현규】빛이 검은 玉。玄은 하늘빛。또는 물빛。『書·禹貢』。

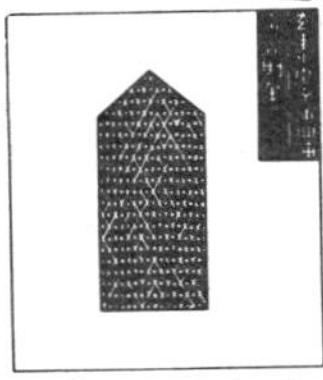
玄 圭 (金 石 索)

【玄琴:현금】거문고。

【玄機:현기】深奧한 道理。현묘한 이치。『張說』玉牒啓ㅣㅣ。

【玄談:현담】넓고 깊은 이치를 말하는 이야기。老莊의 深奧한 道에 관한 이야기。『李白·詩』清論既抵掌、ㅣㅣ又絶倒。

【玄德:현덕】❶속에 깊숙히 간직하고 있고 밖에 나타내지 않는 德。深遠한 덕。玄妙한 덕。『書經·舜典』ㅣㅣ升聞、乃命以位。❷天地의 玄妙한 道理。深奧하여 그 뜻을 測量할 수 없는 理法。『老子』爲而不恃、長而不宰、是謂之ㅣㅣ。

【玄菟:현도】(歷)漢四郡의 하나。前漢武帝가 세움。위치는 沃沮의 舊地라 함。高句麗 廣開土王 때 高句麗에 병합됨。

【玄冬:현동】겨울。五行說에 의하면 겨울은 北、곧 水에 해당함。水의 빛은 검기 때문에 일컫는 말。『揚雄·羽獵賦』。

【玄同:현동】❶자기의 才能이나 知力을 숨겨 두어 나타내지 않고 속인과 같이 평범하게 지내는 일。❷피차의 구별 없이 하나로 어울림。差別이 없음。無差別。平等。『文中子』萬物ㅣㅣ。

【玄覽:현람】❶事物의 眞相을 洞察하여 알음。『老子』滌除ㅣㅣ、能無疵。❷옛날의 글을 봄。

【玄理:현리】❶深奧한 道理。『南史』頗言ㅣㅣ、時爲詩詠、往往有高勝之言。❷老子·莊子의 道。

【玄冥:현명】❶水神。雨神。『禮記』其神ㅣㅣ。❷冬神。北方의 神。大陰神으로 刑殺을 맡음。『禮記·月令』。❸어둠。黑闇。『淮南子』處ㅣㅣ而不闇。

【玄謀:현모】원대한 계책。深謀。『晉書』偉哉武閔、首創ㅣㅣ。

【玄木:현목】바래지 아니한 무명。빛이 누르거무스름한 채로 있음。

【玄妙:현묘】深奧하고 미묘함。또는 그 道理。『孟浩然』漸通ㅣㅣ理、深得坐忘心。

【玄武:현무】❶北方의 神。水神으로 東方의 靑龍、南方의 朱雀、西方의 白虎와 함께 四神이라 일컬음。형상은 거북과 뱀이 하나로 된 모양。『禮記』前朱鳥而後ㅣㅣ。❷玄武旗의 略語。玄武를 그린 旗。❸(天)北方에 있는 일곱 개의 星宿。斗·牛·女·虛·危·室·壁의 總稱。『史記·天官書』。

【玄武岩:현무암】(鑛)火成岩의 하나。대개가 暗黑色으로 그의 結晶質이 세밀하여 石材로 쓰임。

【玄默:현묵】❶죽은 듯이 조용하고 沈默함。淵默。❷우아하며 함부로 말하지 아니함。『漢書·揚雄傳』老子ㅣㅣ、孔子所師。

【玄米:현미】벼의 껍질만 벗기고 슬지 않은 쌀。매조미쌀。↔白米。

【玄石:현석】＝磁石。

【玄聖:현성】❶지극히 뛰어난 聖人。❷孔子·老子를 일컬음。『漢書』故先命ㅣㅣ、使綴學立制。

【玄孫:현손】曾孫의 아들。손자의 손자。

【玄孫女:현손녀】손자의 손녀。↔玄孫。

【玄孫婦:현손부】玄孫의 아내。

【玄魚:현어】(動)올챙이。

【玄英:현영】❶겨울의 別稱。『爾雅』冬爲ㅣㅣ。❷純黑。

【玄月:현월】음력 九月의 別名。『國語』至於ㅣㅣ。

【玄衣:현의】검정빛에 붉은 빛을 띤 옷。『禮記·王制』ㅣㅣ而養老。

玄 衣 (三才圖會)

【玄靜:현정】매우 조용함。『晉書』海內無虞、萬國ㅣㅣ。

【玄造:현조】❶처지의 조화。❷임금의 「政治」。

【玄鳥:현조】(動)❶제비의 別稱。『禮記·月令』仲春之月、ㅣㅣ至。❷鶴의 別稱。『張衡·思玄賦』。

【玄祖:현조】高祖의 아버지。五代祖。

도망함。亂後에 長安에 돌아와 七八세에 죽음。

【玄珠：현주】 道家에서 말하는 道의 본체。道理의 眞面目。『莊子·天地』登崑崙之丘、南望而還歸、遺其ㅡㅡ。
【玄酒：현주】 물의 別稱。물의 빛이 검게 보이므로 玄이라 하며 太古 때는 술이 없었고、제사 때는 술 대신으로 물을 썼으므로 제사나 儀式 때 그렇게 일컬음。
【玄旨：현지】 ❶深奧한 道理。현묘한 취지。『張蠙·詩』靜室談ㅡㅡ。❷老莊의 道。
【玄之又玄：현지우현】 매우 深奧함을 일컫는 말。道의 廣大無邊한 모양。『老子』。
【玄天：현천】 ❶九天의 하나。북쪽 하늘。『淮南子』。❷넓은 하늘。玄穹。
【玄平：현평】 晉나라 范汪의 字。
【玄圃：현포】 崑崙山上에 있다고 하는 仙人의 居所。懸圃。

玄豹(三才圖會)

【玄豹：현표】 빛이 검은 표범。『司馬相如』白虎ㅡㅡ、蟃蜒貙犴。
【玄學：현학】 ❶深遠한 학문。❷道敎의 학문。『北史』以ㅡㅡ知名。
【玄鶴：현학】 (動)늙은 鶴。千年이 지나서 털 빛이 검정색이 된 鶴。『古今注·鳥獸』。

玄鶴(三才圖會)

【玄鶴琴：현학금】 高句麗의 樂器。陽原王 때 王山岳이 晉의 七絃琴을 개조하여 만듦。거문고라고도 함。
【玄海灘：현해탄】 (地)大韓海峽의 남쪽、日本 福岡縣의 서북쪽에 있는 바다。
【玄虛：현허】 ❶深奧하여 헛되이 할 수 가 없음。老莊의 學說을 말함。『韓非子·解老』。❷하늘。
【玄玄：현현】 深奧한 모양。또는 深遠한 道。『老子』玄之又玄、衆妙之門。
【玄黃：현황】 ❶검은 하늘 빛과 누른 땅 빛。『易經·文言』夫ㅡㅡ者天地之雜也、天玄而地黃。❷天地。宇宙。❸黑과 黃과의 幣帛。『書經』篚厥ㅡㅡ。❹말이 병들어 쇠약해짐。검은 털의 말이 병을 치르고 나면 털이 누런 빛을 띠게 되므로 그렇게 일컬음。『詩經·卷耳』我馬ㅡㅡ。❺아름다운 빛。『孔子家語·六本』。
【玄纁：현훈】 黑赤色、또는 그 비단。禹貢。荊州의 貢物。(轉)幣帛의 뜻으로 쓰임。『書·禹貢』。
◎幽ㅡ。

四 畫

【玅】
(묘) 嘯 ビョウ、たえ precision
草書 현묘할묘、정미할묘(精微、玄ㅡ)。(『妙』와 같음)

五 畫

【玆】
㊀(자) 支 シ、この、これ this
㊁(현) 先 ㄗ tzu¹
小篆 草書 ㊀❶이자(此也)。『書經』念ㅡ在ㅡ。❷흐릴자(濁也)。『左傳 哀公八年』何故使吾水ㅡ。㊁검을현(黑也)。(『玄』과 통함)
【玆白：자백】 奇獸의 이름。말과 비슷하고 날카로운 잇발이 있으며 虎豹를 먹음。『逸周書·王會解』ㅡㅡ者若白馬、鋸牙食虎豹。
【玆夷：자이】 山龜의 아주 큰 것。『嶺表錄異』蟕蠵俗謂之ㅡㅡ、乃山龜之巨者。

六 畫

【率】
㊀(수) 寘 スイ、ソツ、リツ、したがう、わりあい
㊁(솔) 質 lead; rate
㊂(률) 質 ㄕㄨㄛˋ shuo⁴
小篆 草書 ㊀❶새그물수(鳥網)。『詩旄丘序』方伯連ㅡ之職。❷장수수(渠ㅡ)。㊁❶거느릴솔(領也)。『史記 孔子世家』昭公ㅡ師擊平子。❷좇을솔(循也)。『孟子 梁惠王下』ㅡ西水滸。❸다솔(皆也)。❹쓸솔(用也)。❺행할솔(行也)。❻대강솔(大略)。『史記 莊周傳』大抵ㅡ皆寓言也。❼소탈할솔(坦ㅡ)。『聞見錄』溫公作眞ㅡ會。❽경솔할솔(輕遽貌)。『論語 先進』子路ㅡ爾而對。❾뱀이름솔(蛇名)。(古音「술」) ㊂❶셈이름률(約數)。❷표할률、과녁률(表的)。『後漢書』方伯一方表ㅡ ❸헤아릴률(計也)。❹활한껏 다릴률(彎弓之限)。『孟子 盡心上』羿不爲拙射變其彀ㅡ。❺띠공구를률(帶緶)。『禮記』凡帶有ㅡ無箴功。❻비례률(比例)。『十八史略 春秋戰國秦』有軍功者、各以ㅡ受爵。
【率去：솔거】 여러 사람들을 거느리고 감。
【率居：솔거】 (人)新羅의 畫家。眞興王 때 사람。皇龍寺의 壁畫 老松圖를 그리어 神畫라 불리었음。
【率口而發：솔구이발】 경솔하게 말함。앞 뒤를 가리지 않고 되는 대로 지껄임。
【率眷：솔권】 집안 眷屬을 데려감。
【率來：솔래】 거느려 데려옴。
【率伴：솔반】 인솔하여 함께 감。
【率兵：솔병】 兵士를 統率함。
【率服：솔복】 따라서 복종함。率從。『書經』蠻夷ㅡㅡ。
【率先：솔선】 남보다 앞섬。무엇이든지 남보다 먼저 나섬。『漢書』謹身ㅡㅡ、居以廉平。
【率性：솔성】 타고난 본성。性格。『中庸』ㅡㅡ之謂道。
【率然：솔연】 ❶급작스러운 모양。❷당황하는 모양。率爾。❸가볍게 오르는 모양。『漢書·東方朔傳』ㅡㅡ高擧。❹常山에 사는 뱀의 이름。이 뱀을 치면 머리와 꼬리가 相應하여 재빨리 달려든다고 함。『孫子·九地』善用兵者、辟如ㅡㅡ、ㅡㅡ者常山之蛇也。
【率易：솔이】 몸가짐이 솔직하고 까다롭지 않음。言行이 까다롭지 않고 솔직함。『南史』處己ㅡㅡ、不以名位驕物。
【率爾：솔이】 ❶경솔한 모양。❷급한 모양。갑작스러운 모양。당황하는 모양。『論語·先進』子路ㅡㅡ而對。
【率丁：솔정】 거느려 부리는 부하。
【率直：솔직】 거짓이나 꾸밈이나 숨김이 없이 바르고 곧음。
【率土之民：솔토지민】 온 나라 안의 국민。百姓。
【率土之濱：솔토지빈】 온 천하。온 나라。率濱·率土。『詩經·北山』。
【率下：솔하】 거느리고 있는 部下。
◎高ㅡ、能ㅡ、百分ㅡ、比ㅡ、圓周ㅡ、利ㅡ、引ㅡ、低ㅡ、効ㅡ。

【玈】
(로) 虞 ロ、くろい black ㄌㄨˊ lu²
小篆 草書 검은 빛로(黑色)。『左傳』王賜晉侯ㅡ弓矢千。
【玈弓：노궁】 검은빛의 활。尙書 文侯之命에 盧弓으로 나옴。『左氏·僖』

玈弓(三禮圖)

【玈矢：노시】 검은 빛의 화살。

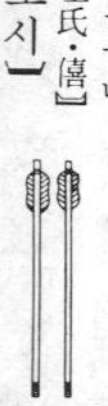
玈矢(三禮圖)

玉 部

【玉】(옥) 因 ギョク、たま jewel; precious stone ㄩˋ yü⁴

王 小篆 𤣩 古文 玉 草書

❶구슬옥、옥옥(石之美者)。❷사랑할옥(愛也)。【詩經】王欲—汝。❸이룰옥(成也)。【張載銘】—汝于成。

【玉珂:옥가】 말 굴레에 다는 것으로 조개를 박아 (그 色이 玉과 닮음) 만든 장식。【張華·詩】乘馬鳴——。

【玉匣:옥갑】 ❶옥으로 만든 상자。귀중품을 넣음。❷鏡臺。【李商隱·破鏡詩】。❸漢代 임금의 葬具。玉柙。❹칼집。

【玉京:옥경】 하늘 위의 玉皇上帝가 산다고 하는 假想的인 서울。＊白玉京。

【玉莖:옥경】 =陰莖。

【玉階:옥계】 대궐 안의 섬돌。

【玉鷄:옥계】 털빛이 흰 닭。

【玉稿:옥고】 다른 사람의 원고의 尊稱。

【玉高粱:옥고량】 《植》옥수수。玉蜀黍의 別稱。

【玉高粱餠:옥고량병】 옥수수떡。

【玉骨:옥골】 ❶梅花의 別稱。【竹坡詩話】氷肌——淸無汗、水殿風來暗香滿。❷옥 같은 뼈。고결한 풍채。살 빛이 희고 고결한 사람。❸뼈의 美稱。美人의 屍體。

【玉骨仙風:옥골선풍】 살 빛이 희고 고결하여 신선과 같은 풍채。

【玉工:옥공】 옥장이。玉匠。

【玉冠:옥관】 玉으로 치장한 冠。

【玉貫子:옥관자】 《制》玉으로 만든 망건의 관자。從一品 이상의 관리는 彫刻을 아니하고 堂上 正三品 이상의 관리는 彫刻을 하였음。玉圈。

【玉轎:옥교】 《制》임금이 타는 교자。

【玉轎陪:옥교배】 《制》玉轎를 메는 사람。扈輦隊 差備의 하나임。

【玉闕:옥궐】 玉으로 장식한 宮城의 門。

【玉几:옥궤】 玉으로 장식한 책상。【書經】皇后憑——。

【玉根:옥근】 =陰莖。

【玉器:옥기】 옥으로 만든 그릇。

【玉肌:옥기】 옥과 같이 깨끗한 살갗。玉膚。【韋莊】——香膩透紅紗。

【玉女:옥녀】 ❶美女。【史記】載——而與歸。❷남의 딸의 尊稱。【禮記】請君之——。❸仙女。神女。❹《植》뿌리 없는 갈대의 別稱。❺너를 玉과 같이 훌륭하게 함。【詩·民勞】。❻마음과 몸이 옥같이 깨끗한 여자。

【玉堂:옥당】 ❶아름다운 집。【漢書】損——之盛。❷《歷》漢代 宮殿의 이름。❸《制》㉠漢代의 官署。翰林院과 같음。【揚雄】歷金門上——。㉡宋代 翰林院의 別稱。【宋太宗】淸淨——中。㉢《國》弘文館의 別稱。㉣《國》弘文館의 副提學 이하 校理·副校理·修撰·副修撰 등 弘文館의 실무에 해당하는 관리의 總稱。

【玉唐木:옥당목】 품질이 낮은 옥양목。

【玉帶:옥대】 옥으로 꾸며 만든 띠。

【玉臺:옥대】 옥으로 만든 臺。임금이 있는 곳。【漢書】遊閶闔、觀——。

【玉度:옥도】 임금의 起居·體度。

【玉敦:옥돈】 옥으로 꾸민 食器。【周禮·玉府】。

【玉突:옥돌】 당구。

【玉童:옥동】 ❶玉京에 있다는 맑고 깨끗한 모양을 한 가상적인 동자。❷玉童子。

【玉童子:옥동자】 옥같이 귀여운 어린 아들。몹시 소중한 아들。玉童。

【玉斗:옥두】 ❶玉으로 만든 술 뜨는 국자。【史記】——一雙、欲與亞父。❷별 이름。北斗星을 말함。【李白·詩】。

【玉燈:옥등】 옥으로 만든 등잔。

【玉蘭:옥란】 《植》白木蓮。목련科에 속하는 落葉喬木。

玉蘭花 (三才圖會)

【玉輦:옥련】 옥으로 꾸민 임금이 타는 수레。輦을 높인 말。【潘岳】天子乃御——。

【玉露:옥로】 玉과 같이 아름다운 이슬。【杜甫】——凋傷楓樹林。

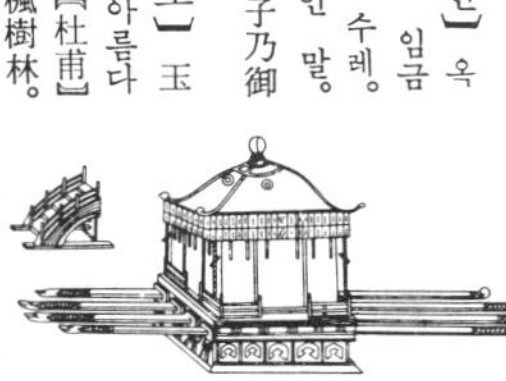
玉輦 (大淸會典圖)

【玉輅:옥로】 珠玉으로 꾸민 天子의 수레。玉路。【淮南子】。

玉輅 (三禮圖)

【玉鷺:옥로】 《制》해오라기 모양으로、玉으로 만든 갓 머리에 다는 장식품。高官이나 또는 外國에 가는 使臣이 썼음。

【玉漏:옥루】 玉으로 꾸민 宮中의 물시계。漏는 漏刻。【宋史·樂志】。

【玉樓:옥루】 ❶훌륭한 누각。玉殿。【王涯】——金殿曉光中。❷天上의 上帝가 있는 곳。→白玉樓。❸道家에서 말하는 양어깨의 뼈。❹눈이 쌓인 누각。

【玉樓夢:옥루몽】 《書》李朝 후기의 小說。작자에는 南益薰·南永魯·洪進士 등 여러 說이 있음。人生의 生死苦樂은 宿命的이라는 것과 一夫多妻主義를 다루었음。

【玉輪:옥륜】 달의 異名。【元稹】黃道——魏。

【玉立:옥립】 ❶貞潔한 모양。【山公啓事】。❷아름답게 서는 모양。【杜甫·白鷹詩】。

【玉梅:옥매】 《植》앵도과에 속하는 낙엽 활엽 관목。叢生하는 가지 위에 작고 흰 꽃이 핌。

【玉面:옥면】 ❶아름다운 얼굴。【梁簡文帝】朱脣——燈前出。❷다른 사람의 얼굴에 대한 尊稱。玉顏。【韓詩外傳】使寡君得見君之——。

【玉貌:옥모】 ❶위엄이 있고 고상한 얼굴。❷옥과 같이 아름다운 얼굴의 생김새。玉姿。【楚辭】頩顏臻——起。

【玉門:옥문】 ❶宮闕。【楚辭】背——以犇鶩兮。❷玉門關。❸陰門。

【玉文房:옥문방】 옥으로 만든 문방구。

【玉盤:옥반】 ❶옥으로 만든 소반。【漢武內傳】以——盛仙桃七顆。❷달의 別稱。玉蟾。玉輪。【李白】少時不識月、呼爲白——。❸예반의 美稱。

【玉房:옥방】 ❶옥으로 여러 가지 물건을 만드는 곳。또는 그 물건을 파는 곳。❷아름다운 꽃송이。【沈佺期】——九霄露、碧葉四時春。

【玉杯:옥배】 옥으로 만든 잔。잔을 아름답게 부르는 말。玉巵。【史記】彼爲象著、必爲——。

玉杯 (考古圖)

【玉屛:옥병】 옥으로 만든 아름다운 병풍。

【玉瓶:옥병】 옥으로 만든 병。

【玉寶:옥보】 임금의 존호를 새긴 도장。
【玉膚:옥부】 玉과 같이 아름다운 살갗。玉肌에 대한 美稱。
【玉芙蓉:옥부용】 ❶아름다운 연꽃。❷눈(雪)의 雅稱。
【玉山:옥산】 ❶(喩)아름다운 容姿。『晉書』見裴叔則、如近ㅡㅡ、昭映人也。❷눈이 쌓인 山。『韋莊·詩』。❸(地)山 이름。崑崙山의 서쪽에 있고 玉이 나며 西王母가 있었다고 하는 곳。
【玉璽:옥새】 임금의 도장。御璽。『史記』當廟見受ㅡㅡ。玉으로 만든 국새。
【玉色:옥색】 약간 파르스름한 빛깔。
【玉書:옥서】 ❶神仙이 전해 준다는 글월。『拾遺記』。❷남의 편지의 尊稱。
【玉署:옥서】 弘文館의 異稱。
【玉石:옥석】 ❶玉과 돌。❷善과 惡。
【玉石俱焚:옥석구분】 玉도 돌도 함께 불에 탐。(喩)善惡의 구별없이 다 멸망함。『書經·胤征』火焚崑岡、ㅡㅡㅡㅡ、天吏逸德、烈于猛火。
【玉屑:옥설】 ❶不死의 仙藥이라고 하는 옥의 가루。『三輔故事』。❷詩文의 썩 잘된 句節의 형용。『許有孚』字字璣珠飛ㅡㅡ。❸펄펄 날리는 눈의 형용。『白居易·詩』。
【玉雪:옥설】 ❶눈의 美稱。『梁昭明太子』ㅡㅡ開六出之花。❷물건의 깨끗한 모양。『韓愈·文』肌肉ㅡㅡ。
【玉蟾:옥섬】 달의 別稱。달 속에 두꺼비가 산다는 전설에서 온 말。『劉孝綽·林下映月詩』。
【玉成:옥성】 ❶갈고 닦아 좋게 함。❷완전히 훌륭한 사람이 되게 함。『張載·西銘』貧賤憂戚、庸玉汝於成也。
【玉聲:옥성】 남의 말소리를 높여 일컫는 말。『戰國策』王身出ㅡㅡ。
【玉簫:옥소】 玉洞簫의 略稱。
【玉搔頭:옥소두】 玉으로 만든 비녀。

『白居易·長恨歌』。
【玉碎:옥쇄】 옥처럼 아름답게 부서진다는 뜻으로 功名이나 忠節을 위하여 깨끗하게 죽음。『北齊書』大丈夫寧可ㅡㅡ、不能瓦全。
【玉水:옥수】 썩 맑은 샘물。
【玉手:옥수】 ❶임금의 손。❷아름다운 손。『曹植』携ㅡㅡ喜同車。
【玉筍:옥순】 ❶죽순의 美稱。(喩)人材가 죽순같이 많이 나옴。『唐書·李宗閔傳』。❷美人의 손가락。『韓偓』腕白膚紅ㅡㅡ芽。❸美人의 발。『杜牧』。
【玉勝:옥승】 구슬로 꾸민 머리장 식물。『南史』后母桓氏、夢呑ㅡㅡ生后。

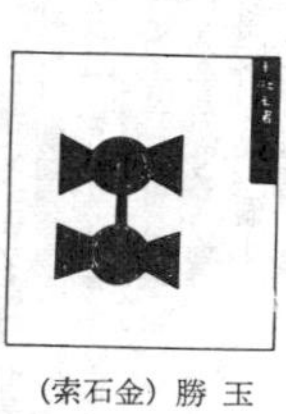

玉勝(金石索)

【玉豉:옥시】 (植)오이풀。짚신나물科에 속하는 多年草。
【玉食:옥식】 ❶기름지고 맛이 좋은 음식。『書經』惟辟ㅡㅡ。(辟은 君)。❷하얀 쌀밥。
【玉眼:옥안】 ❶수정이나 구슬 같은 것으로 끼어 넣은 佛像의 눈。❷여자의 아름다운 눈。
【玉鞍:옥안】 옥으로 꾸민 아름다운 안「장。
【玉顔:옥안】 ❶玉처럼 아름다운 얼굴。美人의 얼굴。『曹植』增吳氏之姣好、發西子之ㅡㅡ。❷임금의 얼굴。天顔。龍顔。
【玉洋木:옥양목】 생목보다 발이 고운 무명의 피륙。빛이 썩 희고 얇음。품질이 낮은 것을 옥당목이라 함。
【玉洋紗:옥양사】 옥양목의 한가지。
【玉葉:옥엽】 ❶임금의 一族에 대한 尊稱。『古今·註』常有五色雲氣、金枝ㅡㅡ、止於帝上。❷타인이 보내온 엽서의 경칭。
【玉椀:옥완】 옥으로 만든 바리。주발。『李白』ㅡㅡ盛來琥珀光。

【玉容:옥용】 玉과 같이 아름다운 얼굴。『陸機』ㅡㅡ誰能顧、傾城在一彈。
【玉韻:옥운】 남의 詩作의 尊稱。玉詠。
【玉潤:옥윤】 ❶윤기가 있고 아름다움。❷사위(女婿)『晉書·衞玠傳』女婿ㅡㅡ。
【玉音:옥음】 ❶남의 편지에 대한 尊稱。❷빼어난 소리。거문고의 좋은 소리。『韋莊』ㅡㅡ間澹入神淸。❸임금의 음성。『元史·成宗紀』ㅡㅡ奬諭。❹德이 높은 사람의 말。남의 말에 대한 尊稱。『中說』敬佩ㅡㅡ。❺맑고 깨끗하고 고른 소리。
【玉衣玉食:옥의옥식】 아주 좋은 옷을 입고 맛있는 음식을 먹음。또는 그러한 의복과 음식。
【玉珥:옥이】 ❶옥으로 만든 귀고리。❷칼코등이。칼자루의 슴베박은 쪽의 목에 감은 쇠로 된 퇴。
【玉印:옥인】 옥으로 새긴 도장。『漢書』。
【玉姿:옥자】 옥과 같이 아름다운 모습。玉容。『王無競』一吹一淚淚、至今想ㅡㅡ。
【玉爵:옥작】 玉으로 장식하여 만든 술잔。玉觴。玉杯。『周禮·天官·大宰』贊玉幣玉獻、玉几ㅡㅡ。

玉爵(三禮圖)

【玉簪:옥잠】 옥으로 만든 비녀。옥비녀。
【玉簪花:옥잠화】 (植)물잠옷과에 딸린 화초。연못 등에 관상용으로 심음。

玉簪花(三才圖會)

【玉匠:옥장】 옥을 다루는 시림。옥장이。
【玉帳:옥장】 옥을 새긴 휘장。아름다운 커튼。『拾遺記』西王母見天子、ㅡㅡ高會。
【玉笛:옥적】 옥으로 만든 吹樂器。大琴과 비슷함。『李白』黃鶴樓中吹ㅡㅡ。

【玉折:옥절】 훌륭하게 죽는 법。寶玉이 부서진다는 뜻。『世說新語·言語』(轉)賢人·君子·才子·佳人이 젊어서 죽음。夭折。
【玉帝:옥제】 天帝。玉皇上帝。
【玉條:옥조】 ❶아름다운 나무가지。『崔仲芳』香林碧ㅡㅡ。❷지극히 귀중한 조목이나 規則。『揚雄·劇秦美新』懿律嘉量、金科ㅡㅡ。
【玉詔:옥조】 詔書·勅書의 尊稱。『曹唐』ㅡㅡ新除沈侍郎、便分茅土領東方。
【玉照:옥조】 사람의 사진의 尊稱。
【玉座:옥좌】 임금이 앉는 자리。『謝朓』ㅡㅡ猶寂寞、況迺妾身輕。
【玉支:옥지】 (植)철쭉。철쭉科에 속하는 落葉 闊葉灌木。
【玉池:옥지】 ❶아름다운 연못。❷두루말이의 맨끝에 붙인 천。
【玉趾:옥지】 사람의 발에 대한 尊稱。『左傳』擧ㅡㅡ、將辱於弊邑。
【玉指:옥지】 玉과 같이 아름다운 손가「락。
【玉指環:옥지환】 옥으로 만든 가락지。
【玉塵:옥진】 아름다운 티끌。눈(雪)의 別稱。『何遜』若逐微風起、誰言非ㅡㅡ。
【玉饌:옥찬】 매우 값지고 맛있는 반찬。『左思』其宴居則珠服ㅡㅡ。
【玉札:옥찰】 ❶남의 편지의 尊稱。玉草『皮日休』數行ㅡㅡ存心久。❷귀중한 藥品이름。『韓愈·進學解』ㅡㅡ丹砂。❸외나물의 뿌리의 異稱。
【玉釵:옥채】 옥비녀。『司馬相如』ㅡㅡ挂臣頭、羅袖拂臣衣。
【玉冊:옥책】 임금이나 왕비에게 尊號를 올릴 때에 頌德文을 새긴 간책。
【玉冊文:옥책문】 (制)임금·后妃의 尊號를 올릴 때 옥책에 새긴 頌德文。
【玉戚:옥척】 구슬로써 손잡이를 장식한 도끼。

玉戚(三禮圖)

【玉泉:옥천】 옥같이 매우 맑은 샘。

【玉尖:옥첨】 예쁜 손가락. 美人의 손가락. 『楊維楨』――搦管醮香雲.
【玉砌:옥체】 옥으로 만든 섬돌. 『陳後主』珠簾――移明月.
【玉體:옥체】 ❶임금의 몸. 貴人의 몸. 『漢書』以軟脆之――、犯勤勞之煩毒. ❷남의 몸의 尊稱. 『後漢書』重愛――. ❸美人의 몸. 『傅休奕』――映羅裳.
【玉燭:옥촉】 네 철의 기후가 고르고 天下가 태평함. 『爾雅·釋天』四時和謂之――.
【玉蜀黍:옥촉서】 《植》옥수수.
【玉葱:옥총】 《植》양파. 백합科에 속하는 多年草.
【玉摧:옥최】 뛰어난 사람의 죽음. 『袁宏』先賢――于前、來哲攢袂於後.
【玉樞丹:옥추단】 임금이 신하에게 頒賜하던 구급약의 한가지.
【玉春糖:옥춘당】 쌀가루로 여러 가지의 모양이나 빛깔을 넣어 만든 사탕과자의 한가지.
【玉秫:옥출】 《植》옥수수.
【玉齒:옥치】 ❶임금의 이. ❷아름다운 이. ❸옥(玉)니. 『李白』粲然啓――.
【玉巵:옥치】 옥으로 만든 술잔. 玉杯. 『漢書』奉――爲太上皇壽.
【玉枕:옥침】 ❶玉으로써 꾸민 베개. ❷腦의 後頭部에 突起한 頭骨.

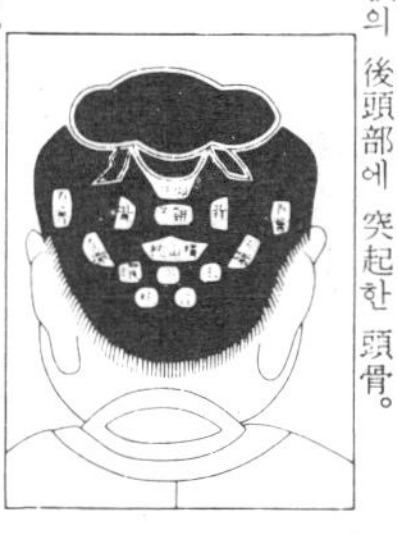
玉 枕 (神相全編)

【玉枕關:옥침관】 뒤통수.
【玉兎:옥토】 ❶옥토끼. ❷달의 別稱. 달속에 토끼가 있다고 하는 전설에서 온 말. 『傅玄 擬天問』月中何有、――搗藥.

【玉洞簫:옥통소】 옥으로 만든 통소.
【玉佩:옥패】 여자들이 지니는 옥으로 만든 패물. 『詩經』瓊琚――.

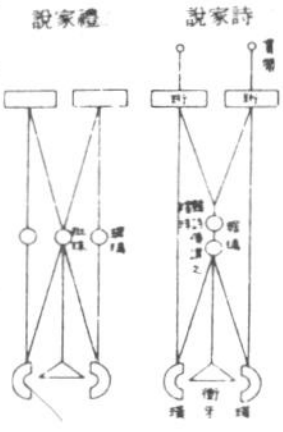

玉 佩 (名物圖)

【玉篇:옥편】 ❶한문 글자 차례로 배열하고 그 글자의 음과 새김을 적어 엮은 책. 字典. ❷《書》三○권. 梁나라 顧野王 지음. 爾雅·說文과 같이 最古의 字書.
【玉陛:옥폐】 옥으로 만든 층층대. 대궐의 층층대. 玉階. 『韋莊』一身朝――.
【玉杓:옥표】 옥으로 만든 국자. 玉斗.
【玉函:옥함】 옥으로 만든 함. 귀한 책을 간직함.
【玉檻:옥함】 옥으로 꾸민 난간.
【玉盒:옥합】 옥으로 만든 뚜껑이 있는 작은 그릇. 「아리.
【玉缸:옥항】 옥으로 만들거나 꾸민 항
【玉香:옥향】 옥을 잘게 새겨 만들고, 그 속에 사향을 넣음. 여자들의 패물의 한가지.
【玉壺:옥호】 ❶옥으로 된 작은 병. 『李商隱』一片氷心在――. ❷술의 異名. 『司空圖』――買春賞雨.
【玉壺氷:옥호빙】 옥병의 얼음. 《喩》마음이 깨끗한 것. 『鮑照詩』直如朱絲繩、淸如――.
【玉笏:옥홀】 옥으로 꾸민 笏.
【玉虹:옥홍】 ❶무지개. ❷橋梁의 美稱. 『況志寧』波光淸淺――橫.
【玉環:옥환】 ❶玉고리. 허리에 차는 장식. 《喩》달. 『白居易·詩』落月沈――. ❷《人》楊貴妃의 어렸을 때의 字.
【玉皇上帝:옥황상제】 道家에서 말하는 하느님.

【王】

王 (小篆) (古文) (草書)

㊀(왕) 陽 ㊁(왕) 漾 オウ、きみ king ㄨㄤˊ wang²

㊀❶임금왕(君也). ❷할아버지왕(祖父之尊稱、―父). ㊁❶왕노릇할왕(五霸身臨天下). 『孟子』以力假仁者霸、霸必有大國、以德仁者―、―不待大. ❷어른왕(長也). 『十八史略太古』以木德―. ❸왕성할왕(盛也). 『莊子 養生主』神雖―不善也. ❹갈왕(往也). 『詩經』及爾出―.

【王家:왕가】 임금의 집안. 王室. 王族. 『書經』王季其勤――. (王季는 周 文王의 父).
【王駕:왕가】 임금의 수레. 車駕(거가).
【王姑母:왕고모】 아버지의 姑母. 大姑母.
【王考丈:왕고장】 죽은 남의 할아버지 「의 尊稱.
【王瓜:왕과】 《植》쥐참외. 박科에 속하는 多年草.

王瓜圖 (三才圖會)

【王冠:왕관】 임금의 머리에 쓰는 관. 『禮記』.
【王國:왕국】 君主國의 俗稱. 『詩經』斯皇多士、生此――.
【王宮:왕궁】 임금이 거처하는 궁전. 『左傳』楚公子元、歸自伐鄭、而處――.
【王權:왕권】 임금이 지닌 권력.
【王氣:왕기】 ❶임금이 날 징조. 또는 임금이 될 징조. 『五代史』望斗牛之間、有――. ❷잘될 징조.
【王畿:왕기】 《制》都城의 부근. 周代의 제도로 王城의 주위 千里 사방을 일컬음. 畿內. 『周禮·職方氏』職方氏辨九服之邦國、方千里曰――.
【王女:왕녀】 임금의 딸.

【王臺:왕대】 장수벌이 될 알을 박아 기르는 벌집.
【王大妃:왕대비】 生存한 先王의 妃.
【王大人:왕대인】 남의 할아버지의 尊稱.
【王度:왕도】 임금으로서의 處身과 才能. 임금의 法度란 뜻. 『左傳』思我――.
【王道:왕도】 ❶임금으로서 마땅히 행해야 할 道理. 夏·殷·周 三代의 公明正大·無私無偏의 道. 『書經』無偏無黨――蕩蕩. ❷倫理에 의하여 천하를 다스리는 정치의 방법. 孟子가 霸道에 대하여 主唱한 것. 『詩經·序』――衰、禮儀廢.
【王都:왕도】 임금의 都城. 帝都. 帝京. 『詩經』謂爾遷于――、曰予未有室家.
【王旅:왕려】 =王師. 『詩經』――嘽嘽.
【王陵:왕릉】 임금의 능.
【王莽:왕망】 《人》前漢末 新의 임금. 漢의 哀帝를 물리치고 平帝를 毒殺하여 스스로 假帝라 부르고 나라를 新이라고 하였음. 後漢의 光武帝(劉秀)에게 滅亡됨.
【王命:왕명】 ❶임금의 명령. ❷임금의 목숨. 『書經』亂后承――徂征.
【王母:왕모】 ❶할머니의 尊稱. ❷임금의 어머니. ↕王父.
【王母珠:왕모주】 《植》꽈리가지科에 속하는 多年草. 꽈리.
【王門伶人:왕문영인】 富貴한 사람에게 아첨하는 사람. 『晉書·戴逵傳』戴安道不爲――. 「御白米.
【王白:왕백】 임금에게 바치던 흰 쌀.
【王法:왕법】 임금이 정한 법률. 王路. 『史記』因史記作春秋、以當――.
【王蜂:왕봉】 《動》장수벌.
【王父:왕부】 ❶할아버지의 尊稱. 『爾雅』父之考爲――、父之妣爲王母. ❷임금의 아버지.
【王妃:왕비】 ❶=王后. ❷王族의 아내.

【王事:왕사】❶임금의 事業。❷王室에 관한 일。❸임금이 명령하는 勞役。

【王師:왕사】❶임금이 거느리는 군대。『詩經』於鑠——。❷임금의 스승。

【王城:왕성】《歷》❶天子의 都城。옛날에 王畿千里를 나누어서 四方 五百里를 王城으로 하여 四方에 各 三門을 두어 門마다에 三塗를 通함。東西를 經塗、南北을 緯塗라 하여 各 九塗。經塗의 幅은 九軌 즉、九二尺。城中에는 中央에 王宮이 있으며、王宮은 四方 四里。王宮의 左側에는 祖廟、前方에는 諸朝、뒤에는 市가 있음。❷《歷》周의 都城名。옛洛邑。平王이 東遷하여 이곳에 都邑하여 王城이라 號함。

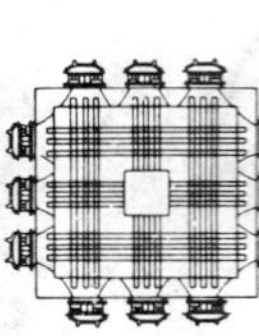
王城❶(三禮圖)

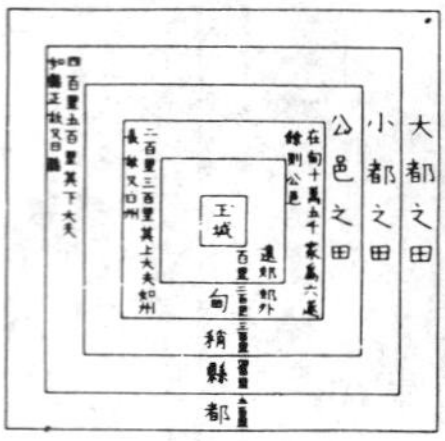

王城❶(考古記圖解)

【王稅:왕세】王國의 租稅。곧 封建時代「의 國稅。

【王世孫:왕세손】王世子의 맏아들。

【王世子:왕세자】王位를 이을 王子。儲嗣(저사)。儲位。儲君。

【王世子妃:왕세자비】王世子의 아내。

【王昭君:왕소군】《人》前漢 元帝의 後宮에 있었던 美人。本名은 王嬙。匈奴의 王이 漢의 朝廷에 妻를 求함에 應하여 元帝가 시집보냈으므로 蠻公主라 불리어 同情 받았음。

【王孫:왕손】❶임금의 子孫、또는 후손。『楚辭』。❷貴公子의 稱號。『史記』吾哀、——進食。❸귀뚜라미의 別名。

【王水:왕수】《化》窒酸과 塩酸을 一대 三으로 섞은 액체。보통의 酸에 溶解되지 않는 金·白金 등을 溶解시킴。

【王守仁:왕수인】《人》明의 學者이며 政治家。字는 伯安、號는 陽明、諡는 文成。浙江省 사람。陽明學을 세우고 知行合一說을 주창함。〈著書〉王陽明全書·傳習錄。

【王室:왕실】❶임금의 집안。『書經』爾有衆、同力——。❷國家。『庾信·哀江南賦』。

【王安石:왕안석】《人》北宋의 政治家。字는 介甫、號는 半山、諡는 文。臨川(江西省) 사람。唐宋八大家의 한 사람。〈著書〉周官新議·臨川集。

【王言:왕언】임금의 詔書。임금의 말씀。『禮記』——如絲、其出如綸。

【王業:왕업】임금이 나라를 다스리는 六業。『諸葛亮』——不偏安。

【王然:왕연】❶물이 넓고 깊은 모양。❷눈물이 연해 줄줄 흐르는 모양。

【王月:왕월】음력 正月의 별칭。『春秋·隱元』元年春王正月。

【王位:왕위】왕의 자리。帝位。

【王威:왕위】왕의 위엄。

【王乳:왕유】王蜂이 될 새끼를 기르기 위하여 꿀벌이 分泌한 흰 자양분 액체。

【王胤:왕윤】임금의 자손。

【王人:왕인】왕명을 받들고 온 사람。

【王子喬:왕자교】《人》周代의 仙人。周靈王의 太子 晉。笙簧을 불

王子喬(三才圖會)

【王者:왕자】❶王道로써 나라를 다스리는 사람。『論語』若有——、必世而後仁。❷각계에서 특히 뛰어난 사람의 일컬음。

【王子:왕자】임금의 아들。

며 흰鶴을 타고 구름 속을 지나서 사라졌다 함。

【王子君:왕자군】《制》임금의 庶子。功臣들에게 주던 君號와 구별하기 위한 말。

【王子氣象:왕자기상】임금이 될 만한 기상。또는 임금의 기상。

【王子大君:왕자대군】=大君。

【王字頭:왕자두】《建》왕자 머리。

【王者師:왕자사】❶임금의 스승。王者의 先生。『孟子·滕文公』有王者起、必來取法、是爲——也。❷임금의 군대。

【王丈:왕장】남의 할아버지의 尊稱。

【王鴡:왕저】《動》징경이。물수리科에 속하는 새。

【王錢:왕전】왕돈。둘레가 큰 돈。

【王廷:왕정】임금이 친히 다스림。또는 그 조정。王朝。

【王政:왕정】❶王權制의 정치。『詩經·序』言——之所由廢興也。❷임금이 다스리는 政事。親政。『潘岳』學優則仕、乃從——。❸君主政體。

【王程:왕정】벼슬을 띤 사람의 旅程。

【王制:왕제】❶임금이 제정한 制度。『荀子正論』。❷㉠禮記의 篇名。㉡荀子의 篇名。❸君主制。

【王祖:왕조】임금의 조상。↕王孫。

【王朝:왕조】❶임금이 직접 다스리는 朝廷。❷=王朝時代。

【王朝時代:왕조시대】임금이 나라를 다스리든 시대。

【王族:왕족】임금의 일가。

【王尊丈:왕존장】남의 할아버지의 尊稱。할아버지와 나이가 비슷한 어른에 대한 존칭。

【王座:왕좌】❶임금이 앉는 龍床이 있는 자리。❷最高의 地位。

【王佐才:왕좌재】임금을 도울 수 있는 才能。또는 그 사람。『漢書』劉向稱董仲舒、有——。

【王竹:왕죽】《植》왕대。대科에 속하는 「常綠 禾本。

【王旨:왕지】❶임금의 傳旨。❷敎旨。

【王天下:왕천하】임금이 되어 천하를 다스림。또는 그 천하。

【王澤:왕택】임금의 은택。

【王土:왕토】임금의 領地。王地。『詩經』溥天之下、莫非——。

【王統:왕통】임금의 자리를 이을 正統。

【王牌:왕패】《制》임금이 宮家 또는 공신에게 논·밭·산판·노비 따위를 주고 또는 공로가 큰 鄕吏에게 免役시킬 때에 내려 주던 글。

【王牌:왕패】王道와 霸道。仁義로써 天下를 다스리는 者를 王이라 하고、權力으로써 天下를 다스리는 者를 霸라고 함。『孟子·公孫丑』。

【王弼:왕필】《人》三國時代 魏의 學者。〈著書〉老子註·周易註。

【王侯:왕후】임금과 諸侯。

【王后:왕후】임금의 아내。王妃。『詩經』——烝哉。

【王侯將相:왕후장상】帝王·諸侯·大將·宰相의 通稱。『史記』壯士不死卽已、死則擧大名耳、——。

【王羲之:왕희지】《人》晋나라 會稽사람 曠의 아들。字는 逸少。官은 元帝 때 右軍將軍、會稽內史。書에 能하여 못에 가서 書를 배워 池水가 모두 먹물같이 검어졌다고 傳함。楷書·行書·草書의 三體를 典雅하고 雄勁하게 貴族的인 書體로 完成하였음。그의 아들 獻과 더

王羲之(三才圖會)

불어 二王으로 稱하여 짐。
◎國ㅣ、君ㅣ、勤ㅣ、大ㅣ、名ㅣ、法ㅣ、先ㅣ、聖ㅣ、帝ㅣ、天ㅣ、親ㅣ、賢ㅣ。

【王】 임금왕변[部首名]

二 畫

【玎】 ㊀(쟁) 庚 ㊁(정) 靑 テイ、たまのおと sound of jade ㄉㄧㄥ ting¹
小篆 草書 ㊀옥소리쟁(玉聲ㅣ玲)。㊁뜻은 ㊀과 같음。
〔玎璫:정당〕 구슬 소리의 형용。丁當。『韓偓』一帶清風入畫堂、撼眞珠箔碎ㅣㅣ。
〔玎玲:정령〕 구슬 소리의 형용。『李賀』柳臉半眠丞相樹、珮馬ㅣㅣ蹋沙路。

【玏】 (륵) 職 ロク、うつくしいいし precious stone
옥돌륵(如玉美石)。

三 畫

【玒】 ㊀(공) 東 ㊁(강) 江 コウ、たま gem
小篆 ㊀옥이름공(玉名)。㊁뜻은 ㊀과 같음。

【玓】 (적) 錫 テキ、たまのひかり (of jade) shiny ㄉㄧˋ ti⁴
小篆 구슬빛환할적(明珠色ㅣ瓅)。

【玤】 (보) 麌 ホ、たまのうつわ jadeware
옥그릇보(玉器)。

【玕】 (간) 寒 カン、たまいし precious stone ㄍㄢ kan¹
小篆 古文 草書 옥돌간、아름다운 돌간(美石次玉、琅ㅣ)。『書經』厥貢惟球琳琅ㅣ。

【玔】 (천) 霰 セン、たまのわ jade ring
❶옥고리천(玉環)。❷옥팔지천(玉製腕環)。

【玖】 (구) 有 キュウ、くろたま black gem ㄐㄧㄡˇ chiu³
小篆 草書 ❶검은 옥돌구(黑石次玉)。『詩經』報之以瓊ㅣ。❷『九』와 通함。
〔玖馬:구마〕 西印度諸島 중의 최대의 섬。Cuba의 音譯。
〔玖璇:구선〕 구슬 이름。『藝文類聚』ㅣ隱曜、美玉韜光。

【玗】 (우) 虞 ウ、たま jade
小篆 草書 ❶옥돌우、옥같은돌우(石似玉)。❷우기나무우(ㅣ琪樹名)。

【玘】 (기) 紙 キ、たま ornamental jade
小篆 패옥기、노리개기(佩玉)。

四 畫

【玞】 (부) 虞 フ、たまいし gem ㄈㄨ fu²
草書 옥돌부(美石次玉)。(『砆』와 같음)

【玢】 (몰) 月 ボツ、たま jade
小篆 옥이름몰(玉名ㅣ瑤)。

【玟】 (민) 眞 ビン、あやいし precious stone ㄨㄣ wen²
小篆 草書 옥돌민(石種次玉、瑉ㅣ)。(『瑉』과 같음)
〔玟坏釉:민배유〕 瓷器 겉에 발라서 빛깔이 나고、물이 스며들지 않게 하는 유리 성질의 가루。

【玠】 (개) 卦 カイ、しるしたま baton ㄐㄧㄝ chieh⁴
小篆 草書 큰홀개、큰서옥개(大圭)。『爾雅』大尺二寸謂ㅣ。

【玢】 ㊀(분) 文 ㊁(빈) 眞 フン、ヒン、あや pattern
㊀옥무늬분(玉紋貌ㅣ豳)。㊁뜻은 ㊀과 같음。

【玤】 (방) 講 ホウ、おびたま jade
小篆 ❶옥돌방(玉中次玉)。❷땅이름 방(地名)。

【玦】 (결) 屑 ケツ、おびたま jade pendants ㄐㄩㄝ chüeh²
小篆 草書 ❶옥패결(玉佩半環)。『廣韻』佩如環而有缺逐臣待命於境賜環則返賜ㅣ則絕。❷활깍지결(弓環)。

漢碧玉香草玦
(古玉圖譜)

〔玦悍:결한〕 활(弓) 깍지와 팔찌。『禮記·內則』。
〔玦環:결환〕 半圓形의 구슬。『蘇軾』亂山如ㅣㅣ。

【玧】 ㊀(윤) 軫 ㊁(문) 文 イン、みみたま ear-plug made of jade
㊀귀막이구슬윤(充耳玉)。㊁붉은구슬문(赤玉)。

【玩】 (완) 翰 ガン、もてあそぶ toy ㄨㄢ wan²
小篆 小篆 或體 或體 草書 ❶희롱할완(弄也)。『黃庭堅跋俞清老詩』滑稽以ㅣ世。❷익힐완(習也)。『易經 繫辭上』所樂而ㅣ者、辭也。❸보배완(珍也)。『陸機論』ㅣ響應而赴。❹가지고놀완(ㅣ賞)。
〔玩具:완구〕 ❶장난감。❷玩好之物。
〔玩讀:완독〕 ❶글 뜻을 깊이 생각하며 읽음。玩誦。『吳志』聞其善左傳、乃自ㅣㅣ、欲與論講。❷비판적으로 읽지 않고 그냥 읽음。『愼思錄』。
〔玩弄:완롱〕 ❶즐겨 놂음。弄玩。❷장난감이나 놀림감으로 여김。
〔玩弄物:완롱물〕 ❶장난감。❷놀림감。
〔玩物:완물〕 ＝玩具。장난감。
〔玩物喪志:완물상지〕 쓸데 없는 물건을 가지고 놀다가 本心을 잃음。『書經』玩人喪德、ㅣㅣㅣㅣ。
〔玩味:완미〕 ❶음식물을 잘 씹어서 맛봄。❷詩文 등을 잘 읽어서 그 뜻을 이해함。『蘇軾』反覆ㅣㅣ。
〔玩賞:완상〕 즐겨 구경함。
〔玩索:완색〕 글의 깊은 뜻을 생각하여 찾음。玩繹。『中庸章句』ㅣㅣ而有得焉。
〔玩世:완세〕 세상 일을 輕視함。
〔玩愛:완애〕 즐겨 구경함。玩賞。
〔玩詠:완영〕 즐겨 읊음。愛詠。『魏志』嵇康所著諸文論六七萬言、皆爲世所ㅣㅣ。
〔玩月:완월〕 달을 구경함。
〔玩月砂:완월사〕 《醫》토끼의 똥。눈병·肺勞 따위의 약으로 씀。
〔玩好之物:완호지물〕 신기하고 보기 좋은 물건。

【玨】 (각)『珏』(玉部 5畫)의 古字

【玫】 (매) 灰 バイ、マイ、あかたま reddish gem ㄇㄟ mei²
草書 붉은구슬매(火齊珠、ㅣ瑰)。
〔玫瑰:매괴〕 ❶美玉의 이름。南方에서

나는 붉은 색의 구슬。火齊珠。〖韓非子〗綴以珠玉、飾以ㅣㅣ、輯以羽翠。❷(植) 장미 과에 속하는 落葉灌木。

玫瑰(三才圖會)

〖玫瑁:매민〗 玉과 비슷한 돌。〖事物異名錄〗山堂肆考、ㅣㅣ、石之似玉者。

【玪】 ㊀(감) 咸 ㊁(음) 侵 カン、うつくしい たま jade

小篆 ㊀옥돌감(石之次玉者)。㊁뜻은 ㊀과 같음。

【玭】 ㊀(빈) 眞 ㊁(변) 先 ヒン、ヘン、しんじゅ pearl

小篆 或體 ㊀소리나는진주 빈(珠之有聲者)。㊁뜻은 ㊀과 같음。(『蠙』과 通함)

五 畫

【玲】 (령) 靑 レイ、たまおと sound of jade pendants ㄌㄧㄥˊ ling²

小篆 草書 ❶쟁그렁거릴령、옥소리 령(金玉聲)。〖劉子翬詩〗ㅣ琅一鼓萬象春。❷아롱아롱할령(瓏鏤貌)。❸정교할령(精巧)。❹선명할령(鮮明)。

〖玲琅:영랑〗 玉이나 쇠붙이가 울리는 소리。

〖玲玲:영령〗 ❶구슬 소리。〖文心雕龍〗❷맑고 산뜻한 모양。빛나는 모양。〖張嘉貞〗ㅣㅣ瓏瓏、晶晶液液。

〖玲瓏:영롱〗 ❶구슬이 울리는 소리。〖班固〗和鑾ㅣㅣ、天官景從。〖注〗翰曰、ㅣㅣ、玉聲也。❷山名。❸精巧한 것。「玲玲。」

〖玲玎:영정〗 玉石의 울리는 소리。玎玲。

【玳】 (대) 隊 タイ、たいまい hawk's bill turtle ㄉㄞˋ tai⁴

草書 대모대(ㅣ瑁龜屬)。(『瑇』과 통함)

〖玳瑁:대모〗 (動)거북의 한 가지。등껍데기가 三角形이며 빛깔의 변화가 많음。껍데기는 玳瑁甲이라 하여 工藝材料로 씀。瑇瑁。瑇蝐。

〖玳瑁甲:대모갑〗 대모의 껍데기。

〖玳瑁貫子:대모관자〗 대모갑을 써서 만든 관자。

〖玳瑁風簪:대모풍잠〗 대모갑을 써서 「만든 風簪。

【玷】 (점) 豔 琰 テン、かける、きず blemish of jade ㄉㄧㄢˋ tien⁴

草書 ❶옥티점(玉病)。〖詩經〗白圭之ㅣ尙可磨也。❷흠각점(缺也)。〖世說 德行上〗攸素有德業言行無ㅣ。

〖玷缺:점결〗 구슬이 이지러짐。《轉》실수。缺點。〖皮日休〗王臣方蹇蹇、佐我無ㅣㅣ。「行靡ㅣㅣ。

〖玷漏:점루〗 =玷缺。〖後漢書〗翼翼周愼。

〖玷汙:점오〗 不淨한 일。또는 不淨하게 함。더럽게 함。〖唐書〗ㅣ至ㅣㅣ。

【玹】 (현) 先 ゲン、うつくしいたま jade

❶옥돌현(玉次石)。❷옥빛현(玉色)。❸성현(姓也)。

【玻】 (파) 歌 ハ、はり crystal ㄆㄛ po¹

草書 파려옥파、유리옥파(寶石)。〖廣韻〗ㅣ瓈玉西國寶。

〖玻瓈:파려〗 =玻璃。

〖玻瓈塊:파려괴〗 =玻璃母。

〖玻璃:파리〗 ❶《佛》七寶의 한가지。❷水晶類。❸琉璃。

〖玻璃母:파리모〗 유리가 녹아서 엉겨진 덩어리。玻瓈塊。

【玼】 ㊀(자) 卻 ㊁(차) 紙 ㊂(체) 薺 セイ、シ、きず blemish of jade ㄘˇ t'zŭ³

小篆 草書 ㊀옥티자(玉病)。(『疵』와 通함) ㊁옥빛차(玉色)。〖詩經〗ㅣ兮ㅣ兮ㅣ。㊂옥빛고울체、옥빛깨끗할체(玉色鮮潔貌)。

〖玼玼:①차차 ②자자〗 ❶鮮明한 모양。❷옥 빛이 고운 모양。

〖玼吝:자린〗 더러운 마음씨。〖後漢書〗去ㅣㅣ、將以道周性全。

【珣】 (구) 有 宥 ク、うつくしいいし jade ㄎㄜˋ k'ê⁴

小篆 옥돌구(石次玉者)。

【珀】 (박) 陌 ハク、こはく amber ㄆㄛˋ p'o⁴ (古音「백」)

草書 호박박(琥ㅣ、茯苓所化)。

【珂】 (가) 歌 カ、しろめのう white agate ㄎㄜ k'ê¹

小篆 草書 ❶옥이름가(玉名)。❷굴레치장하는 자개가(螺屬、勒飾)。〖爾雅翼〗貝大者ㅣ。❸흰마노가(白瑪瑙)。

〖珂里:가리〗 남의 고장에 대한 美稱。貴地。貴鄕。珂鄕。

〖珂珹:가술〗 名珠의 이름。老鵬이 化한 것이라 함。〖左思〗。

【珈】 (가) 麻 カ、かみかざり hair ornaments ㄐㄧㄚ chia¹

小篆 草書 떨잠가、비녀치장가(笄飾)。〖詩經〗副笄六ㅣ。

珈(古玉圖)

〖珈簪:가잠〗 머리 장식과 비녀。〖庾信〗節行聲玉、副笄ㅣㅣ。

【珉】 (민) 眞 ビン、ミン、たまいし precious stone ㄇㄧㄣˊ min²

小篆 草書 옥돌민(美石次玉)。〖禮記 玉藻〗君子貴玉而賤ㅣ。(『玟』과 같음)

〖珉砌:민체〗 아름다운 섬돌。〖王勃〗羅帳五華懸、ㅣㅣ百枝然。

【珊】 (산) 寒 サン、さんご coral ㄕㄢ shan¹

小篆 草書 ❶산호산(海中產動物、ㅣ瑚)。❷조잔할산(凋殘貌)。〖李後主詞〗簾外雨潺潺春意闌ㅣ。❸패옥소리산(珮聲)。〖杜甫詩〗時聞雜珮聲ㅣㅣ。

〖珊珊:산산〗 ❶佩玉의 소리。또는 방울·물·비의 소리。〖杜甫·宴洞中詩〗時聞雜佩聲ㅣㅣ。❷이슬의 맑고 깨끗한 모양。〖程泌·玉泉遇雨詞〗。

〖珊瑚:산호〗 ❶珊瑚蟲의 群體의 中軸骨骼。群體는 塊狀 또는 樹枝狀을 이루었으며、바깥 쪽은 무르고 속은 단단한 石灰質로 되어 있어 겉은 긁어 버리고 속만을 장식품으로 씀。桃色 珊瑚와 赤色 珊瑚가 있음。❷=珊瑚蟲。

〖珊瑚島:산호도〗 珊瑚礁가 바다 위에 드러나서 된 섬。「생긴 산호。

〖珊瑚水:산호수〗 나무가지 모양으로

〖珊瑚釉:산호유〗 산호 빛과 같은 유약。

〖珊瑚簪:산호잠〗 산호로 만든 비녀。

〖珊瑚珠:산호주〗 산호로 만든 구슬。

〖珊瑚礁:산호초〗 몸에 石灰質의 骨骼을 가진 珊瑚蟲의 遺骸가 쌓이고 쌓여서 된 바위。섬 주위에 붙은 것을 裾礁、섬을 중심으로 둘러싼 것을 堡礁、섬 없이

圓을 이룬 것을 環礁라고 함。

【珊瑚蟲:산호충】《動》腔腸動物의 한 가지。위도 三五도 이내의 바닷 속에 산호라는 석회질 골격 속에 떼를 지어 살며 나무가지처럼 몸을 뻗어 군데군데로부터 촉각과 입을 내어 숨을 쉬고 먹이를 잡아 먹음。

【珌】

(필) 質 ヒツ、こじりかざり sword ornaments
小篆 草書
칼장식옥필(佩刀下飾)。【詩經】鞞琫有ㅣ。

【珍】

(진) 眞 チン、たから treasure; good ㄓㄣ chen¹
小篆 草書
❶보배진(寶也)。【禮記】儒有席上之ㅣ。❷서옥진(瑞玉)。【詩經】周家大受ㅣ瑞。❸귀중할진(貴重)。【左傳 文公八年】書曰公子遂ㅣ之也。❹맛좋을진(食之美者)。

【珍嘉:진가】진기하고 좋은 일。

【珍客:진객】귀한 손님。진귀한 손님。

【珍果:진과】진기한 과실。『後漢書』食

【珍菓:진과】진기한 과자。「物ㅣㅣ。

【珍怪:진괴】진기하고 괴이함。『史記』寶器ㅣㅣ、多于王室。

【珍巧:진교】이상하고 교묘함。『晉書』畫以五色、飾以金玉、窮盡ㅣㅣ。

【珍貴:진귀】보배처럼 귀중함。『東坡詩話』此魚自ㅣㅣ久矣。

【珍禽:진금】진기한 새。『書經』ㅣㅣ奇獸、不育于國。

【珍奇:진기】보배롭고 기이함。珍異。『後漢書』寶融乞骸骨、輒賜錢帛、太宮致ㅣㅣ。

【珍器:진기】보배처럼 귀한 그릇。『戰國策』珠玉財寶、車甲ㅣㅣ、盡收入燕。

【珍談:진담】진기한 이야기。珍說。「기。

【珍聞:진문】珍貴한 소문。이상한 이야

【珍味:진미】❶음식의 썩 좋은 맛。❷진기한 요리。『後漢書』晝夜紡績市ㅣㅣ。

【珍寶:진보】진기한 보물。보배의 총칭。『列子』庫藏ㅣㅣ。

【珍本:진본】진기한 책。珍書。

【珍事:진사】珍貴한 일。珍事件。

【珍事件:진사건】보기 드문 사건。

【珍書:진서】진귀한 書籍。珍本。奇書。

【珍膳:진선】진기하고 맛좋은 음식。珍饌。珍羞 『後漢書』寶貨ㅣㅣ之屬。

【珍鮮:진선】진기하고 새로움。

【珍說:진설】❶이상하고도 듣기 드문 이야기。珍談。『荀子』小家ㅣㅣ之所願。❷진기한 의견。

【珍獸:진수】진기한 짐승。奇獸。『史記』故ㅣㅣ至、嘉穀興。

【珍羞:진수】진기하고 맛좋은 음식。珍膳。『後漢書』遠國ㅣㅣ、本以薦奉宗廟。

【珍羞盛饌:진수성찬】썩 맛이 좋은 음식。보기 드물게 잘 차린 음식。

【珍藥:진약】진기한 약。奇藥。

【珍異:진이】진귀한 물건。진기한 음식물。珍奇。『周禮』亦畜ㅣㅣ。

【珍藏:진장】진귀하게 여겨 깊이 감춰 둠。또는 그 물건。寶藏。『後漢書』盈牣ㅣㅣ。

【珍籍:진적】=珍書。

【珍種:진종】드물고 귀한 품종。종자。

【珍重:진중】❶진귀하여 소중히 함。貴重。『張羽』ㅣㅣ函封寄千里。❷사람에게 몸을 소중히 할 것을 권하는 편지에 쓰는 말。『王僧孺』握手戀戀、離別ㅣㅣ。

【珍饌:진찬】진기하고 맛 좋은 飮食。珍膳。『楊萬里』只嫌嶺外無ㅣㅣ、一味春蔬不直錢。

【珍烹:진팽】썩 맛 좋은 요리。珍羞。『蘇軾』我昔在田間、寒庖有ㅣㅣ。

【珍品:진품】진귀한 물품。

【珍貨:진화】진귀한 보물。『後漢書』單于懷服、遺以胡中ㅣㅣ而去。

【珎】

(진)『珍』(前條)의 俗字

【珏】

㊀(각) 覺 カク、コク、ついたま double gem
㊁(곡) 屋
小篆
㊀쌍옥각(雙玉)。㊁뜻은 ㊀과 같음。

【玺】

(새)『璽』(玉部 14畫)의 俗字

六畫

【珓】

(교) 效 コウ、うらないつつ divining-stick case ㄐㄧㄠ chiao⁴
草書
배교교、점치는산통교(占具、杯ㅣ)。【演繁露】杯ㅣ用兩蚌殼或用竹根。

【珕】

(려) 霽 レイ、かざり decorate
小篆
자개로칼장식할려(蜃屬、佩刀飾)。【詩經】士ㅣ琫而ㅣ珌。

【珖】

(광) 陽 コウ、たまぶえ jade
❶옥피리광(琯也)。❷옥이름광(玉名)。❸사람이름광(人名)。

【珙】

(공) 腫 冬 キョウ、おおたま big jade ㄍㄨㄥ kung³
小篆 草書
❶옥이름공(玉名)。❷큰구슬공(大璧)。【左傳 襄公三十一年】ㅣ璧。

【珛】

(후) 宥 キュウ、くちだま jade
小篆
티박힌옥후(朽玉)。

【珞】

(락) 藥 ラク、くびかざり jade necklace ㄌㄨㄛ luo⁴
草書
구슬목걸이락(頸飾、瓔ㅣ)。

【珠】

(주) 虞 シュ、ジュ たま pearl; bead ㄓㄨ chu¹
小篆 草書
❶구슬주(蚌胎所生)。❷진주주(眞珠)。❸눈동자주(眼珠)。

【珠宮貝闕:주궁패궐】금은 보석으로 아름답게 꾸민 宮闕。

【珠璣:주기】구슬。寶石。(珠는 둥근 구슬。璣는 둥글지 않은 구슬)。『莊子』日月爲連璧、星辰爲ㅣㅣ。
司僕寺・奎章閣들의 벼슬아치가 타는 말 머리의 꾸밈새。

【珠簾:주렴】구슬을 꿰어 꾸민 발。『李白』美人捲ㅣㅣ、深坐顰蛾眉。

【珠蕾:주뢰】구슬과 같이 아름다운 꽃봉오리。玉蕾。『王冕・梅花詩』朔風吹寒ㅣㅣ裂。

【珠履:주리】구슬로 꾸민 신발。『史記』「其上客皆躡。

【珠母:주모】《動》진주조개과에 딸린 조개의 한가지。공예품을 만드는 데 중요하게 쓰이며、좋은 진주를 가졌음。

【珠箔:주박】구슬로 꾸민 발。珠簾。『劉孝威』虬簷挂ㅣㅣ。

【珠槃:주반】珠玉으로 장식한 소반。

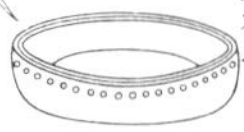

珠 槃

【珠鼊:주별】거북의 一種。『本草、珠鼊』。

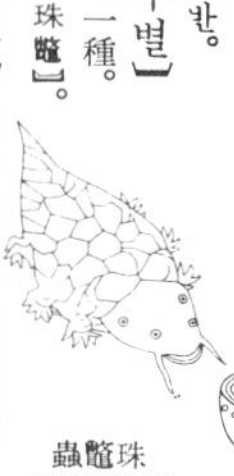

珠鼊蠵
(山海經圖)

【珠算:주산】주판으로 하는 계산。

【珠瓔:주영】구슬로 만든 목걸이。

【珠玉:주옥】❶구슬과 옥。『爾雅』。❷아름답고 훌륭한 물건。『李白』欬唾落九天、隨風生ㅣㅣ。❸尊貴한 물건。

【珠簪:주잠】옥비녀。

【珠唾:주타】名言이나 美句의 形容。『楊萬里・詩』銀鈎ㅣㅣ千萬章。

【珠胎:주태】眞珠가 조개 속에 들어 있

는 것。《轉》懷妊。

【珠貝:주패】眞珠。

◎明ㅡ、念ㅡ。

【珢】 ⊖(은) 眞 ギン、うつくしい precious stone ⊜(간) 願 ㄎㄣˋ k'ên⁴
小篆 ⊖옥돌은(石似玉)。⊜부르터 삐어진 흔적있는옥간(傷玉)。

【珣】 (순) 眞 シュン、たまうつわ jade vessel ㄒㄩㄣˊ hsün²
小篆 草書 ❶옥그릇순(玉器)。❷옥이름순(東方美玉)。

【琂】 (보)『寶』(宀部17畫)의 古字

【珛】 (주) 尤 シュウ、たま gem
구슬주(玉也)。

【珥】 (이) 寘 ジ、みみたま ear ornaments ㄦˇ êrh³
小篆 草書 ❶귀막이옥이(瑱也)。❷귀고리이(耳璫)。❸해무리이(日旁氣)。【史記】夫人脫簪ㅡ。【漢書】抱ㅡ蚕蜺。

【珥笄:이계】玉으로 만든 귀고리와 비녀。簪珥。

【珥璫:이당】귀고리。「作。

【珥蜺:이예】무지개。【漢書】邪氣ㅡㅡ數

【珥筆:이필】붓을 冠의 옆 쪽에 끼워서 筆記할 때 씀。【曹植·表】執鞭ㅡㅡ。

【珧】 (요) 蕭 ヨウ、だいらぎ shell ㄧㄠˊ yao²
小篆 小篆 草書 ❶조개이름요、자개이름요(蜃屬、一名海月、江ㅡ)。❷옥이름요(玉名)。

【抱朴子】ㅡ華黎綠連城之寶。

【珧銚:요조】靈柩車를 말함。네 바퀴가 땅을 더듬어 가는 모양이 조개와 같기에 이름。蜃車。【韓非子】古者寡事而備簡、陋而盡、故有ㅡㅡ而推車者。

【珧華:요화】구슬 이름。【抱朴子】ㅡㅡ黎綠、連城之寶也。

【珩】 (형) 庚 コウ、おびたま court-dress jewels ㄏㄥˊ hêng²
小篆 草書 노리개형、패옥형(佩上玉)。【正韻】佩上ㅡ下璜。(『衡』과 통함)

【珩紞:형담】노리개나 冠을 이어매는 끈。

古玉瑚文珮珩(古玉圖譜)

【珪】 (규) 齊 ケイ、しるしたま jade mace ㄍㄨㄟ kuei¹
草書 ❶서옥규(瑞玉)。❷【化】원소이름규(珪素)。(『圭』와 같음)

【珪璋:규장】옥으로 만든 귀중한 그릇。《喩》훌륭한 인품。「之ㅡㅡ。

【珪組:규조】圭玉의 끈。【晉書】綃果葉

【珪幣:규폐】신에게 바치는 귀중한 예물。【史記·封禪書】具ㅡㅡ各異。

【珪灰石:규회석】《鑛》널판꼴 결정으로 주성분은 규산칼시움。무색·백·회색 따위。

【班】 (반) 刪 ハン、ならべる class; order ㄅㄢ pan¹
小篆 草書 ❶벌려설반(列也)。【易經】乘馬ㅡ如。❷반차반(次也)。【左傳 文公六年】ㅡ在九人。❸이별할반(別也)。【左傳 襄公十八年】有ㅡ馬之聲。❹나누어줄반(頒與)。【書經 堯典】ㅡ瑞於羣后。❺수레 소리반(車聲)。【後漢書 五行志】車ㅡㅡ入河間。❻같을반(同也)。【孟子 公孫丑上】伯夷伊尹於孔子、若是ㅡ乎。❼얼룩질반(斑也)。(『般』과 통함)

【班家:반가】《國》양반의 집안。양반집。

【班劍:반검】❶劍을 들고서 將軍 등의 뒤를 따르는 者。❷날이 없는 木劍에 무늬를 그린것。象劍。

班劍(三才圖會)

【班列:반렬】❶신분·등급의 차례。❷품계의 차례。班次。【潘岳】天子以爲散騎常侍、從ㅡㅡ也。

【班馬:반마】❶隊列에서 떨어진 말。【左傳】有ㅡㅡ之聲。❷班固와 司馬遷의 稱。두 사람 다 漢代의 歷史家。

【班脈:반맥】양반의 자손 또는 그 系統。

【班名:반명】양반이라고 일컫는 명색。

【班班:반반】❶선명하고 뚜렷한 모양。【後漢書】不敢ㅡㅡ顯言。❷수레의 소리。【後漢書】車ㅡㅡ入河間。❸얼룩얼룩한 모양。【白居易·石上苔詩】。❹각 반。

【班班可考:반반가고】《國》일의 근거가 분명함。

【班白:반백】白髮이 섞임。또 그 老人。五〇세쯤의 老人。斑白·頒白。【禮記】ㅡ者不提挈。

【班閥:반벌】양반의 門閥。

【班史:반사】漢書의 異稱。班固가 지은 歷史書이기 때문임。【歐陽修·文】ㅡㅡ自成一家之言。

【班師:반사】❶《軍》군사를 이끌고 돌아옴。【書經】ㅡㅡ振旅。❷《宗》主日學校 선생을 일컫는 말。

【班常:반상】《國》양반과 常人。

【班首:반수】❶首席의 자리에 있는 사람。우두머리。❷褓商이나 負商의 우두머리가 되는 사람。「ㅡ百官。

【班示:반시】나누어 보임。【後漢書】ㅡ

【班員:반원】한 반을 이룬 각 사람。

【班位:반위】❶列位。【晉書】諸侯恃恩、各爭ㅡㅡ。❷同列에 위치함。

【班長:반장】❶班의 일을 책임지고、맡아보는 사람。❷한 班의 長。

【班族:반족】양반의 겨레붙이。

【班種:반종】양반의 씨。

【班指:반지】한 짝으로만 된 가락지。

【班次:반차】지위의 순서。席次。班列。班序。【春秋】會之ㅡㅡ、以國大小爲序。

【班村:반촌】양반이 많이 사는 마을。

【班布:반포】❶세상에 널리 알림。宣布。❷피륙의 이름。반베。【魏志·東夷傳】。

【班賀無樂:반하무악】대궐 잔치 때에 아뢰던 풍류의 이름。

【班行:반항】❶席次。次位。班位。【漢書·世系表序】。❷同列의 位。【韓愈·太原王公神道碑】。

【班鄕:반향】《國》양반이 많이 사는 시골。

【班戶:반호】양반의 집。↔常戶。

【班婚:반혼】常人이 양반집과 혼인함。

◎東ㅡ、武ㅡ、文ㅡ、西ㅡ、硏究ㅡ。

【珮】 (패) 隊 ハイ、おびもの jade pendants
草書 찰패(帶也、ㅡ玉)。(『佩』와 같음)

【珮珂:패가】玉으로 만든 노리개。【蘇轍】少年衣服天街闊、何處相逢解ㅡㅡ。

【珮環:패환】노리개의 고리。【蘇軾】清詩鳴ㅡㅡ。

【琉】 (류) 尤 有 リュウ、るり emerald ㄌㄧㄡˊ liu²
草書 ❶유리돌류(西域采石、ㅡ璃)。❷나라이름류(泉州國名、ㅡ球)。

【琉球:유구】《歷》나라 이름。日本의 本土 九州와 臺灣 사이에 있는 여러 섬。明代에 中國에 예속되어 酋長이 中山王으로 冊封됨。一八七九년 日本 영토가 됨。

一九五一년에 현주민에 의한 政府 樹立。

【琉璃:유리】 ❶七寶의 하나。靑色의 寶玉。❷《化》유리・硅砂・소다灰・石灰 따위를 섞어서 녹인 다음 급히 冷却시켜 만듦。단단하나 깨어지기 쉬우며 투명함。硝子。

【琉璃器皿:유리기명】 유리로 만든 그릇。유리그릇。

【琉璃燈:유리등】 유리를 둘러 낀 등。

【琉璃甁:유리병】 유리로 만들어진 병。

【琉璃窓:유리창】 유리를 끼워 만든 窓。

【瑙】 (노) 『瑙』(玉部 9畫) 『碯』(石部 9畫)와 같음

七畫

【珵】 (정) 庚 テイ、たま ornamental jade ㄔㄥˊ ch'êng² 패옥정、노리개정(佩玉、珩也)。

【珷】 (무) 麌 ブ、たまににたいし jade 옥돌이름무(石似玉、ㅡ玞)。

【珷玞:무부】 옥과 비슷한 돌。

【琊】 (류) 尤 有 リュウ、るり emerald

琊 小篆 ❶보석류(寶石)。❷금강석류(金剛石)。

【珸】 (오) 『琝』(玉部 7畫)와 같음

【琪】 (패) 泰 ハイ、かいかざり decoration 자개장식패(具飾)。

【琀】 (함) 勘 カン、ふくみだま jade

琀 小篆 빈함옥함(殯含玉)。【晉書】殯含ㅡ之物。(『含』과 통함)

琀玉蒼
(圖玉古)

【珽】 (정) 迥 テイ、たまのしゃく jade tablet

珽 小篆 珽 草書 ❶옥이름정(玉名)。❷옥홀정(笏也)。【左傳】袞冕黻ㅡ。

【現】 (현) 霰 ゲン、あらわれる appear; present ㄒㄧㄢˋ hsien⁴

現 草書 ❶옥빛현(玉光)。❷나타날현、보일현(顯也)。【抱朴子】形ㅡ往來。❸지금현、당장현(今也)。(『見』과 통함)

【現價:현가】 ❶현재의 값。현재의 시세。❷장래의 어느 때 지불할 일정한 금액의 현재에 있어서의 가격。지불 날짜까지의 利子를 공제하고 정함。

【現居:현거】 현재 居住함。또는 그 곳。

【現官:현관】 현직에 있는 관직。

【現今:현금】 지금。이제。눈앞。目下。

【現金:현금】 ❶현재 몸에 가지고 있는 돈。❷현재 통용되는 돈。❸바로 제자리에서 돈을 받는 일。❹맞돈。

【現金去來:현금거래】 상품의 거래와 함께 그 값을 맞돈으로 사고 파는 맞돈 거래。

【現金賣買:현금매매】 맞돈을 받고서 팔거나 맞돈을 주고서 삼。또는 그 일。

【現金出納簿:현금출납부】 현금이 나가고 들어옴을 적어 놓는 장부。

【現代:현대】 지금의 이 시대。현 시대。제一차 세계 대전 이후의 시기。

【現代劇:현대극】 현대의 사회나 생활에 있는 素材를 가지고 꾸민 연극。

【現代文學:현대문학】 《文》近代文學의 계승으로서 현대에 형성된 문학。

【現代思想:현대사상】 현 사회에서 가장 주가 되는 인생관이나 사회관의 傾向。

【現代思潮:현대사조】 현대 사상의 趨勢。

【現代式:현대식】 ❶현대에 꼭 알맞는 형식이나 방식。❷현대의 버릇。

【現代人:현대인】 ❶현대에 살고 있는 사람。❷현대적인 교양을 쌓아 현대식 생활을 하는 사람。

【現代的:현대적】 현세에 적합한 모양。

【現代戰:현대전】 고도로 발달된 과학 병기를 써서 하는 현대의 전쟁。

【現夢:현몽】 亡人이나 신령이 꿈에 나타남。

【現物:현물】 ❶지금 있는 物品。❷금전에 대하여 物品을 일컫는 말。物資。

【現物價格:현물가격】 《經》실제 물건의 값。받을 만한 물건 값。

【現物去來:현물거래】 현재에 있는 물건을 보고서 받아 넘기는 매매 계약。

【現物出資:현물출자】 《經》어떤 기업에 실제 물건으로써 하는 出資。

【現米:현미】 ❶현재 그 자리에 있는 쌀。❷급료로써 받는 쌀。

【現狀:현상】 현재의 상태。눈앞의 모습。지금의 형편。

【現想:현상】 보고 듣는 데 관련하여 일어나는 생각。

【現像:현상】 ❶형상을 나타냄。❷사진술에서 촬영한 乾板・濕板 따위를 現像液에 담가 그 映像을 現出함。

【現象:현상】 ❶눈 앞에 보이는 사물의 형상。❷《哲》사람이 感性的으로 知覺 經驗할 수 있는 온갖 일이나 물건。↔本體。

【現象界:현상계】 《哲》경험의 세계。形而下의 세계。客觀界。

【現象學:현상학】 《哲》❶本體가 나타난 現狀을 연구하는 학문。❷의식의 본질적 사실을 分析記述하는 학문。

【現生:현생】 이 세상의 生涯。「하나。

【現世:현세】 ❶이 세상。❷《佛》三世의

【現勢:현세】 현재의 정세 또는 세력。

【現送:현송】 ❶현물을 보냄。❷《經》현금 곧 正貨를 보냄。↔換送金。

【現數:현수】 현재의 수효。

【現時:현시】 지금。현재의 이 때。방금。

【現時代:현시대】 =現代。

【現身佛:현신불】 《佛》肉身을 이 세상에 나타낸 부처。곧 釋迦가 그 예임。

【現實:현실】 ❶현재의 사실。❷《哲》생각의 대상인 객관적・구체적 존재。또는 가능적 존재에 대한 현재적 존재。

【現實界:현실계】 《哲》현실의 세계。경험의 세계。「또는 그 태도。

【現實觀:현실관】 《哲》현실을 보는 눈。

【現實逃避:현실도피】 ❶현실과 실천면에 적극적으로 대결하려 하지 않고 회피함 ❷일종의 消極的인 處世態度。

【現實性:현실성】 실제로 일어날 수 있는 가능성。현실이 될 수 있는 성질。

【現實的:현실적】 현재 사실로서 존재하고 있는 것。현실주의인 모양。

【現實主義:현실주의】 ❶현실적인 것을 第一義的으로 重視하는 입장。❷주의 이상에 구애됨이 없이 현실의 사태에 즉응해서 일을 처리하는 태도。

【現實派:현실파】 실제의 사실에서 학설을 세우고、일을 해 나가는 파。

【現額:현액】 현재의 액수。

【現業:현업】 현재하고 있는 업무。또는 영업。실지의 업무。

【現役:현역】 ❶현재 軍務에 근무하고 있는 군인。❷현재 어떤 職을 가지고 일하고 있는 사람。

【現任:현임】 현재의 職任。時任。

【現場:현장】 ❶사물이 현존한 곳。❷사건이 발생한 곳。❸工事場。

【現在:현재】 ❶이제。지금。❷이 세상。❸《佛》이승의 뜻。❹文法에서 現在의 時制를 나타내는 말。↔未來・過去。

【現在完了:현재완료】 현재까지 動作이 끝났음을 나타냄。

【現存:현존】 현재 눈앞에 존재함。 현재 살아 있음。 「삶。

【現住:현주】 ❶現住所。❷지금 머물러 있는 곳。住所。

【現住所:현주소】 현재 거주하고 있는 곳。住所。

【現住者:현주자】 현재 거주하고 있는 사람。

【現症:현증】 현재 나타나고 있는 병의 「症勢。

【現地:현지】 ❶현재의 토지。❷어떤 사건 따위가 발생한 바로 그 곳。「↕前職。

【現職:현직】 현재의 직업、또는 관직。

【現態:현태】 현재의 모양이나 상태。

【現版:현판】 紙型에서 뜬 鉛版이 아니고 活字版에 직접 박아 내는 인쇄판。

【現品:현품】 ❶실제의 물품。❷현재 있는 물품。 「음。

【現行:현행】 현재 행함。또는 행하고 있

【現行犯:현행범】 《法》범행하는 현장에서 발각된 범죄。또는 그 사람。

【現行法:현행법】 《法》현재 시행하고 있어 효력이 있는 법률。

【現化:현화】 ❶현실로 화함。❷神佛이 그 형체를 변하고 이 세상에 나타남。

【現況:현황】 현재의 형편。또는 상황。

【現效:현효】 효험이 나타남。
◎跋—、實—、再—、出—、表—。

【琡】
㊀(착) 覺 シュク、ひとしい
㊁(축) 屋 be equal (to)
㊀비등할착(等也)。㊁뜻은 ㊀과 같음。

【球】
(구) 尤 キュウ、たま round gem;ball ㄑㄧㄡˊ ch'iu²
小篆 或體 草書 ❶옥경쇠구(玉磬)。【書經】戛擊鳴—。❷아름다운옥구(美玉)。【詩經】受小—大—。❸둥글구(圓也)。❹공구(毬也)。❺지구구(地球)。❻나라이름구(國名琉—)。

【球莖:구경】 《植》토란 따위처럼 뿌리가 球形을 이룬 地下莖。 「總稱。

【球菌:구균】 《生》球狀으로 된 細菌의

【球根:구근】 《植》둥글게 되어 있는 식물의 地下莖이나 뿌리。水仙 따위。

【球技:구기】 ❶일정한 경기장에서 공으로 행하는 경기。축구·야구·배구 따위。球戲。❷공을 다루는 기술。

【球燈:구등】 모양이 둥글게 생긴 등。

【球琳:구림】 아름다운 구슬。【書經】厥貢惟——琅玕。《喩》빼어난 才能。또는 그 사람。【李白·詩】夫子有盛才、主司得——。

【球面:구면】 ❶구의 표면。❷《數》어느 일정한 점에서 입체적으로 일정한 거리에 있는 점의 軌跡。

【球面鏡:구면경】 《物》구면의 한 부분이 反射面으로 된 거울。凸면경과 凹면경의 두 가지가 있음。

【球狀:구상】 공같이 둥근 모형。球形。

【球狀關節:구상관절】 《生》구상을 이루어 딴 부분에 박혀 운동이 자유로운 可動關節의 하나。

【球狀態:구상태】 《數》楕圓을 그 긴 직경 또는 짧은 직경을 축으로 하여 회전시켜 생기는 입체。

【球芽:구아】 百合科植物 따위의 葉腋에 생기는 黑紫色의 둥근 눈。땅에 떨어져 싹이 남。

【球形:구형】 공같이 둥근 모양。球狀。

【球戲:구희】 =球技。
◎氣—、籠—、排—、送—、眼—、野—、電—、庭—、地—、直—、卓—、血—。

【琁】
(선) 先 セン、たま beautiful jade
小篆 아름다운옥선(美玉)。(『璇』과 같음)

【琅】
(랑) 陽 ロウ、ろうかん lock ㄌㄤˊ lang²
小篆 草書 ❶낭간옥랑(似珠、—玕)。【書經】球琳—玕。❷문고리랑(宮門銅環)。【漢書】木門倉—根。❸잠글랑、긴자물쇠랑(長鏁)。【漢書】以鐵鎖—當其頸。❹옥소리랑(玉聲)。【楚辭】璆鏘鳴兮琳—。❺【中字】파란랑(琺—)。

【琅璫:낭당】 ❶죄인을 묶어 두는 길다란 사슬。【漢書】以鐵鎖——其頸。❷鈴鐸。【杜甫·詩】風動金——。❸佩玉의 소리。【蘇軾】更聞玉佩聲——。

【琅琅:낭랑】 ❶쇠붙이나 구슬이 서로 부딪쳐 울리는 소리。【朱德潤】細腰裙動金。❷새가 지저귀는 맑은 소리。【蘇舜欽】珍禽無數語——。

【琅然:낭연】 二슬이 울리는 소리。또는 그와 같은 물소리。

【琅函:낭함】 ❶서류 상자。【韋莊】家藏何所寶、淸韻滿——。❷남의 편지에 대한 존칭。

【理】
(리) 紙 リ、おさめる、みち rule;reason ㄌㄧˇ li³
小篆 草書 ❶다스릴리(治也)。【說苑 君道】聖人寡爲而天下—矣。❷바를리(正也)。【左傳】疆—天下。❸무늬낼리(治玉)。【淮南子】璧襲無—。❹성품리(性也)。【禮記】天—滅矣。❺이치리、도리리(道也)。【易經 繫辭上】易簡而天下之—得矣。❻고칠리、정리할리(修理整理)。【劉基 賣柑者言】法斁而不知—。❼처치할리(處置)。❽나무결리(木理)。❾힘입을리(賴也)。【孟子 盡心下】稽大不—於口。

【理曲:이곡】 이치가 바르지 아니함。이치에 어그러짐。

【理工:이공】 理學과 工學。곧 자연 과학과 공업에 관한 學問。

【理科:이과】 자연 과학의 여러 가지 사물 및 현상을 연구하는 학문。

【理敎:이교】 본체의 원리와 현상인 사실이 다른 것이 아니라 차별의 사실 그대로 곧 평등한 것이라는 敎旨。

【理國:이국】 나라를 다스림。治國。【管子】——之道、地德爲首。

【理窟:이굴】 理致。줄거리。【包融】一談入——、再索破幽襟。

【理窮:이궁】 사리에 궁박함。

【理氣:이기】 ❶호흡을 가지런히 함。【潘岳·笙賦】先嗢噦而——。❷宋代 儒者들의 學說로서 理와 氣。理는 우주의 본체、氣는 그 현상。❸太極과 陰陽。

【理氣合一:이기합일】 《哲》理는 氣의 條理이고 氣는 理의 運用이어서、그 보는 점에 따라 오직 이름은 다르나 근원에 있어서는 하나라는 설。

【理念:이념】 ❶생각。관념。意識內容。❷《哲》理性의 판단으로 얻은 최고의 개념。온 경험을 통제하는 主體。

【理亂:이란】 ❶다스리는 일과 어지럽게 하는 일。【韓愈】——不知、黜陟不聞。❷어지러움을 다스림。

【理路:이로】 사물의 道理。

【理論:이론】 ❶사물의 이치를 논함。❷원리 원칙에서 출발해서 사실을 논함。↕實踐。 「따지기를 잘하는 사람。

【理論家:이론가】 理論에 능한 사람。

【理論經濟學:이론경제학】 《經》경제 현상·경제 조직에서 지배하는 공통성 및 상대적인 법칙성을 이론적으로 설명한 경제학。↕應用經濟學。

【理論的:이론적】 ❶이론에 기하는 것。❷이론으로만 그치는 것。이론에 관계되는 것。

【理論哲學:이론철학】《哲》理論的 문제를 대상으로 하는 철학。↔實踐哲學。

【理論鬪爭:이론투쟁】이론·원리·사상에 대하여 비판과 검토를 함으로써 서로의 이해 및 意識을 높이는 일。

【理髮:이발】머리털을 빗고、다듬어 깎음。〖禮記·註〗櫛以——。

【理髮館:이발관】=이발하는 집。理髮所。

【理髮器:이발기】머리털을 깎는 기계。이발하는 기계。바리깡。

【理髮師:이발사】남의 머리털을 이발하여 주는 일을 업으로 삼는 사람。

【理髮所:이발소】=理髮館。

【理非:이비】옳은 일과 그른 일。是非。

【理事:이사】❶都給 맡은 일을 취급하는 소임。❷《法》法人을 대표하여 사무를 처리하며、권리를 행사하는 사람。또는 그 사람의 직함。

【理想:이상】❶실현될 수 있다고 생각되는 최고의 상태。↔現實。❷《哲》理性에 의하여 상상할 수 있는 최선의 상태。

【理想世界:이상세계】현실적인 불만이 없는 완전 무결한 이상적 상태인 상상 세계。

【理想的:이상적】사물의 상태가 이상에 합치되어 있는 모양。

【理想主義:이상주의】이상을 표준으로 하여 행동을 제약하고 모든 사물을 설명하려는 주의。아이디얼리즘(idealism)。

【理想村:이상촌】모든 제도나 시설이 이상적으로 갖추어진 살기 좋은 마을。

【理想派:이상파】理想主義를 주장하는 사람들。

【理想鄕:이상향】❶실제로는 존재하지 않는 이상적 세계。유토피아。❷토마스 모어의 소설。유토피아 속에 그려진 세계。

【理想型:이상형】《哲》❶社會科學的 概念 構成의 하나。❷文化의 意義·일반성을 인식하기 위하여 價値的인 견지에서 構成된 일종의 普遍概念。❸본 보기가 될 만한 것。

【理想化:이상화】❶현실을 떠나서 자기의 이상대로 됨。❷《哲》실제로 있는 것에다 변화와 추상을 가하여 이상 상태로 만드는 관념화의 작용。❸예술 창작에 있어 작자의 이상에 따라 재료를 취사 선택하여 구성함。

【理性:이성】❶事物의 이치를 생각하는 능력。❷《哲》사람이 본디 타고난 세 가지 정신 능력。곧 知·情·意 중의 知的 능력。개념을 思惟하는 능력。❸良心。

【理性的:이성적】이성에 말미암은 것。

【理勢:이세】❶사리와 형세。❷자연의 운수。

【理所固然:이소고연】이치에 당연함。

【理所當然:이소당연】이치가 응당 그러할 일。

【理勝:이승】모두 이치에 맞음。

【理神論:이신론】《哲》신이 세계를 창조는 하였으나 지배는 하지 않고、세계는 자신의 법칙에 의하여 움직인다고 보아、종교를 이성에 의하여 제한하려는 이론。

【理外:이외】이치 밖。도리 밖。

【理容:이용】이발과 미용술의 總稱。주로 얼굴·머리·손·발 따위 외관을 바로잡아 가지런히 미화하는 일。

【理由:이유】❶까닭。事由。❷내력。

【理財:이재】재물을 유리하게 다룸。〖易經〗——正辭。

【理財局:이재국】《制》❶李朝末 度支部에 둔 한 局。국가 財政에 관한 사무를 맡아 보았음。❷財務部의 한 局。國庫財政의 모든 일을 管掌함。

【理中湯:이중탕】《醫》中焦를 덥게 하는 약。인삼·白朮·乾薑 각 두 돈중과 감초 한 돈중으로 조제하고、胃寒·霍亂 따위에 쓰임。

【理智:이지】❶이성과 지혜。❷사물을 분별하고 이해하는 슬기。❸《佛》眞如를 이해하는 지혜。

【理智的:이지적】이지를 기초로 한 것。

【理直:이직】이치가 곧고 바름。

【理債:이채】빚 준 돈을 모아 정리함。

【理體:이체】《哲》理性으로써 포착되는 思惟의 對象。

【理致:이치】사물의 정당한 조리。道理에 맞는 趣旨。〖晋書〗——情達。

【理學:이학】❶宋代에 理氣의 說을 주창한 學問。❷自然을 연구 대상으로 하는 학문의 總稱。생물학·물리학 따위。

【理解:이해】❶사리를 분별하여 알음。〖宋史〗口授學者、使之心通——。❷깨달아 알아들음。❸諒解。

【理解力:이해력】사물을 분별하여 아는 能力。

【理化:이화】❶다스려 인도함。治化。〖晋書·刑法志〗夫禮以訓世、而法以整俗、——之本。❷물리학과 화학。

【理化學:이화학】物理와 化學。

【理會:이회】❶사리를 깨달아 알음。❷뒤돌아보고 조사함。〖呂氏童蒙訓〗後生初學、且須——氣象。

【理會力:이회력】사리를 깨달아 아는 힘。能力。

◎公—、管—、群衆心—、論—、道—、木—、無—、文—、物—、蓓—、法—、辯—、事—、生—、攝—、性—、受—、調—、地—、眞—、處—、哲—、推—、學—。

【琇】(수) 宥 シュウ、しゅうえい precious stone ㄒㄧㄡˋ hsiu⁴ 草書 ❶귀막이수(—瑩美石)。〖詩經〗充耳—瑩。❷옥돌수(石次玉)。

【琇實:수실】美玉으로서 장식한 귀걸이。

【琇瑩:수형】아름다운 보석。〖詩·衛風〗充耳——、會弁如星。〖傳〗——、美石也。

【琈】(부) 尤 フウ、うつくしいたま jade-pattern ❶옥문채부(玉采—筍)。❷아름다운 옥부(美玉)。

【琊】(야) 麻 ヤ province ㄧㄝˊ yeh² 草書 고을이름야(齊國郡名、琅—)。

八畫

【琕】(병) 迥 ヘイ、たま jade ❶칼집병(刀室)。❷구슬이름병(珠名)。(「鞞」과 같음)

【⿰王囷】㊀(운) 吻 ㊁(윤) 軫 グン、ひとしい even ㊀가지런할운(齊也)。㊁뜻은 ㊀과 같음。

【琚】(거) 魚 キョ、みみわ earring 귀걸이거(耳環)。

【琖】(잔) 潸 サン、セン、たまのさかずき jade cup ㄓㄢˇ chan³ 小篆 草書 옥술잔잔(夏爵名、玉—)。(〖盞〗과 같음)

琖(淸會典圖)

【琛】(침) 侵 チン、たから treasure ㄔㄣ ch'en¹ 小篆 草書 보배침(寶也)。〖詩經魯頌泮水〗來獻其—。(〖賝〗과 같음)

【琛貢:침공】寶物의 貢物。〖蘇轍〗——相屬於道。

【琛麗:침려】 진기하고 아름다운 것。『後漢書·西域傳論』遏矣西胡、天之外區、土物——、人性淫虛。

【琛賂:침뢰】 보배。珍寶。『左思·吳都賦』其——則琨瑤之草、銅錯之垠。

【琛縭:침리】 옥으로 장신한 띠。『張衡』獻環琨與——兮。

【琚】(거) 魚 キョ、おびたま court-dress jewels ㄐㄩ chü¹ 小篆 草書 패옥거、노리개거(佩玉)。『詩經』報之以瓊—。

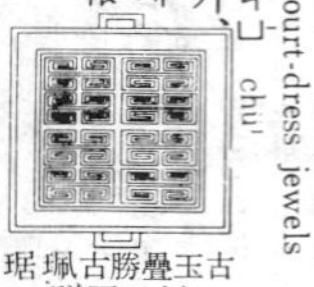
古玉疊勝古珮琚 (古玉圖譜)

【琟】(유) 支 ユイ、たまににたいし jade like stone 小篆 옥같은돌유(如玉美石)。

【琡】(숙) 屋 シュク、たま jade 小篆 ❶옥이름숙(玉名)。❷큰홀숙(大璋)。

【琤】(쟁) 庚 ソウ、たまおと sound of gem ㄔㄥ chêng¹ 小篆 草書 옥소리쟁(玉聲)。『韓愈詩』泉聲玉琮—。

【琤琤:쟁쟁】 ❶맑은 물소리의 형용。『韓愈·詩』。❷거문고 音色의 형용。『孟郊·詩』前溪忽調琴、隔林寒——。

【琤瑽:쟁종】 패옥의 소리。『殷文珪』泉聲東漱玉——。

【琢】(탁) 覺 タク、みがく carving and polishing ㄓㄨㄛˊ chuo² (古音「착」) 小篆 草書 ❶쪼을탁、옥다듬을탁(治玉)。『孟子』必使玉人雕—。❷가릴탁(選擇)。『詩經』敦—其旅。

【琢句:탁귀】 字句를 갈고 닦음。造句。『王安石』刻章——獻天子。

【琢器:탁기】 틀에 박아 내어、쪼아서 고르게 만든 그릇。

【琢磨:탁마】 ❶玉石을 쪼고 갈음。『詩經』如切如磋、如琢如磨。❷학문의 道를 연마함。

【琢玉:탁옥】 玉을 닦는 일。攻玉。

【琥】(호) 麌 コ、こはく amber ㄏㄨˇ hu³ 小篆 小篆 草書 ❶옥병부호、옥호부호(發兵瑞玉爲虎文)。『左傳 昭公三十二年』賜子家子雙—。❷호박호(松脂所化、—珀)。『易經乾卦各從其類也疏』若—珀拾芥。

白琥 (禮器圖)

【琥珀:호박】 《鑛》地質時代의 樹脂가 땅속에 묻히어 산소·수소·탄소 등과 화합하여 굳어진 광물。黃色透明體로 광택이 있고 타기 쉬움。여러 가지 장식품으로 씀。

【琥珀光:호박광】 琥珀과 같이 아름다운 색。《喩》술 빛깔의 아름다움。『李白·客中行詩』。

【琥珀酸:호박산】 《化》褐炭이나 호박을 乾溜하여 얻는 식물산이 아닌 有機酸。

【琥珀屑:호박설】 《醫》안질·驚悸를 다스리는 데 쓰는 琥珀의 가루。

【琥珀風簪:호박풍잠】 琥珀으로 만든 風簪。

【琦】(기) 支 キ、たま a valuable stone 草書 ❶옥이름기(玉名)。『漢書』綺繡—珍。❷클기(大貌、—瑋)。『宋玉問』瑰意—行。

【琦賂:기뢰】 훌륭한 보배。귀한 보배。珍寶。『後漢書』——寶貨、巨室不能容。

【琦辭:기사】 상식에서 벗어난 言辭。기이한 言說。奇辭。

【琦行:기행】 보통 사람과 다른 기이한 행동。奇行。『楚辭』夫聖人瑰意——。

【琨】(곤) 元 コン、うつくしいいし jade ㄎㄨㄣ k'uen¹ 小篆 或體 草書 ❶아름다운옥곤(美玉)。『書經 禹貢』瑤—篠蕩。❷패옥곤(佩玉)。

【琨瑜:곤유】 아름다운 玉。『徐陵』照爛等——。

【琩】(창) 陽 ショウ、みみだま jade ❶귀막이옥창(蠻夷充耳—玩)。❷귀고리창(耳璫)。

【琪】(기) 支 キ、たま jade ㄑㄧˊ ch'i² 草書 옥이름기(玉屬)。『爾雅 釋地』東方之美者、有醫無閭之珣玗—。

【琪樹:기수】 ❶玉과 같이 아름다운 나무。❷눈이 많이 쌓인 나무의 모양。❸

【琪花:기화】 옥같이 고운 꽃。〔玉樹。

【琪花瑤草:기화요초】 仙境에 있다고 하는 곱고 아름다운 꽃과 풀。

【琫】(봉) 董 ホウ、さやかざり sword ornaments 小篆 草書 칼장식옥봉(刀飾)。『詩經』鞞—有珌。

【琫珌:봉필】 佩刀의 장식。琫은 칼의 윗부분、珌은 下部의 장식。『漢書』瑒——。『注』孟康曰、瑒、玉名也、佩刀之飾、上曰琫、下曰珌。

古玉雲璃琫 (古玉圖譜)

【琬】(완) 阮 エン、しるしたま jade tablet (古音「원」) ㄨㄢˇ wan³ 小篆 草書 ❶홀완(圭也)。『周禮春官典瑞注』—圭無鋒芒。❷아름다운 옥완(美玉、—琰)。

【琬圭:완규】 玉으로 만든 홀。『周禮』——以治德。

琬圭 (玉圖譜)

【琬琰:완염】 아름다운 玉。『書經』弘璧——、在西序。

【琭】(록) 屋 ロク、たま gem 草書 자질구레한 옥록(玉貌)。『老子』——如玉。

【琭琭:녹록】 구슬이 데굴데굴 구르는 모양。『老子』不欲——如玉、落落如石。

【琮】(종) 冬 宋 ソウ、しるしたま octagonal jade ㄗㄨㄥ tsung¹ 小篆 草書 지신제에 쓰는옥종(祭地瑞玉)。『周禮』黃—禮地。

【琮琤:종쟁】 옥이나 돌이 부딪쳐서 울리는 소리。琤瑽。『韓愈』泉聲玉——。

【琯】(관) 旱 カン、たまぶえ jade clarinet ㄍㄨㄢˇ kuan³ 小篆 草書 옥피리관、옥퉁소관(以玉爲管)。(『管』과 같음)

【琰】(염) 琰 エン、しるしたま gem ㄧㄢˇ yen³ 小篆 草書 ❶옥홀염(圭也)。『周禮春官典瑞注』—圭有鋒芒爲誅討之象。❷아름다운옥염(美玉名)。

❸비취옥염(靑玉)。

【琰圭:염규】 아홉 치가 되는 홀。홀의 반 이상을 깎아서 날카롭게 한 것。義롭지 못한 諸侯를 정벌할 때 王의 사자가 가지고 가는 硝節。〔周禮〕――有鋒芒害、征伐誅討之象。

【琰琰:염염】 빛갈이 나는 모양。〔夏侯湛〕黛玄眉之――、收紅顏而發色。

【琱】 (조) 蕭 チョウ、きざむ carving and polishing ㄉㄧㄠ tiao¹
小篆 草書
❶옥다듬을조(治玉―琢)。❷아로새길조(畫也)。〔漢書〕牆塗而不―。(『彫』와 通함)

【琱麗:조려】 彫刻의 아름다움。〔北史〕取――之物、取悅皇太子。

【琲】 (배) 賄 隊 ハイ、じゅじゅだま a string of gem
小篆 草書
구슬꿰미배(貫五百枚、珠―)。〔左思吳都賦〕

【琴】 (금) 侵 キン、ゴン、こと chinese harp ㄑㄧㄣ ch'in²
小篆 古文 草書
거문고금(七絃樂)。

琴 (禮器圖)

【琴曲:금곡】 거문고의 곡조。

【琴棊:금기】 거문고와 바둑。

【琴譜:금보】 거문고의 樂譜。옛날 특수한 文字를 써서 音調와 指法과를 나타냄。〔唐書·藝文志〕

【琴笙:금생】 거문고와 笙簧。〔後漢書〕。

【琴線:금선】 ❶거문고의 줄。《轉》감동하여 共鳴하기 쉬운 감정。❷마음 깊이 간직한 감정。

【琴瑟:금슬】 ❶거문고와 비파。❷夫婦 사이의 화락한 즐거움。〔詩經〕――友之。

【琴瑟之樂:금슬지락】 부부 사이의 화락한 즐거움。

【琴心:금심】 거문고의 소리에 맡긴 彈奏者의 마음。〔史記·司馬相如傳〕文君新寡、好音、故相如云云、以――挑之。

【琴柱:금주】 거문고의 기둥。이것을 移動하여 音調의 高低를 조절함。

【琴鶴:금학】 거문고와 鶴。둘 다 世俗을 떠난 高雅한 사람이 좋아하는 물건。〔鄭谷〕夫君淸且貧、――最相親。

【琴徽:금휘】 絃樂器의 줄의 밑을 고여서 소리를 고르게 하는 기러기 모양으로 생긴 諸具。기러기발。

〔卯〕卿―、木―、洋―、月―、提―、彈―。

【琳】 (림) 侵 リン、たま gem ㄌㄧㄣ lin²
小篆 草書
아름다운 옥림(美玉)。

【琳球:임구】 아름다운 옥。〔書經〕球―琅玕。〔歐陽修〕簇檳瓦礫遺――。

【琳宮:임궁】 寺院。〔韓愈〕珠館青童宴、――阿母歌。「城의 門。

【琳闕:임궐】 아름다운 玉으로 꾸민 宮

【琳琅:임랑】 ❶아름다운 玉의 한가지。❷玉이 부딪쳐서 우는 소리。〔楚辭·九歌〕。❸詩文 등이 아름다운 모양。〔文心雕龍〕。

【琳宇:임우】 ❶아름다운 玉으로 꾸민 집。❷寺院。琳宮。〔袁易〕淸心見――。

【琵】 (비) 支 ヒ、ビ、びわ lute ㄆㄧ p'i²
小篆 草書
비파비(胡琴馬上樂器、―琶)。

【琵琶:비파】 ❶絃樂器의 한가지。몸은 길이 二·三尺。모양은 둥글고 길며 타원형으로 가지 모양임。자루는 곧은데 四絃、때로는 五絃도 사용함。枇杷。❷나무의 이름。枇杷。

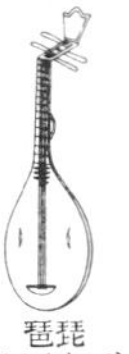
琵琶 (三才圖會)

【琵琶歌:비파가】 비파 소리에 맞추어서 하는 노래。

【琶】 (파) 麻 ハ、びわ lute ㄆㄚ p'a¹
小篆 草書
비파파(馬上樂器 琵―)。

【琸】 (탁) 覺 タク、ひとのな person
사람이름탁(人名、劉―)。

【琺】 (법) ホウ、ほうろう enamel
草書
법랑법(―瑯、Enamel)。

【琺藍:법람】 대는 銅으로 만들고 그것에 남색의 琺瑯을 붙인 것。七寶燒。

【琺瑯:법랑】 불투명한 硝子質의 물질。금속·器物의 표면에 칠하여 장식하고、또는 부식을 막음。

【琺瑯質:법랑질】 동물의 이〔齒〕의 겉을 싸고 있는 단단한 뼈。

九畫

【琿】 (혼) 元 コン、たま jade ㄏㄨㄣ huen² (或音「훈」)
草書
아름다운옥혼(美玉)。

【琿春:혼춘】 《地》❶江 이름。지금 中國 東北部에 있으며 圖們江으로 흘러 들어감。❷中國 東北部 吉林省 圖們江의 北岸에 있는 地名。

【瑁】 ㊀(매) 隊 ㊁(모) 號 ボウ、しるしたま hawk's bill turtle ㄇㄠ mao⁴
小篆 古文 草書
㊀대모매(瑇―龜屬)。〔應劭曰〕雄曰瑇―雌曰蟕蠵。㊁❶㊀의 뜻과 같음。❷서옥두겁모(圭冒)。(『冒』와 통함)

【瑀】 (우) 麌 ウ、おびたま jade ornaments ㄩ yü³
小篆 草書
옥돌우(美石次玉、琚―)。〔漢書〕大佩―璜。〔說文〕瑀、石之次玉者、从王禹聲。

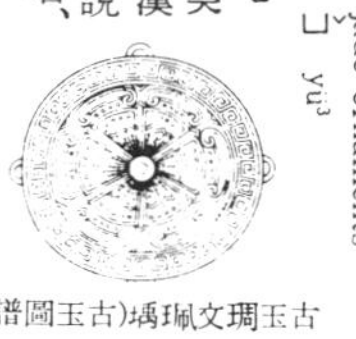
古玉瑂文珮瑀 (古玉圖譜)

【瑂】 (미) 支 ビ、うつくしいいし precious stone
小篆
옥돌미(石似玉者)。

【瑄】 (선) 先 セン、たま ornamental gem ㄒㄩㄢ hsüan¹
小篆 草書
도리옥선(璧大六寸)。〔漢書 郊祀志〕有司奉―玉。

【瑄玉:선옥】 크기가 여섯 치 되는 璧。〔漢書〕。

【瑇】 (대) 隊 タイ、たいまい hawk's bill turtle ㄉㄞ tai⁴
草書
대모대(―瑁龜屬)。(『玳』와 통함)

【瑉】 (민) 眞 ビン、たま gem (俗音「민」)
草書
옥돌민(石之美者、琳―)。

【瑊】 (감) 咸 カン、たま gem (或音「함」)
草書
❶옥돌감(美石次玉)。〔史記〕―玏玄厲。❷사람이름감(人名)。

【瑊玏:감륵】 옥 비슷한 돌。〔漢書·司馬相如傳〕其石則――玄厲。

【瑖】 (단) 翰 タン、たま jade
草書
옥돌단(玉石)。

【瑸】(빈) 眞 ヘン、ヒン、もようたま pattern of gem
草書 옥무늬 얼른얼른할 빈(玉文－璘)。

【瑋】(위) 尾 イ、めずらしい curious ㄨㄟˇ wei³
草書 ❶위옥위(玉名)。 ❷노리개위(奇玩)。
〔瑋寶:위보〕 기이한 珍寶。『後漢書』藏山隱海靈物、沈沙棲陸之－－。
〔瑋術:위술〕 신기한 재주。奇術。
〔瑋質:위질〕 매우 아름다운 성질。『陳林』瑰姿－－、紛葩豔速。
〔瑋態:위태〕 아름다운 모양。『宋玉』瓌姿－－、不可勝讚。

【瑌】(연) 先 ゼン、たま inferior kind of gem
草書 옥돌연(珉也、蜀石黃－)。(『碝』과 같음)

【瑒】(창) 漾 チョウ、たまのさかずき jade cup
小篆 草書 옥잔창(圭瓚祠宗廟者)。〔周語註〕－降神之器。(『鬯』과 통함)

【瑕】(하) 麻 カ、きず blemish ㄒㄧㄚˊ hsia²
小篆 草書 ❶옥티하(玉玷)。〔左傳 宣公十五年〕瑾瑜匿－國君含垢、天之道也。 ❷붉은옥하(赤玉)。 ❸허물하(過也)。〔韓愈 進學解〕指前人之－疵。 ❹멀하(遠也)。(『遐』와 通함)
〔瑕累:하루〕 흠。缺點。瑕疵。
〔瑕不揜瑜:하불엄유〕 일 부분의 흠으로 인하여 전체를 해하지 못한다는 뜻。
〔瑕尤:하우〕 흠。缺點。『韓愈』考之言行、無－－。
〔瑕瑜:하유〕 美德과 過失。(瑕는 옥의 「흠、瑜는 옥의 빛」)。
〔瑕疵:하자〕 흠。缺點。『韓愈』忘己量之所稱、指前人之－－。
〔瑕疵擔保:하자담보〕《法》매매 따위의 有償契約에 있어서 그 목적인 물건 자체에 숨은 흠이 있을 적에 賣主가 지는 담보 책임。
〔瑕讁:하적〕 흠。허물。『老子』善行無轍迹、善言無－－。
〔瑕玷:하점〕 ❶옥티。흠。 ❷결점。『後漢書』典籍無－－矣。
〔瑕殄:하진〕 흠이 있다고 해서 그것을 버림。『書經』不汝－－。

【瑑】(전) 霰 テン、かざる carve ㄓㄨㄢˋ chuan⁴
小篆 草書 ❶홀머리아로새길전(圭璧上起)。〔周禮〕－圭璋璧。 ❷옥새길전(彫玉爲文)。
〔瑑圭:전규〕 文飾을 한 珠玉의 이름。王을 謁見할 때 쓰임。
〔瑑璧:전벽〕 文飾을 한 珠玉。玉이 諸侯 등을 찾아볼 때 쓰임。
〔瑑璋:전장〕 文飾을 한 璋玉。

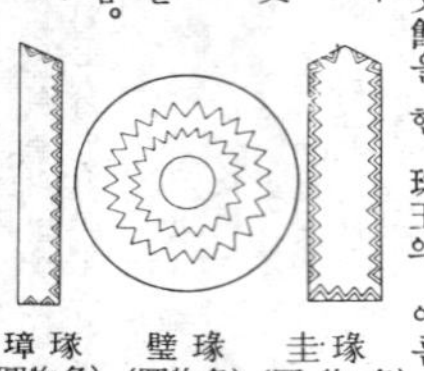
圭瑑(圖物名) 璧瑑(圖物名) 璋瑑(圖物名)

【瑛】(영) 庚 エイ、すいしょう crystal ㄧㄥ ying¹
小篆 草書 ❶옥빛영(玉光)。〔符瑞圖〕玉－仁寶不自成光若白華今白石紫－皆石之有光者。 ❷수정영(水晶)。
〔瑛琚:영거〕 수정으로 만든 佩玉。『古豔歌』姮娥垂明璫、織女奉－－。
〔瑛瑤:영요〕 아름다운 옥。옥과 같이 아름다운 德을 가진 사람。『曹植』於惟懿主、－－其質。

【瑗】(원) 霰 エン、たま large round jade ㄩㄢˋ yüan⁴
小篆 草書 ❶도리옥원、구멍큰 둥근옥원(大孔璧)。〔爾雅釋器〕好倍肉謂之－、肉倍好謂之璧。 ❷사람이름원(蘧－、人名)。

【琊】(야)『琊』(玉部 7畫)와 같음

【瑙】(노) 皓 ノウ、ドウ、めのう agate ㄋㄠˇ nao³
草書 옥돌노(石次玉)。(『碯』와 같음)

【瑚】(호) 虞 コ、もりものだい vessel ㄏㄨˊ hu²·³
小篆 草書 ❶호련호(宗廟祭器)。〔禮記〕夏璉殷－。 ❷산호호(海中產物珊－)。
〔瑚璉:호련〕 기장과 피를 담아서 宗廟에 바치는 禮器。『論語·公冶長』。 ❷瑚璉에 비유한 만큼 존경할 만한 사람。높은 器量。『杜甫·詩』鄭公－－器、華岳金天晶。

【瑜】(유) 虞 ユ、たま lustre of gem ㄩˊ yü²
小篆 草書 아름다운 옥유(美玉)。〔左傳〕瑾－匿瑕。
〔瑜伽:유가〕《佛》《梵》yoga의 音譯。相應의 뜻임。主觀과 客觀이 合하여 둘이 아니라는 뜻임。境은 心과、行은 理와、果는 功德과 응하는 것 같은 일。
〔瑜伽宗:유가종〕《佛》❶印度에서 法相宗을 일컫는 말。 ❷密敎의 總稱。

【瑝】(황) 陽 コウ、たまのおと sound of jade
小篆 ❶옥소리황(玉聲)。 ❷종소리황(鍾聲)。

【瑞】(서) 寘 ズイ、めでたい happy;augury (古音「수」) ㄖㄨㄟˋ juei⁴
小篆 草書 ❶상서서(祥也)。〔左傳序〕麟鳳五靈王者嘉－。 ❷홀서(信玉、符－)。〔書經〕輯五－。
〔瑞光:서광〕 ❶상서로운 빛。 ❷길한 일의 조짐。祥光。「－－縈丹闕。
〔瑞氣:서기〕 상서로운 기운。『唐太宗』
〔瑞夢:서몽〕 상서로운 꿈。어떤 일이 일어날 것을 미리 알리는 꿈。『隋煬帝』仍感－－。
〔瑞相:서상〕 상서로운 조짐。瑞兆。
〔瑞祥:서상〕 ＝瑞兆。
〔瑞雪:서설〕 풍년의 징조가 되는 눈。『張正見』同雲遙映嶺、－－近浮空。
〔瑞世:서세〕 상서로운 세상。
〔瑞獸:서수〕 상서로운 징조로 나타나는 짐승。麒麟。
〔瑞雲:서운〕 길한 징조의 구름。慶雲。『隋書』－－異禽。
〔瑞運:서운〕 상서로운 운수。
〔瑞應:서응〕 길한 징조가 나타나는 일。瑞感。『左傳予·疏』龜龍白虎、竝爲－－。
〔瑞典:서전〕 ❶상서로운 儀式 또는 典祀。『徐彥伯·東郊賦』。 ❷나라 이름。스웨덴(Sweden)。구라파洲의 북부 스칸디나비아 半島의 東部에 있는 王國。
〔瑞兆:서조〕 상서로운 징조。瑞相。瑞徵。吉兆。
〔瑞鳥:서조〕 鳳凰과 같은 상서로운 새。
〔瑞香:서향〕《植》灌木의 이름。白色의 香氣 있는 꽃을 피움。

瑞香(三才圖會)

【瑟】(슬) 質 シツ、おおごと Korean-harp ㄙㄜˋ sè⁴
小篆 古文 草書 ❶실풍류슬, 비파 슬, 거문고슬(絃樂二十五絃)。〔說文〕 ━包犧氏所作。❷깨끗한체할 슬(潔鮮矜莊貌)。〔大學〕 ━兮僩兮。❸바람소리슬(風聲)。〔康熙字典〕瑟、瑟瑟、風聲。

瑟 (禮器圖)

【瑟瑟:슬슬】 매우 쓸쓸함。적막함。바람이 솔솔 부는 소리의 형용。〖白居易·琵琶行〗楓葉荻花秋━━。
【瑟韻:슬운】 거문고의 소리。〖劉滄〗休彈━━傷離思。
【瑟縮:슬축】 오그라지고 늘지 않음。줄고 움직이지 아니함。〖呂氏春秋〗筋骨━━不達。
◎琴━。

十畫

【瑠】(류)『璢』(玉部 12畫)의 俗字

【琛】(침) 侵 チン、たから treasure
(『探』과 같음)
❶보배침(寶也)。❷옥이름침(玉名)。

【瑣】(쇄) 哿 サ、こまかい gragment ㄙㄨㄛˇ suo³
小篆 草書 ❶옥가루쇄(玉屑)。❷잘쇄, 가늘쇄(細小)。〔爾雅 釋言〕━━小也。❸좀스러울쇄(繁猥貌)。〔易經〕旅━━。❹대권문아로새길쇄(靑━天子門制上鏤花紋)。

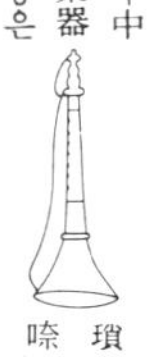
瑣 嗩 (三才圖會)

【瑣吶:쇄나】 軍中에서 쓰이던 樂器의 한가지。모양은 나팔과 비슷함。
【瑣吶:쇄납】 날라리。
【瑣末:쇄말】 매우 작음。瑣細。些細。
【瑣尾:쇄미】 작고 약함。微弱。〖詩經〗瑣兮尾兮、流離之子。
【瑣事:쇄사】 작은 일。신통치 않은 일。
【瑣屑:쇄설】 잔 부스러기。煩細。〖梅堯臣〗穀物怪。
【瑣小:쇄소】 매우 작은。瑣末。
【瑣碎:쇄쇄】 잔 부스러기。瑣屑。
【瑣瑣:쇄쇄】 ❶자질구레하고 천한 모양。❷피곤한 모양。〖易·旅卦〗〖易經〗旅━━。❸잘고 번거로움。〖詩經〗━━姻亞。❹玉의 소리。

【瑤】(요) 蕭 ヨウ、たま precious jade ㄧㄠˊ yao²
小篆 草書 ❶아름다운옥요(━瓊皆美玉)。〔書經〕━琨篠蕩。❷북두자루요(斗杓━光)。❸못이름요(瑤池)。〔楚辭〕騰羣鶴于━光。
【瑤顏:요안】 아름다운 얼굴。玉과 같은 얼굴。〖劉義恭〗━━映長川、善服照通滸。
【瑤池:요지】 ❶玉의 연못。신선이 사는 곳。❷《地》周의 穆王이 西王母와 만났다고 하는 곳。崑崙山에 있음。
【瑤地鏡:요지경】 돋보기를 대고 통 안에 있는 여러 가지 그림을 들여다 보는 장난감。
【瑤圃:요포】 玉의 동산。신선이 사는 곳을 말함。〖楚辭·涉江〗。
【瑤函:요함】 ❶좋은 소식의 편지。❷남의 편지의 尊稱。
【瑤緘:요함】 ❶책을 담아 두는 옥으로 만든 그릇。《轉》좋은 책。귀한 책。❷남의 편지를 아름답게 일컫는 말。貴翰。

【瑭】(퇴) 灰 タイ、たまみがく polish a jade
옥광채낼퇴, 옥다듬을퇴(治玉)。

【瑥】(온) 元 オン、ひとのな person's name
사람이름온(人名、晋翟━)。

【瑩】㊀(영) 庚 エイ、あきらか lustrous ㄧㄥˊ ying²
㊁(형) 徑
小篆 草書 ㊀❶귀막이옥영(瑱也)。〔詩經 衞風淇奧〕充耳琇━。❷밝을영(鮮明)。〔揚雄 大玄經〕一死一生性命━矣。❸풍류이름영(樂名)。〔列子〕奏承雲六━九韶晨露以樂之。㊁❶의혹할형(惑也)。〔莊子〕黃帝之所聽━。❷옥빛조촐할형(玉色光潔)。〔逸論語〕如玉之━。❸맑을형(水鏡)。
(『熒』과 같음)
【瑩鏡:영경】 흐리지 않고 맑은 거울。〖劉勰新論〗。
【瑩徹:영철】 환히 밝게 비쳐 속까지 보임。〖海錄碎事〗胡中有塩、━━如水晶。

【瑪】(마) 馬 メ、めのう agate ㄇㄚˇ ma³
草書 옥돌이름마(美石、━瑙)。
【瑪瑙:마노】 보석의 한가지。
【瑪瑙釉:마노유】 마노 빛깔의 잿물。

【瑫】(도) 豪 トウ、うつくしいたま jade
❶아름다운옥도(美玉)。❷칼꾸미개옥도(玉飾劍)。

【瑬】(류) 尤 リュウ、たまかざり beautiful jade
小篆 ❶면류관드림옥류(垂玉冕飾)。❷기의술류(旗下垂)。〔宋志〕鑾輅四馬斿九━。

【瑯】(랑)『琅』(玉部 7畫)의 俗字

【瑭】(당) 陽 トウ、たま jade
옥이름당(玉名、━璑)。

【瑰】(괴) 灰 カイ、たま precious jade ㄍㄨㄟˋ kuei⁴
小篆 草書 ❶옥돌괴(石次玉)。〔詩經 秦風渭陽〕瓊━玉佩。❷불구슬괴(火齊珠)。〔漢書〕赤玉玫━。❸보배괴, 보배스러울괴(珍奇)。〔後漢書〕因━材而究奇。
【瑰怪:괴괴】 ❶아주 진기함。❷奇異함。〖韓愈〗卓犖━━之士。
【瑰詭:괴궤】 진기하고 이상함。奇怪。〖張種〗峰崖刻削、極造化之━━。
【瑰奇:괴기】 진기함。瑰琦。
【瑰麗:괴려】 매우 아름다움。
【瑰偉:괴위】 뛰어나고 큼。瑰瑋。〖史記〗「━、異方殊類。椒黨━━。
【瑰瑋:괴위】 ＝瑰偉。〖司馬相如〗椒黨━━。
【瑰姿:괴자】 훌륭한 얼굴 모양。훌륭하고 진기한 모양。〖傅毅〗━━譎起。

【瑱】㊀(전) 霰 テン、みみだま ornament of ear
㊁(진) 震 ㄊㄧㄢˋ t'ien⁴
小篆 或體 草書 ㊀❶귀막이옥전(以玉充耳)。〔詩經〕玉之━也。❷옥이름전(玉名)。〔周禮〕玉用━圭。㊁뜻은 ㊀과 같음。

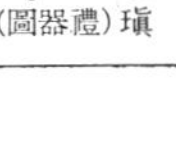
瑱 (禮器圖)

【瑱圭:진규】 瑞玉의 하나。〖周禮·小行人〗王用━━。
【瑱紞:진담】 귀막이 玉에 다는 끈。

【璅】(조) 巧 ショウ、ひかさ sunshade of a carriage
小篆 일산조, 수레덮개조(車蓋)。〔漢書〕金━羽葆。

【瑲】(장) 陽 ソウ、たまおと sound of gem 瑲小篆 瑲小篆 草書 ㄑㄧㄤ ch'iang¹ ❶옥소리장(玉聲)。❷풍류소리장(樂聲)。〔詩經 小雅采芑〕八鸞ㅡㅡ。〔鏘〕과 같음。

【瑳】(차) 歌 サ、あざやか lustrous 小篆 草書 ㄘㄨㄛ ts'uo¹ ❶옥빛깨끗할차(玉色鮮白)。〔詩經 鄘風君子偕老〕ㅡ兮ㅡ兮、其之展也。❷상긋웃을차(巧笑貌)。〔詩經 衛風竹竿〕巧笑之ㅡ。

〔瑳瑳:차차〕❶玉 빛깔이 희고 고운 모양。❷이가 드러나게 웃는 모양。〔梅堯臣〕女齒笑ㅡㅡ。

【瑴】㊀(곡) 屋 ㊁(각) 覺 コク、カク、ふたつだま double gem 草書 ㄐㄩㄝ chüeh² ㊀쌍옥곡、합친옥곡(二玉相合、雙玉)。〔左傳 僖公三十年〕王爲之請、納玉於王與晉侯、皆十ㅡ。㊁뜻은 ㊀과 같음。〔玨〕과 같음。

十一畫

【瑻】(곤) 元 コン、うつくしい beautiful jade 아름다운옥곤(美玉)。〔琨〕과 같음。(本音「곤」)

【瑽】(종) 冬 ショウ、たまのおと sound of jade 패옥소리종(佩玉聲、ㅡ瑢)。

【璁】(총) 東 ソウ、うつくしいたま jade-like stone 小篆 ㄘㄨㄥ ts'ung¹ 옥같은돌총(美石次玉)。

【瑾】(근) 震 吻 キン、あかたま red jade 小篆 草書 ㄐㄧㄣ chin³ ❶붉은옥근(赤玉)。❷아름다운옥근(美玉)。〔史記 屈原傳〕懷ㅡ握瑜。

〔瑾瑜:근유〕아름다운 玉。

〔瑾瑜匿瑕:근유익하〕아름다운 玉에도 티가 있음。(喩)賢人君子에게도 허물이 없을 수 없으니 그 허물을 덮어 준다는 뜻。〔左傳〕ㅡㅡ、國君含垢。

【璀】(최) 賄 サイ、あざやか lustrous 小篆 草書 ㄘㄨㄟ ts'uei³ ❶옥빛찬란할최(玉光、ㅡ璨)。❷구슬주렁주렁달린최(珠垂貌)。〔天台山賦〕琪樹ㅡ璨而垂珠。

〔璀錯:최착〕많고 왕성한 모양。〔王逸〕下蔚以ㅡㅡ。

〔璀粲:최찬〕옥이 빛나는 모양。〔孫綽〕琪樹ㅡㅡ而垂珠。「ㅡ花落架。」

〔璀璀:최최〕선명한 모양。〔獨孤及〕ㅡ

【璂】(기) 支 キ、たま ornamens of cowl 草書 고깔꾸미개기(飾弁玉ㅡ)。〔瑧〕와 같음。

【璃】(리) 支 リ、るり glass ㄌㄧ li² 草書 유리리、구슬이름리(西國寶)。〔古詩〕移我琉ㅡ榻。

【璅】㊀(소) 皓 ㊁(쇄) 哿 ソウ、サ、ちいさい fragment ㄙㄨㄛ suo³ 小篆 草書 ㊀옥돌소(石之似玉)。㊁❶옥소리쇄(玉屑)。❷자물쇠쇄(門鏁)。〔離騷經〕欲少留此靈ㅡ。❸좀스러울쇄(猥屑)。〔晉書〕ㅡㅡ常流離。〔瑣〕와 같음。

【璆】(구) 尤 キュウ、たま precious jade ㄑㄧㄡ ch'iu² 草書 ❶옥경쇠구(玉磬)。〔漢書〕ㅡ磬金鼓。❷아름다운옥구(美玉)。〔書經〕ㅡ鐵銀鏤。❸옥소리구(玉聲)。〔史記 孔子世家〕環珮玉聲ㅡ然。〔球〕와 같음。

〔璆然:구연〕옥부딪치는 소리。〔史記・孔子世家〕環珮玉聲ㅡㅡ。

〔璆鏘:구장〕玉이나 金石이 부딪쳐서 울리는 아름다운 소리。(喩) 詩歌의 아름다운 旋律。

【璇】(선) 先 セン、たま gem ㄒㄩㄢ hsüan² 草書 ❶옥이름선(玉名、瑰玉)。❷별이름선(星名、ㅡ璣)。〔史記註〕春秋運斗極云斗第二ㅡ。〔璿〕과 같음。

〔璇宮:선궁〕훌륭한 宮殿。〔白居易〕ㅡㅡ夜靜當窓織。

〔璇閨:선규〕옥으로 장식한 방。〔淮南子〕桀紂爲ㅡㅡ瑤台、象廊玉牀。

〔璇璣:선기〕(天)渾天儀。圓球의 표면에 天象을 그려서 해・달 같은 천체의 운행을 재는 데 쓰이는 기계。天球를 地球儀와 같이 만든 天文을 보는 장치。璣衡。〔後漢書〕ㅡㅡ動作與天相應。

【璈】(오) 豪 ゴウ、こと instrument ㄠ ao² 草書 풍류이름오(樂名、雲ㅡ)。

【璉】(련) 銑 レン、もりものだい vessel ㄌㄧㄢ lien³ 草書 호련련、종묘제기련(瑚ㅡ、宗廟祭器)。

【璊】(문) 元 モン、ボン、あかたま red jade 小篆 或體 草書 붉은옥문(玉赤色)。〔詩經〕毳衣如ㅡ。

【璋】(장) 陽 ショウ、しるしたま ornamental jade ㄓㄤ chang¹ 小篆 草書 반쪽홀장(生男慶半圭)。〔詩經 小雅斯干〕乃生男子、云云載弄之ㅡ。

〔璋瓚:장찬〕(歷)반쪽 서옥으로 손잡이를 만든 구기。祼祭때 쓰임。

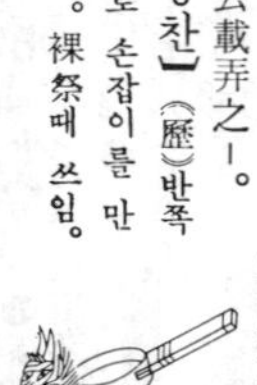

璋瓚(三禮圖)

【璓】㊀(수) 宥 ㊁(유) 有 シュウ、たまのようないし precious stone 小篆 小篆 ㊀옥돌수(美石次玉)。㊁옥이름유(玉名)。

十二畫

【璏】(체) 霽 テイ、たまかざり decorate ruin 小篆 小篆 칼콧등옥으로꾸밀체(劍鼻玉飾)。〔漢書〕碎玉劍ㅡ。

古玉虎首雷文璏(古玉圖譜)

【璗】(탕) 養 トウ、こがね a beautiful gold 小篆 아름다운금탕、황금탕(金之美者)。

【璐】(로) 遇 ロ、たま precious jade ㄌㄨ lu⁴ 小篆 草書 아름다운옥로(美玉)。〔屈原 九章〕被明月兮佩寶ㅡ。

【璐瑭:노당】 美玉의 이름。

【璘】(린) 寘 リン、うるわしい lustre of gem ㄌㄧㄣˊ lin²
璘 草書 ❶옥무늬린(玉紋)。〔甘泉賦〕璧馬犀之瑊ㅣ。❷옥빛린(光彩)。〔張衡 西京賦〕ㅣ彬。

【璘彬:인빈】 문채가 찬란한 모양。璘斑。〔張衡〕璘珉ㅣㅣ。

【璘瑞:인편】 文彩가 있는 모양。옥의 빛。玉의 光彩。〔玉篇〕璘、ㅣㅣ、文貌、又、玉色。

【璚】(경) 庚 ケイ、あかたま reddish jade ㄑㄩㄥˊ ch'iung²
璚 草書 ❶붉은옥경(赤玉)。〔嵇喜詩〕仰嘰ㅣ枝。❷패옥경(佩玉)。〔瓊〕과 같음。

【璜】(황) 陽 コウ、おびたま ornametal jade ㄏㄨㄤˊ huang²
璜 小篆 草書 반쪽 둥근 패옥황(半璧)。〔詩註〕雜佩珩ㅣ琚瑀衝牙之類。

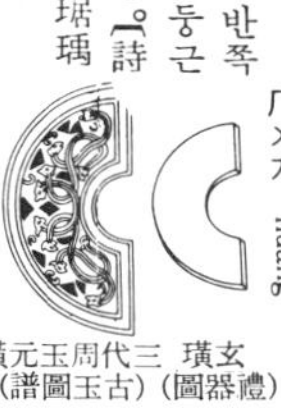
璜玄 (圖器禮) 璜元玉周代三 (譜圖玉古)

【璜珩:황형】 노리개。〔鄭元祐〕篆隷可寶如ㅣㅣ。

【璜璜:황황】 빛나는 모양。성한 모양。〔煌煌〕

【璞】(박) 覺 ハク、あらたま crust of gem ㄆㄨˊ p'u²
璞 草書 옥덩어리박(玉之未琢者)。〔道德經〕ㅣ散則爲器。

【璞玉:박옥】 쪼거나 갈지 않은 옥 덩어리。

【璞玉渾金:박옥혼금】 갈지 않은 玉과 製鍊하지 않은 쇠덩어리。〔喩〕사람의 성질이 순박하고 꾸밈이 없는 모양。〔晉書〕王戎目山濤如ㅣㅣ、人皆欽其寶、莫知名其器。

【璟】(경) 梗 ケイ、ひかり lustre of gem ㄐㄧㄥˇ ching³
璟 草書 ❶옥광채날경(玉光彩)。❷사람이름경(人名)。〔璄〕과 같음。

【璠】(번) 元 ハン、たま lustrous gem ㄈㄢˊ fan²
璠 小篆 草書 보배옥번(魯寶玉)。〔左傳 定公五年〕陽虎將璵ㅣ斂。

【璢】(류) 尤 ル、るり emerald
璢 草書 유리류(ㅣ璃)。〔琉·瑠〕와 같음。

【璣】(기) 微 キ、たま fine jade ㄐㄧ chi¹
璣 小篆 草書 ❶잔구슬기(小珠)。❷선기기(渾天儀)。〔書經〕在璿ㅣ玉衡。❸별이름기(星名)。〔史記註〕斗第三ㅣ。

【璣衡:기형】 天體를 모방하여 만든 器械。渾天儀。璿璣玉衡의 略語。

十三畫

【璧】(벽) 陌 ヘキ、しるしたま round jade ㄅㄧˋ pi⁴
璧 小篆 草書 ❶도리옥벽、둥근옥벽(瑞玉圜器)。〔詩經〕如圭如ㅣ。❷별이름벽(星名、東ㅣ)。

(圖物名) 璧

【璧璫:벽당】 서까래 끝에 장식한 옥。〔漢書〕華榱ㅣㅣ。

【璧門:벽문】 옥으로 장식해 놓은 문。〔班固〕設ㅣㅣ之鳳闕。

【璧帛:벽백】 옥과 비단。(진상품으로 씀)。〔史記〕無愛金玉ㅣㅣ。

【璧羨:벽선】 구슬의 이름。길이 一尺、옆 넓이 八寸이 되는 구슬。

璧羨 (圖器禮)

【璧沼:벽소】 辟雍(大學校를 이름)의 옆에 있는 못。

【璧水:벽수】 ＝洋水。洋宮을 둘러 싼 연못。〔楊師道〕圓池類ㅣㅣ。

【璧侑:벽유】 玉으로 만든 잔。〔國語·楚語〕饗之以ㅣㅣ。

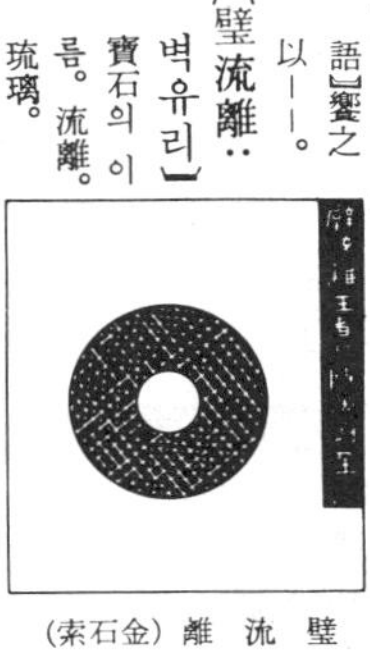
璧流離 (金石索)

【璧流離:벽유리】 寶石의 이름。流離。琉璃。

◎符ㅣ、御ㅣ、玉ㅣ、印ㅣ。

【璨】(찬) 翰 サン、ひかる lustrous ㄘㄢˋ ts'an⁴
璨 小篆 草書 ❶옥빛찬란할찬(璨也玉光)。❷구슬주렁주렁 달릴찬(珠垂貌)。〔天臺山賦〕琪樹璀ㅣ而垂珠。

【璨瑳:찬차】 鮮白한 모양。〔蘇軾〕。

【璪】(조) 皓 ソウ、かざりたま jade pendants of crown ㄗㄠˇ tsao³
璪 小篆 草書 면류관드림옥조(冕飾貫玉)。

【殿+玉】(전) 霰 テン、みみだま an ear-plug jade
귀막이옥전(以玉充耳)。〔瑱〕과 같음。

【璩】(거) 魚 キョ、たまき jade ring ㄑㄩˊ ch'ü²
璩 小篆 옥고리거(環屬)。〔說文新附〕璩、環屬、从玉豦聲、見山海經。

(古玉圖) 璩

【璫】(당) 陽 トウ、みみだま ear-rings ㄉㄤ tang¹
璫 小篆 草書 ❶귀고리당(華飾耳珠)。❷내시의갓이름당(宦者冠)。〔漢書〕常侍冠皆銀ㅣ左貂。❸방울당(鈴鐸)。〔杜甫詩〕風動金琅ㅣ。❹패옥소리당(玉佩聲)。〔詩緝〕玉佩鳴丁ㅣ。

【雝+玉】(옹) 冬 ヨウ、たまのうつわ jadeware
옥그릇옹(玉器)。

【環】㊀(환) 刪 ㊁(환) 諫 カン、たまき ring ㄏㄨㄢˊ huan²
環 小篆 草書 ㊀❶도리옥환(璧屬)。〔爾雅註〕邊孔適等謂ㅣ。❷옥고리환(圓成無端)。〔禮解〕行則有ㅣ佩之聲。❸둘릴환、두를환(繞也)。〔孟子 公孫丑下〕三里之城七里之郭ㅣ而攻之而不勝。㊁둘레환(周廻)。〔漢書〕守濮陽ㅣ水。

環尤蚩飾車南指玉古 (譜圖玉古)

【環境:환경】 ❶사람의 생활체를 둘러 싸고 있는 事物·事情·狀態。❷둘러 싸인 구역 또는 境界。環象。〔元史〕ㅣㅣ作堡砦。

【環顧一世:환고일세】 세상에 유능한 인물이 없음을 탄식하여 하는 말。

【環攻:환공】 사방을 포위하고 공격함。

『孟子』環而攻之而不勝。
【環球:환구】地球。世界。
【環刀:환도】(制)옛 軍服에 갖추어 차는 軍刀。
【環堵:환도】❶집 주위의 울타리。❷좁은 邸宅。『晋書』一一蕭然。
【環象:환상】둘레를 둘러싸고 있는 일체의 현상。개인을 둘러싸고 있는 사회 현상 따위。
【環狀:환상】바퀴와 같이 둥근 모양。
【環狀線:환상선】環狀의 鐵道線路。
【環旋:환선】돌고 구름。『柳毅』香凝一一入于宮中。
【環視:환시】❶뭇사람이 둘러 서서 봄。❷많은 사람이 주위를 둘러 봄。
【環眼:환안】고리눈。
【環繞:환요】주위를 둘러 쌈。韋繞。『南史』所居以一鹿牀爲精舍、以樹一一。
【環圍:환위】＝環繞。
【環紐:환유】❶경첩。❷印章의 손잡이。

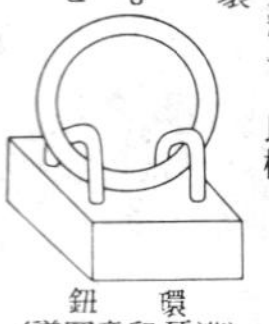
環鈕 (漢晉印章圖譜)

【環節:환절】(動)곤충이나 동물의 몸이 여러 개의 고리 형상 같은 것으로 잇달아 이루어진 마디。
【環周:환주】❶주위를 빙 에워쌈。『柳宗元』青蘚一一。❷빙빙 돌며 살핌。『張華』四氣鱗次、寒暑一一。
【環中:환중】❶空虛한 곳。是非를 超越한 絶對境의 비유。『莊子』樞始得其一一以應無窮。❷자기 뜻대로 行하는 일。『戰國策·趙策』。
【環絰:환질】喪中에 허리나 또는 목에 띠는 삼으로 만든 띠。

環絰不糾 (名物圖)

【環礁:환초】고리 모양을 이룬 산호초。보통 복판에 섬이 있어 산호초가 이를 둘러싸고 그 사이에 얕은 바다가 있음。
【環蟲:환충】(動)노래기。
【環翠:환취】주위의 대나무나 나무。
【環珮:환패】王에게 뵈러 나갈 때 갖추는 金冠朝服의 左右에 늘어뜨리는 옥줄。佩玉。環佩。
【環抱:환포】사면으로 둘러 안음。
【環海:환해】❶나라의 四方을 둘러 싼 바다。❷海內。四海。『韓愈』一一之間、含生之類。
【環形:환형】고리처럼 둥근 모양。
【環形動物:환형동물】(動)동물의 一門。지렁이처럼 몸이 여러 마디로 되어 있어 뼈가 없는 동물。環蟲動物。
◎金一、循一、連一、耳一、指一、花一。

【璱】(슬) 質 シツ、あおいしんじゅ azure pearl ㄙㄜˋ se⁴ (小篆) ❶푸른진주슬(碧珠一一)。❷조출할슬(清淨鮮潔)。

【璲】(수) 寘 スイ、しるしだま jade girdle (草書) ❶서옥수(瑞玉)。❷패옥수(佩玉)。

十四畫

【璵】(여) 魚 ヨ、たからたま lustrous gem ㄩˊ yü² (小篆)(草書) 보배옥여(寶玉、璠一)。
【璵璠:여번】春秋時代 魯의 寶玉。『左傳』。

【璿】(선) 先 セン、たま precious jade ㄒㄩㄢˊ hsüan² (小篆)(或體)(古文)(籀文)(草書) ❶아름다운옥선(美玉名)。『穆天子傳』天子之寶一。❷선기옥선(渾天器)。
【璿璣玉衡:선기옥형】天體를 觀測하던 器械。璇璣。璣衡。渾天儀。『書經』
【璿源大鄕:선원대향】李朝 李氏 王室의 本貫의 尊稱。
【璿派:선파】李朝王室의 派系。
【璿派人:선파인】璿派에 딸린 사람。
【璿派子孫:선파자손】＝璿派人。

【璸】(빈) 眞 ヘン、しんじゅ pearl ❶진주이름빈(蚌珠)。❷옥무늬어룽거릴빈(玉文理貌)。『漢書』一斒文鱗。

【璂】(기) 支 キ、かざり ornament of a cowl (小篆)(或體) 고깔꾸미개기(飾弁玉一)。(『璂』와 같음)

【璽】(새) 紙 ジ、おしで Imperial seal ㄒㄧˇ hsi³ (古音「사」) (草書) 옥새새(王者印)。『後漢書 輿服志』一皆玉螭虎紐、文曰皇帝行印云云。

秦始皇璽 (金石索)

【璽寶:새보】옥새와 옥보。
【璽書表裏:새서표리】(制)임금이 신하에게 주던 褒賞의 하나。곧 옥새를 찍은 論書와 官服 감으로 주는 두 필의 명주나 비단。
【璽節:새절】＝印章。『周禮』門關用符節、貨賄用一一。

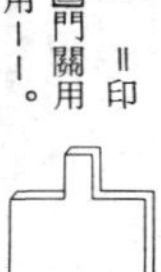
璽節 (禮器圖)

【璹】㊀(숙) 屋 ㊁(도) 豪 シュク、たまのうつわ jadeware (小篆) ㊀옥그릇숙(玉器)。㊁뜻은 ㊀과 같음。

【璺】(문) 問 ブン、ひび crack ㄨㄣˋ wen⁴ ❶옥깨어질문(玉破)。❷옥그릇금갈문(玉器破未裂)。

【瓀】(연) 先 ゼン、たま gem (草書) 옥돌연(珉也石次玉)。(『碝』과 같음)

十五畫

【瓄】(독) 屋 トク、たま jadeware ❶옥그릇독(玉器)。❷독홀독、서옥이름독(圭名)。

【瓅】(력) 錫 レキ、たまのひかり (of jade) shiny (小篆) 구슬빛환할력(明珠色、玓一)。『上林賦』玓一江靡。

【瓈】(려) 齊 レイ、リ、はり crystal ㄌㄧˊ li² (草書) 파려옥려、유리려(寶玉)。『廣韻』玻一玉西國寶。

【瓉】(찬)『瓚』(玉部 19畫)의 俗字

【瓊】(경) 庚 ケイ、あかたま reddish gem ㄑㄩㄥˊ ch'iung² (小篆)(或體)(或體)(草書) 붉은옥경(赤玉)。『詩經·衛風木瓜』報之以一琚。
【瓊琚:경거】아름다운 玉。(轉)훌륭한 선물。瓊玖。『詩·木瓜』投我以木瓜、報之以一一。
【瓊杯:경배】玉으로 만든 잔。玉杯。『唐書』王翰如一一玉斝、雖爛然可珍。
【瓊筵:경연】아름다운 玉으로 구민 듯 자리란 뜻으로 아름다운 宴席을 일컬음。瓊席。瓊座。『李白·春夜宴桃李園序』開一

—以坐花、飛羽觴而醉月。

【瓊玉:경옥】 아름다운 玉。『竹書紀年』周夷王二年、蜀人·呂人來獻——。

【瓊玉膏:경옥고】 (醫)精血을 돕는 보약의 한가지。

【瓊音:경음】 玉의 소리。 맑고 고운 소리。玉音。『宗欽』口吐——、手揮霄翰。

【瓊姿:경자】 玉과 같이 아름다운 모양。玉姿。『高啓』——只合在瑤臺。

【瓊章:경장】 남이 지은 글을 높이어 일컫는 말。瓊什。韻瓊。

十六畫

【璃】 (적) 錫 テキ、たまのきず blemish of gem
草書 옥티적(瑕也)。

【瓏】 (롱) 東 ロウ、たまおと sound of gem ㄌㄨㄥˊ lung²
小篆 草書 ❶환할롱(明貌)。『吳都賦』珊瑚幽茂而玲—。❷옥소리 쟁그렁거릴롱(玉聲)。『漢書』前殿崔巍兮和氏—玲。

【瓏玲:농령】 ❶말 방울 소리。『文選·羽獵賦』鸞鳴——。❷밝은 모양。밝게 보이는 모양。『漢書·揚雄傳』前殿崔巍兮、和氏——。

【瓏瓏:농롱】 ❶선명한 모양。玲瓏。『韓愈』——晩花乾。❷玉 같은 것이 부딪쳐서 나는 소리。『周伯琦』星鈴綵校聲——。

【瓐】 (로) 虞 ロ、みどりのたま jadeite
비취옥로(碧玉)。

【瓌】 (괴) 『傀』(人部 10畫)와 같음

十七畫

【瓓】 (란) 翰 ラン、たまのあや jade-pattern
옥문채란、옥광채란(玉采)。

【瓔】 (영) 庚 エイ、くびかざり necklace gem ㄧㄥ ying¹
草書 ❶옥돌영(美石似玉)。『後漢書 三韓傳』—珞以綴衣爲飾。❷구슬 목걸이영(頸飾)。

【瓔珞:영락】 구슬 목걸이。『後漢書』——以綴衣爲飾。

【瓔琅:영랑】 옥과 비슷한 일종의 돌。

【瓔珠:영주】 구슬。『晉書』貴——、用以綴衣。

【瓖】 (양) 陽 ジョウ、かんざしかざり ornament of hairpin ㄒㄧㄤ hsiang¹
草書 ❶말배띠장식양(馬之腹帶裝飾)。❷비녀와 팔거리치장할양(釵釧飾玉—嵌)。

十八畫

【瓘】 (관) 翰 カン、たま jade ㄍㄨㄢ kuan⁴
小篆 草書 ❶관옥관(玉名)。❷홀관(珪也)。『左傳 昭公十七年』用—單玉瓚。❸사람이름관(人名、陳—)。

【瓘斝:관가】 옥으로 만든 술잔。

十九畫

【瓚】 (찬) 翰 サン、たまのさかつき ladle of jade ㄗㄢ tsan⁴
小篆 草書 ❶옥잔찬(宗廟祭器、玉—)。『詩經』瑟彼玉—。❷큰홀찬(大圭)。

玉瓚(禮器圖)

二十畫

【瓛】 (환) 寒 カン、たま jade ㄏㄨㄢ huan²
小篆 서옥환、옥홀환(桓—、公所執)。

二十一畫

【甗】 (언) 銑 ゲン、たまのこしき jade implement
옥시루언(玉甑)。

【瓃】 (루) 支 ルイ、たまのうつわ jadeware
옥그릇루(玉器)。

瓜 部

【瓜】 (과) 麻 カ、うり cucumber ㄍㄨㄚ kua¹
小篆 草書 ❶참외과、오이과(蔓生蓏也)。『詩經豳七月』七月食—。❷모과과(木—)。『詩經』投我以木—。

【瓜葛:과갈】 외와 칡은 다같이 넝쿨로 자라는 풀이라는 뜻에서 一家 姻戚을 일컫는 말。瓜葛之親。

【瓜葛之誼:과갈지의】 인척의 정의。戚誼。『蔡邕』凡與先帝先後有瓜葛者皆會。

【瓜期:과기】 ❶기한이 참。瓜時。『左傳』瓜時而往、曰及瓜而代。❷女子의 십오륙세 때。

【瓜年:과년】 ❶여자가 婚期에 이른 나이。❷(制)벼슬의 任期가 찬 해。

【瓜代:과대】 任期가 차서 다른 이와 바꿈。瓜瓜遞。

【瓜蔞:과루】 (植)하눌타리。

【瓜滿:과만】 ❶벼슬 임기가 다 됨。❷여자의 혼인할 나이가 다 참。

【瓜麪:과면】 오이를 잘게 썰어 녹말을 칠하여 삶아 냉면처럼 만 국수。

【瓜剖:과부】 =瓜分。『南史』——豆分。

【瓜分:과분】 오이를 쪼개듯이 國土를 갈라 여러 사람에게 나눠 줌。瓜剖。『漢書』高皇帝——天下、以王功臣。

【瓜生菜:과생채】 오이 생채。

【瓜熟:과숙】 ❶오이가 무르익음。❷=瓜滿。

【瓜熟蒂落:과숙체락】 오이가 익으면 꼭지가 자연히 떨어짐。(喩)때가 오면 무슨 일이든지 자연히 이루어짐。

【瓜心菹:과심저】 오이 소박이 김치。

【瓜月:과월】 ❶음력 七월의 別稱。『詩·七月』七月食瓜。❷=瓜時。

【瓜菹:과저】 오이 김치。『黃庭堅』瀬河飯食蠓、——已佳茹。

【瓜田不納履:과전불납리】 남의 오이밭에서 몸을 굽혀 신발을 고쳐 신지 말라。(喩)의심 받을 만한 일은 하지 말라。嫌疑를 피함。→瓜田李下。『文選』君子防未然、不處嫌疑間、——、李下不整冠。

【瓜種:과종】 오이·호박·참외의 종자。

【瓜罇:과준】 오이처럼 생긴 큰 항아리。

【瓜蒸:과증】 오이 찜。

【瓜漬騰:과지전】 오이지 지짐이。

【瓜菜:과채】 오이 나물。

【瓜蔕:과체】 (醫)참외 꼭지。黃疸을 고치는 데 쓰임。若丁香。

【瓜遞:과체】 (制)관리의 任期가 차서 交代되는 것。瓜代。

【瓜限:과한】 (制)벼슬의 기한。瓜期。

【瓜醎菹:과함저】 오이 짠지。

【瓜紅菹:과홍저】 오이 깍두기。

三畫

【瓟】 (박)(포) 『瓝』(瓜部 5畫)과 같음

四 畫

【⿰丰瓜】(봉) 董 ホウ、うりがたくさんなる abundant in cucumber
오이주렁주렁맺힐봉(瓜多實貌)。(『唪』과 같음)

五 畫

【瓞】(질) 屑 テツ、こうり small cucumber ㄉㄧㄝˊ tieh² (古音「절」)
❶북치질、작은 오이질(小瓜)。〔詩經〕緜緜瓜ー。❷후손질(後裔、瓜ー)。
〔瓞瓝:질박〕참외의 일종。『爾雅』。

【⿰句瓜】(구) 尤 コウ、うり melon
오이구、참외구(王瓜ー瓞)。

【瓟】㊀(박) 覺 ハク、ホウ、ひさご ㊁(포) 肴 gourd
㊀❶종굴박박(可爲飮器ー瓠)。❷조그마한 오이박(小瓜)。㊁외지포(瓝名)。(『瓝』과 같음)

【瓳】㊀(여) 語 ジョ、コ、ほしたやさい ㊁(고) 虞 dried vegetables
㊀말린채소여、마른채소여(乾采)。㊁큰외고(大瓜)。(『菰』와 같음)

【㼌】(유) 麌 ユ、ねもとがよわい weak-root
밑둥약할유(根本微弱)。

六 畫

【⿰耒瓜】(뢰) 賄 ライ、うりわた cucumber's substance
❶외속뢰(瓜中ー瓤)。❷진무른오이뢰(傷熟瓜)。

【⿰舌瓜】(괄) 曷 カツ、うり snake gourd
❶하늘타리괄(藥名ー蔞)。❷오이이름괄(瓜名)。(『⿱艹括』과 같음)

【瓠】㊀(호) 虞 コ、ひさご gourd ㊁(호) 遇 ㄏㄨˋ hu⁴
㊀❶표주박호(瓢也)。〔莊子〕剖之以爲ー。❷질그릇호(瓦器)。❸깨어진독호(破甖)。〔史記 賈生傳〕斡棄周鼎兮、而寶康ー。㊁박호(瓠也)。
〔瓠果:호과〕《植》葫蘆科에 딸린 식물의 열매。오이·참외 따위。
〔瓠犀:호서〕박의 속과 씨。《喩》박속같이 희고 아름다운 美人의 齒牙를 가리키는 말。『詩經』齒如ーー。
〔瓠尊:호준〕박 모양의 술통。(尊은 樽)。『蘇軾』ーー酌行潦。

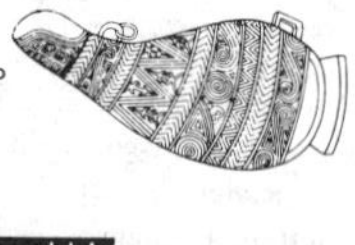
周 瓠尊 (博古圖)

七 畫

【⿰奴瓜】(뇌) 賄 ダイ、うりわた cucumber's substance
외속뇌(瓜中瓤ー)。

九 畫

【⿰扁瓜】(편) 先 ヘン、うり yellow cucumber
❶누런 오이편(黃瓜)。❷오이편(白ー、瓜屬)。

十 畫

【⿱𤇾瓜】(형) 靑 ケイ、ちいさいうり small cucumber
작은오이형、북치형(小瓜)。

【⿰兼瓜】(렴) 鹽 レン、うりたね seed of a cucumber
외씨렴(瓜子)。

十一畫

【瓢】(표) 蕭 ヒョウ、ふくべ gourd ㄆㄧㄠˊ p'iao²
❶박표(瓠瓜)。〔莊子 逍遙遊〕剖之以爲ー。❷표주박표(容器)。〔論語 雍也〕一簞食一ー飮。
〔瓢簞:표단〕❶표주박과 도시락。술을 넣는 표주박과 밥을 담는 도시락。『曹植』甘此ーー。❷《植》오이의 한가지。
〔瓢飮:표음〕표주박에 넣은 술이나 물。『論語』一簞食ーー。
〔瓢勺:표작〕표주박을 반으로 쪼개어 만든 잔。『齊書』飮酒以瓠壺ーー。
〔瓢齋:표재〕禮器의 이름。호리병박으로 만든 술을 담는 그릇。

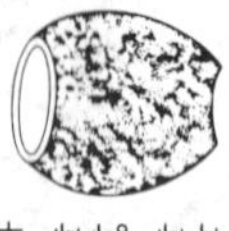
瓢齋 (名物圖)

〔瓢樽:표준〕바가지와 술통。술을 담는 그릇。瓠尊。『蘇轍』ーー空挂壁。
〔瓢壺:표호〕뒤웅박。표주박。또는 뒤웅박과 단지。瓢瓠。瓢簞。

【⿰婁瓜】(루) 宥 尤 ルイ、からすうり large cucumber
방외루、큰오이루(王瓜、⿰句瓜ー)。

十三畫

【⿰當瓜】(당) 陽 トウ、うりたね seed of a cucumber
외씨당(瓜中實ー瓤)。

十四畫

【瓣】(판) 諫 ベン、うりたね cucumber seeds ㄅㄢˋ pan⁴
❶외씨판(瓜中實)。❷실과씨판(果中實)。❸꽃잎판(花片)。〔楊維楨詩〕須臾踢破蓮花ー。
〔瓣膜:판막〕《生》혈관 속에 있어 혈액의 역행을 막는 瓣。정맥 속에 靜脈瓣、심장 속에는 心耳와 심실 사이 오른쪽에 三尖瓣、왼쪽에 二尖瓣、심실과 동맥의 사이에 좌우로 半月瓣이 있음。
〔瓣鰓類:판새류〕《動》동물 분류상의 한 부문。軟體動物中의 한 綱。조개 따위가 이에 속함。
〔瓣裂:판열〕《植》꽃술 끝에 달린 주머니가 터져 꽃가루를 헤쳐 퍼지게 하는 葯(약)의 裂開法의 한가지。
〔瓣香:판향〕한 묶음의 香。禪僧이 남을 祝福할 때에 이 香을 피움。

十六畫

【⿰盧瓜】(로) 虞 ロ、ゆうがお calabash
호리병박로(酒器似壺、瓠ー)。

十七畫

【瓤】(양) 陽 ジョウ、うりわた cucumber seeds ㄖㄤˊ jang²
외속양、외씨양(瓜中實)。

瓦 部

【瓦】(와) 馬 ガ、かわら tile; brick ㄨㄚˇ wa³
❶질그릇와(陶器總名)。〔古史〕昆吾氏作ー。❷기

와와(燒土蓋屋)。【史記】桀爲—室。❸길삼 벽돌와(紡塼)。【詩經】載弄之—。❹방패의 뒤쪽와(楯背)。【左傳 昭公二十六年】射之中楯—。❺【新字】그람와(佛國基本重量單位、〈gramme〉、我衡二分六厘六毛餘)。

秦瓦(金石索)

【瓦家:와가】 지붕을 기와로 이은 집。
【瓦甌:와구】 질흙으로 만든 옹자배기。
【瓦溝:와구】 기왓 고랑。
【瓦器:와기】 =土器。
【瓦當:와당】 기와의 마구리。기와의 한쪽의 둥글게 모양을 낸 부분。
【瓦當文:와당문】 古代의 宮殿에서 쓰던 기와의 마구리 끝에 새긴 文字。

周豐宮瓦當文(金石索)

【瓦大:와대】 질로 된 큰 충항아리。
【瓦刀:와도】 (建)기와를 쪼개는 칼。
【瓦竇:와두】 =排水器。(農政全書)——泄水器也、又名函管。

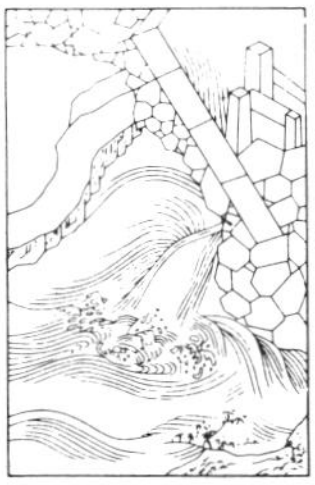
瓦竇(農政全書)

【瓦鬲:와력】 질흙으로 구운 솥。질솥。【孔子家語】魯有儉嗇者、——煮食。
【瓦礫:와력】 기와와 자갈。기와의 깨진 조각。(喩)가치가 없는 것。취할 점이 없는 사물。瓦石。【北史】聖朝不貴金玉、所以同于——。
【瓦壟子:와롱자】 (動)살조개。
【瓦瓬:와방】 질그릇을 전문으로 만드는 사람。
【瓦縫:와봉】 기와의 맞추어 이은 이음매。【杜牧·阿房宮賦】——參差。
【瓦缶:와부】 釉藥을 칠하지 않고 구운 술장군。【李商隱】濁酒盈——。
【瓦釜:와부】 =瓦窯。
【瓦釜雷鳴:와부뇌명】 질솥이 우뢰와 같은 큰 소리를 냄。(喩)배우지 못한 사람이 아는 척하고 과장함。또는 賢者가 때를 잃고 愚者가 높은 자리에 重用됨。【楚辭】黃鐘毁棄、——、讒人高張、賢士無名。
【瓦粉:와분】 =白粉。
【瓦俾:와비】 瓦匠이나 瓦工의 總稱。
【瓦斯:와사】 (化)가스(gas)。氣體의 總稱。
【瓦斯紗:와사사】 주란사。
【瓦斯體:와사체】 =氣體。
【瓦石:와석】 기와와 돌。(轉)가치가 없는 물건。瓦礫。【吳志】彼所求者、于我——耳、孤何惜焉。
【瓦松:와송】 (植)지부지기。
【瓦硯:와연】 질흙으로 만든 벼루。
【瓦屋:와옥】 ❶기와집。【考工記】葺屋三分、——四分。❷周의 地名。【春秋】盟于——。
【瓦窯:와요】 기와를 구워내는 굴。瓦釜。
【瓦雀:와작】 (動)참새。
【瓦匠:와장】 기와장이。
【瓦全:와전】 玉이 못되고 가치 없는 기와가 되어서 안전하게 남는다는 뜻。(喩)아무 보람도 없이 목숨을 보전하여 감。겨우 救命·圖生함。↔玉碎。【北齊書】大丈夫寧可玉碎、不能——。
【瓦葺:와즙】 기와로 지붕을 임。
【瓦合:와합】 ❶깨진 기와를 아무리 모아도 쓸데가 없음。(喩)烏合之衆을 일컬음。【史記】陳涉驅——讁戍。❷자기의 정당성을 굽히고 모 안 나게 여러 사람과 사귐。(瓦는 凡俗의 衆人이라는 뜻)。【禮記】慕賢而容衆、毁方而——。
【瓦解:와해】 기와가 깨어지듯이 사물이 깨어져 산산히 흩어짐。【漢書】天下之患在於土崩、不在——。
【瓦解冰銷:와해빙소】 기와가 깨어져 흩어지고 얼음이 녹아 없어짐。(喩)事物이 산산히 흩어지고 사라짐。
【瓦解土崩:와해토붕】 기와가 깨어져 흩어지고 흙이 무너지는 것。(喩)사물이 크게 무너져 흩어지는 것。土崩瓦解。

二 畫

【瓦】 (와) 禡 ガ、かわらぶき tile
기와덮을와、기와올릴와(施瓦於屋)。(『瓦』와 같음)

【瓧】 (십) 〔新字〕 デカグラム
草書 데카그램(衡名〈décagramme〉、瓦의 十倍)。

三 畫

【瓨】 ㊀(강) 江 コウ、もたい china bottle ㊁(항) 陽 (同音「항」)
小篆 草書 ㊀장군강、양병강(似甖、長頸受十升)。【史記】醯醬千—。㊁뜻은 ㊀과 같음。

【瓩】 (천) 〔新字〕 キログラム
草書 ❶킬로그램(衡名〈Kilogramme〉、瓦千倍)。❷킬로와트(電力單位、〈kilowatt〉)。

四 畫

【瓫】 (분) 元 ホン、ほとぎ jar
草書 ❶동이분(盎也)。❷물넘칠분(水溢)。【晉書】水滂—溢。

【瓪】 (판) 潸 ハン、かわら under-tile
小篆 암키와판(牝瓦)。

【㼚】 (강) 陽 コウ、もたい large pot
큰독강(大甕)。

【瓮】 (옹) 送 オウ、もたい、かめ jar ㄨㄥˋ wèng
小篆 草書 독옹(罌也)。【抱朴子】四瀆之濁不方—水之淸、巨象之瘦不同羔羊之肥。(『甕』과 같음)

【瓯】 (구) 『甌』(瓦部 11畫)의 略字

【瓰】 (분) 〔新字〕 デシグラム
草書 데시그램(衡名、〈decigramme〉、瓦의 十分之一)。

【瓱】 (모) 〔新字〕 ミリグラム
草書 밀리그램(衡名、〈milligramme〉、瓦의 千分之一)。

【瓲】 (돈) 〔新字〕 キロトン
돈돈(衡名、〈ton〉瓩의 千倍、我衡二百六十貫餘當)。

五 畫

【瓴】 (령) 靑 レイ、リョウ、かめ jar ㄌㄧㄥˊ ling²
小篆 草書 ❶귀달린병령(似甖有耳)。【淮南子修務訓】或以甕—或以盆盂。❷암키와령(牝瓦仰蓋者)。
【瓴甓:영벽】 땅에 깐 벽돌。【司馬相如】緻錯石之——。
【瓴水:영수】 암키와에서 흐르는 물。(一

說에는 기와 지붕에서 흘러내리는 물이 란 뜻으로 막을 수 없다는 뜻)。『史記』 譬猶居高屋之上、建ㅣㅣ也。「謂之甓。『爾雅』ㅣㅣ

〔瓴甋:영적〕 땅에 깐 벽돌。

【瓵】(이) 支 イ、ちいさいかめ earthen bowl
小篆 작은독이、뚝배기이(甌甎小甖)。

【瓷】(앙) 漾 オウ、ほとぎ big wen
큰혹부리앙(大癭貌、甕ㅣ)。〔莊子〕 甕ㅣ大癭說齊桓公。(『盎』과 같음)

【瓸】(백) 陌 ハク、いとかわ bricks
❶우물벽돌백(井甃)。 ❷기와집에아 귀토 안물릴백(瓦屋不泥)。

六畫

【甀】(수) 㥁 シュ、ちいさいかめ long-necked pot
❶목긴병수、양병수(罃也)。 ❷물장군 수(瓶也)。〔揚雄〕罃陳魏宋楚之間曰甀 或曰ㅣ。

【瓷】(자) 支 シ、やきもの china cvockery ㄘˊ tzʻŭ²
小篆 草書 사기그릇자(陶器堅緻者)。〔潘岳賦〕傾縹ㅣ以 酌醽醁。

〔瓷鼓:자고〕 陶瓷器로 된 장구。
〔瓷器:자기〕 사기그릇。
〔瓷器所:자기소〕 사기 그릇을 만드는 곳。 사기그릇을 굽는 곳。
〔瓷燈:자등〕 사기 그릇 만들 듯이 백토 따위의 흙으로 만든 등잔。
〔瓷枕:자침〕 瓷器로 된 베개。 陶枕。
〔瓷塔:자탑〕 瓷器로 된 탑。
〔瓷土:자토〕 陶瓷器를 만드는데 쓰이는 흙。 陶土。 白土。 高嶺土。

【瓶】(병) 靑 ヘイ、かめ bottle
草書 ❶물장군병(汲水器)。〔儀禮 士喪禮〕新 盆槃ㅣ。 ❷병병(酒水等所入器)。

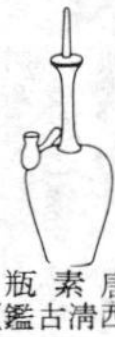

唐 素瓶 (西清古鑑)

〔瓶盆:병분〕 항아리와 분。『劉長卿』擲 月在ㅣㅣ。
〔瓶筲:병소〕 항아리와 대그릇。 筲는 한 말 두 되의 분량을 담는 대로 만든 그릇。 《喻》도량이 좁은 인물。『崔融』若下走之ㅣ ㅣ、小才豈與言于萬一也。
〔瓶榼:병합〕 술을 담는 항아리。 술통。
〔瓶花:병화〕 화병에 꽂은 꽃。

【瓸】(백) 〔新字〕 ヘクトグラム
草書 헥터그램(衡名、〈hectogram〉、瓦의 百倍)。

七畫

【甀】(견) 先 ケン、かめのあな bottom-hole of a pot
독밑구멍견(瓮底孔)。

【甋】(동) 東 トウ、かわら halfmoon shaped tile
수키와동(牡瓦)。(『㼧』과 같음)

【甂】(함) 覃 カン、とうき eared pot ㄏㄢˊ han²
❶귀달린병함(似瓶有耳)。 ❷작은병 함(小瓶、ㅣ瓿)。

【㼰】(협) 葉 ショウ、かはら half-cut tile
❶반쪽기와협(半瓦)。 ❷기와서로엎 힐협(瓦相掩)。

【甈】(장) 陽 チョウ、かめ unglazed earthen-ware
질그릇장(罃也)。

八畫

【甀】(치) 支 チ、かめ wine-holder ㄔ ch'ih¹
小篆 草書 술병치(酒瓶)。〔聞見錄〕古語借書爲一ㅣ還書爲一 ㅣ今乃訛以ㅣ爲癡也。

【甇】(당) 漾 トウ、おおきいかめ large jar
小篆 큰소래기당、큰동이당(大盆)。

【甃】(차) 麻 サイ、みがく burnish wares
벽돌가루로그릇닦을차(瓦屑磨器)。

【瓿】(부) 有 ホウ、かめ、ほとぎ jar;pot ㄆㄡˇ p'ou³
小篆 草書 ❶작은 항아리부(小甕)。 ❷ 양병부(瓶也)。〔戰國策〕夫鼎 者非效壺醯醬 ㅣ耳。

周蟠虬瓿(西清古鑑)

【甀】(추) 支 ツイ、スイ、かめ jar
草書 ❶아귀좁은항아리추(小口罌)。〔淮南子〕抱ㅣ而汲。 ❷땅이름 추(地名)。

九畫

【甈】(개) 佳 カイ、かわら under-tile
암키와개(牝瓦)。

【甃】(추) 宥 シュウ、いどかわ bricks ㄓㄡˋ chou⁴
小篆 草書 우물벽돌추(井甓)。〔莊子 秋水〕缺ㅣ之崖。

〔甃甎:추전〕 땅에 까는 벽돌。
〔甃砌:추체〕 벽돌들을 겹쳐서 쌓음。 또 는 쌓아 올린 돌。

【甂】(변) 先 ヘン、ほとぎ large pot
小篆 자배기변(小盆大口而卑下)。

【題】(제) 齊 テイ、ほとぎ large pot
자배기제(甂也)。

【甋】(유) 㥁 ユ、かめ jar
❶항아리유(罃也)。 ❷병유(瓶也)。

【甄】㊀(진) 眞 シン、ケン、すえもの earthen ware ㊁(견) 霰 ㄓㄣ chen¹
小篆 草書 ㊀질그릇 장인진(陶工)。〔漢書 董仲舒傳〕夫上之化下、下之從上、猶 泥之在鈞、惟ㅣ者之所爲。 ㊁❶질그릇견(陶也)。 ❷살필견(察也)。〔抱朴子〕ㅣ士於草萊。 ❸ 표할견(表也)。〔潘岳 西征賦〕ㅣ大義。 ❹질그릇 만들견(埴器)。 ❺진이름견(陣名)。〔左傳 文公十年〕張兩ㅣ。 ❻밝을견(明也)。 ❼면할견(免也)。 ❽새가나를견 (鳥飛貌)。〔楚辭九思、遭厄〕鶉鴿兮ㅣ ㅣ。

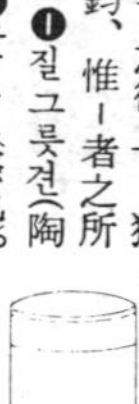

甄 (三才圖會)

〔甄拔:견발〕 재능이 있고 없고를 잘 밝히어 인재를 등용함。 選拔。『晉書』ㅣㅣ 隱屈、搜訪賢才。
〔甄別:견별〕 뚜렷하게 나눔。『元史』ㅣ ㅣ能否、公其黜陟。
〔甄復:견복〕 《制》늙어 벼슬을 내놓은 사 람이 다시 불려 벼슬을 함。
〔甄綜:견종〕 모두 모아 是非를 밝게 살 피고 가림。『蜀志·龐統傳·注』陶治世俗、

——人物。

【甄表:견표】 뚜렷이 밝히어 나타냄。 기특한 행동을 밝혀 드러냄。『後漢書』。

【甄萱:견훤】 (人)後百濟의 始祖。 姓은 李、後에 甄이라 하였음。 新羅 眞聖女王 六年(八九二)에 武珍州에 자라잡고 全羅 慶尙의 一部를 병합。 견훤(甄萱)。

【⿱非瓦】 一(준) 二(연) 震 銑 シュン、なめしがわ tan the skin
小篆 籀文 古文 一❶가죽다룰준(柔革)。 ❷가죽바지준(革袴、獵用)。 二뜻은 一과 같음。

【甅】 (리) 〔新字〕 センチグラム
草書 센치그램(衡名、〈centigram〉、瓦의百分之一)。

十畫

【⿰谷瓦】 (용) 冬 ヨウ、かめ jar
小篆 ❶항아리용(甖也)。 ❷병용(瓶也)。 ❸그릇용(器也)。

【甈】 (계) 霽 ケイ、われかめ break ㄑㄧㄝ nieh⁴
小篆 或體 草書 깨어진 항아리계(破罌)。 【揚子法言】剛則ㅡ。

十一畫

【甋】 (적) 錫 テキ、しきがわら brick
草書 벽돌적(甓也)。

【甊】 (루) 有 ロウ、びん jar
❶병루(瓶也)。 ❷작은단지루(小罌、甂ㅡ)。

【甌】 (구) 尤 オウ、はち bowl ㄡ ou¹ (本音「우」)
小篆 草書 ❶사발구(盌也)。 【唐書 崔琳傳】覆以金ㅡ。 ❷돼기발구(小區)。 【史記】ㅡ窶滿篝。 ❸움집구(土穴)。 【史記】中有棄地莫居千餘里各居其邊爲ㅡ脫。 ❹땅이름구(地名)。 ❺풍류이름구(樂器名)。

(三才圖會) ❺ 甌

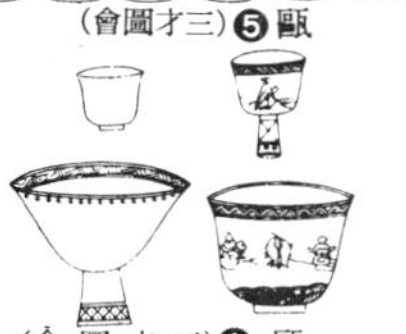
(三才圖會) ❶ 甌

【甌窶:구루】 지대가 높고 면적이 좁은 땅。

【甌窶滿篝:구루만구】 돼기 밭에서 생산된 곡식이 수확이 많아 광주리에 가득함。 大豊作。 【史記·滑稽傳】ㅡㅡ、汙邪〔滿車。

【甌瓿:구부】 작은 항아리。

【甌脫:구탈】 북쪽 국경의 척후병들이 머무는 土室。 【史記】各居其邊爲ㅡㅡ。 (轉)국경에 있는 사람이 안 사는 황무지。

【甌穴:구혈】 (地)급류에 부딪혀 파진 계곡에 생긴 凹地。

【甍】 (맹) 庚 ボウ、いらか ridge ㄇㄥ mêng²
小篆 草書 대마루맹(屋棟所以承瓦)。 【六韜 盈虛】ㅡ桷椽楹不斲。

【甍棟:맹동】 지붕과 마룻대。 【劉孝綽】朝猿響ㅡㅡ。

【甍宇:맹우】 ❶기와를 올린 지붕。 宇는 사방으로 이어 내린 지붕。 ❷집。 棟宇。

【⿰康瓦】 (강) 陽 コウ、とうき earthenware
질그릇강(陶器、ㅡ瓠)。 (『康』과 통함)

【甎】 (전) 先 先 セン、かわら tile ㄓㄨㄢ chuan¹
草書 ❶벽돌전(燒墼甓也)。 【詩經】載弄之瓦。 ❷기와전(瓦也)。

【甎全:전전】 = 瓦全。

漢 甎 (金石索)

十二畫

【甏】 (팽) 敬 ホウ、すやき earthern pottery
草書 질그릇팽(瓦器)。

【甐】 (린) 震 リン、やぶる wear out
草書 ❶해질린(敝也)。 【周禮】輪雖敝不ㅡ於鑿。 ❷움직일린(動也)。

【甑】 (증) 徑 ソウ、こしき inplement to steam rice ㄗㄥ tsêng⁴
小篆 籀文 草書 ❶시루증(甗屬)。 【古史】黃帝始作ㅡ。 ❷고리증(鬵屬)。

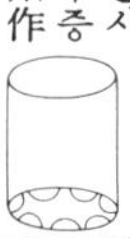
(禮器圖) 甑

【甑餅:증병】 시루떡。

【甑已破矣:증이파의】 시루는 이미 깨어짐。 (喩)이미 그릇된 일을 뉘우쳐도 소용이 없음。

【甑塵釜魚:증진부어】 가난하여 오랫동안 불을 때지 못해서 시루 속에는 먼지가 쌓이고 솥 속에서는 물고기가 생길 지경이라는 말。 (喩)극히 가난함。 甑中生塵釜中生魚。 【後漢書·范冉傳】。

【甒】 (무) 麌 ブ、とくり wine bottle ㄨ wu²
草書 술준무(酒尊瓦ㅡ)。 【儀禮疏】酒器中寬下直上銳平底。

瓦甒 (物名圖)

十三畫

【⿱斯瓦】 (사) 支 シ、こわれかめ broken pot
깨진독소리사(破甕聲)。

【⿰登瓦】 (등) 蒸 トウ、たかつき vessel
제기등(瓦豆禮器)。 【唐書】盛以ㅡ。 (『登』과 通함)

【甓】 (벽) 錫 ヘキ、しきがわら brick ㄆㄧ p'i⁴
小篆 草書 벽돌벽(甎也)。 【十八史略 東晉】朝運百ㅡ於齋外。

【甓瓦:벽와】 벽돌。

【甔】 (담) 覃 勘 タン、かめ jar;pot
草書 한섬 들이독담(受一石大甕)。 【揚雄傳】家無ㅡ石之儲。

【甕】 (옹) 送 オウ、ヨウ、もたい、かめ earthen jar ㄨㄥ wêng⁴
草書 ❶독옹(罌也)。 【禮記】醯醢百ㅡ。 ❷물장군옹(汲水器)。 【易經】井谷射鮒ㅡ敝漏。

甕 瓶 (三禮圖)

【甕器:옹기】 옹기 그릇。

【甕器廛:옹기전】 옹기를 파는 가게。

【甕器店:옹기점】 = 甕器廛。

【甕頭:옹두】 처음으로 익은 술。 【法書

要錄』稱ㅣㅣ、謂初熟酒也。

【甕頭春:옹두춘】 처음 익은 술。『孟浩然』已言雞黍熟、復道——。

【甕裏醯雞:옹리혜계】 所見이 좁음。〈故〉孔子가 老子를 만나고 와서 顔回에게 자기는 항아리 속의 초파리와 같이 변변하지 못한 존재라고 말하였다 함。『莊子·田子方』。

【甕算:옹산】 독장수 셈。 쓸데 없이 치는 셈이나 헛수고로 애만 씀。 옛날 옹기 장수가 길에서 독을 쓰고자다가 꿈에 큰 부자가 되어 좋아서 뛰는 바람에 깨고 보니 독만 깨졌더라는 이야기에서 나온 말。

【甕算畫餠:옹산화병】 독장수 셈과 그림의 떡이란 뜻으로、실속이 없음을 가리키는 말。

【甕牖繩樞:옹유승추】 깨진 항아리의 주둥이로 窓을 하고 새끼로 문을 단다는 뜻。〈喩〉가난한 집을 형용함。蓬戶甕牖。『賈誼』陳涉——之子、氓隷之人、而遷徙之徒也。

【甕井:옹정】 독우물。

【甕中捉鼈:옹중착별】 항아리 속에 있는 자라를 잡음。〈喩〉명확히 파악할 수가 있음。『元曲·李逵負荊』管敎他——、手到拿來。

【甕天:옹천】〈喩〉견문이 좁음。 견해가 좁음。『黃庭堅』醯雞守ㅣㅣ。

十四畫

【甖】(앵) 庚 オウ、かめ jar ㅣㄴ vingˡ 항아리앵(瓦器、瓨也)。【酒德頌】先生於是方捧ㅣ承槽銜杯漱醪。

漢湯甖(博古圖)

【[illegible]】(함) 陷 カン おおかめ large pot 큰독함(大瓮)。【續漢書】盜伏於ㅣ下。(『鑑』과 통함)

十六畫

【甗】(언) 銑 ゲン、こしき earthen ware vessel 元 ㅣㄢˇ yen³ ❶질고리언(無底甑)。〔左傳〕賂以紀ㅣ。❷땅이름 언(齊地名)。

甕甑甗❶(金石索)

【[illegible]】 一(용) 腫 二(준) 震 三(윤) 軫 ジョウ、かわばかま leathern trousers 一가죽바지용(皮袴、獵用)。二 三뜻은 一과 같음。

十八畫

【[illegible]】(규) 齊 ケイ、こしきのあな bottom-hole 시루구멍규(甑孔)。(『窐』와 같음)

十九畫

【[illegible]】(라) 歌 ラ、かわら crockery ❶질그릇라(瓦器)。❷굴뚝라、연통라(烟突)。

二十畫

【[illegible]】(류) 宥 リュウ、いらか roof 지붕마루류(屋穩)。

甘 部

【甘】(감) 覃 カン、あまい sweet ㄍㄢ kan¹ ❶달감(五味之一)。【書經】稼穡作ㅣ。❷달게 여길감(嗜也)。【書經】ㅣ酒嗜飮。❸맛감(美味)。【孟子】肥ㅣ不足於口與。❹싫을감(厭也)。【詩經】ㅣ心首疾。❺마음 상쾌할감(快意)。【左傳】管召讎也請受而ㅣ心。

【甘結:감결】〈制〉상급 관청에서 하급 관청에 보내는 공문。

【甘苦:감고】❶단 것과 쓴 것。 단 맛과 쓴 맛。『荀子』ㅣㅣ鹹淡、辛酸奇味、以口異。❷즐거움과 고생스러움。甘酸。❸고생을 달게 여김。

【甘瓜:감과】〈植〉참외。甜瓜。果瓜。

【甘藿:감곽】〈植〉미역。

【甘藿冷湯:감곽냉탕】 미역 냉국。

【甘藍:감람】〈植〉겨자과에 속하는 二년초。 양배추。 캐비지。

【甘醴:감례】 단술。甘酒。甘醪。『劉楨』金罍含ㅣㅣ。

【甘露:감로】❶달콤한 이슬。 옛날에 天下가 태평하면 하늘이 祥瑞로 내리는 것이라 함。『論衡』ㅣㅣ味如飴蜜、王者太平則降。❷〈梵〉Amrta 阿密哩多(아밀리다)의 音譯。不死·天酒라 번역。 즉 忉利天(도리천)에 있는 달콤한 靈液으로 한 방울만 먹어도 온갖 괴로움이 없어지고 산 사람은 不老 長生하고 죽은 사람은 부활한다고 함。

【甘露茶:감로다】〈佛〉부처 앞에 올리는 달고 정한 茶水。

【甘露子:감로자】〈植〉풀의 이름。

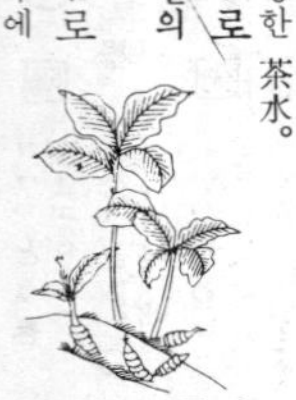
甘露(三才圖會)

【甘露酒:감로주】 소주에 용안육·대추·포도·살구씨·구기자·杜沖·숙지황을 넣어 우린 진하고 단 술。

【甘栗:감률】❶맛이 단 밤。❷구운 밤。

【甘眠:감면】 잠을 잘 잠。 달게 잠。 執著、慾念을 떠나서 마음 편히 잠。安眠。熟睡。

【甘味:감미】 단 맛。↔苦味。

【甘酸:감산】❶달고 심。『黃庭堅』先見風波諳世味、如食橘柚知ㅣㅣ。❷즐거움과 괴로움。

【甘薯:감서】〈植〉고구마。 메꽃과에 속하는 다년초。甘藷。

【甘蔗糖:감서당】 사탕수수로 만든 사탕。

【甘受:감수】 달게 받음。 쾌히 받음。

【甘遂:감수】〈植〉풀의 이름。大戟科의 宿根草。漢方에서 藥材로 쓰임。

甘遂(三才圖會)

【甘食:감식】❶맛 좋은 음식。美食。美味。❷맛있게 먹음。

【甘心:감심】❶입이 단 것을 늘 좋아하듯이 항상 마음 속으로 생각함。『詩·伯兮』ㅣㅣ首疾。〈傳〉甘、厭也。❷마음대로 처분함。『左傳』管召讎也、請受而ㅣㅣ焉。❸괴로움이나 책망을 달게 여김。 또는 그 마음。

【甘言:감언】 듣기 좋은 말。 다른 사람의 마음에 들도록 하는 말。 아첨하는 말。甘辭。『戰國策』商君曰、苦言藥也、ㅣㅣ疾也。

【甘言利說:감언이설】 남의 비위에 들도록 꾸민 달콤한 말과 이로운 조건을 내세워 남을 꾀는 말。

【甘雨:감우】 좋은 비。 때에 알맞은 비。 만물을 소생시키는 데 적절한 비。 단비。時雨。滋雨。膏雨。『詩經』以御田祖、以

新ㅡㅡ。

【甘蔗:감자】❶《植》禾本科의 多年生草。사탕수수。그 줄기로 사탕을 제조함。都蔗。諸蔗。❷《佛》釋迦牟尼의 姓。그 선조에 甘蔗王이라는 이가 있어 姓이 됨。『佛所行讚·一』ㅡㅡ之苗裔、釋迦無勝王。

【甘醬:감장】단 간장。

【甘藷:감저】《植》❶감자。❷고구마。=「甘薯」。

【甘酒:감주】❶좋은 술。❷단 술。醴酒。

【甘旨:감지】맛 좋은 것。맛 있는 음식。美味。『韓詩外傳』鼻欲嗅·芬香、口欲嗜ㅡㅡ。❸술을 좋아함。

【甘旨奉養:감지봉양】맛난 음식으로 부모를 봉양함。

【甘茶:감차】《佛》단술。

【甘泉:감천】맛이 좋은 물이 솟는 샘。

【甘蕉:감초】《植》芭蕉。

【甘草:감초】《植》콩과에 속하는 多年生 약용 식물。감초 뿌리는 약에 씀。

【甘呑苦吐:감탄고토】자기의 비위에 맞으면 좋아 덤비고 안 맞으면 돌아섬。

【甘湯:감탕】❶엿 따위를 고아 낸 솥을 가신 단물。❷메주 솥에 남은 진한 물。

【甘霈:감패】매우 기다리던 비가 한목 충분히 옴。흡족하게 오는 비。

【甘紅露:감홍로】《國》❶지치 뿌리를 꽂고 꿀을 넣어서 밭은 빛이 붉고 맛이 단 平壤 특산의 소주。❷소주에 누룩·桂皮·龍眼·肉陳皮·防風·丁香 들을 넣어서 우린 술。

【甘滑:감활】맛있고 촉감이 좋은 음식。

四畫

【甚】㊀(심) 寑 ㊁(심) 沁 ジン、はなはだしい extemly ㄕㄣˋ shen²
小篆 古文 草書
㊀❶심할심(劇也)。『易經繫辭』其道ㅡ大。❷몹시심、더욱심(尤也)。『詩』亦已太ㅡ。㊂무엇심(何也)。

【甚口:심구】❶큰 입。❷辯舌이 뛰어남。

【甚急:심급】=至急。

【甚難:심난】매우 어려움。

【甚深:심심】마음이 깊음。

【甚雨:심우】심히 퍼붓는 비。大雨。豪雨。『禮記』若有疾風迅雷ㅡㅡ則必變。

【甚至於:심지어】심하면。심하게는。

六畫

【甛】(첨) 鹽 テン、あまい sweet
草書
❶달첨(甘也)。『南都賦』酸ㅡ滋味百種千名。❷곤하게잘첨(熟睡)。『蘇軾詩』一枕黑ㅡ餘。

【甛瓜:첨과】《植》참외。박과에 속하는 一年生 蔓性의 재배 식물。甘瓜。眞瓜。

【甛酒:첨주】단맛이 있는 술。『白居易』戶大嫌ㅡㅡ。(戶大는 술군)。

【甛菜:첨채】《植》사탕무우。명아주과에 속하는 二년초。뿌리는 糖料가 됨。

八畫

【甜】(첨)『甛』(前條)과 같음

【甝】(감) 覃 カン、けだもの white tiger
흰범감(白虎)。

十畫

【甞】(상)『嘗』(口部 11畫)과 같음

十一畫

【甉】(겸) 鹽 ケン、かんばしい fragrant (本音「혐」)
향기로울겸(香也)。

【𤯁】(감) 覃 カン、あじつけ season
小篆 小篆
❶조미할감(調味)。❷화창할감(調和)。

生部

【生】(생) 庚 セイ、ショウ、うむ、いきる born; live ㄕㄥ shêng¹
小篆 草書
❶낳을생(產也)。『博雅』人十月而ㅡ。『詩經』居然ㅡ子。❷날생(出也)。『易經』上九觀其ㅡ。❸익지않을생、날것생(未熟、未烹)。『十八史略』興一ㅡ彘肩。❹살생(死之對)。『論語』死ㅡ有命。❺목숨생(生命)。『孟子告子上』舍ㅡ而取義。❻생활생(生活)。❼어조사생(語助辭)。『李白詩』借問別來太瘦ㅡ。❽끝이없을생(不窮)。❾접때생(平生疇昔)。❿닭이알낳을생(鷄產卵)。⓫자랄생(成長)。⓬나생(自己謙稱)。⓭저절로생(天然)。⓮늘일생(殖也)。

【生家:생가】本生家의 略語。養子의 生家。本生。

【生角:생각】❶어려서 잘라 낸 사슴의 뿔。❷삶지 아니한 짐승의 뿔。

【生薑:생강】《植》❶생강과에 속하는 多年草。地下莖은 맛이 맵고 시고 향기가 좋아서 香辛料로 쓰이며 健胃劑로 사용함。새앙。❷생왕의 뿌리。

【生客:생객】처음 온 손님。처음 대면하는 사람。

【生乾地黃:생건지황】날것으로 말린 지황의 뿌리。보혈 또는 止血의 약으로 씀。乾苄。→乾地黃。

【生怯:생겁】대수롭지 않은 것을 가지고 「공연히 내는 겁。

【生絹:생견】生絲로써 짠 비단。

【生硬:생경】❶세상의 사정에 통하지 않고 완고함。❷익지 아니하여 딱딱함。『白居易』吏民ㅡㅡ都如鹿。❸詩文 따위가 세련되지 못함。

【生梗:생경】두 사람 사이에 불화한 일 「이 생김。

【生梗之弊:생경지폐】兩者間에 생긴 不和로 말미암은 폐단。

【生計:생계】살아 나갈 방도。생활의 방법。生道。生路。『白居易』約俸爲ㅡㅡ。

【生計無策:생계무책】살아 나갈 方策이 없음。

【生計費:생계비】생계에 드는 비용。

【生計費指數:생계비지수】《經》일정한 消費生活을 하는 데에 필요한 비용의 변동을 보이는 指數。보통 식료품·연료비·옷값·住居費·잡비의 五 가지 지수를 셈함。

【生穀:생곡】❶익히지 않은 곡식。❷곡식이 남。곡식을 산출함。

【生果:생과】生果實의 略語。아직 덜 익 「은 과실。

【生寡婦:생과부】남편이 살아 있지만 멀리 떨어져 있거나 소박을 맞아 혼자 있는 여자。

【生果實:생과실】아직 덜 익은 날과실。

【生菓子:생과자】진과자。

【生口:생구】❶사로잡힌 적군。捕虜。俘虜。『漢書』捕得ㅡㅡ。❷가축。마소 따위。牲口。『魏志·註』。

【生金:생금】精鍊하지 않고 캐어 낸 대로 있는 황금。

【生禽:생금】산 채로 잡음。生擒。生捕。

【生擒:생금】=生禽。

【生起:생기】發生。惹起。

【生氣:생기】❶만물이 자라나는 힘。生物을 기르는 자연의 기운。『禮記』ㅡㅡ方盛、陽氣發泄。❷생생한 기세。生動하는 기운。『世說』。❸生存하는 힘。元氣。❹적개심을 일으킴。怒함。

【生寄死歸：생기사귀】 사람이 이 세상에 사는 것은 잠깐 동안 머물러 있음에 지나지 않는 것이며 죽는 것은 본래의 곳으로 되돌아가는 것이라는 말。『淮南子·精神訓』生寄也、死歸也、何足以滑和。

【生男：생남】 아들을 낳음。生子。得男。

【生男禮：생남례】 아들을 낳고 自祝하는 뜻에서 한턱 내는 일。

【生女：생녀】 딸을 낳음。

【生年：생년】 난 해。출생한 해。『後漢書』——以來、不聞天下有劉備。

【生年月日：생년월일】 출생한 해와 달과 날짜。

【生唐木：생당목】 빨지 아니한 당목。

【生唐布：생당포】 누이지 않은 당모시。

【生徒：생도】 ❶중등 학교 이하의 학생。❷학교에서 교육을 받는 사람。『後漢書』修鄕校、敎——。❸軍의 교육 기관、특히 사관학교 같은 데서 교육을 받는 사람。

【生道之方：생도지방】 살아 나갈 方策。

【生動：생동】 ❶살아 움직임。생기 있게 움직임。『東觀餘論』以氣韻——、爲先、經營位置爲下。❷그림이나 글씨 따위가 썩 잘 되어 살아 움직이듯이 보임。

【生得說：생득설】 《哲》사람의 지식의 한 부분은 모든 사람에게 본래부터 공통적으로 갖추어져 있으며、또한 모든 사람에게 같은 성질을 띠게 한다는 설。

【生來：생래】 나면서부터 이제까지。

【生冷：생랭】 날것과 찬 것。『王獻之』亦不復得妄近——。

【生靈：생령】 ❶生命。❷백성。生民。生黎。『晉書』——仰其德。

【生路：생로】 ❶살아 나갈 방도。生計。❷살아날 수 있는 길。도망하여 나갈 길。❸《中》처음으로 지나가는 길。↔熟路。

【生老病死：생로병사】 《佛》인생이 반드시 받아야만 하는 네 가지 고통。곧 나고·늙고·병들고·죽고 하는 일。『法華經科註』——四苦也。

【生栗：생률】 ❶날밤。❷흔히 잔치나 제사 때에 나부죽하게 쳐서 깎은 날밤。

【生利：생리】 이익이 나게 함。

【生梨：생리】 배。

【生理：생리】 ❶생물이 살아 가는 원리。『杜甫』——何顔面、憂端且歲時。❷《生》생물의 생활하는 작용。곧 혈액 순환·호흡·소화·생식·배설 등의 總稱。❸하늘로부터 사람으로서 生을 받은 이유。❹생계。❺生理學의 略語。

【生離死別：생리사별】 살아서 떠나 있음과 죽어서 이별함。

【生理作用：생리작용】 생물의 생활하는 모든 작용。

【生理學：생리학】 《生》❶생물의 생리현상·작용 전반에 관하여 연구하는 학문。곧 생물 화학·생물 물리학의 總稱。❷생물의 여러 器官의 작용 및 그 생활 현상을 연구하는 학문。❸人體의 생리·생활 기능을 연구하는 학문。❹동·식물의 생활 현상을 연구하는 생물학의 한 과。즉 人體生理學·動物生理學·植物生理學。

【生理休暇：생리휴가】 여자 근로자의 月經 때에 일정한 조건 밑에 주는 휴가。

【生麻：생마】 삶지 않은 삼。

【生埋：생매】 생물을 산 채로 그냥 땅 속에 묻음。

【生麥酒：생맥주】 살균법에 의하여 열을 가하지 않고 양조된 그대로의 맥주。

【生面：생면】 ❶새로운 방면。新生面。『杜甫』將軍下筆開——。❷生面目의 略語。↔熟面。❸낯을 냄。

【生面目：생면목】 처음으로 대함。또는 그 사람。生面。

【生面不知：생면부지】 한 번도 만나 본 일이 없음。도무지 모르는 처음 보는 사람。

【生綿紬：생면주】 ＝生明紬。

【生滅：생멸】 우주 만물의 생김과 없어짐。

【生命：생명】 ❶목숨。『戰國策』——壽長、終其年、而不夭殤。❷사물을 유지하는 기한。❸사물의 중요한 점。❹《哲》life. 세포 상호간의 활동에 의한 생물의 생활 현상 일체에서 抽出되는 일반적 개념。자연 법칙에 입각하여 그 본질을 구명하려는 機械說과 神秘力의 지배를 주장하는 生氣說이 있음。

【生命權：생명권】 《法》생명이 不法으로 인하여 침해를 입지 않게 하는 생명 보호에 관한 권리。

【生命力：생명력】 살아가는 원동력이 되는 힘。생명의 힘。

【生命保險：생명보험】 《經》피보험자의 死亡 또는 일정한 연령에 달하기까지의 生存을 조건으로 하여 일정한 금액을 지불할 것을 約定한 保險。終身保險·養老保險·混合保險 등이 있음。

【生命線：생명선】 ❶사느냐 죽느냐의 경계선。最低生活線。❷생존하기 위하여 기필코 막아내야 할 중요한 한계。

【生命水：생명수】 생명을 유지하는 데 꼭 필요한 물。

【生命體：생명체】 살아 있는 물체。

【生命刑：생명형】 《法》死刑。

【生母：생모】 자기를 낳은 어머니。친어머니。생어머니。↔收養母。

【生巫殺人：생무살인】 《國》선무당이 사람 잡음。《喩》기술과 경험이 적은 사람이 젠체하다가 화를 만들어 낸다는 뜻。『東言解』。

【生物：생물】 ❶생명을 가지고 생활 현상을 영위하는 물체。곧 동물·식물의 總稱。『禮記』氣衰則——不遂。❷물건을 만듦。여러 가지 물건을 생산함。

【生物時代：생물시대】 《地》無生物時代의 다음 시대로서 始生代·原生代·古生代·中生代·新生代로 나눔。

【生物岩：생물암】 《地》水成岩의 하나。생물의 생리 작용·생물체 자신의 침전 따위의 결과 형성된 바위。

【生物體：생물체】 생물의 器官을 형성한 물체로써의 생물。

【生物學：생물학】 《生》❶생물이 나타내는 생명 현상을 연구 대상으로 하는 自然科學의 한 分科。❷동물학·식물학에 대하여 생물의 일반적 현상을 연구하는 학문。

【生民：생민】 백성。人民。人類。蒼生。『孟子』——以來、未嘗有也。

【生拍破：생박파】 때도 되기 전에 억지로 하는 일。

【生飯：생반】 《佛》식사 하기 전에 조금 떠내는 밥。

【生別：생별】 생이별。↔死別。『蘇武』握手一長歎、淚爲——滋。

【生病：생병】 무리한 일을 하여 생긴 병。

【生鰒：생복】 익히지 아니한 전복。↔숙복。

【生父：생부】 자기를 낳은 아버지。친아버지。생아버지。↔養父。

【生父母：생부모】 本生父母의 略語。

【生佛：생불】 《佛》❶산 如來。산 보살。釋尊과 같은 이를 말함인데 大慈大悲한 高僧。大德을 존경하고 찬미하는 말。『釋門正統·三』。❷衆生과 부처。❸《中》여러 끼를 굶은 사람。

【生佛不二：생불불이】 《佛》生佛一如。

【生不如死：생불여사】 삶이 죽음만 같지 못하다는 뜻으로 몹시 곤란을 당하고 있음을 말함。

【生絲：생사】 생명주실。↔練絲。

【生死：생사】 ❶삶과 죽음。❷《佛》모든 생물이 과거의 業의 결과로 개체를 이루었다가 다시 해체되는 일。

【生死可判：생사가판】 사느냐 죽느냐를 따지어 판단함。死生可判。

【生死骨肉：생사골육】 죽은 사람을 살려서 그 白骨에 살을 붙임。《轉》은혜가 매우 깊음。『左傳』。

【生死關頭：생사관두】 ＝死生關頭。

【生祠堂：생사당】 《制》백성들이 監司나 守令의 善政을 찬양하기 위하여 그 사람을 생전부터 받들어 모시던 사당。

【生死立判：생사입판】 사느냐 죽느냐

가 당장에 판정됨。

【生死存亡:생사존망】 살아 있음과 죽어 없어짐。 死生存亡。 生死存沒。

【生產:생산】 ❶《經》自然物에 人力을 가하여 사람의 욕망을 채울 수 있는 財貨를 만들어 내거나 增加시키는 것。 ↕消費。 ❷生計의 근본이 되는 產業。 『史記·高祖紀』不事家人ㅡㅡ作業。 ❸아이를 낳음의 俗語。 出產。

【生產價:생산가】 生產價格의 略語。

【生產價格:생산가격】 《經》 생산비에 평균이윤을 보탠 가격。 상품 생산에 쓰는 不變資本·可變資本·剩餘價值의 합계인 모든 상품의 賣價를 규정하는 中心가격。

【生產高:생산고】 =生產量。 生產額。

【生產過剩:생산과잉】 《經》사회의 구매력을 초과하여 상품이 생산되는 일。

【生產量:생산량】 생산되는 양。 生產高。

【生產力:생산력】 《經》財貨를 생산하는 노동력과 생산 수단의 量의 總稱。

【生產費:생산비】 《經》物質 財貨의 생산에서 판매까지의 모든 비용의 총계。

【生產手段:생산수단】 《經》財貨生產의 요소가 되는 노동 대상과 노동 수단의 總稱。

【生產水準:생산수준】 《經》한 나라의 일정한 年度내에 있어서 어떤 산업의 총생산량의 平均。

【生產額:생산액】 《經》財貨의 生產數量。 生產高。

【生產業:생산업】 생산의 사업。 產業。

【生產者:생산자】 《經》 財貨의 생산에 종사하는 사람。 ↕消費者。

【生產資本:생산자본】 《經》산업 자본이 그 순환과정에 있어서 취하는 화폐자본과 상품 자본의 중간 형태。

【生產的:생산적】 직접 생산을 隨伴하거나 또는 이와 관계를 맺는 것。

【生產地:생산지】 상품을 생산하는 곳。

【生殺:생살】 살리는 것과 죽이는 것。 活殺。 『韓非子』上握度量、 所以擅ㅡㅡ之柄也。

【生殺權:생살권】 마음대로 살리고 죽이고 할 수 있는 권력。 生殺之權。

【生殺與奪:생살여탈】 살리고 죽이고、 주고 빼앗는 일。

【生蔘:생삼】 《植》=水蔘。

【生色:생색】 ❶생생하게 윤기 있는 빛깔。 또는 그러한 안색이나 모양。 ❷顏色에 나타남。 빛깔로 나타남。 『孟子』其ㅡㅡ也、 睟然見於面。 ❸色彩를 나타냄。 ❹세월이 좋아짐。 ❺《國》낯이 나도록 하는 일。 生光。

【生生:생생】 ❶萬物이 끊임 없이 생기는 모양。 『易經』ㅡㅡ之謂易。 ❷생기 있게 일어나는 모양。 힘차게 활동하여 향상하는 모양。 ❸자기의 生에 집착하여 그것을 살리려고 힘쓰는 모양。 『莊子·大宗師』殺生者不死、 ㅡㅡ者不生。 ❹易의 生의 德을 生·長·收·藏의 넷으로 나눈 중의 生의 德。

【生生家:생생가】 친아버지의 生家。

【生生之理:생생지리】 만물이 生殖하여 퍼져 나가는 자연의 이치。

【生生化育:생생화육】 천지 자연이 끊임없이 만물을 만들어 기름。

【生石灰:생석회】 《化》 산화 칼슘의 俗稱。

【生鮮:생선】 ❶말리거나 절이지 아니한 싱싱한 물고기。 生魚。 ❷鮮魚。 ❸魚類·肉類들의 싱싱한 것。

【生鮮廛:생선전】 ❶생선 가게。 ❷서울 鍾路 서쪽에 있어 생선을 팔던 露店。

【生成:생성】 ❶생김。 키움。 생겨남。 生育。 『北史』ㅡㅡ通率、 不事家業。 ❷《哲》사물이 그 상태를 변하여 딴 것이 됨。

【生疎:생소】 ❶친하지 못함。 ❷서투름。

【生水:생수】 샘구멍에서 나오는 물。

【生受:생수】 받기 어렵다는 뜻에서 謝意를 표시하는 말로 쓰임。 곧 감사합니다·고맙습니다·수고합니다 등。 『黃庭堅』ㅡㅡ、 ㅡㅡ更被養娘催繡。

【生熟:생숙】 ❶날것과 익은 것。 未熟과 成熟。 ❷서투름과 익숙함。 生硬과 熟練。

【生熟湯:생숙탕】 《醫》끓인 물에 냉수를 탄 물。 곽란이나 구토에 약으로 씀。

【生時:생시】 ❶태어난 時間。 ❷잠자지 않는 동안。 ❸살아 있는 동안。

【生食:생식】 식물을 익히지 아니하고 날것으로 먹음。 ↕火食。

【生息:생식】 ❶사는 일。 살아 감。 ❷생활。 생활하는 것。 ❸번식하는 것。 生殖·繁殖한 數。 『唐書·百官志』條其ㅡㅡ。 ❹빌려 준 돈에 이자가 생김。

【生殖:생식】 ❶《生》生物이 受精·受粉·分裂 등에 의하여 자기와 동종류의 생물을 새로 낳아 종족을 유지하고 번식하여 가는 현상。 有性生殖과 無性生殖의 두 가지가 있음。 ❷낳아서 불림。 나아서 불어남。 生產繁殖。

【生殖器:생식기】 《生》❶생물이 有性生殖을 하는 기관。 흔히는 겉에 드러난 交接器만을 가리키나 生殖巢와 生殖輸管까지의 總稱。 ❷외부 생식기。

【生殖機能:생식기능】 《生》 새로운 個體를 생식할 수 있는 기능。

【生殖器病:생식기병】 《醫》 생식기에 일어나는 질병의 총칭。

【生殖細胞:생식세포】 《生》생물의 몸안에 있는 생식을 맡은 세포。

【生殖慾:생식욕】 《生》본능적으로 생식을 하고자 하는 생물의 慾求。

【生新:생신】 생생하고 새로움。 삶뜻함。

【生辰:생신】 生日의 尊稱。

【生辰茶禮:생신차례】 죽은 이의 생신에 지내는 차례。 보통 三年을 지냄。

【生實果:생실과】 =生果實。

【生心:생심】 하려는 마음을 냄。 生意。

【生涯:생애】 ❶살아 있는 동안。 세상에 살아 가는 동안。 『莊子』吾生也有涯、 而知也無涯。 ❷생활。 ❸生計。

【生藥:생약】 ❶식물성의 草材。 ❷草根·木皮·꽃·과실·종자 또는 犀角(서각) 등으로서、 그대로 약품으로 쓰거나 製藥의 원료로 하는 천연적 產物。 ❸먹는 데 익숙해지지 않은 약。 ❹《俗》아직 調合하지 않은 약。

【生魚:생어】 ❶죽지 않은 물고기。 ❷生鮮。

【生於斯長於斯:생어사장어사】 여기서 나서 여기서 자람。 生於長於。

【生業:생업】 살아 가기 위하여 하는 일。 생활에 필요한 일。 職業。 『史記』射獵禽獸爲ㅡㅡ。

【生榮:생영】 삶을 누림。

【生玉洋木:생옥양목】 빨지 않은 옥양목。 生唐木·生洋木。

【生旺:생왕】 ❶자유로운 삶。 ❷왕성하게 참。

【生旺方:생왕방】 《國》五行으로 따지어 보아서 吉한 방위。

【生外家:생외가】 養子로 간 이의 生家편의 外家。

【生牛乳:생우유】 끓이지 않은 우유。

【生員:생원】 ❶《制》㉠小科 終場에서 經義 시험에 합격한 사람。 上舍。 ㉡中國에서 옛 科擧 때에 院考에 합격하여 府·州·縣學의 학생이 된 사람。 처음에는 生徒의 員數라는 뜻이었는데 宋代 이후 學生의 칭호로 되고 그 성적의 우열에 따라서 稟生·增生·附生·社生·青生 등의 구별이 있음。 『南史·梁武帝紀』。 ❷《國》나이가 많은 선비를 그 姓 밑에 붙이어 부르는 말。

【生肉:생육】 날고기。 『漢書』ㅡㅡ爲膾。

【生育:생육】 ❶낳아서 기르는 것。 成長·發育함。 낳아서 養育함。 『詩經』載生載育。 ❷生活하여 이미 老人이 됨。 旣育。 『詩經·谷風』。

【生六臣:생육신】 李朝 때 忠臣。 端宗

이 世祖에게 位를 簒奪당한 뒤 벼슬하지 않고 端宗에게 절개를 지킨 사람들。李孟專·趙旅·元昊·金時習·成聃壽·南孝溫의 여섯 사람。↕死六臣。

【生意：생의】❶생생한 모양。生心。生氣。生機。『圖繪寶鑑』一一活動。❷萬物生生의 意義。❸私情을 일으킴。❹生業。商業。營業。❺하려고 하는 마음을 가짐。

【生而知之：생이지지】가르침이 없이 스스로 통해 알음。

【生日：생일】❶출생한 날。誕生日。生辰。『顔氏家訓』江南風俗、二親苦在、每至一一、常有酒食之事。❷萬事가 번영하는 날。吉日。

【生日佛供：생일불공】《佛》생일에 올리는 불공。

【生子：생자】=生男。

【生者：생자】❶산 사람。《佛》❷生命이 있는 모든 것。

【生葬：생장】산 채로 묻음。生埋。

【生長：생장】❶나서 자라남。『史記』南風之詩者、一一之音也。❷易의 生의 德을 生·長·收·藏의 넷으로 나눈 中의 長의 德。

【生長運動：생장운동】《植》모든 식물이 자라나는 운동。

【生長斫：생장작】마르지 않은 장작。

【生財：생재】재물을 늘임。

【生財之方：생재지방】살아 나아갈 方途。生財하는 方法。

【生苧：생저】생모시。

【生前：생전】❶살아 있는 동안。죽기 전。↕死後。『杜甫』一一相遇且銜杯。❷출생하기 전의 세상。前生。❸《國》아무리 애써 보아도 안 됨을 일컬음。

【生旌門：생정문】효자·열녀를 표창하기 위하여 그 동네 어귀에 세우는 정문。

【生丁不辰：생정불신】마침 좋지 못한 때에 태어남。

【生存：생존】살아 있음。끝까지 살아 남음。『陸游』一一惟冀酒泉封。

【生存競爭：생존경쟁】❶모든 생물이 각각 자기의 生命의 계속을 도모하기 위하여 서로 경쟁하는 결과로 適者는 끝까지 살아 남고 不適者는 淘汰되는 현상。❷서로 악착같이 살려고 다투는 것。

【生存權：생존권】개인이 살아 나가기에 필요한 물자 및 노무의 배분을 사회에다 요구하는 권리。

【生卒年：생졸년】태어난 해와 죽은 해。

【生紬：생주】生明紬의 略語。

【生中：생중】정신이 맑은 보통 때。

【生憎：생증】미움。밉살스러움。

【生紙：생지】뜬 채로의 종이。喪事 때에 쓰는 생종이。↕熟紙。

【生地：생지】❶생땅。❷出生한 곳。

【生之殺之：생지살지】살리기도 하고 죽이기도 함。

【生之安行：생지안행】천성이 총명하고 나면서부터 도의에 통하며 편안한 마음으로 도를 행함。『中庸』

【生地獄：생지옥】살아있는 동안 몹시 괴롭거나 고생스러운 일。또는 그 상태。

【生地黃：생지황】地黃의 뿌리의 날것。

【生進：생진】《制》生員과 進士。

【生進獻：생진헌】얇고 가벼운 생모시。

【生徵：생징】까닭 없이 생판으로 세금 따위를 물리는 일。白徵。

【生彩：생채】생생한 빛이나 기운。生氣。

【生彩色：생채색】《美》조각 전면을 얇게 칠하여 漆箔을 박고 그 위에 짙은 色을 칠한 채색。

【生鐵：생철】❶《鑛》무쇠。❷《喩》堅固함。《故》楚王夫人이 納涼으로 쇠기둥을 안았더니 잉태하여 쇠를 낳았다 함。『琅琊代醉編·生鐵』

【生淸：생청】불길을 뵈지 아니하고 벌의 꿀통에서 그냥 떠낸 꿀。

【生草木：생초목】살아 있는 풀과 나무。

【生初喪：생초상】제 명대로 다 살지 못하고 죽은 사람의 초상。

【生祝：생축】《佛》산 사람의 福을 비는 일。

【生致：생치】사로잡아서 연행함。生擒。

【生雉：생치】❶죽은 꿩。❷익히지 않은 생것대로의 꿩。『漢書』令曰、得李廣、必一一之。

【生漆：생칠】❶불에 달이지 아니한 옻칠。❷정제하지 않은 옻나무의 진。

【生頉：생탈】고의로 만들어 낸 탈。

【生態：생태】살아 가는 모양。생활하는 상태。《轉》모양。실태。

【生態變化：생태변화】《生》생물이 환경에 따라 그 생활 생태를 바꾸는 일。

【生態學：생태학】《生》생물의 생활 상태와 환경의 관계를 연구하는 학문。

【生板：생판】❶白地。❷《國》얼토당토 않은 말이나 뜻으로 무리하게。

【生平：생평】평시。평소。평상시。一生。平生。『史記』一一聞耳餘賢。

【生弊：생폐】폐단이 생김。

【生布：생포】생베。

【生捕：생포】산 채로 잡음。生擒。

【生蛤：생합】날것인 大蛤。조개。

【生血：생혈】혈관에서 터져 나온 지 얼마 안 되는 생생한 피。

【生號令：생호령】아무 까닭 없이 하는 호령。

【生魂：생혼】동식물의 생활해 나가는 힘。

【生花：생화】산 나무나 풀에서 꺾은 싱싱한 꽃。↕造花。

【生還：생환】살아 돌아옴。『劉長卿』天南一萬里、誰料得一一。

【生活：생활】❶생명을 가지고 활동함。❷생계를 유지하여 살아 살아서 활동함。『孟子』民非水火不一一。

【生活感情：생활감정】생활 경험을 기초로 한 감정。

【生活改善：생활개선】모든 생활 양식의 번거로움을 보다 합리적으로나 현대적으로 고쳐 나가는 일。

【生活苦：생활고】생활에 있어서의 온갖 어려움과 고생。

【生活敎育：생활교육】一九세기 말에서 二〇세기에 걸친 새로운 교육 운동의 한 경향。아이들의 흥미와 경험에 말미암은 교육을 하기 위하여 심리학적 또는 교육 방법상의 문제로서 아이들의 생활을 문제로 삼았음。

【生活機能：생활기능】《生》생물의 생활하는 기능。

【生活難：생활난】가난하여 살기가 썩 어려움。

【生活力：생활력】❶살아 가는 힘。❷살아 나가는 투지력。생활하는 능력。

【生活不安：생활불안】생활이 어려운 데서 오는 불안。

【生活費：생활비】생활해 나아가는 데 필요한 모든 비용。

【生活狀態：생활상태】살아 가는 형편。生活相。

【生活水準：생활수준】생활의 정도。어느 때 어느 곳에서나 그 국민이 일반적으로 營爲되고 있는 생활 정도。

【生活意志：생활의지】생활을 欲求하는 인간의 본능。

【生後：생후】난 후。출생한 후。

【生釁：생흔】두 사람 사이가 벌어져 틈이 생김。

◎更一、群一、寄一、卵一、同一、門一、一一、資一、自一、長一、再一、前一、諸一、濟一、衆一、重一、畜一、出一、誕一、胎一、平一、筆一、學一、互一、化一、厚一、後一。

五畫

【甡】(신) 眞 シン、おおい many shen

小篆 草書 많을신、우물우물할신(一一衆貌)。〔詩經〕瞻彼中林一一其鹿。

【甡甡：신신】衆生이 많이 늘어선 모양。

六 畫

【產】(산) 潸 サン、うむ bear; production
ㄔㄢˇ ch'an³
小篆 草書 ❶낳을산、해산할산(生也)。〔禮記〕ㅡ萬物者聖也。❷생산할산(民業生ㅡ)。❸난곳산(ㅡ地、國ㅡ、外國ㅡ)。

【產故:산고】 아이를 낳는 일。

【產穀:산곡】 생산되는 곡식。곡식이 남。

【產科:산과】《醫》姙娠·分娩 등에 관한 전문 醫術의 하나。產科病院의 略語。

【產科醫師:산과의사】 산과를 전문으로 하는 의사。

【產藿:산곽】 해산 미역。 「지 기구。

【產具:산구】 아이 낳는 데 쓰는 여러 가

【產金:산금】 금을 생산함。

【產金獎勵:산금장려】 國策上 금을 많이 생산하도록 나라에서 보조 장려함。

【產氣:산기】 아이를 낳을 기미。

【產期:산기】 밴 아이를 낳는 시기。

【產卵:산란】 알을 낳음。

【產卵管:산란관】《生》곤충의 알을 낳는 器管。腹部의 말단부가 針狀으로 되어 다른 물체에 삽입하고 알을 낳음。벌·모기·귀뚜라미 등에 있음。

【產卵期:산란기】 알을 낳을 시기。

【產勞:산로】 아이를 낳는 고생。產苦。

【產母:산모】 해산 어미。아이를 낳은지 며칠 안 되는 어머니。

【產門:산문】 아이 낳는 여자의 陰部。

【產物:산물】 그 지방에서 생산되는 물건。〔曹植〕中和ㅡㅡ、啓有人倫。

【產婦:산부】 해산한 아이 어머니。產母。

【產婦人科:산부인과】 산과와 부인과。

【產朔:산삭】 임신한 부인이 아이를 낳을 달。產月。

【產室:산실】 병원 등에서 아이를 해산하는 방。產房。產所。 「음。

【產兒:산아】 난 아이。또는 아이를 낳

【產兒制限:산아제한】 사회적·경제적·의학적 사정으로 피임법·임신 중절법 등、人爲的 방법으로 人口를 제한하는 일。美國의 女流 사회 사업가인 생거(Sanger)가 제창한 버드컨트롤(birth control)의 譯語로 협의의 뜻으로는 일시적으로 어떤 기간만 受胎하지 않게 하는 방법。곧 受胎調節。

【產業:산업】《經》❶生產을 하는 사업。곧 농업·목축업·임업·수산업·광업·공업·상업·무역 등을 일컬음。❷살아나가기 위한 사업。곧、財貨를 생산하는 사업。生產事業。生業。〔韓非子〕不事利其ㅡㅡ。 「하는 사람。

【產業家:산업가】 산업적 기업을 경영

【產業界:산업계】 생산 사업에 관한 일만으로 활동하는 사회。

【產業面:산업면】 ❶신문의 산업에 관한 記事를 실은 面。❷산업에 관한 방면。

【產業資本:산업자본】 물건을 생산하고 이를 팔아 이윤을 얻는 데까지 쓰이는 자본。

【產業革命:산업혁명】《歷》industrial revolution 기계의 등장으로 인하여 산업의 기술적 기초가 일변해서 조그마한 手工業的 作業場이 기계 설비에 의한 자본주의적인 큰 공장으로 전환된 一大변혁。이것을 거쳐 비로소 자본주의 경제가 확립되었음。

【產褥:산욕】 해산할 때에 產母가 까는 요。產蓐。〔避暑錄〕婦人之疾、莫大於ㅡㅡ。❷《醫》산욕기。

【產褥期:산욕기】 아이를 낳고 건강을 회복할 때까지 산욕에 있는 동안。약 산후 五〇일 동안。

【產褥熱:산욕열】《醫》해산할 때 생식기 속에 생긴 상처로 세균이 전염하여 생기는 병。

【產院:산원】 產婦나 갓난아이를 수용하여 돌보아 주는 시설을 한 곳。

【產月:산월】 =產期。

【產育:산육】 아이를 낳아서 양육함。

【產漸:산점】 해산할 기미。아이 낳을 징조。

【產地:산지】 ❶產出地의 略語。그 물품을 산출하는 곳。물품이 생산된 곳。❷사람이 출생한 곳。

【產出:산출】 ❶天然的으로나 人工的으로 產物이 나옴。❷물품을 생산하여 냄。

【產出物:산출물】 산출한 물건。나온 산물。 「온 곳。產地。

【產出地:산출지】 산출한 곳。산물이 나

【產婆:산파】 =助產員。

【產婆役:산파역】 곁에서 잘 거두어 줌으로써 어떤 일이 잘 이루어지게 만드는 구실。

【產後:산후】 아이를 낳은 뒤。↔產前。

【產後發汗:산후발한】《醫》아이를 낳은 뒤에 寒氣가 들어 떨고 앓는 병。

【產後別症:산후별증】《醫》아이를 낳은 뒤에 일어나는 여러 가지 병 증세。

◎家ㅡ、國ㅡ、農ㅡ、動ㅡ、無ㅡ、物ㅡ、私ㅡ、生ㅡ、水ㅡ、安ㅡ、流ㅡ、資ㅡ、財ㅡ、助ㅡ、天ㅡ、畜ㅡ、出ㅡ、土ㅡ、破ㅡ、海ㅡ。

七 畫

【甤】(유) 支 ズイ、おおい abundant in fruit
小篆 초목에 열매가 다닥다닥 맺힐 유(草木實垂ㅡㅡ)。

【甦】(소) 虞 ソ、ス、よみがえる revival
草書 ❶쉴소(息也)。❷깨날소(死而復生)。

【甦息:소식】 다시 살아나는 것。〔梁武帝〕獨夫既除、蒼生ㅡㅡ。甦活。

【甥】(생) 庚 セイ、ソウ、おい nephew
ㄕㄥ shêng¹
小篆 草書 ❶생질생(姊妹之子)。〔詩〕展我ㅡ兮。❷사위생(女婿)。〔孟子〕帝館ㅡ于貳室。❸외손자생(外孫)。〔左傳〕以肥之得備彌ㅡ。

【甥館:생관】《故》옛날 堯帝가 자기의 사위인 舜을 거처하게 하였던 副宮。《轉》사위의 거처하는 곳。〔孟子·萬章〕帝館於甥貳室。

【甥姪:생질】 누이의 아들。

九 畫

【甦】(소) 虞 ソ、やすむ take a rest
草書 ❶쉴소(息也)。❷깨날소(死而復生)。(『蘇』와 같음)

十二畫

【𤯩】(황) 陽 コウ、はな flowery
小篆 或體 꽃다울황(華榮)。

用 部

【用】(용) 宋 ヨウ、もちいる use; consume
ㄩㄥ yung⁴
小篆 古文 草書 ❶쓸용(可施行)。〔易〕潛龍勿ㅡ。❷쓰일용、부릴용(使也、利ㅡ)。〔左傳〕惟楚有材晋實ㅡ之。❸써용(以也)。〔詩經〕是ㅡ不集。❹재물용(貨也)。

【書經】利—厚生。❺그릇용、도구용(器也)。【書經】今殷民乃攘竊神祇之犧牷牲—以容。❻맡길용(任也)。❼통할용(通也)。

【用奸：용간】간사한 꾀로 남을 속임。

【用件：용건】볼 일。

【用具：용구】무엇을 하거나 만드는 데에 쓰는 기구。諸具。

【用權：용권】권세를 마음대로 씀。用事。

【用器：용기】❶기구를 사용함。❷또는 그 사용하는 기구。『禮記』——不中度。

【用談：용담】긴히 꼭 필요한 이야기。

【用達：용달】일과 물건을 傳授하거나 배달함。또는 그 일。

【用達業：용달업】손님의 요구에 의하여 물건을 대어주거나 갖다 주는 영업。

【用度：용도】❶씀씀이。❷드는 비용。

【用途：용도】쓰이는 곳。또는 쓰는 법。『後漢書』頃者師旅未解、——不足。

【用量：용량】사용해야 할 일정한 분량。주로 약제를 말함。

【用慮：용려】염려하여 줌。

【用力：용력】❶몸과 마음을 씀。❷힘을 씀。

【用例：용례】전부터 써 오던 事例。쓰이는 본보기。

【用命：용명】위의 명령을 받들음。

【用務：용무】볼 일。필요한 임무。

【用兵：용병】군사를 부림。병기를 씀。

【用兵術：용병술】군사를 부리는 기술。전쟁을 함。『詩經』踊躍——。

【用不用：용불용】필요한 것과 필요하지 아니한 것。

【用費：용비】쓰는 비용。

【用捨：용사】무엇에 쓰임과 쓰이지 않는 일。

【用私：용사】私情을 둠。

【用事：용사】❶필요한 일。『周禮』辨其名物與其——。❷政權을 마음대로 함。『戰國策』趙太后新——、秦急攻之。❸일을 처리함。❹맹세함。서약함。❺빌음。기도함。❻故事를 引用함。

【用色：용색】남녀가 교합하여 색을 씀。

【用世：용세】세상에 쓰임을 받음。나와서 세상에 쓰이게 됨。

【用水：용수】❶음료수에 대하여 허드렛물을 일컫는 말。❷물을 씀。또는 그 물。❸灌漑·防火·음료에 쓰기 위하여 먼 곳에서 물을 대어 오거나 또는 그 물을 일컬음。

【用心：용심】마음을 씀。정신을 씀。주의함。또는 마음 쓰기。

【用語：용어】일상 생활에 쓰는 말。쓰는 字句。

【用餘：용여】쓰고 남은 것。또는 그것。

【用役：용역】물자의 형태를 막론하고、생산과 소비에 필요한 물품을 제공하는 일。

【用意：용의】❶마음을 씀。❷마음의 준비。『韓愈』憂國忘家、——至到。

【用人：용인】사람을 씀。

【用材：용재】❶쓰는 재목。❷재료로 쓰이는 물건。❸쓸 만한 재료。또는 쓸 만한 사람。『陶潛』帝者愼——。

【用箋：용전】글을 쓰는 종이。

【用錢：용전】용돈。

【用錢如水：용전여수】돈을 물처럼 흔하게 마구 씀。

【用紙：용지】어떤 일에 쓰이는 종이。

【用之不竭：용지불갈】아무리 써도 없어지지 않음。

【用處：용처】쓸 곳。使用處。

【用品：용품】일용에 쓰이는 온갖 물품。

【用筆：용필】❶運筆。❷붓을 씀。또는 그 方法。『圖畫見聞志』神采生于——。

【用筆沈雄：용필침웅】그림이나 글씨의 運筆이 침착하고 박력이 있음。

【用下：용하】비용으로 내어 줌。또는 그 돈。

【用賢：용현】어질고 총명한 사람을 등용함。

【用嫌：용혐】남에게 혐원을 품음。

一畫

【甪】(록) 屋 ロク sage ㄌㄨˋ lu4

草書 ❶신선이름록、녹리선생록(—里先生、四皓之一)。❷짐승이름록(獸名)。❸성록(複姓)。

【甪里先生：녹리선생】《人》漢 高祖 때의 商山四皓의 하나。姓은 周、이름은 術、字는 元道。霸上先生이라고도 하며 혹은 角里先生이라고도 함。→商山四皓。

二畫

【甫】(보) 麌 ホ、フ、おおきい great ㄈㄨˇ fu3

小篆 草書 ❶아무개보(男子美稱)。【儀禮註】孔子爲尼—。❷클보(大也)。【詩經】卓彼—田。❸많을보、무리보(衆也)。【詩經】魴鱮——。❹나보(我也)。❺또보(且也)。❻처음보、비로소보(始也)。

【甫甫：보보】❶많은 모양。『廣雅·釋訓』——衆也。❷큰 모양。『詩·韓奕』魴鱮——。

【甫兒：보아】작은 사발。보시기。

【甫田：보전】큰 밭。

【甬】(용) 腫 ヨウ、みち、つね alley ㄩㄥˇ yung3

小篆 草書 ❶물솟아오를용(涌也)。【徐曰】若泉—出。❷골목길용(巷道)。【史記】築—道。【淮南子】修爲牆垣—道相連。❸쇠북꼭지용(鍾鼻)。【周禮】鳧氏爲鍾舞上謂——上謂衡。❹휘용(量名、斛也)。【禮記】仲春之月日夜分則角斗—。❺초목빛날용(——草木華貌)。❻땅이름용(地名)。❼물이름용(水名)。

【甬官：용관】米穀을 되는 官吏。『商子·墾令』令有——食槩、不可以辟役。

【甬道：용도】❶흙담을 양쪽에 쌓아 올려서 만든 通路。『史記』築——。❷樓閣의 사이에다 만들어 놓은 複道。❸정원의 샛길。

【甬路：용로】중앙의 통로가 높고 양쪽이 낮은 凸字 모양으로 된 街路。『紅樓夢』只見入門便是曲折遊廊、堦下石子幔成——。

【甬鷹：용응】커다란 매。大鷹。

七畫

【甯】(녕) 徑 靑 デイ、ネイ、むしろ rather ㄋㄧㄥˊ ning2

小篆 ❶차라리녕(願詞)。【徐曰】今俗言—可如此。❷성녕(姓也)。

【甯武子：영무자】《人》春秋時代 衛의 大夫。이름은 兪、武子는 諡號。『論語·公冶長』。

【甯戚：영척】《人》春秋時代의 賢人。齊 桓公 때에 거리에서 소를 먹이고 있다가 桓公에게 등용되어 客卿이 됨。『楚辭·離騷·王逸注』。

田部

【田】(전) 先 デン、た、はたけ field; farm ㄊㄧㄢˊ t'ien2

小篆 草書 ❶밭전(耕地)。【詩經】雨我公—。❷사냥할전(獵也)。【詩】叔于—。❸북이름전(鼓名)。【詩】應—縣鼓。❹수레이름전(車名)。

〔周禮〕ㅣ僕掌馭ㅣ路。❺연잎둥글둥글할전(蓮葉貌)。〔江南曲〕蓮葉何ㅣㅣ。❻〔日字〕논전(水田)。

〔田家:전가〕❶시골 집。농가。『孟浩然』故人具雞黍、邀我至ㅣㅣ。❷시골。農村。

〔田結:전결〕租稅의 논밭。

〔田穀:전곡〕밭에서 나는 곡식。

〔田畓:전답〕밭과 논。

〔田螺:전라〕《動》우렁이。

〔田廬:전려〕❶농막。❷시골 집。田家。❸밭으로 에워싸여 있는 집。『左思』功成不受爵長揖歸ㅣㅣ。

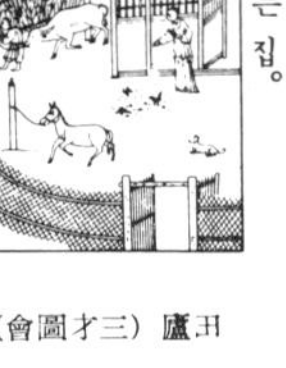
田廬 (三才圖會)

〔田獵:전렵〕사냥。또는 사냥을 함。狩獵。佃獵。『孟子』今王ㅣㅣ於此。

〔田里:전리〕❶一〇〇畝의 밭과 五畝의 집。❷마을。《轉》고향인 동네。『孟子』制其ㅣㅣ、敎之樹畜。

〔田畝:전묘〕❶논밭。『書經』不昏作勞、不服ㅣㅣ。❷밭 이랑。❸밭의 면적。

〔田民:전민〕❶농민。❷논밭과 노비。

〔田夫:전부〕농부。백성。田父。『禮記』。

〔田父:전부〕❶=田夫。『史記』迷失道問ㅣㅣ。❷《動》개구리의 한 종류。

〔田賦:전부〕《制》토지의 수입에 대하여 부과하는 租稅。田租。『春秋』哀公十有二年春、用ㅣㅣ。

〔田舍:전사〕❶토지와 집。『史記』ㅣㅣ廬廡之數。❷시골。도시에서 멀리 떨어진 곳。농가가 많이 있는 곳。農村。『杜甫』ㅣㅣ淸江曲。❸《制》李朝 때 昌德宮·景福宮 안에 논을 만들어 八道의 농사짓는 상황을 임금에게 보여 드리던 곳。

〔田鼠:전서〕《動》鰋鼠(언서)의 異名。

두더지。

〔田稅:전세〕《制》밭에 부과하는 租稅。「田租。

〔田柴科:전시과〕《麗》高麗 때 文武官僚에게 그 品位에 따라 토지와 산을 나누어 주던 일。사망한 뒤에는 나라에 바납하였음。

〔田野:전야〕❶시골。『國語』處農就ㅣㅣ。❷논과 들。❸밭、또는 들。『孟子』土地辟、ㅣㅣ治。

〔田業:전업〕❶농삿일。농업。❷田地。

〔田園:전원〕❶논밭과 동산。『陶潛』ㅣㅣ將蕪。❷도시에서 떨어져 있는 시골。郊外。

〔田園文學:전원문학〕田園의 情景과 생활을 素材로 한 문학。↕都市文學。

〔田園生活:전원생활〕도회지를 떠나서 전원에서 농사 짓고 유유히 지내는 생활。↕都市生活。

〔田園詩:전원시〕전원의 생활이나 자연미를 소재로 읊은 詩。

〔田園詩人:전원시인〕주로 전원시를 쓰는 詩人。

〔田字窓:전자창〕田字 모양으로 만든「窓。

〔田作:전작〕밭 농사。또는 그 곡식。

〔田蠶:전잠〕밭농사와 누에 치는 일。

〔田庄:전장〕자기가 소유한 논밭。庄土。

〔田籍:전적〕=量案。

〔田制:전제〕《制》논밭에 관한 제도。

〔田租:전조〕=田稅。

〔田主:전주〕❶논밭의 주인。땅의 임자。『宋史』ㅣㅣ毋責其租。❷밭의 신。田神。『周禮』。

〔田疇:전주〕❶곡식을 심는 밭과 삼밭。耕地。『禮記』殺草可以糞ㅣㅣ。❷田地。밭두둑。『淮南子』正封彊、修ㅣㅣ。❸《人》㉠三國時代 魏의 사람。字는 子泰。독서를 즐기고 검술에 능했음。㉡宋 華亭 사람。字는 興齊。〈著書〉易學蹊徑·四書說約。『宋元學案·三十七』。

〔田地:전지〕❶耕作하는 토지。논밭이 되어 있는 땅。田畓。『史記』君胡不多買ㅣㅣ。❷근거로 하는 處地。立脚地。

〔田盪:전탕〕農具의 한 가지。일군 흙을 평평하게 고르는 데 쓰임。

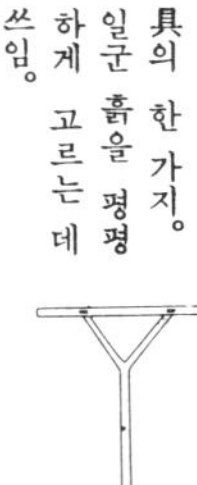
田盪 (農政全書)

〔田宅:전택〕밭과 집。田地와 垈地。『史記』請美ㅣㅣ園池甚衆。

〔田土:전토〕논밭。

◎公ㅣ、丹ㅣ、私ㅣ、沙ㅣ、寺ㅣ、賜ㅣ、水ㅣ、量ㅣ、塩ㅣ、油ㅣ、井ㅣ、靑ㅣ、炭ㅣ。

【由】(유) 尤

小篆 草書

ユウ、ユ、よる、わけ
ㅣㄡ yu²
be derived; motive

❶말미암을유(從也、自也)。〔論語〕觀其所ㅣ。❷행할유(行也)。〔書經〕率ㅣ典常以蕃王室。❸쓸유(用也)。〔書經〕弔ㅣ靈。❹마음에든든할유(自得貌)。〔孟子〕ㅣㅣ焉與之偕。❺까닭유(理ㅣ、ㅣ緖)。❻인할유(因也)。❼지날유(經也)。

〔由來:유래〕❶까닭。어떤 사실이 일어난 때부터 겪어 온 자취。來歷。『左傳』吾知其所ㅣㅣ。❷애당초부터。元來。『楊炯』趙氏連城璧、ㅣㅣ天下傳。❸지금까지。이 때까지。

〔由來之風:유래지풍〕오랜 옛적부터 전해 내려오는 풍속。流風。

〔由路:유로〕유래한 길。사물이 온 길。

〔由奢入儉:유사입검〕奢侈를 떠나 검소하게 살고자 힘씀。

〔由緖:유서〕까닭。傳來하여 온 由來。줄거리。來歷。『洛陽伽藍記』遂問寺ㅣㅣ。

〔由我之歎:유아지탄〕자기 때문에 남에게 해가 미치게 된 것을 탄식함。

〔由蘖:유얼〕벤 나무에서 난 움。싹틈。

由는 古文의 甹(병)으로 나무가 가지를 내 뻗음。(蘖은 움이남)。『書·盤庚上』若顚木有ㅣㅣ。「路遐無ㅣㅣ。

〔由緣:유연〕=因緣。『陶潛』慷慨思南歸、

〔由由:유유〕❶스스로 만족하는 모양。自得한 모양。『孟子·公孫丑上·集注』ㅣㅣ、自得之貌。❷기뻐하는 모양。『管子·小問·注』ㅣㅣ、悅也。❸주저함。猶豫。『楚辭·九歎』ㅣㅣ、猶豫。❹느긋한 모양。浩然한 모양。『孟子·公孫丑上·趙注』ㅣㅣ、浩然之貌。

〔由前由後:유전유후〕앞 뒤가 같음。

〔由致:유치〕《佛》보살을 청할 때에 그 이유를 먼저 이르는 일。

〔由限:유한〕말미를 얻은 기한。

◎經ㅣ、事ㅣ、緣ㅣ、理ㅣ、自ㅣ。

【甲】(갑) 洽

小篆 古文 小篆 古文 草書

コウ、よろい、きのえ
ㄐㄧㄚ chia³·⁴
armour; begin

❶갑옷갑(介胄)。〔易經〕離爲ㅣ胄。❷첫째천간갑(十干支首)。❸비롯할갑(始也)。〔書經〕ㅣ於內亂。❹떡잎날갑(草木初生之莩)。〔易經〕草木皆ㅣ坼。❺법령갑(法令)。〔戰國策〕臣敬循衣服以待令ㅣ。❻과거갑(科第)。〔漢書〕歲課ㅣ乙丙科。❼첫째갑、으뜸갑(第一)。〔蘇軾表〕象犀珠玉之富ㅣ於天下。❽껍질갑(魚蟲介殼)。❾대궐갑(ㅣ帳、殿也)。❿아무갑(某也)。

甲 (禮器圖)

【甲殼:갑각】 게(蟹) 따위와 같은 節足動物의 피부가 石灰質을 많이 포함하여 단단한 딱지로 된 등딱지。

【甲殼素:갑각소】 甲蟲、甲殼類 따위의 껍데기를 아룬 주성분。 키틴(chitin)。

【甲骨文字:갑골문자】 옛날 中國에서 龜甲(귀갑)과 짐승의 뼈에 새긴 象形文字。 中國 文字의 시초이며 占卜의 기록을 새긴 것으로 지금의 河南省 安陽縣(殷墟)에서 많이 발굴되었음。 殷墟文字·殷墟書契·貞卜文字·殷墟卜辭·契文·龜甲文이라고도 함。

【甲觀:갑관】 ❶皇太子의 宮。 『御覽』漢元帝爲太子時、生成帝於ーー。 ❷南北朝 때의 圖書를 管掌하던 館。 甲館。 『庾信·哀江南賦』。 ❸=甲第①。

【甲騎:갑기】 갑옷을 갖추고 말을 탄 兵士。 무장한 騎兵。

【甲年:갑년】 六一살이 되는 해。 還甲의 해。

【甲論乙駁:갑론을박】 서로 論難하고 「반박함。

【甲利:갑리】 =甲邊。

【甲班:갑반】 으뜸가는 양반。 甲族。

【甲番:갑번】 두 편이 번갈아 일할 때 첫번에 돌아오는 번。

【甲邊:갑변】 곱쳐서 받는 변리。 甲利。

【甲兵:갑병】 ❶무장한 병사。 갑옷을 갖춘 군사。 甲士。 ❷무기。 甲冑와 兵器。 《轉》전쟁。 『孟子』王興ーー。 ❸八旗의 滿洲軍·蒙古軍에 속하던 一等卒。 馬甲·披甲이라고도함。 『淸會典事例·兵部·官制』。

【甲富:갑부】 첫째 가는 부자。 一富。

【甲寺:갑사】 《地》忠淸南道 公州郡 鷄龍山에 있는 절。 新羅 眞興王 一七년(五五〇)에 惠明大師가 重建。 그후 義湘이 道場을 설치하여 法堂을 增修하여 규모가 커졌음。 境內에는 浮屠·鐵竿竿支柱들의 國寶와 君子臺·龍門瀑 등의 명승이 있고、千斤梵鐘과 月印千江之曲 木刻板들의 寺寶가 있음。 가을 단풍의 관광지 임。

【甲士:갑사】 ❶갑옷을 갖춘 군사。甲兵。 『司馬法』ーー三人、步卒七十二人。 ❷《制》李朝 初期 각 지방에서 서울에 올라와 宿衞하던 군사。

【甲紗:갑사】 품질이 좋은 얇은 비단。

【甲衫紙:갑삼지】 쌈지를 만드는 두꺼운 종이。

【甲裳:갑상】 허리에 치마처럼 두르는 갑옷의 한 가지。 『宋史』穎昌大戰、無慮數十、出入行陣、體被百餘創、ーー爲赤。

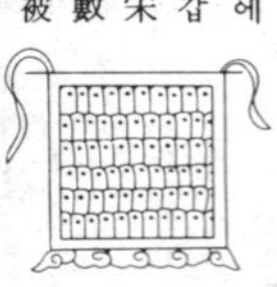
甲裳 (名物圖)

【甲狀腺:갑상선】 《生》척추 동물의 喉頭의 앞 아래 쪽으로 뻗치어 氣管의 위쪽까지 닿은 內分泌腺。

【甲狀腺腫:갑상선종】 《醫》갑상선이 붓는 병。 산악 지방에 많이 생김。

【甲狀軟骨:갑상연골】 《生》喉頭에 있는 연골의 하나。 후두의 외각을 이루며 성년 남자에 있어서는 앞으로 불거짐。

【甲生綃:갑생초】 두 가지 흰 실로 섞어 짠 비단。 曲生綃。

【甲時:갑시】 二四時의 여섯째。 상오 네시 반부터 다섯 시 반까지의 동안。

【甲申政變:갑신정변】 《歷》李朝 高宗 二一년(甲申)에 일어난 政變。 開化黨의 간부들이 日本의 힘을 빌어 事大黨을 구축하고 新政府를 세웠으나 실패함。

【甲夜:갑야】 五更의 첫째 시각。 지금의 오후 八시。 初更。 乙夜。

【甲宴:갑연】 回甲宴의 略語。

【甲葉:갑엽】 갑옷의 미늘。

【甲午更張:갑오경장】 《歷》李朝 高宗 三一년(甲午)에 開化黨政權이 文物制度를 近代的으로 개혁하기 위한 새로운 정책을 일컬음。 갑오혁신。

【甲乙:갑을】 ❶十干의 이름。 甲과 乙。 ❷順序·優劣을 가리키는 말。 제一과 제二。 ❸이름을 모르는 사람이나 假定의 사물을 들어서 하는 말。 이사람 저사람。 이것 저것。 ❹《書》甲乙經의 略語。

【甲衣:갑의】 《制》갑옷。

【甲寅字:갑인자】 《歷》活字 이름。 李朝 世宗 甲寅年(一四三四)에 만들어진 활자。 爲善陰騭의 글자를 본따서 만듦。

【甲日:갑일】 回甲날。 환갑날。

【甲子:갑자】 ❶甲은 十干。 子는 十二支。 즉 干支의 總稱。 六甲。 『漢書』歷數三統、天以ーー 地以甲辰、人以甲申。 ❷干支의 제一로 해의 제一。 또는 달의 제一。 날의 제一。 ❸해。 나이。 ❹年月。 歲月。 ❺책력。 時節。 『許渾』世間ーー須臾事。 節候。

【甲子士禍:갑자사화】 《歷》李朝 燕山君 四년(一五〇四)에 일어난 士禍。 燕山君의 生母 尹氏의 廢妃 賜死 때의 臣下들을 학살한 사건。

【甲疽瘡:갑저창】 《醫》손톱이나 발톱의 눈이 상하여 곪는 부스럼。 嵌甲瘡。

【甲第:갑제】 ❶크고 너르게 잘 지은 저택。 제일 가는 邸宅。 甲觀。 『漢書』宣帝賜光ーー一區。 ❷=甲科。

【甲族:갑족】 훌륭한 집안。 가문이 높은 집안。 貴族。 『南史』官以人淸、豈論ーー。

【甲種:갑종】 으뜸가는 종류。

【甲坐:갑좌】 甲方을 등지고 앉은 묏자리。 또는 집터。

【甲冑:갑주】 《制》갑옷과 투구。 『易經』「離爲ーー。

【甲紬:갑주】 《制》아주 좋은 명주。

【甲繒:갑증】 품질이 썩 좋은 비단。

【甲辰字:갑진자】 《歷》活字 이름。 李朝 成宗 때 만든 銅活字。 明版本인 歐陽公集烈女傳을 字本으로 하여 만듦。 인쇄본으로는 自警篇 一책이 전해져 있음。

【甲刹:갑찰】 제일 가는 큰 절。

【甲窓:갑창】 추위나 밝은 빛을 막기 위하여 미닫이 안 쪽에 덧 끼우는 미닫이。

【甲鐵:갑철】 =兵甲。

【甲鐵板:갑철판】 《軍》防禦에 쓰는 유난히 단단한 鋼鐵板。

【甲蟲:갑충】 《動》❶鞘翅類(초시류)에 속하는 곤충의 總稱。 翅鞘가 革質로 된 개똥벌레·가뢰·딱정벌레·풍뎅이 따위。 ❷甲殼이 있는 동물。

【甲坼:갑탁】 싹이 틈。 움이 돋음。 『易經』百果草木皆ーー。

【甲板:갑판】 큰 배나 군함의 위에 나무나 鐵板등으로 깐 평평하고 넓은 바닥。

【甲皮:갑피】 구두에 창을 아직 대지 않았을 때의 가죽 울。

【甲皮餠:갑피병】 개피떡。

【甲膾:갑회】 소의 내장으로 만든 회。

◎兵ー、裝ー、進ー、鐵ー、還ー、回ー。

【申】 (신) 眞

シン、さる、もうす stretch ㄕㄣ shen¹

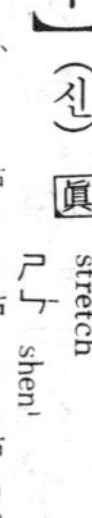
小篆 古文 古文 籀文

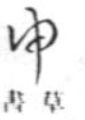
草書

❶펼신(伸也)。 『北征賦』行止屈ー與時息兮。 ❷기지개켤신(欠伸)。 『莊子』熊經鳥ー。 ❸거듭신(重也)。 『易經』重巽以ー命。 ❹낮살펼신(容舒)。 『論語』ーー如也。 ❺아홉째지지신(地支之第九位)。 ❻원숭이신(猿也)。 (『伸』과 通함)

【申儆:신경】 거듭 경계시킴。 몇 번이고 주의함。(儆은 警)。 『左傳』ーー之、以待不虞。

【申告:신고】 ❶국민이 법률상의 의무로서 행정 관청에 일정한 사실을 진술 보고하는 것。 ❷군대에서 발령 및 어떤 임무에 임명되는 경우에 소속 상관 또는 지휘관에게 인사로서 보고하는 것。

【申誥:신고】 깨우쳐 훈계함。 『書經』伊

尹——于王、曰、嗚呼天惟無親、克敬惟親。

【申告法:신고법】 納稅義務者에게 세금의 액수를 매기기 위해 수입·재산·직업 따위를 所管 관청에 보고하게 하는 일。

【申救:신구】 그 억울한 罪를 변론하여 살려냄。『晋書』力言王導忠誠、——甚至。

【申理:신리】 이론을 밝혀 진술함。변명함。무리한 억압을 받은 사람의 억압을 없애고 공평하게 해 줌。『北史』抑挫豪右、——幽滯。

【申込:신립】 =申請。

【申末:신말】 《國》申時의 마지막 시각。지금의 오후 다섯 시 직전。

【申聞鼓:신문고】 《制》李朝 太宗 때부터 백성의 원통한 일을 호소하여 당부에서 이를 알도록 치게한 북。대궐 門樓에 달아 두었음。登聞鼓。升聞鼓。

【申白:신백】 사실을 자세히 사뢰。

【申報:신보】 ❶고하여 알림。『舊唐書』——有司。❷一八七二년 中國 上海에서 창간된 中國 最古의 신문。「말함。

【申複:신복】 거듭 자세히 같은 사실을

【申訴:신소】 =告訴。

【申時:신시】 子時부터 아홉째。곧 오후 三시부터 五시까지。

【申申:신신】 ❶마음이 확 풀리고 화평한 모양。伸伸。『論語·述而』子之燕居 ——如也。❷거듭 되는 모양。『楚辭·離騷』——其詈余。❸가지런한 모양。『漢書·萬石君傳·注』——、整敕之貌。

【申申當付:신신당부】 =申申付託。

【申申付託:신신부탁】 몇 번이고 연거푸 간절히 하는 부탁。

【申嚴:신엄】 거듭 타이름。더욱 더 엄하게 함。(嚴은 戒)。『禮記』季秋之月、——號令。

【申諭:신유】 고하여 깨우쳐 줌。말하여 효유함。『吳志』陳事勢利害、以——孫皓。

【申日:신일】 日辰의 地支가 申으로 된날。

甲申·丙申·庚申 등。「오후 四시。

【申正:신정】 《國》申時의 한 가운데。곧

【申奏:신주】 上申함。위에 奏達함。『宋書』躬自——小大以聞。

【申證:신증】 명백한 증거。『後漢書』罪無——、獄不訊鞫。

【申請:신청】 ❶신고하여 청구함。❷《法》한 私人이 국가 기관、법원 또는 공공 단체의 기관에 대하여 어떤 사항을 청구하기 위하여 그 의사를 표시하는 일。

【申請書:신청서】 신청하는 뜻을 나타내는 문서。「三시。

【申初:신초】 《國》申時의 처음。곧 하오

【申飭:신칙】 단단히 타일러서 경계함。『宋史』——將帥、愼固封守。

【申託:신탁】 =申申付託。

◎具—、內—、上—。

一 畫

【甶】

(불) 物 フツ、おにあたま head ghost

小篆 [seal script form]

귀신머리불(鬼頭)。

二 畫

【男】

(남) 覃 ダン、ナン おとこ、むすこ male; son ㄋㄢˊ nan²

小篆 [seal script form] 草書 [cursive form]

❶사내남(丈夫)。❷아들남(子對父母曰—)。❸벼슬이름남(爵名、五等之末)。

【男莖:남경】 《生》자지。남자의 생식기。

【男系:남계】 남자 쪽의 계통。↕女系。

【男工:남공】 남자 직공。↕女工。『墨子』——作刻鏤。

【男根:남근】 《生》자지。男莖。

【男女:남녀】 남자와 여자。『禮記』飮食——、人之大慾存焉。

【男女共學:남녀공학】 《敎》남녀를 한 학교에 수용하여 한 학급에 조직하여 교육시키는 일。

【男女老少:남녀노소】 남자와 여자와 늙은이와 젊은이。곧 모든 사람。

【男女同權:남녀동권】 男女 同等權의 略語。

【男女同等權:남녀동등권】 《法》남녀가 차별 없이 꼭같이 가지는 동등한 권리。

【男女有別:남녀유별】 남자와 여자 사이에는 서로 지켜야 할 예의에 반드시 분별이 있음。

【男奴:남노】 남자 종。사내 종。

【男服:남복】 ❶남자의 옷。❷여자가 남자와 같이 차릴 때에 입는 옷。↕女服。

【男負女戴:남부여대】 사내는 짐을 지고 계집은 이고 감。곧 가난한 사람이 떠돌아 다니면서 사는 것을 일컫는 말。

【男寺黨:남사당】 사당 복색을 하고、이리저리 돌아 다니면서 소리나 춤을 팔고 사당처럼 노는 사내。

【男相:남상】 남자의 얼굴처럼 생긴 여자의 얼굴 모양。↕女相。

【男色:남색】 鷄姦。비역。『漢書』柔曼之傾意、非獨女德、蓋亦有——焉。

【男聲:남성】 남자의 목소리。

【男性:남성】 ❶사나이。❷남자의 성질。❸文法上 명사에 붙어서 남자의 성질을 갖춘 것。↕女性。

【男性美:남성미】 남성 특유의 아름다운 미。↕女性美。

【男僧:남승】 《佛》남자 중。↕女僧。

【男兒:남아】 ❶사내아이。아들。『陶潛』雖有五——、總不好紙筆。❷丈夫。사나이다움。『韓愈』南八——死爾、不可爲不義屈。

【男兒一言重千金:남아일언중천금】 《國》남자의 한 마디 말은 천금과 같이 무겁고 가치가 있다는 말。

【男子:남자】 ❶사나이。男性인 사람。男兒。男性。『詩經』維熊維羆、——之祥。❷丈夫。남자다운 사내。『漢書』孔融魯國——。

【男爵:남작】 ❶《制》爵의 하나。五等爵(公·侯·伯·子·男)의 最下級。『禮記·王制』❷서양이나 일본의 最低의 貴族。

【男裝:남장】 여자가 남자의 몸차림을 함。또는 그러한 차림。↕女裝。

【男裝美人:남장미인】 남자 옷 차림을 한 아름다운 여자。

【男丁:남정】 ❶열 다섯 살 이상의 장정이 된 남자。❷백성 중에서 소집되어 公用의 잡일을 하는 사람。

【男尊女卑:남존여비】 사회의 습관상 남자는 높고 귀하며 여자는 낮고 천하다는 말。『列子』男女之別、——、故以男爲貴、吾旣得爲男、是二樂也。

【男中一色:남중일색】 썩 잘 생긴 남자。또는 그러한 사람。

【男湯:남탕】 공중 목욕탕에 있어서 남자만이 들어 가게 된 탕。↕女湯。

【男便:남편】 아내의 짝이 되어 사는 배

【男婚:남혼】 아들의 혼사。「우자。

【男婚女嫁:남혼여가】 아들은 장가 가고 딸은 시집감。

【男欣女悅:남흔여열】 부부가 화락함。

◎美—、生—、長—、丁—、次—、快—。

【甽】

(견)『畎』(田部 4畫)과 같음

【甸】

㊀(전) 霰 テン、ショウ、さかい、かり area ㄉㄧㄢˋ tien⁴

㊁(승) 徑

小篆 [seal script form] 草書 [cursive form]

㊀경기전(畿內區域)。『書經』五百里—服。㊁❶다스릴승(治也)。『詩經』信彼南山維禹—之。❷수레승(車名、衷—)。『左傳』良夫乘衷—。

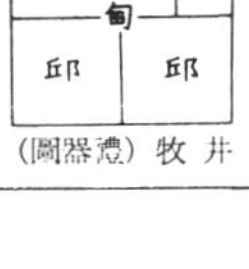

井牧(禮器圖)

【甸服:전복】 ❶五服의 하나。周代에 王

城의 주위로부터 二五百리 이내의 땅。『書·禹貢』五百里、——。❷周代 九服의 하나。王畿의 주위로부터 五百리 떨어진 곳에서 一千리 사이의 五百리의 땅。甸畿。『周禮·職方氏』其外 方五百里曰——。

【甸役:전역】사냥을 함。田獵。『周禮』。

【甸人:전인】옛날 벼슬 이름。『禮記』。

【甸甸:전전】수레소리가 시끄러운 모양。『古詩』新婦車在後、隱隱何——。

【甹】(병) 靑 ヘイ、ひく pull 小篆 草書 끌을병(曳也)。

【甹夆:병봉】이끎。掣曳。詩經에서는 荓蜂。『爾雅·釋訓』——、掣曳也。

【町】(정) 迥 テイ、チョウ、あぜ ridge between fields ㄊㄧㄥˇ t'ing³ 小篆 草書 ❶밭두덕정(—畦、田區畔埒)。❷정보정、지적정(三千坪爲町步)。❸〔日字〕시가정、장거리정(市街、商街)。

【町步:정보】한 町으로 끝이 나고 端數가 없을 때의 일컬음。

【町疃:정탄】집 옆의 빈터。一說에는 사슴의 발자취。『詩經』——鹿場。

【町畦:정휴】밭 두둑。또는 이랑。《轉》경계。區劃。『莊子』彼且爲無——。

三 畫

【画】(화)(획)『畫』(田部 7畫)와 같음

【甽】(견)『畎』(田部 4畫)의 古字

【甾】(치) 支 チ、きじ pheasant ❶꿩치(翟類)。『周禮』翟類有六曰翬曰搖曰疇曰—曰希曰蹲。❷내이름치(川名)。

【甽】(견)『畎』(田部 4畫)의 古字

【甿】㊀(맹) 庚 ボウ、たみ peasant ㄇㄥˊ mêng² ㊁(망) 魚 小篆 草書 ㊀농부맹(田民)。『周禮』以下劑致—以田里安—。(『氓』과 같음) ㊁벌판망(廣野)。

【甿庶:맹서】논밭을 가는 백성。農民。

【甿俗:맹속】천한 백성。人民。『白居易』移此爲郡政、庶幾——蘇。

【甿隸之人:맹여지인】천한 백성。氓隸。『史記』陳涉甕牖繩樞之子、——、而遷徙之人。

【畁】(비)『畀』(十部 6畫)의 俗字

【畀】(비) 寘 ヒ、あたえる give ㄅㄧˋ pi⁴ 小篆 草書 줄비(付與、賜也)。『書經』不—洪範九疇。

四 畫

【甾】(치) 支 シ、もたい barrel ❶장군치(楚缶)。❷한해된밭치(田一歲)。(『菑』와 같음)

【田亢】(강) 養 コウ、おか hill 小篆 小篆 ❶언덕강(陌也)。❷지경강、갈피강(境也)。

【畇】㊀(균) 眞 イン、たつくる reclaim ㊁(윤) 眞 (同音「윤」) 草書 ㊀밭개간할균(墾田)。『詩經』—原隰。㊁밭윤(田也)。

【畇畇:균균】開墾한 땅의 평탄한 모양。『詩經·小雅』——原隰、會孫田之。

【畆】(무)『畝』(田部 5畫)의 本字

【畊】(경)『耕』(耒部 4畫)의 古字

【畋】(전) 先 デン、かり hunt ㄊㄧㄢˊ t'ien² 小篆 草書 ❶사냥할전(獵也)。『書經』—于有洛之表。❷평밭전(平田)。

【畋獵:전렵】사냥。

【畋食:전식】농사로 생활을 해 나감。『書經·疏』治田、謂之畋、代人以營田求食、謂之——。

【畋漁:전어】사냥과 천렵。漁獵。『晏子』無多——、以無偪川澤。

【畋遊:전유】사냥하고 놂。『家人傳』莊宗方與后荒於——。

【界】(계) 卦 カイ、さかい boundary ㄐㄧㄝˋ chieh⁴ 小篆 小篆 草書 ❶지경계、갈피계、경계계(境也)。『孟子』域民不以封疆之—。❷한정할계(分畫、限也)。『後漢書』以禮爲—。❸이간할계(離間)。『揚雄解嘲』范雎—涇陽。❹둘레계(範圍)。

【界境:계경】❶境界。❷經界。

【界樂:계락】가곡의 한가지。界樂時調의 略語로 界面調에 딸림。

【界面:계면】❶두 가지 물질의 경계의 면。❷=界面調。

【界面調:계면조】《國》노래나 풍악에서 슬프고 처절한 가락。洋樂의 短調와 비슷함。界面。

【界尺:계척】文具의 하나。罫線과 같은 줄을 칠 때 쓰이는 자。

【界標:계표】土地 또는 水面 등의 경계를 나타내거나 또는 나타낸 표지。

【界限:계한】땅의 경계。限界。

【界畫:계화】=《美》起畫。

◎境—、經濟—、教育—、三—、世—、視—、眼—、業—、外—、財—、政—、宗教—、天—、下—、限—。

【畍】(계)『界』(前條)와 같음

【畎】(견) 銑 ケン、みぞ ditch between fields ㄑㄩㄢˇ ch'üan³ 草書 ❶밭도랑견(田中溝)。『書經』濬—澮距川。❷산골도랑견(山谷水道)。『書經』羽—夏翟。(『甽』과 같음)

【畎畝:견묘】❶밭의 고랑과 이랑。❷도시에서 떨어진 땅。시골。田園。❸농사를 지음。『歐陽修·豊樂亭記』而安——衣食。❹民間。『孟子·告子』舜發於——之中。

【畎夷:견이】오랑캐의 이름。犬戎。『史記』西伯伐——氏。

【畏】(외) 未 イ、おそれる dread; fear ㄨㄟˋ wei⁴ (古音「위」) 小篆 古文 草書 ❶겁낼외(怯也)。『孟子』是—三軍者。❷두려울외(懼也)。『書經』永—惟罰。❸놀랄외(驚也)。❹꺼릴외(忌也)。

【畏怯:외겁】두렵게 여기고 겁냄。

【畏敬:외경】두려워하며 공경함。心服하여 존경함。『大學』之其所——而辟焉。

【畏懼:외구】무섭고 두려움。두려워하고 꺼림。畏憚。『戰國策』富貴則親戚——。

【畏忌:외기】두려워하고 꺼림。畏憚。『左傳』爲刑罰威獄、使民——。

【畏服:외복】두려워하여 좇음。心服하여 좇음。畏付。『漢書』豪彊——。

【畏事:외사】두려워하고 존경하여 섬김。

【畏屍:외시】 시체를 두려워함。
【畏愼:외신】 몹시 두려워하고 언행을 삼가「잠。
【畏友:외우】 心服하고 존경하는 벗。가장 아껴 畏敬하는 벗。〖舒頔〗王君我一一、時寄五色鮮。
【畏縮:외축】 두려워서 몸을 움츠림。〖金史〗皆一一而不敢行事。
【畏鍼:외침】 침 맞기를 두려워함。
【畏憚:외탄】 두려워하고 꺼림。거북하게 여겨 꺼림。畏懼。畏難。畏忌。〖後漢書〗一一遠役。
【畏怖:외포】 매우 두려워함。두려워서「떨음。畏縮。
【畏避:외피】 두려워서 피함。〖易林〗低頭竄視、有所一一。
【畏寒:외한】 추위를 두려워함。
【畏兄:외형】 친구끼리 상대 편을 점잖게 대접하여 이르는 말。

【⿱田乂】(외)『畏』(前條)와 같음

【畐】(복) 屋 フク、みちる be filled
(小篆) ❶찰복(滿也)。❷나비복(幅也)。

【畓】(답)〔國字〕
논답(水田)。
【畓結:답결】 (制)논에 대한 세금。
【畓穀:답곡】 논에서 나는 곡식。벼。
【畓券:답권】 논의 면적·소유권자 따위를 적은 서류。
【畓農:답농】 논 농사。
【畓主:답주】 논 임자。
【畓土:답토】 논으로 된 땅。
◎奉一、田一、宗一、天水一

【畑】(전)〔日字〕 はたけ field
(草書) ❶화전전(火畊田)。❷〔日字〕밭전(田也)。

五 畫

【畔】(반) 翰 ハン、あぜ ridge between fields ㄆㄢˋ p'an⁴
(小篆)(書)(草) ❶밭두덕반(田界)。〖左傳〗如農之有一。❷도랑 도랑할반(一援、跋扈)。〖詩經〗無然一援。❸갑절반、곱반(倍也)。〖禮〗革制度衣服者爲一。❹가반(邊側皆曰一)。
【畔界:반계】 두둑 길。〖陸賈〗后稷乃列封疆、畫一一。
【畔路:반로】 밭 사이의 小路。두둑 길。
【畔岸:반안】 ❶밭 두둑과 개울 두둑。(轉)끝。限。邊。〖蘇軾〗茫乎不知其一一。❷間隔이 떨어짐。사람을 멀리하여 가까이하지 않음。〖韓愈·上于相公書〗無有一一。❸放恣(방자)한 것。〖漢書·司馬相如傳〗放散一一。
【畔喭:반언】 천한 모양。禮를 잃은 모양。〖論語·註〗子路之行、失於一一。
【畔逆:반역】 배반함。謀叛함。叛逆。反逆。〖史記〗孝景用其計、六國一一。
【畔援:반원】 道理에 배반하여 방자하게 행동함。제 멋대로 놂음。跋扈。〖詩經〗無然一一、無然歆羨。
【畔疇:반주】 논 두둑。境界。
◎洲一、湖一。

【畋】 ㊀(피) 支 ヒ、たがやす ㊁(파) 歌 plough
㊀밭갈피(耕也)。㊁조금두두룩할파(小高貌、睬一)。

【留】(류) 尤 リュウ、とどまる stay;detain ㄌㄧㄡˊ liu²
(小篆)(書)(草) ❶머무를류(住也)。❷그칠류(止也)。❸오랠류(久也)。〖禮記〗悉數之乃一、更僕未可終也。❹더딜류(遲也)。〖易經〗用刑而不一獄。❺청사할류(費一凶命)。❻막힐류(滯也)。❼꾀꼬리류(黃鳥)。❽멈출류(停待)。❾기다릴류(待也)。
『畱』는〔本字〕
【留客:유객】 손님을 머물게 함。
【留客雨:유객우】 손님을 머물게 잇달아 오는 비。
【留京:유경】 시골 사람이 서울에서 잠시 묵는 일。
【留念:유념】 마음에 기억하여 둠。
【留糧:유량】 객지에서 먹을 양식。
【留連:유련】 ❶주저하여 차마 떠나지 못하는 모양。〖南史〗一一日夜。❷職業을 잃고 방랑하는 모양。❸客地에 묵고 있음。
【留連費:유련비】 객지에 묵고 있는 동안의 비용。
【留馬:유마】 마소를 徵發하여 쓰던 일。
【留門:유문】 밤에 궁궐문이나 성문을 단는 일을 그만 두게 하던 일。
【留物:유물】 쓸모가 없어 내버려 둔 물건。
【留別:유별】 남아 있는 사람과 작별하고 떠남。
【留聲器:유성기】 音聲을 소리판 속에 넣어서 필요할 때마다 그 소리를 들을 수 있게 만든 기계。蓄音器。
【留守:유수】 ❶머물러 지킴。〖史記〗呂后年長、常一一、希見上。❷(制)벼슬 이름。㉠天子의 行幸이나 巡行中 宮廷을 지키는 重臣。〖事物紀原〗唐志云、車駕不在京、則置一一。㉡李朝 때 開城·江華·廣州·水原·春川 등 요긴한 곳을 맡아 다스리던 正二品 外官職。
【留宿:유숙】 남의 집에 묵음。〖後漢書〗一一閒語。
【留心:유심】 ＝留意。〖庾信〗一一職事、愛玩圖書。
【留案:유안】 일의 처리를 한동안 정지함。
【留約:유약】 뒷일을 미리 약속함。
【留意:유의】 ❶마음에 둠。❷주의함。留心。〖史記〗敢獻書以聞、惟君王一一焉。
【留任:유임】 ❶任期가 滿了되었으나 계속해서 현재의 그 자리에 머무름。❷예전의 官職으로 다시 돌아옴。❸轉任 또는 辭任을 보류·중지함。
【留在:유재】 머물러 있음。
【留財:유재】 모아 둔 재물。
【留潮地:유조지】 수문으로 潮水가 들어왔다 나갔다 하는 개펄。
【留陣:유진】 行軍 도중에 잠시 군사를 머물러 두는 일。
【留置:유치】 ❶머물러 둠。❷(法)사람이나 물건을 일정한 支配 아래 둠。犯罪의 의심이 있는 사람을 일시적으로 警察에 머물러 둠。
【留置權:유치권】 (法)남의 물건의 점유자가 그 물건에 관하여 채권을 갖는 경우 그 갚음을 받을 때까지 그 물건을 유치하는 권리。
【留學:유학】 外國에 在留하면서 공부함。遊學。
【留學生:유학생】 留學하는 학생。
【留學僧:유학승】 외국에 파견되어 불교를 수학하고、불도를 수행하는 중。
【留鄉:유향】 (制)守令 자리가 비었을 때에 그 지방의 座首를 일컫던 말。
◎去一、拘一、寄一、保一、抑一、遺一、停一、滯一。

【畚】(분) 阮 ホン、ふご shovel ㄅㄣˇ pen³
(小篆)(小篆)(書)(草) ❶가래분(鍪也)。❷삼태분(盛土器)。❸목도분(運搬具)。〖漢書 揚雄傳〗少以織一爲業。

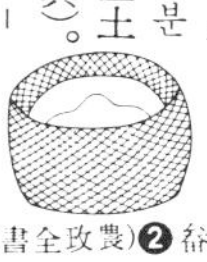
❷畚(農政全書)

【畚挶:분국】 흙을 나르는 삼태기。〖左傳〗陳一一具綆缶。
【畚鍤:분삽】 삼태기와 삽。(轉)土工。

【畛】(진) 軫 シン、さかい 眞 patch between fields ㄓㄣˇ chen³
小篆 草書 밭갈피진(田界)。【詩】徂濕徂ㅡ。
【畛崖:진애】논 두둑。경계。區劃。『淮南子』肆ㅡㅡ之遠。
【畛域:진역】❶밭 두둑。밭의 한계。❷한계。❸境界。『莊子』無所ㅡㅡ。
【畛畷:진철】두둑길。『左思』其四野則ㅡㅡ無數。

【畞】(진)『畛』(前條)과 같음

【畜】㊀(축) 屋 チク、たくわえる、かう ㊁(휵) 屋 accumulate ㊂(휴) 宥 domestic animals ㊃(추) 宥 ㄒㄩˋ hsü⁴
小篆 古文 古文 草書 ㊀❶육축축、가축축(家ㅡ、六ㅡ)。「牛馬羊鷄犬豕謂六ㅡ」。❷쌓을축(積也)。【禮記】務ㅡ菜。❸그칠축(止也)。【孟子 梁惠王下】ㅡ君何尤。㊁❶기를휵(養也)。❷용납할휵(容也)。【大學】不ㅡ聚斂之臣。㊂기름직한짐승휴(獸【左傳】天下誰ㅡ之。可養)。【周禮】在野曰獸在家曰ㅡ。㊃집짐승추(家養獸)。
【畜類:축류】❶가축의 종류。❷집에서 기르는 짐승。家畜。畜生①。❸짐승。獸類。❹사람을 천하게 일컫는 말。
【畜牧:축목】家畜을 들에서 기름。牧畜。
【畜舍:축사】家畜을 기르는 집。
【畜產:축산】❶집에서 기르는 짐승이나 그에 의한 생산의 總稱。『漢書』君ㅡㅡ、且猶敬之。❷사람을 욕하는 말。『後漢書』被罵ㅡㅡ、辱莫甚焉。❸財產으로서의 여러 짐승。
【畜產學:축산학】축산의 개량 발달을 도모하기 위하여 연구하는 학문。
【畜生:축생】❶사람에게 길리우는 온갖 짐승。『隋書』上恚曰、ㅡㅡ何足付 大事耶。❷畜生道의 略語。
【畜養:축양】❶家畜을 기름。飼育。『漢書』種樹ㅡㅡ、不見其益、有時而大。❷養育함。❸俸祿을 줌。『魏志·高柔傳』ㅡㅡ將士、繕治用兵。
【畜牛:축우】집에서 기르는 소。
【畜藏:축장】모아서 감추어 둠。『史記』民蝓甘食好衣、不事ㅡㅡ之業。
【畜積:축적】많이 모아서 쌓음。貯畜。『漢書』ㅡㅡ有餘。
◎家ㅡ、鬼ㅡ、牧ㅡ、養ㅡ、人ㅡ。

【畝】(무) 有 ボウ、ホ、うね、あぜ ridge ㄇㄨˇ mu³ (俗音「묘」)
小篆 밭이랑무(田壟)。【司馬法】六尺爲步步百爲ㅡ。【詩經】南東其ㅡ。

步百爲畝(農政全書)

【畞】(무)『畝』(前條)의 古字

【畟】(측) 職 ショク、するどいすき sharp plowshare
小篆 小篆 草書 ❶보습날카로울측(良耜、ㅡㅡ)。❷주사위측(骰子、瓊ㅡ)。❸나갈측(進也ㅡㅡ)。

【畠】(전)〔日字〕 はたけ field
小篆 밭전(田地)。

六畫

【異】(이)『異』(田部 7畫)와 같음

【畢】(필) 質 ヒツ、おわる finish ㄅㄧˋ pi⁴
小篆 草書 ❶마칠필(竟也)。【左傳】日至而ㅡ。❷다할필(盡也)。【詩經】ㅡ來旣升。❸토끼그물필(兎網)。❹편지필、책필(簡札)。【禮記】呻其佔ㅡ。❺희생궤는나무필、고기궤다는나무필(貫牲體木)。【禮記】ㅡ用桑。❻별이름필(星名、二十八宿之一)。
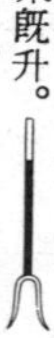
圖畢❺
【畢擧:필거】❶하나 남기지 않고 전부 들음。❷온통 가려냄。
【畢竟:필경】마침내。결국에는。요컨대。究竟。『范質』勢位難久居、ㅡㅡ何足恃。
【畢納:필납】納稅나 納品 같은 것을 끝냄。
【畢命:필명】❶생명이 끊어짐。死亡함。「❷목숨을 다하여 일함。
【畢生:필생】목숨이 끊어질 때까지。一生。平生。
【畢業:필업】業을 마침。卒業。
【畢役:필역】役事를 마침。
【畢婚:필혼】아들 딸 간에 맨 끝으로 치르는 혼인。↔開婚。

【畤】(치) 紙 シ、ジ、まつりのにわ place for festival ㄓˋ chih⁴
小篆 草書 ❶제터치(祭地神所依止)。【史記】祠上帝西ㅡ。

【畱】㊀(례) 霽 レイ、おちいる ㊁(렬)〔國音〕 sink
㊀빠질례(陷也)。㊁논배미렬(區畓)。

【略】(략) 藥 リャク、はぶく、はかる summary; plan ㄌㄩㄝˋ lüeh⁴
小篆 草書 ❶간략할략、약간략(簡也)。【詩經】有ㅡ其耜。❷날카로울략(利也)。❸꾀략(謀也、方略)。【漢書】圖上方ㅡ。❹지경략(界也)。【左傳】王興之武公之ㅡ自虎牢以東。❺대강략(要也)。【孟子】此其ㅡ也。❻노략질할략(ㅡ定、行取)。【淮南子】攻城ㅡ地。❼홀할략(忽也)。❽다스릴략(理也)。❾범할략(犯也)。(「掠」와 통함)
【略記:약기】간단하게 기록함。줄거리를 기록함。또는 그러한 것。
【略圖:약도】❶중요한 곳만 그린 지도나 繪圖。要圖。❷간략하게 대충 그린 도면。
【略歷:약력】대강 적은 이력。
【略論:약론】주요 부분만을 저술한 논설。또는 大要를 論述함。간단하게 논의함。『漢書』ㅡㅡ律呂、以合八音之調。
【略備:약비】대강 갖춤。
【略史:약사】줄거리를 추려서 대강 만든 「歷史。
【略說:약설】간단하게 줄여 설명함。
【略設:약설】간략하게 설비함。
【略少:약소】간략하고 적음。
【略述:약술】대략을 말함。줄거리를 간단하게 진술함。
【略式:약식】❶정식 순서를 일부 생략한 儀式。略儀。❷손쉬운 방식。
【略言:약언】❶대략의 줄거리를 대강 말함。❷생략한 말。생략함。略語。
【略字:약자】글씨의 획을 줄이어 간단하게 쓴 글씨。
【略取:약취】❶빼앗아 가짐。❷《法》폭행·협박의 수단으로써 빼앗는 일。
【略取誘引:약취유인】《法》사람을 약취하거나 또는 유인하여 자기나 제삼자의 지배하에 두는 일。略取誘拐。
【略稱:약칭】생략하여 부르는 명칭。
【略解:약해】대략의 뜻을 풀어 밝힘。또는 줄거리를 이해함。
【略號:약호】알기 쉽고 간략하게 만든 「부호。
◎簡ㅡ、計ㅡ、攻ㅡ、軍ㅡ、機ㅡ、後ㅡ。

【畧】 (략)『略』(前條)과 같음

【畦】 (휴) 齊 ケイ、うね boundary ㄑㄧ ch'i²

畦 小篆 草書 ❶밭쉰이랑휴(五十畝疆也)。【莊子】彼且爲無町─。❷갈피휴(區也)。

【畦徑:휴경】 일정한 法式。『唐書』絶去翰墨──。

【畦道:휴도】 두둑길。밭 사이의 길。

【畦畔:휴반】 밭 두둑。 「茅屋。

【畦蔬:휴소】 밭의 野菜。『杜甫』──繞

【畦丁:휴정】 밭 가꾸는 사람。農夫。園丁。『杜甫』──負籠至。

七 畫

【番】 ㊀(번) 元 ハン、バン、ばん、かず time ;number ㄈㄢ fan¹ ㊁(반) 寒 ㊂(파) 歌

番 小篆 或體 古文 草書 ㊀❶번수번、한번번(數也)。❷번들번(直宿更也)。【漢書】賢良直宿更─。㊁❶땅이름반(南海地名─禺)。❷갈릴반(遞也)。❸차례반(次也)。㊂❶날랠파(勇貌)。【書經】──良士。❷하얗게늙을파(老貌)。

【番旗手:번기수】 《制》대궐에 번들어서 호위하던 旗手。

【番頭:번두】 兵卒의 한 班의 우두머리。『唐書·兵志』擇材勇者爲──。

【番番:①번번 ②파파】 ❶㉠强한 모양。용감한 모양。『爾雅·釋訓』──、勇也。㉡번번히。여러 번。매번。❷白髮의 모양。白番。『史記·秦紀』。

【番兵:번병】 ❶番을 드는 兵士。番卒。❷番國의 兵卒。

【番上:번상】 《制》지방의 군사를 골라 뽑아서 차례로 서울의 軍營으로 보내던 일。

【番地:번지】 ❶번호를 붙여 나눈 땅。❷남의 나라。蕃地。異域。『張籍』全家沒──。

【番次:번차】 번이 드는 차례。

【番次例:번차례】 바꾸어 드는 차례。

【番布:번포】 《制》五衛의 군졸이 宮中에 번드는 대신에 바치던 布。

【番號:번호】 차례를 표시하는 수자와 부호。 「식함。

【番休:번휴】 교대하여 쉼。차례 차례 휴

◎去─、交─、令─、當─、順─、輪─、前─。

【畫】 ㊀(화) 卦 ガ、ガク、えがく、かぎる picture ;section ㄏㄨㄚ hua⁴ (古音「홰」) ㊁(획) 陌

畫 小篆 古文 古文 草書 ㊀그림화(形像繪也)。㊁❶그을획、나눌획(分─)。❷한정할획(界限)。【左傳】芒芒禹跡─爲九州。❸꾀할획(計策)。【歐陽書】願大王審─而已。❹그칠획(截止)。【論語】今女─。❺지휘할획(規─)。【釋名】道出其右曰─丘人尙右凡有指─皆用右也。❻글씨획(書也)。

【畫期的:획기적】 새 시대를 긋는 상태。새로운 紀元을 여는 모양。劃期的。

【畫數:획수】 글씨 획의 수효。字畫。

【畫順:획순】 글씨 획의 順序。자획의 차례。

【畫然:획연】 확실한 모양。分明히 구별되는 모양。劃然。『莊子』其臣之──、知者去之。 「索引의 한가지。

【畫引:획인】 획수를 따라 찾는 漢字의

【畫一:획일】 ❶一字를 그은 것처럼 가지런히 바르게 된 것。또는 事物이 똑같이 고른 것。『史記』蕭何爲法、顜若──。❷한결같이 변함이 없음。

【畫一的:획일적】 ❶한결 같은 것。❷쪽 고른 것。

【畫策:획책】 ❶일을 계획하는 꾀。일을 꾀함。計畫。謀計。『史記』魯仲連好奇偉俶儻之──。❷商子의 篇名。

【畫出:획출】 꾀를 생각하여 냄。

【畫架:화가】 西洋畫를 그릴 때에 畫板을 받치는 三脚의 틀。

【畫家:화가】 그림을 그리는 일을 전문으로 하는 사람。畫人。畫工。畫匠。

【畫境:화경】 경치가 그림과 같이 좋은 곳。 「려보는 草稿。

【畫稿:화고】 그림을 그릴 때 초벌로 그

【畫工:화공】 그림 그리는 것을 업으로 하는 사람。『杜甫』──如山貌不同。

【畫具:화구】 그림을 그리는 데 필요한 제구。

【畫壇:화단】 ❶회화의 陳列場。❷화가들의 사회。

【畫圖:화도】 畫와 圖의 일반 그림의 總稱。『李白』萬戶千門入──。

【畫廊:화랑】 ❶색채를 넣거나 또는 壁畫로써 아름답게 장식한 복도。❷繪畫로 장식된 西洋式 建築의 긴 복도。《轉》그림이 걸리어 있는 방。또는 藝術的 作品의 陳列을 목적으로 하는 公共 建築物。 「그림。❸畫商의 店舖。

【畫龍:화룡】 그림 속의 용。또는 용을

【畫龍點睛:화룡점정】 《故》梁의 유명한 畫家 張僧繇가 龍을 눈동자를 빼고 그렸는데、뒷날에 눈동자를 그려 넣었더니 그 龍이 홀연 구름을 타고 하늘로 날아 올라갔다 함。《轉》㉠사물의 가장 요긴한 부분을 끝내어 완성시킴을 일컫는 말。㉡文中의 主旨가 있는 곳을 발휘하는 것 등을 形容하는 말。《喩》조그만 것일지라도 그것에 의하여 全體가 살며 活氣를 띄움。『水衡志』。

【畫樓:화루】 ❶華麗하게 彩色을 한 누각。❷그림처럼 아름다운 高樓。畫閣。『李嶠』聚靄籠仙闕、連霏遶──。

【畫面:화면】 ❶얼굴에 文身을 함。❷그림이 그려 있는 종이·헝겊·널판 등의 表面。또는 그 위에 그려 있는 그림。❸필름·印畫紙 등에 촬영된 映像이나 寫像。❹映寫幕에 비친 사진의 面。「이름。

【畫名:화명】 ❶그림의 이름。❷영화의 이름。

【畫伯:화백】 畫家의 敬稱。그림에 조예가 깊은 사람。

【畫法:화법】 그림을 그리는 방법。畫格。

【畫癖:화벽】 그림을 즐기는 버릇。『劉基』昔時米南宮、父子同──。

【畫餠:화병】 떡을 그림으로 그림。그림의 떡。《喩》그림 속의 떡을 먹을 수가 없다는 뜻에서、實用이 되지 못함을 말함。또는 無效。畫中之餠。『魏志』詔選擧莫取有名者、如畫地作餠。

【畫報:화보】 세상에 일어난 일을 보도하는 그림이나 사진。또는 그 책。

【畫譜:화보】 ❶畫家의 傳統·系譜 등을 쓴 책。『宣和畫譜·敍』。❷여러 가지의 그림을 모아 놓은 책。그림을 花鳥·山水등 時節이나 品質로서 分類하여 편집한 책。또는 畫法을 論한 책。畫帖。

【畫本:화본】 그림을 그리는 데 쓰는 감。곧 깁이나 종이。

【畫蛇添足:화사첨족】 쓸데 없는 짓을 덧붙여 하다가 도리어 실패함을 가리키는 말。

【畫商:화상】 그림을 파는 장사。

【畫像:화상】 ❶그림으로 그린 사람의 姿態。肖像畫。❷모양 또는 형상을 그림。

【畫宣紙:화선지】 玉版宣紙보다 질이 약간 낮은 宣紙의 한가지。

【畫聖:화성】 출중하여 견줄 사람이 없는 화가。그림의 聖人。

【畫室:화실】 ❶화가 또는 조각가가 일을 하는 방。❷그림을 그려 꾸민 방。

『後漢書』霍光聞之、止ㅣㅣ中不入。

【畫押:화압】 手決(도장 대신으로 자기 성명이나 직함 아래에 쓰는 일정한 字形)을 씀。捺印을 함。

【畫六法:화육법】 동양화를 그리는 여섯 가지 방법。곧 氣韻生動·骨法用筆·應物象形·隨類賦彩·經營位置·傳移模寫。『圖繪寶鑑』。

【畫意:화의】 ❶그림의 意匠。❷그림을 그리려는 마음。

【畫人:화인】 =畫家。「ㅣㅣ。

【畫匠:화장】 =畫家。『韓偓』入意雲山輸

【畫材:화재】 그림의 재료。그림으로 그릴 만한 경치。또는 그 재료。

【畫楪:화접】 도자기에 그림을 그릴 때 물감을 푸는 접시。또는 그림이 그려 있는 접시。「❷그림의 이름。

【畫題:화제】 ❶그림 위에 쓰는 詩文。

【畫中之餠:화중지병】 =畫餠。

【畫集:화집】 =畫帖。

【畫讚:화찬】 畫面의 一部나 또는 한 쪽 옆에 그 그림을 찬양하는 뜻으로 表記한 詩나 글。畫贊。『唐書·藝文志』張勝、桂陽先賢ㅣㅣ、五卷。

【畫靑匠:화청장】 도자기에 靑畫를 그리는 것으로 업을 삼는 사람。

【畫彩:화채】 그림의 색채。

【畫帖:화첩】 ❶그림의 標本。❷그림을 모아 엮은 책。❸그림을 그릴 수 있도록 화선지 따위를 여러 장 한데 모아 만든 책。畫帳。畫集。

【畫趣:화취】 그림과 같은 意趣。그림이 될 수 있는 意趣。

【畫派:화파】 繪畫 藝術上의 派。

【畫板:화판】 水彩畫·木炭畫를 그릴 때나 製圖를 할 때에 종이를 올려 놓는 臺가 되는 널판。

【畫布:화포】 ❶무늬가 있는 헝겊。❷그림을 그리는 헝겊 판。캔버스(canvas)。

【畫幅:화폭】 그림을 그린 온갖 조각。그림으로 된 족자。그림으로 表裝한 것。

【畫品:화품】 그림의 품격。「의 作風。

【畫風:화풍】 그림을 그리는 風度。繪畫

【畫筆:화필】 그림을 그리는 데 쓰이는 붓。『元好問』ㅣㅣ尙餘詩典型。

【畫虎不成:화호불성】 범을 그리려다가 범은 안되고 강아지를 그린다는 뜻。《喩》서투른 솜씨로 남의 言行을 흉내 내려 하거나 어려운 일을 하려 하여도 되지 아니함。

◎計ㅣ、區ㅣ、南ㅣ、圖ㅣ、名ㅣ、壁ㅣ、書ㅣ、西洋ㅣ、俗ㅣ、水彩ㅣ、洋ㅣ、字ㅣ、點ㅣ、參ㅣ、筆ㅣ、繪ㅣ。

【畬】

㊀(여) 魚 ヨ、シャ、あらた
㊁(사) 麻 ㄩˊ yü² third year of cultivation

小篆 草書 ㊀삼년된밭여(三歲治田)。『詩經』如何新ㅣ。㊁따비밭사、화전사(火種田)。

【畭】

(여)(사) 『畬』(前條)와 같음

【畮】

(무) 『畝』(田部 5畫)의 正字

【畯】

(준) 震 シュン、たびと ㄐㄩㄣˋ chün⁴ peasant

小篆 草書 ❶농부준(農夫)。❷권농관준(典田官)。『詩經』田ㅣ至喜。

【異】

(이) 寘 イ、ことなる different ; strange

小篆 草書 ❶다를이(不同)。『論語』ㅣ乎三子之撰。❷괴이할이(怪也)。『孟子』無ㅣ於以王爲愛也。❸나눌이(分也)。『史記』不分ㅣ者倍其賦。❹기이할이(奇也)。『史記』孔子弟子皆ㅣ能之士也。

【異客:이객】 타향살이하는 사람。타향에 나와 있는 손。旅行 길에 있는 몸。遊子。『王維·詩』獨在異鄕爲ㅣㅣ。

【異見:이견】 남과는 다른 생각。보통과는 다른 意見。異論。『梁書』互生ㅣㅣ。

【異敎:이교】 ❶異端의 가르침。❷자기가 믿는 종교 이외의 종교。『韓愈』欲驅ㅣ歸仙靈。❸《宗》기독교에서 일컫는 기독교 이외의 종교。

【異敎徒:이교도】 《宗》자기가 믿는 이외의 종교를 믿는 교도。

【異口同聲:이구동성】 ❶百이면 百、千이면 千사람이 다 똑같은 音聲을 냄。많은 사람이 소리를 같이 하여 말함。❷여러 사람의 주장이 일치하여 다같이 찬성의 소리를 올림。異口同音。

【異國:이국】 다른 나라。外國。異邦。『李陵』遠托ㅣㅣ、昔人所悲。

【異國情調:이국정조】 異國의 풍물 情趣를 그리어 예술적 효과를 높이는 일。

【異國種:이국종】 外國種。색다른 종류。

【異能:이능】 傑出한 才能。특이한 기능。異才。奇才。『史記』受業身通者七十七人、皆ㅣㅣ之士也。

【異端:이단】 ❶옳지 않은 道。正統이 아닌 道。邪道。『論語』攻乎ㅣㅣ、斯害也已。❷그 시대에 용납되지 못하는 사상이나 학설。❸《佛》外道。또는 異安心。❹儒敎에서 다른 思想 곧 老子·莊子·楊子·墨子 등의 諸子百家를 일컫는 말。『論語·爲政』。

【異端者:이단자】 ❶異端을 信奉하는 사람。❷傳統이나 權威에 반대하는 사람。

【異道:이도】 ❶서로 같지 않은 길。❷서로 다른 법。곧 주장이 다른 학설。

【異圖:이도】 謀叛의 마음。異心。異志。『晉書』咸黜ㅣㅣ、用融前烈。

【異同:이동】 ❶다른 것과 같은 것。❷서로 같지 아니함。不一致。(同은 助字로서 뜻이 없음)。『諸葛亮』陟罰臧否、不宜ㅣㅣ。❸별다른 잔。(同은 祭祀 때 쓰는 술잔)。『書·顧名』盥以ㅣㅣ。

【異等:이등】 남 달리 재능이 뛰어남。『漢書』吏民有茂才ㅣㅣ。

【異例:이례】 ❶常例를 어김。특별한 예。珍奇한 예。전례가 없음。❷몸이 불편함。病。違例。

【異路同歸:이로동귀】 ❶가는 길은 각각 다르나 닿는 곳은 같음。『淮南子』五帝三王、殊事而同指、異路而同歸。❷방법은 다르지만 귀착하는 결과는 같음。

【異論:이론】 남과 다른 議論。異議。『漢書』今師異道、人ㅣㅣ。

【異類:이류】 ❶人種·政敎 등을 달리하는 種族。『後漢書』懷柔ㅣㅣ。❷鬼神·禽獸의 類。『列子』ㅣㅣ雜居。❸種類를 달리 함。또는 그러한 것。

【異名:이명】 본 이름 외에 달리 부르는 「이름。別名。

【異母:이모】 ❶실지의 자기 어머니가 아닌 어머니。繼母。❷배가 다름。어머니가 같지 아니함。

【異母兄弟:이모형제】 낳은 어머니가 다른 형제。배다른 형제。

【異聞:이문】 ❶이상한 이야기。보통으로 이야기되고 있는 것과는 다른 점이 있는 이야기。珍聞。『舊唐書』求ㅣㅣ于振古。❷특별히 들은 이야기。남이 알지 못하는 것에 대하여 특히 들은 사연。

【異物:이물】 ❶奇異한 물건。보통 것이 아닌 다른 물건。『書經』不貴ㅣㅣ賤用物。❷陰險하여 측량하기 어려운 사람。❸죽어 없어진 사람。死者。『賈誼』化爲ㅣㅣ兮又何足患。❹사람과는 다른 것。유령이나 귀신。❺인류 이외의 동물。❻體外에서 받았거나 體內에서 발생하여 身體의 원래 조직과는 다른 것。즉 손이나 몸의 살에 박힌 가시 따위。

【異味:이미】特異하게 달가운 맛。별다른 맛。別味。『左傳』鄭子公之食指動、以示子家、曰、他日我如此、必嘗ㅡㅡ。

【異民族:이민족】다른 민족。언어·풍속 따위가 다른 민족。

【異方:이방】풍속·습관 따위가 다른 지방。

【異邦:이방】다른 나라。異國。外國。

【異邦人:이방인】❶다른 나라 사람。異國人。外國人。❷언어·풍속·사고 방식 따위가 아주 다른 사람。❸유대 사람이 選民意識에서 다른 민족을 이른 말。

【異變:이변】❶怪異한 변고。天災나 事變 등 非常한 變事。『傳休奕』奇文ㅡㅡ。❷文章 등이 보통과는 달리 우수한 것。『傳玄·贈扶風馬鈞序』其奇文ㅡㅡ。

【異腹:이복】아버지는 같으나 어머니가 다름。배가 다름。異母。

【異腹同生:이복동생】배다른 동생。

【異本:이본】❶珍奇한 책。珍本。『南史』聚書至萬餘卷、率多ㅡㅡ。❷같은 책으로 내용이나 글자가 다소 다른 책。別本。↕定本。

【異父:이부】실지의 자기 아버지가 아닌 아버지。어머니의 남편이면서 자기 아버지가 아닌 사람。繼父。

【異父兄弟:이부형제】한 어머니에 아버지가 같지 않은 형제。

【異士:이사】凡常한 사람보다 월등한 人物。『南史』千載上有英才ㅡㅡ、沈沒而不聞者、安可數哉。

【異事:이사】이상한 일。별다른 일。『禮記』不有、ㅡㅡ。

【異相:이상】❶보통 사람과는 다른 人相。또는 그 모양。『詩經·疏』猶有奇表ㅡㅡ。❷각 사람이 그 色相을 달리함。『楞嚴經』一一ㅡㅡ、各各見同。

【異常:이상】평상시와 다른 모양。보통과 다름。보통이 아님。『後漢書』ㅡㅡ之事、非國休福。

【異色:이색】❶다른 빛깔。『沈約』參差多ㅡㅡ。❷색다른 것。또는 그런 사람。

【異書:이서】그리 흔하지 않은 책。귀한 책。『晉書』不見異人、當得ㅡㅡ。

【異說:이설】❶보통과 다른 珍奇한 說。괴이한 說。別說。『晉書』去奇伎、抑ㅡㅡ。❷남과 다른 說。남과 반대되는 의견。

【異姓:이성】다른 姓。자기와 先祖를 달리하는 겨레。他姓。↕同姓。『書經』昭德之致于ㅡㅡ之邦。

【異性:이성】❶男性이 女性을 또는 女性이 男性을 가리켜 부르는 말。❷男女·雌雄의 性이 다름。또는 다른 것。

【異性愛:이성애】이성을 사랑하는 마음。이성간의 사랑。

【異姓親:이성친】어머니 편의 일가。外戚。

【異俗:이속】❶風俗을 달리함。다른 풍속。❷他國의 풍속。❸나쁜 風習。『史記·秦始皇紀』匡飭ㅡㅡ

【異時:이시】다른 때。그 때 이외의 때。어느 때。전에。昔時。後日。他時。『漢書』ㅡㅡ嘗通爲郡縣矣。

【異心:이심】❶다른 마음。❷두 가지로 먹는 마음。二心。叛心。『後漢書』耿純恐宗家懷ㅡㅡ。

【異域:이역】❶外國의 땅。異國의 땅。다른 地域。『後漢書』立功ㅡㅡ、以取封侯。❷제 고장이 아닌 딴 곳。멀리 떨어진 다른 시골。

【異緣:이연】《佛》남녀의 緣을 不可思議의 인연이라는 뜻으로 일컫는 말。

【異義:이의】❶다른 뜻。別義。『公羊傳·序』其中多非常ㅡㅡ可怪之論、說者疑惑。❷意味를 달리함。道理를 달리함。❸다른 意見。異議。

【異意:이의】❶마음을 달리함。다른 意見。❷謀反하려는 의향。異心。『史記』天下無ㅡㅡ、安寧之術也。

【異議:이의】달리하는 주장。보통과 다른 意思나 議論。↕同議。『後漢書』每有四方ㅡㅡ、輒召入問籌策。

【異議申請:이의신청】《法》❶행정법상으로는 違法、또는 부당한 행정 처분의 재심사를 行政官廳에 대하여 청구하는 행위。❷민사 소송법상으로는 異議 가운데서 신청의 성질을 가진 것을 말함。

【異人:이인】❶다른 사람。別人。他人。『左傳』非、ㅡㅡ任、寡人也。❷재주가 神通하고 非凡한 사람。英俊한 선비。『漢書』群士慕嚮、ㅡㅡ竝出。❸보통과 다른 사람。奇人。怪人。❹仙人。神人。❺外國人。

【異才:이재】남다른 재주。凡人보다 월등하게 우수한 才能。『漢書』太守聞其有ㅡㅡ、召見終軍、甚奇之。

【異蹟:이적】❶기이한 행적。❷神의 힘으로 되는 奇蹟。❸《宗》인간의 능력으로는 不可能한 일을 하느님이나 성령의 힘을 입은 특수한 사람이 행하는 일。

【異族:이족】❶血統을 달리하는 族屬。❷다른 種類。『史記』所以正ㅡㅡ也。

【異種:이종】❶다른 種類。❷다른 族屬。또는 種族을 달리함。❸종류가 변함。변한 종자。變種。

【異株花:이주화】《植》수꽃과 암꽃이 각각 나무를 달리하여 피는 꽃。銀杏(은행)나무·삼 따위。

【異志:이지】❶딴 마음。두 마음。모반의 마음。異心。『後漢書』强兵將有ㅡㅡ。❷凡人과는 다른 非凡한 뜻。『書斷』王次仲、少有ㅡㅡ。❸틀리는 記錄。

【異質:이질】성질이 다름。뛰어난 인물。『魏志』文俗之吏、高才ㅡㅡ。

【異彩:이채】❶이상한 광채。특히 다른 빛이나 색갈。❷다른 것보다 뛰어나게 색다른 색채。❸남보다 월등한 特色。남보다 색다른 모양。異采。

【異體:이체】❶몸을 달리함。『晉書』ㅡㅡ同勢。❷체재나 형상이 다른 것。또는 동일하지 않은 몸。『易林』ㅡㅡ殊俗。

【異體同心:이체동심】몸은 다르나 마음은 한가지임。意氣相投함을 말함。

【異草:이초】이상한 풀。珍奇한 植物。

【異臭:이취】이상한 냄새。코를 찌르는 싫은 냄새。惡臭。

【異稱:이칭】다르게 부르는 칭호。딴 이름。

【異態:이태】보통과 다른 모양。이상한 상태。또는 상태를 달리함。異狀。『陳與義』川陵各ㅡㅡ、艱險常一律。

【異品:이품】珍奇한 物品。다른 物品。珍品。『江淹』薦四海之ㅡㅡ。

【異稟:이품】남달리 뛰어난 天稟(천품)。出衆한 氣質。異質。『陳琳』此乃天然ㅡㅡ、非仰鑽者所庶幾也。

【異風:이풍】=異俗。

【異筆:이필】필적이 다름。한 사람의 필적이 아님。

【異香:이향】이상야릇하게 좋은 향기。이상한 향。말할 수 없이 좋은 향기。『李山甫』一片ㅡㅡ天上來。

【異鄕:이향】낯선 고장。他鄕。

【異形:이형】❶모양을 달리함。달라진 모양。❷이상한 모양。보통과는 다른 괴상한 모양。기이한 모습。

【異花受精:이화수정】《植》다른 꽃나무에서 꽃가루를 받아 수정하는 것。

【異卉:이훼】珍奇한 풀。

◎怪ㅡ、奇ㅡ、大同小ㅡ、變ㅡ、相ㅡ。

【畱】(류)『留』(田部 5畫)의 本字

八畫

【畫】(화)(획)『畵』(田部 7畫)의 俗字

【⿰田幷】(병) 靑 ヘイ、こめぶくろ rice-basket 小篆 ❶쌀소쿠리 병(簏也)。❷광주리 병(筥也)。

【⿰田來】(래) 灰 ライ、あればたけ waste field 묵은밭 래(不耕荒田)。

【畀】(비) 支 ヒ、つつみ dike
보막아물댈비(壅水漑田ㅣ田)。

【當】㊀(당) 陽 トウ、あたる undertake ; right
㊁(당) 漾 ㄉㄤ tang1.3

小篆 草書 ㊀❶마땅당(理合如是)。【史記】內史坐車中自如固ㅣ。❷대적할당(敵也)。【史記廉頗傳】學兵法言兵事以天下莫能ㅣ。❸적합할당、순응할당(順應)。【呂氏春秋】寒暑四時ㅣ。❹당할당(値也)。【禮記曲禮】ㅣ食不歎。❺방비할당、막을당(防也)。❻법당(奏ㅣ、斷罪)。【史記】廷尉奏ㅣ。❼마땅할당(適可)。【禮記】ㅣ其可之謂時。❽번들당(ㅣ直、夕直)。【禮記】妻不在妾御莫敢ㅣ夕。❾일도맡아할당(幹事)。❿다다칠당(抵也)。⓫이을당(承也)。⓬주장할당(主也)。【左傳】慶封ㅣ國。㊁❶전당할당(出物質ㅣ)。【後漢書】劉虞賚賞典ㅣ。❷뽑힐당(選也)。❸밑당(底也)。【韓非子】猶玉巵之無ㅣ。❹맞힐당(中也)。

【當家:당가】❶집안 일을 주관함。『史記』百姓ㅣㅣ、則力農工。❷그 집。『北史』喪ㅣㅣ之寶。

【當刻:당각】바로 그 시각。卽刻。

【當故:당고】父母의 喪事를 당함。當喪。

【當國:당국】❶어떠한 일에 직접 관계 있는 나라。❷나라 일을 맡아 봄。

【當局:당국】❶어떤 일을 처리하는 임무를 맡고 있음。어떤 일을 담당함。또는 그 곳。❷政務의 중요한 자리를 차지하는 기관。어떤 정무를 맡아 보는 관청。❸바둑을 둠。對局。

【當局者:당국자】❶그 일을 맡아 보는 사람。『唐書』ㅡㅡ迷、傍觀者審。❷그 일에 관계 있는 사람。

【當歸:당귀】승검초의 뿌리。약재에 씀。

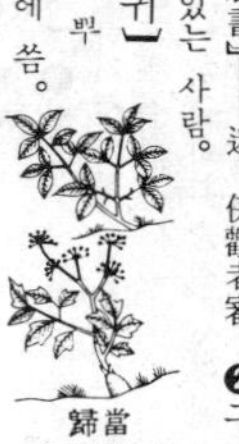
當歸 (三才圖會)

【當今:당금】지금。現今。現時。『孟子』ㅣㅣ之世、舍我其誰也。

【當禁之地:당금지지】딴 사람이 들어와서 장사지냄을 금하는 땅。

【當年:당년】❶올해。今年。❷그때。그 사건이 있었던 때。當時。昔年。『韓翃』ㅣㅣ好躍五花驄。❸壯年。壯年 時代。

【當代:당대】❶사람의 한 평생 살이。사람의 一代。❷그 시대。❸지금의 세상。現代。

【當代發福:당대발복】風水說로 父母를 좋은 땅에 장사하면 곧 當代에 福을 누린다는 말。

【當到:당도】목적한 곳에나 일에 이르름。

【當頭:당두】❶임박함。가까이 닥침。닥쳐 옴。迫頭。❷《佛》절의 큰 방에 靑山·白雲 같은 것을 써서 붙인 것。「일。

【當來之事:당래지사】마땅히 돌아올

【當來之職:당래지직】마땅히 돌아올 신분에 알맞는 직분。

【當量:당량】❶적당한 양。❷《化》어떠한 原素가 水素의 한 原子量과 결합하여 새로운 딴 것으로 될 만한 양。

【當律:당률】어떤 범죄에 해당하는 刑「律。

【當面:당면】❶일이 바로 눈앞에 닥침。❷지금의 경우。지금에 이르러。

【當務者:당무자】그 직무를 맡은 사람。

【當百錢:당백전】《歷》한 푼이 葉錢 백 푼과 맞서던 돈。李朝 高宗 三년에 景福宮을 지을 때에 만들었음。

【當番:당번】❶차례의 번이 됨。또는 그 사람。❷官吏 등의 근무의 순번。

【當否:당부】마땅함과 마땅치 않음。옳음과 옳지 않음。『史記』時數辨ㅣㅣ、國家賴其便。

【當分間:당분간】얼마동안。

【當事:당사】❶일에 당함。그 사건에 직접관계함。❷어떤 일에 부닥침。❸그 일에 당할 사람。當事者。

【當事者:당사자】그 일에 당한 사람。

【當朔:당삭】產月을 당함。

【當席:당석】앉은 그 자리。「選。

【當選:당선】선거 등에서 선출됨。↔落

【當選謝禮:당선사례】선거에 뽑힌 사람이 사례하는 일。

【當選者:당선자】선거에 뽑힌 사람。

【當選作:당선작】응모에 당선된 작품。

【當選作家:당선작가】당선작을 지은 사람。

【當世:당세】❶지금의 時代。지금의 세상。『史記』非ㅣㅣ、惑亂黔首。❷그 時代의 세상。↔來世·前世。

【當世之風:당세지풍】그 시대。그 세상의 風潮。

【當身:당신】❶몸。自身。肉體 그 자체。❷웃어른을 극히 높여 일컫는 데 쓰는 제三인칭 대명사。❸「하오」할 자리에 상대되는 사람을 일컫는 말。

【當夜:당야】그 날 밤。「곳。

【當陽之地:당양지지】햇볕이 잘 드는

【當業者:당업자】그 사업을 직접 경영하는 사람。

【當然:당연】道理上 그렇게 되어야 할 일。하여야 할 일。마땅히。應然。『中庸·註』各盡其ㅣㅣ之實。

【當然之事:당연지사】의당한 일。

【當月:당월】일이 생긴 그 달。『北史』初神武納王婈母、ㅣㅣ而有孕。

【當爲:당위】《倫》마땅히 하여야 됨。졸렌(sollen)。↔不可不存在。

【當爲法則:당위법칙】《哲》마땅히 하여야 할 도덕 법칙。↔存在法則。

【當爲性:당위성】《倫》마땅히 하여야 할 성질。당위의 확실성。

【當日:당일】❶그 날。此日。❷그 일이 있는 또는 있었던 날。『陸游』哀怨如ㅣㅣ。❷當直의 날。❸옛날。昔日。往時。

【當者:당자】❶當事者의 略語。

【當場:당장】❶바로 그 때。❷그 자리。

【當場猝辦:당장졸판】그 자리에서 갑자기 일을 준비함。

【當座:당좌】❶《經》當座預金의 略語。❷잠깐。우선。當分。❸그 席上。

【當座預金:당좌예금】예금자가 발행한 수표에 의하여 언제든지 치러주도록 되어 있는 예금。

【當罪:당죄】❶罪에 당함。❷刑을 받음。

【當中:당중】어떤 처소의 꼭 가운데가 되는 곳。또는 그렇게 되게 함。

【當地:당지】❶일이 일어나는 땅。❷자기가 있는 곳。「함。또는 그 사람。

【當職:당직】직무를 담당함。직무를 行

【當直:당직】❶당번으로서 日直이나 宿直을 함。❷《制》義禁府의 都事가 當直廳에 番을 들음。

【當處:당처】일이 생긴 그 곳。

【當籤:당첨】추첨에 당선됨。제비 뽑기에 뽑힘。

【當初:당초】일이 생긴 처음。일의 맨「처음。애초。

【當下:당하】지금。目下。또는 그 때。

【當限:당한】기한이 다가옴。「當時。

【當寒:당한】추위가 다가옴。

【當該:당해】❶名詞 위에 붙어 꼭 그 사물에 관련됨을 표하는 말。❷그것에 당한 것。그 사연。그것。

【當扈:당호】《動》새의 이름。모양은 꿩과 비슷하며 그의 수염을 펴서 나른다고 함。

當扈 (三才圖會)

〔當婚:당혼〕 혼인할 나이가 됨。
◎可—、堪—、擔—、配—、不—、相—、手—、抵—、適—、正—、至—、妥—、該—。

【畷】 ㊀(체) 霽 テツ、たんぼみち path dividing fields ㊁(철) 屑
㊀밭두둑길체(田間道)。〔禮記〕饗農及郵表—禽獸。㊁뜻은 ㊀과 같음。
〔畷道:철도〕 밭 사이의 두둑길。밭두둑길。

【畸】 (기) 支 キ、わりのこり odd pieces of land ㄐㄧ chi¹
❶떼기밭기(殘田)。〔正字通〕不可井者爲—。❷셈나머지기(—零數餘)。〔莊子〕—于人而侔于天。❸기이할기(奇異)。〔莊子 大宗師〕—人者—於人。
〔畸人:기인〕 ❶성질이나 행동이 보통 사람과 다른 사람。奇人。❷병신。不具者。
〔畸形:기형〕 不具者。畸型。
〔畸形兒:기형아〕 기형인 아이。병신。
〔畸形的:기형적〕 기형스러움。기형인 것。

【畹】 (원) 阮 エン、たはた fields ㄨㄢˇ wan³
밭스무두둑원(田二十畝)。〔楚辭〕余旣滋蘭之九—兮。

【畺】 (강) 『疆』(田部 14畫)과 같음

九畫

【畻】 (승) 蒸 ショウ、あぜ parcel of fields
논두둑승(稻田畦)。

【畼】 (창) 漾 チョウ、くにのな waste field
❶땅이름창(地名)。❷곡식나지 않는 밭창(不毛田)。

【畽】 ㊀(톤) 阮 ㊁(탄) 旱 タン、にわ garden ㄊㄨㄢˇ t'uan³
㊀염우없을톤(無廉隅)。㊁마당탄(舍傍空地)。〔詩經〕町—鹿場。

【畖】 (연) 霰 ゼン、あきち vacant lot
❶빈땅연(隙地)。❷성밑밭연(城下田)。

十畫

【⿰田奚】 (혜) 齊 ケイ、こみち shorter road
길혜(徑也)。(『蹊』와 같음)

【畾】 (뢰) 灰 ライ、たがやす till
밭갈피뢰(田閒)。

【畿】 (기) 微 キ、きない royal domains ㄐㄧ chi¹
❶경기기(王國千里)。〔詩經〕邦—千里。❷문안기(門內)。〔詩經〕薄送我—。❸지경기(疆界)。
〔畿內:기내〕 ❶王城을 중심으로 하여 사방 五百里 이내의 임금이 直轄하는 땅。畿甸。〔蔡邕〕京師、天子之—千里。❷(國)京畿道 안。

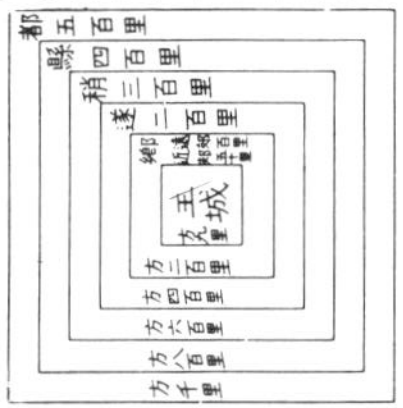

邦畿(禮器圖)

〔畿營:기영〕 京畿道 監營을 옛스럽게 일컫던 말。
〔畿湖:기호〕 (地)韓國 서쪽 중앙부를 차지하고 있는 京畿道·黃海道 南部·忠淸北道·忠淸南道 北部를 포함한 지역。동쪽은 關東지방과 접경하며 서쪽은 黃海의 京畿灣、남쪽은 車嶺山脈으로 湖南지방과 경계하고、북쪽은 滅惡山脈으로 關西 지방과 경계함。
〔畿湖學會:기호학회〕 李朝 末 文化啓蒙 運動을 목적으로 組織한 京畿道와 忠淸道를 중심으로 한 人物들의 團體。池錫永·鄭永澤 등이 그 대표적 인물임。

十一畫

【⿰田莫】 (한) 翰 旱 カン、むぎはたけ barley-field
보리밭한(耕麥地)。

【⿰田翏】 (류) 尤 リュウ、やまのた field
화전류(火田)。

十二畫

【疃】 (탄) 旱 タン、にわ garden
마당탄、사슴발자국탄(鹿跡曰—)。〔詩經〕町—鹿場。(『畽』과 같음)

【疄】 (린) 眞 リン、あぜ ridge ㄌㄧㄣˊ lin²
밭두둑린(田壟)。

十三畫

【⿰田雍】 (옹) 冬 ヨウ、つちかう earth up
❶밭 북돋울옹(培田)。❷연밥옹、마름옹(芡實)。(『壅』과 통함)

十四畫

【疆】 (강) 陽 キョウ、さかい boundary ㄐㄧㄤ chiang¹
❶지경강、갈피강(境界)。〔書經〕我武維揚侵于之—。❷굳셀강(堅也)。❸변방강(邊方)。❹한끝강(限也)。〔詩經 小雅楚茨〕萬壽無—。(『畺』과 같음)
〔疆境:강경〕 =疆界。
〔疆界:강계〕 國境。境域。境界。〔詩經·箋〕治我——。
〔疆域:강역〕 나라의 지경。國境。또는 境內의 땅。封域。疆場。〔晉書〕判山河、而考——。
〔疆宇:강우〕 國土。領土。境宇。〔後漢書〕奉承鴻業、大開——。
〔疆場:강장〕 ❶두둑。田地의 지경。(疆은 大界。場은 小界)。〔詩經〕中田有廬、——有瓜。❷國境。邊境。疆域。〔左傳〕——之事、愼守其一、而備其不虞。
〔疆地:강지〕 경계되는 땅。지경。
〔疆土:강토〕 그 나라 국경 안에 있는 땅。境土。〔詩經〕徹我——。

【疇】 (주) 尤 チュウ、たはた arable land ㄔㄡˊ ch'ou²
❶밭주(田也、穀田曰田、麻田曰—)。〔禮記〕可以糞田—。❷누구주(誰也)。〔書經 堯典〕—咨若時登庸。❸같을주(等也)。〔漢書〕—其爵邑。❹무리주(類也)。〔戰國策〕賢者之—。❺지난번주、접때주(曩也)。〔左傳〕—昔之羊子爲政。❻짝주(匹也)。〔易經〕—離祉。
〔疇隴:주롱〕 논밭의 두둑。이랑。〔李白〕。

常恐委ㅣㅣ。

【疇輩：주배】 같은 무리。同輩。儔輩。

【疇生：주생】 같은 종류의 것이 같은 곳에 모여서 생김。

【疇昔：주석】 저번。前日。또는 昔時。(昔은 夕)。『蘇軾』ㅣㅣ之夜、飛鳴而過我。

【疇日：주일】 지난 날。前日。往日。『南史』。

十五畫

【疈】 (벽) 職 フク、ヘキ、さく tear off
草書 ❶쪼갤벽(㓭物使分析)。『王維詩』簞食伊何 ㅣ瓜抓棗。❷제수이름벽(祭需)。『周禮春官大宗伯』ㅣ辜。

【疈辜：벽고】 희생의 가슴을 갈라 그 몸을 해석함。또는 그렇게 한 희생。『周禮·春官』以ㅣㅣ、祭四方百物。

【疈瓜：벽과】 참외를 쪼갬。『王維』簞食伊何、ㅣㅣ抓棗。「사하는 것。

【疈事：벽사】 瓜辜로써 사방 百物을 제

十七畫

【疊】 (첩) 葉 チョウ、ジョウ、かさなる pile up ㄉㄧㄝˊ tieh²
草書 ❶거듭첩(重也)。❷포갤첩(累也)。『吳都賦』雖累葉百ㅣ而富强相繼。❸쌓을첩(積也)。❹굽힐첩(屈也)。❺두려울첩(震懼)。『詩經』莫不震ㅣ。❻베이름첩(白ㅣ、布名)。

【疊鼓：첩고】 《制》入直하는 군사를 모으기 위하여 대궐 안에서 북을 치던 일。

【疊峰：첩봉】 연이어 겹쳐 있는 산봉우리。疊嶺。疊巒。『李巨仁』ㅣㅣ如積浪。

【疊書：첩서】 같은 글귀나 글자를 거듭 [쓴。

【疊設：첩설】 겹쳐 베풂음。

【疊語：첩어】 같은 낱말을 거듭하여 한 單語를 이룬 것。즉 빨리빨리·출렁출렁 따위。

【疊用：첩용】 거듭 씀。반복하여 씀。

【疊載：첩재】 한 가지 사실을 거듭 써서 실림。중복하여 기재함。

【疊紙：첩지】 ❶겹으로 접어서 품속에 넣어 두었다가 詩歌의 草案이나 휴지 등으로 사용하던 종이。懷紙。❷두꺼운 종이에 칠이나 기름을 먹여 衣類 등을 포장하는 것。

【疊次：첩차】 자주자주。거듭거듭。

【疊疊：첩첩】 쌓여 겹치는 모양。

【疊疊山中：첩첩산중】 겹겹이 둘러 쌓인 깊은 산속。「심。

【疊疊愁心：첩첩수심】 쌓이고 쌓인 근

【疊出·첩출】 같은 사물이 거듭해 나옴。
◎三ㅣ、重ㅣ。

【疉】 (첩)『疊』(前條)의 本字

十八畫

【[田巂]】 (휴) 齊 ケイ、あぜ ridge
❶밭두둑휴(壟也)。❷밭쉰이랑휴(五十畝)。(『畦』와 같음)

疋 部

【疋】 ㊀(소) 魚 ショ、ヒツ、あし、ひき foot ; roll
㊁(필) 質 ㄧㄚˇ ya³
小篆 草書 ㊀발소(足也)。『說文』問ㅣ何止。㊁❶짝필(偶也)。❷끝필、필필(布ㅣ、匹也)。『爾雅』倍兩謂之ㅣ。

【疋緞：필단】 필로 된 비단。

【疋頭：필두】 《中》피륙。織物。

【疋練：필련】 한 필의 바랜 비단。『後漢書』虞延初生、其上有物、若ㅣㅣ、遂上昇天、占之吉。

【疋木：필목】 목으로 짠 무명의 總稱。

【疋帛：필백】 비단 피륙。

三畫

【疋】 (아) 馬 ガ、ただしい right
草書 ❶바를아(正也)。❷『疋』과 같음。(『雅』와 같음)

六畫

【疌】 (섭) 葉 ジョウ、はたおり(本音「녑」) pedal of a loom
小篆 베틀디딜판섭(機下足所履板)。

【疏】 ㊀(소) 魚 ソ、とおる、わかれる drain ; part
㊁(소) 御 ㄕㄨ shu¹
小篆 草書 ㊀❶뚫릴소(通也、使兩頭孔相連而ㅣ通)。❷나눌소(分也)。『孟子』禹ㅣ九河。❸멀소(遠也)。『禮記』以定親ㅣ。❹추할소(麤也)。『詩經』彼ㅣ斯粺。❺드물소(稀也)。『禮記』祭不欲ㅣ。

【疏開：소개】 ❶戰禍 특히 폭격의 피해를 적게 하기 위하여 또는 보건상 빽빽히 들어선 집을 분산시킴。❷《軍》密集部隊를 흩어 버림。疎開。

【疏隔：소격】 성기어 벌어짐。교제가 멀어짐。또는 그러한 일。疏遠。

【疏決：소결】 ❶죄수를 너그럽게 처결함。❷通하여 열음。❸通하여 판결함。

【疏狂：소광】 미친 사람처럼 당황하고 常道에 벗어남。『白居易』ㅣㅣ屬年少。

【疏屨：소구】 삼으로 성기게 만든 신。(儀禮：喪服)。

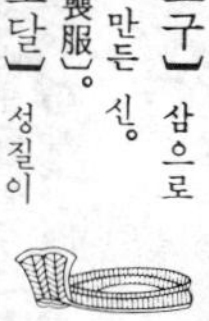
疏 屨 (三禮圖)

【疏達：소달】 성질이 대범하고 조급하지 않음。『蘇軾』性ㅣㅣ不疑。

【疏待：소대】 푸대접。박대。

【疏頭：소두】 《制》聯名하여 올리는 上疏에서 맨 먼저 이름을 적은 주동이 된 사람。

【疏懶：소란】 소홀히 함。경솔히 함。게으름。『嵇康』性復ㅣㅣ。

【疏略：소략】 소홀히 함。주의가 부족함。粗略。『漢書』爲學ㅣㅣ。

【疏簾：소렴】 성기게 엮은 발。『武士衡』螢影ㅣㅣ外、鴻聲暗雨中。

【疏漏：소루】 일이 엉성함。절차가 불충분함。『齊書』王晏每以ㅣㅣ、被上呵責。

【疏理：소리】 ❶살결이 거칠음。피부가 곱지 못함。『漢書』。❷깨끗하게 정리함。『舊唐書』ㅣㅣ繫囚。

【疏林：소림】 나무가 성긴 숲。

【疏慢：소만】 일에 등한함。어설프게 느즈러짐。『王昌齡』放之淸冷泉、因得省ㅣㅣ。

【疏密：소밀】 성김과 빽빽함。혹은 드물고 혹은 빽빽함。또는 거칠고 자상함。『梁簡文帝』ㅣㅣ俱巧、眞草皆得。

【疏薄：소박】 성김。소홀히함。멀리함。『顏氏家訓』子姪不愛、則群從ㅣㅣ。

【疏放：소방】 ❶방자하고 절도가 없음。거칠고 단정하지 못함。粗放。『北史』其ㅣㅣ多此類也。❷罪囚를 너그럽게 처결하여 놓아 줌。

【疏不間親：소불간친】 친분이 먼 사람이 친분이 가까운 사람들을 이간하지 못한다는 말。

【疏食：소사】 ❶菜食과 穀食。❷소박하게 차린 밥。

【疏數：소삭】 드물음과 잦음。

【疏散:소산】 서로의 사이가 탐탁하지 않아서 헤어짐. 『李白』賓友日一一, 玉尊亦已空。
【疏率:소솔】 대범하여 작은 일에 구애하지 아니함. 『南史』性一一, 朗悟有才略。
【疏野:소야】 예의를 갖추지 못하여 천한 모양. 粗野。
【疏髯:소염】 성글게 난 구레나룻. 『元史』秀眉一一, 目瑩如電。
【疏傲:소오】 경솔하고 오만함. 성질이 소홀하고 거칠음. 疏豪·粗暴。『北史』好飮酒, 頗涉一一。
【疏外:소외】 멀리하여 물리침. 疏斥。『史記』王稍益一一建。
【疏慵:소용】 게으름. 태만함. 『白居易』心性一一是野夫。
【疏迂:소우】 성기고 어설픔. 疏闊。
【疏雨:소우】 성기게 오는 비. 『韓偓』一一從東送疾雷。
【疏虞:소우】 조심성이 부족하여 그릇함. 『蘇軾』左提右挈免一一。
【疏鬱:소울】 답답함을 펴 헤침.
【疏遠:소원】 ❶=疏隔. ❷오래동안 만나지 않음. ❸평시에 친근하지 아니함. 또는 그 사람. 『樂毅』不察一一之行。
【疏陳:소진】 ❶성기게 늘어 놓음. ❷줄거리만 들어서 대강 진술함.
【疏鑿:소착】 개천이나 우물을 쳐서 물이 통하도록 함. 『郭璞』巴東之峽, 夏侯一一。
【疏斥:소척】 =疏外. 『五代史』忠臣勇士, 「皆被一一」。
【疏麤:소추】 피륙이 거칠고 굵음. 『後
【疏誕:소탄】 세상사에 멀고 멍청함. 『南史』顔延之一一, 不能取容當世。
【疏脫:소탈】 言行이나 예절이 까다롭거나 거만하지 않고, 솔직하고 수월함.
【疏宕:소탕】 마음이 호탕하여 조그마한 일에 구애하지 아니함. 『北史』暇則覽文籍, 一一不拘。

【疏通:소통】 ❶막히지 않고 서로 통함. 『蘇軾』秀句益一一. ❷뜻이 서로 통함. ❸속이 트임. 사리에 밝음.
【疏解:소해】 ❶하나 하나 상세하게 말하여 해석함. ❷文書나 書籍의 상세한 注釋. 分疏. 便疏.
【疏忽:소홀】 경솔함. 粗率함. 忽疏.
【疏豁:소활】 탁 트이어 넓음. 『杜甫』高樓憶一一。
【疏闊:소활】 ❶소홀함. 정밀하지 못함. 간략함. 『漢書』方略一一. ❷더딤. 迂遠. 『黃庭堅』早年學屠龍, 適用固一一. ❸오랫동안 만나지 아니함. 소식이 끊어짐. 『南史』兄弟一一. ❹서로 가깝지 아니함.

七畫

【䟽】 小篆 (소) 魚 ショ、こうしまど lattic-window
영창소(疏窓).

九畫

【疎】 草書 (소) 魚 ソ、うとい、まれ sparse : rare
❶성길소, 드물소(稀也). ❷나무잎우거질소(枝葉盛貌). 『太玄經』以我扶一. (『疏』와 같음)

【疑】 小篆 草書 ㊀(의) 支 ギ、ギョウ、うたがう doubt : fear ㊁(응) 蒸 ㊂(을) 物 ㊃(억) 職 ㄧ²
㊀❶의심할의, 머뭇거릴의(不定, 惑也). 『易經』或之者一之也. ❷두려워할의(恐也). ❸혐의할의(嫌也). ❹그럴듯할의(似也). ㊁정할응(定也). 『詩』靡所止一. ㊂바로설을(正立). 『儀禮』婦一立于席西. ㊃뜻은 ㊂과 같음.

【疑懼:의구】 의심하고 두려워함. 疑惧.
【疑忌:의기】 의심하고 꺼림. 猜忌. 『魏志』劉表雖外儒雅, 而心多一一.
【疑難:의난】 ❶의심하여 비난함. ❷매우 의심스럽고 어려움. 또는 의심스러워서 斷定을 할 수가 없음.
【疑念:의념】 의심스러운 생각. 疑心. 『曾鞏』一一始冰析.
【疑團:의단】 의심의 덩어리. 쉽게 풀리지 않는 疑念. 『傳燈錄』一一猶在也.
【疑端:의단】 의심스러운 어떤 일의 실마리.
【疑慮:의려】 의심하는 마음. 의심스럽게 생각함. 疑念. 『後漢書』群臣一一.
【疑問:의문】 ❶의심하여 물음. ❷의심스러운 점이나 문제. 『魏書』房景先作五經一一百餘篇.
【疑問代名詞:의문대명사】 ❶알지 못하는 사람이나 확실하지 못한 일을 말할 때 쓰이는 대명사. 곧 누구·무엇·어디 따위. ❷물음 대이름씨.
【疑問符:의문부】 문장에서 의심이나 물음을 나타낼 때 그 말의 다음에 쓰는 표. 곧「?」표. 물음표.
【疑問點:의문점】 의심스러운 대목.
【疑謗:의방】 의심하고 비방함. 또는 의심을 받아 비방 당함. 『南史』萬里遠出, 必至一一.
【疑似:의사】 ❶비슷하여 가려내기가 어려움. ❷엇갈려서 판별하기가 곤란함. 『魏志』衆怨難積, 一一難分.
【疑似間:의사간】 半信半疑하는 처지. 疑信間.
【疑事無功:의사무공】 의심을 품고 일을 하면 성공을 하지 못함. 『史記』一一一一、疑功無名.
【疑視:의시】 의심하여 봄.

【疑信間:의신간】 반신 반의하는 처지.
【疑心:의심】 ❶마음에 미심하게 여기는 생각. ❷믿지 못하는 마음.
【疑訝:의아】 의심스럽고 괴이쩍음.
【疑案:의안】 의심스러운 안건.
【疑獄:의옥】 ❶범죄의 혐의로 심리를 받고 있는 사건. 주로 대규모의 贈收賄 사건을 말함. ❷罪의 有無가 매우 의심스러워서 판결이 심히 곤란한 재판 사건. 『賈誼』梁嘗有一一, 半以爲當罪, 半以爲不當.
【疑雲:의운】 (喩)의심스러운 사건을 일컫는 말.
【疑義:의의】 의심스러운 사연. 글 뜻 가운데 의심이 나는 곳. 『後漢書』孔融聞鄭玄善算, 因從質諸一一.
【疑異:의이】 의심스럽고 괴이함.
【疑點:의점】 의심스러운 점.
【疑症:의증】 의심을 잘 하는 성질. 또는 증세.
【疑疾:의질】 전염할 염려가 있는 병.
【疑妻症:의처증】 《醫》공연히 아내의 행실을 의심하는 변태적 성격.
【疑眩:의현】 의심으로 인하여 마음이 어지러움.
【疑惑:의혹】 의심하여 분별하기 어려움. 『元稹』內排一一之詞, 外輯異同之旅.
【疑懷:의회】 의심을 품음. 疑心. 疑念. 『孟郊』一一無所憑.
【疑立:을립】 얼굴빛을 엄숙하게 하여 단정하게 섬. 『儀禮』賓升西階上一一.
◎質一、被一、懷一.

【疐】 小篆 草書 ㊀(치) 寘 チ、テイ、つまずく fall down ㊁(체) 霽 ㄓ chih⁴
㊀❶엎드러질치(頓也). ❷미끄러질치(跲也). 『詩經』載一其尾. ❸거리낄치(礙不行). ㊁꼭지딸체(去本). 『爾雅』棗李曰一之一者柢也.

疒 部

【疒】(녁) 陌 ダク、やまい disease ㄔㄨㄤ ch'uang² 병들어기댈녁(有疾倚)。

二 畫

【疔】(정) 青 テイ、チョウ、 carbuncle できもの ㄉㄧㄥ ting¹ 헌데정、 정정(毒瘡)。【方書】紅絲ㅣ宜急用針刺斷ㅣ腫痛者取菊花葉擣汁傳之冬日用菊根。

【疔毒:정독】 뾰루지。 부스럼。 面疔。 腫物。『千金方·疔腫』陰陽之不得宣泄、變成癰疽ㅣㅣ惡瘡。

【疔疽:정저】《醫》피부의 脂腺孔·汗腺孔 등으로 化膿菌이 침입하여 생기는 부ㄴ스럼。

【疔腫:정종】 =疔疽。

【疕】(비) 紙 ヒ、かさぶた tumor on head 머리헐비、 두창비(頭瘡)。【周禮】凡邦之有疾病者ㅣ瘍造焉。

三 畫

【疘】(공) 東 コウ、もんのやまい prolapse of the anus 탈항증공、 밑빠질공(脫ㅣ、 下部病)。

【疙】(흘) 物 ギツ、かさ ㄍㄜ kê¹ tumor on head (古音「울」) ❶쥐부스럼흘、 머리종기흘(頭上瘡突起)。【淮南子】親母爲其子治ㅣ禿。 ❷어리석을흘(癡貌)。

【疙痂:흘가】 腫物 또는 瘡이 치료된 다음 남는 엷은 거죽。

【疙童:흘동】 종기가 있는 어린이。『還魂記·叫生』丑扮ㅣㅣ持鍬生。

【疙瘩:흘탑】 ❶피부에 돋는 작은 종기。 ❷맺음 눈。 끈으로 만든 단추。

【疚】(구) 宥 キュウ、やまい chronic disease ㄐㄧㄡ chiu⁴ 오랜병구(久病)。【易經】履帝位而不ㅣ光明也。

【疚心:구심】 마음을 괴롭힘。 걱정함。

【疚懷:구회】 친척의 죽음을 슬퍼 함。

【疛】(주) 有 チュウ、はらのやまい stomachache ❶은결병주(心腹疾)。【呂氏春秋】身盡ㅣ腫。 ❷하복통주(小腹痛)。

【疣】(환) 翰 カン、できもの tumor caused 긁어 난 부스럼환(搔生瘡)。

【疕】(투) 遇 ト、ちちのできもの lump in the breast ❶젖멍울투(乳癰)。 ❷젖몸살투(乳病)。

【疨】(하) 禡 カ、はらくだし dysentery 이질하(痢疾)。

【疝】(산) 諫 サン、セン、せんき cystitis ㄕㄢ shan⁴ 산증산(三陰急痛客於膀胱)。【方書】男子有七ㅣ寒水筋血氣狐㿗是也。

【疝氣:산기】《醫》疝症。 睾丸·副睾丸·陰囊 등의 疾患으로 일어나는 神經痛과 腰痛 및 아랫배와 불알이 붓고 아픈 병의 總稱。

【疝症:산증】《醫》불알이 붓고 아픈 병。

【疝痛:산통】 돌연 또는 발작적으로 도려내고 찌르는듯한 아픔。

四 畫

【疢】(진) 震 チン、やまい fever ㄔㄣ chèn⁴ ❶홧병진、 열병진(熱病)。【詩經小雅小弁】ㅣ如疾首。 ❷감질진(美嗜爲病)。【左傳】美ㅣ不如惡石石猶生我ㅣ之美其毒滋多。

【疢毒:진독】 상쾌하기는 하나 몸에는 毒이 되는 것。『後漢書』ㅣㅣ滋厚。

【疢疾:진질】《醫》熱病。《轉》災患。『孟子』人之有德慧術知者、恒存ㅣㅣ。

【疩】(수) 寘 スイ、はれやまい edema (或音「세」) 부종수、 습종수(腫病)。

【疣】(우) 尤 ユウ、いぼ wen:hump ㄧㄡ yu² 혹우(瘤也、結病)。【莊子】附贅縣ㅣ。

【疣疽:우달】《醫》쥐부스럼。

【疣目:우목】 무사마귀。

【疣贅:우취】 사마귀와 혹。《轉》쓸데 없는 물건。 無用之物。『杜甫』於時見ㅣㅣ。

【疣痔:우치】《醫》피가 나는 치질。 血痔。

【疤】(파) 麻 ハ、できものあと scar ㄅㄚ pa¹ 흉터파、 헌데자리파(瘡痕)。

【疥】(개) 卦 カイ、ひぜん itch scabies ㄐㄧㄝ chien⁴ 옴개(痒疾)。【周禮】夏時有痒ㅣ之疾。

【疥癘:개려】《醫》작은 結節이 형성되고 몸시 가려운 신경성 피부병의 하나。 痒疾。『禮記』民多ㅣㅣ。

【疥癬:개선】 ❶《醫》옴。 疥癬蟲 기생에 의하여 생기는 전염성 피부병의 한가지。 疥瘡。 蟲疥。 ❷극히 가벼운 外患。『說苑·正諫』今越腹心之疾、齊猶猾ㅣㅣ耳。

【疥瘡:개창】 =疥癬。

【疳】(첨) 鹽 セン、かわのやまい skin disease 피풍첨(皮剝病)。【正字通】皮膚多蛘如風疾故曰皮剝病亦曰皮蛘。

【疷】 ㊀(기) 支 キ、シ、やまい ㊁(저) 薺 indigestion (或音「제」) ㊀체증기(滯病)。【詩經】之子之遠俾我ㅣ兮。 ㊁뜻은 ㊀과 같음。

【疨】 ㊀(하) 麻 ㊁(아) 麻 カ、ガ、いどのやまい (of disease) serious ㊀인후병하(喉病)。 ㊁병심할아(病甚、炸ㅣ)。

【疩】(췌)『瘁』(疒部 8畫)의 俗字

【疪】(피) 寘 ヒ、ひえ foot soreness (或音「폐」) 다리습냉병피(脚濕冷病)。

【疫】(역) 陌 エキ、ヤク、えきびょう plague:epidemic ㄧ i⁴ 염병역、 시환역(厲鬼爲災)。【周禮】逐令始難毆ㅣ。

【疫鬼:역귀】 전염병을 일으키는 귀신。

【疫癘:역려】 =疫病。『後漢書』ㅣㅣ水潦。

【疫痢:역리】《醫》여름철에 어린 아이들이 흔히 걸리기 쉬운 전염성 설사병의

總稱。

【疫病：역병】 전염병。 熱病。 악성의 유행병。 疫癘。

【疫神：역신】 ❶戶口別星。 ❷痘瘡。

【疫疾：역질】 (醫)天然痘。

【疫瘧：역학】 (醫)학질병의 하나。

【疫患：역환】 (醫)天然痘。

◎檢—、免—、防—、獸—、時—、惡—、疾—。

【疲】 (반) 阮 ハン、はきけ sickly feeling ❶헛구역질할반(心惡吐疾)。 ❷어리석을반(癡也)。

五畫

【疰】 (주) 遇 シュウ、やまい infect 병전염할주(病染)。

【疱】 (포) 效 ホウ、もがさ get a blister ㄆㄠˋ p'ao⁴ 草書 부풀포、부르틀포(腫病)。

【疱瘡：포창】 (醫)天然痘。 痘瘡。 『鶩峯文集』吾聞、醫家之言曰、——即痘疹也。

【疲】 (피) 支 ヒ、つかれる tired : weary ㄆㄧˊ p'i² 小篆 草書 ❶피곤할피(乏也)。 ❷느른할피、나른할피(勞力、倦也)。 【漢書】石慶上書曰臣—駑無輔國治。 (『罷』와 通함)

【疲竭：피갈】 피로하여 힘이 빠짐。 『酒賢』民力愈——。

【疲困：피곤】 피로하여 괴로워 함。 疲憊。 『晋書』道遠行速、軍人——。

【疲倦：피권】 피로하여 싫증이 남。

【疲茶：피날】 몹시 지쳐서 몸이 나른함。 『杜甫』——竟何人、灑淚巴東峽。

【疲鈍：피둔】 피로하여 몸이 노둔함。 疲困·困乏。 『晋書』烏合——之賊。

【疲勞：피로】 피곤함。 느른함。 또는 그러한 것。

【疲癃：피룽】 병들어 파리하고 老衰한 모양。 『史記』臣不幸、有——之疾。

【疲羸：피리】 피로하고 파리함。 『柳宗元』列郡蘇——。 「로함。 疲困。

【疲憊：피비】 피로하고 쇠약함。 몹시 피로함。

【疲怠：피태】 피로하여 게으름。 【晋書】犯暑妨農、官私——。

【疲弊：피폐】 피로하고 약해짐。 피로하고 아픔。 疲悴。 『諸葛亮』今天下三分、益州——。

【疲斃：피폐】 지치어 죽음。

【疲乏：피핍】 피곤함。 노곤함。 약해짐。 『金史』人馬——。

【疳】 (감) 覃 カン、ひかん ulcer ㄍㄢ kan¹ 草書 ❶감질병감(小兒食病)。 【正字通】小兒食甘物多生—病— 有五心肝肺脾腎也。 ❷종기아플감(腫痛)。 ❸창병감(花柳病)。

【疳勞：감로】 (醫)어린 아이의 폐결핵·만성 기관지 카타르 따위의 병。

【疳瘻：감루】 (醫)잔 구멍이 생기고 고름이 나는 부스럼。 漏瘡。

【疳病：감병】 (醫)젖먹이의 조절이 나빠서 위를 해하는 어린이의 병。

【疳鼻：감비】 (醫)코 밑이 붉게되는 병。

【疳瀉：감사】 (醫)소화 불량증으로 얼굴이 누렇게 되며、푸르스름한 황백색의 똥을 누는 어린 아이의 疳病의 한가지。

【疳積：감적】 (醫)營養 불량이나 기생충으로 인하여 생기는 어린 아이의 빈혈증。

【疳腫：감종】 (醫)얼굴이 붓고 배가 불러지는 어린 아이의 병。

【疳疾：감질】 ❶=疳病。 ❷먹으려거나 가지려고 애타는 마음。

【疳瘡：감창】 (醫)梅毒으로 피부에 부스럼이 나는 병。

【疝】 (과) 歌 カ、かさ swelling 헌데과(瘡也)。 【集韻】春發爲燕—秋發爲鴈—。

【痾】 (아) 歌 ア、やまい disease ㄜ ē¹ 小篆 草書 병아(病也)。 【漢書】時即有口—。 (『痾』와 같음)

【疵】 (자) 支 シ、きず flaw : blemish ㄘ tz'ŭ¹ 小篆 草書 ❶죽은깨자(黑類疾)。 ❷흠자、흠집자(瘢痕)。 【漢書】吹毛求—。 ❸병자(病也)。 【易經】悔吝者言乎其小—也。

【疵國：자국】 정치가 문란하고 풍속이 타락한 나라。 『禮記』。

【疵厲：자려】 병。 재앙。 災害。 『穀梁傳·序』鬼神爲之——。

【疵病：자병】 ❶상처。 ❷흠。 결점。 『蘇軾』——不必待人指摘。

【疵瑕：자하】 ❶흠。 결점。 과실。 『左傳』。 ❷상처。 상처를 입힘。 害침。

【疵釁：자흔】 상처。 흠。 허물。 『魏志·註』苟有——、刑黜可也。

【疸】 ㊀(달) 翰 ㊁(달) 旱 タン、おうたん jaundice ㄉㄢˇ tan⁴ (本音 「단」) 小篆 草書 ㊀황달달(黃病)。 【內經】目黃溺黃赤安臥者黃—已食如饑者胃—。 ㊁쥐부스럼달(疙—、頭瘡)。

【疸病：달병】 (醫)肝臟의 탈로 인한 副次症狀으로서 膽汁의 色素가 血液에 들어가서 생기는 병。 疸氣·疸症·黃疸。

【疹】 ㊀(진) 軫 ㊁(진) 震 シン、はしか samall pox ㄓㄣˇ chen³ 草書 ㊀❶마마진、역질진、손님진(痘瘡)。 ❷두두러기진(癮—皮外小起)。 ❸홍역진(紅—)。 ㊁홧병진、열병진(熱病)。 【張衡思玄賦】思百憂以自—。

【疹粟：진속】 추위 때문에 피부에 생기는 좁쌀같은 것。 『飛燕外傳』夜雪、期射鳥者于舍旁、飛燕露立、閉息順氣、體溫舒、無——。 「後主紀」——纓綿。

【疹恙：진양】 피부에 생기는 병。 『陳書·

【疹疾：진질】 惡疾을 앓음。 아파서 괴로워 함。 『北史·張彝傳』彝雖——家庭、而志氣彌高。

【疺】 (법) 洽 ホウ、やせる haggard ❶파리할법(瘦也)。 ❷가쁠법、고달플법(疲也)。 【明史】駕發鳴鑾鎭天氣清爽人馬不渴若喧熱人皆—矣。

【疻】 (지) 紙 シ、みみずばれ druise 小篆 草書 맞어서멍들지(毆傷)。 【漢書】遇人不以義而見—者與痏人之罪均。

【疼】 (동) 冬 トウ、いたみ ache : pain ㄊㄥˊ t'êng² 草書 아플동(痛也)。 (『痋』과 같음)

【疼腫：동종】 앓아서 종기가 생김。 『王獻之』患面——。

【疼痛：동통】 아픔。 몸이 아픔。

【疽】 (저) 魚 ショ、ソ、はれもの swell ulcer ㄐㄩ chü¹ 小篆 草書 등창저(癰—)。 【醫書】—者五臟不調之所致。

【疾】 (질) 質 シツ、やまい disease : sickness ㄐㄧˊ chi²
小篆 籀文 古文 古文 草書

❶병질(病也)。〔書經〕若藥不瞑眩厥ㅣ不瘳。 ❷근심할질(患也)。〔左傳〕謂其不ㅣ㽺蠡也。 ❸투기할질(妒也)。〔書經〕人之有技冒ㅣ以惡之。 ❹급할질(急也)。〔詩經〕旻天ㅣ威。 ❺몹쓸질(惡也)。〔左傳〕辰在子卯謂之ㅣ日。 ❻원망할질(怨也)。 ❼빠를질(速也)。〔南都賦〕箭馳風ㅣ。

〔疾苦:질고〕 근심하고 괴로와 함。 또는 괴롭히고 고통을 줌。 苦痛。 『五代史』出入閭里、問其ㅣㅣ。

〔疾故:질고〕 =病故。

〔疾騶:질구〕 수레나 말을 빨리 몰음。 『詩經·傳』薄薄ㅣㅣ聲也。

〔疾忌:질기〕 원망하고 꺼림。 미워함。 『後漢書』ㅣㅣ姦惡。 「ㅣㅣ」。

〔疾癘:질려〕 =疾疫。 『北史』合諸藥以救

〔疾病:질병〕 ❶병。 疾患。 『孟子』吾王庶幾無ㅣㅣ與。 ❷병이 惡化됨。 『論語·述而』子ㅣㅣ。

〔疾徐:질서〕 빠름과 느림。 緩急。 『周禮』以敎坐作進退ㅣㅣ疏數之節。

〔疾速:질속〕 빠름。 민첩함。 迅速。 急速。 『白居易』人生百年內、ㅣㅣ如過隙。

〔疾首蹙頞:질수축알〕 몹시 싫어서 이마를 찡그림。

〔疾視:질시〕 밉게 봄。 눈을 부릅뜨고 노려봄。 『孟子』撫劍ㅣㅣ。

〔疾惡:①질악 ②질오〕 ❶惡人을 미워함。 ❷미워함。 증오함。 憎惡。

〔疾恙:질양〕 =疾患。

〔疾言遽色:질언거색〕 침착하지 못한 모양。 곧 말을 빨리 하고 얼굴에 당황한 모양을 함。 『後漢書』雖在倉卒、未嘗ㅡㅡ。

〔疾疫:질역〕 유행병。 疾癘。 『禮記』季春行夏令、則民多ㅣㅣ。

〔疾雨:질우〕 몹시 쏟아지는 비。 强雨。 猛雨。 『韓詩外傳』迅雷ㅣㅣ。

〔疾怨:질원〕 미워하고 원망함。 『禮記』。

〔疾足:질족〕 걸음이 빠름。 빠른 걸음。 『史記』高材ㅣㅣ者、先得焉。

〔疾走:질주〕 빨리 달림。 빠르게 달림。 『史記』引兵ㅣㅣ。

〔疾趨:질추〕 疾走。 『潛夫論』造父ㅣㅣ。

〔疾痛:질통〕 ❶병들어 아픔。 괴롭고 아픔。 『史記』ㅣㅣ慘怛。 ❷病苦。

〔疾風:질풍〕 ❶빠르고 센 바람。 ❷잎이 우거진 나무가 흔들리며 바다 수면에 거의 흰 물결을 이루는 정도의 바람。 一초에 六~一〇米의 속력을 가짐。

〔疾風知勁草:질풍지경초〕 강한 바람이 불면 약한 풀은 모두 쓰러져 버리므로 비로소 쓰러지지 않는 강한 풀의 그 강함을 알음。 《喻》어려운 일에 부닥쳤을 때 비로소 그 지조의 굳음을 알음。 『後漢書』光武謂覇曰、穎川從我者皆逝、而子獨留努力、ㅡㅡ。

〔疾行:질행〕 줄달음질 쳐 감。

〔疾呼:질호〕 ❶아주 빠른 音調。 ❷심하게 부르짖음。 연달아 소리지름。 『韓愈』府中不聞急步ㅣㅣ。

〔疾患:질환〕 병。 疾病。 疾恙。 『隨書』ㅣ沈滯、不堪居職。
◎痼ㅣ、固ㅣ、宿ㅣ、惡ㅣ、眼ㅣ、痢ㅣ、痔ㅣ。

【痀】 (구) 虞 ク、くぐせ crookback ㄐㄩ chü¹
小篆 草書

곱사등이구(ㅣ瘻、曲脊)。 『莊子』仲尼適楚出於林中見ㅣ瘻者。

〔痀僂:구루〕 곱사등이。 꼽추。 佝僂。 『莊子』仲尼適楚、出於林中、見ㅣㅣ者。

【疿】 (비) 未 ヒ、あせも prickly heat ㄈㄟˋ fei⁴
草書

땀띠비(觸暑汗濕痤ㅣ)。 〔正字通〕今俗以觸熱膚疹如沸者曰ㅣ子。

【痁】 (점) 鹽 豔 セン、おこり malaria ㄉㄧㄢˋ tien⁴
小篆 草書

❶학질점(瘧疾)。 〔左傳〕齊侯疥遂ㅣ。 ❷〔中字〕멍들점(癋ㅣ)。

〔痁泄:점설〕 《醫》학질과 설사。 『柳宗元』元和十二年七月日、病、ㅣㅣ卒。

〔痁患:점환〕 病。 『禮記·曾子問』君子行禮、不以人之親ㅣㅣ。 『注』病也。

【痂】 (가) 麻 カ、かさぶた scad : eschar ㄐㄧㄚ chia¹
小篆 草書

헌데딱지가(乾瘍)。 〔徐曰〕瘡生肉所蛻乾爲ㅣ。

【痃】 (현) 先 ケン、ゲン、けんびき muscular disease ㄒㄧㄢˊ hsien²

❶적병현(癖積)。 ❷힘줄당기는병현(筋肉急縮病)。

〔痃積:현적〕 《醫》배꼽 좌우 편 근육에 경련을 이르키는 병 증세。

【痄】 ㊀(차) 馬 ㊁(자) 麻 サ、なおらない be not healed ㄓㄚˇ cha³

㊀헌데아물지않을차(瘡不合)。 ㊁병더칠자(病甚、ㅣ疨)。

〔痄腮:자시〕 《醫》볼 아래에 종기가 생기는 병。 볼거리。 『醫宗金鑑』。

【症】 (증) 敬 ショウ、しるし symptoms ㄓㄥˋ chêng⁴
草書

병증세증(病勢)。

〔症勢:증세〕 병으로 앓는 여러 가지 모양。 症候。 症情。

〔症情:증정〕 =症勢。

〔症形:증형〕 =症勢。

〔症候:증후〕 =症勢。
◎病ㅣ、不妊ㅣ、炎ㅣ、重ㅣ、痛ㅣ、虛ㅣ。

【病】 (병) 敬 ヘイ、ビョウ、やまい disease : illness ㄅㄧㄥˋ ping⁴
小篆 草書

❶병들병、병더칠병、앓을병(疾加)。 ❷근심할병(憂也)。 〔禮記〕ㅣ不得其衆。 ❸괴로울병(苦也)。 〔書經〕人極于ㅣ。 ❹곤할병(困也)。 〔禮記〕君子不以其所能者ㅣ人。 ❺아플병(痛也)。 ❻병통병(短處、缺點)。

〔病家:병가〕 앓는 사람이 있는 집。

〔病暇:병가〕 병으로 인하여 얻은 休暇。 『白居易』ㅣㅣ連綿日漸深。 「방。

〔病監:병감〕 병든 죄수를 수용하는 감

〔病客:병객〕 ❶늘 병을 잘 앓는 사람。 ❷病者。 ❸피로한 손。

〔病苦:병고〕 ❶병으로 인한 고통。 疾苦。 ❷《佛》四苦。 곧 生·老·病·死 중의 하나。

〔病故:병고〕 병에 걸린 사고。 疾故。

〔病骨:병골〕 병이 깊이 든 몸。 병으로 몸이 약한 사람。 『朱熹』ㅣㅣ侵凌減舊肥。

〔病軀:병구〕 병든 몸。 病體。 病骨。 『蘇軾』三尺長頸閣ㅣㅣ。

〔病救援:병구원〕 앓는 사람을 곁에서 잘 돌보아 주는 일。 병구완。

〔病菌:병균〕 《醫》병의 원인이 되는 세균。 病原菌。

〔病根:병근〕 ❶《醫》병의 근원。 病原。 『後漢書』君ㅣㅣ深、應當剖腹。 ❷깊이 뿌리 박은 나쁜 습관。 나쁜 폐단의 근원。 『橫渠語錄』ㅣㅣ不去、隨所居所接而長。

【病毒:병독】 병의 근원이 되는 毒氣。
【病棟:병동】 여럿의 병실로 된 병원 안의 한 채의 건물。
【病理:병리】 병의 원인·결과·변천의 과정에 관한 이론。
【病理學:병리학】 《醫》 病理와 畸形에 대하여 연구하는 의학의 한 부문。 人身病理學·動物病理學·植物病理學이 있음。
【病魔:병마】 병을 악마에 비유한 일컬음。 병을 앓게 하는 악마。「용하는 집。
【病幕:병막】 전염병 환자를 격리시켜 수
【病免:병면】 병으로 벼슬을 그만 둠。 『漢書』司馬相如旣一一、家居茂陵。
【病名:병명】 병 이름。
【病歿:병몰】 =病死。
【病癖:병벽】 병적인 버릇。
【病夫:병부】 ❶병든 남편。 ❷병든 사내。 『柳宗元』俞扁之門、不拒一一。
【病不離身:병불리신】 몸에서 병이 떠날 날이 없음。
【病舍:병사】 ❶병원에서 입원 환자를 수용하는 건물。 ❷=病室。
【病死:병사】 병으로 죽음。 病歿。
【病床:병상】 병든 사람이 누워 있는 침상。 病牀。
【病牀:병상】 =病床。
【病狀:①병상②병장】 ❶앓는 병의 상태。 病態。 ❷《制》 앓기 때문에 맡아보는 일을 하지 못하고 쉰다는 뜻을 적어 웃사람에게 올리는 글。
【病上添病:병상첨병】 앓는 가운데 또 딴 병이 겹쳐 일어남。 「빛。
【病色:병색】 병든 사람의 얼굴빛。 병든
【病席:병석】 앓아 누운 자리。
【病勢:병세】 병을 앓는 형세。
【病所:병소】 ❶=病室。 ❷=病處。
【病衰:병쇠】 =病弱。
【病身:병신】 ❶병든 몸。 몸이 약하여 병을 자주 앓는 사람。 病軀。 ❷모양을 제대로 온전히 갖추지 못한 사람이나 물건。 不具者。 ❸재주나 지력이 변변하지 못한 사람。
【病室:병실】 병을 앓는 사람이 있는 방。
【病眼:병안】 병이 난 눈。
【病弱:병약】 병에 시달려서 쇠약해짐。 「病衰。
【病臥:병와】 병으로 누워 있음。
【病院:병원】 병자를 수용하고 진찰·치료를 할 수 있도록 설비한 곳。
【病原:병원】 병의 원인。 病根。
【病原菌:병원균】 병원체가 되는 세균。
【病原體:병원체】 《醫》 병의 원인이 되는 생물。 원생 동물·세균·濾過性 미생물 따위。
【病人:병인】 병에 걸려서 누워 앓는 사람。 病者。 『荀子』良醫之門、多一一。
【病因:병인】 병의 원인。 「스며듦。
【病入骨髓:병입골수】 병이 뼛속 깊이
【病者:병자】 =病人。
【病的:병적】 정상적인 상태를 벗어나 건전하지 못한 것。 「보는 점。
【病占:병점】 병의 길흉을 알고 싶어 쳐
【病卒:병졸】 病死의 尊稱。 「운데。
【病中:병중】 병으로 앓는 동안。 앓는 가
【病症:병증】 병의 증세。
【病證:병증】 병의 증세。 病症。 「음。
【病疾部:병질부】 漢字의 「疒」의 일컬
【病體:병체】 병든 몸。 病軀。 『陸龜蒙』歸心一夜極、一一九秋輕。 「는 벌레。
【病蟲:병충】 병을 일으키는 원인이 되
【病蟲害:병충해】 병충으로 받는 손해。
【病頓:병탈】 병으로 말미를 청함。
【病態:병태】 =病狀(병상)。 「실。
【病痛:병통】 ❶병과 아픔。 ❷결점。 과
【病敗:병패】 =病弊。
【病弊:병폐】 병통과 폐단。
【病廢:병폐】 병으로 인하여 몸을 잘 쓰지 못하게 됨。
【病斃:병폐】 =病死。
【病風喪性:병풍상성】 병으로 本性을 「잃어 버림。
【病害:병해】 병으로 말미암은 해독。
【病患:병환】 병의 敬稱。
【病後:병후】 병을 앓고 난 뒤。 病餘。
◎看一、急一、老一、多一、大一、萬一、身一、熱原一、流行一、傳染一、重一、疾一、風一、疫一。

【疸】 ㊀(날) 黠 タツ、かゆい ㊁(닐) 質 itch
㊀부스럼아플날、헌데쑤실날(瘡痛)。 ㊁가려울닐(痒也)。 『韓愈詩』視傷悼瘢一。

六畫

【痊】 (전) 先 セン、いやす heal ; cure ㄑㄩㄢˊ ch'üan²
草書 병나을전(病除)。 『抱朴子』灸刺慘痛而不可止者以病一也。
【痊可:전가】 병이 치유됨。 快復。 『還魂記·拾畫』喜得陳反知醫、調理一一。
【痊愈:전유】 병이 치유 됨。 快復。 『顏氏家訓、勉學』后旣一一、帝尋病崩。

【痌】 ㊀(통) ㊁(동) 東 トウ、いたむ ache ; pain ㄊㄨㄥ t'ung¹
草書 ㊀아플통(痛也)。(『恫』과 같음) ㊁헌데터질동(瘡潰)。

【痎】 (해) 佳 カイ、おこり malaria ㄐㄧㄝ chieh² (古音「개」)
小篆 草書 하루거리해、학질해(二日一發之瘧)。 『左傳』齊侯一遂痁。
【痎瘧:해학】 《醫》 이틀거리。 이틀을 걸러서 發作하여 좀처럼 낫지 아니하는 학질의 한가지。

【痍】 (이) 支 イ、きず wound ; injury ㄧˊ i²
小篆 草書 ❶상할이、다칠이(傷也)。 『史記』天下之心未定傷一者未瘳。 ❷흠집이(傷痕)。(『夷』와 통함)

【痏】 (유) 紙 イ、うちきず druise ㄨㄟˇ wei³
小篆 草書 맞아멍들유(毆擊人剝皮腫起)。 『漢書』遇人不以義而見疻者與一人之罪均惡不直也。

【痒】 (상) 漾 ダイ、うれう worry
❶근심할상(憂也)。 ❷아플상(痛也)。

【痑】 (타) 哿 タ、うまやまい horse-disease
小篆 ❶말병타(馬病)。 ❷고달플타(疲也)。

【痒】 ㊀(양) 陽 ヨウ、かさ ㊁(양) 養 itch ㄧㄤˇ yang³
小篆 草書 ㊀❶옴양(疥疾)。 『周禮』夏時有一疥疾。 ❷병양(病也)。 『詩經小雅正月』癙憂以一。 ㊁가려울양(膚欲搔)。(『癢』과 같음)(『瘍』과 같음)
【痒疹:양진】 《醫》 몸의 각부에 가려운 증세가 있는 만성 피부병의 한가지。
【痒痛:양통】 가려워서 긁은 뒤의 아픔。

【痓】 (치) 寘 シ、やまい palsy
❶풍병치(風病)。 ❷악할치(惡也)。

【痔】 (치) 紙 チ、ジ、しもがさ piles ㄓ chih⁴
小篆 草書 치질치(隱瘡後病)。 『莊子』舐一者得車五乘。
【痔糧:치량】 양식을 쌓아 둠。

【痔漏：치루】《醫》肛門 가에 작은 구멍이 생기고 고름 또는 묽은 똥물이 새어 나오는 치질의 한가지。

【痔瘻：치루】《醫》肛門 주위 또는 내부나 直腸部에 종기가 생겨 구멍이 뚫리고 고름이 나오는 병。『王羲之』治ㅡㅡ有驗。

【痔疾：치질】《醫》肛門의 안팎에 나는 병의 總稱。암치질과 수치질로 가름。

【痔核：치핵】《醫》直腸의 靑脈이 늘어져서 肛門의 둘레에 혹과 같이 된 일종의 종기。內痔核과 外痔核이 있음。

【痔血：치혈】치질에 걸려 나오는 피。

【痾】

(려)『癘』(13畫)와 같음

【瘩】

㊀(답) 合 トウ、こえる fatten
㊁(압) 合
㊀살찔답(肥貌)。㊁오한증압(寒病)。

【痕】

(흔) 元 コン、あと scar ; traces ㄏㄣˊ hen²
小篆 草書
❶헌데자욱흔、흉터흔(瘢也)。【趙壹賦】索其瘢ㅡ。❷흔적흔、자취흔(凡物之跡)。

【痕垢：흔구】때。더럽혀짐。『獨孤及』洗蕩ㅡㅡ。

【痕跡：흔적】남은 자취。뒤에 남은 자국。痕蹟。「而無ㅡㅡ。」

【痕蹟：흔적】＝痕跡。『摭言』蹙金緣繡、

七 畫

【痗】

(매) 隊 バイ、マイ、やむ illness; disease ㄇㄟˋ mei⁴
草書
병매(病也)。【詩經 痗風伯兮】使我心ㅡ。

【痟】

(연) 先 エン、うずく (of a joint) ache
小篆
❶뼈마디쑤실연(骨節疼)。【內經】痿厥腨ㅡ。❷답답할연(煩鬱)。【列子】心ㅡ體煩。❸근심할연(憂也)。❹분할연(忿也)。

【痘】

(두) 宥 トウ、もがさ small-pox ㄉㄡˋ tou⁴
草書
마마두、손님두、역질두(ㅡ瘡、胎毒)。

【痘痂：두가】마마 딱지의 조각。

【痘面：두면】얽은 얼굴。

【痘疫：두역】＝痘瘡。

【痘疹：두진】《醫》痘瘡의 겉 증세。

【痘瘡：두창】《醫》❶마마。天然痘。痘病。疫神。❷天疱瘡。

【痘後雜症：두후잡증】《醫》天然痘를 앓고 난 후 몸조리를 잘못하여 생기는 여러 가지 병증。

【痘痕：두흔】天然痘의 헌 데 자국。「은 자국。얽◎水ㅡ、牛ㅡ、種ㅡ。

【痙】

(경) 梗 ケイ、ひきつる convulsions
小篆 草書
중풍들경、목뻣뻣할경(彊急、筋急縮而屈伸不利)。

【內經】諸ㅡ項强皆屬於濕。

【痙攣：경련】《醫》근육이 意思에 反하여 발작적으로 수축하는 현상。

【痙攣中樞：경련중추】《生》경련을 일으키게 하는 神經系의 중추。

【痙攣症：경련증】《醫》경련의 증세。

【痙攣派：경련파】詩人의 한 파。象徵派 시인들의 신경 과민증을 비꼰 이름。

【痒】

(심) 寢 シン、さむけ take a chill (或音「신」)
小篆
오한날심、한전날심(感寒體戰)。【韓偓詩】噤ㅡ餘寒酒半醒。

【痚】

(효) 肴 コウ、あえぐ pant
❶헐떡일효(喘也)。【正字通】久欬不已連喘腰背相引 坐寢有音者俗名爲ㅡ病。❷인후병효(喉病、ㅡ瘷)。

【痛】

(통) 送 トウ、ツウ、いたむ ache ; pain ㄊㄨㄥˋ t'ung⁴
小篆 草書
❶아플통(疼楚)。【內經】有擧ㅡ論。❷상할통、다칠통(傷也)。【左傳】斯是用ㅡ心疾首。❸심할통(甚也)。【漢書】以稽市物ㅡ騰躍。❹몹시통(凡事盡力)。【世說】ㅡ飮酒熟讀離騷便可稱名士。❺병통(病也)。

【痛感：통감】❶마음에 사무치게 느낌。몹시 마음을 움직임。『晉書』骨肉生離、ㅡㅡ天地。❷아픈 감각。

【痛擊：통격】❶격렬하게 공격함。敵軍을 통렬하게 쳐부숨。❷혹독한 타격。남을 몹시 꾸짖어 나무람。

【痛苦：통고】아파하고 괴로와함。몹시 괴로움。苦痛。

【痛哭：통곡】소리를 높여 슬피 울음。＝慟哭。『漢書』方今事勢、可爲ㅡㅡ者一、可爲流涕者二、可爲長太息者六。

【痛悼：통도】마음이 몹시 아프고 슬픔。傷悼。『梁簡文帝』想卿ㅡㅡ之誠、亦當何已。

【痛烈：통렬】몹시 맵고 사나움。猛烈。

【痛論：통론】몹시 격렬한 언론。격렬하게 논의함。「게 비난함。

【痛罵：통매】❶몹시 꾸짖음。❷준엄하

【痛駁：통박】통렬하게 공박함。

【痛憤：통분】원통하고 분함。몹시 분노함。『舊唐書』父子ㅡㅡ、義不圖全。

【痛惜：통석】몹시 애석하게 여김。매우 유감으로 여김。『魏文帝』美志不遂、良可ㅡㅡ。

【痛勢：통세】병의 아픈 증세。

【痛心：통심】마음을 상함。몹시 상하여 아픈 마음。『唐書』ㅡㅡ泣血。

【痛痒：통양】아프고 가려움。《喩》자신에게 직접 관계되는 이해 관계。『嵇康』身之于ㅡㅡ、感物而動。

【痛隕罔極：통운망극】매우 슬픔。

【痛飮：통음】술을 홈빡 많이 마심。『宋史』與諸君ㅡㅡ耳。

【痛入骨髓：통입골수】원통한 일이 뼈「속 깊이 맺힘。

【痛詆：통저】심하게 비난함。엄숙하게 꾸짖음。『史記』以深文ㅡㅡ諸侯。

【痛切：통절】❶몹시 간절함。절실히 몸에 배어 들음。매우 적절함。『漢書』其言多ㅡㅡ、發于至誠。❷참을 수 없는 고통。몸이 잘린 것 같은 아픈 마음。❸생각이 절실함。매우 친절함。

【痛症：통증】몹시 아픈 증세。

【痛疾：통질】몹시 아픈 병。『左傳』民人ㅡㅡ、而或噢咻之。

【痛處：통처】병으로 몹시 아픈 곳。

【痛楚：통초】괴롭고 아픔。몹시 아픔。『于濆』火未到身者、ㅡㅡ難共譜。

【痛治：통치】＝嚴治。

【痛快：통쾌】아주 마음이 시원함。극히 마음이 상쾌함。『楊萬里』一杯ㅡㅡ吸湖山。

【痛嘆：통탄】몹시 탄식함。매우 한탄하며 슬퍼함。痛歎。

【痛風：통풍】《醫》관절이 붓고 아픈 병。

【痛恨：통한】가슴이 아프게 몹시 한탄함。매우 유감으로 생각함。『諸葛亮』未嘗不嘆息ㅡㅡ於桓靈也。

【痛恨事：통한사】몹시 한탄할 일。몹시 원통한 일。

【痛悔：통회】❶매우 뉘우침。❷고해 성사의 다섯 가지 요건 가운데 첫째。上等痛悔와 下等痛悔가 있음。「함。

【痛毁極詆：통훼극저】몹시 헐뜯고 욕◎極ㅡ、劇ㅡ、腹ㅡ、悲ㅡ、腰ㅡ、至ㅡ、止ㅡ、陣ㅡ、鎭ㅡ、疾ㅡ、沈ㅡ、胸ㅡ。

【㾕】

(흘) 月 コツ、ねむりびょう sleeping〔sleepy〕sickness
잠자는병흘(多睡病)。

【𤸷】 ㊀(은) 問 ギン、ねつがごる(或音「흔」)
㊁(흔) 軫 ache
㊀❶신열날은(熱氣著膚)。❷궂은살 나올은(創肉反出)。❸멍울설은(腫起)。
㊁❶아플흔(痛也)。❷㊀과 뜻이 같음。

【痞】 (비) 紙 ヒ、つかえ hurt ; pain ㄆㄧˇ p'i³
草書 ❶더부룩할비、기질릴비 (氣隔不通)。❷속결릴비(腹內結痛)。【方書】不痛者爲ㅣ滿痛者爲結胷。
【痞結：비결】《醫》먹은 음식이 가슴에 결려서 내려가지 않음。또는 그러한 병。
【痞塊症：비괴증】《醫》배 속에 덩어리가 생기는 병。여자에게 있는 병으로 고정된 것과 자리를 옮기는 것이 있음。癥瘕。
【痞滿：비만】《醫》가슴과 배가 몹시 더부룩하여 가빠하는 병。
【痞悶：비민】《醫》가슴이 답답해지는 병의 한 가지。痞鬱。
【痞鬱：비울】＝痞悶。
【痞積：비적】痼疾이 된 병。

【痟】 (소) 蕭 ショウ、ずつう headache
小篆 草書 ❶머리아플소(頭痛)。【周禮】春時有ㅣ首疾。❷조갈증소(渴病)。【漢書】司馬相如ㅣ渴疾。
【痟痒：소양】아프고 가려움。痛痒。【列子】斫撻無傷痛、指擿無ㅣㅣ。

【痢】 (리) 寘 リ、はらくだり loose boweis ㄌㄧˋ li⁴
草書 이질리、곱똥리、설사리(腹痛瀉疾)。【方書】分十五ㅣ諸證皆濕熱積滯暑毒虛滑所致。
【痢漸：이점】＝痢症。
【痢症：이증】《醫》똥에 곱이 이어 나오면서 뒤가 잦고 당기는 증세。痢疾。
【痢疾：이질】＝痢症。
【痢疾大孔痛：이질대공통】《醫》이질이 심하여 肛門이 벌어져서 오므라지지 않고 아픈 병。

【痡】 (부) 虞 ホ、やむ be taken ill ㄆㄨ p'u¹ (古音「포」)
小篆 草書 ❶병들부(病也)。【書經】毒ㅣ四海。❷비척거릴부(疲不能行)。【詩經周南卷耳】我僕ㅣ矣。

【𤵸】 (유) 尤 ユウ、くちきのにおい stink of rotten tree
草書 썩은나무냄새유(朽木臭)。

【痣】 (지) 寘 シ、ほくろ、あざ mole ㄓˋ chih⁴
草書 검은사마귀지(黑子、黶也)。【史記】沛公左股有七十二黑子。

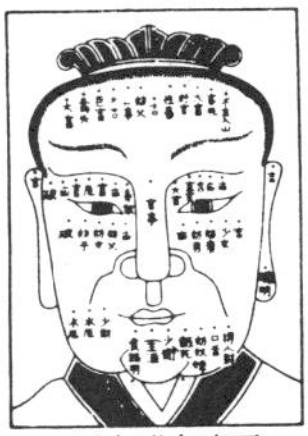

圖之凶吉痣面
(編全相神)

【痤】 (좌) 歌 ザ、はれもの boil
小篆 小篆 草書 ❶뾰루지좌(小腫)。❷멍울좌(癤也)。
【韓非子】彈ㅣ者痛、飮藥者苦。
【痤接：좌접】과실 이름。麥季。【爾雅·釋木】ㅣㅣ、慮李。【注】今之麥李。
【痤瘡：좌창】여드름。面皰。青年痤瘡。

【痥】 (탈) 曷 タツ、もものはれもの boil of horse
小篆 말부스럼탈(馬脛瘍)。

【痧】 (사) 麻 サ、はしか measles ㄕㄚ sha¹
草書 ❶쥐통사(虎列刺)。❷【中字】괴질사(霍亂)。❸홍역사(痲疹)。
【痧藥：사약】토사약。
【痧症：사증】콜레라。

八畫

【𤸇】 ㊀(뢰) 隊 ライ、あくびょう
㊁(래) 灰 typhoid
㊀염병뢰(癘也)。㊁장감래、고질병래(久病)。

【痮】 (장) 漾 チョウ、はらがふくれる stomachache ㄓㄤˋ chang⁴
복창증장(腹大)。【正字通】脾胃不和冷氣客之爲脹滿。

【𤶷】 ㊀(합) 合 コウ、さむいやまい disease caused by coldness
㊁(금) 侵
㊀추위에상한병합(寒病)。㊁학질금(瘧也)。

【痯】 (관) 旱 カン、つかれる exhausted ; tired out ㄍㄨㄢˇ kuan³
草書 ❶근심병관(懷憂病)。❷고달플관(疲貌)。

【痰】 (담) 覃 タン、たん phlegm sputum ㄊㄢˊ t'an²
草書 담담、가래담(ㅣ癖、胷鬲水病)。【正字通】ㅣ有六濕熱風寒食氣也。
【痰結：담결】《醫》가래가 뭉쳐 목구멍에 붙어서、뱉을 수도 없고、삼킬 수도 없는 병。
【痰厥：담궐】《醫》속이 허하여 담이 막히고 四肢가 차고 어지러워지는 병。
【痰迷心竅：담미심규】❶담이 나와서 반 미친듯 되는 병。❷마음이 어리석음。半狂人。백치。
【痰病：담병】《醫》몸의 分泌液이 큰 熱을 만나서 일어나는 온갖 병의 이름。
【痰泄：담설】《醫》痰症으로 인하여 설사가 나는 병。
【痰聲：담성】가래가 목구멍에서 끓어오르는 소리。
【痰祟：담수】《醫》기운이 허약하여 담이 몸 속에 막히고 말과 보고 들음이 허망하여지는 병。
【痰濕：담습】《醫》痰으로 말미암아 생기는 濕氣。
【痰涎：담연】가래침。
【痰熱：담열】《醫》얼굴이 붉어지고 열·기침·호흡의 곤란 등을 일으키는 어린 아이의 병。
【痰壅：담옹】《醫》감기로 인하여 가래가 목구멍에 막히는 병。
【痰飮：담음】《醫》腦·胃에 물기가 고여 있어서、출렁출렁 소리가 나고 가슴이 답답한 병。
【痰飮腰痛：담음요통】《醫》위확장으로 생기는 허리가 아픈 병。
【痰腫：담종】《醫》담이 몰려서 된 종기。
【痰症：담증】＝痰病。
【痰喘：담천】가래가 끓어서 숨이 가쁨。
【痰滯：담체】《醫》담이 몰려 뭉쳐 생긴 병。
【痰唾：담타】가래와 침。
【痰咳：담해】❶가래와 기침。❷가래가 나오는 기침。
【痰響：담향】가래가 끓는 소리。
【痰暈：담훈】담이 많아 구역이 나고 어지러운 병。

【痳】 (마) 麻 マ、しびれる paralysis ㄇㄚˊ ma²
草書 ❶마목마、홍역마(風熱病、痲木)。【方書】ㅣ是氣虛本是濕痰死血。❷저릴마(體失感覺)。
【痳痺：마비】《醫》神經이나 힘줄이 그 구실을 못하거나 없어져서 생기는 병。痲痺。

【痲藥:마약】(醫)❶보통 아편·모르핀 및 코카인 등과 같이 마취 작용을 하고 습관성을 가진 약으로 長服하면 중독 증상을 나타내는 물질의 總稱. 痲醉藥. ❷모르핀. 아편.

【痲疹:마진】(醫)紅疫. 濾過性 病原體에 의하여 일어나는 急性 發疹性 전염병. 紅疹.

【痲天牛:마천우】(動)삼하늘소.

【痲醉:마취】藥物이나 약물로 말미암아 生物體의 일부 또는 전체가 감각을 잃고 자극에 반응할 수 없게 된 상태.

【痲醉法:마취법】(醫)醫療上 수술 같은 것을 할 때 고통을 덜기 위하여 전신 또는 국부를 마취 시키는 방법.

【痲醉藥:마취약】마취시키는 약. 朦昏藥.

【痲醉劑:마취제】마취시키는 약제.

【痱】㊀(비) 未 ヒ、はれもの ㊁(배) 賄 boil

小篆 草書 ㊀❶풍병비(風病). 〔漢書 賈誼傳〕又類辟且病─也. ❷뾰루지비(小腫). ㊁뜻은 ㊀과 같음.

【痳】(림) 侵 リン、りんびょう gonorrhoea ㄌㄧㄣˊ lin²

小篆 草書 ❶임질림(小便難、尿道病). ❷산증림(疝痛).

【痳疾:임질】(醫)痳菌에 의하여 일어나는 尿道 粘膜의 炎症. 痲病. 淋疾. 陰疾.

【痹】(비) 寘 ヒ、しびれ beriberi ㄅㄧˋ pi⁴

小篆 草書 각기비、습다리비(痿─風寒濕崇脚氣). 〔淮南子〕谷氣多─.

【痹矢:비시】화살의 이름. 八矢中의 하나. 禮射에 사용됨. 〔周禮·夏官〕恒矢、─ ─用諸散射.

【痴】(치)『癡』(疒部 14畫)의 俗字

【痵】(계) 寘 キ、むなさわぎ (of the heart) palpitate ㄐㄧˋ chi⁴

小篆 마음두근거릴계(心動).

【𤸬】(권) 先 ケン、てのやまい disease of hand

손굽는병권(手屈病).

【㾊】(축) 屋 チク、はらいた stomach ache

배아플축(腹痛).

【痺】(비) 支 ヒ、とり bird ㄅㄧ pi¹

草書 새이름비(鳥名、鵯鶋).

【痺疳:비감】(醫)음식을 안 먹어도 늘 배가 부르고 소화가 안 되며、대변에 시큼한 냄새가 나는 疳病의 한가지.

【痺病:비병】(醫)배꼽 언저리가 딴딴하여 누르면 아픈 병.

【痻】(민) 眞 ヒン、やむ fall ill ㄇㄧㄣˊ min²

草書 병들민(病也). 〔詩經 大雅桑柔〕多我覯─. (『痻』과 같음)

【痼】(고) 遇 コ、じびょう chronic disease ㄍㄨˋ ku⁴

小篆 草書 고질고(久固疾). 〔後漢書〕京師醴泉湧出飲之者─疾皆愈.

【痼冷症:고랭증】(醫)배 속에 뭉치가 있어 늘 차고 아픈 위장병. 「痼弊。

【痼瘼:고막】바로 고치기 어려운 폐단.

【痼癖:고벽】아주 인이 박혀서 고치기 어려운 버릇. 〔潘音〕煙霞成─ ─、聲價藉巢由.

【痼疾:고질】오래도록 낫지 않아 고치기 어려운 병. (轉)오래 된 나쁜 습관. 어떤 事物에 마음이 엉겨서 뭉쳐짐. 〔唐書〕泉石膏肓、煙霞─ ─.

【痼弊:고폐】오래 되어 바로잡기 어려운 폐단. 痼瘼.

【痾】(아) 歌 ア、ながやみ chronic disease ㄜ ê¹

草書 병깊이들아(妖孽及人病寢深). 〔後漢書〕貌之不恭是謂不肅時則有下體生上之─.

【痿】(위) 支 イ、しびれる impotency ㄨㄟˇ wei³

小篆 草書 ❶습병위(濕病). ❷잘름거릴위(兩足不能相及). 〔近思錄道體〕言手足─痺爲不仁. ❸음위증위(陰─、不能御婦人).

【痿躄:위궐】❶몸이 저려서 쓰러짐. ❷각기와 같은 종류의 병. 〔蘇軾〕

【痿痺:위비】(醫)手足이 저린 병. 각기. (喩)정치가 解弛해서 떨치지 못함. 〔近思錄〕言手足─ ─、爲不仁.

【痿損:위손】시들고 쇠약해진 모양. 〔南史〕樹爲之─ ─.

【痿弱:위약】몹시 약함. 허약함.

【瘂】(아) 馬 ア、おし dumb ㄧㄚˇ ya³

草書 벙어리아(不能言、瘖─). 〔方書〕項後入髮際五分爲─門. (『啞』와 같음)

【瘀】(어) 御 ヨ、オ、やまい clot of blood ㄩ yü¹

小篆 草書 어혈질어(血壅病). 〔楚辭〕形銷鑠而─傷.

【瘀傷:어상】병으로 몸이 마르고 약해짐. 〔楚辭·九辯〕前櫹槮之可哀兮、形銷鑠而─ ─.

【瘀血:어혈】(醫)무엇에 부딪쳐서 살 속에 피가 맺혀 생기는 병. 멍.

【瘀血腰痛:어혈요통】(醫)허리가 타박상이나 접질림으로 인하여 피가 엉겨 아픈 병.

【瘁】(췌) 寘 スイ、つかれる become emaciated ㄘㄨㄟˋ ts'uei⁴ (古音「취」)

草書 ❶병들췌(病也). 〔詩經 小雅雨無正〕維躬是─. ❷수고로울췌、파리할췌(勞也、焦─). 〔詩經〕僕夫況─.

【瘁攝:췌섭】병들고 피로함. 〔呂覽·下賢〕卑爲布衣而不─ ─.

【瘁音:췌음】지치고 쇠한 느낌이 나는 음악. 〔陸機·文賦〕

【瘃】(축) 沃 チョク、しもやけ frost-bite

小篆 草書 손발얼어터질축(手足中寒瘡). 〔漢書趙充國傳〕手足皸─.

【瘃墮:축타】(醫)추위에 손가락 또는 발가락 등이 얼어 터져서 빠짐. 凍傷. 〔漢書〕霜露疾疫─ ─之患.

九畫

【瘇】(종) 腫 ショウ、シュ、はれる swollen leg ㄓㄨㄥˇ chung³

草書 수종다리종(壓氣足腫). 〔漢書 賈誼傳〕天下之勢、方病大─.

【瘈】(계) 霽 ケイ、セイ、くるう mad ㄑㄧˋ ch'i⁴

草書 ❶개 미칠계(狂犬). 〔左傳 哀公十二年〕國狗之─無不噬也. ❷간질계(癎疾).

【瘈狗:계구】미친 개. 狂犬. 〔左傳〕國人逐─ ─.

【瘈瘲:계종】(醫)驚搐의 경한 증세.

【瘉】(유)『癒』(13畫 疒部)와 같음

【瘊】(후) 尤 コウ、いぼ、こぶ mole ㄏㄡˊ hou²
草書 무사마귀후(疣小者)。【方書】地膚子白礬各等分煎湯洗數次ー子盡消。

【瘊子:후자】 무사마귀。

【瘋】(풍) 東 フウ、ずつう headache ㄈㄥ fêng¹
草書 ❶두풍풍(頭ー病)。【方書】偏頭風、在右屬痰屬熱、在左、屬風、屬血。❷미치광이풍(ー癲)。

【瘋癲:풍전】 지랄장이。후천적 정신병 중에서 言行의 錯亂、意識의 溷濁、감정의 격발이 현저한 사람의 속칭。狂人。

【瘌】(랄) 曷 ラツ、やむ be ill ㄌㄚˋ la⁴
小篆 ❶앓을랄(病也)。❷옴랄(疥也)。❸약독날랄(藥毒痛)。

【⿸疒扁】(편) 先 ヘン、ちゅうふう hemiplegia-like disease
小篆 ❶편고증편、몸반쪽마를편(半枯)。【方書】ー病者善發四支其狀赤脈起如編繩急痛壯熱。❷병들편(病也)。

【瘍】(양) 陽 ヨウ、きず wound : soses ㄧㄤˊ yang²
草書 ❶머리헌양(頭瘡)。【左傳】生ー於頭。❷흠양、상처양(傷也)。

【瘏】(도) 虞 ト、やむ be ill ㄊㄨˊ t'u²
小篆 草書 ❶피곤할도(困病)。❷들피질도(馬病)。【詩經 周南卷耳】我馬旣ー矣。

【瘏悴:도췌】 병들어 파리하여짐。【楚辭】躬劬勞而ーー。

【瘏痛:도통】 병들고 지쳐서 가지를 못함。疲勞함。『詩經·南山』我馬瘏矣、我僕痛矣。

【瘦】(수)『瘦』(10畫 疒部)의 本字

【瘝】(관) 刪 カン、やむ、むなしい be ill; vacancy
草書 ❶병들관(病也)。【書經】恫ー乃身敬哉。❷빌관(曠也)。【書經】若時ー厥官。

【⿸疒皆】(해) 佳 カイ、やまい have a untimely fit of chronic malaria
오래된학질때없이발작할해(老瘧無時發作ー瘧)。

【瘐】(유) 麌 ユ、やむ death from disease ㄩˇ yü³
草書 ❶죄인주려죽을유、죄수병나죽을유(罪囚病死)。【漢書 成帝紀】ー死獄中。❷근심하여병될유(憂而成病)。

【瘐死:유사】 ❶獄中에서 病死함。【漢書】ーー獄中。❷罪囚가 拷問·飢寒·疾病 등으로 死亡함。

【癃】(륭)『癃』(12畫 疒部)과 같음

【⿸疒曷】(갈) 曷 月 カツ、あつけ suffer from hot weather (或音「알」)
❶더위먹을갈(傷暑)。【方書】受暑中ー。❷속갑갑할갈(內熱病)。

【瘕】 一(가) 馬 二(하) 麻 カ、のどやみ laryngitis ㄐㄧㄚˇ chia³
小篆 草書 一 ❶괴뱃가(腹中積塊)。【正字通】堅者曰癥有物形曰ー。❷목병가(喉疾)。二 계집병하(女病)。

【⿸疒复】(부) 宥 フウ、つかれ pant
❶가쁠부(勞也)。❷피로하여재발한병부(病再發)。

【瘖】(음) 侵 イン、オン、おし dumb ㄧㄣ yin¹
小篆 草書 벙어리음(ー瘂、不能言)。【史記】吟而不言不如ー聾之指麾。

【瘖聾:음롱】 벙어리와 귀먹어리。聾啞。『史記』吟而不言、不如ーー之指麾。

【瘖默:음묵】 말을 하지 아니함。沈默함。緘默。『柳宗元』欒ーー、與木石爲徒。

【瘖啞:음아】 벙어리。말을 하지 못하는 사람。啞者。

【瘖藥:음약】 벙어리가 되는 약。『史記』飮ーー、使居廁中。

十 畫

【瘙】(소) 號 ショウ、ひぜん scabies
❶옴소(疥也)。❷종기소(腫也)。

【⿸疒衰】(쇠) 支 スイ、へる wither
小篆 ❶덜릴쇠、이울쇠(減也)。❷모손할쇠(耗也)。(『衰』와 같음)

【⿸疒盍】(압) 合 オウ、いきづまる pant ; cripple
小篆 ❶숨가쁘게쉴압(短氣)。❷절뚝발이압(跛病)。❸몸살압(疲病)。

【瘚】(궐) 月 ケツ、のぼせ dumb-founded ㄐㄩㄝˊ chueh²
小篆 或體 草書 기운질릴궐(氣逆)。【韓詩外傳】無使小民飢寒則ー不作。

【瘛】 一(계) 霽 二(체) 霽 ケイ、セイ、ひきつけ convulsion (古音「혜」)
小篆 草書 一 경기병계(小兒驚風、ー瘲)。 二 뜻은 一과 같음。

【瘛瘲:계종】 (醫)어린 아이가 驚風으로 맥박이 빨라지는 병。『靈樞』心脈急甚者爲ーー。

【瘜】(식) 職 ソク、あまじし protuberance
小篆 草書 ❶혹식、군살식(寄肉)。❷스리식(惡肉)。【聖濟總錄】咽生ー肉先刺破令血出用鹽鼓和搗塗之效。

【瘜菌:식균】 코병。

【⿸疒馬】 一(마) 禡 二(난) 諫 バ、めのやまい eye disease
小篆 一 ❶눈병마(眼病)。❷몸에 악기끼칠마(惡氣著身)。二 마소비루먹을난(牛馬病蝕創)。

【瘞】(예) 霽 エイ、うずめる bury ㄧˋ i⁴
小篆 草書 ❶묻을예(埋也)。【禮記】祭祀ー繒。❷제터예(ー薶、祭地)。【詩經】上下奠ー。❸산소예(墓所)。

【瘟】(온) 元 オン、えやみ plague ㄨㄣ wen¹
草書 염병온、온역온(疫也)。【抱朴子】經ー役則不畏。

【瘟黃:온황】 (醫)몸 빛이 누렇게 되어 죽는 돌림병의 한가지。

【⿸疒烝】(증) 迥 ジョウ、ほねのやまい (of bones) ache
뼛골쑤실증(骨ー病)。

【瘠】(척) 陌 セキ、やせる haggard ㄐㄧˊ chi²

草書 ❶파리할척、여윌척(瘦也)。【左傳】何必ㅣ魯以肥杞。❷줄척(減少)。【漢書食貨志】國無損ㅣ者以畜積多而備先具也。

【瘠馬：척마】 파리한 말。『易經』乾爲ㅣㅣ。

【瘠薄：척박】 땅이 기름지지 못하고 메마름。『魏志』古今牂者、必居ㅣㅣ之地。

【瘠瘦：척수】 몸이 여위고 파리함。『曹植』肌肉ㅣㅣ。

【瘠壤：척양】 ＝瘠土。

【瘠土：척토】 몸시 메마른 땅。瘠薄。『國語』昔聖王之處民也、擇ㅣㅣ而處之。

【瘡】(창) 陽 ソウ、かさ、きず tumor

草書 ❶부스럼창(瘍也)。❷상할창(痍也)。❸헌데자리창(痏也)。❹연장에 다칠창(金ㅣ)。【南史】虎魄療金ㅣ。(『創』과 通함)

【瘡口：창구】 종기의 구멍。

【瘡毒：창독】 종기의 독기。

【瘡頭聚虱：창두취슬】 (國) 헌 머리에 이(虱) 꾀듯。(喩) 이익이 있는 곳에 사람들이 떼를 지어 모여 든다는 뜻。『東言解』

【瘡藥：창약】 헌데에 바르는 약。

【瘡疣百出：창우백출】 언행에 잘못이 많음을 가리키는 말。

【瘡痍：창이】 ❶연장에 다친 상처。칼의 상처。(喩)백성들의 疾苦。『韓愈』天子憫ㅣㅣ、將軍禁鹵掠。❷병의 고통。

【瘡腫：창종】 (醫)종기。부스럼。瘡瘍。

【瘡疾：창질】 (醫)花柳病의 한가지。「病。『後漢書』頭不枇沐、體生ㅣㅣ。◎凍ㅣ、鼻ㅣ、合ㅣ。瘡

【瘢】(반) 寒 ハン、きずあと traces of swelling ㄆㄢˊ pan²

小篆 草書 ❶헌데자리반、부스럼자국반(痍處已愈有痕)。【漢書 馬寥傳】吳王好劍客百姓多瘡ㅣ。

【瘢疣：반우】 상처와 혹。『元好問』胡爲文字間、刮垢搜ㅣㅣ。

【瘢創：반창】 상한 자국。흉。

【瘢痕：반흔】 흉터。상한 자국。『後漢書』所惡則洗垢、求其ㅣㅣ。

【瘣】(외) 賄 カイ、やむ be ill ㄏㄨㄟˋ huei⁴ (古音「회」)

小篆 草書 ❶병들외(病也)。❷나무혹외(木瘤)。【爾雅】ㅣ木苻婁。❸메높을외(山高峻貌)。【史記】嵗嵗嵔ㅣ。

【瘤】(류) 尤 リュウ、こぶ wen ㄌㄧㄡˊ liu²

小篆 草書 혹류(疣也)。【抱朴子】粉黛至則西施以加麗而宿ㅣ以藏醜。(『癅』와 같음)

【瘤腫：유종】 ＝瘤贅。「陷爲癰疽。

【瘤贅：유취】 혹。贅瘤。『唐書』結爲ㅣㅣ、

【瘥】(채) ㊀(채) 卦 サイ、サ、いゆ、いやす recover ㄔㄞˋ ch'ai⁴ ㊁(차) 歌 (同音「차」)

小篆 草書 ㊀병나을채(病除)。㊁역질차(小疫)。【詩經】天方薦ㅣ。

【瘦】(수) 宥 シュウ、ソウ、やせる haggard ㄕㄡˋ shou⁴

草書 ❶파리할수、여윌수(臞瘠)。【淮南子】堯ㅣ臞舜黴黑。❷가늘수(細也)。(『瘦』의 本字)

【瘦客：수객】 매우 여윈 사람。

【瘦硬：수경】 글자가 잘고 단단함。『杜甫』書貴ㅣㅣ方通神。

【瘦勁：수경】 글자의 획이나 그림의 線따위가 가늘고도 힘이 있음。

【瘦軀：수구】 여윈 몸。마른 몸。瘦身。

【瘦羸：수리】 여위고 지침。『薛能』自惜多情欲ㅣㅣ。

【瘦面：수면】 여윈 얼굴。파리한 얼굴。『陸游』可憐落筆漸健快、其奈ㅣㅣ無光輝。

【瘦削：수삭】 몸시 여윔。『鮑照』纖腰ㅣㅣ髮蓬亂。「ㅣ一分肌。

【瘦損：수손】 여윔。마름。『蘇軾』輕寒ㅣ

【瘦容：수용】 여윈 모양。수척한 얼굴。

【瘦長：수장】 筆致가 가냘프고 기다람。

【瘦瘠：수척】 여윔。파리함。『古今·註』。

【瘧】(학) 藥 ギャク、おこり malaria ㄋㄩㄝˋ nueh⁴ (古音「약」)

小篆 草書 학질학(痁也、寒熱病)。【禮記】寒熱不節民多ㅣ疾。

【瘧氣：학기】 瘧疾이 일어나려는 氣運。

【瘧癘：학려】 ＝瘧疾。『杜甫』ㅣㅣ三月孰可忍。

【瘧母：학모】 (醫)학질에 걸린 어린 아이의 脾藏이 커지며 덩어리가 생기는 병。

【瘧疾：학질】 (醫)일정한 시간이 되면 惡寒이 나고 發熱하는 병。病原蟲에 세 종류가 있어서 각 삼일열·사일열·熱帶熱따위가 있음。말라리아。『禮記』孟夏之月、寒熱不節、民多ㅣㅣ。

【瘨】(전) 先 テン、てんかん mad

小篆 草書 ❶병들전(病也)。❷미칠전(狂也)。

十一畫

【瘅】(피) 寘 ヒ、あしよやまい (of feet) bend in

小篆 발오그라질피(足轉筋)。【正字通】ㅣ俗謂腳冷濕病也。

【瘭】(표) 嘯 ヒョウ、ひょうそ whitlow

草書 술표、소리치기표(ㅣ疽 病名)。【千甚者如梅李有根痛傷心久則四面腫泡金方】肉中忽生點大者如豆細者如黍粟曰ㅣ疽。

【瘭疽：표저】 (醫)손가락이나 발가락부터 곪기 시작하여 전신에 번져 化膿되는 병。莊子에는 漂疽、巢氏 病源에는 黃疽로 썼음。

【瘯】(족) 屋 ソク、ゾク、ひぜん psoriasis ㄘㄨˋ ts'ou⁴

草書 진버짐족、옴족(疥癬、皮膚病)。【左傳】謂其不疾ㅣ蠡。

【瘯瘰：족라】 家畜의 피부병。옴의 일종。

【瘯蠡：족이】 家畜의 피부병。『玉篇』ㅣㅣ、皮膚病。

【癄】(대) ㊀(대) 泰 タイ、ながち、しらち fluor albus ㊁(체) 霽

草書 ㊀대하증대(婦人下部病)。㊁이질체(久痢)。

【瘰】(라) 哿 ラ、ルイ、ひぜん scrofula ㄌㄨㄛˇ luo³

草書 ❶옴라(疥也)。【左傳】謂其不疾瘯ㅣ也。❷연주창라(ㅣ癧筋結病)。【正字通】ㅣ繞頸項結核纍纍也。

【瘰癧：나력】 (醫)頸部淋巴腺 慢性腫脹。결핵성의 것과 그렇지 아니한 것의 두 가지로 구별함。

【瘰癧瘻：나력루】 (醫)瘰瘻의 한 가지。목의 淋巴腺에 결핵성염이 생기어、헐어 뚫린 구멍에서 항상 고름이 남。

【瘰癧瘡：나력창】(醫)나력이 심해져서 헐어 터진 헌데。

【⿸疒殹】(의) 支 アイ、やせる haggard 小篆 ❶파리할의(瘠也)。❷앓는소리의(呻吟聲)。

【瘱】(예) 霽 エイ、しずか quiet 小篆 ❶고요할예(靜也)。【漢書】婉ㅡ有節操。❷편안할예(安也)。❸공손할예(恭也)。❹빽빽할예(密也)。

【⿸疒延】(선)『癬』(17畫 疒部)과 같음

【瘲】(종) 宋 ショウ、やむ disease of baby ㄗㄨㄥ tsung⁴ 小篆 경기증종(小兒驚風病、瘛ㅡ)。【漢書】金創ㅡ瘛方三十卷。

【瘳】㊀(추) 尤 チュウ、リュウ、recover いえる、いやす ㄔㄡ ch'ou¹ ㊁(료) 蕭 小篆 草書 ㊀❶병나을추(病愈)。【孟子滕文公上】厥疾不ㅡ。❷덜릴추(損也)。【晋語】君不度而賀大國之襲於己何ㅡ。㊁뜻은 ㊀과 같음。

【瘳愈：추유】병이 치유됨。全快함。【漢書·元后傳】朞月之間、幸得ㅡㅡ。

【瘴】(장) 漾 ショウ、ねつびょう endemic ㄓㄤ chang⁴ 草書 장기장、풍토병장(ㅡ癘、山川癘氣)。【正字通】山川瀑熱蒸鬱之氣中人輒病。

【瘴氣：장기】열대 지방의 개펄에서 일어나는 독 있는 기운。

【瘴毒：장독】山川의 毒氣。【後漢書】南方暑濕、ㅡㅡ方生。

【瘴嵐：장람】독기를 품은 산과 바다의 기운。

【瘴霧：장무】毒氣 품은 안개。【蘇軾】玉骨那愁ㅡㅡ、氷肌自有仙風。

【瘴疫：장역】毒氣로 인하여 발생하는 熱病。【晋書】多ㅡㅡ、人情憚焉。

【瘴雨蠻烟：장우만연】毒氣를 품은 비와 연기。【嚴羽】ㅡㅡ白草生。

【瘴雲：장운】毒氣가 어리어 있는 구름。毒氣를 품은 구름。

【瘴瘧：장학】瘴氣로 말미암아 나는 학질。

【瘵】(채) 卦 サイ、やむ emaciated disease ㄓㄞ chai⁴ 小篆 草書 ❶허로병채、노점병채(勞病)。【詩經】上帝甚蹈無自ㅡ焉。❷【中字】폐병채(肺病)。

【瘻】㊀(루) 宥 ロウ、ル、せむし humpback ㄌㄡ lou⁴ ㊁(루) 虞 小篆 草書 ㊀❶부스럼루(瘡也)。【柳完元捕蛇者說】可以已大風拘攣ㅡ癘。❷목부을루(頸腫)。❸곱사등이루(曲脊癘ㅡ)。㊁오랜종기루(久瘡)。

【瘻管：누관】(醫)몸의 깊은 곳에 있는 化濃性 병의 자리가 스스로 터지거나、또는 수술로써 그 화농한 자리와 바깥과 서로 통한 구멍 줄기。

【瘻癘：누려】(醫)목에 난 종기와 문둥병。(癘는 癩病)。【柳宗元】可以已大風攣踠ㅡㅡ。

【瘻痔：누치】=痔漏。痔瘻。

【瘽】(근) 文 キン、やむ get sick 小篆 草書 병들근(病也)。【漢書 文帝紀】ㅡ身從事。

【瘼】(막) 藥 バク、やむ get sick ㄇㄛ mo⁴ 小篆 草書 병들막(病也、凡民所苦患曰ㅡ)。【詩經 小雅四月】亂離ㅡ矣。

【癕】(옹) 冬 ヨウ、はなくた occlusion of the naris 草書 코막힐옹(鼻塞)。

【⿸疒侌】(음) 沁 イン、むねのやまい heart disease ❶심질음、심병음(心疾)。❷【中字】멍들음(ㅡ暈)。

十二畫

【⿸疒皐】(효) 蕭 キョウ、うむ fester 곪길효(腫欲潰)。

【癀】(황) 陽 コウ、おうたん the yellows ㄏㄨㄤ huang² 황달병황(黃疸病)。

【療】(료) 嘯 リョウ、いやす heal : treat ㄌㄧㄠ liao² 草書 ❶병나을요、병고칠료(醫治止病)。【周禮】凡ㅡ瘍以五毒攻之。

【療渴：요갈】목마름을 면하기 위하여 물이나 술을 조금 마심。「금 먹음。

【療飢：요기】시장기를 면할 정도로 조금 먹음。

【療法：요법】병을 고치는 방법。療方。

【療病：요병】병을 고침。

【療養：요양】몸을 保養함。또는 治療와 養生。

【療養所：요양소】병을 치료하며 조섭하는 곳。

【療養院：요양원】=療養所。

【療治：요치】병을 고침。治療。【北魏書】歸京ㅡㅡ。

【療護：요호】병 간호。【北史】縱貧賤廝養、亦爲之ㅡㅡ。◎加ㅡ、施ㅡ、醫ㅡ、診ㅡ、治ㅡ。

【⿸疒爲】(위) 紙 イ、くちがゆがむ hare-lipped 小篆 입비뚤어질위(口咼)。

【⿸疒朁】(참) 感 セン、いたむ sick : pain 草書 아플참(痛也)。【漢書】又以掖庭獄大爲亂阱榜箠ㅡ於炮烙。

【⿸疒斯】(서) 齊 セイ、しゃがれ hoarse voice 小篆 소리흩어질서、목쉰소리서(散聲)。

【癃】(륭) 東 リュウ、つかれる、おいる disease of old age ㄌㄨㄥ lung² 小篆 籀文 草書 ❶파리할륭(罷病)。❷늙을륭(老也)。【漢書】年老ㅡ病勿遣。

【癃病：융병】(醫)老人들의 몸이 수척하여지는 병。

【癃疾：융질】(醫)허리가 굽고 등이 높아지는 병。곱사등이。곱추。【漢書】民雖老羸ㅡㅡ、扶杖而往。

【癄】㊀(초) 蕭 ショウ、やつれる emaciated ㊁(초) 嘯 草書 ㊀❶병들초(病也)。❷근심할초(憂也)。(『憔』와 같음)㊁파리할초、초췌할초(ㅡ瘁減縮)。【漢書】是以纖微ㅡ瘁之音作而民思憂。

【癄瘁：초췌】병들어 파리함。【漢書】纖微ㅡㅡ之音作。

【⿸疒番】(반) 寒 ハン、しきゅうびょう disease of the uterus ❶자궁병반(子宮病)。❷병들어죽을반(病死)。

【癆】(로) 號 ロウ、いたみ hurt ㄌㄠ lao² 小篆 草書 ❶쑤실로(ㅡ瘌皆辛螫)。❷아플로(痛也)。【正字通】今人以積勞瘦削爲ㅡ病。❸약독날

로(藥物中毒)。

【癆漸:노점】(醫)한의학에서 일컫는 肺結核의 이름。

【癆症:노증】결핵성의 폐병。肺結核。

【癆瘵:노채】(醫)末期가 된 폐결핵。

【癆痎:노해】(醫)몸이 점점 마르고 쇠약하여 가는 병。癆症。肺結核。

【瘤】(류)『瘤』(10疒部畫)의 本字

【癟】(별)屑 ヘツ、うみさける form pus to burst ㄅㄧㄝ pieh¹ 곪아터질별(腫滿悶而皮裂)。

【癇】(간)刪 カン、かんびょう epilepsy ㄒㄧㄢ hsien² (本音「한」) 小篆 ❶간기간(小兒癲病)。【王符 潛夫貴忠篇】哺乳多、則主ー病。❷간질간、지랄간(癲ー)。

【癇癖:간벽】버럭 신경질을 잘 내는 버릇。

【癇病:간병】(醫)어린 아이가 경련을 일으키는 병。腦脊髓 疾患・蛔蟲病・發熱病 등으로 깜짝깜짝 놀라는 병。驚風。【後漢書】哺乳多則生ーー。

【癇症:간증】(醫)간질의 증세。

【癇疾:간질】(醫)지랄병。갑자기 몸을 떨며 눈을 뒤집어 쓰고 거품을 내뿜으며 뻗는 병。癲癇。

【癇風:간풍】(醫)癇疾을 일으키는 풍증。

【癎】(간)『癇』(前條)과 같음

【癈】(폐)隊 ハイ、かたわ disavlement ㄈㄟ fei⁴ 小篆 草書 고질폐(痼疾)。【增韻】固疾不復可用者。

【癈兵:폐병】부상을 당하여 불구자가 된 병사。

【癈人:폐인】=不具者。

【癈疾:폐질】❶고치기 어려운 병。❷불구자가 되는 병。【禮記】矜寡孤獨ーー者、有所養。

【癉】㊀(단)翰 ㊁(단)寒 ㊂(다)箇 タ、タン、つかれる emaciation ㄉㄢ tan⁴ 小篆 草書 ㊀허로병단(勞病)。【書經】彰善ー惡。㊁황달병단(黃病)。【漢書】南方暑熱近夏ー熱。(『疸』과 같음) ㊂❶수고할다(勞也)。❷성낼다(怒也)。

【癉熱:단열】❶(醫)黃疸(황달)。또는 疸病。【漢書】南方暑濕、近夏ーー。❷熱이 극심함。

【癉疽:단저】❶惡性의 종기로 인하여 發熱함。【左傳】荀偃ーー、生瘍于頭。❷惡瘡。俗名 對口疽。

【癉瘧:단학】(醫)더위를 먹어 신열이 나는 학질의 한 가지。熱瘧。

【癌】(암)咸 ガン、がん cancer ㄧㄢ yen² 草書 ❶암암、고약한종기암(內腔生腫)。❷괴병암(怪病)。

【癌腫:암종】(醫)癌。병리학상의 惡性 腫瘍(종양)의 한 가지。

十三畫

【[疒亶]】(단)旱 タン、やむ be taken ill ㄉㄢ tan³ 병들단(病也)。【詩經】下民卒ー。(『癉』과 같음)

【癑】(농)冬 ノウ、うむ fester 小篆 ❶아플농(痛也)。❷곪아터질농(瘡潰)。❸설곪길농(腫血)。

【癐】㊀(괴)泰 ㊁(위)支 カイ、おもいやまい take a turn for the worse ㊀병더칠괴(病甚)。㊁고함지를위(喊聲)。【輟耕錄】淮人寇江南齊軍大喊阿ーー。

【癒】㊀(유)麌 ㊁(유)遇 ユ、いえる cure ㄩ yü⁴ 草書 ㊀병나을유(病瘳)。【漢書】漢王疾ー。(「愈」와 通함) ㊁병들유(病也)。【詩經 小雅正月】胡俾我ー。

【癒著:유착】(醫)한 器官이 생리적으로 관계 없는 다른 기관에 組織的으로 결합하는 일。

【癒瘡木:유창목】(醫)납가새과에 딸린 상록 교목。樹脂는 매독을 치료하는 약재로 씀。

【癒合:유합】상처가 나아서 아물음。찢어진 피부나 근육이 나아서 맞붙음。

【癒合力:유합력】유합시키는 힘。◎治ー、快ー。

【癕】(옹)『癰』(18疒部畫)과 같음

【癖】(벽)錫 ヘキ、くせ habit ㄆㄧ p'i³ 草書 ❶적병벽(腹病、積聚)。【抱朴子】過飲則成痰ー。❷즐길벽、인박일벽(嗜好)。【晉書】杜預有左傳ー。

【癖痼:벽고】오랫동안 낫지 않는 병。痼癖。【李華】無ーー疥搔之疾。

【癖病:벽병】나쁜 버릇。【柳宗元】好辭工書、皆ーー也、吾不幸早得此二病。

【癖生:벽성】버릇。性癖。

【癖[illegible]:벽재】궁벽하게 치우쳐 있음。

【癖積:벽적】(醫)뱃속에 무슨 뭉치 같은 물건이 생기는 병。

【癖好:벽호】버릇이 되다시피 즐겨 좋아함。

【癘】(려)霽 レイ、ライ、えやみ fever enteric ㄌㄧ li⁴ 小篆 小篆 草書 ❶염병려、시환려(ー疫)。【左傳】ー疾不降。❷문둥병려(癩也)。❸장기려(瘴ー、山川厲氣)。❹창병려(惡瘡疾)。【禮記】仲冬行春令民多疥ー。❺옻올라헌데날려(著黍生瘡)。

【癘鬼:여귀】❶제사를 못 받는 귀신。❷못된 돌림병을 유행시키는 귀신。

【癘氣:여기】돌림병을 일으키는 나쁜 기운。

【癘病:여병】❶=癘疫。❷=癩病。

【癘疫:여역】(醫)傳染性 熱病의 총칭。疫癘。【韓愈】水旱ーー。

【癘祭:여제】癘鬼에게 지내는 제사。

【癘疾:여질】=癘疫。【周禮】四時皆有ーー。

【癙】(서)語 ショ、きやみ sickness caused by anxiety ㄕㄨ shu³ 草書 근심으로 난병서、속끓일서(憂病)。【詩經 小雅正月】ー憂以痒。

【癙憂:서우】병들어 근심함。苦惱로 인하여 마음이 어두움。【詩經】ーー以痒。

【[疒暑]】(서)語 ショ、あつさあたり suffer from hot weather 더위먹을서(中暑)。

【癛】(름)寑 リン、さむけ get goose-skinned 소름끼칠름(栗體寒病)。

【癜】(전)霰 テン、なまず piebald skin ㄉㄧㄢ tien⁴ 草書 어루러기전(ー風斑片)。【本草】治ー用茄蔕蘸硫黃末摻之取其能散血。

【癀】(분) 問 フン、はれもの (of a boil) burn
❶종기가 끈거릴분(熱腫、ㅣ膨)。❷병으로 번민할분(病悶)。

十四畫

【𤸷】(은) 吻 イン、かざほろし hives
두드러기은(ㅣ疹、皮外小起)。(『癮』과 같음)

【𤻇】(확) 藥 カク、のどにかかる stick in a one's throat
목에걸릴확(物在喉)。

【癠】(제) 霽 セイ、やむ be taken ill
草書 병들제(病也)。『禮記』親ㅣ色容不盛此孝子之疏節也。

【癡】(치) 支 チ、おろか foolish ㄔ ch'ih²
篆 小 ❶어리석을치、지더릴치、미련할치(心神不慧)。『徐曰』ㅣ者神思不足亦病也。❷미치광이치(狂也)。『漢書』蒙恥辱爲狂ㅣ。❸죽은깨치(疵病)。

【癡骨:치골】 어리석고 못생긴 사람。

【癡鈍:치둔】 어리석고 무딤。몹시 어리석고 하는 짓이 굼떠서 흐리터분함。

【癡聾:치롱】 우매하고 귀먹은 사람。『列子』ㅣㅣ瘖瘂家豪富、智慧聰明却受貧。

【癡聾酒:치롱주】 귀밝이술。

【癡呆:치태⇩치매】 멍청이。천치。(呆는 愚)。

【癡笑:치소】 어리석은 웃음。『廬仝』父憐母惜摑不得、却生ㅣㅣ令人嗟。

【癡愚:치우】 사람이 못나고 어리석음。

【癡人:치인】 어리석은 사람。못난이。

【癡者多笑:치자다소】 어리석고 못난 사람은 아무렇지도 않은 일에도 웃기를 잘함을 이르는 말。

【癡情:치정】 남녀간의 사랑에 있어서 생기는 온갖 어지러운 정。

【癡態:치태】 어리석은 모양。못생긴 꼬락서니。

【癡漢:치한】 ❶=癡人。❷여자를 희롱하는 남자。『北史』李集强諫不屈、帝笑曰、天下有如此ㅣㅣ。

【癡行:치행】 아주 못난 병신 구실。

◎白ㅣ、愚ㅣ、天ㅣ。

十五畫

【癤】(절) 屑 セツ、ねぶと inflammation ㄐㄧㄝ chieh¹
草書 멍울절、부스럼절(瘍之小者)。

【癤瘍:절양】《醫》피부가 더러워 털구멍에 化膿性菌이 들어가 생기는 炎症。

【癢】(양) 養 ヨウ、かゆい itchy ㄧㄤˇ yang³
草書 ❶가려울양(搔病)。『列子』指擿無痟ㅣ。❷마음간지러울양(伎ㅣ)。『史記』高漸離變姓名爲宋子傭保聞堂上有客擊筑伎ㅣ不能無出言按伎ㅣ。(『痒』과 같음)

【癢心:양심】 몸부림침。煩悶합。『淮南子』無不憚悇ㅣㅣ而悅其色矣。

【癢癢:양양】 ❶가려움。❷마음에 지루함。

【癢痛:양통】 가려웁고 아픔。痛癢。『顔氏家訓』抑搔ㅣㅣ、懸衾篋枕、此不簡之敎也。

【癥】(징) 蒸 チョウ、かたまり cancer ㄓㄥ cheng¹
草書 어혈징(ㅣ瘕腹結病)。『史記』以此視病盡見五臟ㅣ結。

【癥瘕:징가】 뱃속에 멍어리가 생기는 병으로 여자에게 있는 병인데 고정된 것과 자리를 옮기는 것이 있음。痞塊症。

【癥結:징결】 뱃속에 멍어리가 생기는 병。『史記』五臟ㅣㅣ。

十六畫

【𤻲】(료) 嘯 リョウ、なおる heal (up)
篆 小 或 體 병나을료(治病)。『博雅』病消曰ㅣ。(『療』와 같음)

【癧】(력) 錫 レキ、るいれき scrofula ㄌㄧˋ li⁴
草書 연주창력(筋節病、瘰ㅣ)。

【癨】(곽) 藥 カク、かくらん cholera nostras ㄏㄨㄛˋ huo⁴
草書 곽란곽(ㅣ亂、吐病)。

【癨氣:곽기】 =癨亂。

【癨亂:곽란】《醫》급격한 위장병。토와 리。

【癩】(라) 泰 ライ、らいびょう leprosy ㄌㄞˋ lai⁴
草書 ❶옴라(疥也)。❷문둥이라(惡疾)。(古音「뢰」)

【癩頭瘡:나두창】《醫》모양이 문둥병 같은 머리에 나는 부스럼의 한 가지。白禿頭瘡。

【癩病:나병】《醫》문둥병。

【癩病患者:나병환자】 癩病에 걸린 사람。문둥이。

【癩漢:나한】 보기 흉한 사나이。醜男。

十七畫

【癬】(선) 銑 セン、たむし itch ㄒㄧㄢˇ hsien³
篆 小 草書 마른옴선、버짐선(乾瘍)。『左傳』謂其不疾瘯蠡也。

【癮】(은) 吻 イン、いんしん urticaria ㄧㄣˇ yin³
草書 두드러기은(皮外小起ㅣ疹)。

【癮疹:은진】 두드러기。

【癭】(영) 梗 エイ、こぶ a wen on the neck ㄧㄥˇ ying³
篆 小 草書 목혹영(頸瘤)。『博物志』山居多ㅣ飲泉水之不流者也。

【癭腫:영종】 혹。『博物志』。

十八畫

【癯】(구) 虞 ク、やせる emaciated ㄑㄩˊ ch'ü²
草書 파리할구(瘠也)。『漢書 司馬相如傳』形容甚ㅣ。(『臞』와 같음)

【癯劣:구열】 여위고 파리함。『唐書』。

【癯瘠:구척】 여윔。파리해짐。『唐書』ㅣ者累年。

【癯瘁:구췌】 파리해지고 지침。여위고 병들음。

【癰】(옹) 冬 ヨウ、ようそ swelling ㄩㄥ yung¹
篆 小 草書 등창옹、헌데옹(惡瘡、疽也)。『正字通』有疵ㅣ厲ㅣ脫ㅣ諸名皆氣血稽留榮衛不通之所致。

【癰疽:옹저】 ❶《醫》惡性의 종기。癰은 크고 얕은 헌데、疽는 등창과 같은 깊은 헌데。❷헌데를 치료하는 醫師。『孟子』孔子於衛主ㅣㅣ。

【癰癤:옹절】《醫》급성으로 곪겨 마개 모양의 큰 근이 한가운데에 생기는 종기。

十九畫

【癱】(탄) 寒 タン、ちゅうふう paralysis ㄊㄢ t'an¹
草書 중풍증탄、사지틀릴탄(四肢不仁、筋脈癱瘓)。

【癱瘓:탄탄】《醫》卒中이나 중풍으로 말

미암아 몸의 일부분에 마비가 일어나는 병증。偏枯。

【癲】(전) 先 テン、くるう mad ㄉㄧㄢ tien¹
草書 미칠전(狂病)。【正字通】喜笑不常顚倒錯亂多喜爲ー多怒爲狂。(『顚』과 같음)

【癲癇:전간】=癎疾。
【癲狂:전광】《醫》미친 병。
【癲狂院:전광원】전광자를 수용하는 병「원。

【癳】(리) 支 ルイ、やみつかれる tired
병들어피곤할리(病疲)。

【癧】(려) 霽 レイ、やせてくろい thin
篆小 파리하고검을려(瘦黑)。

【癵】(련) 先 ラン、やまい disease
병들어몸이오그라질련(病體拘曲)。

癶 部

【癶】(발) 曷 ハツ、ゆく walk
草書 걸을발(走足漸行)。

四 畫

【癸】(계) 紙 キ、みずのと ㄍㄨㄟ kuei³ (古音「규」)
篆小 體或 草書 ❶열째천간계(天干之終)。❷물계(庚ー、穀水)。【左傳】吳申叔儀乞糧于公孫有山氏對曰若登首山以呼曰庚ー乎則諾。❸북방계(北方)。❹몸날계、몸매계、월경계(天ー、婦人經水)。【黃帝素問】女子二七而天ー至。

【癸期:계기】月經期。
【癸未字:계미자】《歷》活字 이름。李朝太宗 三年인 一四〇三년에 鑄造된 李朝최초의 銅活字。王命으로 鑄造所를 설치하고 宋版本의 古註·詩·書·左傳을 표본으로 해서 拾萬字를 만들음。
【癸方:계방】二十四方位의 하나。동쪽에서 북쪽에 가까운 방위。
【癸水:계수】❶婦人의 月經。『粧樓記』紅潮、謂桃花ーー也、又名入月。❷강 이름。灘江。「진 좌향。
【癸坐:계좌】묏자리나 집터의 癸方을 등
【癸丑字:계축자】《歷》活字 이름。成宗二四年인 一四九三년에 만든 銅活字。明版本인 新版을 字本으로 했음。現存하는活字는 없고 인쇄본으로는 東國輿地勝覽·新增東國輿地勝覽·資治通鑑網目 등이 있음。
【癸亥條約:계해조약】《歷》一四四三년、世宗二五年에 對馬島主 宗貞盛과 歲遣船 등에 관하여 맺은 조약。
【癸穴庚渦:계혈경와】임속의 물기。『表異錄』道家目華池水曰——。

【癹】(발) 曷 ハツ、くさをふみにじる tread grasses under foot
발로풀뭉갤발(以足夷草)。

【発】(발)『發』(癶部 7畫)의 略字

七 畫

【登】(등) 蒸 トウ、ト、のぼる rise ; ascend ㄉㄥ teng¹
篆小 文籀 草書 ❶오를등(升也)。【中庸】ー高必自卑。❷나아갈등(進也)。【史記】進業曰ー。❸벼슬에오를등(ー位)。【晋書元帝紀】帝竟ー大位。❹이룰등(成也)。【書經】以ー乃辟。❺높을등(高也)。❻익을등(熟也)。【孟子】五穀不ー。❼높일등(尊之)。【禮記】ー龜。❽탈등(乘也)。❾담쌓는 소리등(築牆用力相應聲)。【詩經 大雅緜】築之ーー。❿많을등、무리등(衆也)。

【登降:등강】❶오르내림。昇降。❷上下。尊卑。『左傳』ーー有數。
【登科:등과】《制》科擧에 及第함。登第。
【登校:등교】학교에 출석함。↕下校。
【登極:등극】登祚。임금의 位를 北極星에 비유해서 쓴 말。『貞觀政要』自ーー以來 大事三數件。
【登記:등기】❶帳簿에 記載함。❷《法》民法上의 權利관계 또는 사실을 널리 밝히기 위하여 일정한 사항을 登記所에 備置한 帳簿에 적는 일。❸登記郵便의 略語。
【登記料:등기료】《法》등기할 때에 내는 돈。
【登記簿:등기부】《法》등기소에 비치하여 두는 등기를 하는 공적 장부。
【登記所:등기소】《法》등기 사무를 보는 관청으로 법원 행정처、법무국、각 지방 법원、지원 등기과、또는 각 지방 등기 출장소 등이 있음。
【登記郵便:등기우편】《法》우편물 특수 취급의 한 가지。郵遞局에서 우편물을 받을 때 發送人에게 受領證을 주고、우편물을 배달할 때 受取人의 도장을 받는 절차로 우편 취급을 확실히 하려는 것。
【登年:등년】여러 해가 걸림。『國語』若ーー以載其毒必亡。(載는 行함)。
【登錄:등록】❶文書나 帳簿에 올림。❷《法》法令의 규정에 의한 어떠한 權利 관계 또는 身分 관계 등의 사항을 公證하기 위하여 관계되는 官廳의 帳簿에 記載하는 일。
【登錄商標:등록상표】《法》등록의 절차를 밟은 상표。
【登錄稅:등록세】《法》등록할 때에 치「르는 세금。
【登龍門:등용문】《喩》立身出世의 關門。뜻을 이루어 크게 榮達함。龍門은 黃河上流에 있는 急流로서 잉어가 이에 오르면 龍으로 化한다는 전설에서 온 말。『後漢書·李膺傳』膺以聲名自高、士有被其容接者、名爲——。
【登樓:등루】다락에 오름。
【登樓去梯:등루거제】사람을 꾀어서 어려운 곳에 떨어뜨림。
【登臨:등림】높은 곳에 올라가서 밑을 내려다 봄。→登山臨水。『孟浩然』江山留勝跡、我輩復ーー。《轉》帝位에 올라 백성을 다스림。『史記·衛將軍驃騎傳』。
【登攀:등반】높은 곳에 기어 오름。『李白』夕陽窮ーー。
【登盆:등분】땅에 심었던 花草를 화분에 옮겨 심음。↕退盆。
【登氷:등빙】얼음 위를 건너 감。
【登山:등산】山에 오름。山에 오르기。
【登山臨水:등산임수】산에 오르고 물로 나아감。
【登敍:등서】=登用。『晉書』以舊望ーー。
【登仙:등선】神仙이 되어서 하늘로 올라감。登僊。登眞。《喩》貴人의 죽음을 가리키는 말。『蘇軾』羽化而ーー。
【登船:등선】배에 오름。
【登禪:등선】讓位를 받아 임금의 位에 오름。『張衡』嘉大舜之ーー。
【登涉:등섭】산에 오르고 물을 건넘。『晉書』ーー山水。
【登時:등시】죄를 저지른 때와 그 자리。「『後漢書』。
【登用:등용】人材를 골라 뽑아 씀。登庸。擧用。『史記』舜ーー、攝行天子之政。
【登庸:등용】=登用。

【登稔:등임】 풍년이 들음。 『梅堯臣』九穀初——、群黎共樂康。

【登場:등장】 ❶배우 등이 舞臺 같은 데에 나옴。 ❷무슨 일에 어떠한 사람이 그 場所에 나타남。

【登梓:등재】 출판물을 판에 새김。

【登載:등재】 新聞·雜誌 또는 書籍 같은 데에 記事로서 올려 실음。 揭載。

【登程:등정】 旅程에 오름。 登途。 「階。

【登第:등제】 =登科。 『唐書』——者加一

【登祚:등조】 임금의 지위에 오름。 登極。 踐祚。 『陸機』赫赫明明、我皇——。

【登進:등진】 올려서 나아가게 함。 『漢書』稱譽者——。

【登陟:등척】 높은 곳에 오름。 또는 올림。 登高。 『揚雄』——帝位。

【登天:등천】 =昇天。

【登徹:등철】 御覽에 올림。 「↔退廳。

【登廳:등청】 官廳에 감。 官廳에 나아감。

【登擢:등탁】 인재를 뽑아 등용함。 『宋史』不及——。

◎攀—、先—。

【發】 (발) 月 ハツ、ホツ、おこる、はなつ ㄈㄚ fa' occur ; issue

小篆 草書 ❶일어날발(起也)。 『孟子告子下』舜—於畎畝之中。 ❷찾아낼발(—見)。 ❸일으킬발(興也)。 『禮記』毋—大衆。 ❹펼발(舒也)。 『易經』六爻—揮。 ❺열발(開也)。 『書經』—鉅橋之粟。 ❻쏟을발(洩也)。 『楚辭』春氣奮—。 ❼밝힐발(明也)。 『論語爲政』亦足以—。 ❽들날릴발(揚也)。 『左傳』聲名以—之。 ❾떠날발(行也)。 ❿활쏠발(放矢)。 『詩經』壹—五豝。 ⓫빠를발(——疾貌)。 『詩經』飄風——。

【發覺:발각】 숨겨 있던 일이 사람에게 알려짐。 비밀·나쁜 일 등이 드러남。 發露。 『史記』事——、夷三族。

【發刊:발간】 新聞·雜誌·書籍 등의 出版物을 刊行함。

【發奸摘伏:발간적복】 숨겨 있는 일이나 정당하지 못한 일을 집어 냄。

【發遣:발견】 내어 보냄。 派遣。 『後漢書』。

【發見:발견】 ❶나타나 나옴。 發現。 ❷남이 미처 보지 못한 사물을 먼저 찾아 냄。 처음으로 찾아 냄。

【發告:발고】 =告發。

【發狂:발광】 ❶《醫》병으로 미친 증세가 일어남。 ❷미친 것과 같은 짓이 발작됨。 정신에 이상을 초래함。 미침。 狂氣。 『晉書』吾弟——、卿當有之。

【發光:발광】 빛을 냄。

【發光動物:발광동물】 《動》어두운 곳에서 저절로 빛을 내는 동물。 야광충·반딧불 따위。

【發光植物:발광식물】 《植》어두운 곳에서 저절로 빛을 내는 식물。

【發光體:발광체】 太陽과 같이 제 몸에서 빛을 내는 物體。 光體。

【發掘:발굴】 땅 속에 묻힌 물건을 파냄。 『漢書』——傅太后·丁太后冢。

【發券:발권】 은행권을 발행함。

【發券銀行:발권은행】 《經》은행권을 발행하는 은행。

【發根:발근】 뿌리를 냄。

【發給:발급】 발행하여 줌。

【發起:발기】 ❶새로운 일을 꾸며 내어 일으킴。 ❷《佛》㉠부처를 믿고 길을 求하려는 마음을 일으킴。 發菩提心。 ㉡經文을 먼저 낭독하는 사람。

【發起設立:발기설립】 《經》 발행하는 株式의 총수를 발기인이 도맡아 주식 회사를 설립하는 일。 單純設立。

【發起人:발기인】 ❶무슨 일을 경영하는 데 먼저 꾸며 내는 사람。 ❷주식 회사의 설립을 발기하고 정관에 서명한 사람。

【發端:발단】 ❶일이 처음으로 일어남。 또는 일의 실마리。 『宋史』——爲難。 ❷말머리를 꺼냄。 ❸律詩의 第一·二의 句。

【發達:발달】 ❶發育하여 완전한 형태에 가까와 짐。 『蕭穎士』勾萌——。 ❷학문 또는 사회 상태 등이 진보하여 완전한 지경에 이름。 ❸個體가 그의 生命活動에 있어서 그의 환경에 적응하여 가는 과정。

【發動:발동】 ❶움직이기 시작함。 활동을 始作함。 일이 시작됨。 『莊子』雷聲而淵默、——如天地。 ❷시끄럽게 떠들음。 ❸動力을 일으킴。 ❹효력을 發함。

【發動機:발동기】 動力을 일으키는 기계。 石油 機關·개스 機關·휘발유 機關 등 內燃機關의 總稱。 엔진(engine)、모우터(motor)。

【發落:발락】 결정함。 끝장을 냄。

【潑剌:발랄】 ❶활을 당긴 모양。 ❷활발하게 약동하는 모양。

【發令:발령】 ❶명령을 냄。 ❷《法》法令이나 辭令을 發布하거나 公布함。

【發露:발로】 숨겨 있던 사물이 겉으로 드러남。 나타남。

【發論:발론】 의논을 꺼냄。 『孟浩然』談笑光六藝、——明三例。

【發賣:발매】 팔기 시작함。 商品을 내어서 팔음。

【發賣禁止:발매금지】 출판물의 발매를 못하게 하는 행정 처분。

【發明:발명】 ❶經史의 뜻을 깨달아서 밝힘。 ❷無罪를 변명함。 辨白。 ❸아직까지 없던 어떠한 물건이나 방법을 새로 만들어 냄。 알려지지 않은 일을 생각해 냄。 ❹새 이름。 五方 神鳥의 하나。 東方에 속함。 『說文』 ❺鳳凰이 아침에 울음。 『廣雅·釋鳥』鳳凰晨鳴、曰——。

【發明家:발명가】 발명한 사람。

【發明王:발명왕】 많은 발명을 한 사람。

【發明品:발명품】 새로 발명하여 만들어 낸 물건。

【發文:발문】 =發通。

【發斑:발반】 마마나 홍역을 앓을 때 살가죽에 부스럼이 빨갛게 점점이 나타남。

【發發:발발】 ❶바람의 빠른 모양。 『詩·蓼莪』飄風——。 ❷물고기의 뛰는 모양。 『詩·碩人』鱣鮪——。 「보냄。

【發配:발배】 죄인을 귀양살이할 곳으로

【發凡:발범】 그 책의 大意。 또는 要旨。 『左傳·杜預序』——以言例。 「軍。

【發病:발병】 병이 남。

【發兵:발병】 군사를 냄。 또는 보냄。 發

【發福:발복】 운이 틔어 복이 닥침。

【發憤:발분】 ❶가라앉았던 마음과 힘을 돋우어 일으킴。 發奮。 『論語』——忘食。 ❷분노심을 일으킴。

【發憤忘食:발분망식】 발분하여 끼니까지 잊음。

【發射:발사】 화살이나 銃彈 등을 쏨。

【發散:발산】 ❶병 기운이 헤쳐짐。 ❷퍼져 흩어짐。 ❸=蒸散。 ❹物 物體가 그 표면으로부터 輻射線을 放出함。 ❺數 數列·級數 등과 같은 數値의 無限系列이 어느 有限의 一定値에 收斂(수렴)하지 않음。 級數의 和나 積分의 値가 無限大나 不定으로 되는 것。 ↔收斂。

【發祥:발상】 ❶天命을 받아 임금이 될 吉兆를 나타냄。 『詩經』濬哲維商、長發其祥。 ❷帝王이나 그 祖上의 出生。 ❸상서로운 일이 생김。 행복의 조짐이 나타남。 ❹起源。 ❺일어나기 시작함。 일어남의 시초。

【發喪:발상】 상제가 머리를 풀고 울어 초상난 것을 발표하는 일。

【發祥地:발상지】 ❶나라를 세운 임금이 난 땅。 ❷큰 사업이나 물건이 처음 일어난 땅。

【發生:발생】❶생겨 남。태어남。『杜甫』好雨知時節、當春乃——。❷일이 비롯하여 일어남。❸《生》生物이 卵子로부터 차차 成體가 되는 過程。또는 胚子가 자라서 個體의 植物이 되는 過程。《喩》봄〔春〕。『爾雅·釋天』春爲——。

【發船:발선】배를 띄움。또는 떠나감。

【發說:발설】말을 입 밖에 냄。

【發聲:발성】소리를 냄。『向秀』——寥亮。

【發聲器:발성기】《生》동물체에 있어서 발성을 맡은 器官。

【發送:발송】❶물건이나 편지·서류 같은 것을 보냄。❷사환을 내어서 전송함。❸《中》會葬함。送葬함。

【發穗:발수】식물의 이삭이 나옴。

【發身:발신】微賤하던 자리로부터 몸을 일으켜서 출세함。『大學』仁者以財——。

【發信:발신】소식이나 우편、또는 電信을 보냄。↔受信。

【發心:발심】❶무슨 일을 하겠다고 마음을 냄。생각하여 냄。『漢書』——惻隱。❷《佛》㉠부처를 믿는 마음을 일으킴。菩提心을 일으킴。㉡出家함。

【發芽:발아】씨앗에서 싹이 나옴。草木의 눈이 틈。『宋无』潛藏重——。

【發芽期:발아기】싹이 트는 시기。

【發惡:발악】事理를 분간하지 아니하고 덮어놓고 모진 소리나 짓을 함。

【發案:발안】❶考案해 냄。생각해 냄。❷議案을 제출함。

【發案權:발안권】《法》의안을 의회에 제출할 수 있는 권능。

【發陽:발양】양기가 움직여서 일어남。

【發揚:발양】❶마음·기운·재주·氣勢 같은 것을 일으킴。떨쳐 일으킴。『羅隱』乘時忽——。❷나타냄。빛냄。❸人材를 끌어 올림。『後漢書』——巖穴、寵進儒雅。

【發言:발언】❶말을 냄。말을 꺼냄。또는 그 말。發語。『詩經』——盈庭、誰敢執其咎。❷口頭로 의견을 진술함。또는 그 말。

【發言權:발언권】❶어떠한 會議 席上에서 發言할 수 있는 권리。❷發言에 대한 권리。

【發煙劑:발연제】《化》연기를 나게 하는 데에 쓰는 약제。軍用으로 널리 쓰임。

【發熱:발열】❶열을 냄。❷병으로 인하여 體溫이 정상 온도 이상으로 오름。熱이 남。『東坡集』一夜——。

【發熱體:발열체】열을 내는 물체。

【發願:발원】❶무엇을 바라고 원하는 생각을 냄。❷祈願。

【發源:발원】❶물의 근원。물이 비롯하여 흐르는 根源。『爾雅』四瀆者——注海者也。❷事物이 일어나는 根源。起源。

【發源地:발원지】발원하는 곳。

【發越:발월】❶빠른 모양。『漢書』太白——。『註』——疾貌也。❷香氣가 밖으로 發散함。『司馬相如』郁郁菲菲、衆香——。❸기상이 뛰어남。俊秀함。

【發乳瘡:발유창】《醫》젖멍울이 서서 곪기거나 그 밖에 젖에 생기는 腫氣。

【發育:발육】발달하여 크게 자람。나서 成熟함。成長。『中庸』洋洋乎——萬物。

【發育不全:발육부전】선천적 원인으로 몸의 어떠한 조직의 발달이 완전하지 못함。

【發音:발음】❶소리를 냄。❷말의 音韻을 音聲化하는 일。또는 그 音聲。곧 長短·高低·强弱·音色 등。

【發音記號:발음기호】言語의 音을 표기하는 데 쓰이는 記號。萬國 音標 文字 같은 것。發音符號。

【發意:발의】❶意見이나 계획을 냄。❷무슨 일을 생각해 냄。『淨住子』卓然——。❸《心》意識의 能動的 要素。❹《佛》菩提心을 일으킴。發心。

【發議:발의】❶意見·異議를 提唱함。『齊書』不食周粟、而食周薇、古猶——。❷會議에서 議案을 提出함。

【發靷:발인】葬事 때 상여가 墓地를 향해 집에서 떠남。상여를 끌어 냄。(靷은 柩車 또는 상여 앞에 묶어 맨 줄)。發引。

【發髭瘡:발자창】《醫》입아귀나 아랫턱에 나는 작은 부스럼。

【發作:발작】❶갑자기 일어남。일어나기를 비롯함。發動함。『韓愈』盲風怪雨、——無節。❷어떠한 병이나 증세가 때때로 갑자기 일어남。

【發跡:발적】일어남。出發함。《轉》立身出世함。功名을 세움。興起發迹。『司馬相如』公劉——于西戎。

【發展:발전】❶널리 뻗어 나아감。❷매우 繁榮하여짐。❸얕은 단계에서 보다 높은 단계로 옮음。

【發電:발전】❶電氣를 일으킴。❷電報를 打送함。

【發電機:발전기】電氣를 發生하는 기계。交流 發電機와 直流 發電機가 있음。

【發展性:발전성】발전할 가능성。

【發電所:발전소】발전기를 돌려서 전기를 일으키는 곳。

【發程:발정】길을 떠남。出發함。發途。發足。

【發情:발정】情慾이 일어나기 시작함。

【發情期:발정기】발정하는 시기。

【發條:발조】태엽。

【發足:발족】❶밖으로 나아감。출발함。❷무슨 일이 시작됨。❸어떤 일을 시작하기 위하여 첫걸음을 내어 디딤。

【發疹:발진】《醫》熱性病으로 피부나 粘膜에 좁쌀만한 작은 종기가 생김。또는 그 종기。

【發車:발차】汽車·電車·自動車 등이 떠나감。『玉篇』發駕車。

【發著:발착】出發과 到着。떠나감과 와서 닿음。

【發著時間:발착시간】출발 시간과 도착 시간。

【發著地:발착지】出發·도착하는 곳。

【發暢:발창】싹 따위가 뾰족뾰족 돋아나옴。

【發兌:발태】책을 인쇄하여 發賣함。

【發通:발통】通知書를 보냄。發文。

【發破:발파】바위 따위를 화약을 써서 파해쳐 깨뜨림。

【發布:발포】法律·命令 등을 세상에 널리 公布함。

【發砲:발포】총포를 쏨。

【發表:발표】널리 드러내어 세상에 알림。여러 사람에게 드러내 보임。公表。

【發表機關:발표기관】작품을 발표하는 신문·잡지 따위。

【發表慾:발표욕】작품을 발표하려는 의욕。

【發表會:발표회】학술이나、예능 따위의 연구 결과를 여럿 앞에서 발표하는 모임。

【發汗:발한】❶땀을 냄。땀이 남。❷《醫》병을 다스리려고 몸에 땀을 내어서 그 기운을 발산시킴。取汗。

【發汗劑:발한제】=取汗劑。

【發港:발항】=出港。

【發航:발항】배가 떠남。

【發行:발행】❶길을 떠나감。❷圖書를 출판하여 세상에 폄。發刊。上梓。❸社債·證券·商品券·株券·어음·手票·貨幣등을 만들어 세상에 내 놓음。

【發行高:발행고】발행한 액수。

【發行所:발행소】발행한 곳。

【發行人:발행인】출판물의 판매·반포를 맡은 책임자。

【發行者:발행자】출판물을 발행한 사람。

【發行停止:발행정지】법령 위반으로 신문·잡지의 발행이 정지되는 일。

【發向:발향】출발하여 목적한 곳으로 향하여 가는 것。『舊唐書』以——太山停選。

【發現:발현】❶숨겨져 있던 것이 바깥으로 드러나 보임。또는 드러나게 함。

發顯。出現。❷發揮함。

【發火:발화】❶불이 일어남。불이 타기 시작함。❷불을 붙임。點火。❸實彈을 쓰지 아니하고 火藥만을 다져넣어 내쏘아 불만 일어나게 함。

【發火點:발화점】《化》空氣 중에서 물질을 加熱할 때 스스로 發火하여 燃燒하기 시작하는 最低 温度。著火點。

【發會:발회】❶會를 처음으로 열음。새로 조직된 會의 첫 會合。❷《經》去來所에 있어서의 每月 최초의 立會의 날。↕納會。

【發效:발효】효력을 내기 시작함。

【發訓:발훈】훈령을 내림。

【發揮:발휘】❶떨치어서 나타냄。實力 같은 것을 外部에 드러냄。『易經』六爻－ㅣ、旁通情也。❷發動함。

◎開ㅣ、擊ㅣ、激ㅣ、啓ㅣ、亂ㅣ、爛ㅣ、突ㅣ、未ㅣ、奮ㅣ、不ㅣ、先ㅣ、始ㅣ、連ㅣ、自ㅣ、再ㅣ、摘ㅣ、早ㅣ、遲ㅣ、著ㅣ、初ㅣ、出ㅣ。

白 部

【白】 ㊀(백) 陌 ハク、ヒャク、しろ、しろい white ㄅㄞˊ pai² ㊁(배) 禡

白 小篆 　白 小篆 　白 古文 　白 小篆 　白 草書

㊀❶흰백(西方色素也)。『史記孔子世家』不曰ㅣ乎涅而不淄。❷분명할백(明也)。『荀子正名』說不行則ㅣ道。❸밝을백(光線)。『莊子 人間生』虛室生ㅣ。❹깨끗할백、결백할백(潔也)。❺말할백、아뢸백(告也)。『正字通』下告上曰稟ㅣ。❻아무것도 없을백(無也)。❼성백(姓也)。❽책이름백(書名飛ㅣ)。

㊁땅이름배(ㅣ川)。

【白間:백간】窓。『天文祥·正氣歌』單扉低小、ㅣㅣ短窄

【白江:백강】《地》錦江의 下流。一名 白馬江。百濟의 군사상 要塞地帶。羅 唐聯合軍이 백제를 칠 때 唐나라 蘇定方이 白江을 건너 백제를 멸망시킴。

【白殭蠶:백강잠】저절로 죽어서 빛깔이 희게 된 누에。風症에 약제로 씀。

【白降汞:백강홍】《醫》하얀 가루 약。피부병에 고약으로 씀。

【白芥子:백개자】갓의 씨앗。健胃·發汗하는 약제로 씀。

【白居易:백거이】《人》七七二～八四六 唐代의 詩人。字는 樂天、號는 香山居士、山西省 太原 사람。新樂府·長恨歌·琵琶行 등 많은 傑作을 남김。〈著書〉白氏文集 七一권。

白居易(三才圖會)

【白鏡:백경】빛깔이 없는 알을 낀 안경。

【白鷄:백계】흰 닭。

【白系露人:백계노인】백색 계통의 노서아 사람。十月革命 후 소비에트 연방정부의 정책에 반대하여 망명하였음。

【白蒿:백고】《植》다북쑥。

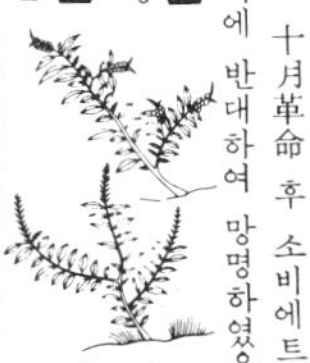
白蒿(三才圖會)

【白骨:백골】흰 뼈。죽은 이의 뼈。枯骨。『國語』繄起死人而肉ㅣ也。

【白骨難忘:백골난망】죽어 백골이 된 뒤에도 은혜를 잊을 수 없음。

【白瓜:백과】《植》흰 오이。

【白果:백과】《植》은행나무의 열매。銀杏。

【白鸛:백관】《動》황새。

【白廣席:백광석】희고 넓적한 돗자리。

【白駒:백구】《動》망아지。

【白鷗:백구】《動》흰 갈매기。

【白駒過隙:백구과극】白馬를 타고 빨리 닫는 것을 壁 틈으로 봄。《喩》세월이 덧없이 흘러 人生 一生은 몹시 짧다는 뜻。『莊子·知北遊』。

【白軍:백군】❶노서아 혁명 때의 반대 계통의 군대。↕赤軍。❷경기에서 양편으로 나눌 때의 한 편의 칭호。↕紅軍。

【白金:백금】❶銀。銀貨。『爾雅』ㅣㅣ日之銀。❷銀과 錫의 合金。❸《鑛》金屬元素의 하나。銀白色의 貴金屬。플라티나。

【白芨:백급】대왐풀。外科藥으로 쓰이거나 또는 收斂止血에 약제로 쓰임。

白及(三才圖會)

【白氣:백기】흰빛의 氣體。『漢書』ㅣㅣ起東方、賤人將輿之表也。

【白旗:백기】❶흰 기。『淮南子』孟秋之月、天子服白玉、建ㅣㅣ。❷敵에게 항복할 때 세우는 기。『宋書』載白幡來降。

【白樂天:백낙천】＝白居易。

【白檀香:백단향】《植》檀香科에 딸린 상록 교목。향료·약품으로 쓰이며 그릇도 만들음。

【白痰:백담】허옇고 묽은 가래。

【白畓:백답】날이 가물어서 모를 심지 못한 논。

【白糖:백당】흰 빛깔의 사탕。

【白唐布:백당포】당모시。

【白帶下:백대하】《醫》下門에서 흰 물이 흐르는 대하증의 한 가지。

【白銅:백동⇩백통】《化》구리·아연·니켈의 合金。「백통돈。

【白銅錢:백동전】백통으로 만든 돈。

【白頭:백두】희게 센 머리。

【白頭山:백두산】《地》咸鏡北道·咸鏡南道·滿洲 사이에 있는 山。일명 不咸山·長白山。長白山脈 중의 最高峰。높이 二七四四米。산정에 天池가 있음。

【白頭如新:백두여신】마음이 맞지 않는 이는 늙도록 交際하여도 새 友人과 같이 交情이 두텁지 못함。『史記·鄒陽傳』ㅣㅣ、傾蓋如故。

【白藤色:백등색】등나무의 꽃빛과 같은 흰 빛깔。

【白癩瘡:백라창】《醫》살가죽에 내솟은 기름이 말라붙어 마른 버짐처럼 그 가루가 떨어지는 병。

【白蘭:백란】《植》흰 木蓮。

【白蠟:백랍】❶백랍벌레의 집。또는 수컷이 분비한 가루로 만든 것。고약 또는 초를 만드는 원료。❷水蠟。

【白鑞:백랍】땜질에 쓰는 납。

【白蠟燭:백랍촉】백랍으로 만든 초。백랍초。

【白蓮:백련】흰 빛의 연꽃。『裴度』ㅣㅣ花向半天開。

【白蘞:백렴】《植》❶가위톱。❷가위톱의 뿌리。외과 약에 쓰임。崑崙。白根。

【白靈砂:백령사】《醫》고운 水銀이 하얗게 결정된 물건。약으로 씀。粉霜。

【白翎鳥:백령조】《動》雲雀科에 딸린 鳴禽。종달새와 비슷하며 온갖 새 소리를 흉내내어 울음。

【白鷺:백로】《動》해오라기。『枚乘』若ㅣㅣ之下翔。

【白露:백로】❶二十四節候의 하나。九월 八일 혹은 六일 경。이 때부터 秋氣가 스며 들음。❷흰 이슬。『詩經』ㅣㅣ爲霜。

【白露酒:백로주】썩 깨끗하고 말쑥하게 빚어진 술。

【白賴:백뢰】訊問을 받을 때 죄가 없는 것처럼 꾸며 댐。

【白寮:백료】＝百官。「가지。

【白榴石:백류석】《鑛》珪酸鑛物의 한

【白痢:백리】흰 곱똥을 누는 이질。

【白狸:백리】＝白狐。

【白笠:백립】《國》흰 베로 만든 갓。國喪 때의 국민이나 大祥 뒤의 喪人이 씀。

【白馬：백마】❶흰 말。옛날에 盟誓를 한다거나 祭禮 때의 犧牲으로 쓰였음。❷地 中國 河南省 滑縣의 東쪽에 있는 縣의 이름。

白馬 ❶ (金石索)

【白馬：백마】(動)부루말。

【白馬江：백마강】(地)江名。錦江의 하류로 扶餘를 돌아가는 부분。扶蘇山을 싸고 흐르며 落花巖·釣龍臺·龍蘭寺 등이 강 가에 있음。鯨魚가 유명함。

【白馬山城：백마산성】(歷)丙子胡亂 때 林慶業 장군이 지키던 성。高麗 때 姜邯贊이 쌓았다 함。平安北道 義州에 그 터가 남아 있음。

【白馬通：백마통】약으로 쓰는 흰말의 오줌。

【白膜：백막】눈알의 거죽을 싼 얇은 막。

【白沫：백말】흰 물의 거품。『蘇軾』粉粉——亂、隱隱蒼崖坼。

【白望：백망】❶헛된 聲望。아무 실속이 없는 聲望。虛名。❷唐의 德宗 때 宮市에서 남의 물건을 빼앗다시피 抑買하던 일。

【白麪：백면】❶메밀 가루。❷메밀 국수。

【白面：백면】❶흰 얼굴。美顔。❷나이 젊어 경험이 不足한 사람。

【白面書生：백면서생】글만 읽고 세상일에 경험이 없는 선비。『南史』欲伐國、而與——謀之、事何由濟。

【白麪醬：백면장】밀가루를 재료로 써서 메주를 만들어 담근 간장。

【白茅：백모】(植)띠。포아풀과에 속하는 多年草。뿌리는 藥材에 쓰임。『易經』蘇用——。

【白目：백목】눈알에 있는 흰자위。

【白木：백목】(植)무명。

【白木蓮：백목련】(植)❶木蓮科에 딸린 낙엽 亞喬木。중국 원산으로 정원에 재배함。❷목련과에 딸린 상록 교목。제주도 한라산의 수림 속에 저절로 남。관상용으로 재배하며 목재는 질이 치밀하여 기구를 만드는 데 쓰임。

【白墨：백묵】白炭酸 石灰로 만들어 칠판에 글씨를 쓰게 한 것。粉筆。

【白米：백미】玄米를 찧어서 겨를 빼고 희게 한 쌀。희게 쓿은 멥쌀。↔玄米。『宋書』月俸得——。

【白眉：백미】❶흰 눈썹。❷여럿 가운데서 가장 뛰어남。(故)옛날 蜀의 馬氏 집안 五兄弟 중 눈썹에 흰털이 섞인 馬良이 가 제일 뛰어났던 데에서 온 말。『蜀志』馬良字季常、宣城人、兄弟五人、皆用常爲字、竝有才名、鄕里爲之諺曰、馬氏五常、——最良、良眉中有白毛、故以稱之。

【白薇：백미】❶(植)백미꽃。❷백미꽃의 뿌리。

白薇 (三才圖會)

【白礬：백반】❶(化)明礬을 구워서 만든 덩이。媒染料로 쓰임。❷(醫)백반의 가루。止血收斂藥에 쓰임。

【白飯：백반】흰 밥。『晉書』昔年食——、今年食麥麩。

【白飯藿湯：백반곽탕】흰 밥과 미역국。

【白髮：백발】❶하얗게 센 머리털。『李白』——三千丈、緣愁如個長。❷老人。

【白髮老人：백발노인】머리털이 허옇게 센 늙은 사람。

【白髮還黑：백발환흑】老人의 白髮에 검은 머리가 다시 나는 일。

【白放：백방】無罪로 判明되어 놓아줌。

【白白敎：백백교】전에 있던 동학 계통의 邪敎。

【白帆：백범】❶흰 돛。❷帆船。

【白璧微瑕：백벽미하】흰 玉에 조금 있는 티。거의 완전하나 약간의 흠이 있음。白玉之微瑕。『梁昭明太子』——、惟在間情一賦。

【白餠：백병】흰떡。

【白兵：백병】❶혼자 쓸 수 있는 창·칼 따위의 무기。❷白刃。

【白兵戰：백병전】적과 아군이 白兵으로 서로 맞붙어 싸우는 전투。

【白茯苓：백복령】❶흰 빛깔로 된 복령。오줌이나 땀을 잘 나게 하는 약。❷아무 것도 가진 것이 없는 사람。

【白棒：백봉】빛깔이 희고 뭉뚝하게 생긴 지팡이。白棓。

白棒 (武備志)

【白附子：백부자】(植)❶흰바곳。❷흰 바곳의 뿌리。중풍에 약으로 쓰임。

【白粉：백분】흰 가루。化粧用의 흰 분。

【白沸湯：백비탕】아무 것도 넣지 않고 맹탕으로 끓인 물。

【白蘋紅蓼：백빈홍료】흰 꽃이 피는 부평초와 붉은 꽃이 피는 여뀌。

【白蛇：백사】흰 빛깔을 띤 뱀。

【白沙：백사】흰 모래。『史記』——在泥、與之皆黑。

【白沙器：백사기】흰 빛깔의 沙器。白瓷。

【白沙場：백사장】흰 모래밭。강이나 바닷가의 흰 모래톱。

【白沙地：백사지】흰 모래 땅。메마른 땅。

【白沙靑松：백사청송】흰 모래와 푸른 소나무。물가의 아름다운 경치。

【白砂糖：백사탕】=白糖。

【白蔘：백삼】(醫)水蔘의 잔 뿌리를 따고 껍질을 벗기어 볕에 말린 인삼。↔紅蔘。

【白狀：백상】스스로 자기 罪狀을 告함。또는 그것을 기록한 文書。『漢書』見丙吉——。

【白商：백상】가을。(五色으로 말하면 가을은 白에 속하고、五音에서는 가을은 商에 속하므로 白商은 가을을 의미함)。

【白色：백색】❶흰 빛깔。❷자본가 세력을 상징한 빛깔。↔赤色。

【白色恐怖：백색공포】一九一七년 노서아 혁명 때에 정부가 혁명 운동에 대하여 가한 탄압。백색 테러。

【白色光：백색광】눈에 희게 느끼는 빛。

【白色人種：백색인종】피부빛이 흰 인종。유럽 각 민족。백인종。

【白書：백서】❶나무를 깎아 희게 된 곳에 쓴 글자。❷정부가 발표하는 공식적인 實情報告書。현재의 실정을 설명하고 장래의 政策을 聲明함。

【白晳：백석】피부의 빛이 흰 것을 이름。얼굴 빛이 희고 잘 생김。『左傳』——鬒鬚眉。

【白石：백석】흰 돌。혹은 陽起石의 異稱。『詩經』——鑿鑿。

【白石英：백석영】(鑛)빛깔이 없는 맑은 수정。

【白墡：백선】질그릇 만드는 원료가 되는 白土。

【白癬：백선】(醫)白癬菌에 의하여 생기는 傳染性의 피부병。

【白鱓：백선】(動)뱀장어。

【白鮮：백선】(植)검화。白羊鮮。

白鮮 (三才圖會)

【白鮮皮：백선피】검화 뿌리의 껍질。황달과 피부병에 약으로 씀。

【白雪：백설】흰 눈。『孟子』——之白、猶白玉之白與。

【白雪糕：백설고】백설기。

【白屑風：백설풍】(醫)머리가 늘 가려우며 비듬이 일어나는 병。

【白蘇：백소】(植)들깨。

【白松：백송】(植)松科에 딸린 상록 교목。中國 원산으로 나무 껍질은 플라탄 나무처럼 회백색이며 조각이 저절로 벗어져 떨어짐。

【白首：백수】센 머리。老人의 머리。白頭。『史記』——無所遇者。

【白鬚：백수】허옇게 센 수염。『李商隱』——道士竹間棋。

【白水：백수】깨끗하게 맑은 물。(喩)明白한 마음。淸白한 마음。『左傳』有如——。

〔白首文：백수문〕 千字文을 일컫는 말。《故》後梁 周興嗣가 이를 하루밤 사이에 만들고 머리털이 허옇게 세었다는 데서 온 말。

〔白水症：백수증〕 심장병으로 다리에서부터 붓기 시작하는 병。

〔白首風塵：백수풍진〕 늙바탕에 겪는 온갖 고생。

〔白熟：백숙〕 맹물에 삶음。또는 그렇게 「한 음식。

〔白柹：백시〕《國》곶감。껍질을 벗기고 말린 감。乾柹。串柹(관시)。

〔白身：백신〕 ❶無位 無官인 사람。平民。〖唐書〗。❷흰 몸뚱이。❸白丁。

〔白失：백실〕《國》밑천까지 몽땅 잃음。

〔白堊館：백악관〕 미국 대통령의 官邸。화이트 하우스(White house)의 譯語。

〔白嶽山：백악산〕 ＝北嶽山。

〔白雁：백안〕《動》기러기 비슷한 白色의 작은 새。늦가을에 北國地方에서 오는 候鳥의 한 가지。〖古今詩話〗北方——、秋深乃來、則霜降、謂之霜信。

〔白眼：백안〕 ❶눈알에 있는 흰자위。白目。❷시쁘게 여기거나 冷待하여 노려보는 눈。〖晉書·阮籍傳〗不拘禮敎、能爲青——。

〔白眼視：백안시〕 싫거나 미워서 흘겨봄。↕青眼視。

〔白眼雀：백안작〕《動》동박새。

〔白額：백액〕 흰 이마。

〔白額虎：백액호〕 이마와 눈썹이 희게 늙은 범。

〔白夜：백야〕 北極이나 南極에 가까운 지방에서 여름 日沒 후에도 反映하는 太陽光線 때문에 薄明狀態가 계속됨。또는 그런 상태의 밤。〖孟郊〗秋月吐——。

〔白藥：백약〕《植》❶도라지의 異名。桔梗。❷하눌타리의 뿌리。

白藥 (三才圖會)

〔白楊：백양〕《植》❶버들科에 딸린 落葉喬木。材木은 성냥개비·製紙用 등에 씀。❷사시나무。❸은백양。

〔白魚：백어〕《動》❶흰 물고기。〖史記〗——躍入王舟中。❷뱅어。❸좀의 한 가지。

白魚 ❶ (金石索)

〔白業：백업〕 착한 일。〖盛衰記〗「—。

〔白烟：백연〕 흰 연기。〖王維〗孤村起—

〔白鉛鑛：백연광〕 사방정계。책상꼴·기둥꼴 등의 광물。백·희·회흑색이고 금강 광택을 가짐。납의 중요 광석。

〔白熱：백열〕 물체가 白色光에 가까운 빛을 발할 정도로 아주 높은 온도에서 加熱됨。《喩》극도에 오른 情熱。最高潮에 달했을 때의 熱氣。

〔白熱電氣燈：백열전기등〕 電球 속에 가느다란 탄소선을 장치하여 그리로 전류를 통하게 하여 흰빛이 나도록 만든 전등。

〔白屋：백옥〕 ❶띠로 지붕을 이은 초라한 집。〖韓詩外傳〗窮巷——之士。❷卑賤한 사람이 사는 곳。庶民의 집。또는 卑賤한 사람。庶人。

〔白玉：백옥〕 흰 빛깔의 옥。흰 구슬。

〔白玉京：백옥경〕 天上 세계에 있다는 「宮殿。玉京。

〔白玉樓：백옥루〕 天上 세계에 있다는

〔白玉無瑕：백옥무하〕 흠점이 통 없는 사람의 비유。

〔白玉盤：백옥반〕 ❶封禪의 祭에 사용하는 祭物을 담는 그릇。❷달의 別稱。〖李太白·詩〗小時不識月、呼作——。

〔白疣：백우〕 무사마귀。

〔白雨：백우〕 ❶소낙비。〖蘇軾〗——跳珠亂入船。❷우박。〖淸異錄〗關中謂雹爲——。

〔白羽扇：백우선〕 흰 새의 깃으로 만든 「부채。

〔白雲：백운〕 흰 구름。〖莊子〗乘彼——、至於帝鄉。

〔白雲洞書院：백운동서원〕《歷》李朝의 私學機關。慶尙北道 豊基 郡守 周世鵬이 任地에 설치하여 儒生의 講學所로 삼음。明宗이 紹修書院이란 扁額을 下賜함。

〔白雲母：백운모〕 흰 빛깔을 띤 板狀 또는 片狀의 含水珪酸質의 광물。

〔白雲石：백운석〕 탄산 마그네슘과 탄산 석회의 혼합으로 된 광물。

〔白雲岩：백운암〕 白雲石으로 이루어진 「바위。

〔白雲鄉：백운향〕 天帝가 사는 곳。天上世界。仙鄉。〖蘇軾〗公昔騎龍——。

〔白元味：백원미〕 흰 쌀 미음。

〔白楡：백유〕 ❶《植》껍질이 흰 느릅나무。〖岑參〗千家盡——。❷별을 이르는 말。〖古樂府〗天上何所有、歷歷種——。

〔白油麻：백유마〕《植》참깨。

〔白銀：백은〕 흰 쇠。銀。〖史記·註〗以黃金——、爲宮闕。

〔白淫：백음〕《醫》漏精。또는 遺精이 되는 병。手淫·過色·淋疾·包莖·神經衰弱 등의 원인으로 생김。

〔白鷹：백응〕《動》흰 매。

〔白衣：백의〕 ❶흰 옷。〖禮記〗孟秋之月、天子衣——、服白玉。❷官位가 없는 사람。布衣。庶人。〖史記〗——爲天子三公。❸《佛》俗人。

〔白衣勇士：백의용사〕 전쟁에서 다치거나 병이 든 군인。

〔白衣宰相：백의재상〕 ＝白衣政丞。

〔白衣政丞：백의정승〕 儒生으로서 대번에 정승이 된 사람。白衣宰相。

〔白衣從軍：백의종군〕 벼슬함이 없이 군대를 따라 전장에 나감。

〔白刃：백인〕 서슬이 몹시 날카로운 칼날。〖中庸〗——可蹈也。

〔白人：백인〕 ❶보통 사람。平民。❷白色 「人種。

〔白人種：백인종〕 白色人種의 略語。

〔白日：백일〕 ❶한낮。白晝。〖吳志〗——接賓客、夜省文書。❷빛나는 太陽。흐리지 않는 날。《喩》아무罪가 없고 潔白함。〖孔融〗浮雲翳——。

〔白日夢：백일몽〕 대낮의 꿈。《喩》도저히 實現될 수 없는 일을 空想만 함。

〔白日場：백일장〕《制》儒生의 學業을 장려하려고 각 지방에서 베풀던 詩文을 짓는 시험。현재에도 漢詩·시조·자유시 등의 白日場이 있음。詩文競作大會。

〔白芍藥：백작약〕《植》작약과에 속하는 多年草。뿌리는 補血·鎭靜·婦人科·外科의 貴重한 藥材가 됨。

〔白藏：백장〕 가을의 異名。가을은 五色에서는 白에 該當하고 또 모든 것을 收藏하는 때이므로 이렇게 말함。〖爾雅·釋天〗秋爲——。

〔白苧：백저〕 흰 모시。

〔白著：백저〕 ❶顯著함。明白함。著名。〖漢書〗威功——、爲世使表。❷定한 稅金 이외에 제멋대로 받아들이는 돈이나 物品。〖唐書·劉晏傳〗稅外橫取、謂之——。❸酒宴。술잔치。

〔白戰：백전〕 ❶武器 없이 맨손으로 싸우는 싸움。〖蘇軾〗——不許持寸鐵。❷詩人들이 글 재주를 겨루는 싸움。〖蘇軾聚星堂雪詩序〗。

〔白蝶：백접〕《動》흰 나비。

〔白丁：백정〕 ❶無位 無官의 平民。白民。白身。〖劉禹錫〗往來無——。❷백장。가축류의 도살을 주업으로 하고 고리를 결는 일을 부업으로 삼는 사람。❸《制》李朝 때 賤民(楊水尺)을 높여 불평을 없애고, 또 쉽게 부려 먹기 위하여 兵丁에 편입시켜 官에서 내린 號。신백정。

〔白帝城：백제성〕《歷》지금 四川省 奉節縣 동쪽 白帝山 위에 있는 城。三國時代 蜀漢의 昭烈帝가 崩御한 곳으로 유명함。〖元和郡國志〗因號魚復、爲——。

〔白鳥：백조〕《動》❶흰 새。〖詩經〗——翯翯。❷모기〔蚊〕의 異名。

【白酒：백주】 빛깔이 흰 술。 막걸리 또는 소주。白醝。〖梁武帝〗金盤著朱李、金杯盛一一。

【白晝：백주】 대낮。日中。白日。〖史記·高祖紀〗。

【白晝拔劍：백주발검】 대낮에 칼을 빼어 들고 날뜀。

【白地：백지】 ❶옷감의 흰 것。白質。❷어쩐지。공연히。〖李白·詩〗一一斷肝腸。

【白紙：백지】 ❶우리 나라에서 생산되는 흰 빛깔의 종이。❷白紙狀態의 略語。

【白紙同盟：백지동맹】 어떤 불만으로 시험 때 학생들이 짜고 답안을 안 쓰고 그냥 내는 일。

【白紙狀態：백지상태】 지금까지의 관련되는 모든 사물을 깨끗이 씻는 상태。

【白地曖昧：백지애매】 까닭없이 누명을 입고 화를 당함。

【白紙委任狀：백지위임장】 위임자의 성명만 써놓고 다른 것은 受任者의 마음대로 쓰게 하는 위임장。

【白紙主義：백지주의】 무슨 일을 처리함에 있어서 계획을 세우지 않는 주의。

【白菜：백채】 ❶(植)배추。野菜의 한 가지。中國 原產으로 잎과 뿌리가 모두 食用임。❷배추를 잘게 썰어 양념하여 볶은 나물。

【白川溫泉：백천온천⇩배천온천】 (地)黃海道 延白郡에 있는 溫泉。一九二九년에 발견됨。

【白淸：백청】 白色의 품질이 좋은 벌꿀。

【白貂鼠：백초서】 (動)흰 담비。

【白貂皮：백초피】 흰 담비의 毛皮。

【白丑：백축】 (植)흰 나팔꽃의 씨。대소변을 통하게 하는 약으로 쓰임。

【白朮：백출】 (植)삽주의 연한 뿌리。소화제로 쓰임。乞力伽。馬薊。

【白朮酒：백출주】 백출을 넣어 빚은 술。

【白蟲：백충】 寸白蟲의 略語。

【白蟲倉：백충창】 =五倍子。

【白雉：백치】 (動)꿩의 한 가지。빛깔이 희며 남양에서 남。

【白癡：백치】 知能 정도가 몹시 劣等한 사람。바보。〖左傳·註〗不慧、蓋世所謂一一。

【白脫：백탈】 죄 없는 것이 判明됨。

【白苔：백태】 ❶몸의 열이나 또는 胃病으로 말미암아 혓바닥에 끼는 황백색 물질。❷눈병의 한 가지。눈에 끼어 앞이 안 보이게 하는 황백색 물질。

【白澤：백택】 ❶神獸의 이름。사람의 말을 하며 有德한 임금의 治世에 出現한다고 함。❷白澤 모양의 무늬를 넣어 꾸민 明朝 貴戚의 服飾。白澤補。❸藥草의 이름。❹子의 異名。

❶白澤(三才圖會)

【白土：백토】 ❶빛깔이 희고 잔 모래가 많이 섞인 흙。❷硅酸礬슘。벽화·塗料의 희게 하는 原料로 쓰임。

【白波：백파】 ❶희게 보이는 물결。❷도둑의 異稱。綠林。〖後漢書〗時俗號一一賊。

【白板：백판】 ❶흰 널빤지。❷아무것도 없는 터전。어찌할 바가 없는 판。❸=白地。

【白牌：백패】 (制)小科에 及第한 生員이나 進士에게 주던 흰 종이의 증서。

【白袍：백포】 흰 道袍。

【白布：백포】 흰 베。

【白葡萄酒：백포도주】 포도주의 한 가지。빛깔이 희읍스름함。

【白布帳：백포장】 흰 베로 만든 휘장。

【白票：백표】 無記名 投票에서 흔히 贊成의 뜻을 표시하는 白色의 投票用紙。↕「青票。

【白蝦：백하】 (動)쌀새우。

【白鶴：백학】 ❶흰 鶴。❷(佛)娑羅樹의 흰 모양을 이름。

【白鴿：백합】 (動)집비둘기。

【白洫：백혁】 바싹 마른 봇도랑。

【白血球：백혈구】 (生)血液·淋巴液 가운데 있는 無色의 血球。身體안에 침입하는 身體에 해로운 細菌을 없애는 구실을 함。↕赤血球。

【白血病：백혈병】 (醫)혈액 속에 白血球가 많아지는 병。

【白虎：백호】 ❶흰 호랑이。❷四神(蒼龍·白虎·朱雀·玄武)의 하나。西方을 지키는 神。❸西方七宿(奎·婁·胃·昴·畢·觜·參)의 總稱。❹歲中 凶神의 이름。❺豆腐의 別名。

【白毫：백호】 ❶흰 털。〖拾遺記〗眉有一一。❷(佛)부처의 三十二相의 하나。부처의 眉間에 있어서 빛을 발하여 無量의 國土에 비친다고 하는 흰 털。〖法華經〗。

【白狐：백호】 (動)犬科에 딸린 여우의 한 가지。모피는 防寒用으로 쓰임。白狸。

【白蝴蝶：백호접】 (動)흰나비。

【白濠主義：백호주의】 주로 聯邦形成 당시 오스트레일리아에서 白人만 入國시키던 白人主義。

【白虎湯：백호탕】 (醫)傷寒에 胃熱로 인하여 답답하고 목마른 때에 쓰는 탕약。

【白虹：백홍】 빛깔이 흰 무지개。

【白虹貫日：백홍관일】 흰 빛 무지개가 太陽의 面을 뚫고 지나감。精誠이 하늘에 感應하여 나타남。또는 白虹을 兵亂에 비기고 日을 임금에 비겨 白虹貫日은 임금 身上에 어떤 危害를 가하는 데 비김。〖戰國策·魏策〗聶政之刺韓傀也、一一一一。

【白樺：백화】 (植)자작나무。高山에 나는 落葉喬木。나무 껍질은 白色。높이 一○米 이상임。

【白花蛇：백화사】 (動)산무애뱀。뱀科에 속하는 無毒의 뱀。몸 길이 一·四米。漢方에서는 문둥병 치료약·風藥·補身强壯劑로 씀。花蛇。蘄蛇(기사)。

【白畫瓷器：백화자기】 흰 빛깔로 그림을 그려 구운 陶瓷器。

【白花春：백화춘】 (國)찹쌀로만 빚은 술。맛이 시원하고 향기로움。

【白黑：백흑】 白과 黑。黑白。(喩)善과 惡。正과 邪。〖漢書〗賢不肖渾殽、一一不分。

【白黑之辨：백흑지변】 善과 惡을 가려냄。正과 邪를 구별함。

◎建一、潔一、敬一、獨一、明一、斑一、頒一、半一、純一、自一、精一、淸一、紅一、黃一、黑一。

一畫

【百】

百 小篆 百 古文 百 草書

㊀(백) 陌 ㊁(맥) 陌 ハク、ヒャク、もも hundred ㄅㄞˇ pai³

㊀일백백 (十之十倍)。〖漢書〗紀于一協于十長于一大于千衍于萬。㊁❶힘쓸 맥(勵也)。〖左傳 僖公二十八年〗距躍三一曰踊三一。❷길잡이맥(行杖道騶人曰五一)。

【百家：백가】 ❶많은 집。❷많은 學者。또는 作家。〖史記〗一一言黃帝、其文不雅馴。❸儒學의 正系 이외에 스스로 一家의 說을 주장한 學者 百八十九家의 略稱。諸子。

【百家書：백가서】 여러 학자들의 著書。

【百感：백감】 여러 가지 느낌。萬感。〖江淹〗行子腸斷、一一悽惻。

【百劫：백겁】 몹시 오랜 세월。

【百計：백계】 온갖 꾀。온갖 計策。〖張籍〗從來一一盡應休。

【百計無策：백계무책】 베풀 만한 꾀가 전혀 없음。計無所出。

【百穀：백곡】 여러 가지 곡식。많은 곡식。〖易經〗日月麗乎天、一一草木麗乎土。

【百谷王：백곡왕】 百谷의 물을 모은 곳。곧 바다。〖老子〗江海所以能爲一一一者、以其善下之、故能爲一一一。

【百工：백공】 ❶모든 官員。百官。〖書經〗充釐一一。❷모든 工匠。〖論語〗一一居肆、以成其事。

【百孔千瘡：백공천창】 여러 가지 폐단

으로 엉망진창이 됨。『韓愈』漢氏以來、群儒區區、修補――、隨亂隨失。

【百科:백과】많은 科目。온갖 學科。

【百科辭典:백과사전】학문·예술·기술 및 일상 생활 전반에 걸쳐 과거 현재를 통하여 인간 생활에 관련이 깊은 사항을 간명하고도 상식적으로 풀이하여 배열한 사전。

【百科全書:백과전서】일정한 체계 아래 부분을 세워 백과 지식을 기록한 책。

【百果酒:백과주】온갖 과실의 즙을 소주에 타서 만든 술。

【百科叢書:백과총서】각 과의 전문 서적을 한데 모은 것。또는 관계 문헌 자료를 수집한 것。

【百官:백관】모든 官員。百揆。百僚。百司。百姓。百工。『書經』總――、均四海。

【百鬼:백귀】온갖 귀신。

【百揆:백규】❶庶政을 統括하는 高官。百官의 長。『書經』納于――、時敍。❷모든 官吏。百官。❸온갖 計策。百政。

【百難:백난】온갖 곤란。

【百難之中:백난지중】온갖 어려운 고비를 겪는 판。

【百年:백년】❶일생。한평생。『杜甫』――地僻柴門迥。❷늙은이。老人。『禮記』――者就見之。

【百年佳約:백년가약】결혼하여 평생을 같이 지낼 언약。

【百年草:백년초】=仙人掌。

【百年河淸:백년하청】아무리 기다려도 일이 해결될 가망이 없음。

【百年偕老:백년해로】부부가 화락하게 함께 늙음。

【百念:백념】여러 가지 생각。『何遜』客心已――。

【百端:백단】온갖 일의 실마리。『史記』博開藝能之路、悉延――之學。

【百代:백대】오랜 世代。百世。『晉書』聲施無窮、而典垂――。

【百度:백도】❶晝夜의 百刻을 이름。『禮記·樂記』。❷百事의 節度。모든 法律·制度。『隋書』高祖踐極、――伊始。❸溫度計·角度器 등의 백의 눈금。

【百兩:백량】수레 백량(輛)。『詩經』之子于歸、――御之。

【百沴:백려】많은 나쁜 기운。(沴는 妖氣)。『文天祥』――自辟易。

【百鍊:백련】❶거듭 거듭 鍛鍊함。❷옛날 中國의 名劍의 이름。『古今注·輿服』吳大帝有寶刀三、一曰――。

【百伶百俐:백령백리】여러 가지 일에 민첩함。모든 일에 영리함。

【百祿:백록】많은 福祿。온갖 행복。『詩經』――是荷。

【百雷:백뢰】많은 우뢰。

【百僚:백료】모든 벼슬아치。百官。『書經』――師師。

【百稜藤:백릉등】(植)藥草의 한 가지。

百稜藤 (三才圖會)

【百里之才:백리지재】백리쯤 되는 땅을 다스릴 만한 재주。국량이 보통 이상은 되나 그다지 출중하지 못한 사람。

【百萬:백만】❶만의 백 갑절。❷아주 많은 수。

【百萬長者:백만장자】재산이 썩 많은 사람。아주 큰 부자。

【百萬言:백만언】많은 말。노든 말。

【百忙中:백망중】몹시 바쁜 때。

【百無一失:백무일실】백에 하나도 잃은 것이 없음。(喩)일마다 하나도 실패가 없음。

【百無一取:백무일취】(喩)많은 말과 행실 중에 하나도 쓸 만한 것이 없음。

【百聞不如一見:백문불여일견】백 번 듣느니 보다 한 번 보는 것이 더 정확하다는 뜻。『漢書』――、兵難隃度、臣願馳至金城、圖上方略。

【百物:백물】온갖 물건。

【百味:백미】많은 음식물。

【百味飮食:백미음식】(佛)여러 가지 좋은 맛으로 만든 음식물。혹은 여러 가지 음식물。

【百般:백반】여러 가지。모두。萬事。『韓愈』――紅紫鬪芳菲。

【百發百中:백발백중】❶총·활 같은 것이 겨눈 곳에 꼭꼭 맞음。❷앞서 생각한 일들이 꼭꼭 들어맞음。

【百方:백방】❶온갖 方法。여러 가지 방법。『書苑』――譬說、不能得。❷여러 방면。여기저기。四方의 여러 나라。『道德指歸論』――仰朝。

【百拜:백배】여러 번 굽실거리며 하는 절。『禮記』賓主――。

【百拜謝禮:백배사례】몹시 고마와 거듭 거듭 사례함。

【百病:백병】온갖 병。

【百病通治:백병통치】어떤 약이 무슨 병에든지 다 효험이 있는 것。萬病通治。

【百部:백부】(植)백부과에 속하는 多年草。청문동 비슷한 塊根은「百部根」이라 하여 기침·피부 살충의 약재로 씀。婆婦草。野天門冬。

百部 (三才圖會)

【百分比:백분비】전체의 一〇〇분의 一을 단위로 하여 나타내는 서양식의 비율。百分率。

【百分率:백분율】=百分比。

【百不猶人:백불유인】모두가 남만 같지 못함。

【百事:백사】온갖 일。萬事。『禮記』以修宮室、以治――。

【百祥:백상】온갖 행복 온갖 祥瑞로움。『書經』作善降之――。

【百舌:백설】(動)百舌鳥。反舌。지빠귀。혹은 때까치。侯鳥의 한 가지。가을에 마을 근처에 와서 날카로운 소리로 울음。『杜甫』赤葉楓林――鳴。

【百姓:백성】❶百官。예전에 有德한 사람에게 벼슬을 맡기고 姓을 주었기 때문임。『詩·天保』――、百官也。❷庶民。人民。관직이 없는 여느 사람들。『詩經』群黎――、徧爲爾德。

【百世:백세】오랜 世代。『中庸』――以俟聖人。

【百歲:백세】❶백 년。❷백 살。

【百世之師:백세지사】오랜 후세까지라도 많은 사람의 師表로 崇仰되는 사람。『孟子』聖人、――也。

【百歲後:백세후】❶백 년 뒤。❷사람의 死後를 일컫는 말。

【百殃:백앙】백 가지 재앙。많은 재앙。

【百藥無效:백약무효】온갖 약을 써도 효력이 없음。

【百藥之長:백약지장】술의 別稱。술을 讚揚한 말。『漢書·食貨詩』酒――、嘉會之好。

【百兩金:백량금】❶百兩의 金。『楚辭』以――易之。❷(植)紫金牛科에 속하는 常綠濶葉灌木。觀賞用임。

❷ 百兩金 (三才圖會)

【百億化身:백억화신】(佛)백억이나 되는 석가의 化神。

【百葉箱:백엽상】온도·습도·위압 등을 측정하기 위하여 만들어진 計器。

【百乳彝:백유이】周代의 酒器의 이름。

周百乳彝 (西淸古鑑)

【百爾思之:백이사지】 갖가지로 생각하여 봄。

【百仞:백인】 아주 높거나 또는 깊은 것。千仞。

【百忍:백인】 모든 어려움을 참음。

【百日齋:백일재】 (佛)사람이 죽은 지 백일 만에 드리는 불공。

【百日咳:백일해】 (醫)모진 기침을 하는 아이들의 돌림병의 하나。

【百日紅:백일홍】 (植)❶부처꽃과에 속하는 落葉 濶葉 喬木。종자로 기름을 짜고、재목은 器具材·細工材로 씀。觀賞用。배롱나무。紫薇。❷=百日草。

【百戰老將:백전노장】 온갖 세상 풍파를 다 겪은 사람。

【百戰老卒:백전노졸】 =百戰老將。

【百戰百勝:백전백승】 백 번 싸워서 백 번 이김。한 번도 敗戰하지 않음。『孫子』——、非善之善者也。

【百折不屈:백절불굴】 백 번 꺾어도 굽히지 않음。百折不撓。

【百折不撓:백절불요】 아무리 억눌려도 뜻을 굽히지 않음。意志가 무척 강함。百折不屈。『蔡邕』有——、臨大節而不可奪之風。

【百濟:백제】 (歷)B.C.一八~A.D.六六〇 王朝 이름。始祖 温祚王이 建國。三一代 義慈王에 이르러 羅唐 聯合軍에게 망함。都城은 慰禮城에 두었다가 高句麗 세력에 밀려 河南慰禮城·熊津·泗沘로 南遷함에 따라 판도도 京畿·忠清·全羅 三道와 江原·慶尚道 일부에 미쳤던 것이 차츰 축소됨。日本에 文化 전달한 공이 큼。

【百濟歌謠:백제가요】 百濟 때에 형성된 來遠城歌 따위의 總稱。

【百足:백족】 (動)❶벌레 이름。馬陸、곧 노래기의 異稱。❷蜈蚣 곧 지네의 別稱。百足之蟲。

【百種:백종】 ❶온갖 물건의 종류。❷(佛)百中。百衆。

【百中:백중】 (佛)백중날。음력 七월 보름날。

【百中曆:백중력】 (國)❶품질이 낮은 종이로 배접하여 만든 冊曆。❷앞으로 올 百년 동안의 日月·星辰·節候 등을 미리 헤아려 만든 冊曆。一〇년만에 한 번씩 修補함。李朝 正祖 六년에 시작됨。

【百尺竿頭:백척간두】 대단히 위태로운 지경。

【百尺竿頭進一步:백척간두진일보】 (喩)이미 연구를 쌓은 위에 다시 더 연구하여 향상함。노력을 한 위에 더욱 더 노력을 함。『傳燈錄』百丈竿頭須進步、十方世界是全身。

【百千萬事:백천만사】 온갖 일。

【百草:백초】 여러가지 풀。衆草。『史記』氷泮發蟄、——奮興。

【百出:백출】 여러 가지로 많이 나옴。『唐書』其變態——、不可究極。

【百八煩惱:백팔번뇌】 (佛)衆生의 煩惱數가 百八이라는 말。人間의 過去·現在·未來를 통한 一切의 迷惑。

【百八念珠:백팔염주】 (佛)염주의 한 가지。구슬 따위를 百八개 꿴 것으로 百八煩惱를 상징함。

【百弊:백폐】 온갖 폐단。

【百弊俱存:백폐구존】 온갖 폐단이 다 있음。

【百廢俱興:백폐구흥】 일단 없어졌던 많은 것들이 모두 다시 일어남。

【百合:백합】 (植)백합과에 속하는 多年生 草本의 總稱。鱗莖은 球形으로 食用함。

【百合花:백합화】 (植)나리꽃。

【百害:백해】 많은 災害。또는 損害。

【百骸:백해】 온 몸에 있는 모든 뼈。

【百害無益:백해무익】 해롭기만 하고 하나도 이로울 것이 없음。

【百行:백행】 온갖 행동。『白虎通』孝道之美、——之本也。

【百貨:백화】 여러 가지 物品。많은 貨物。

【百禍:백화】 많은 災禍。온갖 災禍。

【百花:백화】 온갖 꽃。

【百花魁:백화괴】 매화꽃。『王曾』。

【百花爛漫:백화난만】 온갖 꽃이 피어 흩어지고 흐무러짐。

【百花王:백화왕】 모란(牡丹)의 異名。『皮日休』落盡殘紅始吐芳、佳名喚作——。

【百貨店:백화점】 일상 생활에 필요한 온갖 상품을 파는 규모가 큰 상점。

【百花酒:백화주】 온갖 꽃을 넣어서 빚은 술。

【百花春:백화춘】 찹쌀로만 빚은 술。

【百卉:백훼】 여러가지 초목。『嵇康』——吐芳華。

◎凡—。

【癿】 (가) 麻 カ、くにのな a place name

❶성가(姓也、—加思蘭、韃靼酋長)。❷땅이름가(地名)。

二畫

【皀】 (흡) 緝 キュウ、かんばしい have a flavour of nut

小篆 ❶고소할흡(穀之馨香)。❷낟알흡(一粒)。(『香』과 같음)

【皁】 (조) 皓 ソウ、くろい black ㄗㄠˋ tsao4

草書 ❶검을조(黑色)。『漢書』自衣—綈。❷마판조(馬櫪)。『史記 鄒陽傳』牛驥同—。❸하인조(賤隷)。『左傳昭公七年』士臣——、臣輿輿臣隷。❹도토리조(櫟實)。『周禮』植宜—物。❺조협자조(—角子、藥名)。❻주엽나무조(角刺)。

【皁蓋:조개】 검은 비단을 바른 우산。『後漢書』二千石皆——、朱兩幡。

【皁巾:조건】 검은 빛의 두건。『文選·註』尚書大傳云、虞舜象刑、犯墨者——。

【皁君:조군】 (動)황새。

【皁櫪:조력】 마굿간。말을 기르는 곳。『柳宗元』生平動——、剉秣不告疲。

【皁白:조백】 黑과 白。(轉)黑白。是非。잘 잘못。『晉書』是天公憒憒、無——之徵也。

【皁色:조색】 검고 곱지 못한 빛깔。

【皁隷:조예】 賤官。사환。『宋史』李大臨、貧無——。

【皁莢:조협】 (醫)쥐엄나무 열매의 껍데기。中風·偏頭痛 등의 藥用。

三畫

【皃】 (모) 『貌』(豸部 7畫)와 같음

【皯】 (한) 『皔』(白部 7畫)과 같음

【的】 (적) 錫 テキ、まと target ;of ㄉㄧˋ ti2·4

草書 ❶밝을적(明也)。『中庸』小人之道、—然而日亡。❷꼭 그러할적、적실할적(實也)。『魏志』各國遺子來朝林恐或非眞—。❸표할적、표준적、목표적(標準)。❹과녁적(射板)。❺의적、것적(形容助辭)。『傳習錄上』知是行—主意、行是知—功夫。

【的見:적견】 的確히 봄。

【的當:적당】 ❶明確하게 맞음。꼭 들어맞음。❷確實·的確。『秦觀』不因霜葉辭林去、——山翁未覺秋。

【的歷:적력】 또렷또렷하여 분명함。『歐陽修』芙蕖芰荷之——。

【的皪:적력】 희고 鮮明한 모양。명백한 모양。『史記』皓齒燦爛、宜笑——。

【的例:적례】 꼭 들어 맞는 先例。適例。

【的否:적부】 틀림없이 꼭 맞음과 안 맞음。

【的實:적실】 틀림이 없음。그러함。

【的然:적연】분명한 모양。的的。『中庸』小人之道、ㅡㅡ而日亡。
【的的:적적】明白한 모양。『淮南子』ㅡㅡ者獲、提提者射。
【的中:적중】❶연밥(蓮實)의 속。❷화살이 과녁에 맞음。잘 맞음。정확히 맞음。
【的證:적증】확실한 증거。
【的知:적지】똑똑하게 알음。
【的確:적확】틀림 없음。確實。『品字箋』的、白也。ㅡㅡ明且確也。
◎公ㅡ、空想ㅡ、內ㅡ、端ㅡ、目ㅡ、物ㅡ、史ㅡ、私ㅡ、射ㅡ、實質ㅡ、外ㅡ、理想ㅡ、精神ㅡ、標ㅡ、現實ㅡ。

四畫

【皅】(파) 𤽓 ハ、みだれる dizzy
어지러울파(亂也)。

【皆】(개) 佳 カイ、みな all; every ㄐㄧㄝ chieh¹
小篆 書 草 ❶다개(俱辭)。『宋史 王安石傳』人ㅡ謂、卿但知經術不曉時務。❷한가지개、같을개(同也)。『易經』雷雨作而百果草木ㅡ甲坼。(『偕』와 통함)
【皆骨山:개골산】우리 나라 金剛山의 겨울 동안의 별칭。
【皆勤:개근】일정한 기간 동안에 휴일 외에는 하루도 빠짐 없이 출석, 또는 출근함。
【皆勤賞:개근상】개근을 표창하는 상。
【皆勤賞狀:개근상장】개근을 표창하는 상장。
【皆旣蝕:개기식】皆旣日蝕과 皆旣月蝕의 總稱。↔部分蝕。
【皆旣月蝕:개기월식】《天》달과 해 사이에 地球가 가리어、달이 해의 빛을 완전히 받지 못하여 나타나는 현상。*部分月蝕。
【皆旣日蝕:개기일식】《天》해와 지구의 사이에 달이 완전히 가리어 해가 보이지 않게 되는 현상。*部分日蝕。
【皆是:개시】다。죄다。모두。
【皆濟:개제】❶다 돌려 주거나 바침。❷일이 다 끝남。

【皇】㊀(황) 陽 コウ、きみ emperor ㄏㄨㄤ huang²
㊁(왕) 養
小篆 書 草 ㊀❶임금황(君也)。『書經』ㅡ帝淸問下民。❷클황(大也)。『書經』ㅡ天眷命。❸바를황(正也)。『詩經 豳風破斧』四國是ㅡ。❹비롯할황(始也)。❺아름다울황(歎美辭)。『詩經』於ㅡ來牟。❻성할황(美盛貌)。『詩經』穆穆ㅡㅡ。❼성황(ㅡ甫、複姓)。㊁엄숙할왕(ㅡㅡ祭儀嚴肅貌)。『詩經』烝烝ㅡㅡ。
【皇家:황가】=皇室。『晉書』輔亮我ㅡㅡ。
【皇居:황거】皇帝가 거처하는 곳。『孔融』帝室ㅡㅡ、必畜非常之寶。
【皇京:황경】서울。都城。
【皇考:황고】❶亡父의 尊稱。『禮記·曲禮』父曰ㅡㅡ、母曰皇妣。❷曾祖。『禮記』曾祖之廟、曰ㅡㅡ廟。
【皇姑:황고】죽은 시어머니。先姑。『禮記』不祁ㅡㅡ。
【皇國:황국】황제가 다스리는 나라。
【皇國協會:황국협회】《歷》李朝 末 褓負商이던 洪鍾宇 등이 中心이 되어 政府의 후원 아래 獨立協會를 견제하던、保守人物과 無識商民들로 조직된 半暴力團體。
【皇宮:황궁】임금의 宮闕。임금이 거처하는 집。大闕。
【皇穹:황궁】하늘。蒼穹。『潘岳』仰ㅡㅡ兮歎息。
【皇極:황극】황제의 위。王位。帝位。『班固』奮布衣、以登ㅡㅡ。
【皇基:황기】皇帝의 통치하는 기초。皇礎。
【皇女:황녀】皇帝의 딸。↔皇子。
【皇都:황도】❶임금이 있는 都城。❷宮城이 있는 곳。帝都。『釋齊已』新詩聲價滿ㅡㅡ。
【皇道:황도】❶임금의 政道。❷三皇 五帝의 德行。❸大道。
【皇路:황로】큰 길。大道。君道。『文天祥』ㅡㅡ當淸夷。
【皇龍寺:황룡사】《歷》慶尙北道 慶州市에 있던 절。新羅 왕궁을 지을 때 왕룡이 나왔으므로 제일 좋은 곳이라 하여 절을 지었음。善德女王 때에는 九層塔이 세워졌고 또 百高座會도 으례 여기서 열려져서 新羅 護國信仰의 중심이 되었던 곳임。지금은 터만 남아 있음。
【皇陵:황릉】皇帝의 陵。
【皇明:황명】임금이 총명함。『班固』以發ㅡㅡ。
【皇命:황명】皇帝가 내리는 명령。
【皇謨:황모】=皇猷。『王禹偁』粉繪帝道張ㅡㅡ。
【皇舞:황무】❶춤의 한 가지。五采의 깃털(羽毛)을 들고서 추는 춤。❷皇舞 때 춤추는 사람이 드는 五采 깃털。『羽毛』

❷皇舞(三禮圖)

【皇妃:황비】皇帝의 아내。
【皇嗣:황사】임금의 後嗣。皇太子。皇儲。『後漢書』ㅡㅡ未廣、每懷憂歎。
【皇上:황상】살아서 나라를 다스리고 있는 임금。今上。
【皇城:황성】임금이 있는 都城。
【皇城新聞:황성신문】《歷》李朝末 南宮檍(남궁억)과 羅壽淵(나수연) 등이 光武 二년(一八九八) 三월 八일에 발간한 開化期의 신문。
【皇孫:황손】임금의 後孫。
【皇壽:황수】임금의 나이。『宋史』ㅡㅡ無窮。
【皇室:황실】임금의 일가。임금의 집안。
【皇英:황영】堯帝의 두 딸인 娥皇과 女英。뒤에 다같이 舜帝의 妃가 됨。英皇。
【皇運:황운】❶임금이 될 運命。❷임금의 運數。『隋書』ㅡㅡ之初、百度伊始。
【皇位:황위】임금의 자리。皇祚。「ㅡㅡ。」
【皇威:황위】임금의 威光。『張華』群師贊
【皇猷:황유】임금의 길。임금의 計策。皇謨。『北史·牛弘傳』ㅡㅡ遐闡。
【皇恩:황은】임금의 恩惠。君恩。『岑文本』ㅡㅡ被九區。
【皇子:황자】임금의 아들。↔皇女。
【皇儲:황저】皇太子。東宮。春宮
機』ㅡ延髦俊、多士出幽遐。
【皇帝:황제】❶임금。天子。❷三皇五帝의 略語。
【皇祚:황조】=皇位。『北史』翼成ㅡㅡ。
【皇祖考:황조고】죽은 祖父。(제사 때의 敬稱。)『禮記』祭王父曰ㅡㅡ、王母曰皇祖妣。
【皇祖妣:황조비】죽은 祖母。
【皇朝:황조】임금의 朝廷。
【皇族:황족】임금의 一族。『沈約』奕奕ㅡㅡ、于斯爲盛。
【皇州:황주】天子의 서울。帝都。『鮑照』「愛景麗ㅡㅡ。」
【皇天:황천】하늘의 敬稱。또는 하늘의 主宰神。天帝。上帝。『書經』ㅡㅡ眷命。
【皇天后土:황천후토】하늘의 神과 땅의 神。天地의 諸神。天神地祇。『左傳』ㅡㅡ、實聞君之言。
【皇勅:황칙】임금의 詔勅。임금의 뜻을 일반에게 알릴 목적으로 적은 문서。
【皇太孫:황태손】皇位를 이을 皇孫。
【皇太子:황태자】皇位를 계승할 皇子。皇儲。東宮。
【皇太子妃:황태자비】皇太子의 妃。
【皇太后:황태후】先帝의 皇后。今上의 어머니。
【皇澤:황택】=皇恩。『張衡』ㅡㅡ宣洽、海外混同。「ㅡㅡ、奉承大宗。」
【皇統:황통】임금의 血統。『後漢書』援立

【皇化：황화】 임금의 德政의 感化。임금의 德으로 백성을 敎化함。王化。〔李白〕七葉運——、千齡光本支。「使臣의 尊稱。

【皇華：황화】 ❶임금의 威德。❷淸 나라 〔詩經〕——者華。

【皇皇：황황】 ❶아름답고 성한 모양。〔詩經〕穆穆——。❷＝遑遑。❸＝煌煌。

【皇后：황후】 ❶임금의 正室。皇妃。〔漢書〕尊王后曰——。❷中國 上古時代에는 임금을 일컫던 말。〔書經〕——憑玉几。◎法—、三—、上—、女—、天—。

五畫

【皈】 (귀) 『歸』(止部 14畫)와 같음

【皋】 (고)(호) 『皐』(白部 6畫)와 같음

六畫

【皎】 (교) 篠 コウ、あきらか bright ㄐㄧㄠˇ chiao³

❶달밝을교(月之白)。〔詩經〕月出—兮。❷햇빛교(日光)。〔王褒九懷〕晞白日兮——。❸휠교(白也)。〔詩經小雅白駒〕——白駒。

【皎潔：교결】 희고 맑아 더럽지 않음。〔王維〕——明星高。

【皎鏡：교경】 밝은 거울。《轉》달을 가리키는 말。明鏡。〔謝朓〕方池含積水、明月流——。

【皎皎：교교】 ❶매우 흰 모양。皓皓。〔詩經〕——白駒。❷빛나고 밝은 모양。〔傳毅〕夫何——之間夜兮、明月爛以施光。

【皎皎月色：교교월색】 매우 희고 맑은 달빛。「而朗。

【皎朗：교랑】 밝음。晶朗。〔王逸〕其義皎

【皎月：교월】 희고 맑게 비치는 달。皓月。〔褚亮〕層軒登——、流照滿中天。

【皏】 (팽) 梗 ホウ、あさい (of color) light

엷은빛팽(淺薄色)。

【皐】 ㊀(고) 豪 コウ、きし、さわ bank；pond ㊁(호) 號

㊀❶언덕고(岸也)。〔左傳襄公二十五年〕牧隰—。❷판고(局也)。〔西京賦〕奧區神—。❸느즈러질고(緩也)。〔左傳〕魯侯之—。❹혼부를고(—復)。〔禮記 禮運〕陞屋而號告曰—某復。❺높을고(高也)。❻범의가죽고(虎皮)。〔左傳〕蒙—比而先犯。❼완만스러울고(頑貌)。〔詩經 大雅召旻〕——訿訿。❽고할고(告也)。〔本草〕羣飛如告故名寒—。❾못고、늪고(澤也)。〔詩經〕鶴鳴于九—。(『皋』와 같음) ㊁부를호(呼也)。〔周禮〕來瞽令——舞。

【皐皐：고고】 ❶완고하여 道理를 알지 못하는 모양。〔詩經〕——訿訿。❷사물을 잘 처리할 줄 모르는 모양

【皐鼓：고고】 큰 북。〔周禮〕以—鼓役事。

皐鼓 (三禮圖)

【皐蘭草：고란초】 《植》水龍骨科에 딸린 고등 은화 식물。

【皐蘭寺：고란사】 《地》忠淸南道 扶餘 白馬江 左岸절벽 위에 있는 조그마한 암자。四五〇년 경 百濟 때 창건됨。경치가 매우 좋고 부근에 야생하는 皐蘭草로 인하여 더욱 유명함。

【皐門：고문】 宮城의 가장 바깥쪽에 있는 높은 문。〔禮記〕天子——。

【皐比：고비】 ❶호랑이 가죽。虎皮。〔左傳〕蒙——、而先犯之。❷將軍이나 儒學者의 座席。〔劉基〕坐——者、洸洸干城之具也。

【皐月：고월】 음력 五월의 異稱。〔爾雅〕「五月爲——。

七畫

【皓】 (호) 皓 コウ、あきらか、しろい bright；white (古音「고」) ㄏㄠˋ hao⁴

❶빛호(光也)。❷휠호(白也)。〔詩經〕唐風揚之水〕揚之水、白石——。❸밝을호(明也)。〔詩經〕月出—兮。❹깨끗할호(潔也)。❺늙은이호(——白髮)。

【皓雪：호설】 흰 눈。白雪。〔元稹〕——紛滿庭。

【皓然：호연】 ❶썩 흰 모양。❷아주 明白「한 모양。

【皓月：호월】 썩 맑고 밝은 달。皎月。明月。〔梁元帝〕澄江涵——、水影若浮天。

【皓齒：호치】 하얀 이。美人의 아름다운 이。〔韓非子〕曼理——、說情而損精。

【皕】 (벽) 職 ヒョク、ふたもも two hundred ㄅㄧˋ pi⁴

이백벽(二百)。

【皕宋樓：벽송루】 淸・陸心源의 藏書樓 이름。宋本 약 二百種을 가지고 있는데서 명명됨。浙江省 歸安縣。

【皖】 ㊀(환) 潸 旱 寒 カン、あきらか shining star ㄏㄨㄢˇ huan³ ㊁(환)

㊀땅이름환(安徽省의 古稱)。㊁밝은별환(明星)。

【皖派：환파】 ❶明、何震의 技法을 이어받은 篆刻의 일파。程邃・巴慰祖、胡唐等의 여러 사람이 있으며 澀刀를 사용하고 漢代의 풍을 띠고 있음。❷淸代、江永・戴震을 宗으로 하는 考證學派。浙西學派에 속함。

八畫

【皘】 (천) 霰 セン、しろい white

흰빛천(白貌)。

【晳】 (석) 錫 セキ、しろい white face ㄒㄧ hsi¹

얼굴흴석(白—、人色)。〔左傳〕有君子白—。

【晳面：석면】 흰 얼굴。白面。〔唐書・回鶻傳〕黠戛斯、古堅昆國也、人皆長大、赤髮——綠瞳、以黑髮爲不祥。

【晳白：석백】 흰 것。白晳。〔蔡襄〕吳江水好吳岫靈、吳人——神氣淸。

【晳幘：석책】 잇발이 희고 상하가 가지런하여 잘 들어 맞는 것。幘은 齰의 假借。〔左氏〕——而衣貍製。

十畫

【皚】 (애) 灰 カイ、しろい white ㄞˊ ai²

눈서리흴애(霜雪色)。〔劉歆賦〕漂積雪之——。

【皚皚：애애】 ❶눈이나 서리가 흰 모양。〔杜甫〕崖沈谷沒白——。❷꽃이 아득히 희게 핀 모양。「양。

【皚然：애연】 맑고 흰 모양。潔白한 모

【皛】 (효) 篠 キョウ、あらわれる appear

❶나타날효(顯也)。〔潘岳詩〕虛—湳德繆彰甲吉。❷밝을효(明也)。〔陶潛詩〕——川上平。❸휠효(白也)。〔郭璞賦〕沆瀁—瀁。❹흰밥효(白飯)。〔曾慥漫錄〕錢穆父召東坡食—飯設飯一盂蘿蔔一碟白湯一盞蓋以三白爲—也。

【皛淼：효묘】 텅비고 넓은 모양。〔李百藥〕陵——明幽宵、犖重蘿閱豊篠。

【皛溔：효요】 매우 흰 모양。샛 하얀 모

양。一說로는 깊고 넓은 모양。〔郭璞·江賦〕沆瀁ㅡㅡ。〔注〕善曰、皛溔、深白之貌。

〔皛皛:효효〕 선명한 모양。또는 왼통 흰 모양。〔陶昭〕昭天宇闊、ㅡㅡ川上平。

【皠】(학) 沃 コク、つややか lustrous ㄏㄜˋ hè⁴
小篆 草書 새살 찌고 윤택할학(鳥肥澤貌)。〔景福殿賦〕ㅡㅡ白鳥。

【皢】(체) 齊 テイ、タイ、かたむく lean low to one side
小篆 或體 或體 한쪽으로 치우쳐 낮을체(㾷一偏低)。

【皜】(고) 皓 コウ、しろい white ㄏㄠˋ hao⁴ (同音「호」)
草書 흴고(白貌)。〔孟子 滕文公上〕ㅡㅡ乎不可尚已。

〔皜潔:고결〕 희고 맑음。〔徐彦伯〕玉堂逾高潔、銅柱方歆㳄。

〔皜皜:고고〕 ❶潔白한 모양。❷굳고 바른 모양。〔新書·禮〕詩曰、白馬ㅡㅡ。〔後漢書〕懍懍焉、ㅡㅡ焉。

〔皜身:고신〕 흰 몸。〔隋書·煬帝紀〕大頓「見二大鳥ㅡㅡ朱足。「擢紫耳。

〔皜毦:고이〕 흰 꽃。〔郭璞·江賦〕揚ㅡㅡ

【皝】(황) 養 コウ、さかん prosperous ㄏㄨㄤˇ huang³
❶엄숙할황(氣容貌)。❷성할황(盛也)。❸사람이름황(人名、燕主慕容ㅡ)。

【皞】(호) 皓 コウ、あきらか bright
❶휠호(白也)。❷밝을호(明也)。❸복희씨호、황제호(太ㅡ、帝號)。

〔皞天:호천〕 하늘。昊天。

〔皞皞:호호〕 餘裕滿滿하고 침착한 모양。

十一畫

【皟】(책) 陌 セキ、きよい clear ㄗㄜˊ tse²
❶깊게 휠책(深白)。❷맑을책(淨也)。❸파리할책(瘠也)。〔管子〕ㅡ山。

【皠】(최) 賄 サイ、しろい white ㄘㄨㄟˇ ts'uei³
草書 ❶휠최(白也)。〔韓愈詩〕繽翻落羽ㅡ。❷높을최(高峻貌)。

十二畫

【皢】(효) 篠 キョウ、しろいひかり (of sunshine) white
小篆 햇빛휠효(日白)。

【皤】(파) 歌 ハ、しろい white ㄆㄛˊ p'o²
小篆 或體 草書 ❶휠파(白也)。〔易經 賁卦〕賁如ㅡ如。❷배불룩할파(大腹)。〔左傳 宣公二年〕城者謳曰ㅡ其腹。❸귀밑희끗희끗할파(ㅡㅡ鬢白貌)。〔班固詩〕辟雍ㅡㅡ國老。

〔皤叟:파수〕 머리가 허연 노인。(叟는 老人)。

〔皤如:파여〕 =皤然。〔詩經〕賁如ㅡㅡ。

〔皤然:파연〕 흰 모양。皤如。〔南史〕范年二十九、髮白ㅡㅡ。

〔皤皤:파파〕 ❶머리털이 흰 모양。구레나룻의 센 모양。〔班國〕ㅡㅡ國老。❷풍족하게 많은 모양。〔左思〕行庖ㅡㅡ。

〔皤皤老人:파파노인〕 백발이 된 늙은이。머리가 센 노인。

【皥】(호)『皞』(白部 10畫)의 俗字

十三畫

【皦】(교) 篠 キョウ、あきらか bright ㄐㄧㄠˇ chiao³
小篆 草書 ❶옥돌휠교(玉石之白)。❷밝을교(明也)。〔論語〕ㅡ如也。❸휠교(皎也)。〔詩經〕有如ㅡ日。

〔皦如:교여〕 音曲의 音色이 明瞭한 모양。〔論語·八佾〕。

〔皦日:교일〕 빛나는 太陽。白日。〔詩經〕有如ㅡㅡ。

十四畫

【皧】(애) 隊 アイ、きよい clear
❶깨끗할애(淨也)。❷휠애(白也)。

【皨】(주) 尤 チュウ、ことば word
小篆 ❶말주(詞也)。❷누구주(誰也)。

十五畫

【皣】(엽) 葉 ヨウ、しろばな white flower
小篆 ❶흰꽃엽(白花)。❷빛날엽(光盛)。❸초목꽃하얗게 필엽(草木白華)。

【皫】(표) 篠 ヒョウ、あせる fade ㄆㄧㄠˇ p'iao³
草書 ❶새털까칠할표(禽毛變色)。〔正字通〕物不澤者皆曰ㅡ。❷휠표(白也)。

【皪】(력) 錫 レキ、あざやか white and clear ㄌㄧˋ li⁴
草書 ❶희고 깨끗할력(潔也)。〔史記 司馬相如傳〕的ㅡ江靡。❷희끗희끗할력(白貌)。〔魏都賦〕丹藕凌波而的ㅡ。

十六畫

【皬】(위) 御 イ、はな slower ㄨㄟˇ wei³
草書 풀꽃위(草花)。

【皭】(학) 藥 カク、しろい white bird
草書 ❶새휠학(鳥白ㅡㅡ)。❷센학(白也)。〔漢書〕ㅡㅡ白首。

〔皭然:학연〕 흰 모양。〔史記〕ㅡㅡ白首

〔皭皭:학학〕 흰 모양。皠皠。〔廣雅訓〕ㅡㅡ、白也。

十八畫

【皭】㈠(조) 嘯 ㈡(작) 藥 シャク、しろい white ㄐㄧㄠˋ chiao⁴
草書 ㈠휠조(白也)。㈡맑을작(淨貌)。〔史記〕ㅡ然泥而不滓者也。

〔皭然:작연〕 皭皭。〔史記〕ㅡㅡ泥而不滓者也。

〔皭皭:작작〕 깨끗한 모양。潔白한 모양。〔韓詩外傳〕新沐者必彈冠、新浴者必振衣、莫能以己之ㅡㅡ、容人之混汚。

皮 部

【皮】(피) 支 ヒ、かわ skin ; leather ㄆㄧˊ p'i²
小篆 古文 籒文 草書 ❶가죽피(剝獸取革)。〔徐曰〕生曰ㅡ理之曰革柔之曰韋。❷겉질피、거죽피(體表、凡物之表皆曰ㅡ)。

❸성피(姓也)
〔皮褐:피갈〕 =皮裘。『皮日休』不知何事有生涯、ーー親裁學道家。
〔皮甲:피갑〕 돼지의 가죽으로 자그마하게 미늘을 만들어 녹비로 얽어 맨 갑옷。
〔皮穀:피곡〕 겉 곡식。겉 껍질을 벗겨내지 않은 곡식。
〔皮骨:피골〕 살가죽과 뼈。
〔皮骨相接:피골상접〕 살가죽과 뼈가 서로 맞붙을 정도로 몸이 몹시 마름。「疏」。
〔皮裘:피구〕 가죽으로 지은 옷。『詩經·
〔皮帒:피대〕 짐승의 가죽으로 된 손가방。
〔皮帶:피대〕 기계를 돌리는 데 쓰는 가죽띠。벨트。
〔皮籠:피롱〕 짐승의 가죽으로 만든 큰 함。
〔皮裏陽秋:피리양추〕 사람마다 각각 마음 속에 셈속과 分別力이 있음을 일컬음。『晉書·褚裒傳』季野有——。
〔皮膜:피막〕 겉껍질과 속껍질。
〔皮襪:피말〕 다로기。가죽으로 지은 긴 버선。
〔皮麥:피맥〕 겉보리。
〔皮毛:피모〕 털가죽。『莊子』冬日衣ーー、夏日衣葛絺。
〔皮物:피물〕 짐승의 가죽。
〔皮物廛:피물전〕 피물을 파는 가게。
〔皮封:피봉〕 (國)겉봉。편지를 봉투에 넣고 다시 싸서 봉한 종이。外封。
〔皮傅:피부〕 억지로 갖다 붙임。傅會。『後漢書』方言非其事曰ーー、言皮膚淺近强相傅會也。
〔皮膚:피부〕 사람이나 동물의 몸뚱이의 표면을 둘러 싼 겉부분。살가죽。살갗。『柳宗元』一搔ーー、塵垢滿爪。
〔皮膚間:피부간〕 ❶겉 껍질과 속껍질과의 사이。❷천박하여 속까지 철저하지 못함。
〔皮膚科:피부과〕 (醫)피부에 관하여 연구·치료하는 의학의 한 분과。
〔皮痺:피비〕 (醫)피부의 감각이 마비되는 병 증세。
〔皮箱:피상〕 가죽으로 만든 상자。
〔皮相:피상〕 ❶表面。겉。❷그 外貌만 보고 內心을 깊이 살피지 않음을 일컬음。『史記』足下以目ーー、恐失天下士。
〔皮相的:피상적〕 수박 겉핥기로 겉으로만 아는 것。
〔皮色匠:피색장〕 짐승의 가죽을 다루어 여러 가지 물건을 만드는 사람。
〔皮船:피선〕 船體를 쇠가죽으로 싸서 矢石을 防護하도록 設備된 배。牛皮船。또 가죽으로 만든 배。

皮船(武備志)

〔皮肉:피육〕 ❶가죽과 살。『起世經』燒其ーー。❷表面。皮相。
〔皮肉不關:피육불관〕 아무런 관계가 없음。
〔皮栗:피율〕 겉밤。
〔皮匠再日:피장재일〕 (國) 갖바치 내일 모래。(喩)약속한 날짜를 이날 저날 핑계 하여 미룬다는 뜻。『東言解』。
〔皮竹:피죽〕 대나무 겉껍질。
〔皮紙:피지〕 피딱지。
〔皮之不存:피지부존〕 根本이 없음。『左傳·僖·十四』——毛將安傳。
〔皮幣:피폐〕 ❶가죽과 비단。옛날의 禮物 聘答品。『孟子』事之以ーー、不得免焉。❷흰 鹿皮로 만든 貨幣。『史記』。
〔皮風:피풍〕 (醫)피부가 가려운 풍병。
〔皮下:피하〕 피부의 속。
〔皮下注射:피하주사〕 (醫)살가죽 밑에 놓는 주사。
〔皮革:피혁〕 ❶날가죽과 다른 가죽。『周禮』獻其珍異ーー。❷가죽의 총칭。◎果ー、面ー、木ー、薄ー、象ー、上ー、樹ー、獸ー、羊ー、外ー、竹ー、表ー、豹ー。

二畫

【𤿎】 (비) 紙 ヒ、おる break off a branch of tree 가지꺾을비、꺾을비(折枝)。

三畫

【㿺】 (환) 寒 ガン、こぶ wen ❶혹환(瘤病)。❷전동환(箭筒、皾ー)。
【皯】 (간) 旱 カン、かおがくろい have discolorations on the face 얼굴에기미낄간(面黑氣)。『列子』焦然肌色ー䵟。
〔皯䵟:간매〕 피부 빛깔이 검은 것。햇볕에 그을음。『列子』ーー肌色披黣。
【𤿭】 (박) 覺 ハク、かわがやぶれる (of skin) get chapped 살가죽터질박(皮破)。

四畫

【𤿤】 (비) 寘 ヒ、あさをはぐ gather up the ramie's skin ❶삼모시갈라꾸지질비(劈麻苧、ー頭)。❷쪼그라질비(不伸、ー皺)。
【䟺】 (피) 支 ヒ、ひび crack 그릇금갈피(器破未離)。
【䩜】 (남) 勘 ダ、なめしがわ tan the leather 가죽다룰남(柔革)。
【𤿠】 (피) 支 ヒ、くちをひらく open mouth 입딱벌릴피(開口貌、ー𤿠)。『王孫賦』脣㮶噌以ー𤿠。

五畫

【皰】 (포) 效 ホウ、にきび pimple ㄆㄠ pʻao 여드름포、부풀포(面生氣起如水泡)。『淮南子』潰小ー而發痤疽。
【𤿰】 (자) 寘 シ、しわ wrinkles 가죽오그라질자(皮不伸)。

六畫

【皵】 (순) 眞 シュン、あかぎれ (of feet) chap 발터질순(足坼)。
【𤿺】 (기) 寘 キ、つかれる be tired 피곤할기(困也)。

七畫

【皸】 (한) 翰 カン、ゆごて bracelet 팔찌한(射韝以皮ー臂)。
【𥀂】 (설) 屑 セツ、つかれる pinch 꼬집어뜯을설(撮取皮)。
【皴】 (준) 眞 シュン、しわ wrinkles ㄘㄨㄣ tsʻuen 손가죽얼어터질준、주름잡힐준(ー裂 細起皵也)。『梁書』觸寒手爲ー裂。
〔皴法:준법〕 畫法의 一種。山石의 脈理、陰陽의 向背등을 표현하는데 쓰임。畫家로는 唐의 李思訓의 小斧斫皴을 北宗으로 하고、王維의 披麻皴을 南宗으로 함。
【䫄】 (탈) 曷 ダツ、はぐ skin 가죽벗길탈(皮剝)。

八畫

【皵】(작) 藥 サク、ひび chap ㄑㄩㄝ ch'üeh⁴
(草書) ❶살가죽터질작(皮皵)。❷나무껍질 얼멍얼멍할작(木皮甲錯)。【鄒浩四賦】皮皵ㅣ以龍鶩。

【⿰彔皮】(록) 屋 ロク、あらいひふ skinny and rough
마른살결억센록(皮肉瘦惡ㅣ㿰)。

【⿰典皮】(전) 銑 テン、はれあがる (of leather) swell up
가죽부르틀전(皮起)。

九畫

【皷】(고)『鼓』(鼓部 0畫)의 俗字

【皸】(군) 文 クン、ひび、あかぎれ chapped skin ㄐㄩㄣ chün¹
(小篆)(草書) 살가죽얼어터질군(凍裂皸也)。【漢書趙充國傳】手足ㅣ。

【皸裂:군열】추위 때문에 손발의 가죽이 터짐。

【皸瘃:군촉】추위 때문에 손발의 가죽이 얼어 터지거나 또는 凍傷을 입음。

【⿰封皮】(봉) 董 ホウ、かわぐつ leather shoes
❶꺽두기봉、가죽신봉(小兒皮履)。❷미투리봉、삼신봉(枲履)。

十畫

【皺】(추) 宥 シュウ、しわむ be withered
(草書) 쭈그러질추(皺摺貌)。【孟郊詩】紅ㅣ曬檐瓦。

【皺面:추면】❶주름살이 잡힌 얼굴。『陸游』ㅣㅣ朱鉛太不宜。❷《植》여우오줌풀。엉거시과에 속하는 多年草。꽃이 붙은 잎줄기와 뿌리는 배앓이·회충 驅除 등의 藥材로 씀。

【皺紋:추문】쭈글쭈글한 무늬。

【皺眉:추미】눈썹을 찡그림。

【⿰趣皮】(추) 寘 シュウ、しわ get goose-skinned
소름끼칠추(粟體)。

【⿰麻皮】(마) 麻 バ、くちをあける open-mouthed
입딱벌릴마(ㅣ嚼、開口貌)。

十一畫

【皻】(사) 麻 サ、にきび pimple ㄓㄚ cha¹
(草書) ❶코에 열꽃돋을사(鼻上皰)。【素問】勞汗當寒風薄爲ㅣ。❷분가시사(粉刺)。

【⿰曼皮】(만) 阮 バン、かわむける (of leather) peel off
가죽벗어질만(皮脫離)。

【⿰肉皮】(추) 宥 シュウ、かわがちぢむ (of leather) shrink
가죽오그라들추(皮縮)。

十三畫

【⿰達皮】(달) 曷 タツ、はれる swell up
부르틀달(皮外突起)。

【皽】(전) 銑 テン、うすかわ endothelium ㄓㄢˇ chan³
(草書) 속꺼풀전(皮肉上魄膜)。

十四畫

【⿰耎皮】(연) 銑 ゼン、やわらかいかわ tamed skin
다룬가죽연(柔皮)。

【⿸厭皮】(염) 琰 エン、かさぶた scab of a boil
헌데딱지염(瘍痂)。

十五畫

【皾】(독) 屋 トク、うつぼ shiver
전동독、동개독(ㅣ韣、箙器)。(『韣』과 같음)

十六畫

【⿰盧皮】(려) 魚 リョ、かわ leather
❶가죽려(皮也)。❷뱃가죽려(腹皮)。

皿部

【皿】(명) 梗 ベイ、さら vessel
(小篆)(草書) 그릇명(食器盤盂之屬)。【孟子】牲殺器ㅣ。

二畫

【⿱卜皿】(기) 紙 キ、うつわ vessel
❶그릇기(器也)。❷사람이름기(人名)。

三畫

【⿱亡皿】(맹) 漾 ボウ、あらい unreliable
맹랑할맹、거칠맹(不精要、ㅣ浪)。

【⿱干皿】(간) 寒 カン、さら small dinner talble
❶소반간(盤也)。❷큰바리간(大盌)。

【盂】(우) 虞 ウ、はち、わん bowl ㄩˊ yü²
(小篆)(草書) ❶바리우、밥그릇우(飯器)。【韓非子外儲說】君猶ㅣ民猶水ㅣ方水方ㅣ圓水圓。❷사냥하는 진우(田獵陣名)。❸글이름우(孔甲所作書名、盤ㅣ)。【左傳】宋爲右ㅣ鄭爲左ㅣ。

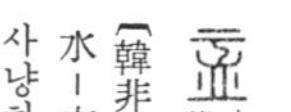
漢乳盂(西淸古鑑)

【盂蘭盆:우란분】《梵》Ullambana의 音譯。苦를 구원한다는 뜻。三寶에 供하여 死者의 苦患을 구원함。《轉》祖上의 靈殿에 음식을 바쳐서 秋收를 告함。【釋氏要覽】行孝順者、亦應奉。

【盂皿晴雨計:우명청우계】晴雨計의 한 가지。

【盂方水方:우방수방】사발이 모난 것이면 거기 담은 물의 모양도 方形이 됨。《轉》백성의 善惡은 임금의 善惡을 따라 결정된다는 뜻。【韓非子】ㅣㅣ、盂圓水圓。

【盂只:우지】놋쇠로 만든 큰 합。行者들의 밥그릇。

四畫

【⿱不皿】(배)『杯』(木部 4畫)의 俗字

【盆】(분) 元 ボン、はち basin ㄆㄣˊ p'en²
(小篆)(草書) ❶동이분(瓦器、盎也)。【禮】盛於ㅣ。❷젖퉁이웃뼈분、젖가슴뼈분(乳房上骨)。【史記】疽發乳上入缺ㅣ。❸딸기분、약이름분(藥名、覆ㅣ)。

盆(禮器圖)

【盆景:분경】❶화분 가운데 돌이나 모래 같은 것을 쌓아서 山水의 景致를 이루어 놓음。盆石。❷규모가 작은 庭園。

〔盆臺:분대〕 분받침。
〔盆雨:분우〕 물동이를 뒤엎은 것처럼 세게 내리는 비。
〔盆栽:분재〕 화초 따위를 화분에 심어 「가꿈。
〔盆底雙魚:분저쌍어〕 青瓷器에 쌍으로 그린 물고기 무늬。
〔盆種:분종〕 화초를 화분에 심음。 또는 그 화초。
〔盆池:분지〕 물동이처럼 작은 못。
〔盆地:분지〕 (地)山이나 臺地로 둘러 싸인 平地。
〔盆畫:분화〕 여러 가지 색채로 물들인 土砂로 동이 表面에 山水·花鳥 따위를 그림。 또는 그렇게 그린 그림。 盆繪。

【盅】 (충) 東 チュウ、むなしい empty ㄓㄨㄥ chung¹

盅 小篆 草書

盅 穀 (農政全書)

❶빈 그릇충(器虛)。〔道德經〕道ㅣ而用之。❷작은잔충(小杯)。

【盇】 (합)『盍』(皿部 5畫)이 本字

【盈】 (영) 庚 エイ、みちる full; fill ㄧㄥˊ ying²

小篆 草書 ❶찰영、가득할영(充滿)。〔易經〕天地ㅣ虛。❷넘칠영(溢也)。〔孟子盡心上〕流水之爲物也、不ㅣ科不行。❸남을영(ㅣ縮)。〔史記 蔡澤傳〕進退ㅣ縮與時變化。❹물흐를영(流水貌)。
〔盈缺:영결〕 ❶天체의 빛이 그 위치에 의하여 增減하는 현상。❷참과 이즈러짐。盈虛。盈虧。〔庾信〕天涯娟娟嫦娥月、三五二八盈又缺。
〔盈貫:영관〕 ❶활을 힘껏 잡아 당김。〔莊子·田子方〕。❷죄악이 가득참。〔左傳·宣·五〕
〔盈祿:영록〕 충분한 俸祿。〔國語〕。
〔盈滿:영만〕 ❶가득하게 참。❷富貴·權勢 등이 盛한 모양。〔魏文帝〕悵然懷ㅣㅣ之戒。「觀勝負、以卜虧ㅣㅣ。」
〔盈耗:영모〕 가득 참과 줄어짐。〔唐書〕
〔盈羨:영선〕 가득 차 넘침。盈溢。〔唐書〕兵仗多在、而倉庫ㅣㅣ。
〔盈盛:영성〕 가득 차고 盛함。
〔盈月:영월〕 滿月。보름달。〔魏志〕三五ㅣㅣ、清耀燭夜。
〔盈溢:영일〕 가득 차서 넘침。〔後漢書〕富貴ㅣㅣ、未有能終者。
〔盈縮:영축〕 가득 차는 것과 줄어드는 것。남음과 모자람。伸縮。〔史記〕進退ㅣㅣ、與時變化。
〔盈虛:영허〕 가득 차는 일과 텅 비는 일。盈缺。〔易經〕天地ㅣㅣ、與時消息。

五畫

【盉】 (화) 歌 カ、やくみ spice ㄏㄜˊ he²

小篆 草書 ❶양념그릇화、고명그릇화(調味器)。❷양념할화(調味)。

周大父盉 (西淸古鑑)

【益】 (익) 陌 エキ、ヤク、ます increase; gain ㄧˋ i⁴

小篆 草書 ❶더할익(增加)。〔朱熹 中庸章句序〕堯之一言、至矣盡矣、而舜復ㅣ之以三言。❷나아갈익(進也)。〔大學章句〕因其已知之理而ㅣ窮之。❸넉넉할익(饒也)。❹많을익(多也)。❺넘칠익(盈溢)。❻괘이름익(卦名)。〔莊子〕有貌愿而ㅣ。
〔益母草:익모초〕 (植)암눈비앗。
〔益壽:익수〕 오래 살음。長生함。〔漢書〕酒得延年ㅣㅣ。
〔益友:익우〕 교제하여 자기에게 유익한 친구。〔論語〕益者三友、損者三友。
〔益者三友:익자삼우〕 사귀어 자기에게 유익한 세 가지 종류의 벗。곧 정직한 사람、친구의 도리를 지키는 사람、지식이 있는 사람。
〔益鳥:익조〕 농작물의 해충을 잡아먹는 등 직접 간접으로 인류에게 이익이 되는 새。제비 따위。
〔益智:익지〕 ❶(植)中國에 나는 풀。잎은 뾰족하고 길며 꽃은 연꽃 비슷함。열매는 작은 대추와 같은데 흔히 씨를 빼고 꿀에 재어 먹음。龍眼肉。❷지혜를 더함。〔葉適〕書多前ㅣㅣ、文古後垂名。

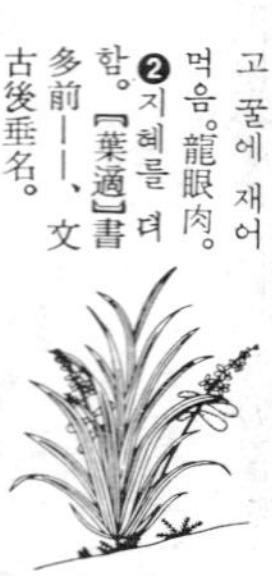
益智 ❶ (三才圖會)

〔益智仁:익지인〕 익지의 씨。소화를 돕고、오줌이 자주 나와 참지 못하는 병이나 遺精에 씀。
〔益蟲:익충〕 식물의 해충을 잡아먹기도 하고、受粉의 媒介도 하여 주는、사람에게 유익한 곤충。
◎公ㅣ、共ㅣ、無ㅣ、法ㅣ、損ㅣ、純ㅣ、實ㅣ、有ㅣ、利ㅣ、便ㅣ。

【益】 (익)『益』(前條)과 같음

【𥁐】 (아) 馬 カ、さかずき wine cup

술잔아(酒杯)。

【𥁞】 (범) 陷 咸 ヘン、さかずき wine cup

잔범(桮也)。

【盋】 (발) 曷 ハツ、わん brass bowl for woman's meal

小篆 바리발、그릇발(食器盂屬)。『鉢』과 같음。

【昷】 (온) 元 オン、おだやか mild

小篆 온화할온、어질온(仁也)。

【盌】 (완) 旱 ワン、わん small bowl ㄨㄢˇ wan³

小篆 草書 ❶바리완(銀ㅣ小盂)。〔吳志〕孫權特賜米酒衆殽、甘寧先以銀ㅣ酌酒自飮兩ㅣ。
〔盌注:완주〕 바리에 액체를 붓는 伎女。弄盌。
〔盌脫:완탈〕 型에 박아서 만들어낸 그릇처럼 사람이 서로 닮은 것。

【盍】 (합) 合 コウ、おおう cover ㄏㄜˊ he²

小篆 草書 ❶덮을합(覆也)。❷합할합(合也)。〔易經 豫卦〕朋ㅣ簪。❸어찌아니할합(何不之義)。〔論語先進〕ㅣ各言爾志。
〔盍各:합각〕 論語 중의 「盍各言爾志」의 略語。〔南史〕俱爲ㅣㅣ。
〔盍簪:합잠〕 친구들의 會合。(盍은 會、簪은 빠름。)〔易經〕朋ㅣㅣ。〔註〕盍合也、簪疾也。

【盎】 (앙) 漾 オウ、はち basin ㄤˋ ang⁴

小篆 或體 草書 ❶동이앙(瓦器、盆也)。〔後漢書〕首戴瓦ㅣ。❷성할앙(盛貌)。〔孟子盡心上〕睟然見於面ㅣ於背。
〔盎甌:앙구〕 기와로 만든 동이。〔淮南

子』狗彘不擇——而食。

【盎盎：앙앙】 ❶차서 넘치는 모양。 매우 많은 모양。 ❷부드러워지는 모양。 풀어지는 모양。 『蘇軾』——薰四肢。

【盎然：앙연】 많이 넘쳐 흐르는 모양。

【盎齊：앙제】 술 이름。 白醝酒와 같다고 함。 『周禮·副正』。

六 畫

【盡】 (진) 『盡』(9畫 血部)의 俗字

【盒】 (합) 合 コウ、はちのふた small brass vessel ㄏㄜˊ hé²

草書 ❶소반뚜껑합(盤覆)。 ❷합합(有蓋食器、饌—)。

【盒甫兒：합보아】 합보시기。

【盒沙鉢：합사발】 뚜껑이 달린 사발。

【盒兒：합아】 뚜껑 달린 그릇。 『桃花扇·訪翠』赴會之日、名攜一副——。

【盒子：합자】 합。

【盒仗：합장】 食籠。 도시락。 『水滸誌』次日飲後、僕人挑了——、一逕又到府前。

【盓】 (우) 盓 ウ、うずまきながれ pool

웅덩이우(盤—旋流)。 『海賦』盤—激而成窟。

【盔】 (회) 灰 カイ、はち basin ㄎㄨㄟ k'uei¹ (古音「괴」)

草書 ❶바리회(盂器)。 ❷투구회(首鎧)。

唐猊盔(武備志)

【盔甲：회갑】 투구와 갑옷。 쓰고 입어 적을 막는 것。 盔는 鐵片으로서 만들고 모자와 같음。 甲은 鐵葉으로 만들고 몸을 보호해 주는 것。 『桃花扇·草檄』雜扮小卒數人、背弓矢、——走過介。

【盔纓：회영】 투구의 끈。

【盉】 (유) 有 ユウ、みずくみかめ well-bucket

小篆 或體 물긷는그릇유(抒水小器)。(『盉』와 같음)

【㹨】 (권) 㹨 ケン、はち wooden bowl

나무바리권(屈木盂)。

【盖】 (합) (개) 『蓋』(10畫 艸部)의 俗字

七 畫

【盙】 (보) 『簠』(12畫 竹部)의 本字

【盛】 ㊀(성) 庚 ㊁(성) 敬 セイ、さかえる prosperous ㄔㄥˊ ch'êng²

小篆 草書 ㊀❶담을성(容受薦穀)。 『詩』于以—之維筐及筥。 ❷이룰성(成也)。 ❸정제할성(整也)。

㊁❶성할성(茂也)。 ❷장할성(壯也)。 『禮記』生氣方—陽氣發泄。 ❸많을성(多也)。 ❹갈성(長也)。 ❺클성(大也)。

【盛彊：성강】 세력이 성하고 강함。 (彊은 强)。 『唐書』回鶻——、北邊空虛。

【盛擧：성거】 성대한 계획。 훌륭한 事業。 祝祭 같은 것을 성대히 거행함。

【盛觀：성관】 ❶훌륭하여 볼 만한 광경。 壯觀。 ❷훌륭하게 꾸밈。 『漢書·平帝紀』——其文辭。

【盛氣：성기】 성난 기운。 또는 성냄。 『戰國策』太后——而揖之。

【盛年：성년】 원기가 왕성한 젊은 나이。 「壯年」。

【盛年不重來：성년부중래】 젊은 때는 한 번 오고 두 번 다시 오지 않음。 『陶潛·詩』——、一日難再晨。

【盛怒：성노】 크게 성냄。 『國語』使君—「—」。

【盛唐：성당】 ❶唐나라 때。 ❷唐의 詩를 論할 때、初·盛·中·晩의 四期로 나누는데、盛唐은 그 중의 極盛時代。 『滄浪詩話』論詩如論禪、漢魏晉與——第一義也。

【盛大：성대】 성하고 큼。

【盛德：성덕】 ❶높고 훌륭한 德。 『易經』——大業至矣乎。 ❷天地의 왕성한 기운。 『禮記·月令』

【盛冬：성동】 한겨울。

【盛禮：성례】 성대한 의례。 『北史』豈可聖明之辰而闕——。

【盛望：성망】 갸륵한 덕망。

【盛名：성명】 세상에 높이 알려진 名聲。 훌륭한 명성。 『後漢書』——之下、其實難副。

【盛服：성복】 훌륭히 차려 입은 옷。 威儀를 갖춘 正裝。 『左傳』寢門闢矣、——將朝。

【盛事：성사】 ❶크게 경사로운 일。 ❷훌륭한 일。 성대한 사업。 『魏文帝』文章經國之大業、不朽之——。

【盛色：성색】 아름다운 얼굴。 美人。 『漢書』夫後宮——、則賢者隱處。

【盛世：성세】 번영하여 가는 시대。 國運이 强盛한 시대。 盛代。 盛時。 『晉愍帝』雖——、猶或遘之。

【盛勢：성세】 성한 세력。 『魏志』及其未合、逆擊之、折其——、以安衆心。

【盛衰：성쇠】 盛하는 것과 衰하는 것。 隆替。 『史記』參以人事、察——之理。

【盛衰之理：성쇠지리】 성하고 쇠하는 이치。 끊임없이 잇달아 도는 盛衰의 이치。 乘除之理。

【盛水不漏：성수불루】 가득 찬 물이 조금도 새지 않음。 (喩)사물이 빈틈 없이 꽉 짜이어 있음。 또는 지극히 정밀함。

【盛時：성시】 ❶세력이 왕성한 시대。 盛世。 ❷나이 젊고 意氣가 왕성한 때。 壯時。 『曹植』——不可再。

【盛業：성업】 ❶성대한 사업。 大事業。 ❷사업이 번창함。 『羅隱』——傳家有寶刀、況聞餘力更揮毫。

【盛宴：성연】 성대하게 마련된 잔치。

【盛熱：성열】 한더위。

【盛炎：성염】 =盛熱。

【盛旺：성왕】 =旺盛。

【盛運：성운】 ❶번영해 가는 氣運。 昌運。 ❷좋은 운수。 好運。 『班彪』稽帝王之——。

【盛恩：성은】 풍성스러운 은혜。

【盛儀：성의】 성대한 儀式。 盛典。 『高啓』[illegible]諸蕃觀——。

【盛者必衰：성자필쇠】 (佛)세상은 無常하여 盛한 것은 반드시 衰함。 『仁王經』——、實者必虛。

【盛粧：성장】 훌륭한 화장。 짙은 화장。

【盛裝：성장】 옷을 아름답게 차려 입음。 또는 그렇게 입은 옷。

【盛饌：성찬】 풍성하게 잘 차린 음식。 정중하게 잘 차린 음식。 『論語』有——、必變色而作。

【盛寵：성총】 풍성스러운 은총。 『漢書』長堪重任、久享——。 「肥」。

【盛秋：성추】 한가을。 『漢書·註』——馬肥。

【盛夏：성하】 한고비에 다다른 여름。 『漢書』——日長、暑以養物。

【盛行：성행】 매우 성하게 유행함。

【盛況：성황】 盛大한 狀況。

【盛會：성회】 盛大한 會合。 매우 흥성흥성한 모임。 『周伯琦』良辰——如雲從。

◎極—、旺—、隆—、全—。

【盗】 (도) 號 トウ、ぬすむ steal; rob ㄉㄠˋ tao⁴

小篆 草書 도적도、훔칠도 (—賊、竊陰發私、物非當有而取皆曰—)。 『左傳』竊賄爲—。

【盗掘：도굴】 몰래 광물을 캐냄。

【盜難:도난】물건을 도둑맞는 災難。
【盜掠:도략】도둑질하고 노략질함。奪掠。『唐書』戎人怒、因興一一。
【盜賣:도매】남의 물건을 훔쳐서 파는 「일。
【盜沒:도몰】훔침。『北史』詐增功級、一一軍資。 「나무를 몰래 벰。
【盜伐:도벌】자기 소유가 아닌 山林의
【盜犯:도범】도둑질한 범죄。
【盜癖:도벽】남의 것을 훔치는 나쁜 버 「릇。
【盜殺:도살】＝暗殺。
【盜用:도용】남의 名義나 물건을 몰래 씀。 「또는 그 작품。
【盜作:도작】남의 작품을 본떠서 지음。
【盜斫:도작】＝盜伐。
【盜賊:도적】도둑놈。盜人。『周禮』以糾萬民、以除一一。
【盜電:도전】電流를 몰래 훔쳐 씀。
【盜竊:도절】훔침。도둑질。竊盜。『漢書』上有好利之臣、則下有一一之民。
【盜跖:도척】❶(人)옛날 中國의 大盜。九천명의 부하를 거느리고 天下를 橫行하였다 함。盜蹠。『史記』一一日殺不辜。❷몹시 악한 사람을 비유하는 말。
【盜聽:도청】❶몰래 엿들음。❷금지하는 것을 몰래 들음。
【盜取:도취】훔쳐 가짐。
【盜汗:도한】몸이 허약하여 잠자는 중에 나는 식은땀。
◎强一、巨一、群一、大一、竊一。

【⿱攸皿】(조) 嘯 蕭 チョウ、くさとりき carrier's basket
삼태기 초(草田器)。

八 畫

【⿳宀亾皿】(몽) 東 ボウ、みちる brimful
가득찰 몽(盛滿、豊一)。

【盝】(록) 屋 ロク、こす filter
草書 ❶거를록(漉也)。『周禮』湅帛清其灰而一之。❷작은궤록(櫝匣小者)。『唐書』敬宗詔浙西貢脂一粧具。

【盞】(잔) 潸 サン、さかずき wine-cup ㄓㄢˇ chan³
草書 술잔잔(最小杯)。『歐陽脩詩』魚蕉一舉十分當覆一。(『琖』과 같음)
【盞臺:잔대】술잔을 받쳐 놓는 그릇。
【盞面:잔면】술잔의 平面。
【盞石:잔석】盤石 이름。『淸一統志』。

【⿱林皿】(사) 禡 シ、うつわ vessel
❶제기사(祭器)。❷그릇사(器也)。

【盟】㊀(맹) 庚 ㊁(맹) 敬 メイ、ちかう oath; swear ㄇㄥˊ mêng²
小篆 古文 草書 ㊀❶맹세맹(誓約)。『史記』與之一出孔子東門。❷믿을맹、미쁠맹(信也)。『書經』罔中于信以覆詛一。㊁고을이름맹(河內邑名一津)。
【盟契:맹계】굳은 맹세。『京房』一一無差。
【盟邦:맹방】동맹을 맺은 나라。
【盟書:맹서】맹세하는 서면。『左傳·註』載在一一、而藏於司盟之府。
【盟誓:맹서⇨맹세】❶神佛 앞에 약속함。『左傳』戮力同心、申之以一一。❷장래를 두고 다짐하여 약속함。盟約。
【盟首:맹수】＝盟主。『左傳』問一一焉。
【盟約:맹약】誓約함。盟誓。『史記』背一一、而殺義帝。
【盟言:맹언】맹세하는 말。
【盟友:맹우】친한 교제를 맺은 친구。
【盟主:맹주】同盟의 主宰者。盟首。『左傳』晉爲一一。
【盟休:맹휴】同盟休學의 略語。
◎結一、同一、聯一、會一。

九 畫

【盠】㊀(리) 紙 ㊁(려) 齊 リ、たけかご bamboo basket (同音「려」)
㊀❶표주박리(瓢勺)。❷소쿠리리(簞也)。㊁뜻은 ㊀과 같음。

【盡】㊀(진) 軫 ㊁(진) 震 ジン、つきる exhaust; entirely ㄐㄧㄣˋ chin⁴
小篆 草書 ㊀❶다할진(竭也、悉也)。『易繫辭』書不一言言不一意。❷마칠진(終也、月終日一)。❸다진、모두진(皆也)。『左傳』周禮一在魯矣。❹비록진(縱令)。『左傳』公子商人一其家貸於公。❺자세할진(詳也)。❻극진할진(極也)。㊁다하게할진(一之)。『書經』往一乃心。
【盡力:진력】❶힘 닿는 데까지 다함。❷갖은 힘을 다함。
【盡善盡美:진선진미】착함과 아름다움을 다함。더할 수 없이 잘됨。
【盡殲:진섬】다 죽여 버림。鏖殺。
【盡誠:진성】정성을 다함。
【盡心:진심】❶마음에 固有한 本然의 德性을 다하여 闡明함。❷마음을 다 기울여 씀。❸孟子의 篇名。 「함。
【盡心竭力:진심갈력】마음과 힘을 다
【盡言:진언】생각한 바를 忌憚 없이 다 말해 버림。말을 極盡히 하여 諫함。極言。『易經』書不一一、言不盡意。
【盡源:진원】事物의 根源을 속 깊이 연구하여 알음。
【盡日:진일】❶온종일。하루 종일。『漢書』今足下一一攻、士卒傷者必多。❷그 달의 마지막 날。그믐날。
【盡終日:진종일】온종일。
【盡忠:진충】나라에 대하여 충성을 다 「함。
【盡忠報國:진충보국】충성을 다하여 나라의 은혜를 보답함。『宋史』背有舊涅一一四大字、深入膚理。
【盡瘁:진췌】마음을 다하여 힘씀。정성껏 힘씀。『詩經』或燕燕居息、或一一事國。
◎賣一、代一、一網打一、自一。

【盡】(진)『盡』(皿部9畫)의 本字

【監】㊀(감) 咸 ㊁(감) 陷 カン、みはる oversee; charge ㄐㄧㄢ chien¹
小篆 古文 草書 ㊀❶거느릴감(領也)。『詩經』何用不一。❷살필감(察也)。『孟子公孫丑下』周公使管叔一殷。❸감독할감(一督)。㊁❶볼감(視也)。『詩經』一觀四方。❷벼슬감(官也)。『史記』黃帝置左右一。❸임할감(臨也)。❹거울감(鑑也)。❺감옥감(獄也)。❻별이름감(東方星名一德)。(『鑑·鑒』과 같음)
【監觀:감관】조사하여 봄。『詩經』一一四方、求民之莫。
【監國:감국】❶國事를 감독함。임금이 있지 않을 때에는 太子가 대신함。(轉)太子。『左傳』君行則守、有守則從、從曰撫軍、守曰一一、古之制也。❷諸侯의 나라를 감시함。
【監禁:감금】신체의 자유를 구속하여 일정한 장소에 억지로 가두어 감시함。
【監農:감농】농사 짓는 일을 감독함。
【監督:감독】❶감시하여 단속함。또는 그런 일을 하는 사람。『後漢書』上設一一之重、下建副貳之任。❷(制)淸代의 벼슬 이름。

【監督官廳:감독관청】《法》감독하는 직권을 가진 상급 관청。

【監理:감리】❶감독하고 관리함。❷《制》監理署의 우두머리。

【監理教:감리교】《宗》예수교의 한 교파。

【監臨:감림】감독하기 위하여 現地에 감。

【監寐:감매】자나 깨나。【後漢書】——、「寤歎、疢如疾首。」

【監撫:감무】태자의 자리를 말함。監國撫軍의 略。【文選】余——之餘。

【監務:감무】《佛》住持 밑에서 절의 모든 사무를 總監督하는 僧職。

【監門:감문】문지기。門直。【周禮·註】「는 방。——門徒。

【監房:감방】감옥에서 죄인을 가두어 두는 방。

【監司:감사】《制》❶옛날 中國의 州·郡을 監察하던 官吏。憲司。❷李朝 때 觀察使의 別稱。

【監事:감사】❶단체의 서무를 맡아 보는 사람。❷法人의 재산·업무를 감독하는 사람。❸《佛》監務와 住持를 보좌하고 절의 金穀의 출납을 맡은 僧職。

【監査:감사】감독하여 검사함。

【監査役:감사역】주식 회사·주식 합자 회사 따위의 감독 職位。

【監床:감상】귀인에게 드리는 음식상을 검사하여 봄。

【監色:감색】❶물건의 좋고 나쁨을 알기 위하여 見本 삼아 일부분을 봄。看色。❷監官과 色吏。

【監膳:감선】임금에게 드릴 水刺床의 음식과 기구들을 미리 검사함。

【監守:감수】事物을 단속함。또는 단속하는 관리。

【監修:감수】文書·書册 등의 著述이나 편집을 감독함。또는 그 일을 하는 사람。

【監視:감시】주의하여 봄。감독하여 단속함。【漢書】四方群后、我監我視。

【監製:감제】감독하여 만들음。

【監察:감찰】❶주의하여 조사함。못된 짓을 못하게 남의 행동을 살펴 봄。【王逸】——群下、應對諸侯。❷《制》李朝 때 司憲府의 正六品 벼슬。「사함。

【監斬:감참】《制》죄인의 斬刑을 감독 검

【監河侯:감하후】莊子가 가난하여 좁쌀을 빌린 사람。【蘇軾】作書貸粟——。

◎校—、技—、大—、舍—、令—、統—、學—。

十畫

【盤】(반) 寒 ハン、バン、さら、たい vessel ㄆㄢˊ p'an²

草書 ❶소반반(杯—盛物器承槃)。【左傳僖公二十三年】乃饋—食置璧焉。❷즐길반(樂也)。【書經】乃—遊無度。❸어정거릴반(—桓、不進)。【後漢書】前此微命—桓末至。❹목욕통반(浴器)。【大學】湯之—銘。❺서릴반(屈曲)。【子虛賦】其山則—紆岪鬱。❻편안할반(安也)。

周癸亥盤(西清古鑑)

【盤踞:반거】서리서리 걸침。넓고도 굳세게 뿌리가 박혀 서림。【杜甫】落落——雖得地、冥冥孤高多烈風。

【盤結:반결】서려서 얽힘。

【盤鷄:반계】《動》닭의 한 가지。몸이 작고 다리가 짧음。

【盤蹊曲徑:반계곡경】일을 順理로 하지 않고 옳지 않은 방법을 써서 억지로 함。旁岐曲徑。

【盤古:반고】❶예전。太古。❷中國 古代의 傳說上의 임금의 이름。渾敦氏。【述異記】——氏、天地萬物之祖也。

盤古氏(三才圖會)

【盤曲:반곡】산길 같은 것이 돌고 구부러짐。盤屈。盤盤。【宋書】石參差、山——。

【盤根:반근】❶서리어 얽힌 뿌리。❷곤란한 일

【盤領:반령】깃을 둥그렇게 만든 두루마기의 한 가지。

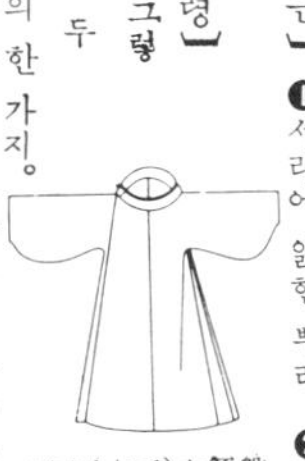
盤領衣(三才圖會)

【盤領窄袖:반령착수】폭이 좁은 소매에 둥근 깃을 단 옷。

【盤舞:반무】빙글빙글 돌면서 춤춤。

【盤問:반문】자세히 캐어서 물음。盤覈。

【盤盤:반반】구불구불 구부러진 모양。盤折。盤曲。【李白】青泥何——。

【盤費:반비】=盤纏。

【盤散:반산】비틀거리며 걷는 모양。盤跚。【史記】——行汲。

【盤石:반석】큰 바위。《喩》매우 堅固한 것。安定되어 움직이지 않음。【漢書】——之宗。

【盤旋:반선】❶=盤廻。❷놀러 돌아다님。돌아다님。【韓愈】隱者之所——。

【盤飧:반손】공기·사발 같은 데 담은 음식。

【盤松:반송】키가 작고 가지가 옆으로 「퍼진 소나무。

【盤柹:반시】납작감。

【盤繞:반요】둘러 감음。빙빙 둘러 감음。【隋書】——至額。

【盤紆:반우】구불구불 구부러짐。빙빙 돌음。曲折이 많음。盤旋。屈曲。【史記】其山則——岪鬱。

【盤遊:반유】즐거이 놀음。

【盤盞:반잔】받침이 달린 술잔。

盤盞(三才圖會)

【盤折:반절】구부러짐。길 같은 것이 꼬불꼬불 구부러진 모양。盤回。【白居易】誰知中有路、——通巖巓。

【盤坐:반좌】책상다리하고 앉음。【吳師道】——白石台。

【盤錯:반착】❶여러 가지가 뒤섞임。【拾遺記】文理——。❷盤根錯節의 略語。事物의 처리가 곤란함。【劉禹錫】紛挐——、一瞬而剖。

【盤阪:반판】꾸불꾸불한 고개。【孟浩然】平田出郭少、——入雲長。

【盤覈:반핵】자세히 캐물어 조사함。盤問。盤詰。「宗族——。

【盤互:반호】서로 뒤섞임。盤牙。【漢書】

【盤廻:반회】물 흐름이나 길 같은 것이 빙 돌음。빙글빙글 돌음。盤紆。盤旋。【韓愈】流水——山百轉。

【盤詰:반힐】=盤覈。【楊維楨】——誰能「禁齊語。

◎基—、對—、大—、石—、旋—、小—、玉—。

十一畫

【盬】(고) 麌 コ、うつわ vessel ㄍㄨˇ ku³

小篆 그릇고(器也)。

【盥】(관) 旱 翰 カン、あらう wash ㄍㄨㄢˋ kuan⁴

小篆 草書 ❶낯씻을관(洗面)。【易經】—而不薦。❷손씻을관(澡手)。【左傳】奉匜沃—。

【盥盆:관분】옛날 제사 때에 손을 씻던 그릇。

盥盆(大淸會典圖)

【盥洗:관세】 손을 씻고 발(足)을 씻음。『禮記』——揚觶。
【盥漱:관수】 손을 씻고 양치질함。『禮記』子事父母、鷄初鳴、咸——。
【盥浴:관욕】 손을 씻고 몸도 씻음。『後漢書』簡略嗜酒、不好——。
【盥櫛:관즐】 얼굴을 씻고 머리에 빗질을 함。화장을 함。『南史』不——者累旬。
【盥濯:관탁】 씻고 빨음。『韓愈』皇帝儉勤、——陶瓦。

【盦】 (암) 覃 アン、ふた lid ㄢ an¹
小篆 草書 뚜껑암、덮을암(覆蓋)。『博古圖』周有交虬ㅣ蓋鼎之盇也。

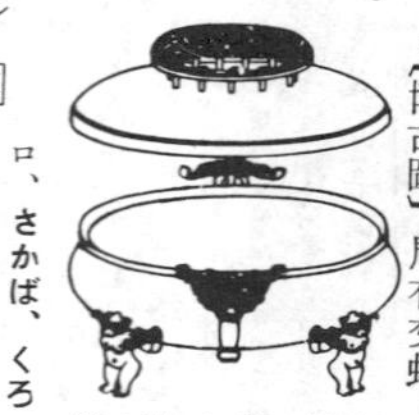
漢螭耳盦 (西淸古監)

【盧】 (로) 虞 ロ、さかば、くろ wine-shop; black ㄌㄨˊ lu²
小篆 籀文 小篆 ❶술집로、술청로(賣酒區)。『漢書』文君當ㅣ。❷사냥개로(田犬)。『博物志』韓有黑犬名ㅣ。❸검은빛로(黑色)。『書經』ㅣ弓一ㅣ矢百。❹주사위로(ㅣ摴蒱戲)。『晋書』投喝五木成ㅣ。❺창로(矛屬)。『集韻』長殳謂勃ㅣ。❻둥글로(ㅣ牟、規矩)。『淮南子』ㅣ牟六合。❼깔깔웃을로(笑也)。『後漢書』掩口胡ㅣ而笑。❽나나니벌로(蒲ㅣ、蜾蠃)。『新語』蜂細腰者曰蒲ㅣ。❾말머리꾸미개로(當ㅣ馬首飾)。『詩』刻金飾之。❿눈동자로(目中黑子)。⓫성로(姓也)。⓬포이름로(匏名)。⓭말이름로(的ㅣ、馬名)。
【盧弓盧矢:노궁노시】 까만 칠한 활과 화살。『書·文侯之命』盧弓一、盧矢百。
【盧橘:노귤】 《植》❶枇杷의 異名。『彙苑』。❷金柑의 異名。『本草綱目』。
【盧牟:노모】 법에 의하여 바로잡음。
【盧跗:노부】 扁鵲(盧人)과 兪跗。모두 옛날의 名醫。『左思』神農是嘗、——是料。
【盧生之夢:노생지몽】 人生의 榮枯盛衰는 一場의 꿈처럼 덧없다는 뜻。《故》옛날 盧生이 邯鄲(한단)의 旅宿에서 신선을 만나、밥 한 끼를 끓이는 짧은 동안의 꿈 속에서 一生의 盛衰를 꿈꾸었다는 故事。一炊之夢。邯鄲之夢。
【盧子:노자】 눈동자。黑瞳。
【盧胡:노호】 웃는 소리가 목 안에 있다는 뜻으로 소리 없이 웃음을 일컬음。胡盧。『後漢書·應劭傳』觀之者、掩口——而笑。

十二畫

【盩】 (교) 蕭 キョウ、はち brass bowl
바리교、밥그릇교(盂也)。『揚雄』椀謂之ㅣ。

【盩】 (주) 尤 チュウ、くま curve of a mountain ㄓㄡ chou¹
小篆 ❶산굽이주(山曲)。『正字通』山曲曰ㅣ水曲曰厔。❷고을이름주(扶風縣名ㅣ厔)。
【盩肝:주간】 肝을 빼내는 것。盩는 抽。『呂覽節喪』蹈自涉血——。
【盩厔:주질】 《地》漢代에 설치한 縣이름。지금의 陝西省 長安縣 서쪽。『漢書·地理志』。

【盪】 ㈠(탕) 養 ㈡(탕) 漾 トウ、あらう、うごく wash; move ㄊㄤˋ t'ang⁴
小篆 草書 ㈠❶씻을탕(滌也)。『漢書 藝文志』ㅣ意平心。❷움직일탕(動也)。『論語憲問』奡ㅣ舟。❸진동할탕(震也)。『左傳』震ㅣ播越。❹밀칠탕(推也)。㈡❶그릇부실탕(滌器)。❷뭍배질할탕(陸地行船)。
【盪擊:탕격】 물이 세게 서로 부딪침。『柳宗元·鈷鉧潭記』勢峻——益暴。
【盪滅:탕멸】 물리쳐서 멸망시킴。『漢書』——古法。
【盪夷:탕이】 물리쳐서 평정함。
【盪盪:탕탕】 ❶넓고 큰 모양。『揚雄·河東賦』廓——其亡雙。❷法度가 무너진 모양。蕩蕩。❸넓고 빈 모양。
【盪汰:탕태】 씻어서 윤냄。『鮑照』浩澤——。
【盪胸:탕흉】 ❶앞을 씻음。❷갑옷의 가슴받이。

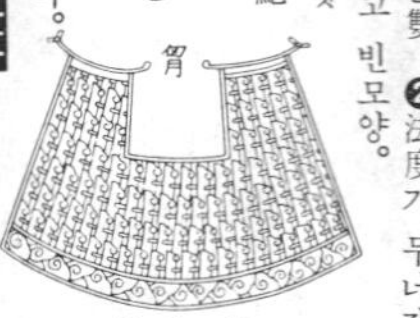
❷ 盪胸 (三才圖會)

十三畫

【盪】 ㈠(양) 陽 ㈡(창) 陽 ヨウ、さかずき wine bowl
㈠술잔양(杯也)。『揚雄』吳越之間曰ㅣ。㈡뜻은 ㈠과 같음。

【盬】 (고) 麌 コ、しおた salt-field ㄍㄨˇ ku³
小篆 草書 ❶소금밭고(鹽池)。『左傳』沃饒而近ㅣ。❷느슨할고、견고하지못할고(不堅固)。『詩經 唐風鴇羽』王事靡ㅣ。❸빨고、먹을고(嗻也)。『左傳』晋侯夢楚子伏己而ㅣ其腦。
【盬惡:고악】 무르고 나쁨。器物이 견고하지 못함。『漢書』器用——。
【盬鹽:고염】 精製하지 않은 소금。粗鹽。『史記』倚頓用——起。

十四畫

【盪】 (교) 巧 キョウ、うつわ vessel
小篆 ❶그릇교(器也)。❷휘정거릴교(撓使濁)。❸작은가마교(小釜)。

十五畫

【盭】 (려) 霽 レイ、もとる be contrary to ㄌㄧˋ li⁴
小篆 草書 ❶사나울려(戾也)。『漢書』爲人賊ㅣ。❷어그러질려(違也)。『史記』何鄉者慕川之誠後相背之ㅣ也。❸끔배팔려(胝也)。❹발뒤뚱거릴려(不行病)。『呂氏春秋』長肘而ㅣ。『賈誼策』病非徒腫也又苦跡ㅣ。

十七畫

【盨】 (구) 虞 ク、うえる plant
심을구(樹也、種也)。

十八畫

【盬】 (저) 語 チョ、うつわ vessel
小篆 그릇저(器也)。(『宝』와 같음)

二十四畫

【盬】 (감) 勘 カン、うつわのふだ、さかずぎ lid of a vessel
❶그릇뚜껑감(器蓋)。❷작은술잔감(小杯)。

目部

【目】(목) 屋 モク、ボク、め、みる eye; see 〔ㄇㄨˋ mu⁴〕

小篆 古文 草書 ❶눈목(眼也)。❷눈동자목(人眼童子)。〔易經〕離爲ㅣ。❸눈여겨볼목(注視目之)。〔史記〕陳平去楚渡河船人疑其有金ㅣ之。❹조목목(條件)。〔論語顔淵〕請問其ㅣ。❺제목목(品藻、題ㅣ)。〔晉書〕山濤甄拔人物各有題ㅣ時稱山公啓事。❻지금목、당장목(目下)。❼두목목(首魁)。❽종요로울목(要也)。❾그물코목(網ㅣ)。❿명색목(名也、名ㅣ)。

【目擊:목격】그 자리에서 실제로 봄。분명히 봄。『莊子』若夫人者、ㅣㅣ而道存矣。

【目見:목견】=目睹。

【目耕:목경】눈으로 紙田을 갈음。《喩》책을 읽어 학문에 힘씀。讀書를 밭갈이에 비유한 말。『世說』王徐答曰、我常ㅣㅣ耳。

【目光:목광】눈의 광채。眼光。『南史』ㅣㅣ如炬。

【目眶:목광】눈시울。

【目巧:목교】눈썰미。한 번 본 것이라도 곧 그대로 흉내를 잘 내는 재주。『禮記』ㅣㅣ之室。

【目今:목금】금방。현재。目下。『水滸傳·一回』ㅣㅣ京師瘟疫盛行。

【目禁:목금】눈짓을 하여 금지시킴。『唐書』盧相輒ㅣㅣ之。

【目睹:목도】눈으로 봄。실지로 봄。目擊。目見。

【目禮:목례】눈짓으로 인사함。또는 그러한 인사。『漢書』上以伯新起、數ㅣㅣ之。

【目錄:목록】책의 내용의 條目을 順序的으로 적은 것。目次。『晉書』有手所作ㅣㅣ。

【目論:목론】눈이 다른 물건은 잘 보면서 눈썹을 보지 못하는 것처럼 남의 일을 잘 알면서 자기 일을 잘 모름을 일컫는 말。『史記』今王知晉之失計、而不自知越之過、是ㅣㅣ也。

【目不識丁:목불식정】丁字도 알지 못함。《喩》一字도 모르는 無識。

【目不忍見:목불인견】눈으로 참아 더 볼 수 없음。또는 그러한 慘狀。「頤心算。

【目算:목산】❶눈어림。❷豫想。計畫。

【目攝:목섭】눈을 부릅뜨고 주의하여 봄。『史記』吾曩者ㅣㅣ之。

【目成:목성】눈짓하여 뜻을 통함。『楚辭』滿堂兮美人、忽獨與余兮ㅣㅣ。

【目笑:목소】❶눈을 서로 마주 보며 웃음。❷서로 눈짓해 가면서 비웃음。『史記』十九人相與ㅣㅣ之。

【目數:목수】눈으로 어림 셈함。『隋書』口誦ㅣㅣ、耳聽五事。

【目藥:목약】=眼藥。

【目語:목어】눈으로 말함。눈짓으로 意思를 통함。『唐書』道路ㅣㅣ。

【目容:목용】눈초리。『禮記』ㅣㅣ端。

【目意:목의】눈어림。目巧。目算。『韓非子』巧匠ㅣㅣ中繩。

【目子:목자】눈。

【目眥:목자】눈초리。귀 쪽으로 째진 눈의 구석。內眥

【目眥盡裂:목자진열】눈꼬리가 다 찢어짐。눈을 크게 뜨고 흘겨보는 모양。『史記·項羽紀』瞋目視項王、頭髮上指、ㅣㅣㅣㅣ。

【目的:목적】실현하거나 또는 到達하려는 목표。

【目的格:목적격】문법적으로 目的語가 되는 자리。곧 他動詞의 부리는 목적으로 삼아지는 자리。목적격 조사가 원칙으로 뒤붙음。客格。

【目的論:목적론】❶《哲》우주에는 다만 하나의 大目的이 있는데 이 세상 만물은 모두 이 목적을 향하여 활동한다는 설。↔機械論。❷행위 및 意向이 인생의 최고 목적에 도달할 수 있는 경향의 有無에 따라 선악의 판단을 하고자 하는 학설。

【目的物:목적물】목표로 삼는 물건。

【目的犯:목적범】《法》형법상의 범죄를 성립시킴에 있어 故意 이외에 목적을 필요로 하는 범죄。內亂罪、國基에 관한 죄 따위。

【目的語:목적어】문장에서 동작의 대상이 되는 사물을 가리키는 말。客語。

【目的意識:목적의식】자기 행위의 목적에 관한 뚜렷한 自覺。

【目的地:목적지】목표 삼는 곳。

【目前:목전】눈 앞。당장。眼前。『列子』ㅣㅣ之事、或存或廢。

【目前之計:목전지계】임시적인 꾀。얕은 꾀。

【目睛:목정】눈방울。瞳睛。『高唐』煌煌熒熒、奪人ㅣㅣ。

【目汁:목즙】눈물。『徐積』

【目次:목차】=目錄。

【目睫:목첩】눈과 눈썹。《喩》서로 접근한 곳。『後漢書』

【目測:목측】눈대중으로 거리나 크기 등을 어림잡음。↔實測。

【目標:목표】❶목적 삼는 곳。❷목적하여 지향하는 표。

【目下:목하】❶지금。금방。方今。現今。❷바로 눈 아래。眼下。

◎綱ㅣ、講ㅣ、科ㅣ、芒ㅣ、盲ㅣ、面ㅣ、反ㅣ、費ㅣ、肆ㅣ、事ㅣ、書ㅣ、細ㅣ、要ㅣ、耳ㅣ、題ㅣ、條ㅣ、注ㅣ、項ㅣ。

一畫

【𥃭】(교) 篠 キョウ、ふたえまぶた double eyelid eye
눈쌍꺼풀질교(目重皮)。

二畫

【盯】(정) 庚 トウ、みつめる stare〔gaze〕(at)
눈똑바로뜨고볼정(直視)。〔孟郊詩〕眼瞟強ㅣ𥈭。

【旬】㈠(현) 霰 ㈡(순) 眞 ケン、シュン、めまいする dizzy
小篆 或㈠눈방울굴릴현(目搖)。體㈡눈아찔할순(目眩)。

三畫

【盰】(간) 翰 カン、みはる strain
小篆 草書 눈부릅뜰간(張目)。〔白虎通〕ㅣ目陳兵天下富昌。

【盰】(천) 先 セン、かすか remote
草書 아득히쳐다볼천(ㅣ瞑、遙視)。〔南都賦〕靑冥ㅣ瞑。

【盳】(환) 翰 カン、まじろぐ roll one's eyeballs
눈동자굴릴환(睆ㅣ、轉目)。

【盱】(우) 虞 ク、みはる strain 〔ㄒㄩ hsü¹〕(古音「후」)
小篆 草書 ❶눈부릅뜰우(張目貌)。〔漢書 王莽傳〕ㅣ衡厲色。❷눈웃음칠우(喜悅貌、睢ㅣ)。

【盱盱:우우】❶다급하여 보는 모양。『莊子』睢睢ㅣㅣ、而誰與居。❷눈을 부릅뜨는 모양。『荀子』ㅣㅣ然。

【盱眙:우치】고을 이름。安徽省內。

【盱衡:우형】눈을 부릅뜨고 눈썹을 치켜 올리며 봄。봅시 성난 것을 형용한 말。『漢書』ㅣㅣ厲色。

【盵】(우)『盱』(前條)와 같음

【盱】(범) 陷 ハン、おおきいめ big-eyed
큰눈범(大目)。

【盲】(맹) 庚 ボウ、モウ、めくら blind [ㄇㄤˊ máng]
小篆 草書 ❶청맹과니맹、판수맹、장님맹(目無瞳)。〔淮南子〕ㅡ者目形存而無能見也。❷어둘맹(暗也)。❸몽매할맹(蒙昧)。

【盲瞽:맹고】=盲者。〔論衡〕知今不知古、謂之ㅡㅡ。

【盲管:맹관】盲腸처럼 한 쪽이 막혀 있는 管。

【盲管銃創:맹관총창】彈丸이 몸뚱이를 貫通하지 않고 體內에 머물러 있어서 생긴 상처。

【盲溝:맹구】물이 잘 빠지도록 파서 조약돌을 묻은 도랑。

【盲龜遇木:맹귀우목】눈먼 거북이 뜬 나무를 만남。(喩)어려운 판에 좋은 일을 만남。

【盲聾:맹롱】장님과 벙어리。〔楞嚴經〕ㅡㅡ瘖瘂。

【盲忘:맹망】마음이 어두워서 잊어버림。멍청함。昏忘。〔淮南子〕天下時有ㅡㅡ自失之患。

【盲目:맹목】❶먼 눈。❷어두운 눈。〔李商隱〕ㅡㅡ把大旆。

【盲目的:맹목적】是非善惡을 가리지 못하고 행동하는 모양。理性을 잃고 행동하는 모양。

【盲信:맹신】옳고 그름을 가리지 않고 덮어놓고 믿음。

【盲啞:맹아】소경과 벙어리。盲瘖。

【盲啞學校:맹아학교】맹아에게 특수한 교육을 하는 학교。

【盲魚:맹어】미국 동부 파머드 케어브에 사는 視覺이 없어진 물고기。

【盲瘖:맹음】=盲啞。〔梁書〕ㅡㅡ絶世、棄禮樂。

【盲人:맹인】=盲者。〔世說〕ㅡㅡ騎瞎馬、夜半臨深池。

【盲人敎育:맹인교육】소경에게 행하는 특수 교육。

【盲者:맹자】소경。눈이 보이지 않는 사람。盲人。〔淮南子〕毋貽ㅡㅡ鏡。

【盲者丹靑:맹자단청】소경의 단청구경。(喩)사물을 감정할 능력이 없이 보는 것。

【盲者正門:맹자정문】소경이 문을 바로 찾음。(喩)우매한 사람이 우연히 이치에 들어 맞는 일을 함。盲人直門。

【盲腸:맹장】(生)大腸의 最上部。小腸과 접촉되는 부분으로 先端은 退化하여 蟲樣突起를 이루고 있음。

【盲腸炎:맹장염】(醫)맹장에 생긴 炎症。蟲樣突起炎。

【盲錢:맹전】가운데 구멍이 없는 돈。無孔錢。

【盲點:맹점】❶(醫)視神經이 網膜에 들어가는 곳에 있는、白色 圓形의 乳頭 모양의 突起。網膜이 없으므로 視覺이 생기지 않음。❷주의가 미치지 아니하여 미처 알아 차리지 못하는 점。

【盲從:맹종】옳고 그름을 가리지 않고 덮어놓고 남을 따름。

【盲進:맹진】앞뒤를 살피지 않고 마구 나아감。

【盲探:맹탐】두서 없이 함부로 찾음。

【盲爆:맹폭】목표 없이 함부로 하는 폭격。

【盲風:맹풍】疾風。몹시 빠르게 부는 바람。〔禮記〕ㅡㅡ至。

【盳】(망) 陽 ボウ、あおぎみる looking up
쳐다볼망(仰視)。◎文ㅡ 色ㅡ。

【直】㊀(직) 職 チョク、ジキ、ただしい、すぐに straight; honest ㊁(치) 寘 ㄓ chih²
小篆 古文 ㊀❶바를직(正也)。〔書〕王道正ㅡ。❷곧을직(不曲)。〔論語〕ㅡ哉史魚。❸당할직(準當)。〔史記〕以白鹿皮爲皮幣ㅡ四十萬。❹다만직(但也)。〔孟子梁惠王上〕ㅡ不百步耳。❺펼직(伸也)。〔孟子〕枉尺ㅡ尋。❻곧게할직(理枉)。〔韓愈 王仲舒墓〕公獨爲ㅡ其寃。❼번들직(侍也、當ㅡ、宿ㅡ)。❽바로직(卽也、ㅡ接、ㅡ面)。㊁값치(物價)。〔北史〕何不還他價ㅡ。(〔値〕와 통함)

【直覺:직각】❶推理 또는 경험에 의하지 않고 대상을 직접으로 파악하는 것。❷感官의 작용에 의하여 직접으로 외계 사물의 지식을 얻는 것。直觀。

【直角:직각】(數)九〇도의 角度。垂直되는 두 직선으로 이루어진 각。

【直角三角形:직각삼각형】(數)한 각이 직각인 삼각형。勾股。

【直覺說:직각설】=直觀說。

【直覺的:직각적】사물에 대하여 직접으로 깨닫는 것。

【直諫:직간】所信을 기탄 없이 말하여 諫함。맞 대하여 잘못을 諫함。〔史記〕簡子有臣周舍、好ㅡㅡ。

【直感:직감】설명이나 증명을 거치지 않고 사물을 접촉함으로써 곧이 곧대로 느껴지는 감각。

【直徑:직경】(數)지름。圓·球面의 一點에서 그 중심을 통과하여 반대 편의 圓周 또는 表面의 一點에 도달하여 끝나는 直線。

【直系:직계】직접으로 핏줄을 받아 이음。先祖로부터 자손에게 直線으로 이어진 혈족 관계。↔傍系。

【直系卑屬:직계비속】자기로부터 直系的으로 내려간 血緣의 계레붙이。곧 아들·손자·曾孫子 등。

【直系姻族:직계인족】배우자의 직계가 되는 혈연의 겨레붙이。

【直系尊屬:직계존속】조상으로부터 직계로 자기에게 이르는 血緣의 겨레붙이。곧 부모·조부모·曾祖부모 등。

【直系血族:직계혈족】직계친의 사이에 계속된 혈연의 겨레붙이。

【直告:직고】바른 대로 고해 바침。

【直觀:직관】❶판단·추리 따위의 思惟작용을 가하는 일이 없이 대상을 직접으로 파악하는 것。또는 그 내용。❷감각을 통하여 외계 사물에 관한 구체적 지각을 얻는 것。

【直觀說:직관설】❶(哲)직관의 작용에 의하여 인식의 절대 경지에 도달이 가능하다는 설。❷(倫)인간은 선천적으로 도덕을 의식할 수 있는 힘을 가졌기 때문에 선악·邪正을 직관할 수 있다는 윤리설。

【直交座標:직교좌표】(數)직각으로 만나는 두 직선을 軸으로 한 좌표。↔斜交座標。

【直球:직구】야구 경기에서 투수가 곧게 던진 공。

【直根:직근】主根이 잘 발달하여 곧게 벋어 내려가는 뿌리。

【直談:직담】직접 본인과 담판함。直接談判。

【直答:직답】❶곧이 곧대로 대답함。❷卽答。

【直突:직돌】쪽 곧은 굴뚝(突은 煙突)。〔漢書〕ㅡㅡ傍有積薪。

【直諒:직량】정직하고 성실함。

【直列:직렬】(物)많은 도선을 순차로 연결하여 한 줄의 도선을 이룸。

【直隷:직례】임금 또는 중앙 정부에 직접 隷屬함。直接隷屬。〔宋史〕所領州郡、皆ㅡ京師。

【直路:직로】곧은 길。

【直流:직류】❶똑바른 흐름。❷(物)언제나 일정한 방향으로 흐르는 電流。↔交流。

【直立:직립】❶똑 바로 섬。❷높이 솟아오름。또는 그 높이。

【直立莖:직립경】식물의 보통인 형태로 땅 위에 곳곳이 서는 식물의 줄기。

【直立面:직립면】 평면에 대하여 수직이 되는 평면。
【直立線:직립선】 수평면에 대하여 수직된 평면。
〔直末寺:직말사〕 《佛》本山의 직접 지배하에 있는 말사。
【直脈:직맥】 ❶곧은 맥。 ❷잎의 줄기가 세로 병행된 葉脈。 댓잎·보릿잎 따위。
【直面:직면】 ❶직접 어떤 사물에 대해 있음。 가까이에서 어떤 사물에 接함。 ❷직접 대면함。
【直務郞:직무랑】 《制》 李朝 때 從八品 士官職。 武官의 품계。
【直房:직방】 朝房。 朝臣들이 모여서 朝禮를 기다리던 房。
【直方體:직방체】 《數》각 면이 모두 矩形이고、 對되는 세 개의 면이 平行한 六面體。 直六面體。
【直射:직사】 ❶광선이 곧게 비침。 ❷바로 내쏨。
【直射圖法:직사도법】 《地》지구의 표면을 무한대의 원방에서 본 것으로 생각하여 경선과 위선을 作圖하는 投影法。
【直射砲:직사포】 쏜 탄환이 낮고 곧게 나가는 대포。
【直蔘:직삼】 곧게 말린 인삼。 ↕曲蔘。
【直上:직상】 ❶바로 그 위。 ❷곧장 올라감。
【直敍:직서】 꾸밈 없이 있는 그대로 말함。
【直席:직석】 앉은 그 자리。
【直線:직선】 ❶곧은 줄。 ❷시종 동일한 방향을 유지하는 선。 두 점 사이의 아주 짧은 선。
【直線美:직선미】 直線的인 구성에 의하여 이루워지는 剛健簡素한 美。 ↕曲線美。
【直屬:직속】 직접으로 隷屬됨。 직접적으로 그 아래에 속함。
【直孫:직손】 直系의 子孫。

【直守:직수】 간직하여 지킴。
【直輸入:직수입】 외국의 상품을 직접으로 사들임。 ↕直輸出。
【直輸出:직수출】 국내의 상품을 외국으로 직접 수출함。 ↕直輸入。
【直視:직시】 똑바로 注視함。 「注視함。 정면으로
【直臣:직신】 ❶바른 臣下。 정직한 臣下。 ❷아첨하지 않고 直言하는 臣下。 『漢書』 以旌——。
【直心:직심】 ❶정직한 마음。 ❷굳게 지켜 나가는 마음。 ❸《佛》바로 眞如를 미루어 헤아리는 마음。
【直言:직언】 ❶바르다고 생각하는 바를 무서워하지 않고 기탄없이 말함。 또는 그러한 말。 『左傳』子好——、必及于難。 ❷절대적이고 무조건인 말。
【直譯:직역】 原文의 文字·句法 그대로 충실하게 번역함。 ↕意譯。
【直營:직영】 직접으로 경영함。
【直營坑:직영갱】 광주가 직접 채광하는 광산 구덩이。
【直往:직왕】 곧이 곧대로 감。
【直往邁進:직왕매진】 곧이 곧대로 빨리 나아감。
【直圓柱:직원주】 《數》長方形의 한 변을 축으로 하여 回轉하여 되는 입체。 側稜이 底面에 垂直인 원주임。 直圓壔。
【直圓錐:직원추】 《數》직각 삼각형의 직각을 이루는 한 변을 축으로 하여 回轉하여 되는 입체。 徑點과 底面의 중심을 맺는 직선이 저면에 수직인 원추임。
【直議:직의】 =直言。 『韓非子』明主在上、群臣——于下。
【直日:직일】 당직하는 날。 『國語·註』。
【直入:직입】 곧 들어감。 곧장 들어감。
【直腸:직장】 《生》곧은창자。
【直裁:직재】 ❶직접으로 결재함。 ❷몸소 裁決함。 최고 責任者가 직접 결재함。
【直田:직전】 기름하고 네모가 번듯하게 생긴 밭。

【直前:직전】 ❶바로 앞。 ❷시간적으로 어떤 일이 있기 바로 전。 ❸곧 나아감。 주저하지 않고 나아감。
【直錢:직전】 맞돈。 現金。 물건을 賣買할 때 그 자리에서 마주 치르는 값。 또는 품삯으로 즉석에서 주는 돈。 『漢書』。
【直切:직절】 바르고 엄함。 嚴直。 『劉峻』揷——。
【直節:직절】 어떤 것에도 굽히지 않는 「곧은 절개。
【直截:직절】 ❶直覺的으로 分辨하여 알음。 ❷곧 裁決함。 ❸거치장스럽지 않고 간략함。 簡直。
【直接:직접】 중간에 소개나 다른 물건을 놓지 않고 마주 댐。 ↕間接。
【直接經驗:직접경험】 학적·개념적으로 추상·가공되지 않은 근원적 경험。
【直接談判:직접담판】 중개 역할을 바라지 않고 직접 당사자끼리 하는 담판。
【直接選擧:직접선거】 《法》선거 방법의 한 가지。 선거인이 직접으로 被選擧人을 선거하는 것。 ↕間接選擧。
【直接稅:직접세】 국가가 稅金의 사실상의 負擔者에게서 징수하는 租稅。 所得稅·財産稅·地稅 등。 ↕間接稅。
【直接正犯:직접정범】 《法》본인 자신의 의사 결정에 의하여 실행하고 남과는 아무 관련이 없는 범죄。 ↕間接正犯。
【直接行動:직접행동】 ❶노동자가 자본가 계급에게 직접으로 하는 행동。 ❷이론을 캐지 않고 직접으로 하는 행동。 ↕間接行動。
【直接話法:직접화법】 남의 말을 전함에 있어서 곧이 곧대로 전하는 방법。 ↕間接話法。
【直情:직정】 생각한 대로 발표하고 꾸밈이 없음。
【直情徑行:직정경행】 자기의 생각대로 곧 행동하여 禮法을 돌보지 않음。 『禮記』有直情而徑行者、戎狄之道也。

【直梯形:직제형】 《數》평행이 아닌 두 변 가운데의 한 변이 평행변에 수직되는 사다리꼴。
【直走:직주】 곧장 빨리 달아남。
【直奏:직주】 임금에게 직접 上奏함。
【直證:직증】 自明의 이치。 최상의 확증。
【直斥:직척】 卽席에서 나무라고 배척함。
【直招:직초】 곧은 불림。 자기의 죄상을 사실대로 말함。
【直出:직출】 지체하지 않고 곧 나아감。
【直吐:직토】 실정을 바로 토설함。
【直通:직통】 ❶어떤 지점에서 목적지까지 아무런 고장 없이 곧장 통함。 ❷기차 같은 것이 곧장 목적지에 도달함。
【直通電話:직통전화】 중계하지 않고 서로 관계되는 곳 사이에 바로 통하는 전화。
【直派:직파】 한 계통에서 줄곧 내려온 겨레붙이의 갈래。
【直播:직파】 移秧하지 않고 직접 씨를 「뿌림。
【直筆:직필】 ❶事實을 있는 그대로 씀。 ↕曲筆。 『晉書』忝荷史任、敢忘——。 ❷붓대를 똑바로 잡고 씀。
【直逼:직핍】 바싹 다가옴。
【直下:직하】 ❶바로 그 아래。 또는 밑。 ❷똑바로 내려감。 『李白』飛流——三千丈。
【直轄:직할】 직접적으로 지배함。 직접 관할함。
【直航:직항】 배가 목적지까지 직행함。
【直項:직항】 목을 곧게 하여 굽히지 않음。 《轉》剛直함。 強項。
【直行:직행】 ❶바른 행위。 『史記』屈平正道——。 ❷마음대로 꾸밈 없이 해냄。 直情徑行。 ❸아무 데도 들리지 않고 목적지로 바로 감。
【直行列車:직행열차】 도중에 바꿔 타지 않고 곧장 목적지로 가는 기차。
【直後:직후】 어떤 일이 있은 곧 그 뒤。 ↕直前。

【見】(요) 效 オウ、おくめ shallow-eyed 깊은눈요(深目)。

【直】(치)(직)『直』(前前條)의 俗字

四畫

【眄】(전) 先 テン、みまわす glance 草書 ❶눈알굴려볼전(轉視貌)。【禮記】人生三月而徹—然後能有見。❷큰눈전、왕눈이전(大目、—瞑)。

【相】㊂(상) 陽 ショウ、ソウ、あい、かたち ㊀(상) 漾 ㄒㄧㄤ mutual; aspect hsiang 小篆 草書 ㊀❶서로상(共也)、【孟子離婁下】—泣於中庭。❷바탕상(質也)。【詩經 大雅棫樸】金玉其—。㊁❶볼상(視也)。【左傳 隱公十一年】—時而動。❷도울상(助也)。【易經】輔—天地之宜。❸손님맞는 사신상(儐也、接待役)。【周禮】朝覲會同爲上—。❹인도할상(導也)。【禮記】—者一人教導卽贊勉也。❺붙들상(扶也)。【禮記】樂有—步。❻정승상(官名)。【漢書】—國丞—皆秦官。❼상볼상(—術)。【左傳】叔服能—人、❽가릴상(選擇)。❾풍류이름상(似鼓、樂器名)。

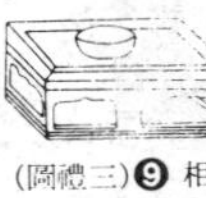

(三禮圖)❾ 相

【相加平均:상가평균】《數》몇 가지의 수의 和를 그 가지수로 나눗셈하여 얻은 수。算術平均。↔相乘平均。

【相距:상거】서로 떨어진 거리。

【相隔:상격】서로 떨어져 있음。

【相激:상격】서로 다질림。

【相見:상견】서로 봄。

【相見禮:상견례】❶공식적으로 서로 만나보는 禮。❷마주 서서 절을 하는 것。❸《制》新任한 師傅나 賓客이 東宮에게 뵙는 禮。

【相考:상고】서로 견주어 고증함。

【相公:상공】宰相의 尊稱。相君。【王粲】——乃乘輕軒駕四駱。

【相關:상관】❶서로 관련을 가짐。❷남의 일에 간섭함。

【相關性:상관성】일이나 물건끼리 서로 관계되는 성질。

【相國:상국】《制》❶옛 中國에서 宰相을 일컫는 말。百官의 우두머리。【漢書】蕭何爲丞相、七年遷爲——。❷李朝 領議政·左議政·右議政의 總稱。相臣。

【相剋:상극】❶五行의 運行에서 서로 이기는 관계。곧 木은 土에、土는 水에、水는 火에、火는 金에、金은 木에 이김。↔相生。❷둘 사이에 서로 마음이 和合하지 못하고 항상 충돌함。

【相談所:상담소】어떤 일정한 일에 관하여 묻고 의논할 수 있도록 설치된 사회 시설。

【相當:상당】❶어지간함。❷서로 어금지금함。【漢書·註】角抵者、兩兩——。❸제분수에 알맞음。

【相當職:상당직】품계에 상당한 벼슬。

【相對:상대】❶서로 마주 봄。❷서로 맞섬。마주 겨룸。❸《哲》다른 사물에 대하여 존재함。곧 다른 사물에 의존하거나 制約을 받거나 하여 존재함。↔絶對。❹相對方。

【相對概念:상대개념】《論》둘 사이의 관계가 깊어서 비교됨으로써 그 의미가 또렷해지는 개념。↔絶對概念。

【相對性:상대성】《哲》모든 사물의 부분과 전체 또는 부분과 부분이 독립하지 않고 서로 의존적 관계를 가진 성질。

【相對性原理:상대성원리】《物》도이치의 물리학자 아인슈타인이 一九〇五년에 발표한 학설。모든 물리 법칙은 等速度로 상대운동하는 觀測者에 대하여 같은 형식으로 나타난다는 원리。

【相對濕度:상대습도】《物》현재 공기속에 있는 수증기의 양과 그 때의 온도로써 포함할 수 있는 양껏의 수증기를 포함한 경우의 양과의 비。또는 그것은 백분으로써 나타낸 것。

【相對者:상대자】상대편 사람。맞은편。

【相對的:상대적】다른 것과의 관계。비교에 있어 존재하는 것。↔絶對的。

【相對主義:상대주의】《哲》善·惡등의 절대 독립의 표준을 부정하고 모든 가치는 비교의 관계에 있어 때와 곳과 주관에 따라 변화한다는 설。↔絶對主義。

【相得:상득】❶사물이 모두 時宜에 맞음。❷두 사람이 서로 마음이 맞음。【史記】。

【相等:상등】서로 비슷함。

【相連:상련】❶서로 잇대어 붙음。❷서로 잇대임。

【相隣關係:상린관계】《法》서로 인접하는 부동산에 대한 각 소유권자의 소유권 행사를 상호 조절하는 관계。

【相望:상망】❶서로 바라봄。❷宰相이 될만한 名望。

【相望之地:상망지지】거리가 서로 가까운 곳。

【相面:상면】❶처음으로 서로 만나서 알게 됨。❷서로 만나 봄。

【相貌:상모】얼굴 모양。생김새。

【相反:상반】서로 반대됨。서로 어긋남。

【相半:상반】서로 절반씩 됨。서로 비슷비슷함。

【相伴:상반】❶서로 짝이 됨。서로 함께 함。❷客의 상대가 됨。【錢氏私誌】令梁守道——、賜酒果。

【相妨:상방】양 쪽에서 서로 방해함。

【相法:상법】人相이나 家相을 보는 法。相術。【五代史】以——、言人事。

【相逢:상봉】서로 만남。

【相扶:상부】서로 도움。

【相思:상사】서로 생각함。서로 사모함。어떤 對象을 사모함。【郭茂倩】——纏綿之意。

【相似:상사】❶서로 모양이 비슷함。❷《生》異種의 생물의 器官에서 발생하여 계통상 그 기원과 구조는 다르나 그 형상과 작용에 있어서 서로 일치하는 현상。❸《數》하나의 圖形을 均等하게 확대 또는 축소하면 다른 도형과 모양이 똑같이 되는 것。

【相思病:상사병】戀情에 사로잡혀 생기는 병。花風病。

【相思不忘:상사불망】사랑하는 남녀끼리 서로 생각하여 잊지 않음。

【相殺:①상살②상쇄】❶서로 죽임。❷㉠셈을 서로 비김。㉡《法》債權消滅 原因의 하나。두 사람이 서로 같은 종류의 채권을 가지는 경우、피차의 채권에서 같은 액면만을 소멸시키는 것。

【相生:상생】五行의 運行에 있어서 彼此에 서로 生하는 관계。곧 木은 火、火는 土、土는 金、金은 水、水는 木을 生하는 일。↔相剋。

【相生之理:상생지리】五行이 상생하는 이치。

【相續:상속】❶이어 받음。【漢書】——乘政。❷《法》民法上으로 전戶主의 권리·의무를 이어 받음。戶主 相續과 遺產 相續이 있음。❸《佛》因果가 차례로 계속하여 끊어지지 않는 것。

【相續權:상속권】《法》상속 개시 전에 상속인이 가질 상속에 대한 期待權 및 상속 개시 후에 있어서 상속인이 상속의 효과에 대하여 가진 기득권。

【相續稅:상속세】《法》상속·遺贈·증여에 의하여 재산을 취득한 사람에게 부과하는 세금。

【相續人:상속인】❶상속한 사람。❷《法》상속 후에 있어서、추정 상속인의 법률상의 호칭。상속자。↔被相續人。

【相續者:상속자】=相續人。

【相續財產:상속재산】《法》상속인이

피상속인으로부터 상속으로 말미암아 계승하는 전 재산。

【相術：상술】 覾相術。 관상하는 법。『魏志』――善於閭巷之間。

【相承：상승】 서로 받아 이음。

【相乘：상승】 두 개 이상의 數를 곱함。

【相勝相負：상승상부】 이기고 진 번수가 서로 같음。 「하여 얻은 積。

【相乘積：상승적】 두 개의 수를 서로 곱

【相識：상식】 서로 알음이 있음。 서로 안면이 있음。 『禮記』――有喪服。

【相信：상신】 서로 믿음。 서로 신용함。

【相信間：상신간】 서로 믿는 사이。 서로 뜻을 튼 사이。

【相約：상약】 서로 약속함。

【相羊：상양】 이리저리 서성거림。 徘徊。 『楚辭』聊逍遙以――。

【相讓：상양】 서로 양보함。

【相辱相鬪：상욕상투】 서로 욕질하며 같이 때림。

【相遇禮：상우례】 결혼한 신랑이 처가의 또는 신부가 시가의 친척과 정식으로 처음 만나 보는 예식。

【相月：상월】 음력 七월의 異稱。「――。

【相違：상위】 서로 어긋남。 『漢書』前後

【相應：상응】 ❶서로 應함。 ❷서로 기맥을 통함。 ❸서로 맞아 어울림。 『國語』式權以――。 ❹《佛》瑜伽。

【相議：상의】 일이나 물건을 서로 의논

【相異：상이】 서로 다름。 「함。 相談。

【相者：상자】 ❶어떤 會合 같은 데서 儀式을 행할 때 主人을 補佐하는 사람。

『禮記』徹飯齊以援――。 ❷＝相人。

【相殘：상잔】 서로 다투고 싸움。

【相爭：상쟁】 서로 다툼。 「비슷함。

【相敵：상적】 양 편의 겨루는 힘이 서로

【相傳：상전】 대대로 이어감。 받아 전함。 서로 전함。 『朱熹·中庸章句序』推本堯舜以來――之意。

【相戰：상전】 ❶말다툼하거나 서로 싸움。 ❷바둑·장기 따위로 승부를 겨룸。

【相接：상접】 서로 한데 닿음。 서로 이웃함。

【相助：상조】 서로 도움。

【相從：상종】 서로 의좋게 지냄。 過從。

【相宗：상종】 《佛》法相宗의 略稱。

【相知：상지】 서로 아는 사이。 『列仙傳』將入京、投――。

【相持：상지】 서로 사양하지 않고 자기의 고집만을 내세움。 『史記』楚漢久――未決。

【相次運送：상차운송】 몇 사람의 운송인이 책임을 연대하여 운송하는 것。 連帶運送。

【相衝：상충】 맞지 않고 서로 어긋남。

【相親：상친】 서로 친밀하게 사귐。

【相親間：상친간】 서로 친밀하게 사귀는 사이。 친구간。

【相稱：상칭】 ❶서로 균형을 유지하고 있음。 ❷서로 對應하고 있음。

【相通：상통】 ❶서로 막힘 없이 길이 트임。 ❷서로 마음이나 정을 주고 받음。 ❸서로의 뜻을 알음。 ❹서로가 어떤 일에 공통되는 바 있음。

【相鬪：상투】 서로 두들기고 다툼。

【相避：상피】 《國》❶親族 또는 그 밖의 관계로 같은 곳에서 벼슬하는 일이나 聽衆·試官이 되는 것을 피함。 ❷有服親 곧 가까운 친척 남녀간의 性的 交接。

【相合：상합】 서로 부합함。 서로 맞음。

【相呼：상호】 서로 부름。

【相好：상호】 ❶서로 좋아함。 사이가 좋음。 《轉》朋友。 ❷《梵》Laksana-vyanjana: 용모。 형상。 『無量壽經』身色紫金、―― 特殊。 「番。

【相互：상호】 ❶彼此가 서로。 ❷交互。 輪

【相互誘導：상호유도】 《物》한 코일의 전류를 변화시키면 딴 코일에 유도 전력이 생기는 현상。

【相互主義：상호주의】 국제상 두 나라 사이에 서로 利害를 교환하는 주의。

【相確：상확】 서로 의논하여 확정함。

【相換：상환】 서로 교환함。 서로 바꿈。

【相會：상회】 만나 봄。

【相詰：상힐】 서로 트집을 잡아 나무라고 다툼。

◎假―、覾―、骨―、萬物―、面―、名―、法―、首―、實―、我―、樣―、良―、外―、人―、將―、宰―、眞―、皮―、賢―。

【眕】 (진) 軫 チン、みはる strain

❶눈정기진(目之精)。 ❷눈부릅뜰진(瞋怒目)。

【眏】 (천) 先 テン、あおぎみる look up

우러러볼천(仰視)。

【眡】 (시) 『視』(5見部畫)와 같음

【盹】 (순) 眞 シュン、いねむり doze ㄉㄨㄣˇ tuen[3·4]

草書

졸순、 눈감을순(目藏)。

【眏】 ㊀(결) 屑 ケツ、めやみ ㊁(혈) 屑 eye disease

小篆

㊀눈앓을결(目患)。 ㊁❶휘둥그레볼혈(驚視)。 ❷흘깃흘깃볼혈(顧眄不定貌)。

【盻】 (혜) 霽 ケイ、にらむ stare ㄒㄧˋ hsi[4]

小篆 草書

❶눈흘길혜(恨視貌)。『魏志』許褚傳』褚瞋目―之。 ❷돌아볼혜(顧視)。『孔稚圭北山移文』芥千金而不―。 ❸가쁠혜(勤苦貌)。『孟子』使民――然。

【盻恨：혜한】 원망함。 또는 원망스러이 봄。 『字彙』。

【盻盻：혜혜】 힘쓰고 괴로워하는 모양。 一說로는 원망스러히 바라보는 모양。『孟子·滕文公上』使民――然、將終勢動動、不得以養其父母。

【県】 (교) 蕭 キョウ、さらす hang the cut head

小篆

목베어거꾸로달교(斬首倒懸)。

【睟】 (수) 『睟』(目部8畫)의 俗字

【盼】 (반) 諫 ハン、かえりみる look back ㄆㄢˋ p'an[4]

小篆 草書

❶돌아볼반(顧視)。『魏書』亦蒙恩―。 ❷눈매어여쁠반(美目)。『詩經』美目―兮。 ❸할겨볼반(流視貌)。『神女賦』目若微―精彩相接。

【盼顧：반고】 돌아 보는 것。『許由·箕山歌』我樂如何、蓋不――。

【盼刀：반도】 머리를 숙이고 눈을 치떠보이는 것。 凶目。『晉書·陳訓傳』。

【盼望：반망】 바람。 희망함。 하고자 함。

【盼倩：반청】 눈이 시원하고 입가에 사랑과 공경이 보임。『詩經·衛風』巧美――、美目盼兮。

【盾】 ㊀(순) 軫 ジュン、トン、たて ㊁(돈) 阮 shield ㄕㄨㄣˇ shuen[3]

小篆 草書

㊀❶방패순(扞身蔽目)。『管子』兵尙脊―。 ❷벼슬이름순(官名、鉤―)。 ㊁사람이름돈(趙―)。

【盾鼻：순비】 방패의 손잡이。『資治通鑑』荀洛少居江東與上(梁武帝)有布衣交、常日、會於――上磨墨檄之。 《喩》從軍하는 文士。

【旻】㊀(혈) 屑 キョ、まじろく ㊁(혁) 職 wink (at)
小篆 ㊀눈짓할혈(擧目使之)。 ㊁뜻은 ㊀과 같음。

【明】(명) 庚 メイ、あかるい sharp eye
눈밝을명(視瞭)。(『明』과 別字)

【省】㊀(성) 梗 セイ、ショウ、かえりみる ㊁(생) 梗 reflect; watch
小篆 古文 草書 ㊀❶볼성(視也)。❷살필성(察也、審也)。【論語學而】日三ㅡ吾身。【禮記曲禮】晨ㅡ而昏定。㊁❶덜생(簡少)。【左傳僖公二十一年】貶食ㅡ用。❷아낄생、인색할생(嗇也)。❸대궐안마을생(禁署)。【漢書】公主共養ㅡ中。❹생략할생、치워버릴생(ㅡ略)。

【省改:성개】스스로 반성하여 행동을 고침。【漢書】列侯近臣、各自ㅡㅡ。

【省墓:성묘】조상의 산소를 찾아가서 살피어 돌봄。看山。省楸。

【省事:성사】철이 들 무렵。幼少時。【韓愈】自ㅡㅡ以來。

【省牲省器:성생성기】나라의 祭享에 쓸 犧牲과 器皿을 살펴 봄。「ㅡㅡ」。

【省寺:성시】관청。官衙。【杜甫】文翰飛

【省閱:성열】잘 살펴 조사함。「ㅡㅡ」。

【省悟:성오】살펴 깨달음。【舊唐書】亦漸

【省長:성장】《制》中國에 있어서 一省의 行政長官。

【省察:성찰】지난 일의 善惡·是非를 반성하여 살핌。【唐書】惟陛下ㅡㅡ。

【省楸:성추】省墓。

【省減:생감】줄이고 뺌。【漢書】繇役ㅡㅡ、兵革不動。

【省略:생략】간단하게 덜어서 줄임。뺌。【蜀志】雖性簡情ㅡㅡ、未嘗以甘言加人。

【省禮:생례】《國》喪中에 있는 사람에게 보내는 편지의 첫머리에 쓰는 말。禮節을 생략하고 쓴다는 뜻。省式。

【省文:생문】❶漢字의 점이나 획을 생략하여 씀。또는 그러한 文字。略字。省筆。❷文章의 字句를 생략함。

【省費:생비】비용을 줄이고 절약함。

【省式:생식】=省禮。

【省約:생약】줄여 간단하게 함。簡約。

【省畫:생획】글자의 획을 줄여 씀。
◎歸ㅡ、內ㅡ、反ㅡ。

【眄】(면) 霰 ベン、メン、みる look askance ㄇㄧㄢˇ mien³
小篆 草書 ❶곁눈질할면(斜視)。【史記】按劍相ㅡ。❷눈알흘겨굴릴면(轉眼貌)。【西京賦】眳藐流ㅡ一顧傾城。

【眄睞:면래】❶눈을 움직이는 모양。❷돌아보는 모양。【南史】ㅡㅡ則目光燭人。

【眄眄:면면】❶곁눈질하는 모양。❷지혜가 없는 모양。【淮南子】臥倨倨、興ㅡㅡ。

【眄視:면시】곁눈질을 함。【戰國策】馮几據杖、ㅡㅡ指使、則廁役之人至。

【眄睨:면예】=眄視。【莊子】不能ㅡㅡ也。

【眅】㊀(판) 刪 ハン、にらむ ㊁(판) 潸 glance ; sidelong ㄆㄢ p'an¹
小篆 草書 ㊀❶눈에흰자위많을판(眼多白)。❷흘겨볼판(反目貌)。㊁동자에 백태낄판(膜侵睛)。

【眅睛:판청】흰자위가 많은 눈。【正字通】眅、膜侵睛、謂之ㅡㅡ。

【眈】(탐) 覃 タン、ねらいみる(古音「담」) glare
小篆 草書 ❶노려볼탐(視貌)。【易經頤卦】虎視ㅡㅡ。❷즐길탐(樂也)。【書經】惟ㅡ樂之從。

【眈眈:탐탐】❶범이 내려다 보는 모양。❷그윽하고 깊은 모양。【左思·魏都賦】ㅡㅡ帝宇。

【昉】(방)『倣』(人部 8畫)과 같음

【眇】(묘) 篠 ビョウ、ミョウ、すがめ one-eyed ㄇㄧㄠˇ miao³
小篆 草書 ❶한눈짜긋할묘(一目小)。❷애꾸눈묘(偏盲)。【易經】ㅡ能視。❸작을묘(微也)。【漢書 昭帝紀】朕以ㅡ身託于王侯之上。❹볼묘(視也)。【班固答賓戲】離婁ㅡ目於毫分。❺아득할묘(遠也)。【莊子】藏其臣也不厭深ㅡ。❻다할묘(盡也)。【荀子】王者仁ㅡ天下義ㅡ天下威ㅡ天下。❼정미할묘(精微)。【漢書 元帝紀贊】窮極幻ㅡ。

【眇軀:묘구】작은 몸。작은 신체。

【眇目:묘목】❶사팔뜨기。애꾸눈이。❷눈을 가늘게 뜨고 봄。

【眇眇:묘묘】❶작은 것。微小한 것。【史記】寡人以ㅡㅡ之身、興兵誅暴亂。❷먼 모양。❸눈이 사랑스러운 모양。

【眇福:묘복】극히 적은 福。불행한 것。

【眇小:묘소】키가 작음。短小。【南史】周敷形貌ㅡㅡ、如不勝衣。

【眇身:묘신】❶작은 몸집。❷자기의 謙稱。【漢書】朕以ㅡㅡ託于王侯之上。

【眇然:묘연】❶작은 모양。❷高遠한 모양。【王褒】ㅡㅡ絶俗離世哉。

【眇跛:묘파】애꾸눈과 절름발이。【北史】路見ㅡㅡ。

【眇風:묘풍】末世의 頹廢한 風俗。【後漢書】匡衰世之ㅡㅡ。

【眇忽:묘홀】細微하여 분명하지 않은 모양。

【眉】(미) 支 ミ、ビ、まゆげ、まゆ eye-brow ㄇㄟˊ mei²
小篆 草書 ❶눈썹미(目上毛)。【春秋】天有攝提人有兩ㅡ。❷가미、둘레미、언저리미(側邊)。【漢書 游俠傳】居井之ㅡ。

【眉間:미간】양미간。두 눈썹 사이。

【眉間珠:미간주】佛像의 미간에 있는 흰 구슬。

【眉黛:미대】눈썹을 그리는 먹。또는 그 먹으로 그린 눈썹。【王勣】ㅡㅡ雪沾殘。

【眉稜骨:미릉골】눈썹 있는 곳의 뼈。

【眉目:미목】❶눈썹과 눈。【後漢書】ㅡㅡ如畫。《喩》매우 가까운 것。【顔氏家訓】書疏尺牘、千里ㅡㅡ。❷容貌。

【眉目秀麗:미목수려】얼굴이 빼어나게 아름다움。

【眉壽:미수】❶눈썹이 세도록 오래 살음。❷老人。長壽하는 사람。【詩經】樂只君子、遐不ㅡㅡ。

【眉宇:미우】이마의 눈썹 언저리。《轉》얼굴、모양。顔容。【枚乘】陽氣見於ㅡㅡ之間。

【眉月:미월】초생달。初月。新月。【白居易】ㅡㅡ晩生神女浦。

【眉睫:미첩】눈썹과 속눈썹。【莊子】ㅡㅡ之間。《喩》接近함。切迫함。目睫。
◎蛾ㅡ。

【眊】(매) 隊 マイ、くらい dim-eyed
小篆 ❶멀리볼매(遠視)。❷눈침침할매(目迷)。

【眊】(모) 號 ボウ、くらむ、おいぼれ blurred eye ㄇㄠˋ mao⁴
小篆 草書 ❶눈흐릴모(目少精)。【孟子 離婁上】胸中不正則眸子ㅡ焉。❷눈어둘모(老ㅡ)。【漢書】哀夫老ㅡ。

【眊悼：모도】 老人과 幼兒。眊는 八〇歲、悼는 七歲。『漢書』ㅡㅡ之人、刑罰所不加。
【眊眊：모모】 어두운 모양。『封龍子』ㅡㅡ乎其猶醉也。
【眊悖：모패】 도리에 어둡고 혼란함。『漢書』失在ㅡㅡ。
【眊眩：모현】 눈이 어두워짐。『輟耕錄』眼目ㅡㅡ。

【看】 (간) 寒 カン、みる watch; guard ㄎㄢ k'an⁴
眂 小篆 看 小篆 看 草書 ❶볼간(視也)。『簡文帝賦』廻照金屛裏脈脈兩相ㅡ。❷지킬간(ㅡ護員、ㅡ守)。
【看檢：간검】 잘 살펴 검사함。
【看經：간경】 《佛》불경을 봄。
【看過：간과】 ❶대충 보아 넘기다가 빠뜨림。❷보고도 본 체 만 체함。보기만 하고 내버려 둠。
【看病：간병】 患者를 간호함。患者의 시중을 함。看護。『雜阿含經』佛自往ㅡㅡ。
【看山：간산】 ❶묏자리를 얻으려고 산을 살핌。❷省墓。
【看殺：간살】 봄。(殺은 助字)。『張船山』欄街ㅡㅡ苦吟身。
【看色：간색】 ❶물건의 좋고 나쁨을 알기 위하여 見本 삼아 일부분을 봄。❷具色으로 일부분씩 내놓는 눈비음。監色。
【看書：간서】 책을 소리 내어 읽지 않고 눈으로 읽음。
【看書癖：간서벽】 글 읽기를 좋아하는 성벽。독서에 미친 사람。
【看守：간수】 ❶망을 봄。또는 망을 보는 사람。❷교도소에서 罪囚의 감독과 그 밖의 事務에 종사하는 관리。矯導의 전 이름。
【看晨月坐自夕：간신월좌자석】 《國》 새벽달 보려고 저녁부터 나와 앉음。《喩》 준비 없이 너무 일찍부터 서두른다는 뜻。『靑莊館全書』。
【看審：간심】 잘 보아 살핌。자세히 조사함。
【看役：간역】 役事를 보살핌。
【看月會：간월회】 음력 八월 一五일 밤의 달맞이의 모임。『月令廣義』燕都士庶、中秋餽遺月餠西瓜之屬、名ㅡㅡ。
【看做：간주】 그러한 듯이 보아 둠。그렇다고 침。
【看取：간취】 그 내용을 보아서 알아차림。
【看板：간판】 ❶여러 사람의 주의를 끌기 위하여 商店·商品 이름 등을 써서 내건 標識。木製·鐵製 등의 板面을 이용함。❷극장 등에서 演藝의 題目·演藝者의 이름 등을 그림과 함께 써붙여 걸어 놓은 판자。❸外觀·學閥·經歷 등과 같이 남의 앞에 내세울만한 것。
【看坪：간평】 地主가 賭租를 매기기 위하여 추수하기 전에 실지로 農作物의 凶豐을 살펴 봄。
【看坪賭租：간평도조】 잡을 도조。지주가 소작인을 입회시켜 벼의 수확 예정량을 정하는 것。
【看品：간품】 품질의 좋고 나쁨을 看色함。
【看護：간호】 病傷者나 약한 늙은이나 어린애를 보살피어 돌봄。
【看護婦：간호부】 병원이나 어떤 기관에서 간호에 종사하는 여자。
【看護員：간호원】 병원이나 어떤 기관에서 간호에 종사하는 사람。
【看護人：간호인】 간호하는 사람。
【看護學：간호학】 간호에 관하여 필요한 사항을 연구하는 학문。
【看花：간화】 꽃을 봄。

【⿰目叉】 ㊀(내) 卦 ダイ、こする rub ㊁(알) 曷
小篆 ㊀눈나쁠내(惡目、眭ㅡ)。㊁눈부빌알(揞目)。

五 畫

【眎】 (시)『視』(5畫見部)의 古字
【眐】 (정) 庚 セイ、ひとりみる see alone
草書 홀로볼정(ㅡ眏、獨視貌)。
【眗】 (구) 遇 ク、きょろきょろみる look [stare] around ㄐㄩ chü⁴
小篆 좌우로 두리번거리며 볼구(左右視)。
【眑】 ㊀(요) 篠 ヨウ、ふかい profound ㊁(유) 有
㊀❶깊숙할요、고요할요(幽靜)。❷움펑눈요(深目)。㊁웅숭깊을유、아득할유(深遠)。『漢書』淸思ㅡㅡ。
【眒】 (신) 震 シン、みはる stain ㄕㄣ shen⁴
❶눈부릅뜰신(張目)。❷시선을 끌신(引目)。❸새·짐승 놀랄신(鳥獸驚貌)。❹빠를신(疾貌、儵ㅡ)。
【眕】 (진) 軫 シン、おもおもしい prudent ㄓㄣ chen³
小篆 草書 ❶한껏볼진(目有所限)。❷진중할진(重厚)。『左傳 隱公三年』石碏曰憾而能ㅡ者鮮矣。
【眘】 (신)『愼』(10畫心部)의 古字
【眙】 ㊀(이) 支 チ、みつめる gaze ㊁(치) 寘 ㄔ chih⁴
小篆 草書 ㊀❶눈칩떠볼이(擧目貌)。❷고을이름이(楚州縣名盱ㅡ)。㊁눈똑바로 뜨고볼치(直視)。『史記滑稽傳』目ㅡ不禁。
【眙駭：이해】 놀라 보는 것。『唐書』突斬破陣、衆ㅡㅡ不及救、皆畏服。

【眣】 ㊀(혈) 屑 ケツ、みる look up in surprise ㄒㄩㄝ hsüeh²·⁴ ㊁(결) 屑
草書 ㊀깜짝놀라볼혈(驚視)。㊁움펑눈이결(目深貌)。
【眚】 (생) 梗 セイ、かすむ leucoma
小篆 草書 ❶백태낄생(目病生翳)。❷재앙생(災沴)。『易經』无ㅡ。❸모르고 지은 죄생、과실생(過誤)。『書經』ㅡ災肆赦。❹어질병생(妖病)。『漢書』中山小王未滿歲月ㅡ病。❺조금상할생(微傷)。❻덜생(損也)。『周禮 地官大司徒』ㅡ禮。
【眚沴：생려】 재난의 기운。災沴。『漢書』景雲降集、ㅡㅡ息矣。
【眚禮：생례】 古禮를 간략하게 함。
【眚病：생병】 이상한 병。『漢書』中山小王未滿歲、有ㅡㅡ。
【眚災：생재】 자기의 過失 또는 災難에 의하여 범한 죄。『書·舜典』ㅡㅡ肆赦。
【眛】 (매) 隊 バイ、マイ、くらい blind ㄇㄟ mei⁴
小篆 草書 눈어둘매(目不明)。『左傳』目不別五色之章爲ㅡ。
【眜】 (말) 曷 マツ、くらい dim-eyed
小篆 草書 ❶눈희미할말(目不明)。❷무릅쓸말(冒也)。
【眠】 (면) 先 ミン、ねむる sleep ㄇㄧㄢ mien²
草書 ❶졸으면、졸면(翕目)。❷잘면(寐也)。『漢書』竟夕不ㅡ。❸우거질면(茂密貌)。『陸機賦』淸麗芊ㅡ。

❹지각없을면(無知)。❺어지러울면(亂也)。

【眠期:면기】누에가 잠자는 기간。

【眠牀:면상】寢臺。『李建勳』馬諳頻到路、僧借舊――。

【眠睡:면수】졸음과 잠。잠을 잠。『晁補之』一生所未免、飮食與――。「不釋卷。

【眠食:면식】寢食。『南史』行坐――、手

【眠雲:면운】山間에 살음。

◎冬―、睡―、熟―、安―、永―。

【眝】(저) 語 チョ、みつめる strain

小篆 ❶눈번쩍뜰저(長眙)。❷부릅뜰저(張目)。『陸機文』―美目其何望。

【䀡】(점) 䀡 デン、みる see (古音「첨」)

❶볼점(視也)。❷엿볼점(窺也)。❸눈내리깔점(目垂貌)。(『覘』과 같음)

【眞】(진) 眞 シン、まこと true; real 쯔ㄣ chen¹

小篆 文 書 草 ❶참진(僞之反)。【漢書】使―僞毋相亂。❷진실할진(實也)。【十八史略 西漢】韓信請爲假王以鎭齊、漢王曰大丈夫定諸侯即爲―王耳。❸정신진(神也)❹정할진(精也)。❺바를진(正也)。❻초상진(肖像)。❼순박할진(淳也)。❽진진진、근본진(本元、原質、天―)。❾진서진(楷書、書體之一)。❿하늘진(―宰、天也)。

【眞假:진가】진짜와 가짜。眞僞。

【眞價:진가】참된 값어치。진실의 가치。

【眞個:진개】❶참。사실。『蘇軾·詩』坐來――好相宜。❷참으로。정말로。眞箇。

【眞訣:진결】❶참된 道理를 속속들이 깊이 연구함。또는 그렇게 하는 일。❷秘訣。

【眞境:진경】❶실제의 경지。❷조금도 더럽혀지지 않은 깨끗한 곳。仙人이 사는 곳。『宋史』金碧照三山、――勝人間。

【眞景:진경】❶실제의 경치。❷實景을 그대로 그린 그림。

【眞骨:진골】《歷》新羅 때의 骨品의 하나。父母 兩系中 한편이라도 王族이 아닌 겨레붙이。太宗 武烈王으로부터 그 뒤의 모든 임금이 이에 속함。

【眞空:진공】❶《物》공기나 그 밖의 물질이 전혀 존재하지 않는 공간。❷《佛》일체의 色相을 초월한 참으로 空虛한 현상。『李商隱』上士悟――。

【眞空管:진공관】《物》수 개의 電極을 밀폐하여 내부의 기체를 低壓한 글라스의 閉管。眞空放電 현상의 연구나 무선통신 따위에 쓰임。

【眞瓜:진과】참외。

【眞金不鍍:진금부도】진정한 금은 도금할 필요가 없음。《喩》진정한 재주는 꾸밀 필요가 없음。『李紳』假金方用眞金鍍、若是眞金不鍍金。

【眞檀:진단】《植》檀香木。

【眞談:진담】진정에서 나온 말。참말。

【眞理:진리】❶참된 道理。누구에게도 또 어디서도 바르다고 인정되는 道理。『方于』聞僧說――、煩惱自然輕。❷《哲》논리의 형식 또는 법칙에 적합하는 지식。

【眞麥:진맥】《植》참밀。

【眞面目:진면목】❶있는 그대로의 모양。眞相。實相。『蘇軾』不識廬山――、只緣身在此山中。❷정성스러운 태도。

【眞墨:진묵】참먹。

【眞味:진미】❶참된 맛。참 맛。『歐陽修』子言古淡有――。❷진정한 취미。

【眞蕃:진번】《歷》漢 四郡의 하나。漢武帝가 衛滿朝鮮을 멸망시키고 설치하였으며 臨屯과 함께 폐지되었고 그 일부가 樂浪에 병합됨。

【眞犯:진범】眞犯人의 略語。

【眞犯人:진범인】어떠한 죄를 범한 당사자。

【眞法:진법】❶참된 법。진짜 법。❷眞如의 正法。

【眞本:진본】옛책·글씨·그림 등이 거짓이 아닌 진짜의 것。또는 그 筆跡。↕贋本。『南史』得班固所撰――、獻東宮。

【眞否:진부】사실과 그렇지 않은 것。

【眞分數:진분수】《數》분자의 값이 분모의 값보다 적은 분수。

【眞絲:진사】명주실。

【眞相:진상】사물의 참된 모습。실지의 형편。實相。本體。『李紳』――有無因色界。

【眞想:진상】참된 생각。참 마음。『陶潛』――初在襟。

【眞書:진서】《國》❶漢文을 숭상할 때 그것을 높이어 일컫던 말。↕諺文。❷楷書의 속된 말。正書。

【眞善美:진선미】眞과 善과 美。理想에 합치된 상태。「久壽思。

【眞成:진성】=眞正。『王昌齡』――薄命

【眞性:진성】❶人爲的이 아닌 있는 그대로의 성질。天性。『司空曙』身閑何處無――。❷순진한 성질。❸萬物의 본체。❹《醫》疑似性·類似性이 아닌 진짜 증세의 병。

【眞誠:진성】거짓이 없는 참된 정성。

【眞梳:진소】참빗。

【眞率:진솔】정직하여 꾸밈이 없음。眞實。『晉書』不如晏之――。

【眞數:진수】❶참 個數。또는 數値。❷한 수를 正數로 한 어떤 수의 對數에 대한 일컬음。逆對數。

【眞髓:진수】사물의 중심이 되는 요긴한 곳。神髓。精髓。

【眞是:진시】참으로。진정으로。진실로。

【眞實:진실】❶거짓이 없고 참됨。『勝鬘經』所言――者、應當修供養。❷《佛》절대의 진리。眞如。

【眞心:진심】참된 마음。誠心。『後漢書』「惑亂――。

【眞贋:진안】진짜와 가짜。眞僞。『宣和書譜』遂良究其――、故所學尤勝。

【眞贋莫辨:진안막변】진짜와 가짜를 분별할 수 없음。

【眞諺:진언】眞書와 諺書。곧 지금의 漢文과 한글의 옛 呼稱。

【眞言:진언】❶참된 말。거짓이 아닌 말。❷《佛》佛陀의 말。法身의 말。❸呪文。❹眞言宗의 略語。

【眞如:진여】❶《佛》영구히 변화하지 않는 一切 萬有의 眞性。眞은 虛妄하지 않음을 의미하고 如는 如常을 의미함。『唯識論』眞謂眞實、顯非虛妄、如謂如常、表無變昔。❷《宗》道敎에서 人間 본래의 性을 일컬음。

【眞影:진영】❶참 모양。『呂温』勝緣旣結、――來現。❷寫眞。

【眞吾:진오】참된 자기。자기의 진상。『朱熹』迥然吾亦見――。

【眞玉:진옥】진짜의 옥。

【眞元:진원】사람의 한 몸의 원기。

【眞僞:진위】참과 거짓。사실과 허위。『後漢書』不明――。

【眞油:진유】참기름。

【眞鍮:진유】銅과 亞鉛의 合金。놋쇠。그릇이나 장식물을 만드는 데 쓰임。

【眞意:진의】참된 마음。참 마음。마음속。『陶潛』此中有――、欲辯已忘言。

【眞義:진의】참된 뜻。

【眞人:진인】❶참된 道를 體得한 사람。道敎에서는 奧義를 깨달은 사람을 일컬음。『莊子』古之――、其寢不夢、其覺無憂。❷《佛》眞理를 깨달은 사람。흔히는 阿羅漢을 가리키는 말이나 부처님을 眞人이라고도 함。

【眞荏:진임】《植》참깨。

【眞斫:진작】참나무 장작。

【眞的:진적】참되고 틀림 없음。

【眞蹟:진적】❶어떤 사람이 자신이 직접 쓴 筆蹟。眞筆。❷실제의 유적。「―。

【眞迹:진적】=眞筆。『鶴林玉露』見其―

【眞詮:진전】 참된 깨달음. 眞解. 『杜甫』衣褐向——。

【眞正:진정】 참되고 올바름. 『後漢書』外慕聲名、內非——。

【眞情:진정】 ❶애틋하여 거짓 없는 마음. ❷참된 사정. 또는 정세. 「난 소원.

【眞情所願:진정소원】 진정으로 우러

【眞珠:진주】 ❶조개의 體內에서 형성되는 구슬 모양의 分泌物의 덩어리. 優雅하고 아름다운 光澤이 있어서 裝飾에 쓰임. 蠙珠. ❷참 구슬.

【眞智:진지】 도리를 깨달은 지혜. 悟를 깨친 智.

【眞摯:진지】 마음이 솔직함. 眞實.

【眞諦:진체⇩진제】 《佛》진실하여 잘못이 없는 깊은 道理. 平等 無差別의 이치. 出世間의 法. 實相. ↕俗諦. 『大藏法數』——者、彰一性本實之理也。

【眞草:진초】 眞書. 곧 楷書와 草書.

【眞趣:진취】 참된 취미. 『江淹』悠悠蘊——。

【眞品:진품】 진짜. 가짜가 아닌 물품.

【眞皮:진피】 皮膚의 表皮 밑에 있는 가죽. 신경 및 혈관을 포함함. 下皮.

【眞筆:진필】 그 사람 자신이 쓴 글씨. 親筆. 『畫史』周昉丹青見——。 「름.

【眞蛤:진합】 《動》가리맛. 바닷 조개 이

【眞海豚:진해돈】 《動》돌고래.

【眞玄:진현】 참먹.

【眞紅:진홍】 짙은 紅色. 다른 것이 섞이지 않은 紅色.

◎寫—、純—、正—、天—。

【真】 (진)『眞』(前條)의 略字

【眢】 ㈠(원) [元] ワン、めくら blind ㄩㄢ yuan¹ ㈡(완) [寒]

小篆 草書 ㈠❶눈동자없을원(眸子枯陷). ❷물마른우물원(井枯無水). 『左傳』目於—井而拯之. ㈡뜻은 ㈠과 같음.

【眢井:완정·원정】 물이 마른 우물. 空井. 사용하지 않는 우물. 廢井. 『左傳』目於——而拯之。

【眣】 (순) [震] シュン、めくばせ wink ㄕㄨㄣ shuen⁴

草書 눈짓할순(瞚瞬以目通知). 『公羊傳』晉大夫使與公盟。

【眣】 (질) [質] ジツ、やぶにらみ cross-eyed ㄉㄧㄝ tieh²

小篆 ❶눈뒤룩거릴질、눈비뚤질(目不正). 『徐曰』其視散若有所失曰—。❷눈망울불거질질(目露出貌).

【眥】 ㈠(자) [寘] シ、セイ、まなじり corner of the eye ㄗ tzŭ⁴ ㈡(제) [霽]

小篆 草書 ㈠흘겨볼자(恨視). 『史記』睚—之怨必報. ㈡눈가제、눈초리제(目厓). 『列子』拭—而望之。

【眦】 (자)『眥』(前條)와 같음 (제)

【眨】 (잡) [洽] ソウ、まじろく one eyed ㄓㄚ cha³

小篆 草書 ❶눈꿈적일잡(目動). ❷애꾸눈잡(一目).

【眨眛:잡안】 눈을 깜박이는 것. 『張耒·詩』——小兒夸謹厚。

【眨引:잡인】 이끌어 들임.

【眩】 ㈠(현) [霰] ケン、ゲン、めまい giddiness ㄒㄩㄢ hsüan⁴ ㈡(환) [諫]

小篆 草書 ㈠❶아찔할현(瞑—、潰亂). 『書經』若藥不瞑—厥疾不瘳. ❷의혹할현、현혹할현(惑也). 『中庸』敬大臣則不—. ❸어질병현(風疾). 『後漢書』—疾不欲風. ❹어둘현(暗也). ㈡❶요술환(妖術). ❷미혹할환(惑也).

【眩氣:현기】 눈이 아찔하고 머리가 어지러운 기운.

【眩氣症:현기증】 《醫》현기가 나는 증세. 곧 어지러운 증세.

【眩亂:현란】 정신이 헷갈려 어수선함.

【眩瞀:현무】 눈이 어두워짐. 『國語』有——之疾。

【眩泯:현민】 눈이 어두워 잘 보이지 않음. 『司馬相如』目——而亡見。

【眩耀:현요】 눈부실 정도로 빛남. 眩耀.

【眩疾:현질】 눈이 어질어질한 병. 眩暈.

『後漢書』稱——、不肯乘。

【眩惑:현혹】 정신이 혼미하여 어지러움. 홀림에 빠져 미혹함. 『淮南子』世俗之所——也。

【眩慌:현황】 허황하고 어리둥절함.

【眩暈:현훈】 정신이 어뜩어뜩하여 어지러움. 眩疾.

【眜】 ㈠(말) [黠] マツ、にらむ glare at ㄇㄚ ma⁴ ㈡(비) [寘]

【眯】 小篆 ㈠❶노려볼말(惡視). 『孟郊詩』獷眼困逾—. ❷부끄러울말(恥也). ㈡바로볼비(直視).

【眢】 (노) [虞] ド、にらむ glare at

눈부릅뜰노(怒目).

六 畫

【眭】 (휴) [支] キ、ケイ、くぼみめ sunken eyes ㄙㄨㄟ suei¹

小篆 草書 ❶움펑눈휴(深目). ❷노려볼휴(目深惡視). 『淮南子』—然能視.

【眭然:휴연】 보는 모양. 『淮南子』——能視。

【𥆧】 ㈠(활) [黠] カツ、みる see ㄍㄨㄚ kua⁴ ㈡(괄) [曷]

㈠❶볼활(視也). ❷눈부릅뜰활、성나서볼활(怒視貌). ㈡눈어둘괄(目暗).

【䀩】 (락) [藥] ラク、みる look at

小篆 볼락(眄也). 『揚雄』吳揚江淮謂眄曰—.

【眮】 (동) [東] トウ、まぶち fringe of an eye

小篆 ❶눈자위동(目眶). ❷눈망울굴릴동(轉目). ❸눈흘겨볼동(瞋目顧視).

【𥄲】 (계) [霽] ケイ、のぞく peep at something

小篆 사람가리고 볼계、엿볼계(蔽人視).

【眡】 (식) [職] シキ、ショク、みる observe closely

❶눈여겨볼식(目所記). ❷안표할식(眼標).

【眯】 ㈠(미) [薺] ベイ、ビ、くらむ distorted eyes ㈡(미) [支]

小篆 草書 ㈠어지러울미(視亂貌). 『文中子』蒙塵而欲無—、不可得絜. ㈡마귀에 홀릴미(魔也). 『莊子』彼不得夢必且數—焉.

【眴】 ㈠(순) [震] シュン、ケン、またたく gorgeous ㄒㄩㄢ hsüan⁴ ㈡(현) [霰]

草書 ㈠눈짓할순(人目使人). 『史記』項梁—籍曰可行矣. ㈡❶현란할

현(眩也)。【楚辭】ㅣ兮窈窕。❷눈깜작일현(目動)。

【眴轉:현전】뚝뚝히 보이지 않음。『班固·西都賦』目ㅣㅣ而意迷。

【眲】(액) 陌 ダク、ジ、あなどる hold cheap
얕잡아볼액、깔볼액(輕視)。【列子】見商丘開衣冠不檢莫不ㅣ之。

【眩】(해) 灰 ガイ、ぎょろめ goggle-eyed
❶눈부리부리할해(目大貌)。❷여럿이서로볼해(ㅣ矚、衆相視貌)。

【眳】(명) 庚 メイ、くらい blurred eye
❶눈어둘명(目暗)。❷기꺼워하지 않을명、부루퉁할명(不悅貌)。❸눈썹사이명(眉睫之間)。❹눈이작을명(目小)。

【眵】(치) 支 シ、めやに gum ㄔ ch'ih
❶눈곱낄치(目汁凝)。【韓愈·燈檠歌】兩目ㅣ昏頭雪白。❷눈진물치(目傷眥)。

【眶】(광) 陽 キョウ、まぶち fringe of an eye ㄎㄨㄤ k'uang⁴
눈자위광、눈두덩광(目厓)。【西京賦】隅目高ㅣ。(『匡』과 通함)

【眷】(권) 霰 ケン、かえりみる look after ㄐㄩㄢ chüan⁴
❶돌아볼권、돌봐줄권(回視顧念)。【書經大禹謨】皇天ㅣ命。❷붙이권、친척권(親屬)。【五代史】裴氏自晋魏以來世爲名族居燕省者號東ㅣ居涼者號西ㅣ居河者號中ㅣ。❸돈념할권(ㅣㅣ勤厚意)。【詩經大雅皇矣】乃ㅣ回顧。(『睠』과 같음)

【眷嘉:권가】보살피고 사랑함。寵嘉。『歐陽修』式示ㅣㅣ。

【眷顧:권고】❶돌아봄。❷情을 두고 돌봄。愛顧。『史記』ㅣㅣ楚國。

【眷口:권구】한 집에 사는 식구。

【眷眷不忘:권권불망】항상 생각하여 마지 않음。

【眷念:권념】돌보아 생각함。염려함。「동정함。

【眷戀:권련】思慕함。몹시 그리워함。戀著。『晉書』哀悲ㅣㅣ、不敢違距。

【眷命:권명】사랑하여 생각함。『書經·大禹謨』皇天ㅣㅣ。

【眷屬:권속】❶親戚。親族。❷한 집안의 식구。『白居易』詩家ㅣㅣ酒家仙。

【眷率:권솔】한 집에서 생활을 같이 하는、자기가 거느린 식구。

【眷愛:권애】보살펴 사랑함。정을 둠。「귀여워함。

【眷然:권연】정을 두고 돌보는 모양。『陶潛』ㅣㅣ有歸與之情。

【眷遇:권우】특별히 留意함。鄭重하게 대접함。眷顧。『唐書』其ㅣㅣ、終始無與比者。

【眸】(모) 尤 ボウ、ひとみ pupil ㄇㄡ mou² (古音「무」)
눈동자모(ㅣ子、目瞳)。【孟子】存乎人者莫良於ㅣ子。

【眸子:모자】눈동자。『孟子』存乎人者、莫良於ㅣㅣ。

【眸前:모전】눈 앞。目前。眼前。

【眺】(조) 嘯 チョウ、ながめる look; gaze at
❶멀리볼조(遠視)。❷바라볼조(望也)。【禮記】可以遠ㅣ望。

【眺覽:조람】멀리 바라봄。眺望。『薛道衡』八維窮ㅣㅣ。

【眺臨:조림】내려다 봄。

【眺望:조망】❶멀리 바라봄。❷展望。『禮記』仲夏之月、可以居高明、可以遠ㅣㅣ。

【眺矚:조촉】=眺覽。『晋書』ㅣㅣ中原。

【眹】(진) 軫 チン、ひとみ pupil ㄓㄣ chen⁴
❶눈동자진(目精童子)。【周禮】無目ㅣ謂之瞽。❷빌미진、조짐진(幾微萌兆)。【佩觿集】吉凶形兆謂之兆ㅣ。

【眼】(안) 潸 ガン、ゲン、め、まなこ eye; see ㄧㄢ yen³
❶눈안(目也)。【靈樞經】臟腑之精氣上注于目爲之精精之窠爲ㅣ。❷볼안(視也)。❸과실이름안(果名、龍ㅣ)。

【眼角:안각】눈의 모서리。『宋史』理宗朝、宮妃粉點ㅣㅣ、名淚淨。

【眼瞼:안검】(生)눈꺼풀。

【眼鏡:안경】눈을 보호하거나 시력을 돕기 위해 쓰는 기구。

【眼界:안계】❶눈에 보이는 범위。눈으로 바라볼 수 있는 범위。視野。『白居易』ㅣㅣ呑秦原。❷생각이 미치는 범위。『王維·詩』ㅣㅣ今無染。

【眼高手卑:안고수비】(國)눈은 높고 손은 낮음。(喩)뜻은 크고 높으나 능력이 없어서 그 높은 뜻을 成就하지 못한다는 말。

【眼孔:안공】눈구멍。눈。(轉)見識。

【眼孔大:안공대】見識이 큼。『唐書』祿山ㅣㅣㅣ毋令笑我。

【眼科:안과】(醫)눈병에 관한 醫科。

【眼科醫:안과의】眼科에 관한 전문의사。

【眼眶:안광】눈자위。『歐陽修』或集眉端、或沿ㅣㅣ。

【眼光:안광】❶눈의 빛。❷事物의 眞相을 분간하는 힘。眼識。

【眼球:안구】(生)눈알。

【眼球筋:안구근】(生)눈망울의 운동을 맡은 여섯개의 근육。

【眼球白膜:안구백막】(生)角膜과 이어져 안구의 외벽을 이루고 있는 백색의 막。

【眼根:안근】(佛)六根의 하나。眼識을 내어 色彩·形態 등을 감각케 하는 視覺器官。곧 눈。『圓覺經』。

【眼同:안동】=立會。

【眼力:안력】❶보는 힘。視力。『劉禹錫』減書存ㅣㅣ、省事養心王。❷事物의 요긴한 곳이나 是非·善惡을 분간하는 힘。「鑑識力。

【眼膜:안막】=角膜。

【眼盲:안맹】눈이 멀음。

【眼明手快:안명수쾌】눈썰미가 있고 손이 매우 재어 하는 일이 날쌤。

【眼目:안목】❶事物의 요긴한 곳。要點。主眼點。『傳燈錄』參學ㅣㅣ。❷눈매。눈동자。『北史』此小兒ㅣㅣ異。

【眼目所視:안목소시】남이 보고 있는 「터。

【眼病:안병】=眼疾。

【眼部:안부】눈이 박힌 부분。

【眼鼻莫開:안비막개】(國)일이 분주하여 눈코 뜰 사이가 없음。

【眼識:안식】❶事物의 眞價를 알아내는 힘。또는 그러한 眼目과 識見。眼光。『梁簡文帝』ㅣㅣ無明易傾朱紫。❷(佛)六識의 하나。眼根에 의하여 생기며 色境을 판별하는 것。

【眼炎:안염】(醫)눈에 생기는 炎症。눈병。

【眼窩:안와】(生)눈알이 들어 있는 구「멍。眼窠。

【眼前:안전】눈 앞。그 당장。『杜甫』歷

歷開元事、分明在ㅣㅣ。

【眼睛:안정】《生》눈동자。眸子。【傳燈錄】山河大地、不礙ㅣㅣ。

【眼珠:안주】《生》눈망울。【博雅】目謂之ㅣㅣ、子謂之眸。

【眼中:안중】❶눈 속。❷마음 속。

【眼中無人:안중무인】스스로 교만하여 남을 사람으로 보지 않음。眼下無人。

【眼中人:안중인】항상 생각하여 한번 보기를 원하는 사람。親愛하는 사람。【杜甫】眼中之人吾老矣。

【眼中釘:안중정】눈 속의 가시。《喩》방해물。남에게 심한 害毒을 끼치는 사람。【十八史略】欲得天下寧、須拔ㅣㅣ。

【眼疾:안질】《醫》눈병。

【眼彩:안채】＝眼光。

【眼穿:안천】❶서로 간절히 보고 싶어함。서로 몹시 그리워함。❷뚫어지게 봄。

【眼波:안파】❶여자가 아양부리는 눈짓。❷눈짓。秋波。【黃庭堅】女兒浦口ㅣㅣ秋。【杜牧】爲報ㅣㅣ須穩當。

【眼廢:안폐】눈이 멀어 버림。

【眼胞:안포】눈꺼풀。眼瞼。

【眼標:안표】나중에 보아서 알 수 있게 표하는 일。또는 그 표。

【眼下:안하】눈 아래。眼前。【白居易】ㅣㅣ來饑寒。

【眼下無人:안하무인】성질이 교만하여 모든 사람을 업신여김。眼中無人。

【眼昏:안혼】視力이 흐림。

【眼患:안환】눈병의 尊稱。

◎開ㅣ、檢ㅣ、近ㅣ、老ㅣ、白ㅣ、斜ㅣ、兩ㅣ、肉ㅣ、點ㅣ、主ㅣ、着ㅣ、青ㅣ、醉ㅣ、血ㅣ。

【眽】(맥) 囿 バク、ミャク、みる fixedly; see ㄇㄛˋ mo⁴

小篆 草書 ❶지나쳐볼맥(目略視之)。❷서로몰끄러미볼맥(相視)。【古詩】盈盈一水間ㅣㅣ不得語。❸빗겨볼맥(衺視)。

【眽眽:맥맥】빗겨 보는 모양。흘겨 보는 모양。【廣雅·釋訓】ㅣㅣ、視也。

【眾】㊀(중) 送 ㊁(중) 送 シュウ、おおい abundant

小篆 草書 ㊀❶많을중(多也)。【大學】生之者ㅣ食之者寡。❷무리중(衆人)。【論語衛靈公】ㅣ惡之必察焉ㅣ好之必察焉。❸민심중(庶民之心)。【大學】失ㅣ則失國。㊁고비쁘리중(貫ㅣ、藥名)。

【眾口:중구】여러 사람의 말。多數人의 評。【戰國·秦策】ㅣㅣ所移、毋翼而飛。

【眾甫:중보】일의 시작。【老子】以閱ㅣㅣ、吾何以知衆甫之狀哉。

【眾色:중색】가지 가지 빛깔。【司馬相如】ㅣㅣ炫耀、照爛龍鱗。

【眾至則不比:중지즉불비】많은 사람이 어느 한 사람을 사모하여 모여들면 그 사람은 모든 사람에게 균등히 친해질 수가 없다。【莊子·徐無鬼】神人惡衆至、不比則不利也。「至公」。

【眾醜:중추】매우 부끄러워 함。【說苑·

七畫

【着】(착) (저)『著』(艸部 9畫)의 俗字

【睂】(미)『眉』(目部 4畫)의 本字

【睆】(환) 潸 カン、うつくしい pretty ㄏㄨㄢˇ huan³

草書 ❶예쁠환(美好貌)。【禮記】華而ㅣ大夫之簀與。❷고울환(光鮮貌)。【詩】睍ㅣ黃鳥。❸열매다닥다닥달릴환(實貌)。【詩經】有ㅣ其實。❹별반짝거릴환(明星貌)。【詩經大東】ㅣ彼牽牛。❺멀리볼환(遠視)。【莊子天地】ㅣㅣ然在纆繳之中而自以爲得。

【睆睆:환환】궁극히 보는 모양。흘어 보는 모양。【莊子】ㅣㅣ然在纆繳之中、而自以爲得。

【睃】(준) 震 シュン、みる look at ㄐㄩㄣˋ chün⁴

❶볼준(視也)。❷사람이름준(人名)。

【睅】(환) 潸 カン、おおきいめ goggle-eyed ㄏㄨㄢˋ huan⁴

小篆 或體 草書 ❶눈퉁이환(大目)。❷눈불거질환(目出貌)。【左傳宣公二年】ㅣ其目。

【䁎】(정) 迥 チョウ、でめ protrude

눈불거질정(目出)。

【睇】㊀(제) 霽 ㊁(제) 齊 テイ、みる stare; glance ㄉㄧˋ ti⁴

小篆 草書 ㊀볼체(視也)。㊁흘깃볼제(小視)。【禮記】在父母舅姑之所不敢ㅣ視。

【睇眄:제면】곁눈질함。슬쩍 봄。【阮籍】黑髮發朱顏、ㅣㅣ有光華。

【睇盼:제반】눈을 움직여 봄。【後漢書】ㅣㅣ則人從其目之所視。

【睇視:제시】곁눈으로 봄。슬쩍 봄。【禮記】在父母舅姑之所、不敢ㅣㅣ。

【睇睨:제예】곁눈질로 봄。眄睨。【全唐詩話】ㅣㅣ不已。

【睊】㊀(연) 霰 ㊁(견) 先 ケン、みる look each other ㄐㄩㄢˋ chuan⁴

小篆 草書 ㊀볼연(視貌)。㊁옆눈으로 서로볼견(以側目相視)。【孟子】ㅣㅣ胥讒。

【睊睊:견견】곁눈질하는 모양。눈을 흘겨 보며 원망하는 모양。【孟子】ㅣㅣ胥讒。

【䁈】(두) 宥 トウ、めやに have discharge from the eyes〔or gum〕

눈곱낄두(ㅣ眵、目汁凝)。

【䀭】(효) 肴 コウ、めくら blind

눈멀효(瞎也)。

【睉】㊀(자) 歌 ㊁(수) 卦 サ、めがちいさい small-eyed

小篆 ㊀작은눈자(目小也)。㊁사나운눈수(惡目ㅣ眝)。

【䀶】(량) 漾 リョウ、めやまい suffer from sore eyes

小篆 눈병날량(目病)。

【晢】(제) 霽 テイ、めのひかり eye-glitter ㄓˋ chih⁴

❶눈광채제(目光)。❷눈이 고울제(美眼)。

【䀹】(섭) 琰 セン、まばたく blink (repeatedly)

눈자주끔적거릴섭(目數動)。

【睫】(첩) 葉 ショウ、まつげ eyelashes

小篆 草書 속눈썹첩(目旁毛)。【史記】忽忽承ㅣ。(『睫』과 같음)

【睠】(권) 霰 ケン、めまわり the edge of an eyelid

小篆 눈언저리권、눈시울권(目圍)。

【睋】(아) 歌 ガ、のぞむ see; gaze

바라볼아(望視)。【公羊傳】ㅣ而鍰其板。

【晚】(만) 潸 バン、みる look at without timidity
晚(小篆) 겁없이볼만(無畏而視)。

【睍】(현) 銑 ケン、みる look fixedly ㄒㄧㄢˋ hsien⁴
睍(小篆) 睍(篆) 睍(書草) ❶고울현(ㅡ睆、好貌)。【詩經】ㅡ睆黃鳥。❷물끄러미볼현(視貌)。【唐書】低首下伈伈ㅡㅡ。
【睍睍:현현】슬쩍 봄。눈을 가늘게 뜨고 봄。【唐書】伈伈ㅡㅡ。
【睍睆:현환】아름다운 모양。목소리가 淸和하고 아름다운 모양。【詩經】ㅡㅡ黃鳥、載好其音。

【睎】(희) 微 キ、したう longing ㄒㄧ hsi¹
睎(小篆) 睎(書草) ❶바라볼희(盼望睎)。【西都賦】ㅡ秦嶺。❷사모할희(慕也)。【揚子法言】ㅡ顏之人亦顏之徒也。

【督】(도) 豪 ト、おおい many
❶많을도(多也)。❷사람이름도(仉ㅡ、梁公子名)。

【𥇒】(류) 尤 リュウ、ねてみる look at lying in bed
누워서볼류(臥視)。

八畫

【睒】(섬) 琰 セン、みる glance ㄕㄢˇ shan³
睒(小篆) 睒(書草) ❶언뜻볼섬(暫視貌)。【江賦】猾獺ㅡ瞲乎厥空。❷맑을섬(晶瑩)。【韓愈詩】太白ㅡㅡ。
【睒睗:섬석】❶번갯불。電光。【韓愈】雷電生ㅡㅡ。❷빨리 봄。얼른 봄。【左思】忘其所ㅡㅡ。
【睒睒:섬섬】번쩍번쩍 빛나는 모양。晶熒。【韓愈】太白ㅡㅡ。

【睓】(전) 銑 テン、はずかしい (be) shy
부끄러울전(惭也)。

【睔】(곤) 願 コン、おおきいめ large eye ㄍㄨㄣˋ kuer
睔(小篆) 睔(書草) ❶큰눈곤(大目)。❷사람이름곤(人名鄭伯ㅡ)。

【睕】(완) 旱 翰 ワン、くぼみめ sunken eyes
睕(書草) ❶눈굴릴완(轉目)。❷눈뜰완(開目)。❸눈우묵할완(深目)。【晉書】ㅡㅡ正耐溺中。

【𥇣】㈠(감) 勘 ㈡(흡) 洽 カン、くぼみめ sunken eyes
㈠눈우묵할감(目深貌)。㈡눈자위꺼질흡(目陷)。

【睰】(행) 迥 ケイ、めをつぶる shut one's eyes
눈감을행(瞑目)。

【睖】(릉) 蒸 リョウ、にらみつける gaze at ㄌㄥˋ leng⁴
노리고볼릉(ㅡ瞪、直視貌)。

【睗】(석) 陌 セキ、ちらとみる glance ㄕˋ shih⁴
빨리볼석(速見)。

【睘】(경) 庚 ケイ、みはる become wide-eyed
❶눈휘둥그릴경(目驚視)。【素問】百節皆縱目ㅡ絶系。❷비틀비틀할경(無依)。【詩經】獨行ㅡㅡ。(『瞏』과 같음)
【睘睘:경경】의지할 데 없는 모양。외톨이。

【䁆】㈠(업) 葉 ㈡(암) 感 エン、アン、とじる close
㈠눈감을업(目閉)。㈡뜻은 ㈠과 같음。

【睚】(애) 佳 卦 ガイ、まぶち corner of the eye ㄧㄞˊ yai²
睚(小篆) 睚(書草) ❶눈가애(目際)。❷눈흘길애(ㅡ眦恨視)。【後漢書】報ㅡ眦怨。
【睚眦:애자】눈을 치뜨면서 약간 흘김。
【睚眦之怨:애자지원】남에게 눈흘김을 받을 정도의 조그마한 怨恨。【史記】ㅡㅡ必報。

【睛】(정) 庚 セイ、ひとみ pupil ㄐㄧㄥ ching¹
睛(書草) 눈검은자위정、눈동자정(目珠)。【靈樞經】陽氣上走于目而爲ㅡ。

【睜】(정) 梗 セイ、みはる、みつめる glare at ㄓㄥ chêng¹
睜(書草) 노리고볼정(瞪ㅡ、不悅視)。

【𥇑】(창) 漾 陽 チョウ、ぼんやりする large eye
❶실심할창(失志貌)。❷눈이클창(大目)。

【睞】(래) 隊 ライ、わきみ、よこめ look askance ㄌㄞˋ lai⁴
睞(小篆) 睞(書草) ❶흘금흘금볼래(遊眺)。❷곁눈질할래(旁視)。【洛神賦】明眸善ㅡ。❸돌볼래(眄ㅡ眷顧)。

【䁩】㈠(밀) 職 ㈡(묵) 職 ミツ、ちらとみる glance
㈠❶얼른볼밀、잠깐볼밀(暫視)。❷자세히볼밀(細視)。【吳萊尙志賦】ㅡ瞭目以霧披。㈡뜻은 ㈠과 같음。

【睟】(수) 寘 スイ、つやつやしい glossy ㄙㄨㄟˋ suei⁴
睟(書草) ❶똑바로볼수(正視貌)。❷흠치르르할수、윤택할수(潤澤貌)。【孟子盡心上】ㅡ然見於面。
【睟然:수연】부드럽고 光澤이 있는 모양。【孟子】ㅡㅡ見於面。

【睠】(권) 霰 ケン、かえりみる look after
睠(書草) ❶돌아볼권、돌봐줄권(回視顧念)。【書經大禹謨】皇天ㅡ命。❷붙이권、친척권(親屬)。【五代史】裴氏自晉魏以來世爲名族居燕省者號東ㅡ居涼者號西ㅡ居河者號中ㅡ。❸근념할권(ㅡㅡ勤厚意)。【詩經大雅皇矣】乃ㅡ回顧。
【睠顧:권고】돌아 봄。마음 속으로 그리며 돌아 봄。眷顧。【後漢書·祭祀志】后土神祇、ㅡㅡ降命。
【睠睠:권권】돌아 봄。勤厚의 뜻。【詩經·小雅·小明】今彼共人、ㅡㅡ懷顧。

【睡】(수) 寘 スイ、ねむる sleep ㄕㄨㄟˋ shuei⁴
睡(小篆) 睡(書草) 졸음수、졸수、잘수(坐寐眠也)。【賈島詩】共君今夜不須ㅡ。
【睡蓮:수련】(植)수련과에 속하는 多年生 水草。觀賞用。
【睡魔:수마】못견디게 오는 졸음。(졸음을 魔力에 비유하여 일컫는 말)。【蘇軾】

僧房戰ーー。

【睡眠:수면】잠을 잠。잠。[李咸用]摘芳爲樂除ーー。

【睡味:수미】졸음의 맛。[陸游]ーー著人如蜜甜。

【睡癖:수벽】자는 버릇。[齊東野語]杜牧有ーー。

【睡臥:수와】들어누어 잠。

【睡中:수중】잠이 든 동안。

【睡中遊行:수중유행】자다가 별안간 일어나서、온갖 짓을 하고 깬 뒤에 이를 알지 못하는 병。夢遊病。

【睡鄕:수향】꿈나라。잠자는 동안에 魂이 가는 곳。[陳與義]ーー深處作奔雷。

◎熟ー、午ー、昏ー。

【睢】㊀(수) 支 ㊁(휴) 寘 ㊂(휴) 支 スイ、キ、みはる strain one's eyes ㄙㄨㄟ suei¹

小篆 草書 ㊀물이름수(浚儀水名)。㊁눈부릅뜨고볼휴(ー盱、睢視)。[漢書]萬衆ーー驚怪連日。㊂성내서볼휴(恣ー、怒視)。[史記]暴戾恣ー。

【睢剌:휴랄】어그러지는 모양。[張衡]方今天地之ーー。

【睢盱:휴우】❶小人이 기뻐하는 모양。또는 소박한 모양。[王延壽]鴻荒朴略、厥狀ーー。❷분명치 않은 모양。[揚雄]。

【督】(독) 沃 トク、みる、うながす oversee ㄉㄨ tu¹

小篆 草書 ❶감독할독、동독할독(董也)。❷거느릴독(率也)。❸살필독(察也)。❹권할독(勸也)。❺재촉할독(催趨)。❻꾸짖을독(責也)。[史記]聞大王有意ー過之。❼신칙할독(敕戒)。[漢書]宜有以敎ー。❽가운대독(中央)。[周禮註]ー旁之脩。❾맏아들독(家ー、長子)。[史記]家有長子曰家ー。❿대장독(大將)。[後漢書]軍征校尉一統於ー。

【督課:독과】분담해 준 일을 감독함。[宋書]游食者衆、荒萊不闢、ーー無聞。

【督過:독과】잘못을 是正하고 꾸짖음。[史記]聞大王有意ーー之。

【督納:독납】세금을 바치도록 독촉함。督稅。

【督勵:독려】감독하여 격려함。[書經·疏]陳忠孝之義、以ーー之。

【督迫:독박】몹시 자주 독촉함。[宋史]ーー實由郡守。

【督捧:독봉】稅納을 독촉하여 거두어들임。督刷。

【督率:독솔】단속하여 인솔함。감독하여 통솔함。[晉書]使王渾ーー所統。

【督御:독어】감독하고 통제함。[魏志]綱紀ーー、不失其理。

【督戰:독전】싸움을 감독함。우리 편 군대가 奮戰하도록 격려함。[唐書]請身ーー。

【督戰隊:독전대】전투를 감시 독려하는 군대。

【督責:독책】독촉하고 꾸짖음。재촉을 심히 함。[史記]全道而行ーー之術者也。

【督促:독촉】재촉함。나쁜 점을 꾸짖고 재촉함。[漢書]持節ーー逐捕。

【督促手數料:독촉수수료】세금따위의 체납자에게서 덧붙여 받는 料金。

【督趣:독추】＝督促。[漢書]ーー逐捕。

【督飭:독칙】감독하고 경계하여 타이름。

【督現:독현】出頭하여 現身하기를 독촉함。

◎家ー、監ー、提ー、總ー。

【睥】(비)『睤』(次條)와 같음

【睤】(비) 霽 ヘイ、にらむ stare sidelong ㄅㄧˋ pi⁴

草書 곁눈질할비、흘겨볼비(傍視貌)。[史記]ー睨故久立。

【睤睨:비예】埤堄、僻倪。俾倪。몰래 들여다 봄。흘겨서 봄。[集韻]ーー、邪視也。❷城 위의 女人。❸馬車 위의 덮개를 고인 대。[宋史·儀衛志]ーー如華蓋而小。

【睦】(목) 屋 ボク、むつまじい friendly ㄇㄨˋ mu⁴

小篆 古文 草書 ❶눈매고울목(目順)。❷친목할목(親信)。❸화목할목(和也)。[書經]九族既ー。❹공경할목(恭敬)。❺성목(姓也)。

【睦崇:목숭】화목하게 모임。(崇은 聚)。[陸雲]姻族ーー。

【睦友:목우】형제간의 사이가 좋음。[禮記]孝悌ーー。

【睦族:목족】同族끼리 서로 화목하게 지냄。화목한 집안。[宋史]齊家ーー。

【睦親:목친】❶화목하여 즐거워 함。親睦。[晉書]元勳ーー、顯以殊禮。❷切親한 친척。

◎親ー、和ー。

【睧】(혼) 元 コン、めがくらい dim sighted

눈어두울혼(目暗)。[淮南子]漠ー於勢利。

【⿻大䀠】(구) 遇 ク、よこめ look around

小篆 좌우로볼구(左右視)。(『䀠』와 같음)

【睨】(예) 霽 ゲイ、にらむ stare sidelong ㄋㄧˋ ni⁴

小篆 小篆 草書 ❶흘겨볼예(斜視)。[史記]藺相如持璧ー柱。❷해기울어질예(日斜)。[莊子]日方中方ー。

【睨觀:예관】보는 것。또는 흘겨 보는 것。[左思·吳都賦]ーー漁乎三江。

【睨視:예시】보는 것。흘겨 보는 것。睨觀。[中庸]睨而視之。

【睨日:예일】넘어가는 해。저녁 해。[表異錄]莊子、日方中方睨、衍義云、日斜如人睨目。楊用脩詩、渴虹下飲玉之水、ーー橫分蒼嶺霞。

【睩】(록) 屋 ロク、みる look politely ㄌㄨˋ lu⁴

小篆 草書 눈을곱게뜰록(目睩謹)。[宋玉招魂]蛾眉曼ー目騰光些。

【睩睩:녹록】눈을 곱게 떠서 보는 모양。[王逸]哀世兮ーー。

【睪】(역) 陌 エキ、うかがう glance furtively

小篆 小篆 草書 엿볼역、기찰할역(伺視)。[說文]ー令將目捕罪人。

【睪鼓:역고】鼓名。[風俗通·聲音]路鼓、四面。ーー・晉鼓二面。

【睪芷:역지】향기로운 풀 이름。香草의 이름。澤芷。[荀子·正論]ーー以養鼻。[注]ーー、香草也。

【睫】(첩) 葉 ショウ、まつげ eyelashes ㄐㄧㄝˊ chieh²

草書 속눈썹첩(目旁毛)。[禮記]家望視而交ー睚。

【睫毛:첩모】속눈썹。[禮記·註]。

【睬】(채) 賄 サイ、みつめる take notice of ㄘㄞˇ ts'ai³

주목할채(注目貌)。

九畫

【睯】(혼) 元 コン、わずらう worry

번민할혼(煩悶)。

【瞡】(유) 虞 ユ、こびる flatter ㄩˊ yü²
瞡 草書 아첨할유(媚貌)。『漢書』ーー諂夫。

【瞍】(수) 有 ソウ、めしい、めくら blind
瞍 草書 소경수、장님수、봉사수、판수(無目)。『周語』ー賦矇誦。

【瞎】(알) 曷 アツ、くぼんだめ deep-eyed
瞎 小篆 눈깊고검을알(目深黑貌)。

【䁋】㊀(섭) 葉 ㊁(첩) 葉 チョウ、かため one eyed
㊀❶한눈멀섭(閉一目)。❷한눈짜긋할섭(目眇視)。 ㊁뜻은 ㊀과 같음。

【䁅】(모) 號 ボウ、ふしめでみる downcast look
눈내리깔고볼모(低目視)。

【睲】(성) 梗 ショウ、ひとみがかがやく glittering
눈에광채날성(目睛照)。

【䁍】㊀(흡) 洽 ㊁(감) 勘 キョウ、くぼみめ sunken eyes
䁍 小篆 ㊀❶눈우묵할흡(目深)。❷눈자위 꺼질흡(目陷)。 ㊁볼감(視也)。

【䁎】㊀(증) 庚 ㊁(정) 青 テイ、チョウ、みる watch
㊀자세히볼증(詳審視)。 ㊁눈곱정(目眵)。

【睴】(곤) 願 コン、めばたく lobster-eyed
睴 小篆 큰눈툭불거질곤(大目出)。

【睷】(건) 元 ケン、めでかぞえる count with one's eyes
눈으로세어볼건(以目計算)。

【睹】(도) 麌 ト、みる see; look ㄉㄨˇ tu³
睹 小篆 草書 볼도(見也)。『漢書』此子大夫之所ー聞切。『覩』와 같음。
【睹聞:도문】 보고 들음。見聞。『漢書』此子大夫之所ーー也。

【睺】(후) 有 コウ、かため one eyed ㄏㄡˊ hou²
睺 草書 반판수후、한눈멀후(半盲)。

【睼】(제) 齊 テイ、むかえみる look at each other
睼 小篆 草書 ❶마주볼제(迎視)。『東都賦』弦不ー禽。❷앉아서볼제(坐見)。

【睽】(규) 齊 ケイ、そむく depart from
睽 小篆 草書 ❶어그러질규(乖也)。『易經』ー者乖也。❷다를규(異也)。『唐書 柳宗元傳』ー焉而鬪。❸눈흘길규(反目)。
【睽孤:규고】 배반을 당하고 孤立됨。『易經』ーー遇元夫。
【睽乖:규괴】 배반하여 헤어짐。睽離。
【睽離:규리】 배반하여 떠나감。『陸游』寄書誰與敍ーー。
【睽焉:규언】 사이가 나쁨。反目함。『唐書』ーー而鬪。
【睽違:규위】 헤어져 서로 떨어짐。乖違。
【睽合:규합】 떨어짐과 合함。만남과 헤어짐。離合。
【睽睢:규휴】 눈을 부릅뜨는 모양。睽睽。
【睽携:규휴】 =睽離。『謝靈運』即事怨ーー。

【睧】(민) 眞 ミン、ねむる sleep
굽어볼민(俯視)。

【睾】(고) 豪 コウ、きんたま testicles ㄍㄠ kao¹
睾 草書 ❶불알고、불알맹이고 (腎丸)。『靈樞經』腰脊控ー而痛。❷질펀할고、윤택할고(ー如、澤貌)。『列子』望其壙ー如也。
【睾睾:고고】 넓고 큰 모양。『荀子』ーー廣廣、孰知其德。
【睾女:고녀】 어지자지。
【睾牢:고뢰】 모조리 손아귀에 넣음。牢籠。『荀子』ーー天下。「일부。
【睾丸:고환】 《生》불알。남자 生殖器의

【睿】(예) 霽 エイ、さとい、かしこい wisdom ㄖㄨㄟˋ juei⁴
睿 草書 ❶슬기예(智也)。『書經』思曰ーー作聖。❷통할예(通也)。❸밝을예(深明)。❹성인예(聖ー)。
【睿感:예감】 임금의 感想。임금이 感心하는 것。叡感。
【睿達:예달】 슬기롭고 사리에 통달함。『陸機』聰明ーー。
【睿德:예덕】 王世子의 德望。
【睿圖:예도】 임금의 계책。睿謨。『隋書』ーー作極、文教遐宣。
【睿謨:예모】 임금의 뛰어난 計策。『柳宗元』ーー濬運。
【睿聖:예성】 뛰어나고 賢明함。事物의 理致에 통달하여 賢明함。임금의 德을 찬양하는 데 씀。叡聖。『後漢書』昔文王承積德之緖、加之以ーー、三分天下、尙服事殷。
【睿製:예제】 王世子나 王世孫이 글을 지음。또는 그 글。
【睿旨:예지】 《制》王世子가 임금의 대신으로 정치할 때 내리는 명령。
【睿智:예지】 ❶마음이 밝고 생각이 뛰어나게 지혜로움。叡智。『易經』聰明ーー。❷《哲》認識을 얻기 위한 정신 활동의 전체。
【睿哲:예철】 =睿智。『蔡邕』聰明ーー。
【睿學:예학】 王世子가 배우는 학문。

【瞀】㊀(무) 宥 ㊁(모) 尤 ㊂(목) 屋 ボウ、ボク、くらい dimeyed ㄇㄡˋ mou⁴
瞀 小篆 草書 ㊀❶눈희미할무(目不明貌)。『全道篇』ー視者以詿爲赤。❷어지러울무(亂也)。『北史』是非ー亂。❸무식할무、천치무(無識)。『荀子』愚陋僔ー。❹벌레이름무(ー芮)。 ㊁뜻은 ㊀과 같음。 ㊂밤눈어둘목(夕昏不見物有謂之雀ー)。
【瞀亂:무란】 어지러움。『北史』是非ーー。
【瞀瞀:무무】 ❶눈이 어두워 잘 보이지 않는 모양。『荀子』子弟之容、ーー然。❷눈을 내리깔고 조심하여 보는 모양。

【瞁】(혁) 陌 ケキ、みる look at
瞁 草書 놀라볼혁(驚視)。

【瞂】(벌) 月 ハツ、たて shield ㄈㄚˊ fa²
瞂 小篆 방패벌(盾也)。『汲冢周書』請令以鮫ー利劍。

十畫

【瞇】(미) 紙 ビ、すがめ one-eyed person ㄇㄧˇ mi³
애꾸눈미、한눈멀미(眇目)。

【䁏】(요) 篠 ヨウ、みる wink
❶찌긋이볼요(視貌、眇ー)。『海賦』眇ー治夷。❷눈매고울요(美目)。

【瞂】(반) 寒 ハン、みる look round
篆小 書草 눈굴려볼반(轉目視)。

【暥】(언) 銑 エン、めでたわむれる exchange glances in fun
篆小 눈으로희롱할언(目相戲)。

【瞉】(구) 宥 ク、おろか fool
❶무식할구(無識)。❷어리석을구(愚也)。❸맘흐릴구(―霧、鄙陋心不明)。
【荀子】愚陋備―。

【瞋】(진) 眞 シン、いかる angry eyes ㄔㄣ ch'en
篆小 篆小 書草 눈부릅뜰진(怒而張目)。【史記項羽本紀】―目叱之。
【瞋怒:진노】눈을 부릅뜨고 성냄。【柳宗元】――叢己。
【瞋眸:진모】눈을 부릅뜸。【史】――奮發。
【瞋恚:진에】❶성이 나서 남을 원망하고 미워함。憤怒함。❷《佛》三毒의 하나。자기 마음에 맞지 않는 것을 성내고 원망함。

【瞿】(구) 遇 ク、おそれてみる look at someone in fear
篆小 두려워서볼구(畏視)。

【瞌】(갑) 合 コウ、ねむる sleepy ㄎㄜ k'ê
書草 졸음올갑(欲睡貌)。【貫休詩】―睡山童欲成夢。
【瞌眠:갑면】피곤하여 조는 것。【姜希孟·農謳】還家――鷄伊喔。
【瞌睡:갑수】≒瞌眠。【正字通】瞌、人勞倦合眼坐睡、曰――。
【瞌然:갑연】자고자 하는 모양。【白居易】體倦目已昏、――遂成睡。

【瞍】(수) 有 ソウ、めくら blind ㄙㄡ sou
篆小 書草 소경수、장님수、판수(目有眹無珠)。【詩經】矇―奏公。
【瞍矇:수몽】장님。【國語】瞍賦矇誦。【注】無眸子曰瞍、有眸子而無見曰矇。

【瞎】(할) 黠 カツ、めっかち、かため one eyed ㄒㄧㄚ hsia
書草 한눈멀할、애꾸눈할(一目盲)。【十六國春秋】苻生無一目七歲其祖洪戲之曰吾聞―兒一淚信乎生怒引刀自刺出血曰此亦一淚耶。
【瞎馬:할마】애꾸눈의 말。【晉書】盲人騎――。
【瞎兒:할아】애꾸눈。
【瞎虎:할호】한 눈 먼 호랑이란 뜻으로 잔인한 사람을 이르는 말。【北史】皆以酷暴爲名、時人號曰――。

【矐】㊀(각) 覺 ㊁(학) 藥 カク、くらむ lose one's sight
㊀눈알빼각(去目睛)。㊁눈멀학(失明)。

【瞏】(경) 庚 ケイ、みつめる look in surprise
篆小 書草 ❶놀라볼경(驚視)。❷비틀거릴경(――無依)。【詩經唐風杕杜】獨行――。

【瞑】㊀(면) 霰 先 ㊁(명) 青 徑 メイ、ミョウ、つぶる close one's eyes
篆小 書草 ㊀❶눈감을면(翕目)。【後漢書】甘心―目。❷아찔할면(―眩、憒亂)。❸심할면(劇也)。㊁❶눈흐릴명(目不明)。【晉書】臣耳目聾―不能自勵。❷눈감을명(翕目)。
【瞑瞑:명명】분명하지 않아 잘 알 수 없는 모양。보아도 분명하지 않은 모양。【淮南子】其視――。
【瞑目:명목】❶눈을 감음。【晉書】――不答。❷죽음。翕目。
【瞑想:명상】눈을 감고 깊은 생각에 잠김。
【瞑眩:명현】눈이 어질어질함。眩暈(현훈)。【書經】若藥弗――、厥疾不瘳。

【⿱𤇾目】(행) 庚 ケイ、きよらか clear-eyed
篆小 눈맑을행(目淨貌)。

【⿰目秦】(진) 文 シン、みたら lewd
음란할진(淫亂、貼䁩眠―者)。【春箱雜記】貼䁩眼⿰目秦淫亂也。

十一畫

【⿰目旋】(선) 先 セン、うつくしい charming-eyed
눈매예쁠선(目好貌)。【靈樞經】陰陽和平之人其狀――然。

【瞕】(장) 漾 ショウ、かすむ (of eyes) gum-stained
눈에예막이생길장(目生障翳)。

【⿰目堅】(갱) 庚 コウ、かすむ dull-eyed
눈희미할갱、아리아리할갱(視不分明―矘)。【靈光殿賦】屹―矘以勿罔。

【瞖】(예) 霽 エイ、かすむ、くもる leucoma
書草 눈에백태낄예(―膜、眼疾)。【宋史】后生而一目。
【瞖膜:예막】(瞖)白膜·赤膜 혹은 青膜이 눈자위에 덮히는 눈병의 하나。
【瞖子草:예자초】약초의 이름。【本草·羅勒】釋名、蘭香、香菜、――、時珍曰、今俗人呼爲瞖子草、以其子治瞖也。

【⿰目祭】(체) 霽 サイ、みまわる inspect
篆小 ❶살펴볼체(視察)。【嵇康琴賦】明嫿―惠。❷곁눈으로볼체(邪視)。

【⿰目啇】(적) 陌 チャク、あがりめ erected eye
눈곤두설적(目竪)。

【瞙】(막) 藥 マク、バク、くらむ、かすむ leucoma
❶눈어둘막(目不明)。❷눈에백태낄막(目瞖)。

【瞚】(순) 震 シュン、またたく wink
篆小 書草 눈끔적거릴순(開闔目數搖)。【莊子】終日視而目不―。

【瞛】(종) 冬 ショウ、めがひかる glitter
눈에광채날종(目光)。【張協七命】怒目電―。

【瞜】(루) 尤 虞 ル、ロウ、めっかち、かため one eyed ㄌㄡ lou
❶애꾸눈루(偏盲、―睺)。❷웃을루(笑也、眗―)。

【瞞】(만) 寒 マン、モン、たます deceive ㄇㄢ man
篆小 書草 ❶눈거슴츠레할만(目瞼低)。【荀子非十二子】酒食聲色之中則――然。❷속일만(匿情相欺)。【汲冢周書】淺薄間―其謀乃

獲。❸반듯한눈만(平目)。❹부끄러울만(慚也)。

【瞞過:만과】 속여서 넘김。

【瞞官:만관】 官家를 속임。

【瞞報:만보】 거짓으로 내는 보고。속여서 하는 보고。

【瞞然:만연】 ❶분명히 보이지 않는 모양。『荀子』酒食聲色之中、則瞞ㅣㅣ。❷부끄러워하는 모양。『莊子』子貢ㅣㅣ慙。

【瞞著:만착】 속임。남의 눈을 가리움。◎欺ㅣ。

【瞝】(리) 因 チ、みる inspect

草書 거처볼리(歷視)。『吊屈原賦』ㅣ九州而相君兮。

【瞟】㊀(표) 篠 ㊁(표) 嘯 ヒョウ、かため one eyed ㄆㄧㄠˇ p'iao³

小篆 草書 ㊀❶눈자그마할표(目小貌)。❷한눈멀표(一目病)。❸눈희미할표(ㅣ眇視不明貌)。『靈光殿賦』忽ㅣ眇以響像。㊁밝게살필표(明察、ㅣ瞭)。

【瞠】㊀(쟁) 庚 ㊁(당) 〔俗音〕 ドウ、みつめる gaze straight ㄔㄥ ch'êng¹

草書 ㊀똑바로볼쟁(直視)。『莊子田子方』ㅣ若乎其後矣。㊁뜻은 ㊀과 같음。

【瞠瞠:당당】 눈을 크게 뜨는 모양。『陸龜蒙』心悄悄目ㅣㅣ。

【瞠眄:당면】 눈을 크게 뜨고 뚫어지게 자세히 바라봄。『後漢書』。

【瞠目:당목】 놀라서 눈을 휘둥그렇게 뜨고 바라봄。瞠視。『袁宏道』ㅣㅣ而出。

【瞠視:당시】 눈을 휘둥그렇게 뜨고 바라봄。

【瞠若:당약】 어이없이 눈을 휘둥그렇게 뜨고 바라보는 모양。瞠然。『莊子・四子方』夫子奔逸絶塵、而回ㅣㅣ乎其後矣。

【瞠然:당연】 =瞠若。『管子』ㅣㅣ視。

【瞡】(규) 因 キ、すがめ wink

草書 한눈찌긋이하고볼규(眇視)。『荀子』學者之嵬ㅣㅣ然。

【瞢】㊀(몽) 東 ㊁(맹) 逕 ボウ、モウ、くらい obscured eyes ㄇㄥˊ mêng²

小篆 草書 ㊀눈어두울몽(目不明)。『文中子』孰謂齊文宣ㅣ而善揚遵彥也。㊁❶답답할맹(悶也)。『左傳襄公十四年』亦無ㅣ焉。❷캄캄할맹(不光明)

【瞢騰:몽등】 멍하게 있는 모양。『范成大』尋思斷夢半ㅣㅣ。

【瞢瞢:몽몽】 빛이 없는 모양。어두운 모양。『周禮・註』日月ㅣㅣ無光也。

【瞢闇:몽암】 어두움。『楚辭』冥昭ㅣㅣ、誰能極之。

【瞢然:몽연】 어두운 모양。분명하지 않은 모양。

【瞢容:몽용】 부끄러워 하는 모습。『左思』有靦ㅣㅣ。

【瞜】㊀(척) 陽 ㊁(추) 尤 テキ、がっかりみる look at something spiritlessly

小篆 小篆 ㊀뜻잃고 볼척(失意而視貌)。『左思』ㅣ焉失所。㊁뜻은 ㊀과 같음。

【瞝】(리) 支 リ、ふたえまぶた double-eyelid eye

눈쌍꺼풀질리(目Ꜧ)。

【瞌】(갑) 合 コウ、ねむいめつき sleepy eyes

졸린눈갑(困悶眼)。

十二畫

【瞶】(위) 紙 キ、うつくしいめつき charming-eyed

눈매예쁠위(目好貌ㅣㅣ)。

【瞤】(순) 眞 ジュン、またたく blink one's eyes ㄕㄨㄣˋ shuen⁴

小篆 草書 눈꿈적거릴순(目動)。『西京雜記』ㅣ得酒食。

【瞥】(별) 屑 ヘツ、みる glance at ㄆㄧㄝ p'ieh¹

小篆 草書 눈깜작할별、잠깐볼별(ㅣ然、暫見)。『淮南子』龍無耳而目不可以ㅣ精於明。

【瞥見:별견】 얼른 슬쩍 봄。

【瞥觀:별관】 =瞥見。『梁書』余少好書、雖偶見ㅣㅣ、皆即疏記。

【瞥眼間:별안간】 갑자기。

【瞥然:별연】 힐끗 보는 모양。잠깐 보는 모양

◎ㅣㅣ。

【瞛】(존) 願 ソン、あかいめ red-eyed

붉은눈존、눈알붉을존(赤目)。

【瞟】(표) 蕭 ヒョウ、みわたす cast an unwelcome glance at

반갑지않게볼표(惡視貌)。

【瞦】(희) 支 キ、ひとみ clear-eyed

小篆 눈동자맑을희(瞳淸)。

【瞧】(초) 蕭 ショウ、みる askance ㄑㄧㄠˊ ch'iao²

草書 ❶곁눈질할초(偸視)。❷엿볼초(竊視)。

【瞪】(잠) 鹽 セン、おもいしずむ shut one's eyes to consider

눈감고생각할잠(閉目內思)。

【瞩】(촉)『矚』(21畫目部)의 俗字

【瞪】(증) 蒸 トウ、みつめる looking in the face ㄉㄥˋ têng⁴

草書 눈똑바로뜨고볼증(直視貌)。『晋書』ㅣ眸不轉。

【瞪眸:증모】 눈도 깜짝이지 않고 봄。『晋書』ㅣㅣ不轉。

【瞪瞢:증몽】 눈이 어두움。『王粲』ㅣㅣ。「忘食。

【瞪視:증시】 자세히 봄。『宋史』仰屋ㅣㅣ。

【瞫】(심) 寢 シン、みる steal a glance at ㄕㄣˇ shen³

小篆 草書 ❶몰래볼심(竊見)。❷눈내리깔고볼심 (低目視)。

【瞬】(순) 震 シュン、またたく blink; wink ㄕㄨㄣˋ shuen⁴

草書 ❶눈깜작일순(目自動)。『宋史』目ㅣ如電。❷잠깐순(ㅣ息須臾)。『文賦』撫四海於一ㅣ。

【瞬間:순간】 잠깐 동안。

【瞬膜:순막】 《生》눈을 보호하기 위하여 척추 동물의 눈꺼풀 속에 있는 반투명의 膜。

【瞬時:순시】 눈 한 번 깜짝할 동안。매우 짧은 시간。

【瞬視:순시】 눈을 깜짝이면서 봄。「間。

【瞬息:순식】 =瞬息間。『杜甫』得失ㅣㅣ

【瞬息間:순식간】 눈을 한 번 깜짝하거나、숨을 한 번 쉴 만한 짧은 시간。매우 짧은 시간。瞬息。

◎一ㅣ。

【瞰】(감) 勘 カン、みる look down

草書 굽어볼감、내려다볼감(俯視)。『後漢書』雲車千餘ㅣ臨城中。

【瞰臨:감림】높은 곳에서 내려다 보면서 臨함。『漢書』——左右。
【瞰下:감하】내려다 봄。

【瞭】(료) 篠 リョウ、あきらか clear-sighted ㄌㄧㄠˇ liao³
❶아득하게 보일료(遠視)。『楚辭』—冥冥而薄天。❷눈자위 맑을료、눈밝을료(目睛明)。『孟子』胸中正則眸子—焉。
【瞭望:요망】높다란 곳에서 적情을 살피어 멀리 바라봄。
【瞭眊:요모】밝음과 어두움。『韓愈』孟軻分邪正、眸子看——。
【瞭然:요연】明白한 모양。분명한 모양。曉然。◎明—。

【瞯】㊀(한) 刪 ㊁(간) 諫 カン、うかがう spy out ㄐㄧㄢˋ chien⁴
㊀엿볼한(覘視)。『孟子』王使人—夫子。㊁뜻은 ㊀과 같음。

【瞲】(휼) 質 ケツ、みる look in surprise
❶눈우묵할휼(目深貌)。❷놀라서볼휼(驚視貌)。『荀子』—然視之。
【瞲然:휼연】눈을 크게 뜨고 바라보는 것。『荀子』——視之。

【瞳】(동) 東 トウ、ひとみ pupil of the eye ㄊㄨㄥˊ t'ung²
눈동자동(目珠—子腎之精)。『靈樞經』骨之精爲—子。
【瞳孔:동공】눈동자。瞳子。瞳睛。
【瞳焉:동언】무심히 보는 모양。『莊子』女——如新生之犢。
【瞳人:동인】눈동자。남의 눈을 보면、그 눈동자 속에 자기 그림자를 보게 되므로 이렇게 말함。『李賀』一雙——翦秋水。
【瞳子:동자】瞳孔。『史記』舜目蓋重——。
【瞳睛:동정】눈동자。『新論』——殊也。

【瞴】(무) 虞 ブ、ちょっとみる glance at
잠깐볼무(微視、—婁)。

【瞵】㊀(린) 震 ㊁(련) 先 リン、ひとみ glitter of an eye ㄌㄧㄣˊ
㊀❶눈정기린、눈동자린(目精)。❷눈똥그랗게 뜨고볼린(視貌)。『吳都賦』鷹—鶚視。㊁눈치챌련(以目隨之)。
【瞵盼:인반】밤이 막 새려고 할 무렵。새벽。『王褒』——兮上丘墟。

十三畫

【瞸】(엽) 葉 ヨウ、まぶた edge of an eyelid
눈시울엽(瞼也)。

【瞹】(애) 泰 アイ、くらい obscured vision
❶눈흐릿할애(目不明)。❷가리울애(隱也)。

【䁴】(전) 銑 セン、みつづける turn white at the sight
❶보고 그칠전(視而止)。❷보고 낯빛변할전(視而面色變貌)。

【䁵】(현) 銑 ヘン、みえない leucoma
갓난아이 눈에 예막있을현、갓난애 눈에백태낄현(始生兒目有翳)。

【䁺】(역) 陌 エキ、よくみる quick-sighted
눈밝을역(目明)。

【瞻】(첨) 鹽 セン、みる look up
❶쳐다볼첨、우러러볼첨(仰視)。『陶潛歸去來辭』乃—衡宇載欣載奔。
【瞻顧:첨고】돌아다봄。『宋史』——鄉關。
【瞻戴:첨대】우러러 받들음。『舊唐書』億兆八紘之所——。
【瞻望:첨망】❶바라봄。멀리서 우러러봄。『詩經』——弗及、泣涕如雨。❷仰慕함。瞻仰。『南史』爲衆所——。
【瞻慕:첨모】우러러 思慕함。仰慕。
【瞻視:첨시】바라다봄。휘둘러 봄。『論語』正其衣冠、尊其——。
【瞻星臺:첨성대】(蹟)慶尙北道 慶州市에 있음。新羅 善德女王 때에 세운 동양에서 가장 오래된 천문대。돌로 둥글게 쌓아 올렸는데 밑면의 직경 五·五米、위의 직경 二·五米、높이 九米 가량임。
【瞻仰:첨앙】❶우러러 봄。『韓詩外傳』夫山者、萬民之所——也。❷존경하고 사모함。
【瞻烏:첨오】어지러운 세상을 맞아 의지할 곳이 없음。『陸倕』跼地無歸、——靡託。
【瞻眺:첨조】우러러 봄。『朱熹』——庭宇肅、仰首但秋旻。

【瞼】(검) 琰 ケン、まぶた edge of an eyelid ㄐㄧㄢˇ chien³
눈시울검(目上下弦)。『脈經』脾之候在——動則知脾能消化脾病則—澁嗜臥。

【瞽】(고) 麌 コ、めくら、めしい blind ㄍㄨˇ ku³
❶장님고、소경고、봉사고(盲也)。『周禮註』無目眹謂之—。❷전악고、풍류관원고(樂官)。『書經胤征』—奏鼓。❸학교이름고(殷代學校)。『禮記明堂位』—宗殷學也。❹사람이름고(舜父名—瞍)。
【瞽女:고녀】여자 소경。장님인 여자。
【瞽矇:고몽】장님。『周禮』樂師有——。
【瞽辭:고사】=瞽說。『後漢書』牽陳——、伏紙惶懼。
【瞽說:고설】이치에 맞지 않는 어리석은 理論。愚說。『漢書』皆——狀天者也。
【瞽言:고언】=瞽說。『漢書』宿留——。
【瞽議:고의】=瞽說。『嵇康』獻替是可、輕陳——。「文章之觀」。
【瞽者:고자】소경。『莊子』——無以與乎...

【瞾】(조)『照』(火部 9畫)와 같음。

【瞿】㊀(구) 虞 ㊁(구) 遇 ク、おどろく astonish ㄑㄩˊ ch'ü²
㊀❶눈휘둥거릴구(驚視貌)。『禮記檀弓』曾子聞之—然。❷가슴두근거릴구(心驚貌)。『雜記』聞名心—。㊁두려울구(恐也)。
【瞿瞿:구구】❶節制하지 못하는 모양。『詩經』狂夫——。❷놀라고 침착하지 못한 모양。『禮記』視容——。❸반성하여 조심하는 모양。『詩經』良士——。
【瞿麥:구맥】(植)패랭이꽃。너도개미자리과에 속하는 多年草。山野 河原에 自生함。꽃은 한약제로 씀。
【瞿視:구시】둘러봄。『禽經』雀以猜——。
【瞿然:구연】❶놀라고 괴이쩍게 여기는 모양。『禮記』曾子聞之——。❷무서워하고 놀라는 모양。『禮記』——失席。❸기뻐하는 모양 ❹분주한 모양。

【䀖】(휴) 尤 ケイ、めやに gummy-eyed
눈곱많을휴(目多汁)。

十四畫

【⿰目赫】(혁) 陌 カク、あかめ red-eyed
눈붉을혁(目赤)。

【⿰目察】(찰) 黠 サツ、よくみる have a careful look at
자세히볼찰(詳視)。

【⿰目監】(감) 陷 カン、あうぎみる look up
小篆 쳐다볼감(瞻視)。

【矄】(훈) 文 クン、めがかすむ dull-eyed
눈침침할훈(目暗)。

【矆】(확) 藥 カク、みはる strain one's eyes
小篆 ❶눈딱부릅뜨고볼확(大視)。❷번갯불확(ー睒、電光)。

【⿰目辡】(판) 諫 ハン、こどものにらみ (of baby) gray-eyed
小篆 아이눈뽀얄판(小兒白眼)。

【矏】(면) 先 メン、ベン、ぎっしり dense; thick
ㄇㄧㄢ mien²
小篆 ❶외눈어둘면(片目不明)。❷빽빽할면(密也)。

【矇】(몽) 東 ボウ、モウ、めくら、めしい blind
小篆 草書 청맹과니몽(ー瞍、青盲、有瞳未見)。〔詩經〕ー瞍奏公。

【矇瞽:몽고】 소경。〔嵇康〕ーー面牆而不悟。

【矇昧:몽매】 事物의 이치에 어두움。어리석음。蒙昧。〔蔡邕〕夫何ーー之瞽兮。

【矇矇:몽몽】 어두운 모양。분명하지 않은 모양。〔班固〕心ーー猶未察。

【矇瞀:몽무】 눈이 어두움。똑똑히 보이지 않음。〔韓愈〕淚目苦ーー。

【矇然:몽연】 똑똑히 보이지 않는 모양。분명하지 않은 모양。

【矉】(빈) 先 ヒン、しかめる frown
小篆 草書 ❶이맛살찌푸릴빈 (額縮)。〔莊子天運〕西施病心而ー其里。❷눈부라릴빈、눈부릅뜰빈(恨張目)。

【矉蹙:빈척】 얼굴을 찡그리는 것。〔莊子·列禦寇·注〕髑髏聞生而ーー。

【矊】(면) 先 メン、くろいひとみ black-pupil
검은눈동자면(黑瞳)。

【⿰目冥】(명) 敬 ベイ、ひろいまゆ wide-browed
눈썹넓을명、미간넓을명(眉潤)。

【⿰目⿱留心】(류) 宥 リュウ、きめる determine
❶복습할류(温故復習)。❷결심할류(決意)。

十五畫

【矌】(광) 漾 コウ、めくら blind
❶청맹과니광(目無珠)。❷눈에 영채 없을광(目無色)。

【⿰目賣】(매) 卦 バイ、ながしめ look askance
❶곁눈질할매(邪視)。❷눈 가매(目際)。❸눈 부릅뜰매(怒貌)。

【矍】(확) 藥 カク、おどろきみる in alarm (古音「곽」)
ㄐㄩㄝ chüeh²
小篆 草書 ❶놀라돌아볼확(ーー、左右顧)。〔易經震卦〕視ーー。❷날쌜확(輕健貌)。〔後漢書馬援傳〕ー鑠哉是翁也。❸눈휘둥거릴확(ー然、失容)。〔後漢書〕秦使ー然。

【矍鑠:확삭】 늙어서도 오히려 壯健한 모양。〔後漢書〕ーー哉是翁也。

【矍矍:확확】 놀라고 당황하여 두리번거리는 모양。〔易經〕視ーー。

【矎】(현) 霰 ケン、まぶしい dazzling
눈부실현(目不正)。〔靈光殿賦〕目ーー而喪精。

【⿰目蔑】(멸) 屑 ベツ、ただれめ blear eyed
눈 가장자리 진무를멸(目眥傷)。

十六畫

【矋】(력) 錫 レキ、あかるい clear-eyed
눈밝을력(目淨ー瞜)。

【矐】(획) 藥 カク つぶす pull out an eyeball (古音「확」)
草書 ❶겹동자획(重目)。❷광채날획(光明)。❸눈멀획(害目失明)。〔史記荊軻傳〕秦始皇惜高漸離善擊筑重赦之乃ー其目。

【矐睔:획요】 보는 모양。〔廣韻〕ーー視貌。

【矑】(로) 虞 ロ、ひとみ pupil
草書 ❶볼로(視也)。❷눈동자로(目瞳)。〔甘泉賦〕玉女亡所眺其清ー。

【⿰目夢】(몽) 東 モウ、ねごと talking in sleep
잠고대할몽(寐言)。

十七畫

【⿰目龠】(요) 嘯 ヨウ、めまい mistake
잘못볼요(誤視)。

【⿰目霝】(령) 靑 レイ、めのひかり glitter
눈광채령(目光)。

【⿰目韱】(섬) 琰 セン、わらう smile at
웃을섬(笑也)。

十八畫

【矔】(관) 翰 カン、かえりみる look back
ㄍㄨㄢ kuan⁴
小篆 눈을흘깃돌아볼관(轉目顧視)。〔遂初賦〕空下時而ー世兮。

【⿰目爵】(작) 藥 シャク、よくみえぬ shut one's eyes
눈감을작、눈어둘작(目瞑)。

十九畫

【矕】(만) 潸 バン、みる pretty
小篆 草書 ❶눈매예쁠만(目美貌)。❷가웃이볼만(視貌)〔韓愈詩〕親戚相視ー。

【矕矕:만만】 오랫동안 봄。지켜보는 것。〔廣雅·釋訓〕ーー、視也。

【矖】(리) 支 リ、みる look for
草書 둘러볼리、찾아볼리(索視貌)。〔魏書〕ー目八荒。

【矖瞜:이루】 黃帝 때의 사람。離婁。

【矗】(촉) 屋 チョク、まっすぐ straight (古音「축」)
ㄔㄨ ch'u⁴
草書 ❶곧을촉(直也)。〔杜牧阿房宮賦〕ー不知其幾千萬落。❷우뚝솟을촉(聳上貌)。〔司馬相如上林

賦】崇山ㅣㅣ。

【矗立:촉립】똑바로 섬。 솟아 있음。

【矗石樓:촉석루】《地》慶尙南道 晉州市 本城洞에 있는 樓閣。 南江에 임한 벼랑 위에 자리잡은 웅장한 건물로 晉州城의 主將臺임。 高麗 末의 축성 당시 府使 金光忠들의 손으로 창건되었다 하며 그 후 임진 왜란으로 파괴된 것을 光海君 一〇년(一六一八)에 兵使 南以興의 재건。 六·二五동란에 불탄 것을 다시 세움。 국보로 지정됨。

【矗然:촉연】곧은 모양。【元包經】語其義, 則ㅣㅣ而不誣。【注】直而不奸也。

【矗矗:촉촉】높이 솟은 모양。【司馬相如】崇山ㅣㅣ, 巃嵸崔巍。

二十畫

【矘】(당) 養 トウ、みつめる look at blankly

小篆 草書 눈멀거니 뜨고볼당(目無精直視)。【後漢書】梁冀鳶肩豺目洞精ㅣ眄。

【矙】(감) 勘 カン、うかがう glance furtively

草書 ❶엿볼감(窺也)。【孟子】ㅣ孔子之亡而饋孔子蒸豚。❷볼감(視也)。

【矙亡:감망】집에 있지 않은 틈을 타서 남을 찾는 것。【孟子】陽貨矙孔子之亡也, 而饋孔子蒸豚。

【矙亡負罪:감망부죄】남을 찾아가 집에 있지 않음을 이르는 말。【書言故事】見人值出。

【矍】(확) 藥 カク、かえりみる recollect

❶돌아볼확(顧也)。❷두려울확(懼也)。

二十一畫

【矚】(촉) 沃 ショク、みる watch ㄓㄨˇ chu³

草書 볼촉(視也)。【魏書張淵傳】凝神遠ㅣ。

【矚目:촉목】뚫어지게 자세히 봄。주의하여 봄。屬目。注目。注視。

【矚盼:촉반】=矚目。

矛 部

【矛】(모) 尤 ボウ、ム、ほこ spear ㄇㄠˊ mao² 《古音》「무」

小篆 古文 草書 세모진창모(鉤兵, 兵器長柄頭刃)。【禮疏】ㅣ如鋋而三廉。

矛(圖器禮)

【矛戈:모과】창。(戈는 갈래진 창)。【宋書】ㅣㅣ異適。

【矛戟:모극】창。쌍날 창과 창날의 끝이 두 갈래로 갈라진 창。【詩經】王于興師, 修我ㅣㅣ。

【矛櫓:모로】창과 방패。(櫓는 大盾)。【晉書】善用弓楯ㅣㅣ。

【矛槊:모삭】창。【歐陽修】巨策人人把ㅣ

【矛盾:모순】❶창과 방패。❷말의 앞 뒤가 서로 맞지 않음。《故》韓非子에 실린 창과 방패를 동시에 팔던 楚 나라 사람의 앞 뒤 이치가 맞지 않는 이야기。❸兩立하지 않음。自家撞着。矛楯。【韓非子】。

【矛盾槪念:모순개념】《論》삶과 죽음, 있음과 없음 따위와 같이 서로 부정하여 중간에 제삼자를 용인하지 않는 개념。

【矛盾性:모순성】《論》❶모순의 본디의 성질。❷모순의 확실한 성질。

【矛盾律:모순율】《論》동일 사물을 긍정 또는 부정하면서 동시에 부정 또는 긍정할 수 없다는 논리학적 원리의 하나。矛盾原理。矛盾法。

【矛叉:모차】세모창。【蘇軾】巡邊將軍在近邑, 呼來颯颯從ㅣㅣ。

四畫

【矵】㊀(뉴) 有 ㊁(뉵) 屋 ジュウ、さす thrust

小篆 ㊀찌를뉴(刺也)、㊁뜻은 ㊀과 같음。

【矜】㊀(근) 眞 ㊁(환) 刪 ㊂(긍) 蒸 キン、カン、キョウ、あわれむ pity; pride ㄍㄨㄢ kuan,

小篆 草書 ㊀창자루근(矛柄)。【史記】起窮巷奮棘ㅣ。㊁홀아비환(老無妻)。【詩經大雅烝民】不侮ㅣ寡。《古音》「관」㊂❶창자루긍(戟鋋杷)。❷민망할긍(愍也)。❸자랑할긍(自賢)。【書經】汝惟不ㅣ天下莫與汝爭能。❹아낄긍(惜也)。【書經旅獒】不ㅣ細行。❺공경할긍(敬也)。【孟子】使國人有所ㅣ式。❻곱송거릴긍(竦也)。【思玄賦】魚ㅣ鱗而泮渙。❼높일긍(尙也)。【賈誼治安策】人ㅣ節行。❽불쌍할긍(哀也)。❾꾸밀긍(飾也)。❿교만할긍(驕也)。

【矜誇:긍과】뽐내고 자랑함。【唐中宗】梅香柳已ㅣㅣ。

【矜驕:긍교】뽐내고 방자함。【劉基】周器忌盈滿, 老子戒ㅣㅣ。

【矜矜:긍긍】❶堅强한 모양。❷조심하여 自重하는 모양。【詩經】ㅣㅣ兢兢。

【矜憐:긍련】불쌍히 여김。矜愍。矜恤。【李密】願陛下ㅣㅣ愚誠。

【矜愍:긍민】불쌍히 여김。矜憐。矜憫。

【矜憫:긍민】가엾게 여겨 근심함。

【矜伐:긍벌】겉으로 드러내어 자랑함。【魏志】深自ㅣㅣ。

【矜負:긍부】재능을 자랑하여 自負함。【北史】雖在貧賤, 常自ㅣㅣ。

【矜奮:긍분】삼가고 힘씀。【韓愈】民各自ㅣㅣ。

【矜肆:긍사】교만하고 뽐내어 제 멋대로 행동함。

【矜恕:긍서】불쌍히 여겨 용서함。【宋史】。

【矜恃:긍시】❶자기 행동에 대하여 自尊心을 가짐。【吳志】公室貴戚, 各自ㅣㅣ、❷=矜持③。

【矜哀:긍애】불쌍히 여김。哀矜。【左傳】ㅣㅣ寡人。

【矜嚴:긍엄】조심성 있고 엄숙함。謹嚴。矜厲。【後漢書】ㅣㅣ有威。

【矜勇:긍용】스스로의 용기를 자랑함。【漢書】灌夫ㅣㅣ、武安驕盈。

【矜育:긍육】불쌍히 여겨 기름。【李密】凡在故老, 猶蒙ㅣㅣ。

【矜躁:긍조】뽐내고 시끄러움。【南史】性頗ㅣㅣ, 以權勢自居。

【矜持:긍지】❶자신을 눌러 조심함。❷스스로 自身을 잘난 듯이 꾸밈。❸自信하는 바가 있어 자랑함。

【矜惻:긍측】불쌍하고 가엾음。矜憐。

【矜泰:긍태】교만하고 뽐냄。驕泰。

【矜恤:긍휼】불쌍히 여겨 도와 줌。憐恤。矜憐。【後漢書】ㅣㅣ孤羸。◎自ㅣ。

六畫

【䂵】(동) 冬 トウ、さす thrust

❶찌를동(刺也)。❷창동(矛也)。

七畫

【䂶】(랑) 陽 ロウ、みじかいほこ short spear

小篆 짧은창랑(短矛)。

【矞】(율) 質 イツ、キツ、うがつ ㄩˋ yü bore a hole with a gimlet
小篆 草書 ❶송곳질할율(錐穿)。❷상서구름율(瑞雪)。【董仲舒雨雹對】雲五色爲慶三色成ㅣ。❸궤휼할율(詭詐)。【荀子】ㅣ宇嵬瑣。❹귀신이름율(神名、ㅣ皇)。
【矞宇:율우】거짓 자랑하는 것。矞은 譎。【荀子】欺惑愚衆、ㅣㅣ嵬瑣。
【矞矞:율율】만물이 봄바람을 맞아 성장하는 모양。【揚雄】ㅣㅣ皇皇。
【矞皇:율황】❶만물이 아름답게 번성하는 모양。【太玄經·交】物登明堂、矞矞皇皇。❷神의 이름。史記에는 潏湟임。【司馬相如】左玄冥而右黔雷兮、前長離以後ㅣㅣ。

【矟】(삭) 覺 サク、ほこ、さす ㄕㄨㄛˋ shuo long spear
草書 긴창삭(長矛)。【釋名】矛長丈八尺曰ㅣ。
【矟殳:삭수】삼모 창과 팔모 창。【唐書】盤直東南有哥羅、亦曰哥羅富沙羅、有州二十四、其只有弓矢ㅣㅣ。

【⿰矛𠬶】(침) 侵 シン、きり gimlet 송곳침(錐也)。

八畫

【⿰矛丑】(뉴) 有 ジュウ、やわらか tender 연할뉴、부드러울뉴(輭也)。

【矠】(색) 陌 サク、ほこ、さす(本音「책」) harpoon
小篆 草書 ❶창색(矛屬)。❷작살질할색(以矛取物)。

九畫

【⿰矛匽】(언) 阮 エン、ほこ trident 삼지창언(戟三刃者)。

十一畫

【⿰矛堇】(근) 文 眞 キン、ほこのえ shaft of spear ❶창자루근(矛柄)。❷호미근(鉏耰)。

十四畫

【⿰矛爾】(미) 支 ビ、ほこ spear 창미(矛屬)。

十五畫

【⿰矛暴】(박) 覺 バク、ほこ stick spear ❶지팡이창박(杖矛)。❷당나라위장이름박(唐時衛仗名、ㅣ矟)。

十九畫

【⿰矛贊】(찬) 翰 サン、ほこ short spear 작은창찬(鋋也)。【元史】ㅣ制如戟鋒刃兩旁微起下有鐏銳。

二十畫

【矡】(확) 藥 カク、すき spade ❶호미확(鋤也)。❷창확(矛屬)。

矢部

【矢】(시) 紙 シ、や ㄕˇ shih arrow
小篆 草書 ❶살시(箭也)。【易經】剡木爲ㅣ。【史記】肅愼氏楛矢石砮尺有咫。❷소리살시(嚆矢響箭)。【莊子】焉知曾史之不爲桀紂嚆ㅣ。❸곧을시(直也)。【詩】其直如ㅣ。❹베풀시(陳也、施也)。【春秋隱公五年】公ㅣ魚于棠。❺맹세시(誓也)。【論語雍也】夫子ㅣ之曰。❻똥시(糞也)。【左傳】埋之馬ㅣ之中。

矢(禮器圖)

【矢笴:시가】화살의 대。箭竹。【書經·傳】篠之材中矢之笴。
【矢口:시구】마음대로 지껄임。【揚子法言】聖人ㅣㅣ而成言。
【矢服:시복】화살을 넣어 두는 통。箭筒。矢箙。【夢溪筆談】古法以牛革爲ㅣㅣ、臥則以爲枕。

矢服(辭源)

【矢石:시석】화살과 弩弓에 쓰는 돌。(轉)전쟁。【史記】士赴ㅣㅣ、如渴得飮。
【矢心:시심】마음 속으로 맹세함。
【矢言:시언】맹세하는 말。誓言。【書經】出ㅣㅣ。
【矢鏃:시촉】화살촉。화살 끝에 박은 쇠。箭鏃。【蜀志】ㅣㅣ有毒。
【矢礮:시포】弓矢와 鐵砲。
【矢壺:시호】=矢服。◎弓ㅣ、毒ㅣ、飛ㅣ、流ㅣ、嚆ㅣ。

二畫

【矣】(의) 紙 イ ㄧˇ i
小篆 草書 ❶말그칠의(語已辭)。❷어조사의(語助辭)。【禮記·檀弓上】三年之喪、亦已久ㅣㅣ。
【矣夫:이부】詠歎의 助辭。
【矣哥:이재】詠歎의 助辭。【左氏·襄】尙ㅣㅣ、能歆神人。

三畫

【矤】(신)『矧』(矢部4畫)과 같음

【知】(지) 支 チ、しる ㄓ chih know
小篆 草書 ❶알지(識也)。【書經】ㅣ人則哲。❷깨달을지(覺也)。【中庸】或學而ㅣ之。❸생각할지(生覺)。【中庸】雖聖人亦有所不ㅣ。❹기억할지(記憶)。【論語里仁】父母之年不可不ㅣ也。❺이를지(諭也)。❻하고자할지(欲也)。【禮記】ㅣ誘於外。❼주장할지(ㅣ府、主也)。【左傳】公孫揮曰子産其將ㅣ政矣。
【知家:지가】(國)높은 벼슬아치의 지나가는 길을 침범한 사람을 붙잡아서、한때 길 가의 집에 맡겨두던 일。
【知覺:지각】❶알음。깨달음。【後漢書】有姦人詐僞、無由ㅣㅣ。❷(心)感覺器管에 의하여 外界의 사물을 認識하는 機能。
【知見:지견】=識見。
【知經筵事:지경연사】(制)李朝 때 經筵廳의 正二品 벼슬。知經筵。
【知舊:지구】오랜 친구。舊知。故舊。
【知己:지기】❶자기의 眞心과 眞價를 잘 알아 주는 사람。【史記】士爲知己者死、女爲悅己者容。❷참된 친구。
【知機逃躱:지기도타】범죄자가 기미를 미리 알고 도망함。또는 그 범인。
【知其一未知其二:지기일미지기이】하나만 알고 둘을 모름。(喩)裏面의 事理、內面의 이치를 모름。
【知己之友:지기지우】서로 마음이 통하는 친한 벗。
【知能犯:지능범】(法)지능을 이용하여 「범한 죄。
【知德:지덕】지식과 도덕。학식과 인격。

【知道:지도】❶道理를 밝게 알음。【禮記】人不學不ㅡㅡ。❷임금이 알았다는 뜻을 표시하는 말。글에만 씀。

【知得:지득】서로 잘 알음。【陶潛】高陽許詢雅相ㅡㅡ、若有舊交。

【知慮:지려】염려。생각。【荀子】ㅡㅡ漸深。

【知力:지력】지식의 힘。

【知面:지면】❶처음 만나서 서로 알음。❷만나서 서로 알아봄。

【知命:지명】❶天命을 알음。【易經】樂天ㅡㅡ、故不憂。❷人生 五〇세를 이르는 말。【論語·爲政】五十而知天命。

【知名:지명】❶이름이 널리 알려져 있음。有名。❷이름을 알음。通姓名。【禮記】男女非有行媒、不相ㅡㅡ。

【知名之士:지명지사】이름이 세상에 널리 알려진 사람。

【知母:지모】❶(植)지모과에 속하는 多年草。觀賞用。❷(醫)지모의 根莖。熱로 인한 咳嗽·痰·渴症 등의 漢藥材。

【知方:지방】禮法을 알음。【論語·先進】可使有勇、且ㅡㅡ也。

【知府:지부】❶지식의 寶庫。❷(制)옛中國의 府의 長官。宋·明·清代에 있었음。

【知斧斫足:지부작족】(國)아는 도끼에 발등 찍히기。(喩)아는 사람에게 해를 당했거나 속임을 받았다는 뜻。【旬五志】。

【知分:지분】제 본분을 알음。

【知事:지사】(制)❶經筵廳·敦寧府·成均館·義禁府·中樞府·春秋館·訓鍊院의 우두머리。❷知中樞府事의 俗稱。❸知事署의 우두머리。❹道知事의 略稱。

【知色:지색】(佛)색의 길을 잘 알음。

【知性:지성】❶明哲한 성질。❷性을 알음。사람의 本性을 알음。❸(哲)知的作用에 관한 性能。認識과 理解의 능력。思考하는 힘。

【知識:지식】❶지혜。思考하는 작용。❷알고 있는 내용。【維摩經】衆所ㅡㅡ。❸(哲)外界를 感知하고 이해하는 작용。❹(佛)㉠煩惱를 버리고 正法을 알음。㉡佛道의 선배。善知識。

【知識階級:지식계급】일반적으로 고등 교육을 받고 지적 노동에 종사하는 계급。

【知識論:지식론】=認識論。

【知識慾:지식욕】지식을 구하는 욕망。

【知識人:지식인】지식 계급의 사람。인텔리겐스。

【知識層:지식층】고등 교육을 받아 知的인 일에 종사하는 사람들。

【知悉:지실】자세히 알음。

【知心:지심】뜻이 서로 통함。

【知言:지언】❶道理에 밝은 말。사리에 합당한 말。【左傳】秦伯以爲ㅡㅡ。❷남의 말을 듣고 그 正邪·惡을 똑똑히 알음。【論語·堯曰】吾ㅡㅡ。

【知與不知間:지여부지간】알고 모름을 가리지 아니하고。친하고 친하지 않음을 가리지 아니하고。

【知友:지우】서로 마음을 아는 친한 벗。아는 사람。【史記】在絶ㅡㅡ賓客之請。

【知遇:지우】학문이나 재능을 認定 받아서 좋은 대우를 받음。知得。【南史】梁簡文之在東宮、深被ㅡㅡ。

【知遇之感:지우지감】대우를 잘 받아서 후의에 감격하는 느낌。

【知委:지위】명령을 내리어 알려 줌。

【知恩:지은】❶은혜를 알음。❷佛·法·僧의 은혜나 부모·임금에 대한 은혜를 알고 이를 갚음。

【知恩報恩:지은보은】은혜를 알고 그 은혜를 갚음。

【知音:지음】❶거문고 소리를 듣고 그 뜻을 분간함。❷자기 마음을 잘 아는 사람。知己之友。(故)伯牙가 타는 거문고 소리를 種子期가 듣고 그 곡조를 잘 알아 알아들었다는 故事。→絶絃。【列子】。❸자기를 잘 알아서 뒤를 돌보아 주는 사람。

【知而不知:지이부지】알면서 모르는 체함。

【知人:지인】❶사람의 됨됨이를 알아봄。❷알고 있는 사람。

【知人之鑑:지인지감】사람을 알아보는 識見。또는 鑑識。知鑑。

【知者:지자】사물의 도리에 밝은 사람。사리에 통한 사람。지식이 많은 사람。【中庸】ㅡㅡ過之、不肖者不及也。

【知者不言:지자불언】지식이 있는 자는 才知를 감추어 함부로 말을 하지 않음。【老子】ㅡㅡ、言者不知。

【知者不惑:지자불혹】知者는 도리를 분명히 알고 있으므로 사물의 처리에 당하여 迷惑하지 않음。【論語】子曰、ㅡㅡ、仁者不憂、勇者不懼。

【知者樂水:지자요수】知者는 사리에 통달하여 停滯함이 없는 것이 마치 물이 자유로 흐르는 것과 흡사하므로 늘 물과 친하여 물을 좋아함。【論語】ㅡㅡ、仁者樂山。

【知的感情:지적감정】지적인 활동에 따르는 감정。

【知的判斷:지적판단】논리적으로 眞僞를 밝혀서 내리는 판단。

【知情:지정】남의 사정을 알음。

【知照:지조】통지하기 위하여 照會함。

【知足:지족】만족함을 알음。분을 지켜 너무 탐내지 않음。【老子】ㅡㅡ者富。

【知罪:지죄】자기의 지은 죄를 알음。

【知止:지지】자기의 분에 넘치지 않도록 그칠 줄을 알음。

【知彼知己:지피지기】남과 나의 세력의 강약을 살펴 알음。【孫子·謀攻】。

【知行:지행】아는 것과 행하는 것。지식과 행위。

【知慧:지혜】슬기。

【知曉:지효】알아서 깨달음。【韓愈】僕愚陋無所ㅡㅡ、然聖人之書、無所不讀。

◎告ㅡ、旣ㅡ、無ㅡ、熟ㅡ、良ㅡ、諒ㅡ、豫ㅡ、通ㅡ。

四 畫

【矦】(후)『侯』(人部 7畫)의 古字

【矤】(신) 軫 シン、いわんや、still more ㄕㄣ shěn³

小篆 草書 ❶하물며 신(況也)。【中庸】詩曰神之格思不可度思ㅡ可射思。❷잇속드러날 신(齒本笑貌)。【禮記】笑不至ㅡ。

【矤笑:신소】잇몸을 들어내고 웃는 것。【禮記·曲禮上】笑不至矤。【注】齒本曰矤、大笑則見。

五 畫

【矩】(구) 麌 ク、さしがね、さし carpenter's square ㄐㄩ chü³

草書 ❶곱자 구(正方器)。【孟子離婁上】不以規ㅡ不能成方圓。❷법 구(法也)。【論語爲政】不踰ㅡ。❸거동 구(儀也)。❹모질 구(廉隅)。

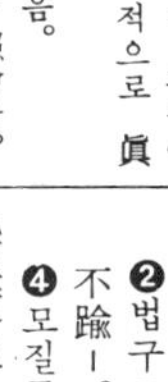

(三才圖會) ❶矩

【矩度:구도】❶法度。法則。❷起居動作의 規律法則。【宋史】ㅡㅡ有常。

【矩墨:구묵】곱자와 먹줄。(轉)法則。【潛夫論】造規繩ㅡㅡ、以敎後人。

【矩步:구보】바른 걸음걸이。步行이 法度에 맞음。

【矩地:구지】大地。(옛날에는 大地를 方形으로 생각하였음)。【陸雲】ㅡㅡ無疆。

【矩尺:구척】「ㄱ」자 모양으로 九〇도의 각도로 만든 자。곱자。曲尺。기역자。

【矩形:구형】(數)長方形。幾何學에서 각각의 角이 直角을 이루는 四邊形。네모。

【矩矱:구확】먹줄과 자。(轉)法則。【굴

【矪】(조) 蕭 チョウ、みじかい short 짧을 조(短也)。

【矬】(자) 支 セイ、みじかい small 짧고작을자(短小貌、矬ㅣ)。

六畫

【矪】(주) 尤 チュウ、くるりや arrows 활고두리주(射鳥箭)。

【矦】(주)『矪』(前條)와 같음

七畫

【矬】(좌) 歌 ザ、みじかい dwarf ㄘㄨㄛˊ ts'uo²

草書 ❶짧을좌(短也)。❷난장이좌(身短)。

【矬陋:좌루】키가 작고 풍채가 나지 않음。난장이。『北史』形貌ㅣㅣ、而好臧否人物。

【短】(단) 旱 タン、みじかい short ㄉㄨㄢˇ tuan³

小篆 草書 ❶짧을단(不長促也)。【禮】度有長ㅣ。❷남의허물지목할단(指人過失)。【史記】士官大夫ㅣ屈原於頃襄王。❸잘못단(缺點)。【朱熹家訓】愼勿談人之ㅣ。❹젊어서 죽을단(夭死)。【書經洪範】凶ㅣ折。

【短歌:단가】❶광대가 부르는 노래의 한 가지。❷시조를 노래로 부를 때 일컫는 말。↕長歌。❸짧은 詩。『摭言』趙牧效李長吉、爲ㅣㅣ。❹《日》和歌의 한 가지。五句 三一音으로 됨。

【短簡:단간】=短札。

【短簡殘篇:단간잔편】떨어져 나가고 하여 조각이 난 문서。斷編殘簡。

【短距離:단거리】아주 짧은 거리。

【短距離競走:단거리경주】짧은 거리의 경주。

【短劍:단검】=短刀。『劇談錄』抽ㅣㅣ踣于鞍上。

【短見:단견】천박한 의견。淺見。『張融』區區ㅣㅣ、深有恨然。

【短綆:단경】짧은 두레박 줄。『荀子』ㅣㅣ不可以汲深井之泉。

【短徑:단경】《數》타원의 長徑의 中心에서 그에 수직되게 걸쳐 그은 타원 안의 직선。또는 그 길이。

【短計:단계】拙劣한 계획。拙計。拙策。『鮑照』窮途悔ㅣㅣ晩志重長生。

【短袴:단고】짧은 바지。『薩都剌』荊釵布裾夫ㅣㅣ。「비슷한 작은 뼈。

【短骨:단골】길이·넓이·두께가 거의

【短軀:단구】키가 작은 체구。

【短句:단구】짧은 句。四六文·長篇詩의 字數가 적은 句。

【短晷:단귀】해 그림자가 짧음。해가 짧음。短日。『潘岳』何微陽之ㅣㅣ、覺涼夜之方永。

【短期:단기】짧은 기간。↕長期。

【短期公債:단기공채】《經》일년 혹은 수년 내에 갚기로 하여 모집한 공채。

【短期時效:단기시효】《法》三년 이하의 짧은 기간에 이루어질 수 있는 시효。

【短刀:단도】짧은 칼。七首。

【短慮:단려】얕은 생각。생각이 얕은 것。淺慮。短見。『後漢書』愚佻ㅣㅣ、輕進易退。

【短麓:단록】길지 않은 산기슭。

【短籬:단리】낮은 울타리。『蘇軾』無限黃花簇ㅣㅣ。

【短命:단명】수명이 짧은 것。夭折。『論語』有顏回者、好學、不幸ㅣㅣ死矣。

【短袂:단메】짧은 옷소매。『論語』褻裘長、短右袂。

【短文:단문】❶짧은 글。↕長文。❷글 아는 것이 넉넉지 못함。

【短兵:단병】짧은 무기。곧 刀劍을 말함。『史記』長兵則弓失、ㅣㅣ則刀鋋。

【短兵接戰:단병접전】단병으로 가까이 가 육박하는 싸움。『史記』下馬步行、持ㅣㅣ。

【短蓑:단사】길이가 짧은 도롱이。『田錫』ㅣㅣ長笛一川秋。

【短世:단세】早死。短命。夭死。夭折。早世。『晉書』懷帝ㅣㅣ、越去王都。

【短小:단소】❶짧고 작음 ❷키나 몸이 작음。矮小。『史記』。

【短所:단소】劣等한 점。缺點。

【短簫:단소】동양 음악의 管樂器의 한 가지。오래된 대로 만들되 퉁소보다 좀 짧고 구멍이 앞에 다섯 뒤에 하나 있음。

【短袖:단수】짧은 소매。

【短視:단시】마음이 트이지 못하여 먼 앞일을 내다보지 못함。

【短時間:단시간】짧은 시간。↕長時間。

【短時日:단시일】짧은 시일。「위。

【短信:단신】간략하게 쓴 편지。엽서 따

【短夜:단야】짧은 밤。『楚辭』望孟夏之ㅣㅣ。

【短音:단음】짧게 울리는 소리。

【短音階:단음계】둘째와 세째、다섯째와 여섯째음 사이의 음정이 반음인 음계。고요하고 슬픈 느낌을 나타내기에 알맞은 음계임。↕長音階。

【短衣:단의】짧은 옷。『薩都剌』ㅣㅣ窄袖呼郎君。「안 되는 날수。

【短日:단일】❶겨울의 짧은 해。❷몇 날

【短杖:단장】《國》❶짧은 지팡이。❷손잡이가 꼬부라진 지팡이。

【短長:단장】❶짧은 것과 긴 것。❷단점과 장점。優劣。❸短命과 長壽。『書經』矧乃予制乃ㅣㅣ之命。

【短章:단장】짧은 문장이나 詩歌。

【短牆:단장】낮은 담。『左傳』牛臣隱于ㅣㅣ以射之。

【短才:단재】才知가 변변치 못함。鈍才。『雍陶』每憶雲山養ㅣㅣ。

【短箋:단전】짧은 편지。『劉禹錫』因君

【短箭:단전】짤막한 화살。 〔達ㅣㅣ。

【短程:단정】가까운 거리의 길。『羅鄴』終日長程又ㅣㅣ。

【短艇:단정】작은 배。보오트。端艇。『羅鄴』中浮ㅣㅣ與鷗群。

【短札:단찰】❶짧은 書札。짧은 편지。❷〔자기 편지。

【短槍:단창】짧은 창。

【短處:단처】❶부족한 점。❷잘못된 구석。나쁨의 謙稱。寸楮。寸書。『書言故事』諸葛亮碑、願奮ㅣㅣ、以排群議。

【短尺:단척】정한 잣수에 차지 못한 피

【短檐:단첨】끝이 짧은 처마。 〔륙。

【短銃:단총】짧은 총。권총。

【短醜:단추】체구가 작아 보기 싫은 것。『南史』張融形貌ㅣㅣ、精神淸澈。

【短縮:단축】짧게 줄어짐。짧게 줄임。

【短針:단침】시계의 時針。

【短波:단파】《物》波長이 짧은 (五~一〇米、또는 一〇米~一〇〇米) 電磁波。원거리 放送에 씀。

【短篇:단편】❶짧은 詩文。짤막하게 끝을 낸 글。『杜甫』竟以ㅣㅣ隻字、ㅣㅣ動人主。❷短篇小說의 略語。

【短篇小說:단편소설】量을 짧게한 소설의 한 형식。↕長篇小說。

【短評:단평】짤막한 비평。

【短筆:단필】서투른 글씨。拙筆。『南史』但恨ㅣㅣ不足書美。

【短靴:단화】목이 짧은 구두。

【短話:단화】짧게 하는 이야기。

◎一長一ㅣ、長ㅣ、誅ㅣ。

【規】(규)『規』(見部4畫)의 本字

八畫

【矮】(왜) 蟹 ワイ、こびと、ちぢむ dwarfish ㄞˇ ai³

小篆 草書 ❶난장이왜(短人)。【易林】猨墮高木不ㅣ手足。

❷줄일왜(縮也)。
【矮陋:왜루】 ❶키가 작고 보기 흉함。短陋。『酉陽雜俎』――機彗。 ❷집 따위가 낮고 초라함。
【矮林:왜림】 키가 작은 나무의 수풀。
【矮小:왜소】 키가 낮고 작은 것。
【矮屋:왜옥】 낮고 조그마한 집。小屋。『天寶遺事』丈夫有凌雲之志、而拘於下位、若立身――之下、使人擡頭不得。
【矮人:왜인】 난장이。
【矮人觀場:왜인관장】 키가 작은 사람이 구경할 때 남에게 가로 막혀 보이지 않으므로 사람의 비평을 맹종한다는 뜻。《喩》사물을 판단하는 識見이 없는 것。
【矮者:왜자】 난장이。
【矮簷:왜첨】 아주 낮고 짧은 처마。
【矮縮:왜축】 납짝하게 쪼그라짐。

【𥏫】(철) 屑 テツ、みじかい short
키작을철(𥏫―、短身貌)。

九畫

【矲】(개) 蟹 カイ、みじかい short
짧을개、키작을개(𥏫―、短貌)。

【𥐆】㊀(창) 陽 ㊁(상) 陽 ジョウ、きず wound
小篆 ㊀상처창、상처입을창(傷也)。㊁뜻은 ㊀과 같음。

十畫

【𥐈】(시) 紙 シ、まつ wait(for)
小篆 或體 기다릴시(待也)。

十二畫

【矯】(교) 篠 キョウ、ためる reform ;correct
ㄐㄧㄠˇ chiao³
小篆 草書 ❶살바로잡을교(揉箭正曲)。【易經】坎爲―輮。 ❷거짓교(詐也)。【左傳】―誣先王。 ❸천단할교(擅也)。【史記】汲黯―制持節發河南倉廩以振貧民。 ❹핑계할교(妄托)。【漢書】項羽―殺卿子冠軍。 ❺들교(擧也)。【歸去來辭】時―首而遐觀。 ❻날랠교(勇貌)。【詩經】――虎臣。 ❼굳셀교(强也)。【中庸】强哉―。
【矯虔:교건】 속여서 죽임。속여서 빼앗음。『書經』奪攘――。
【矯矯:교교】 ❶날래고 사나운 모양。『詩·泮水』――虎臣。 ❷높이 뛰어나는 모양。『漢書·敘傳注』――高擧之貌。
【矯矯然:교교연】 용감스러움。
【矯捄:교구】 ＝矯正。
【矯勵:교려】 잘못을 고쳐서 힘 씀。『晉書』雖暫自――、而輒復縱逸。
【矯復:교복】 다시 고쳐서 옛날로 돌아감。『漢書』――、古化。
【矯詐:교사】 ＝矯僞。『魏書』內懷――。
【矯殺:교살】 임금의 명령이라고 속여서 죽임。『漢書』羽――卿子冠軍、自尊、罪〔二〕也。
【矯聲:교성】 아름다운 소리。
【矯俗:교속】 ❶나쁜 풍속을 바로잡음。矯風。 ❷일반의 풍속과 틀리는 짓을 함。
【矯首:교수】 머리를 들음。擧頭。
【矯飾:교식】 ❶거죽만 좋게 꾸며 놓음。『後漢書』俗吏――外貌、似是而非。 ❷잘못된 것을 잘 고쳐 꾸밈。
【矯枉:교왕】 굽은 것을 바로 잡음。
【矯枉過直:교왕과직】 구부러진 것을 바로잡으려다가 너무 곧게 함。
【矯僞:교위】 속임。矯誣。矯詐。
【矯柔:교유】 결점을 고침。
【矯揉:교유】 손질해서 바로 고침。『文心雕龍』――文采。
【矯正:교정】 곧게 바로잡음。바로잡음。『南史』斟酌時宜、隨方――。
【矯情:교정】 감정을 억눌러 나타내지 않음。『晉書』――鎭物。「꾸며 냄」。
【矯制:교제】 임금의 명령이라고 거짓
【矯託:교탁】 거짓 꾸며서 핑계함。『唐書』今其――、皆云由佛。「―晋鄙軍」。
【矯奪:교탈】 속여서 빼앗음。『史記』―
【矯弊:교폐】 폐단을 바르게 고침。
【矯風:교풍】 ＝矯俗①。
【矯亢:교항】 교만하고 자존심이 강함。
【矯革:교혁】 잘못됨을 뜯어 고쳐 바로잡음。『後漢書』雖所失或久、差可――。

【矰】(증) 蒸 ソウ、いぐるみ arrow
小篆 草書 주살증(―繳、弋矢)。【史記】飛者可以爲―。
【矰繳:증격】 주살。『史記』雖有――、尙安所施。
【矰繳之說:증격지설】 주살로 새를 잡는 것처럼 자기의 이익만을 목적으로 하여 남에게 말하는 것。『韓非子』遊說之士、孰不爲用――而儌倖其後。
【矰矢:증시】 주살。『周禮』――用諸弋射。
【矰弋:증익】 주살을 쏘는 활。『莊子』鳥高飛、以避――之害。

十四畫

【矱】(확) 藥 ワク、のり law and institution
ㄏㄨㄛˋ huo⁴
草書 법도확(矩―度也)。【離騷經】求之所同。

石部

【石】(석) 陌 セキ、シャク、いし stone
ㄕˊ shih²
小篆 草書 ❶돌석(山骨)。【物理論】土精爲――氣之核也。 ❷저울석(衡名、百二十斤)。【書經】關―和鈞。 ❸단단할석(心如鐵―)。 ❹섬석(量名、十斗)。 ❺경쇠석(樂器八音之一)。【書經】擊―拊―。 ❻(志備武)
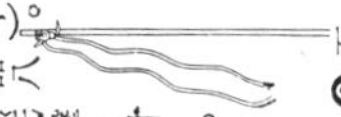
石武
【石瘕:석가】 《醫》자궁에 瘀血이 모여、月經이 나오지 않고 아랫배가 아픈 병。
【石假山:석가산】 정원 가운데 돌을 모아 쌓아서 조그맣게 만든 山。假山。
【石角:석각】 돌의 모。『張憲』樹聲呼出月、――礙回雲。
【石刻:석각】 돌에 글자나 그림을 새김。
【石澗水:석간수】 바위 새로 흘러 나오는 물。
【石間硃:석간주】 붉은 산화철을 함유한 붉은 빛의 흙。
【石間土穴:석간토혈】 바위 사이의 무덤을 팔 만한 자리。
【石紺青:석감청】 천연산의 감청빛 물감。↔花紺青。
【石矼:석강】 돌다리。石梁。『皮日休』登
【石距:석거】 《動》낙지。「村度――。
【石渠:석거】 돌로 둑을 쌓은 도랑。『唐書』引渭水、因――、會灞滻。
【石鹼:석검】 《日》비누。
【石蜐:석겁】 《動》거북다리。
【石決明:석결명】 ❶《植》차풀과에 속하는 일년초。中國의 原産이며 약용식물로서 재배함。 ❷《動》전복의 漢名。 ❸《國》전복의 껍데기。눈병에 씀。
【石徑:석경】 돌이 많은 좁은 길。또는 산길。『杜牧』遠上寒山――斜、白雲生處有人家。
【石逕:석경】 ＝石徑。『孔稚圭』――荒涼「徒延佇。

【石鏡:석경】 ❶유리로 만든 거울。↓銅鏡。❷面鏡。 「竹編牆。

【石階:석계】 돌 계단。『白居易』——桂柱

【石膏:석고】 《鑛》무색 또는 황색이 있는 광석。 인공적으로는 硫酸을 가하여 만들음。

【石膏像:석고상】 석고를 써서 만든 초상。

【石斛:석곡】 《植》석골풀、蘭草科에 속하며 山中의 바위나 또는 枯木의 위에 남。

石斛(三才圖會)

【石骨:석골】 돌의 內部。『王炎』澗水抱石根、——多紺碧。

【石工:석공】 ❶=石手。『禮記』。❷石工業。돌·콩크리이트·벽돌 등을 다루는 직업。

【石椁:석곽】 돌로 만든 椁。

【石棺:석관】 돌로 만든 棺。

【石鑛:석광】 =石穴。

【石塊:석괴】 돌덩이。

【石交:석교】 사귐이 견고한 친구。石友。『史記』此所謂棄仇讎而得——者也。

【石橋:석교】 돌로 놓은 다리。『三齊略記』始皇作——。 「力擧——。

【石臼:석구】 돌로 만든 절구。『後漢書』

【石菊:석국】 ❶《植》풀 이름。❷《動》珊瑚蟲類에 속하는 一種의 腔腸動物。❸돌의 이름。

石菊❶(三才圖會)

【石窟:석굴】 바위에 뚫린 굴。巖窟。『晋書』鑿——而居。

【石窟庵:석굴암】 《佛》慶州의 佛國寺 뒤 토함산에 있는 石窟佛庵。新羅 景德王 때 金大城의 發願으로 기공하여 惠恭王 때 완성한 것으로 庵內 佛像의 조각은 세계적인 美術品임。

【石金:석금】 돌에 섞여 있는 금。

【石麒麟:석기린】 대단히 빼어난 어린이를 칭찬하는 말。『陳書』手摩其頂曰、天上——也。 「도구。

【石器:석기】 原始人이 쓰던 돌로 만든

【石器時代:석기시대】 《歷》인류 문화 발달 단계에 있어서 人智가 아직 유치하여 돌로 도끼와 칼 따위를 만들어 쓰던 시대。

【石女:석녀】 아이를 낳지 못하는 계집。 돌계집。『蘇軾』——無兒焦穀槁。

【石砮:석노】 석기 시대에 쓰던 돌로 만든 살촉。 「滿——。

【石壇:석단】 돌로 만든 단。『李遠』紅花

【石洞:석동】 돌의 굴。石穴。『述異記』武陵源上有——。

【石蠹蛾:석두아】 《動》물여우나비。

【石燈:석등】 =長明燈。

【石欄:석란】 돌 난간。 돌로 만든 난간。『張昱』——苔蘚上龍鱗。

【石蓮子:석련자】 오래 묵은 연밥。

【石綠:석록】 ❶孔雀石。❷綠色의 異稱。

【石籠:석롱】 대올을 결어서 그 안에 돌을 넣어 河川의 물을 막는 것。

石龍(農政全書)

【石龍:석룡】 《動》도마뱀(蜥蜴)의 別稱。

【石龍芮:석룡예】 《植》개구리자리。

【石龍子:석룡자】 ❶도마뱀。❷도롱뇽。

石龍芮(三才圖會)

【石瘤:석류】 =石癭(석영)。

【石榴:석류】 《植》석류나무科의 落葉喬木。열매는 먹고 열매 껍질은 漢方에 씀。『曹植』——植前庭、綠葉搖縹青。

【石榴石:석류석】 철·망간·마구네숍·칼숍·알미늄의 경 硅酸塩類로 적·녹·흑·갈색을 띠고、玻璃와 같은 광택을 가짐。

【石榴簪:석류잠】 비녀 꼭지에 금이나 은으로 석류 꽃송이를 새긴 잠。

【石榴花:석류화】 석류의 꽃。

【石硫黃:석류황】 《化》푸른 빛의 단단하지 못한 결정으로 點하면 푸른 불길을 내며 탐。火山 지방、温泉 지방에서 나며 성냥、고무 공업、약용으로 쓰임。

【石螭頭:석리두】 《建》이무기돌。

【石痳:석림】 《醫》임질의 한 가지。 신장 또는 방광에 돌 같은 것이 생김。

【石馬:석마】 무덤 앞에 세우는 돌로 만든 말。『漢書·註』霍去病冢前有石人馬。

【石磨:석마】 맷돌。

【石瑪陶器:석마도기】 中國 明나라 때에 나던 도자기의 이름。

【石綿:석면】 《鑛》돌솜。 솜과 같이 부드러운 電氣·熱의 不導體인 鑛物。

【石綿陶器:석면도기】 원료에 석면을 섞어서 만든 도기。

【石毛薑:석모강】 《植》넉출고사리。

【石墨:석묵】 《鑛》黑鉛。 成分은 炭素。 회흑색 또는 鐵灰色。

【石門:석문】 ❶돌로 된 문。❷문과 같이 높이 솟은 岩石。『袁宏道』——尤奇、兩石突起如門。

【石紋:석문】 돌에 난 무늬。

【石物:석물】 《國》무덤 앞에 만들어 놓은 石人·石獸·石柱·石燈·床石 같은 [것。石儀。

【石蜜:석밀】 =石淸。

【石盤:석반】 石板。粘板岩을 편편하게 만든 것。 石筆로 文字·그림을 그리는 用具로 씀。

【石髮:석발】 이끼(水蘚)의 別名。

【石壁:석벽】 ❶돌로 쌓아 올린 벽。❷언덕의 바위가 내려 질려서 바람벽 같이 된 곳。

【石薜荔:석벽려】 《植》담쟁이 덩굴。

【石本:석본】 돌에 새긴 글자나 그림을 그대로 박아 낸 책。拓本。拓本。『米芾』世多——。 「지。

【石蜂:석봉】 《動》날도래。 곤충의 한 가

【石斧:석부】 돌로 만든 도끼。 石器時代의 도구。『唐書』。

【石趺:석부】 조각품이나 碑 등의 받침。『舊唐書』其下——入地數尺。

【石佛:석불】 돌부처。

【石碑:석비】 記念으로 文字를 새겨 세운 돌비석。『後漢書』靈帝乃詔諸儒、正定五經、刊於——。

【石氷庫:석빙고】 新羅 때 얼음을 저장하던 창고。 慶尙北道 慶州 月城의 土壁 안에 있으며 화강석으로 축조됨。 新羅 智證王 때 지었음。

【石山:석산】 돌로 된 산。

【石牀:석상】 ❶돌침대。『南史』武帝素有熱病、坐臥常須冷物、後有人獻——、寢之、極以爲佳。❷《鑛》鍾乳石。

【石像:석상】 돌을 조각하여 만든 초상。『南史』供養——。 「명。

【石鼠:석서】 《動》땅강아지(螻蛄)의 별

【石蘚:석선】 =石苔。『李商隱』——庭中鹿跡微。 「앙을 지닌 중。

【石聖:석성】 《佛》덕이 높고 확고한 신

【石逍遙:석소요】 《植》풀의 이름。 꽃도 열매도 맺지 않음。 藥用으로 쓰임。

石逍遙(三才圖會)

【石松:석송】 《植》石松科에 딸린 상록 다년생 蔓狀의 羊齒植物。

【石手:석수】 돌을 전문으로 다루어 물건을 만드는 사람。

【石數:석수】 곡식 따위를 섬으로 센 수。

【石獸:석수】 무덤 앞에 나란히 세워 놓

은 돌로 만든 짐승。
【石首魚:석수어】 (動)조기·참조기·보구치 등의 通稱。石魚。
【石蓴:석순】 (植)파래。
【石室:석실】 ❶돌로 만든 집。『三國志』金城——、萬世之業。❷書籍을 저장해 두는 방。엄중하게 封薦한다는 뜻。『史記·太史公自序』明堂——、金匱玉版。
【石藥:석약】 광물을 원료로 한 약。
【石羊:석양】 王陵을 둘러싼 담 안에 벌려 세우는 돌로 만든 羊。
【石堰:석언】 물을 막기 위하여 돌로 쌓아 올린 언막이。
【石鹽:석염】 (鑛)地下에서 天然으로 산출되는 소금。食鹽 원료의 하나。岩鹽。
【石癭:석영】 (醫)단단한 혹。石瘤。
【石英:석영】 (鑛)二酸化硅素의 화학적 성분이 있는 광물의 총칭。
【石英琉璃:석영유리】 (鑛)석영을 녹여서 만드는 유리。
【石蜈蚣:석오공】 (動)개지네。
【石友:석우】 돌처럼 굳게 맺어진 벗。『杜牧』同心眞——。
【石垣:석원】 돌 담。『西域記』周峙——。
【石葦:석위】 (植) 고사리과에 속하는 常綠羊齒植物。漢方에서 利尿藥으로 쓰임。

石葦(三才圖會)

【石油:석유】 (鑛)땅 속에서 나는 녹갈색의 타기 쉬운 기름 모양의 액체。성분은 炭化水素。연료에 씀。
【石油坑:석유갱】 原油를 채취하는 샘。
【石油管:석유관】 석유를 넣는 양철통。
【石油燈:석유등】 석유로 불을 켜는 등잔의 통칭。
【石油發動機:석유발동기】 석유의 동력을 이용하여 운전되는 기계。
【石油業:석유업】 석유의 採取·精製를 목적으로 하는 工業。
【石儀:석의】 =石物。
【石耳:석이】 (植)石耳科에 딸린 버섯의 한가지。바위 위에 남。사람이 먹는데 향기와 풍미가 있음。
【石人:석인】 ❶돌로 만든 사람의 형상。무덤 앞에 세움。❷죽지 않고 영구히 존재하는 사람。『史記』帝寧能爲——邪。❸아무런 感情도 없고、아무 것도 모르는 사람。

漢魯王墓石人二(金石索)

【石印:석인】 石版으로 인쇄하는 것。또「는 그 책。
【石印本:석인본】 石版으로 印刷된 책。
【石蠶:석잠】 (動)물여우。下熱·利水의 약으로 씀。
【石蠶蛾:석잠아】 (動)물여우나비。
【石腸:석장】 돌과 같이 단단한 창자。(喩)意志가 굳고 강함。『范成大』雖君子之——兮、固將狗乎市虎。
【石材:석재】 建築 등의 재료로 쓰는 돌。『蘇軾』君看龍尾豈——。
【石疽:석저】 (醫)살이 돌과 같이 단단하게 되는 종기。
【石田:석전】 돌이 많이 섞인 밭。(喩)쓰지 못할 것。『左傳』得志于齊、猶獲——也、無所用之。
【石殿:석전】 돌로 지은 궁전。
【石戰:석전】 (國)돌팔매질을 하여 勝負를 다투는 편 싸움。
【石井:석정】 돌 우물。
【石鼎:석정】 돌로 만든 솥。
【石薺寧:석제녕】 (植)들깨풀。
【石造:석조】 돌로 물건을 만드는 일。또는 그 물건。
【石鏃:석족 ⇩석촉】 原始時代에 쓰던 石製의 화살 촉。『北史』矢皆——。
【石鍾乳:석종유】 (鑛)돌고드름。炭酸石灰를 함유한 물이 岩石 사이로 흘러 凝積하여 고드름처럼 생긴 것。『唐書』帝賜鍾乳一劑、曰、而進藥石之言、朕以藥石相報。
【石柱:석주】 돌로 된 기둥。
【石竹:석죽】 (植)石竹科의 多年草。패랭이꽃。
【石竹花:석죽화】 패랭이꽃의 꽃。
【石芝:석지】 石珊瑚類에 딸린 산호의 한가지。『蘇軾』主人言、此——也。
【石地:석지】 =石田。『晋書』行見姑臧城南——。
【石質:석질】 돌의 본바탕。
【石槍:석창】 石器時代에 돌로 만든 창。
【石菖蒲:석창포】 (植)창포科에 속하는 常綠多年草。觀賞用。根莖은 漢方에서 淸涼健胃劑로 씀。

石菖蒲(三才圖會)

【石泉:석천】 石間水。바위 틈에서 나오는 샘물。『左思』——漱瓊瑤。
【石淸:석청】 山 속의 나무나 돌 사이에 벌이 모아 둔 꿀。藥材로 씀。
【石礁:석초】 =暗礁。
【石礎:석초】 주춧돌。土臺。
【石築:석축】 돌로 쌓은 擁壁의 한가지。흙이 무너지지 아니하도록 가장 자리에 돌을 쌓아 올린 벽。
【石炭:석탄】 (鑛)古代 때의 식물질이 땅 속에 묻혀서 炭化된 흑색의 돌。연료로 씀。『隋書』今溫酒及炙肉、用——。
【石炭乾溜:석탄건류】 (化)석탄을 쇠로 만든 그릇 속에 넣어 꼭 막고 加熱하여 分解하는 일。
【石炭鑛:석탄광】 (鑛)묻혀 있는 석탄을 캐어 내는 광산。
【石炭紀:석탄기】 (地)古生代 중엽인 데본紀와 二疊紀와의 중간 시대。
【石炭層:석탄층】 (地)古生代의 식물이 지층에 파묻힌 다음에、炭化作用에 의하여 광물로 변한 지층。
【石塔:석탑】 ❶돌탑。❷墓石。
【石榻:석탑】 돌 걸상。돌 마루。
【石胎:석태】 대리석으로 만든 것같이 굳고 묵직하고 단단한 瓷器의 몸。
【石苔:석태】 (植)돌에 난 이끼。『杜甫』楚雨——滋、京華消息遲。
【石版:석판】 平版 인쇄의 한가지。石版石의 겉면에 글씨、또는 그림을 새겨서 인쇄하는 것。
【石板:석판】 石板石을 얇게 깎아 만든 「平板。
【石版印刷:석판인쇄】 石版石의 製版으로 인쇄하는 平版 인쇄의 한가지。
【石版畫:석판화】 석판석으로 제판하여 인쇄한 그림。
【石片:석편】 돌조각。『白居易』——擡琴匣、松枝閣酒杯。
【石砭:석폄】 돌침。옛날의 醫療針。
【石筆:석필】 蠟石을 붓 모양으로 만든 것。석판에 文字·그림 등을 쓰거나 그리는 데 씀。
【石罅:석하】 돌의 갈라진 틈。『岑參』泉繞——坼。
【石函:석함】 돌로 만든 함。돌함。石窖。
【石蟹:석해】 (動)가재。가재科에 속하는 節足動物。새우와 게의 중간형。肺디스토마의 中間宿主。
【石穴:석혈】 (鑛)鑛石이 바위 속에 끼어 있는 광산。石鑛。↔砂金鑛。
【石泓:석홍】 돌이 옴폭 파져 물이 고인 못。『柳宗元』有——、菖蒲被之。
【石花:석화】 ❶(動)굴조개。굴科에 속하는 조개。그 살을 굴이라고 하는데 널리 食用·藥用이 됨。牡蠣(모려)。❷(植)地衣。地衣類에 속하는 식물의 총칭。
【石火:석화】 ❶부싯돌을 칠 때 나는 불。❷매우 날쌘 동작이나 극히 짧은 시간。

「白居易」ㅣㅣ光中寄此身。

【石火光陰:석화광음】 석화처럼 몹시 빠른 세월의 비유。

【石花菜:석화채】 《植》우뭇가사리。 海草의 한가지。

【石灰:석회】 《化》石灰石이나 조개질로 만든 生石灰。 酸化칼시움。 『後漢書』盛ㅣ於車上、繫布索於馬尾。

【石灰殼:석회각】 炭酸石灰가 땅의 겉쪽에 나와서 굳어진 地殼。

【石灰洞:석회동】 ＝鍾乳洞。

【石灰肥料:석회비료】 석회·칼슘을 주성분으로 하는 비료。

【石灰石:석회석】 《鑛》횟돌。

【石灰水:석회수】 횟돌을 녹인 물。

【石灰岩:석회암】 《鑛》탄산 석회질이 바다 밑에 쌓여 두꺼운 층을 이룬 水成岩。 건축 用材·시멘트 제조원료로 쓰임。

【石灰乳:석회유】 消石灰를 열 갑절의 물에 녹인 백색 泥狀의 액체。

【石灰釉:석회유】 탄산 칼시움을 媒熔劑로 하여、陶瓷器에 쓰는 잿물의 總稱。

【石灰質:석회질】 주로 석회 성분을 가진 물질。

【石畫:석획】 큰 계획。 또는 돌과 같이 견고한 계획。 『漢書』奇譎之士、ㅣㅣ之臣甚衆。

◎巨ㅣ、鑛ㅣ、塊ㅣ、怪ㅣ、金ㅣ、基ㅣ、棊ㅣ、臺ㅣ、代ㅣ、木ㅣ、盤ㅣ、磐ㅣ、分ㅣ、碑ㅣ、砒ㅣ、試金ㅣ、信ㅣ、岩ㅣ、藥ㅣ、玉ㅣ、磁ㅣ、赭ㅣ、柱ㅣ、火ㅣ、化ㅣ、靡ㅣ、吸鐵ㅣ。

一畫

【石】 (석)『石』(石部 0畫)과 같음

【乭】 (돌) 〔國字〕 ❶돌돌(石也)、❷사람이름돌(人名)。 ❸땅이름돌(ㅣ長嶺、在咸鏡道)。

二畫

【矴】 (정) 徑 テイ、いかり anchor ㄉㄧㄥ ting' 닻돌정(錘舟石)。 〔唐書楊瑒傳〕作ㅣ石。 (『碇』과 같음)

三畫

【矵】 (적) 錫 テキ、いしをなげる heap of stones 돌무더기적(衆石)。

【矸】 ㊀(안) 翰 ㊁(간) 翰 カン、きよい clear stone 草書 ㊀❶돌깨끗할안(石淨貌)。 『甯戚歌』南山ㅣ白石爛生不逢堯與舜禪。 ❷산돌안(山石)。 ㊁뜻은 ㊀과 같음。

【⿰石亡】 (망) 陽 モウ、やまいし stone ❶산돌망(山石)。 ❷고을이름망(沛邑山名、ㅣ碭)。

【矺】 ㊀(책) 陌 ㊁(탁) 藥 タク、うつ beat with stone 草書 ㊀돌로칠책(打石)。 ㊁나무이름탁(木名、ㅣ鼠)。

【矺死:책사】 못 박혀 죽음。 磔刑에 處하여져서 죽음。 『史記·李斯傳』十公主ㅣㅣ於杜。

【矺鼠:탁서】 나무 이름。 王棘이라고도 함。 『集韻』矺、ㅣㅣ、木名、一曰、王棘。

【矻】 (굴) 月 コツ、つかれる tired (古音「골」) 草書 느른할굴、수고로울굴、고달플굴(勞極)。 『漢書』勞筋苦骨終日ㅣㅣ。

【矻矻:굴굴】 부지런히 일하는 모양。 『漢書』勞筋苦骨、終日ㅣㅣ。

【矼】 (강) 江 コウ、いしばし stepping-stones ㄍㄤ kang' 草書 ❶돌다리강、징검다리강(聚石渡水)。 『孟子』歲十月徒ㅣ成。 ❷성실할강(實貌)。 『莊子』德厚信ㅣ。

【矽】 (석) 陌 セキ、しりこん silicon ㄒㄧ hsi' 草書 ❶석비레석(石質)。 ❷유리흙석(玻璃土、硅素)。

【矽砂:석사】 石英의 細末을 이름。 유리 제조의 原料가 됨。 珪砂。

【矽酸:석산】 珪酸 알칼리의 溶液에 鹽酸을 가했을 때 遊離됨。 흰색으로 寒天 모양의 沈澱。 이것을 空中에서 건조시킨 다음 一六퍼센트의 물을 포함한 白色 粉末을 加熱하면 無水珪酸이 됨。

【矽酐:석한】 珪酸을 脫水해서 얻는 白色 無晶形의 粉末。 無水珪酸。 三酸化珪素。

四畫

【砂】 (사) 麻 サ、シャ、すな sand ㄕㄚ sha' 草書 ❶모래사(沙也)。 ❷주사사(丹ㅣ、辰ㅣ)。 『史記』丹ㅣ可化爲黃金。 ❸약이름사(藥名、縮ㅣ)。 (『沙』와 통함)

【砂疥:사개】 《醫》살갗에 좁쌀 같은 것이 돋아서 가렵고 아픈 병。

【砂丘:사구】 《地》사막·해안지대에서 강풍이 모래를 몰아쳐 올려서 風向에 직각으로 이루어진 낮은 丘陵。

【砂金:사금】 《鑛》모래·자갈에 섞여 나오는 모래 알과 같이 잔 金。 沙金。

【砂囊:사낭】 ❶모래를 넣은 주머니。 ❷곡물을 먹는 鳥類의 먹어 넘긴 모래 따위를 으깨어 부수는 작용을 하는 위의 한 부분。

【砂泥:사니】 모래와 진흙。 沙泥。

【砂礫:사력】 모래와 조약돌。 沙礫。

【砂利:사리】 자갈。

【砂漠:사막】 《地》大陸中 高溫으로 비가 적어 植物이 育成하지 못하는 모래로 된 넓은 벌판。 沙漠。

【砂防:사방】 산이나 바닷가의 흙이나 모래의 이동을 막기 위한 시설。

【砂防工事:사방공사】 사방 시설을 하는 공사。 「石」。

【砂石:사석】 ❶모래와 돌。 ❷모래。 沙

【砂錫:사석】 ❶모래 알 같은 주석。 ❷주석의 성분을 가진 모래。

【砂水:사수】 모래에 바친 물。

【砂匙:사시】 ❶사기로 만든 숟가락。 ❷양숟가락。

【砂岩:사암】 《鑛》암석이 風化나 물의 힘으로 부서져 그 암석을 이룬 광물이 가루가 되었다가 다시 뭉쳐서 된 덩이。

【砂壤土:사양토】 진흙의 분량이 一二、五~二五%가량이 섞인 흙。

【砂嘴:사취】 바다 가운데로 길게 뻗어 나간 모래톱。

【砂糖:사탕】 《化》사탕수수나 사탕무우 등을 원료로 하여 만든 맛이 단 有機化合物。 精製의 정도에 따라 검은사탕·싸라기사탕·흰사탕·氷사탕 등이 있음。

【砂胎:사태】 도자기의 면이 모래알처럼 거칠게 된 모양。

【砂布:사포】 金剛砂나 유리의 고운 가루를 헝겊이나 종이에 발라 붙인 것。 쇠붙이를 닦는 데 쓰임。 砂紙。

【砅】 (례) 霽 レイ、わたりいし stepping-stones 小篆 或體 돌밟고물건늘례、징검다리례(履石渡水)。

【砆】(부) 虞 フ、いし stone ㄈㄨˊ fu² 草書 무부옥돌부(美石)。【子虛賦】碝石碔ㅣ。(『玞』와 같음)

【砉】㊀(획) 陌 ケキ、カク、ばりばり tear to pieces ㄏㄨㄛˋ huo⁴ ㊁(혁) 錫 草書 ㊀가죽과 뼈가 르는소리획、백정칼쓰는소리획(皮骨相離聲)。【莊子養生主】ㅣ然嚮然奏刀騞然。㊁뜻은㊀과같음。

【砉然:획연】가죽과 뼈가 떨어질 때 나는 소리。『莊子』膝之所踦ㅣㅣ嚮然、奏刀騞然、『注』ㅣㅣ、司馬云、皮骨相離聲。

【硄】㊀(항) 漾 コウ、ころがるおと sound of stone ㊁(강) 陽 草書 ㊀돌무너지는소리항(ㅣ硠、石聲)。㊁우뢰소리강ㅣ(礚、雷聲)。

【砋】(지) 紙 シ、といし whetstone ❶다듬잇돌지(搗繒石)。❷숫돌지(礪石)。

【砌】(체) 霽 セイ、みぎり stone step ㄑㄧˋ ch'i⁴ 小篆 草書 ❶섬돌체(階甃)。【西都賦】玄墀釦ㅣ。❷문지방체(門限)。

【砌筠:체균】처마에 자라난 대나무。『白居易』ㅣㅣ塗綠粉、庭果滴紅漿。

【砌路:체로】길을 鋪裝함。

【砌末:체말】舞臺에서 사용하는 자질구레한 道具類。집・산・말 따위。切末。

【砌詞:체사】「날조해서 告訴하는 것。切馬子。彩。

【砌詞捏控:체사날공】無根한 事實을

【砌庄家:체장가】목수・미장이 들。『琵琶記』ㅣㅣ家形衰貌黃。

【砌草:체초】처마에 돋아난 풀。『李中懷左偃詩』間留好鳥庭柯密。暗養鳴蛩ㅣㅣ深。

【砎】㊀(개) 卦 カイ、かたい hard ㊁(길) 黠 ㊀단단할개(硬也)。㊁조약돌길(小石)。

【砏】(분) 文 フン、ヒン、かみなりのおと thunder 草書 우뢰소리분(ㅣ磤、雷聲)。

【砏磤:분은】우뢰 소리。또는 돌이 굴러 떨어지는 소리。『楚辭』鉅寶遷兮ㅣㅣ。

【砏汃輣軋:분팔팽알】물결이 거센 모양。『張衡』。

【砐】(업) 合 ゴウ、そばたつ (of mountain) lofty 산우뚝할업(ㅣ硪、山高貌)。【江賦】陽侯ㅣ硪以岸起。

【砑】(아) 禡 ガ、みがく mill-stone ㄧㄚˋ ya⁴ 草書 ❶맷돌아(碾也)。❷마광석아(磨光石)。❸【中字】인두아(熨縫之具)。

【砑金:아금】金粉으로 塗飾하는 것。『曹文海』柳黃鶴神桃花裙、釵梁ㅣㅣ光射人。

【砑綾:아릉】닦아서 빛갈이 나는 綾。『周邦彥・詞』ㅣㅣ小字夜來封。

【砒】(비) 齊 ヒ、ヘイ、ひそ arsenic ㄆㄧ p'i¹ 草書 비상비(ㅣ霜、毒石)。(『磇』와 같음)

【砒酸:비산】《化》無水亞砒酸을 濃硝酸과 함께 열하여 얻은 無色의 결정체。물감에 쓰임。

【砒霜:비상】《醫》砒石을 태워 昇華시켜서 만든 결정체 毒藥。

【砒石:비석】《鑛》鉛鑛에 섞여 있는 독있는 광석。信石。

【砒石鑛:비석광】《鑛》비석이 들어 있는 광물。

【砒素:비소】《化》비상。砒石을 熱하여 만든 독약。또는 그것을 함유한 有毒의 鑛物。

【砒素檢出法:비소검출법】비소를 검출해 내는 방법。

【砒素劑:비소제】《醫》비소가 든 약제。

【砒素疹:비소진】《醫》비소가 든 약을 써서 그 중독으로 생기는 發疹。

五 畫

【研】(연)『硏』(石部 6畫)의 俗字

【砝】(겁) 葉 キョウ、かたい hard ㄈㄚˊ fa² 草書 단단할겁(硬也)。

【砠】(저) 魚 ショ、いしやま stony mountain ㄑㄩ ch'ü¹ 草書 흙산에돌박힐저(土山戴石)。【詩經周南卷耳】陟彼ㅣ矣。

【砢】(가) 歌 カ、いしづか pile of stones ㄌㄨㄛˇ luo³ (本音「라」) 小篆 草書 돌무더기가、돌서덜가(磊ㅣ、衆小石貌)。【司馬相如上林賦】水玉磊ㅣ。

【砢硪:가아】높은 모양。『張雨』披雲陟ㅣㅣ。

【砣】(타) 歌 タ、いしなげ throwing stone ㄊㄨㄛˊ t'uo² ❶돌팔매타(飛磚戲)。❷맷돌타、연자매타(碾輪石)。

【砥】(지) 紙 シ、テイ、といし whetstone ㄉㄧˇ ti³ 小篆 草書 ❶숫돌지(磨石)。【書經】荊州礪ㅣ砮丹。❷평평할지(平也)、【詩經小雅大東】周道如ㅣ。❸닦을지(ㅣ礪、節操)。【禮記】ㅣ礪廉隅。

【砥礪:지려】❶갈음。❷부지런히 일하고 힘씀。【禮記】ㅣㅣ廉隅。❸숫돌。『山海經』崦嵫之山、其中多ㅣㅣ。「兵械。

【砥鍊:지련】갈고 단련함。【潘尼】ㅣㅣ

【砥磨:지마】숫돌로 갈음。『鄭亞』ㅣㅣ周鉞、水淬鄭刀。

【砥石:지석】숫돌。『淮南子』ㅣㅣ不利、而可以利金。

【砥屬:지속】평정하여 복종시킴。『史記』日月所照、莫不ㅣㅣ。「照」。

【砥原:지원】평평한 들판。平原。『鮑

【砥柱:지주】《喩》亂世에 있으면서도 節操를 지키는 것。黃河 가운데에 있는 산으로 激流 속에 있으면서도 조금도 움직이지 않는다는 뜻에서 온 비유。

【砥平:지평】숫돌과 같이 평평한 것。『左思』長庭ㅣㅣ、鍾虡夾陳。

【砒】(자) 支 シ、いしのな stone of orange color ㄘ tz'ŭ¹ 자황석자(石名、ㅣ黃)。

【砦】(채) 卦 サイ、とりで fortress ㄓㄞ chai⁴ 草書 ❶진칠채、진터채(壘也)。❷울채、목책채、울타리채(藩落)。(『寨』와 같음)

【砨】(액) 陌 アク、アイ、たま jade 草書 옥이름액(玉石砨ㅣ)。【史記 范睢傳】砨ㅣ。

【砧】(침) 侵 チン、きぬた fulling-block ㄓㄣ chen¹

砧 小篆 砧 草書 방칫돌침、다듬잇돌침(擣衣石)。〔庾信詩〕秋ー調急節。

〔砧斧:침부〕목을 자르는 대와 도끼。둘 다 사람을 죽이는 刑具。『韓愈』解脫籨索、夾以ーー。

〔砧石:침석〕다듬잇돌。

〔砧聲:침성〕다듬이질하는 소리。『韓翃』ーー近報漢宮秋。「ー鳴四隣。

〔砧杵:침저〕다듬이 방망이。『何遜』ー

〔砧鑕:침질〕＝砧斧。『歐陽修』將再干於晁旒、宜先伏於ーー。

【砆】(부) 虞 フ、しろすいしょう white crystal

흰수정부(白水晶)。

【砪】(모) 有 ボウ、きらら mica (古音「무」)

운모모(藥名、雲ー)。

【砭】(폄) 鹽 豔 ヘン、いしばり stone needle ㄅㄧㄢ pien¹

砭 小篆 砭 草書 돌침폄(石鍼、以石刺病)。〔史記〕法不當ー灸。

〔砭灸:폄구〕(醫)돌침 놓는 것과 뜸질하는 것。병을 치료하는 방법。『史記』法不當ーー。

〔砭愚:폄우〕어리석은 사람을 경계하여 고쳐 줌。『伊洛淵源錄』橫渠初書其室之左、曰ーー、右曰訂頑。

〔砭劑:폄제〕(醫)돌침과 약。(轉)병을 고침。『唐書』救世ーー。

【砮】(노) 虞 ド、いしのやじり stone arrow-head ㄋㄨˇ nu³

砮 小篆 砮 草書 돌살촉노(石可爲矢鏃)。〔史記孔子世家〕石ー矢長尺有咫。

【砯】㊀(팽) 蒸 ㊁(빙) 徑 ヒョウ、みずのおと sound of waters

㊀물이바위에부딪치는소리팽(水急打巖聲)。〔江賦〕ー崖鼓作。㊁뜻은 ㊀과 같음。

【砰】(팽) 庚 ホウ、はやせのおと sound of swift current ㄆㄥ p'êng¹

砰 草書 여울물소리팽(砯ー、水石聲)。〔上林賦〕ー磅訇礚。

〔砰磅:팽방〕❶돌이 떨어지는 소리。❷물살이 세게 흐르는 소리。『司馬相如』ーー訇礚。

〔砰湃:팽배〕물결이 서로 부딪치는 소리。(轉)울리는 소리가 심한 것。『胡天游』ーー動鴛瓦。

〔砰然:팽연〕돌이 쿵 떨어지는 소리。『列子』ーー聞之、如雷霆之聲。「輕投。

〔砰砰:팽팽〕북 소리。『陸機』鼓ーー以

【砱】(령) 青 レイ、いしあな hole of stone

❶돌구멍령(石孔)。❷옥소리령(玉聲)。

【砲】(포) 效 ホウ、おおつつ heavy gun ㄆㄠˋ p'ao⁴

砲 草書 ❶돌쇠뇌포、돌튀기는화살포(以機發石)。〔漢書〕投石絶等倫。❷큰대포포(大ー、ー擊)。

〔砲架:포가〕대포를 올려 놓는 받침。

〔砲腔:포강〕대포알이 통하는 총열의 속。

〔砲擊:포격〕대포로 하는 사격。

〔砲口:포구〕대포의 탄알이 나가는 구멍。砲門。

〔砲臺:포대〕대포를 설치하고 적을 사격하는 데 편리하게 한 선비。

〔砲臺鏡:포대경〕적군의 사정을 염탐하고 또 목표물을 찾아 내는 데 쓰는 군대의 光學機械。

〔砲臺鏡寫眞機:포대경사진기〕포대경에 딸려 있는 사진 기계。포대경에 비친 것을 촬영함。

〔砲糧米:포량미〕(制)江華 鎭撫營의 軍需로 징수하던 稅米。

〔砲樓:포루〕＝砲臺。

〔砲門:포문〕❶＝砲口。❷대포로 쏘기 위하여 군함의 옆구리와 성벽 따위에 뚫은 구멍。

〔砲放:포방〕총이나 대포를 놓음。

〔砲兵:포병〕육군 兵科의 한가지。대포 종류로 장비된 군대。또는 거기 딸린 군사。

〔砲兵隊:포병대〕❶포병으로 조직된 군대。❷이조 말기에 있었던 山砲·野砲로 조직된 군대。

〔砲殺:포살〕銃殺。총포로 쏘아 죽임。

〔砲聲:포성〕대포를 놓는 소리나 터지는 소리。『元史』聽ーー接戰。

〔砲手:포수〕❶대포를 쏘는 사람。『宋史』奇嵐軍、別置床子弩ーー。❷총을 쏘아 짐승을 잡는 사냥군。

〔砲術:포술〕대포를 쏘는 방법。技術。

〔砲身:포신〕대포의 탄약을 재어 발사하는 圓筒狀의 부분。『經世全書』先看ーー、次看藥。

〔砲煙:포연〕대포를 쏠 때 나는 연기。

〔砲煙彈雨:포연탄우〕대포의 연기와 빗발처럼 쏟아지는 탄알이라는 뜻。(喩)격렬한 전투。

〔砲列:포열〕火砲 사격을 위한 포병의 배열。隊形。

〔砲戰:포전〕대포로 맞 쏘는 싸움。

〔砲座:포좌〕대포를 놓는 대。

〔砲陣地:포진지〕대포를 배열한 진지。

〔砲車:포차〕대포를 싣고 다니는 수레。『宋史』ーー數十輛。

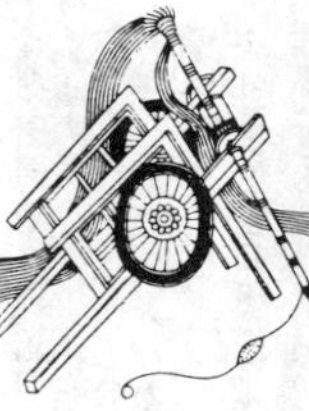

砲車(武備志)

〔砲彈:포탄〕大砲의 탄알。

〔砲塔:포탑〕군함이나 要塞에서 大砲·砲架·砲員을 防護하기 위하여 두꺼운 甲鐵로 둘러싼 벽。

〔砲艦:포함〕輕砲를 장비한 小型軍艦。沿岸·河川의 공·방어를 주요 임무로 함。

〔砲火:포화〕❶大砲 또는 鐵砲를 쏠 때 일어나는 불。또는 발사된 탄알。❷戰爭。

〔砲丸:포환〕대포의 탄알。砲彈。

◎巨ー、高射ー、空ー、臼ー、迫擊ー、大ー、山ー、野ー、榴彈ー、自走ー、銃ー、艦ー、火ー。

【硂】(진) 軫 チン、どていし stone bank

❶돌험상스러울진(石不平貌)。❷방천돌진、돌모루진(以石致川之廉)。

【破】(파) 箇 ハ、やぶる break; destroy ㄆㄛˋ p'o⁴

破 小篆 破 草書 ❶깨질파、깨트릴파(裂也、劈也)。〔正字通〕師敗物壞皆曰ー。❷군사패할파(敗師)。❸다할파(讀ー、盡也)。❹갈라질파(割也、ー竹之勢)。

〔破家豬宅:파가저택〕(制)破倫者의 집을 헐어 없애고 그 터를 파서 물을 대어 못을 만드는 형벌。

〔破却:파각〕완전히 부숨。부수어 버림。『唐書』數ーー之。

〔破甲彈:파갑탄〕포탄의 한가지。파괴력이 강하여 군함의 裝甲部와 砲臺를 부수는 데에 쓰임。

【破怯:파겁】 익숙해서 두려움이나 부끄러움이 없음。「이 아닌 것。
【破格:파격】 ❶격식을 깨뜨림。❷보통
【破鏡:파경】 ❶깨어진 거울。❷이지러진 달。『古詩』——飛上天。❸夫婦의 사이가 깨어져 離婚하는 것。『神異經』昔有夫婦、相別——。❹아비를 잡아 먹는다는 惡獸의 이름。破獍。『史記·封禪書』。
【破戒:파계】 ❶《佛》佛戒를 깨뜨리어 지키지 아니함。『末法燈明記』若有戒法、可有——。❷訓戒를 깨뜨림。「脫——」。
【破袴:파고】 찢어진 바지。『蘇軾』勸我
【破骨:파골】 뼈를 부러뜨림。
【破瓜期:파과기】 여자가 經度를 처음 시작하는 一五~一六세 되는 시기。
【破瓜之年:파과지년】「瓜」를 縱橫으로 解字하면 두 개의「八」字가 되는 데서」❶여자의 一六세(八×二=一六)。❷남자의 六四세(八×八=六四)。『呂洞賓』功成當在——。
【破塊:파괴】 흙덩어리를 깨뜨림。즉 폭우로 인하여 농작물에 해를 입힘。『塩鐵論』太平之時、雨不——。
【破壞:파괴】 ❶깨뜨림。무너뜨림。❷洪水 등으로 둑이 무너지는 것。『史記』——光祿所築城列亭 。
【破壞的:파괴적】 모든 면에서 파괴하는 방향으로 나아가는 것。↔建設的。
【破壞主義:파괴주의】 남의 立論·계획·조직 등을 부인하는 사상。확실한 진리·善惡의 표준 등의 存在를 인정하지 않는 主義。
【破局:파국】 판국이 결단남。또는 그러한 판국。
【破衾:파금】 떨어진 옷깃。『陸游』兀兀過遙夜、悠悠擁——。
【破器:파기】 깨어진 그릇。
【破棄:파기】 깨뜨리거나 찢어내어 버림。부수어 못 쓰게 함。
【破記錄:파기록】 현재 있는 기록을 더 좋은 성적으로써 깨어 버림。
【破談:파담】 의논이 깨어짐。
【破毒:파독】 독물을 없앰。
【破落戶:파락호】 ❶결딴난 집안。敗家。❷淪落한 집의 無賴한 子弟。건달。『咸淳臨安志』近今臨安府、收捕——、節置外州。
【破廉恥:파렴치】 염치를 모름。鐵面皮。
【破廉恥罪:파렴치죄】 도덕적 양심에 벗어난 범죄 행위의 총칭。
【破廉恥漢:파렴치한】 염치 차리지 못하는 사람。부끄러움을 모르는 사람。
【破笠:파립】 《國》찢어진 헌 갓。해어진 갓。敝笠。
【破網:파망】 찢어진 헌 망건。弊網。
【破綿子:파면자】 헌 솜。
【破滅:파멸】 깨어져 망함。파괴하고 멸망함。『漢書』皆——之。
【破卯:파묘】 새벽녘。(卯는 오전 六時)。『黃庭堅』——扶頭把一盞。
【破門:파문】 ❶《宗》신도의 자격을 박탈하고 宗門으로부터 추방함。❷스승이 不義의 제자에 대하여 사제 관계를 끊고 門人으로부터 除斥함。
【破物:파물】 파손된 물건。
【破防法:파방법】 파괴 활동 방지법。
【破壁:파벽】 무너진 벽。敗壁。『蘇軾』長廊敧雨脚、——撼鐘音。
【破壁土:파벽토】 무너진 벽의 흙。
【破碑:파비】 부서진 비석。
【破邪顯正:파사현정】 《佛》邪道를 깨뜨리고 正道를 나타냄。
【破散:파산】 깨어져 흩어짐。『漢書』損奪其權、——陰謀、以固萬世之基。
【破產:파산】 ❶가산을 없앰。『李白』子房未虎嘯、——不爲家。❷《法》채무자가 그 채무를 完濟할 수 없는 상태에 놓여 있을 경우에 채무자의 모든 재산을 채권자에게 변제할 것을 목적으로 하는 재판상의 절차。
【破產管財人:파산관재인】 《法》파산재단에 속하는 재산의 관리를 하는 파산절차상의 공공 기관。
【破產法:파산법】 《法》파산에 관하여 규정해 놓은 법률。
【破產宣告:파산선고】 《法》파산 법원이 신청에 의하여 파산의 결정을 내리는 선고。
【破產者:파산자】 《法》파산 선고를 받고 현재 그 사람에게 대하여 파산 절차가 진행되고 있는 사람。
【破產財團:파산재단】 《法》파산 절차에 의하여 파산 채권자에게 배당되어야 할 파산자의 총 재산。
【破產節次:파산절차】 《法》파산 재단을 그의 총 채권자에게 평등하게 배당 반제하는 것을 목적으로 한 특별 민사 소송의 절차。
【破傷:파상】 깨어져 상함。
【破傷濕:파상습】 《醫》상처에 습기가 들어가서 일어나는 병증。
【破傷風菌:파상풍균】 《醫》파상풍의 원인이 되는 병균。桿菌으로 흙 안에 있으며、많은 독소를 지니고 있음。
【破石:파석】 돌이나 광물을 깨뜨림。
【破船:파선】 배가 폭풍 따위로 부서짐。또는 그 배。『晉書』。
【破損:파손】 깨어져 못 쓰게 됨。
【破碎:파쇄】 조각조각 깨어져서 부스러짐。깨뜨리어 부수어 버림。『史記』盡——其家。
【破屣:파시】 ❶떨어진 신。❷버리어 돌보지 않음。『蘇軾』負薪躡——。
【破顏:파안】 얼굴빛을 부드럽게 하여 웃음。『五燈會元』惟迦葉尊者、——微笑。
【破約:파약】 약속을 깨뜨림。
【破裂:파열】 깨어져 갈라짐。깨어지고 찢어짐。急히 힘 있게 터짐。
【破裂音:파열음】 발성 기관의 어떤 곳을 막고 숨을 중지한 후、이것을 급히 열 때에 나는 소리。p.t.k. 따위의 소리。
【破屋:파옥】 부서진 집。『韓愈』玉川先生洛陽裏、——數間而已矣。
【破獄:파옥】 죄수가 감옥을 부수고 달아나는 것。감옥을 부숨。脫獄。破牢。
【破獄逃走:파옥도주】 죄수가 옥을 깨뜨리고 몰래 달아남。
【破瓦:파와】 깨어진 기와。
【破字:파자】 《國》❶漢字의 字畫을 分合하여 맞추는 수수께끼。곧「姜」을 분해하여 八王女라 하고、「破瓜」의「瓜」를 두 개의 八자로 보아「一六세」라 하고、「黃絹幼婦」의「黃絹」은「色絲」로「絕」字、「幼婦」는「少女」로「妙」곧「絕妙」라고 보는 따위。❷占術家가 점치는 법의 한 가지。漢字를 풀어 보아서 좋고 언짢음을 알아 냄。
【破齋:파재】 《佛》法會나 齋會를 마침。
【破寂:파적】 적적함을 면함。고요함을 깨뜨림。심심풀이。
【破積:파적】 오래 된 積病을 고침。
【破堤:파제】 堤防이 큰 물 따위로 무너지는 일。
【破題:파제】 詩賦의 첫 句。『六一詩話』。
【破除萬事:파제만사】 한 가지 일에만 전력하기 위해 다른 일은 다 제쳐 놓음。
【破腫:파종】 《醫》종기를 침으로 땀。
【破竹:파죽】 ❶대나무를 쪼갬。❷힘이 왕성한 모양。
【破竹之勢:파죽지세】 세력이 강하여 막을 수 없는 모양。또는 그 세력。『晉書』今兵威已振、譬如破竹、數節之後、皆迎刃而解。
【破紙:파지】 찢어진 종이。
【破天荒:파천황】 ❶前例가 없는 일을 처음으로 함。❷天地가 未開 때 混沌한 상태를 깨뜨려 여는 것。『陸游』屑玉定煩修月戶、堆金難買——。
【破陣:파진】 적의 진지를 쳐부숨。
【破擦音:파찰음】 파열음과 마찰음이 합

한 소리。ㅈ·ㅉ·ㅊ 따위의 소리。
【破涕:파체】 슬픔을 기쁨으로 바꿈。눈물을 멈춤。「문지방。
【破砌:파체】 ❶깨어진 섬돌。❷파손한
【破綻:파탄】 ❶찢어지고 망함。❷일이 이루어지지 못하고 탈남。❸《經》상점·회사 따위가 지불 정지로 됨。
【破片:파편】 깨뜨려진 조각。「一復完。
【破敝:파폐】 깨어져 부숴짐。『易林』一
【破穴:파혈】 무덤을 파 헤침。
【破血:파혈】 《醫》몸 안에 뭉친 나쁜 피를 약으로 흩어지게 함。「쓰이는 약제。
【破血劑:파혈제】 《醫》파혈을 하는 데
【破戶:파호】 바둑을 둘 때에 상대자의 집에 몇 점을 놓아 두 집이 못나게 함。
【破惑:파혹】 의혹을 풀어 버림。解惑。
【破婚:파혼】 약혼을 파함。退婚。
【破曉:파효】 새벽。『楊萬里』昨來風日較喧呰、一一來遊特地佳。
【破毁:파훼】 ❶破棄。❷깨뜨려 헐음。부니뜨림。『管子』
【破興:파흥】 흥이 깨어짐。흥을 깨뜨림。敗興。
◎看一、擊一、難一、論一、踏一、大一、道一、讀一、突一、說一、打一。

六畫

【硅】 (규) 〔新字〕 ケイ、けいそ
草書 유리만드는흙규(礦石之一玻璃原料、一素、〈Silicon〉)。
【硅砂:규사】 석영을 함유한 바위가 분해되어 생긴 모래。유리 원료로 씀。
【硅酸:규산】 규소·산소·물 따위의 화합물。천연으로는 수정·석영 따위로 되어 있으며、유리와 자기를 만드는 데 씀。
【硅酸煉瓦:규산연와】 규산이 많이 섞인 벽돌。
【硅酸鹽:규산염】 《化》硅素·산소·금속의 화합물。「광물。석영·수정 따위。
【硅石:규석】 《鑛》규소의 화합물로 된
【硅素:규소】 《化》석영·수정 따위에 화합되어 있는 원소의 하나。
【硅雲岩:규운암】 《鑛》차돌과 돌비늘이 주성분으로 된 화강암의 한가지。
【硅藻:규조】 《植》규산을 많이 포함한 바다의 隱花植物。
【硅藻土:규조토】 규조가 쌓여 된 흰빛깔의 흙。계조토。「酸의 沈澱物。
【硅華:규화】 《鑛》온천에 용해된 含水硅

【硃】 (주) 虞 シュ、しゅしゃ vermilion ㄓㄨ chu¹
草書 주사주(丹砂)。
【硃批:주비】 ❶신하의 上奏文을 임금이 친히 朱筆로서 評하는 것。❷朱筆로 비「평함。
【硃諭:주유】 =硃批。
【硃筆:주필】 =硃批。
【硃汞:주홍】 水銀의 원료가 되는 물질。『參同契·註』燒竭一一、竟無所得。

【硛】 ㊀(요) 看 ㊁(조) 篠 ヨウ、こいし gravelly field(古音「교」) 〔place〕
㊀돌자갈밭요(山田)。㊁돌이름조(石名)。

【硇】 (노) 肴 ドウ、どうさ medicinal stone ㄋㄠ nao²
小篆 草書 약돌노(一砂、藥石)。
【硇砂:노사】 藥物 이름。鹽化 암모니움。

【硈】 (할) 黠 カツ、かたい hard
小篆 견고할할(堅固、一然)。

【硎】 (공) 腫 キョウ、みぎわのいし shingle
小篆 물가돌공(水邊石)。

【硉】 (률) 月 リツ、いしがけ stony slope
❶돌비탈률(一矹、石崖貌)。❷돌굴릴률(礧也)。『枚乘七發』上擊下一。
【硉矹:율올】 ❶돌이 위험스럽게 비탈진 모양。❷높이 굴러내리는 모양。

【硋】 (애) 『礙』(石部14畫)와 같음

【硌】 (락) 藥 ラク、おおいわ knob-like one of a rock
❶바위옹두라지락(石貌、磊一)。❶큰 바위락(山上大石)。

【硎】 (형) 靑 ケイ、といし whetstone
草書 ❶숫돌형(砥石)。『莊子養生主』刀刃若新發於一。❷형곡형(谷名)。『尙書疏』始皇令冬月種瓜於驪山一谷之中溫處。

【硰】 (략) 藥 リヤク、はをみがく sharpen the blads of a knife
칼날세울략(磨刀利也)。

【研】 (연) 先 霰 ケン、みがく grind; rud fine ㄧㄢ yen²
小篆 ❶갈연、연마할연(礳也)。❷연구할연、궁구할연(窮究)。
【研考:연고】 연구하고 생각함。考究。『後漢書』一一異同。
【研求:연구】 道理를 연구하여 구함。『晋書』阮瞻讀書、不甚一一。
【研究:연구】 깊이 조사하고 생각함。『元史』伊洛諸儒之書、深所一一。
【研究家:연구가】 연구하는 것을 전문으로 하는 사람。
【研究物:연구물】 연구하는 목적물。
【研究生:연구생】 대학의 정규 과정을 마치고 연구 기관에 더 머물러 연구에 종사하는 사람。
【研究所:연구소】 연구를 하기 위하여 특별히 설치한 처소。
【研究室:연구실】 연구를 하기 위하여 특별히 여러 장치를 한 방。
【研究心:연구심】 연구하려는 마음。
【研究會:연구회】 연구를 목적으로 하여 모이는 모임。
【研覽:연람】 연구하고 조사함。『晋書』百家術數、無不一一。
【研鍊:연련】 갈고 닦으며 단련함。『方干』一一十年情。
【研磨:연마】 ❶갈고 닦음。❷노력을 거듭하여 정신이나 기술을 닦음。
【研武:연무】 무술을 닦음。
【研修:연수】 학업을 연구하여 닦음。
【研尋:연심】 =研求。『梁書』得葛洪神仙傳、晝夜一一。
【研子磨:연자마】 《國》연자매。말이나 소로 끌어 돌리게 하여 곡식을 찧는 큰 매。
【研精:연정】 세밀하게 조사함。研究。『後漢書』學好一一、不守章句。
【研鑽:연찬】 학문을 깊이 연구함。『樓鑰』尙友更從游、問學加一一。
【研學:연학】 학문을 연마함。
【研覈:연핵】 연구하여 착실하게 함。『張衡』溫故知新、一一是非。

【硐】 ㊀(동) 東 ㊁(동) 董 ドウ、みがく whet
㊀❶갈동(磨也)。㊁❷대마디뚫을동(以刀通竹節作笛、鏓一)。

七畫

【硜】 (갱) 庚 コウ、へつらう flattering ㄎㄥ k'êng¹
草書 ❶아릿아릿할갱、알랑알랑할갱(小人貌)。『論語子路』一一然小人哉。❷돌소리갱(石聲)。

【硝】(초) 蕭 ショウ、しょうせき (古音「소」)
nitre ㄒㄧㄠ hsiao¹
草書 망초초(硭ㅣ、石藥)。【正字通】ㅣ有七種。

【硝酸:초산】《化》窒素。無色이며 심한 냄새가 나는 액체。 셀룰로이드·藥品·爆藥·硝酸鹽 등의 제조에 씀。

【硝石:초석】《化》硝酸 칼리움。無色 結晶體。 酸化劑·醫藥·火藥·肥料의 제조에 씀。

【硝煙:초연】大砲나 鐵砲 등을 쏘았을 때 나오는 화약의 연기。

【硝子:초자】《化》石英·炭酸 나토리움·石灰石 등을 원료로 하여 만든 단단하나 깨지기 쉬운 투명의 物體。유리。

【硝子體:초자체】《生》眼球의 水晶體와 網膜과의 사이를 채우고 있는 유리와 같은 膠質體。

【硟】(천) 霰 セン、きめた fulling-block
小篆 小篆 쟁치는돌천、 다듬잇돌천 (展繒石)。

【硠】(랑) 陽 ロウ、かたい hard
小篆 草書 ❶돌부딪는소리랑(ㅣ磕石相擊聲)。【司馬相如子虛賦】礧石相擊ㅣㅣ磕磕。❷단단할랑(堅也)。

【硠磕:낭개】우뢰의 형용。『楚辭·王逸』雷霆兮ㅣㅣ、雹散兮霏霏。

【硠硠:낭랑】❶돌이 서로 부딪는 소리의 형용。【司馬相如】礧石相擊、ㅣㅣ礚礚。❷굳은 모양。『廣雅·釋訓』ㅣㅣ、堅也。

【硨】(차) 麻 シャ、たま precious stone
옥돌차(ㅣ磲、石似玉)。

【硨磕:차개】❶印度에서 나는 玉 다음 가는 寶石。❷조개의 한 가지。 조가비는 장식에 씀。

【硨磲:차거】조개의 이름。車渠라고도 씀。조개 껍질은 길이 三尺、넓이 二尺、두껍기가 六、七寸이 되는 것까지 있음。빛깔이 희며 表面에 여러 개의 커다란 波紋이 있음。껍질을 간 것은 七寶의 하나로 장식에 쓰임。

【硡】(굉) 庚 コウ、おちる falling
草書 돌떨어지는소리굉(石落聲)。

【硧】(보) 麌 フ、ひきうす millstone
맷돌보(磑也、ㅣ碹)。

【硎】(경) 庚 コウ、ひきうす quern
숫돌경(磨石)。

【硩】㊀(척) 錫 テキ、いしなげ stone-throwing
㊁(철) 屑 ㄔㄜˋ ch'ê⁴
小篆 小篆 ㊀❶팔매질해서딸척(桃摘)。【周禮】ㅣ蔟氏掌覆夭鳥之巢。❷벼슬이름척(官名、ㅣ蔟)。
㊁뜻은 ㊀과 같음

【硪】(아) 哿 ガ、たかい aloft mountain
小篆 ❶산우뚝할아(山高貌)。❷바위아(石巖)。

【硫】(류) 尤 リュウ、ゆおう sulphur ㄌㄧㄡ liu²
草書 석류황류、황류、유황류(ㅣ黃、石藥)。

【硫酸:유산】《化》無色·無臭의 油狀 액체。酸性이 강하고 金과 白金 이외의 모든 금속을 녹이고 물에 혼합하여 많은 열을 냄。

【硫安:유안】《化》硫酸 암모니움의 略稱。石灰 중이나 공기 중의 窒素에서 얻은 암모니아를 硫酸에 흡수시켜 만든 무색 투명의 結晶。비료로 씀。

【硫化:유화】《化》硫黃과 다른 물질이 화합하는 것。

【硫化水素:유화수소】《化》硫黃과 水素의 化合物。無色·有毒한 氣體。定性 분석에 씀。

【硫化銀:유화은】《化》硫黃과 銀의 化合物。黑褐色의 粉末。도자기의 顏料로 씀。

【硫黃:유황】《化》非金屬 元素의 한가지。黃色·無臭의 結晶으로 물에 녹지 않음。火藥·성냥·醫藥·工業藥品 등의 원료로 씀。

【硫黃泉:유황천】다량의 황화 수소를 함유하고 있는 온천。대체로 온도가 높으며、희뭇은 빛깔이고 계란 썩은 냄새가 남。피부병에 특효。

【硬】(경) 敬 コウ、かたい hard; stiff (古音「영」)
ㄧㄥˋ ying⁴
草書 ❶단단할경(堅牢)。❷강할경、억셀경(强也)。【杜甫詩】書貴瘦ㅣ方通神。

【硬結:경결】단단하게 굳어 뭉침。

【硬骨:경골】절조가 굳고 남에게 쉽게 굴하지 않는 氣骨。『全唐詩話』ㅣㅣ殘形知幾秋、屍骸終是不風流。

【硬球:경구】❶정구·야구 따위에 쓰는 단단한 공。❷硬式庭球。↕軟球。

【硬口蓋:경구개】《生》입천장 앞 부분의 단단한 곳。↕軟口蓋。

【硬腦膜:경뇌막】《生》頭蓋骨 안에 붙어서 뇌 전체를 싸고 있는 섬유질의 막。

【硬度:경도】❶物體의 硬軟의 정도。❷《鑛》固體의 鑛物이 이를 가루로 부수려는 힘에 저항하는 정도。❸《物》X線의 투과도의 크기。❹《化》硬水의 정도。

【硬煤:경매】무연탄。硬炭。

【硬便:경변】되게 나오는 대변。

【硬澁:경삽】문장 같은 것이 딱딱하고 부드럽지 못한 것。↕流暢。

【硬石膏:경석고】《鑛》흰 鑛物。석고와 성분은 같으나 더욱 단단함。

【硬性:경성】딱딱한 성질。硬質。『宋元』ㅣㅣ辭斤鑿。

【硬性下疳:경성하감】《醫》매독균으로 말미암아 陰部에 생ㅣ는 전염병。

【硬水:경수】《化》칼시움鹽·마그네시움鹽 같은 광물질이 비교적 많이 녹아 들어 있는 물。↕軟水。

【硬式庭球:경식정구】硬球로 하는 정구。

【硬軟:경연】단단함과 부드러움。

【硬玉:경옥】《鑛》알칼리 輝石의 한 가지。소다의 硅酸鹽으로 된 흰색 또는 초록 색의 보석。硬度는 수정과 같음。

【硬音:경음】ㄲ·ㄸ·ㅃ·ㅆ·ㅉ 따위와 같이 되게 나는 소리로 單子音의 한 갈래。된 소리。

【硬直:경직】굳어서 빳빳해짐。

【硬質:경질】=硬性。

【硬彩:경채】도자기에 그린 그림의 짙어서 분명하게 보이는 빛갈。

【硬派:경파】❶강한 의견、또는 주의를 가지고 있는 黨派。❷폭력을 쓰는 부량배의 무리。↕軟派。

【硬貨:경화】금속으로 된 돈。金貨·銀貨·銅貨 등。↕紙幣。

【硬化:경화】❶물건 또는 의견·태도 따위가 단단하게 됨。❷금속을 急冷 등의 처리를 하여 硬度를 높임。

【硬化油:경화유】《化》流動性 있는 觸媒를 섞어서 열하고 수소를 壓入하여 만든 기름。

【硰】(사) 麻 サ、こいし pebble; gravel
草書 ❶잔돌사(小石)。❷땅이름사(樓煩地名)。【史記】從擊韓信於ㅣ石。

【砿】(망) 陽 ボウ、しょうせき sulphate of soda
망초망(藥石、ㅣ硝)。 [ㄇㄤˊ] mang²

【确】(학) 覺 カク、やせち gravelly place ㄑㄩㄝ ch'üeh
小篆 或體 草書 돌자갈땅학(石地)。【韓愈詩】山石犖ㅣ行徑微。

【确薄:학박】 메마른 땅。곡식이 자라지 못하는 땅。

【确石:학석】 돌이 많은 것。【淮南子】其

【确然:학연】 堅固不拔의 모양。確然。『世說新話』王仲祖、謝仁祖、劉眞長、俱至丹陽墓所、省殷揚州、殊有ㅣㅣ志。

【确切:학절】 굳고 바른 것。【文心彫龍】箴全禦過、故文資ㅣㅣ。

【确瘠:학척】 돌 많은 메마른 땅。【資治通鑑】憲宗、元和八年、況天德故城、僻處ㅣㅣ。『注』确、磽确也、瘠、土薄也。

【硯】(연) 霰 ケン、すずり ink-slab ㄧㄢˋ yen⁴
小篆 小篆 草書 ❶벼루연(石可研墨)。【文房四譜】黃帝得玉ㅣ紐治爲墨篆曰帝鴻氏之ㅣ。❷돌연(石滑)。

【硯匣:연갑】 벼룻집。

【硯蓋:연개】 벼루 뚜껑。

【硯床:연상】 ❶文房具를 놓아 두는 작은 책상。❷벼룻집。

【硯水:연수】 ❶벼룻물。❷硯滴。

【硯材:연재】 벼루를 만드는 재료。

【硯滴:연적】 벼루에 쓸 물을 담아 두는 그릇。『釋唆然』ㅣㅣ穿池小。

漢龜硯滴 (西淸古鑑)

【硯池:연지】 벼루의 물을 담아 두는 곳。硯海。『葉平巖』點點楊花入ㅣㅣ。

【硲】(곡) (日字) はざま ravine
산골짜기곡(峽也)。

八畫

【⿰石岸】(학) 藥 カク、ひきうす mill-stone
❶맷돌학(磑也)。❷입술두꺼울학(大脣貌)。

【硺】(탁) 覺 タク、うつ strike
칠탁(擊也)。

【硼】(一)(평) 庚 (二)(붕)〔新字〕 ホウ、ほうさん borax ㄆㄥˊ p'êng²
草書 ㈠평돌평(石名)。㈡약이름붕(藥名、ㅣ酸)。

【硼磕:붕개】 돌이 맞부딪치는 소리。【張華】八音ㅣㅣ奏、肴杌縱橫陳。

【硼砂:붕사】 (鑛)硼素의 化合物。冶金 등에 쓰는 이외에 에나멜·비누 등의 제조에 씀。

【硼酸:붕산】 (醫)약품의 한 가지。흰 빛의 투명하고 비늘 모양의 광택이 있는 結晶體。붕사에 황산을 작용시켜 만들음。방부제 등으로 씀。

【硼酸綿:붕산면】 붕산의 용액에 담가 두었다가 말린 탈지면。붕산의 방부성으로 상처같은 곳을 싸매는 데 씀。

【硼酸軟膏:붕산연고】 (醫)붕산 가루를 넣어 만든 고약。

【硼素:붕소】 硼酸·硼砂가 주성분으로 된 물질。검은 갈색의 비금속 원소。자연에서 산출되나 붕산을 처리하여 만들 수 있음。

【碄】(림) 侵 リン、ふかい deep
깊을림(深貌)。

【硾】(추) 寘 ツイ、うつ suppress ㄓㄨㄟˋ chuei⁴
小篆 草書 ❶누를추(鎭也)。❷다듬을추(擣也)。❸짤추(笮也)。【呂氏春秋】ㅣ之以石。

【硿】(공) 東 コウ、おちる falling stone
草書 ❶공청공(藥石、ㅣ靑)。❷돌떨어지는소리공(石落聲)。

【碁】(기) 支 キ、ご oriental chess ㄑㄧˊ ch'i²
바둑기(圍ㅣ)。【法言】圍ㅣ擊劍反目眩。(『棊』와 같음)

【⿰石沓】(답) 合 トウ、うすづく mill
小篆 방아디딜답、舂을답(舂而復擣)。【正字通】今俗說臼以脚踏碓舂米曰ㅣ。

【碆】(파) 歌 ハ、やじりいし arrow-head
草書 돌살촉파(ㅣ繳、石可爲弋鏃)。【廣成頌】鶬ㅣ飛流。

【碇】(정) 徑 テイ、いかり anchor ㄉㄧㄥˋ ting⁴
草書 ❶닻돌정(錘舟石)。【唐書 孔戣傳】蕃舶泊步有下ㅣ稅戣禁絶之。❷배멈출정(ㅣ泊)。

【碇泊:정박】 닻을 내리고 배를 멈춤。

【碌】(一)(록) 沃 (二)(록) 屋 ロク、あおいし green stone ㄌㄨˋ lu⁴
小篆 草書 ㈠❶자갈땅록(ㅣ礁、石地不平)。【老子】不欲ㅣㅣ如玉。❷용렬할록、녹록할록(庸貌)。【論語註】ㅣㅣ庸庸。㈡푸른돌록(綠石)。

【碌碌:녹록】 ❶평범하여 쓸모가 없는 모양。주관이 없이 추종하는 모양。【後漢書】餘子ㅣㅣ不足數也。❷작은 돌의 모양。【老子】不欲ㅣㅣ如玉。❸수레소리。【賈島】ㅣㅣ復ㅣㅣ、百年雙轆轂。

【碌靑:녹청】 구리에 생기는 綠色의 녹。銅綠。綠靑。

【碉】(주) 蕭 チョウ、いわや stone room
돌집주(石室)。

【碍】(애) 隊 ガイ、さえぎる obstacle
草書 막힐애、거리낄애(阻也)。(『礙』와 같음)

【碍子:애자】 (理)電線을 支柱에 맬 때 쓰는 사기 그릇의 絶緣體。

【碍竄性:애찬성】 (理)두 물질이 같은 장소를 점유할 수 없는 것。不可入性。

【碎】(쇄) 隊 サイ、くだく break ㄙㄨㄟˋ sui⁴
小篆 草書 ❶부술쇄、부서질쇄(細破)。【禪林類纂】粉骨ㅣ身難報此德。❷잘쇄(煩ㅣ、靡密)。【後漢書】米鹽靡密初若煩ㅣ。

【碎骨粉身:쇄골분신】 ＝粉骨碎身。

【碎鑛:쇄광】 (鑛)광석을 부수어서 그 중의 광분만을 分離시켜 빼내는 일。

【碎劇:쇄극】 매우 일이 바쁨。

【碎金:쇄금】 부스러진 黃金。喩 詩文의 아름다운 字句。간결한 문장。【晋書】比安石ㅣㅣ也。(安石은 謝安)。

【碎米薺:쇄미제】 풀 이름。

【碎氷:쇄빙】 얼음을 깨뜨림。

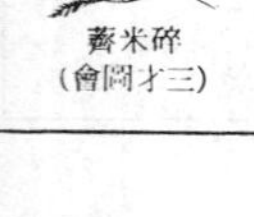
碎米薺 (三才圖會)

【碎氷船：쇄빙선】 얼음을 부수고 배가 지나갈 수 있도록 길을 내는 특수한 배。
【碎辭：쇄사】 자잘구레한 말。 잔소리。 瑣言。『漢書』分文析字、煩言ㅣㅣ。「기。
【碎屑：쇄설】 부스러진 가루。 잔 부스러기。
【碎身：쇄신】 몸을 아끼지 않고 일하는 것。『禪林類纂』粉骨ㅣㅣ、難報此德。
【碎片：쇄편】 부숴진 조각。 ◎煩ㅣ、粉ㅣ、玉ㅣ、破ㅣ。

【砐】 (아) 㾠 ア、いしち gravelly place ❶지형험할아、돌자갈땅아(地形不平磈ㅣ)。 ❷돌이름아(石名)。

【碏】 (작) 藥 シャク、サク、つつしむ respect ㄑㄩㄝˋ ch'üeh⁴ 小篆 書草 ❶공경할작(恭敬)。 ❷얼룩돌작(石雜色)。 ❸사람이름작(人名衛石ㅣ)。

【硍】 (곤) 阮 コン、かねのおと ring of a broken bell 종소리털털할곤(鐘病聲)。『周禮』高聲ㅣ。

【碑】 (비) 支 ヒ、たていし stone monument ㄅㄟ pei¹ 小篆 草書 비비、비석비(刻石紀功德)。『初學記』ㅣ以悲往事也宮室廟屋墓隧之碣鑴文於石皆曰ㅣ。

漢孔謙碑 (金石索)

【碑刻：비각】 빗돌에 글자를 새김。 또는 그 글。
【碑閣：비각】 안에 碑를 세워 놓은 집。
【碑碣：비갈】 碑는 네모、碣은 둥근 빗돌。『文心雕龍』自漢以來、ㅣㅣ雲起。

碑碣 (三才圖會)

【碑面：비면】 비의 글을 새긴 앞面。
【碑銘：비명】 姓名·本籍·性行·經歷 등을 새겨서 묘 앞에 세운 것。 碑에 새긴 글。『後漢書』吾爲ㅣㅣ多矣。
【碑文：비문】 비석에 새긴 글。
【碑石：비석】 빗돌。 石碑。
【碑帖：비첩】 빗돌에 새긴 글자를 그대로 종이에 박아낸 것。 拓本 또는 그것을 帖으로 만든 것。 ◎古ㅣ、ロㅣ、紀念ㅣ、木ㅣ、墓ㅣ。

【硷】 (음) 侵 ギン、けわしい rugged 험할음(嶔嵓、礆ㅣ)。『吳都賦』礆ㅣ乎數州之間。

【碔】 (무) 『珷』(玉部 8畫)와 같음

【碗】 (완) 旱 ワン、はち vessel 그릇완(器也)。(『椀·盌』과 같음)

【碡】 (독) 屋 トク、ドク、つち stone mallet ㄉㄨˋ tu⁴ 돌고무래독(碌ㅣ、磨田器)。

【碕】 (기) 微 支 キ、きし precipice ㄑㄧˊ ch'i² 草書 ❶굽이진언덕기(曲岸)。『羽獵賦』探巖排ㅣ。 ❷벼랑기(長邊)。『江賦』ㅣ嶺爲之喦崿。

【碕礒：기의】 바위돌이 높이 솟은 모양。『楚辭』嶔崟ㅣㅣ。

【碓】 (대) 隊 タイ、うす mortar ㄉㄨㄟˋ tuei⁴ 小篆 書草 ❶방아대(水ㅣ、舂具)。『陸游詩』村舍無人有ㅣ聲。 ❷물방아대(水轓車)。『長笛賦』ㅣ投瀺穴。
【碓擣：대도】 디딜방아로 찧음。
【碓聲：대성】 디딜방아의 소리。『陸游』荒堤經雨多牛跡、村舍無人有ㅣㅣ。

碓 (農政全書)

九畫

【碝】 (연) 銑 ゼン、たま precious stone 小篆 옥돌연(石次玉)。『子虛賦』ㅣ石碔砆。

【碞】 (암) 咸 ガン、けわしい steep ; rock ㄧㄢˊ yen² 小篆 ❶험할암(險也)。『書經』用顧畏于民ㅣ。 ❷바위암(巖也)。 ❸산봉우리높고낮을암(山不齊貌)。

【碟】 (혈) 屑 セツ、なめす tan ㄉㄧㄝˊ tieh² (本音「설」) 草書 ❶가죽다룰혈(治皮)。 ❷『中字』접시혈(ㅣ子)。

【碪】 (저) 語 シヨ、ひきうす millstone 맷돌저(磑也、哺ㅣ)。

【碢】 (타) 歌 タ、いしなげ stone-throwing 놀팔매타(飛磚戲)。(『砣』와 같음)

【碣】 ㊀(계) 霽 ㊁(갈) 月 ㊂(갈) 屑 ケツ、いしぶみ stone monument ㄐㄧㄝˊ chieh² 小篆 古文 書草 ㊀돌세울계(立石)。 ㊁비갈(碑也)。 ㊂❶우뚝선돌갈(石特立)。 ❷동해의산이름갈(東海山名、ㅣ石)。
【碣石：갈석】 ❶石碑를 말함。『畫墁錄』寺有ㅣㅣ色藍者。 ❷山 이름。 그 所在에 대해서는 여러가지 說이 있음。
【碣石篇：갈석편】 樂府舞曲歌辭。 晉의 拂舞歌辭의 이름。
【碣礣：갈할】 짐승이 노하는 모양。『揚雄·長楊賦』然後陳鐘鼓之樂、鳴鞀磬之和、建ㅣㅣ之虡。

【碥】 (편) 銑 ヘン、がけ cliff (古音「변」) ❶디딤돌편(將登車履石)。 ❷낭떠러지편(水疾厓傾)。

【碧】 (벽) 陌 ヘキ、あおみどり blue ㄅㄧˋ pi⁴ 小篆 書草 ❶푸를벽(深靑色)。 ❷청강석벽(靑美石)。『西都賦』珊瑚ㅣ樹。
【碧溪：벽계】 푸른 물이 흐르는 골자기。『杜甫』ㅣㅣ搖艇闊。
【碧空：벽공】 푸른 하늘。 碧天。『李白』孤帆遠影ㅣㅣ盡。
【碧潭：벽담】 푸른 빛이 감도는 깊은 못。『宋之問』ㅣㅣ可遺老。
【碧桃：벽도】 (植)푸른 복숭아。
【碧桃花：벽도화】 벽도나무의 꽃。
【碧羅：벽라】 푸르고 엷은 비단。『杜甫·

詩』——長似帶。

【碧蘿:벽라】 푸른 댕댕이 넌출。 青蘿。『劉勰』——附于青松。

【碧落:벽락】 푸른 하늘。『白居易·長恨歌』上窮——下黃泉。

【碧綠:벽록】 짙은 푸른 빛。

【碧流:벽류】 푸른 水流。『喬知之』下有——水、上有丹桂香。

【碧色:벽색】 짙게 푸른 빛깔。

【碧蘚:벽선】 푸른 이끼。『李商隱』白石巖扉——滋。

【碧水:벽수】 푸른 빛이 나는 깊은 물。『梁昭明太子』桂檝蘭橈浮——。

【碧眼:벽안】 눈동자가 파란 눈。『高僧傳』達摩眼紺青色、稱——胡僧。《轉》白色人種。

【碧眼紫髯:벽안자염】 푸른 눈과 붉은 「수염。

【碧巖:벽암】 푸른 빛의 바위。『張祜』——千仞漲波痕。

【碧梧:벽오】《植》碧梧桐。 벽오동과에 딸린 낙엽 교목。나무가 늙어도 껍질의 푸른 빛이 그대로 있음。『范成大』雲橫朱閣——寒。

【碧玉:벽옥】 ❶푸르고 아름다운 玉。『拾遺記』馭黃金——之車。 ❷하늘이나 물이 맑고 푸름을 말함。『柳宗元』破額山前——流。 ❸《鑛》石英의 한 變種。

【碧雲:벽운】 푸른 구름。『江淹』日暮——合、佳人殊未來。

【碧蹄館:벽제관】《歷》京畿道 高陽郡에 있는 옛날의 驛館。 李朝 때에 中國으로 가는 使節이 이 곳에서 쉬었음。임진 왜란 때 왜군과 明 나라의 援軍 李如松軍과의 격전지。

【碧天:벽천】 푸른 하늘。 青天。『王羲之』仰視——際、俯瞰綠水濱。

【碧波:벽파】 푸른 물결。 碧浪。『李白』振五樓之金策、浮三湘之——。「——生幽泉。

【碧荷:벽하】 푸른 빛의 연잎。『李白』——

【碧漢:벽한】 푸른 하늘과 銀河。 하늘을 가리키는 말。『許渾』洛烟浮——。

【碧海:벽해】 푸른 바다。『十洲記』。

【碧血:벽혈】 푸른 색을 띤 진한 피。『鄭元祐』孤忠旣足明丹心、三年猶須化——。

【碨】

(외) 尾 ワイ、いしち gravelly land (古音「위」)

草書 ❶돌자갈땅외(—磈、地不平)。 ❷바위옹두라지외(—磊、石貌)。

【碨磊:외뢰】 평탄하지 않은 모양。『字彙』碨——、石貌。

【碨礧:외뢰】 山의 모양。『集韻』礧——、山貌。

【碨磥:외류】 ❶돌이 많은 모양。 많은 돌。『宋玉·高唐賦』磥——而相摩兮。『注』善曰、——、衆石貌。 ❷山 이름。 畏壘。

【碩】

(석) 陌 セキ、おおきい great; large ㄕˊ shih²

小篆 草書 ❶클석(大也)。『詩經』—大且卷。 ❷충실할석(充實)。

【碩果:석과】 큰 과일。『易經』——不食。

【碩大:석대】 외모가 훌륭하고 德이 있는 것。『詩經』——無朋。

【碩德:석덕】 ❶높은 德。 ❷德이 높은 사람。『晉書』索先生——名儒。 ❸《佛》德이 높은 중。「才——。

【碩量:석량】 큰 기량。 大器。『晉書』雄

【碩望:석망】 높은 명망。

【碩茂:석무】 크게 성함。子孫이 번영함。『漢書』公族蕃滋、支葉——。

【碩士:석사】 ❶벼슬이 없는 선비의 敬稱。 人格이 훌륭한 사람。 賢士。『五代史』忠臣——日益疎。 ❷大學院에서 석사 학위 과정을 마치고 논문이 통과된 사람에게 수여되는 學位。

【碩言:석언】 훌륭한 말。『詩經』蛇蛇——、出自口矣。

【碩儒:석유】 =碩學。『後漢書』荀爽南遯漢濱十餘年、以著述爲事、遂稱爲——。

【碩人:석인】 ❶훌륭한 인격을 갖춘 사람。 큰 덕이 있는 사람。 大人。 君子。『詩經』——之寬。 ❷美人。『詩·碩人』——其頎。 ❸詩經 微風의 篇名。

【碩學:석학】 大學者。 훌륭한 학자。 碩儒。『後漢書』夫書理無二義、而——之徒、莫之或徒或通、人鄙其固焉。

【碩畫:석획】 위대한 계획。

【碪】

㊀(침) 侵 ㊁(암) 感 シン、ガン、きぬた fulling-block ㄓㄣ chen¹

草書 ㊀방칫돌침、다듬잇돌침(擣衣石)。『庾信詩』秋—調急節。 ㊁산모양암(山形)。

【碪斧:침부】 斬首臺와 목 베는 또끼。『蘇洵』重足屛息民、而以——令。

【碪嵒:암암】 산이 높이 솟은 모양。 돌이 깎아지른 모양。『左思·魏都賦』恒碣——於青霄。『注』善曰、——、高貌。

【碫】

(단) 翰 タン、といし whetstone

小篆 ❶숫돌단(礪石)。 ❷쇠를칠단(打鐵)。(『鍛』과 같음)

【碬】

(하) 麻 カ、といし whetstone

小篆 草書 숫돌하(礪石)。

【碭】

(탕) 漾 トウ、すぎる overflow ㄉㄤˋ tang⁴

小篆 草書 ❶무늬진돌탕(文石)。『景福殿賦』墉垣—基其光昭昭。 ❷흰기운탕(白氣)。『漢書』西顥沆—秋氣肅殺。 ❸넘칠탕(溢也)。『莊子』—而失水。 ❹산이름탕 (浦邑山名、芒—)。

【碭極:탕극】 樂名。『漢書·西域傳贊』作巴俞·都盧·海中——·漫衍·魚龍·角抵之戲·以觀視之。

【碭基:탕기】 文石으로 만든 담。『何晏·景福殿賦』墉垣碭基、其光昭昭。『注』銑曰、碭、文石以爲牆根、其光昭昭然。

【碭突:탕돌】 부딪히는 것。『馬融·長笛賦』犇遯——、搖演其山。

【碭駭:탕해】 별안간 일어남。『揚雄·甘泉賦』廻猋肆其——兮。

【磓】

(대) 隊 タイ、おちる fall

小篆 떨어질대(落也)。『漢書』長庚星見起兵星—至地則石。(『墜』와 같음)

【碯】

(노) 皓 ノウ、めのう onyx ㄋㄠˇ nao³

草書 무늬진돌노(碼—、文石)。

十畫

【磋】

(좌) 哿 サ、こいし gravel-stone

조약돌좌(小石)。

【確】

(확) 覺 カク、たしか certainl ㄑㄩㄝˋ ch'üeh⁴ (本音「각」)

草書 ❶확실할확(堅實)。 ❷굳을확(堅也)。『易經』—乎其不可拔。

【確據:확거】 확실한 증거。 確證。

【確見:확견】 뚜뚜한 의견。

【確固:확고】 확실하게 정해진 모양。 틀림이 없음。『柳宗元』當其時、而——自守。

【確固不動:확고부동】 확실하고 튼튼하여 마음이 움직이지 않음。

【確斷:확단】 확정하여 결단함。

【確答:확답】 확실한 대답。

【確論:확론】 명확하고 틀림이 없는 議論。『魏書』宣尼——、造次必儒。

【確率:확률】《數》❶어떤 일의 일어날 度

數나 일어난 度數를 확실하게 모를 경우, 어떤 가정 밑에서 그것이 일어날 수 있는 度數를 나타낸 비율. ❷公算.
【確立:확립】 굳게 세움. 확실히 정하여 움직이지 않음.
【確聞:확문】 틀림 없이 들음.
【確報:확보】 확실한 통지. 확실히 알림.
【確保:확보】 ❶확실히 지님. 확실히 보전함. ❷확실히 보증함.
【確守:확수】 굳게 지킴. 〖文心雕龍〗——正式. 「직이지 않는 마음.
【確信:확신】 확실히 믿음. 굳게 믿고 움
【確實:확실】 틀림이 없음.
【確實性:확실성】 확실한 정도나 성질.
【確實視:확실시】 확실한 것으로 봄.
【確約:확약】 확실히 작정한 언약.
【確言:확언】 정확히 말함. 틀림 없는 말.
【確然:확연】 확실한 모양. 〖漢書〗——秉志.
【確因:확인】 확실한 원인.
【確認:확인】 ❶확실하게 인정함. ❷(法)특정한 사실, 또는 법률 관계의 存否에 의심이 있을 경우 이것을 판단 인정하는 행위.
【確認訴訟:확인소송】(法)법률 관계의 存否를 확인하기 위하여 제청한 소송.
【確的:확적】 =確實.
【確定:확정】 틀림 없이 작정함.
【確定日附:확정일부】(法)확정 판결의 證書를 작성하는 日附.
【確定判決:확정판결】(法)확정의 효력을 가진 판결. 곧 불복 상고의 기간이 경과한 판결이나 또는 대법원의 판결.
【確證:확증】 확실한 증거.
【確執:확집】 ❶자기의 주장을 양보하지 않음. ❷다툼. 不和.
【確乎:확호】 확실하게. 튼튼하게. 굳세게. 〖易經〗——其不可拔.
【確乎不拔:확호불발】 매우 단단하고 굳세어서 흔들리지 않음.

【碼】(마) 馬 バ、メ、めのう agate ㄇㄚˇ ma³
草書 ❶옥돌마(—碯, 美石次玉). ❷〔新字〕야드마(英國度名, 〈yard〉).
【碼碯:마노】 =瑪瑙.
【碼頭:마두】(中)港口.
【碼磉:마상】 집의 柱礎를 세우는 것.

【碾】(년) 銑 デン、ひきうす mill-stone ㄋㄧㄢˇ nien³
草書 맷돌년, 연자방아년(轢物器). 〔李商隱雜纂 富貴相〕擣藥—茶聲.

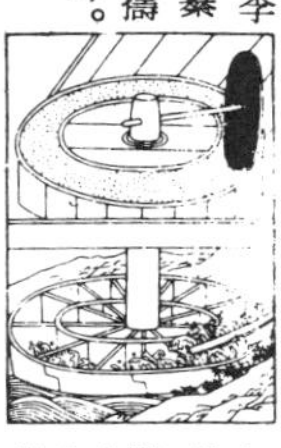
水碾 (農政全書)

【碾車:연거】 씨아.
【碾鉢:연발】 약재를 가루로 만드는 기구. 모양이 배와 같음.
【碾破:연파】 차가 빠개이는 것. 〖琵琶記·中秋望月〗——琉千頃.

【⿰石虔】(건) 先 ケン、いしずき foot-stone of a pillar
주춧돌건(礎也).

【⿰石冓】(구) 宥 ク、ふみいし step-stone
❶디딤돌구(碥也). ❷벽돌우물구(甃井). ❸돌무더기구(磃也).

【磁】(자) 支 ジ、じしゃく magnet ㄘˊ tz'ŭ²
草書 ❶지남석자, 자석자(石名, 可以引鐵). 〔文選〕—石引鐵於今不連. ❷옹기자, 사기그릇자(—器).
【磁界:자계】(物)磁力이 작용하고 있는 범위.
【磁極:자극】(物)磁石에서 쇠 따위를 끌어 당기는 성능이 가장 강한 두 끝의 부분. 磁石의 陰·陽의 두 極.
【磁器:자기】 사기그릇. 河南省 磁州에서 많이 産出되는 데서 온 말. 〖五雜俎〗今俗語窰器謂之——者, 窰蓋河南磁州窰最多, 故相沿名之.
【磁氣:자기】(物)磁性을 일으키는 원인이 되는 물리적 대상.
【磁氣力:자기력】(物)자기의 힘. 磁力.
【磁力:자력】(物)磁氣의 작용으로 쇠를 끌어 당기는 힘. 자기의 서로 끌고 떼치는 힘.
【磁鉢:자발】 자기그릇의 바릿대. 〖耶律楚材〗纍纍山果盈——.
【磁石:자석】 ❶(鑛)磁性이 있는 酸化鐵. 〖淮南子〗——能引鐵. ❷(物)㉠막대나 말굽 모양의 강철에 磁氣를 지니게 한 것. ㉡磁針. ㉢磁石盤의 略語.
【磁性:자성】(物)磁氣를 띤 물체가 나타내는 성질. 쇳조각·쇳가루 따위를 끌어당기는 성질. 또는 磁石에 끌리는 성질.
【磁性體:자성체】(物)磁性의 영향을 받거나 나타내는 물체. 磁界에 놓으면 磁化하는 물체.
【磁場:자장】(物)자석의 근방이나 전류의 주위나 지구의 표면 따위의 磁氣의 작용이 미치는 범위.
【磁針:자침】 磁石의 바늘. 磁場의 방향을 재는 데 씀.
【磁土:자토】 도자기를 만드는 데에 쓰는 粘土.
【磁化:자화】(物)磁氣感應에 의하여 물체가 자성을 띠는 일. 磁性體가 磁場의 가운데에 놓여졌을 때 일어남.

【磃】㊀(사) 支 ㊁(체) 齊 テイ、あやしい fantastic stone
㊀집이름사(舘名, —氏). ㊁괴석체(怪石, 磄—).

【磄】(당) 陽 トウ、あやしい fantastic rock
괴석당(怪石).

【磅】㊀(방) 陽 ㊁(팽) 庚 ㊂(방)〔新字〕 ホウ、とどろき noise of stones crashing ㄆㄤˋ p'ang⁴
草書 ㊀돌떨어지는소리방(隕石聲). 〔上林賦〕砰—訇礚. ㊁땅우툴두툴할팽(地形, —礴). ㊂❶파운드방(英國衡名, 〈pound〉). ❷파운드방(英國貨幣單位名).
【磅礚:방개】 우뢰소리의 형용. 〖張衡〗——象乎天威. 「鼓之-
【磅硠:방랑】 커다란 소리. 〖張衡〗
【磅礴:방박】 ❶혼합하여 하나로 함. 혼동함. 〖莊子·逍遙遊〗將——萬物以爲一. ❷가득 참. 旁薄. 〖韓愈〗——而鬱積.

【⿰石烏】(오) 虞 オ、どて hill
❶산언덕오(山阿). ❷차면담오(小障).

【磇】(비) 齊 ヘイ、くすりいし arsenic
비상비(—霜, 毒石). (『砒』와 같음)

【磈】(외) 尾 カイ、いし pebbly river-side (古音「위」)
草書 돌서덜외, 돌사닥다리외(—礧, 石貌).
【磈磊:외뢰】 돌이 많이 쌓여 있는 모양. 울퉁불퉁한 모양. 〖元好問〗縱橫詩筆見高情, 何物能澆——乎.
【磈硊:외위】 돌의 모양. 또는 위태로운 모양. 〖楚辭〗

【磏】(렴) 鹽 レン、といし whetstone
小篆 草書 ❶붉은빛렴(赤色). ❷숫돌렴(礪石).

【磏勇：염용】 깨끗하고 용맹스러움。〔韓非子〕行劍攻殺、暴慠之民也、而世尊之一一之士。

【磏仁：염인】 刻苦해서 仁을 求함。〔韓詩外傳〕仁道有四、有聖仁者、有智仁者、有德仁者、有一一者。

【磉】(상) 養 ソウ、いしずえ footing stone of a pillar

小篆 書 草 주춧돌상(柱下石、礎也)。〔說文通訓定聲〕一、石磉也、一切經音義引說文有此字、始附于此。〔集韻〕磉、柱下石。〔正字通〕磉、俗呼礎曰磉。

石 磉 (三才圖會)

【磋】(차) 歌 箇 サ、みがく polish ㄘㄨㄛ ts'uo¹

草 書 갈차(磨治)。〔大學〕如切如一、如琢如磨。

【磋礱：차롱】 같음。

【磋切：차절】 서로 스침。〔李紳〕拊弦度曲新聲發、金鈴玉佩相一一。

【磊】(뢰) 賄 ライ、いし piles of stones ㄌㄟˇ lei³

小篆 書 草 ❶돌무더기뢰(一一衆石)。〔古詩〕一一澗中石。❷헌걸찰뢰(一砢、魁貌)。〔世說〕其人一砢而英多。❸끼끗할뢰(一落)。〔晉書〕大丈夫行事當一一落落如日月。

【磊砢：뇌가】 ❶돌이 쌓여 있는 모양。〔司馬相如〕水玉一一。❷性情이 뛰어난 모양。〔世說〕孫楚云、其人一一而英多。

【磊落：뇌락】 ❶마음이 활달하여 조그마한 일에는 구애하지 않는 모양。公明正大한 모양。〔韓愈〕一一奇偉之人。❷수가 많은 모양。

【磊磊：뇌뢰】 =磊砢①。〔楚辭〕石一一兮、葛蔓蔓。

【磊磊落落：뇌뢰낙락】 ❶=磊砢①。❷=磊落①。몹시 태연 자약함。

【磊魄：뇌외】 ❶많은 돌이 쌓인 모양。〔成公綏〕山嶽一一。❷불평이 많은 모양。

【磌】(전) 先 テン、いしずえ footing stone of a pillar

草 書 ❶돌떨어지는소리전(石落聲)。〔公羊傳〕石聞其一然。❷주춧돌전(柱下石)。〔西都賦〕雕玉一以居楹。

【磌然：전연】 돌이 떨어지는 소리。〔公羊傳〕霣石聞其聲一一。

【磍】㊀(할) 黠 ㊁(알) 黠 カツ、いかる get angry

㊀성불끈낼할(碣一、盛怒)。〔長楊賦〕建碣一之虞。㊁땅가파를알(一磢、石地不平)。

【磎】(계) 齊 ケイ、たに valley

시내계(石澗)。〔長笛賦〕萬仞之石一。〔『谿·溪』와 通함〕

【磐】(반) 寒 バン、いわ rock ㄆㄢˊ p'an²

草 書 ❶반석반、너럭바위반(大石)。〔易經〕鴻漸于一。❷연이을반(一牙、連結)。〔後漢書〕盜賊羣起一牙連歲。❸휑뎅그렁할반(一礴、廣大貌)。〔江賦〕荆門闕竦而一礴。

【磐礴：반박】 넓고 큰 모양。〔郭璞〕荆門闕竦而一一。

【磐石：반석】 ❶큰 암석。넓고 편편하게 된 큰 돌。〔穆天子〕觴天子於一一之上。❷안정되어 움직이지 않음。 盤石。〔漢書〕犬牙相制、此所謂一一之宗也。

【磐牙：반아】 서로 연이어 맺은 것。〔後漢書〕盜賊群起、一一連歲。

【磐峙：반치】 우뚝 솟음。 우뚝 솟아 있는 것。〔魏志〕凝然一一。

【磑】㊀(애) 隊 ㊁(외) 灰 ガイ、いしうす mill-stone

小篆 書 草 ㊀❶맷돌애(磨也)。〔正字通〕一碎物之器。❷단단할애(堅也)。〔張衡思玄賦〕行積冰之一一。㊁쌓을외(積也)。

【磑茶：애다】 차를 맷돌로 갈음。

【磑磨：애마】 맷돌로 갈음。

【磑磑：애애】 ❶굳고 단단한 모양。❷흰 모양。❸높이 쌓아 올리는 모양。〔漢書〕一一即即。

【磒】(운) 軫 イン、おちる fall down ㄩㄣˇ yün³

小篆 ❶떨어질운(落也)。❷별똥운(一石)。

【磓】㊀(추) 寘 ㊁(퇴) 灰 ツイ、おす repress

㊀누를추(鎮也)。㊁돌떨어질퇴(落石)。

【磔】(책) 陌 タク、はりつけ tear to pieces ㄓㄜˊ chê²

小篆 書 草 ❶찢을책、발길책、능지할책(裂也、駙也)。❷육시할책(一市、裂體駙肉 死刑)。〔漢書〕諸死刑皆一於市。

【磔殺：책살】 기둥에 결박하여 세우고 창으로 찔러 죽임。

【磔磔：책책】 ❶물건의 소리。〔蘇轍〕爆竹聲一一。❷새의 날개 치는 소리。〔蘇軾〕一一雲霄間。❸새의 지저기는 소리。〔蘇軾〕春山一一鳴春禽。

【磔刑：책형】 (制)몸뚱이를 찢어 죽이는 형벌。

【磕】㊀(개) 泰 ㊁(갑) 合 カイ、いしおと sound of stone

小篆 書 草 ㊀돌부디치는 소리개(兩石相擊聲)。㊁돌소리갑(石聲)。

【磕睡：개수】 졸음。 假寐。〔貫休〕一一山童欲成夢。

【磤】(은) 吻 イン、かみなり thunder

草 書 우뢰소리은(砏一、雷聲)。〔景福殿賦〕聲訇一其若震。

十一畫

【磚】(전) 先 セン、かわら tile ㄓㄨㄢ chuan¹

草 書 ❶벽돌전(燒墼甓也)。❷기와전(瓦也)。〔詩經〕載弄之瓦。

【磚房：전방】 (俗)벽돌로 지은 집。

【磚壁：전벽】 벽돌로 쌓은 벽。〔吳郡諸山錄〕因山壘基、一一十餘里。

【磚茶：전차】 중국 茶의 하나。紅茶 또는 綠茶의 가루로 만든 板子 모양의 茶로、깎아서 끓여 마심。

【磛】(참) 咸 サン、けわしい shingly place

小篆 돌서덜참(一品、山險貌)。

【硻】(갱) 庚 コウ、かたい solid

단단할갱(堅也)。

【磝】(오) 豪 ゴウ、かたい stony soil

草 書 ❶산에돌이많을오(山多小石)。❷산우뚝할오(山高貌)。〔『磽』와 通함〕

【磝磝：오오】 돌이 많은 모양。 또는 산이 높은 모양。〔韓愈·別知賦〕山一一而相軋、樹蓊蓊其相樛。

【鏃】(족) 屋 ソク、やじり arrow-head
❶돌자갈땅족(磢ー、石地不平)。❷돌살촉족(鏃也)。〔漢書〕挹婁國弓長四尺砮以青石爲鏃。

【磟】(륙) 屋 リク、つち stone-mallet
草書 돌곰배륙(石輥、ー碡)。

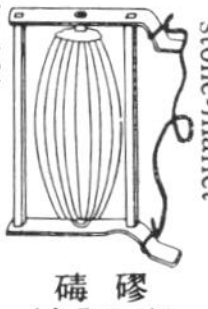
碡磟 (書全政農)

【礖】(노)『硇』(6石部畫)와 같음

【磢】(창) 養 ソウ、かわらこ refining-powder
기와가루창(瓦石洗物去垢)。〔江賦〕奔溜之所ー錯。

【磥】(뢰)『磊』(10石部畫)와 같음

【磧】(적) 陌 セキ、かわら pile of stones ㄑㄧˋ chi²
小篆 草書 ❶돌무더기적、물가자갈적(ー歷、水渚有石)。〔上林賦〕下ー歷之坻。❷모래벌적(沙漠)。〔杜甫詩〕今君渡沙ー累月絕人烟。
〔磧歷:적력〕얕은 물 속에 있는 모래와 돌。〔司馬相如〕下ーー之。
〔磧礫:적력〕물가에 있는 작은 돌。〔張衡〕僵僨斃獸、爛若ーー。
〔磧沙:적사〕물가에 있는 모래。

【磩】(척) 錫 セキ、たま precious stone
草書 옥돌척(碝ー、石次玉)。〔西都賦〕碝ー彩緻。

【磪】(최) 灰 サイ、たかい steep and high
草書 험하고높을최(險高)。
〔磪嵬:최외〕산이 높고 험한 모양。〔嵇康〕ーー岑嵓。

【磨】㊀(마) 歌 ㊁(마) 箇 マ、バ、みがく whet; rub ㄇㄛˊ mo²
小篆 草書 ㊀❶갈마(治石)。〔大學〕如琢如ー。❷숫돌마(礪石)。㊁❶맷돌마(石磑)。〔天文志〕如蟻旋ー。❷만질마(摩擦)。❸(中字)돌마(轉也)。

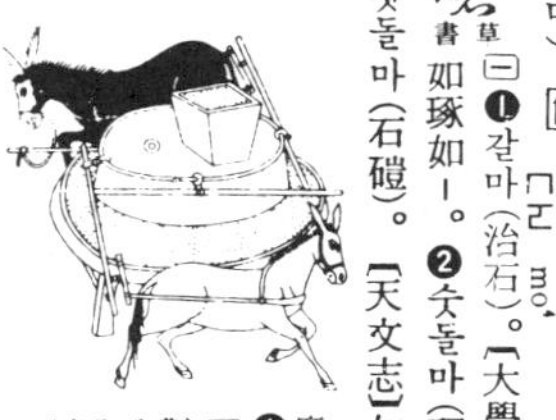
(書全政農)㊀❶磨

〔磨礪:마려〕쇠나 돌 따위를 갈음。摩礪。〔書經·傳〕鍛鍊戈矛、ーー鋒刃。
〔磨鍊:마련〕일이나 물건을 이리저리 마름질하여 계획을 세움。
〔磨滅:마멸〕갈리어 닳아서 없어짐。갈아서 없앰。摩滅。〔司馬遷〕富貴而名ーー、不可勝記。
〔磨墨:마묵〕벼루에 먹을 갈음。
〔磨石:마석〕❶맷돌。❷돌이나 돌로 된 물건을 갈음。〔晉書〕譬之于蟻行ーー之上。
〔磨碎:마쇄〕갈아서 부수어 버림。갈아서 잘게 만들음。
〔磨淬:마쉬〕칼 따위를 갈아서 담금。礪淬。〔蘇轍〕魏華自ーー。
〔磨擦:마찰〕❶서로 닿아서 비빔。❷뜻이 맞지 않아서 옥신각신함。
〔磨琢:마탁〕=琢磨。〔張耒〕球然瑚璉質、ーー爭璀璨。

【磬】(경) 徑 ケイ、うちいし drive; scuttle ㄑㄧㄥˋ ch'ing⁴
小篆 籀文 古文 草書 ❶경쇠경、경석경(玉ー、石ー、樂器)。❷말달릴경(騁馬)。〔詩經〕柳ー控忌。❸몸구부릴경(ー折、傴身)。❹목맬경(縊也)。〔禮記〕ー于甸人。❺일층동일경(ー掉、激事)。〔韻會〕北海人以激事爲掉ー。

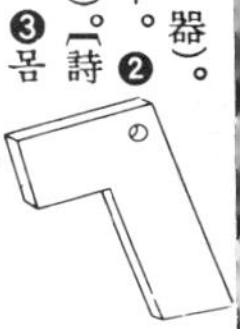
(圖器禮)❶磬

〔磬控:경공〕말을 부리는 법。(말을 달림을 磬, 말을 멈추는 것을 控이라 함)。〔詩經〕抑ーー忌。
〔磬折:경절〕磬쇠 모양과 같이 허리를 굽혀 절을 함。〔禮記〕立則ーー垂佩。
〔磬鐘:경종〕돌로 만든 磬과 쇠로 만든 종。奏樂의 기본이 되는 악기。
〔磬簴:경허〕(樂)경쇠 따위를 매다는데 쓰이는 것。

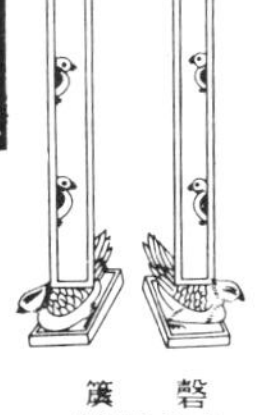
簴 磬 (會圖才三)

十二畫

【磳】(잠) 侵 シン、こいし gravel
❶돌문잠(石門)。❷자갈잠(小石)。

【磯】(기) 微 キ、いそ fishing place ㄐㄧ chi¹
小篆 草書 ❶낚시터기(水中磧)。❷여울돌기(水激石)。〔孟子告子下〕親之過小而怨是不可ー也。
〔磯館:기관〕물기슭에 있는 집。
〔磯根:기근〕물기슭。바닷가。
〔磯釣:기조〕물기슭에서 고기를 낚음。

【⿰石厥】(궐) 月 ケツ、いしをほる quarry out
돌뜰궐(採石)。

【磲】(거) 魚 キョ、しゃこ precious stone ㄑㄩˊ ch'ü²
草書 ❶옥돌거(硨ー、美石似玉)。❷큰조개거(大蛤)。

【⿰石爲】(훼) 紙 キ、やぶる suffer; defeat
草書 패할훼(敗也)。〔列子〕事有破ー而後有舞仁義者。(『毀』와 같음)

【磴】(등) 徑 トウ、いしばし stone bridge ㄉㄥˋ têng⁴
草書 돌사닥다리등、돌다리등(巖ー石橋)。〔天臺山賦〕跨穹隆之懸ー。(『隥』과 같음)
〔磴道:등도〕돌계단의 길。〔陸龜蒙〕清晨躋ーー。
〔磴棧:등잔〕돌로 걸쳐 놓은 다리。돌다리。〔韓愈〕氷雪滑ーー。

【磵】(간) 諫 カン、たにみず mountain torrent
산골시내간、석간수간(磎ー、山夾水)。(『澗』과 통함)

【磶】(석) 陌 セキ、いしずえ foot-stone of a pillar
草書 주춧돌석(礎也)。〔西京賦〕雕楹玉ー繡栭雲楣。

【磷】㊀(린) 眞 ㊁(린) 震 リン、うすい thin stone ㄌㄧㄣˊ lin²
草書 ㊀❶돌문채린(玉石符采)。〔司馬相如上林賦〕ーー爛爛采色澔汗。❷물이돌틈을흐를린(水流貌)。㊁❶얇은돌린(薄石)。❷돌비늘린(雲母)。
〔磷磷:인린〕❶玉石의 光澤이 번쩍번쩍 비치는 모양。〔司馬相如〕ーー爛爛。❷물

이 돌 사이를 흘러가는 모양。『宋之問』碎石水ㅣㅣ。

【礙】(최) 泰 サイ、こいし gravel
자갈최(小石)。

【磺】㊀(광) 梗 コウ、あらがね mineral ㊁(황) 陽 ㄏㄨㄤ huang
小篆 ㊀쇳돌광(銅鐵樸石)。㊁돌이름황(石名、硫黃)。(『礦』과 같음)

【磻】㊀(반) 寒 ハン、ハ、やのね arrow-head of stone ㊁(파) 歌 ㄆㄢˊ p'an²
小篆 草書 ㊀반계반(鳳翔溪名、ㅣ溪姜太公釣處)。㊁돌살촉파(石鏃)。

【磻溪:반계】《地》中國 太公望이 낚시질 하였다는 시내。지금의 陝西省 寶雞縣 東南을 꿰어 북쪽으로 흘러 渭水로 흘러 들어감。

【磻溪隨錄:반계수록】《書》二六권 一四책。政經書類。李朝 仁祖 때 柳馨遠 지음。정치·경제 체제의 개혁에 대한 지은이의 方案을 서술한 것。우리 나라 사회·정치·경제사 연구의 중요한 참고 자료가 됨。

【磻石:반석】돌 이름。『後漢書·西南夷傳』高山岐峻、緣厓ㅣㅣ。

【磽】㊀(교) 肴 コウ、かたい stony soil ㊁(교) 效 ㄑㄧㄠ ch'iao (本音「요」)
小篆 小篆 草書 ㊀❶돌자갈땅교(石地)。❷단단할교(堅硬)。『孟子告子上』地有肥ㅣ雨露之養。❸경쇠돌교(磬石)。㊁돌울멍줄멍할교(石不平)。

【磽薄:교박】=磽确。『梁蕭』化ㅣㅣ爲膏腴者、不知幾千萬畝。

【磽瘠:교척】돌이 많이 섞여서 메마른 땅。『陸游』ㅣㅣ財三畝、劬劬賴兩奴。

【磽确:교학】기름지지 않고 모래나 자갈이 많이 섞임。또는 그러한 땅。薄薄。『正韻』ㅣㅣ石地。

【磽陿:교협】땅이 메마르고 좁음。『漢書』郡國或ㅣㅣ、無所農桑。

【磼】㊀(잡) 合 ソウ、たかい aloft ㊁(섭) 葉
草書 ㊀산우뚝솟을잡(山高貌、ㅣ礏)。㊁물건깨지는소리섭(物破聲、磼磖ㅣ)。

【磾】(제) 齊 テイ、くろいし black stone
草書 ❶검은물들이는돌제(染繒黑石)。❷사람이름제(人名、金日ㅣ)。

【⿱隆石】(룡) 東 リュウ、いしのおちるおと falling sound of a stone
돌떨어지는소리룡(石落聲、碚ㅣ)。『韓愈詩』投奈鬧碚ㅣ。

【磿】(력) 錫 レキ、こいし gravel
小篆 草書 ❶조약돌대가락대가락할력(石小聲)。『周禮』遂師及窆抱ㅣ。❷궁이름력(燕宮名、ㅣ室)。

【磿室:역실】戰國時代 燕의 궁전 이름。『史記』故鼎反乎ㅣㅣ。

【礁】(초) 蕭 ショウ、かくれいわ half-tide rocks
草書 ❶물속돌초(水中石)。❷암초초(水中巖暗ㅣ)。

【礁石:초석】물 속에 들어 있어서 표면에 나타나지 않은 돌。

【礁標:초표】바닷길의 암초 따위 위험 지대를 알리는 標識。
◎暗ㅣ、坐ㅣ、環ㅣ。

十三畫

【礉】㊀(교) 效 カク、きびしい heartless ㊁(핵) 陌
草書 ㊀돌울멍줄멍할교(石不平)。㊁각박할핵(刻也)。『史記韓非傳論贊』慘ㅣ少恩。

【⿰石戠】(침) 寢 チン、いしでうつ strike with a stone
돌로칠침(以石打之)。

【礌】(뢰) 隊 ライ、つみいし heap of stones ㄌㄟˊ lei²
❶돌내려굴릴뢰(推石自高而下)。❷돌무더기뢰(衆石)。(『礧』와 같음)

【⿰石詹】(담) 感 タン、くすり medical stone
석담담(石ㅣ、藥名)。『本草』石ㅣ石中有汁如膽汁酸辛氣寒治諸石瘑石淋目痛。

【礎】(초) 語 ソ、ショ、いしずえ foundation stone ㄔㄨˇ ch'u³
小篆 草書 주춧돌초(柱下石礩也)。『淮南子 說林訓』山雲蒸而柱ㅣ潤。

【礎器:초기】도자기를 구울 때 올려 받치는 굽 높은 기구。

【礎段:초단】지반이 건축물의 무게를 골고루 받게 하기 위하여 벽·기둥 따위의 밑을 넓게 만든 부분。

【礎盤:초반】주춧돌。

【礎石:초석】주춧돌。

【礎材:초재】土臺의 材料로 쓰이는 돌과 나무 따위。

【礎柱:초주】주춧돌과 기둥。『易經·疏』天欲雨而ㅣㅣ潤。
◎基ㅣ、柱ㅣ。

【礐】(각) 覺 カク、いしおと sound of stone
小篆 草書 돌소리각(石聲)。

【礐石:각석】소리를 내는 돌。『木華·海賦』彫沙ㅣㅣ、蕩颺島濱。

【礐硌:각락】물이 돌에 부딪쳐 내는 소리。

【礐確:각확】물이 돌에 부딪쳐 내는 소리。『江淹兒園賦』㖸嗃ㅣㅣ、紫燕丹駮。

【礑】(당) 漾 トウ、そこ bottom
草書 밑당(底也)。

【礒】(의) 紙 ギ、いわ rock
草書 바위의(巖也)。

【礔】(벽) 錫 ヘキ、かみなり thunder
벽력벽(ㅣ礰)。『思玄賦』ㅣ礰激而增響。(『霹』과 같음)

【磈】(외) 賄 カイ、いしがおおい stony
돌많을외(石多貌)。

【⿰石感】(감) 感 カン、いしのはこ stone case
돌함감(封禪所用、石篋)。

十四畫

【礗】(빈) 眞 ヒン、いしをくだく sound of breaking stones
돌부수는소리빈(碎石聲)。

【礚】(개) 泰 カイ、いしおと sound of stone
草書 ❶돌부딪치는소리개(兩石相擊聲)。❷돌소리개(石聲)。

【礙】(애) 隊 ガイ、ゲ さえぎる disturb ㄞˋ ai⁴
小篆 書草 ❶그칠애(止也)。❷거리낄애(阻也)。❸막을애(距也)。❹해롭게할애(妨也)。❺한정할애(限也)。【法言】聖人之治天下－以禮樂。(『碍』와 같음)
【礙管：애관】(電)전기가 다른 데로 통하지 못하게, 전선을 꿰어서 쓰는 사기로 만든 관。
【礙產：애산】아기의 목이 걸리어서 썩 안 나오는 해산。
【礙眼：애안】눈에 거리낌。또는 그것。【杜牧】譬如匠見木、－－皆不棄。
【礙人耳目：애인이목】다른 사람의 이목을 거리낌。
【礙子：애자】(電)사기로 만든 電流絕緣體。碍子。
【礙滯：애체】걸리어 막혀 버림。【梁簡文帝】若見明於－－、幸求救於盲肓。

【礛】(감) 咸 カン、といし whet stone
草書 옥가는숫돌감(－礛、治玉礪石)。
【礛諸：감제】옥을 가는 돌。【淮南子】玉待－－而成器。

【礜】(여) 御 ヨ、どくいし name of a stone
小篆 書草 여돌여(白石、毒石名)。【山海經註】－石鼠食之死蠶食之肥。

十五畫

【礥】㊀(흔) 眞 ケン、かたい hard ㊁(현) 先
㊀근지할흔(難貌)。㊁❶딱딱할현(剛强)。【太玄經】陽氣微動而－－生物之難也。❷간험할현(艱險)。

【礣】(말) 黠 ベツ、マツ、かたい hard
❶단단할말(－砎、堅也)。❷조약돌말(小石)。

【礤】(찰) 曷 サツ、いし rugged stone ㄘㄚˇ ts'a³
거친돌찰(粗石)。

【⿰石慮】(려) 御 リョ、かたい hard stone
❶돌단단할려(石堅)。❷돌이름려(石名)。

【礦】(황)『磺』(12石部畫)과 같음 (광)『鑛』(15金部畫)과 같음

【礧】㊀(뢰) 紙 ライ、おおきいいし rock ㊁(뢰) 隊
草書 ㊀바위너설뢰、산모양뢰(碨－、山貌)。㊁돌내리굴릴뢰(推石自高而下)。【子虛賦】－石相擊。(『礌』와 같음)
【礧礧：뇌뢰】돌이 큰 모양。돌이 겹겹이 쌓인 무더기。【杜甫】水清石－－。
【礧石：뇌석】돌이 굴러 떨어짐。【司馬相如】－－相擊。

【礨】(뢰) 賄 ライ、あな hole: leak
草書 ❶작은구멍뢰(－空、小穴)。【莊子秋水】－空之在大澤。❷개미둑뢰(小封)。【上林賦】丘墟堀－。

【礫】(력) 錫 レキ、いしころ pebble ㄌㄧˋ li⁴
小篆 書草 ❶조약돌력(小石)。【西京賦】爛若礁－。❷주사력(丹沙)。【江賦】其下則金礦丹－。
【礫石：역석】조약돌。자갈。【韓詩外傳】泰山不讓－－。
【礫岩：역암】자갈이 진흙이나 모래에 섞여 이루어진 바윗돌。

【礪】(려) 霽 レイ、といし whetstone ㄌㄧˋ li⁴
小篆 書草 ❶숫돌려(砥石)。❷갈려(磨也)。【書經費誓】－乃鋒刃。

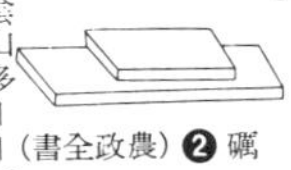
礪 ❷ (農政全書)

【礪石：여석】숫돌。【山海經】陰山多－－。
【礪砥：여지】❶숫돌。❷갈고 닦음。【書經】－－砮丹。
【礪行：여행】행동을 깨끗이 닦음。즉 깨끗이 행동한다는 뜻。【蔡邕】砥節－－、直道正辭。

【礩】(질) 質 シツ、いしずえ foundation stone ㄓˋ chih⁴
小篆 書草 주춧돌질(柱下石)。

【礬】(번) 元 ヘン、バン、みょうばん alum (반)(俗音) ㄈㄢˊ fan²
草書 ❶백반반(涅石)。❷꽃이름반(花名、山－)。
【礬石：반석】(化)황산 알루미니움과 황산 칼리움과의 複塩。無色 투명의 結晶으로 염색이나 藥에 쓰임。明礬。
【礬紙：반지】明礬을 깐 종이。熟紙。
【礬土：반토】(化)산화 알루미니움。
【礬紅：반홍】도자기에 쓰는 붉은 彩色。

十六畫

【礭】(각) 覺 カク、むち whip
채찍각(鞭也)。(『確』과 통함)

【礮】(포) 效 ホウ、いしはじき ancient cannon ㄆㄠˋ p'ao⁴
돌쇠뇌포(發石機)。【唐書】以機發石爲攻城具號將軍－。(『砲』와 같음)

金龍礮(大淸會典圖)

【礰】(력) 錫 レキ、かみなり thunder
❶벼락력、벽력력(霹－)。【西京賦】磷－激而增響。❷밝을력(的－、明也)。【思玄賦】顏的－以遺光。

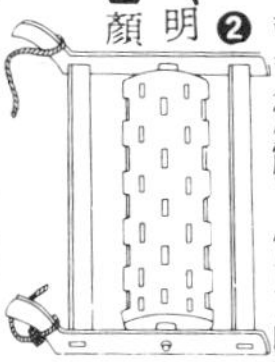
石礰礋 (農政全書)

【礱】㊀(롱) 東 ロウ、みがく grind ㄌㄨㄥˊ lung² ㊁(롱) 送
小篆 書草 ㊀갈롱(磨－、礲也)。【國語晋語】斲其椽而－之。㊁맷돌롱(磑也)。
【礱厲：농려】갈고 닦음。【荀子】鈍金必待－－而後利。
【礱磨：농마】갈음。【韓愈】－－乎事業、而奮發乎文章。

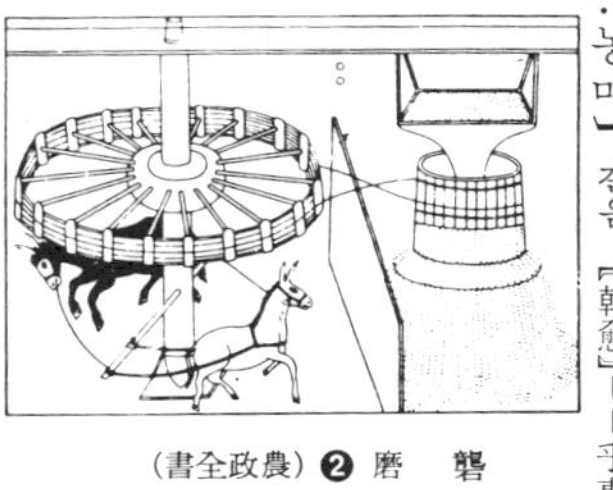
礱 磨 ❷ (農政全書)

【磬斲:농착】 갈고 깎음。쪼개어 갈음。〔孟郊〕殷勤相勸勉、左右加一一。

【磈】(괴) 灰 カイ、こいし gravel-stone
조약돌괴(小石)。

十七畫

【礛】(섬) 豔 セン、いなびかり lightning flashes
❶번갯빛섬(電光、一磹)。❷〔中字〕부싯돌섬(磕石)。

【礴】(박) 藥 ハク、みちる po²
(草書) ❶널리덮힐박(磅一、廣被)。❷가득할박(充塞)。〔莊子〕旁一萬物。❸땅형상박(地形)。❹벌거벗은몸박(盤一、裸體)。

十八畫

【礭】(구) 虞 キュウ、といし whetstone
푸른숫돌구(靑礪石)。

【礲】(잡) 合 ソウ、いしがおおい abundant in miscellaneous stones
잡돌많을잡(雜石多貌)。

示 部

【示】㊀(기) 支 シ、ジ、しめす show
㊁(시) 寘 ㄕˋ shih⁴
(小篆)(古文)(草書) ㊀땅귀신기(神一)。〔周禮〕掌天神人鬼地一之禮。㊁❶보일시(垂一)。〔禮記〕國奢則一之以儉。❷바칠시(呈也)。❸가르칠시(敎也)。

【示敎:시교】 ＝示訓。

【示達:시달】 상부에서 하부로 명령·통지 등을 문서로써 전하여 알림。

【示談:시담】 싸움을 화해시키는 말。

【示明:시명】 일반에 널리 알도록 자세히 布告함。

【示範:시범】 모범을 보여 줌。

【示唆:시사】 미리 암시하여 알려 줌。

【示弱:시약】 弱點을 드러내 보임。

【示威:시위】 威力이나 기세를 드러내어 보임。『左傳』叛而不討、何以一一。

【示威運動:시위운동】 목적을 달성하기 위하여 公公然하게 의사를 표시하고 威力을 나타내는 것。또는 그 행동이나 집회。데모。

【示寂:시적】 《佛》중이 죽는 것。入寂。

【示現:시현】 《佛》❶菩薩이 중생을 제도할 목적으로 속세에 태어나는 것。❷부처가 靈驗을 나타내 보이는 것。

【示訓:시훈】 보여 가르침。訓示。
◎揭一、告一、公一、誇一、敎一、內一、默一、宣一、垂一、暗一、展一、指一、表一、顯一、訓一。

【礻】 보일시변〔部首名〕

一畫

【礼】(례)『禮』(示部13畫)의 古字

【礼】(례)『禮』(示部13畫)의 略字

二畫

【礽】(잉) 蒸 ジョウ、さいわい happiness ㄖㄥˊ jêng²
❶복잉(福也)。❷나아갈잉(就也)。

三畫

【社】(사) 馬 シャ、やしろ earthly deities ㄕㄜˋ shê⁴
(小篆)(古文)(草書) ❶땅귀신사、사직사(一稷、主土神)。〔禮記月令注〕一后土也。❷사일사(一日)。〔禮〕立春立秋後五戊爲一。❸둘레사、모일사(結一、賓朋聚會)。〔事文類聚〕遠公結白蓮一。❹단체사(一團、會一)。❺세상사(一說)。

【社告:사고】 회사에서 내는 광고。

【社交:사교】 여러 사람이 모여 서로 교제함。사회 생활에 있어서의 교제。

【社交舞蹈:사교무도】 사교 댄스。

【社交服:사교복】 사교적인 모임에 입는 옷의 총칭。

【社交性:사교성】 ❶사회를 이루려는 사람이 타고난 특성。❷남과 잘 사귀는 성능。사교를 좋아하는 성질。

【社交術:사교술】 사회적으로 사귀는 솜씨。사교하는 솜씨。

【社壇:사단】 社稷을 모신 제단。社稷壇의 略語。『唐書』一一四隅。

【社團:사단】 《法》❶特定한 목적을 위하여 여러 사람을 기초로 하여 결합된 단일적 단체。❷社團法人의 略語。

【社團法人:사단법인】 《法》사람의 집합체인 단체 곧 사단이 법인으로서 법률상 自然人과 같은 권리 의무의 주체로 인정 받는 것。公益 사단법인과 營利 사단법인이 있음。

【社命:사명】 회사의 명령。

【社費:사비】 회사의 비용。

【社鼠:사서】 함부로 손댈 수 없는 社殿에 사는 쥐란 뜻으로、除外할 수 없는、君主 측근에 있는 간신을 비유하여 일컫는 말。城狐。『晏子春秋』景公問曰、治國何患、晏子對曰、患夫一一、中略、鼠之所以不可得殺者、以社故也、夫國亦有人焉、人主左右是也、此亦國之一一也。

【社說:사설】 신문이나 잡지에서 그 社의 주장으로서 발표하는 論說。

【社燕:사연】 《動》제비。『蘇軾』有如一一與秋鴻、相逢未穩還相送。

【社屋:사옥】 회사의 건물。

【社用:사용】 회사의 용무。

【社友:사우】 같은 結社團體의 同志。또는 같은 會社에 근무하는 동료。

【社員:사원】 ❶회사에 근무하는 사람。❷사단 법인의 구성원。❸단체의 구성원。

【社印:사인】 회사를 대표하는 도장。

【社長:사장】 ❶村長。『李義山』一一乘凉轎。❷會社의 대표자。❸《制》李朝 때 社倉의 곡식을 관리하던 사람。

【社財:사재】 회사의 재산。

【社中:사중】 같은 組合員。『吳師道』分手溪上笑、攢眉一一緣。

【社稷:사직】 ❶《制》옛날 中國에서 새로 建國하였을 때 天子나 諸侯가 단을 세워 제사 지내는 土地神과 穀神。〔禮記〕諸侯祭一一。❷國家 또는 朝廷。〔孝經〕保其一一、而和其民人。❸《制》太社와 太稷。

【社稷爲墟:사직위허】 社稷이 폐허가 됨。곧 나라가 망함。『淮南子』身死人手、一一。

【社稷之器:사직지기】 國政의 임무를 맡길 만한 人物。『蜀志』。

【社稷之臣:사직지신】 나라의 安危를 맡은 重臣。重職에 있는 신하。

【社倉:사창】 《制》기근 때 貧民 구제를 위하여 설치한 米倉。『舊唐書』武德元年九月置一一。

【社債:사채】 《經》주식 회사가 사업에 요하는 자금을 조달하기 위하여 모집하는 債務。證券 발행의 형식에 의하여 一定한 기한에 元金을 상환하고 그 상환 날짜까지 해마다 일정한 기일에 確定 이자를 지불할 것을 약속함。

【社宅:사택】 회사에서 사원을 위하여 마

【社會:사회】 ❶《社》 공동 생활을 하는 인류의 집단。 ❷세상。 ❸《地》일정한 지역에 자리 잡고 있는 집단。 ❹《制》村民이 社日에 모이던 모임。
【社會改良主義:사회개량주의】《社》 현재의 사회 제도를 유지하면서 점진적으로 사회를 개량하려는 주의。
【社會契約說:사회계약설】 ＝民約說。
【社會科學:사회과학】 사회 현상을 연구 對象으로 하는 학문의 總稱。 社會學·經濟學·政治學·歷史學·民族學 등。
【社會觀:사회관】 사회를 어떻게 보느냐의 견해。
【社會構造:사회구조】 어떠한 사회 형태를 이루는 온갖 요소의 결합。
【社會國家:사회국가】 국민 각자에 대하여 인간의 가치로서의 生存 보장을 임무로 하는 국가。 또는 社會 正義의 실현을 목적으로 하는 국가。 ↕自由國家。
【社會劇:사회극】 사회 문제를 題材로 하고 이에 대한 비판을 가한 연극。
【社會記事:사회기사】 사회에서 일어난 일에 관한 신문의 기사。 三面記事。
【社會淘汰:사회도태】 사회 환경의 영향으로 도태되는 현상。
【社會面:사회면】 신문에서 사회에 관한 기사를 싣는 지면。
【社會問題:사회문제】 사회 제도의 모순이나 결함에서 생기는 여러 가지 문제。 노동 문제、 주택 문제、 실업 문제 따위。
【社會民主主義:사회민주주의】《社》 폭력 혁명을 피하고 議會 투쟁을 통한、 곧 민주적 정치 형태를 시인하고서의 정권 획득을 꾀하는 사회주의의 한 분파。
【社會法:사회법】《法》각 개인의 이해관계에 중점을 두는 市民法에 대하여 노동법·경제법·사회사업법·사회입법 등 사회 본위로 제정되어야 할 법률。
【社會保障:사회보장】《社》실업·질병·노년 등의 일시적 또는 영구적 사고로 말미암아 생활이 곤란한 사람에 대하여 국가 또는 공공 단체가 직접 또는 간접으로 사회 전체의 비용에 의하여 원조를 주어 생활을 보장해 주는 제도。
【社會事業:사회사업】 국가 및 公私의 단체에 의하여 사회 상태의 개선、 민중의 教化 등을 목적으로 하는 보호 사업。
【社會相:사회상】 사회의 現狀。
【社會性:사회성】 ❶사회 생활을 하려는 경향。 ❷어떤 사회의 고유한 성질。
【社會連帶:사회연대】《社》 사회의 각 成員사이의 社會的 相互依存 關係。
【社會運動:사회운동】《社》 사회 문제를 해결하며 사회 제도의 결함을 제거 또는 개혁할 목적으로 하는 조직적 활동。 노동조합운동·농민조합 운동 따위。
【社會倫理:사회윤리】《倫》❶사회적·협동적 생활의 倫理。 ❷사회 생활을 기반으로 하여 도덕의 발생과 평가 등을 사회적 견해에서 論究하는 윤리。
【社會意識:사회의식】《社》 ❶사회를 구성한 각 개인의 공통 의식 내용。 ❷집단의식。 집단 정신。
【社會人:사회인】《社》사회의 일원으로서 생활을 영위하는 사람。
【社會葬:사회장】 사회적으로 공로가 큰 사람의 죽음에 모든 사회 단체가 연합하여서 장사를 지냄。
【社會的個性:사회적개성】 한 사회를 딴 사회에 대비할 때 볼 수 있는 독특한 성질。 국민성·지방색·家風 따위。
【社會的紐帶:사회적유대】 일정한 사회적 결합을 이루는 낱낱의 관계。 血緣·地緣·利害 따위。
【社會的環境:사회적환경】 사회 내부의 모든 요소인 물질과 사람 및 관습·전통·풍속·제도 및 문화적 요소。
【社會政策:사회정책】 노동 문제、 실업문제 등의 모든 사회 문제를 해결하기 위하여 국가나 공공 단체가 행하는 정책。
【社會制度:사회제도】 한 사회에 의하여 지지되고 있는 경제·정치 등의 제도。 넓게는 종교·도덕·법률·관습·神話 등의 문화。
【社會主義:사회주의】《社》資本主義를 부정하고 富의 社會化를 꾀하며 生産手段의 共有化를 주장하는 立場。 또는 그러한 사회 제도를 실현하려는 社會思想。 ↕資本主義。
【社會進化:사회진화】《社》 歷史上 社會組織이 계속적으로 變化·發達하는 길。 진화론을 사회의 발전에 응용한 개념。
【社會通念:사회통념】 사회 일반에 널리 퍼져 있는 상식 또는 판단。
【社會學:사회학】《社》 사회의 온갖 현상、 사회의 구조·질서·발전·변동의 법칙을 연구하는 학문。
【社會革命:사회혁명】 사회 제도를 근본적으로 뜯어 고치는 일。
【社會現象:사회현상】 사회를 구성하는 모든 개인의 현실적 행동의 결과로서 나타나는 현상。 사회 과학의 素材가 됨。
【社會化:사회화】 ❶사회가 개인 또는 集團、 그 밖의 다른 사회를 자기 사회의 성분 또는 부분으로 만드는 작용。 ❷국가 또는 공공 기관에 의한 산업의 통제 관리소유를 말함。
◎結ㅣ、公ㅣ、本ㅣ、分ㅣ、商ㅣ、入ㅣ、宗ㅣ、支ㅣ、退ㅣ、會ㅣ。

【社】 (사) 『社』(前條)와 같음

【礿】 (약) 藥 ヤク、 はるまつり festival in spring ㄩㄝˋ yüeh⁴
小篆 小篆 草書 봄제사약 (春祭名)。 【禮記】天子四時之祭春曰ㅣ。

【祀】 (사) 紙 シ、 まつり religious service ㄙˋ ssŭ⁴
小篆 或體 草書 ❶제사사(祭也)。 【中庸】 上ㅣ先公以天子之禮。 ❷해사(年也)。 【書經伊訓注】夏曰歲商曰ㅣ周曰年。
【祀孔:사공】 중국에서 孔子를 제사지내는 것。 (民國 三年에 이 名稱을 붙임)。
【祀事:사사】 제사에 관한 일。 「釋奠。
【祀孫:사손】 奉祀孫의 略稱。
【祀典:사전】 제사의 禮典。 『禮記』非此族也、不在ㅣㅣ。
【祀天:사천】 하늘에 제사를 지냄。
◎祭ㅣ、合ㅣ。

【祁】 (기) 支 キ、 さかん prosperous ㄑㄧˊ ch'i²
小篆 草書 ❶성할기(盛也)。 【書經君牙】冬ㅣ寒。 ❷클기(大也)。 【詩經】其ㅣ孔有。 ❸많을기(ㅣㅣ衆多)。 【詩經】采蘩ㅣㅣ。
【祁祁:기기】 ❶조용한 모양。 『詩·韓奕』諸娣從之、ㅣㅣ如雲。 ❷많은 모양。 『詩·七月』采蘩ㅣㅣ。 ❸느린 모양。 『詩·采蘩』被之ㅣㅣ。
【祁寒:기한】 매서운 추위。 酷寒。 大寒。 『書經』冬ㅣㅣ。
【祁奚薦讎:기혜천수】 公平無私한 마음씨。 《故》中國 春秋時代 晉 悼公의 신하 祁奚가 자기 後任者로서 前日의 원수인 解狐를 추천하였음。 『左傳』祁奚請老、 晉侯門嗣焉、 稱解狐、 其讎也、 將立之而卒、 又問、 對曰、 午也可。 (午는 奚의 아들)。

四畫

【祅】 (요) 蕭 ヨウ、 わざわい calamity ㄧㄠ yao¹
小篆 草書 재앙요(災也)。 【漢書】迅雷風ㅣ。
【祅變:요변】 재앙。 祅孽。 『後漢書』屢出ㅣㅣ、以當譴責。
【祅孽:요얼】 요학한 귀신의 재앙。

【祆】(천) 先 (本音「현」) テン、かみ God ㄒㄧㄢ hsien¹
小篆 草書 ❶귀신천(火ㅣ)。❷종교、이름천(波斯拜火敎)。
〔祆敎:천교〕❶《宗》페르샤에서 일어난 拜火敎의 中國名。❷하늘。
〔祆廟:천묘〕 祆敎의 廟。
〔祆正:천정〕 祆敎의 관직。 唐代 薩寶府에 두고 火敎徒로써 任命。 七品官으로 대우함。

【祇】㊀(기) 支 キ、ギ、くにつかみ earthly deities ㄑㄧˊ ch'i²
㊁(지) 支
小篆 草書 ㊀❶땅맡은귀신기 (地神)。〔說文〕地 ㅣ提出萬物者。❷편안할기(安也)。❸클기(大地)。〔詩經小雅何人斯〕俾我ㅣ也。〔易經復卦〕無ㅣ悔。㊁❶공경할지(敬也)。❷마침지(適也)。❸다만지(但也)。〔詩經〕ㅣ攪我心。
〔祇園精舍:기원정사〕《佛》古代 中印度 마갈타國 舍衞城 남쪽에 있던 절。須達長者가 釋迦를 위하여 세운 說法道場。(精舍는 精練行을 말함)。
〔祇陀:기타〕 祇園精舍의 地主。『金剛經·新註』。『經』無ㅣㅣ。
〔祇悔:기회〕 몹시 후회하여 한탄함。『易』
〔祇送:지송〕 百官이 임금의 出駕를 拜送함。
〔祇受:지수〕 임금의 下賜를 받음。
〔祇迎:지영〕 百官이 임금의 還行을 맞이함。

【祈】(기) 紙 キ、いのる pray ㄑㄧˊ ch'i²
小篆 草書 ❶빌기(求福禱也)。〔書經〕ㅣ天永命。❷고할기(告也)。❸갚을기(報也)。〔詩經〕以ㅣ黃耇。❹천천히할기(ㅣㅣ徐也)。
〔祈穀:기곡〕 농사가 잘되기를 빌음。『禮記』孟春之月、天子乃以元日ㅣㅣ于上帝。
〔祈求:기구〕 빌어 구함。祈禱。
〔祈祈:기기〕 비가 조용히 내리는 모양。『班固』習習和風、ㅣㅣ甘雨。
〔祈年:기년〕 풍년을 기도하는 것。
〔祈年殿:기년전〕 天神에게 豊年이 들기를 비는 殿閣。

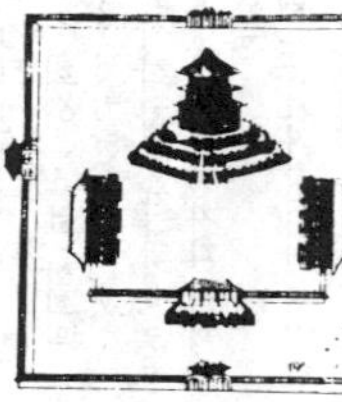
祈年殿 (大淸會典圖)

〔祈禱:기도〕 마음에 바라는 바가 이룩되기를 神佛에게 빌음。 또는 그 儀式。『後漢書』小人常破貲産、以ㅣㅣ。
〔祈望:기망〕 ❶《制》바다를 맡은 관리。 春秋時代의 齊에 있었음。❷빌고 바람。
〔祈賽:기새〕 神에 祈願하는 것과 원대로 잘된 후에 감사함을 나타내는 제사。(賽는 갚는다는 뜻)。『舊唐書』先是嶽廟爲遠近ㅣㅣ、有錢數百萬。
〔祈誓:기서〕 祈願하여 맹서함。
〔祈禳:기양〕 신명에게 빌음。祝願。
〔祈雨:기우〕 가물 때 비 내리기를 빌음。『詩經』以祈甘雨。
〔祈雨祭:기우제〕 비 오기를 비는 제사。
〔祈願:기원〕 소원을 빌음。 祈請。『梁武帝』若以不殺ㅣㅣ、輒得上敎。
〔祈願詞:기원사〕 기원하는 글이나 말。
〔祈請:기청〕 신·부처님께 빌고 청함。 祈願。『杜甫』ㅣㅣ走兒童。
〔祈晴:기청〕 장마가 오래 계속될 때 날이 개임을 비는 일。
〔祈晴祭:기청제〕《制》立秋 뒤까지 장마가 질 때에 날이 개기를 비는 나라의 제사。
〔祈祝:기축〕 빌고 축하함。
〔祈嚮:기향〕 일이 뜻대로 성취되도록 빌음。『莊子』予雖有ㅣㅣ、不可得也。

【祉】(지) 紙 チ、シ、さいわい happiness ㄓˇ chih³
小篆 草書 복지(福也)。〔易經〕以ㅣ元吉。
〔祉祿:지록〕 =祉福。
〔祉福:지복〕 행복。 다행。 福祉。『詩經』烈文辟公、錫玆ㅣㅣ。◎福ㅣ。

【祕】(비) 紙 ヒ、まつり perform a religious service
小篆 제사지낼비(奉祭)。

【祊】(팽) 庚 ホウ、まつり religious service
小篆 或體 草書 사당문제사팽(廟門祭)。〔詩經〕祝祭于ㅣ。
〔祊河:팽하〕 江 이름。 근원은 山東省 費縣의 西쪽에있는 大望阜。 浚河와 合하여 大沂河에 흘러 듦。

【祋】㊀(대) 泰 タイ、ほこ spear
㊁(탈) 曷
小篆 草書 ㊀창대(殳也)。〔詩經〕荷戈與ㅣ。㊁뜻은㊀과 같음。
〔祋殳:대수〕 창。『後漢書』ㅣㅣ狂擊。
〔祋祤:대우〕 ❶兵事에 關한 기원의 祭。❷縣名。

【神】(중) 送 チュウ、かみ God
草書 신이름중(神名)。

五畫

【祏】(석) 陌 セキ、いしびつ miniature temple ㄕˊ shih²
小篆 草書 돌감실석(宗ㅣ、廟中藏主石室)。〔左傳莊公十四年〕命我先人典守宗ㅣ。

【祐】(우) 宥 ユウ、たすける god's help ㄧㄡˋ yu⁴
小篆 草書 ❶도울우(神助)。〔易經〕自天ㅣ之。❷다행할우(幸也)。
〔祐助:우조〕 하늘의 도움。 神助。『繫辭』ㅣ、ㅣ也。

【祓】(불) 物 フツ、はらう remove evil ㄈㄨˊ fu²
小篆 草書 ❶불제사불、푸닥거리불(祭名、除災求福)。〔周禮〕女巫掌歲時ㅣ除。❷조촐할불(潔也)。❸덜불(除也)。
〔祓禊:불계〕 ❶재액을 털어 버림。『事物紀原』鄭國之俗、以上巳、中略、ㅣㅣ不祥。❷三월 上巳節 (첫번 째의 巳日)에 가지는 제사。
〔祓飾:불식〕 낡은 것을 털어버리고 새롭게 꾸밈。『司馬相如』ㅣㅣ厥文。
〔祓禳:불양〕 귀신에게 빌어 재앙을 물리침。 굿이나 푸닥거리를 함。
〔祓除:불제〕 털어서 깨끗하게 함。『陸游』一接俗人三ㅣㅣ。

【祔】(부) 遇 フ、まつる burying together ㄈㄨˋ fu⁴
小篆 草書 ❶부제사부(祭石)。〔禮記檀弓下〕以吉祭易喪祭

明日—於祖父。❷합장할부〈合葬〉。〔禮記〕周公蓋—。

〔祔右:부우〕 夫婦를 合葬할 때 아내를 남편의 오른 편에 묻는 일。

〔祔祭:부제〕 三年喪을 마친 뒤에 그 神主를 그의 祖上의 신주 곁에 모실 때 지내는 제사。

〔祔左:부좌〕 夫婦를 合葬하는 데 아내를 남편의 왼 편에 묻음。

〔祔太廟:부태묘〕 임금의 三年喪을 마친 뒤에 그 神主를 太廟에 모시던 일。

〔祔窆:부폄〕 함께 장사지냄。〔權德輿〕——雙魂、淑聲無窮。

〔秘〕 (비) 寘

ヒ、ひそめる
ㄇㄧ˙ mi⁴
secret

祕 小篆 秘 草書 ❶귀신비(神也)。❷비밀비、숨길비(隱也)。❸가만히할비(密也)。❹신비할비(神—)。(『秘』는 〈俗字〉)

〔秘閣:비각〕 중요한 文書 등을 秘藏하여 두는 宮廷의 창고。秘府。〔南史〕爲秘書郞、校書——。

〔秘訣:비결〕 숨겨 두고 혼자만이 쓰는 썩 좋은 방법。〔邵謁〕上仙傳——、淡薄與無營。

〔秘結:비결〕 (醫)똥이 잘 누어지지 않는 병。便秘。

〔秘境:비경〕 신비로운 경지。

〔秘計:비계〕 남 모르게 꾸민 꾀。비밀의 계획。秘謀。秘畫。〔漢書〕用陳平——得出。

〔秘庫:비고〕 ❶귀중한 물건을 간직해 두는 곳집。❷宮中의 書庫。秘府。「조。

〔秘曲:비곡〕 세상에 알려지지 않은 곡

〔秘怪:비괴〕 알 수 없고 괴상한 것。〔王逢〕靈奇——、不可詰。

〔秘記:비기〕 ❶비밀의 기록。❷吉凶·禍福의 예언을 적은 기록。

〔秘器:비기〕 喪禮에 쓰는 器具。棺。〔後漢書·註〕大臣死則賜東園——。

〔秘機:비기〕 비밀의 기회。

〔秘謀:비모〕 ❶남 몰래 꾸미는 계교。秘計。〔唐書〕嘗預——、有裨輔之益。❷여태까지 보이지 않았던 기술。

〔秘文:비문〕 ❶=秘密文書。〔班固〕校里——。❷비밀의 呪文。

〔秘密:비밀〕 ❶숨기어 남에게 공개하지 아니하는 일。〔隋書〕閱諸——。❷(佛)秘奧深密하여 쉽사리 사람에게 알려질 수 없는 敎義라는 뜻으로 眞言宗에서 自家의 敎義를 일컫는 말。

〔秘密結社:비밀결사〕 ❶법률에 정하여진 屆出(계출)을 하지 아니하고 그 目的·조직·행동·所在 등을 비밀로 하는 結社。❷秘密團體。

〔秘密漏泄:비밀누설〕 비밀을 남에게 알리거나 또는 알려짐。

〔秘密文書:비밀문서〕 남에게 알려서는 아니 될 문서。

〔秘密選擧:비밀선거〕 선거인의 이름을 안 쓰고 투표하는 선거。

〔秘密調査:비밀조사〕 본인과 남에게 알리지 아니하고 넌지시 하는 조사。

〔秘密出版:비밀출판〕 규정된 절차가 없이 官憲의 눈을 피하여 비합법적인 책을 刊行하는 일。

〔秘密會議:비밀회의〕 공개하지 않는 「회의。

〔秘方:비방〕 ❶비밀한 방법。秘法。❷비밀로 되어 있는 약의 處方。

〔秘法:비법〕 =秘方。

〔秘報:비보〕 비밀의 보고。

〔秘寶:비보〕 비밀히 간직한 보배。〔後漢書〕御東序之——。

〔秘本:비본〕 소중히 간직해 둔 책。

〔秘封:비봉〕 남에게 보이지 않으려고 엄중히 봉함。또는 그렇게 봉한 것。

〔秘事:비사〕 비밀의 일。

〔秘史:비사〕 ❶비밀히 감추어 둔 역사。❷세상에 알려지지 아니한 裏面史。

〔秘澀:비삽〕 (醫)뒤가 몹시 말라서 아주 막히다시피 됨。

〔秘瑞:비서〕 좀처럼 나타나지 않는 상서스러운 조짐。〔沈約〕嘉祥露合、——泉湧。

〔秘書:비서〕 ❶임금의 藏書。〔張衡〕匪惟翫好、迺有——。❷비밀히 간직해 둔 서적。秘本。❸長官·國會議員·社長 등에 직속하여 기밀의 문서나 용무를 맡아 보는 職務。또는 그 직무를 맡아 보는 사람。❹비밀 文書。또는 그것을 취급하는 사람。❺비밀히 씀。

〔秘書官:비서관〕 관청의 長에 직속되어 기밀 사무를 맡아 보는 관직。

〔秘邃:비수〕 비밀스럽고 깊숙함。〔于邵〕林塘——、潛蓄淸凉。

〔秘術:비술〕 남이 모르는 術法。비밀의 術法。〔晋書〕覇王之神寶、安危之——。

〔秘藥:비약〕 ❶秘方으로 지은 효력이 현저한 약。❷妙藥。特效藥。

〔秘鑰:비약〕 ❶비밀의 창고를 여는 열쇠。❷=秘訣。

〔秘奧:비오〕 ❶秘密。❷비밀하고 深奧함。〔張衡〕窺天文之——。「服——。

〔秘玩:비완〕 비밀의 노리개。〔唐書〕奇

〔秘要:비요〕 ❶비밀로 하고 있는 要旨。精義。〔晋書〕於群言——之義、無不綜覽。❷비밀스럽고 긴요함。〔魏書〕以——之切、防其宣露。

〔秘苑:비원〕 ❶대궐 안에 마련된 동산、또는 그 境內。禁苑。❷(地)서울 昌德宮 안에 있는 宮苑。

〔秘藏:비장〕 비밀히 감추어서 소중히 간직함。〔漢書〕陳發——、校理舊文。

〔秘籍:비적〕 ❶=秘本。❷진귀한 서적。〔古今詩話〕段成式博學彊記、多奇篇——。

〔秘傳:비전〕 비밀히 전하여 내려 옴。또는 비밀의 傳授。

〔秘傳膏:비전고〕 비방으로 전해 내려 오는 고약。

〔秘策:비책〕 비밀의 계책。秘計。秘畫。〔晋書〕深謀——。

〔秘稟:비품〕 임금에게 비밀히 아룀。

〔秘話:비화〕 숨은 이야기。

〔秘訓:비훈〕 비밀의 訓令。

〔秘戲圖:비희도〕 남녀의 음란한 장면을 그린 그림。春宮。春冊。〔史記〕以是得幸景帝、入臥內、於後宮秘戲。

◎極—、便—、神—。

〔祖〕 (조) 麌

ソ、とおつおや
ㄗㄨˇ tsu³
grandfather

祖 小篆 祖 草書 ❶할아비조、할아버지조(父之父、大父)。〔詩經〕似續妣—。❷비롯할조(始也)。〔漢書〕黎民—饑。❸근본조(本也)。〔禮記〕—述堯舜。❹길제사조(道神祭)。〔詩經〕仲山甫出—。

〔祖講:조강〕 祖述講習함。〔皇甫謐〕——之士、雷同景附。

〔祖考:조고〕 돌아가신 할아버지。亡祖父。王考。〔詩經〕祭以淸酒、從以騂牡、享于——。

〔祖姑:조고〕 祖父母의 姉妹。

〔祖國:조국〕 자기의 조상 적부터 살던 나라。本國 國民이 갈려 나온 그 본디의 나라。자기가 난 나라。母國。父母之邦。

〔祖國愛:조국애〕 조국에 대한 사랑。〔續通考〕回回——也。

〔祖靈:조령〕 조상의 영혼。〔蔡邕〕爲酒爲地釀、烝彼——。

〔祖廟:조묘〕 선조를 모신 사당。宗廟。〔禮記〕春秋修其——。

〔祖武:조무〕 조상이 남겨 놓은 거룩한 업적。(武는 步武로서 遺跡의 뜻)。〔詩經〕繩其——。

【祖父母:조부모】할아버지와 할머니。
【祖妣:조비】❶돌아가신 할머니。亡祖母。↔祖考。『詩經』爲酒爲醴、烝畀——。❷先祖와 亡祖母。
【祖師:조사】❶어떤 學派의 開祖。『漢書』定陶丁姬、易——、丁將軍之玄孫。❷佛 한 宗派를 세우고, 그 宗旨를 열어 주장한 사람의 존칭。
【祖上:조상】《國》돌아간 어버이 위로 대대의 어른。祖先。
【祖先:조선】❶祖上。先祖。『參同契』子繼父業、孫紹——。❷當代 이전으로서 家系에 계속되는 대대의 사람들。
【祖先教:조선교】《宗》조상의 신령을 숭배하는 것으로 근본을 삼는 종교。
【祖孫:조손】할아버지와 손자。
【祖送:조송】떠나는 사람을 전송함。『後漢書』於是車駕——、流涕而訣。
【祖述:조술】스승이나 조상의 道를 이어 받아서 敍述하여 밝힘。『中庸』仲尼——堯舜、憲章文武。
【祖奠:조전】發靷 전에 永訣을 告하는 祭式。日晡祭。
【祖業:조업】조상 때부터 전하여 오는 家業。『漢書』潤色——。
【祖餞:조전】멀리 가는 사람을 전별함。『南史』朝廷無——者。
【祖宗:조종】❶임금의 始祖와 中興의 조상。『漢書』功光——、業垂後嗣。❷現代 이전의 대대의 군주의 총칭。
【祖宗基業:조종기업】祖宗으로부터 대대로 전하는 王業。「大夫列。
【祖行:조항】《國》할아버지 뻘의 항렬。
【祖訓:조훈】조상이 남긴 訓戒。

【祗】(지) 支 シ、つつしむ modesty ㄓ chih¹·³
祗 小篆 祗 草書 ❶공경할지(敬也)。❷삼갈지(謹也)。
【祗敬:지경】공경하고 삼감。매우 공경함。『書經』——六德。
【祗服:지복】삼가 명령에 복종함。『書經』子不——厥父。
【祗奉:지봉】삼가 받들음。『阮籍』——「君上。
【祗仰:지앙】삼가 우러러 봄。敬仰。仰慕。『元史』——其德。
【祗畏:지외】삼가하고 두려워함。
【祗莊:지장】삼가 공경함。『揚雄』——雍穆之徒、立君臣之節、崇聖賢之業。
【祗候:지후】❶어른을 모시고 시중을 들음。『魏書』詐言聞王臨境、故來——。❷《制》高麗 閤門의 한 벼슬。

【祘】(산) 梗 サン、かぞえる watched count ㄙㄨㄢ suan⁴
祘 小篆 살펴셈할산(明視以算之)。

【祚】(조) 週 ソ、さいわい bless ㄗㄨ tsu⁴
祚 小篆 祚 草書 ❶복조(福也)。『左傳宣公三年』天—明德。❷자리조、지위조(位也)。『史記』卒踐帝—。❸해조(歲也)。『曹植詩』初歲元—。❹녹조(祿也)。『詩經』永錫—胤。
【祚命:조명】하늘의 복으로 도움을 받음。『晉書』——于晉。
【祚業:조업】임금이 나라를 다스리는 「일。
【祚胤:조윤】=子孫。『詩經』永錫——。
【祚祚:조조】子孫。행복한 子孫。
◎天—。

【䄃】(앙)『殃』(歹部 5畫)과 같음

【祛】(거) 魚 キョ、はらう drive off ㄑㄩ ch'ü¹
祛 草書 ❶물리칠거(卻也)。❷빌거(禳也)。『漢書』合—於天地。❸굳셀거(彊健)。『詩經魯頌駉』以車——。
【祛祛:거거】굳세고 튼튼함。强健。
【祛痰:거담】담을 끊음。
【祛散:거산】쫓아 흩어버림。
【祛塵:거진】먼지를 털음。『吳萊』古棹苔駐跡、仙杯竹——。

【祜】(호) 麌 コ、さいわい happiness ㄏㄨ hu⁴
祜 小篆 祜 草書 복호(福也)。『詩經小雅桑扈』受天之—。
【祜休:호휴】神이 내리는 幸福。吉慶。『漢書·禮樂志』垂惠恩鴻——。

【祝】㊀(주) 宥 ㊁(축) 屋 シュク、いわう celebrate ㄓㄨ chu⁴
祝 小篆 祝 小篆 祝 草書 ㊀축문주(祭主贊詞願也)。『周禮』大—掌六—之辭。(『呪』와 같음) ㊁❶빌축(巫—贊主人饗神者)。『詩經』工—致告。❷짤축(織也)。『詩經』素絲—之。❸끊을축(斷也)。『穀梁傳哀公十三年』—髮文身。❹비로소축(始也)。
【祝慶:축경】❶=祝福。❷=祝賀。
【祝規:축규】축하하고 경계함。『韓愈』敢不蚤夜以求從——。
【祝禱:축도】祝福祈禱의 略語。『宋史』主北方邑居廟堂祭祀——事。
【祝望:축망】소망대로 잘 되기를 빌고 「바람。
【祝文:축문】❶제사 때 신명에게 읽어 告하는 글。『文體明辯』——者饗神之辭也。❷축하하는 글。
【祝杯:축배】축하하는 술잔。또는 그 「술。
【祝福:축복】❶앞길의 행복을 빌음。❷《宗》기독교에서 神이 주는 혜택。
【祝福祈禱:축복기도】《宗》기독교에서 예배를 마칠 때에 목사가 하나님에게 전체 신자의 축복을 빌며 드리는 기도。
【祝詞:축사】❶축하하는 말이나 글。祝辭。❷제사 때 쓰는 古體의 문장。
【祝辭:축사】=祝詞①。
【祝聖:축성】《宗》❶미사를 비롯한 온갖 의식에 쓸 정한 물건과、공용 건물 따위를 거룩한 것으로 이룩하는 일。❷放赦를 거룩하게 일컫는 말。
【祝手:축수】두 손바닥을 마주 대고 빌「음。
【祝壽:축수】오래 살기를 빌음。
【祝勝:축승】싸워 이김에 대한 축하。
【祝宴:축연】축하하는 잔치。
【祝筵:축연】축하의 뜻을 표시하는 자「리。
【祝願:축원】=祈禳。
【祝願文:축원문】축원하는 뜻을 쓴 글。
【祝月:축월】《佛》음력 정월·오월·구월의 異稱。
【祝融:축융】❶夏의 神。『禮記』孟夏之月、其神——。❷불을 맡은 神。❸火災。『左傳』火正曰——。❹南海의 神。『太公金匱』。

❷祝融氏 (金石索)

【祝意:축의】축하의 뜻。
【祝儀:축의】축하하는 儀禮。祝典。
【祝日:축일】❶축하하는 날。❷기도하는 날。❷특별한 미사를 드리며、본뜰 일을 마음에 깊이 새기며、축하하는 날。
【祝電:축전】축하하는 전보。
【祝典:축전】=祝儀。
【祝祭:축제】축하하고 제사지냄。『詩經』——于祊。
【祝祭日:축제일】❶공휴일로 되어 있는 축일과 제일。❷축·제일을 겸한 날。
【祝酒:축주】축하의 뜻을 표하기 위하여 보내거나 마시는 술。
【祝捷:축첩】=祝勝。
【祝砲:축포】축하하는 뜻을 나타내기 위하여 쏘는 공포。

【祝賀:축하】 ❶성사를 빌고 賀禮함。祝慶。❷축수하고 치하함。
【祝賀宴:축하연】 축하하는 뜻을 표하기 위하여 베풀어진 잔치。祝宴。
【祝賀狀:축하장】 축하하는 뜻을 적은 글장。
【祝賀會:축하회】 축하의 뜻을 표하고 「즐기기 위한 모임。
◎慶ㅡ、奉ㅡ、自ㅡ。

【神】 (신) 寘 シン、ジン かみ god; spirit ㄕㄣˊ shen²
小篆 草書 ❶천신신、하느님신(天神、引出萬物者)。【皇極經世】天之ㅡ棲于日人之ㅡ捿于目。❷영검할신(靈也)。❸신명신、신통할신(ㅡ明)。【書經】乃聖乃神。❹정신신(ㅡ經)。

【神姦:신간】 ❶마음이 아주 나쁜 사람。❷鬼魅。【左傳】使民知ㅡㅡ。
【神劍:신검】 ❶신께 바친 칼。❷신이 주신 칼。【白居易】提ㅡㅡ於手中。
【神格:신격】 신으로서의 자격。
【神京:신경】 서울。首都。【王庭珪】幾年羈旅望ㅡㅡ。
【神經:신경】 《生》中樞의 흥분을 몸의 여러 부분에 전하고、몸의 각 부분에서의 자극을 중추에 傳導하는 기관。
【神經過敏:신경과민】 사소한 자극에 대하여서도 쉽게 감동하는 신경 계통의 불안정한 상태。
【神經膠:신경교】 《生》신경 조직의 결합 支持 및 영양 등의 작용을 하는 조직。
【神經細胞:신경세포】 《生》주로 신경 중추에 있는 세포로、말초 신경에 있는 神經節에도 있으며、둥근 모양에 극히 작은 突起가 많아서 여러 형상을 가졌음。
【神經衰弱:신경쇠약】 《醫》心身의 과로・전염병・中毒・두통・상처 따위로 말미암아 신경이 극도로 쇠약하여져 생기는 병。
【神經組織:신경조직】 《生》신경을 구성하는 신경 세포와 신경 섬유와 神經膠로 된、동물계에 있는 특수 조직의 하나。
【神經中樞:신경중추】 《生》뇌・延髓・척수 가운데 있어서、신경의 전달을 받고、또한 전달을 명령하는 중추 기관。
【神經質:신경질】 《醫》神經이 과민 또는 病的이어서 감동하기 쉽고 불안정한 性質。
【神經痛:신경통】 《醫》일정한 감각 신경의 분포 구역에 일어나는 病症。증세는 발작적이며 격렬、간헐적으로 일어남。
【神曲:신곡】 ❶=神麴。❷《書》단테가 지은 敍事詩。
【神工:신공】 ❶神이 만들음。또는 그 作品。【蘇軾】敢以耳目煩ㅡㅡ。❷영묘하게 만들음。또는 그 製作品。天工。【雲麓漫抄】藝奮ㅡㅡ、時推妙翰。
【神功:신공】 人知・人力으로서는 할 수 없는 공덕。【任昉】ㅡㅡ無紀。
【神怪:신괴】 신비하고 괴이함。【揚子法言】ㅡㅡ茫茫若存若亡。
【神交:신교】 정신적으로 사귐。【晉書】嵇康所與ㅡㅡ者。
【神教:신교】 신의 가르침。
【神麴:신국】 《醫》消化藥으로 쓰는 약재의 하나。메밀가루・살구씨・붉은 팥・도꼬마리와 제비쑥을 으깨어 짠물 따위를 섞어 만든 누룩。神曲①。
【神權:신권】 ❶神의 권리。❷神으로부터 부여된 신성한 권력。유럽에서 君主專制의 政治的 밑받침이 된 관념。❸《宗》天主教에서 성직자가 行事하는 직권。
【神權說:신권설】 임금의 통치권은 신이 맡겨 준 것이라는 관념。
【神龜:신귀】 신령스러운 거북。
【神奇:신기】 이상 야릇하고 신통함。【莊子】臭腐復化爲ㅡㅡ。
【神技:신기】 헤아릴 수 없게 미묘한 기술。신묘한 기술。
【神氣:신기】 ❶공중에 나타나는 신비롭고 불가사의한 雲氣。【史記・封禪書】有ㅡㅡ、成五采。❷精神。氣力。【嵇康】導養ㅡㅡ。❸만물을 이루는 原氣。【禮記】地載ㅡㅡ。
【神器:신기】 ❶신령에게 제사를 올릴 때 쓰는 그릇。❷임금의 자리。【班彪】ㅡㅡ有命。❸사람의 器量。
【神機:신기】 ❶신묘한 契機。❷헤아릴 수 없는 機略이나 신령한 활동。【劉禹錫】蜀相運ㅡㅡ。
【神機漏泄:신기누설】 비밀에 속한 일을 누설함。
【神怒:신노】 神明의 노여움。
【神農:신농】 《人》中國 古代 전설에 나오는 帝王의 하나。농사 짓는 법을 처음으로 가르치고、八卦를 겹쳐서 六十四卦를 만들었다 함。神農氏。

炎帝神農氏(三才圖會)

【神堂:신당】 ❶신령을 모시어 놓은 집。
【神德:신덕】 신의 공덕。
【神道:신도】 ❶묘소로 가는 길。墓門。【後漢書】修冢塋、開ㅡㅡ。❷人知로서는 알 수 없는 신묘한 도리。【易・觀】聖人以ㅡㅡ設教。❸《日》日本 固有의 民族宗教。
【神道碑:신도비】 《制》古代에 從二品 이상 관원의 무덤 근처 큰길 가에 세운 石碑。【文體明辯】宋宗間始稱ㅡㅡㅡ、蓋坤輿家以東南爲神道、碑立其地、因名焉。
【神童:신동】 재주와 지혜가 남달리 뛰어난 아이。【唐書】劉晏八歲號ㅡㅡ、名震一時。
【神燈:신등】 神明 앞에 켜는 등불。【崔液】ㅡㅡ佛火百輪張。 「와 착한 행실。
【神糧:신량】 《宗》영혼의 糧食。곧 聖體
【神慮:신려】 ❶신의 생각。❷임금의 마음。天意。❸마음。【張耒】坐久ㅡㅡ平。
【神力:신력】 ❶神通力。영묘한 힘。【鄭俠】文章有ㅡㅡ。❷神의 위력。
【神靈:신령】 ❶죽은 사람의 혼。❷신기하고 영묘한 神。【列子】ㅡㅡ所生、其物異形。❸國民 간에서 섬기는 諸神。
【神明:신명】 ❶하늘과 땅의 신령。❷사람의 마음。精神。【素問】以轉ㅡㅡ。
【神命:신명】 《宗》靈性의 생명。
【神謀:신모】 神技와 같은 교묘한 계책。【歐陽詹】心匠旣規、ㅡㅡ創運。
【神妙:신묘】 신통하고 묘함。【曹植】伏見所以行軍用兵之勢、可謂ㅡㅡ矣。
【神廟:신묘】 祖先의 영을 모신 사당。【李商隱】前朝ㅡㅡ鎖烟煤。
【神武:신무】 뛰어난 武德。【易經】古之聰明睿知、ㅡㅡ而不殺者夫。
【神方:신방】 효험이 많은 藥方文。【方干】世人莫識ㅡㅡ字、仙鳥偏棲藥樹枝。
【神罰:신벌】 신으로부터 받는 벌。「법。
【神法:신법】 《哲》神의 의사에 의거하는
【神變:신변】 사람의 지혜로써 헤아릴 수 없는 신비로운 변화。【晉書】ㅡㅡ應機。
【神兵:신병】 신이 보낸 군사。神軍。《喩》싸움에 있어서 신출귀몰하여 적이 맞싸울 수 없는 强兵。
【神符:신부】 ❶符籍。❷神의 豫言。【揚雄】天部ㅡㅡ、地合靈契。
【神父:신부】 《宗》天主教 教職의 하나。司教者。
【神秘境:신비경】 신비스러운 지경。
【神臂弩:신비노】 쇠뇌의 한 가지。

神臂牀子連城弩(武備志)

【神秘主義:신비주의】 理論이나 인식 따위를 떠나서 直觀力에 의하여 진리 또는 絶對者를 직접 體驗하려 하는 主義。

【神祠:신사】 《民》신령을 모신 사당。

【神算:신산】 매우 훌륭한 계책。神策。『後漢書』京師稱歎、以爲王渙有一一。

【神像:신상】 신령을 그린 그림이나、돌 또는 나무로 새긴 형상。

【神色:신색】 마음과 얼굴 빛。態度。神彩。神采。『後漢書』一一不異。

【神仙:신선】 속세를 떠나 깊은 산 속에서 살며 不老長生의 世界에 사는 사람。仙人。神僊。『天隱子』能通變曰一一。

【神仙圖:신선도】 신선의 세계를 추상하여 그린 그림。

【神仙爐:신선로】 ❶상 위에 놓고 열구자탕을 끓이는 쇠붙이 그릇。❷신선로에 끓인 열구자탕。

【神性:신성】 ❶신의 성격。신의 屬性。❷마음。정신。『北史』頤養一一。↕獸性。

【神聖:신성】 ❶조금도 더럽혀지지 않고 淸淨한 것。❷매우 존엄하고 權威가 있는 것。『元稹』今皇一一丞相明。

【神聖同盟:신성동맹】 《歷》一八一五년 노서아·오스트리아·프러시아의 세 나라 군주가 주동이 되어 구라파 각국의 왕이 파리에 모여 체결한、종교상의 신앙을 골자로 한 국제동맹。

【神速:신속】 아주 놀랄 만큼 썩 빠름。『魏志』兵貴一一。

【神秀:신수】 ❶훌륭하여 기품이 높은 것。『孫綽』天台山者、蓋山嶽之一一也。❷《人》唐나라 때의 北宗禪의 시조。

【神授說:신수설】 王權 따위를 신이 내려 준 것으로 보고、신성하여 침범할 수 없다는 주장。

【神術:신술】 신기한 술법。매우 뛰어난 재주。불가사의한 재주。

【神市:신시】 《歷》우리 나라 상고 시대의 神政社會에 이룩된 맨 처음의 도시。

【神眼:신안】 ❶풍수 지리나 관상 같은 술법에 아주 통달한 눈。❷귀신까지 감히 볼 수 있다는 눈。

【神藥:신약】 신기한 효험이 있는 약。『史記』方士徐市等、求一一、數歲不得。

【神域:신역】 ❶신성한 장소。❷神이 있는 지역。

【神韻:신운】 매우 뛰어난 趣味。신비롭고 고상한 韻致。『宋書』敬弘一一沖簡。

【神威:신위】 신의 위엄。신의 威德。『劉基』雷霆螯一一。

【神位:신위】 죽은 사람의 영혼이 의지할 자리。「할 자리」。

【神醫:신의】 귀신같이 병을 잘 고치는 의원。『列子』季梁曰、一一也、重貺遣之。

【神異:신이】 신묘하고 기이한 것。

【神人:신인】 ❶神通力을 가진 사람。『莊子·逍遙遊』。❷神과 사람。『書經』一一以和。❸神에 奉仕하는 사람。❹基督敎에서 예수 그리스도를 말함。

【神人共怒:신인공노】 발칙 무도하기 짝이 없어 신과 사람이 다 함께 성냄。

【神將:신장】 ❶神이 보낸 武將。❷武將의 責任을 맡은 神。❸《國》甲冑로 武裝한 귀신。❹《佛》華嚴神將의 略語。「於一。

【神前:신전】 신령의 앞。『晉書』供酒肉

【神殿:신전】 신령을 모신 殿閣。

【神接:신접】 《國》귀신이 몸에 접함。

【神政國家:신정국가】 政權을 신의 의지에 종속시키는 국가。

【神造:신조】 신이 만든 물건。

【神助:신조】 神의 도움。天佑。『論衡』富貴若有一一、貧賤若有鬼禍。

【神主:신주】 ❶사물의 靈。『史記』山川一一。❷位牌。❸天意를 받아 백성을 다스리는 사람。『書·咸有一德』俾作一一。

【神呪:신주】 呪術。또는 그 呪文。『晉書』小學道、善誦一一、能役使鬼神。

【神智:신지】 신묘한 지혜。『劉勰』明哲之士、中略、鑿其一一、識其才能。

【神職:신직】 《宗》教役의 직분。

【神彩:신채】 =神色。『晉書』王戎幼而穎悟、一一秀澈、視日不眩。

【神策:신책】 신기한 책략。

【神聽:신청】 《民》무당이 道를 닦는 곳。

【神出鬼沒:신출귀몰】 나타났다 숨었다 함이 귀신처럼 빠르고 자유 자재로움。『黃石公·兵略』神出而鬼行。

【神託:신탁】 神이 사람을 매개자로 하여 그의 의지를 나타내는 것。

【神通:신통】 ❶이상하고도 묘함。❷모든 일을 신기하게 통달함。

【神通力:신통력】 어떤 일이라도 할 수 있는 영묘한 힘。『法華經』神通之力。

【神品:신품】 ❶人工으로서는 만들 수 없는 매우 훌륭한 물건。『輟耕錄』氣韻生動、出于天成、人莫窺其巧者、謂之一一。❷高尙한 品格。逸品。絶品。

【神筆:신필】 아주 잘 쓴 글씨。

【神學:신학】 宗教 특히 그리스도교에서 敎理 및 信仰、宗教生活의 倫理를 研究하는 學問。

【神學校:신학교】 기독교의 원리를 가르치어 教役者를 길러내는 학교。

【神魂:신혼】 정신과 혼백。心魂。

【神化:신화】 ❶신기한 변화。❷神이 아닌 것을 신처럼 높임。神格化。❸神이 되는 것。❹神의 造化。

【神火:신화】 ❶不可思議한 불。「비불。❷도깨

【神話:신화】 氏族·部族 또는 民族에 있어서의 神格을 중심으로 한 傳承說話。

【神話時代:신화시대】 역사가 있기 전의 신화에만 남아 있는 시대。

【神效:신효】 신기한 效驗。『宣室志』其他一一、不可具述。

【祡】 (시) 囲 サイ、まつる religious service (古音「재」)

小篆 古文 草書 천제지낼시(燔柴祭天)。『甘泉賦』欽一宗祈。

【祟】 (수) 寘 スイ、たたり curse ㄙㄨㄟˋ suei⁴

小篆 籀文 草書 빌미수(神禍)。『漢書』一在巫蠱。

【祠】 (사) 支 シ、まつる shrine ㄘˊ tz'ŭ²

小篆 草書 ❶봄제사사(春祭名)。『詩經小雅天保』禴一烝嘗。❷사당사(廟也)。『朱子家禮』將營宮室先立一堂。

【祠君:사군】 王位를 이은 임금。嗣王。

【祠器:사기】 제사에 쓰는 그릇。祭器。

【祠壇:사단】 =祭壇。『史記』封禪一一。

【祠堂:사당】 ❶신주를 모셔 둔 집。家廟。『漢書』。❷寺院。

【祠堂養子:사당양자】 죽은 사람을 양자로 삼아서 대를 잇는 것。神主養子。

【祠祀:사사】 ❶神을 祭祀함。『史記』遂上泰山、立石封一一。❷《制》제사 일을 맡아 보는 관리。

【祠宇:사우】 따로 세운 사당집。先賢과 烈士를 享祀하는 齋所。

【祠院:사원】 祠堂과 書院。

【祠版:사판】 神主。祠板。◎古一。

【祢】 (니)『禰』(示部 14畫)와 같음

六畫

【祥】 (상) 陽 ショウ、さいわい good luck ㄒㄧㄤˊ hsiang²

小篆 草書 ❶복상(福也)。❷상서상(吉也)。『書經』襲于休一。❸착할상(善也)。❹재앙상(災異)。『中庸』必有妖孽凶一也。❺상제사상(祭

名)。【禮記】父母喪期而小ㅣ又期而大ㅣ。(『詳』과 通함)
【祥慶:상경】상서롭고 경사스러움。吉慶。
【祥光:상광】=瑞光。
【祥夢:상몽】祥瑞가 있는 꿈。吉한 조짐이 있는 꿈。吉夢。上夢。
【祥密:상밀】속속들이 자상함。細密。
【祥符:상부】좋은 징조。瑞祥。吉兆。【後漢書】抑沒ㅣㅣ、登顯時德。
【祥事:상사】=大祥。
【祥瑞:상서】경사롭고 길한 징조。吉兆。【韓愈】風雨以時、ㅣㅣ輻輳。
【祥影:상영】상서로운 햇그림자。【鮑照】ㅣㅣ照玉臺。
【祥雲:상운】祥瑞로운 구름。瑞雲。【庾信】ㅣㅣ入境、行雨隨軒。
【祥運:상운】=幸運。
【祥日:상일】大祥을 치르는 날。
【祥祉:상지】경사스러움。福祉。【沈約】ㅣㅣ流嘉。
◎吉ㅣ、發ㅣ、不ㅣ、瑞ㅣ。

【禷】(려) 語 リョ、まつり sacrifice service
草書 여제사려(山川祭名)。

【祦】(오) 虞 ゴ、さいわい good luck
복오(福也)。

【祩】(주) 虞 シユ、のろう willful
방자할주(呪ㅣ、詛也)。

【祧】(조) 蕭 チョウ、みたまや ancestral hall ㄊㄧㄠˊ t'iao²
小篆 草書 체천할조、천묘할조(遷遠祖廟)。【禮記】遠廟爲ㅣ去ㅣ爲壇。
【祧廟:조묘】遷主를 모신 묘당。遷廟。

【祧遷:조천】宗廟의 位牌를 永寧殿으로 모시던 일。【漢書】建郊宮、定ㅣㅣ。

【票】㊀(표) 蕭 ㊁(표) 嘯 ヒョウ、てがた bill; ticket ㄆㄧㄠˋ p'iao⁴
小篆 草書 ㊀❶불날릴표(火飛)。【太玄經】見ㅣ如累明利以正於王。❷훌쩍날표(經擧貌)。【校獵賦】窅觀夫ㅣ禽之紲隃。❸문서표、표표、쪽지표(傳ㅣ)。㊁날랠표(ㅣ姚、勁疾)。【漢書】霍去病爲ㅣ姚校尉。
【票決:표결】투표로 결정함。
【票然:표연】가볍게 올라가는 모양。飄然。【漢書】ㅣㅣ逝旗逶蛇。
【票姚:표요】❶가볍고 빠른 모양。❷漢代 武官의 이름。剽姚。【漢書】爲ㅣㅣ校尉。
【票子:표자】❶紙幣。❷어음·手票。
◎開ㅣ、軍ㅣ、記ㅣ、得ㅣ、福ㅣ、散ㅣ、傳ㅣ。

【祫】(협) 洽 コウ、まつり sacrifice to ancestors ㄒㄧㄚˊ hsia²
小篆 草書 합제사협(合祭先祖)。【公羊傳 文公二年】大事者何大ㅣ也。

【祬】(지)(기)『祇』(示部 5畫)의 古字

【祭】㊀(제) 霽 ㊁(채) 卦 セイ、サイ、まつる sacrifice service ㄐㄧˋ chi⁴
小篆 草書 ㊀제사제、기고제(祀也)。【尙書】ㅣ之言察也察者至也言人事至於神也。㊁❶성채(姓也)。❷읍이름채(邑名)。
【祭官:제관】❶제사를 맡은 관리。享官。❷제사에 참여하는 사람。
【祭冠:제관】祭禮 때 쓰는 冠。

祭 冠(源辭)

【祭具:제구】제사에 쓰는 여러 가지 道具。祭器。【漢書】置ㅣㅣ以致天神。
【祭器:제기】제사에 쓰는 그릇。祭具。【禮記】祭服敝則焚之、ㅣㅣ敝則埋之。
【祭壇:제단】제사 지내는 단。
【祭犢:제독】제사 때 희생으로 바치는 송아지。
【祭禮:제례】제사의 절차나 예절。祭典。제사。【禮記】ㅣㅣ與其敬不足而禮有餘也、不若禮不足而敬有餘也。
【祭文:제문】제사 때 神前에서 읽는 글。
【祭服:제복】제사 때에 입는 옷。【禮記】有田祿者、先爲ㅣㅣ。
【祭祀:제사】신령에게 음식을 바치어 정성을 표하는 예절。【易經】利用ㅣㅣ。
【祭床:제상】제사 때 제물을 벌려 놓기 위하여 만든 상。
【祭需:제수】❶제사에 소용되는 여러 가지 음식이나 재료。❷祭物。
【祭政一致:제정일치】神을 제사하는 것과 政治하는 것이 一致한다는 것。古代 國家의 政治 方式의 하나。
【祭主:제주】제사에 가장 주장이 되는 사람。주장이 되는 상제。【易經】出可以守宗廟社稷、以爲ㅣㅣ也。
【祭天:제천】하늘에 제사하는 것。(古代에는 임금만이 행할 자격이 있었음)。【公羊傳】天子ㅣㅣ、諸侯祭土。
【祭廳:제청】❶葬事 때에 무덤 옆에 제사를 지내기 위하여 마련한 곳。❷제사를 지내기 위하여 마련한 대청。
【祭享:제향】❶나라에서 지내는 제사。❷제사의 尊稱。
◎冠婚喪ㅣ、忌ㅣ、大ㅣ、司ㅣ、時ㅣ。

七 畫

【禂】(조) 看 ソウ、さいわい(本音「소」) blessing
복조(福也)。

【禃】(고) 皓 コウ、いのる pray
小篆 ❶빌고(禱也)。❷고유제고(告祭)。

【䄉】(아) 歌 ガ、さかん prosperous
❶성할아(盛也)。❷제사아(祭也)。❸얼굴예쁠아(容貌美好)。

【祲】(침) 侵 シン、さかん prosperous ㄐㄧㄣ chin¹
小篆 草書 ❶상서침(精氣感祥)。❷해무리침(日旁氣)。【左傳 昭公五年】吾見赤黑之ㅣ。❸왕성할침(盛也)。【班固 東都賦】天官景從ㅣ威盛容。
【祲沴:침려】재앙을 일으키는 나쁜 기운。災沴。【唐書】時比歲旱、策問陰陽ㅣㅣ。
【祲息:침식】재난이 그침。

【祳】(신) 軫 シン、ひもろぎ raw meat
小篆 사직제사지낼 날고기신(祭社生肉)。【說文】社肉盛以蜃故謂之ㅣ。

【祴】㊀(개) 佳 ㊁(개) 灰 カイ、かわらみち pavement
小篆 草書 ㊀벽돌깐길개(塼道、甓ㅣ)。㊁풍류이름개(古樂章名、ㅣ夏)。

八 畫

【裪】(도) 豪 トウ、さいわい propitious omen
❶복도(福也)。❷상서도(吉祥)。❸

귀신도(神也)。

【祋】(철) 屑 テツ、まつり religious service
❶천제철(重祭)。❷강신제철(酹也)。

【䄍】(자) 禡 サ、まつり ㄓㄚ cha⁴ sacrifice of year-end
납향제자(年終祭名、夏曰清祀商曰嘉平周曰ㅣ秦曰臘)。

【祺】(기) 支 キ、さいわい ㄑㄧ ch'i² good ; luck
小篆 文 草書 ❶길할기(吉也)。❷상서기(祥也)。〔詩經 大雅行葦〕壽考維ㅣ。

【祺祥:기상】경사스러운 징조。祺福。〔夢溪筆談〕雲物ㅣㅣ。

【祺然:기연】마음이 편안한 모양。安泰。〔荀子〕儼然壯然ㅣㅣ。

【禌】(치) 支 シ、やすらか easy
편안할치(安也)。

【祼】(관) 翰 カン、いのり ㄍㄨㄢ kuan⁴ religious service
小篆 草書 강신제관(祭酌鬯以、ㅣ地)。〔詩經〕ㅣ將于京。

【祼享:관향】술을 땅에 부어 神을 降臨케 하고、물건을 차려서 神을 제사함。〔左氏·襄〕君冠必以ㅣㅣ之禮行之。

【祼獻:관헌】神酒를 부어 제사지냄。〔福惠全書·典禮部〕俾ㅣㅣ中虔、歌容兼盛。

【祿】(록) 屋 ロク、さいわい ㄌㄨ lu⁴ gift ; salary
小篆 草書 ❶복록(福也)。〔詩經 商頌玄鳥〕百ㅣ是何。❷녹봉록、요록(俸給)。〔禮記〕位定然後ㅣ之。❸착할록(善也)。❹불귀친록(回ㅣ、火神)。❺죽을록(不ㅣ卒也)〔禮疏〕不終其ㅣ。❻곡식록(ㅣ米、ㅣ食)。

【祿命:녹명】사람의 타고난 運命。〔史記〕卜者多虛高ㅣㅣ、以悅人志。

【祿米:녹미】《制》祿俸으로 받는 쌀。〔韓非子〕七十受ㅣㅣ。

【祿俸:녹봉】《制》벼슬아치에게 주던 봉급。〔後漢書〕所得ㅣㅣ、輒以收養親族。

【祿不疊受:녹불첩수】두 가지 벼슬을 겸한 사람이 한 가지 벼슬의 祿만 받음。

【祿仕:녹사】俸給을 받기 위해 벼슬길에 오름。〔韓愈〕陽子將爲ㅣㅣ乎。

【祿位:녹위】俸給과 官位。〔周禮〕ㅣㅣ以馭其士。

【祿爵:녹작】祿秩과 爵位。俸給과 等位。祿位。〔禮記〕王者之制ㅣㅣ、公侯伯子男凡五等。

【祿地:녹지】領地。封土。

【祿秩:녹질】俸給。(秩은 俸給이 身分에 따라 秩序 差別이 있는 데에서 온 말)。

【祿太:녹태】祿으로 주는 콩。〔秩祿。

【祿牌:녹패】《制》祿을 받는 이에게 증거로 주던 종이로 만든 표。

◎國ㅣ、俸ㅣ、食ㅣ。

【稟】(품) 寢 ヒン、あたえる tell
草書 ❶줄품(給也)。〔中庸〕旣ㅣ稱事。❷받을품(受命)。〔書經〕臣下罔攸ㅣ令。❸여쭐품、사뢸품(白事)。❹성품품(天賦性質)。

【稟帖:품첩】백성이 정부에 바치는 願書。

【禁】㊀(금) 侵 キン、とめる ㄐㄧㄣ chin⁴ forbid ㊁(금) 沁
小篆 草書 ㊀❶이길금(勝也)。❷당할금(當也)。❸금할금(刼持)。〔漢書 咸宣傳〕猶不能ㅣ。㊁❶금지할금(制止)。〔後漢書 廉范傳〕舊制ㅣ民夜作以防火災。❷대궐금(宮ㅣ、天子所居)。〔漢制〕天子所居門閤有ㅣ非侍御之臣不得妄入。❸술잔금(承酒尊器)。〔禮疏〕承尊名ㅣ者爲酒戒也。❹옥금(獄也)。

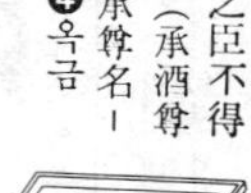
禁 ㊀ (禮器圖)

【禁戒:금계】❶금하여 경계함。❷《佛》부처가 정해 놓은 戒法。

【禁界:금계】통행을 금하는 境界。

【禁錮:금고】❶《法》刑法이 규정하는 自由刑의 하나。단순히 형무소에 수용될 뿐、勞役을 課하지 않는 점에서 懲役과 다름。❷벼슬의 길을 막아 쓰지 않는 일。〔左傳〕ㅣㅣ勿令仕。❸한 방에 起居하게 하고 外出하지 못하게 하는 일。

【禁錮終身:금고종신】《制》죄로 인하여 평생 벼슬 길에 쓰지 않음。

【禁果:금과】《宗》禁斷의 열매。

【禁闕:금궐】임금이 거처하는 집。宮禁。宮闕。宮闈。大闕。

【禁忌:금기】금하는 것과 꺼리는 것。꺼리어서 싫어함。日月·方位·醫藥·飮食物에 대하여 꺼리는 것。〔漢書〕牽于ㅣㅣ、泥于小數。

【禁男:금남】남자를 금함。남자의 출입이나 가까이함을 금함。↕禁女。

【禁斷:금단】못하게 막음。어떤 행위를 못하게 함。〔魏志〕ㅣㅣ淫祀。

【禁闥:금달】宮中의 閤門。(闥은 宮中의 작은 문)。〔史記〕出入ㅣㅣ、補過拾遺。

【禁亂:금란】違法하여 亂動함을 禁制함。

【禁亂牌:금란패】《制》禁令을 내릴 때에 금제 사항을 적은 나무로 만든 패。

【禁旅:금려】＝禁軍。〔宋史〕昭宗之末、ㅣㅣ盡矣。

【禁獵:금렵】사냥하는 것을 금함。

【禁獵區:금렵구】사냥을 금하는 지역。

【禁獵期:금렵기】금수의 사냥을 금하는 기간。

【禁獵鳥:금렵조】사냥을 금한 새。

【禁令:금령】금지의 법령。禁制。〔周禮〕掌市之治敎政刑量度ㅣㅣ。

【禁裏:금리】＝禁中。〔獨斷〕天子所居曰ㅣㅣ。

【禁網:금망】＝法網。〔漢書〕風流篤厚、ㅣㅣ疏闊。

【禁門:금문】❶宮闕의 門。❷출입을 엄하게 금지하는 門。

【禁物:금물】❶마땅히 해서는 안 될 어떤 행동。❷금하거나 또는 쓰기를 금한 물건。〔南史〕坐私載ㅣㅣ免官。

【禁反言:금반언】《法》앞서 행한 진술·행위·날인한 증서에 대하여 같은 사람이 그 뒤에 그와는 반대되는 주장을 법률상으로 못한다는 英美法에 있어서의 중요한 원칙。

【禁方:금방】秘傳藥의 調劑法。〔史記〕我有ㅣㅣ、年老欲傳與公。

【禁伐令:금벌령】《法》산림의 벌채를 금하는 법령。

【禁法:금법】금지하는 법령。

【禁便:금변】대소변을 금함。

【禁府:금부】《制》義禁府의 略語。

【禁府就理:금부취리】《制》죄를 범한 관리를 義禁府의 審問에 부치던 일。

【禁山:금산】함부로 나무를 못 베도록 나라에서 들어가지 못하게 하는 산。

【禁書:금서】법률로 刊行·所持·保管 따위를 금한 書籍。

【禁城:금성】왕이 거처하는 성。宮城。

【禁松:금송】소나무를 베지 못하게 금함。〔岑參〕ㅣㅣ春色曉蒼蒼。

【禁輸:금수】輸出入을 금하는 것。

【禁輸品:금수품】《經》輸出入을 금하는 물품。

【禁食:금식】일정한 戒律을 지키기 위해서나 또는 어떤 결심을 보이기 위하여

음식을 먹지 않음。斷食。

【禁遏:금알】 눌러 막음。억제하여 못하게 함。抑制。禁制。『後漢書』數加譴敕、所以——莅備。

【禁壓:금압】 금하고 억누름。

【禁藥:금약】 먹기를 금하는 약。

【禁約:금약】 하지 못하도록 단속함。

【禁養:금양】 나무나 풀 같은 것을 베지 못하게 말림。

【禁漁:금어】 물고기·藻類 따위의 번식과 보호를 위하여 그 잡이나 채취를 금하는 것。(일정의 시기에 한하여 또는 일정의 장소에 한하여 금지함)。

【禁漁區:금어구】 어떤 특수한 고기를 보호하기 위해 잡기를 금하는 구역。

【禁漁期:금어기】 禁漁의 기간。

【禁煙:금연】 ❶담배를 못 피우게 함。❷담배를 끊음。❸寒食節의 別稱。불을 금하고 찬 것을 먹음으로 생긴 말。『顧瑛』正値鶯花過——。❹宮城에서 나는 연기。『李遠』漠漠——籠遠樹。

【禁營:금영】 禁中을 지키는 병사들의 막사。『潘岳』元戎——。

【禁獄:금옥】 ❶《制》옥중에 가두어 두던 형벌。❷《法》감옥에 가두어 그 자유를 구속하는 重禁獄·輕禁獄의 형벌。

【禁欲:금욕】 욕망、특히 肉體的·世俗的인 욕망을 억제하는 것。

【禁欲主義:금욕주의】 德을 닦기 위하여 肉體的·世俗的인 욕망을 억제하여 금하는 主義。

【禁苑:금원】 대궐 안의 동산。秘苑。『漢書』省——以予貧民。

【禁垣:금원】 대궐의 담 안。宮城 안。

【禁葬:금장】 어떤 곳에 송장을 묻지 못하게 말림。

【禁足:금족】 外出을 금하는 것。『釋苑宗規』當法王——之辰。

【禁足令:금족령】 벌로서 외출을 하지 못하게 하는 명령。

【禁酒:금주】 ❶술을 먹지 못하게 함。❷술을 끊음。『後漢書』呂布恕曰、布——、而卿等醞釀。

【禁中:금중】 宮闕 안。宮中。禁內。禁城。『史記』三世常居——。

【禁地:금지】 일반의 출입을 금지하는 땅。『魏志』殺——鹿者身死。

【禁止:금지】 금하여 못하게 함。制止。『史記』周天子不能——。

【禁止法:금지법】 《法》어떤 행위를 못하게 말리는 强行法。「전」

【禁止案:금지안】 어떤 일을 금지할 안건。

【禁止品:금지품】 법률로써 소유나 거래를 금한 물품。

【禁治產:금치산】 《法》자기 行爲의 성질을 판단할 能力이 없는 정신 喪失者에 대하여 일정한 사람의 청구에 따라 法院에서 그 재산의 처분을 못하게 하는 것。

【禁治產者:금치산자】 《法》 금치산의 선고를 받은 사람。

【禁飭:금칙】 禁止하고 戒飭하는 것。

【禁圃:금포】 宮中에 있는 밭。『漢書』上林苑有——。

【禁婚:금혼】 ❶통혼을 금함。❷《制》世子·世孫의 妃를 간택하는 동안에 서민의 결혼을 금하던 일。

【禁火:금화】 ❶화재를 방지하기 위하여 불 씀을 금함。❷寒食 때 부엌에 불 때는 일을 금하는 풍속。『荆楚歲時記』。

【禁火伐草:금화벌초】 무덤에 불이 안 나도록 조심을 하고 벌초하여 가꿈。

◎拘—、國—、宮—、防—、邦—、法—、嚴—、軟—、解—、海—。

【禂】

(도) 皓 トウ、いのり religious service

小篆 或體 或體 草書

도 말제사지낼 도(禱馬祭)。『周禮』甸祝—牲—馬皆掌其祝號。

九 畫

【禄】

(륙) 屋 リク、あらわれる appear

볼륙(見也)。

【禃】

(식) 職 ショク、もっぱら only

오로지할식(專一)。

【褑】

(후) 尤 コウ、いのる pray

❶복 구할후(求福)。❷빌후(祈也)。

【禊】

(계) 霽 ケイ、みそぎ exorcism ㄒㄧˋ hsi⁴ (古音「혜」)

草書

계제사계、푸닥거리계(祓—、除惡祭名)。

【禊事:계사】 禊祭의 行事。禊는 음력 三월 三일 上巳에 水上에서 재앙을 제거하고 복을 구하는 연중 행사의 하나。『王羲之』修——。

【禊祠:계사】 몸의 재앙을 씻는 제사。

【禊宴:계연】 禊祭 때의 酒宴。『南史』。

【禊飮:계음】 =禊宴。

【禊帖:계첩】 蘭亭帖의 異名。『翰墨志』至若——、則測之益深、擬之益嚴。

【禋】

(인) 眞 イン、まつる sacrifice

小篆 籀文 草書

정결히제지낼인(潔祀)。『書經』舜典—于六宗。

【禋祀:인사】 정결히 하여 제사지냄。『周禮』以——、祀昊天上帝。

【禋祠:인사】 =禋祀。

【禍】

(화) 哿 カ、わざわい calamity ㄏㄨㄛˋ huo⁴

小篆 草書

❶앙화화(殃也)。❷재앙화(災害)。『禮記』君子愼以避—。

【禍家餘生:화가여생】 罪禍를 입은 집안의 자손。

【禍階:화계】 ❶재앙의 길잡이。❷재앙이 일어나는 계제。『左傳』階之爲禍。

【禍咎:화구】 재앙과 허물。殃咎。

【禍根:화근】 재화의 근원。『吳越春秋』大夫種曰、吉者凶之門、福者禍之根。

【禍機:화기】 災禍의 징조。재화의 기회。『鮑照』昌志登——。

【禍難:화난】 재앙과 患難。『韓非子』夫智者知——之地、而避之者也。

【禍亂:화란】 재변에 의한 세상의 어지러움。『漢書』災害不生、——不作。

【禍變:화변】 매우 심한 災變。『唐書』——之生、在人所忽。

【禍福:화복】 災殃과 福祿。

【禍福無門:화복무문】 화복은 운명이 아니고、善惡에 따라서 각기 받는다는 말。『左傳』。

【禍色:화색】 재앙의 모양。

【禍心:화심】 ❶좋지 못한 計略을 꾀하는 마음。『左傳』包藏——。❷재앙의 근본이 되는 것。또는 中心者。

【禍殃:화앙】 不幸。재앙。禍害。

【禍厄:화액】 재앙과 곤란。

【禍源:화원】 =禍根。

【禍原:화원】 災禍의 근원。禍根。

【禍泉:화천】 술의 異名。『留靑日札』酒曰福水、而陶翰林名曰——。

【禍胎:화태】 재앙의 근원。『晉書』名爲實賓、福萌——。

【禍敗:화패】 재화로 인한 실패。

【禍患:화환】 =禍難。『易經·疏』——來至。

【禎】

(정) 庚 テイ、チョウ、さいわい lucky ㄓㄣ chen¹

小篆 草書

상서정(符瑞、祥也)。『中庸』國家將興 必有—祥。

【禎祺:정기】 ＝禎祥。〔唐書〕爛遺光、流一一。

【禎祥:정상】 좋은 징조。경사로운 징조。祥禎。〔中庸〕國家將興、必有一一。

【禎瑞:정서】 ＝禎祥。〔齊書〕極一一、窮靈符。

【福】

(복) 屋 フク、さいわい ㄈㄨˊ fu^{2} fortune; happiness

福 小篆 草書 ❶복복(祐也)。❷아름다울복(休也)。❸착할복(善也)。❹상서복(祥也)。〔書經〕嚮用五一。❺음복할복(祭祀胙肉)。〔周禮〕祭祀之致一者受而膰之。

【福家:복가】 ❶복이 많은 집안。❷좋은 터에 지은 집。

【福慶:복경】 ❶幸福。즐거움。❷銅錢의 한 가지。厭勝錢。

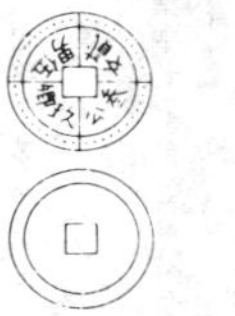

福慶錢(金石索)

【福祜:복고】 ＝福利。〔揚雄〕受神人之一一。

【福過災生:복과재생】 복이 너무 지나치면 도리어 재앙이 생긴다는 것。

【福券:복권】 제비를 뽑아 큰 배당을 받게 되는 채권。福票。

【福德:복덕】 ❶福과 德。佛家에서의 一切의 善行을 말함。또 善行에 의해서 얻은 福利。❷《民》十二宮의 하나。

(協紀辨方書)

【福德房:복덕방】 《國》가옥·토지 같은 것의 매매나 賃貸借를 중개하는 사람이 있는 곳。居間군의 집합소。

【福德日:복덕일】 길한 日辰의 날。

【福力:복력】 복을 누리는 힘。행복한 운수。

【福祿:복록】 福과 祿。〔詩經〕一一來下。

【福利:복리】 행복과 이익。〔後漢書〕姦人擅無窮之一一。

【福利事業:복리사업】 생활 수준이 낮은 층에 물질적 정신적으로 생활 수준을 향상시키고자 하여 행해지는 국가와 사회의 사업。

【福分:복분】 복력의 분수。

【福不福:복불복】 幸運과 不運。

【福相:복상】 복스럽게 생긴 人相。

【福善禍淫:복선화음】 착한 사람에게는 복을 주고 악한 사람에게는 화를 줌。

【福數:복수】 복스러운 운수。

【福神:복신】 사람에게 행복을 가져오는 신。행복의 신。

【福運:복운】 ＝幸運。

【福音:복음】 《宗》❶그리스도 來臨의 소식。《轉》좋은 소식。행복을 가져다 주는 來訪。❷그리스도의 가르침。

【福音教會:복음교회】 《宗》❶미국에서 一八〇七년에 올브라이트가 창설한 프로테스탄트教會의 한 파。❷신교、특히 도이치의 루터파의 교회。

【福音書:복음서】 《宗》신약성서 중 예수의 생애와 교훈을 기록한 책。

【福音主義:복음주의】 《宗》그리스도교에서 성서에 있는 복음서의 教義 및 정신에 일치되도록 실행하기를 주장하는 사상。

【福應:복응】 행복한 징조。〔兩都賦序〕衆庶說豫、一一尤盛。

【福人:복인】 복이 있는 사람。福手。

【福因福果:복인복과】 좋은 일이 원인이 되어 좋은 결과를 얻음。

【福者:복자】 《宗》공경할 만하다고 공식으로 지정된 準聖人 지위의 사람。우리나라에는 七九位가 있음。

【福祚:복조】 福。〔左傳〕一一之不登、叔父焉在。

【福笊籬:복조리】 한 해의 복을 받을 수 있다는 뜻에서 설날 새벽에 파는 조리。

【福地:복지】 ❶신선이 사는 곳。〔北史〕神鄕一一。❷복을 누리고 잘 살만한 땅。

【福祉:복지】 행복。幸運。〔易林〕賜我一一、壽算無極。

【福澤:복택】 福利와 혜택。

【福票:복표】 번호 있는 표를 팔아 추첨 등의 방법으로 표의 값보다 훨씬 많은 상금을 주는 제비。福券。

【福慧:복혜】 복스러운 공덕과 지혜。

◎萬一、至一、淸一、祝一、幸一、禍一。

【福】

(복)『福』(前條)과 같음

【禓】

㊀(양) 陽 ㊁(상) 陽 ヨウ、まつり religious service

禓 小篆 草書 ㊀❶길제사양(道上祭)。❷길귀신양(道神)。〔禮記〕鄕人一。㊁귀신쫓을상(逐強鬼)。

【禔】

㊀(지) 支 ㊁(제) 齊 ㊂(시) 支 シ、テイ、さいわい ㄊㄧˊ ti^{2} happy (同音「시」)

禔 小篆 草書 ㊀❶복지(福也)。❷편안할지(安也)。㊁㊂뜻은 ㊀과같음。

【⿰礻胥】

(서) 語 ショ、まつりどうぐ vessels

小篆 제기서(祭器)。

【禕】

(의) 支 イ、うるわしい ㄧ i^{1} beautiful

禕 草書 ❶아름다울의(美也)。❷보배로울의(珍貴)。❸아름답다할의(嘆美辭)。

【禖】

(매) 灰 バイ、まつり ㄇㄟˊ mei^{2} religious service

禖 小篆 草書 매제사매(高一、天子求子祭名)。〔禮記 月命〕仲春之月以太牢祠高一。

【禖祠:매사】 아들을 바라는 神을 받드는 祠堂。〔漢書·枚皐傳·注〕。

【禖祝:매축】 아들을 낳게 해 주는 神에 대한 祝辭。〔漢書·戾太子傳·注〕師古曰、禖、求子之神也、祝、禖之祝辭。

【禗】

(사) 支 シ、さる leave

禗 草書 귀신이불안하여가려할사(神不安欲去一一)。

【禘】

(체) 霽 テイ、おおまつり ㄉㄧˋ ti^{4} imperial sacrifice

禘 小篆 草書 체제체(大一、王者大祭名)。〔禮記〕王者一其祖之所自出。

【禘嘗:체상】 ❶임금이 宗廟에 新穀을 올리는 제사。〔禮記〕郊社之禮、一一之義。❷여름의 제사와 가을의 제사。〔禮記·王制〕春礿·夏禘·秋嘗·冬烝。

【禘祫:체협】 조상의 영혼을 합하여 제사지내는 것。〔左傳·疏〕。

【⿰祟殳】

(쇄) 賓 シ、うらない ask for fortune-telling

무꾸리할쇄(問吉凶)。

十畫

【禚】

(작) 藥 シャク、くにのな place name

땅이름작(齊地名)。〔春秋〕會齊侯于一。

【禛】

(진) 眞 シン、さいわい ㄓㄣ $chen^{1}$ be blessed

禛 小篆 복받을진(以眞受福)。

【禜】

(영) 敬 エイ、まつり prayers for rain

禜 小篆 草書 ❶기우제영(禳風祭雨)。❷재앙제하는제영(除災祭)。〔左傳 昭公元年〕山川之神則水

旱癘疫之災於是乎ㅣ之日月星辰之神則雪霜風雨之不時於是乎ㅣ之。

【[示+留]】(류) 宥 リュウ、まじなう prevent
예방할류, 방법할류(祝神詛也)。

【[示+冥]】(명) 青 ベイ、さいわい blessing
복명(福也)。

【禠】(사) 支 シ、さいわい good luck
복사(福也)。【東京賦】祈ㅣ禳災。

【禡】(마) 禡 バ、まつり religious service
진터제마(師旅所止地祭名)。【禮記王制】ㅣ於所征之地。

【禡祭:마제】전쟁 때 지내는 제사。師祭。【周禮·註】。

十一畫

【[示+离]】(리) 支 リ、めでたい blessing
❶복리(福祥)。❷『魑』와 같음。

【[示+虘]】(조)『詛』(言部 5畫)의 古字

【禦】(어) 語 ギョ、ふせぐ resist ㄩˋ yü
❶막을어(扞拒)。【易經】利ㅣ寇。❷그칠어(止也)。【易繫辭】以言乎遠則不ㅣ。

【禦冬:어동】겨울 추위를 막을 준비。

【禦侮:어모】❶업신여김을 막음。❷적의 來襲을 막음。❸敵襲을 막는 사람。武臣。【詩經】予曰有ㅣㅣ。

【禦敵:어적】적의 침략을 막음。

【禦戰:어전】防禦하여 싸움。防戰。【尉繚子】退不亭障以ㅣㅣ、非善者也。

【禦寒:어한】추위를 막음。

【禦扞:어한】막음。防禦。【通典】ㅣㅣ矢石。◎防ㅣ。

【[示+逢]】(봉) 冬 ホウ、やまかみ mountain ghost
산귀신봉(負山之神。ㅣ大黃負山之神能動天地氣昔孔甲遇之。

泰[示+逢] (三才圖會)

十二畫

【[示+矞]】(결) 屑 ゲツ、わざわい disaster
재앙결(不祥)。

【禶】㊀(취) 霽 セイ、こばむ refuse
㊁(찬) 旱
㊀❶사절할취(謝絕)。❷자주 제지낼취(屢次祭貌)。㊁뜻은 ㊀과 같음。

【禧】(희) 支 キ、さいわい good:fortune ㄒㄧ hsi
❶복희(福也)。❷길할희(吉也)。

【禧年:희년】(宗)五〇 년마다 한 번씩 돌아 오는 복스러운 해。이 해에는 종도 놓아 주고 빚도 탕감하는 습관이 있음。◎新ㅣ。

【禨】㊀(기) 微 キ、きざし signs ㄐㄧ chi
㊁(기) 未
㊀❶상서기(祥也)。【列子】楚人鬼而越人ㅣ。❷빌미기(祟也)。㊁목욕한뒤먹는술기(沐而飲酒)。【禮疏】新沐體虛必進ㅣ酒。

【禨祥:기상】❶귀신의 禍福。❷吉凶 등이 나타나는 것。받는 재앙。【漢書】不好治宮室ㅣㅣ。

【禩】(사)『祀』(示部 3畫)의 古字

【禪】㊀(선) 先 ゼン、セン、ゆずる abdication
㊁(선) 霰 ㄕㄢˋ shan
㊀❶고요할선(靜也)。【傳灯錄】ㅣ有五外道ㅣ凡夫ㅣ小乘ㅣ大乘ㅣ最上乘ㅣ。㊁❶자리전할선(傳位)。【孟子萬章上】唐虞ㅣ❷터닦을선(封ㅣ、除地)。

【禪家:선가】(佛)參禪하는 중。또는 그 집。

【禪客:선객】=禪家。

【禪扃:선경】(佛)佛寺의 門。【王勃】梵筵霞屬、ㅣㅣ烟敞。

【禪科:선과】(制)李朝 禮曹에서 중에게 度牒을 내려 줄 때 보이던 科擧。

【禪教:선교】(佛)禪宗과 教宗。

【禪教兩宗本山:선교양종본산】(佛)禪宗과 教宗을 같이 맡아 주관하는 절。

【禪機:선기】(佛)禪의 修行으로서 체득한 無我의 지경으로부터 나오는 마음의 작용。

【禪堂:선당】(佛)절 안의 왼 쪽에 있는 參禪하는 집。【沈佺期】忍殿臨岸、ㅣㅣ枕江。

【禪代:선대】시대가 바뀜。

【禪臺:선대】(佛)대쪽으로 만든 선대를 올려 두는 책상。禪床。

【禪德:선덕】(佛)禪理에 밝게 통하여 덕망이 높은 사람。

【禪道:선도】❶參禪하는 道。❷禪宗。

【禪紋水丞:선문수승】둘레에 매미 모양의 무늬를 놓은 자기 주전자。

【禪味:선미】(佛)禪의 취미。風塵을 떠난 취미。【蘇軾】松杉眞法音、茶筍盡ㅣㅣ。

【禪房:선방】(佛)❶參禪하는 방。禪室。【李白】心垢都已滅、永言題ㅣㅣ。❷禪寺。禪刹。禪院。

【禪師:선사】(佛)禪宗의 高僧의 칭호。

【禪床:선상】(佛)❶禪理를 말하는 중이 올라 앉는 상。❷=禪臺。

【禪僧:선승】(佛)❶禪宗의 중。【白居易】室靜有ㅣㅣ。❷참선하는 중。

【禪讓:선양】=禪位。【後漢書】潁陽洗耳、恥聞ㅣㅣ、孤竹長饑、羞食周粟。

【禪悅:선열】(佛)禪定에 들어선 法悅。

【禪悅法喜:선열법희】禪定에 들어간 즐거움과 부처의 教法을 듣는 즐거움。

【禪悅爲食:선열위식】禪定에 들어 침식을 잊고 즐겁게 생활함。

【禪位:선위】임금이 왕위를 물려 줌。讓位。【文獻通考】玄宗ㅣㅣ太子亨。

【禪杖:선장】老僧의 지팡이。【劉基】過橋ㅣ落、坐石袈裟祖。

【禪定:선정】(佛)參禪하여 三昧境에 이름。정신을 집중하는 것。【智度論】一切ㅣㅣ亦名定、亦名三昧。

【禪制:선제】나라를 물려 준다는 詔書。

【禪宗:선종】(佛)佛教의 한 宗派。어려운 설교와 經文에 主力하지 않고 參禪에 의하여 本性을 터득하려는 불교의 한 파。釋迦 이후 二八祖 達磨에 의하여 梁武帝 때 中國에 전해지고、新羅末 中國에서 우리 나라로 전래됨。佛心宗。

【禪宗本山:선종본산】(佛)禪宗의 중심이 되는 절。

【禪宗寺院:선종사원】(佛) 선종의 도를 닦는 절。

【禪話:선화】(佛)선학에 관계된 온갖 이야기。선학의 講話。

【禪會:선회】(佛)참선을 닦기 위한 모임。

【禫】(담) 感 タン、まつり religious service ㄊㄢˇ t'an
담제담(除服祭名)。【禮記 間傳】父母喪期而小

祥又期而大祥中月而—。

【禫服：담복】喪中에 있는 사람이 禫祭 뒤 吉祭 전에 입는 흰 옷。

【禫祭：담제】大祥을 지낸 그 다음다음 달에 지내는 제사。禫祀。

【禫制人：담제인】禫祭를 지낸 사람이 스스로를 칭하는 말。

十三畫

【禬】(회) 泰 カイ、はらい exorcism ㄏㄨㄟˋ huì

禬 小篆 草書 푸닥거리회(除殃祭名)。【周禮】女祝掌—禳之事。

【禬禜：회영】두 祭의 이름。禬는 災難을 除去하는 祭、禜은 日月星辰山川의 祭。【周禮】一曰類、二曰造、三曰禬、四曰禜、五曰攻、六曰說。

【禶】(선) 霰 ゼン、ゆずる declination

❶천제지낼선(祭天)。❷사양할선(讓也)。【漢書】舜禹受—。

【禭】(수) 寘 スイ、かみ God

❶귀신이름수(神名)。❷제사이름수(祭名)。【後漢書】高句麗國在遼東之東千里國東有大穴號— 神以十月而祭之。

【禮】(례) 薺 レイ、れい good manners ㄌㄧˇ lǐ

禮 小篆 古文 草書 ❶예도례(節文仁義)。【孟子】—之實節文斯二者。❷절례、인사례(敬—、—拜)。

【禮家：예가】예법에 정통하고 그것을 지키는 사람。禮文家의 略語。

【禮敬：예경】부처님·聖賢에게 예배함。

【禮教：예교】예의에 관한 가르침。【禮記】恭儉莊敬、——也。

【禮眷：예권】=禮遇。【唐書】見——殊渥。

【禮器：예기】❶祭祀 또는 賓客 대접에 쓰는 그릇。【史記】適魯觀仲尼廟堂車服——。❷禮記의 篇名。

【禮記：예기】(書)四九편。周代의 禮에 관한 經書。漢代 儒者에 의하여 편찬됨。周禮·儀禮와 함께 三禮라 함。

【禮單：예단】禮幣를 적은 單子。儀式의 순서를 쓴 것。

【禮緞：예단】禮幣로 주는 비단。

【禮待：예대】예로써 대접함。정중히 맞음。禮接。禮遇。【高士傳】段干木、晉人也、魏文侯以客禮待之。

【禮度：예도】예의와 법도。예절。【晉書】造次必以——。

【禮郎：예랑】(制)禮曹의 正郎과 佐郎。

【禮論：예론】예절에 대한 이론。

【禮帽：예모】예복을 입을 때 쓰는 모자。

【禮貌：예모】❶예의 바르게 남과 접촉하는 것。❷예의 바른 태도。예절에 맞는 모양。禮容。【孟子】——衰則去之。

【禮文：예문】❶예법의 명문。❷그 나라의 문화를 표시하는 제도。文物。【漢書】周監於二代、——尤具。❸謝禮의 편지。또는 그 문장。❷(佛)禮佛하는 의식。

【禮物：예물】❶謝禮의 뜻으로 주는 물건。❷혼인 때에 시부모가 며느리에게 주는 물건。❸결혼식에서 신랑 신부가 주고 받는 물건。❹典禮와 文物。【王粲】訓六經、講——。

【禮防：예방】中正을 잃지 아니하도록 예법으로써 막음。

【禮房：예방】❶(制)李朝 때 承政院의 六房 중의 하나。禮樂·祭祀·宴享·학교 등에 관한 사무를 맡음。右承旨가 총괄함。❷李朝의 地方 관청。六房의 하나로 禮典에 관한 사무를 맡음。

【禮訪：예방】예로서 방문함。

【禮拜：예배】❶공경하는 마음으로 절함。❷(宗)神이나 부처 앞에 敬拜하는 것。종교의 종류에 따라 여러 가지 방법이 있음。【漢武故事】燒香——。

【禮拜堂：예배당】(宗)기독교 신자들이 모여 예배를 보는 집。教會堂。

【禮拜日：예배일】(宗)신도가 모여 예배하는 날。

【禮煩：예번】예의가 번폐스러움。

【禮煩則亂：예번즉란】예의가 너무 까다로우면 도리어 어지럽다는 뜻。

【禮法：예법】예의의 법칙。예의나 몸가짐의 방식。禮文。【書經·疏】次序爵命、使有——。

【禮辟：예벽】예로써 청함。【後漢書】司空張溫、數以——、不能致。

【禮服：예복】예식 때에 입는 옷。【漢書】立明堂、制——、以興太平。

【禮部：예부】(制)❶六部의 하나。儀禮를 맡음。【唐書】——尚書一人、侍郎一人、掌禮義·祭享·貢擧之政。❷新羅 때 儀禮를 맡아 보던 관청。尚書禮部。❸高麗 때 六部의 하나。儀禮·祭享·朝會·交聘·學校·科擧 등을 맡아 보았음。

【禮佛：예불】(佛)부처님에게 경배함。【唐書】身陷惡逆、獄中——。

【禮聘：예빙】❶예의를 다 갖추어 모셔옴。【南史】帝手勅招之、錫以鹿皮巾、後屢加——、竝不出。❷禮를 갖추어 아내를 맞음。

【禮謝：예사】고마운 뜻으로 사례함。

【禮尙往來：예상왕래】예절은 서로 왕래하여 교제함을 귀히 여김。【禮記】——、往而不來、非禮也。來而不往、亦非禮也。

【禮書：예서】❶예법에 관한 책。【左傳】出——以待命。❷=婚書。

【禮說：예설】예절에 관한 학설。

【禮式：예식】예법에 의하여 행하는 격식。禮法。

【禮式場：예식장】결혼식을 위하여 처소와 설비를 빌려 주는 곳。

【禮臣：예신】(制)신하가 곤궁하거나 병들었을 때에 임금이 물품이나 약품을 내려 주던 일。

【禮讓：예양】예의를 지켜 겸손하게 하는 것。예를 지켜 사양함。謙讓。【論語】能以——爲國乎、何有。

【禮宴：예연】축하·환영의 뜻을 표하기 위하여 예를 갖추어 베풀어진 연회。

【禮容：예용】예절 바른 태도。【史記】常陳俎豆、習——。

【禮遇：예우】=禮待。【北史】——日隆。

【禮願：예원】신불에게 소망을 거는 일。【雲笈七籤】請施——、仰希元恩。

【禮意：예의】❶경의를 표하는 마음。【漢書】深接以——。❷禮의 정신。

【禮誼：예의】마땅히 지켜야 할 도리。【漢書】治其賦兵、教之以——之謂也。

【禮義：예의】❶禮儀와 義理。❷사람이 행하고 지켜야 할 올바른 禮와 道。【詩經·序】變風發乎情、止乎——。

【禮義廉恥：예의염치】예절과 의리와 염치와 부끄러워하는 태도。

【禮儀：예의】예절과 몸가지는 태도。【詩經】——既備、鐘鼓既戒。

【禮義之邦：예의지방】예의를 봅시 숭상하는 나라。

【禮裝：예장】예복을 입고 威儀를 갖춤。

【禮葬：예장】❶예식을 갖추어 치르는 장사。❷(制)國葬。

【禮狀：예장】❶謝禮하는 편지。❷婚書。

【禮典：예전】예법으로 규정한 제도。【周禮】——以和邦國。

【禮節：예절】예의 범절。儀節。【禮記】——者、仁之貌也。

【禮制：예제】❶예법。【後漢書】周室陵遲、——不序。❷喪禮에 관한 제도。

【禮曹：예조】(制)❶高麗의 관청。六曹의 하나。恭讓王 때 禮儀司를 고친 이름。禮儀·祭享·朝會·交聘·學校·科擧에 관한 일을 맡음。❷李朝의 관청。高麗의 制度를 답습함。甲午更張 때 폐지됨。

[illegible]
曹 正二品의 으뜸 벼슬。
【禮讚:예찬】 ❶칭찬하는 것。 ❷《佛》三寶를 禮拜하고 그 공덕을 찬탄하는 것。
【禮參:예참】 《佛》부처나 보살 앞에 예배함。
【禮懺:예참】 《佛》부처나 보살 앞에 예배하고 죄과를 참회함。
【禮陟:예척】 임금이 세상을 떠남。 昇遐。
【禮判:예판】 禮曹判書의 略語。
【禮幣:예폐】 고마움과 공경하는 뜻으로 보내는 물건。 禮物。
【禮砲:예포】 군대나 군함에서 경의를 표하기 위하여 쏘는 空砲。경의를 표하는 경우와 대상에 따라 발포하는 수효가 다름。
【禮學:예학】 예법에 관한 학문。
【禮化:예화】 예의와 교화。 『後漢書』養老辟雍、示人ㅣㅣ。
◎家ㅣ、嘉ㅣ、敬ㅣ、古ㅣ、冠ㅣ、軍ㅣ、俗ㅣ、巡ㅣ、失ㅣ、五ㅣ、儀ㅣ、祭ㅣ、弔ㅣ、終ㅣ、主ㅣ、賀ㅣ、婚ㅣ、回ㅣ、廻ㅣ、凶ㅣ、虛ㅣ、合ㅣ。

十四畫

【禰】 (니) 齊 ナイ、デイ、みたまや ancestral shrine (本音「네」) ㄋㄧˇ ni³
小篆 草書 아비사당니(親廟)。『公羊傳』生稱父死稱考入廟稱ㅣ。
【禰宮:이궁】 아버지를 모신 묘당。 親父의 廟。 『穀梁傳』爲ㅣㅣ。
【禰廟:이묘】 아버지의 사당。 親廟。
【禰祖:이조】 아버지와 조상의 사당。 父祖의 사당。 『孟子』旣去ㅣㅣ、惟懷惟顧。

【⿰礻厭】 (염) 琰 エン、はらう exorcize
도액할염、예방할염(禳也)。

【禱】 (도) 號 トウ、いのる pray ㄉㄠˇ tao³
小篆 或體 古文 草書 빌도(祈神求福)。『詩經』吉日維戊旣伯旣ㅣ。
【禱祈:도기】 기도함。 『後漢書』朝廷勞心、廣爲ㅣㅣ。
【禱祀:도사】 기도하여 제사함。 『禮記』ㅣㅣ祭祀、供給鬼神。
【禱請:도청】 神佛께 기도하여 소원 성취를 빌음。 『後漢書』 當寢病、百姓耆老爲ㅣㅣ。
◎祈ㅣ、默ㅣ、祝ㅣ。

十五畫

【禲】 (려) 霽 レイ、おにかみ demon
❶뜬귀신려(浮行神、鬼災)。 ❷여귀려(古帝王無後鬼)。

【禑】 (우) 宥 ユウ、さいわい blessing
복우(福也)。

十六畫

【禶】 (뢰) 泰 ライ、のろう curse
❶방자할뢰(詠ㅣ、祝詛)。 ❷무너질뢰(壞也)。

十七畫

【禳】 (양) 漾 ジョウ、はらう pray ㄖㄤˊ jang²
小篆 草書 빌양、기도할양(祈也)。 『說文』 磔攘祀除癘殃攘之爲言ㅣ也。
【禳禱:양도】 신에게 제사하여 재앙을 없애고 행복을 비는 것。
【禳辟符:양벽부】 재앙과 액운을 물리치는 부적의 總稱。
【禳災:양재】 재앙을 물리침。
【禳禍求福:양화구복】 재앙을 물리치고 복을 구함。

【禴】 (약) 藥 ヤク、まつり spring sacrifice ㄩㄝˋ yüeh⁴
草書 ❶봄제사약(春祭名)。 『詩經』ㅣ祀烝嘗。 ❷여름제사이름약(夏祭名)。(『礿』과 같음)
【禴祠烝嘗:약사증상】 周의 宗廟의 時代祭祀의 이름。 夏春冬秋의 順으로 되어 있음。 夏殷의 時代에는 봄을 礿(禴과 같음)、여름을 禘、가을을 嘗、겨울을 烝이라고 하고 있었으나、周에 이르러 禘를 殷祭(大祭)라고 했기 때문에 禘를 빼고 祠를 더하여 봄과 뒤 바꾼 것이라고 함。 『詩經·小雅·天保』ㅣㅣ 于公先王。 『傳』春曰祠、夏曰禴、秋曰嘗、冬曰烝。
【禴祭:약제】 薄祭를 말함。 『易經·旣濟』東鄰殺牛、不如西鄰之ㅣㅣ、實受其福。 『疏』禴、殷春祭之名、祭之薄者也。

十八畫

【禵】 (제) 齊 テイ、さいわい blessing
복제(福也)。

十九畫

【禷】 (류) 寘 ルイ、まつり service to Heaven
小篆 천제지낼류(以事ㅣ祭天神)。 『書經』肆類于上帝。

内 部

【内】 (유) 有 ジュウ、あしあと foot print ㄖㄡˊ jou²
小篆 古文 草書 짐승발자국유(獸足蹂地)。 『爾雅』狸狐貒貈其跡ㅣ。

四畫

【禹】 (우) 麌 ウ、ゆるむ slow ㄩˇ yü³
小篆 古文 草書 ❶하우씨우(夏后名)。 『顏師古曰』夏商之王皆以名爲號。 ❷성우(姓也)。 ❸펼우(舒也)。 ❹느지러질우(緩也)。
【禹貢:우공】 書經의 篇名。 中國 九州의 地理와 產物에 대하여 쓴 古代 地理書。
【禹韭:우구】 《植》겨우살이풀。 麥門冬。
【禹步:우보】 느릿느릿한 걸음걸이。 『南史』ㅣㅣ作氣。
【禹域:우역】 中國의 異稱。 禹王이 洪水를 다스려 九州의 경계를 정해 놓은 것에서 온 말。
【禹湯:우탕】 中國 古代의 聖人。 夏의 禹王과 殷의 湯王。
【禹行舜趨:우행순추】 겉으로만 禹와 舜 같은 聖人의 흉내를 내고、학식과 인격이 없는 것。 『荀子·非十二子』禹行而舜趨、是子張氏之賤儒也。

【禺】 ㊀(옹) 冬 グ、おながざる ㊁(우) 虞 monkey ㊂(우) 遇 ㄩˊ yü²
小篆 草書 ㊀땅이름옹(番ㅣ、廣州地名)。 ㊁짐승이름우(獸名、似獼猴)。 ㊂사시우(巳時、日在巳曰ㅣ中)。
【禺彊:우강】 神의 이름。 『莊子』ㅣㅣ得之、立乎北極。 「海經」。
【禺淵:우연】 해가 지는 곳。 虞淵。 『山

〔禺中:우중〕 巳時。(지금의 오전 十時쯤)。『淮南子』月出暘谷至衡陽、日ㅡㅡ。

六畫

【离】(리) 支 leave リ、チ、ちりさる

离(小篆) 离(小篆) 离(草書) ㄌㄧ lí ❶밝을리(明也)。❷고울리(麗也)。❸헤질리(散也)。❹괘이름리(卦名)。❺짐승이름리(獸名)。(『離』와 같음)

〔离坎:이감〕 离는 離로서 南方의 卦、坎은 北方의 卦。五行說에 의하면 南은 赤、北은 黑。『潘岳·藉田賦』表朱玄於ㅡㅡ。

七畫

【卨】(설) 屑 chinese ancestry セツ

卨(小篆) 卨(古文) 卨(草書) ❶은나라조상이름설(殷祖名)。❷높을설(卓也)。

八畫

【禽】(금) 侵 birds キン、とり

禽(小篆) 禽(草書) ㄑㄧㄣ chín ❶새금(飛ㅡ、鳥也)。『爾雅』二足而羽謂之ㅡ 四足而毛謂之獸。❷사로잡을금(戰勝執獲)。『左傳』ㅡ之以獻。

〔禽犢之行:금독지행〕 친척 사이에서 발생한 음탕한 짓。

〔禽獸:금수〕 새와 길짐승의 總稱。『禮記』猩猩能言、不離ㅡㅡ。

〔禽獸行:금수행〕 새·짐승 같은 행동。無禮하고 추잡하여 사람답지 못한 행동。『管子』倍人倫而ㅡㅡ。

〔禽翦:금전〕 잡아서 죽임。『北史』姦盜莫不ㅡㅡ。

〔禽鳥:금조〕 날짐승의 총칭。새。『宣和畫譜』善畫花竹ㅡㅡ。

〔禽殄:금진〕 사로잡아 죽임。擒殄。『隋書』一戰ㅡㅡ、俘馘萬計也。

〔禽獲:금획〕 사로잡음。擒獲。『蘇舜欽』身罹ㅡㅡ。

禾部

【禾】㊀(화) 歌 rice-plant カ、いね

禾(小篆) 禾(草書) ㄏㄜ hé ㊀벼화、곡식화(穀類總名、嘉穀二月生八月熟)。

〔禾稼:화가〕 穀物。穀類。『禮記』ㅡㅡ不熟。

〔禾稈:화간〕 볏짚。禾藁。

〔禾穀:화곡〕 《植》벼 종류의 곡식의 총칭。『易林』暘旱炎炎、傷害ㅡㅡ。

〔禾利:화리〕 땅을 팔 때 그 토지에서 나는 곡식을 껴서 팔 경우 그 곡식을 일컫는 말。

〔禾苗:화묘〕 볏모。『書經·疏』ㅡㅡ秀實、農事未閑。

〔禾本科:화본과〕 《植》포아풀과와 대과의 總稱。

〔禾黍:화서〕 벼와 기장。

〔禾穗:화수〕 벼 이삭。『韓非子』惜草茅者、耗ㅡㅡ、惠盜賊者、傷良民。

〔禾菽:화숙〕 벼와 콩。『地理通釋』ㅡㅡ彌望。

二畫

【禿】(독) 屋 baldhead トク、はげ

禿(小篆) 禿(小篆) 禿(草書) ㄊㄨ tū ❶모지라질독(無髮)。『史記』與長孺共一老ㅡ翁。❷대머리독(ㅡ頭)。❸민둥산독(ㅡ山)。

〔禿頭:독두〕 대머리。『晉書』ㅡㅡ小兒來滅燕。

〔禿木:독목〕 잎이 다 떨어져 앙상하게 된 나무。

〔禿山:독산〕 樹木이 없는 산。민둥산。『淮南子』ㅡㅡ不遊麋鹿、無所蔭蔽也。

〔禿樹:독수〕 잎이 떨어진 나무。禿木。『楊萬里』疇昔穉桑今ㅡㅡ。

〔禿翁:독옹〕 대머리진 노인。禿老。『史記』武安怒曰與長孺共一老ㅡㅡ、何爲首鼠兩端。

〔禿者:독자〕 대머리인 사람。『穀梁傳』使ㅡㅡ御之。

〔禿頂:독정〕 대머리。

〔禿鷲:독취〕 《動》독수리。

〔禿筆:독필〕 ❶끝이 무지러진 붓。禿毫。『杜甫』戲戲ㅡㅡ掃驊騮。❷잘 쓰지 못한 詩文이란 뜻。自作한 詩文의 謙稱。

【秀】(수) 宥 distinguish シュウ、シュ、ひいでる

秀(小篆) 秀(草書) ㄒㄧㄡ hsiu ❶빼어날수(榮茂)。❷이삭수、벼패일수(禾吐華)。『詩經』實發實ㅡ。❸선비수(ㅡ才)。『史記』聞其ㅡ才召置門下。❹아름다울수(美也)。❺무성할수(茂盛)。

〔秀傑:수걸〕 재주가 뛰어나고 기상이 걸출함。또는 그런 사람。

〔秀潔:수결〕 빼어나고 깨끗함。『顧英』ㅡㅡ庚絕文理。

〔秀氣:수기〕 ❶훌륭한 경치。『張九齡·詩』奇峰生奇雲秀水含ㅡㅡ。❷순수하고 뛰어난 기질。

〔秀麗:수려〕 山水의 경치가 뛰어나고 아름다움。『南史』此地山川ㅡㅡ、當有王者興焉。

〔秀靈:수령〕 재주가 빼어나고 영묘함。

〔秀眉:수미〕 아주 빼어나게 아름다운 눈썹。『南史』明目ㅡㅡ、容貌方雅。

〔秀敏:수민〕 뛰어나고 현명함。『宋書』文行ㅡㅡ。

〔秀拔:수발〕 뛰어나게 훌륭함。우수하고 卓拔함。『蜀志』卿才具ㅡㅡ。

〔秀士:수사〕 뛰어난 인물。秀才。『禮記』命鄕論ㅡㅡ、升之司徒、曰選士。

〔秀色:수색〕 산과 들의 뛰어나게 좋은 경치。

〔秀粹:수수〕 뛰어나서 바르고 아름다움。『歐陽修』文章ㅡㅡ、得家法。

〔秀雅:수아〕 뛰어나고 고상함。『高僧傳』風神ㅡㅡ、思入玄微。

〔秀魚:수어〕 《動》숭어。

〔秀英:수영〕 才智가 뛰어나고 훌륭함。또는 그 사람。

〔秀穎:수영〕 ❶벼·수수 따위의 이삭이 잘 영근 것。❷재능이 뛰어나고 훌륭함。『吳志』皆當世ㅡㅡ。

〔秀偉:수위〕 뛰어나고 위대함。『晉書』姿望ㅡㅡ。

〔秀逸:수일〕 빼어나게 뛰어남。『晉書』天才ㅡㅡ、辭藻宏麗。

〔秀才:수재〕 ❶학문·재능이 뛰어난 사람。뛰어난 재주。『史記』聞其ㅡㅡ、召置門下。非才。❷미혼 남자의 존칭。❸科擧에 급제한 사람。❹《制》科擧의 시험 科目 이름。才茂。『唐書』其科之目、有ㅡㅡ、自後士人通稱謂之ㅡㅡ。

〔秀絕:수절〕 썩 뛰어나고 훌륭함。秀越特絕。

〔秀出:수출〕 ＝秀拔。『後漢書』英姿挺特、奇偉ㅡㅡ。◎優ㅡ、俊ㅡ、淸ㅡ。

【私】(사) 支 private シ、わたくし

私(小篆) 私(草書) ㄙ ssu ❶사사사、사정사(不公)。『書經』以公滅ㅡ。❷나사(己稱)。❸간사할사(自營姦ㅡ)。❹형제의남편사(女子之姊妹夫謂ㅡ)。

〔私家:사가〕 ❶＝私門。❷자기 집의 利

를 피함。『禮記』兵革藏於――非禮也。 ❸大夫 이하의 家臣의 집。 ❹在野人。 民間人。 ❺妻家。 ❻사삿집。

【私憾:사감】 =私怨。『左傳』以其――、敗國殄民。

【私感:사감】 사사로운 감정。

【私見:사견】 ❶자기 개인의 의견。 ❷자기의 생각에 대한 謙稱。

【私徑:사경】 ❶떳떳하지 못한 길。 ❷세력을 구하는 부정한 因緣。曲徑。

【私經濟:사경제】 《經》營利를 목적으로 개인 또는 私人이 경영하는 경제。

【私計:사계】 ❶자기 혼자의 계획。 또는 생각。 ❷私利를 꾀하는 計策。

【私考:사고】 자기 혼자의 생각。

【私稿:사고】 개인의 原稿。私草。

【私窠子:사과자】 =私娼。

【私交:사교】 ❶개인적인 교제。 사사로운 교제。 ❷권력을 쥔 사람。 또는 외국과 친히 사귀어 私利를 꾀하는 것。『宋史·董槐傳』人臣無――。

【私權:사권】 《法》私法上 인정되는 재산과 신분에 관한 권리。↕公權。

【私記:사기】 ❶사사로운 기록。 ❷佛經의 깊은 뜻을 사사로이 추려적은 글。

【私企業:사기업】 개인이나 사사 단체의 기업。↕公企業。

【私談:사담】 사사로이 하는 말。

【私畓:사답】 개인 소유의 논。↕公畓。

【私德:사덕】 자기 한 몸에 대한 德。

【私道:사도】 공명하지 못한 길。

【私屠:사도】 官家의 허가 없이 소나 돼지를 잡는 것。

【私力:사력】 사사로운 힘。 官力을 의지하지 않는 힘。↕官力。

【私禮:사례】 《國》비공식으로 接見하는 「것。

【私利:사리】 개인의 이익。↕公利。『管子』民多――者、其國貧。

【私利私慾:사리사욕】 사사로운 이익과 욕심。私利私腹。

【私立:사립】 ❶제 멋대로 결정함。『宋史·曹瑋傳』――文法。(文法은 法律)。 ❷法人이나 私人이 설립함。 또는 그것。↕公立·官立。 ❸私立學校의 略語。

【私立學校:사립학교】 私人이나 私法人이 설립해서 경영하는 학교。↕公立學校·國立學校。

【私門:사문】 ❶내집。朝廷에 대하여 자기의 가문을 낮추어 일컫는 말。私家。 ❷권력이 있는 집안。權門。『戰國策』損不急之官、塞――之情。

【私文書:사문서】 《法》개인의 書狀。 또는 서류。 공무원 아닌 사람이 작성한 문서。↕公文書。

【私門用刑:사문용형】 권세 있는 집에서 사람을 사사로이 감금하거나 형벌을 가하는 것。

【私民:사민】 옛날 귀족에게 매여 살던 백성。↕自由民。

【私法:사법】 《法》개인끼리의 권리·의무의 관계를 규정한 법률。民法·商法 따위。↕公法。

【私法人:사법인】 《法》내부의 법률 관계에 국가의 강제적 힘이 미치지 못하는 사법상의 법인。 사단법인과 재단 법인이 있음。↕公法人。

【私法學:사법학】 《法》사법에 관한 법리를 연구하는 학문。↕公法學。

【私兵:사병】 자기 세력을 키우기 위하여 사사로이 양성한 군사。

【私寶:사보】 개인이 가진 보물。

【私報:사보】 ❶남모르게 넌지시 알림。 ❷개인 사이의 전보。↕公報。

【私服:사복】 ❶관복이나 제복이 아닌 보통 옷。↕官服·公服。 ❷사복 형사의 略語。

【私腹:사복】 私利만을 차리는 뱃속。 개인의 이익。 개인의 욕심。私利。

【私服刑事:사복형사】 범죄의 수사나 그 밖의 필요로 사복을 입고 근무하는 경찰관。《略》私服。

【私憤:사분】 사사로운 일에 대한 분개。 자기 一身上에 관한 사사로운 분개。『何中』天步政多艱、此豈――時。

【私費:사비】 개인이 부담하는 비용。 사사로운 비용。↕官費。

【私事:사사】 ❶사사로운 일。 사삿일。↕公事。 ❷內密의 일。密事。秘事。

【私事旅行:사사여행】 官吏가 公務를 띠지 않고 자기 볼일로 하는 여행。

【私生:사생】 정당한 혼인 관계 밖에서 아이가 태어남。

【私生兒:사생아】 《法》여자가 정당한 혼인 관계 밖에서 낳은 아이。 아버지를 아는 아이는 庶子가 되고 아버지를 모르는 아이는 私生兒가 됨。

【私生涯:사생애】 개인이 사사 일에 종사하는 생애。↕公生涯。

【私生子:사생자】 =私生兒。

【私書:사서】 ❶개인이 쓴 문서나 편지。 ❷비밀의 편지。

【私書函:사서함】 개인 또는 단체 전용의 우편물을 담기 위하여 郵遞局에 따로 만들어 놓은 상자。

【私席:사석】 사사로운 자리。私座。

【私設:사설】 개인의 시설。↕公設。

【私設市場:사설시장】 개인들이 모여 세운 시장。↕公設市場。

【私設鐵道:사설철도】 민간에서 시설하여 운영하는 철도。

【私訴權:사소권】 《法》刑事의 公訴 절차에 附帶하여 피고인에게 민사상의 청구 소송을 할 수 있는 권리。 곧 범죄 행위에 의하여 입은 손해의 배상、 또는 藏物의 반환을 요구할 수 있는 권리。↕公訴權。

【私讎:사수】 개인적인 원수。

【私淑:사숙】 故人 또는 먼 곳에 있는 사람에 대하여 속으로 그 德을 사모하고 직접 가르침이 없어도 그 사람을 스승으로 하여 자기 학문이나 道를 닦는 것。『孟子』有――艾者。

【私塾:사숙】 개인이 경영하는 글방。 私學。

【私習:사습】 스승 없이 자기 스스로 배「워 익힘。

【私食:사식】 감옥이나 유치장에 갇힌 사람에게 개인이 들여 주는 음식。↕官食。

【私信:사신】 사사로운 편지。

【私心:사심】 ❶제 욕심을 채우는 마음。 ❷자기 개인의 마음。 자기의 생각。『司馬遷』誠――痛之。

【私案:사안】 개인의 생각이나 案。

【私謁:사알】 貴人이나 어른에게 사사로이 찾아가서 뵙는 것。『史記』爲人廉直、門不受――。

【私愛:사애】 ❶공평하지 않고 치우친 사랑。私交上의 愛情。『後漢書』宮房無――。 ❷남 모르게 가지는 사랑。 또는 그 여자。

【私語:사어】 ❶드러나지 않게 속삭이는 말。『白居易』夜半無人――時。 ❷사사로이 수군거리는 말。耳語。

【私與:사여】 사사로 줌。 몰래 줌。

【私營:사영】 일 개인의 경영。 私人의 경영。↕官營·公營。

【私慾:사욕】 개인의 이익을 차리는 욕심。 사사로운 욕심。

【私用:사용】 ❶공용물을 사사로이 씀。 ❷개인의 용건。↕公用。

【私怨:사원】 사사로운 원한。 私憾。『左傳』不賞私勞、不罰――。

【私有:사유】 개인의 所有。 개인이 가짐。『呂氏春秋』身者非其――。

【私有林:사유림】 개인 소유의 산림。↕公有林·國有林。

【私有物:사유물】 사사로이 가지고 있는 물건。

【私有財產:사유재산】 《法》사유 재산제에 따라 인정받은 개인 또는 私法人이 소유하는 재산。↕國有財產。

【私有地:사유지】 개인 또는 私法人이

소유한 토지。↕公有地·國有地

【私恩:사은】 개인적인 교제상의 은혜。사사로이 입은 은혜。『詩經·箋』無——非孝子也。

【私議:사의】 ❶뒷전에서 이렇다 저렇다 말하는 것。남몰래 批評하고 議論함。❷私宅에서 상의함。『禮記·曲禮』公事不——。❸자기만의 의견。

【私誼:사의】 개인 사이에 오래 사귀어 온 정분。

【私意:사의】 개인의 의사。私見。

【私益:사익】 개인의 이익。↕公益。

【私人:사인】 ❶使喚。家臣。私屬。『詩經·傳』——、家臣也。❷국가 또는 사회에 대하여 일개인을 말함。

【私印:사인】 개인의 도장。↕官印。

【私印僞造:사인위조】 (法)어떤 목적에 쓰려고 남의 도장을 몰래 새김。

【私資:사자】 =私財。또는 「그 물건。

【私藏:사장】 개인이 깊이 감추어 둠。

【私財:사재】 개인의 재산。사유 재산。

【私邸:사저】 개인의 저택。

【私的:사적】 개인에 관계된 것。↕公的。

【私的行動:사적행동】 개인으로서의 行動。『論語』——愉愉如也。

【私田:사전】 ❶개인 소유의 田地。❷(制)井田法에서 九等分한 중 公田을 제외한 나머지의 八區에 대한 일컬음。↕公田。『後漢書』——八百頃。

【私情:사정】 ❶개인적인 감정。개인적인 情。❷이기적인 생각。『李密』欲苟順——、則告訴不許。

【私第:사제】 개인의 집。자기의 집。私宅。『賈島』公堂朝共到、——夜相留。

【私製:사제】 개인이 만들음。또는 그 물건。私人의 製造。↕官製。

【私製品:사제품】 私人이 제조한 물품。개인이 만든 물품。↕官製品。

【私座:사좌】 =私席。

【私罪:사죄】 개인 사이에 저지른 죄。

【私鑄:사주】 쇠붙이로 돈을 위조함。

【私主人:사주인】 (國)❶納貢者에 대신하여 貢物을 바치고 納貢者에게 倍徵하는 사람。❷벼슬아치가 客地에서 묵고 있는 사삿집。

【私鑄錢:사주전】 사사로이 쇠붙이로 돈을 위조함。또는 그 돈。

【私智:사지】 ❶자기 한 사람의 좁은 지혜。❷공정하지 못한 사사로운 지혜。

【私撰:사찬】 ❶개인의 著作。❷개인이 뽑아 모은 것。私選。↕勅撰。『史記·項羽本紀』奮其——。

【私娼:사창】 허가 없이 매음하는 娼女。

【私債:사채】 개인 사이에 진 빚。『鹽鐵論』不知愛——。

【私處:사처】 개인이 거처하는 사사로운 곳。

【私蓄:사축】 개인이 사사로 하는 저축。또는 그 재물。

【私橐:사탁】 개인이 모아 둔 돈이나 돈주머니。

【私宅:사택】 =私第。『宋史』留令使二人、宿於——。

【私宅訪問:사택방문】 근무처가 아닌 사택으로 가서 만나 봄。

【私土:사토】 개인 소유의 논밭。↕公土。

【私通:사통】 ❶남녀가 남 몰래 情을 통하는 것。密通。『史記』慶父與哀姜——。❷남 몰래 무슨 내막을 통하는 것。

【私鬪:사투】 사사로운 원한이나 감정、또는 이해 관계로 다투는 것。『史記』民勇於公戰、怯於——。

【私慝:사특】 남에게 알려지지 않은 악한 일。숨기고 있는 惡行。惡慝。

【私販:사판】 ❶정부의 專賣品을 비밀로 팔음。密賣。❷개인의 영업에서 팔음。

【私學:사학】 ❶개인 또는 法人이 세운 학교。私立學校。↕官學。❷자기의 학설。❸자기가 좋아하는 학술。『史記·李斯傳』聞令下、即各以——議之。

【私翰:사한】 사사로운 서한。↕公翰。

【私函:사함】 =私翰。

【私行:사행】 ❶비밀의 행위。❷개인의 행위。❸私用으로 나가는 것。『禮記』大夫——出疆。

【私嫌:사혐】 개인적인 嫌怨。

【私刑:사형】 (法)국가 또는 공공단체의 권력이나 법률에 의하지 않고 私人이나 私的 단체가 함부로 행하는 制裁。私刑罰。린치。

【私惠:사혜】 ❶=私恩。❷일방적인 불공평한 은혜。『禮記』——不歸德。

【私混:사혼】 (國)面書員이 考卜債를 還穀과 함께 거두어 받던 일。

【私和:사화】 ❶서로 원한을 풀고 和解함。❷訟事를 화해함。

【私回:사회】 제 멋대로 하고 바르지 못한 것。邪惡。私曲。『國語』縱——而棄民事。
◎公—、公平無—、滅—、陰—。

三畫

【秄】 (자) 紙 シ、つちかう earth up
小篆 북돋울자(壅禾本)。『詩經』或耘或秄。

【秅】 ㊀(타) 麻 タ、いねたば bundle ㊁(차) 麻
小篆 草書 ㊀벼사백뭇타(禾四百秉)。㊁나라이름차(國名、烏—)。

【秆】 (간)『稈』(禾部 7畫)과 같음

【秈】 (선) 先 セン、うるち nonglutinous rice ㄒㄧㄢ hsien¹
草書 메벼선(稉也)。(『籼』과 같음)

【秈稻:선도】 낟알이 작고 찰기가 없는 벼。『福惠全書』南方之——草、與北方之穀草。

【秈種:선종】 메벼의 종류。『本草·秈』釋名、占稻、早稻、時珍曰、秈亦粳屬之先熟而鮮明之者、故謂之——。

【秈粟:선속】 메조。『本草·粟』。

【⿰禾弋】 (익) 職 ヨク、わら straw
짚익(稈也)。

【⿰禾勺】 (조) 篠 チョウ、いなぼ droop of rice
小篆 小篆 이삭고개숙일조(禾穗垂貌)。

【⿰禾乞】 (흘) 屑 ケツ、くずごめ broken rice
❶싸라기흘(屑米細者)。❷벼싹날흘(稻生)。

【⿰禾己】 (기) 紙 キ、もちきび paddy
육기벼기(穋—禾名)。『管子』其種穋—。

【秉】 (병) 梗 ヘイ、たば grasp ㄅㄧㄥ ping³
小篆 草書 ❶잡을병(把也)。❷움큼병、벼묶음병(禾束)。『詩經 小雅大田』彼有遺—。❸열여섯휘병(十六斛)。

【秉公:병공】 편벽됨이 없이 두루 공평함。

【秉權:병권】 정권의 고동을 잡음。

【秉鈞:병균】 政權을 잡음。『白居易』爲問三丞相、如何秉國鈞。

【秉法:병법】 (佛)佛前에서 예식을 집행하는 사람의 職名。

【秉彝:병이】 타고난 天性을 지킴。『詩經』民之——、好是懿德。

【秉燭:병촉】 등불을 손에 쥠。『文選』何不——遊。

【秉軸:병축】 정권을 잡음。

【秉筆之任:병필지임】 (制)史筆을 잡은 직책이라는 뜻으로 藝文館의 檢閱을 일컫던 말。

【秊】 (년)『年』(干部 3畫)의 本字

四 畫

【秿】 (부) 虞 フ、いきかえたいね shoots from rice roots
벼움날부(再生稻)。

【秋】 (추) 尤 くーヌ ch'iu シュウ、あき autumn
小篆 籒文 草書 ❶가을추(金行之金)乃亦有ー。【禮記】孟夏麥ー至。❷세월추(歲月、千ー)。❸때추(時也)。【書經】時白藏節)。【諸葛亮 出師表】危急存亡之ー。❹말이뛰놀추(ーー馬騰貌)。【漢書】飛龍ー游上天。❺성추(姓也)。

【秋稼:추가】 농작물의 가을걷이。秋收。【後漢書】。
【秋間:추간】 가을 사이。가을 동안。
【秋耕:추경】 가을갈이。
【秋景:추경】 가을의 경치。
【秋季:추계】 ❶가을철。秋期。❷가을이 끝날 무렵。
【秋穀:추곡】 가을에 거두어 들이는 곡식。↕夏穀。
【秋空:추공】 높고 맑게 갠 가을 하늘。【李白】饑鷹鳴ーー。
【秋蛩:추공】 가을에 우는 온갖 벌레。
【秋光:추광】 =秋色。
【秋光魚:추광어】 《動》공미리。
【秋葵:추규】 《植》陰曆 六·七月頃에 십는 아옥을 말함。「秊。

秋 葵 (三才圖會)

【秋錦:추금】 《植》과꽃。
【秋期:추기】 가을의 시기。가을철。
【秋氣:추기】 ❶가을의 기운。❷가을의 경치。秋光。【柳宗元】ーー集南澗、獨遊亭午時。

【秋刀魚:추도어】 《動》공미리。
【秋娘:추랑】 ❶謝秋娘·杜秋娘을 일컬음。《轉》美人。❷늙어서 용모가 파리해진 여자。또는 老處女。
【秋冷:추랭】 가을의 냉랭한 기후。
【秋涼:추량】 ❶가을철의 서늘하고 맑은 기운。【白居易】池畔欲ーー。❷음력 八月의 異名。
【秋露:추로】 가을의 이슬。【杜甫】ーー「接園葵。
【秋露水:추로수】 가을의 이슬 물。달여서 약재로 씀。
【秋霖:추림】 가을 장마。【賈島】寂寥思隱者、孤獨座ーー。
【秋望:추망】 가을의 眺望。
【秋麥:추맥】 가을보리。
【秋麰:추모】 가을보리。
【秋麰酒:추모주】 가을보리로 빚은 술。
【秋牡丹:추모란】 《植》❶과꽃。❷芙蓉。

秋 牡 丹 (三才圖會)

【秋霧:추무】 가을철의 안개。【柳宗元】焚香ーー滋。
【秋無擔石:추무담석】 집이 가난하여 가을에 수확이 아무 것도 없음。擔은 二石、石은 一石으로 곧 적은 수량을 일컬음。
【秋芳:추방】 가을에 피는 꽃。【蘇軾】ー壓帽露花滋。
【秋分:추분】 二十四節氣의 一六번째。양력 九월 二〇일 전후。밤낮의 길이가 같음。↕春分。
【秋士:추사】 불우한 사람。【淮南子】春女怨、ーー悲。
【秋思:추사】 가을철에 느끼어 일어나는 쓸쓸한 생각。秋心。秋懷。【戴復古】客行今老矣、ーー日凄然。
【秋史:추사】 《人》金正喜의 號。
【秋史體:추사체】 李朝 후기의 名筆인 秋史 金正喜의 글씨 체。
【秋嘗:추상】 가을에 햇곡식으로 神에게 제사하는 것。新嘗。【禮記】天子諸侯宗廟之祭、春曰礿、夏曰禘、秋曰嘗、冬曰烝。
【秋霜:추상】 ❶가을의 찬 서리。【史記】ーー降者、草花落。《喩》㉠두려운 위엄이나 엄한 형벌。秋霜烈日。【申鑒】喜如春陽、怒如ーー。㉡白髮。❷서슬이 퍼런 칼。
【秋色:추색】 가을의 경치。【岑參】ーー從西來、蒼然滿關中。
【秋夕:추석】 음력 八월 一五일。한가위。
【秋石:추석】 《醫》童便을 고아서 精製한 結晶物。遺尿·遺精등의 치료약으로 씀。
【秋扇:추선】 가을이 되어 필요 없이 된 부채。《喩》사랑하지 않게 된 여자나 가치가 없어진 물건。【劉孝綽】妾身似ーー。
【秋成:추성】 =秋收。【蘇軾】但願飽杭稌、年年樂ーー。
【秋聲:추성】 가을철의 바람 소리나 낙엽이 지는 소리 따위。【歐陽修】噫嘻悲哉、此ーー也。
【秋宵:추소】 =秋夜。【陳羽】鏡裏ーー望。
【秋收:추수】 가을에 익은 곡식을 걷어 들이는 일。가을걷이。秋成。秋穫。秋藏。【荀子】春耕夏耘、ーー冬藏、四者不失時。
【秋收感謝日:추수감사일】 기독교 신자들이 一년에 한 번씩 추수한 뒤에 하느님에게 사례하는 뜻을 올리는 날。
【秋收感謝節:추수감사절】 =秋收感謝日。
【秋熟:추숙】 =秋成。
【秋顔:추안】 늙은 얼굴。
【秋夜:추야】 가을 밤。【白居易】獨宿空房ーー長。
【秋陽:추양】 가을 볕。【孟子】ーー以暴「之。
【秋雨:추우】 가을 비。
【秋雲:추운】 가을 하늘의 구름。
【秋月:추월】 ❶가을철。❷가을 밤의 달。
【秋月寒江:추월한강】 덕 있는 사람의 깨끗한 마음。【黃庭堅】德人天游、ーーーー。
【秋游:추유】 뛰어 오르는 모양。【漢書】飛龍ーー上天。

【秋意:추의】 가을다운 기분。가을다운 맛。【韋應物】河漢有ーー、南宮生早涼。
【秋日:추일】 가을날。
【秋蠶:추잠】 가을에 치는 누에。
【秋節:추절】 ❶가을철。❷中秋節。음력 八월 一五일。
【秋曹:추조】 《制》李朝 刑曹의 別稱。
【秋千:추천】 그네。鞦韆。【開天遺事】。
【秋天:추천】 가을 하늘。
【秋晴:추청】 가을의 맑게 개인 날。맑게 개인 가을 날씨。【張耒】山路ーー松柏香。
【秋草:추초】 가을철에 시들어 떨어지는 「풀。【孫楚】冷雨沾ーー。
【秋波:추파】 ❶가을철의 잔잔하고 아름다운 물결。【白居易】ーー紅蓼水。❷은근한 정을 나타내는 눈짓。또는 그 눈。윙크。【蘇軾】佳人未肯回ーー。
【秋播:추파】 가을에 씨를 뿌림。↕春播。
【秋判:추판】 《制》李朝 때 刑曹判書의 別稱。
【秋風:추풍】 가을 바람。金風。【漢武帝】ーー起兮白雲飛、草木黃落雁南歸。
【秋風過耳:추풍과이】 가을 바람이 귀를 스쳐감。《喩》어떤 말을 귀담아 듣지 않고 무관심함。【吳越春秋】富貴之于我、如ーーー之。
【秋風落葉:추풍낙엽】 가을 바람에 떨어지는 낙엽。《喩》세력 같은 것이 낙엽처럼 시들어 우수수 떨어짐。
【秋風扇:추풍선】 가을 바람에 부채。《喩》때가 지나서 소용이 없게 된 물건을 가리키는 말。
【秋胡:추호】 春秋、魯나라 사람。그의 妻 潔婦는 貞節로 이름이 남。

秋 胡 (金 石 索)

【秋毫:추호】 가을철의 가늘어진 짐승의

털。(喩)썩 작음。微少함。『孟子』明足以察 ― ―之末。

【秋毫不犯:추호불범】 마음이 깨끗하여 남의 것을 조금도 범하지 않음。

【秋花:추화】 가을철에 피는 꽃。

【秋穫:추확】 농작물의 가을걷이。秋收。『李商隱』自悲 ― ―少、誰攫夏畦難。

【秋曉:추효】 가을의 새벽。『楊萬里』―「秋意。―寒何忍。

【秋興:추흥】 가을의 흥취。가을의 멋。

◎九―、晩―、麥―、暮―、三―、涼―、立―、早―、中―、仲―、千―、初―、春―。

【烁】

(추)『秋』(前條)의 本字

【种】

(충) 東 チュウ、おさない infant ㄔㄨㄥˊ ch'ung'

草書 어릴충(稚也)。

【粉】

(분) 文 フン、かりとる sheaf of paddy

벼묶음분(穧禾束)。【管子】歲雖凶旱有所―穫。

【秏】

㊀(모) 豪 モウ、へる decrease ㊁(호) 號 (古音「호」) ㊂(모) 號 ㄏㄠˋ hao'

小篆 草書 ㊀덜모(減也)。【漢書】―矣哀哉。㊁벼호(稻也)。【說文】伊尹曰飯之美者南海之―。㊂어두울모(―亂、不明貌)。

【秐】

(운)『耘』(耒部 4畫)과 같음

【科】

(과) 歌 カ、わかち、ほど class；science ㄎㄜ k'ê'

小篆 草書 ❶과정과(程也、凡事物之程式皆曰―)。❷근본과(本也)。❸품수과(品也)。❹조목과(條也)。【戰國策】―條既備。❺무리과(等也)。【論語】爲力不同―。❻웅덩이과(坎也)。【孟子】盈―而後進。❼과거과(官吏登用試驗、―第、登―)。❽벌쓸과(罪責處罰―料)。❾과학과(―學)。❿법과(法也、金―玉條)。

【科坎:과감】 구덩이。웅덩이。『孟子·註』盈滿― ―。

【科客:과객】 과거를 보러 온 선비。

【科擧:과거】 (制)옛날 中國 및 우리 나라에서 행하여진 관리 채용 시험。科目에 따라 인재를 뽑아 쓴다는 뜻。『宋史』寶元中詔曰、― ―舊條、皆先朝所定。

【科擧制度:과거제도】 (制)科擧를 시행하던 제도。

【科戒:과계】 정해진 훈계。또는 경계。『雲笈七籤』。

【科臼中人:과구중인】 평범한 사람。

【科期:과기】 (制)과거를 보이거나 보는 시기。

【科斷:과단】 법에 비추어 죄를 판정함。

【科頭:과두】 冠 또는 頭巾을 쓰지 않은 머리。맨머리。『王維』― ―箕踞長松下、白眼看他世上人。

【科斗:과두】 ❶(動)올챙이。活東。蝌蚪。『劉克莊』塘水拍隄― ―生。❷蝌蚪文字의 略語。

【科斗文字:과두문자】 (歷)중국 옛글자의 한 가지。아직 筆墨이 發明되기 前인 上古時代에 막대나 대쪽에 漆을 묻혀서 썼기 때문에 點畫의 머리가 올챙이의 머리와 같이 된데서 생긴 이름。그 文字는 蒼頡 혹은 顓頊이 만든 것이라 傳함。

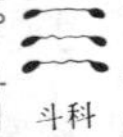

科斗文字

【科料:과료】 (法)형벌의 하나。가벼운 범죄에 課하는 罰金刑。

【科料處分:과료처분】 (法)과료를 무는 죄로 결정하여 처리함。

【科目:과목】 ❶학문의 구분。❷분류한 조목。❸教科를 세분하여 계통을 세운 領域。教科目。❹(制)科擧。『宋史』宋選擧有― ―、有學校、有辟召。❺(佛)佛經의 뜻을 알기 쉽게 추리어 그 뜻을 드러나게 하는 章句。

【科目出身:과목출신】 (制)科擧에 급제하여 벼슬아치가 된 사람。

【科文六體:과문육체】 (制)文科에서 科擧 보던 여섯 가지 文體。곧 詩·賦·表·策·義·疑 등임。

【科榜:과방】 (制)과거에 급제한 사람의 성명을 발표하는 榜目。

【科白:과백】 舞臺 위에서 배우가 하는 동작과 臺詞。臺詞。

【科癖:과벽】 科擧를 꼭 보아 보겠다고 하는 性癖。

【科詩:과시】 과거 때에 짓게 하는 시。

【科試:과시】 ❶科擧 때에 보이는 시험。❷科目을 시험하는 것으로、옛날 中國에서 鄕試에 응하는 生員의 예비 시험。科試에서 一、二、三등을 뽑아 鄕試에 응하도록 하였음。

【科役:과역】 租稅와 夫役。夫役은 관청의 공사에 의무적으로 勞役을 치르는 일。

【科慾:과욕】 과거에 급제하려는 욕심。

【科人:과인】 죄를 범한 사람。죄인。

【科場:과장】 과거를 보이는 곳。『宋史』太宗曰、朕欲博求俊彦於― ―中。

【科賊:과적】 옳지 못한 짓으로 과거에 급제를 꾀하는 사람。

【科程:과정】 學科課程의 略語。

【科第:과제】 ❶(制)과거。❷과거에 급제함。『漢書』以此― ―郎從官。

【科條:과조】 箇條、法令。『戰國策』― ―既備。

【科罪:과죄】 죄를 처단함。죄인을 處決함。

【科懲:과징】 죄에 비추어 징계함。『韓愈』如有隱漏、必重― ―。

【科學:과학】 ❶學問。❷廣義로는 哲學을 제외한 모든 학문。❸自然科學。

【科學萬能主義:과학만능주의】 (哲)우주 일체의 현상을 과학에 의하여 서만 해결할 수 있다고 보는 주의。

【科學小說:과학소설】 과학 지식과 사상을 응용하여 이뤄진 소설。영국의 웰즈(H.G. Welles) 등의 작품。

【科學的:과학적】 과학을 바탕으로 한 것。

【科學的社會主義:과학적사회주의】 사회주의 사회의 탄생은 사회 발전의 필연적 법칙에 따른 것이라고 주장하는 마르크스(K.Maɪx)·엥겔스(F.Engels)의 사상。

【科學的實在論:과학적실재론】 (哲)感官에 비치는 사물을 과학적으로 연구하여、그 근원을 정하는 이론。사물은 사람의 감관에 비친 그대로 실재하는 것이 아니므로、이를 과학적으로 연구하여 사물의 근원을 정하려는 학설。表象的實在論。

【科學戰:과학전】 새로운 과학 병기를 주요 병기로 하여 싸우는 전쟁。

【科行:과행】 과거를 보러 서울로 올라감。

【科宦:과환】 과거와 벼슬。

【科會:과회】 대학의 한 학과끼리 모이는 회。

◎教―、內―、農―、文―、法―、別―、本―、分―、選―、眼―、豫―、外―、醫―、理―、全―、前―、專―、齒―、學―。

【秒】

㊀(묘) 篠 ビョウ、のぎ beard；second ㊁(초)〔國字〕 ㄇㄧㄠˇ miao³

小篆 草書 ㊀❶벼까락묘(禾芒)。❷세미할묘(―忽、微妙)。【漢書】產氣黃鍾造計―忽。㊁초침초(―針)。

【秒速:초속】 運動하는 것의 一초 동안의 速度。

【秒針:초침】 시계의 초를 가리키는 바늘。

【秒忽:초홀】 썩 적은 것。

【秔】(갱) 庚 コウ、うるち nonglutinous rice ㄍㄥ kêng¹ 小篆 或體 草書 메벼갱(稻不黏)。
【秔稻:갱도】메벼。
【秔米:갱미】멥쌀。
【⿰禾牙】(아) 麻 ガ、め sprout of rice 싹아(苗初芽)。
【秕】(비) 紙 ヒ、しいな blasted ear ㄅㄧˇ pi³ 小篆 草書 ❶쭉정이비(穀不成實)。【書經】若粟之有ㅡ。❷가라지비(稗也)。❸더러울비(穢也)。【後漢書】ㅡ我王度。
【秕糠:비강】❶쌀겨。【黃滔】豪門膩粱肉、窮巷思ㅡㅡ。❷남은 찌꺼기。재강。糠秕。秕糠。
【秕政:비정】국민을 몹시 괴롭히고 나라를 그르치는 정치。惡政。粃政。【國語】軍無ㅡㅡ。
【秖】(지) 支 シ、まさに luckily 草書 ❶벼익을지(禾始熟)。❷마침지(適也)。【漢書】ㅡ怨結而不見德。
【采】(수) 眞 スイ、みのる ripen 小篆 或體 ❶벼이삭수(禾穗)。❷벼익을수(禾成)。

五 畫

【⿰禾加】(가) 歌 カ、いね a rice-plant 벼가、나락가(禾也)。
【秘】(비)『祕』(示部 5畫)의 俗字

【秚】(반) 旱 ハン、まぜる mix 섞일반、화합할반(物相和)。
【秜】(니) 支 チ、こむぎ kind of paddy 小篆 돌벼니、피니(自生稻)。(同音)「리」
【秞】(유) 尤 ユウ、いねあわしげる paddy and panic grow thick together 벼와기장무성할유(禾黍並盛)。
【租】(조) 虞 ソ、みつぎ tax; rant ㄗㄨ tsu¹ 小篆 草書 ❶구실조(田賦)。【史記】賜民田ㅡ之半。❷쌓을조(積也)。【詩經】予所蓄ㅡ。❸부세조(稅也)。❹(中字)벼조(已收禾正)。
【租界:조계】中國의 開港都市에 있어서 외국인이 그들의 居留地區 안의 경찰 및 행정을 관리하던 조직과 그 지역。一八四五년 영국이 上海에 창설한 이래 한때는 八개국이 二八개소에 설치하였으나 제二차대전 후에는 폐지되었음。
【租課:조과】세금을 부과함。【南史】新舊錯亂、ㅡㅡ不時。
【租稅:조세】❶貢物。【史記】令勤身從事而有ㅡㅡ之賦。❷(法)국가 또는 自治 단체가 필요한 경비를 쓰기 위하여 국민으로부터 받아 들이는 세금。
【租稅法:조세법】(法)조세에 관한 법규의 총칭。
【租稅法律主義:조세법률주의】(法)조세의 專斷的 부과를 廢하고 조세의 種目과 稅率은 법률로써 정하여야 한다는 주의。
【租稅轉嫁:조세전가】(法)납세자가 그 부담의 일부나 전부를 어떤 방법으로 남의 부담으로 넘기는 일。
【租稅主體:조세주체】(法)조세를 낼 의무를 지닌 자연인이나 법인。
【租稅體系:조세체계】(法)부담의 공평을 도모하는 조세의 통일적 조직체。
【租徭:조요】租稅와 役事。【舊唐書】有材力者、免其ㅡㅡ、給弓矢。
【租賃:조임】借地料。
【租入:조입】貢物・租稅 등을 받아들임。
【租借:조차】❶가옥 또는 토지를 빌림。❷(法)한 나라가 다른 나라의 영토 일부분에 대한 통치권을 얻어 지배하는 일。
【租借地:조차지】租借한 땅。
【租包:조포】벼를 담는 섬。◎賭ㅡ、免ㅡ、正ㅡ、地ㅡ。
【秠】(비) 紙 支 ヒ、くろきび black millet 小篆 草書 검은기장비(黑黍)。【詩經大雅生民】維秬維ㅡ。
【秢】(령) 青 レイ、とし year; age ❶벼처음익을령(稻始熟)。❷나이령(齡也)。
【秣】(말) 曷 マツ、まぐさ fodder ㄇㄛˋ mo⁴ 草書 ❶모이말(食馬穀)。【周禮】芻ㅡ之式。❷먹일말(飼也)。【詩經】言ㅡ其馬。❸땅이름말(地名)。❹저울말(衡也)。
【秣蒿:말고】말먹이하는 짚。
【秣粟:말속】말먹이。곧 겉곡식 따위。또는 겉곡식을 말먹이로 씀。【後漢書】馬不ㅡㅡ、妻不衣帛。
【秤】(칭) 徑 ショウ、はかり balance ㄔㄥˋ ch'êng⁴ 草書 ❶저울칭(衡也)。【太平御覽】諸葛亮曰我心如ㅡ不能爲人低昂。❷(國字)백근칭(百斤)。
【秤拐:칭괴】저울대。秤竿。
【秤心:칭심】공평한 마음。【太平御覽】諸葛亮曰、我心如ㅡㅡ。
【秤錘:칭추】저울추。
【秤板:칭판】저울판。

【秦】(진) 眞 シン nation ㄑㄧㄣˊ ch'in² 小篆 籀文 草書 ❶진벼진(禾名)。❷진나라진(伯翳所封國名)。
【秦鏡:진경】秦 始皇帝가 궁중에 備置하였던 거울。【西京雜記】
【秦鏡高懸:진경고현】斷罪가 그릇됨이 없이 옳바른 일。
【秦吉了:진길료】(動)새의 이름。九官鳥。

秦吉了 (古今圖書集成)

【秦嶺:진령】陝西省内에 있는 산 이름。【韓愈】雲橫ㅡㅡ家何在。
【秦誓:진서】書經 周書의 篇名。
【秦始皇:진시황】(人)B.C. 二五六～B.C. 二一〇 秦의 第一世 임금。姓은 嬴(영)、이름은 政、莊襄王의 아들。六國을 멸하고 천하를 통일하여 스스로 자기를 始皇帝라 일컫고 咸陽(陝西省)으로 도읍을 옮기어 法家인 李斯를 등용하여 법을 중히 여기고 刑을 엄하게 하였으며 서적을 불사르고 학자를 생매장하였고 思想을 탄압하였음。처음으로 郡縣制를 실시하였고 蒙恬로 하여금 匈奴를 토벌하게 하고 萬里長城의 增築、華清宮・阿房宮을 세우는 등 위세를 떨치었음。
【秦篆:진전】秦代에 李斯가 籀文(주문)을 생략하여 간편하게 만들었다고 하는 글자。籀文을 大篆이라는데 대하여 小篆이라고도 함。
【秦之求無已:진지구무이】秦始皇의 暴斂과 같다는 뜻에서、욕심이 한없음。
【秦晉:진진】(歷)❶春秋時代의 秦・晉의 두 나라。❷秦・晉 두 나라가 대대로

혼인을 하였으므로 兩姓의 聯姻을 秦晉의 好라 일컬었음。(轉)好誼가 두터움。

【秦晉之誼:진진지의】 ＝秦晉②。

【秦皮:진피】 (醫) 물푸레나무의 껍질。약재로 씀。

秦皮 (三才圖會)

【秦淮:진회】 (地)南京을 지나 揚子江에 흐르는 運河의 이름。秦代에 만들었으며 양쪽 기슭은 유람지로 번창함。

【秧】 (앙) 陽 オウ、なえ rice-sprouts 一尢 yang¹ 小篆 草書 모앙(禾苗)。

【秧歌:앙가】 모심기 노래。처음엔 中國 농촌의 모내기 노래였으나 지금은 노래와 춤으로써、集團生産、생활의 감정을 표현하는 민족 예술이 됨。

【秧稻:앙도】 볏모。『宋史』土宜五穀、多種ㅣㅣ。

【秧馬:앙마】 農具의 이름。모를 심을 때 이를 말처럼 걸터 타고서 심음。

秧 馬 (農政全書)

【秧田:앙전】 모자리。秧床。

【秧針:앙침】 볏모。모춤。秧苗。

【秧板:앙판】 모자리。

【秩】 (질) 質 チツ、ついで order; rank 业ˋ chih⁴ 小篆 草書 ❶차례질(次序)。【書經】平ㅣ東作。❷품수질(品ㅣ、祿廩)。【周禮疏】依班ㅣ受祿。❸흘러갈질(流行貌)。【詩經】ㅣㅣ斯干。❹맑을질(淸明)。【詩經 大雅假樂】德音ㅣㅣ。❺떳떳할질(常也)。❻삼갈질(謹也)。❼봉급질(俸給)。❽십년동안질(十年間)。【禮紀王制】九十有ㅣ。

【秩高:질고】 관직·祿俸이 높음。

【秩滿:질만】 관직에서 일정한 임기가 참。滿任。

【秩米:질미】 봉급으로 받는 쌀。祿米。『南史』以ㅣㅣ三千餘斛、助人租稅。

【秩卑:질비】 관직·祿俸이 낮음。

【秩序:질서】 사물의 조리。또는 그 순서。『陸機』謬玄黃之ㅣㅣ。

【秩序犯:질서범】 (法)특정의 행정 질서를 침해한 사람。

【秩秩:질질】 ❶물이 흐르는 모양。『詩經』ㅣㅣ斯干。❷겸손한 모양。『詩經』左右ㅣㅣ。❸질서 정연한 모양。『荀子』貴賤長小ㅣㅣ焉。❹맑은 모양。❺아름다운 모양。❻지혜가 있는 모양。

【秩次:질차】 ＝秩序。『周禮·註』先尊後卑、各依ㅣㅣ。

【䄷】 (석) 陌 セキ、かさ measure 小篆 섬석(十斗)。(『石』과 通함)

【秬】 (거) 語 キョ、くろきび black millet ㄐㄩˋ chü⁴ 草書 검은기장거(黑黍)。【詩經 大雅 生民】維ㅣ維秠。

【秬黍:거서】 (植) 검은 기장。

【秬酒:거주】 검은 기장으로 빚은 술。『禮記·註』鬯、ㅣㅣ也。

站黍 (四書引蒙略圖解)

【秬鬯:거창】 검은 기장을 넣어서 만든 鬱鬯酒(울창주)。『禮記』天子親耕、粢盛ㅣㅣ、以事上帝。

【秫】 (출) 質 シュツ、もちあわ glutinout millet (古音「술」) ㄕㄨˊ shu² 小篆 或體 草書 차조출(黏粟、稬也)。【周禮】染羽以朱湛丹ㅣ。

【秫稭:출개】 차조의 짚고갱이。

【秫稻:출도】 찹쌀。『晉書』爲彭澤令、公田悉令吏種ㅣㅣ。

【秫灰:출회】 차조의 짚을 불에 태운 재。棺 밑에 까는 데 씀。

【秭】 (자) 紙 シ、つむ hundred billion ㄗˇ tzu³ 小篆 草書 ❶천억자(數名、千億)。【詩經周頌豐年】豐年多黍多稌亦有高廩萬億及ㅣ。❷고을이름자(縣名、ㅣ歸)。

【秭鴂:자규】 소쩍새。접동새。子規。『史記·歷書』昔自在古、歷建正作於孟春、於時冰泮、發蟄、百草奮興、ㅣㅣ先滜。

六畫

【秱】 (동) 東 トウ、ふし joint ❶벼마디길동、벼무성할동(禾盛貌)。【呂氏春秋】得時之禾長ㅣ而穗大。❷벼마디동(禾節)。

【䄻】 ㈠(조) ㈡(도) 看 蕭 豪 ト、ひずちばえ panic (grass) ㈠❶벼조(稻也)。❷돌벼조(自生禾)。㈡뜻은 ㈠과 같음。

【秳】 (활) 曷 黠 カツ、はえる bud 小篆 ❶악미활(舂粟不潰)。❷벼날활(禾生貌)。

【秵】 (인) 眞 イン、いねのはな flower of paddy 벼꽃인(禾華)。

【[禾㐬]】 (황) 陽 コウ、ききん lean year ❶흉년들황(凶年)。❷빌황(空也)。

【䄿】 (예) 霽 エイ、かりいれ harvest ❶벼거둘예(收禾)。❷벼이름예(禾名)。

【秷】 (질) 質 チツ、なえ rice-ear ❶벼이삭질(禾穗)。❷벼베는소리질(刈禾聲)。【詩經】穫之秷秷。

【䅁】 (안) 翰 アン、いねをする hull rice 小篆 벼갈안(轢禾)。

【秸】 (갈) 黠 カツ、わら straw ㄐㄧㄝ chieh¹ 草書 짚고갱이갈、볏짚갈(禾稾)。【書經禹貢】三百里納ㅣ服。(『稭』와 같음)

【秸服:갈복】 秸은 朝廷에 바치기 위하여 그 表皮를 추려낸 짚。服은 貢物을 운반하는 勞役。【書經·禹貢】三百里納。

【秸席:갈석】 이삭을 집라낸 볏짚으로 만든 자리。『舊唐書·禮儀志』高宗制曰、今封禪用玉牒金繩、器物之間、復有瓦罇ㅣㅣ。

【移】 (이) 支 イ、うつる remove ㄧˊ i² 小篆 草書 ❶모낼이(禾相倚遷)。❷옮길이(遷也)。【書經】世變風ㅣ。❸변할이(變也)。

【移監:이감】 (法)한 교도소에서 다른 교도소로 收監者를 옮김。

【移居:이거】 옮겨 가서 살음。移住。

【移管：이관】 관할을 한 곳에서 다른 곳으로 옮김。 옮기어 관할함。「하여 바꿈。

【移動：이동】 옮겨 움직임。 자리를 변동함。

【移動警察：이동경찰】 《法》철도 관계의 범죄를 방지하기 위하여 열차를 타고 다니는 경찰관。

【移動舞臺：이동무대】 무대의 양 옆에 다음 장면의 무대를 만들고 바퀴를 달아 놓아 이동할 수 있게 만든 무대。

【移動式：이동식】 ❶움직일 수 있는 방식。 ❷마음대로 방향·위치 등을 움직일 수 있게 되어 있는 것。

【移動瓣：이동판】 기계가 도는 대로 위치가 바뀌는 밸브(Valve)。

【移來：이래】 옮겨 옴。

【移錄：이록】 옮기어 적음。

【移買：이매】 가졌던 땅을 팔아서 다른 땅을 사는 일。

【移牧：이목】 가축 중에서 주로 羊을 계절에 따라 牧草가 많이 난 곳으로 옮겨 다니며 기르는 일。

【移文：이문】 관청 사이에 서로 조회함。

【移民：이민】 ❶흉년이 든 때에 백성을 구제하던 방법으로서 어떤 지방에 흉년이 들면 그 住民을 딴 지방에 옮기고 그 곳의 곡식을 흉년든 지방에 보내어 노인·부녀자들을 구원하던 것。『周禮』若邦凶荒、令——通財。 ❷자기 나라를 떠나 외국 영토에 이주하는 것。 또는 이주하는 사람。

【移民國：이민국】 ❶이민으로 가서 사는 나라。 ❷이민을 받아 들일 수 있는 나라。 주로 미개척지가 많고、 인구 밀도가 낮은 나라。

【移民政策：이민정책】 이민에 따르는 정치상의 方策。

【移步：이보】 걸음을 옮김。

【移徙：이사】 ❶집을 옮김。 ❷移植함。

【移書：이서】 ＝移文。『漢書』——顯責之。

【移設：이설】 딴 곳으로 옮겨 설치함。

【移送：이송】 ❶옮겨 보냄。 ❷訴訟 또는 行政의 절차에 있어서 사건의 처리를 어느 관청에서 다른 관청으로 옮기는 것。

【移囚：이수】 逃避의 우려가 있거나 기타의 사정으로 죄수를 다른 옥으로 옮김。

【移植：이식】 옮겨 심음。『白居易』誰謂洞庭橘、美人自——。

【移秧：이앙】 모내기。

【移讓：이양】 남에게 옮기어 넘겨 줌。

【移御：이어】 임금이 거처를 옮김。

【移易：이역】 옮겨 바꿈。 또는 옮겨 바뀜。『韓愈』豈以富貴——其心哉。

【移易不得：이역부득】 쉽사리 변통할 도리가 없음。

【移影：이영】 ❶태양의 그림자가 옮아감。 ❷해·달 그림자 《喩》오랜 시간이 걸림。 가 차츰차츰 옮아가는 것。

【移寓：이우】 거처를 옮김。 다른 데로 옮아가서 삶음。

【移運：이운】 ❶자리를 옮김。 ❷《佛》부처를 옮겨 모심。「처를 옮겨 모심。

【移越：이월】 옮겨 넘김。 한 會計年度의 純損益金 및 殘金을 次期로 옮겨 넘김。

【移入：이입】 ❶옮겨 들여옴。 ❷稅法上、한 나라안의 어떤 지역에서 딴 지역으로부터 화물을 들여옴。

【移葬：이장】 무덤을 옮김。

【移籍：이적】 《法》婚姻·養子 등의 경우에 있어서 호적을 다른 곳으로 옮김。『南史』——會稽。

【移轉：이전】 ❶장소·주소를 옮김。 ❷옮기어 바꿈。『白居易』一家三十口、——就松來。 ❸권리를 옮김。 ❹사물의 所在를 옮김。 ❺移徙。

【移定：이정】 옮겨 정함。

【移調：이조】 《樂》C調가 F調로 바뀌는 따위와 같이 어떤 樂曲의 음조를 다른 조로 바꾸는 일。

【移種：이종】 모종을 옮겨 심음。『聞見後錄』求其地、始——。

【移住：이주】 집을 옮겨서 살음。

【移住民：이주민】 다른 나라로 옮겨 가서 사는 사람。

【移職：이직】 직업을 옮김。

【移處：이처】 장소를 옮김。『詩經·箋』——高木。

【移牒：이첩】 받은 바 통첩을 다음 곳으로 다시 알림。

【移替：이체】 서로 갈리고 바뀜。「交替。交遞。交迭。

【移出入：이출입】 한 나라 안의 이 지방과 저 지방에 물건이 드나듦음。

【移風易俗：이풍역속】 풍속이 개량됨。

【移項：이항】 項目을 옮김。

【移行：이행】 옮아 감。 변해 감。

【移刑曹：이형조】 죄인을 형조로 넘김。 ◎轉—、推—。

七 畫

【稃】 (부) 虞 ホ、いねをつむ rick of rice 볏가리부、벼쌓을부(禾積積)。

【稀】 (희) 微 T丨 hsi¹ rare キ、まれ
小篆 草書 ❶성길희、드물희(疏也)。『蘇軾赤壁賦』月明星—。 ❷적을희(小也)。『杜甫詩』人生七十古來—。 ❸맑을희、묽을희(淡也)。

【稀曠：희광】 드물고 비어 있음。『佛國記』城中人民亦——。

【稀怪：희괴】 매우 드물어서 괴이함。

【稀覯：희구】 드물게 봄。 希覯。『瑯嬛記』當也——之物也。

【稀貴：희귀】 드물어서 매우 珍貴함。

【稀金屬：희금속】 매우 적게 산출되는 금속。

【稀年：희년】 나이 七○의 일컬음。 古詩 人生七十古來稀에서 온 말。

【稀代：희대】 ＝稀世。

【稀毛：희모】 성긴 털。 드문드문 난 털。

【稀微：희미】 분명하지 못하고 어렴풋함。 똑똑지 못하고 아리송함。

【稀薄：희박】 氣體·液體의 밀도가 작음。

【稀釋：희석】 《化》용액에 물 또는 다른 물질을 가하여 농도를 묽게 하는 일。

【稀世：희세】 세상에 드물음。 稀代。

【稀世之才：희세지재】 세상에 보기 드문 才智。 또는 그런 사람。

【稀少：희소】 드물어서 적음。

【稀疎：희소】 ❶사이가 뜨거나、동안이 멀음。 稀疏。『後漢書』山原曠遠、民庶——。 ❷소식이 잦지 못함。 稀闊。

【稀有：희유】 드물게 있음。

【稀硫酸：희유산】 ＝稀黃酸。

【稀有元素：희유원소】 《化》産出量이 비교적 적은 원소의 總稱。

【稀種：희종】 구하기 드문 종류。

【稀稠：희주】 稀薄함과 稠密함。『漢書』異有大小——、占有舒疾緩急。

【稀粥：희죽】 묽은 죽。「게 한 질산。

【稀窒酸：희질산】 《化》물을 가하여 묽

【稀罕：희한】 ❶매우 드물음。 ❷아름답고 좋은 일에 흔히 쓰는 말。

【稀闊：희활】 ❶소식이 잦지 아니함。 ❷사이나 틈이 생김。 동안이 멀음。

【稀黃酸：희황산】 《化》묽은 황산。 황산 一분을 증류수 八분에 섞어 냉각시킨 뒤 다시 증유수를 넣어서 비중이 一·○六九가 되게 한 것。 약품·塗料·試藥으로 씀。

【稍】 (견) 先 ケン、むぎわら barley straw
小篆 보릿대견、보리짚견(麥莖)。

【稂】 (랑) 陽 ㄌㄤ lang² ロウ、いぬあわ foxtail
草書 가라지랑、강아지풀랑(草名、似莠害苗)。『詩經』不—不莠。 (『蓈』과 같음)

【稂莠:낭유】(植)강아지풀。곡식에 해가 되는 풀임。(轉)害草。害物。【潛夫論】養ㅣㅣ者、傷禾稼、惠奸宄者、賊良民。

【稃】(부) 虞 フ、すくも ㄈㄨ fu rice-bran
小篆 或體 草書 등겨부、왕겨부(米殼麤糠)。

【稅】㊀(세) 霽 ㊁(태) 泰 ㊂(탈) 曷 ゼイ、タイ、タツ、みつぎ ㄕㄨㄟˋ shuei4 tax
小篆 草書 ㊀❶구실세、부세세、세납세(租也)。【禮記】公田藉而不ㅣ。❷거둘세(斂也)。❸놓을세(舍也)。❹쉴세(ㅣ駕、休息)。【史記】我未知所ㅣ駕。㊁추복입을태(追服)。【禮註】日月已過聞喪而服曰ㅣ。㊂풀탈、끄를탈(解也)。【左傳】楚囚使ㅣ之。

【稅駕:세가】❶수레 멘 말을 끌러 놓아 쉬게 하는 일。【史記】吾未知所ㅣㅣ也。❷나그네가 쉬는 곳。

【稅榷:세각】세금을 받아들여 이익을 독점하는 일。【宋史·薄傳】議ㅣㅣ、皆有可稱道。

【稅穀:세곡】租稅로 바치는 곡식。

【稅關:세관】(制)財務部 稅關局에 소속되는 한 관청。비행장·항만·國境 지대에서 여객의 소지품이나 수출입 화물에 대하여 검사·허가·관세의 부과 및 檢疫의 사무를 맡아 봄。

【稅金:세금】租稅로 바치는 돈。

【稅納:세납】=納稅。

【稅斂:세렴】貢物을 거두어들임。세금을 거두어 들임。收稅。

【稅吏:세리】稅務 행정에 종사하는 관리。稅務官吏의 略語。

【稅目:세목】(法)租稅의 種目。所得稅·相續稅·營業稅 따위。

【稅務:세무】세금을 부과하고 징수하는 데에 관한 사무。

【稅務署:세무서】(法)國稅廳 산하에서 國稅의 사무를 집행하는 하급 지방 관청。

【稅米:세미】❶租稅로 바치는 쌀。❷곡식을 찧어 주고 그 삯으로 받는 쌀。

【稅法:세법】(法)세금의 부과·징수에 관한 법률。

【稅額:세액】세금의 금액。【宋史】減江東諸路逃田ㅣㅣ。

【稅源:세원】(經)세금을 매기게 되는 근원으로서의 소득과 재산。

【稅率:세율】(經)세금을 매기는 비율。

【稅衣:세의】검은 喪服。褖衣。【禮記】夫人ㅣㅣ揄狄。

【稅入:세입】세금으로 받아 들인 돈。

【稅政:세정】세금을 받아 들이는 일에 관한 행정。

【稅制:세제】稅務 관계의 제도。

【稅則:세칙】(法)租稅의 부과·징수에 관한 규칙。稅法。

◎減ㅣ、課ㅣ、關ㅣ、國ㅣ、納ㅣ、累進ㅣ、累退ㅣ、免ㅣ、保ㅣ、賦ㅣ、比例ㅣ、所得ㅣ、收ㅣ、輸入ㅣ、輸出ㅣ、租ㅣ、增ㅣ、地方ㅣ、直接ㅣ、徵ㅣ、脫ㅣ。

【稆】(려)『穭』(禾部15畫)와 같음

【稈】(간) 旱 カン、わら ㄍㄢˇ kan3 straw
小篆 或體 草書 볏대간、볏짚간(稻穰禾莖)。【左傳】取一秉秆。(『秆』과 같음)

【稊】(제) 齊 テイ、のびえ ㄊㄧˊ t'i2 foxtail
草書 가라지제、강아지풀제(ㅣ稗、穢草)。【莊子 秋水】ㅣ米之在太倉。

【稊米:제미】벼피。피의 一種。【莊子】ㅣㅣ之在太倉。

【稊秕:제비】❶돌피。❷쓸모 없는 물건。【劉禹錫】秣之以ㅣㅣ。

【稊稗:제패】❶가라지와 돌피。❷쓸모 없는 곡식。(轉)쓸데 없는 일。

【稉】(갱)『秔』(禾部4畫)과 같음

【程】(정) 庚 テイ、ほど、みち ㄔㄥˊ ch'eng2 degree; way
小篆 草書 ❶법정(式也)。【荀子致仕】ㅣ者物之準也。❷한정정(限也)。【十八史略秦】日夜有ㅣ。❸과정정(課ㅣ)。【漢書】定章ㅣ。❹품수정(品也)。❺헤아릴정(量也)。❻길정(道里)。❼도수정(ㅣ度)。❽준할정(準也)。

【程道:정도】❶길의 里數。❷여행의 경로。路程。

【程度:정도】❶알맞은 한도。❷얼마의 분량。❸高低·强弱의 한도。❹다른 것과 비교하여 優劣의 어떠함。

【程度問題:정도문제】정도의 如何에 관한 문제。

【程里:정리】길의 거리。里程。

【程里表:정리표】도로의 里數를 기록한 표。里程表。

【程文:정문】科擧 볼 때에 쓰던 일정한 法式의 文章。【文章軌範】場屋ㅣㅣ論、當用此樣文法。

【程門立雪:정문입설】弟子가 스승을 존경함을 일컫는 말。(故)游酢와 楊時가 程伊川을 처음 찾아 갔을 때 伊川은 눈을 감고 瞑想에 잠겨 있었기 때문에 두 사람은 서서 기다리다가 伊川이 이들에게 물러가라고 명하였을 때에는 문 밖에 눈이 한자나 쌓여 있었다 함。【宋名臣言行錄】。

【程式:정식】❶法式。格式。【管子】儀者萬物之ㅣㅣ也。❷(數)표준이 되는 방식。

【程驛:정역】(制)路程과 驛站。

【程頤:정이】(人)一〇三三~一一〇七 北宋의 大學者。字는 正叔、諡號는 正公。伊川伯을 封한 까닭에 伊川先生이라 부름。顥(호)의 아우。周濂溪에게 배웠으며 처음으로 理氣의 哲學을 제창하였고 유교 도덕에 철학적 기초를 세웠음。〈著書〉易傳·經說·伊川文集 등。

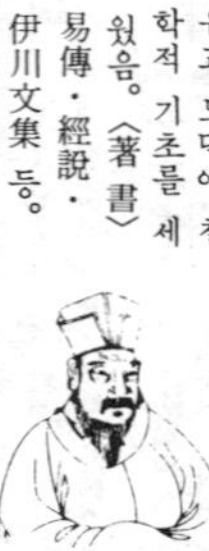
程頤 (三才圖會)

【程子冠:정자관】(制)말총으로 짜거나 떠서 만든 관의 하나。위는 터지고 세 봉우리가 지게 두 층으로 되었음。儒者가 썼음。

【程朱學:정주학】程은 程顥·程頤、朱는 朱熹。모두 宋代의 學者로서 經典의 字句解釋뿐만이 아니라、그 깊은 뜻을 연구하여 儒學의 철학적 體系를 세운 性理學。宋學。

【程品:정품】법칙。규정。【漢書】天下作ㅣㅣ。

【程限:정한】한정된 것。定限。【謝承】一試不滿ㅣㅣ。

【程顥:정호】(人)一〇三二~一〇八五 北宋의 大學者。字는 伯淳、諡號는 純公。明道先生이라 불리었으며 아우인 頤와 같이 周濂溪의 門人임。이 두 사람을 二程이라고도 부름。

程顥 (三才圖會)

【稌】(도) 虞 ト、もちいね ㄊㄨˊ t'u2 glutinous rice
小篆 草書 찰벼도(稉稻利下濕者)。【詩經周頌豊年】豊年多黍多ㅣ。

【稍】㊀(초) 巧 ソウ、ショウ、やや ㊁(초) 效 gradually ㄕㄠ shao⁴ (本音「소」)
稍 ㊀점점초(ㅡㅡ漸也)。【韓愈詩】近亦能ㅡㅡ。㊁❶작을초(小也)。【周禮】凡王之ㅡ事。❷녹초、요식초(廩食)。【儀禮疏】以其ㅡ給之故謂米廩爲ㅡ。❸고를초(均也)。❹땅이름초(地名)。

【稍良:초량】❶조금 좋음。❷農作狀況등급의 하나。三分 이상 一割 미만의 增收가 될 것으로 예상되는 경우。「王之ㅡ。

【稍事:초사】작은 일。些少。【周禮】凡

【稍成貌樣:초성모양】겨우 형체를 이루어 감。

【稍勝:초승】조금 나음。

【稍饒:초요】살림이 조금 넉넉함。

【稍遠:초원】약간 멂음。

【稍蠶食之:초잠식지】차츰차츰 침략하여 먹어들어감을 일컫는 말。

【稍稍:초초】점점。조금씩。【戰國策】ㅡ蠶食之。

【稍解文字:초해문자】겨우 글자를 뜯어 볼 정도의 지식。

八畫

【稏】(아) 禡 ア、いね rice-plants 파아벼아(穲ㅡ、稻名)。

【䅏】(비) 尾 ヒ、いなほ droop of rice 벼이삭숙일비(禾穗垂貌)。

【稔】(임) 寢 ジン、みのる (염)【慣音】 ripen ㄖㄣ jen³
稔 ❶풍년들임、여물임(穀熟)。【左傳】不及五ㅡ。❷오랠임(積久)。【任彦昇奏彈】惡積釁ㅡ。❸해임(年也、期也)。

【稔聞:임문】많이 들어 귀에 익음。

【稔熟:임숙】❶곡식이 완전히 결실함。❷점점 높아짐。【張耒】田家ㅡㅡ人情好。

【稔泰:임태】五穀이 잘 익어 풍성함。(泰는 豊)。【宋書】。

【稑】(륙) 屋 リク、ロク、わせ early-ripening rice ㄌㄨ lu⁴
稑 穋 ❶동륙벼륙(穜ㅡ、禾名)。【說文】徐種先熟曰ㅡ。❷올벼륙(早熟稻)。

【䅉】(치) 支 シ、たがやす cultivate ❶밭갈치(耕也)。❷벼죽을치(禾死)。

【稕】(준) 震 シュウ、あらたば bundle of straw
稕 짚단준(束稈)。

【䅘】(래) 灰 ライ、こむぎ wheat
䅘 밀래(來麰小麥)。【詩經】貽我來牟。

【稗】(패) 卦 ハイ、ひえ barnyard grass ㄅㄞ pai⁴
稗 ❶돌피패(似禾而實細)。【孟子 告子上】苟爲不熟不如荑ㅡ。❷잘패(細也)。

【稗官:패관】〈制〉❶옛날에 임금이 民間의 풍속이나 政事를 살피기 위하여 街說巷談을 모아 기록시키던 벼슬아치。❷이야기를 짓는 사람。

【稗官文學:패관문학】채집한 街說巷談에 패관의 창의성과 潤色까지 가미되어 일종의 문학 형태를 갖추게 된 것。

【稗飯:패반】피밥。

【稗史:패사】史官이 아닌 사람이 이야기體로 꾸며 쓴 역사 기록。傳說小記。

【稗說:패설】❶稗官小說의 略語。❷항간에 떠도는 이야기거리가 될 수 있는 모든 이야기。

【稗販:패판】조그마한 상인。小販。【唐書】算ㅡㅡ之緡。

【稘】(기) 支 キ、まめがら stem of bean ㄐㄧ chi¹
稘 ❶콩대기(豆莖)。❷일주년기(周年)。

【稙】(직) 職 チョク、はやまき early rice ㄓ chih²
稙 올예직、옥자강이직(早種禾)。【詩經】ㅡ穉菽麥。先種曰ㅡ後種曰穉。

【稙長:직장】맏며느리。【釋名】青徐人謂長婦曰ㅡㅡ、云云。

【稙禾:직화】일찍 심은 벼。【齊民要術】二月三月種者爲ㅡㅡ。

【稚】(치) 寘 チ、おさない young; infant ㄓ chih⁴
稚 ❶어린벼치(幼禾)。❷어릴치(幼稺小也)。【左傳】驪姬有二子長曰奚齊ㅡ曰卓子。❸늦을치(晚也)。(『稺』와 같음)

【稚氣:치기】유치한 모양이나 행동。어린애 같은 짓。

【稚老:치로】어린이와 늙은이。「道」殺戮餘ㅡㅡ。【張弘

【稚筍:치순】어린 竹筍。【僧善住】春光欲老縱陰寒、ㅡㅡ攙空已作竿。

【稚子:치자】❶어린애。幼兒。【陶潛】ㅡㅡ候門。❷竹筍의 異名。【杜甫】竹根ㅡㅡ無人見。

【稚錢:치전】잔돈。푼돈。

【稚拙:치졸】어리석고 졸렬함。

稚錢(三才圖會)

【稚戲:치희】❶아이들의 놀이。❷어리석은 짓。

【稛】(균) 軫 コン、キン、つかねる bundle up
稛 ❶묶을균(束也)。❷가득할균(滿也)。【齊語】ㅡ載而歸。

【稛載:균재】가득차게 싣는 것。【國語】ㅡㅡ而歸。

【稜】㊀(릉) 蒸 リョウ、ロウ、かど ㊁(릉) 徑 corner; edge ㄌㄥ leng²
稜 ㊀❶모릉、모질릉(觚ㅡ、廉角)。【西都賦】上觚ㅡ而棲金爵。❷서슬릉(神靈之威)。【漢書 李廣傳】威ㅡ憺於鄰國。❸형편릉(勢也)。㊁❶밭두둑릉(畦ㅡ)。❷약이름릉(藥名、三ㅡ)。

【稜角:능각】모난 각。【韓愈】晴明出ㅡㅡ、縷脈碎分繡。

【稜鏡:능경】〈物〉프리즘。투명한 삼각기둥체로 빛의 분산·방향 전환 따위에 쓰임。

【稜線:능선】산등을 따라 죽 이어진 봉우리의 선。

【稜岸:능안】위엄이 있고 늠름함。

【稜威:능위】존엄스러운 威勢。【南史】ㅡㅡ直指、勢踰風電。

【稜嶒:능증】돌이 모나고 험상궂은 모양。【元好問】ㅡㅡ石磴倚高梯。

【稜疊:능첩】낭떠러지 같은 것이 모지고 중첩된 모양。【劉斧】崖壁紅膩、ㅡㅡ可愛。

【稞】㊀(과) 歌 カ、はだかむぎ ㊁(라) 哿 rye ㄎㄜ k'e¹
稞 ㊀중보리과(無芒麥)。㊁알곡식라(無皮穀)。

【稑】 (공) 東 コウ、わら straw
❶볏대공(稈也)。❷짚공(藁也)。

【稟】 (품) 寢 ヒン、もうす ㄅㄧㄥˇ ping³ tell; say
稟 小篆 草書 ❶줄품(給也)。〔中庸〕既稟稱事。❷받을품 (受命)。〔書經〕臣下罔攸稟令。❸여쭐품 사뢸품(白事)。❹성품품(天賦性質)。

【稟決:품결】 稟告해서 처결함。
【稟告:품고】 =稟申。
【稟達:품달】 웃어른 또는 上司에게 여쭘。稟申。
【稟命:품명】 명령을 받음。
【稟目:품목】 上官에게 아뢰는 글。
【稟性:품성】 천생으로 타고난 성품。나면서부터 가지고 있는 성질。稟分。稟受。稟賦。〔詩經·疏〕聖人稟自天、下由於母。
【稟受:품수】 선천적으로 타고 남。稟性。〔禮記·註〕性者人所稟受。
【稟申:품신】 웃어른이나 上司에게 여쭘。稟告。稟白。
【稟議:품의】 웃어른 또는 上司에게 글이나 말로 여쭈어 의논함。
【稟定:품정】 여쭈어 의논하여 결정함。
【稟奏:품주】 ❶上司의 명령을 받음과 上司에게 여쭘。❷임금에게 上奏하는 일 또는 그 文書。奏稟。〔宋史〕樞密院掌軍國機務、大事則稟旨。
【稟旨:품지】 임금에게 上奏하여 받는 명령。
【稟處:품처】 稟議하여 처치함。
【稟給:품급】 관청에서 받는 祿俸。俸給。

【稠】 (주) 尤 チュウ、しげる ㄔㄡˊ chou² dense; thick
稠 小篆 書 草 ❶주밀할주、빽빽할주(密也)。❷많을주(多也)。〔戰國策〕書策稠濁。❸무르녹을주(濃也)。

【稠密:주밀⇨조밀】 몹시 빽빽함。
【稠人廣坐:주인광좌】 여러 사람이 모인 자리。稠坐。
【稠人廣衆:주인광중】 사람이 빽빽하게 많이 모임。〔史記〕稠人廣衆、薦寵下輩。
【稠適:주적】 알맞고 적당함。〔莊子〕可謂稠適而上遂矣。
【稠疊:주첩】 빽빽하게 첩첩이 겹침。〔李白·詩〕稠疊千萬峯、相連入雲去。

【稡】 ㊀(최) 泰 サイ、ソツ、あつめる ㊁(졸) 月 gather
㊀모을최(會稡、聚也)。㊁볏가리졸(禾聚貌)。

九 畫

【稧】 ㊀(결) 屑 ケツ、ケイ、わら ㊁(계) 霽 straw
㊀볏짚결(禾稈)。㊁볏단계(秧稻)。

【稧酒生面:계주생면】 《國》稧술로 생색냄。《喩》共同의 所有物을 이용하여 자기의 생색을 냄。〔東言解〕。

【䅵】 (추) 宥 シュウ、みのる ㄐㄧㄡˋ chiu⁴ (of rice) ripe
벼여물추(稻稔實)。

【䅣】 ㊀(황) 陽 コウ、きび ㊁(횡) 庚 panic grass
篆 ㊀기장황(禾、黍也)。㊁뜻은 ㊀과 같음。

【稫】 (벽) 職 ヒョク、みのる (of paddy) dense
보일벽、벼빽빽할벽(稫稄禾密貌)。

【稬】 ㊀(나) 箇 ダ、もちいね ㊁(난) 旱 glutinous rice
稬 小篆 書 草 ㊀찰벼나(稻之黏者)。㊁뜻은 ㊀과 같음。

【䅚】 (집) 緝 シュウ、うえる(本音「즙」) plant
심을집(種也)。

【稭】 ㊀(개) 佳 カイ、カツ、みごわら ㊁(갈) 黠 ㄐㄧㄝ chieh straw
稭 小篆 書 草 ㊀짚고갱이개(禾藁去皮祭天爲席)。〔史記〕古者封禪掃地而祭席用葅稭。㊁뜻은 ㊀과 같음。

【稭稈:개간】 볏짚의 잎과 줄기。〔黃庭堅·詩經〕捃束若稭稈。

【䅳】 (타) 哿 タ、いねのたれ ㄋㄨㄛˋ nuo⁴ (of rice) droop
䅳 小篆 벼고개숙일타(禾垂貌)。

【䅥】 (알) 月 ケツ、いねのめばえ pith of paddy
䅥 小篆 고갱이알(禾擧出苗)。

【種】 ㊀(종) 腫 シュ、たね ㄓㄨㄥˇ chun ㊁(종) 宋 seed; sort
種 小篆 書 草 ㊀❶종류종(類也)。〔書經〕無俾易種。❷머리털모지라질종(種種髮短)。〔左傳〕余髮如此種種。❸씨종(種子)。❹가지종(物種)。㊁❶심을종(蓺植)。〔史記〕所不去者醫藥卜筮種樹之書。❷펼종(布也)。

【種概念:종개념】 《論》어떤 개념의 外延이 다른 개념의 外延보다 커서、자기의 안에 包括하였을 때、그 안에 포괄된 개념。↔類概念。
【種犬:종견】 씨를 받을 개。
【種鷄:종계】 씨를 받을 닭。씨암닭。
【種瓜得瓜:종과득과】 오이를 심으면 반드시 오이가 남。《喩》원인이 있으면 반드시 결과가 있음。
【種德:종덕】 은덕이 될 일을 행함。
【種豚:종돈】 씨돼지。
【種痘:종두】 《醫》牛痘를 人體 안에 接種하여 天然痘를 예방하는 법。〔兩般秋雨盦隨筆〕種痘始於宋眞宗朝王旦。
【種卵:종란】 알을 까기 위하여 쓰는 씨알。
【種類:종류】 사물의 部門을 나누는 갈래。〔論衡〕瑞應之出、殆無種類。
【種馬:종마】 말의 번식 또는 種子를 개량하기 위하여 기르는 말의 수컷。
【種目:종목】 종류의 名目。종류의 項目。
【種苗:종묘】 ❶苗木이 될 씨를 심음。모를 심음。❷씨와 모。種子와 苗木。
【種苗場:종묘장】 식목의 싹을 심어서 길러내는 곳。
【種物:종물】 ❶씨。❷근본。
【種別:종별】 종류를 따라 된 구별。類別。〔漢書〕種別爲七略。
【種肥:종비】 농작물의 싹을 빨리 돋게 하기 위하여 주는 비료。
【種蔘:종삼】 종자로 쓰이는 삼。
【種蔘圃:종삼포】 삼의 종자를 기르는 밭。
【種相:종상】 만물의 여러 가지 종류。(人相)을 말함。〔法華經〕衆生種相體性。
【種桑:종상】 뽕나무를 심음。
【種姓:종성】 씨。종자。血統。系統。
【種藥:종약】 약재로 쓸 식물을 심어 가꿈。
【種藝:종예】 초목이나 곡식을 심어서 기름。〔書經·傳〕=二山已可種藝。
【種牛:종우】 씨받이 소。
【種子:종자】 ❶씨。《轉》사물의 근본。❷《佛》㉠부처의 가르침을 구하는 마음。菩提心(보리심)。㉡모든 현상이나 사물의 근본이 되는 힘。
【種族:종족】 ❶사람의 종류。❷동일한 종류의 것。같은 무리。❸동일한 조상으로부터 나온 가족·씨족 등으로 이루어진 사회 집단。❹一族이 몰살당함。〔史

記·高祖紀』秦——其家。

【種族保存:종족보존】 종족을 보존하려는 생물의 본능의 意識。

【種種:종종】 ❶삼가는 모양。『莊子』舍夫——之機。❷머리털이 짧고 모지라진 모양。『左傳』余髮如此——。❸㉠물건의 가지가지。㉡가끔가끔。『陸游』老覺初心——非。

【種畜:종축】 씨를 받기 위하여 기르는 가축。種馬·種牛 따위。

【種畜場:종축장】 종축을 사용하여 가축을 개량해가는 목장。

【種齒:종치】 만들어 박은 이。義齒。『陸游』染鬚——笑人痴。

【種播:종파】 =播種。『黃庭堅』絡緯何嘗省機織、布穀未應勤——。

【種皮:종피】 식물의 씨의 껍질。

【種核:종핵】 식물의 씨앗의 알맹이。

◎各—、同—、變—、別—、純—、洋—、良—、異—、人—、業—、雜—、接—、諸—、品—。

【稯】

(종) 東 ソウ、いねたば rice-sheaf

小篆 籒文 볏단종、벼묶음종(禾束)。『周禮』四秉曰筥十筥曰—十—曰秅—束也。

【稰】

(서) 語 ショ、かりいれ harvest

草書 ❶가을걷이할서、타작할서(熟穫)。『禮註』熟穫曰—。❷고사쌀서(祭神米)。『漢書』費椒—以要神。

【稱】

㊀(칭) 蒸 ショウ、となえる、ほまれ ㊁(칭) 徑 ㄔㄥ ch'êng¹ call; praise

小篆 草書 ㊀❶저울질할칭(銓也)。❷날릴칭(揚也)。『申子』懸權衡以—輕重。❸일컬을칭(言也)。❹들칭(擧也)。『禮記』君子—人之善則爵之。❺이름할칭(名號)。❻저울칭(衡也)。㊁❶헤아릴칭(量度)。『書經』—爾戈。『易經』君子以—物平施。❷맞을칭(副也)。『漢書』無以報—。❸맞갖을칭(愜意)。❹같을칭(參—、相等)。❺벌칭(衣單複具)。『禮記』衣必有裳謂一—。

【稱家有無:칭가유무】 집의 형세에 따라 일을 알맞게 함。

【稱擧:칭거】 칭찬하여 천거함。『史記』文帝——、稱遷至大中大夫。

【稱格:칭격】 人稱 또는 物稱。

【稱慶:칭경】 경사를 치름。

【稱念:칭념】 ❶무슨 일에 대하여 말하면서 잊지 말고 잘 생각하여 달라고 부탁함。❷남에게 의뢰함。

【稱當:칭당】 꼭 알맞음。

【稱貸:칭대】 ❶돈을 빌려 주고 이익을 취함。『孟子』——而益之。❷빌림。돈이나 물건을 빌려줌。

【稱道:칭도】 마음에 그리워하여 입으로 늘 칭송함。稱述。

【稱量:칭량】 ❶저울로 달음。❷사정이나 형편을 헤아림。『管子』人有逆順、事有——。

【稱慕:칭모】 칭찬하고 敬慕함。

【稱美:칭미】 좋은 일을 칭찬함。『禮記』銘之義——不稱惡。

【稱病:칭병】 병을 핑계 삼음。

【稱辭:칭사】 칭찬하는 말씨。

【稱善:칭선】 착함을 칭찬함。

【稱頌:칭송】 공덕을 칭찬하여 기림。찬양하여 일컬음。

【稱誦:칭송】 칭찬하여 일컬음。

【稱述:칭술】 ❶의견을 자세하게 진술함。『唐書』棄細錄大、所以冒死——。❷칭찬하여 말함。

【稱揚:칭양】 칭찬함。칭찬하여 치켜 올림。賞揚。『漢書』下詔——。

【稱譽:칭예】 ❶칭찬함。稱美。❷명예。『楊惲』猶從風而靡、尙何——之有。

【稱寃:칭원】 원통함을 들어서 말함。

【稱情:칭정】 마음에 맞음。

【稱職:칭직】 재능이 직무에 알맞음。또는 그 직무。

【稱讚:칭찬】 ❶잘한다고 추어 줌。좋은 점을 말하여 기림。『南史』皆擊節——。❷훌륭한 名望。

【稱託:칭탁】 어떠하다고 핑계를 댐。

【稱嘆:칭탄】 칭찬하고 감탄함。嘆稱。

【稱頉:칭탈】 事故가 있다고 핑계함。

【稱號:칭호】 어떠한 뜻으로 일컫는 이름。名稱。『後漢書』無——、不如立宗室、挾義誅伐。

◎假—、謙—、敬—、古—、公—、對—、名—、美—、別—、卑—、詐—、愛—、異—、人—、自—、藉—、尊—、追—、醜—、呼—、互—。

【稲】

(도)『稻』(禾部 10畫)의 俗字

十畫

【稟】

(률) 質 リツ、いねたばつみ rick of rice

볏가리률(——積禾貌)。

【稴】

㊀(렴) 鹽 レン、ケン、うるち ㊁(겸) 琰 nonglutinous rice

小篆 ㊀메벼렴(稻不黏)。㊁뜻은 ㊀과 같음。

【稷】

(직) 職 ショク、きび ㄐㄧˋ chi⁴ millet

小篆 籒文 草書 ❶피직 메기장。직(黍屬五穀之長)。『詩經』彼—之苗。❷농관직(后—農官)。❸사직직、흙귀신직(社—、土神)。

【稷蜂:직봉】 穀物의 神을 모신 祠堂에 살고 있는 벌。《喩》奸臣。『韓詩外傳』——不攻、而社鼠不薰。

【稷契:직설】 稷棄와 契。堯·舜 두 임금의 신하。『書經』禹拜稽首、讓于——皐陶。

【稷雪:직설】 싸락눈의 別稱。『爾雅』。

【稷神:직신】 곡식을 맡은 神。

【稷正:직정】 곡물의 神。『風俗通』。

【稷狐:직호】 五穀의 神을 모신 祠堂에 사는 여우。《轉》임금 옆에서 아첨하는 奸臣。『說苑』未見——見攻。

【穅】

(당) 陽 トウ、きび millet

❶기장당(—稊、黍也)。❷〔國字〕옥수수당、강냉이당(玉蜀黍)。

【稸】

(축) 屋 チク、キク、たくわえる(本音「휵」) accumulate

草書 쌓을축(積也)。『戰國策』—積朽腐而不用。

【稹】

(진) 軫 シン、こみいる ㄓㄣˇ chen³ dense

小篆 草書 ❶빽빽할진(穜稹密也)。『江賦』栟杞—薄。❷물건 모일진(聚物)。

【稺】

(치) 寘 チ、いとけない ㄓˋ chih⁴ young

小篆 ❶어린벼치(幼禾)。『詩經』稙—菽麥。❷어릴치(幼小)。『詩經』—衆—且狂。(『稚』와 같음)

【稺稼:치가】 늦게 심은 벼。『淮南子』河魚不得明目、——不得育時。

【稺子:치자】 어린이。稚子。

【稺齒:치치】 연소한 사람。未成年。

【穛】 ㊀(작) 藥 シャク、もみのかわ chaff ㊁(곡) 沃 ㊂(녹) 沃

小篆 ㊀벼껍질작(禾皮)。㊁㊂뜻은 ㊀과 같음。

【稻】(도) 皓 トウ、いね rice-plant ㄉㄠˋ tao⁴

小篆 草書 벼도(秔ㅡ、水田種穀)。『詩經』十月穫ㅡ。

【稻粱謀：도량모】 생활의 계책。生計。『書言故事』策口於外、爲ㅡㅡ。

【稻芒：도망】 벼의 까끄라기。벼알 끝에 달린 털。『後漢書』陰察視口眼、有ㅡㅡ。

【稻苗：도묘】 볏모。禾苗。『杜荀鶴』牛畔ㅡㅡ新雨後。

【稻米：도미】 입쌀。白米。

【稻孫：도손】 벼를 벤 뒤에 그루터기에서 다시 난 움。

米稻 (三才圖會)

【稻熱病：도열병】 벼에 생기는 병의 한 가지。자란 줄기와 잎에 감갈색의 점이 박히며 이삭이 돋아나지 않게 됨。

【稻作：도작】 벼농사。

【稻田：도전】 벼를 심는 논。稻畦。

【稻稷：도직】 벼와 피。『稻康』假無ㅡㅡ之域、必以 麥爲珍養。

◎水ㅡ、陸ㅡ、早ㅡ。

【稼】(가) 禡 カ、うえる、うえつけ plant; sow ㄐㄧㄚˋ chia⁴

小篆 草書 심을가(種穀)。『書經』土爰ㅡ穡。

【稼器：가기】 농사에 쓰이는 기구。

【稼動：가동】 사람이나 기계가 움직여 일함。

【稼動力：가동력】 사람이나 기계가 필요에 따라 바로 일할 수 있는 능력。

【稼穡：가색】 ❶농작물을 심는 것과 거두어 들이는 것。❷農事。『書經』先知ㅡㅡ之艱難。

【稼業：가업】 =稼行。

【稼政：가정】 논밭에 물을 대는 도랑에 지내는 祭祀。『周禮』正歲簡稼器、修ㅡㅡ。

【稼行：가행】 =鑛山에서 作業을 진행함。

【稽】 ㊀(계) 薺 ケイ、かんがえる examine ㄐㄧˇ chi³ ㊁(계) 齊

小篆 草書 ㊀❶상고할계(考也)。❷계교할계(計也)。『漢書』婦姑不相悅則反脣而相ㅡ。❸의논할계(議也)。『禮記』行必ㅡ其所敝。❹이를계(至也)。『莊子逍遙遊』大浸ㅡ天。❺같을계(同也)。❻저축할계(留止貯滯)。『漢書』蓄積餘 以ㅡ市物。❼익살부릴계(滑ㅡ轉貌)。㊁❶머리숙일계、꾸벅거릴계(下首)。『書經 舜典』禹拜ㅡ首。❷머물계(留也)。

【稽考：계고】 지나간 일을 상고함。

【稽古：계고】 옛 일을 공부하여 고찰함。《轉》학문。또는 학문을 함。『後漢書』ㅡㅡ之力、可不勉哉。

【稽覽：계람】 생각하여 봄。『權德輿』ㅡㅡ故志。

【稽留：계류】 ❶머무름。滯留。❷머물게 함。『春秋』陰陽之氣、平行而未止、未嘗有所ㅡㅡ滯鬱也。

【稽查：계사】 고찰하고 자세히 조사함。

【稽顙：계상】 ❶이마가 땅에 닿도록 몸을 굽혀 절함。『禮記』拜ㅡㅡ、哀戚之至隱也。❷稽顙再拜의 略語。

【稽顙再拜：계상재배】 머리를 조아리어 두 번 절함。상제가 한문투의 편지 첫 머리에 쓰는 말。

【稽式：계식】 ❶法則。오직 하나인 法式。『老子』知此兩者亦ㅡㅡ。❷고찰하여 표본을 삼음。『十八史略·東漢』ㅡㅡ古典。

【稽遲：계지】 멈춤。머무름。『南齊書·張融傳』常ㅡㅡ不進。

【稽滯：계체】 일이 밀리어 늦어짐。遲滯。

【稿】(고) 皓 コウ、わら straw

草書 ❶볏짚고(禾稈)。『漢書』已奉穀租又出ㅡ稅。❷사초고、원고(文草)。『史記』屬草ㅡ未定。

【稿料：고료】 著書 또는 쓴 글에 대한 보수。原稿料의 略語。

【稿履其經好：고리기경호】 《國》집신에는 제날이 좋다。《喩》혼인은 서로 알맞는 데서 골라야 함。『旬五志』。

【稿本：고본】 ❶원고를 맨 책。↔刊行本。❷《植》香草의 이름。

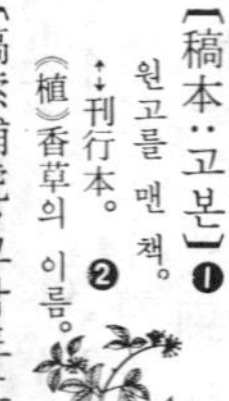

❷本槀 (三才圖會)

【稿索捕虎：고삭포호】 《國》새끼로 범 동이기。《喩》허술하게 하면 반드시 실패함。『東言解』。

【稿草：고초】 볏집。

【稿砧：고침】 아내가 남편을 일컫는 隱語。稿椹。『古樂府』ㅡㅡ今何在。『書言故事·夫婦類』夫曰ㅡㅡ。

【稿鞋頭菊花毬：고혜두국화구】 《國》집신머리에 菊花 수 놓음。《喩》격에 맞지 않음。『靑莊館全書』。

【槀】(고)『稿』(前條)와 같음

【穀】 ㊀(곡) 屋 コク、たなつもの grain; corn ㄍㄨˇ ku³ ㊁(구) 宥

小篆 草書 ㊀❶곡식곡、낟알곡(禾稼總名)。『書經』百ㅡ用成。❷착할곡(善也)。『書經洪範』既富且ㅡ。❸녹곡(祿也)。『詩經小雅天保』俾爾戩ㅡ。❹삶곡(生也)。『詩經王風大車』ㅡ則異室 死則同穴。❺기를곡(養也)。『詩經』以ㅡ我士女。㊁녹구(祿也)。

【穀價：곡가】 곡식의 가격。『後漢書』ㅡㅡ騰躍。

【穀犬：곡견】 《動》두꺼비의 異名。『梅堯臣』水田鳴ㅡㅡ。

【穀貴：곡귀】 시장에서 곡식의 공급이 부족해짐。

【穀圭：곡규】 米粒 무늬를 새긴 저울눈。

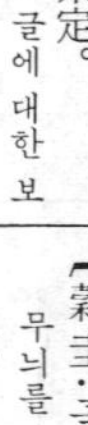

穀圭 (禮器圖)

【穀氣：곡기】 밥·죽·떡 등의 곡식으로 만든 음식의 총칭。人體의 榮養이 되는 五穀。『後漢書』人體欲得勞動、動搖則ㅡㅡ得銷。

【穀旦：곡단】 =穀日。『詩經』ㅡㅡ于差、南方之原。

【穀疸：곡달】 곡류만 먹어 생기는 황달。

【穀道：곡도】 ❶長生法。곧 곡식을 안 먹는 방법。❷《生》大腸과 肛門。

【穀頭生角：곡두생각】 가을에 장마가 져서 이삭에서 싹이 남。

【穀樓：곡루】 《佛》곡식을 넣어 두는 다락의 곳집。

【穀類：곡류】 곡식의 종류。

【穀物：곡물】 사람이 主食으로 하는 곡식。쌀·보리·조·기장·콩 따위의 總稱。곡식。

【穀物條例：곡물조례】 《法》一九세기 英國에서 농업을 보호하기 위하여 곡물의 수출입을 구속 제한했던 법률。

【穀璧：곡벽】 中國의 옛날 五玉의 하나。子爵의 諸侯들이 몸에 장식하던 것으로서 곡식의 줄기와 이삭을 새긴 白玉。『周禮』子執ㅡㅡ。

穀璧 (三禮圖)

【穀腹絲身：곡복사신】 먹는 것과 입는 것。絲身穀腹。

【穀商：곡상】 곡식 장사。

【穀實：곡실】 닥나무의 열매。강장제로 씀。楮實。

【穀雨：곡우】 二十四節氣의 여섯째。淸明의 다음。봄 절기의 마지막。양력 四월

二〇일 경。〔逸周書〕ㅡㅡ之日、莽始生。

【穀人:곡인】농사 짓는 사람。農軍。〔揚子法言〕ㅡㅡ不足於畫。

【穀日:곡일】즐거운 날。경사스러운 날。吉日。佳辰。穀旦。

【穀賊:곡적】《醫》목구멍에 까끄라기가 걸려서 열이 나고、붓고、아픈 병。

【穀精:곡정】곡식의 자양분。

【穀精水:곡정수】밥물。

【穀精草:곡정초】《植》곡정초과에 속하는 一年草。논이나 水田 등에 自生함。줄기는 漢方에서 眼疾의 藥材로 쓰임。

穀精草(三才圖會)

【穀酒:곡주】곡식으로 만든 술。

【穀倉:곡창】❶곡식을 간직하는 창고。❷=穀鄕。

【穀賤:곡천】곡식이 많아서 값이 헐함。

【穀草:곡초】이삭을 떨어 낸 곡식풀의 줄기。짚·밀짚 같은 것。

【穀出:곡출】곡식을 추수한 수량。

【穀杷:곡파】穀物을 긁어 모으는데 쓰이는 農具의 한 가지。

穀杷(農政全書)

【穀鄕:곡향】곡식이 많이 나는 고장。

◎米ㅡ、新ㅡ、五ㅡ、雜ㅡ、陳ㅡ、脫ㅡ。

十一畫

【穲】(라) 歌 ラ、もみをつみかさねる stack of corn

곡식쌓을라、노적더미라(穀積)。

【䆃】(도) 虞 ト、いなほ ears of rice

벼이삭도(禾穗)。

【穛】(조) 嘯 ショウ、へる lessen ㄐㄧㄡ chiu⁴

축날조(物縮少)。

【穄】(제) 霽 セイ、くろきび black millet ㄐㄧˋ chi⁴

(小篆)(草書) 메기장제、피제(似黍而不黏稷也)。〔呂氏春秋〕飯之美者山陽之ㅡ。

【稯】(총) 董 ソウ、いねたば rice-sheaf

볏단총(禾聚)。〔書經〕百里賦納總。

【穅】(강) 陽 コウ、ぬか chaffs ㄎㄤ k'ang¹

(小篆)(或體)(草書) ❶겨강(穀皮)。〔漢書〕妻子ㅡ豆不贍。❷악기이름강(樂器名)。(『糠』과 같음)

【穅粃:강비】겨와 쭉정이。《轉》쓸모 없는 물건。〔後漢書〕雖有穅粥、ㅡㅡ相半。

【穧】(적) 錫 テキ、うえる plant a seedling

모종낼적(離而種之)。

【穆】(목) 屋 ボク、やわらぐ harmony ㄇㄨˋ mu⁴

(小篆)(草書) ❶공경할목(敬也)。❷화할목(和也)。〔詩經 大雅 烝民〕ㅡ如清風。❸아름다울목(美也)。❹사당차례목(昭ㅡ、廟序)。〔詩經〕ㅡ文王。〔中庸〕所以序昭ㅡ也。

【穆穆:목목】❶言語·動作이 아름답고 훌륭한 모양。〔詩經〕ㅡㅡ文王。❷온화한 모양。〔書經〕ㅡㅡ在上、明明在下。❸深奧한 모양。❹威儀가 넘치는 모양。〔禮記〕天子ㅡㅡ、諸侯皇皇。

【穆然:목연】❶조용히 생각하는 모양。깊이 생각하는 모양。〔史記〕有所ㅡㅡ深思焉。❷소리가 까마득히 들리는 모양。❸온화하고 공경하는 모양。

【穆淸:목청】❶깊고 깨끗함。❷세상이 평온하게 다스려짐。〔曹植〕天下ㅡㅡ、明君莅國。

【穇】(삼) 咸 サン、ひえ barn-yard millet

❶쭉정이이삭삼(穗不實穇ㅡ)。❷피삼(稗也)。

【穈】㊀(미) ㊁(문) 〔國音〕 元 モン、あわ millet seed ㄇㄣˊ men²

㊀❶기장미(黍屬)。❷미음미(粥也)。㊁조문(赤苗嘉穀)。〔詩經〕維ㅡ維芑。

【穈芑:문기】곡식의 이름。穈는 赤粱 낟알。芑는 白粱 낟알。〔詩·大雅·生民〕恒之ㅡㅡ、是任是負。

【穊】(기) 寘 キ、しげる dense; thick

(小篆)(草書) 밸기、빽빽할기(ㅡ種、稠也)。〔史記〕深耕ㅡ種立苗欲疏。

【穊種:기종】촘촘히 씨를 뿌림。〔史記〕太后曰、試爲我言田、章曰、深耕ㅡㅡ、立苗欲疏、非其種者、鉏而去之、呂后默然。

【穋】(륙)『稑』(禾部 8畫)과 같음

【穌】(소) 虞 ソ、よみがえる revive ㄙㄨ su¹

(小篆)(草書) ❶쉴소(息也)。❷기뻐할소(舒悅)。❸깨어날소(死而復生)。〔書經〕后來其蘇。❹예수소(太西救世主曰耶ㅡ)。

【穎】(영) 梗 エイ、ほ、ほさき ear; spike ㄧㄥˇ ying³

(小篆)(草書) ❶이삭영(穗也)。〔詩經〕實ㅡ實栗。❷송곳끝영(錐鋩)。〔史記〕如錐之處囊中乃ㅡ脫而出。❸빼어날영(才能拔類)。

【穎果:영과】堅果의 한 가지。果皮가 건조하여 種皮와 붙어 있고 씨도 하나임。

【穎敏:영민】才智나 감각·행동 등이 날카롭고 민첩함。銳敏。敏捷。〔元史〕幼ㅡㅡ、從師授經史、過目輒領解。

【穎悟:영오】남보다 뛰어나게 총명함。〔晋書〕幼而ㅡㅡ、神彩秀徹、視日不眩。

【穎異:영이】보통 사람보다 뛰어남。

【穎才:영재】특히 뛰어난 才智。또는 그러한 사람。秀才。

【穎哲:영철】뛰어나고 현명함。또는 그러한 사람。〔傅亮〕神姿ㅡㅡ、大成俱茂。

【穮】㊀(표) 蕭 ㊁(묘) 篠 ヒョウ、のぎ ear; spike

㊀상이삭표(稻苗秀出者)。㊁까라묘(禾芒)。〔宋書〕秋分而禾ㅡ定、ㅡ定而禾熟。

【䅻】(리) 支 リ、いなほ droop of rice

벼이삭고개숙일리(禾華ㅡㅡ)。

【積】㊀(자) 寘 ㊁(적) 陌 セキ、つむ pile, load ㄐㄧ chi¹

(小篆)(草書) ㊀쌓을자、저축할자(委ㅡ、儲也)。〔孟子梁惠王下〕乃ㅡ乃倉。㊁❶포갤적、모을적(累聚堆疊)。〔詩經〕ㅡ之栗栗。❷넓이적(ㅡ量、面ㅡ)。❸부피적(容ㅡ)。

【積慶:적경】거듭 생기는 좋은 경사。〔鮑照〕東儲ㅡㅡ、皇孫誕育。

【積穀:적곡】곡식을 쌓아 놓음。

【積功:적공】공을 쌓음。

【積功之塔不隳:적공지탑불휴】《國》공든 탑이 무너지랴。《喩》功을 들여서 이룬 일은 쉽사리 없어지지 않는다는 뜻。〔旬五志〕。

【積久:적구】아주 오래 걸림。

【積極：적극】 사물에 대하여 그것을 긍정하고 최대한으로 활동함。↔消極。
【積極的：적극적】 사물에 대하여 긍정하고 능동적인 것。↔消極的。
【積極主義：적극주의】 ❶實證論。❷적극적으로 일을 하려는 주의。↔消極主義
【積金：적금】 모아 둔 돈。
【積年：적년】 여러 해。多年。累年。〖後漢書〗所居之官、輒ーー不徙。
【積年辛苦：적년신고】 여러 해를 두고 하는 수고와 괴로움。
【積德：적덕】 ≒積善。〖漢書〗ーー累功。
【積德累仁：적덕누인】 仁德이 널리 세상에 미침。
【積亂雲：적란운】 여름철 급격한 상승기류로 말미암아 생기는 산봉우리 모양으로 밑에는 비를 머금고 積雲과 層雲의 중간쯤의 높이에 뜨는 구름。
【積量：적량】 선박·거마 따위에 적재할 수 있는 화물의 重量。 「畿ーー。
【積潦：적로】 장마 끝의 洪水。〖宋史〗近
【積勞成疾：적로성질】 오랜 수고로 말미암아 병이 됨。
【積累：적루】 포개어 쌓임。累積。
【積痢：적리】 (醫)음식에 체하여 생기는 「이질。
【積立：적립】 모아서 쌓아 둠。
【積立金：적립금】 ❶적립해 둔 돈。❷(經)회사가 그 이익의 일부를 어떤 목적을 위하여 두는 돈。법정 적립금과 별도 적립금이 있음。
【積木：적목】 겹겹이 쌓인 나무。
【積病：적병】 ❶(醫)체증이 오래되어 뱃속에 덩어리가 지는 병。積氣。❷오래 된 병。〖包佶〗ーー攻難愈。
【積忿：적분】 마음에 오래 두고 쌓여 온 원한。積憤。〖南史〗ーー呵責彥。
【積費心力：적비심력】 마음과 힘을 많이 허비함。
【積仕：적사】 여러 해를 벼슬살이함。

【積卸：적사】 船舶에 짐을 싣거나 내림。
【積算：적산】 점차로 쌓여 증가하는 수량을 차례로 보태어 계산하여 감。
【積想：적상】 오랫동안 쌓인 생각。
【積傷：적상】 어떠한 일로 오래 마음을 썩임。오랜 근심으로 마음이 몹시 아픔。
【積石數：적석수】 (法)선박의 積載量을 표시하는 표준。
【積善：적선】 착한 일을 여러 번 함。積德。↔積惡。〖易經〗ーー之家、必有餘慶。
【積雪：적설】 쌓인 눈。〖晉書〗正會ーー始晴。
【積雪草：적설초】 (植) 꿀풀과에 딸린 다년생 덩굴풀。잎·줄기에서 향기가 나는 야생초로 약용으로도 쓰임。

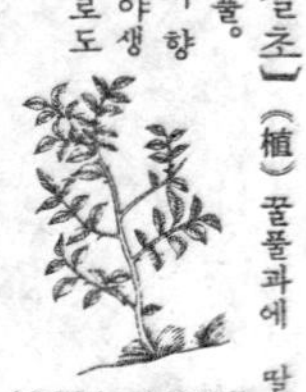
積雪草(三才圖會)

【積誠：적성】 오래 정성을 쌓음。
【積成卷軸：적성권축】 글발이나 장부·서신 등이 많이 쌓여 軸으로 헤아리기에 이름。
【積小成大：적소성대】 ❶작은 것도 쌓이면 크게 됨。❷적은 것도 모아 쌓이면 많아짐。
【積粟：적속】 ❶걸곡식을 쌓아 간직함。❷쌓아 간직한 곡식。
【積愁：적수】 ≒積憂。〖吳均〗ーー落芳鬢。
【積水成淵：적수성연】 한 방울 한 방울의 물이 모여 연못이 됨。積土山。
【積習：적습】 묵은 버릇。묵은 습관。〖春秋繁露〗ーー漸靡、物之微者也。
【積尸：적시】 ❶겹겹이 쌓인 시체。❷별의 이름。
【積薪：적신】 나무를 많이 쌓아 올림。또는 많이 쌓인 나무。〖漢書〗夫抱火厝之ーー之下。
【積失人心：적실인심】 여러 가지로 인심을 많이 잃음。

【積惡：적악】 악한 일을 많이 함。↔積善。〖潛夫論〗ーー不休、必致桀跖之名。
【積如邱山：적여구산】 산더미 같이 많이 쌓임。
【積雨：적우】 장마。霖雨。積淋。〖宋史〗宰臣奏、ーー傷稼。
【積憂：적우】 오랫동안 쌓인 근심。積愁。〖史記〗夫ーー者、得酒而解。
【積雲：적운】 ❶겹친 구름。層雲。〖王褒〗却而望之、鬱乎似ーー。❷흔히 여름철에 잘 생기는 탄솜 모양의 구름。
【積鬱：적울】 ❶쌓인 근심。❷오랫동안 쌓인 불만。❸오래 계속하여 침울함。
【積怨：적원】 오랫동안 쌓여 있는 원한。積恨。〖戰國策〗我有ーー深怒於齊。
【積怨深怒：적원심노】 원망이 쌓이고 쌓여 노염이 깊어짐。
【積有年所：적유연소】 여러 해。
【積日：적일】 여러 날。連日。累日。〖南史〗將士ーー、不得寢食。
【積財：적재】 재산을 쌓아 모음。또는 「그 재산。
【積載：적재】 물건을 쌓아 실음。
【積載量：적재량】 물건을 쌓아 실은 분량이나 중량。또는 실을 수 있는 분량이나 중량。
【積儲：적저】 쌓아 모음。蓄積。積貯。〖賈誼〗夫ーー者、天下之大命也。
【積阻：적조】 오랫동안 서로 떨어져서 소식이 막힘。
【積重：적중】 ❶거듭 쌓임。❷물건을 蓄積함。❸惡習이 쌓여서 좀처럼 고쳐지지 아니함。
【積債：적채】 쌓이고 쌓인 빚。
【積疊：적첩】 차곡차곡 쌓임。〖杜牧〗僵屍ーー、千山之草木盡腥。
【積滯：적체】 쌓여서 통하지 못함。
【積蓄：적축】 쌓아 간직함。또는 그 물건。儲蓄。〖宋史〗既無ーー、民飢可憂。
【積出：적출】 물건을 쌓아서 보냄。

【積翠：적취】 중첩한 綠色。곧 푸른 산을 형용함。〖錢起〗ーー全低嶺。
【積聚：적취】 ❶쌓여서 모임。積集。❷쌓아 간직한 물건。兵糧·馬糧 따위。〖漢書〗燒楚ーー。❸(醫)체증이 오래 되어 덩어리가 지는 병。積氣。積病。
【積峙：적치】 거듭거듭 높이 쌓음。
【積置：적치】 쌓아서 둠。
【積土成山：적토성산】 티끌 모아 泰山。〖荀子〗ーー、風雨興。
【積弊：적폐】 오랫동안 뿌리 박힌 폐단。積敝。〖荀子〗彼日ーー、我日積完。
【積血：적혈】 (醫)瘀血。
【積貨：적화】 화물을 실음。
【積懷：적회】 오랫동안 만나지 못하여 서로 보고 싶어 생각하는 懷抱。
【積勳：적훈】 공을 쌓음。積功。〖晉書〗累功ーー。
【積毁銷骨：적훼소골】 사람들의 惡談이 많으면 굳은 뼈라도 녹는다는 뜻으로 여러 사람의 惡談이 무섭다 함을 일컫는 말。〖鄒陽〗衆口鑠金、ーー。
◎求ー、露ー、累ー、山ー、食ー、容ー、體ー、滯ー、蓄ー、充ー。

十二畫

【穬】 (황) 陽 コウ、のむぎ barley
❶들보리황(野麥)。❷들곡황(野穀)。

【穖】 (기) 尾 キ、いね paddy
小篆 벼기(禾也)。

【穜】 ㊀(동) 東 トウ、おくて late-rice ㄊㄨㄥˊ t'ung²
㊁(충) 冬
小篆 草書 ㊀늦벼동(先種後熟)。㊁충륙벼충(ー稑、禾名)。
【穜稑：동륙】 벼의 이름。穜과 稑。穜은 일찍 심어서 늦게 익는 벼、稑은 늦게 심

어서 일찍 익는 벼。『周禮』生ㅣㅣ之種。而獻之于王。『注』鄭司農云、先種後熟、謂之種、後種先熟謂之稑。

【穗】(수) 寘 スイ、ほ ear; spike ㄙㄨㄟˋ suei⁴ 草書 이삭수(禾成秀)。『詩經』彼稷之ㅣ。

【穗狀:수상】곡식의 이삭과 같은 형상。

【穗狀花:수상화】《植》꽃대에 많이 모여서 이삭 모양으로 피는 꽃。

【穗狀花序:수상화서】《植》보리·밀 따위와 같이 한 개의 긴 花軸의 둘레에 꽃꼭지가 없는 여러 개의 꽃이 모여 이삭 모양으로 피는 無限花序의 하나。

【穗穗:수수】잘 결실한 벼를 형용하는 말。

【⿰禾黑】(매) 賄 バイ、あめにいたむ injure 대모앉을매、비에상할매(禾傷雨生黑斑)。

【穚】(교) 蕭 キョウ、ほ ear of rice ❶벼이삭교(禾秀)。❷가라지풀우거질교(莠草茂貌)。

【穛】(착) 覺 サク、ソク、はやかり harvesting the unripen crops 草書 풋바심할착(早取穀)。

【⿰禾卓】㊀(탁) 覺 タク、たかくぬきんでる stop suddenly ㊁(초) 效 小篆 ㊀❶우뚝머무를탁(特止)。❷우뚝설탁(卓立)。㊁❶탁자초(卓也)。❷무릅쓸초、범할초(冒也)。

【⿰禾粟】(속) 沃 ショク、いねのほ ears of rice 벼이삭속(禾穗)。

十三畫

【穟】(수) 寘 スイ、いなほ ear of rice 小篆 或體 草書 고갱이나올수(禾苗好美)。『詩經大雅生民』禾役ㅣㅣ。

【穟穟:수수】苗가 아름답고 좋은 모양。『詩·大雅』禾役ㅣㅣ、麻麥幪幪。

【⿳亡口⿲月禾凡】(라) 歌 ラ、こくもつをつむ heap up corn in stack [rick] 곡식쌓을라(積穀)。

【⿰禾會】(괴)·泰 カイ、あらぬか chaff 小篆 겨괴(穀也)。

【穠】(농) 冬 ジョウ、しげる dense; thick ㄋㄨㄥˊ nung² 草書 나무빽빽히들어설농(華木稠多貌)。『詩經』何彼ㅣ矣唐棣之華。

【穠綠:농록】나무가 무성하고 녹색이 짙음。『李賀』千山ㅣㅣ生雲外。

【穠李:농리】꽃이 많이 핀 자두나무。『詩經』何彼穠矣、華如桃李。

【穠纖:농섬】무성하고 많음과、잘고 작음。『梁武帝』ㅣㅣ有方、肥瘦相和。

【䆃】(도) 號 皓 トウ、えらぶ select 小篆 ❶가릴도(擇也)。❷용정할도(以粟爲米)。❸상서벼도(瑞禾)。

【穡】(색) 職 ショク、とりいれ harvest ㄙㄜˋ se⁴ 小篆 草書 ❶거둘색(斂ㅣ、農也)。『書經』若農服田力ㅣ乃亦有秋。❷아낄색(吝惜)。『左傳』臧文仲曰務ㅣ勸分。❸농사색(農ㅣ)。

【穡夫:색부】=穡人。『書經』。

【穡人:색인】농부。『左傳』ㅣㅣ成功。

【⿰禾亶】(선) 霰 セン、いねのたば rice-sheaf 볏단선(禾束)。

【⿰禾資】(자) 支 シ、いねをつむ rick of rice 小篆 볏가리자(積禾)。

【穢】(예) 隊 ワイ、エ、けがれる dirty; unclean 草書 ❶더러울예(惡也、汙也)。『左傳昭公元年正義』若ㅣ之汚物。❷거칠예(蕪也)。『漢書』蕪ㅣ不治。❸더럽힐예(使汚)。❹김예(田中雜草)。

【穢氣:예기】더러운 냄새。

【穢德:예덕】=惡德。『書經』ㅣㅣ彰聞。

【穢貊:예맥】=濊貊。

【穢物:예물】더러운 물건。

【穢濕:예습】더럽고 축축함。『李商隱』茅屋下ㅣㅣ。

【穢心:예심】깨끗하지 못한 마음。

【穢惡:예악】❶남의 명예를 더럽히고 욕되게 함。汚惡。汚辱。❷더러운 것。

【穢語:예어】욕지거리。辱說。『李商隱』市井ㅣㅣ。

【穢慾:예욕】깨끗하지 못한 욕심。

【穢政:예정】惡政。

【穢濁:예탁】더럽고 탁함。濁穢。『蜀志』沙汰ㅣㅣ、顯拔幽滯。

【穢慝:예특】지저분하고 더러움。汚穢。『後漢書』掃六合之ㅣㅣ。

【穢行:예행】더러운 행동。추한 행위。醜行。

【穢溷:예혼】❶추하고 더러움。❷변소。『隨隱漫錄』如落ㅣㅣ汙渠中。

十四畫

【⿰禾寧】(녕) 庚 ドウ、のぎ prickles of rice 벼꺼러녕、벼가시랭이녕(禾芒)。

【穧】(제) 霽 セイ、かりいね harvest ㄐㄧˋ chi⁴ 小篆 草書 ❶곡식거둘제(穫刈)。❷벼웅큼수제、볏단수제(刈禾把數)。

【穨】(퇴) 灰 タイ、つむじかぜ wild wind ㄊㄨㄟˊ tuei² 小篆 小篆 草書 ❶사나운바람퇴(暴風)。『詩經』維風及頹。❷모지러질퇴(禿貌)。(『頹』와 같음)

【穨陵:퇴릉】모지라지고 낡아짐。『後漢書』至於戰國、漸至ㅣㅣ。

【穩】(온) 阮 オン、おだやか quiet ㄨㄣˇ wen³ 小篆 草書 ❶편안할온(安也)。『蘇軾詩』江山雖有餘亭榭苦難ㅣ。❷곡식걷어모을온(穀聚)。

【穩健:온건】온당하고 건전함。『唐國史補』劉晏馬取ㅣㅣ、不擇毛色。

【穩當:온당】사리에 어그러지지 않고 알맞음。『唐庚文錄』此波涵聖澤、波字未ㅣㅣ。

【穩宿:온숙】=穩寢。

【穩穩:온온】편안한 모양。『戴復古』平平ㅣㅣ、爲公爲卿。

【穩全:온전】결점이 없고 완전함。

【穩寢:온침】편안하게 잠을 잠。穩宿。

【穩婆:온파】助産婦。『鄕談正音』鄕曰生婆、正曰ㅣㅣ。

【穩便:온편】❶온당하고 원만함。『長孫無忌』臨事施行、實下ㅣㅣ。❷아주 편리함。

【穩話:온화】온건한 말。

【穩會:온회】 친한 벗끼리 재미 있게 이야기하는 조용한 모임。
◎不—、安—、靜—、平—。

【穪】 (칭)『稱』(禾部9畫)의 俗字

【穫】 ㊀(호) 週 ㊁(확) 藥 カク、かる harvest
小篆 草書 ㊀땅이름호(焦—、扶風地名)。㊁❶곡식거둘확(刈穀)。【詩經 豳風七月】十月—稻。❷곤박할확(隕—、因迫)。【禮記】不隕—于貪賤。

【穫渠:확거】 農具의 이름。【管子】銚鎒當劍戟、——當脇䩵。

【穫稻:확도】 벼를 거두어 들임。【詩經】八月剝棗、十月——。

【穫薪:확신】 이미 거두어 들인 땔나무。一說로는 잎이 떨어진 장작。【詩經·小雅】有冽氿泉、無浸——。【箋】穫、落木名也。

【穋】 ㊀(충) 送 ㊁(추) 有 シュウ、あさたば bundle of hemp
㊀❶삼단충(麻束)。❷볏가리충(積禾)。㊁모을추(聚也)。

十五畫

【穱】 (적) 錫 テキ、もちごめ glutinous rice
찹쌀적(黏米)。

【穖】 (멸) 屑 ベツ、いね paddy
小篆 벼멸(禾也)。

【穬】 (광) 梗 コウ、のぎ millet
小篆 ❶꺼럭 조광(芒粟)。【六書故】五穀皆有—。❷벼여물지않을광(稻不熟)。

【穬麥:광맥】 귀리。燕麥。耳麥。雀麥。

【穭】 (려) 語 ロ、おろか (of rice plants) grow of itself
❶벼 절로날려(自生稻)。❷어리석을려(愚也)。

【穲】 (파) 禡 ハ、いね rice-plant
草書 파아벼파(—稏、稻名)。

【穮】 (표) 蕭 ヒョウ、くさぎる weed out
小篆 草書 김맬표(耘田除草)。【左傳】譬如農夫是—是蓘。

【穯】 (색)『穡』(禾部13畫)의 本字

十六畫

【穬】 (미) 寘 ビ、たねまく sow (the seeds)
씨뿌릴미(散種)。

【穮】 (추)『秋』(禾部4畫)의 古字

十七畫

【穳】 (천) 霰 セン、まぐさ hay
꼴천(獸之所食草)。

【穰】 (양) 養 ジョウ、わら straw
小篆 草書 ❶볏줄기양、 볏짚양(禾莖)。❷벼잘여물양(禾實豐)。【詩經】豐年——。❸많을양(衆也)。【詩經 周頌執競】降福——。❹사람많을양(浩—、人多)。

【穰歲:양세】 곡식이 잘 결실한 해。豐年。【晉書】國寶散於——。

【穰穰:양양】 ❶곡물이 잘 결실한 모양。【史記】五穀蕃熟、——滿家。❷풍족한 모양。【詩經】降福——。

【穰田:양전】 곡물이 잘 익기를 빎음。【史記】道傍有——者。

【穱】 (섬) 鹽 セン、みのらない blasted ears of rice
벼쭉정섬(禾不實、穛—)。

十八畫

【穲】 (권) 元 ケン、きいろないね (of rice) ripen to yellow
벼익어누를권(禾熟黃)。

【穳】 (분) 問 フン、こやし manure
小篆 ❶거름분(糞田)。❷상무벼분(紫稻)。❸벼차질지않을분(稻不黏)。

十九畫

【穲】 (리) 支 リ、いねのなえ (of the sheaf) be lined up
곡식포기가지런할리(——五穀行列)。

【穳】 (찬) 寒 サン、いねをつむ rick of rice
볏가리찬(禾聚)。

二十畫

【穳】 (당) 養 トウ、きいろなこくもつ yellow corn
누른곡식당(黃穀)。

穴部

【穴】 (혈) 屑 ケツ、あな cave; hole ㄒㄩㄝˊ hsüeh[2·4]
小篆 草書 ❶굴혈、구멍혈(窟也)。❷움혈(土室)。【易經 繫辭】上古—居而野處。❸틈혈(孔隙)。【孟子 滕文公下】鑽—隙。❹굿혈、광중혈(壙也)。

【穴居:혈거】 동굴에 살음。先史時代의 인류의 住居處。穴處。

【穴見:혈견】 좁은 識見。管見。【後漢書】不敢——。

【穴竅:혈규】 움。동굴。【宋史】以木盤貯水、——灑之、如雨滴。

【穴農:혈농】 年事가 고르지 않아 고장에 따라 豐凶이 같지 않는 농사。

【穴鼻:혈비】 《動》토끼의 異名。【表異錄】——始明、——兔也。

【穴牖:혈유】 구멍을 뚫어 놓은 채 그대로 있는 들창。【大戴禮】蓬戶——。

【穴處:혈처】 ❶=穴居。❷《喩》見識이 천박함。【漢書】巢居知風、——知雨。

【穴盒:혈합】 서랍。
◎九—、炙—、墓—、巢—。

一畫

【穵】 (알) 黠 アツ、さぐる scoop out ㄨㄚ wa
小篆 草書 ❶구멍우빌알(手探穴)。❷큰구멍알(大穴)。

【穵耳:알이】 귀이개。

【穵足:알족】 도자기의 굽 속을 파내는 일。

二畫

【穽】 (정) 庚 テイ、うがつ make a hole
뚫을정(穿也)。

【究】 (구) 宥 キュウ、ク、きわめる inquiry ㄐㄧㄡˋ chiu[4]
小篆 草書 ❶다할구(極也)。【易經】其—爲健。❷꾀할구(謀也)。【詩經】爰—爰度。❸마칠구(竟也)。【史記孔子世家】當年不能—其禮。❹궁구할구(推尋)。【詩經】是—是圖。❺미워할구(——相憎惡)。【詩

經 唐風羔裘】自我人ㅣㅣ。

【究竟:구경】❶究極。『後漢書』上下ㅣㅣ。❷《佛》事理의 마지막。곧 天台宗에서 六即(菩薩行의 六階級) 중에서 一切의 法을 大悟한 最上의 자리。

【究考:구고】생각함。끝까지 연구함。

【究厥心腸:구궐심장】남의 마음을 속속들이 헤아림。

【究極:구극】❶극도에 달함。窮極。『漢書』ㅣㅣ經術。❷마지막。

【究極目的:구극목적】❶《哲》인생이 추구하는 종극의 목적。❷맨 마지막 목적。

【究極原理:구극원리】《哲》과학이 어떠한 사실을 가정하여 설명하는 부분적인 원리에 대하여 철학의 보편적이며 전연 가정이 없는 제일의 원리。

【究理:구리】사물의 이치를 구명함。『舊唐書』ㅣㅣ精密。

【究明:구명】사리를 궁구하여 밝힘。

【究問:구문】샅샅이 조사함。追究해 물음。『北史』ㅣㅣ知非。

【究索:구색】연구하고 思索함。

【究宣:구선】구명하여 밝힘。『史記』小吏淺聞、不能ㅣㅣ。

【究悉:구실】조사하여 밝힘。『北史』前言往行、多所ㅣㅣ。

【究察:구찰】샅샅이 조사하여 밝힘。究審。『吳志』明朝所當ㅣㅣ。

【究覈:구핵】깊이 살핌。깊이 考察함。

【究詰:구힐】끝까지 따져 詰責함。『唐書』朝廷含糊、未嘗ㅣㅣ。

◎講ㅣ、考ㅣ、論ㅣ、深ㅣ、硏ㅣ、追ㅣ、推ㅣ、探ㅣ、討ㅣ、學ㅣ。

【窅】(요) 篠 ヨウ、ふかい deep
깊을요(深也)。

三 畫

【窀】(석) 陌 セキ、つかあな grave ㄒㄧˊ hsi²
小篆 草書 굿석、광중석(窀ㅣ墓穴)。【左傳】楚子曰惟是春秋窀ㅣ之事。

【穹】(궁) 東 キュウ、たかい high ㄑㄩㄥˊ ch'iung¹·²
小篆 草書 ❶높을궁(高也)。❷클궁(大也)。❸하늘궁(ㅣ蒼、天也)。【詩經 大雅桑柔】以念ㅣ蒼。❹궁할궁(窮也)。❺덮을궁(塞也)。【詩經】ㅣ窒熏鼠。

【穹蓋:궁개】=穹天。『范成大』聖人坐明堂、洪覆等ㅣㅣ。

【穹谷:궁곡】깊은 골짜기。『班固』幽林ㅣㅣ。

【穹窖:궁교】구덩이를 파서 위를 두두룩하게 덮은 움。

【穹隆:궁륭】❶활이나 무지개같이 높고 길게 굽은 형상。❷한가운데가 제일 높고 사방 주위는 차차 낮아진 하늘 형상。穹窿。『太玄經』天ㅣㅣ而周乎下。

【穹窿形:궁륭형】활 모양。半球形。

【穹冥:궁명】하늘。『宋史』薦號ㅣㅣ、登名祖禰。

【穹圓:궁원】하늘。穹弖。天穹。『晋書』靜河海於旣泄、補ㅣㅣ於已紊。

【穹窒:궁질】쥐구멍。『詩經』酒掃ㅣㅣ。『箋』ㅣㅣ、鼠穴也。

【穹蒼:궁창】하늘。蒼穹。蒼天。穹天。『詩經』靡有旅力以念ㅣㅣ。

【空】㊀(공) 東 クウ、コウ、むなしい、そら empty; sky
㊁(공) 送
㊂(공) 董
小篆 草書 ㊀❶다할공(罄也)。❷빌공(虛也)。【詩經 大雅大東】杼柚其ㅣ。❸하늘공(太ㅣ、天也)。❹클공(大也)。【詩經】在彼ㅣ谷。㊁구멍공(穴竅)。【周禮】函人眡其鑽ㅣ。㊂❶궁할공(窮也)。【詩經】不宜ㅣ我師。❷이지러질공(缺也)。❸없을공(ㅣ乏)。❹벼슬이름공(官名、司ㅣ)。【論語】回也其庶乎屢ㅣ。

【空家:공가】빈 집。

【空殼:공각】빈 껍질。

【空簡:공간】선물이 딸리지 아니한 편지。

【空間:공간】❶집을 쓰지 않고 비워 둔 간。❷하늘과 땅 사이。❸《哲》상하·전후·좌우로 무한하게 퍼져 있는 빈 곳。시간과 아울러 물질의 存在를 설명하는 필요조건。↕時間。

【空間槪念:공간개념】《心》空間知覺을 통하여 얻은 개념。↕時間槪念。

【空間美:공간미】공간적으로 이루어지는 조각·건축 따위의 미。造型美。

【空竭:공갈】덧없이 없어짐。窮乏한 것。『荀悅』百姓ㅣㅣ。

【空件:공건】쓸모 없는 물건。

【空劫:공겁】《佛》四劫(成·住·壞·空)의 하나。세계의 最終。모조리 파괴되어 전혀 空으로 돌아가는 시기。『大藏法數』。

【空界:공계】❶《佛》아무 것도 없는 공의 세계。無邊의 虛空。❷空間。

【空界無物:공계무물】공계에는 아무 물건도 존재하지 않음。

【空曲:공곡】쓸쓸한 산 모퉁이。『杜甫』陵寢盤ㅣㅣ。

【空谷:공곡】인기척이 없는 쓸쓸한 골짜기。빈 골짜기。

【空谷足音:공곡족음】空谷에 울리는 사람의 발자국 소리。《喩》적적할 때 사람이 찾아옴。또는 쓸쓸히 지낼 때 듣는 기쁜 소식。空谷跫音。『莊子』。

【空曠:공광】❶텅 빈 것。空虛。『後漢書』官寺ㅣㅣ。❷매우 넓음。

【空軍:공군】《軍》軍事上 공중에서의 공격과 방비를 맡은 군대。

【空拳:공권】❶=空手。『北齊書』猶欲奮ㅣㅣ而爭之。❷=空拳①。

【空闕:공궐】빈 대궐。

【空閨:공규】오랫동안 남편 없이 아내 혼자 쓸쓸히 사는 방。空房。『張道衡』關山別蕩子、風月守ㅣㅣ。

【空竅:공규】❶구멍。❸눈·코·귀·입。

【空隙:공극】❶틈。間隙。『江淹』朱霞入窓牖、曜靈指ㅣㅣ。❷겨를。

【空器:공기】❶빈 그릇。❷사기 보시기의 한 가지。

【空氣:공기】❶지구의 표면을 둘러싼 무색 투명한 기체。大氣。❷어떤 장면의 상태。情勢。

【空氣溜:공기류】《物》압축 공기를 필요에 따라 사용할 목적으로 저장하는 그릇。

【空氣壓縮機:공기압축기】압축 공기를 만드는 기계。공기 수송관이나 수뢰 발사에 쓰임。

【空氣浴:공기욕】《生》알몸으로 신선한 공기를 쐬어 피부의 저항력을 튼튼하게 하는 요법。

【空氣傳染:공기전염】《醫》공기 속에 흩어져 날아다니는 병원균이 사람의 호흡기를 통해 침입하여 전염하는 일。

【空氣銃:공기총】압착 공기의 작용을 이용하여 만든 총。空氣砲。

【空氣枕:공기침】고무 주머니 따위에 공기를 넣어서 베는 베개。風枕。

【空囊:공낭】❶돈이 들어 있지 않은 빈 주머니。❷몸에 돈을 지니지 않음을 일컬음。

【空念佛:공념불】❶입으로만 외는 헛된 염불。❷실행이나 내용이 따르지 않는 주장이나 선전。❸아무리 타일러도 허사가 되는 말。

【空談:공담】쓸데 없는 말。

【空堂:공당】사람이 없어 텅 빈 堂。『阮籍』徘徊ㅣㅣ上。

【空垈:공대】❶울안의 빈 터전。❷집을

지을 수 있는 터전. 빈 집터.

【空洞:공동】❶아무 것도 없이 텅 빈 굴. (喩)度量이 넓음. 『世說』此中——無物、但足容卿輩數百人. ❷(醫)신체의 조직내에 壞死가 일어나 그것이 배출된 뒤에 생기는 구멍. 결핵균에 依해 생기는 폐의 동공.

【空得:공득】공으로 얻음.

【空欄:공란】紙面의 빈 난.

【空路:공로】항공기가 다니는 路線.

【空論:공론】❶실행할 수 없는 헛된 議論. 空談. ❷근거 없는 論.

【空論空談:공론공담】헛된 이야기.

【空淚:공루】짐짓 슬픈 듯이 흘리는 눈물. 거짓으로 흘리는 눈물.

【空理:공리】實際에 동떨어진 이론. 사실에 관계 없는 이론.

【空漠:공막】❶아득하게 넓음. 또는 그러한 沙漠. 『蔡襄』胡雁畏——. ❷막연하여 종잡을 수 없음.

【空明:공명】물에 비친 달 그림자. 『蘇軾·赤壁賦』擊——兮泝流光.

【空冥:공명】하늘. 青冥. 紫冥. 『李東陽』望疑山色繞——.

【空名:공명】헛되고 실속이 없는 명예. 虛名. 『史記』乃以——爲帝不可.

【空名紙:공명지】(制)科擧 볼 때에 예비로 가지던 시험지. 空正草.

【空名帖:공명첩】(制)성명을 적지 아니한 叙任書. 관청에서 돈이나 곡식 같은 것을 받고 관직을 팔 때 관직 이름은 써서 주되, 이에 의해서 叙任된 사람은 實務는 보지 않고 명색만을 행세하게 됨. 空名帳.

【空耗:공모】텅텅빈 것. 비고 다함. 虛耗. 『宋史』宿兵以來、國用——.

【空木:공목】活字 組版에서 인쇄할 필요가 없는 빈 부분. 곧 글자 사이나 줄 사이 등을 메우기 위한 나무나 납 조각. 空目.

【空目:공목】=空木.

【空濛:공몽】부슬비가 오고 침침한 모양. 『張衡』朝雨——如薄霧.

【空無邊處天:공무변처천】(佛)無色界 四天의 하나. 空을 의지하는 곳.

【空文:공문】❶실행할 수 없는 글. ❷전혀 효력이 없는 문귀나 法規.

【空門:공문】(佛)❶만물은 모두 空이라는 이치를 說한 불교의 法門. 三論宗 또는 禪宗의 異稱. ↔有門. 『白居易』自從苦學——法、消盡平生種種心. ❷三門의 하나. ❸四門의 하나.

【空房:공방】❶=空閨. 『古詩』賤妾留——、相見常日稀. ❷사람이 거처하지 않는 방. 빈 방.

【空房殺:공방살】占術家가 말하는, 夫婦 사이의 不和한 살. 空房煞.

【空排:공배】바둑 둘 때 양 편의 득점에 利害가 없는 빈 밭.

【空白:공백】❶텅 비어서 아무 것도 없음. ❷글씨를 쓰고 남은 빈 자리. 餘白.

【空瓶:공병】빈 병.

【空腹:공복】❶음식을 먹지 않은 텅 빈 배. 『本草綱目』一人飮酒、一人飽食、一人——. ❷배가 고픈 것.

【空簿:공부】사실과 다른 장부. 거짓 꾸민 장부. 『漢書』與郡縣通姦、多張——.

【空費:공비】쓸 데 없는 비용.

【空山:공산】사람이 살지 않는 산중. 『魏徵』古木鳴寒鳥、——啼夜猿.

【空山明月:공산명월】❶적적한 산에 비치는 밝은 달. ❷대머리를 놀리는 말. ❸화투장의 하나. 공산 스무끗 짜리로 산과 달이 그려져 있음.

【空牀:공상】뒤와 옆이 없는 결상.

【空想:공상】❶이루어질 수 없는 헛된 생각. 『唐書』跪拜靈壇結——. ❷(心)外界에 相應하는 객관적 사실이 없는 생각.

【空想家:공상가】공상을 잘 하는 사람.

【空色:공색】맑은 하늘색.

【空石:공석】벼를 담지 않은 비어 있는 섬. 『荀子』——之中有人焉.

【空席:공석】❶비어 있는 자리. 또는 자리가 비었음. ❷비어 있는 地位.

【空疎:공소】❶내용이 빈약하고 결점이 많음. ❷텅 비고 드문드문 떨어져 있음.

【空巢:공소】빈 새 둥우리. 『遼史』徒有——.

【空輸:공수】비행기로 사람이나 물건을 운반하는 일.

【空手:공수】빈 손. 빈 주먹. 徒手. 空拳. 『漢書』——搏熊羆猶獸.

【空手來空手去:공수래공수거】(佛)사람이 세상에 났다가 헛되이 죽는 것을 일컬음.

【空手票:공수표】❶(經)지불할 자금이 충분하지 못한 융통수표. ❷실행이 없는 헛된 약속.

【空襲:공습】항공기의 공중 습격.

【空襲管制:공습관제】적기가 공습하였을 때 이를 피하기 위한 단속.

【空食:공식】❶힘 들이지 않고, 돈이나 물건을 얻거나 또는 음식을 먹음. ❷무료로 손님에게 음식을 먹임.

【空室:공실】사람이 거처하지 않는 방.

【空心:공심】먹은 지가 오래 되어 음식이 들어 있지 않은 빈 뱃속.

【空言:공언】❶말 뿐으로 실행이 없는 빈 말. 虛言. 『史記』秦以——求譽. ❷實踐이 없는 議論. 文章. 『史記』——虛語、非所守也.

【空言無施:공언무시】빈 말만 하고 실행함이 없음.

【空域:공역】공중 지역.

【空譽:공예】實際보다 높이 평가된 명예. 『後漢書』小道破義、——違實.

【空位:공위】❶비어 있는 자리. ❷실권이 없이 이름 뿐인 지위. 虛位.

【空日:공일】일 아니 하고 쉬는 날. 곧 일요일.

【空財:공재】공돈.

【空寂:공적】❶텅 비고 쓸쓸함. 寂寥. 『李俊民』一庵——地. ❷(佛)宇宙萬物의 그 實體는 모두 空이라는 것. 『往生要集』本來——、一體無礙.

【空前:공전】그것과 비교할 만한 것이 전에는 없음. ↔絶後.

【空前絶後:공전절후】비교할 만한 사물이 전에도 없었고 앞으로도 없을 것으로 생각함. 前無後無. 『宣和畫譜』顧空於前、張絶於後、而道子乃兼有之.

【空庭:공정】빈 뜰.

【空挺部隊:공정부대】=落下傘部隊.

【空酒:공주】거저 먹는 술.

【空柱聯:공주련】글씨와 그림이 없는 주련.

【空中:공중】하늘. 中天.

【空中警備:공중경비】적기의 공습을 막기 위한 경비.

【空中廣告:공중광고】공중에서 氣球나 비행기·꽃불 따위로써 하는 광고.

【空中樓閣:공중누각】❶공중에 세운 누각. 蜃氣樓. 『夢溪筆談』. ❷架空의 사물 또는 쓸데 없는 의논·主張 따위.

【空中俯瞰:공중부감】공중에서 아래를 굽어 내려다 봄. 空中展望.

【空中寫眞:공중사진】항공기에서 찍은 사진.

【空中戰:공중전】항공기 따위로써 공중에서 하는 전쟁.

【空中偵察:공중정찰】공중에서 적의 상황을 살피는 일.

【空即是色:공즉시색】(佛)衆生이나 만물이 모두 因緣和合으로 말미암은 임시의 존재이기는 하나, 인연의 相關關係에 의해서 각각 다른 형상으로서 존재함의 일컬음. ↔色即是空. 『般若心經』色即是空、——.

【空紙:공지】=白紙.

【空地:공지】빈 땅. 빈 터.

【空地利用:공지이용】빈 땅을 이용하는 일.

【空車:공차】❶빈 차. 『孔子家語』夫三尺之限、——不能登者何哉、峻故也. ❷공으로 타는 차.

【空冊:공책】필기하기 위하여 백지로 매어 놓은 책. 筆記帳. 노우트.

【空處:공처】빈 곳.

【空廳:공청】헛간.

【空砲:공포】실탄을 재지 않고 쏘는 총.

헛총。

【空爆:공폭】 항공기가 공중에서 행하는 폭격。

【空票:공표】 ❶거저 생기는 입장권이나 차표 따위。 ❷추첨 따위에서 아무런 배당이 없는 표。

【空乏:공핍】 비고 모자람。 貧窮。 『孟子』――其身。

【空閑:공한】 ❶집이나 터 따위가 임자 없이 비어 있음。 ❷일이 없어 한가함。

【空函:공함】 ❶빈 봉투나 상자。 『晉書』竟達――。 ❷빈 함。

【空港:공항】 항공의 여러 설비를 갖추어서 항공기가 뜨고 내리게 할 수 있는, 地上 또는 水上의 비행장。

【空行:공행】 헛걸음。

【空虛:공허】 ❶속이 텅 빔。 아무 것도 없음。 『史記』安國富民、使囹圄――。 ❷防備가 없음。 ❸하늘。 虛空。 『歐陽修』彩翠滿――。

【空虛感:공허감】 허전한 느낌。

【空虛之地:공허지지】 공허한 땅。

【空濠:공호】 물이 없는 못。 空壕。

【空還:공환】 목적을 이루지 못하고 헛걸음으로 돌아옴。

【空豁:공활】 넓고 넓음。 매우 넓음。 空闊。 『孔武仲』眼中――到鴻冥。

【空闊:공활】 ＝空豁。

【空懷:공회】 헛된 생각。 헛된 感懷。 『陸機』撫――而自惋。

◎架―、高―、大―、碧―、上―、翔―、眞―、蒼―、天―、靑―、晴―、航―、虛―。

【⿱穴土】 (색) 職 ソク、あなをふさぐ fill in a hole with soil
흙으로 구멍막을색(以土塞穴)。

四 畫

【⿱穴元】 (연) 銑 ゼン、なめしかわ refined leather
다룬가죽연(柔皮革)。

【穽】 (정) 敬 セイ、おとしあな pit ㄐㄧㄥˇ ching
草 書 구덩이정、함정정(穿地陷獸坑)。 『書經』杜乃擭斂乃―。

【穽鄂:정악】 함정。 穽은 陷穽、鄂은 柞格。 『國語·魯語上』設――、以實廟庖。

【穽井:정정】 함정。 陷穽。 陷穽。 『韓非子』。

【穽陷:정함】 함정。 『淮南子』。

【⿱穴夬】 (一)(혈) 屑 (二)(결) 屑 ケツ、うがつ make a hole
小篆 (一)❶뚫을혈(穿也)。 ❷빌혈(空也)。 (二)뜻은 (一)과 같음。

【穾】 (요) 嘯 ヨウ、くらい dark
草 書 ❶깊숙할요(巖―、隱暗處)。 ❷골방요(洞房)。 『楚辭』冬有―厦。

【穾奧:요오】 어두운 곳을 말함。 穾는 방의 東南쪽 구석。 奧는 방의 西南쪽 구석。 『漢書·敍傳』守――之熒燭、未印天庭而覩白日也。

【穾夏:요하】 깊숙한 大家。 穾廈。

【穾廈:요하】 크고 깊숙한 大家。 一說로는 방으로 둘러 싸인 大家。 『楚辭·招魂』冬有――、夏室寒些。

【穿】 (一)(천) 先 (二)(천) 霰 セン、うがつ go through ㄔㄨㄢ ch'uan¹
小篆 草 書 (一)❶통할천(通也)。 ❷구멍천(穴也)。 『詩經』何以―我屋。 ❸팔천(掘也)。 ❹뚫을천(鑽也)。 (二)꿸천(貫也)。 『漢書』貫―經傳。

【穿決:천결】 구멍이 뚫어져 벌어짐。 『後漢書』衣幭――。

【穿結:천결】 떨어진 옷을 꿰맴。 또는 너덜너덜 떨어진 옷。

【穿孔:천공】 큰 바위 따위를 떠내기 위하여 구멍을 뚫는 일。

【穿帶壺:천대호】 자라병 모양으로 귀가 달리고 옆구리에 차게 된 병。

【穿窬:천유】 좀도둑。 『論語·陽貨』某猶――之盜也與。

【穿耳:천이】 귀에 구멍을 뚫고 귀고리를 다는 것。 『杜甫』玉環――誰家女。

【穿鑿:천착】 ❶구멍을 뚫음。 ❷학문을 깊이 파고 들어감。 『宋史』又作字說、多――傅會。 ❸꼬치꼬치 캠。

【穿築:천축】 구멍을 뚫고 흙을 쌓음。 『南史』家庭――、極林泉之致。

【穿敝:천폐】 구멍이 뚫려 떨어짐。 『唐書』藍補――。

【穿胸:천흉】 옛 나라 이름。 西南에서 東南方에 걸친 海外에 있으며 그 나라사람 들의 가슴에 뚫은 구멍은 등에까지 이른다 함。

穿胸國(三才圖會)

【⿱穴厷】 (굉) 庚 コウ、いえ grand house
❶큰집굉(大屋)。 ❷집우렁찰굉(屋深響)。

【窀】 (둔) 眞 チュン、うずめる burial ㄓㄨㄣ chuen¹ (古音「준」)
小篆 草 書 ❶광중둔、굿둔(―穸、長夜)。 ❷묻을둔(埋也)。

【窀穸:둔석】 壙中에 棺을 내림。 또는 광중。 『左傳』――之事。

【突】 (돌) 月 トツ、つく、にわか rush out ㄊㄨ t'u²
小篆 草 書 ❶우뚝할돌(出貌)。 『詩經』―而弁兮。 ❷다닥칠돌(衝―、觸也)。 ❸속일돌(唐―、欺也)。 『任昉箋』維此魚目唐―璵璠。 ❹벼란간돌(猝也)。 ❺굴뚝돌(煙出竈)。

【突擊:돌격】 敵의 진지를 돌진하여 침。 『唐書』以精騎――破之。

【突擊隊:돌격대】 돌격하는 부대。

【突擊戰:돌격전】 돌격하여 맞붙어 싸우는 전투。

【突過:돌과】 돌격하여 지나감。

【突貫:돌관】 ❶꽉 찔러서 꿰뚫음。 ❷단숨에 뛰어 들어감。

【突厥:돌궐】 (歷)六세기 중엽 알타이 산맥 부근에서 일어나 蒙古·중앙 아시아에 大帝國을 건설한 土耳其系의 遊牧民。

【突隙:돌극】 연기가 새어 나오는 틈。 『淮南子』百尋之屋以――之煙焚。

【突起:돌기】 불쑥 솟음。 또는 그 물건。

【突怒偃蹇:돌노언건】 突怒는 성난、偃蹇은 驕慢。 巖石이 성을 낸 것처럼 또 방자한 그 모양을 사람에 비유한 것、 『柳宗元·文』其石之――。

【突禿:돌독】 대머리。 『荀子』孫叔敖――長左。

【突發:돌발】 뜻밖에 일이 일어남。

【突變:돌변】 갑작스럽게 변함。

【突不燃不生烟:돌불연불생연】 (國) 때지 않은 굴뚝에 연기 나랴。 (喩)무슨 일이든지 근거 없이 유포되는 법이 없다는 뜻。 『靑莊館全書』。

【突飛:돌비】 힘있게 펄쩍 뛰어 나옴。 또는 날뜀。

【突誦:돌송】 글을 거침없이 외움。

【突如:돌여】 ＝突然。 『易經』――其來如。

【突然:돌연】 별안간。 갑작스럽게。 突如。

【突兀:돌올】 우뚝 솟음。 산이 높게 우뚝 솟은 모양。 『韓愈』――便高三百尺。

【突入:돌입】 마구 뛰어 들어감。 또는 마구 뛰어 들어 옴。 『後漢書』率吏卒、――其家捕之。

【突隄:돌제】 陸地에서 바다 가운데로 길게 내 쌓은 防波堤。 波止場。 突堤。

【突進:돌진】 거침 없이 곧장 나아감。 단

숨에 나아감。

【突出:돌출】❶툭 튀어 나옴。『唐書』新豊有山、因震ㅣㅣ。❷닮은 데가 없이 특별하게 생김。❸갑자기 쑥 내밀음。

【突破:돌파】❶쳐서 깨뜨림。❷곤란 장애 따위를 헤치고 나아감。❸어느 수량을 초과하여 그 위로 넘음。

【突風:돌풍】갑자기 부는 억센 바람。

【突忽:돌홀】＝突然。

◎唐ㅣ、煙ㅣ、豬ㅣ、衝ㅣ。

【窂】(로) 豪 ロウ、おり cage
❶짐승우리로(獸圈)。❷굳을로、채울로(實也)。

【窃】(절)『竊』(17穴部畫)의 俗字

五畫

【窐】(규) 嘯 キョウ、おくぶかい hushed
草書 ❶깊을규(深遠也)。❷고요할규(靜也)。

【窄】(착) 陌 サク、せまい narrow ㄓㄞˇ chai³ (古音「책」)
草書 ❶좁을착(狹也、隘也)。❷끼일착(迫也)。

【窄迫:착박】답답할 만큼 몹시 좁음。

【窄衫:착삼】좁은 소매。또는 그 옷。窄袖。

【窄小:착소】좁고 작음。狹小。

【窄袖:착수】＝窄衫。

【窄韻:착운】詩韻의 글자가 적은 것。險韻。『六一詩話』ㅣㅣ難獨用。

【窇】(박) 覺 ハク、あなぐら cellar
❶움박(土室)。❷구멍박(穴也)。❸굴박(窟也)。

【窅】(요) 篠 ヨウ、くぼみめ sunken eyes ㄧㄠˇ yao³
小篆 草書 ❶움평눈요(深目)。❷까말요、멀요(深遠)。『莊子』逍遙遊】ㅣ然喪其天下焉。

【窅眇:요묘】깊고 아득한 모양。『王融』ㅣㅣ寥寂。

【窅然:요연】멍한 모양。茫然。『莊子』ㅣㅣ喪其天下焉。

【窅窊:요와】구부러진 모양。『漢書』ㅣㅣ桂華。

【窅窅:요요】深奧한 모양。깊고 먼 모양。『韓愈』ㅣㅣ深塹、其墉甚完。

【窅窕:요조】깊고 으슥한 모양。『秦觀』ㅣㅣ房櫳深。

【窆】(폄) 豔 ヘン、ほうむる taking down the coffin ㄅㄧㄢˇ pien³
小篆 小篆 ❶하관할폄(葬下棺)。『周禮』及ㅣ執斧以涖匠師。❷광중폄(埋穴、墓穴)。

【窆器:폄기】옛날 棺을 墓穴에 내릴 때에 쓰던 柱石의 類。『周禮』冢人共喪之ㅣ。

【窆不臨其穴:폄불임기혈】埋葬 때、그 墓穴에 立會하지 않았음을 말함。『韓愈』斂不憑其棺、ㅣㅣ。

【窆石:폄석】棺을 墓穴에 내릴 때 사용하던 돌。『王十朋、會稽風俗賦』雷鼓漏、梅陵ㅣㅣ。

【窈】(요) 篠 ヨウ、ふかい secluded ㄧㄠˇ yao³
小篆 草書 ❶고요할요(ㅣㅣ靜也)。『莊子』至道之精ㅣㅣ冥冥。❷깊을요(深也)。『杜甫詩』煙生ㅣ窕谷。❸안존할요(ㅣ窕幽閒)。『詩經』ㅣ窕淑女。

【窈糾:요교】그윽하고 조용한 여자의 모습。『詩經』佼人僚兮、舒ㅣㅣ兮。

【窈渺:요묘】매우 넓은 모양。窅渺。『元好問』ㅣㅣ朱絃寂寞心、得詩何啻得黃金。

【窈靄:요애】깊고 까마득한 모양。

【窈然:요연】멀고 아득한 모양。『列子』ㅣㅣ無際、天道自會。

【窈篠:요조】깊고 먼 모양。『盧照隣』重廊之ㅣㅣ。

【窈窕:요조】❶山水・궁궐 따위가 아늑한 모양。『陶潛・歸去來辭』旣ㅣㅣ以尋壑。❷여자의 마음이 얌전하고 고움。幽閒。『詩經』ㅣㅣ淑女、君子好逑。❸남자의 행동이 얌전하고 조용함。❹妖艶한 모양。妖冶。『後漢書』出則ㅣㅣ作態。

【窈窕淑女:요조숙녀】安存(안존)한 여자。얌전한 부녀。

【窨】(압) 洽 オウ、はりをさす prick the vein
小篆 맥찌를압(刺脈)。

【窉】(병) 梗 ヘイ、あな hollow
❶구멍병(穴也)。❷삼월병(三月)。『爾雅』三月爲ㅣ。

【窏】(명) 梗 ベイ、あなぐら cave
小篆 굴명(窟也)。

【窌】(령) 靑 レイ、いど well
우물령(井也)。

【窊】(와) 麻 ワ、くぼむ sunken; hollow ㄨㄚ wa¹
小篆 草書 웅덩이와(汙下)。『長笛賦』ㅣ隆詭戾。

【窊隆:와륭】높낮이。高低。높은 곳과 낮은 곳。또는 높아졌다가 낮아졌다가 하는 것。『馬融・長笛賦』波瀾鱗淪、ㅣㅣ詭戾。

【窊尊:와준】돌이 패여 술동이처럼 된 것。『元結・窊尊詩』巉巉小山石、數峯對窊亭、窊石堪爲樽、狀類不可名。

【窊凾:와함】소리가 낮은 모양

【窋】(줄) 質 チュツ、あな hollow
小篆 草書 뾰죽이내밀줄(物將出穴貌)。『靈光殿賦』綠芳紫菂ㅣ窋垂珠。

【窋室:줄실】바위 굴。窟室。堀室。掘室。『吳越春秋』四月公子光伏甲士於ㅣㅣ中、具酒而請王僚。

【窋窡:줄찰】岩穴 속에서 나오고 있는 모양。『韓愈』跧梁排郁縮、闖竇楔ㅣㅣ。

【窋咤:줄타】❶事物이 岩穴 속에 있는 모양。『王延壽』綠房紫菂、ㅣㅣ垂珠。❷빠른 모양。눈 깜짝할 사이。

【窌】㊀(교) 效 ㊁(료) 看 コウ、あなぐら cellar ㄌㄧㄠˊ liao²
小篆 草書 ㊀❶움교(地藏)。❷굴교(窟也)。㊁으슥하고 비어 있을료(深空)。

【窨】㊀(음) 侵 ㊁(탐) 感 イン、ふかい deep
小篆 ㊀❶깊을음(深也)。❷검을음(窨ㅣ、黑也)。❸굴뚝음(煙突)。❹널을 묻을음(埋柩)。㊁뜻은 ㊀과 같음。

【窑】(요) 蕭 ヨウ、とうきをやく burn the tile
기와구울요(燒瓦)。

六畫

【窗】(동) 東 トウ、とおる pass
통할동(通也)。

【窀】(타) 禡 タ、とがった さき (本音「차」) protrude
뾰죽이 내밀타(物將出穴貌)。【靈光殿賦】綠芳紫菂窀ー垂珠。

【窋】㊀(혈) 屑 ケツ、むなしい ㊁(출) 質 empty
㊀❶심방혈(心臟上房)。❷빌혈(空也)。㊁굴에살출(窟內生居)。

【窅】(요) 篠 ヨウ、くらい dark
小篆 ❶어두울요(冥也)。❷멀요(遠也)。❸숨을요(隱也)。❹깊을요(深也)。

【窐】(규) 齊 ケイ、こしき the steamer's bottom-hole
小篆 시루구멍규(甑孔)。【楚辭】珪璋雜于甑ー。

【窑】(요)『窯』(穴部10畫)의 俗字

【窒】㊀(질) 質 チツ、テツ ふさがる shut ㊁(절) 屑 ㄓˋ chih
小篆 草書 ㊀❶막을질、막힐질(塞也)。【詩經】穹窒熏鼠。❷가득할질(滿也)。❸원소이름질(ー素、淡氣)。㊁뜻은㊀과같음。

【窒死:질사】숨이 막히어 죽음。

【窒酸:질산】《化》硝石에 黃酸을 섞어 열을 더하여 만든 無色發煙性의 액체。오래 두면 햇빛에 분해되어 黃褐色을 띰。

【窒塞:질색】❶음력 七월과 八월의 併稱。(달이 庚에 있는 것을 窒、辛에 있는 것을 塞。【爾雅·釋天】。❷閉塞함。숨이 통하지 못하여 기운이 막힘。❸몹시 싫거나 놀라서 기막힐 지경의 일컬음。

【窒素:질소】《化》무색·무미·무취의 氣體 元素。공기 중에 七八%가 포함되어 있으며 여러 가지 화합물을 만들음。

【窒素肥料:질소비료】질소를 비교적 많이 包含한 비료의 通稱。질소를 공급하기 위한 비료로서 식물의 肥大發育을 촉진하는 데 효력이 있음。

【窒息:질식】숨이 막혀 통하지 아니함。

【窒礙:질애】막히고 방해됨。障礙。【金史】通其ーー、略其繁碎。

【窓】(창) 江 ソウ、まど window
草書 창창、지게문창(戶也、通孔)。(『窻』의 俗字)

【窓架:창가】문틀。창틀。

【窓鏡:창경】창문에 단 유리。

【窓口:창구】사무실에서 바깥 손님을 상대하여 문서나 돈 따위를 받아 들이거나 내어 주기 위하여 자그마하게 만든 창문。

【窓櫺:창령】창에 낸 간살。창살。

【窓門:창문】彩光·通風을 위하여 벽에 만들어 놓은 문。

【窓牖:창유】창。牖는 들창。【江淹】朱霞入ーー。

【窓戶:창호】창과 지겟문의 總稱。

【窓戶紙:창호지】❶문을 바르는 종이。❷재래식 종이의 한가지。大好紙 비슷하되 빛이 좀 누르스름하고 줄진 결이 똑똑함。窓糊紙。

◎客ー、南ー、綠ー、同ー、東ー、明ー、北ー、紗ー、書ー、映ー、學ー。

【窔】(요) 嘯 ヨウ、すみ corner of room
小篆 草書 웃목구석요(室東南隅)。【儀禮既夕】聚諸ー。

【窔奧:요오】방의 東南쪽 구석。西南쪽 구석。어둡고 깊숙한 곳。突奧。【班固】守ーー之熒燭。

【⿱穴火】(심) 侵 シン、けむりだし chimney ㄧㄠˇ yao
굴뚝심(烟突)。

【窕】(조) 篠 チョウ、ヨウ、しとやか peaceful ㄊㄧㄠˇ t'iao
小篆 小篆 草書 ❶안존할조(窈ー、幽閒)。【詩經】窈ー淑女。❷으슥할조(窈ー、深也)。❸고요할조(靜也)。❹가늘조(細也)。

【窕言:조언】희떠운 말。경솔한 말。【韓非子】語言辨、聽之說、不度于義、謂之ーー。無山林川谷之利而入多者、謂之窕貨。

【窕冶:조야】요염하게 아름다움。【荀子】故其立文飾也、不至於ーー。

【窕窕:조조】그윽한 모양。【元稹】不復論ーー。

【窕貨:조화】一時的인 수입。거저 얻은 이익。→窕言。

七 畫

【⿱穴豆】(두) 宥 トウ、おとしあな pit
함정두(陷穽)。

【⿱穴良】(랑) 養 ロウ、あな hole
❶집휑뎅그렁할랑(㝩ー、宮室空貌)。❷구멍랑(穴也、窌ー)。

【窌】(류) 宥 リュウ、くにのな place name
小篆 땅이름류(石ー、濟北地名)。【左傳】齊侯以辟司徒之妻爲有禮與之石ー。

【窗】(창)『窓』(穴部6畫)의 本字

【窘】(군) 軫 キン、くるしむ distressed
小篆 草書 ❶군색할군(困迫)。❷급할군(急也)。【莊子】困ー織屨。

【窘窮:군궁】困窮함。窮窘。

【窘急:군급】❶일이 막히어 급함。【史記】ーー常得脫。❷몹시 군색함。

【窘迫:군박】❶몹시 군색함。窘急。❷난관에 부닥쳐 일의 형세가 급하게 됨。❸적에게 공격을 당하여 괴로움을 받음。【晉書】城中ーー。

【窘步:군보】❶바쁜 걸음。急步。❷步行하기에 괴로움。【楚辭】夫惟捷徑以ーー。【顏延之】ーー懼先迷。

【窘塞:군색】❶일이 뜻대로 되지 않아서 곤란함。❷가난함。

【窘厄:군액】災難。窮困。艱窘。

【窘辱:군욕】=困辱。

【窘拙:군졸】있어야 할 것이 없어서 어려움。

【窘蹙:군축】군색하여 옴추려짐。困蹙。窮蹙。【五代史】今梁兵ーー、其勢可破。

【窘乏:군핍】몹시 군색함。

【窖】(교) 效 コウ、あなぐら cellar ㄐㄧㄠˋ chiao
小篆 草書 움교、지함교(大ー地藏)。【漢書】迺幽蘇武置大ー中。

【窖菜:교채】겨울철에 굴방 속에 저장해둔 배추。【陔餘叢考】疏菜花卉、可以人力培護、令非時而預出者。

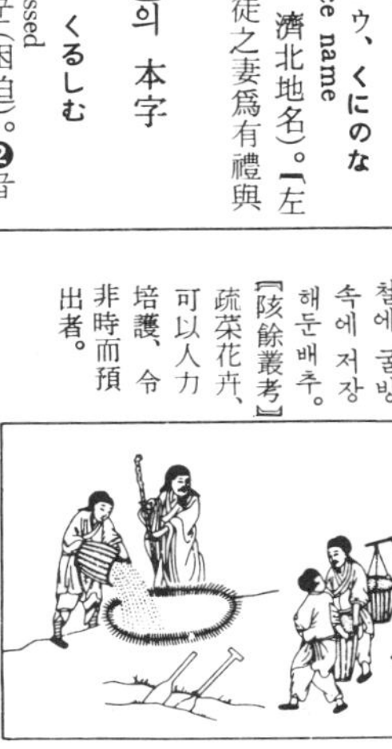

窖(農政全書)

【⿱穴巠】(경) 徑 ケイ、むなしい empty
小篆 빌경(空也)。

【窙】(효) 肴 コウ、ひろい wide
❶넓을효(豁也)。❷높을효(高也)。〔潘岳〕幽谷豁以ㅡ窙。

【[illegible]】(견) 琰 ケン、とおい distant
❶멀견(遠也)。❷사슴이름견(鹿名)。

【窛】(구) 宥 コウ、あらい wild
❶노략질할구(鈔也)。❷사나울구(暴也)。

八畫

【窐】(괘) 蟹 カイ、しょうきばん chess-board
장기판 간살괘(博局方目)。

【[illegible]】(봉) 蒸 ホウ、ほうむる cover the coffin with soil
평토칠봉(喪葬下土)。

【窞】(담) 感 タン、あな cave; hole
篆 草書 광중담、구덩이담(坎中小坎)。〔易經〕習坎入于坎ㅡ。

【窞處:담처】岩穴 속에서 사는 것。穴居。〔韓非子〕巖居ㅡㅡ、託伏深慮、大者非世、細者惑下。

【窟】(굴) 月 クツ、あな cave; hole ㄎㄨ k'u¹
草書 ❶굴굴(孔穴)。❷움굴(土室)。〔左傳〕鄭伯爲ㅡ室而夜飮酒。

【窟居:굴거】동굴에서 살음。또는 그 굴。〔晋書〕鑿池爲窟室、弟子亦以ㅡㅡ。

【窟法堂:굴법당】(佛)천연적으로 된 동굴속에 만든 법당。

【窟穴:굴혈】❶굴속。〔元稹〕巴蛇蟠ㅡㅡ。❷도적·匪徒·악한 들의 근거지。巢窟。

【[illegible]】(담) 感 タン、えんとつ chimney
❶굴뚝담(竈突)。❷깊을담(深也)。

【窠】(과) 歌 カ、あな hole ㄎㄜ k'ê¹
篆 草書 ❶빌과(空也)。❷구멍과(穴也)。❸둥우리과(巢也、穴中曰ㅡ樹上曰巢)。

【窠闕:과궐】官吏實職의 空缺。窠는 空、闕은 缺。〔元典章〕

【窠窄:과착】관원의 定員이 적음을 일컬음。

【窠乏:과핍】벼슬 자리에 결원이 없음。

【窡】(찰) 黠 タツ、あなをとおしてみる peep through a hole
篆 구멍으로볼찰(穴中見)。

【窢】(획) 陌 カク、かぜ beadwind
草書 바람마주치는소리획(ㅡ然、逆風聲)。〔莊子〕其風ㅡ然惡可以言。

【窣】㊀(솔) 月 ㊁(졸) 月 ソツ、ゆるやか slowly ㄙㄨ su⁴
篆 草書 ㊀❶느릿느릿걸을솔(勃ㅡ、行緩貌)。❷우지직거릴솔(窣ㅡ、聲不安)。〔杜甫詩〕枝撐聲窣ㅡ。❸구멍으로나올솔(自穴中出)。㊁뜻은 ㊀과 같음。

【窣堵波:솔도파】梵語 stūpa의 音譯。卒都婆。塔婆。塔。浮圖。

【窣窣:솔솔】쓸쓸한 바람소리를 형용하는 것。〔朴蓟鶴〕懷君勞我寫詩情、ㅡㅡ陰風有鬼聽。「後花園ㅡㅡ無邊闊。

【窣靜:졸정】고요하고 그윽함。〔還魂記〕

【窣地:졸지】문득。突然。

【窤】(관) 寒 カン、あな deep hole
❶깊은구멍관(深穴)。❷땅이름관(地名)。

【[illegible]】(녕) 靑 デイ、あきらか bright
❶클녕(大也)。❷밝을녕(明也)。❸하늘녕(天也)。

九畫

【窻】(창)『窗』(穴部 7畫)의 俗字

【窨】(음) 沁 イン、あなぐら cellar
篆 草書 움음(地室)。〔後漢書註〕窨室ㅡ室也。

【窨約:음약】마음 속으로 가만히 약속하는 것。〔還魂記〕是禁不的燕抄鶯鬧、偏自ㅡㅡ。

【窩】(와) 歌 カ、ワ、あな、むろ cave; hole ㄨㄛ wo¹
草書 ❶굴와(窟也)。❷움집와(穴居)。❸감출와(藏也)。❹벌집와(蜂ㅡ、蜂房)。

【窩窟:와굴】=巢窟。

【窩刀:와도】❶靑狐 가죽의 異名。〔淸一統志〕。❷綠營用의 칼(刀)。〔大淸會典圖·窩刀〕。

❷ 窩刀 (大淸會典圖)

【窩主:와주】도둑이나 노름꾼 소굴의 우두머리。接主人。

【窩中:와중】굴속。

【窩地:와지】도둑·노름꾼들의 소굴이 「있는 곳。

【窪】(와) 麻 ワ、ア、くぼむ cave; deep
篆 草書 ❶도랑와(溝也)。❷깊을와(深也)。❸맑은물와(淸水)。❹웅덩이와(窊也)。〔道德經〕ㅡ則盈。

【窪隆:와륭】❶우묵한 곳과 높은 곳。❷衰함과 盛함。

【窪目:와목】움푹 패인 눈。

【窪則盈:와즉영】물은 낮게 패인 곳으로 돌아가니 낮으면 찬다。〔老子〕

【窪地:와지】움푹 파이어 웅덩이가 된 「땅。

【窪下:와하】움푹하게 낮은 곳。

【窬】㊀(유) 虞 ㊁(두) 尤 ユ、トウ、くぐり side door ㄩ yü²
篆 草書 ㊀판장문유(蓽板爲戶)。〔禮記 儒行〕蓽門圭ㅡ。㊁❶문곁구멍두(門房小竇)。〔論語 陽貨〕其猶穿ㅡ之盜也與。❷요강두(褕ㅡ、褻器)。

【窬牆鑽穴:유장찬혈】=窬牆穿穴。

【窬牆穿穴:유장천혈】담에 구멍을 뚫음。(喩)남의 집 여자에 탐을 내어 몰래 들어감을 일컬음。

十畫

【窮】(궁) 東 キュウ、きわまる exhausted ㄑㄩㄥ ch'iung²
篆 草書 ❶다할궁(極也)。〔禮記〕充充如有ㅡ。❷궁구할궁(究也)。〔春秋序〕究其所ㅡ。❸마칠궁(竟也)。〔書經〕永世無ㅡ。❹막힐궁(困屈)。〔孟子 公孫丑上〕遁辭知其所ㅡ。(『竆』과 같음)

【窮客:궁객】아주 어렵고 곤궁하게 된 사람。몹시 궁한 사람。

【窮竟:궁경】❶마지막。끝。❷끝까지 캐어 밝힘。〔史記〕ㅡㅡ其事。

【窮境:궁경】=窮地。

【窮計:궁계】구차한 계책。곤궁한 끝에

생각해낸 마지막 계책。下計。
【窮孤:궁고】 곤궁하고 의지할 곳 없이 외로움。 또는 그 사람。『後漢書』賑恤——、則恩澤下暢。
【窮谷:궁곡】 산 속의 깊은 골짜기。 幽谷。『左傳』深山——。
【窮困:궁곤】 어렵고 궁함。 困窮。『十八史略』——年老。
【窮究:궁구】 속 깊이 연구함。 討究。『後漢書』明經博覽、無不——。
【窮寇:궁구】 궁한 경지에 빠진 적。
【窮匱:궁궤】 =窮乏。『左傳』不分孤寡、不恤——。
【窮鬼:궁귀】 ❶궁한 귀신。『韓愈』三揖——、而告之。 ❷사람을 곤궁하게 만드는 귀신。 ❸곤궁한 사람。
【窮極:궁극】 ❶극도에 달함。 끝마침。 究極。『晉書』珠簾玉璧、——伎巧。 ❷마지막 끝。『曹植』天地無——。 ❸困窮이 극도에 달함。
【窮極目的:궁극목적】 =究極目的。
【窮極原理:궁극원리】 보편적이며 전연 假定이 없는 제일 원리。 究極原理。
【窮奇:궁기】 《歷》❶堯代 四凶의 하나。 ❷天神의 이름。 ❸西北地方에 있다는 怪獸。 ❹惡人。

窮奇 ❸ (三才圖會)

【窮氣:궁기】 궁상이 낀 모양。
【窮年累世:궁년루세】 자기 일생부터 자손 대대에 이르름。『荀子』——、不知足。
【窮當益堅:궁당익견】 곤궁하면 그럴수록 그 志操는 더욱 굳어짐。『後漢書』嘗謂賓客曰、丈夫爲志、——、老當益壯。
【窮途:궁도】 ❶막힌 길。《轉》고통스러운 경우。 곤궁한 처지。『鮑照』——悔短計。 ❷벼슬할 길이 막힘。
【窮冬:궁동】 마지막 가는 겨울철。 음력 섣달。 窮陰。 深冬。『杜甫』——急風水。
【窮臘:궁랍】 세밑。 年末。 歲暮。『楊凌鍾』——催年急。
【窮廬:궁려】 ❶허술하게 지은 住宅。 窮廬。 ❷가난한 집。
【窮理:궁리】 ❶사물의 이치를 연구함。 ❷程朱學에서 사물의 도리·원칙을 연구하여 一貫된 이치를 찾는 것。『易經』——盡性、以至于命。
【窮目:궁목】 視力이 미치는 맨 끝。 눈으로 볼 수 있는 맨 끝。
【窮民:궁민】 가난한 백성。『孟子』此四者天下之——、而無告者。
【窮迫:궁박】 몹시 곤궁함。
【窮班:궁반】 생활이 매우 가난한 양반。
【窮髮:궁발】 초목이 나지 않는 北極地方。 不毛의 땅。(髮은 초목)。『莊子』——之北、有溟海者、天池也。
【窮僻:궁벽】 매우 후미지어 으슥함。
【窮奢:궁사】 극진한 호사。
【窮奢極侈:궁사극치】 아주 심한 사치。
【窮狀:궁상】 곤궁하게 살아가는 상태。
【窮相:궁상】 貧窮한 骨相。
【窮色:궁색】 곤궁한 모습。
【窮塞:궁색】 아주 가난함。『歐陽修』可憐勝境當——。
【窮生:궁생】 《佛》三界로 流轉하며 궁핍스럽게 살아가는 중생。
【窮生員:궁생원】 곤궁한 선비。
【窮鼠齧猫:궁서설묘】 쫓기어 몰린 쥐가 도리어 고양이를 물음。《轉》弱者라도 극도에 다다르면 强者에게 맞서 대항함。『塩鐵論』死不再生、——。
【窮說:궁설】 궁한 말。
【窮勢:궁세】 곤궁한 형세。
【窮愁:궁수】 궁핍을 겪는 근심。『史記』虞卿非——、亦不能著書以自見於後世云。
【窮心:궁심】 정신을 이리 저리 씀。
【窮心覓得:궁심멱득】 온갖 힘을 다들여 겨우 찾아 얻음。
【窮厄:궁액】 ❶災厄으로 고생함。 窮阨。 ❷不遇하고 곤궁함。 ❸가난하여 살기 어려운 살림살이。『亢倉子』——則以命自寬。
【窮阨:궁액】 =窮厄。
【窮餘一策:궁여일책】 매우 궁박한 나머지 짜낸 한 계책。 窮餘之策。
【窮餘之策:궁여지책】 =窮餘一策。
【窮硏:궁연】 조사하고 연구함。『陳書』——旨奧。
【窮閻:궁염】 좁고 더러운 거리。
【窮裔:궁예】 매우 멀고 궁벽한 곳。(裔는 옷자락 끝)。『韓愈』故卒死於——。
【窮人:궁인】 ❶가난한 사람。『莊子』天下無——。 ❷卑賤한 사람。
【窮人謀事:궁인모사】 운수가 궁한 사람이 꾸민 일은 모두 잘 이루어지지 않음。
【窮節:궁절】 묵은 곡식은 다 떨어지고 새 곡식은 아직 익지 않아 사람들이 궁핍스럽게 지내는 절기。 窮春。
【窮鳥:궁조】 쫓기어 도망갈 곳이 없는 곤경에 빠진 새。《轉》곤궁에 빠져 헤어날 길이 없음。
【窮措大:궁조대】 困窮하고 淸貧한 선비。『冷齋夜話』東坡作——詩。
【窮鳥入懷:궁조입회】 새매에게 쫓기어 몰린 새가 사람의 품 안에 기어들음。《喩》궁지에 빠진 사람이 와서 하소연을 하면 불쌍히 여기고 도와 주어야 한다는 말。『顔氏家訓』——、仁人所憫。
【窮地:궁지】 ❶어떤 일에 있어서 막다른 경우。 ❷생활이 곤궁한 지경。 ❸궁벽한 지방。 僻地。
【窮盡:궁진】 ❶다하여 없어짐。 ❷몹시 궁함。『西京雜記』——雕麗。
【窮策:궁책】 곤궁한 끝에 생각해 낸 마지막 計策。
【窮村:궁촌】 빈궁한 동네。
【窮村僻地:궁촌벽지】 가난한 마을과 궁벽한 곳。
【窮追:궁추】 ❶멈추지 않고 끝까지 따라감。『朱熹』逸韻方——。 ❷追窮。
【窮蹙:궁축】 궁하고 어려워 죽치고 들어있음。『晉書』及至——、轉相疑貳。
【窮通:궁통】 ❶貧窮과 榮達。 窮達。『白居易』——各有命。 ❷깊은 밑창까지 통함。『三國志·虞翻傳』可謂探賾——者也。
【窮弊:궁폐】 곤궁하고 피폐함。『戰國策』民力——。
【窮乏:궁핍】 가난함。『孟子』所識——者。
【窮巷:궁항】 으슥하고 쓸쓸한 골목。 궁벽한 시골。『史記』負郭——。
【窮覈:궁핵】 원인을 깊이 캐어 물음。
【窮鄕:궁향】 도시에서 멀리 떨어져 궁벽하게 치우쳐 있는 외딴 시골。
【窮狹:궁협】 깊숙하고 험한 산골。
【窮凶極惡:궁흉극악】 성정이 음침하고 몹시 흉악함。
◎困—、無—、貧—。

【窯】 (요) 蕭 ヨウ、かま kiln 一ㄠˊ yao²

小篆 草書 ❶기와가마요(燒瓦竈)。 ❷오지그릇요(陶器)。
【窯業:요업】 질그릇·사기그릇 따위를 굽어 만드는 産業。
【窯戶:요호】 질그릇 따위를 만드는 사람。 또는 그 집。

【窱】 (조) 篠 チョウ、とおい remote

小篆 草書 까말조、아득할조(深遠貌)。『荀子』充盈太宇而不窱。(『窕』와 통함)

【窳】 (유) 麌 ユ、ゆがみ、きず weak ; idle ㄩˇ yü³

❶이지러질유(苦—、器病缺)。『十八史略』五帝】器不苦—。 ❷약할유(惰—弱也)。【枚乘 七發】手足惰—。 ❸짐

승이름유(猷名)。❹땅이름유(地名)。
【窳坎:유감】 움푹 들어간 곳。평탄하지 않은 땅。『蔡襄』平ㅣㅣ樹之。
【窳楛:유고】 거칠고 나쁜 器物。苦窳。『荀子』械用兵革、ㅣㅣ不便利者弱。
【窳民:유민】 게으른 백성。
【窳惰:유타】 게으름。惰窳。窳墮。『商子』ㅣㅣ之民。

【窴】(전) 先 テン、ふさぐ ㄊㄧㄢˊ t'ien² 小篆 草書 ❶메울전、막을전(塞也)。❷가득할전(滿也)。『楚辭』洪泉極深何以ㅣ之。

【窯】(요)『窯』(穴部 7畫)와 같음

【窯】(비) 寘 ヒ、へ fart 방귀비(氣下泄)。

十一畫

【窩】(적) 陌 タク、うさぎのあな rabbit burrow 토끼굴적(兎窟)。

【寥】(료) 看 リョウ、しずか quiet ❶고요할료(空寂)。❷감출료(藏也)。❸아득할료(深遠貌)。

【窶】(구) 麌 ク、まずしい poor ㄌㄧㄠˊ tiao⁴ 草書 ❶가난할구(貧無禮居)。『詩經 邶風北門』終ㅣ且貧。❷또아리구(ㅣ數、戴具)。『漢書』甌下爲ㅣ數。
【窶困:구곤】 가난하여 고생함。『唐書』瞻爲人廉約、所得俸、以餘濟親舊之ㅣㅣ者、家不留儲。「空也。」
【窶貧:구빈】 가난함。貧窶。『字林』ㅣㅣ、
【窶塉:구서】 가난한 남편。『福惠全書』贍粧窶以資ㅣㅣ。
【窶小:구소】 禮儀가 없고、器局이 狹小한 것。一說로는 다만 작다는 뜻이라고도 함。窶도 小임。『荀子』是所以ㅣㅣ也。
【窶籔:구수】 또아리。

【窵】(조) 嘯 チョウ、ふかい profound 小篆 草書 아득할조(窅深)。『杜甫詩』影動ㅣ窕冲融閒。
【窵遠:조원】 아득히 멀음。『福惠全書』見在人戶、住居ㅣㅣ。

【窸】(실) 質 シツ、かぜおと howl; sough ㄒㄧ hsi¹ 草書 바람에 날리는 소리실(ㅣ窣、聲也)。『神絃曲』紙錢ㅣ窣鳴飆風。

【窹】(오) 遇 ゴ、かまど kitchen(furnace) 부엌오、아궁이오(竈也)。『倉頡』楚人呼竈曰ㅣ。

【窺】(규) 支 キ、うかがう peep; spy ㄎㄨㄟ k'uei¹ 小篆 草書 엿볼규(小視)。『論語』ㅣ見室家之好。
【窺間:규간】 기회를 엿봄。
【窺見:규견】 몰래 엿봄。『論語』ㅣㅣ室家之好。
【窺伺:규사】 몰래 엿봄。틈을 엿봄。『呂溫』吐蕃約盟未定、ㅣㅣ在心。
【窺視:규시】 엿봄。窺覘。
【窺窬:규유】 ❶틈을 엿봄。❷不正한 野望을 가짐。窺覦。『晉書』狡寇ㅣㅣ。
【窺知:규지】 엿보아 알음。

【窻】(창)『窓』(穴部 6畫)과 같음

【窨】(침) 寢 シン、ようやく gradually ❶점점침(漸也)。❷땅이름침(地名ㅣ縣)。

【窿】(강) 陽 コウ、むなしい empty ❶빌강(空也、ㅣ宦)。❷집조용할강(家靜)。

【窹】(오) 遇 ゴ、かまど kitchen(furnace) 아궁이오、부뚜막오(竈也)。

十二畫

【竇】(복) 屋 フク、あなぐら cellar 小篆 움복(地室)。『詩經』陶ㅣ陶穴。

【窾】(관) 旱 カン、むなしい empty ㄎㄨㄢˇ k'uan³ 草書 빌관(空也)。『史記』實不中其聲者謂之ㅣ。
【窾坎鏜鞳:관감당탑】 종소리의 형용。『蘇軾』有ㅡㅡ之聲。
【窾木:관목】 속이 빈 나무。『淮南子』見ㅣㅣ浮、而知爲舟。「姦乃不生。」
【窾言:관언】 헛된 말。『史記』ㅣㅣ不聽、

【窴】(정) 庚 トウ、えぎぬ picture ❶휑뎅그렁할정(ㅣ宏、濶大貌)。❷집울릴정(屋響)。❸그림정(畫繪)。『晉書』東海氣如圓ㅣ。

【竀】㊀(탱) 庚 ㊁(정) 敬 テイ、あかい red 小篆 草書 ㊀❶붉을탱(赤色)。『左傳』衛侯卜其繇曰如魚ㅣ尾。❷바로볼탱(正視)。㊁살펴볼정(廉視)。
【竀尾:탱미】 붉은 꼬리。물고기가 피곤했을 때의 빛깔。赬尾。『左氏』如魚ㅣㅣ衡流而方羊裔焉。

【窿】(륭) 東 リュウ、そら、あめ sky 草書 하늘륭(穹ㅣ、天勢)。

【竁】㊀(취) 霽 ㊁(천) 霰 セイ、セン、ほる dig a hole 小篆 草書 ㊀금정놓을취、광중팔취(穿壙始穴)。『周禮』卜葬兆甫ㅣ。㊂뜻은 ㊀과 같음。

【竂】(료) 蕭 リョウ、うがつ bore 小篆 ❶뚫을료(穿也)。❷집료(舍也)。❸빌료(空也)。

【竄】(반) 寒 ハン、みずがめぐる upstream ❶물거스를반(水洄)。❷소반(淵也)。『莊子』止水ㅣ淵。

【窾】(성) 靑 セイ、おおいにさとる see the truth 크게깨달을성(大悟)。

十三畫

【竄】(찬) 翰 ザン、サン、かくれる sneak away ㄘㄨㄢˋ ts'uan⁴ 小篆 草書 ❶숨길찬(匿也)。❷숨을찬(隱也)。『賈誼弔屈原賦』鸞鳳伏ㅣ兮鴟鴞翱翔。❸도망할찬(逃也)。『漢書』奉頭鼠ㅣ。❹귀양보낼찬(誅ㅣ、驅逐)。『書經堯典』ㅣ三苗于三危。❺고칠찬(ㅣ改)。『韓愈詩』漬墨ㅣ古史。
【竄逃:찬도】 도망하여 달아남。逃竄。
【竄流:찬류】 ❶귀양을 보냄。流竄。❷(宗)천주교에서 天堂의 本鄕으로 들어가

기 전의 이 現世의 삶을 일컫는 말。
【竄配：찬배】《制》定配。
【竄奔：찬분】 도망침。
【竄定：찬정】 고침。 詩文 따위에서 잘못된 곳을 바로 고침。 刪定。
【竄斥：찬척】 내쫓김。 물리침。
【竄逐：찬축】 죄인을 먼 곳으로 귀양 보내 쫓음。
【竄黜：찬출】 벼슬을 빼앗고 귀양을 보냄。 竄貶。〔宋史〕
◎改ㅣ、逃ㅣ。

【竅】(규) 嘯 キョウ、あな cave; hole ㄑㄧㄠˋ ch'iao⁴ (古音「교」)
小篆 草書 ❶구멍규(穴也)。〔十八史略殷〕聖人之心有七ㅣ。❷빌규(空也)。
【竅隙：규극】 틈서리와 구멍。〔梅堯臣〕虛沙歸島嶼、寒浪漱ㅣㅣ。
【竅窕：규조】 구멍을 뚫어 깊게 함。〔淮南子〕說山說林者、所以竅ㅣ穿百事之壅遏、而通行貫扃萬物之窒塞者也。
【竅穴：규혈】 구멍。 孔竅。〔莊子〕大木百圍之ㅣㅣ、似鼻似口、似耳似枅、似圈似臼。

【䆽】(취) 寘 スイ、ふさぐ be filled up
막힐취、막을취(塞也)。

十四畫

【竆】(궁)『窮』(穴部 10畫)과 같음
【寱】(예) 霽 ゲイ、ねごと sleeper's talk
❶잠꼬대예(睡語)。❷놀랄예(驚也)。
【竆】(궁) 東 キュウ、くにのな dynasty
小篆(『竆』과 通함) 궁나라궁(夏后時夯羿國)。

十五畫

【竊】(절)『竊』(穴部 17畫)의 俗字
【竇】(두) 宥 トウ、あな cave; hole ㄉㄡˋ tou⁴
小篆 草書 ❶구멍두(穴也)。〔禮記〕禮義者順人情之大ㅣ。❷들창문두(壁戶)。〔左傳〕華門圭ㅣ。❸터놓을두(決也)。〔國語 周語〕不ㅣ澤。

(農政全書) 竇

【竇窖：두고】 구멍。〔禮記〕穿ㅣㅣ。
【竇太后：두태후】《人》後漢의 桓帝의 皇后。 임금이 죽은 뒤 靈帝를 받들어 세력을 쥠。 이름은 妙草、諡號는 思。
【𥨻】(여) 語 ヨ、ねる sleep
잠잘여(寐也)。

十六畫

【竈】(조) 號 ソウ、かまど kitchen range ㄗㄠˋ tsao⁴
小篆 或體 草書 부엌조、부뚜막조(爨炊竈)。〔論語八佾〕與其媚於奧寧媚ㅣ。
【竈雞：조계】 벌레 이름。《動》왕뚱이。
【竈突：조돌】 굴뚝。 煙筒。〔孔叢子〕ㅣㅣ炎上。
【竈神：조신】 부엌을 맡은 神。 五祀의 하나。 음력 十二월 二三일에 조신이 그 집안의 내용을 上帝에게 告하려고 上天한다고 함。〔禮記·疏〕祝融爲ㅣㅣ。
【竈王：조왕】 부엌을 맡은 神。
【竈丁：조정】 구워서 소금을 만드는 집。 또는 만드는 사람。
【竈陘：조형】 부뚜막。 또는 부엌의 나뭇간。〔禮記〕孟夏祀竈。
【䆿】(력) 錫 レキ、うがつ make a hole
뚫을력(穿也)。
【竉】(롱) 董 ロウ、あな hole
❶구멍롱(竉ㅣ、穴也)。❷고을이름롱(州名)。

十七畫

【竊】(절) 屑 セツ、ぬすむ steal ㄑㄧㄝˋ ch'ieh⁴
小篆 草書 ❶좀도둑절(盜也)。〔史記〕鼠ㅣ狗偷。❷사사절(私也)。〔孟子〕ㅣ負而逃。❸얕을절(淺也)。❹깐깐할절(ㅣㅣ察察貌)。〔莊子〕ㅣㅣ然知之。
【竊念：절념】 저 혼자 가만히 여러 모로 생각함。
【竊盜：절도】 ❶남의 물건을 몰래 훔치는 도둑。 狗竊。❷물건을 몰래 훔침。 盜竊。 攘竊。
【竊盜狂：절도광】 절도를 곧잘 하는 성미와 버릇。 또는 그렇게 하는 사람。
【竊盜犯：절도범】 ❶＝竊盜罪。❷절도죄를 범한 사람。
【竊盜罪：절도죄】 남의 재물을 절취하는 범죄 행위。
【竊名：절명】 헛되고 실속이 없이 명예만 높음。
【竊命：절명】 신하가 임금의 實權를 빼앗아 나라를 다스리는 것。
【竊發：절발】 강도나 竊盜가 생김。
【竊視：절시】 몰래 엿봄。〔漢書〕莫不ㅣㅣ。
【竊賊：절적】 ＝竊盜。
【竊竊：절절】 ❶조잘조잘하면서 아는 척함。 察察。〔莊子·齊物〕ㅣㅣ然知之。❷소근소근 말하는 모양。 私語。〔莊子·庚桑楚〕ㅣㅣ乎、又何足以濟世哉。
【竊脂：절지】《動》콩새。
【竊聽：절청】 비밀을 몰래 엿들음。
【竊取：절취】 몰래 훔쳐 가짐。
◎剽ㅣ。

十八畫

【䆷】(시) 支 シ、みぎわ beach
❶물가시(水厓)。❷구멍시(穴也)。
【䆾】(형) 迥 ケイ、おいてよわい weak for age
늙어서 약할형(老弱貌)。

十九畫

【䆳】(동) 東 トウ、かぜのおと sough
바람소리동(風聲)。

立 部

【立】(립) 緝 リツ、リュウ、たつ stand; set ㄌㄧˋ li⁴
小篆 草書 ❶설립(起住)。❷세울립(樹也、建也)。❸이룰립(成也)。〔禮記冠義〕而後禮義ㅣ。❹굳을립(堅也)。〔易經〕獨ㅣ不懼。❺곧립(速意)。〔史記〕錐之處囊中其末ㅣ見。❻밝힐립(明也)。❼정할립(設格)。❽〔新字〕리터립(litre 定)。〔南史陳後主紀〕重ㅣ賞佛國基本量名、五合五勺四抄三撮。
【立脚：입각】 근거를 두어 그 입장에 섬。

【立刻捉來:입각착래】 그 자리에서 당장 잡아 옴。

【立件:입건】《法》혐의 사실을 인정하여 事件을 성립시킴。

【立教:입교】 ❶종교를 믿기 시작함。 ❷《宗》세례 받은 사람에게 행하는 의식。

【立國:입국】 나라를 세움。建國。

【立慬:입근】 ❶勇氣를 냄。〖列子·說符〗無以——於天下。 ❷절개를 위하여 생명을 버림。

【立諾:입락】 선 자리에서 곧 승낙함。

【立談:입담】 서서 이야기함。《轉》잠깐 동안。〖史記〗虞卿——之間、而取卿相。

【立稻先賣:입도선매】 벼를 아직 베기 전에 논에 세워 둔 채로 돈을 받고 팔음。

【立冬:입동】 二十四節氣의 하나。霜降과 小雪사이에 있으며 양력 一一월 八、九일경。〖禮記〗某日——、盛德在水。

【立面圖:입면도】 投影法에 의하여 立畵面에 투영된 그림。

【立命:입명】 天命을 좇아 마음의 평안을 얻음。〖孟子〗殀壽不貳、修身以俟之、所以——也。

【立木:입목】 땅위에 살아 서 있는 채의 「나무」。

【立方:입방】《數》어떤 수를 세 제곱하는 것。三乘。

【立方尺:입방척】 한 자 길이의 변을 가진 立方體의 體積。

【立方體:입방체】《數》각 변의 길이가 서로 같은 직육면체。

【立法:입법】 법률을 만들음。〖漢書〗聖人制禮作教、——設刑。

【立法權:입법권】《法》❶법을 제정하는 국가의 작용。 *司法權·行政權。 ❷국회가 입법의 절차에 참여할 수 있는 권한。

【立法機關:입법기관】《法》법률 제정의 절차에 참여할 권한을 가지는 국가 기관。곧 國會。

【立法面:입법면】 입법하는 분야。또는 「그 방법」。

【立法府:입법부】 立法機關。

【立法案:입법안】 입법하기 위한 草案。

【立法者:입법자】 법을 제정한 사람。

【立法化:입법화】 법률이 되게 함。

【立保:입보】 보증인을 세움。

【立碑:입비】 비석을 세움。

【立嗣:입사】 ❶嗣子를 길러서 대를 잇게 함。 ❷상속인을 세움。

【立像:입상】 서 있는 자세의 像。〖漢書〗遣使天竺、得釋迦——。

【立石:입석】 ❶道程의 표지로 세운 돌。 ❷《歷》선돌。 ❸비석 따위를 세움。

【立食:입식】 서서 먹음。

【立身:입신】 사람으로서 마땅히 지켜야 할 덕을 갖춤。出世함。〖孝經〗——行道揚名後世。

【立身揚名:입신양명】 출세하여 자기의 이름이 세상에 떨치게 됨。

【立心:입심】 마음을 작정하여 세움。

【立案:입안】 ❶案을 세움。 ❷草案을 잡음。 ❸관청에 서류 따위를 등록함。

【立約:입약】 약속함。

【立御:입어】《制》임금이 便殿에 들어가 「좌정함」。

【立言:입언】 ❶후세에 모범이 될 만한 의견을 세움。〖左傳〗大上有立德、其次有立功、其次有——、雖久不廢、此之謂不朽。 ❷의견을 세상에 발표함。

【立言行事:입언행사】 언론과 행위。

【立泳:입영】 물에 서서 치는 헤엄。

【立願:입원】 神佛에게 소원을 빌음。

【立異:입이】 異論을 내세움。異議를 달음。

【立場:입장】 ❶처하여 있는 환경。 ❷觀點。 ❸地位。경우。處地。

【立儲:입저】 皇太子를 결정함。

【立節:입절】 한평생 절개를 굽히지 않음。

【立朝:입조】 벼슬에 오르는 일。

【立柱:입주】 기둥을 세움。

【立即:입즉】 곧。즉시。立刻。

【立證:입증】 ❶증거를 세움。 ❷論證。

【立志:입지】 ❶뜻을 세움。 ❷마음을 떨쳐 일으킴。〖孟子〗儒夫有——。

【立地:입지】 ❶領土를 새로 얻음。 ❷곧。즉시。〖王建〗一時跪拜霓裳徹、——階前賜綵衣。 ❸공업·농업의 생산 경영에 작용하는 地勢·地質 따위의 자연적 조건。 ❹地上에 섬。

【立地的:입지적】 위치·환경 등의 제조건에 관계되는 상태。

【立唱:입창】 선소리。

【立泉:입천】 폭포의 異稱。〖班固〗——「落落。

【立體:입체】 물체의 길이·두께가 있는 것。공간에 三次元의 부피를 가지고 있는 것。↔平面。

【立體幾何學:입체기하학】《數》공간에 있는 점·직선·角·곡선·평면·曲面·立體 또는 그들의 集合으로 된 圖形을 연구하는 기하학。

【立體美:입체미】 조각·건축 등의 입체의 형상에 나타난 미。

【立體映畫:입체영화】 화면이 입체감을 갖는 영화。視差를 이용하여 두 畫像을 융합하여 입체감을 내는 스테리어스코프식과、시야의 각도에 가까운 화상을 볼 적의 錯覺을 이용한 시네라마식이 있음。

【立體的:입체적】 표면적일 뿐만 아니라 깊이·두께 등이 있어、立體感을 주는 모양。↔平面的。

【立體戰:입체전】 육·해·공군의 합동작전에 의한 전쟁。

【立體派:입체파】 二〇세기 초엽 프랑스에서 일어난 繪畫의 한 派。물체의 본질이나 實體의 圖像을 理性에 호소할 것을 주장하여 물체의 모양을 분석하고 그 구조를 점과 선으로 구성하여、표현하려는 화가의 한 파。피카소는 그 대표자임。

【立哨:입초】 步哨를 섬。

【立秋:입추】 二十四節氣의 一三째。大暑와 處暑사이에 있음。양력 八월 八일 경。〖禮記〗某日——、盛德在金。

【立春:입춘】 二十四節氣의 첫째。大寒과 雨水、사이에 있음。양력 二월 四일 경。〖禮記〗某日——、盛德在木。

【立標:입표】 나무나 돌 따위로 표를 함。

【立禀:입품】 임금에게 아룀。

【立夏:입하】 二十四節氣의 일곱째。五월 六일 경。〖禮記〗某日——、盛德在火。

【立憲:입헌】 헌법을 제정함。

【立憲政體:입헌정체】 헌법을 제정하여 통치권을 행사함에 있어서、입법·행정·사법의 三권을 분립시켜、나라를 다스리는 정체。↔專制政體。

【立憲政治:입헌정치】 헌법에 의하여 하는 정치。곧 입헌 정체의 정치。

【立憲主義:입헌주의】 입헌 정체의 가치를 긍정하고、이것의 성장·실현을 꾀하는 주의。

【立會:입회】 현장에 나가서 참석함。

【立後:입후】 양자를 들임。또는 양자로 들어감。

【立候補:입후보】 선거에 후보자로서 이름을 내 세움。

◎建—、孤—、扉—、公—、國—、起—、對—、獨—、竝—、私—、成—、樹—、堅—、兩—、擁—、自—、積—、存—、中—、直—、創—、俶—、確—。

二 畫

【竞】(원) 阮 ゲン、よる lean (on, against) 기댈원(倚也)。

【竍】(십)〔新字〕デカリットル 데카리터십(decalitre. 佛國量名、立十倍、五升五合餘)。

三 畫

【竎】(부) 有 フウ、のぼる climb (up) 오를부(登也)。

【⿰立巳】(사) 紙 シ、まつ wait (for) 기다릴사(待也)。(『竢』와 같음)

【竏】(천)〔新字〕キロリットル 킬로리터천(Kilolitre. 佛國量名、立千倍、五石五斗四升三合餘)。

四 畫

【⿰立戈】(벌) 月 ハツ、ただずむ stand listlessly 우두커니설벌(竚也)。

【竑】(횡) 庚 コウ、はかる measure 草書 ❶헤아릴횡(量度)。〔周禮 考工記〕故ㅡ其幅廣。❷넓을횡(廣也)。

【竒】(기)『奇』(大部5畫)의 俗字

【竓】(모)〔新字〕ミリリットル 밀리리터모(millilitre. 佛國量名、立千分之一)。

【竔】(승)〔新字〕リットル 리터승(litre. 佛國量名、立과同)。

【竕】(분)〔新字〕デシリットル 데시리터분(decilitre. 佛國量名、立十分之一、五勺五毛餘)。

五 畫

【竛】(령) 靑 レイ、よろめく stagger 비실거릴령(ㅡ竮、行不正)。

【竜】(룡)『龍』(龍部0畫)과 같음

【竘】(구) 有 ク、つくる arrange 小篆 ❶다듬을구(治也)。❷꾸밀구(飾也)。❸건장할구(健也)。

【站】(참) 陷 タン、しゅくば stage of a journey 草書 ❶역마을참(驛也)。❷우두커니설참(久立貌、俗言獨立)。❸술잔 반치는 그릇참(承尊器)。

站❸(三才圖會)

【站路:참로】驛站을 지나가는 길。

【站船:참선】官府에서 쓰던 배。

站船(三才圖會)

【站數:참수】일을 하다가 쉬는 번수。

【站役:참역】흙으로만 된 도자기를 고루 잡아서 매만지는 사람。

【站站:참참】❶동안이 있게 이따금 쉬는 시간。❷각 驛站。

◎兵ㅡ。

【竚】(저) 語 チョ、ただずむ standing still 草書 우두커니설저(久立企也)。〔楚辭〕結桂枝兮延ㅡ。

【竝】 小篆 ㊀(반) 旱 ハイ、ならぶ ㊁(방) 漾 coexist; together ㊂(병) 迥 ㄅㄧㄥ ping4
㊀❶짝할반(與人同處)。❷고을이름반(牂柯郡名)。㊁연할방(連也、近也)。〔漢書〕北ㅡ勃海。㊂❶견줄병(比也)。❷다병(皆也)。❸아우를병(併也)。〔詩經〕ㅡ驅從兩肩兮。❹붙들병(相扶)。❺함께병(偕也)。❻가까울병(近也)。

【竝肩:병견】어깨를 겨눔。比肩。〔南史〕ㅡㅡ英彥。

【竝禽:병금】《動》새 이름。원앙새。

【竝記:병기】함께 아울러 기록하는 일。또는 그 기록。

【竝力:병력】힘을 한데 합함。

【竝列:병렬】❶줄을 섬。❷《物》電池·발전기·발동기 따위를 陰極과 陽極을 각각 一線으로 잇고 다시 이 線의 두 끝을 이어서 하나의 電路로 하는 法。↔直列。

【竝立:병립】나란히 섬。〔晉書〕兩雄不俱處、功名不ㅡㅡ。

【竝木:병목】길 양쪽에 나란히 심어 놓은 나무。街路樹。

【竝發:병발】한꺼번에 두 가지 이상의 일이 일어남。

【竝書:병서】子音 두 글자나 세 글자를 가로 나란히 씀。ㄲ·ㄸ·ㅄ 따위。

【竝設:병설】함께 베풀어 함께 둠。

【竝用:병용】아울러 같이 씀。

【竝有:병유】한데 아울러서 가짐。

【竝育:병육】다 같이 자람。

【竝作:병작】小作人이 농사를 지어 그 所出을 地主와 똑같이 나누어 차지하는 制度。배메기。

【竝進:병진】같이 나란히 나감。

【竝唱:병창】둘이서 소리를 맞추어서 노래를 부름。

【竝處:병처】떼를 지어 살음。

【竝置:병치】함께 아울러 놓아 둠。아울러 設置함。

【竝稱:병칭】아울러 일컬음。

【竝呑:병탄】아울러 삼킴。〔史記〕ㅡㅡ八荒。

【竝瓢蟲:병표충】《動》무당벌레。

【竝行:병행】❶나란히 감。〔論語〕見其與先生ㅡㅡ也。❷두 가지 일을 한꺼번에 아울러 행함。〔禮記〕道ㅡㅡ、不相悖。

【竝行不悖:병행불패】두 가지 일을 한꺼번에 치러도 事理에 틀림이 없음。

六 畫

【竟】(경) 敬 ケイ、キョウ、おわり ㄐㄧㄥ ching4 end; at last 小篆 草書 ❶마칠경(終也)。〔史記〕略知其意不肯ㅡ學。❷궁진할경、다할경(窮也)。❸지음경(際也)。❹필경경(畢ㅡ)。

【竟境:경경】境界。國境。

【竟夕:경석】하룻밤 동안。밤새도록。終夜。〔後漢書〕ㅡㅡ不眠。

【竟夜:경야】밤새도록。達夜。

【竟場:경역】경계。疆場。〔穀梁傳〕鏃矢不出ㅡㅡ。

◎究ㅡ、畢ㅡ。

【章】(장) 陽 ショウ、ふみ ㄓㄤ chang1 sentence 小篆 草書 ❶물채장(文彩)。❷표할장(表也)。〔周語〕余敢以私勞變前之大ㅡ。❸장정장(ㅡ程、條也)。〔十八史略 西漢〕約法三ㅡ。❹글장(文也)。〔詩疏〕詩有 ㅡ句所以明情。❺밝을장(明也)。〔易經 姤卦〕品物咸ㅡ。❻큰재목장(大材木)。〔史記 貨殖傳〕千ㅡ之材。❼문장장(禮文曰文ㅡ)。❽인장장(圖書曰印ㅡ)。

【章擧:장거】《動》낙지。

【章句:장구】❶글의 章과 句。〔漢書〕糸引以次ㅡㅡ。❷章을 나누고 句를 자르는 일。文章의 段落。

【章句之學:장구지학】章과 句의 해석에만 치우쳐 전체의 大意에는 통하지 않

는 학문。漢代 訓詁學의 특징임。章句之儒。〖陸游〗少鄙——、所慕在經世。

【章動 : 장동】《天》달이나 태양의 引力 때문에 지구의 自轉軸이 短週期로 동요하는 현상。

【章理 : 장리】 밝은 이치。〖戰國策〗明言「——、兵甲愈起。

【章法 : 장법】 典章과 法度。

【章服 : 장복】 ❶무늬나 記號 따위를 넣은 천으로 만든 의복。〖朱慶餘〗水邊花氣薰——。 ❷죄인에게 입히는 특수한 옷。

【章身 : 장신】 ＝衣服。〖左傳〗衣、身之章也。

【章魚 : 장어】 《動》낙지。

【章窯 : 장요】 ＝章青瓷。

【章章 : 장장】 밝은 모양。彰彰。〖荀子〗「——。不若玉之——。

【章程 : 장정】 規則。法律。〖漢書〗張蒼爲

【章奏 : 장주】 신하가 임금께 上奏하는글。上奏書。〖漢書〗好觀漢故事及便宜——。

【章草 : 장초】 草書의 한 가지。漢의 元帝 때에 史游가 急就章의 體에서 만든 것임。一說엔 後漢의 章帝가 사용한 書體라고도 함。〖書斷〗。

【章表 : 장표】 ❶表示의 牌。 ❷표시를 부치어 나타냄。〖後漢書〗作興輪旌旗——、以尊嚴之。

【章下註 : 장하주】 어떤 글에 있어서 각 章이 끝난 뒤에 모아서 풀이한 주석。

【竡】

(백) 〔新字〕 ヘクトリットル 헥트리터백(hectolitre. 佛國量名、立百倍、五斗五升四合餘)。

七 畫

【竢】

(사) 紙 シ、まつ wait ㄙˋ ssŭ⁴ 기다릴사(待也)。

【竢實齋 : 사실재】 清 秦寶璣의 室名。〖漢書〗－罪長沙。

【竢村老人 : 사촌노인】 清 林則徐의 號。

【竣】

㊀(준) 眞 シュン、おわる、やむ finish ㄐㄩㄣˋ chün⁴
㊁(전) 先

㊀ ❶일마칠준(事畢)。〖周語〗有司已事而－。 ❷물러설준(退立)。 ❸그칠준(止也)。 ㊁ 뜻은 ㊀과 같음。

【竣工 : 준공】 工事를 끝마침。工役을 완성함。竣功。竣役。

【竣功 : 준공】 ＝竣工。

【竣事 : 준사】 하던 일을 마침。

【竣役 : 준역】 ＝竣工。

【童】

(동) 東 ドウ、わらべ child ㄊㄨㄥˊ t'ung²

❶아이동 (－蒙、幼也)。〖詩經〗－子佩觿。 ❷우뚝우뚝할동(盛貌)。〖蜀志〗先主舍東南角桑樹——如小車蓋。 ❸민둥산동(山無草木)。〖莊子〗堯聞舜之賢擧之－土之地。 ❹뿔없는양동(無角羊)。

【童觀 : 동관】 ❶어린 아이의 갖는 생각。 ❷천박하여 보잘것 없는 견식。〖易經〗初六——、小人无咎、君子吝。「린 기생。

【童妓 : 동기】 머리를 쪽찌지 아니한 어

【童男 : 동남】 사내 아이。(未婚의 남자)。〖史記〗使人乃齎——童女、入海求之。

【童男童女 : 동남동녀】 사내아이와 계집아이。

【童女 : 동녀】 계집 아이。

【童童 : 동동】 ❶왕성한 모양。〖蜀志〗有桑樹三丈餘、遙望——如小車蓋。 ❷나무의 가지가 없는 모양。〖梅堯臣·詩〗禿株立——。

【童蒙 : 동몽】 ❶어린이。〖易經〗——求我。 ❷아직 어린 初學者。

【童便 : 동변】 《醫》一二살 이하의 사내아이의 오줌。頭痛·咳嗽등의 약으로 씀。

【童僕 : 동복】 사내아이 종。〖韋應物〗家貧無——、吏卒升寢齋。

【童豎 : 동수】 ❶어린이。 ❷사내 아이 종。童僕。童孺。

【童心 : 동심】 ❶어린이의 마음。 ❷어린이와 같이 순진한 마음。 ❸어릴적 마음。〖左傳〗昭公十九年矣、猶有——。

【童牙 : 동아】 어린이。〖後漢書〗甘羅——而報趙。

【童顔 : 동안】 ❶어린 아이의 얼굴。 ❷어린아이와 같은 얼굴。〖鮑照〗贏女希——。

【童然 : 동연】 머리가 나지 않아서 벗어진 모양。《轉》산 따위에 나무가 없는 모양。

【童瓦 : 동와】 수키와。

【童謠 : 동요】 ❶아이들의 감정이나 심리를 나타낸 노래。 ❷아이들이 부르는 노래。〖左傳〗——云、丙之晨、龍尾伏辰。

【童牛角馬 : 동우각마】 뿔이 없는 송아지와 뿔이 있는 말。《喩》道理에 어긋남。

【童幼 : 동유】 어린이。童稚。〖皮日休〗騃若——。

【童子 : 동자】 ❶나이 어린 사내 아이。童兒。〖韓愈〗——之師。 ❷使童。 ❸눈동자。瞳子。

【童子削髮 : 동자삭발】 《佛》어려서 出家하여 중이 됨。

【童子蔘 : 동자삼】 어린 아이 모양과 비슷하게 생긴 山蔘。

【童子石 : 동자석】 ❶童子의 형상으로 만들어서 무덤 앞에 세우는 돌。 ❷돌 난간의 기둥 사이에 竹石을 받치는 돌。

【童貞 : 동정】 異性과 전연 성적 접촉을 하지 않은 일。또는 그 사람。處女性。주로 남자에게 이름。

【童貞男 : 동정남】 童貞 그대로 있는 남자。 숫총각。

【童貞女 : 동정녀】 ❶童貞 그대로 있는 여자。 ❷《宗》聖母 마리아。「않은 사람。

【童眞 : 동진】 《佛》한평생 여자와 관계하지

【童車 : 동차】 어린 아이를 태워서 끌고 다니는 자그마한 차。

【童濯 : 동탁】 ❶씻은 것 같이 깨끗함。〖漢書〗信立——。 ❷산에 草木이 없음。

【童昏 : 동혼】 어리석고 知識이 없음。〖後漢書〗——異之。

【童話 : 동화】 어린이를 위하여 지은 이야기。

【童話劇 : 동화극】 脚本이 동화로써 꾸며진 연극。

◎牧－、使－、小－、神－、兒－、村－、學－。

【竦】

(송) 腫 ショウ、つつしむ respect ㄙㄨㄥˇ sung³

❶공경할송(敬也)。〖漢書東方朔傳〗寡人將－意而覽焉。 ❷두려울송(懼也)。〖詩經商頌長發不竦毛傳〗－懼也。 ❸높일송(上也)。〖國語 楚語〗－善抑惡。 ❹솟을송(聳也)。〖揚雄 長楊賦〗整輿－戎。

【竦敬 : 송경】 황송하여 존경함。〖詩經·傳〗僮僮、——也。

【竦企 : 송기】 발돋움하여 기다림。몹시 기다림。〖張九齡〗聞者歡而——。

【竦動 : 송동】 ❶움직임。〖揮麈餘話〗喜－－于堪輿、澤周流于道路。 ❷너무 황송하여 떨림。〖五代史〗蜀人聽之、皆——。

【竦神 : 송신】 황송하여 마음을 움직임。

【竦然 : 송연】 황송하여 옹송그림。〖後漢書〗——異之。

八 畫

【踖】

(작) 藥 シャク、おどろく be surpriesed

❶놀랄작(驚也)。 ❷겁낼작(懼也)。

【竨】

(록) 屋 ロク、おにをみる see a ghost

귀신볼록(——鬼見)。

【舔】(첨) 琰 テン、うやうやしい polite
공손할첨(恭也)。

【竨】(퇴) 賄 タイ、かさなる heap up
小篆 ❶포갤퇴(重也)。❷나무열매 늘어질퇴(木實垂貌)。

【竪】(수) 麌 ジュ、たてる vartical
草書 ❶세울수、서있을수(立也)。❷더벅머리수(童僕之未冠者)。【史記】沛公罵曰ㅣ儒幾敗迺公事。❸【中子】어떻든지수(橫ㅣ)。

【竫】(정) 梗 セイ、ジョウ、しずか quiet ㄐㄧㄥˋ ching⁴
小篆 草書 ❶머무를정(停安)。❷고요할정(靜也)。【後漢書 崔駰傳】ㅣ潛思於至頤。

【竫立:정립】 바르게 서는 것。

【竫言:정언】 근거가 없는 말을 날조하는 것。터무니없는 말을 하는 것。【公羊】惟諓諓善ㅣㅣ。【注】淨、猶撰也。

【⿰立隶】 ㊀(리) 寘 ㊁(립) 緝 リ、のぞむ face
小篆 ㊀❶임할리(臨也)。❷좇을리(從也)。❸뚫릴리(疏也)。㊁뜻은 ㊀과 같음。

【⿰立卑】(비) 支 ヒ、よろめく stagger
小篆 ❶우뚝설비(ㅣㅣ短人立貌)。❷비틀거릴비(行不正)。

九畫

【竬】(수) 虞 シュ、たつてまつ wait (for)
서서기다릴수(立而待)。

【竭】㊀(갈)【俗音】 ㊁(걸) 屑 カツ、つきる exhaust ㄐㄧㄝˊ chieh²
小篆 草書 ㊀❶다할갈(盡也)。【禮記】君子不ㅣ人之忠。❷마를갈(涸也)。㊁뜻은 ㊀과 같음。

【竭蹶:갈궐】 넘어짐。있는 힘을 다하여 노력하다 中途에서 쓰러짐。【荀子·儒效】遠者ㅣㅣ而趨之。

【竭力:갈력】 모든 힘을 다함。

【竭產:갈산】 재산을 모두 없앰。

【竭誠:갈성】 온 정성을 기울임。

【竭盡:갈진】 다하여 없어짐。죄다 없어짐。【蘇轍】犬馬之誠、本期於ㅣㅣ。

【竭忠報國:갈충보국】 충성을 다하여 나라의 은혜를 갚음。盡忠報國。

【竭歡:갈환】 歡樂을 마음껏 누림。

【端】(단) 寒 タン、ただす correct; right ㄉㄨㄢ tuan¹
小篆 草書 ❶바를단(正也)。【禮記 玉藻】目容ㅣ。❷머리단(首也)。【禮記】人者五行之ㅣ。❸싹단(萌也)。❹비롯할단(始也)。❺실마리단(緖也)。❻오로지단(專也)。【戰國策】敢ㅣ其願。❼살필단(審也)。【戰國策 趙策】韓魏之君視疵ㅣ而趨走。❽근본단(本源)。【禮記】二者居天下之大ㅣ也。❾끝단(末也)。❿단오단(ㅣ午)。⓫성단(姓也)。

【端居:단거】 日常 生活。平居。【孟浩然】ㅣㅣ恥聖明。

【端境期:단경기】 묵은 것 대신에 새 것이 나오는 철 바뀌는 때。

【端溪:단계】 벼루의 별칭。(端溪라는 곳에서 나기 때문임)。

【端良:단량】 마음이 바르고 훌륭함。善良함。【宋史】擧經術該博德行ㅣㅣ之士。

【端麗:단려】 품행이 단정하고 자태가 아름다움。【南史】風儀ㅣㅣ、眉目如畫。

【端相:단상】 바르게 봄。자세히 살펴봄。

【端詳:단상】 ❶바르고 착함。【北史】容止ㅣㅣ。❷정확하고 상세함。

【端緖:단서】 일의 처음。일의 실마리。端序。【文同】絲亂ㅣㅣ多。

【端數:단수】 우수리。

【端身:단신】 몸을 단정히 함。

【端雅:단아】 바르고 아담함。【晋書】徐邈姿性ㅣㅣ、勤行勵學。

【端陽:단양】 =端午。

【端言:단언】 바른 말을 함。또는 그 말。正言。【史記】畏忌諱、諛不敢ㅣㅣ其過。

【端嚴:단엄】 단정하고 엄숙함。【舊唐書】ㅣㅣ峻整。

【端役:단역】 연극이나 영화의 대수롭지 않은 역。또는 그 역을 맡은 사람。

【端然:단연】 예의가 바른 모양。바르게 정돈된 모양。

【端倪:단예】 ❶일의 처음과 끝。始終。【莊子】反覆終始、不知ㅣㅣ。❷끝。한정。❸추측하여 알음。【韓愈·文】不可ㅣㅣ。

【端午:단오】 음력 五월 五일의 명절。天中節。수릿날。端五。端陽。【類書纂要】五月初五爲ㅣㅣ。

【端午符籍:단오부적】 단오날 문 기둥에 붙여 厄을 물리치는 부적。

【端月:단월】 음력 正月의 別稱。【史記】秦二世三年正月也、秦避正字諱、故曰ㅣㅣ。

【端衣:단의】 단정한 禮服。【大戴禮】ㅣㅣ玄裳。

【端人:단인】 마음이 바른 사람。正義感이 두터운 사람。端士·正士。【孟子】尹公之他、ㅣㅣ也。

【端莊:단장】 端正하고 莊重함。端整。【朱熹】退息常ㅣㅣ。

【端的:단적】 ❶여러 말 할 것 없이 다잡아。❷간단하고 분명한 모양。【宋史】ㅣㅣ屬誰家。❸명백하고 솔직한 상태。❹事情。

【端正:단정】 얌전하고 바름。【史記】儀狀ㅣㅣ者、補博士弟子。

【端整:단정】 마음이 바르고 자세가 엄정함。【金史】容貌ㅣㅣ。

【端罩:단조】 淸代의 章服。

【端坐:단좌】 단정하게 앉음。正坐。【北史】誰能ㅣㅣ、讀書作老博士。

端罩 (大淸會典圖)

【端重:단중】 단정하고 침착함。

【端志:단지】 바른 뜻。바른 마음。【劉禹錫】ㅣㅣ見眉睫。

【端直:단직】 단정하고 정직함。【史記】ㅣㅣ敦忠、事業有常。

【端行:단행】 바른 행동。바르게 걸음。【禮記】ㅣㅣ頤霤如矢。

【端華:단화】 바르고 아름다움。【南史】順帝姿貌ㅣㅣ、眉目如畫。

◎極ㅣ、多ㅣ、萬ㅣ、末ㅣ、發ㅣ、兵ㅣ、事ㅣ、上ㅣ、兩ㅣ、異ㅣ、爭ㅣ、戰ㅣ、尖ㅣ、檐ㅣ、下ㅣ。

【竰】(리)〔新字〕 センチリットル
센티리터(centilitre. 佛國量名、立百分之一)。

十畫

【⿰立奚】(혜) 齊 ケイ、まつ wait (for)
기다릴혜(待也)。

【⿰立眞】(전) 先 テン、ふさぐ fill up
막을전(塞也)。

十一畫

【竮】(병) 靑 ヘイ、よろめく stagger
비틀거릴병(竛ㅣ、行不正)。

【竸】(경)『競』(15立部 畫)과 같음

【竱】㊀(전) 銑 セン、ひとしい ㊁(단) 翰 co-ordinate
㊀같을전(等也)。㊁뜻은 ㊀과같음。

十二畫

【竴】(준) 眞 シュン、よろこぶ be pleased
기뻐할준(喜也)。

【竪】(수) 虞 シュ、まつ wait (for)
기다릴수(待也)。【詩經】印ー我友。

十三畫

【嬴】(라) 箇 ラ、しおれる stand unsteadily
약하게설라(弱立)。

【竒】(기) 紙 キ、ただしくたつ stand upright
바르설기(正立)。

十四畫

【竰】(수) 虞 ジュ、まつ wait (for) from long ago
오래기다릴수(久待)。

十五畫

【競】(경) 敬 ケイ、キョウ、きそう compete ㄐㄧㄥˋ ching⁴
❶성할경(盛也)。【左傳】二惠ー爽。❷굳셀경(彊也)。【左傳 僖公十年】心則不ー 何憚於病。❸다툴경(爭也)。❹쫓을경(逐也)。【詩經】不ー不絿。❺높을경(高也)。❻급할경(遽也)。

【競犬:경견】 개를 경주시키어 빠름을 다투는 내기。

【競驅:경구】 앞을 다투어 말을 달림。『後漢書』與諸王車騎ーー。

【競起:경기】 서로 다투어 일어남。

【競技:경기】 ❶기술의 낫고 못함을 서로 견주어 다툼。❷運動競技의 약칭。

【競技者:경기자】 경기하는 사람。

【競渡:경도】 배를 타고 서로 빨리 건너가기를 겨루는 놀이。『荊楚歲時記』五月五日、ーー。

【競落:경락】 ❶경매에 의하여 최고액의 신청을 한 競買者와 매매의 계약을 맺음。❷경매에 의하여 소유권을 취득함。

【競落期日:경락기일】《法》不動產의 경락에 대하여 법원이 그 허가 여부를 결정하는 기일。

【競落人:경락인】《法》경락으로 인하여 소유권을 취득한 사람。

【競馬:경마】 돈을 걸고 말달리기의 빠름을 다투는 일。

【競馬場:경마장】 경마를 하는 곳。

【競望:경망】 다투어 바람。

【競買:경매】 경매물을 사들임。

【競賣:경매】 ❶살 사람이 값을 다투어 부르게 하여 가장 최고액 신청자에게 파는 일。❷《法》차압한 물건을 공매에 의하여 파는 일。

【競賣期間:경매기간】《法》강제 집행상의 경매 기일까지의 기간。

【競賣物:경매물】 경매에 부친 물건。

【競奔:경분】 앞을 다투어 달음질침。『趙孟頫』吾生性坦率、與世無ーー。

【競爽:경상】 서로 다투어 명예를 차지하려함。힘차게 세상에 나타남。【左傳】二惠ーー猶可。

【競演:경연】 연극·음악 따위의 演技를 다툼。

【競演會:경연회】 경연하기 위하여 모이는 모임。

【競泳:경영】 ❶水泳으로 빠름을 다투는 경기。❷水上 경기의 한 가지。

【競爭:경쟁】 서로 겨루어 다툼。

【競爭價格:경쟁가격】《經》수요자와 공급자가 서로 경쟁함으로써 이루어진 값。↕獨占價格。

【競爭試驗:경쟁시험】 지원자가 정원을 초과할 때 점수가 높은 사람부터 차례로 뽑는 시험。

【競爭入札:경쟁입찰】 많은 사람에게 입찰시켜 가장 적당한 조건을 제시한 사람을 낙찰자로 하는 일。

【競爭者:경쟁자】 경쟁을 하는 사람。

【競漕:경조】 보오트를 저어 빨리 가기를 겨루는 경기。競舟。

【競走:경주】 일정한 거리를 달음질하여、빠름을 다투는 육상 경기의 한 가지。『淮南子』與馬ーー。

【競進:경진】 서로 다투어 앞으로 나아감。『楚辭』衆皆ーー、以貪婪兮。

【競逐:경축】 서로 겨루고 다툼。『後漢書』豪傑ーー。

【競合:경합】《法》어떤 하나의 사실이나 요건에 대한 評價 또는 평가의 효과가 중복되는 일。특히 형법에서는 한 행위가 몇 개의 죄명에 해당되는 일。

【競合罪:경합죄】《法》한 사람이 범한、판결이 확정되지 않은 여러 개의 죄。병합죄。

◎紛ー、奔ー。

十七畫

【竷】(감) 感 勘 カン、つづみをうつ beat the drum
❶북칠감(擊鼓)。❷춤노래이름감(舞曲名)。❸기꺼워하는 소리감(和悅聲)。❹풍류이름감(樂器名)。

【竸】(경)『競』(15立部 畫)과 같음

竹 部

【竹】(죽) 屋 チク、たけ bamboo ㄓㄨˊ chu²
❶대죽(冬生草)。【史記】渭川千畝ー 其人與萬戶侯等。❷피리죽(笛也)。❸성죽(姓也)。

【竹竿:죽간】 ❶대나무 장대。【詩經】籊籊ーー、以釣於淇。❷詩經 衞風의 篇名。

【竹簡:죽간】 ＝竹册。『孔安國·尚書序』以ーー寫之。

【竹竿子:죽간자】《制》대궐 안 잔치 때에 여러 가지 춤을 추는 데 쓰이는 제구의 한 가지。

【竹筧:죽견】 물을 대기 위한 대(竹)로 만든 홈통。『陸游』ーー寒泉晨灌苗。

【竹雞:죽계】《動》새의 한 가지。주로 대숲 속에 산다고 함。

竹雞(三才圖會)

【竹契:죽계】《制》대를 공물로 바치던 계。

【竹笄:죽계】 ❶대로 만든 비녀。❷冠의 부속품。冠이 떨어지지 않도록 붙들어 매는 것。

【竹溪別曲:죽계별곡】 景幾體歌。高麗 말엽에 安軸 지음。그의 고향 竹溪의 풍경을 읊은 작품으로 謹齋集에 수록되어 있음。

【竹箍:죽고】 대테。

【竹膏:죽고】 ＝竹黃。

【竹篙:죽고】 대나무의 삿대。『白居易』「ーー撐釣艇。

【竹工:죽공】 대그릇 따위를 만드는 사

[illegible]ㅣㅣ。

【竹簋方:죽궤방】 대를 方形으로 결어 서 과일 따위를 고이는데 간든 祭器의 한 가지。

竹簋方(竹名物圖)

【竹根:죽근】 =대나무의 뿌리。

【竹器:죽기】 대그릇。

【竹刀:죽도】 ❶대나무로 만든 칼。 대칼。 ❷劍道에서 연습용으로 쓰이는 대로 만든 칼。 『齊民要術』以ㅣㅣ骨刀、四破之。

【竹瀝:죽력】 푸른 대쪽을 불에 구울 때 흘러 나오는 진액。 열담이나 煩渴을 다스림。 『本草』淡ㅣㅣ氣味甘。 「소주。

【竹瀝膏:죽력고】 죽력을 섞어서 빚은

【竹簾:죽렴】 대발。

【竹籠:죽롱】 대 오리로 엮어 만든 농짝。

【竹籟:죽뢰】 퉁소。 『貢師泰』ㅣㅣ笙鳳鳴、藤雨淵珠滴。

【竹籬:죽리】 대나무로 만든 울타리。 『杜甫』茅舍ㅣㅣ短。

【竹林:죽림】 대숲。

【竹林七賢:죽림칠현】 晉初에 老子·莊子의 허무사상을 숭상하여 속세를 떠나 竹林에서 隱居한 일곱 사람。 阮籍·嵇康·山濤·向秀·劉伶·阮咸·王戎 등。 『晋書』。

【竹立牌:죽립패】 대로 만든 방패의 한가지。 竹束。

竹立牌(武備志)

【竹馬:죽마】 ❶아이들이 잎이 달린 대나무를 가랑이 사이에 넣고 말처럼 끌고 다니는 것。 『後漢書』兒童騎ㅣㅣ迎拜。 ❷두 개의 대막대기에 발판을 붙여 발을 올려 놓고 위 쪽을 붙들고 걸어다니는 것。 대말。

【竹馬故友:죽마고우】 어릴 때부터 같이 놀며 자란 친구。 竹馬舊友。

【竹馬舊友:죽마구우】 =竹馬故友。

【竹馬之友:죽마지우】 =竹馬故友。 『晋書』桓溫語人曰、少時吾與浩共騎竹馬。

【竹物:죽물】 대그릇。

【竹米:죽미】 대의 열매。 (모양이 쌀과 비슷함)。 『皮日休』野客病時分ㅣㅣ。

【竹帛:죽백】 책。 서적。 (竹은 竹簡、帛은 비단)。 옛날에는 종이가 없어 竹帛에 글씨를 썼음。 《轉》歷史。 『十八史略·東漢』垂功名於ㅣㅣ耳。

【竹帛之功:죽백지공】 역사에 기록하여 專해질 만한 공로。

【竹夫人:죽부인】 대 오리로 길고 둥굴게 만든 것。 여름에 더위를 덜기 위하여 끼고 잠。 『東坡志林』俗以竹几爲ㅣㅣ。

竹夫人(三才圖會)

【竹扉:죽비】 대를 엮어서 만든 사립문。 『儲光羲』蒼㟝里ㅣㅣ。

【竹篦:죽비】 ❶《佛》坐禪할 적에 쓰는 竹製의 채찍。 『揮塵餘話』打ㅣㅣ二十。 ❷宮中에서 벌을 줄 때 쓰는 기구。

【竹絲笠:죽사립】 거죽을 명주실로 엮고 그 위에 옻칠을 한 갓。

【竹駟馬:죽사마】 《制》임금이나 왕비의 장례에 쓰는 제구。 竹散馬。

【竹散馬:죽산마】 《制》임금이나 왕비의 장례 때에 말모양으로 만 들어 수레위에 세워서 끌던 제구。

【竹書:죽서】 대쪽에 쓴 글씨。 또는 글。 『晋書』發塚、得ㅣㅣ數十車、皆簡編科斗文字。 「로 씀。

【竹實:죽실】 대나무 열매의 씨。 보신제

【竹實飯:죽실반】 대 열매를 멥쌀에 섞어 지은 밥。

【竹揚枚:죽양험】 農具의 한 가지。 끝에 대오리를 결어 광주리를 달은 것。

竹揚枚(農政全書)

【竹茹:죽여】 淡竹의 얇은 속 껍질。 약재로 씀。

【竹輿:죽여】 대를 엮어서 만든 가마。

【竹葉:죽엽】 ❶대의 잎。 『元稹』風吹ㅣ ㅣ休還動。 ❷술의 異名。 『古詩』ㅣㅣ清香好、何妨飮數杯。

【竹纓:죽영】 가는 대오리를 꿰어 만든 갓끈。

【竹椅:죽의】 대를 결어서 만든 椅子。

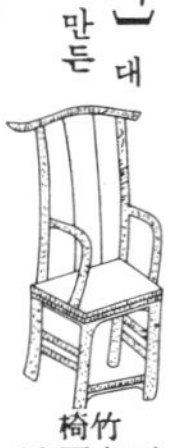
竹椅(三才圖會)

【竹印:죽인】 대뿌리에 새겨 만든 도장。

【竹杖:죽장】 대로 만든 지팡이。

竹杖(三才圖會)

【竹杖鼓:죽장고】 죽장구。

【竹杖芒鞋:죽장망혜】 ❶대지팡이와 짚신。 ❷간단한 步行이나 여행의 차림。

【竹田:죽전】 대밭。 竹林。 竹藪。 『史記·註』ㅣㅣ爲篁。

【竹節:죽절】 대의 마디。

【竹簟:죽점】 대자리。 竹席。

【竹釘:죽정】 대못。

【竹枝:죽지】 ❶대나무 가지。 ❷歌詞의 一體。 唐의 劉禹錫이 처음으로 지어 부른 것으로서、 남녀의 情事、 또는 그 지방의 풍속 따위를 읊은 것임。 『唐書』每祠歌ㅣㅣ。

【竹窓:죽창】 살이 대로 된 창문。

【竹槍:죽창】 대를 깎아 만든 창。

【竹冊:죽책】 ❶대쪽에 쓴 글。 또는 편지。 竹簡。 『五代史』持節以ㅣㅣ封之。 ❷《歷》李朝 때 世子妃의 冊封文을 새긴 簡冊。

【竹柵:죽책】 대로 말뚝을 박거나 대로 둘러 막은 울타리。 『宋史』有樓屋戰柵、備以ㅣㅣ。

【竹策:죽책】 대로 만든 채찍。

【竹尺:죽척】 대자。

【竹籤:죽첨】 얇은 댓조각。

【竹靑紙:죽청지】 단단하고 얇은 종이의 한 가지。

【竹叢:죽총】 =竹田。 『白居易』莫忘年生行坐處、後堂階下ㅣㅣ前。

【竹枕:죽침】 대로 만든 夏節用 베개。

【竹針:죽침】 대바늘。 「帶ㅣㅣ。

【竹胎:죽태】 =竹筍。 『皮日休』山蕨收時

【竹筒:죽통】 굵은 대나무로 만들어 술·물 따위를 담는 대통。 『晉書』以ㅣㅣ盛之。

【竹杷:죽파】 長方形의 나무 토막에 댓조각으로 이를 만들어 박고 긴 자루에 달아 논밭의 흙을 고르는 데에 쓰는 農具의 한가지。

竹杷(農政全書)

【竹皮:죽피】 죽순을 싼 대껍질。 『漢書』高祖爲亭長、乃以ㅣㅣ爲冠。

【竹皮方席:죽피방석】 죽순 껍질로 짚을 싸서 결어 만든 방석。

【竹蛤:죽합】 《動》긴맛。

【竹黃:죽황】 댓속에 병으로 생기는 누른 빛깔의 흙 같은 물건으로 어린 아이의 경풍에 씀。 竹膏。

◎石ㅣ、靑ㅣ、翠ㅣ、爆ㅣ、皮ㅣ。

二畫

【竺】 ㊀(축) 屋 ㊁(독) 沃 チク、トク、あつい cordial

小篆 草書 ㊀나라이름축(天ㅣ、西域國名)。 ㊁두터울독(厚也)。 (『篤』과 같음)

【竺乾公:축건공】 《佛》부처。 『馬戴』獨禮ㅣㅣ、謂佛也。

【竺經:축경】 《佛》佛經。 『李洞』若遇多吟友、何妨看ㅣㅣ。

【竺學:축학】 佛敎의 學問。 『朱熹』迷心味性哂ㅣㅣ。

【竻】 (륵) 職 ロク、たけのね root of bamboo ㄌㄜˋ

草書 대뿌리륵(竹根)。

【笐竹 : 늑죽】 대나무의 일종。 긴 가시가 있고 가지는 다섯 줄기 씩이며, 닭다리와 비슷하고 그 가지는 桁桷에, 篾는 織物로, 가죽은 물건을 자르는 데 사용됨。 『隆慶府志』 ―、俗呼刺竹、有刺而堅、可作藩籬。

三 畫

【竽】 (우) 虞 ウ、ふえ flute ㄩ yü

篆小 竽 草書 큰생황우

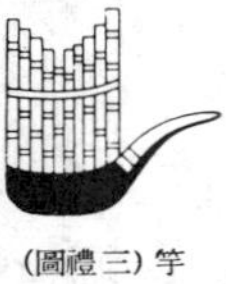

(圖禮三) 竽

(三十六簧樂)。『周禮』笙師掌教吹―。

【竽籟 : 우뢰】 피리와 퉁소。 『楚辭』纖條悲鳴、聲似――。

【竽笙 : 우생】 아악에 쓰는 관악기。 竽와 笙。 『禮記』君子聽――籥管之聲。

【竽瑟 : 우슬】 笛와 琴。 피리와 거문고。 『禮記』鐘磬――以和之。

【箎】 (지) 支 チ、ふえ flute

피리지(笙類)。 『禮記』仲夏之月調竽笙―簧。 (『篪』와 같음)

【竿】 (간) 寒 カン、さお pole ㄍㄢ kan¹

篆小 竿 草書 낚싯대간(竹梃漁―)。 『詩經』籊籊竹―。

【竿牘 : 간독】 =書札。 『莊子』小夫之智、不離苞苴――。

【竿頭 : 긴두】 장대의 끝。 매우 위험한 지경。 『傳燈錄』百尺――須進步、十方世界是全身。

【竿頭過三年 : 간두과삼년】 『國』 대나무 끝에서 三년 남。 『喩』 괴로움을 오랫동안 참고 지낸다는 뜻。 『旬五志』。

【竿頭之勢 : 간두지세】 궁박한 형세。

四 畫

【笄】 (계) 『笄』(竹部 6畫)의 俗字 ハ、いばらだけ

【笆】 (파) 麻 ハ、いばらだけ thorn bamboo ㄅㄚ pa¹

草書 ❶가시대파(竹有刺)。 ❷울타리파、대바자파(―籬、編竹圍之)。

【笆籬 : 파리】 ❶울타리。 『劉禹錫』溪中士女出――。 ❷笆籬邊物의 略語。

【笆籬邊物 : 파리변물】 쓸모 없는 물건을 가리키는 말。

【笠】 (호) 遇 コ、なわまき rope-winder ㄏㄨ hu⁴

篆小 笠 或體 互 ❶줄 감는 기구호(收繩具)。 ❷고기걸어두는 대살호(懸肉竹格)。 ❸대이름 호 (竹名)。

【笇】 (산) 翰 サン、かぞえる count

草書 ❶셈대산(籌也)。 『史記』上與鼂錯調 兵―軍食。 ❷대그릇산(竹器)。 (『算·筭』과 같음)

【笈】 ㊀(급) 緝 キュウ、おい book-box ㄐㄧ chi²
㊁(겁) 葉

草書 ㊀책상자급(書箱)。 『史記』負―從師。 ㊁길마겁(驢上負)。

【笈摺 : 급접】 책상자를 멜 때 쓰는 어깨받침。

【笲】 (방) 陽 ホウ、かご bamboo suit-case

죽롱방(竹籠)。

【笋】 (순) 『筍』(竹部 6畫)과 같음

【笊】 (조) 效 ソウ、ざる bamboo ladle ㄓㄠ chao⁴

草書 조리조(―籬、竹器)。

【笹】 (둔) 阮 トン、たけのようき bamboo basket

(書全政農) 笹

篆小 둥구미둔(容穀竹笥)。 『說文』―、笥也从竹屯聲。

【笍】 ㊀(녈) 屑 デツ、むち bamboo whip
㊁(체) 霽
㊂(예) 霽

篆小 ㊀❶양차의 채찍녈(羊車竹垂也)。 ❷작은 수레 기구녈(小車具)。 ㊁뜻은 ㊀과 같음。 ㊂대이름예(竹名)。

【笏】 (홀) 月 コツ、しゃく tablet

草書 홀홀(手版、朝見時所執曰――有事則書于上以備遺志)。

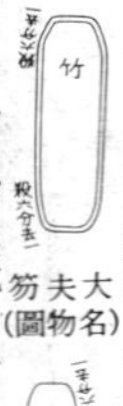

(大夫物名) 笏(圖) (士物名) 笏(圖)

【笏記 : 홀기】 儀式의 순서를 적은 글。

【笏頭帶 : 홀두대】 宋太宗이 輔弼의 신하에게 주어 띠게 하던 허리띠。

【笏室 : 홀실】 『佛』절의 住持가 있는 방。

【笑】 (소) 嘯 シュウ、わらう laugh ㄒㄧㄠ hsiao⁴

篆小 篆小 草書 웃음소、웃을소(喜而解顏啓齒欣也)。 『論語』樂然後―。

【笑納 : 소납】 자기가 보내는 물건이 보잘 것 없는 것이니、웃고 받아 달라는 뜻으로 겸손하게 일컫는 말。 편지에 씀。

【笑談 : 소담】 ❶웃으면서 이야기 함。 『孔武仲』方外――無畛域。 ❷농담。

【笑留 : 소류】 웃으면서 상대편을 머물러 있게 함。 『水滸傳』不要推卻、望乞――。

【笑罵 : 소매】 웃으면서 꾸짖음。 비웃고 꾸짖음。 『宋史』――從汝、好官須我爲之。

【笑貌 : 소모】 웃는 모양。 웃는 얼굴。 『孟子』恭儉豈可以聲音――爲哉。

【笑病 : 소병】 『醫』실없이 자꾸 웃는 미친 병의 한 가지。

【笑殺 : 소살】 ❶소리 내어 크게 웃음。 大笑。 (殺은 助辭)。 『南史』白可拍手――。 ❷문제 삼지 않고 一笑에 부침。

【笑聲 : 소성】 웃음 소리。 『曹唐』少年仙子說間事、遙隔彩雲聞――。 「開――。

【笑顏 : 소안】 웃는 얼굴。 『劉禹錫』高堂

【笑容 : 소용】 웃는 얼굴。

【笑資 : 소자】 웃음 거리。 『白居易』此詩莫遣閒人見、見恐與他爲――。

【笑中刀 : 소중도】 『喩』겉으로는 점잖은 척하면서 속으로는 惡意를 품음。 『唐書』。 皆中傷之、時號義府――。

【笑謔 : 소학】 웃으면서 농지거리함。 『白居易』展眉時――。

【笑話 : 소화】 우스운 이야기。
◎苦―、冷―、談―、大―、微―、嬉―。

【笒】 ㊀(금) 沁 キン、カン、たけくじ bamboo slip
㊁(함) 覃

㊀첨대금(竹籤)。 ㊁속밴대함(實中竹名)。

【笓】 ㊀(비) 寘 ヒ、くし comb
㊁(필) 質 ㄆㄧ p'i²

㊀참빗비(篦梳)。 ㊁벌일필(列也)。

【笔】 (필) 『筆』(竹部 6畫)과 같음

【笐】 (항) 漾 コウ、たけ bamboo

篆小 篆小 ❶항대항(竹名)。 ❷옷걸이항、횃대항(衣架)。

❸벼걸이 항(稻架)。

❸ 筅 (農政全書)

五 畫

【筋】(건) 元 願 ケン、すじのもと sinewy
小篆 或體 ❶힘줄뿌리건(筋本)。❷힘줄클건(筋大貌)。

【笘】(섬) 鹽 セン、ふだ writing board ㄕㄢ shan¹
小篆 書 草 분판섬(習字板ー畢)。

【笙】(생) 庚 ソウ、ショウ、たかむしろ split-bamboo ㄕㄥ shēng¹
小篆 書 草 ❶생황(ー簧、樂器名、女媧所作)。[詩經]ー磬同音。❷대자리생(桃ー、竹席)。

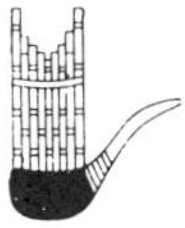

❶ 笙 (三禮圖)

【笙歌:생가】(樂)笙簧과 노래。[禮記]十日而成ーー。

【笙磬:생경】❶東쪽에 놓여 있는 笙。笙은 雅樂에서 쓰이는 管樂器의 하나。❷笙과 磬。

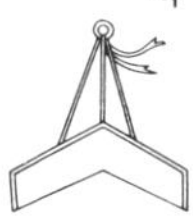

磬笙 (三才圖會)

【笙磬同音:생경동음】서로 협조함을 비유하는 말。[唐書]ーー、惟房與杜。

【笙鼓:생고】(樂)笙簧과 太鼓。

【笙師:생사】(制)周代의 春官에 속한 벼슬 이름。竽·笙·塤·籥·簫·篪·篴·管·春·牘·應·雅등의 음악을 맡아 가르침。

【笙簫:생소】笙과 簫。

【笙鐘:생종】東쪽에 位置한 鐘(악기)。笙은 生。동 쪽은 만물이 生成되는 方位라는 데서 일컬어지는 말。笙磬。

【笙簧:생황】雅樂에 쓰는 관악기의 하나。[庾信]吏炙ーー、還移箏柱。

【笂】(축)『筑』(竹部 6畫)의 譌字

【笝】㊀(납) 合 ㊁(닙) 洽 ノウ、ともづな cable ㄋㄚ na⁴
㊀배매는닻줄납(繫舟竹索)。㊁울타리얽어맬닙(補籬)。

【笛】(적) 錫 テキ、ふえ flute ㄉㄧ ti²
小篆 書 草 ❶피리적、저적(樂管七孔笛)。❷날라리적(羌ー、三孔)。[風俗通]武帝時丘仲作ー。

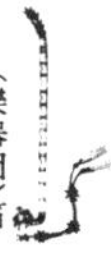

笛 (樂器圖)

【笛伶:적령】피리를 부는 樂師。

【笛聲:적성】피리를 부는 소리。
◎警ー、汽ー、牧ー、霧ー、玉ー、草ー、椎ー。

【笞】(태) 支 チ、むちうつ spank ㄔ ch'ih¹ (古音 치)
小篆 書 草 볼기칠태(捶擊)。[唐書]斷獄之刑有五一日ー。

【笞擊:태격】매질。호된 매질。鞭笞。鞭撻。笞撻。[史記]發吏卒、捕奴婢、ーー問之。

【笞掠:태략】매질을 하고 엄하게 취조함。[史記]告劾不服、以ーー定之。

【笞搒:태방】매질함。[吳寬]更覺肩背遭ーー。

【笞罰:태벌】(制)笞杖으로 볼기를 치는 형벌。

【笞贖:태속】볼기 맞는 형벌 대신으로 바치던 돈。

【笞辱:태욕】매로 쳐 부끄러움을 줌。[漢書·朱邑傳]未嘗ーー人。

【笞杖:태장】(制)❶笞刑。❷笞刑과 杖刑。

【笞罪:태죄】笞刑 당할 만한 罪。

【笞刑:태형】(制)❶매로 볼기를 치는 형벌。❷唐律·明律의 五刑의 하나。

【笟】(고) 虞 コ、たが bamboo hoop
書 草 대테맬고(以篾束物)。

【笠】(립) 緝 リツ、リュウ、かさ bamboo-hat ㄌㄧ li⁴
小篆 書 草 ❶삿갓립(簦也)。❷우산립(ー轂)。[左傳註]執ー依轂以御寒暑。❸갓립(頭冠)。❹갓양태립(ー檐)。

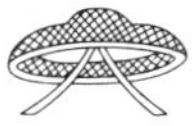

笠 (三禮圖)

【笠帽:입모】갈모。

【笠房:입방】갓방。

【笠飾:입식】戎服의 갓에 갖추던 치장。

【笠纓:입영】갓끈。

【笠子:입자】갓。[李白]飯顆山頭逢杜甫頭戴ーー日卓午。

【笠檐:입첨】갓의 밑 둘레 밖으로 넓게 바닥이 된 부분。갓양태。[陸龜蒙]ーー蓑袂有殘聲。

【笢】(민) 軫 ビン、たけかわ bamboo sheath ㄇㄧㄣ min³
小篆 書 草 ❶대껍질민(竹皮)。❷빗민(櫛也)。

【笢笏:민홀】❶손으로 피리의 구멍을 집는 모양。[馬融]ーー抑隱。[注]善曰、ーー抑隱、手循孔之貌。❷繁密한 모양。[集韻]笏、ーー、繁密貌。

【⿱竹古】(고) 虞 コ、コウ、にがたけ bamboo
❶관음대고(竹名)。❷고기잡는그릇고(取魚器)。(『⿱竹古』와 같음)

【笤】(소) 蕭 チョウ、たけぼうき bamboo broom ㄊㄧㄠ t'iao²
書 草 비소(竹箒)。

【笤箒:소추】대나무 비。

【筁】(허) 魚 キョ、めしばち bamboo vessel for meal (本音 「거」)
小篆 대밥그릇허(竹製飯器)。

【笥】(사) 支 寘 シ、はこ box; trunk ㄙ ssu⁴
小篆 書 草 옷상자사(竹方器衣篋)。[書經]惟衣裳在ー。

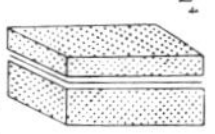

笥 (物名圖)

【笥金:사금】箱子 속에 넣은 金。[列女傳]收子之齎與ーー。

【笥中:사중】箱子 속。[呂覽]盛吾頭於ーー、奉以託退而自刎。「塵于ーー。」

【笥篋:사협】箱子。[南史]兩官所遺珍玩、

【符】(부) 虞 フ、しるし mark; sign ㄈㄨ fu²
小篆 書 草 ❶보람부、병부부、증거부(信也、驗也、證也)。❷꼭맞을부(ー合)。❸상서부(ー瑞)。❹부적부(護ー)。[禮註]萬物之ー長。

【符同:부동】❶옳지 못한 일을 하기 위하여 몇 사람이 結托함。❷서로 합치함。부합함。[梁書]聖製ーー。

【符命:부명】❶하늘에서 임금이 될 만한 사람에게 주는 상서로운 징조。❷임금의 명령。〔文心雕龍〕ㅡㅡ炳燿。
【符璽:부새】임금의 도장。玉璽。璽符。〔史記〕奉其ㅡㅡ、以歸帝者。
【符書:부서】뒷 세상에 나타날 일을 미리 알아서 적어 놓은 글。符讖。
【符瑞:부서】상서로운 징조。吉兆。瑞兆。〔史記〕未有睹ㅡㅡ而不臻乎泰山者兆也。
【符俗:부속】거칠고 卑俗함。
【符應:부응】❶信心이 부처나 神의 靈에 통함。〔史記〕立祠上帝、以合ㅡㅡ。❷天命과 人事가 일치함。
【符籍:부적】❶불교나 道敎를 믿는 집에서 악귀나 雜神을 쫓고, 災厄을 물리치기 위하여 야릇한 붉은 글씨로 그리어 붙이는 종이。符作。❷旅行券과 戶籍。
【符節:부절】돌이나 대나무로 만든 符信。옛날에 使臣이 가지고 다니던 물건으로 둘로 갈라, 하나는 조정에 보관하고 하나는 본인이 가짐。符契。〔周禮〕門關用ㅡㅡ。

符節(三才圖會)

【符讖:부참】미래에 나타날 일을 미리 짐작하여 비밀로 적어 놓은 글。符籙。〔宋書〕太史令駱達、奏陳天文ㅡㅡ。
【符牒:부첩】표지로 주는 첩지。符號。〔唐書〕不持ㅡㅡ、口含詔命。
【符合:부합】꼭 들어 맞음。둘이 서로 틀림이 없음。〔宋書〕ㅡㅡ如影響。
【符驗:부험】(制)❶밤에 성문을 통과할 적에 가지고 다니는 標信。❷中國에 가는 使臣이 使行의 표로 가지고 다니던 물건。비단에 말의 모양을 수 놓았음。〔宋慶餘〕樂成休伏火、ㅡㅡ不傳人。
【符號:부호】❶記號。❷(數)수의 성질 또는 셈을 놓을 때 쓰는 ＋·－·×·÷·＝·<·> 따위의 기호。

【冊】(책)『冊』(冂部 3畫)과 같음

【笨】(분) 阮 ホン、あらい dirty ㄅㄣˋ pen⁴
小篆 草書 ❶대청분, 대속분(竹裏)。❷지저분할분(麤率)。〔晉書〕史疇肥大人目爲ㅡ伯。❸못생길분(愚ㅡ、蠢ㅡ)。❹투박할분(肥大)。
【笨車:분거】변변찮게 만든 수레。〔宋書〕常乘羸牛ㅡㅡ。
【笨伯:분백】살찌고 큰 사람。〔晉書〕豫章太守史疇、以大肥稱爲ㅡㅡ。
【笨俗:분속】지저분하여 俗氣가 있음。
【笨拙:분졸】거칠고 졸렬함。

【笪】㈠(달) 旱 ㈡(단) 曷 タツ、タン、こうり wicker-trunk ㄉㄚˇ tan³
小篆 ㈠뜸달, 배덮는삿자리달(覆舟篷)。㈡고리짝단(筥也)。

【笫】(자) 紙 シ、ゆか、すのこ flat bed ㄗˇ tzu³
小篆 草書 평상자(牀簀)。〔左傳〕牀ㅡ之言不踰閾。

【第】(제) 霽 テイ、ダイ、ついで order; time ㄉㄧˋ ti⁴
小篆 草書 ❶차례제(次也)。〔左傳 哀公十六年〕楚國ㅡ我死令尹司馬非勝而誰。❷집제(宅也)。❸다만제(但也)。〔十八史略 西漢〕ㅡ出僞遊雲夢。❹또제(且也)。❺과거제(等ㅡ)。
【第九藝術:제구예술】토오키(talkie)의 일컬음。영화 예술。
【第四紀:제사기】(地)地質時代로 新生代의 後半이후의 시기이며 가장 새로운 시대。岩石은 모래·자갈 따위로서 대개 강가·바닷가 따위의 평야를 이루고 있음。洪積期·沖積期로 나뉨。
【第四紀層:제사기층】(地) 第四紀에 생긴 지층。
【第四病:제사병】(醫)발진성 급성 전염병의 한 가지。猩紅熱과 비슷하나 그보다 증세가 가벼우며 발열·발진이 따르는 질병。성홍열·마진·풍진의 다음 가는 질병이라는 뜻。
【第四種郵便物:제사종우편물】(法)서적·인쇄물·업무용 서류 따위의 우편물。
【第三階級:제삼계급】❶中產階級。❷프랑스 혁명 때 僧侶·貴族의 지배 계급에 대항한 시민 계급。❸봉건 사회의 특권계급을 제외한 平民 계급。
【第三國:제삼국】직접 관계되는 當事國 이외의 나라。↔當事國。
【第三權利者:제삼권리자】(法)법률 관계의 당사자인 권리자에 대하여 권리를 가지는 제삼자。
【第三紀:제삼기】(地)地質時代의 하나。新生代의 前半에 속하는 時代。哺乳動物·雙子葉植物이 번성하고 火山 활동이 심하여 알프스·히말라야 따위의 큰 산맥이 생겼음。
【第三黨:제삼당】두 큰 정당의 중간에 있으면서 두 정당의 세력이 맞설 때 가부를 결정할 수 있는 정당。
【第三讀會:제삼독회】議事에 있어서 議案에 대한 제삼차의 독회。
【第三放送:제삼방송】영국의 비이·비이·시이(B.B.C) 방송에서 지식 계급을 상대로 행하는 문화 방송。
【第三勢力:제삼세력】左翼도 아니고 右翼도 아닌 민주주의적 정치 세력。
【第三審:제삼심】(法)第二審에 대한 상급의 심판。上告審。
【第三義務者:제삼의무자】(法)법률 관계의 당사자인 의무자에 대한 의무를 지는 第三者。
【第三人稱:제삼인칭】대화자 이외의 사람의 이름을 대신하여 쓰는 대명사。
【第三者:제삼자】當事者 이외의 사람。
【第三帝國:제삼제국】❶靈肉이 일치하여 이상과 현실이 일체가 되는 세계。❷도이치의 히틀러에 의한 나치스 국가。
【第三種郵便物:제삼종우편물】(法)정기 간행물의 우편물。
【第五列:제오열】❶국내에서 적군에 내통하는 사람。곧 利敵 행위를 취하는 사람。스페인 내란 때, 프랑코 장군이 마드리드市를 공격하면서 시내에도 자기가 통솔하는 四개 부대 이외의 第五부대가 있다고 말한 데서 유래함。❷敵國에 몰래 들어가 적의 상황을 보고한다든지 또는 敵國의 內政을 교란하는 사람。↓間諜。
【第五種郵便物:제오종우편물】(法)농산물 종자를 우송하는 우편물。
【第六感:제육감】(心)경험에 의하여 머리에 오는 五官 이외의 감각。直感。靈感。五感 이외의 감각。
【第二階級:제이계급】봉건적 사회에서의 둘째 계급。곧 귀족·승려의 계급。
【第二骨:제이골】(歷)新羅 때의 品骨의 하나。모든 귀족이 이에 속했음。
【第二讀會:제이독회】(法)회의에서 두 번째로 의안을 토의하는 독회。국회의 법률안 심의에 있어 逐條 심의를 하는 둘째 단계。
【第二性質:제이성질】우리의 감각으로써 變容되는 주관적인 빛·소리·맛 따위의 성질。
【第二性徵:제이성징】(生)생식기 이외에 나타나는 남녀 雌雄을 구별할 수 있는 특징
【第二審:제이심】(法)第一審의 재판에 대하여 不服申立이 있을 때에 행하여지는 訴訟 절차의 단계。
【第二義:제이의】그리 중요하지 않은 일。근본적인 意義가 없는 일。

【第二義的生活:제이의적생활】 인습에 얽매어 自覺이 없이 하는 생활.

【第二人稱:제이인칭】 인칭 대명사에서 상대편을 가리키는 말. 곧 너·자네·당신·그대·임자·노형·어른·어르신·각하·전하·폐하 따위.

【第二種所得:제이종 소득】 은행 예금의 이자·대부·신탁 또는 공채·사채 등에서 오는 이득.

【第二種郵便物:제이종우편물】 우편엽서와 같은 우편물.

【第二次產業:제이차산업】 원료 산업의 생산. 採取品을 가공·제조·배급하는 산업.

【第二次世界大戰:제이차세계대전】 《歷》一九三九~一九四五 사이에 日本·이탈리아·도이치와 英國·美國·프랑스·中國 등 연합국과의 사이에 일어난 세계대전. 英美 연합군이 승리하였음.

【第二觸角:제이촉각】 《動》甲殼類에서 제일 촉각이 아닌 발이 변하여 된 촉각.

【第一:제일】 ❶처음. 맨 먼저. ❷가장 훌륭함. ❸가장 중요함.

【第一江山:제일강산】 경치가 매우 좋은 곳.

【第一階級:제일계급】 봉건적 사회에 있어서의 첫째 계급. 곧 임금의 계급.

【第一骨:제일골】 =眞骨.

【第一權:제일권】 《法》타인에 의하여 침해되지 않는 이전부터 존재하는 권리.

【第一讀會:제일독회】 국회의 법률안 심의에 있어 법안에 대한 설명·質疑·응답을 하는 첫째 단계.

【第一流:제일류】 제일 가는 등급. 최고의 등급에 속하여 있는 것. 또는 그 사람. 『世說』桓曰, ――復是誰.

【第一美:제일미】 자연미·정신미의 源泉이 되는 절대미.

【第一步:제일보】 첫걸음.

【第一線:제일선】 ❶最前線. ❷일의 실행에 있어서 맨 앞장.

【第一性質:제일성질】 물건 그 자체가 갖추고 있는 성질.

【第一審:제일심】 《法》고소를 접수한 맨 처음의 법원에서 하는 審理.

【第一義:제일의】 ❶《佛》본래의 의의. 究竟의 眞理. ❷가장 중요한 의미. 第一의 意義. 『傳燈錄』問何名――、――者, 從何次第得入. ❸最上의 방법.

【第一義的生活:제일의적 생활】 개성을 존중하고 그 본래의 요구를 충실하게 하는 생활.

【第一印象:제일인상】 어떤 사람이나 사물을 대한 첫 인상. 퍼스트 임프레이션(first impression).

【第一人者:제일인자】 어느 방면에서 견줄 사람이 없는 첫째 가는 사람.

【第一人稱:제일인칭】 인칭 대명사에서 자기 스스로를 가리켜 일컫는 말. 곧 나·저·소생·소인·朕 따위. 朕밖에는 극비칭과 보통 비칭 뿐이고 보통 존칭과 극존칭은 없음이 특색임.

【第一種所得:제일종소득】 《法》민법상의 법인인 營利會社의 소득.

【第一種郵便物:제일종우편물】 《法》보통 봉합편지의 우편물.

【第一主義:제일주의】 어떤 일을 하든지 으뜸이 되려는 주의.

【第一主題:제일주제】 《樂》소나타 형식을 이룬 樂章의 冒頭에 提示되는 主題. →提示部.

【第一次產業:제일차산업】 《經》천연자원을 채취 이용하는 생산업.

【第一次世界大戰:제일차세계대전】 《歷》一九一四년~一九一九년 사이에 유럽을 중심으로 일어났던 세계대전. 歐洲大戰.

【第一哲學:제일철학】 《哲》아리스토텔레스가 스스로 形而上學에 붙인 名稱. 存在 一般의 성질이나, 原理를 연구하는 철학의 부문.

【第一觸角:제일촉각】 《動》甲殼類의 頭部에 있는 앞발이 변화하여 생긴 촉각.

【第次:제차】 차례.

【第七天國:제칠천국】 ❶慰安의 나라. 향락의 거리. ❷전당포의 別稱.

【第八腦神經:제팔뇌신경】 =聽神經.

◎及―、落―、登―、次―.

【笭】

(령) 迴 靑 レイ、リョウ、かご small basket. ㄌㄧㄥˊ ling²

小篆 草書 ❶작은농령(小籠). ❷종다래끼령(―箵、漁具).

【笭箵:영성】 아가리가 작은 바구니. 다래끼. 『皮日休』朝空――云.

【笮】

㈠(책) 陌 ㈡(작) 藥 サク、せまい、しぼる narrow ㄗㄨㄛˊ tsuo⁴

小篆 草書 ㈠❶좁을책(狹也). ❷짤책(迫也). ❸대새끼책(竹索). ❹전동책(矢箙). 『儀禮』甲冑干笮. ❺산자책(撒子、屋上板). ❻누를책(壓也). ㈡자자할작(鑽―、黥刑).

【笮橋:책교】 다리 이름. ㉠四川省 成都縣의 西南. 『華陽國志』. ㉡四川省 松潘縣 疊溪營의 북쪽. 『元和志』.

【笯】

㈠(노) 虞 ㈡(나) 麻 ド、とりかご bird-cage ㄋㄨˊ nu²

小篆 草書 ㈠새농노(鳥籠). 『史記 屈原傳』鳳凰在―兮雞鶩翔舞. ㈡뜻은㈠과같음.

【笯赤建國:노적건국】 古代 西域의 나라 이름. 『大唐西域記』.

【笹】

(세) (日字) ささ reed

草書 가는대세(細竹).

【笰】

(불) 物 フツ、や arrow ㄈㄨˊ fu²

❶수레뒷창불(輿之後戶). ❷살불(箭也).

【笱】

(구) 有 コウ、うえ weir ㄍㄡˇ kou³

小篆 草書 통발구(曲竹取魚器). 『詩經 齊風 敝笱』敝―在梁 其魚唯唯.

【笲】

㈠(번) 元 ㈡(변) 霰 ㈢(반) 阮 ヘン、もりものかご bamboo box ㄈㄢˊ fan²

草書 ㈠폐백상자번(盛贄棗脩器). 『禮記』婦執―以見. ㈡㈢뜻은 ㈠과같음.

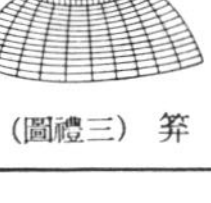

笲 (三禮圖)

【笳】

(가) 麻 カ、あしぶえ reed pipe ㄐㄧㄚ chia¹

草書 초금가, 호드기가, 갈잎피리가(胡―). 『史記』胡人捲蘆葉吹之 故謂之胡―.

【笳管:가관】 胡人이 부는 피리. 笳笛. 胡笳. 『南史』阮孝緒聞其――, 穿籬逃匿.

【笳簫:가소】 =笳管. 『權德輿』――發連營.

【笳笛:가적】 호드기. 『南史』阮孝緒聞其――、穿籬逃匿.

【笳吹:가취】 갈잎 피리. (옛날 軍中에서 썼음). 『劉孝威』擺馬悲―.

【笴】

㈠(간) 旱 ㈡(가) 哿 カ、やがら shaft ㄍㄜˇ ke³

草書 ㈠살대간(箭幹). ㈡뜻은 ㈠과 같음.

【笵】(범) 豏 ハン、のり type; law ㄈㄢˋ fan^{4}
小篆 草書 ❶법범(法也)。❷본보기범(楷式)。〔通俗文〕以土曰型以金曰鎔以竹曰－。(『範』과 같음)

六畫

【筶】(락) 藥 ラク、たばねる bind up ㄌㄨㄛˋ luo^{4}
小篆 ❶묶을락(束也)。❷대그릇락(竹器)。

【⿱竹囟】(체) 霽 テイ、ふるい winnow
❶대로기울체(以竹補缺)。❷키체(箕也)。

【⿱竹舛】(천) 銑 セン、くし bamboo spit
대꼬치천(以竹貫物)。

【⿱竹匠】(희) 支 キ、すきくし comb
小篆 참빗희、서캐훑이희(取蟣篦)。

【筅】(선) 銑 セン、ささら bamboo brush ㄒㄧㄢˇ hsien^{3}
草書 솥씻는솔선(鍋釜洗帚)。

【筆】(필) 質 ヒツ、ふで writing brush ㄅㄧˇ pi^{3}
小篆 草書 ❶붓필(作字迹書、一名不律)。〔禮記〕史載－士載言。❷오랑캐이름필(辛夷別名、木－)。

【筆家：필가】❶글씨를 잘 쓰는 사람。❷글 쓰는 일을 전문으로 하는 사람。

【筆架：필가】붓을 얹어 놓는 기구。〔開元天寶遺事〕。

【筆諫：필간】글을 써서 간함。

【筆匣：필갑】붓을 넣어 두는 갑。筆筒。

【筆格：필격】=筆架。

【筆耕：필경】❶보수를 받고 글자를 베껴 씀。〔任昉·文〕旣－－爲養、亦傭書成學。❷文筆로써 生計를 세움。

【筆管：필관】❶붓대。❷붓。〔西京雜記〕天子－－、以錯寶爲跗、毛皆以秋兔之毫。

【筆記：필기】글씨로 써서 기록함。말을 받아 씀。〔王僧孺〕辭賦極其精深、－－尤盡典實。

【筆記試驗：필기시험】답안을 펜·연필 따위로 써서 제출하는 시험。

【筆記體：필기체】필기할 때 쓰는 글자의 체。筆寫體。↔活字體。

【筆囊：필낭】붓을 넣어서 차는 주머니。

【筆談：필담】글로 써서 의사를 통함。말로 뜻이 통하지 못하는 사람에게 글자를 써서 문답함。

【筆答：필답】글을 써서 답함。〔文士傳〕有劇問以－－之。

【筆頭：필두】❶붓의 끝。❷붓과 같이 뾰족한 머리。〔魏書·古弼傳〕古弼頭尖、世祖常名之、曰－－。❸連名으로 적은 사람의 첫째 이름。❹주장되는 사람。

【筆力：필력】❶글씨의 획에 드러난 힘。筆勢。❷문장의 힘。

【筆路：필로】❶붓의 運用。〔續畫品〕未窮生動之致、－－纖弱。❷文章의 줄거리。文脈。〔玉海〕爲文之法、有筆力、有－－。

【筆名：필명】❶글씨를 잘 써서 떨치는 명예。❷글을 써서 발표할 때에 쓰는 본명 아닌 이름。

【筆墨：필묵】❶붓과 먹。❷붓과 먹으로 쓴 것。文章。〔晉書〕動義感於人神、非臣－－所能稱陳。

【筆墨紙硯：필묵지연】붓·먹과 종이와 벼루。

【筆法：필법】❶글씨를 쓰는 법칙。書法。〔唐書〕韓滉書得張旭－－。❷문장을 짓는 방법。

【筆鋒：필봉】❶붓 끝。❷붓의 威勢。문장 또는 書畫의 위세。〔鮑照〕兩說窮舌端、五車摧－－。

【筆寫：필사】붓으로 베껴 씀。書寫。

【筆算：필산】❶쓰는 것과 셈하는 것。❷붓셈。數字를 써서 하는 계산。洋算。↔暗算·珠算。

【筆商：필상】붓을 팔러 다니는 사람。붓장수。

【筆生：필생】글씨를 베껴 쓰는 일을 직업으로 하는 사람。

【筆舌：필설】❶붓과 혀。❷글과 말。〔揚子法言〕吾見天常、爲帝王之－－也。

【筆洗：필세】붓을 빠는 그릇。

【筆勢：필세】=筆力。〔晉書〕論者稱其－－、以爲飄若浮雲、矯若驚龍。

【筆順：필순】글씨를 쓰는 字畫의 차례。

【筆苑：필원】❶文筆家들의 사회。❷예전에 명필들의 이름을 적어 모은 책。

【筆者：필자】❶글씨를 쓰거나 그림을 그린 사람。❷문장을 지은 사람。

【筆蹟：필적】손수 쓴 글씨나 그린 그림의 형적이나 그 솜씨。手蹟。

【筆戰：필전】❶筆力을 떨침。筆鋒을 휘두름。〔張舜民·詩〕眼昏－－誰能畫。❷글로써 論戰함。

【筆占：필점】필력이나 필세로 운수의 吉凶을 점침。

【筆誅：필주】남의 죄악을 글로 써서 견책함。

【筆紙：필지】붓과 종이。

【筆之於書：필지어서】확인 이나 또는 잊어 버리지 아니하기 위하여 글로 써 둠。

【筆陣：필진】❶詩와 文章이 雄健함。〔杜甫〕－－獨掃千人軍。❷정기 간행물의 집필 진용。

【筆札：필찰】❶붓과 종이。〔漢書〕上令尙書給－－。❷筆跡。手跡。

【筆帖：필첩】❶옛 사람의 필적을 모아서 엮은 書帖。❷手帖。

【筆致：필치】글씨나 문장을 쓰는 솜씨。筆勢의 韻致。

【筆筒：필통】❶필기 도구를 넣어 가지고 다니는 기구。❷붓을 꽂아 두는 통。

【筆翰如流：필한여류】문장을 거침 없이 써내려가는 모양。運筆이 물 흐르듯이 빠른 일。筆翰은 붓、또는 글자를 쓰는 것。〔晉書·陶侃傳〕－－、未嘗壅滯。

【筆禍：필화】쓴 글로 말미암아 법률상 또는 사회상의 제재를 받는 일。

【筆畫：필획】=字畫。

【筆痕：필흔】글씨의 흔적。筆蹟。筆跡。筆迹。

【筆興：필흥】글씨를 쓰고 그림을 그릴 때에 일어나는 흥취。

◎加－、擱－、健－、曲－、亂－、能－、－、運－、僞－、一－、自－、才－、切－、停－、拙－、主－、走－、直－、眞－、執－、鐵－、親－、特－、畫－。

【筇】(공) 冬 キョウ、たけ bamboo ㄑㄩㄥˊ ch'iung^{2}
草書 공대공(蜀竹可爲杖)。〔漢書〕張騫言在大夏見蜀布－竹杖。

【筈】(괄) 曷 カツ、はず notch ㄍㄨㄚ kua^{1}
草書 ❶살오늬괄(箭末受弦處)。〔陸機詩〕譬彼弦與－。❷〔日字〕그러할터괄(將然之意)。

【筈溜：괄류】활 시위와 화살 오늬를 받는 곳。

【筈緖：괄서】돗대 위에 매는 밧줄。

【筈刺：괄자】활오늬(弓筈)를 끊는 데 쓰는 작은 칼。

【等】(등) 迥 トウ、ひとしい equal; grade ㄉㄥˇ têng^{3}
小篆 草書 ❶가지런할등(齊也)。❷무리등(類也、輩也)。❸등급등(級也)。〔左傳〕明貴賤辨－列。❹헤아릴등(稱量輕重)。〔孟子 公孫丑上〕－百世之王。❺기다릴등(待也)。

❻계단등(階段)。〔論語 鄕黨〕出降一ㅣ。❼같을등(均也)。

〔等價概念：등가개념〕《論》考察點을 달리하는 데 따라 그 內包는 일치하지 않더라도 外延에 있어서는 전혀 일치하는 개념。

〔等加速運動：등가속운동〕가속도가 일정한 운동。

〔等高：등고〕높이가 똑 같음。

〔等高線：등고선〕《地》지도상 標準 海面에서 같은 높이의 지점을 이은 선。同高線。等高曲線。

〔等級：등급〕계급。높낮이의 차례。『禮記』別貴賤ㅣㅣ之度。

〔等棄：등기〕탐탁하지 않게 여겨서 내어 버림。

〔等待：등대〕대기함。『李珥·立志』。

〔等對：등대〕같은 자격으로 마주 대함。

〔等頭：등두〕서로 같음。同等。『白居易』甲子ㅣㅣ憐其老。

〔等等：등등〕여러 것을 죽 들어 말할 때에 그 用語 아래에 붙여서 무엇무엇들의 뜻을 나타내는 말。

〔等列：등렬〕❶같은 자리。같은 지위。『漢書』居常鞅鞅、羞與絳灌ㅣㅣ。❷貴賤·上下의 구별。

〔等方性：등방성〕《哲》空間은 모든 방면에 있어서 성질이 같아 特異性이 없음。

〔等方位角線：등방위각선〕《地》磁氣子午線의 방위각이 같은 지점을 지도 위에 이은 선。

〔等邊：등변〕도형의 각 변의 길이가 똑 「같음。

〔等分：등분〕❶똑 같은 분량으로 나눔。❷똑 같이 나눈 분량。❸《數》두 개의 比가 똑 같음。

〔等比：등비〕서로 똑 같음。『漢書·張敞傳』惲黨友不宜處位、ㅣㅣ皆免。

〔等像：등상〕쇠·돌·풀·나무·흙 같은 것으로 만든 사람의 형상。等神。《喩》어리석은 사람。

〔等速：등속〕속도가 같음。

〔等速運動：등속운동〕《物》속도가 일정한 운동。↔不等速運動。

〔等數：등수〕차례를 매긴 수。『周禮』飮食之ㅣㅣ與其政治。

〔等時性：등시성〕《物》振幅의 大小에 관계 없이、일정한 시간 안의 운동의 각 週期가 똑 같은 성질。시계의 추 따위。

〔等時捕捉：등시포착〕죄를 지은 바로 그 자리에서 잡음。

〔等神：등신〕＝等像。

〔等身大：등신대〕사람의 몸의 크기만 함。

〔等深線：등심선〕지도 위에 바다·호수·강 따위의 깊이의 같은 점을 이은 곡선。

〔等壓線：등압선〕《天》天氣圖에서 기압이 같은 地點을 이어 맺은 선。

〔等溫：등온〕꼭 같은 온도。

〔等溫線：등온선〕❶地圖上에서 氣溫이 같은 地點을 이은 선。❷《物》어떤 물질이 일정한 온도 아래서 압력의 변화를 받았을 때의 압력과 부피와의 관계를 보이는 特性 曲線。

〔等外：등외〕등급 밖의 차례。

〔等夷：등이〕같은 동배。等倫。等儕。『史記·留侯世家』諸將皆陛下故ㅣㅣ。

〔等狀：등장〕관청에 연명으로 하소연하는 일。等訴。

〔等地：등지〕地名 밑에 붙여 「그런 곳들」의 뜻을 나타내는 말。

〔等震線：등진선〕지도 위에 지진의 强度가 같은 지점을 이은 선。

〔等質：등질〕《物》물·유리 따위와 같이 일정한 상태에 있는 물체의 어느 부분을 취하더라도 물리적 및 화학적으로 동등한 성질을 가지는 일。

〔等差：등차〕등급의 차이。差等。級差。『後漢書』諸侯以下、各有ㅣㅣ。

〔等差級數：등차급수〕《數》이웃한 두 項의 差가 늘 같은 급수。一、三、五、七、九、… 또는 二、四、六、八、十 따위。

〔等軸：등축〕길이가 똑같게 된 結晶體의 「軸。

〔等値：등치〕＝均質。

〔等牌：등패〕《制》役事를 할 때에 일군을 감독하던 사람。

〔等閑：등한〕❶소홀。等閑。『張謂』眼前一樽又常滿、心中萬事如ㅣㅣ。❷서로 떨어져 있어서 疎遠하여짐。『孟郊』官情惟ㅣㅣ。

〔等閑視：등한시〕마음에 두지 않고 대스럽지 않게 보아 넘김。

〔等號：등호〕수나 식이 서로 같음을 나타내는 부호。

〔等候：등후〕이미 기다리고 있음。等待。

◎高ㅣ、均ㅣ、對ㅣ、同ㅣ、不ㅣ、上ㅣ、劣ㅣ、優ㅣ、中ㅣ、差ㅣ、次ㅣ、平ㅣ、下ㅣ、何ㅣ。

〔筊〕 ㊀(효) ㊁(교) 肴 巧 コウ、たけなわ bamboo-rope ㄐㄧㄠˇ chiao³

小篆 草書

㊁❶단소효(小簫)。❷대새끼효(竹索)。〔史記〕搴長ㅣ沈美玉。㊂뜻은 ㊀과 같음。

〔筋〕 (근) 文 キン、すじ muscle ㄐㄧㄣ chin¹

小篆 草書

❶힘줄근(骨絡肉力)。〔禮記〕老者不以ㅣ力爲禮。❷힘근、기운근(力也)。

〔筋骨：근골〕❶힘줄과 뼈。筋肉과 骨格。『呂氏春秋』ㅣㅣ欲其固也。❷體力。신체。『孟子』勞其ㅣㅣ、餓其體膚。❸筆法。

〔筋膂：근려〕❶힘줄과 등뼈。『文同』精金凝滑露ㅣㅣ。❷힘。

〔筋力：근력〕근육의 힘。체력。『莊子』ㅣㅣ之士矜難。

〔筋膜：근막〕《生》근육의 격지 사이에 붙어 있는 얇은 막。

〔筋脈：근맥〕힘줄과 핏줄。『素問』ㅣㅣ和同、骨髓堅固。

〔筋痺：근비〕《醫》근육이 켕기어 관절통이 나서 걸음을 잘 걷지 못하는 병。

〔筋疝：근산〕《醫》❶陰莖이 붓는 병。❷陰門이 헐어서 가려운 병。

〔筋纖維：근섬유〕심줄을 구성한 조직。

〔筋瘿：근영〕《醫》심줄이 거죽으로 드러나서 된 혹。

〔筋痿：근위〕《醫》肝經에 열이 나서 膽汁이 너무 나온 까닭에 筋膜이 마르고 입이 쓰고 심줄이 당기어지는 병。

〔筋肉：근육〕❶몸의 연한 부분을 이루고 있는 심줄과 살。❷動物體의 운동에 필요한 기관으로 뼈에 붙어 있는 骨格筋과 내장의 벽을 이루는 內臟筋으로 나눔。

〔筋肉勞動：근육노동〕육체로써 하는 노동。↔精神勞動。

〔筋肉注射：근육주사〕근육에 놓는 주「사。

〔筋肉質：근육질〕근육처럼 연하고 질긴 성질。

〔筋漿：근장〕동물이 갓 죽은 뒤에 근육은 아직 살아 있어 살로부터 나오는 황색과 갈색의 액체。

〔筋骸：근해〕근육과 뼈。筋骼。『禮記』禮也者所以固人肌膚之會、ㅣㅣ之束也。

〔筎〕 (여) 魚 ジョ、まきはだ bamboo sheath

대껍질여(竹皮爲塞舟)。

〔筌〕 (전) 先 セン、うえ、ふせご weir ㄑㄩㄢˊ ch'uan²

草書

통발전(取魚竹器)。〔莊子〕ㅣ者所以得魚而忘ㅣ。

〔筌緖：전서〕일의 실마리를 헤아림。『左思』。

〔筌蹄：전제〕❶고기를 잡는 통발과 토끼를 잡는 덫。《轉》목적을 이룩하기 위한 方便。❷引導。案內。『莊子』。❸南朝

時代 士大夫가 說法할 때 쓰던 기구。【南史】上索——曰、我爲公講。

【筍】(순) 軫 ジュン、たけのこ bamboo shoot ㄙㄨㄣˇ suen^3 小篆 草書 죽순순、대싹순(竹胎萌生嫩芽)。【詩經】維何維—及蒲。

【筍蕨:순궐】 죽순과 고사리。『鶴林玉露』。

【筍席:순석】 죽순 껍질로 만든 방석。【書經】敷重——。

【筍輿:순여】 대로 만든 수레。竹輿。『范成大』——饒舫相窮年。

【筍鞵:순혜】 죽순 껍질로 만든 신。『徐照』客至啓幽戶、——行曲廊。

【筏】(벌) 月 バツ、ハツ、いかだ raft ㄈㄚˊ fa^2 草書 떼벌(編竹渡水桴)。【方言註】木曰簰竹曰—。

筏 (三才圖會)

【筏舫:벌방】 뗏목。『范成大』冑將——換柴瓜。

【筏夫:벌부】 떼목을 물에 띄워 타고 가는 사공。

【笧】 ㊀(산) 諫 サン、サク、ふみ ㊁(책) 陌 book ㊀대바자산(編竹爲落)。㊁책책(書籍)。『冊』과 같음)

【筒】(통) 東 トウ、つつ tube; pipe ㄊㄨㄥˇ t'ung^3 小篆 草書 ❶사통대통(射—、竹名)。【吳都賦】其竹則桂筩射—。❷통통(詩—、律—)。

【筒狀花:통상화】《植》대통 모양으로 피는 꽃。

【筒糉:통종】 주악。端午節에 먹는 떡의 한 가지。【風土記】端午進——、一名角黍、以菰葉裹。

【筒車:통차】 물레방아의 한 가지。밭에 물을 대는 데 쓰임。筒輪。

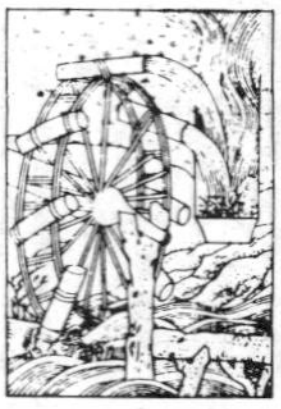
筒車 (農政全書)

【筒行纏:통행전】 아래에 귀가 달리지 않은 예사 행전。
◎封—、煙—、井—、竹—。

【筐】(광) 陽 キョウ、かご、かたみ round bamboo basket ㄎㄨㄤ k'uang^1 草書 ❶광주리광(—筥、篚屬)。【詩經 周南卷耳】不盈頃—。❷평상광(牀也)。【莊子 齊物論】王同—牀。❸별이름광(戴—、星名)。

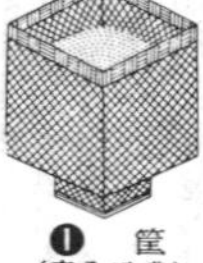
❶ 筐 (農政全書)

【筐擧:광거】 보는 바가 좁음。【三國志】管闚——、守厥所見。

【筐筥:광거】 네모가 나게 만든 바구니와 둥글게 만든 바구니。【左傳】——錡釜之器。

【筐求:광구】《運》籠球。

【筐笥:광사】 대오리로 만든 바구니。

【筐底:광저】 바구니의 밑。바구니의 안。

【筐榼:광합】 광주리와 술통。

【⿱竹朵】 ㊀(타) 哿 タ、むち whip ㊁(차) 麻 小篆 ㊀대이름타(竹名)。㊁채찍차(箠也)。

【筑】(축) 屋 チク、ひろう lute ㄓㄨˊ chu^2 小篆 草書 ❶축축、비파축(樂器似箏)。【史記 荊軻傳】高漸離擊—、荊軻和而歌於市。❷주울축(拾也)。

❶ 筑 (三才圖會)

【笄】(계) 齊 ケイ、こうがい bar for the hair ㄐㄧ chi^1 小篆 비녀계(女子安髮、簪也)。【詩經】君子偕老副—六珈。

【笄冠:계관】 비녀와 관。남녀의 成年。『通典』——有成人之容。

【笄年:계년】 시집갈 나이。즉 여자가 처음으로 비녀를 꽂는 해。곧 一五세。『宋史』福州陳氏、——守志、壽逾九秩、詔旌表其門。

【笄字:계자】 옛날 中國의 婚禮의 한 가지로 一五세에 비녀를 꽂고 字를 지어 부르는 일。곧 여자가 어른이 되는 禮。『禮記』女子許嫁、笄而醴之稱字。

【答】(답) 合 トウ、こたえる reply; answer ㄉㄚ ta$^{1\cdot2}$ 草書 ❶대답답(對也)。【古詩 焦仲卿妻】蘭芝仰頭—、理實如兄言。❷갚을답(報也)。❸그렇다할답(然也)。❹합당할답(合當)。❺굵은베답(麤布)。【漢書】—布皮革千石。

【答簡:답간】 =答書。

【答禮:답례】 남에게 받은 禮를 도로 갚는 일。

【答問:답문】 물음에 대답함。또는 그 글。

【答拜:답배】 답례로 하는 절。『禮記』君於士、不——也。

【答盃:답배】 술잔을 받고 그 답으로 주는 술잔。

【答辯:답변】 물음에 대답하는 말。

【答辯書:답변서】 ❶답변의 要旨를 기재한 文書。❷《法》民事訴訟法上 被告가 口頭辯論에서 답변하고자 하는 사항을 기재하여 제출하는 문서。

【答謝:답사】 사례하는 뜻을 나타내는 대답。答禮로 하는 謝禮。

【答辭:답사】 ❶대답하는 말。答言。❷식장에서 式辭나 祝辭에 대한 대답의 말。

【答書:답서】 답장。회답의 편지。

【答信:답신】 답하는 통신。

【答申:답신】 上司의 물음에 대답하는 申告。

【答案:답안】 ❶시험 문제를 풀어 대답함。또는 그 종이。❷대답의 案件。

【答言:답언】 대답하는 말。

【答揖:답읍】 답례로 읍함。또는 그 揖。『金史』擧手——。

【答應:답응】 ❶물음에 대답함。應答。❷神佛이 所願을 들어 알았다는 징조。應報。『後漢書・註』禱請名山、求獲——。❸效力。

【答通:답통】 通文에 대한 회답。
◎對—、明—、問—、報—、奉—、應—、即—、筆—、解—、確—、回—。

【策】(책) 陌 サク、はかりごと plan ㄘㄜˋ ts'ê^4 小篆 ❶꾀책(籌—、謀也)。❷책책(簡冊)。❸채찍책(馬箠)。【禮記】僕執—立馬前。❹시초책(龜—、蓍也)。【史記】迎日推—。❺잎떨어지는 소리책(——落葉聲)。【韓愈詩】——鳴不已。❻쇠지팡이책(金—、錫杖)。❼별이름책(星名、天—)。

【策動:책동】 ❶꾀를 부려서 남 몰래 행동함。❷남으로 하여금 움직이게 부추김。

【策略:책략】 어떤 일을 처리하는 꾀와 방법。策謀。『後漢書』參亦——。

【策略家:책략가】 謀策과 方略에 남달리 능한 사람。

【策勵:책려】 채찍질하여 격려함。『蕭子良』孜孜ㅣㅣ、良在於斯。「ㅣㅣ」。
【策謀:책모】 ＝策略。『荀悅』有權變、有
【策問:책문】 관리 등용 시험에서 문제를 내어 試問하는 일。또는 그 文體。策試。『後漢書』帝親臨ㅣㅣ。
【策士:책사】 策略을 잘 쓰는 사람。『柳宗元』曲逆起爲ㅣㅣ、輔成帝圖。
【策線:책선】 책원지로부터 작전 목표에 이르는 道路나 철도 선로。
【策源:책원】 戰地의 군대가 그 전투력의 유지·증진에 필요한 물자의 공급을 받는 후방 지점。
【策源地:책원지】 ❶전쟁 때 작전을 세워 명령을 내리는 곳。❷一般의 군대가 군수품을 두어두는 후방의 지점。❸꾀를 세워서 활동을 명령하는 곳。
【策應:책응】 ❶計略을 써서 서로 도움。❷군대를 원조하는 일。
【策定:책정】 계책을 세워서 결정함。
【策策:책책】 나무잎이 떨어지는 소리。『韓愈』秋風一披拂、ㅣㅣ鳴不已。
【策勳:책훈】 공훈이 있는 사람의 이름을 책에 기록하는 일。또는 공훈을 찬양하고 賞을 주는 일。『左傳』ㅣㅣ飮至。◎計ㅣ、奇ㅣ、對ㅣ、得ㅣ、妙ㅣ、方ㅣ、秘ㅣ、上ㅣ、後ㅣ、施ㅣ、失ㅣ、實ㅣ、政ㅣ、拙ㅣ、獻ㅣ。

七畫

【筟】 (부) 虞 フ、つむくだ reed
小篆 ❶대청부(竹中衣)。❷바디부(織緯者)。

【筠】 (균) 眞 イン、たけかわ bamboo sheath(古音「윤」) ㄩㄣˊ yün²
小篆 草書 ❶속밴대균(竹膚堅質)。『禮記』其在人也如竹箭之有ㅣ。❷대껍질균(竹皮)。

【筠籃:균람】 ＝筠籠。『陳泰』ㅣㅣ日暮挑榮葵。「人相贈滿ㅣㅣ」。
【筠籠:균롱】 대광주리。竹籃。『杜甫』野
【筠箭:균전】 대살。『劉峻』心貞ㅣㅣ、德潤珪璋。「右ㅣㅣ列植」。
【筠篁:균황】 대。『水經·註』七賢祠、左

【筡】 (도) 虞 トウ、むなしい empty
㊁(서) 魚 ㄊㄨˊ t'u²
小篆 ㊀속빌도(中空)。㊁대광주리서(竹筐篋ㅣ)。

【筢】 (파) 麻 ハ、さらえ rake
갈퀴파(用以取草、泥ㅣ)。

【筆】 (필) 屑 ヒツ、てがた bill
❶엄쪽필、어음필(分契)。❷대쪼갤필(割竹)。

【筣】 (리) 支 寘 リ、たけがき bamboo fence ㄌㄧˊ li²
草書 대울타리리、대차면리(竹籬、笆ㅣ)。

【筋】 (박) 覺 ハク、かんせつがなる sound of the knuckles ㄅㄛˊ po²
小篆 或體 손발마디소리날박(手足指節鳴)。

【筝】 ㊀(강) 江 ホウ、とま bamboo
㊁(봉) 東
㊀술거르는 용수강(酒篘)。㊁ 뜻은 『蓬』에 보라。

【筤】 (랑) 陽 養 ロウ、わかだけ young bamboo ㄌㄤˊ lang²
小篆 草書 어린대랑(蒼ㅣ、幼竹)。『易經』震爲蒼ㅣ竹。

【筥】 (거) 語 キョ、めしかご bamboo ware ㄐㄩˇ chü³
小篆 草書 ❶쌀담는광주리거(盛米圓器)。『詩經』維筐及ㅣ。❷볏단거(稽名)。

筥 (農政全書)

【筮】 (두) 宥 トウ、うつわ receptacles used in religious service
❶적대두、제기두(禮器)。❷나무식기두(木器)。

【筦】 (관) 旱 カン、ふえ lute ㄍㄨㄢˇ kua
小篆 小篆 草書 ❶쌍피리관(樂器如 六孔)『詩經』嘒嘒ㅣ聲。❷주관할관(主當)。『禮記』禮樂ㅣ乎人情。❸붓대관(筆彄)。『詩經』貽我銅ㅣ。❹고동관(樞要)。❺열쇠관(ㅣ鍵)。『禮記』修鍵閉愼ㅣ籥。❻살대구멍관(小見管窺)。❼대통관(截竹)。

【筦榷:관각】 정부가 물건을 팔아 그 이익을 독점함。「納ㅣㅣ」。
【筦鍵:관건】 열쇠。『戰國策』諸侯避舍、
【筦絃:관현】 피리와 거문고。管絃。

【筧】 (견) 銑 ケン、かけい water-pipe ㄐㄧㄢˇ chien³
草書 대홈통견(以竹通水)。『石函器』湖南有ㅣ放水漑田。

【筧水:견수】 대 홈통으로 끌어 오는 물。『陸游』ㅣㅣ晨澆藥、燈窓夜覆棋。

【筩】 ㊀(통) 東 トウ、ヨウ、たけつつ bamboo-tub
㊁(용) 腫 ㄊㄨㄥˇ t'ung³
小篆 草書 ㊀❶대통통(竹筒)。『漢書』趙廣漢敎吏爲缿ㅣ。❷낚시통(捕魚鉤)。『江賦』ㅣ灑連鋒。㊁전동용(箭室)。『左傳註』(『筒』과 같음)

【筩瓦:통와】 통 기와。筒瓦。『陸游』冰箭ㅣ蓋。

【筯】 (제) 霽 セイ、たかむしろ bamboo cushion
대자리제(竹席)。

【筪】 (갑) 洽 コウ、たけばこ bamboo box
❶대상자갑(竹箱)。❷대이름갑(竹名)。

【筬】 (성) 庚 セイ、おさ reed
草書 바디성(織具所以持經)。

【筭】 ㊀(산) 旱 サン、かぞえる count
㊁(산) 翰 ㄙㄨㄢˋ suan⁴
小篆 ㊀셈놓을산、수놓을산(數也)。(『算』과 같음) ㊁셈대산、줏가지산(籌也)。

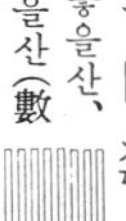
㊁筭 (禮器圖)

【筮】 (서) 霽 ゼイ、うらない fortunetelling ㄕˋ shih⁴
小篆 草書 시초점서(卜ㅣ蓍點)。『左傳』卜人曰ㅣ短龜長不如從長。

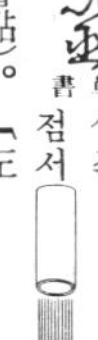
筮 (三禮圖)

【筮龜:서귀】 점치는 데 쓰는 거북。
【筮卜:서복】 산가지로 점치는 일과 龜甲을 불태워서 점치는 일。《轉》점。『漢書』易爲ㅣㅣ之書。
【筮占:서점】 점을 치는 것。
【筮竹:서죽】 점칠 때 쓰는 산가지。
【筮驗:서험】 점에 나타난 징험。

【筹】 (사) 歌 サ、ひ spindle
북사(織具)。

【筯】 (저) 御 チョ、はし chopstick ㄓㄨˋ chu⁴
草書 젓가락저(匙ー)。『廣東新語』蛋人謂ー曰梯。(『箸』와 같음)

【筰】 (작) 藥 サク、たけなわ bamboo-rope ㄗㄨㄛˋ tso⁴
小篆 草書 ❶대새끼작(竹索筊)。『釋名』引舟者曰ーー作也作起也引舟使動行也。❷배 끄는줄작(引舟繩)。

【筰關：작관】 地名。四川省 漢源縣。옛날의 筰都國。東北쪽에 大關山이 있음。

【筱】 (소) 篠 ショウ、しのだけ reed ㄒㄧㄠˇ hsiao³
小篆 가는대소(細竹)。(『篠』와 같음)

【筲】 (소) 肴 ソウ、ショウ、ふご basket ㄕㄠ shao¹
草書 ❶한말두되들이대그릇소(竹器容斗二升)。

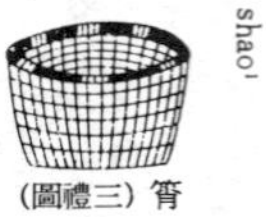

(圖禮三) 筲

【論語】斗ー之人。❷밥통소(飯器)。

【筲斗：소두】 양이 적음。斗筲。『沈佺期』吾徒祿未厚、ーー愧相貽。

【筳】 (정) 靑 テイ、かずとり piece of bamboo ㄊㄧㄥˊ t'ing²
小篆 草書 ❶대쪽정(竹片)。❷가는대정(小竹)。『東方朔』以蠡測海以ー撞鍾。❸가락정(紡絲鋌)。

【筳子：정자】 베를 짜는데 사용되는 器具中의 하나。실을 감는 것。『正字通』。

【筳篿：정전】 옛 卜法의 하나。점을 칠 때、눈 앞에 보이는 草木의 가지를 꺾어 그 數를 헤아리지 않고、세 가지씩 세어 낸 다음 그 나머지로 吉凶을 점치는 일。『楚辭·離騷』索藑茅以ーー兮、命靈氛爲余占之。

【筴】 ㊀(책) 陌 サク、はかりごと design; plan ㄐㄧㄚˊ chia² (古音「겹」)
㊁(협) 洽
草書 ㊀계교책(謀也)。(『策』과 같음) ㊂젓가락협(箸也)。

【筵】 (연) 先 エン、むしろ mat ㄧㄢˊ yen²
小篆 草書 ❶대자리연(竹席鋪陳)。『詩經』賓之初ー。❷왕이 강하는자리연(王者請席經ー)。

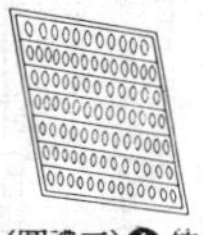

(圖禮三)❶筵

【筵敎：연교】 《制》筵席에서 내리는 임금의 명령。

【筵席：연석】 ❶대 자리。❷장소。❸酒席。❹《制》임금과 신하가 모여 諮問奏答하던 자리。筵中。

【筵說：연설】 筵席에서 임금의 諮問에 답하여 올리는 말。「」는 일。筵稟。

【筵奏：연주】 《制》임금의 面前에서 아뢰

【筵飭：연칙】 筵席에서 임금이 단단히 훈계함。

【筷】 (쾌) 卦 カイ、はし chopstick ㄎㄨㄞˋ k'uai⁴
草書 젓가락쾌(箸也)。

八 畫

【箁】 (부) 有 ホウ、たけのは bamboo blade (leaf)
小篆 대잎사귀부(竹葉)。

【箳】 (병) 靑 ヘイ、たけのと bamboo gate
대사립문병(戶扇)。

【箄】 ㊀(비) 齊 ヒ、ヘイ、こかご small basket
㊁(패) 霽
小篆 草書 ㊀❶종다래끼비、가리비(捕魚具)。❷작은다래끼비(小籠)。❸빗비(梳也)。㊁큰떼패(大桴)。

【箄籃：비람】 물고기를 잡는 광주리。『靈應錄』霅溪有漁人、將ーー捕魚、云云。

【箄船：비선】 뗏목배。『後漢書·注』縛竹木爲箄、以當船也。

【箅】 (폐) 霽 ヘイ、すだれ bamboo-blind
小篆 草書 시루밑에까는발폐(甑底所敷箔)。

【箆】 (비)『篦』(10畫竹部)와 같음

【箈】 (지) 支 チ、しのだけ bamboo ㄔˊ ch'ih²
草書 ❶말풀지(簖萌、水中魚衣)。『周禮』加豆之實ー菹鴈醢筍菹魚醢。❷가는대순지(篠筍)。

【箇】 (개) 箇 カ、コ、かず piece ㄍㄜˋ kê⁴ (古音「가」)
小篆 或體 草書 낱개、개수개(數也、枚也)。『荀子』負矢五十ー。

【箇箇：개개】 하나하나。낱낱。個數。『杜甫』却繞井欄添ーー。

【箇箇考察：개개고찰】 ❶낱낱이 살핌。❷매를 때릴 때、刑吏에게 주의시켜 낱낱이 살피어 몹시 치게 함。

【箇所：개소】 군데。個所。

【箇數：개수】 물건의 수효。個數。

【箇人：개인】 국가나 사회에 대한 하나하나의 사람。個人。

【箇條：개조】 들어서 말할 하나 하나의 조목。낱낱의 條目。個條。

【箇中：개중】 여럿이 있는 그 가운데。

【箋】 (전) 先 セン、はりふだ memorandum ㄐㄧㄢ chien¹
小篆 草書 ❶기록할전(表識書也)。❷주낼전(註也)。『字林』鄭康成註毛詩曰ー。❸전문전(文體名)。❹글전(書也)。

【箋文：전문】 길흉의 일이 있을 때에 임금에게 아뢰던 四六體의 글。

【箋注：전주】 本文의 뜻을 풀이함。箋註。箋釋。『韓愈·文』。

【箋註：전주】 ＝箋注。『韓愈』古聖人言、其旨密微、ーー紛羅、顚倒是非。

【箋惠：전혜】 남에게 보내온 편지의 敬稱。『傳習錄』忽承ーー。

【箔】 ㊀(전) 先 セン、すだれ cotton-blind
㊁(점) 鹽
小篆 ㊀솜발전(蔽絮簀)。㊁종이뜨는발점(連紙箔)。

【箍】 (고) 虞 コ、たが bamboo hoop ㄍㄨ ku¹
草書 대테멜고(以篾束物)。

【箐】 ㊀(정) 庚 セイ、セン、かご basket ㄐㄧㄥ chin
㊁(천) 霰
㊀바구니정(笭ー、小籠)。㊁대활천(竹弓)。

【箒】 (추) 有 ソウ、ほうき broom
草書 비추(箕ー、篲也)。『賈誼策』母取箕ー立而誶語。(『帚』와 같음)

【箒掃:추소】 비로 쓺음。 『皮日休』樓閣一一臥來雲。
【箒刷:추쇄】 더러운 것을 씻어버림。
【箒痕:추흔】 비로 쓸은 뒤。

【箏】

(쟁) 庚 ソウ、そうのこと a kind of harp ㄓㄥ chêng¹

小篆 草書 ❶쟁쟁(合一瑟類)。

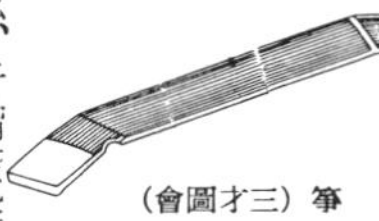
箏 (三才圖會)

【風俗通】一蒙恬所造。❷풍경쟁(風一、簷前鐵馬)。【玉篇】一、似瑟十三弦。【楚辭、劉向、九歎、愍命】挾人一而彈緯。【注】一、小琴也。【隋書、樂志】一、十三弦、所謂秦聲、蒙恬所作者也。
【箏妓:쟁기】 箏을 타는 기생。
【箏箏然:쟁쟁연】 箏 소리의 형용。『釋名』箏施絃高急、——也。

【箑】

(삽) 洽 ソウ、うちわ fan ㄕㄚ sha⁴

小篆 或體 草書 부채삽(扇之別名)。【潘岳賦】屛經一釋纖絺。

【篓】

(삽) 洽 ソウ、うちわ fan

대아삽삽(竹翣)。

【箔】

(박) 藥 ハク、すだれ bamboo-blind ㄅㄠ pao²

草書 ❶발박(簾也)。❷금박박(金屬薄展金)。

【箛】

(고) 虞 コ、ふえ reed

小篆 피리고、초금고(笳也、車駕住吹小一發吹大一一卽笳)。

【算】

(산) 旱 サン、かず、かぞえる count ㄙㄨㄢ suan⁴

小篆 草書 ❶셈놓을산(計數)。❷산술산、줏가지산(籌也)。
(『筭』과 같음)

【算曆:산력】 算法과 曆象。계산의 방법과 天文·曆書의 보는 법。算曆。『南史·祖皓傳』皓少傳家業善一一。
【算命:산명】 ❶헤아리고 생각하여 모든 일을 명령함。❷운수를 점침。❸점。
【算木:산목】 산가지。㉠대나 뼈로 젓가락 모양으로 만든 수효를 셈하는 기구。㉡점치는 기구。숫대。길이 一〇糎 가량의 正方柱體木。六개로 됨。
【算無遺策:산무유책】 計策에 빈틈이 없음。『晉書·桓玄傳』經略指授——。
【算法:산법】 계산의 방법。셈하는 법。『北史』高允尤明一一。
【算數:산수】 ❶수。❷계산。算法。『後漢書』一一之事、生矣。❸국민 학교 교과의 하나。算術。
【算術:산술】 ❶=算法。❷《數》初等 數學。算數③。
【算式:산식】 《數》여러 가지 수학 기호를 써서 계산하는 방법을 표시한 식。
【算用數字:산용수자】 《數》아라비아數字。筆算에 사용하는 數字。
【算入:산입】 셈하여 넣음。
【算定:산정】 셈하여 정함。
【算出:산출】 셈하여 냄。계산하여 구함。
【算筒契:산통계】 계원들이 일정한 계돈을 내고 통에 든 계알을 흔들어 뽑힌 사람에게 일정한 금액을 주는 계。
【算學:산학】 《數》셈에 관한 학문。籌學。『周邦彥』一一以窮九九。
◎假一、加一、檢一、決一、計一、公一、起一、目一、成一、勝一、心一、暗一、清一、推一、打一、通一、筆一、換一。

【箕】

(기) 支 キ、み、ちりとり winnow ㄐㄧ chi¹

小篆 古文 古文 古文 籀文 草書 ❶별이름기(南一、宿名)。『詩經』維南有一不可以揚。❷키기(一籭、去糠具)。❸바람의신기(風師名、一伯)。【張衡 思玄賦】屬一伯以函風兮。❹걸어앉을기(坐展足狀)。

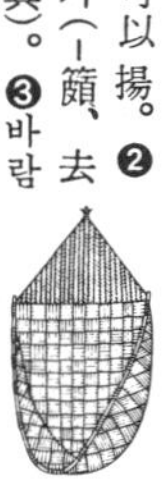
❷ 箕 (農政全書)

【箕踞:기거】 =箕坐。『漢書』一一罵詈。
【箕裘之業:기구지업】 선조 대대로 전하여 내려 오는 사업。家業。
【箕斂:기렴】 키로 물건을 가려 냄。《喩》세금을 가혹하게 받아 냄。『史記·張耳陳餘傳』頭會一一以供軍費。
【箕伯:기백】 風神。바람을 맡은 神。『張衡·思玄賦』屬一一函風兮。
【箕畚:기분】 키와 삼태기。『列子·湯問』。
【箕山之志:기산지지】 은퇴하여 자기 지조를 굳게 지킴。《故》堯 임금 때 許由와 巢父 두 사람이 箕山에 은거한 故事。『漢書』小臣欲守箕山之節。
【箕城:기성】 《歷》평양의 옛 이름。
【箕城八景:기성팔경】 《國》平壤의 八景。乙臺賞春·浮碧玩月·永明尋僧·普通送客·車門汎舟·蓮堂聽雨·龍山晩翠·馬灘春漲을 일컬음。箕城은 平壤의 옛이름。
【箕子:기자】 《人》中國 고대 전설에 나오는 사람。殷의 紂王의 叔父。箕는 나라 이름。殷이 멸망된 뒤 箕子朝鮮의 始祖가 되었다고 하나、異說이 있음。箕子는 微子·比干과 아울러 殷의 三仁으로 꼽았음。
【箕子朝鮮:기자조선】 《歷》王朝 이름。箕子가 東來하여 나라를 세웠다는 전설에 의하여 붙여진 명칭。
【箕坐:기좌】 두 발을 앞으로 쭉 뻗고 앉음。箕踞。『論衡』趙陀椎髻一一。
【箕帚:기추】 쓰레받기와 비。『說苑』草茅之產、得奉執一一之事。
【箕帚妾:기추첩】 ❶ 쓰레받기와 비를 잡는 여자。掃除婦。❷남의 아내가 된다는 謙稱。『史記·漢高祖紀』臣有息女、願爲季一一。

【箘】

(균) 軫 キン、しのだけ bamboo ㄐㄩㄣ chün⁴

小篆 草書 ❶살대균(美竹箭材)。【書】惟一簵楛。❷균계나무균(一桂、木名)。【楚辭】雜申椒與一桂。❸죽순균(笋也)。

【箘桂:균계】 香木의 이름。桂樹의 一種。대나무와 비슷함。『辭辭·離騷』雜申椒與一一兮、豈惟夫夫蕙姬。

【箙】

(복) 屋 フク、えびら quiver

小篆 草書 전동복(盛矢器)。【周禮】仲秋獻矢一。

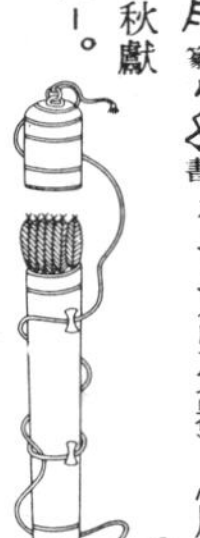
矢箙 (禮器圖)

【箚】

(차) 洽 サツ、もうす message ㄓㄚ cha² (古音「잡」)

草書 ❶차자차、전갈할차(牋一、用以奏事、非表非狀謂一子)。❷기록할차(記錄)。

【箚客:차객】 下等의 妓女。갈보。打酒坐。『東京華夢錄』有下等妓女、不呼自來、筵然歌唱、臨時以些小錢物贈之而去、謂之一一、亦謂之打酒坐。
【箚記:차기】 글을 읽고 필요한 곳을 적어 두는 것。清의 閻若璩의 潛邱劄記。

趙翼의 二十二史劄記 등。
【箚子:차자】《制》간단한 書式으로 하는 上疏文。
【箚刺:차자】文身을 넣는 것。『淸異錄』
【箚靑:차청】文身。피부에 무늬、形象을 파넣는 것。『酉陽雜俎』蜀小將韋卿、少不喜書、嗜好ㅣㅣ。

【箜】(공) 東 コウ、ク、くだらごと ancient lute ㄎㄨㄥ k'ung¹
草書 공후공、거문고공(ㅣ篌、樂器瑟類)。【古詩】十五彈ㅣ篌。
【箜篌:공후】《樂》樂器의 한 가지。西洋의 하아프와 비슷한 樂器。空侯。

箜篌(會圖才三)

【箝】(겸) 鹽 ケン、はさむ tweezers ㄑㄧㄢˊ ch'ien²
小篆 草書 ❶재갈겸、족집개겸(鐵鑷箝)。【漢書】ㅣ語燒書。❷목잠글겸(鎖項)。
【箝口:겸구】❶입을 다물고 말하지 않음。緘口。無語。『漢書』君自閉箝天下之口。❷言論의 자유를 빼앗음。鉗口。拑口。緘口。箝語。
【箝口枯腸:겸구고장】궁지에 빠져 생각이 마르고 말을 못함。
【箝口勿說:겸구물설】입을 다물고 말하지 않음。緘口勿說。
【箝語:겸어】입을 다물고 말을 하지 않음。『漢書』墮城銷刃、ㅣㅣ燒書。
【箝制:겸제】속박하여 자유를 주지 않음。눌러 억제함。

【箞】(념) 豔 デン、ネン、ふなづな rope
草書 배끄는줄념(挽舟索、一名、百丈)。【白樂天詩】苒弱竹篾ㅣ。

【箠】(추) 紙 スイ、むち whip ㄔㄨㄟˊ ch'uie²
小篆 草書 ❶채찍추(馬策)。❷볼기채추(笞刑)。【漢書 刑法志】定ㅣ令當笞者笞臀。
【箠罵:추매】채찍으로 치고 꾸짖어 욕함。
【箠扑:추복】채찍과 회초리。채찍으로 침。『柳宗元』設ㅣㅣ於堂下。
【箠策:추책】말의 채찍。『李尤』御者ㅣㅣ、示有威怒。
【箠楚:추초】❶채찍으로 침。❷笞刑。『雲麓漫鈔』韓昌黎詩云、判司卑官不堪說、未免ㅣㅣ塵埃中。

【管】(관) 旱 カン、くだ、ふえ tube; flute ㄍㄨㄢˇ kuan³
小篆 草書 ❶쌍피리관(樂器如篪六孔)。❷주관할관(主當)。❸붓대관(筆彄)。❹고동관(樞要)。❺열쇠관(ㅣ鍵)。❻살대구멍관(小見管窺)。❼대통관(截竹)。

❶管(圖器禮)

【管葛:관갈】齊의 管仲과 三國時 蜀의 諸葛亮。(모두 名相)。『南史』常自比ㅣㅣ。
【管鍵:관건】자물쇠。鎖金。鎖鑰(쇄약)。『周禮』司門掌授ㅣㅣ、以啓閉國門。
【管見:관견】❶소견이 좁음。『何承天』吾少信ㅣㅣ、老而彌篤。❷자기의 의견을 겸손하여 이르는 말。
【管庫:관고】창고지기。庫直。『禮記』ㅣㅣ之士、七十有餘家。
【管區:관구】관할 구역의 略稱。
【管內:관내】＝管下②。
【管督者:관독자】管理하고 감독하는 「사람。
【管蠡:관려】대롱과 소라。《喩》대롱으로 하늘을 내다보고、소라 껍질로 바다물을 되 듯이、몹시 소견이 좁음。管見蠡測。『東方朔·客難』以管窺天、以蠡測海。
【管領:관령】❶도맡아 다스림。❷권한으로 감독함。『白居易·早春晩歸詩』。❸受領함。자기 물건으로 함。『琵琶記·一門旌獎』。
【管履:관리】엄짚신。
【管理:관리】❶일을 맡아 다스림。❷사무를 정리함。❸물건을 처리함。❹아랫사람을 지휘 감독함。
【管理權:관리권】《法》남의 재산을 관리하는 권리。
【管理能力:관리능력】관리 행위를 할 수 있는 능력。↕處分能力。
【管理法:관리법】❶관리하는 방법。❷《法》管理에 관한 법규。
【管理人:관리인】《法》私法上 타인의 재산을 관리하기 위하여 선임된 사람。
【管理通貨:관리통화】《經》中央銀行이 통화를 발행하여 이를 관리 조절하는 일。
【管理行爲:관리행위】《法》私法上 재산에 관한 보존·이용·개량 등의 행위。
【管事:관사】❶일을 관리함。❷일을 관리하는 사람。管理人。
【管狀花:관상화】《植》백일홍·쑥갓 따위의 엉거시과에 딸린 식물들의 꽃。
【管說:관설】생각이 좁은 言說。『魏書·劉芳傳』豈可輕薦瞽言、妄陳ㅣㅣ。
【管城子:관성자】붓의 別稱。管翰。『韓愈·毛穎傳』秦皇帝使恬賜之湯沐、而封諸管城、號曰——。
【管守:관수】❶맡아서 지킴。❷맡아서 지키는 사람。
【管樂器:관악기】긴 통을 이용한 악기。木管樂器와 金管樂器의 總稱。피리·나팔 따위。吹奏樂器。
【管籥:관약】❶피리。籥은 구멍이 셋 또는 여섯 있는 피리。『孟子·梁惠王』百姓聞王鐘鼓之聲、ㅣㅣ之音。❷자물쇠。籥은 鑰과 통함。『禮記·月令』愼ㅣㅣ。
【管外:관외】관리하는 지역 밖。↕管內。
【管掌:관장】차지해서 맡아봄。『七籤』各有官僚、更相ㅣㅣ。
【管財:관재】재산을 다스림。
【管財人:관재인】《法》財産管理人의 略稱。
【管節:관절】대로 만든 符節의 한가지。

管節(會圖才三)

【管井:관정】둘레가 管狀으로 생긴 우물。
【管精有胚植物:관정유배식물】《植》꽃이 피어 씨로 번식하는 식물의 이름。소나무·벼 따위。
【管制:관제】管理하여 통제함。
【管足:관족】《動》棘皮動物의 外表面에 많이 나온 부드럽고 연한 肉管。대통과 같이 생겨서 자유롭게 伸縮自在하여 몸을 이동함。
【管仲:관중】《人》?~B.C. 六四五 春秋時代 齊의 賢臣。字는 夷吾、謚號는 敬。敬仲이라고도 함。젊었을 때 鮑叔牙와 친하여、그의 추천으로 桓公에게 등용됨。신임을 받아 仲父라고 불리웠으므로 管仲이라 함。桓公은 그의 힘으로 諸侯의 霸者가 되었음。

管夷吾(會圖才三)

【管中窺天:관중규천】대통 속으로 하늘을 내다봄。《喩》소견이 몹시 좁음。管蠡。管見。蠡測。『晉書』——、時見一斑。
【管鮑之交:관포지교】썩 친밀한 교제。《故》管子와 鮑叔의 사귐에서 온 말。『杜甫』君不見管鮑貧時交、此道今人棄如土。
【管下:관하】❶아래를 관할함。❷관할하는 구역。담당한 구역。管內。
【管轄:관할】❶직권으로 맡아 다스림。❷맡아 다스리는 범위。管理。(管은 열쇠、

轄은 쐐기)。『孫綽·文』綱紀居——之任。

【管轄官廳:관할관청】 관할할 직권이 있는 관청。

【管轄區域:관할구역】 《法》 管轄權이 미치는 제한된 범위 안의 지역。

【管轄權:관할권】 《法》 ❶관할하는 직권。 ❷特定한 사건에 대하여 法院이 처리할 수 있는 권한의 범위。

【管轄法院:관할법원】 《法》특정한 사건에 대하여 관할권을 가지는 법원。

【管轄違反:관할위반】 《法》제기된 소송이 그 법원의 관할에 속하지 않음。

【管絃:관현】 ❶管樂器와 絃樂器。 피리와 거문고 따위。 筦絃·絲竹。 『蘭亭記』無絲竹——之盛。 ❷음악을 연주함。 ❸음악。

【管絃樂:관현악】 관악기·현악기·타악기로 합주하는 음악。 오케스트라。

◎氣—、毛—、保—、所—、試驗—、鉛—、煙—、移—、主—、鐵—、血—。

【筣】 (책) 『策』(竹部 6畫)과 같음

九畫

【箬】 (약) 藥 ジャク、たけのかわ bamboo sheath ㅁㄨㄛˋ jo˙ 대껍질약(竹皮)。 (『篛』과 같음)

【箭】 (전) 霰 セン、ゼン やだけ、や arrow ㄐㄧㄢˋ chien ❶살전(矢也)。 『周禮』東南曰揚州其利金錫竹—。 ❷약이름전(藥名赤—)。

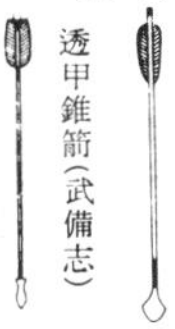
射侯箭(大清會典圖)
透甲錐箭(武備志)

【箭書:전서】 글을 활촉에 매어 쏘아 소식을 전함。 『宋史』官軍圍城、(中略)、得——、張鍇悉焚之。

【箭魚:전어】 《動》준치。

【箭羽:전우】 화살의 깃。 『白居易·放旅雁詩』拔汝翅翎爲——。

【箭竹:전죽】 화살대。 화살을 만드는 대。 『晉書』苞木——之族生焉。

【箭窓:전창】 살창。

【箭敎:전채】 =箭筒。

【箭鏃:전촉】 화살촉。 『白居易』摩弓拭—「—。

【箭筒:전통】 화살을 넣어 두는 筒。 가죽으로 만들어 뚜껑이 있으며 表面에 칠을 한 것。

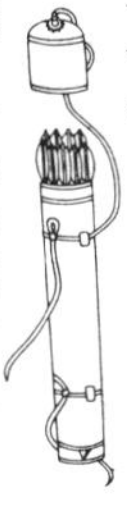
箭筒(武備志)

【箭形:전형】 《植》葉片 모양의 한 가지。 화살 모양으로 끝이 뾰족하고、基脚이 날카롭게 갈라짐。

【箯】 (편) 先 ベン、たけごし bamboo sedan ㄅㄧㄢ pien¹ ❶대남여편(竹輿)。 『史記』張耳陳餘傳】—輿前。 ❷들것편(—舉、土器)。

【箯輿:편여】 대로 만든 籃輿。 竹輿。 『史記』持節問之——前。

【箽】 (근) 軫 キン、たけのな white-sheathed bamhoo 껍질흰대근(皮白竹)。

【箾】 (엽) 葉 ヨウ、たけのふだ piece of bamboo 대쪽엽(竹簡)。

【箱】 (상) 陽 ソウ、ショウ、はこ box; chest ㄒㄧㄤ hsiang¹ ❶상자상(篋也、—子)。 ❷수레곳간상(車服)。 ❸곳집상(廩也)。 『詩經小雅甫田』求萬斯—。

【箱筥:상거】 상자。 箱篋。 『蘇軾』家藏古今帖、黑色照——。 「鏡匣。

【箱匳:상렴】 거울을 넣어 두는 상자。

【箱房:상방】 옛날 관청의 앞이나 좌우에 길게 지은 집。 行閣。

【箱子:상자】 나무·대·종이 따위로 만든 그릇。 箱篋。 「——珍。

【箱篋:상협】 상자。 『名畫錄』好事得之爲

【箮】 (훤) 元 ケン、たけのはな flower of a bamboo 대꽃훤(竹花)。

【箴】 (잠) 侵 シン、はり needle ㄓㄣ chen¹ (古音「침」) ❶경계할잠 (規戒諫誨辭)。 『左傳』工誦—諫。 ❷바늘잠(綴衣)。 『禮記』紉—請補綴。 ❸돌침잠(石刺病)。

【箴諫:잠간】 훈계하여 간함。 『漢書』開天下之口、廣——之路。

【箴誡:잠계】 ❶깨우쳐 훈계함。 ❷경계。 箴儆。 『柳宗元』用圖史——以施其敎。

【箴規:잠규】 ❶경계。 ❷경계하여 바로잡음。 『孟浩然』人生靜躁殊、莫厭相——。

【箴銘:잠명】 箴과 銘。 경계하는 글과 銘。 『謝靈運·文』——誄頌各有倫。

【箴石:잠석】 돌침。 옛날 병을 고치는데 사용한 의료 기구。 石針。 箴砭。 『漢書』醫經——湯火所施。

【箴言:잠언】 ❶경계가 되는 말。 『書經』胥顧于——。 ❷《宗》舊約聖書의 篇名。

【箴訓:잠훈】 경계。 경계하여 가르침。 訓戒。 『庾信』——有儀、言容以德。

【箵】 (성) 梗 青 セイ、こかご small basket ❶작은농성(小籠)。 ❷수레뚜껑성(車笭)。 ❸종다래끼성(笭—、魚具)。

【箶】 (호) 虞 コ、やつつ quiver 전동호(—簏、箭筒)。

【箷】 ㊀(시) 支 ㊁(이) 支 ㊂(제) 齊 シ、イ、たかむしろ panpipe ㊀생황시(笙簧)。 ㊁책상이(几也)。 ㊂대그릇제(竹器)。

【箷】 (시) 支 シ、ころもかけ clothes-rack 옷걸이시、횃대시(衣架)。 『爾雅』竿謂之—。

【箸】 (저) 御 チョ、はし chopstick ㄓㄨˋ chu⁴ 젓가락저(匙—、飯具)。 『禮記』飯黍毋以—。 (『筯』와 같음)

【箸臺:저대】 젓가락을 놓는 臺。

【箸箱:저상】 젓가락을 넣어 놓는 箱子。

【箸雍:저옹】 著雍과 같음。

【箸筩:저용】 젓가락을 넣는 통。 『方言』。

【箸筒:저통】 수저를 꽂아 두는 통。

【簑】 (솨) 哿 サ、むしろ mat ❶돗솨(席也)。 ❷고을이름솨(縣名、—人)。

【箹】 ㊀(요) 效 ㊁(약) 覺 ヤク、こぶえ small flute ㊀대마디요(竹節)。 ㊁작은피리약(小籥)。

【箴】 (침) 沁 シン、すみさし inking-line ❶먹자침(工人墨尺)。 ❷붓에먹찍을침(墨漬筆)。

【篔】(순)『篔』(竹部 12畫)과 같음

【董】(동) 董 トウ、たけ root of bamboo ❶대그릇동(竹器)。❷대뿌리동(竹根)。

【箾】㊀(소) 蕭 ショウ、サク、ふえ kind of a flute ㊁(삭) 覺 ㄕㄨㄛˋ shuo⁴ ㊀상소소(象―、舞者所執)。〔左傳〕季子觀樂見舞象―南籥者曰美哉猶有憾。(『簫』와 같음) ㊁춤가락삭(桓―舞曲)。〔荀子〕武酌桓―簡象。

【箾摻:소삼】높고 긴 모양。箾蔘。〔朱熹〕。

【箾蔘:소삼】높고 긴 모양。〔司馬相如〕。

【箾韶:소소】舜樂의 이름。韶箾。簫韶。〔說文〕箾、虞舜樂曰――。

【節】(절) 屑 セツ、ふし ㄐㄧㄝˊ chieh² joint; chapter ❶절개절(操也)。〔古詩焦仲卿妻〕君旣爲府吏守―情不移。❷절제할절(檢制)。〔易經〕君子以愼言語―飮食。❸인절(所以示信制符―)。〔周禮〕以王命往來必有―。❹때절(時―)。❺마디절(竹―)。❻풍류가락절(樂―)。〔爾雅釋樂疏〕樂和則應―。❼기절(―旄)。〔史記〕衣服旌旄―旗皆黑。❽우뚝할절(高峻貌)。❾뼈마디절(骨―)。❿구절(句―、文之一段)。⓫예절절(禮―)。⓬악기이름절(樂器名)。

⓬ 節 (大清會典圖)

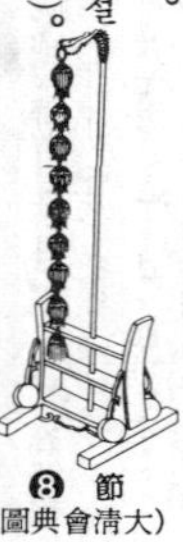
❽ 節 (大清會典圖)

【節減:절감】절약하여 줄임。節略。〔舊唐書〕服御等物、竝從――。

【節儉:절검】❶일을 알맞게 처리하여 방자하게 하지 않음。❷절약하여 검소하게 함。〔史記〕以――力行、重于齊。

【節級:절급】❶순서。차례。〔左傳·疏〕計遠近――、而別爲之名。❷官名。官物을 맡아 지키는 末職。〔徐照〕父爲――兒抄簿。

【節氣:절기】❶한 해 동안을 二十四로 가른 철。時令。❷二十四節氣 가운데의 양력매달 상순에 드는 절기의 특칭인 입춘·경칩·청명 따위。

【節斷:절단】마디마디를 끊음。〔公羊傳·註〕支解――之。

【節度:절도】❶일이나 행동을 똑똑 끊어 맺는 마디。❷알맞는 法度。〔史記〕移――、定諸紀。❸節制。〔十八史記〕馬謖違亮――。

【節度使:절도사】《制》❶唐·宋代의 벼슬 이름。지방의 軍政 및 行政을 맡았던 벼슬。節鎭。〔唐書〕――常總軍旅、顓誅殺。❷李朝 때 兵馬節度使와 水軍節度使의 總稱。各其 兵營과 水營에서 陸·海軍을 지휘하였음。

【節略:절략】=節減。

【節錄:절록】알맞게 줄이어 요점을 적어 둠。또는 그 것。抄錄。節要。

【節目:절목】❶《植》초목의 마디와 눈。❷條目。細目。❸規則의 條目。〔韓愈〕持院中之故事――十餘事。

【節文:절문】❶예절에 관한 문장。예절 규정。❷일을 알맞게 갖춤。文章品節。에 대한 〔史記〕禮者因時世人情、爲之――者也。

【節物:절물】철을 따라 나는 물건。〔晉書〕踟感――、我行已永久。

【節米:절미】쌀을 절약함。

【節拍:절박】❶雅樂의 곡조에 한 곡마다 박자를 쳐서 음조의 마디를 지음。❷끝을 막음。

【節婦:절부】절조가 있는 부녀。〔李覯〕赦書赦――、許與旌門閭。

【節分:절분】❶철이 갈리는 날。立春·立夏·立秋·立冬의 前日。❷특히 立春의 前日。

【節士:절사】지조가 굳은 선비。節夫。〔韓詩外傳〕――不以辱生。

【節死:절사】절개를 지켜서 죽음。

【節祀:절사】철을 따라서 지내는 제사。

【節省:절생】=節約。

【節序:절서】철의 바뀌는 순서。〔杜甫〕看花隨――。

【節宣:절선】철을 따라 몸을 조심함。

【節食:절식】음식을 절약하여 먹음。〔魏志〕其俗――、好治宮室。

【節食服藥:절식복약】음식을 절조 있게 먹으면서 약을 먹음。

【節約:절약】아끼어 군 비용이 나지 않게 함。儉約。〔後漢書〕宣秉性――、常服布被。

【節抑:절억】억지로 누르고 절제함。

【節慾:절욕】❶私慾을 절제함。욕심을 억누름。❷色慾을 아낌。

【節用:절용】비용을 절약함。낭비를 하지 않음。〔論語·學而〕――而愛人。

【節飮:절음】술을 알맞게 마심。

【節義:절의】❶절조와 道義。❷굳은 지조。節操。〔後漢書〕貞婦有――。

【節日:절일】❶한 철의 名節。삼짇날·端午·七夕·重陽 따위。❷《制》임금이 탄생한 날。

【節葬:절장】❶喪禮를 절제함。❷墨子의 篇名。厚葬·久喪을 그만 두고 간소하게 할 것을 論한 것。

【節電:절전】전기의 사용을 절약함。

【節節:절절】❶때때로。가끔。❷詩歌의 한 절 한 절。❸이리 저리。❹뼈의 마디 마디。❺鳳凰이 우는 소리。〔宋書〕鳳凰其鳴、雄曰――、雌曰足足。

【節制:절제】❶알맞게 한정함。〔晉書〕以――見稱。❷克己·禁慾에 통하는 德의 하나。感性的 욕구를 이성의 制御로 조화시킴。

【節操:절조】❶지조를 굳게 지켜 마음을 변하지 않음。〔後漢書〕趙熹少有――。❷부인이 정조를 굳게 지켜 불의의 행동을 하지 않음。

【節足動物:절족동물】《動》동물의 한 門으로、다리에 관절이 있고、몸속에 뼈가 없는 동물의 전부。최근 갑각류·무각류·연각류·후문류·전문류의 五綱으로 나눔。

【節奏:절주】❶樂曲의 꺾이는 마디。곡절의 변화。❷악음의 强弱·長短이 주기적으로 반복되는 것。律動。拍子。〔禮記〕文采――、聲之飾也。

【節酒:절주】술을 알맞게 마심。節飮。〔晉書〕――自厲、甚有能名。

【節中:절중】사리나 형편에 빈틈없이 꼭 맞음。

【節次:절차】일을 하여가는 차례。

【節次法:절차법】《法》實體法의 운용상의 절차。특히 권리의 실질적 내용을 실현함에 있어서、국가 기관이 관여하는 방법 및 형식을 정한 법。민사 소송법·형사 소송법·부동산 등기법 따위。

【節脫病:절탈병】《醫》뼈가 부러졌던 자리에 假關節이 생기는 병증。

【節限:절한】일을 알맞게 제한함。〔晉書〕賦調役使、無復――。

【節行:절행】절개 있는 행실。

【節俠:절협】節義를 중히 여겨 남을 도와 줌。義俠。任俠。〔史記〕爲行而使人疑之、非――也。

【節候:절후】사철의 절기。

◎階―、季―、高―、孤―、苦―、曲―、忠―、換―、寒―、環―。

【篍】(자) 支 シ、ジ、たけ bamboo ❶자대자(竹名)。❷대가성할자(竹盛)。

【篙】(태) 灰 タイ、たけのこ bamboo shoot 小篆 죽순태(竹萌)。

【篁】(황) 陽 コウ、たかむら clump of bamboos ㄏㄨㄤˊ huang² 小篆 書草 ❶대수풀황、대떨기황(竹叢)。【楚辭】余處幽ㅣ兮終不見天。❷대밭황(竹田)。【史記】薊丘之植植於汶ㅣ。

【篁竹: 황죽】대 숲。『柳宗元』隔ㅣㅣ聞水聲。

【篏】(쾌) 灰 卦 カイ、たけのこ bamboo-shoot ❶죽순쾌(竹萌)。❷살대쾌(矢竹)。

【範】(범) 㘣 ハン、のり pattern; law ㄈㄢˋ fan⁴ 小篆 書草 ❶법범(法式)。❷골범、본보기범(模也)。【易繫辭】ㅣ圍天地之化而不過。❸떳떳할범(常也)。

【範軌: 범궤】규범。格式。軌範。『張華』行爲ㅣㅣ、言成㦸括。

【範式: 범식】본보기。範型。模範。『文心雕龍·事類』皆後人ㅣㅣ也。

【範圍: 범위】제한된 둘레의 언저리。테두리。『易經』ㅣㅣ天地之化、而不過。

【範疇: 범주】❶같은 성질의 것이 속하여야 할 部類。部屬。範圍。❷《哲》대상을 인식하여 개념으로 삼는 경우에 있어서 반드시 의존하지 않으면 안 될 사유의 형식。思考의 근본 형식。

【筰】(작) 藥 シャク、こめとぎざる bamboo ladle 조리작(漉米具)。

【篅】(천) 先 セン、たけのこめくら bamboo basket 小篆 대둥구미천(竹器盛穀圓囤)。【說文】ㅣ、以判竹、圜以盛穀者、从竹耑聲。

篅 (三才圖會)

【篆】(전) 銑 テン、かきかた a form of Chinese writing ㄓㄨㄢˋ chuan⁴ 小篆 書草 ❶전자전(書也)。【法書攷】大ㅣ者周史籒所作小ㅣ者秦李斯所作。❷하전수레전(夏ㅣ、轂約)。【周禮】孤乘夏ㅣ。❸쇠북띠전(鐘帶)。

【篆刻: 전각】篆字로 도장을 새김《轉》꾸밈이 많고 실질이 없는 문장。『揚子法言』童子雕蟲ㅣㅣ、俄而曰、壯夫不爲也。

【篆款: 전관】篆書로 움푹하게 파서 새김。『仇池筆記』ㅣㅣ甚精。

【篆隷: 전례】篆書와 隷書。

【篆書: 전서】❶篆字로 쓴 글씨。❷篆字。【漢書】六體者、古文·奇字·ㅣㅣ·隷書·繆篆·蟲書。

【篆額: 전액】篆字로 새긴 石碑의 題字。

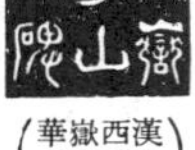
漢西嶽華山碑篆額 (金石索)

【篆字: 전자】篆體의 글자。篆文。篆書。

【篆畫: 전획】한문 전자의 획。『舊唐書』。

【篇】(편) 先 ヘン、ふみ book; edit ㄆㄧㄢ p'ien¹ 小篆 書草 ❶책편(簡成章)。【漢書】詔賢良咸以書對著於ㅣ。❷편차할편(編次)。【大學章句】於今可見古人爲學次第者獨賴此ㅣ之存。❸글편(ㅣ章)。

【篇技: 편기】文學의 기술。『江淹』臣夙之翰能、素謝ㅣㅣ。

【篇牘: 편독】❶책。❷文書。篇籍。『後漢書』所見ㅣㅣ、一覽多能誦記。

【篇法: 편법】詩文을 만드는 방법。

【篇首: 편수】詩나 문장의 첫머리。『懷風藻·序』具題姓名、幷顯爵里、冠ㅣㅣ。

【篇次: 편차】책을 각 순서대로 나눔。目次。『何晏』ㅣㅣ不與齊魯論同。

【篇篇: 편편】가볍게 오르는 모양。『古文易』ㅣㅣ不富以其隣。

【篇翰: 편한】❶文章。篇章。❷詩文。編簡。

【節】(추) 屑 セツ、ものをたつおと sound of cutting 물건 끊는 소리추(斷聲)。

【節皮: 추피】무두질을 하여 가죽을 다룸。

【筽】(홍) 東 送 コウ、やな fish-trap ㄏㄨㄥˊ hung² 書草 통발홍(取魚具)。【酉陽雜俎】錢塘人 作ㅣ年取魚億計號萬匠ㅣ。

【篋】(협) 葉 キョウ、かご、はこ basket; box ㄑㄧㄝˋ ch'ieh⁴ (古音「겹」) 小篆 書草 행담협、상자협(箱ㅣ、大曰箱狹而長曰ㅣ)。【禮記】入學鼓ㅣ孫其業也。

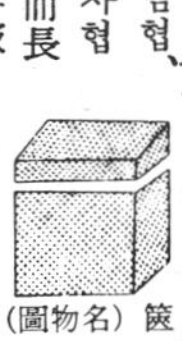
篋 (名物圖)

【篋麓: 협록】=篋笥。『搜神記』火從ㅣㅣ中起、衣物盡燒。

【篋笥: 협사】상자。행담。『韓愈·詩』深藏ㅣㅣ時一發。

【篍】㊀(초) 蕭 ㊁(추) 尤 シュウ、ふえ bamboo clarinet ❶역군의 퉁소 초(吹籥所以勸役)。【急就篇】箛ㅣ起居課後先。㊁대통소추(竹籥)。

【篌】(후) 尤 コウ、グ、ごと ancient lute ㄏㄡˊ hou² 書草 공후후(箜ㅣ、絃樂)。【唐詩】下簾彈箜ㅣ。

十畫

【築】(축) 屋 チク、きずく build ㄓㄨˊ chu² 小篆 書草 ❶다질축(擣也)。❷쌓을축(積重)。

【築堅: 축견】쌓아서 굳게함。『詩經·箋』物盡成熟、ㅣㅣ以爲場。

【築構: 축구】=築造。『唐書』因山藉水、無ㅣㅣ之苦。

【築沓: 축답】둑。防江。堤防。防築。

【築臺: 축대】❶높게 쌓아 올린 대。❷臺를 쌓음。

【築城: 축성】❶성을 쌓음。❷要塞·保壘·塹壕 따위 구조물의 總稱。

【築城學: 축성학】전투력의 유지·증진을 위하여 영구 축성과 야전 축성에 관한 학리·學則을 연구하는 학문。

【築作: 축작】=築造。『新語』ㅣㅣ宮室。

【築墻: 축장】담을 쌓아 올림。

【築庭: 축정】정원을 꾸밈。

【築堤: 축제】둑을 쌓음。「함。造築。

【築造: 축조】쌓고 지음。토목 공사를

【築土: 축토】집터 또는 둑 따위를 마련하려고 흙을 쌓아 올림。「구。

【築港: 축항】❶항구를 쌓음。❷쌓은 항구。◎改ㅣ、建ㅣ、修ㅣ、新ㅣ、增ㅣ。

【籆】(확) 藥 ワク、いとわく reel 書草 자새확、얼레확(卷絲器)。(『籰』과 같음)

【篔】(운) 文 ウン、おおだけ long-jointed bamboo ㄩㄣˊ yün² 草書 왕대운(ㅣ簹、大竹)。【竹譜】ㅣ簹竹最大薄肌而長節。

【篔簹:운당】《植》대의 한 가지。참대。왕대。中國 원산으로 韓國에도 남。줄기는 기구·建築用、순은 食用이 됨。苦竹。王竹。篁竹。

【篕】㊀(합) 合 ㊁(개) 泰 コウ、ケイ、たけむしろ split-bamboo mat ㊀대자리합(竹席)。㊁뜻은 ㊀과 같음。

【篎】(묘) 篠 ビョウ、こぶえ small flute 작은저묘、세피리묘(小笛)。

【篖】(당) 陽 トウ、たかむしろ bamboo cushion 대자리당(竹席、笭ㅣ)。

【篘】(추) 尤 シュウ、さけこし barrel 草書 용수추(籠漉取酒)。

【𥳟】(추) 尤 シュウ、こしざる bamboo instrument 용수추(篘也)。(『篘』와 같음)

【䈠】(원) 元 エン、いとまき reel 얼레원、자새원(絡絲籆)。(『籆』과 같음)

【𥲤】(려) 語 リョ、めしばち basket 밥소쿠리려(盛飯器、筲也)。

【篙】(고) 豪 コウ、さお bamboo pole ㄍㄠ kao¹ 小篆 草書 상앗대고(進船竿)。

【篙艣:고로】상앗대와 노。【王惲】推挽代ㅣㅣ。

【篙師:고사】=篙人。【陸深】ㅣㅣ柁工。

【篙手:고수】=篙人。【古今詩話】。

【篙人:고인】뱃사공。水夫。篙工·篙師·篙手。【唐書·杜亞傳】使ㅣㅣ衣油綵衣。

【篚】(비) 尾 ヒ、かご round wicker basket ㄈㄟˇ fei³ 小篆 草書 광주리비(竹器、方曰筐圓曰ㅣ)。【書經】厥ㅣ織文。

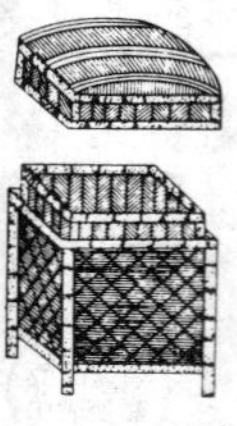

筐 (禮器圖)

【𥳧】(선) 銑 セン、おうぎ fan 부채선(箑也)。

【篛】(약) 藥 ジャク、たけのこ bamboo shoot 草書 ❶죽순약(筍也)。【謝靈運賦】摘ㅣ于谷。❷대껍질약(竹皮)。(『箬』과 같음)

【篛笠:약립】竹笠。대 껍질로 만든 삿갓。【王晃·詩】草衣ㅣㅣ俱瀟灑。

【篝】(구) 尤 コウ、ふせご basket ㄍㄡ kou¹ 小篆 草書 ❶배롱구、불덮개구(覆火籠)。❷부담롱구(負物笭)。【史記 滑稽傳】甌窶滿ㅣ。

【篝燈:구등】불우리를 만들어 씌운 등。【宋史】陳彭年ㅣㅣ密室、不令母知。

【篝卒:구졸】횃불을 지키는 병사。

【篝火:구화】횃불。【高啓】ㅣㅣ樹間照。

【𥳈】(격) 陌 ケキ、たけのくつ bamboo shoes 대신격(竹履)。

【篠】(소) 篠 ジョウ、ささ reed ㄒㄧㄠˇ hsiao³ 草書 가는대소(細竹)。【書經】ㅣ簜既敷。

【篠驂:소참】竹馬의 異稱。【全唐詩話】徐彦伯爲文、多變易求新、以竹馬爲ㅣㅣ。

【簒】(찬) 諫 サン、うばう usurp ㄘㄨㄢˋ ts'uan⁴ 小篆 草書 빼앗을찬(逆奪)。【孟子】是ㅣ也非天與也。

【簒立:찬립】신하가 임금의 자리를 빼앗아 임금이 됨。

【簒弑:찬시】임금을 죽이고 그 자리를 빼앗음。【史記·秦紀】上下交爭、怨而相ㅣ、至於滅宗。

【簒逆:찬역】신하가 모반하여 임금의 자리를 빼앗음。

【簒位:찬위】임금의 자리를 빼앗음。

【簒奪:찬탈】임금의 자리를 빼앗음。

【簒虐:찬학】죽이고 자리를 빼앗음。

【𥳇】(구) 遇 ク、はたおりのきぐ reed of a loom 바디구(筬也、織具)。

【篣】(방) 陽 ホウ、ボウ み、ふるい winnow ❶키방(箕屬)。❷볼기칠방(笞擊)。【後漢書】加ㅣ二百。

【𥳫】㊀(잠) 覃 ㊁(담) 覃 ザン、タン、うまぐし brush 小篆 ㊀말털긁을잠(搔馬)。㊁말글경이담、말솔담(刷馬篦)。

【篤】(독) 沃 トク、あつい warm-hearted 小篆 草書 ❶도타울독(厚也)。❷굳을독(固也)。❸순전할독(純也)。【中庸】行之不ㅣ弗措也。❹병이위독할독(疾甚)。【史記】應侯遂病稱ㅣ。❺말걸음느릴독(馬行頓遲)。

【篤敬:독경】=篤恭。

【篤工:독공】학업에 독실하게 힘씀。

【篤恭:독공】인정이 두텁고 공손함。篤敬。【中庸】君子ㅣㅣ、而天下平。

【篤老:독로】몹시 나이가 많음。年高。【漢書·疏廣傳】上疏乞骸骨、上以其ㅣㅣ許之。

【篤論:독론】독실한 論議。아주 빈틈없는 논의。

【篤信:독신】❶독실하게 믿음。【論語·泰伯】ㅣㅣ好學。❷신앙심이 두터움。

【篤信者:독신자】어떠한 종교·주의를 독실하게 믿는 사람。

【篤實:독실】열성 있고 진실함。【苑鎭】後裔蕃衍盛大、信厚ㅣㅣ。

【篤友:독우】아주 정이 두터운 友愛。

【篤志:독지】❶뜻이나 마음씨가 친절함。【論語】博學而ㅣㅣ。❷인정이 두터운 마음씨。

【篤志家:독지가】❶돈독한 뜻을 가진 사람。❷어떠한 일에 원조하는 사람。

【篤疾:독질】위독한 병。大病。大患。重患。【後漢書】鄧后愈稱ㅣㅣ、深自閉絶。

【篤學:독학】독실하게 학문을 닦음。【史記】顔淵雖ㅣㅣ、附驥尾、而行益顯。

【篤行:독행】❶인정이 두터운 행실。❷충실한 행실。【中庸】明辨之、ㅣㅣ之。

【篤孝:독효】돈후한 孝心。

【篤厚:독후】독실하고 돈후함。【漢書】上ㅣㅣ、下佞巧。

◎懇ㅣ、敦ㅣ、危ㅣ。

【䈲】(반) 寒 ハン、うえ fish-trap ❶통발반(捕魚具)。❷반전대반(ㅣ籛、竹名)。

【筲】(소) 肴 ソウ、ささら large spoon
小篆 주걱소(飯臿)。

【䇲】㊀(차) 馬 サ、ふえ ㊁(자) 歌 bamboo clarinet
㊀❶통소차(洞簫、篸—)。【楚辭】吹參差兮誰思。❷대퍼질차(竹貌、篸—)。❸광주리차(筥屬)。㊁숯둥구미자(炭籠)。

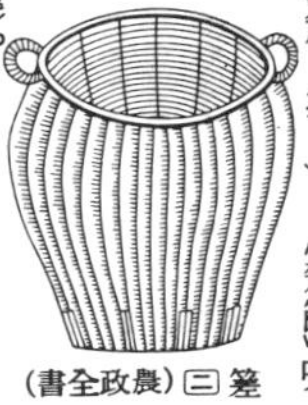
(農政全書) ㊁ 䇲

【篥】(률) 質 リツ、リチ、たけ bamboo ㄌㄧˋ lì
草書 ❶쩽쩽한대률(勁竹)。【吳錄】日南有—竹勁利削爲矛。❷풍류이름률(蕃樂觱—)。

【篦】(비) 齊 ヘイ、くし comb ㄅㄧˋ pì
小篆 草書 ❶비치개비(釵—、齊毛)。❷대그릇비(竹器)。❸참빗비(髮具密櫛)。❹통체비(簣笭)。
【篦箕:비기】머리를 빗는 빗의 일종。
【篦頭:비두】머리를 땀。머리를 빗음。
【篦鷺:비로】물새의 이름。鸛型目、朱鷺科에 속하며 白色으로 크고, 그 부리가 검은 색이며 篦狀이기 때문에 이런 이름이 붙음。날개의 길이 一尺 二、三寸。
【篦梳:비소】머리를 빗는 빗。

【篨】(저) 魚 チョ、たけむしろ split-bamboo ㄔㄨˊ ch'u²
小篆 草書 ❶대자리저(籧—、竹席)。❷천상바라기저(醜疾名)。【詩】籧—不鮮。

【篧】(착) 覺 サイ、さかなとりかご weir ㄓㄨㄛˊ chuó
가리착、고기잡는발착(捕魚籠)。

【篩】(사) 支 シ、ふるい sieve ㄕㄞ shai¹
草書 ❶왕대사(大竹)。❷체사(竹器去麤取細)。【漢書 賈山傳】—土築阿房宮。

(農政全書) 篩

【篩骨:사골】《生》頭蓋骨의 하나。두 눈 사이에 있는 벌집처럼 엉성한 뼈。
【篩管:사관】《植》식물체에서 양분의 통로가 되는 靭皮部에 있는 길고 가느다란 管 모양의 조직。
【篩簾:사렴】발을 새어나옴。【范成大】小窓朝爽日——。

【篪】(지) 支 チ、ふえ flute ㄔˊ ch'ih²
草書 저지(壎—、橫吹管樂)。【詩經小雅何人斯】伯氏吹壎 仲氏吹—。

(三禮圖)篪

【篪鞀:지도】대나무로 만든 피리와 소고。
【篪竹:지죽】대나무 이름。【水經】

【篭】(롱)『籠』(竹部 16畫)과 같음

【簑】(사)『蓑』(艸部 10畫)의 俗字

十一畫

【篰】(부) 有 ホウ、たけふだ bamboos for writing ㄅㄨˋ pu⁴
小篆 대의 서판부(竹牘)。

【篱】(리) 支 リ、ざる bamboo ladle ㄌㄧˊ li²
대조리리(竹器、笊—)。

【篲】㊀(수) 霽 スイ、セイ、ほうき bamboo broom ㊁(세) 寘 ㄏㄨㄟˋ huei⁴
草書 ㊀대비수(竹帚)。(『彗』와 같음) ㊁꼬리별세、혜성세(星孛)。

【篳】(필) 質 ヒツ、ヒチ、まがき bamboo gate ㄅㄧˋ pi⁴
小篆 草書 ❶대사립문필(篳落柴門)。【禮記】—門圭窬。❷나무실은 수레필(—路柴車)。【左傳】—路藍縷以啓山林。
【篳路藍縷:필로남루】싸리로 만든 허술한 수레와 누더기 옷。《轉》미천한 몸으로부터 노력하여 일을 성취한 공적。【左傳】——、以啓山林。
【篳篥:필률】樂器 이름。피리。觱篥(필률)。【李頎·詩】南山截竹爲——。
【篳門圭窬:필문규두】사립문과 허술한 판장문。《喩》가난한 집의 문。【禮記】——、蓬戶甕牖。

【⿱竹斛】(곡) 屋 コク、おおきいはこ large case
큰상자곡(大箱)。

【篴】(적) 錫 テキ、ふえ flute
草書 ❶피리적、저적(樂管七孔篴)。❷날라리적(羌—、三孔)。【風俗通】武帝時丘仲作—。

(禮器圖) ❶ 篴

【篷】(봉) 東 ホウ、とま cattail-mat ㄆㄥˊ p'êng²
草書 ❶배뜸봉(織竹夾箬以覆舟)。❷배봉(小舟)。【皮日休詩】一—衝雪返華陽。
【篷底:봉저】배 속。배 밑。船底。
【篷窓:봉창】거적을 씌운 배의 창문。

【篸】(잠) 覃 侵 サン、かんざし ornament bar for the hair
小篆 草書 ❶비녀잠(首笄)。【韓愈詩】山爲碧玉—。❷바늘잠(針也)。(『簪』과 같음)
【篸差:잠치】대나무가 긴 모양。또는 長短이 같지 않은 모양。
【篸篫:잠차】퉁소。參差。【楚辭·九歌·注】篸差、洞簫也、云云、一作——。

【篹】㊀(찬) 潸 サン、たけかご bamboo basket ㊁(산) 旱 ㄙㄨㄢˇ suan³ ㊂(전) 霰
草書 ㊀빼앗을찬(逆奪)。(『簒』과 같음) ㊁대소쿠리산(竹筥、雕—)。㊂❶지을전(述也)。【漢書】書之起遠矣至孔子—焉。❷반찬전(具食)。【漢書】爲文母—食堂。(『饌·撰』과 通함)
【篹食堂:전식당】음식물을 갖추는 堂을 말함。【漢書·元后傳】更爲文母太后起廟、獨置孝元廟故殿、以爲文母——。【注】晉灼曰、篹、具也。

【篺】㊀(패) 蟹 ハイ、いかだ raft ㊁(비) 支
草書 ㊀뗏목패(筏也)。【揚雄】附謂之—、—謂之筏。㊁뜻은 ㊀과 같음。

【簰】(패) 佳 ハイ、いかだ raft
큰떼패(大桴)。

【篻】(표) 蕭 ヒョウ、たけ bamboo
篻(書草) 가는대표(細竹)。

【篼】(두) 尤 トウ、たけこし bamboo sedan
(小篆)(書草) ❶대남여두(竹輿ㅣ子)。❷말구유두(飮馬器)。

【篽】(어)『籞』(16竹部)와 같음

【篾】(멸) 屑 ベツ たけかわ bamboo sheath ㄇㄧㄝ mieh⁴
(書草) ❶대껍질멸(竹皮)。〔書經〕敷重篾席。❷대이름멸(桃枝竹名)。
〔篾簾:멸렴〕 배를 끄는 밧줄。
〔篾席:멸석〕 桃枝竹으로 만든 자리。〔蔡傳〕ㅣㅣ、桃枝竹席也。
〔篾片:멸편〕 주로 사람의 기분을 맞추어 주고 상대방이 얼마큼 생각해 주는 것으로 생활해 가는 사람。

【䈼】(멸)『篾』(前條)과 같음

【篿】(전) ㊀(전) 先 ㊁(단) 寒 セン、タン、たけかご wicker-trunk
(小篆) ㊀점대전(折竹卜占、筳ㅣ)。〔楚辭〕索瓊茅以筳ㅣ。㊁고리짝단、둥근대그릇단(圓竹器)。

【簀】(책) 陌 サク、すのこ bamboo bed-mat ㄗㄜ tsê²
(小篆)(書草) ❶살평상책(牀棧)。〔禮記〕華而睆大夫之ㅣ歟。❷쌓일책(積聚)。〔詩經〕綠竹如ㅣ。❸삿자리책(簟也)。
〔簀床:책상〕 ＝簀牀。
〔簀牀:책상〕 살평상。簀床。
〔簀垣:책원〕 갈대로 만든 울타리。
〔簀子:책자〕 ❶살평상。❷삿자리。

【簁】(사) 佳 シ、ふるい sieve
(小篆) 체사(竹器有孔除麤取細)。『篩』와 같음

【簂】(궤) 隊 カイ、かみかざり ornament of hair
(書草) 첩지궤、머리치레궤(婦人首飾)。
〔簂步搖:궤보요〕 婦女子의 목거리。걸으면 흔들리므로 이렇게 말함。

【⿱竹堇】(근) 文 キン、たけのな white sheathed bamboo
껍질흰대근(皮白竹)。

【⿱竹稍】㊀(초) 效 ㊁(삭) 覺 シュウ、サク、かじ rudder ㄕㄠ shao¹
(書草) ㊀키꼬리초、키끝초(船舵尾)。㊁솥솔삭(飯帚)。

【簃】(이) 支 イ、わきべや detached building ㄧ i²
(小篆)(書草) 누각 에달아지은작은집이(樓邊小屋)。
〔簃臺:이대〕 樓閣에 다른 臺榭。簃臺。

【⿱竹巢】(조) 肴 ソウ、ふえ reed instrument
큰생황조(大笙十九簧)。

【簇】㊀(족) 屋 ㊁(주) 宥 ソク、たけ、あつまり gather ㄘㄨ ts'u⁴
(書草) ㊀❶가는대족(小竹)。❷모을족(聚也)。㊁뜻은 ㊀과 같음。
〔簇生:족생〕 수풀의 떨기가 더부룩하게 남。叢生。〔史記〕正月律中泰簇、泰簇者言萬物ㅣㅣ也。
〔簇擁:족옹〕 빽빽히 둘러싸고 보호함。
〔簇子:족자〕 ❶글씨나 그림 따위를 꾸며서 벽에 거는 물건。❷呈才 때에 쓰던 儀仗具의 한 가지。
〔簇簇:족족〕 빽빽하게 모인 모양。〔韋莊·詩〕天外晩峰青ㅣㅣ。
〔簇出:족출〕 떼를 지어 연달아 생겨남。

【簆】(구) 宥 コウ、おさ reed of a loom
바디구(筬也、織具)。

【⿱竹淡】(담) 勘 タン、たけ bamboo
❶단대담(甘竹)。❷큰대담(大竹)。

【簉】(추) 宥 シュウ、そえ next; second ㄔㄡ ch'ou⁴
(書草) ❶버금추(倅也副也)。〔左傳〕僖子使助薳氏之ㅣ。❷가지런히 날추(齊飛)。〔唐書〕ㅣ羽鵷鷺。
〔簉室:추실〕 ❶거들어 돕는 사람。❷첩。❸결군 副倅。〔左氏〕
〔簉羽:추우〕 鵷鷺의 날개처럼 줄을 가지런히 하여 모습이 閑雅整齊한 百官을 말함。

【⿱竹累】(류) 紙 ルイ、もっこ carrier's basket
❶삼태기류(盛土籠)。❷법류(法網)。

【⿱竹將】(장) 養 ショウ、たけふだ the piece of bamboo
(小篆) 마디두고짜갠대장(有節剖)。

【簌】(속) 屋 ソク、ふるい sieve ㄙㄨ su⁴
(書草) ❶체속(篩也)。❷더부룩할속(茂密貌)。〔元稹詩〕風動落花紅ㅣㅣ。
〔簌簌:속속〕 무성한 모양。〔元稹·詩〕風動落花紅ㅣㅣ。

【簋】(궤) 紙 キ、たけかご square basket of bamboo ㄍㄨㄟ kuei³
(小篆)(古文)(古文)(古文)(書草)
보궤궤、대제기궤(簠ㅣ、盛黍稷器)。〔詩經〕於我乎每食四ㅣ。

簋 (圖器禮)

〔簋簠:궤보〕 ❶祭器의 한 가지。대제기。黍稷을 담음。簠簋。〔唐書·禮樂志〕進饌者、實諸籩豆ㅣㅣ。❷禮儀。〔韓愈〕私習ㅣㅣ。

【簍】(루) 尤 ロウ、かご bamboo basket ㄌㄡ lou³
(小篆)(書草) 대롱루、대상자루(竹籠)。〔急就篇註〕ㅣ者疏目之籠言其孔樓樓然。

【簎】(착) 覺 セキ、やす、ひし bamboo harpoon
(古)(小篆)(書草) 대작살착(刺魚籠)。〔周禮〕籠人以時ㅣ魚鼈龜蜃凡貍物。

【簏】(록) 屋 ロク、はこ book-case ㄌㄨ lu⁴
(小篆)(或體)(書草) 책상자록(書ㅣ竹篋)。〔晉書〕劉柳謂傅祗曰卿讀書而無所解可謂書ㅣ。
〔簏簌:녹속〕 늘어진 모양。〔正字通〕簏、ㅣㅣ、下垂貌。

【⿱竹陡】(도) 遇 ト、たな shelf
시렁도(架也)。

【簗】(축)『築』(竹部 10畫)의 本字

【篘】(조) 嘯 チョウ、つりざお fishing rod
낚싯대조(釣竹)。

十二畫

【簙】(박) 欒 ハク、すごろく die
小篆 草書 주사위 박(局戲 六一)。

【簚】(멱) 錫 ベキ、おおい cover
草書 ❶흰개가죽멱(白狗皮、素一)。❷수레덮개멱(車覆)。

【簠】(고) 虞 コ、かどだつ angular (或音「호」)
❶대쪽고(竹簡)。【文賦】或操一而率爾。❷모질고(稜也)。(『觚』와 通함)

【簛】(시) 支 シ、ふるい sieve
❶체시(篩也)。❷대마디시(竹節)。

【簜】(탕) 養 トウ、おおだけ long-jointed bamboo ㄉㄤ tang⁴
小篆 草書 왕대탕(闊節大竹)。【書經】篠一既敷。

【簝】㊀(료) 蕭 ㊁(로) 豪 リョウ、ロウ、たけうつわ bamboo-ware ㄌㄧㄠ liao²
小篆 草書 ㊀종묘에고기담는대제기료(宗廟盛肉竹器)。㊁뜻은 ㊀과같음。

(圖器禮)簝

【簢】(미) 寘 ビ、たけのこ shoot
겨울에나는죽순미(冬生筍)。

【簞】(단) タン、ひさご bamboo basket ㄉㄢ tan¹
小篆 草書 소쿠리단(小筐笥也)。【論語】一食。

(圖物名) 簞

【簞笥:단사】 도시락 그릇。둥근 것을 簞、네모진 것을 笥라 함。『駱賓王』一一無餘、朝夕之歡寧展。
【簞食:단사】 도시락밥。
【簞食瓢飮:단사표음】 도시락에 담은 밥과 표주박에 뜬 국물。《喩》구차하고 가난한 중에도 마음의 안정을 얻음。『論語·雍也』。
【簞瓢:단표】 도시락과 표주박。↓簞食瓢飮。『陶潛·五柳先生傳』一一屢空、晏如也。

【簟】(점) 琰 テン、むしろ reed-mat ㄉㄧㄢ tien⁴
小篆 草書 ❶삿자리점(竹席)。【詩經】下莞上一 乃安斯寢。❷대이름점(竹名)。
【簟牀:점상】 대로 만든 자리。『項斯』苔色侵經架、松陰到一一。
【簟褥:점욕】 대자리。

【篷】(공) 冬 コウ、とま cattail mat
❶수레덮는대뜸공(車篷一籠)。❷농공(籠也)。

【簠】(보) 麌 ホ、フ、たけかご square basket of bamboo ㄈㄨ fu³
小篆 古文 草書 보궤보(一簋、盛黍稷器)。【詩傳】外方內圓曰一 容一斗二升。
【簠簋:보궤】 =簋簠①。『周禮』凡祭祀共一一。
【簠簋不飭:보궤불칙】 祭器가 깨끗하지 않음。《喩》㉠淸廉하지 못한 신하。㉡大臣의 收賄罪를 힐문하는 말。『漢書』大臣有坐不廉而廢者、不謂不廉、曰一一一。

【簡】(간)『簡』(次條)과 같음

【簡】(간) 潸 カン、ふだ、はぶく letter; abridge ㄐㄧㄢ chien³
小篆 ❶편지간(札也)。【詩經】畏此一書。❷홀간(手板)。❸구할간(求也)。【書經】夏廸一在王庭。❹가릴간(選也)。【禮記 王荆】一不肖以紬惡。❺분별할간(分別)。【禮記】一其車賦。❻점고할간(閱也)。【周禮】大田之禮一衆也。❼종요로울간(要也)。❽간략할간(略也)。【易繫辭】坤以一能。❾클간(一一大也)。【書經】臨下以一。❿쉬울간(易也)。【詩經】降福一一。⓫정성간(誠也)。⓬간할간(諫也)。⓭만홀할간(慢忽)。
【簡倨:간거】 겸손하지 않고 거만함。『宋史』昭壽以貴家子、日事遊宴、一一自恣。
【簡潔:간결】 ❶검소하고 깨끗함。❷간단하고 요령이 있음。『南史』立身一一。
【簡勁:간경】 ❶간단하고 굳셈。❷간단하고 재빠름。
【簡稽:간계】 兵器를 점검하고 병졸을 셈함。『周禮』聽師田以一一。
【簡單:간단】 단출함。홀가분함。간략함。簡略。↕複雜。
【簡單明瞭:간단명료】 간단하고 분명함。
【簡牘:간독】 ❶옛날 종이 대신 글을 쓰던 대쪽과 나무쪽。『杜甫』大事書之於策、小事一一而已。❷書狀。편지。簡札。
【簡略:간략】 단출하고 복잡하지 아니함。
【簡練:간련】 重要한 곳을 가려뽑아 그것을 연구 분석함。『戰國策·秦策』一一以得揣摩。『後漢書』務擧大綱、一一苛細。
【簡慢:간만】 소홀히 하고 업신여김。『北史』李栗性一一、矜寵不率禮度。
【簡明:간명】 간단하고 알기 쉬움。簡單明瞭。
【簡默:간묵】 말 수가 적음。寡默。
【簡朴:간박】 간소하고 소박함。簡樸。
【簡拔:간발】 가려뽑음。簡擢。『諸葛亮·前出師表』是以先帝一一以遺陛下。
【簡兵:간병】 군사를 사열·훈련함。
【簡書:간서】 ❶戒命을 써 보내는 글。『詩經·出車』豈不懷歸、畏此一一。❷편지。書簡。
【簡選:간선】 간택하여 뽑음。簡擇。『後漢書』一一良吏、試守諸縣。
【簡細:간세】 간략함과 세밀함。
【簡素:간소】 ❶간략하고 수수함。❷竹簡과 縑素。대쪽과 비단。모두 옛날 글을 쓸 때 종이 대신 쓰던 물건。『水經·註』爲紙、用代一一。
【簡素化:간소화】 어렵고 복잡한 것을 간단하고 알기 쉽게 고침。
【簡率:간솔】 예의 범절을 간단하게 함。『晋書·高密王泰傳』任眞一一。
【簡約:간약】 일을 덜어서 손쉽게 함。『後漢書』躬履節儉、事從一一。
【簡閱:간열】 고르고 조사함。『歐陽修·文』豈夫訓練之未至、將由一一之不精。
【簡閱點呼:간열점호】 제대 군인을 해당지구 병사구 사령부에서 소집하여 인원의 點檢과 필요한 敎導를 실시하는 일
【簡傲:간오】 마음이 대범하고 교만함。『北史·崔瞻傳』性一一、以才地自矜。
【簡要:간요】 ❶간략한 要點。❷간단하고 요령이 있음。
【簡儀:간의】 《天》天體의 운행과 현상을

관측하는 기계。李朝 世宗 一七년에 李蕆·蔣英實 등이 만들었음。

【簡易:간이】❶간단하고 엄하지 않음。❷간단하고 쉬움。『史記』高帝除秦苛儀、法爲ㅡㅡ。

【簡易保險:간이보험】《經》簡易生命保險의 略稱。

【簡易生活:간이생활】일상 생활에 있어서 모든 절차와 비용을 간단하고 편이하게 하는 생활。

【簡易宿泊所:간이숙박소】싼 비용으로 수양·오락을 얻을 수 있는 시설을 하여 놓은 숙박소。

【簡易食堂:간이식당】간단하고 값싼 식사를 제공하는 식당。

【簡字:간자】획수를 덜어 쓴 漢字의 체재。↔簡易字體。「지」。

【簡壯紙:간장지】《國》簡紙를 만드는 장지。

【簡周紙:간주지】《國》편지에 쓰는 두루말이 종이。

【簡竹:간죽】담배설대。間竹。竿竹。

【簡紙:간지】《國》壯紙로 접은 정중한 편지 종이。봉투도 같은 장지로 함。

【簡札:간찰】편지。書簡。書翰。簡牘。簡牒。『後漢書』豈以汙ㅡㅡ設。

【簡槧:간참】일을 적어 두는 쪽지。『癸辛雜識』ㅡㅡ古無有也。

【簡策:간책】책。書簡。簡編。

【簡捷:간첩】간단하고 빠름。

【簡出:간출】❶가려냄。選出。❷때를 가려서 나섬。

【簡取:간취】골라 잡음。『韓愈』夫獸深居而ㅡㅡ。『三國志·工運傳』ㅡㅡ良才、以爲官屬。

【簡擢:간탁】=簡拔。『葉適』ㅡㅡ疎賤、即爲守望之親。

【簡汰:간태】뛰어난 것을 가려 뽑음。『宋書』ㅡㅡ精當。

【簡擇:간택】여럿 중에서 골라 냄。簡選。『韓愈』相賀ㅡㅡ、期精專。

【簡便:간편】간단하고 편리함。

【簡編:간편】 簡卷。『韓愈』登人簡可 …

【簡筆:간필】 ㅡㅡ可卷舒。親、ㅡㅡ可卷舒。

【簡核:간핵】간단하고 확실함。◎書ㅡ、錯ㅡ。

【簢】(민) 軫 ビン、なかからたけ empty
대속빌민(竹中空)。

【簣】(궤) 未 キ、もつこ ㄎㄨㄟˋ k'uei⁴ carrier's basket
草書 삼태기궤(盛土器)。『書經』爲山九仞功虧一ㅡ。

【簥】(교) 蕭 キョウ、おおぶえ flute
큰저교(大管)。

【簦】(등) 蒸 トウ、かさ ㄉㄥ têng¹ umbrella
小篆 草書 우산등(禦雨長柄笠)。『越謠歌』君擔ㅡ我跨馬他日相逢爲君下。

【篰】(보) 麌 ホ、フ、すだれ bamboo-blind
❶발보(簾也)。❷대그릇보(竹器)。

【簧】(황) 陽 コウ、ふえのした ㄏㄨㄤˊ huang² reed-organ
小篆 草書 ❶생황황(笙ㅡ、女媧樂)。❷공교로 히하는말황(ㅡ鼓、巧言)。『詩經 小雅巧言』巧言如ㅡ。

【簧鼓:황고】笙簧을 불어 소리를 냄。《喩》망녕된 말을 하여 여러 사람을 현혹하게 함。『莊子』ㅡㅡ天下之耳目。

【簧葉:황엽】笙簧·나발 따위의 管樂器 끝에 장치하여 그 진동으로 소리가 나게 하는 …

【簃】(예) 紙 ズイ、たけのこ now sprout of a bamboo
어린죽순예(初生筍)。

【篪】(체) 霽 テイ、かくき harplike instrument
거문고체(琴名)。

【簨】(순) 軫 シュン、かねかけ ㄙㄨㄣˇ suer bar for hang a drum
草書 북다는틀순(ㅡ簴懸鐘磬格)。『禮記』夏后氏之龍ㅡ簴。

【簩】(로) 豪 ロウ、たけ bamboo
사로대로(簩ㅡ、竹名)。『異物志』ㅡ竹有毒 人爲觚刺獸則死。

【簪】(잠) 覃 侵 サン、かんざし ㄗㄢ tsan¹ ornamental bar for the hair
小篆 草書 ❶비녀잠(首笄)。『古詩』有所思』何用問遺君雙珠玳瑁ㅡ。❷모을잠(聚也)。❸병날잠(發病)。『易經』羣朋盍ㅡ。

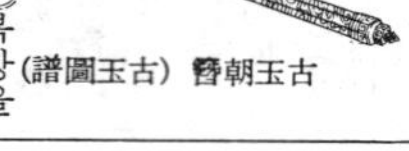
古玉朝簪 (古玉圖譜)

【簪裾:잠거】비녀와 옷자락。《喩》복장을 갖추어 입음。衣冠束帶。『柳氏家訓』ㅡㅡ徒在、厮養何殊。

【簪紳:잠신】=簪纓。

【簪纓:잠영】비녀와 갓끈。《轉》벼슬이 높은 사람。高官。『駱賓王』ㅡㅡ北闕來。

【簪纓世族:잠영세족】대대로 높은 벼슬을 하는 겨레붙이。

【簪珥:잠이】비녀와 귀고리의 구슬。『史記』夫人脫ㅡㅡ叩頭。

【簪筆:잠필】붓을 머리에 끼움。《喩》微官이 됨。하찮은 벼슬을 함。『漢書』ㅡㅡ持牘趨謁。

【簪花:잠화】 … 대에 남자 머리에 꽂 … 「던 造花。

【簫】(소) 蕭 ショウ、ふえ ㄒㄧㄠ hsiao¹ bamboo clarinet
小篆 草書 ❶통소소(管樂)。❷소소 풍류소(ㅡ韶舜樂)。『書經』ㅡ韶九成。❸활고지소(弓末)。『禮記』右手執ㅡ。

大簫小様(朱載堉、律呂精義、簫)(古今圖書集成)

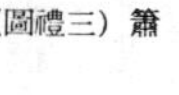
簫 (三禮圖)

【簫鼓:소고】퉁소와 북。『漢武帝』ㅡㅡ鳴兮發棹歌。

【簫管:소관】퉁소。『詩經』ㅡㅡ備擧。

【簫郎:소랑】남편의 通稱。『釋常談』ㅡ即簫史也、後世女夫通稱也。

【簫韶:소소】舜樂。舜이 만든 풍류 이름。『書經』ㅡㅡ九成。

【簫笛:소적】피리。簫管。『韓維』朱絃孤影四座寂、繼以ㅡㅡ相諧和。

【簬】(로) 遇 ロ、たけ bamboo
小篆 古文 화살만드는대로、살대로(美竹箭材)。

【簭】(서)『筮』(竹部 7畫)의 古字

十三畫

【簳】(간) 旱 カン、やがら ㄍㄢˇ kan³ arrow-shaft
草書 ❶살대간(竹箭)。『南都賦』其竹篠ㅡ箛。❷울무간(ㅡ珠薏苡)。

【簳魚:간어】물고기 이름。가물치 비슷하나 가늘고 길음。길이 二三尺。

【⿱竹豊】(례) 齊 レイ、たけ slender bamboo
가늘고연한대례(細軟竹)。

【⿱竹奧】(욱) 屋 イク、こめあげざる bamboo ladle
小篆 조리 욱(鹿米籔炊ー)。

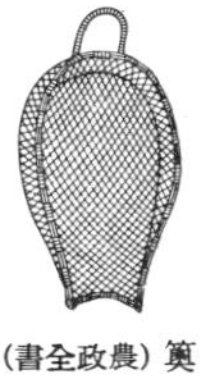
⿱竹奧 (農政全書)

【簴】(거) 語 キョ、かねかけ bar for hang a drum
草書 북틀거(筍ー、鐘鼓柎)。『周禮』典庸及祭祀帥其屬而設筍ー。

【簬】(로) 遇 ロ、やたけ bamboo
草書 살대로(美竹箭材)。『書經』惟箘ー楛。(『簵』와 같음)

【簶】(록) 屋 ロク、やづつ quiver
草書 살통록(胡ー、箭室)。

【⿱竹豦】(거) 語 キョ、まるかご fodder trough
小篆 ❶소먹이그릇거(飮牛器)。❷누에치는발거(蠶箔)。

【簷】(첨) 鹽 セン、のき eaves ㄧㄢ yen² (本音「염」)
草書 처마첨、기슭첨(屋檐)。

【簷燈:첨등】 처마 밑의 등。『王建』ーー經夏紗籠黑。
【簷溜:첨류】 처마에 고인 빗물。『白居易·詩』共聽ーー滴、心事兩悠然。
【簷馬:첨마】 풍경。風鈴。『史肅』ーー丁東風外響。
【簷牙:첨아】 처마。檐牙。
【簷際:첨제】 ❶처마 끝。❷처마 밑。『李頎』野鶴宿ーー。
【簷響:첨향】 처마의 빗방울 떨어지는 소리。『朱熹』ーー通夕鳴。

【簸】(파) 箇 哿 ハ、ひる winnow ㄅㄛˇ po³
小篆 草書 ❶까부를파(揚米去糠)。『詩經大雅生民』或ー或蹂。❷키파(ー箕)。

【簸弄:파롱】 희롱하여 놀림。調戲。飜弄。『韓愈』ーー明月珠。
【簸揚:파양】 ❶곡식을 키에 쳐서 겨를 골라냄。『風俗通』歐爵ーー、田農之事也。❷배가 물결에 흔들림。
【簸蕩:파탕】 키로 까불 듯이 뒤흔들림。

【簹】(당) 陽 トウ、おおたけ long-jointed bamboo ㄉㄤ tang¹
草書 왕대당(篔ー、大竹)。『吳都賦』其竹則篔ー箖箊。

【簺】(새) 隊 サイ、すごろく dice ㄙㄞˋ sai⁴
小篆 草書 상륙새、박새새(簙ー、戲具)。『說文』行棋相塞謂之ー。

【簻】(과) 歌 麻 カ、むち switch ㄎㄜ k'ê¹ (或音「좌」)
草書 ❶종아리채과(箠也)。❷대막대과(策也)。

【⿱竹搆】(구)『篝』(竹部10畫)와 같음

【簽】(첨) 鹽 セン、かご basket ㄑㄧㄢ ch'ien¹
草書 ❶농첨(ー籢、籠也)。❷이름 둘첨(押署)。❸제목첨(ー書、文字以爲表識)。❹편지첨(信書)。

【簽記:첨기】 써서 기록함。『邪律楚材』ーー長安五陵子、馬似游龍車如水。
【簽名:첨명】 ❶署名함。❷調印함。
【簽書:첨서】 ❶署名함。❷《制》宋代의 벼슬 이름。樞密院에 속하였음。『容齋三筆·樞密名稱更易』

【簾】(렴) 鹽 レン、とばり bamboo-blind ㄌㄧㄢ lien²
小篆 草書 발렴(箔也)。『禮緯』天子外屛諸侯內屛大夫以ー士以帷。

【簾鉤:염구】 발을 거는 갈구리。『杜甫』落日在ーー、溪邊春事幽。
【簾幕:염막】 발과 장막。『杜牧』深秋ーー千家雨。
【簾席門:염석문】 《制》각 관청 內衙의 바깥 문。
【簾影:염영】 발의 그늘。『雍陶』樓中ーー寒。
【簾帷:염유】 발과 휘장。帷簾。『祖詠』秋天聞好鳥、驚起出ーー。
【簾波:염파】 발 그림자가 흔들려서 波紋같이 보임。『李商隱·燒香曲』ーー日暮衝斜門。

【簿】㊀(부) 麌 ㊁(박) 藥 ボ、ハク、ちょうめん book; register ㄅㄨˋ pu⁴
草書 ㊀❶적바림부、문서부、치부부(籍也、凡爲冊籍登記事物者皆謂ー)。❷거느릴부(領也)。『荀子』五官ー之而不知。❸홀부(手版)。『蜀志』秦密見太守以ー擊頰。❹의장부(鹵ー)。車駕法從次第。㊁누에발박(養蠶具)。

【簿記:부기】 ❶장부에 기입함。『唐書』ーー課業供奉几案紙筆、皆預備焉。❷《經》한 經濟主體에 딸린 재산의 변동을 記錄·計算·整理하여 그 결과를 명확하게 하는 방법。
【簿錄:부록】 장부에 치부함。
【簿書:부서】 ❶관청의 出納簿。❷관청의 장부와 문서。
【簿籍:부적】 관청의 장부와 문서。簿牒。
【簿正:부정】 장부에 오른 수효대로 갖춤。『孟子·萬章』ーー祭器。
【簿責:부책】 장부를 내 보이면서 문책함。『史記·絳侯周勃世家』吏ーー條侯。
【簿牒:부첩】 장부。簿冊。『唐書』
◎家計ー、名ー、帳ー、點鬼ー、出納ー、出席ー、通信ー。

【簙】(박) 藥 ハク、すごろく have a game of 'badook'
바둑돌박(行棊ー奕)。

【⿱竹㨨】(주)『籀』(竹部15畫)의 俗字

十四畫

【籃】(람) 覃 ラン、かご basket ㄌㄢ lan²
小篆 古文 草書 ❶큰둥롱람、큰 바구니람(大篝籠)。『蘇軾詩』ー輿置紙筆。❷들바구니람(編竹盛物之器以便提攜)。

籃 (農政全書)

【籃球:남구】 《體》籠球。배스키트볼。
【籃輿:남여】 주로 산길에 쓰이는 뚜껑이 없고 의자같이 생긴 가마。대를 결어서 만들음。竹輿。竹轎。擔子。兜子。『蘇軾』ーー置紙筆、得句輒千乘。

籃輿 (三才圖會)

【⿱竹構】(구) 尤 コウ、かご crate
❶옷말리는배롱구(可熏衣)。❷대소쿠리구(負土籠)。

【籆】(확) 藥 カク、いとわく reel
小篆 或體 草書 자새확、얼레확(收絲器)。
(『籰』과 같음)

【篨】(서) 御 ショ、ざる sieve
성긴체서(踈篩)。

【篵】(총) 董 ソウ、はしづつ container of spoons and chopsticks
젓가락통총(箸筒)。

【籓】(단) 寒 タン、たけ small bamboo
❶작은대단(小竹)。❷대이름단(竹名)。

【籈】(진) 眞 シン、ささら drumstick ㄓㄣ chen¹
草書 진풍류진(樂具所以鼓敵者)。(禮器圖) 籈

【籉】(대) 灰 タイ、かさ bamboo-hat ㄊㄞ t'ai²
草書 삿갓대(禦雨笠子)。『詩經』-笠緇撮。

【籊】(적) 錫 テキ、そげる stretch ㄊㄧ t'i⁴
草書 대죽죽올라갈적(--竹貌)。『詩經』--竹竿以釣于淇。
【籊籊：적적】 대가 호리호리하고 끝이 뾰족한 모양。

【籌】(주) 尤 チュウ、かずとり counting stick ㄔㄡ ch'ou²
小篆 草書 ❶셈대주、숫가지주(筭也)。❷셈놓을주(-畫)。❸투호살주(壺矢)。『禮記』-室中五扶堂上七扶庭中九扶。❹모략할주(-略)。『史記』運-策帷幄之中。❺제비주(籤也)。
【籌決：주결】 좋고 나쁨을 헤아려 정함。『魏書』甚信重、每事--。
【籌略：주략】 =籌策。『吳志』。
【籌辨：주변】 금전 출납을 요량하여 일을 처리함。
【籌備：주비】 ❶都合하는 것。調達하는 것。『淸會典事例·戶部·蠲恤·興士功』所有救荒之策、已無不豫行--。❷準備。畫計。
【籌算：주산】 ❶헤아림。요량함。요량。『唐書』李勣用兵多--。❷주판。『世說』。❸주판으로 하는 셈。
【籌商：주상】 ❶상량함。❷의논함。籌議。
【籌室：주실】 (佛)불법의 수행이나 敎理·禪理에 밝고 덕망이 매우 높은 사람。
【籌議：주의】 =籌商。『周書』有機辨、善談笑、太祖重之、有所--、率多會旨。
【籌摘：주적】 어림으로 대강 치는 셈。
【籌策：주책】 利害 관계를 헤아려 생각한 꾀。籌畫。籌略。籌筴。謀策。『史記·高祖紀』運--帷帳之中。
【籌板：주판】 계산 기구의 하나。珠板。
【籌辦：주판】 생각해서 적당히 처리함。
【籌學：주학】 (制)算學의 別稱。

【籋】(섭) 葉 ジョウ、ふむ step on (古音「녑」)
小篆 草書 ❶쪽집개섭(鉗也)。❷밟을섭(踏也)。『漢書』-浮雲晻上池。

【籍】(적) 陌 セキ、ジャク、ふみ book; list ㄐㄧ chi²
小篆 草書 ❶문서적(典-、簿書)。『左傳』昔而高祖司晉之典-。❷와자할적(狼-)。❸호적적(圖-、戶口)。『史記』蕭何獨入丞相府收圖-。❹재재거릴적(--語聲)。『漢書』國中口語--。❺서적적(書-)。❻압수할적(-沒)。
【籍沒：적몰】 (制)중죄인의 재산을 몰수함。『蘇軾』誰家美園囿、--不容贖。
【籍甚：적심】 名譽·評判 등이 여러 사람의 입에 오르내림。『漢書』公卿間、名聲--。
【籍籍：적적】 ❶난잡한 모양。『漢書』事--如此、何可秘也。❷여러 사람의 입에 오르내리는 모양。藉藉。
【籍田：적전】 임금이 몸소 갈던 밭。『漢書·文帝紀』其開--、朕親率耕以給宗廟粢盛。
◎貫-、國-、軍-、妓-、落-、無-、兵-、本-、史-、書-、船-、原-、入-、帳-、除-、就-、脫-、版-、學-、戶-。

十五畫

【籛】(천) 先 セン、いなこぎ instrument for hackling rice
벼훑이천(扱稻具)。

【籒】(류) 尤 リュウ、たけ bamboo
❶대소리류(竹聲)。❷대이름류(竹名)。

【籓】(번) 元 ハン、かき fence ㄈㄢ fan¹
小篆 ❶큰키번(大箕)。❷울타리번、바자번、울번(蔽也)。

【籐】(등) 蒸 トウ、とう wisteria ㄊㄥ t'êng²
草書 등나무등、등등(熱地生植物)。
【籐椅子：등의자】 籐나무로 만든 의자。
【籐枕：등침】 베개의 一種。등나무를 엮어서 만든 것。
【籐榻：등탑】 籐나무로 만든 安樂椅子。『韓仙傳』破壁敗爐、籐榻石枕。

【籑】(찬) 潸 セン、そなえもの side-dish
草書 ❶지을찬(述也)。❷반찬찬(具食)。『漢書 杜鄴傳』陳平共一飯之-。(『撰·饌』과 같음)

【籒】(주) 宥 チュウ、かきかた seal character ㄓㄡ chou⁴
小篆 草書 ❶전자주(-文、大篆)。『法書攷』文者史-所作。❷주나라태사이름주(周太史名)。
【籒文：주문】 漢字의 字體의 한 가지。大篆文字。周代에 太史 籒가 만들었음。
【籒書：주서】 書體의 하나。周의 太史 籒가 만들었다 하며 小篆에 대해 大篆을 말함。그 특색은 繁雜하고、修飾을 주로 한 점임。

【籔】㈠(수) 麌 ス、ざる bamboo ladle ㈡(수) 有 ㄙㄡ sou³
小篆 ㈠❶휘수(量名、受十六斗)。❷또아리수(窶-、薦盆)。㈡조리수(漉米器)。

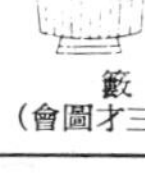

籔 (三才圖會)

十六畫

【籗】㈠(착) 覺 カク、やな weir ㈡(곽) 藥
㈠가리착(罩也。捕魚器)。㈡종다래끼곽、통발곽(捕魚籠)。

【籚】(로) 虞 ロウ、ほこのえ spear-handle
小篆 ❶창자루로(戟柄)。❷쌓인대로(積竹)。❸광주리로(筐也)。『儀禮』笲竹器而衣者其形蓋如今之筥筶-。

【籙】(록) 沃 ロク、ふみ -list; chart ㄌㄨˋ lu⁴
草書 ❶호적록(籍也)。❷비기록(圖—)。〔東京賦〕高祖膺—受圖順天行誅。❸책장록(冊籍)。
【籙圖:녹도】역사에 관한 서적。

【籛】(전) 先 セン ㄐㄧㄢ chien¹
草書 성전(姓也)。〔神仙傳〕彭祖姓—名鏗 善養性歷夏殷周年 七百六十七歲而不衰。
【籛鏗:전갱】상고의 사람。年齡 八百歲。古今未曾有의 長壽者였음。〔論語〕竊比於我老彭。〔刑疏〕老彭、即彭祖也。

【籜】(탁) 藥 タク、たけのかわ bamboo sheath ㄊㄨㄛˋ t'uo⁴
草書 대껍질탁(竹皮)。〔謝靈運詩〕初篁苞綠—。
【籜龍:탁룡】竹筍의 別稱。穉龍。龍孫。〔蘇軾·詩〕竹斧何曾赦——。
【籜粉:탁분】죽순의 겁질에 생긴 가루。〔貢師泰〕——已翻鱗甲紫。

【籝】(영) 庚 エイ、かご basket
草書 ❶젓가락통영(箸筩)。❷농영(籠屬)。
【籝金:영금】돈 주머니 속의 돈。〔後漢書〕先馴則賞——而賜龜綬。

【⿱竹燕】(연) 先 エン、たけ bamboo
❶대병들연(竹病)。❷대이름연(竹名)。

【籞】(어) 語 ギョ、いけす garden ㄩˋ yü⁴
草書 나라동산어(池—、禁苑)。〔漢書〕詔池—未御幸者假與貧民。

【⿱竹辡】(편) 銑 ヘン、たけのふた reed
갈잎피리편(蘆葉笛)。

【籟】(뢰) 泰 ライ、ふえ bamboo clarinet ㄌㄞˋ lai⁴
小篆 草書 ❶세구멍통소뢰(籥名三孔籥)。〔史記〕樅金鼓吹鳴—。❷소리뢰(凡孔竅機括皆曰—)。〔莊子〕人—則比竹地—則衆竅是已。
【籟籥:뇌약】통소와 피리。籟籥。

【籠】㊀(롱) 東 ㊁(롱) 董 ロウ、かご basket ㄌㄨㄥˊ lung²
小篆 草書 ㊀❶농롱、채롱롱(笭也、箱屬)。❷종다래끼롱(笭也、凡盛覆物皆曰—)。❸얽을롱(包擧—物)。〔漢書〕—貨物。❹새장롱(鳥檻)。〔莊子〕以天下爲之—則雀無所逃。❺전동롱(矢箙)。〔周禮〕田弋充—箙矢。㊁대상자롱(箱—、竹器)。〔周禮〕道野役及窆抱磨共丘—。
【籠球:농구】《體》球技의 한 가지。배스키트에 공을 넣어 得點의 다소를 다루는 경기。배스키트볼。筐球。籃球。
【籠球靴:농구화】농구 경기를 할 때 신는 운동화。
【籠東:농동】싸움에 참패함。摧敗。〔北史〕——軍士、爾曹主何在。〔註〕——、摧敗也。
【籠絡:농락】교묘한 수단으로 남을 속이어 넘겨 마음대로 놀림。牢籠。〔方孝孺·深慮論〕——當世之務。
【籠絆:농반】얽매어 자유를 주지 않음。〔北史〕——朝市。
【籠樊:농번】❶가두어 두는 장。樊籠。❷남의 자유를 빼앗음。〔南史〕豈顧——之糧哉。
【籠城:농성】성문을 굳게 닫고 성을 지킴。《轉》어떤 목적 달성을 위하여 한 곳에 들어박힘。
【籠養:농양】새 따위를 장에 가두어 기름。
【籠欌:농장】옷을 넣어 두는 궤。
【籠彫:농조】《美》속을 비워 두고 겉을 파서 남기는 조각。
【籠鳥:농조】새장에 기르는 새。籠中鳥。籠禽。〔白居易·與元稹書〕——檻猿俱未死。《喩》자유 없는 신세。
【籠檻:농함】대로 만든 우리。〔南史〕今羽翮未備、不得不就——。
◎鳥—、竹—。

【⿱竹賢】(현) 銑 ケン、かれたけ (of a bamboo)wither
대마를현(竹枯)。

十七畫

【籅】(여) 魚 ヨ、こし bamboo sedan
草書 대남여여(竹輿)。

【籢】(렴) 鹽 レン、かたみばこ mirros box ㄌㄧㄢˊ lien²
小篆 草書 경대렴(鏡—、鏡匣)。〔列女傳〕置鏡—中。

【籣】(란) 寒 ラン、えびら quiver ㄌㄢˊ lan²
小篆 草書 동개란(盛弩矢負器)。〔漢書〕韓延壽令騎士兵車抱弩負—。

【籤】(첨) 鹽 セン、くじ lot ㄑㄧㄢ ch'ien¹
小篆 草書 ❶찌붙일첨(標識)。❷증험할첨(驗也)。❸서상대첨(書—)。❹점대첨(竹—、用以卜者)。❺벼슬이름첨(典—)。
【籤辭:첨사】점대에 적힌 길흉의 점괘。
【籤捐:첨연】복권(福券)。
【籤子:첨자】❶점대。❷粧刀가 칼집에서 빠지지 못하게 하는 장식물。
【籤爪:첨조】형벌의 하나。대침으로 손발톱 사이를 찌르는 형벌。〔唐書〕泥耳籠首、枷楔兼暴、拉脅——、縣髮熏目、號曰獄持。
【籤紙:첨지】책 따위에 무엇을 표하기 위하여 붙이는 쪽지。
◎當—、抽—。

【籥】(약) 藥 ヤク、ふえ flute ㄩㄝˋ yueh⁴
小篆 草書 피리약(管—、樂器似笛)。〔詩經〕左手執—。
【籥口:약구】입을 다물고 말하지 않는 것。〔越絕書〕忠臣——、不得一言。
【籥師:약사】《制》周代의 벼슬 이름。文舞를 맡았으며 國子에게 羽舞·籥을 가르쳤음。〔周禮·籥師〕。

【⿱竹襄】(양) 陽 ジョウ、つつむ wrap
小篆 ❶쌀양(包也)。❷조리양(漉米竹器)。

【⿱竹鞫】(국) 屋 キク、きわまる trial for felon
小篆 或體 草書 초사받을국(訊—、窮理罪人)。(『鞫』과 같음)

【籧】㊀(거) 魚 ㊁(거) 語 キョ、たかむしろ split-bamboo mat ㄑㄩˊ ch'ü²
小篆 草書 ㊀❶대자리거(—篨、竹席)。❷천상바라기거(醜疾)。㊁양잠기거(養蠶器)。
【籧筐:거광】누에를 기르는 기구。〔禮記〕季春之月、具曲植——。
【籧篨:거저】❶대자리。❷새가슴。《轉》남에게 아첨하는 사람。〔國語〕——不可

使俯。

【籧篨戚施:거저척시】❶새가슴과 꼽추。《喩》못생긴 사람。❷남에게 아첨하거나 남을 깔보는 사람。『淮南子·脩務訓』。

十八畫

【䉭】(렵) 葉 リョウ、たかむしろ mat made of bamboo
대자리렵(竹笪)。

【䉫】(잡) 合 ソウ、すだれ bamboo blind
발잡(簾也)。

【䉶】(쌍) 江 ソウ、ほ sail ㄕㄨㄤ shuang¹
❶돛쌍(帆也)。❷용수쌍(酒篘)。

十九畫

【籩】(변) 先 ヘン、たかつき vessels used in religious service ㄅㄧㄢ pien¹
籩 小篆 古文 草書 변두변、대제기변(—豆、祭祀燕享器)。『詩經』—豆有踐。

籩 物名 (圖)

【籩筥:변거】대로 만든 변두와 둥근 광주리。『蕭子雲』庭鳴金奏、凱收——。

【籩豆:변두】제사·향연 때 쓰는 食器 이름。籩과 豆。籩은 실과·乾肉을 담는 竹器。豆는 김치·젓갈을 담는 木器。모두 모양이 優勝컵 비슷함。『論語』——之事、則有司存。

【籩祭:변제】籩에 담은 제물。대추·밤 따위를 豆사이에 놓고 제사를 지냄。

【籫】(찬) 旱 サン、たけきぐ bamboo vessels
籫 小篆 대그릇찬(竹器)。

【籬】(리) 支 リ、まがき bamboo fence ㄌㄧ li²
籬 草書 ❶울타리리、울리(藩—)。❷조리리(笊—、竹杓)。(『欐』와 같음)

【籬菊:이국】울타리 밑에 핀 국화。『白居易』——黃金合、窓筠綠玉稠。

【籬根:이근】울타리 밑。籬下。『高適』——長花草。

【籬藩:이번】울타리。藩籬。樊籬。『僧道潛』通衢旋犀象、顚倒同——。

【籬垣:이원】울타리。籬柵。籬垣。『晉書』數畝小宅、——仄陋。

【籬牆:이장】❶울타리。❷담장。

【籬柵:이책】＝籬垣。『盧綸』園林滿芝木、雞犬傍——。

【籬楓:이풍】울타리 가에 있는 단풍。『歐陽修·詩』——葉如火。

【籭】(사) 佳 シ、ふるい sieve
籭 小篆 체사(竹器有孔除麤取細)。(『簏』와 같음)

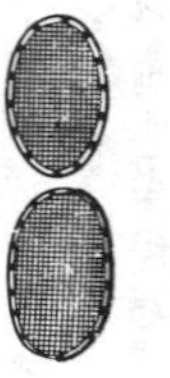
(三才圖會) 籭

【籮】(라) 歌 ラ、み bamboo basket ㄌㄨㄛ luo²
籮 草書 ❶키라(箕也)。❷광주리라(筐也)。

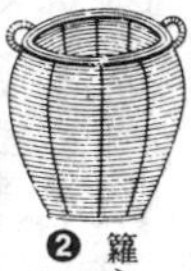
❷ 籮 (農政全書)

二十畫

【籯】(영) 庚 エイ、かご bamboo vessel ㄧㄥ ying²
籯 小篆 草書 상자영(竹器箱籠)。『漢書』遺子黃金滿—不如敎子一經。

【籰】(확) 藥 ワク、いとわく reel ㄩㄝ yüeh
草書 자새확、얼레확(收絲器)。(『籆』과 같음)

【䉸】(엄) 鹽 ゲン、ふせぐ defend
小篆 ❶푸집게엄(射雉翳)。❷막을엄(禦也)。

【籠】(롱) 東 ロウ、かご basket
❶광주리롱(筐也)。❷상자롱(箱也)。

二十四畫

【籗】㊀(착) 覺 タク、さかなとりかご fishweir ㊁(곽) 藥
小篆 或體 ㊀가리착(捕魚具)。㊁종다래끼곽、통발곽(捕魚籠)。

【䉺】(잠) 感 サン、つづる bind
❶맺을잠(綴也)。❷가는할잠(緝也)。❸『簪』과 같음。

二十六畫

【籲】㊀(유) 遇 ユ、ヤク、よぶ ㊁(약) 藥 call
小篆 草書 ㊀❶부르짖을유(呼也)。『書經』—俊尊上帝。❷화할유(和也)。㊁뜻은 ㊀과 같음。

【籲俊:유준】어진 사람을 구함。『書經』——尊上帝。

【籲天:유천】하늘에 불리어 무죄를 부르짖음。『書經』無辜——。

【籲號:유호】부르짖음。『柳宗元』上下蒙冒、——不聞。

米部

【米】(미) 薺 ベイ、マイ、こめ、よね rice ㄇㄧ mi³
米 小篆 草書 ❶쌀미、낟알미(穀實精鑿)。❷〔新字〕미터(metre. 佛國 基本度名、我度三尺三寸三分)。(『粎』와 통함)

【米價:미가】쌀값。쌀 시세。『世說』王導問江東——。

【米泔:미감】쌀뜨물。米汁。『本草』——氣味、甘涼無毒。

【米泔水:미감수】쌀의 뜨물。

【米穀:미곡】❶쌀。❷穀類。곡식。『列仙傳』以——食之。

【米穀法:미곡법】《法》쌀의 수량과 값을 조절하려고。정부가 할 수 있는 처치를 규정한 법률。

【米國:미국】❶《歷》昭武 九姓의 하나。❷唐代、西域의 나라 이름。唐 高宗 永徽年間에 大食國에게 滅亡됨。지금 사마르칸드의 東南部。弭秣賀 와 비슷함。❸《日》美國。

【米麴:미국】쌀누룩。쌀가루 누룩。

【米囊花:미낭화】《植》양귀비꽃。罌粟花。『雍陶』無限客愁今日散、馬豆初見——。

【米突:미돌】meter의 漢字音譯。길이의 기본 단위。

【米糧:미량】쌀 양식。『急就篇』園菜果蔬助——。

【米廩:미름】❶쌀곳간。❷《歷》中國 夏나라 때의 옛날、학교를 일컬음。『禮記·明堂位』——、有虞氏之庠也。

【米粒:미립】❶쌀알。『易林』悲愁不見——。❷쌀。❸《天》太陽面에 보이는 白色

의 粒狀體。=米粒狀。

【米麥:미맥】 쌀과 보리。《轉》곡식。穀物。穀類。

【米粉:미분】 쌀가루。

【米商:미상】 쌀 장사。쌀을 파는 영업。

【米色:미색】 ❶쌀 빛깔。❷엷은 노랑색。

【米粟:미속】 ❶쌀과 벼。❷쌀。【周禮·舍人】掌ㅣㅣ之出入。

【米壽:미수】 여든 여덟 살。

【米息:미식】 자기 아들이나 딸의 卑稱。

【米鹽:미염】 ❶쌀과 소금。❷생활 밑천。❸자질구레하고 번거로움。【墨子】吾嘗ㅣㅣ、數天下書。

【米鹽博辯:미염박변】 세세한 일까지 상세하게 논함。【韓非子·說難】ㅣㅣㅣㅣ、則以爲多而交之。

【米肉:미육】 쌀과 고기。【後漢書】置ㅣㅣ、以給行旅。

【米飮:미음】 환자가 먹는 묽은 쌀죽。

【米作:미작】 벼농사。稻作。

【米廛:미전】 싸전。쌀가게。

【米汁:미즙】 쌀뜨물。【左傳·註】ㅣㅣ瓦器牛畜之類。

【米包:미포】 쌀을 넣는 부대。【宋史】ㅣ

【米蝦:미하】 《動》쌀새우。몸은 작고 희며 바다에 살음。말리어 먹음。白蝦。細蝦。【本草】。

◎供養ㅣ、飯ㅣ、白ㅣ、新ㅣ、節ㅣ、精ㅣ、糙ㅣ、造ㅣ、陳ㅣ、玄ㅣ、還ㅣ。

二 畫

【籵】 (십)〔新字〕デカメートル 草書 네카미터(decametre. 佛國度名、米十倍)。

【籴】 ㊀(적) 錫 ㊁(잡) 合 ゾウ、まぜる mingle; mix ㄉㄧˊ ti²
㊀곡식을 살 적(買穀)。【糴】과 같음。㊁섞일 잡、잡될 잡(不一)。【莊子】鳩ㅣ天下之用。

三 畫

【籸】 (신) 眞 シン、こなのかす pudding ㄕㄣ shen¹ ❶녹말 신(粉滓)。❷범벅 신(粥凝)。

【籶】 (홍) 東 コウ、あかごめ old year's rice 小篆 묵은쌀 홍(陳臭米)。【漢書】太倉之粟紅腐。

【籹】 (여) 語 ジョ、おこし cake ㄖㄨˇ ju³ 小篆 草書 중배끼 여(粔ㅣ、蜜餌郞環餠)。【楚辭註】註以蜜和麪煎作粔ㅣ。

【籺】 (흘) 月 ケツ、こごめ rice powder ㄏㄧˊ hsi² ❶쌀가루 흘(糠ㅣ、米屑)。❷무거리 흘(堅麥)。

【籼】 (신) 眞 シン、こめかす crushed rice ❶쌀찌끼 신(米滓)。❷싸라기 신(碎米)。

【类】 (류)『類』(頁部 10畫)와 같음

【籽】 (자) 紙 シ、たね seeds ㄗˇ tzu³ 씨앗 자(種子、ㅣ粒)。

【籾】 (인)〔日字〕もみ hulled rice ❶벼 인、나락 인(稻也)。❷등겨 인(穀皮)。

【粂】 (구)〔日字〕くめ old rice 묵은쌀 구(陳臭米、久米의 合字)。

【粁】 (천)〔新字〕キロメートル 킬로미터(kilometre. 佛國度名、米千倍)。

四 畫

【粃】 (비) 紙 ヒ、しいな blasted ear ㄅㄧˇ pi³ 草書 ❶쭉정이 비(ㅣ糖、不成粟)。【書經】若粟不有ㅣ。❷나쁜 정치 비(ㅣ政)。

【粃糠:비강】 쭉정이와 겨。《喩》소용 없는 하찮은 것。【蘇軾】下與濁世掃ㅣㅣ。

【粃糠疹:비강진】 《醫》쌀겨와 비슷한 인비늘。특히 머리의 비듬을 일컬음。

【粃謬:비류】 잘못되어 나쁨。【後漢書】周禮諸經、發起ㅣㅣ。

【粃滓:비재】 쭉정이와 찌끼。《喩》어리석고 소용없는 자。糟粕。【唐書】才者自異、汰去ㅣㅣ者、菁華乃出。

【粃政:비정】 잘못되어 어지러운 정치。秕政。【晉書】朝無ㅣㅣ、人無謗言。

【粊】 (비) 寘 ヒ、わるいこめ bad rice 小篆 궂은쌀 비(惡米)。

【粄】 (판) 旱 ハン、だんご doughboy ❶싸라기떡 판(屑米餠)。❷경단 판(團子)。

【粆】 (사) 麻 サ、さとう sugar 샤탕사(沙糖)。【字彙】擣蔗汁熬成餡。

【粉】 (분) 吻 フン、こな powder ㄈㄣˇ fen³ 小篆 草書 ❶가루 분(物之碎末)。❷분바를 분(ㅣ飾)。【博物志】燒鉛成胡ㅣ。❸회사벽 칠할 분(白灰塗壁)。❹〔新字〕데시미터(decimetre. 佛國度名·米十分之一)。

【粉匣:분갑】 분을 담는 匣。

【粉骨報效:분골보효】 몹씨 애써 은혜를 갚음。【蘇轍·爲兄軾下獄上書】洗心改過、ㅣㅣ。

【粉骨碎身:분골쇄신】 뼈를 가루로 만들고 몸을 부숨。《喩》㉠죽을 힘을 다하여 애씀。【禪林類纂】ㅣㅣ、難報此德。㉡참혹하게 죽거나 죽임。

【粉團花:분단화】 《植》水菊。수국과에 딸린 落葉灌木。觀賞用으로 집에 심음。꽃은 말려 解熱劑로 씀。繡毬花。紫陽花。八仙花。

【粉黛:분대】 분 바른 얼굴과 먹으로 그린 눈섭。곧 아름답게 꾸민 여자。粉白黛綠。【白居易·長恨歌】六宮ㅣㅣ無顔色。

【粉末:분말】 가루。

【粉面:분면】 ❶분으로 화장한 얼굴。【陸暢】ㅣㅣ仙郎選聖朝。❷神主에 분을 바른 쪽。곧 앞쪽임。

【粉墨:분묵】 ❶분과 먹。《喩》서로 距離가 먼 종류。黑白。【後漢書】ㅣㅣ雜糅。❷胡粉과 숯。그림 물감。

【粉米:분미】 ❶白米의 異稱。❷袞服 十二章의 하나。치마에 수를 놓아 꾸민 것。❸싸라기。

❷米粉(四書略 引蒙解圖)

【粉白:분백】 ❶化粧에 쓰는 흰 분。❷흰 분으로 화장함。【戰國策】ㅣㅣ黛黑。

【粉白黛綠:분백대록】 ❶분을 희게 바르고 먹으로 눈섭을 까맣게 그림。화장을 함。❷化粧한 美人。【韓愈】ㅣㅣㅣㅣ、列屋而閑居。

【粉甓:분벽】 ❶희게 만든 벽。白壁。白堊。❷흰 벽같이 흰 빛。

【粉壁紗窓:분벽사창】 하얗게 꾸민 벽과 깁으로 바른 窓。《喩》아름다운 여자가 거처하는 곳。

【粉本:분본】 《美》素描。데상。【圖繪寶鑑】古人畫稿謂之ㅣㅣ、前輩多寶蓄之。

【粉霜:분상】《醫》水銀을 고아서 하얀 結晶으로 만든 것。收斂劑。外科藥으로 씀。白礬砂。
【粉碎:분쇄】아주 잘게 부스러뜨림。【楊萬里】--銀山成雪片。
【粉水:분수】분물。
【粉豉:분시】된장을 말려서 가루로 만든 것。
【粉食:분식】❶밀가루·메밀가루 따위, 가루로 된 식료품。❷가락국수·빵 등의 식사。↕米食。
【粉飾:분식】❶분을 발라 화장함。【史記】共--之。❷거죽만을 꾸밈。【蘇軾】妄自--、欺盲聾。❸남을 칭찬함。
【粉乳:분유】가루우유。
【粉餈:분자】《國》인절미。
【粉佐飯:분자반】가루 자반。
【粉蝶:분접】흰 나비。【溫庭筠】--團飛花影轉。
【粉劑:분제】가루로 된 약제。
【粉脂:분지】분과 臙脂。
【粉塵:분진】가루와 티끌。【溫庭筠】蝶雙雙護--。
【粉彩:분채】《美》陶磁器에 그린 연하고 고운 그림의 빛깔。清의 雍正 때에 발달되었음。軟彩。↕硬彩。
【粉貼:분첩】❶《國》분을 바를 때 쓰이는 제구。솜으로 둥글게 뭉쳐 만들음。❷두꺼운 종이를 屛風 모양으로 접고 분을 기름에 개어서 바른 물건。아이들이 글씨를 연습하는 데 씀。
【粉炭:분탄】가루로 된 석탄이나 목탄。
【粉土:분토】쌀을 찧을 때 섞는 흰 가루 흙。
【粉桶:분통】분을 담는 통。
【粉筆:분필】칠판에 글씨를 쓰는 물건。炭酸石灰나 구운 石膏의 가루를 물에 개어 손가락만큼씩하게 굳혀서 만들음。白墨。土筆。【顧瑛】朱衣小隊高呵道、--新圖偏寫眞。
【粉盒:분합】분을 담는 합。

【粉毫:분호】그림을 그리는 데 쓰이는 붓。畫筆。【杜牧】--惟畫月。
【粉紅:분홍】분홍빛의 略稱。
◎輕-、穀-、大-、豆-、麥-、米-、白-、銀-、製-、脂-、汞-、花-。

【粹】(쇠) 寘 スイ、まじりけない pure ❶순전할쇠(純也)。❷정밀할쇠(精也)。

【粁】(료)『料』(斗部 6畫)와 같음

【类】(류)『類』(頁部 10畫)의 俗字

【粍】(모)〔新字〕 ミリメートル 밀리미터(millimetre. 佛國度名、米千分之一)。

五畫

【粒】(립) 緝 リュウ、つぶ grain; corn ㄌㄧˋ lì
小篆 古文 草書 ❶낟알립、쌀알립(米顆)。【孟子】樂歲-米狼戾。❷쌀밥립(-食)。【書經】烝民乃-。❸알갱이립(細物、微-子)。
【粒米:입미】쌀 낟알。【孟子】樂歲--狼戾。
【粒狀:입상】알맹이 모양。
【粒食:입식】❶쌀을 먹음。❷곡식을 먹음。【禮記】羽毛穴居、有不--者矣。
【粒餌:입이】낟알로 된 모이。
【粒子:입자】❶알맹이。❷《物》물질을 구성하는 가장 미세한 알맹이。
◎豆-、米-、微-、飯-、砂-、細-。

【粓】(감) 覃 カン、どぎしる washed water of rice 뜨물감(米汁)。

【粔】(거) 語 キョ、おこし cake ㄆㄛˋ p'o'
小篆 草書 ❶중배끼거、약과거(-籹、蜜餌)。【齊民要術】-籹名環餅象環釧形。❷전병거(籹寒具)。
【粔籹:거여】중배끼。油蜜菓의 한 가지。밀가루를 꿀과 기름으로 반죽하여 기름에 띄어 지짐。蜜餌。

【粊】(비) 寘 ヒ、わるいこめ rice of inferior quality
小篆 궂은쌀비(惡米)。

【粕】(박) 藥 ハク、かす lees ㄐㄩ chü'
小篆 草書 ❶지게미박(糟-、酒滓)。【莊子】古人之糟魄。❷깻묵박、비지박(油-)。

【冞】(미) 齊 ミ、ビ、ふかい deep ❶깊을미(深也)。❷무릅쓸미(冒也)。❸둘미(置也)。

【𥸮】㊀(명) 靑 メイ、ビ、かしごめ ㊁(미) 支 moisten rice
小篆 ㊀물적신쌀명(漬米)。㊁고을이름미(縣名、-冷)。

【粖】(말) 曷 バツ、かゆ rice water 미음말、죽말(饘也、糜粥)。

【粗】㊀(추) 虞 ソ、あらい ㊁(조) 麌 rough; rude ㄘㄨ ts'u'
小篆 草書 ㊀❶클추(大也)。【禮記】其器高而-。❷추할추(疏也)。【禮記】怒心感者其聲-以厲。❸거칠을추、무거리추(物不精)。【莊子】物之-也。㊁간략할조(略也)。【史記 司馬相如傳】-陳其略。
【粗功:조공】큰 공로。【儀禮·註】--大功也。
【粗略:조략】간략하여 보잘 것 없음。
【粗糲:조려】품질이 거칠고 궂은 玄米。【史記】將用爲夫人--之費。
【粗漏:조루】일이 거칠고 失手가 있음。
【粗米:조미】거친 쌀。玄米。↕精米。【漢書】一釀用--二斛、麴一斛。
【粗放:조방】거칠고 소홀함。【北史】性--無拘檢。
【粗放的農業:조방적 농업】單位收穫은 적지만 한 경영체의 수확량이 큰 경영법의 농업。
【粗率:조솔】거칠고 경솔함。【南史】衣冠器用、莫不--。
【粗惡:조악】물건의 품질이 거칠고 나쁨。
【粗安:조안】별로 탈없이 편안함。粗寧。
【粗野:조야】❶됨됨이가 촌스럽고、천한 모양。❷조심성 없고 거친 모양。
【粗言:조언】거친 말。【參同契】至誠安徐、口無--。
【粗用品:조용품】아무렇게나 마구 쓰는 물건。
【粗雜:조잡】거칠고 어수선함。【唐書】--苦窳而已。↕精密。
【粗製:조제】물건을 거칠게 만들음。↕精製。
【粗製品:조제품】거칠게 만들어 낸 물건。막치。
【粗炭:조탄】아주 품질이 나쁜 석탄。
【粗暴:조포】거동과 행실이 거칠고 포악함。亂暴。
【粗品:조품】❶만듦새가 변변하지 못한 물품。❷남에게 보내는 선물의 謙稱。
【粗忽:조홀】간략하고 輕忽함。=粗相。

【粐】(호) 虞 コ、かゆ gruel ❶죽호(粥也)。❷죽쑬호(煮米爲粥)。

【粘】(점) 鹽 ネン、デン、ねばる、つく glutinous; paste ㄓㄢ chan'

書 草 ❶붙을점、붙일점(相著)。❷끈끈할점(飯一)。

【粘塊:점괴】 차진 덩어리。『蘇軾』東池浮萍半一一。

【粘力:점력】 질기고 차진 힘。黏力。

【粘連:점련】 서류에 증거 서류를 덧붙임。黏連。

【粘膜:점막】《生》臟器의 내면을 덮고 있는 부드러운 막。거죽에 점액을 분비하여 늘 젖어 있음。粘液膜。

【粘米:점미】 찹쌀。黏米。

【粘餠:점병】 찹쌀가루·찰수수가루·밀가루 따위를 묽게 개어 번철에 지진 떡。찰떡。黏餠。

【粘報:점보】 증거가 될 서류를 덧붙여서 보고함。

【粘性:점성】 차지고 끈끈한 성질。

【粘液:점액】 끈끈한 액체。黏液。『楊萬里』縧羅蹙寶髻、氷彈濺一一。

【粘液囊:점액낭】 몸 안의 연한 부분과 단단한 부분의 사이에 있어、그 마찰을 작게 하는 미끈미끈한 액。

【粘液質:점액질】《心》氣質의 하나。자극을 감수함이 느리고 박약하며、흥분함이 적고、熱意와 활기가 부족한 기질。

【粘著:점착】 틈이 없이 찰싹 달라 붙음。

【粘著力:점착력】《化》두 다른 물체의 분자가 서로 달라 붙는 힘。

【粘綴:점철】 풀을 칠해서 철함。『晦庵題跋』用天台印本、剪裂一一。

【粘體:점체】 엿·양초 따위와 같이 고체와 액체와의 중간의 상태인 물질。

【粘土:점토】 진흙。빛깔이 붉은 차진흙。

【粘土質:점토질】《地》점토가 다량으로 포함된 지질。

【粘板岩:점판암】《鑛》水成岩의 한 가지。粘土가 石英 따위와 섞여서 굳어져 된 검은 빛의 바위。돌비석·슬레이트·벼루 따위의 재료가 됨。

【粝】(려)『糲』(15米部 畫)의 俗字

六 畫

【粞】(서) 齊 セイ、こごめ crushed rice ㄒㄧ hsi'

書 草 싸라기서(碎米)。

【粟】(속) 沃 ゾク、あわ millet ㄙㄨ su'

小篆 文 籀 書 草 ❶조속、좁쌀속(黍屬米有殼稱)。『書經』四百里一。❷겉곡식속(米有殼者)。

【粟豆:속두】 조와 콩。『杜甫』國馬竭一一、官雞輸稻粱。

【粟粒:속립】 조의 알。낟알。『杜牧』釘頭磷磷、多於在庾之一一。

【粟文:속문】 좁쌀 모양의 무늬。粟紋。

漢粟文壺(西淸續鑑)

【粟米:속미】 ❶조와 쌀。❷벼。『孟子·盡心』布縷之征、一一之征、力役之征。

【粟膚:속부】 추위로 살이 까슬까슬해짐。『楊萬里』漠漠輕寒粟脫膚。

【粟散:속산】 조 알을 헤친 것같이 산산히 헤어짐。《喩》작고 많은 것의 비유。

【粢】(자) 支 シ、セイ、きび barnyard grass ㄗ tzū

書 草 ❶피자(明一、稷也)。『禮記』稷曰明一。❷제메자、젯밥자(一盛、祭飯)。

【粢糲:자려】 玄米로 만든 떡。

【粢盛:자성】 나라의 大祭에 쓰는 黍稷。『漢書』給宗廟一一。

【⿰米束】(색) 陌 ソク、サク、こごめ degenerated rice

❶상한쌀색(壞米、糏一)。❷떡덩어리질색(餠相黏)。

【粤】(월) 月 エツ、ここに ㄩㄝ yüeh'

小篆 書 草 ❶말내킬월、어조사월(于也、於也、發端辭)。『書經』一三日丁巳。❷곰곰히 생각할월(審愼之詞)。❸나라이름월(國名)。『魏徵詩』請纓繫南一。

【粤江:월강】《地》中國 남부의 江 이름。옛 珠江의 別名。雲南省 東北부에 발원하여 貴州·廣西·廣東의 三省을 거쳐 南海에 이름。西江·北江·東江을 합하여 粤江流域이라 함。

【粤東:월동】 中國 廣東省의 異稱。

【粤宛:월완】 두껍고 부피가 작음。『管子』天爲一一、草養木長。

【糗】(구) 有 キュウ、いりごめ parched rice

小篆 볶은쌀구(熬米)。

【粥】㊀(죽) 屋 ㊁(육) 屋 シュク、イク、かゆ gruel ㄩ yu'

書 草 ㊀❶미음죽、죽죽(糜一 饘一)。❷어리석은체할죽(卑謙貌)。『禮記』一一若無能也。㊁❶팔육(賣也)。『荀子』魯之一牛馬者不豫賈。❷북쪽오랑캐육(北狄葷一)。

【粥飯僧:죽반승】 죽과 밥만 많이 먹는 무능한 중。《喩》무능한 사람。밥통。『五代史·李愚傳』惟一一。

【粥藥:죽약】 죽과 약。『陳造』平日扶衰

【粥粥:죽죽】 ❶나약한 모양。『禮記』一一若無能也。❷공경하여 두려워하는 모양。『漢書』一一音送。

【粥筩:죽통】 마소의 죽을 담는 통。

【粦】(린)『燐』(12火部 畫)과 같음

【粧】(장) 陽 ソウ、ショウ、よそおい embellish ㄓㄨㄤ chuang'

書 草 단장할장(粉飾)。

【粧鏡:장경】 경대。化粧用 거울。『杜牧』明星熒熒、開一一也。

【粧刀:장도】 평복에 차는 작은 칼。장도칼。

【粧曆:장력】 冊衣를 대고 꾸민 책력。

【粧淚:장루】 화장한 얼굴을 적시는 눈물。『白居易·琵琶行』一一紅闌干。

【粧面:장면】 화장한 얼굴。『李嶠』一一廻青鏡、歌塵起畫梁。

【粧飾:장식】 외양의 꾸밈새。또는 그 꾸밈。飾粧。

【粧撰:장찬】 허물을 감추려고 꾸밈。

【粧冊:장책】 책을 꾸며 만듦。

【粧帖:장첩】 裝幀을 아담하게 꾸며 만든 書畫帖。

【粧痕:장흔】 단장한 흔적。『蘇軾』娟娟侵鬢一一淺。

◎淡一、美一、盛一、新一、化一。

【粨】(백)〔新字〕ヘクトメートル 헥터메터(hectometre. 佛國度名、米百倍)。

七 畫

【粰】㊀(부) 尤 ㊁(부) 虞 フ、フウ、もみがら chaffs

書 草 ㊀된죽부(饘也)。㊁왕겨부(穀皮)。

【粰鬻:부죽】 묽은 죽。

【粮】(량) 陽 リョウ、ロウ、かて provisions
草書 양식량(糗也)。【思玄賦】瑤蕋以爲ㅣ。(『糧』과 같음)

【粡】(포) 遇 ホ、もち glutinous rice jelly
꿀떡포、엿포(餔ㅣ、餌也)。

【梅】(매) 灰 バイ、こうじ malt
❶술밑매(酒本)。❷모주매(ㅣ麯、酒母)。

【粠】(류) 尤 リュウ、おこし parched rice
볶은쌀류(敖米)。

【粱】(량) 陽 リョウ、おおあわ millet ㄌㄧㄤˊ liang²
小篆 草書 기장량(稻穀名)。【韻會】ㅣ粟類五穀之長。

【粱米:양미】 좋은 쌀。(中國에서는 기장을 귀중하게 여김에서 나온 말)。【唐書】我乏食、有美醬乎、有ㅣㅣ乎。

粱米(三才圖會)

【粱肉:양육】 ❶맛 있는 쌀과 고기。【列子】衣則衣錦、食則ㅣㅣ。❷사치스러운 음식。

【粲】(찬) 翰 サン、あざやか bright; clear ㄘㄢˋ ts'an⁴
小篆 草書 ❶쓿은쌀밥찬、정한쌀밥찬(精鑿食)。❷선명할찬(ㅣㅣ鮮明貌)。【世說 文學】ㅣ然成章。❸껄껄웃을찬(ㅣ然、盛笑貌)。【穀梁傳】軍人皆ㅣ然而笑。

【粲爛:찬란】 ❶빛이 번쩍여서 눈부시게 아름다운 모양。【司馬相如】皓齒ㅣㅣ。❷별 따위가 반짝이는 모양。【晉書】星漢ㅣㅣ。❸詩文의 표현이 화려한 모양。【三國志·杜周傳】文辭ㅣㅣ。

【粲麗:찬려】 선명하고 빛나는 모양。【潘岳】盼倩ㅣㅣ、窈窕淑良。

【粲如:찬여】 鮮明한 모양。분명한 모양。【史記】文辭ㅣㅣ。

【粲然:찬연】 ❶번쩍거리어 빛나는 모양。燦然。【十八史略·東漢】ㅣㅣ文物可述。❷흰 잇발을 내 보이고 껄껄 웃는 모양。【穀梁傳】軍人皆ㅣㅣ笑。

【粲粲:찬찬】 ❶빛이 울긋불긋하고 아름다운 모양。【陸雲】ㅣㅣ都人子。❷얼굴이 환하고 아름다운 모양。【詩經】ㅣㅣ衣服。

【粲粲玉食:찬찬옥식】 잘 쓿은 쌀로 지은 이밥。흰밥。

【粳】(갱) 庚 コウ、うるち nonglutinous rice ㄍㄥ kêng¹
草書 메벼갱(稻不黏者)。【庾肩吾集】有謝謝ㅣ米啓。(『秔』과 같음)

【粳稻:갱도】 메벼。【史記】祭以ㅣㅣ。

【粳粱:갱량】 =粳米。【梁書】服除猶絶ㅣㅣ。「過滿腹、但願飽ㅣㅣ。

【粳糧:갱량】 멥쌀의 양식。【陶潛】豈期ㅣㅣ。

【粳米:갱미】 멥쌀。메벼에서 나는 쌀。【南史】欲ㅣㅣ爲粥、不能常辦。

八畫

【粶】(록) 屋 ロク、はぜこめ parched rice
볶은쌀록(火爆米)。

【粹】(수) 寘 スイ、まじりけない pure ㄘㄨㄟˋ ts'uei⁴
小篆 草書 ❶정할수、순수할수(純ㅣ、精也)。【易經】剛健中正純ㅣ精也。❷온전할수(全也)。【荀子 非相】ㅣ而能容雜。

【粹器:수기】 순수한 정력이 있는 사람。【沈昫】人倫ㅣㅣ。

【粹靈:수령】 순수하고 신령스러움。【白居易】天地間有ㅣㅣ之氣焉、萬類皆得之。

【粹美:수미】 잡된 것이 없이 아주 아름다움。純美。醇美。【老學庵筆記】陳福公長卿、重厚ㅣㅣ、有天人之相。

【粹白:수백】 ❶아주。❷아주 흰 빛。純白。白精。「양。=純然。

【粹然:수연】 섞인 것이 없이 순진한 모양。=純然。

【粹集:수집】 ❶고갱이만 뽑아 모음。❷일이나 물건의 가장 중요로운 것만 골라 모음。

【粹學:수학】 순수한 학문。【劉宰】四海◎國ㅣ、純ㅣ、精ㅣ。

【粣】(석) 錫 セキ、こめをどぐ wash rice
쌀씻을석(洗米)。

【粺】(패) 卦 ハイ、しらげごめ cleaned rice ㄅㄞˋ pai⁴
小篆 草書 정한쌀패、흰쌀패(精米)。【詩經】彼疏斯ㅣ。

【粻】(장) 陽 チョウ、かて food; provisions ㄓㄤ chang¹
小篆 草書 ❶양식장(食米糧也)。【詩經】以峙其ㅣ。❷엿장(餳也)。

【粼】㊀(린) 眞 ㊁(린) 震 リン、きよい clear
小篆 草書 ㊀물맑을린(ㅣㅣ水清)。【詩經】揚之水白石ㅣㅣ。㊁석간수린(水出石間)。

【粼粼:인린】 ❶물이 맑아 바닥의 돌이 보이는 모양。❷달빛이 맑은 모양。

【粽】(종) 送 ソウ、ちまき dumpling
草書 주악종、송편종(蘆葉裏米角黍)。【續齊諧記】ㅣ角黍屈原五日投汨灑楚人此日以竹筒貯米投水祭之。

【粽心草:종심초】 (植)龍常草。

【粽熬將軍:종오장군】 물고기 이름。드렁허리。鱔의 다른 이름。

【精】(정) 庚 セイ、ショウ、くわしい fine and delicate ㄐㄧㄥ ching¹
小篆 草書 ❶정할정、가릴정(擇也)。❷세밀할정(細也)。❸전일할정(專一)。【書經 大禹謨】惟ㅣ惟一。❹정교할정(精巧)。【劉克莊詩】銀鉤楷法ㅣ。❺정미할정 (精米)。【左傳】子洛切ㅣ米也。❻정신정、정기정(眞氣)。【易繫辭ㅣ氣】爲物。❼밝을정(明也)。【漢書】陰霧不ㅣ。❽성실할정(誠實)。【管子 心術】中不ㅣ者心不平。❾신령정(神靈)。【杜甫詩】雲霧冥晦方降ㅣ。❿익숙할정 (熟也)。⓫깨끗할정、힐정(潔也)。⓬정충정、정액정(ㅣ蟲)。

【精懇:정간】 자세하고 친절함。【南史】事佛ㅣㅣ。

【精强:정강】 뛰어나게 굳셈。강함。精勁。【後漢書】兵馬ㅣㅣ。

【精潔:정결】 깨끗하고 조촐함。【國語】其爲人也、小心ㅣㅣ。

【精巧:정교】 세밀하고 교묘함。【梁元帝】雕鐫ㅣㅣ。「書」ㅣㅣ大義。

【精究:정구】 자세히 연구함。精研。【晉】

【精勤:정근】 꾸준하고 부지런함。【東晳】顔回ㅣㅣ以輕貧。

【精金良玉:정금양옥】 정한 금과 아름

다운 옥。《喩》인격 또는 글월이 아름답고 깨끗함。『名臣言行錄·外集』純粹如精金、溫潤如良玉。

【精記:정기】 썩 정하게 적은 기록。

【精氣:정기】 ❶萬物이 생성하는 元氣。『易經』ーー爲物。❷정신과 기력。精力。

【精騎:정기】 매우 강한 기병。『唐書』選ーー二千、爲遊軍。

【精緊:정긴】 정묘하고 긴요함。

【精囊:정낭】 《生》남성 생식기의 일부。

【精當:정당】 精細하고 당연함。

【精到:정도】 아주 정묘한 境地에까지 이름。『圖繪寶鑑』筆法圓熟、用意ーー。

【精讀:정독】 정신들여 잘 읽음。자세히 읽음。＝熟讀。

【精銅:정동】 《鑛》粗銅을 여러 조작을 거쳐 만든 순수한 구리。↕粗銅。

【精良:정량】 매우 정묘하고 훌륭함。精好。『唐書』ーー畏愼、善在恭謹、失在多疑。

【精勵:정려】 힘을 다하여 부지런히 일을 행함。『後漢書』學者ーー、遠近同慕。

【精力:정력】 心身의 활동력。원기。기력。『漢書』ーー過絶於人。

【精力主義:정력주의】 도덕의 표준인 至善을 실현하기 위하여는 각 개인의 능력 있는 實行이 있어야만 한다는 倫理說。

【精練:정련】 ❶잘 단련함。❷실이나 피륙을 精製함。❸광석에서 순전한·금속을 얻기 위하여 불순물을 제거하는 조작。精鍊。

【精靈:정령】 ❶혼。精魂。『易·繫辭』陰陽ーー之氣。❷《佛》죽은 사람의 혼。亡靈。빼어나고 영묘한 氣。우주 만물의 본체。

【精靈說:정령설】 ❶《哲》모든 물체 안에 內在하여 그 형상과 활동을 부여한 정령이 있다는 학설。❷《宗》모든 사물에는 다 정령이 있다는 신앙。또는 물체에서 떠나서 존재할 수 있는 정령이 물체 안에 있다는 신앙。

【精麥:정맥】 ❶깨끗하게 쓿은 보리쌀。❷보리를 찧어서 대낌。

【精明:정명】 깨끗하고 밝음。

【精妙:정묘】 精細하고 묘함。『宋史』諸家字體、洞臻ーー。

【精美:정미】 ＝精姸。

【精微:정미】 精密하고 아주 자세함。『中庸』致高大、而盡ーー。

【精敏:정민】 精細하고 민첩함。『韓愈』子厚少ーー、無不通達。

【精密:정밀】 가늘고 촘촘함。아주 잘고 자세함。精緻。緻密。『朱子語類』道字雄大、理字ーー。

【精白:정백】 ❶아주 휨。純白。『漢書』ーー以承休德。❷쌀이나 보리를 찧어 정하고 희게 만들음。

【精白米:정백미】 뉘가 조금도 없이 쓿은 아주 정하고 흰 쌀。

【精兵:정병】 ❶우수하고 강한 군사。『史記』ーー三萬人。❷활 쏘는 힘이 강한 군사。

【精查:정사】 정밀하게 조사함。

【精算:정산】 정밀하게 계산함。또는 그러한 계산。

【精詳:정상】 정밀하고 자상함。精細。『後漢書』寶融小心ーー。

【精書:정서】 정신을 들여 글씨를 씀。

【精選:정선】 정밀하게 골라 뽑음。精簡。『後漢書』特勅三府、ーー能吏。

【精誠:정성】 참되고 거짓이 없는 마음。『班彪』ーー通於神明。

【精細:정세】 精密하고 자세함。精詳。『金樓子』書極ーー。

【精細胞:정세포】 《生》有性生殖을 하는 동식물의 수컷의 생식기 안에서 生成되는 세포。그 모양을 바꾼 것이 精子임。↕卵細胞。

【精巢:정소】 《生》수컷의 生殖巢。精子가 형성되는 곳。포유 동물의 불알。

【精灑:정쇄】 아주 깨끗하고도 맑음。

【精水:정수】 《生》수컷의 生殖液。

【精修:정수】 자세히 학문을 닦음。

【精粹:정수】 ❶精華①。『漢書』聰明ーー。❷깨끗한 공기。『劉向』吸ーー而吐氣濁兮。

【精髓:정수】 ❶뼈 속에 있는 골。骨髓。❷사물의 가장 중심이 되는 요점。神髓。心髓。

【精熟:정숙】 사물에 아주 익숙함。

【精神:정신】 ❶마음이나 생각。영혼↕육체。『莊子』ーー四達。❷물질적인 것을 초월한 實在。↕物質。❸氣力。根氣。❹참된 목적。❺生氣가 넘쳐 흐름。

【精神界:정신계】 정신이 작용하는 범위。精神의 세계。↕物質界。

【精神骨子:정신골자】 가장 중요한 부「분。

【精神科學:정신과학】 정신 작용에 따라 일어나는 現象을 연구하는 과학。심리학·정치학·언어학 따위。↕自然科學。

【精神敎育:정신교육】 도덕적 의식을 계발·훈련함을 목적으로 하는 교육。

【精神勞動:정신노동】 주로 정신을 써서 하는 노동。↕肉體勞動。

【精神論:정신론】 ❶《哲》경험으로부터 독립된 理性의 진리를 논하는 철학의 부분。❷＝唯心論。

【精神文明:정신문명】 물질을 떠나 정신을 기초로 하여 이루어진 문명。↕物質文明。

【精神文化:정신문화】 정신의 내부적 所產의 總稱。곧 사상·학술·종교 따위。

【精神物理學:정신물리학】 《心》物理的刺戟과 감각과의 관계를 연구하는 심리학의 한 부분。

【精神發生學:정신발생학】 《心》정신의 기원 및 발달을 연구하는 학문。

【精神病:정신병】 《醫》정신에 병적 이상을 일으켜 그 말이나 행동이 정상적이 아닌 병적인 상태。

【精神分析:정신분석】 《心》정신 現象을 과학적으로 분석하여 潛在意識의 성질을 조사 연구하는 일。

【精神生活:정신생활】 ❶생활의 의의를 주로 정신에 두는 생활 상태。❷사상·감정 방면의 활동 상태。❸《哲》전체적·본질적인 근본 생명이며 우주의 본질이며、이를 실현하는 것이 인간 생활이라고 하는 주장。

【精神年齡:정신연령】 《心》실제의 연령에 있어서의 지능의 평균을 표준으로 하여 개인의 지능의 발달정도를 표시하는 방법。↕曆年齡。

【精神療法:정신요법】 《醫》정신의 작용을 이용하여 병을 고치는 방법。催眠療法·信仰療法 따위。

【精神一到何事不成:정신일도하사불성】 정신을 집중시켜 일을 하면 불가능할 것이 없음。『朱熹·文』陽氣發處金石亦透、ーー。

【精神作用:정신작용】 정신이 활동하여 어떤 기능을 나타내는 활동。

【精神的:정신적】 정신 활동을 중하게 여기는 상태。↕物質的。

【精神哲學:정신철학】 《哲》정신 생활의 원리。정신 과정이나 형상을 근본적으로 또는 終局的인 처지에서 연구·해명하는 形而上學의 한 부문。

【精實:정실】 잡스럽지 않고 참됨。

【精液:정액】 ❶＝精水。❷물건의 정기를 뽑은 액체。

【精姸:정연】 정묘하고 고움。精美。『鮑照』才力雄富、士馬ーー。

【精詣:정예】 학술에 대한 조예가 깊은 정도。『劉克莊』ーー不減於橫渠、而樂易殆過於了翁矣。

【精銳:정예】 썩 날래고 용맹스러움。또는 그러한 군사。『後漢書』據山河之固、

擁——之衆。

【精銳部隊：정예부대】 매우 날쌘 군대。

【精銳分子：정예분자】 사회나 단체에서 가장 우수하고 냅뜰 힘이 있는 사람。

【精義：정의】 ❶아주 잘고 세세한 道理。『易經』——入神、以致用也。❷자세한 意義。

【精一：정일】 마음이 아주 자세하고 한결같음。『朱熹』大哉——傳、萬世立人紀。

【精子：정자】 《生》雄性의 생식 세포。일종의 單細胞。雌性體의 卵子와 결합하여 개체의 생성을 촉진함。精蟲。卵子。

【精製：정제】 ❶잘 골라 깨끗이 만들음。❷정신들여 잘 만들음。

【精製綿：정제면】 《醫》약솜。脫脂綿。消毒綿。

【精製品：정제품】 조제품을 다시 가공하여 정제한 물품。↔粗製品。

【精進：정진】 ❶精力을 다하여 나아감。『世說』——太過。❷정묘한 경지에 도달하여 일을 잘 봄。❸《佛》㉠雜念을 버리고 오로지 불도에만 열중함。『法苑珠林』——坐禪學般若。㉡心身을 깨끗이 함。㉢肉食을 하지 않고 菜食을 함。

【精察：정찰】 자세히 살핌。

【精彩：정채】 ❶정묘하고 뛰어난 광채。❷활발한 기상。『晉書』——秀發。

【精粗：정추】 정밀함과 추잡함。자세함과 거칠음。精麤。『大學章句』衆物之表裏——無不到。

【精麤：정추】 정밀한 것과 거친 것。精粗。『禮記』以喪服之——爲序。

【精蟲：정충】 《生》성숙한 雄性 생식 세포。精子。

【精緻：정치】 정교하고 치밀함。精密。『唐書』其好學、老不倦、用思——。

【精擇：정택】 지극히 精密하게 선택함。極擇。『蘇舜欽』雖是小官、尙思——。

【精討：정토】 정밀하게 검토함。자상하게 살펴 찾음。『梁簡文帝』——錙銖。

【精通：정통】 깊고 자세히 알음。精曉。

【精悍：정한】 날내고 사나움。민첩하고 용감함。『史記』爲人短小——。

【精解：정해】 ❶정밀하게 깨달음。『南史』學通陰陽、——聲律。❷정밀하고 자세한 해석。

【精核：정핵】 根本을 자세히 조사하여 밝힘。精覈。『漢書』博覽典雅、——數術。

【精血：정혈】 《生》생생한 피。

【精魂：정혼】 ＝精靈①。『李華』弔祭不至、——何依。

【精華：정화】 ❶깨끗하고 매우 순수함。또는 그러한 부분。精粹。『孔穎達』緝其——。❷뛰어나게 우수함。❸光彩。『楚辭』揚——以炫燿兮。

【精確：정확】 정밀하고 확실함。『江總』心力——。

◎山—、水—、受—、勵—、妖—、酒—、至—。

【粿】(과) 哿 カ、しらげごめ cleaned rice ㄍㄨㄛˇ kuo³ ❶알곡식과(無皮穀)。❷정한쌀과(精米)。

【糀】(화)〔日字〕 こうじ malt 草書 누룩화(麴也)。

九畫

【䊓】(시) 紙 シ、ねばる glutinous 차질시(黏也)。

【糂】(삼) 感 ジン、こながき rice powder ㄙㄢˇ san³ 小篆 籒文 古文 草書 ❶국죽삼(米粒和羹)。『荀子』藜羹不—。❷섞일삼(雜也)。❸쌀가루삼(米屑)。❹차질삼(黏也)。

【糄】㊀(변) 銑 ㊁(변) 先 ヘン、こめ rice ㊀벼볶아쌀만들변(燒稻取米)。㊁쌀변(米也)。

【糅】㊀(유) 有 ㊁(유) 宥 ジュウ、まじる mixed ㄖㄡˇ jou³ 草書 ㊀❶섞일유(雜—、色混)。『儀禮』白羽與赤羽—。❷얽힐유(粉—、亂也)。㊁잡곡밥유(雜飯)。

【糅雜：유잡】 뒤범벅이 됨。『梁書』肅其居處、崇其牆仞、門無——、坐闕號呶。

【糅錯：유착】 서로 뒤섞이는 것。

【糆】(면) 霰 メン、こな rice flour 가루면(屑米)。(『麪』과 같음)

【䊇】(픽) 職 ヒョク、あぶる dry meat 불에고기말릴픽(以火焙肉)。

【𥻨】(주) 宥 シュウ、こめ grain ❶낟알주(稻實)。❷쌀주(米也)。

【糇】(후) 尤 コウ、ほしいひ dry provisions ㄏㄡˊ hou² 草書 말린밥후(乾食糒也)。『詩經 大雅公劉』廼裹—糧。

【糇糧：후량】 양식。食糧。『詩經』乃裹——。

【糈】㊀(서) 魚 ㊁(소) 語 ショ、かて food; provision ㄒㄩˇ hsü³ 小篆 ㊀❶양식서(糧食)。❷제메쌀서(祭神米)。『楚辭』懷椒—而要之。㊁산자소(饊也)。

【糈稌：서도】 神에게 바치는 쌀과 벼。糈는 神에게 바치는 쌀、稌는 벼(稻)。『柳宗元』——酒陰。

【糉】(종) 送 ソウ、ちまき dumpling ㄗㄨㄥˋ chung⁴ 小篆 草書 주악종、송편종(蘆葉裹米角黍)。『續齊諧記』—角黍屈原五日投汨灑楚人此日以竹筒貯米投水祭之。

【糊】(호) 虞 コ、のり paste ㄏㄨˊ hu² 草書 ❶풀호、풀칠할호(黏也)。『鼎銘』饘于是粥于是以—余口。❷모호할호(模—、漫貌)。『杜甫詩』駝背錦模—。

【糊口：호구】 입에 풀칠함。《喩》가난한 살림。겨우 먹고 살음。

【糊口之策：호구지책】 가난한 살림에서 그저 겨우 먹고 살아가는 방책。糊口之計。糊口之方。

【糊塗：호도】 ❶性情이 분명하지 못하고 흐리터분함。❷일시적으로 우물우물 덮어 버림。『宋史·呂端傳』呂端、小事——、大事不——。❸《中》바보。엉터리。

【糊斗：호두】 풀을 넣어 두는 그릇。

唐糊斗(西清古鑑)

【糊精：호정】 《化》 多糖類의 하나。덱스트린。흰 가루의 炭水化物。粘着力이 강하므로 아라비아 고무의 대용이 됨。

【糊箒：호취】 귀얄。

【糊丸：호환】 풀에 약가루를 반죽하여 환약을 만들음。또는 그 약。

【𥺝】(시) 紙 シ、くそ urine and feces 똥오줌시(屎尿)。

【糎】(리)〔新字〕 センチメートル centimetre. 草書 佛國度名、米百分之一)。

【粢】(자) 支 シ、もち rice-cake
인절미자(稻餅、一餻)。

十畫

【⿰米芻】(추) 尤 シュウ、でんぷん starch
녹말추、앙금추(濾取粉末)。

【糏】(설) 屑 セツ、こごめ broken rice
싸라기설(舂餘米麥破)。

【糐】(부) 虞 フ、だんご dumpling
경단부(團餌)。

【糒】[一](비) 寘 ビ、ハイ、ほしいひ dry provision
[二](배) 卦 ㄅㄟˋ pei⁴
小篆 草書 [一]말린밥비(糗一、乾飯)。【書疏】糗一是行軍之粮。
[二]뜻은 [一]과같음。

【糒醪:비료】양식과 술。『漢書』長史持一一遺廣。

【糓】(곡)『穀』(禾部10畫)의 俗字

【糔】(수) 有 シュウ、こねる dough
草書 반죽할수(汁也)。【禮記】爲稻粉一溲之以爲馳。

【糕】(고) 豪 コウ、もち rice-cake ㄍㄠ kao¹
草書 떡고(餈一餌也)。【野客叢書】劉夢得嘗作九日詩欲用一字思六經無此字遂止故宋景文九日詩曰劉郞不肯題一字虛負人生一世豪。(『餻』와 같음)

【糕坊:고방】떡집。『淸異錄』皇建僧舍旁有一一。

【糕點:고점】과자。【紅樓夢】太監執一金「盤一一之類。

【糖】(당) 陽 トウ、あめ sugar; candy (或音「탕」) ㄊㄤˊ t'ang²
小篆 草書 ❶엿당(飴也)。❷사탕당(沙一)。【易林】南箕無舌飯多沙一。

【糖尿:당뇨】《生》葡萄糖分이 많이 섞여 나오는 병적인 오줌。

【糖尿病:당뇨병】《醫》膵臟이 침해되어 오줌에 당분이 섞여 장기간 나오는 병。

【糖類:당류】수소·탄소·산소로 되어 있으며 단맛이 있는 화합물。

【糖米:당미】수수쌀。

【糖蜜:당밀】❶사탕을 제조할 때에 結晶糖을 분리한 나머지의 액체。❷사탕을 녹인 액체。

【糖分:당분】사탕질의 성분。

【糖霜:당상】白砂糖。흰 사탕。 白糖。『蘇軾·詩』氷盤薦琥珀、何似一一美。

【糖屬:당속】설탕에 조려 만든 음식。

【糖乳:당유】진하게 달인 우유。煉乳。콘덴스트 밀크。

【糖化:당화】澱粉이 糖類로 바뀜。

【糖水肉:탕수육】中國 요리의 한 가지。쇠고기나 돼지 고기를 튀겨서 만들음。
◎果一、麥芽一、白一、砂一、乳一、精一、製一、組一、葡萄一、黑砂一。

【糗】(구) 有 キュウ、いりごめ parched rice ㄑㄧㄡˇ ch'iu³
小篆 草書 ❶볶은쌀구(熬米麥)。❷미싯가루구(乾飯屑)。【書經】峙乃一糧。

【糗糧:구량】=糗糒。【書經】峙乃一一。

【糗糒:구비】말린 밥。옛날에 軍糧으로 썼음。乾飯。糗糧。『儲光羲』一一常共飯、兒孫每更抱。

【糗脩:구수】말린 밥과 포(脯)。『儀禮』王婦羞一一。

【⿰米宰】(쉬) 隊 サイ、こなのかす screenings
무거리쉬(粉滓)。

十一畫

【⿱殺米】(살) 曷 サツ、おいはらろ scatter ㄙㄚˋ sa⁴
小篆 ❶헤칠살、흩을살(散也)。❷내칠살(放也)。【說文】一爲放散之義。

【糙】(조) 號 ゾウ、くろごめ unpolished rice ㄘㄠ ts'ao¹
草書 ❶애찧은쌀조(粗米未舂)。❷잡곡조(米穀雜)。

【糙味:조미】❶매갈이。❷매조미 쌀。

【糚】(장) 陽 ノウ、よそおう embellish
草書 단장할장(靚一、粉飾)。【上林賦註】靚一粉白黛黑。(『粧』과 같음)

【糚飾:장식】화장하는 것。치장함。『北史』靈太后頗事一一、數出遊幸。

【⿰米啇】(책) 陌 タク、きずごめ smashed rice
상한쌀책(壞米)。

【糜】(미) 支 ビ、かゆ rice-gruel ㄇㄧˊ mi²
小篆 草書 ❶싸라기미(糈也)。❷죽미(饘也)。【古詩 東門行】賤妾與君共餔一。❸물커질미(爛也)。【孟子】一爛其民。

【糜爛:미란】죽이 풀어진 것 같이 썩어 문드러짐。《轉》몹시 피로함。【孟子】一一其民。❷나라가 망하여 황폐함。

【糜沸:미불】❶죽이나 물이 끓듯이 소란함。❷群雄이 다투어 일어남。【漢書】豪俊一一雲擾。

【糜費:미비】❶막대한 비용。❷損耗。『三國志·衛覬傳』不益於好、而一一功夫。

【糜散:미산】문드러 흩어짐。사라져 없어짐。『劉向』名一一而不彰。

【糜粥:미죽】죽。미음。【禮記】行一一飯「食。

【糝】(삼) 感 サン、ねばる glutinous ㄙㄢˇ san³
草書 ❶국죽삼(以米和羹)。❷찰질삼(黏也)【莊子山木】藜羹不一。❸쌀가루삼(米屑)。❹섞을삼(雜也)。

【糝粉:삼분】멥쌀 가루。

【糝糝:삼삼】어지럽게 흩어지는 모양。『范成大·詩』一一金沙絢。

【糝食:삼식】국죽。『周禮』酏食一一。

【糝侯:삼후】畿外 諸侯의 卿大夫가 天子의 祭를 도울 때 쓰는 과녁。豹皮로 鵠을 만들어 麋로 꾸민 것。

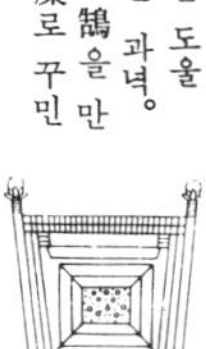
糝侯(三禮圖)

【糞】(분) 問 フン、くそ、こえ excrement ㄈㄣˋ fen⁴
小篆 草書 ❶똥분(一土、穢也)。❷거름줄분(治也、培也)。❸쓸분(掃除)。【禮記 月令】可以一田疇。【禮記】凡爲長者一之禮。(『叁』과 같음)

【糞尿:분뇨】똥과 오줌。大小便。

【糞門:분문】《生》똥구멍。

【糞洒:분세】털고 씻음。掃除。『周禮·註』掃除一一。

【糞壤:분양】❶더러운 흙。『北史』雖ー中、禮拜佛像。❷땅에 거름을 줌。
【糞汁:분즙】묽은 똥。물기가 많은 똥。『魏志·註』絞ーー飮之、乃解。
【糞蟲:분충】《動》공지벌레。
【糞土:분토】❶똥과 흙。❷썩은 흙。《喩》더러운 물건。비루한 것。『論語』ー之牆不可杇也。

【糟】(조) 豪 ソウ、かす lees ㄗㄠ tsao¹ 小篆 籒文 草書 지게미조、재강조(ー粕、酒滓)。『史記』不厭ー糠。
【糟糠:조강】술재강과 쌀겨。《喩》변변치 않은 음식。『史記·孟嘗君傳』士不厭ーー。
【糟糠不厭:조강불염】술재강이나 쌀겨 같은 변변치 않은 음식도 배불리 먹지 못함。《喩》몹시 가난함。『史記·伯夷傳』回也屢空、ーー。
【糟糠之妻:조강지처】가난할 때 술재강이나 쌀겨 같은 음식을 먹어가며 고생을 같이하던 아내。糟糠之婦。『後漢書·宋弘傳』貧賤之交不可忘、ーー不下堂。
【糟粕:조박】찌꺼기。《喩》소용 없는 물건。『晉書』名位爲ーー。
【糟甕:조옹】술찌끼의 독。『白居易』餔歠眠ーー、流涎見麴車。

【糠】(강) 陽 コウ、ぬか chaffs ㄎㄤ k'ang¹ 草書 ❶겨강(穀皮)。❷번쇄할강(粃ー、煩碎)。『莊子』塵垢粃ー。
【糠糜:강미】겨로 만든 죽。『韓愈』飫于肥甘、慕彼ーー。
【糠粃:강비】❶겨와 쭉정이。❷거친식사。『顏氏家訓』咸ーー之微事。
【糠豉:강시】겨로 만든 된장。겨 된장。
【糠雨:강우】가랑비。
【糠粥:강죽】겨로 쑨 죽。겨죽。

【糡】(강) 漾 コウ、キョウ、こんず rice-gruel ㄐㄧㄤ chiang⁴ ❶미음강(糜粥)。❷【中字】풀강(ー子)。

【糢】(모) 虞 モ、あいまい vague 모호할모、흐릴모、어름어름할모(漫貌、ー糊)。(『模』와 통함)

十二畫

【⿰米番】(반) 刪 ハン、とぎしる washed water of rice 쌀뜨물반(米汁)。

【⿰米焦】(착) 覺 サク、はやかり the harvest of the unripe crop 小篆 풋바심착(早取穀)。『說文』生穫曰ー、熟穫曰穧。

【⿰米覃】(담) 感 タン、かゆ mingled gruel 小篆 ❶섞은미음담(滓也)。❷찌끼담(雜糜)。❸묽은 미음담(水糜)。

【糥】(나) 箇 ダ、もちごめ glutinous rice 찰벼나(黏稻)。(『糯』와 같음)

【⿰米壹】(열) 屑 エツ、ちまき rice cake 송편열(糉也)。

【糧】(량) 陽 リョウ、かて food; provision ㄌㄧㄤ liang² 小篆 草書 양식량、먹이량(穀食)。『左傳』共其資ー。(『粮』과 같음)
【糧車:양거】군량을 운반하는 수레。『唐書』詐爲ーー三百乘。
【糧穀:양곡】양식으로 상용하는 곡식。
【糧穀米:양곡미】양식으로 쓰는 쌀。
【糧秣:양말】군량과 馬草。
【糧米:양미】양식으로 쓰는 쌀。
【糧食:양식】먹고 살 거리。食糧。『左傳』楚師遼遠、ーー將盡。「求ーー。」
【糧資:양자】식량과 비용。『後漢書』營
【糧政:양정】양식 관계의 모든 정책이나 政事。
【糧饌:양찬】양식과 반찬。
【糧草:양초】군량과 말을 먹일 꼴。
【糧餉:양향】군량。군사의 양식。『史記』丈夫從軍旅、老弱轉ーー。
◎軍ー、農ー、食ー、絕ー。

【糦】(치) 寘 シ、キ、さけさかな wine and food 草書 ❶술과 밥치(酒食)。『詩經』吉蠲爲ー。❷서직치、기장치(大祭黍稷)。『詩經』大ー是承。❸뜸들치(食熟)。『方言』氣熟曰ー。(『饎』와 같음)

【⿰米費】(비) 未 ヒ、へ fart ❶방귀낄비(屁也)。『山海經』東始之山泚水出焉、其中多泚角、一首而十身食之不ー。❷짐승이름비(獸名)。『大康記』秦文公時陳食人獵得獸若 而俱不知其名、道逢二童子曰此名ー勿述。

十三畫

【⿰米睪】(석) 陌 シャク、よなぐ wash rice 小篆 小篆 쌀일석(ーー、淅米)。

【⿰米喿】(삼) 感 サン、わるいこめ boiled-rice 궂은쌀 삼、섞인쌀삼(米穀雜)。

【糫】(환) 刪 カン、おこし candy prepared 약과환(粔籹、膏ー)。

【糪】㊀(벽) 陌 ヘキ、めし、かゆ half-steamed cake ㊁(팔) 黠 小篆 ㊀선밥벽(飯腥)。『李巡曰』米飯半腥半熟謂之ー。㊁선떡팔(餠半熟)。

十四畫

【⿰米壽】㊀(도) 號 トウ、ねばる glutinous ㊁(주) 尤 ㊀❶차질도(黏也)。❷덮을도(覆也)。㊁범벅주(厚粥)。

【⿰米翟】㊀(조) 嘯 チョウ、こめ grain ㊁(적) 錫 小篆 ㊀낟조(穀也)。㊁뜻은 ㊀과 같음。

【糯】(나) 箇 ダ、もちごめ glutinous rice ㄋㄨㄛ nuo⁴ 草書 찰벼나(稻之黏者)。『增韻』ー稻之黏者可以爲酒。
【糯團湯餠:나단탕병】찹쌀가루 반죽에 갖은 나물과 고기·새앙·후춧 가루를 쳐서 익힌 것으로 소를 넣고, 장국에 끓여 만든 음식。
【糯稻:나도】《植》찰벼。
【糯散餠:나산병】차산병。
【糯黍:나서】기장。

【糰】(단) 寒 ダン、だんご doughboy ㄊㄨㄢ t'uan² 草書 ❶수단단、경단단(粉餌)。❷단자단(ー子)。

十五畫

【⿰米蔑】㊀(멸) 屑 ベツ、マツ、かゆ gruel ㊁(말) 曷 ㊀죽멸(粥也)。㊁밀가루말(麥粉)。

【糲】㊀(려) 霽 レイ、ラツ、くろごめ ㊁(랄) 曷 ㄌㄧˋ lì unpolished rice
草書 ㊀궂은쌀려(糲ㅣ、米不精)。〔史記刺客傳〕用爲夫人糲ㅣ之費。㊁애찧은조랄(脫粟)。

【糲米:여미】 玄米。粗米。〔韓詩外傳〕ㅣㅣ之食、未嘗飽也。

【糲飯:여반】 玄米 밥。〔南史〕膳無鮮腴、惟豆羹ㅣㅣ而已。

【糲粢:여자】 玄米와 기장。《喩》변변치 않은 음식。〔史記〕ㅣㅣ之食。

十六畫

【糵】(얼)『糱』(米部17畫)과 같음

【糳】(착) 藥 サク、こめ cleaned rice
희게 쓿은쌀착、정미착(精舂米)。〔說文〕米一斛舂爲九斗曰ㅣ。

【糴】(적) 錫 テキ、かいよね ㄉㄧˊ tí buy grain
小篆 草書 ❶쌀사들일적(買穀入米)。〔左傳〕臧孫 辰告ㅣ于齊。❷빠를적(擻ㅣ、疾貌)。〔潘岳賦〕㦬擻ㅣ以奔激。

【糴價:적가】 사들이는 쌀값。〔顏師古〕ㅣㅣ翔踊。

【糴買:적매】 양식을 사들임。〔韓詩外傳〕不可ㅣㅣ而得也。

【糴米:적미】 쌀을 사들임。〔北史〕。

十七畫

【糵】(얼) 屑 ゲツ、こうじ ㄋㄧㄝˋ nièh malt
草書 누룩얼(麴ㅣ、酒媒)。〔禮記〕禮之于人猶之有ㅣ。

【⿰米襄】(양) 漾 ジョウ、まじる be mixed〔mingled〕
섞일양(雜也)。

【⿰米産】(산) 諫 サン、くろごめ unpolished rice
❶콩경단산(豆團子)。❷한벌찧은쌀 산(玄米)。

十九畫

【⿰米覈】(핵) 陌 カク、もみぬか chaff
거친겨핵(粗糠)。

【⿰米靡】(미) 支 ビ、ぬか rice-bran
小篆 ❶등겨미(碎糠)。❷쌀팔미(賣米)。❸쌀찧을미(舂米)。

【糶】(조) 嘯 チョウ、うりよね ㄊㄧㄠˋ t'iao sell grain
小篆 草書 쌀팔조(賣米出穀)。〔史記〕ㅣ二十病農言米賤則農人病。

【糶買:조매】 쌀을 사고 파는 것。〔漢書〕媼歸ㅣㅣ未具。

【糶米:조미】 쌀을 파는 것。「以ㅣㅣ爲業。〔剪燈新話〕

【糶糴:조적】 ❶쌀을 사고 파는 것。❷파는 쌀과 사는 쌀。

【糶糴斂散:조적렴산】 풍년으로 쌀값이 쌀때에 官에서 사들이는 쌀을 糴斂이라고 하며、凶年으로 쌀값이 비쌀 때 곡간을 열고 싸게 파는 쌀을 糶散이라고 함。이 法은 管子의 輕重斂散에서 비롯해서 李悝의 平糴法에 의하여 완성됨。그러나 管子는 富國이 목적이었고 李悝는 濟民이 목표였음。後世의 常平倉·義倉 등은 모두 이에서 배운 것。

【⿰米䜌】(련) 霰 レン、いりごめ parched rice
❶볶은쌀련(餌熬)。❷차질련(黏也)。

二十一畫

【糷】(란) 翰 ラン、ねばりつく sloppy
草書 밥질란(飯黏相著)。

【⿰米鑿】(착) 藥 サク、しらげこめ cleaned rice
小篆 정한쌀착(精白米)。

糸部

【糸】㊀(멱) 錫 ベキ、シ、ほそいと ㊁(사) 支 thread
小篆 古文 草書 ㊀가는실멱(細絲)。〔徐鍇曰〕一蠶所吐爲忽十忽爲絲ㅣ五忽也。㊁❶극히적은 수사(絲之半數)。❷『絲』의 略字

一畫

【糺】(규) 有 キュウ、おさめる collect ㄒㄧˋ hsi
草書 거둘규(收也)。〔後漢書〕援旗ㅣ族。(『糾』와 같음)

【系】(계) 霽 ケイ、つながる connection ㄇㄧˋ mì (古音「혜」)
小篆 或體 或體 草書 ❶맬계(繫也)。〔漢書敍傳〕ㅣ高項之玄胄兮。❷실마디계(緖也)。〔古詩 陌上桑〕素絲爲籠ㅣ。❸이을계(繼也)。❹맏아들계(胤也)。❺혈통계(血統)。

【系圖:계도】 代代의 계통을 표시한 표。

【系譜:계보】 집안의 血緣關係、예술에서의 師弟關係、佛敎의 系統 따위를 도표로 나타낸 책。〔宋史〕。

【系孫:계손】 혈통이 먼 손자。遠孫。〔舊唐書〕柳宗元、後魏侍中濟陰公之ㅣㅣ。

【系列:계열】 조직적인 차례。통일된 사물의 配列。

【系子:계자】 양아들。養子。繼子。

【系統:계통】 ❶차례를 따라 연이어 통일됨。❷一族의 血統。❸개개의 事物 사이의 관계를 통일된 원칙 밑에 순서를 따라 벌림。

【系統的:계통적】 순서에 따라 통일된 것。

二畫

【⿰糸九】(구)『絿』(糸部7畫)와 같음

【⿰糸丁】(정) 梗 テイ、ひく draw
❶노끈팽팽히끌정(絲繩緊纖貌)。❷잡아당길정(引也)。

【糾】㊀(교) 篠 キュウ、あざなう ㊁(규) 有 ㄐㄧㄡ chiu¹˒³ rally; convoke
小篆 草書 ㊀❶맺힐교(窈ㅣ、愁結)。〔詩經〕舒窈ㅣ兮。❷삿갓가뜬할교(笠之輕擧)。〔詩經〕其笠伊ㅣ。㊁❶세겹노규(繩三合)。〔史記〕何異ㅣ纆。❷모둘규(ㅣ合)。〔後漢書 荀或傳〕收離ㅣ散。❸들규(擧也)。〔左傳〕ㅣ之以政。❹살필규(察也)。〔周禮〕以ㅣ萬民。❺탄핵할규(彈也)。〔書經〕繩愆ㅣ謬。❻살핏할규(ㅣㅣ繚戾寒凉意)。〔詩經〕ㅣㅣ葛屨。❼동독할규(督也)。❽어그러질규(戾也)。❾물을규(質問)。❿동여맬규(纏也)。⓫꼬을규(絢也)。

【糾擧:규거】 죄를 규탄하여 들어냄。〔梁書〕自掌樞憲、多所ㅣㅣ。

【糾結:규결】 헝클어지고 얽힘。

【糾戒:규계】 규탄하여 경계함。『周禮』各掌其鄕之民數、而一一之。

【糾繆:규류】 잘못을 고침。『經書』繩愆一一、格其非心。

【糾理:규리】 두루 보살피어 다스림。

【糾明:규명】 철저히 조사하여 그릇된 사실을 밝힘。糾察。

【糾問:규문】 죄를 심문함。『後漢書』畏其勢援、莫敢一一。

【糾率:규솔】 규합하여 인솔함。『南史』一一義勇。

【糾纏:규전】 서로 뒤얽힘。『史記』威之與德、交若一一。

【糾罪:규죄】 죄를 규탄하여 조사함。

【糾錯:규착】 얽히고 뒤섞임。『賈誼·鵩賦』雲蒸雨降兮、一一相紛。

【糾察:규찰】 규탄하여 살핌。『後漢書·皇甫規傳』有司依違、莫肯一一。

【糾飭:규칙】 규찰하여 타이름。

【糾彈:규탄】 죄를 꼬집어 내어 비난하고 탄핵함。『唐書·元稹傳』許方幅一一。

【糾合:규합】 모아서 합침。『左傳』一一宗族于成周。

◎紛一。

【紆】(조) 篠 チョウ、かける droop

거꾸로달조(倒懸)。

三畫

【紀】(기) 紙 キ、しるす、もとい record; epoch ㄐㄧˋ chi⁴

小篆 書 草 ❶벼리기(維也)。『詩經』綱一四方。❷기록할기(記也)。『韓愈 進學解』一事者必提其要。❸터기(基也)。『詩經』有一有堂。❹열두해기(十二年)。『書經畢命』既歷三一。❺법기(法也、綱)。『孔子家語 本姓解』先王典籍 錯亂無一。❻해기(歲也)。❼다스릴기(理也)。

【紀綱:기강】 ❶기율과 법강。❷나라를 다스리는 法綱。綱紀。『書經』今失其道、亂其一一。

【紀功碑:기공비】 공로를 적어 기념하는 돌비。『唐書』距柳谷百里、其處有班超一一。

(漢敦煌太守裴岑紀功碑)
(金石索)

【紀極:기극】 끝。마지막。終極。『蕭子良』如此輪回、終何一一。

【紀年:기년】 ❶世紀와 年月。『左傳』臣小人也、不知一一。❷歷史。『李德林』史者編年也、故魯號一一。❸紀元에서부터 차례로 센 햇수。❹干支를 배합하여 年을 기록함。

【紀年體史記:기년체사기】 연대의 차례로 엮은 역사。年代記。

【紀念:기념】 어떠한 일을 오래도록 事蹟을 전하여 잊지 않음。

【紀念物:기념물】 ❶기념으로 오래 간직하는 물건。❷紀念品。

【紀念碑:기념비】 오래도록 전하려고 세운 비。

【紀念式:기념식】 어떠한 일을 기념하기 위하여 베푸는 식。

【紀念日:기념일】 국가·사회에서 중대한 일이 발생하였거나 중요한 인물이 生卒한 것을 기념하는 날。

【紀念品:기념품】 기념으로 남아 있거나 또는 기념으로 주고 받는 물건。紀念物。

【紀念號:기념호】 어떠한 기념을 표하기 위하여 낸 신문이나 잡지 따위。

【紀念會:기념회】 기념하기 위한 모임。

【紀事:기사】 사실의 經過를 적음。또는 그 문체。

【紀事本末體:기사본말체】 역사 記述의 한 체재。한 가지 사건마다 그 發端 結果를 기록하는 법。

【紀序:기서】 자연 또는 人事의 법칙。秩序。『史記』天下有道、則不失一一。

【紀要:기요】 중요한 事實을 기록한 것。사실의 요점을 기록한 것。

【紀元:기원】 ❶나라를 세운 첫 해。❷年代를 세는 기초가 되는 해。

【紀元前:기원전】 ❶서력 기원 이전。B.C.의 記號를 씀。❷檀君의 건국하기 이전。

【紀遊:기유】 旅行한 記事。

【紀昀:기윤】 (人)淸 經學者、文章家。字는 曉風·春帆·河間、號는 石雲、諡號는 文達。河間 사람。四庫全書 總纂이 되어 提要를 짓고 簡明目錄을 만들었음。〈著書〉淸史稿·閱微草堂筆記 등。

【紀律:기율】 ❶질서 있게 하기 위한 행동의 규정。規律。『左傳』百官於是乎畏懼、而不敢犯一一。❷순서。

【紀章:기장】 ＝紀念章。

【紀績:기적】 공적을 적음。

【紀傳:기전】 인물의 전기를 중심으로 쓴 역사。

【紀識:기지】 기록함。적음。『爾雅』紀、記也、一一之也。

【紀行:기행】 여행에서 듣고、본 것을 기록한 글。紀行文。

【紀行文:기행문】 여행에서 듣고、본 것을 기록한 글。

【紀號:기호】 ❶명칭。❷연호。『宋史』建中之名、雖取皇極、然重襲前代一一非是。

◎綱一、官一、校一、國一、軍一、檀一、芳一、西一、書一、世一、年一、風一、創世一。

【紂】(주) 有 チュウ、しりがい reins; bridle ㄓㄡˋ chou⁴

小篆 書 草 ❶말고삐주(馬緧)。❷상왕이름주(商辛號)。

【紇】(결) 屑 ケツ、たばねる bind up

실묶을결(絲束)。

【糸+才】 ㈠(순) 眞 ㈡(치) 支 シ、くろ black

㈠순전할순(粹也)。(『純』과 같음) ㈡검은빛치(黑色)。(『緇』와 같음)

【紃】(순) 眞 ジュン、のり law ㄒㄩㄣˊ hsün²

小篆 書 草 ❶신에 실선두를순、실띠순(絛也)。『急就篇』一緣履之圓條。❷법순(法也)。❸좇을순(循也)。

【紃履:순리】 굵은 새끼로 엮은 짚신。

【紃察:순찰】 그 물건을 좇아 자세히 살피는 것。『荀子』終日言成文典、反一一之、則倜然無所歸宿。

【約】㈠(요) 效 ㈡(약) 藥 ヤク、ちぎり、むすぶ promise; agree with ㄧㄠ yao¹

小篆 小篆 書 草 ㈠약속할요、미쁠요(契也、信也)。『禮疏』共相一束以爲信。㈡❶검소할약(儉也)。『論語』以一失之者鮮。❷간략할약(簡也)。『禮記』君子一言。❸나긋나긋할약(淖一、柔弱)。『莊子』淖一若處子。❹단속할약(縛也、檢也)。❺맹세할약(誓也)。『史記 田敬仲世家』兩帝立一伐趙。❻기약할약(期也)。❼대략약(大率)。❽덜약(減也)。❾맺을약(結也)。❿구차할약(貧窮)。『論語 里仁』不仁者不可以久處一。

【約結:약결】 ❶약속하고 결탁함。『後漢書·李通傳』遂相一一定謀。❷속이 답답하여 풀리지 않음。

【約款:약관】 약속하고 정한 조목。

【約略:약략】 줄거리。大要。『白居易』與君一一說杭州。

【約論:약론】 요약하여 논함。요약한 論議。

【約盟:약맹】 맹세하여 굳게 맺은 약속。또는 그러한 약속을 맺음。盟約。『楊萬里』筆硯工爲祟、湖山苦一一。

【約文:약문】 간단하게 줄인 글。

【約分:약분】 《數》분수의 分母와 分子를 공약수로 나누어 간단하게 함。通約。

【約誓:약서】 맹세하고 약속함。맹세。誓約。『詩經·箋』執其手、與之一一、示信也。

【約束:약속】 ❶모아서 묶음。❷장래 일에 대하여 상대자와 미리 결정하여 둠。❸法令에 의해 단속함。『唐書』明一一、則軍有所畏。

【約束手形:약속수형】 《經》約束어음。

【約束어음:약속어음】 《經》債務者가 債權者에 대하여 채권자 또는 그가 지정하는 사람이나 그 어음을 가지고 있는 사람에게 일정한 금액을 지불할 것을 약속하는 어음。

【約束郵便:약속우편】 《法》정기 간행물 및 인쇄물 따위의 우송에 있어서 일정한 기일이 지난 뒤에 그 발송한 수량에 대하여 요금을 지불하도록 우체국과 특약한 우편。

【約數:약수】 《數》어떤 整數 또는 整式이 零 외의 다른 정수 또는 정식으로 整除될 때의 被除數에 대한 除數의 일컬음。↕倍數。

【約音:약음】 ❶말 가운데 서로 이어진 두 音節이 한 음절로 줄어지는 현상。❷反切法에 따라 두 音이 한 음으로 합쳐지는 것。

【約章:약장】 《法》나라와 나라 사이에 약속하여 정한 法文。

【約正:약정】 《制》鄕約 단체의 任員。

【約定:약정】 약속하여 작정함。

【約定書:약정서】 서로 약정한 문서。

【約條:약조】 조건을 붙여 약속함。또는 그러한 약속。

【約婚:약혼】 결혼하기로 약속함。婚約。

【約婚期:약혼기】 약혼하고 결혼식이 있을 때까지의 기간。

【約婚者:약혼자】 약혼한 상대편의 남자나 여자。

【約會:약회】 서로 만나기를 약속함。

◎儉一、契一、公一、口一、舊一、規一、盟一、密一、誓一、新一、言一、豫一、違一、要一、節一、條一、締一、集一、協一、婚一、確一。

【紅】

㊀(홍) 東 ㊁(공) 東 コウ、グ、くれない red ㄏㄨㄥˊ hung²

紅 小篆 紅 草書

㊁ ❶붉을 홍(南方色、絳也)。❷연지 홍(顏料臙脂)。㊂길쌈 공(一女)。『漢書』一女下機。(『功·工』과 통함)

【紅殼:홍각】 건축재료의 塗料로 쓰는 붉은 彩色의 한 가지。

【紅巾賊:홍건적】 《歷》❶元末 順帝 至正 一一年(一三五一년)에 河北의 漢山童을 수령으로 하여 일어났던 도적 떼。모두 赤巾을 썼다고 함。❷高麗末에 횡행하던 賊徒。赤巾을 썼음으로 일컬음。

【紅絹:홍견】 붉은 빛깔의 비단。

【紅姑娘:홍고랑】 《植》꽈리。가지과에 딸린 多年草。뿌리는 酸漿이라 하여 약으로 쓰고、열매는 익은 뒤에 씨를 빼내어 입에 넣고 불음。燈籠草。王母珠。紅娘子。

【紅麴:홍국】 ❶멥쌀로 만든 누룩의 한 가지。❷=紅穀。

【紅麴酒:홍국주】 紅麴으로 담근 술。産母의 瘀血에 한방약으로 씀。

【紅軍:홍군】 종합 운동 경기에서 두 편을 가를 때의 붉은 표를 한 편。↕白軍。

【紅裙:홍군】 ❶붉은 치마。『陳後主』轉態結一一。❷기생。美人。『韓愈』不解文字飮、惟能醉一一。

【紅閨:홍규】 붉게 칠한 여인의 거처하는 방。美人이 있는 방。『王諲』君不見一一少女端正時。

【紅錦:홍금】 붉은 비단。『李白』青黛畫眉一一靴。

【紅蘿蔔:홍나복】 《植》당근。

【紅娘子:홍낭자】 ❶《植》紅姑娘。꽈리。❷《動》베짱이。여치과에 딸린 곤충。베짱베짱하고 울음。灰花蛾。

【紅茶:홍다《慣》홍차】 製茶의 한 가지。차 잎을 발효시켜 말린 찻감。

【紅黛:홍대】 연지와 눈썹 먹。《轉》化粧。『劉勰』一一飾容、欲以爲艶。

【紅桃花:홍도화】 《植》홍도나무 꽃。

【紅暾:홍돈】 붉은 빛깔의 아침 해。紅旭。

【紅銅:홍동】 《鑛》赤銅。

【紅豆:홍두】 《植》붉은 팥。

【紅杜鵑:홍두견】 《植》붉은 진달래꽃。紅躑躅。山躑躅。杜鵑花。

【紅頭念詩:홍두념시】 노래의 이름。

【紅燈街:홍등가】 노는 계집들이 있는 거리。

【紅燈籠:홍등롱】 紅紗燈籠의 略語。

【紅羅:홍라】 붉은 깁。『李白』一一袖裏分明見。

【紅藍:홍람】 ❶붉은 빛과 남빛。❷《植》잇。엉거시과의 二年草。여름에 여뀌꽃 비슷한 두상화가 핌。꽃뿌리는 붉은 물감 원료로 쓰임。紅花。紅藍花。『史記』。

【紅蓮:홍련】 ❶《植》붉은 연꽃。『本草·紅白蓮花』。《喩》맹렬한 불꽃。❷《佛》八寒地獄의 하나。추위에 살가죽이 터져서 紅蓮과 같이 벌겋게 된다고 함。

【紅爐點雪:홍로점설】 뜨거운 불 위에 놓인 한 섬의 눈。곧 녹아버림。《喩》㉠道를 깨달아 마음 속이 탁 트여 맑음。『續近思錄』顏子克己、如一一。㉡커다란 일에 작은 힘이 조금도 보람이 없음。

【紅蓼:홍료】 단풍이 들어 빨갛게 된 여뀌。

【紅樓:홍루】 ❶부유한 집안의 부녀가 거처하는 처소。『白居易』。❷기생집。

【紅淚:홍루】 피 눈물。血淚。《喩》美人의 눈물。『溫庭筠』一一文姬洛水春。

【紅樓夢:홍루몽】 清 乾隆 때의 명작 소설。上流社會의 情事와 榮國·寧國 두 府의 盛衰를 그린 이 小說은 總 一二〇回로 되었는데、前 八〇回는 曹雪芹이、後 四〇회는 高鶚의 續作이라고 傳함。

【紅榴:홍류】 《植》붉은 꽃이 피는 석류。또는 그 꽃。

【紅馬:홍마】 장기 말 따위의 붉은 글로 쓴 말。

【紅梅:홍매】 붉은 梅花。

【紅毛人:홍모인】 ❶네델란드 사람。❷서양 사람。

【紅白色:홍백색】 붉은 빛과 흰 빛。

【紅白試合:홍백시합】 홍군과 백군으로 나누어 하는 시합。

【紅甓:홍벽】 붉은 빛깔의 벽돌。

【紅碧桃:홍벽도】 홍도와 벽도를 접붙여 된 복숭아나무의 변종。아름다운 분홍 꽃이 피며 열매는 없음。

【紅褓:홍보】 붉은 빛깔의 보자기。

【紅寶石:홍보석】 《鑛》루우비。

【紅不甘醬:홍불감장】 《國》빛깔은 붉으나 맛이 쓴 간장。《喩》겉으로는 좋아도 속은 신통치 않은 것。

【紅絲:홍사】 ❶홍실。❷오라。❸붉은 발。

【紅紗燈籠:홍사등롱】 ❶붉은 雲紋紗를 둘러치고 푸른 운문사로 위 아래에 등을 달아서 겉을 장식한 燈籠。❷《制》李朝 品燈의 하나。正·從一品의 벼슬아치가 밤에 드나들 때 들리고 다녔음。紅燈籠。紅紗籠。

【紅紗籠:홍사롱】 紅紗燈籠의 略語。

【紅紗馬:홍사마】 《動》적부루마。

【紅紗瘡:홍사창】 《醫》丹毒。

【紅衫:홍삼】《制》朝服에 딸린 웃옷. 붉은 빛깔의 바탕에 검은 선을 둘렀음.

【紅蔘:홍삼】水蔘을 쪄서 말린 붉은 빛깔의 인삼.

【紅蔘正果:홍삼정과】홍삼을 꿀에 버무려 삭힌 정과.

【紅裳:홍상】❶다홍치마. 여자가 입는 붉은 빛깔의 치마. ❷《制》朝服에 딸린 아래 옷. 붉은 빛깔의 바탕에 검은 선을 둘렀음.

【紅色:홍색】붉은 빛.

【紅石英:홍석영】《鑛》붉은 石英.

【紅石花醢:홍석화해】어리굴젓.

【紅雪:홍설】붉은 빛을 받은 눈. 《喩》㉠복숭아꽃. ㉡용솟음치는 피.

【紅燒酒:홍소주】홍곡으로 담가 만든 소주. ↔白燒酒.

【紅松:홍송】《植》몸이 무르고 결이 고운 소나무의 한 가지.

【紅樹:홍수】❶단풍 든 나무. 『司空圖』——謝村秋. ❷붉은 꽃이 핀 나무. 『歐陽修』——青山日欲斜.

【紅樹皮:홍수피】❶홍수의 껍질. 붉은 물건 또는 가죽 정제용의 재료로 쓰임. ❷《醫》설사를 막는 데 쓰는 약재. 丹殼.

【紅脣:홍순】❶여자의 붉은 입술. ❷막 피어 나는 꽃송이.

【紅巡視旗:홍순시기】《制》붉은 바탕에 남빛으로 巡視 두 자를 수 놓은 순시기.

【紅柹:홍시】軟柹.

【紅柹粥:홍시죽】연시를 체에 걸러 찹쌀 뜨물에 쑨 죽.

【紅十字會:홍십자회】中國 赤十字社.

【紅顔:홍안】❶젊어 혈색이 좋은 얼굴. 少年의 얼굴. 『劉廷芝』伊昔——美少年. ❷美人의 얼굴. 아름다운 얼굴. 『漢武帝·賦』包——而弗明.

【紅顔薄命:홍안박명】썩 예쁜 여자는 팔자가 사납다는 뜻으로 쓰이는 말. 美人薄命.

【紅藥:홍약】《植》미나리아재비과의 多年草. 뿌리는 藥材로 쓰임. 芍藥. 『謝朓』——當階翻.

【紅陽繖:홍양산】붉은 양산.

【紅魚:홍어】《動》❶붉은 빛깔의 물고기. ❷도미의 別稱.

【紅疫:홍역】《醫》신열이 대단하고 온몸에 좁쌀 같은 꽃이 돋고 기침이 나는 어린 아이의 전염병. 痲疹.

【紅鉛:홍연】여자의 맨 첫 번의 月經.

【紅焰:홍염】붉은 불꽃.

【紅艶:홍염】화색이 돌고 탐스러움.

【紅葉:홍엽】❶붉은 잎. ❷단풍이 들음. 단풍이 든 나무 잎. 『白居易』林間煖酒燒——. ❸《植》단풍나무. 단풍과의 落葉喬木. 잎은 가을에 붉게 물들음. ❹중매인. ↓紅葉良媒.

【紅楔棗:홍영조】《植》고욤.

【紅霓:홍예】붉은 무지개. 『七啓』慷慨則氣成——.

【紅蘂:홍예】붉은 꽃술. 『宋之問』——「續開花.

【紅玉:홍옥】❶寶石의 한 가지. 붉은 빛깔의 옥. 루우비. 《喩》美人의 살빛. 『西京雜記』皆色如——、爲當時第一. ❷사과의 한 종류.

【紅友:홍우】술의 별명. 『鶴林玉露·紅友』東坡與單秀才、步田至其他、地主攜酒來餉、曰、此——也.

【紅雨:홍우】꽃을 적시는 비. 『孟郊』——花上滴. 《喩》붉은 꽃이 비오듯 짐. 『李賀』桃花亂落如——. 「한 모양.

【紅雲:홍운】붉은 구름. 《喩》꽃이 만발

【紅潤:홍윤】❶불그스름한 윤기가 돌음. ❷화색이 돌고 맑은 안색.

【紅衣:홍의】❶붉은 빛깔의 옷. ❷《制》宮殿의 別監과 廟社·殿宮·陵園의 守僕이 입는 붉은 빛깔의 웃옷.

【紅衣將軍:홍의장군】《人》一五五二~一六一九 郭再祐의 俗稱. 壬辰倭亂 때의 義兵將. 字는 季綏、諡號는 忠翼. 宜寧에서 義兵을 일으켜 크게 功을 세웠음. 天降紅衣將軍.

【紅人種:홍인종】아메리카 本土의 인종. 얼굴 빛이 붉은 인종.

【紅日:홍일】붉은 해. 아침 해. 紅旭. 『王建』——初生碧海濤.

【紅一點:홍일점】푸른 풀 속에 핀 한 떨기의 붉은 꽃. 『王安石·咏柘榴詩』萬綠叢中——. 《喩》㉠여러 남자들 중에 홀로 끼어 있는 여자. ㉡여럿 속에서 특별히 뛰어남.

【紅葅:홍저】깍두기.

【紅潮:홍조】❶아침 해에 비쳐 붉게 보이는 바다. ❷취하여 붉어진 얼굴. 『蘇軾』——登頰醉檳榔. ❸부끄러워 하는 얼굴. ❹月經. 月水.

【紅脂:홍지】❶붉은 연지. 『袁恕己』艶紛——映寶鈿. ❷여자의 화장.

【紅疹:홍진】=紅疫.

【紅塵:홍진】❶번화한 곳에 일어나는 티끌. ❷세상의 번거로운 일. 『徐陵·詩』——百戲多.

【紅塵萬丈:홍진만장】햇빛에 붉게 비친 티끌이 한창 떠오르는 모양.

【紅草:홍초】불경이. 붉은 색의 살담배.

【紅蕉:홍초】《植》파초과에 딸린 多年草. 파초와 비슷하나 잎이 조금 작음. 中國 남부·안남 등에 많으며 觀賞用임. 美人蕉.

【紅燭:홍촉】홍초.

【紅漆:홍칠】붉은 칠.

【紅糖:홍탕·홍당】붉은 사탕.

【紅土:홍토】열대 지방에 생기는 붉은 빛깔의 흙.

【紅牌:홍패】《制》文科 會試에 급제한 사람에게 내어 주던 증서. 붉은 바탕의 종이에 成績·等級·姓名을 먹으로 적었음.

【紅袍:홍포】《制》絳紗袍. 朝賀 때에 임금이 입는 예복. 빛은 붉고 모양은 官服과 같음.

【紅霞:홍하】붉은 저녁 노을. 『韋充』白日欲落兮、——始生.

【紅蛤:홍합】《動》담치. 홍합과에 딸린 바다조개. 깊은 바다 岩礁에 붙어 살음. 살은 붉은 빛깔이며 맛이 좋음. 淡菜. 海蚶. 東海夫人.

【紅海:홍해】《地》아프리카 北東部와 아라비아 사이의 內海. 북부는 스에즈運河를 경유하여 地中海、남부는 바브엘만데브海峽을 지나 印度洋에 통함. 아시아·유럽 사이의 航路로서 중요함.

【紅頰:홍협】❶붉은 뺨. 『韓愈』白咽——長眉青. ❷연지를 바른 뺨.

【紅花:홍화】❶붉은 빛깔의 꽃. ❷《植》잇꽃. 엉거시과에 딸린 一年草. 씨는 採油用、꽃은 藥用이 됨. 紅藍花.

【紅女:공녀】길쌈하는 여자. (紅은 工과 통함). 工女. 『漢書』——下機.

◎濃—、淡—、薄—、百日—、一點—、眞—、千紫萬—.

【紆】(우) 虞 ウ、めぐる twine round yü¹

小篆 草書 ❶얽힐우(縈也). ❷얽을우(綰也). 『李白詩』寸心增煩—. ❸굽을우(曲也). 『史記』宛結—軫兮.

【紆結:우결】마음이 얽히어 펴지지 않음. 『馮衍』心怫鬱而——兮.

【紆曲:우곡】마구 얽혀 구부러짐. 紆折. 『七發』湟池——.

【紆餘:우여】❶물이 구비쳐 흐르는 모양. ❷숲이나 언덕이 구불구불 잇대어 있는 모양. ❸才能이 넉넉한 모양. 『韓愈·進學解』——爲姸. ❹문장이 유창하여 급박하지 않는 모양. 『蘇洵』執事之文、——委備.

【紆縈:우영】얽혀서 돌음. 紆繞. 『黃公

度】連山帶水自ㅡㅡ。

【紆鬱:우울】 마음이 답답함。 憂鬱。『楚辭』志ㅡㅡ其難解。

【紆軫:우진】 ❶마음이 우울하고 비통함。『漢書』路ㅡㅡ而多艱。❷地形이 굴곡한 모양。

【紆回:우회】 멀리 돌아서 감。 迂廻。

【紇】(흘) 月 コツ、つかねる bind up ㄏㄜˊ hé

小篆 草書 ❶실끝흘(絲下)。❷묶을흘(束也)。❸굵은실흘(大絲)。❹사람이름흘(人名。孔子父叔梁ㅡ)。

【紇骨山城:흘골산성】《歷》平安南道 陽德郡 陽德邑 서쪽 끝에 城터가 있음。옛날 沸流國王 松讓이 쌓았다 함。高麗 太祖에 이르러 돌로 쌓았다 하나 지금은 터만 남아 있음。

【紇字不識:흘자불식】 文盲。 글자를 모르는 것을 말함。낫놓고 기역자도모름。

【紉】(인) 眞 ジン、いと、なわ string ㄖㄣˋ jen⁴

小篆 草書 ❶바늘에실꿸인(絲貫箴)。〔禮記 內則〕ㅡ箴請補綴。 ❷줄인(索也)。〔屈原 離騷〕ㅡ秋蘭以爲佩。

【紉緝:인집】 실로 꿰맴。 修補함。〔柳貫〕因憐菅蒯材、分寸强ㅡㅡ。

【紉佩:인패】 ❶몸에 차서 패물로 삼음。〔楚辭·離騷〕紉秋蘭以爲佩。 ❷(中)감복하여 마음에 새겨 둠。感佩。

【紈】(환) 寒 ガン、カン、しろぎぬ white silk

小篆 草書 흰깁환(冰ㅡ、素也)。〔漢書〕織作冰ㅡ綺繡純麗之物。

【紈縑:환겸】 흰 합사 비단。〔歐陽修〕但欲借粉繪圖之掛ㅡㅡ。

【紈袴子弟:환고자제】 綺紈子弟。 부귀한 집안의 자제。

【紈綺:환기】 ❶흰 비단과 무늬비단。《喩》화려한 옷。 綺紈。〔宋書〕上淸簡寡欲、後庭無ㅡㅡ絲竹之音。 ❷貴族의 아들 딸。

【紈素:환소】 흰 비단。〔班婕妤〕新裂齊ㅡㅡ、鮮潔如霜雪。

【紈牛:환우】 송아지。 작은 소。

四 畫

【紊】(문) 文 問 ブン、ビン、みだれる disorder ㄨㄣˋ wen⁴

小篆 草書 얽힐문、어지러울문(亂也)。〔書經〕有條而不ㅡ。

【紊棄:문기】 어지럽게 황폐함。〔隋書〕昔周德旣衰、舊經ㅡㅡ。

【紊亂:문란】 도덕이나 질서·규칙 등이 어지러움。어지럽힘。

【紊緖:문서】 얽히고 섥힌 실마리。 어지러운 징조。〔王勃〕擺六和之ㅡㅡ。

【紊碎:문쇄】 어지럽게 부서짐。〔水經·註〕廟前有石碑、文字ㅡㅡ。

【紋】(문) 文 モン、ブン、しわ、あや pattern; figure ㄨㄣˊ wen²

草書 ❶무늬문(織ㅡ)。 ❷문채문(文彩)。

【紋縠:문곡】 무늬를 놓은 絹布。〔王逢〕風過細波生ㅡㅡ。

【紋樣:문양】 무늬의 모양。

【紋銀:문은】《鑛》銀含有量이 가장 많은 銀塊。馬蹄銀。

【紋織:문직】 ❶무늬를 넣어 짬。 ❷무늬가 돋아나게 짠 옷감。

【紋片:문편】 도자기의 잿물에 난 무늬 같은 금。斷紋。

◎金ㅡ、斑ㅡ、水ㅡ、雲ㅡ、指ㅡ、花ㅡ。

【紌】(구) 尤 キュウ、きぬいと white silk

흰비단실구(白緝絲)。

【納】(납) 合 ノウ、ドウ、おさめる pay; offer ㄋㄚˋ na⁴

小篆 草書 ❶드릴납(入也)。〔書經〕夙夜出ㅡ朕命。 ❷받을납(受也)。 ❸바칠납(獻也)。〔書經〕二百里ㅡ銍。 ❹너그러울납(包容)。

【納貢:납공】 貢物을 바침。 나라에 물건을 바침。

【納款:납관】 성심으로 복종함。

【納金:납금】 돈을 관청에 바침。 또는 바치는 돈。

【納期:납기】 세금·공과금 따위를 바치는 기간。

【納女:납녀】 임금에게 신하의 딸을 바침。

【納頭:납두】 남에게 머리 숙여 복종함。

【納得:납득】 ❶이해함。 잘 알음。 ❷일의 내용을 잘 알아차림。

【納涼:납량】 더운 여름에 시원한 곳에서 서늘함을 맛봄。〔徐陵〕ㅡㅡ高樹下。

【納賂:납뢰】 뇌물을 바침。

【納履:납리】 신을 신음。

【納拜:납배】 머리 숙여 절하고 뵈옴。

【納杯:납배】 ❶終杯。 ❷술 잔치를 마침。

【納白:납백】 결정적인 거절。 자빡。

【納本:납본】《法》출판 업자가 책을 일반 시장에 내기 전에 見本으로 관계 관청에 바침。 또는 그 책。

【納付:납부】 ≡納入。

【納上:납상】 웃어른에게 드림。

【納稅:납세】 세금을 바침。〔蘇軾〕賣牛ㅡㅡ拆屋炊。

【納受:납수】 받아 들임。 受納。〔漢書〕上初ㅡㅡ章言。

【納陽:납양】 양지 볕을 쬠。

【納日:납일】 지는 해。 저녁 해。 夕日。

【納入:납입】 관공서나 공공 단체에 물건이나 돈을 바침。 納付。

【納徵:납징】 독촉해서 받음。〔漢書〕以所益ㅡㅡ錢千萬遺興。

【納讒:납참】 참언을 받아들임。〔漢書〕晉獻被ㅡㅡ之誘、申生蒙無罪之辜。

【納采:납채】 약혼하였을 때 신랑집에서 신부집에 보내는 물건。 푸른 비단과 붉은 비단을 보냄。 納幣。 納徵。〔禮記·昏義·疏〕ㅡㅡ者、謂采擇之禮用鴈。

【納幣:납폐】 納采。〔禮記〕ㅡㅡ一束。

【納品:납품】 관청 따위 계약한 곳에 물품을 바침。

【納啣:납함】 웃사람에게 名啣을 드림。

【納降:납항】 항복하겠다는 청을 받아들임。

【納獻:납헌】 물건을 바쳐 올림。 獻納。〔魏志〕遣使ㅡㅡ、以明委順。

【納后:납후】 신하의 딸을 王后로 바침。

◎格ㅡ、金ㅡ、物ㅡ、未ㅡ、捧ㅡ、分ㅡ、上ㅡ、笑ㅡ、收ㅡ、受ㅡ、完ㅡ、滯ㅡ、出ㅡ、獻ㅡ。

【紏】(두) 有 トウ、つげる tell

❶고할두(告也)。 ❷누른실두(黃絲)。

【紐】(뉴) 有 チュウ、ひも knot; tie ㄋㄧㄡˇ niu³

小篆 草書 ❶단추뉴、맺을뉴、맬뉴(結也)。〔禮記〕縞帶幷紐約用組。 ❷(中字)수단추뉴(牡鈕)。

【紐釦:유구】《中》❶경첩。 ❷단추。

【紐帶:유대】 상호 관계。 결합시키는 기능과 條件。

【紐星:유성】 北極星座의 주된 별。

【紐約:유약】《地》❶美國 동부 大西洋 沿岸의 州 이름。 뉴욕 New York의 漢字音寫。 首邑은 올바니。 ❷美國에서 제일 큰 도시 이름。 뉴욕주 동남 쪽 허드슨河 어귀에 있음。

【紑】(부) 尤 フ、きよい clean ㄈㄡ´ fou²
小篆 草書 옷정결할부(衣潔)。〔詩經〕絲衣其ㅣ。

【紒】 一(계) 霽 カイ、ケツ、ゆう wear a topknot
二(결) 屑 ㄐㄧˋ chi⁴
草書 一상투계(束髮)。二맺을결(締也)。(『結』과 통함)

【紓】 一(서) 魚 ショ、ジョ、ゆるい loosen
二(서) 語 ㄕㄨ shu¹
小篆 草書 一❶늦어질서、늦을서(緩也)。〔詩經〕彼交匪ㅣ。❷풀서(解也)。〔左傳 莊公十三年〕以ㅣ楚國之難。二늦출서、더딜서(緩也)。〔左傳 文公六年〕難必ㅣ。
【紓難:서난】 難을 더는 것。『後漢書·龐參傳』季子來歸、魯人喜其ㅣㅣ。
【紓力:서력】 돈의 곤란에서 벗어나서 힘을 펴게 됨。
【紓憂:서우】 걱정을 더는 것。『左氏·成』我僞逃楚、可以ㅣㅣ。

【純】 一(순) 眞 ジュン、トン、
二(준) 軫 pure まじりけない
三(돈) 元 ㄕㄨㄣ´ shuen²
小篆 草書 一❶실순(絲也)。〔論語〕今也ㅣ儉吾從衆。❷순수할순(粹也)。〔易經〕ㅣ粹精也。❸온전할순(全也)。〔儀禮〕二算爲ㅣ。❹천진할순(天眞)。❺큰순(大也)。❻부드러울순(柔也)。❼도타울순 (篤也)。〔左傳〕潁考叔ㅣ孝。❽전일할순(專也)。〔十八史略 西漢〕奈何ㅣ任德敎。二❶선두를준(冠飾)。〔禮記〕冠衣不ㅣ素。❷옷선준(衣緣)。三꾸밀돈、묶을돈(包束)。〔詩經〕白茅ㅣ束。
【純絹:순견】 순 명주실로만 짠 명주。
【純潔:순결】 ❶아주 깨끗함。『魏志』外同乎俗、內秉ㅣㅣ。❷처녀·총각이 아직 異性과 관계를 맺지 않고 있음。❸마음이 결백함。
【純潔教育:순결교육】 青少年에게 대하여 性的인 純潔과 건전한 생활을 지도하는 교육。性教育。
【純潔無垢:순결무구】 몸가짐이 아주 깨끗하여 조금도 더러운 티가 없음。
【純系:순계】 《生》유전질적으로 순수한 개체 사이의 交配로 생긴 생물의 무리。특히 식물계에서는 어떠한 형질에 있어 순수한 한 개체의 자화 수분으로 생긴 개체의 무리。
【純系淘汰:순계도태】 농작물이나 가축 등의 품종 개량법의 하나。여러 가지 계통이 뒤섞인 생물의 한 품종 중에서 자화 수분이나 그밖의 방법에 의하여 순계를 골라내는 일。純系 分離。
【純金:순금】 다른 쇠붙이가 섞이지 않은 황금。二十四金。正金。『南史』。
【純度:순도】 품질의 순수한 정도。
【純篤:순독】 ＝純厚。『後漢書』刻薄稠、而ㅣㅣ稀。
【純銅:순동】 다른 쇠가 섞이지 않은 순 「수한 구리。
【純良:순량】 ❶잡것이 없이 질이 좋음。❷불순한 마음이 없이 착함。醇良。『元史』得ㅣㅣ者九人。
【純麗:순려】 섞임이 없이 아름다움。「書」ㅣㅣ之物。『漢
【純理:순리】 순수한 학문상의 이론。
【純理論:순리론】 《哲》理性을 천리의 究竟의 판별자로 하는 철학론의 한 갈래。悟性論。
【純鱗:순린】 비늘 같은 무늬가 있는 고 「급 紗。氷紗。
【純綿:순면】 무명실만으로 짠 織物。
【純毛:순모】 다른 것이 아무 것도 섞이지 않은 순수한 털실。또는 모직물。『禮記·註』犧ㅣㅣ也。
【純文學:순문학】 ❶詩歌·戲曲·小說 따위와 같이 순수하게 문학 사상을 나타내는 문학。❷大衆小說에 대응하여 순수하게 藝術性을 존중하는 소설。純粹文學。↕大衆文學·通俗文學。
【純味:순미】 다른 맛이 섞이지 않은 순 「수한 맛。
【純美:순미】 ❶섞인 것이 없이 순수하고 아름다움。❷순수한 아름다움。醇美。
【純朴:순박】 꾸밈이 없고 솔직함。純樸。
【純樸:순박】 ❶＝純朴。❷깎아서 다스리지 않은 그대로의 나무。『莊子』ㅣㅣ不殘、孰爲犧尊。
【純白:순백】 ❶순수한 흰 빛。❷섞임이 없이 순수하게 흼。純白色。『莊子』機心存于胸中、則ㅣㅣ不備。
【純白色:순백색】 섞임이 없이 순수한 흰 빛。새하얀 색。
【純色:순색】 순수한 빛。
【純誠:순성】 지극히 성실함。『曾鞏』論高知峻節、交淡見ㅣㅣ。
【純所得:순소득】 出資한 것을 빼고 남 「은 돈。
【純粹:순수】 다른 것이 조금도 섞임이 없음。醇粹。『史記·蔡澤傳』名實ㅣㅣ。
【純粹概念:순수개념】 《哲》전연 경험이 섞이지 않은 선천적인 개념。
【純粹經驗:순수경험】 《哲》아직 주관이나 객관으로 갈라지지 않은 思惟以前의 직접 경험。제임즈의 의식의 흐름、베르그송의 純粹持續 따위。
【純粹文學:순수문학】 어떤 정치적 목적을 위한 공리주의적 또는 大衆的·通俗的이 아닌、그 목적이 오로지 순수한 예술로서의 작품 그 자체에 있는 문학의 총칭。純粹文藝。↕通俗文學。
【純粹我:순수아】 《哲》意識 一般을 形而上學化한 宇宙의 원리。
【純粹藝術:순수예술】 예술의 절대적인 독립을 주장하여 예술을 위하여서만 있어야 하지 그 밖의 목적 달성을 위한 수단이 못되며 예술은 오로지 예술을 위한 예술이다 라는 따위의 예술。
【純粹意志:순수의지】 ❶경험적 動機를 떠난 先天的 원리에 의하여 규정되는 自律的 도덕적인 의지。❷도덕적 가치를 자기의 내면으로부터 생산 전개하는 것。곧 이상 그 자신이 의지에 있어서 자기를 실현하는 창조적 활동。
【純粹理性:순수이성】 《哲》經驗 또는 認識을 가능하게 하는 先天的 認識 능력。↕實踐理性。
【純粹直觀:순수직관】 《哲》시간·공간을 感性的與件의 先天的 綜合形式으로 보는 直觀形式。칸트의 用語。
【純粹哲學:순수철학】 ＝純正哲學。
【純淑:순숙】 ❶불순함이 없이 깨끗함。❷순진하고 정숙함。『漢書』德行ㅣㅣ、道術通明。
【純熟:순숙】 완전히 익음。『蘇軾』眞源 「未ㅣㅣ。
【純純:순순】 ❶다른 마음이 없이 오로지하는 모양。『楚辭·九辯』。❷성실한 모양。『莊子』ㅣㅣ常常。
【純實:순실】 순하고 참됨。
【純陽:순양】 ❶純然한 陽氣。↕純陰。❷아직 여자와 性的 관계가 없는 총각의 양기。❸火。『書經·洪範』。
【純陽巾:순양건】 頭巾의 한가지。一名 樂天巾。

純陽巾(三才圖會)

【純然:순연】 섞임이 없이 깨끗한 모양。
【純儒:순유】 순수한 학자。진정한 학자。『後漢書』稱爲ㅣㅣ。
【純銀:순은】 다른 잡쇠가 섞이지 아니한 순수한 銀。正銀。
【純陰:순음】 ❶더럽혀지지 아니한 순연한 陰氣。↕純陽。❷숫처녀의 음기。❸十월 己亥日을 일컬음。(陰陽家의 말)。
【純利益:순이익】 팔아 걷어들인 것에

서 애초에 든 자본과 쓴 비용 따위를 빼고 순전히 남은 이익。↕純損害。

【純益:순익】 총수입에서 資本金과 營業費를 빼낸 나머지의 순수한 이익。純利。

【純一:순일】 ❶다른 것이 섞이지 아니함。 ❷성품이 꾸밈이 없음。『晋書』中林之士、有ㅡㅡ之德。「고 순수함。

【純全:순전】 다른 것이 섞이지 아니하

【純情:순정】 ❶순진한 마음。 ❷참되고 깨끗한 애정。「바름。

【純正:순정】 잡것이 없이 깨끗하고 올

【純種:순종】 딴 계통과 섞이지 않은 순수한 종류。

【純至:순지】 불순한 마음이 전혀 없음。

【純直:순직】 마음이 순진하고 곧음。

【純眞:순진】 ❶전혀 세속에 더럽혀짐이 없음。 ❷순수하고 참된 마음。『李白』白鶯雖白非ㅡㅡ。

【純青色:순청색】 순수하게 푸른 빛。

【純坦:순탄】 ❶성질이 까다롭지 아니함。 ❷길이 험하지 아니하고 평탄함。順坦。

【純通:순통】 책을 외고 그 내용에 통달함。

【純血:순혈】 같은 種族의 血統。↕混血。

【純乎:순호】 전혀 잡것이 섞여 있지 않은 모양。純然。

【純紅色:순홍색】 순수한 붉은 빛。

【純化:순화】 ❶잡것을 다 걸어 깨끗하게 만들음。醇化。 ❷복잡한 것을 단순하「게 함。

【純黃色:순황색】 순수한 황색。

【純孝:순효】 정성껏 어버이에게 효도함。『左傳』穎考叔ㅡㅡ也、愛其母、施及莊公。

【純厚:순후】 순박하고 인정이 두터움。

【純黑色:순흑색】 순수한 검은 빛。

【紗】

(사) 麻 サ、シャ、うすぎぬ thin silk

草書 ❶깁사(絹屬縠也)。『漢書』江充衣ㅡ縠襌衣。 ❷나사사 (毛織物之羅ㅡ)。

【紗巾:사건】 紗로 만든 두건。『劉長卿』向風長嘯戴ㅡㅡ。

【紗袴:사고】 깁으로 만든 바지。『白居易』紡花ㅡㅡ薄于雲。

【紗緞:사단】 紗와 비단。

【紗緞紬屬:사단주속】 ＝紗羅綾緞。

【紗燈籠:사등롱】 紗로 거죽을 바른 등「롱。

【紗羅:사라】 깁。얇은 비단。

【紗羅綾緞:사라능단】 紗와 緞 등 비단의 총칭。紗緞紬屬。

【紗籠:사롱】 紗로 둘러 만든 등롱。『白居易·詩』ㅡㅡ耿殘燭。

【紗帽:사모】 (制)紗로 만든 모자。옛날 관복을 입을 때 썼음。烏紗帽。

【紗帳:사장】 사로 만든 휘장。

【紗障:사장】 紗로 바른 장지。「白雲宿。

【紗窓:사창】 紗로 바른 창。『喬知之』ㅡ

【紕】

㊀(비) 支 ヒ、あやまる
㊁(비) 寘 contrary to
㊂(치) 紙 ㄆㄧ p'i¹

小篆 草書 ㊀❶삭은비단비(繒欲壞)。 ❷선두를비(緣也)。『禮記』縞冠素ㅡ。 ❸어그러질비(ㅡ繆舛戾)。 ❹가꾸밀비(邊飾)。㊁❶꾸밀비(飾也)。『詩經鄘風干旄』素絲ㅡ之。 ❷짤비(織組)。 ㊂길쌈모시치(績苧)。

【紕漏:비루】 잘못하여 빠짐。

【紕繆:비류】 잘못。잘못하여 일을 그르침。誤繆。『禮記大傳』五者一物ㅡㅡ、民莫得其死。

【紖】

㊀(진) 軫 シン、イン、はなづな
㊁(인) 震 reins ㄓㄣˋ chen⁴

小篆 草書 ㊀소고삐진(牛鼻繩)。『禮記』牛則執ㅡ。 ㊁수레끄는줄인(牽車紼)。

【紘】

(광) 庚 コウ、ひろい vast ㄏㄨㄥˊ hung² (古音『횡』)

小篆 或體 草書 ❶클광、넓을광(宏也)。 ❷끈광(冕飾組)。 ❸벼리광(八ㅡ維)。『淮南子』ㅡ宇宙而章三光。

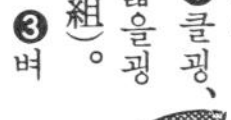

(圖禮三) ❷ 紘

【禮記】管仲鏤簋朱ㅡ。

【紘綱:광강】 그물을 잇는 줄。『歐陽建』天網布ㅡㅡ。『注』ㅡㅡ、繫網索也。

【紘紞:광담】 면류관의 끈과 면류관의 양옆 드림。『孔子家語』ㅡㅡ充耳、所以掩聰也。「罔之ㅡㅡ。

【紘覆:광부】 하늘。『漢書·叙傳』觀天

【紞】

(경) 『綆』(糸部 7畫)과 같음

【紖】

㊀(호) 虞 コ、はきもの
㊁(과) 馬 shoes

小篆 ㊀❶신호(履也)。 ❷신코를 청사로 기운신호(靑絲頭履)。『揚雄』西南梁益之間謂之ㅡ。 ㊂뜻은㊀과 같음。

【紙】

(지) 紙 シ、かみ paper ㄓˇ chih³

小篆 草書 ❶종이지(楮皮所成)。『東觀漢記』黃門蔡倫造意用樹皮及魚網作ㅡ。 ❷편지지(赫蹏)。

【紙價:지가】 종이의 값。

【紙匣:지갑】 ❶종이로 만든 갑。 ❷가죽이나 헝겊 등으로 쌈지 같이 만든 물건。돈이나 작은 물건을 넣음。

【紙卷煙:지권연】 담배의 하나。지궐련。

【紙燈:지등】 종이 등。「초롱。

【紙燈籠:지등롱】 종이로 집을 만든 등

【紙類:지류】 종이 종류。

【紙面:지면】 ❶종이의 표면。『剡溪集』溢生ㅡㅡ。 ❷글을 실린 종이의 겉 면。紙上。 ❸편지。

【紙墨:지묵】 종이와 먹。

【紙物:지물】 온갖 종이의 총칭。「점포。

【紙物鋪:지물포】 각 가지 종이를 파는

【紙榜:지방】 (國)종이 조각에 글을 써서 만든 神主。

【紙背:지배】 종이의 뒷 면。『柳宗元』ㅡ應勞手自題。(喩)문자로 표현된 이외의 깊은 뜻。

【紙壁:지벽】 종이를 바른 벽。

【紙本:지본】 종이에 쓴 글씨나 그린 그림。『范成大』生綃多俗格、ㅡㅡ有眞艶。

【紙上:지상】 ＝紙面②。『韓愈』字向ㅡㅡ、皆軒昂。「헛된 조문。

【紙上空文:지상공문】 실행할 수 없는

【紙箱子:지상자】 종이로 된 상자。

【紙屑:지설】 종이 부스러기。

【紙所:지소】 종이를 만드는 곳。

【紙屬:지속】 ＝紙物。

【紙繩:지승】 종이 노끈。

【紙魚:지어】 (動)좀。반대좀科의 벌레。몸은 가늘고 길며 날개는 없음。옷·종이 등의 풀기 있는 물건을 잘 쏠음。

【紙業:지업】 종이를 생산 또는 판매하는 영업。

【紙鳶:지연】 연。종이에 댓가지를 붙여 실로 꿰어 날리는 장난감。風鳶。風箏。『獨異志』侯景圍臺城、簡文縛ㅡㅡ飛空、告急於外。

【紙雨傘:지우산】 대오리로 만든 살에 종이를 바르고 기름을 먹인 우산。

【紙帳:지장】 ❶종이 장막。 ❷종이로 만든 모기장。『蘇軾』蒲團坐ㅡㅡ。

【紙欌:지장】 종이로 발라 만든 欌。

【紙錢:지전】 ❶돈 모양으로 둥글게 끊어 낸 종이。棺 속에 넣음。六道錢。『陔

餘叢考·紙錢」。❷紙幣。

【紙廛:지전】❶종이 가게. 紙物鋪。❷《制》六注比廛의 하나。李朝 初부터 서울에 있던 종이 가게。여러 가지 종이 및 그 加工品을 팔았으며 有分廛으로 國役七分을 부담하였음。

【紙製:지제】종이로 만들음。또는 그 물건。

【紙重:지중】종이의 무게。

【紙質:지질】종이의 품질。

【紙窓:지창】종이로 바른 창。

【紙草:지초】종이와 담배。賻儀에 쓰는 말。

【紙燭:지촉】상가에 賻儀로 보내는 종이와 초。

【紙銃:지총】딱총。

【紙槌:지추】中國에서 나는 밑 배가 부르고 목이 길게 생긴 畫瓶。

【紙胎:지태】종이처럼 얇은 도자기。

【紙牌:지패】부치기 위한 종이 조각。

【紙片:지편】종이 조각。

【紙幣:지폐】❶《經》종이에 인쇄하여 만든 화폐。兌換의 有無에 따라 兌換紙幣와 不兌換紙幣로 나눔。紙錢。❷冥錢。〔梅堯臣〕竟持--杜廟陬。

【紙砲:지포】딱총。

【紙幅:지폭】❶종이의 나비。❷책 내용의 분량。

【紙筆:지필】종이와 붓。〔後漢書〕乞給--、眞草維命。

【紙筆墨:지필묵】종이와 붓과 먹。

【紙筆硯墨:지필연묵】종이·붓·벼루·먹을 함께 일컫는 말。文房四友。

【紙函:지함】두꺼운 마분지로 만든 상자。상품 등을 담는 데 쓰임。

【紙型:지형】印刷用의 鉛版을 뜨기 위한 母型。植字한 活版 위에 특수한 合紙를 올려 놓고 눌러서 活字의 자국을 떠 냄。

【紙貨:지화】=紙幣。

◎野-、唐-、圖畫-、牛-、白-、付-、浮-、試驗-、新聞-、洋-、用-、油-、表-、筆-、火-、厚-、休-。

【級】(급) 緝

キュウ、しな、わかち degree; class ㄐㄧ chi²

小篆 書 草 ❶등급급、차례급、층급(等次)。〔禮記〕貴賤之等-。❷실갈피급(絲次第)。❸〔國字〕두름급(編魚二十)。

【級伐飡:급벌찬】《制》新羅의 十七관등 가운데의 아홉째 位階。級飡。級伐干。

【級數:급수】❶階級。〔漢書·食貨志〕。❷《數》일정한 법칙에 따라 增減하는 수를 일정한 차례로 배열하여 놓은 數列。

【級友:급우】같은 학급에서 배우는 벗。

【級長:급장】학급을 맡아 다스리는 학생。

【級差:급차】지위의 순서。등급。

◎階-、高-、同-、等-、上-、首-、昇-、年-、中-、進-、特-、下-、學-。

【紛】(분) 文

フン、みだれる confused ㄈㄣ fen¹

小篆 書 草 ❶분잡할분(雜也)。❷많을분(象也)。〔易經〕用史巫-若吉。❸어지러울분(--亂也)。〔老子〕挫其鋒解其-。

【紛結:분결】얽히고 맺힘。〔劉向〕心--而未離。

【紛糾:분규】일이 뒤얽혀서 말썽이 많고 시끄러움。〔漢書〕文書--、前後錯謬。

【紛起:분기】여기 저기에서 일어남。〔歐陽修〕異說--。

【紛拏:분나】뒤얽혀 서로 침。爭亂의 뜻。〔史記·霍去病傳〕漢匈奴--。

【紛鬧:분뇨】번거롭고 바쁨。

【紛沓:분답】사람이 많이 휩쓸려 분잡함。雜沓。〔齊書〕征鼓--、雷動荆南。

【紛亂:분란】❶엉클어져 어지러움。❷일이 뒤얽힘。紛拏。紛擾。〔漢書〕群言--、諸子相騰。

【紛紛:분분】❶꽃 따위가 흩어져 어지러운 모양。〔孟子〕何爲--然、與百工交易。❷일이 뒤얽혀 갈피를 잡을 수 없음。

【紛奢:분사】호사스러운 사치。華奢。〔杜牧〕秦愛--、人亦念其家。

【紛失:분실】물건을 잃어버림。

【紛如:분여】어지러운 모양。紛然。〔太玄經〕鸞鳳--。

【紛衍:분연】어지럽게 무성함。〔韋應物〕潯陽山水多、草木俱--。

【紛然:분연】❶혼잡한 모양。❷어지러운 모양。

【紛擾:분요】어지러워짐。混亂。紛騷。〔後漢書〕交易--、百姓不寧。

【紛繞:분요】서로 얽힘。〔孫楚〕憂喜相--。

【紛云:분운】성한 모양。紛紜。〔史記〕威武--。

【紛揉:분유】흩어져 얽힘。紛糅。〔謝惠連〕雪--而遂多。

【紛議:분의】혼란하여 종잡을 수 없는 議論。

【紛雜:분잡】여러 사람이 북적거림。

【紛爭:분쟁】엉클어져 다툼。紛競。

【紛錯:분착】뒤섞이어 어지러움。뒤섞여짐。

【紛葩:분파】만발한 꽃。(葩는 꽃잎)。〔馬融〕--爛熳、誠可喜也。

【紛華:분화】❶분잡하고 화려함。❷번성하고 화려함。繁華。〔漢書〕奇麗--、非其所習。

【紛淆:분효】뒤섞여 어지러움。〔歐陽修〕簿領朱墨何--。

【紛囂:분효】어지럽고 시끄러움。〔朱熹〕茅茨幾時見、自此遺--。

【紛喧:분훤】시끄러움。紛潊。〔鮑照〕遯跡--。

◎內-。

【紜】(운) 文

ウン、みだれる confused ㄩㄣ yün²

書 草 얼크러질운、어지러울운(紛-、數亂物多)。〔東都賦〕萬騎紛-。

【紜紜:운운】❶事物이 번잡하고 어지러운 모양。〔白居易〕牛馬走--。❷번잡스럽게 왕래하는 모양。

【紝】(임) 侵

ジン、おる spin ㄖㄣ jên⁴

小篆 或體 書 草 짤임、길쌈할임(機縷)。〔禮記〕織-組紃。(『絍』과 같음)

【紝器:임기】베를 짜는 연모。〔列女傳·賢明〕夫負釜甑、妻戴--、變名易姓而遠徙、莫之所之。

【紝織:임직】베를 짬。織紝。

【紞】(담) 感

タン、ひも tassel ㄉㄢ tan³

小篆 書 草 면류관앞드림담(冕兩旁條)。〔左傳〕衡-紘綖。

【紞紞:담담】북 치는 소리。〔陸游·燕堂春夜詩〕南樓--下疎更。

【紟】㊀(금) 侵 ㊁(금) 沁

キン、おびひも breast-tie ㄐㄧㄣ chin¹

小篆 籀文 書 草 ㊀❶옷고름금(衣系)。❷단추금(結衣者)。㊁홋이불금(單被)。

【素】(소) 遇

ソ、しろ、もと white; source ㄙㄨ su⁴

小篆 書 草 ❶힐소(白也)。❷생초소(生帛)。〔禮記 雜記〕純以-。❸빌소(空也)。〔詩經〕不-餐兮。❹질박할소(物朴)。〔釋名〕不加巧飾曰朴-。❺바탕소、본디소(本也)。❻성심소(誠也)。〔鄒陽獄中上書〕具情-。❼원래소(元來)。〔史記 項羽本記〕陳嬰-信謹。❽순색소(無色)。❾원소소(元-)。

【素蓋:소개】흰 깁으로 만든 蓋。(蓋는

대개 긴 儀仗用 양산)。『劉楨』輦車飛—|、從者盈路傍。

【素檢 : 소검】 평소의 행실。 품행。 『蜀志』不治—|。

【素官 : 소관】 낮은 벼슬。 淸貧한 벼슬。 『南史·江淹傳』我本—|、不求富貴。

【素光 : 소광】 흰 빛。 달빛。 『朱熹·詩』川谷流—|。

【素交 : 소교】 사귄지 오래 됨。 오래 된 사교。 舊交。 『杜甫』—|零落盡、 白首淚雙垂。

【素肌 : 소기】 ❶흰 살。 『白居易·詩』—|擘新玉。 ❷옷을 입지 않아서 살이 내 보임。

【素氣 : 소기】 가을 기운。 『宋史·夏侯嘉正傳』秋之爲神、 —|淸沘。

【素讀 : 소독】 익숙하지 못하여 떠듬떠듬 읽음。 거칠게 읽음。 ↕熟讀。

【素練 : 소련】 흰 빛깔의 삶은 명주。 『唐書』張九齡文章、 如輕縑—|、 實濟時用、 而窘邊幅。

【素履 : 소리】 자기 本分에 마음이 편안함。 『易經·履』—|往、 无咎。

【素粒子 : 소립자】 《物》原子를 구성하는 窮極的인 물질。 陽子·中性子·電子·中間子 따위。

【素望 : 소망】 본디부터 가진 소망。 『柳宗元』自視缺然、 知其不盈—|久矣。

【素描 : 소묘】 단색 특히 黑色의 線、 또는 點으로 그린 그림。 뎃상。

【素門 : 소문】 가난하고 천한 家門。 『任昉·文』臣—|凡流、 輪翮無取。

【素朴 : 소박】 꾸밈이 없이 그대로임。 『漢書』百姓—|、 獄訟衰息。

【素朴味 : 소박미】 소박한 맛。

【素朴的實在論 : 소박적실재론】 《哲》 感官으로써 知覺되는 것을 그대로 객관적 사물의 眞相이라고 하는 논설。

【素朴的唯物論 : 소박적유물론】 《哲》 주관으로써 객관이 模寫되는 데에 인식이 성립한다는 논설。

【素飯 : 소반】 고기 반찬이 없는 밥。 소밥。

【素髮 : 소발】 흰 머리칼。 白髮。 『韋應物』兩鬢生—|。

【素服 : 소복】 ❶흰 옷。 『禮記·昏義』日食則天子—|。 ❷흰 천으로 만든 喪服。

【素貧 : 소빈】 전부터 가난함。 『漢書』—|嗜酒。

【素尙 : 소상】 ❶검소하고 고상함。 『任昉』或德標—|。 ❷본디부터의 소원。 素願。

【素商 : 소상】 =素秋。 『梁元帝纂要』秋曰「—|」、 亦曰高商。

【素像 : 소상】 단장을 하지 않은 像。 『張蠙·詩』右巖雕—|、 喬木拄寒燈。

【素扇 : 소선】 깁으로 만든 부채。

【素膳 : 소선】 肉類가 없는 간소한 반찬。

【素雪 : 소설】 흰 눈。 白雪。 『司馬相如』—|飄零。

【素蟾 : 소섬】 달의 別名。 『韓琦·詩』露重翻香芰、 雲疎點—|。

【素性 : 소성】 본디부터 타고난 천성。 素質。 『後漢書·明帝紀』。

【素手 : 소수】 희고 아름다운 손。 『古詩』纖纖出—|。

【素數 : 소수】 《數》一 또는 그 自身 이외의 수로는 나누어지지 않는 二 이상의 整數。 二·三·五·七·一一·一三 따위。

【素習 : 소습】 평소부터 익힘。 평소의 습관。 『五代史』文章非—|、 必不能工。

【素食 : 소식】 ❶아무 일도 하지 않고 놀고 먹음。 徒食、 素餐。 『詩經』彼君子兮、 不—|兮。 ❷고기를 먹지 않고 菜食함。 蔬食。 『漢書』昌邑王典喪不—|。 ❸평소에 먹는 보통 음식。

【素心 : 소심】 ❶마음이 결백함。 『顔延之』弱不好弄、 長實—|。 ❷소박하고 거짓이 없는 마음。 『李白』—|愛美酒。

【素娥 : 소아】 ❶月宮의 仙女。 常娥。 《轉》 달의 別名。 『羅公遠』明皇遊月宮、 見—|十餘人、 皓衣乘白鸞、 無於桂下。 ❷소복한 美女。

【素堊 : 소악】 흰 흙。 白土。 白堊。 『後漢書』樓閣相接、 丹靑—|。

【素顔 : 소안】 ❶흰 얼굴。 『李白』綠酒洒丹液、 靑娥凋—|。 ❷화장하지 않은 얼굴。

【素養 : 소양】 ❶평소의 교양。 ❷평소부터 수양하여 얻은 학력·기능。 『漢書』士不—|、 不可以重國。

【素影 : 소영】 흰 빛의 그림자。 달 그림자。 『范櫟』亂—|於夜月。

【素蘂 : 소예】 ❶흰 꽃술。 ❷흰 꽃。

【素願 : 소원】 평소의 소원。 『晉書』今當命終、 乞如—|。

【素月 : 소월】 ❶아주 밝은 달빛。 白月。 『謝莊』白露曖空、 —|流天。 ❷음력 八월의 別稱。 ❸詩人 金廷湜의 號。

【素衣 : 소의】 빛깔이 흰 옷。 『禮記』大夫士去國、 —|素裳素冠。

【素意 : 소의】 근본되는 취지。 본디의 뜻。 『張衡』怨—|之不逞。

【素因 : 소인】 가장 근본이 되는 원인。

【素人 : 소인】 전문가가 아닌 사람。 아마추어。

【素人劇 : 소인극】 전문가가 아닌 사람들에 의하여 연출되는 연극。

【素因數 : 소인수】 《數》素數로 된 인수。

【素一 : 소일】 다른 것이 섞이지 아니함。 꾸밈이 없음。 純一。 『江淹』迹去繁奓、 情歸—|。

【素稔 : 소임】 평소부터 잘 알음。 『朱熹·四時讀書樂詩』只因—|讀書趣。 「림。

【素粧 : 소장】 화장하지 않고 깨끗이 차림。

【素掌 : 소장】 흰 손바닥。 『楊愼』金仙—|晞金露。

【素材 : 소재】 ❶기초가 되는 재료。 ❷본디부터 나고난 천성。 素質。 ❸예술 작품의 근본이 되는 재료。 自然物·환경·인간의 행동·감정 따위。

【素節 : 소절】 ❶가을의 別名。 『歐陽脩·詩』—|今已屆。 ❷불순한 것이 없이 결백한 지조。 『喬知之·詩』丹心—|本無求。

【素祭床 : 소제상】 《國》 장사를 치르기 전에 제물을 차려 놓는 흰 제상。

【素地 : 소지】 ❶加工하지 않은 본 바탕。 ❷토대。 기초。

【素志 : 소지】 본디 품은 뜻。 素意。 素望。 『任昉·文』宿心—|。

【素質 : 소질】 =素性。 『張華』終負—|。

【素餐 : 소찬】 功도 없이 官祿을 먹거나、 祿을 훔침。 『詩經』彼君子兮、 不—|兮。

【素饌 : 소찬】 고기나 생선들이 섞이지 않고 나물만으로 된 반찬。

【素秋 : 소추】 가을의 別稱。 가을은 五色중의 白에 해당함。 素商。 白秋。 『抱朴子·用刑』—|厲肅殺之氣。 「結朱桁。

【素齒 : 소치】 흰 이(齒)。 『傅休奕』—|

【素湯 : 소탕】 고기를 넣지 않고 끓인 국。

【素行 : 소행】 ❶현재의 신분에 알맞고 올바르게 행동함。 『中庸』君子素其位而行。 ❷평소의 품행。

【素香卓 : 소향탁】 《國》장사 지내기 전에 칠하지 않고 쓰는 향탁。

【素馨 : 소형】 《植》 물푸레나무과의 常綠灌木。 印度 原産。 香油 원료가 됨。

【素紈 : 소환】 흰 비단。 『成公綏』舉弱腕、 握—|、 染玄翰。

【素懷 : 소회】 평소부터 마음 속에 품고 있던 생각。 『韋應物』—|出塵意。 ◎簡—|、 儉—|、 酸—|、 水—|、 鹽—|、 葉綠—|、 要—|、 元—|、 窒—|、 質—|、 靑—|、 臭—|、 炭—|、 平—|、 寒—|、 酵—|。

【紡】

(방) 養 ボウ、 つむぐ spin ㄈㄤˇ fang³

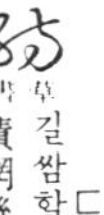

小篆 草書

길쌈할방、 나이할방(—績網絲治麻)。 『儀禮』昕用吏—|。

【紡機 : 방기】 실을 뽑는 기계。 紡績機械。

【紡毛 : 방모】 털실을 뽑음。 또는 그 털

살。〔吳均〕一一織野服、縫芰作山衣。

【紡績:방적】 실을 뽑는 것。또는 그 실。〔漢書〕夫人自一一。

【紡織:방직】 실을 뽑는 것과 피륙을 짜는 것。〔開天遺事〕或將照一一機杼。

【紡織工業:방적공업】 피륙을 가공 제조하는 공업。

【紡織娘:방직랑】 《動》여치。

【紡織業:방직업】 피륙을 짜는 영업。

【紡車:방차】 물레。방거(紡車)。

【紡錘:방추】 실을 뽑는 기계의 부속품。실을 뽑아 감는 가락。북。

小紡車(三才圖會)

◎綿一、混一。

【耗】 (모) 豪 モウ、きぬけ pile of silk

비단털모(絹帛一起如刺)。

【索】 ㊀(삭) 藥 サク、なわ、つな rope

㊁(색) 陌 ㄙㄨㄛ suo

小篆 草書 ㊀❶노삭、새끼삭(繩也)。〔書經〕若朽一之御六馬。❷얽힐삭(縈紆)。〔孟子 藤文公上〕宵爾一綯。❸다할삭(盡也)。〔書經〕惟家之一。❹흩어질삭、헤여질삭(散也)。〔禮記〕離羣而一居。❺두려울삭(一一懼貌)。〔易經〕震一一。❻소삭할삭、쓸쓸할삭(蕭一)。㊁❶찾을색(求也)。〔禮記〕大夫以一牛。❷더듬을색(搜也)。〔古詩 婦病行〕入門見孤啼一其母抱。❸법색(法也)。〔釋名〕一素也八一著素王之法也。

【索居:삭거】 벗과 헤어져 있음。쓸쓸하게 홀로 있음。〔禮記〕吾離群而一一、亦已久矣。

【索綯:삭도】 새끼를 꼼。〔詩經〕書爾于茅、宵爾一一。

【索莫:삭막】 ❶황폐하여 쓸쓸한 모양。〔柳宗元·南澗中題詩〕。❷실심한 모양。索寞。索漠。〔王晁〕一一無言面如土。

【索漠:삭막】 =索莫。〔李白〕祇應自一一、留舌示山妻。

【索索:삭삭】 ❶두려워하는 모양。〔易經·震〕震一一。❷=索然②。❸소리의 형용。바삭바삭。〔江總·貞女峽賦〕樹一一而搖枝。❹形狀。〔漢書·天文志〕一一如樹。

【索然:삭연】 ❶외롭고 쓸쓸하여 눈물 나는 모양。〔莊子〕一一出涕。❷일이 다 끝나는 모양。❸흥미가 가시는 모양。❹흩어지는 모양。〔晉書〕一一俱散。

【索求:색구】 찾아서 구함。〔楚辭〕環理天下、夫何一一。

【索隱:색은】 ❶사물의 숨은 이치를 찾아 냄。〔易經·繫辭〕探賾一一。❷《書》史記를 注釋한 것。唐 司馬貞 지음。

【索隱行怪:색은행괴】 궁벽스러운 것을 캐고 괴상스러운 짓을 함。

【索引:색인】 ❶찾아 냄。〔易林〕愛我嬰女、一一不得。❷책 속의 項目이나 낱말을 빨리 찾도록 만든 목록。「牌。

【索子:색자】 마작의 대 모양으로 만든

【索敵:색적】 적을 찾아 냄。

【索出:색출】 뒤져서 찾아 냄。

【索捕:색포】 찾아 내어서 잡음。

◎鋼一、摸一、思一、搜一、鐵一、探一。

【紣】 (최) (채) 『綷』(糸部 8畫)의 俗字

五畫

【紙】 (저) 齊 テイ、いとくず waste thread

小篆 실찌끼저(絲滓)。

【絜】 (결) 屑 ケツ、ひとすじ string of thread

小篆 실한올결(一縷絲)。

【紨】 (부) 虞 フ、ぬの cloth

小篆 ❶거친명주부(粗紬)。❷베부(布也)。❸굵은실부(大絲)。❹이을부(續也)。❺길쌈부(續也)。

【絮】 ㊀(녀) 魚 ジョ、わた cotton

㊁(나) 馬

小篆 ㊀❶묵은솜여(敝絮)。❷막을여(塞也)。㊁❶드러붙을나(相著)。❷실엉킬나(絲亂)。

【絚】 (정) 庚 セイ、かざりいと string

小篆 말갈기땋은실정、말치장정(馬飾)。

【紩】 (질) 質 チツ、ぬう sew; stitch ㄓ chih

小篆 草書 ❶꿰맬질(納刺縫也)。❷노질(索也)。

【紫】 (자) 紙 シ、むらさき purple ㄗ tzu

小篆 草書 자줏빛자(帛靑赤色)。〔論語〕惡一之奪朱。

【紫葛:자갈】 《植》산포도。蔓草의 一種。

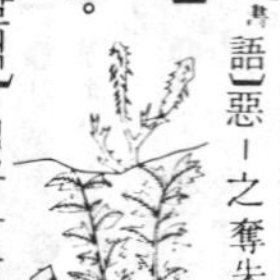

紫葛(三才圖會)

【紫褐色:자갈색】 검고 누른 바탕에 조금 붉은 빛을 띤 빛깔。

【紫極:자극】 임금의 御座。〔魏志·註〕龍飛一一、作合聖皇。

【紫菫:자근】 《植》풀 이름。多年生으로 陰濕地에 남。늦봄에 紅紫色의 꽃이 핌。

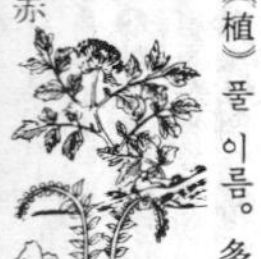

紫菫(三才圖會)

【紫金:자금】 赤銅의 異名。〔梁武帝·詩〕龍馬一一鞍。

【紫禁城:자금성】 ❶北京에 있는 淸朝의 宮城。❷北斗의 북쪽에 있는 紫微垣을 天帝가 있는 곳이라 하여、宮城을 宮禁이라 일컫고 또 널리 紫禁이라고도 함。〔李嶠〕白玉仙輿紫禁來。

【紫金牛:자금우】 《植》❶자금우과에 속하는 상록 활엽의 작은 灌木。❷藥草의 이름。射干의 異名。

❶紫金牛(三才圖會)

【紫泥:자니】 도자기의 몸에 철분이 많이 섞여 검붉게 된 빛。

【紫檀:자단】 《植》荳科의 常綠 喬木。나무 質이 단단하고 고와서 家具·建築材로 쓰임。〔古今註〕旃檀木出扶南、色紫、亦謂之一一。

【紫檀香:자단향】 자단 나무를 잘게 깎아서 만든 향。약으로도 쓰고 불에 피우기도 함。

【紫桃:자도】 《植》❶櫻桃科의 落葉 喬木。❷자두나무의 열매。오얏。韓國과 中國에서 남。

【紫銅:자동】 =赤銅。「나무。

【紫藤:자등】 《植》보라빛 꽃이 피는 등

【紫鷺:자로】 《動》얼룩백로。

【紫蓼:자료】 《植》여뀌의 한 가지。

【紫騮馬:자류마】 밤(栗) 빛과 같은 털이 난 말。

【紫李:자리】 《植》오얏。紫桃。

【紫笠:자립】 =朱笠。

【紫瑪瑙:자마노】 《鑛》보라색의 마노。

【紫陌:자맥】 ❶都市의 市街。❷帝都 또는 王都。서울。〔李白·南都行〕高樓對一一、甲第連靑山。❸都市 郊外의 길。〔劉禹錫·詩〕一一紅塵拂面來。

【紫薇:자미】 백일홍의 別名。

【紫微:자미】 《天》北斗의 북쪽에 있는 별 이름。中國의 天文學에서는 天帝가 있는

곳이라 함。《轉》王宮。『晉書』ㅣㅣ垣十五星。

【紫斑:자반】《醫》출혈로 말미암아 피부 조직 중에 나타난 자주빛의 멍。

【紫房:자방】太后가 거처하는 방。『後漢書』惟女惟弟、來儀ㅣㅣ。

【紫蔘:자삼】《植》여귀과(蔘科)에 딸린 풀 이름。

紫參 (三才圖會)

【紫色:자색】자주빛。

【紫石:자석】❶《鑛》紫水晶·紫石英。《轉》눈동자의 形容。 눈이 모가 나고 광채가 있는 모양。『晉書·桓溫傳』眼如ㅣㅣ稜。❷벼루의 별명。

【紫石英:자석영】자색의 수정。紫水晶。『魏氏春秋』取白石及——、五色之石於太行穀城之山。

【紫霄:자소】❶하늘。❷王宮。『南史』升ㅣㅣ之丹地、排玉殿之金扉。

【紫蘇:자소】《植》꿀풀과에 속하는 一年草。차조기。蘇葉。中國·버어마 原產。葉莖은 藥用、어린 잎과 종자는 食用。

【紫蘇飮:자소음】《醫》子懸症에 쓰는 탕약。

【紫蘇輝石:자소휘석】《鑛》암갈색·회녹색의 반투명체로 쇠붙이 같은 윤기가 나는 광석。길죽한 것과 넓적한 것이 있음。

【紫水晶:자수정】《鑛》보라색의 수정。紫石英。

【紫陽花:자양화】《植》水菊科에 속하는 넌출。水菊。

【紫籞:자어】궁궐。

【紫燕:자연】❶보라빛으로 보이는 제비。❷良馬의 이름。『顏延之』將使ㅣㅣ騈衡。

【紫煙:자연】❶紫色의 연기。또는 안개 ❷산에서 나는 水蒸氣가 햇빛에 비쳐 자주빛으로 보이는 모양。『李白·望廬山瀑布詩』日照香爐生ㅣㅣ。❸담배의 연기。

【紫髥綠眼:자염녹안】붉은 수염과 푸른 눈。夷狄의 용모의 형용。『岑參·胡笳歌』君不聞胡笳聲最悲、——胡人吹。

【紫玉玦:자옥결】茶의 異名。『蘇軾』空煩赤泥印、遠致——。

【紫玉蓮:자옥련】《植》보라색 꽃이 피는 木蓮。

【紫菀:자완】《植》❶탱알。❷탱알의 뿌리。성질이 온하여、기침과 가래를 막는 데 약으로 씀。

【紫外線:자외선】《物》스펙트럼을 통해 볼 때에 紫色 밖에 있는 輻射線의 일컬음。

【紫雲:자운】❶자주빛의 구름。좋은 징조로 생각함。瑞雲。❷《佛》念佛 修行한 사람의 臨終 때 彌陀尊이 타고 맞이하러 온다는 紫色 구름。

【紫雲英:자운영】《植》荳科의 二年生의 풀。각지에서 농사 거름으로 많이 재배함。原產은 中國。

【紫鴛鴦:자원앙】《動》비오리。

【紫楡:자유】《植》스무나무。

【紫衣:자의】❶紫色의 衣服。원래 임금의 衣服。『左傳』ㅣㅣ狐裘。❷《植》이끼의 한 가지。❸《佛》紫色의 袈裟。

【紫電:자전】❶번개。❷吳 나라에 있었다는 名劍。『古今·註』吳有名劍、曰ㅣㅣ。❸간 칼날의 빛。❹날카로운 눈빛。

【紫酒:자주】옛날 왕실의 제향에 쓴 鬱金香으로 빚은 자주빛 술。鬱鬯酒。

【紫珠:자주】《植》작살나무。

【紫紬:자주】大邱와 海州에서 많이 나는 자주색의 명주。

【紫朱:자주】자주빛。紫地。

【紫草:자초】《植》지치。뿌리는 紫色의 染料로 쓰임。지치 뿌리는 찬 성질을 지녀서 오줌을 순하게 하고、피를 맑게 하여 脹症·症痘·부스럼 등의 치료에 씀。

紫草 (三才圖會)

【紫翠:자취】자주빛과 푸른 색。山의 경치를 形容한 말。

【紫袍:자포】❶《植》풀의 이름。❷자주빛 도포。❸아주 훌륭한 옷이나 예복。

紫袍 (三才圖會)

【紫霞門:자하문】《地》彰義門의 俗稱。

【紫荊:자형】《植》박태기나무。

【紫紅色:자홍색】자주빛이 나는 붉은 색。

【紬】

㊀(주) 尤 ㊁(주) 宥 チュウ、つむぎ silk

紬 小篆 紬 草書 ㊀명주주(大絲繒)。㊁❶실끝주(緖也)。❷실뽑을주(引其端緖)。『漢書註』燕見ㅣ繹。❸모을주(綴集)。『史記』ㅣ史記金匱石室之書。

【紬緞:주단】명주와 비단。

【紬繹:주역】실마리를 끌어내어 찾아 냄。『漢書』燕見ㅣㅣ、以求咎怨。

【紬績:주적】실을 뽑아 냄。『史記』ㅣㅣ日分、率應水德之勝。

【紬亢羅:주항라】명주실로 짠 항라。

【紙】

(민) 眞 ビン、つりいと fishing line

낚싯줄민(釣絲)。

【紮】

(찰) 黠 サツ、つかねる bind up ㄓㄚˊ cha²

紮 草書 ❶묶을찰(纏束)。❷활줌통싸개찰(纏弓弝)。❸머무를찰(駐屯)。

【紱】

(불) 物 フツ、いんのひも ribbon of a seal ㄈㄨˊ fu²

紱 草書 ❶인끈불(印組)。❷얽을불(纏也)。『易經』朱ㅣ方來。

【紱冕:불면】印綬와 冠。《轉》高官의 地位。『後漢書』吾雖無ㅣㅣ之緖、頗有讓爵之高。

【累】

㊀(루) 支 ㊁(루) 紙 ㊂(루) 寘 ルイ、しばる tie; repeat ㄌㄟˊ lei² (古音「류」)

累 草書 ㊀맬루、동일루(係ㅣ繫也)。『孟子 梁惠王下』係ㅣ其子弟。㊁❶더할루(增也)。❷여러 것이 포갤루(疊也)。㊂❶더럽힐루(玷也)。『書經』終ㅣ大德。❷얽힐루(縈也)。❸연좌할루(緣坐)。『蘇子瞻雜纂』自羞恥和尙道士有家ㅣ。❹『中字』여럿루(多貌)。

【累加:누가】거듭하여 보탬。차례로 더함。

【累減:누감】여러 차례 감함。

【累巨萬:누거만】여러 巨萬。썩 많음。

【累計:누계】수를 合計함。모든 수의 合計。總計。

【累年:누년】여러 해。每年。累歲。『後漢書』輔弼先帝、出內ㅣㅣ。

【累代:누대】=累世。『晉書』焚ㅣㅣ之寶。

【累德:누덕】❶善行에 방해가 되는 惡行。『莊子·庚桑楚』惡欲喜怒哀樂六者ㅣㅣ也。❷德을 쌓음。積德。『史記』西伯積善ㅣㅣ。

【累卵:누란】알을 포개어 쌓아 놓은 것처럼 매우 危殆함。

【累卵之危:누란지위】쌓여 있는 알처럼 매우 위태로운 형세。『史記』秦王之國、危於累卵、得臣則安。

【累萬金:누만금】여러 만 냥의 돈。

【累名:누명】《國》汚名。

【累犯:누범】여러 번 죄를 범하는 것。犯罪를 거듭하는 것。

【累犯加重:누범가중】《法》累犯하였기에 형벌을 더함。

【累世:누세】여러 世代。代代。累代。

『後漢書』富及ㅣㅣ。 「ㅣ同燕酌。
【累宵:누소】 밤마다。每夜。『韋應物』ㅣ
【累乘:누승】 같은 수를 여러 번 곱함。
【累時:누시】 시간을 거듭함。 때때로。
종종。 『書』吏民ㅣㅣ。
【累息:누식】 숨을 죽임。 屛息。『後漢
【累譯:누역】 이중번역。 重譯。『漢書·
註』道路絕遠、風俗殊隔、故ㅣㅣ而後迺通。
【累月:누월】 여러 달。
【累日:누일】 여러 날。連日。積日。『後
漢書』ㅣㅣ不去。
【累積:누적】 포개어 쌓음。『宋玉』交加
ㅣㅣ、重疊增益。 「皆捷。
【累戰:누전】 연달아 싸움。『晋書』ㅣㅣ
【累朝:누조】 代代의 임금。歷代의 朝廷。
【累重:누중】 몸의 괴로움이 되는 것。
妻子眷屬。『漢書·匈奴傳』悉遠其ㅣㅣ於
余吾水北。
【累增:누증】 점점 늘음。점점 더하여 감。
【累進:누진】 ❶官位·等級 따위가 차차
로 올라 감。 ❷가격·수량 따위가 더하
여 감에 따라 그에 대한 比率이 올라 감。
【累遷:누천】 頻繁히 高官으로 榮轉함。
累進。『漢書』ㅣㅣ諫大夫丞相司直、歲中
三遷官。
【累土:누토】 ❶흙을 쌓음。 또는 그 흙。
『老子』九層之臺、起於ㅣㅣ。 ❷少量의 흙。
【累退稅率:누퇴세율】《法》課稅 標準
이 적어짐에 따라 차차 낮아지는 세율。
우리 나라에서 채택되지 않음。 累減稅
率。↔累進稅率·比例稅率。
◎係ㅣ、物ㅣ、俗ㅣ、連ㅣ。

【細】(세) 霽 サイ、セイ、ほそい
小篆 小篆 草書 Tㅣ hsi⁴ thin; slender
❶가늘세、세밀할세(微也密也)。『左
傳 襄公二十九年』其ㅣ已甚。 ❷잘세、
작을세(小也)。『書經 旅獒』不矜ㅣ行
終累大德。 ❸좀놈세(奸ㅣ)。
【細苛:세가】 자질구레하고 번거로움。
苛細。『唐書』治簡易、蠲略ㅣㅣ。
【細徑:세경】 좁은 길。小徑。細路。
【細故:세고】 대단하지 않은 일。小事。
【細骨窓:세골창】 세살창。
『漢書』捐ㅣㅣ、俱蹈大道。
【細工:세공】 ❶작은 물건을 만드는 것。
❷考案。策謀。
【細管:세관】 ❶가느다란 피리。『庾信』
ㅣㅣ調歌曲。 ❷소리가 작은 피리。 ❸가
느다란 管。
【細窮民:세궁민】 가난한 국민。
【細菌:세균】《生》單細胞 微生物。生物
중에서 가장 작으며 다른 生物에 寄生해
서 病源이 되는 菌。박테리아。
【細菌戰術:세균전술】 적군에게 전염
병균을 퍼뜨리는 전술。
【細菌學:세균학】《生》세균의 형태와
성질을 연구하는 학문。
【細謹:세근】 아주 작은 일에 이르기까
지 삼감。《轉》쓸데 없는 禮式。『史記·
項羽本紀』大行不顧ㅣㅣ。
【細農:세농】 ❶소규모로 짓는 농사。
❷細農家의 略稱。
【細農家:세농가】 ❶아주 가난한 농가。
❷소규모로 농사를 짓는 집。
【細談:세담】 쓸데 없는 잔 말。
【細大:세대】 ❶가느다란 것과 굵은 것。
❷작은 일과 큰 일。『史記』ㅣㅣ盡力。
【細讀:세독】 자세하게 읽음。精讀。『陸
游』舊書ㅣㅣ猶多味。
【細漣:세련】 잔물결。 細波。『喩鳧』長
津動ㅣㅣ。
【細簾:세렴】 가는 대로 촘촘하게 엮은
발。
【細論:세론】 세밀하게 의논함。 또는 세
밀한 의논。『杜甫』把酒且深酌、題詩好ㅣ
【細聾:세롱】 가는귀가 먹음。 「ㅣ。
【細流:세류】 졸졸 흐르는 시내。小川。
『史記』河海不擇ㅣㅣ、故能就其深。
【細柳:세류】《植》실버들。 세버들。
【細鱗:세린】 ❶조그마한 비늘。『蘇軾』巨
口ㅣㅣ、狀如松江之鱸。 ❷조그만 魚類。
【細馬:세마】 좋은 말。 잘 길들인 말。
良馬。『唐六典』每歲簡ㅣㅣ五十匹。
【細末:세말】 썩 곱게 빻은 가루。
【細麪:세면】 실국수。 「사리。
【細毛:세모】 ❶썩 가는 털。 ❷《植》참가
【細木:세목】 올이 아주 가는 무명。
【細目:세목】 자세하게 規定한 條目。『晋
書』王導輔政、務存大綱、不拘ㅣㅣ。
【細務:세무】 자질구레한 사무。 중대하
지 않은 잔일。『元史』但總持綱維、不屑
【細墨:세묵】 시먹。 「ㅣㅣ。
【細美:세미】 가늘고 고움。
【細微:세미】 ❶아주 가늘고 작음。細小。
細瑣。 ❷身分이 낮음을 일컬음。『崔顥』
人生今日得嬌貴、誰道盧姬身ㅣㅣ。
【細民:세민】 천한 백성。 가난한 사람。
【細密:세밀】 잘고 자세한 것。綿密。『北
史』雖號ㅣㅣ、百姓安之。 「별함。
『史記』通姦猾、侵ㅣㅣ。
【細別:세별】 종류에 따라서 세밀하게 구
【細報:세보】 자세하게 알림。詳報。
【細部:세부】 자세한 부분。
【細分:세분】 잘게 나눔。
【細事:세사】 자차분한 일。 瑣事。『南
史』以ㅣㅣ受鞭罰。
【細書:세서】 ❶가늘고 잔 글씨。『後漢
書』一札十行、ㅣㅣ成文。 ❷글씨를 가늘
고 잘게 씀。
【細石:세석】 잔 돌。
【細席:세석】 올이 가는 돗자리。
【細說:세설】 ❶詳細하게 하는 說明。『杜
甫』爲君ㅣㅣ我未暇。 ❷잔말。 쓸데 없는
말。 ❸小人의 말。『史記·項羽本紀』聽ㅣ
ㅣ、欲誅有功之人。
【細繩:세승】 가는 노끈。
【細辛:세신】 족두리풀이나 민족두리풀
의 뿌리。여
러가지의 한
약재로 씀。

細辛(三才圖會)

【細心:세심】
❶注意 깊게 마음을 씀。
❷마음이 너그럽지 못함。小心。小膽。
【細樂:세악】 軍中에서 장구·북·피리·
저·깡깡이로 편성한 음악。
【細案:세안】 자세하고 빈틈 없는 案件。
【細腰:세요】 가느다란 허리。柳腰。東
洋的 美人의 형용。纖腰。『後漢書·馬廖
傳』楚王好ㅣㅣ。
【細雨:세우】 가랑비。『梁簡文帝』ㅣㅣ雜
冷風。
【細雨斜風:세우사풍】 비껴 불어 오는
바람과 가늘게 내리는 비。斜風細雨。
【細音:세음】 「셈」의 取音。 계산。 분별
하는 슬기。
【細人:세인】 ❶비굴한 사람。 마음이 옹
졸한 사람。 쓸모가 없는 사람。 小人。
『禮記·檀弓』ㅣㅣ之愛人也以姑息。 ❷官位
가 낮은 사람。『韓非子·說難』與之論ㅣ
ㅣ、則以爲鬻權。
【細字:세자】 잘게 쓴 글자 잔글씨。『顏
氏家訓』年七十餘、目看ㅣㅣ。
【細作:세작】 간첩。 정탐군。『爾雅·註』
左傳謂之諜、今之ㅣㅣ也。
【細長:세장】 가늘고 기다람。
【細苧:세저】 가는 모시。 세모시。 「살。
【細箭:세전】《制》짧고 작은 화살。 아기
【細節目:세절목】 자질구레한 條目。
【細註:세주】 잔 註釋。
【細察:세찰】 자세히 살핌。
【細尖:세첨】 끝이 가늘고 뾰죽함。
【細草:세초】《植》애기풀。
【細葱:세총】《植》실파。
【細則:세칙】 자세하게 규정한 규칙。
【細評:세평】 자세하게 批評함。 또는 그

批評。『范成大』新詩莫ㅣㅣ。

【細布:세포】올이 고운 삼베。

【細胞:세포】❶《生》生物의 물체를 이루는 最小의 單位。❷共產主義 운동 등에서 各種 단체 속에 만든 末端 組織體。

【細胞膜:세포막】《生》세포로부터 이루어져 그 원형질을 싸 보호하는 엷은 막。

【細胞分裂:세포분열】《生》세포가 번식하기 위해 하나가 둘로 분열하는 현상。

【細胞組織:세포조직】《生》球狀으로 밀접하여 細胞間質이 적은 結締 조직。

【細胞核:세포핵】《生》세포 원형질 안에 있는 顆粒狀 물질。

【細風:세풍】솔솔 부는 바람。微風。

【細瑕:세하】조그마한 흠。조그마한 缺點。『漢書』擧大美者、不疵ㅣㅣ。

【細行:세행】아주 적은 행실。대수롭지 않은 禮法。『書經』不矜ㅣㅣ、終累大德。

【細畫:세화】섬세하게 그린 그림。

◎明ㅣ、微ㅣ、詳ㅣ、纖ㅣ、仔ㅣ、精ㅣ。

【紲】

(설) 屑 セツ、つなぐ fasten ㄒㄧㄝ hsieh⁴

小篆 或體 草書 ❶맬설(縲ㅣ繫也)。❷말고삐설(馬韁)。❸궁창설(弓鞃)。『周禮』恒角而達辟如終ㅣ。

【紲袢:설반】여름에 더위를 피하기 위해 입는 속옷。

【紲踰:설유】건너 넘음。『揚雄』亶觀夫剽禽之ㅣㅣ、犀兕之抵觸。

【紳】

(신) 眞 シン、おおおび girdle

小篆 草書 ❶큰띠신(大帶)『論語』子張書諸ㅣ。❷벼슬아치신(縉ㅣ仕宦)。❸점잖은 사람신(ㅣ士)。

【紳帶:신대】큰 띠。(文官이 두르던것)。『後漢書』刻著五臟、書諸ㅣㅣ。

【紳士:신사】❶일반 남자에 대한 美稱。젠틀맨。❷教養이 있고 德望이 높은 남자。上流社會의 사람。❸富貴한 사람。

【紳士道:신사도】신사로서 마땅히 지켜야 할 도리。

【紳士協約:신사협약】❶非公式의 國際協定。❷서로 상대를 믿고 결정하는 協約。

【紳商:신상】德義를 지키는 훌륭한 商「人」。

【䋉】

(말) 月 バツ、たび socks ㄕㄣ shen¹

草書 ❶맬말(所以束衣)。❷버선말(足衣)。『後漢書』絳袴ㅣ。

【紴】

㊀(파) 歌 ㊁(피) 紙 ヒ、ハ、うちひも girdle

㊀비단무늬파(錦紋、水ㅣ)。㊁실띠피(絛也)。

【紵】

(저) 語 チョ、あさぬの ramie cloth

小篆 或體 草書 모시저(絺ㅣ毓屬)。『書經』厥貢漆枲絺ㅣ。

【紵麻:저마】《植》모시풀。

【紵絮:저서】솜。綿絮。『揚子法言』ㅣㅣ三千。

【紵衣:저의】모시 옷。『左傳』子產獻ㅣ「ㅣ」。

【紵絺:저치】삼베와 가는 葛布。『說苑』ㅣㅣ三百。

【紶】

(거) 語 キョ、いとぐち clue

❶실끈거(絭繩)。❷실마리거(緒也)。

【䋎】

(탄) 諫 タン、つくろう sew

小篆 (古音「잔」『綻』과 같음) 궤맬탄、기울탄(補縫)。

【紸】

(주) 遇 シュ、つける join; connect

草書 ❶이을주(繼也)。❷면류관곁에단솜 주(冕傍纊)。『荀子』ㅣ纊聽息之時。

【紹】

(소) 篠 ショウ、とりもつ introduce ㄕㄠ shao⁴

小篆 古文 草書 ❶이을소(繼也)。『詩經』弗念厥ㅣ。❷얽을소(緊糾)。『戰國策』請爲ㅣ介。❸소개할소(ㅣ介、相佐助)。

【紹介:소개】모르는 사이를 알도록 관계를 맺어줌。두 사람 사이에 서서 어떤 일을 어울리게 함。『史記』平原君曰、勝請爲ㅣㅣ、而見之於先生。

【紹介狀:소개장】사람을 소개하기 위해 상대편에게 써 보내는 서장。

【紹繼:소계】앞의 일을 이어 받음。『淨住子·序』子者ㅣㅣ爲義。

【紹登:소등】이어 오름。『宋史』祺祥ㅣㅣ、海縣斯寧。

【紹復:소복】이어 일으킴。先祖나 先輩의 훌륭한 사업을 이어 다시 興盛하게 함。再興함。『書·盤庚』ㅣㅣ先王之大業。

【紹擯:소빈】손님을 소개함。『禮記』士爲ㅣㅣ。

【紹述:소술】앞 사람의 일을 이어 받아 행함。『宋史』以ㅣㅣ爲國是。

【紹承:소승】이어받음。『宋史』ㅣㅣ丕緒、永勵精明。

【紹絕:소절】끊어진 것을 이어 줌。

【紹恢:소회】앞 사람의 사업을 이어 더 크게 확대시킴。(恢는 大)。

【紺】

(감) 勘 カン、コン、こん dark blue ㄍㄢ kan⁴

小篆 草書 아청감、보라빛감(靑而含赤色)。『論語 鄕黨』君子不以ㅣ緅飾。

【紺瞳:감동】검푸른 눈동자。『蘇軾』ㅣㅣ綠髮初謝事。

【紺碧:감벽】검푸른 색。『范成大』曉霧朝暾ㅣㅣ烘。

【紺色:감색】검은 빛을 띤 남。

【紺園:감원】절。紺宇。『沈佺期』ㅣㅣ澄夕霽、碧殿下秋陰。

【紺靑:감청】짙고 산뜻한 쪽빛。鴉靑。

【紼】

(불) 物 フツ、ひも tangled thread ㄈㄨ fu²

小篆 草書 ❶엉킨실불(亂絲)。❷상여줄불(引柩索)。『禮記』助葬必執ㅣ。❸가릴불(蔽也)。『詩經』朱ㅣ斯皇。

【紼謳:불구】挽歌。상여를 메고 가며 부르는 노래。『事物異名錄』莊子、ㅣㅣ所生、必於斥苦、按、即挽歌也。

【絾】

(월) 月 エツ、ぬの cloth of fine texture ㄩㄝ yüeh⁴

小篆 ❶가는베월(細布)。❷채색비단월(采繒)。❸반베월(綵繐)。

【紽】

(타) 歌 タ、ダ、かず a coil of thread ㄊㄨㄛ t'uo²

草書 ❶오겹실타、실마리타(絲數)。『詩經』素絲五ㅣ。❷궤맬타(縫也)。❸실밥타(縫際)。

【絀】

㊀(출) 質 ㊁(굴)「俗音」 チュツ、ぬう sew; stitch ㄔㄨㄛ ch'uo⁴

小篆 草書 ㊀❶궤맬출(縫也)。『史記』却冠秫ㅣ。❷물리칠출(退也)。『史記 孔子世家』孔子與往陽虎ㅣ曰季氏饗士、非敢饗子也。㊁굽힐굴(屈伸曲也)。『荀子』緩急贏ㅣ。

【紾】(진) 軫 シン、めぐる roll ㄓㄣˇ chen³
小篆 草書 ❶구를진(轉也)。〔淮南子〕千萬一。❷비틀진(引捩)。〔孟子 告子下〕ㅣ其兄之臂。

【紾臂:진비】팔을 비틂음。

【紿】(태) 賄 タイ、あざむく deceive ㄉㄞˋ tai⁴
小篆 草書 ❶실엉킬태(絲縈難理)。❷속일태(欺誑)。〔史記〕田父ㅣ曰左。

【絁】(시) 支 シ、つむぎ silk ㄕ shih¹
草書 깁시、비단시(繒屬似布)。〔唐書〕丁歲輸綾ㅣ二丈。

【終】(종) 東 シュウ、おわる end; finish ㄓㄨㄥ chung¹
小篆 古文 草書 ❶마지막종、다할종(窮極)。❷마칠종、마침내종(竟也)。〔書經〕愼厥ㅣ惟其始。❸죽을종(卒也)。〔書經〕君子曰ㅣ小人曰死。❹끝종(末也)。〔中庸章句〕ㅣ言聖神功化之要。

【終講:종강】講義를 끝마침。

【終結:종결】끝을 냄。일을 마침。終局。

【終竟:종경】끝。終畢。〔後漢書〕言己不得ㅣㅣ於子道。

【終境:종경】땅의 지경이 끝나는 곳。

【終古:종고】❶언제든지。永久히。永遠히。❷옛날。古昔。〔晉書〕商略ㅣㅣ。❸恒常。平常。〔陸機·陸雲傳贊〕言論慷慨、冠乎ㅣㅣ。

【終曲:종곡】한 악곡의 마지막에 붙는 곡。피날레。「ㅣㅣ。

【終局:종국】끝판。終結。〔崔塗〕莫看棋

【終歸一轍:종귀일철】결국은 다 서로 같음。「所ㅣㅣ。

【終極:종극】끝。마지막。〔國語〕莫知其

【終期:종기】끝날 時期。끝날 때。

【終乃:종내】필경에。마침내。

【終年:종년】한 해를 마침。終歲。

【終禮:종례】학교 따위에서 그 날의 일과를 다 마친 뒤에 모여 행하는 행사。

【終了:종료】일을 끝냄。完了。

【終幕:종막】❶연극의 마지막 막。❷사건의 끝맺음。

【終末:종말】나중의 끝。끝판。結末。

【終無消息:종무소식】끝끝내 아무 소식이 없음。

【終杯:종배】❶차례로 돌아가는 맨 나중의 잔。末杯。❷술자리에서의 마지막 잔。畢杯。

【終朔:종삭】한 해의 마지막 달。섣달。

【終生:종생】목숨이 끝날 때까지의 동안。〔王褒〕誰可與兮ㅣㅣ。

【終夕:종석】=終夜。〔任昉〕ㅣㅣ不寐。

【終聲:종성】❶받침。❷나중 소리。「내。

【終是:종시】나중까지 끝이 나도록。끝

【終始:종시】나중과 처음。마침과 비롯함。처음과 끝。〔荀子〕愼終如始ㅣㅣ如一。

【終熄:종식】그침。끝남。終止。

【終食之間:종식지간】食事를 하는 짧은 시간의 뜻。《喩》얼마 되지 않는 동안。〔論語·里仁〕君子無ㅣㅣ違仁。

【終身:종신】❶한평생。죽을 때까지。❷臨終。

【終身保險:종신보험】피보험자가 죽어야만 보험금을 치러주는 생명 보험。

【終身年金:종신연금】연금의 일종。권리자가 사망할 때까지 매년 일정 금액을 급여 받을 수 있는 債權。

【終身之計:종신지계】한평생을 지낼 계책。〔管子〕ㅡㅡ、莫如樹人。

【終身之疾:종신지질】죽을 때까지 고칠 수 없는 痼疾。終身病。

【終身職:종신직】자기가 사퇴하지 않는 이상 종생토록 누릴 수 있는 직위。

【終審:종심】❶《法》審級制度에 있어서의 최종 심리를 일컬음。우리 나라에서는 어떠한 소송 절차에 있어서든 大法院의 最終審理임。❷마지막 심판。

【終夜:종야】밤 새도록。하룻밤 동안。終宵。

【終焉:종언】❶어떤 일에 從事하다가 그 일로 세상을 마침。❷어떤 일을 마쳐 끝냄。〔世說〕浩然有ㅣㅣ之志。

【終業:종업】❶일을 다 끝냄。❷學期·學年을 마침。

【終業式:종업식】어떤 업무를 마치는 「儀式。

【終譽:종예】언제까지나 명예를 잃지 않음。〔詩經〕庶幾夙夜以永ㅣㅣ。

【終日:종일】아침부터 저녁까지의 하룻동안。〔論語〕ㅣㅣ不食、終夜不寢。

【終章:종장】❶풍류·노래 등의 初章·中章에 대한 마지막 章。❷初中終 할 때에 어떠한 정한 글자가 끝에 있는 詩句。

【終戰:종전】전쟁이 끝남。

【終點:종점】기차·전차·버스 따위의 마지막 도착점。↔起點。

【終止符:종지부】❶한 文章이 끝났음을 나타내거나 연이어 끝맺음을 나타낼 때 찍는 부호。피리어드。❷일의 끝。

【終著:종착】마지막으로 닿음。

【終著驛:종착역】철도선의 마지막 역。

【終天之痛:종천지통】이 세상에서는 다시 또 없을만한 극도의 슬픔。

【終孝:종효】부모의 임종 때에 곁에 모셔 효성을 다함。

【絃】(현) 先 ゲン、いと string of instrument ㄒㄧㄢˊ hsien²
草書 줄풍류현(管ㅣ、八音之絲)。〔論語〕聞ㅣ歌之聲。

【絃歌:현가】거문고 따위와 어울려서 하는 노래。〔論語〕子之武城、聞ㅣㅣ之聲。

【絃琴:현금】거문고。〔後漢書〕悅此詩書、ㅣㅣ樂古。

【絃誦之聲:현송지성】「서시를 읊는 소리。거문고를 타면

【絃樂:현악】絃樂器를 彈奏하는 音樂。↔管樂。

【絃樂器:현악기】줄을 걸어 치고 彈奏하는 악기。거문고·가야금·기ㅣ타·바이얼린 따위。

【組】(조) 麌 ソ、くむ constitute ㄗㄨˇ tsu³
小篆 草書 ❶인끈조(印紱、綬也)。〔書經〕厥篚玄纁璣ㅣ。❷땋은실조(ㅣ紃、條也)。〔禮記〕織紝ㅣ紃。❸짤조(ㅣ織)。❹만들조(ㅣ成、ㅣ閣)。

【組閣:조각】《政》內閣을 조직하는 것。

【組練:조련】❶갑옷과 투구。❷갑옷과 투구로 무장한 兵士。〔唐太宗〕ㅣㅣ輝霞色。

【組成社會:조성사회】일정한 목적을 달성하기 위하여 조직 결합된 사회。

【組織:조직】❶실을 짜서 길삼하는 것。〔遼史〕樹桑麻、習ㅣㅣ。❷《生》같은 형태와 기능을 가진 細胞의 집단。이것이 모여서 器官을 形成함。❸단체 또는 사회를 구성하는 각 요소가 결합하여 有機的 작용을 하는 統一體로 되는 것。〔劉峻〕ㅣㅣ仁義、琢磨道德。

【組織網:조직망】빈틈 없이 짜인 조직。

【組織的:조직적】여러 개의 사물이 일정한 체계와 질서가 있는 것。

【組織體:조직체】조직된 몸뚱이나 단「체。

【組織學:조직학】《生》生物의 조직의 구성·분화·발생·기능 등을 연구하는 解剖學의 한 분과。

【組版:조판】활판을 구며 짬。製版。

【組合:조합】 ❶구미어 합침. ❷일정한 목적 수행을 위한 사단 법인의 한 가지. 公共組合·協同組合·勞動組合 따위. ❸《法》民法上 共同出資하여 共同 경영하는 契約.

【組合員:조합원】 《法》조합을 조직한 각 당사자.

【絅】 ㊀(경) 靑 ㊁(경) 徑 ケイ、ひとえもの unlined clothes ㄐㄩㄥˇ chiung³

絅 小篆 草書 ㊀낚을경(急引捕魚). ㊁홑옷경(禪衣). 【中庸】詩曰衣錦尙ㅣ 惡其文之著也.

【絆】 (반) 翰 ハン、きずな bridle ㄆㄢˋ pan⁴

絆 小篆 草書 ❶옭아맬반(羈ㅣ、馬縶). 【漢書】今吾子已貫仁義之羈ㅣ. ❷말굴레반(馬繩).

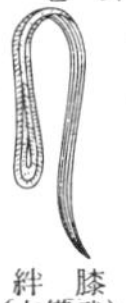
絆膝(武備志)

【絆拘:반구】 얽어 묶음. 【蕭穎士】越ㅣ之常禮. 「良遣ㅣㅣ.

【絆羈:반기】 말재갈. 羈絆. 【戴表元】馬

【絆緣:반연】 얽혀서 맺는 인연.

【絆創膏:반창고】 《醫》헝겊에 약품을 발라서 만든 고약의 한 가지. 흔히 무슨 약을 붙이고 그 위에 겹쳐 붙이는 데에 씀.

◎脚ㅣ、羈ㅣ.

【絇】 (구) 虞 遇 ク、くつかざり ornament of a toecap ㄑㄩˊ ch'ü²

絇 小篆 草書 ❶신코꾸밈구(履頭飾). 【儀禮】靑ㅣ繶純. ❷그물구(罥罟別名).

【絇繶:구억】 신끝에 달린 장식. 【儀禮】靑ㅣㅣ純.

【経】 (경) 『經』(糸部 7畫)의 俗字

六畫

【紝】 (임) 『紝』(糸部 4畫)과 같음

【絎】 (행) 敬 コウ、ぬう sew ㄏㄤˊ hang²

絎 草書 바느질할행(縫紩).

【絏】 (설) 屑 セツ、つなぐ tie up; bind ㄒㄧㄝˋ hsieh⁴

絏 草書 맬설(縲ㅣ、繫也). 【左傳】臣負羈ㅣ.

【結】 (결) 屑 ケツ、むすぶ bind; tie ㄐㄧㄝˊ chieh¹·²

結 小篆 草書 ❶맺을결(締也). 【易繫辭】上古ㅣ繩而治. ❷마칠결(終ㅣ). ❸나중결(ㅣ局). ❹【國字】몫결(稅禾百負).

【結裹:결과】 ❶묶어 냄. ❷거적 따위로 棺을 싼 위에 밧줄로 얽어 동여 맴.

【結果:결과】 ❶어떤 行爲로 이루어진 결말의 상태. ↔原因. ❷열매를 맺음. ❸成果. ❹《佛》原因의 結末. 【佛本行論】善因結善果惡因結惡果.

【結果期:결과기】 열매를 맺는 시기.

【結果說:결과설】 行爲를 도덕적으로 평가하는 데 있어서 동기보다 결과를 중요시하는 道德論. ↔動機說.

【結果的加重犯:결과적가중범】 《法》일정한 범죄로 말미암아 생긴 附帶的 결과로 인하여 刑이 가중된 범죄.

【結交:결교】 교분을 맺음.

【結口:결구】 입을 다물고 말을 하지 않음. 緘口. 【蔡邕】群下ㅣㅣ、莫圖正辭.

【結句:결구⇨결귀】 詩歌의 마지막 句. 맺는 글귀. 【滄浪詩話】ㅣㅣ好難得.

【結構:결구】 ❶얽은 짜임새. 【後漢書】ㅣㅣ文辭. ❷연구하여 만들어낸 案. 計畫. 構成. 플로트.

【結局:결국】 ❶장기나 바둑의 한 勝負의 끝. 局은 棋의 勝負. ❷일의 끝장. 일의 귀결되는 마당.

【結納:결납】 ❶서로 마음을 통하여 도움. 結託. 【唐書·田弘正傳】弘正不覺自失、乃深相ㅣㅣ. ❷婚約의 뜻으로 兩家에서 보내는 禮物. 納采.

【結黨:결당】 ❶政黨을 結成함. ❷짝을 지어 짝패를 만들음.

【結黨式:결당식】 정당을 결성하는 식.

【結頭錢:결두전】 《制》필요에 따라 토지의 조세에 덧붙여 받던 돈.

【結攬:결람】 동지를 모아 들임.

【結廬:결려】 움막같이 조그맣게 집을 얽어 지음. 집을 장만함. 廬는 초라한 집.

【結連:결련】 ❶서로 맺어 한데 잇댐. ❷연속되게 함. 連結. 【元史】母子以褓相ㅣㅣ、晝夜號哭.

【結論:결론】 ❶끝맺는 말이나 글. ❷《論》삼단 논법의 결말의 명제.

【結膜:결막】 《生》눈알의 겉과 눈꺼풀의 안을 싼 얇은 막.

【結膜炎:결막염】 《醫》결막에 생기는 염증. 삼눈의 한 가지.

【結末:결말】 끝 맺음. 끝.

【結盟:결맹】 연맹을 맺음. 締盟.

【結墨:결묵】 재목을 다듬을 때에 먹으로 치수를 표함.

【結尾:결미】 일의 끝. 文章의 끝. 結末.

【結縛:결박】 ❶두 손을 묶음. ❷《佛》煩惱. 【無量壽經】煩惱ㅣㅣ.

【結髮夫婦:결발부부】 처녀 총각끼리 처음 혼인한 부부.

【結付:결부】 잇대어 붙임.

【結氷:결빙】 물이 얼어 붙음. 凍氷. ↔「解氷.

【結氷期:결빙기】 물이 얼 무렵.

【結氷點:결빙점】 《物》氷點.

【結社:결사】 主義·思想·意見이 같은 사람이 모여 한 단체를 만드는 것. 또는 그 단체. 【溫庭筠】暫對山松如ㅣㅣ.

【結辭:결사】 끝맺는 말.

【結石:결석】 《醫》체내의 여러 가지 臟器속에 생기는 돌 같은 固形物. 膽石·尿石 등.

【結成:결성】 단체의 조직을 맺어 이룸.

【結成式:결성식】 어떤 단체를 결성하는 식.

【結稅:결세】 《制》토지의 結卜에 따라 매「기던 조세.

【結束:결속】 ❶한 다발로 묶음. ❷旅行등의 몸차림을 함. 【韓愈·送侯參謀赴河中幕詩】行行事ㅣㅣ. ❸同志의 結合.

【結愁:결수】 슬퍼서 마음이 답답하고 근심함.

【結繩:결승】 古代에 문자가 없었을 때 끈을 맺는 방법으로 의견을 교환하고 사물의 記憶을 하게 한 풍습. 《轉》古代의 政治. 【孔安國·古文尙書·序】造書契以代ㅣㅣ之政.

【結繩文字:결승문자】 古代、文字가 없을 때 새끼의 매듭의 모양과 수 따위로써 의사를 표시했던 것. 南美의 페루의 것이 가장 有名.

【結實:결실】 ❶植物이 열매를 맺음. ❷結果가 나타남. 成果를 올림.

【結審:결심】 《法》재판의 마지막 審理. ↔豫審.

【結約:결약】 맹세하거나 약속을 맺음.

【結緣:결연】 ❶인연을 맺음. 關係를 맺음. 親近해 짐. 【白居易】三郡何因此ㅣㅣ. ❷《佛》佛道에 인연을 맺음. 佛道에 歸依「하는 것.

【結怨:결원】 원수를 삼음.

【結義:결의】 의리로써 남남끼리 친족과 같은 관계를 맺음.

【結義兄弟:결의형제】 형제의 의를 맺음. 또는 그런 兄弟.

【結者解之:결자해지】《國》맺은 사람이 풀어야 한다는 뜻으로 처음에 일을 벌려놓은 사람이 끝을 맺어야 한다는 뜻。『旬五志』。

【結腸:결장】《生》大腸의 盲腸과 直腸을 제외한 가운데 부분。

【結晶:결정】❶물체가 일정한 평면들에 둘러싸여 내부의 원자 배열이 규칙적으로 됨。또는 그런 물체。❷뭉치어져 단단함。❸努力 등에 의하여 이루어진 일。

【結晶水:결정수】《鑛》어떤 물질이 결정될 때에 빨아들이는 일정한 분량의 물。

【結晶質:결정질】結晶 상태에 있는 물질。

【結晶體:결정체】《鑛》결정하여 일정한 형체를 이룬 물질。

【結陣:결진】진을 침。

【結集:결집】❶한데 모아 뭉침。❷《書》석가가 돌아간 뒤 제자들이 교조의 유훈을 모아 편집한 것。

【結綵:결채】옛날 임금이 지날때나 中國의 칙사가 올 때에 색실이나 색종이 따위로 다리나 문을 꾸미던 일。

【結體:결체】❶결합한 몸。『晉書』宇宙而括囊。❷글자의 획을 맞춤。『唐書』—遒麗、遂以書名天下。

【結締:결체】잡아 맴。졸라 맴。

【結締質:결체질】《生》내장에 분포하여 그 기초·間質 또는 支柱가 되는 조직。

【結梢:결초】=結末。

【結草:결초】❶死後 은혜를 잊이 않고 갚는 것。《故》中國 春秋時代 晉의 魏武子의 아들 顆가 아버지의 遺言을 實行하지 않고 庶母를 改嫁시켜 殉死를 免하게 하였더니、후에 魏顆가 전쟁에 나가 秦의 杜回와 싸워 危殆할 때、庶母의 아버지의 亡魂이 적군의 앞길에 풀을 잡아 맺어 杜回를 사로잡게 하였다함。『左傳·宣·十五』。❷풀로 지은 막。草廬。草幕을 지음。❸풀을 맺어 占을 치는 것。

【結託:결탁】❶=結納①。❷한 패가 됨。『陶潛』——善惡同、安得不相語。「로 됨。

【結合:결합】관계를 맺고 합쳐서 하나로 결합하여 같은 최고 권력 아래 결합한 나라。

【結合國:결합국】둘 이상의 나라가 서

【結合力:결합력】❶서로 결합하는 힘。❷《物》原子核의 中性子와 陽子를 결합시키는 에네르기。

【結合生産:결합생산】《經》한 근원이나 한 생산과정에서 二가지 이상의 물건이 생산되는 것。

【結合罪:결합죄】《法》법률상 몰아서 한 덩이로 다루는 죄。結合犯。

【結合體:결합체】여러 개체가 합쳐 한 개를 이룬 조직체。

【結項:결항】목을 맴。

【結核:결핵】=結核病。

【結核菌:결핵균】《醫》결핵병을 일으키는 병균。

【結核病:결핵병】《醫》몸 안에 결핵균이 기생하여 일어나는 병。폐결핵 따위。

【結好:결호】좋은 의를 맺음。

【結婚:결혼】시집가고 장가 드는 일。혼인 관계를 맺음。夫婦가 됨。『後漢書』——之際、有命既集。「주장。

【結婚觀:결혼관】결혼에 관한 견해 및

【結婚式:결혼식】결혼 관계를 맺는 의식。「사랑。

【結婚愛:결혼애】결혼한 부부 사이의

【結婚政策:결혼정책】다른 계급이나 족속 사이의 혈통을 개량하려고、相互간의 결혼을 권장하는 정책。

【結喉:결후】《生》사람의 턱 아래의 목의 軟骨이 솟아 나온 곳。『列女傳』白頭深目、印鼻——。

【結胸症:결흉증】《醫》가슴과 배가 당기고、몹시 아픈 급한 열병。

◎歸—、團—、凍—、氷—、連—、完—、要—、凝—、終—、締—。

【絑】(주) 虞 シュ、しゅ silks

小篆

붉은비단주(赤色繒)。

【絓】(괘) 卦 カイ、かかる hang

小篆 草書

❶맺을괘(結也)。《ㄍㄨㄚˋ kua⁴》『左傳』駗—于木而止。❷달괘(懸也)。『楚辭』心結—而不解。

【絓結:괘결】❶이어 맺어짐。❷마음이 명랑하지 않음。『楚辭』心——而不解兮。

【絓絲:괘사】精製하지 않은 명주실。

【絕】(절) 屑 ゼツ、たつ、たえる cut; break off

小篆 古文 草書

❶끊을절(斷也)。《ㄐㄩㄝˊ chüeh²》❷으뜸절(冠也)。❸뛰어날절(超也)。❹지날절(過也)。❺『荀子』假舟檝者非能水而—江河。막을절(謝絕)。❻멸할절(滅也)。『書經』天用勦—其命。❼극진할절(極也)。❽폐할절(廢也—食)。❾막힐절(隔也)。❿잘을절(橫斷)。⓫기이할절(奇也)。⓬그칠절(止也)。⓭결단할절(決也)。⓮아득할절(相距遼遠)。

【絕佳:절가】대단히 아름다움。아주 훌륭함。『蘇軾』惠洒——。

【絕家:절가】혈통이 끊어져 상속자가 없는 집안。

【絕澗:절간】깊고 험한 골짜기。『後漢書』深林——、有若自然。

【絕景:절경】더할 나위 없이 훌륭한 경치。『春渚紀聞』於郡城——處、增廣樓居。

【絕穀:절곡】=斷食。『漢武內傳』修——全身之術。

【絕交:절교】서로 사귐을 끊음。『後漢書』著——論、蓋矯時之作。

【絕句:절구】漢詩의 近體詩의 하나。起承轉結의 네 句로 됨。중국 六朝의 樂府에서 비롯하여 唐代에 定形化되었는데 五言絕句와 七言絕句의 종류가 있음。起承轉結의 四句에는 각기 平仄의 排列에 一定한 法式이 있음。그 平仄은 다음과 같음。○은 平、●은 仄、◑은 平仄의 어느 것이라도 可함。

五言絕句仄起式(正格)

起	◑	●	○	○	●
承	◑	○	◑	●	○
轉	◑	○	○	●	●
結	◑	●	●	○	○

五言絕句平起式(偏格)

起	◑	○	○	●	●
承	◑	●	●	○	○
轉	◑	●	○	○	●
結	◑	○	◑	●	○

七言絕句平起式(正格)

起	◑	○	◑	●	●	○	○
承	◑	●	◑	○	◑	●	○
轉	◑	●	◑	○	○	●	●
結	◑	○	◑	●	●	○	○

七言絕句仄起式(偏格)

起	◑	●	◑	○	◑	●	○
承	◑	○	◑	●	●	○	○
轉	◑	○	◑	●	◑	○	●
結	◑	●	◑	○	◑	●	○

【絕群:절군】무리 가운데서 뛰어남。出衆。拔群。『晉書』廣微——。

【絕叫:절규】힘을 다하여 부르짖음。또는 외침。『晉書』袁耽投馬——。

【絕奇:절기】매우 奇異한 것。

【絕技:절기】뛰어난 재주。妙技。『班固』逢蒙——於弧矢。

【絕斷:절단】=斷絕。

【絕談:절담】특별나게 잘된 말。

【絕大:절대】더할나위 없이 큼。

【絕對:절대】❶견줄 만한 상대가 없음。↕相對。❷一切 制約을 받지 않는 것。❸《哲》一切의 現象에서 超越하여 독립한 완전한 실재。神·本體 따위。

【絕代:절대】❶=絕世③。『杜甫』——有佳人、幽居在容谷。❷멀리 떨어진 옛 時代。『郭璞·爾雅序』總——之離詞。

【絕代佳人:절대가인】비할 데없이 아름다운 여자。절세 가인。절세 미인。

【絕對概念:절대개념】《論》산·집·사람 따위와 같이 독립한 意義를 가지는 개념。↕相對概念。

【絕對權:절대권】《法》권리의·내용이

법에 의하여 보호되는 이익을 직접 지배하며, 그 효력이 일반인을 의무자로 하여 이에 대항할 수 있는 것。 物權·人格權 따위。

【絕對多數:절대다수】 전체의 거의 모두를 차지할 만한 수。압도적으로 많은 수。

【絕對說:절대설】 ❶美의 감상 비평에 일정한 절대적 표준이 있다는 설。 ❷나라의 권력은 절대적이므로 개인은 오직 복종만을 요한다는 설。

【絕對濕度:절대습도】 《物》단위 體積인 一입방미터의 공기 속에 포함된 수증기의 양。

【絕對溫度:절대온도】 《物》섭씨 영하 二七三·一五도를 영도(절대 영도)로 하여 이를 基點 삼아 섭씨의 눈금으로 잰 온도。

【絕對王政:절대왕정】 《政》봉건 사회에서 자본주의 사회로의 과도기에 나타난 일종의 국가 형태。 絕對君主制。

【絕對音樂:절대음악】 《樂》音의 순수한 예술성 만을 목표하여 작곡된 음악。 교향곡 푸가(fuga 遁走曲) 따위의 순음악。↕標題音樂。

【絕對義務:절대의무】 납세·병역 따위처럼 권리가 대립하지 않는 의무。↕相對義務。

【絕對日較差:절대일교차】 한 달 동안의 최고 기온 중의 최고와, 최저 기온 중의 최저와의 차。

【絕對者:절대자】 아무 것에도 依存하거나 制約을 받지 않는 존재자。

【絕對的:절대적】 아무런 조건이나 제약이 없는 것。↕相對的。

【絕對值:절대치】 《數》어떤 실수에서 正負의 부호를 떼어버린 수。 절대값。

【絕島:절도】 육지에서 멀리 떨어져 있는 외딴 섬。『杜甫』——容烟霧。

【絕倒:절도】 ❶허리가 끊어지도록 웃음。『五代史·晉家人傳』左右皆失笑、帝亦自——。 ❷기절하여 넘어짐。『宋史』王登忽——、五臟出血而卒。 ❸매우 슬퍼함。

【絕落:절락】 끊어져 떨어짐。

【絕糧:절량】 양식이 다 떨어짐。

【絕戀:절련】 연애 관계를 끊어 그만둠。

【絕倫:절륜】 매우 뛰어남。出衆함。『漢書·匡衡傳』經學——。

【絕望:절망】 소망이 끊어짐。완전히 희망이 없음。『漢書』天下——矣。

【絕望顧:절망고】 일이 바빠서 다른 일을 돌볼 겨를이 없음。

【絕脈:절맥】 ❶맥이 끊어짐。죽음。 ❷산의 穴脈이 끊이어 갈림。

【絕滅:절멸】 멸망하여 뒤가 아주 끊어짐。『水經·註』今池林——、略無遺跡矣。

【絕命:절명】 목숨이 끊어져 죽음。

【絕妙:절묘】 매우 뛰어남。매우 좋음。『北齊書』嘗夢人彈琴、寤而寫得、當時以爲——。

【絕無:절무】 전혀 없음。조금도 없음。『蘇軾』秦漢以來之所——而僅有。

【絕壁:절벽】 급하고 험한 낭떠러지。『世說』桓溫入峽、——天懸。

【絕嗣:절사】 =無後。

【絕色:절색】 뛰어난 미인。一色。『侍兒小名錄』孫亮愛姬四人、皆振古——。

【絕世:절세】 ❶代를 이을 子孫이 끊어짐。 ❷世上을 버림。죽음을 말함。 ❸比較할 수 없을 만큼 뛰어남。絕代。『漢書』——而獨立。

【絕世美人:절세미인】 =絕代佳人。

【絕笑:절소】 몹시 자지러지게 웃거나 그 웃음。

【絕所:절소】 썩 험악한 곳。

【絕俗:절속】 ❶俗世를 떠남。時俗의 일에 관계하지 않음。『王褒』眇然——離世哉。 ❷世俗 사람보다 越等하게 뛰어남。『後漢書』貞高——脫俗。

【絕孫:절손】 자손이 끊임。無後。

【絕秀:절수】 썩 빼어남。

【絕勝:절승】 ❶경치가 아주 뛰어나게 좋은 곳。絕景。『曾鞏』陰負——尤倡佯。 ❷매우 뛰어남。『韓愈』最是一年春好處、——烟柳滿皇都。

【絕息:절식】 ❶없어짐。그침。『史記·始皇本紀』災害——。 ❷숨이 끊어짐。絕命。

【絕食:절식】 ❶먹을 것이 다 되어서 없음。 ❷음식을 먹지 않음。『周書』——再宿。

【絕信:절신】 소식을 끊음。또는 끊어진 소식。

【絕域:절역】 멀리 떨어져 있는 땅。絕境。『漢書』爲將相使——。

【絕緣:절연】 ❶因緣을 끊음。關係를 끊음。 ❷전기나 熱이 통하지 않음。

【絕緣物:절연물】 《物》전기의 導體를 절연하기 위하여 쓰는 물건。「그런 편지。

【絕緣狀:절연장】 인연을 끊는 글 또는

【絕緣材料:절연재료】 《物》電氣나 熱이 전하지 않게 하기 위하여 쓰는 不導體。絕緣體。

【絕緣體:절연체】 =絕緣材料。

【絕艶:절염】 비할 데 없는 美人。뛰어나게 아리따운 것。絕美。『李白』句踐徵——、楊娥入吳關。

【絕影:절영】 그림자가 끊어짐。

【絕飮:절음】 먹던 술을 끊음。

【絕異:절이】 아주 뛰어남。『後漢書』姿顏姝麗、——于衆。「어남。

【絕人:절인】 남이 따를 수 없을 만큼 뛰

【絕人之勇:절인지용】 남이 따를 수 없을 만큼 뛰어난 용맹。

【絕長補短:절장보단】 긴 것을 잘라서 짧은 것에 채움의 뜻으로 좋은 것으로 부족한 것을 기워서 채움。

【絕才:절재】 아주 뛰어난 才能。또는 그 사람。『後漢書』此六子者、皆有殊行——。

【絕材:절재】 아주 뛰어난 재주。「——。

【絕跡:절적】 발걸음을 끊고 왕래하지 않음。絕足。

【絕頂:절정】 ❶산의 맨 꼭대기。『盧照鄰』橫臨——。 ❷事物의 頂點。

【絕調:절조】 뛰어나게 훌륭한 곡조。

【絕種:절종】 생물의 씨가 끊어져 없어짐。

【絕地:절지】 멀리 떨어져 있는 곳。「집。

【絕讚:절찬】 더할 나위 없이 칭찬함。절대적인 讚辭。

【絕唱:절창】 뛰어나게 훌륭한 詩歌。또는 名唱。『晉書』——高蹤、久無嗣響。

【絕處逢生:절처봉생】 극도로 窮迫한 데서 살길을 얻음。

【絕體絕命:절체절명】 아무리 하여도 별다른 도리가 없는 궁박한 경우。

【絕特:절특】 보통보다 뛰어나게 별다름。『韓愈』滕王閣獨爲第一、有瑰偉——之稱。

【絕版:절판】 어떤 인쇄물의 간행이 끊어짐。

【絕悖:절패】 몹시 모질고 흉악함。

【絕品:절품】 아주 잘 된 물건。

【絕筆:절필】 ❶글씨 쓰는 것을 그침。擱筆。『杜預·左傳序』——於獲麟之一句。 ❷뛰어난 筆跡。 ❸生存 중에 마지막 쓴 글씨。또는 그 作品。

【絕乏:절핍】 完全히 缺乏하는 것。『傳』振——。

【絕壑:절학】 깊고 험한 溪谷。『左傳』——。『李白』縈崖渡——。

【絕汗:절한】 죽을 임시에 이마에 나는 식은 땀。

【絕海:절해】 ❶바다를 건넘。『梅堯臣·與文師詩』蒼鷹——至。 ❷陸地에서 멀리 떨어진 바다。遠海。

【絕海孤島:절해고도】 아주 멀리 떨어져 있는 바다 가운데 외떨어진 섬。

【絕險:절험】 아주 험한 곳。『詩經』終踰——、曾是不易。

【絕峽:절협】 깊고도 험한 두메。

【絕好:절호】 더할 나위 없이 좋음。「佳。絕

【絕火:절화】 가난하여 밥을 짓지 못함。

【絕後:절후】 ❶앞으로 그와 같은 예가

다시는 없음。〔宣和畫譜〕顧冠于前、張絕于後。❷代를 이을 사람이 없음。❸죽은 다음。死後。
◎拒ー、隔ー、困ー、冠ー、氣ー、奇ー、斷ー、杜ー、謝ー、義ー、中ー、超ー、岐ー、卓ー、廢ー、懸ー。

【絖】(광) 漾 コウ、わた washed cotton ㄎㄨㄤ k'uang⁴ 草書 빤솜광、고운솜광(細綿)。〔莊子〕世世以洴澼ー爲事。

【紋】(차) 寘 ジ、いと thread ㄘ tz'u⁴ 小篆 ❶손질하지 않은 낳이 실차(績所未緝)。❷구실베차(列肆稅布)。

【絙】(환) 寒 カン、くみひも come loose ㄍㄥ kêng¹ 小篆 느즈러질환(緩也)。

【絚】㊀(긍) 徑 コウ、なわ ㊁(긍) 蒸 rope 草書 ㊀밧줄긍(大索)。㊁줄켕길긍、줄질긍(ー瑟、急張絃)。〔楚辭〕ー瑟兮交鼓。
【絚橋:긍교】 밧줄을 걸어 건너는 다리。
【絚繳:긍교】 밧줄。새끼줄。〔晉書〕ーー上下。

【絜】㊀(혈) 屑 ケツ、はかる ㊁(결) 屑 measure ㊂(계) 霽 ㄐㄧㄝ chieh² 小篆 草書 ㊀❶잴혈、헤아릴혈(ー矩度也)。〔禮記〕是以君子有ー矩之道。❷묶을혈(約束)。〔莊子〕見櫟社樹其大蔽牛ー之百圍。㊁❶삼한오리결(麻一耑)。❷고요할결(靜也)。❸조촐할결(清也)。〔左傳〕ー粢豐盛。㊂끄을계(挈也)。
【絜矩:혈구】 ❶자로 잼。絜은 잼。矩는 자。❷사람을 생각하고 살피어서 바른 길로 向하게 하는 道德上의 規則。絜矩之道。〔大學〕是以君子有ーー之道也。
【絜楹:결영】 ❶돌로 기둥을 문대어 깨끗이 윤을 냄。〔禮記〕。❷圓轉滑脫의 뜻。〔楚辭〕如脂如韋、以ーー乎。
【絜粢:결자】 제사 때 神에게 바치는 清潔한 黎稷洗米。〔左傳〕ーー豐盛。
【絜濟:결제】 깨끗이 정제함。〔易經〕萬物ーー。

【絝】(고) 遇 コ、はかま trousers ㄎㄨ k'u⁴ 小篆 草書 바지고(股衣)。〔後漢書〕平生無襦今五ー。

【絞】(교) 巧 コウ、くびる hang ㄐㄧㄠ chiao³ 小篆 草書 ❶급할교(急也)。❷목맬교(死刑、縊也)。〔左傳〕若其有罪ー縊以戮。❸염매교、염포교(斂布)。〔禮記〕小斂布ー。

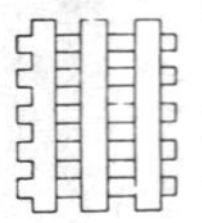

絞❸(三禮圖)(又云大斂絞)

【絞絞:교교】 서로 연결된 모양。〔邵謁〕綿綿ーー。
【絞帶:교대】 喪服에 쓰는 삼 띠。〔儀禮〕ーー者、繩帶也。

斬衰絞帶(禮器圖)

【絞戮:교륙】 ＝絞殺。〔晉書〕有縛束而ー者矣。
【絞死:교사】 목 매어 죽음。絞殺함。〔漢書〕自ーー者、歲數百千人。
【絞殺:교살】 ＝絞首。
【絞首:교수】 목을 매어 죽임。
【絞首臺:교수대】 絞首刑을 執行하는 「臺。
【絞首刑:교수형】 (法) 목을 아매어 죽이는 死刑。
【絞車:교차】 起重機의 한 가지。

絞車(武備志)

【絞刑:교형】 ＝絞首刑。

【絟】(전) 先 セン、ぬの cloth of fine texture 小篆 ❶가는베전、고운베전(細布)。❷칡전(葛也)。

【絡】(락) 藥 ラク、からむ bind; cord ㄌㄠ lao⁴ 小篆 草書 ❶둘릴락(籠ー、繞也)。〔西都賦〕籠山ー野。❷맥락(經ー、脈也)。❸쌀락(包ー)。〔漢書〕緜ー天地。❹이을락、연락할락(聯也)。❺생삼락(生麻)。❻얽을락(連也)。❼담쟁이락(ー石)。
【絡車:낙거】 실을 감는 물레。

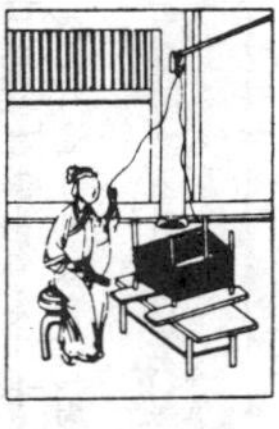

絡車(三才圖會)

【絡頭:낙두】 馬具의 하나。말 갈기 위에 장식하는 것。羈絡。〔杜甫·驄馬行〕青絲ーー爲君老。
【絡束:낙속】 묶음。〔漢書〕支體ーー、口「含玉石。
【絡緯:낙위】 《動》귀뚜라미。여치。베짱이。一說에는 蟋蟀。〔李白·長相思〕ーー秋啼金井闌。
◎經ー、籠ー、脈ー、連ー。

【絢】(현) 霰 ケン、あや、うつくしい stylish ㄒㄩㄢ hsüan⁴ 小篆 草書 채색무늬현(采成文)。〔論語〕素以爲ー兮。
【絢爛:현란】 ❶윤이 있어 번쩍번쩍 빛나 아름다운 것。눈부시게 빛남。〔朱德潤〕ーー晴光入座紅。❷文章·詩歌 따위의 글귀가 맑고 아름다운 것。〔蘇軾〕采色ーー。
【絢練:현련】 빠른 모양。〔顏延之〕ーー「夐絕。
【絢飾:현식】 아름답게 꾸밈。〔唐書〕馬植精吏事、以文雅、ーー其政。

【絣】(병) 庚 ホウ、つぐ connect ㄅㄥ pêng¹ (古音「붕」) 小篆 草書 ❶문늬 없는 비단병(無文綺)。〔戰國策〕妻自組甲ー。❷이을병(續也)。〔後漢書 班固傳〕將ー萬嗣。❸먹줄튀길병(振墨繩)。

【絤】(선)「綫」(糸部 8畫)과 같음

【給】(급) 緝 キュウ、あてがう、あたえる give; supply ㄌㄨㄛ luo⁴ 小篆 草書 ❶넉넉할급(贍也、足也)。〔孟子〕秋省斂而助不ー。❷줄급(供ー)。〔左傳僖公十三年〕敢不供ー。❸말민첩할급、말잘할급(口捷)。〔論語 公冶長〕佞人以口辭捷ー。
【給假:급가】 휴가를 줌。給暇。賜暇。〔元史〕每月朔望上弦下弦、ーー四日。
【給供:급공】 공급하여 줌。供給。〔魏書〕給百五十人供。
【給料:급료】 ❶(制)李朝 때 料米를 주

던 일。料給。❷使用人·勞動者 등의 勤勞에 대하여 雇傭主가 지불하는 보수。日給·月給 따위。俸給。『唐書』內外官不一一錢。

【給付:급부】 줌。 재물을 供給·交付하는 것。

【給扶:급부】 =給助。『南齊書』又一一二人。

【給費:급비】 비용을 줌。

【給費生:급비생】 정부나 특수한 단체에서 學資金을 받는 학생。

【給仕:급사】 (日)❶食事를 돕는 使童。❷飲食店에서 부리는 사람。❸관청、회사에서 일을 돕는 使喚。

【給賜:급사】 물건을 내려 줌。『宋史』鴻臚寺卿、掌四夷朝貢、宴勞一一、送迎之事。

【給水:급수】 물을 나눠 줌。

【給水工事:급수공사】 물을 공급하기 위하여 하는 공사。水道工事。

【給水管:급수관】 配水管에서 갈려서 각 집으로 급수되는 管。

【給水制限:급수제한】 상수도의 물이 넉넉하지 못할 때 물 보내기를 제한하는 것。

【給食:급식】 식사를 제공함。

【給養:급양】 ❶물건 따위를 주며 기름。❷동물의 생존에 필요한 양식·금전·의료 등을 공급함。

【給與:급여】 돈이나 물건을 줌。 또는 그 돈과 물건。『唐書』一一不時、戍人寒餞。

【給與金:급여금】 주어지는 돈。 연금이나 상여금 따위로 주어지는 돈。

【給由:급유】 말미를 잠시 허락하여 줌。

【給油:급유】 기름을 공급함。 여유를 줌。

【給油船:급유선】 航海 중의 배에 개솔린 따위의 기름을 공급하는 배。

【給油所:급유소】 =注油所。

【給次:급차】 치러 주어야 할 돈。

【給債:급채】 빚으로 돈을 꾸어 줌。

【給債逢批頰:급채봉비협】 (國) 빚주고 뺨 맞기。(喩)남에게 후하게 대접하고 도리어 봉변을 당함。『旬五志』。

【給炭:급탄】 석탄을 공급하여 줌。

◎加一、減一、高一、官一、配一、俸一、分一、賜一、昇一、女一、年一、月一、恩一、日一、週一、支一。

【絧】 (동) 東 送 トウ、つぐ join; link

❶동베동(布名)。❷이을동(連也)。❸곧게달릴동(直馳貌、鴻一)。『漢書』鴻一緁獵。

【絉】 (미) 薺 ベイ、ぬいあや embroidered figures

❶수놓은무늬미(繡文)。❷쌀무늬놓을미(繡文如聚細米)。

【絨】 (융) 東 ジュウ、けおりもの flannel ㄖㄨㄥˊ jung²

❶삶은실융、익힌실융(練熟絲)。❷가는베융(細布)。

【絨緞:융단】 =絨毯。

【絨毯:융담】 두터운 모직물의 일종。까는 데 씀。

【絨毛:융모】 (生)❶小腸、특히 십이지장 및 空腸에 난 많은 粘膜의 突起。腸의 表面積을 넓히고 消化를 맡고 吸收를 도움。❷식물의 꽃판이나 잎에 달린 잔털들로서 많이 密生하여 물의 浸潤을 막음。

【絨】 (직) 『織』(糸部12畫)과 같음

【絪】 (인) 眞 イン、しとね cushion yin¹

❶수삼인(麻枲)。❷기운덩이인(一縕 元氣)。『易繫辭』天地一縕萬物化醇。❸자리인(因也)。『漢書』加靑繡一。

【絪縕:인온】 ❶天氣와 地氣가 서로 합하여 어림。❷봄 날씨가 화창함。

【絩】 (조) 嘯 チョウ、いとといと dyep thread

❶실수효조(絲數)。❷색실조(五色絲)。

【絫】 (류) 紙 ルイ、かさなる pile up

❶포갤류(疊也)。『漢書』脅肩一足。❷더할류(增也)。❸유수류、수의이름류(數名十黍)。『漢書』權輕重不失黍一。『累』의 古字)

【絫輯:유집】 겹쳐 모이는 것。『司馬相如』傑池茈虒旋還乎後宮、雜襲一一。

【絫欷:유희】 거듭 우는 것。『漢書』臣聞、悲者不可爲一一。

【絬】 (설) 屑 セツ、かたい solid

굳을설(堅也)。

【紙】 (파) 卦 ハイ、みだれいと scattered strings

흩어진실파(散絲)。

【絭】 (권) 霰 ケン、たすき string of sleeve ㄐㄩㄢˋ chüan⁴

팔찌끈권(纏臂繩)。『廣韻』連弩三十一共一臂。

【絮】 ㈠(여) 魚 ㈡(서) 御 ㈢(처) 御 ジョ、わた cotton ㄒㄩˋ hsü⁴

㈠성여(姓也)。㈡솜서(敝緜絮餘、今綿花去其子曰一)。㈢간을맞출처(調羹)。『禮記曲禮』毋一羹。

【絮纊:서광】 고운 솜。絮綿。『張耒』幾思狐白易一一、㒷襪舊服求新袂。

【絮縷:서루】 목화와 실。絮綿。『宋史』賦斂及於一一、割剝至於果蔬。

【絮煩:서번】 끈덕짐。번거로움。『水滸傳』話休一一。

【絮絮:서서】 망설이는 모양。말이 많은 모양。

【絮雪:서설】 버들 꽃의 異名。

【絮繒:서증】 솜과 비단。『史記』高帝歲奉匈奴一一、酒米食物、各有數。

【絯】 ㈠(해) 蟹 ㈡(해) 灰 ㈢(해) 賄 カイ、くくる bind; tie (同音「개」)

㈠❶묶을해(束也)。❷걸해(挂也)。『莊子』方且爲物一。㈡뜻은 ㈠과 같음。㈢굵은실해(大絲)。

【絰】 (질) 屑 テツ、あさおび hemp belt (古音「뎔」)

요질질、수질질(喪服麻帶)。『儀禮』苴一。

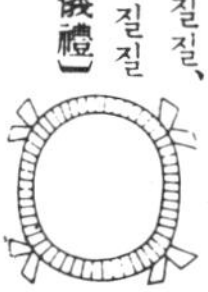

大功牡麻絰(儀禮圖)

【絰葛:질갈】 칡덩굴로 만든 띠。『禮·檀弓下』弁一一而葬、與神交之道也。

【絰帶:질대】 喪服을 입을 때、머리와 허리에 두르는 삼으로 된 띠。

【絰皇:질황】 墓 앞의 문을 말함。『左氏·莊』竄拳葬諸夕室、亦自殺也、而葬於一一。

【統】 (통) 宋 トウ、すべる のり control; rule ㄊㄨㄥˇ t'ung³

❶거느릴통(總也)。『書經』冢宰掌邦治一百官。❷벼리통(紀也)。『齊語』民紀一。❸실마디통(緒也)。『書經』一承先王修其禮物。❹근본통(本也)。『易經』乃一天。❺이을통(承也)。❻혈통통

(血—)。❼합칠통(—計、——)。
【統覺:통각】《心》❶새로 생긴 表象을 이
미 있는 표상에 類化·융합하는 작용。
❷의식의 중심적인 부분에 있어 똑똑히
대상을 포착하는 의지의 작용。❸여러
가지 경험에 있어서 인식·사유하는 통
일 과정의 總稱。
【統監:통감】정치 군사를 統轄하고 감
독함。또는 그 사람。『北史』曾營城雉、
劉仁之——作役。
【統計:통계】❶《數》같은 범위에 딸리는
개개의 現象을 모아、숫자 計算에 의하
여 그 狀態 또는 형세를 나타내는 것。
❷온통 몰아서 계산함。
【統計機關:통계기관】통계의 조사·
작성·연구를 맡아 하는 기관。
【統計圖表:통계도표】이해하기 어려
운 통계 숫자의 내용을 그림으로 나타낸
표。
【統計表:통계표】여러 가지 일이나 물
건의 種別·大小·多寡를 비교하거나 시
간적으로 일어나는 숫자적 변동을 비교
하여 볼 수 있도록 나타낸 표。
【統計學:통계학】사회의 제반 현상을
통계적인 방법을 써서 연구하는 학문。
【統管:통관】통일하여 관할함。「잡음。
【統括:통괄】낱낱의 일을 하나로 몰아
【統領:통령】전체를 거느림。또는 그 사
람。統率。『蜀志』猥以空虎、——貴州。
【統理:통리】=統治。『史記』繼五帝三王
之業、——中國。
【統緖:통서】다스림。거느림。통치함。
【統攝:통섭】=統治。『宋史』——億兆。
【統率:통솔】=統帥。
【統首:통수】《制》李朝 중엽부터 생긴
제도로、民戶를 編制한 統의 우두머리。
【統帥:통수】온통 몰아 거느림。統率。
『唐書』以——功、遷司徒。
【統帥權:통수권】《法》한 나라의 병력
을 지휘 통수하는 권한。 「邦。
【統馭:통어】=統御。『唐書』朕——萬
【統御:통어】거느리어 制御함。『魏志·
註』——戎馬。 「記·自序』接三代——。
【統業:통업】나라를 통치하는 사업。『史
【統營:통영】❶《地》忠武市의 전 이름。
❷《制》三道 統制使의 軍營。 「산함。
【統而計之:통이계지】모두 합쳐서 계
【統一:통일】여럿을 몰아서 관계를 지
어 하나로 만듦。一統。『漢書』有所—
—、爲群儒首。
【統一美:통일미】전체가 잘 통일된 예
술에서 나타나는 美。
【統一戰線:통일전선】❶어떤 共同目
標에 대하여 여러 당파나 단체의 협동에
의해 이루어지는 행동 통일의 투쟁형태。
❷국제 공산당의 전술의 한 가지。노동자
의 세력을 강화하는 방법으로 右翼인 改
良主義者와 합세하여 자본가에 대항하기
위한 힘의 결합。
【統一天下:통일천하】천하를 통일함。
또는 통일된 천하。
【統制:통제】❶일정한 계획에 따라 制
限하는 것。❷統一하여 取締함。統御。
❸벼슬 이름。出征軍의 司令官。宋 때에
설치。❹=統治。『唐書』——尤非所善。
【統制經濟:통제경제】《經》생산·배급·
소비 따위의 경제 활동이 국가로부터 통
제당하는 경제。↕自由經濟。
【統制力:통제력】제약하는 힘。지도·
제한하는 힘。
【統制使:통제사】《制》忠清·全羅·慶
尙 三道의 水軍을 統轄하던 장수。統御。
【統制品:통제품】전쟁 그 밖의 경제사
정에 의하여 생산·배급·消費 등에 있
어 국가의 통제를 받는 물품。
【統治:통치】❶도맡아 다스림。❷한 나
라의 元首의 主權으로 國土·國民을 支
配하는 것。『唐書』以相——。 「權力。
【統治權:통치권】《政》국가를 統治하는
【統治機關:통치기관】《法》統治權을
집행하는 기관。곧 정부·국회·법원 따
위。
【統轄:통할】모두 거느려서 管轄함。
【統合:통합】모두 합쳐서 하나로 모음。
統一하여 합침。
◎系—、繼—、大—、都—、道—、王—、
全—、傳—、正—、總—、血—、皇—。

【絲】(사) 支 シ、いと ㄙ ssŭ¹ thread; string
(小篆) (草書) ❶실사(蠶所吐、細條之
稱)。『禮記』王言如—。
❷풍류이름사(絃器)。❸사 수사(數
名、十忽)。❹음의하나사(八音之一)。
【絲繭:사견】명주실과 누에 고치。『禮
記』執麻枲、治——。
【絲瓜:사과】《植》수세미외。박科의 一
年生 덩굴풀。줄기를 잘라 나오는 즙액
은 香料로 화장에 쓰고 열매의 섬유는
수세미로 씀。
【絲管:사관】거문고와 피리。絲竹。『張
說·詩』淸且哀、一曲傾一杯。
【絲圈花:사권화】철사를 가지로 하고
비단으로 만든 假花。
【絲禽:사금】《動》해오라기。
【絲桐:사동】거문고의 別稱。『李白·詩』
寒苦不忍言、爲君奏——。
【絲欄:사란】바둑판 따위와 같이 井字
모양으로 된 각 간살。井間。
【絲來線去:사래선거】그칠 사이 없이
얽히고 섥힘。일이 더욱 번거로움。『朱
子語類』聖人肚腸、更無許多廉纖纏繞、
—。
【絲路:사로】❶좁은 길。작은 길。『歐
陽修·詩』——縈廻細入雲。❷《故》墨翟은
練絲를 보고 울고、楊朱는 岐路에 서서
운 故事。↕哭岐泣練。
【絲縷:사루】실가닥。絲線。
【絲柳:사류】《植》수양버들。버들科의
落葉喬木。가지는 가늘고 길게 땅에 드
리움。
【絲麻:사마】명주실과 삼실。『周禮』治
——以成之、謂之婦功。
【絲麪:사면】실국수。
【絲拂:사불】실로 만든 먼지털이。『老
學庵筆記』。
【絲狀:사상】실같이 가늘고 긴 모양。
【絲絮:사서】비단실과 무명실。『孟子』
麻縷——輕重同、則價相若。
【絲雨:사우】실 같은 가랑비。『周彥暉』
——帶風斜。
【絲毫:사호】아주 적음。『顏氏家訓·省
事』無——之益。
【絲籰:사확】
실을 감는데
쓰이는 자세。
실구리。

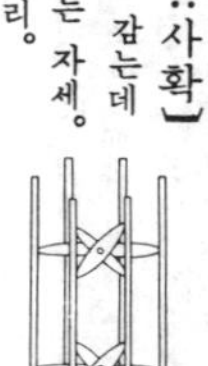
籰 絲
(書全政農)

【絳】(강) 絳 コウ、あかい ㄐㄧㄤ chiang⁴ red
(小篆) (草書) ❶깊게 붉을강(大赤色)。
❷강초강(染草名)。『吳
都賦』綸組紫—。
【絳氣:강기】붉은 아지랑이。『杜甫』—
—橫枝疎。 「白羅裙。
【絳羅:강라】붉은 비단。『隋書』——襦、
【絳紗袍:강사포】《制》임금이 朝賀 때
에 입던 예복。빛이 붉은 官服。紅袍。
【絳英:강영】붉은 꽃 잎。『韓愈』可憐此
地無車馬、顚倒靑苔落——。
【絳衣:강의】붉은 옷。『墨子』楚莊王、
鮮冠組纓——、以治其國。
【絳繒:강증】붉고 가는 실로 짠 비단。
紅絹。『史記』得千餘牛、衣以——衣。

七畫

【絖】(통)『統』(糸部 6畫)의 俗字

【條】(도) 豪 トウ、ひらひも braid string t'ao¹
小篆 ❶땋은실도(編絲繩)。【周禮】革纓五路龍勒條就。❷끈도(纓飾)。【禮記】組紃具爲ㅡ。
【條蟲:도충】(動)촌백충。條蟲類에 딸린 寄生蟲。

【絹】(견) 霰 ケン、きぬ silk ㄐㄩㄢˋ chüan⁴
小篆 草書 깁견、비단견(繒如麥稍)。
【絹帛:견백】비단。絹布。【魏志·註】賜與ㅡㅡ。
【絹本:견본】❶비단에 그린 書畫。❷書畫를 쓴 비단의 족자。↔紙本。
【絹絲:견사】누에 고치에서 뽑은 실。명주。
【絹篩:견사】깁체。거칠게 짠 명주천으로 쳇불을 메운 체。
【絹織物:견직물】명주실로 짠 피륙。
【絹布:견포】비단과 布木。絹織物。【晉書】ㅡㅡ各五百匹。
◎本ㅡ、純ㅡ、人造ㅡ。

【絺】(치) 支 チ、くずぬの kohemp ㄔ ch'ih¹
小篆 草書 가는칡베치、가는갈포치(細葛布)。【詩經】爲ㅡ爲綌。
【絺纊:치광】갈포와 솜의 뜻으로 여름과 겨울을 컬음。【張說】詩書將變俗、ㅡㅡ忽彌年。
【絺帷:치유】갈포로 만든 장막。【史記】。
【絺紵:치저】갈포와 모시。【書經】厥貢、漆枲ㅡㅡ。

【綎】(정) 靑 テイ、ひも girdle tassel
小篆 草書 띠술정(帶ㅡ、絲綬)。

【絻】(문) 問 ブン、もふく mourning dress ㄨㄣˋ wen⁴
草書 통건문、상복문(始發喪之服)。【左傳】使太子ㅡ。

【絽】(려) 語 リョ、ロ、ぬう sew
草書 ❶꿰맬려(ㅡ縶、紩衣)。❷비단려(繒也)。❸줄지게짠베려(絣織)。

【絿】(구) 尤 キュウ、きびしい acute ㄑㄧㄡˊ ch'iu²
小篆 草書 ❶급할구(急也)。【詩經】不競不ㅡ。❷구할구(求也)。❸엄할구(嚴也)。

【綀】(소) 魚 ショ、ソ、あらぬの kohemp ㄕㄨ shu¹
小篆 草書 ❶화문포소(綀屬花ㅡ)。【後漢書】似苧織有花曰花ㅡ。❷굵은갈포소(粗葛布)。
【綀裳竹笥:소상죽사】여자를 시집보내는데 준비가 소홀함。【後漢書】戴良五女竝賢、每有求姻、輒便許嫁、綀裳布被、竹笥木屐、以遣之。

【綄】(환) 寒 カン、かざみ wind ward
풍기환、배위바람표환(船上風候標)。

【綃】(초) 蕭 ショウ、きぎぬ silk gauze ㄒㄧㄠ hsiao¹ (本音「소」)
小篆 草書 ❶생조초(生絲綺屬)。❷색비단초(采繒)。
【綃縠:초곡】엷은 비단。【埤雅】。
【綃頭:초두】머리에 둘러 매는 띠。【後漢書】。
【綃紋:초문】얇은 비단의 무늬 모양。
【綃素:초소】=綃紈。【歷代名畫記】沾濕ㅡㅡ、點綴輕粉。
【綃紈:초환】얇은 흰 비단。

【綅】(침) 侵 シン、いと red thread ㄑㄧㄣ ch'in¹
小篆 草書 ❶갑옷침、붉은실침(絳綫)。【詩經】貝冑朱ㅡ。❷비단이름침(繒名)。

【綆】(경) 梗 コウ、つるべなわ well-rope ㄍㄥˇ kêng³ (或音「갱」)
小篆 草書 두레박줄경(汲井索)。【莊子 至樂】ㅡ短不可汲深。

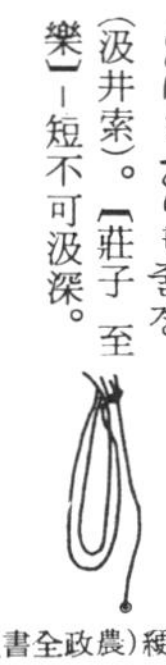
綆(農政全書)

【綆短汲深:경단급심】재능이 모자라되 임무는 무거움。【淮南子】。
【綆繘:경율】두레박줄。汲綆。
【綆縋:경추】두레박 줄을 내림。【劉禹錫】懸霤ㅡㅡ、日中不見。

【綈】(제) 齊 テイ、あつぎぬ thick silk ㄊㄧˊ t'i²
小篆 草書 두터운비단제(厚繒)。【史記】取一ㅡ袍以賜之。
【綈几:제궤】두꺼운 비단으로 팔꿈치를 고이는 것。【西京雜記】天子ㅡㅡ。
【綈袍:제포】두꺼운 솜을 넣은 웃옷。【十八史略】范叔一寒如此哉、取一ㅡㅡ以贈之。

【綉】(투) 宥 トウ、きぬぎれ piece of silk ㄒㄧㄡˋ hsiu⁴
비단쪼가리투(錦一片)。

【綊】(협) 葉 キョウ、かんむりのたれ wrapper of a crown
小篆 면류관싸개협(紝ㅡ也綖)。

【⿱折糸】(별) 屑 ヘツ、くみひも plaited
小篆 엮은줄별(編繩)。

【綌】(격) 陌 ゲキ、くずぬの kohemp ㄒㄧˋ hsi⁴
小篆 或體 草書 가는칡베격(葛布)。【詩經 周南葛覃】爲絺爲ㅡ。
【綌衰:격쇠】성기게 짠 葛布의 喪服。【禮記】ㅡㅡ繐裳非古也。

【綍】(발) 物 フツ、なわ rope ㄈㄨˊ fu² (本音「불」)
草書 ❶동아줄발(大索)。❷윤발발(綸ㅡ王言)。【禮記】王言如綸其出如ㅡ。

【綏】㊀(유) 支 ㊁(수) 支 スイ、タ、やすんずる peaceful ㄙㄨㄟ suei¹
小篆 草書 ㊀깃발늘어질유、기드림유(旌旗下垂)。【詩經】淑旂ㅡ章。㊁❶편안할수(安也)。【詩經 周南樛木】福履ㅡ之。❷수레고삐수(車轡)。【論語】必正立執ㅡ。❸물러갈수(退軍)。【左傳 文公十二年】乃皆出戰交ㅡ。❹여우모양수(狐貌)。【詩經】有狐ㅡㅡ。
【綏撫:수무】어루만져 편안하게 함。【吳志】孫瑜虛心ㅡㅡ、得其歡心。
【綏邊:수변】邊境의 백성을 편안하게 함。綏遠。【吳志】ㅡㅡ撫裔、實有其人。
【綏綏:수수】❶편안한 모양。【荀子】ㅡㅡ兮其有文章。❷나란히 가는 모양。【詩經】有狐ㅡㅡ。❸비나 눈이 내리는 모양。❹旺盛한 모양。
【綏定:수정】나라를 편안하게 함。安定。【後漢書】朕承至尊、未能ㅡㅡ。
【綏靖:수정】백성을 편안하게 함。鎭定

시켜 편안하게 함。 綏撫。 【吳志】敬服王命、ーー四方。

【綏懷 : 수회】 편안하게 하여 따르게 함。 【唐書】ーー士庶。

【綐】 (예) 圂泰 タイ、つむぎ (本音「태」) silk 가는명주 예(細紬)。【管子】不敢服ー。

【[illegible]】 (사)『紗』(糸部 4畫)와 같음

【經】 ㊀(경) 圂青 ケイ、キョウ、たて、いとなむ ㊁(경) 圂青 ㄐㄧㄥ ching¹ stripe; manage ❶날경(ー緯、織也)。❷떳떳할경(常也)。❸글경、경서경(書也)。❹경영할경(營也)。【詩經】ー之營之。❺법경(法也)。【周禮】以ー邦國。❻지낼경(過也)。【谷永論神怪】曠日ー年。❼지경경(界也)。【周禮 天官冢宰】體國ー野。❽곧을경(直也)。❾다스릴경(治也)。㊁❶목맬경(縊也)。【論語 憲問】自ー於溝瀆而莫之知也。❷씨경(織綜絲)。

【經劫 : 경겁】 액운이 지나감。

【經界 : 경계】 ❶是非·善惡이 분간되는 限界。❷境界。【孟子】夫仁政、必自ーー始。

【經過 : 경과】 ❶거쳐 지나감。【庾信】漢使絶ーー。❷일의 중간 상태。❸시일이 지나가는 모양。❹사건이 진전되는 형편。

【經過法 : 경과법】 (法)新舊 두 법의 관계를 밝히는 법령。

【經過報告 : 경과보고】 사물의 이루어진 경로를 설명하여 알림。

【經敎 : 경교】 經文의 가르침。

【經國 : 경국】 나라를 다스리는 것。【晉書】非ーー遠籌也。

【經國大典 : 경국대전】 (書 六권 四책。法典書。李朝 世祖 때 崔恒등이 王命을 받아 太祖 때의 經國 六典과 그 이후의 改修 增補를 綜合 集大成한 治國法典。李朝 一代를 통하여 政治體制의 基本原則이 됨。

【經國濟世 : 경국제세】 나라를 경륜하고 세상을 구제함。

【經國之材 : 경국지재】 나라 일을 經綸할 만한 재주。또는 그러한 재주를 가진 사람。

【經紀 : 경기】 ❶紀律。綱紀。【後漢書】故有ーー禮儀。❷한 집안을 잘 다스림。【韓愈·柳子厚墓志銘】ーー其家。❸天文의 數理 運行。【書經·疏】五紀者、天時之ーー也。

【經難 : 경난】 어려운 고비를 겪음。

【經年 : 경년】 ❶해를 지냄。❷年來。

【經年閱歲 : 경년열세】 ❶여러 해를 지냄。❷여러 해가 지나감。「불함。

【經念佛 : 경념불】 (佛)경문을 읽어 염불함。

【經農 : 경농】 농업을 경영함。

【經堂 : 경당】 經典을 두는 집。「돌。

【經幢 : 경당】 經文을 새긴 여러 모가 진 돌。

【經度 : 경도】 ❶지구상의 위치를 표시하는 座標의 하나。한 지점을 통과하는 子午線。곧 經線과 本初子午線이 각각 赤道와 교차하는 두 점을 지구의 중심에 맺어 얻은 각으로써 표시함。本初子午線을 基點으로 하여 그 동쪽으로 세는 것을 東經、서쪽으로 세는 것을 西經이라 함。↕緯度。❷(醫)月經。

【經絡 : 경락】 (醫)오장육부에 생긴 병이 몸 밖에 나타난 곳으로 鍼 따위를 놓는 자리。

【經略 : 경략】 ❶나라를 다스림。❷天下를 경영하고 四方을 쳐 國威를 높임。【左傳】天子ーー、諸侯正封、古之制也。

【經歷 : 경력】 ❶겪어 지내온 일들。履歷。【南史】凡所ーー、務存不擾。❷세월이 지나감。【漢書】ーー數千歲。❸이곳 저곳 두루 다님。遍歷。【神仙傳】ーー九州。❹(制)벼슬 이름。金·元·明代에 文書의 出納을 맡아 보았음。

【經歷談 : 경력담】 겪어 지내온 이야기。

【經路 : 경로】 ❶지나는 길。❷일의 밟아온 또는 밟아 가는 형편이나 순서。

【經論 : 경론】 (佛)부처가 친히 한 말을 적은 經과 이를 해석한 論。「는 병。

【經漏 : 경루】 (醫)경도의 피가 그치지 않는 병。

【經綸 : 경륜】 ❶일을 조직적으로 잘 경영함。❷천하를 다스림。또는 그 方策。【易經】君子以ーー。

【經綸之士 : 경륜지사】 능히 천하를 다스릴 만한 사람。

【經律 : 경률】 ❶佛道의 법칙。【南史】僧尼道士、挾邪左道、不依ーー。❷日常의 理。【葉適】遺詞曠蕩違ーー。

【經理 : 경리】 ❶法에 의하여 다스림。【荀子】道也者、治之ーー也。❷經書의 道理。【後漢書】講論ーー、夜分乃寐。❸會計 또는 給與에 관한 사무를 처리하는 것。

【經明行修 : 경명행수】 經學에 밝고 행실이 착함。

【經文 : 경문】 불교와 道敎의 經典에 실은 글。【大學章句】更考ーー。

【經方 : 경방】 고대의 醫術。【漢書】ーー十一家。

【經費 : 경비】 ❶사업을 경영하는 데 필요한 비용。일을 하는 데 드는 돈。❷經常費。【史記】不領於天子之ーー。

【經費司 : 경비사】 (制)李朝 때 戶曹의 한 分掌。서울 안 각 관청의 經費 支出과 釜山에 사는 日本 사람들에게 주는 糧食 같은 것을 관리하였음。

【經史 : 경사】 經書와 歷史。【蜀志】受古學、皆通ーー。

【經師 : 경사】 경서를 가르치는 스승。【漢書】校學置ーー一人。

【經絲 : 경사】 피륙의 날실。

【經常 : 경상】 한결같이 변하지 않음。정해져 있는 것。平常。【後漢書】有謬ーー之法。

【經常部豫算 : 경상부예산】 해마다 계속하여 올리게 되는 예산의 부분。

【經常費 : 경상비】 관청이나 회사 단체의 예산에 규칙적으로 나타나는 경비。↕臨時費。

【經常稅 : 경상세】 해마다 규칙적으로 받아들이는 세금。

【經常收入 : 경상수입】 (經)해마다 규칙적으로 늘어오는 수입。정부에 있어서는 租稅·수수료 따위를 가리킴。

【經書 : 경서】 (書)四書·五經등 儒敎의 가르침을 쓴 서적。經籍。經典。【史記】誦ーー。

【經線 : 경선】 南極과 北極을 연결한 地球 表面에 그은 假定의 直線。子午線。↕緯線。

【經涉 : 경섭】 거쳐 지나감。【晉書】ーー累朝、通否任時。

【經世 : 경세】 세상을 다스림。【莊子】春秋ーー、先王之志。

【經世家 : 경세가】 세상을 다스리는 사람。政治家。

【經世濟民 : 경세제민】 세상을 다스려 백성을 구제함。

【經世之才 : 경세지재】 세상을 다스려 이끌 만한 재주。「계책。

【經世之策 : 경세지책】 세상을 다스릴

【經世訓民 : 경세훈민】 세상 사람들에게 정신을 차리도록 타이름。

【經水 : 경수】 ❶물이 산에서 흘러 곧장 바다로 들어가는 물。❷月經。

【經始 : 경시】 ❶집을 세우기 시작함。經은 집을 짓기 위하여 터를 측량하는 것。【詩經·靈臺】ーー靈臺、經之營之。❷시작함。企劃함。【晉書·樂志】ーー大業、造創帝基。

【經夜 : 경야】 밤을 지내는 일。

【經業 : 경업】 ❶日常의 일。정해진 일。常業。【史記】富無ーー、則貨無常主。❷經學의 修業。【後漢書】隱修ーー、杜門不出。

【經筵:경연】 임금 앞에서 經書를 講論하는 자리。『宋史』不俟進食、卽御——。

【經營:경영】 ❶규모를 정하고 기초를 세워 일을 해 나감。❷계획을 세워 사업을 해 나감。『詩經』——四方。❸《經》계속적 사업을 경제적으로 해 나가기 위한 作業上의 조직。

【經營經濟學:경영경제학】 《經》개별적 經濟에 관한 知識體系로、경영의 원칙·본질·상공업 경영의 기술、정책 등에 관한 학문。

【經營權:경영권】 《經》경영자가 재산을 운영 처리하는 권리。

【經營難:경영난】 경영해 나가기가 어「려움。

【經營位置:경영위치】 《美》동양화에서 쓰는 말로 화면을 살리기 위한 배치법。

【經用:경용】 經常的으로 쓰는 비용。날마다 정해 놓고 쓰는 비용。

【經援:경원】 =經濟援助。

【經緯:경위】 ❶날과 씨。『莊子』無——本末。❷세로와 가로。❸事件의 전말。❹사물의 骨子가 되는 것。道의 常法。『左傳』禮上下之紀、天地之——。❺經線과 緯線。經度와 緯度。

【經緯度:경위도】 경도와 위도。

【經緯線:경위선】 경선과 위선。

【經由:경유】 거쳐 지남。『王褒』末代多僥倖、卿相盡——。

【經由地:경유지】 경유하는 곳。

【經典:경전】 ❶=經書。『漢書』著于——。❷《佛》부처의 가르침을 쓴 책。

【經傳:경전】 聖人의 글과 賢人의 著述。『韓愈·師說』六藝——皆通習之。

【經制:경제】 ❶국가를 다스리는 제도。『宋史』於古人——治法尤精。❷經理節制의 略。일을 다스리되 알맞게 조절함。

【經濟:경제】 《經》❶나라를 다스려 백성… 經世濟民 『文中子·禮樂』皆有——之道。❷재물과 돈을 얻고 쓰고 하는 각종 行爲나 상태。❸돈이나 재물을 절약함。『宋史』賈黯請余靖——兩路。

【經濟家:경제가】 ❶돈을 규모 있게 쓰는 사람。❷경제의 道에 밝은 사람。

【經濟界:경제계】 《經》매매와 거래가 행하여 지고 있는 사회。

【經濟恐慌:경제공황】 《經》산업이 침체하고 금융이 핍박하여 인심이 안정되지 못한 경제계의 혼란 상태。

【經濟欄:경제란】 신문에서 경제에 관한 기사를 싣는 난。

【經濟力:경제력】 경제적인 힘。

【經濟林:경제림】 경제적 收益의 목적으로 경영하는 산림。

【經濟面:경제면】 ❶경제에 관계 되는 기사를 싣는 신문의 면。❷경제 방면의 略語。

【經濟法則:경제법칙】 《經》일정한 경제적 원인에 일정한 경제적 결과가 나타나는 법칙。

【經濟封鎖:경제봉쇄】 《經》몇 나라가 공동으로 어떤 나라와의 통상을 끊고 경제적으로 고립에 빠지게 함。 「사。

【經濟史:경제사】 경제의 발전 및 변천

【經濟社會理事會:경제사회이사회】 《政》경제적·사회적·문화적·교육적·위생적인 국제 문제에 관해서 연구·보고·發議·권고하는 국제 연합의 한 주요 상설 기관。

【經濟援助:경제원조】 《經》强大國이 弱小國이나 後進國에 대하여 경제적으로 도와 베풀어 주는 일。

【經濟原則:경제원칙】 《經》가장 적은 비용으로 가장 큰 수익을 얻으려는 경제상의 원칙。

【經濟人:경제인】 ❶경제적 利得만을 위해 행동하는 가상적 인물。❷경제계에서 활동하는 사람。

【經濟的:경제적】 ❶경제에 관한 것。❷비용이 덜 드는 것。

【經濟的民主主義:경제적민주주의】 근로자가 공장 위원회·노동 立法·노동 조합·주식회사의 投資 등을 통하여 기업가의 기업에 참가함으로써、자본주의 사회의 평화적·산업적 改造를 마음대로 행할 수 있다는 사상。

【經濟戰:경제전】 나라끼리 서로 경제적으로 하는 다툼。

【經濟政策:경제정책】 國家가 國民經濟上의 이익·발달·보호·증진을 위하여 마련한 方法과 手段。

【經濟政策學:경제정책학】 《經》경제 정책 관계를 연구하는 학문。

【經濟組織:경제조직】 경제생활에 있어서、사람들 사이에 常時的으로 결합되어 있는 관계。곧 생산·교환·분배 따위。

【經濟借款:경제차관】 《經》 경제상의 일을 처리하는 데 쓰려고 타국에서 낸 빚。

【經濟鬪爭:경제투쟁】 근로자의 일상 경제적 이익을 위하여 하는 사용자와의 투쟁。

【經濟表:경제표】 一七五八년에 프랑스의 경제학자 케네(Franoeois Quesnay, 一六九七~一七七四)가 국민을 생산·지주·불생산의 세 계급으로 나누어 이들 서로의 관계를 나타내어 보인 도표。

【經濟學:경제학】 《經》經濟에 관한 學問。人類 또는 國家의 財貨에 대한 관계를 연구하는 科學。理財學。

【經濟學史:경제학사】 《經》경제 이론의 발생과 그 발전 과정을 연구하고 기술한 역사。곧 경제 학설의 역사。

【經濟行爲:경제행위】 인류가 경제적 욕망을 채우기 위하여 財貨를 획득하고 사용하는 행위。

【經差:경차】 경도의 차。

【經天:경천】 천하를 경륜함。

【經天緯地:경천위지】 온 천하를 經綸하여 다스림。『庾信』——之才、拔山超海之力。

【經天緯地之才:경천위지지재】 천하를 다스릴만한 재주。또는 그러한 사람。

【經痛症:경통증】 월경 때에 몸이 고달프고 아랫배와 허리가 아픈 증세。

【經板:경판】 불경을 간행하기 위하여 나무나 금속에 새긴 판。

【經學:경학】 經書·儒敎를 연구하는 學問。經術。儒學。『漢書』見上語——、上說之。

【經驗:경험】 ❶실제로 보고 듣고 겪음。❷실제로 겪어 얻은 知識이나 技術。

【經驗家:경험가】 경험이 있는 사람。

【經驗談:경험담】 몸소 겪고 치러 본 이야기。

【經驗論:경험론】 《哲》모든 認識은 感性的인 經驗에 의한다는 學說。이 說의 始唱者는 英國 哲學者 존 록크。

【經驗者:경험자】 ❶어떤 일에 경험이 있는 사람。❷세상 일에 경험이 많은 사람。 「으로써 얻는 개념。

【經驗的概念:경험적개념】 《哲》경험

【經驗的法則:경험적법칙】 《哲》경험적 사실에 말미암은 경험적 과학의 법칙인 因果法則。

【經驗的實在論:경험적실재론】 《哲》우리가 인식할 수 있는 현상은 先驗的自我의 통일에서 성립하기 때문에 보편 타당성을 가지고 있다는 논설。

【經驗哲學:경험철학】 《哲》경험을 지식의 기초 및 유일한 근원이라고 하는 철학。

【經穴:경혈】 《醫》經路에 있어서 침을 놓거나 뜸을 뜨기에 알맞은 자리。◎九—、讀—、東—、西—、聖—、誦—、神—、月—、正—。

【絳】 (봉)『縫』(糸部 11畫)과 같음

【緱】 (호) 週 コ、いんじゅのひも ribbon of a seal 인끈호(印系)。【後漢書】諸侯王以下以綺赤絲蕤縢ー各如其印。

【緐】 (번) 元 ハン、たてがみかざり decoration of mane 小篆 或體 草書 ❶말갈기 치장 번(馬髦飾)。❷말 배때 끈 번(馬腹帶)。

【綖】 (연) 先 銑 エン、おおい cover of crown 1马ˊ yen² 草書 면류관싸개 연(冠上前後垂覆)。【左傳桓公二年】衡紞紘ー。

【継】 (계) 『繼』(糸部 14畫)의 俗字

【続】 (속) 『續』(糸部 15畫)의 略字

八 畫

【綜】 (종) 宋 ソウ、すべる synthesize 小篆 草書 ❶씨종(機縷以絲交錯)。❷모을종(總聚)。【易繫辭】錯ー其數。❸자세할종(ー核)。【漢書】ー核名實。

【綜括:종괄】 전체를 종합하여 묶음。總括。【晉書】ーー憲臺、豫聞政道。

【綜覽:종람】 전체를 봄。종합하여 봄。

【綜練:종련】 옷점을 충분히 연습함。【晉書】ーー醫術。

【綜理:종리】 빈틈 없고 조리가 정연하게 처리함。【晉書】其ーー微密、皆此類也。

【綜絲:종사】 잉아。

【綜詳:종상】 몹시 꼼꼼하고 자세함。

【綜合:종합】 ❶여러 갈래로 나뉘어진 부분을 한데 합함。❷개개의 개념·관념·판단을 한데 모아 새로운 개념·관념·판단을 이룩함。❸변증법에서 定立·反立을 止揚함。

【綜合概念:종합개념】 《論》여러 個體를 종합하여 생각하는 개념。

【綜合開發:종합개발】 하천 개발에 따라서 流域山野 전반에 대하여 유기적으로 관련시켜 실시하는 개발。

【綜合課稅:종합과세】 각 사람의 소득 또는 수익의 종합을 과세 대상으로 세금을 부과하는 방법。

【綜合大學:종합대학】 셋 이상의 단과대학들이 모여 이루는 대학교。

【綜合名詞:종합명사】 두 마디 이상이 모여서 한 개념을 나타내는 名詞。

【綜合法:종합법】 《論》個個의 개념 또는 觀念·判斷 單位를 結合시켜 새 개념이나 새 觀念을 구성함。

【綜合藝術:종합예술】 하나 하나의 예술을 한데 합해 규모가 큰 예술로 통일한 예술。오페라 따위。

【綜合哲學:종합철학】 어느 한 분야로 치우친 것이 아니라 形而上學·심리학·생리학·윤리학·사회학 같은 것을 한데 합하여 통일한 철학의 체계。

【綜合編輯:종합편집】 신문 편집에서 각부의 기사를 한자리에 모아 골라내서 하는 편집。

【綜核:종핵】 事物의 本末을 밝힘。綜覈。【漢書】ーー名實。◎錯ー。

【綝】 (침) 侵 チン、とめる stop 彳ㄣ ch'en¹ 小篆 草書 ❶기울침、꿰맬침(繕也)。❷그칠침(止也)。

【綠】 (록) 沃 リョク、ロク、みどり green ㄌㄩ lü⁴ 小篆 草書 ❶유록빛록(靑黃間色)。【詩經】ー兮衣兮。❷옥이름록(玉名、結ー)。

【綠溪:녹계】 푸른 빛의 골짜기。【岑參】瓜田傍ーー。

【綠泥石:녹니석】 《鑛》비늘같이 생긴 엷은 조각으로 된 초록색의 광물。

【綠泥片岩:녹니편암】 《鑛》녹니석을 주성분으로 이뤄진 결정 편암。

【綠茶:녹다】 녹차。푸른색이 나도록 말린 차。【帝】ーー倒雲氣。

【綠潭:녹담】 푸른 연못。碧潭。【梁簡文

【綠黛:녹대】 ❶푸른 눈썹먹。❷매우 푸른 여름 山의 形容。

【綠瞳:녹동】 푸른 눈동자。外國 사람의 「눈。碧眼。

【綠豆:녹두】 《植》녹두。콩과에 속하는 「一年草。

【綠豆麴:녹두국】 녹두 누룩。

【綠豆乳:녹두유】 제물묵。

【綠羅:녹라】 녹색의 얇은 비단。【歐陽修】池面ーー風卷皺。

【綠簾石:녹렴석】 《鑛》알미늄의 硅酸鹽類인 녹색이나 누른 색의 광물。

【綠林客:녹림객】 ＝綠林豪傑。

【綠林黨:녹림당】 화적 떼。

【綠林豪傑:녹림호걸】 불한당·화적 따위。綠林豪客。

【綠末乳:녹말유】 녹말묵。

【綠髮:녹발】 푸른 머리。婦人의 머리가 검고 윤이 나서 아름다운 것。【李白】中有ーー翁、披雲臥松雪。

【綠肥:녹비】 생풀 따위로 만든 거름。草肥。풋거름。

【綠鬢紅顏:녹빈홍안】 젊은 女子의 용「모。

【綠塞風:녹새풍】 《國》높새。(北東風의 뱃사람의 말)。

【綠色:녹색】 청색과 황색의 중간색。

【綠嶼:녹서】 초목이 우거진 작은 섬。【韓翃】ーー晩廻舟。「藤、網羅丘壑。

【綠樹:녹수】 푸른 나무。【王勃】ーー玄

【綠水:녹수】 푸른 물。【劉長卿】ーー瀟湘闊。

【綠水靑山:녹수청산】 푸른 물과 푸른 「산。

【綠眼:녹안】 푸른 눈。北方 胡人의 눈을 일컬음。碧眼。【岑參】紫髯ーー胡人吹。

【綠野:녹야】 푸른 草木이 우거진 들。【謝靈運】春晩ーー秀。「上ーー稀。

【綠楊:녹양】 푸른 버드나무。【王融】

【綠烟:녹연】 ❶푸른 빛의 연기。저녁의 煙霧。暮煙。【李白】ーー滅盡淸輝發。❷버들잎의 푸름을 일컬음。【孟郊】ーー柳條垂。

【綠葉:녹엽】 푸른 잎。【楚辭】秋蘭兮靑「靑、ーー兮紫莖。

【綠玉:녹옥】 ❶綠色의 玉。❷綠色 柱狀의 아름다운 돌。綠柱石。

【綠雲:녹운】 ❶녹색의 구름。❷부인의 검은 머리가 많고 아름다움을 形容하는 말。【鮑照】揚芬紫煙上、垂綵ーー中。【杜牧·阿房宮賦】ーー擾擾、梳曉鬟也。

【綠陰:녹음】 푸른 잎이 우거진 나무 그늘。【白居易】眠松愛ーー。

【綠陰芳草:녹음방초】 우거진 나무 그늘과 꽃다운 풀。여름철을 가리키는 말。

【綠蟻:녹의】 ❶걸러 놓은 술에 뜬 밥알。❷美酒。【謝朓】ーー方獨持。

【綠衣紅裳:녹의홍상】 연두 저고리에 다홍치마、곧 젊은 女子의 곱게 치장한 복색。

【綠耳:녹이】 周의 穆王의 駿馬의 이름으로 名馬를 이름。【史記·周本紀】幸御周穆王、得ーー之駟。

【綠瓷:녹자】 녹색을 이룬 자기。

【綠藻:녹조】 푸른 마름。【嵇康】俯唼ーー、托身洪流。

【綠竹:녹죽】 푸른 대。【詩經】瞻彼淇澳、ーー猗猗。「무。

【綠竹靑松:녹죽청송】 푸른 대와 소나

【綠池:녹지】 푸른 물이 고인 못。【唐太宗】蓮出ーー、飛塵不能汚其葉。

【綠地:녹지】 ❶草木이 무성한 곳。❷都市 안에 草木이 많이 있는 곳。

【綠地帶:녹지대】 일대가 녹지로 되어 있는 지역。

【綠窓:녹창】❶가난한 여자가 사는 곳。『白居易』ㅣㅣ貧家女、寂寞二十餘。❷부녀자의 居室。『李商隱』秦人昔富家、ㅣㅣ聞妙旨。❸초록색의 창문。

【綠天:녹천】❶芭蕉의 異稱。❷唐僧 懷素가 있던 곳。

【綠靑:녹청】《化》銅에 생기는 綠色의 有毒한 녹。無水炭酸과 銅의 化合物。綠色의 그림 물감의 재료로 씀。

【綠草:녹초】푸른 풀。『劉孝綽』萋萋ㅣ「ㅣ滋。

【綠翠:녹취】푸른 빛깔。『李白』ㅣㅣ如「芙蓉。

【綠沈:녹침】짙은 푸른 빛깔。

【綠風:녹풍】❶《醫》眼內腫의 한 가지。❷爽快하고 시원하게 푸른 잎을 스치며 불어 오는 初夏의 바람。

【綠苔:녹태】푸른 이끼。青苔。綠蘚。

【綠波:녹파】푸른 파도。碧波。『曹植』灼若芙蓉出ㅣㅣ。

『賈至』舊館秋陰生ㅣㅣ。

【綠化:녹화】산과 들 또는 都市의 空地에 草木을 심어 푸르게 함。

【綠化運動:녹화운동】나무를 심고 길러서 산과 들을 푸르게 하는 운동。

◎淡ㅣ、常ㅣ、新ㅣ、草ㅣ、紅ㅣ。

【綟】(려) 霽 レイ、いと thread ㄌㄧˋ li⁴

小篆 草書 ❶실려(綟也)。❷초록빛려(綠色)。

【綍】(부) 虞 フ、ふるわたのうちかえし willow the old cotton

小篆 묵은솜펄부(敝絮發理)。

【綢】㊀(도) 嘯 トウ、チュウ、まとう fasten: tie ㄔㄡˊ ch'ou²

㊁(주) 尤

小篆 草書 ㊀❶동일도、얽을도(纏也)。『詩經』ㅣ繆束薪。❷쌀도 감출도(韜也)。『爾雅』素錦ㅣ杠。㊁빽빽할주(ㅣ繆、密也)。『詩經』ㅣ直如髮。

【綢繆:주무】❶얽힘。纏綿。『詩經』ㅣㅣ束薪、三星在天。❷끈。단추。❸심오함。『莊子·則陽』聖人達ㅣㅣ。❹감아 쌈。『詩經』ㅣㅣ牖戶。❺花釆가 빽빽한 모양。❻詩經 唐風의 篇名。

【綢密:주밀】빽빽하게 들어 섬。빽빽함。

【綢直:주직】性情이 細心하고 品行이 바름。『詩經』ㅣㅣ如髮。

【綱】(아) 歌 ア、きぬ silk ㄜ ē¹

❶가는비단아(細繒)。❷희게마전할아(縞練)。

【綅】(접) 葉 ショウ、いとをつなぐ link strings of thread

실이을접(絲續)。

【綣】(권) 願 阮 ケン、たばねる bend ㄑㄩㄢˇ ch'üan³

小篆 草書 ❶정다울권(厚情、繾ㅣ)。『詩經』以謹繾ㅣ。❷서로따를권(不離、繾ㅣ)。『左傳』繾ㅣ從公。

【綥】(기) 支 キ、もえぎ mugwort-colored silks

小篆 或體 ❶비단쑥빛기(帛蒼艾色)。❷짚북더기기(蒿屑)。

【綪】(쟁) 庚 ソウ、なわ red string

小篆 ❶풍류줄켕길쟁(急絃聲)。❷붉은끈쟁(赤紐)。

【綦】(기) 支 キ、もえぎ grey green silk ㄑㄧˊ ch'i²

草書 ❶쑥빛비단기(綺采蒼艾色)。『書經』四人ㅣ弁。❷들메끈기(履飾)。『儀禮』ㅣ繫于踵。

【綦巾:기건】검푸른 빛의 女服。『詩經』縞衣ㅣㅣ。

【綦弁:기변】가죽으로 만든 青黑色 혹은 赤黑色의 冠의 이름。

綦弁(三才圖會)

【綦重:기중】긴요하고 중대한 것。緊重。

【綪】㊀(천) 霰 セン、ソウ、あかねぞめ red silk ㄑㄧㄢˋ ch'ien⁴

㊁(쟁) 庚

小篆 草書 ㊀붉은비단천(赤繒)。『左傳』ㅣ茷旃旌。㊁고넬쟁(結而又屈)。『史記』ㅣ繳蘭臺。

【綪繳:쟁교】걸쳐 입음。『史記』ㅣㅣ蘭臺。

【綪】(육) 屋 イク、きぬ silk

小篆 연옥육(帛靑經縹緯)。

【綫】(선)『線』(糸部 9畫)과 같음

【綬】(수) 宥 シュウ、ジュ、ひも ribbon of a seal ㄕㄡˋ shou⁴

小篆 草書 인끈수(佩組緯維)。『急就篇註』ㅣ受也所以承受印環。

綬(三才圖會)

【維】(유) 支 イ、ユイ、つなぐ tie, hold ㄨㄟˊ wei²

小篆 草書 ❶맬유、이을유(係也)。『詩經 小雅 白駒』縶之ㅣ之。❷벼리유(綱也)。『儀禮』中離ㅣ綱。❸맺을유(連結)。『周禮』以ㅣ邦國。❹모퉁이유(方隅)。『管子』國有四ㅣ曰禮義廉耻。❺오직유(獨也)。❻이유(此也)。❼발어사유(發語辭)。❽개혁유(ㅣ新)。❾끌어갈유(ㅣ持)。

【維綱:유강】政治를 뒷받침하는 법도。『漢書』不以此時引ㅣㅣ、盡思慮。

【維管束:유관속】고등 식물의 뿌리·줄기·잎 등에 있는 수분 액체를 통하게 하는 조직。관상 세포가 주체로 되었으며、쌍자엽 식물의 줄기에서는 안으로부터 導管·篩管의 순서로 배열됨。관다발。

【維斗 유두】《天》北斗星의 異名。『莊子』ㅣㅣ得之、終古不忒。「宗子ㅣㅣ。

【維城:유성】皇太子 또는 황족。『詩經』

【維歲次:유세차】祭文의 첫머리에 쓰는 말。해의 차례。또는「생각하건대」、「干支를 따라서 정한 해로 말하면」의 뜻。

【維新:유신】❶萬事가 改新됨。『書經』舊染汚俗、咸共ㅣㅣ。❷政治 體制가 새롭게 革新되는 것。『詩經』周雖舊邦、其命ㅣㅣ。

【維舟:유주】❶배 네 척을 이어 맴。❷「배를 댐。

【維持:유지】지탱하여 나감。또는 지탱하여 가짐。『干寶』賴道德典刑、以ㅣㅣ之也。

【維持方針:유지방침】버티어 치러나 「갈 방도와 계획。

【維持者:유지자】유지해 나가는 사람。

◎纖ㅣ。

【綮】㊀(계) 薺 ケイ、ほこさや sheath ㄑㄧㄥˋ ch'ing⁴

㊁(경) 徑

小篆 草書 ㊀❶톡톡할계(緻繒)。❷창집계(戟衣)。❸표기계(徽幟)。㊁힘줄얽힐경(筋肉結處)。『莊子 養生主』技經肯ㅣ之未嘗。

【綯】(도) 豪 トウ、なわ straw-rope ㄊㄠˊ t'ao²

草書 새끼줄도(糾絞繩索)。『詩經』宵爾索ㅣ。

【絣】(병)『絣』(糸部 6畫)의 本字

【綦】(곡) 沃 キョク、つかねる tie up

小篆 ❶묶을곡(約也)。❷동여얽을곡(纏也)。❸이을곡(連也)。

【綵】㊀(래) 灰 ライ、リ、こわいけ ㊁(리) 支 bristly hair

㊀❶센털래(强毛)。❷털설래(毛起)。

㊁뜻은 ㊀과 같음。

【綰】(관) 潸 ワン、つなぐ bind, join ㄨㄢˇ wan³ (古音「완」)

小篆 草書 ❶얽을관(繫也)。❷꿸관(貫也)。『史記』東ㅣ朝鮮眞番之利。

【綰轂:관곡】 꿰매어 얽음。『史記』惟褒斜ㅣㅣ其口。

【綰攝:관섭】 통제하여 다스림。統攝。

【綱】(강) 陽 コウ、おおづな large rope ㄍㄤ kang¹

小篆 古文 草書 ❶벼리강(總綱大繩)。『書經 盤庚』若網在ㅣ有條而不紊。❷근본강(總要)。❸법강(法紀)。❹대강강(ㅣ領、紀ㅣ)。

【綱紀:강기】 ❶큰 줄과 작은 줄。❷나라를 다스리는 大法과 細則。綱條。紀綱。❸나라를 다스리는 것。『詩經』ㅣㅣ四方。『後漢書』天地之ㅣㅣ、帝王之壯事。

【綱紀肅正:강기숙정】 綱紀가 바르고 엄숙함。

【綱紀嚴守:강기엄수】 강기를 엄격하게! 지킴。

【綱紀頹弛:강기퇴이】 政道의 綱紀가 무너지고 解弛한 것。

【綱領:강령】 ❶일의 으뜸되는 줄거리。❷政黨・體團의 입장・목적・계획・방침 또는 운동의 순서・規範 등을 요약한 것。

【綱目:강목】 事物을 분류 정리하는 大單位(綱)와 小單位(目)。『詩經・序』擧一綱而萬目張、釋一卷而衆篇明。

【綱常:강상】 ❶사람이 행하여야 할 道德。三綱(君臣・父子・夫婦)과 五常(仁・義・禮・知・信)。『宋史』正ㅣㅣ。❷寺院에서 사무를 보는 사람。

【綱常之變:강상지변】 三綱五常에 어그러진 변고。

【綱要:강요】 일의 중요한 要點。『葉采・近思錄序』諸ㅣㅣ、悉本朱子舊注。

【綱條:강조】 나라를 다스리는 大法과 細則。『舊唐書』王𦒿雖不能擧振ㅣㅣ、然以謹重知名。

◎紀ㅣ、大ㅣ、三ㅣ、要ㅣ、政ㅣ。

【網】(망) 養 ボウ、あみ net ㄨㄤˇ wang³

草書 ❶그물망(佃漁)。『易繫辭』作結繩以爲ㅣ罟以佃以漁。❷그물칠망(張ㅣ)。❸법망(法也)。❹온통망(ㅣ羅)。❺망태기망(ㅣ橐)。

【網擧目張:망거목장】 그물을 들면 그물 눈이 저절로 열린다는 뜻。《喩》아래는 위를 따르고, 적은 것은 큰 것을 따름。要點을 잡으면 뒤에 딸린 문제는 자연히 해결됨。

【網巾:망건】 머리가 흩어지지 않게 실로 그물처럼 짜서 쓰는 巾。

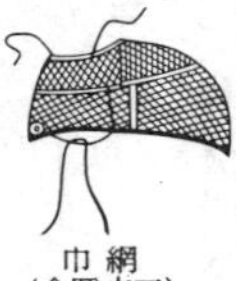

網巾(三才圖會)

【網罟:망고】 그물。(罟는 작은 그물)。

【網羅:망라】 ❶모든 그물。(網은 물고기 잡는 그물。羅는 새 잡는 그물)。『莊子』『關尹子』聖人師蜂立君臣、師蜘蛛立ㅣㅣ。❷빠짐 없이 모음。『史記・自序』ㅣㅣ天下放失舊聞。

【網絡:망락】 빠짐 없이 얽어 넣음。『史記』ㅣㅣ古今、敍述懲勸。

【網利:망리】 이익을 獨占함。

【網膜:망막】 (生)眼球의 안벽에 있는 엷은 막。視覺을 일으킴。

【網膜炎:망막염】 (醫)網膜에 일어나는 「炎症。

【網目:망목】 그물 눈이란 뜻으로 法이 그물 눈 같이 세밀하고 嚴함을 이름。『世說』亦由陛下ㅣㅣ不疎。

【網紗:망사】 그물코 같이 성기게 짠 깁。

【網梭:망사】 배의 이름。紡績에서 쓰이는 북 모양을 하여 작음。

網梭船(三才圖會)

【網疏:망소】 그물 눈이 거칠고 소악한 것。《轉》法律에도 빠져 나갈 구멍이 있다는 뜻。

【網樣組織:망양조직】 (生)淋巴腺・胸腺・脾臟・扁桃腺 따위에서 볼수 있는 結締組織의 하나。각 세포에는 突起가 있어 서로 연결되어 그물코 같이 되었음。

【網蟲:망충】 거미의 別名。『沈約・詩』ㅣㅣ垂戶織。

【網橐:망탁】 (國)망태기。「이 많음。

【網太:망태】 그물로 잡은 명태。큰 것

【網版:망판】 (印)사진 동판。「ㅣ。

【網捕:망포】 그물로 잡음。『張椿』禁ㅣ投ㅣ。

◎交通ㅣ、放送ㅣ、法ㅣ、魚ㅣ、通信ㅣ、

【綴】㊀(체) 霽 テツ、テイ、つづる ㊁(철) 屑 baste together ㄓㄨㄟˋ chuei⁴

小篆 草書 ㊀❶연폭할체、연결할체(連也)。『書經』底席ㅣ純。❷가손할체、선두를체(緝也)。㊁❶잇댈철(聯也)。『禮記』殷主ㅣ重。❷춤을느런히출철(舞列)。『禮記』行其ㅣ兆。❸맺을철(結也)。『詩經』爲下國ㅣ旒。❹그칠철(止也)。『禮記』禮者所以ㅣ淫。

【綴旒:철류】 깃술。『詩經』爲下國ㅣㅣ。

【綴目:철목】 벌려 놓은 종류의 名目。

【綴文:철문】 글을 지음。또는 쓴 글。

【綴衣:철의】 ❶장막。幄帳。『書經』。❷官名。임금의 의복을 맡은 벼슬。『書經』『漢書』自孔子後、ㅣㅣ之士衆矣。

【綴字:철자】 (言)자음과 모음을 맞추어 「한 글자를 만들음。ㅣㅣ虎賁。

【綴輯:철집】 ❶編輯。『漢書』採撰前記、ㅣㅣ所聞。❷綴하여 모음。

【綴宅:철택】 몸。身體。『淮南子』有ㅣㅣ、

◎點ㅣ、編ㅣ。

【綵】(채) 賄 サイ、あやぎぬ coloured silk ㄘㄞˇ ts'ai³

오색비단채(繪繪五采備)。

【綵綺:채기】 고운 무늬가 있는 絹織物

【綵緞:채단】 비단의 總稱。

【綵籠:채롱】 아름다운 색으로 꾸민 종다래끼。『韓愈』青幢紫蓋立童童、細雨浮煙作ㅣㅣ。

【綵房:채방】 아름답게 꾸민 방。『顏延之』周以嚴廊、匝以ㅣㅣ。

【綵絲:채사】 색실。아름다운 물감으로 「물들인 실。

【綵船:채선】 아름답게 그리어 꾸민 화려한 배。『宋史』設山車ㅣㅣ載樂。

【綵帨:채세】 채색한 비단과 차는 수건。

綵帨(大清會典圖)

【綵衣:채의】 빛깔이 고운 衣服。綵服。

【綵帳:채장】 五色의 찬란한 色絹의 휘장。『沈佺期』燕姬ㅣㅣ芙蓉色。

【綵組:채조】 고운 실로 꼰 끈。『晉書』皆帶綬、以ㅣㅣ爲緄帶。

【綶】(과) 箇 カ、まとう tie up
얽어동여맬과(纏束)。

【綷】㊀(최) 隊 ㊁(채) 賓 サイ、スイ、えぎぬ coloured silk ちメㄟˋ ts'uei⁴
草書 ㊀깁와삭거릴최(紈素聲ㅡ縩)。㊁오색비단채(五采繪)。

【綷詠:채영】아름다운 노래。形式이 아름다운 詩歌。〔江淹·齊太祖誄〕七德飾歌、九功ㅡㅡ。

【綷雲:채운】아름다운 무늬 있는 구름。五色 구름。

【綸】㊀(륜) 眞 ㊁(관) 刪 リン、カン、いと green thread カメㄣˊ luen²
小篆 草書 ㊀❶푸른실끈륜(青絲綬)。❷벼리륜(綱也)。〔易經 屯卦〕君子以經ㅡ。❸낚싯줄륜(釣繳)。〔詩經〕之子于釣言ㅡ之繩。❹사륜륜(絲ㅡ、王言)。〔禮記〕王言如絲其出如ㅡ。❺휩쌀륜(纏裹)。〔易繫辭〕彌ㅡ天地之道。❻분잡할륜(雜揉)。㊁관끈관(青絲綬巾名)。〔正字通〕孔明軍中嘗服ㅡ巾。

【綸巾:윤건】비단으로 만든 頭巾。隱者가 씀。〔陳與義〕涼氣入ㅡㅡ。

【綸緜:윤면】푸른 실과 솜。〔魏書〕探諸漏戶、令輸ㅡㅡ。

【綸綍:윤발】=綸旨。〔柳宗元〕捧對ㅡㅡ、不知所圖。

【綸言:윤언】임금이 아랫사람에게 내리는 말。〔晉書〕尊儒勸學、亟降於ㅡㅡ。

【綸言如汗:윤언여한】땀이 한 번 나면 도로 들어가지 않는 것처럼 임금의 綸言이 한 번 내리면 고칠 수 없다는 뜻。〔漢書·劉向傳〕出令如出汗、汗出而不反者也。

【綸音:윤음】임금의 말씀。綸言。綸旨。

【綸旨:윤지】임금의 말씀。〔薛廷珪〕爾能奉ㅡㅡ。

【綹】(류) 有 リュウ、いとたば twenty scrap of thread カㄡˇ liu³
小篆 ❶실스무오리류(絲二十縷)。❷열오리류(緯十縷)。〔沈佺期詩〕上有仙人長命ㅡ。

【綺】(기) 紙 キ、あやぎぬ thin silk くㄧˇ ch'i³
小篆 草書 ❶무늬놓은비단기(文繒)。〔漢書〕賈人無得衣錦繡ㅡ紵罽。❷아름다울기(美也)。

【綺衾:기금】비단으로 바른 미닫이。〔白居易〕伊浪平鋪綠ㅡㅡ。

【綺年:기년】少年 시절。幼年。〔宇文逌〕ㅡㅡ而播華譽、齠歲而有俊名。

【綺談:기담】이상야릇하고 재미있는 이야기。奇談。〔陸機〕高談一何綺、蔚若朝霞爛。

【綺羅:기라】❶무늬 있는 비단과 얇은 비단。〔顏氏家訓〕車乘塡街衢、ㅡㅡ盈府寺。❷아름다운 衣服。또는 그 의복을 입은 사람。

【綺羅星:기라성】어두운 밤에 반짝이는 無數한 별。

【綺麗:기려】아름답고 고움。〔劉楨〕ㅡㅡ不可忘。

【綺思:기사】美的인 생각。藝術的인 思考。〔梁簡文帝〕ㅡㅡ暖霞飛。

【綺藻:기조】아름다운 詩文。〔十六國春秋〕此文ㅡㅡ清麗、長卿儔也。

【綺窓:기창】아름다운 窓。

【綺紈之歲:기환지세】少年時代。綺歲。〔庾信慕容寗神道碑〕通禮稱ㅡㅡ。

【綻】(탄) 諫 タン、ほころびる rip ㄓㄢˋ chan⁴ (古音「잔」)
草書 ❶옷터질탄(衣縫解)。〔禮記〕衣裳ㅡ裂。❷나타날탄(ㅡ露)。❸파할탄(破ㅡ)。

【綻露:탄로】숨겨 남에게 알리지 않던 일이 드러남。

【綻裂:탄열】터져서 찢어짐。〔禮記〕衣裳ㅡㅡ。

【綻破:탄파】찢어지고 망함。破綻。〔梅堯臣〕意在留補綴、恐衣或ㅡㅡ。◎破ㅡ。

【綼】(벽) 錫 ヘキ、すそかざり embroider the seamed skirt
치마폭치장할벽(裳幅錦繡)。

【綽】(작) 藥 シャク、ゆるやか generous ㄔㄠˋ ch'ao⁴
小篆 或體 草書 ❶너그러울작(寬也)。〔詩經〕ㅡㅡ有裕。❷정숙할작(靜淑)。〔莊子 逍遙遊〕ㅡ約如處子。❸많을작(多也)。

【綽楔:작설】忠臣·孝子·列女 등을 表彰하기 위하여 그 집 앞에 세운 붉은 門。旌門。〔吳鼎芳〕煌煌樹ㅡㅡ。

【綽約:작약】침착하고 高尙한 모양。상냥하고 가냘픈 모양。〔傅毅〕ㅡㅡ閑靡。

【綽然:작연】침착하고 여유가 있는 모양。綽綽。

【綽綽:작작】침착하고 여유가 있는 모양。綽然。

【綽綽有餘裕:작작유여유】여유가 많음。綽有餘地。〔孟子〕吾進退、豈不綽綽然有餘裕哉。

【綽態:작태】여유 있고 침착한 모양。〔曹植〕柔情ㅡㅡ、媚於語言。

【綽號:작호】別名。綽名。

【綾】(릉) 蒸 リョウ、あやぎぬ figured silk カㄧㄥˊ ling²
小篆 草書 무늬놓은비단릉(ㅡ紈、文繒)。

【綾縑:능겸】무늬 놓은 합사 비단。〔北史〕過盜大失ㅡㅡ。

【綾衾:능금】무늬비단으로 바른 미닫이。〔韓愈〕ㅡㅡ夜直頻。

【綾綺:능기】무늬 있는 비단。또는 그 옷。〔北史〕大夫不衣ㅡㅡ。

【綾羅:능라】❶무늬 있는 비단과 엷은 비단。〔張華〕童僕餘粱肉、婢妾蹈ㅡㅡ。❷아름다운 의복。사치스러운 의복。

【綾羅錦繡:능라금수】명주실로 된 비단의 총칭。

【綾紗:능사】얇은 비단。

【綾扇:능선】비단으로 만든 부채。〔李商隱〕ㅡㅡ喚風閶闔天。

【綾織物:능직물】무늬를 넣어 짠 아름다운 織物。

【綿】(면) 先 メン、わた cotton
草書 ❶솜면(纊也)。〔廣韻〕精曰ㅡ、麤曰絮。❷동일면、얽을면(纏也)。❸끊어지지않을면、연할면(連ㅡ)。❹잘면(細也)。

【綿代:면대】代代。累代。〔隋書〕安可ㅡㅡ爲祭服哉。

【綿篤:면독】병이 중하여 생명이 위독함。〔周書〕廣既居喪、更加ㅡㅡ。

【綿頓:면돈】병이 심한 것。〔劉潛·爲南平王讓徐州表〕臣ㅡㅡ枕席。

【綿力:면력】힘이 약함。微力。綿은 薄弱의 뜻。〔漢書〕越人ㅡㅡ薄材、不能陸戰。

【綿歷:면력】계속되는 것。〔北史〕出嶺ㅡㅡ七百里。

【綿連:면련】❶길게 이어짐。連綿。❷줄기차게 벋어 나감。〔李紳〕江雲續斷草ㅡㅡ。

【綿邈:면막】매우 멂음。〔晉書〕年代ㅡㅡ、文籍靡傳。

【綿襪:면말】(國)솜을 넣은 버선。솜버선。

【綿綿:면면】❶오래 계속하여 끊어지지 않는 모양。〔詩經〕ㅡㅡ葛藟。❷속속들이 자상함。詳密。❸편안하고 조용한 모양。❹아득한 모양。

【綿密:면밀】 찬찬하여 疎忽함이 없는 것。『宣和書譜』下筆――。
【綿薄:면박】 재주가 적음。『方回』――希儲峙、貪婪忞取求。
【綿紡:면방】 솜에서 실을 뽑음。
【綿服:면복】 綿織의 옷。무명옷。綿衣。
【綿絲:면사】 무명실。
【綿弱:면약】 가냘픔。纖弱。『唐書』惟南兵――、鄆人素易之。
【綿羊:면양】 (動)羊。털이 길고 그 털은 毛織物의 원료가 됨。緬羊。
【綿遠:면원】 世代가 오래 이어 나감。
【綿油:면유】 목화씨 기름。綿實油。
【綿衣:면의】 ❶솜옷。❷(醫)水綿。단맛이 있고 더운 성질이 있는데 溫中健胃藥材에 씀。陟釐。
【綿製品:면제품】 솜으로 만든 물건。
【綿紬廛:면주전】 명주를 파는 가게。
【綿地:면지】 ❶길게 잇닿은 땅。『穀梁傳』――千里。❷면직물로 된 옷감。
【綿織:면직】 ❶무명실로 짬。❷綿織物의 略語。
【綿織物:면직물】 무명실로 짠 피륙의 「총칭。
【綿歎:면탄】 사라지지 않는 歎息。슬픔과 근심이 오래 계속되는 것。『孟郊』―空躊躇。
【綿布:면포】 ❶무명。❷솜과 베。『後漢書』知種麻養蠶作――。
【綿花:면화】 씨를 빼지 않은 솜。솜의 原料品。
【綿火藥:면화약】 솜화약。
【綿花子油:면화자유】 면화씨 기름。
◎木―、石―、純―、連―、海―。

【緂】 ㈠(담) 感 タン、あざやか ㈡(담) 覃 brilliant
小篆 草書 ㈠유록빛담(帛青黃色)。『淮南子』―一文縹。㈡❶옷빛깔환할담(衣色鮮明)。❷길쌈담(紡也)。

【緀】 (처) 齊 セイ、あや pattern
小篆 무늬놓을처(斐章相錯)。『詩經』―兮斐兮成是貝錦。

【緁】 (첩) 葉 ショウ、ぬう sew ㄑㄧˋ ch'i⁴
小篆 或體 草書 옷궤맬첩(緶衣縫也)。『漢書』白縠之衣薄紈之裏―以偏諸。

【緃】 (종) 冬 ショウ、いろぎぬ dyed silks
小篆 물들인비단종(染色繒)。

【緄】 (곤) 阮 コン、おび girdle
小篆 草書 ❶수놓은띠곤(繡帶)。『後漢書 南匈奴傳』童子佩刀、―帶各一。❷노끈곤(繩也)。
【緄帶:곤대】 수놓은 띠。『後漢書』――各一。
【緄縢:곤등】 노끈。『詩經』竹閉――。『傳』儀繩也。
【緄戎:곤융】 서쪽 오랑캐 이름。混戎。『史記』有綿諸――。

【緅】 (추) 尤 シュウ、ス、すずめいろ deep blue ㄗㄡ tsou¹
小篆 草書 아청빛추(靑赤色即鴉靑)。『周禮』五人爲―言染五次。

【緆】 (석) 錫 セキ、ほそぬの cloth of fine texture ㄒㄧˋ hsi⁴
小篆 或體 草書 가는베석(細布)。『子虛賦』被阿―。

【緈】 (행) 迥 ケイ、なおい straight
小篆 곧을행(直也)。

【緇】 (치) 支 シ、くろ black ㄗ tzŭ¹
小篆 草書 검을치(黑色)。『俶眞訓』以涅染―則黑於涅。
【緇涅:치날】 검은 색으로 물들임。『劉鑠』伊余久――、復得味苦淡。
【緇徒:치도】 중。僧侶。『孟浩然·陪張丞相祠紫蓋山途經玉泉寺詩』――擁錫迎。
【緇流:치류】 ＝緇徒。『盧綸』泯跡在――。
【緇墨:치묵】 검은 빛。『監鐵論』縞素不能自分于――。
【緇素:치소】 ❶검은 옷과 흰 옷。❷僧侶와 俗人。『梁元帝』――結轍、華戎延道。
【緇衣:치의】 ❶검은 色의 衣服。『詩經』――之宜兮、敝予又改爲兮。❷검정 물감을 들인 옷。僧衣。❸僧侶。
【緇塵:치진】 지저분한 티끌。『李益』少游京洛共――。
【緇撮:치촬】 검은 베로 만든 冠。撮은 모은다는 뜻으로 冠을 쓸 때 상투를 모음。

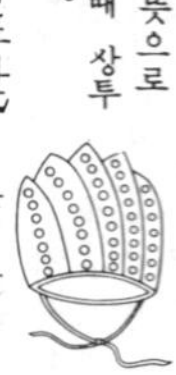

緇撮(三才圖會)

【緇布冠:치포관】 검은 색갈의 베로 만든 것으로 儒生이 평상시에 쓰던 관。

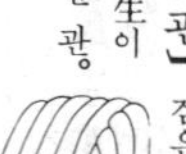

緇布冠(名物圖)

【緉】 (량) 養 リョウ、なう hanging
小篆 ❶켤래량、신한켤레량(雙履)。❷맬량(絞也)。

【緊】 (긴) 軫 キン、しめる、きびしい vital; urgent ㄐㄧㄣˇ chin³
小篆 草書 ❶착착얽을긴(急也、糾也)。❷딴딴할긴(堅也)。❸급할긴(―急)。❹요긴할긴(―要)。❺움츠릴긴(縮也)。

【緊幹事:긴간사】 매우 요긴한 볼 일。
【緊客:긴객】 매우 정다운 손。
【緊徑:긴경】 좋은 人便。
【緊關:긴관】 썩 필요한 절실한 관계。
【緊急:긴급】 ❶琴絃이 너무 팽팽함。『傅毅』弛――之絃張兮。❷緊要하고 급한 것。切迫해 있는 상태。
【緊急動議:긴급동의】 긴급한 議案을 제출하여 우선적으로 처리하기를 요구하는 동의。
【緊急命令:긴급명령】 국회를 열 겨를이 없이 공공의 안정을 지키고 그 재액을 피해야 할 긴급한 때에、긴급히 법률 대신으로 공포하는 명령。사후라도 국회의 동의가 없으면 그 효력은 중지됨。
【緊急財政處分:긴급재정처분】 재정상 긴급 처분의 필요가 있을 때、예산을 따르지 않고 정부가 최고 명령으로써 재정 처분을 한 뒤에 국회에 사후 승인을 얻는 절차。
【緊急會議:긴급회의】 몹시 긴한 일을 의논키 위해 모이는 회의。
【緊腦:긴뇌】 빈틈 없는 머리。『杜甫』――雄姿迷所向。
【緊務:긴무】 썩 요긴한 볼일。
【緊密:긴밀】 바싹 가까와 빈틈이 없음。매우 밀접함。↔弛緩。『夢溪筆談』赫連城、――如石、劚之皆火出。
【緊迫:긴박】 아주 요긴하고도 급함。
【緊縛:긴박】 꽉 졸라 얽어 맴。
【緊紗:긴사】 결이 잘고 고운 엷은 비단。『舊唐書』――兎褐。
【緊束:긴속】 ❶바싹 죄어 묶음。❷물샐 틈 없는 단단한 拘束。
【緊實:긴실】 매우 절실함。
【緊要:긴요】 꽉 소용이 됨。
【緊用:긴용】 아주 요긴하게 씀。
【緊張:긴장】 ❶팽팽하게 켕김。❷마음

을 가다듬어 정신을 바짝 차림。

【緊切：긴절】 ❶아주 切實한 것。 ❷緊要하고 중요한 것。「重。

【緊重：긴중】 썩 필요하고 중요로움。 蓁

【緊札：긴찰】 몹시 소중한 편지。

【緊紮：긴찰】 ❶짓궂게 달려들음。 ❷꼭 묶어서 조임。 ❸몹시 부대낌。

【緊請：긴청】 꼭 들어 주어야 할 요긴한 「부탁。

【緊縮：긴축】 ❶바짝 줄임。 또는 줄이는 것。 ❷財政上의 기초를 단단하게 하기 위하여 支出을 줄이는 것。

【緊縮財政：긴축재정】 《經》국가의 재력을 강화하기 위하여 재정상 긴축을 수반하는 재정。

【緊縮政策：긴축정책】 《政》國庫金의 지출을 바짝 줄여 나가는 정책。

【緊託：긴탁】 꼭 들어 주어야 할 부탁。 緊囑。

【緊歇：긴헐】 緊要한 것과 緊要하지 아니한 것。 必要와 不必要。

【緋】 (비) 微 ヒ、あか red ㄈㄟ feí

緋 小篆 草書 ❶붉은빛비(絳色)。 ❷붉은 깁비(赤練)。【唐書】袴褶之制五品以上ㅣ。

【緋甲：비갑】 붉은 빛의 갑옷。

【緋納：비납】 붉은 비단옷。 붉은 僧衣。

『魏書』詔賜ㅣㅣ小口袴褶一具。

【緋鯰：비념】 《動》메기과에 속하는 민물고기。 퉁가리。

【緋緞：비단】 명주실로 짠 피륙의 總稱。

【緋玉：비옥】 붉은 옷과 玉冠子。 곧 堂上官의 官服。

【緦】 (궐) 月 ケツ、むすぶ connect

❶맺을궐(結也)。 ❷황후의옷궐(后服)。

【緫】 (총) 『總』(糸部 11畫)과 같음

【緌】 (유) 支 ズイ、かんむりひも ribbon of a coronet ㄖㄨㄟ juei²

緌 小篆 草書 관끈늘어질유(冠纓下垂)。【禮記】范則冠而蟬有ㅣ。

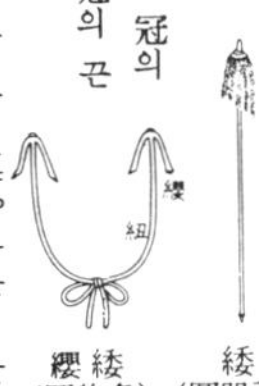

緌 (圖器禮) 纓緌 (圖物名)

【緌纓：유영】 冠의 끈。 또는 冠의 끈을 늘임。

【緌緌：유유】 드리운 모양。 갓끈이 늘어진 모양。『杜牧』壯髮綠ㅣㅣ。

【緎】 (역) 職 ヨク、イク、ぬいめ bastings

緎 草書 혼솔역(裘之界域縫也)。【詩經】素絲五ㅣ。

九 畫

【緒】 (서) 語 ショ、いとぐち、こぐち clue ㄒㄩˋ hsü⁴

緒 小篆 草書 ❶실마리서、실끝서(絲耑)。 ❷기업서、사업서(基ㅣ、事業)。【詩經 魯頌閟宮】纘太王之ㅣ。 ❸나머지서(殘餘)。【莊子 讓王】其ㅣ餘以爲國家。 ❹끄트머리서、시초서(端ㅣ、發端)。

【緒論：서론】 本論의 머리말이 되는 論說。 叙論。

【緒言：서언】 ❶論說의 실마리。 첫마디 말。『莊子·漁父』孔子曰、曩者先生、有ㅣㅣ而去。 ❷書籍의 머리말。 序言。

【緒業：서업】 시작한 일。 『史記』武王即位、修文王ㅣㅣ。

【緒餘：서여】 남은 것。 本業 외에 하는 일。 餘事。『莊子』其ㅣㅣ以爲國家。

【緒正：서정】 근본을 캐 내어 바르게 함。『史記』ㅣㅣ律歷。

【緒風：서풍】 殘餘의 바람。 餘風。『楚辭』款秋冬之ㅣㅣ。

◎端ㅣ、心ㅣ、由ㅣ、情ㅣ。

【緋】 (배) 隊 ハイ、はだぎ inner shirts

속적삼배(襦也)。

【緗】 (상) 陽 ショウ、あさぎ light-yellow ㄒㄧㄤ hsiang¹

緗 小篆 草書 아황빛상 누르스름할상(淺黃)。【後漢書】賈人ㅣ縹而已。

【緗縑：상겸】 누르스름한 빛깔의 合絲絹。『王安石』當時備巡遊、今不在ㅣㅣ。

【緗素：상소】 ❶淡黃色과 흰 색。 ❷흰素(흰 비단)에 淡黃色 물을 들인 비단。 古代에는 이것으로 書籍의 갑을 많이 만들었음。 《轉》書籍。 책。『庾信』緹帙ㅣㅣ、愛玩無已。

【緗帙：상질】 淡黃色 헝겊으로 만든 책갑。 書衣。【隋書】總括群書、盛以ㅣㅣ、書用緗素。

【緗縹：상표】 ❶淡黃色과 옥색。 또는 그 옷。『後漢書』賈人ㅣㅣ而已。 ❷書籍。 책。『范成大』ㅣㅣ如山畫掩關。

【緘】 (함) 咸 カン、とじる close; bind ㄐㄧㄢ chien¹ (本音「감」)

緘 小篆 草書 ❶묶을함(束篋)。 ❷궤맬함(縢也)。 ❸봉할함(封也)。【家語】孔子觀周廟有金人三ㅣ其口。

【緘口：함구】 입을 다물고 말하지 않음。 緘默。『孔子家語』有金人焉、三緘其口、而銘其背曰、古之愼言人也。「이 없음。

【緘口無言：함구무언】 입을 다물고 말

【緘口勿說：함구물설】 입을 다물고 말을 하지 못하게 함。

【緘口不言：함구불언】 입을 다물고 말을 하지 아니함。

【緘縢：함등】 궤매어 봉함。【後漢書】皆各ㅣㅣ、不敢陳設。『漢書』滿一篋ㅣㅣ。

【緘封：함봉】 닫음。 다물음。 封함。 封緘。

【緘書：함서】 封한 편시。 封書。『范成大』口傳好語無ㅣㅣ。

【緘札：함찰】 封한 文書。 또는 편지。 封書。『李商隱』玉璫ㅣㅣ何由達。

【緘包：함포】 봉하여 쌈。『歐陽修』緹襲三四勤ㅣㅣ。

【線】 (선) 霰 セン、いと wire; thread ㄒㄧㄢ hsien⁴

線 草書 ❶실선(縷也)。【周禮】縫人掌王宮縫ㅣ之事。 ❷바느질할선(針ㅣ)。 ❸줄선(面界)。 ❹줄칠선(畫ㅣ)。 ❺발선(有ㅣ、硯ㅣ、光ㅣ)。 ❻길선(路也)。

【線纊：선광】 실과 솜。【禮記】佩箴管ㅣㅣ。

【線路：선로】 ❶가늘고 긴 길。【蘇軾】ㅣㅣ不容足。 ❷汽車·電車의 軌道。

【線縷：선루】 실의 가닥。 絲縷。【杜甫】仰望垂ㅣㅣ。

【線番號：선번호】 線路나 電線의 줄기를 표하려고 쓰는 번호。

【線索：선색】 일의 端緒를 探索함。 端緒。

【線審：선심】 線審判의 略稱。

【線審判：선심판】 경기장의 선에 관한 규칙의 위반을 맡아 보는 보조 심판。

【線外球：선외구】 《運》파울 보울(foul ball)。

【線引手票：선인수표】 橫線 수표。

【線膨脹：선팽창】 《物》고체에 있어 임의로 가린 두 점 사이의 길이의 온도에 따른 변화 형상。

【線香：선향】 가늘고 긴 모양으로 만든 香。 불을 붙여서 佛前에 바침。

【線形：선형】 葉片의 형상이 넓이가 좁

고 길며 葉緣이 고른 모양。

【線形動物:선형동물】《動》圓形 動物。

◎幹ㅡ、曲ㅡ、光ㅡ、路ㅡ、單ㅡ、斷ㅡ、ㅡ、視ㅡ、沿ㅡ、一ㅡ、電ㅡ、戰ㅡ、點ㅡ、支ㅡ、地平ㅡ、直ㅡ、鑄ㅡ、脫ㅡ、波ㅡ、平和ㅡ 海岸ㅡ。

【緛】(연) 銑 ゼン、ネン、ちぢむ wrinkle

小篆 ❶쭈그라들연(縮也)。❷주름연(衣戚)。

【緜】(면) 先 メン、わた cotton ㄇㄧㄢ mien²

小篆 草書 ❶햇솜면(新絮)。【漢書】難與道純ㅡ麗密。❷년출벋을면、끊어지지않을면(ㅡㅡ不絕)。【詩經】ㅡ瓜瓞。❸꾀꼬리소리면(ㅡ蠻、鳥聲)。【詩經】ㅡ蠻黃鳥。❹얽을면(纏ㅡ、綢繆)。【淮南子】纏ㅡ經宂。❺길면(長也)。❻연할면(連也)。(『綿』과 같음)

【緜甲:면갑】 짐승의 가죽으로 만든 갑옷의 한 가지。안에다 솜을 넣고 거죽은 彩色하여 甲板의 모양을 그려 넣은 것。

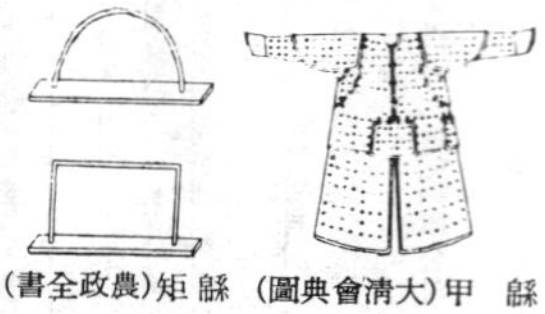
緜甲(大清會典圖)　緜矩(農政全書)

【緜矩:면구】 솜을 잣는데 쓰이는 器具。

【緝】(집) 緝 シュウ、あつめる collect; continue ㄑㄧ ch'i⁴

小篆 草書 ❶길쌈집(績也)。❷이을집(繼績)。【詩經】授几有ㅡ御。❸빛날집(光也)。【詩經】於ㅡ熙敬止。❹옷가손할집(下橫縫)。【儀禮】斬者何不ㅡ。❺모을집(集也)。

【緝穆:집목】 모아서 和睦하게 함。和睦하는 것。『蜀志』將相ㅡㅡ、未可一朝定也。

【緝綏:집수】 모아서 편안케 함。靖綏。

【緝綴:집철】 글을 모아 綴함。글을 씀。『獨孤及』勉勵苦節、ㅡㅡ疲人。『南史』性好讀書、愛ㅡㅡ。

【緝捕:집포】 罪人을 잡아 가둠。또는 그 사람。『陳造』不敎ㅡㅡ闖門來。

【緝合:집합】 한데 모아서 합함。

【緝熙:집희】 빛이 밝은 모양。德化의 빛이 빛남。【詩經·文王】穆穆文王、於ㅡㅡ敬止。

【緞】㊀(하) 麻 ㊁(단) 旱 タン、ダン、きぬ silk ㄉㄨㄢ tuan⁴

草書 ㊀❶신뒤축실하(履跟帖)。【急就篇】履舄鞜裒絨ㅡ紃。㊁❶뜻은㊀과같음。❷비단단(紬ㅡ)。

【緟】(중) 冬 チョウ、かさねる repeat

小篆 草書 ❶더할중(增也)。❷거듭할중(重也)。

【締】(체) 霽 テイ、むすぶ fasten ㄉㄧ ti⁴

小篆 草書 ❶꽉 맺을체(結不解)。【史記】合從ㅡ交。❷닫을체、닫힐체(閉也)。

【締結:체결】 ❶얽어서 맺음。❷契約이나 條約을 맺음。『江淹』ㅡㅡ民社。

【締交:체교】 사귐을 맺음• 結交。『賈誼』合從ㅡㅡ、相與爲一。

【締盟:체맹】 同盟을 맺음。

【締約:체약】 약속을 맺음。또는 그 약속。『唐書』ㅡㅡ益堅。

【締姻:체인】 夫婦의 인연을 맺음。

【緡】(민) 眞 ビン、メン、つりいと fishing-line ㄇㄧㄣ min²

小篆 草書 ❶입힐민、입을민(被也)。【詩經】荏染柔木言ㅡ之絲。❷낚싯줄민(釣繳)。【詩經】其釣維何維絲伊ㅡ。❸돈꿰미민(錢貫)。【漢書】初筭ㅡ錢。

【緡綸:민륜】 낚씻줄。釣絲。또는 줄。

【緡蠻:민만】 새의 우는 소리。綿蠻。

【緡錢:민전】 ❶꿰미에 꿴 돈。❷漢代 稅法의 이름。『漢書』初算ㅡㅡ。

【緢】(묘) 蕭 ビョウ、めぐる envelop

小篆 ❶실반대묘、실두를묘(絲旋)。❷깃술묘(旄絲)。

【緧】(순) 眞 シュン、せぬい back of a coat

옷등솔순(衣之督脊)。

【緣】㊀(단) 翰 ㊁(연) 霰 先 タン、エン、ちなみ、ふちどる connection ㄩㄢ yüan²

小篆 草書 ㊀단옷단(后服)。㊁❶인연연(因也)。【孟子 梁惠王】ㅡ木而求魚。❷인연할연(連絡)。❸선두를연(飾也)。【漢書】衣加純ㅡ。

【緣家:연가】 인연이 있는 집。親戚。『唐書』ㅡㅡ在壽陽。

【緣覺:연각】《佛》❶자기 스스로 涅槃을 구하여 그를 깨쳐 남에게 설법 교화하지 않는 성인。『大藏法數』因觀十二因緣、覺眞諦理、故名ㅡㅡ。❷緣覺乘의 略稱。

【緣故:연고】《佛》❶까닭。理由。❷因緣。關係。

【緣故者:연고자】 혈통상이나 법률상의 관계로 인연을 맺고 있는 사람。

【緣故地:연고지】 어느 사람의 혈연적 또는 법률적으로 인연이나 관계가 맺어진 일이 있는 곳。거주한 적이 있던 곳 따위。

【緣起:연기】 ❶《佛》事物의 起源。由來。『楞伽經』佛說ㅡㅡ。❷神祠·寺院등의 創建한 由來。또는 그 文書。❸著者가 자기 책에 쓴 序文。

【緣起論:연기론】《佛》因緣으로 말미암아 우주 만물이 生成한다는 설。業感 연기론·賴耶 연기론·眞如연기론·如來藏 연기론·法界연기론 따위가 있음。

【緣談:연담】 =婚談。

【緣木求魚:연목구어】 나무에 올라가서 고기를 구한다는 뜻으로 되지 못할 일을 무리하게 하려고 함을 비유한 말。

【緣攀莖:연반경】 다른 물건에 번어 올라 몸을 의지하는 줄기。卷鬚·부착근 따위。

【緣邊:연변】 ❶바깥 둘레。周邊。❷血緣 其他의 인연이 있는 사람。

【緣分:연분】 ❶서로 걸리게 되는 인연。『沈周』知無ㅡㅡ難輕入。❷부부가 될 수 있는 인연。「이루어 짐。

【緣成:연성】 모든 일은 인연에 의하여 이루어 짐。

【緣飾:연식】 外部의 面을 꾸밈。또는 장식함。『漢書』ㅡㅡ以儒術。

【緣由:연유】 까닭。關係。『杜甫』中原正格鬪、後會何ㅡㅡ。

【緣坐:연좌】《制》일가의 범죄에 관련되어서 처벌을 당함。『北史』諸家ㅡㅡ。

【緣海:연해】《地》大洋의 연변을 차지하는 바다로 半島 및 列島에 둘러싸인 바다。

【緣海國:연해국】《地》연해에 둘러싸여 있고 이것을 自己 나라의 바다로서 지배하는 나라。

【緣紅:연홍】 입 전두리를 붉은 빛깔로 칠한 도자기。

【緧】(추) 尤 シュウ、しりがい reins

❶말고삐추(馬鞦、紂也)。❷말뒷거리추(馬服後革)。❸차고삐추(車紂)。

【緤】(설) 屑 セツ、きずな tie ㄒㄧㄝˋ hsieh⁴ 맬설(繫也)。【漢書】若夫束縛之繫ㅣ之。(『絏』과 같음)

【緥】(보) 皓 ホウ、むつき baby's quilt ㄅㄠˇ pao³ 포대기보(小兒被)。【漢書】曾孫雖在襁ㅣ。

【緥裙:보군】 아기를 싸는 보。

【緦】(시) 支 シ、あさぬの hemp cloth ㄙ ssu¹ ❶보름새베시(十五升布)。❷시마복시、석달복시(緦ㅣ、三月服)。【禮記】四世而ㅣ服之窮。

【緦冠:시관】 상복의 하나로 올이 굵은 삼베로 짠 천으로 만든 관。

緦繩麻冠(三才圖會)

【緦麻:시마】 석 달 동안 입는 喪服。

【緦服:시복】 석달 동안 입는 상복。

緦服麻服(三才圖會)

【緧】(추)『緻』(糸部 7畫)와 같음

【編】(편) 先 (변) 銑 ヘン、あむ compile ㄅㄧㄢ pien¹ ㊀❶책편편(次簡)。【史記】孔子讀易韋ㅣ三絕。❷적을편、기록할편(錄也)。❸첩지편(婦人假紒)。【周禮】首服爲副ㅣ、❹엮을편(織也)。❺벌릴편(列也)。㊁땋을변(ㅣ髮)。

【編刊:편간】 책을 編著하여 냄。

【編磬:편경】 《樂》雅樂器의 한 가지。두 층으로 된 걸이가 있고 한 층에 여덟 개씩 매어 단 磬쇠。

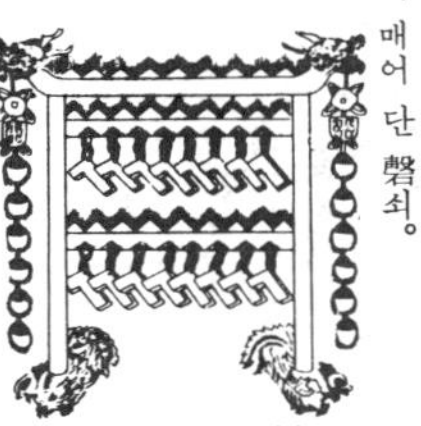
編磬(禮器圖)

【編年:편년】 연대순으로 역사를 엮음。

【編年史:편년사】 연대순으로 엮은 역사。年代紀。

【編年體:편년체】 《歷》歷史 記述의 한 방법。年月을 중심으로 하여 사실을 編述함。↕紀傳體·紀事本末體。

【編隊:편대】 航空機가 비행할 때에 만드는 隊列。또는 그 一隊。

【編隊飛行:편대비행】 많은 비행기가 편대를 만들어서 비행함。

【編䌨:편멱】 띠를 엮어서 만든 솥덮개。

編䌨(名物圖)

【編物:편물】 털실이나 기타의실 따위로 엮어서 여러 가지 물건을 만들음。또 그 물건。

【編髮:편발】 ❶冠禮를 하기 전에 머리를 땋아 늘이는 일。또는 그 머리。❷辮髮。『史記』ㅣㅣ隨畜遷徙。

【編配:편배】 《制》귀양 갈 사람의 이름을 명부에 적어 놓음。

【編削:편삭】 順序에 따라 책을 맴。『後漢書』磨硏ㅣㅣ之才。

【編成:편성】 ❶엮어서 만들음。❷모아 조직함。

【編修:편수】 ❶禮儀가 단정하고 바름。『後漢書』百禮ㅣㅣ而不濟。❷여러 가지 재료를 모아 책을 지어내는 것。編纂。❸《制》古代 中國에서 國史를 編纂하는 史官。

【編修官:편수관】 ❶《法》문교 행정을 맡은 관청에서 책을 편찬하고 수정하는 일을 맡아 보는 공무원。❷《制》春秋館에 딸린 從三品부터 從四品까지의 벼슬。「냄。

【編述:편술】 글을 모아 엮어 책을 지어

【編列:편열】 ❶짜아서 이음。『詩經·傳』ㅣㅣ他髮爲之。❷戶籍에 동록함。한동아리에 끼임。編戶。『史記·司馬相如傳』ㅣㅣ之民。

【編伍:편오】 ❶隊伍를 編成함。❷隊伍에 編入함。「에 끼게 함。

【編入:편입】 ❶짜서 넣음。❷한 동아리

【編者:편자】 책을 엮은 사람。

【編著:편저】 편집하여 저술함。

【編制:편제】 개인을 편성하여 군대 또는 단체를 만들음。

【編鐘:편종】 《樂》金部에 딸린 雅樂器의 하나。한 개가 한 音씩 내는 종을 여러 개 엮어서 된 것이나 사대에 따라 그 수효는 일정치 않음。가장 최근의 것은 一二律의 順序로 調律된 鐘을 여덟 개씩 두 段에다 一六개를 달음。

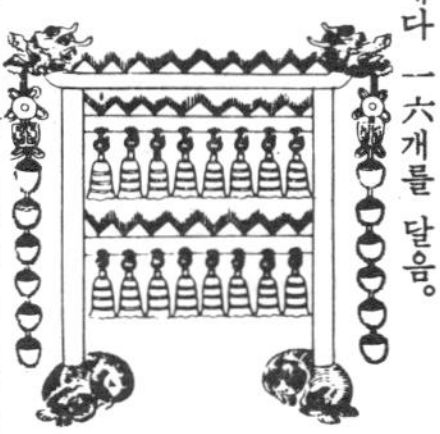
編鐘(禮器圖)

【編帙:편질】 書籍을 가리는 씌우게。책갑。

【編輯:편집】 여러 가지 재료를 모아 책이나 新聞을 만들음。編纂。『南史』手自ㅣㅣ、筐篋盈滿。

【編輯局:편집국】 ❶신문사·출판사 등에서 編輯의 일을 맡아 보는 部署。❷《制》甲午更張 이후 教科圖書의 編輯과 번역을 맡은 學務衙門의 한 局。❸《制》李朝末 學部의 한 局。

【編輯人:편집인】 편집의 책임자。편집의 名義者。「輯員。

【編輯者:편집자】 ❶=編輯人。❷=編

【編次:편차】 순서를 좇아 편찬함。또는 그 차례。『史記』上紀唐虞之際、下至秦穆、ㅣㅣ其事。

【編纂:편찬】 =編輯。『陸游』嘗ㅣㅣ、刻本於金陵客舍、今亡矣。「爲藏書。

【編綴:편철】 엮어 짬。『山谷題跋』ㅣㅣ

【編戶:편호】 ❶호적을 編成함。❷호적에 編入함。또는 그 집。『史記』匹夫ㅣㅣ之民。

◎共ㅣ、改ㅣ、續ㅣ、新ㅣ、完結ㅣ。

【緩】(완) 旱 カン、ゆるむ slow; loose ㄏㄨㄢˇ huan³ ❶느즈러질완、더딜완(遲ㅣ)。【禮記】其樂心感者其聲嘽以ㅣ。❷너그러울완(寬也)。

【緩曲:완곡】 느릿느릿하고 곡진함。

【緩急:완급】 ❶느린 것과 빠른 것。❷切迫함。危急。『史記·袁盎傳』一旦有ㅣㅣ、寧足恃乎。

【緩急記號:완급기호】 樂曲에 있어서 어느 부분의 속도를 빠르게 하거나 느리게 하기 위한 기호。

【緩期:완기】 期日을 연장시킴。

【緩囊:완낭】 《國》게으름장이。

【緩帶:완대】 安心함。편안히 함。『漢書·匈奴傳』邊城守境之民、父兄ㅣㅣ。

【緩督:완독】 재촉을 늦춤。「ㅣㅣ。

【緩賂:완뢰】 때 늦은 선물。『左傳』且謝

【緩流:완류】 느리게 흐름。또는 그 물。

【緩晩:완만】 날짜가 점점 늦어짐。
【緩慢:완만】 모양이나 행동이 느릿느릿함。『書經·疏』寬弘者、失於ーー。
【緩步:완보】 천천히 걷는 걸음。徐步。『宋史』玉趾ーー。「은 경사。
【緩斜:완사】 緩慢한 경사。가파르지 않
【緩斜面:완사면】 경사가 가파르지 않은 면。
【緩舒:완서】 편안하고 한가함。安閒。
【緩速物質:완속물질】《物》原子爐 내에서 중성자의 속도를 느리게 하는 데 사용하는 물질。중수·베릴리움·석묵 따위。緩衝物質。
【緩衝:완충】 급한 衝突을 緩和시킴。
【緩衝國:완충국】 利害를 달리하는 두 나라 또는 수개국 사이에 있어서 충돌을 완화시키는 중립국。
【緩衝的:완충적】 완화시킬 수 있는 것。
【緩衝地帶:완충지대】 이해가 다른 두 나라 또는 수개국 사이에 있어서 충돌을 완화시키기 위하여 설정한 중립 지대。
【緩治:완치】 병이나 죄를 느즈러지게 처리함。
【緩怠:완태】 마음이 풀어져 게으름 피움。『管子』人心之變、有餘則驕、驕則ーー。
【緩限:완한】 정한 기한을 느즈러뜨림。
【緩行:완행】 천천히 걸어감。
【緩頰:완협】 穩健하게 천천히 말함。『史記』ーー往說魏豹、能下之、吾以萬戶封若。「中略、三日ーー。
【緩刑:완형】 寬大한 刑罰。『周禮』荒政、
【緩和:완화】 늦추어짐。늦춤。느슨하게
【緩和策:완화책】 완화하는 계책。「함。
◎弛ー。

【絓】(개) 囲 カイ、ふといと thick thread
小篆 굵은실 개(大絲)。

【緪】㊀(긍) 囲蒸 ㊁(긍) 囲徑 コウ、おおなわ thick and durable rope ㄍㄥ kêng¹
小篆 草書 ㊀동아줄 긍(大索)。㊁줄 되게 맬 긍(急張絃)。
【緪昇:긍승】 빨리 오름。『杜牧』如日月之ーー。
【緪瑟:긍슬】 줄을 되게 맨 거문고。『楚辭』ーー兮交鼓。

【緫】㊀(총) 囲東 ㊁(총) 囲送 ソウ、うすぎぬ thin silk
草書 ㊀❶통견총(輕絹)。❷검푸른 비단 총(帛靑色)。㊁혼솔총(絲數)。【詩經】素絲五ー。

【緬】(면) 囲銑 ベン、メン、はるか far ;thread ㄇㄧㄢˇ mien³
小篆 草書 ❶옮겨서 장사지낼 면、면례할 면(改葬禮)。【穀梁傳】改葬之禮緦擧下ー也。❷아득할 면(ー藐、遠也)。❸우두커니 바라볼 면(ー然、思貌)。【楚語】ー然引領南望。❹가는 실 면(微絲)。
【緬禮:면례】 山所를 옮겨서 장사를 다시 지냄。
【緬想:면상】 아득하게 생각함。『世說』ーー人外、三十年矣。
【緬憶:면억】 지난 일을 回想함。
【緬然:면연】 ❶아득한 모양。『水經·註』高壁ーー、與霄漢接。❷思索하는 모양。『國語』ーー引領南望。

【緯】(위) 囲未 イ、よこ woot; latitude ㄨㄟˇ wei³
小篆 草書 ❶씨 위、경위 위(橫絲)。【左傳 昭公二十四年】不恤其ー。❷별 오른편으로 돌 위 (星右旋)。【周禮註】五ー即五星言ー者二十八宿隨天左轉爲經五星右旋爲ー。❸점서 위(圖ー)。【三皇本紀】圖ー所載。
【緯經:위경】 가로 줄과 세로 줄。날과 씨。『吳師道』修梁雄跨相ーー。
【緯度:위도】 《地》赤道에서 南北으로 걸침을 나타내는 座標。赤道를 零度로 하여 南北으로 각각 九〇度임。↔經度。
【緯書:위서】 未來의 일이나 吉凶禍福을 豫言한 書籍。經書의 對。『禮記·疏』去孔子既遠、ーー見行於世。
【緯線:위선】 地球上의 위치를 나타내기 위하여 假定한 線。赤道와 평행으로 地表를 一周함。↔經線。
【緯世:위세】 천하를 다스림。經世。『晉書』李玄盛以ーー之量、當呂氏之末。
【緯車:위차】 물레。紡車。

緯車(三才圖會)

◎經ー 南ー、北ー。

【緭】(위) 囲未 イ、しろぎぬ white silks
小篆 흰 비단 위(白繒)。

【緰】㊀(유) 囲虞 ㊁(요) 囲嘯 ユ、きぬ silk
小篆 ㊀찢어진 비단 유(裂繒)。㊁비단 요(帛也)。

【緱】(구) 囲尤 コウ、つか handle of a sword ㄍㄡ kou¹
小篆 草書 ❶칼자루 감은 구(劍頭飾)。【史記註】ー謂把劍之物言其劍無物可裝 但以繩纏之。❷땅 이름 구(地名)。
【緱氏:구씨】 《歷》땅 이름。中國 河南省에 있음。春秋時代 周의 小都邑。漢代의 縣名。

【緥】(봉) 囲董 ホウ、あさぐつ hemp sandals
小篆 ❶미투리 봉(枲履)。❷꺽두기 봉(小兒皮履)。【愼子】有虞氏之誅以後ー當則。

【緲】(묘) 囲篠 ビョウ、かすか distant ㄇㄧㄠˇ miao³
草書 ❶적을 묘(微也)。❷아득할 묘(遠視貌)。【海賦】羣仙縹ー。

【縏】(혈) 囲屑 ケツ、おび girdle
草書 띠 혈(帶也)。【莊子】ー係履而過魏王。

【練】(련) 囲霰 レン、ねる refine; practise ㄌㄧㄢˋ lien⁴
小篆 草書 ❶이길 련、누일 련(湅繒)。❷연복 련(小 祥服)。❸익힐 련(凡技能之求其熟)。❹겪을 련(閱歷)。【漢書】昔靡不ー。❺마전할 련(煮漚)。❻가릴 련(選也)。
【練究:연구】 詳細하게 연구함。『宋書』好書不倦、尤ーー萬事。
【練達:연달】 단련하여 通達함。『後漢書』胡廣ーー事體。「음。
【練磨:연마】 학문이나 기술을 갈고 닦
【練武:연무】 武藝를 익힘。
【練兵:연병】 兵事를 훈련함。『崔禹錫』ーー宜雨洗、臥鼓候風涼。
【練兵場:연병장】 병정들에게 전투에 필요한 동작이나 작업 따위를 훈련하는 곳。
【練絲:연사】 마전하여 보드랍게 한 絹

綀↕生綀。

【練熟:연숙】 事物에 通達하여 익숙함。

【練習:연습】 자꾸 되풀이하여 익힘。『晉書』胡母輔之父原、一一兵馬。

【練悉:연실】 잘 익히어 자세히 알음。『南史』博聞名識、一一朝儀。

【練染:연염】 마전하여 물들임。『後漢書』掌知物賈、主一一、作采色。

【練銳:연예】 잘 훈련이 되어 강하고 날쌤。 또는 그 軍士。『吳子』此五者、軍之「一一」。

【練日:연일】 날을 가림。

【練鵲:연작】 (動)때까치。

【練祭祀:연제사】 아버지가 살아 있고 어머니가 먼저 돌아갔을 때、한 돌 만에 지내는 소상을 열 한 달 만에 다가서 지내는 제사。

【練布:연포】 누인 베。 빤 베。『晉書』乃與朝賢、俱制一一單衣。

◎未一、洗一、修一、熟一、精一、訓一。

【緵】

(종) 東 送 ソウ、あみ texture; net ㄗㄨㄥ tsung¹

草書 ❶베올종(布縷)。 ❷그물종(魚網百囊罟)。 【史記】令徒隷衣七一布。

【緶】

㊀(편) 先 ㊁(변) 銑 ベン、ぬう sew ㄅㄧㄢˋ pien⁴ (同音「변」)

小篆 草書 ㊀궤맬편(縫也)。 ㊁❶옷 겉을변(褰衣)。 ❷얽힐 변(交枲)。

【緹】

(제) 齊 テイ、あかぎぬ red silk ㄊㄧˊ t'i²

小篆 或體 草書 ❶붉은비단제(赤帛)。 ❷붉을제(赤色)。

【緹騎:제기】 붉은 옷을 입은 宮城의 騎兵。 주로 罪人을 잡음。『後漢書·百官志』一一二百人。

【緹齊:제제】 붉은 빛의 술。『周禮』四日「一一」。

【緸】

(인) 眞 イン、うごめく wriggle

草書 꿈틀거릴인(蠢動貌)。

【緷】

㊀(혼) 元 ㊁(혼) 阮 コン、おおたば large bundle ㄍㄨㄣˇ kuen³

小篆 草書 ㊀백우혼、장목혼(百羽)。 ㊁큰묶음혼(大束)。

【緷絻:혼면】 天子의 禮服。 袞冕 과 같음。

【緺】

㊀(왜) 佳 ㊁(과) 麻 カ、ひも ribbon of a seal ㄍㄨㄚ kua¹

小篆 草書 ㊀아청빛인끈왜、푸른인끈왜(紫青印綬)。〔史記〕佩青一。 ㊁뜻은 ㊀과 같음。

【緻】

(치) 眞 チ、こまやか minuteness ㄓ chih⁴

小篆 草書 ❶톡톡할치、빽빽할치(密也)。【後漢書】硬𧜟采一。 ❷헌옷기울치(縫補敝衣)。

【緻密:치밀】 ❶자상하고 꼼꼼함。 ❷곱고 빽빽함。『水經·註』林木一一。 ❸포목 따위가 올이 배고 톡톡함。 ❹실수가 없음。

【縕】

(온) 文 吻 ウン、あさ ramie cloth

草書 ❶모시온(枲麻)。【禮記】一爲袍。 ❷묵은솜온(舊絮)。 ❸성할온(盛貌)。 ❹기운덩이온(元氣)。『易繫辭』乾坤其易之一。 ❺불꾸러미온、엉킨삼온(亂麻)。【漢書】束一請火於亡肉家邪。

【繩】

(승)『繩』(糸部 13畫)의 俗字

【縇】

(선)〔國字〕 선두를선(衣緣、席筵邊飾)。 선선、

十畫

【縈】

(영) 庚 エイ、まとう、からむ coil; wind around ㄧㄥˊ ying²

小篆 草書 ❶얽힐영(繞也)。〔詩經周南樛木〕葛藟縈之一。 ❷맬영(繫也)。

【縈結:영결】 얽히어 맺어짐。『左思』苞荀抽節、往往一一。

【縈帶:영대】 ❶둘려 감음。『袁崧』大江如一一。 ❷두른 띠。『李華』河水一一、群山糾紛。

【縈纏:영전】 얽히어 돌음。『笙賦』新聲變曲、奇韻橫逸、一一歌鼓、網羅鐘律。

【縈抱:영포】 둘려 안음。 안은 듯함。『閻隨侯』千巖萬壑相一一。

【縈河:영하】 구불구불한 강。『張衡』一一之洋洋。

【縈廻:영회】 얽히어 돌아감。 둘러 쌈。『朱熹』一川寒碧自一一。

【縭】

(리) 支 リ、わるいわた inferior cotton

小篆 궂은솜리(惡絮、絳一)。

【縉】

(진) 震 シン、うすあか pink

小篆 草書 ❶분홍빛진(淺絳色)。 ❷홀꽂을진(一紳)。

【縉紳:진신】 束帶할 때에 笏을 大帶에 끼우는 일。《轉》公卿。 넓은 뜻으로 高位高官을 뜻함。『漢書』其語不經見、一一者弗道。

【縌】

(역) 陌 ゲキ、ギャク、ひも ribbon of a seal

小篆 草書 인끈역(印綬)。〔漢書〕赤韍一。

【縊】

㊀(의) 寘 ㊁(액) 〔慣音〕 イ、エイ、くびくる hang; strangle oneself 丨ˋ i⁴

小篆 草書 ㊀목맬의(自經懸繩阨頸)〔左傳〕莫敖一于荒谷。 ㊁뜻은 ㊀과 같음。

【縊死:액사】 목을 매어 죽음。

【縊殺:액살】 목을 매어 죽임。 縊殺。

【縋】

(추) 寘 ツイ、すがる hang; be suspended ㄓㄨㄟˋ chuei⁴

小篆 草書 줄에달릴추(繩懸)。〔左傳〕夜一而出。

【縋繩:추승】 밧줄을 걸음。『左氏·昭·注』一一登城。

【縋出:추출】 밧줄을 걸고 그것을 타고 「나옴。」

【縎】

(골) 月 コツ、むすぶ tie ㄍㄨˇ ku³

小篆 草書 맺을골、맺힐골(結一不解)。【楚辭】心結一兮折摧。

【縏】

(반) 寒 ハン、きんちゃく purse ㄆㄢˊ p'an²

草書 작은주머니반(小囊)。〔禮記〕施一袠。

【縒】

㊀(차) 支 ㊁(착) 藥 サ、よる wind around

小篆 草書 ㊀실엉킬차(絲乱貌)。 ㊁얽힐착、어지러울착、실엉킬착(一綜、亂也)。

【縐】

(추) 宥 スウ、シュウ、ちぢみ crumple; wrinkle ㄓㄡˋ chou⁴

小篆 草書 ❶주름추、구길추(蹙也)。【史記】襞積褰一。 ❷가

는칡베추(細絺)。〔詩經〕蒙彼－絺。

〔縐絺:추치〕 ❶날실과 실날을 交替로 느리게 또는 되게 하여 주름지게 짠 피륙。❷고운 葛布。〔詩經〕蒙彼－－、是紲袢也。

【縑】(겸) 鹽 ケン、かとりぎぬ ㄐㄧㄢ chien¹ braid silk

小篆 草書 합사비단겸(并絲絹)。〔漢書〕縕爲翁須作單－衣。

〔縑緗:겸상〕 ❶아황빛의 얇은 비단。(冊가위 등에 씀)。❷책。書籍。〔柳宗元〕具筆札、拂－－。

〔縑衣:겸의〕 합사 비단의 옷。〔漢書〕爲翁、須作單－－。

〔縑楮:겸저〕 비단과 종이。綵縑。〔陳與義〕却寄書林汙－－。

【縓】(전) 先 セン、うすあか ㄑㄩㄢ ch'üan² pink

小篆 草書 붉은빛전(絳色)。〔禮記〕期而小祥練冠－緣。

【縕】(온) 文 ウン、くずあさ ㄩㄣ yün⁴ ramie

小篆 草書 ❶모시온(枲麻)。〔禮記〕－爲袍。❷묵은솜온(舊絮)。❸성할온(盛貌)。❹기운덩이온(元氣)。〔易繫辭〕乾坤其易之－。❺불꾸러미온、엉킨삼온(亂麻)。〔漢書〕束－請火於亡肉家邪。

〔縕巡:온순〕 나란히 걷는 모양。〔後漢書〕－－歐紆。〔註〕－－、竝行貌。

〔縕袍:온포〕 솜옷。솜을 넣어서 만든 옷。〔論語〕衣敝－－。

【緂】(담) 感 タン、あさぎ light green

小篆 유록빛담(靑黃色)。〔詩經〕毳衣如菼。

【縗】(최) 灰 サイ、もふく ㄘㄨㄟ ts'uei¹ mourning dress

草書 상옷최、상복최(喪服)。〔左傳〕晏嬰麤－斬。

〔縗墨:최묵〕 검게 물들인 상복。〔左氏·僖〕子－－絰。〔注〕以凶服從戎、故墨之。

〔縗素:최소〕 흰 상복。〔琵琶記〕乾坤見他衣－－、故添個縞帶飛舞。

【縭】(류) 尤 リュウ、あやぎぬ name of a silk

草書 비단이름류(綺屬)。

【縚】(도)『絛』(糸部 7畫)와 같음

【縛】(박) 藥 バク、しばる ㄈㄨ fu² bind; tie

小篆 草書 ❶묶을박(束也)。❷얽을박(繫也)。〔左傳〕面－衡壁。

〔縛格:박격〕 묶어 매질함。〔後漢書〕大怒、收郞、－－之。

〔縛擒:박금〕 사로잡아 묶음。捕縛。〔呂氏春秋〕

〔縛紲:박설〕 묶는 끈。

〔縛束:박속〕 얽어 묶음。束縛。〔後漢書〕拘持－－、不與兵刃。

〔縛繩:박승〕 ＝捕繩。

〔縛之打之:박지타지〕 묶어 놓고 두들김。

〔縛鐵:박철〕 못 박기가 어려울 때 못 대신에 겹쳐 대는 쇳조각。

◎緊－、面－、束－、捕－。

【縝】(진) 軫 シン、こまか ㄓㄣ chen³ closeness

草書 ❶맺을진(結也)。❷톡톡할진、빽빽할진(密緻)。〔禮記〕－密以栗。❸실오리진、실마리진(縷也)。

〔縝密:진밀〕 ❶細心하고 깊이 삼가는 것。〔陸龜蒙〕非繡非繪、－－柔美。❷잘고 빽빽함。

〔縝紛:진분〕 많고 성한 모양。〔司馬相如〕周覽泛觀、－－軋芴。

【縜】(균) 眞 イン、ひも ㄩㄣ yün² net rope

小篆 草書 그물고균(持綱紐)。〔周禮〕上綱與下綱出舌尋－寸焉。

【縞】(호) 皓 號 コウ、しろぎぬ ㄍㄠ kao³ white silk (古音「고」)

小篆 草書 흰깁호(白繒、素也)。〔詩經〕－衣綦巾。

〔縞巾:호건〕 흰 비단의 수건。〔晉書〕特聽－－素帶、居師友之位。

〔縞裙:호군〕 마전하여 깨끗하게 한 비단 치마。〔韓愈〕－－練帨無等差。

〔縞素:호소〕 흰 빛의 喪服。喪服。〔史記〕寡人親爲發喪、諸侯皆－－。

〔縞衣:호의〕 ❶희고 깨끗한 비단 옷。❷鶴의 날개。〔蘇軾·赤壁賦〕玄裳－－。

【縟】(욕) 沃 ジョク、いろどり ㄖㄨ ju⁴ floral design

小篆 草書 ❶화문놓을욕(繁采飾)。〔西京賦〕采飾纖－。❷가늘욕(細也)。

〔縟麗:욕려〕 섬세하게 꾸며 아름다움。〔太眞外傳〕綵繪－－、一時無比。

〔縟禮:욕례〕 번거롭고 까다로운 예절。〔宋史〕有司循常習、故欲加－－。

〔縟繡:욕수〕 화문 놓은 비단。〔王粲〕曳－－之華裳。

【⿰糸⿱日羽】(탑) 合 トウ、かけなわ snare

草書 얽을탑、노올무탑(以索罥物)。〔集覽〕契丹將李楷固善用－索。

【縠】(곡) 屋 コク、ちぢみぎぬ ㄏㄨ hu² fine silk gauze (本音「혹」)

小篆 草書 ❶저사곡(縐紗)。〔戰國策〕不若王愛尺－也。❷고은깁곡(細縑)。〔神女賦〕動霧－以徐步。

【縡】(재) 賄 隊 サイ、こと thing

小篆 草書 ❶일재(事也)。〔漢書 揚雄傳〕上天之－。❷실을재(載也)。

【縢】(등) 蒸 トウ、ひも ㄊㄥ t'êng² cord

草書 ❶노끈등(繩也)。〔禮記〕甲不組－。❷궤맬등(緘也)。❸묶을등(約也)。〔詩經〕竹閉緄－。❹행전등(行－、纏脛)。〔戰國策〕贏－履蹻。

〔縢絲:등사〕 絲笠에 있어서 싸개 대신에 촘촘하게 늘어놓아 붙이는 명주 실。

【縣】㊀(현) 先 ㊁(현) 霰 ケン、かかる hang; county ㄒㄩㄢ hsüan²

小篆 草書 ㊀❶달현、매달릴현(繫也)。〔詩經〕應田－鼓。❷끊어질현(絕也)。〔漢書〕－隔千里。㊁고을현(州－、行政區域、四甸五鄙)。

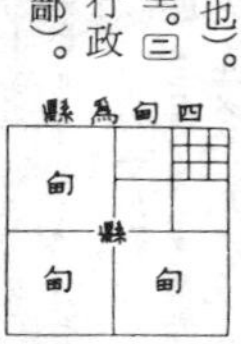

井牧(禮器圖)

〔縣監:현감〕 (制)李朝 때 작은 縣의 원。從六品 벼슬。

〔縣鼓:현고〕 매달은 북。〔禮記〕廟堂之下、－－在西、應鼓在東。

〔縣官:현관〕 ❶임금의 別稱。〔漢書·京房傳〕事－－十餘年。❷朝廷의 別稱。〔漢書·食貨志〕仰給－－。❸(制)州縣의 관

…『漢書』其在所之

【縣軍孤鬪:현군고투】 적군 진영으로 깊이 들어가서 본부와 연락도 없고 후원군도 없이 외롭게 싸움。
【縣藜:현려】 아름다운 玉。美玉。
【縣令:현령】 (制)❶中國 縣의 長官。『史記』 ❷李朝 때 고을 縣의 으뜸 벼슬。
【縣伯:현백】 (制)高麗 때 五等爵의 세째 爵位。 正五品으로 食邑 七〇〇戶를 받았음。
【縣夫人:현부인】 (制)李朝 때 正·從二品의 宗親의 아내의 封爵。
【縣廷:현정】 (制)縣의 行政을 다스리는 관청。『後漢書』給事ーー。
【縣炭:현탄】 古代의 氣象을 알아보는 법。『史記·天官書』冬至短極縣土炭。
◎郡ー。

十一畫

【繌】 (채) 隊 サイ、あざやかなころも clean colthes ㄘㄞ tsʻai⁴
❶선명한옷채(鮮衣)。❷옷와삭거릴채(衣聲)。『漢書』粉粹ー兮紈素聲。

【縪】 (필) 質 ヒツ、とめる stop ㄅㄧ pi⁴
縪 小篆 草書 ❶그칠필(止也)。❷관술기필、갓혼솔필(冠縫)。『儀禮』冠六升外ー纓條屬厭。

【縫】 ㊀(봉) 冬 ホウ ぬう sew ㄈㄥ fêng²
㊁(봉) 宋
縫 小篆 草書 ㊀❶꿰맬봉(以鍼紩衣)。『詩經』可以ー裳。❷마무를봉、미봉봉(彌ー、補合)。『左傳』敢拜子之彌ー。❸큰옷봉(ー掖、大衣)。
㊁혼솔봉(ー會)。『禮記』古者冠縮ー今也衡ー。

【縫掖之衣:봉액지의】 옆이 넓게 터진 선비가 입는 道袍。
【縫紉:봉인】 실로 꿰맴。옷을 기운 실。『陸游』蒼頭供井臼、赤脚解ーー。
【縫刺:봉자】 裁縫과 刺繡。
【縫織:봉직】 깁는 것과 짜는 것。 裁縫과 機織。
【縫紩:봉질】 바느질 함。『後漢書』ーー成幡。
【縫針:봉침】 바늘。
【縫合:봉합】 ❶기워 합침。❷(醫)外科 手術에서 切開한 자리를 꿰맴。❸(生)頭蓋骨에 있는 톱니 모양으로 짜여 합쳐진 뼈。

【[糸習]】 (첩) 葉 ショウ、うつくしいきもの fine clothes
고은옷첩(鮮明衣、緹ー)。『楚辭』製英衣兮緹ー。

【縬】 (축) 屋 シュク、ちぢむ shrink
❶쭈그라질축、오그릴축(縮也)。❷구김살축(ー紋)。❸비단무늬축(縐文)。

【縭】 (리) 支 リ、てふき towel ㄌㄧ li²
縭 小篆 草書 ❶실로써 신꾸밀리(以絲飾履)。❷향주머니리(緯也)。『詩經』親結其ー。❸맬리(繫也)。『詩經』紼ー維之。

縭 (會圖才三)

【縮】 (축) 屋 シュク、ちぢむ shrink ㄕㄠ shao⁴ (本音「숙」)
縮 小篆 草書 ❶거둘축(收也 斂也)、❷물러갈축(退也)。❸오그라질축。줄축(贏之反)。『戰國策』ー于財用則匱。❹곧을축(直也)。『孟子』自反而ー。❺모자랄축(不及)。❻쭈그릴축(局ー)。

【縮減:축감】 줄여서 작게 함。적어짐。『晉書』從度以盈加ーー之。
【縮頸駭汗:축경해한】 두렵고 놀라워 목을 움츠리고 식은땀을 흘림。
【縮氣:축기】 기운이 움츠러짐。沮氣。
【縮圖:축도】 原形보다 주리어 그린 그림。줄인 그림。
【縮慄:축률】 위축하여 두려워함。『唐書』馬皆ーー。
【縮米:축미】 일정한 수량에서 부족되는 쌀의 분량。
【縮本:축본】 책·그림·글씨 등의 原形을 줄여서 작게 만든 것。또는 그 책。
【縮寫:축사】 ❶原形보다 작게 줄이어 씀。❷사진을 줄여서 다시 찍음。
【縮砂蔤:축사밀】 (植)풀의 이름。잎은 가늘고 길며 봄에 꽃을 피움。

縮砂蔤 (會圖才三)

【縮小:축소】 줄여 작게 함。또는 작아짐。↔擴大。
【縮小版:축소판】 =縮刷版。
【縮刷:축쇄】 原形보다 줄여 인쇄함。또는 그 書籍。
【縮刷版:축쇄판】 縮刷한 출판물。
【縮手:축수】 손을 뗌。일을 그침。斂手。『韓愈』巧匠旁觀、ーー袖間。
【縮首:축수】 두려워 머리를 움츠림。또는 숨김。
【縮錢:축전】 (國)일정한 額數에서 축이 난 돈。부족한 돈。
【縮地法:축지법】 道術에 의해 地脈을 축소하여 먼 길을 가깝게 하는 術法。
【縮尺:축척】 製圖에서 原形보다 縮小한 그림을 그릴 때 縮小하는 일정한 比例의 값어치。
【縮胎:축태】 (國)解産 달에 약을 먹어 胎盤이 줄어들게 하여 解産을 순하도록 하는 것。
【縮退:축퇴】 움츠려져 후퇴함。『吳志』伺隙襲擊、奇遂ーー。
【縮版:축판】 =縮刷版。

【縯】 ㊀(연) 銑 エン、イン ながい、ひく long; drag ㄧㄢ yen³
㊁(인) 軫
縯 草書 ㊀길연(長也)。㊁당길인(引也)。

【縰】 (사) 紙 シ、かみづつみ headpiece ㄕ shih³ (俗音「쇄」)
縰 草書 ❶머리쓰개사、검은비단댕기사(韜髮黑繒)。『禮記』櫛ー笄總。❷많을사(ーー衆多)。『高唐賦』ーー莘莘。

【縰縰:사사】 물건이 많은 모양。『楚辭』ーー莘莘。

【縱】 ㊀(종) 董 ショウ、ジュウ、ゆるい、たて vertical ㄗㄨㄥ tsung¹
㊁(종) 冬
㊂(종) 宋
縱 小篆 草書 ㊀바쁠종(急遽)。『禮記』檀弓喪事欲其ーー爾。
㊁❶세로종(橫之對直也)。❷세울종(竪也)。㊂❶늘어질종(緩也)。『詩經』無ー詭隨。❷놓을종(放也)。『漢書』發ー指示。❸비록종(雖也)。『左傳』ー有共其內。❹어지러울종(亂也)。❺둘종(置也)。

【縱遣:종견】 내쳐 보냄。『後漢書』願得生歸、班超ーー之。
【縱貫:종관】 ❶세로 꿰뚫음。❷남북으로 貫通함。(東西를 橫、남북을 縱이라 함)。
【縱觀:종관】 =縱覽。『史記』高祖常繇咸陽、ーー秦皇帝。
【縱斷:종단】 ❶세로 자름。❷남북으로 자름。↔橫斷。
【縱斷主義:종단주의】 조합의 조직을 그 공장의 자본주와 노동자가 공동으로 조직하려는 주의。↔橫斷主義。
【縱談:종담】 생각 나는 대로 지껄임。

〖權德輿〗――窮化元。

【縱隊:종대】 세로 나란히 선 隊列。

【縱覽:종람】 자유롭게 봄。〖蘇轍〗欲遊目――究其有無。

【縱覽所:종람소】 신문·잡지 따위를 구색을 갖추어 놓고서 누구든지 마음대로 보게 하는 곳。또는 선거인 명부를 비치해 놓고 유권자에게 종람시키는 곳。

【縱列:종렬】 세로 나란히 선 列。

【縱裂:종렬】 ❶세로로 틈이 감。세로로 째어짐。❷(植)葯이 익어서 세로로 터져 꽃가루가 날리는 裂開法의 한 가지。평지·장다리꽃 따위가 이에 속함。

【縱放:종방】 ❶마음대로 함。放縱。〖後漢書〗遷自――如此。❷自由自在。〖金史〗筆勢――、不拘一律。

【縱奢:종사】 제 멋대로 하고 사치한 것。

【縱肆:종사】 =縱恣。〖嵇康〗從容――、遺忘好惡。

【縱書:종서】 글자를 위에서부터 아래로 「내리 씀」。↕橫書。

【縱線:종선】 세로로 그은 줄。↕橫線。

【縱心:종심】 七〇歲。〖論語〗七十而從心所欲不踰矩。

【縱臾:종유】 유인함。권함。慫慂。〖漢書〗日夜――王謀反事。

【縱飮:종음】 마시고 싶은 대로 마심。〖杜甫〗――久拚人共棄。

【縱逸:종일】 함부로。멋대로。〖晉書〗輒「復――。」

【縱恣:종자】 하고 싶은 대로。마음 대로。放恣。〖韓非子〗士民――于內。

【縱囀:종전】 마음껏 지저귐。

【縱縱:종종】 급히 서두르는 모양。

【縱酒:종주】 제 몸을 가누지 못할 정도로 술을 흠뻑 마심。

【縱軸:종축】 (數)直交座標에 있어서 세로로 잡은 좌표축。흔히 從屬變數를 나타냄。세로대。↕橫軸。

【縱誕:종탄】 ❶생각 없이 되는대로 큰소리를 함。豪言壯談。〖晉書〗酣燕――、窮權極娛。❷放恣함。

【縱波:종파】 파동의 방향과 행진 진동의 방향이 일치하는 파동。疎密波。

【縱火:종화】 =放火。

【縱橫:종횡】 ❶세로와 가로。〖盧綸〗川原唯寂寞、岐路各――。❷생각 나는 대로。自由自在。〖杜甫〗凌雲健筆意――。❸合縱連橫。中國 戰國時代의 攻守同盟。→合縱。〖魏徵〗――計不就。❹구불구불 굽은 모양。❺十字。〖何妥〗故鄕有書信、――印檢開。

【縱橫無盡:종횡무진】 자유 자재롭고 「제한이 없는 것。」

◎放―、操―。

【縲】 (류) 支 ルイ、なわ black rope (俗音)「루」 ㄌㄟˊ lei²

草書 검은새끼류(黑索)。〖史記〗幽於―絏。

【縲紲:유설】 =縲絏。

【縲絏:유설】 ❶검은 끈으로 죄인을 묶음。❷구속된 몸。붙잡힌 죄인。結縛을 당하는 羞恥。〖論語〗雖在――之中、非其罪也。

【縳】 ㊀(견) 銑 ㊁(전) 霰 テン、いと texture ㄓㄨㄢˋ chuan⁴

小篆 草書 ㊀올견、낳이실견(紡絲)。㊁❶곱고 선명한 빛전(白而鮮色)。❷장목전(羽數束名)。〖周禮〗十羽爲審百羽爲摶十摶爲―。

【縵】 ㊀(만) 翰 ㊁(만) 諫 ㊂(만) 寒 マン、バン ひらぎぬ plain silk ㄇㄢˋ man⁴

小篆 草書 ㊀무늬없는비단만(繒無文)。〖左傳〗絳服乘―。㊁❶너그러울만(寬心)。〖莊子〗―者窖者密者。❷줄 고를만(調絃)。〖禮記〗不學操―不能安弦。㊂늘어질만(緩也)。

〖卿雲歌〗卿卿雲爛兮糺――。

【縵立:만립】 오래 머물러 서서 기다림。

【縵樂:만악】 서로 뒤섞여 演奏하는 음악。雜樂。〖周禮〗敎――燕樂之鐘磬。

【縵田:만전】 이랑을 만들 수 없는 밭。下田。〖漢書·註〗――謂不爲甽者也。

【縴】 (견) 先 ケン、わた bad cotton ㄑㄧㄢˋ ch'ien⁴

草書 궂은솜견(惡絮、―縺)。

【縶】 (집) 緝 チュウ、つらねる bind; tie ㄓˊ chih²

草書 ❶맬집、옭을집(縶馬絆也)。〖詩經〗―之維之。❷간힐집(拘執)。〖左傳〗南冠而―者誰也。

【縷】 (루) 麌 ルイ、いと string; rope ㄌㄩˇ lü³

小篆 草書 ❶실루、실마디루(綫也)。〖孟子〗有布―之征。❷곡진할루(委曲)。〖柳宗元書〗雖欲典筆覼―。❸남루할루(衣敝)。〖左傳〗華路藍―以啓山林。

【縷縷:누루】 ❶실처럼 길게 계속되는 모양。〖宋史〗――而積之、寸寸而成之。❷자세히 말하는 모양。❸가늘고 끊어지지 않는 모양。❹가는(細) 모양。〖蘇軾〗船頭斫鮮細――。

【縷望:누망】 가냘픈 한가닥의 희망。

【縷續:누속】 실처럼 잇대어 있음。〖韋承慶〗單思針懸而――。

【縷述:누술】 자세하게 자기 의견을 말함。縷陳。

【縷言:누언】 細細하게 자세히 말함。또 「는 그러한 말。」〖宋史〗――而申言之。

【縷陳:누진】 =縷述。

【縷解:누해】 자세히 나누어서 풀이함。〖韓愈〗刃迎――。

【縸】 ㊀(모) 遇 ㊁(막) 藥 バク、とばり curtain

草書 ㊀궂은솜모(惡絮)。㊁그물칠막(張羅貌、絡―)。〖後漢書〗織羅絡―。

【縹】 (표) 篠 ヒョウ、はなだいろ light blue ㄆㄧㄠˇ p'iao³

小篆 草書 ❶옥색빛표(帛靑白色)。〖楚辭〗翠―兮爲裳。❷훌쩍날표(輕飛貌)。〖賈誼 鵩鳥賦〗鳳――其高逝兮。

【縹渺:표묘】 멀리 희미하게 보이는 모양。廣闊한 모양。〖木華〗群仙――。

【縹緲:표묘】 ❶아득히 넓은 모양。〖李白〗參差遠天際、――晴霞外。❷높고 먼 모양。

【縹帙:표질】 엷은 쪽빛의 冊衣。冊衣는 책의 겉장을 싼 종이 또는 헝겊。《轉》책。書卷。〖溫庭筠〗五車堆――。

【縹縹:표표】 ❶높이 떠오르는 모양。❷펄럭이는 모양。〖賈誼〗鳳――其高逝兮。

【縺】 (련) 先 レン、もつれる twine round

草書 실얽힐련(亂也)。

【縻】 (미) 支 ビ、つなぐ tie up ㄇㄧˊ mi²

小篆 或體 草書 ❶얽어맬미(繫也)。〖漢書〗羈―不絕。❷소고삐미(牛轡)。

【總】 ㊀(총) 東 ㊁(총) 董 ソウ、すべる、すべて general; all ㄗㄨㄥˇ tsung³

小篆 草書 ㊀궤맬총、홀총(縫也)。㊁❶거느릴총(統也)。〖淮南子〗萬物―而爲―。❷합할총(合也)。

❸다총(皆也)。❹끄덩이잡을총(括也)。❺볏집총(禾稾)。【書經】百里賦納ㅡ。❻상투짠총、총각총(ㅡ角、束髮)。❼모을총(聚也)。【離騷經】粉ㅡㅡ其離合兮。

❻ ㊂ 總 (圖物名)

【總角:총각】❶아이들의 頭髮을 양 쪽으로 갈라 뿔 모양으로 동여 맨 머리。【詩經】婉兮孌兮、ㅡㅡ丱兮。❷결혼하지 않은 남자。↔處女。

【總監:총감】전체를 감독하는 일。또는 그 벼슬。【南史】竝以儒學、ㅡㅡ諸生。

【總決算:총결산】❶총체적인 결산。❷사물의 모든 처리를 마쳐 결말을 냄。

【總警:총경】경찰관 계급의 한 가지。(警務官의 아래、警監의 위)。

【總計:총계】수량 전체를 한데 모아서 셈함。또는 그 셈。「또는 그 사람。

【總管:총관】전체를 管理하고 다스림。

【總括:총괄】❶여러 가지를 한데로 모아서 뭉침。요점을 종합함。【晉書】ㅡㅡ憲臺、豫聞政道。❷《論》어떤 概念의 外延을 늘여 많은 概念을 包括함。

【總軍:총군】군사의 전체。全軍。

【總權:총권】전체적인 권리。또는 권력。

【總代:총대】전체의 대표。

【總督:총독】❶거느리어 다스림。또는 그 벼슬。❷《制》㉠임금을 대신해서 관할 구역의 政務·軍務를 다스리는 官職。㉡明·淸代의 一省의 長官。㉢植民地에서 政務·軍務 등 전체를 감독하고 다스리는 벼슬。【漢書】ㅡㅡ城郭三十有六。

【總督府:총독부】《制》총독이 정무를 보는 관청。

【總同盟罷業:총동맹파업】통일된 지도·지령하에 전국적으로나 지역적으로 또는 어떤 산업 전반에 걸쳐 행해지는 대규모의 파업。

【總動員:총동원】어떤 목적을 달성하기 위하여 全員을 동원시키는 것。

【總攬:총람】❶정권을 한 손에 장악함。【後漢書】明愼政體、ㅡㅡ權綱。❷사람의 마음을 끌어 당겨 心服시킴。【三國志·諸葛亮傳】ㅡㅡ英雄。

【總力:총력】모든 힘。전부의 힘。

【總力外交:총력외교】자기 나라의 방위를 충분하게 하고、상대국과 구체적 협정에 들어간다는 외교 방침。

【總力戰:총력전】국민 또는 겨레가 있는 힘을 다하여 결행하는 싸움。

【總領:총령】모든 것을 전부 거느림。【漢書】ㅡㅡ衆職。

【總錄:총록】통틀어서 적은 기록。【後漢書】帝益以爲能、尙書衆事、皆令ㅡㅡ之。

【總論:총론】全體를 총할한 개론。글이나 論說 따위의 첫 머리에 쓰이는 그 내용의 큰 줄거리。↔各論。

【總理:총리】❶전체를 모두 管理함。또는 그 사람。綜理。❷國務總理의 略語。

【總目:총목】그 책 전부의 목록。【梅堯臣】崇文庫書作ㅡㅡ。

【總務:총무】❶전체의 사무。❷全般에 걸친 사무를 맡음。또는 그 직책。

【總辨:총변】일을 도맡아 다스림。또는 그 職의 首腦者。總辦。

【總本山:총본산】《佛》우리 나라 불교의 최고 宗政機關。

【總本營:총본영】여러 기관을 거느려서 사무를 總轄하는 곳。「물러남。

【總辭職:총사직】全員이 一齊히 職을

【總狀花序:총상화서】《植》장다리 꽃과 같이 긴 花軸에 여러 개의 꽃이 어긋나게 붙어서 밑에서부터 피는 花序。

【總選擧:총선거】일정한 수의 全議員을 같은 날에 한꺼번에 선정하여 뽑는 선거。

【總說:총설】전체를 일괄하여 논술하는 일。또는 그 글。

【總數:총수】전체를 합한 수효。

【總額:총액】전부를 한데 합한 액수。

【總御:총어】=總理。【魏志】終能ㅡㅡ皇機、克成洪業。

【總領事:총영사】《法》領事의 으뜸。駐在國에 근무하는 自國의 領事 및 관원을 관할하는 領事。

【總豫算:총예산】《法》그 해의 수입과 지출 전체에 대한 예산。

【總員:총원】전체의 人員。全員。

【總意:총의】전체의 一致한 의견。

【總一:총일】❶전체 중에서 으뜸가는 것。❷全部 합쳐서 하나로 함。統一。

【總長:총장】❶전체를 다스리는 長官。❷綜合大學인 大學校의 長。❸檢察總長。

【總裁:총재】모든 사무를 總括하여 裁決하는 것。또는 그 직책。【宋史】政尙寬靜、委任僚屬、事多ㅡㅡ而已。

【總齊:총제】總整理하여 갖춤。【晉紀】肅淸萬里、ㅡㅡ八荒。

【總集會:총집회】관계자 전체의 집회。

【總察:총찰】모든 일을 맡아 보살핌。

【總體:총체】❶온통。전부。❷온 몸。

【總出動:총출동】全員의 출동。

【總則:총칙】전체의 事項에 걸친 법칙。

【總稱:총칭】=總名。

【總統:총통】總括하여 거느리고 다스림。【漢書】太師·太傅、太保是爲三公、蓋參天子而議政、無不ㅡㅡ。「부。

【總轄:총할】전체를 管轄함。

【總合:총합】전부를 합함。또는 합친 전부。

【總和:총화】많은 數量의 전체를 모아 합한 數。總計。

【總匯:총회】한 그릇에 모두 담음。

【總會:총회】그 단체 전원의 모임。會員·株主 등의 전체가 모여서 하는 회의。社員 전체가 하는 총회 같은 것。

【縼】(선) 霰 セン、つなぐ connect

縼 小篆 바선(牛馬繫)。

【績】(적) 錫 セキ、つむぐ、いさお spin; merits ㄐㄧ chi

績 小篆 績 草書 ❶길쌈적(緝麻)。【詩經】不ㅡ其麻。❷공적(功業)。【書經】庶ㅡ咸熙。❸이룰적(成也)。❹이을적(繼也)。❺일적(事也)。

【績女:적녀】실을 잣는 여자。【陸游】ㅡ窺籬牧豎迎。

【績文:적문】실을 잣듯이 文章을 만듦。【韓愈】種學ㅡㅡ、以蓄其有。

【績紡:적방】실을 자아 길삼함。【晉書】家人ㅡㅡ、以供朝夕。「弗成。

【績用:적용】功。功績。【書經】九載ㅡㅡ

【績效:적효】=積用。【唐書】懋昭ㅡㅡ、表式儀形。

◎功ㅡ、紡ㅡ、成ㅡ、實ㅡ、業ㅡ、治ㅡ。

【繐】(세) 霽 セイ、こまかいぬの fine cloth

繐 小篆 가는베세(細布)。

【縿】(삼) 咸 サン、はたあし breath of a flag ㄕㄢ shan¹

縿 小篆 縿 草書 기폭삼(旗幅)。【周禮註】旗之旒日月者正幅爲ㅡ旒則屬焉。

【縿車:삼차】물레。

【繂】(률) 質 リツ、おおづな rope ㄌㄩ lü⁴

繂 草書 ❶닻줄률(維舟大索)。❷깔아놓는방석률(葦ㅡ籍玉)。【東京賦】藻ㅡ鞶厲。

【繀】 (쇄) 隊 サイ、いとぐるま reel

繀 小篆 草書 실톳쇄、실을푸는얼려쇄(織ㅡ)。

【繁】 ㈠(번) 元 ハン、さかえる prosper ㈡(반) 寒 しげる ㄈㄢˊ fan2

㈠❶많을번(多也)。【書經】實ㅡ有徒。❷성할번(盛也)。【禮記】拜至辭讓之節ㅡ。❸번잡할번(雜也)。【孝經序】安得不翦其ㅡ蕪。㈡말배때끈반(馬腹帶)。【左傳】請曲縣ㅡ纓以朝。

【繁苛:번가】 법률 따위가 너무 번거롭고 엄함。

【繁簡:번간】 번거로운 것과 간단한 것。繁雜과 簡單。

【繁多:번다】 번거롭고 많음。【後漢書】刑誅ㅡㅡ。

【繁禮:번례】 禮式을 번거롭게 함。또는 그 儀式。縟禮。【史記】ㅡㅡ飾貌。

【繁忙:번망】 매우 바쁨。繁劇。

【繁茂:번무】 초목이 무성함。우거짐。

【繁蕪:번무】 ❶번거롭고 어수선함。【唐玄宗】安得不翦其ㅡㅡ。❷초목이 무성함。蕃盛。【宋書】果竹ㅡㅡ、花藥成行。

【繁文:번문】 ❶지나친 장식。❷규칙 따위가 너무 자자분해서 번거로운 것。【史記】ㅡㅡ簡節之音作、而民康樂。

【繁文縟禮:번문욕례】 규칙·예절·절차 따위가 지나치게 형식적이고 번거로와 까다로운 것。「可使ㅡㅡ坐變淸涼。」

【繁暑:번서】 몹시 더움。盛暑。【五代史】

【繁盛:번성】 형세가 붇고 늘어나 잘됨。【李中】閭閻興覇日、ㅡㅡ復風流。

【繁細:번세】 번거롭고 자자분함。【賈誼】ㅡㅡ是虞、不圖後患、非所以爲安也。

【繁殖:번식】 붇고 늘어서 퍼짐。【孟子】禽獸ㅡㅡ。

【繁衍:번연】 繁盛하여 번어 나감。만연함。

【繁榮:번영】 일이 盛하게 잘 되어 영화로움。【陶潛】卉木ㅡㅡ、和風淸穆。

【繁陰:번음】 나무나 대가 무성한 곳의 짙은 그늘。【歐陽修】佳木秀而ㅡㅡ。

【繁雜:번잡】 번거롭고 뒤섞여 어수선함。

【繁昌:번창】 ❶나라 또는 집안이 번영함。【宋書】降中葉以ㅡㅡ。❷초목이 무성함。【揭溪斯】生植日ㅡㅡ。

【繁華:번화】 ❶繁盛하고 화려함。【沈約】洛陽ㅡㅡ子、長安輕薄兒。❷초목이 무성하고 꽃이 핌。

【繃】 (붕) 庚 ホウ、まく wind; bind (本音「팽」) ㄅㄥ pêng1·3·4

繃 小篆 草書 ❶묶을붕(束也)。【墨子】桐棺三寸葛以ㅡ之。❷감을붕(卷也)。

【繃帶:붕대】 (醫)상처난 곳 또는 헌 데에 약을 바르고 감아 두는 소독한 綿布。

【繃帶液:붕대액】 (醫)상처나 부스럼 따위를 덮어 싸기 위해 붕대 대신 바르는 액체。

【繄】 ㈠(예) 齊 エイ、くろぎぬ black silk ㈡(예) 霽 ㅡ ㄧ

繄 小篆 草書 ㈠❶검푸른비단예(靑黑繒)。❷어조사예(語助辭)。【左傳 隱公元年】爾有母遺ㅡ我獨無。㈡탄식소리예(歎聲)。

【繅】 ㈠(소) 豪 ソウ、あや、くる reel silk off cocoons ㈡(조) 皓 ㄙㄠ sao1

繅 小篆 草書 ㈠ 고치켤소、 고치실뽑을소(繹繭出絲)。【禮記】夫人ㅡ三盆手。㈡옥받침조(薦玉采藉)。【周禮】加ㅡ席畫純。

【繅車:소거】 고치로 실을 켜는 물레。繅絲車。繰車。【蘇軾】此身如綫自縈繞、左旋右轉隨ㅡㅡ。

【繅絲:소사】 고치를 켜서 실을 뽑음。【李白】ㅡㅡ憶君頭緖多。

【繅絲車:소사거】 고치로 실을 켜는 물레。

【繅絲湯:소사탕】 명주 실을 켤 때에 고치를 삶은 물。약으로 쓰임。

【繅藉:조자】 玉 밑에 까는 물건。繅席。【周禮】ㅡㅡ五采五就。

繅藉(禮器圖)

【繆】 ㈠(무) 宥 ビュウ、あやまる error ㈡(류) 尤 ㈢(목) 屋 ㈣(규) 尤 ㄇㄡˊ mou2

繆 小篆 草書 ㈠❶실천오리무(絲千縷)。❷얽을무(纏綿)。【詩經】綢ㅡ牖戶。㈡어그러질류(錯也)。【禮記】五者一物紕ㅡ。㈢몹쓸시호목(惡諡)。【公羊傳】葬宋ㅡ公。㈣수질규、요질규(ㅡ絰、絞也)。

【繆巧:무교】 교묘한 計策·策略。【文天祥】豈有他ㅡㅡ。

【繆繆:무무】 ❶柔和하고 아름다운 모양。穆穆。❷실이 얽힌 모양。

【繆語:무어】 그릇된 말。【五代史】吾平生不爲ㅡㅡ。

【繆繞:무요】 얽히고 설킴。【漢書】ㅡㅡ玉綏。

【繆意:무의】 잘못된 생각。【晁補之】ㅡㅡ詩書。

【繆戾:유려】 道理에 벗어나고 어그러짐。【漢書】朝臣舛午、ㅡㅡ乖刺。

【繆說:유설】 그릇된 言說。잘못된 言說。【莊子】多辭ㅡㅡ、不耕而食、不織而衣。

【緰】 (두) 尤 トウ、いとでつくつたふくろ purse made of thread

실로짠주머니두(編絲結囊)。

【繇】 ㈠(요) 蕭 ヨウ、ユウ、しげる dense ㈡(유) 尤 ㈢(주) 宥 ㄧㄡ yu2

繇 小篆 草書 ㈠❶따를요(隨也)。❷성할요(茂也)。【書經】厥草惟ㅡ。❸역사할요(役也)。【史記】高祖常ㅡ咸陽。㈡❶좇을유(從也)。【易經】其所ㅡ來者漸矣。❷다닐유(行貌)。【漢書】犬馬。❸부드러울유(和柔)。㈢점괘주(占辭)。【左傳 閔公二年】成風聞成

【繇賦:요부】 賦役과 租稅。【後漢書】減太官、省ㅡㅡ。

【繇俗:요속】 歌謠와 風俗。【漢書】揆山川變動、參人民ㅡㅡ。

【繇戍:요수】 國境을 守備함。또는 그 兵士。徭戍。【漢書】復勿ㅡㅡ。

【繇役:요역】 賦役에 나아감。나라의 土木工事 같은 데 人夫로 나아감。徭役。【十八史略】ㅡㅡ咸陽。

【繇繇:요요】 유유히 가는 모양。【漢書】犬馬ㅡㅡ。

【繈】 (강) 養 キョウ、ぜにさし string of coppers ㄑㄧㄤˇ ch'iang3

繈 小篆 草書 돈궤미강(錢貫)。【漢書】臧ㅡ千萬。

【繈褓:강보】 ❶아기를 등에 업는 포대기와 띠。【史記】靑子在ㅡㅡ中。❷갓난아기에게 입히는 옷。

【繈屬:강속】 여러 것이 줄곧 연이어 끊이지 않음。【漢書】輸租ㅡㅡ不絕。

【絅】 (경) 迥 青 ケイ、ひとえ unlined clothes

❶홑옷경(禪衣)。❷어저귀경(草名)。

十二畫

【繏】 (선) 霰 セン、なわ string

누에집매다는줄선(蠶巢懸繩)。

【緂】(연) 先 ネン、あか deep red 小篆 ❶새빨갈연(深紅色)。❷실엉킬연(絲難理)。

【縝】(수) 虞 シュ、もつれる bind one's feet 小篆 두앞발동일수(絆前兩足)。

【繐】(세) 霽 セイ、あらぬの loose fabric ㄙㄨㄟˋ suei⁴ (或音「혜」) 小篆 草書 가늘고성긴베세(細絲疎布)。

【繐衰：세최】가늘고 성근 베로 만든 喪服의 한 가지。

【繐衰裳：세최상】가늘고 성근 베로 만든 喪服의 한 가지。치마 모양으로 만들어 둘러 입음。

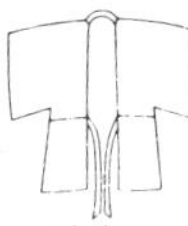
繐衰衣(三禮圖)

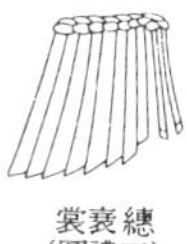
繐衰裳(三禮圖)

【緁】㊀(접) 葉 シュウ、あう add(put) ㊁(집) 緝 小篆 ㊀❶합할접(合也)。❷오랑캐의 재물접(蠻夷貨名)。〔左思〕-賄粉紜。㊁뜻은 ㊀과 같음。

【繑】(교) 蕭 キョウ、はかまひも trousers band ㄑㄧㄠ ch'iao¹ 小篆 草書 바지단추교(袴紐)。〔管子〕絝-而踵相隨。

【繒】(증) 蒸 ソウ、ショウ、きぬ silk ㄗㄥ tsêng¹ 小篆 籒文 草書 ❶비단증(帛總名)。〔漢書〕灌嬰睢陽販-者也。❷나라이름증(國名)。

【繒繳：증격】실을 매어서 새를 쏘는 화살。주살。〔三輔黃圖〕具--、以射雁。

【繒纊：증광】❶비단과 솜。❷솜을 둔 옷。〔列子〕不待五穀而食、不待--而衣。

【繒綾：증릉】들쭉 날쭉한 모양。가지런하지 못한 모양。〔王延壽〕--而龍鱗。

【繒絮：증서】비단과 솜。〔白居易〕--足禦寒、何必錦繡文。

【繒綈：증제】두꺼운 비단。〔張伯淳〕積「潤浸--。

【繓】(찰) 曷 サツ、むすぶ knot ㄗㄨㄛˇ tsuo² ❶맺을찰(結也)。❷가위밥찰(縫餘)。

【織】㊀(직) 職 ショク、シ、おる weave ㊁(지) ㊂(치) 寘 ㄓ chih¹ 小篆 草書 ㊀❶짤직、낳이직(布帛總名)。〔書經〕厥篚-文。❷만들직(組-)。㊁실다듬을지、실뽑을지(治絲)。〔禮記〕士不衣-。㊂기치(徽也、旗也)〔詩經〕-文鳥章。

【織耕：직경】❶베 짜기와 밭 갈기。❷스스로 衣食을 마련함。衣食을 自給함。

【織機：직기】피륙을 짜는 기계。

【織女：직녀】❶베를 짜는 여자。織婦。❷織女星의 略語。〔荊楚歲時記〕天河之東有--、天帝之子也。

【織女星：직녀성】《天》별 이름。은하수 동쪽에 있는데 음력 七월 七일 밤에 은하수를 건너서 一년에 꼭 한 번씩 牽牛星과 만난다는 전설이 있음。〔杜牧〕臥看牽牛—。

【織物：직물】온갖 피륙의 總稱。

【織縫：직봉】베 짜기와 바느질。

【織成：직성】❷짜 냄。❷일을 만들어 냄。〔中論〕--天地之化。

【織烏：직오】太陽의 別稱。〔侯鯖錄〕--西飛客還家。

【織紝：직임】베를 짬。또는 베를 짜는 사람。織紝。〔禮記〕--組紃。「는 것。

【織造：직조】피륙 같은 것을 기계로 짜 ◎交-、紡-、手-、組-、混-。

【繕】(선) 霰 セン、ゼン、つくろう mend; repair ㄕㄢ shan⁴ 小篆 草書 ❶기울선、꿰맬선(補也)。〔禮記〕-囹圄。❷다스릴선(治也)。〔左傳〕征-以輔孺子。❸쓸선(寫也)。〔後漢書〕供-寫上。❹가손할선、길쌈할선(緝也)。

【繕補：선보】수선하여 보충함。修補。補修。〔唐書〕--殘書。

【繕寫：선사】❶부족한 점을 보충하여 淨書함。〔北史〕梁武帝聞之--。❷文書를 蒐集하여 기록함。〔書〕--干戈。

【繕修：선수】修繕하여 고침。修繕。〔漢書〕--兵器。

【繕完：선완】修繕하여 완전하게 함。〔左傳〕--葺牆。

【繕造：선조】수선하여 지음。〔狄仁傑〕

【繕葺：선즙】家屋이나 城壁 같은 것을 修繕하여 고침。修繕。〔宋史〕--未數月、復其舊。

【䌭】(초) 蕭 ショウ、きあさ unbleached ramie cloth 생모시초(生枲未漚)。

【繘】(율) 質 イツ、つるべなわ well-rope ㄩˋ yü⁴ 小篆 古文 籒文 草書 두레박줄율(汲水綆)。〔易經〕汔至亦未-井。

【繙】(번) 元 ハン、バン、ひもとく translate ㄈㄢ fan¹ 小篆 草書 ❶번역할번(-書、繹也)。〔莊子〕-十二經以說老聃。❷기펄렁거릴번(繽-、風吹旗)。

【繙譯：번역】한 나라의 말로 된 글을 딴 나라의 글로 바꾸어 옮김。翻譯。

【繙繹：번역】책을 읽고 그 뜻을 속속들이 캐어 냄。〔岑安卿〕空餘書一卷、焚香日--。

【繙閱：번열】책을 펴 보면서 조사함。

【繖】(산) 旱 サン、かさ umbrella 小篆 草書 우산산、일산산(笠類)。〔晉書〕遇雨請以-入。

方繖(大淸會典圖)

大繖(三才圖會)

【繖蓋：산개】비단으로 만든 삿갓。衣笠。〔梁書·武帝紀〕形如--。

【繖形花序：산형화서】《植》無限花序의 하나。여러 꽃 꼭지가 꽃대 끝에서 放射形으로 나가、그 끝마디에 꽃이 하나씩 붙는 화서 미나리。파꽃 따위。

【䌘】㊀(별) 屑 ベツ、つるぎひも ribbon of a sword ㊁(폐) 霽 ㊀칼끈별(劍帶)。㊁궂은솜폐(惡絮)。

【繚】㊀(료) 蕭 ㊁(료) 嘯 篠 リョウ、まとう tie up ㄌㄧㄠ liao² 小篆 草書 ㊀❶동일료、얽을료(纏也)。❷둘릴료(繞也)。〔禮記〕再-四寸。㊁다듬을료、다스릴료(理也)。〔莊子〕-意絕體而爭。

【繚糾:요규】얽히어 어지러움。〔王褒〕隣囷——羅鱗捷獵。
【繚亂:요란】얽히고 어지러운 모양。흩어져 어지러운 모양。〔謝偃〕——垂絲昏柳陌。
【繚戾:요려】물이 빙 돌아 구부러짐。얽히어 구부러짐。〔楚辭〕——宛轉。
【繚垣:요원】울타리를 둘러 침。〔張衡〕——緜聯、四百餘里。

【繛】(작)『綽』(糸部 8畫)과 같음

【繜】(준) 阮 ソン、あつめる collect
小篆 草書 ❶잠방이준、쇠코잠방이준(小衣、犢鼻)。❷모을준(聚也)。

【繝】(간) 諫 カン、あや figure
무늬간(紋也)。

【繞】(요) 篠 ジョウ、ニョウ、まとう tie up
小篆 小篆 草書 ㄖㄠˋ jao⁴ ❶동일요、얽힐요(纏也)。❷둘릴요(圍也)。
【繞客:요객】=圍繞。
【繞帶:요대】띠를 두름。〔潛夫論〕斷截衆縷、——手腕。
【繞梁:요량】❶노래 소리가 뛰어나게 아름답고 音律의 高低가 巧妙함。〔列子·繞問〕。❷옛 樂器의 이름。
【繞繚:요료】=繚繞。〔皇甫松〕桑麻——。
【繞繞:요요】이리 둘리고 저리 둘려서 서로 얽힌 모양。〔羅鄴〕人煙紛——。
【繞匝:요잡】(佛)부처를 가운데 두고 돌아가는 일。圍繞。

【[糸+喜]】(희) 支 キ、わらう laugh
❶웃을희(笑也)。❷즐길희(樂也)。

【繟】(천) 銑 セン、ゆるい lengthen
小篆 ❶띠늘어질천(帶緩)。❷넉넉할천、너그러울천(寬綽)。

【繠】(예) 紙 ズイ、たれる hang down
小篆 ㄖㄨㄟˇ juei³ ❶드리울예(垂也)。〔左傳〕佩玉—兮餘無所繫。❷기울예(葺也)。❸모여 들예(羣集)。

【繡】(수) 宥 シュウ、ぬいとり embroider
小篆 草書 ㄒㄧㄡˋ hsiu⁴ ❶수놓을수(五采刺文)。〔周禮〕畫繢之事五采備爲之—。❷성수(姓也)。
【繡毬花:수구화】(植)水菊科에 속하는 潤葉灌木。

繡毬花(三才圖會)

【繡囊:수낭】수 주머니。
【繡陌:수맥】市街의 아름다움이 비단 같음을 일컫는 말。〔陳暄〕長安開——。
【繡文:수문】刺繡。또는 수 놓은 모양。〔史記〕刺——、不如倚市門。
【繡方席:수방석】수를 놓아 꾸민 방석。
【繡法:수법】수 놓는 방법。
【繡屛:수병】수 놓은 병풍。〔薛逢〕人倚——閑賞夜。
【繡裳:수상】수놓아 꾸민 치마。〔詩經〕我之子、袞衣——。
【繡扇:수선】수를 놓아 꾸민 부채。
【繡眼兒:수안아】(動)동박새。
【繡衣:수의】수를 놓은 衣服。
【繡衣夜行:수의야행】영광스런 일이 남에게 알려지지 않음을 가리키는 말。〔史記〕富貴不歸故鄕、如——、誰知之者。
【繡刺:수자】=刺繡。「羅幃隱燈燭。
【繡帳:수장】수 놓은 휘장。〔徐陵〕——。
【繡腸:수장】(喩)비단 같은 창자。뛰어나게 잘 지은 詩文。또는 그런 詩文을 짓는 文士。〔蘇軾〕平生錦——、早歲藜腹。
【繡氅:수창】수를 놓아 꾸민 旗의 깃술。

繡氅(三才圖會)

【繡鞋:수혜】수 놓은 신。
【繡畫:수화】수 놓아 만든 그림。

【繢】㊀(궤) 隊 ㊁(귀) 寘 カイ、キ、いろどり embroider
小篆 草書 ㄏㄨㄟˋ huei (本音「회」) ㊀❶톱끝궤(織餘)。❷그림궤(畫也)。〔周禮〕畫—之事雜五色。❸수놓을궤(繡也)。〔漢書〕以—爲皮幣。㊁뜻은 ㊀과 같음。

繢(禮器圖)

【繢繡:궤수】수를 놓은 베。혹은 비단。〔馬融〕緣以——、紩以綺文。
【繢緌:궤유】彩色한 冠의 끈。〔禮記〕緇布冠——、諸侯之冠也。
【繢繒:궤증】수를 놓은 비단。〔白虎通〕自約整——、爲結于前。

【繧】(운)〔日字〕いろどり colouring
草書 채색운(采色)。

【繣】㊀(홰) 卦 ㊁(획) 陌 カイ、カク、そむく contrary to
草書 ㄏㄨㄚˋ hua⁴ ㊀❶어긋칠홰(乖戾、徽—)。❷노홰(繩也)。㊁❶깨지는소리획(破聲)。〔西征賦〕—瓦解而冰泮。❷두끝맬획(兩頭繫)。

十三畫

【繩】(승) 蒸 ジョウ、なわ rope; string
小篆 草書 ㄕㄥˊ shêng² ❶노승(索也)。〔易繫辭〕上古結—而治。❷먹줄승(直也)。〔禮記〕—墨之於曲直。❸법승(法也)。〔禮記〕以—德厚。❹다스릴승(彈治)。〔書經〕—愆糾謬。❺많을승(衆多)。〔詩經〕宜爾子孫——兮。❻칭찬할승(譽也)。❼이을승(繼也)。〔左傳 莊公十四年〕蔡—息嬀。〔詩經大雅下武〕—其祖武。

❷繩(三才圖會)

【繩繫:승계】밧줄로 묶음。〔儀禮·疏〕以雙繩、繫前兩足。
【繩矩:승구】❶먹줄과 曲尺。❷모범。규범。繩準。〔唐書〕言動皆有——。
【繩屨:승구】새끼줄 따위로 만든 신。

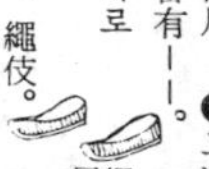
繩屨(三才圖會)

【繩技:승기】(國)줄타기。繩伎。
【繩度:승도】❶규칙。法度。繩尺。❷험한 길을 밧줄에 의지하여 건너 감。懸度。〔梁簡文帝〕越——之山。
【繩墨:승묵】❶먹줄。〔禮記·經解〕——之於曲直也。❷규칙。법。法度。
【繩縛:승박】밧줄로 묶음。〔北史〕獄無枷鏁、惟用——。
【繩索:승삭】밧줄。〔漢書〕行者騎步相——相引。
【繩纓:승영】斬衰 때 쓰이는 수삼 줄로 만든 冠의 끈。

繩纓條屬(名物圖)

【繩枉:승왕】구부러진 것을 바로잡음。

잘못된 것을 是正함。
【繩正：승정】 법에 의하여 바로함。『後漢書』王渙遷兗州刺史、——部郡、風威大行。
【繩梯：승제】 끈을 꼬아 만든 사닥다리。

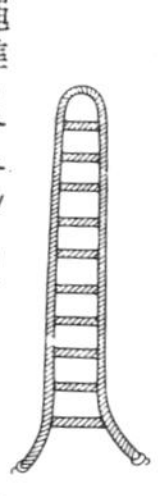
繩梯(武備志)

【繩準：승준】 ❶규칙。法度。準繩。❷繩矩②。『錢珝』宜正衣冠、立爲——。
【繩尺：승척】 ❶먹줄과 曲尺。❷규칙。法度。繩度。『金史』元好問文有——、備衆體。
【繩樞：승추】 노끈으로 기둥에 붙잡아 맨 문。가난한 집을 형용한 말。『賈誼』陳涉、甕牖——之子。 「신。
【繩鞋：승혜】 《國》미투리。삼으로 삼은
【繩戲：승희】 줄타기。繩技。『晉書』。

【繐】
(세) 霽 セイ、ねりぬの bleached cloth
마전한베세(練布)。

【繪】
(회) 泰 カイ、え、えがく draw; picture ㄏㄨㄟˋ huei⁴
小篆 草書 ❶그림회(畫也)。『論語』——事後素。❷수놓을회(會五采、繡也)。
【繪具：회구】 ❶繪畫에 쓰이는 물감·붓 같은 것。❷彩料。
【繪圖：회도】 ❶그림。圖繪。『宋史』——以獻。❷가옥·토지 등의 평면도。그림도면。
【繪事：회사】 그림을 그리는 일。『論語』——後素。
【繪像：회상】 사람의 얼굴을 그림으로 그린 형상。畫像。肖像畫。『唐書』輒壞——。
【繪塑：회소】 흙으로 만든 색칠한 人形。『蘇舜欽』——神靈集。
【繪素：회소】 그림。그림을 그릴 때 白粉을 마지막에 칠하여 各各 그 色을 鮮明하게 나타나게 하는 것。일설에는 彩色을 하기 전에 먼저 白色을 칠한다 함。
【繪畫：회화】 여러 가지 線이나 색채로 평면상에 형상을 그려 낸 것。그림。『李嶠』彫逾——、彩奪華蟲之飾。
【繪畫論：회화론】 ❶회화에 대한 이론。❷회화의 本質의 美學的 考察。

【繫】
(계) 霽 ケイ、つなぐ bind; fasten ㄐㄧˋ chi⁴ (本音「혜」)
小篆 草書 ❶얽을계(縛也)。❷맺을계(結也)。❸맬계(維也)。『左傳』—桑本焉。❹묶을계、약속할계(約束)。❺머물계(滯留)。❻이을계(續也)。
【繫戀：계련】 몹시 사모하고 사랑함。『易經集解』小人——、必不能矣。
【繫累：계루】 ❶얽매어 관련됨。❷父母·妻子·兄弟 등의 헤어지기 어려운 얽매임。❸자기 몸에 얽매인 번거로운 일。係累。『許月卿』高者無——。
【繫留：계류】 ❶붙잡아 묶음。붙들어 머물게 함。『漢書』不敢枉法妄——人。❷船舶이 岸壁 같은 데 碇泊함。
【繫留浮標：계류부표】 일정한 곳에 붙잡아 매어 두는 부표。
【繫馬：계마】 말을 붙들어 맴。붙들려 매인 말。『孟子』——千駟。
【繫縻：계미】 붙들어 맴。『蘇軾』君臣之恩、——之於前。
【繫泊：계박】 배를 메어둠。『元稹』共將船——、況是臨江。
【縛縛：계박】 묶어서 매어 둠。束縛。繫束。『雲笈七籤』有煩惱、故名爲——、無煩惱、故名爲解脫。 「는 밧줄。
【繫索：계삭】 물건 같은 것을 붙잡아 매
【繫船浮標：계선부표】 항구의 바닷물에 띄운 납작하고 둥근 통 모양의 물건으로 배를 맬 수 있게 된 것。
【繫屬：계속】 남에게 매달려 있음。
【繫鎖：계쇄】 붙잡아 매어두는 사슬。
【繫獄：계옥】 獄에 가두어 둠。《轉》自由를 束縛함。羈絆。
【繫援：계원】 관계하여 원조함。또는 원조를 連繫함。
【繫縶：계칩】 붙잡아 매어 둠。『周霆震』顚仆免——。

【緒】
(저) 語 チョ、わたいれきもの stuff clothes with cotton
옷에솜둘저(綿絮衣)。(『紵』와 같음)

【繭】
(견) 銑 ケン、まゆ cocoon ㄐㄧㄢˇ chien³
小篆 古文 草書 ❶고치견(蠶房)。❷발부르틀견(足病)。『戰國策註』足傷皮皺如蠶—。❸목쉴견(—聲、氣微細)。『禮記』言容——。❹비단견(絹布)。
【繭繭：견견】 음성과 氣色이 微細한 모양。綿綿。『禮記·玉藻·疏』聲氣微細——然。
【繭甁：견병】 누에무늬를 놓아 만든 병。
【繭絲：견사】 ❶고치와 실。❷고치에서 뽑은 실。絹絲。❸고치에서 실을 뽑듯이 백성에게서 租稅를 계속적으로 받아 들이는 것。『史記·趙世家』以爲——乎。
【繭脣：견순】 《醫》입술이 오그라지고 입을 벌리지 못하는 급성의 병。緊脣。
【繭蠶：견잠】 고치가 된 누에。『蘇軾』簡編圍繞穿書蠹、窓戶低回作——。
【繭足：견족】 《醫》손바닥이나 발바닥에 꽈리처럼 잡혀 부풀어 오른 水泡。
【繭紬：견주】 멧누에 고치에서 뽑은 실로 짠 비단。絹紬。絹綢。
【繭綢：견주】 =繭紬。
【繭紙：견지】 고려 때의 품질이 질긴 종이의 한 가지。

【緤】
(업) 葉 ギョウ、しばる tie; bind ㄧㄝˋ yeh⁴ (或音「녑」)
❶얽을업(縛也)。❷궤맬업(縫也)。

【繮】
(강) 陽 キョウ、たずな reins ㄍㄤ kang¹
小篆 草書 말고삐강(馬紲)。(『韁』과 같음)

【繯】
㊀(현) 銑 ㊁(환) 諫 ケン、からむ twine round ㄏㄨㄢˋ huan⁴
小篆 草書 ㊀❶얽힐현(絡也)。❷둘릴현(環也)。❸맬현(繫也)。『漢書』虹蜺爲—。㊁ 엷은비단환(薄繒)。
【繯首：환수】 목을 묶어매는 刑罰。絞刑。

【繰】
㊀(소) 豪 ㊁(조) 皓 ソウ、くる reel silk ㄙㄠ sao¹
小篆 草書 ㊀고치켤소(繹繭)。㊁아청통견조(紺色)。
【繰繭：소견】 고치를 켬。
【繰車：소거】 고치를 켜는 물레。
【繰綿：소면】 《慣》조면】 목화의 씨를 앗아 틀어 놓은 솜。
【繰綿機：소면기】《慣》조면기】 면화의 씨를 빼거나 솜을 타는 기계。
【繰絲湯：소사탕】《慣》조사탕】 고치를 켜내고 난 물。 「을 뽑음。
【繰出：소출】《慣》조출】 실을 켜냄。실

【襟】
(금) 沁 キン、いと thread
❶실금(絲也)。❷쪽물들일금(—碧、所用藍染)。

【繺】
(렴) 琰 レン、かいこのすばしら instrument used silkworms
누에발다는줄렴(蠶箔懸繩)。

【繲】(해) 卦 カイ あらう wash (本音「개」) 草書 옷빨해(浣衣)。【莊子】挫鍼治ー。

【繳】㊀(교) 篠 キョウ、キャク まとう tie up ㄐㄧㄠˇ chiao³ ㊁(격) 藥 小篆 草書 ㊀동일교(纏也)。【漢書】名家苛察ー繞。㊁❶주살격(矰ー、弋箭)。【孟子 苦子上】援弓ー而射之。❷돌려보낼격(ー還)。

【繳納:격납】 가져온 것을 도로 돌려 보냄。

【繳來:격래】 보낸 것을 다시 찾아 옴。

【繳網:격망】 주살과 그물。《轉》狩獵。

【繳銷:격소】 흔적을 없애 버림。『塩鐵論』ーー不入於澤、雜毛不取。

【繳送:격송】 서류나 물건 따위를 돌려 보냄。

【繳繞:격요】 ❶얽힘。『史記·自序』名家苛察ーー。❷법 조문에 얽매임。

【繳進:격진】 ❶非難하여 사림。非議上奏。❷文書 같은 것을 잘 정돈하여 관청에 제출함。

【繳還:격환】 ❶모두 돌려 보냄。❷문서 「를 도로 찾음。

【䌟】(벽) 錫 ヘキ、とりあみ fowler's net 小篆 ❶새그물벽(鳥網)。❷훌치그물벽(魚網)。

【䌟】(벽) 陌 ヘキ、ベキ、わた cotton ❶분합띠벽(織絲爲帶)。❷솜벽(絮也絻ー)。

【襢】㊀(전) 先 デン、タン、ひとえ unlined clothes ㊁(단) 寒 ㄉㄢˋ tan⁴ ㊂(단) 旱 ㊀❶홑옷전(單衣)。❷맥얽힐전(脈纏繞胃)。【史記】動胃ー緣。㊂❶자지색단(紫色)。❷노단(繩也)。❷묶을단(束也)。㊂❶허리띠단(腰帶)。

【緊】(겸) 鹽 ケン、とじる shut 小篆 ❶뜻굳게가질겸(持意堅固)。❷입다물겸(閉口)。

【繶】(억) 職 オク ひも braided string 草書 ❶땋은노억(絛繩)。【周禮】赤ー黃ー。❷신변나억、혼솔실억(履緣縫絡)。

【繶爵:억작】 꼬은 노 모양의 무늬를 넣어 장식한 술잔。

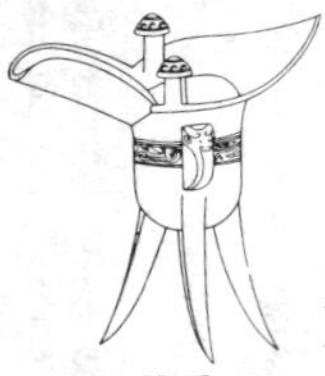
商繶爵(博古圖)

【繷】(농) 腫 ドウ、おおい many 草書 많을농(盛多、紛ー)。【後漢書】紛ー塞路。

【繸】(수) 寘 スイ、かざりひも ribbon seal ㄙㄨㄟˋ suei⁴ 인끈수、노리개끈수(佩玉組、綬也)。

【繹】(역) 陌 エキ、ヤク、とく、つらねる get the clue ㄧˋ i⁴ 小篆 小篆 草書 ❶풀역、삭일역(理也)。【方言】抽絲曰ー言解曰ー。❷베풀역(陳也)。【書經 君陳】庶言同則ー。❸실끝찾을역、궁구할역(尋究)。❹잇닿을역(不絕)。❺빛날역(光采)。

【繹騷:역소】 끊임 없이 소란함。계속해서 떠들썩함。『詩經』徐方ーー。

【繹如:역여】 끊어지지 않고 계속되는 모양。끝이 없는 모양。

【繹繹:역역】 ❶잘 달리는 모양。❷盛한 모양。왕성한 모양。❸잘 調和된 모양。❹끊어지지 않는 모양。絡繹。『白虎通』ーー無窮之意也。❺빛나는모양。

【纂】(찬)『纂』(糸部 14畫)과 같음

十四畫

【辮】(변) 銑 ベン、あむ、くむ braid ㄅㄧㄢˋ pien⁴ 小篆 草書 ❶땋을변、엮을변(交也)。❷얽을변(繆也)。❸단추변(紐也)。

【辮髮:변발】 ❶머리를 땋아 길게 뒤로 늘어뜨린 것。清族에 이런 風習이 있었음。『晉書』ーー禁後、綴以珠貝。❷우리나라에서 冠禮를 아직 하기 전에 머리를 땋아 늘이던 일。또는 그러한 머리。

【繻】(수) 虞 シュ、こまめのきぬ silk of fine texture ㄒㄩ hsü¹ 小篆 草書 ❶톡밴깁수(細密羅)。【易經】ー有衣袽。❷비단보람수(符帛)。【漢書】關吏與軍ー。

【繼】(계) 霽 ケイ、つぐ、つづく succeed ㄐㄧˋ chi⁴ 小篆 小篆 草書 이을계(續也、紹也)。【中庸】善ー人之志。

【繼繼承承:계계승승】 대대로 이어받음。『韓愈』聖子神孫、ーー。

【繼起:계기】 어떤 사물이나 그 사물의 성질이 서로 동시에 현존하지 않으면서 시간적으로 접촉하여 일어남。연달아 일어남。

【繼代:계대】 대를 물림。대를 이어나감。

【繼糧:계량】 추수한 곡식으로 일년 양식을 이어나감。

【繼母:계모】 아버지의 後娶。또는 生母가 아닌 사람。의붓어머니。『儀禮』ーー與同母同。

【繼武:계무】 ❶앞뒤의 발을 맞추어 잇달음。『禮記』大夫ーー。❷일을 이어 받음。『駱賓王』ーー嗣前雄。

【繼父:계부】 ❶아버지의 뒤를 잇는 것。『詩經·疏』能ーー、是其美德。❷어머니의 後夫로 實父가 아닌 사람。의붓아버지。

【繼嗣:계사】 後嗣를 이음。相續人。『史記』爲ーー、創業垂統。『類書纂要』ーー不同居。

【繼紹:계소】 받아 계승함。紹繼。『周禮·疏』取其ーー而盡善盡美也。

【繼續:계속】 뒤를 이어 나감。『禮記』當ーー長養之。

【繼續計算:계속계산】 상인이 단골 손님에 대하여 장부에만 적었다가 일정한 기간이 지난 뒤에 계산하여 받음。

【繼續犯:계속범】 《法》범죄 행위를 오래 계속한 범죄。또는 그 사람。

【繼續費:계속비】 일정한 경비 총액을 여러 회계 연도에 나누어 계속적으로 지출하는 경비。

【繼受:계수】 ❶이어 받음。물려 받음。❷외국의 법률을 채용함。

【繼述:계술】 先人의 業을 계승하여 祖述함。조상의 뜻과 사업을 이음。紹述。『中庸』繼人之志、述人之事。

【繼承:계승】 뒤를 이어 받음。承繼。『韓愈』聖子神孫、繼繼承承。

【繼室:계실】 =繼妻。『左傳』ーー以聲子。

【繼外家:계외가】 계모의 친정。

【繼子:계자】 여자가 데리고 온 전 남편의 아들。의붓아들。加捧子。

【繼葬:계장】 조상의 묘지 아래에 자손을 장사함。「을 이음。

【繼蹟:계적】 조상의 좋은 행실과 업적

【繼絕存亡:계절존망】 자식이 없어 代가 끊어지게 된 집안에 양자를 얻어 代

를 이음。
【繼走競技:계주경기】 陸上 경기의 한 가지。릴레이(relay)경기。
【繼志:계지】 앞 사람의 뜻을 이음。
【繼妻:계처】 다시 얻은 처。後妻。繼室。
【繼娶:계취】 ＝再娶。
【繼統:계통】 임금의 系統을 이음。
【繼痛:계통】 병을 연달아 앓음。
【繼後:계후】 생전이나 死後에 系統을 잇게 하는 양자。繼嗣。
【繼興:계흥】 잇달아 일어남。【後漢書】孝桓之時、碩德一一。
◎承一、中一、後一。

【繽】 (빈) 眞 ヒン、さかんなり prosperous ㄅㄧㄣ pin¹
繽 草書 ❶성할빈(盛貌)。❷많을빈(衆也)。❸어지러울빈(亂也)。【屈原 離騷】佩一紛其繁飾兮。
【繽翻:빈번】 어지럽게 날으는 모양。【左思】首冠靈山、大鵬一一。
【繽紛:빈분】 ❶많고 盛한 모양。【孔子家語】旌旗一一。❷혼잡하여 어지러운 모양。【文選】思一一而不理。❸꽃 같은 것이 어지러이 흩어지는 모양。【陶潛】落英一一。
【繽繽:빈빈】 ❶많은 모양。❷얽혀서 어지러운 모양。【陶弘景】鳥迷蘿兮一一。

【繺】 (은) 吻 イン、ぬう sew
❶맞궤맬은(縫衣相著)。❷비단은、깁은(絣也)。

【繾】 (견) 銑 ケン、てあつい hearty ㄑㄧㄢˇ ch'ien³
繾 小篆 草書 곡진할견、마지않을견(一綣、不已)。【詩經】以謹一綣。
【繾綣:견권】 마음 속에 굳게 서리어서 생각하는 마음이 못내 잊혀지지 않음。【左傳】一一從公。
【繾綣之情:견권지정】 못내 잊혀지지 않는 정。

【繿】 (람)『襤』(衣部 14畫)과 같음

【纁】 (훈) 文 クン、うすあか pink ㄒㄩㄣ hun¹
纁 小篆 草書 ❶분홍빛훈(淺絳色)。❷세번물들일훈(三染成)。【書經】厥篚玄一璣組。
【纁裳:훈상】 분홍빛의 치마。【周禮·註】凡冕服、皆玄衣一一。
【纁襦:훈유】 분홍빛의 저고리。【儀禮】太夫與士、射袒一一。
【纁朱:훈주】 검붉은 빛。【舊唐書】其綬一一。
【纁黃:훈황】 황혼。저녁무렵。【江淹】思一一而不禁。

【纂】 (찬) 旱 サン、あつめる、あつまる collect; edit ㄗㄨㄢˇ tsuan³
纂 小篆 草書 ❶책편찬할찬、모을찬(集也)。【漢書】揚雄取其有用者以作訓一篇。❷이을찬(繼也)。【漢書】一堯之緒。
【纂錄:찬록】 모아 기록함。集錄。【宋史】時屬籍未備、奏請一一。
【纂成:찬성】 모아서 이룩함。【曹植】人物未就、軒轅一一。
【纂修:찬수】 文書를 모아 정리함。資料를 蒐集하여 책·歷史를 編修함。【郭翼】詔起丘園重一一。
【纂述:찬술】 글 지을 재료를 모아 文章으로 表現함。【宋史】藏書數萬卷、尤好一一。
【纂嚴:찬엄】 경계함。戒嚴。
【纂輯:찬즙⇨찬집】 材料를 모아 分類하고 순서를 세워 편집함。編輯。
【纂撰:찬찬】 모아서 고름。【元稹】一一者由詩而下十七。

十五畫

【纅】 ㊀(약) 藥 ㊁(력) 錫 レキ、いろいと coloured thread
纅 小篆 ㊀색실약(色絲)。㊁실다듬을력(治絲)。

【縩】 (채) 泰 サイ、うすぎぬ rustle of silk
깁와삭거릴채(紈素聲)。【藉田賦】綃紈綷一。

【纆】 (묵) 職 ボク、なわ reins ㄇㄛˋ mo⁴
纆 草書 ❶두겹노묵(兩股索)。❷말고삐묵(一牽)。【易經】係用徽一。

【纇】 (뢰) 隊 ライ、ふしいと knot ㄌㄟˋ lei⁴
纇 小篆 草書 ❶실마디뢰(絲節)。❷죽은깨뢰(疵也)。【唐書】鉏一除荒。❸어그러질뢰(戾也)。【左傳】忿一無期。

【纈】 (힐) 屑 ケツ、しぼり tie a knot ㄒㄧㄝˊ hsieh² (本音「혈」)
纈 草書 ❶무늬얽힐힐(文繒)。❷맺을힐(結也)。【李賀詩】醉一抛紅網。
【纈縭:힐리】 ❶결혼할 때 백년해로를 축복하기 위하여 서로 끈을 맺음。❷結婚。

【纉】 (찬)『纘』(糸部 19畫)의 俗字

【續】 (속) 沃 ショク、ゾク、つづく continus ㄒㄩˋ hsü⁴
續 小篆 古文 草書 이을속(繼也)。【朱熹中庸章句序】一夫千載不傳之緒。
【續刊:속간】 정지되었던 신문이나 잡지를 다시 간행함。
【續開:속개】 일단 멈추었던 회의를 다시 계속하여 열음。
【續筋根:속근근】 메의 뿌리。식용 또는 약재로 흔히 씀。
【續斷:속단】 ❶이어졌다 끊어졌다 함。❷(植) 꿀풀과에 속하는 多年草。뿌리·줄기는 止血劑 등의 藥用。

❷ 續斷 (三才圖會)

【續大典:속대전】 (書)六卷。法典書。李朝 英祖 때 金在魯가 왕명으로 지음。經國大典 이후에 수시로 발표한 敎令과 條例를 大典續錄·大典後續錄·受敎輯錄·典錄通考 등에서 발췌하고 당시의 慣行을 참작하여 法典化한 것。
【續落:속락】 자꾸 떨어짐。
【續美人曲:속미인곡】 歌辭。李朝 宣祖 때 鄭澈 지음。그의 思美人曲의 續篇으로 지은 것。→思美人曲。
【續發:속발】 계속하여 일어나는 것。
【續報:속보】 계속하여 알리는 일。또는 그 보도。
【續報臺:속보대】 신문사 따위에서 중대한 일이나 그날그날의 신문을 붙여서 일반 행인에게 알리기 위하여 길거리에 세운 게시판처럼 생긴 물건。
【續聘:속빙】 계속하여 雇聘하는 것。
【續續:속속】 연달아 나오는 것。【白居易】低眉信手一一彈。
【續隨子:속수자】 (植)大戟科의 一年草。毒草로서 뿌리는 漢藥으로 씀。

續隨子 (三才圖會)

【續演:속연】 계속하여 상연함。
【續載:속재】 ＝連載。

【續田:속전】 땅이 나빠서 해마다 농사 짓지 못하는 논밭。
【續出:속출】 잇달아 나옴。
【續編:속편】 잇달아서 편집한 책。
【續行:속행】 잇닿아 실행하는 것。
【續會:속회】 회의를 다시 계속함。
◎繼ㅣ、斷ㅣ、相ㅣ、手ㅣ、連ㅣ、陸ㅣ、持ㅣ。

【纊】 (광) 漾 コウ、わた fine cotton ㄎㄨㄤˋ k'uang
小篆 或體 草書 고운솜광(細綿)。【書經】厥篚纖ㅣ。

【纋】 (우) 尤 ユウ、かみゆい white ribbon
흰댕기우(笄之中央以安髮)。【儀禮】鬠笄用桑長四寸ㅣ中。

【纍】 ㊀(류) 寘 ルイ、まつわる be entangled
㊁(류) 支 ㄌㄟˊ lei²
小篆 草書 ㊀❶간힐류(囚繫)。【漢書】幽于ㅣ紲。❷얼크러질류(聯絡)。【詩經】葛藟ㅣ之。❸어릿어릿할류(失志貌)。【史記孔子世家】ㅣㅣ若喪家之狗。❹죄류(罪也)。❺노류(索也)。㊁맬류(係也)。
【纍纍:유류】 ❶뜻을 얻지 못함。자기가 志望하는 바를 이루지 못함。【史記】ㅣㅣ如喪家之狗。❷피곤한 모양。❸서로 잇닿은 모양。【禮記】ㅣㅣ乎、端如貫珠。❹겹쳐 쌓이는 모양。【漢書】印何ㅣㅣ。
【纍紲:유설】 죄인이 붙잡힘。또는 감옥。【漢書】幽于ㅣㅣ。
【纍囚:유수】 獄에 갇힘。또는 獄中에 갇힌 사람。【左傳】兩釋ㅣㅣ、以成其好。
【纍垂:유수】 衰弱하고 고달픈 모양。衰憊。「ㅣㅣ得歸骨於晉。
【纍臣:유신】 죄 있어 갇힌 신하。【左傳】

【纖】 (섬)『纖』(糸部 17畫)의 俗字

【纏】 ㊀(전) 先 テン、からむ bind up
㊁(전) 霰 ㄔㄢˊ ch'an²
小篆 ㊀❶둘릴전(繞也)。【傳習綠上】舊說ㅣ於胸中。❷묶을전(束也)。
㊁❶동일전(約也)。❷얽을전(繳也)。
【纏繳:전교】 얽어서 동임。【莊子】睆睆然在ㅣㅣ之中。
【李商隱雜纂 惱人】被醉人ㅣ住不放。
【纏帶:전대】 돈이나 물건을 넣어 몸에 지니게 된 양 쪽 끝이 터진 자루。肩帶。
【纏綿:전면】 ❶얽힘。❷애정 같은 것이 마음에 얽히어서 떨어지지 않음。纏緜。
【纏縛:전박】 ❶얽어서 묶음。❷얽히어 걸림。【淨住子】已離妻子無ㅣㅣ。
【潘岳】思ㅣㅣ於墳塋。
【纏繞:전요】 얼기설기 얽힘。《轉》一身의 자유를 방해하는 것。거치장스러운 것。【淨住子】生累ㅣㅣ、解脫何由。
【纏繞莖:전요경】 《植》 스스로 바르게 서지 못하고 다른 물건에 감겨서 벋어 올라가는 덩굴진 줄기。
【纏足:전족】 女子의 발을 베로 꼭 묶어 그 成長을 방해하여 발을 작게 만들던 中國의 風習。【輟耕錄】婦人之ㅣㅣ、起于近世。
【纏喉風:전후풍】 《醫》목젖이 붓는 급 「성 炎症。

十六畫

【纜】 (람)『纜』(糸部 21畫)의 俗字

【纑】 (로) 虞 ロ、あさぬの hemp cloth ㄌㄨˊ lu²
小篆 草書 익힌베올로、베올로(練麻布縷)。【孟子 滕文公下】妻辟ㅣ。

【繖】 (산)『繖』(糸部 12畫)과 같음

【纐】 (빈) 眞 ヒン、ころもをうつ full clothes
옷다듬을빈(擣衣)。

【纒】 (전)『纏』(糸部 15畫)의 俗字

十七畫

【罽】 (계) 霽 ゲイ、けおり fur fabrics ㄐㄧˋ chi⁴
小篆 전계、털로짠베계(西方毳布氈毾類)。

【纓】 (영) 庚 エイ、かんむりのひも chin-strip ㄧㄥ ying¹
小篆 草書 ❶갓끈영(冠系)。【孟子 離婁上】滄浪之水淸兮、可以濯我ㅣ。❷말가슴걸이영、말복두영(馬鞅)。【左傳】鞶厲游ㅣ。❸노영(索也)。❹얽힐영(纏也)。【魏徵詩】請ㅣ繫南粵。【孔稚圭北山移文】ㅣ情於好爵。
【纓冠:영관】 관의 끈을 맴。관을 씀。【孟子】被髮ㅣㅣ而往救之。
【纓絡:영락】 ❶구슬을 꿰어서 만든 목걸이。纓珞。❷얽힘。그물같이 얽힌 세상。【北史】珠璣ㅣㅣ。
【纓紳:영신】 갓끈과 큰 띠。《轉》官位가 높은 사람。公卿。貴顯。【顏師古】濟濟盛ㅣㅣ。

【纔】 ㊀(재) 灰 サイ、ザン、わずかに barely; hardly
㊁(삼) 咸 ㄘㄞˊ ts'ai²
小篆 草書 ㊀❶겨우재(僅也)。【漢書】遠縣ㅣ至。❷잠간재(暫也)。❸비롯할재(始也)。㊁❶회색비단삼(帛雀頭色)。❷엷게검을삼(微黑色)。

【纕】 (양) 陽 ジョウ、おび girdle (或音「상」)
小篆 ❶패옥띠양(佩帶、蕙ㅣ)。【楚辭】既替余以蕙ㅣ兮。❷말북두양、말배때끈양(馬腹帶)。❸팔걷을양(捲臂)。

【纖】 (섬) 鹽 セン、ほそい delicate ㄒㄧㄢ hsien¹
小篆 ❶가늘섬(羅縠細)。【楚辭】被文服ㅣ。❷아낄섬(儉嗇)。【史記】周人既ㅣ。
【纖巧:섬교】 가늘고 교묘함。纖細하고 能熟함。【古樂府類編序】其末ㅣㅣ而不振。
【纖羅:섬라】 얇은 비단。얇은 옷。
【纖麗:섬려】 날씬하고 아름다움。【張華】被服極ㅣㅣ、肴膳盡柔嘉。
【纖眉:섬미】 가는 눈썹。美人을 형용한 말。【宋徽宗】ㅣㅣ丹臉小腰肢。
【纖魄:섬백】 초생달。纖月。【許飛雲】初生ㅣㅣ挂南樓。
【纖嗇:섬색】 인색함。【史記】其贏得過 「當、愈於ㅣㅣ。
【纖纖:섬섬】 ❶細微한 모양。❷끝이 뾰족하고 날카로운 모양。❸연약하고 가냘픈 모양。【古詩】ㅣㅣ出素手。
【纖纖弱骨:섬섬약골】 =纖纖弱質。
【纖纖弱質:섬섬약질】 가느다랗고 연약한 체질。
【纖纖玉手:섬섬옥수】 보드랍고 고운 「여자의 손。
【纖細:섬세】 ❶가냘프고 가늘음。【趙孟頫】三月蠶始生、ㅣㅣ始牛毛。❷微妙。
【纖束:섬속】 체격 또는 구조가 약하고 가늘음。
【纖手:섬수】 여자의 가냘프고 아름다운 손。【陸機】佳人撫琴瑟、ㅣㅣ清且閑。
【纖悉:섬실】 細微한 데까지 두루 미침。
【纖弱:섬약】 가냘프고 연약함。【歷代名畫記】筆路ㅣㅣ。

【纖姸:섬연】가냘프고 아름다움。『魏書』崔浩ㅣㅣ潔白、如美婦人。
【纖婉:섬완】纖細하고 優美함。
【纖腰:섬요】날씬한 허리。楚腰。『元稹』媚語嬌不聞、ㅣㅣ軟無力。
【纖月:섬월】가늘어진 달。초생달。『杜甫』風林ㅣㅣ落。
【纖維:섬유】《生》생물체의 몸을 이루는 가느다란 실 모양의 물질。纖毛。
【纖維工業:섬유공업】동식물의 섬유를 원료로 한 공업。대체로 製絲·織物·編物 따위의 방직을 이르나 널리는 제지·인견 공업·셀룰로이드 공업의 섬유소 공업도 포함됨。
【纖維組織:섬유조직】섬유 세포에 의해서 된 조직。
【纖維質:섬유질】섬유로 이루어진 물질。
【纖人:섬인】❶성격이 약한 사람。『中說』謝莊·王融古之ㅣㅣ也、其文悴。❷간흉한 사람。小人。『資治通鑑·唐紀』陛下何愛此ㅣㅣ。
【纖指:섬지】纖細하고 보들보들한 손가락。
【纖毫:섬호】조금。약간。『杜甫』上方重閣晚、百里見ㅣㅣ。

十八畫

【纗】(권) 先 ケン、づきん winter-cap
풍뎅이권、풍차권(幘也)。

【纗】(수) 支 スイ、つなぐ bind up
小篆 ❶맬수(繫也)。❷큰띠수(紳帶)。

十九畫

【纘】(찬) 旱 サン、つづける continue ㄗㄨㄢˇ tsuan³
小篆 草書 ❶이을찬(繼也)。『書經』ㅣ禹舊服。❷올모을찬(綵集)。
【纘繼:찬계】잇달음。이음。『禮記·疏』武王能ㅣㅣ父祖之業。
【纘緒:찬서】먼저 시작한 사람의 事業을 이어 받음。
【纘述:찬술】이어 받아 著述함。이어서 글로 씀。『容齋隨筆』嘗以手帖、論ㅣㅣ之要。
【纘承:찬승】이어 받음。繼承。

【纙】(라) 箇 ラ、ぜにさし package of money ㄕˇ shih³
돈꾸러미라(錢緡)。

【纚】㊀(리) 支 ㊁(사) 紙 ㊂(라) 紙 リ、シ、かみづつみ headpiece
小篆 草書 ㊀❶끈리(綏也)。『詩經』紼ㅣ維之。❷대새끼리(筰也)。㊁❶치포건사(緇布韜髮)。❷연이을사(連屬)。『漢書』輦道ㅣ屬。㊂❶비비꼬일라(索貌)。『楚辭』索胡繩之ㅣㅣ。

❶㊁纚 (圖物名)

【纚纚:사사】가늘고 길게 이어진 모양。『楚辭』索胡繩之ㅣㅣ。
【纚屬:사속】계속됨。연이음。『漢書』輦道ㅣㅣ。

【纛】㊀(도) 號 ㊁(독) 沃 ㊂(둑)〔國音〕 トウ、トク、はた banner ㄉㄠˋ tao⁴
草書 ㊀둑기도(羽葆幢大皀旗)。『漢書』黃屋左ㅣ。㊁뜻은 ㊀과 같음。

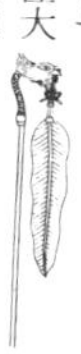
纛(禮圖器)

吉爾丹纛(大清會典圖)

【纛旗:독기】元帥의 大旗。『六部成語·兵部·注解』元帥之大旗曰ㅣㅣ。

【⿰糸璽】(시) 支 シ、ジ、ほそい delicate
小篆 ❶면주시(綿紬)。❷가는시(細也)。

【⿰糸𣎆】(라) 箇 ラ、ひとしくない be not equal to
小篆 ❶고르지않을라(不均貌)。❷가늘지않을라(不細貌)。

二十一畫

【纜】(람) 勘 ラン、ともづな cable; hawser ㄌㄢˇˋ lan³·⁴
草書 닻줄람(維舟索)。『杜甫詩』遲日徐看錦ㅣ牽。
【纜舸:남가】배를 맴。『喩鳧』ㅣㅣ蒲花水、繫幡柳絮風。
【纜魚:남어】《動》오징어。

二十二畫

【纕】(낭) 漾 ドウ、ゆるい loose
너그러울낭(緩也)。

二十三畫

【纞】(련) 霰 レン、つづく unable to cut off
끊어지지않을련(不斷)。

缶 部

【缶】(부) 有 フ、フウ、ほとぎ barrel ㄈㄡˇ fou³
小篆 草書 ❶양병부、장군부(大腹斂口、盎也)。『易經』有孚盈ㅣ。❷질장구부(鼓以節歌)。『詩經』坎其擊ㅣ。(『撲』과 같음)
【缶器:부기】배가 넓고 아가리가 좁게 된 질그릇。
【缶武砂:부무사】장구 무사。
【缶米:부미】한 장군들이의 쌀。一六斗의 쌀。『國語·魯語·注』缶庾也、十六斗曰庾、十庾曰秉。

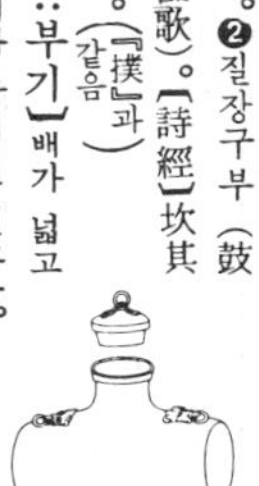
周素缶❶(西清古鑑)

【⿱𠂉⿷匚土】(부)『缶』(前條)의 俗字

三畫

【缸】(항) 江 コウ、かめ jar; pot ㄍㄤ kang¹
小篆 草書 항아리항(長頸甖)。
【缸面酒:항면주】술의 한 가지。막 익어서 처음으로 거른 술。『法書要錄』辨才留蕭翼宿、設ㅡㅡ。
【缸硯:항연】오지그릇의 파편으로 만든 벼루。
【缸胎:항태】거칠고 두껍고 무거운 오지그릇의 한 가지。

四畫

【⿰缶亏】(우) 虞 ウ、つるべ well-bucket
두레박우(汲水器)。

【䍃】㊀(요) 蕭 ㊁(유) 尤 ヨウ、どうき unglazed earthenware
小篆 ㊀질그릇요、병요(瓦器、瓶也)。㊁독유(甕也)。

【缺】(결) 屑 ケツ、かく broken; miss ㄑㄩㄝ ch'üeh¹
小篆 草書 ❶이지러질결(器破、虧也)。『書經』咸以正罔ㅣ。

❷번개번쩍거릴결(裂ㅣ電光)。〔史記〕貫列ㅣ之倒景兮。❸깨어질결、이빠질결(毁也)。
【缺刻:결각】《植》무우·가새뽕 따위의 잎과 같이 가장자리가 패어 들어간 형상。
【缺缺:결결】모자라는 모양。『老子』其政察察、其民ㅣㅣ。
【缺課:결과】❶과업을 쉼。❷학생이 수업 시간을 빠짐。
【缺口:결구】언청이。缺脣。『韓愈』衣褐之徒、ㅣㅣ而長鬚。
【缺勤:결근】근무처에 나가지 아니함。「↔出勤。」
【缺勤屆:결근계】결근을 알리는 글。
【缺禮:결례】=失禮。
【缺籬:결리】구멍이 뚫어진 울타리。『杜甫』ㅣㅣ將棘拒、倒石賴藤纏。
【缺望:결망】소망대로 안 됨。
【缺席:결석】출석하지 않음。
【缺席裁判:결석재판】《法》原告 또는 被告가 공판날 결석하였을 때 재판관이 출석한 당사자의 申立에 의하여 행하는 재판。
【缺席判決:결석판결】《法》피고인이 출두하지 않은 재판에서 검사의 청구에 의하여 내리는 판결。闕席判決。
【缺損:결손】❶모자람。不足。❷損害를 봄。決算上의 損失。
【缺脣 결순】언청이。兎脣。『淮南子』孕婦見兎、而子ㅣㅣ。「또는 양이 덜 참。」
【缺食:결식】음식을 전연 먹지 아니함。
【缺如:결여】❶갖추어지지 않아 모자람。❷만족하지 않은 모양。『淮南子』自視猶ㅣㅣ也。「自視ㅣㅣ。」
【缺然:결연】모자라 서운함。『莊子』吾
【缺員:결원】정한 인원에서 모자람。또는 그 人員。
【缺月:결월】이지러진 달。『蘇軾』ㅣㅣ初升、犬吠雲。
【缺日:결일】외출하기를 꺼리는 날。坎日。

【缺積:결적】租稅나 小作料 따위가 밀려서 쌓임。積缺。
【缺點:결점】=短點。弱點。
【缺乏:결핍】모자람。不足함。『五代史』調發供給、未嘗ㅣㅣ。
【缺陷:결함】흠이 있어 완전하지 못함。不備。『宋史』但念內典以此世界爲ㅣㅣ。
【缺項:결항】巾의 한 가지。冠을 단단히 매는데 쓰이는 巾。검은 천으로 만들음。

項缺
(圖器禮)

【缺畫:결획】글자의 畫을 생략하고 씀。父母나 貴人의 이름을 한자로 쓸 때 송구스러워 그 한자의 획을 생략하고 쓰는 일。玄을 玄으로 쓰는 따위。『文心雕龍』是以馬字ㅣㅣ、而石建懼死。
◎補ㅣ、殘ㅣ、出ㅣ。

【欽】(결)『缺』(前條)의 俗字

五畫

【鉆】(점) 琰 テン、かけきず be broken off
小篆 이지러질점(缺也)。

【瓿】(부)『缶』(缶部 0畫)와 같음

六畫

【鉸】(교) 肴 コウ、ふご bellow
❶질장구 교(土造樂器)。❷풀무 교(吹火器)。

【缿】(항) 講 コウ、はこ box: chest ㄒㄧㄤˋ hsiang⁴
小篆 草書 ❶항통항、문서함항(受書器)。〔漢書〕趙廣漢教吏爲ㅣ筩。❷벙어리항(受錢器)。
【缿筩:항통】비밀 文書를 投入하는 통。『漢書』教吏爲ㅣㅣ、以受民之詞訟。
【缿筒:항통】관청에서 만들어 두고 백성의 투서를 받던 통。

【缾】(병)『缾』(缶部 8畫)의 俗字

七畫

【䍌】(배) 灰 ハイ、ほとぎ barrelike earthen container
장군배(缶別名)。

八畫

【罭】(역) 職 ヨク、とうき earthenware
小篆 오지그릇역(瓦器)。

【缾】(병) 靑 ビョウ、つるべ barrellike earthen container
물장군병(汲水器)。〔詩經〕ㅣ之罄矣維罍之恥。
【缾水:병수】물독 안에 들어 있는 물。『宋史』夕則置ㅣㅣ、加足于上、以儆困怠。
【缾罌:병앵】물장군。물독。『韓愈』何當出灰炮、無計離ㅣㅣ。
【缾杓:병작】물장군과 구기。『拾遺記』珷玞爲堤岸、琥珀爲ㅣㅣ。

【錢】(잔) 潸 サン、さかずき a wine cup
옥술잔잔(酒器玉爵)。

【䍖】㊀(부) 有 フウ、ほとぎ small barrellike ㊁(부) 尤 earthen container
小篆 ㊀작은 장구부(小缶)。㊁뜻은 ㊀과 같음。

十畫

【觳】㊀(구) 宥 コウ、やかないどき raw earthenware ㊁(곡) 屋
小篆 ㊀굽지않은질그릇구(未燒瓦器)。㊁뜻은 ㊀과 같음。

【罶】(류) 宥 リュウ、こしき a steaming basket
시루류(甑也)。

【罃】(앵) 庚 オウ、みずかめ pot; pitcher ㄧㄥ yingˊ
小篆 草書 ❶양병앵、목긴병앵(備火長頸瓶)。❷사람이름앵(人名魏惠王)。
【罃甀:앵게】「盆」을 일컫는 말。『方言』ㅣㅣ謂之盆、自關而西、或謂之益其小者謂之升甌。

十一畫

【罄】(경) 徑 ケイ、むなしい vacant 迥 ㄑㄧㄥˋ ch'ing⁴
小篆 草書 다할경(器空、盡也)。〔詩經〕ㅣ無不宜。
【罄竭:경갈】消盡함。없어짐。乏竭。罄盡、罄乏。『晉書』比年多事、公私ㅣㅣ。
【罄匱:경궤】消盡하여 부족하게 됨。『王粲』國有殷充之實、家無ㅣㅣ之憂。
【罄地:경지】모든 나라。『齊南郊歌』率天奉贄、ㅣㅣ來賓。
【罄盡:경진】=罄竭。『晉書』家資ㅣㅣ。

【罅】(하) 禡 カ、さける cleft ㄒㄧㄚˋ hsia⁴
小篆 草書 ❶터질하、금갈하(裂也)。〔史記〕然而不能傳合疏ㅣ。❷틈하(孔隙)。〔韓愈文〕補苴ㅣ漏。
【罅漏:하루】事物의 틈。事物의 缺如된 곳。『韓愈』補苴ㅣㅣ。

十二畫

【罇】(준) 元 ソン、さけかめ wine pot ㄗㄨㄣ tsuen¹
草書 질술준준、술통준(酒器瓦尊)。

【罇罍:준뢰】술통。樽罍。『陸游』已恨ー ー孤勝踐。

十三畫

【罊】(기) 寘 キ、つきる (of a vessel) empty
小篆 그릇속빌기(器中空)。

【⿰缶雍】(옹) 送 オウ、ヨウ、かめ pot; jar ㄨㄥˋ wêng⁴
草書 ❶독옹(罌也)。❷기와창옹(瓦窓)。(『甕』과 같음)

⿰缶雍
(禮器圖)

【⿰缶雍廡:옹무】술단지。

【⿰缶雍牖:옹유】깨어진 독의 아가리를 窓으로 씀。《喩》몹시 가난한 집을 일컫는 말。『史記·秦始皇紀』陳涉ーー繩樞之子。

十四畫

【⿰缶監】(함) 豏 勘 カン、どうき earthenware
❶질그릇함(陶器)。❷큰독함(大甕)。【左傳註】盆ー之屬。

【罌】(앵) 庚 敬 オウ、エイ、かめ、もたい pot; pitcher ㄧㄥ yìng¹
小篆 草書 양병앵(瓶總名)。【漢書】韓信以木ー渡軍。

漢湯罌
(博古圖)

【罌缶:앵부】장군。뒤웅。배가 크고 주둥이가 작은 술·물을 담아 두는 나무나 오지로 만든 그릇。【漢書】以木ーー度軍。

【罌粟:앵속】《植》양귀비의 異稱。【黃庭堅】女奴煮ーー。

【罌粟殼:앵속각】양귀비 열매의 겁질。祛痰·鎭痙藥 또는 설사·이질 등에 씀。

【罌粟子:앵속자】양귀비의 씨。설사·痙攣 등의 약재로 씀。罌子粟。

【罌粟花:앵속화】양귀비 꽃。

十五畫

【⿰缶齒】(알) 黠 ガツ、われる (of the brim of) a vessel
그릇이빠질알、이지러질알(器缺)。

【罍】(뢰) 灰 ライ、ルイ、たる jar; pot ㄌㄟˊ lei²
草書 ❶뇌문 놓은술잔뢰(酒器畫雲雷形)。【詩經】我姑酌彼金ー。❷세수그릇뢰(盥器)。

周攻罍
(西淸古鑑)

【罍觴:뇌상】술통과 구기。【王昌齡】ー且終宴、功業曾未了。

【罍洗:뇌세】큰 통。【唐書】食用豆籩·簠「簋ーー」。

【罍尊:뇌준】表面에 雷雲의 모양을 그린 술통。【禮記】廟堂之上、ーー在阼。

十六畫

【罎】(담) 覃 タン、ドン、とくり bottle ㄊㄢˊ t'an²
草書 목긴항아리담(甀屬)。

十七畫

【䍅】(령) 靑 レイ、かめ an eared barrelike earthen container
小篆 족자리 달린질장군령(瓦器似瓶有耳)。

十八畫

【⿰缶薦】㊀(천) 願 ㊁(천) 霰 セン、いとぐるま spindle
小篆 ㊀질그릇천(瓦器)。㊁물레가락천、북천(紡錘)。

【罐】(관) 翰 カン、ほとぎ、かん jar; can ㄍㄨㄢˋ kuan⁴
小篆 草書 ❶물동이관(汲器)。❷양철통관(洋筩)。

【罐石:관석】물에 풀린 칼슘(calcium) 鹽。

【罋】㊀(옹) 送 ㊁(옹) 冬 オウ、つるべ well-bucket
小篆 ㊀두레박옹(汲瓶)。㊁뜻은 ㊀과 같음。

网部

【网】(망) 養 ボウ、あみ net ㄨㄤˇ wang³
그물망(羅罟總名)。

【罒】(망)『网』(前條)의 譌字

【四】(망)『网』(前條)의 略字

二畫

【⿱罒丁】(정) 靑 テイ、こあみ small net
작은그물정(小罟)。

三畫

【罔】(망) 養 ボウ、モウ、あみ、ない net; not
草書 ❶없을망(無也)。【書經 大禹謨】ー所有赦。❷속일망(誣也)。【孟子】是ー民。❸맺을망(結也)。❹그물망(羅致)。【易經】結繩而爲ー罟。❺흐릴망(無知)。【詩經】天之降ー。【論語 雍也】不可ー也。

【罔罟:망고】그물。鳥獸를 잡는 그물과 魚網。【易經】結繩而爲ーー。

【罔極:망극】❶어버이의 은혜가 그지없음。❷罔極之痛의 略語。

【罔極之恩:망극지은】다함이 없는 父母님의 큰 은혜。【詩經】欲報之德、昊天罔極。

【罔極之痛:망극지통】한없는 슬픔。어버이나 임금의 喪事에 쓰는 말。

【罔民:망민】국민을 속임。

【罔赦之罪:망사지죄】용서할 수 없는 큰 죄。

【罔疎:망소】❶그물코가 성김。❷法規가 엄하지 않음。法規에 遺漏된 점이 있음。網疎。

【罔夜:망야】밤을 새움。

【罔夜逃走:망야도주】밤 새도록 도망「함。

【罔然:망연】❶마음이 황홀한 모양。❷피곤하여 지친 모양。정신이 흐리멍덩한 모양。罔罔。惘然。【張衡】罔ーー若酲。

【罔晝夜:망주야】밤낮 없이 부지런히 일함。

【罔知所措:망지소조】어찌할 바를 모름。허둥지둥함。

【罔測:망측】이치에 맞지 않아 헤아릴 「수 없음。

【罔兮:망혜】마음에 수심이 있는 모양。【楚辭】ーー不樂。

【罕】(한) 旱 翰 カン、まれ rare; few ㄏㄢˇ han³
小篆 草書 ❶드물한(稀寡)。【孟子】吾見亦ー矣。❷필별한(ー車畢星)。【史記註】畢八星曰ー車主弋獵。❸기한(旌旗雲ー)。【史記 周本紀】百夫荷ー旗。❹새그물한(鳥網)。

【罕見:한견】드물게 봄。

【罕古:한고】예적부터 드물음。

【罕例:한례】 드문 前例。

【罕漫:한만】 明白하지 않은 모양。 분명하지 않은 모양。

【罕罔:한망】 그물。『後漢書』——合部。

【罕言:한언】 말이 적음。

【罕有:한유】 드물게 있음。

【罕畢:한필】 임금의 儀仗。『晉書』天子出、施頭——以前驅、此其義也。

四畫

【罡】 (비) 支 ヒ、えびをとるあみ net for fishing shrimp
새우잡는그물비(取鰕網)。

【罘】 (부) 尤 フウ、フ、うさぎあみ hare net ㄈㄡˊ fou²
草書 ❶토끼그물부(兎罟)。『史記』—罔彌山。 ❷복도부(—罳連闕曲閣)。『漢書』未央宮東闕—罳災。 ❸면장부、병풍부(—罳、屛也)。 ❹산이름부(山名、芝—)。

【罘罔:부망】 토끼를 잡는 그물。 토기그물。『史記』——彌山。

【罘罳:부시·부새】 ❶宮門 밖에 있는 담장。『漢書』未央宮東闕——災。 ❷대나무로 막은 屛障。 간막이。 ❸그물。 ❹휘장。 帷幕。

【罟】 (호) 週 コ、うさぎあみ hare hunter's net
小篆 토끼그물호(兎罟)。

五畫

【罛】 (고) 虞 コ、うおあみ casting net ㄍㄨ ku¹
小篆 草書 큰그물고(魚罟最大網)。『詩經』施—濊濊。

【罛罶:고류】 고기 잡는 그물과 통발。『國語·魯語·注』罛魚網也、罶、笱也。

【罦】 (부) 尤 虞 フウ、フ、とりあみ sparrow net
小篆 或體 草書 새그물부(鳥網)。

【罜】 (주) 遇 麌 シュ、あみ net
小篆 草書 ❶물고기그물주(魚罟、—麗)。『魯語』于是乎禁罝麗。 ❷작은그물주(小網)。

【罝】 (저) 魚 麻 シャ、けものあみ net for beast ㄐㄩ chü¹ (本音「차」)
小篆 或體 籀文 草書 짐승그물저(獸罟)。『詩經』肅肅兎—。

【罝罘:저부】 짐승을 잡는 그물。『禮記』田獵——。

【罝罦:저부】 짐승을 잡는 그물。『淮南子』——不得布于野。

【罞】 ㊀(몽) 東 ㊁(모) 看 ボウ、しかあみ net for elk
㊀고라니그물몽(麋罟)。 ㊁뜻은 ㊀과 같음。

【罟】 (고) 麌 コ、あみ net ㄍㄨˇ ku³
小篆 草書 물고기그물고(魚網)。『易繫辭』結繩而爲罔—。

【罟網:고망】 그물。『陳書』魏人以南人嗜魚、大設——。

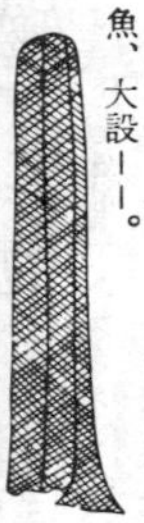

罟網(武備志)

【罟罘:고부】 새나 고기를 잡는 그물。

【罟師:고사】 漁父。『王維』——盪槳向臨圻。

【罠】 (민) 眞 ヒン、ミン、けものあみ net for beast
小篆 草書 ❶고라니그물민(麋網罟也)。『吳都賦』—蹏連綱。 ❷낚시민(釣也)。

【罠蹏:민제】 토끼 그물。『左思』——連網。

【罡】 (강) 陽 コウ、ほし the Dipper ㄍㄤ kang¹
草書 강별강(天—北斗名)。『參同契』二月 楡魁臨于卯八月麥生天—據西。

【罡城:강성】 城 이름。 河北省 懷安縣의 東北쪽에 있음。

六畫

【罙】 (미) 支 齊 ビ、ミ、あみ seine
小篆 或體 ❶두루다닐미(周行)。『詩經』—入其阻。 ❷후리그물미(網也)。

【罣】 (괘) 卦 カイ、かかる be caught
草書 ❶그물괘(罟也)。 ❷걸릴괘(罥也)。 ❸거리낄괘(礙也)。

【罣礙:괘애】 방해함。 障礙。『般若心經』心無——。

【罣誤:괘오】 官吏가 過誤를 저지르고 譴責을 받음。

七畫

【罞】 ㊀(모) 虞 ㊁(매) 灰 マイ、モ、きじあみ net for pheasant ㄇㄟˊ mei²
小篆 ㊀꿩그물모(雉網)。 ㊁뜻은 ㊀과 같음。

【罟】 ㊀(부) 尤 ㊁(비) 支 ボウ、むそうあみ hare hunter's net
小篆 ㊀토끼그물부(兎罟)。 ㊁뜻은 ㊀과 같음

【罥】 ㊀(견) 霰 ㊁(견) 銑 ケン、かける be caught
草書 ㊀얽힐견(絹也)。『蕪城賦』荒葛—塗。 ㊁걸릴견(挂也)。

【罥索:견색】 ❶그네。『事物異名錄』鞦韆、中略、涅槃經謂之——。 ❷올가미。 덫。

【罠】 (랑) 漾 ロウ、ひろい vast
❶질펀할랑(廣大貌、莽—)。『吳都賦』相與騰躍乎莽—之野。 ❷그물넓게 칠랑(廣張網)。

【罦】 (부) 尤 虞 フ、フウ、むそうあみ sparrow net ㄈㄨˊ fu²
草書 새그물부(翻車大網)。『詩經』雉離于—。

【罦罳:부시】 담。 울타리。『廣雅·釋宮』——謂之屛。

【罦罝:부저】 꿩잡는 그물과 토끼 잡는 그물。『後漢書·注』罦、音浮、雉網也、罝、兎罟也。

八畫

【罧】 (삼) 侵 シン、ふしずけ fishing plants
小篆 고기깃삼(積柴水中取魚)。

【罨】 ㊀(엄) 琰 ㊁(압) 合 アン、オウ、あみ stretch a net ㄧㄢˇ yen³
小篆 草書 ㊀그물엄(網也)。『張泌詩』—岸春濤打船尾。 ㊁뜻은 ㊀과 같음。

【罨法:엄법】《醫》冷水 또는 溫湯에 적신 베를 患部에 대어서 炎症, 또는 充血을 없애는 치료법。찜질。

【罨畫:엄화】彩色한 그림。『丹鉛總錄』畫家有ーー、雜彩色畫也。

【罩】(조) 效 トウ、うおとりかご stack; pile ㄓㄠˋ chao⁴
❶가리조(捕魚器罶類)。『詩經』南有嘉魚烝然ーー。

【罩罩:조조】❶물고기가 떼를 지어 노는 모양。❷물고기를 잡는 가리。

【罪】(죄) 賄 ザイ、つみ、とが crime; sin ㄗㄨㄟˋ tsuei⁴
❶허물죄、죄줄죄(罰惡)。『書經』ー疑惟輕。❷고기그물죄(魚罔)。

【罪譴:죄견】죄。허물。『歐陽修』何時乞殘骸、萬一免ーー。

【罪科:죄과】❶죄와 허물。❷《法》법률에 의거하여 處分함。범죄자에게 制裁를 加함。罪條。

【罪過:죄과】罪와 허물。죄。허물。罪咎。『史記』大臣及諸公子以ーー連逮。

【罪咎:죄구】그릇된 허물。罪過。『書經·傳』非我ーー。

【罪根:죄근】❶범죄의 원인。❷《佛》無明煩惱의 罪障의 근원。罪業의 근원。『法華經·科註』五濁障多、名罪重、執小醫大、名ーー深。

【罪戾:죄려】몹시 사리에 어그러진 죄。『左傳』免于ーー、弛于貞擔、君之惠也。

【罪累:죄루】죄를 지어 몸을 더럽힘。

【罪名:죄명】❶범죄의 名目。罪目。❷죄가 있다는 評。『後漢書』明奏ーー。

【罪目:죄목】범죄 사실의 名目。

【罪悶:죄민】매우 죄스럽고 민망함。

【罪罰:죄벌】범죄와 벌。죄。허물。『北史』咸共讚毀、橫受ーー。

【罪犯:죄범】罪。범죄。

【罪報:죄보】저지른 죄악에 대한 果報。

【罪不容死:죄불용사】犯罪가 매우 重大하여 死刑을 당해도 오히려 부족함。『孟子』此所謂率土地、而食人肉、————。

【罪死:죄사】죄를 지어 죽음。死罪。

【罪狀:죄상】범한 죄의 狀況。犯罪의 實狀。『晉書』蘇峻反、溫嶠列上ーー。

【罪上添罪:죄상첨죄】이미 죄를 저지른 사람이 또다시 죄를 지음。

【罪悚:죄송】죄스럽고 황송함。

【罪悚萬萬:죄송만만】매우 죄송스럽고 황송함。

【罪囚:죄수】형무소에 들어간 罪人。囚人。

【罪惡:죄악】道德이나 宗教的 見地에서 非難받을 不德。나쁜 行爲。죄。『蘇軾』我生涉憂患、常恐長ーー。

【罪惡史:죄악사】❶죄악을 저질러 온 역사。❷죄악만을 남긴 惡政。

【罪惡視:죄악시】죄악으로 인정함。

【罪案:죄안】범죄 사전의 기록。

【罪業:죄업】《佛》❶죄될 만한 소행。❷죄의 果報。『淨住子』ーー深厚。

【罪逆:죄역】常理를 反逆하는 큰 죄。

【罪疑惟輕:죄의유경】罪狀이 분명하지 않아 輕重을 판단하기 어려울 때는 輕하게 處分함을 이름。

【罪人:죄인】❶죄를 범한 사람。『書經』比ーー。❷《法》有罪判決을 받은 사람。❸罪人에게 형벌을 執行함。『孟子』ーー不孥。❹부모의 상중에 있는 사람이 스스로를 이르는 말。

【罪迹:죄적】범죄의 자취。

【罪宗:죄종】모든 죄악의 근원이 됨。

【罪重罰輕:죄중벌경】죄는 크고 무거운데 비하여 형벌은 가벼움。

【罪中又犯:죄중우범】형기가 끝나기 전에 거듭 죄를 저지름。

【罪證:죄증】《法》범죄에 대한 증거。

【罪質:죄질】범죄의 성질。

【罪責:죄책】❶범죄상의 책임。❷=罪罰。

【罪刑:죄형】범죄와 형벌。『後漢書』竇氏雖伏厥辜、ーー未著。

【罪禍:죄화】범죄로 말미암아 받는 재앙。

◎輕ー、功ー、斷ー、免ー、無ー、犯ー、服ー、伏ー、謝ー、贖ー、原ー、寃ー、怨ー、有ー、宥ー、流ー、重ー、弘ー、赦ー、死ー。

【罫】(괘) 卦 カイ、ケイ、すじ line ㄏㄨㄚˋ hua⁴ (本音「홰」)
❶바둑판정간괘(棋局線間)。『桓譚新論』使ー中死棊皆生。❷거리낄괘(礙也)。

【罫線:괘선】❶縱橫으로 그은 선。❷文字를 똑바로 쓰기 위하여 그은 선。

【罫中:괘중】바둑판의 한가운데。『桓譚新論』使ーー死棊皆生。

【罫紙:괘지】罫線이 그어져 있는 종이。印札紙。

【罫版:괘판】인찰지를 박기 위하여 만든 판。

【罭】(역) 職 ヨク、イキ、うおあみ net ㄩˋ yü⁴
물고기그물역(魚網)。『詩』九ー之魚。

【置】(치) 寘 チ、おく put ㄓˋ chih⁴
❶베풀치(設也)。『書經』王ー諸左右。❷버릴치(棄也)。『周禮』三曰廢ー以馭其吏。❸역말치(關驛)。『孟子』速於ー郵而傳命。❹둘치、안치할치(安止)。

【置家:치가】첩을 얻어 딴 살림을 벌임。妾置家。

【置毬標:치구표】擊毬하는 장소에서 공을 흩어 놓은 곳。

【置毒:치독】독약을 음식에 넣음。

【置簿:치부】❶금전이나 물품의 出納을 기록함。❷置簿冊의 준말。

【置身:치신】몸을 둠。몸전사。

【置身無地:치신무지】두려워 움츠러져서 몸을 둘 바를 알지 못함。

【置酒:치주】酒宴을 베풂。酒宴。『漢書』漢王遂入彭城、收羽美人貨賂、ーー高會。

【置中:치중】❶가운데나 중앙에다 둠。❷바둑 둘적에 한복판에나 한가운데에 또는 에워싸인 중앙에다 한 점을 놓음。

【置重:치중】어떠한 곳에 중점을 둠。어떤 일에 신정을 모아서 씀。

【置中先手:치중선수】바둑에서 복판에다 치중한 사람이 선수함。

【置之:치지】내버려 둠。버려 둠。

【置之度外:치지도외】내버려 두고 문제도 삼지 않음。度外視하여 내버려 둠。

【置之忘域:치지망역】잊어버리고 별로 생각하지도 않음。

【置之勿問:치지물문】내버려 두고 묻지도 않음。그다지 중요하게 여기지 않음。

【置錐之地:치추지지】송곳을 세울만한 좁은 땅。立錐之地。『莊子』堯舜有天下、子孫無——。

【置標:치표】❶표하여 둠。❷묏자리를 미리 잡아 표적을 묻어서 무덤 모양으로 만들어 두는 길。

【置換:치환】바꾸어 놓음。

九畫

【罯】(암) 感 アン、おおう cover
❶덮을암(覆也)。❷고기그물암(魚網)。

【罥】(삭) 覺 サク、あみ be caught in a net
그물에걸릴삭(罹於網)。

【罰】(벌) 月 バツ、つみ punish ㄈㄚˊ fa²
❶벌줄벌(小辠賞之對)。【易經】則刑ㅣ清而民服。❷벌받을벌(天ㅣ、處ㅣ)。❸꾸짖을벌(ㅣ責)。
【罰金:벌금】❶징계하여 벌로 받는 돈。벌로서 내는 돈。❷罰金刑의 略語。【漢書】此人犯蹕、當ㅣㅣ。
【罰杯:벌배】술 좌석에서 酒令을 어겨서 벌로 주는 술잔。
【罰番:벌번】番을 들 차례외에、벌로 들게 하는 番。罰直。
【罰俸:벌봉】벌로서 얼마 동안 減俸함。【隨園隨筆】房式有不法事、ㅣㅣ召還。
【罰爵:벌작】❶옛날 宴會席에서 실례되는 행동을 한 사람에게 벌로서 술을 먹게 하던 일。❷내기에서 진 사람에게 먹이는 술。罰杯。罰酒。【陳造】低喚茶甌充ㅣㅣ。
【罰錢:벌전】罰로 내는 돈。罰金。
【罰酒:벌주】벌로 먹이는 술。罰杯。
【罰責:벌책】❶處罰하여 꾸짖음。【後漢書】邑落有相侵犯者、輒相ㅣㅣ。❷꾸짖어 가볍게 벌함。
【罰則:벌칙】죄를 범한 자를 處罰하는 규칙
◎賞ㅣ、信賞必ㅣ、嚴ㅣ、罪ㅣ、重ㅣ、懲ㅣ、處ㅣ、天ㅣ、體ㅣ、刑ㅣ。

【署】(서) 御 ショ、つかさ public office ㄕㄨˇ、ˋ shu³·⁴
❶쓸서(書也)。❷마을서、관청서(官舍)。❸그물칠서(羅絡)。【史記 項羽本紀】部ㅣ吳中豪傑。❹둘서(置也)。❺대신일볼서(ㅣ理)。
【署經:서경】(制)❶임금이 관리를 叙任한 뒤에 그 사람의 姓名·門閥·履歷을 갖추 써서 臺諫에게 그 可否를 구하던 일。❷고을 원이 부임할 때 相臣·將臣·六卿·銓官들에게 告別하는 일。
【署記:서기】=署名。【舊唐書】人有買賣、隨自ㅣㅣ。
【署理:서리】(制)缺員이 있을 때 다른 사람이 職務를 代理함。또는 그 사람。
【署名:서명】❶書類 따위의 책임을 밝히기 위하여 직접 이름을 적어 넣음。❷姓名을 기록함。【北史】總監之、ㅣㅣ而已。
【署員:서원】끝에 署라고 붙은 관청에 직업을 둔 사람。곧 경찰 서원。세무 서원 따위。
【署長:서장】한 署의 우두머리。【史記】馮唐以孝著、爲中郎ㅣㅣ。
◎警察ㅣ、官公ㅣ、分ㅣ、本ㅣ、部ㅣ、副ㅣ、秘ㅣ、連ㅣ、自ㅣ、支ㅣ、親ㅣ。

【罳】㊀(시) 支 ㊁(새) 灰 シ、ついたて front fence
㊀❶면장시、병풍시、차면시(屛也、面墻)。❷대궐기슭시(罘ㅣ、宮殿簷閒)。㊁뜻은 ㊀과같음。
【罳頂:시정】천정。

十畫

【罵】(매) 禡 バ、ののしる scold; curse ㄇㄚˋ ma⁴ (本音「마」)
꾸짖을매(惡言、詈也)。【史記】輕士善ㅣ。
【罵譏:매기】꾸짖어 나무람。욕함。【韓愈】翁嫗所ㅣㅣ。
【罵倒:매도】몹시 꾸짖어 욕함。
【罵詈:매리】꾸짖어 욕함。【史記】漢王ㅣㅣ諸侯群臣、如罵奴耳。
【罵辱:매욕】꾸짖어 욕하여 창피하게 함。詬辱。【漢書】數爲掾吏所ㅣㅣ。
【罵坐:매좌】座中의 사람을 꾸짖어 욕함。【蘇軾】難邀ㅣㅣ灌將軍。

【罶】(류) 有 リュウ、うえ、うけ weir
통발류(曲簿爲魚笱)。【詩經】魚麗于ㅣ。

【罷】㊀(파) 支 ㊁(패) 蟹 ㊂(파) 禡 ハイ、ヒ、やめる stop ㄆㄧˊ p'i²
㊀❶느른할피、고달플피(困極)。【禮記】師役曰ㅣ。❷잔병피(ㅣ癃)。【史記】臣不幸有ㅣ癃之疾。㊁❶그칠패(止也)。❷귀양보낼패(遣囚)。❸아비패(閩人呼父曰郞ㅣ)。㊂❶파할파(休也)。❷내칠파(廢黜)。【論語 子罕】欲ㅣ不能。
【罷家:파가】살림살이를 그침。
【罷遣:파견】직을 그만 두게 하여 내보냄。【後漢書】發民繕修城郭、陸康至、皆ㅣㅣ、百姓大悅。
【罷繼:파계】養子의 인연을 끊음。罷養。
【罷工:파공】(宗)주일과 大祝日에 육체노동을 폐지함。
【罷君:파군】(制)王家에서 五代 이후에는 宗親의 封君을 폐하던 일。
【罷軍:파군】군대의 진영을 풀어서 헤침。罷陣。
【罷歸:파귀】일을 끝마치고 돌아감。
【罷駑:파노】지쳐서 아주 둔해진 말。(轉)無用의 鈍才。【漢書】僕雖ㅣㅣ、亦嘗側聞長者之遺風矣。
【罷老:파로】몸도 피곤하고 나이도 늙었다는 뜻。【漢書】學者ㅣㅣ。
【罷漏:파루】(制)五更三點에 큰 쇠북을 三三번 치던 일。예전 서울에서는 人定 이후에 통행을 금지하고 파루를 치면 통행의 금지를 해제했다 함。바래。
【罷買同盟:파매동맹】많은 사람이 단결하여 물건 사기를 거부하는 일。보이코트。非買同盟。
【罷免:파면】職務를 그만두게 함。免職시킴。【舊唐書】至是竝令ㅣㅣ。
【罷免權:파면권】中國 孫文이 主唱한 네 가지 直接民權 중의 하나。職務를 怠慢하거나 또는 過誤를 범한 民選議員 및 관리를 罷免시킬 수 있는 人民의 권리。
【罷病:파병】피곤하고 괴로와 함。신체나 국력이 쇠약함。【汲冢周書】問ㅣㅣ之故、政事之失。
【罷仕:파사】❶그날의 임무를 마침。❷(制)仕退。
【罷散:파산】벼슬을 그만두어 한산하게 됨。
【罷省:파생】그만 두게 하여 제거함。【漢書】ㅣㅣ不急之用、振救困貧。
【罷市:파시】❶市場이 서지 않음。市場 같은 것이 파함。또는 그 때。撤市。❷不買同盟。보이코트。
【罷業:파업】同盟罷業의 준말。
【罷業權:파업권】(法)사용자와 근로자의 사이에 임금이나 그밖의 노동 조건에 관하여 의견의 일치를 보지 못할 때에、그 요구를 관철시키기 위하여 근로자가 파업을 행할 수 있는 권리。
【罷宴:파연】宴會를 그만 두거나 마침。
【罷意:파의】하고자 하던 의사를 버림。斷念。
【罷議:파의】의논하던 것을 그만 둠。
【罷場:파장】❶科場이 파함。❷市場이 파함。또는 그 때。
【罷齋:파재】法會나 齋會를 다 마침。
【罷接:파접】글 짓고 책 읽는 모임을 마

【罷祭:파제】 罷祭祀의 略語。 「一칩。
【罷祭祀:파제사】 제사를 마침。 罷祭。 罷祀。
【罷池:파지】 차츰 무너져 낮아지는 모양。 陵夷。【司馬相如】——陂陁。
【罷職:파직】 관직에서 물러가게 함。
【罷陣:파진】 진을 푸는 것。 罷軍。
【罷黜:파출】 직무를 면제하는 것。 罷免。 【漢書】——百家、表章六經。
【罷弊:파폐】 ❶피곤하고 쇠약함。【漢書】以爲——中國、以奉無用之地。 ❷비용이 많이 들어 困窮함。 疲弊。
【罷會:파회】 (佛)法會를 끝냄。
【罷休:파휴】 일을 그만두고 쉼。【史記】將軍——就舍。

【罸】 (벌)『罰』(网部9畫)과 같음

十一畫

【罹】 (리) 支 リ、かかる be taken ㄌㄧˊ li² 小篆 草書 ❶만날리(遭也)。【漢書】以—寒暑之數。 ❷근심할리(憂也)。【詩經】逢此百—。 ❸걸릴리(離也)。【書經】—其匈害。
【罹難:이난】 ≡罹災。【史記】吾與夫子、再——。
【罹病:이병】 병에 걸림。 「罹厄。
【罹災:이재】 災害를 입음。 재앙에 걸림。
【罹災民:이재민】 재앙에 걸린 사람。
【罹禍:이화】 재앙에 걸림。 피해를 입음。

【罻】 ㊀(위) 未 イ、ウツ、こあみ ㊁(울) 物 net ㄨㄟˋ wei⁴ 小篆 草書 ㊀새그물위(鳥網、—羅)。【禮記】鳩化爲鷹然後設—羅。 ㊁뜻은㊀과같음。
【罻蒙:위몽】 어두운 모양。 暗昧。【柳宗元】罻蒙其復體兮、孰云桎梏之不固。
【罻羅:울라】 새 잡는 그물의 總稱。【鹽鐵論】——張而縣其谷。

【罺】 (조) 肴 ソウ、すくいあみ net of narrow meshes ㄔㄠ ch'ao¹ 반도조、가는그물조(撩罟小網)。【吳都賦】—鰝鰕。

【罼】 (필) 質 ヒツ、さであみ hare hunter's net 토끼그물필(田獵兎網)。
【罼弋:필익】 새를 잡는 자루 달린 작은 그물과 작살。 畢弋。【呂覽·季春·注】罼掩網也、弋繳射飛也。
【罼罕:필한】 ❶새잡는 그물。【左思·吳都賦】——瑣結、罠蹏連網。 ❷큰 旗의 이름。【晉書】旌頭——竝出。

【䍡】 (록) 屋 ロク、こあみ net of narrow meshes 小篆 작은그물록(小罟)。【魯語】水虞於是乎禁罟—設穽鄂。

十二畫

【罽】 (계) 霽 ケイ、うおあみ fishing net ㄐㄧˋ chi⁴ 小篆 草書 ❶물고기그물계(魚網)。 ❷담계、모직계(毳布氍毹屬)。【漢書】狗馬被—。 ❸(中字)나라이름계(—賓、西域地方)。
【罽毯:계담】 털로 짠 방석。【宋史】參知政事以下、用二蒲墩、加——。
【罽幕:계막】 毛織의 막。【後漢書】遂破龍祠、焚——、阬十角、梏閼氏。
【罽衣:계의】 털실로 짠 옷。

【䍐】 (선) 銑 霰 セン、あみ snare 小篆 或體 올무선(繯獸足網)。

【罾】 (증) 蒸 ソウ、よつであみ net 小篆 草書 삼태그물증、할지증(有機魚網)。【漢書·陳勝傳】置人所—魚腹中。
【罾笱:증구】 漁具名。 삼태그물과 통발。【莊子】鉤餌網罟——之智。
【罾罩:증조】 삼태그물과 가리。

【罿】 ㊀(동) 東 トウ、ショウ、とりあみ ㊁(충) 冬 sparrow net ㄔㄨㄥ ch'ung 小篆 草書 ㊀새그물동(鳥網罬也)。【詩經】雉離于—。 ㊁뜻은㊀과같음。
【罿罻:동위】 새그물。【左思·吳都賦】峭格周旋、——普張。

【罶】 (류)『罶』(网部10畫)와 같음

十三畫

【罥】 (견) 霰 ケン、あみ net 草書 ❶걸견、걸릴견(挂也)。 물견(網也)。【西京賦】但觀罝羅之所—結。
【罥結:견결】 동여맴。【西京賦·注】。

十四畫

【䍤】 (제) 齊 セイ、しぼる filter ㄐㄧˋ chi ❶술짤제(手搦酒)。 ❷거를제(漉也)。

【羅】 (라) 歌 ラ、うすぎぬ silk:spread ㄌㄨㄛˊ luo² 小篆 草書 ❶새그물라(鳥罟)。【詩經】雉離于—。 ❷깁라(綺縠)。【戰國策】下宮糅—紈曳綺縠。 ❸벌라。 벌릴라(列也)。【楚辭】—生兮堂下。 ❹지남철라(—針盤)。
【羅貫中:나관중】 (人)元代 末期의 유명한 文士。 이름은 本、貫中은 字、杭州사람。 金聖歎은 水滸傳도 七〇回 이하는 羅貫中의 作이라고 斷定함。〈著書〉三國志演義·隋唐之傳·殘唐五代志演義 등。
【羅裙:나군】 엷은 비단으로 지은 치마。 羅裳。【王勃】——玉腕搖輕櫓。
【羅綺:나기】 엷은 비단과 무늬가 있는 비단。 화려한 의복。【魏志】綾錦——。
【羅緞:나단】 무명실과 주란사실을 섞어 짠 피륙。
【羅絡:나락】 감쌈。 감아서 얽힘。【李白】——四季間、綿微無一隙。
【羅祿:나록】 (植)벼。
【羅立:나립】 벌리어 늘어 섬。【杜甫】諸峰——似兒孫。
【羅馬:나마】 Rome의 音譯。 ㉠로마帝國。 ㉡이탈리아의 首都。
【羅馬敎會:나마교회】 (宗) Roman Catholic Church 로마 가톨릭 교회。 天主敎會。 基督敎의 一派。 一一세기에 희랍正敎와 갈라져 성립됨。 로마를 근거지로 하여 歐美 各國과 전세계에 전파됨。
【羅網:나망】 ❶새그물。 羅罔。【禮記】罘罘——。 ❷그물을 쳐서 잡음。(轉)法律。 法網。
【羅拜:나배】 여럿이 늘어서서 함께 절함。【十八史略】——呼萬歲。
【羅紗:나사】 포르투갈語 raxa의 音譯。 서양에서 전래한 毛織物。【明史概】賜大紅紵絲——。
【羅紗店:나사점】 ❶나사를 파는 가게。 ❷양복점。
【羅衫:나삼】 ❶깁으로 만든 적삼。 ❷부녀들의 예복의 한 가지。
【羅扇:나선】 엷은 비단으로 만든 부채。
【羅星:나성】 줄지어 빛나는 별。【李白】十月到幽州、戈鋋若——。

【羅城:나성】 城의 外郭。外城。『資治通鑑』不移時、克ーー、彥曾退保子城。
【羅袖:나수】 얇다란 비단의 소매。『杜牧』向春ーー薄。
【羅列:나열】 ❶죽 벌여 놓음。❷죽 列을 지음。『韓愈』ーー而進。
【羅幃:나위】 엷은 비단으로 만든 포장。
【羅襦:나유】 ❶엷은 비단으로 지은 속옷。『史記』ーー襟解、微聞薌澤。❷작은 새를 잡는 코가 작은 그물。
『盧照隣』ーー翠被鬱金香。
【羅卒:나졸】 ❶巡察을 도는 兵卒。❷《國》지방 관청에 딸렸던 使令 따위。
【羅織:나직】 ❶얽은 絹織物。❷없는 죄를 誣告하여 죄를 얽음。『舊唐書·來俊臣傳』令其告事、共爲ーー。
【羅陳:나진】 =羅列。『韓愈』光芒相照燭南北爭ーー。
【羅取:나취】 그물로 잡음。《轉》人材를 모음。『唐書』。
【羅致:나치】 새를 그물로 잡듯이、人物을 招致함。『韓愈』以禮爲羅、羅而致之幕下。
【羅針:나침】 指南針。
【羅針盤:나침반】 《物》盤의 중앙에 磁石을 備置하여 方位를 아는 器械。羅針儀。
【羅針儀:나침의】 《物》羅針盤。
【羅針子午線:나침자오선】 나침반의 지남철의 軸을 거쳐간 평면 위의 선。
【羅布:나포】 ❶잇대어 폄。나열함。『晋書』遣諸軍ーー江汚。❷《中》엷은 비단。紗。깁。
【羅漢:나한】 《佛》阿羅漢의 略語。小乘佛敎에 있어서 最上級의 修行者로서 功德이 具備한 學者의 稱號。『大藏法數』。
【羅睺羅:나후라】 《佛》석가모니의 맏아들。十五세에 중이 되었음。
【羅睺直星:나후직성】 제웅직성。
[illegible]

【羃】 (멱) 錫 ベキ、おおう cover
❶밥보자기멱(覆食巾)。❷연기 자욱히 덮일멱(ー歷、煙貌)。❸족도리멱(ー羅、婦人所戴)。

【羆】 (비) 支 ヒ、ひぐま bear ㄆㄧˊ
小篆 古文 草書 큰곰비(熊屬猛獸)。『詩經』維熊維ー。
【羆九:비구】 짐승 이름。『郭璞』貔生尾上、號曰ーー。「鹿姿、豻㹠ーー羣。
【羆虎:비호】 큰 곰과 범。『陳基』顧余藥

十六畫

【羃】 (력) 錫 レキ、おおい covering cloth
❶연기자욱히덮일력(蓋烟貌、羃ー)。
❷밥보자기력(蓋食巾)。

十七畫

【羇】 (기) 支 キ、たび wayfarer ㄐㄧ chi¹
草書 나그네기(旅寓寄也)。『左傳』ー旅之臣。
【羇客:기객】 나그네。旅人。旅客。『溫庭筠』自憐ーー尙飄蓬。
【羇檢:기검】 단속함。감독함。단속。감독。『北史』少好學、有ーー。
【羇繫:기계】 매어서 묶음。『貢奎』邇來閑身落ーー。
【羇孤:기고】 ❶외로운 나그네。❷홀로 얽매어 있음。『杜甫』骨肉滿眼身ーー。
【羇旅:기려】 나들이。旅行。「ー。
【羇縛:기박】 묶어 맴。『袁凱』雞犬遭ーー。
【羇絆:기반】 매어 놓음。또는 그러한 물건。굴레。羈束。『魏志』分疆畫界、各守土境、則非重累ーー之體也。「護ーー。
【羇魄:기백】 나그네 신세。『盧仝』每月

【羇紲:기설】 굴레와 고삐。主君의 말고삐를 잡는다는 뜻으로 臣下로서 섬기는 일을 겸손하게 이르는 말。『左傳』臣負ーー。
【羇束:기속】 억눌러 부자유하게 함。매어 놓음。束縛。拘束。羇絆。『後漢書』任情不羇。
【羇屬:기속】 ❶어떤 것에 매어 있음。❷매어 놓음。단속함。
【羇愁:기수】 客地에서 느끼는 愁心。客愁。旅愁。『陳子良』故鄕千里外、何以慰ーー。
【羇寓:기우】 나그네 신세로 거처하는 곳。旅寓。『北史』雖少ーー、而志性雅量。
【羇滯:기체】 여행 중에 오래 머무름。『權德輿』旅屬ーー于江南者衆。
【羇魂:기혼】 여행할 때의 기분。나그네의 心情。『戴叔倫』ーー愁似絕、不復待猿吟。

十九畫

【羅】 (리) 支 リ、ずきん cap ㄌㄧˊ li²
草書 ❶접리관리、사모리(接ー、帽也)。❷두건리(頭巾)。

【羂】 (견) 霰 ケン、しばる bind; fasten
小篆 ❶얽을견、맬견(絹也)。❷올무견(罥也)。

【羈】 (기) 支 キ、きずな bridle ㄐㄧ chi¹
草書 ❶말굴레기(馬絆勒也)。『禮記』如守社稷則執ー靮以從。❷북상투기(髻也)。『禮記』男角女ー。❸구속받을기、절제할기(ー絆)。

【䍦】 (란) 寒 ラン、いのししあみ wild boar hunter's net
산돼지그물란(山猪罟)。

羊部

【羊】 (양) 陽 ヨウ、ひつじ sheep ㄒㄧㄤˊ hsiang²
小篆 草書 ❶양양(柔毛畜)。『禮記』ー曰柔毛。❷노닐양(遊也)。『楚辭』聊逍遙以相ー。❸상양새양(商ー、一足鳥)。『家語』齊有一足鳥飛集于公朝齊侯使使問孔子孔子曰此鳥名商ー水祥也。
【羊角:양각】 ❶양의 뿔。❷旋風。양의 뿔과 같이 빙빙 도는 회오리바람。『莊子』搏扶搖、ーー而上者九萬里。❸《植》대추의 別名。羊棗。『梁簡文帝』風搖ーー樹。
【羊角風:양각풍】 회오리바람。
【羊韭:양구】 《植》겨우살이풀。
【羊溝:양구】 닭의 싸움을 시키는 곳。『莊子』ーー之雞。
【羊頭:양두】 양의 머리。漢方에서 補虛·安心劑의 약으로 씀。
【羊頭狗肉:양두구육】 양의 머리를 내걸어 놓고 개고기를 팔음。《喩》표면에 내세우는 것과 實物이 일치하지 않음。또는 宣傳과 內容이 일치하지 않음。
【羊酪:양락】 양의 젖。『世說』王武子前置數斛ーー。「로 만든 양과 말。
【羊馬石:양마석】 무덤 옆에 세우는 돌
【羊膜:양막】 《動》有羊膜類에 있어서 태아를 싸고 있는 막。모래집。
【羊毛:양모】 緬羊·山羊 등의 털。
【羊毛織:양모직】 양털로 짠 직물。
【羊負來:양부래】 《植》도꼬마리。
【羊棗:양속】 대추나무。『孟子』曾皙嗜ーー、而曾子不忍食ーー。
【羊水:양수】 《生》모래집물。

【羊乳:양유】양에서 짠 젖. 양젖.
【羊肉:양육】양의 고기. 『莊子』一一不慕蟻、蟻慕一一。
【羊耳頭:양이두】가야금 아래 끝의 染尾를 매는 곳.
【羊腸:양장】❶양의 창자. ❷양의 창자 모양으로 구불구불 구부러진 山길. 『史記』決一一之險、塞太行之道。
【羊鼎:양정】제사 때 양을 삶는 솥.

羊鼎(三禮圖)

【羊蹄根:양제근】(醫)옴·탈모제에 쓰는 소루쟁이의 뿌리.
【羊脂燭:양지촉·양지초】양의 기름을 원료로 하여 만든 초.
【羊質虎皮:양질호피】알맹이는 羊이고 外皮는 호랑이。(喩)거죽은 훌륭하나 실속이 없음을 일컫는 말。『後漢書』一一、見豺則恐。
【羊躑躅:양척촉】(植)철쭉과에 속하는 낙엽 활엽 관목。잎은 가지 끝에 輪生하는데, 넓은 도란형으로 위는 둥굴고 밑은 가늘며 잔털이 있음。철쭉。玉支。

羊躑躅(三才圖會)

【羊齒類:양치류】(植)고사리 따위와 같이 잎 뒤에 子囊이 붙고, 그 속에 포자가 든 양치 식물의 한 부문。
【羊皮:양피】양의 가죽。
【羊皮紙:양피지】양의 생가죽을 씻고 펴서 석회로 처리하여 건조 표백한 書寫의 재료。유럽 중세의 寫本은 거의 이것으로 되었음。
【羊毫:양호】양의 털로 맨 붓。
【羊毫筆:양호필】=羊毫。
◎綿一、緬一、牧一、白一、牛一。

一 畫

【芈】(양)『羊』(前條)의 本字

【芈】(미) 紙 ビ、ミ、なく sheep crying [ㄇ一ㄝ mieh] 小篆 草書 ❶양이 울미(羊鳴)。❷성미(姓也)。
【芈珍:미진】(人)春秋時代 楚昭王의 이름。『史記』。

二 畫

【羌】(강) 陽 キョウ、えびす tribes in west China ㄑ一ㄤ ch'iang¹ 小篆 或體 草書 ❶오랑캐강(西戎名)。『書經』庸蜀一髳。❷말끝낼강(語端辭)。『楚辭』一內恕己以量人兮。
【羌管:강관】피리의 別稱。『李商隱』一促蠻柱、從醉吳宮耳。
【羌桃:강도】胡桃의 異名。『本草』釋名、一一核桃。
【羌蠻:강만】서쪽 蠻族의 이름。『蔡琰』歷險阻兮之一一、山谷眇兮路曼曼。
【羌笛:강적】악기의 하나。오랑캐들이 부는 피리。『盧羲』胡笳關下思、一一隴頭鳴。
【羌活:강활】(植)강호리。미나리科에 딸린 二~三년생 풀。

三 畫

【羍】(달) 曷 タツ、こひつじ lamb ㄉㄚˊ ta² 小篆 古文 ❶새끼양달, 어린양달(小羊)。❷아름다울달(美也)。❸날달(生也)。『詩經』先生如達。

【美】(미) 紙 ビ、ミ、よい、うつくしい good; beauty ㄇㄟˇ mei³ 小篆 草書 ❶아름다울미(嘉也)。『詩經』匪女之爲一。❷예쁠미, 좋을미(好也)。❸맛날미(甘也)。
【美感:미감】사물의 아름다움에 대한 쾌감이나 그 감각。美覺。
【美擧:미거】❶칭찬할 만한 行爲。❷좋은 企畫。
【美景:미경】아름다운 경치。좋은 경치。『陳書』每良辰一一、賓客竝集。
【美境:미경】아름다운 境地。
【美果:미과】❶맛 좋고 아름다운 과실。❷좋은 결과。
【美觀:미관】아름다운 모양。아름다와서 볼만한 경치。
【美觀上:미관상】미관적 見地。『謝靈運』爲寓目之一一。
【美軍:미군】美國軍人의 略稱。
【美男子:미남자】얼굴이 잘 생긴 남자。
【美女:미녀】=美人。『史記』一一入室、惡女之仇。
【美濃紙:미농지】일본 종이의 한 가지。썩 얇고 질김。
【美談:미담】칭찬할 만한 이야기。갸륵한 이야기。『公羊傳』魯人至今以爲一一。
【美德:미덕】아름다운 德。훌륭한 行爲。아름답고 갸륵한 德行。『漢書』嘉其一一。
【美童:미동】❶잘 생긴 사내 아이。❷男色에서 당하는 아이。
【美麗:미려】아름다움。아름답고 고움。『戰國策』城北徐公、齊國之一一者也。
【美名:미명】❶좋은 이름。좋은 評判。美稱。『杜甫』一一人不及。❷그럴 듯한 名目。훌륭하게 내세운 이름。
【美名下:미명하】훌륭한 명목을 내세운 아래。
【美貌:미모】아름다운 얼굴。美容。『楚辭』須臾之間、一一橫生。
【美目:미목】맵시가 아름다운 눈。
【美妙:미묘】더할 나위 없이 아름다움。뛰어나게 아름다움。아름답고 기묘함。『人物志』一一不昧疎。
【美文:미문】아름다운 文句로 꾸민 文章。
【美聞:미문】좋은 소문。
【美味:미미】좋은 맛。맛난 음식。美食。『揚雄』一一期乎合口。
【美髮:미발】아름다운 머리털。『鹽漢書』方口一一。
【美服:미복】좋은 옷。『列子』豐屋一一、厚味姣色。
【美弗:미불】美國의 貨幣 單位인 달러。美貨。
【美事:미사】아름다운 일。훌륭한 行爲。『隋書』嘉言一一、咸誦於心。
【美辭:미사】아름답게 꾸민 말。아름답게 꾸며서 교묘하게 표현한 말。『曹植』溫顏以誘之、一一以道之。
【美辭麗句:미사여구】아름다운 말과 훌륭한 글귀。
【美色:미색】❶아름다운 빛。❷얼굴 모양이 예쁜 것。美貌。美好。『晉書』鄭家少婦有一一。
【美聲:미성】=美音。『張衡』妖蠱艷夫、夏姬一一。
【美少年:미소년】얼굴이 예쁘게 생긴 少年。
【美俗:미속】아름다운 風俗。좋은 風俗。『荀子』無國而不有一一。
【美鬚:미수】아름다운 수염。『後漢書』一一豪眉。
【美術:미술】❶美의 표현을 목적으로 하는 技術·制作·藝術。❷회화·조각·건축·공예 및 서예 등과 같은 공간과 시각의 미를 표현하는 예술로서 造形藝術을 말함。
【美術家:미술가】미술품을 창작하는 예술가。
【美術界:미술계】미술가들의 사회。
【美術館:미술관】미술품을 보관·전시하여 일반의 감상 연구에 이바지하는 건

물。

【美術史:미술사】 미술의 변천·발달의 「역사。
【美術展覽會:미술전람회】 미술품을 전시하는 전람회。 美展。
【美術品:미술품】 창작된 미술 작품。
【美飾:미식】 아름답게 꾸밈。 『蔡邕』志好ㅡㅡ。
【美食:미식】 맛난 음식。 사치한 음식。 『傳咸』無敢好衣ㅡㅡ者。
【美食家:미식가】 음식에 대한 특별한 嗜好를 가진 사람。
【美式蹴球:미식축구】 미국에서 럭비를 고쳐서 하는 독특한 축구。 선수를 자유로이 바꿔 넣으며, 계획적으로 복잡한 전술을 씀。
【美顔:미안】 ❶아름다운 얼굴。 美貌。 ❷化粧 따위로 얼굴을 예쁘게 함。 「술。
【美顔術:미안술】 얼굴을 곱게 하는 기
【美容:미용】 ❶아름다운 얼굴。 美貌。 ❷容姿를 아름답게 함。 『楚辭』雖有西施之ㅡㅡ兮、讒妬入以自代。
【美容術:미용술】 머리나 얼굴을 곱게 단장하는 기술。
【美容院:미용원】 얼굴이나 머리 모양을 꾸미는 일을 영업으로 하는 곳。
【美容體操:미용체조】 몸의 자세를 아름답게 하기 위하여 하는 간단하고 가벼운 체조。
【美音:미음】 ❶아름다운 音色。 ❷고운 목소리。 美聲。 ❸《佛》 ㉠一八護伽藍神의 하나。 佛法을 守護하는 神。 ㉡美音天의 略稱。 妙音天。
【美意:미의】 ❶아름다운 생각。 즐거운 마음。 『荀子』ㅡㅡ延年。 ❷好意。
【美人:미인】 ❶얼굴 모양이 예쁜 여자。 美女。 美婦。 『楚辭』滿堂兮ㅡㅡ、忽獨與余兮目成。 ❷임금。 또는 才德이 뛰어난 사람。 즉 賢人。 『蘇軾』望ㅡㅡ兮天一方。 ❸美男子。 美丈夫。 ❹《制》漢代의 女官名。 『史記』ㅡㅡ居樓上。 ❺무지개의 別名。 ❻梅花의 別名。 ❼미국 사람。 「계교。
【美人計:미인계】 미인을 미끼로 하는
【美人圖:미인도】 미인을 그린 그림。
【美刺:미자】 善을 칭찬하고 惡을 비난함。 칭찬하는 것과 비난하는 것。 毁譽。 褒貶。
【美粧:미장】 머리 모양이나 얼굴을 곱게 다듬는 일。 『蔡邕』志好ㅡㅡ。 「는 곳。
【美裝:미장】 아름답게 꾸밈。
【美粧院:미장원】 미장을 영업으로 하
【美的:미적】 아름다운 그것。
【美的感情:미적감정】 《心》美的對象으로부터 일어나는 主觀的인 感情。
【美的生活:미적생활】 미에서 느끼는 위안을 인생의 가장 높은 이상으로 삼는 생활。 「끼는 쾌감。
【美的快感:미적쾌감】 《心》미에서 느
【美的態度:미적태도】 《心》미적 대상을 맛보고 창작할 때의 정신 상태。
【美的判斷:미적판단】 《哲》미에 대한 취미·이해·가치 따위의 판단。
【美田:미전】 土質이 肥沃한 田畓。 ↔薄田。 『齊民要術』ㅡㅡ欲稠、薄田欲稀。
【美展:미전】 美術展覽會의 略稱。
【美點:미점】 ❶성품의 아름다운 점。 ❷長點。
【美政:미정】 좋은 정치。 훌륭한 정치。 善政。 『書經·疏』堯之聖德ㅡㅡ、不必獨理、必須賢輔。
【美製:미제】 미국에서 만들어진 물품。
【美爪:미조】 손톱을 아름답게 다듬는 일。
【美洲:미주】 《地》아메리카洲。
【美酒:미주】 좋은 술。 맛 좋은 술。 『禮記』湛諸ㅡㅡ。
【美質:미질】 ❶좋은 性質。 『韓詩外傳』雖有ㅡㅡ、不學則不成君子。 ❷뛰어난 바탕。
【美妾:미첩】 아름다운 첩。 『後漢書』妖童ㅡㅡ、塡乎綺室。
【美草:미초】 《植》메꽃。 『易林』鹿得ㅡㅡ、鳴呼其友。
【美醜:미추】 아름다움과 추함。
【美稱:미칭】 칭찬하여 찬양함。 좋은 稱號。 좋은 評判。 『晋書』俱有ㅡㅡ。 「美狀。
【美態:미태】 아름다운 태도。 예쁜 姿態。
【美品:미품】 품질이 썩 좋은 물건。
【美風:미풍】 좋은 風俗。 美俗。 『楚辭』ㅡㅡ洋洋而暢茂。
【美學:미학】 自然과 人生·藝術에 관한 美를 연구의 대상으로 하는 科學。 審美學。
【美行:미행】 아름답고 으젓한 행실。 『阮籍』古今不易之ㅡㅡ也。
【美魂:미혼】 感性과 理性、傾向性과 의무가 스스로 調和한 성격。 도덕상의 최고의 경지。 도이치 시인 실러의 말。
【美貨:미화】 美國의 달러(dollar)。
【美化:미화】 ❶아름다운 感化。 훌륭한 敎化。 『南史·宋武帝紀』淳風ㅡㅡ。 ❷아름답게 함。 깨끗하게 함。
【美花:미화】 아름다운 꽃。 『杜甫』ㅡㅡ多映竹、好鳥不歸山。
【美肴:미효】 맛 좋은 안주。
【美姬:미희】 아름다운 女性。 美女。 『史記』貧於財貨、好ㅡㅡ。
◎甘ㅡ、古典ㅡ、善ㅡ、鮮ㅡ、優ㅡ、肉體ㅡ、自然ㅡ、眞善ㅡ、讚ㅡ、歎ㅡ、華ㅡ。

【羑】 (유) 有 ユウ、みちびく guide ㄧㄡˇ yu³
羑 小篆 羑 草書 ❶착한말할유(進善)。 ❷인도할유(導也)。 『書經』惟周文武誕受ㅡ若。 ❸유리옥유(ㅡ里、殷獄名)。 『史記』紂乃囚西伯于ㅡ里。
【羑里:유리】 ❶殷代 감옥의 이름。 『玉篇』獄、三王始有獄、殷曰ㅡㅡ、周曰囹圄。 ❷地名。 牖城이라고도 함。 河南省에 있으며 殷 紂王이 周 文王을 가둔 곳。 『漢書·地理志』蕩陰有ㅡㅡ城、西伯所拘。

【羑】 (유) 『羑』(前條)의 俗字

四 畫

【羒】 (분) 文 フン、めひつじ ewe ㄈㄣˊ fen²
羒 小篆 羒 草書 암양분(牝羊)。

【羓】 (파) 麻 ハ、ほじし pemmican ㄅㄚ pa¹
羓 草書 포파(腊䏽)。

【羘】 (장) 陽 ソウ、めひつじ ewe
羘 草書 암양장(牝羊)。 『史記』泰山之高百仞而跛ㅡ牧其上。 (『牂』과 같음)

【羔】 (고) 豪 コウ、こひつじ lamb ㄍㄠ kao¹
羔 小篆 羔 草書 새끼양고、염소고(羊子)。 『詩經 召南 羔羊』ㅡ羊之皮。

羔裘 (四書引蒙略圖解)

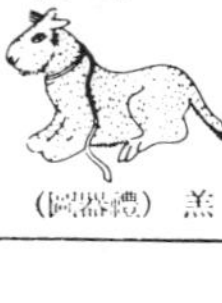
羔 (禮器圖)

【羔裘:고구】 염소의 가죽으로 지은 옷。
【羔豚:고돈】 염소와 돼지。 『史記』粥ㅡㅡ者、弗飾賈。
【羔雁:고안】 ❶염소와 기러기。 ❷卿大夫의 幣帛。 (卿은 염소、大夫는 기러기를 幣帛으로 함)。 『禮記·曲禮』凡贄卿羔、大夫雁。
【羔羊:고양】 ❶염소와 양。 ❷卿大夫의 행위가 결백하여 進退에 節度가 있음을 일컫는 말。 『後漢書』秉淸修之節、蹈ㅡㅡ之義。

【羕】(양) 漾 long ㄧㄤˋ yang⁴ ❶물이 길양(水長)。❷길양(長也)。

【羖】(고) 麌 コ、めひつじ ewe ㄍㄨˇ ku³ 암양고(ㅡ䍽、牝羊)。【詩經】俾出童ㅡ。

【羖公:고공】 털보。【事物異名錄】ㅡㅡ實宇志、多鬚者謂之ㅡㅡ。「ㅡㅡ」、山羊。

【羖䍽:고력】 검은 양。山羊。【集韻】䍽、

【羗】(유)『羑』(羊部 3畫)와 같음

【牂】(장) 陽 ヨウ、おひつじ ram ❶수양장(羝羊)。❷【國字】양양장(牛胃)。

五 畫

【羖】(말) 月 バツ、えびすひつじ kind of sheep 말갈말(胡羊名、ㅡ羯)。

【羚】(령) 靑 レイ、かもしか antelope ㄌㄧㄥˊ ling² 영양령、뿔큰양령(似羊而大角)。【埤雅】似羊而大角有圓繞蹙文夜則懸角木上以防患。

【羚羊:영양】《動》소科에 속하는 염소 비슷한 羊。深山에 살며 큰 뿔이 있는데 이것은 藥材로 쓰임。毛皮는 防寒·防濕用。【埤雅】。

【羚羊角:영양각】 영양의 뿔。鎭痙·通經 따위의 약으로 씀。

【羚羊挂角:영양괘각】 ❶羚羊이 밤에 잘 때에는 나무 가지에 뿔을 걸어서 危害를 막음。❷痕跡을 求할 수 없음。자취를 찾을 수 없음。모든 것을 超脫하여 自由奔放한 詩의 世界를 일컫는 말。【滄浪詩話】盛唐諸人、惟在興趣、ㅡㅡ無跡可求。

【羛】(의) 紙 ギ land 땅이름의(魏郡地名、ㅡ陽)。【後漢書】大破五校於ㅡ陽降之。

【羜】(저) 語 チョ、こひつじ lamb ㄓㄨˋ chu⁴ 다섯달된염소저(五月羔未成羊)。【詩經】既有肥ㅡ。

【羖】(고)『羖』(羊部 4畫)와 같음

【羝】(저) 齊 テイ、おひつじ ram ㄉㄧ ti¹ 수양저(牡羊性善抵觸)。【易經】ㅡ羊觸藩。

【羝羊:저양】 수양。牡羊。【詩經·傳】ㅡ、牡羊也。

【羝羊觸藩:저양촉번】 수양(牡羊)이 울타리를 받다가 뿔이 걸려 꼼짝달싹 못하게 됨。《喩》나아가지도 물러서지도 못하는 窮地에 빠짐。進退維谷。【易經】ㅡ、不能退、不能遂。

【羝乳:저유】 수양이 새끼를 낳음。《喩》결코 있을 수 없는 것。【漢書】匈奴徙武北海上無人處、使牧、ㅡㅡ乃得歸。

【羞】(수) 尤 シュウ、はじる shame; shy ㄒㄧㄡ hsiu¹ ❶부끄러울수(恥也)。【書經】惟口起ㅡ。❷음식수(庶ㅡ、滋味)。【周禮】掌王之食飮膳ㅡ。

【羞愧:수괴】 =羞恥。【後漢書】儒弱ㅡㅡ流汗。

【羞赧:수난】 부끄러워 얼굴을 붉힘。羞紅。【孫綽】感君不ㅡㅡ。

【羞澁:수삽】 ❶부끄러워하여 우물우물함。부끄러워 머뭇머뭇함。【杜甫】囊空恐ㅡㅡ。❷乏窮함。곤궁하고 가난함。

【羞澁疑阻:수삽의조】 마음에 부끄러워 주저주저함。부끄러움으로 주저하여 단행하지 못함。

【羞色:수색】 부끄러워하는 빛。

【羞惡之心:수오지심】 不義를 부끄러워하고 不善을 미워하는 마음。【孟子】ㅡ、義之端也。

【羞辱:수욕】 부끄러움。부끄럽고 욕되는 일。恥辱。【禮記】將爲不善、思貽父母ㅡㅡ、必不果。

【羞恥:수치】 부끄러움。羞愧。【歐陽修】是足下不復知人間有ㅡㅡ事爾。

【羞恥感:수치감】 부끄러워하는 감정。

【羞態:수태】 부끄러운 태도。

【羞痛:수통】 부끄럽고 분함。

【羞恨:수한】 부끄러워하며 원망함。【王筠】ㅡㅡ掩空扉。

【羞悔:수회】 부끄러워하여 뉘우침。【王安石】童子常誇作賦工、暮年ㅡㅡ有揚雄。

六 畫

【羝】(조) 篠 チョウ、こひつじ sheep of a year old 한살된양조(一歲牝羊)。

【羠】(이) 支 イ、のひつじ wild sheep 들양이(野羊)。【史記】其民羯ㅡ不均。

【羜】(자) 寘 シ、めひつじ ewe 암양자(牝羊)。

【羡】(이) 支 イ、ひろい wide ❶넓을이(廣也)。❷고을이름이(地名、沙ㅡ)。

七 畫

【羢】(융) 冬 ジュウ、ようもう pile ㄖㄨㄥˊ jung² 털가늘융(細毛)。

【羣】(군)『群』(次條)의 本字

【群】(군) 文 グン、むれ crowd; flock ❶무리군(輩也)。❷벗군(朋友)。❸많을군(衆也)。❹떼군(隊也)。❺모을군(聚也)。【易繫辭】物以ㅡ分。【詩經】或ㅡ或友。

【群居:군거】 ❶떼를 지어 삶。❷모여 삶。【禮記】ㅡㅡ五人、則長者必異席。

【群輕折軸:군경절축】 아무리 가벼운 것이라도 많이 모이면 車軸이라도 꺾을 수 있음。《喩》아무리 적은 힘이라도 단결하여 一致協力하면 强敵에 대항할 수 있음。【史記·張儀傳】積羽沈舟、ㅡㅡ。

【群鷄一鶴:군계일학】 =鷄群一鶴。

【群起:군기】 떼를 지어 일어남。

【群黨:군당】 많은 무리。여러 당파。

【群盜:군도】 도둑의 集團。무리지은 도둑。【李山甫】諸侯貪割據、ㅡㅡ恣幷吞。

【群島:군도】 ❶서로 가까이 모여 있는 많은 섬들。❷海洋中 어느 一定 海域 內에 있는 많은 섬들의 總稱。

【群落:군락】 ❶많은 部落。聚落。❷《植》植物生態學上의 用語。같은 自然 환경에서 자라는 植物群。

【群黎:군려】 많은 庶民。많은 백성。【詩經】ㅡㅡ百姓、徧爲爾德。

【群盲撫象:군맹무상】 많은 소경이 코끼리 몸을 더듬어 만져보고 자기가 만진 부분에 의하여 각각 코끼리가 어떻게 생겼다고 말하는 것。《喩》凡人들은 大事業

이나 大人物의 一部 밖게 알지 못함。愚人은 자기 주관에만 의하여 좁은 편견으로 大事를 그릇 판단함。

【群芳:군방】 ❶많은 꽃。群花。『謝脁』覽斯物之用舍、相ㅡㅡ之動植。❷많은 美人。❸많은 賢人。

【群山:군산】 連續된 많은 山。『李華』ㅡㅡ糾紛。

【群像:군상】 ❶많은 사람들。많은 사람들의 모습。❷主題를 多數의 인물로 구성한 彫刻이나 繪畫。

【群像畫:군상화】 여러 사람을 한데 그린 그림。

【群生:군생】 ❶植物 등이 한 곳에 모여 남。叢生。❷많은 人民。群氓。『漢書』養育ㅡㅡ。❸《佛》살아 있는 모든 것。衆生。

【群書:군서】 많은 書冊。群籍。『漢書』自劉向揚雄、博極ㅡㅡ。

【群小:군소】 ❶많은 妾。『詩經』憂心悄悄、慍于ㅡㅡ。❷많은 小人。『晋書』重華好與ㅡㅡ遊戲。❸많은 작은 물건。

【群小輩:군소배】 소인들의 무리。

【群小作家:군소작가】 이름이 떨치지 못한 작가。

【群臣:군신】 많은 신하들。『中庸』體ㅡㅡ也。

【群心:군심】 여러 사람들의 마음。群衆心理。衆心。群情。『後漢書』參任則、ㅡㅡ難塞、竝列則、其敝未遠。

【群英:군영】 ❶많은 뛰어난 사람。群雄。『後漢書』協ㅡㅡ之勢力。❷여러 가지 꽃。

【群枉:군왕】 여러 惡漢。『劉向』ㅡㅡ盛則正士消。

【群雄:군웅】 많은 영웅。群英。群豪。『繆襲』芟夷鯨鯢ㅡㅡ。

【群雄割據:군웅할거】 많은 영웅들이 각각 한 지방에 雄據하여 勢力을 다투는 것。

【群有:군유】 ❶세상에 있는 온갖 事物。❷萬物。『宋史』覆育ㅡㅡ。❸《佛》三界衆生。

【群議:군의】 많은 사람들의 議論。衆論。『唐書』天子赫然排ㅡㅡ、任裵度政事。

【群疑滿腹:군의만복】 많은 疑心이 마음에 가득함。『諸葛亮』ㅡㅡ、衆難塞胸。

【群中:군중】 많은 것 가운데。모여 있는 사람 가운데。衆中。「사람。

【群衆:군중】 무리지어 모여 있는 많은 사람이 똑같이 느끼는 외로움。

【群衆孤獨:군중고독】 모든 사람이 똑같이 느끼는 외로움。

【群衆心理:군중심리】 《心》많은 사람이 모여 있을 때 個個人의 平常的 心理를 초월하여 발생하는 特異한 심리。곧 남의 언동에 덩달아 理性보다 감정、전설보다 파괴에 흐르며、방해물이 있다면 흥분·잔인하게 되고、방해물이 없다면 과장·放逸·無責任하게 되는 심리。群集心理。

【群集:군집】 뭇 사람이나 물건이 모임。

【群策群力:군책군력】 많은 사람의 智謀와 能力。많은 사람의 꾀와 힘。『揚子法言』漢屈群策、群策屈群力。

【群青色:군청색】 짙은 남색。

【群聚:군취】 《動》동물 생태학상의 용어。각 동물은 그 지역적 환경에 따라 서로 有機的 관계를 맺어 혼연일체가 되어 생활하는 것。식물에서는 群落。

【群行:군행】 떼를 지어 감。또는 그 떼。『蜀志』木牛流馬法、特行者數十里、ㅡㅡ者二十里。「之」ㅡㅡ畢至。

【群賢:군현】 많은 賢人들。群彥。『王羲之』ㅡㅡ畢至。

【群兇:군흉】 많은 惡人。惡人들。群醜。『唐書』ㅡㅡ所聚、宜先攻之。

【羨】

㊀(선) 霰 ㊁(연) 先 セン、エン、うらやむ envy; covet ㄒㄧㄢ hsien^4

小篆 草書 ㊀❶부러워할선(貪慕)。『詩經』無然歆ㅡ。❷넉넉할선(餘衍)。『詩經』四方有ㅡ。❸넘칠선(溢也)。『史記 始皇本紀』功ㅡ於五帝。❹길선(長也)。『周禮』壁ㅡ以起度。㊂광중길연(墓道、埏也)。

【羨望:선망】 부러워함。

【羨慕:선모】 부러워하고 사모함。欽羨。

【羨殺:선살】 부러워함。(殺은 助字)。

【羨餘:선여】 나머지。剩餘。賦稅의 剩餘分。『唐書』名曰ㅡㅡ。『張船山』ㅡㅡ南山豹、烟霞老翠微。「侈ㅡㅡ。

【羨溢:선일】 넘쳐 흐름。『漢書』富者奢

【羨財:선재】 餘分의 財貨。餘財。『白居易』弊宅須重葺、貧家乏ㅡㅡ。

【義】

(의) 寘 ギ、よい、よろしい right

小篆 小篆 草書 ❶옳을의(由仁得宜)。『易經』立人之道曰仁與ㅡ。❷의리의(人所可行道理)。『中庸』君臣有ㅡ。❸뜻의(意味)。『大學章句』右傳之五章 蓋釋格物致知之ㅡ。(『誼』와 같음)

【義脚:의각】 만들어 끼운 다리。

【義擧:의거】 正義를 위하여 일을 일으킴。『溫子昇』遭逢際會、頗參ㅡㅡ。

【義狗:의구】 주인에게 충성을 바친 개。

【義軍:의군】 정의를 위하여 스스로 일어난 군대。義兵。

【義禁府:의금부】 《制》李朝 때 王命을 받들어 죄인을 推鞫하는 사무를 맡던 관청。王府。金吾。

【義氣:의기】 義理를 소중히 여기는 마음。『江淹』刺史張敬、ㅡㅡ雲騰。

【義氣男兒:의기남아】 의기가 있는 남자。意氣男兒。

【義女:의녀】 의붓딸。

【義膽:의담】 正義를 소중히 여기는 마음。『楊奐』ㅡㅡ披露、上心亦同。

【義徒:의도】 義를 주창하는 무리。『南史』集ㅡㅡ凡三十七人。

【義同一室:의동일실】 한 집안 사람과 같이 정이 두터움。

【義理:의리】 ❶사람으로서 지켜야 할 옳은 道理。『北史』硏精ㅡㅡ。❷혈족 아닌 사람이 혈족의 관계를 맺음。❸남에 대한 자기의 체면。❹뜻。意味。意義。

【義理感:의리감】 의리를 느끼는 감정。

【義理當然:의리당연】 사람으로서 지켜야 하는 도리에 마땅함。

【義妹:의매】 ❶의붓 누이동생。❷弟嫂。❸妻弟 또는 시누이。

【義母:의모】 ❶의붓어미。❷수양어머니。❸의로 맺은 어머니。

【義務:의무】 ❶사람으로서 당연히 해야 할 일。❷《法》법률로서 정한 꼭 해야 할 일。↔權利。「는 감정。

【義務感:의무감】 해야 할 책임을 느끼

【義務敎育:의무교육】 국가가 그 국민의 자녀에게 마땅한 의무로서 받게 하는 법률로서 제정된 보통 교육。

【義務年限:의무연한】 어떤 일을 의무적으로 해야 할 연한。

【義務者:의무자】 의무를 수행해야 할 책임이 있는 사람。

【義務的:의무적】 마땅히 수행해야 한다는 견해。

【義民:의민】 정의심이 강한 백성。『書經』爾多方之ㅡㅡ。

【義兵:의병】 正義를 위하여 싸우는 兵士。義師。『史記』興ㅡㅡ。

【義父:의부】 의붓아버지。養父。『洛陽伽藍記』汝南王聞而異之、拜爲ㅡㅡ。

【義婦:의부】 의리가 강하고 절개가 굳은 여자。

【義奮:의분】 정의를 위하여 분발함。

【義憤:의분】 正義를 위한 憤怒。『後漢書』漢室中微、士之蘊藉ㅡㅡ甚矣。「음。

【義憤心:의분심】 의분을 일으키는 마

【義死:의사】 정의를 위하여 죽음。

【義士:의사】❶節義를 지키는 사람。❷財物을 布施하는 사람。『左傳』ㅣㅣ猶或非之。『通俗編』。
【義疏:의소】文章 또는 文字의 뜻과 내용을 해석함。經書의 意義를 해명함。
【義手:의수】절단된 손을 대신 붙이기 위하여, 나무나 고무 또는 금속 따위로 만든 손。
【義塾:의숙】공중을 위해 義捐金으로 세운 학교。『輟耕錄』敎ㅣㅣ、以淑後進。
【義心:의심】의로운 마음。
【義眼:의안】눈알이 없는 눈구멍에 박아 끼우기 위하여 유리 따위로 만든 눈알。
【義捐:의연】慈善事業 등을 위하여 金品을 기부함。
【義捐金:의연금】義捐하는 돈。
【義烈:의열】正義心이 강함。『後漢書』以ㅣㅣ稱。
【義勇:의용】❶正義를 위하여 용기를 냄。『李陵』ㅣㅣ冠三軍。❷忠義와 勇氣。
【義勇兵:의용병】나라의 內外에 變亂이 있을 때 軍籍을 가지지 않은 일반 국민이 國家를 防衛하기 위하여 自進하여 조직한 군대。
【義人:의인】❶正義를 지키는 사람。私心이 없는 사람。『史記』太公曰、此ㅣㅣ也。❷충의심이 강한 사람。
【義子:의자】의붓아들。養子。
【義賊:의적】不正하게 蓄財한 사람의 재물을 빼어다가 가난한 사람들에게 나누어 주는 義로운 도둑。
【義戰:의전】正義를 위한 싸움。의로운 전쟁。『孟子』春秋無ㅣㅣ。
【義絕:의절】❶君臣·어버이와 자식·兄弟 등의 인연을 끊음。❷義理를 위하여 緣故 관계를 끊음。
【義節:의절】=節義。
【義弟:의제】❶의붓 동생。❷妹夫。❸손아래 처남。❹시동생。❺結義한 아우。
【義足:의족】절단된 발에 붙이기 위하여 고무나 나무로 만든 발。
【義衆:의중】=義徒。
【義肢:의지】義手와 義足。
【義倉:의창】(制)地方公有의 穀物倉庫。凶年에 對備하기 위하여 그 지방 백성의 收穫 一部를 내게 하여 저축하여 두었음。隋 나라 때부터 시작됨。『唐會要』ㅣㅣ防水旱。
【義諦:의체】사물의 根本 意義。또는 이유。뜻。까닭。
【義齒:의치】빼어 버린 永久齒 대신에 補充한 人造齒。
【義行:의행】의리와 의기가 있는 행위。
【義血:의혈】의로운 피。정의를 위하여 흘린 피。
【義俠:의협】正義를 위하여 强者를 누르고 弱者를 도와 주는 것。任俠。『容齋隨筆』行過人曰義、義士·ㅣㅣ·義姑·義夫·義婦之類是也。
【義俠心:의협심】의롭게 남을 도와 주려는 마음。
【義兄:의형】結義한 형。↔義弟·義妹。
【義兄弟:의형제】❶義로 맺은 兄弟。結義兄弟。❷아내의 兄弟。姉妹의 남편。
【義和團:의화단】(歷)淸代에 외세를 배척하기 위하여 일어난 義兵의 무리。
◎講ㅣ、高ㅣ、公ㅣ、廣ㅣ、敎ㅣ、論ㅣ、大ㅣ、德ㅣ、道ㅣ、名ㅣ、文ㅣ、問ㅣ、不ㅣ、秋ㅣ、死ㅣ、釋ㅣ、信ㅣ、禮ㅣ、奧ㅣ、恩ㅣ、意ㅣ、疑ㅣ、異ㅣ、仁ㅣ、字ㅣ、節ㅣ、正ㅣ、定ㅣ、情ㅣ、第一ㅣ、主ㅣ、眞ㅣ、忠ㅣ、解ㅣ、狹ㅣ。

八畫

【⿰羊反】(반) 寒 ハン、けながひつじ long wool sheep ❶털긴양반(毛長羊)。❷양같은짐승반(似羊獸)。

【羫】㊀(강) 江 ㊁(공) 送 コウ、あばら physique ㊀❶뼈대강(骨體)。❷양의 갈빗대강(羊肋)。㊁양고기포공(羊腊)。(『腔』과 같음)

【⿰羊委】(위) 寘 イ、あつまる grouped sheep ❶양모일위(羊聚)。❷양역위(羊疫)。

【⿰羊東】(동) 東 トウ、つのひつじ single-horned sheep 외뿔난양동(一角羊)。『山海經、北山經』泰戲之山、有獸焉、其狀如羊、一角一目、目右耳後、其名曰⿰羊東⿰羊東。

⿰羊東⿰羊東 (山海經圖)

九畫

【⿰羊垔】㊀(예) 齊 ㊁(인) 眞 エイ、イン、くろひつじ black sheep ㊀검은양예(黑羊)。㊁양모일인(羣羊相積)。

【羬】㊀(암) 咸 ㊁(겸) 鹽 カン、ケン、ひつじ sheep ㄑㄧㄢ ch'ien² ㊀큰양암(大羊)。㊁뜻은㊀과같음。
【羬⿰羊與:겸여】큰 양。『集韻』羬、郊羊其大者ㅣㅣ。

羬羊 (三才圖會)

【羭】(유) 虞 ユ、よい、うつくしい beautiful ㄩ yu² ❶검은수양유(黑牡羊)。❷아름다울유(美也)。『左傳僖公三年』攘公之ㅣ。❸산신유(山神)。

【⿱敄羊】(무) 遇 ム、こひつじ sheep of six months old 여섯달된양무(生經六月羊)。

【⿱享羊】(순) 眞 シュン、よくにる ripen ❶익을순(熟也)。❷팔순(賣物)。

【羮】(갱)『羹』(羊部13畫)의 俗字

【羯】(갈) 月 カツ、きんきりひつじ castrated ram ㄐㄧㄝ chieh² ❶불친양갈(犗羊)。❷땅이름갈(上黨地名)。
【羯鼓:갈고】蠻族이 사용하던 북의 한 가지。臺 위에 놓고 북채로 兩面을 침。兩杖鼓。『李商隱』ㅣㅣ聲高衆樂停。

羯鼓 (三才圖會)

【羯磨:갈마】(佛)梵語 Karma의 音譯。❶業。❷受戒나 참회 때의 儀式作法。
【羯羠:갈이】❶들양。野羊。❷성질이 殘惡하고 强暴한 것。『史記』其民ㅣㅣ。

十畫

【⿰羊尃】㊀(박) 藥 ㊁(부) 遇 バク、フ、きんきりひつじ castrated ram ㊀불친양박(去勢羊)。㊁짐승이름부(獸名)。

【羱】(완) 寒 ガン、のひつじ wild sheep ㄩㄢ yuan² 들양완(野羊、角大可以爲器亦善鬪)。

羱 (三才圖會)

【羱鹿:완록】뿔이 큰 돌양과 사슴。『謝靈運』山下則熊豺虎一一麏麖。
【羱羊:완양】野生의 羊。『本草』釋名、野羊、一一時珍曰、羊之在原野者、故名。
【羖】(구) 宥 コウ、ひつじのちちしぼる milk a sheep
양젖짜낼구(取羊乳汁)。
【羯】(알) 黠 カツ、きよせいひつじ castrated sheep
불알깐양알(騬羊)。

十一畫

【羲】(희) 支 キ、ギ、き、いき tendency
草書 ❶기운희(氣也)。❷복희희(伏一、古聖)。❸벼슬이름희(一和)。
【羲經:희경】周易의 別稱。
【羲農:희농】伏羲氏와 神農氏。中國 古代의 聖人。『班固』基隆于一一。
【羲瑟:희실】伏羲가 發明했다는 거문고。『劉孝威』湯羅禹扇、一一農琴。
【羲和:희화】❶中國 神話에 나오는 人物。堯帝 때 曆法을 管掌하던 羲氏와 和氏。『書經』乃命一一。❷太陽을 모는 사람。『轉』日月。❸나라 이름。『山海經·大荒南經』。
【羲皇:희황】中國 神話에 나오는 太古의 聖天子 伏羲氏의 尊稱。
【羲皇上人:희황상인】❶伏羲氏 이전 곧 太古 때의 사람。❷太古 때 사람처럼 煩雜한 世俗을 버리고 뜻을 高尙하게 가지는 것。또는 그런 뜻을 품고 安逸하게
【羦】(환) 刪 カン、ひつじのな mouthless sheep
입없는짐승환(無口獸)。

(會圖才三) 羦

【䍴】(지) 寘 シ、あつまる gather; collect
小篆 草書 ❶모을지(集也)。❷양역지(羊疫)。
【𦏁】(진) 震 シン、ひつじ name of a sheep
小篆 古文 양이름진(羊名)。『說文』一、羊名。
【𦏲】(루) 尤 ロウ、ひつじ four-horned sheep
뿔넷난양루(四角羊)。

十二畫

【羳】(번) 元 ハン、ひつじ yellow-bellied sheep ㄈㄢˊ fan²
小篆 배누른양번(黃腹羊)。『爾雅』一羊黃腹。
【𦏵】(궐) 月 ケツ、ひつじ long-wooled sheep
털긴양궐(長毛羊)。
【羴】(전)『羶』(13畫)과 같음
【羵】(분) 文 吻 フン、かいぶつ monster ㄈㄣˊ fen²
草書 땅속괴물분、땅속에사는이상한양분(一羊、土怪)。『魯語』土之怪曰一羊。

十三畫

【羶】(전) 先 セン、なまぐさい fur-scorching smell ㄕㄢ shan¹
草書 노린내날전(羊臭)。『禮記』其臭一。
【羶臭:전취】노린내。
【羶行:전행】칭송받는 착한 행실。『莊子』舜有一一、百姓悅之。
【羶香:전향】❶노린내。『周禮』膻臊一一。❷노린내와 향기로운 냄새。
【羶血:전혈】❶노린내 나는 피。腥血。❷肉臭。또는 肉食하는 사람。
【羸】(리) 支 リ、やせる emaciated ㄌㄟˊ lei²
小篆 草書 ❶파리할리(瘦也)。『國語』民之一餒。❷뒤집을리(覆也)。『易經 井卦』一其瓶凶。❸앓을리(病也)。❹약할리(弱也)。
【羸餒:이뇌】지치고 굶주림。『國語』民之一一、日日已甚。
【羸老:이로】늙어서 쇠약함。『盧師道』余年五十、一一將至。
【羸露:이로】❶약하고 지침。❷뼈가 드러남。몸을 露出함。露骨。
【羸弱:이약】지쳐서 약함。연약함。『史記』比其一一者。
【羸疾:이질】병들어 지침。
【羸敗:이패】지쳐서 패함。『後漢書』敝衣薄食、車馬一一。
【羹】(갱) 庚 コウ、あつもの soup; broth ㄍㄥ keng¹
小篆 草書 국갱(五味和肉、膗也)。『書經』若作和一爾惟鹽梅。
【羹器:갱기】갱지미。
【羹饘:갱전】죽과 미음。『耶律楚材』且「夕充一一。
【羹粥:갱죽】죽과 미음。羹饘。『蘇軾』抽錢算間口、但未摧一一。
【羹汁:갱즙】국물。

十四畫

【譱】(선)『善』(口部 9畫)과 같음
【𦏧】(여) 御 ヨ、こえたひつじ fat sheep (或音「예」)
살찐양여(肥羊)。

十五畫

【𦏶】(매) 卦 バイ、よごれる become filth (dirty)
비계낄매、때낄매(一羶、垢膩貌)。
【羼】(산) 諫 サン、セン、まぜる mix
小篆 草書 ❶양서로섞일산(羊相雜)。❷서로다투어나아갈산(競進貌)。
【羼提:산제】(佛)梵語 Ksnti의 譯語。忍·忍辱의 뜻。

十六畫

【𦏷】(회) 卦 カイ、あかじみ become dirty
때낄회(垢膩貌、𦏶一)。
【𦏺】(력) 錫 レキ、ひつじ goat
❶산양력、메양력(羖一、山羊)。❷검은수양력(黑色牡羊)。

十七畫

【𦏻】(혹) 沃 コク、こひつじ lamb
새끼양혹(小羊)。
【䍅】(령) 靑 レイ、おおひつじ big sheep
큰양령(大羊)。

羽 部

【羽】(우) 麌 ウ、はね feather; wing ㄩˇ yu³
小篆 草書 ❶깃우(鳥翅)。『書經』齒革一毛。❷우성우(五音之一)。『周禮』五聲宮商角徵

羽 (圖器禮)

ㅡ。❸펼우(舒也)。❹모을우(聚也)。

【羽客:우객】 날개가 달린 사람。仙人。

【羽傑:우걸】 가장 뛰어난 새。『庾信』待ㅡㅡ以相貽。

【羽檄:우격】 =羽書。『史記』吾以ㅡㅡ、徵天下之兵、未有之者。「단。

【羽緞:우단】 겉에 고운 털을 돋게 짠 비

【羽獵:우렵】 사냥。특히 임금의 사냥。『漢書』其十二月ㅡㅡ。

【羽翎:우령】 날개。翅翎。『僧惠洪』倦鶴整ㅡㅡ。「鳥魚。

【羽鱗:우린】 새와 물고기。鳥類와 魚類。

【羽林:우림】 ❶《天》별 이름。天軍을 管掌하는 將星。『漢書』虛危南有衆星、曰ㅡㅡ天軍。❷天子를 守備하는 군사。近衞兵。前漢 武帝 때 처음 이를 설치함。

【羽毛:우모】 ❶새의 깃。❷새의 깃과 짐승의 털。『書經』其貢ㅡㅡ齒革。

【羽旄:우모】 ❶꿩의 깃과 소의 꼬리。❷羽旄를 깃대에 단 기。임금의 遊車에 세우는 것임。『孟子』ㅡㅡ之美。

【羽葆:우보】 새의 깃으로 장식한 儀式用 華蓋。華蓋는 엷은 비단으로 만든 아름다운 日傘。『禮記·雜記下』匠人執ㅡㅡ。

【羽葆幢:우보동】 기의 한 가지。文舞 때에 썼음。『爾雅 釋言』。

羽葆幢(三才圖會)

【羽狀脈:우상맥】 網狀脈葉의 한 가지。무궁화·매화의 잎사귀 따위 같이 하나의 主脈에서 支脈·細脈으로 자꾸 갈라져 새의 깃 모양으로 된 것。

【羽書:우서】 至急히 軍人을 徵集하려 할 때 사용하는 새(鳥)깃을 붙인 檄文。羽檄。『杜甫』直北關山金鼓振、征西車馬ㅡㅡ遲。

【羽書之警:우서지경】 전쟁의 소식。「『楊億』疆場無ㅡㅡ。

【羽扇:우선】 새의 깃으로 만든 부채。『語林』捉白ㅡㅡ、指揮三軍。「의 하나。

【羽聲:우성】 五音(宮·商·角·徵·羽)

【羽屬:우속】 鳥類。날짐승。羽族。「미。

【羽蟻:우의】 《動》날개 난 交尾期의 개

【羽衣:우의】 ❶새의 깃으로 엮어 만든 옷。『漢書』五利將軍、衣ㅡㅡ、立白芽上。❷天人·仙人이 입고 공중으로 날아 다닌다는 옷。《轉》道士。『蘇軾·後赤壁賦』夢一道士、ㅡㅡ蹁躚。

【羽翼:우익】 ❶새의 날개。❷새의 날개처럼 左右에서 輔佐하는 것。또는 輔佐하는 사람。『十八史略』ㅡㅡ已成、難動矣。

【羽人:우인】 ❶날개가 달린 仙人。羽客。飛仙。❷道士의 異稱。『山海經』有ㅡㅡ之國、不死之民。

【羽織:우직】 새의 깃으로 짠 피륙。

【羽箒:우췌】 날짐승의 깃으로 만든 비。

【羽化:우화】 ❶곤충의 번데기가 變態하여 날개가 생기면서 成蟲이 되는 것。『搜神記』木蠹生蟲、ㅡㅡ爲蝶。❷날개가 돋은 仙人이 되어 하늘을 날음。『蘇軾·赤壁賦』ㅡㅡ而登仙。

【羽化登仙:우화등선】 사람이 몸에 날개가 생겨 하늘로 올라가 신선이 됨。

三 畫

【翍】 (치) 支 チ、つばめがとぶ (of a swallow) take wing
제비나를치(翍ㅡ、燕飛貌)。

【翃】 ㊀(홍) 東 コウ、とぶおと ㊁(공) 東 the flap
小篆
㊀나는소리홍(飛聲)。㊁이를공(至也)。

【玒】 (공) 東 コウ、とぶ come flying
날아올공(飛至)。『漢書』登椽欒而ㅡ天門兮。

四 畫

【羿】 (예) 霽 ゲイ、 i⁴
小篆 草書
후예예(後ㅡ、古射師名)。『書經』有窮後ㅡ。

【羿先:예선】 나무 이름。莢蒾의 異名。『本草』。

【翃】 (항) 陽 コウ、とんだりおりたり fly up and down
오르락내리락할항(翃ㅡ鳥飛上下貌)。

【翀】 (충) 東 チュウ、とぶ fly ㄔㄨㄥ ch'ung¹
草書
까맣게뜰충(直上飛貌)。

【翁】 (옹) 東 オウ、おきな old man ㄨㄥ wêng¹
小篆 草書
❶아비옹(父也)。『史記』吾ㅡ即若ㅡ。❷늙은이옹(老稱)。『史記』與長儒共一老禿ㅡ。❸새목아래털옹(鳥頸下毛)。『漢書』赤鷹集六粉員殊ㅡ雜五采文。❹훨훨날옹(飛貌)。

【翁姑:옹고】 시아버지와 시어머니。

【翁壻:옹서】 장인과 사위。

【翁媼:옹온】 할아버지와 할머니。老翁과 老婦。翁媼。『蘇軾』淑水媚ㅡㅡ。

【翁翁:옹옹】 ❶祖父。❷蒼白한 모양。

【翁主:옹주】 ❶漢代의 諸王 또는 諸侯의 딸。❷王의 庶女。❸李朝 中葉 以前의 王의 庶女 및 世子嬪 以外의 임금의 며느리。

◎老ㅡ、婦ㅡ、不倒ㅡ、沙ㅡ、漁ㅡ。

【㣎】 (분)『翂』(次條)과 같음

【翂】 (분) 文 フン、とぶ fly
草書
파뜩파뜩날분、가볍게날분(羽貌)。『莊子』其爲鳥也 ㅡㅡ翐翐而似無能。

【翄】 (시) 寘 シ、はね、つばさ wing ㄔ ch'ih⁴
小篆 或體 草書
❶날개시、깃시(鳥翼)。❷뿐시(啻同)。『莊子』陰陽於人不ㅡ於父母。

【翄股:시고】 날개와 다리(脚)。『王安石』鸎流探杖婉欲語、密蜂拔蘂隨ㅡㅡ。

【翄果:시과】 열매의 한 가지。果皮가 伸張하여 날개 모양이 되고 바람에 날리어 흩어짐。

【翄翎:시령】 날개。『陸龜蒙』水鳥山禽雖異名、天工各與雙ㅡㅡ。

【翄翄:시시】 나는 모양。翐翐。『左思·注』善曰翐亦翄字、翐翐飛貌也。

【翄影:시영】 새의 그림자。『陳後主』ㅡㅡ雲間連。

五 畫

【翆】 (취)『翠』(羽部 8畫)와 같음

【翇】 (불) 物 フツ、まう dancing
小篆
춤추는깃불(樂舞執全羽以祀社稷)。

【翊】 (익) 職 ヨク、たすける help ㄧ i⁴
小篆 草書
❶도울익(輔也)。❷공경할익(敬也)。『漢書』共ㅡ合所思。❸날익(飛貌)。❹고을이름익(馮ㅡ)。

【翊戴:익대】 君主로 奉戴하여 돕고 공경함。翼戴。『晉書』懷ㅡㅡ秦王之計。

【翊成:익성】 도와주어 이루게 함。
【翊衞司:익위사】 《制》王世子의 侍衞를 맡던 관청。
【翊翊:익익】 조심하는 모양。 謹愼하는 모양。 翼翼。『漢書』共――合所思。
【翊贊:익찬】 君主의 정치를 도움。輔翼。翼贊。『唐書』帝以――功、每召入宮中、與決事。

【翋】 (랍) 合 ロウ、とぶ fly
날랍(飛也)。

【翌】 (익) 職 ヨク、あくるひ next day
(草書) 다음날익、 이튿날익、 밝는날익(明日)。『漢書』―日親登嵩高。
【翌年:익년】 이듬해。
【翌夜:익야】 다음날 밤。 이튿날 밤。
【翌月:익월】 다음 달。
【翌日:익일】 다음날。 이튿날。 明日。
【翌朝:익조】 이튿날 아침。
【翌曉:익효】 이튿날 새벽。

【䎃】 (염) 琰 ゼン、わたげ down
깃밑솜털염(翼下細毛)。

【翍】 (피) 支 ヒ、ひらく expand wings
(草書) 날개벌릴피(張羽貌)。『漢書』―桂椒而欝移楊。

【翏】 (료) 蕭 リョウ、かぜがふく blow hard
(小篆)(草書) ❶까맣게날료(高飛貌)。❷바람휙휙불료(長風聲)。
【翏翏:요료】 멀리서 불어오는 바람 소리。『莊子』而獨不聞之――乎。

【䎅】 (지) 『咫』(口部 6畫)와 같음

【翎】 (령) 靑 レイ、はね feather ㄌㄧㄥˊ ling²
(小篆)(草書) ❶날개령、 새깃령(鳥羽)。❷살깃령(箭羽)。

翎(大淸會典圖)

【翎毛:영모】 새나 짐승의 그림。

【翐】 (질) 質 チツ、とぶ fly
(草書) 파뜩파뜩날질、 가볍게날질(飛貌)。『莊子』翐翐――而似無能。

【翑】 ㊀(구) 虞 ク、ウ、まがる bend a wing ㊁(우) 遇 ㄑㄩˊ ch'ü²
(小篆) ㊀❶날개굽을구(羽曲)。❷뒷발흰말구(後足白馬)。㊁화살에 붙인깃우(箭羽)。

【習】 (습) 緝 シュウ、ならう exercise; train ㄒㄧˊ hsi²
(小篆)(草書) ❶날기익힐습(學―鳥數飛)。『禮記』鷹乃學―。❷거듭습(重也)。『書經』卜不―吉。❸익을습(慣也)。『史記孔子世家』與弟子―禮大樹下。❹가까이할습(近―、狎也)。『禮記』雖有貴戚近―。❺슬슬불습(和舒貌)。『詩經邶風谷風』――谷風。
【習坎:습감】 험난한 곳이 겹쳐 있음。『易經』――重險也。
【習慣:습관】 버릇。 같은 행동을 오래 되풀이한 결과 힘쓰지 않아도 저절로 그런 행동을 하게 되는 것。習貫。習氣。習癖。
【習慣音:습관음】 語法에는 어긋나나 일반의 버릇으로 이뤄지는 말소리。 암탉·수퇘지 따위。
【習慣化:습관화】 버릇이 되어 버림。
【習讀:습독】 글을 익혀 읽음。
【習得:습득】 배워 터득함。
【習得觀念:습득관념】 후천적 경험적으로 얻은 관념。↕本有觀念。
【習禮:습례】 예식을 익혀 習得함。『史記』與弟子、――大樹下。
【習癖:습벽】 버릇。 습관에 의하여 아주 몸에 젖은 버릇。
【習步:습보】 걸음을 연습함。
【習射:습사】 활 쏘기를 익힘。
【習性:습성】 ❶버릇이 되어버린 성질。 버릇。❷습관과 성질。『北史』帝王子孫、――驕逸。
【習俗:습속】 옛부터 내려온 습관들이 생활화된 풍속。 세상의 일반적인 관습。『戰國策』常民溺於――、學者沈於所聞。
【習熟:습숙】 事物에 아주 익숙해짐。 충분히 그런 일을 할 수 있게 됨。 熟練。
【習熟見聞:습숙견문】 널리 보고 들어 「서 배워 익힘。『孫樵』聞見――。
【習樂:습악】 음악을 배워 익힘。
【習業:습업】 학업·사업·기술 따위를 배워 익힘。『漢書』朝夕――、以教國子。
【習染:습염】 버릇이 됨。『庾肩吾』――迷畫瓶。
【習字:습자】 글씨 쓰는 법을 배움。
【習字紙:습자지】 습자에 사용되는 종이。
【習作:습작】 연습하기 위하여 만든 그림이나 彫刻·文學 등의 作品。
【習陣:습진】 진치는 법을 배워 익힘。
◎講―、見―、慣―、教―、口―、舊―、獨―、讀―、補―、復―、常―、時―、惡―、業―、練―、演―、豫―、溫―、因―、前―、傳―、調―、風―、學―。

六 畫

【䎌】 (주) 虞 チュ、たかくとぶ fly high up
높이날을주(高飛)。

【䎉】 (예) 霽 エイ、ひくくとぶ fly low
낮게날을예(低飛)。

【䎀】 (휼) 質 キツ、とびはしる flutter away
휠휠날아갈휼(飛去貌)。『江賦』鼓翅䎀―。

【翔】 (상) 陽 ショウ、かける flight; soar ㄒㄧㄤˊ
(小篆)(草書) ❶빙돌아날상(翱―、回飛)。『論語』―而後集。❷엄숙할상(莊敬貌)。『禮記』朝廷濟濟――。
【翔空:상공】 하늘로 날아 다님。
【翔貴:상귀】 새가 하늘 높이 날듯이 物價가 올라감을 일컬음。『漢書』穀價――。
【翔禽:상금】 공중을 나는 새。『謝萬』――撫翰遊。
【翔實:상실】 자세하고 확실함。『漢書』――遠近――。「逸駭於扶桑之津。
【翔陽:상양】 太陽의 異稱。『木華』――
【翔泳:상영】 나는 새와 헤엄치는 물고기。『舊唐書』深仁洽――。
【翔破:상파】 비행기 등이 전 行程을 비행하여 마침。

【翕】 (흡) 緝 キュウ、コウ、あわせる unite ㄒㄧˋ
(小篆)(草書) ❶합할흡(合也)。『書經』―受敷施。❷모을흡(聚也)。❸거둘흡(斂也)。『易繫辭』其靜也―。❹성할흡(盛也)。❺움직일흡(動也)。❻당길흡(引也)。
【翕受:흡수】 합해서 받음。『參同契·註』坤爲地、能――天氣。

【翕然:흡연】❶모여드는 모양。一致合同하는 모양。『史記』天下――。❷봉황새가 나는 모양。「―、景福在民。
【翕定:흡정】거둠。收斂。『周書』九州―
【翕合:흡합】모음。모임。集合。
【翕忽:흡홀】민첩한 모양。빠른 모양。『左思』神化――。
【翕翕:흡흡】성한 모양。『後漢書』威權――、震動郡縣。

七畫

【翓】(고) 號 コウ、とぶ fly aslant
빗날고(斜飛)。

【翛】(소) 蕭 ショウ、ユウ、はやい rapid flight
ㄒ丨
草書 ❶날개치는소리소(飛羽聲)。❷모지라질소(羽敝)。『詩經豳風鴟鴞』予尾――。
【翛翛:소소】새의 날개가 찢긴 모양。『詩經』予尾――。
【翛然:소연】❶빠른 모양。❷事物에 얽매이지 않는 모양。融通自在스런 모양。

【翜】(삽) 緝 シュウ、はやくとぶ take a nimble flight
빠를삽、훨날삽(捷也、飛之疾)。

【翖】(함) 覃 カン、とぶ flapping
새새끼파뜩파뜩날함(雛鳥飛貌)。

八畫

【翪】㈠(잔) 銑 ㈡(전) 銑 サン、とぶ fly rapidly
㈠❶빨리날잔(迅飛)。❷휙차갈잔、사납게칠잔(鳥鷙擊勢)。『法言』鷹集――。㈡뜻은 ㈠과 같음。
【翪翪:잔잔】❶빠르게 나는 모양。『法言』蝸虎桓桓、鷹隼――。❷사나운 모양。『廣雅』――武也。

【翜】(첩) 洽 ソウ、とぶ fly swiftly ㄓㄞˊ chai²
빨리날첩(捷飛)。

【翟】㈠(적) 錫 ㈡(책) 陌 テキ、きじ pheasant ㄓㄜˊ chê²
小篆 草書 ㈠❶꿩깃적(雉羽)。『書經』羽畎夏―。❷왕후의옷적(后服、揄―)。❸수레이름적(車名、重―)。㈡❶고을이름책(縣名、陽―)。❷성책(姓也)。

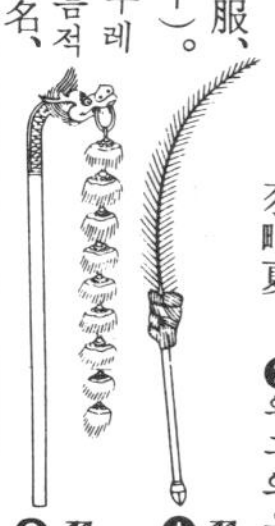
❶翟(名物圖) ❸翟(三才圖會)

【翟車:적거】皇后가 타는 수레 이름。

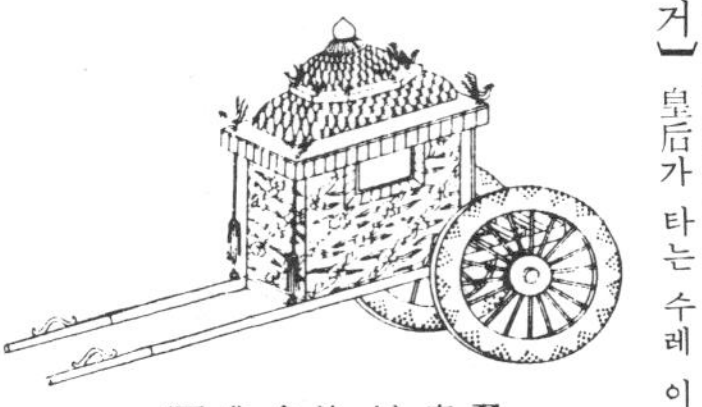
翟車(大清會典圖)

【翟輅:적로】왕후가 타는 수레。『隋書』皇后之車十二等、三曰――。
【翟茀:적불】꿩의 깃으로 꾸민 수레 뚜껑。『詩經』――以朝。
【翟衣:적의】붉은 비단에 꿩을 수놓은 왕후가 입던 옷。

【翠】(취) 寘 スイ、みどり green ㄘㄨㄟˋ ts'uei⁴
小篆 草書 ❶비취취(靑羽雀)。❷비취석취(翡―石)。❸산기운취(―微、山氣)。❹푸를취(―色、―蛾)。
【翠空:취공】푸른 하늘。『唐太宗』驚禽散――。「―去。
【翠光:취광】푸른 빛。『楊巨源』一點―
【翠翹:취교】물총새의 깃。또는 그 깃 모양으로 만든 婦人의 목거리·비녀 등。
【翠菊:취국】《植》과꽃。唐菊花。
【翠黛:취대】❶눈썹 그리는 데 쓰는 푸른 빛의 먹。美人의 눈썹。美人。❷멀리 보이는 푸른 山의 경치。
【翠嵐:취람】❶초록색 山氣。푸르게 나무가 무성한 山容。嵐翠。翠巒。『鄭谷』――迎步興何長。❷나무가 울창한 모양。
【翠簾:취렴】푸른 빛의 발。靑簾。『元稹』桐花垂在――前。
【翠樓:취루】❶푸르게 칠한 높은 건물。『江淹』月波披于――。❷中國의 기생집。靑樓。妓樓。「度――。
【翠蔓:취만】풀덩불。綠蔓。『蘇軾』長松
【翠微:취미】❶山 꼭대기에서 조금 내려온 곳。山의 八分 정도의 장소。『爾雅·釋山』山未及上曰、――。❷山中의 초록색 아지랑이。
【翠髮:취발】아름답고 윤나는 머리털。『王勃』――蛾眉、頳脣皓齒。
【翠屛:취병】초록색 병풍。《轉》초록색 連峰。또는 이끼 낀 초록색 바위。
【翠色:취색】남색과 푸른색의 중간 빛。비취빛。蒼色。
【翠松:취송】푸르게 무성한 소나무。蒼「松。
【翠蛾:취아】초록색의 초승달 모양의 눈썹。《喩》美人의 아름다운 눈썹。
【翠煙:취연】❶푸른 연기。『本草』――浮空。❷멀리 보이는 푸른 숲에 낀 안개。
【翠然:취연】푸르른 모양。『馬融』――雲起。
【翠影:취영】푸른 나무 그늘。『李白』――紅霞映朝日。
【翠雲:취운】푸릇푸릇한 구름。연두빛 구름。綠雲。碧雲。
【翠陰:취음】푸른 나무의 그늘。綠陰。扉陰。『馬戴』玉樓含――。
【翠帳:취장】초록색 휘장。초록색 커튼 혹은 물총새 깃으로 장식한 휘장。《轉》婦人의 침실。『謝脁』開――之影靄。
【翠竹:취죽】푸른 대。『洛陽伽藍記』靑松――、羅生其旁。
【翠霞:취하】푸른 빛의 아지랑이。『雲笈七籤』秀葉翳――。
【翠篁:취황】푸르게 무성한 대밭。

【翡】(비) 未 ヒ、かわせみ kingfisher ㄈㄟˇ fei³
小篆 草書 ❶비취비(赤羽雀)。❷옥이름비(―翠)。
【翡色:비색】高麗 때의 靑瓷器의 빛깔。
【翡鳥:비조】《動》자주호반새。
【翡翠:비취】❶새의 이름。물총새。❷자주 호반새와 물총새의 병칭。❸《鑛》짙은 초록색을 띤 보석의 一種。裝身具·裝飾品으로 소중히 쓰임。❹짙은 초록 색을 띠어 아름다운 것。

翡翠 ❶ (三才圖會)

【翡翠色:비취색】비취옥과 같이 곱게 푸른 빛깔。
【翡翠玉:비취옥】연한 녹색의 옥。유리와 같은 광택이 있어 보석으로 쓰임。
【翡翠釉:비취유】비취 빛깔의 도자기의 잿물。孔雀釉。「녀。
【翡翠簪:비취잠】비취옥으로 만든 비

【翣】(삽) 洽 ソウ、うちわ ㄕㄚˋ shà fan

小篆 草書 ❶운삽(棺飾如扇)。〔周禮〕后之喪持ー。❷큰부채삽(扇也)。

雲翣 (禮器圖)

〔翣翣 : 삽삽〕 부채。 깃으로 만든 부채。

〔翣扇 : 삽선〕 ＝雲黻翼。

九畫

【翥】(저) 御 ショ、あがる ㄓㄨˋ chù soar

小篆 草書 높이날저(飛擧)。〔楚辭〕鸞鳥軒ー而翔飛。

【翭】(후) 尤 コウ、はね pinfeathers

小篆 ❶부둥깃날후(羽初生)。❷깃밑둥후(羽根)。

【翦】(전) 銑 セン、たつ、きる ㄐㄧㄢˇ chien³ cut; shear

小篆 草書 ❶갈길전(齊斷削滅)。〔詩經〕勿ー勿敗。❷베어없앨전(除也)。〔南史 孔稚珪傳〕門庭之內、草萊不ー、珪鳴于中。❸멸할전(滅也)。〔左傳 宣公十二年〕其ー以賜諸侯。❹엷을전(淺也)。

〔翦金花 : 전금화〕 《植》작구채。

〔翦刀 : 전도〕 ❶가위를 이름。〔爾雅〕 ❷갈을 말함。〔釋名·釋兵〕。❸풀 이름。 剪刀草。 ❹산봉우리의 이름。 浙江省 樂清縣의 雁蕩山 能仁寺의 西北쪽에 있음。

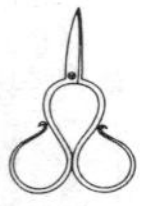

❶ 刀翦 (三才圖會)

〔翦夷 : 전이〕 정벌함。 平定。〔魏志〕ーー凶逆。

〔翦翦 : 전전〕 말을 잘 하는 모양。「佞人之心、ーー者。〔莊子〕

〔翦秋羅 : 전추라〕 《植》石竹科에 딸린 다년생 풀。 산이나 들에서 절로 나기도 하는데 관상용으로 정원에 심기도 함。

【翨】(시) 寘 シ、おやばね fearther

小篆 草書 ❶억센깃시、장깃시(鳥之彊羽)。❷ 벼슬이름 시(官名、ー氏)。

〔翨氏 : 시씨〕 周의 官名。 猛鳥를 잡는 일을 맡음。〔周禮〕ーー掌攻猛鳥、各以其物爲媒而掎之。

【翅】(시) 支 シ、むれとぶ fly in flocks

떼지어날시(群飛ーー)。

【翩】(편) 先 ヘン、とぶ、かける ㄆㄧㄢ p'ien¹ fly; flapping

小篆 草書 ❶훌쩍날편(輕擧貌)。〔詩經〕ーー者鵻。❷오락가락할편(往來貌)。〔詩經小雅巷伯〕緝緝ーー。

〔翩翩 : 편편〕 ㉮새가 빨리 나는 모양。〔詩經〕ーー者鵻。❷침착하지 못한 모양。❸왕래하는 모양。❹宮殿이 雄壯한 모양。❺스스로 만족하여 우쭐거리는 모양。〔張華〕ーー然有以自樂也。❻才能과 지혜가 뛰어난 모양。❼눈물이 뚝뚝 떨어지는 모양。❽筆勢가 輕妙한 모양。〔史記〕平原君ーー濁世之佳公子也。

【翫】(완) 翰 ガン、もてあそぶ ㄨㄢˋ wan⁴ play with

小篆 草書 ❶싫을완(厭也)。〔春秋傳〕ー歲而愒日。❷익숙할완(習狃狎也)。❸구경할완(遊觀)。❹탐할완(貪悅)。

〔翫愒 : 완개〕 貪냄。 욕심을 냄。〔左傳〕翫歲而愒日。

〔翫瀆 : 완독〕 놀리고 더럽힘。「冒瀆함。

〔翫弄 : 완롱〕 장난감으로 여김。 희롱하고 놀림。 玩弄。

〔翫物 : 완물〕 장난감。 玩物。 玩具。

〔翫味 : 완미〕 잘 생각하여 吟味함。 玩味。 실없이

【翬】(휘) 微 キ、とぶ ㄏㄨㄟ huei¹ flutter about

小篆 草書 ❶날개훨훨칠휘(大飛鼓翅)。❷꿩휘(雉屬五采成文章)。〔詩經 小雅斯干〕如ー斯飛。

〔翬飛 : 휘비〕 宮殿이 아름답고 훌륭한 모양。〔哀㝠〕ーー勢欲翩。

〔翬翬 : 휘휘〕 새가 날개 치는 소리。 퍼드덕 퍼드덕。〔爾雅·註〕鼓翅ーー然疾。

十畫

【翻】(부) 虞 フ、にこげ down

솜털부(翮下細毛)。

【翮】㊀(핵) 陌 ㊁(력) 錫 カク、はねのもと ㄍㄜˊ kê² wing joint

小篆 草書 ㊀❶깃촉핵、쭉지핵(羽本)。〔周禮〕掌以時徵羽ー之政于山澤之農。❷칼 갓핵(勁羽)。 ㊁다리굽은솥력(曲脚鼎)。(『鬲』과 같음)

【翯】㊀(혹) 沃 ㊁(학) 覺 コク、カク、つややか ㄏㄜˋ hè⁴ lustrous wing

小篆 草書 ㊀깃함치르르할혹、깃윤택할혹(鳥羽肥澤貌)。〔詩經〕白鳥ーー。 ㊁뜻은 ㊀과 같음。

〔翯乎 : 혹호·학호〕 물이 반짝이는 모양。〔史記〕ーー滈滈。

〔翯翯 : 혹혹·학학〕 새가 살쪄서 깃이 아름다운 모양。〔詩經〕白鳥ーー。

【翃】(횡) 庚 コウ、とびかう fly in crowds

❶뭇새가날며 희롱할횡(群鳥弄翅)。❷나는소리횡(飛聲)。

【翰】㊀(한) 翰 ㊁(한) 寒 カン、ふみ、ふで ㄏㄢˋ han⁴ letter; pen

小篆 草書 ㊀❶날개한(羽也)。❷줄기한(幹也)。〔詩經〕維周之ー。 ㊁❶하늘닭한(天鷄赤羽)。〔逸周書〕大ー若翬雉。❷날한(飛也)。〔易經〕ー音登于天。❸붓한(筆也)。❹흰말한(白色馬)。〔易經〕白馬ー如。❺글한、편지한(書詞)。❻벼슬이름한(官名、ー林)。

〔翰林 : 한림〕 ❶학자들。 文人들。 또는 그들의 사회나 단체의 일컬음。 翰花。 詞壇。 文苑。〔揚雄〕聊因筆墨之成文章、故籍ーー以爲主人、子墨爲客卿以諷。❷《制》㉠唐 玄宗 이후 天子의 側近에서 奉侍하던 官名。〔夢溪筆談〕ーー院在禁中。㉡新羅 景德王 때 詳文師의 고친 이름。㉢李朝 때 藝文館 檢校의 別稱。

〔翰林櫃 : 한림궤〕 翰林이 역사의 원고를 넣던 궤。

〔翰林別曲 : 한림별곡〕 歌辭。 高麗 高宗 때에 여러 유학자가 합작한 맨 처음의 景幾體歌。 내용과 형식이 아울러 향락적이며 풍류적임。 樂學軌範과 樂章歌詞에 실리어 전함。

〔翰林院 : 한림원〕 《制》❶唐·明·淸代의 翰林學士의 관청。❷高麗 때 詞命을 맡던 관청。 文翰署。 詞林院。 ❸李朝 때 藝文館의 別稱。

【翰林風月:한림풍월】 黃海道 海州에서 나는 먹의 이름。

【翰林學士:한림학사】《制》❶=翰林。❷高麗 때 學士院·翰林院의 學士。『事物紀原』。

【翰毛:한모】 붓의 털。

【翰墨:한묵】 붓과 먹。《轉》文學。『文天祥』ーー一時豪。

【翰飛:한비】 높이 날음。高飛。

【翰音:한음】 ❶높이 날아 가면서 울음。《喩》實力이 相副하지 않고 名聲이 높아감。『易經』ーー登于天。❷《動》닭의 異稱。

【翰藻:한조】 詩文。文章·文藻。『唐書』ーー沈贍、詩尤其所長。

【翰池:한지】 먹통。먹물을 넣는 병。墨池。『駱賓王』截碧蒲于ーー。

【翰札:한찰】 편지。札翰。簡札。筆札。『晉書』性旣輕物、ーー簡傲。

【翖】 (답) 合 トウ、とぶ fly
훨훨날답(飛也)。

十一畫

【䎕】 (홍) 東 コウ、とひつづく flap the wings
❶벌레소리홍(蟲聲ーー)。❷푸두둥 날홍(飛貌)。

【𦒄】 (한) 翰 カン、とぶ fly high
높이날한(高飛)。

【翳】 一(예) 霽 二(예) 齊 エイ、おおう、かくれる shade; cover 一 i
小篆 書 草 一어조사예(語助辭)。二❶깃일산예(羽葆)。『急就篇註』凡鳥羽之可隱ー者舞者所持曰ー今之雉尾扇。❷가릴예、숨을예(隱也、蔽也、掩也、蔽也)。❸새이름예(鳥名、似鳳)。

【翳昧:예매】 가리워서 어두움。『馬融』列宿爲之ーー。

【翳桑:예상】 뽕나무가 어둑침침하게 무성함。『左傳』舍于ーー。

【翳朽:예후】 나무가 자연히 말라 죽어 썩어짐。『柳宗元』攬去ーー、決疏土石。

【翲】 (표) 蕭 ヒョウ、とぶ fly high
높이날표(高飛)。

【翲忽:표홀】 극히 적음。조그마한 間隙。『史記』律歷更相治閒、不容ーー。

十二畫

【䎖】 (증) 蒸 ソウ、とびあがる fly highly ギョウ キョウ あがる
❶높이날증(翥飛)。❷들증(擧也)。

【翹】 (교) 蕭 raise くㄠ ch o²
小篆 書 草 ❶들교(擧也)。❷우뚝 우뚝할교(高貌)。『詩經 周南漢廣』ーー錯薪。❸빼어날교(秀起貌)。

【翹企:교기】 발돋움하면서 기다림。熱望함。翹足。『十六國春秋』ーー遐方。

【翹思:교사】 마음에 두어 생각함。留意하고 생각함。『曹植』ーー慕遠人。

【翹秀:교수】 才能이 남보다 뛰어나게 優秀함。『宋史』熊克、幼而ーー、旣長好學、善屬文。

【翹首:교수】 목을 길게 빼고 끊임 없이 바라고 기다림。切望함。翹望。『韓愈』ーー望太平。

【翹遙:교요】 가볍게 오르는 모양。『左思』ーー遷延。

【翹材:교재】 남보다 뛰어난 才能。高才。

【翹瞻:교첨】 우러러 사모함。공경하여 우러러 봄。『徐陵』率土ーー、蒼生何望。

【翹楚:교초】 남보다 傑出한 사람。

【翱】 (고) 豪 コウ、さまよう stroll about (本音「오」) ㄠ ao²
小篆 書 草 노닐고(遨遊)。『詩經』齊子ー翔。

【翱翱:고고】 새가 높이 나는 모양。『何景明』ーー飛雲間。

【翱翔:고상】 ❶새가 높이 나는 모양。『淮南子』ーー四海之外。❷방황함。『詩經』河上乎ーー。❸같이 오고 가고 함。❹멀리 가 버림。❺得志한 모양。『賈誼』鵾鵬ーー。

【䎗】 (교) 蕭 キョウ、とぶ fly highly
❶날개쳐뜨리고날교(仄飛)。❷높이 날교(高飛)。

【翻】 (번) 元 ヘン、ハン、ひるがえる flutter; wave
小篆 書 草 ❶번득일번、날번(飛也)。『西京賦』衆鳥翩ー。❷엎치락 뒤치락할번(反覆)。

【翻刻:번각】 原本대로 다시 製版하여 출판함。

【翻刻本:번각본】 原版本대로 다시 다른 板木에 轉刻하여 出版한 책。

【翻車:번거】 ❶물레방아。水車。『劉孝威』ーー引落潮。❷새 그물의 하나。覆車網。『爾雅·釋器』。❸《中》㉠수레를 뒤엎음。㉡성을 내는 것。

翻 車 (農政全書)

【翻筋斗:번근두】 곤두박질。『紅樓夢』。

【翻倒:번도】 거꾸로 됨。거꾸로 함。

【翻謄:번등】 다른 글로 옮겨서 베낌。

【翻弄:번롱】 마음대로 희롱함。제 멋대로 놀림。

【翻流:번류】 飛沫을 날리면서 물이 기운차게 흐름。急流。奔流。

【翻翻:번번】 ❶펄럭이는 모양。『左詩』芝草ーー。❷나는 모양。「道有ーー。」

【翻覆:번복】 뒤엎임。뒤엎음。『李白』世

【翻盆:번분】 물동이를 뒤엎음。《喩》비가 세차게 쏟아짐。「文帝」飛鳥ーー舞。

【翻翔:번상】 펄럭이며 날아 오름。『魏

【翻案:번안】 ❶먼저 사람이 만든 案件을 뒤엎음。❷옛 사람의 詩文을 原案으로 하여 이리저리 고침。❸外國의 文藝作品을 줄거리는 그대로 두고 人情·風俗·地名·人名 등만 자기 나라의 것으로 고침。

【翻繹:번역】 그 뜻을 미루어 넓혀 서로 막힘이 없이 통하게 하고 또 事理의 옳고 그름을 論辨하여 증명함。

【翻譯:번역】 한 나라의 말로 표현된 문장을 다른 나라 말로 옮김。繙譯。『隋書』齋經至洛、ーー最爲通解。

【翻譯文學:번역문학】 외국의 문학 작품을 번역하는 문학。

【翻然:번연】 ❶펄럭이는 모양。翻焉。❷마음을 갑자기 돌이키는 모양。「컴。

【翻意:번의】 생각을 고침。뜻을 돌이킴。

【翻天:번천】 공중에 펄럭임。

【䎘】 (숙) 屋 シュク、とぶ flutter
❶훨훨날숙(羽聲)。❷날숙(飛也)。

【翼】 (익) 職 ヨク、つばさ wing
小篆 古文 書 草 ❶날개익(翅也)。『易經』明夷于飛垂其ー。❷공경할익(敬也)。『詩經 小雅六月』有嚴有ー。❸공손할익(恭也)。

【詩經】少心—。❹도울익(戴奉)。【書經】庶明勵—。❺붙들익(扶也)。【孟子 滕文公上】輔之—之。❻호위할익(衛也)。❼별이름익(星名)。

【翼戴:익대】 임금을 도와 받들음。【左傳】——天子。

【翼卵:익란】 알을 품어 까서 기름。【吳志·註】少蒙——。

【翼廊:익랑】 문의 左右 편에 잇대어 지은 행랑。

【翼亮:익량】 임금을 도와 天下를 다스림。【杜甫】——貞文德。

【翼壁:익벽】 흙이 무너지지 않도록 橋臺에 붙여 놓은 壁體。

【翼補:익보】 도와 줌。

【翼覆嘔煦:익복구후】 날개로 덮어 주고 입김을 불어 따뜻하게 하여 줌。《轉》남을 어루만져 사랑함。

【翼善:익선】 善한 길을 도와 실행시킴。

【翼室:익실】 집의 몸체의 左右 편에 딸려 있는 방。【書經】延入——。

【翼如:익여】 새가 날개를 펴듯이 두 팔을 쭉 펴는 것。곧 태도의 端正한 모양。【論語】趨進——也。

【翼然:익연】 새의 두 날개를 편 것처럼 左右로 쭉 뻗은 모양。【歐陽修】有亭——臨於泉上者、醉翁亭也。

【翼日:익일】 이튿날。翌日。明日。【書經】越——。 「아감。

【翼進:익진】 左右의 두 날개를 펴고 나아감。

【翼贊:익찬】 ❶힘을 더하여 도와 줌。翼贊。輔贊。【蜀志】❷임금을 도와 줌。——王室。

【翼蔽:익폐】 새가 날개로 새끼를 감추듯이 감싸는 것。【史記】以身——沛公。

◎卵—、輔—、鵬—、比—、兩—、右—、羽—、左—。

十三畫

【翧】 (전) 先 テン、とおくとぶ fly afar off

멀리날전(遠飛)。

【翽】 (홰) 泰 カイ、とびたつ flutter ㄏㄨㄟ huei⁴

小篆 草書 훨훨날홰(飛聲)。【詩經 大雅卷阿】鳳凰于飛——其羽。

【翾】 (현) 先 ケン、とぶ flap the wings ㄒㄩㄢ hsuan¹

小篆 草書 ❶파뜩파뜩날현(小飛)。【楚辭】—飛兮翠會。❷경박할현(輕薄)。【荀子不苟】喜則輕而—。❸영리할현(巧慧)。❹급할현(急也)。

【翾翻:현번】 파득파득 날음。【蘇軾】羽蟲見月爭——。 「翠曾。

【翾飛:현비】 약간 날음。【楚辭】——兮

【翾翾:현현】 약간 나는 모양。【韓詩外傳】——十步之雀、喔咿而笑之。

十四畫

【翿】 (도) 豪 號 トウ、かざし feather sunshade ㄉㄠˋ tao⁴ ㄊㄠˊ t'ao²

小篆 草書 ❶둑도(纛也、今之羽葆幢)。【詩經】君子揚揚左執—。❷덮을도、깃일산도(翳也)。

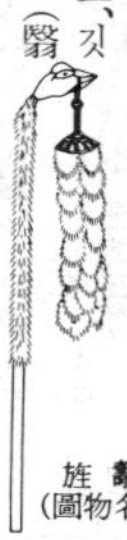

翿(名物圖旌)

【耀】 (요) 嘯 ヨウ、かがやく bright ㄧㄠˋ yao⁴ ㄩㄝˋ yüeh⁴

草書 빛날요(光也)。【左傳】光遠而自他有—者。

【耀價:요가】 값을 높임。

【耀德:요덕】 德을 빛나게 함。

【耀渡星:요도성】 金星의 異稱。

【耀耀:요요】 빛나는 모양。燿燿。曜曜。【司馬相如】爛——以成光。

【耀電:요전】 번쩍이는 번갯불。【吳越春秋】頭巨若車輪、目若——。

十五畫

【⿰羽彗】 (혜) 霽 ケイ、はねもと under most wings

쭉지밑동혜(六翮之本)。【淮南子】奮翼揮—。

【⿰羽巤】 (랍) 合 ロウ、とぶ make it's first flight

처음으로날랍(飛初起貌、—翋)。

老 部

【老】 (로) 皓 ロウ、としより、おいる old; aged ㄌㄠˇ lao³

小篆 草書 ❶늙을로(年高)。【詩經】與子偕—。❷늙은이로、늙으신네로(尊稱)。【禮記】天子之—二人。❸어른로(—父、—長)。❹익숙할로(熟練、—練)。❺쭈그러질로(疲也、衰也)。

【老客:노객】 ❶늙어 보이는 손님。❷늙은 사람을 얕잡아 이르는 말。

【老健:노건】 ❶나이가 많아도 건장함。❷文章 따위가 노련하고 힘참。【朱熹】其晩歲筆力——。

【老傔:노겸】 늙은 청지기。

【老境:노경】 늙바탕。나이 먹음。老人의 경우。

【老姑:노고】 할미。

【老苦:노고】 《佛》四苦의 하나。늙어감에 따라 닥치는 괴로움。

【老姑草:노고초】 《植》할미꽃。미나리아재비科에 속하는 多年草。뿌리는 藥用。흔히 白髮老人에 비유함。白頭翁。

【老公:노공】 ❶늙은이。【梁書】有——至室。❷나이 지긋한 貴人에 대한 敬稱。❸宦官。去勢한 남자。❹《中》아내가 남에 대하여 자기 남편을 일컫는 말。

【老嫗:노구】 나이 많은 여자。老婆。【徐照】出門——喚雞犬。

【老軀:노구】 노인의 몸。늙은 몸。老身。【王安石】以投老軀、遭難値之運。

【老妓:노기】 늙은 기생。↕童妓。

【老年:노년】 늙은 나이。晩年。【晉書】嘗以——、屢乞遜位。

【老農:노농】 농사에 익숙한 나이 많은 「農夫。老圃。

【老泥:노니】 도자기의 겉면에 별 모양을 만드는 데 쓰는 흙의 한 가지。

【老當益壯:노당익장】 늙었어도 더욱 기력이 있음。【後漢書】丈夫爲志、窮當益堅、——。

【老大:노대】 ❶나이가 지긋함。❷매우 늙음。【杜甫】杜陵有布衣、——意轉拙。

【老大家:노대가】 나이를 먹고 경험을 쌓아 그 방면에 뛰어난 사람。

【老大國:노대국】 繁盛하던 시기가 지나고 형세가 그다지 떨치지 못한 큰 나라。

【老德:노덕】 《佛》늙은 중。

【老鈍:노둔】 늙어서 言行이 둔함。

【老來:노래】 늙은 이래。晩來。【陸游】——舊學要耘鋤。

【老練:노련】 오랫동안 경험을 쌓아 일에 숙련됨。老熟。

【老齡:노령】 늙은 나이。老年。

【老論:노론】 《歷》四色黨派 가운데의 하나。이조 肅宗 때 宋時烈을 중심으로 한 派로서 西人派에서 갈려 나왔음。↕少論。

【老論四大臣:노론사대신】 《制》李朝 景宗 원년(一七二一)에 世弟의 冊封을

내세운 金昌集・李頤命・李建命・趙泰采 등의 네 대신。

【老吏:노리】 ❶나이 많은 관리。『後漢書』——或垂涕。 ❷사무에 익숙한 관리。 ❸법률에 밝은 재판관。

【老羸:노리】 늙어서 몸이 쇠약함。 또는 그 사람。『漢書』民雖——癃疾、扶杖而往聽之。

【老馬厭太乎:노마염태호】《國》늙은 말이 콩 싫다 하랴。《喩》본능적인 욕망은 늙는다고 없어지는 것이 아니라는 뜻。『東言解』。

【老妄:노망】 늙어서 망녕을 부림。

【老母:노모】 나이 많은 어머니。『耶律楚材』故園屈指八千里、——行年六十餘。

【老謀:노모】 치밀하게 세워진 계책。『國語』旣無——、而又無壯事。

【老木:노목】 여러 해를 묵은 나무。 오래 묵은 樹木。 老樹。『黃庭堅』故作——蟠風霜。

【老物:노물】 ❶늙고 피로한 萬物의 神。 또는 그 神을 위로하는 祭祀。 老는 늙어서 피로함、 物은 萬物의 神。『周禮・籥章』。 ❷낡은 물건。 舊物。『周禮』以息——。 ❸늙다리。 남을 조롱하여 이르는 말。 ❹나이 많은 사람。 年長者。『晉書』——可憎。

【老輩:노배】 늙은이들。 노인의 무리。

【老兵:노병】 늙은 병정。『世說』失一——。

【老病:노병】 ❶늙어서 병든 몸이 됨。 ❷老衰病。『南史』奴婢取——者曰、與我共事久也。 ❸持病。 宿痾(숙아)。

【老僕:노복】 늙은 남자 종。『史記』——雖樂云云。

【老婦:노부】 늙은 지어미。

【老夫:노부】 늙은 남자가 자기를 일컫는 말。『易經』——得其女妻。

【老父:노부】 ❶늙은 아버지。 ❷늙은이。 老翁。『漢書』上有一——、衣褐至良所。

【老父母:노부모】 늙은 어버이。

【老婢:노비】 나이 많은 계집종。

【老死:노사】 늙음으로 인하여 죽음。『史記』至——、不相往來。

【老師:노사】 ❶늙은 중。 ❷나이 많은 선생。 또는 단순히 선생을 부르는 말。『史記』荀卿最爲——。 ❸오랫동안 戰地에 있어서 지쳐버린 군대。『左傳・僖・三十三』。

【老士:노사】 나이가 많은 선비。

【老士宿儒:노사숙유】 늙고 학식이 깊은 선비。

【老產:노산】 나이 많아서 아이를 낳음。

【老蟾:노섬】 달의 異名。『劉基』纔圓又缺中天月、猶自寒光媚——。

【老成:노성】 ❶어른처럼 행세함。 나이 지긋해 보임。『左思』岐嶷繼體、——奕世。 ❷경험을 쌓아서 일에 익숙함。『杜甫』毫髮無遺憾、波瀾獨——。 ❸熟練家。

【老少:노소】 ❶老人과 아이。 老幼。 ❷晉나라 제도에서 六六세 이상과 一二세 이하를 이름。

【老少年:노소년】 ❶《植》당비름。 雁來紅의 異名。『本草』附錄 雁來紅、時珍曰、莖葉穗子並與雞冠同、其葉 九月鮮紅望之如花故名、吳人呼爲——、云云。 ❷의젓한 어른티를 내는 젊은이。

年少老
(會圖才三)

【老少同樂:노소동락】 노소가 같이 즐김。

【老松:노송】 늙은 소나무。

【老衰:노쇠】 늙어서 쇠함。

【老樹:노수】 늙은 나무。 古木。『杜甫』——飽經霜。

【老手:노수】 노련한 수완。 경험을 많이 쌓은 재간。 또는 그 사람。『蘇軾』——王摩詰、窮交孟浩然。

【老壽:노수】 오래 살음。 長壽。『後漢書』豊子孫之祥、致——之福。

【老熟:노숙】 경험을 쌓아서、 사물에 익숙함。 老練。

【老僧:노승】 늙은 중。 老衲。『王維』——四五人、逍遙蔭松柏。

【老視:노시】 늙어서 쇠약해진 視力。

【老身:노신】 老體。 老軀。『白居易』月下風前伴——。

【老臣:노신】 ❶나이 먹은 신하。 나이 많은 신하。 ❷신분이 높은 신하。 重臣。『杜甫』丹青憶——。

【老實:노실】 사물에 익숙하여、 하는 일이 확실함。

【老鴉蒜:노아산】《植》石蒜의 異名。 天蓋花。 曼珠沙華。

蒜鴉老
(會圖才三)

【老眼:노안】 늙어서 가까운데 것이 잘 안보이게 된 눈。 遠視眼。

【老眼猶明:노안유명】 노인의 視力이 오히려 밝음。

【老爺:노야】 ❶늙으신네。 ❷太陽。

【老弱:노약】 늙은이와 젊은이。 노인과 청년。 老若。『孟子』——轉乎溝壑。

【老炎:노염】 늦더위。

【老屋:노옥】 낡은 집。

【老翁:노옹】 늙은 남자。 할아버지。 老叟。『張說』誰念三千里、江湖一——。

【老慾:노욕】 늙어가면서 생기는 욕심。

【老友:노우】 늙은 친구。 나이 지긋한 벗。『宋史』此吾——也、不當在弟子列。

【老儒:노유】 나이 많은 선비。『杜甫』文物多師古、朝廷半——。

【老幼:노유】 늙은이와 아이。『史記・樂書』——孤獨、不得其所。

【老幼男女:노유남녀】 늙은이・어린이・사내・여자의 總稱。

【老而不死:노이불사】 늙어서 언짢은 일이 끊임없어 죽고싶으나 죽지 못함。

【老人:노인】 ❶늙은이。 늙으신네。 老者。 ❷자기의 부모。

【老人鏡:노인경】 돋보기의 異名。

【老人子弟:노인자제】 나이 많은 사람이 낳은 아들。

【老人丈:노인장】 늙으신네。 老人을 부르는 尊稱。

【老子:노자】 ❶《人》周代의 철학자。 姓은 李、 이름은 耳、 字는 伯陽、 諡號는 聃(담)。 守藏室의 관리가 됨。 道家의 始祖로서 자연 법칙에 기초를 둔 도덕의 절대성을 역설하였음。 ❷《書》二권。 老子 지음。 후세에 지은 것이라 하기도 함。 道德經。 ❸아버지를 일컫는 말。『老學庵筆記』。 ❹長老。 덕이 많고 나이 많은 사람。『後漢書』。

【老壯:노장】 老年과 壯年。『後漢書』男女——、皆賦斂致斃。

【老莊:노장】 中國 上代의 철학자인 老子와 莊子。 또는 그들의 학설。 老莊學。『晉書』阮瞻明——。

【老將:노장】 ❶늙은 장수。『漢書』諸——皆曰。 ❷軍事에 숙련한 將帥。『五代史』周德威——、常務持重。

【老莊思想:노장사상】《哲》無爲・自然을 주장하는 老子와 莊子의 허무 사상。

【老拙:노졸】 늙고 못남。

【老疾:노질】《醫》=老病。

【老蒼:노창】 ❶얼굴에 나이가 들어 보임。『杜甫』結交皆——。 ❷老年。

【老妻:노처】 늙은 아내。

【老總角:노총각】 婚姻할 나이가 지난 나이 많은 남자。 ↔老處女。

【老逐:노축】 늙은 축。 늙은 패。 老牌。

【老齒:노치】 늙은 사람의 이。

【老親:노친】 나이 많은 어버이。『史記』。

【老親侍下:노친시하】 나이 많은 어버이를 모시고 있는 처지。

【老態:노태】 늙은 사람의 태도。 늙어 보이는 모양。『王禹偁』——厭春華。

【老退:노퇴】 늙어서 맡은 자리로부터 스

스로 물러감。

【老婆:노파】❶늙은 여자。할머니。老嫗。老媼。『寒山』東家一ㅡ。❷남편이 아내를 일컫는 말。老妻。

【老婆心:노파심】❶친절하여 남의 일을 지나치게 걱정하는 마음。필요 이상의 친절한 마음。❷의견 충고 따위를 말할 때 자기 마음을 겸손하여 하는 말。

【老牌:노패】=老逐。 「大夫。

【老彭:노팽】옛 전설상의 殷 나라의 賢

【老廢:노폐】늙어서 소용이 없음。낡아서 못쓰게 됨。

【老廢物:노폐물】新陳代謝의 결과 생긴 불필요한 물건。배설물 같은 것。특히 細胞 조직의 老廢로 인하여 분해된 것。

【老筆:노필】❶노련한 글씨。❷늙어 힘

【老瘧:노학】《醫》이틀거리。「없는 글씨。

【老兄:노형】❶늙은 형。나이 지긋한 형。❷年長의 친구에 대한 敬稱。『白居易』形影默相顧、如弟對ㅡㅡ。❸가깝지 않은 사이에 서로 부르는 말。

【老昏:노혼】늙어서 정신이 흐리멍덩함。

【老患:노환】老病의 敬稱。『北史』以母ㅡㅡ、輒在家定省。

【老獪:노회】老練하고 狡猾함。

【老會:노회】《宗》예수교 장로교의 각 教區에 있는 牧師와 長老의 總代가 모이는 모임。

【老朽:노후】낡아서 못쓰게 됨。늙어서 소용이 없음。또는 그 늙다리。『鄭愚』欲役ㅡㅡ之筋骸。

【老後:노후】늙어진 뒤。

二畫

【考】(고) 皓 コウ、かんがえる think ㄎㄠˇ k'ao³

小篆 草書 ❶오래살고(老也)。『詩經』周王壽ㅡ。❷죽은 아비고(父死稱)。『易經』有子ㅡ無咎。❸상고할고(稽也)。『詩經』ㅡ卜維王。❹이룰고(成也)。『左傳』ㅡ仲子之宮。❺칠고(擊也)。『詩經 唐風山有樞』子有鍾鼓弗ㅡ。❻마칠고(終也)。

【考據:고거】상고한 근거。참고하여 근거로 삼음。證憑。

【考檢:고검】상고하여 조사함。『晉書・天文志』ㅡㅡ天狀、多所違失。

【考古:고고】遺物・遺跡에 의하여 옛 일을 연구 고찰함。

【考古學:고고학】유적・유물 따위에 의거하여 인류 문화를 연구하는 학문。

【考古學者:고고학자】고고학을 연구하는 사람。

【考科:고과】시험。考試。

【考課:고과】관리・학생 등의 勤怠와 집무 성적・재능 등을 조사하여 보고하는 일。『事物紀原』漢京房作ㅡㅡ之法。

【考校:고교】❶詳考하여 조사함。❷시험。考試。『禮記』中年ㅡㅡ。

【考究:고구】깊이 연구함。깊이 생각함。『魏書』及更ㅡㅡ、果如君語。「ㅡ奇書。

【考覽:고람】생각하고 살핌。『晉書』ㅡ

【考慮:고려】깊이 생각함。생각해 봄。「여 상을 줌。

思慮。

【考例施賞:고례시상】전례를 참고하

【考槃:고반】隱居室을 지어、제 마음대로 즐기는 일、또는 樂器를 타면서 즐기는 일。『詩・考槃』ㅡㅡ在澗、碩人之寬。

【考妣:고비】돌아간 부모。(考는 亡父、妣는 亡母)。『禮記・曲禮』生曰父、曰母、死曰考、曰妣。

【考死:고사】고문을 당하여 죽음。『資治通鑑』乃詣詔獄、ㅡㅡ。

【考査:고사】❶詳考하여 조사함。考檢。❷시험。테스트。❸조사함。사찰함。

【考試:고시】❶학력을 조사하는 시험。❷관리를 『禮記・疏』視學謂ㅡㅡ學者經業。채용하는 시험。❸재능을 시험함。

【考案:고안】❶어떠한 案을 생각하여 냄。또는 그 案。❷詳考하여 조사함。❸생각하여 연구함。

【考閱:고열】상고하여 열람함。

【考位:고위】돌아가신 아버지와 各代 할아버지의 位。↔妣位。「일。

【考績:고적】관리의 성적을 상고하는

【考正:고정】그릇된 점을 생각해서 바르게 고침。『南史・蕭子顯傳』ㅡㅡ同異、爲一家之書。

【考定:고정】생각해서 정함。『後漢書』下有司、以時ㅡㅡ。

【考訂:고정】서적을 조사하여 밝힘。古籍의 眞僞異同을 考覈(고핵)하여 訂正함。校訂。

【考準:고준】베낀 책이나 서류를 原本과 대조해 봄。

【考證:고증】옛 문헌을 詳考하여 증거를 찾아 밝힘。

【考證學:고증학】清代에 성행하던 儒教 연구의 學風으로、올바른 典據에 의거하여 그 의의를 판단하려 하던 것。

【考察:고찰】❶詳考하여 조사함。생각하여 분명히 알음。『漢書』ㅡㅡ不從教令。❷《中》조사함。시찰함。

【考評:고평】詩文의 優劣을 考査하여 評定함。「『晉書』ㅡㅡ天狀。

【考驗:고험】생각하여 조사함。考査。

【考現學:고현학】현재의 사회・풍속・世相에 대하여 조직적・과학적으로 연구를 하는 학문。↔考古學。

四畫

【耄】(모) 號 ボウ、モウ、おいる old man of ninety ㄇㄠˋ mao⁴

小篆 草書 늙은이모(ㅡ期、九十歲)。『禮記』八十九十曰ㅡ。

【耄齡:모령】七〇세。또는 八〇세。『宋濂』年已近ㅡㅡ。

【耄老:모로】늙다리。늙어빠진 노인。

【耄耋:모질】❶늙어빠짐。또는 늙은이。耆은 八〇살。『魏武帝』ㅡㅡ皆得以壽終。❷白髮을 일컬음。『釋名』七十曰耄、頭白ㅡㅡ然也。

【耆】㊀(기) 支 ㊁(지) 紙 キ、シ、としより old man ㄑㄧˊ ch'i²

小篆 草書 ㊀❶늙은이기(老也)。『禮記』六十曰ㅡ。❷스승기(師傅)。『周語』ㅡ艾修之。❸말등닳을기(瘢ㅡ、馬脊創瘢)。『漢書』兌鋌瘢ㅡ。❹어른기(長也)。㊁이를지(致也)。『詩經』ㅡ定爾功。

【耆耇:기구】늙은이。老人。(耆는 六〇세、耇는 九〇세)。『王褒』龐眉ㅡㅡ之老。

【耆年:기년】六〇이 넘은 나이。노인。

【耆堂:기당】《制》耆老所의 堂上。

【耆德:기덕】❶덕이 높은 노인。『書・伊訓』遠ㅡㅡ、比頑童。❷逸周書의 篇名。

【耆老:기로】年老한 사람。또는 늙다리。耆는 六〇세(一說에 八〇세)。老는 七〇세。耆老。『禮記』養ㅡㅡ以致孝。

【耆老科:기로과】《制》李朝 때 六〇세 이상의 노인、선비에게만 보이던 科擧。

【耆蒙:기몽】늙은이와 어린이。老幼。『易林』ㅡㅡ睡眠、不知東西。「荷崇養之德。

【耆叟:기수】늙은이。老人。『晉書』ㅡㅡ

【耆宿:기숙】學德이 훌륭한 노인。宿老。『後漢書』ㅡㅡ大賢、多見廢棄。

【耆英會:기영회】나이 많고 學德이 있는 사람들의 모임。『宋史・文彦博傳』。

【耆欲:기욕】좋아함。嗜欲。『禮記』節ㅡㅡ。

【耆儒:기유】學德이 있는 老學者。=耆宿。『十六國春秋』碩學ㅡㅡ。

【老】(모)『耄』(老部4畫)와 같음

【耇】(수) 週 シュ、おいぼれ (of an old man) follow after with difficulty 늙은이겨우따라갈수(老人僅行追從)。

五 畫

【者】(자) 馬 シャ、もの ㄓㄜˇ chê³ (this) one
小篆 草書 ❶놈자、것자(卽物之辭)。【易經】元ㅣ善之長也。❷이자(此也)。❸어조사자(語助辭)。
【者者:자자】승낙을 표시하는 말。
◎間ㅣ、記ㅣ、勞動ㅣ、者ㅣ、聽ㅣ、使作ㅣ、長ㅣ、弟ㅣ、尊ㅣ、從ㅣ、主謀ㅣ、知ㅣ、諜ㅣ、治ㅣ、癡ㅣ、筆ㅣ、學ㅣ、行ㅣ、患ㅣ。

【耆】(점) 琰 テン、きみ dark spots (on the skin of on old man) 검버섯점(老人面上如點)。

【耇】(구) 有 コウ、ク、としより ㄍㄡˇ kou³ old man
草書 ❶늙은이구(老壽)。【書經】佛其ㅣ長。❷명길구(長命)。
【耇老:구로】늙은이。老人。
【耇長:구장】나이가 지긋해 보이는 사람。【書經】咈其ㅣㅣ舊有位人。

【耈】(구)『耇』(前條)와 같음

六 畫

【耊】(질)『耋』(次條)과 같음

【耋】(질) 屑 テツ、としより ㄉㄧㄝˊ tieh⁴ old man (本音「절」)
小篆 草書 늙은이질(大ㅣ、八十歲)。【左傳】以伯舅ㅣ老。

【耋艾:질애】늙은이와 젊은이。艾는 少艾。一說에 艾도 노인을 이름。【韓愈·南海神廟碑】ㅣㅣ歌詠。

十八畫

【𦒿】(수)『壽』(士部11畫)의 古字

而 部

【而】(이) 支 ジ、ニ、しかして ㄦˊ êrh² and
小篆 草書 ❶어조사이(語助辭)。【詩經】俟我於著乎ㅣ。❷너이(汝也)。【書經】ㅣ康色。❸말이을이、또이(承上起下辭因是辭抑又辭)。【論語】學ㅣ時習之。❹에이(於也)。❺같을이(如也)。❻이에이(乃也)。
【而今以後:이금이후】=自今以後。【論語】ㅡ吾知免夫、小子。
【而立:이립】三〇세의 일컬음。【論語·爲政】三十ㅣㅣ。
【而後:이후】지금부터。 지금부터 다음「으로。

二 畫

【耏】(이)『耏』(而部3畫)와 같음

三 畫

【耍】(솨) 馬 サ、たわむれる ㄕㄨㄚˇ shua³ play
草書 ❶희롱할솨(戲也)。❷이할솨(利也)。

【恧】(이) 支 ジ、ニ、こびる flatter
❶아첨할이(媚也)。❷여자이름이(女字)。

【耎】(연) 銑 ゼン、ネン、よわい weak; feeble
小篆 草書 연약할연、가냘플연(罷弱)。【漢書】以ㅣ脃之體。
(『軟』과 같음)

【耏】㈠(이) 支 ㈡(내) 隊 ジ、ダイ、ほおひげ ㄦˊ êrh² whiskers
小篆 或體 ㈠구레나룻이(頰鬚)。【後漢書】冒ㅣ之類。㈡수염깎을내(剃鬚、古時刑罰)。
【耏門:이문】複姓。【尙友錄】ㅣㅣ氏、宋有耏班、以其守ㅣㅣ、故以爲氏。

【耐】(내) 隊 ダイ、ナイ、たえる ㄋㄞˋ nai⁴ bear; endure
草書 참을내、견딜내(忍也)。【荀子】能ㅣ任之。
【耐空:내공】한 번 뜬 채로 내리지 않고 비행을 계속함。
【耐久:내구】오래 견디어 냄。
【耐久力:내구력】오랫동안 견디는 힘。
【耐久朋:내구붕】언제까지나 마음을 변치 않은 친한 벗。【唐書】魏玄同與裴炎締交、能保始終、號ㅡ。
【耐飢:내기】주림을 견디어 냄。
【耐煩:내번】번거로움을 참고 견딤。
【耐貧:내빈】가난함을 견디어 냄。
【耐暑:내서】더위를 참고 견딤。
【耐熱:내열】熱에 잘 견딤。熱에 강함。
【耐忍:내인】참고 견딤。어려운 일을 꾹 참음。
【耐爆:내폭】특별하게 지은 건물이 폭탄을 맞아도 부서지지 않고、능히 견디어 냄。
【耐乏:내핍】窮乏함을 참고 견딤。
【耐乏生活:내핍생활】부족함을 견디어 내면서 하는 생활。
【耐寒:내한】추위를 극 참음。추위에 잘 견딤。
【耐寒行軍:내한행군】추울 때 단련하기 위하여 하는 행군。
【耐火:내화】불에 잘 견딤。잘 타지 않음。
【耐火構造:내화구조】불에 견딜 힘이 있도록 한 건물의 구조。
【耐火粘土:내화점토】도자기 가마를 만들 때 쓰는 흙。

【耑】㈠(단) 寒 ㈡(천) 先 タン、はし ㄓㄨㄢ chuan¹ ㄉㄨㄢ tuan¹ edge; end
小篆 草書 ㈠끝단(ㅣ緖、物首)。【周禮】己下則摩其ㅣ。㈡❶구멍천(穴也)。❷오로지천(專也)。
【耑緖:단서】실마리。端緖。
【耑倪:단예】끝。端倪。【說文通】耑者、倪也、ㅣㅣ也。
【耑此:단차】以上。편지 등에 쓰는 用語。

四 畫

【耎】(난) 旱 ダン、ちぢむ shrink 쪼그라들난(縮也)。【太玄經】ㅣ首。

【栭】(이) 支 ジ、にる cook 삶아 익힐이(煮熟)。

六 畫

【𦓎】(이) 支 ジ、つらなる succeed 이을이(連續)。

七 畫

【䎟】(뉵) 屋 ドク、うれえる worry (about) 근심할뉵(憂貌)。

十畫

【齝】(전) 銑 セン、こさかずき a small cup
작은잔전(小卮)。

耒部

【耒】(뢰) 隊 ライ、ルイ、すき plough ㄌㄟˇ lei³
篆小 書草 쟁기뢰、굽정이뢰、훌청이뢰(手耕曲木)。〔古事考〕神農作―。

【耒耨:뇌누】쟁기로 갈고 풀을 뱀。耘耕。『易經』――之利、以教天下。

【耒耜:뇌사】쟁기。農機具의 하나。耜는 쟁기날。耒는 그 자루。耒鍤。『禮記』修――、具田器。

耒耜 (圖器禮)

【耒鍤:뇌삽】쟁기。耒耜。『韓非子』身執――、以爲民先。

【耒】(래)『來』(人部 6畫)의 略字

三畫

【耔】(자) 紙 支 シ、つちかう earth up ㄗˇ tzu³
草書 ❶김맬자(耘也)。❷북돋울자(培苗本)。『詩經 小雅甫田』或耘或耔。

四畫

【耙】(파) 禡 ハ、まぐわ rake ㄆㄚˋ p'a⁴
草書 쇠시랑파(犂屬起土田器)。

【耕】(경) 庚 コウ、たがやす cultivate ㄐㄧㄥ ching¹
篆小 書草 갈경、호리질할경、겨리질할경(犂田)。〔山海經〕稷之孫曰叔均是始作牛―。(『畊』과 같음)

【耕稼:경가】=耕種。『孟子』――陶漁。

【耕墾:경간】논이나 밭을 개간하여 가는 것。『宋史』縱民――、勿牧租稅。

【耕農:경농】농사를 지음。

【耕當問奴:경당문노】農事 일은 머슴에게 묻는 것이 좋음。《喩》무슨 일이나 專門으로 하는 사람에게 물어 보는 것이 좋다는 뜻。『宋書』――、織當問婢。

【耕讀:경독】농사 짓기와 글 읽기。농사를 지으며 책을 읽음。

【耕牧:경목】農業과 牧畜。耕畜。『孔武仲』道逢田間叟、時訪以――。

【耕槃:경반】보습의 앞머리에 끼우는 農器具의 한가지。『農書』―― 駕犂具也。

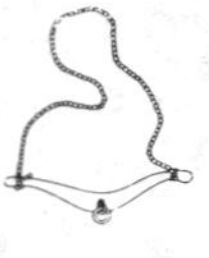
耕槃 (書全政農)

【耕食:경식】농사를 지어 살아 나감。

【耕牛:경우】農事 짓는 데 부리는 소。『陸龜蒙』欲賣――棄水田。

【耕耘:경운】논밭을 갈고 김을 맴。곧 農事 짓는 것。耕耨(경누)。『杜甫』曠野自――。

【耕園:경원】《農》경작하는 과수원・뽕나무밭 따위。

【耕作:경작】땅을 갈아서 農作物을 재배함。農事일을 함。『史記』越王勾踐、身自――、夫人身自織。耕稼。

【耕作制度:경작제도】《農》耕作地에 대하여 농작물의 가림、씨뿌리는 차례、심는 면적 따위의 비례를 정하는 제도。

【耕作地:경작지】경작하는 땅。

【耕作限界地:경작한계지】《農》생산액이 생산비와 같고 남는 것이 없는 토지。

【耕籍:경적】《制》임금이 신하를 거느리고 籍田을 가는 일。

【耕田:경전】논밭을 갈음。

【耕田鑿井:경전착정】국민들이 生業을 즐겨 평화로이 지남을 일컫는 말。

【耕種:경종】논밭을 갈아서 農作物의 씨를 뿌리어 가꿈。耕植。耕稼。『漢書』學――養苗法。

【耕地:경지】《農》❶갈아 놓은 땅。❷갈아서 農地로 하는 땅。

【耕地面積:경지면적】경작지의 면적。

【耕織:경직】논밭을 가는 것과、베를 짜는 것。『後漢書・梁鴻傳』以――爲業。

【耕畜:경축】=耕牧。『史記』父子――、廢居候時。

【耕土:경토】농사 짓기에 마땅한 땅。「表土。

【耕穫:경확】농사 짓는 것과 수확하는 것。耕作과 收穫。『易經』不――、不菑畬。◎農―、馬―、舌―、深―、牛―、秋―、筆―、火―。

【耖】(초) 效 ソウ、まぐわ harrow
草書 ❶거듭갈초、이듬갈초(重耕田)。❷써레초(農具如耙)。

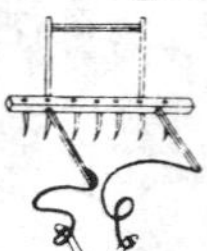
❷耖 (書全政農)

【耖耙:초파】《農》써레。

【耗】㊀(모) 號 ㊁(호) 號 ボウ、モウ、へる、ついやす waste; consume ㄏㄠˋ hao⁴
草書 ㊀❶빌모(虛也)。『詩經』―斁下土。❷감할모、덜릴모(減也)。❸어지러울모(亂也)。『通鑑』二千石各修其職不事官職―亂者丞相以聞。❹다할모(盡也)。㊁뜻은 ㊀과 같음。

【耗竭:모갈】닳아 없어짐。

【耗減:모감】줄어짐。耗損。『魏志』河東最先定、少――。

【耗亂:모란】어지럽고 뒤숭숭하여 분명하지 않은 모양。『漢書』不事官職、――者丞相以聞。

【耗問:모문】소식。편지。音信。音耗。『讀書鏡』不相往來、不通――。

【耗損:모손】줄어 들음。써서 해지거나 닳음。耗減。『左傳』人民――。

【耗盡:모진】해지거나 닳아서 다 없어짐。『漢書・註』師古曰、孟解非也、言無有獨存者、至於――也。

【耗悴:모췌】파리하고 쇠약함。『荀子』勞苦――。

【耗土:모토】메마른 땅。瘠土。『大戴禮』――之人醜。

五畫

【耘】(운) 文 ウン、くさぎる weed out
草書 김맬운(除苗開草)。〔詩經 小雅甫田〕或―或耔。

【耘鋤:운서】雜草를 베 내고 논밭을 갈음。『曹植』――穢草。《轉》國土를 平定함。

【耘藝:운예】풀을 베고 심음。農耕。『晉書』盛功于――之辰。

【耘耘:운운】아주 성한 모양。芸芸。『胡銓』慶千耦之――。

【耘耔:운자】논밭의 雜草를 뽑고、싹 뿌리에 북을 돋움。『陶潛』或植杖而――。

【耛】(치) 支 チ、くさぎる weed (out)
김맬치(耘―、除草)。

【耜】(사) 紙 シ、すき plowshare ㄙˋ ssu⁴
草書 보습사(耒耜刃也)。〔古史考〕神農作―。

【粔】(거) 語 キョ、すきのは weeder
따비술거(耒耜刃)。

【耞】(가) 麻 カ、からさお flail ㄐㄧㄚ chia¹
書草 도리깨가(打穀具、連―)。
【耞芟:가삼】 돌이깨와 큰 낫。【國語】 耞、拂也、所以擊草、艽、大鎌、所以芟草。

六畫

【⿰耒圭】 一(규) 齊 二(와) 佳 ケイ、ガ、むぎかき plough
小篆 一 긴쟁기규、굽정이규(田器長耒)。【說文】―可以劃麥。二 갈와(耕也)。

【⿰耒全】(전) 先 ゼン、たがやす plow deeply
❶깊이갈전(深耕)。❷갈전(耕也)。

【⿰耒各】(객) 陌 カク、たがやす plow
❶곧게갈객(直耕)。❷갈객(耕也)。

七畫

【耡】 一(서) 魚 二(조) 御 三(저) 語 ジョ、ほみ weeding hoe(本音「조」) ㄔㄨˊ ch'u²
小篆 書草 一 호미서(田器助耕)。【周禮】合耦于―。二 조세조(殷稅)。【說文】商人七十而―。三 함께 갈저(共耕、井田八區八家共作)。
【耡粟:조속】 周代、井田의 중앙을 公田으로 하여 여덟 집에서 농사를 지은 조세용의 좁쌀。【周禮·注】――民相助作、一井之中、所出九夫之稅粟也。

八畫

【⿰耒肖】(소) 效 ソウ、うえる plant
심을소(種也)。

【⿰耒卑】(패) 卦 ハイ、うえる plant
심을패(種也)。

【⿰耒咅】 一(방) 講 二(부) 尤 ヒョウ、ブ、すき plowshare
一 보습방(鑃器)。二 밭갈부(耕也、鑃―)。

【⿰耒侖】(륜) 軫 リン、いねたば rice-sheaf
볏단륜(束禾)。

【耤】(적) 陌 セキ、かる、かす lend ㄐㄧˊ chi²
小篆 書草 ❶적전적、친경할적(帝王親耕之田)。❷빌릴적(借也)。【漢書】以驅―友仇。
【耤田:적전】 (制) 임금이 靈廟에 바칠 곡식을 만들기 위하여 친히 耕作하는 農土。【漢書】開――。

九畫

【⿰耒英】(영) 庚 エイ、くさがしげる (of grasses) thick
풀무성할영(草盛貌)。

【耦】(우) 有 グウ、たぐい pendant ㄡˇ ou³
小篆 書草 ❶쟁기우(耒也)。【詩經】十千維―。❷짝우(配也)。【左傳 桓公六年】人各有―。❸겨리우、쌍가래우(竝耕)。【周禮】二耜爲―。❹짝셈우、짝맞을우(奇―)。【易經】陽卦奇陰卦―。❺활띠우(射―)。【周禮】射則張―次。
【耦耕:우경】 둘이 나란히 서서 땅을 가는 것。쟁기를 나란히 하여 함께 땅을 가는 것。【陶潛】商歌非吾事、依依在――。
【耦數:우수】 二로 나누어 떨어지는 數。또는 二의 倍數。짝수。偶數。↕奇數。
【耦語:우어】 두 사람이 마주 상대하여 이야기 함。偶語。【漢書】――者棄市。
【朱熹】洛書以五奇數、統四――。
【耦進:우진】 양쪽으로부터 나아감。두 사람이 나란히 나아감。

十畫

【⿰耒耆】(기) 支 キ、むぎまき sow the seeds of barley
보리씨뿌릴기(播下麥種)。

【耨】(누) 宥 ドウ、くわ weeding hoe
書草 ❶호미누(耘田器)。【易繫辭】耒―之利以敎天下蓋取諸益。❷김맬누(薅田)。【孟子 梁惠王上】深耕易―。

❶耨 (農政全書)

【耨耕:누경】 풀을 베고 갈음。耕耘。【荀子】積――而爲農夫。
【耨耜:누사】 호미와 장기。農具。【南史】――之具、頗有存者。

【耩】(강) 講 コウ、たがやす plough ㄐㄧㄤˇ chiang³
밭갈강(耕也)。

十一畫

【⿰耒啇】 一(체) 霽 二(적) 錫 テイ、うえる sow the seeds
一 대우칠체、갈지않고심을체(不耕而種)。二 심을적(種也)。

【耬】(루) 尤 ロウ、すき plowshare
書草 ❶씨뿌리는그릇루(播種具)。❷보습루(犂也)。
【耬斗菜:누두채】 풀의 이름。늦봄에 보라빛 또는 흰빛의 꽃이 핌。【農政全書】。
【耬犂:누리】 씨를 뿌리는데 쓰는 農具。
【耬車:누차】 씨 뿌리는 데 쓰이는 農具。一名 耬犂라고도 함。【農政全書】――下種器也、通俗文曰、覆種曰耬、一云耬犂。

耬車 (農政全書)

十二畫

【耮】(로) 號 ロウ、すき rake
고무래로、밭고르는쟁기로(摩田器)。

【⿰耒斮】(작) 藥 サク、うねづくり furrow
❶밭고랑지을작(作畦)。❷땅이름작(地名)。❸성작(姓也)。

十三畫

【⿰耒睪】(석) 陌 セキ、たがやす plough deeply
깊이갈석(深耕)。

十五畫

【⿰耒麃】(표) 肴 ホウ、くさぎる weed (out)
김맬표(除田穢)。

【耰】(우) 尤 ユウ、つちならし rake ㄧㄡ yu¹
書草 ❶고무래우(布種磨田器)。【莊子】深其耕而熟―之。❷곰방메우(破塊椎)。
【耰鉏:우서】 호미。耰鋤。【漢書·注】師古曰耰摩田器也。

耰鉏 (農政全書)

【耰鋤:우서】 호미。【淮南子】民勞而利薄後世爲之耒耜――。

耳 部

【耳】(이) 紙 ジ、みみ ear ㄦˇ êrh³

小篆 草書 ❶귀이(主聽)。『管子』腎發爲ㅡ。❷조자리이(凡附於兩旁如人ㅡ者亦曰ㅡ)。『宋書』鼎錯尙有ㅡ。❸말그칠이、뿐이(語決辭)。『史記』約法三章ㅡ。❹흩부들할이(ㅡㅡ。柔從)。『詩經』六轡ㅡㅡ。❺성할이(盛也)。❻여덟대손자이(八代孫)。

【耳殼:이각】《生》귓바퀴。

【耳鏡:이경】《醫》귓속을 자세히 검사하는 데에 쓰는 醫療器의 하나。

【耳科:이과】《醫》귓병을 전문으로 고치는 의술。

【耳垢:이구】귀에지。

【耳根:이근】귀뿌리。

【耳璫:이당】귀고리 구슬。耳珠。『後漢書』簪珥ㅡㅡ垂珠。

【耳力:이력】귀로 소리를 듣는 能力。聽力。『孟子』旣竭ㅡㅡ焉。

【耳聾:이롱】귀가 먹어 들리지 않음。귀머거리。『戰國策』蘇秦曰、舌敝ㅡㅡ、不見成功。

【耳聾症:이롱증】《醫》소리를 듣지 못하는 병。

【耳漏:이루】《醫》귓구멍에서 고름이 나는 병。「ㅡㅡ」。

【耳輪:이륜】귓바퀴。『王建』萬事風吹過

【耳麥:이맥】《植》귀리。

【耳鳴:이명】❶귀울림。《喩》자기만이 알고 남이 모르는 것。『北史』失言陰德、其猶ㅡㅡ、己獨知之、人無知者。❷《醫》귓병。정신 장해·혈관 장해 따위로 患者에게만 들리는 연속적인 소리。

【耳明酒:이명주】귀밝이 술。

【耳鳴症:이명증】《醫》귀에서 소리가 나는 병。

【耳目:이목】❶귀와 눈。『列子』愼ㅡㅡ之觀聽。❷여러 사람。

【耳目口鼻:이목구비】귀·눈·입·코。

【耳目之欲:이목지욕】❶귀로 듣고 눈으로 보는 것으로 말미암아 생기는 欲心。❷여러 가지 종류의 欲望。感覺的欲望。

【耳門:이문】귓문。

【耳聞目見:이문목견】귀로 듣고 눈으로 봄。곧 실지로 경험함。

【耳聞不如目見:이문불여목견】귀로 듣는 것은 속임을 당하는 일도 있으므로 눈으로 직접 보는 것과 같지 못하다는 뜻。『魏書』ㅡㅡ、吾曹目見何可共辨。

【耳鼻咽喉科:이비인후과】《醫》귀·코·咽頭·氣管 및 식도의 질병을 전문적으로 치료하는 의학의 한 분과。

【耳孫:이손】❶자기로부터 八代째의 손자。玄孫의 아들。❷遠孫。仍孫。『漢書·景帝紀』ㅡㅡ者、玄孫之子也。

【耳熟:이숙】귀에 익히어 들음。듣는 방식이 훌륭하게 됨。『歐陽修』吾ㅡㅡ矣、故能詳也。

【耳順:이순】六○세。孔子가 六○세가 되어서、天地萬物의 이치에 통달하고、思慮와 판단이 成熟하여 남이 하는 말을 들으면 듣는 것에 따라서 이해가 되었다는 데서 이와 같이 일컬음。『漢書』至於ㅡㅡ之年。

【耳食:이식】듣기만 하고 그 맛을 判斷함。《轉》남의 말을 듣기만 하고、그대로 신용함。『史記·六國年表序』此與以ㅡㅡ無異。

【耳飾:이식】귀엣고리。여자의 귀에 장식으로 다는 金銀珠玉 따위의 裝飾。『大淸會典圖』。

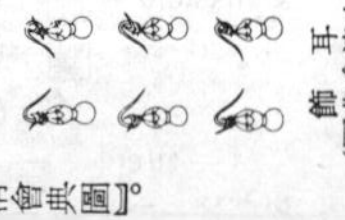

耳飾(大淸會典圖)

【耳痒:이양】《醫》귓속이 가려운 병。

【耳語:이어】귀에 입을 대고 말함。소곤거림。私語。『史記』與程不識ㅡㅡ。「ㅡ」。

【耳熱:이열】술에 취함。『漢書』酒後ㅡ

【耳耳:이이】❶매우 盛한 모양。또는 柔順하게 좇는 모양。『詩·魯頌』六轡ㅡㅡ。❷이러이러하고、저러저러함。❸分明한 모양。

【耳珠:이주】귀고리의 구슬。耳璫。

【耳朶:이타】귓불。귀。『五燈會元』風吹「ㅡㅡ」。

【耳痛:이통】《醫》귀앓이。

【耳剽:이표】귀동냥으로 얻은 學問。『劉禹錫』嘗ㅡㅡ老成人之言。

【耳學:이학】귀동냥。귀동냥으로 배운 글。실지 학습하지 않고 들어서 알게 된 學問。『南史』沈慶之厲聲曰、衆人雖見古今、不如下官ㅡㅡ也。

【耳懸鈴鼻懸鈴:이현령비현령】《國》귀에 걸면 귀걸이、코에 걸면 코걸이。《轉》㉠정해 놓은 것이 아니고 둘러 댈 탓이라는 뜻。㉡하나의 사물이 두쪽에 관련되어 어느 한 쪽으로 결정짓기가 어렵다는 뜻。

【耳環:이환】귀엣고리。『南史』穿耳貫小環。◎卷ㅡ、內ㅡ、木ㅡ、外ㅡ、牛ㅡ、中ㅡ、充ㅡ。

一 畫

【耴】(첩) 葉 チョウ、みみがたれる root of the ear

小篆 귀뿌리첩(耳下垂肉)。

二 畫

【耵】(정) 迥 青 テイ、チョウ、みみあか ear-wax ㄉㄧㄥˇ ting³

草書 귀에지정(ㅡ聹、耳垢)。

【耷】(서) 虞 ショ、まつ wait (for)

기다릴서(待也)。(『胥』와 통함)

三 畫

【耶】(야) 麻 ヤ、ジャ、か、や particle ㄧㄝˊ yeh¹·²

草書 ❶어조사야(語助辭)。❷그런가야(疑辭)。『韓愈墓志銘』縣曰萬年原曰神禾高四尺者先生墓ㅡ。

【耶蘇教:야소교】《宗》예수교。基督教。

【耶孃:야양】아버지와 어머니。爺孃。爺娘。『杜甫』ㅡㅡ妻子走相送、塵埃不見咸陽橋。

【耶枉:야왕】사악함。邪枉。『荀子』ㅡㅡ僻回失道途。

【耶華和:야화화】《宗》여호와。

【耺】(요) 蕭 ヨウ、みみなり ears sing

귀울요(耳鳴、膠ㅡ)。

四 畫

【玥】(월) 月 ゲツ、みみきる ears cut

小篆 귀베일월(耳斬)。

【耹】(금) 侵 キン、おと sound

小篆 ❶소리금(音也)。❷땅이름금(地名、ㅡ遂)。

【耻】(치)『恥』(心部 6畫)의 俗字

【耓】(청)『聽』(耳部 16畫)의 古字

【耼】(담) 覃 タン、みみたぶがない ears without rim ㄉㄢ tan¹

小篆 草書 ❶귀바퀴없을담(耳曼無輪)。❷노자이름담(老

子名)。

【耺】(운) 文 ウン、みみなり (of the eardrum) vibrate
귀청울릴운(耳中聲)。【法言】籩豆不陳玉帛不分琴瑟不鏗鐘鼓不ㅣ吾則無以見聖人矣。

【耽】(탐) 覃 タン、たのしむ pleasure (本音「담」)
小篆 草書 ❶귀축처질탐(耳大而垂)。【淮南子】夸父ㅣ耳在其北方。❷즐길탐(過樂)。【書經】惟ㅣ樂之從。❸웅크리고볼탐(虎視貌)。【易經】虎視ㅣㅣ。❹즐거울탐(樂也)。【詩經 少雅常棣】兄弟旣翕 和樂且ㅣ。❺깊고멀탐(深遠)。【張衡 西京賦】大廈ㅣㅣ。❻그릇될탐(耽誤)。
【耽憒:탐궤】마음이 어지러움。【顔氏家訓】但使人ㅣㅣ。
【耽嗜:탐기】즐겨 좋아함。깊이 즐거움「에 빠짐。
【耽溺:탐닉】어떤 일을 몹시 즐겨하여 거기에 빠짐。酒色雜氣에 빠짐。耽湎。【唐書】人情所ㅣㅣ。
【耽讀:탐독】책을 즐겨 읽음。어떤 책을 유달리 즐겨 읽음。
【耽羅:탐라】❶《歷》耽羅國。❷濟州島의 옛 이름。
【耽樂:탐락】酒色에 빠져서 마음껏 즐김。【書經】惟ㅣㅣ之從。
【耽戀:탐련】깊이 사모함。깊이 사모하고 그리워함。탐내어 생각함。
【耽味:탐미】깊이 맛봄。깊이 吟味함。【陸雲·與兄平原書】兄前表、甚有深情遠旨、可ㅣㅣ高文也。
【耽美:탐미】美를 追求하여 거기에 빠「짐。
【耽美主義:탐미주의】美를 追求하고、美에 耽溺하는 것이 藝術의 本意이며 窮極이라고 주장하는 主義。唯美主義。
【耽習:탐습】즐겨 배움。【北史】髫齔就學、ㅣㅣ不倦。
【耽悅:탐열】깊이 즐기고 좋아함。【吳志·註】折節好學、ㅣㅣ書傳。
【耽耽:탐탐】❶깊숙한 모양。【張衡·西京賦】大廈ㅣㅣ。❷樹木이 겹겹이 쌓여 무성한 모양。❸야심을 가지고 잔뜩 노리어 보는 모양。
【耽好:탐호】즐기고 좋아함。【北史】自少及老、ㅣㅣ經史。
【耽惑:탐혹】어떤 사물에 마음이 빠져 迷惑해짐。【岑參】獻公恣ㅣㅣ、視子如仇讎。

【耾】㊀(횡) 庚 ㊁(굉) 庚 コウ、つんぼ deaf
㊀바람소리우할횡(ㅣㅣ、大聲)。【風賦】ㅣㅣ雷聲。㊁❶귀먹을굉(聾也)。❷귀속말굉(耳語)。
【耾耾:횡횡】❶소리가 큼을 형용하는 말。【法言】非雷非霆、隱隱ㅣㅣ。❷바람소리。【宋玉·注】埤蒼曰、ㅣㅣ、風聲。

【耿】(경) 梗 キョウ、あきらか bright ㄍㄥˇ kěng
小篆 草書 ❶깨끗할경(介也)。【馮衍 顯志賦】獨ㅣ介而慕古兮。❷빛날경(光也)。【書經】以覲文王之ㅣ光。❸반짝거릴경(小明)。【謝朓詩】秋河曙ㅣㅣ。❹근심할경(憂也)。【詩經 邶風柏舟】ㅣㅣ不寢。
【耿介:경개】❶節操를 굳게 지켜 世俗과 구차스럽게 和合하지 않음。【馮衍】獨ㅣㅣ而慕古兮。❷德이 널리 빛나 偉大함。【楚辭·離騷】彼堯舜之ㅣㅣ兮。
【耿潔:경결】밝고 깨끗함。
【耿耿:경경】❶마음이 편안하지 못한 모양。【詩經】ㅣㅣ不寐、如有隱憂。❷염려되는 일이 있어 마음에 잊혀지지 않는 모양。또는 잠이 잘 들지 않는 모양。【詩·柏舟】ㅣㅣ不寐。❸빛나는 모양。【謝朓】秋河曙ㅣㅣ。
【耿耿孤枕:경경고침】근심에 젖어 있는 외로운 잠자리。
【耿光:경광】밝은 빛。《喩》德이 盛한 모양。【書·立政】以覲文王之ㅣㅣ。
【耿暉:경휘】밝은 햇빛。덕이 높음을 이르는 말。【陸雲】仰動華之ㅣㅣ。

五畫

【耼】(담)『聃』(耳部 4畫)의 俗字

【聄】(진) 軫 シン、ジン、つげる tell
❶고할진(告也)。❷들을진(聽也)。

【聁】㊀(비) 寘 ㊁(밀) 質 ヒ、ヒツ、はじる shame
㊀부끄러울비(恥也)。㊁뜻은 ㊀과 같음。

【聅】(철) 屑 テツ、みみをさす pierce the ear
小篆 화살로귀꿸철(軍法、以矢貫ㅣ)。【司馬法曰】小罪ㅣ。

【聆】(령) 靑 レイ、きく hear ㄌㄧㄥˊ ling²
小篆 草書 ❶들을령(以耳取聲聽)。❷깨달을령(曉也)。

【聇】(점) 鹽 デン、たれる hang down
小篆 귀조금늘어질점(耳小垂)。

【聊】(료) 蕭 リョウ、たのむ due to ㄌㄧㄠˊ liao²
小篆 草書 ❶애오라지료、힘입을료(賴也)。【方言】計劃無所ㅣ賴。❷귀청찡할료(耳鳴)。【楚辭】耳ㅣ啾而憔慌。❸방탕할료(ㅣ浪、放曠)。【吳都】浪ㅣ乎昧莫之坰。❹원할료(願也)。【詩經】孌彼諸姬ㅣ與之謀。❺어조사료(語助)。【詩經】椒ㅣ之實。
【聊浪:요랑】마음대로 돌아다님。放浪。【左思】ㅣㅣ乎昧莫之坰。
【聊賴:요뢰】安心하고 의지함。【漢書·註】言無ㅣㅣ以相保養。
【聊爾:요이】가벼움。輕率。疎忽。【晋書】未能免俗、聊復爾爾耳。
【聊啾:요추】걱정이 되어 귀가 쨍쨍 울림。【楚辭】耳ㅣㅣ。

【聈】(유) 有 ユウ、しずか quiet
草書 고요할유(靜也)。

六畫

【聟】(서)『壻』(士部 9畫)와 같음

【聎】(조) 蕭 チョウ、みみやみ earache
❶귀앓을조(ㅣ疾)。❷귀울조(ㅣ鳴)。

【聏】㊀(뉵) 屋 ㊁(이) 寘 ジ、ニ、やわらぐ harmony
㊀부끄러울뉵(恥也)。㊁화할이(和也)。【莊子】以ㅣ合驩。

【聐】(알) 黠 ケツ、おろか fool
❶멍청이알(痴不聽、頞ㅣ)。❷감각없을알(無覺)。

【聒】(괄) 曷 カツ、かまびすしい noisy; clamorous ㄍㄨㄚ kua¹
小篆 草書 ❶떠들썩할괄、요란할괄(聲擾讙語)。【左傳】ㅣ而與之語。❷덤덤할괄(ㅣㅣ無知貌)。【書

經】今汝ㅣㅣ。❸어리석을괄(愚也)。

【聒聒：괄괄】❶어리석은 모양。【書經】今汝ㅣㅣ。❷시끄러운 모양。【歐陽修·鳴鳩詩】遭爾ㅣㅣ何時停。

【聒聒兒：괄괄아】《動》여치。絡緯。

【聒然：괄연】소란한 모양。말 소리가 떠들썩한 모양。聒然。

【聒耳：괄이】귀가 따갑도록 떠들며 지껄임。

【聒子：괄자】《動》올챙이。蝌蚪。【本草集解】科斗皆出、謂之ㅣㅣ。

【聑】(접) 葉 チョウ、やすい easy

小篆 편안할접(安也)。

七畫

【聕】(호) 皓 コウ、きく hear

❶들릴호(聞也)。❷긴귀호(長耳)。

【聖】(성) 敬 セイ、ショウ、ひじり saint ㄕㄥˋ shèng

小篆 草書 ❶성인성(智德過人、人格最高者)。❷착할성(睿也)。❸통할성(通也)。【孟子】大而化之之謂ㅣ。❹지극할성(至極之稱)。❺잘할성(其道之長者、詩ㅣ·樂ㅣ)。❻거룩할성(至ㅣ)。❼임금성(天子尊稱)。❽약주성(超凡曰ㅣ 清酒異名)。【李適之詩】樂ㅣ且銜杯。

【聖駕：성가】임금이 타는 수레。宸駕。龍駕。【魏書】ㅣㅣ清道、當務萬安。

【聖歌：성가】천주와 천신과 성인을 찬송하는 노래。찬송가。

【聖家：성가】예수·마리아·요셉으로 이루어진 거룩한 집안。

【聖架：성가】《宗》예수가 못박힌 십자가。

【聖架光榮：성가광영】《宗》예수가 못박힌 십자가의 빛나는 영광。

【聖鑑：성감】임금이 분별하여 아는 일。【晉書】簡在ㅣㅣ。

【聖潔：성결】신성하고 깨끗함。

【聖潔教會：성결교회】《宗》예수교 宗派의 하나로서 성결교 교파의 교회。

【聖經：성경】❶聖人이 지은 책。【唐書】孔子在時、方修明ㅣㅣ、以絀繆異。❷《宗》종교상 信仰의 最高法典이 되는 책。예수교의 新舊約聖書、佛教의 佛經、回回教의 코오란(Koran) 등。

【聖骨：성골】《歷》新羅 때 骨品의 하나로 父母가 王系인 사람。始祖 赫居世로부터 二八대 眞德女王까지가 이에 속함。

【聖功：성공】❶거룩한 功績。❷임금의 功績。聖勳。【李東陽】日月無私照、乾坤仰ㅣㅣ。

【聖公會：성공회】《宗》一五三四년 로마교회에서 분리된 기독교의 한 파。舊教式 감독제와 신교식 요소를 신조로 함。

【聖觀世音：성관세음】《佛》모든 관음의 근본이 되는 관음。相好가 원만하고 대자비함을 표현하며 寶觀가운데에 無量壽佛을 이고 있음。

【聖光：성광】《宗》성체 강복 때에 성체를 받들어 모시는 기물。

【聖教：성교】❶임금의 教命。❷聖人의 教。곧 孔子·基督·釋迦 등의 教法。【盧士衡】且住人間行ㅣㅣ。

【聖教會：성교회】《宗》天主教會。

【聖君：성군】훌륭한 임금。聖帝。【晉書】願輔ㅣㅣ、與神合其靈。

【聖躬：성궁】임금의 몸。聖體。【班固】俯仰于乾坤、參象于ㅣㅣ。

【聖劇：성극】《藝》성경에 있는 사실을 토대로 하여 꾸며 만든 연극。

【聖壇：성단】神聖한 壇。곧 교 회같은 곳의 강단 神을 모시는 壇。

【聖斷：성단】옳고 그름을 임금이 판단하는 일。【貴耳集】大臣去留、出自ㅣㅣ。

【聖堂：성당】❶孔子를 모신 廟。文廟。聖廟。❷《宗》。㉠天主教의 教會堂、또는 天主教會 안에 司祭가 미사를 올리는 집。㉡예수교의 教會。

【聖代：성대】훌륭한 임금이 다스리는 세상。聖世。昭代。【高適】ㅣㅣ休兵甲。

【聖德：성덕】❶가장 뛰어난 知德。【史記】高陽有ㅣㅣ。❷임금의 德을 稱頌하는 말。【史記】臣下百官、力誦ㅣㅣ。

【聖都：성도】거룩한 도시。

【聖徒：성도】❶덕이 특히 높았던 信徒로서 聖人 지위에 오른 이。聖人과 聖女。❷教人의 尊稱。

【聖道：성도】❶聖人의 道。【漢書】孝武皇帝躬ㅣㅣ、孝宗廟。❷《佛》自力門으로 迷를 끊고 도를 깨닫는 교법。

【聖覽：성람】임금의 觀覽。上覽。天覽。【幽間鼓吹】此不足煩ㅣㅣ。

【聖蠟：성랍】예수 부활 전날 밤에 쓰는 祝聖蜜燭。

【聖慮：성려】임금의 軫念。임금의 염려。

【聖輦：성련】임금이 타는 수레。鳳輦。

【聖靈：성령】＝聖神。

【聖禮：성례】❶거룩한 예식。❷세례식·성찬식 따위의 거룩한 식。

【聖路善功：성로선공】《宗》예수의 十字架 行路 열 네 장면을 상기하며 드리는 行進 기도。

【聖林：성림】❶中國의 曲阜에 있는 孔子의 墓所를 둘러싸고 있는 숲。孔林。❷헐리우드(Hollywood)、미국의 映畫都市。

【聖晩餐：성만찬】聖餐式에 행하는 식사。

【聖明：성명】임금을 부르는 尊稱。【薩都刺】小臣涓滴皆君賜、惟有丹心答ㅣㅣ。

【聖謨：성모】임금의 統治하는 方策。임금의 거룩한 꾀。聖算。【書經】ㅣㅣ洋洋、嘉言孔彰。

【聖母：성모】❶聖人의 어머니。❷임금의 生母。【清通典】。❸隋나라 洗夫人。❹唐의 則天武后。【封氏聞見記】。❺宋나라 哲宗의 第二后妃 劉氏。❻《宗》그리스도의 어머니 마리아。

【聖母受胎：성모수태】《宗》성모 마리아가 가부리엘 天神의 告示를 듣고 성령을 느끼어、동정인 채로 성자 예수 그리스도를 잉태한 일。

【聖廟：성묘】孔子를 모신 祠堂。文廟。

【聖武：성무】知德이 뛰어나고 武勇을 갖추고 있음。【左思】暨ㅣㅣ之龍飛。

【聖門：성문】❶聖人의 가르침에 나아가는 길。❷孔子의 門下。＝孔門。

【聖問：성문】임금의 물음。【漢書】造賓朝承ㅣㅣ。

【聖盤：성반】《宗》금이나 은으로 만든 쟁반。彌撒祭器의 한 가지。

【聖凡：성범】❶聖人과 凡夫。❷성스러움과 범상함。

【聖法：성법】❶성인이 만든 法度。❷거룩한 법。【莊子】殫殘天下之ㅣㅣ。

【聖父：성부】❶훌륭한 아버지。아버지의 尊稱。【宗史】既尊ㅣㅣ、亦燕壽母。❷《宗》天主教·基督教에서의 여호와。

【聖貧：성빈】＝神貧。

【聖嗣：성사】임금의 代를 잇는 사람。皇太子。【後漢書】即位以來、十有餘年、ㅣㅣ未立。

【聖史：성사】《宗》예수의 한 일을 기록한 네 가지 책。마태·마가·누가·요한의 네 福音。

【聖事：성사】❶《宗》형상 있는 표적으로 형상 없는 聖寵을 표하는 일。곧 聖洗·堅振·告解·聖體·終傅·神品·婚配의 일곱가지 일。❷聖스러운 일。

【聖算：성산】❶임금의 나이。聖壽·寶算。❷임금의 거룩한 꾀。임금의 統治하는 方策。聖謨。

【聖三：성삼】《宗》聖父·聖子·聖神의 三位。

【聖上:성상】 임금의 尊稱。主上。

【聖像:성상】 ❶임금、또는、聖人의 像。❷孔子의 像。『三餘偶筆』孔聖之有——、其來已久。❸《宗》그리스도의 像。❹《佛》釋迦의 그림 또는 像。

【聖瑞:성서】 ❶장래에 聖天子가 된다는 상서로운 조짐。❷氣品이 높은 人相。『史記』生昌有——。❸聖天子의 代에 나타나는 慶事스러운 조짐。

【聖書:성서】 ❶聖人이 지은 책。聖哲의 書。『漢書』雄自有大度非聖哲之書、不好也。❷《書》예수교에서 新約聖書·舊約聖書를 합친 책。聖典。바이블(Bible).

【聖書學:성서학】 성서에 관한 학술적 연구의 總稱。

【聖善:성선】 어머니의 경칭。『詩經』母氏——、我無令人。

【聖世:성세】 ＝聖代。『周必大』——恩榮盛孝章。

【聖洗:성세】 ＝領洗。

【聖詔:성소】 임금의 명령。聖勅。『漢書』奉承太后——。

【聖獸:성수】 麒麟(想像上의 動物)의 別名。

【聖壽:성수】 임금의 나이。또는 수명。登壽。帝壽。『李嶠』欣——之延長。

【聖壽無疆:성수무강】 임금이 오래 살기를 비는 말。성수 만세。

【聖神:성신】 ❶임금。知德이 뛰어나서 通達하지 못한 것이 없고、靈妙不可思議한 神。『李覯·袁州州學記』。❷儒教에서 古代聖人을 일컫는 말。『朱熹』上古——、繼天立極。❸《宗》예수교에서 聖父·聖子와 함께 三位一體중의 第三位。

【聖神降臨:성신강림】 《宗》성신이 세상에 내려옴。

【聖神降臨節:성신강림절】 《宗》예수 부활 뒤 五〇일、곧 일곱째 일요일에 성신이 강림한 날을 기념하는 축일。

【聖神洗禮:성신세례】 《宗》하나님의 영이 사람의 마음 속의 죄를 씻음。

【聖顏:성안】 임금의 얼굴。天顏。『杜甫』日繞龍鱗識——。

【聖夜:성야】 깨끗한 밤。거룩한 밤。예수교에서 크리스머스의 前夜。

【聖藥:성약】 효력이 신통한 약。

【聖陽花:성양화】 茶의 別名。

【聖言:성언】 ❶聖人의 말씀。❷성서에 기록된 말。❸임금의 말씀。

【聖業:성업】 ❶거룩한 사업。❷임금의 事業。『漢書』蒙遺德、奉承——。

【聖域:성역】 ❶聖人의 地位。聖人의 範圍。聖境。『漢書』禹入——而不優。❷神聖한 地域。靈場。

【聖詠:성영】 《宗》舊約 詩篇 제 一五〇편의 천주를 찬송한 詩歌。

【聖王:성왕】 훌륭한 임금。聖天子。聖皇。聖主。『荀子』禮莫大于——。

【聖容:성용】 ＝聖面。『應貞』恢恢皇度、穆穆——。

【聖佑:성우】 《宗》천주의 도우심。

【聖雄:성웅】 거룩하리만큼 뛰어난 영웅。

【聖諭:성유】 임금의 勅諭。

【聖育:성육】 종교 교육。

【聖恩:성은】 ❶임금이 베푸는 은혜。皇恩。『後漢書』——遺戒顧重天下。❷《宗》하나님의 거룩한 은혜。

【聖意:성의】 성인의 마음。임금의 마음。『後漢書』五經久遠、——難明。

【聖儀:성의】 ❶임금의 威儀。❷임금。『舊唐書』一始一終光——。

【聖人:성인】 ❶萬世의 스승이 될 수 있을 정도로、知德이 뛰어나고 圓滿한 사람。聖者。『論語』——吾不得而見之矣。❷清酒의 別名。『魏志』醉客謂酒清者爲——、濁者爲賢人。❸唐 이래、임금의 尊稱으로 씀。❹《佛》㉠知德이 뛰어나고 慈善心이 깊은 사람。聖者。㉡훌륭한 중。上人。

【聖日:성일】 ❶神聖한 太陽。《轉》임금。『薛道衡』晉天逢——。❷《宗》예수교에서 日曜日。安息日。

【聖者:성자】 ❶덕이 높고 正理를 깨달은 사람。❷가장 순결하고 완전하여 신도의 모범으로 삼은 이。

【聖子:성자】 ❶知德이 가장 뛰어난 아들。❷帝王의 子孫。❸《宗》三位一體 중의 第二位。곧 독생자 예수。

【聖作:성작】 임금이 지은 詩文。『唐書』虞世南曰、——誠工、然體非雅正。

【聖裁:성재】 임금의 裁可。임금의 判斷。聖斷。

【聖籍:성적】 聖人이 지은 책。經書。『世說補』少引——、多發天然。

【聖蹟:성적】 유서 있는 성스러운 사적。또는 고적。

【聖戰:성전】 거룩한 사명을 띤 전쟁。

【聖典:성전】 ❶聖人이 쓴 귀중한 책。❷《宗》그 宗教의 가장 神聖한 것으로 看做되어、教義의 根本이 되는 文書。그리스도교의 聖書。佛教의 經典 등。

【聖殿:성전】 神聖한 殿堂。神殿。

【聖節:성절】 임금의 誕生日。聖誕①。

【聖祭:성제】 《宗》미사。

【聖帝:성제】 德이 뛰어난 임금。聖皇。

【聖祚:성조】 임금의 지위。寶祚。『高適』——雄圖廣。

【聖朝:성조】 ❶성군이 다스리는 조정。❷當代의 朝廷의 尊稱。『舊唐書』——垂則、永播於芳規。

【聖主:성주】 ＝聖王。『史記』以——責愚相。

【聖旨:성지】 임금의 생각。임금의 마음。『蔡邕』臣伏讀——。

【聖智:성지】 성인의 슬기。

【聖枝:성지】 聖枝 主日에 축성하는 나뭇가지。

【聖地:성지】 ❶종교상의 유서 깊은 거룩한 땅。❷《宗》宗教의 發祥地。기독교에서는 예루살렘、회회교에서는 메카임。

【聖地巡禮:성지순례】 순례자가 성지를 이곳 저곳 방문하는 일。

【聖職:성직】 거룩한 직분。

【聖職者:성직자】 《宗》종교적 직분을 맡은 教役者。

【聖餐:성찬】 《宗》그리스도가 磔刑(책형)당하여 被殺되던 前夜、弟子들에게 빵과 포도주를 나누어 준 記念으로서、教會에서 빵을 聖肉、포도주를 聖血이라 하여 먹는 儀式。

【聖札:성찰】 임금이 쓴 글。『張說』來承——歸。

【聖天子:성천자】 거룩한 임금。聖王。

【聖哲:성철】 모든 일에 通達하여、모르는 것이 없는 賢人。『左傳』猶求——之上。

【聖體:성체】 ❶聖躬。『後漢書』損於——。❷《宗》예수의 몸을 일컬음。七聖事의 하나。

【聖體降福:성체강복】 《宗》主日 또는 한 특정한 날에 성체로써 강복을 행함。

【聖寵:성총】 ❶임금의 은총。❷《宗》천주의 주시는 超性한 은혜。成聖과 助力의 두 가지가 있음。

【聖聰:성총】 임금의 슬기。신하가 임금을 일컫던 말。

【聖衷:성충】 임금의 마음。宸衷。『張九齡』孤續淪千載、流名感——。

【聖勅:성칙】 임금의 命令。聖詔。

【聖誕:성탄】 ❶聖節。『大學衍義補』今日承前代故事、爲三大節、元旦·冬至·——是也。❷《宗》聖誕節의 略語。크리스머스。

【聖誕日:성탄일】 ❶성인이나 임금이 탄생한 날。❷《宗》크리스머스。

【聖誕節:성탄절】 《宗》예수가 탄생한 날。一二월 二五일。크리스머스。

【聖統:성통】 ❶聖王의 業。임금의 事業。『史記』欲興——、惟在擇任將相哉。❷임금의 血統。❸임금。

【聖學:성학】 聖人이 主唱하고 가르친 학문。특히 儒學。經學。『葉采·近思錄序』——湮而復明。

【聖盒：성합】 성체를 모셔 두는 합。금 또는 은으로 만들음。
【聖骸：성해】 (宗)성인의 유골。
【聖行：성행】 (佛)보살들이 닦는 戒와 定과 慧。
【聖賢：성현】 聖人과 賢人。聖哲。『易經』大亨以養——。
【聖血：성혈】 (宗)예수의 피。
【聖號：성호】 (宗)신자가 가슴에 그리는 「十」의 표。
【聖花：성화】 (佛)부처 앞에 바치는 꽃。
【聖火：성화】 ❶神前에서 피우는 神聖한 불。❷(宗)하나님이 臨在함으로써 나타나는 불。❸올림픽 大會場에 켜놓는 불。
【聖化：성화】 임금의 德化。
【聖會：성회】 (宗)❶천주교회。❷예배당。
【聖灰：성회】 (宗)성지 주일에 축성된 나뭇가지를, 다음 해 聖灰禮儀 날에 불태워 만들어 축성한 재。
【聖灰日：성회일】 四旬齋의 첫날。
【聖候：성후】 임금의 安候。
【聖訓：성훈】 ❶聖人의 가르침。❷임금의 가르침。聖諭。『耶律楚材』洪恩浹四海、——宜書紳。
【聖諱：성휘】 성인의 휘。
◎大—、先—、詩—、神—、亞—、樂—、前—、至—、賢—、玄—、顯—。

【聖】 (성)『聖』(前條)과 같음

【聘】 (빙) 敬 ヘイ、めとる marry; wife's ㄆㄧㄣˋ p'in⁴ ㄆㄧㄥˋ p'ing⁴ 小篆 草書 ❶사신보낼빙(諸侯相問)。『周禮』時—以結諸侯之好。❷장가들빙(娶也)。『禮記』—則爲妻。❸부를빙(徵召)。『禮記』—名士。
【聘金：빙금】 婚姻의 結納金。=聘財。
【聘禮：빙례】 物品을 선사하는 儀禮。『禮記』——上公七介、侯伯五介、子男三介、所以明、貴賤也。
【聘命：빙명】 禮로써 불러 들임。『後漢書』七十餘、而首加——、優辭重禮。
【聘母：빙모】 (國)아내의 어머니。丈母。外姑。岳母。
【聘問：빙문】 禮를 갖추고 訪問함。慰問함。
【聘物：빙물】 聘問하는 데에 가지고 가는 禮物。
【聘父：빙부】 =丈人。
【聘召：빙소】 禮로써 부름。禮物을 갖추어 부름。聘招。『范仲淹』宜崇——之禮、以厚澆競之風。
【聘丈：빙장】 아내의 아버지。丈人。外舅。岳丈。
【聘妻：빙처】 約婚하고 아직 결혼하지 않은 아내。
【聘招：빙초】 =聘召。招聘。
【聘宅：빙택】 (國)남의 처가에 대한 敬稱。
【聘賢：빙현】 禮로써 어진 사람을 초빙하여 씀。『皇甫謐』朝有——之禮、野有遯竄之人。

八畫

【⿱昏耳】 (문)『聞』(耳部8畫)의 古字

【⿰耳罔】 (망) 養 ボウ、モウ、みみやみ ear disease ❶귀밝을망(聽也)。❷귓병망(耳疾)。

【聚】 (취) 麌 シュ、シュウ、あつまる collect; gather (本音「추」) ㄐㄩˋ chü⁴ 小篆 草書 ❶모을취(會也)。『易經』君子學以—之。❷고을취(邑落居也)。『史記』一年而所居成—。❸걷을취(—斂)。『大學』不畜—斂之臣。❹쌓을취(積也)。『禮記』命司徒循行積—。❺많을취(衆也)。
【聚骨：취골】 한 가족의 뫼를 한 곳에 장사하는 것。
【聚觀：취관】 무리를 지어 봄。『王炎』兒童喜——。
【聚軍：취군】 軍士나 人夫를 불러서 모으는 것。
【聚黨：취당】 한 무리의 同類를 불러 모은 것。
【聚頭扇：취두선】 부채。『春風堂隨筆』摺疊扇亦名——。
【聚落：취락】 상호 부조 생활을 목적으로 하는 사람의 集團的 居住地。(落은 部落)。『綱目集覽』人所聚居、故謂之村落·屯落·——。
【聚斂：취렴】 ❶모아 거둠。❷重稅를 부과하여 엄하게 받아 들이는 것。『論語·先進』——而付益之。
【聚立：취립】 여러 사람이 한 곳에 [illegible] 섬。
【聚蚊成雷：취문성뢰】 모기가 떼지어 날으는 소리가 뇌성을 이룸。『南史』夏季煩暑——。(轉)여러 小人의 무리가 事實을 歪曲하여, 열심히 남의 욕을 함。『漢書』衆煦漂山、聚蟲成雷。
【聚散：취산】 모이고 흩어짐。또는 모이는 것과 흩어지는 것。『莊子』緩急相摩、——以成。
【聚訟：취송】 ❶서로 是非를 하여 결말이 나지 않음。『後漢書』會禮之家、名曰——。❷많은 사람이 連名으로 송사하는 것。
【聚首：취수】 머리를 맞대고 가까이 앉음。對面하는 것。
【聚雲：취운】 몰려드는 구름。『鮑照』——屯高岸。
【聚議：취의】 여러 사람이 모여서 서로 의논함。
【聚精會神：취정회신】 정신을 한 군데로 모음。
【聚集：취집】 모음。모임。集聚。『元稹』——諸郞、宴老身。
【聚土：취토】 흩어진 흙을 거두어 모음。

【聡】 (총)『聰』(耳部11畫)의 俗字

【⿰耳奇】 (기) 支 キ、みみをそばたつ hearken 귀기우릴기(傾耳)。

【聝】 (괵) 陌 カク、みみをきる ears cut 小篆 或體 귀베일괵(斷耳)。

【聞】 ㊀(문) 文 ㊁(문) 問 ブン、モン、きく hear ㄨㄣˊ wên² 小篆 古文 草書 ㊀들을문(聽—、耳受聲)。『大學』聽而不—。㊁❶들릴문(聲徹)。『詩經』聲—于天。❷이름날문(令—、名達)。『孟子』令—廣譽施於身。❸소문문(風—)。
【聞見：문견】 ❶듣는 것과 보는 것。❷보고 듣고서 알음。『後漢書』道路讙譁、衆所——。
【聞記：문기】 들어서 알음。듣고서 마음에 새겨 둠。『說苑』孔子——不言、無務多談。
【聞道：문도】 ❶道理를 들어서 알음。『論語·里仁』朝——、夕死可矣。❷들으니。듣는 바에 의하면。(詩에 많이 씀)。『孟浩然』——梅花早。
【聞望：문망】 ❶이름이 널리 알려져 崇仰됨。❷명예와 人望。『陸機』早馳——、晩懷耿節。
【聞善：문선】 좋은 일을 들음。
【聞所聞：문소문】 (國)소문으로 전하여 들음。
【聞識：문식】 見聞과 知識。『孟子』多——乎。
【聞人：문인】 이름이 높은 사람。評判있는 사람。『孔子家語』少正卯、魯之——也。
【聞一知十：문일지십】 한 가지를 듣고 열 가지를 미루어 알음。
【聞則疾不聞藥：문즉질불문약】 (國)들으면 병이요 못들으면 약이다。(喩)마음에 걸리는 말은 처음부터 듣지 않는 편

이 도리어 낫음。〖靑莊館全書〗。

【聞知：문지】 듣고 알음。〖書經〗昔之人無ㅣㅣ。

【聞風：문풍】 뜬소문을 들음。

【聞香梨：문향리】 문배。

◎見ㅣ、寡ㅣ、奇ㅣ、多ㅣ、名ㅣ、博ㅣ、上ㅣ、聲ㅣ、所ㅣ、承ㅣ、新ㅣ、令ㅣ、外ㅣ、異聞ㅣ、傳ㅣ、轉ㅣ、奏ㅣ、淺ㅣ、聽ㅣ、醜ㅣ、側ㅣ、仄ㅣ、他ㅣ、風ㅣ。

【聟】 (서) 齊 セイ、むこ son-in-law

草書 사위서(女之夫)。〖王羲之女ㅣ帖〗取卿爲女ㅣ。(『壻』의 俗字)

【聢】 (정) 〔日字〕 しっかり certain

草書 확실할정、튼튼할정、분명할정(決定之意)。

九畫

【聖】 (성) 靑 セイ、みみさとい sharp ears

귀밝을성(耳明)。

【聤】 (정) 靑 テイ、みみだれ secretions from a ear ㄊㄧㄥ t'ing²

草書 귀에진물흐를정(耳出惡水)。

【聥】 ㊀(구) 麌 ㊁(우) 虞 グウ、ク、おどろく surprise

小篆 ㊀❶놀랄구(驚也)。❷귀쭝긋거릴구(張耳有所聞)。㊁뜻은 ㊀과 같음。

【聏】 (안) 諫 エン、アン、たのしむ shake the ear

귀흔들안(耳戱)。

【聦】 (총)『聰』(耳部11畫)의 俗字

【聨】 (련)『聯』(耳部11畫)과 같음

十畫

【聧】 (규) 齊 ケイ、かなつんぼ deaf

귀머거리규(聾者)。

【聹】 (재) 賄 サイ、つんぼ block head

小篆 멍청이재、귀머거리재(聽而不聰)。

【聙】 ㊀(면) 先 ㊁(명) 靑 ミョウ、もうす tell respectfully

㊀잠심하여들을면、새기어들을면(注意而聽)。㊁사뢸명(進言)。

【聰】 (뉵) 屋 ジク、はじる shame

부끄러울뉵(恥也)。

十一畫

【聯】 (련) 先 レン、つらなる unite; join ㄌㄧㄢ lien²

小篆 草書 ❶연이을련、잇닿을련(相繼不絕)。〖思玄賦〗繽ㅣ翩兮紛暗曖。❷관계할련(關ㅣ)。

【聯關：연관】 =關聯。

【聯關性：연관성】 =關聯性。

【聯騎：연기】 말을 나란히 타고 감。

【聯隊：연대】 《軍》二개 또는 三개의 大隊로 된 군대의 한 갈래。

【聯絡：연락】 ❶서로 관계를 맺음。❷사정을 알림。❸서로 이어 댐。連絡。〖唐書〗西有上洛重山之險、北有白崖ㅣㅣ、乃形勝之地、沃衍之墟。

【聯聯：연련】 서로 이어져 끊어지지 않은 모양。連連·綿綿。〖韋莊〗雁行斜去字ㅣㅣ。

【聯立：연립】 많은 사물이나 관계 따위가 동시에 아울러 섬。

【聯立內閣：연립내각】 =聯合內閣。

【聯立方程式：연립방정식】 《數》二개 이상의 미지수를 가지고、그 미지수들을 같은 치로써 두루 만족시킬 수 있을 때에 그 방정식을 일컬음。

【聯盟：연맹】 공동 목적을 위하여 동일한 행동을 취할 것을 맹약하여 이룬 단체。

【聯綿：연면】 길게 이어져 있는 모양。連綿。〖李白〗九疑ㅣㅣ皆相似。

【聯袂：연메】 행동을 같이 하는 것。連袂聯。〖宋之問〗衆賓ㅣㅣ、乘暮春之月。

【聯邦：연방】 한 주권국의 내부에 법률제도를 자유로 정할 수 있는 몇 개의 주체가 있는 나라。한 주권국을 형성하는 몇 개의 주체가 있어、주권국의 주권에 저촉되지 않는 범위에서 주권을 갖는 나라。곧 미국·스위스 따위。

【聯邦軍：연방군】 연방에 딸린 군사。

【聯邦制：연방제】 연방 국가를 형성하는 제도。

【聯臂：연비】 ❶간접으로 소개함。❷서로 이리저리 알게 됨。

【聯臂聯臂：연비연비】 ❶여러 겹의 간접적인 소개로。❷연줄연줄로。

【聯想：연상】 《心》한 관념에 의하여 관계되는 다른 관념을 생각하게 되는 현상。

【聯想心理學：연상심리학】 《心》정신을 관념、또 그 밖의 정신적 요소의 연합에 의하여 설명하는 학설。

【聯娟：연연】 여자의 눈썹이 길고 귀여운 모양。〖楚辭〗眉ㅣㅣ以蛾揚兮。

【聯作：연작】 한 작품을 여러 작가가 나눠서 지음。

【聯裝：연장】 한 砲塔·銃座 등에 二문 이상의 火器를 장비한 것。

【聯珠詩：연주시】 《書》七言絕句로 된 唐詩의 잘 된 것만 가려서 모은 詩集。

【聯紙：연지】 이어 붙인 종이。〖唐書〗李滿曰、ㅣㅣ是牒、豈曰敕耶。

【聯借：연차】 여러 사람이 연명하여 물건을 빌림。

【聯合：연합】 두 가지 이상의 사물이 서로 합함。〖諸葛亮〗ㅣㅣ朋黨、失意相攻。

【聯合國：연합국】 주의 사상을 같이 하여 동일 행동을 취하는 국제간의 나라。

【聯合軍：연합군】 두 나라 이상의 군대가 연합하여 하나의 통수 계통에 딸린 군대。

【聯合內閣：연합내각】 두 개 이상의 정당원으로 조직된 내각。聯立內閣。

【聯合艦隊：연합함대】 두 개 이상 또는 두 나라 이상의 함대가 연합하여 하나의 통합된 계통에 딸린 큰 함대。

◎關ㅣ、雙ㅣ、詩ㅣ、柱ㅣ。

【聰】 (총) 東 ソウ、さとい clever ㄘㄨㄥ ts'ung¹

小篆 草書 ❶귀밝을총(耳明通察)。〖史記〗反聽之謂ㅣ、內視之謂明。❷민첩할총(敏捷)。

【聰氣：총기】 《國》총명한 氣質。

【聰記：총기】 슬기롭고 기억력이 좋음。〖北齊書〗ㅣㅣ强識、半面不忘。

【聰朗：총랑】 총명하고 도리에 밝음。〖南史〗幼ㅣㅣ好學。

【聰明：총명】 ❶슬기롭고 道理에 밝음。〖書經〗ㅣㅣ作元后。❷눈과 귀가 銳敏함。〖管子〗耳目ㅣㅣ。

【聰明叡智：총명예지】 聖人이 갖추고 있는 네 가지 德。(聰은 모든 것을 다 들음、明은 모든 것을 다 봄、叡는 모든 것에 통달함。智는 모든 것을 알음)。〖易·繫辭〗古之——神武而不殺者夫。

【聰明好學：총명호학】 총기 있고 학문에 힘씀。

【聰謀：총모】 슬기로운 꾀。

【聰敏：총민】 슬기롭고 민첩함。聰慧。

『隋書』幼ㅣㅣ、年數歲、誦左思蜀都賦。

【聰辯：총변】 슬기롭고 말을 잘함。『北史』奚斤、ㅣㅣ强識、善談論。

【聰叡：총예】 총명하고 叡智가 있음。임금의 슬기를 칭송하는 말。『三國志·袁術傳·注』聖王ㅣㅣ、有周成之實。

【聰耳酒：총이주】 귀밝이술。

【聰俊：총준】 총명하고 俊秀함。

【聰智：총지】 총명하고 지혜가 있음。聰慧。『中論』貞良ㅣㅣ。

【聰察：총찰】 총명하여 事物에 밝음。『漢書』于時諸侯爲ㅣㅣ矣。

【聰哲：총철】 ＝聰智。『晉書』誕受欽明、服ㅣㅣ。

【聰慧：총혜】 총명한 지혜。총명하고 슬기로움。『五代史』廬質幼ㅣㅣ、善屬文。

【聱】 (오) 看

ゴウ、きかない　faltering　ㄠ ao²

小篆 草書 ❶못들은체할오(ㅣ牙、不聽)。『唐書』能學ㅣ牙保宗而全家自號曰ㅣ叟。❷말떠듬떠듬할오(辭不平易)。『韓愈進學解』周誥殷盤詰屈ㅣ牙。

【聱叟：오수】 남의 말을 듣지 않는 완고한 늙은이。『唐書』自號ㅣㅣ。

【聱牙：오아】 ❶語句·文句 따위가 까다로와 理解하기 어려움。『韓愈·進學解』。❷남의 말을 듣지 않음。『蘇軾·上皇帝書』。

【聲】 (성) 庚

セイ、ショウ、こえ　sound; voice　ㄕㄥ shēng¹

小篆 草書 ❶소리성(音也)。『中庸』上天之載ㅣ無臭。❷풍류성(樂也)。『書經』律和ㅣ。❸명예성、기릴성(名譽)。『孟子』ㅣ聞過情君子恥之。❹소리들릴성(ㅣ敎)。

【聲價：성가】 세상의 좋은 評判。聲名。『李白』一登龍門、ㅣㅣ十倍。

【聲曲：성곡】 노래의 곡조。音曲。『北史』ㅣㅣ流宕。

【聲敎：성교】 임금의 백성을 감화하는 德。『書·禹貢』ㅣㅣ訖於四海。

【聲妓：성기】 노래를 잘하는 기생。歌妓。『唐書』供帳ㅣㅣ與天子等。

【聲氣：성기】 ❶意氣。❷名聲과 威勢。聲勢。『左傳·註』鼓以佐士衆之ㅣㅣ。❸소식。

【聲帶：성대】 《生》喉頭의 가운데에 있는 발성 기관。탄력 있는 두 개의 靱帶로서 자유로 신장·수축하여 허파에서 배출되는 공기에 의하여 진동시켜서 소리를 냄。

【聲帶模寫：성대모사】 남의 음성을 교묘하게 흉내내는 일。

【聲東擊西：성동격서】 동쪽을 친다고 聲言하고 실지로는 서쪽을 침。用兵術의 하나。

【聲浪：성랑】 ❶世評。❷音波。

【聲量：성량】 목소리의 크기와 양。音量。

【聲淚：성루】 말하는 소리와 눈물。또는 눈물을 흘리면서 이야기하는 것。『晉書』ㅣㅣ俱下。

【聲律：성률】 漢字 발음(平·上·去·入의 四聲)의 규칙。또는 그 법칙에 따라 지은 詩賦。『蘇洵』ㅣㅣ記問、從而破壞。

【聲利：성리】 명예와 이익。名利。『唐書』蕭俛性簡潔、以ㅣㅣ爲汙。

【聲望：성망】 名聲과 人望。좋은 평판。名望。『後漢書』ㅣㅣ日重。

【聲名：성명】 세상에 널리 떨친 이름。名聲。『中庸』ㅣㅣ洋溢乎中國。

【聲明：성명】 ❶㉠말로 표현함。㉡公言하여 뜻을 밝히는 것。❷《佛》㉠音韻의 원리를 연구하는 학문。『智度論』五明者、一曰ㅣㅣ、釋詁訓字、詮目流別。㉡부처의 공덕을 찬송하는 노래。梵唄。

【聲明書：성명서】 ❶성명하는 뜻을 쓴 글。❷정치·외교·사회 등의 책임자가 신문 따위를 통하여 일반에게 그 견해를 발표하는 글월。

【聲貌：성모】 말소리와 얼굴 모습。『白居易』ㅣㅣ俱如玉。

【聲門：성문】 《生》목 안에 聲帶가 있는 「곳」。

【聲問：성문】 소식。音問。聲息。『漢書』有ㅣㅣ來。

【聲聞：성문】 ❶名聲。聲譽。『孟子』ㅣㅣ過情、君子恥之。❷《佛》부처의 說法을 듣고 四諦의 이치를 깨달아서 阿羅漢이 된 佛弟子。

【聲病：성병】 결점이 있는 詩賦。특히 平仄·聲律이 맞지 않는 詩賦。

【聲色：성색】 ❶말소리와 얼굴 빛。《轉》言語와 態度。『中庸』ㅣㅣ之於以化民、末也。❷노래와 女色。『書經』惟王不邇ㅣㅣ。

【聲色俱厲：성색구려】 言語와 태도가 다 엄함。

【聲勢：성세】 ❶名聲과 威勢。『後漢書』竇憲恃宮掖ㅣㅣ。❷음성의 餘勢。

【聲詩：성시】 음악。『禮記·樂記』。

【聲實：성실】 소문과 실지의 속내。評判과 實際。名實。『晉書』ㅣㅣ稍損。

【聲樂：성악】 ❶음악。노래。『列子』堂廡之上、不絕ㅣㅣ。❷사람의 목소리로써 歌詞를 나타내는 음악。↔器樂。

【聲樂家：성악가】 성악을 전공한 사람。

【聲嗄：성애】 목이 쉼。

【聲言：성언】 ＝聲明。

【聲咽：성열】 목메어 울음。

【聲譽：성예】 훌륭한 名望。名聲과 稱譽。聲聞。『後漢書』天下無變、則足以顯ㅣㅣ。

【聲容：성용】 소리와 모습。聲音과 容貌。

【聲優：성우】 방송국의 배우。방송 전문의 배우。

【聲冤：성원】 억울한 죄를 聲明함。

【聲援：성원】 소리쳐서 士氣를 북돋우어 주는 것。『任昉』若使部救兵徽接ㅣㅣ、則單于首久懸北闕。

【聲威：성위】 ❶評判으로 위협함。『戰國策』ㅣㅣ天下。❷聲望과 威嚴。『史記』ㅣ發於魏。❸위력이 있는 평판。

【聲音：성음】 ❶음악。『禮記』ㅣㅣ之道、與政通矣。❷목소리。『孟子』恭儉豈可以ㅣㅣ笑貌爲哉。

【聲音文字：성음문자】 表音文字。

【聲音笑貌：성음소모】 《喩》겉만 꾸민 모양。『孟子·離婁』恭儉豈可以ㅣㅣ爲哉。

【聲音學：성음학】 성음에 관하여 연구하는 학문。音聲學。

【聲入心通：성입심통】 소리만 듣고 바「로 理解함。

【聲張：성장】 ❶소리를 지름。大聲。❷세상 사람의 비평을 함。

【聲績：성적】 명성과 공적。『隋書』所居之職、皆有ㅣㅣ。

【聲調：성조】 ❶목소리의 가락。『晉書』ㅣㅣ絕倫。❷四聲의 가락。「ㅣ自娛。

【聲酒：성주】 음악과 술。『北史』唯以ㅣ

【聲稱：성칭】 훌륭한 명예。名聲。聲譽。『司馬相如』休烈顯乎無窮、ㅣㅣ乎來茲。

【聲討：성토】 여러 사람이 모여서 어떤 일의 옳고 그름을 논의함。

【聲響：성향】 울려서 나는 소리。

【聲華：성화】 ❶＝聲譽。『楊炯』ㅣㅣ周百億。風烈被三千。❷화려한 것。『白居易·詩』昔爲京洛ㅣㅣ客。

◎歌ㅣ、家ㅣ、去ㅣ、奇ㅣ、名ㅣ、無ㅣ、ㅣ、人ㅣ、入ㅣ、鳥ㅣ、終ㅣ、鍾ㅣ、秋ㅣ、醜ㅣ、仄ㅣ、歎ㅣ、平ㅣ、風ㅣ、虛ㅣ、形ㅣ、和ㅣ。

【聳】 (용) 腫

ショウ、そびえる　raise up　ㄙㄨㄥ sung³　(古音「송」)

小篆 草書 ❶솟을용(高也)。『韓愈詩』詩思猶孤ㅣ。❷귀막힐용、귀먹을용(聾也)。『方言註』言

無所聞常ㅣ耳。❸공경할용(敬也)。『國語 楚語』能ㅣ其德。❹장려할용(獎也)。『楚語』ㅣ善而抑惡焉。

【聳空:용공】 공중에 우뚝 섬。

【聳觀:용관】 높은 망루。高觀。『梁簡文帝』ㅣㅣ岧嶢。

【聳懼:용구】 벌벌 떨며 두려워함。竦懼。『十八史略』群臣ㅣㅣ。

【聳動:용동】 무서워 몸을 솟구쳐 움직임。

【聳樓:용루】 높이 솟은 누각。『梁簡文帝』ㅣㅣ排樹出、郤堞帶江淸。

【聳立:용립】 우뚝 솟음。山 따위가 높이 솟은 모양。

【聳秀:용수】 우뚝 뛰어난 모양。『宋書』峰嶂ㅣㅣ、林樹繁密。

【聳身:용신】 몸을 솟구쳐 세움。

【聳然:용연】 ❶높이 솟는 모양。❷삼가고 두려워하는 모양。悚然。

【聳瞻:용첨】 발돋움을 하고 봄。

【聳聽:용청】 귀를 기울여 자세히 들음。

【聳出:용출】 우뚝하게 솟음。

【聳峙:용치】 ＝聳立。『任昉』四ㅣㅣ於東嶽、比凝厲於秋霜。

【⿰耳巢】(조) 看 ソウ、みみなり ears buzz
❶귀울릴조(耳中聲)。❷귀에 시끄러울조(聹也)。

【⿰耳票】(표) 嘯 ヒョウ、やっときく hear hardly
❶겨우들을표(僅聞)。❷가며들을표(行聽)。

十二畫

【聵】(외) 卦 カイ、つんぼ ㄎㄨㄟˋ k'uei⁴ deaf
篆 小 或 體 草 書 배내귀머거리외、천생귀머거리외(耳聾)。『晉語』聾ㅣ不可使聽。

【聵眊:외모】 귀가 먹고 눈이 잘 보이지 않음。늙어 빠진 모양。『漢書』ㅣㅣ不知所爲。

【聵聵:외외】 無知한 모양。사람의 道理를 모르는 모양。『太玄經』曉天下之ㅣㅣ。

【聶】 ㊀(섭) 葉 ㊁(접) 葉 ショウ、ジョウ、ささやく ㄋㄧㄝˋ nieh⁴ whisper (古音「녑」)
篆 小 草 書 ㊀❶소곤거릴섭(附耳私小語)。『史記』效兒女子呫ㅣ耳語。❷낄섭(攝也)。❸성섭(姓也)。㊁회칠접(牒也)。(『牒』과 같음)

【聶兜姜:섭두강】 樂器의 이름。緬甸(버어마)에서 전해 온 것으로、형태는 金口角과 비슷하나 조금 큼。

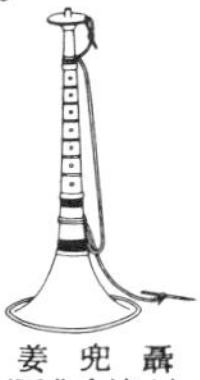
聶兜姜(大淸會典圖)

【聶拉木:섭랍목】 (地)西藏의 札倫布의 西南 쪽에 있는 泥泊爾와 後藏 사이의 要路。

【聶聶:섭섭】 나무 잎이 움직이는 모양。

【聶耳:섭이】 나라 이름。『山海經』ㅣㅣ之國、在無腸國東、使兩文虎、爲人兩手聶其耳。『注』言耳長、行則以手攝持之也。

聶耳國(三才圖會)

【聶許:섭허】 ❶귓속말을 함。『成玄英疏』聶、登也、亦是附耳私語也。❷귀로 들음。

【職】(직) 職 ショク、つとめ、しごと ㄓˊ chih² employment; work
篆 小 草 書 ❶주장할직(主也)。『徐曰』六ㅣ皆主記事之職。❷맡을직、직분직(執掌)。『書經 周官』六卿分ㅣ。❸벼슬직(品秩)。❹많을직(多也)。『莊子』萬物ㅣㅣ。❺공 바칠직(貢也)。『左傳』共其ㅣ貢。❻떳떳할직(常也)。❼나눌직(分也)。

【職階:직계】 職分上의 계급。

【職工:직공】 工場에 고용되어서 일하는 노동자。工員。

【職管:직관】 맡아 봄。또는 맡아 보는 일。職掌。『南史·註』ㅣㅣ猶云職掌。

【職局:직국】 사무실。『南史』以誣人之罪、收繫ㅣㅣ。

【職權:직권】 직무상의 권력。

【職能:직능】 직무상의 하는 일。직무를 수행하는 능력。

【職能代表制:직능대표제】 의회에 있어서의 대표자를 직업적 분야에서 선출하여 각각의 직업의 이해를 의회에 반영하려는 제도。↔地域代表制。

【職歷:직력】 직무상의 경력。

【職僚:직료】 벼슬아치。官吏。『任昉』軍佐ㅣㅣ、偏裨將帥。

【職名:직명】 직업이나 벼슬의 이름。

【職務:직무】 관직상의 임무。『隋書』雖ㅣㅣ繁雜、卷不釋手。

【職墨:직묵】 올바른 규칙을 지킴。繩墨(먹줄) 대로 따른다는 뜻。『史記·屈原傳』章畫ㅣㅣ分前度未改。

【職蜂:직봉】 (動)動蜂。일벌。

【職俸:직봉】 ❶職에 따르는 俸祿。❷職務와 俸給。

【職分:직분】 마땅히 다해야 할 本分。責務。『諸葛亮·出師表』此臣所以報先帝、而忠陛下之ㅣ也。

【職司:직사】 책임지고 맡은 일。『李商隱』古者世稱大手筆、此事不繫於ㅣㅣ。

【職事:직사】 ❶官職上의 勤務。官務에 종사하는 관리。『唐書』按甲令有ㅣㅣ官、有散官。❷生計。職業。『周禮』民無常職轉、移ㅣㅣ。

【職守:직수】 職務 또는 직장을 지킴。

【職業:직업】 ❶일。官職上의 일。『宋書』士子居朝、咸有ㅣㅣ。❷生計를 세우기 위하여 從事하는 일。生業。『史記』各以其方賄來貢、使無忘ㅣㅣ。

【職業敎育:직업교육】 직업 생활에 필요한 기술과 이론을 가르치는 교육。

【職業病:직업병】 직업상 특수한 노동 상태에 있을 때 일어나기 쉬운 병。곧 인쇄직공의 鉛毒、방적공장 직공의 폐병 따위。

【職業婦人:직업부인】 일정한 직업을 가진 부인。↔家庭婦人。

【職業紹介所:직업소개소】 직업을 구하는 사람에게 취직할 곳을 소개하는 곳。

【職業的:직업적】 직업 의식으로 치우친 것。

【職業的分業:직업적분업】 각 사람이 그 직업에 의하여 시행하는 사회적 분업。

【職業戰線:직업전선】 노동자의 과잉과 직장의 寡少에서 초래되는 직업 경쟁。

【職員:직원】 관청·학교·회사 따위에서 事務와 일을 맡아 보는 사람。

【職位:직위】 직책상의 지위。

【職由:직유】 어떤 일이 일어나는 유일한 까닭。

【職人:직인】 ❶소치는 일을 업으로 하는 사람。牧人。❷大木이나 미장이 등、자기의 손과 技術로써 職業을 삼는 사람。職工。『北魏書』ㅣㅣ子弟、隨逐浮遊。

【職印:직인】 官職을 나타내는 도장。또는 직무상 쓰는 도장。

【職任:직임】 직무상 맡은 바 책임。

【職場:직장】 직업을 가지고 일을 보살피는 곳。회사·관청·공장 따위의 지역

을 일컬음。

【職制:직제】 직무 분담에 대한 制度。

【職職:직직】 繁多한 모양。『莊子·至樂』百物——。

【職秩:직질】 ❶一定한 규칙。❷官位。(秩은 位)。『左傳』舊官百工之喪——者、以爲亂。

【職次:직차】 職責의 차례。『通典』刊定——、著爲令格。

【職責:직책】 직무상의 책임。

【職牒:직첩】 《制》朝廷으로부터의 벼슬아치의 任命 辭令書。

【職品:직품】 《制》官職의 品階。

【職銜:직함】 《制》벼슬의 이름。官銜。◎兼—、官—、軍—、內—、免—、名—、移—、在—、前—、轉—、重—、天—、遷—、賤—、就—、退—、閒—、現—、顯—、休—。

十三畫

【聵】 (농) 江 ノウ、みみなり(本音「낭」) ringing 귓속찡할농(耳中鳴)。『淮南子』聽雷者—。

【瞠】 (당) 陽 トウ、みみがたれる flap-eared ㄉㄤ tang 귀처져붙을당(耳下垂)。

【聸】 (담) 覃 タン、たれみみ ear lopped 小篆 ❶귀늘어질담(耳垂)。❷나라이름담(南方國名、—耳)。

十四畫

【聶】 ㊀(칩) 緝 ㊁(습) 緝 シュウ、うしうま のみうごく (of horses and cattle) cock ears ㊀마소귀쭝긋거릴칩(牛馬動耳貌)。㊁뜻은 ㊀과 같음。

【聶聶:칩칩】 말이나 소가 귀를 움직이는 모양。『五音集韻』聶、——、牛馬動耳貌。

【聹】 (녕) 靑 迥 ネイ、みみあか ear-wax ㄋㄧㄥˇ ning³ 草書 귀에지녕(耵—、耳垢)。

【聻】 ㊀(적) 陌 ㊁(니) 紙 セキ、ニ、おに devil 草書 ㊀❶귀신적(鬼也)。❷어조사적(語助辭)。㊁손가락질할니(指示)。

十五畫

【聵】 (곽) 藥 カク、おおきいみみ large ear ❶귀넓을곽(耳廣)。❷큰귀곽(耳—)。

十六畫

【聽】 (력) 錫 レキ、よくきく hear out attentively 자세히들을력(詳聞)。

【聽】 ㊀(청) 靑 ㊁(청) 徑 テイ、チョウ、きく listen; hear ㄊㄧㄥ t'ing¹·⁴ 小篆 草書 ㊀❶들을청(聆也)。『大學』—而不聞。❷받을청(受也)。『左傳 成公十二年』鄭伯如秦—成。❸좇을청(從也)。『左傳』姑慈婦—。㊁❶결단할청(斷也)。『禮記』以—獄訟。❷꾀할청(謀也)。❸기다릴청(待也)。❹수소문할청(偵察)。❺맡길청(任也)。

【聽覺:청각】 《生》소리를 듣는 感覺。聽感。

【聽覺器官:청각기관】 《生》귀로 받은 音波가 뇌로 전해져서、소리를 느끼는 감각을 일으키는 기관。곧 귀의 外耳·中耳·內耳의 總稱。

【聽講:청강】 講義를 들음。『世說』劉尹與桓宣武、共——禮記。

【聽講生:청강생】 대학에서、그 학교의 정식 학생이 아니면서 특히 청강만을 허락받은 사람。

【聽決:청결】 송사를 듣고 판결을 내림。聽斷。『元史』期秋八月、悉來京師——、如期至。

【聽骨:청골】 《生》中耳鼓室 안에 있는 三개의 작은 뼈。鼓膜의 진동을 內耳에 전하는 역할을 함。

【聽納:청납】 듣고 받아들임。『唐書』虛心——。

【聽斷:청단】 송사를 듣고 判決을 내림。聽決。『漢書·嚴助傳』南面而——、四海之內、莫不響應。

【聽力:청력】 소리를 듣는 能力。

【聽令:청령】 명령을 들음。

【聽聞:청문】 ❶들음。『書經』矧予之德言、足——。❷《佛》說敎를 들음。『平等覺經』樂——世尊敎。

【聽事:청사】 ❶송사를 받아 들이는 官廳。『吳志』所坐——、屋棟中折。❷諸侯가 임금에게 朝覲하여 譴責을 들음。❸玄關 앞의 中庭。

【聽誓:청서】 盟誓를 들음。

【聽訟:청송】 송사를 듣고서 裁判을 함。「聽獄。

【聽受:청수】 들어줌。聽納。『書經·疏』無可考驗之言、勿——之。

【聽順:청순】 말을 듣고 따름。명령에 服從함。

【聽視:청시】 듣고 봄。視聽。『淮南子』任耳目以——者、勞形而不明。

【聽神經:청신경】 《生》귀로부터 大腦에 通하는 神經。聽覺을 맡아 보는 신경。

【聽用:청용】 남이 하는 말을 받아 들여 그대로 行함。『後漢書』時莫——其謀。

【聽音機:청음기】 항공기나 잠수함 따위가 내는 음향을 들어 그 내습 및 방향、위치 따위를 탐지하는 기계의 總稱。

【聽而不聞:청이불문】 ❶아무리 귀를 기울이고 들어도 들리지 않음。(聽은 注意하여 들음。聞은 저절로 들려옴)。『大學』心不在焉、視而不見——。❷듣고도 못들은 체함。

【聽政:청정】 政事를 듣고 처리함。政務를 봄。『孟子』子產聽鄭國之政。

【聽從:청종】 분부 대로 잘 들어 좇음。

【聽衆:청중】 演說·설교 따위를 듣는 사람들。『長阿含經』不稱——。

【聽診:청진】 가슴 속에서 나는 소리를 듣고 병의 유무를 진단함。

【聽診器:청진기】 《醫》體內의 音響을 듣고 病의 有無를 診察하는 器具。

【聽察:청찰】 들어서 알음。探聞함。

【聽取:청취】 자세히 들음。

【聽取料:청취료】 라디오 따위를 듣고 그 값으로 내는 요금。

【聽取書:청취서】 범죄 수사에 있어 피의자나 그 밖의 관계인의 供述을 들어 기록한 서면。

【聽治:청치】 政事를 들음。또는 政治。

【聽許:청허】 허락함。允許。『魏武帝』歸情上聞、不蒙——。

【聽熒:청형】 疑惑해서 밝지 않은 모양。『莊子』是黃帝之所——也。◎敬—、傾—、謹—、盜—、傍—、拜—、上—、視—、試—、靜—、天—。

【聾】 (롱) 東 ロウ、つんぼ deaf ㄌㄨㄥˊ lung² 小篆 草書 귀막힐롱(耳籠無聞)。『左傳』耳不聽五聲之和曰—。

【聾昧:농매】 事理에 어두움。無知함。

【聾盲:농맹】 귀머거리와 소경。『莊子』豈惟形骸有——、哉、夫知亦有之。

【聾俗:농속】 귀머거리처럼 알아 듣지 못하는 無知한 사람。『孟浩然』知音徒自惜、——本相輕。

【聾啞:농아】 ❶귀머거리와 벙어리。❷귀머거리인 同時에 벙어리。聾暗。

【聾聵:농외】 ❶귀머거리。(聵는 배냇귀머거리)。『國語·晉語』ㅡㅡ不可使聽。❷無知의 비유。『易林』牛馬ㅡㅡ、不知深味。

【聾者:농자】 귀머거리。『莊子』ㅡㅡ無以與乎鐘鼓之聲。「雷霆之震。

【聾昏:농혼】 귀머거리。『馬融』ㅡㅡ不聞

十七畫

【⿰耳闋】 ㊀(월) 黠 ガイ、かなつんぼ ㊁(외) 卦 deaf 小篆 ㊀귀머거리월(聾者)。㊁뜻은 ㊀과 같음。

聿 部

【聿】(율) 質 イツ、ついに、のべる at last; pen ㄩ` yü⁴ 小篆 草書 ❶마침내율、드디어율(遂也)。『詩經』歲ㅡ其莫。❷지을율(述也)。『詩經』ㅡ修厥德。❸오직율(惟也)。『書經』ㅡ求元聖。❹스스로율(自也)。『詩經』ㅡ來胥宇。❺좇을율(循也)。❻붓율(筆也)。

【聿修:율수】 선조의 德을 사모하여 叙述함。『詩經』ㅡㅡ厥德。

【聿遵:율준】 지어서 좇음。『書記』ㅡㅡ皇祖跡。

【聿皇:율황】 가볍고 빠름。輕疾。『揚雄』武騎ㅡㅡ。

【聿】(녑) 葉 ジョウ、たけ bamboo 小篆 대녑(竹也)。

二畫

【⿰彳聿】(전) 先 セン、すすむ advance ❶뜻전(義也)。❷나아갈전(進也)。

三畫

【⿰聿彡】(진) 眞 シン、かざる decorate 小篆 ❶붓으로 꾸밀진(以筆飾也)。❷글씨 좋아할진(好書)。

四畫

【肁】(조) 篠 チョウ、はかる plan 小篆 ❶꾀할조(謀也)。❷열조(開也)。비로소조(始也)。

【肂】(사) 寘 シ、はかあな grave ㄙ` ssŭ⁴ 草書 하관할사(埋棺坎下)。『儀禮』掘ㅡ見衽。

【書】(서)→曰部6畫

五畫

【晝】(주)→日部7畫

六畫

【粛】(숙)『肅』(聿部7畫)의 俗字

【畫】(화)(획)→田部7畫

七畫

【肄】(이) 寘 イ、ならう practice 小篆 籀文 古文 草書 ❶익힐이(習也)。『左傳』臣以爲ㅡ業及之也。❷수고할이(勞也)。『詩經』既詒我ㅡ。❸휘추리이、결가지이(㯈條)。『詩經』伐其條ㅡ。

【肄武:이무】 武術을 익힘。『宋史』上方銳志ㅡㅡ。

【肄習:이습】 實習함。『後漢書』陳車騎、ㅡㅡ戰射。

【肄業:이업】 배우고 익힘。習業。『故事成語考』讀書曰ㅡㅡ、又曰藏珍。『左氏·注』肄、習也。

【肄儀:이의】 威儀를 익힘。『周禮』ㅡㅡ爲位。

【肅】(숙) 屋 シュク、つつしむ respect ㄙㄨ` su⁴ 小篆 古文 草書 ❶공손할숙(恭也)。『書經』恭作ㅡ。❷공경할숙(敬也)。『書經』罔不祗ㅡ。❸나아갈숙(進也)。『禮記 曲禮』主人ㅡ客而入。❹엄숙할숙(嚴貌)。『詩經』ㅡㅡ謝功。❺화한소리숙(ㅡㅡ、聲也)。❻경계할숙(戒也)。❼정제할숙(整也)。❽나라이름숙(國名、ㅡ愼)。

【肅敬:숙경】 삼가 존경함。『顏氏家訓』吾每讀聖人之書、未嘗不ㅡㅡ對之。

【肅啓:숙계】 삼가 말씀 드림。편지 첫머리에 써서 敬意를 나타내는 말。肅呈。

【肅軍:숙군】 ❶軍隊의 不正을 바로 잡음。❷不正한 軍人을 肅正함。

【肅黨:숙당】 불순한 당원을 숙청함。

【肅拜:숙배】 ❶삼가 절한다는 뜻으로 웃사람에게 하는 편지 끝에 쓰는 말。『周禮』九日ㅡㅡ。❷《制》서울을 떠나 任地로 가는 관리가 임금께 作別을 아뢰던 일。

【肅白:숙백】 삼가 말씀 드림。편지의 첫머리 또는 末尾에 붙이는 말。

【肅謝:숙사】 정숙하게 사례함。

【肅殺之氣:숙살지기】 쌀쌀한 가을의 기운。

【肅霜:숙상】 된 서리。

【肅愼:숙신】 《歷》中國 古代에 北方에 살던 通古斯族。바뀌어 그 居住 地方의 名稱이 되었음。지금의 松花江·烏蘇里江·黑龍江 流域地方。後漢에서는 挹婁(읍루)、隋·唐代에는 勿吉·靺鞨(말갈)이라 일컬었음。中國 史書에서는 息愼·稷愼 등으로 씀。高句麗 西川王 때를 거쳐 廣開土王 때 高句麗에 완전히 병합됨。

【肅若:숙약】 삼가 순종함。(若은 順)。『漢書』ㅡㅡ舊典。

【肅然:숙연】 ❶삼가는 모양。『北齊書』當使天下ㅡㅡ。❷山東省에 있는 산 이름。

【肅恩:숙은】 =肅謝。

【肅正:숙정】 엄하게 不正을 바로 잡음。不正을 嚴重히 除去함。

【肅整:숙정】 行動擧措가 端正함。端肅。

【肅靜:숙정】 삼가서 고요함。엄숙하고 고요함。『北史』一方ㅡㅡ、號爲良牧。

【肅淸:숙청】 ❶亂을 평정하여 어지러운 세상을 깨끗하게 함。단속하여 不正을 없앰。『陸機』二州ㅡㅡ、四邦咸擧。❷차고 맑은 모양。또는 靜寂한 모양。❸불순분자를 몰아냄。

【肅聽:숙청】 삼가 들음。고요히 들음。「靜聽。

◎嚴ㅡ、自ㅡ、靜ㅡ、整ㅡ。

【肆】(사) 寘 シ、ほしいまま licentious ㄙ` ssŭ⁴ 小篆 或體 草書 ❶방자할사(放恣)。『禮記』安ㅡ日偸。❷베풀사(陳也)。『詩經』ㅡ筵設席。❸늦춰줄사(緩也)。『書經』眚災ㅡ赦。❹저자사(市也)。『漢書』開市ㅡ以通之。❺말끝고칠사(更端辭)。『詩經』ㅡ不殄厥慍。❻외양간사(廏也)。『韓愈 爲人求薦書』木在山、馬在ㅡ。❼고로사(故也)。❽벌릴사(展也)。『左傳 僖公三十年』又欲ㅡ其西封。❾길사(長也)。❿궁구할사(究也)。

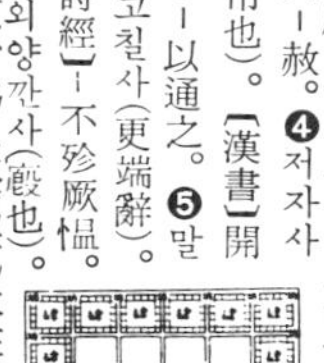

❹肆市 (禮器圖)

【肆氣:사기】함부로 성미를 부림。
【肆力:사력】=盡力。
【肆放:사방】방자함。꺼림없이 제 멋대로 행동함。放肆。肆縱。
【肆赦:사사】罪人을 용서함。
【肆奢:사사】제 멋대로 호사함。奢肆。『張衡』以一一爲賢。
【肆眚:사생】죄를 용서함。肆赦。『書經』眚災肆赦。
【肆惡:사악】악한 성정을 마구 부림。
【肆飮:사음】함부로 술을 마심。『魏書·北海王詳傳』一一終日。
【肆縱:사종】=肆放。『後漢書』以教孝敬、如或違此、則爲一一。
【肆中:사중】店舖 안。
【肆體:사체】몸을 푹 펴고 편안히 함。『漢書』天子從容一一。
【肆惰:사타】함부로 게으름을 부림。『元史』設或一一、良醫何益。
【肆虐:사학】제 멋대로 나쁜 짓을 함。橫虐。暴虐。『唐書』蠻區夷落、罪無逃罰、況輦轂下、姦臣一一乎。

八畫

【肇】(조) 篠 チョウ、はじめる ㄓㄠˋ chao⁴ begin
小篆 草書 ❶비로소조(始也)。『書經』一我邦于有夏。❷민첩할조(敏也)。『書經』一牽車牛。
【肇國:조국】처음으로 나라를 세움。『書經』乃穆考文王、一一在西土。
【肇基:조기】비롯함。土臺를 쌓음。基礎를 確立함。『書·武成』至于太王、一一王迹。
【肇冬:조동】첫겨울。
【肇始:조시】어떤 일이 비롯함。또는 비롯하는 일。
【肇業:조업】어떤 사업을 처음으로 시작함。
【肇造:조조】처음으로 만들음。始建。『書經』用一一我區夏。
【肇秋:조추】陰曆 七월을 일컬음。孟秋。
【肇夏:조하】초여름。
【肈】(조)『肇』(前條)의 本字

肉 部

【肉】㊀(육) 屋 ニク、ジク、にく ㄖㄡˋ jou⁴ meat; flesh
㊁(유) 宥
小篆 草書 ㊀❶고기육、살육(肌也)。『管子』五臟已具而後生一。❷몸육(一身、一感)。㊁❶둘레유(璧邊)。『爾雅』一倍好謂之璧。❷저울추유(錘體)。『漢書』圜而環之令之一倍好者。❸살찔유(肥也)。❹찰유(滿也)。
【肉角:육각】❶아직 돋지 않고 살속에 싸여 있는 뿔。『孔叢子』麕身而一一。❷기린의 異名。『後漢書』一一馴毛。
【肉間:육간】푸줏간。
【肉感:육감】❶肉體上의 感覺。❷性的 感覺。
【肉感的:육감적】肉感이 일어나게 만드는 것。
【肉羹:육갱】고기를 끓여서 낸 즙。『唐書』以一一。
【肉桂:육계】계수나무의 두꺼운 껍질。藥用·香料로 씀。
【肉桂丁幾:육계정기】육계에서 뽑아낸 진액으로 만든 물약。
【肉庫:육고】(制)관청에 딸렸던 푸주。
【肉冠:육관】닭의 볏。鷄冠。
【肉塊:육괴】❶고깃 덩이。『宋史』鄭家巷歸産一一三。❷살찐 사람을 弄으로 일컫는 말。
【肉交:육교】남녀간의 성교。
【肉灸:육구】뜸。漢方의 한 치료법。
【肉氣:육기】❶몸의 살찐 모양。❷肉味。
【肉袒:육단】웃도리를 벗고 肉體를 나타냄。(喩)생각 대로 罰해 달라고 謝罪함。『左傳·宣·三』鄭伯一一、牽羊以逆。
【肉談:육담】(國)❶淫談 같은 야비한 이야기。❷品格이 낮은 말。
【肉德:육덕】(國) 몸에 살이 많아서 德스러움。
【肉跳風月:육도풍월】글자의 뜻을 잘 못 써서 보기 어렵고 價值 없는 시를 가리키는 말。
【肉量:육량】고기를 먹을 수 있는 분량。
【肉瘤:육류】살로만 된 혹。육혹。
【肉類:육류】식용할 수 있는 짐승의 고기 따위。
【肉味:육미】❶고기로 만든 음식。❷고기의 맛。
【肉糜:육미】(國)고기 죽。
【肉迫:육박】=肉薄①。
【肉薄:육박】❶敵地 따위에 몸으로써 突進함。❷준열히 힐문함。
【肉補:육보】(國)짐승의 고기를 먹어서 몸을 補함。
【肉山:육산】❶肥大한 몸。『黃庭堅』六月火雲蒸一一。❷살고기가 많음。
【肉色:육색】❶살빛。❷살빛처럼 불그스름한 빛。
【肉聲:육성】확성기·라디오·전화 등을 통하지 않고 사람 입으로부터 직접 나오는 소리。
【肉屬:육속】육미붙이。
【肉水:육수】고기를 삶아낸 물。
【肉食:육식】❶새·짐승·물고기 따위의 고기를 食料로 삼음。↔菜食。❷美食함。『左傳』一一者鄙、未能遠謀。❸動物의 食肉性。
【肉食類:육식류】(動)범·여우·곰 따위와 같이 다른 동물의 고기를 먹는 성질을 가진 哺乳動物。
【肉食鳥:육식조】다른 새나 짐승을 잡아먹는 소리개·매 따위의 새。
【肉食妻帶:육식처대】중이 고기를 먹고 아내를 가지는 일。
【肉食蟲:육식충】(動)다른 동물을 잡아먹는 벌레。
【肉身:육신】❶사람의 몸。❷木石과 같이 단단하지 아니한 몸。↔靈魂。
【肉身昇天:육신승천】白日昇天。
【肉芽:육아】싹의 줄기에 해당하는 부분에 많은 양분을 저장하여 球狀을 이룬 것。땅에 떨어져 새 개체가 됨。
【肉眼:육안】❶사람의 눈。『張羽』一一紛紛爭醜好。❷안경 따위의 힘을 빌지 않는 生來의 視力。❸물건의 表面만을 보는 眼識。↔心眼。
【肉慾:육욕】❶육체상의 모든 욕심。❷남녀 사이의 육체의 情慾。色慾。
【肉慾主義:육욕주의】육욕을 만족시킴으로써 인생의 최상의 목적으로 삼고자 하는 주의。↔觀念主義。
【肉用:육용】食肉으로 쓰이는 것。
【肉刺:육자】티눈。鷄眼瘡。
【肉醬:육장】쇠고기를 잘게 썰어서 간장에 넣어 만든 장조림。『周禮·註』醓醢、一一也。
【肉積:육적】(醫)肉食을 많이 하여 胃에 탈이 생겨서 단단히 뭉쳐 있는 병。
【肉炙:육적】고기 산적。
【肉情:육정】=肉慾。
【肉蓯蓉:육종용】(植)列的科에 속하는 寄生 植物의 한 가지。줄기는 肉質柱狀으로、잎은 비늘같이 互生하며 길이는 한 자남짓함。藥材로 쓰임。『本草』。

肉蓯蓉(三才圖會)

【肉酒:육주】고기와 술。
【肉重:육중】덩치가 크고 매우 무거움。

【肉質·육질】❶살。 또는 體質。 ❷살로 된 部分。 ❸살의 質。 「각。

【肉癥:육징】 고기를 먹고 싶어하는 생

【肉汁:육즙】 ❶새·짐승의 살에서 짜낸 즙。 ❷새·짐승의 고기를 끓여서 낸 즙。 『班固』衆人之逐世利、如青蠅之赴一一也。

【肉饌:육찬】 고기로 만든 반찬。

【肉叉:육채】 포크(fork)。

【肉滯:육체】 고기를 먹고 생긴 체증。

【肉體:육체】 사람의 몸。 발가벗은 몸。 肉身。 ↔靈魂。

【肉體勞動:육체 노동】 육체의 힘으로 하는 노동。 ↔精神勞動。

【肉體美:육체미】 육체의 均衡이 주는 아름다움。

【肉體的:육체적】 육체상에 관한 것。 ↔精神的。

【肉親:육친】 어버이와 자식·兄弟姉妹 등、血族관계가 있는 사람。 血族。 肉緣。 肉身。

【肉彈:육탄】 肉體를 彈丸 대신에 쓴다는 뜻。 《喩》敵地에 突入하여 감。 또는 그 肉體。

【肉脫:육탈】 ❶살이 빠져 몸이 마름。 ❷屍體의 살이 썩어서 없어짐。

【肉脫骨立:육탈골립】 몸이 몹시 여위어 뼈만 남도록 마름。

【肉湯:육탕】 고깃국。

【肉包:육포】 고기쌈。 「린 포。

【肉脯:육포】 쇠고기를 얇게 저미어서 말

【肉筆:육필】 당자가 실제로 쓴 글씨。

【肉虛飢:육허기】 《國》肉慾에 결신이 들렸다는 뜻으로 지나친 男女間의 사랑을 일컬음。

【肉膾:육회】 살코기나 간·천엽·양 따위를 잘게 썰어서 갖은 양념을 한 회。

【肉厚:육후】 《國》살이 두툼함。

◎骨ㅣ、筋ㅣ、豚ㅣ、ㅣ、肥ㅣ、生ㅣ、鳥ㅣ、酒ㅣ、皮ㅣ。

【月】(육)『肉』(前條)과 같음

二畫

【肋】(륵) 職 ロク、あばら rib; costa ㄌㄟˋ lei⁴

篆小 書草 갈빗대륵(脅骨檢勒五臟)。

【肋間:늑간】 갈빗대와 갈빗대 사이。

【肋間筋:늑간근】 갈빗대의 사이에 붙은 근육。

【肋間神經痛:늑간신경통】 늑간 신경이 아픈 병。

【肋骨:늑골】 《生》가슴을 둘러싸고 肺와 心臟을 보호하는 뼈。 갈빗대뼈。

【肋膜:늑막】 肋骨의 안쪽에 있어서 肺의 外面을 덮는 膜。 胸膜。

【肋膜炎:늑막염】 《醫》늑막에서 일어나는 염증。

【肋軟骨:늑연골】 갈빗대 끝에 붙어 있는 연한 뼈。

【肌】(기) 支 キ、はだ skin ㄐㄧ chi¹

篆小 書草 살기(膚肉)。『正字通』人身四支附骨者皆曰ㅣ。

【肌膏:기고】 살갗의 기름。 『郝經』ㅣㅣ坐銷鑠。

【肌骨:기골】 살과 뼈。 『歐陽修』其氣慄列、砭人ㅣㅣ。 「匀。

【肌理:기리】 살결。 『杜甫』ㅣㅣ細膩骨肉

【肌膚:기부】 살。 살갗。 『陶潛·責子詩』ㅣㅣ不復實。

【肌液:기액】 땀。 汗漿。『嵇康』ㅣㅣ肉汁。

【肍】(구) 尤 キュウ、にくづけ meat boiled down

篆小 고기로장담글구、장조림구(肉醬)。

【肎】(긍)『肯』(肉部 4畫)과 같음

【肐】(흘) 物 キツ、うごきひろがる shake off

篆小 떨칠흘(振也)。

【肙】(원) 霰 エン、こむし little insect

❶작은벌레원(小蟲)。 ❷빌원(空也)。 ❸움직일원(動也)。

三畫

【肌】 一(봉) 東 二(한) 翰 フウ、ちち breast

一젖봉(乳也)。 二굵어부스럼날한(搔而生創)。 (『肒』의 本字)

【肊】 一(억) 職 二(흘) 物 ヨク、キツ、むなぼね sternum ㄍㄜ kê¹

一가슴뼈억(胸骨)。 二❶몸흔들릴흘(體動貌)。 ❷【中字】팔꿈치흘(ㅣ肘)。

【肐膊:흘박】 胸骨과 膊骨。 『水滸傳』正面兩扇朱紅槅子、門上使着ㅣㅣ大鎖鎖着。

【肑】 一(적) 錫 二(박) 覺 テキ、バク、したはらのにく entrails

一창자밑살적(腸下肉)。 二손가락마디울박(指節鳴)。

【肒】(환) 翰 ガン、かききず get a blotch

篆小 굵어부스럼날환(搔而生創)。

【肓】(황) 陽 コウ、むなもと breast ㄏㄨㄤ huang¹

篆小 書草 명치끝황、흉격황(心上鬲下)。 【左傳】居ㅣ之上膏之下。

【肔】(도) 虞 ト、おおはら big belly

큰배도(大腹)。

【肔】(이) 紙 イ、さく cut off intestines

❶창자가를이(刳腸)。 ❷찢어질이(裂也)。

【肕】(인) 震 ジン、かたいにく tough meat

書草 질긴고기인(堅肉)。

【肖】 一(소) 嘯 二(초) 蕭 ショウ、にる similar; small ㄒㄧㄠ hsiao⁴

篆小 書草 一❶쇠약할소(衰弱)。 【史記】申呂ㅣ矣。 ❷흩어질소(失散)。 【莊子】達於知者ㅣ。 三❶닮을초(類似)。 【書經】說築傳巖之野惟ㅣ。 ❷작을초(小也)。 ❸같지않을초(子不似父謂之不ㅣ不賢亦曰不ㅣ)。 【孟子】舜之子亦不ㅣ。 ❹본받을초(模倣)。

【肖似:초사】 매우 닮음。 또는 비슷하게 함。 『范成大』我家鴟夷子、竹帛照吳越、雲仍無ㅣㅣ、頫首愧前哲。

【肖像:초상】 사람의 얼굴이나 모양을 그림으로 그리거나 彫刻으로 새긴 것。

【肖像畫:초상화】 초상의 그림。

【肙】(연) 先 エン、イン、ぼうふり small insect

篆小 ❶작은벌레연(小蟲)。 ❷요동할연(撓動)。

【肘】(주) 有 チュウ、ひじ elbow ㄓㄡˇ chou³

篆小 書草 ❶팔꿈치주(臂節)。 ❷팔뚝주(寸口手腕動脈處)。 【唐詩】今日垂楊生左ㅣ。

【肘胯:주과】 팔꿈치와 사타구니。 『蘇軾』或飛入吾車、偪仄入ㅣㅣ。

【肘臂:주비】 팔꿈치。 팔뚝의 關節。

【肘腋:주액】 ❶팔꿈치와 겨드랑이。 ❷

自己에게 아주 가까운의 비유。『晉書』寇發心腹、害起ㅡㅡ。

【肚】(두) 麌 stomach ト、いぶくろ ㄉㄨˇ tu³
草書 밥통두(膓ㅡ、胃也)。『博雅』胃謂之ㅡ。
【肚裏:두리】뱃속。心中。肚裡。
【肚皮裏:두피리】=肚裏。

【肛】(항) 江 anus コウ、しりのあな
草書 ❶배뚱뚱할항(膖ㅡ、脹大)。『韓愈詩』迸日挾所有形軀頓膖ㅡ。❷똥구멍항、분문항(大腸端ㅡ門)。『史記』ㅡ門重十二兩。
【肛門:항문】(生)똥구멍。『史記』ㅡㅡ重十二兩。
【肛門括約筋:항문괄약근】(生)똥구멍을 오무리고 펴고 하는 것을 맡은 근육。
【肛門狹窄:항문협착】똥구멍이 너무 좁아서 대변 보기에 곤란한 상태。

【肜】(융) 東 a kind of sacrifice ユウ、またのまつり ㄖㄨㄥˊ jung²
草書 ❶융제사융(商祭名)。『書經』高宗ㅡ日。❷다스릴융(治也)。❸화할융(和也)。

【肝】(간) 寒 liver カン、きも ㄍㄢ kan¹
小篆 草書 ❶간간(ㅡ膽木藏)。『正字通』ㅡ左三葉右四葉以膽爲府附脊第九椎。❷마음간(ㅡ膽)。❸요긴할간(ㅡ要)。
【肝膈:간격】肝臟과 명치。(轉)마음 속。『蘇軾』淸澈見ㅡㅡ。
【肝經:간경】❶肝臟에 붙은 질긴 줄기 [illegible]
【肝氣:간기】(醫)어린 아이가 消化不良으로 食慾이 없어지고、얼굴이 해쓱해져 푸른 젖을 吐하고 惡臭가 나는 푸른 똥을 누며 자꾸 우는 症勢。
【肝納:간납】제사에 쓰는 쇠간·처녑·魚肉 따위로 만든 저냐。干納。
【肝腦:간뇌】간과 뇌。
【肝腦塗地:간뇌도지】慘殺을 당하여 肝과 腦가 땅바닥에 으깨어졌다는 뜻。(喩)國事에 목숨을 돌보지 않고 힘을 다함을 일컬음。『史記』使天下之民、ㅡㅡㅡㅡ、父子暴骨中野。
【肝膽:간담】❶肝臟과 膽囊。간과 쓸개。❷마음。❸(中)勇氣。
【肝膽相照:간담상조】서로 마음을 툭 털어 놓고 매우 親密히 사귐。『韓愈』握手出肝膽相示。
【肝膽寒:간담한】놀라 두려워하는 모양。『十八史略·宋』西賊聞之ㅡㅡㅡ。
【肝銘:간명】마음에 깊이 새겨서 잊지 않음。
【肝斑:간반】피부에 불그무레한 斑紋이 저절로 나타나는 병。
【肝腎:간신】❶(生)간장과 신장。❷마음。『韓愈』雕琢愁ㅡㅡ。
【肝要:간요】썩 요긴함。아주 중요함。
【肝油:간유】대구 따위의 肝臟에서 뽑은 기름。빛이 누르고 냄새가 남。强壯劑로 씀。
【肝腸:간장】❶간과 창자。❷몹시 애타는 심정。
【肝臟:간장】(生)消化管의 큰 分泌腺으로서 膽汁을 만들며 營養을 貯藏함。『魏書』ㅡㅡ傷裂。
【肝肺:간폐】❶肝臟과 肺臟。❷眞心。『杜甫』戀闕勞ㅡㅡ。
【肝膾:간회】(國)소의 간으로 만든 회。
㉡心ㅡ、忠ㅡ、肺ㅡ。

四 畫

【肞】(결) 屑 anus ケツ、こうもん
小篆 똥구멍결(肛門)。

【股】(고) 麌 thigh コ、すね、もも ㄍㄨˇ ku³
小篆 草書 ❶다리고(脛本髀幹)。『詩經』赤芾在ㅡ。❷나뉠고(支別)。❸굳을고(固也)。
【股間:고간】샅。사타구니。
【股肱:고굉】다리와 팔。手足。(轉)임금의 손발이 되어서 일하는 가장 신뢰할 수 있는 신하。『十八史略·三國』竭ㅡㅡ之力、效忠貞之節。
【股肱之臣:고굉지신】임금이 가장 믿는 중요한 신하。『書經』帝曰、臣作朕股肱耳目。
【股本:고본】공동으로 하는 사업에 각각 내는 밑천。
【股本金:고본금】밑천이 되는 돈。
【股脾:고비】사타구니와 장딴지。『蔡邕』艮兌感其ㅡㅡ。
【股栗:고율】=股慄。『史記』餘皆ㅡㅡ。
【股慄:고율】두려워서 다리가 떨림。股栗。股戰。『漢書』誅瞯氏首惡、餘皆ㅡㅡ。
【股掌:고장】사타구니와 손바닥。『國語』玩吳國於ㅡㅡ之上、以得其志。
【股戰:고전】몹시 두려워서 다리가 벌벌 떨림。股慄。『十八史略·東漢』虎豹皆ㅡㅡ。

【肢】(지) 支 arm and legs シ、てあし
팔다리지(四ㅡ、體也)。
【肢幹:지간】(生)손발과 몸。
【肢骨:지골】(生)팔다리 뼈。
【肢節痛:지절통】몸살 따위로 팔다리의 마디가 아픈 병세。
【肢體:지체】❶胴體와 四肢。❷몸。身體。體軀。
【肢解:지해】손발을 잘라냄。옛날 中國에서 행하던 酷刑。

【肣】㊀(금) 侵 ㊁(함) 覃 tongue キン、カン、した
㊀거둘금(斂也)。『集韻』灼龜首仰足ㅡ。㊁❶혀함(舌也)。❷쇠고기포함(牛脯)。

【肥】(비) 微 fat; fertile ヒ、こえる ㄈㄟˊ fei²
小篆 草書 ❶살찔비(多肉)。『禮記』膚革充盈人之ㅡ。❷거름비(ㅡ料)。❸땅이름비(地名、合ㅡ)。
【肥甘:비감】살쪄서 맛 좋은 고기。美味。『孟子·梁惠王』爲ㅡㅡ不足于口與。
【肥潔:비결】살찌고 깨끗함。『春秋繁露』性貴ㅡㅡ、而不貪其大也。
【肥勁:비경】살찌고 굳셈。『論衡』心意調和、形體ㅡㅡ。
【肥己潤身:비기윤신】제 몸만 살찌게 함。(喩)제 이익만 차지함。
【肥己之慾:비기지욕】자기에게 이롭게 하려는 慾心。
【肥大:비대】살쪄서 몸집이 크고 뚱뚱함。『管子』形體ㅡㅡ、羽毛豊茂。
【肥鈍:비둔】너무 肥大하여 擧動이 鈍한 것。
【肥料:비료】植物의 生長을 촉진하기 위하여 땅에 주는 영양 물질。거름。窒素·燐酸·加里가 그 三要素임。
【肥料糞:비료분】비료로 쓰이는、사람이나 동물의 똥。
【肥料學:비료학】비료에 관하여 연구하는 농학의 한 부문。
【肥馬輕裘:비마경구】살찐 말과 가벼운 갖옷。(喩)부귀한 사람의 차림새。
【肥滿:비만】살쪄서 뚱뚱해짐。
【肥滿症:비만증】(醫)병적으로 살찌는 증세。
【肥美:비미】땅이 기름져서 좋음。『賈

誼·過秦論』不愛珍器重寶－－之地。

【肥胖:비반】 살이 뚱뚱하게 찜。

【肥胖症:비반증】 살이 병적으로 찌는 병。

【肥濕:비습】 肥滿하여 濕氣가 많음。

【肥沃:비옥】 땅이 기름져서 農作物이 잘 되는 것。肥饒。『論衡』－－墝埆。

【肥饒:비요】 =肥沃。『史記』地－－、可都以霸。

【肥肉:비육】 살쪄 기름진 고기。『孟子』「土地。庖有－－、廐有肥馬。

【肥土:비토】 기름져 農作物이 잘 되는

【肥漢:비한】 뚱뚱한 사내。肥大漢。

【肥效:비효】 비료의 효과。

【肥厚:비후】 살쪄서 뚱뚱함。

◎輕－、金－、魚－、天高馬－、追－。

【朌】 ㊀(분) 文 ハン、わける ㊁(반) 刪 tax

草書 ㊀머리클분(大首貌)。㊁부세 반、구실반(賦也)。『禮記』名山大澤不以－。

【朌子:분자】 戰國時代、齊의 武將。姓은 田。田朌이라고도 함。『戰國策』。

【肧】 (배) 灰 ハイ、はらむ conceive

아이밸배、애설배(婦孕一月曰－胎)。

【正字通】器物未成者亦曰－。

【胮】 (방) 江 ボウ、ふくれる stout

❶배불룩할방(腹脹)。❷퀴퀴할방(臭也)。

【肩】 (견) 先 ケン、かた shoulder ㄐㄧㄢ chien¹

小篆 俗體 草書 ❶어깨견(膊上)。❷이길견(克也)。❸맡길견(任也)。

『詩經』佛時仔－。『書經』朕不－好貨。❹멜견(負擔)。

『左傳』鄭子駟請息－於晉。❺세살된 짐승견(三歲獸)。❻능할견(能也)。

【肩胛:견갑】 어깨뼈가 있는 곳。

【肩胛骨:견갑골】 《生》上肢骨과 몸통을 연결하는 등의 위 쪽에 있는 逆三角形의 뼈。어깨뼈。

【肩胛關節:견갑관절】 어깨뼈와 上膊骨을 잇는 관절。

【肩胛筋:견갑근】 어깨뼈에 붙은 심줄。

【肩肩:견견】 여위고 작은 모양。『莊子』其脰－－。

【肩負:견부】 물건을 어깨에 맴。

【肩臂:견비】 어깨와 팔。

【肩臂痛:견비통】 견비가 아픈 신경통。

【肩隨:견수】 年長者와 함께 걸어갈 때에 조금 뒤에 떨어져서 따라감。『禮記·曲禮』五年以長、則－－之。

【肩輿:견여】 ❶두 사람이 메게 된 가마의 한 가지。平肩輿。❷大方牀을 쓰는 行喪에서 좁은 길을지 날때에 임시로 쓰는 간단한 상여。

肩輿❶(三才圖會)

【肩仔:견자】 맡김。부담함。『李泰伯』大道誰－－。

【肩章:견장】 制服 어깨에 붙여서 階級 따위를 나타내는 표지。

【肩次:견차】 어깨 차례。「간단한 雨裝。

【肩蔽:견폐】 어깨만 가리우는 서양식의

◎竝－、比－、雙－、息－、兩－、脅－。

【肪】 (방) 陽 ボウ、あぶら fat; grease ㄈㄤ fang¹

小篆 草書 ❶기름방、비계방(脂也)。『太玄經』脂牛正－不濯釜而烹。❷살찔방(肥也)。『徐曰』本草有鴈－。

【肪膩:방니】 살갗에 기름기가 있어 반질반질함。『袁尊尼』皓齒素腕、玉瑩－－。

【肪脆:방취】 魚鳥등의 살이 기름기가 많아 입에 넣으면 곧 녹음。

【胤】 (윤) 震 イン、きず scar (古音「인」)

小篆 ❶흠집윤(瘡痕)。❷등살 윤、등심윤(脊肉)。

【肫】 (순) 眞 ジュン ほおぼね cheekbone ㄓㄨㄣ chuen¹ (古音「준」)

小篆 草書 ❶광대뼈순(面顴)。❷정성스러울순(懇誠貌)。『禮記』－－其仁。

【肫髀:순비】 넓적다리 살의 육포。『儀

【肫肫:순순】 정성스러운 모양。『中庸』－－其仁。

【肬】 (우) 尤 ユウ、いぼ wen ㄧㄡ yu²

小篆 籒文 草書 혹우、군살우(贅肉)。『荀子』會未如－贅。

【肬贅:우취】 ❶사마귀와 혹。❷쓸모 없는 것。『荀子』今學曾未如－－、則具然欲爲人師。

【肭】 (눌) 月 ドツ、あざらし seal

草書 ❶바닷개눌、물개눌(膃－、海狗)。❷살찔눌(肥也)。

【肯】 (긍) 迥 コウ、かえんずる consent ㄎㄣ k'en³

小篆 古文 草書 ❶즐길긍(可也)。『詩經』惠然－來。❷뼈사이살긍(著骨肉)。『莊子』技經－綮之未嘗。

【肯可:긍가】 용허함。허가함。『歐陽修』未嘗有所－－。

【肯綮:긍경】 肯은 뼈에 붙은 고기。(綮은 힘줄 얽힌 곳)。《故》옛날 料理의 名手가 소를 脚뜰 때 칼이 肯綮에 잘 맞아서 고기살을 잘 베어낼 수 있었다는 故事。《轉》事物의 急所·要所를 일컬음。『莊子』枝經－－之未嘗、而況大軱乎。

【肯構肯堂:긍구긍당】 아버지가 이룩한 일을 아들이 잘 이어받음。『書經』。

【肯諾:긍낙】 쾌히 승낙함。수긍하여 허락함。

【肯謝:긍사】 머리를 끄떡여 감사의 뜻을 나타냄。

【肯首:긍수】 ❶그러하다고 고개를 끄덕임。❷남의 말이 옳다고 인정함。首肯。

【肯定:긍정】 그렇다고 인정함。同意함。↕否定。

【肯定命題:긍정명제】 《論》主語와 敍述語와의 一致를 提示하는 命題。積極命題。↕否定命題。

【肯定判斷:긍정판단】 《論》개는 동물이다와 같이 主槪念과 賓槪念의 일정한 관계를 긍정하는 판단。↕否定判斷。「함。

【肯從:긍종】 즐겨 따름。首肯하여 承諾

【肯志:긍지】 찬성하는 뜻。

【肮】 (항) 陽 コウ、のど throat (或音「강」)

草書 목구멍항(咽也)。『史記』不搤其－。

【肰】 (연) 先 ゼン、いぬにく flesh of a dog

小篆 古文 古文 개고기연(犬肉)。

【肱】 (굉) 蒸 コウ、ひじ forearm ㄍㄨㄥ kung¹

草書 팔뚝굉(肘下腕上)。『書經』帝曰臣作朕股－耳目。

【肱膂：굉려】 팔뚝과 등뼈。《喩》의지하기에 넉넉한 것。『唐書』肅宗稍稍、任以一一事。

【育】

(육) 屋 イク、そだつ 小篆 或體 草書 ㄩˋ yü⁴ rear; grow ❶기를육(養也)。〔詩經〕長我一我。❷날육(生也)。〔禮記〕發一萬物。❸자랄육(一成)。

【育苗：육묘】 苗木이나 모를 기름。

【育成：육성】 길러서 키움。잘 자라나도록 기름。養成。『高允』呑吐風雲、一一萬品。

【育兒：육아】 어린애를 길러서 키움。

【育兒室：육아실】 어린 아이를 기르기 위한 설비를 베푼 방。

【育養：육양】 =養育。『諸葛亮』一一民物。

【育嬰：육영】 어린아이를 기르고 가르침。

【育英：육영】 ❶英才를 교육함。『孟子·盡心』得天下之英才而教育之、三樂也。❷教育。

【育育：육육】 활발한 모양。『管子』浩浩者水、一一者魚。「試、以俟一一。

【育孕：육잉】 아이를 뱀。『魏書』乞停李

【育種：육종】 현재의 品種을 개량하거나 또는 改良種을 만드는 일。

◎教一、德一、發一、生一、成一、愛一、養一、知一、體一、化一、訓一、薰一。

【脄】

(괘) 隊 カイ、こしいたみ attack of lumbago 허리아플괘(腰痛)。

【肴】

(효) 肴 コウ、さかな 小篆 草書 ㄒㄧㄠˊ hsiao² relish 안주효(俎實啖肉)。〔漢書〕載酒一於田間候勤者而勞之。

【肴味：효미】 =肴核。『宋書』家貧、父母不能有一一。

【肴蔬：효소】 고기 안주와 나물。『蘇軾』洗爵對妻孥、一一無厚薄。

【肴蔌：효속】 =肴蔬。『荊楚歲時記』歲暮家家具一一、以迎新年。

【肴核：효핵】 술안주와 果實。술안주。『蘇軾·赤壁賦』一一旣盡。杯盤狼藉。

【肳】

(문)『吻』(口部 4畫)과 같음

【肬】

(탐) 感 タン、にくじる dregs of broth 小篆 고기국찌끼탐(肉汁滓)。

【肵】

㊀(기) 微 キ、キン、まないた ㊁(근) 問 ㄑㄧˊ ch'i² chopping-board 草書 ㊀시동이먹는도마기(尸之所食俎)。〔禮記〕祭殤不擧肺無一俎。㊁공경할근(敬也)。〔禮記〕一之爲言敬也。

【肶】

(비) 支 ヒ、うしのいぶくろ maw 멀떠구니비(牛胃)。

【肸】

(힐) 質 ケツ、キツ、ひろがる sound (同音「흘」) 小篆 草書 ㄒㄧˋ hsi⁴ ❶소리울릴힐(響布盛作)。〔漢書註〕一蠁言風之動樹聲響振起。❷클힐(佛一、大貌)。❸사람이름힐(人名)。❹웃을힐(笑也)。

【肺】

㊀(폐) 隊 ハイ、はい、こころ ㊁(패) 泰 ㄈㄟˋ fei⁴ lungs 小篆 草書 ㊀❶부아폐、허파폐(金藏主魄)。〔素問〕一者相傳之官治節出焉。❷친할폐(親也)。❸마음속폐(衷心)。㊁성할패(盛貌)。『詩經 陳風東門之陽』其葉一一。

【肺肝：폐간】 ❶《生》肺臟과 肝臟。❷깊은 마음속。眞心。『大學』如見其一一然。

【肺結核：폐결핵】 《醫》결핵균에 의한 폐장의 질환。폐병。癆漸。肺患。

【肺氣腫：폐기종】 《醫》肺胞가 확대하여 폐가 持續的으로 확장하고 있는 병증。

【肺癆：폐로】 肺結核의 俗稱。癆咳。

【肺門：폐문】 《生》폐의 入口。氣管支·혈관 따위가 들어가는 폐 내부의 부분。

【肺病：폐병】 《醫》❶肺臟의 병。肺疾。❷肺結核의 俗稱。

【肺腑：폐부】 ❶《生》肺臟。❷마음 속。❸要緊한 곳。要點。❹自己에게 가깝고 친한 사람。骨肉의 關係라 할만큼 친한 사람。『史記』田蚡以一一爲京師相。

【肺腑之言：폐부지언】 마음 속을 찌르는 참된 말。

【肺水腫：폐수종】 肺에 鬱血을 일으켰을 때에 肺胞나 間質組織에 물이 괴는 질환。

【肺循環：폐순환】 《生》靜脈血이 右心室로부터 나와서 肺動脈에 들어가、肺臟에서 炭酸개스를 버리고 酸素를 취해 들여 肺靜脈으로부터 左心室에 이르는 血液循環。小循環。

【肺癌：폐암】 폐장에 생기는 암종。五〇~六〇세의 남자에 많음。매우 서서히 발병하며 혈담·기침·호흡 곤란·흉통 따위의 증상이 생김。肺臟癌。

【肺魚類：폐어류】 《動》부레로써 肺와 같은 空氣呼吸이 되는 魚類。古生代로부터 生存하며、지금도 오스트레일리아·아프리카·아마존 등지에서 살음。

【肺疫：폐역】 《醫》소 따위에 생기는 일종의 傳染病。

【肺熱：폐열】 肺經의 열기。

【肺炎：폐염(慣)폐렴】 《醫》肺臟에 炎症을 일으키는 病。크루우프性 肺炎과 기관지 폐염이 있음。

【肺痿：폐위】 폐병의 하나。

【肺臟：폐장】 《生》주로 뭍에 사는 動物에 있으며、사람에게는 胸腔의 양쪽 左右에 한 개씩 있는 呼吸器。

【肺脹：폐창】 《醫》喘息。

【肺尖：폐첨】 肺臟 上部의 先端。

【肺蟲：폐충】 폐 벌레。폐에 기생하는 吸蟲。肺디스토마 따위。

【肺肺：폐폐】 盛하게 우거진 모양。『詩經』東門之楊、其葉一一。

【肺風瘡：폐풍창】 =鼻齄症。

【肺虛：폐허】 =肺病。

【肺患：폐환】 =肺結核。

【肺活量：폐활량】 깊이 숨을 들이 쉬어서、힘껏 내쉴 때에 나오는 肺內의 空氣의 量。肺量。肺氣量。

五畫

【胂】

㊀(신) 眞 シン、イ、せのび ㊁(이) 支 ㄕㄣ shen¹ stretch 小篆 ㊀기지게켤신(伸身)。㊁등심이(背脊肉)。

【胃】

(위) 未 イ、いぶくろ ㄨㄟˋ wei⁴ stomach 小篆 草書 ❶밥통위、양위(腸一、脾一、穀腑)。〔史記〕一脯簡微耳濁氏連騎。❷별이름위(星名)。❸성위(姓也)。(『腘』와 같음)

【胃結核：위결핵】 위에 생기는 결핵증。

【胃鏡：위경】 도이치의 의학자 쿠스마울(Kusmaul)이 발명한 위 속을 살펴 보는 거울。

【胃痙攣：위경련】 《醫》위가 오그라지며 劇痛을 일으키는 病症。

【胃潰瘍：위궤양】 《醫》胃壁에 종기가 나서 썩어 문드러지는 病。

【胃筋衰弱症：위근쇠약증】 위의 弛緩

症。胃壁의 근육의 수축력이 약해진 상태。胃애터니(Atony)。

【胃冷:위랭】《醫》胃腑가 冷한 상태。

【胃壁:위벽】胃의 내면。페프신塩酸을 분비함。

【胃病:위병】《醫》胃腑에서 생기는 病의 「총칭。

【胃腑:위부】《生》밥통。

【胃酸:위산】《生》胃液에 섞여 消化 작용을 하는 酸。

【胃酸過多症:위산과다증】《醫》위속에 산성의 물질이 많아서 소화가 안되는 병。

【胃腺:위선】《生》胃壁 안에 있으며、胃 「液을 分泌하는 消化腺。

【胃癌:위암】《醫》胃 안에 생기는 惡性의 重氣。

【胃液:위액】《生》胃에서 分泌되는 無色透明의 消化液。酸性을 띠고 있음。

【胃液缺乏症:위액결핍증】《醫》위액의 分泌가 적어 일어나는 병증。대개 늙은이에게 많음。

【胃弱:위약】❶胃經의 소화하는 힘이 약해지는 병。❷위가 약함。

【胃炎:위염】《醫》胃의 粘膜이 문드러지는 病。胃카타르(Catarrh)。

【胃癰:위옹】《醫》胃潰瘍。

【胃腸:위장】《生》胃와 腸。다 같이 消化器官。

【胃腸病:위장병】《醫》위장에 일어나는 병。위궤양·위암·위카타르 따위。

【胃出血:위출혈】《醫》위암·위궤양 따위의 병증으로 말미암아 위에서 출혈이 일어나는 症狀。

【胃痛:위통】《醫》위가 아픈 증세。

【胃下垂:위하수】《醫》위가 平常의 위치보다 처지는 병。전신 권태·식후 불쾌·위통 따위를 느낌。

【胃虛:위허】위가 허약함。

【胃擴張:위확장】《醫》胃 주머니의 筋肉의 收縮力이 약해지는 병。

【胄】(주) 宥 チュウ、よつぎ heir; eldest son 业又 chou⁴

(小篆)(草書) ❶자손주(裔也、系也、嗣也)。【左傳】是四嶽之裔一也。❷맏아들주(一子、長也)。❸혈통주(血統)。【書經】命汝典樂教一子。

【胄孫:주손】맏손자。

【胄筵:주연】書筵。

【胄裔:주예】핏줄。血統。子孫。後胤。裔胄。【左傳】吳、周之一一也。

【胅】(질) 屑 テツ、はれる get one's joint sprained

(小篆) 뼈마디퉁길질、삘질(骨差)。

【胆】㊀(단) 寒 タン、つば spittle ㄉㄢˇ tan³
㊁(단) 旱
㊂(달) 曷

(草書) ㊀침단、침버캐단(口脂澤)。㊁어깨벗어멜단(肉一)。㊂살찔달(肥貌)。

【胈】㊀(별) 屑 ヘツ、こえたにく fat meat
㊁(필) 質

(小篆) ㊀살찐 고기별(肥肉)。㊁클필(大貌)。

【胇】㊀(필) 質 ヒツ、ヒ、かわく dry
㊁(비) 未

㊀장대할필(身大一胖)。㊁마를비(乾也)。

【胇胃:필위】疫病을 쫓는 귀신。【後漢書】一一食虎、雄伯食魅。【注】逐疫之神也

【胇肸:필힐】큰 모양。【廣韻】一一大貌。

【胈】(발) 曷 ハツ、にこげ shin hair

(草書) 정강이털발(股上小毛)。【莊子天下】腓無一脛無毛。

【胉】(박) 藥 ハク、かたぼね shoulder bone

(草書) ❶허리뼈박(骭也)。❷어깨죽지박(肩胛)。❸갈비박(脅也)。【儀禮】去蹄兩一脅。

【昫】(구) 虞 ク、ほじし jerked beef

(小篆)(草書) ❶포구(脯也)。【禮記】左一右末。❷멀구(遠也)。❸풀이름구(草名)。【管子】古之祭者有時而一。

【昫昫:구구】구부렁한 모양。【禮記曲禮】昫、謂中屈也、屈脯一一然也。

【背】㊀(배) 隊 ハイ、セ、そむく back; betray ㄅㄟˋ p'ei⁴
㊁(패) 隊

(小篆)(草書) ㊀❶등배(脊也)。❷해무리배(日旁氣)。【漢書】暈適一穴。❸집북편배(堂北)。【詩經】言樹之一。❹등에태문생길배(台一、壽徵)。【詩經】黃髮台一。㊁❶버릴패(棄也)。【李密陳情表】玆父見一。❷배반할패(孤負反面違也)。【書經】一師保之訓。

【背講:배강】책을 보지 않고 돌아 앉아서 외는 일。背誦。

【背景:배경】❶그림에서 題材의 背後의 부분。❷무대 뒷 벽에 그린 경치 및 무대 위의 장치。❸小說 따위에서 人物을 둘러싼 周圍의 情景。❹背後의 勢力。❺背後의 경치。↔前景。

【背光性:배광성】=背日性。

【背敎:배교】❶가르침을 거스림。❷宗敎의 敎義를 배반함。

【背鰭:배기】등지느러미。

【背囊:배낭】가죽이나 피륙으로 만들어 물건을 넣어서 등에 걸머지는 것。

【背德:배덕】德義에 어그러짐。道德에 相反한 行爲。悖德。

【背道:배도】도리에 어긋남。

【背戾:배려】어김。道理를 어김。【宋史】自相一一矣。

【背理:배리】道理에 어긋남。

【背盟:배맹】同盟을 배반함。

【背面:배면】❶뒤。등。❷뒤를 향함。❸뒷 모양。❹얼굴을 뒤로 돌림。【李商隱】十五泣春風、一一鞦韆下。

【背叛:배반】신의를 저버리고 등지고 돌아섬。서로 容納이 되지 않음。離反。乖叛。【史記】群臣稍稍一一之。

【背叛罪:배반죄】敵國에 이익을 주는 행위를 함으로써 이루어지는 죄。

【背夫改嫁:배부개가】자기 남편을 배반하고 다른 곳으로 시집가는 것。

【背書:배서】❶책장이나 書面 같은 것의 뒤쪽에 글씨를 씀。또는 그 글씨。【齊家寶要】一一講書。❷裏書。

【背誦:배송】욈。책을 보지 않고 돌아앉아서 욈。暗唱。背書。倍文。【楊基】九齡六經已畢讀、掩卷一一無掣肘。

【背水陣:배수진】내·바다 따위를 背後에 두고 치는 陣。前漢 高祖의 功臣 韓信이 다루어 본 兵法。【史記·淮陰侯傳】《喩》㉠決死의 각오로써 敵을 對함。【尉繚子】背水陣爲絶地、向阪陣爲廢軍。㉡失敗하면 망한다는 각오로써 어떤 일을 시작함。

【背信:배신】信用을 저버림。信義에 배 「반함。

【背心:배심】배반하는 마음。叛心。

【背暗投明:배암투명】그른 길을 버리고 바른 길로 돌아감。

【背約:배약】약속을 어김。違約。

【背逆:배역】배반하고 거스름。【列子】不知一一、不知向順。

【背熱:배열】등이 몹시 뜨거워지는 병。

【背泳:배영】송장헤엄。

【背違：배위】 서로 어김。違背。
【背恩：배은】 恩義를 저버림。받은 恩德을 잊고 배반함。
【背恩忘德：배은망덕】 입은 恩德을 저버리고 배반하는 일。
【背日性：배일성】 植物의 뿌리처럼 太陽光線이 약한 쪽으로 향하여 번는 性質。背光性。↕向日性。
【背任：배임】 ❶맡은 바 임무를 저버림。❷임무의 본뜻에 어긋남。
【背任罪：배임죄】 남을 위하여 사무를 처리하는 사람이 자기 또는 제삼자의 이익을 위해서 본인에게 손해를 가할 목적으로 그 임무에 배반한 행위를 하여 본인에게 재산상의 손해를 끼치는 죄。
【背腫：배종】 등에 나는 작은 부스럼。
【背地性：배지성】 ❶지구의 인력과 반대 방향으로、동물이 뛰거나 날으려고 하는 성질。❷지구의 인력과 반대 방향으로 식물이 자라나는 성질。
【背瘡：배창】 《醫》등에 나는 큰 종기。등「창。
【背馳：배치】 ❶엇나감。❷반대로 되어 어긋남。『曹植』今我唯困蒙、群士所ㅣㅣ。
【背風：배풍】 뒤에서 불어오는 바람。
【背寒：배한】 등이 몹시 추워지는 병。
【背向：배향】 배반하는 것과 복종하는 것。向背。『漢書』離合ㅣㅣ、變化無常。
【背後：배후】 뒤 쪽。뒤。「行ㅣㅣ。
【背毁：배훼】 뒤에서 비방함。『宋書』暮
【背譎：배휼】 배반하여 속임。『淮南子』君臣乖心、則ㅣㅣ見于天。
◎腹ㅣ、手ㅣ、違ㅣ、紙ㅣ、向ㅣ、後ㅣ。

【胎】 (태) 灰 タイ、はらむ conceive 太历 t'ai¹
小篆 草書 ❶애밸태(孕ㅣ、懷姙)。『漢書』剖明月之珠ㅣ。❷처음태、시작태(胚ㅣ)。『漢書枚乘傳』禍生有基禍生有ㅣ。
【胎驚癎風：태경간풍】 《醫》임부가 어떤 충격을 받은 까닭으로 낳은 아이에게 일어나는 驚癎。
【胎敎：태교】 姙婦가 品行을 方正히 하여、胎兒에게 좋은 感化를 미치도록 하는 일。『劉向』文王生而明聖、君子曰、太任能ㅣㅣ。
【胎禽：태금】 《動》鶴을 일컬음。胎仙。『陳蒙』誰共悠游物外心、相親惟有ㅣㅣ。
【胎氣：태기】 아이를 밴 기미。
【胎囊：태낭】 태아가 뱃속에서 쓰고 있는 주머니 같은 물건。
【胎丹：태단】 胎中에서 받은 丹毒。
【胎毒：태독】 《醫》小兒의 얼굴과 머리에 생기는 皮膚病。胎內에서 받은 毒이나 生後의 體質 또는 細菌이 그 原因이 됨。
【胎動：태동】 ❶母體內에서의 胎兒의 운동。❷어떤 일이 일어날 氣運이 돌음。
【胎漏：태루】 《醫》임부의 자궁에서 피가 흐르는 병。
【胎膜：태막】 태아를 싸서 보호하는 膜。胎兒器官의 하나。
【胎脈：태맥】 잉태한 부인의 맥。
【胎母：태모】 孕婦。
【胎夢：태몽】 孕胎할 徵兆의 꿈。
【胎盤：태반】 《生》胎兒의 營養供給・呼吸・排泄 따위의 작용을 하는 것。
【胎便：태변】 배내똥。
【胎生：태생】 ❶《生》母胎 안에서 적당히 發育하여 생기어 나옴。↕卵生。『史記』ㅣㅣ者不殰。❷어떠한 땅에 태어남。
【胎生動物：태생동물】 새끼를 태 속에 배었다가 낳는 동물。
【胎生地：태생지】 태어난 땅。「똥。胎便。
【胎屎：태시】 갓난아이가 누는 똥。배내
【胎兒：태아】 胎內의 아이。
【胎芽：태아】 양분을 저장하여 절로 탈락했다가 다시 한 個體가 된 싹。마(산약)・百合의 肉芽 따위。
【胎熱：태열】 《醫》어린애가 태 안에서 열을 받은 것이 난 뒤에도 열이 있는 病症。흔히 얼굴이 붉어지며 변비가 생기고 오줌 빛이 赤黃色으로 변하여 젖을 먹지 아니함。
【胎衣：태의】 胎의 껍질。胎兒를 둘러싼 「膜과 胎盤。
【胎藏界曼荼羅：태장계만다라】 《佛》모든 부처의 이성의 덕을 상징하였다는 태장계의 묘리를 그림으로 그린 만다라。
【胎占：태점】 《國》뱃속에 든 아이가 男子인가 女子인가 알려고 치는 占。
【胎座：태좌】 암꽃술의 한 부분。子房 안에 胚珠가 붙어 있는 자리。
【胎中：태중】 아이를 밴 동안。胎上。
【胎紙：태지】 ❶주련・병풍 따위를 배접할 때에 모자라는 종이를 넣은 종이。❷편지 속에 따로 접어 넣는 종이。
【胎借：태차】 태 안에서의 借力。태중의 부인이 약을 먹어서 또는 신의 힘으로써 뱃속 아이에게 차력이 되게 함。
【胎患：태환】 《醫》分娩 때 눈알이 몹시 흔들려서 너덧살 되면 눈동자가 희어지고 눈이 밝지 못한 병。
◎落ㅣ、母ㅣ、胚ㅣ、受ㅣ、孕ㅣ、墮ㅣ、胞ㅣ、懷ㅣ。

【胍】 ㊀(고) 虞 ㊁(과) 麻 コ、しり hips
㊀배퉁퉁할고(大腹、ㅣ肫)。㊁뜻은 ㊀과 같음。

【胏】 (자) 紙 シ、ほじし jerked beef ㄗˇ tzŭ³
小篆 小篆 草書 ❶포자(脯有骨)。『易經』噬乾ㅣ。❷밥찌끼자(食所遺)。

【胢】 (가) 麻 カ、かさぶた scab ㄐㄧㄚ chia¹
❶딱지가(瘡痂)。❷옴가(疥瘡)。

【胔】 (자) 寘 シ、ほね bone ㄗˋ tzŭ⁴
草書 ❶짐승의뼈자(鳥獸殘骨)。『禮記月令』掩骼埋ㅣ。❷썩은고기자(腐肉)。

【胕】 (부) 『腑』(肉部 8畫)와 같음
【胕潰：부궤】 피부가 짓물러 터짐。『戰國策・注』胕與膚同、汗出於膚如潰。
【胕動：부동】 마음이 병들음。『呂覽』ㅣ跔蛆而多疾。
【胕腫：부종】 종기。부스럼。『素問』感於寒濕、則民病身重ㅣㅣ、胷腹滿。

【胖】 (반) 翰 寒 ハン、ふとる fat ㄆㄢˋ p'an⁴ ㄆㄤˊ p'ang²
小篆 草書 ❶살찔반、클반(肥ㅣ、大也)。『禮記』心廣體ㅣ。❷반쪽 고기반(半體肉)。❸안심반(胸側薄肉)。
【胖大：반대】 살이 많이 쪄서 몸집이 비대함。「朝夕、ㅣㅣ自安。
【胖肆：반사】 제 마음대로。『唐書』酣呶

【胗】 (진) 軫 シン、はれもの small pox
小篆 古文 역질진(痘瘡)。(『疹』의 古字)

【胘】 (현) 先 ケン、うしのいぶくろ the punch of cattle
小篆 소처녑현(牛胃)。

【胙】 (조) 遇 ソ、サク、さいわい happiness ㄗㄨㄛˋ tsuo⁴
小篆 草書 ❶제지낸포조(祭餘肉)。『左傳』賜齊侯ㅣ。❷복조(福也)。『周語』天地所ㅣ。❸갚을조

(報也)。【左傳 隱公八年】ー之土命之氏。

【胙俎 : 조조】 제사의 魚肉을 괴는 적틀。『周禮』賓客食則徹王之ーー。

【胚】 (배) 灰 ハイ、はらむ conceive ㄆㄟ p'ei¹

小篆 草書 애밸배(ー胎、婦孕一月曰ー)。(『胚』와 같음)

【胚孔 : 배공】 동물의 알이 될 때에 생긴 구멍。새끼가 될 때에 입과 똥구멍이 됨。

【胚盤 : 배반】 鳥類·爬蟲類 등의 알의 胚。알씨。

【胚芽 : 배아】 《植》植物의 씨 속에 있는 發生初期의 어린 식물。子葉·胚軸·幼芽·幼根의 네 가지로 됨。

【胚乳 : 배유】 씨앗 속에 있어 싹이 틀 때까지 양분이 되는 물질。

【胚孕 : 배잉】 아이 또는 새끼를 뱀。

【胚子 : 배자】 《生》알에서 發生하여 包皮 또는 母體에서 보호되고 있는 동물의 幼生。

【胚珠 : 배주】 《生》種子가 植物의 子房 안에 있어 아직 果實이 되지 않은 小球形의 白色軟質의 것。成熟하여 종자가 됨。

【胚胎 : 배태】 ❶아이나 새끼를 뱀。❷事物의 始初。事物의 원인이 되는 빌미。『本草綱目』ーー將兆。

【胚渾 : 배혼】 싹이 틈。『晁補之』明朝好天色、萬象開ーー。

【胆】 (저) 魚 ソ、ひもろぎ maggot

小篆 구더기저、쉬저(繩之所生肉中蟲)。

【胴】 (사) 眞 シ、ひよめき crown of the head

❶백회사(頭會)。❷정수리사、정문사(頂門)。

【胛】 (갑) 洽 コウ、かいがらぼね shoulder bone ㄐㄧㄚ chia¹

草書 어깨죽지갑(背上兩膊間肩甲)。『後漢書』中予貫ー。

【胛骨 : 갑골】 肩胛骨의 略稱。

【胜】 (성) 靑 セイ、なまにく raw meat

小篆 ❶개기름냄새성、비릴성(犬膏臭)。❷날고기성(生肉)。『禮記』飮ー而苴熟。

【胝】 (지) 支 チ、あかぎれ、たこ corn ㄓ chih¹

小篆 草書 ❶더께질지、못박힐지、구덩살지(胼ー、皮厚)。『荀子』耕耘樹藝手足胼ー以養其親。❷부르틀지(繭也)。『漢書』躬傶餅ー無胈。

【胞】 (포) 肴 ホウ、えな、はらから placenta ㄅㄠ pao¹

小篆 草書 ❶태보포(胎衣)。『莊子』ー有重閬心有天遊。❷한배포、동포포(父所生曰同ー)。

【胞宮 : 포궁】 《生》아기집。

【胞門 : 포문】 《生》産門。

【胞衣 : 포의】 胎衣。『南史』ーー紫色。

【胞人 : 포인】 ❶요리인。庖人。『釋文』胞、本又作庖。❷漢代의 벼슬 이름。宰割을 맡음。『漢書·注』師古曰、ーー主掌宰割者也、胞、與庖同。

【胞子 : 포자】 《植》植物이 生殖하기 위하여 생기는 특별한 細胞로서、母體를 떠나 새로운 個體가 되는 힘을 가짐。

【胞子生殖 : 포자생식】 포자에 의하여 이루어지는 생식。

【胞胎 : 포태】 아이를 배는 것。胞衣。

【胟】 (무) 有 ボウ、おやゆび thumb

엄지손가락무(將指)。

【胠】 ㊀(거) 語 ㊁(겁) 葉 ㊂(협) 洽 キョ、ひらく open ㄑㄩ ch'ü¹

小篆 草書 ㊀❶열거(旁閉發也)。『莊子』ー篋探囊發匱之盜而爲守備。❷갈비거(脅也)。㊁❶오른편군대겁(軍右翼)。『左傳 襄公二十三年』狼蘧疏爲右ー。❷㊀의 뜻과 같음。㊂❶갈비협(脅也)。❷열협(開也)。

【胠亂 : 거란】 鬼谷子의 逸篇의 이름。『鬼谷子』右主名轉丸ーー二篇皆亡。

【胠篋 : 거협】 ❶상자나 함을 엶。《轉》좀도둑。『莊子』將爲ーー探囊、發匱之盜、而爲守備。❷莊子의 篇名。

【胡】 (호) 虞 コ、えびす how; Mongol

小篆 草書 ❶어찌호(何也)。『書經』不慮ー獲。❷오래살호(壽也)。『詩經』ー考之寧。❸멀호(遐遠)。『儀禮』眉壽萬年永受ー福。❹창가장귀호(戈頸)。『周禮』戈ー三之戟ー四之。❺턱줄띠호(牛狼頷垂)。『詩經』狼跋其ー。❻고미호(彫ー、菰米)。『漢書』東彫ー。❼깔깔웃을호(笑貌)。『孔叢子』盧ー大笑。❽오랑캐호(ー馬)。

【胡笳 : 호가】 《樂》❶날라리。胡笛。❷갈잎피리。胡人이 갈잎을 둥글게 말아서 부는 피리。『李陵·答蘇武書』。

❶ 胡 笳 (大清會典圖)

【胡羯 : 호갈】 北方의 異民族。(羯은 匈奴)。『文天祥』慷慨吞ーー。「衣」ーー之寧。

【胡考 : 호고】 오래 살음。長壽。『詩·絲衣』ーー之寧。

【胡瓜 : 호과】 《植》오이。

【胡弓 : 호궁】 말총으로 만든 활로 타서 울리는 絃樂器。鼓弓。

【胡琴 : 호금】 ❶唐樂을 연주하는 현악기의 한가지。胡弓과 비슷하게 생겼는데 대로만 들어 뱀껍질을 입혔음。『楊維楨』ーー在南爲第二絃子、在北爲今名、亦古月琴之遺製也。❷琵琶의 異名。『樂器·琵琶』ーー、奏漢。

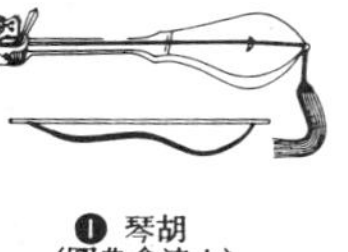

❶ 胡琴 (大清會典圖)

【胡騎 : 호기】 北方 異民族의 騎兵。『晋書』劉琨在晋陽、嘗爲ーー所圍。

【胡蘿蔔 : 호나복】 《植》당근。

【胡女 : 호녀】 《國》滿洲 여자。

【胡桃 : 호도】 《植》호두。첫 여름에 꽃이 핌。果實은 食用、材木은 家具·器具用。

【胡桐淚 : 호동루】 치통·목병의 外用藥으로 쓰는 呀喇菩의 나무진。

【胡亂 : 호란】 ❶한 데 뒤범벅이 되어 어수선함。『劉民鴻書』五胡亂華、漢人避兵者、凡事皆倉卒、不能完備、相率ーー。❷의심스러움。괴이함。❸胡人들이 일으킨 난리。❹《歷》丙子胡亂의 略稱。

【胡虜 : 호로】 ❶北方의 異民族。北狄。匈奴를 일컬음。『李白·子夜吳歌』何日平ーー、良人罷遠征。❷中國사람이 外國人을 낮잡아 일컫는 말。

【胡盧 : 호로】 ❶입을 가리고 웃음。일설에 웃음 소리가 목에 막힘。『孔叢子』ーー大笑。❷《植》호리병박。조롱박。

【胡簶 : 호록】 화살을 넣는 통。『韻會』ー

ㅣ箭客也。
【胡麻 : 호마】 《植》참깨科의 일년생 풀。 여름에 흰 꽃이 피며, 많은 黑·白·茶色의 씨가 달림。 씨는 食用으로 하며, 또 기름을 짬。
【胡麻餠 : 호마병】 깨떡。
【胡麻油 : 호마유】 참기름。
【胡麻仁 : 호마인】 종창을 다스리는 데 약으로 쓰는 참깨나 검은깨。
【胡麻粥 : 호마죽】 깨죽。
【胡麻湯 : 호마탕】 시들지 않고 싱싱한 들깨 잎과 줄기를 넣어 끓인 토장국。
【胡麥 : 호맥】 호밀。
【胡綿 : 호면】 품질이 좋은 풀솜。
【胡服 : 호복】 北方의 異民族의 衣服。
【胡福 : 호복】 커다란 幸福。 景福。 巨福。 『儀禮』眉壽萬年、永受ㅣㅣ。
【胡蜂 : 호봉】 《動》말벌。
【胡沙 : 호사】 ❶蒙古地方의 砂漠。 ❷상어의 別稱。 『本草綱目』。
【胡思亂量 : 호사난량】 까닭을 알 수 없는 생각。 『朱熹』宜於日用之間、稍立課程、不要如此ㅣㅣ、過却日子也。
【胡思亂相 : 호사난상】 매우 엉클려 어수선한 생각。 또는 그 생각。
【胡蒜 : 호산】 마늘。
【胡牀 : 호상】 걸상。 牀几。 胡座。 『晉書』庾亮便據ㅣㅣ、與諸賢士談詠竟夕。
【胡說 : 호설】 理致에 맞지 않는 의논。
【胡孫 : 호손】 원숭이의 別稱。 猢猻。 『廣雅』猴一名狙、一名王孫、一名ㅣㅣ。
【胡僧 : 호승】 ❶《佛》胡國의 僧侶。 ❷外國의 중。
【胡樂 : 호악】 ❶邊方 異民族의 음악。 ❷「外國의 音樂」。
【胡言亂說 : 호언난설】 무슨 말인지 理解할 수 없는 言說。 理致에 닿지 않는 말。 胡說。
【胡鷰 : 호연】 《動》명매기。

【胡髥 : 호염】 목에 난 수염。 『酉陽雜俎』五百歲燕、生ㅣㅣ。
【胡鹽 : 호염】 《國》❶中國에서 나는 굵고 거친 소금。 淸塩。 ❷《化》靑塩。
【胡越 : 호월】 서로 멀리 떨어져 있음。 (胡는 北方의 異民族。 越은 南方의 異民族)。
【胡越一家 : 호월일가】 胡는 北方의 異民族。 越은 南方의 異民族으로 中國全土가 統一됨의 일컬음。 『通鑑綱目』ㅡㅡ、古未有也。
【胡爲乎 : 호위호】 어찌하여서。 『杜甫』帶甲滿天地、ㅣㅣ君遠行。
【胡荾 : 호유】 《植》고수풀。
【胡人 : 호인】 ❶北方 또는 西域의 異民族。 ❷滿洲 사람。 野蠻人。
【胡蝶之夢 : 호접지몽】 萬物一體觀에 철저한 사람의 心境。 (故)莊子가 꿈에 나비가 되어, 彼我의 구별을 잊었다는 故事。 『莊子·齊物』不知周之夢爲胡蝶與、胡蝶之夢爲周與。
【胡種 : 호종】 滿洲人種이나 또는 그 物「種。
【胡地 : 호지】 異民族이 사는 땅。
【胡塵 : 호진】 ❶북쪽 사막에서 일어나는 黃塵。 ❷胡人의 兵馬로 말미암아 일어나는 砂塵。
【胡菜 : 호채】 《植》겨자과에 속하는 越年草。 높이 一米 내외이고 根生葉은 위가 넓은羽狀複葉이며, 때로는 分裂하지 않는 것도 있음。 油菜의 異名。

胡菜 (三才圖會)

【胡椒 : 호초】 《植》후추。 胡椒科의 常綠灌木。 印度原産。 球形의 붉은 果實이 열림。 또는 그 열매로부터 만든 粉末의 香辛料。 『酉陽雜俎』ㅣㅣ出摩伽陁國。

【胡椒末 : 호초말】 후춧가루。
【胡臭 : 호취】 암내。 腋臭。
【胡風 : 호풍】 ❶滿洲人의 風俗。 ❷滿洲地方으로부터 불어 오는 바람。
【胡行亂走 : 호행난주】 함부로 날뛰며 돌아다님。 어지럽게 마구 행동함。
【胡黃連 : 호황련】 《植》미나리아재비科에 속하는 多年草。 높이 一〇~三〇糎 이고, 잎은 근생하는 羽狀複葉이며 葉柄은 셋으로 갈라짐。 盜汗·眼疾·痔疾 따위에 藥材로 쓰임。

胡黃連 (三才圖會)

【胡黃毛 : 호황모】 붓을 매는 데에 쓰는 滿洲 족제비 꼬리의 털。

【胣】
(이) 紙 チ、さく cut off intestines
草書 창자끊을이 (刳腸)。

【胤】
(윤) 震 イン、たね ㄧㄣˋ yin' descendant
小篆 古文 草書 ❶맏아들윤 (子孫相承也、繼也、嗣也續也)。 『書經』王司敬民罔非天ㅣ。 익힐윤 (習也)。 『詩經』永錫祚ㅣ。
【胤君 : 윤군】 胤玉。
【胤文 : 윤문】 血統을 기록한 文書。 家傳의 사사로운 기록。 『論衡』若夫短書俗記、竹帛ㅣㅣ、非儒者所見。
【胤嗣 : 윤사】 代를 이을 子孫。 後孫。 『漢書』后妃有貞淑之行、則ㅣㅣ有賢聖之君。
【胤裔 : 윤예】 子孫。 後孫。
【胤子 : 윤자】 子孫。 嗣子。 『蔡傳』胤、嗣也。 『李陵』足下ㅣㅣ無恙、勿以爲念。

【脉】
(맥) 『脈』(6畫 肉部)의 俗字

【胥】
㊀(서) 魚 ㊁(서) 語 ショ、みな ㄒㄩ hsü' all; together
小篆 草書 ㊀❶다서 (皆也)。 『詩經』君子樂ㅣ。 ❷서로서 (相也)。 『書經』民非后罔克ㅣ匡以生。 ❸나비서 (蝴蝶)。 『列子』鳥足之根爲蠐螬其葉爲蝴蝶蝴蝶ㅣ也化爲蟲生竈下。 ❹게젓서 (蟹醢)。 『周禮註』靑州之蟹ㅣ。 ❺어조사서 (語助辭)。 『詩經』侯氏燕ㅣ。 ❻쌓을서 (蓄積)。 『漢書』木雍槍纍以爲儲ㅣ。 ❼도울서 (助也)。 ❽기다릴서 (待也)。 『史記 廉頗傳』ㅣ後令邯鄲。 ❾도적잡을서 (捕盜)。 ❿끌릴서 (淪ㅣ、相牽引)。 ㊁❶연좌될서 (ㅣ徒ㅣ靡、相隨坐輕刑之名)。 『漢書』史遷薰ㅣ以刑。 ❷땅이름서 (地名、蒲ㅣ)。
【胥匡 : 서광】 서로 바룸。 서로 匡正함。 『書經』民非后、罔克ㅣㅣ以生。
【胥動浮言 : 서동부언】 거짓말을 퍼뜨리어서 인심을 추켜 놓음。
【胥吏 : 서리】 지방 관청에 딸린 하급 관리。 『周禮·註』ㅣㅣ肆長。
【胥謀 : 서모】 서로 의논함。
【胥靡 : 서미】 죄를 지은 사람。 刑徒。 『史記』傳說爲ㅣㅣ、築傳險。
【胥失 : 서실】 서로 잘못함。
【胥宇 : 서우】 서로 같이 살음。 『詩經』爰及姜女、聿來ㅣㅣ。

六畫

【胮】
(방) 江 ホウ、ふくれる swell
❶배불룩할방、복창할방 (ㅣ肛、腹脹貌)。 ❷부을방 (腫也)。

【胦】
(앙) 陽 オウ、へそ navel
배꼽앙 (臍也、脖ㅣ)。

【脪】㊀(나) 麻 シ、こえる fatten
㊁(치) 紙 ㊀성길나(不密輕脪)。 ㊁살찌고연할
치(肉物肥美)。

【胭】(연) 先 エン、のど throat 一ㄢ yen¹
草書 ❶목구멍연(嗌也)。 ❷연지연
(一脂)。

【胭脂·연지】=臙脂。

【胯】㊀(고) 遇 コ、また groin
㊁(과) 禡
小篆 草書 ㊀다리고(股也)。 ㊁사타
구니과、샅과(兩股間)。
【史記 淮陰侯傳】韓信不能死出我一下。

【胯下:고하】 사타구니 밑。(字解參照)。

【胰】(이) 支 イ、せにく tenderloin 一 i²
草書 등심이(脊肉)。

【胱】(광) 陽 コウ、ぼうこう bladder ㄍㄨㄤ kuang¹
草書 오줌통광(水腑)。【素問】膀一者
州都之官津液藏焉氣化則能出。

【胲】㊀(해) 賄 カイ、ほおにく flesh of cheek (本音「개」)
㊁(해) 灰
小篆 ㊀❶엄지발가락해(足之大脂)。 ❷갖출해(備也)。 ㊁볼살해(頰
肉)。【漢書】樹頰一。

【胳】(각) 藥 カク、わきのした armpit ㄍㄜ ko¹
小篆 草書 ❶겨드랑이각(腋下)。 ❷
목정뼈각(牲後頸骨)。

【儀禮】介俎脊脅一肺。

【胴】(동) 董 トウ、ドウ、だいちょう colon
草書 큰창자동(大腸)。【抱朴子】雄黃
服餌之法以玄一腸裹蒸於赤土
下。

【胴部:동부】 팔·다리·머리 부분을 뺀
몸의 등걸。 몸통。

【胵】(치) 支 チ、はらわた internal organs ㄓ chih¹
小篆 草書 ❶새멀떠구니치(膍一、
鳥胃)。 ❷오장육부치(臟
腑之總名)。

【⿰月匜】(이) 支 イ、ぶたにく pork
제육이(豕肉)。

【胷】(흉)『胸』(次條)과 같음.

【胸】(흉) 冬 キョウ、むね breast ㄒㄩㄥ hsiung¹
小篆 草書 ❶가슴흉(膺也)。【史記】
人之懷抱曰一如一襟一次。
❷마음흉(心情)。

【胸間:흉간】 가슴의 근방。

【胸甲:흉갑】 戰爭터에서 가슴을 막기 위하여 가슴에 대는 갑옷의 하나。【武備志·軍資·胸甲】。

胸甲(武備志)

【胸腔:흉강】 (生)가슴의 속 부분으로 下部는 횡격막과 경계하며 그 속에 허파·염통 따위가 있음。

【胸膈:흉격】 가슴과 배 사이。(轉)마음속。心中。【蘇舜欽】余生性闊疎、逢人出一一。

【胸曲:흉곡】 =胸中。

【胸筋:흉근】 (生)가슴에 붙은 근육。

【胸襟:흉금】 가슴 속。 마음。 胸懷。【劉伶】聞此消一一。

【胸鰭:흉기】 (動)가슴지느러미。

【胸裏:흉리】 가슴 속。 마음 속。 胸中。

【胸背:흉배】 ❶가슴과 등。 ❷前方과 後方。 앞뒤。

【胸腹:흉복】 가슴과 배。(轉)地勢의 형용。【戰國策·秦策】韓天下之咽喉、魏天下之一一。

【胸腹痛:흉복통】 (醫)가슴앓이。

【胸府:흉부】 마음。【晋書】始遇此士、聽其所問、殊開人一一。

【胸部:흉부】 (生)胴部가 前後 二部로 구별될 때의 그 前部。 인체에 있어서는 横隔膜으로부터 上部를 말함。

【胸痞:흉비】 (醫)가슴 속이 갑갑한 병증。

【胸算:흉산】 속셈。

【胸像:흉상】 가슴으로부터 윗 부분을 나타낸 彫刻의 像。

【胸鎖關節:흉쇄관절】 (生)胸骨과 鎖骨 사이의 관절。

【胸水:흉수】 (生)肋膜 腔內에 괴는 液。 肋膜炎 같은 때에 괴는 일이 있음。

【胸式呼吸:흉식호흡】 주로 肋骨의 운동에 의하여 행하여지는 호흡。 胸呼吸。

【胸腋:흉액】 가슴과 겨드랑이。【班固】分身首于鋒刃、洞一一以流矢。「一一之中。

【胸臆:흉억】 가슴。 胸中。【列子】正度于胸臆。

【胸圍:흉위】 젖이 있는 위치에서 잰 가슴 둘레의 길이。

【胸底:흉저】 마음의 밑바닥。 마음 속。「底意。

【胸情:흉정】 마음。【宋書】直擧一一、非謗詩史。

【胸中:흉중】 ❶가슴 속。 ❷마음。 생각。 胸宇。 胸次。 胸臆。【莊子】機心存乎一一、則純白不備。

【胸中生塵:흉중생진】 오랫동안 남을 그리워하면서 만나지 못하고 있는 것。【朱熹】十年不共賦陽春、正有胸中萬斛塵。

【胸次:흉차】 가슴 속。 胸中。【莊子】喜怒哀樂、不入於一一。

【胸椎:흉추】 (生)脊椎의 일부분으로서、가슴 뒤에 있는 부분의 背骨。

【胸痛:흉통】 (醫)가슴이 아픈 증세。

【胸呼吸:흉호흡】 =胸式呼吸。

【胸懷:흉회】 가슴 속의 생각。 胸襟。【曹冏】姦情散於一一、逆謀消於脣吻。
◎氣一、心一。

【胹】(이) 支 ジ、にる boil ㄦ erh²
小篆 草書 익힐이、삶을이(煮熟)。
【左傳 宣公二年】宰夫一熊蹯不熟。

【䏩】(흡) 緝 キュウ、からだ body
❶몸흡(體也)。 ❷【中字】어깨죽지흡(肩也、一膊)。

【胻】(행) 敬 コウ、はぎ calf
小篆 草書 종아리행(脛也)。

【胾】(자) 寘 シ、きりみ skewered meat ㄗ tzu⁴
小篆 草書 산적점자(切肉大臠)。【詩經】毛炰一羹。

【脀】㊀(승) 徑 ショウ、おろか foolish
㊁(증) 蒸
小篆 草書 ㊀어리석을승(騃也、癡也)。 ㊁희생잡아솥에담

을증(以牲實鼎)。【儀禮】脯醢無ㅣ。

【胼】 (변)『胼』(肉部8畫)의 俗字

【朓】 (조) 嘯 ㄊㄧㄠˋ t'iao⁴ チョウ、まつりのにく religious service 小篆 古文 제사고기조(祭肉)。

【能】 ㊀(내) 泰 ㊁(능) 蒸 ㊂(태) 灰 ㄋㄥˊ nêng² ノウ、ドウ、よくする able 小篆 草書 ㊀새발자라내(三足鼈)。㊁❶착할능(善也)。【孟子】尊賢使ㅣ。❷능할능(勝任)。【孟子 梁惠王上】不爲也、非不ㅣ也。❸곰능(熊屬足似鹿)。【說文】ㅣ獸堅中故疆壯者稱ㅣ傑。㊂별이름태(星名、台也)。

(三才圖會) ㊀ 能

【能幹:능간】 솜씨。일을 잘 감당할 만한 재주와 能力。才幹。【後漢書】ㅣㅣ絕群。

【能官:능관】 재간 있는 官吏。能吏。【宋史】帝曰、吳充ㅣㅣ。

【能當:능당】 (國) 능히 감당함。

【能動:능동】 ❶제 마음에 내켜서 함。❷작용함。자기의 작용을 타에 미치게 함。❸타에 동작을 미치게 하는 동사의 성질。↕受動·被動。

【能動的:능동적】 제 마음에 내켜서 어떤 일을 하는 모양。↕受動的。

【能力:능력】 ❶어떤 일을 이룰 수 있는 힘。【柳宗元】命有好醜、匪汝ㅣㅣ。❷法律上 일정한 일을 할 수 있는 資格。❸(心)知·情·意의 마음의 作用。

【能力喪失者:능력상실자】 법률적으로 능력을 잃은 사람。금치산자·준금치산자 따위。

【能力者:능력자】 ❶잘해 나갈 능력이 있는 사람。❷법률적으로 능력을 가진 사람。

【能率:능률】 ❶일정한 時間內에 이룰 수 있는 일의 比率。❷(經)完遂한 일에 대하여 거기에 所要된 勞力과 時間과 그로써 얻은 效果와의 比率。

【能率增進:능률증진】 능률을 올림。

【能名:능명】 有能한 사람이라는 評判이 높음。【晉書】。

【能文:능문】 文章을 훌륭하게 쓰는 것。【宋史】俊邁ㅣㅣ、尚氣槪。

【能文能筆:능문능필】 글과 글씨에 능란함。

【能辯:능변】 말 솜씨가 능란함。또는 그 「말。

【能辯家:능변가】 능변한 사람。

【能不:능불】 才能의 있고 없음。能不能。【史記·淮陰侯傳】言諸將ㅣㅣ。

【能士:능사】 才能이 있는 人物。活動力이 있는 사람。【荀子·王覇】足以容天下之ㅣㅣ。

【能事:능사】 ❶할 수 있는 일。또는 完遂해야 할 일。❷특별히 뛰어난 재주。【杜甫】ㅣㅣ不受相逼迫。

【能書:능서】 글씨를 잘 쓰는 것。또는 그 사람。【王肯堂筆塵】ㅣㅣ不擇筆。

【能小能大:능소능대】 (國)모든 일에 두루 능함。「변말。

【能所會:능소회】 비역。절에서 쓰는

【能手:능수】 일에 능란한 솜씨나 능란한 사람。

【能言鸚鵡:능언앵무】 말은 잘하나 실제 학문이 없는 사람。

【能者:능자】 재능 있는 사람。【孟子】ㅣㅣ在職。

【能才:능재】 어떤 일을 이루는 데 잘 견디는 才能。能力 있는 사람。

【能通:능통】 通達하는 일。

【能化:능화】 (佛)능히 중생을 교화할 수 있는 사람。부처·보살은 능화이고、중생은 所化라 함。

【能猾:능활】 능간 있고 교활함。

◎可ㅣ、功ㅣ、官ㅣ、技ㅣ、機ㅣ、萬ㅣ、無ㅣ、放射ㅣ、本ㅣ、不ㅣ、不可ㅣ、才ㅣ、低ㅣ、全知全ㅣ、智ㅣ、賢ㅣ、效ㅣ。

【脂】 (지) 支 ㄓ chih¹ シ、あぶら fat; grease 小篆 草書 ❶기름지、비계지(膏也)。【詩經】膚如凝ㅣ。❷연지지(臙ㅣ)。【正字通】燕ㅣ以紅藍花汁凝ㅣ爲之燕國所出後人用爲口ㅣ。

【脂膏:지고】 ❶몸에서 밖으로 배어 나오는 기름。【後漢書】身處ㅣㅣ。❷心身의 勞苦로써 얻은 收益。

【脂膠:지교】 기름과 아교。【周邦彥】金角丹漆、ㅣㅣ竹木。

【脂膩:지니】 기름때。【朱德潤】日光射波「ㅣㅣ浮。

【脂麻:지마】 깨의 別名。胡麻。(기름을 짜기 때문에 이와 같이 이름)。

【脂肪:지방】 植物·動物에서 뽑은 固體·液體의 不揮發性 炭水化物로서、脂肪酸과 글리세린과의 結合物。

【脂肪質:지방질】 ❶성분이 지방으로 된 물질。❷기름기가 많은 체질。

【脂粉:지분】 ❶臙脂와 白粉。【史記】傅ㅣㅣ。❷化粧。

【脂肉:지육】 기름기와 살코기。

【脂澤:지택】 ❶光彩。光澤。❷脂肪性의 化粧用品。루즈(rouge) 따위。【李嶠·謝賜口脂表】造六宮之ㅣㅣ。

【脂轄:지할】 수레의 굴대에 기름을 칠함。(諭)곧 떠날려고 함。【左傳】巾車ㅣㅣ。

◎獸ㅣ、樹ㅣ、手ㅣ、臙ㅣ、油ㅣ。

【脃】 (취)『脆』(肉部6畫)의 本字

【脅】 (협) 葉 ㄒㄧㄝˊ hsieh² キョウ、わき、おびやかす rib; threat 小篆 ❶갈비협、갈빗대협(胠下)。❷거둘협(斂也)。【漢書】動靜辟ㅣ萬物生焉。❸위협할협、으를협(ㅣ迫、威力恐人)。【書經】ㅣ權相滅。❹책망할협(責也)。

【脅喝:협갈】 으르댐。으르고 다잡음。「송그림。脅嚇。

【脅肩:협견】 어깨를 으쓱거림。몸을 응

【脅勒:협륵】 협박하여 우겨댐。

【脅迫:협박】 ❶으르고 다잡음。【後漢書】爲董卓所ㅣㅣ。❷(法)사람을 공포에 빠지게 할 목적으로 害惡을 끼칠 뜻을 通告하는 것。

【脅迫狀:협박장】 협박하는 내용의 뜻을 적은 글。

【脅迫罪:협박죄】 어느 일정한 사람 또는 그 사람의 가족의 생명·신체·자유·명예 또는 재산에 해를 끼치려는 뜻을 통지하고 사람의 행위의 자유를 침략함으로써 成立되는 죄。

【脅息:협식】 몹시 두려워서 숨을 죽임。「【楚辭】股戰ㅣㅣ。

【脅威:협위】 으름。올러메는 것。威脅。

【脅制:협제】 올러메서 억누름。【唐書】ㅣㅣ偸合。

【脅從:협종】 위협당하여 남에게 服從함。【書經】殲厥渠魁、ㅣㅣ罔治。

【脅奪:협탈】 올러대어 빼앗음。【後漢書】以邳ㅣㅣ之。

【脅逼:협핍】 =脅迫。【李賀】仗劍明秋水、兇威屢ㅣㅣ。

◎威ㅣ。

【脇】 (협)『脅』(前條)과 같음

【脆】(취) 霽 ゼイ、もろい fragile ㄘㄨㄟˋ ts'ui⁴

小篆 草書 ❶연할취, 쉬울취(小耎物易斷)。【周禮】夫角之末遠於刲而不休於氣是故——故欲其柔。❷약할취(弱也)。

【脆怯:취겁】意志가 약해서 소용이 없음。【宋史】——無他技。

【脆斷:취단】물러서 쳐져 끊어짐。【王建】水寒手澁絲——。

【脆味:취미】연해서 좋은 맛。【韓非子】香美——、厚酒肥肉。

【脆薄:취박】❶연하고 엷음。❷경솔함。【後漢書】風俗——。【書】人益——。

【脆弱:취약】무르고 약함。가냘픔。【唐

【脆軟:취연】연함。부드러움。

【脆破:취파】물러서 깨어짐。【司馬光】衣不離身成——。

【脈】(맥) 陌 ミャク、バク、みゃく、すじ pulse ㄇㄞˋ ㄇㄛˋ

草書 ❶맥맥(血理臟腑之氣分流四支)。【史記】音樂者所以動盪血—流通精神。❷줄기맥(山—、泉—)。

【脈管:맥관】《生》피가 도는 管。血管。

【脈度:맥도】맥박이 뛰는 정도。

【脈動:맥동】❶表面에 나타나지 않고 밑바닥에서 끊임없이 행하여지는 움직임。❷《地》바람·潮流 따위가 원인이 되어 週期的으로 끊임없이 움직이고 있는 地面의 振動。

【脈絡:맥락】❶《生》脈管。血管。❷血脈의 連絡。姻戚 또는 血族의 相互의 관계。❸一貫하여 통해 있는 條理。【中庸】支分節解、——貫通。

【脈絡貫通:맥락관통】사리 연락에 환하게 트임。

【脈理:맥리】❶條理。理致。【吳越春秋】山川——、金玉所在。❷글이나 사물의 전체에 통하는 이치。❸맥을 짚어 병을 짐작하는 이치。

【脈搏:맥박】《生》心臟이 血液을 내보낼 때마다 動脈이 팔딱팔딱 뛰는 것。

【脈痺:맥비】피가 엉겨 순환이 순조롭지 않은 病。

【脈所:맥소】❶《醫》身體에서 맥박을 알 수 있는 곳。❷事物의 급소。

【脈息:맥식】脈搏。人體의 兩 팔에 있는 動脈이 팔딱팔딱 뛰는 모양。

【脈候:맥후】脈搏에 나타나는 症候。

◎鑛—、亂—、動—、命—、文—、山—、水—、葉—、靜—、地—、支—、診—、土—、平—、血—。

【胸】(순) 軫 シュン、みみず earthworm

小篆 ❶고을이름순(—䏰、蜀縣名)。【後漢書】遂屯兵—䏰。❷【中字】지렁이순(蚓也、—䏰)。

【脊】(척) 陌 セキ、せぼね spine ㄐㄧˇ chi³

小篆 草書 ❶등성마루척(背呂)。【戰國策】今梁者天下之—。❷결척, 조리척(倫—、理也、條理)。【詩經 小雅正月】有倫有—。❸쌓을척(積也)。

【脊骨:척골】《生》등골뼈。脊髓骨의 略語。【北史】——有孔。

【脊鰭:척기】《動》등지느러미。

【脊梁:척량】❶《生》등마루 뼈。脊椎。❷길게 연이어 있는 高地。

【脊梁山脈:척량산맥】《地》원 줄기가 되는 큰 산맥。

【脊令:척령】《動》할미새。물가에 사는 작은 새。鶺鴒。【詩經】——在原、兄弟急難。

【脊索:척색】《動》척색 동물의 척추의 기초가 되는 연골의 索狀物。

【脊髓:척수】《生》脊椎骨 뒤의 突出한 부분 속에 있는 灰白色의 物質。腦髓와 함께 中樞神經系를 이룸。

【脊髓神經:척수신경】《生》척수에서 갈려나와 온몸에 퍼져 있는 운동 신경과 知覺神經。

【脊髓炎:척수염】《醫》척수에 생기는 온갖 염증。

【脊柱:척주】《生》등마루뼈。脊椎。「梁①。

【脊脊:척척】어지러운 모양。서로 발로 밟는 모양。【莊子】天下——大亂。

【脊椎:척추】《生》등마루를 이루는 뼈。脊椎骨。

【脊椎動物:척추동물】《動》脊椎를 몸의 中軸으로 갖는 動物。

【脙】(휴) 尤 キュウ、はら emaciated belly

❶파리한배휴(瘠腹)。❷배와등사이휴(腹脊間)。

【胆】(저) 魚 ショ、うじむし maggot

구더기저(蛆也)。

【脒】(주) 虞 シュ、ジュ、ほほ globule; blood corpuscle ㄓㄨ chu¹

❶혈구주(血球)。❷【中字】볼주、뺨주(頰也)。

【脥】(협)『脇』(肉部 6畫)의 略字

七畫

【脕】㊀(만) 願 ㊁(문) 問 ブン、マン、つやつやしい gloss and beautiful

草書 ㊀예쁠만(艶美色)。【楚辭】玉色頩以—顔。㊁풀새로날문(草芽新生)。

【脕顔:만안】윤기가 있고 아름다운 얼굴。【楚辭】玉色頩以——。

【脖】(발) 月 ホツ、へそ navel ㄅㄛˊ po²

배꼽발(肤臍)。【正字通】靈樞經肓之原出於—胦。

【脖胦:발앙】배꼽。【字通】。

【脖項:발항】목。【清會典事例】凡關繫強盜人命等重罪人犯、——手足、應用鐵鎖杻鐐各三條。

【脗】㊀(문) 吻 ㊁(민) 軫 フン、くちつけ kiss ㄨㄣˇ wen³ (同音「민」)

草書 ㊀합할문(合也)。【莊子】爲其—合置其滑涽。㊁뜻은 ㊀과 같음。

【脗合:문합】입술의 상하가 맞는 것처럼, 어떤 일이 꼭 맞음。吻合。【莊子】爲其——、置其滑涽。

【脘】(완) 旱 カン、いぶくろ stomach ㄍㄨㄢˇ kuan³ (本音「관」)

小篆 小篆 草書 중완완(胃府)。【正字通】胃之受水穀者曰—臍上五寸爲上— 四寸爲中— 二寸爲下—。

【脙】(구) 尤 キュウ、やせる haggard

小篆 파리할구(瘠也)。

【脚】(각) 藥 キャク、カク、あし leg; foot ㄐㄧㄠˇ chiao³

草書 ❶종아리각, 다리각(脛也)。【釋名】—却也以其坐時却在後也。❷발각(足也)。

【脚骨:각골】《生》다리 뼈。

【脚光:각광】❶극장의 무대 前面 아랫쪽에서 俳優를 비추는 光線。푸우틀라이트(footlight)。❷사람이나 사물의 어떤 방면에 있어서의 登場이 눈부실 만큼 찬란하고 빛남。
【脚跟:각근】발꿈치。【爾雅·疏】踵、ㅡㅡ也。
【脚氣:각기】《醫》비타민 B의 결핍으로 생기는 病으로서 다리가 麻痺되고 부음。脚疾。【柳宗元】僕居南中九年、增ㅡㅡ病。
【脚氣衝心:각기충심】《醫》각기로 인하여 가슴이 답답한 증세。
【脚踏實地:각답실지】일을 함이 절실함。【宋史】劉甲嘗謂吾無他長、惟ㅡㅡㅡㅡ。
【脚力:각력】❶다리 힘。걷는 힘。【蘇軾】ㅡㅡ盡時山更好、莫將有限趁無窮。❷=脚夫。【酉陽雜俎】元和中、塩城ㅡㅡ張儼、遞牒入京。
【脚絆:각반】旅行할 때 다리에 감는 행전의 한 가지。게이터어(gaiters)。行纏。脛巾。
【脚本:각본】❶연극의 무대 장치 및 배우의 臺詞 따위를 적은 글。戲曲。❷씨나리오。
【脚夫:각부】편지 따위를 배달하는 사람。配達夫。
【脚部:각부】다리에 속하는 부분。
【脚色:각색】❶옛날 中國에서 仕官할 때에 내던 履歷書。【宋史】局官等人各置ㅡㅡ。❷劇本。❸小說이나 事件 따위를 劇·映畫의 脚本이 되게 고쳐 쓰는 것。【康熙帝】古今來許多ㅡㅡ。❹事物의 짜임새。構造。
【脚線美:각선미】여자 다리의 곡선의 아름다움。「惡患ㅡㅡ。
【脚弱:각약】=脚氣。【晉書】城中男女、
【脚軟症:각연증】다리에 힘이 없어 걷기가 곤란한 증세의 總稱。
【脚韻:각운】시나 글귀의 줄의 끝에 다는 운。↔頭韻。
【脚註:각주】책 페이지 아래에 붙이는 「註釋。」
【脚痛:각통】다리의 아픈 증세。

【脚下:각하】❶발 밑。❷現在。至今。
【脚戲:각희】❶태 。❷씨름。
◎健ㅡ、蹇ㅡ、山ㅡ、三ㅡ、失ㅡ、雨ㅡ、韻ㅡ、日ㅡ、註ㅡ、行ㅡ。

【脛】(경) 迥 ケイ、すね、はぎ shin; shank 徑 (古音「형」)
小篆 草書 ❶정강이경、종아리경(膝下骨)。【史記】ㅡ大於股。❷꼿꼿할경(直貌)。【漢書】ㅡㅡ者未必全。
【脛巾:경건】행전。脚絆。
【脛脛:경경】쭉 곧은 모양。【漢書】ㅡㅡ者、未必全也。
【脛股:경고】정강이와 사타구니。【宋史】裴纓絡爲飾、ㅡㅡ皆露。
【脛動脈:경동맥】《生》목 좌우에 있어 머리에 피를 보내는 굵은 동맥。
【脛衣:경의】바지。【說文】絝ㅡㅡ也。

【脝】(형) 庚 コウ、ふくれる swell ㄏㄥ hêng¹
草書 배불룩할형(脹貌、膨ㅡ)。【韓愈詩】苦聞腹膨ㅡ。

【脞】(좌) 哿 ザ、こまかい fine
草書 잘좌、좀스러울좌(叢ㅡ、細碎)。【書經】元首叢ㅡ哉。

【脟】(렬) 屑 レツ、あばらにく ribs of beef
小篆 草書 ❶갈빗살렬(脅肉)。❷창자기름질렬(腸脂)。
【脟圈:열권】구부렁함。攣曲。【楚辭】龍邛ㅡㅡ。
【脟割:열할】찢어 발김。끊음。【漢書】ㅡㅡ輪焠、自以爲娛。

【[月+肖]】(소) 效 ソウ、するどい sharp-pointed
끝빨소(物之尖銳)。
【[月+肖]提:소제】눈을 어둡게 하여 버림。【太玄經·注】[月+肖]者、目不明也、提、弃也。

【[月+引]】(인) 震 ニン、ジン、みみず earthworm
小篆 ❶고을이름인(蜀縣名、朐ㅡ)。❷【中字】지렁이인(蚯蚓、朐ㅡ)。

【脠】(전) 先 セン、ひしお raw meat
小篆 날고기젓전(生肉醬)。【釋名】生ㅡ以一分膾、二分細切、和ㅡ攪之。

【脡】(정) 迥 テイ、ほじし jerked beef
草書 포정(脯朐)。【公羊傳】與四ㅡ脯。
【脡脡:정정】쭉 곧은 모양。
【脡脯:정포】가느스름한 고기포。【公羊傳】與四ㅡㅡ。

【[月+弟]】㊀(체) 齊 ㊁(철) 屑 テイ、テツ、まがる inclined ㄊㄧˋ t'i⁴
㊀코삐뚤어질체(鼻不正)。㊁삐어긋날철(骨差)。

【[月+尨]】㊀(몽) 董 ㊁(망) 講 ボウ、ゆたか plump
㊀❶풍만할몽(豐大貌)。❷부을몽(腫也)。㊁❶풍만한살망(豐肉)。❷몸이 클망(身大貌)。

【脢】(매) 灰 隊 バイ、せにく tenderloin
小篆 草書 등심매(背肉脊)。【易經】咸其ㅡ。
【脢胎:매태】절제심이 없고 함부로 함。放縱。【晉書】ㅡㅡ者、以無檢爲弘曠、僂垢者、以守意爲堅貞。

【脣】(순) 眞 シュン、くちびる lip ㄔㄨㄣˊ ch'un²
小篆 古文 草書 입술순(口端齒垣)。【穀梁傳】ㅡ亡則齒寒。
【脣頭:순두】입술 끝。
【脣亡齒寒:순망치한】입술은 이를 덮는 것。곧 입술이 없으면 이가 시리다는 뜻。《喩》서로 이웃하고 있는 한 나라가 멸망하면 다른 한 나라도 위태함。【戰國策】ㅡㅡㅡㅡ、今日亡趙、則明日及齊·楚。
【脣吻:순문】입술。【漢書】吐ㅡㅡ。
【脣舌:순설】❶입술과 혀。❷수다스러움。말을 잘함。【漢書】谷子雲筆札、樓君卿ㅡㅡ。
【脣聲:순성】입술소리。주로 입술이 맞닿아서 나는 ㅁ·ㅂ·ㅃ·ㅍ 따위의 소리。입술소리。
【脣音:순음】입술이 맞닿아 나는 ㅁ·ㅂ·ㅃ·ㅍ 따위의 소리。입술소리。
【脣齒:순치】입술과 이。《喩》서로 이해관계가 매우 밀접한 것。
【脣齒輔車:순치보거】相互扶助의 뜻。脣과 齒、輔와 車는 서로서로 돕는 것이므로 이와 같이 이름。輔는 頰骨、車는 齒牙의 下骨。
【脣齒聲:순치성】아랫 입술과 웃니 사이에서 나는 소리。英語의 「v·f」등。脣齒音。
【脣齒之勢:순치지세】입술과 이처럼 서로 의지하는 관계。
【脣形花冠:순형화관】위아래 두 쪽으로 나뉘어 입술 모양으로 된 꽃부리로 合瓣花冠의 한 가지。

【脤】(신) 軫 シン、ひもろぎ meat for religious service.
草書 사직제 지낸 고기신(祭社生肉)。【左傳】受ㅡ于社。

【脤播:신번】社稷·宗廟에 제사지낸 뒤에 兄弟國에 주는 고기。(脤은 生肉、膰은 熟肉)。『周禮·注』――社稷宗廟之肉、以賜同姓之國云云。

【朘】 ㊀(최) 灰 ㊁(선) 先 サイ、へる decrease ㄗㄨㄟ tsui² ㄐㄩㄢ chüan¹

小篆 ㊀❶어린아이불알최(赤子陰)。❷덜릴최、덜최(減也)。『漢書 董仲舒傳』民日削月―。㊁줄일선(縮也)。

【朘刻:최각】줄이어 적게 함。削減。『唐書』――軍賜。

【朘削:최삭】줄임。減少함。『漢書』民日削月朘。

【脩】 (수) 尤 シュウ、ほじし jerked beef ㄒㄧㄡ hsiu¹

小篆 草書 ❶포수(束―、脯也)。『左傳』女贄不過榛栗棗―。❷길수(長也)。『詩經』四牡―廣。❸닦을수、다스릴수(治也)。『書經』爾交―予。❹공경할수(敬也)。『魯語』吾冀而朝夕―我。❺마를수(乾也)。『詩經 王風中谷有蓷』暵其―矣。

【脩路:수로】먼 길。長途。遠路。

【脩睦:수목】사이가 좋음。친함。『禮記』講信――、謂之人利。

【脩纖:수섬】길고 가늘음。細長。『王安石』盤根雖巨壯、其末乃――。

【脩遠:수원】道程이 멀음。『楚辭』路漫漫、其――兮。

【脩竹:수죽】❶긴 대。밋밋이 자란 대。修竹。『張衡』永安離宮、――冬青。❷대떨기。竹林。

【脪】 (흔) 問 吻 キン、はれる sweel (同音「은」)

小篆 부을흔(腫起)。

【脫】 ㊀(탈) 曷 ㊁(태) 泰 ダツ、タイ、ぬぐ、やせる slip off; undress ㄊㄨㄛ t'uo¹·³

小篆 小篆 草書 ㊀❶벗어날탈、벗을탈(免也)。『漢書』自以爲不得―長安。❷간략할탈(略也)。『史記』凡禮始乎―。❸빠바를탈、파리할탈(肉去胥)。❹풀어질탈(物自解)。❺끼칠탈(遺也)。❻그르칠탈(誤也)。❼혹그럴듯할탈(或然之辭)。『吳子 勵士』―其不勝取笑諸侯。㊁천천할태、더딜태(舒遲貌)。『詩經』舒而――兮。

【脫却:탈각】❶완전히 벗어남。❷벗어 버림。

【脫殼:탈각】❶동물이 껍질을 벗음。또는 벗김。❷낟알의 껍데기를 벗겨 버림。

【脫去:탈거】❶몸을 빼치어 도망함。도망감。❷벗어 버림。

【脫巾:탈건】巾을 벗음。

【脫稿:탈고】원고를 다 써서 마침。

【脫穀:탈곡】❶벼·보리의 이삭에서 낟알을 털어 냄。❷낟알에서 겉겨를 털어 냄。

【脫穀機:탈곡기】곡식의 이삭을 줄기에서 훑어내는 기계。

【脫空:탈공】❶뜬 소문이나 억울한 罪名을 벗어남。『朱子全書·大學』。❷애만 쓰고 일을 이루지 못함。

【脫句:탈구】빠져 나간 글귀。

【脫臼:탈구】뼈의 關節이 삐어 벗어짐。

【脫歸:탈귀】도망쳐서 돌아옴。『左傳』齊侯見之畏其衆也、乃――。

【脫黨:탈당】들어 있는 黨派로부터 빠져 나옴。所屬되어 있는 派中에서 떠남。

【脫落:탈락】❶빠짐。빠져 없어짐。『杜陽雜俎』羽毛――。❷빼어 버림。『晉書』崇尚莊老、――名敎。❸동아리에서 떨어져 나옴。

【脫略:탈략】❶경솔히 생각하여 疏忽히 함。거리끼는 일이 없음。『王昌齡』儒者輕王侯、――當世務。❷어떤 일을 省略하여 덜음。

【脫路:탈로】빠져 나가는 길。도망길。

【脫漏:탈루】빠지고 샘。『杜甫』小魚――不可紀。

【脫離:탈리】벗어나서 따로 떨어짐。벗어짐。

【脫毛:탈모】털이 빠짐。털을 뽑아 냄。또는 빠진 털。

【脫帽:탈모】모자를 벗음。『陸游』新年――始微霜。

【脫毛症:탈모증】털이 빠지는 증세。

【脫文:탈문】글귀나 字句가 빠짐。또는 그 글귀·자귀。

【脫剝:탈박】벗어져 떨어져 나감。剝脫。

【脫髮:탈발】머리털이 빠져 버림。『王令』――虎豹皮、假借堯舜趣。

【脫法:탈법】法의 불비한 점을 교묘히 뚫거나 벗어남。

【脫法行爲:탈법행위】《法》❶법률의 금지를 교묘히 벗어나는 행위。❷강행 법규에 위반되지 않게 교묘히 벗어나는 법률 행위。

【脫服:탈복】=除服。

【脫喪:탈상】《國》父母의 三年喪을 마침。解喪。

【脫色:탈색】피륙 따위에 들어 있는 물색을 빼어 버림。

【脫色劑:탈색제】《化》표백분·과산화소다·산성아류산소다 따위와 같이 탈색하는 데 쓰이는 약제。

【脫線:탈선】❶汽車나 電車 따위의 수레바퀴가 궤도에서 벗어져 나감。《轉》상식에 벗어난 행동을 함。言行이 빗나감。❷목적에서 벗어남。

【脫線的:탈선적】일반적인 규칙을 벗어나는 것。

【脫稅:탈세】《法》納稅義務를 게을리하여 稅金의 일부 또는 전부를 바치지 않음。

【脫素:탈소】대범하고 꾸밈이 없음。『後漢書』――從儉。

【脫俗:탈속】❶俗氣를 떠남。俗界를 벗어남。俗世로부터 超越함。『幕府燕談錄』范文正嘗爲人作墓銘、以示尹師魯、師魯言其――。❷平凡에서 벗어남。

【脫灑:탈쇄】속된 번거로움을 벗어나서 깨끗함。『王勃』上人――無滯留。

【脫習:탈습】慣例나 習性을 벗어남。脫套。

【脫身:탈신】관계하던 일에서 몸을 빼쳐남。

【脫身逃走:탈신도주】몸을 피하여 달아남。

【脫營:탈영】《軍》軍人이 兵營에서 도망쳐 나감。

【脫營兵:탈영병】《軍》병영을 빠져 도망한 병사。

【脫誤:탈오】빠진 글자와 틀린 글자。脫謬。『後漢書』整齊――、是正文字。

【脫獄:탈옥】罪囚가 감옥에서 빠져 도망함。

【脫危:탈위】위독한 고비를 벗어남。

【脫衣:탈의】옷을 벗음。

【脫衣室:탈의실】옷을 벗는 방。

【脫易:탈이】경솔하고 簡易함。『宋史』爲人――、少威儀。

【脫字:탈자】글자를 쓰다가 빠뜨림。또는 쓰다가 빠뜨린 글자。『蘇軾』――欲補知無緣。

【脫腸:탈장】《醫》腸의 일부가 腹壁의 저항이 약한 곳으로부터 腹膜에 덮인 채、腹腔 밖으로 나오는 상태。

【脫疽疔:탈저정】《醫》몸 조직의 한 부분이 사멸하여 그 기능을 잃음으로 말미암아 일어나는 병。

【脫籍:탈적】籍에서 빠지거나 빼 내는 일。

【脫罪:탈죄】죄를 벗어남。

【脫走:탈주】몸을 빼치어 달아남。도망함。『易林』得――。

【脫脂:탈지】脂肪을 빼냄。

【脫脂綿:탈지면】脂肪과 不純物을 빼내고 소독한 솜。外科의 治療에 쓰임。精製綿。

【脫塵:탈진】 =脫俗。

【脫盡:탈진】 기운이 다 빠져 없어짐。

【脫債:탈채】 빚을 다 갚음。 負債를 벗음。

【脫出:탈출】 빠져 나감。 몸을 빼치어 도망함。 【史記】以故得ㅡㅡ。

【脫胎:탈태】 ❶道家에서 聖胎를 修養하여 마지막에 있어서 出生함을 말함。 ❷形式을 바꿈。 남의 作品의 形式을 바꾸어 자기의 것으로 하는 일。 【參同契】作丹之時、ㅡㅡ入口、功成之後、ㅡㅡ出殼。 ❸(國) 질이 퍽 엷어서 마치 잿물만 가지고 그릇이 핀 듯한 투명한 瓷器의 몸。 그 중에 두께가 있는 것은 半脫胎、엷은 것은 眞脫胎라 함。

【脫態:탈태】 형식을 바꿈。

【脫兎之勢:탈토지세】 그물을 벗어난 토끼의 氣勢。(喩)매우 신속한 氣勢를 이름。 【孫子】始如處女、敵人開戶、後如脫兎、敵不及拒。

【脫退:탈퇴】 관계하고 있는 일로부터 벗어남。 물러나옴。

【脫皮:탈피】 ❶(生)뱀 따위처럼 表皮가 난단한 동물이 자람에 따라서 낡은 껍질을 벗는 것。 ❷낡은 思考方式에서 脫殼하여 한층 더 進步함。

【脫化:탈화】 ❶허물을 벗고 모양을 바꾸는 것。 ❷예 형식으로부터 빠져 나와 새 형식으로 바꿈。

【脫還:탈환】 도로 빼앗아 옴。

【脫會:탈회】 어떤 모임에서 관계를 끊고 빠져 나옴。 ↔入會。

【脫脫:태태】 천천히 가는 모양。 또는 즐거워하는 모양。

【脬】 (포) 肴 ホウ、ゆばりぶくろ bladder ㄆㄠ p'ao¹ 小篆 草書 오줌통포(膀胱)。 【博雅】膀胱謂之ㅡ。

【脭】 (정) 庚 テイ、にく fresh meat ❶정한고기정(精肉)。 ❷혈질정(血質)。

【脯】 (포) 麌 ホ、ほじし jerked beef ㄈㄨ p'u² 小篆 草書 포포(乾肉、腊也)。 【禮記】以ㅡ脩置者左朐右末。

【脯糗:포구】 말린 고기와 말린 밥。 脯糒。 【鮑照】蒙靈藥之賜、惠非河間、謬仙使之竄、恩逾ㅡㅡ。

【脯燔:포번】 말린 고기와 구운 고기。 【周禮·疏】詩云、載燔載烈、毛云、傅火曰燔、貫之加於火曰烈、燔雖不貫、亦是炙肉、故鄭云、炙肉也。

【脯脩:포수】 말린 고기。 포。 【禮記·曲禮】以ㅡㅡ置者、左朐右末。

【脯肉:포육】 말린 고기。 포。 【周禮】掌共其獻賜ㅡㅡ之事。

【脯資:포자】 말린 고기와 糧食。 資糧。 【左氏】吾子淹久於敝邑、唯是ㅡㅡ餼牽竭矣。

【脯棗:포조】 마른 고기와 대추。 【史記】「城置ㅡㅡ、神人宜可致。」

【脯斮:포착】 잘게 난도질 함。 【任昉】卿士懷ㅡㅡ之痛。

【脯醯:포혜】 (國)脯肉과 식혜。

【脰】 (두) 宥 トウ、くび neck ㄉㄡ tou⁴ 小篆 草書 목두(項也)。 【史記】自奮絕ㅡ而死。

【脰鳴:두명】 청개구리의 一種。 鼃黽。 【周禮·注】ㅡㅡ、鼃黽之屬。

【脰毛:두모】 목덜미의 털。 頸毛。

【脰膉:두익】 머리와 목。 【儀禮·注】ㅡㅡ、古文爲頭膉也。

八畫

【腒】 (굴) 月 コツ、しり pelvis 볼기뼈골(臀骨)。

【脹】 (창) 漾 チョウ、ふくれる swelled belly ㄓㄤ chang⁴ 草書 창증날창(鼓ㅡ、腹滿)。 【玉篇】左氏傳將食ㅡ如厠。

【脹氣:창기】 =脹症。

【脹滿:창만】 ❶배가 부름。 【梅堯臣】飲水徒ㅡㅡ、渴喉殊未濁。 ❷(醫)腹部에 液體 가스가 차서 배가 부르는 병。

【脹症:창증】 (醫)숨이 가쁘고、입맛은 당기는데、똥오줌은 고르지 않으며、뱃속에 물이 들고 부어오르는 병。 ◎鼓ㅡ、膨ㅡ。

【脺】 ㊀(수) 寘 スイ、ソツ、つやつやしい ㊁(졸) 月 lustrous face ㊀❶얼굴윤택할수(顏面光澤)。 ❷머리털미수(腦也)。 ㊁연할졸(耎易破)。

【脴】 (부) 尤 ホウ、ぶたにくのひしお pork boiled down in soy 小篆 돼지고기장부(豕肉醬)。

【脼】 (량) 養 リョウ、うまい sweet 小篆 맛있을량(味多)。

【脽】 ㊀(수) 支 スイ、しり ㊁(주) 尤 tip of the coccyx 小篆 草書 ㊀❶꽁무니수(尻也)。 ❷볼기짝수(臀也)。 【漢書】連ㅡ尻。 ㊁뜻은 ㊀과 같음。

【脾】 (비) 支 ヒ、ひぞう spleen 小篆 草書 지라비、만화비、비위비(ㅡ胃、土臟)。 【淮南子】ㅡ爲雷。

【脾約症:비약증】 (醫)급성 열병으로 생기는 변비증。

【脾熱:비열】 (醫)비장에서 열이 생기는 병。

【脾炎:비염】 (醫)비장에서 나는 염증。

【脾胃:비위】 ❶(生)脾臟과 胃經。 ❷사물에 대하여 좋고 언짢음을 느끼는 기분。 ❸싫은 것을 잘 참아내는 힘。

【脾胃難定:비위난정】 (國) 비위가 뒤집혀 가라앉지 아니함。 (轉) 밉살스런 꼴을 보고 마음이 아니꼬움을 이르는 말。

【脾肉之嘆:비육지탄】 手腕을 부릴 기회가 없음을 한탄하는 것。 (故)劉備가 오랫동안 戰場에 나가지 못하여 말을 못 타고 넓적다리만 살찜을 한탄하였음。 髀肉之嘆。

【脾虛:비허】 (醫)消化不良으로 몸이 쇠약해지고 食慾이 없어지는 병。

【脾】 (비)『脾』(前條)의 略字

【脐】 ㊀(기) 齊 ケイ、こむら calf (of the leg) ㊁(계) 霽 小篆 ㊀장딴지기(腓腸)。 ㊁뜻은 ㊀과 같음。

【胼】 (변) 先 ヘン、あかぎれ、たこ corn 草書 더께질변、못박힐변、구덩살변(胝ㅡ、皮堅)。 【荀子】耕耘樹藝手足ㅡ胝。

【胼胝:변지】 (生)더께。 군은살。 (字解 參照)。

【腂】 (과) 箇 カ、あかくはれる swell 곪을과(腫赤)。

【腃】 ㊀(귀) 寘 キ、ケン、くちさき ㊁(권) 先 lip ㊀힘줄당길귀(筋節急)。 ㊁입술권(吻也)。

【腃急:귀급】 힘줄이 당김。 【列子】。

【腃髮：귀발】 벌레의 이름。斑蝥의 異名。『本草』釋名、時珍曰、吳普本草又名斑菌曰一一、曰晏青。

【腇】 (기) 寘 キ、しる soup; broth
❶희생나눌기、고기분파할기(分牲)。❷국기(羹也)。

【腄】 (수) 支 スイ、しり hips
小篆 ❶볼기수(臀也)。❷고을이름수(縣名黃一)。

【腆】 (전) 銑 テン、あつい warm
小篆 古文 草書 ❶두터울전(厚也)。【書經】自洗一致用酒。❷많이차려놓을전(設膳多)。❸지극할전(至也)。❹착할전(善也)。【書經】殷小一誕敢紀其敍。【禮記】幣必誠辭無不一。

【腆贈：전증】 두터운 선물。『陶潛』一一竟莫酬。

【腆厚：전후】 차림새가 훌륭함。

【腇】 (뇌) 賄 ダイ、よわい faint
草書 연약할뇌、잔피할뇌(耎弱、萎一)。【後漢書】萎一咋舌叉手從族。

【腘】 (군) 軫 キン、コン、あぶら fat of bowels
❶창자속이름군(腸中脂肪)。❷사태군(肘膝後肉如塊者)。

【腉】 (괴) 佳 カイ、ちち nipples
젖꼭지괴(乳嘴)。

【腤】 (순)『脣』(肉部 7畫)과 같음

【脂】 (함) 陷 カン、くらう aversion for meat
小篆 고기 먹어서 싫지 않을함(食肉不厭)。

【腊】 (석) 陌 セキ、ほじし jerked beef
草書 포석(脯一、乾肉)。【易經】噬一肉。

【腊毒：석독】 극심한 독。『潘尼』厚味一一、豐屋生灾。

【腊魚：석어】 소금에 절인 생선。간고기。

【腊肉：석육】 포。말린 고기。『易經』噬一一遇毒。

【腋】 (액) 陌 エキ、わき armpit
草書 겨드랑이액、곁액(左右脅間胳也)。【史記 商君傳】千羊之皮、不如一孤之一。

【腋間：액간】 겨드랑 밑。『惠洪』拂拂清風產一一。

【腋氣：액기】 암내。겨드랑이에서 나는 냄새。『典籍便覽』一一一名孤臭、又名猪狗臭。

【腋毛：액모】 양쪽 겨드랑이에 난 털。

【腋窩：액와】 겨드랑이。

【腋臭：액취】 겨드랑이에서 나는 냄새。암내。

【腌】 ㈠(업) 葉 ㈡(엄) 鹽 ヨウ、しおづけ pickled meat
小篆 草書 ㈠절인고기업(鹽漬魚肉)。㈡뜻은 ㈠과 같음。

【腌臢：엄잠】 더러움。不潔。『正字通』腌、俗呼物不潔曰一一。

【腌陳：엄진】 오랫동안 貯藏함。『新書』官無蔚藏、一一時發。

【腫】 (직) 職 チョク、ねばり sticky
❶끈끈할직(黏也)。❷머리결을직(頭髮積有脂膏)。

【腍】 (임) 寑 ジン、にる boil
❶익힐임(熟也)。【禮記】腥肆爓一祭。❷배부를임、물릴임(飫也)。❸맛좋을임(味好)。

【腎】 (신) 軫 ジン、むらと kidney
小篆 草書 ❶콩팥신、불알신(水臟藏精)。【書經】今予其敷心腹一腸歷告爾百姓于朕志。❷자지신(陰莖)。

【腎怯：신겁】 射精하기 전에 陰莖이 萎縮되는 일。

【腎經：신경】 《生》❶콩팥。❷신장의 硬「絡。

【腎氣：신기】 자지의 精力。

【腎囊：신낭】 《生》불알。

【腎岸：신안】 《生》불두덩。

【腎熱：신열】 《醫》손끝으로 피부를 가볍게 누르면 熱感이 없고、힘있게 누르면 열감이 대단한 병。

【腎癰：신옹】 《醫》불두덩에 생기는 종기。

【腎腸：신장】 《生》腎臟과 창자。《轉》眞心。『書經』今予其敷心腹一一。

【腎臟：신장】 《生》콩팥。

【腎虛：신허】 《醫》精力·根氣가 없어지「는 병。

【腎虛腰痛：신허요통】 《醫》지나친 성교로 인하여 일어나는 허리가 아픈 병。

【腎候：신후】 귀의 異名。『白虎通』耳者、腎之候。

【腐】 (부) 麌 フ、くさる decay; rot
小篆 草書 ❶썩을부(朽也)。❷무른부(爛也)。【禮記】一草爲螢。❸불알썩하는형벌부(宮刑)。❹두부부(豆一)。【漢書】死罪欲一者許之。

【腐刻：부각】 藥品을 써서、유리·金屬따위에 彫刻함。

【腐談：부담】 케케묵은 말。頑固하게 썩어진 말。

【腐爛：부란】 썩어서 문드러짐。『漢書』「久者蟲出一一。

【腐木：부목】 썩은 나무。朽木。『漢書』一一不可以爲柱。

【腐渣：부사】 ❶썩은 찌꺼기。❷비지。

【腐索：부삭】 썩은 새끼。朽索。『淮南子』以一一御奔馬。

【腐蝕：부식】 ❶썩어서 모양이 뭉그러짐。❷版面에 書畫을 구워 내어、藥液中에 담가서 썩혀、그 書畫를 나타내는 製版技術의 하나。

【腐蝕劑：부식제】 《化》組織에 작용하여、이것을 파괴 또는 死滅시키는 약품。알카리類·酸類·塩類 따위。

【腐植土：부식토】 植物이 썩어서 된 검「은 흙。

【腐心：부심】 마음을 괴롭힘。무슨 일에 몹시 마음을 씀。苦心。『史記』日夜、切齒一一。

【腐葉土：부엽토】 풀·나무 따위가 썩어 섞인 흙。원예에 쓰임。

【腐肉：부육】 짐승의 썩은 고기。

【腐腸之藥：부장지약】 맛좋은 飮食物과 술。『枚乘·七發』甘脆肥濃、命曰一一一一。

【腐井：부정】 썩은 우물。『楚辭』淹芳芷于一一兮。

【腐臭：부취】 썩은 냄새。썩어서 풍기는 「더러운 냄새。

【腐敗：부패】 ❶썩음。『漢書』太倉之粟、陳陳相因、充溢露積於外、一一不可食。❷《化》腐敗菌에 의해서 蛋白質 따위가 分解하여、나쁜 냄새를 풍기는 것。❸정신이 墮落하는 것。

【腐敗性：부패성】 썩거나 타락하는 성「질。

【腐敗細菌：부패세균】 《植》단백질 그 밖의 유기물을 분해하는 기능을 가지고 동식물의 시체나 음식물 따위를 썩히는 세균의 總稱。

【腐刑:부형】(制)五刑의 하나。옛날 中國에서 男女의 生殖器를 除去하거나 幽閉하던 무거운 刑罰。〔司馬遷〕最下——極矣。
【腐朽:부후】 썩음。朽腐。〔蘇軾〕癡人畏老死、——同草木。
◎豆—、陳—。

【腏】 ㊀(철) 屑 テツ、テイ、 ㊁(체) 霽 ほねのしん marrow
小篆 ㊀뼈속기름철(骨間髓)。㊁강신잔체(祭酹)。

【腑】(부) 麌 フ、はらわた viscera
草書 장부부、육부부(臟—)。〔抱朴子〕破積聚於臟—。

【腒】(거) 魚 キョ、ほじし jerked phesant
小篆 草書 건치거、꿩포거(乾雉)。〔禮記〕夏宜—鱐膳膏臊。
【腒䐹:거상】 말린 魚肉。〔黃庭堅·詩〕虛齋延灑掃、薄飯薦——。
【腒腊:거석】 ❶새고기의 포。〔禮記〕盧植云 雉腊也。❷대단히 고생함。〔徐陵〕大禹胼胝重華——。
【腒鱐:거숙】 말린 꿩 고기와 말린 생선。〔周禮·注〕腒乾、雉、鱐、乾魚。

【䐈】(자) 寘 ジ、こえにく plump
살통통할자(肥貌)。

【腓】(비) 微 ヒ、こむら calf of the leg
小篆 草書 ❶장딴지비(—腸、脛腨)。〔易經〕咸其—。❷병들비(病也)。〔詩經 小雅四月〕百卉具—。❸피할비(避也)。〔詩經 采薇〕君子所依、小人所—。
【腓骨:비골】 (生)脛骨의 뒤에 있는 뼈。
【腓腸:비장】 (生)장딴지。
【腓腸痙攣:비장경련】 (醫)장딴지에 일어나는 경련。
【腓腸筋:비장근】 종아리의 안쪽 부분의 근육。

【腔】(강) 江 コウ、から、わきばら coeliac
小篆 草書 ❶창자강 속빈강(內空)。❷뼈대강(骨體)。❸말허구리강(馬膁)。〔齊民要術〕相馬法腸欲充而—欲小。❹노래곡조강(歌曲調)。
【腔綫:강선】 砲腔 안의 탄환이 돌아나가는 나사 모양의 홈。
【腔子:강자】 배(腹)。
【腔子裏:강자리】 뱃속。〔程子遺書〕心要在——。
【腔腸:강장】 (動)해파리 따위의 動物의 體內에서 營養을 맡아 보는 곳。
【腔腸動物:강장동물】 (動) 동물학 분류상의 한 部門으로、물에 사는 下等動物。몸이 腔腸으로 되고 입가에 대개 촉수가 있음。

【腕】(완) 翰 ワン、うで arm; wrist
草書 팔뚝완(手—臂)。〔戰國策〕天下游士莫不日夜扼—瞋目切齒。
【腕車:완거】 人力車。
【腕骨:완골】 (生)사람의 손목의 뼈。손목 밑동에 있는 一〇 가지의 잔 뼈。
【腕力:완력】 주먹심。뚝심。〔范成大〕强裁尺素答相思、兩日眵昏——疲。
【腕章:완장】 팔에 두르는 表章。
【腕釧:완천】 팔찌。腕輪。〔全唐詩話〕即今之——也。
◎皴—、手—。

【䐡】(기)『踦』(足部 7畫)와 같음

九 畫

【腛】 ㊀(악) 覺 アク、あぶらがおおい ㊁(옥) 屋 greasy
㊀기름질악、기름많을악(脂豊)。㊁뜻은 ㊀과 같음。

【腜】(매) 灰 バイ、はらむ become pregnant
小篆 草書 ❶첫아이밸매(始孕、—兆)。❷아름다울매(美貌)。
【腜腜:매매】 ❶살찐 모양。〔廣雅〕——肥也。❷아름다운 모양。〔左思〕——坰野、奕奕菑畝。〔注〕劉曰、——、美也。

【腝】 ㊀(이) 支 イ、ドウ、ひじ ㊁(노) 號 elbow ㊂(눈) 願
小篆 或體 ㊀뼈섞어담은젓이(有骨醢)。㊁팔꿈치노(臂節)。㊂연할눈(軟也)。

【腞】(전) 銑 テン、ほる carve
草書 새길전(篆也)。〔莊子〕得死於—楯之上。
【腞楯:전순】 ❶彫刻한 祭祀用의 책상。〔莊子·注〕腞猶篆也、楯、猶案也。❷널(柩)을 싣는 수레。〔郭慶藩集釋〕腞讀爲輇、謂載柩車也。

【𦝠】(추) 遇 チュウ、うつくしい pretty
❶반찬추(膳也)。❷고울추(姸也)。

【膣】(질) 質 チツ、にくづく granulation
草書 ❶새살날질(肉生)。❷〔日字〕보지질、음문질(陰戶)。

【臝】(라) 哿 ラ、けだもの animal
小篆 짐승이름라(獸名)。

【腠】(주) 宥 ソウ、ひふのきめ skin ㄘㄡ ts'ou'
草書 피부주、살갈피주(皮膚、—理)。〔史記 扁鵲傳〕君有病在—理。
【腠理:주리】 살결。살갗。(字解參照)。

【腢】 ㊀(우) 尤 グ、ゴウ、かたぼね ㊁(우) 有 shoulder-bone ㄡ ou
草書 ㊀어깨앞뼈우(膊前骨)。〔儀禮〕當—用吉器。㊁어깨죽지뼈우(肩頭)。

【脙】 ㊀(수) 尤 シュウ、ひざがしら ㊁(추)〔中字〕 hollow of the knee
㊀오금수(膕也)。㊁팔다리오금추(曲—)。

【腤】(암) 覃 アン、にる boil
❶삶을암(烹也)。〔齊民要術〕有—鷄法。❷전유어암(煎油魚)。
【腤雞:암계】 닭을 삶음。또는 삶은 닭。〔齊民要術〕——、一名無雞、一名雞臓。
【腤腩:암남】 요리함。삶음。〔集韻〕暗、——調飪也。
【腤魚:암어】 생선을 삶음。〔齊民要術〕——法、用鯽魚、渾用軟體魚、不用鱗。

【腥】(성) 靑 セイ、なまぐさい smell of fish ㄒㄧㄥ hsing'
小篆 草書 ❶비릴성、비린내성(臭也)。〔禮記〕仲秋之月其臭—。❷더러울성(穢也)。〔書經 酒誥〕庶羣自酒—聞在上。❸날고기성(生肉)。〔論語 鄕黨〕君賜—必熟而薦之。
【腥德:성덕】 더럽고 추잡한 행동。나쁜 평판。〔中論〕——發聞。

【腥聞:성문】 몸가짐이 더럽다는 평판。行跡이 좋지 못하다는 소문。『書經』——在上。
【腥水:성수】 더러운 물。『范成大』——留灌末利、結香旋熏素馨。
【腥魚:성어】 날고기。비린내 나는 생선。『禮記』組——。
【腥穢之氣:성예지기】 몹시 비리고 더러운 냄새。
【腥臭:성취】 비린내。비린 냄새。
【腥風:성풍】 피비린 냄새가 풍기는 바람。『韓愈』——遠更飄。
【腥血:성혈】 비린내 나는 피。『黃庭堅』合浦譙門——沸、晉輿城下白骨荒。

【腜】 (접) 葉 チョウ、うすぎり slice raw fish
小篆 회칠접(細切肉)。『禮記』牛與羊魚之腥聶而切之爲膾。

【腦】 (뇌) 皓 ノウ、のうみそ brain ㄋㄠˇ nao³ (古音「노」)
小篆 草書 머릿골뇌、정신뇌(頭髓)。
【腦疳:뇌감】 《醫》영양이 나쁘거나 腺病質의 어린애의 머리에 나는 헌데。
【腦膿瘍:뇌농양】 《醫》뇌 안에 化膿菌이 들어가서 일어나는 병。
【腦力:뇌력】 정신을 써서 생각하는 힘。
【腦裏:뇌리】 생각하는 머리 속。
【腦膜炎:뇌막염】 《醫》腦를 둘러 싼 膜이 炎症을 일으키는 병。
【腦病:뇌병】 뇌에 일어나는 병。
【腦貧血:뇌빈혈】 《醫》腦의 血液의 量이 보통보다 줄어들어서 생기는 病。
【腦髓:뇌수】 《生》머릿골。뇌。
【腦神經:뇌신경】 《生》嗅神經・視神經 등、주로 頭部에 分布된 一二쌍의 神經。
【腦炎:뇌염】 《醫》腦髓의 炎症의 總稱。
【腦溢血:뇌일혈】 《醫》腦의 動脈이 터져 腦의 組織 안에서 出血하는 病。腦出血。
【腦漿:뇌장】 《生》腦의 汁。腦髓 속의 粘液。《轉》머리의 作用。知慧。
【腦震蕩:뇌진탕】 머리를 세게 때렸을 경우에 腦가 震動하여 腦의 機能 장해를 일으키는 병。
【腦脊髓膜炎:뇌척수막염】 《醫》뇌막과 척수막에 胞內腦膜炎雙珠菌이 들어가 염증이 생기는 전염병의 한 가지。
【腦天:뇌천】 정수리。
【腦出血:뇌출혈】 =腦溢血。
【腦充血:뇌충혈】 《醫》머리의 血管에 血液이 너무 많은 까닭으로 생기는 病。
【腦風:뇌풍】 《醫》머리가 아프고 어지러운 神經病。
【腦後:뇌후】 《國》❶뒤통수。❷무덤의 「뒤쪽」。
【腦後腫:뇌후종】 뒤통수에 나는 발찌。
◎大—、頭—、小—、髓—、首—、樟—、電子—。

【腧】 (수) 遇 シュ、きゅうでん acupuncture point
草書 침놓는혈수(針灸、—穴)。

【䐢】 (규) 支 キ、みにくい ugly
추할규、곱사등이규(醜也、膗—)。

【腨】 (천) 銑 セン、こむら calf
小篆 장딴지천、어복천(腓—足肚)。

【腩】 (남) 感 ダン、あげる boil down; fry
간납남、지짐질남(肝炙)。
【腩炙:남적】 고기를 지짐질함。『齊民要術・注』煮肉曰腩、南上聲。

【腬】 (유) 尤 ジュウ、よいにく fatty
小篆 고기 기름질유(肉肥美貌)。

【腫】 (종) 腫 ショウ、シュ、はれもの swell ㄓㄨㄥˇ chung³
小篆 草書 ❶부스럼종(癰也)。『周禮』瘍醫掌—瘍潰瘍金瘍折瘍之祝藥劀殺之齊。❷부을종(膚肉浮滿)。
【腫氣:종기】 커다란 부스럼。腫物。
【腫毒:종독】 종기의 독기。
【腫物:종물】 =腫氣。
【腫瘍:종양】 《醫》부스럼。腫氣。腫瘡。
【腫處:종처】 부스럼이 생긴 곳。『周禮』——・潰瘍・金瘍。
【腫患:종환】 腫氣의 尊稱。

【腭】 (악) 『齶』(齒部 9畫)과 같음

【䐑】 (집) 緝 シュウ、あぶら fat
❶비계집(脂也)。❷파종될집(破腫)。❸화할집(和也)。

【腮】 (시) 『顋』(頁部 9畫)의 俗字

【腯】 ㊀(돈) 願 ㊁(돌) 月 トン、トツ、こえる corpulent ㄊㄨˊ t'u²
小篆 草書 ㊀살찔돈(肥也)。㊁돼지살찔돌(豕肥)。『禮記』豚曰—肥。
【腯肥:돌비】 ❶돼지의 別稱。❷살찌는 것。(字解參照)。

【腰】 (요) 蕭 ヨウ、こし waist ㄧㄠ yao¹·⁴
草書 허리요(身體中)。『戰國策 魏策』梁者山東之—也。
【腰間:요간】 허리의 둘레。허리 언저리。『李白』流星白羽——插。
【腰劍:요검】 허리에 차는 칼。腰刀。『陸游』負琴——成三友。
【腰鼓:요고】 《樂》❶장구의 한 가지。허리가 좁고 끈으로 목에서부터 매달아 허리나 또는 배 부분에 느리워 두 손바닥이나 또는 두 손에 든 채로 처서 울림。細腰鼓。『荊楚歲時記』。❷淸代의 樂器이름。凱旋鐃歌樂用으로 하던 북틀에 받쳐 놓고서 침。

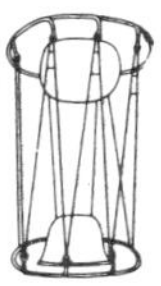
腰鼓(三才圖會)

腰鼓(大淸會典圖)

【腰骨:요골】 《生》허리에 있는 뼈。腸骨・生骨・恥骨의 각각 한 쌍으로 이룬 骨盤。
【腰機:요기】 베틀。木綿을 짜는 기계。

腰機(天工開物)

【腰帶:요대】 ❶束帶할 때에 쓰는 띠。❷《生》恥骨・座骨・腸骨이 붙은 것으로서、아랫쪽의 大腿骨과 윗쪽의 背骨을 연결하는 부분。❸허리띠。
【腰刀:요도】 ❶허리에 차는 칼。❷《制》옛 兵器로 쓰이던 칼의 한 가지。날은 조금 휘우둠하며、코등이가 있고 순 강철로 만들었으나、戰場에서 자주 쓰였음。

腰刀(武備志)

【腰部:요부】 허리 부분。
【腰繩:요승】 죄가 가벼운 죄수에게 本

繩을 쓰지 않고, 허리에 노끈 한 가닥으로만 묶는 것。또는 그 노끈。↔本繩。『唐高僧傳』以一一繫之。

【腰圍：요위】허리의 둘레。허리의 굵기。『陸游』瘦損一一擬末工。

【腰折：요절】❶허리가 꺾어짐。늙어서 허리가 굽음。『元稹·送友封詩』爲言一一氣衝天。❷(國) 몹시 우스워서 허리가 꺾어질 듯함。

【腰絰：요질】喪服을 입을 때에 허리에 띠는 띠。짚에 삼을 섞어서 굵은 동아줄같이 만들음。

【腰斬：요참】(制)허리와 胴을 잘라 내는 刑罰。胴體를 자르는 刑罰。要斬。『史記·商君傳』不告姦者一一。

【腰椎：요추】(生)腰部의 脊椎骨。

【腰痛：요통】허리 아픈 병。허리앓이。

【腰下：요하】허리의 부근。허리춤。『李白』寧知草間人、一一有龍泉。

◎山一、細一、柳一。

【腲】(외) 賄 ワイ、こえにく fatten

❶살찔외(一腇肥貌)。❷느릿느릿할외(舒遲貌)。『王褒』其奏歡娛則莫不憚漫衍凱阿那一腇者已。

【膋】(요)『膫』(前前條)와 같음

【腱】(건) 元 ケン、すじ tendon 願 ㄐㄧㄢˋ chien⁴

草書 힘줄건(筋之本)。『楚辭』肥牛之一。

【腱反射：건반사】腱의 기계적 자극에 따라 일어나는 근육의 攣縮。

【腶】(단) 翰 タン、ほじし jerk ㄉㄨㄢˋ tuan⁴

草書 약포단(脯也、一脩)。『公羊傳』然則曷用棗栗云乎一脩云乎。

【腶脩：단수】찧어서 생강·계피 따위를 섞어 만든 포。『禮記』大饗尙一一而已。

【腶脯：단포】=腶脩。

【膟】㊀(률) 質 リツ、ちまつり offered meat ㊁(류) 寘 ㊂(수) 寘

小篆 或體 ㊀제사지낸 고기률(祭肉)。㊁뜻은 ㊀과 같음。㊂싸움 제사수(師祭)。

【腳】(각)『脚』(肉部 7畫)의 本字

【腴】(유) 虞 ユ、こえる corpulent ㄩˊ yü²

小篆 草書 ❶아랫배살찔유(腹下肥)。『禮記』進魚冬右一。❷걸찰유、기름진밭유(肥田)。『漢書』爲九州膏一。

【腴膏：유고】❶살이 찌고 기름기가 많음。❷풍성하고 기름짐。『隋書』處一一、不潤其質。

【腭】(갹) 藥 ガク、した tongue of cow

❶소혀갹(牛舌)。❷크게웃을갹(大笑)。

【腸】(장) 陽 チョウ、はらわた intestines ㄔㄤˊ ch'ang²

小篆 草書 ❶창자장(水穀道)。『詩經』自有肺一。❷마음장(一心)。『古詩 傷歌行』哀鳴傷我一。❸나라이름장(國名、無一)。

【腸結核：장결핵】(醫) 腸粘膜에 발생하는 結核。

【腸斷：장단】창자가 끊어짐。(喩)매우 슬퍼함。斷腸。『白居易·長恨歌』夜雨聞鈴一一聲。

【腸肚：장두】배。(轉) 心中。『葉顒』風宿面目松柏操、鐵石一一氷玉肌。

【腸肚相連：장두상련】협력하여 일을 해 나가는 것。

【腸壁：장벽】(生)창자 內部의 壁。

【腸澼：장벽】(醫) 똥에 피가 섞어 나오는 병。

【腸腹：장복】(生)배。『淮南子』肥肌膚、充一一。

【腸肥腦滿：장비뇌만】혈기가 왕성하고 지식이 적음。『北齊書』琅邪王年少、一一、輕爲擧措。

【腸線：장선】고양이·염소·돼지 따위의 창자로 만든 노끈 모양의 줄。라케트의 바닥、악기의 줄로 씀。

【腸腎：장신】창자와 신장。(轉) 마음。『李嶠』洗貧愁之一一、開盲聾之耳目。

【腸液：장액】(生)小腸의 벽에서 나오는 液。飮食을 消化하는 作用을 함。

【腸癰：장옹】(醫)아랫배가 딩딩하게 부어 열이 나고 오한이 나며, 오줌이 잦고 대변과 함께 피고름이 나오는 병。

【腸運動：장운동】(生) 위에서 소화된 음식을 대장에 보내기까지의 창자의 소화 작용으로 일어나는 운동。

【腸胃：장위】(生)창자와 밥통。『史記』洗一一。

【腸粘膜：장점막】(生) 창자 속에 있는 점막。

【腸窒扶斯：장질부사】(醫) 腸티프스(typhus)의 音譯。티프스菌이 腸에 侵入하여 일어나는 急性 전염병。

【腸痔：장치】(醫) 똥구멍 속 살이 늘어져서 밖으로 나온 치질。

◎灌一、斷一、大一、盲一、小一、心一、羊一、胃一、直一、脫一、回一。

【腷】(픽) 職 ヒョク、ふさがる blockade ㄅㄧˋ pi⁴ (本音「벽」)

草書 ❶뜻막힐픽、답답할픽(意不泄)。『魏武帝哀策』遂一臆以泣事。❷닭홰치는소리픽(一膊)。『古詩 兩頭纖纖』一一膊膊雞初鳴。

【腷臆：픽억】가슴이 답답하고、기분이 상쾌하지 않은 모양。(字解參照)。

【腷臆誰訴：픽억수소】가슴속에 지닌 苦悃을 果然 누구에게 하소연해야 좋을까 그 방법조차 없음。

【腹】(복) 屋 フク、はら belly ㄈㄨˋ fu⁴

小篆 草書 ❶배복(五臟六腑)。『詩經 小雅蓼莪』出入一我。❷두터울복(厚也)。『禮記』水澤一堅。❸안을복(抱也)。

【腹腔：복강】腹部의 臟器가 들어 있는 부분。

【腹高如山：복고여산】❶부자가 교만함。❷여자가 아이를 배서 배가 부름。

【腹空症：복공증】시장기。

【腹膜：복막】(生)腹部의 內臟의 表面 및 腹壁의 內面을 덮는 얇은 膜。

【腹膜炎：복막염】(醫)腹膜에 생기는 炎症。

【腹背：복배】❶배와 등。❷앞과 뒤。『晋書』一一擊之、上策也。❸서로 친근한 사람。『後漢書·黃瓊傳』一一相親、朝夕圖謀。

【腹背受敵：복배수적】앞뒤로 적을 만남。

【腹背之毛：복배지모】배와 등에 난 털。(喩)있으나 없으나 문제가 되지 않는다는 뜻。쓸데 없음。

【腹壁反射：복벽반사】(生)복부의 근육을 자극할 때 반사적으로 오그라드는 현상。

【腹部：복부】배의 부분。

【腹非：복비】말하지 않고、마음 속으로 남을 비방하는 것。『漢書·食貨志』。

【腹誹：복비】마음 속으로 꾸짖음。

【腹上屍：복상시】(國) 性交를 하다가 남자가 갑자기 여자의 배 위에서 죽은

그 屍體。

【腹式呼吸:복식호흡】 숨을 뱃속으로 깊이 들이 쉬었다가 내 쉬는 심호흡의 한 가지。

【腹心:복심】 ❶배와 가슴。❷깊은 마음속。眞心。『史記』披－－。❸자기의 배나 가슴처럼 신뢰하는 사람。마음 놓고 믿을 수 있는 둘도 없는 사람。『漢書』相與爲－－。❹《中》매우 친절한 것。

【腹心之疾:복심지질】 ❶배나 가슴이 탈이 나서 고치기 어려운 병。❷덜어 버릴 수 없는 근심 걱정。『史記』秦之與魏、譬若人之有——。

【腹案:복안】 ❶마음 속에 품고 있는 생각。❷心中에 미리 세워 놓은 어떤 案。

【腹癰:복옹】 腹壁에 생기는 부스럼。

【腹臟:복장】 ❶속에 품고 있는 생각。❷속 마음。

【腹中:복중】 ❶뱃속。『史記』置匕首魚炙之－－。❷마음속。心中。『後漢書』推赤心置人之－－。

【腹疾:복질】 《醫》배앓이 병。설사 나는 뱃병。『左傳』河魚－－奈何。

【腹脹:복창】 《醫》배가 부르는 병。水脹。

【腹痛:복통】 배가 아픈 것。『魏武帝』車過三步、－－勿怪。

【腹瘧:복학】 《醫》脾臟이 부어 배에 자라 모양 같은 것이 생기면서 寒熱이 심한 어린아이의 病。자라배。◎鼓－、皐－、空－、口－、同－、滿－、私－、山－、心－、遺－、異－、含哺鼓－、胸－。

【腺】(선) 〔新字〕 セン、せん gland

草書 ❶멍울선(頸腋核)。❷살구멍선、땀줄기선(肉孔)。

【腺毛:선모】 《植》식물의 몸 겉 쪽에 있는 털。

【腺病:선병】 《醫》體質薄弱·淋巴腺腫脹·濕疹·水泡性結膜炎 따위의 全身病。

【腺病質:선병질】 腺病의 경향이 있는 체질。

【腺腫:선종】 《醫》腺에 생기는 부스럼。

十畫

【腿】(퇴) 賄 タイ、もも thigh ㄊㄨㄟˇ t'uei³

草書 넓적다리퇴、신다리퇴(股也)。『正字通』股大－髀小－。

【腿骨:퇴골】 《醫》다리뼈。

【膀】(방) 陽 養 ボウ、ゆばりぶくろ bladder ㄆㄤˊ p'ang¹·²

小篆 或體 草書 오줌통방(水脬)。『博雅』－胱謂之脬。

【膀胱:방광】 《生》오줌통。(字解參照)。

【膀胱結石:방광결석】 《醫》오줌통 속에 돌과 같은 물질이 생기는 병。

【膀胱炎:방광염】 《醫》방광에 생기는 염증。

【膁】 ㊀(겸) 琰 ㊁(엄) 鹽 ケン、わきばら flank

㊀허구리겸(腰之左右)。㊁맛좋을엄(美味)。

【膑】(진) 眞 シン、はれる swell up

小篆 부어오를진(肉脹起)。『太玄經』股－如維身之疾。

【膂】(려) 語 リョ、せぼね backborn ㄌㄩˇ lü³

草書 ❶등성마루뼈려、사등이뼈려(脊骨)。『書經』作股肱心－。❷힘셀려(力也)。❸고기려(肉也)。

【膂力:여력】 등뼈의 힘。體力。『晉書』－－絶群。

【膂力過人:여력과인】 완력이 남보다 「뛰어남。

【膃】(약) 藥 ジャク、たなじし membrane

小篆 ❶살속의 얇은 가죽약(膜也)。❷연할약(脃腝)。❸살약(肉也)。

【膸】(솨) 哿 箇 サ、たなじし oil pipe ㄙㄨㄛˇ suo³

小篆 기름홀떼기솨(膏膜)。

【膐】(려)『膂』(肉部10畫)와 같음

【膃】(올) 月 オツ、おっとせい fur-seal ㄨㄚˋ wa⁴

草書 ❶올눌올、해구올(海狗、－肭)。❷살찔올(肥也)。

【膃肭:올눌】 ❶살찜。❷＝膃肭獸。

【膃肭獸:올눌수】 《動》바닷개。海狗。

【膃肭臍:올눌제】 《藥》海狗腎。

【膄】(수) 宥 シュウ、やせる emaciated

草書 파리할수(瘠也)。

【膄馬:수마】 여윈 말。『說苑』趙簡子乘弊車－－、衣羖羊裘。

【膄瘠:수척】 여위고 파리함。『詩經』欒欒然、－－也。

【膆】(소) 遇 ソ、のどぶくろ crop ㄙㄨˋ su⁴

草書 ❶살찐소(肥也)。❷메통소、멀떠구니소(喉受食處)。『射雉賦』裂－破背。

【膇】(추) 寘 ツイ、はれる swollen leg ㄓㄨㄟˋ chuei⁴

草書 수중다리추、다리부을추(重腿足腫)。『左傳 成公六年』有沈溺重－之疾。

【膈】(격) 陌 カク、むねのうち pit of the stomach ㄍㄜˊ kê²

草書 ❶명치격(心脾間)。❷쇠북틀격(懸鐘格)。『荀子』縣一鐘尙拊之－。

【膈痰:격담】 가슴에 막히는 가래。

【膈膜:격막】 《生》胸腔과 腹腔의 사이에 있어서 兩者를 구별하는 膜。

【膉】(익) 陌 エキ、くびにく the fresh of nape ㄧˋ i⁴

草書 목덜미살익(脰肉)。『儀禮』取諸左－。

【膊】(박) 藥 ハク、かた shoulder

小篆 草書 ❶어깨박(肩也)。❷지경박(界埒)。『太玄經』福則有－。❸포박(脯也)。『周禮』豚－爲醢。❹찢을박、발길박(磔也)。『左傳 成公二年』殺而－之乎城上。❺닭날개치는소리박(膈－擊聲)。『古兩頭纖纖詩』膈膈－－鷄初鳴。

【膊膊:박박】 닭의 홰치는 소리。(字解參照)。

【膗】(확) 藥 カク、あつもの meat soup

小篆 草書 곰국확(肉羹)。『徐曰』羹以菜爲主－以肉爲主。

【𣪊】(곡) 屋 コク、あしのこう instep

발등곡(足跗)。

【膋】(료) 蕭 リョウ、あぶら fat ㄌㄧㄠˊ liao²

草書 발기름료、비계료(腸脂脂膏)。『詩經』取其血－。

【脊石：요석】 돌의 이름。滑石의 異名。『本草』釋名、畫石、液石、一一、脫石、冷石、番石、共石。

【脊蕭：요소】 창자의 기름과 향기 있는 쑥。『漢書·注』脊腸間脂也、蕭、香蒿也。

【脊血：요혈】 기름과 피。『西廂記』指一指教僞化做一一。

【膌】(적) 陌 セキ、やせる emaciated (俗音「척」) 小篆 古文 草書 ❶파리할적(瘠也)。『管子』時簡稽師馬牛之肥ー。❷뼈다귀적(死骨)。

【膌胜：적성】 몸의 여윔과 살찜。『管子』必知其飮食飢寒、身之ーー、而哀憐之、此之謂恤孤。

【膍】㊀(비) 支 ヒ、いぶくろ reticulum ㊁(비) 齊 ㄆㄧˊ p'i² 小篆 或體 草書 ㊀❶새멀떠구니비、새내장비(鳥腸胃ー胵)。❷처녑비(牛百葉)。❸두터울비(厚也)。㊁배꼽비(臍也)。

【膎】(해) 佳 カイ、ほじし jerk 小篆 ❶포해(脯也)。『南史』飮酒無ー取伏鷄卵爲肴。❷고기안주해(肉肴)。❸살해(肌屬)。『博雅』肌膚者ー也。

【膏】㊀(고) 豪 コウ、こえる、あぶら fat; plaster ㄍㄠ kao¹ ㊁(고) 號 ㄍㄠˋ kao⁴ 小篆 草書 ㊀❶기름고(脂也)。『韻會』凝曰脂澤曰ー。❷기름질고(肥也)。『孟子』不願人之ー粱之味。❸명치끝고(心下曰ー)。『左傳』居肓之上ー之下。❹고약고(ー藥)。❺달고(甘也)。㊁기름지게할고(潤物)。『詩經』陰雨ー之。

【膏粱：고량】 ❶기름기 낀 고기와 맛 좋은 밥。美食。❷富豪。財產家。

【膏粱子弟：고량자제】 고량진미만 먹고 귀엽게 자라나서 고생을 모르는 富貴한 집안의 젊은이。『天香樓偶得』今人謂富貴家曰——、言但知飽食、不諳他務也。

【膏粱珍味：고량진미】 살진 고기와 좋은 곡식으로 만든 맛있는 음식。

【膏沐：고목】 머리를 곱게 하는 粉과 루우즈(rouge)。몸단장을 하는 것。『詩經』豈無ーー、誰適爲容。

【膏藥：고약】 《醫》종기나 상처에 붙이는 약。『後漢書』段翳爲合ーー。

【膏壤：고양】 비옥한 토지。기름진 땅。

【膏沃：고옥】 土地가 肥沃함。『史記』ーー沃野千里。

【膏雨：고우】 農作物이 잘 자라게 하는 비。『左傳』小國之仰大國也、如百穀之仰ーー也。

【膏腴：고유】 ❶＝膏沃。❷豊富한 것。『漢書』爲九州ーー。

【膏潤：고윤】 ❶恩澤을 입음。❷農作物에 알맞게 내리는 비。『王僧孺』條風祥雨、ーー相屬。

【膏飮：고음】 《國》곰。고기나 생선을 푹 「삶은 국。

【膏雉：고치】 살져 기름진 꿩。

【膏澤：고택】 은혜를 입음。또는 그 은혜。恩澤。『孟子』ーー下于民。

【膏土：고토】 ❶기름진 땅。❷《中》鴉片。

【膏汗：고한】 기름과 땀。

【膏血：고혈】 ❶기름과 피。❷사람이 애써서 얻은 利益。❸人民의 勞力·財產。

【膏肓之疾：고황지질】 難治의 병。↓膏肓。

【膱】(치) 支 シ、めやに gum 눈곱치(目之凝)。

十一畫

【膒】(구) 尤 オウ、あぶら(本音「우」) old fat ❶가죽에기름먹일구(以脂漬皮)。❷오래된기름구(久脂)。

【膓】(장)『腸』(肉部 9畫)의 俗字

【⿰月從】(종) 冬 ショウ、こえる corpulent ❶살찌는병종(肥大症)。❷살찔종(肥也)。

【膕】(괵) 陌 カク、ひかがみ hollow of the knee ㄍㄨㄛˊ kuo² 草書 오금괵(膝後曲節)。

【膢】(루) 紙 ルイ、ほじし(古音「류」) jerk ❶형상추할루(形醜貌、ー膗)。❷포루(脯也)。

【膘】(표) 篠 ヒョウ、ひばらにく rump 小篆 ❶허구리살표、소볼기표(牛脅後髀前合革肉)。❷부레표(魚ー)。

【膚】(부) 虞 フ、はだ skin ㄈㄨ fu¹ 小篆 籒文 草書 ❶살부、피부부(革外薄皮)。『詩經』ー如凝脂。❷아름다울부(美也)。『詩經』公孫碩ー。❸클부(大也)。『詩經 小雅六月』以奏ー公。

【膚見：부견】 皮相的인 觀察。淺薄한 생각。『南齊書』。

【膚肌：부기】 살갗。皮膚。『蘇軾』世間苦樂和有幾 今我幸免霑ーー。

【膚理：부리】 살결。肌理。『荀子』骨體ー

【膚敏：부민】 人物이 뛰어나고 슬기로움。『詩經』殷士ーー。

【膚受之愬：부수지소】 살을 찌르는 듯한 痛切한 하소연。一說에 때(垢)가 알지 못하는 사이에 끼는 것처럼 漸次로 남을 참소하는 일。『論語·顔淵』浸潤之譖、——、不行焉。

【膚淺：부천】 생각이 얕음。淺薄。『晋書』穀粱ーー、不足置博士。

【膚寸：부촌】 얼마 되지 않는 길이。(寸은 손가락 하나의 길이。膚는 손가락 四개를 나란히 한 길이)。『公洋傳』觸石而出、ーー而合。

【膚學：부학】 淺薄한 학문。『謝靈運』淺思ーー。

【膚汗：부한】 피부에 땀을 흘림。『王褒』胸喘ーー、人極馬倦。

【膚合：부합】 모여서 合함。실처럼 가는 조각조각으로 된 구름이 모여서 合함。

【膛】(당) 陽 ドウ、むね breast ㄊㄤˊ t'ang² 草書 ❶뚱뚱할당(肥貌)。❷가슴당(胸ー)。

【⿰月習】(접) 葉 シュウ、にえかかる scald ❶데칠접(爚也)。❷얇게썬고기접(切肉)。

【膜】㊀(막) 藥 マク、モ、うすかわ membrane ㄇㄛˊ mo²·⁴ ㊁(모) 虞 小篆 草書 ㊀흘떼기막(肉間脈ー)。『爾雅』治肉除其筋ー取好者。㊁절모(南ー、番人拜稱)。『穆天子傳』乃ー拜而受。

【膜拜：막배】 두 손을 들고 땅에 엎드려 절하는 일。『穆天子傳』乃ーー而受。

【膜外：막외】 생각 밖。意外·過分。『魏了翁』榮進付ーー、寡欲自日休。

【膜入水輪：막입수륜】 《醫》水泡性의 角膜炎。

【膜質:막질】《生》막으로 된 바탕。◎角ㅣ、結ㅣ、鼓ㅣ、網ㅣ、薄ㅣ、腹ㅣ、細胞ㅣ、眼ㅣ、粘ㅣ、橫隔ㅣ。

【膝】(슬) 質 シツ、ひざ knee; lap ㄒㄧ hsi¹ 草書 ❶무릎슬、종지뼈슬(脛骨節)。【唐書】鶴ㅣ犀渠。❷치슬말슬(齒ㅣ、良馬)。【漢書】駕齒ㅣ。

【膝甲:슬갑】《國》추위를 막기 위하여 무릎까지 내려오게 입는 옷。(바지 위에 껴입으며 앞쪽에 끈을 달아 허리띠에 걸쳐 맴)。

【膝蓋骨:슬개골】《生》종지뼈。膝骨。

【膝關節:슬관절】무릎마디。

【膝頭:슬두】무릎。

【膝癢搔背:슬양소배】무릎이 가려운데 등을 긁는다는 뜻으로 議論 따위가 道理에 맞지 않음을 비유한 말。『塩鐵論』議論無所係、如——。

【膝下:슬하】❶부모의 무릎 밑。《轉》어버이의 따뜻한 사랑 아래。『唐書』願得奉至尊居ㅣㅣ。❷부모에 대한 尊稱。

【膝寒症:슬한증】《醫》무릎이 아프고 시린 병。

【膝行:슬행】무릎으로 걸음。『史記』無不ㅣㅣ而前。

【膞】㊀(전) 先 ㊁(전) 銑 セン、シュン、きりにく cut meat 小篆 草書 ㊀❶썰전(切肉)。❷창자전(膓也、腓ㅣ)。㊁질그릇만드는틀전(作陶器具)。

【膟】(률) 質 リツ、あぶら fat ㄌㄩˋ lü⁴ 草書 ❶발기름률(膓間脂肪)。『禮記』取ㅣ膋燔燎升首報陽也。❷제사고기률(血祭肉)。【詩經】燔取ㅣ膋。

【膠】㊀(교) 肴 ㊁(교) 巧 コウ、にかわ glue 小篆 草書 ㊀❶굳을교(固也)。【詩經】德音孔ㅣ。❷아교교、부레교(ㅣ漆黏也)。【周禮】ㅣ必厚施。❸사곡할교(邪曲)。【史記司馬相如傳】蜩蟺ㅣ戾。❹닭울교(鷄鳴)。【詩經鄭風風雨】鷄鳴ㅣㅣ。❺옹색할교(不通)。❻학교교(周時代學校)。㊁❶흔들릴교(擾也)。【莊子天道】ㅣㅣ擾擾乎。❷화할교(和也)。❸붙을교(附著)。【莊子逍遙遊】置杯焉則ㅣ。

【膠加:교가】어그러짐。뒤얽힘。膠葛。『楚辭』何況一國之事兮、亦多端而ㅣㅣ。

【膠匣:교갑】쓴 약을 넣어서 먹는 아교로 만든 갑。膠囊。

【膠固:교고】❶아교로 붙인 것처럼 굳음。『宋書』位高功同、內外ㅣㅣ。❷너무 굳어서 融通性이 없음。『江淹』非臣ㅣㅣ所宜膺荷。

【膠膠:교교】❶和하는 모양。또는 닭 소리。『詩經』雞鳴ㅣㅣ。❷요란스러운 모양。『莊子』堯曰、然則ㅣㅣ擾擾乎。

【膠餠:교병】족편。

【膠沙:교사】바다 밑에 깔린 개흙이 섞인 모래。

【膠狀:교상】물질의 끈끈한 상태。

【膠松脂類:교송지류】고무와 송진과의 混合물。

【膠瑟:교슬】琴柱를 아교로 붙이면 거문고의 音調를 변화시킬 수 없다는 뜻。《喩》융통이 되지 않음。『沈約』守株ㅣㅣ、難與適變。

【膠粘:교점】아교가 묽음。아교로 붙임。『歐陽修』篇章久不作、意思如ㅣㅣ。

【膠接:교접】굳게 꽉 붙음。

【膠柱鼓瑟:교주고슬】비파나 거문고의 기둥을 아교풀로 固着시키면 한 가지 소리밖에 나지 않는 것과 같이 변통성이 없음을 이름。

【膠質:교질】《化》❶아교와 같은 物質의 끈끈한 성질。❷《化》콜로이드(colloid)。

【膠著:교착】❶찐득찐득하게 단단히 달라붙음。『易林』ㅣㅣ未通、不出牛欄。❷戰線 따위가 활발하게 움직이지 않고 現象이 변하지 않음。

【膠著不動:교착부동】교착하여 움직이지 않음。

【膠漆:교칠】❶아교와 옻。❷사람이 서로 親하는 것。『史記』感於心、合於行、親於ㅣㅣ。

【膠漆之交:교칠지교】매우 친밀한 사귐。

【膯】㊀(잉) 徑 ㊁(등) 蒸 ヨウ、みはる look (at) with ㊀❶크게볼잉(大視貌)。❷아름다운눈잉(美目)。❸쌍잉(雙也)。❹더할잉(增益)。❺보낼잉(送也)。㊁뜻은 ㊀의 ❶❷와 같음。

【膢】(루) 尤 ロウ、まつり autumn religious service 小篆 草書 ❶가을사냥제사루(貙ㅣ、秋獵祭)。【韓非子 五蠹】山居而谷汲者、ㅣ獵而買水。❷새곡식천신할루(離ㅣ、祈穀食新)。

【𦢊】(궤) 隊 ケイ、こしいたみ attack of lumbago 허리아플궤(腰痛、ㅣ腰)。

【膣】(질) 質 チツ、にくづく granulation ㄓˋ chih⁴ 草書 ❶새살날질(肉生)。❷보지질(生殖口陰道)。(『膣』과 같음)

十二畫

【膧】(동) 東 トウ、しりぼね bone of rump 볼기뼈동(尻骨)。

【膨】(팽) 敬 ボウ、ふくれる swell 草書 배불룩할팽(大腹)。【韓愈詩】豕腹脹ㅣ脝。

【膨大:팽대】부풀어 올라 점점 커짐。

【膨滿:팽만】❶음식을 많이 먹어 배가 부풀어 가득참。❷점점 부풀어 터질 듯하게 됨。

【膨脹:팽창】❶부풀어서 퍼짐。❷《物》물체가 온도의 상승에 따라、그 體積을 크게 하는 현상。

【膨膨:팽팽】한껏 부풀어 띵띵하게 됨。膨脹。

【膩】(니) 寘 ニ、ジ、あぶらぎる grease; fat 小篆 草書 ❶미끄러울니(滑也)。【宋玉招魂】靡顔ㅣ理。❷살찔니(肥也)。❸때니(垢也)。

【膩理:이리】살결이 보드랍고、고움。(字解參照)。

【膩粉:이분】潤이 나는 粉。『白居易』素艶風吹ㅣㅣ開。

【膩染:이염】기름기가 낌。기름이 뱀。『丁復』指痕ㅣㅣ羅紋細。

【膩滑:이활】기름기가 있어 매끌매끌함。『元稹』錦江ㅣㅣ峨眉秀。

【膫】(료) 蕭 リョウ、あぶる fry 小篆 或體 ❶구울료、지지미료(炙也)。❷발기름료(牛膓脂)。

【膮】(효) 蕭 キョウ、あつもの pork soup 小篆 小篆 草書 돼지고기국효(豕羹)。【禮記】膷臐ㅣ醢。

【膬】 (취)『脆』(6畫 肉部)와 같음

【⿰月巽】 (손) 阮 ソン、あつもの meat with blood 고기썰어피에섞을손(切肉混血)。

【⿰月朁】 (잠) 覃 ザン、みつくち hare-lip ❶언청이잠(缺脣)。❷입술병잠(脣病)。

【⿰月畫】 (획) 陌 カク、ひかがみ hollow of the knee 오금획(曲脚中)。

【膰】 ㊀(번) 元 ㊁(파) 歌 ハン、ひもろぎ boiled meat 草書 ㊀삶은제사고기번(祭熟肉)。㊁배불룩할파(大腹)。

【膰肉:번육】 祭祀에 쓰는 고기。祭物。『孟子』ㅣㅣ不至。

【膰俎:번조】 膰肉을 祭器 위에 놓음。『十八史略』不致ㅣㅣ於大夫。

【⿰月肅】 ㊀(수) 尤 ㊁(소) 嘯 シュウ、ショウ、ほしうお dried fish 小篆 草書 ㊀말린고기수(乾魚)。『禮記』夏宜腒ㅣ膳膏臊。㊁곰국소(臛也)。

【⿰月奢】 (차) 麻 シャ、きずあと scar 부스럼자국차(瘡痕)。

【膱】 (직) 職 ショク、ほじし jerked meat ㄓˊ chih² 草書 ❶자두치포직(脯脡)。『儀禮』ㅣ長尺二寸。❷고기썩을직(肉敗)。

【膳】 (선) 霰 セン、ゼン、そなえもの side-dishes 小篆 草書 ❶반찬선(具食美羞)。『漢書』其令大官捐ㅣ省宰。❷먹을선(食也)。『禮記 文王世子』食下問所ㅣ。(『饍』과 같음)

【膳啗:선담】 음식물。요리。『戰國策』衣服之便於體、ㅣㅣ之嗛於口。

【膳物:선물】 남에게 선사하는 물건。

【膳服:선복】 음식물과 의복。『周禮』關市之賦、以待王之ㅣㅣ。

【膳部:선부】 ❶料理人。❷《制》晉代의 벼슬 이름。宮中料理를 맡아 보던 官吏。

【膳羞:선수】 ❶牲肉(희생의 고기)과 맛좋은 음식。(羞는 祭物의 뜻)。❷飮食。珍羞盛饌。

【膲】 (초) 蕭 ショウ、みのわた internal organs 草書 삼초초(三ㅣ、無形之腑)。

【膴】 ㊀(무) 虞 ㊁(무) 虞 ブ、ほじし jerked meat 小篆 草書 ㊀❶법무(法也)。『詩經 小雅小旻』民雖靡ㅣ。❷포무(脯也)。『儀禮』皆加ㅣ祭于其上。❸클무(大也)。❹많을무(多也)。㊁❶두터울무(厚也)。『詩經 大雅緜』周原ㅣㅣ。❷아름다울무(美也)。『詩經』則無ㅣ仕。

【膴膴:무무】 땅이 기름져서 아름다운 모양。『詩經』周原ㅣㅣ。

【膴仕:무사】 厚한 俸祿으로 벼슬함。또는 그 官吏。『詩經』瑣瑣姻亞、則無ㅣㅣ。

【⿰月絜】 (결) 屑 ケツ、のどみやく (the vein of) throat 목의맥결(喉脈)。

【膵】 (췌) 〔新字〕 スイ、すいぞう pancreas 草書 첩육경췌、지라췌(甜肉經)。

【膵管:췌관】 《生》이자의 膵液을 십이지장으로 보내는 관。

【膵液:췌액】 《生》이자로부터 분비되어 십이지장 안으로 가는 소화액。

【膵臟:췌장】 《生》이자。

十三畫

【膷】 (향) 陽 キョウ、うしのあつもの beef soup 草書 소고기국향、곰국향(牛肉羹)。『禮記』ㅣ臐膮醢。

【⿰月遀】 (수)『髓』(13畫 骨部)와 같음

【膹】 ㊀(분) 吻 ㊁(비) 微 フン、ヒ、にくのあつもの meat soup 小篆 ㊀곰국분(臛也)。㊁고기국비(汁多臛)。

【膹脗:분문】 「脣吻」의 잘못。입술。『呂覽』古之善相馬者、管靑相ㅣㅣ。

【膹炙:분자】 썰어서 삶은 고기와 구운 고기。『新書·匈奴』大每一關、屠沽者、賣飯者、羹臛ㅣㅣ者、每物各一二百人。

【膹膾:분회】 굵게 썬은 고기와 잘게 썬은 고기。

【⿰月黽】 (잉)『孕』(2畫 子部)과 같음

【膺】 (응) 蒸 ヨウ、むね breast ㄧㄥ ying¹ 小篆 草書 ❶가슴응(胸也)。『禮記』得一善則拳拳服ㅣ而不失之矣。❷친할응(親也)。『禮記』執箕ㅣ搊。❸당할응、응할응(當也)。『書經 武成』誕ㅣ天命。❹받을응(受也)。❺북두응(馬帶)。『詩經』鉤ㅣ濯濯。❻칠응(擊也)。『孟子 滕文公上』戎狄是ㅣ荆舒是懲。

【膺圖:응도】 임금이 될 운명을 만남。

【膺保:응보】 안아 받들음。『國語』ㅣㅣ明德。

【膺受:응수】 받음。引受함。『書·君陳』惟予一人、ㅣㅣ多福。

【膺懲:응징】 ❶異民族을 쳐서 징계함。外敵을 討伐함。『孟子』戎狄是膺、荆舒是懲。❷잘못을 회개하도록 징계함。

【膻】 ㊀(단) 旱 ㊁(전) 先 セン、なまぐさい chest ㄕㄢ shan¹ 小篆 草書 ㊀어깨벗어멜단(ㅣ裼)。㊁❶젖가슴전(兩乳間)。❷노린내전(羊臭)。❸뜻전(意也)。『列子』ㅣ惡而不可親。

【膻惡:전악】 노린내가 나고 더러움。『列子』王之嬪御、ㅣㅣ而不可親。

【膼】 (과) 麻 カ、はれる foot swells ❶발부르틀과(ㅣ疝)。❷다리과(大腿)。

【膽】 (담) 感 タン、きも gall-bladder 小篆 草書 ❶쓸개담(肝之腑)。『漢書』將軍嗔目張ㅣ。❷씻을담(拭治)。『禮記 內則』桃曰ㅣ之。❸담클담(張ㅣ、勇甚)。

【膽氣:담기】 事物을 두려워하지 않는 勇氣。大膽。膽力。『五代史』倜儻有ㅣㅣ。

【膽大:담대】 담력이 매우 큼。

【膽大心小:담대심소】 배짱은 크게 갖되、注意는 細心하게 함。『唐書·隱逸傳』膽欲大而心欲小、智欲圓而行欲方。

【膽略:담략】 大膽하고 꾀가 많음。또는 膽力과 智略。『梁書』性驍果有ㅣㅣ。

【膽力:담력】 事物을 두려워하지 않는 氣力。膽氣。『吳志』以ㅣㅣ稱。

【膽小:담소】 膽力이 작음。겁이 많고 배짱이 없음。膽弱。↕膽大。

【膽液:담액】 =膽汁。

【膽弱:담약】 膽力이 없음。겁이 많음。「膽小。

【膽勇：담용】 大膽하고 勇氣가 있음。『南史』以——聞、頗愛史書。

【膽汁：담즙】 (生)肝臟에서 分泌되는 몸시 쓴 맛이 나는 消化液。『孔平仲』倉皇面深墨、嘔噦皆——。

【膽汁質：담즙질】 (心) 사람의 氣質의 하나。沈着·冷靜하며 忍耐力이 강하고、決斷力이 있는 氣質。

【膽智：담지】 膽力과 才智。『後漢書』鄉邦稱其——。

【膽破：담파】 ❶쓸개가 깨어짐。❷매우 놀람。『陳琳』——衆散、不鼓而敗。

【膽寒：담한】 매우 놀라서 두려움。『宋史』軍中有一韓、西賊聞之、心——、軍中有一苑、西賊聞之、驚破膽。

◎肝—、落—、大—、石—、心—、臥薪嘗—、熊—、魂—。

【膝】 (슬)『膝』(肉部 11畫)의 俗字

【膾】 (회) 泰 カイ、**なます** slice raw fish (本音「괴」) ㄎㄨㄞ k'uai⁴

❶회칠회(魚肉腥細切)。『詩經 小雅六月』炰鼈—鯉。❷냄새날회(—炙)。

【膾炙：회자·회적】 ❶회와 구운 고기。다 맛이 좋아서 사람들이 잘 먹는 것。『孟子·盡心』——與羊棗孰美。❷널리 사람들에게 알려지는 일。『宣和書譜』——人口。

【膾截：회절】 회를 만들기 위하여 자름。『晉書』由俎上肉、任人——。

【膿】 (농) 冬 ノウ、ドウ、**うみ** pus ㄋㄨㄥ nung²

고름농(腫血)。『史記』後八日嘔—。

【膿疥：농개】 고름이 든 옴。

【膿潰：농궤】 종기가 곪아서 터짐。

【膿毒症：농독증】 (醫) 곪은 자리로부터 화농균이 혈액 속으로 퍼져서 부스럼이 되는 병。

【膿漏：농루】 ❶고름이 나옴。❷膿漏性 「結膜炎의 略。

【膿病：농병】 진물을 흘리고 죽는 누에의 전염병의 한 가지。

【膿液：농액】 고름。「이 몰려 있는 병。

【膿瘍：농양】 (醫)몸의 한 국부에 고름

【膿耳：농이】 (醫)귓구멍에서 고름이 나 「는 병。

【膿汁：농즙】 고름。

【膿血：농혈】 피고름。

【膿胸：농흉】 가슴 안、특히 肋膜腔안에 고름이 생기는 병。

【臀】 (둔) 元 トン、デン、**しり** hip; buttock ㄊㄨㄣ t'uen²

볼기둔(腿臑髀也)。『周語』其母夢神規其—以墨。

【臀鰭：둔기】 물고기의 볼기에 달린 지느러미。뒷지느러미。

【臀部：둔부】 엉덩이。궁둥이의 언저리。

【臀癰：둔옹】 =臀腫。

【臀腫：둔종】 (醫)볼기짝에 나는 종기。『史記』後五日當——。

【臋】 (둔)『臀』(前條)과 같음

【臁】 (렴) 鹽 レン、**はぎ** shin

정강이렴(脛也)。

【臂】 (비) 寘 ヒ、**ひじ、ただむき** forearm ㄅㄧ pi⁴

팔뚝비(肱也)。『正子通』自肩至肘曰自肘至腕曰—。

【臂胛：비갑】 팔과 어깨죽지。『南史』戴顒曰、非面瘦、乃——肥耳。

【臂力：비력】 팔의 힘。

【臂膊：비박】 팔과 어깨。『周書』李穆·蔡祐、丞相——。

【臂不外曲：비불외곡】 팔이 내굽지 않음。(喩)자기와 가까운 관계가 있는 사람에게 인정이 더 쏠린다는 뜻。『碧巖集』。

【臂癰：비옹】 (醫)팔에 나는 종기。

【臂痛：비통】 팔이 아픔。

【臂環：비환】 팔가락지。팔찌。

【臃】 (옹) 冬 ヨウ、**はれもの** tumor ㄩㄥ yung¹·²

부스럼옹、종기옹(腫也)。『史記』色將發—。

【臃腫：옹종】 ❶부스럼。腫氣。❷樹木따위의 뭉친 혹。『莊子·逍遙遊』其大本——、而不中繩墨。❸소용이 없다는 뜻。

【臒】 (옹)『癰』(疒部 18畫)과 같음

【臄】 (갹) 藥 キャク、**うわあご** upper lip

❶웃입술갹(口上阿)。『詩經』嘉殽脾—。❷저민고기갹(切肉)。

【臅】 (촉) 沃 ショク、**あぶら** fat of breast

❶가슴속기름촉(兩乳間—中)。❷승냥이기름촉(狼—膏)。

【臅膏：촉고】 가슴속의 기름。『禮記』小切狼——。

【臆】 (억) 職 オク、**むね** breast

❶가슴억(胸也)。『史記』因噓唏服—。❷뜻억(意也)。『史記』賈誼傳』請以—對。❸가득할억(滿也)。

【臆見：억견】 자기 혼자만의 생각。私見。

【臆決：억결】 억측하여 결정함。『唐書』馮私——。

【臆斷：억단】 자기 혼자의 생각으로 判斷함。臆決。『蘇軾』事不目見耳聞、而——其有無可乎。

【臆塞：억색】 원통하여 가슴이 막힐 지 「경임。

【臆說：억설】 ❶推測에 의한 意見。『富弼』但且欲證臣狂瞽、非——焉。❷假說。臆說。『陽修』非其——。

【臆出：억출】 억측으로 설명해 냄。『歐

【臆測：억측】 제 멋대로 推測함。이유와 근거 없이 헤아림。憶測。『後漢書』——隱微。

【臆度：억탁】 이유와 근거없이 推測함。憶測。憶度。『蘇軾』世事仍——。

【臆判：억판】 =臆斷。『唐書』本末駮舛、——自私。

【臇】 (전) 銑 セン、**あつもの** meat soup

❶곰국전(臛也)。❷지짐이전(小汁臛)。『名都篇』膾鯉—胎鰕。

【臈】 (랍)『臘』(肉部 15畫)의 俗字

【臉】 (검) 琰 ケン、**ほお、かお** cheek

뺨검(目下頰上頰也)。

【臊】 (조) 豪 ソウ、**なまぐさい** smell of meat (本音「소」) ㄙㄠ sao¹·⁴

비린내조、누린내조(犬豕膏臭)。『史記』腥—何足食。

【臊聲：조성】 나쁜 평판。나쁜 소문。腥聞。『北史』——布於朝野。

【臊腥：조성】 비린내 나는 것。腥臊。

【臊惡：조악】 비린내 나고 나쁨。

【臊臭：조취】 누린내。

十四畫

【臑】 (주) 尤 チュウ、**しり** hips

엉덩이주(髀後)。

【臍】(제) 齊 セイ、ほぞ、へそ navel ㄑㄧˊ chʻi²
[小篆 草書] 배꼽제(子初生所繫包斷之爲ー)。【左傳】若不早圖後君噬齊。
【臍帶:제대】(生)탯줄。
【臍動脈:제동맥】(生)胎兒의 배꼽 구멍을 통하여 탯줄 속을 지나 태반과 잇대어 있는 핏줄。
【臍緖:제서】(生)탯줄。
【臍炎:제염】(醫)배꼽과 그 부근이 염증으로 곪기는 갓난아이의 병。
【臍腫:제종】(醫)배꼽에 나는 부스럼。
【臍瘡:제창】(醫)어린아이의 배꼽에 부스럼이 나는 병。

【臎】(취) 寘 スイ、くるぶし ankle-bone ❶새꽁무니살취(鳥尾上肉)。❷살찔취(肥也)。❸복사뼈취(踝骨)。

【臏】(빈) 軫 ヒン、ひざざら knee pan [草書] ❶종지뼈빈(膝蓋骨)。【西征賦】徂潛鉛而脫ー。❷발끊는형벌빈(刖刑斷足)。【周禮註】刖斷足也周改ー作刖。
【臏脚:빈각】(制)발을 자르는 刑罰。또는 그 刑을 받는 일。【司馬遷】孫子ーー、兵法修列。

【臐】(훈) 文 クン、あつもの mutton soup ㄒㄩㄣ hsün¹ [草書] 양고깃국훈(羊臛)。【禮記】ー膮醢。

【䑃】(몽) 東 ボウ、モウ、ふとる fat ❶뚱뚱할몽(肥大)。❷풍부할몽(豐也)。

【⿰月鼻】(비) 寘 ヒ、ふとる fatten 살뚱뚱히찔비(肥壯)。

【臑】(노) 號 ドウ、すね elbow ㄖㄨˊ ju² [小篆 草書] 팔꿈치노(臂節)。【史記 龜策傳】取前足ー骨穿佩之。
【臑羔:노고】양새끼를 구운 고기。
【臑骨:노골】팔 뼈。腕骨。

十五畫

【⿰月暴】(박) 覺 ハク、はれる swell up 살이부어오를박(肉腫起貌)。【山海經】松果之山、有鳥焉其名曰螐渠、可以已ー。

【⿰月養】(양) 養 ヨウ、むかつく feel sick 메스꺼울양(欲吐ー)。

【臕】(표) 蕭 ヒョウ、こえる fat 살찔표(肥貌)。

【臗】(곤) 元 コン、しり buttock; hip ㄎㄨㄢ kʻuan¹ [草書] ❶볼기곤(臀也)。❷꽁무니곤(尻也)。

【⿰月樂】(박) 覺 ハク、まじる be mixed (up) ❶뒤섞일박(ー犖、亂雜)。❷제사고기박(祭肉)。

【臘】(랍) 合 ロウ、くれ year-end ㄌㄚˋ la⁴ [小篆 草書] ❶납향제랍(歲終合祭諸神)。【風俗通】夏曰清祀殷曰嘉平周曰蜡漢曰ー。❷섣달랍(陰曆十二月異名)。
【臘梅:납매】(植)섣달에 꽃이 피는 梅花。落葉灌木의 하나。
【臘半:납반】음력 十二月의 중간。【耶律楚材】留得晩瓜過ーー。
【臘雪水:납설수】납일에 내린 눈이 녹은 물。殺蟲 解毒藥으로 씀。
【臘月:납월】섣달。【唐書】以十二月爲ー、建寅月爲一月。
【臘肉:납육】❶소금에 절인 돼지 고기。❷臘享에 쓰는 산짐승의 고기。
【臘日:납일】❶冬至 뒤의 세째 戌日。이 날은 廟祠에 제사함。臘平。【杜甫】ー前年暖尙遙、今年ーー凍全消。❷음력 十二월 八일。臘八。
【臘前:납전】납일 전。
【臘祭:납제】음력 十二월의 제사。【禮記·疏】ーー之時、暫出田獵以取禽。
【臘鳥:납조】약에 쓰기 위하여 납일에 잡은 참새。
【臘酒:납주】十二月에 빚어서 봄에 마시는 술。【賈至】金花ーー解酴醾。
【臘平:납평】=臘日。
【臘享:납향】臘日에 一년 간의 농작과 그 밖의 일을 여러 神에게 告하는 祭祀。臘平祭。

十六畫

【⿰月嬴】(영) 庚 エイ、くそ excrement 똥영(大便)。

【臙】(연) 先 エン、べに rouge ㄧㄢ yen¹ [草書] ❶목구멍연(喉也)。❷연지연(ー脂、紅藍汁)。❸조개분연(蚌粉)。
【臙脂:연지】여자가 단장할 때 양쪽 뺨에 찍는 붉은 顔料。臙支。
【臙脂虎:연지호】연지를 찍은 범(虎)。(轉)독살스러운 婦人。悍婦。

【⿰月壽】(수) 尤 シュウ、あつもの meat soup ❶곰국수(肉羹)。❷건어꼬리수(乾魚尾)。

【臚】(려) 魚 ロ、はらさき belly [小篆 籀文 草書] ❶아랫배려(腹前)。❷배분룩할려(腹彭脹)。❸베풀려(陳也)。【史記】ー於郊祀。❹전언관려(傳語官、鴻ー)。
【臚句:여구】通譯官。(위에서 밑으로 傳하는 것이 臚、밑에서 위로 傳하는 것이 句임)。【史記】大行設九賓ーー傳。
【臚言:여언】세상에 傳達하는 말。【國語·晉語】聽ーー於市。
【臚列:여열】❶記錄하여 벌림。❷陳列。【張衡】九賓重、臚人列。
【臚情:여정】사정을 말함。陳情。【張衡】即岐趾而ーー。

【臛】㈠(확) ㈡(혹) 藥 沃 カク、あつもの broth ㄏㄨㄛˋ huo⁴ [草書] ㈠❶곰국학(肉羹)。❷눈뺄학(爊也)。【史記 刺客傳】ー其目。㈡뜻은 ㈠과 같음。
【臛目:확목】말똥으로 남의 눈을 어둡게 함。【史記·刺客傳】臛其目、使擊筑。

【朧】(롱) 董 ロウ、こえる fat 살찔롱(肥貌)。

十七畫

【⿰月襄】(양) 養 ジョウ、こえる fatten [小篆] ❶살찔양(肥也、ーー)。❷성할양(盛也)。❸[國字]양양(牛胃)。

【臝】(라) 哿 ラ、はだか、すはだ naked; strip ㄌㄨㄛˇ luo³
草書 ❶벌거벗을라(赤體袒)。【漢書】─立擊鼓。❷과라나무라(果─栝樓)。【詩經】果─之實。❸나나니벌라(蜾─細腰蜂)。

【臝物:나물】표범 따위 털이 짧은 짐승。【周禮】其動物宜─。

【臝葬:나장】시체를 벌거벗긴 채로 묻음。【漢書】吾欲─以反吾眞。

【𦢈】(란) 寒 ラン、にる ripen
익을란(熟也)。

【𦡽】(영) 梗 エイ、のど throat
❶목구멍영(嗌也)。❷목영(頸也)。

十八畫

【𦢊】(이) 紙 イ、きず scar
흠집이(瘡痍)。

【臞】(구) 虞 ク、やせる haggard
小篆 草書 파리할구(瘠也)。【史記、司馬相如傳】形容甚─。

【臞耗:구모】줄어서 없어지는 것。

【臟】(장) 漾 ゾウ、はらわた entrail ㄗㄤˋ tsang⁴
草書 오장장(五─腑也)。【抱朴子】破積聚於腑─。

【臟厥症:장궐증】(醫)원기가 허약해져서 설사와 구토를 하고, 오한이 일어나는 증세。

【臟器:장기】(生)내장의 여러 기관。

【臟腑:장부】❶(生)內臟의 總稱。五臟과 六腑。(五臟은 肺·心臟·肝臟·腎臟·脾臟이며, 六腑는 大腸·小腸·胃·膽·膀胱·三焦임。❷마음 속。胸中。【明周憲王】年來偏覺心腸熱、老去祇餘─ ─明。

【臟汙:장오】不正한 물건을 받는 더러운 行爲。【北齊書】尋以─ ─爲有司所劾。

【臟燥症:장조증】(醫)부인네 신경병의 한 가지。

◎肝─、內─、脾─、腎─、心─、五─、腑─、肺─。

【臛】㊀(권) 先 ケン、みにくい ugly ㊁(환) 寒
㊀추할권(醜也、─脵)。㊁짐승이름환(獸名)。【山海經、北山經】帶山有獸焉、其狀如馬、一角有錯、其名曰臛疏可以辟火。

臛疏(山海經圖)

十九畫

【臠】(련) 銑 レン、きりにく、きりみ sliced meat
小篆 草書 ❶산적점련(切肉)。【漢書】─切千段。❷파리할련(臞臞也)。

【臠卷:연권】늘어나지 않는 모양。펴지지 않는 모양。不伸。

【臠殺:연살】난도질하여 죽임。【宋史】先斷其兩臂、而後─ ─之。

【臠肉:연육】산적。切肉。【魏書】性嗇吝、民有禮餉者、皆不與杯酒─ ─。

【𦣆】(마) 歌 バ、はらくだり diarrhoea
설사병마(泄病、─痳)。

【臡】(니) 齊 デイ、しおびき salted meat ㄌㄩㄢˇ luan³
草書 뼈섞인젓니(雜骨醬)。【周禮註】有骨爲─無骨爲醢。

二十畫

【𦣇】(수) 虞 ソ、ちちのす sweet drink
단술수(甘酒)。(『酥』와 같음)

臣 部

【臣】(신) 眞 シン、ジン、けらい subject; retainer ㄔㄣˊ ch'en²
小篆 草書 ❶신하신(事君之稱)。【禮記】仕於公曰─仕於家曰僕。【詩經】率土之濱莫非王─。❷두려울신(主─惶恐之辭)。【漢書】陳平謝曰主─。

【臣道:신도】臣下가 지켜야 할 도리。【孟子】欲爲臣、盡─ ─。

【臣僚:신료】많은 官吏。官吏。有司。百僚。【舊唐書】宰執─ ─、同心輔助。

【臣鄰:신린】임금 側近에서 보필의 임무를 맡아 보는 것。【書經】臣哉鄰哉。

【臣民:신민】❶君主國의 官吏와 民衆。❷君主國의 國民。❸君主에 대한 人民。臣庶。人民。君主。

【臣民主權:신민주권】식민지의 인민을 통치하는 측에서 본 영토 주권의 일컬음。

【臣服:신복】=臣事。【書經】─ ─先王。

【臣分:신분】신하된 처지。또는 그 한계。

【臣事:신사】臣下가 되어 섬기고 복종「함。【胡銓】─ ─醜虜。

【臣心如水:신심여수】마음 결백함을 비유하는 말。【漢書】臣門如市、─ ─、願得考覆。

【臣子:신자】臣下。또는 部下와 아들。【禮記】明─ ─之恩。

【臣籍:신적】臣民으로서의 身分。

【臣節:신절】신하가 지켜야 할 절개。

【臣忠:신충】신하로서의 忠義。

【臣下:신하】임금을 섬기는 벼슬자리에 있는 사람。【書經】─ ─不匡、其刑墨。

◎家─、孤─、功─、舊─、君─、群─、權─、近─、亂─、老─、大─、名─、謀─、武─、文─、陪─、使─、史─、小─、逆─、禮─、遺─、人─、宗─、重─、衆─、忠─、賢─。

二 畫

【𦣝】(이) 支 イ、おとがい jaw
小篆 頤 篆文 籀文 ㊀턱이(頤也)。㊁뜻은 ㊀과 같음。

【臤】㊀(간) 刪 カン、ケン、かたい hard ㄑㄧㄢ ch'ien¹ ㊁(견) 先 ㊂(현)
小篆 ㊀굳을간(堅也)。㊁뜻은 ㊀과 같음。㊂『賢』의 古字

【臥】(와) 箇 ガ、ふせる lie down ㄨㄛˋ wo⁴
小篆 草書 ❶누울와(偃也寐也)。【禮記】魏文侯曰吾端冕而聽古樂則惟恐─。❷쉴와(休息)。【管子】─名利者寫生危。

【臥看床:와간상】누워서 책을 읽을 때 책을 받쳐 놓는 받침대。

【臥見:와견】누워서 봄。臥看。【魏書】汲長孺可─ ─衛青、何抗禮之有。

【臥具:와구】寢具。이부자리와 베개 따위。【皮日休】行廚煮白石、─ ─拂青雲。

【臥內:와내】잠자리。寢室。【後漢書】出入─ ─。

【臥料:와료】일을 하지 아니하고 받는 「給料。

【臥龍:와룡】 ❶누워 있는 龍。《喩》때를 만나지 못한 英雄。❷《人》諸葛孔明의 別號。『三國志·諸葛亮傳』。❸嵇康을 가리킴。『晉書·嵇康傳』。

【臥龍燭臺:와룡촉대】 놋쇠、또는 나무로 만들고 위에 용을 새긴 큰 촛대。

【臥房:와방】 침실。침방。

【臥病:와병】 疾病에 걸림。병으로 누워 있음。病臥。『孟浩然』南陌春將晚、北窓猶——。

【臥床:와상】 ❶침대。또는 침상에서 잠。臥牀。臥榻。❷病으로 누워 있음。臥褥。

【臥席:와석】 누운 자리。『黃庭堅』宿處野人爭——。

【臥席終身:와석종신】 자기 壽命에 죽음。

【臥食:와식】 일을 하지 않고 놀고 먹음。坐食。

【臥薪嘗膽:와신상담】 고생을 참고 견디면서 노력하는 것。《故》吳王 夫差가 섶나무 위에 자면서 越에 復讐할 것을 잊지 않았고 또 越王 勾踐이 쓸개를 핥으면서 吳王에게 복수할 것을 잊지 않아 피차 고생을 참고 견디었다 함。『吳越春秋』越勾踐——欲報吳。

【臥遊:와유】 집에 누워 있으면서 名勝地·古蹟을 그림으로 보고 즐기는 것。『宋書』名山恐難徧覩、惟當澄懷觀道、臥以遊之。

【臥蠶眉:와잠미】 누운 누에 같이 생긴 눈썹。

【臥喘:와천】 코고는 소리。『孔平仲』—氣吸吸。

【臥治:와치】 누워서 정치함。《喩》容易하게 다스림。정치를 간략히 하여 백성을 잘 다스림。『史記』汲黯多病、臥閨閤內、不出歲餘、東海大治稱之。

【臥治天下:와치천하】 일 없이 천하를 다스림。곧 태평 세대의 뜻。

【臥榻:와탑】 =寢床。

【臥虎:와호】 ❶누워 있는 범。『西京雜記』見——射之。❷관리의 威嚴。『後漢書』。❸峻嚴한 정치。❹敵軍을 부수는 용맹。『魏書』寇賊侵邊、所向摧破、號曰——。❺橫暴한 행동。

五畫

【卧】 (와)『臥』(前條)의 俗字

【𦣝】 (진) 軫 シン、あきらか bright
❶밝을진、환할진(明也)。❷명랑할진(明朗)。

六畫

【臦】 (광) 漾 コウ、そむく act contrary
臦 小篆
❶어그러질광(乖也)。❷사람 이름광(人名)。

八畫

【臧】 (장) 陽 ゾウ、よい、しもべ good; slave ㄗㄤ tsang¹
臧 小篆 臧 籀文 臧 籀文 臧 草書
❶착할장(善也)。『詩經』何用不—。❷두터울장(厚也)。❸종장(奴婢)。『方言』罵奴曰—罵婢曰獲。❹숨길장(藏也)。『賈誼弔屈原賦』遠濁世而自—。❺장부장(臟也)。

【臧穀:장곡】 종。奴婢。臧獲。『荀子·禮論·注』奴曰臧、孺子曰穀。

【臧否:장부】 ❶좋은 것과 나쁜 것。善惡。可否。善人과 惡人。否臧。『詩經』未知——。❷善惡·良否를 判定하여 그 가치와 타당성을 검토함。『晉書·劉毅傳』劉毅好——人物。

【臧獲:장획】 =臧穀。『揚子方言』罵奴曰臧、罵婢曰獲。

十一畫

【臨】 ㊀(림) 侵 リン、のぞむ look down; face ㊁(림) 沁 ㄌㄧㄣ lin²
臨 小篆 臨 草書
㊀❶임할림(莅也)。『詩經』上帝—女。❷볼림(監也)。『中庸』總明睿知、足以有—也。❸클림(大也)。❹군림할림(君—)。『十八史略』馬眞氏—朝。❺괘 이름림(卦名)。㊁❶여럿이 울림(衆哭)。『左傳宣公十二年』楚子圍鄭旬有七日鄭人卜行成不吉卜—于大宮且巷出車吉。❷굽힐림(偏向以尊適卑)。

【臨渴掘井:임갈굴정】 목 마른 뒤에 우물을 판다는 뜻。《喩》준비 없이 갑자기 일을 당하여 허둥지둥하는 태도。

【臨檢:임검】 現場에 가서 조사함。『後漢書』自加——。

【臨界:임계】 =境界。

【臨界壓力:임계압력】 《物》기체를 임계 온도에서 압축하여 기체도 아니고 액체도 아닌 상태가 되게 하는 일정한 압력。

【臨界溫度:임계온도】 《物》기체를 액화할 수 있는 최고 온도。

【臨觀:임관】 그 장소에 와서 봄。『後漢書』大學行禮、車駕幸永福城門、——其儀。

【臨機:임기】 시기에 다달음。

【臨機應變:임기응변】 그때 그때 그 시기에 임하여 그 정세의 변화에 따라 잘 처리하는 수단。『南史』——、勿多言。

【臨農奪耕:임농탈경】 農事 지을 時期에 이르러 경작자를 바꾸는 것。《喩》이미 다 마련된 것을 빼앗는 것。

【臨屯:임둔】 《歷》漢 武帝가 설치한 漢四郡의 하나。樂浪郡의 동쪽、곧 咸境南道와 江原道 地方。眞蕃과 같이 폐지되었으며 그 一部가 玄菟에 합쳐졌다가 다시 樂浪에 귀속됨。

【臨臨:임림】 커다란 모양。『詩經』——閑閑。

【臨命:임명】 =臨終。『潘岳』——忘身、顧戀慈母。臨命終의 略語。

【臨問:임문】 몸소 그 곳에 가서 訪問하는 것。웃사람에 대한 존칭。

【臨民:임민】 백성을 대하여 다룸。

【臨迫:임박】 어떤 時期가 가까이 닥쳐옴。

【臨本:임본】 글씨(習字)나 그림(圖畫)의 본보기 책。

【臨死:임사】 죽을 고비에 임함。

【臨事:임사】 일에 이르름。

【臨朔:임삭】 아이 밴 여자가 해산할 달을 당함。

【臨產:임산】 解產할 때를 당함。

【臨床:임상】 ❶의사가 환자의 누워 있는 곁에 가는 것。❷《醫》실지로 환자를 대하여 의학을 연구함。또는 환자를 직접 취급하는 것。

【臨席:임석】 자리에 나아감。

【臨歲:임세】 歲末에 가까와 옴。

【臨時:임시】 ❶정하여진 때가 아니고 필요에 따른 一時。『魏志』計在——。❷잠시 아쉬운 것을 면하는 것。↔經常。

【臨時變通:임시변통】 갑자기 생긴 일을 臨機로 처리하는 것。臨時處變。

【臨時費:임시비】 《經》불시의 지출에 對備해 두는 資金。↔經常費。

【臨時猝辦:임시졸판】 기회에 임하여 졸지에 처리함。

【臨時總會:임시총회】 필요에 따라서 임시로 여는 총회。

【臨深:임심】 깊은 늪을 들여다봄。《喩》매우 위험한 것。『詩經』戰戰兢兢、如臨深淵、如履薄氷。

【臨按:임안】 實地에 임석하여 조사함。『唐書』奏遣蔣沇——。

【臨臥服:임와복】 잘 때에 약을 먹음。

【臨蓐:임욕】 解產을 함。

【臨月:임월】 產月。胎兒를 낳는 달。『宋書』少府劉曚妾孕——。

【臨戰:임전】 전쟁에 나아감。

【臨政:임정】 臨時政府의 略語。

【臨眺:임조】 높은 곳에서 바라다봄。『南史』頗有一一之美。

【臨終:임종】 ❶죽게 된 때를 당함。 臨死。 亡終。『後漢書』一一謂其子恭。 ❷부모가 돌아갈 때 모시고 있음。 終身。

【臨終時:임종시】 ❶목숨이 끊일 때。 임종할 무렵。 ❷부모의 임종에 지키고 있었을 때。

【臨津江:임진강】 《地》江 이름。 咸鏡南道 德源郡에서 발원하여 黃海로 들어가는 강。 길이 三五四粁。 옛날부터 高句麗·百濟·新羅의 국경지대로 분쟁이 잦았음。

【臨陣對敵:임진대적】 적군과 對陣함。

【臨陣易將:임진역장】 開戰할 때 장수를 바꾼다는 뜻。 《喩》어떤 일에 닥쳐 숙달한 사람을 버리고 서투른 사람으로 바꾸어 쓰는 것。

【臨帖:임첩】 書畫帖의 글씨나 그림을 본떠서 쓰거나 그림。

【臨衝:임충】 전쟁에 쓰는 수레。 兵車。 戰車。『詩經』以爾鈎授與爾一一。 「접함。

【臨港:임항】 항구에 가까이 감。 항구에

【臨行:임행】 그 자리에 감。

【臨幸:임행】 임금이 지정된 곳에 가는 것。 臨御。『唐書』數一一觀釋菜。

【臨畫:임화】 그림책을 보고 그림을 그려 배우는 일。

【臨況:임황】 貴人이 자기 집에 찾아 옴의 敬稱。『史記』將軍酒肯辛一一魏其家。

【䢐】 ㊀(광) 養 ㊁(경) 梗 キョウ、おどろきはしる be frightened so as to run away

䢐 小篆 ㊀❶놀라 달아날광(驚走貌)。 ❷왔다갔다할광(往來貌)。 ㊁ 사람이름경(人名)。

十五畫

【臤】 (환) 刪 カン、かたい solid

단단할환、 굳을환(堅也)。

自 部

【自】 (자) 寘 ジ、シ、おのずから oneself; from ㄗ tzu⁴

自 小篆 古文 草書 ❶몸소자(己也)。 ❷부터자、 좇을자(由也、從也)。『詩經』退食一公。『論語憲問』晨門曰、奚一、子路曰一孔氏。 ❸스스로자(躬親)。『易經』一彊不息。 ❹저절로자(自一、無勉强)。

【自家:자가】 ❶자기 집。 ❷自己。『十八史略』與一一意志一般。

【自家廣告:자가광고】 제 잘난 것만 세상에 널리 자랑하는 일。 自己廣告。

【自家撞著:자가당착】 한 사람의 言行이 앞뒤가 모순되는 것。『禪林類聚』。

【自家發電:자가발전】 개인이 소규모의 발전 시설을 가지고 전기를 自給함。

【自家保存:자가보존】 생물이 자기의 생명을 보존하고 발전시키기 위한 본능의 作用。

【自家本位:자가본위】 자기의 理解를 터전으로 하여 생각하고 판단하고 행동함。 自己本位。

【自家消費:자가소비】 자기가 생산한 物資를 자기가 소비함。

【自家用:자가용】 ❶자기 집에서 전용하는 물건。 ❷自家用車의 略。

【自刻:자각】 스스로 고생하며 노력함。 (刻은 刻苦)。『歐陽修』一一益苦。

【自覺:자각】 ❶스스로가 자기의 상태、 지위、 가치 따위를 깨달음。 ❷《心》자기의 경험의 반성에 따른 自己認識。 ❸《佛》三覺의 하나。

【自覺存在:자각존재】 자기의 行爲·能力·特質 등을 정당히 판단하고 자각할 수 있는 존재。

【自覺症狀:자각증상】 患者 스스로가 느낄 수 있는 病狀。

【自强:자강】 스스로 힘써 마음을 가다듬음。 스스로 근면하게 힘씀。

【自彊:자강】 자기 힘으로 노력하고 격려함。 스스로 근면하게 힘씀。

【自强不息:자강불식】 스스로 힘써 쉬지 아니함。『易經』天行健、君子以——。

【自强術:자강술】 자기 몸을 强健하게 하기 위한 方術。

【自開自落:자개자락】 꽃이나 열매 따위가 人工에 의지하지 않고 스스로 열매 맺고 혹은 떨어짐。

【自怯:자겁】 제풀에 겁을 냄。

【自擊漏:자격루】 시계의 한 가지。 李朝世宗 二〇년 경 李蕆·蔣英實 등이 만든 것으로 물이 흐르는 것을 이용하여 스스로 시간을 쳐서 알리도록 만들었음。

【自激之心:자격지심】 어떠한 일을 하여 놓고 자기 스스로 미흡하게 여기는 마음。

【自遣:자견】 스스로 자기 마음을 위로함。『李祁』高歌聊一一、世事欲茫然。

【自決:자결】 ❶스스로 자기의 進退를 결정함。 ❷自殺。

【自決主義:자결주의】 남의 힘을 빌지 않고 자기 문제를 자기 힘으로 해결해 나가려는 주의。

【自謙:자겸】 스스로 자기를 겸양함。

【自經:자경】 스스로 목을 매어 죽음。 縊死。 自縊。

【自警:자경】 스스로 마음이나 행동을 경계하여 주의함。

【自戒:자계】 스스로가 잘못 되는 일이 없도록 미리 가다듬음。

【自古:자고】 예전부터。

【自顧:자고】 스스로를 돌아봄。

【自古及今:자고급금】 예로부터 지금에 이르기까지。

【自曲之心:자곡지심】 허물이 있는 사람이 스스로 야속하게 여기는 마음。

【自供:자공】 《法》자기가 스스로 진술함。 또는 그 진술한 事項。

【自過不知:자과부지】 제 허물은 제가 모름。

【自誇心:자과심】 스스로를 과시하고 자랑하는 마음。

【自愧之心:자괴지심】 스스로 부끄러워하는 마음。

【自求:자구】 남에게 미루지 않고 스스로 찾아 봄。

【自救行爲:자구행위】 《法》 刑事法에 권리 침해를 받았을 때、 공권에 의한 구제를 받지 않고 피해자 자신이 직접 권리 보전을 위하여 실력 행사를 하는 행위。

【自國:자국】 제 나라。

【自屈:자굴】 스스로 굽힘。『宋書』帝笑曰、卿能一一、吾事濟矣。

【自潰:자궤】 저절로 뭉그러짐。

【自今:자금】 지금부터 이후。 以後。『後漢書』請一一已後、不敢復放縱。

【自急:자급】 ❶필요 이상 서둘러서 일을 결정함。 ❷급히 서둘러서 自殺함。

【自給:자급】 자기에게 소용되는 물건을 자기 힘으로 공급함。 제 힘으로 살아감。『後漢書』與諸生、織席一一。

【自給力:자급력】 자급할 수 있는 힘。

【自給自足:자급자족】 자기가 필요한 물건을 자기가 만든 물건으로 충당함。

【自矜:자긍】 제 스스로 자기의 長點을 자랑함。

【自記:자기】 ❶자기가 겪은 일을 스스로 적음。 手記。 ❷自動 장치로 文字 및 符號를 적음。

【自欺:자기】 스스로 자기 양심을 속이는 言行을 함。『大學』所謂誠其意者、毋一一也。

【自棄:자기】 제가 저를 버리고 돌아보지 아니함。 自暴自棄。

【自己:자기】 저。 제 몸。 自身。

【自己誇示:자기과시】 남한테 인정 받고 싶어서 남에게 뽐내는 경향。

【自己保存:자기보존】 생물이 자기의 목숨을 보존하여 발전시키려고 애쓰는 본능의 작용。

【自己本位:자기본위】 생각하고 행동하는 데 자기를 본위로 함。 自家本位。

【自己批判:자기비판】 《哲》反省。

【自己暗示:자기암시】 《心》자기가 지닌 表象만으로 그 대상의 현실성을 믿는 의식이 일어나는 일。 곧 매우 가지고 싶은 것을 생각만 하여도 현재 그것이 눈앞에 있는 듯한 느낌이 일어나는 따위。

【自己資本:자기자본】 《經》❶자기의 자본。 ❷여럿이 어울려서 같은 사업을 할 때 자기가 넣은 자본。 ❸부채를 빼고 남은 나머지 재산。

【自己主義:자기주의】 利己主義。

【自己中心性:자기중심성】 《哲》❶제 일만 주장으로 생각하고, 남의 일은 돌보지도 않는 성질。 ❷아이들에게 보통 볼 수 있는, 내 것과 남의 것과를 가리지 못하는 성질。

【自己診斷:자기진단】 제 스스로가 자기 성질과 한 짓을 판단해 보는 일。 自己評價。

【自己淸算:자기청산】 ❶자기의 살림살이나 정신 생활을 모조리 정리함。 ❷과거의 온갖 너저분한 생활을 깨끗이 치워 버림。

【自己表現:자기표현】 제 스스로의 내면적 생활을 길게 드러내 보임。

【自己活動:자기활동】 남이 시켜서가 아니고, 스스로 제 뜻에 따라 하는 활동。

【自起磺:자기황】 불을 일으키는 황。 곧, 火藥補塡을 하여서 문지르거나 부딪쳐서 불이 일어나도록 다른 물질과 섞어 만든 고체。

【自己犧牲:자기희생】 남이나 무슨 물건을 위하여 자기의 수고나 목숨을 아끼지 않는 일。

【自農:자농】 자기 논밭을 자기 스스로 경작함。 自作農。

【自黨:자당】 자기가 소속한 당파。

【自瀆:자독】 手淫의 별칭。

【自動電話:자동전화】 自動式 電話。

【自動的:자동적】 스스로 움직이는 것。

【自動販賣器:자동판매기】 상품 따위를 자동적으로 파는 방법을 베푼 기계。

【自得:자득】 ❶스스로 터득함。 【孟子】欲其ㅣㅣ之也。 ❷스스로 만족하게 여김。 【中庸】君子無入而不ㅣㅣ焉。 ❸스스로 뽐내어 우쭐거림。 【史記】意氣揚揚ㅣㅣ。 ❹자기가 자기의 한 일에 대하여 갚음을 받는 것。

【自得之妙:자득지묘】 스스로 깨달아 알아 낸 妙理。

【自量:자량】 스스로 헤아림。 자기 혼자의 요량。

【自來:자래】 ❶自古以來로의 略語。 事物의 來歷。 由來。 【朱熹·中庸章句序】道統之傳有ㅣㅣ矣。 ❷自進해서 옴。

【自力:자력】 ❶자기의 힘。 獨力。 ❷스스로 힘씀。 【唐書·白志貞傳】 ❸《佛》자기 자신의 修行으로 부처가 되려는 것。 ↔他力。

【自力更生:자력갱생】 피폐하여진 생활 환경을 스스로의 힘으로써 회복함。

【自了:자료】 혼자 힘으로 일을 마침。 【晉書】帝謂濤曰、西偏吾ㅣㅣ之、後事深以委卿。

【自利:자리】 ❶스스로의 이익。 ❷제가 쌓은 공덕이 남에게는 아니 가고, 결국 제 자신에게 돌아옴。

【自立:자립】 제 힘만 가지고 섬。 남에게 매이지도 않고, 남을 의지하지도 않고 自主의 地位에 섬。 【世說】未知兄將何以ㅣㅣ。

【自立自營:자립자영】 제 힘만으로써 손수 경영함。

【自慢:자만】 스스로 거만하게 자랑함。

【自媒:자매】 계집이 중매장이를 사이에 넣지 않고 스스로 남편을 구함。 【管子】ㅣㅣ之女、醜而不信。

【自滅:자멸】 ❶자연히 망함。 ❷자기가 한 일로 자기를 멸망하게 함。 【漢書】逆亂以ㅣㅣ。

【自滅策:자멸책】 잘한다는 일이 도리어 잘못이 되어서 자멸하게 된 꾀。

【自名:자명】 自負함。 스스로 인정함。 【韓愈】李翶以文章ㅣㅣ。

【自命:자명】 스스로 자기의 힘을 믿음。 【唐書】少英爽喜書、以風流ㅣㅣ。

【自明:자명】 증명하지 않아도 저절로 明白한 것。

【自鳴:자명】 ❶저절로 소리가 남。 ❷제 풀에 울거나 울림。

【自鳴鐘:자명종】 때가 되면 저절로 울려서 시간을 알리는 시계。 掛鍾·坐鍾 따위。 【蓬窓續錄】又有ㅣㅣㅣ、僅如小香盒、精金爲之、一日十二時、凡十二次鳴。

【自懞:자몽】 잠이 와서 정신이 혼몽함。

【自刎:자문】 자기가 자기 목숨을 끊음。 自刃。 【史記·循吏傳】乃ㅣㅣ而死。

【自問:자문】 제 스스로 물음。

【自問自答:자문자답】 自己가 묻고 自己가 對答함。

【自縛:자박】 스스로 제 자유를 구속함。 자기의 言行에 사로잡혀 자유를 얻지 못함。 【傳燈錄】如蠶吐絲ㅣㅣ。

【自反:자반】 스스로 반성함。 【禮記】知不足、然後能ㅣㅣ也。

【自發:자발】 ❶스스로 發動함。 ❷제 스스로 함。 自進해서 함。

【自發的:자발적】 제 스스로 하는 것。

【自白:자백】 ❶스스로 罪를 고백하는 것。 ❷《法》소송상, 피고가 자기에게 불리한 사실을 자기가 시인하거나, 또는 罪의 사실을 긍정하는 것。

【自伐:자벌】 ❶자기가 자기를 침。 【孟子·離婁】國必ㅣㅣ、而後人伐之。 ❷자기의 공을 드러내어 자랑함。 【後漢書·馮異傳】異上書言狀、不敢ㅣㅣ。

【自服:자복】 범죄 사실을 스스로 고백하고 항복함。 또는 복종함。

【自奉:자봉】 자기 몸을 잘 保養함。 衣食 등을 충분히 確保함。 自養。 【說苑】其賦斂節、其ㅣㅣ薄。

【自縫針:자봉침】 바느질을 하는 틀。 「재봉틀」。

【自負:자부】 스스로 자기의 가치·능력을 믿음。 【史記】高祖乃心獨喜ㅣㅣ。

【自負心:자부심】 자부하는 마음。

【自比:자비】 자기 스스로 비교하여 봄。 【蜀志】每ㅣㅣ於管仲·樂毅。

【自卑:자비】 ❶스스로 자기 몸을 낮추는 것。 【禮記·曲禮】夫禮者、ㅣㅣ而尊人。 ❷낮은 곳에서부터 시작함。 【中庸】譬如登高必ㅣㅣ。

【自費:자비】 자기 스스로가 맡는 비용。

【自備:자비】 스스로 갖추거나 준비함。

【自備糧:자비량】 ❶제가 먹을 것을 제가 가지고 감。 ❷제가 쓸 것을 제가 가지고 감。

【自殺:자살】 스스로 자기 목숨을 끊음。 自害。 【史記】與人刃、我寧自刃、乃ㅣㅣ。

【自上達下:자상달하】 위로부터 아래까지 미침。 ↔自下達上。

【自傷行爲:자상행위】 제 스스로가 제 몸을 해치는 짓。 병역을 회피할 목적으로 손가락을 자르는 것 따위。

【自生:자생】 저절로 생김。 저절로 남。

【自生植物:자생식물】 《植》땅에 저절로 나는 식물。

【自書:자서】 자필로 적음。 自筆。

【自序:자서】 자기가 저술·편찬한 책 머리에 스스로가 적는 서문。

【自署:자서】 자기의 서명을 제 스스로 씀。 【北史】ㅣ名于背。

【自敍:자서】 제 일을 제가 진술함。

【自敍傳:자서전】 자기가 쓴 자기의 傳

記。남에게 口述하여 씌운 자기의 전기。

【自說:자설】 자기가 주장하는 학설。

【自省:자성】 제 스스로 저를 되살펴 봄。스스로 反省함。

【自成一家:자성일가】 自己 스스로의 힘으로 一家를 이룩함。

【自疏:자소】 스스로 해명함。自解。『蘇洵』急於——。

【自訟:자송】 스스로 자기 과실을 허물함。양심의 가책을 받음。自責。『論語』吾未見能見其過、而內——者也。

【自手:자수】 자기 손。자기 혼자의 노력。또는 힘。

【自守:자수】 행실이나 말을 제 스스로 조심하여 지킴。

【自首:자수】 범죄 사실이 발각되기 전에 범인 스스로 또는 남을 통하여、검사 사법 경찰관에게 범죄를 신고하는 것。『後漢書』以狀——、趨出就獄。

【自修:자수】 스스로 학문을 닦고 德行을 쌓음。『大學』如琢如磨者、——也。

【自首輕減:자수경감】 《法》자수한 죄인의 형벌을 감하여 주는 일。

【自手削髮:자수삭발】 ❶제 손으로 자기의 머리털을 깎음。《喩》제 스스로의 힘으로 어려운 일을 감당함。❷《佛》제 마음으로 머리를 깎고 중이 됨。

【自手成家:자수성가】 《國》물려 받은 재산이 없는 사람이 자기의 힘으로 한 살림을 이룩함。

【自肅:자숙】 몸소 삼가함。

【自肅自戒:자숙자계】 몸소 삼가고 경계함。

【自習:자습】 제 스스로 배워 익힘。

【自習書:자습서】 남의 가르침이 없이 제 스스로 배워 익힐 수 있게 만든 책。

【自乘:자승】 《數》어떤 數 또는 式을 그 數、또는 式으로 곱함。또는 그 수。제곱。二方乘。二乘。平方。

【自繩自縛:자승자박】 ❶제 줄로 제 몸을 옭아 묶는다는 뜻。《喩》제가 쓴 마음씨나 言行으로 말미암아 제 자신이 행동의 자유를 갖지 못하는 것。❷《佛》제 마음으로 煩惱를 일으키어 괴로와하는 것。

【自勝之癖:자승지벽】 제 스스로가 남보다 낫다고 여기는 버릇。

【自恃:자시】 ❶어떤 일이 그렇거니 하고 혼자 짐작하여 믿고 겉에 드러냄。❷자기 능력·가치를 믿음。

【自是:자시】 스스로 옳다고 함。『老子』——者不彰。

【自是之癖:자시지벽】 ❶제 뜻이 항상 옳은 줄로만 믿는 버릇。❷편벽된 소견을 고집부리는 버릇。

【自新:자신】 제 자신의 마음을 고치어 새롭게 함。『史記』贖父刑罪、使得——。

【自身:자신】 자기。제 몸。『唐書』皆——率親爲之數。

【自信:자신】 무슨 일을 넉넉히 해 내겠다고 스스로 믿음。『唐書』鄕何不。

【自信力:자신력】 스스로 믿는 힘。

【自信滿滿:자신만만】 아주 자신이 있음。자신에 넘침。

【自身出頭:자신출두】 어떤 곳에 대리인을 보내지 않고 몸소 나감。

【自失:자실】 멍하니 있음。맥이 빠짐。『史記·賈誼傳』爽然——矣。

【自我:자아】 ❶自己。나。❷《哲》自己를 意識하는 하나의 實體。意識者가 다른 意識者 및 對象으로부터 스스로를 구별한 自己。❸《心》人格 구조에 있어서의 中心부면。개체 行動의 특성을 規定하는 主體的 條件。↕非我。

【自我本能:자아본능】 《哲》외계를 지배하고 외부의 위험에서 자기를 지키는 본능。

【自我意識:자아의식】 《哲》경험의 중심인 자아의 의식。곧 능동성·단일성·동일성 및 외계의 남과 더불어 내가 존재함 따위로、제가 있음을 아는 의식。

【自艾:자애】 스스로 惡을 버리고 善을 닦고 행함。『孟子』太甲悔過、自怨——。

【自愛:자애】 스스로 제 몸을 소중하게 함。『老子』——不自貴。

【自愛主義:자애주의】 =利己主義。

【自縊:자액】 스스로 목을 매어 죽음。自經。

【自業自得:자업자득】 《佛》자기가 저지른 일의 果報를 자기 자신이 받는 것。自業自縛。『正法念經』。

【自餘:자여】 넉넉해서 저절로 남음。

【自然:자연】 ❶저절로 그렇게 되어 있는 상태。사람의 힘을 더하지 않은 그대로의 상태。『老子』天法道、道法——。❷宇宙。❸사물의 本性·天性。❹物質의 모든 現象。❺저절로。혼자서。

【自然界:자연계】 ❶天地萬物이 存在하는 범위。❷人間界 이외의 世界。❸人間界·生物界 이외의 世界。

【自然科學:자연과학】 自然現象에 일관하여 있는 必然의 法則을 발견하고 記述하는 學問。物理學·化學·天文學·地理學·動物學·鑛物學·生理學·實驗心理學 따위。↕人文科學。

【自然權:자연권】 《法》각 사람이 태어나면서부터의 고유한 권리。자연법으로써 인정받은 권리。곧 자기 방위의 권리、자유의 권리、평등의 권리 따위。

【自然淘汰:자연도태】 《生》생존 경쟁에서 外界의 상태에 適應하지 못하는 個體는 망하고 알맞는 適應을 하는 個體는 생존하여 번식하는 것。이 원리에 의하여 生物이 進化한다고 하는 것이 다윈의 進化論임。

【自然力:자연력】 ❶자연계에서 맹목적·필연적으로 작용하는 힘。❷사람의 노력을 돕는 자연의 힘。바람·물·증기·전기 따위의 힘。

【自然林:자연림】 ❶原始林。❷자연적으로 이루어진 그대로의 수풀。↕人工林。

【自然免疫:자연면역】 《醫》어떤 種類의 病原體에 對하여 사람이나 동물이 先天的으로 가지고 있는 면역。先天性免疫。

【自然描寫:자연묘사】 主觀을 빼고 自然物의 모습을 있는 그대로 충실히 그려 내는 예술상의 한 手法。

【自然物:자연물】 ❶자연계에 있는 有形의 물질。❷생산물의 재료를 공급하는 짐승·물고기·나무·풀·鑛物 따위。

【自然美:자연미】 人爲가 아닌 自然의 아름다움。天然의 美。↕人工美·藝術美。

【自然發生的:자연발생적】 ❶자연으로 발생된 그것。❷투쟁이 일어날 때에 투쟁의 성질을 규정한 노동 운동에 있어서、아직 계급이 뭣인지도 모르는 대중이、일정한 주관이나 방향도 없이、다만 自制하지 못하는 내부의 단순한 욕구에서 투쟁이 일어날 때에 일컫는 말。

【自然犯:자연범】 《法》사회의 일반적인 도의심으로 판단하여 범죄라고 인정되는 범행。↕法定犯。

【自然法:자연법】 ❶《佛》宇宙 그대로의 참다운 諸法。❷《哲》自然界의 一切의 사물을 지배한다고 생각되는 理法。自然律。❸《法》時間·空間을 초월하여 存在하는 보편 타당한 법률。↕人定法·實定法。

【自然數:자연수】 《數》하나에서 차차 하나씩 늘어가서 무한하게 나가는 계열을 만드는 수。一、二、三、四…따위 正의 整數。때로는 一앞에 ○을 더 두는 수도 있음。

【自然崇拜:자연숭배】 자연의 사물 현상을 신으로 숭배하는 일。

【自然人:자연인】 ❶태어난 그대로의 사람。사회나 문화의 영향을 받지 않은 사람。❷《法》권리·의무의 主體로서 능력·자격을 가진 보통의 사람。↕法人。

【自然主義:자연주의】 Naturalism의 譯語。❶自然을 根本原理로 하여 모든 現象을 설명하려고 하는 主義。❷自然科學

의 영향을 받아 人間生活의 현실을 있는 그대로 묘사하려는 文學上의 主義。一九세기에 프랑스를 중심으로 일어남。❸아동의 天性을 자연 그대로 발달시키려는 教育上의 主義。

【自然汁:자연즙】 어떠한 물질에 다른 물기를 더하지 않고、제몸에 있는 물기만으로 짜낸 액체。

【自然智:자연지】 스승으로부터 가르침을 받지 않고、저절로 우러나는 지혜。

【自然債權:자연채권】《法》소송할 권리가 없는 채권。

【自然哲學:자연철학】《哲》 思辨的方法으로써 自然現象의 기초인 形而上學的인 최후의 원리를 연구하는 학문。

【自然派:자연파】❶인생을 싫어하여、자연과 친한 派。❷자연 속에 참과 아름다움을 찾아 내려는 한 派。❸자연의 본능과 욕망을 존중하여 생활하는 사람들。

【自然現象:자연현상】 물리학이나 화학에 나타난 현상 따위의 사람의 하는 일을 떠나서、자연계에 드러나는 상태。

【自營:자영】❶스스로 사업을 경영함。❷제 힘으로 生計를 이룸。

【自用:자용】❶자기의 씀씀이。❷자기의 재능을 믿고 만사를 처리하며 남의 말을 듣지 않음。『書經』好問則裕、——則小。

【自願:자원】 제스스로 하고 싶어 바람。스스로 지원함。

【自願出戰:자원출전】 스스로 원하여 운동 경기나 전쟁의 싸움터로 나감。

【自慰:자위】❶자기만이 즐기고 만족하는 것。❷自濟。

【自衞:자위】 몸·나라·일터 따위를 스스로 막아 지킴。『後漢書』每懷猜畏、行止常以布——。

【自衞權:자위권】《法》❶자기의 생명과 재산에 관한 위험을 막아 지키는 권리。❷國際法上 자기 나라 또는 국민에 대한 급박하고 不正한 危害를 제거하기 위하여 부득이 行하는 防衞의 權利。

【自慰策:자위책】 스스로 위로하는 방책。계책。

【自由:자유】❶마음대로인 상태。障害가 없는 활동。『杜甫』送客逢春可——。❷《哲》 남에게 구속·강제·지배를 받지 않고 모든 것을 자기의 意志에 의하여 行動할 수 있는 것。❸《法》법률의 범위 안에서 하는 隨意의 行爲。自律的 活動。

【自由結婚:자유결혼】 남녀가 어버이들의 同意 없이 서로의 합의만으로서 하는 결혼。法的으로 남자는 二八세、여자는 二十四세 이상이라야 됨。↔강제결혼。

【自由競爭:자유경쟁】《經》자기의 이익을 얻기 위하여、국가나 그 밖의 제한·속박이 없이、스스로가 마음대로 남과 또는 딴 것과 경쟁하는 일。

【自由經濟:자유경제】《經》경제활동이 국가의 통제로 억제되지 않고、각 경제 단위의 창의에 맡겨진 경제 조직。

【自由權:자유권】 자유의 권리。

【自由勞動者:자유노동자】 자유 노동에 종사하고 있는 사람。일정한 일터가 없고、임시로의 노동에 종사하는 사람。날품팔이。날품 일군。

【自由農業:자유농업】《農》가장 이익이 많은 농작물을 골라서 마음대로 재배하는 농업。

【自由渡航:자유도항】 배로 국경을 건너갈 때 번거로운 절차를 밟지 않고 마음대로 건너감。

【自由貿易:자유무역】《經》국가가 보호 관세·수입 제도 따위로써 속박함이 없이、개인의 자유에 맡기어 두는 무역。

【自由貿易主義:자유무역주의】《經》 각국은 가장 이익이 많은 산업을 경영하여 자유롭게 통상하여야 된다는 주의。

【自由貿易港:자유무역항】《經》自由港。

【自由民:자유민】❶《法》정당한 행위에 따라서 자기의 권리를 자유로 행사할 수 있는 국민。↔奴隸。❷《歷》옛 그리이스·로마에 있어서 賤民과 노예가 아닌 모든 사람。

【自由放任:자유방임】❶각자의 자유에 맡기고、간섭하지 않음。❷《經》개인의 기업、기업 형태、勞動條件 따위의 온갖 경제 활동에 대하여、국가가 전연 이에 간섭하지 않고、자유로 내버려 두는 일。經濟 政策上의 한 主義。

【自由思想:자유사상】❶자유를 존중히 여기는 사상。특히 행동과 언론의 구속을 배격하는 사상。❷자유의 범위를 더욱 확장시키고자 하는 사상。

【自由設立主義:자유설립주의】《法》法人을 창설함에 있어서 법률 명령 따위의 제한을 받음이 없이 자유롭게 설립함을 허가하는 주의。

【自由市:자유시】❶독립된 都市。❷自由都市의 略語。

【自由詩:자유시】在來의 定型을 벗어난 表現上의 자유로운 형태로 짓는 詩形。↔定型詩。

【自由意志:자유의지】 남에게 구속이나 강제를 받지 않고 자유로이 생각하고 결정하는 意志。

【自由移民:자유이민】 서로 제 마음대로 가고 싶은 사람만 식민지로 또는 이민지로 옮아가서 개척에 종사하는 移民。

【自由自在:자유자재】 마음대로、생각대로 할 수 있음。

【自由裁量:자유재량】❶자기 스스로가 옳다고 믿는 바에 따라서 일을 결단함。❷국가 기관이 자기의 판단에 따라서 적당한 처리를 할 수 있는 일。

【自由財貨:자유재화】 노력、곧 품이나 품삯이 없이 누구나 자유로이 얻어지는 유용물。자연에 널리 퍼져 있는 햇볕·공기·물 따위。自由財。

【自由主義:자유주의】 근대 市民社會의 원리로 모든 非人間的인 속박에서의 自由와 自己規律을 뜻하는 思想。정치적으로는 民主主義、精神的으로는 個人主義를 內容으로 함。

【自由鑄造:자유주조】《經》국민이 화폐 주조에 필요한 地金을 바치면서 화폐의 주조를 신청할 때에 이에 응하는 일。

【自由職業:자유직업】 미술가·저술가·종교가·의사·변호사 따위와 같이、고용 관계를 맺지 않고서 자기의 자유 의사에 의하여 살아가는 직업。

【自由平等:자유평등】《社》法律에 정한 범위 안에서 다 같이 자유로운 행동을 할 권리가 있는 것。

【自由討議:자유토의】 국회 의원이 중요 국책에 대하여 壇上에서 자유롭게 하는 연설。또는 그와 같은 토의。

【自由通商:자유통상】《經》국가의 간섭이 없는、개인의 자유에 맡기는 통상。

【自由港:자유항】 關稅 없이 外國 선박이 자유롭게 출입할 수 있는 항구。

【自由航路:자유항로】《經》 정부의 제한을 받지 않고、법규의 범위 안에서、선주가 자유로 영업할 수 있는 항로。自由航海。

【自由航行:자유항행】 國際的으로 開放되어 있는 河川을 자유롭게 항해함。

【自由刑:자유형】《法》구류·금고·금옥·징역 따위로써 범죄자의 자유를 빼앗는 것을 내용으로 하는 형벌。

【自律:자율】❶다른 것에 제약 받지 않고 스스로 자기의 행위를 制御하는 것。『金史』——甚嚴、其待人則寬。❷《哲》칸트의 倫理思想。實踐理性이 스스로 道德律을 세워 여기에 복종하는 것。理性이

외의 外的權威나 自然的 慾望에 구속당하지 않는 것。↕他律。

【自意:자의】 스스로의 생각。제 뜻。

【自益權:자익권】《法》社員權의 한 가지。사원 개인의 이익을 위하여 사원에게 부여되어 있는 권리。이익 배당 청구권 따위。↕公益權。

【自刃:자인】 칼로 自殺함。自害。自盡。

【自認:자인】 스스로 인정함。是認。

【自印:자인】 자기의 印章。

【自任:자임】 ❶스스로 자기의 임무로 함。『孟子』――以天下之重。❷자기 행위·재능을 자랑함。自負。

【自恣:자자】 ❶자기 마음대로 함。『史記』趙王不得――。❷《佛》夏安居를 마칠 때에、온 승려들이 서로 자기의 죄과를 참회하고 고백하여 다른 승려들로부터 훈계를 받는 일。

【自酌:자작】 술을 손수 따라 마심。

【自作:자작】 ❶스스로 무엇을 만들음。또 그 물건。自製。『孟子』――孼不可活。❷제 땅에 손수 농사를 지음。↕小作。

【自作農:자작농】 자기 논밭으로 손수 짓는 농사。또는 그 사람。↕小作農。

【自作孼不可逭:자작얼불가환】 자기가 저지른 災難은 피하려 하여도 피하지 못함。『書·太甲』。

【自作一村:자작일촌】 한 집안끼리、또는 뜻을 같이하는 사람끼리 한 마을을 이룸。自成一村。

【自作自給:자작자급】 ❶손수 제 힘으로 지어서 모자람 없이 지냄。❷제 나라 나 제 고장에서 나는 물건만으로 살아감。

【自作自筆:자작자필】 자기가 글을 짓고 손수 씀。作之書之。

【自作之孼:자작지얼】 자기 스스로가 「만든 재앙。

【自在:자재】 ❶구속과 방해가 없이 마음대로 임。自由。任意。隨意。『漢書』大臣擧錯、恣心――。❷제 스스로 있음。❸自由自在의 略語。

【自財:자재】 =自害。(財는 裁)。『史記』寧蚤――。「之劍――。

【自裁:자재】 自決、自殺。『史記』秦王賜

【自適:자적】 무엇에 구애됨이 없이 마음 내키는 대로 즐김。『漢書』以漁釣――。

【自全:자전】 저절로 편안하여 온전함。또는 그리 함。 「叙傳의 略語。

【自傳:자전】 자기가 쓴 자기의 傳記。自

【自轉:자전】 ❶저절로 들어감。❷《天》天體의 自身이 그의 고정된 軸을 자기 스스로 돌고 있는 것。↕公轉。

【自轉車:자전거】 타고 앉아서 발로 바퀴를 돌리어 가게 된 수레。

【自全之計:자전지계】 자신의 안전을 도모하는 꾀。『南史』潛爲――、布誠于帝。

【自轉週期:자전주기】《天》天體가 한 번 자전하는 데 걸리는 시간。地球는 약 二四시간에 一회 自轉하며、해는 그 적도부에서 약 二五일、極 근처에서 약 三四일을 주기로 하여 자전함。↕公轉週期。

【自淨作用:자정작용】 물이 흐르는 동안에 저절로 깨끗하게 되는 작용。

【自制:자제】 자기의 감정과 욕심을 스스로 억누름。

【自製:자제】 물건을 손수 만들음。

【自制力:자제력】 몸소 자기의 마음을 억제하는 힘。

【自制心:자제심】 자기의 감정이나 욕망을 억누르는 마음。자제하는 마음。

【自助:자조】 ❶남의 힘을 바라지 않고 自力으로 일을 완성함。❷자기의 힘으로 자기를 도움으로 함。

【自嘲:자조】 스스로 자기를 비웃음。

【自足:자족】 ❶스스로 넉넉함을 느낌。❷다른 곳으로부터 구함이 없이 자기가 가진 것으로서 충분함。

【自存:자존】 ❶자기의 존재。❷자기의 어떤 값 있는 자리。❸남에게 의지함이 없이 자력으로 존재함。

【自尊:자존】 ❶스스로 제 몸을 높임。제 스스로 높은 사람인 체함。『史記』我――耳、乃自立爲武王。❷스스로 제 品位를 지킴。

【自尊心:자존심】 남에게 굽히지 않고 서 제 몸을 스스로 높이는 마음。

【自主:자주】 獨立하여 남의 보호나 간섭을 받지 않음。

【自註:자주】 자기가 쓴 글에다 자기가 손수 주석을 닮。또는 그 주석。

【自主輕減:자주경감】《法》自首한 범인에게는 범죄에 대하여 법에서 정해진 형벌보다 가볍게 하여 줌。自主減等。

【自主權:자주권】 ❶국가의 존립이나 발달의 목적을 이루는 데 자주적으로 자유로 주장하고 처리하는 권리。❷단체가 그 단체의 법규를 스스로 제정하고 처리할 수 있는 권리。

【自主獨立:자주독립】 제 일을 제 힘으로 다스리고、남의 간섭과 보호를 바라지 않음。

【自主性:자주성】 남의 힘을 빌지 않고 제 힘으로 제 일을 처리해 나가는 성질。

【自主占有:자주점유】《法》所有의 의사를 가지고 하는 점유。↕他主占有。

【自重:자중】 ❶물건 자체의 무게。❷제 스스로 제 몸을 소중하게 함。自愛。『詩經』無思百憂、祇――兮。❸말과 行動을 조심하여 제 스스로의 人格을 훌륭하게 함。自尊。

【自重心:자중심】 말이나 행동을 조심하는 마음。자중하는 마음。

【自中之亂:자중지난】 자기네 패 속에서 일어나는 싸움질。

【自知:자지】 자기의 역량을 자기가 알음。『中說』――者英、自勝者雄。

【自持:자지】 ❶자기가 가짐。❷스스로가 절개를 지킴。『史記』兒寬爲人、溫良有廉智、――而善著書。

【自進:자진】 무슨 일에 누가 시킴이 없이 자기 스스로 나섬。

【自盡:자진】 ❶스스로 제 목숨을 끊음。自害。自裁。『明史』賜――。❷무엇이 저절로 다하게 함。

【自贊:자찬】 ❶제가 제 일을 칭찬함。❷『史記』門下有毛遂、前――于平原君。❷자기 그림을 스스로 칭찬함。

【自責:자책】 제 잘못을 스스로 꾸짖음。自訟。

【自處:자처】 ❶자기 일을 자기가 처치함。『史記』人之賢不肖、譬如鼠矣、在所――耳。❷자기 스스로 어떤 사람인 체함。❸제 목숨을 제 스스로 끊음。自決。自裁。

【自薦:자천】 자기가 자기를 천거함。

【自賤拜他:자천배타】 제 것은 업신여기고 남의 것은 높이 받들음。

【自請:자청】 무슨 일에 나설 것을 제 스스로 청함。자기 스스로 청함。

【自體:자체】 ❶자기의 몸。❷그 자신。사물의 본새。❸원래。본래。

【自初:자초】 「처음부터」의 뜻。

【自初至終:자초지종】《國》처음부터 끝까지의 이르는 동안。또는 그 일。

【自祝:자축】 제 일을 제가 축하함。

【自取:자취】 잘되고 잘못 되고 간에 자기 스스로 만들어서 됨。

【自炊:자취】 자기 손수 食事를 마련함。『高啓』山妻――稚子沽。

【自取其禍:자취기화】 자기가 제 손으로 만든 災殃。스스로 취한 재앙。

【自致:자치】 스스로 있는 힘을 다함。『禮記』――其誠信。

【自治:자치】 ❶자기 스스로 다스림。『禮記』百姓則君以――也。❷자연히 다스려짐。『尹文子』無爲而――。❸국민이 국민으로서 국가의 일에 참가함。公民自治。

【禮記】百姓則君以ㅡ也。 ❹國家의 傘下에 있는 公共團體가 그 自體內에서 선출한 사람에 의하여 그 단체에 利害關係가 있는 事務를 처리함。
【自治權:자치권】 자치할 수 있는 권리。
【自治機關:자치기관】 (法)법률의 규정에 좇아 지방 자치 행정을 실시하기 위하여 설립한 기관。 도·시·읍 면 따위의 의회。
【自治團體:자치단체】 국가 통치권의 위임을 받아 公共 사무를 처리하는 단체。 自治의 기능을 인정한 公共 단체。 特別市·道·市·邑·面 따위。
【自治領:자치령】 (政)어떤 國家의 領土의 一部로서 광범한 범위의 자치권을 갖는 領地。
【自治制度:자치제도】 (法)❶자치 행정의 제도。 ❷公共團體가 자기의 기관에 의하여 자주적으로 行政을 행하는 제도。
【自治行政:자치행정】 (法)국가의 위임에 따라서 자치 단체가 처리하는 특정한 사무。
【自沈:자침】 제손으로 배나 물건 따위를 바다나 강물에 가라앉힘。
【自稱:자칭】 ❶남에게 대하여 자기 스스로를 일컫는 말。 【禮記】ㅡㅡ於諸侯。 ❷第一人稱。
【自稱天子:자칭천자】 제 스스로 임금이라 함。 (喩)스스로 잘난 체하여、 제자랑만 하는 사람을 비웃는 말。
【自他:자타】 ❶자기와 남。 ❷(佛)自力과 他力。 ❸自動詞와 他動詞。
【自他共認:자타공인】 잘잘못을 가리지 않고 내남 없이 모두가 인정함。
【自嘆:자탄】 스스로 탄식함。
【自宅:자택】 자기의 집。
【自通:자통】 배움이나 가르침이 없이 스스로 사리를 알아 통함。
【自退:자퇴】 스스로 물러감。

【自派:자파】 자기 쪽의 파。 자기 파。
【自罷:자파】 스스로 일을 그만둠。
【自判:자판】 저절로 밝게 드러남。
【自辦:자판】 ❶자기의 일을 손수 다스림。 ❷자기가 비용을 지불함。
【自暴:자포】 =自暴自棄。
【自暴自棄:자포자기】 마음에 불만이 있어 짐짓 몸가짐이나 행동을 마구 되는 대로 함。 【近思錄】懈意一生、 便是ㅡㅡ。
【自爆:자폭】 ❶(軍)함선·비행기 등이 戰況이 不利할 때 어떤 目的物에 부딪쳐 爆碎하는 일。 ❷스스로 자신을 파멸시킴。
【自筆:자필】 자기 손으로 쓴 글씨。
【自筆證書:자필증서】 자기 손으로 쓰고 도장을 찍은 증서。
【自下擧行:자하거행】 웃사람의 결재나 승낙 없이 스스로 해 나감。
【自下達上:자하달상】 일의 영향이 아래로부터 위까지 미침。 ↔自上達下。
【自虐:자학】 스스로 자기를 虐待함。
【自學:자학】 ❶자발적으로 자기 힘으로 배움。 ❷교사의 강의를 위주로 하지 않고 하는 학습법。 獨學。
【自害:자해】 ❶스스로 제 몸을 해침。 ❷자살。 【大藏經毘婆沙論】以刀ㅡㅡ而死。
【自解:자해】 ❶=自疏。 【韓愈】急於ㅡㅡ而謝。 ❷자기 스스로 풀어냄。
【自行自止:자행자지】 제 마음대로 하고 싶으면 하고 말고 싶으면 말음。
【自許:자허】 자기가 넉넉히 할 만한 일이라고 여김。
【自詡:자허】 제 스스로 자랑하고 추킴。
【自現:자현】 (國) 자기 스스로 범죄 사실을 官憲에 고백함。 自首。
【自好:자호】 스스로 몸을 깨끗이 함。 自愛。 【孟子】鄕黨ㅡ者不爲。
【自號:자호】 ❶자기의 칭호。 ❷자기의 칭호를 스스로 부르거나 지음。 【北史】ㅡㅡ隱居、 蕭然有絶塵之意。
【自畫像:자화상】 자기 자신을 그린 초상화。
【自花受精:자화수정】 (植)한 꽃에 있는 수꽃술의 꽃가루가 바로 그 꽃의 암꽃술 머리에 붙어서、 열매나 씨가 되는 일。 自花受粉。
【自畫自讚:자화자찬】 =自讚②。
【自活:자활】 자기 힘으로 살아감。
【自會:자회】 자연히 만나짐。 【列子】窈然無際、 天道ㅡㅡ。
【自晦:자회】 제 스스로 감추어 드러내지 않음。 자기의 才能을 숨김。 自隱。 【宋之問】妙年拙ㅡㅡ。
【自劃:자획】 (國)스스로 단념함。
【自效:자효】 自己의 精誠을 다함。 忠誠을 맹세함。 【漢書·蘇武傳】今得殺身ㅡㅡ。
◎各ㅡ、 獨ㅡ。

一 畫

【自乚】 (교) 篠 キョウ、 つつしむ restrain oneself
자중할교(自重)。

四 畫

【臬】 (얼) 屑 ケツ、 もんぐい threshold ㄋㄧㄝˋ nieh⁴
(小篆) (草書) ❶법얼(法也)。 【書經】爾罔不克ㅡ。 ❷문지방얼(門檗)。 ❸과녁얼(射的)。 ❹극진할얼(極也)。 (『闑』과 통함)
【臬司:얼사】 (制)司法官。 ㉠元代의 廉防의 別稱。 ㉡明·清代의 按察使의 別稱。

【臭】 (취) 宥 シュウ、 におい smell:stink (本音 「추」)
(小篆) (草書) ❶냄새취(氣通於鼻)。 【詩經】上天之載無聲無ㅡ。 ❷향기취(香也)。 【易繫辭】其ㅡ如蘭。 ❸썩을취、 더럽힐취(敗也)。 【書經】若乘舟汝弗濟ㅡ厥載。 ❹고약한이름취(惡名、 醜聞、 汚名)。 【十八史略 東晋】男子不能流芳百世、 亦當遺ㅡ萬年。
【臭氣:취기】 비위를 상하게 하는 좋지 못한 냄새。
【臭味:취미】 ❶나쁜 냄새。 ❷나쁜 짓을 하는 무리。 또는 그 同類。 【左傳】今譬於草木、 寡君在君、 君之ㅡㅡ也。
【臭腐:취부】 =臭敗。 【列子】死則有ㅡㅡ消滅、 是所同也。
【臭腥:취성】 나쁜 냄새。 또는 그 물건。 【蔡琰】人似禽兮、 食ㅡㅡ。
【臭素:취소】 (化)자극성의 냄새가 있고 휘발하기 쉬운 적갈색의 액체 원소。
【臭蝨:취슬】 (動)빈대。
【臭穢:취예】 구리고 더러움。
【臭橙:취증】 귤의 異名。 回靑橙。
【臭蟲:취충】 (俗)빈대。 牀蝨。
【臭敗:취패】 썩어서 못씀。 腐敗。 【晋書】停令ㅡㅡ、 然後食之。
◎腥ㅡ、 惡ㅡ、 乳ㅡ、 遺ㅡ、 香ㅡ、 酷ㅡ。

六 畫

【皈】 (귀) 『歸』(14止部 畫)의 略字

【皐】 ㊀(고) 豪 コウ、 きし、 ほとり ㊁(호) 號 pond side
㊀못언덕고(澤岸)。 (『皋』의 俗字) ㊁부를호(呼也)。

【臮】 (기) 寘 キ、 ともに together
다못기(衆與詞)。 (『暨』의 古字)

八 畫

【臭夬】 (열) 屑 ヨウ、 におう smell
냄새날열(臭發)。

九畫

【臱】(면) 先 ベン、みえない invisible
臱 小篆 뵈지않을면(不見於眼)。

十畫

【鼿】(얼) 屑 ゲツ、あやうい uneasy ㄋㄧㄝ nieh⁴
鼿 草書 위태할얼、불안한 모양얼(不安貌)。【易經】困于葛藟于ㅡ卼。(『隉』과 같음)
【鼿卼:얼올】흔들리고 不安함。(字解參照)。

【⿰危臭】(얼)『鼿』(前條)과 같음

【⿰囟臭】(신) 震 シン、わきが smell of the armpit
❶암내신(腋臭)。❷겨드랑냄새신(腋氣病)。

十一畫

【⿰臭邑】㊀(업) 葉 ヨウ、におう ㊁(교) 蕭 smell
㊀냄새날업(臭也)。㊁뜻은 ㊀과 같음。

十三畫

【⿰孛臭】(발) 月 ホツ、くさみ offensive smell
좋지못한 냄새발(臭氣)。

【⿰臭曷】(할) 曷 カツ、くさい stink
❶퀴퀴할할(物敗氣)。❷개비린내할(犬臭氣)。❸냄새할(臭也)

十四畫

【⿰臭害】(해) 卦 カイ、におう smell
냄새날해(臭也)。

【⿰目鼻】(비) 寘 ヒ、ビ、ういご first born
❶개새끼첫배비、무녀리비(犬初生子)。

至 部

【至】(지) 寘 シ、いたる reach; extremely ㄓˋ chih⁴
小篆 古文 草書
❶이를지(到也)。【詩經】如川之方ㅡ。❷지극할지(極也)。【易經】ㅡ哉坤元。❸절기지(節氣冬ㅡ)。

【至諫:지간】지극히 간함。極諫。『後漢書』忠言ㅡㅡ、希得爲用。
【至儉:지검】매우 검약함。『宋史』自奉ㅡㅡ、或衣垢不辭。
【至高:지고】더할나위 없이 높음。
【至恭:지공】지극히 공손함。
【至公無私:지공무사】지극히 공평하고 사사로운 마음이 없음。
【至交:지교】지극히 친한 交際。또는 情誼。親交。『南史』好典故學、與王儉ㅡㅡ。
【至教:지교】더할 나위 없는 가르침。『禮記』天道ㅡㅡ、聖人至德。
【至窮:지궁】몹시 곤란하고 궁함。
【至窮且窮:지궁차궁】더할 수 없이 곤란하고 궁함。
【至極:지극】❶극진한 데까지 이름。最上。『莊子』無所ㅡㅡ邪。❷매우。極히。❸至當。
【至近:지근】매우 가까움。
【至近之地:지근지지】매우 가까운 곳。
【至急:지급】매우 급함。
【至急電報:지급전보】특별 전보의 한 가지。통상 전보보다 먼저 발송함。
【至緊至要:지긴지요】더할 나위 없이 긴요함。
【至難:지난】아주 어려운 것。지극히 困難한 것。
【至當:지당】理致에 꼭 맞음。아주 적당함。『孝經·序』ㅡㅡ歸一。
【至大:지대】아주 큼。더 없이 큼。
【至大至剛:지대지강】매우 크고 매우 강함。『孟子』其爲氣也、ㅡㅡ。
【至德:지덕】最上의 德。『孝經』先王有ㅡㅡ要道。지극한 덕。
【至道:지도】最高의 道。참된 길。『禮記·學記』雖有ㅡㅡ、弗學不知其善也。
【至毒:지독】더할 나위 없이 독하거나 심함。
【至鈍:지둔】몹시 둔함。
【至冷:지랭】지독하게 참。
【至論:지론】事理에 맞는 議論。『淮南子』不知ㅡㅡ之旨。
【至妙:지묘】지극히 묘함。매우 이상함。絕妙。『七啓』論變化之ㅡㅡ。
【至味:지미】지극히 좋은 맛。또는 그런 음식。『春秋繁露』雖有天下之ㅡㅡ、弗嚼弗知其旨也。
【至美:지미】지극히 아름다움。『梁簡文帝』佛法之勝事、國家之ㅡㅡ。
【至密:지밀】❶임금·왕비의 항시 居處하는 처소。❷각 宮房의 침실。
【至寶:지보】지극히 진귀한 보배。『白居易』ㅡㅡ有本性。
【至貧:지빈】지극히 가난함。
【至死不屈:지사불굴】죽을 때까지 자기의 의견을 주장하여 굽히지 않음。
【至想:지상】지극히 뛰어난 생각。『張說』神功發ㅡㅡ。
【至上:지상】제일 높은 것。
【至上命令:지상명령】無條件 복종하지 않으면 안 되는 명령。
【至善:지선】最上의 善。最高善。道德上의 最高理想。『大學』在止於ㅡㅡ。
【至性:지성】가장 착한 성질。
【至誠:지성】매우 지극한 精誠。『中庸』唯天下ㅡㅡ、爲能盡其性。
【至誠感天:지성감천】지극한 정성은 하늘도 감동함。
【至誠心:지성심】지극히 정성스러운 마음。
【至細:지세】썩 가늚。매우 자세함。
【至小:지소】가장 작음。
【至順:지순】지극히 순함。
【至純:지순】더할 나위없이 순결함。
【至神:지신】매우 신통함。『易經』非天下之ㅡㅡ、其誰能與于此。
【至心:지심】매우 誠實한 마음。『晉書』候之者ㅡㅡ、則見之。
【至惡:지악】❶이루 말할 수 없이 모질고 악착스러움。❷악착같이 무슨 일에 덤벼들음을 가리키는 말。
【至愛:지애】매우 지극한 사랑。
【至於此:지어차】일이 여기에 이름。
【至言:지언】❶지극히 마땅한 말。❷奧妙한 뜻을 품은 매우 좋은 말。『後漢書』國之將興、ㅡㅡ數聞。
【至嚴:지엄】매우 엄함。切嚴·峻嚴。
【至熱:지열】음식 따위가 몹시 뜨거움。
【至愚:지우】아주 어리석음。또는 그런 사람。『戰國策』臣以爲ㅡㅡ。
【至于今:지우금】지금까지。지금와서。
【至願:지원】지극히 바람。切實한 所願。더할 수 없는 所願。
【至寃極痛:지원극통】지극히 원망하는 것。至寃。
【至月:지월】동짓달。
【至恩:지은】지극한 은혜。『後漢書』君臣大義、母子ㅡㅡ。
【至矣盡矣:지의진의】完備되어 있음。『朱熹·中庸章句序』堯之一言、ㅡㅡ。
【至人:지인】德이 높은 사람。聖人。『莊子·逍遙遊』ㅡㅡ無己、神人無功、聖人無名。
【至仁至慈:지인지자】지극히 인자함。

【至日:지일】 冬至와 夏至의 날。〔易經〕先王以一一閉關。
【至才:지재】 더할 나위 없는 재능。至材。〔漢書〕非天下之一一、其孰與焉。
【至再至三:지재지삼】 두 번 세 번。곧 여러 차례。「필요함。
【至切:지절】 ❶지극히 간절함。❷아주
【至情:지정】 ❶가까운 정분。❷지극한 眞情。眞心。〔揚雄〕一一之所想遘也。
【至精:지정】 ❶전혀 잡것이 섞이지 않고 아주 깨끗함。❷아주 자세하고 묘함。〔易經〕非天下之一一、其孰能與於此。
【至尊:지존】 ❶지극히 尊貴함。〔賈誼〕履一一而制六合。❷임금에 대한 尊稱。「거움。
至貴。
【至重:지중】 ❶매우 貴重함。❷매우 무
【至賤:지천】 ❶매우 賤함。❷하도 많아서 별로 귀할 것이 없음。
【至治:지치】 세상이 매우 잘 다스려짐。또는 그런 정치。〔書經〕一一馨香、感于神明。
【至親:지친】 ❶더할 수 없이 친한 사이。❷父母와 子息·兄과 아우·또는 近親 사이를 일컬음。〔庾信〕滿城無一一。
【至行:지행】 지극히 좋은 행실。
【至幸:지행】 지극히 다행함。萬幸。
【至歇:지헐】 물건 값이 매우 쌈。
【至險:지험】 대단히 험준함。〔梅堯臣〕一一可悸慄。
【至賢:지현】 지극히 어질고 착함。또는 그런 사람。↔至愚。〔史記〕豈非一一。
【至孝:지효】 지극한 孝誠。大孝。〔禮記〕一一近乎王、至弟近乎覇。
【至厚:지후】 인정이 지극히 두터움。
【至凶:지흉】 지극히 흉악함。極凶。
◎南一、乃一、冬一、北一、必一、夏一。

三畫

【致】 (치) 寘 チ、いたす reach; extreme ㄓ chih⁴
小篆 草書 ❶이를치(至也)。〔周禮〕三夢之法一曰一夢。❷극진할치(極也)。〔書經〕凡爾衆其惟一告。❸버릴치(委也)。〔論語 學而〕事君一其身。❹불러올치(使之至)。〔周禮〕以一萬民而詔焉。❺풍치치(風一趣也)。〔王縉詩〕自然成高一。❻드릴치(納也)。〔禮記〕大夫七十而一事。❼보낼치(送也)。〔史記孔子世家〕沮之而不可則一地庸遲乎。❽연구할치(硏究)。〔論語 子張〕一遠恐泥。❾일으킬치(生起)。〔古詩 焦仲卿妻〕女行無偏斜、何意一不厚。(『緻』와 통함)
【致家:치가】 家事를 처리하는 것。
【致敬:치경】 敬意를 表함。敬禮함。
【致告:치고】 ❶전언으로 고함。〔詩經〕工祝一一。❷성의껏 고함。〔書經〕其惟一一。
【致命:치명】 ❶목숨을 바치고 어느 일에 當함。❷목숨을 바침。〔蜀志〕一一明主忠情發臆。❸죽을 지경에 이름。
【致命傷:치명상】 ❶목숨이 위험할 정도의 큰 상처。❷다시 회복하기 어려운 큰 失敗。
【致味:치미】 극히 좋은 맛。〔禮記〕樂之隆非極音也、食饗之禮非一一也。「됨。
【致富:치부】 (國) 재물을 모아 富者가
【致仕:치사】 官職을 내놓고 물러남。辭職。致事。〔公羊傳〕退而一一。
【致死:치사】 죽음에 이르게 함。致斃。
【致師:치사】 싸움을 걸거나 돋움。挑戰。〔左傳〕楚許伯、御樂伯、攝叔爲右、以致晉師。「타냄。
【致謝:치사】 고맙다고 謝禮하는 뜻을 나
【致辭:치사】 ❶元때 樂工이 임금에게 올리는 頌祝詞。〔宋史·樂志〕❷서로 인사말을 나눔。
【致成:치성】 어떤 일을 이루어지게 함。
【致誠:치성】 ❶있는 정성을 다함。❷神이나 부처에게 정성을 드림。
【致身:치신】 君主에게 身命을 바침。〔論語·學而〕事君能致其身。「一乎坤。
【致役:치역】 남에게 使役됨。〔易經〕一
【致遠:치원】 ❶가장 멀리까지 이르름。〔易經〕探賾索隱、鉤深一一。❷먼 곳의 人民을 복종시킴。〔後漢書·班固傳〕
【致意:치의】 ❶자기가 가진 뜻을 남에게 알림。〔漢書〕遣吏存問一一。❷자기 뜻을 明白히 함。〔史記〕一一一編之中、三一一。
【致疑:치의】 의심을 둠。
【致奠:치전】 사람이 죽은 때에 친척이나、또는 벗이 슬픈 뜻을 나타내는 祭式。
【致祭:치제】 臣下를 祭祀하는 것。
【致贄:치지】 禮物을 보냄。(轉)臣下가 됨。
【致知:치지】 깨달아서 알기에 이르름。〔大學〕一一在格物。
【致敗:치패】 살림이 결딴남。失敗하는 것。
【致斃:치폐】 =致死
【致賀:치하】 남의 慶事에 대하여 祝賀의 말을 하는 인사。
◎格一、景一、極一、送一、馴一、勝一、雅一、韻一、誘一、由一、引一、一一、招一、風一、興一。

四畫

【致】 (치)『致』(至部 3畫)와 같음

六畫

【致】 (치)『致』(至部 3畫)와 같음
【臵】 (격) 陌 カク、べつべつ separately
❶가지격(別也)。❷각각격(別也)。❸이를격(至也)。
【臶】 (천) 霰 セン、かさねてくる repeatedly
거듭천(再也重也)。〔易經〕水一至。(『洊·薦』과 통함)
【臷】 (질) 屑 ジツ、としより eighty years of age (本音「절」)
여든살질(年之至)。〔漢書〕犬馬齒一。
【臸】 ㈠(일) 質 ㈢(진) 震 シン、いたる reach
小篆 ㈠이를일(至也)。㈢나아갈진(前進)。

七畫

【䑓】 (대)『臺』(至部 8畫)의 俗字
【臹】 (수) 尤 シュウ、ならう practise
❶익힐수(習也)。❷나아갈수(進也)。

八畫

【臺】 (대) 灰 ダイ、だい、うてな eminence ㄊㄞ t'ai²
小篆 草書 ❶돈대대、집대(一榭築土觀四方而高者)。〔詩經〕經始靈一。❷종대、하인대(輿一賤稱)。〔孟子 萬章下〕一無餽也。❸코골대(鼾息聲)。〔世說〕咍一大鼾。❹잔디대(莎草)。〔詩經小雅南山有臺〕南山有一。❺관청대(官廳)。❻고관대(高官)。❼사람을 부르는 존칭대(尊稱)。
【臺諫:대간】 (制) ❶唐·宋 兩代의 御

史・諫議大夫의 總稱。『宋史』ㅣㅣ交論其惡、遂致仕。❷明・清 兩代의 御史。❸司憲府・司諫院의 벼슬의 總稱。諸臺。
【臺鑒:대감】아랫 사람이 올린 글을 어른이 봄。읽어 봄。(書簡用語)。
【臺綱:대강】御史臺의 관리가 되어 紀綱을 맡음。『韓愈』旣領ㅣㅣ。
【臺啓:대계】司憲府・司諫院의 啓辭。
【臺觀:대관】望台。『魏志』ㅣㅣ是崇、淫樂是好。
【臺簾:대렴】俳優가 출입하는 무대의 출입구에 드리운 幕。
【臺論:대론】《制》司憲府나 司練院에서 하는 彈臺。劾彈。
【臺灣:대만】《地》Taiwan 東支那海 남부에 있음。一八九五년에 日本의 領有가 되었다가 제二차 세계 대전의 종전에 의하여 中國에 복귀하였음。중앙은 臺灣N脈이 남북으로 뻗어 있으며、서해안에 臺灣平野가 전개되어 있음。亞熱帶性 기후로、쌀・차・감자・과실 등을 산출함。一九四九년 一二월 國民政府가 이곳으로 건너왔음。首都는 臺北
【臺灣米:대만미】대만 지방에서 생산되는 쌀。
【臺木:대목】접을 붙이는 데 그 바탕이 되는 뿌리가 달려 있는 나무。椄本。
【臺本:대본】❶연극의 각본。❷영화 촬영의 토대가 되는 책。씨나리오。
【臺北:대북】《地》Taipei 臺灣 북부에 있는 큰 도시。日本의 領有 기간에는 臺灣總督府의 소재지였고、一九四九년 一二월 國民政府의 首都가 되어 정치・경제・문화・교통의 중심지가 됨。郊外에 있는 北投・草山의 두 온천은 景勝地로서 이름이 있음。
【臺司:대사】宰相。『南史』一門有二ㅣㅣ。
【臺詞:대사】脚本에 따라 배우가 무대에서 하는 말。
【臺上:대상】❶높은 대의 위。❷하인이 주인을 존대하여 부르는 말。
【臺石:대석】어떤 돌을 받치는 돌。
【臺侍:대시】臺諫이 되어 侍從하는 일。
【臺臣:대신】司憲府의 각 직책을 가진 신하。『元史』今ㅣㅣ坐譴、公論杜塞。
【臺獄:대옥】御史臺의 옥。『宋史』蘇軾下ㅣㅣ。
【臺帳:대장】토대가 되는 原簿。
【臺長:대장】❶觀象臺의 책임자。❷司憲府의 掌令과 持平。
【臺狀:대장】신문의 한 면을 조판한 다음에 準狀과 맞대 보기 위하여 박아 내는 종이。校正紙。
【臺前:대전】臺의 앞。
【臺座:대좌】불상을 앉히는 자리。『朱子語類』。
【臺地:대지】수평 또는 수평에 가까운 地層으로 된 높은 평탄한 지역。卓狀地。
【臺卓:대탁】❶밥상。食卓。『李商隱』蹈翻ㅣㅣ。❷성대하게 차려 내는 음식상。
【臺彈:대탄】《制》臺論。
【臺下:대하】대의 아래。
◎高ㅣ、鏡ㅣ、靈ㅣ、樓ㅣ、燈ㅣ、舞ㅣ、煙ㅣ、演ㅣ、靈ㅣ、展ㅣ、望ㅣ、燭ㅣ、寢ㅣ。

十 畫

【臻】(진) 眞 シン、いたる reach ㄓㄣ chen¹ ❶이를진(至也、及也)。『詩經』滥ㅣ于衛。❷모을진(聚也)。❸많을진(衆也)。
【臻極:진극】궁극에 이름。『周禮』。
【臻赴:진부】나아가 다달음。『本事詩』當時朝客高流、無不ㅣㅣ。
【⿱孫至】(치) 寘 チ、いかる angry 생각이 어긋날치(忿戾)。

十二畫

【⿱至臸】(질) 質 シツ、ふさがる block 막을질(窒也)。

臼 部

【臼】(구) 有 キュウ、うす mortar ㄐㄧㄡ jiu² ❶절구구(杵ㅣ舂也)。『易經』斷木爲杵、掘地爲ㅣ、杵臼之利萬民以濟。❷별이름구(星名)。❸땅이름구(地名)。

❶臼螭雙漢 (鑑古清西)

【臼頭深目:구두심목】얼굴이 추한 여자를 형용하는 말。『劉向』齊有婦人、極醜無雙、號曰無塩女、其爲人也、ㅡㅡ。
【臼磨:구마】절구。『蘇軾』却欲供ㅣㅣ。
【臼狀:구상】절구처럼 생긴 가운데가 우묵하게 파인 모양。
【臼杵:구저】절구와 공이。『易經』ㅣㅣ之利萬民以濟。
【臼齒:구치】어금니。

二 畫

【臽】(함) 陷 カン、ちいさいおとしあな pit 구덩이함、함정함(小阱)。『徐曰』若今人作穴以ㅣ虎。(『陷』과 같음)

【臾】一(용) 腫 二(궤) 寘 三(유) 虞 ユ、よい、しばらく for a moment ㄩˊ yü² 一피일용(縱ㅣ慂也)。(『逌』과 같음) 二삼태기궤(草器)。『論語』荷ㅣ而過孔子之門。(『蕢』와 같음) 三❶잠간유(須ㅣ俄頃)。『中庸』道也者不可須ㅣ離也。❷착할유(善也)。❸꺼두를유(捽抴)。❹나라이름유(國名 顓ㅣ)。❺활이뒤로 젖혀질유(夾ㅣ弓反張)。『周禮』往體多來體寡謂之夾ㅣ。

三 畫

【臿】(잡) 洽 ソウ、すき spade ㄔㄚ ch'a¹ ❶가래잡、삽잡(築墻杵鍬也)。『史記』禹身自持築ㅣ。❷보리대낄잡(舂去麥皮)。(『鍤』과 같음)

❶臿 (書全政農)

【臿築:잡축】큰 가래와 절굿공이。『後漢書』或解裋褐、襲 鈸或委ㅣㅣ、而據文軒。

四 畫

【舀】一(요) 篠 二(유) 尤 ヨウ、うす mortar ㄎㄨㄞˇ k'uai³ 一절구확 긁어낼요(抒臼)。『設文』挹彼注此謂之ㅣ。二뜻은一과 같음。

【舁】(여) 魚 ヨ、キョ、もちあげる hold up together ㄩˊ yü² ❶마주들여(對擧)。❷들것여(轝車)。
【舁疾:여질】중병에 걸려 가마 따위에 실리어 가는 일。

五 畫

【⿰臼末】(말) 曷 バツ、こめをつきくだく brocken rice 싸라기말(舂米碎)。

【舂】(용) 冬 ショウ、うすづく ㄕㄨㄥ shung hull in a mortar (本音「송」)

小篆 草書 ❶방아찧을용(擣米築地)。〔莊子 逍遙遊〕適百里者宿ー糧。❷쇠북소리용(ー容鐘聲)。〔周禮〕ー牘應雅。❸해가 질용(日入沒)。〔薛能詩〕隔溪遙見夕陽ー。❹고요할용(靜也)。

〔舂碓:용대〕절구통。〔南史〕侯景酷忍無道、於石頭立大ーー、有犯法者、擣殺之。

〔舂鋤:용서〕《動》해오라기。白鷺。

〔舂黍:용서〕《動》방아깨비。

〔舂容:용용〕서둘지 않고 천천히 하는 모양。從容。〔禮記〕善待問者、如撞鐘、侍其ーー、然後盡其聲。

〔舂杵:용저〕절굿공이。

〔舂精:용정〕곡식을 찧어서 쌀을 만들음。곡식을 찧음。

六 畫

【䑬】(박) 藥 ハク、うすづく pound

小篆 찧을박(舂也)。

【舄】(석)、陌 セキ、くつ ㄒㄧˋ hsi⁴ footgear

小篆 篆文 草書 ❶신석(赤ー晃服用履)。〔詩經〕赤ー几几。❷아름찰석(大貌)。〔詩經 魯頌閟宮〕松桷有ー。❸빛날석(光也)。〔班固典引〕ー奕於千載。(『潟』과 통함)

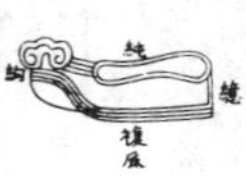

(圖物名) ❶ 舄

〔舄鹵:석로〕소금기가 있는 土地。鹹地。斥鹵。〔漢書〕終古ーー兮生稻梁。

〔舄奕:석혁〕빛나는 모양。

【舃】(석)『舄』(前條)과 같음

七 畫

【舅】(구) 有 キュウ、しゅうと ㄐㄧㄡˋ chiu⁴ husband's father

小篆 草書 ❶시아비구(夫父)。〔禮記〕婦事ー姑如事父母。❷외삼촌구(母之兄弟)。〔詩經〕我送ー氏。❸장인구(妻父)。〔國語 晉語〕ー所病也。

〔舅家:구가〕媤家。시집。

〔舅姑:구고〕媤父母와 丈人 丈母。〔禮記〕婦事ーー、如事父母。

〔舅母:구모〕외숙모。〔晉書〕ーー仁愛、親乳之。

〔舅父:구부〕外叔。외삼촌。〔史記〕封淮南王ーー趙兼、爲周陽公。

〔舅甥:구생〕❶外叔과 甥姪。❷시아버지와 사위。〔左傳〕凡君即位、好ーー、修昏姻。

〔舅弟:구제〕외사촌의 형제。外從。

【與】㊀(여) 魚 ヨ、あたえる ㄩˇ yü³ give; together ㊁(여) 語 ㄩˊ yü² ㊂(여) 御 ㄩˋ yü⁴

小篆 古文 草書 ㊀❶너울너울할여(翼翼蕃廡貌)。〔詩經〕我黍ーー。❷어조사여(語辭)。〔論語〕其爲仁之本ー。❸헌출하게 보일여。〔論語 鄉黨〕ーー如也。㊁❶더불어여(以也)。〔詩經〕之子于歸不我ー。❷좋아할여(善也)。〔禮記〕諸侯以禮相ー。❸허락할여(許也、從也)。〔論語〕吾ー點也。❹미칠여(及也)。〔易經〕立天之道曰陰ー陽。❺같을여(如也)。〔漢書〕勇悍仁彊孰ー項王。❻기다릴여(待也)。〔論語〕歲不我ー。❼화할여(和也)。〔戰國策〕內寇不ー。❽셈할여(數也)。〔禮記〕生ー來日。❾무리여(衆也)。〔管子〕黨ー成于下。❿줄여(施予)。〔禮記〕ー人者不問其所欲。⓫한적할여(容ー閒適)。〔史記〕翺翔容ー。㊂참여할여(參ー干也)。〔中庸〕夫婦之愚、可以ー知焉。

〔與件:여건〕추리 또는 연구의 출발점으로서 주어지거나 가정된 사물。

〔與黨:여당〕❶행정부의 편을 들어、그 정책을 지지하는 政黨。↔野黨。❷한 편이 되는 무리。同志。

〔與儓:여대〕하인。

〔與謀:여모〕계책에 참여함。〔戰國策〕燕有田光先生、其爲人、智深而勇沈、可ーー。

〔與聞:여문〕참여하여 들음。政治 따위에 참여함。〔朱熹〕ーー國政。

〔與民同樂:여민동락〕임금이 백성과 더불어 같이 즐김。

〔與凡人同:여범인동〕보통 사람과 같이 함。

〔與否:여부〕그러함과 그렇지 아니함。또는 그것을 가리지 못하는 상태。

〔與世無涉:여세무섭〕세상과 상관함이 없음。

〔與世推移:여세추이〕세상과 더불어 변함。

〔與手:여수〕사람을 시켜서 죽임。

〔與受:여수〕주고 받고 함。

〔與信:여신〕《經》금융 기관에서 고객에게 신용을 부여하는 일。즉 고객을 신용하는 일。↔受信。

〔與信業務:여신업무〕《經》금융 기관에서 여신에 관한 모든 업무를 이르는 말。貸出이 이에 속함。↔受信業務。

〔與野:여야〕여당과 야당。

〔與議:여의〕❶같이 말함。❷같이 의논함。

〔與人相約:여인상약〕남과 더불어 약속함。

〔與者受者:여자수자〕주는 사람과 받는 사람。

〔與知:여지〕❶관여하여 알음。❷그 일에 참여함。〔中庸〕夫婦之愚、可以ーー焉。

〔與他自別:여타자별〕남보다는 사이가 유달리 가까움。

〔與奪:여탈〕주는 것과 빼앗는 것。〔左傳〕七年之中、一與一奪、二三孰甚焉。

〔與狐謀皮:여호모피〕여우하고 값진 毛皮를 얻을 의논을 함。《喩》利害가 서로 반대되는 사람하고 의논하면 결코 이루어지지 않는다는 것。

◎關ー、給ー、黨ー、貸ー、賦ー、附ー、賜ー、私ー、賞ー、授ー、施ー、讓ー、容ー、贈ー、參ー、天ー。

九 畫

【興】㊀(흥) 蒸 コウ、キョウ、おこる ㄒㄧㄥ hsing¹ rise; prosperous ㊁(흥) 徑

小篆 草書 ㊀❶일흥、일어날흥(起也)。〔詩經 衛風氓〕夙ー夜寐。❷지을흥(作也)。〔呂氏春秋〕貪戾之道ー。❸성할흥(盛也)。〔詩經〕以莫不ー。❹일으킬흥(擧也)。〔周禮〕進賢ー功。❺거두어 모을흥(軍ー徵聚)。〔周禮〕頒其ー積。㊁❶기쁠흥(悅也)。〔禮記〕不ー其藝。❷감동할흥(感物而發)。〔周禮〕大師教六詩曰風曰賦曰比曰ー曰雅曰頌。❸흥치흥(ー況意思)。〔王勃 滕王閣序〕ー盡悲來。❹형상할흥(象也)。❺시귀의 구조법흥(詩句構造法)。❻시경육의(六義)의 하나흥(詩經)。

〔興渠:흥거〕《植》무릇。

〔興建:흥건〕일으켜 세움。〔晉書〕ーー大業。

〔興壞:흥괴〕일어남과 무너짐。盛衰。

【興國:홍국】 나라를 융성하게 함。『五代史』憂勞可以――、逸豫可以亡身。
【興起:홍기】 떨치고 일어남。감동되어 일어남。『孟子』百世之下、聞者莫下――也。
【興到:홍도】 홍이 남。홍취가 일어남。
【興闌:홍란】 興趣가 이미 쇠하여짐。
【興隆:홍릉】 일이 잘 되어 번영함。매우 번성함。『諸葛亮』親賢臣、遠小人、此先漢之所以――也。
【興利:홍리】 ❶利益을 늘임。殖利。要利。❷利益이 되는 사업을 일으킴。『史記』爲天下――除害。
【興亡:홍망】 일어남과 망함。興起와 滅亡。『歐陽修』治亂――之迹。
【興亡盛衰:홍망성쇠】 홍망과 성쇠。홍하여 일어남과 망하여 세력이 약해짐。
【興味:홍미】 ❶興趣를 느끼는 재미。興趣。興感。『蔡襄』轉覺林泉――長。❷어떤 對象의 내용에 대하여 특별한 주의를 기울이는 感情。또는 그 作用。
【興發:홍발】 어진 정치를 하여 백성을 아낌。『孟子』於是始――、補不足。
【興夫歌:홍부가】 李朝 때의 雜歌。興夫傳을 歌曲化한 가사。→興夫傳。
【興夫傳:홍부전】 《書》古代小說。연대·작자는 未詳하나 英祖·正祖 兩代 사이에 된 듯함。인색한 형 놀부와 착한 아우 홍부 사이에 이루어지는 가정을 토대로 한 勸善懲惡의 소설。
【興奮:홍분】 ❶上氣하는 상태。↕沈靜。❷刺戟을 받아서 一時的으로 神經이 날카로와지는 상태。❸《生》刺戟에 의하여 일어나는 생물체의 機能의 上昇。
【興奮劑:홍분제】 중추 신경을 刺戟하여 腦·心臟의 機能을 활발하게 하는 약。포도주·캄풀 따위。
【興成:홍성】 팔고 사는 홍정。
【興盛:홍성】 매우 번성하게 일어남。

【興信所:홍신소】 人事·商事·재산·신용 등을 비밀히 조사하여 회원 또는 의뢰자에게 빨리 확실한 보고를 하는 기관。一八三〇년 英國人 폐리가 창설함。
【興安嶺:홍안령】 《地》內蒙古에서 北滿洲에 뻗쳐 있는 山脈。大·小興安嶺으로 나뉨。
【興業:홍업】 ❶산업이나 사업을 일으킴。❷學業을 힘써 일으킴。『史記』孔子述文、弟子――。
【興訛做訕:홍와주산】 있는 말 없는 말을 보태어 함부로 남을 비방함。
【興旺:홍왕】 성하게 일어남。세력이 왕성함。
【興戎:홍융】 전쟁을 일으킴。
【興仁之門:홍인지문】 《地》서울의 東大門。李朝 太祖 五年 築城과 같이 시작하여 다음 해에 落成했으며 특히 甕城이 있었음。현존하는 것은 高宗 때 擴張 改築한 것임。興仁門。
【興作:홍작】 일어나기 시작함。『張仲甫』農事――、秋成斯覩。
【興盡悲來:홍진비래】 즐거운 일이 다하면 슬픈 일이 옴。곧 홍망과 성쇠가 잇바뀜을 가리키는 말。「可知――。
【興替:홍체】 =盛衰。『唐書』以相爲鑑、
【興趣:홍취】 =興味。『杜甫』――江湖迥。
【興販:홍판】 물건을 한 번에 많이 홍정하여 매매하는 일。
【興敗:홍패】 興하여 일어남과 잘못되어 敗함。成功과 失敗。『後漢書』用舍之端、――資焉。
【興廢:홍폐】 일어남과 亡함。興起와 滅亡。興亡。『詩經·疏』王者政有――。
【興行:홍행】 ❶행함。좋은 행실을 힘써 修行함。『孝經』陳之以德義、而民――。❷연극·영화 따위를 요금을 받고 구경시키는 것。
【興行物:홍행물】 구경군을 모아 놓고 보게 하는 연극·영화 따위。

【興行稅:홍행세】 연극·영화·음악회 따위의 홍행에 대하여 부과하는 세금。入場稅。
【興行場:홍행장】 홍행을 하는 장소。
【興況:홍황】 景況。
◎感―、勃―、復―、詩― 新―、餘―、遊―、隆―、作―、再―、座―、酒―、中―、振―。

十一畫

【𨐠】 (잡) 洽 ソウ、**むぎあげるすき** spade
보리 퍼올리는 가래잡(揚麥用杴)。

【擧】 (거)『擧』(手部 14畫)의 俗字

十二畫

【舊】 (구) 宥 キュウ、**ふるい** antiquity; old ㄐㄧㄡˋ chiu⁴

小篆 或體  草書

❶옛적구(對新之稱昔也)。『詩經』其新孔嘉其―如之何。❷오랠구(久也)。『詩經』告爾―止。❸늙은이구(老宿)。❹친구구(故―交誼)。『晋書 張華傳』陸機兄弟見華、一面如―。(『旧』와 같음)

【舊家:구가】 ❶오래된 집。古家。❷여러 代를 두고 지체 높이 잘 살아 온 집안。「숍。故家。
【舊殼:구각】 낡은 껍질。곧 낡은 옛 관습。
【舊刊:구간】 오래 전에 간행된 출판물。
【舊格:구격】 옛부터의 격식。『江淹』咸依――、以赴戎麾。
【舊故:구고】 舊知。舊好。『史記』漢王與我、有――。
【舊稿:구고】 전에 써 둔 묵은 原稿。
【舊曲:구곡】 옛부터 있는 음악의 曲調。↕新曲。

【舊穀:구곡】 해묵은 곡식。昨年 이전에 거둔 곡식。『論語』――既沒、新穀既升。
【舊窠:구과】 옛날 보금자리。(窠는 巢)。『元好問』社燕歸來只――。
【舊官:구관】 전번의 守令。옛 벼슬아치。
【舊館:구관】 ❶오래된 邸宅。『王勃』得仙人之――。❷오래된 旅館。
【舊觀:구관】 ❶옛 모양。『晉書』煥若神明、頓還――。❷오래된 殿閣。또는 邸宅。『袁桷·詩』――丹靑復。
【舊教:구교】 《宗》基督教의 한 派。天主教를 일컬음。↕新教。
【舊交:구교】 ❶오래 된 交際。❷사귄지 오래된 사람。舊友。『史記』季札使於鄭、見子產如――。「爲――反服。
【舊君:구군】 그 전 임금。舊主。『禮記』
【舊軍:구군】 어떠한 일에 오래 종사하여 익달한 사람。
【舊規:구규】 옛 法規。오래된 法規。舊法。
【舊基:구기】 ❶옛 집터。❷옛 도읍터。
【舊年:구년】 지난 해。
【舊年親舊:구년친구】 ❶오랫 동안 작별한 벗。❷오랫 동안 사귀어 오는 벗。
【舊畓:구답】 《國》전부터 있던 논。
【舊大陸:구대륙】 콜롬브스가 신대륙을 발견한 이전부터 알려져 있던 유럽·아시아·아프리카의 三대륙。↕新大陸。
【舊都:구도】 옛 도읍지。『魏志』拔萬乘之艱難、反之――。
【舊臘:구랍】 지나간 해의 선달。客臘。舊冬。『梅堯臣』正月東都雪、多于――時。
【舊曆:구력】 陰曆。太陰曆。달의 朔望을 기초로 한 冊曆이며、곧 달이 지구를 한 바퀴 도는 시간이 약 二九·五일 이므로 한 달을 二九일 또는 三〇일로 하여 一년을 一二달로 하고(平年)、一九년마다 일곱 번 閏年을 두었음。↕新曆·陽曆。

【舊例:구례】 옛부터의 慣例。 오랜 例。

【舊禮:구례】 예로부터 내려온 예법。『禮經解』以——爲無所用、而去之者、必有亂患。

【舊面:구면】 전부터 알고 사귀는 사람。

【舊夢:구몽】 전에 꾼 꿈。(喩)이미 지나간 虛無한 일。『李頻』——始知眞。

【舊聞:구문】 ❶전에 들은 所聞。 옛날 들은 이야기。『史記』悉論先人所次——、弗敢闕。 ❷新奇할 것이 없는 이야기。

【舊文:구문】 오래 된 글。『晉書』各以——、增損當世。

【舊文書:구문서】 (法)土地·家屋을 매매할 때에 그 매도증서에 붙는 전 소유자의 매약 증서。

【舊物:구물】 대대로 전해 오는 옛 물건。『左傳』祀夏配天、不失——。

【舊米:구미】 묵은 쌀。↕新米。

【舊未收:구미수】 해를 넘기도록 받지 못한 세금。

【舊邦:구방】 오래 된 나라。舊國。『詩經』周雖——、其命維新。

【舊法:구법】 예전 법률。↕新法。『左傳』奉之以——。

【舊譜:구보】 ❶예전 족보。 ❷예전의 악보。

【舊服:구복】 ❶낡은 옷。『梅堯臣』——變褒博。 ❷옛 領土。『書·仲虺之誥』纘禹——。

【舊本:구본】 ❶발행한 지 오래 된 책。古本。『朱熹·大學章句』——頗有錯簡。↕新本 ❷종전부터 있던 책。

【舊朋:구붕】 =舊友。『陸游』倦客飄零少——。

【舊史:구사】 오래 된 歷史。舊志。『潘岳』辨章——。

【舊師:구사】 옛 스승。 또는 師匠。

【舊山:구산】 (國) ❶오래 된 묏자리。 ❷祖上의 무덤이 있는 곳。

【舊相識:구상식】 =舊知。『左傳』見子産、如——。

【舊上典:구상전】 예전에 시중 들어 섬기던 상전。

【舊棲:구서】 전에 살던 집。

【舊說:구설】 옛 說。 옛날 행해진 의견이나 思考方式。

【舊歲:구세】 지난 해。

【舊世界:구세계】 아메리카 大陸이 발견되기 전의 大陸。 곧 아시아·유럽·아프리카의 三大陸을 말함。 南北 아메리카를 新世界라 함。

【舊俗:구속】 =舊習。『杜甫』——疲庸主、群雄問獨夫。

【舊讐:구수】 옛 원수。 오래 전부터의 원수。

【舊習:구습】 옛적 버릇。 옛부터 내려오는 慣習。 舊風。

【舊時:구시】 옛날。 옛 時代。 往時。

【舊市街:구시가】 처음부터 있어 온 시가。↕新市街。

【舊式:구식】 옛 식。 낡은 形式 또는 方法。 舊套。 古式。↕新式。『文心雕龍』獸黷——。

【舊臣:구신】 옛 신하。

【舊痾:구아】 오래 된 病。 持病。 宿病。

【舊樂:구악】 洋樂이 아닌 옛 음악。 곧 國樂。

【舊惡:구악】 기왕에 저지른 罪惡。

【舊約:구약】 ❶옛 약속。 ❷그리스도가 나기 전에 하느님이 인간에게 한 약속。↕新約。 ❸구약 성서의 略稱。

【舊約聖書:구약성서】 (書)三九권。 聖書의 하나。 예수 이전의 約 一천년에 걸친 이스라엘 민족의 종교 문학과 記事를 모은 것。 원래는 유대교의 聖典。 律法·豫言書·聖書文學의 세 구분으로 記述되었음。↕新約聖書。

【舊業:구업】 ❶옛부터의 職業 또는 事業。『晉書』資其——。 ❷옛부터 쌓아 모은 재산。『漢書』殫盡——。

【舊王宮:구왕궁】 李朝 때의 유물인 임금의 궁전。 또는 그 왕실。

【舊友:구우】 전부터 아는 친구。 사귄지 오랜 친구。 舊朋。『許渾』全家南渡遠、——北來頻。

【舊怨:구원】 이전부터 쌓인 원한。 舊恨。 宿恨。

【舊遊:구유】 ❶지난 날에 놀던 일。『李白』今古一相接、長歌懷——。 ❷지난날에 같이 놀던 벗。

【舊恩:구은】 옛날에 받은 恩惠。『漢書』——未報。

【舊邑:구읍】 옛날 고을이던 곳。

【舊誼:구의】 =舊好。

【舊因:구인】 오래된 因緣。『吳鎭』消間覓——。

【舊作:구작】 전에 제작한 작품。

【舊斫:구작】 오래된 장작。

【舊邸:구저】 =舊宅。『鄭元祐』——梅花落、新亭柳線垂。

【舊典:구전】 ❶오래 된 책이나 文章。 古文書。『書經』由先王——。 ❷예전의 法典。 또는 制度·文物。

【舊錢:구전】 옛날 돈。

【舊政:구정】 옛부터의 정치。『書經』君罔以辯言亂——。

【舊情:구정】 옛 정。 舊友間의 情。『王朗』託——於思想。

【舊制:구제】 ❶옛 制度·規則。『范仲淹』增其——。 ❷낡은 形式·格式。

【舊製:구제】 ❶전에 만든 제품。『范成大』冠塵昏——。 ❷舊式의 製法。

【舊蹤:구종】 옛 발자취。 옛날 놀던 곳。『李白·詩』蹈海寄遐想、還山迷——。

【舊罪:구죄】 옛날 저지른 죄。『孔子家語』不錄——、是冉雍之行也。

【舊主:구주】 ❶옛날 주인。『後漢書』人思——。 ❷前代의 임금。

【舊址:구지】 전에 건물이 있던 빈터。『舊唐書』聊因——增葺。

【舊知:구지】 옛부터 친한 사이。 옛부터 잘 아는 사이。『謝瞻』方舟析——。

【舊陳:구진】 오래 내버려 둔 땅。

【舊債:구채】 전에 진 빚。 전의 債務。

【舊草:구초】 ❶오래 묵은 담배。 ❷오래 된 초잡은 글。

【舊稱:구칭】 전에 일컫던 이름。

【舊態:구태】 옛 모습。『陸龜蒙』斜倚芳叢——生。

【舊態依然:구태의연】 옛 모양 그대로임。

【舊宅:구택】 ❶여러 대를 걸쳐 살아 오던 집。『後漢書』置酒——、大會故人父老。 ❷옛 사람이 살았던 집。

【舊套:구투】 =舊式。

【舊派:구파】 ❶舊派演劇의 略稱。 ❷구식을 따르는 파。↕新派。

【舊派演劇:구파연극】 舊來의 形式을 따르는 연극。 인형극·가면극·창극 따위。

【舊版:구판】 이전에 짠 판。 또는 그 출판물。

【舊弊:구폐】 ❶오래 전부터의 弊端。 ❷낡은 思考方式。

【舊風:구풍】 옛부터 전해 온 풍습。『皇甫謐』士有常産俗有——。

【舊學:구학】 舊學問의 略稱。

【舊學問:구학문】 재래의 한학문。↕新學問。

【舊恨:구한】 오래 전부터 품고 있는 원한。

【舊鄕:구향】 ❶여러 대를 한 고을에 사는 鄕族。 ❷故鄕。『沈佺期』回首思——、雲山亂心曲。

【舊墟:구허】 옛날 성이나 建物이 있었던 자리。 舊蹟。『班固』徒觀迹于——。

【舊嫌:구혐】 묵은 嫌疑。

【舊懷:구회】 지난 옛일을 그리는 마음。

【舊訓:구훈】 옛 교훈。『崔駰』爰哉邈矣、——不遵。

【舊痕:구흔】 옛 자취。『杜甫』三月桃花浪、江流復——。

【釁】(흔) 震 キン、すきま alienated ㄒㄧㄣˋ hsin⁴
釁(草書) 틈낼흔、흔단낼흔(罅隙爭端)。(『釁』과 같음)

十三畫

【鬱】(울) 物 ウツ、みじかい short
짧을울(—屈、短貌)。

【鬻】(도) 豪 トウ、ふるいうつわ used vessel
헌그릇도(古器)。

舌・部

【舌】(설) 屑 セツ、ゼツ、した tongue ㄕㄜˊ shê²
舌(小篆) 舌(草書) 혀설(在口所以言語辨味)。『易經』兌爲口—。『詩經』莫捫朕—。
〔舌强:설강〕 혀가 굳어서 뻣뻣함。
〔舌乾脣焦:설건순초〕 매우 잘 지껄인다는 뜻。焦脣乾舌。
〔舌耕:설경〕 연설·강연 등 辯說로써 生計를 이어나감。『漢書』門徒來學者、獻要盈倉、故曰、賈逵非力耕、乃——也。
〔舌骨:설골〕 《生》혀뿌리에 붙은 V자모양으로 생긴 작은 뼈。
〔舌筋:설근〕 혀를 이루고、그 본바탕이 되는 근육。
〔舌根:설근〕 ❶혀의 뿌리。『蘇軾』——遺味輙涪齒。❷《佛》六根의 하나。
〔舌衄:설뉵〕 《醫》혓바닥에서 피가 나는 병。
〔舌端:설단〕 혀끝。『鮑照』兩說窮——、五車摧筆鋒。
〔舌頭:설두〕 혀끝。
〔舌論:설론〕 =舌戰。
〔舌芒于劍:설망우검〕 혀는 칼보다 날카로움。論鋒이 날카로운 모양。『黃憲』一激之怒炎于火、三寸之——。劍。
〔舌鋒:설봉〕 날카로운 辯論。論鋒。舌
〔舌聲:설성〕 《言》혀를 움직여서 내는 자음。혓소리。
〔舌癌:설암〕 《醫》口腔癌의 한 가지。
〔舌音:설음〕 혀를 움직여서 내는 자음。곧 ㄴ·ㄷ·ㄸ·ㅌ 따위。
〔舌爭:설쟁〕 말다툼。입씨름。
〔舌戰:설전〕 말다툼。말로 옳고 그름을 가리는 다툼。口論。舌論。
〔舌腫:설종〕 《醫》중혀。重舌。
〔舌挂上齶:설주상악〕 말을 할 수가 없음。『碧巖集』。
〔舌尖:설첨〕 혀끝。
〔舌側音:설측음〕 혀 끝을 윗잇몸에 아주 단단히 대고 혀 끝의 양쪽 트인 데로 입김을 흘리어 내는 소리。
〔舌敝:설폐〕 말이 너무 많아서 혀가 피로함。『戰國策』——耳聾、不見成功。
〔舌盒:설합〕 《國》서랍。穴盒。
〔舌禍:설화〕 ❶자기의 말이나 言論 때문에 받는 재앙。❷남의 讒訴로 인하여 받는 재앙。
◎國—、毒—、辯—、惡—、兩—、饒—、長廣—、筆—、喉—。

一畫

【乱】(란)『亂』(12畫乙部)의 俗字

二畫

【舍】(사)『舍』(次條)와 같음

【舍】㊀(사) 馬 ㊁(사) 禡 シャ、いえ house ㄕㄜˇ shê³ ㄕㄜˋ shê⁴
舍(小篆) 舍(草書) ㊀놓을사(釋也)。『詩經』—矢如破。㊁❶집사(屋也)。『漢書』高祖適從旁—來。❷쉴사(止息)。『詩經 小雅何人斯』亦不遑—。❸베풀사(施也)。『左傳 宣公十二年』施—不捲。❹폐할사(廢也)。『書經』—我穡事。❺둘사(置也)。『左傳 昭公四年』使杜洩—路。❻삼십리사(一—三十里)。『左傳』辟君三—。❼용서할사(赦也)。『漢書 朱博傳』常刑不—。
〔舍監:사감〕 ❶기숙사에서 기숙생을 감독하는 사람。❷《制》宮房의 논밭을 관리하던 사람。
〔舍館:사관〕 여관。『孟子』——未定。
〔舍匿:사닉〕 죄인을 숨김。『漢書』——者、論皆有法。
〔舍廊:사랑〕 《國》바깥주인이 거처하며 손님을 접대하는 방。斜廊。
〔舍廊兩班:사랑양반〕 ❶남의 남편을 그 부인 앞에서 일컫는 말。❷그 집의 남자 주인을 하인 앞에서 일컫는 말。
〔舍利:사리〕 《佛》Śartra 의 音譯。석가모니 또는 高僧의 遺骨。부처나 高僧이 죽은 뒤 火葬하면 舍利라는 구슬이 나왔다 함。佛骨。佛舍利。『法華經』佛滅度後、供養——。
〔舍利塔:사리탑〕 《佛》부처의 사리를 모셔 둔 탑。
〔舍伯:사백〕 =舍兄。
〔舍然:사연〕 ❶석연히 깨닫는 모양。『列子』其人——大喜。❷마음이 침착하게 가라앉는 모양。
〔舍營:사영〕 군대가 民家에서 숙박하는 것。
〔舍屋:사옥〕 집。住宅。『宋史』庶人——。
〔舍弟:사제〕 자기 아우를 남 앞에 낮추어 일컫는 말。家弟。↔舍兄。『杜甫』遙憐——存。
〔舍姪:사질〕 자기의 조카를 남 앞에서 일컫는 말。
〔舍次:사차〕 軍隊가 머무름。『左傳』凡師一宿爲舍、再宿爲信、過信爲次。
〔舍宅:사택〕 사람이 사는 집。邸宅。
〔舍兄:사형〕 자기 형을 남 앞에서 낮추어 일컫는 말。家兄。↔舍弟。
◎客—、公—、館—、官—、校—、寄宿—、茅—、宿—、屋—、旅—、學—。

三畫

【舐】(지) 紙 シ、なめる lick (本音「시」)
핥을지(以舌取物)。(『舐·䑛』와 같음)

四畫

【舐】(지) 紙 シ、なめる lick ㄕˋ shih⁴ (本音「시」)
舐(草書) 핥을지(以舌取物)。『莊子 列禦寇』—之者得車五乘。
〔舐糠:지강〕 겨를 핥음。밖에서 안으로 침범한다는 뜻。
〔舐犢之愛:지독지애〕 《喩》부모가 자식을 사랑함을 어미소가 송아지를 핥는 데 비유한 말。『後漢書』悔無日 先見之明、猶懷老牛——。
〔舐痔:지치〕 한 사람이 秦王의 痔疾를 핥아 많은 賞을 받았다는 故事에서 비열한 수단으로 권력이나 부귀를 얻음을 일컫는 말。『莊子』。

【舐】(기) 寘 キ、あえぐ gasp
숨찰기、헐떡거릴기(喘也)。

【舑】(담) 覃 タン、したをだす put out one s tongue ㄊㄧㄢˇ t'ien³
舑(草書) 혀빼물담(舑—、吐舌貌)。『潘光殿賦』玄熊—談以齗齗。

六畫

【舒】 (서) 魚 ジョ、のびる ㄕㄨ shu¹ unfold
小篆 書 草 ❶펼서(伸也、展也)。〔淮南子 厚道〕ㅣ之幎於六合。❷한가할서(閒也)。〔禮記 玉藻〕君子之容ㅣ遲。❸늦을서(緩也)。〔大學〕爲之者疾、用之者ㅣ則財恒足矣。❹천천할서(徐也)。〔陶潛 歸去來辭〕ㅣ嘯。❺자세할서(詳也)。〔淮南子〕柔弱以靜安ㅣ以定。❻나라이름서(國名)。

【舒卷:서권】❶펴는 것과 감는 것。《喩》때에 따라서 進退하는 것。〔晉書·宣帝本記〕和光同塵、與時ㅣㅣ。❷책을 펼치는 것。開卷。卷舒。〔元稹〕ㅣㅣ續微吟。

【舒慢:서만】느릿느릿함。緩慢。〔北史〕不得尋常ㅣㅣ也。

【舒鳧:서부】(動)집오리。

【舒舒:서서】느린 모양。천천히 하는 모양。徐徐。〔韓愈〕淮之水ㅣㅣ。

【舒嘯:서소】한가하게 읊음。조용히 詩따위를 작은 소리로 읊음。〔陶潛·歸去來辭〕登東皐以ㅣㅣ。

【舒雁:서안】(動)거위。

【舒展:서전】펼침。〔禮記·疏〕ㅣㅣ兩足、狀如箕舌。

【舒情:서정】생각을 펼침。敍情。〔楚辭〕「發憤以ㅣㅣ」。

【舒遲:서지】여유가 있고 침착한 모양。〔禮記〕君子之容ㅣㅣ。

【舒暢:서창】마음을 여유있게 함。〔柳宗元〕豈復能久爲ㅣㅣ哉。

七畫

【辞】 (사)『辭』(辛部12畫)의 俗字

八畫

【䑙】 (답) 合 トウ、おおぐい make mouthful of
小篆 書 草 크게먹을답(大食)。

【舓】 (지)『舐』(舌部4畫)의 本字

【舔】 (첨) 琰 テン、なめる lick
핥을첨(以舌取物)。

九畫

【䑜】 〔一〕(탑) 合 〔二〕(첩) 葉 トウ、のむ drink
〔一〕❶크게먹을탑(大食)。❷마실탑(飮也)。〔二〕할작할작할탑(小舐)。

十畫

【舖】 (포)『鋪』(金部7畫)의 俗字

【舘】 (관)『館』(食部8畫)의 俗字

十二畫

【⿰舌單】 (탄) 寒 タン、どもる stammer
말얼얼할탄(訥言)。

十三畫

【⿰舌詹】 (첨) 琰 テン、はなしだす give mouth to
書 草 말낼첨(出言)。(『囟』과 같음)

十五畫

【⿰舌華】 (화) 麻 カ、したがみじかい tongue-tied
혀짧을화(舌短貌)。

十七畫

【⿰舌闌】 (란) 寒 ラン、どもる stammer
말서투를란(訥言)。

舛部

【舛】 (천) 銑 セン、たがう be contrary to ㄔㄨㄢ ch'uan³
小篆 (說文揚雄說) 書 草 ❶어기어질천(相背差午)。〔漢書〕朝臣ㅣ午膠戾乖剌。❷어수선할천(錯亂乖違)。〔吳都賦〕詭類ㅣ錯。

【舛駁:천박】뒤범벅이 되어서 고르지 못함。〔文心雕龍〕純粹者入矩、ㅣㅣ者出規。

【舛午:천오】어김。違背。〔漢書·元王傳〕朝臣ㅣㅣ、膠戾乖剌。

【舛誤:천오】잘못함。잘못。錯誤。謬舛。〔隨書〕取書驗之、一無ㅣㅣ。

【舛訛:천와】말이나 글자의 그릇됨。〔遼書〕ㅣㅣ歸正。

【舛差:천차】틀림。서로 어긋남。〔黃庭堅〕朱墨勘ㅣㅣ。

【舛錯:천착】어기고 어지러움。錯亂。〔左思〕詭類ㅣㅣ。

【舛互:천호】❶서로 어기어 엮힘。〔左思〕飛甍ㅣㅣ。❷배반함。

六畫

【舜】 (순) 震 シュン、むくげ ㄕㄨㄣˋ shuen⁴ the rose of Sharon
小篆 古文 書 草 ❶순임금순(有虞氏號)。〔蘇軾詩〕致君堯ㅣ終無術。❷무궁화순(木槿)。〔詩經 鄭風有女同車〕顏如ㅣ華。

【舜典:순전】書經 虞書의 篇名。舜帝의 즉위 사정이 적혀 있음。

【舜幣:순폐】舜帝 시대의 화폐(貨幣)。

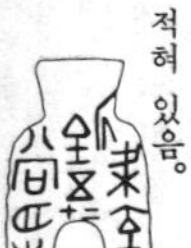

舜幣(金石索)

【舜華:순화】❶(人)春秋時代 晉의 大夫。賢者로 알려짐。❷(植)무궁화。槿花。木槿。❸美人의 비유。舜英。〔詩·有女同車〕有女東車、顏如ㅣㅣ。

七畫

【舝】 (할) 黠 カツ、くさび catch ㄏㄜˊ he²
小篆 書 草 ❶걸쇠할(車軸耑鍵)。〔詩經〕載脂載ㅣ。〔詩經〕閒關車之ㅣ兮。❷별이름할(星名)。(『轄』과 같음)

八畫

【舞】 (무) 麌 ブ、ム、まう dance
小篆 古文 書 草 ❶춤출무、춤무(所以節音樂手ㅣ足蹈)。〔左傳〕夫ㅣ所以節八音而行八風。❷환롱할무(ㅣ文變弄)。❸좋아서펄펄뛸무。〔禮記 樂記〕不知手之ㅣ之、手之蹈之。(『儛』와 같음)

【舞歌:무가】❶춤과 노래。❷춤추며 노래함。〔韓愈〕吹笙彈箏、飮酒ㅣㅣ。

【舞鼓:무고】❶나라 잔치 때 기생들이 치며 춤추던 큰 북。❷고전 무용의 북춤에서 쓰는 북。❸북춤。

【舞曲:무곡】❶춤을 위하여 작곡된 樂曲의 總稱。〔李德林〕歌聲越齊市、ㅣㅣ冠平陽。❷춤과 음악。

【舞臺:무대】❶연극·춤 따위를 연출하는 처소。❷마음껏 활동할 수 있게 된 판。

【舞臺監督:무대감독】무대의 조명·장치나 연기 등을 감독·지도하는 사람。

【舞臺劇:무대극】무대에서 하는 연극。↔野外劇。

【舞臺藝術:무대예술】❶연극을 구성하는 예술 전체。❷무대 장치에 관한 예술。

【舞臺裝置:무대장치】 무대에 쓰는 大道具와 小道具 등의 설비。

【舞臺照明:무대조명】 舞臺美術의 하나。 무대 위에 광선을 밝히는 일。

【舞臺中繼:무대중계】 라디오 따위에

【舞蹈:무도】 ❶朝拜의 儀式。〖宋史〗司馬光疾、詔朝會、再拜勿——。 ❷발을 구르며 기뻐 춤춤。〖梁簡文帝·文〗徒懷——之心。 ❸西洋式의 댄스。

【舞蹈曲:무도곡】 무도를 위한 樂曲。

【舞弄:무롱】 ❶弄筆②。 ❷가지고 놀음。

위안으로 삼음。〖隋書〗明習法律、而——文墨。 ❸남을 모욕함。

【舞馬之災:무마지재】 火災。 (말이 춤추는 꿈을 꾸었을 때는 화재가 일어난다는 夢占에서 나온 말)。 馬舞之災。〖晉書〗。

【舞文弄筆:무문농필】 ❶文簿를 함부로 고치거나 또는 법규의 적용을 농락하는 것。 ❷붓을 함부로 놀리어 文辭를 회롱하는 것。 또는 그 文辭。 舞弄。

【舞抃:무변】 기뻐서 춤추며 손벽을 침。 抃舞。〖洛陽伽藍記〗奇禽怪獸——殿庭。

【舞扇:무선】 춤출 때 쓰는 부채。〖張正見〗月來疑——。

【舞樂:무악】 ❶춤출 때 동반하는 雅樂。 ❷춤출 때 쓰는 고전 음악。

【舞躍:무약】 기뻐서 춤을 춤。〖柳宗元〗

【舞筵:무연】 춤을 추는 좌석。〖杜甫〗燕蹴飛花落——。 「碑、陳其——。

【舞詠:무영】 춤과 노래。〖徐陵〗謹勒豐

【舞鐃:무요】 樂器의 이름。 本來 武人의 擊鼓를 멈추게 하는 데 쓰였으나 뒤에는 舞人들도 이를 쓰게 되었음。〖博古圖〗。

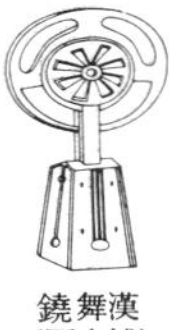
漢舞鐃 (博古圖)

【舞踊:무용】 춤。 댄스。〖沈佺期〗林香散——。

【舞踊家:무용가】 무용을 전문으로 하는 사람。

【舞雩祭:무우제】 祈雨祭의 옛스러운 말。

【舞衣:무의】 춤출 때 입는 衣裝。〖盧照隣〗風花落——。 「——亦有八行。

【舞人:무인】 춤을 추는 사람。〖論語·疏〗

【舞知:무지】 지혜를 교묘히 활용함。〖史記〗爲人多詐、——以御人。

【舞天:무천】 (制)馬韓 때에 하늘에 지내던 제사。→東盟·迎鼓。

【舞態:무태】 춤추는 태도。〖羅鄴〗玉笛豈能留——。

【舞筆:무필】 事實을 曲解하여 교묘하게 씀。 曲筆。〖後漢書·崔寔傳〗—ㅣ奮辭、以破其義。

【舞姬:무희】 춤을 추는 여자。 舞子。 舞妓。〖韓愈〗吹笙彈箏、飮酒——。

◎歌—、劍—、鼓—、亂—、蹈—、妙—、手—、僧—、圓—、輪—。

二十畫

【䑝】 (준) 眞 シュン、かわばかま leathern trousers

가죽바지준(韋袴)。

舟 部

【舟】 (주) 尤 シュウ、ふね ship ㄓㄡ chou¹

(小篆) (草書) ❶배주(周流船也)。〖書經〗若濟巨川用汝作—楫。 ❷잔대주(尊下帶)。〖周禮〗春祠夏禴祼用鷄彝皆有—。 ❸띠주(帶也)。〖詩經大雅公劉〗何以—之惟玉及瑤。

❷ 周素舟 (西淸古鑑)

【舟橋:주교】 배다리。

【舟梁:주량】 ❶배와 다리。〖莊子〗澤無——。 ❷배를 이어서 만든 다리。〖時經〗造舟爲梁。

【舟梁回甲:주량회갑】 혼인한지 六一년만인 그날。 回婚。

【舟艫:주로】 배。 뱃머리。〖魏書〗遙途遠運、惟用——。

【舟筏:주벌】 배와 떼목。 배。〖唐書〗私錢犯法日蕃、有以——鑄江中者。

【舟師:주사】 배를 타고 싸우는 군대。 水軍。 舟軍。〖左傳〗楚子爲——以伐濮。

【舟載:주재】 배에 실음。 船載。〖黃庭堅〗——諸友長周施。

【舟戰:주전】 서로 배를 타고 싸우는 전쟁。 水戰。 海戰。〖墨子〗楚人與越人、—于江。

【舟艇:주정】 小型의 배。

【舟楫:주즙】 배와 노。 배。〖易經〗——之利、以濟不通。《轉》임금의 정치를 돕는 신하。〖書經〗若濟巨川、用汝作——。 (汝는 傳說)。

【舟艦:주함】 전투용 배。 船艦。 艦艇。〖晉書〗詔王濬修——。

【舟行:주행】 배를 타고 감。 航行。 舟遊。〖柳宗元〗——若窮、忽又無際。

◎輕—、孤—、同方—、漁—、扁—、虛—。

一畫

【舡】 (을) 質 キツ、ふねがゆく sail

배갈을(舟行)。

二畫

【舠】 (도) 豪 トウ、こぶね sampan ㄉㄠ tao¹

(草書) 거루도、작은배도(小舟)。〖吳均詩〗征—犯夜湍。

【舠子:도자】 작은 배。〖原仙記〗唐顯慶時、蜀郡靑城民、入山採藥、陷地、後得一穴、出見村落、一人驚問得來之由、遂古所以、乃將小——渡之。

三畫

【舠】 (올) 月 コツ、ふねがゆきなやむ (of a boat) rock

(小篆) 배까불올(船行不安)。

【舠】 (료) 篠 リョウ、こぶね boat

작고긴배료(船小而長)。

【舡】 ㊀(강) 江 ㊁(선) 先 コウ、ふね ship ㄒㄧㄤ hsiang¹

(草書) ㊀오나라배강、배강(舽—吳船)。 ㊁『船』을 보라。

【舡人:강인】 뱃사람。 뱃사공。〖漢書〗晉——固來。

【舡軒:강헌】 배 모양으로 지은 정자。〖剪燈餘話〗窓下作——軒外繚以粉墻。

四畫

【舲】 (침) 侵 チン、ふねがつづく sail in line

(小篆) 배서로잇대어갈침(舟相續行)。

【舦】 (탑) 合 トウ、ふねがとまる moor

배댈탑(船泊)。

【舲】 (금) 沁 キン、ふね new ship

❶새배금(新舟)。 ❷배금(舟也)。 (『艕』과 같음)

【航】 (항) 陽 コウ、ふね、わたる ship; sail ㄏㄤ hang²

(草書) ❶쌍배항、배항(方船)。〖淮南子〗賢主之用人也猶巧工之制木也大者以爲舟—柱樑。 ❷배질할항、건

늘항(以船渡水)。(『杭』과 통합)

【航空:항공】 비행기나 비행선으로 공중을 비행함。 「회、 또는 그 분야。

【航空界:항공계】 항공에 관계되는 사

【航空計器:항공계기】 항공기의 조종 및 운용상의 보조로서 사용되는 여러 計器。 高度計·速度計·方向指示器·發動機用 計器 따위가 있음。

【航空機:항공기】 飛行船·氣球·비행기·滑空機의 總稱。

【航空隊:항공대】 항공기를 주요 부분으로 하여 구성한 군대。

【航空圖:항공도】 航空用의 지도。

【航空路:항공로】 정기적으로 비행기가 운행하여 公共에 이바지할 수 있도록 조직된 航路。

【航空母艦:항공모함】 비행기를 싣고 發着시키는 설비를 가진 군함。

【航空法規:항공법규】 《法》항공에 관한 여러 가지 일을 규정하여 놓은 법률이나 조약。

【航空病:항공병】 《醫》항공기를 타고 다니는 까닭으로 일어나는 여러 가지 신체적 異狀。 높이·加速度 또는 특수한 심리 작용에 기인함。

【航空士:항공사】 ❶操縱士。 ❷항공기를 타고 날씨·방향 등을 관측하여 조종사에게 일러주어 조종의 보좌역을 하는 사람。

【航空寫眞:항공사진】 항공기를 타고 「찍은 사진。

【航空輸送:항공수송】 항공기를 이용하여 손님·우편·화물 같은 것을 나르는 일。

【航空術:항공술】 항공에 관계되는 여 「러 기술。

【航空燃料:항공연료】 항공기가 하늘을 나르는 데 필요한 연료。

【航空郵便:항공우편】 항공기를 이용하는 우편。

【航空戰:항공전】 =空中戰。 「편。

【航空便:항공편】 비행기가 來往하는 그

【航空標識:항공표지】 ❶항공기 겉에 주로 양 날개 밑이나 허리 통 양면에 또는 후부에 표한 國籍記號·登錄記號。 ❷항공기의 發着에 안전을 꾀하기 위한 비행장이나 그 근처에 설비한 모든 표지。

【航路:항로】 배가 다니는 길。 航路。

【航路變更:항로변경】 목적지와 그 항로까지 정하였다가 사정으로 목적지는 그냥 두고 항로만 바꾸는 일。

【航路信號:항로신호】 航行하고 있는 기선의 충돌을 피하기 위하여 서로 알리는 군호。

【航路標識:항로표지】 航路를 지시하며 航路의 안전을 위하여 설치한 燈臺·燈船·警霧臺 등의 총칭。

【航船:항선】 船客을 싣고 航海하는 배。

航船 (三才圖會)

【航續:항속】 항공·항해를 계속함。

【航送:항송】 물건을 선박이나 항공기에 의하여 수송함。

【航跡:항적】 물 위를 배 따위가 지나간 뒤에 보이는 형적。

【航海:항해】 배를 타고 바다를 건넘。 『宋史』ㅡㅡ歸周。

【航海曆:항해력】 항해자들이 필요로 하는 기상 관계의 여러 가지 사항을 적은 책력。

【航海保險:항해보험】 《經》배가 항해하는 동안에 생기는 여러 손해를 채우기 위한 보험。 「여러 가지 기술。

【航海術:항해술】 항해하는 데 필요한

【航海日誌:항해일지】 항해하는 동안의 그날 그날 일어나는 모든 것을 적어 두는 책。

【航海條例:항해조례】 《歷》一六五一년 영국에서 자기 나라의 해운업을 돕고 和蘭의 상업을 방해할 목적으로 반포한 법률。 一八四九年에 폐지함。

【航行:항행】 배를 타고 바다나 큰 내를 건너 다님。

【航行期間:항행기간】 ❶《法》일정한 검사를 받고 난 배의 就航할 수 있는 기간。 ❷배가 다닐 수 있는 기간。 ◎歸ㅡ、寄ㅡ、難ㅡ、渡ㅡ、夜ㅡ、直ㅡ、進ㅡ、回ㅡ。

【舩】 (선) 『船』(舟部 5畫)과 같음

【舫】 (방) 漾 ㄈㄤˇ fang³ ship ボウ、もやいぶね

小篆 草書 ❶쌍배방(方船竝兩船)。 【史記】ㅡ船載卒 一ㅡ載五十人。 ❷사공방(舫人舟子)。 【說文】ㅡ人習水者。

【舫樓:방루】 배의 망루。 『晉書』倚ㅡㅡ長嘯、神氣甚逸。

【舫船:방선】 쌍배。 『史記』ㅡㅡ載卒。

【舫屋:방옥】 배 위에 있는 전각。 『晉書』在ㅡㅡ上。 「ㅡ猶言舟子。

【舫人:방인】 뱃사공。 舟人。 『正字通』ㅡ

【舫艇:방정】 배。 『白居易』一隻短ㅡㅡ。

【般】 ㊀(반) 寒 ㊁(반) 刪 ㄅㄢ pan¹ remove; common ハン、はこぶ

小篆 古文 草書 ㊀❶돌이킬반(旋也)。 ❷즐길반(樂也)。 【恩玄賦】惟ㅡ逸之無斁兮、 ❸옮길반(移也)。 ❹셈할반(數別名)。 ❺많을반(多也)。 ❻일반반(一ㅡ)。 ❼모두반(全ㅡ)。 ❽큰배반(大船)。 ㊁❶되돌아올반(還也、反也)。 【漢書】明主ㅡ師罷兵。 ❷펼반(布也)。 【漢書】先以雨ㅡ裔裔。 ❸사람의 이름반(人名魯公輸ㅡ)。(『班』과 통합)

【般若:반야】 《佛》Prajna의 音譯。 지혜의 뜻。 萬有의 實相을 證驗하는 것으로 諸佛의 어머니라 함。 『心經·註』ㅡㅡ者梵語、此曰智慧。

【般若心經:반야심경】 《書》般若波羅蜜多心經의 略。 唐大玄奘 번역。 色即是空의 理를 說法한 佛經。

【般若湯:반야탕】 술。 僧侶들의 隱語。 『東坡志林』僧謂酒爲ㅡㅡ。

【般遊:반유】 즐기고 놂음。 般樂。 盤樂。

【般載:반재】 운반하여 실음。 『後漢書』自冬經夏、ㅡㅡ不了。 「盤桓。

【般桓:반환】 일이 진행되지 않는 모양、

【般還:반환】 돌음。 돌림。 般旋。 盤旋。 『禮記』主人ㅡㅡ曰辟。 ◎過ㅡ、今ㅡ、萬ㅡ、一ㅡ、全、諸ㅡ。

五畫

【舲】 (령) 靑 ㄌㄧㄥˊ ling² ship レイ、やかたぶね

草書 창있는작은배령(小舟有窓)。 【淮南子】越ㅡ蜀艇不能無水而浮。

【舳】 (축) 屋 ㄓㄡˊ chou² stern ジク、とも

小篆 草書 ❶고물축、배꼬리축(船後持柁處)。 【漢書】ㅡ艫千里。

【舳艫:축로】 배의 고물[船尾]과 뱃머리[船首]。 『漢書』ㅡㅡ千里。

【舳艫相銜:축로상함】 고물과 이물이

서로 잇닿아 있음。

【⿰舟句】(구) 尤 コウ、ふね ship
큰배구(一⿰舟句大船)。【北堂書鈔】豫章城西有一⿰舟句洲即呂蒙作一⿰舟句大編處。

【舴】(책) 陌 サク、タク、こぶね boat ㄗㄜˊ tsê²
작은배책(一艋小舟名)。【張志和詩】兩兩三三一艋舟。

【舴艋：책맹】 거룻배의 한 가지。(字解參照)。

【舵】(타) 哿 タ、かじ helm ㄉㄨㄛˋ tuo⁴
키타(正船木)。(『柁』와 같음)

【舵工：타공】 배의 키를 잡는 사공。『願體集』一一宜加犒勞、稍婆勿與言談。

【舵公：타공】 키를 잡는 사공。『六部成語』一一掌舵之人也。

【舵機：타기】 ❶배의 키。❷키를 움직이는 기계。

【舵菜：타채】 키의 표면에 생긴 이끼。『本草』集解、時珍曰、此即海船舵上所生菌也。

【⿰舟也】(타)『舵』(前條)와 같음

【舶】(박) 陌 ハク、おおぶね big ship ㄅㄛˊ po² (本音「백」)
큰배박、당두리박(海中大船)。【集韻】蠻夷汎海舟曰一。

【舶來：박래】 ❶딴 나라로부터 물건이 배에 실리어 옴。❷舶來品의 略語。

【舶來品：박래품】 국내에 들어온 外國產 物品。

【舶物：박물】 외국에서 날라온 물건。舶來品。『南史』。

【舶載：박재】 배에 실음。배에 실어 운반함。『杜荀鶴』一一海奴環鍾耳、象馳蠻女綵纏身。

【舶趠風：박초풍】 음력 五월에 부는 바람。박초 바람。
◎大一、船一。

【舷】(현) 先 ゲン、ふなばた gunwale ㄒㄧㄢˊ hsien²
뱃전현(船邊)。【蘇軾 赤壁賦】泛舟云云、扣一而歌之。【江賦】詠採菱以叩一。

【舷燈：현등】 뱃전에 달아 둔 등。

【舷窓：현창】 뱃전에 있는 창。船窓。

【舷柵：현책】 뱃전에 만들어 놓은 난간。

【舷側：현측】 뱃전。

【舸】(가) 哿 カ、おおぶね large vessel
큰배가(大船)。【王勃滕王閣序】一艦。【蜀都賦】弘一連軸。

【舸纜：가람】 배벼릿줄。『吳志』更增一一解衣臥。

【舸船：가선】 배。『杜甫』依沙宿一一、石瀨月娟娟。

【舸⿰舟習：가습】 싸움배。戰船。『南史』乘一一於江中迎戰、大破賊水軍。

【船】(선) 先 セン、ふね ship ㄔㄨㄢˊ ch'uan²
❶배선(舟也)。【世本】治皷貨狄作一黃帝臣。❷옷깃선(衣領)。【正字通】俗以一爲襟。

船 ❶ (三才圖會)

【船價：선가】 뱃삯。배를 타거나 또는 배로 짐을 운반하는 삯。

【船客：선객】 배를 탄 손님。

【船渠：선거】 船舶의 建造나 修繕 또는 짐을 싣기 위하여 둘레를 만든 浮渠・泊渠・沼渠의 總稱。독(dock)。

【船工：선공】 배를 만드는 목수。船匠。『魏書』可出百兵爲一一。

【船橋：선교】 ❶많은 배를 띄워 놓고 그 위에 판자를 깔고 건너게 한 임시의 다리。浮橋。舟橋。『遼史』命造一一。❷배의 上甲板의 중앙부 전방에 있는、船長이 지휘를 하는 곳。

【船具：선구】 배에서 쓰는 기구。

【船僮：선동】 배에서 심부름하는 소년。

【船頭：선두】 ❶뱃머리。이물。『杜甫』風急打一一。❷回漕船의 監督者。『唐書』州縣取富人督漕輓、謂之一一。

【船燈：선등】 배의 등불。船火。『司空圖』一一照島幽。

【船路：선로】 뱃길。『南史』遏斷一一。

【船艫：선로】 배의 뒤쪽。고물。船尾。

【船樓：선루】 배의 망대。船閣。『晉書』宴飮於一一上。

【船尾：선미】 =船艫。『杜甫』一一跳魚撥剌鳴。

【船舶：선박】 배。(舶은 큰 배)。

【船舶檢查：선박검사】 《法》商船의 선체와 기관을 검사하는 일。

【船舶管理人：선박관리인】 《法》선박을 이용하는 船舶 共用者의 대표적인 管理人。

【船舶登記：선박등기】 《法》船籍港을 관리하는 관청이 선박의 소유권、선박 관리인 따위에 관하여、선박 등기부에 올려 적는 일。

【船舶書類：선박서류】 선장이 선박 안에 언제나 비치해야 하는 書類。곧 선박 국적 증서・해원 명부・항해 일지・여객 명부 따위의 행정적 감독의 필요에 따르는 것과、屬具目錄과 운송 계약에 관한 서류와 같이 私法上의 뜻을 가지는 것이 있음。

【船舶差押：선박차압】 《法》선박에 대한 강제 집행상의 차압。

【船步：선보】 ❶海軍과 步兵。『三國志・周瑜傳』得其一一兵數十萬。❷나룻터。船埠。『青箱雜錄』嶺南謂水津爲步、故一一即渡船處。

【船卜：선복】 《國》배에 실은 짐。

【船腹：선복】 배의 중간터。『宋書』繫流查及一一。

【船夫：선부】 뱃사공。

【船埠：선부】 나루터。埠頭。

【船扉：선비】 船窓의 문짝。『李洞』玉峰波上入一一。

【船費：선비】 배에 사람이 타거나 짐을 실을 때 드는 비용。뱃삯。船價。

【船商：선상】 ❶배의 매매를 직업으로 삼는 사람。❷물건을 배에 싣고 다니며 파는 장사。

【船上：선상】 ❶배의 위。❷배를 타고 있음。

【船稅：선세】 배를 부리는 데 대한 세。

【船首：선수】 =船頭①。

【船室：선실】 船客이 쓰도록 된 배 속의 방。캐빈。

【船緣：선연】 뱃전。

【船運：선운】 배로 사람이나 물건을 운반함。

【船員：선원】 ❶선박 소유자에게 고용되어 선박에서 일을 하는 근로자。❷《法》商法上으로는 船長과 海員의 總稱。

【船遊：선유】 뱃놀이。

【船人：선인】 ❶뱃사람。❷뱃사공。

【船檣：선장】 배의 돛대。帆檣。『唐書』漕路多梗、一一阻險。

【船匠：선장】 배를 만드는 목수。『魏書』雖遣一一云云。

【船材：선재】 배를 만드는 데 쓰는 資材。

【船載：선재】 배에 실음。船載。『晉書』獲其寶物、一一而歸。

【船底：선저】 배의 밑바닥。

【船主:선주】배 임자。

【船中:선중】배의 안。『史記』已在——。

【船窓:선창】배의 창문。

【船艙:선창】물가에 다리처럼 만들어서 배가 닿고 짐을 싣고 할 수 있게 된 곳。

【船隻:선척】배。

【船體:선체】❶배의 몸뚱이。❷積載物과 부속물을 제외한 선박 그 자체。

【船醉:선취】배멀미。

【船便:선편】배편。

【船票:선표】배 타는 표。

【船舷:선현】뱃전。『杜甫』——不重舷。

【船號:선호】배의 이름。

【船貨:선화】배에 실은 화물。

【船暈:선훈】배멀미。船醉。

◎客—、鯨—、汽—、樓—、大—、渡—、商—、商買—、乘—、漁—、連絡—、運送—、遊—、輪—、戰—、定期—、漕—、造—、釣—、蒸氣—、鐵—、破—、荷—、下—、艦—、火輪—、回—、回漕—。

【舺】(갑) 洽 コウ、ながいふね long boat
❶긴배갑(長船)。❷배갑(船也)。

六畫

【⿰舟舌】(활) 曷 カツ、ふねがゆく sail
배갈활(舟行)。

【⿰舟巳】(범) 咸 ハン、ふなばた gunwale
뱃전범(舷也)。

【舽】(방) 江 ホウ、ふね boat
방쌍배방(—艭、—舡)。『轉注古音』物之巍大曰—舡。

【舽舡:방강】❶배。또는 배의 모양。『廣韻』——、船貌。❷물건이 움직이며 큰 것。『轉注古音』俗言物之巍大曰——。

【舽艭:방쌍】배의 이름。『集韻』——船也。

七畫

【艀】(부) 尤 フウ、こぶね boat
草書 종선부、거루배부(端艇)。

【艁】(조)『造』(辵部 7畫)의 古字

【艂】(봉) 東 ホウ、ふね boat
배이름봉(舟名)。

【艂舡:봉강】작은 배。『廣雅』——舟也。

【艄】(소) 效 ショウ、とも stern
草書 ❶고물소(船尾)。❷정탐하는 배소(哨船金翅)。

【艅】(여) 魚 ヨ、わたしぶね ferryboat
小篆 草書 ❶여황배여(—艎吳船)。『江賦』漂飛雲運—艎。❷나룻배여(渡船)。

【艅艎:여황】배의 이름。(字解參照)。

【艆】(랑) 陽 ロウ、ふなばた gunwale
❶뱃전칠랑(扣舷)。❷뱃전랑(舷也)。

【艆⿰舟周:낭주】바다에 있는 배。『初學記』埤蒼曰、海中船曰——。

【艇】(정) 迥 テイ、こぶね boat ㄊㄧㄥˇ t'ing³
小篆 草書 거루정、작은배정(小船)。『淮南子』蜀—一板之舟。

【艇庫:정고】보우트를 넣어 두는 창고。

【艇身:정신】보우트의 길이。보우트의 全身。

【艇子:정자】뱃사공。『古樂府』——打兩槳、催送莫愁來。

◎端—、短—、小—、舟—。

【⿰舟步】(부) 週 ホ、ふね short and deep-hollowed boat
짧고 속깊은배부(短而深舟)。(『⿰舟付·⿰舟府』와 같음)

八畫

【艋】(맹) 梗 ボウ、モウ、こぶね boat ㄇㄥˇ mêng³
草書 책맹배맹、작은배맹(舴—小舟)。

【⿰舟卓】(도) 效 トウ、かい oar ㄓㄠˋ chao⁴
❶배띄어놓을도(行舟)。❷키도(櫂也)。

【⿰舟非】(배) 卦 ハイ、かじ rudder
키배、고물배(船後所排水)。

【艌】(념) 豔 ネン、ひきづな tug ㄋㄧㄢˋ nien⁴
❶낡은배수리할념(舊船修理)。❷배끄을념(挽船)。

【⿰舟疌】(섭) 葉 ソウ、はやくゆく speedily
배빨리갈섭(舟行疾)。

九畫

【⿰舟胃】(위) 未 イ、にぶね transport
조운선위(漕運船)。

【艎】(황) 陽 コウ、わたしぶね ferryboat
小篆 草書 여황배황、나룻배황(艅—大舟)。『謝朓詩』飛—遡極浦。

【⿰舟叜】(소)『艘』(舟部 10畫)와 같음

【艐】(종) 東 ソウ、いたる reach ㄗㄨㄥ tsung¹
小篆 ❶배가 모래에 박힐종(船著沙不行)。❷이를종(至也)。『史記』糾蓼叫奡蹋以—路兮。❸나라이름종(國名三—)。

【艏】(수) 有 シュウ、へさき bow
뱃머리수(船首)。

【⿰舟風】(범)『帆』(巾部 3畫)과 같음

【⿰舟斿】(유) 尤 ユウ、うかぶ float
배뜰유(舟浮)。

【艑】㊀(편) 先 ヘン、ひらたいふね flat boat
㊁(변) 銑 ㄅㄧㄢˋ pien⁴
草書 ㊀거루편(淺船)。『唐書』乘—亡去。(『扁』과 통함) ㊁변차배변(—艖舟名)。

【艑郞:편랑】뱃사공。뱃사람。『事物異名錄』梅堯臣詩、——唱歸燕尾下。

【艑艖:편차】밑바닥이 납작하고 얕은 배。

十畫

【艓】(접) 葉 チョウ、こぶね sampan ㄉㄧㄝˊ tieh²
草書 ❶거루접(小舟)。『戴暠詩』葉花裝小—。❷사공접(—子)。『杜甫詩』貧窮取給行—子。

【⿰舟豈】(애) 灰 ガイ、そこびろふね broad-bottomed
밑넓은배애(底廣船)。

【⿰舟芻】(추) 尤 スウ、へさき stem
❶대동선추(海船)。❷뱃머리추(舷也)。

【艖】(차) 麻 サ、こぶね sampan
草書 거루차(艑—小舸)。

【艗】(익) 錫 エキ、へさき ship 一ˋ i⁴ (本音은 「역」)
익배익(靑雀舟鷁首)。『正字通』晉王濬造大舟畫鷁於船首以懼江神後人因

名舟爲ㅡ。

【艕】(탑) 合 トウ、おおぶね ship
큰배탑(大船)。【通雅】王濬造連舫方百二十步開四出門得馳馬即ㅡ類。

【艘】(소) 蕭 ショウ、ふね shipping
草書 배소(船總名)。【王粲詩】連舫踰萬ㅡ。

〔艘楫:소집〕 배의 노。『說苑』惠子曰、子居ㅡㅡ之間、則吾不如子。「ㅡㅡ、大船也。

〔艘海:소해〕 큰 배。『藝文類聚』韻集曰、

【艙】(창) 陽 ソウ、さんばし wharf
草書 갑판밑창(甲板底)。 ❷선창창(船ㅡ)。

〔艙間:창간〕 배의 胴體의 사이。

〔艙底:창저〕 배의 밑창。船底。

十一畫

【艀】(부)『艀』(舟部 7畫)와 같음

【艫】(록) 屋 ロク、ふね ship
구록배록(軥ㅡ船名)。

【艡】(십) 緝 シュウ、とま shading from the sun
배차일십(艡船具)。

【艚】(조) 豪 ソウ、こぶね sampan
거루조(小舟)。

【艛】(루) 尤 ロウ、ふね towery ship
발루배루、누선루(艛ㅡ樓船名)。【漢書】治樓船高十餘丈ㅡ作樓。

【艞】(조) 篠 チョウ、ながいふね (of a boat) long
❶배긴모양조(船長貌)。 ❷배조(舟種)。

〔艞舠:조료〕 ❶배가 긴 모양。『集韻』ㅡㅡ船長貌。 ❷배의 한 가지。양쪽에 八〇개의 노가 있고 빨리 가는 배。

【艖】(수) 尤 シュウ、こぎすすむ row
배를 저어나아갈수(進船)。

十二畫

【撥】㊀(벌) 月 ㊁(발) 曷 バツ、いかだ raft
㊀떼벌(海筏)。(『橃』과 통함) ㊁발루배발(ㅡ艛海中大船)。

【橛】(궐) 月 ケツ、へさき bow
❶배매는 말뚝궐(繫船材)。 ❷뱃머리궐(舩也)。(『橛』과 같음)

【艜】(탑) 合 トウ、おおぶね ship
큰배탑(大船)。

【艟】㊀(동) 東 ㊁(충) 冬 トウ、ショウ、いくさぶね warship ㄊㄨㄥˊ t'ung²
草書 ㊀❶몽동배동(艨ㅡ戰船)。 ❷싸움배동(戰船艦ㅡ)。 ㊁뜻은 ㊀과 같음。

【艠】(등) 蒸 トウ、とじる seal
小篆 봉할등(緘閉)。

十三畫

【艤】(의) 紙 ギ、ふなもよい land(ship)
草書 배댕을의(整舟向岸)。【蜀都賦】試水客ㅡ輕舟。(『檥』와 같음)

〔艤裝:의장〕 船舶이 航海할 수 있는 모든 설비를 갖추고 일체의 필요 用品을 준비함。

〔艤舟:의주〕 배 떠날 준비를 함。『王縉·詩』ㅡㅡ長嘯。

〔艤楫:의즙〕 배를 整備하여 埠頭로 감。

【艣】(로) 麌 ロ、ろ、かい oar
상앗대로(所以進舟似槳而長船具)。(『櫓』와 같음)

【艢】(장) 陽 ショウ、ふね mast
돛대장(颿柱)。(『檣』과 같음)

【艥】(즙)『楫』(木部 9畫)과 같음

十四畫

【艦】(함) 豏 カン、いくさぶね warship ㄐㄧㄢˋ chien⁴
草書 싸움배함(四方施版以禦矢石戰船)。今稱海軍曰ㅡ隊戰船曰軍ㅡ。

〔艦橋:함교〕 司令官 또는 艦長이 지휘하는 곳。船橋。

〔艦隊:함대〕 군함 二隻 이상으로써 편성된 해군 부대。

〔艦隊司令官:함대사령관〕 한 함대의 최고 통솔권을 쥔 사람。

〔艦尾:함미〕 군함의 고물。

〔艦上:함상〕 군함의 위。『吳志』建旌旗龍幡於ㅡㅡ。

〔艦船:함선〕 軍艦과 汽船의 總稱。「尾。

〔艦首:함수〕 軍艦의 앞머리 부분。↕艦

〔艦數:함수〕 군함의 수。『宋書』始見ㅡㅡ不多、輕之。「은 사람。

〔艦長:함장〕 한 軍艦의 지휘·감독을 맡

〔艦載:함재〕 軍艦에 실은 것。「행기。

〔艦載機:함재기〕 航空母艦에 실은 비

〔艦艇:함정〕 軍艦·驅逐艦·水雷艇·救命艇의 總稱。

〔艦體:함체〕 군함의 몸뚱아리。

〔艦砲:함포〕 軍艦에 장치한 火砲。主砲·副砲·補助砲로 구별됨。◎巨ㅡ、軍ㅡ、旗ㅡ、母ㅡ、戰ㅡ、砲ㅡ。

【艧】(확) 藥 ワク、ふね boat
배확(舟也)。【江淹詩】方水埋金ㅡ圓岸伏丹瓊。

【艨】(몽) 東 モウ、ボウ、いくさぶね warship ㄇㄥˊ mêng²
草書 싸움배몽(ㅡ艟戰船)。【釋名】狹而長曰ㅡ艟以衝突敵船。

〔艨艟:몽동〕 ≒艨衝。

〔艨衝:몽충〕 戰船의 한 가지。쇠가죽으로 船體를 덮어 矢石을 막고 突進하여 敵船을 쳐부스는데 쓰이는 좁고 긴 배。艨艟。『十八史略』取ㅡㅡ鬪艦十艘。

【艩】(제) 齊 セイ、ろべそ thole
노거리제(船之承艣凸物)。

十五畫

【艬】(묵) 職 ボク、つりぶね fishing boat
낚싯배묵(釣船)。

【艪】(로)『艣』(舟部 13畫)와 같음

十六畫

【艫】(로) 虞 ロ、へさき bow ㄌㄨˊ lu²
小篆 草書 ❶배잇댈로(舳ㅡ船相屬)。 ❷뱃머리로(船頭)。 ❸뱃고물로(船後部)。【宋孝武詩】舳ㅡ引江飛。

〔艫歌:노가〕 뱃노래。

【⿰舟歷:노예】 뱃머리의 상앗대。『謝惠連』廻塘隱——、遠望絶形音。

【⿰舟歷】(력) 錫 レキ、ふね ferry boat
왕래하는배력(往來船)。

十八畫

【艭】(쌍) 江 ソウ、ふね ship ㄕㄨㄤ shuang' (本音〔상〕)
草書 배이름쌍、방쌍배쌍(艕—舟名)。

艮部

【艮】(간) 願 コン、かぎる limit:stop
小篆 草書 ❶그칠간(止也)。〔易〕—止也時止則止。❷한정할간(限也)。❸괘이름간(卦名)。

【艮卦:간괘】 (民)❶八卦의 하나。象形은 ☶인데、산을 상징함。❷六十四卦의 하나。☶ 둘을 포갠 것인데 아래 위에 산이 거듭됨。

【艮方:간방】 (民)❶二十四 方位의 하나인 正東과 正北의 사이의 間方。❷八方의 하나인 正東과 正北의 사이의 간방。

【艮時:간시】 하루를 二十四時로 나누었을 때의 子時로부터 네째 시。상오 二시 반부터 三시 반 까지의 동안。

【艮坐:간좌】 뒷자리나 집터 따위의 艮方을 등진 좌향。

一畫

【良】 ㊀(량) 陽 リョウ、よい good: meek ㄌㄧㄤ liang²
㊁(랑) 漾
小篆 古文 古文 古文 草書

㊀❶착할량、어질량(善也)。〔書經〕股肱—哉。❷자못량、퍽그나량(頗也)。〔列子〕—久告退。❸남편량(夫稱—人)。〔孟子〕—人者所仰望而終身。❹장인량(器工)。〔禮〕陶器必—。❺깊을량(深也)。〔後漢書〕—夜乃罷。❻머리량(首也)。㊁매문량(—有以)。〔桃李園序〕古人秉燭夜遊—有以也。

【良家:양가】 ❶良民의 집。❷지체가 있는 집안。〔史記〕竇姬以——子入宮、侍太后。

【良家女子 양가여자】 지체 있는 집안의 여자。

【良幹:양간】 좋은 재간이 있음。〔吳志〕信一時之——也。

【良苦:양고】 몹시 고생하고 괴로워함。〔後漢書〕王廷尉——。

【良工:양공】 ❶재주가 있는 匠人。良匠。〔孟子〕奚變反命曰、天下之——也。❷詩文에 능한 사람。〔杜甫〕更覺——心獨苦。❸袈裟를 짓는 針工。

【良久:양구】 ❶한참 있다가。얼맛 동안。〔列子〕——告退。❷매우 오랜 동안。

【良弓:양궁】 ❶좋은 활。〔史記〕蜚鳥盡——藏。❷좋은 활을 만드는 弓師。

【良貴:양귀】 자연히 갖추어진 尊貴한 地位。〔孟子·告子〕人之所貴者、非——也。

【良金美玉:양금미옥】 좋은 金과 아름다운 玉。良玉精金。良玉美金。(喩)뛰어난 文章。〔宋史〕上曰、卿如————、渾厚無瑕。天其以卿爲朕弼耶。

【良器:양기】 ❶좋은 그릇。❷뛰어난 재능。〔晉書〕當今之——。

【良驥:양기】 뛰어난 千里馬。駿馬。〔杜甫〕吾聞——老始成。

【良能:양능】 타고 난 재능。良知。

【良畓:양답】 좋은 논。

【良導體:양도체】 (物)熱이나 電氣를 잘 전하는 성질의 물체。

【良馬:양마】 좋은 말。駿馬。〔易經〕乾、中略、爲——。

【良謨:양모】 좋은 計略。良謀。〔魏文帝〕納我以——。「——亦懷新。

【良苗:양묘】 좋은 苗木。嘉苗。〔陶潛〕

【良民:양민】 善良한 백성。國法을 잘 지키고 家業에 부지런한 사람。〔史記〕發——侍養、譬若奉驕子。

【良方:양방】 ❶좋은 방법。❷약효가 있는 약방문。

【良法:양법】 좋은 법규。↔惡法。

【良兵:양병】 ❶훌륭한 兵士。精兵。❷훌륭한 武器。〔周禮〕——良器、以待邦之大用。

【良否:양부】 좋은 것과 나쁜 것。善惡。

【良朋:양붕】 =良友。〔詩經〕每有——、況也永歎。

【良史:양사】 ❶훌륭한 歷史 책。❷훌륭한 歷史家。〔後漢書〕二子有——之才。

【良死:양사】 타고난 壽命을 다 살고 죽음。善終。〔史記〕皆不得——。

【良算:양산】 =良策。〔晉書〕更思——。

【良相:양상】 훌륭한 宰相。賢相。

【良書:양서】 價値가 있는 좋은 책。〔唐書〕授以——。

【良俗:양속】 좋은 풍속。아름다운 풍속。「美風。良風。

【良順:양순】 성질과 몸가짐이 어질고 순함。

【良識:양식】 건전한 識見。틀림이 없는 「判斷力。

【良臣:양신】 착한 신하。〔書經〕股肱惟人、——惟聖。

【良心:양심】 ❶사람으로서 마땅히 가져야 할 바르고 착한 마음。❷(哲)도덕적인 가치를 판단하여 正·善을 명령하고、邪·惡을 물리치는 本然的이고 後天的인 自覺。〔孟子〕所以放其——者、亦猶斧斤之於木也。

【良心的:양심적】 양심이 있는 것。

【良案:양안】 좋은 안。좋은 고안。좋은 생각。

【良藥:양약】 매우 效驗이 있는 藥。良劑。〔孔子家語〕——苦於口而利於病。

【良藥苦口:양약고구】 효험이 많은 좋은 약은 입에 씀。(喩)忠言은 듣기 싫으나、받아들이면 자신에 이로움。

【良緣:양연】 좋은 因緣。좋은 緣分。〔李商隱〕新知遭薄俗、舊好隔——。

【良友:양우】 좋은 친구。善友。〔晉書〕幽冥之中負此——。

【良月:양월】 ❶좋은 달。❷음력 十월의 別稱。〔左傳〕——也、就盈數焉。

【良莠:양유】 좋은 풀과 나쁜 풀。(喩)착한 사람과 惡한 사람。

【良醫:양의】 훌륭한 醫師。뛰어난 醫師。名醫。〔荀子〕——之門、多病人。

【良人:양인】 ❶善良한 사람。君子。〔詩經〕維此——。❷남편。아내가 남편을 일컫는 말。〔孟子〕——者、所仰望而終身也。❸아름답고 좋은 아내。美室。〔詩經〕今夕何夕見此——。❹良民。〔書紀〕如——法。❺(制)漢代 女官의 벼슬。位는 八百石、爵은 左庶長과 비슷함。

【良日:양일】 ❶좋은 날。좋은 日辰。吉日。吉辰。〔禮記·祭義〕。❷음력 七월 七일의 別稱。

【良將:양장】 훌륭한 장수。名將。〔史記〕李牧者、趙之北邊——也。

【良材:양재】 ❶좋은 材木。〔管子〕相——、以審其四時。❷=良才。

【良才:양재】 좋은 재주。또는 그런 사람。良材。〔曹植〕大國多——。

【良田:양전】 좋은 논밭。美田。〔漢書〕多規——、役使貧民。

【良政:양정】 좋은 정치。善政。〔陸雲〕帝欽——、民懷穆風。

【良劑:양제】 몸에 특효한 藥劑。

【良種:양종】 ❶좋은 種子。❷家畜 중 血

統이나 品種이 좋은 것。

【良儔:양주】 좋은 벗。『趙至』ㅣㅣ交其左、聲名馳其右。

【良籌:양주】 =良策。『高適』聖主多深仁、廟堂運ㅣㅣ。

【良知:양지】 ❶사람이 나면서부터 가지고 있는 知能。❷《哲》陽明學에서의 마음의 本體。靈妙하여 感應을 그르치지 않는 마음의 작용。

【良質:양질】 좋은 바탕。

【良策:양책】 좋은 計巧。良計。『唐書』斷無當之游言、收實用之ㅣㅣ。

【良妻:양처】 착한 아내。『史記』家貧則思ㅣㅣ、國亂則思良相。

【良賤:양천】 良民과 賤民。

【良哲:양철】 성질이 선량하고 재능이 뛰어난 사람。『後漢書』媚茲ㅣㅣ、承我天祿。

【良妾:양첩】 양민의 신분으로 남의 첩이 된 사람。

【良平:양평】 漢 高祖의 신하인 張良과 陳平。모두 計略에 뛰어남。《轉》知略에 뛰어난 사람。『蘇軾』ㅣㅣ失其智。

【良風:양풍】 =良俗。

【良匹:양필】 좋은 配匹。佳耦。『後漢書』未遭ㅣㅣ。

【良港:양항】 좋은 항구。

【良好:양호】 매우 좋음。

【良貨:양화】 ❶좋은 寶物。❷품질이 좋은 화폐。『管子』雖有ㅣㅣ、不能守也。

◎改ㅣ、不ㅣ、善ㅣ、選ㅣ、順ㅣ、純ㅣ、淳ㅣ、馴ㅣ、溫ㅣ、優ㅣ、最ㅣ、賢ㅣ。

十一畫

【艱】(간) 刪 カン、かたい hard; difficulty ㄐㄧㄢ chien¹ 小篆 籀文 草書 ❶어려울 간(難也)【書】乃罔後ㅣ。❷근심 간(憂也)。「遭父母之喪曰丁ㅣ亦作丁憂」。

【艱苦:간고】 가난함。곤궁함。괴롭고 고생스러운 것。辛苦。

【艱困:간곤】 구차하고 곤궁함。『後漢書』雖遭ㅣㅣ、握持不離身。

【艱苟:간구】 매우 힘들고 고생이 됨。貧困함。

【艱窘:간군】 가난함。군색함。『張耒』孔明用蜀最ㅣㅣ。

【艱急:간급】 괴롭고 앞이 막히는 것。難儀。『宋史』轉饋ㅣㅣ。

【艱難:간난】 =難苦。『書經』知稼穡之ㅣㅣ。

【艱難辛苦:간난신고】 몹시 어려운 고생。

【艱澁:간삽】 ❶詩나 文章이 어려워 이해하기 곤란한 것。❷힘들고 고생함。困難。難澁。『魏志』道路ㅣㅣ。

【艱食:간식】 매우 초라한 음식。粗食。『王安石』未敢嗟ㅣㅣ、凶年半九州。

【艱辛:간신】 苦生。괴로움。艱苦。『李白』英豪未豹變、自古多ㅣㅣ。

【艱易:간이】 어려운 것과 쉬운 것。難易。『揚子法言』或問經之ㅣㅣ、曰、存亡、或人不諭、曰、其人則易 亡則艱。

【艱貞:간정】 고난을 참고 견디어 굳게 절개를 지킴。『易經』明夷利ㅣㅣ。

【艱險:간험】 ❶몹시 험난한 곳。險阻。險難。❷괴로움。고생。『魏徵』豈不憚ㅣㅣ、深懷國士恩。

【艱禍:간화】 곤란과 災禍。『劉琨』ㅣㅣ繁輿。

【艱患:간환】 근심。괴로움。

色部

【色】(색) 職 ショク、シキ、いろ colour; sexual ㄙㄜ sè⁴ 小篆 古文 草書 ❶낯색(顏氣)。【禮】ㅣ容莊。❷어여쁜계집색(美女)。【書】內作ㅣ荒。❸빛색(五采貌)。【書】以五采彰施于五ㅣ。❹화상색(物色)。【後漢書】以物ㅣ訪之。❺핏대올릴색(作ㅣ怒也)。❻모양색(行ㅣ)。【莊子】車馬有行ㅣ。❼놀랄색(驚也)。【公羊傳 哀公六年】ㅣ然而駭。

【色覺:색각】 빛깔을 알아서 구별하는 감각。色彩感覺。

【色訣:색결】 색을 칠하는 비결。彩色法。『酉陽雜俎』周長史善畫、得ㅣㅣ。

【色骨:색골】 《國》女色을 즐기는 사람。

【色狂:색광】 =色魔。好色漢。

【色狂症:색광증】 《醫》色情의 만족을 바라는 정신병。

【色球:색구】 日蝕 때에 코로나(corona)의 아래 층에 보이는 분홍빛의 층。

【色難:색난】 아들이 늘 얼굴 빛을 부드럽게 하여 부모를 섬기기는 어렵다는 뜻。또 一說에는 부모의 얼굴 빛을 보고 그 마음에 맞도록 奉養을 하는 것은 어렵다는 뜻。『論語·爲政』子夏問孝、子曰ㅣㅣ。

【色大理石:색대리석】 여러 가지 빛을 띤 대리석。

【色德:색덕】 여자가 갖춘 고운 얼굴과 갸륵한 덕행。

【色動:색동】 놀라거나 성나서 얼굴 빛이 변함。『戰國策·趙策』二主ㅣㅣ而意變。

【色厲:색려】 얼굴 빛이 엄격하여 威嚴이 있음。『論語』ㅣㅣ而內荏。

【色論:색론】 《國》四色黨派의 論戰。

【色料:색료】 그림 물감。顏料。染料。

【色魔:색마】 많은 女性을 속이고 그 貞操를 빼앗는 남자。女色에 미쳐 날뛰는 사람。色狂。

【色盲:색맹】 색을 구별하지 못하는 視覺。

【色目:색목】 ❶사물의 종류와 이름。『唐書』。❷《歷》元代 西域 여러 나라 사람의 總稱。❸《國》李朝의 四色黨派。

【色事:색사】 남녀가 육체적인 교접을 하는 일。

【色寫眞:색사진】 빛깔을 나타내게 現象한 사진。

【色相:색상】 ❶色調。❷《佛》肉眼으로 볼 수 있는 모든 물질의 현상。佛身의 모습。『楞嚴經』離諸ㅣㅣ。

【色傷:색상】 房事의 過度로 생기는 病。色病。

【色箱子:색상자】 색종이로 바른 상자。

【色色:색색】 여러 가지。種種。『唐書』敦厚浮薄、ㅣㅣ有之。

【色扇:색선】 색종이를 발라서 만든 부채。

【色素:색소】 ❶物體의 色의 本質。❷色素細胞。

【色素體:색소체】 有鞭類의 몸 속에 들어 있는 물체。

【色素細胞:색소세포】 《生》❶動物體內에서 볼 수 있는 色素를 포함하고 있는 세포。❷표피 세포에 混在하여 색소를 함유하고 있는 세포。

【色授:색수】 女色으로 총애를 받아 高位大爵을 받은 者。『范曄』故孝章以下、漸用ㅣㅣ。

【色心:색심】 ❶《佛》色法과 心法。곧 無形의 정신과 有形의 物質。❷色慾이 일어나는 마음。

【色樂:색악】 女色과 音樂。『李斯』所重者、在乎ㅣㅣ珠玉、而所輕者、在乎民人也。

【色眼鏡:색안경】 ❶빛깔이 있는 안경。❷主觀과 감정에 사로잡힌 편벽된 관찰。

【色然:색연】 놀라서 얼굴 빛을 변하는 모양。『公羊傳·哀·六』ㅣㅣ而駭。

【色染:색염】 染色。

【色慾:색욕】 =色情。

【色琉璃:색유리】 發色金屬類의 가루를 유리 원료와 같이 녹여서 만든 색 있는 유리。

【色衣:색의】 빛깔이 있는 옷。무색옷。

【色人:색인】 《佛》淫色을 팔아서 생계를

이어가는 사람。賣淫女。

【色莊:색장】顏色만이 엄숙하고 진실함。『論語』ㅡㅡ者乎。

【色情:색정】남녀간의 慾情。色欲。

【色情狂:색정광】색정에 미친 사람。

【色調:색조】❶色彩의 强弱·濃淡 등의 정도。❷빛깔의 調和。

【色紬:색주】물감을 들인 명주。

【色酒家:색주가】(國)술집에서 술과 색을 겸하여 파는 계집。또는 그러한 술집。

【色卽是空:색즉시공】(佛)物質의 세계는 원래 空無라는 뜻。『般若心經』ㅡㅡㅡㅡ、空卽是色。

【色紙:색지】색종이。물감을 들인 종이。

【色彩:색채】❶빛깔。❷빛깔과 문채。彩色。

【色彩感:색채감】색채가 잘 조화되고 「못됨에 대한 느낌。

【色聽:색청】法官이 被告의 얼굴 빛을 보고 眞僞를 판단하는 것。『周禮』。

【色滯:색체】화색이 없는 얼굴。

【色漆:색칠】빛깔을 바름。

【色貪:색탐】여색을 몹시 탐함。

【色態:색태】❶여자의 곱고 아름다운 姿態。❷빛깔의 맵시。

【色澤:색택】빛나는 潤氣。光澤。『淮南子』鍾山之玉、炊以爐炭、三日三夜而ㅡㅡ不變。

【色鄕:색향】❶美人이 많이 나는 고을。❷妓生이 많이 나는 고을。

【色荒:색황】女色에 빠지는 것。색을 함부로 쓰는 것。『書經』內作ㅡㅡ、外作禽荒。

◎各ㅡ、脚ㅡ、古ㅡ、苦ㅡ、國ㅡ、起ㅡ、基ㅡ、氣ㅡ、饑ㅡ、男ㅡ、藍ㅡ、暮ㅡ、物ㅡ、白ㅡ、補ㅡ、服ㅡ、本ㅡ、生ㅡ、朱ㅡ、酒ㅡ、彩ㅡ、菜ㅡ、青ㅡ、秋ㅡ、春ㅡ、脫ㅡ、奪ㅡ、貪ㅡ、耽ㅡ、特ㅡ、血ㅡ、好ㅡ、貨ㅡ、黃ㅡ、灰ㅡ、侮ㅡ、黑ㅡ、喜ㅡ。

四 畫

【⿰兮色】(혜) 齊 ケイ、おうたんのいろ ineteric colour 황달빛혜(黃病色)。

五 畫

【艴】㊀(불) 物 フツ、おこる angry ㄈㄨˊ fu² ㊁(발) 月 ㊂(배) 隊

小篆 草書 ㊀성발끈낼불(ㅡ然色怒)。『孟子』曾西ㅡ然不悅。㊁뜻은 ㊀과 같음。(『艴』과 같음) ㊂새벽빛배(將曙之色)。(『勃』과 통함)

【艴如:발여】빛깔이 성한 모양。『說文』艴、色ㅡㅡ也、論語曰、色ㅡㅡ也。

【艴然:불연】성을 발끈 내는 모양。『孟子·公孫丑』曾西ㅡㅡ不悅。

八 畫

【⿱癶色】(발) 曷 ハツ、うすい light; pale ❶빛없을발(無色)。❷엷을발(淺色)。

【艵】(병) 靑 ヘイ、はなだいろ light blue 小篆 옥색병(縹色)。

十 畫

【⿰冥色】㊀(명) 徑 メイ、あおぐろい dark-blue ㊁(명) 敬 ㄇㄧㄥˋ ming⁴ 草書 ㊀검푸를명(靑黑色)。㊁눈감을명(閉目)。

十二畫

【⿰莽色】(망) 養 ボウ、いろなし colourless 색없을망(艴ㅡ、無色)。

十三畫

【艶】(염) 豔 エン、なまめかしい fascinating 草書 ❶고울염(光彩)。『晉書』擒筆ㅡ于紈素。❷얼굴탐스러울염(容色豐滿)。『詩經』ㅡ妻煽方處。(『豔』과 같음)

【艶歌:염가】異性에 대한 戀慕의 情을 읊은 노래。艶曲。戀歌。『梁武帝』朱口發ㅡㅡ。

【艶曲:염곡】戀歌。

【艶麗:염려】화려하고 아름다움。『南史』采其尤ㅡㅡ者。

【艶蕾:염뢰】예쁜 꽃봉오리。『翁卷』纔看ㅡㅡ破春晴。

【艶文:염문】=艶書。

【艶聞:염문】異性 사이의 情事에 관한 「소문。

【艶美:염미】❶윤이 흐르고 아름다움。『金史』資質ㅡㅡ。❷(國)남의 長點을 부러워함。

【艶福:염복】異性이 잘 따르는 복。

【艶粉:염분】윤이 있고 아름다운 분。

【艶殺:염살】여자가 아리따운 얼굴로써 남자를 迷惑되게 하는 것。惱殺。『張正見』ㅡㅡ驚飛蝶。

【艶書:염서】異性끼리의 사랑하는 편지。

【艶羨:염선】부러워함。羨慕。

【艶冶:염야】아리따움。매우 곱고 아름다움。妖冶。『庾肩吾』少婦多ㅡㅡ、花鈿繫石榴。

【艶陽:염양】따스하게 내리쬐는 봄 햇볕。『張九齡·詩』還遇ㅡㅡ時。

【艶言:염언】妖艶한 말。艶語。

【艶艶:염염】❶潤이 흐르는 모양。『蘇軾』小詩如秋菊ㅡㅡ、霜中明。❷비치는 모양。『韓愈』屋角月ㅡㅡ。

【艶容:염용】=艶姿。

【艶姿:염자】곱고 예쁜 자태。艶容。『吳志』ㅡㅡ者、不待文綺、以致愛。

【艶粧:염장】예쁘게 단장함。

【艶絕:염절】비길 바 없이 아름다움。가장 아름다움。

【艶質:염질】고운 바탕。

【艶妻:염처】예쁜 아내。『詩經』。

【艶稱:염칭】부러워하고 칭찬함。매우 칭찬함。艶賞。

【艶態:염태】아름다운 자태。艶姿。

【艶葩:염파】아름다운 꽃봉오리。『趙奕』玻璃揷ㅡㅡ。

【艶花:염화】아리땁고 요염한 꽃。嬌花。『杜荀鶴』ㅡㅡ雖少不勞栽。

十八畫

【艷】(염)『豔』(13色部畫)의 俗字

艸 部

【艸】㊀(초) 皓 ソウ、くさ grass ㄘㄠˇ ts'ao³ ㊁(철) 屑

小篆 草書 ㊀풀초、새초(百卉總名)。『儀禮』在野則曰ㅡ茅之臣。(『草』와 같음) ㊁풀파릇파릇날철(發芽貌)。

【艹】초두밑[部首名]

一 畫

【𦍌】㊀(개) 蟹 カイ、つの horn ㄍㄨㄞˇ kuai³ ㊁(과) 馬 (本音「괴」)

小篆 ㊀양의뿔 벌어진 모양개(羊角開貌)。㊁뜻은 ㊀과 같음。

二 畫

【艻】(륵) 職 リョク、ロク かおりくさ fragrant grass ❶향풀륵(香草蘿ㅡ)。❷약이름륵(藥

…廣、

【芋】 一(정) 青 二(정) 迥 テイ、よう intoxicate ㄊㄧㄥ ting
小篆 草書 一정풀정(ー熒艸名䓝也)。二❶취한모양정(醉貌茗ー)。❷곤드레만드레할정(茗ー無所知)。【韓愈詩】茗ー馬上知誰爲。(『酊』과 같음)

【芀】(조) 蕭 チョウ、あしのはな flower of a reed
갈대꽃조(葦華)。「今人取之爲苕帚曰ー帚是也」。(『苕』와 통함)

【艽】 一(교) 看 二(규) 尤 三(구) 尤 キュウ、はて waste
小篆 草書 一진교교(秦ー藥名)。二뜻은 一과 같음。三거친들구(荒野)。【詩】我征徂西至于ー野。
【艽野:구야】황폐한 시골。또는 邊方。遠荒。(字解參照)。

【艾】 一(애) 泰 二(예) 霽 ガイ、よもぎ mugwort
小篆 草書 一❶쑥애(灸草蕭也)。【詩】采彼ー兮。❷그칠애(止也)。【左傳】憂未ー也。❸늙은이애(耆ー過半老)。

❶ 一 艾 (會圖才三)

【禮】五十曰ー。❹기를애(頤ー養也)。❺어여쁠애(少ー美好)【孟子】知好色則慕少ー。❻편안할애(保ー安也)。【詩】保ー爾後。(『乂』와 같음) 二❶다스릴예(ー安治也)。【漢書】天下ー安。❷낫예(鎌也)。❸베어들일예(穫也)。【穀梁傳 莊公二十八年】一年不ー

❷ 三 艾 (書全政農)

【艾瓊團:애경단】쑥경단。
【艾餻:애고】쑥떡。【遼史】膳夫進ーー。
【艾菊菜:애국채】《植》쑥갓나물。
【艾年:애년】《喩》五〇세。머리털이 약쑥같이 희어진다는 데서 온 말。
【艾老:애로】五〇세 이상의 노인。【鹽鐵論】五十以上曰ーー。
【艾餅:애병】쑥떡。艾餻。【宋史】。
【艾服:애복】＝艾年。【王褒】年踰ーー、任隆台袞。
【艾葉:애엽】약쑥의 잎사귀。
【艾人:애인】쑥으로 만든 人形。端午節에 門 위에 걸어두어 邪氣를 물리침。【荊楚歲時記】。
【艾湯:애탕】어린 쑥에 고기와 고명을 넣고 둥글게 만들어서 달걀을 씌워、맑은 장국에 끓인 국。「名ーー。
【艾蒿:애호】《植》사재발쑥。【本草】艾一ーー。
【艾安:예안】세상이 평화롭게 다스려지는 것、治安。康艾。【漢書·郊祀志】天下ーー。

三畫

【艿】(잉) 蒸 ジョウ、くさのめ sprout
小篆 草書 묵은뿌리싹잉(陳根不芟新艸相仍)。【唐書】得陂ー數百頃。(『仍』과 같음)

【芃】(봉) 東 ホウ、しげる dense
小篆 草書 ❶풀이더북더북할봉(ーー草盛)。【詩經】ーー其麥。❷꼬리가치렁치렁할봉(尾長貌)。【詩經】有ー者狐率彼幽草。
【芃芃:봉봉】❶草木이 무성한 모양。穀草가 잘 자라는 모양。❷꼬리가 긴 모양。

【芄】(환) 寒 ガン、かがいも rush ㄨㄢ wan²
小篆 草書 왕골환(ー蘭莞也)。【詩】ー蘭之支。

【芇】(면) 先 メン、ベン、かけ bet
小篆 ❶내기할면(賭也)。❷비길면(相當)。

【芊】(천) 先 セン、あおい blue ㄑㄧㄢ ch'ien¹
小篆 草書 ❶풀이더부룩할천(ーー草盛貌)。【謝朓詩】遠樹曖ーー。❷퍼런모양천(碧貌)。【藉田賦】碧色肅其ー。
【芊眠:천면】＝芊蔚。【陸機】淸麗ーー。
【芊緜:천면】＝芊蔚。【謝靈運】長洲ーー。
【芊蔚:천위】草木이 우거진 모양。芊緜。蔚蔚。【陳子昂】ーー何靑靑。
【芊芊:천천】❶풀이 무성한 모양。【列子·力命】美哉國乎、鬱鬱ーー。❷색이 푸른 모양。(字解參照)。

【芋】 一(후) 虞 二(우) 麌 ク、ウ、さといも taro ㄩ yü⁴
小篆 草書 一클후(大也)。【詩】君子攸ー。(『訏』와 통함) 二토란우(土芝蹲鴟)。【史記】士卒食ー菽。
【芋魁:우괴】種子用 토란。芋頭。【漢書】「貧、士卒食ーー」羹ーー。
【芋菽:우숙】토란과 콩。【史記】歲飢民
【芋栗:우율】토란과 밤。
【芋子:우자】《植》토란。

【芓】(자) 紙 シ、あさ hemp
小篆 ❶삼자(麻母)。❷모시자(枲也)。(『秄』와 같음)

【芍】 一(작) 藥 二(적) 錫 シャク、えびすぐすり peoy ㄕㄨㄛ shuo⁴
小篆 小篆 草書 一함박꽃작(ー藥可離草)。【詩經】備風溱洧】贈之以ー藥。二❶연밥적(蓮中子)。❷연꽃의열매적(蓮實)。(『菂』과 같음)
【芍藥:작약】《植》미나리아재비과의 多年生 풀。뿌리는 藥材로 씀。(字解參照)
【芍藥花:작약화】《植》함박꽃。

【芎】(궁) 東 キュウ、おんなかずら Angelica polymorpha ㄒㄩㄥ hsiung¹
小篆 草書 궁궁이궁(ー藭香草)。【博物志】苗曰江蘺根曰ー藭。
【芎藭:궁궁】《植》궁궁이。미나리과의 多年生 풀。뿌리는 漢藥의 强壯藥材로 씀。川芎。

芎藭 (會圖才三)

【芎歸湯:궁귀탕】佛手散。
【芎蘇散:궁소산】《醫》아이 밴 여자의 감기에 쓰는 약。

【苄】 一(하) 禡 二(호) 麌 カ、じおう Rehmannia glutinosa
小篆 一❶지황하(地黃)。【爾雅】地黃生者以水試之浮者天黃半沈半浮者人黃沈者地黃ー字亦趨下之義。❷성하(姓也)。二뜻은 一과 같음。

【芑】(기) 紙 キ、もちあわ glutinous millet ㄑㄧˇ ch'i³
小篆 草書 ❶흰차조기(白粱粟)。❷시화기(菜名似苦菜)。

〔詩〕薄言采ㅡ。❸풀기(草也)。

【芒】(망) 陽 ボウ、のぎ awn; bear ㄇㄤˊ mang²
芒 小篆 芒 草書 ❶싹망、가스랑이망(草端)。〔周禮〕澤草所生種之ㅡ種。〔註〕ㅡ種稻麥也。❷편할망(ㅡㅡ大貌)。〔詩〕宅殷土ㅡㅡ。❸꼬리별망(光ㅡ)。〔晏子〕列舍無次變星有ㅡ。❹칼날망(鋒刃)。❺맥없고 재미없는 모양망(罷倦貌)。〔孟子 公孫丑上〕ㅡㅡ然歸。❻망종망(芒種)。❼귀신의 이름망(神名句ㅡ)。(『茫·鋩』과 같음)

【芒角:망각】❶가시。까끄라기。❷모서리。모。稜角。『梁武帝』運筆邪則無ㅡㅡ。

【芒屨:망리】짚신。『孟浩然』手持白羽扇、脚步青ㅡㅡ。

【芒芒:망망】❶피곤한 모양。『孟子·公孫丑』ㅡㅡ然歸。❷넓은 모양。茫茫。茫乎。茫洋。『詩經』淇水ㅡㅡ。❸정신을 잃어 어리둥절한 모양。茫然自失。『漢書·孝武李夫人傳』。❹많은 모양。❺큰 모양。『詩·玄鳥』。❻먼 모양。『左傳』ㅡㅡ禹跡。「양。

【芒昧:망매】어슴푸레하여 밝지 않은 모양

【芒茅:망모】(植)띠。茅草。

【芒目:망목】빛과 무늬가 두드러지게 나타난 芒變。

【芒洋:망양】넓고 넓은 모양。茫洋。『韓愈』ㅡㅡ窮乎玄間。

【芒然:망연】❶무심한 모양。거리낌 없는 모양。❷어두움。어리둥절한 모양。❸피곤하여 싫증이 나는 모양。

【芒刃:망인】날카로운 칼날。鋒刀。『漢書』ㅡㅡ不頓。

【芒刺:망자】가시。까끄라기나 가시。

【芒刺疘:망자증】(醫) 혓바늘이 서는 병。

【芒刺在背:망자재배】가시를 지고 있듯이 마음이 조마조마하여 편치 않음。『漢書』上內嚴憚之、若有ㅡㅡ。

【芒種:망종】❶벼·보리 같이 까끄라기가 있는 곡식。『周禮』種之ㅡㅡ。❷二十四節候의 하나。小滿과 夏至사이。양력 六월 五일 경。

【芒鞵:망혜】미투리。芒屨。麻鞋。『陳師道』竹杖ㅡㅡ取次行。

【芀】(망)『芒』(前條)의 本字

【芔】(훼) 未 尾 キ、くさ rank
芔 小篆 芔 草書 성할훼(ㅡ然、盛貌)。

【芔然:훼연】성한 모양。(字解參照)。

【芔隕:훼운】많이 떨어지는 모양。『穆天子傳』流涕ㅡㅡ。

【芔吸:훼흡】草木이 바람에 흔들리는 모양。『史記』瀏花ㅡㅡ。

四畫

【芘】(비) 寘 ヒ、くさ herb ㄆㄧˊ pʻi² ㄅㄧˋ pi⁴
芘 小篆 芘 草書 ❶풀이름비(草名淩ㅡ)。『鹽鐵論』淩ㅡ蓼蘇。❷가리울비(蔭也)。『莊子』隱將ㅡ其所藾。(『庇』와 같음)

【芘贏:비라】보라빛의 소라。『山海經·注』ㅡㅡ郭璞曰、紫色螺也。

【芘芣:비부】❶풀 이름。아욱의 一種。『古今注』ㅡㅡ華似木槿、而光色奪目、云云、一名蜀葵。❷紫荊의 異名。『事物異名錄』紫荊、亦名ㅡㅡ。

【芋】(우) 尤 ギュウ、くさのな knees of cattle
소무릎우、우슬우(ㅡ膝藥名)。

【芞】(걸) 物 キツ、くさ fragrant grass ㄑㄧˋ chʻi³
芞 小篆 향풀걸(香草)。

【芙】(부) 虞 フ、はちす lotus flower ㄈㄨˊ fu²
芙 小篆 芙 草書 ❶연꽃부(ㅡ蓉蓮花)。『楚辭』集ㅡ蓉以爲裳。❷나무연꽃부(木ㅡ蓉拒霜花)。

【芙蕖:부거】(植)연꽃의 別稱。

【芙蓉:부용】(植)❶연꽃。❷木芙蓉。❸美人의 形容。

❷ 蓉芙 (會圖才三)

【芙蓉劍:부용검】옛날 寶劍의 이름。『盧照隣』ㅡㅡ相邀俠客。

【芙蓉鏡:부용경】거울의 한 가지。

【芙蓉姿:부용자】美人의 아리따운 자태。『李白』美人出南國、灼灼ㅡㅡ。

芙蓉鏡(金石索)

【芙蓉帳:부용장】연꽃을 수놓은 휘장。寢床에 둘러친 幕。『白居易·長恨歌』。

【芙蓉花:부용화】木芙蓉의 꽃。

【芛】(순) 軫 シュン、くさしげる rank ㄙㄨㄣˇ suen³
芛 小篆 초목성할순(草木盛生)。

【芚】(둔) 元 トン、チュン、きのめ(本音「돈」) shoot ㄊㄨㄣˊ tʻuen²
芚 草書 ❶나무싹둔(木始生)。『法言』春木之ㅡ兮。❷둔나물둔(菜似莧可食)。❸둔한모양둔(無智貌)。『莊子 齊物論』聖人愚ㅡ。

【芚愚:둔우】어리석은 모양。惷愚。『歐陽修』革紛華於婾俗、復ㅡㅡ於赤子。

【芝】(지) 支 シ、ひじりだけ gapanese touchwood ㄓ chih¹
芝 小篆 芝 草書 ❶버섯지、지초지(靈ㅡ瑞草)。「ㅡ寄生於已枯之樹木其體如菌」。❷연꽃이름지(荷名氷ㅡ)。

【芝蘭:지란】좋은 芝草(靈芝)와 향기 좋은 蘭草。(喩)善人。君子。「한 교제。

【芝蘭之交:지란지교】벗 사이의 高尙

【芝麻:지마】(植)胡麻。

【芝眉:지미】사람의 얼굴에 대한 尊稱。『唐書』元德秀、字紫芝、房琯每見德秀歎息曰、見紫芝眉宇、使人名利之心都盡。

【芝焚蕙歎:지분혜탄】同類가 입은 재앙은 자기에게도 근심이 된다는 말。

【芝宇:지우】사람 얼굴에 대한 尊稱。芝眉。

【芝草:지초】(植)지치과에 속하는 多年草。火傷·凍傷등의 藥材로 쓰임。『後漢書·明帝紀』。

芝草 (三才圖會)

【芟】(삼) 咸 サン、かる mow ㄕㄢ shan¹
芟 小篆 芟 草書 풀벨삼(刈草)。〔詩〕載ㅡ載柞。

【芟鋤:삼서】베어 버림。亂을 무찔러 없앰。芟除。『曾鞏』何穢不欲親ㅡㅡ。

【芟穢:삼예】❶雜草를 베어 버림。❷세상에 해로운 것을 제거함。芟除。(轉)세상의 亂을 평정함。『蜀志』ㅡㅡ弭難。

【芟夷:삼이】❶풀을 다 베어 버림。❷亂賊을 芟除하고 平定함。

【芟斫:삼작】 풀을 베고 나무를 쪼갬。

【芟正:삼정】 나쁜 것을 바로 잡음。『宋史』載加ㅣㅣ。『元稹』王人議ㅣㅣ、怪見不敢前。

【芟除:삼제】 ❶풀을 베어 없애 버림。❷賊을 平定함。芟鋤。

【芟討:삼토】 풀을 베듯이 적을 무찔러 평정함。『王粲』ㅣㅣ暴逆。

【芡】 (검) 琰 ケン、おにばす water-caltrop ㄑㄧㄢˋ ch'ien⁴

小篆 草書 마름검、가시연밥검(鷄頭水果)。『周禮』蔆ㅣ㮚脯。

【芡實:검실】 가시연밥의 藥名。

【芡仁:검인】 가시연밥의 알맹이。

【芢】 (인) 眞 ジン、たね seed

❶씨인(種子)。❷풀이름인(草名)。

【芣】 (부) 尤 フウ、おおばこ plantain ㄈㄡˊ fou²

小篆 草書 질경이부、길장구부(ㅣ苢車前草)。『詩』采采ㅣ苢。

【芣苡:부이】 《植》질경이。잎은 食用으로 하고 씨는 車前子라 하여 利尿劑로 쓰는 多年生 풀。

【芣菜:부채】 水草의 이름。『本草』釋名、ㅣㅣ、四葉菜、田字草。

【芤】 (규) 尤 キュウ、ねぎ stone-leek

❶파규(蔥也)。❷병든맥가운데허할규(病脈旁實中空)。

【芨】 (급) 緝 キュウ、かぶときく Bletilla striata ㄐㄧˊ chi²

小篆 草書 백급、급대왕풀급(白ㅣ、藥名)。『本草』白ㅣ葉似初生櫻苗開花紅紫色中心如舌。

【芥】 (개) 卦 カイ、からしな mustard ㄐㄧㄝˋ chieh⁴

小篆 草書 ❶겨자개、갓개(辛菜)。❷지푸라기개(草ㅣ)。『孟子』君視臣如草ㅣ。❸티끌개(纖ㅣ)。『繁露王道篇』春秋記纖ㅣ之失。

(會圖才三) ❶ 芥

【芥溜:개류】 쓰레기통。

【芥屑:개설】 ❶먼지。부스러기。❷겨자。芥粉。『耶律楚材』ㅣㅣ差辛類桂薑。

【芥心草:개심초】 《植》蔓草의 한가지。뿌리는 黃色으로 藥材로 쓰임。

草心芥
(會圖才三)

【芥子:개자】 겨자。겨자씨와 갓씨의 總稱。調味料에 씀。《轉》매우 작음。『維摩經』ㅣㅣ至微至小。

【芥菜:개채】 겨자와 갓의 통칭。

【芦】 (호) 虞 コ、がま cattail

❶지황호(地黃)。❷부들호(蒲也)。(『蘆』의 略字)

【芩】 (금) 侵 キン、じしばり vine ㄑㄧㄣˊ ch'in²

小篆 草書 ❶금풀금、사슴먹이풀금(鹿食草)。❷약이름금(藥名黃ㅣ)。

【芧】 ㈠(서) 魚 ㈡(저) 語 ショ、チョ、とんぐり acorn ㄒㄩˋ hsü⁴ ㄓㄨˋ chu⁴

小篆 草書 ㈠도토리 나무서(栩也)。㈡뜻은 ㈠과 같음。『茡』와 同字。

【芧栗:서률】 《植》도토리。『莊子』先生居山林、食ㅣㅣ。

【芪】 (기) 支 キ、はなすげ Astragalus membranaceus

小篆 단너삼기、황기기(黃ㅣ藥名)。「黃ㅣ一名王孫根高三四尺根爲藥用」。

【芫】 (원) 元 ゲン、ガン、ふじもどき smartweed ㄩㄢˊ yüan²

小篆 小篆 草書 고기잡는풀원、여귀원(魚毒)。『急就篇註』煮ㅣ投水中則魚死而浮出故以爲名。

【芫花:원화】 《植》芫花。팥꽃나무。꽃봉오리는 말려서 藥材로 쓰임。

芫 花
(會圖才三)

【芬】 (분) 文 ソン、かおり fragrant

草書 ❶향기분(花草香氣)。『詩』苾ㅣ孝祀。❷어지러울분(ㅣㅣ亂也)。❸이름날분(名譽)。『汲冢周書』汝無泯泯ㅣㅣ厚顏忍醜。

【芬拏:분나】 분잡하고 떠들썩함。

【芬芳:분방】 좋은 냄새。香氣。『荀子』鼻辨ㅣㅣ腥臊。

【芬芬:분분】 ❶香氣가 높은 모양。芬馥。❷어지러운 모양。『逸周書』泯泯ㅣㅣ。

【芬郁】

【芬菲:분비】 花草의 향기로운 냄새。芳菲。『蘇軾』草木變ㅣㅣ。

【芬烈:분열】 ❶짙은 향기。『司馬相如』芳香ㅣㅣ。❷빛나는 공적。『晉書』俾ㅣㅣ奮乎百世。

【芬雜:분잡】 많은 사람이 북적거려 어수선함。

【芬香:분향】 향기로운 냄새。芳香。『張率』從風衣起發ㅣㅣ。

【芬馨:분형】 꽃다운 향기。芳香。『蘇軾』ㅣㅣ良夜發。

【芬華:분화】 화려하게 꾸밈。『史記·商君傳』無功者、雖富無所ㅣㅣ。

【芬皇寺:분황사】 《地》慶尙北道 慶州市에 있는 절。新羅 시대에 창건되어 元曉大師가 살고 있던 名刹임。원래 큰 절이었으나 지금은 寺宇 一棟과 불상과 九層塔이 무너져 三層塔으로 수축된 것만이 남아 있음。

【芭】 (파) 麻 ハ、バ、ばしょう plantain ㄅㄚ pa¹

草書 파초파(ㅣ苴甘蕉)。『楚辭』傳ㅣ兮代舞。

【芭蕉:파초】 《植》芭蕉科에 딸린 다년생 풀。잎은 긴 타원형이고 꽃은 황갈색임。따스한 곳에서 남。

【芭蕉旗魚:파초기어】 《動》旗魚科에 딸린 바닷물 고기。등지느러미가 청색으로 파초의 잎과 같고、입은 뾰족하고 길며、길이는 三米 가량 됨。

【芭蕉扇:파초선】 議政이 외출할 때 머리 위를 가리던 파초의 잎 모양으로 된 큰 부채。

【芮】 (예) 霽 ゼイ、みずぎわ shore ㄖㄨㄟˋ juei⁴

小篆 草書 ❶풀뾰족뾰족할예(草生貌)。❷물가예(水涯)。『詩』ㅣ鞫之卽。『箋』ㅣ之言內也水內曰隩水外曰鞫。❸방패끈예(繫楯綬)。❹나라이름예(國名)。『史記』革抉唊ㅣ。❺성예(姓也)。

【芮鞫:예국】 물가。또는 물의 안 쪽과 바깥 쪽。(字解❷參照)。

【芮芮:예예】 ❶풀의 싹이 나서 자라는

모양。『說文·芮』。 ❷나라 이름。「柔然」을 고쳐서 「蠕蠕」 또는 「芮芮」로 부름。『宋書』ㅡㅡ國遣使貢方物。

【芰】(기) 寘 キ、ひし water-nut ㄐㄧˋ chi⁴

小篆 (芰) 杜林說 (茤) 草書 (芰) 새발마름기(水栗 四角菱)。『楚辭』製ㅡ荷以爲衣兮。

【芰荷:기하】《植》가름과 蓮。

【花】(화) 麻 カ、ケ、はな flower ㄏㄨㄚ hua¹

小篆 (花) 或體 (𦬸) 草書 (花) ❶꽃화(草木之葩)。『歐陽修花品序』洛陽人稱ㅡ曰某ㅡ某ㅡ稱牡丹則直曰ㅡ。 ❷꽃필화(花開也)。『宋之問詩』温庭橘未ㅡ。 ❸천연두화(天然痘)。 ❹기생의 별명화(娼妓異名)。 ❺써없앨화(消耗)。

【花街:화가】 花柳街。 紅燈街。 狹斜。

【花甲:화갑】 六十세를 일컬음。 華甲。

【花崗岩:화강암】《鑛》石英·雲母·正長石을 主成分으로 한 深成岩의 한 가지。단단하고 아름다워 石材로 쓰임。

【花崗片麻岩:화강편마암】《鑛》보기에 片麻岩과 비슷하게 보이는 화강암의 한 종류。

【花蓋:화개】《植》꽃받침과 꽃부리의 外觀上의 總稱。 꽃뚜껑。

【花客:화객】 ❶꽃 구경하는 사람。 ❷단골 손님。 顧客。 花主。

【花瞼:화검】 꽃다운 눈시울。 美人의 얼굴。『元稹』凝翠暈蛾眉、輕紅拂ㅡㅡ。

【花梗:화경】《植》꽃꼭지。 「줄기。

【花莖:화경】《植》꽃이 달리는 줄기。 꽃

【花界:화계】 꽃이 많은 곳。 花海。『元稹』琉璃ㅡㅡ淨。

【花冠:화관】 ❶七寶로 꾸민 여자의 禮裝의 冠。 ❷나라 잔치 때 妓女·舞童 들이 쓰던 冠。 ❸《植》꽃부리。

【花魁:화괴】《植》❶梅花의 별칭。 (百花의 先驅란 뜻)。『古詩』不是ㅡㅡ誰是ㅡㅡ。 ❷蘭草의 別稱。

【花錦:화금】 꽃무늬가 있는 비단。『宋史』大食國人、來獻ㅡㅡ。

【花期:화기】 꽃이 피어 있는 동안。 花候。『蘇軾』且銜杯酒問ㅡㅡ。 「ㅡ。

【花氣:화기】 =花香。『宋之問』露裛千ㅡ

【花機:화기】 베틀。『天工開物』。

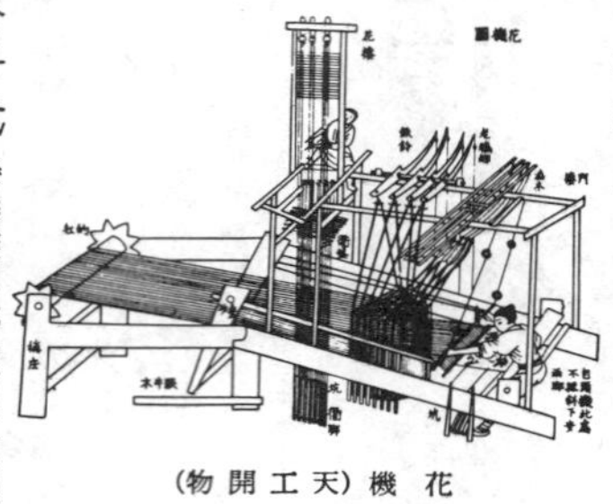

花 機 (天工開物)

【花奴:화노】《植》無窮花。『楊妃外傳』。

【花壇:화단】 꽃밭。 뜰 한 쪽에 흙을 한층 높게 쌓아 화초를 심는 곳。

【花代:화대】 놀음차。 팁。 해웃값。

【花臺:화대】 꽃 분을 올려 놓는 받침。

【花頭:화두】 ❶꽃의 머리。 ❷교활한 술책。『新方言·釋言』。

【花郞:화랑】《歷》新羅 때의 貴族青少年의 宗敎的·社交的·敎養的 集團 또는 그 단체의 우두머리。 문벌과 학식이 있고 용모 단정、德行 있는 청소년으로 추대함。 花郞徒는 뒤에 武士道의 정신을 高調함。 盡忠報國、勇壯義烈한 활동을 救國鬪爭에 전개하여 큰 공로를 남겼음。 國仙·風月道라고도 함。

【花郞道:화랑도】 新羅 때의 화랑、또는 화랑단의 정신。 道德·忠·孝·信·仁·勇을 戒銘으로 삼았음。

【花蕾:화뢰】 꽃봉오리。 花蕾。『陸游』晨露每看ㅡ坼、夕陽頻見樹陰移。

【花柳:화류】 ❶붉은 꽃과 푸른 버들。 아름다움의 形容。『王勃』ㅡㅡ一園春。 ❷사내들을 상대로 노는 계집。 遊女。 또는 그런 곳。 花柳界。『李白·詩』昔在長安醉ㅡㅡ、五侯七貴同杯酒。

【花柳界:화류계】 갈보·기생 등 노는 계집의 社會。 花柳場。

【花柳病:화류병】 性病의 總稱。

【花柳巷:화류항】 노는 계집이 모여서 「사는 거리。

【花輪:화륜】 花環。

【花綾:화릉】 꽃 무늬를 놓아 짠 綾綃。

【花利:화리】《國》耕作權이나 作稻를 賣渡할 때 일컫는 말。 禾利。 「日照ㅡㅡ。

【花林:화림】 꽃 나무의 숲。『梁武帝』朝

【花馬:화마】《動》워라말。

【花幔:화만】 ❶꽃무늬가 있는 휘장 또는 장막。 아름다운 휘장 또는 장막。『可止』ㅡㅡ洞門垂。 ❷꽃이 만발하여 장막을 친 것 같이 보이는 것。

【花虻:화맹】《動》꽃등에。

【花面:화면】 꽃다운 얼굴。 花顏。『李端』裳踏露草、理鬢回ㅡㅡ。

【花明:화명】 꽃이 희고 밝음。『歲華紀麗』日和而柳暗ㅡㅡ。 「參差是。

【花貌:화모】 =花容。『白居易』雪膚ㅡㅡ

【花木:화목】 ❶꽃나무。 ❷아름다운 꽃이 피는 나무。 花樹。 芳樹。

【花無十日紅:화무십일홍】 열흘 붉는 꽃이 없음。《喩》한 번 성하면 반드시 멀지 않아 쇠한다는 뜻。

【花紋:화문】 꽃의 무늬。

【花紋席:화문석】 꽃돗자리。

【花蜜:화밀】 꽃 속에 생기는 꿀。

【花蜜花:화밀화】《植》꽃 속에 꿀의 성분이 생겨 벌·나비 따위로 하여금 受粉의 媒介를 받는 꽃。

【花盤:화반】 ❶瓷器로 만든 화병의 한 가지。 ❷장여와 상인방 사이에 화분·사자·연꽃 따위를 새겨 끼운 널조각。

【花斑石:화반석】《鑛》紅白色의 무늬가 있고 바탕이 무른 돌。 인장의 재료로 씀。

【花房:화방】 꽃방。

【花舫:화방】 아름답게 꾸민 놀잇배。『宋史』吳越國進銀裝ㅡㅡ。

【花甁:화병】 꽃병。 花器。

【花譜:화보】 사철 동안 피는 꽃을 時節順으로 그린 책。

【花盆:화분】 화초를 심는 그릇。

【花粉:화분】《植》꽃가루。 수술〔雄蕊〕의 葯 속에 들어있는 가루 모양의 물질。 바람·물·곤충의 매개로 암꽃술의 柱頭에 접착하여 열매를 맺는 것。 蕊粉。『司空曙』柳絲遮綠浪、ㅡㅡ落青苔。

【花粉花:화분화】《植》꽃에 많은 화분이 생겨 찾아오는 벌레로 하여금 受粉의 媒介를 받는 꽃。

【花事:화사】 봄철에 꽃이 피는 일。『劉克莊』ㅡㅡ匆匆了、人家割麥初。

【花蛇:화사】《動》黑花蛇·白花蛇·黑質白章 따위 산무애뱀。 風症·癩病이나、補腎壯陽劑로 씀。

【花詞:화사】 꽃을 어떤 일에 상징하고 비유하여 각각 일컫는 말。 장미는 美、白合은 純潔、또는 노란꽃은 不吉、紫色꽃은 悲哀 등。 꽃말。

【花仙:화선】《植》海棠花의 별명。 花中神仙。

【花洗:화세】 화초에 물을 주는 기구。

【花樹:화수】 꽃나무。 花木。 芳樹。

【花樹會:화수회】 姓이 같은 일가끼리

친목을 꾀하기 위하여 이룬 모임이나 잔치。

【花脣:화순】 ❶꽃 잎。 ❷美人의 입술。

【花市:화시】 꽃을 파는 장。『「;都古今記』正月燈市、二月——。

【花時:화시】 꽃이 피는 시절。 花候。『許渾』雪夜書千卷、——酒一尊。

【花式:화식】 꽃을 구성하는 꽃받침·꽃잎·수술 따위의 數·排列의 상태를 기호와 숫자로 나타낸 것。

【花晨:화신】 꽃이 핀 아침。 花朝①。

【花信:화신】 꽃이 피었다는 소식。 花音。『范成大』憑君趣——。

【花信風:화신풍】 꽃이 피려고 함을 알리는 바람。 곧 꽃이 필 무렵에 부는 바람。

【花實:화실】 ❶꽃과 열매。 ❷表面의 꾸밈과 內容의 實質。 美와 誠。

【花心:화심】 ❶꽃의 중심。 꽃의 수술 및 암술。 ❷美人의 마음。

【花芽:화아】 《植》꽃이 피는 눈。 꽃눈。

【花顔:화안】 아름다운 얼굴。 아름답기가 꽃같은 얼굴。 花容。『李白』後宮 嬋娟多——。

【花樣不同:화양부동】 ❶무늬가 같지 않음。 ❷文章이 남과 같지 않음。『書言故事』時文別格、謂————。

【花言:화언】 실속없는 말。 겉치레 말。『朱子語類』巧言即今所謂——巧語。

【花宴:화연】 還甲 잔치。

【花葉:화엽】 ❶꽃잎。 ❷꽃과 잎。

【花英:화영】 꽃송이。 꽃。 華英。

【花影:화영】 꽃 그림자。 꽃의 자태。『王安石』春色惱人眠不得、月移——上闌干。

【花蕊:화예】 《植》꽃술。 꽃의 생식기관。 수술과 암술 두 가지가 있으며 花心을 이룸。『孟浩然』——四時芳。

【花瞖:화예】 《醫》눈동자 위에 흰 점이 생기는 눈병。

【花藥石:화예석】 ❶=花乳石。 ❷《醫》성질이 차고 止血劑로 씀。

【花王:화왕】 모란의 別名。 花中王。『歐陽修』人謂牡丹——。

【花容:화용】 꽃과 같이 아름다운 여자의 얼굴。 美人의 모습。 花顔。 花貌。

【花容月態:화용월태】 아름다운 여자의 고운 容態。

【花苑:화원】 꽃밭。『李嶠』滴瀝明——。

【花園:화원】 花草를 심은 동산。『李適』——四望錦屛開。

【花月:화월】 ❶꽃과 달。 아름다운 것의 代表。 ❷꽃을 비추는 달。『王勃』我塘——下、別是一家春。 ❸음력 二월의 別名。

【花乳:화유】 ❶茶의 異名。『劉禹錫』欲知——淸冷味。 ❷처음으로 생긴 꽃。『孟郊』零落小——。『李後主·憶江南詞』。

【花陰:화음】 꽃이 피어 있는 나무 그늘。

【花音:화음】 =花信。『陸龜蒙』——長作嫁愁媒。

【花裀:화인】 꽃방석。 花茵。

【花子:화자】 ❶金銀珠玉으로 꾸민 비녀。 花釵①。 ❷거지。 乞人。『五雜俎』京師謂乞食爲——。 ❸꽃씨。『洛陽花木記』。

【花田:화전】 ❶꽃밭。 ❷화초밭。

【花煎:화전】 《國》❶꽃전。 ❷꽃을 붙이어 부친 부꾸미。 차점병의 하나。

【花箋:화전】 꽃 무늬가 있는 아름다운 종이。 색종이 따위。 花別。

【花氈:화전】 꽃같이 아름다운 담요。 꽃毛氈。『梁簡文帝』雲母窓中合——。「돌。

【花甎:화전】 꽃 무늬를 놓아서 만든 벽돌。

【花甎碧:화전벽】 대궐 안 전각 안에 까는 벽돌。 빛깔은 검푸르고、두께는 두치쯤 되고 넓이는 한 자 평방임。

【花田衝火:화전충화】 《國》꽃밭에 불지르기。 《喩》잔인한 일이나 沒風情한 짓。『旬五志』。

【花蚤:화조】 《動》꽃벼룩。

【花鳥:화조】 ❶꽃과 새。 ❷꽃과 새를 그린 그림。 ❸風流心。 ❹꽃에 깃든 새。

【花朝:화조】 ❶=花晨。『白居易』春江——秋月夜。 ❷음력 二월 一五일。『提要錄』二月十五日爲——、八月一五日爲月夕。

【花鳥使:화조사】 남녀 사이의 애정에 관계되는 일을 심부름하여 주는 사람。『唐書』開元十年、召入翰林時、帝歲遣使采擇天下姝好、內之後宮、號——。

【花朝月夕:화조월석】 ❶꽃이 피는 아침과 달 뜨는 저녁。 봄날 아침과 가을 저녁의 즐거운 한때。『舊唐書·羅威傳』每——、與賓佐賦咏。 ❷二월 一五일을 花朝、八월 一五일을 月夕이라고 함。

【花柱:화주】 《植》암꽃술의 子房 위의 기둥 모양으로 가늘게 된 부분。

【花中君子:화중군자】 꽃중의 군자라는 뜻으로、연꽃의 別名。『周敦頤·愛蓮說』蓮、花之君子者也。

【花中神仙:화중신선】 꽃중의 신선이라는 뜻으로、海棠花가 깨끗하고 고상하므로 이르는 말。『群芳譜』海棠有色無 香、故唐相賈耽著花譜、以爲————。

【花中王:화중왕】 꽃중의 왕。 牡丹이 탐스럽고 찬란하므로 이르는 말。

【花菜:화채】 꿀이나 설탕을 탄 五味子국에 과실을 썰어 넣고 잣을 까서 띄운 飮料。

【花釵:화채】 ❶꽃비녀。 花鈿。『唐書』——九樹。 ❷꽃나무를 접붙일 때 臺木에 꽂는 椄穗。 「들과 상관하고 주는 돈。

【花債:화채】 《國》해웃값。 妓生·娼女

【花草:화초】 ❶꽃이 피는 풀과 나무。 또는 觀賞用의 모든 植物。 ❷《國》실용적이 아니고 노리개로 쓰일 때 그 명사 위에 붙여 쓰는 말。

【花草欌:화초장】 문짝에 花草의 그림을 그리어 만든 의장。

【花燭:화촉】 ❶아름다운 초。 ❷結婚式 등의 席上에 켜는 촛불。 《轉》結婚式。婚禮。 花燭典。 華燭。『庾信』洞房——明。

【花軸:화축】 《植》꽃대。 식물의 꽃꼭지가 붙은 줄기。 花莖。

【花朶:화타】 《植》꽃이 핀 가지。

【花托:화탁】 花梗의 위、꽃이 붙는 불룩한 부분。 花床。

【花瓣:화판】 《植》꽃잎。 花片。

【花片:화편】 흩어진 꽃잎이나 꽃의 떨어진 조각。『陸游』春風落——。

【花布:화포】 반물 빛깔의 바탕에 흰꽃무늬를 박은 무명。 「늘 같은 조각。

【花苞:화포】 《植》花梗 아래에 있는 비

【花砲:화포】 약이 터지면서 여러 가지 꽃무늬를 하늘에 들어내는 中國식 딱총。 煙火。 「苑囿。

【花圃:화포】 花草를 심은 동산。 花園。

【花下:화하】 꽃이 피어 있는 아래。 花底。 華下。『李義山』殺風景、一曰——曬褌。

【花海:화해】 꽃이 널리 만발하여 있는 모양。 花界。『陸游』燕宮最盛號——。

【花香:화향】 ❶꽃의 향기。 花氣。『王勃』 ❷《佛》부처 앞에 바치는 꽃과 香。

【花兄:화형】 《植》梅花의 別名。 「——染別衣。

【花魂:화혼】 꽃의 정신。 꽃의 마음。

【花火:화화】 꽃불。 여러 종류의 화약을 섞은 것을 대통 같은 속에 다져 넣고 불을 질러 하늘 높이 쏘면 여러 가지 불꽃과 폭음을 내며 터지는 물건이며 경축일 같은 때 밤에 사용함。

【花環:화환】 假花 또는 生花로 고리 모양으로 만들어、환영 혹은 慶弔의 뜻을 표하는 데 보내는 물건。

【花候:화후】 꽃이 필 무렵。 꽃놀이 할 「무렵。

【花卉:화훼】 꽃과 풀。 花草。

◎假—、開—、菊—、奇—、琪—、落—、萬—、晩—、梅—、綿—、名—、百—、生—、野—、煙—、蓮—、殘—、造—、草—、探—、香—、紅—、火—、黃—。

【花】 (화)『花』(前條)와 같음

【苍】 (화)『花』(前條)의 俗字

【芳】(방) 陽 ホウ、かおる flowery ㄈㄤ fang¹

小篆 草書 ❶꽃다울방(芬一香氣)。【楚辭】雜杜衡與一芷。❷이름빛날방(聲譽之美)。「如言流一百世」。❸덕스러울방(德行之美)。

【芳郊:방교】꽃이 만발한 교외。봄의 교외。【王勃】一一花柳遍、何處不宜春。

【芳菊:방국】향기 좋은 菊花。

【芳紀:방기】=芳年。

【芳氣:방기】향기로운 냄새。香氣。【晉書】蘭風發一一、蓋世同其芬。

【芳年:방년】젊은 여자의 나이。芳紀。

【芳塘:방당】연못。蓮塘。【謝朓】泉漫一一溢。

【芳蘭:방란】꽃다운 난초。【說苑】十步之內、必有一一。「幽蘭吐一一」。

【芳烈:방렬】향기가 몹시 짙음。【王粲】

【芳齡:방령】=芳年。

【芳名:방명】❶아름다운 이름。❷남의 이름의 尊稱。

【芳名錄:방명록】備忘用으로 남의 성명을 기록한 책。

【芳味:방미】향기로운 맛。芳潤。【西陽雜俎】觴酒之一一。

【芳鮮:방선】싱싱한 생선·고기。【傅毅】酌旨酒割一一。

【芳歲:방세】❶봄철。【鮑照】一一猶自可、日夜望君歸。❷젊은 나이。青春。

【芳醇:방순】향기롭고 맛이 좋은 술。【張率】對酒誠可樂、此酒復一一。

【芳辰:방신】꽃다운 봄철。【李嶠】早聞年欲至、剪綵學一一。

【芳心:방심】❶美人의 마음。芳魂。❷남의 친절한 마음。芳志。

【芳顏:방안】아름다운 얼굴。남의 얼굴의 敬稱。【陶潛】綠酒開一一。

【芳埃:방애】꽃 아래의 티끌。【孟郊】朝朝沒脚走一一。

【芳艷:방염】향기롭고 아름다움。香艷。【白居易】衆目悅一一、松獨守其貞。

【芳園:방원】꽃이 아름답게 피어 있는 庭園。

【芳醪:방요】맛 좋은 막걸리。【李商隱】一醆一一不得嘗。

【芳姿:방자】꽃다운 자태。

【芳節:방절】봄의 계절。花春。【唐太宗】眺聽歡一一。「心情。芳心。

【芳情:방정】❶꽃다운 情誼。❷갸륵한

【芳志:방지】남의 친절한 마음씨。芳情。

【芳札:방찰】❶반가운 편지。좋은 소식의 편지。❷남의 편지의 尊稱。芳簡。

【梁元帝】數路計行、遲還一一。

【芳草:방초】향기로운 풀。【楚辭】一一生兮萋萋。

【芳叢:방총】꽃이 만발한 풀숲。【劉憲】蝶礙一一舞不前。「崔知賢·詩」

【芳春:방춘】❶꽃이 한창인 봄。❷青春。

【芳啣錄:방함록】방명을 기록한 글발。

【芳香:방향】꽃다운 향기。【秦嘉】一一去垢穢、素琴有清聲。

【芳馨:방형】좋은 향기。

【芳卉:방훼】꽃다운 풀。芳草。【潘岳】仰蔭嘉木、俯藉一一。

◎餘一、遺一、

【芴】㊀(물) 物 ㊁(홀) 月 フツ、コツ、にら turnip

小篆 草書 ㊀❶순무물(土苽菲也)。【陸璣詩疏】菲幽州謂之一。❷빽빽할물(軋一緻密)。㊁❶황홀할홀(惚也)。【上林賦】縝紛緻一。❷아둔한 모양홀、확실하지 않는 모양홀。【荀子正名】故愚者之言一然而粗。(『惚』과 같음)

【芴然:홀연】어리석은 모양。(字解㊁❷參照)。

【芵】(결) 屑 ケツ、はぶそう Cassia obtusifolia

초결명결(薢茩一光)。

【芷】(지) 紙 シ、よろいぐさ Angelica davurica ㄓ chih³

草書 구리때지、궁궁이지、백지지(白芷一藥名澤芬)。【楚辭】扈江蘺與辟一兮。

【芷蘭:지란】香草의 이름。궁궁이와 난초。【范仲淹】岸芷汀蘭、郁郁青青。

【芷香:지향】궁궁이풀의 향기。【易林】三灑負衡、南取一一。

【芸】(운) 文 ウン、くさのかおり fragrant grass ㄩㄣ yün²

小篆 草書 ❶향풀운、궁궁이운(香草)。【續博物志】一香辟紙魚蠹故藏書臺稱一臺。❷촘촘할운(多貌)。【道德經】夫物一一 各復歸其根。❸꽃성할운(花盛貌)。【詩經 小雅裳裳者華】一一其黃矣。❹성운(姓也)。(『藝』의 略字로 씀)

【芸閣:운각】❶(制)이조 校書館의 별칭。❷藏書庫。書庫。또는 讀書室。【龜蒙典略】

【芸夫:운부】풀을 베는 사나이。農夫。【後漢書】一一牧豎。

【芸芸:운운】❶旺盛한 모양。많은 모양。【老子】物一一 各復歸其根。❷꽃빛이 누른 모양。(字解❸參照)。

【芸帙:운질】좀을 막기 위해 芸草(一種의 香草)를 넣어 둔 베로 만든 책 덮개。(轉)藏書。書籍。【梁寅】蔭蒼松兮一一舒。

【芸窓:운창】❶글 읽는 방의 창。❷書齋의 美稱。【馮延登】一一盡日無人到。

【芸編:운편】書冊의 미칭。【袁桷】一一不檢蛛絲羃。

【芸香:운향】(植)궁궁이。香草의 한 가지로 책 속에 넣어서 좀을 막음。→芎藭。

【芸穫:운확】풀을 베고 곡식을 거두어 들임。【晉書】親一一於隴畝。

【芹】(근) 文 キン、せり parsley ㄑㄧㄣ ch'in²

小篆 草書 미나리근(楚葵水菜)。【詩】薄采其一。

【芹誠:근성】옛날 충성된 신하가 미나리를 임금에게 바쳤다는 데서 생긴 말。(轉)정성된 마음을 가리키는 말。芹忱。

【芹菹:근저】미나리 김치。

【芹藻:근조】❶水草。미나리와 마름。(喩)進士의 志願者。貢士。【蘇轍·燕貢士詩】泮水生一一、干旄在浚城。❷祭物。

【芹菜:근채】(植)미나리。【詩經·疏】采其一一。「하여 하는 말。

【芹獻:근헌】남에게 선물을 할 때 겸손

【芺】(요) 篠 ヨウ、あざみ thistle

小篆 엉겅퀴요(薊屬野芋)。「草名鉤一、又苦味草」。

【芻】(추) 虞 スウ、まぐさ fodder ㄔㄨ ch'u²

小篆 草書 ❶꼴추(一蕘刈草)。【詩】詢于一蕘。❷짐승먹이추(一豢獸食)。【孟子】猶一豢之悅我口。❸승추(僧曰苾一)。

【芻狗:추구】짚으로 만든 개。옛날 中國에서 제사 때 썼는데 제사가 끝나면 버리던 물건。(喩)필요할 때만 쓰고 필요하지 않을 때는 버림。아무 가치 없이 되어버린 물건。【老子】聖人不仁、以百姓爲一一。「一一、遠近勞弊。

【芻糧:추량】꼴과 兵糧。【五代史】饋運

【芻秣:추말】 꼴。馬草。 마소의 飼料。『周禮·註』。
【芻米:추미】 꼴과 쌀。 소나 말의 먹이와 사람의 糧食。『左傳』公在會、饋之一一、禮也。
【芻粟:추속】 꼴과 좁쌀。『宋史』錢帛一一。
【芻菽:추숙】 여물과 콩。『魏書』甘彼一一、以辱君父乎。
【芻薪:추신】 꼴과 섶。『禮記』一一倍禾。
【芻言:추언】 무식하고 卑賤한 사람의 言語。『舊唐書』。
【芻蕘:추요】 ❶꼴과 땔나무。芻樵。『詩經』先民有言、詢于一一。❷자기의 文章이나 詩의 謙稱。『李白』若賜觀一一、請給紙筆。
【芻蕘之說:추요지설】 (喩) 고루하고 촌스러운 말을 가리키는 말。
【芻議:추의】 ❶草野의 言論。賤한 사람의 말。❷자기 의견의 謙稱。『于劭·詞場箴』。

【芼】 ㊀(모) 號 ㊁(모) 豪 ボウ、モウ、ぞうに mixed soup ㄇㄠˋ mao⁴
小篆 草書 ㊀❶나물모(菜也)。❷잡탕국모(用菜雜肉爲羹)。『禮記』一羹。㊁가릴모(擇也)。『詩經』參差荇菜左右一之。
【芼羹:모갱】 고기에 채소를 넣어 끓인 잡탕국。(字解㊀❷參照)。

【芽】 (아) 麻 カ、ゲ、め sprout
小篆 草書 ❶싹아(萌也)。『禮緯』是月也安萌一。❷비롯할아(始也)。『參同契』陰陽之始玄合黃一。
【芽甲:아갑】 처음 생긴 草木의 子葉。『韓維』叩看春風撼一一。
【芽生:아생】 ＝發芽。
【芽桵:아접】 臺木의 皮部를 여러 가지 방법으로 截開하여 따낸 눈을 접하는 접목법의 한 가지。
【芽桵刀:아접도】 芽接에 쓰는 칼。◎麥一、發一、新一。

【茚】 (앙) 陽 コウ、しょうぶ an iris
小篆 창포앙(菖蒲)。

【芾】 ㊀(비) 未 ㊁(패) 泰 ㊂(불) 物 ヒ、フツ、おいしげる dense ㄈㄟˋ fei⁴ ㄈㄨˊ fu²
草書 ㊀나무더부룩할비(蔽一木盛)。『詩』蔽一甘棠。㊁나무더부룩할패(蔽一木盛)。『詩』蔽一甘棠。㊂❶초목우거질불(草木盛)。❷슬갑불(赤一蔽膝服)。『詩』三百赤一。

【芿】 (잉) 蒸 ジョウ、くさ shoot of grass
草書 풀싹잉(草生)。『列子』藉一燔林。(『艿』과 같음)
【芿荏:잉임】 풀숲。草莽。『樂府詩集』儂憶所歡時、緣山破一一、山神感儂意、盤石銳鋒動。

【苀】 (항) 陽 コウ、くさのな cattail
부들풀항(蒲也)。

【苜】 (일) 質 ジツ、ニチ、くさいろ green
❶풀빛일(草色)。❷풀이름일(草名)。

【芇】 (만) 寒 ハン、あたる rival
❶맞겨룰만(匹敵)。❷바둑비길만(一碁)。

五畫

【苐】 (제) 齊 テイ、くさ herb 丨丫 ya²
❶제풀제(草名)。❷성제(複姓不一)。(『稊』와 같음)

【苑】 (원) 阮 エン、オン、その garden ㄩㄢˇ yuan² ㄩㄢˋ yuan⁴
小篆 草書 ❶나라동산원(禁一囿也)。『史記註』養禽獸曰一。❷왜풍원、큰바람원(一風大風)。『莊子』適遇一風於東海之濱。
【苑結:원결】 마음이 답답한 일。鬱結。『詩經·都人士』我心一一。
【苑沼:원소】 동산과 못。苑池。『晉書』遊豫不以一一。
【苑囿:원유】 새와 짐승을 놓아 기르는 동산。園囿。囿苑。『史記』諸故秦一一園池。「庭園。園池。
【苑池:원지】 ❶庭園과 못。❷못이 있는 동산。
【苑花:원화】 동산에 핀 꽃。園花。『白居易』一一似雪同隨輦。

【苒】 (염) 琰 ゼン、しげる luxuriant ㄖㄢˇ jan³
草書 ❶풀우거질염(草盛貌)。❷덧없을염、그렁저렁할염(荏一展轉)。『魏書』荏一至今。
【苒苒:염염】 ❶풀이 우거진 모양。『王粲』挺一一之柔莖。❷가볍고 가냘픈 모양。『白居易·詩』。❸앞으로 나아가는 모양。『梁宣帝·櫻桃賦』。
【苒荏:염임】 사물이 늘어지는 모양。遷延。『陸雲』時去一一、歲行復半。

【苖】 (적) 錫 テキ、ぎしぎし rumex coyeanus ㄇㄧㄠˊ miao²
小篆 소루쟁이적(羊蹄草)。

【苓】 (령) 靑 レイ、リョウ、かんぞう Lactuca dentata ㄌㄧㄥˊ ling²
小篆 草書 ❶도꼬마리령(卷耳)。❷복령령、풍냉이령(茯一藥名)。『淮南子』千年之松下有茯一。❸저령령(豬一亦菌類)。『韓愈進學解』是猶昌陽引年而進以豨一也。❹씀바귀령(大苦)。『詩』山有榛隰有一。
【苓落:영락】 말라서 떨어짐。零落。『漢書·敍傳』失時者一一。
【苓耳:영이】 씀바귀。(字解❹參照)
【苓通:영통】 猪糞과 馬糞。『王安石』人間藥願付一一。

【苔】 (태) 灰 タイ、こけ moss ㄊㄞˊ t'ai²
草書 이끼태(蘚也)。『苔賦』高有瓦一卑有澤葵散巖竇者曰石髮補空田者曰垣衣在屋曰昔邪在水曰陟釐。(『菭』와 같음)
【苔徑:태경】 이끼가 깔린 지름길。『盧綸』一一綠無塵。
【苔階:태계】 이끼 돋은 층계。『李紳』一一泉溜缺。
【苔磯:태기】 이끼가 낀 물가。『趙嘏』宅邊秋水浸一一。
【苔磴:태등】 이끼 묻은 돌층계。『孟浩然』一一滑難步。
【苔類:태류】 (植)蘚苔植物의 한 가지。우물 근처의 축축한 곳에 많이 남。
【苔紋:태문】 이끼 모양으로 생긴 무늬。
【苔碑:태비】 이끼 돋은 비석。苔碣。『張正見』山雨濕一一。
【苔石:태석】 이끼 낀 돌。『何遜』一一疑文字。
【苔蘚:태선】 (植)이끼。蘚苔。『戴叔倫』石龕一一積、香徑白雲深。
【苔田:태전】 바닷가에 김을 가꾸기 위하여 마련한 곳。
【苔井:태정】 이끼가 앉은 우물。

【苔泉:태천】 이끼가 덮인 샘。『宋之問』夜紇響松月、朝楫弄——。

【苔砌:태체】 이끼 돋은 섬돌。『冷朝陽』秋色生——、泉聲入梵宮。

【苔甃:태추】 이끼 낀 기와。『權德輿』——桐花落、山窓桂樹薰。

【苕】 (초) 蕭 チョウ、のえんどう ㄊㄧㄠˊ t'iao² aloft

小篆 草書 ❶풀이름초、능초풀초(草名陵—)。『詩經』卭有旨—。❷우뚝한모양초(高貌——)。『水經註』虎牢臨河——孤上。

【苕苕:초초】 높은 모양。『張衡』狀亭亭以——。

【苕帚:초추】 풀로 만든 비。『周禮·註』。

【苗】 (묘) 蕭 ビョウ、なえ ㄇㄧㄠˊ miao² shoot of plant

小篆 草書 ❶싹묘(穀草初生)。『詩經』彼稷之—。❷여름사냥묘(夏獵)。『詩』之子于—。❸무리묘(衆也)。『後漢書』以贍黎—。❹이을묘(—裔胤也)。『楚辭』帝高陽之—裔兮。❺이삭묘(秀也)。❻종족이름묘(—族)。

【苗木:묘목】 木本植物의 모종。移植하기 전의 어린 나무。

【苗民:묘민】 中國의 南方에 사는 異民族의 이름。

【苗床:묘상】 온갖 모를 길러 내는 자리。

【苗胤:묘윤】 子孫。苗裔。『後漢書』恂恂——。

【苗族:묘족】 ❶血族。一族。『蜀志』大王劉氏——。❷苗民。『史記·註』名曰——。

【苗板:묘판】 논에 벼 종자를 뿌려서 모를 기르는 곳。못자리。

【苗圃:묘포】 묘목을 기르는 밭。

◎種—、靑—。

【苙】 (립) 緝 リュウ、おり ㄌㄧˋ li⁴ cage

草書 ❶구리때립、백지립(白芷藥名)。❷짐승우리립(畜欄)。『孟子』既入其—。

【苛】 (가) 歌 カ、きびしい ㄎㄜ k'ê severe (本音「하」)

小篆 草書 ❶잔풀가(小草)。❷까다로울가(煩細)。『禮』—政猛于虎。❸흔들가(擾也)。『晋語』朝夕—我邊鄙。❹살필가(察也)。『鄭康成說禮』司關掌—察姦人。❺옴가、가려울가(疥也)。『禮』疾痛—癢敬抑搔之。❻꾸짖을가(譴也)。『周禮』不敬者—罰之。❼가혹할가、매울가(嚴酷也、政煩也)。『詩經 周南關雎序』哀刑政之—。

【苛禁:가금】 엄격하게 금함。『漢書』今郡國二千石、或擅爲——。

【苛急:가급】 엄격하고 혹독함。『宋史』爲政——、盜賊群起。

【苛厲:가려】 가혹하고 激烈함。『晋書』式遏寇虐、——不作。

【苛斂:가렴】 혹독하게 징수함。

【苛斂誅求:가렴주구】 稅金 따위를 가혹하게 받고 물품을 강제로 청구하여 국민을 못살게 구는 일。

【苛令:가령】 ❶엄격한 規定。❷가혹한 命令。

【苛吏:가리】 무자비하고 가혹한 官吏。酷吏。『漢書』——繇役、失農桑時。

【苛法:가법】 너무 엄격한 法令。『史記』父老苦秦——久矣。

【苛性:가성】 《化》동물의 살이나 세포 조직을 썩게 하는 성질。

【苛稅:가세】 가혹한 세금。重稅。

【苛殃:가앙】 혹독한 재난。『亢倉子』凶氣不入身、無——。

【苛嚴:가엄】 지나치게 엄함。『宋史』御下——、少縱舍。

【苛役:가역】 매우 힘드는 일。苦役。『周權』猶傳鬼神風雨夕、知是當時苦——。

【苛烈:가열】 가혹하고 맹렬함。

【苛撓:가요】 몹시 번거로움。『五代史』爲政不——。

【苛擾:가요】 몹시 번거롭고 어지러움。『宋史』明白簡約、不——。

【苛政:가정】 가혹한 정치。『禮記』——猛於虎。

【苛重:가중】 가혹하고 부담이 무거움。『唐書』斂取——。

【苛疾:가질】 몹시 무서운 病。重病。『素問』——不起。

【苛責:가책】 가혹한 꾸지람。呵嘖。

【苛評:가평】 가혹한 비평。酷評。

【苛虐:가학】 가혹하고 사나움。『晋書』刑政——。

【苛酷:가혹】 ‖苛刻。『後漢書』政令——。

【⿱艹去】 (거) 魚 キョ、くさがりき weeder

풀베는 기구거(刈草器)。

【苜】 (목) 屋 ボク、モク、うまごやし clover

草書 ❶거여목목(—蓿大宛草)。『史記』馬嗜—蓿。❷연지초목(連枝草)。

【苜蓿:목숙】 《植》거여목。콩과에 속하는 越年草。줄기는 땅으로 뻗거나 비스듬히 뻗음。

蓿 (三才圖會)

【苞】 (포) 肴 ホウ、むらがる ㄅㄠ pao¹ bush

小篆 草書 ❶그령풀포(藨也)。『子虛賦』其高燥則生葴菥—荔。❷밑둥포(本也)。『易』繫于—桑。❸초목이다복히날포(草木叢生)。❹꾸러미포(包也)。『子夏詩傳』見—苴之禮焉。(『枹』와 같음)

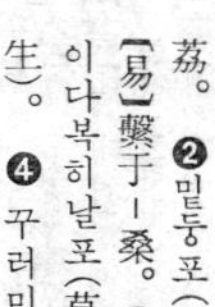

❹苞 (三禮圖)

【苞棘:포극】 우거진 가시。『詩經』肅肅鴇羽、集于——。

【苞羅:포라】 많은 것을 싸서 뭉뚱그림。『柳宗元』——斷魄。

【苞桑:포상】 뽕나무 뿌리。《轉》根本이 확고한 일。『易經』其亡其亡、繫于——。

【苞苴甘醬入:포저감장입】 《國》꾸러미 안의 맛 좋은 된장。《喩》외면은 보기 흉해도 내용은 좋은 것이라는 뜻。『旬五志』。

【苞天:포천】 하늘을 싸듯이 器量이 큼을 일컫는 말。『崔寔』踏下以——之大、承前聖之迹。

【苟】 (구) 有 コウ、いやしくも ㄍㄡˇ kou³ truly; poor

小篆 草書 ❶풀구(草也)。❷다만구(但也)。『法言』非—知之。❸구차할구(—且草率)。『晏子』行廉不爲—得。❹진실할구(誠也)。『魯語』夫—中心圖民知雖不及必將至焉。❺겨우구(纔也)。❻만일구(若也)。

【苟艱:구간】 몹시 가난함。구차함。

【苟簡:구간】 ❶소홀하고 간략함。『莊子』食——之田、立於不貸之圃。❷禮法 등을 간략하게 하는 일。『漢書』自恣——之治。

【苟得:구득】 얻어서는 안될 물건을 얻음。『禮記』臨財毋——。

【苟免:구면】 ❶구차하게 액을 면함。❷자기의 맡은 일을 게을리하면서도 부끄럽게 생각하지 않음。『禮記·曲禮』臨難毋——。

【苟命:구명】 구차한 목숨。

【苟生:구생】 구차한 생활。구차히 살음。

【苟安:구안】一時의 편안을 꾀함。『後漢書』朝議憚兵力之損、情存——。
【苟言:구언】구차한 말。『後漢書』臣當受——之罪。
【苟容:구용】구차하게 남의 마음에 들도록 함。『荀子』偸合——。
【苟全性命:구전성명】구차하게 생명을 보전함。
【苟存:구존】일시의 안일을 얻어 살음。苟活。『晉書』志竭愚忠、靦然——。
【苟從:구종】분별 없이 좇아 따름。『漢書』偸合——。
【苟且:구차】❶몹시 가난하고 군색함。❷군색스럽고 구구함。『漢書』上下相安、莫有——之意也。
【苟充:구충】구차하게 채움。
【苟充其數:구충기수】구차스럽게 그 수만을 채움。
【苟偸:구투】눈앞의 安逸을 탐냄。『宋史』風俗——、邊備廢弛。
【苟合:구합】분별 없이 남의 말에 찬동함。『史記』此豈有意阿世俗——而已哉。
【苟活:구활】절개를 굽혀 몸을 욕되게 하여 구차한 생활을 함。『司馬遷』僕雖怯懦欲——、亦頗識去就之分矣。

【苠】(민) 眞 ミン、ビン、たけ bamboo
❶속대민(竹膚)。❷많은모양민(衆多貌)。『太玄經』人——而處乎中。
【苠苠:민민】많은 모양。『太玄經』天穹隆而周乎下、地旁薄而向乎上、人——而處乎中。

【苡】(이) 紙 イ、おおばこ plantain ㄧˇ i³
小篆 草書 ❶율무이(薏—實如珠辟瘴氣)。「俗謂—米可煮粥磨麵並爲藥用」。❷질경이이(芣—)。(『苢』와 같음)

【苢】(이) 紙 イ、おおばこ plantain
草書 질경이이(芣—車前草)。『詩』采采芣—。(『苡』의 本字)

【苣】(거) 語 キョ、ごま sesame ㄐㄩˋ chü⁴
小篆 草書 ❶상치거(萵—菜名)。❷검은깨거(—藤胡麻)。『遊仙詩』喫盡溪頭—藤花。(『炬』의 本字)
【苣藤:거승】《植》검은깨。胡麻。『曹唐』喫盡溪頭——花。

【若】㊀(야) 馬 ㊁(약) 藥 ジャク、ニャク、ごとし same ㄖㄨㄛˋ juo⁴
小篆 草書 ㊀❶반야야(般—梵語)。『晉書』曇霍持一錫杖令人跪曰此是波—眼。❷난야야、절야(蘭—僧居)。『柳宗元文』蘭—眞公。❸인끈술늘어진모양야(——綬貌)。『漢書』印何纍纍綬——。㊁❶같을약(如也)。『史記』吾翁即—翁。❷너약(汝也)。『書』—網在綱。❸순할약(順也)。『書』欽—昊天。❹및약(豫及辭)。『漢書』年九十以上復子—孫。❺두약풀약、향풀약(杜—香草)。『楚辭』采芳洲兮杜—。❻더북할약(——盛多)。❼젊을약(年少也)。❽만약약(假說辭)。
【若干:약간】❶얼마 안 됨。❷얼마쯤。
【若年:약년】青年。年少。
【若黨:약당】젊은 패。傔徒。
【若木:약목】해가 지는 곳。『李白·詩』。
【若否:약부】좋고 나쁨。옳고 그름。『詩經』邦國——。
【若崩厥角:약붕궐각】짐승이 무서워서 그 뿔을 땅에 쳐박고 쩔쩔매는 것과 같이 두려워서 어찌할 줄 모르는 모양。『書經』。
【若是:약시】이와 같이。如此。
【若是若是:약시약시】이러이러함。如此如此。
【若若:약약】❶성한 모양。❷길게 늘어지는 모양。『漢書·石顯傳』印何纍纍、綬——耶。「—通。
【若爲:약위】어찌。如何。『王維』音信—
【若此:약차】이와같이。若是。如此。
【若此若此:약차약차】이러이러함。
【若何:약하】사정이 어떠함。如何。
【若合符節:약합부절】如合符節。
【若或:약혹】혹시。萬一。
◎萬—、自—。

【若】(약)『若』(前條)과 같음

【苧】(저) 語 チョ、からむし ramie ㄓㄨˋ chu⁴
草書 모시저(—麻可爲布縷)。『南都賦』其草則—蘋莞。(『芧·紵』와 같음)

(會圖才三)苧

【苧綏:저수】頭巾。
【苧蝶:저첩】모시에 붙는 벌레。
【苧蒲:저포】모시나 부들로 짠 삿갓。『管子』首戴——、身服襏襫、沾體塗足、暴其髮膚。

【苦】(고) 麌 コ、ク、にがい bitter;painful ㄎㄨˇ k'u³
小篆 草書 ❶쓴나물고、씀바귀고(菜名荼也)。『詩經』采—采—。❷쓸고(味也)。『詩經』誰謂荼—。❸부지런할고(勤勞)。『孟子』必先—其心志。❹괴로울고(困悴辛楚)。『郭璞曰』—而爲快猶以臭爲香以亂爲治。❺모질고(濫惡)。『周禮』辨其—良。❻그릇이 얽어서 깨지기쉬울고、추하고 나쁘게될고。『十八史略 五帝』器不—窳。
【苦諫:고간】苦衷을 다하여 간절히 諫함。『晉書』王坦之、非而——之。
【苦懇:고간】매우 간절하게 청구함。
【苦渴:고갈】❶목이 말라 고심하는 일。『孔平仲』——須漿解。❷돈이나 물건 같은 것이 매우 귀하여 짐。
【苦芥子:고개자】雜草의 이름。『本草』。

子芥苦
(會圖才三)

【苦客:고객】미운 손。싫은 손。귀찮은 손。
【苦境:고경】괴로운 처지。逆境。
【苦困:고곤】괴롭고 곤란함。困苦。『李陵』遠處天一隅、——獨零丁。
【苦空:고공】괴롭고 허무하다는 말。
【苦觀:고관】《佛》❶이 세상을 苦의 세계로 괴로운 것으로 봄。❷厭世觀을 품음。
【苦劇:고극】몹시 심함。지독함。
【苦難:고난】괴로움과 어려움。苦楚。
【苦惱:고뇌】몸과 마음이 괴로움。懊惱。『法華經』生緣老死憂悲——。
【苦待:고대】몹시 기다림。
【苦毒:고독】고통스러움。쓰라림。辛毒。『魏志』憂國家之危敗 愍百姓之——。
【苦樂:고락】괴로움과 즐거움。『史記』勾踐食不重味、與百姓同——。
【苦慮:고려】애써 생각함。苦心。『范泰』華鬢飄悴容、——悽懷抱。
【苦楝:고련】《植》소태나무。
【苦勞:고로】마음과 몸의 고통。勞苦。
【苦慢:고만】나쁘고 느림。『淮南子』工事——。

【苦蕒:고매】(植) 시화과에 屬하는 多年草。어린 잎은 食用하며 위장약으로도 쓰임。

苦蕒 (三才圖會)

【苦味:고미】쓴 맛。↔甘味。

【苦味藥:고미약】(醫)쓴 맛을 갖고 있는 약물의 총칭。소화를 돕고, 영양을 도움。

【苦悶:고민】괴로와서 속을 태움。

【苦杯:고배】쓴 술잔。(喩)억울한 실패나 몹시 심한 고생。

【苦悲:고비】괴롭고 슬픔。〖古詩〗心中「常ㅡㅡ。

【苦使:고사】몹시 혹독하게 부림。

【苦思:고사】괴로운 생각。苦懷。

【苦參:고삼】(植) 콩과에 屬하는 多年草。뿌리는 肥厚하고 줄기는 원주형임。쓴너삼。〖本草〗。

苦參 (三才圖會)

【苦色:고색】❶싫어하는 기색。❷괴로운 기색。

【苦生:고생】몸이나 마음이 괴로운 생활。또는 괴롭게 애쓰고 수고함。

【苦生門:고생문】고생을 당할 운명。

【苦笑:고소】마지 못하여 웃는 쓴 웃음。

【苦心:고심】애씀。마음과 힘을 다함。苦慮。〖淮南子〗以知慮爲治者、ㅡㅡ而無功。

【苦心慘憺:고심참담】몹시 애태워 근심걱정을 많이 함。

【苦顔:고안】찡그린 얼굴。싫은 얼굴。〖李白〗戍客望邊色、思歸多ㅡㅡ。

【苦讓:고양】간곡히 사양함。〖北史〗ㅡㅡ不受。

【苦言:고언】듣기에는 거슬리나 有益한 말。〖戰國策〗ㅡㅡ藥也、甘言疾也。

【苦業:고업】❶고생스런 사업。〖淨住子〗衆等此生、由於身意、造諸ㅡㅡ。❷번거롭고 성가신 因緣。

【苦役:고역】❶힘드는 일。힘드는 노동。重勞動。❷고되게 부림。❸刑罰로서의 懲役。徒刑。

【苦熱:고열】❶지독한 더위。〖白居易〗不堪逢ㅡㅡ。❷더위로 말미암은 고통。

【苦鹽:고염】간수。

【苦雨:고우】오래 두고 내리는 궂은 비。

【苦任:고임】힘들고 귀찮은 任務。

【苦杖:고장】(植)감제풀。「통。

【苦障:고장】(佛)지옥·餓鬼·畜生의 고

【苦戰:고전】죽을 힘을 다하는 힘든 싸움。苦鬪。難戰。〖李白〗ㅡㅡ竟不侯、當年頗惆悵。

【苦節:고절】어떤 곤란을 당해 굽히지 않는 굳은 절개。

【苦情:고정】매우 괴로운 情狀。

【苦主:고주】(國)가까운 일가가 殺害당했을 때에 告訴하는 사람。

【苦酒:고주】❶독한 술。❷맛이 없는 술이라고 남에게 하는 謙稱。

【苦竹:고죽】(植)참대。〖孟浩然〗歲月青松老、風霜ㅡㅡ疎。

【苦盡甘來:고진감래】고생이 끝나면 즐거움이 돌아옴。

【苦菜:고채】(植)씀바귀。고들빼기。〖禮記〗孟夏之月、ㅡㅡ秀。「吟。

【苦楚:고초】=苦痛。〖杜荀鶴〗蛩添ㅡㅡ

【苦衷:고충】괴롭고 난처한 심정。

【苦土:고토】❶(化)酸化마그네슘의 俗稱。❷風化되지 않아 植物의 자라는 데 적당하지 못한 흙。

【苦痛:고통】❶괴롭고 아픔。〖韓非子〗ㅡㅡ雜於腸胃之間。❷마음의 불만족으로 인하여 생기는 감정。

【苦鬪:고투】=苦戰。〖隋書〗ㅡㅡ不息。

【苦鞭:고편】수도자가 제 손으로 제 몸을 때리는 것。

【苦學:고학】학비를 벌어 가며 하는 공부。〖李商隱〗懸頭曾ㅡㅡ、折臂反成醫。

【苦學生:고학생】고학하는 학생。

【苦恨:고한】고통。괴로움。〖杜甫〗艱難ㅡㅡ繁霜鬢、潦倒新亭濁酒杯。

【苦寒:고한】❶지독한 추위。〖杜甫〗蠻夷長老怨ㅡㅡ。❷추위로 말미암은 괴로움。

【苦海:고해】(佛)괴로움이 많은 인간 사회。苦界。〖梁簡文帝〗ㅡㅡ易沈、慈波空蕩。

【苦行:고행】(佛)❶佛法을 닦기 위하여 肉身을 괴롭히고 苦惱를 견디어 내는 일。〖資治通鑑〗衣食居處、一如ㅡㅡ沙門。❷절에서 苦役에 종사하는 일。

【苦歇:고헐】병이 더하였다 덜하였다 하며 오래 앓음。

【苦瓠:고호】(植)호리병박。苦瓠蘆。

【苦患:고환】괴로움。苦難。〖善恭敬經〗更得無量無邊ㅡㅡ之法。

【苦況:고황】고난을 겪는 정황。

【苦懷:고회】=苦思。〖劉禹錫〗相思之ㅡㅡ、膠結贅聚。

◎刻ㅡ、甘ㅡ、困ㅡ、勞ㅡ、病ㅡ、貧ㅡ、四ㅡ、辛ㅡ、八ㅡ、痛ㅡ、寒ㅡ。

【苨】(니) 薺 デイ、なずな shepherd's purse

草書 겨로기니(薺ㅡ)。〖劉勰新論〗愚與直相像若薺ㅡ之亂人蔘。

【苨苨:이니】草木이 매우 우거진 모양。〖詩經〗維葉ㅡㅡ。

【苫】(점) 鹽 セン、とま、こも coarse straw-mat〔本音「섬」〕

小篆 草書 ❶이엉점(編茅覆屋名白蓋)。❷거적자리점(喪席)。〖儀禮〗居倚廬寢ㅡ。❸글씨흘려쓸점(㾿ㅡ書貌)。〖晉書〗窮寵㾿ㅡ隨體散布。

【苫蓋:점개】거적으로 덮은 집。(喩)가난함을 일컫는 말。〖劉峻〗斷金由於湫隘、刎頸起於ㅡㅡ。

【苫塊:점괴】짚을 엮어 자리로 하고、흙덩이를 베개로 함。(喩)喪禮를 가리키는 말。〖風俗通〗孝子寢伏ㅡㅡ。

【苫彌:점미】枸杞의 뿌리。〖餘冬序錄〗ㅡㅡ即枸杞根也。

【苫席:점석】거적 자리。〖潘岳〗易錦茵以ㅡㅡ兮、代羅幬以素帷。

【苫次:점차】부모 喪中에 있는 사람의 거처。주로 아랫 사람에게 대하여 씀。苫席。

【苩】(백) 陌 ヒャク

성백(百濟姓)。

【茌】(선) 先 セン、くさのな grass

노양이선(草名似莞)。〖隋書〗南郊神座皆用ㅡ席。〖皮日休詩〗選勝舖ㅡ席。

【苯】(분) 阮 ホン、むらがる luxuriant

草書 풀 더부룩하게날 분(草叢生ㅡ蓴)。

【苰】(홍) 蒸 コウ、ひまし castor bean

피마자홍(胡麻藤ㅡ)。

【英】(영) 庚 エイ、はな、すぐれる corolla:distinguished

小篆 草書 ❶꽃부리영(華也)。〖詩〗顏如舜ㅡ。❷영웅영(智出萬人)。〖孟子〗得天下ㅡ才而教育。❸구름뭉게뭉게일영(ㅡㅡ雲貌)。〖詩〗ㅡㅡ白雲。❹풍류이름영(樂名五ㅡ)。❺아름다울영(美也)。〖晉書荀闓傳〗京師語曰、洛中ㅡㅡ荀道明。(『[illegible]』과 같음)

【英槪:영개】뛰어난 器量。〖許衡〗雄名

與――、一日傾九州。

【英傑:영걸】뛰어난 인물。英雄。『荀子』其窮也俗儒笑之、其通也――化之。

【英氣:영기】뛰어난 才氣。뛰어난 氣象。『唐書』少有――。

【英斷:영단】지혜롭고 용감하게 결단함。뛰어난 결단。英果。『晉書』忠武――誠冠終古。

【英達:영달】英明。『吳志·註』――夙成。

【英圖:영도】뛰어난 計劃。英略。雄圖。『北齊書』――猛槩 抑揚千古。

【英略:영략】뛰어난 계략。英圖。『晉書』――奮發、忠勇絶世。

【英靈:영령】❶뛰어난 사람。『隋書』此河朔之――也。❷英魂。雄魂。

【英邁:영매】才能·知識이 매우 뛰어남。『宋史』高明――、廻出千古。「英聲。

【英名:영명】뛰어난 名聲。좋은 명예。

【英明:영명】영특하고 총명함。英達。

【英妙:영묘】재능이 뛰어난 젊은이。『潘岳』終童山東之――、賈生洛陽之才子。

【英茂:영무】슬기롭고 뛰어남。秀茂。『晉書』才德――。

【英武:영무】영걸하고 매우 용맹스러움。『唐書』太宗爲人、聰明――。

【英文:영문】❶英語로 쓴 文章。❷英文學의 略語。

【英文學:영문학】英國의 문학 또는 그것을 연구하는 학문。

【英物:영물】매우 영걸스럽고 뛰어난 인물。『晉書』及聞其聲曰、眞――也。

【英美法:영미법】(法)영국 법률 및 그것을 계승한 미국 법률의 通稱。특징은 판례법·관습법을 주로하며、불문법이 중심이 됨。

【英敏:영민】영리하고 민첩함。穎敏。

【英發:영발】才氣가 뛰어나게 드러남。『南史』聰悟俊朗、天才――。

【英爽:영상】얼굴 모양이 뛰어나고 기풍이 있음。『晉書』風姿――、氣蓋一時。

【英書:영서】英字로 쓴 글자。또는 書籍。英文。

【英聖:영성】天性이 뛰어나서 사물의 理致에 밝음。또는 그 사람。明聖。

【英秀:영수】영특하고 뛰어남。俊秀。『吳志』――之德、文章之采。

【英詩:영시】영문으로 쓴 시。

【英譯:영역】영어로 번역함。

【英譽:영예】빛나는 명예。榮譽。榮光。

【英晤:영오】영특하고 민첩함。英悟。『宋史』眞宗――之士。「禿落。

【英耀:영요】화려한 빛。『夏侯湛』――

【英雄:영웅】재능과 지혜가 뛰어나 大衆을 영도하고 세상을 경륜할 만한 사람。英傑。『魏志』天下――、惟使君與操耳。

【英雄譚:영웅담】영웅의 행한 일을 쓴 전설。

【英雄的:영웅적】영웅다운 데가 있음。영웅적인 행동。

【英偉:영위】英明하고 위대함。『晉書』――大賢、多出于山澤。

【英姿:영자】뛰어나고 늠름한 자태。英風。『後漢書』――茂績。

【英資:영자】뛰어난 天性。英稟。『班固』厥土塗泥、而――挺特。

【英將:영장】英勇한 장수。

【英才:영재】뛰어난 재주가 있는 사람。秀才。英士。英彥。『孟子』得天下――、而敎育之。

【英主:영주】훌륭하고 뛰어난 임금。賢君。名君。『南史』卒被知――。

【英俊:영준】영민하고 俊秀함。또는 그러한 인물。英哲。

【英哲:영철】영명스럽고 현철스러움。『左思』――雄豪、佐命帝室。

【英特:영특】영걸스럽고 특별함。英拔。『魏收』以富有之資、運――之氣。

【英風:영풍】영걸스러운 풍채。『李白』懷古欽――。

【英賢:영현】뛰어나고 슬기로움。또는 그 사람。俊賢。『後漢書』遂交結――。

【英豪:영호】뛰어나고 호걸스러움。또는 그 사람。英傑。『五代史』與――戰卒、就霸業。

【英華:영화】❶꽃。『晉書』草木――。❷心情이 아름다우면 그 아름다움이 外貌에도 나타남。『禮記·樂記』和順積中、而――發外。❸뛰어난 詩나 文章。또는 詩文 가운데서 가장 뛰어난 곳。『詩經』。❹名譽。『漢書』浮――、湛道德。❺英國과 中國。

◎群―、石―、育―。

【英】

(영)『英』(前條)과 같음

【苲】

㊀(자) 馬 ㊁(작) 藥 サ、サク、うまごやし trefoil ㄓㄚˇ cha³

㊀두엄자(土苴)。㊁❶풀이름작(草名)。❷고을이름작(縣名定―)。❸산이름작(山名―領)。

【苳】

(동) 冬 トウ、ふき honeysuckle

小篆 겨울살이동(冬生苴―)。

【苴】

小篆 草書 ㊀(저) 魚 ㊁(차) 麻 ㊂(자) 馬 ショ、ソ、あさ hemp ㄐㄩ chü¹

㊀❶암삼저(有子麻)。『詩』九月菽―。❷꾸러미저(苞―賂遺)。『禮』凡以弓劍苞―簞笥問人者。❸대지팡이저(竹喪杖)『禮』―杖竹。❹신바닥저(履藉)。㊁마름풀차(水中浮草)。『詩』如彼棲―。㊂두엄풀자、거름풀자(土―和糞草)。『莊子』其土―以治天下。

【苴杖:저장】상제가 喪中에 쓰는 검은 빛의 대지팡이。喪杖。(字解❸參照)。

苴杖 (圖器禮)

【苴絰:저질】喪中에 머리와 허리에 띠던 麻帶。『儀禮·喪服傳』――大鬲。

(圖物名) 絰苴

【苴草:저초】우거진 풀。『管子』――林木。

【苴布:저포】삼으로 짠 거친 천。『莊子』「――之衣。

【芒】

(황)『怳』(心部 5畫)과 같음

【芖】

(시) 紙 シ、よもぎ mugwort

小篆 쑥시(蒿也)。

【苵】

(절) 屑 テツ、くろびえ wild Deccan grass

小篆 돌피절(穢草似稗稊)。

【苶】

㊀(날) 屑 ㊁(녑) 葉 デツ、つかれる tired ㄋㄧㄝˊ nieh² (本音「녈」)

草書 ㊀고달플날、날연할날(―然疲貌)。『莊子』―然疲役而不知其所歸。㊁뜻은 ㊀과 같음。

【苶然:날연】❶피로에 지친 모양。『莊子』――疲役、而不知其所歸。❷잊어버린 모양。『釋文』――忘貌。

【苷】

(감) 覃 カン、あまくさ liquorice

小篆 감초감(甘草)。『本草』一名蜜通一名國老―最爲衆藥之主。『王十朋詩』閒庭勝苷―。

【苹】

(평) 庚 ヘイ、ビョウ、よもぎ mugwort ㄆㄧㄥˊ p'ing²

小篆 草書 ❶맑은대쑥평(藾蕭可食)。『詩』呦呦鹿鳴食野之―。❷사과평(―果)。

【苹車:평거】 적에게 보이지 않게 자기를 掩蔽하는 수레。『周禮』ㅣㅣ之萃。
【苹果:평과】 사과。

【苺】(매) 賄 バイ、いちご Duchesnea indica
小篆 草書 뱀딸기매(覆盆草蛇ㅣ)。

【苻】㊀(부) 虞 フ、さや ㊁(부) 虞 rind ㄈㄨˊ fu²
草書 ㊀❶ 귀목풀부(鬼目似葛草名)。❷성부(姓也)。㊁껍질부(草之甲)。【史記】甲者言萬物剖ㅣ甲而出也。
【苻甲:부갑】 낟알 같은 알맹이를 겉으로 둘러싼 껍질。콩깍지 같은 것。『史記』萬物剖ㅣㅣ而出。
【苻秦:부진】 五胡 一六國의 하나。符洪이 세운 秦國。前秦。

【苽】(고) 虞 コ、まこものみ water-oat ㄇㄟˊ mei²
小篆 草書 교미고、줄고(彫胡茭米)。【淮南子】大旱ㅣ封熯。

【茀】(불) 物 フツ、くさむら bush ㄈㄨˊ fu²
小篆 草書 ❶풀우거질불(ㅣㅣ草盛)。❷복불(ㅣ祿福也)。【詩】ㅣ祿爾康矣。❸수레가림불(赤ㅣ車蔽)。❹다스릴불(治也)。【詩】翟ㅣ以朝。❺막힐불(塞也)。【國語】ㅣ厥豐草。❻강하고 성한모양불(盛貌)。【詩經小雅皇矣】臨衝ㅣㅣ。❼장사(葬事)때 관(棺)에 감는 새끼불。【左傳 宣公八年】用葛ㅣ。(『紼』과 통함)
【茀祿:불록】 복。(字解❷參照)。
【茀離:불리】 草木이 뒤덮임。芘覆。
【茀矢:불시】 화살의 한 가지。八矢의 하나。주살로 쓰임。『周禮·司弓矢』。
【茀然:불연】 숨을 쉬는 모양。『莊子』氣息ㅣㅣ。

【苾】(필) 質 ヒツ、かおり fragrance ㄅㄧˋ pi⁴
小篆 草書 ❶ 필추풀필(ㅣ芻草名)。【陸龜蒙詩】烟生ㅣ芻碧。❷향기로울필(ㅣ芬馨香)。【詩】ㅣ芬孝祀。❸오랑캐의부락 필(突厥部契ㅣ)。(『䪐』과 같음)
【苾芬:필분】 향기로움。芬苾。『詩經』ㅣㅣ孝祀。
【苾芻:필추】 ❶比丘。(梵語 Bhiksu 에서 나온 말。) ❷풀 이름。(字解❶參照)。
【苾苾:필필】 향기로운 모양。『詩經』ㅣㅣ芬芬。

【茁】㊀(줄) 質 セツ、シュツ、めばえ (本音「굴」) ㊁(찰) 黠 sprout ㄓㄨㄛˊ chuo² ㊂(절) 屑 ㄓㄚˊ cha²
小篆 草書 ㊀풀싹줄(草芽)。㊁❶풀뾰죽뾰죽날찰(草出貌)。【關尹子】草木俄ㅣㅣ俄亭亭俄蕭蕭。❷살찔찰(ㅣ壯肥也)。【孟子】牛羊ㅣ壯長而已矣。㊂풀싹절(草初生)。【詩】彼ㅣ者葭。
【茁長:줄장】 ❶초목들이 나서 자람。❷짐승이 커서 살찜。
【茁茁:줄줄】 풀의 싹이 나오는 모양。

【茂】(무) 宥 ボウ、モ、しげる grow thick ㄇㄠˋ mao⁴
小篆 草書 ❶ 풀우거질무(草盛)。【詩】如松柏之ㅣ。❷아름다울무(美也)。【漢書】歲時存問ㅣ才。❸힘쓸무(勉也)。【周語】先王之于民也ㅣ正其德而厚其性。(『懋』와 통함)
【茂林:무림】 나무가 무성한 숲。『王羲之』此地有崇山峻嶺、ㅣㅣ修竹。
【茂士:무사】 才德이 뛰어난 사람。茂材。『漢書』明主游心太古、廣延ㅣㅣ。「茂。
【茂盛:무성】 풀이나 나무가 우거짐。盛
【茂遂:무수】 무성하게 生長함。『宋史』物性ㅣㅣ、民俗阜昌。
【茂樹:무수】 우거진 나무。『白居易』倦鳥歸ㅣㅣ、涸魚返淸源。
【茂異:무이】 재능이 뛰어나서 다른 것과 비교가 안 될만함。또 그러한 인물。『漢書·何武傳』招選ㅣㅣ。
【茂材:무재】 才能이 뛰어남。또는 그 사람。茂士。『漢書』ㅣㅣ異等。
【茂宰:무재】 地方長官의 尊稱。『李白』天子思ㅣㅣ。
【茂迹:무적】 뛰어난 공적의 자취。『晉書』嘉猷ㅣㅣ、陳諸列傳。
【茂行:무행】 훌륭하고 갸륵한 行爲。『楚辭』夫維聖哲、以ㅣㅣ兮。
【茂勳:무훈】 성한 공훈。盛勳。『晉書』ㅣㅣ格於皇天、淸暉光於四海。
◎緻ㅣ。

【范】(범) 豏 ハン、はち、のり bee ㄈㄢˋ fan⁴
小篆 草書 ❶범풀범(草名)。❷벌범(蠭也)。【禮】ㅣ則冠而蟬有緌。❸궁이름범(周穆王宮名)。❹주형범(型也)。❺법범(範也)。❻성범(姓也)。(『範』과 통함)

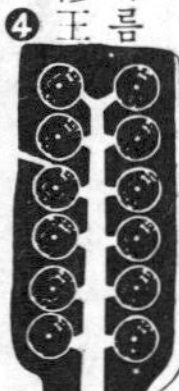
❹ 范錢鐵五漢(而石金)

【范睢:범수】 (人) 戰國時代의 魏의 辯說家。字는 叔。秦의 昭王 때 大臣이 되어 遠交近攻策을 써서 諸侯를 침략하였음。後世에 誤用되어 范雎(범저)라고도 함。
【范鎔:범용】 쇠를 녹여서 틀에 넣음。
【范增:범증】 (人) 楚 項羽의 謀臣。項羽에게 亞父라고 불리워 信任받았으나 뒤에 漢과 內通한다는 의심을 받아 彭城으로 가서 죽었음。

【茄】㊀(가) 歌 カ、なすび (古音「갸」) ㊁(가) 麻 egg-plant ㄑㄧㄝˊ ch'ieh²
小篆 草書 ㊀❶ 연줄기가(芙蕖莖)。【西京賦】蔕倒ㅣ於藻井。❷오가피가(五ㅣ藥名)。㊁가지가(ㅣ子菜名)。【王褒僮約】別ㅣ披葱。
【茄蔤:가밀】 연(蓮)。『何晏』ㅣㅣ倒植、吐被芙　。
【茄房:가방】 연밥。蓮實。『柳宗元』其宗下有流石、成形如肺肝、如ㅣㅣ。
【茄子:가자】 가지。『本草』ㅣㅣ、氣味甘寒、無毒。
【茄荷:가하】 연의 줄기。蓮莖。『蕭貢』田田靑ㅣㅣ、艶艶紅芙蕖。

【茅】(모) 肴 ボウ、かや、ちがや (本音「묘」) miscanthus ㄇㄠˊ mao²
小篆 草書 ❶띠모(菅也)。【詩】白ㅣ包之。❷표기모(前ㅣ旌識)。【左傳】前ㅣ慮無。
【茅根:모근】 띠의 뿌리。止血劑로 씀。
【茅芒:모망】 陶瓷器의 입 가장자리에 있는 흠。
【茅舍:모사】 ❶띠로 지붕을 인 보잘것 없는 집。茅屋。茅堂。茅宇。❷자기 집의 謙稱。『白居易』三間ㅣㅣ向山開。
【茅沙:모사】 齋를 지낼 때에 쓰이는 그릇에 담은 띠 묶음과 모래。

【茅沙器:모사기】 모사를 담는 그릇。
【茅塞:모색】 띠가 길에 깔려 있는 것처럼 욕심 때문에 마음이 흐려 있음。『孟子·盡心』。
【茅蒐:모수】 (植)꼭두서니。
【茅柴:모시】 ❶띠와 섶。 ❷薄酒。 띠나 섶의 불은 일시에 활짝 다 타고 곧 꺼진다는 뜻으로 얻은 술이 깨는 薄酒에 비유함。『韓駒·詩』飮慣——、諳苦硬。
【茅庵:모암】 띠지붕의 초막。 茅廬。『胡曾』便來玆地結——。
【茅屋:모옥】 =茅舍。『王維』終南有——、前對終南山。
【茅牖:모유】 띠로 만든 들창문。 가난한 살림살이。『曹植』蓬戶——、原憲之宅也。
【茅茨:모자】 ❶띠와 남가새。 ❷지붕에 덮은 띠。 (轉)띠로 지붕을 인 집。
【茅茨不剪:모자부전】 지붕을 띠로 이은 대로 가지런히 자르지 않고 둠。 곧 소박한 생활의 일컬음。『韓非子』——、采椽不斲。
【茅絕:모절】 띠풀을 다발로 묶어 줄지어 놓아、이로써 朝禮 때의 位次의 表識로 세우던 것。『國語』置——表坐。
【茅店:모점】 띠로 지붕을 인 주막。 (轉)시골의 조고마한 주막。『溫庭筠』雞聲——月、人跡板橋霜。
【茅葺:모즙】 이엉으로 집을 이음。
【茅亭:모정】 짚이나 띠 따위로 이은 정「자。
【茅草:모초】 (植)띠。
【茅鴟:모치】 (動)수알치새。『左傳』使工爲之誦——。
【茅香:모향】 (植)香草의 하나。 그 줄기와 잎은 黑色、꽃은 白色、또는 黃色으로、結實하는 것과 그렇지 않는 것이 있음。 黃麻。

香茅 (會圖才三)

【茅軒:모헌】 초가지붕의 처마。 또는 띠집。 茅簷。『周朴』松店——向水開。
【茅花:모화】 띠꽃。 띠풀의 이삭이 아직 줄기 속에 있는 것。 茅芽。『本草』。

【茆】 一(류) 有 二(묘) 巧 ボウ、ぬなわ water-shield ㄇㄠˇ mao³ 小篆 草書 一순채류(鳧葵蓴菜草)。『詩』思樂泮水薄采其—。(『茆』의 俗字) 二순나물묘(蓴菜)。
【茆茨不剪:묘자부전】 =茅茨不剪。
【茆檐:묘첨】 =茅軒。『陶潛』檻褸——下。

【犮】 一(불) 物 二(발) 曷 バツ、やどる thatched hut ㄅㄚˊ pa² 小篆 草書 一뱃줄불(紼舟紖)。 二❶발괄풀발(—菝草名)。『甘泉賦』擠栟櫚與—菝兮。 ❷필발발(華—藥名)。『南方草木狀』醬生於蕃國者大而紫謂之華—。 ❸풀집발、초막발(草舍)。『詩經』召伯所—。 ❹풀뿌리발(草根也)。
【犮舍:발사】 산이나 들판에서 자는 일。 露營。『周禮』仲夏教——。

【茈】 (자) 支 シ、むらさき gromwell ㄔㄞˊ ch'ai² 小篆 草書 ❶올매자(勃薺草名)。『後漢書』王莽末南方饑饉人庶羣入野澤掘鳧—而食之。 ❷생강자(子薑)。『上林賦』—薑蘘荷。 ❸지치자(染紫草)。

【茉】 (말) 曷 マツ、まつり white jasmine ㄇㄛˋ mo⁴ 草書 말리꽃말(—莉柰花)。『南行記』南越五穀無味百花不香獨—莉不隨水土而變。
【茉莉:말리】 (植)中國原産의 常綠灌木。 꽃이 희고 향기가 많음。

茉莉 (會圖才三)

六 畫

【茖】 一(격) 陌 二(각) 陌 カク、やまにら welshonion 小篆 一산파격、달래격(山葱)。 二풀각(草也)。

【茗】 (명) 迥 メイ、ちゃ tea ㄇㄧㄥˊ ming² 小篆 草書 차싹명(茶芽)。『杜甫詩』—飮蔗漿携所有。『酩』과 통함。
【茗器:명기】 茶器。 茗具。
【茗坊:명방】 차를 파는 집。『說苑』中衢下馬入——。
【茗樹:명수】 차나무。『李咸用』匡山——「朝陽偏。「晴望似龍鱗。
【茗宴:명연】 차를 끓이고 마시고 하는 모임。
【茗園:명원】 茶園。 茗圃。『劉禹錫』——
【茗飮:명음】 차를 마심。『張子羽』禪房伴——、豈待酒中趣。
【茗艼:명정】 술이 곤드레만드레 취함。 酩酊。『世說』——無所知。
【茗荷:명하】 (植)향기가 있는 생강과에 속하는 多年生 풀。 蘘荷。
【茗香:명향】 차의 향기。 茶香。

【荔】 一(례) 霽 二(려) 霽 レイ、リ、おおにら balsam-pear ㄌㄧˋ li⁴ (本音「리」) 小篆 草書 一예지례(—枝果名)。『南方草木狀』—枝樹高五六丈青花朱實實大如鷄子。 二향풀려(薜—香草)。『楚辭』貫薜—之落蘂。
【荔丹:여단】 荔子가 붉게 익은 것。『蘇軾』於餐—與蕉黃
【荔子:여자】 (植)과일의 이름。 荔枝의 열매。『韓愈』——丹兮蕉黃。
【荔枝:여지】 (植)박과에 屬하는 一年生 蔓草。 줄기는 가늘고 길어 덩굴손으로 감겨 오르며、잎은 호생하고 掌狀으로 째짐。 여주。

荔枝 (會圖才三)

【茘】 (려) 『荔』(前條)의 俗字

【茙】 (융) 東 ジュウ、からあおい sunflower 草書 ❶규화융、해바라기융(—葵)。『述異記』—葵本胡中葵似葵而大者。 ❷두터운모양융(——原貌)。
【茙菽:융숙】 콩。 大豆。『列子』進其——、有稻粱之味。

【茛】 (간) 願 コン、きんぽうげ camphor ㄍㄣˋ ken⁴ 草書 ❶박꽃의 싹간、노저나물간(烏頭之苗草也)。 ❷장뇌나무간(樟類)。

【茜】 (천) 霰 セン、あかね madder 小篆 草書 꼭두서니천(茅蒐草名花可染絳)。『史記』千畝卮—。
【茜色:천색】 꼭두서니의 뿌리에서 빼어낸 물감으로 紫色을 띤 赤黃色。
【茜草:천초】 (植)꼭두서니。

【茥】 (규) 齊 ケイ、くさいちご strawberry 小篆 딸기규(覆盆子)。

【茝】(채) 賄 サイ、よろいぐさ orchid イ万ˇ ch'ai³
茝 小篆 草書 ❶난초채(蕙蘭類)。❷궁궁이싹채(一芎藭苗一名蘼蕪)。〔禮〕佩帨一蘭。

〔茝蘭:채란〕 香草의 이름。 궁궁이。 〔廣雅〕天子祭以鬯、諸侯以薰、卿大夫以一一、士以蕭、庶人以艾。

〔茝若:채약〕 궁궁이풀과 杜若。 모두 香草임。 『張華·雜詩』微風搖一一、增波動芰荷。

〔茝蕙:채혜〕 香草의 이름。

【茟】 ㊀(율) 質 イツ、つぼみ ㊁(위) 賄 button
草書 ㊀명아주율(赤藜)。(『聿』의 古字) ㊁꽃방울위、싹위、봉오리위(草木花始)。

【茠】 ㊀(호) 豪 コ、キュウ、かげ ㊁(휴) 尤 be shadowy
㊀김맬호(一刺除草)。 〔唐書〕身操畚臿一刺無休時。(『薅』와 같음) ㊁그늘질휴、덮을휴(蔭也)。 〔淮南子〕得一越下則脫然喜矣。(『休』와 같음)

〔茠鉏:호서〕 밭의 풀을 뽑아 버림。 『顏氏家訓』耕種之、一一之、刈穫之、載積之。

【茢】(렬) 屑 レツ、あしのほ read-ear カ一せ lieh⁴
茢 小篆 草書 부정풀이비렬(桃一萑苕掃不祥)。 〔左傳〕乃使巫以桃一先祓殯。

【茤】(다) 歌 タ、ひし water-nut
❶마름다(菱也)。 ❷남녘오랑캐다(南夷名鬼一)。

【茦】 ㊀(책) 陌 サク、くさのとげ ㊁(자) 支 prickle
茦 小篆 ㊀풀가시책(草刺針也)。 ㊁풀가스랑이자(草芒)。

【茨】(자) 支 シ、いばら thorn ち tz'ŭ²
茨 小篆 草書 ❶풀이름자、남가새자(蒺藜草名)。 〔詩經〕牆有一。 ❷새이엉자(茅一蓋屋)。 〔書〕惟其塗塈一。 ❸쌓을자(積也)。 〔詩經〕曾孫之稼如一如梁。

〔茨棘:자극〕 ❶(植)남가새。 〔後漢書〕清潔之士、徒自苦于一一之間。 〔轉〕곤란한 일。 ❷풀이 깊은 시골。

〔茨牆:자장〕 가시나무로 만든 담。

〔茨草:자초〕 ❶지붕에 이엉을 이는 것。 『柳宗元·文』。 ❷남가새와 풀。

【茩】(구) 有 コウ、はぶそう cossia obtusifolia
茩 小篆 초결명구(決明薢一)。

【茫】(망) 陽 ボウ、かすか vast
草書 ❶망망할망(一一廣大貌)。 ❷물이질펀할망(滄一水貌)。 ❸막연할망(漠然)。 〔陶潛詩〕天道幽且遠、鬼神一昧然。

〔茫漠:망막〕 흐리멍덩하고 뚜렷하지 못한 모양。 渺漠。

〔茫邈:망막〕 멀고 아득한 모양。

〔茫茫:망망〕 ❶흐리멍덩하고 뚜렷하지 못한 모양。 『白居易·長恨歌』。 ❷넓고 먼 모양。 『左傳』一一禹跡、畫爲九州。 ❸지쳐 피곤한 모양。 『孟子·公孫丑』。

〔茫茫大海:망망대해〕 한없이 넓고 먼 큰 바다。

〔茫昧:망매〕 흐리멍덩하고 둔함。 『陶潛』天道幽且遠、鬼神一一然。

〔茫無頭緒:망무두서〕 정신이 아득하여 하는 일이 두서가 없음。

〔茫無涯畔:망무애반〕 아득하게 넓고 멀어 끝이 없음。

〔茫洋:망양〕 바다가 넓고 넓은 모양。

〔茫然自失:망연자실〕 멍하니 제 정신을 잃은 모양。 呆然自失。

〔茫蒼:망창〕 큰 일을 당하여 계획이 아직 서지 않음。

【茬】(치) 支 シ、くさ herb
茬 小篆 ❶풀모양치(草貌)。 ❷땅이름치(地名)。 ❸성치(姓也)。(『茌』와 같음)

【茭】(교) 肴 キョウ、かれくさ dried fodder ㄐ一ㄠ chiao¹
茭 小篆 草書 마른꼴교(乾芻)。 〔書經〕峙乃芻一。

〔茭牧:교목〕 牧畜함。 『史記』民一一其中。

〔茭粽:교종〕 주악。 (茭는 주악을 싸는 껍질)。

【茯】(복) 屋 フク、まつほど ㄈㄨˊ fu²
草書 풍낭이복、복령복(一苓松脂)。 〔博物志〕松柏脂入地千年化爲苓一苓一化爲琥珀且精氣不盛止爲附結本根既不離本故曰一神。

〔茯苓:복령〕 (植)소나무 뿌리에 기생하는 버섯類。 漢方에서 水腫·淋疾 같은 데에 약재로 씀。 「쓰임」。

〔茯苓皮:복령피〕 복령의 껍질。 약으로 씀。

〔茯神:복신〕 소나무의 뿌리를 싸고 생긴 茯苓。 오줌을 통하게 하는 데 씀。 神木。 白茯神。

【茰】(유) 『萸』(艸部 9畫)와 같음

【䒷】(괄) 曷 カツ、きからすうり snake-gourd
䒷 小篆 草書 하눌타리괄(藥名一蔞)。

【茱】(수) 虞 シュ、かわはじかみ Evodia Danielii ㄓㄨ chu¹
茱 小篆 草書 수유수(一萸藥名)。 〔風土記〕九月九日折一萸房插頭可辟惡氣。

〔茱萸:수유〕 (植)芸香科의 낙엽 교목。 또는 그 열매。 九월 九일(重陽)에 높은 산에 올라가서 이 열매를 머리에 꽂으면 마귀를 쫓는다고 함。 또는 그 열매로 기름을 짜서 머릿 기름으로 씀。

〔茱萸油:수유유〕 수유 기름。

【茲】(자) 支 シ、むしろ mat ㄗ tzŭ¹
茲 小篆 草書 ❶돗자(蓐席)。 〔公羊傳〕屬負一舍不即罪爾。 〔註〕諸侯有疾稱負一。 ❷거듭자(重也)。 〔太玄經〕天下之一。 ❸이자(此也)。 〔書經〕念一在一。 ❹초목우거질자(草木盛多)。 ❺나라이름자(西域國名龜一)。 (『滋』와 통함)

〔茲其:자기〕 農具의 이름。 호미。 茲基。 『周禮』以一一斫其生者。

〔茲基:자기〕 호미。 茲其。 『漢書·注』張晏曰、一一鉏也。 「裔一一有土著不乏焉。

〔茲茲:자자〕 增殖하는 모양。 『史記』

【茳】(강) 江 コウ、せんきゅうのなえ Gracilaria contervoides ㄐ一ㄤ chiang¹
草書 강리풀강(一蘺香草)。

【茳蘺:강리】《植》❶茳蘺科에 딸린 紅藻類의 하나。暖海의 얕고 물이 잔잔한 곳에 남。寒天을 만들 때에 우뭇가사리와 섞어서 씀。❷㉠천궁이。뿌리는 川芎이라하여 약으로 씀。㉡궁궁이。싹을 蘼蕪라 하여 약으로 씀。「지에 남。

【茳芏:강토】《植》방동사니。바닷가나 습

【茴】(회) 灰 カイ、ういきょう fennel

草書 ❶약이름회(ㅡ香藥名)。「有大ㅡ香、小ㅡ香」。【茴香賦】仰眺崇岡俯察幽坂乃見ㅡ香蒙楚之間。❷방풍잎회(藥草防風葉也)。

【茴香:회향】《植》회향풀의 열매。藥用으로도 하고 食用으로도 함。

【茶】(다) 麻 チャ、タ、ちゃ tea ㄔㄚˊ ch'a² (本音「차」)

草書 차풀다(茗也)。【博物志】飮眞ㅡ令人少眠。

【茶褐色:다갈색】검은 빛을 띤 赤黃色。

【茶供:다공】차를 끓여 올림。『方岳』山泉與佛結ㅡㅡ。

【茶課:다과】차에 대한 稅金。『宋史』得ㅡㅡ四百萬緡。「ㅡㅡ而己」。

【茶果:다과】차와 과일。『晉書』所設、惟

【茶菓:다과】차와 과자。

【茶菓會:다과회】차와 과자를 마련한 간단한 모임。

【茶罐:다관】차를 끓이는 주전자。차관。

【茶臼:다구】차를 빻는 절구。『柳宗元』日午夢覺無餘聲、山童隔竹敲ㅡㅡ。

【茶金釉:다금유】부드러운 바탕의 石間硃 잿물。

【茶器:다기】❶茶諸具。『宋史』賜ㅡㅡ名果。❷차를 담는 사기 그릇·칠기·금속기구 따위。❸《佛》부처 앞에 맑은 물을 떠놓는 그릇。

【茶旗:다기】차의 잎。

【茶啖床:다담상】손님 대접으로 차려내는 교잣상。

【茶道:다도】❶차를 끓이는 것에 의하여 정신을 수양하고 예법을 높이는 道。❷차를 만드는 법。

【茶禮:다례(慣)차례】음력 매달 초하룻날·보름날·명절날·祖上의 생일 등의 낮에 지내는 祭祀。茶祀。

【茶爐:다로】차를 끓이는 화로。茶壚。『陸游』ㅡㅡ烟起知高興。

【茶寮:다료】❶喫茶店。茶房。❷料理店。

【茶梅:다매】《植》동백나무。山茶의 別種。『草花譜』。

梅茶 (三才圖會)

【茶飯事:다반사】예사로운 일。보통의 일。

【茶房:①다방②차방】❶차를 마시며 쉴 수 있게 된 영업집。찻집。喫茶店。❷식료품을 두는 방。

【茶毘所:다비소】火葬터。

【茶市:다시】차를 무역하는 시장。『宋史』置ㅡㅡ、交易者必由市。

【茶匙:다시】차를 마실 때 쓰는 작은 숟가락。찻숟가락。

【茶食:다식】콩·쌀·송화가루 따위를 엿이나 꿀에 반죽하여 판에 박아낸 油蜜菓의 한 가지。

【茶食板:다식판】다식을 박아 내는 틀。

【茶室:다실】❶茶會로 쓰이는 房。❷=茶房①。

【茶靄:다애】차를 끓이는 연기。『林逋』霏霏ㅡㅡ山松梢。

【茶宴:다연】차를 마시며 즐기는 宴會。「茗宴。

【茶園:다원】차나무를 심은 밭。차를 재배하는 밭。茶圃。

【茶積:다적】차를 너무 좋아하여 나중에는 마른차를 그대로 끓여 먹게 되는 병。

【茶店:다점】❶차를 파는 가게。❷茶房。찻집。

【茶亭:다정】❶茶店。❷(制)進饌 때 쓰는 기구의 하나。❸茶亭子의 略語。

【茶槽:다조】茶臼。(槽는 碓)。『范成大』「苦怯ㅡㅡ。ㅡㅡ藥臼杵聲中。

【茶槍:다창】차의 싹。『楊萬里』睡鄕未ㅡ消乏爲名、轉賣與新興之戶。

【茶戶:다호】차를 파는 집。『元史』以ㅡ

【茶壺:다호】차를 담아 두는 단지。

【茶話會:다화회】차를 마시며 이야기하는 모임。

【茶盤:차반】찻그릇을 담는 조그마한 예반。

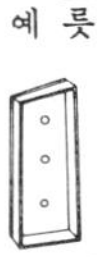
茶盤 (三才圖會)

【茶欌:차장】찻 그릇이나 과실 따위를 넣어 두는 자그마한 장。

【茶諸具:차제구】茶에 관한 여러 가지 도구。차관·찻종·찻숟가락 따위。

【茶鍾:차종】차를 따라 마시는 종지。◎綠ㅡ、新ㅡ、製ㅡ、紅ㅡ。

【茷】(패) 泰 ハイ、しげり overgrow

小篆 草書 ❶풀잎우거질패(草葉盛貌)。【西山宴遊記】斫榛莽焚茅ㅡ。❷법도있을패(ㅡㅡ有法度)。【詩】其旂ㅡㅡ。

【茷茷:패패】法度가 갖추어 있음。『詩經』其旂ㅡㅡ。

【茵】(인) 眞 イン、しとね mattress ㄧㄣ yin¹

小篆 鞇(司馬相如說) 草書 ❶사철쑥인(ㅡ蔯蒿也)。『杜甫詩』ㅡ蔯春藕香。❷요인(褥也)。【詩】文ㅡ暢轂。(『鞇』과 같음)

【茵毯:인담】담자리。담요。『國史補』行步悉藉ㅡㅡ。

【茵席:인석】요。자리에 까는 방석。薦。茵褥。『潘岳』陳ㅡㅡ而設坐兮。

【茵褥:인욕】왕골이나 부들 등으로 짠 자리。茵席。『魏志』ㅡㅡ不綵飾、器物無丹漆。

【茵蔯:인진】❶사철쑥。『杜甫』ㅡㅡ春香。❷사철쑥의 어린 잎。利尿·濕熱·黃疸 등에 약으로 쓰임。

茵蔯 (三才圖會)

【茸】㊀(용) 冬 ㊁(용) 腫 ジョウ、しげる overgrow ㄖㄨㄥˊ jung²

小篆 草書 ㊀❶풀뾰죽뾰죽날용(ㅡ又蓊ㅡ草生貌)。❷못생길용(闒ㅡ不肖)。【鹽鐵論】賢知之士闒ㅡ之所惡也。❸너불거릴용(尨ㅡ亂貌)。【史記】狐裘蒙ㅡ。❹예쁠용(丰ㅡ美貌)。㊁❶풀싹뾰죽뾰죽날용(蘢ㅡ草生貌)。【漢書】叢以蘢ㅡ。❷녹용용(鹿ㅡ)。

【茸茂:용무】草木이 무성한 모양。

【茸線:용선】수놓을 때 쓰는 삶은 실。「楚」細旂緣額綠ㅡㅡ。『元史』。

【茸茸:용용】풀이 무성한 모양。『令狐

【茸闒:용탑】어리석고 둔함。

【茢】(혈) 屑 ケキ、あかね madder

小篆 꼭두서니혈、잇혈(蒨也)。

【荀】(순) 眞 ジュン、くさ herb ㄒㄩㄣˊ hsün²

小篆 草書 ❶풀이름순(草名)。【山海經】青要之山有草焉黃

華赤實名曰ー草。❷성순(姓也)。

【荀子:순자】❶(人)戰國時代의 학자인 荀況의 尊稱。性惡說을 주창 함。❷(書) 二〇권。荀況 지음。

【荀況:순황】=荀子①。

【茹】 ㊀(여) 魚 ジョ、はかる ㊁(녀) 御 語 measure ㄖㄨˊ ju²

小篆 草書 ㊀❶띠뿌리여(茅根)。【易】拔茅連ー。❷받을여(受也)。【詩經】柔亦不ー。❸헤아릴여(度也)。【詩經】不可以ー。❹부드러울여(柔也)。【楚辭】攬ー蕙以掩涕兮。❺꼭두서니여(ー藘染草)。【詩】ー藘在阪。❻마실여(啜也)。㊁먹을녀(食也)。【禮】ー毛飲血。

【茹淡:여담】깨끗하고 산뜻한 음식물을 먹는 것。「[拾遺記]燮ーー之食。

【茹腥:여성】비린내 나는 것을 먹음。

【茹菽:여숙】❶채소와 콩。【後漢書】民物流遷、ーー不足。❷콩을 먹음。

【茹哀:여애】슬픔을 가슴에 안고 있음。「소。『梁簡文帝』咀痛ーー。

【茹菜:여채】❶채소를 먹음。❷삶은 채

【茻】(망) 養 ボウ、くさぶかい (of the weed) thick

小篆 잡풀우거질망(衆草相雜)。

【茼】(동) 東 トウ、しゅんぎく Chrysanthemum coronarium

草書 쑥갓동(香菜ー)。

【荃】(전) 先 セン、かおりぐさ ㄑㄩㄢˊ ch'üan² fragrant grass

小篆 草書 향풀전、전풀전(香草)。【楚辭】ー不察余之中情。

【荃宰:전재】임금이 되어 天下를 다스림。『楚辭』에서 임금을 香草(荃)에 비유한 데서 나온 말。

【荃蹄:전제】통발과 토끼 잡는 그물。荃蹄。(轉)方便 또는 引導。

【荃蕙:전혜】(植)난초의 일종으로 향기가 있음。【楚辭】ーー化而爲茅矣。

【茿】(축) 屋 チク、にわやなぎ weeping willow

小篆 ❶능수버들축(河柳)。❷쇠풀축(萹ー)。

【荁】(환) 寒 カン、くさ herb

草書 풀이름환(草名)。

【莱】(래) 隊 ライ、くだものがたれる be abundant in fruits

小篆 과실이 주렁주렁달릴래(果實垂貌)。

【荄】(해) 灰 佳 カイ、ね (古音「개」) root of grass ㄍㄞ kai¹

小篆 草書 풀뿌리해(草根)。【漢書】青陽開動根ー以遂。

【荄茲:해자】뿌리가 무성한 모양。【漢書】萬物方ーー也。【注】ーー、言其根荄方茲茂也。

【荼】(다)『茶』(艸部6畫)와 같음

【⿱艹𠬪】(표)『殍』(歹部7畫)와 같음

【荅】(답) 合 トウ、あずき red bean ㄉㄚ ta¹·²

小篆 草書 ❶좀콩답、팥답(小豆)。❷마름쇠답(渠ー。鐵蒺藜)。【晉書】菽ー麻麥。【漢書】布渠ー。❸당할답(當也)。【書】奉ー天命。

(『答』·『合』과 통함)

【荊】(형) 庚 ケイ、いばら (本音「경」) thorn ㄐㄧㄥ ching¹

小篆 古文 草書 ❶굴싸리형、광대싸리형(楚也)。【本草】牡ー。【註】古者刑杖以ー故字从刑。其生成叢而疎爽故又謂之楚。楚地之多產此而名也。❷꽃이름형(花名紫ー)。❸산이름형(山名)。❹내형(ー妻)。❺가시형(ー棘)。❻곤장형(刑杖)。❼땅이름형(地名)。

【荊芥:형개】❶(植)정가。❷(醫)產母가 解產 직후 피를 깨끗이 하고 숨을 순하게 하는 약으로 쓰는 정가의 줄기나 잎。

【荊芥穗:형개수】한약재로 쓰이는 정가의 꽃이 달린 이삭。

【荊關之筆:형관지필】唐末의 大畫家인 荊浩와 그의 제자 關同의 畫筆。(轉)名畫를 감상하거나 뛰어난 風景을 설명하는 말。

【荊棘:형극】❶나무의 가시。【陳師道】ーー莽然。❷苦難의 길。【十八史略】爲吾披ーー、定關中。

【荊杞:형기】가시나무와 구기자나무。들다 황폐한 땅에 나는 雜木。【杜甫】漢家山東二百州、千村萬落生ーー。

【荊璞:형박】卞和가 荊山에서 얻었다는 玉。【潘岳】似夜光之剖ーー兮。

【荊扉:형비】가시나무로 만든 사립문。매우 구차한 살림살이를 일컫는 말。【陶潛】白日掩ーー。

【荊三稜:형삼릉】(植)매자기。

【荊州:형주】(歷)書經의 禹貢에 보이는 中國 古代의 九州의 하나。지금의 湖南·湖北의 兩省 및 廣西·貴州·四川·廣東의 일부를 포함함。

【荊榛:형진】❶굴싸리나무와 개암나무。❷雜木의 숲。

【荊釵布裙:형채포군】부인의 보잘것없는 服裝。가시나무 비녀와 무명치마。(故)後漢의 梁鴻의 妻 孟光의 故事。【列女傳】常ーー、每進食、擧案齊眉。

【荊妻:형처】자기 아내를 낮추어 일컫는 말。荊妻。

【荇】(행) 梗 コウ、あさざ water-caltrop ㄒㄧㄥ hsing⁴

小篆 或體 草書 마름풀행、조아기행(接余水菜蘋類)。【詩】參差ー菜。(『莕』과 같음)

【荇菜:행채】(植)마름풀。龍膽科에 딸린 다년생 풀。(字解參照)。

【荈】(천) 銑 セン、ちゃ tea ㄔㄨㄢˇ ch'uan³

草書 늦차천(晚取茶)。【吳志】密賜茶ー以當酒。

【⿱艹曲】(곡) 沃 キョク、かいこのす breeding silkworms ㄑㄩ ch'ü⁴

小篆 누에발곡(蠶薄)。

【草】(초) 皓 ソウ、くさ grass ㄘㄠˇ ts'ao³

小篆 草書 ❶풀초、새초(百卉總名)。【書經】厥ー惟繇。❷추할초(ー率粗也)。【史記】惡ー具進。❸초초할초(ーー苟簡)。【春秋註】ー次之期二國各簡其禮。【疏】ー次猶造次也。❹글씨쓸초(文藁)。【後漢書】蕭何ー律。❺초서초(草書、書體之一)。

【草家:초가】❶볏짚·밀짚 따위로 이엉을 엮어 지붕을 이은 집。❷초가집。

【草間:초간】❶풀이 우거진 땅。❷시골。❸民間。【南史】逃命ーー。

【草間求活:초간구활】民間에 파묻혀 부질없이 살아감。【晉書】吾備位大臣、豈可復ーー。

【草匣：초갑】 ❶담배 쌈지。❷권련갑。

【草芥：초개】 풀과 지푸라기。《轉》아무 소용이 없음。『孟子·離婁』視天下悅而歸己、猶――也。

【草件：초건】 詩文의 초고。

【草稿：초고】 文章이나 詩 따위의 맨 처음 쓴 原稿。草案。草藁。

【草藁：초고】 ＝草稿。『史記』屈原屬――未定。

【草轎：초교】 삿갓 가마。初喪 중에 상제가 타는 가마。

【草具：초구】 肉類나 魚類가 없고 채소만으로 된 음식물。『戰國策』左右食以――

【草屨：초구】 짚신。草屐。草履。

【草屐：초극】 ＝草屨。『杜荀鶴』山衣――染莓苔。

【草棘：초극】 풀과 가시。《轉》어수선한 일。『史記』馳――之中。

【草根木皮：초근목피】 ❶풀 뿌리와 나무 껍질。❷漢藥의 原料。❸험한 음식을 일컫는 말。『金史』所食者――而已。

【草堂：초당】 ❶초가집。변변찮은 집。『孔稚圭』鍾山之英、――之靈。❷자기 집의 謙稱。

【草都目：초도목】 《制》都目 때에 참고로 미리 敍任할 사람의 관직·성명을 적어서 임금에게 올리던 草本。

【草頭：초두】 ❶풀 잎의 끝。❷强盜의 首領。❸漢字의 윗 머리에 쓴 「艹」의 일컬음。

【草頭露：초두로】 풀 끝에 맺힌 이슬과 같이 세력이 오래 가지 못함을 일컫는 말。『杜甫』富貴何如――。

【草萊：초래】 ❶황폐한 땅。『孟子』辟――、任土地。❷풀의 떨기。草叢。『南史』門庭之內、――不剪。

【草略：초략】 몹시 거칠고 간략함。

【草廬：초려】 ❶초가집。『諸葛亮』三顧臣於――之中。❷자기 집의 謙稱。

【草路：초로】 풀밭 속의 길。

【草露：초로】 풀 잎에 맺힌 이슬。《喩》사물의 덧없음을 일컬음。『王粲』――霑我衣。

【草露人生：초로인생】 풀에 맺힌 이슬처럼 인생의 덧없음을 가리키는 말。

【草綠：초록】 草綠色의 略語。

【草綠色：초록색】 초록빛。

【草寮：초료】 ＝草堂。『戴表元』夢覺依然――。

【草龍膽：초룡담】 《植》과남풀。

【草履：초리】 짚신。

【草笠：초립】 나이가 어린 사내로서 冠禮한 사람이 쓰던 누른 빛깔의 썩 가는 풀로 결어 만든 갓。

【草幕：초막】 ❶조그마하게 지은 草家의 별장。❷《佛》절에서 가깝게 있는 중의 집。

【草莽：초망】 ❶풀의 떨기。❷民間。在野의 뜻。

【草網著虎：초망착호】 썩은 새끼로 범잡기란 뜻으로 엉터리 없는 짓을 꾀함을 가리키는 말。

【草昧：초매】 ❶천지가 비롯하던 어두운 세상。❷거칠고 어두워서 사물이 정돈되지 못함。『易經』天造――。

【草綿：초면】 솜。

【草茅：초모】 풀과 띠。《轉》民間。在野의 뜻。草莽。『韓非子』憎――者、耗禾穗。

【草木：초목】 풀과 나무。『禮記』――黃落。

【草木同腐：초목동부】 ❶마땅히 하여야 할 일을 못하고 초목과 같이 썩음。❷이름 없이 세상을 떠남。草木俱朽。『唐書』埋光鏟采、與――。

【草木灰：초목회】 초목을 태운 재。거름으로 흔히 씀。

【草物廛：초물전】 나막신·광주리·돗자리·바구니·빨래방망이·초방석 등의 물건을 파는 가게。

【草靡：초미】 풀이 바람에 흔들려 한쪽으로 쏠리듯이 順從함。

【草方席：초방석】 풀로 엮어 만든 방석。

【草服：초복】 시골 사람이 입는 素朴한 衣服。『禮記』野夫黃冠、黃冠――也。

【草本：초본】 ❶＝草稿。『晉書』禪文――。❷《植》地上部가 연약하여 木質을 이루지 못하는 植物의 通稱。풀 따위。一年生·二年生·多年生의 구별이 있음。

【草本帶：초본대】 기온이 높고 강우가 적은 지방의 灌木이 섞여 있는 草原。(savanna)。

【草殯：초빈】 장사를 지내지 못 하고 송장을 방안에 둘 수 없는 경우에 의짓간 같은 곳에 관을 놓고 이엉 따위로 덮어서 눈 비를 가리게 하는 일。

【草色：초색】 ❶풀 빛。『劉禹錫』――八簾青。❷풀잎 따위로 연명하여 영양 부족으로 나빠진 얼굴 빛。

【草索：초색】 새끼。

【草書：초서】 書體의 한가지。行書보다 더 흘리어 쓰는 글씨。『晉書』以善――知名。

【草墅：초서】 풀로 지붕을 인 농막。荒野。『曹植』寄身於――。

【草率：초솔】 切實하지 못하고 精密하지 못한 모양。거칠고 엉성함。『朱子全書·學』。

【草宿：초숙】 野宿。露宿。『宋書』單身勤苦、霜行――。

【草食：초식】 ❶푸성귀만 먹음。❷채소로만 만든 음식。

【草食類：초식류】 풀을 主食으로 하는 哺乳動物。소·말·양 따위。

【草實：초실】 풀의 열매。풀씨。『漢書』掘野鼠弃――食之。

【草芽：초아】 풀 싹。『白居易』泥暖――生。

【草案：초안】 ❶案件을 起草함。❷文章이나 詩 따위을 초벌 씀。

【草庵：초암】 草舍。草堂。『朱熹』暮入千峰裏、寒棲一――。

【草野：초야】 ❶풀이 우거진 들판。❷시골。❸民間。『國語』――之人、敢忘大王之大德。❹卑賤함。『史記』――者倨侮。

【草藥：초약】 草材。

【草烏頭：초오두】 《醫》바곳의 뿌리。外科藥·積聚·心腹痛·齒痛 따위의 약재로 씀。毒公。

【草屋：초옥】 초가집。『陶潛』方宅十餘畝、――八九間。

【草臥：초와】 ❶초저녁에 일찍 잠。『高適』――常晏起。❷고단함。疲勞。

【草偶人：초우인】 짚으로 만든 人形。

【草原：초원】 풀이 난 벌판。풀밭。

【草衣：초의】 ❶俗世를 떠나서 숨어 사는 사람의 衣服。❷隱者。『景雲』瀟灑塵埃外、扁舟一――。

【草材：초재】 국산 藥材。↔唐材。

【草笛：초적】 풀피리。

【草賊：초적】 좀도둑。草竊。

【草竊：초절】 좀도둑。草賊。『書經』好――姦宄。

【草止：초지】 집을 나가 들판에서 잠。露宿。『周禮』軍有――之法。

【草紙：초지】 글을 초잡는 데 쓰는 종이。『碧巖集』何不與佗本分――。

【草質根：초질근】 무우·보리의 뿌리와 같이 木質을 약간 품어 몸이 연한 뿌리。

【草集：초집】 詩文의 草稿。

【草次：초차】 ❶아주 급작스러운 모양。『春秋·疏』――猶造次。❷露宿。野宿。

【草創：초창】 ❶일의 처음。❷보잘 것 없이 만들기 시작함。『漢書』庶事――日不暇給。❸文書를 起草함。『論語·憲問』裨――之。

【草體：초체】 흘림 글씨 체。

【草草：초초】 ❶분주한 모양。『杜甫』聞君適萬里、取別何――。❷걱정하는 일。근심하는 모양。『詩經·小雅』勞人――。

【草蟲：초충】 풀 벌레。

【草寢：초침】 들에서 잠。露宿。『何承天』

露宿一一、惟其常性。

【草坪:초평】풀이 무성한 넓은 벌판。

【草盒:초합】담배 서랍。

【草行露宿:초행노숙】산이나 들에서 자며 旅行하는 것。

【草鞋:초혜】짚신。

【草花:초화】화초。『史記』秋霜降者一一「落。◎枯一、起一、綠一、毒一、芳一、本一、山一、水一、野一、藥一、詠一、雜一、青一、香一、行一、花一。

【草】(초)『草』(前條)와 같음

【荋】(이) 支 ジ、くさむら thick 小篆 ❶풀 많을이(草多貌)。❷버섯이(菌也)。『馬融』芝一菫萱。

【荍】(교) 蕭 ㄑㄧㄠˊ ch'iao² キョウ、ぜにあおい vegetable 小篆 草書 금규화교(荍芣荊葵)。『詩經』視爾如一。

【荎】(치) 支 チ、さねかずら Schizandra chinensis 小篆 오미자치(五味子)「一藸」。

【荏】(임) 寑 ㄖㄣˇ jen Perilla frutescens ニン、ジン、えごま 小篆 草書 ❶왕콩임(一菽大豆)。『詩經』一菽旆旆。❷들깨임(白蘇可油)。『後漢書』桂一鳧葵。❸부드러운임(一染柔也)。『詩經』一染柔木。

【荏弱:임약】부드럽고 약함。가냘픔。나약함。『禮記疏』心内一一爲侫。

【荏染:임염】❶부드러움。『詩經』一一柔木。❷세월이 遷延하는 모양。荏苒。

【荏苒:임염】세월이 遷延하는 모양。『魏書』一一至今。

【荏子:임자】들깨。

【荐】(천) 霰 ㄐㄧㄢˋ chien⁴ セン、ふたたび again 小篆 草書 ❶거듭천(再也仍也)。『左傳』晋一饑。❷자리깔천(薦席)。❸풀천(雜草)。『左傳 襄公四年』戎狄一居。(『薦』과 같음)

【荐居:천거】異民族이 물이나 들을 따라 移住함。『左傳』戎狄一一。

【荐及:천급】계속적으로 잇달아 닥쳐 옴。『晋書』兵革屢興、荒饉一一。

【荐問:천문】자주자주 訪問함。

【荐食:천식】점차로 먹어 들어감。蠶食。『左傳』吳爲封豕長蛇、一一上國。

【荐仍:천잉】자꾸 거듭함。

【荑】(一)(이) 支 イ、テイ、いぬびえ Amantus Blitum (二)(제) 齊 ㄊㄧˊ t'i² 小篆 草書 (一)❶흰비름이(莁一草名 一名白蕢)。❷베일이(芟세)。『周禮』凡稼澤以水殄草而芟一之。(二)띠싹제、띠처음날제(茅始生)。『詩經』手如柔一。

【荑指:제지】작고 얌전한 손가락。『詩經』手如柔荑。

【荑稗:제패】❶돌피와 피。❷좋은 五穀을 심어도 그 기르는 방법이 좋지 못하면 돌피나 피를 심은 것보다도 收穫이 못함。(喩)高尙한 學問도 중도에서 그만두면 차라리 一技一能을 지닌 것이 더 나음。『孟子 告子』苟爲不熟、不如一一。

【荒】(황) 陽 ㄏㄨㄤ huang¹ コウ、あれる coarse; rough 小篆 草書 ❶거칠황(蕪也)。『周語』田疇一蕪。❷폐할황(廢也)。『書經』無一棄朕命。❸클황(大也)。『詩經』天作高山大王一之。❹흉년들황(四穀不升饑也)。『韓愈文』天饑歲一。❺오랑캐땅황(一服蠻夷)。『書經』五百里一服。❻빠질황(耽也)。❼멀황(遠也)。

【荒徑:황경】거칠고 쓸쓸한 오솔길。『鮑照』一一馳野鼠。

【荒雞:황계】때 아닌 시간에 우는 닭。『晋書』中夜聞一一鳴。

【荒階:황계】거칠은 층층다리。못쓰게 된 층층다리。『杜甫』一一生草茅。

【荒壞:황괴】거칠고 못쓰게 됨。『曹植』感一一而莫振。

【荒闕:황궐】❶不完全함。❷무너지려 함。『陸機』亡秦廢學、制度一一。

【荒饑:황기】흉년이 들어 배를 곪음。흉년으로 굶주림。『後漢書』人士一一。

【荒年:황년】凶年。

【荒壇:황단】거칠어진 뜰。

【荒畓:황답】거친 논。

【荒唐:황당】言行이 거칠고 주책 없음。

【荒唐客:황당객】언행이 거칠고 거짓되어 주책이 없는 사람。

【荒唐無稽:황당무계】말하는 사람이 荒誕하여 믿을 수 없음。荒誕無稽。

【荒落:황락】땅이 거칠어 쓸쓸함。

【荒涼:황량】황폐하여 처량함。『蘇軾』一一廢圃秋、寂歷幽花晩。

【荒路:황로】황폐해진 길。『王粲』悠悠涉一一、靡靡我心愁。

【荒寥:황료】황폐하여 쓸쓸함。

【荒籬:황리】거칠어진 울타리。『高啓』棄在一一荆棘中。

【荒漠:황막】거칠고 한없이 넓음。

【荒亡:황망】술을 마시거나 놀음에 빠져서 허황하게 살아가는 것。『孟子』流連之樂、一一之行。

【荒忙:황망】어리둥절하여 어찌할 줄을 모름。

【荒妄:황망】거짓。엉터리없음。

【荒蕪:황무】땅 따위가 거두지 않고 제대로 버려 두어서 몹시 황폐함。『孟子』入其疆、土地一一。

【荒蕪地:황무지】손을 대지 않고 버려 두어 거칠어진 땅。

【荒文:황문】거칠고 너저분한 글。

【荒民:황민】흉년 들어 고생하는 백성。흉년을 만난 백성。『後漢書』豐富之家、各出義穀、助官稟、貸一一、獲全。

【荒肆:황사】言行이 방자한 모양。몸가짐을 버릇 없이 함。『史記』一一之樂。

【荒說:황설】허황한 말。엉터리 없는 말。

【荒城:황성】황폐해진 城。

【荒率:황솔】거칠고 경솔함。

【荒水行:황수행】修道者가 찬 물에 들어가 몸을 괴롭히며 닦는 修行。

【荒野:황야】荒原。『杜甫』地卑一一大。

【荒穢:황예】거칠고 雜草가 茂盛한 땅。『晋書』百姓寧業而田畝一一。

【荒外:황외】황폐한 外地。『晋書』。

【荒原:황원】돌보지 않아 거칠어진 들판。『晁補之』停舟傍河滸、回顧盡一一。

【荒遊:황유】술과 여색에 빠져서 함부로 놀음。

【荒淫:황음】酒色에 빠짐。함부로 음탕한 짓을 함。『司馬相如』奢侈相勝、一一相越。

【荒淫無道:황음무도】酒色에 빠져 사람으로서 마땅히 할 道理를 돌아 보지 아니함。

【荒雜:황잡】거칠고 잡됨。

【荒田:황전】거칠어진 土地。荒土。

【荒政:황정】❶흉년 든 때에 백성을 救하는 政治。『周禮』大司徒之職、以一一十有二、聚萬民。❷임금이 政事를 게을리하는 것。「故爲一一。」

【荒疇:황주】거친 밭。『曹植』棄而不耕、

【荒地:황지】開墾하지 않고 묵은 땅。

【荒塵:황진】거칠고 황폐하여짐。『宋書』

詩書－－、頌聲寂寞。
【荒村:황촌】거칠어서 쓸쓸한 마을。
【荒醉:황취】술이 몹시 취함。
【荒誕:황탄】言行이 거칠고 거짓이 많아 주책이 없음。『李白』哂穆王之－－。
【荒誕無稽:황탄무계】말하는 사람이 荒誕하여서 믿을 수 없음。
【荒耽:황탐】酒色 같은 것에 빠져서 제 정신을 못차림。
【荒怠:황태】일에 게으름。『書經』狎侮「五常、－－弗敬。
【荒土:황토】거친 땅。荒地。
【荒波:황파】거친 물결。
【荒敗:황패】거칠어 못쓰게 됨。荒壞。『晋書』漢中－－。
【荒弊:황폐】거칠어져 못쓰게 됨。『富弼』幽居近銅駝、－－仍湫底。
【荒廢:황폐】❶버려 두어 못쓰게 되고 거칠음。『禮記·疏』田無主則－－。❷學問이나 修業을 버려 두고 돌보지 않음。
【荒廢化:황폐화】내버려 두고 돌보지 않아서 못쓰게 됨。
【荒遐:황하】아득히 먼 모양。荒遠。『北史』皇王舊迹、北至幽都－－之表。
【荒墟:황허】황폐한 城 터。廢墟。『張望』－－人迹稀。
【荒忽:황홀】❶정신이 흐리멍덩한 모양。❷廣漠한 모양。『唐書』古稱荒服、取－－之義。❸아름답고 신기함에 마음이 팔려 멍하니 서 있는 모양。광채가 으리으리하여 빛남。恍忽。
【荒貨房:황화방】황아전。잡화점。

【茇】(배) 灰 ハイ、くさのな fruit
구장배(果名蒟醬)。

七畫

【荰】(두) ト、かんあおい grass
荰 草書 두형풀두(－蘅香草)。(『杜』와 통함)

【荳】(두) 宥 トウ、まめ bean ㄉㄡˋ tou⁴
荳 草書 ❶콩두(菽也)。「有大－、小－兩種俗作豆」。❷두구두、숄마리두(藥名－蔻)。
【荳蔻:두구】풀 이름。肉荳蔻。『皇甫松蠻歌』－－北人愁、浦雨杉風野艇秋。
【荳腐:두부】＝豆腐。
【荳餠:두병】콩기름을 짜낸 찌끼。豆餠。『元好問』湯翻－－銀絲滑、油點茶心雪蕊香。

【莩】(부) 虞 フ、はすのはがおちる (of lotus leaves) wither
연잎이울부(荷葉將落時)。

【荵】(인) 軫 ジン、くさのな honeysuckle
荵 小篆 인동초인(－冬、草名)。
【荵冬:인동】《植》겨우살이 덩굴。약재로 씀。忍冬。

【荷】㊀(하) 歌 カ、になう bear ㄏㄜˊ hê²
㊁(하) 哿 ㄏㄜˋ hê⁴
荷 小篆 荷 草書 ㊀❶연꽃하(芙蓉芙蕖之總名蓮花)。『詩經』隰有－花。❷원망할하(－－怨怒聲)。『通鑑』梁武帝口苦索蜜不得再曰－－。❸멜하(擔也)。『論語』有－蕢而過孔氏之門者。❹박하하(薄－)。㊁❶질하(負也)。『嵇康詩』少得離負－。❷더할하(加也)。
【荷眷:하권】은혜를 입음。『北史』－－於孝文。
【荷擔:하담】어깨에 매는 일과 등에 지는 일。『晋書』都下震懼、咸－－而立。
【荷禮:하례】번거로운 禮儀。『漢書』握好－－。
【荷露:하로】蓮의 잎에 떨어진 이슬。荷珠。『孟浩然』－－漸成珠。
【荷物:하물】❶짐。❷자기의 부담이 되는 책임。
【荷役:하역】짐을 싣고 부리는 일。또 그 사람。
【荷葉:하엽】❶연 잎。❷畫家가 돌의 주름살을 그리는 법。
【荷電:하전】《物》물체가 전기를 띠고 있는 것。帶電。
【荷主:하주】❶짐의 임자。❷荷物의 發送人。
【荷重:하중】❶짐의 무게。❷맡은 임무가 중하고 힘에 겨움。
【荷佩:하패】恩義나 訓戒 등을 마음 깊이 간직하는 일。
【荷荷:하하】한탄하거나 성내는 소리의 형용。『南史』疾久口苦、索蜜不得、再曰－－、遂崩。
【荷香:하향】연꽃의 향기。荷氣。『梁元帝』花飛拂袖、－－入衣。
【荷花:하화】연꽃。
◎負－、入－、積－、重－、集－、出－。

【莍】(사) 支 シ、かやのほ miscanthus
莍 小篆 띠싹사(茅莠)。

【莆】(보) 遇 ホ、かいば waste straw
莆 小篆 질북더기보(牛馬草亂藁)。

【荺】(윤) 軫 イン、たけのこ bamboo shoot
荺 小篆 ❶연뿌리윤(蓮根)。❷대순윤(笋也)。

【荻】(적) 錫 テキ、おぎ reed ㄉㄧˊ ti²
荻 草書 갈대적(蘆屬萑也)。『晋書』官家養蘆花爲－。
【荻蘆:적로】《植》갈대。『張舍』兩人相見－－邊。
【荻笋:적순】갈대의 순。
【荻花:적화】갈대의 꽃。『白居易·琵琶行』楓葉－－秋瑟瑟。

【荼】(도) 虞 ト、タ、けしあざみ Lactuca dentata ㄊㄨˊ
荼 小篆 荼 草書 ❶씀바귀도(苦菜)。『詩』誰謂－苦其甘如薺。❷씀도(－毒惡物)。『書經』不忍－毒。『註』－苦也。❸귀신이름도(神名神－)。❹구슬이름도(圭玉)。

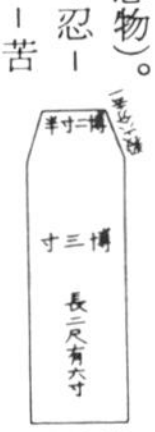
諸侯茶(圖物名)

【荼毒:도독】씀바귀의 毒。《喩》害毒。『書經』罹其凶害、弗忍－－。
【荼蓼:도료】씀바귀와 여뀌。모두 쓴 식물이므로 쓰라리고 고달프다는 뜻。
【荼蘼花:도미화】《植》겨우살이풀의 이름。『草花譜』。

茶蘼花(三才圖會)

【荼薺:도제】씀바귀와 냉이。《喩》惡人과 善人。『楚辭』－－不同畝兮。

【荾】(유) 支 スイ、こえんどう fragrant vegetable ㄙㄨㄟ suei¹
荾 草書 호유나물유(胡－香荾)。『閒居賦』蓼－芬芳。

【荽】(수) 支 スイ、はなのしん flower-centre
❶꽃심수(華中臍)。❷『荾』와 같음。

【莂】(별) 屑 ベツ、いしょく plant a seedling
❶모종낼별(種概移蒔)。❷중의글별(佛家作文)。『黃庭堅書』夙承記－。

【莅】(리) 寘 リ、のぞむ attend ㄌㄧˋ li⁴
莅 草書 ❶닿을리、임할리(臨也)。『易經』君子以－衆。❷자리리(位

也)。❸임석할리(臨席)。【周禮 地官 司市】ㅣ于介次、而聽小治小訟。❹임 군으로서 아래사정을 돌볼리。【孟子 梁惠王上】ㅣ中國、撫四夷。
【莅臨:이림】어떤 장소나 어떤 일에 臨함。『詩經·疏』成王將欲ㅣㅣ其政。
【莅職:이직】職에 臨함。『姚合』ㅣㅣ才微薄、歸山路未通。

【莃】(희) 微 キ、くさのな vegetable
小篆 희나물희(食用菜蔬)。

【莖】(경) 梗 コウ、くき stem
❶풀줄기경(草莖)。❷풀경(草也)。

【莆】(보) 麌 ホ、がま ㄈㄨˇ fu³ ㄆㄨˊ p'u² cattail
小篆 草書 ❶삽보풀보(萋ㅣ堯時扇涼瑞草)。❷땅이름보(地名)。

【莌】(류) リユウ、やなぎ weeping willow
小篆 ❶순나물류(蓴菜凫葵)。【詩經】薄采其ㅣ。❷개버들류(蒲柳)。

【莉】(리) 寘 リ、まつり ㄌㄧˋ li⁴ jasmine
草書 말리꽃리(茉ㅣ南越花名)。【南行記】南越五穀無味百花不香獨茉ㅣ不隨水土而變。

【莊】(장) 陽 ソウ、ショウ、おごそか ㄓㄨㄤ chuang¹ manly; respect
小篆 古文 草書 ❶씩씩할장(嚴也)。【論語】臨之以ㅣ則敬。❷단정할장(端也)。❸공경할장(敬也)。❹여섯갈래거리장、육거리장(六達衢)。❺농막장、농가장(田舍)。「如平泉ㅣ午橋ㅣ」。❻가게장(錢ㅣ)。❼별장장(別ㅣ)。❽성장(姓也)。
【莊潔:장결】씩씩하고 깨끗함。『魏書』形貌ㅣㅣ、音氣雄暢。
【莊敬:장경】씩씩하고 공경스러움。『禮記』ㅣㅣ則嚴威。
【莊士:장사】뜻과 행실이 훌륭한 인물。『唐書』杜牧謂、纖不逞、非ㅣㅣ雅人所爲。
【莊言:장언】바른 말。正言。
【莊嚴:장엄】❶씩씩하고 엄숙함。❷《佛》寶冠·七寶·蓮花·瓔珞·寶蓋 등을 장식하는 일。『無量壽經』奇妙珍異、ㅣㅣ校飾。
【莊嚴塔:장엄탑】圓覺寺의 탑과 같이 예술적으로 아름답게 만든 탑。
【莊園:장원】❶별장。❷봉건 제도하의 토지 소유의 한 형태。중세기 경 私有의 넓은 토지를 일컬으며 課税가 없었음。
【莊子:장자】《人》中國 戰國時代의 楚 나라 蒙의 사람。字는 周。一說에 子休。書、十萬餘言을 著하였으며 萬物一元論을 주창하였음。唐의 天寶 初에 南華眞人으로 追號되어、그의 書를 南華眞經이라 稱함。

莊子 (三才圖會)

【莊莊:장장】성한 모양。『管子』ㅣㅣ乎何其士也。
【莊田:장전】농막이 있는 토지。옛날 王室이나 貴族의 私有地 따위。『舊唐書·宣宗紀』。
【莊周:장주】《人》莊子의 본성명。

【莋】㊀(적) 陌 ㊁(작) 藥 サク、くらう feed on grass
小篆 ㊀풀먹을적(食草)。㊁땅이름작(地名)。(「笮」과 같음)

【莎】(사) 麻 サ、はますげ ㄕㄚ sha¹ ㄙㄨㄛ suo¹ nut grass
小篆 草書 ❶향부자사(香附子、藥草)。❷비빌사(挼ㅣ煩撋)。【禮記】共飯不澤手。【疏】澤挼ㅣ也。❸베짱이사、귀뚜라미사(ㅣ鷄)。【詩經】六月ㅣ鷄振羽。
【莎鷄:사계】《動》베짱이。莎雞。(字解③參照)。
【莎根酒:사근주】잔디 뿌리를 넣어 담근、약에 쓰는 술。
【莎臺石:사대석】병풍석 대신에 쓰는 「돌。
【莎城:사성】무덤 위에 반달 모양으로 둘러 막아 쌓은 것。土城。
【莎草:사초】《植》❶잔디。❷莎草科에 딸린 다년생 풀。들이나 바닷가의 모래 땅에 많이 남。塊根은 香附子라는 한약임。

莎草 (三才圖會)

【莒】(거) 語 キョ、からむし ㄐㄩˇ chü³ ramie
小篆 草書 ❶모시풀거(草名可爲繩)。❷나라이름거(國名)。【春秋】ㅣ人入向。❸고을이름거(邑名ㅣ父)。
【莒刀:거도】옛 돈의 이름。옛날 莒邑에서 만들어진 것。莒는 齊의 邑名。

莒刀 (金石索)

【莓】(매) 灰 バイ、いちご ㄇㄟˊ mei² strawberry
草書 ❶이끼매(苔也)。【甫杜詩】隨意坐ㅣ苔。❷나무딸기매(山ㅣ草實)。【齊民要術】ㅣ草實亦可食。❸걸찬밭매(ㅣㅣ美田)。【魏都賦】蘭渚ㅣㅣ。❹풀이름매(草名山ㅣ)。
【莓莓:매매】❶풀이 무성한 모양。每每。『左思·魏都賦』蘭渚ㅣㅣ。❷美田。『庾信』原野自ㅣㅣ。
【莓苔:매태】이끼。(字解①參照)。

【莔】(맹) 庚 ボウ、ははぐり ㄇㄥˊ mêng² Fritillaria verticillata
小篆 패모맹(貝母)。【西京賦】王芻ㅣ臺。

【莖】(경) 庚 ケイ、キョウ、くき ㄐㄧㄥ ching¹ stem; trunk (本音「형」)
小篆 草書 ❶줄기경、줄거리경(草幹)。【楚辭】綠葉兮紫ㅣ。❷버팀기둥경(枝柱)。
【莖柯:경가】줄기와 가지。『韓非子』豊穀ㅣㅣ、毫芒繁澤、亂之楮葉之中、而不可別也。
【莖圍:경위】칼자루(柄)의 둘레。『周禮·注』鄭司農云、莖、謂劍夾、人所握鐔以上也。
【莖刃:경인】칼자루와 칼날。『急就篇』。
【莖擢:경탁】높이 우뚝 서 있는 모양。『西京賦·注』。
【莖蒲:경포】풀 이름。白昌의 異名。
◎根ㅣ、地下ㅣ。

【莙】(군) 軫 キン、やなぎも ㄐㄩㄣ chün¹ beet; chard
小篆 草書 ❶말마름군(馬藻)。❷근대군(ㅣ薘)。
【莙薘:군달】《植》근대。

【莘】(신) 眞 シン、ながい ㄕㄣ shên¹ slender
草書 ❶약이름신(藥名細ㅣ)。❷길음한모양신(長貌)。【詩經】魚在

在藻有ㅣ其尾。❸많은모양신(衆多貌)。【東都賦】俎豆ㅣㅣ。❹나라이름신(國名)。【詩經】纘女維ㅣ。

【莘莘:신신】 많은 모양。(字解③參照)。

【莚】(연) 霰 エン、つづく creep over ㄧㄢˊ yen²
❶만연할연、넌출질연(不斷蔓ㅣ)。【蜀都賦】風連ㅣ蔓於蘭皐。❷풀이름연(草名)。

【莚蔓:연만】❶덩굴진 모양。【左思】蕪布護於中阿、風連ㅣㅣ於蘭皐。❷잇따른 모양。

【莛】(정) 靑 テイ、くき stem ㄊㄧㄥˊ t'ing²
❶풀줄거리정(草莖)。【漢書】以ㅣ撞鐘。❷들보정(屋梁)。【莊子】擧ㅣ與楹厲與西施恢恑橘怪道通爲一。

【莜】(조) 嘯 チョウ、にら leek; scallion ㄊㄧㄠˋ t'iao⁴
❶줄조、부추조(薙也)。❷삼태기조(耕田器)。(『篠』와 같음)

【莝】(좌) 箇 ザ、きりまぐさ provender ㄘㄨㄛˋ ts'uo⁴
❶여물좌(斬芻)。【詩經】摧之秣之。【箋】摧今ㅣ字也。❷경소할좌(輕少)。

【莝豆:좌두】 馬草를 자른 것과 콩을 섞은 말죽。【史記】置ㅣㅣ其前、令兩黥徒夾而馬食之。

【莟】(함) 勘 ガン、つぼみ flower-centre
❶꽃필함(ㅣ菡花開)。❷꽃술함(花蕊)。

【莞】㊀(관) 寒 ㊁(완) 潸 カン、まるがま (本音「환」) rush ㄍㄨㄢ kuan¹ ㄨㄢˇ wan³
㊀❶골관、왕골관(草名苻離)。❷왕골자리관(小蒲席)。【詩經】下ㅣ上簟。(『莧』과 같음) ㊁빙그레웃는모양완(ㅣ爾笑貌)。【論語】夫子ㅣ爾而笑。

【莞筵:관연】 왕골로 만든 방석。【周禮】南鄕設ㅣㅣ紛純。「ㅣㅣ之安。」

【莞簟:관점】 왕골자리와 대자리。【禮記】

【莞草:관초】《植》왕골。

【莞花:관화】《醫》팥꽃나무의 꽃봉오리를 말린 藥。

【莞然:완연】 빙그레 웃는 모양。莞爾。【晉書】ㅣㅣ坐乘其弊。

【莠】(유) 有 ユウ、はぐさ foxtail
❶가라지유(稂ㅣ害穀草)。【孟子】惡ㅣ恐其亂苗也。❷추할유(醜也)。【詩經】ㅣ言自口。

【莠言:유언】 듣기 싫은 말。해로운 말。【詩經】好言自口、ㅣㅣ自口。

【莢】(협) 葉 キョウ、さや pod; legume (本音「겹」) ㄐㄧㄝˊ chieh²
❶콩꼬투리협、조염협(豆角)。【周禮】其植物宜ㅣ。【疏】即今人謂之皀ㅣ是也。❷명협협(蓂ㅣ瑞草堯時生于庭)。

【莢果:협과】《植》꼬투리로 열리는 열매。荳科植物의 열매。

【莢錢:협전】 돈의 이름。漢의 高祖 때의 鑄貨로 모양이 楡莢과 비슷하여、楡莢錢 또는 莢錢이라 함。무게는 三銖。【史記】。

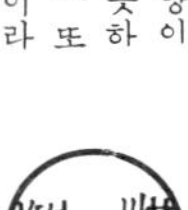
莢錢(三才圖會)

【莣】(망) 陽 ボウ、すすき grass
❶도리미망、망풀망(似茅杜榮)。【爾雅註】今ㅣ草似茅皮可以爲繩索履屩。(『芒』과 같음)

【莤】㊀(숙) 屋 ㊁(유) 有 シュク、こす filter
㊀❶모사숙、강신할숙(束茅灌鬯酒)。【周禮】甸師祭祀共蕭茅。【註】蕭字或爲ㅣ。❷거를숙(湑也)。㊁물풀유(水草)。

【莥】(뉴) 有 ジュウ、たんきりまめ Glycine ussuriensis
돌콩뉴(鹿豆)。

【莦】(소) 肴 ソウ、わるいくさ rough grass
모진풀소(惡草)。

【莧】㊀(현) 霰 ㊁(한) 諫 ケン、ひゆ pokeweed ㄒㄧㄢˋ hsien⁴
㊀비름현、자리공현(商陸草)。【易】ㅣ陸夬夬。㊁패모한(莔也)。【管子】蔞下于ㅣ ㅣ下于蒲。

【莧陸:현륙】《植》자리공의 뿌리。약재로 씀。(字解㊀參照)。

㊀ 莧(三才圖會)

【莨】(랑) 漾 ロウ、ちからぐさ henbane
조우엉랑、이아리풀랑(ㅣ若毒草)。【史記】領以ㅣ若。

【莨藏:낭장】《植》습지에 나는 풀로 소나 말의 사료로 쓰임。

【莨若:낭탕】《植》毒草의 하나。山野에 自生하며、키는 두자。뿌리는 藥用。미치광이。

【莨若子:낭탕자】 초우엉의 씨。치통이나 外科의 약재로 씀。天仙子。

莨若子(三才圖會)

【莩】㊀(부) 虞 ㊁(표) 篠 フ、ヒョウ、あまかわ membrane the hollow of a bamboo ㄈㄨˊ fu²
㊀갈청부、갈대청부(葭中皮)。㊁굶어죽을표(餓死者)。【孟子】野有餓ㅣ。(『殍』와 같음)

【莩甲:부갑】 싹이 남。순이 돋음。【後漢書·章帝本紀】。

【莪】(아) 歌 ガ、きつねあざみ sage-brush ㄜˊ e²
다북쑥아、새발쑥아(蘿ㅣ蒿屬美菜)。【詩經】菁菁者ㅣ。

【莫】㊀(모) 遇 ㊁(막) 藥 ㊂(맥) 陌 バク、マク、ない、むなしい not; vast ㄇㄨˋ mu⁴
㊀❶나물모、푸성귀모(菜也)。【詩經】言采其ㅣ。❷저물모(日且冥)。【易經】ㅣ夜有戎。(『暮』와 같음) ㊁❶없을막(無也)。❷말막(勿也)。【詩經】ㅣ捫朕舌。❸정할막(定也)。【詩經】監觀四方求民之ㅣ。❹무성할막(ㅣㅣ茂也)。【詩經】維葉ㅣㅣ。❺꾀할막(謨也)。【詩經】聖人ㅣ之。❻클막(大也)。【莊子】廣ㅣ之野。❼엷을막(薄也)。(『幕』과 통함) ㊂고요할맥(靜也)。【詩經】君婦ㅣㅣ。

【莫可奈何:막가내하】어찌할 수 없음。無可奈何。

【莫敢開口:막감개구】두려워서 할 말을 감히 하지 못함。

【莫敢誰何:막감수하】세력이 굉장하여 아무도 그를 건드리지 못함。

【莫強之國:막강지국】매우 강한 나라。

【莫強之兵:막강지병】더할 수 없이 강한 군대。

【莫能當:막능당】능히 당할 수 없음。

【莫大:막대】더할 수 없이 큼。말할 수 없이 큼。最大。『漢書』——諸侯。

【莫離支:막리지】《制》高句麗 때 軍事와 政治를 總理한 높은 벼슬。

【莫莫:막막】❶초목의 무성한 모양。『詩經』維葉——。❷조용한 모양。『詩經·楚茨』君婦——。❸먼지가 일어나는 모양。『漢書·揚雄傳』——紛紛。

【莫府:막부】❶《地》모스크바。❷將軍의 陣營。

【莫不得已:막부득이】하는 수 없이。부득이。

【莫非:막비】아닌게 아니라。

【莫上:막상】極上。

【莫上莫下:막상막하】優劣의 차가 없음。

【莫須有:막수유】❶半信半疑하는 모양。『宋史』秦檜曰、其事體——、韓世忠曰、——之三字、何以服天下。❷죄의 사실이 없는 사람을 모함하는 일。

【莫甚:막심】대단히 심함。아주 대단함。

【莫嚴:막엄】더없이 엄함。

【莫逆:막역】서로 마음이 거슬리지 않고 뜻이 相合함。서로 허물없이 썩 친함。

【莫逆之友:막역지우】서로 허물 없이 썩 친한 벗。『莊子』四人相視而笑、莫逆於心、遂相與爲友。

【莫往莫來:막왕막래】서로 왕래가 없음。

【莫重:막중】❶아주 귀중함。❷아주 중요함。

【莫重大事:막중대사】더할 나위 없이 큰 일。

【莫此爲甚:막차위심】이에 더할수 없이 심함。

【莫夜:모야】으슥한 밤。暮夜。『小學·善行』。

【莫春:모춘】늦은 봄。晚春。暮春。『論語』——者、春服既成。

八畫

【莽】㊀(무) 尤 ボウ、モウ、くさむら ㊁(망) 陽 bush ㊂(모) 麌 ㄇㄤˇ mang

小篆 書 草 ㊀추솔할무(粗率鹵—)。㊁❶풀우거질망(草深貌)。❷엽귀풀망(毒魚草)。❸추솔할망(粗率)。㊂묵은풀모(宿草)。

【莽蒼:망창】넓고 넓은 들판。풀이 무성하여서 퍼렇게 보이는 近郊。『莊子』適——者、三飡而反。

【莽草:망초】《植》엉거시과에 속하는 越年草。一名 芒草。

莽草 (三才圖會)

【莽蕩:망탕】넓고 넓은 草原。莽莽。『班彪』野蕭條以——。

【莾】(무)(망)(모)『莽』(前條)와 같음

【莿】(자) 寘 シ、とげ ㄘˋ tz'u thron

小篆 풀가시자(草之刺針)。(『茦』와 같음)

【菀】㊀(원) 阮 エン、ウツ、しげる ㊁(울) 物 ㄨㄢˇ wan grow thick

小篆 書 草 ㊀더부룩할원(茂木)。『詩經』有—者柳。㊁우거질울(—然盛貌)。『詩經』有—其特。

【菀熱:울열】쌓인 열。積熱。『素問』五藏——。

【菁】㊀(정) 庚 セイ、かぶら ㊁(청) 靑 ㄐㄧㄥ ching turnip

小篆 書 草 ㊀❶부추꽃정(韭華)。『南都賦』秋韭冬—。❷세골진띠정(三脊茅)。『書經』包匭—茅。❸무우정、순무정(蕪—菜名)。『後漢書』種蕪—以助人食。❹빛날정(—華精英)。『西京賦』麗服颺—。㊁❶무성한모양청(——茂貌)。『詩經』其葉——。❷땅이름청(地名)。

【菁莪:청아】❶人材를 교육하는 일。『詩經·菁菁者莪序』。❷많은 人材。『朱熹』樂——之長育。

【菁騰:청전】무우 지짐이。

【菁菁:청청】草木이 무성한 모양。『詩經』——者莪、樂育材也。

【菁蒿:청호】❶제비쑥。❷외과 약으로 쓰는 약재。

【菁華:청화】❶아름다운 꽃망울。❷事物의 純粹함。精粹。精華。『舊唐書』論語者、六經之——也。

【菂】(적) 錫 テキ、はすのみ lotus pip

書 草 연밥적(蓮實)。『靈光殿賦』綠房紫—。(『芍』과 같음)

【菂薂:적격】연밥。蓮實。『玉篇』。

【菂薏:적억】연밥。菂薂。『說文』蓮之藏者菂、菂之中心曰薏。

【菅】㊀(관) 寒 カン、すげ、すが ㊁(간) 刪 ㄐㄧㄢ chien rush

小篆 書 草 ㊀골관、왕골관(小蒲)。『山海經』白—爲席。(『莞』과 같음) ㊁❶띠간(茅屬)。『詩經』白華—兮。❷성간(姓也)。

【菅屩:관각】짚신。왕골로 삼은 신。『淮南子』——跐踦。

【菅屨:관구】엄짚신。『儀禮』。

【菅葦:관위】왕골과 갈대。『禮記·註』束——、以裹魚肉。

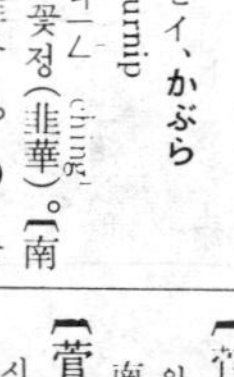
菅 屨 (禮器圖)

【⿱艹帛】(백) 陌 ハク、わた cotton plant

목화백(木棉)。

【菆】㊀(찬) 寒 サン、シュウ、や ㊁(추) 尤 arrow

小篆 書 草 ㊀초빈할찬(—塗積木以殯)。『禮』—塗龍輴。(『攢』과 같음) ㊁❶좋은화살추(矢之善者)。❷풀더부룩할추(草叢生)。『左傳』左射以—。

【菆位:추위】草木이 무성한 곳에 세운 祠堂。叢社。『墨子』必擇國之正壇、置以爲宗廟、必擇木之脩茂者、立以爲——。

【菆鷹:추응】매의 둥지。鷹巢。『酉陽雜俎』鷹巢一名——、呼菆子者雛鷹也。

【⿱艹姁】(후) 虞 ク、いも potato

감자후(芋也)。

【菈】(랍) 合 ロウ、おる break (off)

書 草 ❶꺾을랍(折也)。❷무랍(菈菔)。❸무너지는소리랍(壞聲)。

【菊】(국) 屋 キク、きく chrysanthemum ㄐㄩˊ chü

小篆 書 草 국화국(秋華)。『楚辭』餐秋—之落英。(『蘜』은 古字)

【菊月:국월】음력 九월의 別名。

【菊判:국판】폭 六三糎、길이九三糎의

洋紙。 또는 全紙를 一六등분한 종이의 크기。

【菊判印刷:국판인쇄】 국판 규격으로 「박는 인쇄。

【菊花:국화】 국화꽃。

【菊花石:국화석】 국화 모양의 化石。

【菊花簪:국화잠】 국화 모양의 비녀。

【菊花酒:국화주】 국화 꽃과 잎을 찹쌀과 섞어 술을 빚었다가 음력 九월 九일에 액운을 쫓기 위하여 마시는 술。 菊酒。 菊花酒。〔西京雜記〕。

【菊花瓣:국화판】 ❶국화의 화판。 ❷과판의 원말。 ❸=菊花。 ◎野―、殘―、夏―、寒―、黃―。

【菉】 (록) 沃 リョク、かりやす green-bean ㄌㄨˋ ㄌㄩˋ
小篆 草書 녹두록(綠色小豆)。「一名王芻」。

菉豆 (三才圖會)

【菉豆:녹두】 《植》콩과에 속하는 一年草。 綠豆。

【菉竹:녹죽】 푸른 대나무。

【菋】 (미) 未 ビ、さねかずら Schizandra chinensis
小篆 오미자미(五味子)。

【菌】 (균) 軫 キン、たけ mushroom ㄐㄩㄣˋ cuun⁴
小篆 草書 ❶버섯균(朝―一名地蕈)。〔莊子〕朝―不知晦朔。 ❷곰팡이균(黴―)。 寄生他物體曰細―恒爲傳染病之媒介。 ❸세균균(細―)。 ❹무궁화균(朝―)。

【菌桂:균계】 《植》肉桂의 一種。 대와 비슷함。

【菌根:균근】 共生 작용을 하는 뿌리。

【菌毒:균독】 菌類가 가지고 있는 毒。

【菌類:균류】 隱花植物의 한 가지。 버섯 같은 것。

【菌傘:균산】 버섯의 갓。 우산 모양으로 생겼으므로 그렇게 부름。 「주름살。

【菌褶:균습】 菌傘의 아래 부분에 있는

【菌蕈:균심】 《植》버섯。

【菎】 (곤) 元 コン、かおりぐさ fragrant grass
小篆 草書 향풀곤(香草)。

【菏】 ㊀(하) 歌 ㊁(가) 歌 カ、だいこん radish
㊀무우하(菔草)。 ㊁늪이름가(澤名)。

【菍】 (총) 『葱』(艸部 11畫)과 같음

【菑】 ㊀(치) 支 ㊁(재) 灰 シ、サイ、わざわい misfortune ㄗ tzu¹
小篆 或體 草書 ㊀따비밭치(田一歲)。〔詩經〕于此―畝。 ㊁재앙재(災也)。〔詩經〕無―無害。(『栽·灾』와 같음)

【菑畬:치여】 거친 땅을 개척함。〔易經·无妄〕不耕獲不――。

【菑沴:재려】 饑餓·惡疾 등의 災殃。〔晉書〕――之行。

【菑害:재해】 =災害。〔大學〕――竝至。

【菓】 (과) 哿 カ、くだもの truit;cake ㄍㄨㄛˇ kuo³
草書 ❶실과과(木實)。〔史記〕古者有春嘗―今櫻桃熟可薦宗廟。 ❷과자과(―子)。(『果』와 같음)

【菓子:과자】 ❶과일。 ❷밀가루·쌀가루·설탕 따위의 재료로 만들어 간식으로 먹는 음식물。

【菓品:과품】 과자 또는 과일의 總稱。 ◎茶―、銘―、乳―、製―。

【菓】 (과) 『菓』(前條)와 같음

【菔】 ㊀(복) 職 ㊁(북) 屋 フク、だいこん radish ㄈㄨˊ fu² ㄅㄛˋ po⁴ (古音「북」)
小篆 草書 ㊀무우복(蘆―蘿蔔作萊―)。 ㊁뜻은 ㊀과 같음。

【菕】 (론) 元 ロン、かおりぐさ fragrant grass
❶논나무론(木名)。〔管子〕其木宜蚖―與杜松。 ❷논로풀론(―蕗香草)。

【菖】 (창) 陽 ショウ、あやめ iris; flag ㄔㄤ ch'ang¹
草書 창포창(―蒲似蓀)。〔本草〕―蒲蒲類之昌盛者。〔呂氏春秋〕冬至後五旬七日―始生―者百草之先于是始耕。

【菖蒲:창포】 《植》天南星科에 딸린 多年生 풀。 뿌리는 약재로 씀。 「술。

【菖蒲酒:창포주】 창포를 섞어서 담근

【菘】 (숭) 東 スウ、とうな chinese cabbage ㄙㄨㄥ sung¹
草書 배추숭(江南菜名)。〔南史〕秋末晩―。

菘菜 (三才圖會)

【菘藍:숭람】 《植》十字花科에 딸린 일년생 풀。 줄기와 잎은 파랑 물감의 원료로

【菘尾湯:숭미탕】 배추 꼬랑이 국。「씀。

【菘心包:숭심포】 배추 속대 쌈。

【菘菜:숭채】 《植》배추。

【菲】 (괴) 佳 ケ、へこむ slim (本音「가」)
❶잘룩할괴(頭寬中狹)。 ❷바르지않을괴(頭寬中狹)。 ❸풀이름괴(草名)。

【菜】 (채) 隊 サイ、あおもの、な vegetable ㄘㄞˋ ts'ai⁴
小篆 草書 ❶나물채(蔬也)。〔禮〕民務畜―。〔儀禮〕婦人三月乃奠―。 ❷반찬채(飯饌)。

【菜甲:채갑】 나물의 처음 나온 싹。〔杜甫·詩〕。

【菜羹:채갱】 채소의 국。 蔬羹。

【菜果:채과】 채소와 과실。

【菜根:채근】 채소의 뿌리。 무 따위。《轉》변변치 못한 음식。〔小學〕汪信民言、人咬得――、則百事可做。

【菜農:채농】 남새를 가꾸는 농사。

【菜緞:채단】 혼인 때에 신랑 집에서 신부 집에 보내는 청색·홍색 두가지의 비단。

【菜刀:채도】 채칼。

【菜毒:채독】 ❶채소를 먹음으로써 위장을 해하는 독기。 ❷《醫》十二指腸蟲으로 말미암아 생기는 병의 俗稱。 菜毒症。

【菜麻:채마】 심어서 가꾸는 나물·무우·배추·미나리 따위。

【菜飯:채반】 무우·소채 따위를 섞은 밥。 변변치 못한 음식。〔蘇轍〕每慙――分齋鉢。

【菜色:채색】 ❶푸성귀의 빛깔。 ❷굶주린 사람의 누르스름한 얼굴 빛。〔禮記〕雖有凶旱水溢、民無――。

【菜蔬:채소】 남새。 푸성귀。 蔬菜。〔晉書〕命取――、對而食之。

【菜松花:채송화】 《植》채송아。 쇠비름과에 속하는 一年草。 觀賞用。

【菜食:채식】 푸성귀로 만든 반찬만을 먹음。 ↕肉食。 「람。

【菜食家:채식가】 항상 채식을 하는 사

【菜食主義:채식주의】 채식만 하고 고기는 먹지 않는 주의。
【菜園:채원】 규모가 큰 남새밭。〔詩經·註〕圃、一一也。
【菜油:채유】 채소의 씨로 짜낸 기름。
【菜菹:채저】 푸성귀로 담근 김치。〔南史〕設粟一一。
【菜田:채전】 남새밭。
【菜種:채종】 푸성귀의 씨앗。
【菜圃:채포】 규모가 큰 남새밭。菜園。〔蘇軾〕一一漸疎花漠漠。
【菜花:채화】 채소의 꽃。
◎生一、蔬一、野一。

【菟】 ㊀(도) 虞 ト、うさぎ rabbit: hare ㊁(토) 遇 ㄊㄨ tʻu
菟 草書 ㊀❶범도(於一虎也)。〔集韻〕楚人謂虎爲於一。❷고을이름도(魯邑名一裘)。❸고조선의 고을이름도(朝鮮郡名玄一)。㊁❶약이름토(藥名一絲)。❷토끼토(兔也)。
【菟絲:토사】《植》새삼。새삼과의 一年生寄生植物。山野에 남。잎이 없고 줄기는 가늘고 덩굴짐。
【菟絲子:토사자】 菟絲의 씨。약재로 씀。

菟絲子
(三才圖會)

【菟奚:토해】 甘草의 異名。

【菠】(파) 歌 ハ、ほうれんそう spinach ㄅㄛ po¹·²
草書 시금치파(菜名一薐)。

【荓】(병) 青 ヘイ、せしめる make do
小篆 ❶괴배양병、말솔풀병(草名馬帚)。〔詩經〕一云不逮。❷사람이름병(人名趙青一)。❸하여금병(使也)。〔詩經〕莫予一蜂。

【菡】(함) 感 カン、つぼみ flower-bud ㄏㄢ han⁴
草書 ❶꽃봉오리함(草木花未發)。❷연봉오리함(一萏芙蓉)。〔詩經〕有蒲一萏。
【菡萏:함담】 ❶연꽃의 봉오리。《轉》美人의 용모를 이르는 말。〔詩經·陳風〕彼澤之陂、有蒲一一。❷풍성한 모양。〔華嚴經音義〕一一、豊盛之貌也。

【菢】(포) 號 ホウ、おおう cover ㄅㄠ pao⁴
❶새알품을포(鳥伏卵覆也)。〔韓愈詩〕鶴翎不天生變化在啄一。❷덮을포(覆也)。

【菣】(긴) 震 キン、よもぎ Artemisia japonica
小篆 或體 제비쑥긴(香蒿蔚屬)。(『堅』과 같음)

【菤】(권) 銑 ケン、みみなぐさ Xanthium Strumarium
도꼬마리권(菤耳草名)。〔詩經〕采采菤耳。(『卷』과 같음)

【菥】(석) 錫 セキ、なずな shepherd's purse
굵은냉이석、한새냉이석(一蓂大薺)。〔南都賦〕一蓂芋瓜。

【菦】(근) 文 キン、せり Artemisia Siebersiana
小篆 흰쑥근(草名白艾)。

【菩】(보) 遇 ボ、ほとけぐさ pipal tree
小篆 草書 ❶보리나무보(一提摩伽陀國樹名)。「一提高二丈餘葉卵形而大實如櫻桃子可作念珠」。❷보살보(佛號一薩)。❸깨칠보(一薩了也)。〔佛書云〕一提薩捶言覺有情也從簡稱一薩。
【菩薩:보살】《佛》❶梵語Bodhi-satva의 音譯。곧 부처의 다음 가는 聖人。菩提薩捶의 略。❷나이가 늙은 信女。❸釋尊의 前生。❹高僧의 尊稱。
【菩薩面:보살면】《植》芍藥의 異名。
【菩薩草:보살초】《植》풀 이름。보살 풀。겨울에도 시들지 않으며、가을과 겨울에 걸쳐서 꽃을 피움。

菩薩草
(三才圖會)

【菩提:보제⇨보리】《佛》梵語 Bodhi의 音譯。㉠覺·智·道 등으로 번역。諸法을 다 깨쳐 道를 얻는 것。㉡佛果를 얻어 淨土에 往生하는 일。
【菩提樹:보제수⇨보리수】《植》❷田麻科의 낙엽 교목。中國原產。봄에 황갈색의 작은 두상화가 핌。재목은 염주를 만드는 데 쓰임。❷뽕나무과의 교목。東印度의 迦耶山의 기슭에서 남。釋迦가 이 나무 아래서 큰 道를 깨달아 얻었다고 함。「得道한 마음。佛敎의 求道心。
【菩提心:보제심⇨보리심】《佛》成佛

【菨】(접) 葉 ショウ、あさざ water-caltrop
小篆 草書 마름풀접、미나리접(荇菜水草一名接余)。

【菧】(지) 支 シ、つけもの pickled vegetables
小篆 或體 김치지(漬菜)。

【菪】(탕) 漾 トウ、おにひるぐさ henbane ㄉㄤ tang⁴
草書 초우엉탕、이아리풀탕(莨一毒草)。〔金匱要略〕莨一葉圓而光有毒悞食令人狂亂甘草汁解之。

【菫】(근) 震 吻 キン、すみれ violet ㄐㄧㄣ chin³
小篆 草書 ❶씀바귀근(苦菜)。〔詩經〕一茶如飴。❷오두근(烏頭藥名)。〔淮南子〕蝮蛇螫人傅以和一即愈。
【菫菫:근근】 적음。僅僅。〔漢書〕豫章出黃金、然一一。
【菫茶:근도】 烏頭와 씀바귀。〔詩經〕一「一如飴」。
【菫外線:근외선】《物》紫外線。
【菫菜:근채】《植》콩제비꽃。

【菭】 ㊀(태) 灰 タイ、こけ moss ㊁(치) 支
小篆 草書 ㊀이끼태(水衣)。〔漢書〕華殿塵兮玉階一。(『苔』와 같음) ㊁풀이름치(草名)。

【華】 ㊀(화) 麻 カ、ケ、はなやか brilliant ㊁(화) 禡 ㄏㄨㄚ hua¹·²
小篆 草書 ㊀❶빛날화、영화화(榮也色也)。〔書經〕重一協于帝。❷쪼갤화(破也)。❸꽃필화(花開也)。〔古詩 邪徑謠〕桂樹一不實。❹외관의 미화(外觀之美)。「去一就實」。❺흴화(白也)。〔後漢書 陳蕃傳〕一首彌固。❻나라이름화(一夏)。「中一、一夏」。〔書經〕一夏蠻貊罔不率俾。(『花』와 같음) ㊁산이름화(西嶽名太一)。
【華簡:화간】 =華翰。
【華甲:화갑】 六一세。「華」字가 「十」字 여섯과 「一」字로 되었고 甲은 甲子의 甲으로 歲의 뜻。還曆。〔范成大〕祝我剩周一一子。
【華蓋:화개】 명주에 꽃무늬를 수놓아 만든 一種의 陽傘。天子가 타는 수레의 해

가리개로 썼음。

【華客:화객】 단골의 손。
【華京:화경】 아름다운 都市。 華洛。
【華景:화경】 음력 二월의 別名。
【華館:화관】 훌륭한 집。 『劉楨』――寄流波。
【華僑:화교】 외국에 있는 中國 사람。
【華圻:화기】 中國。 『晋書』――無虞。
【華綺:화기】 아름답게 꾸밈。 『北史』諸宮殿――者、皆撤毁之。
【華年:화년】 ❶六一歲。 ❷소년 시절의 꽃다운 나이。 『魏書』漸風敎於――。
【華麗:화려】 빛나고 아름다움。 華美。 『魏志』市不驚――之色。
【華墨:화묵】 남의 편지의 敬稱。 華翰。 華箋。
【華美:화미】 곱고 아름다움。 華麗。『論語·疏』祭祀之服、大――也。
【華髮:화발】 늙은이。 白髮。
【華閥:화벌】 세상에 드러난 높은 門閥。
【華服:화복】 무색 옷。 ↔素服。
【華北:화북】 中國의 북부 지방。 北支。
【華不再揚:화불재양】 한번 떨어진 꽃은 다시 가지에 올라붙지 않음。 『陸機』時無重至、――――。
【華奢:화사】 ❶화려하게 꾸미는 일。 ❷썩 좋고 아름다움。
【華辭:화사】 아름다운 말씨。 美辭。 『南史』慰祖、口吃無――。
【華商:화상】 中國 사람이 경영하는 장사。 또는 그 장수。 「↔華胥之夢。
【華胥之國:화서지국】 太平한 나라。

【華贍:화섬】 文章이 잘 되고 뜻이 풍부한 것。 『周書』文藻――。
【華首:화수】 흰 머리。 温首。 老人。 華顚。 『後漢書·陳蕃傳』蹇諤之操、――彌固。
【華氏寒暖計:화씨한란계】 氷點을 三二度로 하고 沸騰點을 二一二도로 하여 그 사이를 一八〇등분 한 한란계。 一七一四년에 도이치의 파렌하이트(Fahrenheit)에 의하여 창안됨。
【華飾:화식】 아름답게 꾸밈。 아름다운 치장。 『後漢書』斥去――。
【華實:화실】 꽃과 열매。 《轉》形式과 實質。 外觀과 內容。 『史記·商君傳』――相稱。
【華顏:화안】 꽃다운 얼굴。 美人。 花顏。
【華押:화압】 이름을 쓰고 그 밑에 도장을 찍는 대신에 자기의 독특한 필적을 간단하게 나타내어 捺印을 대신하는 일。 싸인(sign)。 花押。
【華語:화어】 =中國語。
【華言:화언】 실속이 없고 듣기에만 좋게 꾸미어 하는 말。 『晋書』――虛也、至言實也。
【華嚴:화엄】 《佛》 ❶많은 修行을 쌓아서 훌륭한 功德을 얻는 일。 ❷華嚴經의 略語。 ❸華嚴宗의 略語。
【華嚴經:화엄경】 《佛》 大方廣佛華嚴經의 약칭。 釋迦如來가 成道 후 法界平等의 眞理를 證悟한 부처의 萬行萬德을 칭송한 경전。
【華嚴寺:화엄사】 《地》三十一本山의 하나。 全羅南道 求禮郡 智異山 서쪽 기슭에 있음。 新羅 때 煙起大師가 세움。 지금은 禪·敎 兩宗의 本山으로 되어 있는데 華嚴宗의 절로 유명함。
【華嚴施食:화엄시식】 《佛》 화엄경을 주로 하여 만든 施食文。
【華嚴宗:화엄종】 《佛》불교의 한 宗派。 화엄경을 所依로 하여 세운 宗旨。 印度에서는 龍樹·世親、中國에서는 唐의 賢首大師法藏을 시조로 하며、韓國서는 新羅 神文王 때 義湘大師가 開宗하여 뒤에 敎宗이 됨。
【華葉:화엽】 生氣 있고 싱싱한 잎。
【華榮:화영】 화려하고 번창함。 『易林』春桃萌生、萬物――。
【華譽:화예】 實情보다 지나치게 좋은 評判。 虛譽。 『後漢書·馬融傳』。
【華屋:화옥】 화려한 집。 『史記』歃血於――之下。 「모양。 花容·花顏。
【華容:화용】 꽃과 같이 아름다운 얼굴
【華腴:화유】 ❶衣食이 풍부하고 아름다운 일。 『宋史』性不好――。 ❷貴族。 『唐書』凡三世有令僕者、曰――。 「限――。
【華夷:화이】 中華와 오랑캐。 『唐書』天
【華而不實:화이부실】 꽃뿐이고 열매가 없음。 《喩》言行이 一致하지 않음。
【華人:화인】 中國 사람。 『左傳』陽處父――、怨之所聚也。
【華藏世界:화장세계】 細胞的으로 나뉘어 있는 우주의 모든 세계。
【華甸:화전】 서울이 있는 곳。 京畿。 『宋書』衿帶江山、表裏――。
【華鈿:화전】 새색시가 머리를 치장하는 비녀의 한 가지。 華簪。
【華氈:화전】 아름답게 수놓은 담요。
【華顚:화전】 ❶老人。 華首。 『後漢書·崔駰傳注』――謂白首也。 ❷꽃잎의 맨 위。 『陸機』芳樹發――。
【華箋紙:화전지】 시·편지 따위를 쓰는 종이。 詩箋紙。
【華族:화족】 귀한 집안。 貴族。 『柳宗元』公以令望、顯於――。 「珍饌。
【華職:화직】 高貴한 벼슬。
【華饌:화찬】 맛있게 썩 잘 차린 반찬。
【華敞:화창】 아름답고 명랑함。 『白居易』――綽有餘。
【華燭:화촉】 ❶화려한 燈火。 ❷結婚。 花燭。 『後漢書』淸曜――俯仰如神。
【華燭洞房:화촉동방】 첫날 밤에 신랑 신부가 자는 방。
【華蟲:화충】 《動》 꿩의 異名。 『書經』山·龍――作繪。
【華侈:화치】 썩 화려하고 사치스러움。 『隋書』第宅――、制擬宮禁。
【華佗:화타】 《人》後漢의 名醫。 字는 元化。 魏의 曹操의 侍醫가 되었으나 뒤에 노여움을 사서 죽음을 당함。
【華夏:화하】 ❶中國 사람이 자기 나라를 자랑으로 일컫는 말。 『書經』――蠻貊。 ❷文明。 文化。 「❷華墨。
【華翰:화한】 ❶남의 편지의 尊稱。 華簡。
【華軒:화헌】 아름답게 꾸민 貴人이 타는 수레。 『魏徵』綉戶時雙入、――日幾回。 ◎浮―、繁―、年―、榮―、才―、精―、中―、豪―。

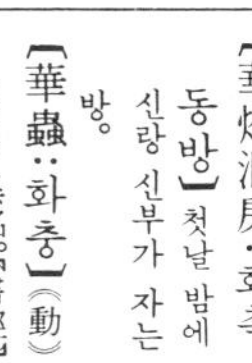

華蟲 (四書引蒙圖解)

【菰】 (고) 虞 ㄍㄨ ku¹ コ、まこも water-oat

菰 草書 고미고(茭米蔣也)。 『西京雜記』 ―之有米者長安人謂之雕胡有首者謂之綠節。(『苽』와 같음)

【菰根:고근】 줄풀의 뿌리。 위장병이나 불에 덴 데 약으로 쓰임。 「――。
【菰蘆:고로】 줄풀과 갈대。 『史記』蓮
【菰菜:고채】 줄풀의 줄기로 만든 나물。
【菰蒲:고포】 줄풀과 부들풀。 『李白』川光秀――。

【菱】 (릉) 蒸 リョウ、ひし water-nut

菱 草書 마름릉(芰也)。 『武陵記』四角三角曰芰兩角曰―。 (『蔆』과 같음)

【菱歌:능가】 마름을 딸 때에 부르는 노

래。〔李白〕舊苑荒臺楊柳新、ーー淸唱不勝者。

【菱米:능미】마름의 열매 속에 있는 흰 살。〔南史〕采菱作ーー飯。

【菱實:능실】(植)마름。

【菱藕:능우】마름 열매와 연뿌리。菱藕。〔說苑〕冬處於山林食杼栗、夏處於洲澤食ーー。

【菱鐵:능철】마름쇠。

【菱荷:능하】아름꽃과 연꽃。〔杜甫〕ーー枯柳隨風波。

【菱形:능형】(數)네 변이 같고 대각선의 길이가 다른 四邊形。마름모。

【菱花:능화】❶(植)마름꽃。〔曹植〕採ーー擢水蘋。❷거울(鏡)의 別稱。〔飛燕外傳〕七尺ーー鏡一奩。

【菱花紙:능화지】마름꽃 무늬가 있는 「종이。

【菶】(봉) 董 ホウ、しげる grow over

菶 小篆 菶 草書 ❶무성할봉(茂盛貌)。❷열매 많을봉(實多)。〔詩經〕ーー萋萋。

【菶菶:봉봉】❶한창、성한 모양。〔詩經〕。❷열매가 많이 달린 모양。〔玉篇〕ーー、多實也。

【菶茸:봉용】몹시 더부룩한 모양。〔潘岳〕稊菽叢糅。翳薈ーー。

【菲】㊀(비) 微 ヒ、うすい thin ㄈㄟ fei¹·³ ㊁(비) 尾

菲 小篆 菲 草書 ㊀❶나물이름비(菜名葑蕦類)。〔詩經〕采葑采ー。❷향기비(芳ー香也)。〔上林賦〕郁郁ーー。❸풀우거질비(芳ー草茂貌)。㊁❶엷을비(薄也)。〔論語〕ー飮食而致孝乎鬼神。❷둔할비(妄目ーー)。

【菲德:비덕】천박한 德。薄德。〔梁書〕。

【菲禮:비례】변변하지 못한 예물。

【菲薄:비박】❶얇고 가벼움。〔漢書〕惟德ーー。❷자기가 스스로를 천하게 함。〔諸葛亮〕妄自ーー。

【菲食:비식】변변하지 못한 음식。惡食。粗食。〔梁武帝〕ーー薄衣。

【菲儀:비의】약소한 사례。薄謝。

【菲才:비재】❶변변하지 못한 재능。❷자신을 겸손하게 일컫는 말。

【菲質:비질】둔한 資質。〔舊唐書〕。

【菴】㊀(암) 覃 アン、いおり hermitage ㄢ an¹ ㊁(암) 勘

菴 草書 ㊀❶진주뽕암(ー閭蒿草)。〔子虛賦〕ー閭軒于。❷절암、암자암(草舍)。㊁가리울암(ー藹翳薈)。〔蜀都賦〕茂八區而ー藹。

【菴羅:암라】(植)梵語amra의 音譯。망고(mango)나무。옻나무과에 속하는 常綠喬木。과실 망고는 맛이 좋아 열대의 珍果임。種子는 藥用、어린 싹은 食用이 됨。말레이지아반도·버어마·印度 北部의 原產으로 臺灣等地에 널리 재배함。

【菴蕳:암려】(植)개제비쑥。山에 自生함。

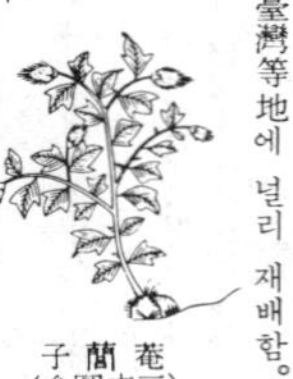
菴蕳子 (三才圖會)

【菴婪:암비】物慾과 貪慾이 있음。〔晉書·文苑王沈傳〕。

【菴藹:암애】草木이 우거진 모양。〔左思〕豐蔚所盛、茂八區而ーー焉。

【菹】(저) 魚 ソ、シャ、つけもの pickled vegetable ㄐㄩ chü¹

菹 小篆 蕰 或體 䕭 或體 菹 草書 ❶김치저、침채저(酢菜)。❷푸서리저(澤生草)。〔孟子〕驅蛇龍而放之ー。(『葅』와 같음)

【菹戮:저륙】죽임。〔後漢書〕信越終見ー。

【菹醢:저해】酢나 소금으로 젓담근 채소나 가늘게 썰어서 소금으로 절인 고기。(轉)죄인을 죽임。〔漢書〕請ーー之罪。

【菸】㊀(어) 魚 ヨ、オ、しおれる wither ㊁(연) 先 ㄧㄢ yen¹

菸 小篆 菸 草書 ㊀시들어(ー邑矮也)。〔宋玉九辨〕葉ー邑而無色兮。㊁뜻은 ㊀과 같음。

【菸邑:어읍】草木이 마르고 시들음。(字解參照)。

【菻】(름) 寑 リン、よもぎ mugwort

菻 小篆 ❶쑥름(艾也)。❷나라이름름(國名拂ー)。

【菼】(담) 感 タン、おぎ Phramites japonica ㄊㄢ t'an³

菼 小篆 䓕 或體 菼 草書 달담(似葦萑之初生亂)。〔詩經〕毳衣如ー。

【菽】(숙) 屋 シュク、まめ bean ㄕㄨ shu²

콩숙(衆豆總名)。〔詩經〕禾麻ー麥。〔春秋〕隕霜殺ー。(『尗·叔』과 통함)

【菽豆:숙두】콩。〔易林〕旦樹ーー、暮成藿羹。

【菽麥:숙맥】콩과 보리。(喩)콩인지 보리인지 분별하지 못한다는 뜻으로 사물을 잘 분별하지 못하는 어리석은 사람을 비유하는 말。菽麥不辨의 略語。〔左傳〕周子有兄、而無慧、不能辨ーー。

【菽粟:숙속】❶콩과 조。❷사람의 常食。〔孟子〕聖人治天下、使有ーー如水火。

【菽水:숙수】콩과 물。곧 변변하지 못한 음식의 일컬음。

【菽水之供:숙수지공】가난 중에도 부모를 잘 섬기는 일。

【菽芽菜:숙아채】(植)콩나물。

【菾】(첨) 鹽 セン、ちさ lettuce ㄊㄧㄢ t'ien²

상치첨(菜名)。

【菿】(도) 號 トウ、たおれる fall

菿 小篆 초목거꾸러질도(草木倒)。

【萁】(기) 支 キ、まめがら bean stem ㄑㄧ ch'i²

萁 小篆 ❶콩대기(豆ー豆莖)。〔漢書〕種一頃豆落而爲ー。❷기나물기(菜名似蕨)。〔廣成頌〕茈ー芸蒩。❸풀기(草也)。〔漢書〕檿弧ー服。

【萁稈:기간】콩대。콩줄기。〔潘岳〕ーー空虛。

【萁服:기복】기풀로 엮은 전동。〔漢書〕「檿弧ーー。

【萃】(췌) 寘 スイ、サイ、あつめる gather ㄘㄨㄟ ts'uei⁴ (本音「취」)

萃 小篆 萃 草書 ❶모을췌(聚也)。〔詩經〕有鴞ー止。❷괘이름췌(卦名)。

【萃然:췌연】모이는 모양。萃如。

【萃蔡:췌채】옷을 끄는 소리。〔司馬相如〕翕呷ーー。

【萃聚:췌취】모임。모음。〔易經〕ーー而「升不來也。

【萄】(도) 豪 トウ、ぶどう grape ㄊㄠ t'ao²

萄 小篆 萄 草書 포도도、들머루도(葡ー蘡薁)。〔魏書〕南方龍眼荔枝寧比西國蒲ー石蜜乎。

【萄乾:도건】말린 포도。乾葡萄。〔本草〕。

【萄藤:도등】포도나무。포도의 덩굴。〔本草〕集解、時珍曰、狀如葡ーー而有鈎、

紫色、古方多用皮、後世多用鉤、取其力銳爾。

【萆】㊀(비) 支 ㊁(벽) 錫 ヒ、ヘイ、おおう shade ㄅㄧˋ pi⁴ ㊀ 흰여래비(ㅣ薢藥草)。㊁ ❶도롱이벽(蓑衣)。❷가릴벽(蔽也)。

【萆薢:비해】《植》며래。뿌리는 腰痛·風濕 등에 약으로 씀。仙遺糧。

【萇】(장) 陽 チョウ、いらくさ herb ㄔㄤˊ ch'ang² 보리수장、장초나무장(ㅣ楚木名)。『詩經』隰有ㅣ楚。【疏】今羊桃。

【萇楚:장초】《植》풀 이름。羊桃의 異名。

【萉】㊀(비) 微 ヒ、だいこん radish ㊁(비) 未 ㊂(복) 職 ㄅㄧˋ pi⁴ 或 䕁(體) ㊀ 피할비(避也)。㊁ 삼씨비(枲實也)。㊂ 무우복(菔也)。

【萞】(비) 齊 ヘイ、ひまし castor bean 피마자비、아주까리비(蓖麻子)。

【萊】(래) 灰 ライ、あかざ mugwort ❶쑥래(蒿ㅣ草ㅣ田廢生草)。『詩經』北山有ㅣ。❷풀이 덧거칠게 나있을래(草穢)。『詩經』田卒汙ㅣ。❸밭묵힐래(田休不耕)。❹땅이름래(在山東省地名)。

【萊菔:내복】《植》무우의 異名。

【萊妻:내처】❶老萊子(周代의 孝子)의 아내。周代의 賢婦人。❷自己 아내의 謙稱。荊妻。『庾信』ㅣㅣ紡落毛。

【萋】(처) 齊 セイ、サイ、しげる overgrow ㄑㄧ ch'i¹ ❶풀성할처(草盛貌)。『詩經』維葉ㅣㅣ。❷구름뭉게뭉게가는모양처(雲行貌)。『詩經』有渰ㅣㅣ。❸문채모양처、무늬모양처(ㅣ斐文章相錯)。『詩經』ㅣ兮斐兮成是貝錦。❹굽실거리는모양처(ㅣ且)。

【萋斐:처비】아름답게 수놓은 모양。『詩經』萋兮斐兮、成是貝錦。

【萋萋:처처】❶草木이 무성한 모양。『詩經』維葉ㅣㅣ。❷구름이 뭉게뭉게 떠 가는 모양。『詩經』有渰ㅣㅣ。❸힘을 다하는 모양。『爾雅』藹藹ㅣㅣ、臣盡力也。

【萌】(맹) 庚 ボウ、ホウ、きざす shoot of grass ㄇㄥˊ mêng² ❶풀싹맹(草芽)。「凡草木始生皆曰ㅣ」。❷비롯할맹、맹동할맹(始也)。❸밭갈맹(耕也)。『周禮』春始生而ㅣ之。❹움직이지 않는 모양맹(牢乎)。『莊子應帝王』ㅣ乎不震不正。

【萌動:맹동】❶초목이 싹틈。❷사물이 일어나기 시작함。『漢書』奸軌不得ㅣㅣ。

【萌黎:맹려】백성。國民。氓隷。『後漢書』剿割ㅣㅣ、競恣奢欲。

【萌芽:맹아】❶植物의 새로 트는 싹。『古詩』春風動草ㅣㅣ。❷사물의 처음。『漢書』崔氏有事ㅣㅣ。

【萌蘖:맹얼】❶나무 가지에서 돋는 싹과 뿌리에서 돋는 싹。❷사물의 발생。『孟子』雨露之所潤、非無ㅣㅣ之生。

【萌隷:맹예】백성。氓隷。

【萌漸:맹점】사물의 徵候。『元稹』據逸安而易ㅣㅣ。

【萍】(평) 靑 ヘイ、ヒョウ、うきくさ great duckweed ㄆㄧㄥˊ p'ing² ❶마름평(蘋也)。❷머구리밥평、개구리밥평(浮ㅣ楊花所化)。『後漢書』ㅣ浮南北。

【萍泊:평박】정처없이 여기 저기 떠돌아 다님。流浪함。飄泊。『前定錄』沈氏尋亦ㅣㅣ。

【萍蘋:평빈】말풀。萍藻。『孟郊』ㅣㅣ一浪草、菰蒲片池榮。

【萍水相逢:평수상봉】여행 중에 우연히 벗을 만나는 일。『王勃·滕王閣序』——盡是他鄕之客。

【萍實:평실】太陽의 異名。『孔子家語』楚王渡江、得ㅣㅣ、大如斗。

【萍寓:평우】여기 저기 떠돌아 다니며 살음。『高士傳』段干木自晉ㅣㅣ於西河。

【萍跡:평적】말풀의 자취。또는 그와 같이 여기 저기 옮아 다니는 일。萍迹。『牟融』十年飄泊如ㅣㅣ、一度登臨一悵神。

【萎】(위) 支 イ、しおれる wither ㄨㄟ wei¹ ❶마를위、이울위(枯也)。『詩經』無木不ㅣ。❷풀이름위(草名)。『韓愈詩』ㅣ蕤綴藍瑛。❸쇠약해질위(衰也)。「ㅣ靡不振」。『李漢 集昌黎文序』氣象ㅣ苶。❹병이날위(病也)。『禮記檀弓』哲人其ㅣ乎。

【萎餒:위뇌】지쳐서 배를 주림。『魏書』民人ㅣㅣ、無以濟之。

【萎落:위락】시들어 떨어짐。『晉書』華如蓮華、五六日而ㅣㅣ。

【萎靡:위미】活氣가 없음。시들고 느른함。

【萎病:위병】《醫》시들병。

【萎約:위약】病으로 인하여 몸이 몹시 쇠약하고 困窮함。『楚辭』余ㅣㅣ而悲愁。

【萎蕤:위유】《植》둥굴레。백합과에 속하는 다년초。

萎蕤(三才圖會)

【萎絕:위절】시들고 말라서 떨어짐。『楚辭』雖ㅣㅣ、其亦何傷兮。

【萎縮:위축】❶시들어서 오그라들거나 쭈그러짐。❷오그라들어 작아짐。

【萎禾:위화】시들은 벼이삭。『陸雲』ㅣㅣ竦而振穎兮。

【萏】(담) 感 タン、まちす lotus-oud ㄊㄢˇ t'an³ 연봉오리담(菡ㅣ芙蓉葩華貌)。『朝享太廟賦』雲菡ㅣ以張蓋。(『萏』과 같음)

【萐】(삽) 洽 ショウ、くさ suspicious grass ㄕㄚˋ sha⁴ ❶삽보풀삽(瑞草ㅣ莆)。❷상서풀삽「ㅣ莆王者有孝德則生於厨」。

【萑】㊀(추) 支 ㊁(환) 寒 カン、めはじき mother wort ㄏㄨㄢˊ huan² ㊀ ❶풀우거질추(草多貌)。❷익모초추(茺蔚又名益母萑也)。㊁ 달환(亂也)。『詩經』八月ㅣ葦。

【萑蘭:환란】눈물이 흐르는 모양。『漢書·息夫躬傳』涕泣流兮ㅣㅣ。

【莻】(늣) [國字] 늦을늣(晚也)。

【荆】(형) 庚 ケイ、いばら thorn ❶광대싸리형(楚也)。❷가시형(荊也)。(『荊』의 本字)

九 畫

【萩】(추) 尤 シュウ、よもぎ mugwort ㄑㄧㄡ ch'iu¹

小篆 草書 ❶맑은대쑥추(蒿也)。〔左傳〕秦周伐雍門之ㅣ。❷가래나무추(木名)。〔漢書〕山居千章之ㅣ。(『楸』와 통함)

〔萩室:추실〕 새로 지은 집에 노나무를 굽고 푸닥거리를 하여 温疫을 막는 일。

〔萩苴:추저〕 나라 이름。渤海에 속함。『史記·朝鮮傳』封參爲 淸侯、陰爲ㅣㅣ侯。『注』集解曰、韋昭曰、屬渤海。

【萪】(과) 歌 カ、ふじのき wisteria

등나무과(藤也)。

【⿱艹秏】(호) 號 コウ、こやし compost

풀거름할호、절초할호(草木葉折糞)。

【萫】(향) 漾 コウ、やさいじる vegetable soup

나물국향(菜羹)。

【萬】(만) 願 バン、マン、よろず ten thousand ㄨㄢˋ wan⁴

小篆 草書 ❶일만만(千之十倍)。❷벌만(蜂名)。❸춤이름만(舞名)。〔詩經〕方將ㅣ舞。❹많을만、여럿만(多數ㅣ邦)。❺만약만(若也)。❻결단코만(決也)。(『万』과 같음)

〔萬感:만감〕 복잡한 감정。온갖 감회。『謝靈運』千念集日夜ㅣㅣ盈朝昏。

〔萬康:만강〕 =萬安。

〔萬劫:만겁〕 영원한 세월。『李白』蒼穹浩茫茫、ㅣㅣ太極長。

〔萬頃:만경〕 ❶한 없이 너름。『岑參』澄潮ㅣㅣ深見底。❷百萬 이랑。(頃은 밭 百 이랑)。

〔萬頃滄波:만경창파〕 한없이 넓고 넓「은 바다。

〔萬古:만고〕 ❶아주 옛날。太古。『宋史』推倒一世之智勇、開拓ㅣㅣ之心胸。❷永久。『杜甫』不廢江河ㅣㅣ流。

〔萬古不滅:만고불멸〕 오랜 옛적부터 길이 없어지지 않음。

〔萬古不變:만고불변〕 만고에 변함이 「없음。

〔萬古不易:만고불역〕 =萬古不變。

〔萬古不朽:만고불후〕 만고에 사라지 지 않음。

〔萬古逆賊:만고역적〕 두고두고 그 허물을 벗을 수 없을 만큼 나라에 반역한 사람。

〔萬古絶色:만고절색〕 만고에 유가 없「을 만큼 아름다운 美色。

〔萬古絶唱:만고절창〕 만고에 없는 명창。

〔萬古風雪:만고풍설〕 오래 동안 겪어「온 많은 쓰라린 고생。

〔萬斛:만곡〕 아주 많은 분량。『杜甫』ㅣㅣ之舟行若風。

〔萬口:만구〕 ❶여러 사람의 말。여러 사람이 말함。『胡銓』ㅣㅣ一談。❷많은 사람。『吳志』部曲ㅣㅣ、妻子盡議之。

〔萬口一談:만구일담〕 많은 사람의 의견이 일치함。

〔萬口傳播:만구전파〕 온 세상에 전파「됨。

〔萬口稱頌:만구칭송〕 온 세상 사람이 칭찬함。

〔萬國:만국〕 온나라。여러 나라。『書經』「ㅣㅣ咸寧。

〔萬國公法:만국공법〕 =國際公法。

〔萬國國會議員會議:만국국회의원회의〕 加盟한 여러나라의 國會議員의 대표 또는 有志의 회합。

〔萬國旗:만국기〕 세계 각 나라의 국기。

〔萬國信號:만국신호〕 배와 배 또는 배와 육지 사이에 쓰이는 국제적인 신호。

〔萬國電信:만국전신〕 만국 전신 조약을 맺고 이에 참가한 나라가 서로 보내고 받는 전보。

〔萬國通信:만국통신〕 만국 전신 조약의 체결로써 가입국이 전신국 相互 간에 발송 접수하는 전신。

〔萬國標準時:만국표준시〕 학술상 또는 航海上에 쓰는 세계 공통한 표준 시간。그리니치 시간을 표준함。

〔萬國會議:만국회의〕 세계 모든 나라의 대표자를 網羅한 국제 회의。

〔萬軍之中:만군지중〕 많은 군사가 있는 가운데。

〔萬卷:만권〕 많은 책。『蘇軾』讀書ㅣㅣ「始通神。

〔萬鈞:만균〕 아주 무거움。은 三〇근。『至言』ㅣㅣ之所壓、無不糜滅。

〔萬金:만금〕 많은 돈。『史記』富商大賈、財或累ㅣㅣ、而不佐國家之急。

〔萬機:만기〕 ❶정치상의 모든 중요한 기틀。❷임금의 政務。❸여러 가지 政事。❹많은 비밀。

〔萬機親覽:만기친람〕 임금이 온갖 政事를 친히 보살핌。

〔萬難:만난〕 온갖 어려움。

〔萬年:만년〕 아주 많은 햇수。

〔萬年不敗:만년불패〕 절대로 패하지 「않음。

〔萬年筆:만년필〕 軸 안의 잉크가 軸 끝에 꽂은 펜으로 흘러 나오게 장치된 펜의 한 가지。

〔萬能:만능〕 온갖 것에 능통함。

〔萬端:만단〕 ❶온갖 일의 실마리。『晋書』千緖ㅣㅣ、罔有遺漏。❷온갖 방법。萬方。萬策。『史記』人道經緯ㅣㅣ規矩、無所不貫。

〔萬端改諭:만단개유〕 갖은 방법을 써서 타이름。

〔萬端說話:만단설화〕 온갖 이야기。

〔萬端愁心:만단수심〕 온갖 근심。

〔萬端哀乞:만단애걸〕 남에게 여러 가지로 사정을 들어 애걸함。

〔萬端疑惑:만단의혹〕 온갖 의심。

〔萬代:만대〕 =萬世。

〔萬代不變:만대불변〕 만대에 변함이 없음。

〔萬代不易:만대불역〕 오래도록 바뀌「지 아니함。

〔萬代不朽:만대불후〕 영원히 썩거나 사라지지 않음。

〔萬代流傳:만대유전〕 길이 전하여 옴。

〔萬曆:만력〕 萬歲曆의 略語。

〔萬綠叢中紅一點:만록총중홍일점〕 전체가 푸른 잎으로 덮인 가운데 한송이의 붉은 꽃이 피어 있음。《喩》평범한 것이 많은 가운데 하나가 뛰어남。또는 많은 남자 가운데 여자가 한 사람 끼어 있음。『王安石』——、動人春色不須多。

〔萬雷:만뢰〕 ❶많은 우뢰。❷많은 소리가 크게 울리는 모양。

〔萬籟俱寂:만뢰구적〕 밤이 깊어 온갖 소리가 그치어 괴괴해 짐。

〔萬留:만류〕 =萬物。

〔萬里:만리〕 아주 먼 길。

〔萬里鏡:만리경〕 =望遠鏡。

〔萬里同風:만리동풍〕 萬里나 떨어진 먼 곳까지 風俗이 같음。《喩》세상이 태평한 모양。『漢書』天下爲一、——。

〔萬里長城:만리장성〕 秦始皇이 天下를 통일한 뒤에 匈奴의 침입을 막기 위하여 고쳐 쌓은 성。『十八史記』脫幘投地曰、乃壞汝——。

〔萬里長天:만리장천〕 아주 높고 먼 하「늘。

〔萬萬:만만〕 ❶一억。많은 수。『論衡』天地安得ㅣㅣ千手、並爲ㅣㅣ千千物乎。❷절대로。『韓愈』況ㅣㅣ無此理。

〔萬萬多幸:만만다행〕 =千萬多幸。

〔萬萬不當:만만부당〕 =千萬不當。

〔萬望:만망〕 꼭 바람。

〔萬明:만명〕 ❶《人》金庾信의 어머니의 이름。❷무당이 위하는 神의 하나。(金庾

信의 어머니를 神格化하여 이름。

【萬無：만무】 그럴 이치가 전혀 없음。

【萬無一失：만무일실】 실패가 전연 없음。

【萬物：만물】 모든 물건。 온갖 것。 『易經』大哉乾元、一一資始。

【萬物相：만물상】 《地》❶金剛山에 있는 바윗산。 바위가 묘하게 온갖 모양을 하고 있어 奇觀을 보여줌。 ❷곰보의 俗語。

【萬物商：만물상】 일상 생활에 필요한 온갖 물건을 파는 상점。

【萬物之靈：만물지령】 만물 중에서 가장 신성스러운 것。 곧 人間을 이름。 『書經』惟人一。

【萬民：만민】 모든 백성。 『易經』聖人養賢、以及一一。

【萬般：만반】 여러 가지의 일。 여러 가지。 『杜牧』跡去夢一覺、年來事一一。

【萬方：만방】 ❶여러 방면。 ❷여러 방법。 『史記』褒 不好笑、幽王欲其笑、一一故不笑。 ❸사방의 여러 나라。 『書經』嗟爾一 「一。
一象衆。

【萬邦：만방】 온갖 나라。 『書經』協和一

【萬法：만법】 온갖 법도。

【萬變：만변】 온갖 변화。 여러 가지로 변화함。 萬化。 『韓詩外傳』千擧一一、其道 「一也。

【萬別：만별】 온갖 차이。

【萬病：만병】 온갖 병。 「침。

【萬病通治：만병통치】 온갖 병을 다 고

【萬福：만복】 온갖 행복。 『韓愈』眠食何似、伏惟一一。

【萬夫：만부】 많은 남자。 萬人。

【萬不當：만부당】 千萬不當의 略語。

【萬不得已：만부득이】 하는 수 없이。 不得已。

【萬夫不當：만부부당】 萬人으로도 도저하 당해내지 못함。

【萬夫之望：만부지망】 天下 萬民이 우러러 사모함。 『易經·繫辭』君子知微知彰、知柔知剛、——。

【萬分：만분】 ❶대단함。 ❷만으로 나눔。

【萬分多幸：만분다행】 일이 뜻밖에 잘 되어 매우 다행함。 「음。

【萬不成說：만불성설】 전연 말답지 않

【萬死：만사】 ❶(醫)아무리 하여도 구해 낼 수 없고 정신이 혼몽하여지는 병。 ❷목숨을 내어 걸음。 『史記』出一一不顧一生之計。

【萬事：만사】 온갖 일。 『書經』一一墮哉。

【萬謝：만사】 ❶깊이 사과함。 ❷깊이 사례함。

【萬死無惜：만사무석】 만번 죽어도 아깝지 않을 만큼 죄가 무거움。

【萬事無心：만사무심】 ❶걱정으로 딴 일에 경황이 없음。 ❷온갖 일에 무심함。

【萬事如意：만사여의】 온갖 일이 뜻과 같이 됨。 「틀려 버림。

【萬事瓦解：만사와해】 모든 일이 모두

【萬事太平：만사태평】 ❶모든 일이 잘 되어서 어려움이 없음。 ❷어리석어 모든 일에 아무 걱정이 없음。 「됨。

【萬事亨通：만사형통】 온갖 일이 다 잘

【萬事休矣：만사휴의】 모든 方法이 헛되게 됨。 『宋史』荆人目爲——。

【萬山遍野：만산편야】 산과 들에 차서 뒤덮임。 「茫、千彙一一。

【萬狀：만상】 온갖 모양。 『唐書』渾涵汪

【萬象：만상】 온갖 물건의 드러난 형상。 『淮南子』四時未分、一一未生。

【萬石君：만석군】 벼 萬 섬의 수입이 될 농토를 가진 부자。

【萬善：만선】 모든 착한 일。

【萬世：만세】 오랜 세월。 永久。 萬代。 『書經』一一永賴。

【萬歲：만세】 ❶萬年。 『古詩』一一期延年。 ❷慶祝을 표할 때 외치는 말。 『漢書』吏卒咸聞呼一一者。 ❸貴人의 죽음에 대하여 죽음이란 말을 피해서 하는 말。 『史記·高祖紀』。

【萬歲曆：만세력】 앞으로 다가올 백 년 동안의 日月星辰의 운행과 절후를 추산하여 엮은 책。 千歲曆。

【萬世不刊：만세불간】 언제까지나 깎아 지울 수 없음。 (轉)영구히 전함。 『揚雄』金紫褒表、——。 「잊지 않음。

【萬世不忘：만세불망】 영원히 은덕을

【萬世不變：만세불변】 ＝萬代不變。

【萬世不易：만세불역】 영원히 바뀌지 아니함。 『荀子』萬世不能易也。

【萬歲樂：만세악】 唐의 則天武后가 시작한 舞樂의 이름。

【萬歲後：만세후】 ❶임금이 죽은 뒤。 百歲後。 『史記』——吾魂魄、猶樂思沛。 ❷신하가 죽은 뒤를 일컫는 말。

【萬殊：만수】 모든 것이 천만 가지로 다다름。 『王羲之』趣舍一一、靜躁不同。

【萬壽：만수】 오래 살음。 長壽。 『詩經』樂只君子、一一無期。

【萬壽無疆：만수무강】 한없이 목숨이 김。 長壽하기를 비는 말。

【萬殊一理：만수일리】 온갖 萬象이 한 이치로 돌아감。

【萬壽香：만수향】 ❶線香의 한 가지。 ❷《佛》부처 앞에 피우는 향 이름。

【萬乘：만승】 古代 中國에서 天子는 領地 千里四方을 가져、 거기서 兵車 一萬을 徵發할 수 있음。 《轉》임금。 『孟子』一一之國、弑其君者、必千乘之家。

【萬乘之國：마승지국】 一萬臺의 兵車를 갖춰 낼만한 힘을 가진 임금의 나라。

【萬乘之君：만승지군】 천자를 높이어 이르는 말。 『孟子』亦不受於——。

【萬乘之尊：만승지존】 천자의 높은 지위。 「之諫、一一之計。

【萬安：만안】 매우 평안함。 『魏志』諸君

【萬億：만억】 아주 많은 수효。 『漢書』經營一一、咸遂厥宇。

【萬億年：만억년】 한 없이 오랜 햇수。

【萬葉：만엽】 ❶萬世。 ❷많은 나무의 잎。

【萬旺：만왕】 원기가 왕성함。 平安。

【萬愚節：만우절】 歐美各國의 한 풍습。 四월 一일을 거짓말을 하여도 괜찮은 날이라 하여 서로 속이고 즐거워 함。 에이프릴 풀스데이(April Fool's Day)。

【萬有：만유】 宇宙 만물。 『子華子』太初胚胎一一。

【萬有引力：만유인력】 《物》질량을 가진 모든 물체가 서로 잡아당기는 힘。

【萬仞：만인】 아주 높음。 혹은 아주 깊음。 (仞은 周尺으로 八자。 혹은 七자)。

【萬人：만인】 썩 많은 사람。 모든 사람。 『唐書』孤峰絶岸、壁立一一。 『王禹偁』一一之命、懸于宰相。

【萬人契：만인계】 《國》천 사람 이상의 계원을 모아서 각각 돈을 걸게 하고、 계알을 흔들어 뽑아서 등수를 따라 돈을 나누어 주던 계。

【萬人傘：만인산】 《國》옛날 착한 정치를 한 官吏에게 기념으로 그 고을 백성들이 주던 물건。

【萬人敵：만인적】 군사를 쓰는 策略이

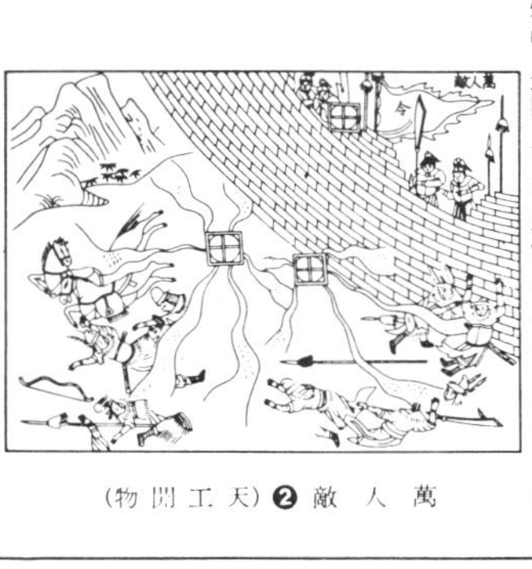

萬 人 敵 ❷ (天 工 開 物)

두드러지게 뛰어난 사람。『史記』學――、項梁乃教籍兵法。

【萬人之上:만인지상】 領議政·左議政·右議政의 자리。

【萬一:만일】 萬에 한 번。 萬分의 一。『後漢書』有補―。

【萬鎰:만일】 많은 돈。 一鎰은 二○냥。 또는 二四냥。『戰國策』黃金――爲用。

【萬丈:만장】 만 발이나 되도록 몹시 높음。

【萬障:만장】 온갖 거리낌。 많은 장애。

【萬丈公道:만장공도】 조금도 사사로움이 없이 매우 공평한 일。

【萬丈氣焰:만장기염】 한 없이 기세를 올리는 語勢。

【萬丈峯:만장봉】 매우 높은 산봉우리。

【萬丈生光:만장생광】 ❶끝없이 빛이 남。 ❷고맙기 짝이 없음。

【萬全:만전】 조금도 잘못된 데가 없음。 아주 완전함。『史記』聖人萬擧――。

【萬全之計:만전지계】 조금도 실수가 없는 계책。

【萬全之策:만전지책】 =萬全之計。

【萬折必東:만절필동】 黃河가 여러 번 꺾여 흘러가도 필경 동쪽 黃海로 흘러든다는 뜻으로 곡절이 있으나 필경은 본뜻대로 나간다는 말。

【萬重:만중】 ❶여러 겹。『李白』輕舟已過――山。 ❷매우 편안함。 萬旺。 萬安。

【萬疊:만첩】 여러 겹。 「깊은 산。

【萬疊青山:만첩청산】 겹겹이 겹쳐진

【萬雉:만치】 王城。『班固』建金城之――。

【萬態:만태】 여러 가지로 변화가 있는 상태。『吳融』――千端一瞬中。

【萬派:만파】 여러 갈래。 많은 갈래。『李建勳』――爭流雨過時。

【萬覇不聽:만패불청】 ❶(國) 아무리 싸움을 걸어도 못 들은 체하고 응하지 않음。 ❷바둑에서 큰 패가 생겼을 때 상대자가 어떤 패를 써도 듣지 않음。

【萬壑:만학】 여러 겹으로 겹쳐진 골짜기。『晉書』千巖競秀、――爭流。

【萬壑千峯:만학천봉】 첩첩이 겹쳐진 여러 골짜기와 봉우리。 「別懷――。

【萬恨:만한】 여러 가지 원한。『秦嘉』一

【萬幸:만행】 아주 다행함。

【萬戶:만호】 ❶많은 집。『駱賓王』――千門平旦開。 ❷(制)㉠李朝 때 各 道의 여러 鎭에 붙었던 從四品의 武官職。 ㉡고려 忠烈王 때 蒙古의 兵制를 移植하여 둔 軍職의 하나。 「은 서울。

【萬戶長安:만호장안】 인가가 아주 많

【萬戶侯:만호후】 一만 戶의 백성을 가진 諸侯。『史記』――豈足道哉。

【萬或:만혹】 =萬一。

【萬化:만화】 ❶여러 가지로 변함。『列子』千變――。 ❷만물을 기름。『漢書』古帝王以功興賢、則――成。

【萬華鏡:만화경】 玩具의 하나。 圓筒속에 여러 가지로 물들인 유리 조각을 장치하고、 또 장방형의 유리판을 세모지게 짠 것을 넣은 것。 돌리면서 보면 온갖 형상이 對稱的으로 나타나게 됨。

【萬化方暢:만화방창】 봄이 되어 온갖 물건이 번화스럽게 자라남。

【萬黃氏:만황씨】 (國) 못나고 어리석은 사람을 비꼬아 하는 말。

【萬彙群象:만휘군상】 많은 군중。 수없이 모여 이룬 무리。

◎巨―、億―、千―。

【萬】 (우) 麌 ウ、ひとのみょうじ surname ㄩˇ chü³
篆小 성우(姓也)。

【萯】 (부) 有 フウ、からすうり melon
篆小 땅외부、 뒤참외부(王瓜草名)。『禮』孟夏王―生。『註』今月令云王―生。

【萰】 (련) 霰 レン、しげる overgrow ㄌㄧㄢˋ lien⁴
❶가위톱련(白蘞)。 ❷퍼렇게 우거질련(青盛貌)。

【萱】 (훤) 元 ケン、カン、わすれぐさ day lily ㄒㄩㄢ hsüan¹
篆小 或體 或體 草書 원추리훤(忘憂草一名宜男草)。『詩經』焉得―草言樹之背。

【萱堂:훤당】 남의 어머니의 尊稱。 慈堂。 北堂。『詩經』焉得諼草、言樹之背。

【萱菜:훤채】 원추리나물。

【萱草:훤초】 (植)원추리。

【萲】 (훤) 『萱』(前條)과 같음

【萴】 (즉) 職 ショク、とりかぶと medic herb
篆小 약이름즉、 즉자즉(―子藥名)。『鹽鐵論』雖以進壤廣地如食―之充腸。

【萵】 (와) 歌 ワ、ちさ lettuce
草書 상취와、 부루와(―苣菜名一名辟蟲)。

【萵苣:와거】 (植)상치。

【萵苣子:와거자】 상치의 씨。 여러 가지 약으로 씀。

【萵苣包:와거포】 상치쌈。

【萸】 (유) 虞 ユ、ぐみ Evodia Danielle ㄩˊ yü²
篆小 수유유(茱―藥名)。『風土記』九月九日折茱―房插頭可辟惡氣。

【落】 (락) 「落」(艸部 9畫)과 같음

【萷】 (소) 蕭 ソウ、こずえ twig
草書 줄기만서있을소、 마들가리소(花葉已落莖獨立)。

【萼】 (악) 藥 ガク、はなぶさ calyx ㄜˋ è
草書 꽃받침악(花蔕)。『晋書』春華發―夏繁其實。

【萹】 (변) 先 ヘン、にわやなぎ herb ㄆㄧㄢ p'ien¹ ㄅㄧㄢˇ pien³
篆小 草書 옥매듭변(―蓄)。『爾雅註』布地而生節間白華葉細綠人謂之―竹。

【萹蓄:편축】 마디풀。 마디풀科에 딸린 一年草。 어린 잎은 먹으며、 줄기·잎은 한약재로 씀。 扁竹。

萹蓄 (三才圖會)

【落】 (락) 藥 ラク、おちる、おとす fall ㄌㄨㄛˋ luo⁴
篆小 草書 ❶떨어질락(零也)。『禮』草木零―然後入山林。 ❷마을락(村―聚也)。『網目集覽』人之所聚居謂之村―。 ❸하늘락(碧―天也)。 ❹기걸할락(磊― 魁礧)。『上林賦』牢―陸離。 ❺쌀쌀할락(冷―蕭索)。 ❻낙척할락(拓―不遇)。『揚雄解嘲』何爲官之拓―也。 ❼헤어질락(――難合)。『道德經』――如石。 ❽낙성제지낼락(―成始成祭)。『左傳』楚子成章華之臺願與諸侯―之。 ❾술잔락(盤―飮器)。 ❿쇠북에 피바를락(釁鍾)。『左傳』叔孫爲孟鍾饗大夫以―之。 ⓫폐할락(廢也)。 ⓬논마지기락(斗―)。 ⓭비로소락(始也)。

【落痂: 낙가】 마마 또는 헌데가 다 나아서, 딱지가 떨어지는 것。
【落價: 낙가】 ❶값이 떨어짐。 ❷값을 깎「음。
【落簡: 낙간】 책의 原文이 일부가 빠짐。
【落空: 낙공】 계획이 헛되이 됨。
【落果: 낙과】 실과 열매가 채 익기 전에 떨어짐。
【落款: 낙관】 글씨나 그림에 자기의 이름을 쓰고 도장을 찍음。 款識。
【落句: 낙구】 五言・七言律詩의 제七・八의 兩句。 『滄浪詩話』有發端、有ㅣㅣ結句也。
【落句的表現: 낙구적표현】 끝귀를 따로 떼는 표현。 鄕歌의 표현법 따위。
【落南: 낙남】 서울 사람이 남쪽 지방으로 이사해 감。
【落膽: 낙담】 ❶실망하여 갑자기 마음이 상함。 『唐書』今日膽落溫御史矣。 ❷호되게 놀라서 간이 떨어지는 듯함。
【落膽喪魂: 낙담상혼】 몹시 낙담하여 넋을 잃음。
【落度: 낙도】 뜻을 얻지 못하고 不遇한 일。 『蜀志』ㅣㅣ如此。
【落落: 낙락】 ❶축 늘어져 있는 모양。 ❷여기 저기 떨어져 있음。 『劉禹錫詩序』今來ㅣㅣ如晨星之相望。 ❸뜻하는바가 큰고 뛰어남。 『晉書』磊磊ㅣㅣ。
【落落難合: 낙락난합】 흩어져 모이기가 어려움。
【落落長松: 낙락장송】 가지가 축축 늘어진 키 큰 소나무。
【落雷: 낙뢰】 벼락이 떨어짐。 또는 그 벼「락。
【落淚: 낙루】 눈물을 흘림。 흐르는 눈물。 『魏文帝』妻子牽衣袂ㅣㅣ霑懷抱。
【落馬: 낙마】 말에서 떨어짐。
【落莫: 낙막】 마음이 쓸쓸한 모양。 寂莫。 『韓愈』不ㅣㅣ否。
【落望: 낙망】 희망이 없어짐。 또는 바라던 마음을 떨어뜨림。
【落梅: 낙매】 떨어지는 매화꽃。 또는 그 「열매。
【落綿: 낙면】 ❶무명실로 베를 짜는 일。 ❷솜을 틀 때 생기는 낱낱의 솜。
【落名: 낙명】 명성이 떨어짐。
【落命: 낙명】 생명을 잃음。
【落木: 낙목】 잎이 떨어진 나무。 『杜甫』古城ㅣㅣ疎。
【落木空山: 낙목공산】 잎이 떨어진 뒤의 쓸쓸하게 보이는 산。
【落眉之厄: 낙미지액】 눈앞에 닥친 災「厄。
【落泊: 낙박】 ❶뜻을 이루지 못한채 沈淪됨。 ❷倫落의 길에 빠짐。 零落落魄。 『南史』杜稜少ㅣㅣ、不爲當世知。
【落盤: 낙반】 鑛山의 굴 속에서 천장이나 벽이 무너져 떨어지는 일。
【落髮: 낙발】 머리를 깎음。 『劉長卿』龍宮ㅣㅣ披袈裟。
【落髮爲僧: 낙발위승】 머리를 깎고 중「이 됨。
【落榜: 낙방】 《制》과거에 떨어짐。 落第。 ↕及第。
【落魄: 낙백】 뜻(志)을 얻지 못하여 沈淪「함。 『史記』好讀書、家貧ㅣㅣ。
【落帆: 낙범】 돛을 내림。
【落本: 낙본】 本錢을 밑짐。 손해를 봄。 「失本。
【落仕: 낙사】 落職。
【落山: 낙산】 ❶下山。 ❷鑛石을 搗鑛場으로 옮김。
【落傷: 낙상】 넘어지거나 떨어져 다침。
【落書: 낙서】 ❶아무데나 글씨를 함부로 씀。 ❷글씨를 빠뜨림。
【落選: 낙선】 選擧에 떨어짐。 ↕當選。
【落成: 낙성】 工事를 다 이룸。 竣工。 『劉克莊』故國難歸去、新巢甫ㅣㅣ。
【落成式: 낙성식】 낙성을 축하하는 의「식。
【落成宴: 낙성연】 낙성을 축하하는 연「회。
【落訟: 낙송】 =敗訴。
【落訟者稱寃: 낙송자칭원】 이치에 맞지 않은 억지를 씀을 가리켜서 하는 말。
【落水: 낙수】 낙수물。
【落首: 낙수】 풍자나 조롱의 뜻이 있는 落書의 시나 노래。
【落穗: 낙수】 다 베어 들인 뒤에 떨어져 있는 곡식의 이삭。
【落心: 낙심】 바라는 일이 이루어지지 않아 마음이 풀어짐。
【落心千萬: 낙심천만】 몹시 낙심함。
【落蕚: 낙악】 꽃잎이 떨어질 때 함께 떨어지는 꽃받침。
【落雁: 낙안】 열을 지어 땅으로 내려 앉는 기러기。 『江總』ㅣㅣ不勝彈。
【落然: 낙연】 零落한 모양。 몰락한 모양。 『柳宗元』今還又ㅣㅣ。
【落葉: 낙엽】 잎이 떨어짐。 또는 그 잎。 『陶潛』ㅣㅣ掩長陌。
【落葉喬木: 낙엽교목】 가을에 잎이 떨어져 겨울을 넘기는 키 큰 나무。
【落葉色: 낙엽색】 낙엽과 같은 빛깔。
【落葉松: 낙엽송】 《植》전나무과에 속하는 낙엽 針葉 喬木。 建築材・電柱・펄프・船舶材 등으로 씀。
【落葉樹: 낙엽수】 《植》가을・겨울에 잎이 떨어졌다가 봄에 새싹이 나서 여름내 무성하는 나무。 落葉木。
【落影: 낙영】 落日。 『庾闡』照ㅣㅣ而俱紅。
【落伍: 낙오】 ❶隊伍에서 떨어짐。 ❷시대의 진보에 뒤떨어짐。
【落伍者: 낙오자】 낙오된 사람。
【落月: 낙월】 지는 달。 『張若虛』ㅣㅣ搖情滿江樹。
【落月屋梁: 낙월옥량】 지는 달이 지붕을 비춤。 故人을 생각하는 마음이 간절함。 『杜甫』落月滿屋梁、猶疑照顔色。
【落日: 낙일】 저무는 해。 『杜甫』ㅣㅣ照大旗、馬鳴風蕭蕭。
【落字: 낙자】 빠뜨린 글자。 脫字。
【落張: 낙장】 ❶책의 빠진 책장。 ❷화투나 투전 같은 것을 할 때 이미 내어 놓은 패장。
【落籍: 낙적】 ❶호적에서 빠짐。 또는 그 사람。 『大學衍義補』唐穆宗方荒宴、軍士ㅣㅣ者衆。 ❷어떤 단체에서 제명되어 물러남。 ❸妓籍에서 몸을 뺌。 『西湖志』。
【落箭: 낙전】 쏴 보낸 화살에 탈이 생겨 제대로 가지 못하고 중간에서 떨어짐。
【落點: 낙점】 《制》官吏를 選任할 때에 三望의 후보자 가운데 한 사람의 이름 위에 임금이 친히 점을 찍어서 뽑음。
【落第: 낙제】 ❶시험에 떨어짐。 『唐詩記事』ㅣㅣ者至省門散去。 ❷성적이 나빠서 상급 학년으로 진급하지 못함。 ↕及第。
【落第生: 낙제생】 ❶낙제한 학생。 ❷사회 일반에서 뒤떨어진 사람。
【落照: 낙조】 저녁 햇빛。 夕陽。 『梁簡文帝』密房寒日晩、ㅣㅣ度空窓。
【落潮: 낙조】 ❶썰물。 退潮。 『劉長卿』ㅣㅣ廻野艇。 ❷점점 쇠퇴해지는 기미。
【落種: 낙종】 논밭에 곡식의 씨를 뿌림。
【落枝: 낙지】 늘어진 나뭇가지。
【落地: 낙지】 세상에 처음으로 태어남。 『陶潛』ㅣㅣ爲兄弟、何必骨肉親。
【落地前: 낙지전】 세상에 태어나기 이「전。
【落地初: 낙지초】 세상에 난 뒤 처음。
【落地後: 낙지후】 ❶세상에 태어난 후。 「❷난 후。
【落職: 낙직】 職에서 면직됨。
【落帙: 낙질】 여러 권으로 한 帙이 되는 책에서 빠진 권이 있음。
【落叉: 낙차】 《佛》❶梵語 laksa의 音譯。 俱胝의 백분의 一。 곧 十萬。 ❷큰 數。
【落差: 낙차】 물이 떨어지는 높낮이의 차。
【落着: 낙착】 ❶일이 끝이 남。 결정됨。 『朱子語類』却有一個ㅣㅣ。 ❷訴訟事件의 裁決。 落著。
【落札: 낙찰】 《經》경쟁 입찰 따위에 있어서 입찰의 목적인 물품 매매나 工事請負의 권리를 얻는 일。

【落札價格:낙찰가격】 낙찰된 액면。
【落拓:낙척】 뜻이 雄大한 모양。 拓落。『北史』少一一有大志。
【落體:낙체】 지구 표면에서 重力에 의한 加速度로써 낙하하는 물체。
【落齒:낙치】 이가 빠짐。
【落齒復生:낙치부생】 빠진 이가 다시 남。
【落胎:낙태】 달이 덜 찬 태아가 죽어서 나옴。 半產。
【落板:낙판】 윷놀이 할 때、판 밖에 윷가락이 떨어짐。
【落筆:낙필】 ❶붓을 쥐고 글씨나 그림을 그리는 일。『李白』興酣一一搖五嶽、詩成嘯傲凌滄洲。 ❷장난삼아 쓰는 글씨。戲書。
【落霞:낙하】 저녁놀。
【落下:낙하】 아래로 내리 떨어짐。
【落下傘:낙하산】 航空 중의 航空機로부터 내릴 때에 사용하는 우산 같이 생긴 물건。
【落下傘部隊:낙하산부대】 낙하산으로 적진에 내려 군사 활동을 하는 부대。
【落下律:낙하율】 《物》물체의 떨어지는 데 관한 定律。 어떤 물체도 진공 속에서는 같은 속도이며、물체의 떨어지는 거리는 그 시간의 평방에 비례한다는 율。
【落汗:낙한】 땀이 나고 열이 내림。
【落鄕:낙향】 서울에서 살다가 시골로 이사함。
【落婚:낙혼】 문벌이 낮은데로 혼인함。 降婚。
【落花:낙화】 꽃이 떨어짐。 落英。 落紅。『梁元帝』金燈飄一一。
【落花生:낙화생】 《植》땅콩。
【落花巖:낙화암】 《歷》扶餘 白馬江에 잇닿아 절벽을 이루고 있는 扶蘇山 서쪽 끝의 큰 바위。 백제가 망할 때 三千 宮女가 빠져 죽었다 함。
【落花流水:낙화유수】 ❶떨어지는 꽃과 흐르는 물。『白居易』落花不語空辭枝、流水無心自入池。 ❷情이 있어 서로 보고 싶어하는 남녀의 애틋한 愛情。
【落花風:낙화풍】 꽃을 떨어뜨리는 바람。『劉廷芝·詩』今人還對一一。
【落後:낙후】 남보다 뒤떨어짐。 떨어질 지경임。『李白』風流豈肯落人後。
【落暉:낙휘】 저녁 햇빛。 落日。『李商隱』萬緖千條拂一一。
◎群一、段一一斗一、沒一、部一、零一、流一、低一、村一、墜一、墮一、脫一、暴一、下一、陷一。

【葂】 (면) 阮 メン、ベン、さかん prosperous
❶사람이름면(蔣閭一人名)。『莊子』蔣閭一見季徹。 ❷성할면(盛也)。(『菟』과 같음)

【蒯】 (괴) 卦 カイ、くさのな grass
풀이름괴、기령괴(草名茅類)。

【葃】 (조) 虞 ソ、あし reed ㄗㄨㄛˊ tsuo'
갈대조(蘆也)。

【蒩】 (자) 麻 サ、せり parsley
미나리자(芹也)。

【葅】 (저) 魚 ショ、つけもの pickled vegetable
김치저(淹菜)。(『菹』와 같음)

【葆】 (보) 晧 ホウ、しげる、むらがる overgrow ㄅㄠˇ pao³
❶풀더북할보(草盛)。『漢書』頭如蓬一。 ❷감출보(韜藏)。『莊子』此之謂一光。 ❸일산보(羽一蓋也)。 ❹보배보(寶也)。『史記』一祠。

【葆車:보거】 뚜껑 위를 깃으로 장식한 수레。『後漢書·光武帝紀』。
【葆光:보광】 빛을 감춤。 知德을 숨겨서 나타내지 않음。『莊子』此之謂一一。
【葆大:보대】 영광이 아주 큼。『禮記』不樂一一。
【葆葆:보보】 풀이 우거진 모양。『博雅』一一茂也。
【葆守:보수】 지금까지의 것을 그대로 지킴。 保守。
【葆眞:보진】 그 本性을 보존하는 일。『莊子·田子方』可以一一。

【茈】 (시) 佳 シ、せり parsley
❶돌미나리시(野芹)。 ❷시호시(藥名一胡)。

【葇】 (유) 尤 ジュウ、いぬえ Perilla frutescens
❶노야기유(香一)。 ❷들깨유(釀一蘇也)。『方言』蘇之一者謂之釀一。

【葈】 (사) 紙 シ、おなもみ cocklebur
도꼬마리사(卷耳)。
【葈耳:사이】 《植》도꼬마리。 멍거시科에 딸린 一年草。 과실은 蒼耳子라고 하여 약재로 씀。 喝起來。 卷耳。 羊負來。 蒼耳。

葈耳 (三才圖會)

【葉】 ㊀(엽) 葉 ㊁(섭) 葉 ヨウ、ショウ、は leaf ㄧㄝˋ yeh⁴
㊀ ❶잎엽(枝一花之對)。 ❷세대엽(世代)。『詩經』昔在中一有震其業。 ❸성엽(姓也)。 ㊁ 고을이름섭(南陽縣名)。
【葉脚:엽각】 《植》잎의 밑둥。
【葉捲蟲:엽권충】 《動》곤충의 유충으로 잎을 말아 그 속에 사는 습성을 가진 것의 總稱。
【葉綠素:엽록소】 《植》녹색 식물의 세포 속에 포함되어 있는 葉綠體 안의 綠色의 色素。 잎파랑이。
【葉綠體:엽록체】 《植》葉肉의 세포 속에 있는 무수한 무색의 작은 球體。 엽록소를 함유하여 푸른 색을 띠며、탄소 동화 작용을 하여 전분을 만들음。
【葉脈:엽맥】 《植》葉肉 안에 분포되어 있는 維管束의 한 부분。 葉肉을 버티고 水分·양분의 通路가 됨。
【葉柄:엽병】 《植》잎이 줄기에 붙어 있는 부분。 잎꼭지。
【葉肥:엽비】 나뭇잎을 썩여 만든 거름。
【葉序:엽서】 《植》잎이 줄기에 붙은 잎의 배열 상태。 互生·對生·輪生·叢生 따위로 나뉨。
【葉書:엽서】 郵便葉書의 略稱。
【葉芽:엽아】 《植》잎눈。
【葉腋:엽액】 《植》잎이 가지나 줄기에 붙은 자리。
【葉語:엽어】 萬世에 일컬어 내려옴。(葉은 世)。『淮南子』稱譽一一、至今不休。
【葉緣:엽연】 《植》잎의 가장자리。
【葉煙草:엽연초】 잎담배。
【葉月:엽월】 음력 팔월의 別稱。
【葉肉:엽육】 《植》잎의 안팎 중간에 있는 부드럽고 연한 세포 조직。 곧 잎에서 엽맥을 제한 다른 부분의 總稱。
【葉子金:엽자금】 아주 정련한 금。 불려서 잎사귀처럼 만든 十品金을 일컬음。
【葉子戲:엽자희】 骨牌。『宋史』好爲一一。
【葉錢:엽전】 놋쇠로 만든 옛날 돈。
【葉茶:엽차】 ❶찻잎을 달여서 만든 차。 ❷한 번 우려낸 홍차를 재탕한 멀건 차。
【葉菜:엽채】 잎을 食用으로 하는 채소。
【葉菜類:엽채류】 사람이 잎을 食用으로 하는 풀。 배추·미나리·파 따위。

【葉鞘:엽초】(植)벼·보리 따위와 같이 잎꼭지가 칼집 모양으로 되어, 줄기를 싸고 있는 것。

【葉軸:엽축】(植)잎줄기。

【葉蟲:엽충】(動)돼지벌레。

【葉針:엽침】(植)잎이 변하여 바늘같이 된 것。

【葉枕:엽침】(植)잎새가 달린 밑동。또는 그 곳의 도두룩하게 내민 부분。

【葉托:엽탁】보통 잎의 잎 꼭지 밑에 붙어 난 한 쌍의 작은 잎。托葉。

【葉片:엽편】(植)잎의 넓은 부분。

【葉坪:엽평】엽전풀이。葉錢坪。

◎金枝玉ㅡ、落ㅡ、綠ㅡ、末ㅡ、子ㅡ、竹ㅡ、中ㅡ、青ㅡ、初ㅡ、蕉ㅡ、紅ㅡ、後ㅡ。

【萶】(암)『菴』(艸部 8畫)의 古字

【葌】(간) 刪 カン、かや miscanthus
小篆 띠 간(茅屬)。【山海經】吳林之山、其中多ㅡ草。

【葌服:간복】香草를 달아 참。【吳越春秋】干將鑄劍、夫妻入冶爐中、後世麻絰ㅡㅡ、然後敢鑄。

【葍】(복) 屋 フク、みようが radish ㄈㄨˊ fú
小篆 草書 순무우복(惡菜葍也)。【詩經】言采其ㅡ。

【葎】(률) 質 リツ、むぐら Sophora angustifolia ㄌㄩˋ lǜ
小篆 草書 한삼률、너삼률(ㅡ草似葛有刺)。【本草】莖有細刺善勒人膚故名勒草訛爲ㅡ草。

【葎草:율초】(植)한삼덩굴。

葎草(三才圖會)

【葐】(분) 元 フン、かおる fragrant ㄆㄣ p'en²
❶성할분、자욱한모양분(ㅡ蒀盛貌)。【蜀都賦】鬱ㅡ蒀以翠微。❷향기분(馩ㅡ香也)。❸딸기분(覆ㅡ藥名)。【正字通】梵書謂覆ㅡ子花曰蘇密那花。

【葐蒀:분온】왕성한 모양。

【葑】(一)(풍) 東 (二)(봉) 冬 (三)(봉) 宋 ホウ、かぶら turnip ㄈㄥ fêng¹
小篆 草書 (一)무우풍(蕪菁)。【詩經】采ㅡ采菲無以下體。(『蘴』과 같음) (二)순무우봉(蔓菁)。(三)방기뿌리봉(菰根盤結)。

【葑田:봉전】菰 뿌리가 여러 해 얽히고 쌓여서 된 밭。【宋史·蘇軾傳】取西湖ㅡㅡ三十里爲長堤。

【葒】(홍) 東 コウ、たで knot-grass ㄏㄨㄥˊ hung²
요화홍、여뀌풀홍(馬蓼水草)。【本草】ㅡ草水ㅡ也。

【葓】(홍)『葒』(前條)과 같음

【葔】(후) 尤 コウ、はますげ nut grass
❶향부자후(香附子)。❷후사후(ㅡ名ㅡ莎)。

【⿱艹侻】(예) 霽 エイ、めばえる come up
풀돋아날예(草生貌)。

【葖】(돌) 月 トツ、だいこん radish ㄊㄨˊ t'u²
무우돌(菔也)。

【葘】(치)(재)『菑』(艸部 8畫)와 같음

【著】(一)(저) 魚 (二)(저) 御 (三)(착) 藥 チョ、チャク あらわす、つく appear: stick ㄓㄨˋ chuo² ㄓㄠ chao¹·²
草書 (一)무년저、옹저저(太歲在戊曰雍ㅡ)。(二)❶나타날저(明也章也)。【中庸】形則ㅡ。❷이름이높아질저、널리 알려질저(ㅡ名)。❸면장사이저(門屛間)。【詩經】俟我於ㅡ乎而。❹품계저(朝ㅡ位次)。【漢書】朝內列位有定處所謂表ㅡ也。❺글지을저(紀述)。❻편찬할저(輯纂)。【史記 老子傳】ㅡ書上下篇。❼조정의 석차저(朝廷之席次)。【左傳昭公十二年】若不廢君命 則固有ㅡ矣。(三)❶부딪칠착(附也黏也)。【漢書】墨子之ㅡ面。❷둘착(置也)。【吳越春秋】從陰收ㅡ望陽出糶。❸입을착(被服)。「如言ㅡ衣ㅡ履」。❹벼슬이름착(官名ㅡ作)。❺술준착(殷樽名)。

著❺(三才圖會)

【著大:저대】뚜렷하게 큼。

【著錄:저록】❶드러내어 적음。【後漢書】弟子自遠至者、ㅡㅡ且萬人。❷이름 따위를 장부에 적는 일。

【著明:저명】뚜렷이 밝음。著名。【易經】懸象ㅡㅡ、莫大乎日月。

【著名:저명】이름이 드러남。有名。【晋書】沙門支遁以淸談ㅡㅡ于時。

【著名人士:저명인사】이름난 사람。

【著名作家:저명작가】세상에 널리 이름난 작가。

【著聞:저문】세상에 널리 전하는 훌륭한 이야기。또는 좋은 소문。

【著書:저서】책을 지음。또는 著述한 책。【史記】關令尹喜曰、子將隱矣、彊爲我ㅡㅡ。

【著姓:저성】이름있는 집안。名族。

【著述:저술】著作。【史記】古人遭困厄、而有ㅡㅡ。

【著述家:저술가】저술을 일삼는 사람。

【著述業:저술업】저술에 종사하는 직업。

【著譯:저역】저술하고 또는 번역하는 일。

【著雍:저옹】天干의 古甲子 戊의 이름。

【著者:저자】책을 지은 사람。

【著作:저작】❶책을 지음。【論衡】ㅡㅡ者爲文儒、說經者爲世儒。❷(制)無體校書館·承文院·弘文館의 正八品 벼슬。❸(制)中國 漢代에 國史 編纂을 爲하여 두었던 벼슬아치의 이름。

【著作權:저작권】(法)財産權의 한 가지。著作物에 따라서 複製·刊行·飜譯·放送 등을 著作者가 독점하는 권리。

【著作權法:저작권법】(法)著作權을 保護하여 文化의 向上發展을 도모함을 목적으로 제정된 법률。

【著作權者:저작권자】(法)저작권법에 의하여 저작권을 소유한 사람。

【著作權侵害:저작권침해】(法)저작권을 지닌 사람의 허락 없이 저작물의 내용을 마음대로 이용하여 남의 저작권을 침범하는 행위。무단 출판·무단 방송·무단 흥행 따위。

【著作物:저작물】저작자가 저술한 책。

【著作者:저작자】책을 지은 사람。

【著撰:저찬】文書를 저술하고 고름。【宋史】士大夫有所ㅡㅡ、多訪以古事。

【著枷:착가】(制)죄인의 목에 칼을 씌우던 일。

【著工:착공】공사를 시작함。

【著近:착근】친숙하고 가까운 듯이 구는 일。

【著根:착근】❶모종낸 초목이 뿌리가 잘 내림。❷타향에 옮아가 정을 붙이어 살게 됨。

【著急:착급】매우 급함。

【著念:착념】주의 깊게 생각함。

【著力:착력】 힘을 씀。
【著力點:착력점】 《物》作用點。
【著陸:착륙】 비행기나 비행선 따위가 공중에서 땅으로 내려 앉는 일。
【著綿:착면】 솜옷을 입음。
【著名:착명】 이름을 기록함。『晋書』沙門支遁以淸談――于時。
【著帽:착모】 모자를 씀。
【著味:착미】 맛을 붙임。취미를 붙임。
【著發:착발】 도착함과 출발함。
【著服:착복】 ❶=著衣。『晋書』天公織女、死爲之――。❷남의 金品을 속여 부당하게 자기의 소유로 함。
【著相:착상】 사물에 執著하는 모양。
【著想:착상】 ❶일의 실마리가 될 만한 생각。著意。❷예술품을 창작할 때 그 내용을 머리 속에서 구상함。아이디어。
【著色:착색】 색칠을 함。그림이나 그 밖의 물건에 彩色을 함。『劉勳』船行――屛風裏、人在廻文錦字中。
【著生動物:착생동물】 《動》다른 물체에 딸려서 이리저리 옮겨 다니지 않는 동물。그러나 성충이 된 뒤 어느 기간만은 다른 물체에 붙어서 살음。
【著生植物:착생식물】 《植》나무나 바위에 붙어서 大氣 중으로부터 양분을 흡수하여 생활하는 식물의 총칭。氣生植物。
【著席:착석】 자리에 앉음。
【著水:착수】 飛行艇 따위가 수면에 내림。
【著手:착수】 ❶손을 댐。일을 시작함。開始。『晋書』皆迎刃而解、無復――處也。❷《法》刑法上 犯罪 실행의 개시。
【著手金:착수금】 일을 착수할 때에 먼저 내는 돈。
【著手未遂犯:착수미수범】 《法》未遂犯의 한 가지。범죄 실행에 있어 착수는 하였으나 그 실행을 마치지 못한 범인。
【著水滑走:착수활주】 水上 飛行機가 [illegible]

【著信:착신】 편지·전보 등의 통신이 도착함。또는 그 통신。↕發信。
【著實:착실】 ❶침착하고 진실함。❷정직하고 성실함。『張說』篤學勵行――飛聲。
【著心:착심】 어떠한 일에 마음을 둠。
【著岸:착안】 배가 육지의 언덕에 닿음。
【著眼:착안】 어떤 일을 눈여겨 보거나 그 일의 내용을 파악하는 일。『蘇軾』塗車芻靈皆假設、――細看君勿誤。
【著用:착용】 몸에 옷 따위를 걸치어 입음。『搜神記』好五色衣服、裁制――。
【著衣:착의】 ❶옷을 입음。著服。『張耒』東風冷峭――寒。❷입고 있는 옷。
【著意:착의】 ❶무슨 일에 뜻을 둠。著想。『歐陽修』誰知――弄新音。❷注意。留意。
【著任:착임】 임명된 곳에 도착함。
【著題語:착제어】 화제에 알맞는 말。
【著足:착족】 ❶발을 바닥에 붙이고 섬。❷어떤 곳에 자리잡고 섬。
【著陣:착진】 진 터에 도착함。
【著著:착착】 사물의 질서가 정연한 모양。일을 차례대로 침착하게 처리해 가는 모양。
【著處:착처】 도착되는 곳。
【著漆:착칠】 옻칠을 함。
【著彈:착탄】 쏜 탄알이 명중함。또는 그 탄알。
【著彈距離:착탄거리】 발사한 탄알이 닿는 거리。
【著銜:착함】 무슨 글발 끝에 함자를 씀。
【著港:착항】 배가 항구에 닿음。↕出港。
【著火點:착화점】 =發火點。
◎共―、論―、名―、合―、顯―、到―、發―。

【葙】 (상) 陽 ショウ、のけいとう cockscomb
송곳맨드라미상(鷄冠花尖)。『魏志』初平中有靑牛先生者客三輔常食靑―芫花年以五六十者。

【萸】 (연) 銑 ゼン、きくらげ fungus
小篆 나무버섯연(枯木生耳)。

【葚】 (심) 寢 ジン、くわのみ mulberry ㄖㄣˋ jen⁴ ㄕㄣˊ shen²
小篆 草書 오디심(桑實)。『晋書』桑―甜甘。(『椹』과 같음)

【葛】 (갈) 曷 カツ、くず arrowroot ㄍㄜˊ kê²·³
小篆 草書 칡갈(蔓生絺綌草)。『易經』困于―藟。『詩經』―之覃兮。
【葛巾:갈건】 葛布로 만든 두건。
【葛巾野服:갈건야복】 갈건과 베옷。隱士의 衣服。
【葛裘:갈구】 ❶여름에 입는 葛衣와 겨울에 입는 갖옷。❷여름내。겨우내。一年間。裘葛。
【葛根:갈근】 《植》칡의 뿌리。
【葛帶:갈대】 칡의 섬유로 만든 띠의 한가지。『檀弓上』婦人不――。

小功葛帶
(三禮圖)

【葛藤:갈등】 ❶칡과 등。『出曜經』猶如――纏樹樹枯。❷《佛》중의 問答。❸서로 뒤얽힘。❹不和함。
【葛藟:갈류】 ❶《植》칡。칡덩굴。❷곤란함의 비유。『易經』困――。
【葛粉:갈분】 칡 뿌리의 물을 짜서 말려 만든 가루。
【葛粉薏苡:갈분의이】 갈분응이。
【葛衫:갈삼】 葛布로 만든 적삼。『隋書』冬初尙衣――。
【葛衣:갈의】 葛布로 만든 옷。『史記·自序』夏日――、冬日鹿裘。
【葛絰:갈질】 喪中에 婦人네들이 머리나 허리에 띠는 띠。

小功葛絰
(三禮圖)

【葛絺:갈치】 가느다란 葛布。『莊子』夏日衣――。
【葛布:갈포】 칡의 섬유로 짠 베。
【葛皮 갈피】 칡 껍질。
【葛筆:갈필】 毛筆 대신에 쓰는 칡 뿌리로 만든 붓。

【葝】 (경) 庚 ケイ、にら leek
❶산부추경、산염교경(山薤)。❷쥐꼬리풀경(草名)。

【葛】 (탕) 陽 チョウ、やまごぼう prodigal
小篆 방탕할탕(不自收斂儻―)。(『蕩』과 통함)

【葞】 (미) 紙 ミ、ビ、はるくさ grass in spring ㄇㄧˇ mi³
❶봄풀미(春草)。❷봄보리미(春麥)。

【蓡】 (삼) 侵 シン、にんじん ginseng ㄕㄣ shen¹
❶인삼삼(人―神草)。❷더덕삼(沙―)。(『蔘』과 같음)

【葡】 (포) 虞 ホ、ブ、ぶどう grape ㄆㄨˊ p'u²
草書 ❶포도포、들머루포(―萄蔓果―名草龍)。❷나라이름포(歐洲國名―萄牙)。(『蒲』와 같음)
【葡萄:포도】 《植》포도나무의 열매。
【葡萄糖:포도당】 《化》포도·蜂蜜 같은 것의 단맛이 나는 즙 속에 포함되어 있는 糖分의 한 가지。
【葡萄色:포도색】 붉은 빛이 나는 검붉

은 색。곧 흑포도의 색。

【葡萄牙：포도아】《地》Portugal：유럽 南部에 있는 독립국가。住民은 Sem 系와 Ham系의 混血族으로 대부분이 구교도임。首都는 리스본。

【葡萄酒：포도주】포도를 원료로 해서 만든 술。「액」。

【葡萄汁：포도즙】포도를 짜서 만든 즙

【葢】(개)『蓋』(艸部 10畫)의 本字

【董】(동) 董 トウ、ただす superintend ㄉㄨㄥˇ tung³

草書 ❶바를동(正也)。❷감독할동(督也)。【書經】ㅡ之用威。❸굳을동(固也)。❹연뿌리동(蓮根)。❺비빔밥동(骨ㅡ雜饍)。❻고물동(骨ㅡ)。

【董督：동독】감독하고 독촉함。【吳志】二者尙不能知、安可ㅡㅡ在遠禦寇濟難乎。

【董率：동솔】감독하며 거느림。

【董役：동역】役事를 감독함。

【董正：동정】바로잡음。督正。【後漢書】慨然有ㅡㅡ天下之志。

【董仲舒：동중서】《人》前漢의 大學者。儒教ㅡ尊主義를 세워 儒教 독립의 기반을 확고히 함。그의 學說은 公羊春秋傳에 나옴。〈著書〉春秋繁露。

董仲舒(三才圖會)

【董卓：동탁】《人》後漢의 政治家。字는 仲穎。靈帝가 죽은 뒤 小帝를 폐하고 獻帝를 세움。何太后를 죽임。뒤에 部將 呂布에게 被殺됨。

【董狐之筆：동호지필】권세를 두려워하지 않고 있는 그대로의 사실을 써서 역사에 남김。【左傳】

【莿】(전) 先 セン、おおばこ plantain

小篆 질경이전(藥草車ㅡ子)。

【葦】(위) 尾 イ、あし reed ㄨㄟˇ wei³

小篆 草書 ❶갈대위(大葭)。「初生爲葭稍大爲蘆長成爲ㅡ」。【詩經】ㅡㅡ航之。❷작은배위(小舟)。【蘇軾 赤壁賦】縱一ㅡ之所如。

【葦車：위거】꾸미지 않은 수레。柴車。【後漢書】乘ㅡㅡ到官、以清亮稱。

【葦席：위석】갈로 짠 자리。【禮記】ㅡㅡ以爲屋。

【葦牙：위아】갈의 어린 싹。葦角。

【葦籥：위약】옛날 樂器의 이름。갈로 만든 피리。【禮記·明堂位】。

【葦魚：위어】《動》웅어。

【葦苲：위책】갈로 짜서 만든 그물。【五代史】以ㅡㅡ維大艦。

【葦苕：위초】갈의 이삭。【荀子·勸學】。

【葦火：위화】마른 갈을 때는 불。

【葧】(발) 月 ホツ、しろよもぎ thick ㄅㄛˊ po²

草書 ❶새발쑥발(葧ㅡ、白蒿)。❷성한모양발(盛貌)。【柳宗元】蓊ㅡ香氣。

【葪】(계) 霽 ケイ、さく cut

草書 ❶베일계(割也)。❷삽주계(朮也)。

【葩】(파) 麻 ハ、はな flower ㄆㄚ p'a¹

小篆 草書 꽃봉오리파(華也)。【西京賦】披紅ㅡ之狎獵。

【葩經：파경】詩經의 別名。韓愈의 進學解의 「詩正而葩」라는 데서 옴。【韓愈】詩正而葩。

【葩卉：파훼】풀꽃。【王安石·詩】山路ㅡ「ㅡ繁。

【葫】(호) 虞 コ、にんにく garlic ㄏㄨˊ hu²

草書 ❶물외호(爪也草名)。❷마늘호(ㅡ大蒜)。【孫緬云】張騫使西域得大蒜ㅡ荽則小蒜中土舊有而大蒜出胡也有胡名。

【葫蘆：호로】❶《植》호리병박。【十八史略】學士草制、依樣畫ㅡㅡ耳。❷無号춤을 출 때 허리에 매어 좌우로 술이 늘어지게 된 한 제구。

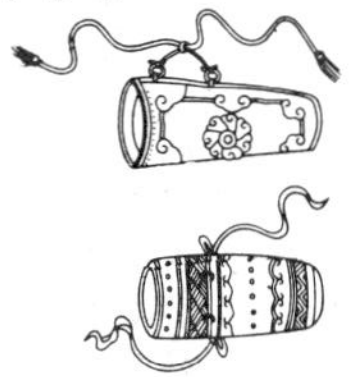
弓箭胡蘆 弩箭胡蘆 (三才圖會)

【葫蘆甁：호로병】호리병박 같이 만든 병。흔히 술이나 약을 휴대하는 데에 쓰임。「긴 笙簧。

【葫蘆笙：호로생】끝이 호리병처럼 생긴 笙簧。

【葬】(장) 漾 ソウ、ほうむる hold a funeral ㄗㄤˋ tsang⁴

小篆 草書 묻을장、장사지낼장(藏也埋也)。【禮記】國子高曰ㅡ者藏也。

【葬具：장구】장례식에 쓰이는 기구。

【葬列：장렬】장례식의 행렬。

【葬禮：장례】장사지내는 儀式。葬儀。

【葬禮式：장례식】장사지내는 의식。

【葬法：장법】장사지내는 禮法。

【葬費：장비】葬事費의 略語。

【葬事：장사】시체를 묻거나 화장하는 「일。

【葬事費：장사비】장사지낼 때에 드는 온갖 비용。

【葬送：장송】송장을 葬地로 보냄。【後漢書】令得ㅡㅡ。

【葬儀：장의】＝葬禮。

【葬儀社：장의사】상여·영구차 따위를 「세 놓는 집。

【葬日：장일】장사를 지내는 날。

【葬前：장전】장사 지내기 전。

【葬祭：장제】葬禮와 祭祀。

【葬地：장지】장사할 땅。매장할 땅。

【葬擇：장택】장사 날짜를 가림。

【葬穴：장혈】시체를 묻는 구덩이。穴。

【葬後：장후】장사를 치른 뒤。

◎假ㅡ、改ㅡ、國ㅡ、埋ㅡ、佛ㅡ、水ㅡ、暗ㅡ、禮ㅡ、土ㅡ、倫ㅡ、合ㅡ、火ㅡ、會ㅡ。

【葬】(장)『葬』(前條)과 같음

【葭】(가) 麻 カ、あし reed ㄐㄧㄚ chia¹

小篆 草書 갈대가(蒹ㅡ蘆也)。【詩經】彼茁者ㅡ。

【葭蘆：가로】《植》갈대。【周書】偃戈於ㅡㅡ中、聞鼓聲而起。

【葭莩：가부】갈대청。《轉》매우 엷은 것의 비유。【漢書·中山靖王傳】今群臣非有ㅡㅡ之親、鴻毛之重。

【葭莩之親：가부지친】촌수가 먼 姻戚。

【葭葦：가위】《植》갈。갈대。【漢書】抵大澤ㅡㅡ中。

【葭簀：가책】갈대로 짜서 만든 발。

【葯】㊀(약) 藥 ヤク、よろいぐさ ㊁(악) 覺 Angelica davurica ㄩㄝˋ yueh⁴

草書 ㊀❶구리때잎약(白芷葉香草)。❷동일약(纏繞)。㊁뜻은 ㊀과 같음。

【葯胞：약포】《植》꽃밥。수꽃술 끝에 붙어서 화분을 가지고 있는 부분。

【葮】(단) 翰 タン、むくげ Hibiscus syriacus
무궁화단(槿花)。

【葰】㊀(유) 支 スイ、シュン はじかみ ㊁(준) 震 ㄐㄩㄣˋ chün⁴ ㊂(사) 馬 ㄙㄨㄟ suei¹ ginger (古音「수」)
㊀생강유(薑屬)。㊁클준(大也)。【上林賦】實葉ー茂。㊂고을이름사(上黨縣名ー人)。
【葰茂：준무】草木이 대단히 우거짐。(字解 二參照)。

【葱】(총) 東 ソウ、しげる grow thick
풀더북할총(草盛貌葏ー)。
【葱根：총근】❶파의 흰 뿌리。❷美人의 손가락이 흰 모양。【古詩】指如削ーー。
【葱靈：총령】衣服 따위를 싣는 짐차。【左傳·定九】載ーー、寢于其中而逃。
【葱嶺敎：총령교】佛敎。葱嶺은 印度에 있는 山 이름。釋迦가 이 山에서 修行했다고 함。
【葱龍：총롱】시퍼렇게 무성하는 모양。【歐陽修】佳木ーー而可悅。
【葱白：총백】藍色보다 더 엷은 色。【禮記·註】。
【葱蒜：총산】파와 마늘。
【葱笛：총적】파피리。
【葱竹之交：총죽지교】파피리를 불고 竹馬를 타고 함께 놀던 어렸을 때부터의 벗의 交分。竹馬故友。
【葱靑：총청】❶푸른 모양。蒼蒼。【沈約】林薄杳ーー。❷파의 잎。【本草】葱初生曰葱、針葉曰ーー。
【葱葱：총총】나무 숲이 무성한 모양。【後漢書】氣佳哉、鬱鬱ーー然。
【葱翠：총취】초록색。【岳陽風土記】層巒
【葱珩：총형】허리에 다는 파랑색의 구슬。【詩經·疏】赤芾ーー。

【葳】(위) 微 イ、しげる ㄨㄟ wei¹ over grow
❶초목성할위(ー蕤草木盛貌)。【東方朔七諫】上ー蕤而防露兮。❷위유풀위(ー蕤草名)。
【葳蕤：위유】❶草木의 꽃이 아름다운 모양。【廣韻】ーー、草木華貌。❷草木의 싹을 이름。【王粲·注】ーー、草木初生貌。❸성한 모양。【楚辭·注】ーー盛貌。
【葳蓁：위진】풀 따위의 무성한 모양。【曹植】與麋鹿以爲羣、宿林藪之ーー。
【葳舠：위포】배(舟)의 이름。獨木舟。미상이。威呼。黑龍江에서 珠玉을 캐는 배。【龍沙紀略】。

【葴】(침) 侵 シン、ほほずき ㄓㄣ chen¹ ground cherry
꽈리침、청디침(馬藍草名)。

【葵】(규) 支 キ、あおい ㄎㄨㄟˊ k'uei² sunflower
❶아욱규(百菜之主)。【詩經】七月烹ー及菽。❷해바라기규(向日ー)。【左傳】鮑莊子之知不如ーー猶能衛其足。❸촉규화규(蜀ー)。
【葵藿：규곽】해바라기。
【葵扇：규선】❶蒲葵의 잎으로 만든 부채。【晋書】有蒲ーー五萬。【范成大】驅以ーー風。❷《中》芭蕉扇。
【葵心：규심】해바라기 꽃이 햇볕을 향하여 기울어지는 것。《喩》임금이나 어른의 德을 仰慕하는 것。【宋書】敢抱ーー傾陽之心。
【葵花：규화】《植》해바라기。

【葻】(람) 覃 ラン、くさがなびく waving grass
바람에흔들리는풀람(風草)。

【葶】(정) 靑 テイ、いぬなずな ㄊㄧㄥˊ t'ing² shepherd's purse
두루미냉이풀정、한새냉이(ー藶大薺)。【西京雜記】ー藶死於盛夏。
【葶藶：정력】《植》隔草의 한 가지。두루미냉이。亭歷。

葶藶 (三才圖會)

【葷】(훈) 文 クン、コン、にんにく ㄏㄨㄣ huen¹ rocambole
마늘훈(臭菜)。「凡蒜等五辛之屬皆曰ー 單言ー者皆指大蒜」。
【葷辛：훈신】야채의 썩은 것과 매운 것。佛家에서는 먹지 않음。【宋史】以母病、ー不入口者十載。
【葷肉：훈육】썩은 채소와 날고기。(喩)「냄새 나는 물건。
【葷膻：훈전】냄새 나는 소채와 냄새 나는 고기。【白居易】以地淸淨故、獻奠無ーー。
【葷酒：훈주】葷菜와 술。【莊子】顔回曰、回之家貧、唯不飮酒、不茹葷者數月。
【葷菜：훈채】파·마늘처럼 특히 냄새 나는 소채。【爾雅·疏】說文云、蒜、ーー也。

【葸】(사) 紙 シ、おそれる ㄒㄧˇ hsi³ astonish
눈휘둥그레할사(畏懼貌)。【論語】愼而無禮則ー。

【葺】(즙) 緝 シュウ、ふく ㄑㄧˋ ch'i⁴ thatch
❶기울즙、수집할즙(修補覆蓋)。【左傳】繕完ー牆。❷지붕이을즙(覆蓋)。【王禹偁黃州竹樓記】嗣而ー之、庶斯樓之不朽也。
【葺茅：즙모】띠풀로 지붕을 이음。
【葺繕：즙선】=修繕。【魏書】綠期發旨、即加ーー。

【葹】(시) 支 シ、おなもみ green-bean
❶권시풀시(草名卷ー)。【玉篇】卷ー草拔心不死。❷녹두시(菉ー豆屬)。【楚辭】薋菉ー以盈室兮。

【葼】(종) 東 ソウ、こえだ ㄗㄨㄥ tsung¹ whip
❶나무회추리종(木細枝)。【方言】故傳曰慈母之怒子也猶折ー答之其惠存焉。❷물들이는풀종(染草)。【漢宮儀】ー園供染綠紋綬。

【葽】(요) 蕭 ヨウ、さかん ㄧㄠ yao¹ dense
❶아기씨풀요、원지요(草名王萯)。【詩經】四月秀ー。❷풀더부룩할요(草盛貌)。【漢書】豐草ー女蘿施。

【蒀】(운) 文 ウン、かんばしい thick
❶성할운(盛貌)。❷향기로울운(香貌)。【左思】鬱蒀ー以翠微。

【[illegible]】(주) 宥 ソウ、とりのす bird's nest
새집주(鳥巢)。

【蒂】(체)『蔕』(艸部11畫)와 같음

【[illegible]】(홀) 物 コツ、さかん overgrow
❶풀성할홀(草盛貌)。❷사람이름홀(人名孫ー)。

【募】(모)→力部11畫

十畫

【营】(궁) 東 キュウ、せんきゅう Angelica polymorpha
小篆 궁궁이궁(香草芎藭)。

【蒐】(수) 尤 シュウ、あつめる ㄙㄡ sou¹ gather ;search
小篆 草書 ❶꼭두서니수(茅一草名可染絳)。〖徐曰〗今人謂一爲地血食之補血故从鬼。❷모을수(聚也)。〖爾雅註〗春獵爲一一者以其聚人衆也。❸숨을수(隱也)。〖左傳〗服讒一慝。❹찾을수(求索)。(『搜』와 같음)

【蒐羅:수라】=蒐集。
【蒐練:수련】兵士를 모아서 훈련함。〖唐書〗比不一一之過。
【蒐獵:수렵】봄의 사냥。〖何承天〗一一宣其號令。
【蒐苗:수묘】봄과 여름의 사냥。〖左傳〗春蒐夏苗。
【蒐補:수보】미비한 곳을 모아다가 기움。〖宋史〗一一闕軼。
【蒐索:수색】더듬어서 찾음。搜索。
【蒐田:수전】사냥。田獵。蒐畋。〖周禮〗遂以一一。
【蒐畋:수전】=蒐田。〖元稹〗一一想渭津。
【蒐輯:수집】=蒐集。
【蒐集:수집】여러 가지 자료를 찾아서 모음。蒐輯。收集。蒐羅。
【蒐集商:수집상】골동품 따위를 모아 파는 장사。또는 그 상인。
【蒐討:수토】모아서 조사함。

【蒔】㊀(시) 支 シ、ジ、いしょく plant a seedling ㊁(시) 寘 ㄕˋ shih²
小篆 草書 ㊀소회향시(一蘿小茴香)。㊁모종낼시(更種植也)。〖晋書〗馬芹。〖本草〗一蘿生佛誓國實如姚萇命其將于一柵孔中一樹一根以旌戰功。

【蒔植:시식】채소 따위를 모종함。〖唐書〗掌園苑一一蔬果。

【蒒】(사) 支 シ、はまむぎ seaweed
싸락풀사(海草實如大麥)。

【蒀】(온) 文 オン、さかん overgrow
성한모양온(蒀一盛貌)。〖蜀都賦〗鬱蒀一以翠微。

【蒗】(랑) 陽 ロウ、みそのな ditch
오독도기랑(藥名一毒)。

【蒘】(나) 麻 ダ、くさのな grass
찰풀나、계나풀나(粘草蘮一)。

【蒙】(몽) 東 ボウ、モウ、こうむる、くらい [ㄇㄥˊ] ignorant mêng²·³
小篆 草書 ❶어릴몽(穉也)。〖易經〗童一求我。❷속일몽(欺也)。〖左傳〗上下相一。❸새삼넌출몽(女蘿草名)。〖爾雅〗一王女也。❹덮을몽(覆也)。❺입을몽(被也)。〖詩經〗一彼縐絺。❻무릅쓸몽(冒也)。〖漢書〗雖有患禍猶一死而存之。❼날릴몽(蔑一飛揚)。❽괘이름몽(卦名)。❾나라이름몽(國名一古)。

【蒙固:몽고】어리석고 고집이 셈。〖顏延之〗末臣一一、側聞至訓。
【蒙古:몽고】《地》❶中國의 北쪽과 시베리아 남쪽의 사이에 있는 나라 이름。❷元朝의 舊號。
【蒙古文:몽고문】❶蒙古의 글。❷옛사람의 글을 그대로 옮김。
【蒙古族:몽고족】蒙古 사람의 族屬。
【蒙古風:몽고풍】蒙古의 고비 사막으로부터 만주와 中國 북쪽으로 부는 바람。
【蒙鳩:몽구】《動》굴뚝새。갑죽새。〖荀子〗南方有鳥焉、名曰一一。
【蒙棘:몽극】무성하게 자란 가시。〖詩經〗葛生一一。
【蒙倛:몽기】마귀나 질병을 쫓는 행사를 할 때 쓰는 탈。方相神。〖荀子〗仲尼之面如一一。
【蒙頭:몽두】《制》죄인을 잡아 올 때 밖을 못 보도록 그 죄인의 얼굴을 싸서 가리던 물건。
【蒙鈍:몽둔】어리석고 둔함。〖易林〗老一一、不見東西。
【蒙絡搖綴:몽락요철】덩굴풀 따위가 한 뭉치로 얽혀서 가지나 잎이 연달아 움직이는 것。〖柳宗元·至小邱西小潭記〗。
【蒙利:몽리】이익을 얻음。
【蒙利區域:몽리구역】어떠한 利益이나 혜택을 입는 구역。곧 水利組合의 물이 들어와 농사에 혜택을 입는 곳 같은 데。
【蒙網捉魚:몽망착어】《國》그물 쓰고 고기 잡기。《喩》그물을 물에 던져야 고기가 걸리는 것인데、그물을 머리에 쓰고서도 고기가 잡힌 것은 우연히 운이 좋았다는 뜻。〖旬五志〗。
【蒙昧:몽매】事理에 어리석고 어두움。愚昧。頑昧。〖晉書〗臣誠一一、所以爲罪。
【蒙蒙:몽몽】❶盛한 모양。〖楚辭〗微霜降之一一。❷어두운 모양。〖楚辭〗雲一一而蔽之。
【蒙密:몽밀】우거지고 빽빽함。〖庾信〗撥一一兮見聰。
【蒙放:몽방】죄인이 놓임을 당함。蒙宥。
【蒙氾:몽범】해가 지는 곳。
【蒙批:몽비】上疏에 대한 임금의 批答을 받음。
【蒙士:몽사】無知한 사람。愚人。〖書經〗具訓于一一。
【蒙死:몽사】죽음을 무릅쓰고 일을 행함。
【蒙師:몽사】어린이의 선생。
【蒙喪:몽상】상복을 입음。
【蒙上文:몽상문】한 군장 중에 두 개 이상의 語句가 있을 때에 그 가운데 공통되는 말이나 글자를 일컫는 말。가령 「여름에는 비가 많이、겨울에는 눈이 많이 온다」의 「온다」 또는 「동물·식물」을 「동식물」이라 할 적의 「一물」자 같은 것。
【蒙叟:몽수】莊子의 別稱。(蒙은 莊子의 生地。叟는 老長의 뜻)。→莊周。〖岑參〗一一悲藏壑。
【蒙養:몽양】어린이를 교육하는 것。〖易經〗蒙以養正、聖功也。
【蒙然:몽연】어두운 모양。〖顏氏家訓〗及有大事議得失、一一張口、如坐雲霧。
【蒙恬:몽염】《人》秦 始皇帝 때의 名將。三十만 兵卒의 將帥로서 匈奴를 정벌하고 萬里長城을 쌓음。後에 二世 때 趙高 등에게 몰려 죽음。붓을 발명하였음。
【蒙幼未知:몽유미지】세상 물정을 모르는 철이 없는 어린 나이。
【蒙允:몽윤】상소하여 허락을 받음。
【蒙戎:몽융】혼란한 모양。蒙茸②。〖詩經〗狐裘一一。
【蒙茸:몽용】❶풀이 어지럽게 난 모양。❷물건이 어지러 〖蘇軾〗履巉巖、披一一。운 모양。또 어지럽게 뛰는 모양。蒙戎。
【蒙塵:몽진】❶임금이 난리를 만나 避身하는 일。〖左傳〗天子一一于外。❷머리에 먼지를 쓰는 일。
【蒙衝:몽충】軍用船。軍艦。艨艟。〖吳志〗取一一鬪艦數十艘。

蒙衝(武備志)

【蒙稚:몽치】 劣等兒。 연령에 비해서 지혜가 덜 발달한 아이。『宋書』復以——猥同艱難。

【蒙被:몽피】 ❶받음。 입음。『易林』—— 「恩澤。❷무릅씀。

【蒙學:몽학】 ❶어린 아이들의 공부。❷蒙古 語學。

【蒙學訓長:몽학훈장】 어린 아이를 가르치는 선생。

【蒙惠:몽혜】 은혜를 입음。

【菡】 (함) 感 カン、つぼみ flower-bud
❶꽃봉오리함(草木花未發)。❷연봉오리함(—萏芙蓉)。『詩經』有蒲—萏。(『菡』과 같음)

【蒚】 ㊀(력) 錫 レキ、カク、やまにれ ㊁(핵) 陌 garlic ㄌㄧˋ li⁴
(小篆) ㊀산마늘력(山蒜)。㊁부들꽃핵(蒲黃)。

【蒜】 (산) 翰 サン、にんにく garlic ㄙㄨㄢˋ suan⁴
(小篆)(草書) 마늘산(葷菜胡荽)。『古今註』—卵—也俗謂之小—。

【蒜果:산과】 마늘。『顔氏家訓』三輔決錄云、前隊大夫范仲公、鹽豉——共一筩、果當作魏顆之顆、北土通呼物一凷改爲一顆、蒜顆是俗閒常語耳。

【蒜氣:산기】 암내。 腋氣。 腋臭。 狐臭。

【蒜薹:산대】 《植》마늘종。 마늘의 花莖。『南史·宋後廢帝紀』孫鮑有——。

【蒜髮:산발】 나이가 젊어서 나는 白髮。『本草·蕪菁』子、主治、壓油塗頭、能變——、孟詵。

【蒜芋:산우】 마늘과 고구마。『潘岳』菜則葱韭——、青筍紫薑、堇薺甘旨、蓼菜芬芳。

【蒜葱:산총】 胡葱의 異名。

【蒜包兒:산포아】 마늘을 넣은 饅頭。『長生殿』咯和俪喝燒刀子、喫——去。

【蒝】 (원) 元 ゲン、しく spread
(小篆) 줄기와 잎퍼질원(莖葉廣布)。

【蒞】 (리)『莅』(艸部 7畫)와 같음

【蒟】 (구) 虞 ク、きんま ㄐㄩˇ chü³
(小篆)(草書) 구장구、필발구(—醬蓽茇)。『蜀都賦註』—醬緣樹而生其子如桑椹正青長二三寸以密藏而食之。

【蒟蒻:구약】 《植》天南星科의 多年生 풀。中國原產。球莖으로 蒟蒻을 만들음。

【蒟蒻球:구약구】 구약나물의 球莖。

【蒟蒻粉:구약분】 구약。 구약구를 말려 곱게 빻은 가루。

【蒟醬:구장】 《植》후추과에 屬하는 풀。 높이 一米 內外이고 봄철에 흰 꽃이 피며 늦은 여름에 열매를 맺음。 필발。

蒟醬 (三才圖會)

【蒡】 (방) 陽 ボウ、ごぼう burdock ㄅㄤˋ pang⁴
(草書) 우방자방、우엉방(牛—藥名)。『本草』牛— 一名惡實似葡萄核外殼如栗茮氣味苦寒無毒。

【蒦】 (약) 藥 ヤク、セキ、はかる measure
(小篆)(或體) ❶잴약(度也)。❷자약(尺也)。

【蒢】 (제) 魚 ジョ、われもこう herb
(小篆) ❶외나물제(地楡抽—)。❷때꽈리제(藏也黃—)。

【蒤】 (도) 虞 ト、いたどり withered leaf ㄊㄨˊ t'u²
❶감젓도(藥名虎杖)。❷시든 잎도(萎葉)。

【蒧】 (점) 琰 セン、くさ herb
❶풀이름점(草名)。❷사람이름점(人名曾—公西—奚容—)。

【莖】 (경) 梗 コウ、ずいき stem of a taro
곤대경(芋莖)。

【蒨】 (천) 霰 セン、しげる overgrow ㄑㄧㄢˋ ch'ien⁴
(草書) ❶풀더북할천(——草盛貌)。『吳都賦』夏曄冬—。❷선명할천(鮮明貌)。『束晳詩』——士子。❸성천(姓也)。(『茜』과 통함)

【蒨蔚:천위】 초목이 우거진 모양。『水心題跋』葱秀——。

【蒨蒨:천천】 ❶선명한 모양。❷풀이 무성한 모양。『束晳』——士子、涅而不渝。『湛方生』——嘉穀。

【蒩】 (조) 麌 ソ、どくだみ herb
(小篆) ❶제사 자리조(祭事蓆)。『周禮』羞牛牲共茅—。❷땅가지조(土茄)。『左思』樊以—圃。

【蒩】 (조) 虞 ソ、あらごも reed-mat ㄗㄨ tsu¹
(小篆)(草書) 띠자리조(茅—用以藉祭)。『周禮』大祭祀羞牛牲共茅—。

【蒪】 (박) 藥 ハク、みょうが zingiber mioga
굵은양하박(大蘘荷—苴)。

【蒫】 (차) 歌 サ、なずなのみ seed of a shepherd's purse
냉이씨차(薺實)。『急就篇註』薺甘菜也其實名—。

【蒭】 (추)『芻』(艸部 4畫)와 같음

【蒮】 (육) 屋 イク、やまにら Allium japonica ㄩˋ yu⁴
(小篆) 산부추육(山韭)。

【蒯】 (괴) 賄 カイ、あぶらがや miscanthus
(草書) 기령풀괴(菅—茅類)。『左傳』雖有絲麻無棄菅—。(『蔽』와 같음)

【蒯緱:괴구】 새끼줄로 칼자루를 감아 묶음。《喩》변변하지 못한 칼。(緱는 칼자루)。

【蒯通:괴통】 《人》漢·楚가 다툴 무렵의 說客。韓信이 그의 計略을 써서 齊를 攻略했음。蒯徹。

【蒱】 (포) 虞 ホ、ばくち gambling ㄆㄨˊ p'u²
(草書) 저포포、놀음포(樗—戲具)。『晋書』樗—者牧豬奴戲耳。

【蒲】 (포) 虞 ホ、ブ、がま cattail ㄆㄨˊ p'u²
(小篆)(草書) ❶부들풀포(水草可作席)。『詩經』維筍及—。❷창포포(菖—白菖)。『舊俗』端午製—劍者即此故陰曆五月亦曰—節。❸개버들포(—柳楊也)。『世說』—柳之質望秋先零。

【蒲劍:포검】 부들풀로 만든 칼。蒲節(端午節)에 문 위에 걸어 邪氣를 쫓음。『李

【蒲公英：포공영】《植》민들레꽃。浦公英。
【蒲團：포단】❶부들풀로 만든 둥근 방석。『歐陽詹』草席——不掃塵、松間石上似無人。❷요의 異名。이불。布團。
【蒲盧：포로】❶부들풀과 갈。둘 다 生長이 빠름。《喩》정치의 행하기가 쉬움。『中庸』夫政也者、——也。❷《動》나나니벌。❸허리가 가는 조롱박。
【蒲柳：포류】《植》갯버들。《喩》몸이 약함。『世說·言語·注』臣之——質。
【蒲輪：포륜】흔들림을 막기 위하여 부들풀로 감은 수레 바퀴。『漢書·武帝紀』安車——、束帛加璧。
【蒲博：포박】돈이나 물품 따위를 걸고 승부를 다투는 행위。노름。내기。
【蒲璧：포벽】周代에、男爵이 命을 받을 때 갖던 瑞玉。蒲草를 새겨 장식하였음。

蒲璧(三禮圖)

【蒲伏：포복】땅에 배를 대고 엉금 엉금 김。匍匐。『史記』俛出袴下——。
【蒲服：포복】두려워서 땅에 엎드려 엉금엉금 김。『史記』嫂委蛇——、以面掩地而謝。
【蒲色：포색】붉은 기가 도는 바탕에 누른 빛을 띤 부들 이삭 같은 빛깔。
【蒲席：포석】부들자리。『禮記』——以爲裳。
【蒲扇：포선】부들풀로 만든 부채。
【蒲鴨：포압】《動》황오리。
【蒲楊：포양】《植》갯버들。
【蒲屋：포옥】부들풀로 이은 지붕。『唐書』教民陶瓦易——、以絕火患。
【蒲月：포월】음력 五월의 別稱。→蒲節。
【蒲勺：포작】옛날 禮器로 쓰이던 구기의 한 가지。

蒲勺(名物圖)

【蒲節：포절】음력 五월 五일의 別稱。

【蒲槌：포퇴】부들꽃의 꽃술。
【蒲鞭：포편】부들풀 채찍。《喩》가벼운 刑罰。『後漢書』吏人有過、但用——罰之、示辱而已。
【蒲黃：포황】부들의 꽃가루。下熱·利尿藥으로 쓰임。

蒲黃(三才圖會)

【蒲戲：포희】윷놀이의 一種。『南史』以——得罪。

【蒳】(납) 合 ドウ、くさ fragrant grass
개납풀납、향내나는풀이름납(芥—香草)。『吳都賦』草則藿—豆蔻。

【蒴】(삭) 覺 サク、きのな Sambucus racemosa
말오줌나무삭(藥名)。
【蒴果：삭과】《植》裂果의 한 가지。複子房으로 된 과실。
【蒴藋：삭조】《植》말오줌나무。

【葵】㊀(해) 齊 ケイ、くつひも shoe-string ㊁(계) 薺 ㄒㄧ hsi¹
草書 ㊀풀해(草也)。㊁신들메끈계(屧—)。

【蒶】(분) 文 フン、くさをつむ heap up grass
풀쌓을분(積草)。

【蒸】(증) 蒸 ジョウ、むす steam ㄓㄥ chêng¹
小篆 或體 草書 ❶삼대증(麻中幹)。『詩經』以薪以—。『箋』麤曰薪細曰—。❷무리증(衆也)。『詩經』天生—民。❸찔증(薰—)。『列子註』溫—同乎炎火。❹홰증(炬也)。❺섶증(薪也)。(『烝』과 같음)

【蒸氣：증기】❶水蒸氣의 略語。『淮南子』草木之發若——、禽獸之歸若流泉。❷《物》액체가 증발하여서 된 기체。또는 고체가 昇華한 기체。
【蒸氣罐：증기관】❶물을 끓여서 증기 기관의 운전이나 熱用에 쓰도록 高壓의 증기를 발생시키는 容器。❷증기 소독에 사용하는 금속제의 둥근 통。
【蒸氣機械：증기기계】증기 기관과 다른 기계 장치가 아울러 된 기계。
【蒸氣機關：증기기관】증기의 熱에너지를 바꾸어 기계적 일을 할 수 있는 동력을 내는 기계。
【蒸氣煖爐：증기난로】증기의 열로 실내를 덥게 하는 특수한 난방 장치。
【蒸氣船：증기선】=汽船。
【蒸氣車：증기차】=汽車。
【蒸騰：증등】증기가 기어 올라감。蒸發。『元稹』雲雷暗交構、川澤方——。
【蒸藜：증려】명아주를 쪄 먹는 것。
【蒸溜：증류】《物》액체를 끓여 생긴 증기를 冷却機로 凝縮液化함으로써 액체의 精製分離를 하는 것。
【蒸溜器：증류기】증류하는 데 쓰는 기구。
【蒸溜水：증류수】《物》보통 물을 증류하여 잡된 물건을 없애 버린 깨끗한 물。화학 실험·약제·청량음료 따위에 쓰임。
【蒸民：증민】백성。庶民。『列子』立我——。
【蒸發：증발】《物》액체의 표면에서만 氣化가 일어나는 현상。
【蒸發力：증발력】《物》증발하는 힘。
【蒸發熱：증발열】《物》증발하는 데 필요한 열량。
【蒸餠：증병】증편。멥쌀 가루에 막걸리를 조금 타서 부풀어 일게 하여 찐 떡。『名義考』。
【蒸散：증산】증발하여 없어짐。
【蒸散作用：증산작용】《植》식물체 내의 수분이 수증기가 되어 주로 잎의 氣孔을 통하여 몸 밖으로 배출되는 작용。發散。

【蒸暑：증서】찌는 듯이 더움。溽暑。蒸熱。『北史』南土下濕、夏月——、非行師之時。
【蒸濕：증습】찌는 듯이 덥고 습함。
【蒸鬱：증울】찌는 듯이 더워서 가슴이 답답함。『蘇軾』且爲疲人洗——。
【蒸蒸：증증】나아가는 모양。向上하는 모양。『書經』克諧以孝、——乂不格姦。
【蒸炊：증취】끓이고 달이는 것。『韓愈』如坐深甑遭——。
【蒸烹：증팽】쪄서 삶음。『張耒』——氣味不改、今晨一食如南北。

【蔦】(오) 虞 オ、おぎ reed
갈대오(—蓲荻也)。

【蒹】(겸) 鹽 ケン、おぎ reed ㄐㄧㄢ chien¹
小篆 草書 갈겸、갈대겸(—葭葦屬似萑而細)。『詩經』—葭蒼蒼白露爲霜。
【蒹葭：겸가】❶水草 이름。갈대。『詩經·秦風』——蒼蒼、白露爲霜。『傳』—、—、蘆也。❷詩經、秦風의 篇名。秦의 襄公이 이미 周의 땅을 차지하여 백성을 다스리되 周禮로써 하지 않았으므로 國民이 이에 좇지 않음을 諷刺한 詩。『詩經·秦風』——、刺襄公也、未能用周禮、將無以固其國焉。

【蒻】(약) 藥 ジャク、ニャク、がまのめ heart of cattail ㄖㄨㄛ juo⁴
小篆 草書 ❶부들속약(蒲心白者)。『書經』敷重底席。❷구약나물약(蒟—菜名)。『蜀都賦』其圃則有蒟—茱萸。

【蒻席：약석】 부들풀로 만든 자리。

【蒺】

(질) 質 シツ、はまびし 니ˊ chi² briar

草書 찔레질、 질려풀질(ㅣ藜藥草)。 【本草】ㅣ疾也其刺傷人甚疾而利也。

【蒺藜：질려】 ❶(植)납가새。 ❷武器의 한 가지。 鐵이나 또는 나무로써 납가새의 열매 모양으로 만들어서 敵軍의 進擊을 막는 데 썼음。

❶ 蒺子(三才圖會)

❷ 安營蒺藜(武備志)

【蓖】

(비) 齊 ヒ、ヘイ、とうごま castor-oil plant

草書 피마주비(ㅣ麻)。

【蓖麻：비마】 (植) 藥草의 이름。 아주까리。

蓖麻子(三才圖會)

【蒼】

㊀(창) 陽 ソウ、あおい blue
㊁(창) 養 ㄘㄤ ts'ang¹

小篆 草書 ㊀ ❶푸를창(深青色)。【詩經】悠悠ㅣ天。 ❷백성창(ㅣ生百姓)。【書經】至于海隅ㅣ生。 ❸흰털창(ㅣ浪華髮)。 ❹창황할창(ㅣ黃恩遽貌)。 ㊁편할창(莽ㅣ草野色)。【莊子】適莽ㅣ者三湌而反。

【蒼健：창건】 古雅하고도 기운참。 詩文을 평할 때에 쓰는 말。

【蒼庚：창경】 (動)꾀꼬리。 倉庚。 黃鳥。 黃鸝。【呂氏春秋】ㅣㅣ鳴。

【蒼古：창고】 ❶아주 먼 옛날。 ❷古色을 띠고 있어서 時勢에 맞지 않음。

【蒼枯：창고】 古色을 띠고 칙칙한 모양。

【蒼空：창공】 ＝蒼天・天穹。【李白】青山映賛道、碧樹搖ㅣㅣ。

【蒼官：창관】 소나무의 異名。【王安石】歲晩ㅣㅣ聊自保。

【蒼狗：창구】 구름의 모양。【杜甫】天上浮雲如白衣、須臾忽變爲ㅣㅣ。

【蒼穹：창궁】 푸른 하늘。 蒼空。【岑參】七層摩ㅣㅣ。「神功被。

【蒼極：창극】 하늘。 蒼空。【陳子昂】ㅣㅣ

【蒼浪：창랑】 ❶푸른 물결。 ❷머리칼이 센 모양。 蒼蒼。【白居易・詩】病來鬢鬢轉

【蒼鷺：창로】 (動)푸른 해오라기。【ㅣㅣ。

【蒼茫：창망】 푸르고 넓은 모양。 넓고 멀어서 아득함。【潘岳】視天日兮ㅣㅣ。

【蒼岷：창망】 ❶푸르고 멀음。【韓詩外傳】所謂天、非ㅣㅣ之天也。 ❷초목이 푸릇푸릇하게 우거진 모양。

【蒼民：창민】 ＝蒼生。【庚肩吾】小乘開治道、大覺拯ㅣㅣ。

【蒼白：창백】 해쓱함。

【蒼生：창생】 모든 백성。 萬民。 蒼民。 黎民、蒼岷。(人民의 많음은 草木의 茂盛함과 같다는 데서)。【書經】至于海隅ㅣㅣ。

【蒼松：창송】 푸른 소나무。 青松。【張說】ㅣㅣ虎徑深。

【蒼蠅：창승】 쉬파리。(喩)간사한 사람、小人。【詩經】匪雞則鳴、ㅣㅣ之聲。

【蒼顏：창안】 늙어서 여윈 얼굴。【歐陽修】ㅣㅣ白髮、頹乎其中者、太守醉也。

【蒼顏白髮：창안백발】 여윈 얼굴 빛과 센 머리털。 곧 늙은이의 얼굴과 머리카락。

【蒼靄：창애】 푸른 아지랑이。【曾鞏】冉冉「冉ㅣㅣ積。

【蒼然：창연】 ❶푸른 모양。【白居易】秋陰和曙色、萬木蒼ㅣㅣ。 ❷해질 무렵의 어두컴컴한 모양。【柳宗元】ㅣㅣ暮色自遠而至。 ❸古色의 형용。 ❹털의 흰 모양。

【蒼鬱：창울】 시퍼렇고 빽빽하게 무성한 모양。 鬱蒼。

【蒼猿：창원】 늙은 원숭이。

【蒼遠：창원】 아주 아득하고 멀음。

【蒼鷹：창응】 흰 매。(喩)조금도 변통성 없는 가혹한 관리。【史記・酷吏傳】

【蒼卒：창졸】 급하여 허둥지둥함。 倉卒。【唐書】ㅣㅣ犇逼、能存國史。

【蒼蒼：창창】 ❶사물이 오래 된 모양。【詩經】蒹葭ㅣㅣ、白露爲霜。 ❷머리가 센 모양。【韓愈】視茫茫而髮ㅣㅣ。 ❸초목이 시퍼렇게 무성한 모양。【曹植】山樹鬱ㅣㅣ。 ❹맑게 개인 하늘 빛。 ❺달의 푸르고 흰 색。 ❻늙은 모양。

【蒼蒼少年：창창소년】 나이가 어려서 앞길이 먼 청년。 곧 희망이 많은 소년。

【蒼天：창천】 ❶푸른 하늘。 蒼空。 青空。【詩經】悠悠ㅣㅣ。 ❷봄 하늘。【爾雅】春爲ㅣㅣ。 ❸하느님。 天帝。 造物主。

【蒼朮：창출】 (醫)삽주의 結球되지 않은 뿌리。 白朮보다 땀을 내는 힘이 세어서 소화기에 범한 외감을 푸는 데에 많이 씀。【本草】ㅣㅣ服之可成仙。

【蒼翠：창취】 ❶青綠色。 ❷나무 따위가 싱싱하게 푸름。【謝朓】望寒山ㅣㅣ。

【蒼苔：창태】 푸릇푸릇한 이끼。 翠苔。【杜甫】茅屋荒ㅣㅣ。

【蒼惶：창황】 서둘러서 허둥지둥하는 모양。 蒼卒。【杜甫】ㅣㅣ已就長途往。

【蒼黃：창황】 ❶青과 黃。 ❷허둥지둥 당황하는 모양。【網目集覽】ㅣㅣ、急遽貌。

【蒼黃罔措：창황망조】 너무 급하여 어찌할 길이 없음。

【蒼頡：창힐】 (人) 中國의 옛 전설에 나오는 黃帝의 신하로 새의 발자취에서 着想하여 처음으로 문자를 만들었다고 하는 사람。 倉頡。

【蓀】

(손) 元 ソン、はなあやめ ㄙㄨㄣ suen¹ iris; flag

小篆 草書 난초손(蘭ㅣ香草)。【楚辭】ㅣ橈兮蘭旌。 ❷창포손(菖蒲)。

【蓀美：손미】 美德을 일컫는 말。【楚辭】何毒藥之謇謇兮、願ㅣㅣ之可完。

【蓀壁：손벽】 ❶蓀草로써 꾸민 壁。 ❷元代의 金應桂의 號。

【蓀橈：손요】 蓀草로 만든 노。

【豈】

㊀(기) 尾 キ、ちさ
㊁(애) 灰 dry herb

小篆 ㊀물속에 나는고사리기(菜似蕨生水中)。 ㊁마른나물애(乾菜)。

【蒿】

(호) 豪 コウ、よもぎ ㄏㄠ hao¹ mugwort

小篆 草書 ❶다북쑥호(蓬屬)。【詩經】食野之ㅣ。 ❷눈에티들어갈호(ㅣ目眯塵)。【莊子】今之君子ㅣ目而憂世之患。 ❸김오를호(ㅣ氣蒸出貌)。【禮記】其氣發揚于上爲昭明焄ㅣ悽愴此百物之精也。

【蒿萊：호래】 풀이 무성한 곳。【吳師道】不妨歸臥守ㅣㅣ。

【蒿廬：호려】 풀이 뒤덮인 깊숙한 농막。 자기 집에 대한 謙稱。【東方朔】何必深山之中、ㅣㅣ之下。

【蒿目：호목】 눈을 어리둥절하여 봄。 근심스러운 나머지 눈이 어지러움。【莊子】今世之仁人ㅣㅣ、而憂世之患。

【蒿矢：호시】 쑥대로 만든 화살。(마귀를 쫓는다고 함)。【後漢書・劉昆傳】桑弧ㅣㅣ。

【蓁】

(진) 眞 シン、くさむら ㄓㄣ chên¹ bush ㄑㄧㄣ ch'in²

小篆 草書 ❶망풀진(ㅣ艽藥名)。 ❷풀더북할진(ㅣㅣ盛貌)。【詩經】其葉ㅣㅣ。

【蓁瓜：진과】 붓순。

【蓁莽：진망】 초목이 무성한 모양。

【蓁艽：진범】 (醫)쥐꼬리망초의 뿌리。습증·骨症·황달·지절통·소변불리 등에 쓰는 한약제。

【⿱艹毦】 (용) 腫 ゼン、みずこけ grow in disorder
풀어수선할용(草亂貌)。

【蓂】 (一)(명) 青 メイ、ベキ、なずな (二)(멱) 錫 ㄇㄧㄥ´ ming² shepherd's purse
小篆 草書 (一)명협명(—莢知時草)。—莢瑞草堯時生于庭月一日一莢生十六日一莢落俗謂曆曰—莢。(二)굵은냉이멱、두루미냉이멱(菥—大薺)。〔南都賦〕菥—芋瓜。

【蓂曆：명력】 =陰曆。

【蓂莢：명협】 中國 堯代에 난 瑞草의 이름이라 함。초하룻날부터 보름날까지 하루에 한 잎씩 났다가、열 엿새부터 한잎 씩 떨어져 그믐에는 다 떨어져 버리고、작은 달에는 마지막 한 잎이 시들기만 하고 떨어지지 않았다 하며 이를 보고서 달력을 만들었다 함。달력풀、또는 책력 풀이라고도 함。曆草。〔集韻〕蓂、——、堯時瑞草。

蓂莢 (金石索)

【蓄】 (축) 屋 チク、たくわえる ㄒㄩˋ hsü⁴ accumulate
小篆 草書 ❶쌓을축(積也)。〔禮記〕國無九年之—曰不足。❷모을축(聚也)。❸감출축(藏也)。(『畜』과 같음)

【蓄念·축념】 생각을 쌓음。쌓은 생각。蓄思。〔柳宗元〕踊躍殘魂、奮揚——。

【蓄膿症：축농증】 (醫)肋膜腔·副鼻腔·關節·腦腔 따위의 體腔 내에 고름이 괴는 병。

【蓄力：축력】 힘을 차차 쌓아 기름。「금씩 쌓아 기른 힘。

【蓄怨：축원】 ❶쌓은 원한。〔漢書〕——宿禍、孰視而不定。❷마음 속에 원한을 쌓음。

【蓄音機：축음기】 음성을 레코오드에 불어 넣어 두고 필요에 따라 같은 음성을 되풀이해서 듯게 된 기계。留聲機。

【蓄藏：축장】 모아서 쌓아 둠。모아서 간직하여 둠。

【蓄財：축재】 돈이나 재물을 모아 쌓음。또는 그 재물。

【蓄積：축적】 많이 모아서 쌓아 둠。畜積。〔管子〕——自多、用兵自强。

【蓄電：축전】 (物)전기를 축적하는 일。

【蓄電池：축전지】 전기의 導體에 다량의 전기를 모으는 장치。

【蓄妾：축첩】 첩을 둠。◎貯—、含—。

【蓄】 (축)『蓄』(前條)과 같음

【蓆】 (석) 陌 セキ、おおきい ㄒㄧ´ hsi² vast
小篆 草書 ❶석구풀석(—具草名)。〔古詩云〕千里—具草。❷클석(大也)。〔詩經〕緇衣之—兮。

【蓆薦：석천】 ❶자리에 까는 멍석。❷남의 밑에 있음을 뜻하는 말。〔韓非子〕出則爲扞蔽、入則爲——。

【蓆戶：석호】 멍석을 드리운 문。〔梁昭明太子〕——幽人、蓬門下客。

【蓈】 (랑) 陽 ロウ、しいな foxtail
小篆 或體 ❶가라지랑(莠屬)。❷쭈그렁이랑(董—禾粟之米生而不成者。(『稂』과 같음)

【蓇】 (골) 月 コツ、くき ㄍㄨˇ ku³ stem
❶풀줄기골(莖也)。❷골초골(草名—草)。

【蓇葖：골돌】 (植)裂果의 하나。갈라진 여러 개의 子房으로 된 과실로서、果皮는 익으면 內縫線 혹은 外縫線을 따라 벌어짐。芍藥·바곳 같은 열매。

【蓉】 (용) 冬 ヨウ、はす ㄖㄨㄥ´ jung² lotus
小篆 草書 ❶연꽃용(芙—蓮花)。〔楚辭〕集芙—以爲裳。❷나무연꽃용(木芙—一名拒霜花一名木蓮)。❸약이름용(藥名蓯—)。

【蓊】 (옹) 董 オウ、しげる ㄨㄥˇ wêng³ grow thick
草書 ❶옹풀옹(染黃草)。❷우거질옹(—鬱草木盛貌)。〔西京賦〕鬱—薆薱。

【蓊勃：옹발】 盛한 모양。蓊然。〔張隨〕觸幽石、而——其色。

【蓊藹：옹애】 우거진 모양。〔張華〕朱夏當陽、——蕭森。

【蓊然：옹연】 =蓊勃。〔關尹子〕我之與物——蔚然、在大化中、性一而已。

【蓊茸：옹용】 무성한 모양。〔左思〕——蕭瑟。

【蓊鬱：옹울】 ❶=蓊蔚。❷구름이나 안개가 자욱하게 낀 모양。〔魏文帝〕瞻玄雲之——。

【蓊蔚：옹위】 초목의 무성한 모양。蓊鬱。〔張衡〕晻曖——、含芬吐芳。

【⿱艹巫】 (홰) 佳 カイ、たがいまじわる slant
비뚜러질홰(不正)。

【蓋】 (一)(개) 泰 ガイ、コウ、ふた ㄍㄞˋ kai⁴ lid (二)(합) 合 ㄏㄜ´ he² (三)(갑) 合 ㄍㄜˇ kê³
小篆 草書 (一)❶뚜껑개、덮개개(覆也)。〔關尹子〕其高無—。❷이엉개(白茅苫也)。〔左傳〕乃祖吾離被苫—。❸가리울개(掩也)。〔書經〕爾尙—前人之愆。❹우산개(雨具傘也)。〔稽康書〕仲尼不暇—于子夏。❺대개개(大凡)。(『盖』와 같음) (二)❶이엉덮을합(苫覆)。❷부들자리합(蒲席)。(三)❶고을이름갑(齊下邑名)。❷성갑(姓也)。(『盍』과 통함)

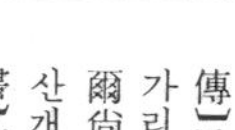
❶(一) 商田卣蓋 (博古圖)

【蓋愆：개건】 ❶善行을 하여 죄악을 씻고 깨끗하게 됨。❷공을 세워서 과거의 죄를 벗음。

【蓋頭：개두】 ❶加檐石。❷너울。❸(制)喪服의 한가지。國喪 때에 王妃이하 나인이 머리에 씀。❹다리를 많이 넣어서 튼 부인의 머리。

【蓋笠：개립】 쓰는 삿갓。〔晉書〕。

【蓋幕：개멱】 뚜껑。덮개。〔儀禮〕。

【蓋世：개세】 위력이 세상을 뒤덮을 만한 큰 권세。〔史記〕力拔山兮氣——。

【蓋壤：개양】 하늘과 땅。天地。〔韓愈〕威風挾惠氣——兩劘拂。

【蓋然：개연】 확실하지 못하나 그럴 것 같이 추측됨。↔必然。

【蓋然性：개연성】 (哲)추측해서 대개 그렇게 되리라고 생각되는 가능성。蓋然率。蓋然量。

【蓋瓦：개와】 ❶기와。❷기와로 지붕을 이음。

【蓋印：개인】 官印을 찍음。踏印。

【蓋草：개초】 ❶이엉。❷지붕에 이엉을 이음。

【蓋板：개판】 서까래·附椽·목반자 따위의 위에 까는 널빤지。
【蓋皮：개피】 도자기를 굽기 위하여 가마문 앞에 놓아 그릇을 덮는 물건。개비。

【蓌】(좌) 箇 サ、いつわる play a trick ㄘㄨㄛˋ ts'uo⁴
草書 꾸뻑할좌(ㅣ拜失容節猶詐也)。【禮記】介者不拜爲其拜而ㅣ拜。

【蓍】(시) 支 シ、めどはぎ dunce ㄕ shih¹
小篆 草書 시초시、빵대쑥시(一本百莖下有神龜守之用之以筮蓍龜)。【易繫辭】ㅣ之德圓而神。
【蓍龜：시귀】 占치는 데 쓰이는 톱풀과 거북。《轉》占。【中庸】見于ㅣㅣ動乎四體。
【蓍蔡：시채】 蓍龜。【楚辭】ㅣㅣ兮踊躍。
【蓍草：시초】 《植》톱풀。筮竹。【劉禹錫】菱花照後容雖改、ㅣㅣ占來命已通。

【蓏】(라) 哿 ラ、うり cucumber ㄌㄨㄛˇ luo³
小篆 草書 ❶풀열매라(果ㅣ草實)。「木實曰果草實曰ㅣ」。【周禮】共野果ㅣ之屬。❷오이라(胡瓜)。

【蓐】(욕) 沃 ジョク、しとね hay for seat ㄖㄨˋ ju⁴
小篆 籀文 草書 ❶새싹욕(陳草復生)。❷자리욕(薦也)。【禮記】茵者ㅣ也。❸가을 맡은 귀신욕(秋神ㅣ收)。
【蓐母：욕모】 產婆。【宋史】ㅣㅣ不能收。
【蓐食：욕식】 ❶아침 일찌기 잠자리 위에서 식사를 하는 것。【左傳】秣馬ㅣㅣ、潛師夜起。❷풍부한 식사。
【蓐瘡：욕창】 오랜 病床 생활로 말미암아 病床에 닿은 데가 곪은 종기。

【蓑】(사) 歌 サ、みの straw raincoat ㄙㄨㄛ suo¹
草書 도롱이사(草衣備雨)。【詩經】何ㅣ何笠。

蓑(三禮圖)

【蓑笠：사립】 도롱이와 삿갓。【列子】被ㅣㅣ而立乎畝之中。
【蓑蓑：사사】 꽃술이 드리워진 모양。【張衡】敷華蘂之ㅣㅣ。
【蓑衣：사의】 띠·짚 따위로 만든 雨裝。도롱이。【江爲】何時洞庭上、春雨滿ㅣㅣ。

【蓓】(배) 賄 ハイ、バイ、つぼみ flower-bud ㄅㄟˋ pei⁴
❶황배풀배(黃ㅣ草名)。❷꽃망울배(ㅣ蕾始華)。
【蓓蕾：배뢰】 막 피려는 꽃 봉오리。【梅堯臣】獵獵牆頭ㅣㅣ厭。
【蓓理：배리】 도리에 어긋나는 일。

十一畫

【蔱】(살) 黠 サツ、かわはじかみ Evodia Danielii
❶수유살(茱萸)。❷흰비름살(莁荑ㅣ藙)。

【蓧】(조) 嘯 チョウ、あじか bamboo basket
草書 삼태조(竹器)。【論語】遇丈人以杖荷ㅣ。(『莜』와 같음)

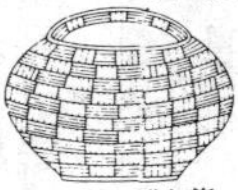
篠(農政全書)

【蓨】㊀(조) 蕭 ㄊㄧㄠ t'iao¹ ㊁(수) 尤 ㄒㄧㄡ hsiu¹ シュウ、たのしむ glad
小篆 ㊀싹조(苗也)。㊁❶기쁠수(悅也)。❷수산수(ㅣ酸)。
【蓨酸：수산】 《化》칼륨塩으로서 식물 속에 들어 있는 무색의 결정。의산 나트리룸 加熱하여 만들음。염료 공업·현상액·시약 등에 쓺。

【蓩】(모) 皓 ム、ブ、しげる grow thick
小篆 ❶또꼬마리모(卷耳草)。❷성할모(茂也)。【魏武帝樂府】乘雲駕龍鬱何ㅣㅣ。❸더북할모(葆也)。

【蓫】(추) 宥 シュウ、からむ twine round the roots
小篆 ❶풀뿌리얽힐추(草根雜)。❷풀이서로잇닿을추(草相次)。

【蓫】(축) 屋 チク、しぶくさ rumex coreanus
소루장이축(羊蹄草)。【詩經】我行其野言采其ㅣ。

【蓬】(봉) 東 ホウ、よもぎ mugwort ㄆㄥˊ p'êng²
小篆 籀文 草書 ❶쑥봉(蒿也禦亂草)。【荀子】ㅣ生麻中不扶自直。❷더북할봉(ㅣㅣ盛貌)。❸엉킬봉(亂也)。❹봉래봉(ㅣ萊神仙居所)。
【詩經】其葉ㅣㅣ。
【詩經】首如飛ㅣ。
【蓬丘：봉구】 仙人이 산다고 하는 蓬萊山。【十州記】ㅣㅣ、蓬萊山是也。
【蓬頭垢面：봉두구면】 흩어진 머리털과 때 낀 얼굴。《喩》몸 치장에는 관심이 없음。【魏書】君子整其衣冠、尊其瞻視、何必ㅣㅣ、然後爲賢。
【蓬頭亂髮：봉두난발】 쑥대강이 같이 흩어진 머리털。
【蓬萊：봉래】 ❶神仙이 산다고 하는 想像上의 섬으로 渤海에 있다 함。蓬丘。蓬壺。【漢書】ㅣㅣ·方丈·瀛州、此三神山者、相傳在渤海中。❷쑥·풀 따위가 무성한 숲。
【蓬萊山：봉래산】 ❶=蓬萊。❷여름 철의 金剛山을 일컫는 말。

蓬萊山圖 ❶ (山川典)

【蓬廬：봉려】 쑥으로 지붕을 이은 집。蓬庵。蓬室。【劉向】潛坐ㅣㅣ之中、巖石之下。
【蓬笠：봉립】 쑥으로 만든 삿갓。【釋枓登】短蓑ㅣㅣ種荒田。
【蓬門：봉문】 쑥으로 지붕을 이은 문。《轉》가난한 사람의 집。또는 隱者의 집。蓬戶。【杜甫】ㅣㅣ今始爲君開。
【蓬勃：봉발】 ❶구름 등이 旺盛하게 일어나는 모양。❷빛이 빛나는 모양。【元稹】狼星四角光ㅣㅣ。
【蓬髮：봉발】 덥수룩하게 엉클어진 머리털。蓬頭。【晉書】阮孚ㅣㅣ飮酒。
【蓬蓬：봉봉】 ❶왕성한 모양。❷바람이 부는 모양。【莊子】今子ㅣㅣ然起於北海、ㅣㅣ然人於南海。
【蓬矢：봉시】 쑥대로 만든 화살。邪氣를 쫓는다 함。【禮記】射人以桑弧ㅣㅣ六、射天地四方。
【蓬心：봉심】 대담하지 못한 마음。잘고 좀스러운 마음。【謝朓】十直愧ㅣㅣ。
【蓬艾：봉애】 《植》쑥。【莊子】存乎ㅣㅣ之間。
【蓬然：봉연】 바람이 일어나는 모양。

【蓬瀛:봉영】蓬萊와 瀛洲。神仙이 산다는 곳。『拾遺記』歷――而超碧海。

【蓬轉:봉전】쑥이 뿌리째 뽑히어 바람에 굴러 다님。《喩》정처 없이 떠돌아 다님。『文選·潘岳西征賦』飄蓱浮而――。

【蓬征:봉정】이리저리 放浪함。『陸游』風裏――安稅駕。

【蓬蓽:봉필】❶蓬戶와 蓽門。곧 가난한 사람의 집。『晉書』――有藻梲之樂。❷자기 집의 謙稱。

【蓬蒿:봉호】❶쑥 또는 쑥이 많이 난 숲。『韓愈』隱於――之下。❷《植》쑥갓。茼蒿의 別名。

【蓮】(련) 先 レン、はす lotus ㄌㄧㄢˊ lien² 小篆 草書 ❶연밥 연(荷實)。❷연꽃 련(―花)。『周敦頤愛說』―花之君子者也。

【蓮炬:연거】연꽃 모양으로 만든 등。蓮燭。『翰苑新書』。

【蓮莖:연경】蓮의 줄기。『楊維楨』折斷――却是絲。

【蓮境:연경】절。寺院。『楊巨源』方尋――去。

【蓮根:연근】蓮의 地下莖。구멍이 많으며 食用함。『周霆震』文園近日眞消渴、莫種――引恨長。

【蓮塘:연당】=蓮池。『許渾』――移晝舸。

【蓮臺:연대】蓮花臺의 略語。『華嚴經』著蓮華臺上、一心合掌、正向如來。

【蓮房:연방】연밥이 들어 있는 송이。『杜甫』露冷――墜粉紅。

【蓮步:연보】女子의 아름다운 걸음걸이。美人의 걸음걸이。『孔平仲·觀舞詩』――隨歌轉。

【蓮像:연상】《佛》蓮華座의 위에 앉은 佛像。『馮有經』――留唐代、苔碑識漢官。

【蓮實:연실】연밥。

【蓮葉:연엽】연 잎。『史記』龜千歲乃遊――之上。

【蓮葉冠:연엽관】처음 상투를 짜고서 쓰는 연잎 모양의 관。

【蓮葉大楪:연엽대접】연잎처럼 바라진 연엽 반상에 딸린 대접。

【蓮葉周鉢:연엽주발】연엽 반상에 딸린 주발。

【蓮蕊:연예】《植》연꽃의 꽃술。

【蓮藕:연우】=蓮根。『史記』――菰蘆。

【蓮肉:연육】연밥의 살。補中·益氣 따위의 약으로 씀。

【蓮薏:연의】연밥의 푸른 색이 나는 속。

【蓮子:연자】연밥。연꽃의 열매。『孟郊』――不可得、荷花生水中。

【蓮子粥:연자죽】연밥죽。

【蓮的:연적】《植》蓮實의 胚芽。《喩》마음의 고통。

【蓮亭:연정】=蓮堂。

【蓮池:연지】연못。『元稹』――舊是無波水。

【蓮荷:연하】《植》蓮。

【蓮花:연화】=蓮華。

【蓮華:연화】❶연꽃。蓮花。❷陶製의 수저。

【蓮花臺:연화대】❶《佛》극락 세계에 있다는 대。❷나라 잔치 때 추던 춤의 한 가지。

【蓮花燈:연화등】연꽃 모양의 등。

【蓮花漏:연화루】연밥 모양으로 만든 물 時計。『飜譯名義集』。

【蓮花世界:연화세계】《佛》極樂 世界。『崔融質』――、是盧舍那佛成道之國、一蓮華有百億國。

【蓯】(종) ㊀(총) 冬 ㊁(종) 董 ショウ、しげる growthick ㄘㄨㄥ ts'ung¹ 草書 ㊀풀더북할 총(草盛貌蓁―)。㊁약이름 종(藥名肉―蓉)。

【蓰】(사) 紙 シ、ごばい fivefold ㄒㄧˇ hsi³ 草書 ❶다섯곱 사(物數五倍)。『孟子 滕文公上』或相倍―。❷풀이름 사(草名)。

【蓱】(평) 靑 ヒョウ、うきくさ duckweed 小篆 草書 ❶마름 평(蘋也)。❷머구리밥 평、개구리밥 평(浮―楊花所化)。『後漢書』―浮南北。

【蓱浮:평부】마름이 물 위에 뜸。『潘岳』陋吾人之拘攣、飄――而蓬轉。

【蓱實:평실】마름의 열매。萍實。『左思 吳都賦』石帆蒙龍以蓋嶼、想――之復形。

【蓱翳:평예】비를 맡은 神。雨師。荓翳。『楚辭』――、雨師名、號、呼也。

【蓡】(심) 侵 シン、がま cat's tail 小篆 부들 심(蒲類)。

【蓲】(구) 尤 キュウ、おぎ reed 달구、갈대구(薍也)。

【蓴】(순) 眞 ジュン、ぬなは water-shield ㄔㄨㄣˊ ch'uen² 小篆 草書 순나물 순(水葵絲―)。

【蓴羹鱸膾:순갱노회】❶고향을 그리워하는 情。❷순채로 끓인 국과 농어 회。《故》晉의 張翰이 자기 고향의 名產인 이 두 가지를 먹기 위하여 벼슬을 그만 두고 歸鄕하였다 함。『晉書』。

【蓴菜:순채】《植》睡蓮科에 딸린 多年生 풀。

【蓴菜茶:순채다】순채 잎사귀를 五味子의 국물에 넣고 꿀을 탄 찻물。

【蓶】(유) 紙 イ、やさい greens 小篆 푸성귀 유、채소 유(菜蔬)。(「茾」과 통함)

【蔲】(구) 宥 ク、コウ、ずく nutmeg ㄎㄡˋ k'ou⁴ 草書 두구씨 구(荳―草實藥名)。『吳都賦』草則藿蒳荳―。

【蓷】(퇴) 灰 タイ、きせわた motherwort ㄊㄨㄟ t'uei¹ 小篆 草書 익모초 퇴(益母草)。

【蓺】(예) 霽 ゲイ、うえる plant; sow ㄧˋ i⁴ 草書 심을 예(種也)。『詩經』―之荏(『藝』와 통함)

【蓼】(료) ㊀(료) 篠 ㊁(륙) 屋 リョウ、リク、たで smartweed ㄌㄧㄠˇ liao³ ㄌㄨˋ lu⁴ 小篆 草書 ㊀❶여뀌 료(辛菜)。『詩經』予又集于―。❷요나라 료(國名)。『左傳』楚子燮滅―。㊁풀잎긴모양 륙(草長貌――)。『詩經 小雅蓼莪』――者莪。

【蓼麯:요곡】여뀌누룩。

【蓼糾:요규】얽히는 모양。『淮南子』偃蹇――、曲成文章。

【蓼藍:요람】《植》大靑。

【蓼蘋:요빈】《植》여뀌와 개구리밥。

【蓼蟲:요충】《動》여뀌풀의 잎을 갉아 먹고 사는 벌레。

【蓼花:요화】여뀌의 꽃。『劉兼』――深處信牛行。

【蓼蓼:육륙】길고 큰 모양。

【蓽】(필) 質 ヒツ、ヒチ、いばら thorn ㄅㄧˋ pi⁴ 草書 ❶휘추리 필(荆也)。『禮記』―門圭窬。❷약이름 필(―茇藥名)。❸사립문 필(柴門)。(『篳』과 통함)

【蓽路:필로】나무 가지로 만든 허술한 수레。華路。

【蓽門:필문】나무 가지로 엮어서 만든

문。(轉)가난한 집。篳門。〔禮記·儒行〕ㅡㅡ圭窬。

【蓽茇:필발】(植)후추과에 속하는 풀。높이 一米 내외。봄철에 흰 꽃이 피며 늦은 여름에 열매를 맺음。열매는 흑갈색으로 후추 냄새와 비슷함。溫中·下氣의 약제로 씀。

【蓾】(로) 麌 ロ、くさのな grass
小篆 그령풀로(蘆也)。

【蓿】(숙) 屋 シュク、うまごやし clover ㄙㄨˋ su⁴
草書 거여목숙(苜ㅡ連枝草)。

【蔀】㈠(부) 有 ホウ、ホ、しとみ straw-mat ㈡(부) 麌 ㄅㄨˋ pu³
草書 ㈠❶서부풀부(蔀ㅡ草名)。❷부수부、일흔두살부(ㅡ首閏餘一之數)。〔詩疏〕三統曆七十二歲爲一ㅡ二十ㅡ爲一紀。㈡거적부(障明小席)。〔易經〕豐其ㅡ。

【蔀家:부가】햇빛이 들지 않도록 가림。〔易經〕豐其ㅡㅡ。

【蔀法:부법】古代 曆法의 하나。옛날에는 一九년마다 七閏月을 두어 이것을 章이라 하고 四章을 蔀라 하고 二十蔀를 紀라 하고 六〇蔀를 元이라 함。

【蔀屋:부옥】풀로 지붕을 이은 오막살이 집。

【蓓】(배) 賄 ベイ、つぼみ bud
꽃봉오리배(花蕾)。

【蔂】(류) 支 ラ、ルイ、ふご vine grass
小篆 ❶덩굴풀류(蔓草)。❷삼태류(盛土籠)。〔鹽鐵論〕劓鼻盈ㅡ。

【蓲】(허) 語 キョ、まぐさ fodder
❶꼴허(蒭也)。❷호허허(虎ㅡ藥草)。

【蔃】(강) 陽 キョウ、ゆり Forsythia Koreana
개나리강(百合ㅡ茨)。

【蔆】(릉) 蒸 リョウ、ひし water-nut
小篆 小篆 草書 마름릉(ㅡ角菱也)。〔陸佃詩疏〕武陵記四角三角曰菱兩角曰ㅡ。

【蔆花:능화】❶마름꽃。〔三柳軒雜識〕ㅡㅡ爲水客。❷거울의 別稱。〔駱賓王〕古鏡ㅡㅡ暗。愁眉柳葉顰。

❷(西清續鑑) 唐 蔆花鑑

【蔇】(기) 寘 キ、いたる reach ㄐㄧˋ chi⁴
小篆 草書 이를기(至也)。〔左傳〕善鄭以勸來者猶懼不ㅡ。

【蔈】(표) 篠 ヒョウ、おちる fall down ㄆㄧㄠ p'iao¹
小篆 ❶떨어질표(草木零落)。❷까락표(禾末)。〔淮南子〕秋分ㅡ定ㅡ定而禾熟。

【蓘】(곤) 阮 コン、つちかう earth up
草書 북돋울곤(以土壅苗根)。〔左傳〕是是ㅡ。

【蔋】(적) 錫 テキ、ひでり drought
草書 가무는기운적(旱氣)。

【蔌】㈠(수) 有 ソク、な、あおもの vegetable ㈡(속) 屋 ㄙㄨˋ su⁴
草書 ㈠나물수(菜也)。〔詩經〕其ㅡ維何。㈡❶뜻은 ㈠과 같음。❷더러울속(ㅡㅡ陋也)。〔詩經〕ㅡㅡ方有穀。❸바람서슬속(ㅡㅡ風威)。

【蔌蔌:속속】❶더러움。❷바람 소리가 억세고 빠른 모양。❸꽃이 떨어지는 모양。❹액체가 흐르는 모양。

【蔍】(록) 屋 ロク、いちやくそう day lily
원추리록(忘憂草)。

【蔎】(설) 屑 セツ、かんばしい fragrant ㄕㄜˋ shê⁴
小篆 草書 ❶향내날설(香也)。❷풀이름설(香草)。

【蔑】(멸) 屑 ベツ、けずる、かろんずる despise ㄇㄧㄝˋ mieh⁴
小篆 草書 ❶없을멸(無也)。〔左傳〕ㅡ以加於此矣。❷작을멸(微也)。〔法言〕視日月而知衆星之ㅡ也。❸깍을멸(削也)。〔易經〕剝牀以足ㅡ貞凶。❹업신여길멸(輕易)。❺버릴멸(棄也)。❻땅이름멸(地名)。(『蔑』와 같음)

【蔑蒙:멸몽】❶바람에 불려 오르는 모양。(轉)빠른 것。〔淮南子·脩務〕❷氣體。〔後漢書·張衡傳〕浮ㅡㅡ而上征。

【蔑法:멸법】법을 업신여김。

【蔑視:멸시】업신여김。낮추 봄。輕視。

【蔑如:멸여】❶남을 깔보고 업신여기는 모양。❷亡하여 버리는 것。

【蔑以加矣:멸이가의】이에 더할 나위가 없음。

【焄】(훈) 文 クン、ゆげたつ steam
김오를훈(ㅡ蒿氣蒸出貌)。

【蔛】(곡) 屋 コク、せきこく herb
草書 석곡초곡(石ㅡ藥草也)。

【蔓】(만) 願 翰 バン、マン、つるくさ vine ㄇㄢˋ man⁴
小篆 草書 ❶넌출만、덩굴만(葛屬延也)。〔詩經〕野有ㅡ草。❷순무우만(菁也)。

【蔓蘿:만라】(植)담쟁이。〔梅堯臣〕牽纏如ㅡㅡ。

【蔓蔓:만만】❶長久함。❷살피기 어려운 일。〔太玄經·玄瑩·注〕ㅡㅡ、難察之事也。

【蔓茂:만무】덩굴이 무성함。〔宋史〕枝葉ㅡㅡ。

【蔓蔘:만삼】(植)초롱꽃科에 속하는 다년생 蔓草。塊根은 藥用·食用으로 함。

【蔓生:만생】덩굴로 번져 나가는 것。蔓衍。

【蔓說:만설】쓸데 없는 말。〔傳堯俞〕枝詞ㅡㅡ、往往浸及善良。

【蔓延:만연】널리 퍼짐。蔓衍。〔謝靈運〕松蔦歡ㅡㅡ。

【蔓衍:만연】❶=蔓延。❷말이 많은 것。〔蔡邕〕繁多而ㅡㅡ、非所謂理約而達也。

【蔓菁:만청】(植)순무。무우의 한 가지。

【蔓草:만초】덩굴이 벋는 풀。〔詩經〕野有ㅡㅡ。

【蔓荊子:만형자】(醫)순비기나무의 열매。두통이나 경련 따위를 다스리는 약으로 쓰임。

【蔕】(체) 霽 テイ、うてな calyx ㄉㄧˋ ti⁴
小篆 草書 ❶꼭지체(根ㅡ果綴實)。〔西京賦〕ㅡ倒茄于藻井。〔註〕ㅡ果鼻也。❷가시체(小刺)。〔漢書 賈誼傳〕細故ㅡ芥、何足以疑。❸뿌리체(根本)。

【蔕芥:체개】❶목에 걸린 생선의 가시。(轉)마음이 개운치 않음。❷꼭지와 티끌。

(《轉》)사소한 장애물。【漢書】細故——、何足以疑。

【蔕薊:체계】=蔕芥。

【蔔】(복) 職 フク、だいこん cape jasmine ㄅㄛˊ po²
小篆 草書 치자꽃복(蒼—梔子花)。(『菔』과 같음)

【蔔匏:복포】무우와 박。(《轉》)변변하지 못한 음식。【唐書】夕食惟齕——而已。

【蔖】㊀(차) 歌 ㊁(사) 麻 シャ、せり paesley ㄘㄨˇ ts'u³ ㄓㄚ cha¹
㊀기령풀차(菡—蒴類)。㊁미나리사(楚葵)。

【蔗】(자) 禡 ショ、シャ、さとうきび sugar cane ㄓㄜˋ chê⁴
小篆 草書 사탕풀자(甘—砂糖草)。(『柘』와 통함)

【蔗境:자경】이야기·文章·경치 따위가 점점 재미 있어지는 곳。佳境。【晉書·顧愷之傳】。

【蔗糖:자당】사탕수수를 고아서 만든 설탕。

【蔗霜:자상】흰 설탕。白糖。

【蔗漿:자장】설탕을 탄 물。설탕물。【杜甫】大官還有——寒。

【蔗酒:자주】사탕수수로 만든 술。【隨書】。

【蔘】(삼) 侵 サン、ジン、にんじん ginseng
❶인삼삼(人—神草)。❷더덕삼(沙—)。(『葠』과 같음)

【蔘農:삼농】인삼을 재배하는 농사。

【蔘毒:삼독】인삼이 체질에 안 맞거나、또는 지나치게 먹어서 생기는 산열。

【蔘蘆頭:삼로두】인삼뿌리 위에 붙은 마른 줄기。

【蔘附:삼부】인삼과 부자。

【蔘商:삼상】인삼을 파는 장사치。

【蔘綏:삼수】늘어진 모양。

【蔘業:삼업】인삼을 생산하는 사업。

【蔘茸:삼용】人蔘과 鹿茸。

【蔘場:삼장】=蔘圃。

【蔘賊:삼적】밭의 인삼을 훔치는 도둑。삼 도둑。

【蔘圃:삼포】인삼을 재배하는 밭。

【蔚】㊀(위) 未 ㊁(울) 物 イ、ウツ、くさむら grow thick ㄨㄟˋ wei⁴ ㄩˋ yü⁴
小篆 草書 ㊀❶제비쑥위(牡蒿)。【詩經】匪莪伊—。❷초목우거진모양위(蓊—草木盛貌)。【詩經】薈兮—兮。❸잔무늬위(文密貌)。【易經】其文—也。㊁고을이름울(州名)。

【蔚起:위기】성하게 일어남。

【蔚嶼:위서】草木이 무성한 작은 섬。【吳筠】——非一狀。

【蔚煥:위환】밝고 빛나는 모양。【北史】其文——。

【蔚然:울연】❶초목이 무성하게 우거진 모양。【歐陽修】望之——而深秀者。❷사물이 왕성함。

【蔚爾:울이】사물이 왕성한 모양。【王惲】——開萬世之萊。

【蔚興:울흥】성하게 일어남。

【蔞】(루) 尤 虞 ロウ、リュウ、しろよもぎ artemisia ㄌㄡˊ lou²
小篆 草書 물쑥루(—蒿似艾)。【蘇軾詩】—蒿滿地蘆芽短。

【蔞蒿:누호】(《植》)물쑥。食用함。【蘇軾】——滿地蘆芽短、正是河豚欲上時。

【蔟】㊀(주) 宥 ㊁(족) 屋 ソウ、ゾク、むらがる gather ㄘㄨˋ ts'u⁴
小篆 草書 ㊀❶정월음률주(太—正月律)。【禮註】太—言陽氣大—達于上也。❷정월주(正月別稱)。㊁❶모을족(聚也)。❷누에발족(簇—)。【晉書】修成簇—分繭理絲。(『簇』과 같음)

【蔡】㊀(채) 泰 ㊁(살) 曷 サイ、サツ、おおかめ big tortoise
小篆 草書 ㊀❶채나라채(國名—仲所封)。❷법받을채(法也)。【書經】二百里—。❸거북채(龜也)。【論語】臧文仲居—。㊁내칠살、귀양보낼살(放也)。【左傳】周公殺管叔而——叔。(『[illegible]』과 같음)

【蔡沈:채심】(《人》)一一六七~一二三〇。南宋의 학자。字는 仲默、元定의 아들。朱熹에게 師事함。平生을 九峰에서 隱居하였기 때문에 九峰先生이라 불리워지고 그 學派를 九峰學派라 일컬음。〈著書〉書經集傳 六권·洪範皇極內篇 二권 등。

蔡九峯 (三才圖會)

【蔡邕:채옹】(《人》)一三二~一九二。後漢의 文人·書家。字는 伯喈、圉 사람。지극한 孝子였으며 琴을 잘 하였음。董卓 밑에서 左中郞將이 되었으나 卓이 죽은 뒤 投獄되어 죽음。〈著書〉獨斷·蔡中郞集 등。

蔡伯喈 (三才圖會)

【蔡倫:채윤】(《人》)後漢의 宦官。字는 敬仲、桂陽 사람。世界에서 처음으로 製紙術을 발명하여 人類 文化에 공헌한 바가 큼。그 종이를 蔡倫紙라 일컬음。

【蔢】(파) 歌 ハ、はくか peppermint ㄆㄛˊ p'o²
❶박하파(薄荷)。❷초목무성할파(草木茂盛)。❸사과파(果名蘋—)。

【蔣】㊀(장) 陽 ㊁(장) 養 ショウ、まこも water-oat ㄐㄧㄤˇ chiang³
小篆 草書 ㊀과장풀장(苽—水草)。【漢書】—茅青蘋。㊁❶성장(姓也)。❷나라이름장(國名)。

【蔣茅:장모】❶(《植》)줄(眞菰)과 띠。❷(《歷》)周 때의 蔣國과 茅國。지금의 河南省에 있었음。

【蔣席:장석】고미로 짠 자리。【韓非子】縵帛爲茵、——額緣。【集解】蔣、草名。

【蔣蔣:장장】빛이 반짝이며 비치는 모양。光芒이 멀리까지 이르는 모양。【易緯筮類謀】夜視無月、彗孛——。

【䔞】(률) 質 リツ、はじめ beginning
❶풀아귀틀률(草芽甲出)。❷처음률(初也)。

【蔤】(밀) 質 ミツ、れんこん lotus rhizome ㄇㄧˋ mi⁴
小篆 연근밀、연밑둥밀(荷本)。

【蔥】(총) 東 ソウ、ねぎ welsh onion ㄘㄨㄥ ts'ung¹
小篆 ❶파총(葷菜)。❷파뿌리총(—白—根)。❸푸를총(青也)。【詩經】有瑲—珩。❹기운어릴총(——佳氣)。【後漢書】氣佳哉鬱鬱——然。

【蔥韭:총구】野菜의 이름。파와 부추。【穀梁】古者公田爲居井竈——盡取焉。

【蔥綠:총록】 푸른 빛。 『紅樓夢』再打一條——。
【蔥朧:총롱】 푸른 모양。 밝고 푸른 모양。 『杜甫·往在詩』鏡奩換粧黛、翠羽猶——。
【蔥白:총백】 ❶가장 연한 藍色。 薄淺黃色。 『說文』白毛與靑毛相間、則爲淺靑、俗所謂——色。 ❷파뿌리。 葱莖。
【蔥珩:총연】 푸른 빛깔 나는 佩玉。 (蒼玉을 蔥、珩은 佩위의 橫玉)。 『詩經·小雅』服其命服朱芾、斯皇有瑲——。
【蔥葉:총엽】 파의 잎。
【蔥子:총자】 파의 뿌리。 葱實。 『本草·葱針·實』附方、眼暗補中、葱子半升爲末、每取一匙煎湯一升半、玄滓入米、煑粥食之。
【蔥粲:총찬】 파릇파릇한 모양。 『梁簡文帝·當置酒詩』三益既葳蕤、四始方——。
【蔥蔥:총총】 草木이 푸르게 우거져 있는 모양。 『王儉』幹——而特秀。

【蘒】 (이) 支 イ、しぼむ wither
蘒(小篆) 시들이(萎也)。

【蔦】 (조) 篠 嘯 チョウ、つた ivy ㄋㄧㄠˇ niao³
蔦(小篆) 樢(或體) 蔦(草書) 담장이덩굴조(寄生草)。 『詩經』—與女蘿施于松柏。
【蔦蘿:조라】 (植)담쟁이。 바위·집벽 등 표면에 寄生하며 가을에 단풍이 드는 多年生 풀。

【蓷】 ㊀(세) 霽 ㊁(혜) 寘 スイ、ケイ、ほうき broom of grass ㄏㄨㄟˋ huei⁴
㊀풀비세(草箒)。 ㊁풀이름혜(草名)。

【蔴】 (마) 麻 マ、あさ hemp
삼마(枲屬)。

【蔩】 (인) 眞 イン、からすうり melon ㄧㄣˊ yin²
蔩(小篆) 땅외인、노랑하눌타리인(王瓜)。 『爾雅疏』—苗及實似土瓜土瓜即王瓜。

【蔪】 ㊀(점) 鹽 ㊁(점) 琰 ゼン、かる mow
蔪(小篆) 蘸(或體) 蔪(草書) ㊀보리팰점(麥秀)。 ㊁❶더북할점(草相—苞)。 ❷풀벨점(刈草)。
【蔪去:점거】 베어 없앰。 『漢書』——不義諸侯。
【蔪蔪:점점】 초목이 무성한 모양。 『箕子』麥秀——。

【蔫】 ㊀(언) 先 ㊁(연) 霰 エン、しぼむ wither ㄧㄢ yen¹ ㄋㄧㄢ nien¹
蔫(小篆) 蔫(草書) ㊀시들언、이울언(物不鮮)。 ㊁썩은풀연(—於臭草)。

【蔬】 (소) 魚 ソ、ショ、な、あおもの vegetable
蔬(小篆) 蔬(草書) 나물소(草菜通名)。 『禮記』稻曰嘉—。
【蔬果:소과】 채소와 실과。 『南史』宗廟薦羞、始用——。
【蔬糲:소려】 채소와 궂은 쌀。 또는 궂은 쌀로 지은 밥。 『北史』哀毀過人、服制雖除、而——勿改。
【蔬飯:소반】 변변하지 못한 음식。 『唐書』——水飮、席地以瞑。
【蔬食:①소사 ②소식】 ❶㉠채소로 만든 음식。 변변하지 못한 음식。 蔬飯。 『論語·疏』食——。 ㉡초목의 과실。 ❷채소를 먹음。 菜食。 『論語集解』「—。
【蔬菜:소채】 채소。 野菜。 『南史』糧食—
【蔬圃:소포】 채소밭。

【蔭】 (음) 沁 イン、かげ shade ㄧㄣˋ yin⁴
蔭(小篆) 蔭(草書) ❶덮울음、가리울음(庇也)。 「凡托庇於人者謂之—如祖—父—」。 ❷그늘음(陰景)。 『荀子』樹成—而衆鳥息焉。
【蔭官:음관】 (制)부모의 功德으로 얻은 벼슬。 『資治通鑑·註』。
【蔭德:음덕】 조상의 덕。 『管子』。
【蔭林:음림】 나무가 무성한 숲。 『宣和畫譜』訪名園——、坐石臨水。
【蔭覆:음부】 그늘에 덮임。 『西京雜記』上枝——數十畝。
【蔭仕:음사】 =蔭職。
【蔭藹:음애】 樹木이 무성하게 우거진 모양。 『符載』含桃朱杏、灼爍——。
【蔭映:음영】 ❶덮어 감춤。 『晉書』——萬邦。 ❷사람·물건이 密集하였을 때 그림자나 빛깔이 서로 엇비치는 것。
【蔭蔚:음울】 초목이 무성한 모양。 『班固』茂樹——、芳草披隄。
【蔭職:음직】 (制)❶조상의 덕으로 하던 벼슬。 ❷=蔭官。
【蔭退:음퇴】 (制)蔭官의 문과에 급제함。

【蕢】 (궤) 隊 カイ、かんむり crown
蕢(草書) 잠없는 치포관궤(無笄者緇布冠)。

十二畫

【蕐】 (고) 豪 コウ、つるくさのな rank
蕐(小篆) 풀성할고(草盛貌)。

【蕁】 (담) 覃 タン、はなすげ water-caltrop ㄊㄢˊ t'an²
蕁(小篆) 蕁(或體) 蕁(草書) ❶마름담(海藻)。 ❷지모담(藥名知母)。
【蕁麻:담마】 (植)쐐기풀。
【蕁麻疹:담마진】 (醫)급성 피부병의 한가지。 두드러기。

蕁麻(三才圖會)

【蕍】 (독) 沃 ドク、にわやなぎ weeping
蕍(小篆) 땅버들독(地柳)。

【蔽】 (폐) 霽 ヘイ、フツ、おおう cover ㄅㄧˋ pi⁴
蔽(小篆) 蔽(草書) ❶가리울폐(掩也)。 『禮記』是察阿黨則罪無有掩—。 ❷다할폐(盡也)。 ❸정할폐(定也)。
【蔽匿:폐닉·폐익】 (『弊』와 통함) 가리어 감춤。 숨김。 陰蔽。 『史記』袁盎多受吳王金錢。專爲——。
【蔽芾:폐비】 조그마한 모양。 一說에는 나무가 우거진 모양。 『詩·甘棠』——甘棠。
【蔽塞:폐색】 가리어 막음。 『宋史』無使「聰明——。
【蔽膝:폐슬】 ❶무릎을 가림。 ❷(制)朝服·祭服을 입을 때에 가슴에 늘여 무릎을 가리는 헝겊。

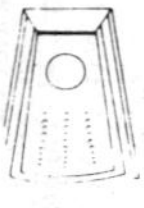
蔽膝(三才圖會)

【蔽野:폐야】 들을 뒤덮음。
【蔽陽子:폐양자】 패랭이。 천한 사람이나 상제가 쓰는 대오리로 엮어 만든 갓의 한 가지。
【蔽容:폐용】 자취를 감춤。
【蔽遮:폐차】 가로막음。 막음。遮蔽。 『宋史』以睢陽、——江淮。
【蔽風雨:폐풍우】 비바람을 가리고 막음。
【蔽扞:폐한】 가리어 막음。 지키는 것。

〔通典〕身不一一、手無寸刃。

【蔽護：폐호】 감싸서 보호함。庇護。擁護。〔五代史〕常一一之。

【蔽晦：폐회】 덮어 어둡게 함。

【蕒】 (이) 寘 イ、あさ hemp
小篆 蕒 삼이(麻也)。

【蔾】 ㊀(리) 支 リ、レイ、はまびし ㊁(려) 齊 カ一 li² caltrop
㊀질리풀리(蒺一旱草)。〔易經〕據于蒺一。 ㊁뜻은 ㊀과 같음。

【蔿】 ㊀(위) 紙 イ、くさ fire-weeds ㊁(화) ㄨㄟ wei³
小篆 草書 ㊀❶새위、풀위(草也)。❷성위(姓也)。〔潛夫論〕楚一氏皆芊姓也。❸고을이름위(地名)。 ㊁떠들화(譁也)。

【蘜】 (국) 職 キョク、くさのな polygala japonica ㄐㄧ chi²
아기풀국(藥草遠志、一名一莞、又天門冬)。

【醋】 (고) 遇 コ、すずけ vegetables pickled in vinegar
小篆 초김치고(醋菹一名菲菹)。

【蔆】 ㊀(수) 尤 ソウ、はこへ dayflower; spider-wort ㊁(소) 皓 ㄙㄠ sao³
小篆 ㊀닭의밑씻개수(鷄腸草)。 ㊁뜻은 ㊀과 같음。

【蕃】 (번) 元 バン、ハン、しげる grow wildly ㄈㄢ fan¹
小篆 草書 ❶불을번、쉴번(息也、滋也)。〔周語〕民之一庶于是乎生。❷많을번(多也)。❸더북할번(草茂)。〔書經〕庶草一廡。❹야만번(一國)。〔蘇子瞻雜纂 强陪奉〕與一使接談。❺고을이름번(貢一)。(『藩』과 통함)

【蕃客：번객】 外國人。〔唐書〕凡一一至鴻臚。

【蕃境：번경】 ＝蕃地。

【蕃國：번국】 ❶오랑캐 나라。❷王室의 蕃屛이 되는 나라。곧 諸侯의 封地。〔周禮〕九州之外、謂之一一。

【蕃茂：번무】 초목이 무성함。繁茂。〔蘇軾〕一一爭新春。

【蕃鮮：번선】 번성하고 선명함。

【蕃盛：번성】 ❶자손이 늘어서 퍼짐。❷초목이 무성함。繁茂。蕃衍。

【蕃俗：번속】 오랑캐의 풍속。野蠻의 풍속。

【蕃熟：번숙】 곡식 따위가 무성하고 잘 익음。〔史記〕五穀一一、穰穰滿家。

【蕃息：번식】 불고 늘어서 퍼짐。蕃殖。繁殖。〔史記〕嘗爲司職吏、而畜一一。

【蕃殖：번식】 ＝蕃息。〔國語〕財用一一、于是乎始。

【蕃殖期：번식기】 새끼를 치는 시기。

【蕃語：번어】 외국인의 언어。→蠻語。

【蕃衍：번연】 초목이 잘 퍼지고 무성함。〔詩經〕椒聊之實、一一盈升。《轉》자손이 늘어서 많이 퍼짐。繁衍。〔北史〕子孫一一。

【蕃夷：번이】 오랑캐。蠻夷。

【蕃人：번인】 ❶오랑캐。未開人。蠻人。❷외국인。

【蕃孳：번자】 子孫이 번성하는 일。

【蕃地：번지】 미개한 땅。오랑캐가 사는 땅。蠻地。蕃境。

【蕃昌：번창】 번성하는 모양。번성하는 것。繁昌。〔左傳〕吉孰大焉、其必一一。

【蕃椒：번초】 ＝植唐辛。고추。

【藤】 (승) 徑 ショウ、くろごま black sesame
검은깨승、흑임자승(苣一胡麻)。

【蕌】 (부) 宥 フウ、だいこん raddish
小篆 잔무우부(細蕌)。

【蕄】 (맹) 庚 ボウ、ある exist
❶있을맹(在也一一)。❷『萌』의 俗字。

【蕆】 (천) 銑 テン、いましめる admonition ㄔㄢ ch'an³
小篆 草書 ❶경계할천、신칙할천(敕也)。❷갖출천(備也)。〔左傳〕寡君又朝以一陳事。

【蕆事：천사】 일을 정리하여 바로잡음。또는 일을 정리함。〔說文新附〕蕆、左氏傳、以蕆陳事、杜預注云、蕆、敕也。〔注〕蕆、整也、整成前好也。

【蕇】 (전) 銑 テン、いぬなずな rape
小篆 草書 ❶산겨자전(山芥)。❷두루미냉이전(葶藶)。

【蕈】 (심) 侵 シン、ジン、きのこ mushroom ㄒㄧㄣ hsin⁴ ㄒㄩㄣ hsün⁴
小篆 草書 버섯심(菌也)。〔爾雅疏〕地菌俗呼地一。

【蕠】 (려) 齊 レイ、しげる grow thick
❶풍성할려(草茂貌)。❷나라이름려(國名新一)。

【蕉】 (초) 蕭 ショウ、ばしょう plantain ㄐㄧㄠ chiao¹
小篆 草書 ❶파초초(芭一草名)。❷섶초、땔나무초(薪也)。〔列子〕覆之以一。❸파리할초(一萃也)。〔左傳 成公九年〕無棄一萃。

【蕉鹿夢：초록몽】 人生의 得失이 허무하고 덧없는 것。《故》鄭 나라 사람이 사슴을 잡아 파초의 잎으로 덮어 감추어 두었으나 너무 기뻐서 그 場所를 잊어버려 뒤에 그 사슴을 찾지 못하고 그것을 꿈으로 諦念하였다 함。

【蕉葉：초엽】 ❶파초의 잎。❷춤이 얕고 조그마한 술잔의 이름。〔東坡志林〕今亦能飮三一一矣。

【蕉萃：초췌】 마르고 파리한 모양。마름。憔悴。〔左傳〕雖有姬姜、無棄一一。

【蕉布：초포】 芭蕉의 섬유로 짠 베。蕉葛。〔後漢書·註〕南越志曰、一一之品有三。

【蕊】 (예) 紙 ズイ、しべ flower-centre ㄖㄨㄟ juei³
草書 ❶꽃술예(花內植物傳種之器官)。「凡一有雌雄之別雄一之粉著於雌一則雌一漸長而結爲果實」。❷꽃예(花也)。❸약이름예(藥名石一)。❹초목떨기로난모양예(草木叢生貌)。(『蘂』와 같음)

【蕊簡：예간】 道教의 書。〔事物異名錄〕山堂肆考、瓊文·蘂笈·琳篆·琅函、皆指道書也、又曰一一。

【蕊榜：예방】 科擧에서 進士 試驗의 及第者의 이름을 게시한 榜。「乞與齋心易。

【蕊書：예서】 道教의 書。〔陸龜蒙〕一一

【蕊蕊：예예】 무성하게 난 풀。풀숲。〔杜甫〕枝枝總到地、一一自開春。

【蕊珠：예주】 ❶꽃술이나 珠玉으로 장식한 宮殿。神仙이 있는 곳。仙境。〔黃庭內景經〕上淸紫霞虛皇前太上大道玉晨君、閒居一一作七言。❷宋의 眞宗이 세운 宮闕의 이름。

【蕻】 (항) 講 コウ、くさのな sunflower
해바라기항(向日葵)。

【蕋】 (예)『蕊』(前前條)의 俗字

【蕎】(교) 蕭 キョウ、そば buckwheat ㄑㄧㄠˊ ch'iao²
草書 ❶메밀교(ㅣ麥白花蘗)。〔白居易詩〕ㅣ麥鋪英白。❷호랑버들교、버들옷교(藥名大戟)。
〔蕎麥:교맥〕❶《植》메밀。〔白居易〕ㅣㅣ鋪花白。❷《植》大戟。藥草의 하나。
〔蕎麥麪:교맥면〕메밀 국수。蕎麥麪。
〔蕎麥麪水:교맥면수〕국수물。
〔蕎麥粉:교맥분〕메밀 가루。

【蕐】(화) 麻 カ、はな brilliant
빛날화(榮也色也)。(『華』와 같음)

【蕑】(간) 刪 カン、ふじはかま orchid ㄐㄧㄢ chien¹
草書 난초간(蘭也)。〔荊州記〕都梁縣山下生蘭草名都梁香因山爲號其物可殺蟲毒除不祥故鄭人方春三月秉ㅣ而祓除。

【蕒】(매) 蟹 バイ、けしあざみ wild lettuce ㄇㄞˇ mai³
들상치매(菜名野苣一名苦苣)。

【蘙】(의) 紙 イ、あいのほ calyx
小篆 ❶꼭지의(蔕也)。❷떼의、잔디의(莎也)。〔廣雅〕地毛莎ㅣ也。

【蕖】(거) 魚 キョ、はす lotus ㄑㄩˊ ch'ü²
草書 연꽃거(芙ㅣ蓮花)。〔拾遺記〕石ㅣ靑色堅而輕從風靡靡覆波上。

【蕗】(로) 遇 ロ、ふき liquorice
草書 ❶물감나무로(草名蘗ㅣ)。❷감초로(甘草)。(『露』와 같음)

【蕓】(운) 文 ウン、あぶらな rape ㄩㄣˊ yün²
草書 ❶운풀운(香草)。❷평지운(ㅣ薹菜名)。
〔蕓薹:운대〕《植》평지。겨자과에 속하는 越年草。씨는 기름을 짜서 식용함。

【蕕】(유) 尤 ユウ、かりがねそう offensive smell ㄧㄡˊ yu²
小篆 草書 유풀유、냄새나는풀유(臭草)。〔左傳〕一薰一ㅣ十年尙猶有臭。

【蕘】(요) 蕭 ジョウ、ニョウ、きこり wood-cutter ㄖㄠˊ jao²
小篆 草書 ❶나무할요(芻ㅣ刈草採薪)。〔孟子〕芻ㅣ者往焉。〔詩經〕詢于芻ㅣ。❷거칠요(蕪也)。
〔蕘歌牧嘯:요가목소〕나뭇군과 목동의 노래。〔淸波雜志〕
〔蕘童:요동〕땔나무를 하는 아이。나뭇군。蕘豎。〔洪邁〕ㅣㅣ牧豎。
〔蕘豎:요수〕=蕘童。〔後漢書〕牧兒ㅣㅣ。

【蕙】(혜) 霽 ケイ、かおりぐさ orchid ㄏㄨㄟˋ huei⁴
草書 ❶난초혜(香草蘭屬)。〔爾雅〕一幹一花而香有餘者蘭 一幹數花而香不足者ㅣ。〔楚辭〕又樹ㅣ之百畝。❷성품좋을혜(性情美)。
〔蕙氣:혜기〕香氣。〔張九齡〕ㅣㅣ襲衣襟。
〔蕙蘭:혜란〕《植》香草。난초의 하나。蘭蕙。〔阮籍〕濯纓醴泉、被服ㅣㅣ。
〔蕙房:혜방〕향기가 그윽한 방。〔陳後主〕ㅣㅣ桂棟。
〔蕙若:혜약〕《植》香草의 이름。(若은 杜若)。〔張衡〕辟荔ㅣㅣ。
〔蕙質:혜질〕좋은 성질。美質。

【蕚】(악)『萼』(艸部9畫)의 俗字

【蕛】(제) 齊 テイ、くさのな wild Deccan grass
小篆 돌피제(似稗布地生穢草)。

【蕝】㊀(체) 霽 セイ、セツ、しるし indicate ㄗㄨㄟˋ tsuei⁴ ㊁(절) 屑 ㄐㄩㄝˊ chüeh²
小篆 草書 ㊀띠묶어표할체(綿ㅣ束茅表位)。〔左傳〕昔成王盟諸侯于岐陽楚爲荊蠻置茅ㅣ。㊁뜻은 ㊀과 같음。(『蕞』과 같음)

【蕞】㊀(체) 泰 サイ、セツ、ちいさい little ㄗㄨㄟˋ tsuei⁴ ㊁(최) 灰 ㊂(절) 屑
草書 ㊀띠묶어표할체(綿ㅣ表位)。〔漢書〕叔孫通與弟子百餘人爲綿ㅣ。〔註〕謂於野外習禮以茅蕝聯之立宮室部位。(本音은「제」)(『蕝』과 같음) ㊁자그마할최(小貌)。〔左傳〕ㅣ爾國。㊂뜻은 ㊀과 같음。
〔蕞芮:최예〕❶모이는 모양。〔潘岳〕ㅣㅣ于城隅者、百不處一。❷작고 허술한 집。
〔蕞爾:최이〕좁고 작은 모양。〔左傳〕ㅣㅣ國。

【蕠】(녀) 魚 ジョ、ねばりつく adhere
草書 붙을녀(黏着)。〔史記 張釋之傳〕ㅣ漆其閒。
〔蕠藘:여려〕《植》꼭두서니。꼭두서니과의 덩굴진 풀。뿌리는 진통제로 씀。

【蓟】(계) 霽 ケイ、ちいさいくさ tiny grass
小篆 잔풀계(小草)。

【藹】(애) 泰 アイ、おおう cover
小篆 ❶덮을애(蓋也)。❷맑을애(淸也)。❸희미할애(微也)。

【蕡】(분) 文 フン、あさのみ hempseeds
小篆 草書 ❶열매많이열릴분(草木多實)。〔詩經〕有ㅣ其實。❷삼씨분(麻子)。〔儀禮〕苴絰者麻之有ㅣ者也。

【蕢】㊀(궤) 寘 キ、カイ、あじか carrier's basket ㄎㄨㄟˋ k'uei⁴ ㊁(괴) 卦
小篆 古文 草書 ㊀삼태기궤(草器)。〔論語〕有荷ㅣ而過孔氏之門者。㊁당비름괴(赤莧)。〔爾雅註〕今ㅣ菜之有赤根者。

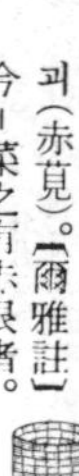
㊀蕢 (農政全書)

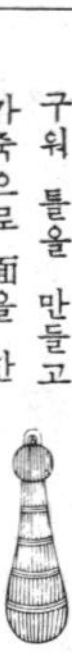
桴蕢 (禮器圖)

〔蕢桴:궤부〕흙을 구워 틀을 만들고 가죽으로 面을 한 악기를 치는 채。

【蕣】(순) 震 シュン、むくげ rose of Sharon
小篆 草書 무궁화순(木槿朝華暮落)。〔詩經〕顏如舜華。(『舜』과 통함)
〔蕣英:순영〕《植》무궁화。舜英。舜華。
〔蕣華:순화〕=蕣英。

【蕨】(궐) 月 ケツ、わらび fernbrake
小篆 草書 고사리궐(ㅣ虌菜名薇屬)。〔詩經〕言采其ㅣ。
〔蕨薇:궐미〕고사리와 고비。〔詩經〕山有ㅣㅣ、隰有杞棟。

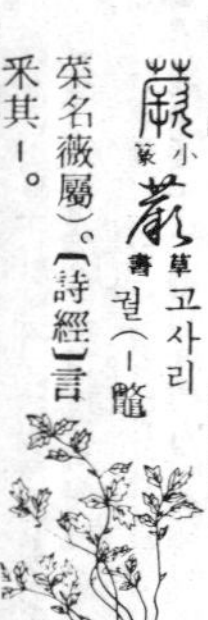
蕨 (三才圖會)

【蕨鼈：궐별】 고사리。〔爾雅·疏〕。
【蕨手：궐수】 고사리의 어린 순。
【蕨筍：궐순】 고사리와 죽순。
【蕨菜：궐채】 ❶고사리。❷고사리나물。
【蕨湯：궐탕】 고사리를 넣고 끓인 국。

【蕤】(유) 支 スイ、しげる thick ㄖㄨㄟ jueɪ²
蕤 小篆 草書 더북할유(葳ㅡ盛貌)。〔東方朔七諫〕上葳ㅡ而防露兮。

(會圖才三)蕤

【蕧】(복) 屋 フク、よぐるま vine of strawberry ㄈㄨˋ fu⁴
蕧 小篆 ❶선복꽃복、하국복(旋ㅡ花)。❷딸기넌출복(ㅡ盆草)。

【蕩】(탕) 養 トウ、ひろやか vast ㄉㄤˋ tang⁴
蕩 小篆 草書 ❶넓고클탕(廣遠貌)。❷클탕(大也)。〔論語〕ㅡㅡ乎民無能名焉。❸법없어질탕(板ㅡ法廢)。❹방탕할탕(放ㅡ無檢束)。❺움직일탕、흔들릴탕(震動也)。〔左傳 莊公四年〕余心ㅡ。❻평탄할탕(平易也)。〔論語 述而〕君子坦ㅡㅡ。❼소탕할탕、털어서 없앨탕(掃ㅡ)。〔禮記 昏義〕ㅡ天下之陰事。
【蕩竭：탕갈】 재물이 모조리 없어짐。
【蕩減：탕감】 (國)진 빚을 온통 삭쳐 줌。
【蕩客：탕객】 방탕한 사람。
【蕩汨：탕골】 큰물결이 세차게 일어나는 모양。〔杜甫〕遭鯨鯢之ㅡㅡ。
【蕩恐：탕공】 크게 놀람。振恐。〔史記〕百僚ㅡㅡ。
【蕩婦：탕부】 ❶접대부。藝妓·娼妓 따위。〔梁簡文帝〕倡樓復ㅡㅡ。❷방탕한 계집。淫婦。
【蕩產：탕산】 재산을 탕진함。破產。
【蕩散：탕산】 망하여 흩어져 없어짐。
【蕩心：탕심】 ❶迷惑된 마음。흐리멍덩한 마음。❷방탕하고 싶은 마음。
【蕩兒：탕아】 ＝蕩子。
【蕩漾：탕양】 ❶떠돌아 다님。浩漾。❷물결이 출렁거리는 모양。〔李白〕水ㅡㅡ兮碧色。
【蕩然：탕연】 아무 것도 없이 텅 빈 모양。흔적도 없는 모양。
【蕩搖：탕요】 ❶흔들려서 움직임。❷움직임。〔左傳〕ㅡㅡ我邊疆。
【蕩佚：탕일】 방탕하여 절제가 없음。蕩逸。放佚。〔十八史略〕寬ㅡ簡易。
【蕩子：탕자】 酒色에 빠진 사내。남봉군。蕩兒。〔古詩〕昔爲倡家女、今爲ㅡㅡ婦。
【蕩定：탕정】 亂을 평정함。平定。蕩平。〔後漢書〕歲間ㅡㅡ、百姓以安。
【蕩情：탕정】 방탕한 정。
【蕩志：탕지】 ❶크고 넓은 뜻。❷방탕한 마음。「ㅡㅡ」。
【蕩盡：탕진】 다 써서 없앰。〔李漢〕規模ㅡㅡ。
【蕩盡家產：탕진가산】 집안 살림을 모조리 헛되이 써서 없애 버림。
【蕩滌：탕척】 깨끗이 씻음。〔史記〕萬民咸ㅡㅡ邪穢。
【蕩滌敍用：탕척서용】 罪名을 씻고 다시 벼슬에 올려 씀。
【蕩蕩平平：탕탕평평】 어느 쪽에도 치우치지 않음。
【蕩敗：탕패】 살림을 다 없애서 결딴남。
【蕩平：탕평】 ＝蕩定。
【蕩平論：탕평론】 (歷)李朝 英祖 年間에 老論·少論의 두 당파에서 사람을 등용하여 당파 경쟁을 없애자는 의논。
【蕩平策：탕평책】 (歷)李朝 英祖 때의 施策。黨爭을 없애기 위하여 四色을 倂用함。

【蕪】(무) 虞 ブ、あれる barren ㄨˊ wu²
蕪 小篆 草書 ❶거칠무、황무지무(ㅡ穢荒也)。〔楚辭〕哀衆草之ㅡ穢。❷난잡할무、어지러울무(亂雜)。❸번성할무(繁貌)。❹무우무(ㅡ菁)。
【蕪梗：무경】 황폐하고 막힘。荒梗。〔晋書〕王室多難、中原ㅡㅡ。
【蕪徑：무경】 거칠고 좁은 길。荒徑。〔南史〕庭草ㅡㅡ、唯牀上有數帙書。
【蕪昧：무매】 황폐하여 분간할 수 없이 됨。〔陳子昂〕其城池霸業、迹已ㅡㅡ矣。
【蕪沒：무몰】 잡초가 번성하여 덮여 가려짐。〔南史〕庭草ㅡㅡ。
【蕪蕪：무무】 초목이 무성한 모양。〔謝朓〕上ㅡㅡ兮蔭景。
【蕪駁：무박】 거칠고 不純함。
【蕪辭：무사】 두서 없는 말。자기의 이야기나 文章의 謙稱。〔史記〕墳墓ㅡㅡ而不修兮。
【蕪然：무연】 풀이 무성한 모양。〔李白〕ㅡㅡ蕙草暮、颯爾涼風吹。
【蕪穢：무예】 땅이 거칠고 잡초가 무성함。荒廢。
【蕪穢不治：무예불치】 거칠어진 田園을 다스리지 않음。(喩)사물이 정돈되지 않은 것。
【蕪雜：무잡】 亂雜。어지러움。〔盧藏用〕常恨國史ㅡㅡ。
【蕪舛：무천】 거칠어서 道理에 어긋남。文章 따위의 조리가 닿지 않는 것。〔晋書〕文辭鄙拙、ㅡㅡ不倫。
【蕪淺：무천】 학식이나 識見이 난잡하고 얕음。〔盧照隣〕學涉ㅡㅡ、文多瞽陋。
【蕪菁：무청】 (植)순무。

蕪菁 (會圖才三)

【蕪廢：무폐】 荒廢함。〔遼史〕田園ㅡㅡ者、則給牛種以助之。
【蕪荒：무황】 풀이 무성하고 땅이 매우 거칠은 것。荒蕪。〔元稹〕鉛鈍丁寧淬ㅡㅡ、輾轉耕。

【蕁】(준) 阮 ソン、あつまる luxuriant
蕁 小篆 草書 풀모도록히날준(茉ㅡ草叢生)。〔西京賦〕苯ㅡ蓬茸。
【蕁蕁：준준】 모도록히 우거진 모양。〔左思〕嘉穎合穗以ㅡㅡ。

【董】(동) 董 トウ、はすのね plant ㄉㄨㄥˇ tung³
董 小篆 자오락동(蕫ㅡ似蒲而細)。

【款】(관) 旱 カン、ふき spinach
시금초관(菜名ㅡ冬)。

【蕭】(소) 蕭 シュウ、よもぎ mugwort ㄒㄧㄠ hsiao¹
蕭 小篆 草書 ❶쑥소(蒿也)。❷쓸쓸할소(ㅡ條寂寥貌)。〔宋玉九辨〕ㅡ瑟兮草木搖落而變衰。❸차면담소(ㅡ牆門屛)。〔論語〕不在顓臾而在ㅡ牆之內。❹말우는소리소(聲也)。〔詩經〕ㅡㅡ馬鳴。❺바람소리소(風聲也)。〔史記〕風ㅡㅡ兮易水寒。❻도끼이름소(斧名)。
【蕭關：소관】 (歷)秦의 北關。지금의 甘肅省 固原縣의 東南。
【蕭冷：소랭】 쓸쓸하고 싸늘함。
【蕭林：소림】 쓸쓸한 숲。〔劉伶〕枯葉散ㅡㅡ。

【蕭史：소사】《人》春秋時代의 사람으로 퉁소를 잘 불었다 함。秦나라 穆公의 딸 弄玉을 아내로 삼아、鳳樓를 지어 玉에게 퉁소 부는 法을 가르치는데 鳳凰이 떼지어 날아들어、玉은 이를 타고、史는 龍의 등에 타고서 같이 昇天하였다 함。『列仙傳』。

蕭史 (三才圖會)

【蕭散：소산】 쓸쓸하고 한산함。『唐書』治第東都、野服ㅡㅡ。

【蕭森：소삼】 ❶조용하고 쓸쓸함。『張九齡・詩』秋樹亦ㅡㅡ。❷樹木에 가지가 없고 홀로 서 있는 모양。

【蕭颯：소삽】 쓸쓸히 부는 바람 소리。蕭瑟。『河景明』江風ㅡㅡ笳鼓哀。

【蕭疎：소소】 나뭇잎 따위가 드문드문하고 쓸쓸함。『杜甫』花蕚尙ㅡㅡ。

【蕭蕭：소소】 ❶쓸쓸한 모양。❷말(馬)의 울음。『詩・車攻』ㅡㅡ馬鳴。❸찬바람 소리。

【蕭灑：소쇄】 말쑥하고 깨끗한 모양。蕭茜。『南史』神韻ㅡㅡ。

【蕭瑟：소슬】 가을 바람이 소리를 내며 부는 모양。『楚辭』秋之爲氣也ㅡㅡ兮、草木搖落而變衰。

【蕭然：소연】 ❶쓸쓸한 모양。❷텅 비어 있는 모양。『陶潛・五柳先生傳』環堵ㅡ、不蔽風日。❸떠들썩하고、바쁜 모양。『漢書』江淮之間、ㅡㅡ煩費。

【蕭牆之變：소장지변】 내부에서 일어난 變事。自中之亂。

【蕭寂：소적】 ＝蕭條。『世說』門庭ㅡㅡ。

【蕭條：소조】 쓸쓸한 모양。蕭索。蕭寂。『楚辭』山ㅡㅡ而無獸兮。

【蕭何：소하】《人》?～一九三 漢 高祖의 功臣。諡號는 文終、江蘇 沛縣 사람。高祖를 도와 천하를 통일하였음。張良・韓信과 더불어 漢의 三傑의 한 사람임。

蕭何 (三才圖會)

十三畫

【蘧】(거) 語 魚 キョ、やさいのな vegetables
小篆 사라부루거(苦菜ㅡ蕒)。

【蕷】(여) 御 ヨ、やまいも taro ㄩˋ yü⁴
草書 마여、산약여(薯ㅡ山藥)。

【蕸】(하) 麻 カ、はすのは lotus leaf ㄒㄧㄚˊ hsia²
연잎새하(荷葉)。

【蕺】(즙) 緝 シュウ、どくだみ herb ㄐㄧˊ chi²
草書 메밀나물즙(筆管菜似蕎麥)。『南都賦』若其園囿則有蓼ㅡ蘘荷。

【蕺山：즙산】《地》山 이름。지금의 浙江省 紹興縣의 동북 쪽에 있음。明의 劉宗周가 제자를 교육한 곳이며 그 學派를 蕺山學派라 일컬음。또 晉의 王羲之가 살던 곳임。

【蕺菜：즙채】《植》삼백초。습지에 나는 약초의 한 가지。

蕺菜 (三才圖會)

【蕼】(사) 寘 シ、くさのな、Lactuca dentata
小篆 草書 ❶씀바귀사(菫也)。『肆』와 같음。『荀子』祺然 ❷ㅡ然。❸너그러울사(寬也)。❹천천할사(徐也)。

【蕻】(홍) 送 コウ、くさのしん stalks
장다리홍(草菜之心)。

【蕾】(뢰) 賄 ライ、つぼみ flower-bud
草書 ❶꽃봉오리뢰(蓓ㅡ始華)。❷꽃잎방긋할뢰(花綻貌)。

【薀】 ㊀(온) 吻 ㊁(온) 問 オン、ウン、つむ heap ㄩㄣˋ yün⁴
小篆 草書 ㊀마름온(藻屬)。『左傳』蘋蘩ㅡ藻之菜。㊁❶쌓일온(積也)。❷익힐온(習也)。(『蘊』과 같음)

【薀崇：온숭】 높이 쌓아 올림。『左傳』芟夷ㅡㅡ之、絕其本根。

【薀藻：온조】《植》붕어마름。이삭물수세미。『左傳』蘋蘩ㅡㅡ之菜。

【薀蓄：온축】 쌓아 저축함。蘊蓄。『左傳』蓄而弗治將薀、ㅡㅡ民將生心。

【薁】(욱) 屋 イク、えびずる grapevine ㄩˋ yü⁴
小篆 草書 새머루욱(蘡ㅡ葡萄類)。『詩經』六月食鬱及ㅡ。

【薄】(박) 藥 ハク、うすい thin ㄅㄠˊ pao²
小篆 草書 ❶얇을박(不厚)。❷적을박(少也)。❸가벼울박(輕也)。「凡輕微狹小皆謂之ㅡ如言物ㅡ土ㅡ味ㅡ德ㅡㅡ情ㅡ俗」。❹힘입을박、의오라지박(聊也)。『詩經』ㅡ言采之。❺모을박(集也)。『上林賦』奄ㅡ水渚。❻입힐박(被也)。『書經』外ㅡ四海。❼풀서리박(林ㅡ草叢)。『甘泉賦』列新雉于林ㅡ。❽혐의박(嫌也)。『漢書』ㅡ朕忘故。❾발박(帷ㅡ簾也)。『禮記』帷ㅡ之外不趨。❿빨리달릴박(ㅡㅡ疾驅)。『詩經』載驅ㅡㅡ。⓫다닥칠박、핍박할박(迫也)。『左傳』楚師ㅡ於險。⓬땅거미박(ㅡ暮晚也)。⓭누에발박(蔟也)。「蠶ㅡ」。⓮넓을박(博也)。『荀子』榮辱ㅡㅡ之地。

【薄勘：박감】《國》감하여 가볍게 함。輕減。

【薄遽：박거】 急迫함。

【薄衾：박금】 얇은 이불。『張籍』ㅡㅡ中夜涼。

【薄技：박기】 얕은 재능。薄才。小技。『司馬遷』僥得奉ㅡㅡ。

【薄沓：박답】 기름지지 않은 논。

【薄待：박대】 ＝薄遇②。

【薄德：박덕】 두텁지 못한 德行。不德。非德。『左傳』齊桓公存三亡國、以屬諸侯、義士猶曰ㅡㅡ。

【薄略：박략】 얼마 안 되어 매우 간략함。厚하지 못하고 약소함。

【薄祿：박록】 ❶적은 봉급。薄俸。『秦觀』ㅡㅡ養親甘旨少。❷不幸。『古詩』兒已ㅡㅡ相、幸復得此婦。

【薄廩：박름】 ＝薄俸。

【薄利：박리】 적은 이익。『宋尤』爲貪ㅡㅡ故輕生。

【薄利多賣：박리다매】 상품의 이익을 조금씩 남기고 많은 수량을 파는 일。

【薄膜：박막】 동식물의 몸 안을 싸고 있는 엷은 막。

【薄命：박명】 ❶기구한 운명。不運。薄運。❷命이 짧은 것。短命。『蘇軾』自古佳人多ㅡㅡ。

【薄暮：박모】 땅거미。薄夜。『蘇軾』今者ㅡㅡ、擧網得魚。

【薄媚：박미】 ❶상냥하고 아담한 자태。❷曲調 이름。

【薄福：박복】 복이 없음。不幸。薄幸。

薄祿。〖北史〗我——託劉氏爲女。

【薄俸：박봉】 적은 봉급。 薄給。〖陸龜蒙〗不嫌請——。

【薄夫：박부】 인정이 없는 남자。 경박한 사람。〖孟子·萬章〗鄙夫敦、——寬。

【薄賦斂：박부렴】 租稅를 적게 매겨 거둠。

【薄氷：박빙】 엷게 얼은 얼음。〖詩經〗戰戰兢兢、如臨深淵、如履——。

【薄氷如臨：박빙여림】 살얼음에 임한 것 같음。《喩》대단히 위태함。

【薄謝：박사】 적은 사례。 薄志。 薄儀。

【薄色：박색】 못생긴 얼굴이나 그 사람。

【薄石：박석】 넓고 얇게 뜬 돌。

【薄少：박소】 썩 적어서 얼마 안 됨。

【薄俗：박속】 야박한 풍속。〖漢書〗民漸——、去禮義、觸刑法。

【薄收：박수】 적은 수확。〖范成大〗去年——飯不足。

【薄弱：박약】 ❶굳세지 못함。 ❷불확실하고 불충분함。 ❸얇고 약함。

【薄遇：박우】 ❶불친절한 대우。 ❷냉담한 대접。 薄待。 ↔優遇。

【薄帷：박유】 엷은 휘장。 엷은 커튼。

【薄肉彫：박육조】 어떤 바닥에 형상을 얇게 만들음。

【薄邑：박읍】 ＝殘邑。

【薄材：박재】 淺薄한 재능。 또는 그 사람。 菲材·淺材。〖陸游〗——施畎畝、樸學教兒童。

【薄田：박전】 기름지지 못한 땅。 곡식이 잘 되지 않는 땅。〖蜀志〗成都有桑八百株、——十五頃。

【薄田薄畓：박전박답】 地氣가 메마른 밭과 논。

【薄情：박정】 동정심과 인정이 적음。 無情。

【薄罪：박죄】 가벼운 죄。

【薄酒：박주】 ❶맛이 좋지 못한 술。〖蘇軾〗山城——不堪飮。 ❷자기가 내는 술의 謙稱。

【薄志弱行：박지약행】 의지가 약하고 실천력이 미약함。

【薄著：박착】 옷을 얇게 입음。

【薄饌：박찬】 변변하지 못한 반찬。 수수한 반찬。

【薄妻：박처】 아내를 구박함。 아내에게 심하게 함。

【薄土：박토】 메마른 땅。 ↔沃土。

【薄板：박판】 엷은 널빤지。

【薄片：박편】 얇은 조각。

【薄皮：박피】 얇은 껍질。〖百緣經〗——覆上。

【薄荷：박하】 《植》꿀풀과에 속하는 宿根性의 多年草。 줄기와 잎에 독특한 향기가 있음。 약재·향료·음료·박하유 등의 원료로 씀。

【薄荷水：박하수】 薄荷精을 타거나 박하 잎을 쪄서 받아낸 물。 위장약으로 씀。

【薄荷油：박하유】 박하 잎에서 뽑아 낸 기름같은 액체。

【薄荷精：박하정】 薄荷油와 알코홀을 섞은 액체。

【薄學：박학】 학식이 얕고 좁음。 미숙한 학문。〖後漢書〗又以——、充在講勸。

【薄倖：박행】 不幸。〖杜牧〗十年一覺揚州夢、贏得青樓——名。

【薄行：박행】 경솔한 행동。〖十八史略〗吳起殘忍——人也。

【薄紅：박홍】 연붉은 빛깔。

【薄況：박황】 ＝薄倖。

◎刻—、輕—、浮—、肉—、液—、厚—。

【薅】 (호) 豪 コウ、くさぎる weed out ㄏㄠ hao¹

薅(小篆) 薅(籀文) 茠(或體) 김맬호(拔去田草)。〖詩經〗以—荼蓼。

【薅馬：호마】 풀을 베는 데 쓰이는 農具。

馬 薅
(書全政農)

【藹】 (애) 隊 アイ、しげる grow thick ㄞ ai⁴

❶초목우거질애(—薱草木盛貌)。〖西京賦〗鬱蓊—薱。 ❷향기어릴애(晻—香氣)。〖上林賦〗晻—咇茀。

【藹薱：애대】 초목이 우거지고 빽빽하게 들어선 모양。

【藹藹：애애】 은은한 모양。

【薇】 (미) 微 ビ、わらび flowering fern ㄨㄟ wei²

薇(小篆) 薇(籀文) 薇(書) ❶고비나물미(蕨也)。〖詩經〗言采其—。 ❷백일홍미(紫—花名)。〖拾遺記〗詔民開園囿皆植紫—。 ❸벼슬이름미(唐官名紫—省)。 ❹장미미(薔—)。

【薇蕨：미궐】 고비와 고사리。〖孟郊〗野策藤竹輕、山蔬——新。

【薈】 (회) 泰 カイ、しげる grow thick ㄏㄨㄟ huei⁴

薈(小篆) 薈(草書) ❶엽교회(鴻—鑪菜)。 ❷가리울회(翳—障也)。〖射雉賦〗翳—蓁茸。 ❸풀우거질회(—蔚草多貌)。 ❹일어날회(雲霧起)。

【薈翳：회예】 우거져 가림。〖韋夏侯〗芰——、而松桂出。

【薈蔚：회위】 ❶초목이 무성한 모양。〖陸游〗靜岸葛巾穿——。 ❷구름이 뭉게뭉게 피어 오르는 모양。 蔚薈。

【薈蕞：회최】 난잡하여 가질 만한 것이 못됨。 자기 著書에 대한 謙稱。

【薉】 (예) 隊 ワイ、けがれ dirty

薉(小篆) 薉(草書) ❶더러울예(汙也)。 ❷검묵을예(荒蕪田中雜草)。〖齊民要術〗凡種穀遇大雨待—生。 (『穢·獩』와 같음)

【薉貊：예맥】 《歷》高句麗의 前身으로 古朝鮮안에 있었던 나라。 濊貊·獩貊·穢貊。 漢代 遼寧省鳳城縣 및 江原道地方에 살았음。〖集韻〗獩、獩貊、東夷國名、通作薉。

【薉貉：예맥】 ＝薉貊。〖漢書·夏侯勝傳〗東定薉貉朝鮮。〖注〗張晏曰、薉也貉也、在遼東之東。

【薊】 (계) 霽 ケイ、あざみ Tractylis ovata ㄐㄧ chi⁴

薊(小篆) 薊(草書) ❶삽주계(朮也)。 ❷땅이름계(涿郡地名)。 (『郠』와 같음)

【薊丘：계구】 《歷》땅 이름。 지금의 北京德勝門 서북에 있음。 堯 后裔의 封地。

【薋】 (자) 支 シ、つむ heap

薋(小篆) ❶납가새자(惡草茨藜)。〖楚辭〗—菉施以盈室兮。 ❷쌓을자(積也)。 ❸풀더부룩할자(草多貌)。

【薌】 (향) 陽 キョウ、におい fragrant ㄒㄧㄤ hsiang¹

薌(小篆) 薌(草書) ❶곡기향(穀氣)。〖禮記〗黍曰—合粱曰—萁。 ❷향기향(香氣)。 ❸기장향(粱也)。 (『香』과 같음)

【薌萁：향기】 《植》수수의 異名。

【薌澤：향택】 향기로운 냄새。〖史記〗微聞——。

【薌合：향합】 《植》기장。

【薍】 (완) 諫 カン、おぎ reed ㄨㄢ wan⁴

薍(小篆) ❶달완、갈대완(菼也)。〖陸機詩疏〗—或謂之荻至秋堅成則謂之萑。

【蘋】(오) 皓 ゴウ、うりのつる vines of melons
외덩굴오(瓜蔓)。

【蔑】(멸) 屑 ベツ、とびあがる fly into the sky
書 草 ❶날아오를멸(飛揚貌)。【史記】—蠛蹄躍。 ❷가늘멸(細也)。【馬融】蹊纖根跋—縷。

【薏】㊀(의) 陽 ㊁(억) 職 イ、ヨク、はすのみ lotus pip ㄧˋ
小 篆 書 草 ㊀❶연밥의(蓮子)。 ❷율무의(—苡草珠)。【吳越春秋】有莘氏之女得—苡而吞之生禹。 ㊁연밥알억(蓮心)。

【薏苡:억이·의이】《植》율무。 포아풀과에 속하는 一年草。 식용 또는 약용。「字解參照」。

【薏苡仁:억이인·의이인】《醫》율무쌀。

【蔆】(릉) 蒸 ロウ、ほうれんそう spinach ㄌㄥˊ lêng²
書 草 시금치릉(菠—草)。

【薑】(강) 陽 キョウ、しょうが ginger ㄐㄧㄤ chiang¹
小 篆 書 草 생강강(禦濕菜)。【論語】不撤—食。

(三才圖會) 薑

【薑桂之性:강계지성】《喩》늙을수록 기력이 정정하고 강직한 사람。 새앙과 肉桂는 오래될수록 매워지기 때문에 일컫는 말。【宋史】—、到老愈辣。

【薑粉:강분】새앙 즙을 가라앉혀 말린 가루。

【薑鹽:강염】새앙 즙에 버무리어 볶은 소금。 霍亂에 먹는 약。

【薑汁:강즙】새앙을 짓찧거나 갈아서 짜낸 물。

【薑黃:강황】《植》荷科에 딸린 다년생 풀。 꽃은 나팔 모양이고 색은 누름。 뿌리는 수염 모양으로 달리고 根莖은 통통하며 노랗고 타원형임。 근경은 한약재로 씀。

(三才圖會) 黃薑

【蔘】(삼) 侵 シン、にんじん ginseng ㄕㄣ shen¹
小 篆 書 草 인삼삼(人—)。【本草】一名神草一名人銜一名地精年深浸漸長成者根如人形故謂之人—。(『參』과 같음)

【薔】㊀(색) 職 ㊁(장) 陽 ショク、ショウ、ばら rose ㄑㄧㄤˊ ch'iang²
小 篆 書 草 ㊀물여뀌색(澤生者蓼)。 ㊁장미꽃장(—薇)。

【薔薇:장미】《植》장미과의 낙엽 활엽 관목。 관상용임。

【薔薇露:장미로】❶장미의 꽃으로부터 取한 香水。 ❷美酒의 이름。【老學庵筆記】壽皇時、禁中供御酒、名——。

【薔薇小說:장미소설】❶이탈리아의 시인 다눈찌오(D. Annunzio)의 작품 「죽음의 승리」를 가리키는 말。 ❷일반으로 향기와 색채가 강렬한 연애 소설을 일컬음。

【薔薇戰爭:장미전쟁】《歷》一四五五~一四八五 英國 랭커스터(Lancaster) 집안과 요크(York) 집안 사이에 있었던 왕위 쟁탈전。 전자는 붉은 장미、후자는 흰 장미를 휘장으로 하였음。

【薔薇酒:장미주】장미꽃 즙으로 빚은 술。

【薔薇疹:장미진】《醫》발진티푸스。

【薔花紅蓮傳:장화홍련전】《書》우리나라 古代小說。 연대·작자 未詳。 繼母의 학대로 생기는 가정 비극을 그린 것。

【薕】(렴) 鹽 レン、おぎ reed ㄌㄧㄢˊ lien²
小 篆 갈렴(蒹也)。

【薖】(과) 歌 カ、ゆるやか tolerant ㄎㄜ k'o
小 篆 書 草 ❶과풀과(草名)。 ❷넉넉할과(寬大貌)。 ❸헛헛할과(饑意)。【詩經】碩人之—。

【薗】(원)『園』(口部 10畫)과 같음

【薘】(달) 曷 タツ、おおばこ plantain ㄉㄚˊ ta²
書 草 ❶질경이달(馬舃草名)。【謝朓詩】風振蕉—裂。 ❷채소이름달(菜名蒜—)。

【薙】㊀(치) 紙 ㊁(체) 霽 チ、テイ、かる、なぐ cut down ㄊㄧˋ t'i⁴
小 篆 書 草 ㊀풀깎을치(芟草)。【禮記】季夏燒—行水。 ㊁뜻은 ㊀과 같음。

【薙刀:체도】긴 자루가 달린 칼。 長刀。

【薙髮:체발⇨치발】머리털을 깎음。 剃髮。

【薛】(설) 屑 セツ、よもぎ mugwort ㄒㄩㄝ hsüeh¹
小 篆 書 草 ❶설풀설(藾蒿草名)。【子虛賦】—莎青薠。 ❷설나라설(國名)。【春秋】滕侯—侯來朝。 ❸성설(姓也)。

【薛濤:설도】《人》七六八~八三一 唐代의 女流 詩人。 字는 洪度、陝西 長安 사람。 양반집 딸이었으나 윤락하여 기생이 되고 白居易·元稹·劉禹錫 등과 交遊하였음。 특히 元稹과는 친하여 稹이 左遷된 후는 蜀(四川省)의 浣花溪에서 餘生을 보내다가 成都에서 죽음。

【薛越:설월】여기저기 흩어서 버림。

【薛仁貴:설인귀】《人》唐의 名將。 흰 옷을 입고 싸운 일로 유명함。

【薛炙:설적】소의 고기나 내장 따위를 고명하여 꼬챙이에 꿰어 구운 음식。 松都 薛氏에 비롯하므로 이 이름이 생겼음。

【⿱艹閜】(가) 哿 カ、くさのな peppermint
박하가(薄荷藥名)。

【薜】㊀(폐) 霽 ㊁(벽) 陌 ヘイ、ハク、とうき Angelica Uchiyamai ㄅㄛˋ po⁴
小 篆 書 草 ㊀❶승검초폐(—荔香草)。【楚辭】貫—荔之落蕊。 ❷돌삼폐(山麻)。【爾雅註】麻生山中者名—。 ㊁뜻은 ㊀과 같음。(『辟』과 통함)

【薜蘿:벽라】❶《植》㉠마삭줄과 女蘿。 ㉡담장이·칡덩굴 따위。 ❷칡덩굴로 짠 베。《轉》隱者의 의복。【李華】蒲帛揚側陋、——爲絺紳。

【薝】(담) 感 タン、セン、せんぷく flower of gardenia ㄓㄢ chan¹
書 草 치자꽃담(—蔔花名)。【陸龜蒙詩】—蔔冠諸香。

【薝蔔:담복】《植》치자나무의 꽃。 향기가 있음。【陸龜蒙】——冠諸香。

【薤】(해) 卦 カイ、らっきょう Scallion
書 草 ❶염교해、부추해(似韭葷菜一名鴻薈)。【儀禮】葱—之屬食之止臥。 ❷상둣군소리해(—露挽歌)。

代의 輓歌。인생은 부추잎의 이슬처럼 덧없음을 노래한 것임。흔히 貴人의 장례식에 불리어짐。

【薤露聲:해로성】애달프고 슬픈 소리。

【薤菜:해채】《植》염교。

【蘞】(렴) 琰 レン、めなもみ herb ㄌㄧㄢˋ lien⁴ ㄒㄧㄢ hsien¹

蘞(小篆) 蘝(或體) 草書 가위톱렴、진득찰렴(白ー藥名)。(『蘝』과 같음)

【薠】(번) 元 ハン、くさのな turf

薠(小篆) 떼번(靑ー似莎)。【南都賦】其草則苧ー莞。

【[illegible]】(화)『驊』(馬部12畫)의 古字

【薢】(해) 蟹 カイ、ところ Nanocnide Japonica ㄐㄧㄝ chieh¹

薢(小篆) 草書 며래해(藥名草ー)。

【薥】(촉) 沃 ショク、からあおい rhododendron

❶촉규화촉(ー葵)。❷자귀밥촉(躑ー)。

【薦】(천) 霰 セン、すすめる recommend ㄐㄧㄢˋ chien⁴

薦(小篆) 草書 ❶쑥천、끌천(獸之所食草薦也)。【莊子】麋鹿食ー。❷드릴천(進也)。【易經】殷ー之上帝。❸천거할천(ー擧)。【孟子】諸侯能ー人於天子。❹천신할천(ー新祭也)。【穀梁傳註】無牲而祭曰ー。❺짚자리천(藁席)。「莞曰席藁曰ー」。❻풀 모도록할 천(草稠)。

따라 移住함。【漢書】隨畜ーー。

【薦擧:천거】사람을 어떤 자리에 쓰도록 추천함。推擧。【後漢書】諸公多ーー之者、馮衍辭不肯仕。

【薦達:천달】사람을 추천하여 벼슬을 시킴。【北史】凡所ーー、皆至大官。

【薦望:천망】관리를 웃자리로 천거함。

【薦目:천목】관리를 천거할 때에 필요한 名目・吏治・文學・才能・孝廉 따위의 천거할 만한 조건。

【薦拔:천발】인재를 뽑아 냄。薦擢。【方回】ーー皆奇士。

【薦福碑:천복비】❶《書》元의 馬致遠지음。劇曲의 이름。元曲選 百種 중의 하나임。❷《歷》饒州(江西省 陽縣)에 있는 薦福의 碑。唐의 李北海가 글을 지었고 歐陽詢이 글씨를 썼음。

【薦奉:천봉】천거하여 받들음。【後漢書】ーー宗廟。

【薦紳:천신】고귀한 사람。지체가 높은 사람。縉紳。【史記】ーー先生難言之。

【薦新:천신】새로 나온 곡식이나 과실을 먼저 神에게 올리는 것。

【薦羞:천수】제사에 쓰는 음식。祭物。【周禮】ーー之事。

【薦譽:천예】천거하여 칭찬함。【漢書】更相ーー、欲得大位。「함。【北史】。

【薦引:천인】천거하여 끌어 올림。천거

【薦主:천주】추천하여 주는 사람。「衍。

【薦草:천초】우거진 풀。【管子】ーー多

【薦枕:천침】첩이나 侍女 따위가 침실에 모심。

【薧】(고) 皓 コウ、ひもの dried fish ㄎㄠˇ k'ao³

薧(小篆) 草書 ❶말린고기고(乾魚)。【周禮】辨魚物爲鱻ー。❷황천고、저승고(ー里黃泉)。【唐韻】ー

【薨】㊀(횡) 庚 ㊁(홍) 蒸 コウ、しぬ decease ㄏㄨㄥ hung¹

薨(小篆) 草書 ㊀❶메뚜기떼로나는소리 횡(ーー羣飛聲)。【詩經】螽斯羽ーー兮。❷많이모일횡(犹也)。【詩經 周南螽斯】螽斯羽ーー兮。❸빠를횡(疾貌)。【詩經】度之ーー。㊁죽을홍(奄也)。【白虎通ー之言奄也然亡也。【禮記】天子死曰崩諸侯曰ー。

【薨去:홍거】=薨逝。

【薨逝:홍서】王公 貴人의 죽음의 尊稱。

【薨薨:홍홍】❶많이 모이는 모양。【詩經】螽斯羽ーー兮。❷울려 퍼지는 모양。❸빠른 모양。【詩經】度之ーー。

【薪】(신) 眞 シン、たきぎ brushwood ㄒㄧㄣ hsin¹

薪(小篆) 草書 ❶섶신、땔나무신(蕘也柴也)。【詩經】析ー如之何。❷월급신(薪水)。❸성신(姓也)。❹풀신(草也)。【孟子 離婁下】毁傷其ー木。

【薪桂:신계】物價가 오름을 일컫는 말。【戰國策】楚國食貴於玉、薪貴於桂。

【薪燎:신료】모닥불。【禮記】共郊廟及百祀之ーー。(共은 供)。

【薪木:신목】섶나무。땔나무。【孟子】毁傷其ーー。

【薪水:신수】❶땔나무와 물。❷나무를 하고 물을 길음。곧 炊事。❸俸給 또는 食費。

【薪採:신채】땔나무와 雜木。또는 나뭇군。【戰國策】芻牧ーー、莫敢闚東門。

【薪樵:신초】땔나무。【漢書】必持ーー、輕重相分。

【薪炭:신탄】땔나무와 숯。

【薪炭商:신탄상】땔나무・숯 따위를 파는 장사。

【稕】(순) 震 シュン、わらたば straw sheaf

짚단순(束藁)。

【[illegible]】(적) 職 ソク、とくさ scouring rush (本音「즉」)

속새적(木ー)。

十四畫

【薩】(살) 曷 サツ、ぼさつ bodhisattra ㄙㄚ sa⁴

薩 草書 보살살(菩ー普濟佛號)。【釋典】菩普也ー濟也能普濟衆生。

【薩滿:살만】신령과 교통하는 힘이 있다는 무당과 판수。샤먼(shaman)。

【薩埵:살타】《佛》부처의 다음가는 위치에 있으면서 용맹스러운 마음으로 佛道를 求하고 慈悲스러운 마음으로 衆生을 救하는 사람。곧 보살。

【薯】(서) 御 ショ、やまのいも Chinese yam ㄕㄨˇ shu³

薯 草書 마서(ー蕷藥名)。(『藷』와 같음)

【薯童謠:서동요】鄕歌。百濟의 薯童(武王의 兒名이라 함)이 新羅 서울에 와서 善化公主를 꾀어내기 위하여 지어서 거리의 아이들에게 부르게 했다 함。【三國遺事】。

【薯豉:서시】감자로 담근 된장。

【薯蕷:서여】《植》마。薯蕷科에 속하는 다년생 蔓草。뿌리는 약용임。

【薰】(훈) 文 クン、かおりぐさ fragrant grass ㄒㄩㄣ hsün¹

薰(小篆) 草書 ❶향풀훈(香草似蘼蕪)。【左傳】一ー一蕕。❷훈할훈、피울훈(灼也)。【易經】厲ー心。❸더울훈(熱也)。

【薰氣:훈기】 훈훈한 기운。《喩》勢力家의 위력。

【薰陶:훈도】 불로 무엇을 굽는다든지 또는 흙을 다져 질그릇을 만들 듯이 德을 베풀어서 사람을 敎化·訓育하는 것。『宋史』善敎其子弟者、必延名德之士、使與之處、以ㅡㅡ成性。

【薰沐:훈목】 향료를 옷에 뿌리고 머리를 씻어 몸을 깨끗이 하는 것。『國語』三薰而三沐之。

【薰門:훈문】 권세 있는 집안。權門。

【薰藥:훈약】 《醫》불에 태워서 거기에서 나는 기운을 쏘이게 하는 약。

【薰然:훈연】 마음이 온화한 모양。

【薰熱:훈열】 薰蒸。『莊子』ㅡㅡ慈仁。

【薰染:훈염】 ❶향기가 스며 들음。❷좋은 感化를 받음。『程子』使之ㅡㅡ成性。

【薰蕕:훈유】 薰은 향내 나는 풀、蕕는 구린내나는 풀。《喩》善과 惡。善人과 惡人。『世說』培塿無松柏、ㅡㅡ不同器。

【薰育:훈육】 ❶사람을 가르쳐 기름。❷(歷)匈奴의 옛 이름。

【薰炙:훈자】 남의 교화를 받음。『韓詩外傳』名聲足以ㅡㅡ人。

【薰蒸:훈증】 찌는 듯이 무더움。薰熱。

【薰風:훈풍】 첫 여름에 훈훈하게 부는 남풍。온화한 바람。南風。南薰。『史記』南風之薰兮、可以解吾民之慍兮。

【薰赫:훈혁】 위세가 왕성한 모양。『張九齡』玆邦稱貴近、與世常ㅡㅡ。

【薰薰:훈훈】 溫暖한 것。◎餘ㅡ。

【薴】 (녕) 庚 ドウ、みだれる disorderly 小篆 풀어지러울녕(草亂貌)。

【薱】 (대) 隊 タイ、しげる thick ㄉㄨㄟˋ tuei⁴ 빽빽히 들어설대(薆ㅡ鬱蔥貌)。『東京賦』鬱蓊薆ㅡ。

【薲】 (빈) 眞 ヒン、みずぐさ great duckweed 草書 ❶빈풀빈(草名)。『西陽雜俎』瓜州飼馬以ㅡ。❷머구리밥빈(苹也)。(『蘋』과 같음)

【薳】 ㊀(위) 紙 ㊁(원) 阮 イ、エン、ひめはぎ milkwort ㄨㄟˇ wei³ 小篆 草書 ㊀아기풀위(草也)。(『蔿』와 같음) ㊁아기풀원、원지원(藥草ㅡ志)。

【薵】 (주) 尤 ジュ、ねぎ welsh onion ❶파주(葱也)。❷덮을주(覆也)。

【薶】 (매) 佳 バイ、マイ、うずめる bury ㄇㄞˊ mai² 小篆 草書 ❶묻을매(藏也)。❷지신제매(地神祭)。『爾雅』祭地曰瘞ㅡ。(『埋』와 같음)

【薸】 (표) 蕭 ヒョウ、うきぐさ great duckweed 草書 머구리밥표(浮萍)。

【薹】 (대) 灰 タイ、かさすげ lawn; turf ㄊㄞˊ t'ai² 草書 ❶띠대(夫須草)。『謝脁詩』ㅡ笠聚東菑。❷평지나물대(蕓ㅡ菜名)。

【薺】 ㊀(자) 支 ㊁(제) 薺 ㊂(제) 霽 セイ、ザイ、なずな shephard's purse ㄐㄧˋ chi⁴ ㄑㄧˊ ch'i² 小篆 草書 ㊀❶납가새자(疾藜別名)。❷채제풍류자(采ㅡ樂名)。『周禮』樂師趨以采ㅡ。(『茨』와 통함) ㊁냉이제(甘菜)。『詩經』誰謂荼苦其甘如ㅡ。㊂계로기제(ㅡ苨似蔘)。

【薺苨:제니】 《植》초롱꽃과에 속하는 多年草。뿌리는 多少 肥大하고 줄기는 높이 五〇~一〇〇 糎이며 잎은 호생하고 長柄이며 卵狀의 긴 타원형에 끝이 뾰족함。뿌리는 藥材로 쓰임。모싯대。

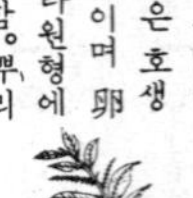
薺苨(三才圖會)

【薺菜:제채】 《植》냉이。

【藆】 (진) 眞 シン、やぶたばこ grass 개비름진(草名ㅡ蒳)。

【蔡】 (찰) 黠 サツ、あくた waste-straw ㄔㄚˊ ch'a² 草書 북더기찰(草芥)。

【薾】 (이) 紙 ジ、はなしげる in flower 小篆 꽃번성할이(花盛)。

【薿】 ㊀(의) 紙 ㊁(억) 職 ギ、ギョク、しげる grow thick ㄋㄧˇ ni³ 小篆 草書 ㊀더북할의(ㅡㅡ茂也)。『詩經』黍稷ㅡㅡ。㊁뜻은 ㊀과 같음。

【薿薿:의의】 곡식이 무성한 모양。『詩經·甫田』黍稷ㅡㅡ。

【藑】 (형) 青 ケイ、くさがまつわる tangle 小篆 풀얽힐형(草旋)。

【藁】 (고) 皓 コウ、わら straw 草書 ❶짚고(禾稈)。『易林』蝗齧我稻驅不可去實穗無有但見空ㅡ。❷거적고、賤人之居。❸글초잡을고(文草)。(『稿』와 같음)

【藁稻:고도】 벼。『易林』黍稷茂盛、多穫ㅡㅡ。

【藁人:고인】 볏짚으로 만든 人形。『鶴林玉露』夜縛ㅡㅡ數千。衣以甲冑。

【藂】 (총) 東 ソウ、あつまる cluster ㄘㄨㄥˊ ts'ung² 떨기나무총(灌木)。『漢書』ㅡ棘棧棧。(『叢』과 같음)

【歊】 (호) 號 コウ、きゅうにおこる spring ㄏㄠˋ hao⁴ 小篆 퇼호(暴起貌)。『周禮』輪人以火養其陰而齊其陽則轂雖敝不ㅡ。

【藄】 (기) 支 キ、わらび osmund ㄑㄧˊ ch'i² 小篆 고비기(薇也)。

【蕟】 (벌) 月 ハツ、しおれる wither ㄈㄚˊ fa² 풀시들시들할벌(草枯萎縮)。

【藇】 ㊀(서) 語 ㊁(여) 御 ショ、ヨ、うつくしい beautiful ㄒㄩˋ hsü⁴ ㄩˋ yü⁴ 草書 ㊀아름다울서(美貌)。『詩經』釃酒有ㅡ。(『醑』와 같음) ㊁마여(藷ㅡ蕷也)。(『蕷』와 같음)

【藉】 ㊀(자) 禡 ㊁(적) 陌 シャ、セキ、しく、かる spread: excuse ㄐㄧㄝˋ chieh⁴ 小篆 ㊀❶깔자(薦也)。『易經』ㅡ用白茅。❷도울자(助也)。❸빌릴자(借也)。『孟子』助者ㅡ也言借其力以

助耕公田也。❹핑계댈자(憑ㅡ)。【左傳】所以ㅡ寡君之命。❺온자할자(醞ㅡ含容意)。【漢書】廣德爲人温雅有醞ㅡ。❻잘대접할자, 위로할자(慰ㅡ厚待)。【後漢書】所以慰ㅡ之良厚。㊂❶어수선할적(狼ㅡ雜亂)。【漢書】國中口語ㅡㅡ無復至江都。❷성할적(ㅡ甚盛也)。❸와자할적(ㅡㅡ名稱)。❹드릴적(貢獻)。❺임금이가는밭적(ㅡ田)。

【藉口:자구】口實을 붙여 변명함。핑계 될 만한 구실。【左傳】晉人曰、苟有以ㅡ而復于寡君、君之惠也。

【藉口之端:자구지단】핑계 삼을 만한 일거리。핑계할 거리。

【藉勢:자세】자기나 남의 세력을 빙자하여 의지함。

【藉甚:자심】❶평판이 높음。❷명성이 널리 퍼져서 높음。【漢書】名聲ㅡㅡ。

【藉藉:자자】❶어지럽고 무질서한 모양。【漢書】事ㅡㅡ如此、何可秘也。❷떠들썩하게 지껄이는 모양。籍籍。【漢書】國中口語ㅡㅡ。

【藉重:자중】❶어떤 글 속의 특히 중요하게 인정하는 곳。❷중요한 곳에 의지함。

【藉稱:자칭】다른 일을 빙자하여 핑계함。藉托。

【藉托:자탁】어떤 일의 잘못을 다른 일에다 미루어 핑계함。

【藉甚:적심】평판이 높음。명성을 떨침。籍甚。

【藉田:적전】(制)임금이 농업을 장려하기 위하여 손수 경작하는 儀式。【漢書】農天下之大本也、其開ㅡㅡ、朕親率耕以給宗廟粢盛。

【藋】(조) 嘯 チョウ、あかざ goose-foot ㄉㄧㄠ tiao⁴

小篆 草書 명아주조(藜類)。【爾雅】拜蔏ㅡ。

【藍】(람) 覃 ラン、あい indigo-plant ㄌㄢˊ lan²

小篆 草書 ❶쪽람(染青草)。【通志】青出於ㅡ而青於ㅡ。❷옷해질람, 결레람(ㅡ縷敝衣)。【傳玄詩】整此ㅡ縷衣。❸절람(伽ㅡ僧居)。【綱目集覽】伽ㅡ梵語猶中華言衆園。❹성람(姓也)。

【藍縷:남루】❶누더기。❷옷 따위가 해져 지저분함。襤褸。【左傳】蓽路ㅡㅡ、以啓山林。

【藍尾酒:남미주】마지막에 먹는 술。【仇池筆記】蘇鶚云、以酒巡匝爲婪尾、一作藍尾。

【藍碧:남벽】진한 초록。葱碧。【李元陽】見一石山、ㅡㅡ如染。

【藍本:남본】繪畫의 초벌 그림。(轉)根據로 삼은 原本。【居易錄】今修一統志、似當以舊通志爲ㅡㅡ。

【藍色:남색】남빛。

【藍閃石:남섬석】(鑛)소다를 내포하고 있는 갸다란 角閃石。

【藍水:남수】❶남빛의 물。❷(地)中國陝西省에 있는 강 이름。【杜甫】ㅡㅡ遠從千澗落。

【藍實:남실】쪽의 씨。약재로 씀。

【藍青:남청】짙고 검푸른 빛。藍靛。

【藍袍:남포】남빛의 內衣。【本草】。

【藎】(신) 震 シン、ジン、かりやす rush ㄐㄧㄣˋ chin⁴

小篆 草書 ❶갈골신(染黃草)。❷나아갈신(忠ㅡ進也)。【詩經】王之ㅡ臣。❸남을신(餘也)。【長笛賦】ㅡ滯抗絕。

【藎臣:신신】충신。또는 그 집안。【詩·文王】王之ㅡㅡ、無念爾祖。

【藏】㊀(장) 陽 ㊂(장) 漾 ゾウ、おさめる storage ㄗㄤˋ tsang⁴

小篆 草書 ㊀❶장풀장(似薍草名)。【子虛賦】其埤濕則生ㅡ莨蒹葭。❷감출장(隱也蓄也)。【易經】陽氣潛ㅡ。㊂곳집장, 광장(物所蓄)。(『臟』과 통함)

【藏經:장경】(佛)佛敎 經典의 總稱。大藏經。一切經。

【藏匿:장닉·장익】남이 알 수 없도록 감추어 숨김。【史記】乃深自ㅡㅡ。

【藏頭隱尾:장두은미】일의 顚末을 똑똑히 밝히지 아니함。

【藏六:장륙】(動)거북의 異名。【雜阿含經】。

【藏府:장부】❶창고。府庫。【宋史】一日天積、天子之ㅡㅡ。❷=臟腑。

【藏氷:장빙】겨울에 얼음을 떠서 곳간에 넣어 둠。또는 그 얼음。

【藏書:장서】책을 간직하여 둠。또는 그 책。藏本。【唐書】ㅡㅡ之盛、莫過于開元。

【藏書家:장서가】서적을 많이 보관한 사람。

【藏守:장수】물건을 간수함。

【藏收:장수】간수하여 거두어 둠。【蘇軾】片紙雙字皆ㅡㅡ。

【藏脩:장수】쉬지 않고 공부를 함。

【藏藏:장장】무성한 모양。

【藏拙:장졸】자기의 短處를 가려서 감남。【劉餗】徐陵聘齊、魏收錄其文遺陵、陵過江沈之曰、吾爲魏公ㅡㅡ。

【藏蹤秘迹:장종비적】종적을 아주 감춤。潛蹤秘迹。

【藏中:장중】광 속。

【藏置:장치】넣어 둠。간직하여 둠。

【藏版:장판】출판한 書籍의 板木을 간직하여 둠。藏板。

【藏閉:장폐】숨김。【晉書】尋堀地得錢百萬、意甚惡之、一皆ㅡㅡ。

【藐】㊀(묘) 篠 ㊂(막) 覺 ビョウ、バク、はるか small; weak ㄇㄧㄠˇ miao³

小篆 草書 ㊀❶멀묘(遠也)。【莊子】ㅡ姑射之山有神人居焉。❷작을묘(小也)。【左傳】以是ㅡ諸孤。❸쉽게볼묘(輕視貌)。❹약할묘(弱也)。㊂❶지초막(紫草)。❷아름다울막(美也)。【詩經】寢廟既成既成ㅡㅡ。❸약간막(ㅡㅡ忽略)。

【藐藐:막막】❶아름다운 모양。【詩·崧高·注】ㅡㅡ美貌。❷남의 가르침을 마음에 새겨 두지 않음。【詩·抑】聽我ㅡㅡ。

【藐然:막연】아득한 모양。멀리 떨어져 있어서 미치지 못하는 모양。【漢書】ㅡㅡ甚懸。

【藐視:묘시】업신여김。깔봄。輕視。蔑視。

【藐諸孤:묘제고】가련한 孤兒。【左傳】以是ㅡㅡㅡ、辱在大夫、其若之何。

【藑】(경) 庚 ケイ、ひるがお fragrant grass ㄑㄩㄥˊ ch'iung²

小篆 경모풀경(ㅡ茅香草)。【楚辭】索ㅡ茅以筳篿。

【夢】(몽) 東 ボウ、ほうきぐさ broom grass

小篆 ❶비 만드는 풀몽(帚草)。❷싹날몽(蘖也)。

【藒】(걸) 屑 ケツ、くさのな fragrant grass ㄑㄧㄝˋ ch'ieh⁴

小篆 향풀걸(香草ㅡ車)。

十五畫

【藕】(우) 有 グ、ゴウ、はすのね lotus rhizome ㄡˇ ou³

草書 연뿌리우(芙蓉根)。【續博物志】ㅡ生應月閏月益一節。

【藕根:우근】(植)연뿌리。蓮根。〔北史〕采ㅡㅡ食之。

【藕斷絲連:우단사련】겉으로는 끊어졌으나 中心은 이어져 있다는 뜻으로 情意가 아직 끊어지지 않았다는 비유。〔孟郊〕妾心藕中絲、雖斷猶連牽。

【藕花:우화】(植)연꽃。荷花。蓮花。〔張籍〕夜月紅柑樹、秋風白ㅡㅡ。

【蘸】(잠) 陷 サン、ぬれる wet 젖을잠(濕也)。

【藖】(간) 刪 カン、まぐさのこり draff of fodder 여물찌끼간(莝餘草莖)。(本音「한」)〔元結詩〕豈欲皁櫪中爭食藖與ㅡ。

【蔌】(속) 屋 ソク、くさのな grass ㄙㄨ su⁴ 小篆 흰띠속(白茅)。

【藘】(려) 魚 リョ、ロ、あかね madder ㄌㄩ lü² 草書 ❶꼭두서니려(茹ㅡ 染絳草蒨也)。〔詩經〕茹ㅡ在阪。❷성려(姓也)。

【膝】(슬) 質 シツ、いのこづち knee of cattle 쇠무릎슬、우슬슬(牛ㅡ藥草)。

【藙】(의) 未 キ、おおだら Evodia officinalis ㄧ i⁴ 小篆 草書 오수유의(欓子吳茱萸)。

【䕡】(려) 魚 リョ、いぬよもぎ mugwort 다북쑥려(菴ㅡ蒿也)。

【䕡茹:여여】(植)풀의 한 가지。一年生의 野草。

䕡茹(三才圖會)

【藚】(속) 沃 ゾク、おもだか Alisma canaliculatum ㄒㄩ hsü⁴ 小篆 草書 ❶쇠귀나물속(水舃藥草)。〔詩經〕言采其ㅡ。❷택사속(澤瀉)。

【藜】(려) 齊 レイ、あかざ goose-foot ㄌㄧ li² 小篆 草書 ❶명아주려(蒿類羹菜)。〔爾雅〕ㅡ莖葉似王芻兗州蒸爲茹又可爲杖。❷아름다운옥려(梁美玉名懸ㅡ)。❸청려、장려(靑ㅡ、ㅡ杖)。

【藜羹:여갱】명아주의 잎을 넣어 끓인 국。(轉)검소한 음식。〔孔子家語〕ㅡㅡ不充。

【藜藿:여곽】명아주의 잎과 콩잎。(轉)검소한 음식。〔韓非子〕糲粢之食、ㅡㅡ之羹。

【藜杖:여장】명아주의 줄기로 만든 지팡이。가벼우므로 노인이 많이 짚음。〔漢書〕有老人、黃衣植靑ㅡㅡ。

【藜莠:여유】❶명아주와 가라지。❷천한 것。〔杜甫〕摧殘沒ㅡㅡ。

【藜鐵:여철】마름쇠。

【蔪】(참) 豏 サン、きる cut 나무벨참(伐木)。

【藝】(예) 霽 ゲイ、わざ talent ; art ㄧ i⁴ 草書 ❶재주예(才能)。〔論語〕求也ㅡ。❷글예(文也)。〔書經〕歸格于ㅡ祖。❸대중할예(準也)。〔上林賦〕ㅡ殪仆。〔註〕所射準的爲ㅡ。❹극진할예(極也)。〔晉語〕貪欲無ㅡ。❺심을예(種也)。〔孟子〕樹ㅡ五穀。❻법예(法也)。❼분별할예(分別)。

【藝閣:예각】藏書庫 또는 독서실。

【藝極:예극】목표。標準。〔左傳〕陳之ㅡㅡ。

【藝技:예기】손재주。技藝。〔謝靈運〕家「畜金繪、才練ㅡㅡ。」

【藝妓:예기】妓生。歌姬。妓女。

【藝能:예능】❶어떤 技藝에 뛰어난 재능。❷배운 技藝。❸예술과 기능。〔史記〕ㅡㅡ之路。❹연극·영화·음악·무용 따위의 總稱。

【藝林:예림】❶책이 많이 모여 있는 곳。〔魏書〕頃因暇日、屬意ㅡㅡ。❷예술가의 사회。학예의 사회。藝園。

【藝文:예문】학술과 기술。학술。학예와 문학。〔後漢書〕英才卓礫、初涉ㅡㅡ、升堂覩奧。

【藝文館:예문관】(制)❶高麗때 辭命을 짓는 일을 맡은 관아。❷李朝 때 辭命을 짓는 일을 맡은 관아。뒤에 經筵廳에 倂合함。

【藝術:예술】❶학예와 기술。〔後漢書〕校定東觀五經諸子傳記、百家ㅡㅡ。❷채색·음성·언어 형상에 의하여 미를 표현하는 수단。

【藝術家:예술가】예술에 종사하거나 그것을 창작하는 사람。

【藝術觀:예술관】예술에 관한 일정한 견해。

【藝術院:예술원】권위 있는 예술가로써 조직하여 예술의 연구와 향상 발전을 꾀하는 최고의 예술인 기관。

【藝術人:예술인】예술에 종사하는 사람。예술가。

【藝術祭:예술제】음악·무용·문학·연극 등을 주로한 예술 발표회。

【藝術至上主義:예술지상주의】예술을 위한 예술로서 인생을 위한 예술과 상반되는 주장。

【藝術品:예술품】예술적 작품。예술로서의 가치를 지니고 있는 물건。

【藝植:예식】식물을 재배하는 일。〔王維〕ㅡㅡ老丘園。

【藝業:예업】學術。技藝。〔顔延之〕輔以ㅡㅡ、會以文辭。

【藝苑:예원】예술의 사회。藝林。〔韓愈〕朝馳騖乎書林、夕翱翔乎ㅡㅡ。

【藝園:예원】❶예술에 사회。❷典籍이 모이는 곳。

【藝題:예제】演出 제목。

【藝祖:예조】❶文德이 있는 祖上。祖上을 높여 일컫는 말。文祖。〔書經〕歸格于ㅡㅡ、用特。❷歷代의 太祖 또는 高祖의 通稱。

◎曲ㅡ、工ㅡ、技ㅡ、農ㅡ、武ㅡ、文ㅡ、手ㅡ、演ㅡ、園ㅡ、遊ㅡ、六ㅡ、才ㅡ、學ㅡ。

【藟】(류) 紙 ルイ、かづら vines of arrowroots ㄌㄟ lei³ 小篆 草書 칡덩굴류、칡넌출류(葛蔓藤屬)。〔詩經〕葛ㅡ纍之。(「虆」와 같음)

【藣】(피) 支 ヒ、くさのな grass ㄆㄟ pei¹ 小篆 쇠꼬리피、풀이름피(蔟也牛尾)。

【藥】(약) 藥 ヤク、くすり medicine ㄧㄠ yao⁴ ㄩㄝ yüeh⁴ 小篆 草書 약약(金石草木劑皆曰ㅡ)。〔史記〕神農氏嘗百草始有醫ㅡ。

【藥價:약가】약값。〔杜甫〕遠尋留ㅡㅡ。

【藥匣:약갑】약을 넣는 갑。

【藥契:약계】(國)한약을 지어 파는 곳。「藥房。

【藥契奉事:약계봉사】(國)약국을 내어 한약을 지어 파는 사람。藥契主簿。

【藥苦草醬:약고초장】(國)❶볶은 고추장。❷찹쌀을 원료로 하여 고춧가루를

보통의 것보다 많이 넣어 담근 고추장。

【藥菓:약과】《國》❶과줄。❷감당하기 어렵지 않은 일。 빛이 검고 맛이 좋음。약고추장。

【藥果紋:약과문】❶검은 담비의 네모진 무늬。❷비단의 과줄모양으로 된 무늬。

【藥局:약국】❶약을 調劑하는 곳。❷약을 파는 상점。약방。

【藥器:약기】약 그릇。

【藥囊:약낭】약을 넣어 두는 주머니。『史記』侍醫夏無且以―一提荆軻。「니。

【藥袋:약대】약을 넣는 주머니。약주머

【藥毒:약독】약의 독기。

【藥力:약력】약의 효과。『雲笈七籤』凡一切五辛、皆害於――。

【藥路:약로】여러 가지 약을 써 보아서 병에 알맞은 약을 시험해 보는 것。

【藥籠:약롱】약을 담아 두는 채롱이나 궤。

【藥籠之物:약롱지물】약과 같이 필요한 인물이란 뜻。

【藥料:약료】❶약의 代金。❷약의 재료。

【藥名:약명】약의 이름。

【藥物:약물】약。藥材。『杜甫』多病所須惟――。

【藥味:약미】❶약의 맛。❷약의 종류。❸산초・호초 따위 음식에 넣는 藥品。 「향료。

【藥飯:약반】약밥。

【藥房:약방】❶=藥契。❷양약을 파는 가게。❸대갓집에 마련된 약 짓는 방。❹內醫院。

【藥方:약방】약의 처방법。調劑法。『後漢書』太醫藥丞主、――。

【藥方文:약방문】약을 짓기 위한 약명과 분량을 적은 종이。

【藥甁:약병】약을 넣는 병。

【藥補:약보】약으로 몸을 보함。

【藥封紙:약봉지】약을 담는 봉지。

【藥沙鉢:약사발】❶약을 담는 사발。❷나라에서 賜藥할 때 쓰던 그릇。

【藥師如來:약사여래】《佛》중생의 병을 고치고 災害를 막아 준다고 하는 부처。

【藥山:약산】《地》平安北道 寧邊邑 서쪽에 있는 山。關西八景의 하나인 藥山東臺가 있으며 진달래가 유명함。

【藥商:약상】약 장사。약 장수。

【藥箱:약상】약을 담는 상자。

【藥石:약석】❶약과 石針。❷각종의 약과 치료법。❸훈계가 되는 말。『左傳』孟孫之惡我、――也。

【藥石之言:약석지언】사람을 훈계하여 나쁜 점을 고치게 하는 말。『唐書』卿進―、故以藥石報之。「洪之――。

【藥性:약성】약재의 성질。『庾信』問葛

【藥水:약수】약물。

【藥手巾:약수건】탕약을 짜는 베。헝

【藥食:약식】약밥。 「겊。藥袱。

【藥室:약실】❶약을 조제하거나 간직하여 두는 방。❷銃筒안의 화약을 장전하는 곳。

【藥液:약액】액체의 약。약물。「는 곳。

【藥言:약언】도움이 되는 말。『史記』苦言藥也、甘言疾也。

【藥碾:약연】漢方醫가 약재를 갈아서 가루로 만드는 기구。금속 또는 돌로 만들음。

藥碾 (三才圖會)

【藥用:약용】❶약으로 씀。處方。『史記』意方能知病死生、論――所宜。❷약을 써서 치료하는 것。 「식물。

【藥用植物:약용식물】약으로 쓰이는

【藥園:약원】약초를 재배하는 밭。『舊唐書』――師以時種蒔收采。

【藥餌:약이】약과 자양분이 있는 음식。『唐書』王丘既老、――不自給。

【藥欌:약장】약재를 넣어 두는 장。

【藥材:약재】藥材料의 略語。『高啓』地有芝苓盡――。

【藥材料:약재료】약을 짓는 데 쓰는 재료。

【藥田:약전】약밭。

【藥箋:약전】처방전。

【藥店:약점】약을 파는 가게。

【藥鼎:약정】❶약을 달이는 기구。藥鐺。❷道家가 丹藥을 반죽하는 기구。丹鼎。『范成大』鷄犬爾何知、偶舐――餘。

【藥劑:약제】調製한 약。치료에 쓰는 약。『史記』事化丹砂諸――爲黃金矣。

【藥劑官:약제관】약품에 관한 일체 사무를 맡아 보는 관리。

【藥劑師:약제사】주무 관청의 면허를 받아 주로 의약품에 관한 藥事에 종사하는 사람。

【藥劑草:약제초】약재에 쓰이는 약초。

【藥種:약종】약의 재료。

【藥種商:약종상】약재를 파는 장사。또는 그 사람。

【藥酒:약주】❶약으로 쓰는 술。약술。『史記』吾已作――待之。❷막걸리보다 좀 맑고 독한 술。❸술의 尊稱。

【藥指:약지】약손가락。 「담근 술。

【藥漬酒:약지주】여러 가지 약을 넣고

【藥疹:약진】약을 쓴 뒤에 체질적인 특이성으로 일어나는 發疹 현상。

【藥借:약차】약을 먹어 몸과 기운을 굳세게 함。

【藥債:약채】빚진 약값。

【藥鐵:약철】화약과 철환。

【藥草:약초】약용의 풀。약풀。『朱慶餘』資身唯――、敎子但詩書。

【藥秤:약칭】약저울。

【藥湯:약탕】❶달인 약。달이는 약。湯藥。『張籍』公疾浸日加、孺人視――。❷병의 치료를 위하여 약을 넣은 洗湯。

【藥湯罐:약탕관】탕약을 달이는 데 쓰는 질그릇。

【藥包:약포】약을 싸는 종이。

【藥圃:약포】약초를 심어 가꾸는 밭。『王維』荷鋤修――、散帙曝農書。

【藥脯:약포】쇠고기를 얇다랗게 저며 양념을 하여 말린 포。『穀梁傳』驪姬以酖爲酒――以毒。

【藥鋪:약포】약을 파는 상점。약방。『張籍』長安多病無生計、――醫人爭索錢。

【藥品:약품】❶약。❷약의 품질。❸藥劑。『元結』在――是良藥、爲蔬菜是佳蔬。

【藥風爐:약풍로】탕약을 달이는 데 쓰는 풍로。

【藥學:약학】《醫》약제의 화학적 성질・제법・효과에 관하여 연구하는 학문。

【藥害:약해】약으로부터 받는 해。너무 많이 쓰거나 또는 체질에 안 맞아 일어남。

【藥篋:약협】약을 담아 두는 상자。『五代史』自負囊――。

【藥衡:약형】약저울。

【藥和劑:약화제】《國》藥方文。

【藥效:약효】약의 효력。

◎劇―、奇―、毒―、賣―、妙―、百―、丸―。

【藤】(등) 蒸

トウ、ふじ rattan ㄊㄥ t'êng²

草 書 등등、등덩굴등(蔓生木藟也)。『李賀詩』白―交穿書笈。『白樂天詩』六尺白―牀。

【藤蘿:등라】덩굴풀의 總稱。『張說』池水拂――。 「六尺白――、一莖青竹杖。

【藤牀:등상】등으로 만든 상。『白居易』

【藤天蓼:등천료】《植》挑獼猴科에 딸린 蔓性 낙엽 관목。열매와 줄기는 약용으로 쓰임。

【藤牌:등패】옛 무기의 하나。藤으로 둥근 방석처럼 엮어 만든 방패。

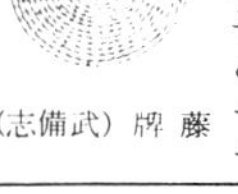
藤牌 (武備志)

【藤花:등화】등꽃。

【蓙】(마) 箇 マ、ががいも Metaplexis Japonica 새박마、새박조가리마(草名蘿ー)。

【藨】㊀(표) 蕭 ㊁(표) 篠 ヒョウ、いちご rashberry ㄅㄧㄠ piao¹
小篆 ㊀ ❶산매자표、산딸기표(山苺)。 ❷김맬표(耘也)。(『穮』와 같음) ㊁ ❶기령풀표(蔍屬)。【儀禮】屨者ー蔍之菲也。 ❷녹두잎표(鹿藿)。

【藩】(번) 元 ハン、まがき fence ㄈㄢˊ fan²
小篆 草書 ❶울번、울타리번(籬也)。【易經】羝羊觸ー。 ❷제후나라번(ー屛)。【詩經】价人維ー。 ❸지킬번(守護)。【左傳哀公十二年】ー衞侯之舍。

【藩車:번거】 덮개가 있는 수레。【漢書】司馬陳蒙、劾奏陳遵乘ーー入閭巷。

【藩閫:번곤】 監司・兵使・水使의 總稱。

【藩國:번국】 諸侯의 나라。藩邦。【史記】爲漢ーー。

【藩落:번락】 울타리。籬落。藩籬。【晉書】椽之材、不合以爲ーー也。

【藩籬:번리】 울타리。

【藩邦:번방】 =藩國。

【藩附:번부】 屬國이 되는 것。 또는 그 屬國。【北史】常朝貢雖稱ーー、誠節未盡。

【藩屬:번속】 服屬하여 藩屛이 되는 것。 清代에 內外蒙古・青海・西藏을 藩屬이라 하였음。

【藩臣:번신】 ❶王室을 守護하는 諸侯。「❷諸侯의 신하。

【藩人:번인】 ❶야만인。 ❷臺灣의 士人。

【藩任:번임】 藩臣의 職任。

【藩鎭:번진】 ❶지방을 다스리기 위하여 머물러 있는 군대。 ❷諸侯。 ❸《制》唐나라 때의 節度使。【唐明皇】ーー謳歌滿、行宮雨露深。

【藩溷:번혼】 변소。【晉書】晉左思欲賦三都、構思十年、門庭ーー、皆著筆紙。

【藪】(수) 有 スウ、ソウ、やぶ thicket ㄙㄡˇ sou³
小篆 草書 ❶큰늪수(大澤)。【周禮】ー牧養藩鳥獸。 ❷덤불수、숲수(林ー)。【詩經】叔在ー。 ❸똬리수(窶ー戴品)。【史記註】以盆盛物戴於頭者則以窶ー薦之。

【藪澤:수택】 초목이 우거진 큰 늪。【禮記】山川ーー。

【藫】(담) 覃 タン、みずくさ seaweeds ㄊㄢˊ t'an²
❶물이끼담(水苔)。 ❷마름담(海藻)。

【藭】(궁) 東 キュウ、おんなかづら Angelica Polvmorpha
草書 ❶궁궁이궁(芎ー香草)。 ❷천궁궁(藥草名川芎)。

十六畫

【藶】(력) 錫 レキ、ぬなずな chinese artichoke ㄌㄧˋ li⁴
草書 두루미냉이력(大薺葶ー)。

【藬】(영) 庚 エイ、きく chrysanthemum
국화영(菊花)。

【藸】(독) 屋 トク、ししうど Aralia Cordata
땅두릅독(藥名ー活)。

【藷】(저) 魚 ショ、いも white potato
小篆 草書 마저、감자저(ー藇甘蔗)。【南都賦】ー蔗薑䗶。

【藷蔗:저서】 《植》사탕수수。줄기에서 물을 짜내어 고아서 사탕을 만들음。

【藷藇:저여】 《植》마。肉芽는 식용。塊根은 山藥이라 하여 强壯劑로 씀。

【藸】(저) 魚 ショ、さねかずら Maximowiczia chinensis
小篆 오미자저(五味子)。(『蕏』와 같음)

【藹】㊀(애) 泰 ㊁(애) 賄 アイ、しげる grow thick ㄞˇ ai³
小篆 草書 ㊀ 수두룩할애(ーー盛多貌)。【詩經】ーー王多吉士。 ㊁ 초목우거질애(草木叢雜貌)。

【藹藹:애애】 ❶왕성하고 많은 모양。【詩經】ーー王多吉士。 ❷초목이 무성한 모양。【東晳】其林ーー。 ❸달빛이 어슴푸레한 모양。【司馬相如】望中庭之ーー兮。 ❹힘을 다하는 모양。 ❺和氣가 있는 모양。 ❻향기가 나는 모양。【楚辭】懷椒聊之ーー兮。

【藹然:애연】 ❶왕성한 모양。 ❷마음이 부드럽고 온화한 모양。

【藹鬱:애울】 초목이 무성하여 빽빽함。

【藹蔚:애위】 초목이 무성한 모양。蔚藹。【張華】育草木之ーー。

【藹彩:애채】 新鮮한 모양。【陸龜蒙】凌風ーー初携籠。

【藺】(린) 震 リン、い rush ㄌㄧㄣˋ lin⁴
小篆 草書 ❶ 뇌양이린(草名馬ー)。 ❷성린(姓也)。

【藺相如:인상여】 《人》戰國時代 趙 惠文王의 名臣。秦의 요구에 의하여 和氏의 璧을 가지고 秦에 갔다가 璧을 가지고 무사하게 돌아왔으며 澠池의 會盟에서 惠文王의 면목을 세웠음。將軍 廉頗와 더불어 知勇 兼備의 名臣이라 일컬었음。

【藺石:인석】 城 위에서 던져 적을 방비하는 데 쓰는 돌。【漢書】具ーー。

【藻】(조) 皓 ソウ、も water-caltrop ㄗㄠˇ tsao³
小篆 或體 草書 ❶마름조(水草有文)。【詩經】于以采ー。 ❷글조(文也)。 ❸좋아할조(鳧喜悅也)。【東都賦】鋪鴻ー。【後漢書】武旅有鳧之士ー。

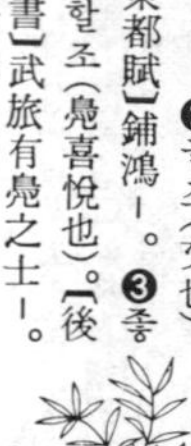

(❶藻 四書略圖解引)

【藻鑑:조감】 사람을 외형만 바라보고도 그 지닌 인격까지도 알아 보는 견식。【職官分紀】所選士七十二人、多至公卿、人服其ーー。

【藻翹:조교】 아름다운 날개。「雀垂ーー。【陸機】金

【藻厲:조려】 꾸미고 갈고 다듬음。【吳志】劉繇ー名行、好尙臧否。

【藻類:조류】 隱花 식물인 水草의 總稱。

【藻忭:조변】 매우 기뻐함。

【藻思:조사】 詩나 글을 쓰는 재능。文才。【魏書】邢臧早立操尙、博學有ーー。

【藻飾:조식】 ❶몸치장을 함。風采를 갖춤。 ❷아름다운 말과 훌륭한 말로 문장을 꾸밈。【文心雕龍】辯雕萬物、謂ーー也。

【藻雅:조아】 詩文에 풍치가 있고 아담한 것。【黃汝良】文人學士、ーー芬芳。

【藻翰:조한】 ❶아름답고 훌륭한 문장。 ❷아담하고 품위가 있는 편지。【唐書】ーー精富。「聯環、文同ーー。

【藻繪:조회】 文彩。彩色。【梁元帝】義若

【藾】(로) 皓 ロウ、うめぼし dried plum
小篆 或體 草書 마른매실로(乾梅實)。【周禮】饋食之籩其實棗桌桃乾ー榛實。

【蕊】(예) 紙 ズイ、しべ stamen
草書 꽃술예(花心鬚)。【廣韻】華內曰蕚華外曰ー。(『蘂』와 같음)

【藾】(뢰) 泰 ライ、くさよもぎ mugwort ㄌㄞˋ lai⁴
草書 ❶맑은대쑥뢰(一蕭萃也)。❷덮을뢰(蔭也)。【莊子】隱將芘其所一。

【藿】(곽) 藥 カク、まめのは bean leaves ㄏㄨㄛˋ huo⁴ (本音은「확」)
小篆 書 草 ❶콩잎곽(豆葉)。【詩經】皎皎白駒食我場一。❷곽향곽(一香藥草)。【吳都賦】草則一藒豆蔻。
【藿羹:곽갱】콩잎을 넣고 끓인 국。(喩)검소한 음식。【戰國策】豆飯一一。
【藿食者:곽식자】콩잎을 먹는 사람。험한 음식을 먹는 사람。(喩)벼슬 자리에 있지 않은 사람。【說苑】獻公曰、肉食者已慮之矣、——何預焉。
【藿田:곽전】바닷가의 미역 따는 곳。
【藿湯:곽탕】미역국。
【藿香:곽향】(植) 香草의 한 가지。【本草】。

藿香 (三才圖會)

【蘀】(탁) 藥 タク、おちば fallen leaves ㄊㄨㄛˋ t'uo⁴
小篆 書 草 ❶떨어질탁、이울탁(隕一草木皮葉落隕地)。【詩經】十月隕一。❷마를탁(槁也)。【詩經】一兮一兮風其吹汝。
【蘀兮:탁혜】❶나뭇잎이 시들어 떨어지려 하는 모양。【詩經·鄭風】一一、一一、方將萬舞。❷詩經、鄭風의 篇名。鄭의 太子 忽을 풍자한 詩。【詩經·鄭風】一一、刺忽也、君弱臣强、不倡而和也。

【蘁】㊀(오) 遇 ゴ、さからう act against
㊁(악) 藥
草書 ㊀거스를오(逆也)。【周禮】一日正夢二日噩夢列子作一。(『忤』와 같음) ㊁꽃자리악(華跗)。(『萼』과 통함)

【蘷】(기) 支 キ、くさ herb
❶풀이름기(草名)。❷『夔』의 誤字。

【⿱艹彊】(강)『薑』(艸部13畫)과 같음

【⿱艹韱】(섬) 鹽 セン、くさのな grass
풀 쐐기섬、독풀섬(一痲拂人肥肉即成瘡疱)。【白居易詩】一草四時靑。

【蘄】㊀(기) 支 キ、キン、せり parsley ㄑㄧˊ ch'i²
㊁(근) 文
小篆 書 草 ㊀❶미나리기(芹也)。【爾雅】一茝蘪蕪。❷구할기(求也)。【莊子】予惡乎知夫死者不悔其始之一生乎。❸말자갈기(馬銜)。【西京賦】結駟方一。❹풀이름기(草名)。㊁승검초근(山一藥名)。
【蘄生:기생】生을 求함。【莊子·齊物論】予惡乎知夫死者不悔其始之一一乎。【注】蘄、求也。
【蘄水:기수】(地)물 이름。湖北省 蘄春縣에서 발원하여 揚子江으로 들어감。
【蘄茝:기채】香草의 이름。蘼蕪의 異名。【爾雅·釋草】一茝蘼蕪。

【蘆】㊀(려) 魚 ロ、あし reed ㄌㄨˊ lu²
㊁(로) 虞
小篆 書 草 ㊀❶꼭두서니려(茹一蘆草也)。❷범고채려(漏一藥名)。㊁갈대로(葦也)。【玉篇】葦之未秀者爲一。

【蘆管:노관】=蘆笛。【白居易】石樓月下吹一一、金谷風前舞柳枝。
【蘆頭:노두】인삼이나 도라지 따위의 꼭지。
【蘆笠:노립】갈 삿갓。
【蘆藩:노번】갈대로 엮은 울타리。【陸游】一一蓬戶臥衰翁。
【蘆菔:노복】(植)무우。蘿蔔。
【蘆粉麪:노분면】대 뿌리의 가루와 메밀 가루를 반죽하여 눌러 내린 국수。
【蘆絮:노서】갈대꽃。갈대의 목。
【蘆雪:노설】눈처럼 흰 갈대의 목。【王良臣】風岸飛來更瀟灑、一枝一一印波心。
【蘆岸:노안】갈대가 우거진 물가 언덕。【杜牧】煙影侵一一、潮痕在竹扉。
【蘆簾:노렴】갈대로써 엮어 만든 발。
【蘆衣淺水:노의천수】갈대꽃이 피어 있고 물이 얕은 곳。
【蘆笛:노적】갈대잎을 말아서 만든 피리。갈피리。蘆笳。【袁桷】我郞南來得小婦、一一聲聲吹鷓鴣。
【蘆荻:노적】갈대와 물억새。【司空曙】一一湘江水。
【蘆田:노전】갈밭。
【蘆簟:노점】삿자리。
【蘆汀:노정】갈대가 뒤덮인 물가。蘆渚。【周權】蟲鳴沙逕宵初永、雁落一一月未生。
【蘆穄:노제】(植)수수。
【蘆蕩田:노탕전】갈밭과 대밭。
【蘆花:노화】갈대꽃。【江總】一一霜外白、楓葉水前丹。
【蘆薈:노회】(植)백합과에 속하는 상록 다년생 식물。

【⿱艹皤】(파) 歌 ハ、しろよもぎ Artemisia Siebersiana
흰쑥파(白蒿)。

【蘅】(형) 庚 コウ、かんあおい Ligularia sibirica ㄏㄥˊ heng²
書 草 곰취형 두형초형(杜一香草)。【楚辭】雜杜一與芳芷。

【⿱艹憑】(빙) 蒸 ヒョウ、しげる rank
초목무성할빙(草木茂盛)。

【蘇】(소) 虞 ソ、ス、よみがえる revive ㄙㄨ su¹
小篆 書 草 ❶차조기소(紫一草名)。❷부소나무소(扶一木名)。【詩經】山有扶一。❸나무할소(樵一取草)。【楚辭】一糞壤以充幃兮。❹술소、실드릴소(流一盤線)。【西京雜記】昭陽殿壁帶往往爲黃金釭皆銜五色流一。❺까무러질소(一氣索貌)。【易經】震一一。❻깨어날소、회생할소(死而復生)。【戰國策】勃然乃一。❼나라이름소(國名)。❽성소(姓也)。(『甦』와 같음)
【蘇莖:소경】(醫)蘇葉의 줄기。순하여 和中하는 데 씀。蘇梗。
【蘇塗:소도】(歷)三韓時代에 天神를 제사하던 聖地。
【蘇東坡:소동파】(人)=蘇軾。
【蘇木:소목】(醫)藥材로 쓰는 다목의 붉은 속살。破血하는 효험이 있어 通經劑 및 外科약으로 쓰임。
【蘇枋:소방】❶(植)콩과의 낙엽 관목。材木은 활의 재료가 되고、그 대패밥은 赤紫色의 染料가 됨。【南方草木狀】一一出九眞、南人以染絳。❷蘇枋色의 略語。검붉은 빛깔。蘇芳。
【蘇復:소복】❶병 뒤에 원기가 회복됨。❷병 뒤에 원기의 회복을 위하여 음식을 잘 먹음。蘇活。
【蘇生:소생】다시 살아남。回生。更生。
【蘇醒:소성】잃었던 정신이 다시 깨어남。
【蘇蘇:소소】❶두려워 불안한 모양。❷소란하게 움직이는 모양。【易經】震一一。
【蘇穗子:소수자】차조기 보숭이。

〔蘇息:소식〕 숨을 돌려서 쉼。〔傳〕待我君來、其可ㅣㅣ。

〔蘇軾:소식〕 (人)중국 北宋의 文人。眉山 사람。號는 東坡居士。洵의 아들。轍의 兄。字는 子瞻。그의 아버지 洵과 아우 轍과 더불어 三蘇라고 불림。唐宋 八大家의 한 사람。詩는 宋代 第一이라 하며、흔히 大蘇로 稱함。書畫에도 能하였음。〈書〉易書傳·論語說·東坡志林·東坡全集·東坡詞 等 數百卷이 있음。〖宋史〗。

蘇子瞻(三才圖會)

〔蘇魚:소어〕 (動)밴댕이。청어과에 속하는 바닷물 고기。

〔蘇葉:소엽〕 차조기의 잎。해수·천촉·자현·곽란·각기 따위에 약으로 씀。

〔蘇雀:소작〕 (動)홍방울새。

〔蘇張舌:소장설〕 辯舌이 교묘한 것。蘇秦과 張儀의 辯舌이란 뜻。→蘇張。〔杜甫〕却假ㅣㅣ、高談周宗金鐘。

〔蘇州:소주〕 (地)中國 江蘇省 上海市의 서쪽에 있고 吳縣에 딸림。名勝地。

〔蘇轍:소철〕 (人)一〇三九～一一一二 宋의 文人。唐宋八大家의 한 사람。字는 子由。號는 潁濱 또는 欒城、諡號는 文定。洵의 아들。軾의 아우。四川 眉山縣 사람。兄인 軾과 구별하여 小蘇라 불렀음。〈著書〉欒城集 八四권·詩經集傳 二〇권·古詩 六〇권。

〔蘇鐵:소철〕 (植)소철과에 속하는 常綠喬木。관상용으로 심음。종자는 食用。健胃·强壯劑로도 씀。

〔蘇合油:소합유〕 소합향의 기름。

〔蘇合丸:소합환〕 위장을 맑게 하고 정신을 상쾌하게 하는 약。

〔蘇杏粥:소행죽〕 차조기 씨와 살구 씨를 같은 분량으로 섞어서 매에 간 뒤에 쌀 뜨물에 쑤다가 꿀을 탄 죽。

〔蘇活:소활〕 ＝蘇生。〔搜神記〕女即ㅣ。

【蘉】(망) 陽 ボウ、つとめる try hard ㄇㄤ mang² 草書 힘쓸망(勉也)。〔書經〕汝乃是不ㅣ乃時惟不永哉。

【蘊】㊀(온) 吻 ㊁(운) 問 ウン、オン、つむ、つもる pile up ㄩㄣ yün⁴ ㊀마름온(藻屬)。〔左傳〕蘋蘩ㅣ藻之菜。㊁❶쌓일운(積也)。❷익힐운(習也)。(『薀』과 같음)

〔蘊結:온결〕 근심으로 마음이 답답함。

〔蘊憤:온분〕 분한 마음이 가슴에 가득하게 쌓임。〔後漢書〕遂不得升進、志意ㅣㅣ、乃隱居著書。

〔蘊暑:온서〕 무더운 모양。〔劉克莊〕値潏湯之ㅣㅣ、拜溫詔以如春。

〔薀奧:온오〕 학문·技藝 따위의 심오한 뜻。〔宋史〕發揮聖賢ㅣㅣ、有補治道。

〔薀藉:온자〕 ❶마음이 넓고 조용함。❷함축성이 있고 여유가 있음。〔漢後書·桓榮傳〕溫恭有ㅣㅣ。

〔蘊藏:온장〕 깊숙히 간직하여 둠。

〔薀蓄:온축〕 ❶마음 속에 깊이 쌓아둠。❷오랜 연구로 학식을 많이 쌓음。〔左傳〕ㅣㅣ民將生心。

〔薀抱:온포〕 가슴 속에 재주를 품음。

〔薀合:온합〕 쌓아 합침。쌓아 모음。〔何晏·論語集解敍〕ㅣㅣ萬理。

【蘋】(빈) 眞 ヒン、うきくさ great duckweed 小篆 草書 마름빈(大萍)。〔詩經〕于以采ㅣ。(『薲』과 같음)

〔蘋果:빈과〕 능금。사과。

〔蘋蘩:빈번〕 마름과 다북쑥。《轉》변변치 않은 祭物。〔左傳〕ㅣㅣ蘊藻之菜、中略、可薦于鬼神。

〔蘋藻:빈조〕 물 위를 떠 도는 풀과 물 속에 잠겨 있는 풀。〔張九齡〕ㅣㅣ生南澗。

〔蘋菜:빈채〕 食用에 쓰는 마름。〔經經·疏〕采此ㅣㅣ。

〔蘋風:빈풍〕 마름 위에 부는 바람。〔吳樹珠〕ㅣㅣ蓼雨晩蕭蕭。

〔蘋花:빈화〕 《植》마름꽃。〔柳宗元〕春風無限瀟湘意、欲采ㅣㅣ不自由。

【蘢】㊀(롱) 東 ㊁(룡) 冬 ロウ、いぬたで knot-grass ㄌㄨㄥ lung² 小篆 草書 ㊀❶여뀌롱(葒草)。〔管子〕其山之淺有ㅣ與斥。❷가리울롱(蒙ㅣ覆蔽)。〔漢書〕草木蒙ㅣ。㊁말여뀌룡(馬蓼)。

〔蘢茸:농용〕 ＝蘢蓯。〔司馬相如〕羅列聚、叢以ㅣㅣ兮。

〔蘢蓯:농총〕 초목이 무성한 모양。〔淮南子〕纚紛ㅣㅣ。

【蘌】(어) 語 ギョ、おおう cover up ❶가릴어(掩也)。❷땅이름어(地名ㅣ況)。

【藮】(착) 覺 サク、とりかぶと bulb of Aconitum japonicum 부자착(藥草名附子)。

十七畫

【蘖】(얼) 屑 ゲツ、きりかぶ sprout ㄋㄧㄝ nieh⁴ 草書 싹얼、벤나무에 싹날얼(萌ㅣ)。

【蘘】(양) 陽 ショウ、みょうが Zingiber mioga ㄖㄤ jang² 小篆 小篆 草書 양하풀양(ㅣ荷一名 菹草名)。〔子虛賦〕茈薑ㅣ荷。

〔蘘荷:양하〕 (植)생강과에 속하는 宿根草。各地에서 재배함。地下莖은 香味料로 쓰임。

【蘗】(벽) 陌 ハク、きはだ Angelica uchiyamai ㄅㄛ po⁴ 草書 황경나무벽(黃木)。(『檗』과 같음)

【蘙】(예) 霽 エイ、しげる grow thick ㄧ i⁴ 草書 풀더북할예(ㅣ薈草盛貌)。

〔蘙薈:예회〕 무성하여 가리워짐。〔孫子〕蒹葭林木ㅣㅣ。

【蘚】(선) 銑 セン、こけ moss ㄒㄧㄢ hsien³ 草書 ❶이끼선(瓦ㅣ苔也)。〔述異記〕苔草亦呼宣ㅣ。❷기와옷선(瓦ㅣ)。

〔蘚磴:선등〕 이끼 낀 돌다리。〔陸游〕ㅣㅣ高攀不計程。

〔蘚斑:선반〕 이끼가 돌 위에 끼어 얼룩점 모양으로 된 것。〔胡儼〕掃ㅣㅣ而求古跡兮。

〔蘚崖:선애〕 이끼 낀 절벽。

〔蘚牆:선장〕 이끼 낀 담。〔李建勳〕廻去侵花地、斜來破ㅣㅣ。

〔蘚苔:선태〕 (植)이끼。蘚苔類·地衣類 따위의 總稱。古木이나 濕地 또는 바위등에 寄生함。苔蘚。〔孟郊〕古衣如ㅣㅣ。

【蘞】㊀(험) 琰 ㊁(렴) 豔 ㊂(렴) 鹽 レン、やぶからし vine-grass ㄌㄧㄢ lien²˙⁴ 草書 ㊀맵고독한풀험(辛毒草)。㊁덩굴진풀렴(蔓草)。〔詩經〕葛生蒙楚ㅣ蔓于野。㊂진동찰렴、가위톱렴(白ㅣ藥名)。

【蕍】(욱) 屋 イク、しげる overgrow
❶무성할욱(茂也)。❷꽃필욱(花開敷ー)。

【蘜】(국)『菊』(艸部 8畫)과 같음

【蘠】(장) 陽 ショウ、ばら rose ㄑㄧㄤ ch'iang²
小篆 장미꽃장(ー薇花名)。「ー薇灌木枝茂多刺花有紅白黃諸色」。『薔』과 같음

【蘡】(앵) 庚 オウ、えびずる wild vines ㄧㄥ ying¹
草書 머루덩굴앵(ー薁蔓生苗葉似葡萄而小)。【博雅】燕薁ー舌也。
【蘡薁:앵욱】《植》새머루。葡萄科의 多年生 蔓草。

【蘤】(一)(위) 紙 イ、はな flower (二)(화) 麻
草書 一꽃부리위(花也)。【拾遺記】西王母進洞淵紅ー。二꽃화(花也)。(『花』의 古字)

【蘥】(약) 藥 ヤク、からすむぎ oat ㄩㄝ yueh⁴
小篆 귀리약(雀麥)。

【蘦】(령) 靑 レイ、かんぞう liquorice ㄌㄧㄥ ling²
小篆 草書 ❶감초령(大苦今甘草)。❷떨어질령(落也)。【楚辭】悼芳草之先ー。『苓』과 같음

【蘫】(람) 覃 ラン、うりづけ pickled cucumber
小篆 외김치람(瓜菹)。

【蘨】(요) 蕭 ヨウ、しげる rank
풀더북더북할요(草盛貌)。

【蘩】(번) 元 ハン、しろよもぎ white mugwort ㄈㄢ fan²
小篆 草書 새발쑥번(白蒿)。【詩經】于以采ー。
【蘩蔞:번루】《植》닭의장풀과에 속하는 一年草。줄기는 마디가 크고 잎은 호생하며 卵狀 피침형에 葉柄은 鞘狀임。藥材로 쓰며、어린 줄기는 食用、꽃은 染色用임。닭의장풀。달개비。

蘩蔞 (三才圖會)

【蘧】(거) 魚 キョ、なでしこ China pink ㄑㄩ ch'ü²
小篆 草書 ❶패랭이꽃거、석죽화거(瞿麥)。❷마음에 든든할거(ーー自得貌)。【莊子】俄而覺則ーー然周也。
【蘧廬:거려】旅人宿。여관。【蘇軾】人生何者非ーー。
【蘧麥:거맥】《植》술패랭이꽃。너도개미자리과에 속하는 多年草。관상용임。
【蘧然:거연】놀라며 기뻐하는 모양。【莊子·大宗師】ーー覺。

【蘪】(미) 支 ビ、せんきゅう Angelica polymorpha ㄇㄧ mi²
小篆 草書 궁궁이싹미(ー蕪香草)。【蜀都賦】ー蕪布濩于中阿。

【蘭】(란) 寒 ラン、らん orchid
小篆 草書 ❶난초란(香草一幹一花)。【易經】同心之言其臭如ー。❷목란꽃란(木ー花名朝搴)。阯之木ー兮。❸나라이름란(國名和ー)。

【蘭客:난객】좋은 벗。良友。【浩虛舟】ーー方來、蕙生斯至。
【蘭徑:난경】난초밭 안에 있는 오솔길。【韋應物】晴蝶飄ーー、遊蜂遶花心。
【蘭契:난계】=蘭交。
【蘭膏:난고】냄새가 향기로운 기름。香油。【楚辭】ーー明燭、華容備些。
【蘭交:난교】뜻이 맞아 서로 친밀한 사람들의 사귐。【孟郊】ーー已早謝。
【蘭菊:난국】《植》난초와 국화。【李綱】惟ーー之芬芳、與松筠之茂密。
【蘭閨:난규】❶=蘭省。❷=蘭房。❷【謝偃】顧步出ーー。
【蘭氣:난기】=蘭芳。【李德裕】松風飄鼎泛、ーー入甌輕。
【蘭燈:난등】밝고 아름다운 등。蘭燭。【齊書】ーー有時不照。
【蘭梅:난매】《植》난초와 매화。
【蘭味:난미】벗의 사귐이 깊은 것。【駱賓王】情諧者、ーー寧忘。
【蘭芳:난방】난초의 향기로운 냄새。【宋書】濟濟多士、同茲ーー。
【蘭房:난방】❶난초 향기가 그윽한 방。맑고 그윽한 방。蘭室。❷부인이 쓰는 아름다운 방。蘭閨。【劉孝綽】微步出ーー。
【蘭麝:난사】좋은 香의 이름。一說에는 난초와 麝香。【晉書】石崇婢妾數十人、皆蘊ーー、被羅縠。
【蘭石:난석】난초의 향기와 돌의 딱딱함。《喩》志操와 節義가 굳은 사람。【潘尼】體ーー芳堅之質。
【蘭秀菊芳:난수국방】난초와 국화의 향기。【漢武帝·秋風辭】蘭有秀兮菊有芳。
【蘭室:난실】난초 향기가 그윽한 방。【王融】ーー改蓬心、梅崖變伊草。《轉》착한 사람이 사는 곳。蘭房。
【蘭艾:난애】난초와 쑥。《喩》君子와 小人。【任昉】ーー同爐、玉石俱碎。
【蘭若:난야】❶《梵》Aranya의 音譯。절의 異名。【杜甫】ーー山高處、煙霞障幾重。
【蘭言:난언】서로 뜻이 맞고 마음이 통하는 말。【駱賓王】挹ーー於斷金、効蓬心於匪石。
【蘭葉:난엽】난초잎。
【蘭章:난장】❶훌륭한 문장。❷남의 편지에 대하여 존대하여 일컫는 말。【韋應物】ーー忽有贈、特用慰所思。
【蘭槳:난장】木蘭으로 만든 노。櫓棹。【蘇軾】桂棹兮ーー。
【蘭田:난전】난초밭。蘭圃。【張協】停輿蕙渚、稅駕ーー。
【蘭殿:난전】王后의 宮殿。【晉書】椒掖播晨牝之風、ーー絶河雎之響。
【蘭藻:난조】아름다운 문장。【謝靈運】清辭灑ーー。
【蘭舟:난주】木蘭으로 만든 아름다운 배。【薛士隆】桂枻ーー兮、泝洄翱翔。
【蘭草:난초】《植》난초과에 딸린 다년생 풀。향기가 높음。
【蘭燭:난촉】아름다운 촛불。【歐陽炯】ーー重開宴。
【蘭叢:난총】난초의 숲。【楊巨源】會看春露濕ーー。
【蘭臭:난취】意氣가 서로 投合함。蘭交。【倪謙】心乎氣以ーー兮、結新盟于歲寒。
【蘭圃:난포】난초밭。蘭田。【舊唐書】ーー薦瓊芳。
【蘭蕙:난혜】향기로운 풀。(蕙도 난초의 한 가지)。【後漢書】被褐懷金玉、ーー化爲芻。
【蘭薰桂馥:난훈계복】《喩》❶德行을 쌓아 美名을 後世에 남기는 것。❷家門이 번영하고 子弟가 뛰어난 것。

【蘮】(계) 霽 ケイ、ねばりつく glutinous ㄐㄧ chi⁴
❶찰풀계(粘草ー蒘)。❷성계(姓也)。

【蘬】(귀) 支 キ、たで knotweed ㄎㄨㄟ k'uei¹
小篆 ❶겨울쑥갓귀(冬葵)。❷계로기씨귀、냉이씨귀(薺實)。❸말

여뀌귀(馬蓼)。

十八畫

【蘒】(교) 蕭 キョウ、れんげ medic herb
어리나무교(藥名連ー)。

【䕺】(총) 東 ソウ、くさむら bush
❶떨기총(草ー生)。 ❷줄기총(株也)。

【蘳】㊀(화) 馬 カ、きいろいはな yellow flower
㊁(휴) 支
㊀❶노란꽃화(黃華)。❷꽃잎 모양화(花葉貌)。【馬融】蘳扈ー熒。
㊁과실휴(果實)。

【⿱艹瞿】(구) 虞 ク、なでしこ Dianthus Sinensis
패랭이꽃구(ー麥)。

【蘴】(풍) 東 フウ、かぶら radish
무우싹풍(蕪菁苗)。

【⿱艹蠡】(리) 支 リ、はますげ Cyperus rotundus
향부자리(香附子草名)。

【⿱艹𣡌】(첩) 洽 チョウ、はながさく flower
꽃필첩(花突開)。

十九畫

【蘱】(류) 寘 ルイ、あぶらかや grass
그령류、자오락류(茅屬蔺蓳)。

【蘸】(잠) 陷 サン、ひたす soak ㄓㄢˋ chan⁴
물에담글잠(以物淬水)。【鏡賦】朱開錦蹹縩ー油檀。

【蘸甲：잠갑】술잔에 술을 가득 따름。
【蘸釉：잠유】＝贊釉。

【蘺】(리) 支 リ、くさびえ Angelica polymorpha ㄌㄧˊ li²
궁궁이싹리(江ー芎藭苗香草)。【上林賦】被以江ー。(『籬』와 통함)

【蘻】(계) 霽 ケイ、くさ grass ㄐㄧˋ chi⁴
❶풀연접할계(草連貌)。❷풀이름계(毒草名)。

【⿱艹難】(연) 先 ゼン、くさのな grass
❶풀이름연(草名)。 ❷더울연(熱也)。

【蘪】(미) 支 ビ、せんきゅう Angelica polymorpha ㄇㄧˊ mi²
풀이름미、맥문동미(草名蘠ー蘼冬)。

【蘪蕪：미무】(植)궁궁이의 싹。【楚辭】秋蘭兮ーー。

【蘽】(류) 紙 ルイ、ふじかずら wild vines
머루덩굴류(蘡ー)。【爾雅】山ー似葛虎ー有毛刺。

【蘿】(라) 歌 ラ、かずら dodder-vines ㄌㄨㄛˊ luo²
❶새삼넌출라(女ー托松而生)。【詩經】蔦與女ー施于松柏。❷무우라(ー蔔菜也)。【後漢書】更始亂宮女食ー菔根。❸시라향라(蒔ー香也)。❹댕댕이넌출라(藤ー)。❺담장이넌출라(薜ー)。

【蘿徑：나경】담쟁이 덩굴이 덮인 오솔길。『林逋』片月通ーー幽雲在石牀。
【蘿磴：나등】담쟁이 덩굴이 얽힌 돌 층계。『姚鵠』ーー、靜攀雲共通。
【蘿蔓：나만】(植)담쟁이덩굴。『盧綸』松高ーー輕、中有石牀平。
【蘿蔔：나복】(植)무우。蘿菔。
【蘿蔔子：나복자】무우씨。기침·가래를 다스리는 약재로 쓰임。
【蘿蔔菜：나복채】무우나물。
【蘿月：나월】담쟁이 잎 사이로 보이는 달。『沈佺期』相留且待雞禾熟、夕臥深山ーー春。
【蘿窓：나창】언저리에 담쟁이 덩굴이 번어 얽힌 창。『宋无』ーー月自懸。
【蘿軒：나헌】담쟁이 덩굴이 감긴 처마。『孟浩然』苔澗春泉滿、ーー夜月閑。

【⿱艹躅】(촉) 沃 チョク、つつじ azalea
❶촉풀촉(草名)。❷철쭉꽃촉(躑ー花名)。【韓愈詩】躑ー成山開不算。(『蜀·躅』과 같음)

二十畫

【虀】(제) 齊 セイ、サイ、あえもの seasoning ㄐㄧ chi¹
양념할제(醯醬所和細切)。【釋名】ー濟也與諸味相濟成也。(『齏』와 같음)

【⿱艹瞪】(등) 徑 トウ、さめない half-awake
잠깨어어릿할등(睡覺貌)。

【⿱艹贊】(찬) 翰 サン、おおいたび ivy ㄗㄢˋ tsan⁴
담쟁이덩굴찬(蔓草牡ー)。

【虂】(로) 遇 ロ、つるむらさき wind vines
머루덩굴로(草名慈葵)。

二十一畫

【虆】㊀(류) 支 ラ、ルイ、ふご carrier's basket
㊁(류) 紙
㊀❶덩굴류(蔓也)。❷들것류(ー梩籠臿類)。【孟子】蓋歸反ー梩而掩之。(『虆·蔂』와 통함)
㊁칡덩굴류(葛蔓)。【詩經】葛ー纍之。(『藟』와 같음)

【虆梩：유리】들것과 가래。【孟子】反ーー而掩之。
【虆垂：유수】들것。(가마니의 네 귀퉁이에 새끼를 매어 흙 따위를 나르게 만든 것)。【淮南子】天下大水、禹身執ーー、爲民先。

【虈】(효) 蕭 キョウ、よろいぐさ medic root
백지효(白芷)。【王逸】芳ー兮挫枯蘭。

【⿱艹齏】(제)『虀』(19艸部畫)와 같음

二十三畫

【虊】(란) 寒 ラン、あさざ water-caltrop
❶순채란(蓴菜)。❷마름풀란(鳧葵)。

【虃】(현) 先 ケン、むぎわら barley straw
보리짚현(麥稈)。

二十四畫

【⿱艹贛】(공) 送 コウ、じゅすたま Coix agrestis
율무공(薏苡)。

【⿱艹釀】(양) 養 ジョウ、な、あおもの vegetable
❶들깨양(ー茅蘇也)。【方言】蘇之小者謂之ー。❷양나물양(菜

也)。【齊民要術】種蔓菁擬作乾菜及ㅣ菹者。

二十五畫

【虋】 (문) 元 ボン、もちあわ reddish millet
小篆
❶붉은기장문(赤粱粟)。❷맥문동문(ㅣ冬蘠蘼)。【山海經】鮮山其草多ㅣ冬。

【虌】 (별) 屑 ベツ、わらび fresh bracken
(『蘩』와 통함)
처음난고사리별(初生蕨)。

三十三畫

【麤】 (추) 虞 ソ、わらぐつ straw shoes
小篆
짚신추(草履)。

虍 部

【虍】 (호) 虞 コ、とら figure of tiger's skin ㄏㄨ hu¹
小篆 草書
범의문채호(虎文)。

二畫

【虎】 (호) 麌 コ、とら tiger ㄏㄨˇ hu³
小篆 小篆 古文 古文 草書
범호(猛獸山獸之君)。【易經】雲從龍風從ㅣ。

【虎踞:호거】 ❶범처럼 도사리고 앉음。【續博物志】其人ㅣㅣ而鷹趾。❷地勢가 웅장함을 일컫는 말。❸괴이하게 생긴 돌의 형용。

【虎踞龍盤:호거용반】 용이 도사리고 범이 웅크리고 앉음。龍盤虎踞。《喩》웅장한 山勢。

【虎脛骨:호경골】 《醫》범의 앞 정강이 뼈。다리에 힘을 돋구기 위한 補藥으로 씀。

【虎鵠:호곡】 활을 쏠 때 쓰이던 과녁。호랑이 가죽으로 만들어 射侯의 안에다 붙임。王이 大射禮를 베풀 때 쓰인다 함。【名物圖】。

虎鵠(名物圖)

【虎骨:호골】 《醫》호랑이의 뼈。筋骨을 튼튼하게 하는 데 약으로 씀。

【虎口:호구】 ❶범의 입。《喩》매우 위험한 지경이나 경우。【莊子】料虎頭、編虎鬚、幾不免ㅣㅣ哉。❷바둑에서 상대 편 바둑 석점이 이미 싸고 있는 그 속。

【虎騎:호기】 용맹스런 騎兵。【魏志】戰良久、乃縱ㅣㅣ、夾擊大破之。

【虎鈕:호뉴】 호랑이 모양으로 새긴 印章의 꼭지。

周錞虎鈕(西清古鑑)

【虎膽:호담】 호랑이의 쓸개。

【虎頭:호두】 頭骨의 생김새가 범의 것과 비슷함。《轉》위엄이 있고 존귀한 人相。【後漢書】相者曰、生燕頷ㅣㅣ、飛而食肉、此萬戶侯相也。

【虎狼:호랑】 호랑이와 늑대。《喩》욕심 많고 잔인한 사람。【史記】秦ㅣㅣ之國也。

【虎狼之心:호랑지심】 성질이 거칠고 사나와 인자스럽지 못한 마음。

【虎吻:호문】 호랑이의 입술。《喩》위험함을 일컫는 말。

【虎尾:호미】 호랑이 꼬리。

【虎尾春氷:호미춘빙】 범의 꼬리와 봄에 어는 얼음。《喩》매우 위험한 지경。【書·君牙】。

【虎班:호반】 《制》武官의 班列。↕鶴班。

【虎斑石:호반석】 벼루를 만드는 데 쓰는 검은 바탕에 흰 점이 아롱진 돌。

【虎斑釉:호반유】 도자기에 호랑이 무늬같이 얼룩지게 칠하는 잿물。

【虎拜:호배】 신하가 임금에게 拜謁하는 禮。【詩經】ㅣㅣ稽首、天子萬年。

【虎兵:호병】 용맹한 병사。虎將。

【虎步:호보】 씩씩하게 걷는 걸음。【魏志】ㅣㅣ關右、所向無前。

【虎父犬子:호부견자】 《喩》아버지는 잘났는데 아들은 못나고 어리석다는 말。

【虎負嵎:호부우】 범이 산의 一部를 등에 지고 일어섬。《喩》㉠매우 용맹스러운 모양。㉡영웅이 한 지방에 세력을 뻗침。【孟子·盡心】有衆逐虎、ㅣㅣㅣ、莫之敢攖。

【虎賁:호분】 ❶勇士。용맹스런 군대。❷《制》周代의 近衞兵。【孟子】ㅣㅣ三千人。

【虎死留皮:호사유피】 범은 죽어서 毛皮를 남김。《喩》사람은 死後에 명예를 남겨야 한다는 말。【歐陽修·王彥章畫像記】。

【虎嘯:호소】 범이 큰 소리로 으르렁거림。《喩》영웅이 뜻을 얻어 활약하는 모양。【北史】ㅣㅣ風生。

【虎視:호시】 범과 같이 날카로운 눈초리로 사방을 둘러 봄。또는 그 눈。

【虎視耽耽:호시탐탐】 범이 먹이를 노리어 눈을 부릅뜨고 노려봄。《喩》기회를 노리고 있는 모양。【易經】ㅣㅣㅣㅣ、其欲逐逐。

【虎臣:호신】 勇猛한 신하。

【虎牙:호아】 ❶호랑이의 이빨。❷漢代將軍의 異稱。

【虎疫:호역】 =虎列剌。

【虎列剌:호열자】 《醫》콜레라。

【虎威:호위】 범의 위력。《喩》權勢家의 「威力。

【虎耳:호이】 《植》범의귀。

【虎而冠:호이관】 《喩》사람의 탈을 쓰고 있으면서 속으로는 매우 포악한 마음을 가진 사람。【史記】其爪牙吏、ㅣㅣㅣ。

【虎翼:호익】 ❶사나운 호랑이에게 날개가 있다면 그 사나움을 막을 길이 없게 됨。《轉》勢力家에게 權勢를 더 줌。❷陣形의 이름。

虎翼陣(三才圖會)

【虎子:호자】 ❶범의 새끼。❷便器。

【虎杖:호장】 《植》마디풀과에 속하는 多年草。어린 줄기는 食用함。감제풀。苦杖。

【虎掌:호장】 ❶호랑이의 발바닥。또 호랑이와 같은 손바닥。❷山野에 自生하는 풀 이름。

❷ 虎掌(三才圖會)

【虎將:호장】 호랑이와 같이 용맹스러운 장수。【陳造】縱觀ㅣㅣ萬旗紅。

【虎前乞肉:호전걸육】 《國》범더러 고기 달라기。《喩》안 될 것을 하려고 하는 것。【旬五志】。

【虎蹲:호준】 호랑이가 웅크리고 앉음。호랑이 모양으로 웅크리고 앉음。

【虎蹲砲:호준포】 ❶쇠뇌의 한 가지。틀은 나무로 만들어 모양은 호랑이가 웅크리고 앉은 것과 같음。❷砲身은 짧고 粗大한 砲。俗稱 田雞砲라 함。

虎蹲砲(武備志)

【虎叱:호질】 ❶톡톡히 꾸짖음。❷《書》燕巖 朴趾源이 지은 단편 소설。당시 부패하고 위선적이던 유생들의 사면을 폭

로한 풍자 소설。『傳休奕』賴得樊將軍、ㅡㅡ項王前。

【虎擲龍拏:호척용나】범과 용의 싸움。《喩》英雄이 서로 다툼。『李獻能·詩』ㅡㅡㅡㅡ王伯事。

【虎枕:호침】범 모양으로 만든 도자기의 베개。

【虎豹:호표】❶범과 표범。《喩》매우 용맹스러운 사람。❷巖石의 형용。『蘇軾』。

【虎皮:호피】털이 붙은 범의 가죽。옛날에 장대의 끝에 매달아 兵士들에게 警戒를 指示하였고 또兵器를 싸서 武로써 兵을 다스릴 것을 밝혀 가르치기 위하는데 썼음。『禮記』倒載干戈包之以ㅡㅡ。

虎皮(名物圖)

【虎皮方席:호피방석】호피로 만든 방석。옛날에는 二品 이상의 벼슬아치가 깔았음。

【虎穴:호혈】범이 사는 굴。《喩》가장 위험한 곳。『後漢書』不入ㅡㅡ、不得虎子。

【虎患:호환】범이 人畜에게 끼치는 해。

【虐】(학) 藥 ㄋㄩㄝ nüeh 〈本音〉「약」 cruel ギャク、しいたげる

(小篆)(古文)(草書) ❶사나울학、혹독할학、까다로울학(酷也苛也)。『書經』以敷ㅡ于爾萬方百姓。❷해롭게할학(殘也)。『左傳』陵ㅡ神主。

【虐待:학대】가혹하게 대우함。虐遇。

【虐民:학민】백성을 몹시 苛酷하게 다룸。

【虐使:학사】殘虐하게 부림。酷使。

【虐殺:학살】참혹하게 무찔러 죽임。

【虐政:학정】포학한 정치。苛政。『孟子』憔悴於ㅡㅡ。

【虐疾:학질】위중한 병。

四 畫

【虑】(필) 質 ヒツ、うれえる worry about

근심할필、애탈필(愁也)。

【虒】(사) 支 シ、チ ㄙ ssŭ palace

(小篆)(草書) ❶뿔범사(委ㅡ虎之有角者)。❷대궐이름사(ㅡ祁)。❸땅이름사(地名)。

【虒祁:사기】《歷》晋의 平公이 지은 궁궐의 이름。

【虓】(예) 紙 隊 ガイ、とらのさま tigerish

(小篆) 범의모양예(虎貌)。

【虓】(효) 肴 コウ、ほえる ㄒㄧㄠ hsiao roar

(小篆)(草書) 범고함지를효(ㅡ然虎怒聲)。『詩經』進厥虎臣闞如ㅡ虎。

五 畫

【虔】(건) 先 ケン、つつしむ ㄑㄧㄢ ch'ien sincerity

(小篆)(草書) ❶정성건(恭敬)。『左傳』ㅡ卜於先君。❷빼앗을건(强取)。『書經』奪攘矯ㅡ。❸죽일건(ㅡ劉殺也)。『左傳』ㅡ劉我邊陲。

【虔虔:건건】항상 삼가는 모양。『謝惠連』呱呱弗顧、ㅡㅡ是款。

【虔誠:건성】삼가고 정성어린 것。至誠。

【虔肅:건숙】敬虔하고 엄숙함。『後漢書』『庾信』朱絃絳鼓罄ㅡㅡ。遵稽古之鴻業、體ㅡㅡ以應天。

【虔劉:건유】죽임。殺害함。(劉도 殺의 「뜻」)。

【虓】(을) 物 ギツ、とらのさま (of a tiger)glare at

(小篆) 범이노려볼을(虎視貌)。

【處】㊀(처) 語 ㊁(처) 御 ショ、ところ ㄔㄨˇ ch'u³ ㄔㄨˋ ch'u⁴ place ;live

(小篆)(草書) ㊀❶살처(居也)。『詩經』莫或遑ㅡ。❷그칠처(止也)。『詩經』其後也ㅡ。❸정할처(定也)。❹처치할처(ㅡ置分別)。「如區ㅡ置曰ㅡ分」。❺처자처、처녀처(女未嫁)。❻구처할처(區ㅡ)。㊁곳처(ㅡ所)。『詩經』于時ㅡㅡ。

【處決:처결】❶결정하여 조치함。『唐書』中外事、聽老奴ㅡㅡ。❷사형에 처함。

【處女:처녀】❶성숙한 未婚의 여성。處子。『孫子』始如ㅡㅡ、敵人開戶。❷남자와의 性的 경험이 없는 여자。❸최초의·처음으로 하는 등의 뜻을 나타내는 말。

【處女林:처녀림】사람이 아직 한 번도 베내지 아니한 原始林。

【處女膜:처녀막】《生》처녀의 陰門 속에 있는 엷은 막。陰膜。

【處女飛行:처녀비행】새로 만든 비행기나 또는 새로 훈련을 받은 비행사가 처음으로 하는 비행。

【處女演說:처녀연설】처음하는 연설。

【處女作:처녀작】처음으로 발표된 작품。처음으로 지은 작품。

【處女地:처녀지】❶아직 전연 개척하지 않은 땅。❷사람이 처음 발을 들여놓은 땅。

【處女航海:처녀항해】새로 만든 배가 처음으로 하는 항해。

【處斷:처단】처치하여 결단함。『晋書』王渾不尙刑名、ㅡㅡ明允。

【處理:처리】일을 끝냄。

【處務:처무】사무를 처리함。

【處方:처방】❶병의 증세에 따라 약제를 배합하는 방법。❷일 처리의 방법。

【處方箋:처방전】《醫》의사가 약제사에게 약제의 용법을 지시하는 법정 서면。약방문。

【處罰:처벌】형벌에 처함。

【處變:처변】❶일의 기틀을 따라 잘 처리하여 감。❷괴변을 당함。

【處分:처분】❶處置함。『古詩』ㅡㅡ適兄意、那得自任專。❷죄지은 사람을 벌 줌。處罰。❸《法》행정·사법 관청이 특정한 사건에 대하여 법규를 적용하는 행위。곧 행정처분。보호처분 따위。

【處分權:처분권】《法》처분할 수 있는 「권리。

【處分能力:처분능력】《法》물건이나 권리에 대하여 처분권을 행사하는 법률상의 능력。管理能力。

【處士:처사】❶벼슬을 하지 않은 선비。『孟子』諸侯放恣、ㅡㅡ橫議。❷世波의 표면에 나서지 않고 조용히 草野에 파묻혀 사는 선비。

【處事:처사】일을 처리함。

【處暑:처서】二十四 節候의 하나。立秋와 白露 사이에 있는 절기。양력 八월 二十二일쯤。

【處世:처세】이 세상에서 살아감。『李洞』ㅡㅡ堪驚又堪愧。

【處世術:처세술】이 세상에서 원만히 살아 나아가는 수단과 방법。

【處所:처소】❶사람이 살거나 머물러 있는 곳。『史記』一蛇獨怨、終不見ㅡㅡ。❷어떤 일이 일어난 곳이나 물건이 있는 곳。

【處身:처신】❶세상을 살아감에 있어서 몸을 가지는 일。❷몸가짐。行身。

【處心:처심】마음에 두고 잊지 않음。

【處心積慮:처심적려】마음에 두고 잊지 아니함。한 가지 일에 執念함。

【處役:처역】징역에 처함。

【處容歌:처용가】❶新羅의 鄕歌。新羅 憲康王 때 處容이 지었다 하며 疫神이 處容의 아내를 탐내어 침입한 것을 퇴치하

는 노래로 불렀다 함。 三國遺事에 전함。
❷高麗의 俗謠。 향가의 處容歌를 詳解하
여 만든 노래로 樂章歌詞·樂學軌範에 함께
전함。 ❸《樂》處容舞를 출때 부르는 노래。
【處容舞:처용무】 이조의 呈才 때와 驅
儺儀 뒤에 추는 鄕樂의 춤。 新羅 憲康王
때 處容에서 비롯됨。
【處遇:처우】 알맞게 대우함。 「감。
【處義:처의】 의를 지킴。 올바르게 살아
【處子:처자】 ❶=處女①。 ❷=處士。 『東
哲』堂堂—|、 無營無欲。
【處地:처지】 ❶자기가 처해 있는 경우。
또는 환경。 ❷서로 사귀어 지내는 관계。
❸지위 또는 신분。 「처함。
【處斬:처참】 목을 베어 죽이는 형벌에
【處處:처처】 ❶곳곳。 ❷處所①。 『史記』
皆有—|。
【處置:처치】 일을 감당하여 치러 감。 處
理。 『漢書』上自—|其里居。
【處置不能:처치불능】 부닥친 일을 어
떻게 처리할 수가 없음。
【處刑:처형】 형벌에 처하는 것。

【処】 (처)『處』(前條)의 俗字

【虖】 (호) 虞 コ、ク、あ、ああ ㄏㄨ hu¹ phrase implying regret
小篆 草書 탄식할호(歎辭)。 『漢書』
嗚—何施而臻此歟。
(『呼·嘑』와 통함)

【虗】 (허)『虛』(虍部 6畫)와 같음

【虙】 (복) 屋 フク、とらのさま ㄈㄨ fu² stately
小篆 草書 ❶위엄스러울복(虎貌)。
❷복희씨복(—犧帝號)。
『正韻』—犧氏能馴—犧牲也。 ❸성복
(姓也)。 (『宓』과 같음)

【虚】 (허)『虛』(虍部 6畫)의 俗字

六畫

【虛】 (허) 魚 キョ、コ、むなしい ㄒㄩ hsu¹ empty; vain
小篆 草書 ❶빌허、 헛될허(空也)。 ❷다
한허(罄也)。 ❸버금자리허(次也)。 『晉
語』實沈之—晉人是居。 ❹약할허(弱
也)。 ❺거짓말허(—言)。 ❻하늘허
(天空)。 ❼터허(故城)。 『詩經』升彼—
矣。 ❽별이름허(宿名二十八宿之一)。
【虛喝:허갈】 허세를 부리어 공갈함。 『史
記』恫疑—|、 驕矜而不敢進。
【虛怯:허겁】 겁이 많은 것。
【虛怯症:허겁증】 《醫》몸이 몹시 허약
하여 까닭 없이 무서움을 타는 증세。
【虛驚:허경】 사실이 無根한 일에 놀람。
헛것을 보고 놀람。
【虛空:허공】 ❶텅 빈 空中。 ❷사람이 없
는 조용한 곳。 無人之境。 『莊子』逃者—
|、中略、聞人足音 然而喜矣。 ❸《佛》
㉠모양과 빛이 없는 세계。 ㉡無量의 空
間과 時間。
【虛憍:허교】 실속이 없으면서 뽐냄。 自
負함。 『莊子·達生』方—|而恃氣。
【虛構:허구】 ❶ 사실이 없는 일을 사실
처럼 조작함。 ❷소설·희곡 등에서 실제
로 없는 사건을 作家의 상상력으로 창작
하는 것。 또는 그 이야기。 픽숀。
【虛根:허근】 《數》방정식 따위에서 虛數
에 속한 根。
【虛氣:허기】 ❶기운을 가라앉힘。 또는
그 기운。 ❷속이 비어 허전한 기운。
【虛飢:허기】 굶어서 배가 고픔。
【虛飢症:허기증】 몹시 배가 고픈 증세。
【虛氣平心:허기평심】 기를 가라앉히
고 마음을 고요히 함。
【虛度:허도】 헛되게 세상을 지냄。
【虛浪:허랑】 말이나 행동이 허황하고 착
실하지 못함。 「함。
【虛浪放蕩:허랑방탕】 허랑하고 방탕
【虛冷:허랭】 《醫》몸에 陽氣가 부족하고
냉냉함。 「꾸민 예절。
【虛禮:허례】 형식적인 예절。 겉으로만
【虛勞:허로】 ❶心身이 허약하고 피로
함。 虛脫。 ❷《醫》癆瘵。
【虛論:허론】 헛된 의론。 『文心雕龍』不
變旨趣、 徒張—|。
【虛痢:허리】 《醫》虛泄이 심한 증세。
【虛里脈:허리맥】 《醫》왼쪽 젖가슴 밑
에 뛰는 맥。
【虛妄:허망】 허황하고 미덥지 않음。 거
짓이 많고 망녕됨。 虛僞。
【虛妄之說:허망지설】 거짓되어 근거
가 없는 말。 허망한 소리。
【虛名:허명】 ❶실속 없는 헛된 名聲。
虛聲。 虛譽。 ❷헛된 稱號。 虛號。
【虛名無實:허명무실】 이름만 있고 실
상이 없는 것。 有名無實。
【虛耗:허모】 ❶텅 비어 아무 것도 없이
됨。 줄어들어서 없어짐。 『禮記·疏』物被
殘暴、 則—|。 ❷몸이 쇠약하고 피로함。
【虛無:허무】 ❶아무 것도 없고 텅 빔。
❷老子의 학설。 마음에 邪念이 없어 다른
생각을 하지 않고 몸·마음은 자연에 맡
김。 『史記·序』道家無爲、 其術以—|爲本。
【虛無感:허무감】 모든 것을 허무하게
보는 감정。 무상한 느낌。 「니 없음。
【虛無孟浪:허무맹랑】 虛無하고 터무
【虛無主義:허무주의】 ❶《哲》일체의
實在나 眞理를 부정하고、 세상은 모두 虛
無하다는 주의。 니히리즘。 ❷정치상으로
일체의 제도를 근본적으로 부정하고 각개
인의 뜻대로 생활하도록 하는 주의。
【虛文:허문】 ❶겉만 꾸미고 내용이 빈
약한 글·예의 또는 法制。 ❷겉치레。
【虛聞:허문】 헛소문。 虛傳。
【虛薄:허박】 =虛弱。
【虛拜:허배】 神位에게 절을 함。
【虛白:허백】 虛室生白의 略語。 허무함。
『庾信』一室之中不免—|。
【虛煩:허번】 《醫》기력이 쇠약하여져 양
기가 부족하고 신경이 날카로와져서 가
슴이 뛰는 병。
【虛病:허병】 꾀병。
【虛報:허보】 허위의 보도。 허위의 알림。
【虛費:허비】 ❶쓸데 없는 비용을 씀。
❷헛되게 없앰。
【虛事:허사】 헛된 일。 헛일。
【虛辭:허사】 실속이 없는 빈말。 虛言。
『鄒陽』此不可以—|借也。
【虛像:허상】 實像의 형성하는 광선을 반
대 방향으로 연장시켜 이루어진 像。 ↕
實像。 「생각。
【虛想:허상】 쓸데 없는 생각。 부질없는
【虛泄:허설】 《醫》기력이 쇠약하여 음식
을 먹으면 바로 설사가 나는 병。
【虛說:허설】 헛된 말。 거짓말。 虛言。
虛語。 『漢書』難以疑文—|定也。
【虛聲:허성】 ❶헛소리。 ❷=虛名。 『後
漢書』處士純盜—|。 ❸터무니 없는 소문。
【虛勢:허세】 실속이 없는 기세。 虛威。
【虛疏:허소】 허술함。
【虛損:허손】 ❶《醫》肺病。 癆瘵。 ❷공연
한 짓을 하여 손실을 봄。
【虛送:허송】 때를 헛되이 보냄。
【虛送歲月:허송세월】 하는 일 없이 세
월만 헛되이 보내는 것。 虛度歲月。
【虛受:허수】 ❶허심 탄회한 마음으로
딴 사람의 이야기를 들음。 ❷재능이 없
으면서 어떤 職責을 받음。

【虛數:허수】《數》임의의 대수 방정식의 根이 반드시 실수 속에서만은 구해지지 않는 결함을 채우기 위하여 따로이 정의된 수。↕實數。

【虛飾:허식】겉치레。

【虛實:허실】❶거짓과 참。眞僞。❷있음과 없음。❸준비가 있는 것과 없는 것。〔唐書〕乃營木刺蘭山諜一一。

【虛心:허심】❶아무 생각이 없음。마음에 아무런 邪念이 없음。虛懷。❷公平無私한 마음。〔管子〕一一平意。

【虛心坦懷:허심탄회】❶마음에 아무런 邪念이 없이 平靜하고 平坦함。❷愛憎에 끌리지 않는 공평한 태도。

【虛弱:허약】❶精力이 없고 몸이 약함。❷세력이 없고 약함。〔後漢書〕勢力一一。

【虛榮:허영】❶실속이 없는 헛된 榮華。〔柳宗元〕爲農信可樂、居寵眞一一。❷자기 정도에 넘치는 외관상의 영화。❸필요이상의 겉치레。

【虛位:허위】❶이름만 있고 實權이 없는 地位。〔南史〕守一一而已。❷빈자리。

【虛威:허위】실속은 없이 겉으로만 꾸민 헛된 威勢。虛勢。

【虛僞:허위】=虛妄。

【虛位排設:허위배설】제사 때에 神位 없이 제례를 베푸는 것。

【虛引:허인】❶화살 없이 빈 활을 잡아당겨 소리를 냄。❷마음에 아무 邪念이 없이 平靜한 마음으로 사람을 대함。

【虛日:허일】아무 일이 없는 날。일거리가 없는 날。

【虛張聲勢:허장성세】실속은 없이 헛소문과 허세만 부리는 것。

【虛傳:허전】거짓 소문。헛소문。虛聞。

【虛足:허족】《動》原生動物이 움직일 때 쓰이는 原形質의 突起。그것으로 발을 대신하여 먹이를 얻음。

【虛中:허중】❶空腹。❷精氣가 衰盡함。〔枚乘〕一一重聽。❸마음 속에 아무 생각이나 꺼림이 없음。

【虛則實:허즉실】보기에 허하며 속은 알뜰하게 차 있음。

【虛症:허증】《醫》기력・혈액의 부족으로 몸이 쇠약해진 병의 總稱。

【虛脫:허탈】❶체력・기력이 쇠약하여 瀕死의 지경에 이름。❷《醫》갑자기 심장이 쇠약하여 맥박이 불규칙하여지고 몸이 냉해지는 증상。

【虛套:허투】남을 농락하기 위하여 꾸미는 외면 치레。

【虛風:허풍】실제보다 동떨어지게 너무 과장하여 믿음성이 적은 언행。

【虛乏:허핍】굶주려서 기운이 없음。

【虛行:허행】목적을 못 이루고 공연히 갔다 옴。헛걸음。

【虛虛實實:허허실실】❶計略이나 手段을 써서 서로 상대방의 약점을 비난하여 싸움。❷虛實을 알아서 相對方의 動靜을 알아 냄。

【虛戶:허호】실제로 있지 아니한 戶數。

【虛華:허화】실속은 없고 겉으로만 빛나서 아름다움。

【虛廓:허확】마음이 허우룩함。

【虛荒:허황】마음이 들떠서 황당함。

【虛暈:허훈】《醫》기운이 매우 쇠약하여 일어나는 어지러운 증세。

【虜】(로) 麌 リョ、ロ、とりこ catch alive ㄌㄨˇ lu3

小篆 書 草 ❶사로잡을로(掠也)。〔漢書註〕生得曰一斬得曰獲。❷종로(奴隷)。(〔擄〕와 같음)

【虜掠:노략】사람을 사로잡고 재물을 약탈함。〔韓愈〕天子憫瘡痍、將軍禁一一。

【虜鋒:노봉】오랑캐의 창 끝。

【虜將:노장】적의 장수。敵將。

【虜艦:노함】적의 군함。敵艦。

【虜獲:노획】적을 사로잡음。적의 목을 자름。〔連文釋義〕生得曰虜、斬首曰獲。

【䖐】(은) 文 ギン、とらのこえ roar of a tiger

小篆 범의 소리은(虎聲)。

【䖑】(맥) 錫 ベキ、しろいとら white tiger

小篆 흰범맥(白虎)。

七畫

【䖒】(희) 支 キ、むかしのとうき antique earthenware Tㄧ hsi1

小篆 옛날그릇희(古陶器)。

【甝】(함) 感 カン、とら tiger

小篆 ❶범의 소리함(虎聲)。❷범함(虎也)。

【虞】(우) 虞 グ、うれえる anxious ㄩˊ yü2

小篆 書 草 ❶염려할우(虞一慮也)。〔孟子〕有不一之譽。❷추우짐승우(騶一仁獸)。〔詩〕吁嗟乎騶一。❸즐거울우(驩一樂也)。〔孟子〕覇者之民驩一如也。❹갖출우(備也)。〔晉語〕衛文公有邢翟之一。❺그릇할우(誤也)。〔詩〕無貳無一。❻편안할우(安也)。〔國語〕一於湛樂。❼우제지낼우(葬後祭禮)。〔禮〕豈若速反而一乎。❽우벼슬우(山澤官名)。〔書〕汝作朕一。❾나라이름우(帝舜國號)。

【虞美人:우미인】《人》中國 楚王 項羽의 寵姬。項羽가 垓下에서 敵에게 포위를 당했을 때 項羽의 詩에 맞추어 춤을 추고 自殺을 하여 項羽를 격려하였다 함。

【虞美人草:우미인초】《植》양귀비의 別名。麗春花。仙人草。美人草。

【虞犯:우범】《法》性格・環境 등에 비추어 죄를 犯하거나 형벌 법령에 저촉될 우려가 있음을 이름。

【虞殯:우빈】葬列이 행진할 때 부르는 歌曲。葬送歌。

【虞舜:우순】《人》中國 五帝의 한 사람。舜帝。父母에 孝誠스러웠고 兄弟間에 우애가 깊어 많은 백성이 이를 본받았다。堯의 禪位로 帝位에 올라 蒲阪에 都邑함。在位 一八年에 아들 商均이 梢하매 禹에 讓位하였다。姓은 姚、字는 重華。〔堯典〕。

帝舜 (金石索)

【虞淵:우연】❶해가 지는 곳。〔淮南子〕❷해 질 무렵。黃昏。

【虞人:우인】《制》古代 中國에서 山林・沼澤 등의 管理를 맡던 벼슬。虞官。〔孟子〕齊景公田、招一一以旌。

【虞祭:우제】初虞・再虞・三虞의 總稱。

【虞主:우주】《制》궁중에서 虞祭를 지낼 때에 쓰는 뽕나무의 神主。

【虞衡:우형】《制》周代의 벼슬 이름。天官의 大宰에 딸린 九職의 하나。山林의 관리를 맡아 보았음。

【號】㊀(호) 豪 ㊁(호) 號 ゴウ、さけぶ shout : call ㄏㄠ hao2 ㄏㄠˋ hao4

小篆 書 草 ㊀❶부르짖을호(大呼)。〔詩〕式一式呼。❷엉엉울호(大哭)。〔易〕先一咷而後笑。❸닭울호(鷄鳴)。〔晉書〕鷄始三一。❹오호활호(烏一弓名)。(〔譹・嗥〕와 통함) ㊁❶부를호(召也)。〔齊語〕使周遊四方以一召天

下之賢士。 ❷호령할호(ㅡ令)。【易】渙汗其大ㅡ。 ❸이름호(名稱)。「如國ㅡ諡ㅡ人之字亦曰ㅡ」。(『號·唬』와 같음)

【號角:호각】 불어서 소리를 내는 信號用으로 쓰는 물건。 옛날에는 뿔로 만들었으나, 요새는 쇠붙이 또는 세루로이드로 만들음。

【號哭:호곡】 =號泣。 『史記』子產病死, 鄭民ㅡㅡ。

【號旗:호기】 신호를 하기 위하여 사용하는 기。

【號咷:호도】 목놓아 소리내어 울음。『易經』同人先ㅡㅡ而後笑, 大師克相遇。

【號令:호령】 ❶지휘하여 명령함。 또는 그 명령。『書經』發號施令。 ❷큰 소리로 꾸짖음。 ❸口令。

【號令如汗:호령여한】 한 번 내린 명령은 다시 取消하기 어려움。

【號召:호소】 부름。 뭇 사람을 부름。『國語』ㅡㅡ天下之賢士。

【號數:호수】 번호의 수효。

【號然:호연】 어찌하여 이러한가。『荀子·哀公』孔子蹴然曰, 君ㅡㅡ耶。

【號外:호외】 定期 이외 임시로 발행하는 신문이나 잡지。

【號位:호위】 ❶稱號와 爵位。 ❷名儀와 地位。『書紀』不正ㅡㅡ。

【號泣:호읍】 목놓아 소리내어 울음。 號哭。

【號笛:호적】 ❶사이렌。 ❷신호로 부는 피리。 날라리。

【號鐘:호종】 ❶신호로 치는 종。 ❷옛 名琴의 이름。『傳休奕』齊桓有鳴琴, 曰ㅡㅡ。

八 畫

【虡】 (거) 語 キョ、ゴ、かねかけだい bar for hang a bell ㄐㄩˋ chu⁴ 쇠북 틀 설주 거(栒ㅡ

ㅡ枏名)。【詩】ㅡ業維樅。(『𧇛』와 같음)

【虝】 (호) 虞 コ まだみない invisible 보지못할호(不見)。

九 畫

【虢】 (괵) 陌 カク、くに state ㄍㄨㄛˊ kuo² 괵나라괵(國名)。【廣韻】周封ㅡ仲于西ㅡ。

【虣】 (포) 號 ホウ、ボウ、あらい wild; rough ㄅㄠˋ pao⁴ ❶사나울포(强侵虐也猛也)。【漢書】作威ㅡ害。 ❷급할포(急也)。 ❸벼슬이름포(周官名司ㅡ)。(『暴』와 통함)

十 畫

【虤】 (현) 銑 ケン、とらがいかる (of a tiger)get angry ㄧㄢˊ yen² 범성낼현(虎怒)。

【虥】 (도) 虞 ト、とら tiger ㄊㄨˊ t'u² 범도(烏ㅡ虎也)。【方言】虎或謂烏ㅡ。

【虦】 (잔) 刪 サン、とらのけ cut fur of a tiger ㄓㄢˋ chan⁴ 몽근털잔(ㅡ貓虎淺毛)。【爾雅】虎竊毛謂之ㅡ貓。

【虩】 (요) 嘯 ギョウ、おちつかない stagger 뒤뚱거릴요(ㅡ虩不安)。【韓愈詩】我亦不行踏ㅡ虩。

十一 畫

【虧】 (휴) 支 キ、かける break (古音「규」) ❶이지러질휴(缺也)。【史記】月滿則ㅡ。 ❷덜릴휴(氣損少也)。【易】天道ㅡ盈而益謙。

【虨】 (반) 刪 ハン、とらのあや tiger pattern 범의문채반(虎文)。

十二 畫

【虪】 (오) 虞 ウ、とら tiger 범오(虎也ㅡ菟)。

【虞】 (호) 號 コウ、どかま earthen cauldron 흙가마호(土釜)。

【虧】 (휴)『虧』(虍部11畫)와 같음

【虩】 (혁) 陌 ケキ、おそれる fearful ㄒㄧˋ hsi⁴ ❶눈휘둥그레할혁(ㅡㅡ恐懼貌)。 ❷거미혁(蠅虎蟲)。

十四 畫

【虤】 (은) 眞 ギン、あらそうこえ ❶범싸우는소리은(兩虎爭聲)。 ❷입김내보낼은(口氣出)。

【虩】 (격) 陌 ケキ、おそれる fear 두려워할격(恐也)。

十五 畫

【虪】 (혁) 陌 カク、とらのこえ roar of a tiger (本音「객」) 범의소리혁(虎聲)。

二十 畫

【虪】 (숙) 屋 シュク、くろとら black tiger ㄕㄨˋ shu⁴ 검은범숙(黑虎)。

虫 部

【虫】 ㊀(훼) 尾 ㊁(충)〔蟲音〕 キ、チュウ、むし insect ㄏㄨㄟˇ huei³ ㊀벌레훼(鱗介總名)。〔佩觿集〕蛇ㅡ之ㅡ爲蟲豸非是。 ㊁뜻은 ㊀과 같음。

一 畫

【虬】 (규)『虯』(虫部2畫)와 같음

二 畫

【虯】 (규) 尤 キュウ、みずち dragon ㄑㄧㄡˊ ch'iu² ❶뿔없는용규(龍之無角者)。【楚辭】焉有ㅡ龍負熊以遊。 ❷굼틀거릴규(蚴ㅡ駕形)。【樂觀賦】有仙駕雀其形蚴ㅡ 騎驢馳射狐兎鶩走。(『虬』와 같음)

【虯龍:규룡】 ❶용의 새끼로서 빛이 붉고 뿔이 없는 전설상의 동물。 一說에는 뿔이 있는 龍。『楚辭』有ㅡㅡ, 負熊以遊。 ❷용트림을 하여 굽은 樹木의 形容。

【虯蟠:규반】 서로 설켜 휘감김。『左思』輪囷ㅡㅡ。

【虯髯:규염】 용이 도사리고 있는 것처럼 구부러진 수염。『五代史』皇甫遇有勇力, ㅡㅡ善射。

【虱】 (슬)『蝨』(虫部9畫)과 같음

【虰】㊀(정) 靑 テイ、とんぼ dragon-fly ㄑㄧㄥ tingˈ ㊁(증) 庚 ㊀잠자리정(蜻蜓－蛵)。㊁개미증(螘也蠪－)。

【䖵】(닉) 職 ジョク、むしがくうやまい worm-eaten disease 벌레먹는병닉(蟲食病)。

三畫

【虳】㊀(굴) 物 クツ、テキ、ねずみ rat ㊁(적) 錫 ㊀쥐굴(鼠也)。㊁뜻은 ㊀과 같음。

【虴】(택) 陌 タク、いなご locust 小篆 베메뚜기택(蚱蜢、一名稻蝨)。

【虵】(사)『蛇』(虫部 5畫)의 俗字

【虶】(우) 虞 ウ、げじげじ millipede 그리마우、치자리우(蚰蜒蛈－)。

【虷】(간) 寒 カン、ぼうふり(本音「한」) wriggler 草書 ❶범할간(犯也)。❷장구벌레간(井中赤蟲)。【漢書】白虹－日。【莊子】還－蟹與科斗莫吾能若也。

【虷日:간일】太陽을 犯함。【漢書】自虹－一、連陰不雨。

【虸】(자) 紙 シ、いなむし cicadula viridis 草書 자방벌레자(－蚄害稼蟲)。【唐書】楡關－蚄蟲害稼。

【虸蚄蟲:자방충】《動》며루。

【虹】(올) 月 ゴツ、かに crab 게올(蛤蟹)。

【虹】(홍)『虹』(次條)과 같음

【虹】㊀(홍) 東 ㊁(강) 絳 ㊂(공) 送 ㊃(항) 江 コウ、にじ rainbow ㄏㄨㄥ hung² 小篆 籒文 籒文 草書 ㊀무지개홍(螮蝀)。【禮】季春－始見孟冬－藏不見。㊁골이름강(泗州縣名)。㊂뜻은 ㊁와 같음。㊃ ❶어지러울항、무너질항(潰也)。【詩】彼童而角實－小子。❷칼이름항(劍名流彩－)。

【虹橋:홍교】❶무지개。彩橋。【上官儀】雨霽－－晩、花落鳳臺春。❷무지개처럼 생긴 다리。

【虹蜺:홍예】＝虹霓。

【虹霓:홍예】❶무지개。❷《天》별 이름。【運斗樞】樞星爲－－。

【虹霓門:홍예문】門얼굴의 윗머리가 무지개같이 반원형이 되게 만든 문。虹霓門。

【虹棧:홍잔】무지개처럼 굽은 다리。【薩都剌】縣崖－－危。「木虛吟。

【虹泉:홍천】폭포。【張說】－－電射、雲

【虹彩:홍채】《生》眼球의 角膜과 水晶體와의 사이에 있는 圓盤 모양의 부분。瞳孔의 開閉를 행하여 빛의 量을 조절하며 또 映像을 선명하게 함。

【虿】(천) 銑 テン、むしがのびゆく wriggle 小篆 小벌레굼틀거릴천(蟲曳行)。【晉書】指禿腐骨不簡－傳。

【虻】(맹) 庚 ボウ、あぶ gadfly 등에맹(蚊－齧人飛蟲)。(『蝱』과 같음)

【虺】㊀(훼) 尾 キ、カイ、まむし viper ㊁(회) 灰 ㄏㄨㄟ huei³ 小篆 草書 ㊀❶이무기훼(蛇虺)。【詩】維－維蛇女子之祥。❷적은배암소리훼(－－小蛇聲)。【詩】－－其雷。㊁비루먹을회(－隤馬病)。【詩】我馬－隤。(『瘣』와 같음)

【虺蛇入夢:훼사입몽】살무사나 이무기의 꿈을 꿈。《喩》여아를 낳을 징조。살무사나 이무기는 陰性이므로 일컫는 말。

【虺蜮:훼역】뱀과 물여우。《喩》사람을 해치는 邪惡한 사람。【子華子】毁本塞原、

【虺虺:훼훼】우뢰 소리。【甚于－－。

【虺隤:회퇴】병으로 쇠약함。

四畫

【蝱】(맹)『虻』(前前條)과 같음

【虽】(수)『雖』(隹部 9畫)와 같음

【蚄】(방) 陽 ボウ、いなむし cicadula viridis ㄔˋ ch'ih³ 草書 자방벌레방(虸－害稼蟲)。

【蚇】(척) 陌 セキ、しやくとりむし looper 草書 자벌레척(－蠖屈伸蟲)。

【蚊】(문) 文 ブン、モン、か mosquito ㄨㄣˊ wen² 小篆 或體 或體 草書 모기문(齧人飛蟲蚋也)。【莊子】－虻噆膚則通昔不寐矣。

【蚊脚:문각】모기의 다리。《轉》모기 다리처럼 가는 글씨。【庾肩吾】－－傍低、鵠頭仰立。

【蚊群:문군】모기의 떼。

【蚊雷:문뢰】많은 모기가 모여서 나는 소리가 雷聲과 같음。【周必大】潮聲遙聽訝－－。

【蚊虻:문맹】《動》모기와 등에。蚊蝱。

【蚊母鳥:문모조】《動》비둘기보다 약간 적고 灰色에 茶色의 斑點이 있으며 부리가 짧고 큰 새。蚊吸鳥。怪鴟。

【蚊負山:문부산】모기에다 山을 지게 함。《喩》힘이 약해서 重任에 견디지 못함。蚊蚋負山。【莊子·秋水】。

【蚊蠅:문승】모기와 파리。

【蚊帳:문장】모기장。蚊幌。蚊㡡。

【蚊陣:문진】모기의 떼。

【蚋】(예) 霽 ゼイ、ぬかが mosquito 草書 모기예(蠅－)。【孟子】蠅蚋姑嘬之。(『蜹』와 같음)

【蚌】(방) 講 ホウ、ボウ、どぶがい shellfish ㄅㄤˋ pang⁴ 小篆 草書 조개방(蛤屬含漿)。【吳都賦】－蛤珠胎與月虧全。(『蜯』과 같음)

【蚌珠:방주】眞珠조개에서 나온 眞珠。

【蚌扎:방찰】버어마에서 쓰이는 장구의 한 가지。

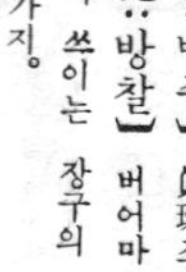

蚌扎(大淸會典圖)

【蚌鷸:방휼】❶방합과 도요새。❷蚌鷸之勢의 略語。

【蚌鷸之勢:방휼지세】서로 물고 버티어 놓지 않음。곧 어금버금한 형세。

【蚌鷸之爭:방휼지쟁】방휼 지세로 다투는 일。

【蚏】(월) 月 エツ、こがに small crab 방게월(似蟹而小)。(『䖃』과 같음)

【蚍】(비) 支 ヒ、おおあり Hercules ant ㄆㄧˊ p'i² 小篆 或體 草書 왕개미비(－蜉蟻之大者)。

【蚍衃:비부】《植》당아욱。아욱과에 속하는 월년초。錦葵。錢葵。

【蚍蜉:비부】《動》왕개미。

【蚍蜉蟻子之援：비부의자지원】왕개미와 잔개미들의 助力。《喩》僅少한 援兵。

【蚐】(균) 眞 キン、やすで galleyworm 노래기균(臭蟲馬蚿)。

【蚑】(기) 支 キ、はう wriggle くㄧ ch'i² 小篆 書 ❶굼실거릴기(－－蟲行貌)。【天地賦】－行蠕動方聚類分。❷장기벌레기(長－蠨蛸別名)。

【蚓】(인) 軫 イン、みみず earthworm ㄧㄣˇ yin³ 草書 지렁이인(蚯－一名土龍 一名曲蟺)。【埤雅】蚯－土精無心之蟲與阜螽交。『螾』과 통함

【蚓曲：인곡】여름철 밤에 지렁이가 우는 소리。【古今注】蚯蚓善長吟於地中、江東謂之歌女、或謂鳴砌。

【蚓竅集：인규집】《書》十卷으로 됨。明나라 管時敏이 엮음。【四庫提要】。

【蚓廉：인렴】蚓操와 같음。【孟子】仲子惡能廉、充仲子之操、則蚓而後可者也。

【蚓操：인조】지렁이가 먹고 마시는 것이 오직 흙과 물이면서도 잘만 살아가듯이、남에게 신세를 지지 않고 사람으로서의 禮節을 지킴을 比喩。【孟子】充仲子之操、則蚓而後可者也。

【蚖】(一)(원) 元 ゲン、ガン、いもり (二)(완) 寒 ㄩㄢ² yuan² salamander 小篆 小篆 (一)도롱뇽원(蠑－蚖蜴)。【說文】蠑－ 蛇醫以注鳴者。『螈』과 같음 (二)까치독사완(虺類毒蛇)。

【蚖蛇：완사】독사。『周禮』謂螫噬之蟲者、－－蝮蝎之屬也。

【蚖靑：원청】도롱뇽。地膽의 異名。【本草】釋名、－－、靑蠵。弘景曰、地膽是芫靑所化、故亦名－－。

【蚔】(一)(기) 支 ギ、あおがえる tree frog (二)(지) 紙 小篆 (一)❶청개구리기(畫也)。❷등에기(土蝱)。(二)『蚳』와 같음。

【蚕】(一)(천) 銑 テン、みみず earthworm (二)(잠) 覃 ㄘㄢˊ ts'an² 草書 (一)지렁이천(寒蚓)。【爾雅】螼蚓豎－。(二)『蠶』의 俗字

【蚵】(면) 先 ベン、せみ cicada 小篆 매미면(蟬類)。

【蚗】(一)(결) 屑 ケツ、みんみんせみ cicada ㄐㄩㄝˊ chueh² (二)(열) 屑 (一音 열) 小篆 (一)쓰르라미결(蛥－蟬類)。(二)도롱뇽열(蛟也)。【史記】－龍伏之。

【蚘】(一)(회) 灰 カイ、ウ、はらのむし round worm (二)(우) 尤 (一)회충회(人腹中長蟲)。『蛔』와 같음 (二)이름우(九黎君號蚩－)。『尤』와 통함

【蚙】(금) 侵 キン、むしが つらなってゆく (of insects) go in a line 벌레가 줄지어 갈금(蟲連行貌)。【淮南子】昌羊去蚤虱而來－窮。

【蚙窮：금궁】귀로 들어오는 벌레。【淮南子·注】－－、蝨蜒、入耳之蟲也。

【蚚】(기) 微 キ、よねむし rice-weevil くㄧ ch'i² 小篆 쌀바구미기(米蠹)。

【蚜】(아) 麻 ガ、あぶらむし Plant louse 草書 작은벌레아、진딧물아(小蟲)。

【蚝】(자) 寘 シ、いらむし worm 갈래자(龍－斑蝥)。

【虵】(훼)(회)『虺』(虫部 3畫)의 本字

【蚞】(목) 屋 ボク、せみ cicada ㄇㄨˋ mu⁴ 쓰르라미목(蛥蚗蜓－)。

【蚟】(왕) 陽 オウ、こおろぎ cricket 귀뚜라미왕(蟋蟀－孫)。

【蚰】(뉵) 屋 ジク、げじげじ millipede 지차리뉵、그리마뉵(蚰蜒－蚭)。

【蚠】(분) 文 フン、ひとのな person's name 草書 사람이름분(人名伯－)。

【蚡】(분) 文 フン、むぐらもち mole ㄈㄣˊ fen² 草書 두더쥐 분(地鼠伯勞所化)。『鼢』과 같음

【蚢】(항) 陽 コウ、かいこ worm ㄏㄤˊ hang² 쑥누에항(食蕭蠶)。

【蚣】(一)(공) 東 コウ、むかで centipede ㄍㄨㄥ kung (二)(송) 冬 草書 (一)지네공(蜈－毒蟲)。(二)메뚜기송(－蝑蝗也)。『蜙』과 같음

【蚨】(부) 虞 フ、みずむし water insect ㄈㄨˊ fu² 小篆 草書 물나비부(靑－水蟲)。

【蚨蟬：부선】《動》강충이。

【蚤】(조) 皓 ソウ、のみ flea ㄗㄠˇ tsao³ 小篆 或體 草書 ❶벼룩조(齧人跳蟲)。【莊子】鴟鵂夜撮－、察毫末。❷일찍조(早也)。『爪』와 같음 【孟子】－起施從良人之所之。

【蚤起：조기】아침 일찍 일어남。早起。夙起。夙興。

【蚤莫：조모】아침과 저녁。莫는 暮。朝晩。【禮記】視日－－。

【蚤歲：조세】❶젊은 시절。젊은 때。弱年。【朱熹·中庸章句序】熹自－－、即嘗受讀而竊疑之。❷年初。歲初。

【蚤蝨：조슬】벼룩과 이。

【蚤夭：조요】젊어서 죽음。夭死。夭折。早死。蚤世。【史記】回也屢空、糟糠不厭、而卒－－。

【蚤腸出食：조장출식】《國》벼룩의 간 내어 먹기。《喩》극히 적은 이익을 당치 않게 갉아먹는다는 뜻。【東言解】。

【蚤知之士：조지지사】❶先見之明이 있는 사람。❷時機를 보는 데에 敏感한 사람。【戰國策】－－－－、名成而不毀、故稱後世。

【蚤寢晏起：조침안기】일찍 자고 늦게 일어남。【禮記】孺子－－－－。

【蚺】(염) 鹽 ゼン、ネン、にしきへび big sanke ㄖㄢˊ jan² 小篆 草書 염뱀염、먹는 구렁이염(大蛇可食尾圓無鱗身有斑文而似鼉)。【唐書】廣州土貢鼊甲－蛇。

【蚺蜈：염담】짐승이 혀를 내민 모양。【類篇】－－獸吐舌貌。

【蚺蛇：염사】《動》이무기。巨大한 뱀의 俗稱。열대산의 왕뱀 같은 것。大蟒。

【蚧】(개) 卦 カイ、かい shellfish ㄐㄧㄝˋ chieh
草書 ❶조개개(燕雀所化)。【大戴禮】於海化而爲—。❷동아뱀개(蛤—)。【元陳孚詩】龍眼花開蚧—鳴。

【蚩】(치) 支 シ、おろか foolish ㄔ ch'ih
小篆 草書 ❶치벌레치(蟲名)。【六書正譌】凡無知者皆以—名之。❷어리석을치(——愚貌)。【詩】氓之——。❸업신여길치(侮也)。❹별이름치(星名—尤旗)。❺사람이름치(人名—尤)。
【蚩笑:치소】조롱하여 웃음。업신여겨 웃음。嘲笑。
【蚩蚩:치치】❶어리석은 모양。無知함。【詩經】氓之——。❷人情이 두터운 모양。敦厚한 모양。❸어지럽게 얽힌 모양。

【蚪】(두) 有 トウ、おたまじゃくし tadpole ㄉㄡˇ tou³
草書 올챙이두(蝌—聒子)。【高陽氏書】名蝌—頭圓大而尾細古文似之故謂之蝌斗文。

五畫

【蚭】(니) 支 デイ、むしのな millipede
지차리니、그리마니(蚰蜒蚰—)。

【蚯】(구) 尤 キュウ、みみず earthworm ㄑㄧㄡ ch'iu¹
草書 지렁이구(—蚓土龍)。【禮】孟夏—蚓出。
【蚯蟓:구상】(動)왕개미。蚍蜉。【方言】蚍蜉·齊·魯之間、謂之——。
【蚯蚓:구인】(動)지렁이。환충류(環蟲類)에 속하는 軟形動物。
【蚯蚓泥:구인니】지렁이 똥。

【𧊔】(원) 元 エン、うごめく wriggle ㄨㄢ wan¹
❶꿈틀거리는 모양 원(盤旋貌)。❷지렁이 원(蚯蚓)。
【𧊔蟺:원선】❶지렁이。『廣韻』蟺、——、蚓。❷輾轉하는 모양。또 빙빙 도는 모양。『嵇康·注』善曰、——、展轉也、銑曰、——、盤旋貌。

【蚰】(유) 尤 ユウ、げじげじ millipede ㄧㄡˊ yu²
草書 땅지네유、노래기유(—蜒蚰蚭)。【本草】—蜒長寸餘死亦蜷曲如環。
【蚰蜒:유연】(動)그리마。多足類에 속하는 節足動物。(喩)모양이 불쾌한 느낌을 주고 싶은 사람。

【蚱】(책) 陌 サク、いなご locust ㄓㄚˋ cha⁴
草書 책맹벌레책、메뚜기책(—蜢蝗類)。
【蚱蜢:책맹】❶메뚜기 비슷한 벌레。【本草】❷작은 배(船)를 比喩해서 말함。【六書正譌】——、草上蟲、又借爲船名、取譬其小也。❸두꺼비。【一切經音義】——、淮南名去父也、即蟾蠩也。
【蚱蟬:책선】(動)❶매미의 한 가지。鳴蟬。❷벙어리매미。雌蟬。啞蟬。

【蚲】(평) 庚 ヘイ、あぶ gadfly
등에평(蝱也)。

【蚳】(지) 支 チ、ありのたまご ant's spawn ㄔˊ ch'ih²
小篆 籀文 古文 草書 왕개미알 지、지(—醢蚍蜉子即蟻卵)。【周禮】—醢。【疏】謂蟻之子取白者以爲醢。

【蚴】(유) 有 ユウ、うねりくねる wriggle
草書 꿈틀거릴유(—蟉龍貌)。【上林賦】青龍—蟉於東廂。
【蚴蟉:유규】龍이 꿈틀거리는 모양。
【蚴龍:유룡】龍이 꿈틀거리며 기어서 가는 모양。
【蚴蜕:유세】(動)벌의 일종。땅벌。

【蚵】(가) 歌 カ、とかげ lizard (本音「하」)
도마뱀가(蜥蜴)。

【蚶】(감) 覃 カン、あかがい ark shell ㄏㄢ han¹
草書 살조개감、강요주감(蚌屬魁陸)。【江賦】洪—專車。

【蚷】(거) 語 キョ、やすで flat millipede ㄐㄩˋ chü⁴
草書 마현벌레거(商—馬蚿蟝)。【莊子】猶猴蛟負商—馳河也。

【蚸】(력) 錫 レキ、むしのな grasshopper ㄌㄧˋ li⁴
草書 가늘고긴메뚜기력(細長蚱蜢—)。
【蚸蠖:역확】(動)자벌레。尺蛾科의 나방의 幼蟲。

【蚹】(부) 遇 フ、へびのうろこ scale ㄈㄨˋ fu⁴
草書 ❶뱀의배비늘부(蛇腹下橫鱗)。【莊子】吾待蛇—蜩翼耶。❷달팽이부(蝸牛)。【爾雅】—蠃螔蝓。

【蚺】(염)『蚦』(虫部 4畫)의 俗字

【蚿】(현) 先 ゲン、やすで flat millipede ㄒㄧㄢˊ hsien²
草書 그리마현(馬—蟲名)。【博物志】百足一名馬—中斷成兩段各行而去。【莊子】夔憐—、—憐蛇。

【蚻】(찰) 黠 サツ、せみ cicada
쓰르라미찰(小蟬)。【孟郊詩】始去杏飛蜂及歸柳蜥—。

【蚼】(구) 有 ク、あり ant
小篆 ❶개미구(蟻也蚍蜉)。❷사람잡아먹는개구(犬名)。

【䖓】(굴)『蝠』(虫部 8畫)과 같음

【蚎】(철)『蛰』(7畫)과 같음

【蛀】(주) 遇 ジュ、きくいむし tree-moth ㄓㄨˋ chu⁴
草書 나무좀주(食木蟲)。【本草】木蠹蟲亦名—蟲。
【蛀齒:주치】(醫)벌레 먹은 이。蟲齒。齲齒。

【蛁】(조) 蕭 チョウ、みんみんぜみ Tanna japonensis
小篆 草書 쓰르라미 조、참매미 조(蛣也—蟟)。
【蛁蟟:조료】(動)매미의 일종。애매미。기생매미。

【蛩】(공)『蛩』(虫部 6畫)의 俗字

【蛂】(별) 屑 ヘツ、こがねむし may-beetle ㄅㄧㄝˊ pieh²
풍뎅이별(甲蟲蟦蛢)。

【蛃】(병) 梗 ヘイ、しみ white moth
흰좀병(白蟫)。【爾雅註】衣書中蟲一名—魚。

【蛄】(고) 虞 コ、なつぜみ cicada
小篆 草書 ❶도르래고、하늘밥도둑고(螻—穴蟲)。【爾雅疏】鼠蔡邕以爲螻—。❷쓰르라미고(蟪—蟬

屬)。【莊子】蟪ㅡ不知春秋。

【蛄蟴:고시】 《動》바구미。바구미科의 갑충。쌀·보리·옥수수 따위를 갉아 먹음。

【蛅】(염) 鹽 セン、けむし caterpillar 小篆 草書 쐐기 염(蛓也ㅡ蟖)。

【蛅蟖:염사】 《動》쐐기。蛾(누에나비)類의 幼蟲。종류가 많으나 총칭하여 毛蟲이라 함。

【蛆】(저) 魚 ショ、うじ maggot ㄐㄩ chü¹ 草書 ❶구더기 저(蠅乳肉中蟲)。❷지네 저(蝍ㅡ蜈蚣)。【關尹子】蝍ㅡ食蛇蛇食蛙蛙食蝍ㅡ互相食也。

【蛇】㊀(이) 支 ㊁(타) 歌 ㊂(사) 麻 ジャ、ダ、へび snake ㄕㄜ shê² 小篆 ㊀든든할 이(委ㅡ自得貌)。【詩】委ㅡ委ㅡ。㊁❶뜻은 ㊀과 같음。❷이무기 타(虵屬)。【詩】維虺維ㅡ。㊂❶배암 사(毒蟲)。【埤雅】牛以鼻聽ㅡ以眼聽。❷별 이름 사(玄武宿螣ㅡ)。

【蛇蝎:사갈】 《動》뱀과 전갈。《喩》가장 두렵고 싫은 것。

【蛇蝎視:사갈시】 남을 악독한 사갈과 같이 봄。

【蛇驚犬吠聲:사경견폐성】 宮合에서 뱀띠가 개띠를 꺼림。

【蛇毒:사독】 뱀의 독。

【蛇廉:사렴】 뱀이 무덤을 못 쓰게 만드는 것。

【蛇龍:사룡】 이무기가 幻退하여 된 용。

【蛇陵:사릉】 ＝五陵。

【蛇莓:사매】 《植》뱀딸기。

【蛇矛:사모】 兵器의 한 가지。세모창의 한 가지。【晉書】陳安左手奮七尺大刀、右手執丈八ㅡㅡ。

【蛇狀病:사상병】 《醫》온몸의 살이 부어 뱀 모양으로 되는 병。

【蛇床子:사상자】 《醫》뱀도랏의 씨。생식기의 기능을 돕는 데 쓰는 한약재。

蛇床子
(三才圖會)

【蛇鱓:사선】 두렁허리。두렁허리과에 속하는 민물고기。【淮南子】ㅡㅡ著泥。

【蛇蟺:사선】 《動》뱀과 지렁이。【荀子】蟹六跪而二螯、非ㅡㅡ之穴、無所寄託。

【蛇蛻:사세】 뱀의 허물。【晉書】張華曰、此必蛇化爲雉也、開視雉側、果有ㅡㅡ焉。

【蛇心:사심】 간사하고 질투가 심한 마음。뱀 같이 표독스러운 마음。

【蛇心佛口:사심불구】 속은 간악하면서 말은 부처와 같이 착한 사람。

【蛇足:사족】 《故》뱀을 그리고 실지로는 없는 발을 붙인 일로 인하여 원 모양과는 다르게 되는 일。《喩》쓸데 없는 일을 하다가 도리어 失敗함。描蛇添足。畫蛇添足의 略語。【戰國策·齊策】。

【蛇退:사퇴】 뱀의 허물。어린애 풍증에 쓰는 한약재。蛇蛻。

【蛇含草:사함초】 《植》뱀혀。장미과에 속하는 多年草。

蛇含
(三才圖會)

【蛇行:사행】 ❶울퉁불퉁하고 구불구불함。【柳宗元】斗折ㅡㅡ、明滅可見。❷뱀처럼 구불거리고 감。똑바로 가지 못하는 모양。

【蛇黃:사황】 《醫》약재의 한 가지。뱀의 쓸개에서 病的으로 엉기어 생긴 물질。小兒의 鎭驚에 특효함。

【蛇虺:사훼】 ❶뱀과 독사。❷큰 뱀과 작은 뱀。蛇는 大、虺는 小。《喩》사람을 害치는 것。【國語】爲虺弗摧、爲蛇得若何。

【蛇蛇:이이】 ❶한가하고 편한 모양。安舒。【詩經】ㅡㅡ碩言。❷淺薄한 모양。

【蛈】(철) 屑 テツ、くも spider ㄊㄧㄝ t'ieh⁴ ❶도르래 철(蛈蟷ㅡ母)。❷땅거미 철(土蛛)。

【蛉】(령) 青 レイ、とんぼ red dragon-fly ㄌㄧㄥ ling² 小篆 草書 ❶고추잠자리 령(蜻ㅡ赤卒)。❷뽕나무벌레 령(螟ㅡ桑蟲)。【詩】螟ㅡ有子蜾蠃負之。

【䖪】(자) 支 シ、むしのな worm 벌레 이름 자(蟲名)。【集韻】ㅡ、蟲、似蟬。(『蠀』와 통함)

【蛋】(단) 翰 タン、たまご birds' egg ㄉㄢ tan⁴ 草書 새알 단(鳥卵)。

【蛋殼:단각】 알의 껍질。卵殼。

【蛋白:단백】 알의 흰자위。단백질로 된 물건。

【蛋白尿:단백뇨】 《醫》병으로 말미암아 단백질이 많이 섞여 나오는 오줌。

【蛋白質:단백질】 《化》흰자질。動植物 細胞의 原形質의 主成分으로 생명의 기본적 구성물이며 사람의 三大 營養素의 하나인 含窒素 有機化合物임。

【蛋黃:단황】 《生》알의 노른자。卵黃。

六畫

【蛔】(회) 灰 カイ、はらのむし round worm ㄏㄨㄟ huei² 草書 회회、거위회(腹中蟲)。

【蛔疳:회감】 《醫》어린 아이가 맛이 단 음식을 많이 먹었기 때문에 蛔가 성하여 일어나는 배앓이。

【蛔腹痛:회복통】 거위배。

【蛔藥:회약】 거위배에 쓰는 약。

【蛔魚:회어】 《動》민어。

【蛔積:회적】 蛔가 뭉치어 때때로 움직이는 병。

【蛔蟲:회충】 《動》거위。

【蛑】(모) 尤 ボウ、がざみ big crab ㄇㄡ mou² (本音은「무」) 草書 큰게 모(蝤ㅡ大蟹)。【續博物志】蝤ㅡ大有力能與虎鬪。

【蛓】(자) 寘 シ、けむし caterpillar ㄘ tz'ŭ⁴ 小篆 쐐기 자(毛蟲)。【王逸九思】ㅡ緣兮我裳。(『蝵』와 같음)

【蛕】㊀(회) 灰 ㊁(회) 賄 カイ、はらのむし round worm ㄏㄨㄟ huei² 小篆 草書 ㊀회회、거위회(腹中蟲)。(『蛔』와 같음) ㊁흙벌레 회(土蟲)。

【蛘】(양) 陽 ヨウ、かゆい itch 小篆 ❶근질근질할 양(痒也)。❷바구미 양(蛘ㅡ)。

【蛙】㊀(왜) 佳 ㊁(와) 麻 ワ、ワイ、かえる frog ㄨㄚ wa¹ 草書 ㊀❶개구리 왜(蝦蟇)。【尹文子】路逢怒ㅡ而軾之。❷음란한 소리 왜(淫聲)。【漢書】紫色ㅡ聲。㊁뜻은 ㊀과 같음。

【蛙鳴蟬噪:와명선조】 개구리와 매미가 시끄럽게 울어 댐。《轉》시끄럽게 떠들음。《喩》서툴은 문장이나 쓸데 없는 議論을 조롱하여 쓰는 말。【蘇軾】蛙鳴青草泊、蟬噪垂楊浦。

【蛙聲:와성】 ❶개구리 소리。【章孝標】田家無五行、水旱卜ㅡㅡ。❷음란한 음악 소리。淫聲。❸시끄럽게 떠드는 소리。

【蛙市:와시】 개구리의 떼지어 우는 것。

(市는 群集의 뜻)。『葛長庚』——無聲萬籟沈。

〔蛙吠:와폐〕 개구리의 우는 소리。蛙鳴。蛙鼓。『林景熙』螢明細雨叢、——殘陽影。

【蛚】(렬) 屑 レツ、こおろぎ cricket ㄌㄧㄝ lieh⁴
귀뚜라미렬(蜻—蛩也)。

【蛛】(주) 虞 チュ、くも spider ㄓㄨ chu¹
거미주(蜘—網蟲)。『關尹子』聖人師蜘—立網罟。

〔蛛網:주망〕 거미줄。거미집。『薛道衡』暗牖懸——、空梁落燕泥。

〔蛛絲:주사〕 ＝蛛網。『杜甫』蟲蛇穿畫壁、巫覡醉——。

【蛜】(이) 支 イ、わらじむし sow-bug ㄧ i¹
쥐며느리이(—蝛鼠婦)。『詩』伊威在室。(『伊』와 통함)

〔蛜蝛:이위〕 《動》쥐며느리。草蛙蟲科에 속한 곤충。

【蚬】(한) 刪 カン、ありたまご egg of ant ㄒㄧㄢ hsien²
왕개미알한(大蟻蚍蜉子)。

【蝌】(익) 職 ヨク、はう crawl
❶벌레길익(蟲之匍行)。❷봉방익(蜂房)。

【蛞】(활) 曷 カツ、なめくじ snail ㄎㄨㄛ k'uo⁴ (本音「괄」)
❶집없는달팽이활、알달팽이활(蝸牛無殼蝓)。❷올챙이활(蝌蚪—也)。

〔蛞蝼:활루〕 《動》땅강아지。

〔蛞蝓:활유〕 《動》달팽이。括胎蟲。軟體動物 腹足類에 속하는 동물。

〔蛞蝓魚:활유어〕 《動》頭索類에 속하는 原索動物。바닷가의 얕은 모래에 살며、척추 동물의 선조라 하여 동물학상 유명함。머리가 없는 고기처럼 보임。

【蛟】(교) 肴 コウ、みずち dragon ㄐㄧㄠ chiao¹
도롱룡교(龍屬)。『禮』季夏命漁師伐—。

〔蛟龍:교룡〕 이무기와 용。또는 비늘이 있는 용。모두 상상의 동물。《喻》때를 만나지 못해 뜻을 이루지 못한 英雄·豪傑。

〔蛟龍得雲雨:교룡득운우〕 蛟龍이 구름과 비를 얻어 하늘에 오름。《喻》英雄이 때를 얻어 큰 뜻을 이룸。『三國志·周瑜傳』恐——、終非池中物。

〔蛟螭:교리〕 《動》❶이무기。또는 뿔 없는 龍。❷水神 또는 龍의 암컷。龍의 새끼라고도 함。

〔蛟蛇:교사〕 《動》구렁이。또는 이무기。『張衡』驚蝄蜽惲——。

【蛣】(길) 質 キツ、くそむし sacred scrabs ㄐㄧㄝ chieh²
❶말똥굴이길(—蜣啖糞蟲)。『莊子』—蜣之智在乎轉丸。❷방게길(璅—蟹奴)。『江賦』璅—腹蟹。

〔蛣蜣:길강〕 《動》말똥구리。풍뎅이과의 벌레。

〔蛣蝠:길굴〕 《動》나무좀。나무굼벵이。하늘소과에 속하는 유충의 總稱。

〔蛣蟩:길궐〕 《動》장구벌레。모기의 幼蟲。우물벌레라고도 함。孑孓(혈궐)。

【蛤】(합) 合 コウ、はまぐり clam ㄍㄜ kə²·³
조개합(蚌屬)。『禮』雀入大水爲—。

〔蛤蚧:합개〕 《動》푸르스름하고 꼬리가 새파란 도마뱀의 한 가지。짠 맛이 있고 독이 좀 있는데、기침·폐·邪氣 따위를 다스리는 데 쓰는 약재。仙蟾。

〔蛤蜊:합리〕 《動》❶참조개。蛤仔。❷무명조개。『南史』食——。

〔蛤魚:합어〕 개구리 또는 두꺼비의 別稱。

〔蛤仔:합자〕 《動》참조개。

〔蛤蜆:합현〕 무명조개와 가막조개。

【蛇】(차) 禡 タ、くらげ jelly-fish ㄓㄚ cha⁴
해파리차(水母形如羊胃無目以鰕爲目)。『爾雅』—生東海正白濛濛如沫又如凝血縱廣數尺有智識無頭目處所故不知避人衆鰕附之隨故江賦曰水母目鰕。(『鮓』와 같음)

【蛥】(설) 屑 セツ、せみ cicada
쓰르라미설、털매미설(蟬類—蚗)。

【蛧】(망) 養 ボウ、すだま ghost
도깨비망(—魎)。

【蚰】(곤) 元 コン、むし worms and insects ㄎㄨㄣ k'uen¹
벌레곤(蟲之總名)。

【蛩】(공) 冬 キョウ、こおろぎ cricket
❶공공이공(——獸名)。『山海經』狀如馬名曰——一走百里。❷귀뚜라미공(蟋蟀)。

〔蛩蛩:공공〕 ❶근심하는 모양。걱정스럽게 생각하는 모양。『字彙補』——、憂思貌。❷《動》공공이。北海에서 산다고 하는 말의 모양과 비슷한 짐승。巨虛。

〔蛩聲:공성〕 귀뚜라미의 우는 소리。蛩語。『白居易』西窓獨闇坐、滿耳新——。

〔蛩音:공음〕 ❶벌레 소리。❷귀뚜라미 소리。

〔蛩螿:공장〕 《動》귀뚜라미와 쓰르라미。《轉》文章의 音節이 蛩螿의 울음소리처럼 처량하고 슬픔。『文章辨體』悲如——曰吟。

【蛪】(열) 『蜺』(虫部 8畫)과 같음

【蛮】(만) 『蠻』(虫部 19畫)의 略字

【蛬】(공) 冬 キョウ、こおろぎ cricket ㄍㄨㄥ kung³
귀뚜라미공(蟋蟀)。『蠡海集』—近陰依於上以陽而爲聲。

【蛭】(질) 質 チツ、シツ、ひる leech ㄓ chih⁴
❶서캐질(蟣也)。❷거머리질(血食蟲馬蛭)。『劉向新序』楚惠王食寒菹而得—因遂吞之腹有疾而不能食。

〔蛭蝚:질유〕 《動》거머리。水蛭。

〔蛭螾:질인〕 《動》거머리와 지렁이。《轉》벌레처럼 쓸모 없는 小人。『賈誼』夫豈從蝦與——。

【蚈】(견) 先 ケン、ほたる fire fly
반딧불견(蟲名螢火)。『呂氏春秋』腐草化爲螢—。

七 畫

【蛵】(형) 青 ケイ、とんぼ dragonfly
잠자리형(蜻蛉、虰—)。

【蛸】 ㊀(소) 肴 ㊁(소) 蕭 ショウ、あしたかぐも logicorn beetle ㄕㄠ shao¹
㊀연가시알집 소(螵—桑蟲)。『爾雅』不過當蟷其子蜱—。㊁거미알소(蠨—蟢子)。『詩』—在戶。

【蛸枕：소침】《動》棘皮動物 海膽類의 한 가지。

【蛶】(렬) 屑 벌레이름렬(蟲名)。 レツ、とかげ insect ㄌㄧㄝˋ lieh⁴

【[虫豕]】(회) 灰 ❶돼지땅뒤질회(豕掘地)。❷땅두더지회(蝟也)。 カイ、もぐら mole

【蛷】(구) 尤 그리마구(—螋多足蟲)。【韓愈詩】蜿垣亂—蝖。 キュウ、げじげじ millipede

【蛷螋：구수】《動》집게벌레。

【蜈】(오) 虞 지네오(蜈蚣)。 ゴ、むささび centipede

【蛹】(용) 腫 번데기용(蠶化爲——化爲蛾蠶蟲)。【荀子】—以爲母。 ヨウ、さなぎ pupa ㄩㄥˇ yung³

【蛹臥：용와】고치 속에 번데기가 가만히 드러누워 있음。《喩》밖에 나가지 않고 숨어 있는 모양。

【蛺】㊀(겹) 葉 ㊁(협) 洽 ㊀나비겹(—蝶、野蛾)。【本草】—蝶輕薄夾翅而飛。㊁뜻은 ㊀과 같음。 キョウ、あげはのちょう butterfly ㄐㄧㄚˊ chia²

【蛺蝶：협접】《動》나비。표범나비。

【蛻】㊀(세) 霽 ㊁(태) 泰 ㊀매미허물세、허물벗을세(蛇蟬所解皮)。【神仙傳】王方平死三日夜忽失其屍衣冠不解如蛇耳。㊁뜻은 ㊀과 같음。 セイ、タイ、ぬけがら shell of a cicada ㄕㄨㄟˋ shuei⁴

【蛻變：세변】《化》한 原子가 放射에 의하여 다른 原子로 변하는 현상。

【蛼】(차) 麻 차오차、대합차(—螯)。 シャ、かいのな clam ㄔㄜ ch'ê¹

【蛾】(아) 歌 ❶누에나비아(—羅蠶蛹所化)。【埤雅】蠶生——生卵。❷나비눈섭아(—眉)。【詩】螓首—眉。 ガ、ひむし silkworm moth ㄜˊ ê²

【蛾眉：아미】❶가늘고 길게 굽이진 누에 나방의 觸角처럼 아름다운 눈썹。곧 美人의 눈썹。《轉》美人。❷蛾眉月의 略語。【王涯】唯看新月吐——。

【蛾術：아술】《喩》새끼 개미가 어미 개미의 하는 것을 본따서 끊임 없이 흙을 날라 드디어 개미 둑을 이루는 것처럼、사람도 聖賢의 가르침을 명심하고 그 知德을 닦아 大成을 하여야 함을 일컫는 말。

【蛘】㊀(양) 陽 ㊁(미) 紙 ㊀『蛘』과 같음。㊁쌀바구미미(米中小黑甲蟲)。 ヨウ、かゆい itch

【蜀】(촉) 沃 ❶촉규화벌레촉、해바라기벌레촉(葵中蠶)。【淮南子】蠶與—狀相類而愛憎異也。❷큰닭촉(大鷄)。【韻會】鷄大者謂之—鷄。❸땅이름촉(地名)。 ショク、あおむし green caterpillar ㄕㄨˇ shu³

【蜀犬吠日：촉견폐일】蜀의 땅은 四面이 높은 山으로 둘러 싸였고 그 위에 雲霧가 짙게 덮여 해를 볼 수 있는 때가 매우 드물어、모처럼 해를 보게 되면 개가 짖는다는 말。《喩》見識이 좁은 사람이 聖賢의 言行에 대하여 의심을 가지고 비난 공격함의 부당함을 꾸짖은 말。【柳宗元】庸蜀之南、恒雨少日、日出則犬吠。

【蜀葵：촉규】《植》접시꽃。아욱과의 多年生 花草。蜀葵花。

【蜀葵花：촉규화】《植》접시꽃。

【蜀道：촉도】蜀(四川省으로) 通하는 위험한 길。《喩》人情과 世路의 어려움을 일컫는 말。【李白】噫噓嚱危乎高哉、——之難、難於上靑天。

【蜀貓皮：촉묘피】썩 흰 빛깔의 毛皮。흔히 옥토끼의 가죽을 일컫음。

【蜀魄：촉백】《動》소쩍새。

【蜀黍：촉서】《植》수수。禾本科의 一年生 곡식。印度 原産임。高粱。蜀秫。

【蜀鳥：촉조】《動》새 이름。杜鵑의 別名。蜀魂。蜀魄。

【蜀中名將：촉중명장】재주가 뛰어난 「사람을 일컫는 말。

【蜀體：촉체】元의 趙孟頫(조 맹부)의 글씨체。

【蜀椒：촉초】《植》조피나무。落葉 灌木의 한 가지。蜀의 原産임。그 열매는 광택이 있는 黑色이며 香料로 쓰임。巴椒。川椒。

【蜀漆：촉칠】조피나무의 줄기。독이 조금 있어 여러가지 약으로 쓰임。

蜀漆 (三才圖會)

【蜀漢：촉한】《歷》❶中國 三國時代의 三國의 하나。漢의 宗室인 劉備가 세운 나라。蜀의 成都에 도읍하여 前漢·後漢과 구별하기 위하여 蜀漢이라 부름。二代 三년으로 魏將 鄧艾에게 亡함。【戰國策】棧道千里、通於——。❷蜀郡과 漢中。『戰國策·秦策』。

【蜀魂：촉혼】《動》杜鵑。蜀의 望帝의 魂이 化하여 이 새가 되었다는 전설에서 나온 말。蜀鳥。蜀魄。子規。『華陽國志』。

【蜁】(선) 先 소라선(—蝸、螺也)。【江賦】鸚螺蜁蝸。 セン、かい top shell

【蜂】(봉) 冬 벌봉(螫人飛蟲)。(『蠭』과 같음) ホウ、はち bee ㄈㄥ fêng¹

【蜂起：봉기】《喩》벌집을 찌르면 벌이 떼지어 날아 나오는 것처럼 사람들이 곳곳에서 떼지어 일어남。여러 곳에서 兵亂이 일어나는 모양의 형용。『史記』楚——之將、皆爭附君。

【蜂屯：봉둔】벌떼처럼 무리 지어 모이는 것。『韓愈』——蟻雜、不可爬梳。

【蜂蠟：봉랍】꿀벌의 배 밑에 있는 蠟腺에서 나온 分泌物。蜜蠟。

【蜂目豺聲：봉목시성】벌과 같은 눈매와 승냥이와 같은 소리。《喩》凶惡한 人相。『左傳·文元』。

【蜂蜜：봉밀】벌의 꿀。꿀벌이 꽃에서 따다가 저장해 둔 먹이。『孟浩然』傍崖采——。

【蜂巢：봉소】벌집。蜂房。蜂窠。『白居易』——與蟻穴、隨分有君臣。

【蜂腰：봉요】❶벌의 허리。《轉》가는 허리。날씬한 허리。《喩》벌의 허리의 가운데가 가늘은 데에서 三兄弟 중의 가운데가 제일 떨어짐을 일컫는 말。『南史·周弘正傳』。❷詩의 결점의 하나。㉠梁沈約의 詩格 八病의 하나로 句의 제二字와 제四字의 上聲·去聲·入聲이 같은 점。蜂腰病。㉡七言에서는 바깥 짝의 제五字가 平聲으로 되고、五言에서는 바깥 짝의 제三字가 平聲으로 된 것。『文體明辯·雜體詩』——、凡頷聯不對。

【蜂鳥：봉조】《動》벌새。벌 비슷한 새 중에서 가장 작은 새。아메리카洲의 特産임。

【蜂準：봉준】(喩)우뚝 높이 솟은 코。〔史記〕秦王爲人、一一長目。

【蜂準長目：봉준장목】벌처럼 높은 콧대와 가늘고 긴 눈。(喩)영특하고 생각이 깊은 人相。〔史記·秦皇紀〕。

【蜂出：봉출】벌이 벌집에서 나오는 것처럼 떼지어 나오는 것。〔漢書〕九家之術、一一並作。

【蜂聚：봉취】벌 떼처럼 떼지어 모임。〔沈約〕逆徒一一、旌旗紛蔽。

◎蜜一、女王一、雄一。

【蜃】(신) 軫 シン、おおがい clam ㄕㄣˋ shen⁴

小篆 草書 ❶큰조개 신(大蛤)。(氣를 吐하면 樓臺가 나타난다 함。〔述異記〕黃雀秋化爲蛤春復爲黃雀五百年爲一蛤。❷이무기 신(蛟之屬)。〔本草〕一其狀亦如蛇而大有角如龍狀紅鬣腰以下鱗盡逆食燕子能吁氣成樓臺城郭之狀將雨即見名一樓亦曰海市。❸술잔 신。(蜃❶을 그린 제사 때 쓰는 잔)。

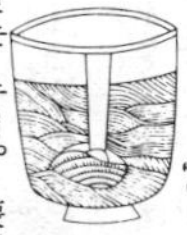

❶蜃(古今圖書集成) ❷蜃(三才圖會) ❸蜃(三禮圖)

【蜃車：신거】널을 싣는 수레。喪車。〔周禮·遂師〕。

【蜃氣樓：신기루】바다 위나 사막에서 기온의 이상한 분포 때문에 광선이 굴곡하여 먼 데 있는 물체가 거꾸로 비쳐 보이는 현상。

【蜃蛤：신합】(動)무명조개。蜃은 큰 조개、蛤은 작은 조개。

【蜄】㊀(신)震 ㊁(신)軫 シン、うごく move

草書 ㊀움직일 신(動也)。〔史記〕辰者言萬物之一也。㊁『蜃』과 같음。

【蜆】(현) 銑 ケン、みのむし corbicula ㄒㄧㄢˇ hsien³

小篆 草書 ❶가막조개 현(小蛤)。〔隋書〕劉臻好啖一以父諱顯因呼一爲扁螺。❷호수 이름 현(湖名)。

【蜆蛤：현합】(動)가막조개와 무명조개。〔北史〕詔禁取蟹蝦一一之類。

【蜇】(철) 屑 テツ、さす sting ㄓㄜˊ che²

草書 벌레쏠 철(螫也)。〔柳宗元文〕一吻裂鼻。

【蜈】(오) 虞 ゴ、むかで centipede ㄨˊ wu²

草書 지네 오(一蚣、毒蟲)。

【蜈蚣：오공】(動)지네。多足類 脣脚目의 벌레。

【蜈蚣鷄：오공계】닭의 내장을 빼내고、말린 지네를 넣어 곤 국。

【蜈蚣船：오공선】明代에 지네 모양으로 만든 배。〔明史·兵志〕。

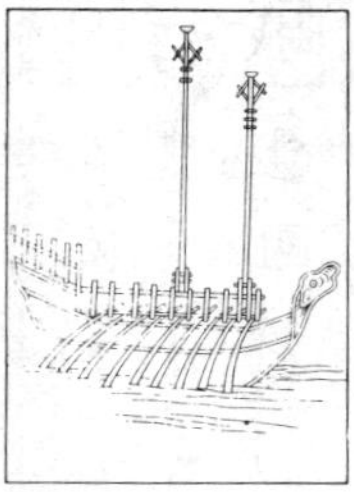

蜈蚣船(武備志)

【蜌】(폐) 薺 ヘイ、まてがい sea mussel

홍합 폐(海一 淡菜、一名東海夫人)。

【蜉】(부) 尤 フ、かげろう dayfly ㄈㄨˊ fu²

小篆 或體 草書 ❶왕개미 부(蚍一大蟻)。〔韓愈詩〕蚍一撼大樹可笑不自量。❷하루살이 부(一蝣渠略)。〔赤壁賦〕寄一蝣於天地。

【蜉蝣：부유】(動)하루살이。

【蜉蝣一期：부유일기】하루살이의 生涯。(喩)짧은 인생。

【蜊】(리) 支 リ、しおふき shellfish ㄌㄧˊ li²

草書 참조개 리(蛤一海蚌)。〔南史〕不知許事且食蛤一。

【蜋】㊀(랑)陽 ㊁(량)陽 ロウ、かまきり mantis ㄌㄤˊ lang²

小篆 草書 ㊀버마재비 랑(螳一臂有斧)。〔史記〕螳一抱蟬黃雀在後。㊁말똥구리 량(蜣一轉丸蟲)。

【蜋蜩：낭조】(動)매미의 한 가지。

【蜍】㊀(서)魚 ㊁(여)魚 ショ、ひきがえる toad ㄔㄨˊ ch'u² (古音「서」)

草書 ㊀두꺼비 서(蟾一蝦蟇)。〔本草〕蕭炳曰腹下有丹書八字者眞蟾一也。㊁거미 여(蜘蛛)。

【蜎】㊀(연)先 ㊁(연)銑 ㊂(견)銑 ケン、エン、ぼうふり wriggler ㄩㄢ yüan¹

小篆 草書 ㊀벌레굼틀거릴 연(一一蟲行貌)。〔詩〕一一者蠋。㊁우렁찰 연(蜎一屋中深廣貌)。〔漢書〕蜎一蠖蠖之中。㊂장구벌레 견(一蠉井中蟲)。

【蜎蜎：연연】장구벌레의 굼지럭거리며 기는 모양。

【蜏】(유) 宥 ユウ、かげろう dayfly

하루살이 유(蜉蝣)。

【蜐】(겁) 葉 キョウ、かめのて feet of a tortoise

草書 거북손 겁(石一)。

【蜑】(단) 旱 タン、えびす southern savage ㄉㄢˋ tan⁴

小篆 草書 남녘 오랑캐 단(南方夷)。〔晉書〕天門一蠻屬。

【蜑船：단선】蜑人이 탄 배。〔元史〕市一百斛者千艘。

【蜑人：단인】中國의 南海(지금의 福建省·廣東省의 沿海)에 살던 오랑캐족의 이름。蜑戶。

【蜒】(연) 先 エン、やもり centipede ㄧㄢˊ yen²

草書 ❶땅지네 연(蚰一、百足蟲)。❷굼틀 거릴연(蜿一、龍貌)。❸짐승이름 연(獸名蝘一)。

【蜒蜒：연연】길게 굼틀거리는 모양。〔韓愈〕蜿蜿一一、來亨飮食。

【蜓】㊀(전)銑 ㊁(정)靑 テン、テイ、とんぼ dragon-fly ㄊㄧㄥˊ t'ing²

小篆 草書 ㊀도마뱀 전(蝘一蛇屬)。㊁잠자리 정、발가숭이 정(蜻一赤卒)。

【蜓蚞：정목】(動)매미의 일종。쓰르라미。

【蜹】(제) 薺 テイ、せみ cicada

매미 제(蟬屬)。

八畫

【蜛】(거) 魚 キョ、むし worm

벌레이름 거(一蠩、蟲名)。

【蜘】(지) 支 チ、くも spider ㄓ chih¹
小篆 或體 草書 거미 지(ㅣ蛛、網蟲)。〔西京雜記〕ㅣ蛛集而百事喜。

【蜘手:지수】❶거미의 발처럼 물체의 交叉된 모양。❷뒤죽박죽이 됨。❸여러 밭고랑이 한데 합쳐진 곳。
【蜘蛛:지주】《動》거미。節足 動物。
【蜘蛛螺:지주라】《動》거미 고둥。수정 고둥과에 속하는 고둥。
【蜘蛛網:지주망】거미가 그물같이 쳐 놓은 거미줄。
【蜘蛛絲:지주사】거미줄。

【蜙】(송) 冬 ショウ、きりぎりす grasshopper
小篆 或體 베짱이 송(ㅣ蝑、蝗類)。〔西陽雜俎〕ㅣ蝑蝗鳴。

【蜙蝑:송서】《動》❶메뚜기과에 딸린 곤충의 總稱。❷베짱이。

【蜚】㊀(비) 微 ㊁(바) 尾 未 ヒ、あぶらむし may-beetle ㄈㄟˇ fei³
小篆 或體 草書 ㊀떡풍뎅이 비(臭惡之蟲)。〔漢書〕有ㅣ有蜮不言災者氣所生所謂眚也。㊁❶때까치 비(負皁螽)。❷짐승 이름 비(蠦蚳)。

(山海經圖)㊁蜚

【蜚禽:비금】날짐승。飛鳥。蜚鳥。〔史記〕奇獸ㅣㅣ。
【蜚騰:비등】높이 날아 오름。飛揚。
【蜚蠊:비렴】《動》바퀴。몸빛은 황갈색이고 음식물과 의복에 해를 끼치는 室內의 해충。
【蜚蝱:비맹】《動》등에。
【蜚語:비어】터무니 없이 떠도는 말。流言蜚語。〔漢書〕乃有ㅣㅣ、爲惡言聞上。
【蜚鴻:비홍】❶《動》蠛蠓(멸몽)。곧 초파리의 別名。또는 바구미。❷良馬의 이름。

【蜜】(밀) 質 ミツ、みつ honey ㄇㄧˋ mi⁴
小篆 或體 草書 꿀 밀(蜂甘飴)。〔楚辭〕瑤漿ㅣ勺。

【蜜柑:밀감】《植》芸香科의 常綠 闊葉 小喬木。과실은 식용、껍질은 香料나 약으로 쓰임。
【蜜灸:밀구】《醫》藥材에 꿀을 발라서 불에 구움。
【蜜蠟:밀랍】❶꿀을 짜낸 남은 찌끼에 물을 타서 끓여서 식힌 油脂 같은 것。❷琥珀의 색갈이 밀랍과 닮은 것。
【蜜蜂:밀봉】《動》벌의 한 가지。꿀벌。〔杜甫〕風輕粉蝶喜、花暖ㅣㅣ喧。
【蜜腺:밀선】꿀물을 내는 기관。
【蜜水:밀수】꿀물。
【蜜源:밀원】꿀벌이 꿀을 빨아 오는 근원。곧 식물。
【蜜月:밀월】서양의 풍속으로 결혼 초의 즐겁고 달콤한 한 달 동안。그 동안에 蜜糖水나 蜂蜜酒를 마시는 습관이 있음。
【蜜月旅行:밀월여행】신혼 여행。
【蜜酒:밀주】벌꿀로 만든 술。
【蜜汁:밀즙】꿀。〔蘇軾〕酸酒如韲汁、甜酒如ㅣㅣ。
【蜜炒:밀초】藥材에 꿀을 발라서 불에 볶음。
【蜜花:밀화】밀과 비슷한 빛깔이 누른 琥珀의 한 가지。
【蜜花簪:밀화잠】蜜花 조각에 꽃을 새기고 은으로 고달을 한 비녀。
【蜜丸:밀환】약 가루를 꿀에 반죽하여 만든 환。

【蜣】(강) 陽 キョウ、くそむし sacred scarabs ㄑㄧㄤ ch'iang¹
말똥구리 강(蛣ㅣ、轉丸蟲)。

【蜣蜋:강랑】《動》말똥구리。蛣蜣。

【蜝】(기)『蜞』(次條)와 같음

【蜞】(기) 支 キ、こがに small crab
방게 기(蟛、ㅣ小蟹)。

【蜟】(육) 屋 イク、せみのな not-unshelled cicada
허물안벗은매미 육(蟬蛻未蛻)。

【蜡】㊀(사) 禡 ㊁(처) 御 サ、くれのまつり sacrifice of year-end
小篆 草書 ㊀납향제사 사(年終祭名)。〔禮註〕夏曰淸祀殷曰嘉平周曰ㅣ秦曰臘。㊁쉬 처(蠅蛆)。

【蜡月:사월】음력 섣달의 別名。〔周禮〕正齒位禮在ㅣㅣ。
【蜡祭:사제】歲末에 뭇 神에게 올리는 제사。

【[illegible]】(사) 禡 シャ、かにのしおから pickled crabs
게젓 사(蟹醢)。

【蜢】(맹) 梗 ボウ、モウ、いなご locust ㄇㄥˇ mêng³
小篆 草書 메뚜기 맹(蚱ㅣ、蝗類)。〔本草〕蟲蟲一名蚱ㅣ。

【蜥】(석) 錫 セキ、とかげ lizard ㄒㄧ hsi¹
小篆 草書 도마뱀 석(ㅣ蜴蛇醫)。〔說文〕在草曰ㅣ蜴在壁曰蝘蜓。

【蜥蜴:석척】《動》도마뱀。蚵蠪。

【蜦】(륜) 眞 リン、うねりゆく crawl
小篆 或體 기어갈 륜(蝹ㅣ、行貌)。〔江賦〕神蜧蝹ㅣ以沈遊。

【蜪】(도) 豪 トウ、いなごのこ grasshopper ㄊㄠˊ t'ao²
메뚜기새끼 도(蝗子、蝮ㅣ)。

【蜧】(려) 霽 レイ、ひきがえる toad
❶두꺼비 려(大蝦蟇)。❷여뱀 려(神蛇)。〔江賦〕神ㅣ蝹蜦以沈遊。

【[illegible]】㊀(기) 支 ㊁(기) 紙 キ、くも spider
㊀거미 기(鼅鼄長足蟲)。㊁매미 기(蟬也)。

【蜩】(조) 蕭 チョウ、せみ cicada ㄊㄧㄠˊ t'iao²
小篆 或體 草書 말매미 조(蟪ㅣ蟬也)。〔詩〕五月鳴ㅣ。

【蜩甲:조갑】매미의 허물。蟬蛻。蟬殼。蜩蛻。〔莊子〕予ㅣㅣ也。
【蜩螗:조당】《動》매미의 한 가지。쓰르라미。寒蟬。
【蜩沸:조비】외치는 소리가 몹시 시끄러운 모양。〔王勃〕百魔ㅣㅣ聽鼓鐸而懷音。
【蜩蟬:조선】《動》매미。매미과(蟬科)의 곤충의 總稱。蜩螗。蜩蜋。〔蘇軾〕古木嘶ㅣㅣ。

【蜨】㊀(섭) 葉 ㊁(접) 葉 ショウ、ジョウ、ちょう butterfly
㊀나비 섭(蛺ㅣ蟲名)。㊁뜻은『蝶』과 같음。

【蜫】(곤) 元 コン、むし insect
벌레 곤(蟲也)。(『昆』과 같음)

【[illegible]】(답) 合 トウ、よねむし beetle
❶딱정벌레 답(蛘也、ㅣ蠦)。❷작은 등에 답(小蝱)。

【蜭】(함) 感 カン、けむし caterpillar
小篆 쐐기 함(毛蠹)。

【蜯】(방)『蚌』(虫部 4畫)과 같음

【蜮】(역) 職 イキ、いさごむし caddis worm ㄩˋ yu⁴ 물여우 역(短狐一名射影人影見水中投影則殺之)。〔詩〕爲鬼爲一。

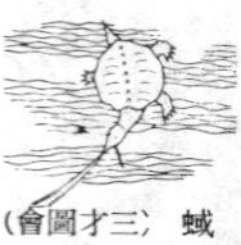
蜮 (三才圖會)

【蝬】㊀(잔) 潸 サン、やすで millipede ㊁(전) 先 ㊀노래기잔(蟲名、馬一)。㊁매미전(蟬也)。

【蝜】(부) 有 フ、いなご grasshopper 메뚜기부(一螽、蝗類)。

【蜚】(비) 微 ヒ、むしのな bug ㄈㄟˊ fei² 떡풍뎅이비、빈대비(蠦一、臭蟲)。

【蜱】(비) 支 ヒ、むしのな Gordius aqvaticus ㄆㄧˊ p'i² 연가시새끼비(一蛸、蟷蠰子)。〔爾雅〕不過蟷蠰其子一蛸。

【蝼】(위) 紙 イ、わらじむし sow-bug 쥐며느리위(鼠婦、一蛛)。

【蜵】(연) 先 エン、おおいなり dignified ❶우렁찰연(一蜎、深廣)。〔漢書〕一蜎蠖濩之中。❷벌레이름연(巧蟲名)。

〔蜵蜎:연연〕집 속이 깊고 넓은 모양。

〔蜵蜵:연연〕殿閣 등이 깊숙하고 넓은 「모양。

【蜳】㊀(윤) 軫 トン、むなさわぎ dizzy ㊁(돈) 元 ㊀아찔할 윤(蜳一氣不安定貌)。〔莊子〕蜳一不得成。㊁뜻은 ㊀과 같음。

【蜧】(장) 陽 チョウ、げじげじ flat millipede ❶그리마장、치자리장(蚰蜒、一蠷)。❷〔中字〕바퀴장(一蜋)。

【蜴】㊀(역) 陌 エキ、とかげ lizard ㊁(석) 錫 (古音「역」) ㊀도마뱀 역(蜥一、蝎虎)。〔詩〕哀今之人胡爲虺一。㊁속일석(欺也)。

【蛢】(병) 靑 ヘイ、こがねむし gold beetle ㄆㄧㄥˊ p'ing² 풍뎅이병(跋也、黃一)。

【蜷】(권) 先 ケン、まげる shrink ㄑㄩㄢˊ ch'üan² 움추릴권(蟲形屈曲不行貌)。〔楚辭〕一局顧而不行。

〔蜷局:권국〕등을 움츠리고 펴지 않는 모양。꾸부린 채 가지 않는 모양。

【蜸】(견) 銑 カン、ケン、かいこ silkworm ㄑㄧㄢˇ ch'ien³ ❶누에 견(蠶也)。❷지렁이견(蚯蚓)。

【蜻】(청) 庚 セイ、とんぼ dragon-fly ㄑㄧㄥ ch'ing¹ ❶귀뚜라미청(一蛚蟋蟀)。❷잠자리청(一蛉胡離)。〔張載詩〕俯聞一蛚吟。

〔蜻蛚:청렬〕《動》귀뚜라미。

〔蜻蛉:청령〕《動》고추잠자리。잠자리의 한 가지。암컷은 메밀잠자리라고도 함。蜻蜓。絳蝎。赤𧊢丈人。赤衣使者。赤卒。

〔呂氏春秋〕海上有人好一一者。

〔蜻蜓接囊:청정접낭〕《國》잠자리 꼬리 맞추기。《喩》일이 오래 갈 수 없음。〔旬五志〕。

【蜹】(예) 霽 ゼイ、ぶと rice-weevil ㄖㄨㄟˋ iuei⁴ ❶비구미예、초파리예(醯鷄)。〔荀子〕醯酸而一聚焉。❷하루살이예(蠛蠓)。

【蜺】㊀(예) 齊 ゲイ、つくづくぼうし cicada ㊁(열) 屑 ㊀말매미예(寒蜩)。〔方言〕蟬黑而赤者謂之一。㊁암무지개얼(虹一)。〔漢書〕抱蜺垂一。

〔蜺旌:예정〕무지개의 형상을 그린 旗。

【蜼】㊀(류) 紙 イ、おながざる monkey ㄨㄟˋ wei⁴ ㊁(유) 宥 ㊀짐승이름류(獸名似獮猴而尾歧)。〔上林賦〕一玃飛獵。㊁뜻은 ㊀과 같음。

〔蜼彝:유이〕禮器의 한 가지。꼬리가 긴 원숭이의 모양을 그려 넣은 물을 따르는 병。

蜼 (三才圖會)

彝 (三才圖會)

【蜽】(량) 養 リョウ、すだま female demon ❶망량벌레량(蝄一蟲名)。❷두억시니량(蝄一木石怪)。

【蜾】(과) 哿 カ、じがばち wasp ㄍㄨㄛˇ kuo³ 나나니벌 과(一蠃細腰蜂無雌)。〔法言〕螟蛉之子殪而逢一蠃祝之曰類我類我久則肖之。

〔蜾蠃:과라〕《動》나나니벌。

【蜿】㊀(원) 元 エン、うねりゆく wriggle ㄨㄢ wan¹·³ ㊁(완) 阮 寒 ㊀굼틀거릴원(一一龍貌)。〔西京賦〕海鱗變而成龍狀一一以蝹蝹。㊁❶굼틀거릴완(蟠一龍動)。❷섬렁설렁걸을완(虎行貌)。〔楚辭〕虎豹一只。

〔蜿蟬:원선〕❶여러 龍이나 지렁이가 한데 뭉치어 굼틀거리는 모양。〔楚辭〕乘六蛟兮一一。❷山勢 등이 구불구불한 모양。❸빙빙 돌면서 춤추는 모양。〔洪武正韻〕一一、舞盤曲貌。

〔蜿蜒:원연〕❶龍 또는 뱀 등이 굼틀거리며 나아가는 모양。❷굼틀굼틀 屈曲하는 모양。❸山脈 따위가 길게 뻗쳐있는 모양。〔張衡〕海鱗變而成龍、狀一一以蝹蝹。

【蝀】(동) 東 トウ、にじ rainbow 무지개동(螮一虹也)。〔詩〕蝃一在東。

〔蝀龍窟:동룡굴〕《地》平安北道 寧邊郡 龍山面 龍登洞 龍門山下에 있는 세계적 大鍾乳洞。그 안 천정 및 지면에는 鍾乳石 및 石筍이 많고 작은 폭포·池水·샘〔泉〕·石佛 등이 있으며、아직까지 답사를 끝내지 못했음。

【蝁】(악) 藥 アク、へび snake 악뱀악(虺屬)。〔爾雅註〕大眼有毒今淮南人呼一子。

【䗈】(동) 冬 トウ、あかいろ red 붉을동(赤也)。

【蝃】(체) 霽 テイ、にじ rainbow ㄉㄧˋ ti⁴
무지개체(ㅣ蝀虹也)。〔詩〕ㅣ蝀在東。(『螮』와 같음)

〔蝃蝀:체동〕무지개。虹蜺。紅霓。天弓。

【蝄】(망) 養 モウ、ボウ、すだま female demon ㄨㄤˇ wang³
두억시니망、도깨비망(ㅣ蜽山川精物狀如小兒)。〔南都賦〕追水豹兮鞭ㅣ蜽。

〔蝄蜽:망량〕산도깨비。곧잘 사람의 소리를 흉내내어 사람을 어리둥절하게 한다고 함。〖國語·注〗ㅣㅣ、山精、敎好人聲而迷惑人也。

〔蝄像:망상〕海神의 이름。〖木華·注〗向曰、天吳·ㅣㅣ、並海神也。

【蝅】(잠)『蠶』(虫部18畫)의 略字

【蝳】㊀(독) 沃 ㊁(대) 隊 トク、くも spider ㄉㄞˋ tai⁴
㊀❶거미독(ㅣ蜍、今之蜘蛛)。❷가리독(螯也)。㊁거북이 대(龜也)。

〔蝳蝐:대모〕《動》거북과에 속하는 바다거북의 하나。등껍데기는 공예품·장식품등에 귀중하게 쓰임。

九畫

【蝌】(과) 歌 カ、おたまじゃくし tadpole ㄎㄜ k'o¹
올챙이과(ㅣ蚪蛙子)。〔李時珍曰〕ㅣ蚪狀如河豚頭圓身上靑黑色始出有尾無足稍大則足生尾脫。

〔蝌蚪:과두〕《動》올챙이。개구리의 어린 것。

〔蝌蚪文字:과두문자〕黃帝 때 蒼頡이 지었다는 中國 古代 문자。글자 모양이 올챙이 같음。

〔蝌蚪時代:과두시대〕개구리가 올챙이던 때라는 뜻으로 발견되기 전의 過去를 가리키는 말。

【蝡】(천) 銑 セン、うごめく wriggle
벌레굼실거릴천(ㅣ蝡蟲動)。〔莊子〕喘耎之蟲肖翹之物莫不失其性。

【蝍】㊀(즉) 職 ㊁(즐) ショク、むかで centi-pede ㄐㄧˊ chi²
㊀지네즉(ㅣ蛆、蜈蚣)。㊁잠자리즐(飛蟲名)。

〔蝍蛉:즉령〕《動》잠자리。잠자리목 곤충의 總稱。

〔蝍蛆:즉저〕《動》지네。蜈蚣。

【蝎】㊀(갈) 曷 ㊁(할) 曷 カツ、きくいむし scorpion ㄏㄜˊ he²
㊀전갈갈、빈대갈(螫蟲)。㊁뽕나무좀할(桑蠹蝎蟦)。〔古音〕「헐」〔養生論〕ㅣ盛則木朽。

〔蝎譖:할참〕《喩》나무좀이 속을 파먹는 것과 같은 고자질。〖雅埤〗。

【蝑】(서) 魚 ショ、いなご grasshopper ㄒㄩ hsü¹
메뚜기서(蛜ㅣ、蝗類)。〔方言〕春黍謂之蛜ㅣ。

【蝓】(유) 虞 ユ、なめくじ slug ㄩˊ yü²
달팽이유(螔ㅣ蟲名螺屬)。〔儀禮〕醢螔ㅣ醢。

【蝕】(식) 職 ショク、むしばむ worm-eaten
❶일식식、월식식(日月食)。〖釋名〗日月虧曰ㅣ稍小侵虧如蟲食草木之葉。❷벌레먹을식(蟲食)

〔蝕旣:식기〕《天》日蝕·月蝕으로 해나 달이 아주 가리워지는 현상。皆旣蝕。

〔蝕甚:식심〕일식 또는 월식 때에 해 또는 달이 제일 많이 가리워진 때。

【蝔】(개) 佳 カイ、かえるのな frog ㄐㄧㄝ chieh¹
참개구리개(雨蛙)。

【蝗】(황) 陽 コウ、いなご locust ㄕˊ shih¹
황벌레황(食苗蟲)。〔禮記〕蟲ㅣ爲災。

〔蝗蝻:황병〕《動》풍뎅이。

〔蝗災:황재〕蝗蟲으로 인한 재앙。蝗害。

〔蝗蟲:황충〕《動》누리。메뚜기과의 곤충。

〔蝗旱:황한〕누리의 災害와 가뭄。

〔蝗害:황해〕=蝗災。

【蝘】(언) 阮 エン、やもり lizard ㄧㄢˇ yen³
도마뱀 언(ㅣ蜓、守客)。〖揚雄解嘲〗執ㅣ蜓而嘲龜龍不亦病乎。

〔蝘鼠:언서〕《動》두더지。

〔蝘蜓:언정〕《動》守宮。爬蟲類。

【蝣】(유) 有 尤 ユウ、うねりくねる (of a dragon) wriggle
용꿈틀거리는모양유(ㅣ蟉)。

【蝙】(편) 先 ヘン、こうもり bat ㄅㄧㄢ pien¹·³
박쥐편(ㅣ蝠、仙鼠)。〔焦氏易林〕ㅣ蝠夜藏不敢晝行。

〔蝙蝠:편복〕《動》박쥐。박쥐과의 짐승。

〔蝙蝠之役:편복지역〕《國》박쥐의 구실。《喩》한 몸으로 두 가지 구실을하여 교묘히 사는 방법。박쥐는 어떤 때는 새의 행세를 하고 어떤 때는 짐승의 행세를 한다는 뜻에서 나옴。〖旬五志〗。

【蝚】(유) 尤 ユウ、けら mole-cricket ㄖㄡˊ jou²
❶도르래유(螻蛄)。❷나라이름유(國名、ㅣ蠕)。

【蝱】(범) 豏 ハン、はち wasp
벌범(蠭也)。〔禮記〕ㅣ則冠而蟬有緌。(『范』과 같음)

【蝛】(위) 微 イ、わらじむし sow-bug
쥐며느리위(蛜ㅣ、鼠婦)。

〔蝛蝛:위위〕《動》쥐며느리。

【蝜】(부) 有 フ、おめむし insect ㄈㄨˋ fu⁴
부판벌레 부(ㅣ蝂、善負小蟲)。〔蝜蝂傳〕ㅣ蝂者善負小蟲也行遇物輒取仰首負之雖困極不止。

【蝝】(연) 先 エン、いなむしのこ locust ㄩㄢˊ yuan²
메뚜기새끼연(螽子、蝗類)。〔春秋〕冬ㅣ生。

【蝞】(미) 寘 ビ、えび prawn
새우미(蝦也、寄生龜甲蟲)。

【蝟】(위) 未 イ、はりねずみ hedgehog ㄨㄟˋ wei⁴
고슴도치위(似鼠毛歧而刺如栗房)。〔漢書〕反者如ㅣ毛而起。

〔蝟起:위기〕고슴도치의 털이 곤두섬。《喩》事態가 엉클어져 일어남。〖劉禹錫〗ㅣㅣ雜連。

〔蝟毛:위모〕고슴도치의 털。《喩》많은

數量。數가 많은 모양。〖漢書〗反者如ㅣㅣ而起。

【蝟集:위집】고슴도치의 털처럼 事物이 많이 모임。(喩)繁雜함。〖翕安期〗ㅣㅣ而縱橫。

【蝟縮:위축】(轉)고슴도치가 敵을 마주치면 畏縮하는 것처럼 두려워 웅크린 모양。〖皮日休〗如何鄕里輩, 見之乃ㅣㅣ。

【蝬】(수) 尤 ソウ、げじげじ millipede
그리마수(蠷ㅣ、多足蟲)。〖酉陽雜俎〗古蠷ㅣ短狐踏影蟲皆中人影爲害。(『蠼』와 같음)

【蝠】(복) 屋 フク、こうもり bat ㄈㄨ fu²
박쥐복(蝙ㅣ伏翼飛鼠)。〖李白詩序〗蝙ㅣ千歲體白如銀。

【螄】(시) 支 シ、よねむし rice-weevil ㄕ shih²
쌀바구미시(蛞ㅣ、强蛘)。

【蝡】(一)(윤) 軫 ゼン、ナン、うごめく (二)(연) 銑 writhe ㄖㄨㄢ juan³
(一)굼실거릴윤(動貌)。〖淮南子〗蝡飛ㅣ動。(二)굼틀거릴연(ㅣㅣ蟲行)。〖漢書〗跂行喙息ㅣ動之類莫不就安利避危殆。

【蝡動:연동】굼실거림。굼틀거림。蠕動。〖淮南子〗蝡飛ㅣㅣ。

【蝤】(一)(유) 尤 ユウ、シユウ、かざみ (二)(추) 尤 crab ㄑㄧㄡ ch'iu²
(一)큰게유(ㅣ蛑大蟹)。(二)나무 좀 추(ㅣ蠐木蠹)。〖詩〗領如ㅣ蠐。

【蝤蠐:추제】(動)나무 좀。蛣蝠。

【蝤蛑:유모】(動)꽃게。바닷가 泥沙中에 살며, 形體가 큼。

【蝣】(유) 尤 ユウ、かげろう dayfly ㄧㄡ yu²
하루살이유(蜉ㅣ、渠略)。〖詩〗蜉ㅣ之羽衣裳楚楚。

【蝥】(모) 肴 ボウ、ム、ねきりむし blister-beetle ㄇㄠ mao²
가리모(螌ㅣ食穀毒蟲)。〖詩經〗及其ㅣ賊。

【蝥賊:모적】(動)벼의 뿌리와 줄기를 갉아 먹는 벌레。(喩)良民을 害치는 惡人에 대하여 쓰이는 말。賊蝥。〖左傳〗帥我ㅣㅣ、以來蕩搖我邊疆。

【蝥弧:모호】옛날 諸侯가 使用한 旗의 이름。

【蝥】(모) 宥 ボウ、くも spider
❶거미모(蜘蛛)。❷벌레모(蛷螋、蟲名)。

【蝪】(탕) 陽 トウ、くものな ground spider ㄊㄤ t'ang¹
땅거미탕(蛈蝪)。

【蝦】(하) 麻 カ、がま toad ㄏㄚ ha²
두꺼비하(ㅣ蟆蟾蜍屬)。〖史記〗月爲刑而相佐見食于ㅣ蟆。

【蝦蛄:하고】(動)새우의 한 가지。節足動物。甲殼類에 속함。

【蝦蟆:하마】(動)청개구리。개구리의 한 가지。無尾類에 딸린 水陸兩棲動物。蝦蟇。土蛙。

【蝦蟆仙人:하마선인】두꺼비를 교묘하게 잘 부리는 사람。곧 中國 三國時代 吳의 葛玄을 이름。(轉)괴상한 요술을 부리는 사람。〖搜神記〗。

【蝦蟹:하해】(動)새우와 게。

【蝨】(슬) 質 シツ、しらみ louse ㄕ shih¹
이슬(齧人蟲)。〖抱朴子〗ㅣ生於我而我非ㅣ父母ㅣ非我子孫。

【蝨官:슬관】(喩)나라를 좀먹고 民弊를 일삼는 官吏。곧 이처럼 피를 빨아 먹는 寄生蟲이라는 뜻。

【蝨處褌中:슬처곤중】이가 속곳 속에 숨어 있음。(喩)見識이 좁고 일시의 安逸을 탐하는 사람。〖晉書·阮籍傳〗。

【蝭】(제) 齊 テイ、せみ cicada
쓰르라미제(ㅣ蟧、蟬也)。〖大戴禮〗蟬也者ㅣ蟧也。

【蝮】(복) 屋 フク、まむし viper ㄈㄨ fu⁴
독사복(毒蛇)。〖韓愈詩〗ㅣ蛇生子時圻裂腸無肝。

【蝮蠍:복갈】(動)살무사와 전갈。(喩)兇惡한 사람。〖宋史〗小人譬之ㅣㅣ、其兇惡害人、根乎天性。

【蝮蛇膽:복사담】복사의 쓸개。살충제로 씀。

【蝮虺:복훼】(動)毒蛇。살무사。蝮蛇科에 딸린 毒있는 뱀。〖爾雅〗ㅣㅣ博三寸、首大如擘。

【蝰】(규) 齊 ケイ、さなぎ pupa
❶번데기규(蠶蛹)。❷작은뱀규(虺ㅣ)。〖本草〗青ㅣ即竹根蛇。

【蝯】(원) 元 エン、てながさる monkey ㄩㄢ yuan²
원숭이원(猨也、腕長猿)。

【蝯眩:원현】원숭이의 눈이 어지러워 짐。(轉)嶮峻함。〖淮南子·注〗蝯臨其岸而目眩也。

【蝱】(맹) 庚 ボウ、あぶ horse-fly ㄇㄥ meng²
등에맹(齧人飛蟲)。

【蝲】(랄) 曷 ラツ、むし insect ㄌㄚ la⁴
벌레이름 랄(蟲名)。

【蝺】(우) 虞 グ、むし butterfly
물나비우(蟱ㅣ青蚨)。〖酉陽雜俎〗蟱ㅣ形如蟬 其子如蝦著草葉得其子則母飛來就之煎食辛而美。

【蝴】(호) 虞 コ、こちょう butterfly ㄏㄨ hu²
들나비호(ㅣ蝶、野蛾)。

【蝴蝶:호접】(動)나비。蝶亞目에 속하는 곤충의 總稱。

【蝴蝶夢:호접몽】(故)莊子가 꿈에 나비로 化하여 즐거운 나머지 자기와 나비와의 구별을 잊었던 일。蝶夢。〖莊子·齊物論〗。

【蝵】(추) 尤 シュウ、くも spider
거미추(蜘蛛)。

【蝶】(접) 葉 チョウ、ちょう butterfly ㄉㄧㄝ tieh²
들나비접(蝴ㅣ、野蛾)。〖莊子〗烏足之根爲蠐螬其葉爲蝴ㅣ。〖齊物論〗莊周夢爲蝴ㅣ。

【蝶兒:접아】(動)나비。(兒는 助辭)。

【蝶形骨:접형골】(生)脊椎動物의 頭蓋에 軟骨性으로 발생하여 눈의 부근에서 頭蓋底 중앙까지에 자리 잡은 보통 여섯 개로 된 뼈。고등 척추 동물에서는 나비 모양으로 되어 있음。

【蝸】㊀(왜) 佳 カ、かたつむり snail ㊁(와) 麻 (古音「과」)
小篆 草書 ㊀달팽이 왜(瓜牛)。㊁달팽이 와(ㅣ牛陵螺)。【江賦】鸝螺蜁ㅣ。
【蝸角:와각】달팽이의 觸角。《喩》아주 좁은 지경이나 작은 것。
【蝸角之勢:와각지세】사소한 일로 다투는 형세。
【蝸角之爭:와각지쟁】《故》달팽이 뿔 위의 觸·蠻 두 나라가 서로 다툰 일。【莊子·則陽】。《喩》極히 하찮은 일로 다투는 일。蝸牛角上之爭。【書言故事·禽獸比喩類】小爭者小曰——。
【蝸廬:와려】작고 누추한 집의 비유。蝸屋(와옥)。【駱賓王】ㅣㅣ未卜安。
【蝸屋:와옥】＝蝸廬(와려)。
【蝸牛:와우】《動》달팽이。腹足類·有脚類의 軟體動物。
【蝸牛殼:와우각】《生》內耳의 한 부분。달팽이 껍질 모양의 속이 빈 뼈。
【蝸牛角上:와우각상】세상이 좁음을 일컫는 말。【白居易】蝸牛角上爭何事、石火光中寄此身。
【蝸牛廬:와우려】《喩》달팽이의 속과 같은 작은 집。또는 자기 집에 대한 謙稱。蝸廬。
【蝸髫:와초】《喩》아이들의 더벅머리를 일컬음。모양이 달팽이 껍질을 닮은 데서 나온 말。【古今註】ㅣㅣ謂小兒髻如蝸。

【蝹】(운) 眞 イン、ウン、うねりゆく wriggle
草書 용굼틀거릴 운(ㅣㅣ、龍貌)。【韓愈詩】山磨電奕奕水淬龍ㅣㅣ。

【螞】(구) 虞 ク、よい pretty
草書 어여쁠 구(好貌)。【呂氏春秋】惠子之言ㅣ焉美無所用。

【螻】(루)『螻』(虫部11畫)의 略字

十畫

【螂】(랑)『蜋』(虫部7畫)과 같음

【螃】(방) 陽 ホウ、どろがに small crab ㄆㄤ p'ang²
草書 방게 방(ㅣ蜞、蟹屬)。
【螃蜞:방기】《動》방게。
【螃蟹:방해】❶게。❷방게。

【螄】(사) 支 シ、にな、たにし top-shell ㄙ ssu¹
草書 소라 사(螺也)。

【螇】(해) 齊 ケイ、ばった grasshopper ㄒㄧ hsia¹ (本音「혜」)
小篆 草書 방아깨비 해(ㅣ蚸、似蜙蝑而細長)。【鹽鐵論】諸生獨不見委夏之ㅣ乎音聲入耳秋風而聲無。
【螇蚸:해력】《動》방아깨비。메뚜기과의 곤충。蠜螽。
【螇螰:해록】《動》매미의 한 가지。털매미。또는 쓰르라미。蟪蛄。

【螈】(원) 元 ゲン、なつご summer silkworm ㄩㄢ yüan²
草書 ❶두벌누에 원(晩蠶)。【埤雅】再蠶也 或曰 蠶不交而生者往往爲ㅣ蠶。❷도마뱀 원(蠑ㅣ、蜥蜴)。
【螈蠶:원잠】두벌 누에。夏蠶。再蠶。【淮南子】ㅣㅣ一歲再收、非不利也、而王法禁之者、爲其殘桑也。

【螉】(옹) 東 オウ、じかばち bee
小篆 草書 가다리 옹(蠮ㅣ細腰蜂)。【方言】蠭燕趙間謂蠓ㅣ其小者謂蠮ㅣ。

【蜶】(손) 元 ソン、こおろぎ cricket
귀뚜라미 손(蟋蟀、ㅣ蛀)。

【𧍢】(지) 支 チ、ひる leech
거머리 지(蛭也)。

【螌】(반) 刪 ハン、はんみょう spanish fly ㄅㄢ pan¹
小篆 반묘 반(ㅣ蝥、毒蟲)。【本草】一名斑貓長五六分黃足斑文鳥腹尖喙秋食豆花爲ㅣ蝥。
【螌蝥:반모】《動》가뢰。毒蟲임。斑猫。
【螌負:반부】《動》진딧물。진딧물과 곤충의 總稱。

【融】(융) 東 ユウ、やわらぐ melting
小篆 籀文 草書 ❶화할 융(和也)。【左傳】其樂也ㅣㅣ。❷밝을 융(昭ㅣ明也)。【詩經】昭明有ㅣ。❸융통할 융(ㅣ通)。❹부드러워질 융(柔也)。【左傳隱公元年】其樂也ㅣㅣ。❺불길 위로 오를 융(ㅣ散)。❻귀신의 이름 융(神名、祝ㅣ)。
【融朗:융랑】❶투명하고 맑음。【蘇頲】風韻ㅣㅣ、文詞富贍。❷화평하고 밝음。
【融釋:융석】❶풀음。풀어짐。녹아 풀어짐。【藥適】又能ㅣㅣ衆疑。❷의심이 활짝 가심。
【融資:융자】자본을 융통함。
【融劑:융제】《化》다른 물질을 녹기 쉽게 하기 위하여 가해지는 것。용융 상태에서 용융물의 접촉을 도움。상용되는 것은 탄산소다·질산칼리 따위。용제。
【融通:융통】❶거침 없이 통함。❷金錢이나 物品이 없을 때 있는 곳에서 둘러씀。❸臨機應變으로 머리를 써서 일이 되게 함。
【融通性:융통성】❶금전이나 물품을 둘러 쓸 수 있는 可望性。❷어떤 일을 臨機應變으로 머리를 써서 아퀴를 지음。
【融風:융풍】東北風。立春 때에 부는 바람。條風。【左傳·註】東北曰ㅣㅣ。
【融合:융합】❶녹아서 하나로 합침。융해하여 和合함。【華陽國志】其源出金銀礦、取火ㅣㅣ之爲金銀。❷《生》絨毛蟲 아래의 原生動物에서 두 개체가 합쳐 하나의 개체가 되는 현상。
【融解:융해】❶＝融釋。❷《物》固體가 熱을 받아서 液體로 되는 현상。
【融解熱:융해열】《物》固體 一瓦을 완전히 녹여서 같은 온도의 液體로 하는 데 필요한 熱量。녹는 熱。
【融解點:융해점】《物》固體가 녹기 시작할 때의 온도。녹는 점。
【融化:융화】❶溶解하여 변화함。아주 녹아서 새로운 것으로 변함。【朱德潤】緬想ㅣㅣ初、元氣下磅礴。❷＝融合①。
【融和:융화】❶＝融合①。❷사이 좋게 和合함。
【融會:융회】❶녹아서 하나로 모임。녹여서 모음。❷자세히 이해함。자연히 理解됨。【隋煬帝】智者ㅣㅣ、盡有階差。
◎金ㅣ、溶ㅣ。

【蝔】(합) 合 コウ、てんとうむし beetle (本音「갑」)
딱정벌레 합(蚜也、蜡ㅣ)。

【螑】(후) 宥 キュウ、うごめく wriggle
草書 용이 고개들고 굼틀거릴 후(赳ㅣ龍申頸行貌)。【史記】浦艾赳ㅣ。【漢書音義曰】赳ㅣ申頸低昂。

【蚳】(지) 支 チ、ありのたまご egg of an ant
개미알 지(蟻卵)。

【螕】(비) 齊 ヘイ、だに mange
小篆 草書 비루 비(牛蝨)。【說文】齧牛蟲也。

【蝹】(운)『蝹』(虫部 9畫)과 같음

【蓁】(진) 眞 シン、なつぜみ cicada ㄑㄧㄣˊ ch'in²
草書 매미진(似蟬廣額蟲名)。【詩經】ㅣ首蛾眉。
【蓁首:진수】매미의 머리。四角의 머리。(喩)美人의 이마。또는 美人。

【螔】(이) 支 イ、かたつむり snail
草書 달팽이이(ㅣ蝓、蝸牛)。

【蛞】(활) 黠 カツ、やどかり small crab ㄏㄨㄚˊ hua²
草書 방게활(ㅣ蠌小蟹)。【韓愈詩】水漉雜鱣ㅣ。

【螗】(당) 陽 トウ、なつぜみ cicada ㄊㄤˊ t'ang²
草書 주발매미당(蜩也)。【詩經】如蜩如ㅣ。
【螗蜩:당조】(動)매미의 한 가지。몸은 青綠色이고 머리에 斑點이 있음。蜩蟬。蜩螗、螗蛣。胡蟬。

【螘】(의) 紙 ギ、あり ant ㄧˇ i³
小篆 草書 ❶말개미 의(蚍蜉蟻也)。❷술구더기의(醪汁滓酒、浮ㅣ)。
【螘動:의동】(喩)나라가 어지러워 개미떼가 쏘대는 것처럼 백성들이 소란하여짐。蟻動。
【螘垤:의질】개미둑。蟻塚。蟻封。
【螘塚:의총】=螘垤。『王安石』巴屋如ㅣㅣ、蔽虧塵霧間。

【螝】(회) 隊 カイ、さなぎ silkworm
小篆 누에번데기회(蠶蛹)。【柳宗元天對】ㅣ螫巳毒不以外肆。
【螝蛹:회용】(動)번데기。

【螛】(할) 曷 カツ、めをうごかし したをだす dragon ㄏㄜˊ he²
용이 눈 굴리고 혀날름거릴할(龍搖目吐舌貌)。【漢書】蛭蠖蝎ㅣ容以骫麗兮。

【螜】(곡) 屋 コク、けら Gryllotalpa africana (本音「혹」)
땅강아지곡(螻蛄)。

【螞】(마) 馬 マ、バ、いなご locust ㄇㄚˇ ma³·⁴
❶말거머리마(馬蛭ㅣ蟥)。❷메뚜기마(ㅣ蚱)。
【螞螂:마랑】(動)매미의 한 가지。
【螞蟻:마의】(動)개미。
【螞蚱:마책】(動)메뚜기。
【螞蟥:마황】(動)거머리。水蛭。水蛭。

【螠】(의) 寘 イ、みのむし insect ㄇㄧㄥˊ ming²
草書 목매어죽는벌레의(小黑蟲、ㅣ女)。

【螟】(명) 靑 メイ、くきむし rice-borer
小篆 草書 ❶머루명(食苗蟲)。【詩經】去其ㅣ螣及其蟊ㅣ。❷뽕나무벌레명(桑蟲)。
【螟蛉:명령】(動)빛깔이 푸른 나방과 나비의 幼蟲。(喩)養子。곧 나나니벌이 이 벌레의 새끼를 길러서 자기의 새끼로 만든데서 온 말。螟蛉子。『詩經·小宛』ㅣㅣ有子、蜾蠃負之。
【螟蛉子:명령자】양아들。
【螟嗣:명사】양아들。
【螟蜮:명역】(動)벼를 먹어 害치는 벌레。螟蟲。『後漢書』督農桑、去其ㅣㅣ。
【螟蟲:명충】(動)마디충。곧 명충나방의 幼蟲。【禮記】ㅣㅣ爲害。
【螟螣:명특】(動)마디충과 벼메뚜기。(喩)세상에 害를 입히는 奸惡한 사람。『詩經』去其ㅣㅣ、及其蟊賊。

【螢】(형) 靑 ケイ、ほたる firefly ㄧㄥˊ ying²
草書 개똥벌레형(腐草所化一名丹鳥一名宵燭)【禮記】腐草爲ㅣ。
【螢光:형광】❶반딧불。『杜牧』ㅣㅣ爝火、何裨日月之明。❷(物)어떤 물체가 어떤 빛을 받았을 때 다만 이를 反射만 하는 대신으로 받은 빛과 다른 그 물체의 固有한 빛을 내는 현상。燈·計器나 時計의 눈등에 쓰임。
【螢光燈:형광등】(物)❶放電管의 內壁에 형광 塗料를 칠한 燈。放電管이 내는 빛에 의해서 內壁은 螢光을 발하는 것으로 이것들이 합치어서 전체로 白色을 낼 수도 있음。❷水銀燈의 유리管의 內壁에 螢光物質을 칠해서 紫外線의 자극으로 發光케 한 등。
【螢光體:형광체】(物)螢光을 발하는 物質。螢石·石油·水銀蒸氣 등。
【螢光板:형광판】(物)시안化 螢光 바륨이나 硫化 亞鉛 등의 螢光物質을 塗料로 바른 板。放射線의 有無와 그 強度를 아는 데에 쓰이고 X線 檢診 등에 이용함。
【螢石:형석】(鑛)鑛石의 한 가지。무색·파랑·초록·빨강·보라 같은 빛깔을 지닌 鑛石。
【螢雪:형설】苦學으로 勉學함。또는 애써서 공부함。(故)晉의 車胤과 孫康이 집이 가난해서 등잔 기름을 사지 못하고 螢火와 雪光을 등불의 代用으로 하여 讀書하였다함。『晉書·車胤傳·孫康傳』。
【螢案:형안】貧寒하여 苦學함。(故)晉의 車胤이 반딧불을 비쳐서 苦學한 일。↓螢雪。(案은 책상)。『王逢』十年ㅣㅣ書連屋、八月龍灣浪拍天。
【螢影:형영】반딧불의 그림자。『王維』玉窓ㅣㅣ度、金殿人聲絕。「ㅣ無助。
【螢爝:형작】반딧불。『張說』大明朝升、ㅣㅣ稀。
【螢火:형화】=螢光①。『陸游』風急ㅣㅣ

【螣】㊀(등) 蒸 ㊁(특) 職 トウ、トク、はくいむし grasshopper ㄊㄥˊ t'eng²
小篆 草書 ㊀등뱀등(神蛇似龍興雲霧)。【荀子】ㅣ蛇無足而飛。㊁황충특、벼메뚜기특(蝗屬食葉蟲)。【詩經】去其螟ㅣ。
【螣蛇:등사】❶龍을 닮은 神蛇。雲霧를 잘 일으키고 그 속에서 논다고 함。『爾雅·釋魚』。❷(天)별의 이름。二三星으로 營室의 北에 있음。『晉書·天文志』。❸陣法의 한 가지。北魏의 高祖가 制定한 陣法。『北史·魏紀』。

【蚪】(두) 有 ト、おたまじやくし tadpole
올챙이두(蝌斗)。

十一畫

【螏】(축) 屋 チク、やすで millipede
노래기축(百足蟲、馬陸)。

【螫】(석) 陌 セキ、さす sting ㄕˋ shih⁴
小篆 草書 벌레쏠석(蟲行毒)。【詩經】莫予荓蜂自求辛ㅣ。

【螸】(유) 虞 ユ、はちのはらした anuslike opening of a wasp
小篆 벌밑구멍유(蠭醜)。

【螯】(오) 豪 ゴウ、はさみ crawfish ㄠˊ ao²
草書 가재오(蟹屬倒行)。【晉書】畢卓左手持酒杯右手持蟹ㅣ。

【螬】(조) 豪 ソウ、じむし maggot ㄘㄠˊ ts'ao²
굼벵이 조(蠐ㅡ、地蠶)。【孟子】井上有李ㅡ食實者過半。

【螭】(리) 支 チ、みずち dragon ㄔ ch'ih¹ (本音[치])
뿔없는용리, 교룡리(龍無角)。【漢書】蛟龍赤ㅡ。
【螭龍:이룡】뿔이 없는 龍. 상상의 동물。【埤雅】無角曰ㅡㅡ。

螭 (三才圖會)

【螭魅:이매】짐승 모양을 한 山속에 산다는 怪物。【左傳】ㅡㅡ罔兩、莫能逢之。
【螭首:이수】옛날 彝器·碑額·石柱·石階·印章·鍾鼎 등에 뿔 없는 龍의 形體를 새겨 장식한 것。

螭首盉 (周 西淸古鑑)

【螮】(체) 霽 テイ、にじ rainbow
❶무지개체(ㅡ蝀虹也)。【詩經】螮在東。❷작은거미 체(蜘蛛)。
【螮蝀:체동】무지개의 別名。

【螰】(록) 屋 ロク、せみ cicada ㄌㄨˋ lu⁴
털매미록(蟧ㅡ)。

【⿱甚虫】(감) 覃 カン、むし Spilosoma imparilis
뽕잎벌레감(桑葉上蟲)。【齊民要術】崔寔曰十二月臘時祀炙箑樹瓜田四角去ㅡ。

【螲】(질) 質 チツ、むし worm ㄉㄧㄝˊ tieh²
도르래질(螲蛈)。

【螳】(당) 陽 トウ、かまきり mantis ㄊㄤˊ t'ang²
사마귀당(ㅡ蜋臂有斧)。【莊子】女不知夫ㅡ蜋乎怒其臂以當車轍不知其不勝任也。
【螳蜋:당랑】(動)버마재비。또는 사마귀。頭部는 三角形이고 腹部는 肥大함。石螂。蟷螂。
【螳螂窺蟬:당랑규선】매미는 버마재비가 엿봄을 모르고 울고 있고, 버마재비는 매미를 덮칠려고만 정신이 팔려 새가 자신을 엿보고 있음을 모른다는 뜻。(喩)目前의 이익에만 눈이 어두워 뒤에서 닥치는 災害를 생각하지 못한다는 것。【說苑·正諫】。
【螳螂之斧:당랑지부】弱小한 사람이 자기 力量은 생각하지 아니하고 强敵에 反抗하는 짓。(故)齊의 莊公이 出獵할 때 버마재비가 앞다리를 쳐들고 그의 乘車에 덤볐다 함。【後漢書·袁紹傳】。

【螴】(진) 眞 チン、うごめく wriggle
❶벌레굼실거릴진(ㅡ蜳蟲行貌)。❷기운정치못할진(氣不定貌)。【莊子】ㅡ蜳不得成。
【螴蜳:진돈】벌레가 제 집에서 나와 아직 깨지 못한 것。(轉)일의 이루기 힘든 모양。一說에는, 마음이 安定되지 못함。【莊子·注】ㅡㅡ、蟲起蟄未甦之貌、事之不得成如此也。【集韻】螴、ㅡㅡ、不安皃。
【螴銳:진예】날카로운 모를 꺾어버림。없앰。【左思·註】善曰、螴、折傷也。

【螺】(라) 歌 ラ、にな、にし wreath-shell ㄌㄨㄛˊ luo²
소라라(蚌屬)。『蠃』의 (俗字)

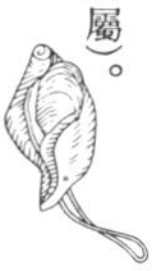
海螺 (大淸會典圖)

【螺角:나각】소라。
【螺階:나계】螺旋形의 계단。
【螺髻:나계】소라 조개의 모양처럼 짠 상투。(喩)靑山。【古今·註】童子結髮亦爲ㅡㅡ。
【螺髮:나발】❶(喩)곱슬곱슬하여 소라 껍데기처럼 보이는 머리털。❷(佛)부처의 頭髮。【淨住子·出三界外樂門】。
【螺杯:나배】소라껍데기로 만든 술잔。【藝文類聚】陶侃上成帝ㅡㅡ一枚。
【螺絲:나사】❶나사못。❷소라 처럼 비틀리게 고랑진 물건。
【螺絲釘:나사정】나사못。
【螺線:나선】(數)❶平面上에 있어서 소용돌이 모양의 曲線。❷空間에 있어서 螺旋 모양의 曲線。
【螺旋:나선】소라껍데기의 線 모양이나 또는 나사 모양의 형상。
【螺旋菌:나선균】용수철처럼 생긴 균。
【螺旋狀:나선상】나사 모양。
【螺鈿:나전】광채나는 작은 자개 조각을 여러 가지 형상으로 박아 붙여 꾸민 공예품。螺塡。【癸辛雜識】作ㅡㅡ卓面屛
【螺釘:나정】나사 못。【風十副】。
【螺舟:나주】소라껍질 모양으로 만든 배。물 속으로 다녀도 물이 뱃속으로 스며들지 않았다 함。中國 秦始皇 때에 있었다고 전하는 배。

【螵】(표) 蕭 ヒョウ、かまきりのす mantis ㄆㄧㄠ p'iao¹
사마귀알집표(ㅡ蛸桑蟲)。

【螻】(루) 尤 ロウ、けら mole-cricket ㄌㄡˊ lou²
❶도르래 루(ㅡ蛄土蟲)。【本草】一名天ㅡ穴土而居吸風食土喜就燈光。❷청개구리루(ㅡ蟈蛙也)。【禮記】ㅡ蟈鳴。
【螻姑:누고】(動)땅강아지。蛄螻。
【螻蟈:누괵】❶(動)개구리의 한 가지。다리가 긴 개구리。❷땅강아지와 개구리。【禮記】孟夏之月、ㅡㅡ鳴。
【螻蟻:누의】땅강아지와 개미。(喩)微力한 것。【賈誼】橫江湖之鱣鯨兮、固將制於ㅡㅡ。
【螻蚓:누인】땅강아지와 지렁이。(喩)無用의 물건。【韓愈】才豪氣猛易語言、往往蛟螭雜ㅡㅡ。

【⿰虫從】(종) 冬 ショウ、じかばち bee
작은벌종(小蜂、蠮ㅡ)。

【螼】(근) 軫 キン、みみず earthworm ㄑㄧㄣˇ ch'in³
지렁이근(螾也)。【爾雅】ㅡ蚓豎蠶。

【螽】(종) 東 シュウ、いなご locust ㄓㄨㄥ chung¹
메뚜기종(蟲ㅡ蝗類)。【詩經】趯趯蟲ㅡ(是也)。
【螽斯:종사】❶(動)메뚜기의 한 가지。농작물을 갉아먹는 害蟲임。❷(書)詩經 周南의 篇名。【詩經】ㅡㅡ羽詵詵兮。

【⿰虫魚】(어) 魚 ギョ、しみ moth
좀어(蠹也)。

【蟁】(문)『蚊』(虫部 4畫)의 本字

【螾】㊀(인) 眞 ㊁(인) 震 イン、みみず earthworm ㄧㄣˇ yin³
㊀쓰르라미 인(寒螿)。㊁지렁이인(蚯ㅡ土龍)。
【螾螾:인인】꿈틀거리며 나오는 모양。【淮南子·天文】指寅則萬物ㅡㅡ。

【螿】(장) 陽 ショウ、つくつくぼうし tanna japonensis ㄐㄧㄤ chiang
小篆 草書 쓰르라미장(蟬屬)。【方言郭註】寒蜩ㅡ也似蟬而小色青。

【蟀】(솔) 質 シュツ、こおろぎ cricket ㄕㄨㄛ shuo⁴ (本音) (「숟」)
小篆 草書 귀뚜라미 솔(蟋ㅡ促織)。【古今注】蟋ㅡ一名吟蛩秋初生得寒則鳴。

【蟂】(교) 蕭 キョウ、むし insect
교달벌레교(ㅡ獺水蟲似蛇四足能害人)【賈誼文】偭ㅡ獺以隱處兮夫豈徒從蝦與蛭螾。

【蟟】(략) 藥 リャク、かげろう dayfly
小篆 하루살이략(蜉蝣)。

【蟃】(만) 願 マン、バン、くわむし larva of longicorn beetle
❶뽕나무벌레만(蟃蛉桑蟲)。【爾雅註】桑ㅡ亦曰戎女。❷짐승이름만(大獸名ㅡ蜒)。

【蟄】(칩) 緝 チュウ、チツ、ひそむ、かくれる hibernate ㄓ chih²
小篆 草書 ❶벌레움츠릴칩(蟲藏)。【易繫辭】龍蛇之ㅡ以存身也。❷우물거릴칩(ㅡㅡ和集貌)。【詩】宜爾子孫ㅡㅡ兮。

【蟄居:칩거】❶나가서 활동하는 일이 없이 집 속에 죽치고 있음。❷=蟄伏。

【蟄龍:칩룡】숨어서 나타나지 않는 龍。(喩)활약할 때를 아직 얻지 못하여 숨어있는 英雄。伏龍。【朱熹】君看ㅡㅡ臥三冬、頭角不與蛇爭雄。

【蟄伏:칩복】❶벌레 따위가 땅 속에서 겨울 동안 죽치고 있음。❷자기 거처에 들어 박혀 가만히 있음。죽치고 숨어 있음。【淮南子】秋三月、地氣下藏百蟲ㅡㅡ。

【蟄獸:칩수】겨울철에 땅 속에 죽치고 들어 박혀 있는 짐승。【周禮】掌攻、ㅡㅡ各以其物火之、以時獻其珍異皮革。

【蟄藏:칩장】땅 속이나 땅 굴 속에 죽치고 있는 것。【淮南子】熊羆ㅡㅡ飛鳥時移。

【蟄蟲:칩충】겨울철에 蟄伏하고 있는 벌레。【禮記】孟春之月、中略、ㅡㅡ始振。

【蟆】(마) 歌 マ、バ、ひきがえる toad ㄇㄚ ma²
小篆 草書 두꺼비마(蝦ㅡ蟾類)。【易林】穴有狐鳥坎生蝦ㅡ。

【蟇】(마)『蟆』(前條)와 같음。

【蟈】(괵) 陌 カク、あおがえる tree-frog (古音「곽」)
草書 청머구리괵(蟈ㅡ)。

【蟈氏:괵씨】(制)周 나라 때의 벼슬 이름。개구리와 맹꽁이를 除去하는 일을 맡아봄。『周禮』。

【䗩】(습) 緝 シュウ、ほたる firefly
반딧불습(螢火、ㅡ蠕)。

【蟉】㊀(료) 嘯 ㊁(류) 有 ㊂(규) 尤 リュウ、リョウ、うねりゆく wriggle
小篆 草書 ㊀용머리굼틀거릴료(蟉ㅡ龍首動貌)。【漢書】蛐ㅡ偃蹇。㊁용굼틀거릴류(蚴ㅡ龍行貌)。【漢書】青龍蚴ㅡ于東廂。㊂뜻은 ㊁와 같음。

【蟉虯:요규·유규】龍이나 뱀이 굼틀거리며 기어가는 모양。구부러진 모양。

【蟊】(모) 尤 ボウ、ねきりむし chinese migratory locust ㄇㄠ mao²
小篆 草書 게심이모、누리모(食苗根蟲)。

【蟊蜮:모역】(喩)惡漢。나쁜 사람。

【蟊賊:모적】(動)곡물의 해충。(喩)社會에 해독을 끼치는 사람。

【蟋】(실) 質 シツ、こおろぎ cricket ㄒㄧ hsi¹
小篆 草書 귀뚜라미 실(ㅡ蟀、一名促織)。【詩經】ㅡ蟀在堂。

【蟋蟀:실솔】(動)귀뚜라미。蜻蛚。

【蟱】(무) 遇 ブ、げじげじ millipede
그리마무(多足蟲、ㅡ蛛)。

【蟔】(무) 尤 ボウ、とんぼ dragonfly
잠자리무(蜻蜓)。

【蟍】(리) 支 リ、むかで centipede
지네리(蝍蛆、蛷ㅡ)。

【蟐】(숙) 屋 シュク、しゃくとりむし looper
자벌레숙(尺蠖蟲)。

十二畫

【蟌】(종) 送 シュウ、いなご millipede
메뚜기종(螽也)。【申培】ㅡ斯美周室多男之詩。

【蟒】(망) 養 ボウ、モウ、おろち big snake
草書 구렁이망(大蛇)。【爾雅註】ㅡ蛇最大者故曰王蛇。

【蟒繡衣:망수의】군병이 武藝를 연습할 때에 입던 옷의 한 가지。

【蟒袍:망포】袞龍袍。

【蠘】(월) 月 エツ、あしはらがに small crab ㄩㄝ yüeh⁴
草書 방게월(小蟹、蟛ㅡ)。

【蟕】(주) 支 シ、うみがめ big tortoise
草書 큰거북주(ㅡ蠵、大龜)。【本草】ㅡ蠵生海邊甲有文堪爲物飾。

【蟖】(사)『蟴』(次條)와 같음。

【蟴】(사) 支 シ、けむし caterpillar ㄙ ssu¹
쐐기사(蛓也)。

【蟙】(직) 職 ショク、こうもり bat
박쥐직(蝙蝠、ㅡ蠌)。

【蟚】(팽)『蟛』(次條)과 같음。

【蟛】(팽) 庚 ホウ、こがに small crab
草書 방게팽(似蟹而小、ㅡ蜞)。

【蟛蜞:팽기】(動)방게。몸이 方形으로 두툼두툼함。해변에 가까운 연못의 갈대 가 나는 흙속에 살음。

【蟜】㊀(교) 蕭 ㊁(교) 篠 キョウ、あり ant ㄐㄧㄠ chiao³
小篆 草書 ㊀개미교(蟹ㅡ蝗也)。【枚乘七發】蚑ㅡ螻蟻聞之拄喙而不能前。㊁❶용굼틀거릴교(天ㅡ龍貌)。❷사람이름교(人名ㅡ牛)。

【蟜牛:교우】(人)舜 임금의 祖父。

【蟢】(희) 紙 キ、くも spider ㄒㄧ hsi³
草書 낙거미희(蟲名、蠨蛸類)。

【蟢子:희자】(動)갈거미。몸이 가늘고

길며 다리가 특히 길음。【劉勰新論】野人謂見ㅣ一者、以爲有喜樂之瑞。

【蟝】(거) 魚 キョ、かげろう dayfly
하루살이거(蜉蝣、ㅣ蟟)。

【蟞】(별) 屑 ヘツ、あり ant
개미별(蟻也)。

【蟟】(료) 蕭 リョウ、つくつくぼうし cicada
草書 쓰르라미료(蟪蛄)。

【蟠】(반) 寒 ハン、わだかまる coil ㄆㄢ p'an²
小篆 草書 ❶서릴반(屈曲)。❷엎딜반(伏也)。❸용서릴반(龍ㅣ)。【太玄經】龍ㅣ于泥。

蟠 車 (三才圖會)

【蟠車:반거】 베틀의 한 가지。실을 감는 데 쓰임。

【蟠踞:반거】❶서리 서리 걸침。❷넓은 땅을 차지하고 세력을 떨침。盤踞。

【蟠據:반거】어떠한 곳에 근거하여 웅거함。

【蟠虯:반규】서리고 있는 이무기。

蟠 虯 紋 (西清古鑑)

【蟠虯紋:반규문】서리고 있는 뿔 없는 용 모양의 무늬。

【蟠桃:반도】❶三천년 만에 한 번씩 열매가 연다는 長壽의 仙桃。【十州記】東海有山、名度索山、有大桃樹、屈盤數千里、日ㅣㅣ。❷(植)복숭아 나무의 한 가지。

【蟠龍:반룡】하늘에 오르기 전에 땅에 서려 서리고 있는 龍。【莊子】寢兕伏虎、ㅣㅣ連組、此遁於金也。

【蟠蜿:반완】서리고 얼클어진 모양。용이 꿈틀거리는 모양。【徐陵】左則青龍ㅣㅣ、右則白虎蹲踞。

【蟣】(기) 尾 キ、こしらみ nits ㄐㄧ chi³
小篆 草書 서캐기(蝨子)。【漢書】介冑生ㅣ蝨。

【蟣虱:기슬】(動)서캐。이의 알。

【蟣虱之類:기슬지류】(喩)서캐 따위 같이 못난 놈이라는 뜻。

【蟤】(전) 先 セン、わだかまる wriggle
꿈틀거릴전、서릴전(屈曲貌)。

【蟥】(황) 陽 コウ、こがねむし gold beetle ㄏㄨㄤ huang²
小篆 풍뎅이황(ㅣ蛢)。

【蟦】㊀(비) 微 ㊁(분) 元 ビ、フン、maggot すくもむし ㄈㄟ fei²
㊀❶물어미비(水母)。❷굼벵이비(蠐螬)。㊁굼분(蠣也)。

【蟧】(로) 豪 ロウ、つくつくぼうし small crab ㄌㄠ lao²
草書 쓰르라미로(蟪ㅣ)。

【蟨】(궐) 月 ケツ、けだもの animal ㄐㄩㄝ chüeh²
小篆 짐승궐(獸名)。

【蟩】(궐) 月 ケツ、ぼうふり wriggle
장구벌레궐(井中蟲)。

【蟪】(혜) 霽 ケイ、なつぜみ small crab ㄏㄨㄟ huei⁴
小篆 草書 쓰르라미혜(ㅣ蛄蟬屬)。【莊子】ㅣ蛄不知春秋。

【蟪蛄不知春秋:혜고부지춘추】쓰르라미는 여름 동안만 살으므로 봄·가을을 알지 못함。(喩)생명이 극히 짧음。短命한 사람은 긴 세월이 있음을 모름。【莊子·逍遙遊】。

【蟫】㊀(담) 覃 ㊁(음) 侵 ㊂(심) 侵 イン、ジン moth しみ ㄊㄢ t'an²
小篆 草書 ㊀좀 담(衣書蠹、白魚)。㊁뜻은 ㊀과 같음。㊂움직일 심(物動貌)。

【蟫魚:음어】(動)반대좀。

【蟫蟫:심심】벌레의 굼틀거리며 움직이는 모양。

【蟬】(선) 先 セン、せみ cicada ㄔㄢ ch'an²
小篆 草書 ❶매미 선(飮露蟲蜩)。【大戴禮】ㅣ飮而不食。❷관꾸밀선(冠飾)。【後漢書】侍中中常侍黃金璫附ㅣ爲文貂尾爲飾。❸굼실거릴선(蜿ㅣ舞盤曲貌)。【王逸九思】乘六蛟兮蜿ㅣ。

【蟬殼:선각】매미의 허물。蟬蛻。【顏氏家訓】ㅣㅣ蛇皮。

【蟬聯:선련】❶=連이어 계속됨。【陸龜蒙】是時春三月、繞郭花ㅣㅣ。❷말이 그칠없이 계속되는 모양。

【蟬紋:선문】매미 모양을 아로새긴 무늬。【西清古鑑】。

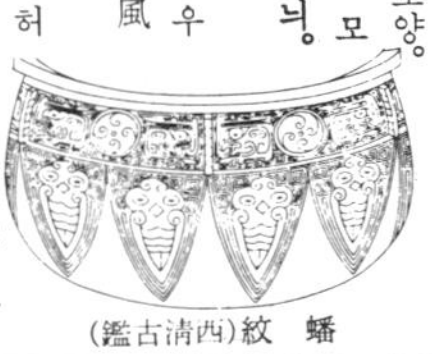
蟬 紋 (西清古鑑)

【蟬聲:선성】매미 우는 소리。【隋煬帝】風急ㅣㅣ哀。

【蟬蛻:선세】매미 허물。약으로 씀。蟬殼。蟬衣。(轉)깨끗이 벗어남。世俗을 超脫함。解脫。【史記·屈原傳】。

【蟬蜎:선연】❶아름답고 품이 있는 모양。蟬娟。姸雅。❷멀리 보이는 모양。【木華·海賦】腰眇ㅣㅣ。

【蟬羽月:선우월】음력 六월。

【蟬吟:선음】매미가 울음。매미의 울음소리。【蘇軾】綵槐高處ㅣㅣ。

【蟬噪:선조】매미가 시끄럽게 울음。(轉)떠들썩하여 시끄러움。【王籍】ㅣㅣ林逾靜、鳥鳴山更幽。

【蟬脫:선탈】매미가 허물을 벗음。(轉)낡은 형식을 버리고 새로와짐。舊習을 벗음。

【[虫粦]】(린) 震 リン、ほたる firefly
반딧불린(螢火)。

【蟭】(초) 蕭 ショウ、おおじがふぐり ㄐㄧㄠ chiao¹
버마재비알초(螳蜋卵、蜱ㅣ)。

【蟭螟:초명】(動)아주 작은 벌레。【抱朴子·刺驕】ㅣㅣ屯蚊眉之中而笑彌天之大鵬。

【蟮】(선) 銑 セン、みみず earthworm ㄕㄢ shan⁴
지렁이선(蚓也、土ㅣ)。

【蟰】(소) 蕭 ショウ、くも long-legged spider ㄒㄧㄠ hsiao¹
小篆 발 긴 거미소(長脚蛛)。

【蟯】(요) 蕭 ジョウ、ギョウ、はらのむし tapeworm ㄖㄠ jao²
小篆 草書 촌백충요(腹中短蟲)。【關尹子】我之一身內變ㅣ蛔外蒸蝨蚤。

【蟯蟲:요충】(動)인체 기생충의 한 가지。어린 젖먹이의 창자에 붙어 밤에 항문으로부터 밖으로 나와 가려운 증세를 일으킴。

【蟯瘕:요하】(動)사람의 大腸 속에 기

생하는 작은 벌레. 항문 밖으로 나와 가려운 증세를 일으킴. 蟯蟲.

【蟱】 (모) 尤 ボウ、くも spider (本音「무」) 거미모(蜘蛛、ㅡ蚰).

【蟲】 (충) 東 チュウ、むし insect ㄔㄨㄥˊ ch'ung² 小篆 草書 ❶벌레충(毛羽鱗介總名). 〔荀子〕肉腐出ㅡ. ❷김오를충(ㅡㅡ氣熏人). 〔詩經〕蘊隆ㅡㅡ.

【蟲疥:충개】 《醫》옴.

【蟲類:충류】 벌레의 종류. 벌레들.

【蟲媒花:충매화】 《植》곤충의 媒介에 의하여 꽃가루를 다른 꽃의 柱頭로 전파하여 생식하는 꽃. ↕風媒花.

【蟲腹痛:충복통】 《醫》거위배.

【蟲聲:충성】 벌레의 우는 소리. 〔歐陽修〕但聞四壁ㅡㅡ喞喞. 「해를 입음.

【蟲損:충손】 해충으로 인해 농작물이 손

【蟲樣突起:충양돌기】 《生》맹장 아래 끝에 내밀어 맹장과 통한 突起.

【蟲樣突起炎:충양돌기염】 《醫》충양돌기에 생기는 염증. 통속적으로 맹장염이라고 함.

【蟲魚:충어】 벌레와 물고기. 또는 下等動物의 總稱. 〔金史〕威震遐邇、化漸ㅡㅡ.

【蟲瘿:충영】 초목의 잎이나 가지 같은 데에 생긴 오배자 벌레 따위의 집.

【蟲災:충재】 해충으로 인해 생기는 농작물의 재앙.

【蟲積:충적】 《醫》음식이 체하여 마치 벌레가 뭉친 것 같이 감각되는 병.

【蟲蟲:충충】 몹시 더운 모양. 〔詩經·雲漢〕蘊隆ㅡㅡ.

【蟲齒:충치】 벌레 먹은 이.

【蟲害:충해】 벌레로 인하여 입은 농사의 손해.

◎甲ㅡ、昆ㅡ、成ㅡ、蟯ㅡ、害ㅡ、蛔ㅡ.

【蟳】 (심) 侵 ジン、かざみ big crab 큰게심(蝤蛑).

十三畫

【蟶】 (정) 庚 テイ、まてがい Novaculina constricta ㄔㄥ ch'êng¹ 小篆 가리맛정、맛살조개정(蚌屬). 〔正字通〕閩粵人以田種之謂之ㅡ田.

【蟷】 (당) 陽 トウ、かまきり namtis ㄉㄤ tang¹ 小篆 草書 사마귀당(ㅡ蠰、蟲名). 〔爾雅〕不過ㅡ蠰. 〔註〕螗螂別名.

【蟷螂:당랑】 《動》버마재비. 螳螂.

【蟷螂巨轍:당랑거철】 당랑이 수레를 막음. 곧 힘이 미치지 못하는 일을 함을 일컬음.

【蟷螂力:당랑력】 매우 약한 軍力.

【蟷蠰:당상】 《動》버마재비의 別名. 螳螂.

【蟹】 (해) 蟹 カイ、かに crab ㄒㄧㄝˇ、 hsieh³·⁴ 小篆 或體 草書 게해(介蟲旁行). 〔爾雅〕ㅡ八跪而二螯八足折而容俯故謂之跪兩螯倨而容仰故謂之螯一名郭索又名無腸公子.

【蟹甲:해갑】 게의 껍질. 蟹殼.

【蟹旣逸網又失:해기일망우실】 《國》게 잃고 그물도 잃음. 《喻》목적과 수단을 함께 잃었다는 뜻. 〔靑莊館全書〕.

【蟹胥:해서】 게젓. 또는 게젓을 담근 간장. 蟹醬.

【蟹眼:해안】 ❶게의 눈. ❷茶 따위의 끓는 물 위에 솟아 오르는 작은 거품. 게의 눈과 비슷한 데서 나온 말. 〔蘇軾〕ㅡㅡ已過魚眼生.

【蟹螯:해오】 게의 집게발. 그 속살은 珍味임. 〔晉書〕右手持酒杯、左手持ㅡㅡ、拍浮酒船中、便足了一生矣.

【蟹爪紋:해조문】 도자기의 겉에다 잿물을 바르고 나서, 게의 발이 갈라지듯이 잘게 낸 금.

【蟹行文字:해행문자】 옆으로 쓰는 글씨. 横書. 西洋文字.

【蟹戶:해호】 게를 잡는 漁夫. 또는 그의 집. 〔蟹譜〕錢氏間置魚戶ㅡㅡ、專掌捕魚蟹.

【蠏】 (해)『蟹』(前條)와 같음

【蟺】 (선) 銑 セン、ゼン、みみず earthworm ㄕㄢˋ shan⁴ 小篆 草書 ❶서로 뒤틀릴 선(相糾、蜿ㅡ). ❷지렁이 선(蚯蚓). ❸변할선、옮길선(變也移也). 〔賈誼鵩鳥賦〕形氣轉續兮變化而ㅡ.

【蟻】 (의) 紙 ギ、あり ant ㄧˇ i³ 草書 ❶왕개미의(蟻ㅡ蚍蜉). 〔續博物志〕白ㅡ聞竹鷄之聲化爲水. ❷검을의(ㅡ裳). 〔書經〕麻冕ㅡ裳. ❸술구더기의(浮ㅡ醪汁滓酒). 〔南都賦〕浮ㅡ若萍.

【蟻孔:의공】 개미의 구멍. 〔陳忠〕堤潰ㅡㅡ、氣洩鍼芒.

【蟻寇:의구】 좀도둑. 小寇. 〔宋書〕孟虬ㅡㅡ、必無能爲.

【蟻潰:의궤】 개미떼가 흩어지는 것처럼 흩어져 도망감. 〔柳宗元〕ㅡㅡ鼠駭、險無以固、收奪利地、以須王師.

【蟻螻:의루】 개미와 땅강아지. 《喻》천「한 것.

【蟻蜂:의봉】 개미와 벌.

【蟻附:의부】 《轉》개미떼처럼 떼지어서 달라붙음. 〔諸葛亮〕海內英雄、望風ㅡㅡ.

【蟻裳:의상】 검은 치마.

【蟻視:의시】 개미를, 보듯이 우습게 봄.

남을 몹시 가볍게 봄. 蟻觀. 輕視. 〔李白〕魏帝游入極、ㅡㅡ一禰衡.

【蟻壤:의양】 개미집. 〔飽照〕ㅡㅡ漏山河.

【蟻援:의원】 《喻》救援兵.

【蟻集:의집】 개미떼처럼 많이 모임. 蟻聚. 蟻合. 〔周權〕人煙ㅡㅡ一開市.

【蟻塚:의총】 개밋둑.

【蟻穴:의혈】 개미 굴. 蟻孔. 《喻》작은 일. 〔應璩〕細微可不愼、隄潰自ㅡㅡ.

【蟾】 (섬) 鹽 セン、ひきがえる toad ㄔㄢˊ ch'an² (本音「첨」) 草書 ❶두꺼비섬(ㅡ蠩蛙屬). 〔抱朴子〕ㅡ諸壽三千歲者頭上有角頷下有丹書八字. ❷달그림자섬(ㅡ光月影). 〔張衡靈憲曰〕羿請不死藥于西王母姮娥竊之奔月宮託身于月是爲ㅡ諸.

【蟾光:섬광】 달빛. 月光.

【蟾魄:섬백】 달의 別名. 〔歲華紀麗〕蛾眉ㅡㅡ皎兮出矣.

【蟾眼:섬안】 벼루의 別名.

【蟾蜍:섬여】 ❶《動》두꺼비. ❷달의 別名. 〔淮南子〕日中有踆烏、而月中有ㅡㅡ. ❸硯滴.

【蟾津江:섬진강】 《地》江 이름. 全羅南北道의 동부를 남류하여 南海로 흐르는 강. 길이 二一二〇粁. 물이 맑아 음료수로 이용하고 급류를 이용하여 수력 발전에 이용됨.

【蟾兎:섬토】 달의 別名. 달에 두꺼비와 토끼가 산다고 함. 〔古詩〕三五明月滿、四五ㅡㅡ缺.

【蠁】 (향) 養 キョウ、さなぎ pupa 小篆 草書 ❶번데기향(蛹也). ❷향벌레향、조파리향(ㅡ子、知聲蟲). ❸퍼질향(肸ㅡ盛作). 〔上林賦〕肸ㅡ布寫晻薆咇茀.

蠁曶:향홀】 빠름。 曶은 忽。

【螇】(계) 霽 ケイ、ばった locust ㄑㄧ ch'i⁴ 書 메뚜기계(ㅡ螽)。

【蠃】 ㊀(라) 歌 ラ、にな trumpet-shell ㄌㄨㄛˇ luo³ ㊁(라) 哿 ㊀소라라(蚌屬)。㊁나나니벌라(蜾ㅡ、細腰蜂)。

【蠃蟲:나충】 비늘·껍질·깃 따위가 없는 벌레。

【蠅】(승) 蒸 ヨウ、はえ fly ㄧㄥˊ ying² (古音 응) 파리승(逐臭蟲)。【詩經】營營青ㅡ。

【蠅頭:승두】 파리의 대가리。《喩》微小한 것。【陸游】未忘麈尾清談興、常讀ㅡ細字書。

【蠅利:승리】《喩》파리 대가리만큼의 아주 작은 이익。蠅頭。【蘇軾】蝸角浮名、蠅頭微利。

【蠅拂:승불】 파리채。파리를 쫓는 기구。【南史】麈尾ㅡㅡ、是王謝家物。

【蠅營:승영】 파리가 부지런히 왕래함。《喩》작은 이익에 악착스러움。【詩經】營營青蠅。

【蠅蚋:승예】 파리와 진디등에。

【蠅集:승집】 파리가 떼지어 몰림。《喩》파리떼처럼 몰림。

【蠆】(채) 卦 タイ、さそり scorpion ㄔㄞˋ ch'ai⁴ ❶벌채(螫蟲)。【詩經】卷髮如ㅡ。❷전갈채(全蝎)。

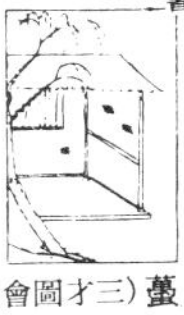
(三才圖會) 蠆

【蠆芥:채개】 가시。

【蠉】(현) 先 ケン、ぼうふり wriggler ㄒㄩㄢ hsüan¹ ❶장구벌레현(井中小赤蟲)。❷벌레굼실거릴현(蟲行貌)。

【蠊】(렴) 鹽 レン、こがねむし gold beetle ㄌㄧㄢˊ lien² 풍뎅이렴(蜚ㅡ、一名石薑)。

【蠋】(촉) 沃 ショク、あおむし larva of longicorn beetle ㄓㄨˊ chu² ❶뽕나무벌레촉(似蠶桑蟲)。【詩經】蜎蜎者ㅡ。❷콩망아지촉(藿ㅡ)。【莊子】奔蜂不能化藿ㅡ。

【蠌】(책) 陌 タク、こがに small crab ㄗㄜˊ tsê² 방게책(小蟹、蜡ㅡ)。

【蠍】(헐) 月 ケツ、さそり scorpion ㄒㄧㄝ hsieh¹ 전갈헐(ㅡ虎、蠆類)。【杜甫詩】每愁夜中自足ㅡ。

【蠍虎:헐호】《動》도마뱀붙이。→守宮。

【蠎】(망)『蟒』(虫部12畫)과 같음

十四畫

【蠐】(제) 齊 セイ、すくもむし maggot ㄑㄧˊ ch'i² 굼벵이제(ㅡ螬、糞土蟲)。

【蠐螬:제조】《動》굼벵이。또는 풍뎅이의 유충。

【⿱維虫】(유) 寘 イ、こあぶ gad-fly 등에유(小虻)。【晉語】譬之如牛馬處暑之既至虻ㅡ之既多而不能掉其尾。

【蠑】(영) 庚 エイ、いもり lizard 도마뱀영(ㅡ螈水宮)。【韓愈詩】蜿垣亂蛛ㅡ。

【蠑螺:영라】《動》소라고둥。바닷물 卷貝의 하나。껍질은 樂器로 사용함。法螺。

【蠑螈:영원】《動》❶도롱뇽류에 속하는 동물의 總稱。蛇師·蛇醫·水蜥蜴。❷도롱뇽과에 속하는 동물。몸빛은 등쪽은 검고 날카로우며 복부는 선홍색에 불규칙한 검은 반점이 있음。하천·연못·물논 등에 살음。

【蠙】㊀(빈) 眞 ヒン、どぶがい pearl oyster ㄆㄧㄣ pin¹ ㊁(변) 先 ㊀진주조개빈(蚌之別名 珠母)。【書經】淮夷ㅡ珠暨魚。㊁뜻은 ㊀과 같음。

【蠙珠:빈주】 眞珠。【書經】淮夷ㅡㅡ暨魚。

【蠓】(몽) 董 ボウ、モウ、ぬかが dayfly ㄇㄥˇ mêng³ ❶하루살이몽(蠛ㅡ似蚋)。【列子】春夏之月有ㅡ蚋者因雨而生見陽而死。❷초바구미몽(醯鷄)。

【蠓蚋:몽예】《動》눈에놀이。모기와 비슷하며 몸빛이 황갈색 또는 담회색임。蠛蠓。【列子】春夏之月、有ㅡㅡ者、因雨而生、見陽而死。

【蠕】㊀(유) 虞 ジュ、ゼン、うごめく wriggle ㄖㄨㄢˇ juan³ ㊁(연) 銑 ㊀굼실거릴유(微動貌)。【荀子】端爲言ㅡ爲動。㊁벌레길연(ㅡ蟲行)。

【蠕動:연동】❶굼틀굼틀 움직임。벌레의 움직이는 모양。蠢動。【易林】蝖飛ㅡㅡ、各具配偶。❷微動하는 모양。❸《生》消化管에서 볼 수 있는 운동의 하나。

【蠕蟲:연충】 지렁이·거머리 따위와 같이 꿈틀거려 기어 다니는 벌레의 總稱。

【蠕形動物:연형동물】《生》動物界를 나눈 一部門。발이 없고 몸으로 굼틀거리며 움직이는 벌레의 類。扁蟲·圓蟲·輪蟲·環蟲·紐蟲類 등이 이에 속함。

【蠔】(호) 豪 ゴウ、かき oyster ㄏㄠˊ hao² ❶굴호(蚌屬)。【本草】初生海旁如拳石四面漸長高一二丈黏附如山。❷땅이름호(地名、ㅡ石)。

【蠖】(확) 藥 カク、しゃくとりむし loop-worm ㄏㄨㄛˋ huo⁴ ❶자벌레확(尺ㅡ屈伸蟲)。【易繫辭】尺ㅡ之屈以求伸也。❷뽕벌레확(桑上蟲)。【韓愈詩】桑ㅡ見虛指。❸물러가며 숨을확(ㅡ濩)。❹어지러울확(昏憒)。【史記】蒙世之溫ㅡ。

【蠖屈:확굴】 자벌레가 등을 움츠림。《喩》사람이 잠시 죽치고 있는 모양。【劉峻】龍驤ㅡㅡ、從道汙隆。

【蠗】(탁) 覺 タク、かい small shell ❶작은 조개탁(小蜃)。❷우짐승탁(禺屬)。

十五畫

【蠝】(뢰) 灰 ルイ、むささび bat 박쥐뢰(飛鼠)。【漢書】蜼玃飛ㅡ。

【蠜】(번) 元 ハン、いなご locust ㄈㄢˊ fan² 메뚜기번(阜螽)。

【蠚】(학) 藥 カク、むしがさす sting
쏠학(毒螫)。【漢書】南方暑濕近夏熱暴露小居蝮蛇ㅡ生。

【蠛】(멸) 屑 ベツ、ぬかが dayfly ㄇㄧㄝ mieh
(小篆)(草書) 하루살이멸(ㅡ蠓似蚋)。【甘泉賦】浮ㅡ蠓而撇天。

【蠛蠓:멸몽】《動》눈에놀이。蠓蚋。

【蠟】(랍) 合 ロウ、みつろう candle ㄌㄚ la
(草書) ❶밀랍, 꿀찌끼랍(蜜滓)。【晉書】石崇奢靡以ㅡ代薪。❷백납랍(白ㅡ、ㅡ梅)。❸초랍(燭也)。【皮日休詩】夜半醒來紅ㅡ短。

【蠟淚:납루】초가 녹아서 흘러 내린 것。蠟珠。【元稹】ㅡㅡ短光凝。

【蠟書:납서】비밀의 누설과 濕기를 막기 위하여 서류를 밀랍으로 싸서 봉하여 넣은 것。蠟丸。【宋史】以ㅡㅡ赴行在。

【蠟觜:납자】《動》고지새。

蠟嘴(三才圖會)

【蠟紙:납지】❶밀을 올린 종이。❷파라핀을 바른 종이。

【蠟燭:납촉】불 켜는 초。

【蠟蟲:납충】《動》백랍벌레。쥐똥나무·광나무 들에 모여서 기생하며, 수컷의 유충이 宿主。식물에 붙는 부분에 蠟質을 분비하여 白蠟의 원료가 됨。

【蠟花:납화】《喩》촛불。【冷齋夜話】如ㅡㅡ似石榴花。

【蠣】(려) 霽 レイ、かき oyster ㄌㄧ li
(小篆)(草書) 굴려(牡ㅡ、蚌屬)。【本草】附石而生 磈礧相連如房呼爲ㅡ房。

【蠣房:여방】굴의 껍질。蠣殼。

【蠣黃:여황】굴의 살。또는 굴의 살을 소금에 절여서 만든 음식。【南越筆記】蠔、生食曰蠔白、醃之曰ㅡㅡ、味皆美。

【蠡】㊀(려) 齊 ㊁(리) 支 ㊂(라) 歌 ㊃(라) 哿 レイ、ラ、むしばむ motheaten ㄌㄧ li
(小篆)(古文)(草書) ㊀❶표주박려(瓠瓢)。【漢書】以ㅡ測海。❷좀먹을려(蟲齧木中)。㊁❶달팽이리(蚌屬)。【類篇】聖人法ㅡ蚌而閉戶見文子。❷사람이름 리(人名范ㅡ)。㊂소라라(蚌屬)。㊃옴 라(疥病)。【左傳】謂其不疾瘯ㅡ也。

【蠡實:여실】=馬藺子(마린자)。

蠡實(三才圖會)

【蠡魚:여어】《動》가물치。

【蠡牛:여우】《動》달팽이。

【蠡測:여측】표주박으로 바다의 물을 헤아림。《喩》조그마한 재로 큰 일을 헤아리려 함。見識이 좁음。【漢書·東方朔傳】

【蠢】(준) 軫 シュン、うごめく wriggle ㄔㄨㄣ ch'uen
(小篆)(古文)(草書) ❶꿈실거릴준(蟲動)。【禮記】春之爲言ㅡ也。❷어리석을준(ㅡㅡ、愚也)。【詩經】ㅡ爾蠻荊。

【蠢動:준동】❶벌레가 굼틀거리는 것。【莊子】ㅡㅡ而相使。❷보잘 것 없는 사람들이 소동을 일으키거나 微微한 殘敵들이 행동함。

【蠢然:준연】꾸물거리는 모양。

【蠢愚:준우】느리고 어리석음。【賈師秦】或駭若ㅡㅡ、或頴若岐嶷。

【蠢爾:준이】❶작은 벌레의 구물거리는 모양。❷무지해서 사리에 어두운 모양。【詩經】ㅡㅡ蠻荊、大邦爲讎。

【蠢蠢無識:준준무식】느리고 어리석어서 아무 것도 알지 못함。

【蠇】(뢰) 泰 ライ、さそり poisonous insect
(小篆)(小篆)(或體) 독벌레 이름뢰(毒蟲名)。【莊子】其知憯于ㅡ蠆之尾。

十六畫

【蠥】(얼) 屑 ゲツ、もののけ monster ㄋㄧㄝ nieh
요물얼(妖也)。【說文】禽獸蟲蝗之怪謂之ㅡ。

【蠧】(두)『蠹』(虫部18畫)와 같음

【蠨】(소) 蕭 ショウ、あしたかぐも Uroctea compactilis ㄒㄧㄠ hsiao
(草書) 납거미소(ㅡ蛸、蟢子)。【詩經】ㅡ蛸在戶。

【蠨蛸:소소】《動》거미의 한 가지。발긴거미。갈거미。

【⿰虫遺】(유) 支 イ、へび snake
뱀유(肥ㅡ、蛇屬)。【山海經】太華之山有蛇焉、名曰肥ㅡ、六足四翼、見則天下大旱。

【蠩】(저) 魚 ショ、がま toad
두꺼비저(蝺ㅡ、似鼃卽蟾ㅡ)。【本草】腹下有丹書八字者是眞蟾蜍。

【蠭】(방) 江 ホウ、ひとのな surname
성방(姓也)。

【蠪】(롱) 東 ロウ、いいあり ant ㄌㄨㄥ lung
(小篆)(草書) 개미롱(ㅡ虰、蟻也)。

【蠪蛭:농질】中國 鳧麗山에 있다는 怪獸의 이름。모양은 여우 같고, 꼬리가 아홉개, 머리가 아홉개, 발톱은 범을 닮았으며, 울음소리는 갓난아기의 울음소리를 닮았다 함。

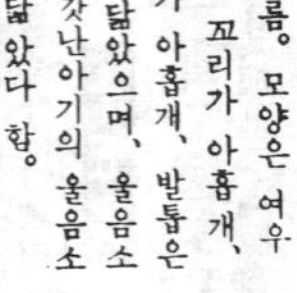
蠪蛭(三才圖會)

十七畫

【蠭】(봉)『蜂』(虫部7畫)의 古字

【蠮】(열) 屑 エツ、じがばち wasp ㄧㄝ ye
(草書) ❶나나니벌열(ㅡ螉、細腰蜂)。❷땅 이름열(地名)。

【蠮螉:열옹】《動》나나니벌。몸 빛은 흑색에 날개는 투명하며 조금 누른 빛이 있고 허리는 실같이 가늘고 긴데 두 마디로 되어 있음。腰細蜂。

【蠯】㊀(패) 齊 ㊁(비) 支 ハイ、かい shell
㊀조개패(蚌也)。【周禮】祭祀共ㅡ蚳以授醢人。㊁뜻은 ㊀과 같음。

【⿰虫霝】(령) 靑 レイ、くわむし insect of mulberry
(小篆) 뽕나무벌레령(螟ㅡ、桑蟲)。

【蠱】(고) 麌 コ、はらのむし round worm ㄍㄨ ku
(小篆)(草書) ❶회고(腹蟲)。【正通志】造ㅡ之法以百蟲置皿中俾相啖食其存者爲ㅡ。❷일고(事也)。【易經】幹父之ㅡ。❸고혹할 고(ㅡ惑亂也)。【左傳】楚令尹子元欲ㅡ文夫人。

❹괘이름고(卦名)。
【蠱卦:고괘】六十四卦의 하나。
【蠱毒:고독】❶害毒。❷독약으로 사람을 害침。『左傳·疏』以毒藥藥人、令人不自知者、謂之ーー。
【蠱石:고석】《鑛》속돌。
【蠱疾:고질】《醫》정신이 어지러운 병。『左傳』晉胥克有ーー。
【蠱惑:고혹】❶미혹시킴。『左傳』ーー以淫事。❷남을 꾀어 속임。
【蠱惑的美:고혹적미】고혹하게 느끼는 아름다움。

【蠰】(상) 陽 ショウ、かみきりむし Gordius aqvaticus ㄕㄤ shang⁴
小篆 하늘가시상(蠦ー、蟲名)。『爾雅』ー齧桑。

【蟿】(계) 齊 ケイ、じがばち wasp
땅벌계(土蜂)。

【〔虫+龠〕】(약) 藥 ヤク、ほたる firefly
반딧불약(蠗ー、螢也)。

【蠲】(견) 先 ケン、あきらか bright ;deduce ㄐㄩㄢ chüan¹
小篆 草書 ❶밝을견(明也)。『左傳』惠公ー其大德。❷조촐할견(潔也)。『詩經』吉ー爲饎。❸덜견(ー賦、除也)。❹반딧불 견(馬ー、蟲名)。『禮記』腐草爲ー。
【蠲減:견감】세금의 일부를 탕감함。『蕭子良』凡在荒民、應加ーー。
【蠲潔:견결】汚物을 除去해서 깨끗함。涓潔。『黃庭堅』食了滌器、三正三反、拔拭ーー。
【蠲免:견면】租稅 따위를 면제함。『元史』ーー者、免其差稅、即周官大司徒所謂薄征者也。
【蠲除:견제】❶租稅·賦役 따위를 면제함。蠲免。『晉書』逋租宿債、皆ーー之。❷除去함。
【蠲滌:견척】汚物을 씻어 없앰。『後漢書』惠我勞民ーー貪穢。「제함。
【蠲蕩:견탕】덜 낸 조세 따위를 죄다 면
【蠲弊:견폐】폐해를 없앰。

十八畫

【蠵】(휴) 齊 ケイ、うみがめ big tortoise ㄒㄧ hsi¹
小篆 草書 큰거북 휴(蠵ー、大龜、雄曰玳瑁、雌曰蠵ー)。

【蠶】(잠) 覃 サン、かいこ silkworm ㄘㄢ ts'an²
小篆 草書 ❶누에잠(吐絲蟲)。『詩經』ー月條桑。❷누에칠잠(農ー)。❸땅이름잠(地名、ー陵)。
【蠶架:잠가】누에채반을 얹는 시렁。
【蠶農:잠농】누에 농사。
【蠶頭馬蹄:잠두마제】筆法의 한 가지。글자의 가로 획을 긋는데 왼 쪽 끝은 말굽 형상이고 바른 쪽 끝은 누에의 대가리 형상과 같이 하는 筆法。
【蠶卵:잠란】누에의 알。「는 종이。
【蠶卵紙:잠란지】누에가 알을 슬어 놓
【蠶莓:잠매】《植》뱀딸기。
【蠶箔:잠박】누에를 치는데 쓰는 채반。『陸龜蒙』處處倚ーー、家家下魚筌。

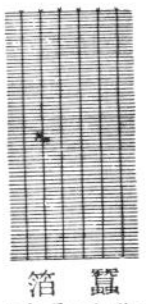
蠶 箔 (農政全書)

【蠶婦:잠부】누에 치는 여자。蠶女。『張耒』ーー低眉憂繭單。
【蠶事:잠사】養蠶의 일。누에를 침。『禮記』孟夏ーー畢、后妃獻繭。「馬鳴肝。
【蠶砂:잠사】《醫》누에의 똥。약재로 씀。
【蠶絲:잠사】누에고치에서 자아낸 실。명주실。
【蠶絲牛毛:잠사우모】《喩》일의 가닥이 자차분하고도 어수선함。
【蠶桑:잠상】누에를 기르고 뽕나무를 심음。『後漢書』土地肥美、宜五穀、知ーー。
【蠶繅:잠소】누에를 치고 고치실을 뽑음。『孟子』夫人ーー以爲衣服。
【蠶食:잠식】누에가 뽕 잎을 먹음과 같이 남의 土地를 점점 併呑함。『史記』秦无公以來、稍ーー諸侯。
【蠶室:잠실】❶누에를 기르는 방。『禮記』古者天子諸侯、必有公桑ーー。❷《制》宮刑에 處한 사람을 가두는 일종의 감옥。
【蠶兒:잠아】❶누에。(兒는 助辭)。『蘇舜欽』魚子或破碎ーー尙狎恰。❷갓 孵化하여 나온 누에。「有天蛾。
【蠶蛾:잠아】누에 나방。『廣志』有ーー、
【蠶業:잠업】養蠶業의 略語。
【蠶蛹:잠용】누에의 번데기。
【蠶衣:잠의】❶누에 고치。❷누에를 기를 때 입는 옷。❸비단 옷을 입음。『沈約』肉食ーー、皆須耆齒。
【蠶簇:잠족】누에가 고치를 짓도록 마련하여 놓은 짚이나 잎나무。섶。『晉書』修成ーー、分繭理絲。「류。
【蠶種:잠종】❶누에의 알。❷누에의 종
【蠶織:잠직】누에를 치고 명주를 짬。養蠶과 織紝。『詩經』婦無公事、休其ーー。
◎家ー、農ー、野ー、養ー、秋ー、春ー。

【蠺】(잠)『蠶』(虫部 18畫)과 같음。

【〔寍+虫〕】(녕) 靑 デイ、けら Gryllotalpa africana
小篆 땅강아지 녕(螻蛄)。

【蠸】(권) 先 ケン、うりばえ Auracophora femoralis ㄑㄩㄢ ch'uan²
小篆 草書 노린재 권(黃甲小蟲)。『莊子』瞀芮生乎腐ー。

【蠷】(구) 虞 ク、げじげじ millipede
그리마구(ー螋、多足蟲)。

【蠹】(두) 遇 ト、しみ moth ㄉㄨ tu⁴
小篆 或體 草書 ❶좀두(白魚木蟲)。『莊子』以爲門戶則液樠、以爲柱則ー、是不材之木也。❷벌레먹을두(蝕也)。
【蠹國病民:두국병민】나라와 국민을 해치고 좀먹음。「蠹害。
【蠹毒:두독】좀벌레의 害。《轉》害毒。
【蠹蝕:두식】벌레 먹음。좀 먹음。
【蠹魚:두어】《動》좀。《轉》항상 독서에만 몰두하는 사람。또는 책은 항상 읽으면서 활용할 재간이 없는 사람을 비웃는 말。
【蠹政:두정】백성을 해롭게 하는 정치。
【蠹害:두해】❶좀이 책 따위를 갉아 넉는 害。❷害毒。蠹毒。

【〔虫+覆〕】(복) 職 ホク、いなご(本音「북」) locust
벼메뚜기 복(稻蟲)。

【〔雋+虫〕】(전) 銑 セン、むしばむ be infested with worms
小篆 벌레먹는창벽전(蟲食瘡)。

十九畫

【蠡】(리) 支 リ、げじげじ millipede
지차리리、그리마리(蟲名)。

【蠻】(만) 刪 バン、えびす southen savage ㄇㄢ man²
小篆 草書 ❶되만、오랑캐만(南ー、鴂舌人)。『書經』遂通道于九夷八ー。❷새소리 만(綿ー、鳥聲)。『詩經』綿ー黃鳥。❸야만만(野ー、ー行)。

【蠻虜:만로】 오랑캐。야만인。『魏明帝』伐彼——。
【蠻貊:만맥】 ❶오랑캐。蠻은 남 쪽。貊은 북 쪽의 오랑캐。❷예의 없는 미개한 나라。南蠻北狄。『論語』言忠信、行篤敬、雖——之邦行矣。
【蠻民:만민】 =蠻人。蕃民。
【蠻舶:만박】 외국의 船舶。蠻船。蕃舶。『五國故事』仍歲豐年、每發——、無失墜者、人因謂之招財侍郎。「라。
【蠻方:만방】 미개한 지방。오랑캐의 나라。
【蠻性:만성】 야만적인 성질。「風。
【蠻俗:만속】 야만인의 풍속·풍습。蠻
【蠻語:만어】 오랑캐의 말。야만인의 言語。《轉》외국어의 卑稱。『世說』參軍何僞、不作——。
【蠻勇:만용】 난폭한 용기。야만적인 용기。是非 善惡을 가리지 아니하고 힘만 믿는 용기。
【蠻夷:만이】 ❶오랑캐。동 쪽의 야만인。蕃夷。『漢書』斬其首、傳詣京師、縣——邸門。❷四夷。곧 蠻夷戎狄의 略語。
【蠻人:만인】 未開人。야만인。蠻民。
【蠻狄:만적】 오랑캐。蠻夷。蠻倭戎狄의 略語。
【蠻族:만족】 야만적인 민족。미개한 족。
【蠻種:만종】 오랑캐 붙이。야만스러운 종족。 「지역。蕃地。
【蠻地:만지】 야만인이 사는 땅。미개한
【蠻酋:만추】 야만인의 우두머리。酋長。
【蠻風:만풍】 ❶천한 풍속。蠻俗。❷남 쪽 오랑캐 땅에서 부는 바람。
【蠻行:만행】 야만적인 행위。예의에 벗어난 행동。
◎南—、野—。

【蠢】(준) 軫 シュン、はじめる appear
❶나올준(出也)。❷일어날준(作也)。❸[illegible]

二十畫

【蠼】㊀(곽) 藥 カク、おおざる big monkey ㄐㄩㄝ chüeh²
㊁(구)
草書 ㊀큰원숭이곽(大猿)。㊁뜻은 ㊀과 같음。
【蠼螋:구수】《動》❶집게벌레。❷그리마(蚰蜒)의 別名。

二十一畫

【蠾】(촉) 沃 ショク、のみ flea
벼룩촉(蚤也)。

【蠽】(절) 屑 セツ、ひぐらし cicada ㄐㄧㄝ chieh²
小篆 ❶매미절(茅—、似蟬而小青色)。❷잠자리절(蜻蜓)。

二十四畫

【虫+靈】(령) 青 レイ、ほたる firefly
반디령、개똥벌레령(螢也)。

血 部

【血】(혈) 屑 ケツ、ち blood ㄒㄧㄝ hsieh³
小篆 草書 ❶피혈(—脉水穀精氣)。『禮記』凡有—氣者莫不尊親。❷붙이혈(—族、—統)。❸씩씩할혈(熱—)。『論語』及其壯也、—氣方剛。
【血瘕:혈가】《醫》婦人의 經度가 그치고 배가 아픈 병증。血塊。
【血枯:혈고】《醫》月經할 나이의 여자가 月經이 막히는 병。血閉。
【血管:혈관】《生》혈액을 순환시키는 핏줄。動脈·靜脈·毛細管으로 나누임。血脈。
【血管注射:혈관주사】 혈관에 놓는 주「사。↕皮下注射。
【血塊:혈괴】 ❶=血瘕。❷체내에서 혈관 밖으로 나와 뭉친 핏덩어리。자궁 내 출혈 따위로 생기는 子宮血腫 따위。
【血球:혈구】《生》혈액의 有形成分의 한 가지。赤血球와 白血球가 있음。
【血球寄生蟲:혈구기생충】《動》학질의 原蟲 따위。혈구에 기생하는 벌레。
【血氣:혈기】 ❶목숨을 유지하는 기운。生氣。❷격동하기 쉬운 意氣。客氣。『論語』及其壯也、——方剛。 「함。
【血氣方壯:혈기방장】 혈기가 가장 성
【血氣之勇:혈기지용】 혈기로 일어나는 한 때의 용맹。
【血膿:혈농】《醫》피가 섞인 고름。
【血痰:혈담】《醫》피 섞인 가래。
【血黨:혈당】 생사를 같이 하는 徒黨。
【血路:혈로】 ❶敵의 포위망을 뚫고 벗어나는 九死一生의 길。❷곤경을 견디어 벗어나는 어려운 고비。위급을 면하는 길。또는 수단。『韓愈』羽空顚雉鷃、——迸狐貍。
【血涙:혈루】 피눈물。몹시 슬프고 분통해서 나오는 눈물。『陸機』拊膺涕泣、——彷徨。
【血漏:혈루】《醫》음부에서 때 없이 피가 나오는 병。出血性子宮內膜炎이나 子宮癌으로 말미암아 생김。「서 된혹。
【血瘤:혈류】《醫》피가 한 곳에 뭉치어
【血流漂杵:혈류표저】 전쟁에서 흐르는 피가 江을 이루어 무거운 공이라도 띄울 수 있음。《轉》싸움이 치열을 극하여 戰死者가 무수히 나옴。『書經』前徒倒戈、攻于後以北、————。
【血輪:혈륜】 좌우 쪽 눈초리。
【血痢:혈리】《醫》전염병의 한 가지。주로 溫帶地方에 유행하고 赤痢菌을 보유하여 피 섞인 대변이 나오며 설사와 腹痛이 심함。赤痢。
【血痳:혈림】《醫》피오줌이 나오는 痳疾。
【血脈:혈맥】 ❶血液이 통하는 핏줄。血管。『呂氏春秋』——欲其通也、筋骨欲其固也。❷血統。❸《佛》스승으로부터 제자에게 전하는 佛法의 傳統。法脈。法統。
【血脈相通:혈맥상통】 혈맥이 서로 통함。곧 骨肉 관계가 있음。
【血吻:혈문】 ❶피로 물들인 입술。『范成大』峽禽唯杜鵑、——日夜啼。❷사납고 무서운 얼굴 모양。
【血斑:혈반】《醫》피부 또는 粘膜에 출혈이 일어나 거기에 검붉은 斑點이 생기「는 병。
【血便:혈변】 피똥。便血。
【血分:혈분】 피의 영양적 분량。
【血崩:혈붕】《醫》解産後에 출혈이 멎지 않는 병。「—、非孝也。
【血嗣:혈사】 =血統。『後漢書』身絕—
【血色:혈색】 ❶피의 빛깔。❷핏기。❸살빛。血相。❹붉은 빛깔。『白居易』——羅裙翻酒汚。
【血書:혈서】 제 몸의 피를 내어 쓴 글발。결의·맹세를 표시할 때에 씀。
【血腺:혈선】《生》혈액의 新陳代謝의 작용을 맡은 腺。곧 脾臟·頸動脈腺 따위。
【血性:혈성】 의협심과 熱意가 있는 성질。「心。血忱。
【血誠:혈성】 진심에서 나오는 정성。血
【血屬:혈속】 =血族。『昨夢錄』某山門有俺、——在焉。
【血速:혈속】 혈액이 순환하는 속도。
【血孫:혈손】 혈통을 잇는 子孫。血嗣。
【血讎:혈수】 죽기를 한하고 갚으려는 깊은 원수。
【血髓:혈수】 피와 골수。육체 중 가장 중요한 제부분。 「오는 증세。
【血嗽:혈수】《醫》기침할 때에 피가 나
【血食:혈식】 피 묻은 산 짐승을 제물로 바치어 제사지냄。血祀。『左傳』社稷實不

【血心:혈심】=血誠。 「ㅡㅡ。

【血心苦篤:혈심고독】 성심을 다 하여 일을 함。

【血眼:혈안】 기를 쓰고 덤비는 핏대 오른 눈。

【血壓:혈압】《生》혈관 속의 피의 압력。 심장의 收縮力과 血管壁의 저항력에 따라 정하여짐。

【血液:혈액】《生》피。

【血液金庫:혈액금고】 輸血에 사용하는 혈액을 미리 검사하여 냉장실에 보존하는 설비。

【血液循環:혈액순환】《生》動物體內에서의 피의 순환。

【血液型:혈액형】《生》 사람의 혈액 중에서 볼 수 있는 O. A. B. AB의 四型。 각 형의 혈액은 여러 종류의 배합에 의하여 특수한 凝集反應을 나타냄。 法醫學上 또는 輸血하는 때에 중요시됨。

【血緣:혈연】 같은 핏줄에 의하여 연결된 인연。 血統。

【血緣團體:혈연단체】 혈연에 의하여 성립 또는 통일을 保持하는 단체。 血族團體。

【血癭:혈영】 血瘤。

【血溫:혈온】 피가 지니고 있는 온도。

【血雨:혈우】 殺傷으로 인한 심한 流血。

【血怨骨讎:혈원골수】 아주 깊은 원수。

【血肉:혈육】 ❶피와 살。 『蘇舜欽』況我有ㅡㅡ、又生名利區。 ❷자기가 낳은 子女。 血統。

【血胤:혈윤】 =血統。

【血漿:혈장】《生》혈액의 無形成分。 血淸과 섬유소로 됨。

【血臟湯:혈장탕】 핏골집。

【血爭:혈쟁】 생사를 헤아리자 아니하고 다툼。

【血積:혈적】《醫》피가 鬱結하여 안색이 누렇고 검은 똥을 누는 병。

【血戰:혈전】 ❶피투성이가 되어 싸움。 ❷생사를 불구하고 싸움。 死戰。 『五代史』大王父子、與梁ㅡㅡ三十年。

【血祭:혈제】 산 짐승의 피를 바치어 제사를 지냄。 『周禮』以ㅡㅡ祭社稷五祀五嶽。

【血族:혈족】 같은 조상에서 갈리어 나온 親族。

【血族結婚:혈족결혼】 같은 혈족간에서 이루는 결혼。 보통 優生學上으로는 좋지 못한 자식을 낳는다 함。

【血腫:혈종】 出血의 결과 피가 한 局所에 많이 몰려 혹과 같이 부어 오른 것。

【血癥:혈징】《醫》피가 뱃속에서 한 곳으로 뭉쳐지는 병。

【血淸:혈청】《生》혈액에서 섬유소를 빼낸 黃色 투명의 액체。

【血淸檢査:혈청검사】《醫》사람의 건강 상태를 검사하기 위하여 혈청을 검사하는 일。

【血淸治療:혈청치료】《醫》免疫이 생긴 사람이나 동물의 血淸을 주사하여 병의 치료나 예방을 하는 일。

【血統:혈통】 血緣 관계의 사이。 同姓의 계통。 핏줄。 血胤·血脈·血緣。

【血汗:혈한】 피와 땀。

【血行:혈행】 혈액이 몸 안을 도는 일。 혈액의 순환。

【血虛:혈허】《醫》영양 불량에서 血分이 쇠하여 부족함。

【血暈:혈훈】《醫》産後 또는 기타 出血로 정신이 혼미하여지는 병。

【血痕:혈흔】 피가 묻거나 흘린 흔적。 『棠陰比事』滌去其墨、即見ㅡㅡ。

◎咯ㅡ、冷ㅡ、鮮ㅡ、輸ㅡ、熱ㅡ、溫ㅡ、流ㅡ、泣ㅡ、凝ㅡ、赤ㅡ、止ㅡ、採ㅡ、出ㅡ、充ㅡ、吐ㅡ、下ㅡ。

二畫

【𧖧】(정) 靑 テイ、いきをする breath

숨쉴정

三畫

【卹】(술)『卹』(卩部 6畫)의 譌字

四畫

【衁】(황) 陽 コウ、ち blood ㄏㄨㄤˊ huang

小篆 草書 피황(血也)。 『左傳』士刲羊亦無ㅡ。

【衃】(배) 灰 ハイ、くされち blood-clotted ㄆㄟ p'ei

小篆 어혈질배、멍들배(凝血)。

【衃血:배혈】 어혈진 피。 썩은 피。

【衄】(뉵) 屋 ジク、はなぢ nosebleed ㄋㄧㄡˋ niu

小篆 草書 ❶코피뉵(鼻血)。 『素問』鼻ㅡ又脾移熱于肝則爲驚ㅡ。 ❷패배할뉵(敗也)。 『曹植求自試表』師徒小ㅡ。

【衄血:뉵혈】《醫》코피 나는 병。 鼻血。

五畫

【衂】(뉵)『衄』(前條)의 俗字

【衅】(흔) 震 キン、ちぬる blood-stained ㄒㄧㄣˋ hsin

草書 흔제사흔(以血塗器際)。 『禮記』車甲ㅡ而藏之府庫而弗復用。

六畫

【衆】(중) 送 シュウ、もろもろ crowd; many

草書 ❶많을중(多也)。 『大學』生之者ㅡ食之者寡。 ❷무리중(衆人)。 『論語 衛靈公』ㅡ惡之必察焉ㅡ好之必察焉。 ❸민심중(庶民之心)。 『大學』失ㅡ則失國。 ❹고비뿌리중(貫ㅡ、藥名)。

【衆苦:중고】 ❶많은 고통。 ❷많은 사람들의 고통。 사람들의 곤란。

【衆寡:중과】 많음과 적음。 사람 수효의 많음과 적음。 多寡。 『吳志』孫權問諸屯要害遠近、人馬ㅡㅡ、魏將姓名。

【衆寡不敵:중과부적】 적은 사람으로서 많은 사람을 이기지 못함。

【衆口:중구】 많은 사람들의 입에서 나온 말。 뭇 사람의 평판 또는 비난。 『國語』衆心成城、ㅡㅡ鑠金。

【衆口難防:중구난방】 뭇 사람의 입은 막기가 어려움。

【衆口鑠金:중구삭금】 뭇 사람의 평판이나 비난은 쇠와 같이 단단한 것도 녹임。 《喩》여러 사람의 말의 무서움을 이르는 말。

【衆多:중다】 많음。 다수。 『漢書』不奪ㅡㅡ之口。

【衆力:중력】 뭇 사람의 힘。

【衆論:중론】 ❶많은 사람의 의논。 衆議。 『後漢書』解ㅡㅡ之疑。 ❷어느 종파가 참이냐 거짓이냐를 결정지우는 글。

【衆論不一:중론불일】 뭇 사람의 의논이 한결같지 않음。

【衆巒:중만】 뭇 산봉우리。

【衆望:중망】 뭇 사람들의 촉망。 또는 뭇 사람들로부터 받는 신용과 人望。

【衆望所歸:중망소귀】 뭇 사람의 촉망이 한 사람에게로 쏠림。

【衆目:중목】 ❶뭇 사람의 눈。 뭇 사람이 보는 것。 『張籍』滿堂虛左待、ㅡㅡ望喬遷。 ❷많은 사람의 의견。

【衆目所視:중목소시】 뭇 사람이 다 같이 보고 있는 바。

【衆妙:중묘】 많고도 훌륭한 道理。 모든 妙理。 『老子』玄之又玄、ㅡㅡ之門。

【衆賓:중빈】 여러 손님。 수 많은 손님。

【衆生:중생】 ❶많은 사람。 모든 사람。 『禮記』ㅡㅡ必死、死必歸土。 ❷《梵》Sattva。 薩埵(살타)의 번역。 情識이 있는 생물。 인간을 비롯한 부처의 구제 대상이 되는 迷界의 일체 생물。 有情。

【衆說:중설】여러 사람의 의견。뭇 사람의 설。【朱熹·中庸章句】會——而折其衷。
【衆小:중소】많은 小人。많은 俗人。【漢書】——在位、而從邪議。
【衆所共知:중소공지】여러 사람이 모두 아는 바의 일。
【衆孫:중손】맏손자 외의 여러 손자。
【衆臣:중신】모든 신하。
【衆辱:중욕】뭇 사람 속에서 모욕을 줌。「또는 받음。」
【衆愚:중우】많은 어리석은 사람들。사리를 모르는 많은 사람들。【董仲舒】——輔德。
【衆意:중의】뭇 사람의 의향。
【衆議:중의】여러 사람의 議論。論衆。【漢書】聽——。
【衆人:중인】❶많은 사람。뭇 사람。【屈原】——皆醉、我獨醒。❷凡人。보통 사람。
【衆子:중자】맏아들 이외의 모든 아들。
【衆座:중좌】뭇 사람이 모인 자리。【蘇軾】口占嘉句驚——。
【衆知:중지】❶많은 사람이 알고 있는 것。❷뭇 사람의 지혜。
【衆楚人咻之:중초인휴지】한 사람의 말로는 뭇사람의 주장을 이기지 못함을 가리키는 말。【孟子】。
【衆評:중평】❶뭇 사람의 소문。세상의 평판。❷많은 사람의 논평이나 비평。
◎觀—、公—、群—、大—、民—、聽—。

【衉】(객) 陌 カク、はく spit blood
草書 ❶얼굴에 피묻을객(面汗血)。【楚語】鐵之戰趙簡子曰鄭人擊我吾伏弢—血鼓音不衰。❷각혈할객(喀血)。

【衈】(이) 寘 ジ、ちまつり carbleed ㄦˋ érh⁴
草書 ❶귀피이(耳血)。【禮】其—皆于屋下。❷닭피제사이(殺鷄血祭)。❸피로 그릇틈 바를이(釁也)。【穀梁傳】用之者叩其鼻以—社也。

【衇】(맥)『脈』(肉部 6畫)과 같음

七畫

【⿰血夋】(최) 灰 サイ、おちんちん baby's penis ㄗㄨㄟ tsuei¹
草書 어린애자지최(赤子陰莖)。【道德經】未知牝牡之合而—作精之至也。

【⿰血忍】(녁) 錫 デキ、うれえる worry (about)
근심할녁(憂也)。

八畫

【⿰血監】(담) 感 タン、しおから prickled meat
육젓담、고기식혜담(肉醢、肉汁)。【詩經】醓醢以薦。

【⿰血臽】(감) 勘 カン、ちのあつもの blood
小篆 或體 피국감、선지국감(血羹)。

【⿱明血】(맹)『盟』(皿部 8畫)과 같음

九畫

【⿰血客】(객) 陌 カク、はく spit blood
草書 ❶피토할객(吐血)。【唐書】王暴疾⿰血客血數升。❷구역질할객(嘔吐聲)。

十畫

【⿰血幾】(기) 微 キ、ちぬりまつり thrust to bleed
小篆 찔러피날기(刲而出血)。【周禮】刲羽牲曰刉刉或作—。

十一畫

【⿰血辱】(뉵) 屋 ドク、けがす filthy
더러울뉵(汚也)。

【⿰血虖】(호) 遇 コ、ちでけがれる bloody sweat
피땀호(血汗)。

十三畫

【⿱農血】(농) 冬 ドウ、うみ pus
小篆 俗體 고름농(腫血)。

十四畫

【⿸厭血】(엽) 葉 ヨウ、ち blood
피엽(血也)。

【⿰血鼻】(뉵)『衄』(血部 4畫)과 같음

十五畫

【衊】(멸) 屑 バツ、ベツ、けがす blood-stained ㄇㄧㄝˋ mieh⁴
小篆 草書 ❶더러운피멸(汙血)。【漢書 文三王傳】汙—宗室。❷코피멸(鼻血)。
【衊蠓:멸몽】《動》눈에놀이。
【衊魚:멸어】《動》웅어。

十八畫

【衋】(혁) 職 キョク、いたむ grieve ㄒㄧˋ hsi⁴
몹시서러울혁(傷痛)。【書經 酒誥】民罔不—傷心。

行部

【行】 一(항) 陽 二(항) 漾 三(행) 庚 四(행) 敬 ギョウ、コウ、ゆく、おこなう go; perform ㄒㄧㄥˊ hsing²
小篆 草書 一❶항오항(列也)。【左傳 隱公十一年】鄭伯使卒出豭—出犬鷄。❷시장항(市長)。二❶항렬항(等輩)。【杜甫詩】豈知吾甥不流宕丞相中郞丈人—。❷굳셀항(——剛强)。【論語先進】子路——如也。三❶다닐행(步也)。【易】雲—雨施。❷갈행(往也)。【詩經】與子偕—。❸길귀신 행(路神)。【禮記】孟冬其祀—。❹오행행(運也)。【書經】在昔鯀陻洪水汨陳其五—。❺그릇얄궂거릴행(—窳器不牢)。【唐書】器不—窳。❻길행(道路)。【詩經 召南行露】謂—多露。❼행서행(書體)。【書斷】魏初有鐘胡二家爲—書之法。❽쓸행(用也)。【中庸】道之不—。四❶순행할행(巡—)。【劉商詩 送元史君自楚移越】露冕—春向若耶。❷행실행(身之所—)。【易經】君子以果—育德。❸운반할행(運也)。【世說 德行上】覺—灸人有欲灸之色。
【行脚:행각】❶《佛》중이 여러 나라를 걸어 다니면서 佛道를 修行하는 것。❷徒步로 여러 곳을 돌아 다님。
【行脚僧:행각승】《佛》여러 곳으로 다니며 수행하는 중。
【行姦:행간】부정한 남녀 관계를 행함。도리에 어긋나 淫事를 행함。
【行間:①②③항간 ④행간】❶軍中。陣中。【漢書】衛青幸得以肺腑待罪——。❷間者를 사용해서 사이를 뗌。❸排列한 사이。❹文章의 行과 行과의 사이。
【行客:행객】나그네。길 가는 사람。【李頎】——暮帆遠、主人庭樹秋。

【行檢:행검】 品行이 方正하고、節度가 있음。『晉書』石崇穎悟有才氣、而任俠無一ㅣ。

【行賈:행고】 떠돌아다니는 장수。行商。「『史記』貫貸ㅣㅣ偏郡國。

【行鼓:행고】 옛날 군대가 행진할 때에 치던 북。

行鼓
(大清會典圖樂器圖)

【行公:행공】 公務를 執行함。「던 일。

【行關:행관】 《制》관청 사이에 공문을 내

【行軍:행군】 ❶군대가 한 곳에서 다른 곳으로 옮겨 가는 운동。『孫子』不知山林險阻沮澤之形者不能ㅣㅣ。❷학생이 줄을 지어 먼 거리를 행진 여행함。

【行軍令:행군령】 행군을 지시하는 명령。「ㅣㅣ。

【行宮:행궁】 =行在。『盧象』垂楊幾處繞

【行殣:행근】 길에서 굶어 죽은 시체。『顏延之』嗟我來之旣遠、覩ㅣㅣ于水隅。

【行氣:행기】 ❶몸을 움직임。❷호기를 부림。

【行年:행년】 ❶세상을 살아 온 동안의 年歲。그 해까지 먹어 온 나이。享年。『莊子·達生』ㅣㅣ七十。❷現在의 나이。『李密』ㅣㅣ四歲。

【行年身數:행년신수】 그 해의 신수。

【行能:행능】 品行과 才能。『漢書』野王ㅣㅣ第一。「은 상자。

【行擔:행담】 길 갈 때 가지고 다니는 작

【行道:행도】 ❶올바른 길로 나아감。❷=經行。『孟子』ㅣㅣ之人弗受。

【行童:행동】 절에서 간 신부름을 하는 아이。寺院의 使童。『睽車志』朱三有子、年十三四、傭於應天寺僧爲ㅣㅣ。

【行動:행동】 ❶몸을 움직이어 동작함。하는 짓。動作。行爲。擧動。❷《心》生活體가 행하는 身體的 및 精神的 활동의 總稱。

【行動擧止:행동거지】 몸의 온갖 동작一切의 행동。擧措。「무리。

【行動隊:행동대】 직접 행동을 취하는

【行動主義:행동주의】 ❶《心》자극에 대한 반응으로서의 행동을 중요한 대상으로 하여 행동에서 類推하여、동물·인간의 의식을 연구하는 심리학의 한 파。❷인간의 能動精神 곧 지식 계급의 적극적인 사회적 관심을 문학적으로 구체화시키려는 문예 사조。

【行樂:행락】 ❶놀며 즐김。『楊惲』人生ㅣㅣ耳、須富貴何時。❷외출이나 여행을 하며 놀음。

【行廊:행랑】 ❶대문의 양쪽에 있는 방。❷서울 장거리에 줄대어 있던 二층의 廛房。

【行廊房:행랑방】 대문의 양쪽 또는 문간에 있는 방。행랑채。

【行旅:행려】 ❶旅行。❷旅人。行客。

【行旅病死者:행려병사자】 여행 도중에 병이 나서 죽은 사람。

【行旅病人:행려병인】 나그네가 병이 나서 치료할 길이 없는 사람。

【行歷:행력】 지나감。

【行令:행령】 명령을 시행함。

【行禮:행례】 예식을 올림。

【行爐:행로】 ❶녹인 쇳물을 城의 위에서 내리 부어 敵의 攻擊을 막는 道具。❷旅行用의 휴대용 懷爐。

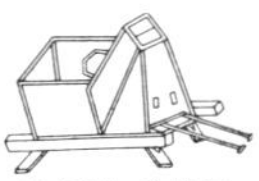

行爐(三才圖會)

【行潦:행로】 길바닥에 괸 물。『孟子』河海之於ㅣㅣ類也。

【行路:행로】 ❶通行하는 길。도로。❷길을 걸어다님。또는 그 사람。『蘇武』❸세상에서 살아나가는 길。

【行路難:행로난】 길이 험하여 가는 데에 곤란함。《喩》세상을 살아 나가는 길이 매우 어려움。

【行路之人:행로지인】 아무 상관이 없는 사람을 이르는 말。

【行錄:행록】 사람의 언행을 기록한 글。

【行賂:행뢰】 뇌물을 보냄。

【行李:행리】 ❶使者。『左傳』不使一人ㅣㅣ告于寡君。❷行人。❸旅行用의 짐。또는 旅行의 준비。

【行媒:행매】 중매를 들음。또는 그 사람。『禮記』男女非有ㅣㅣ不相知名。

【行暮:행모】 길을 가다가 날이 저물음。『陸雲』感年華之ㅣㅣ兮。

【行文移牒:행문이첩】 관청에서 문서「로써 照會함。

【行房:행방】 부부가 잠자리를 같이 함。

【行方:행방】 간 곳。간 方向。

【行方不明:행방불명】 간 방향이 또렷하지 않음。

【行步:행보】 ❶걸음。❷어떤 곳에 장사하러 나감『禮記經解』ㅣㅣ則有環珮之聲。

【行步席:행보석】 땅에 까는 긴 돗자리。흔히 큰 일이나 신랑·신부를 맞을 때 씀。長步席。

【行痺:행비】 《醫》마비되는 자리가 일정하지 아니하고 이리 저리 돌아다니는 병증。히스테리性의 마비。

【行費:행비】 =路資。

【行詐:행사】 거짓을 행함。

【行祀:행사】 祭祀를 지냄。

【行使:행사】 ❶=行人。❷취하여 행동함。또는 부려서 씀。❸《法》권리의 내용을 실현함。

【行事:행사】 ❶일을 거행함。또는 그 일。『左傳·註』子產ㅣㅣ。❷行한 일。事實。❸使命을 받들고 가는 것에 관계한 일。使者의 勤務上의 公事。『孟子·公孫丑』。

【行賞:행상】 賞을 줌。『周禮·疏』春夏ㅣㅣ、秋冬行罰。

【行商:행상】 돌아다니며 물건을 파는 일。또는 그 장사。行賈。

【行商人:행상인】 도붓장수。

【行色:행색】 ❶행동하는 태도。『莊子』車馬有ㅣㅣ。❷길을 떠나려고 차리고 나선 모양。

【行書:행서】 ❶書體의 한 가지。楷書와 草書의 중간되는 漢字體。❷보수를 받고 筆寫를 함。또는 그 사람。筆耕。『管子·問』。

【行船:행선】 배가 감。또는 그 배。

【行禪:행선】 《佛》각처로 다니면서 禪을 닦는 일。

【行星:행성】 《天》恒星의 주위를 운행하는 별。地球·金星·土星 따위。遊星。惑星。

【行世:행세】 ❶세상을 살아 감。또는 그 태도。❷세상에서 사람의 도리를 행함。

【行水:행수】 ❶흘러 가는 물。流水。❷治水。『孟子』若禹之ㅣㅣ也。❸水勢를 巡視함。❹배로 물 위를 감。

【行戍:행수】 國境을 지키기 위하여 감。또는 그 兵士。『漢書』陳勝ㅣㅣ、爲天下先倡。

【行數:행수】 글 줄의 수。또는 그 차례。

【行首妓生:행수기생】 여러 기생들 가운데 우두머리에 있는 기생。都妓。

【行巡:행순】 피며 순을 돌음。

【行習:행습】 ❶행하는 버릇。❷氣習。

【行時:행시】 때 맞추어 옴。

【行身:행신】 =處身。

【行實:행실】 실지로 드러난 행동。그 사람이 실제로 행한 사실。『劉寬夫』故君之ㅣㅣ、敢不詳知。

【行惡:행악】 모질고 나쁜 짓을 행함。

【行夜:행야】 ❶夜警。夜間의 巡視。❷《動》벌레 이름。甲蟲類에 속하며 밤에 날아다니면서 작은 벌레를 잡아 먹으며 항문으로 독한 냄새를 냄。𧏮蟲。일명 屁

蟲。『本草·行夜』。

【行業:행업】 ❶行動과 事業。 ❷《佛》佛道를 修行함。『魏志』任俠放蕩、不拘――。

【行役:행역】 ❶官命에 좇아서 토목 사업, 또는 국경을 지키는 일。 ❷旅行。『陶潛』自古難――、我今始知之。

【行連結:행연결】 ＝直列。

【行用:행용】 널리 행하여 씀。

【行雲:행운】 지나가는 구름。 하늘에 떠가는 구름。

【行員:행원】 銀行員의 略語。

【行爲:행위】 ❶행하는 짓。 所行。 所爲。 ❷사람의 意思作用에 따른 적극적인 동작。 ❸《法》私法上 法律 행위를 단독으로 할 수 있는 능력。

【行爲能力:행위능력】 私法上 법률 행위를 단독으로 할 수 있는 능력。

【行爲不正:행위부정】 행함이 바르지 못하고 그릇됨。

【行有餘力:행유여력】 일을 다하고도 오히려 힘이 남음。

【行吟:행음】 거닐면서 글을 읊음。 걸어가면서 노래를 부름。『楚辭』屈原旣放、遊于江潭、――澤畔。

【行淫:행음】 ＝行姦。

【行義:행의】 의로운 행동을 함。

【行衣:행의】 儒生이 입는 웃옷。 소매가 넓은 두루마기에 검은 천으로 가를 꾸몄음。

【行誼:행의】 올바른 행위。 方正한 品行。『漢書』民以故棄――而死財利。

【行移:행이】 行文移牒의 略語。

【行人:행인】 ❶길을 가는 사람。 여행하는 사람。 ❷使者의 通稱。 ❸《制》벼슬 이름。 賓客을 접대하는 일을 맡아 봄。『論語』――子羽修飾之。 ❹複姓。

【行子:행자】 길을 가는 사람。 旅人。 旅客。 行客。『鮑照』居人掩閨臥、――夜中飯。

【行者:행자】 ❶《佛》佛道를 修行하는 사람。『釋氏要覽』經中多呼修業人、爲――。 ❷行喪 때 부리는 종。 「者」。

【行作:행작】 ＝行動。『周禮』禁――不時。

【行狀:행장】 ❶행동。 몸가짐。 품행。 行跡。 ❷漢文體의 하나。 사람이 죽은 뒤에 그 평생의 행적을 적은 글。 行述。『文體明辯』先賢表諡、竝有――。

【行障:행장】 장지 또는 병풍 따위。

【行裝:행장】 ❶여행의 차림。 旅裝。 ❷여행의 携帶品。 行具。 ❸軍服。『三國志·朱然傳』。

【行藏:행장】 세상에 나아가는 것과 물러가서 숨는 것。 用舍行藏。《轉》行動。 行爲。『論語·述而』用之則行、舍之則藏。

【行在:행재】 임금이 巡行 중에 일시 머무는 곳。 行安。

【行在所:행재소】 ＝行在。

【行蹟:행적】 평생에 한 일。 行狀。

【行迹:행적】 ❶몸가짐。 品行。『漢書』考列――、以爲皇后本紀。 ❷발자취。 발자국。 足跡。

【行纏:행전】 바지·고의를 입고, 정강이에 감아 무릎 아래에 매는 물건。 行縢。

【行程:행정】 ❶가는 길의 里數。 道程。 ❷여행의 日程。 旅程。

【行政:행정】 ❶정치를 행함。 ❷《政》三權分立 제도인 국가 통치 조직에 있어서 立法·司法 이외의 통치。 또는 國政作用의 總稱。 대통령 또는 공공 단체에서 法律·政令 기타의 法規의 범위 내에서 행하는 政務。

【行政監督:행정감독】 국가가 행정 관청의 하는 일에 錯誤 또는 부정 따위를 밝혀 그런 일이 없도록 행하는 감독。

【行政警察:행정경찰】 ❶국민의 危害를 예방하고 安寧을 보존함을 목적으로 하는 행정권의 작용으로서의 경찰。 ❷各部의 행정 방침에 따라 危害를 방지함을 목적으로 하는 경찰。

【行政官:행정관】 행정 사무를 맡아 보는 관리。

【行政官廳:행정관청】 국가의 행정 사무를 맡아 처리하는 관청。

【行政區劃:행정구획】 국가 행정의 便宜上 베풀어 둔 구역。 곧 특정한 행정 관청의 행정 권한이 미치게 되는 지역。 市·道·郡·面·洞 따위。

【行政權:행정권】 三權의 하나。 곧 행정 統治權의 작용。

【行政機關:행정기관】 국가의 행정 사무를 처리하는 기관。 그 취급 사무에 따라 국가 행정 기관과, 지방 자치 행정기관으로 구별됨。

【行政面:행정면】 행정에 관계되는 방면。 행정의 分野。 행정의 범위。

【行政命令:행정명령】 法規를 내용으로 하지 아니하는 명령。 행정 기관의 집행 명령。

【行政罰:행정벌】 행정상의 義務履行을 강제하는 수단으로서 과하는 벌。

【行政法:행정법】 《法》公法의 하나。 행정 기관의 조직 및 그 작용에 관한 국내적인 법규。

【行政府:행정부】 三權分立에 의한 국가 기관의 하나。 곧 行政을 맡아 보는 國家機關。 政府。

【行政訴訟:행정소송】 《法》 행정 기관의 위법 처분에 의하여 권리를 침해당한 사람이, 그 처분의 취소 또는 변경을 요구하는 소송。

【行政組織:행정조직】 행정권의 조직。 국가의 행정 기관의 조직。 자치 행정권이 부여된 공공단체의 행정조직 및 국가 사무를 공공 단체 또는 私人에 위임하여 행하게 하는 행정의 조직의 구별이 있음。

【行政處分:행정처브】 《法》 행정 기관이 행정상의 법규를 집행하기 위하여 법규에 의거해서 특정 사건에 관한 권리를 설정하고 의무를 명하며, 또는 그 밖의 법률상의 효과 발생을 목적으로 하는 행정 행위。 命令·禁止·許可·裁決·不受理·駁斥 따위。

【行政學:행정학】 넓은 뜻으로는 현행 행정 제도의 利害·得失을 고찰하여 어느 理想에 비추어 이것에 적합한 개선을 연구하는 학문。 좁은 뜻으로는 과거의 행정의 변천, 현재의 행정의 실제 및 재래의 행정의 可能態를 연구하고 내외의 국가 및 지방 단체의 행정을 비교 연구하여 일반적인 사회적 법칙을 탐구하려는 학문。

【行主:행주】 ❶전쟁 때에 싣고 가는 木主(位牌)。 ❷여행할 때의 인솔자。

【行舟:행주】 배를 보냄。 배를 前進시킴。 가는 배。

【行中:행중】 동행하는 사람。

【行止:행지】 ❶가는 것과 멈추는 것。 ❷행하는 것과 그치는 것。『班彪』――屈伸、與時息兮。 ❸행실。 品行。 操行。 德行。

【行直:행직】 성질이 강하고 곧음。

【行陣:행진】 군대가 진군함。 行軍。

【行進:행진】 줄을 지어 앞으로 걸어 나아감。 前進하여 나아감。

【行進曲:행진곡】 행진할 때 사용하는 「樂曲」。

【行次:행차】 《國》 웃어른의 여행에 대한 尊稱。

【行次銘旌:행차명정】 行喪 때에 죽은 이의 官職을 써서 상여 앞에 들고 가는 旗。

【行且謀之:행차모지】 「거기에 따른 수단 방법을 세움。

【行饌:행찬】 일을 해가면서 「거기에 따른 수단 방법을 세움。」 여행 또는 소풍을 갈 때 집에서 가지고 가는 반찬。

【行草:행초】 ❶여행이나 소풍을 갈 때에 피우는 담배。 ❷行書와 草書。

【行悖:행패】 《國》 체면에 어그러지도록 벗어나는 짓을 함。

【行暴:행포】 난폭한 행위。

【行下:행하】《國》❶경사가 있을 때에 주인이 자기 하인에게 내리어 주는 金品。❷품삯 이외에 더 주는 돈。❸놀이가 끝난 뒤에 기생이나 광대에게 주는 보수。

【行下調:행하조】 말썽을 막기 위하여 하는 일。

【行幸:행행】 임금이 궁궐 밖으로 거동함。임금의 車駕가 이르는 곳에는 행복이 깃든다는 뜻에서 유래한 말。〖蔡邕〗天子車駕所至、賜以食帛、民爵有級、或賜田租、故謂之幸、ㅣㅣ巡行也。

【行血:행혈】《醫》약으로 피가 잘 순환하게 함。 「을 집행함。

【行刑:행형】 ❶死刑을 집행함。❷刑罰

【行號施令:행호시령】 호령을 내림。

【行化:행화】 修行과 敎化를 함께 함。

【行休:행휴】 ❶가서 휴식함。잠깐 휴식함。❷점차 죽음에 가까와짐。(休는 死의 뜻)。〖陶潛·歸去來辭〗感吾生之ㅣㅣ。

【行凶:행흉】 사람을 죽임。

【行會:행회】 정부의 지시·명령을 관청의 長이 그 부하들에게 알리고、또한 그 실행 방법을 論定하기 위한 모임。

【行列:①항렬②행렬】 ❶㉠줄지어 섬。〖禮記〗ㅣㅣ得正焉。순서로 배열함。㉡《國》같은 혈족간의 관계를 표시하는 계열。❷여러 사람이 줄을 지어 감。

【行列字:항렬자】 같은 혈족 간에서 한 항렬을 표시하느라고 이름 두 자 가운데 한 자는 공통으로 함께 쓰는 글자。

【行伍:항오】 ❶《制》古代의 軍制。二五인을 行、躡五인을 伍라 하였음。❷軍列。軍隊。兵士。〖漢書〗躡足ㅣㅣ之間。

【行伍發薦:항오발천】 ❶兵卒이 將官이 됨。❷낮은 벼슬에서 차츰 높은 벼슬로 오름。 「로부터 출세함。

三畫

【行伍出身:항오출신】 미천한 졸병으

【衍】(연) 䘸 銑 エン、あふれる overflow ㄧㄢˇ yen³

小篆 草書 ❶성할 연(蕃ㅣ、茂盛)。〖詩經〗蕃ㅣ盈升。❷넓을 연(廣也)。〖小爾雅〗澤之廣者謂之ㅣ。❸물이 넘칠 연(水溢)。〖張衡賦〗仁風ㅣ面外流。❹번을 연(曼ㅣ、無極)。〖莊子〗因之以箧ㅣ。❺상 자 연(箧ㅣ笥也)。〖莊子〗盛以箧ㅣ。❻방자할 연、놀 연(游ㅣ、自恣)。〖詩經〗及爾游ㅣ。❼결찬 땅 연(ㅣ沃、平美地)。〖左傳 襄公二十五年〗井ㅣ沃。❽아름다울 연(美也)。❾흐를 연(流也)。

【衍曼:연만】 끝없이 넓혀 퍼짐。曼衍。〖司馬相如〗ㅣㅣ流爛。

【衍文:연문】 잘못하여 글 가운데 낀 쓸데 없는 글씨나 글귀。〖中庸·朱註〗子曰、二字ㅣㅣ。

【衍繹:연역】 뜻을 넓혀 설명함。〖禮記·序〗會萃而ㅣㅣ、而附以臆見之言。

【衍盈:연영】 넘치어 참。너무 가득함。盈衍。〖韓詩外傳〗國無佚士、皆用於世、黎庶歡樂ㅣㅣ。

【衍沃:연옥】 비옥한 땅。〖左傳〗井ㅣㅣ。

【衍義:연의】 뜻을 넓혀서 설명함。또는 넓힌 뜻。

【衍溢:연일】 치렁치렁 차서 넘침。〖春秋繁露〗德澤廣大、ㅣㅣ于四海。

【衍字:연자】 글귀 가운데 잘못하여 들어간 쓸데 없는 군 글자。〖詩經·疏〗今定本云、瓊英猶瓊華瓊瑩、兼言瓊瑩者、蓋ㅣㅣ也。

【衎】(간) 翰 カン、たのしむ amuse ㄎㄢˋ k'an⁴ (本音「한」)

小篆 草書 ❶즐길 간(樂也)。〖詩經 小雅南有嘉魚〗嘉賓式燕以ㅣ。❷미쁠 간、믿을 간(信也)。

【衎衎:간간】 ❶和樂하는 모양。和樂한 모양。❷剛直한 모양。강하고 민첩한 모양。〖漢書〗張敞ㅣㅣ、履忠進言。

【衎賓:간빈】 손님을 즐겁게 함。

四畫

【衙】(어) 御 ギョ、はべる attend upon

모실 어(侍也)。

【㣔】(랍) 合 ロウ、あるけない cripple

앉은뱅이 랍(不能行者)。

五畫

【衒】(현) 霰 ゲン、てらう self-praise ㄒㄩㄢˋ hsuan⁴

小篆 或體 草書 ❶팔릴 현(行且賣)。〖越絕書〗ㅣ女不貞ㅣ士不信。❷자랑할 현(自矜自媒)。〖劉基賣柑者言〗將ㅣ外以惑愚瞽也。

【衒氣:현기】 自慢하는 마음。(『眩』과 통함)

【衒女:현녀】 자기 용모를 스스로 자랑하는 여자。〖越絕書〗ㅣㅣ不貞、衒士不信。

【衒路:현로】 재능 있음을 스스로 자랑하여 밖으로 나타냄。

【衒耀:현요】 뽐내며 자랑함。자기의 才學을 자랑스럽게 보임。〖晉書〗博涉經史、恥ㅣㅣ取達。 「함。

【衒異:현이】 우수한 점을 뽐내며 자랑

【衒張:현장】 어떤 일을 誇張하여 보이거나 말함。겉치레만 誇示하는 것。誇衒。

【衒學:현학】 스스로 자기 학문을 자랑함。학자인 체하는 것。

【術】(술) 質 ジュツ、わざ talent; trick ㄕㄨˋ shu⁴

小篆 草書 ❶꾀 술、재주 술(技也)。〖人物志〗思通造化策謀奇妙是爲ㅣ家。❷업 술(業也)。〖禮記〗營道同ㅣ。❸심술부릴 술(心之所由)。〖禮記〗心ㅣ形焉。❹촌 길 술(邑中道)。〖蜀都賦〗當衢向ㅣ。❺방법 술(方法)。❻술법 술(神仙之法)。〖十八史略 宋神宗〗致君堯舜終無ㅣ。

【術家:술가】 =術客。

【術客:술객】 風水·卜筮·占術에 精通한 사람。術家。

【術計:술계】 計略。謀事。術策。〖蔡襄〗桑羊役乎ㅣㅣ、商鞅刻乎刑名。

【術法:술법】 陰陽과 卜術 따위에 관한 실현 방법。

【術書:술서】 술법에 관한 서적。

【術數:술수】 ❶=術計·術策。〖鶡冠子〗臨事而後可以見ㅣㅣ之士。❷法制로서 나라를 다스리는 방법。❸占術家의 術法。

【術語:술어】 學術上의 專門語。

【術業:술업】 =學術·技藝。〖韓愈〗ㅣㅣ有專攻。

【術知:술지】 謀事를 교묘하게 잘 꾸미는 지혜。巧知。〖孟子〗人之有德慧ㅣㅣ者、恒存乎疢疾。

【術策:술책】 謀略。計略。術計。

【術學:술학】 ❶技藝와 學問。藝術。〖後漢書〗趙彦少有ㅣㅣ。❷學問을 닦음。

◎劍ㅣ、技ㅣ、奇ㅣ、馬ㅣ、魔ㅣ、美ㅣ、兵ㅣ、秘ㅣ、算ㅣ、手ㅣ、心ㅣ、藝ㅣ、醫ㅣ、仁ㅣ、話ㅣ、幻ㅣ。

六畫

【衕】(동) 送 トウ、ちまた main street ㄊㄨㄥˋ t'ung⁴

小篆 草書 거리 동(通街、衚ㅣ)。

【衖】(항) 『巷』(己部 6畫)과 같음

【衘】(함) 『銜』(金部 6畫)의 俗字

【衎】(각) 㮛 キャク、おこたる(本音「갸」) lazy
게으를각、느릴각(倦也)。

【街】(가) 㑀 ガイ、よつまた、まち ㄐㄧㄝ chieh street
❶네거리가(四通道)。〔張華詩〕甲第面長ー。❷큰길가(大路)。❸별이름 가(星名)。
【街渠 가거】 길바닥 물을 빼려고 만든 얕은 도랑。
【街廓:가곽·가확】 길로써 분할된 건축 用地。
【街談:가담】 아무 데서나 함부로 논의되는 말。
【街談巷語:가담항어】 세상의 풍설。길거리나 항간에 떠도는 소문。街談巷議。〔漢書〕小說家者流、蓋出於稗官、——、道聽塗說之所造也。
【街道:가도】 ❶곧고 넓은 큰 道路。〔北魏書〕雖ー停車下馬。❷행정상 중앙에서 지방으로 통하는 중요한 公道。街路。
【街童走卒:가동주졸】 ❶길거리에서 노는 철 없는 아이。❷일정한 主見이 없이 길거리를 떠돌아다니는 下流輩。
【街頭:가두】 =街上。〔杜甫〕ー酒價常苦貴。
【街頭文學:가두문학】 일반 대중에게 개방된 통속적 문학。
【街路:가로】 都市의 넓은 길。街道。衢路。〔白居易〕ー雖長君不嫌。
【街路燈:가로등】 가로에 켜는 전등。
【街路邊:가로변】 도시의 큰 길가。
【街路樹:가로수】 가로에 따라 양쪽에 심은 나무。
【街上:가상】 길거리。거리 위。街頭。
【街業:가업】 길거리에서 하는 營業。
【街村:가촌】 큰 길에 따라 그 가에 줄지어 발달된 촌락。
【街衝:가충】 =街巷。〔左思〕內則ーー輻輳。
【街巷:가항】 거리。(街는 곧고 넓은 길, 巷은 굽고 좁은 길。街衢。街衝。〔周禮·疏〕廬土塡塞ーー。
◎大ー、市ー、十字ー。

七畫

【衒】(현) 『衒』(行部 5畫)과 같음

【衙】(아) 㑀 ガ、つかさ、やくしょ government office ㄧㄚˊ ya²
❶마을아(官府官廳)。❷벌의집아(蜂房)。
【衙客:아객】 (制)관청에서 묵고 있던 원의 손님。
【衙官:아관】 ❶관리。❷軍府에 속한 벼슬아치。〔唐書〕吾文章當得屈宋、作ーー。
【衙內:아내】 ❶宮城 안。❷(制)唐代 宮城을 수비하던 禁兵。衙官。唐末에서 宋初까지 貴族의 子弟를 近衙의 武官으로 任命한 데서 나온 말。〔唐書·儀衛志〕
【衙祿:아록】 (制)守令의 식구 몫으로 주던 食料。
【衙門:아문】 ❶兵營의 門。또는 관청의 門。〔舊唐書〕ーー未開、百官錯立於朝堂。❷관청의 總稱。
【衙兵:아병】 (制)宮城을 지키던 군대。禁兵。禁軍。〔唐書〕大子禁軍者、南北ー也。
【衙婢:아비】 (國) 守令이 사사로이 부리던 계집종。
【衙屬:아속】 지방 관청의 심부름군。
【衙子弟:아자제】 (制)지방 관청에 묵고 있던 원의 자제。
【衙前:아전】 (國) 지방 관청에 딸린 낮은 벼슬아치。吏胥。〔蘇軾〕ーー雇直。
【衙參:아참】 朝夕으로 관리들이 朝廷에 參集함。〔元稹〕科試銓衡局、ーー典校厨。

九畫

【衚】(호) 㑀 コ、ちまた street ㄏㄨˊ hu²
서울거리 호(ー衕街也)。〔正字通〕京師街道曰ー衕。

【衜】(흠) 沁 キン、そうつとゆく go[travel]incognito
가만히 갈 흠(暗行貌)。

【衝】(충) 冬 ショウ、つきあたる collide with ㄔㄨㄥ ch'ung¹
❶충돌할 충、찌를 충(突也)。❷충동할 충(動也)。❸거리 충(通道)。〔漢書酈食其傳〕夫陳留天下之ー、四通八達之郊也。❹돌파할 충(突破)。〔後漢書光武紀〕光武與敢死者三千人ー其中堅。
【衝激:충격】 서로 세차게 대질러 부딪침。〔庾信〕島嶼憑陵、波瀾ーー。
【衝擊:충격】 ❶부딪치는 것。〔薩都剌〕逆湍ーー若登天。❷갑자기 심한 타격을 받는 일。❸(醫)外力의 돌발적인 자극 또는 정신적인 격동에 의한 반사적 虛脫狀態。❹(物)原子核을 분열시키거나 새로운 元素를 형성할 때 高에너르기의 粒子를 射出하는 현상。
【衝決:충결】 突破하는 것。강물이 강둑을 파괴하는 것。
【衝突:충돌】 ❶서로 부딪치는 것。❷다툼。싸움。〔南史〕選精騎八千、率先ーー。❸(物)운동하는 두 물체가 서로 접촉하여 擊力을 미치는 현상。
【衝動:충동】 ❶심하게 마음을 찔러서 흔들어 놓음。❷(心)本能·活動·習慣的動作 따위와 같이 명확한 意志도 없이 外界의 자극으로 동작이나 행위를 일으키는 마음의 작용。
【衝斗:충두】 北斗七星에 부딪칠 만큼 거센 세력。
【衝樑:충량】 바깥 머리는 기둥 위에 짜이고 안 머리는 대들보의 중간에 걸쳐 마룻대와 같은 줄로 짜는 들보。
【衝路:충로】 ❶事物이 여러 곳에서 집결하는 地點。❷敵이 공격해 오는 길。
【衝目之杖:충목지장】 눈을 찌를 막대라는 뜻으로 남에게 해를 끼치는 고약한 마음을 가리키는 말。
【衝鋒:충봉】 적진을 돌격함。적은 兵力으로 敵陣地를 뚫고 들어가서 敵兵을 찔러 죽임。〔魏書〕ー斬級。
【衝心:충심】 (醫)각기병으로 心臟을 침범당해 호흡이 급하고 곤란하게 되는 것。
【衝椽:충연】 추녀。衝舌。
【衝要:충요】 중요한 地點。要衝。〔後漢書〕防遏ーー、疏決壅積。
【衝入:충입】 힘 있게 내달아서 뚫고 들어감。
【衝車:충차】 兵車의 이름。옆으로 부딪치는 車。

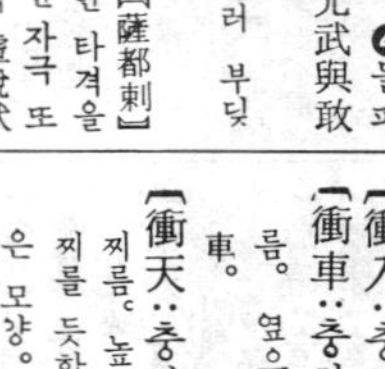

(衝車)

【衝天:충천】 ❶하늘을 찌름。높이 솟아 하늘을 찌를 듯함。❷氣勢가 높은 모양。
【衝衝:충충】 ❶걷는 모양。❷많은 모양。〔廣雅·釋訓〕ーー、行也。〔法言·問明·注〕ーー多也。❸마음이 조급하고 침착하지 못함。
【衝火賊:충화적】 남의 집에 불을 지르고 가산·집물을 훔쳐가는 도둑。
◎緩ー、要ー、折ー。

十畫

【衛】(위) 霽 エイ、まもる guard; protect ㄨㄟˋ wei⁴
❶막을위、지킬위(防也、捍也)。❷호위할위(宿ー、侍ー、護也)。❸핏기운위(血氣)。〔公羊傳〕朋友相ー。〔內經〕榮ー不行五臟不通。❹나라이름위(國名、康叔所封)。
【衛氣:위기】 음식의 양분이 피부와 腠

理(주리)를 튼튼하게 하여 몸을 보호하는 기운。

【衞內:위내】 임금의 거둥 때에 衞兵이 호위하고 있는 수레의 前後와 左右。

【衞隊:위대】 (制)護衞의 軍隊。軍政 및 중요 기관에 배치하였음。行軍 때에는 前·後·側衞를 두었으며 宿營 때에는 外衞를 두었음。

【衞滿朝鮮:위만조선】 (歷)王朝 이름。古朝鮮時代 衞滿이 세움。中國 秦·漢交替期에 燕 衞滿이 무리를 거느리고 韓氏朝鮮準王에게 투항하였다가 그 후 準王을 치고 나라를 세웠으며 右渠王 때 三代 八十여년만에 漢 武帝에게 망함。

【衞矛:위모】 (植)화살나무。

衞矛(三才圖會)

【衞兵:위병】 ❶=衞士。禁兵。【唐書】左右神策軍大將軍、掌——及內外八鎭兵。❷호위하는 병정。❸경비 또는 취체를 위하여 營門이나 出入口에 배치된 또는 순회하는 兵士。❹衞戍兵。

【衞夫人字:위부인자】 (國)李朝 世宗 때 만든 銅活字。中國 明代 翰林學士의 필적을 새긴 책의 글자를 본따서 만들었음。字體가 中國 晉代의 隸書의 名人인 衞夫人의 필적에 닮았다 하여 이와 같이 일컬음。

【衞士:위사】 (制)宮城이나 陵·官衙·軍營을 지키던 兵士。

【衞生:위생】 身體의 健康의 保全과 增進을 도모하고 疾病의 예방과 治癒(치유)에 힘쓰는 일。養生。攝生。【莊子】南榮趎願聞——之經而已。

【衞生警察:위생경찰】 국민의 건강 보전을 목적으로, 이에 대한 장해 및 전염병을 예방 배제하기 위하여 행해지는 경찰 사무의 한 가지。

【衞生林:위생림】 공기를 맑게 하고 公益을 增進시키기 위해서 도시 근방에 마련되어 있는 保安林의 하나。

【衞生試驗所:위생시험소】 위생에 관한 모든 실험과 분석을 맡아 하는 곳。

【衞生人夫:위생인부】 똥·오줌이나 쓰레기를 치우는 일꾼。

【衞生的:위생적】 위생에 관계되는 것 위생에 알맞는 것。

【衞生學:위생학】 生理學·醫學을 기초로 하여 개인이나 사회 공중의 건강의 보호·증진과 疾病의 예방을 목적으로 하는 학문。

【衞生行政:위생행정】 국민의 건강에 위해를 끼칠 여러 가지의 예방과 배제에 관한 행정。보통 保健行政과 醫藥行政으로 나눔。

【衞星:위성】 (天)惑星(혹성)의 주위를 운행하는 별。지구에 대한 달 따위。

【衞星國:위성국】 强大國에 근접한 弱小國으로서 정치·경제·군사상의 利害관계를 공통으로 하는 나라。사실상은 保護國의 地位에 있는 나라。

【衞戍:위수】 ❶軍隊가 일정한 지역에 오래 주둔하여 경비하는 것。❷국경을 지키는 것。수자리。

【衞戍司令部:위수사령부】 국가 방위의 주요 임무를 띠고 있는 위수 사령관이 執務하는 곳。

【衞戍地:위수지】 군대를 주둔시켜 두는 일정한 땅。

【衞將:위장】 (制)❶각 지방에 있는 殿·廟를 수호하던 軍官。그 지방의 鎭衞大隊長이 겸하였음。❷五衞將의 略語。

【衞將牌:위장패】 (制)五衞將이 대궐을 순찰할 때 가지던 패。

【衞從:위종】 호위하기 위하여 곁에 따름。

◎警—、禁—、門—、防—、兵—、守—、侍—、自—、前—、親—、護—、後—。

【衛】 (위)『衞』(前條)와 같음

【衟】 (도)『道』(9畫 辵部)의 古字

【衠】 (순) 眞 シュン、ただしい 出ㄨㄣ chuen upright
❶바를순(正也)。❷순전할순(不雜)。

【衡】 ㈠(형) 庚 コウ、はかり ㄏㄥˊ heng² balance
㈡(횡) 庚 (本音「행」)
小篆 古文 書 草 ㈠❶저울형(枰也)。【漢書】—平也所以任權而均物平輕重也。❷수레멍에 형(車軛)。【論語 衞靈公】在輿則見其倚於—也。

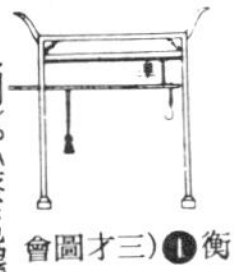

衡(三才圖會)

❸눈퉁이형(眉目之間)。【蔡邕釋誨】揚—含笑。❹옥형형(渾天儀)。【書經 堯典】在璿璣玉—。❺난간형(樓殿邊欄楯)。【漢書 袁盎傳】百金之子不騎—。❻북두성의 가운데별 형(星名中星)。❼산이름형(山名)。❽벼슬이름형(虞—、官名)。㈢가로횡(縱之對)。【漢書】合縱連—。『橫』과 通함

【衡鑑:형감】 저울과 거울。(轉)是非와 善惡을 판별하는 것。【范仲淹】賞罰天下之——也、——一私、則天下之輕重姸醜、從而亂焉。

【衡圈:형권】 (國)後任 大提學을 뽑을 때 前任 大提學이 자기 마음에 드는 사람의 이름에 찍는 圈點。

【衡度:형도】 저울과 자。

【衡茅:형모】 지붕 없는 大門과 草家집。허술한 집。【陶潛】養眞——下。

【衡門:형문】 ❶두 개의 기둥에다 한 개의 橫木을 가로 질러서 만든 허술한 大門。(轉)隱者가 住居하는 곳。❷詩經 陳風의 篇名。

【衡石:형석】 저울。(衡은 저울대、石은 저울추로서 一二〇근)。【史記】以——量書、日夜有程。

【衡宇:형우】 衡門과 屋宇。衡門은 지붕 없는 大門、屋宇는 집。(喩)허술하고 간소한 집。【陶潛】乃瞻——、載欣載奔。

【衡平:형평】 =平均·平衡。

【衡平社:형평사】 사회적인 차별 대우의 철폐를 목적으로 賤民階級이 일으킨 정치적 結社。

【衡平運動:형평운동】 우리 나라에서 賤民階級의 차별 철폐와 해방을 위한 사회 운동。

【衡行:형행】 가로질러 감。자기 마음대로 감。마음대로 행동함。橫行。【孟子】一人——於天下 武王恥之。

◎均—、度量—、連—、平—。

十一畫

【䘙】 (솔) 質 シュツ、ひきいる command
小篆 거느릴솔(統也)。【石鼓文】悉—左右。

十二畫

【⿲彳童亍】 (충)『衝』(9畫 行部)의 本字

十八畫

【衢】 (구) 虞 ク、ちまた ㄑㄩˊ chü² crossroad
小篆 草 書 네거리구(通—、四達衢)。【荀子 勸學】行—道者不至。

【衢街:구가】 큰 길거리。

【衢涂:구도】 갈림길。옆길。샛길。(涂는 道)。岐路。【荀子】楊朱哭——。

【衢道:구도】 =衢涂·岐路。

【衢肆:구사】 길거리의 가게。市內의 商店。市肆。【唐書】每出輕騎無警蹕、游肆——、行者但止立。

【衢巷:구항】 =街巷。【晉書】沒傷滿於——。

衣 部

【衣】 一(의) 末 イ、エ、ころも 二(의) 微 clothes

小篆 草書 一옷의(ー裳、庇身上下)。〖易繫辭〗垂ー裳而天下治。二입을의(服之)。〖漢書〗身ー弋綈。

【衣架:의가】 옷걸이。〖沈佺期〗朝霞散彩羞ーー。

【衣架飯囊:의가반낭】 옷걸이와 밥주머니의 뜻으로 아무 소용이 없는 사람을 일컫는 말。酒袋飯囊。

【衣裾:의거】 옷의 자락。〖杜甫〗舊犬喜我歸、低徊入ーー。

【衣結屨穿:의결구천】 옷은 해져서 꿰메고 신은 떨어져서 구멍이 뚫어짐。《喩》몹시 가난한 모양。

【衣袴:의고】 저고리와 바지。〖漢書〗馳草棘中、ーー皆裂。

【衣冠:의관】 ❶옷과 갓。《轉》衣冠을 차린관리。〖論語〗君子正其ーー。衣冠을 차릴 ❷자격이 있는 貴人。또는 그 집안。縉紳。

【衣冠文物:의관문물】 그 나라 사람들의 몸차림새 따위의 예의와 그 나라의 人文과 物質 방면의 모든 상황。

【衣冠之人:의관지인】 中流 이상의 衣冠한 사람。

【衣冠之會:의관지회】 ❶ 衣冠과 威儀가 바른 사람의 모임。❷평화적인 會合。車事上의 會合에 대하는 말。↕兵車之會。〖韻府引·管子〗「榔ーー之美也。」

【衾衾:의금】 의복과 衾枕。〖孟子〗謂棺

【衣襟:의금】 옷섶。옷깃。〖北史〗有蝨上其ーー、揮袖拂去之。

【衣錦夜行:의금야행】 비단 옷을 입고 밤에 다님。《喩》모처럼 성공을 하였으나 고향에 돌아가지 아니하여 남에게 알려지지 아니한 것。

【衣錦之榮:의금지영】 비단 옷을 입고 고향에 돌아가는 영광。《轉》立身 出世하여 고향에 돌아 가는 것。錦衣還鄕。〖歐陽修〗昔人比之ーー也。「ーー。

【衣囊:의낭】 호주머니。〖王安石〗斂書付ーー而出。

【衣帶:의대】 ❶옷과 띠。❷띠。〖淮南子〗

【衣帶緩:의대완】 옷에 맨 띠가 늘어짐。《轉》근심한 나머지 몸이 야윔。

【衣糧:의량】 의복과 식량。〖漢書〗資ーー、入越地。

【衣領:의령】 옷깃。또는 의복。〖南史〗簪帽ーー、無不整潔。

【衣籠:의롱】 옷을 담아 두는 농짝。「총칭。옷농。

【衣料:의료】 실·옷감 등 입을 거리의

【衣料品:의료품】 의료에 관한 물품。

【衣類:의류】 몸에 입는 옷의 총칭。의복。「ー、皆二尺二寸。

【衣袂:의메】 옷 소매。〖周禮·註〗士之ー

【衣紋:의문】 옷의 무늬。옷의 모양。〖畫史〗蘇氏古賢像十一人、ーー自非晉筆。

【衣鉢:의발】 《梵》 Pātra-civara 袈裟(가사)와 바리때。《轉》㉠傳法의 표가 되는 물건。㉡師父가 弟子에게 道를 전하는 것。〖見聞錄〗欲君傳老夫ーー爾。

【衣服:의복】 옷。

【衣笥:의사】 옷을 넣어 두는 장농。〖唐書〗ーー有五色雲。

【衣裳:의상】 ❶의복。❷옷과 치마。❸上衣와 下衣。〖易經〗黃帝堯舜垂ーー、而天下治。「아 입는 방。

【衣裳室:의상실】 옷을 간수하거나 갈

【衣裳之治:의상지치】 구태여 法을 정할 필요가 없이 仁德으로 나라를 다스려 백성을 敎化시키는 것。〖易·繫辭〗。

【衣食:의식】 ❶의복과 음식。❷입는 것과 먹는 것。곧 생활。生計。〖左傳〗民參其力、二入於公、而ーー其一。

【衣食住:의식주】 인간 생활상의 세 가지 요소。곧 입는 옷과 먹는 양식과 사는 집。

【衣食之憂:의식지우】 생활에 필요한 옷과 양식을 얻기 위한 모든 걱정。

【衣食之鄕:의식지향】 생활이 넉넉한

【衣樣:의양】 옷의 치수。「지방。

【衣樣單子:의양단자】 신랑이나 신부의 옷 치수를 적은 단자。

【衣資:의자】 ❶옷감。❷옷값。

【衣簪:의잠】 ❶의복과 비녀。❷관리의 옷차림。《轉》관리。衣冠簪纓。

【衣裝:의장】 의복과 行囊。〖列子〗取其ーー車牛、步而去。

【衣欌:의장】 옷을 넣는 장。

【衣制:의제】 의복에 관한 제도。

【衣次:의차】 옷감。

【衣著:의착】 ❶옷을 입음。❷의복。〖陶潛〗男女ーー、悉如外人。

【衣被:의피】 ❶의복。❷널리 덮음。은혜를 加함。〖蘇軾〗草木ーー昭回光。

【衣香:의향】 ❶의복에 배어 든 좋은 향기。〖庾信〗屋裏ーー不如花。❷좀이 먹지 못하게 옷 갈피에 넣어 두는 향。◎綠ー、白ー、俗ー、羽ー、着ー、寢ー、脫ー、布ー。

二 畫

【衤】 (의)『衣』(前條)와 같음

【衦】 (료) 篠 リョウ、こももひき short trousers ㄌㄧㄠˇ liao³

잠방이료(小袴、袨ー)。

【卒】 (졸)『卒』(十部6畫)의 本字

三 畫

【衦】 (간) 旱 カン、きものをのばす smooth out the clothes

小篆 옷펼간(摩展衣服)。

【表】 (표) 篠 ヒョウ、あらわす、おもて coat; surface ㄅㄧㄠˇ piao³

小篆 古文 草書 ❶웃옷 표(上衣)。❷겉표、거죽표(外也)。❸밝을표(明也)。〖書經〗至于海ー。❹표꽂을표(識也)。〖禮記〗君子ー微。❺정문 세울표(ー異)。〖晉書〗置茅蕝設望ー。〖書經〗ー厥宅里。❻거드름부릴표(威儀)。❼글표、전문표(箋也)。❽표표할표(出衆)。

【表見代理:표견대리】 《法》대리권이 없는 사람이 대리인이라 칭하고 행위한 경위 중에서 그 사람과 본인과의 사이에 특별한 관계가 있을 때에 법률이 본인에게 책임을 지우고 상대방을 보호하려는 것으로 거래의 안전을 도모하는 제도임。

【表決:표결】 여러 사람이 회의할 때에 可否의 의사를 표시하여 결단함。

【表決權:표결권】 표결을 하는 기관에서 자기의 의사를 행사할 수 있는 권리。

【表具:표구】 병풍·족자 따위를 꾸미는 것。表裝。

【表記:표기】 ❶ 말을 세워서 기록함。標識。❷겉에 표시한 기록。表書。❸《中》記號。「내어 쓰는 방식。표기하는 방법。

【表記法:표기법】 언어를 문자로 나타

【表裏:표리】 ❶겉과 속。안팎。표면과 내심。〖朱熹〗ーー精粗、無不到。❷앞과 뒤。❸《制》恩賜나 獻上하던 옷의 겉감과 안집。

【表裏不同:표리부동】 마음이 음충맞아서 겉과 안이 같지 않음。

【表裏相應:표리상응】 저것과 이것이

서로 맞음。

【表面:표면】 겉으로 드러난 면。外面。↔裏面。

【表面張力:표면장력】 액체의 표면이 그 분자력 때문에 그 표면적을 작게 하려고 하는 힘。

【表面化:표면화】 표면에 드러남。정체가 밝혀짐。

【表明:표명】 표시하여 명백히 함。

【表木:표목】 표말。표시로 세운 나무。

【表文:표문】 임금께 표로 올리던 글。

〖史記·索隱〗——謂刊木立爲表記。

【表白:표백】 ❶여쭘。아룀。❷드러내서 밝힘。

【表象:표상】 ❶겉으로 나타내는 모양。〖後漢書〗星辰之變、——之應。❷=象徵。❸《哲》㉠감각을 요소로 하는 心的 複合體。㉡어떤 대상을 뜻하는 直觀的인 意識 內容。즉 知覺·記憶 등의 表象을 총괄하여 일컬음。㉢知覺表象 이외의 記憶·想像·表象 등과 같은 再生 心象에 의한 對象 意識。

【表書:표서】 겉에 글씨를 씀。또는 그 [글씨。

【表石:표석】 =墓表。

【表示:표시】 ❶나타내어 보임。❷남에게 알리려고 드러내어 발표함。

【表示價値:표시가치】 일정한 効果意思의 표현임을 推認시키기에 족한 표시 행위의 性能。

【表示意思:표시의사】 일정한 효과 의사를 외부에 표시하려는 의사。

【表示主義:표시주의】 의사 표시의 효력에 관하여 외부의 표시에 중요성을 두는 의사。

【表式:표식】 ❶표시하는 일정한 방식。❷규범。기준。〖北史〗人倫——。

【表音文字:표음문자】 뜻에 관계 없이 音聲만을 나타내는 文字。單音文字와 音節文字가 있음。한글·로마 文字 따위。↔表意文字。

【表衣:표의】 겉에 입는 옷。웃옷。

【表意文字:표의문자】 繪畫에 의거하거나 事物의 形像을 그대로 그려서 한字 한字에 뜻을 나타내는 文字。繪畫 文字와 象形 文字가 있음。漢字 따위。↔表音文字。

【表而出之:표이출지】 어느 사물을 겉으로 유별나게 드러냄。

【表才士:표재사】 儷文을 재빨리 잘 짓는 사람。對句를 잘 지어 맞추는 재사。

【表迹:표적】 거죽으로 나타난 형적。

【表的:표적】 목표로 삼는 물건。표점。標的。〖後漢書〗爲天下——。

【表旌:표정】 忠臣·孝子·烈婦를 표창하여 旌門을 세움。〖高士傳〗不遭明時、尙當——。

【表情:표정】 ❶마음 속에 지닌 감정을 얼굴이나 외모에 나타냄。〖白虎通〗人之相拜者何、所以——見意。❷안색。

【表情術:표정술】 마음 속에 품고 있는 감정을 겉으로 나타내는 기술。

【表題:표제】 ❶책자의 겉에 쓰는 책의 이름。❷연설·예술 작품의 제목。❸記[號。題標。

【表從:표종】 =外從。

【表座:표좌】 해시계를 받치어 놓는 臺。

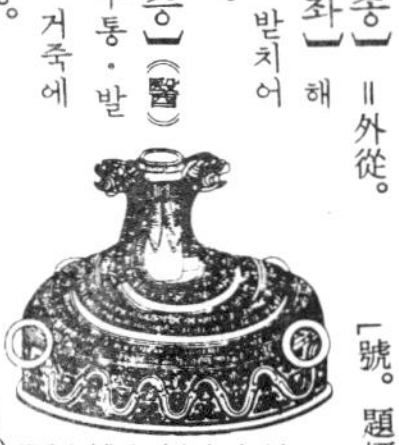

周雙螭表座(宣和博古圖)

漢表座(博古圖)

【表症:표증】 《醫》 오한·두통·발열같이 거죽에 나타난 병。

【表紙:표지】 ❶겉장。❷書標。

【表徵:표징】 ❶外面으로 드러나는 표적 또는 表面에 나타남。❷=象徵。

【表札:표찰】 집 또는 입구에 달아 놓은 名牌。門牌。

【表彰:표창】 善行을 칭송하여 널리 세상에 드러냄。表顯。〖後漢書〗——德信、是以化致升平、稱爲中興。

【表彰狀:표창장】 표창하는 글발을 적은 종이。

【表出:표출】 밖으로 나타냄。표현함。

【表土:표토】 土地의 윗층。耕作에 적당한 땅。耕土。

【表皮:표피】 ❶《植》植物體의 맨 거죽의 細胞層。❷《生》動物體의 표면의 細胞層。

【表顯:표현】 =表彰。〖後漢書〗立學校、——儒術、薦擧賢良。

【表現:표현】 ❶표면에 나타냄。보임。❷《哲》內面的·정신적·주체적인 것의 외면적·감성적 형상화。곧 예술가가 자기의 감정·사상을 예술로서 나타내는 따위。

【表現主義:표현주의】 제一차 세계 대전 후에 독일을 중심으로 한 때 盛한 예술상의 한 주의。印象主義에의 반동으로서 작가 개인의 강력한 주관을 통하여 端的으로 事象의 內部 생명을 나타내려는 것으로서 文學·造型美術·音樂·演劇 등에 영향을 많이 미쳤음。

【表現派:표현파】 표현주의를 주장하는 예술상의 한 파。

【表現形式:표현형식】 표현하는 문예[상의 형식。

【表型:표형】 遺傳質은 문제 밖으로 하고、표면에 나타난 데에 의해서만 본 形質。外形上에서 본 형질。現象型。

◎公—、代—、圖—、門—、發—、四—、師—、辭—、年—、意—、儀—。

【衩】 ㊀(차) 碼 サイ、サ、もすそ collar; gusset ㊁(채) 卦 彳丫 ch'a⁴

草書 隱詩

㊀섶차、옷깃차(衽也、褸)。〖李商隱詩〗裙—芙蓉小。㊁뜻은 ㊀과같음。

【衩衣:차의】 아랫도리가 벌어진 옷。

【衪】 (익) 職 ヨク、あせとりひとえ summer coat

적삼익(單衫)。

【衪】 (이) 支 イ、そで sleeve

❶옷선이(衣緣)。❷소매이(袖也)。

【衦】 ㊀(작) 藥 テキ、ヒョウ、えり collar ㊁(표) 效

㊀적삼작(撣衣)。㊁옷깃표(襟也)。

【衫】 (삼) 咸 サン、きもの clothes 尸弓 shan¹

小篆 草書

❶적삼삼(小襦)。〖近游賦〗脅汗—以當熱。❷옷삼(衣之通稱)。〖唐書〗士人以枲紵襴—爲上服。

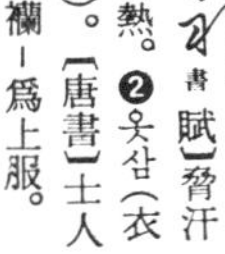

衫(三才圖會)

【衫子:삼잠】 여자의 옷으로、저고리와 치마의 구별이 없이 이어진 것。半衣。

四 畫

【衭】 (부) 虞 フ、まええり front gusset

옷앞섶부(衣前襟)。

【衮】 (곤) 阮 コン、こんい royal robe 《ㄨㄣˇ kuen³

小篆 草書

곤룡포곤、임금의 옷곤(龍—衣、九章法服)。〖詩經〗—衣繡裳。

【衮衮:곤곤】 ❶간곡히 설명함。〖晉書〗前言往行、——可聽。❷큰 물이 출렁거리며 끝 없이 흐르는 모양。袞袞。❸뒤이어 끝 없이 연속하는 모양。

【衮龍:곤룡】 =衮衣。《轉》임금。〖周禮〗——衣也、衣五章、裳四章凡九、皆絺繡而畫以爲衮。

【衮龍袍:곤룡포】 《制》임금이 입던 正服。黃色 또는 赤色의 비단으로 지으며 가슴과 두 어깨에 발톱이 五개 달린 龍의 무늬를 금실로 동글게 수 놓았음。衮服。衮衿。

【袞冕：곤면】 곤룡포와 면류관。『左傳』――黻珽。

【袞服：곤복】(制) 天子가 입던 禮服。黃色이나 赤色의 비단으로 지으며 龍의 무늬를 금실로 수놓았음。

袞冕 (三禮圖)

天子袞服(名物圖)

【袞職：곤직】 ❶임금의 직책。❷임금을 보좌하는 三公의 직책。『蔡邕』弘農楊公·東海陳公、每在――、群僚賀之。

【袑】 (초) 蕭 チョウ、しやのころも shroud
小篆 수의초(死者衣)。

【衯】 (분) 文 フン、ながいきもの dangle
小篆 옷치렁거릴분(衣長貌)。

【衰】 ㊀(쇠) 支 ㊁(최) 支 ㊂(최) 灰 スイ、サイ、おとろえる weaken;emaciate ㄕㄨㄞ shuai
小篆 古文 草書 ㊀❶쇠할 쇠(浸微浸殺也)。『呂氏春秋 仲秋紀』殺氣浸盛 陽氣日―。❷모손할 쇠(耗也)。『詩經 衛風氓小序』華落色―。❸약할쇠(弱也)。『論語 季氏』及其老也血氣旣―。㊁같을최(等也)。『齊語』相地而―征則民不移。㊂상복최(喪服)。

【衰減：쇠감】 쇠하여 줄음。쇠하여짐。衰耗。『後漢書』聲譽――。

【衰困：쇠곤】 몸이 쇠약하고 피곤함。쇠약하여 괴로와함。『後漢書』但願生入玉門關、臣老病。

【衰骨：쇠골】 가냘프게 생긴 골격。또는 그 사람。

【衰軀：쇠구】 쇠약하여 진 몸。

【衰年：쇠년】 精力이 쇠약하여진 나이。老年。

【衰亂：쇠란】 쇠하여 어지러워짐。

【衰老：쇠로】 늙어서 몸과 精力이 쇠약하여짐。또는 쇠약한 노인。『禮記』養――、授几杖。

【衰亡：쇠망】 쇠퇴하여 멸망함。

【衰滅：쇠멸】 ＝衰亡。

【衰耗：쇠모】 몸이 약해져 힘이 없어짐。『史記』財賂――而不贍。

【衰暮：쇠모】 나이 들어서 쇠약함。衰老。『顏延之』幼壯重寸陰、――反輕年。

【衰門：쇠문】 家產이나 자손이 줄어서 쇠퇴하여 가는 집안。『南史』特乞降黜、以保――。

【衰微：쇠미】 기운이 쇠하여 잔약하고 미미하여짐。

【衰病：쇠병】 늙어서 자연히 몸이 약해져서 난 병。

【衰死：쇠사】 몸이 쇠약하여져서 죽음。

【衰相：쇠상】 쇠해진 모양。

【衰世：쇠세】 ❶망하여 가는 세상。『李咸用』――難修道、花時不稱貧。❷도덕이 쇠퇴한 세상。↔盛世。

【衰勢：쇠세】 세력이 약하여짐。쇠하여진 세력。衰運。

【衰損：쇠손】 체력 따위가 쇠하여 줄어짐。

【衰顏：쇠안】 여위어서 쭈그러진 얼굴。頹顏。『盧綸』蕭條涼夜永、秋草對――。

【衰眼：쇠안】 쇠약해진 眼力。

【衰弱：쇠약】 몸이 쇠하여 약하여짐。『戰國策』太子――、疾而不起。

【衰容：쇠용】 쇠약하여진 모양。여윈 얼굴 모습。『謝朓』折荷葺葺袂、開鏡盼――。

【衰運：쇠운】 쇠하는 운수。또는 時勢。衰勢。

【衰萎：쇠위】 쇠하여 시들음。쇠하여 마름。

【衰弛：쇠이】 쇠약하여 풀림。쇠약하여 마음이 解弛하여짐。

【衰殘：쇠잔】 ❶힘이 빠져 거의 죽게됨。❷쇠하여 없어짐。❸零落됨。『林逋』蕭蕭蘆葦半――。

【衰症：쇠증】 老衰에서 오는 증세。

【衰盡：쇠진】 쇠하여 아주 없어짐。곧 송두리째 망해 빠짐。

【衰替：쇠체】 쇠하여 폐함。쇠하여 못쓰게 됨。

【衰態：쇠태】 쇠약한 모습。쇠약하여진 상태。『陸游』此生本幻戲、――轉眼足。

【衰退：쇠퇴】 ❶쇠하여 기운이 없어짐。❷쇠하여 세력이 없어짐。衰頹。『陳傅良』却因――更躊躇。

【衰敗：쇠패】 늙어서 기력이 여려짐。

【衰廢：쇠폐】 쇠하여 해짐。쇠하여 못쓰게 됨。『史記』周道――、孔子爲魯司寇。

【衰弊：쇠폐】 쇠하고 약해져서 몸이 괴로움。『蜀志』――窮極。

【衰朽：쇠후】 쇠하여 썩음。老衰함。『韓愈』肯將――惜殘年。

【衰裳：최상】 喪服을 말함。『孔子家語·禮運』以――入朝。

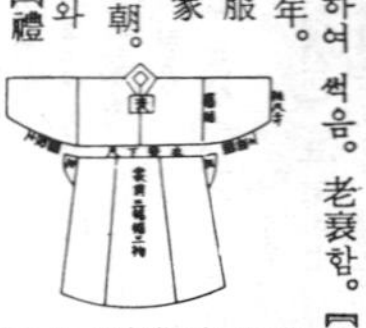
大功衰裳(禮器圖)

【衰絰：최질】 衰와 絰。喪服의 이름。『禮記』君子――、則有哀色。

◎老―、盛―、盛者必―。

【衱】 (겁) 葉 キュウ、すそ rear train ㄐㄧㄝˊ chieh2
草書 ❶옷뒷자락겁(衣後裾)。『杜甫詩』珠壓腰―穩稱身。❷옷깃겁(衣領)。

【衲】 (납) 合 ノウ、つくろう patch up ㄋㄚˋ na4
草書 ❶기울납(補也)。❷장삼납(僧衣、法服)。『蘇軾詩』欲教乞食歌姬院故與雲山舊―衣。❸승려의 자칭납(僧自稱辭)。❹거문고이름납(琴名、百―)。

【衲僧：납승】 ＝衲子。『貫休』只有――來。

【衲衣：납의】 (佛) 빛이 검은 중의 옷。장삼。

【衲子：납자】 (佛)❶중。衲衣 곧 장삼을 입은 데서 나온 말。❷중의 謙稱。衲僧。

【衲被：납피】 여기저기 헝겊을 대어 기운 이불。『戴復古』――蒙頭睡。

【衳】 (종) 冬 ショウ、ふんどし pants
속바지종(褌也)。

【衴】 (담) 感 タン、ふち margin of a quilt
이불깃담(衾緣)。

【衵】 (일) 質 ジツ、はだぎ women's underwears ㄋㄧˋ ni4
小篆 草書 속곳일(婦人近身衣)。『左傳』皆衷其―服以戲于朝。

【衷】 ㊀(충) 東 ㊁(충) 送 チュウ、まごころ sincerity ㄓㄨㄥ chung1
小篆 草書 ㊀❶가운데충(中也)。『周語』其君齊明―正。❷정성충(誠也)。『左傳 昭公十六年』發命之不―。❸착할충(善也)。『書經 湯誥』惟皇上帝降―于下民。❹바를충(正也)。❺속곳충(褻衣裏也)。『左傳』―其衵服。❻마음충(方寸所蘊)。『左傳 僖公二十八年』天誘其―。㊁알맞을충(折―斷其―)。『史記』折―于夫子。

【衷懇：충간】 진정으로 간청함。

【衷甲：충갑】 平服 속에 갑옷을 입음。『左傳』楚人――。

【衷款：충관】 眞心。誠實。『北史』自明――。

【衷心：충심】 속에서 진정으로 우러나는 마음。

【衷情：충정】 마음에서 우러나오는 참된 정。

【衷懷：충회】 ＝衷心。

◎苦―、微―、折―、和―。

【紒】(개) 卦 カイ きゃはん gaiters 小篆 ❶행전개(脚絆)。❷옷폭개(衣幅)。

【衹】(기) 支 キ、ころも cope ㄓ chih¹ 가사기(袈裟、ㅣ枝)。

【衺】(사) 麻 シャ、ななめ slant 비뚤사(不正)。【周禮】去其淫思與其奇ㅣ之民。

【袡】(염) 鹽 ゼン、ふち hem ㄖㄢ ian² 草書 ❶활옷염(嫁服纁ㅣ)。❷옷섶염(衣緣)。【儀禮】女次純衣纁ㅣ。

【衼】(지) 支 シ、けごろも cope 가사지(袈裟、衹ㅣ)。

【衽】(임) 寢 ジン、えり、おくみ lapels 小篆 草書 ❶옷섶임、옷깃임(衣襟)。❷요임(臥席)。【禮記】ㅣ當旁。

【衽席:임석】요。자리。《轉》寢室。【周禮】ㅣㅣ牀第。

【衽席間:임석간】부부가 동침하는 때。

【衾】(금) 侵 キン、ふすま coverlet ㄑㄧㄣ chin¹ 小篆 草書 ❶옷깃금(衣領)。❷도포「靑ㅣ」。❸옷고름금(結也衣系)。(「襟」과 통함) 이불금(寢衣、大被)。【詩經 召南小星】肅肅宵征抱ㅣ與裯。

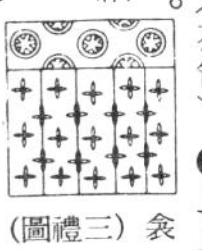
衾(三禮圖)

【衾褥:금욕】이부자리와 요。【宋史】仁宗ㅣㅣ用黃絁。

【衾枕:금침】이부자리와 베개。【李白】醉來臥空山、天地即ㅣㅣ。

【衾枕欌:금침장】이부자리를 넣어 두는 장。

【⿴衣今】(금)『衾』(前條)과 같음。

【衿】㊀(금) 侵 ㊁(금) 沁 キン、むすび breast-tie ㄐㄧㄣ chin¹ ㊀옷깃금(衣領)。㊁옷고름금(衣系結也)。【儀禮】母施ㅣ結帨。

【衿契:금계】마음을 서로 허락한 벗。心友。【世說】得之欣然、遂爲ㅣㅣ。

【衿喉:금후】옷깃과 목구멍。《轉》地勢가 적의 편에 불리하고, 자기 편에는 요긴한 곳。要害地。襟喉。【唐書】三州刺史、各勒兵以通蜀漢ㅣㅣ。

【袀】(균) 眞 キン、いくさごろも military uniform ㄐㄩㄣ chün¹ 小篆 草書 ❶군복균(戎服)。❷순전할균(純也)。

【袀玄:균현】제사 때 입는 純黑의 옷。

【袁】(원) 元 エン、ながいころも dangle a robe ㄩㄢ yüan² 小篆 草書 ❶옷치렁거릴원(衣長貌)。❷성원(姓也)。

【袁世凱:원세개】(人) 一八五九~一九一六 清末의 군인·정치가。字는 慰亭·慰庭, 號는 項城·洹上漁父, 河南省 項城縣 사람。一八八二년에 우리 나라에 머물러 內治·外交에 간섭하였으며 辛亥革命후 清朝의 宣統帝에게 退位를 요구하고 臨時共和國政府를 수립함。孫文의 양보를 强要하여 中華民國 初代 大總統이 되었음。뒤이어 스스로 帝位에 올랐다가 失脚하여 失意한 가운데에 죽었음。

【袁天綱:원천강】❶일이 확실하고 의심이 없음을 가리키는 말。❷(人)唐代의 점장이 이름。

【袁樞:원추】(人)南宋의 歷史家。字는 機仲。寧宗 때에 江陵知府가 됨。〈著書〉通鑑紀事本末。

【⿰衤丑】(유) 有 ジュウ、きものがやわらかい soft 옷부드러울유(衣柔貌)。

【袂】(메) 霽 ベイ、そで sleeve ㄇㄟ mei⁴ 小篆 草書 소매메(袖也)。【禮記】ㅣ拘而退。

【袂別:메별】소매를 나눔。《轉》작별함。

五 畫

【袈】(가) 麻 カ、ケ、かさ kasaya ㄐㄧㄚ chia¹ 草書 가사가(ㅣ裟、僧衣)。【通鑑】武后賜僧法朗等紫ㅣ裟。

【袈裟:가사】(梵)Kasāya의 音譯。赤色·不正色·染色 등으로 번역함。僧衣로서 貪·瞋·痴의 三毒을 버린 표적으로 어깨에 걸치는 것임。三衣·法衣·忍辱衣라고도 함。

【袈裟佛事:가사불사】(佛) 가사를 짓는 일。

【袈裟施主:가사시주】(佛) 가사를 짓는 경비를 내는 사람。

【袉】(타) 哿 タ、すそ rear train 小篆 옷뒷자락타(裾也)。

【⿰衤宁】(저) 語 チョ、やぶれきもの worn-out clothes 해진옷저(敝衣)。

【袊】(령) 靑 レイ、すそまわし full dress worn 활옷령(直ㅣ、婦人嫁服)。【方言】袒飾謂之直ㅣ。

【袋】(대) 隊 タイ、ふくろ bag; sack ㄉㄞ tai⁴ 草書 부대대、자루대(囊屬)。

【袋鼠:대서】❶(動)南아메리카 지역의 나무 위에서 사는 쥐의 한 가지。育兒囊이 불완전하여 새끼를 등에 업고 꼬리로 감아서 업음。❷캥거루의 別稱。

◎手ㅣ、慰問ㅣ、布ㅣ。

【袍】(포) 豪 ホウ、うえのころも long gown ㄆㄠ p'ao² 小篆 草書 ❶도포포(長襦)。【釋名】丈夫著下至跗者也。❷관디포(靑ㅣ朝服)。❸앞섶포(衣前襟)。

常服袍(大清會典圖)

【袍笏:포홀】도포와 홀。笏은 朝見할 때에 오른 손에 쥐던 패。《轉》朝服。【玉海】進士賜ㅣㅣ、自興國二年始。

【袎】(요) 效 オウ、たび neck of cotton socks 버선목요(襪頸)。

【袏】(좌) 箇 サ、きもののつつみ clothes wrapping ❶옷보따리좌(衣包囊)。❷홑옷좌(襌衣)。【揚雄】襌衣有袌者謂之ㅣ衣。

【⿱比衣】㊀(피) 寘 ㊁(제) 霽 ヒ、セイ、ととのう adjust ㊀옷띠매지않을피(衣不展)。㊂옷깃여밀세(衣交衽)。

【⿰衤此】(자) 紙 シ、きがえ one's change clothes 옷갈아입을자(換着衣)。

【袒】㊀(단) 旱 ㊁(탄) 諫 タン、はだぬぐ undress 小篆 草書 ㊀옷벗어멜단(偏脫衣)。【楞嚴經】偏ㅣ右肩。㊁혼솔터질탄(衣縫解)。

【袒褐:단갈】어깨에 옷을 엇멤。

【袒肩:단견】한 쪽 어깨를 내놓음。한 쪽 소매를 벗음。〔李華〕衲衣ㅡㅡ、跣足行乞。

【袒裼:단석】옷도리를 벗음。上衣를 벗고 알몸을 내놓음。《轉》無禮한 행위。

【袒跣:단선】옷도리를 벗고 발을 벗음。〔白居易〕ㅡㅡ北窓下、葛天之遺民。

【袑】(소) 篠 ショウ、はかま trousers
小篆 草書 바지소(袴襠)。〔漢書〕敕功冑官屬多褒衣大ㅡ不中節度自今掾吏衣皆令去地三寸。

【袲】(아) 哿 カ、ながいきもの trail ㄜ e
옷치렁치렁할아(ㅡㅡ、衣長好貌)。

【袖】(수) 宥 シュウ、そで sleeve ㄒㄧㄡ hsiu⁴
草書 소매수(衣袂)。〔後漢書〕城中好大ㅡ四方全匹帛。

【袖口:수구】소매의 부리。〔錢氏私志〕宮人旋取針線、縫聯ㅡㅡ。

【袖納:수납】편지 따위를 지니고 가서 손수 드림。

【袖裏:수리】소매 속。袖中。袖裡。〔無名氏〕納煙霞於ㅡㅡ、看日月於掌上。

【袖手:수수】손을 옷 소매 속에 넣음。팔짱을 낌。《轉》아무 일도 하지 않고 있는 것。拱手。〔蘇軾〕ㅡㅡ莫輕眞將種。

【袖手傍觀:수수방관】❶팔장을 끼고 보고만 있음。❷일을 하지 않고 그저 옆에서 보고만 있음。

【袖傳:수전】편지 따위를 손수 가지고 가서 전함。

【袖珍:수진】袖珍本의 略語。소매 속에 들어갈 만한 작은 책。

【袚】(발) 曷 ハツ、えびすきもの savage clothes
小篆 오랑캐옷발(蠻服)。

【袗】(진) 軫 シン、ひとえ unlined clothes ㄓㄣˇ chen³
小篆 或體 草書 ❶고운옷진(袨服)。❷홑옷진(單也)。❸수놓은 옷 진〔論語 鄕黨〕當暑ㅡ絺綌。〔孟子 盡心下〕被ㅡ衣。

【袗衣:진의】수 놓은 옷。彩衣。

【袗絺綌:진치격】葛絲로 짜서 만든 홑옷。칡베옷。葛衣。

【袘】㊀(이) 紙 イ、ふち hem of skirt ㊁(이) 寘
草書 ㊀옷속이(衣中)。㊁치마선이(裳下緣)。〔儀禮〕主人爵弁纁裳緇ㅡ。

【袙】(파)『帕』(巾部 5畫)와 같음

【袙頭:파두】머리를 덮어 싸는 천。

【袛】(저) 齊 テイ、はたぎ shirt
小篆 草書 속적삼저(ㅡ裯汗襦)。〔後漢書〕其資藏惟有布衾敝ㅡ裯鹽麥數斛而已。

【袛裯:저주】땀받이。

【袜】㊀(말) 月 バツ、はらおび girdle ㊁(말) 曷 ㄇㄛˋ mo⁴
草書 ㊀버선말(脚衣)。〔漢雜事秘辛〕約縑迫ㅡ收束微如禁中。㊁허리띠말(所以束衣)。〔隋煬帝詩〕錦袖淮南舞寶ㅡ楚宮腰。

【袜肚:말두】배에 대고 띠는 것。

【衮】(곤)『袞』(衣部 4畫)과 같음

【袟】(질) 質 チツ、ふみづつみ case;order
草書 ❶칼전대 질、칼집 질(劍衣)。❷책갑 질(書衣)。❸봉급질(俸給)。〔唐書 蕭至忠傳〕官ㅡ益輕。❹질서질(秩序)。❺주머니질(㡀ㅡ、囊也)。

【袠】(질)『袟』(前條)과 같음

【袢】(번) 元 ハン、はだぎ underwear ㄆㄢˋ p'an⁴
小篆 草書 ❶속옷번(近身衣)。❷옷 꼭 동일 번(ㅡ延衣熱)。〔詩經〕是紲ㅡ也。

【袢延:번연】몸에 달라붙지 않고 큼직하고 여유있는 옷。

【袣】(예) 霽 エイ、イ、ながころも long gown
草書 긴옷예(長衣)。

【袤】(무) 宥 ボウ、ながさ、たて lengthen ㄇㄠˋ mao⁴
小篆 籀文 草書 뻗칠무(延亙)。〔史記〕延ㅡ萬餘里。

【袥】(탁) 藥 タク、すそ skirt; train ㄊㄨㄛˋ t'uo⁴
小篆 ❶옷자락탁(衣衸)。❷옷깃헤칠탁(開衣領)。〔韻會〕開衣令大也。

【袧】(구) 宥 コウ、ク、ひだ plait
草書 상복치마 양쪽을 주름 잡을 구。

【袨】(현) 霰 ケン、はれぎ beautiful attire
小篆 草書 고운옷현(好衣盛服)。

【被】㊀(피) 紙 ヒ、こうむる wear; be done ㊁(피) 寘 ㄅㄟˋ pei⁴
小篆 草書 ㊀이불피(寢衣)。〔被銘〕ㅡ雖溫無忘人之寒。㊁❶덮을피(覆也)。〔楚辭〕皋蘭ㅡ徑兮ㅡ。❷미칠피(及也)。〔書〕光ㅡ四表。❸나타날피(著也)。❹창피할피(猖ㅡ不帶)。〔楚辭〕何桀紂之猖ㅡ兮。❺만머리피(首飾)。〔詩經 召南采蘩〕ㅡ之僮僮。❻상처받을피(傷也)。〔諸葛亮 後出師表〕跰險ㅡ創。❼더할피(加也)。

【被甲:피갑】갑옷을 입음。

【被檢:피검】❶檢擧됨。붙잡힘。❷검사를 받음。

【被擊:피격】습격을 받음。공격을 당함。

【被告:피고】《法》民事・刑事 訴訟에 있어서 법원에 소송을 당한 사람。↔原告。

【被敎育者:피교육자】교육을 받는 사람。

【被衾:피금】이부자리。이불。

【被動:피동】❶남에게 힘 입어 움직임。❷딴 동작에 의해 동작을 하게 되는 동사의 성질。↔能動。

【被命:피명】웃사람으로부터 명령을 받음。

【被毛:피모】짐승 따위의 몸에 난 털。

【被髮:피발】❶머리털을 풀어 헤치는 것。〔禮記〕ㅡㅡ文身。❷부모가 돌아갔을 때 머리를 풀어 헤치던 일。

【被謗:피방】비방을 당함。비난을 받음。

【被罰:피벌】못된 일을 저질러 벌을 받음。

【被補償者:피보상자】《法》재산권・영업권 따위에 대하여 받은 손해에 따른 代償을 받을 수 있는 권리자。

【被保險:피보험】《經》보험의 대상이 됨。

【被服:피복】❶=衣服 ❷實踐함。〔漢書〕ㅡㅡ儒術。

【被寫體:피사체】사진을 찍는 데에 그 대상이 되는 물건。

【被殺:피살】殺害를 당함。

【被相續人:피상속인】《法》상속을 받을 사람。↔相續人。

【被選:피선】선출되어 뽑힘。

【被選擧權:피선거권】《法》선거에 입후보하여 피선될 수 있는 권리。↔選擧權。

【被訴:피소】提訴를 당함。

【被送:피송】보내어 짐。

【被囚:피수】 감옥에 갇힘.
【被襲:피습】 襲擊을 당함.
【被乘數:피승수】 《數》곱셈을 당하는 수. 곧 5×2=10에서의 5 따위를 말함. ↔乘數.
【被弑:피시】 임금이 신하에게 피살됨.
【被壓迫民族:피압박민족】 政治上 또는 經濟上으로 帝國主義의 여러 속박과 침략을 받아 自由를 누리지 못하고 압박을 받고 있는 民族.
【被疑:피의】 의심을 받음. 嫌疑를 받음.
【被疑者:피의자】 《法》범죄의 혐의를 받고 있는 자로서 아직 起訴되지 않은 사람. 嫌疑者. 容疑者.
【被任:피임】 어떠한 職任에 임명됨.
【被罪:피죄】 죄를 입음.
【被捉:피착】 붙잡힘. 被逮.
【被讒:피참】 참소를 당함. 讒言(참언)을 입음.
【被薦:피천】 천거됨.
【被逮:피체】 붙잡힘.
【被治者:피치자】 다스림을 받는 사람. 백성.
【被侵:피침】 ❶침범을 당함. ❷저촉이 됨.
【被打:피타】 맞음. 구타를 당함.
【被奪:피탈】 빼앗김. 약탈을 당함.
【被虐症:피학증】 異性에게 虐待받음으로써 性的 쾌감을 느끼는 변태증. 마조히즘.
【被害:피해】 危害·損害를 입음. 또는 그 危害. 損害. ↔加害.
【被害額:피해액】 손해를 입은 금액.
【被害人:피해인】 ❶害를 입은 사람. ❷《法》불법 행위 또는 범죄에 의하여 신체·명예·재산 등의 권리 또는 法益의 침해나 위협을 받은 사람. 民法上 손해배상 청구권과 刑法上 告訴權을 가짐.
【被劾:피핵】 彈劾을 당함.
【被禍:피화】 재화를 입음.

【袪】 (거) 魚 キョ、たもと sleeve ㄑㄩ ch'ü¹
小篆 草書 ❶소매거(衣袂). ❷소매아귀거(袖口). 【詩經】摻執子之—兮.
【袪痰:거담】 담을 없앰.
【袪衣:거의】 옷을 걷어 올림.

六 畫

【袱】 (복) 屋 フク、ふろしき cloth-wrapper ㄈㄨˊ fu²
草書 보자기복(包—, 帊也).
【袱紙:복지】 貼藥을 싸는 종이. 藥袱紙.
【袲】 ㊀(이) 支 イ、シ、たれる dangle ㄧˊ i² ㊁(나) 哿 ㊂(치) 紙
㊀옷치렁거릴이(袲—、衣長好貌). ㊁ ㊂뜻은 ㊀과 같음.
【袳】 (치) 紙 シ、きものひろがる spread one's clothes
小篆 옷펄치(張衣).
【袴】 ㊀(고) 遇 コ、はかま trousers ㊁(과) 禡
草書 ㊀바지고(脛衣). 【急就篇 卷二章第十二】—謂脛衣也、云云—、之兩股曰襱、合襠謂之褌、最親身者也. ㊁사타구니과(兩股間). 【史記】居中少年辱韓信曰出我—下.
【袴衣:고의】 남자의 여름 홑바지.
【袴下:고하】 바지 밑. 가랑이 사이. 【史記】不能死、出我——.
【袴鞾:고화】 통바지와 수혜자. 《轉》軍服. 【劉克莊】少小從軍事——.
【袨】 (교) 篠 コウ、ふんどし short trousers ㄐㄧㄠˇ chiao³
잠뱅이교(小袴).

【袵】 (임) 『衽』(衣部 4畫)과 같음.
【袷】 ㊀(겹) 葉 コウ、キョウ、あわせ lined clothes ㊁(겹) 洽 ㄐㄧㄚˊ chia²
小篆 草書 ㊀동구래깃겹(曲領). 【禮記 曲禮下】天子視不上于—. ㊁겹옷겹(複衣). 【史記】服繡—綺衣.
【袷輅:겹로】 次車·副車·羽蓋車.
【袹】 ㊀(말) 黠 ハク、はらあて belly-band ㊁(맥) 陌
草書 ㊀통건말, 상복말(邪巾始喪服). 【晉書】童謠曰著巾—腹爲齊持服. ㊁배띠 맥(腹帶).
【袺】 (결) 屑 ケツ、つまどる catch the gusset ㄐㄧㄝˊ chieh²
小篆 草書 옷섶잡을결(執衽). 【詩經 周南芣苢】薄言—之.
【袻】 (이) 支 ジ、ひだ wrinkle
옷구김살이(衣之縮皺).
【袼】 (각) 藥 ラク、そで bastings of the sleeve ㄌㄨㄛˋ luo⁴
草書 소매혼솔각(衣袂接處掖縫). 【禮記】—之高下可以運肘.
【袽】 (녀) 魚 ジョ、やぶれきもの worn-out clothes ㄖㄨˊ ju²
草書 해진옷녀(敝衣、袾—).
【袾】 (주) 虞 シュ、みごろ underwear ㄓㄨ chu¹
小篆 ❶짧은옷주(短衣). ❷속옷주(內衣).
【袿】 (규) 齊 ケイ、うちかけ woman's coat ㄍㄨㄚ kua⁴
草書 부인의웃옷규(婦人上服). 【後漢書】—裳鮮明.

【袿裳:규상】 婦人의 웃옷.
【裀】 (인) 眞 イン、みごろ underwear ㄧㄣ yin¹
草書 ❶속옷인(近身衣). ❷겹옷인(複襂).
【裁】 ㊀(재) 灰 サイ、たつ、したて decide;cutting ㊁(재) 隊 ㄘㄞˊ ts'ai²
小篆 草書 ㊀❶마름질할재(—縫、製也). 【古詩 焦仲卿妻】十四學—衣. ❷헤아릴재(度也). 【淮南子】取民不—其力. ❸결단할재(斷決). ㊁품재재(品—, 鑒別). 【後漢書】李膺獨持風—.
【裁可:재가】 ❶《制》國家의 제반 안건에 대하여 임금이 몸소 決裁하여 허가함. 署名하고 御璽를 찍음. 勅裁. ❷심사하여 決定함. 可決함. 【唐書】——大事.
【裁減:재감】 헤아려서 가볍게 덜어 줌. 【宋史】——樞密院吏額.
【裁決:재결】 ❶옳고 그름을 판단하여 결정함. 【唐書】——皆當理. ❷《法》訴願이나 行政訴訟에 대한 行政處分.
【裁斷:재단】 ❶옷감 따위를 본에 맞추어 마름. ❷옳고 그름과 착하고 악함을 가름. 裁決. 【晉書】性淸愼有——.
【裁斷的批評:재단적비평】 확고한 기준을 세워 가지고 재단하듯이 하는 비평.
【裁量:재량】 짐작하여 헤아림. 【後漢書】其多所——若此.
【裁縫:재봉】 ❶천 따위를 말라서 옷을 만들음. ❷裁縫針의 略語. 【周禮·注】女御——王及后之衣服.
【裁縫機:재봉기】 =自縫針.
【裁縫針:재봉침】 =自縫針.
【裁成:재성】 적당히 요령있게 하여 일을 성취함. 【裴度】初仰——德、將酬分寸功.

〔裁抑：재억〕 못하게 억누름。억눌러 막음。抑壓。裁制。《轉》겸손함。〖宋書〗宜應槪然立志、念自——。

〔裁作：재작〕 짐작하여 만들음。

〔裁定：재정〕 當否를 判斷하여 결정함。

〔裁定期間：재정기간〕《法》민사 소송법상의 기간 중에서 그 기간을 법원·재판장 등이 사정에 따라서 정하는 기간。

〔裁處：재처〕 짐작하여 처리함。

〔裁度：재탁〕 =裁量。

〔裁判：재판〕 ❶옳고 그름을 살펴서 심판함。❷《法》구체적인 爭訟을 해결하기 위하여 법원이 행하는 법률 행위로서 판결·결정·명령을 총칭함。

〔裁判官：재판관〕《法》재판에 관한 사무를 맡아보는 法官。判事 따위。

〔裁判權：재판권〕《法》재판소가 민사 또는 형사의 소송을 처리하는 권한。

〔裁判書：재판서〕《法》재판한 내용을 기재한 서류。

〔裁判所：재판소〕《法》民事·刑事 등의 訴訟을 재판하는 국가의 기관。法院。

〔裁判長：재판장〕《法》合議制法院에서 合議體를 대표하는 法官。

〔裁判請求權：재판청구권〕《法》헌법에 규정된 국민의 권리의 한 가지로 재판을 청구할 수 있는 권리。

〔裁割：재할〕 ❶갈라서 나눔。〖後漢書〗隨事——。❷일을 적당히 처리함。

〔裁許：재허〕 裁可。①〖漢書〗唯陛下——。◎決—、獨—、自—、制—、總—、勅—、親—。

【裂】(렬) 屑 レツ、さく、たつ be torn カ｜せ lieh⁴ 小篆 草書 ❶찢어질렬(破也)。〖禮記〗衣裳綻—。❷비단 자투리렬(綃餘)。❸갈릴렬(分裂)。

〔裂開：열개〕 찢어서 벌림。찢어져서 벌어짐。

〔裂果：열과〕《植》익으면 果皮가 자연히 벌어져서 씨를 노출시키는 과실。

〔裂光：열광〕 몹시 강한 빛。

〔裂膚：열부〕 살을 찢음。《轉》추위가 몹시 심한 모양。

〔裂傷：열상〕 피부에 입은 찢어진 상처。

〔裂眥：열자〕 怒하여 눈을 크게 벌리고 흘겨 봄。〖吳社編〗怒髮——、暴虎馬河之流。

〔裂指：열지〕 부모의 병환이 위중할 때에 깨끗한 산 피를 드리기 위하여 제 손가락을 째는 일。

〔裂破：열파〕 =破裂。

〔裂罅：열하〕 터진 곳。금간 곳。◎決—、滅—、分—、支離滅—、破—、

【裥】(동) 董 トウ、ももひき trousers 치마동(裙也)。

【裗】(충) 東 ジュウ、つずれ short coat 草書 짧은옷충(短衣、—裾)。

【裷】(권) 阮 ゲン、たび cotton socks 버선권(襪也)。

七畫

【裊】(뇨) 篠 ジョウ、しなやか draw ろ｜ㄠ niao³ 草書 ❶끌릴뇨(曳貌)。❷간들거릴뇨(—娜輭美)。❸말이름뇨(神馬名騕—)。

〔裊裊：요뇨〕 ❶바람에 나무가 간들거리는 모양。❷소리가 연달아 들리는 모양。嫋嫋(요뇨)。❸칭칭 휘감기는 모양。

【裌】(겹) 洽 コウ、あわせ lined clothes ㄐ｜ㄚ chia² 겹옷겹(復衣)。

【裋】(수) 麌 ジュ、ながころも long coat ㄕㄨ shu⁴ 小篆 草書 두루마기수 긴저고리수(長襦)。〖漢書〗—褐不完。

〔裋褐：수갈〕 해어지고 짧은 옷。

【裎】(정) 庚 テイ、はだか strip ㄔㄥ ch'eng 小篆 草書 벌거벗을정(裸體)。〖孟子 萬章下〗雖袒裼裸—於我側。

【裏】(리) 寘 リ、うら inside カ｜ li³ 小篆 草書 ❶옷안리(衣內)。〖詩經〗綠衣黃—。❷안리、속리(表—)。〖左傳〗表—山河。

〔裏急：이급〕 ❶裡急後重의 略語。❷설사를 몹시 심하게 하고 창자가 攣縮(연축)되면서 아픈 증세。

〔裏急後重：이급후중〕《醫》대변을 자주 보게 되고、본 후에는 肛門의 가장자리와 아랫배가 아픈 병。

〔裏面：이면〕 ❶속。안。內面。裡面。❷사물의 표면에 나타나지 않는 방면。내부의 사실。內情。

〔裏面境界：이면경계〕 일의 내용의 옳고 그름。

〔裏面不知：이면부지〕 경위 없이 굴음。또는 그 사람。

〔裏書：이서〕 ❶종이 뒤에다 적음。❷어음 기타 증권의 讓渡를 밝히기 위하여 일정한 방식을 좇아 그 뜻을 기록함。❸다른 방면으로부터 어떠한 사실의 확실함을 보증함。

〔裏作：이작〕 主作物을 수회하고 耕地에 다음 다시 그것을 심을 때까지 보리나 채소 따위를 재배하는 일。벼를 베고 난 논에 보리를 재배함과 같은 일。

〔裏題：이제〕 첫장에 적은 그 책의 이름。

〔裏症：이증〕《醫》뒤가 잦고 뒤를 본 뒤에 肛門 가장자리나 아랫배가 아픈 병。〔裏急症。

〔裏許：이허〕 속내평。◎腦—、表—、胸—。

【裡】(리)『裏』(前條)의 俗字

【裑】(신) 眞 シン、みごろ underwear 草書 옷등결신(衣身即前後幅部分)。

【裒】(부) 尤 ホウ、あつめる collect ㄆㄡ p'ou² 草書 ❶모을부(聚也)。〖詩經 小雅 常棣〗原隰—兮、兄弟求矣。❷덜할부、감할부(減也)。〖易經 謙卦〗君子以—多益寡。❸많을부(多也)。

〔裒多益寡：부다익과〕 남는 것은 덜고 부족한 것은 보탬。〖易·謙〗君子以——、稱物平施。

〔裒次：부차〕 모아서 차례대로 함。편집함。〖唐書〗—— 經史百氏、帝王所以興衰者上之。

〔裒會：부회〕 세금 따위를 걷어 모음。「〖唐書〗——嚴亟。

【裓】(극) 職 コク、もすそ rear train 옷뒷자락극(衣裾)。〖柳宗元序〗蔑衣—之贈。

【裔】(예) 霽 エイ、もすそ、すそ descendant ｜ i⁴ 小篆 古文 草書 ❶옷뒷자락예(衣裾)。❷변방예(四—邊也)。〖史記〗乃流四凶族遷于四—。❸씨예(苗—種類)。〖書經〗德垂後—。❹후손예(後—)。❺방자할예(容—從肆貌)。❻갈예(—貌)。❼흐를예(流貌)。〖司馬相如 子虛賦〗般乎——。〖漢書〗沛先以雨般——。

〔裔孫：예손〕 =裔胄。

〔裔裔：예예〕 ❶걸어가는 모양。〖司馬相

如』般乎ㅡㅡ。❷물살이 빠른 모양。

【裔夷:예이】 변방에 있는 異民族。『左傳』兩君合好、而ㅡㅡ之俘、以兵亂之。

【裔冑:예주】 먼 후손。裔孫。末孫。『左傳·襄·十四』是四嶽之ㅡㅡ也。

◎末ㅡ、後ㅡ。

【裕】 (유) 遇 ユウ、ユ、ゆたか wealthy ㄩˋ yu⁴

❶넉넉할유(饒也)。『易經』有孚ㅡ无咎。❷너그러울유(寬也)。『書經 康誥』ㅡ乃以民寧。❸느러질유(緩也)。『周語』享祀時至而布施優ㅡ。

【裕寬:유관】 너그럽고 엄격하지 않음。『管子』人能正靜、則皮膚ㅡㅡ。

【裕福:유복】 살림이 넉넉함。

◎富ㅡ、餘ㅡ、豊ㅡ。

【裖】 (진)『袗』(衣部 5畫)과 같음

【䘱】 (준) 眞 シュン、ももひきのつつ part of trousers

바지통준(袴裥)。

【裘】 (구) 尤 キュウ、かわごろも clothing lined with fur ㄑㄧㄡˊ ch'iu²

❶갖옷구(皮衣)。『詩經』熊羆是ㅡ。❷대물림구(箕ㅡ、父業)。『禮記』良治之子必爲箕 良弓之子必爲ㅡ。

【裘葛:구갈】 갖옷과 베옷。겨울 옷과 여름 옷。《轉》一년이라는 뜻。『柳貫』ㅡㅡ屢催年。

【裘褐:구갈】 갖옷과 털옷。《喩》검소한 옷。『莊子』以ㅡㅡ爲衣。

【裘馬:구마】 갖옷과 말。《喩》부유한 생활。車馬衣裘。『杜甫』五陵ㅡㅡ自輕肥。

【裘弊金盡:구폐금진】 갖옷은 해어지고 돈은 떨어짐。《喩》생활이 궁핍함。『戰國策·秦策』。

【裙】 (군) 文 クン、すそ、もすそ skirt ㄑㄩㄣˊ ch'ün²

치마군(下裳)。『張華白紵歌』羅ㅡ飄颻昭儀光。

裙(三才圖會)

【裙帶:군대】 치마와 허리띠。

【裙帶菜:군대채】《植》미역。昆布科의 바닷물 풀。빛은 黃褐色이고 東南海에 많이 나며 식용이 됨。海菜。甘藿(감곽)。

【裙釵:군차】 ❶치마와 비녀。❷《轉》婦人。『金丹大要』ㅡㅡ之下、有全人。

【裠】 (군)『裙』(前條)과 같음

【裚】 (제) 霽 セイ、たつ cut clothes

옷끊을제(斷衣)。

【裛】 ㊀(읍) 緝 ㊁(업) 葉 ユウ、ヨウ、まとう bind up ㄧˋ i⁴

㊀❶얽어맬읍(纏也)。『西都賦』ㅡ以藻繡。❷옷에 향내밸읍(香襲衣)。『飛燕外傳』有傾絕倒ㅡ衣。❸글주머니읍(書囊)。㊁뜻은 ㊀과 같음。

【裛衣:읍의】 향기로운 냄새가 풍기는 옷。『飛燕外傳』有頃絕倒ㅡㅡ。

【補】 (보) 麌 ホ、フ、おぎなう help; mend ㄅㄨˇ pu³

❶기울보(綴也)。『詩經』袞職有厥惟仲山甫ㅡ之。❷도울보(裨也)。『孟子 梁惠王下』春省耕而ㅡ不足。秋省斂而助不給。❸수선할보(修繕)。『呂氏春秋 孟冬紀』修宮室ㅡ牆垣。❹수이름 보(數名、十垓曰ㅡ)。

【補角:보각】《數》두 각의 합이 二直角이 될 때의 한 쪽 각을 다른 쪽 각에 대하여 일컫는 말。

【補强:보강】 모자라는 곳을 보태어 튼튼하게 함。

【補缺:보결】 ❶빈 자리를 채움。또는 그 사람。❷결점을 보충함。『淮南子』周公以義ㅡㅡ、桓公以功滅醜。

【補缺生:보결생】 입학 시험에 정식으로 합격한 학생 밖에 보결로 뽑은 학생。

【補空:보공】 빈 곳을 기워서 메움。

【補過拾遺:보과습유】 임금의 그릇 됨을 바로 잡아 고치게 함。

【補闕:보궐】 ❶=補缺①。『史記』拾遺ㅡㅡ。❷《制》㉠唐代 諫官의 하나。左補闕은 門下省에、右補闕은 中書省에 각각 속하여 임금을 간하고 詔書를 駁正하는 일을 맡아 보았음。宋代에 司諫·正言으로 고침。㉡高麗 때 中書門下省의 郎舍 벼슬。正六品。左·右 각 한 사람씩 있었음。李朝 太宗 원년에 郎舍가 司諫院으로 독립하면서 獻納으로 고치었음。

【補闕選擧:보궐선거】 議員의 결원을 보충하기 위한 선거。補缺選擧。

【補給:보급】 물품을 뒷바라지로 보태어 서 대어 줌。

【補給路:보급로】 보급하는 길。

【補氣:보기】 약을 먹어서 기운을 도움。

【補導:보도】 도와서 잘 인도함。輔導。

【補禮:보례】 聖洗나 婚禮 및 聖事의 禮儀에 결핍된 것을 보충함。

【補本:보본】 밑진 본전을 보충함。

【補不足:보부족】 모자라는 것을 채움。

【補脾胃:보비위】 ❶위의 기운을 보함。❷남의 뜻을 잘 맞추어 줌。

【補瀉兩難:보사양난】 병이 위중하여 보약도 설사약도 쓰기가 어려움。

【補償:보상】 남의 손해를 채워 줌。

【補償金:보상금】 보상하여 주는 돈。

【補色:보색】《物》두 가지 빛깔이 혼합되어 黑色 또는 회색이 될 때、한 쪽의 빛깔에 대한 다른 쪽의 빛깔。빨강과 초록、노랑과 파랑、보라와 녹황색 따위。餘色。

【補選:보선】 ❶補闕選擧의 略語。❷사람을 뽑아 官職을 주는 것。『晉書』劉弘請ㅡㅡ。

【補成:보성】 보충하여 성취함。

【補贖:보속】 罪의 나쁜 결과를 報償함。

【補修:보수】 낡은 것을 보충하여 수선하는 것。

【補習:보습】 教科를 더 보충하여 익힘。

【補身:보신】 보약을 먹어 몸을 보함。

【補腎:보신】 보약을 먹어 精力을 도움。

【補藥:보약】 몸을 보하는 약。

【補語:보어】 문장 성분의 한 가지。主語와 述語만으로는 뜻이 不完全한 문장으로、이것을 기워서 뜻을 完全하게 하는 역할을 하는 수식어。기움말。

【補遺:보유】 빠진 곳을 기워서 채움。또는 채운 물건。

【補益:보익】 보태어 도움。裨益。

【補任:보임】 어떠한 官職의 자리에 임명함。『後漢書』可以ㅡㅡ。

【補苴:보저】 떨어져 나간 곳을 기움。

【補塡:보전】 보태어 채움。

【補整:보정】 보충하고 정돈함。

【補劑:보제】《醫》❶몸을 보하는 약。補藥。❷處方 가운데의 主藥을 돕거나 부작용을 없애기 위하여 넣는 약제。

【補助:보조】 ❶모자람을 도와줌。또는 그 사람。輔助。❷백성의 궁핍을 구제하고 도움。『孟子』春省耕而補不足、秋省斂而助不給。

【補助金:보조금】 ❶도와 주는 돈。❷사업을 장려하기 위해 정부가 내 주는 돈。

【補助機關:보조기관】 행정 관청 등에 부속하여 그 의사 결정의 보조를 임무로 하는 기관。

【補助動詞:보조동사】 그 自體에 獨立性이 없고、보조적으로 쓰이는 동사。도

움움직씨。助動詞。

【補助簿:보조부】 특정한 거래나 중요 계정을 상세히 기록하여 元帳의 부족을 보충하는 장부。

【補助費:보조비】 上級 단체가 하급 단체에게 財政的 원조의 의미로 주는 돈。

【補助肥料:보조비료】 보통 비료의 보조로 쓰는 비료。

【補助艦:보조함】 主力艦·항공모함 이외의 艦艇의 總稱。

【補助貨幣:보조화폐】 《經》本位貨幣의 보조로서 소액의 거래에 쓰이는 법정 화폐。

【補足:보족】 모자람을 보태어 넉넉하게 함。

【補佐:보좌】 자기보다 지위가 높은 사람을 도움。또는 그 사람。輔佐。

【補註:보주】 註釋의 모자라는 점을 풀이하여 채움。또는 그러한 註解。補注。

【補葺:보즙】 ❶집이나 城壁의 허물어진 곳을 수리함。修葺。繕葺。【王安石】蓬蒿稍芟除、茅竹隨ㅣㅣ。❷집고 보탬。

【補職:보직】 어떤 직책에 보함。관리에게 직무의 담당을 명함。또는 그 직무。

【補輯:보집】 책의 부족함을 더하여 모음。【江總】門人ㅣㅣ、若蓬遼東之本。

【補處:보처】 (佛)主佛의 좌우에 모셔둔 보살。

【補綴:보철】 ❶깁고 얽어맴。【禮記】衣裳綻裂、紉箴請ㅣㅣ。❷옛 글귀를 이어 모아 詩文을 지음。

【補添:보첨】 기워서 덧붙임。

【補聽器:보청기】 귀가 잘 들리지 않는 사람의 聽力을 보충하는 기구。

【補聰:보총】 생각이 미처 이르지 못한 곳을 보충하여 도와 줌。

【補充:보충】 모자람을 보태어 채움。

【補充兵:보충병】 보충 병역에 있는 군사。

【補則:보칙】 本則을 보충하기 위하여 특히 만들어 놓은 규칙。

【補綻:보탄】 터진 곳을 기움。【杜甫】牀前兩少女、ㅣㅣ才過膝。

【補胎:보태】 아이 밴 여자의 기력을 도움。

【補土:보토】 패어서 우묵한 곳을 흙으로 메워서 채움。

【補弊:보폐】 폐단을 바로 잡음。

【補害:보해】 손해를 메워서 채움。

【補血:보혈】 약을 먹어서 몸의 피를 보충함。

◎修ㅣ、蒐ㅣ、添ㅣ、候ㅣ。

【裝】 (장) 陽 ショウ、ソウ、よそおう fill up; pack ㄓㄨㄤ chuang

小篆 草書 ❶행장장 봇짐장(裹也)。【漢書 陸賈傳】賜賈橐中ㅣ直千金。❷쌀장(齎也)。【史記】悉以其ㅣ齎置二石醇醪。❸꾸밀장(飾也)。❹동일장、묶을장(ㅣ束)。【後漢書】夜分嚴ㅣ衣冠待明。❺저장할장(藏也)。【孔稚圭 北山移文】牒訴倥偬ㅣ其懷。

【裝甲:장갑】 ❶갑옷을 입고 투구를 갖춤。❷敵彈을 막기 위해 船體·車體 따위를 鐵甲板으로 싸는 것。

【裝甲車:장갑차】 강철 조각으로 싸서 무장한 군용 목적의 수레의 총칭。

【裝頭:장두】 册板 같은 널 조각을 들뜨지 않게 하느라고 두 끝에 대는 나무오리。

【裝發:장발】 물건을 실어 보냄。載送。

【裝船:장선】 배에 짐을 실음。

【裝束:장속】 ❶몸을 꾸며 차림。❷衣服。禮服。【李白】渾成ㅣㅣ皆綺羅。❸여행의 몸차림。❹衣冠·束帶·直衣 등의 服飾의 총칭。

【裝飾:장식】 ❶치장하는 것。꾸밈새。【齊書】聞鍾聲、早起ㅣㅣ。❷그릇·家具 따위에 꾸밈새로 박는 쇠붙이。

【裝飾品:장식품】 치레를 하는 데 쓰는 물건。

【裝身具:장신구】 몸치장을 하는 데 쓰는 기구。곧 빗·비녀·반지·귀걸이·목걸이·팔찌 따위。裝具。

【裝藥:장약】 =裝塡②。

【裝載:장재】 짐을 싸서 배나 수레 같은 것에 실음。

【裝塡:장전】 ❶집어 넣음。집어 넣어 장치함。❷銃砲에 彈丸 및 火藥을 잼。裝藥。

【裝幀:장정】 ❶책을 매어 꾸밈。❷책 뚜껑의 모양。背文字·싸개·상자 따위에 대한 意匠。

【裝置:장치】 ❶차리어 둠。❷만들어 둠。❸기계의 설비。

【裝彈:장탄】 銃砲에 탄환을 잼。

◎改ㅣ、轎ㅣ、軍ㅣ、武ㅣ、變ㅣ、服ㅣ、盛ㅣ、新ㅣ、女ㅣ、衣ㅣ、包ㅣ、表ㅣ。

【[衤+延]】 ㊀ (전) 先 ㊁ (연) 先 セン、ほろ folding top

小篆 ㊀❶수레포장전(車幌)。❷피륙전(巾也)。㊁뜻은 ㊀과 같음。

【裞】 (세) 霽 ゼイ、ころも shroud

小篆 草書 ❶수의 세(贈死者衣被)。❷추복입을 세(聞喪追服)。

【裟】 (사) 麻 サ、ほうい cope ㄕㄚ sha

草書 가사 사(袈ㅣ、佛衣)。【楞嚴經】袈ㅣ從色得名三衣通稱。

八畫

【裣】 (금)『衿』(衣部 4畫)과 같음

【裧】 (첨) 豔 セン、たれぎぬ drip-curtain ㄔㄢ ch'an

草書 ❶옷헤칠첨(披衣)。❷수레휘장첨(車幃)。【儀禮】婦車亦如之有ㅣ。

【裨】 (비) 支 ヒ、おぎなう aid; benefit ㄅㄧ pi

小篆 草書 ❶도울비(補也)。【三國志】孤豈不樂忠言以自ㅣ補邪。❷더할비(益也)。❸줄비(與也)。❹작을비(小也)。【史記 孟子荀卿傳】有ㅣ海環之。❺비장 비(偏將)。【漢書】項籍爲ㅣ將。❻관복 비(ㅣ冕、朝服)。【荀子】大夫ㅣ冕。

【裨補:비보】 도와서 모자람을 채움。【吳志】豈不樂忠言以自ㅣㅣ邪。

【裨益:비익】 ❶보태어 도움。❷유익함。

【裨將:비장】 《制》❶副將軍。【漢書】梁將會稽將、籍爲ㅣㅣ。❷《國》監司·留守·兵使·水使·遣外使臣 등에게 따라 다니는 官員의 하나。 幕客·幕僚·幕裨·幕中·幕賓·佐幕。

【裨海:비해】 작은 바다。【史記·孟荀傳】有ㅣㅣ環之。

【裩】 (곤)『褌』(衣部 9畫)과 같음

【裬】 (록) 屋 ロク、すれるおと rustle of clothes

옷소리록(衣聲)。

【裮】 (창) 陽 ショウ、おびをしめない not belted

띠아니띨창(衣不帶)。

【裯】 ㊀ (주) 尤 ㊁ (도) 豪 チュウ、はだき sheet ㄔㄡ ch'ou²

小篆 草書 ㊀❶홑옷주(禪衣)。❷홑이불주(單被)。【詩經 召南 小星】抱衾與ㅣ。㊁소매도(衣袂)。【後漢書 羊續傳】惟有布衾敝祗ㅣ。

【裱】 (표) 篠 ヒョウ、ひれ shawl ㄅㄧㄠ piao³

목수건표(領巾)。

【裱背匠：표배장】 병풍이나 족자 같은 것을 꾸미는 일을 업으로 하는 사람。表具師。

【裰】 (철) 曷 タツ、つくろう patch up ㄉㄨㄛ² tuo² (古音「탈」)
草書 기울철(補也)。【集韻】補ー被衣也。

【裷】 (액) 陌 エキ、わきぬい seam down the armpit
❶겨드랑이 솔기 액(衣掖下ー縫)。❷큰 옷 액(縫ー大衣)。【禮】衣縫ー之衣。❸수레휘장 액(襘也)。

【裲】 (량) 養 リョウ、うちかけ waist-coat ㄌㄧㄤˇ liang³
草書 배자 량(ー襠、袹腹)。

【裲襠：양당】 소매 없는 저고리。배자。背心。【廣雅·釋器】。

【裳】 (상) 陽 ショウ、はかま skirt ㄕㄤ shang¹
草書 ❶치마 상(下衣帬也)。【詩經 邶風綠衣】綠衣黃ー。❷성할 상(盛貌)。【詩經小雅裳裳者華】ーー者華。

【裳裳：상상】 화려한 모양。성한 모양。【詩經·裳裳者華·傳】ーー、猶堂堂也。

【裳繡：상수】 치마에 수를 놓음。

【裳衣：상의】 치마와 저고리。옷。◎衣ー。

【裞】 (쉬) 隊 スイ、きがえ spare clothes
❶여벌옷 쉬(副衣)。❷홑옷 쉬(單衣)。

【褲】 ㊀(칩) 葉 シュウ、えりのへり hem ㄔㄧㄝˋ chieh⁴ ㊁(삽) 洽 ㄐㄧㄝ
小篆 ㊀❶깃의 단 칩(襟緣)。❷옷궤맬 칩(緶衣)。㊁해어질 삽(敍ー、衣敝)。

【裴】 (배) 灰 ハイ、ながころも swinging a gown ㄆㄟˊ p'ei²
❶옷치렁치렁할 배(衣長貌)。❷성 배(姓也)。

【裴裴：배배】 옷이 긴 모양。

【裴航：배항】 (人)唐、聞喜의 사람。長慶中의 秀才。

裴航(三才圖會)

【裴回：배회】 천천히 이리저리 거닒음。徘徊。

【裶】 (비) 微 ヒ、ころもをひく trail
옷잘잘끌 비(ーー曳衣貌)。

【裷】 (권) 阮 ケン、ずきん cap
草書 복건 권(幞巾)。【韓非子 外儲說】以其ー麾之。

【裸】 (라) 哿 ラ、はだか naked
草書 ❶벌거벗을 라(赤體)。【孟子】雖袒裼ー裎於我側。❷털없는 벌레 라(ー蟲)。【晉書】ー蟲人類而人爲之王。

【裸國：나국】 옷을 입지 않는 풍속을 가진 나라。倮國。【呂覽·貴因】禹入ーー、裸入衣出因也。

【裸馬：나마】 안장·고삐가 없는 말。

【裸麥：나맥】 (植)쌀보리。보리의 한 가지。포아풀科의 一年草。까끄라기가 짧고 껍질과 알이 딱 붙지 아니하여 쉽게 벗어짐。

【裸跣：나선】 알몸과 맨발。【新論】是淸旦冠履、而昏夜ーー也。

【裸子植物：나자식물】 (植) 겉씨식물。顯花植物의 한 큰 부문。胚珠가 子房 안에 있지 않고 벗어져 나온 식물。솔·전나무·잣나무·은행나무 등 약 五四〇여 종 됨。「음。

【裸葬：나장】 관 없이 시체만을 땅에 묻음。

【裸裎：나정】 발가벗음。알몸。(喩)무례한 모양。【孟子·萬章】雖袒裼ーー於我側。

【裸體：나체】 발가벗은 알몸。赤裸。【吳志】男女ーー、不以爲羞。

【裸體畫：나체화】 알몸을 그린 그림。

【裸出：나출】 속에 것이 겉으로 드러남。

【裸形：나형】 발가벗은 모양。【世說】脫衣ーー在屋上。

【裹】 (과) 哿 カ、つつむ wrap
小篆 草書 ❶쌀 과(包也)。【詩經 大雅公劉】迺ー餱糧。❷얽을 과(纏也)。

【裹闕：과궐】 벼슬아치의 결원이 생김。

【裹頭：과두】 ❶壽衣의 한 가지。염할 때에 시체의 머리를 싸는 베。❷(佛)㉠중의 袈裟로 머리를 쌈。㉡중이 다시 俗人으로 돌아옴。還俗。❸元服。【杜甫·兵車行】去時里正與ーー。

【裹糧：과량】 ❶양식을 쌈。❷먼 길을 떠날 때에 양식을 싸가지고 감。

【裹屍：과시】 시체를 감쌈。(轉)戰死者의 시체를 집으로 돌려 보냄。【後漢書·馬援傳】丈夫當以馬革ーー。

【裹足：과족】 ❶감발을 함。❷두려워서 나아가지 못함。【戰國策·秦策】杜口ーー莫肯嚮秦耳。❸걸어서 먼 길을 여행함。

【裹蒸：과증】 찹쌀·설탕·대추 따위를 댓잎에 싸고 쪄서 만든 음식。

【裹紙：과지】 물건을 싸는 종이。包裝紙。

【裺】 (암) 覃 アン、きものがひろい loose
小篆 옷너그러울 암、옷넓을 암(衣寬)。

【裻】 (독) 沃 トク、せぬい seam down the back
小篆 草書 ❶등솔기 독(背縫)。【史記 佞幸傳】顧見其衣ー。❷소맷등 독(衫襦橫者)。

【裼】 ㊀(체) 霽 テイ、セキ、むつき baby's quilt ㄊㄧˋ t'i⁴ ㊁(석) 錫 ㄒㄧ hsi¹
小篆 草書 ㊀포대기 체(褓也)。【詩經 小雅斯干】載衣之ー。㊁❶벗어멜 석(袒ー露臂)。【孟子 萬章下】雖袒ー裸裎於我側。❷등거리 석(裘單)。【禮記 玉藻】裘之ー也見美也。

【製】 (제) 霽 セイ、したて、つくる make ㄓˋ chih⁴
小篆 草書 ❶마를 제(裁也)。【左傳 襄公十一年】雖有美錦不使人學ー焉。❷지을 제(造也)。❸본새 제、법제 제(式也)。【漢書 叔孫通傳】通儒服、漢王憎之、迺變其服、服短衣楚ー。❹우장옷 제(雨衣)。【左傳 哀公二十七年】成子衣ー 杖戈。

【製鋼：제강】 시우쇠를 불리워서 강철을 만들음。

【製菓：제과】 과자를 만들음。

【製菓業：제과업】 과자를 만드는 영업。

【製茶：제다】 차를 만들음。

【製糖：제당】 사탕을 제조함。

【製圖：제도】 圖面을 제작함。

【製圖器：제도기】 그림이나 도면을 그리어 만드는 데 쓰는 기구。

【製圖板：제도판】 제도할 때에 종이 밑에 받치는 널판。「어 정제함。

【製鍊：제련】 鑛石에서 금속을 뽑아 내

【製鍊所：제련소】 제련하는 처소。

【製麻：제마】 삼으로 베를 만들음。

【製綿：제면】 목화로써 솜을 만들음。

【製麪：제면】 국수를 제조함。

【製法:제법】 물품을 만드는 방법。『程敏政』—來自東山東。
【製本:제본】 ❶책을 만들음。 또는 粧冊하는 모든 일。 ❷만든 물건의 표본。
【製本所:제본소】 제본하는 일을 하는 곳。
【製粉:제분】 곡식·약재를 빻아 가루를 만들음。
【製粉機:제분기】 곡식이나 약재를 빻아서 가루로 만드는 기계。
【製氷:제빙】 얼음을 제조함。
【製絲:제사】 솜이나 고치 따위로 실을 만들음。
【製述:제술】 시나 문장을 지음。
【製藥:제약】 이 약재 저 약재를 배합하여 약을 지음。
【製藥師:제약사】 약을 짓는 사람。
【製藥所:제약소】 약을 짓기 위하여 여러 가지 설비를 갖춘 처소。
【製鹽所:제염소】 제염하는 곳。
【製油:제유】 석유나 식용유를 만들음。
【製絨:제융】 모직물을 만들음。
【製作:제작】 물건을 만들음。 製造。
【製作物:제작물】 사람의 손이나 기계로 만들어서 된 물건。
【製材:제재】 原木을 角材나 널빤지로 만들음。
【製裁:제재】 지음。 또는 지은 물건。『顔氏家訓』宜以古之——爲本、今之辭調爲末。
【製造:제조】 ❶=製作。 ❷粗製品을 손질하여 정교하게 함。
【製造法:제조법】 물건을 만드는 법。
【製造所:제조소】 물건을 제조하는 곳。
【製造業:제조업】 제조하는 것을 직업으로 하는 영업。
【製造品:제조품】 ❶만들어 낸 물품。 ❷원료품을 加工하여 精巧品을 만들음。
【製紙:제지】 종이를 만들음。
【製紙業:제지업】 종이를 만드는 직업。
【製織:제직】 실을 재료로 하여 천을 만들음。
【製鐵:제철】 광석으로부터 쇠를 제련하거나 또는 고철로부터 정제하는 일。
【製版:제판】 글자·사진·그림 따위를 인쇄판으로 만들음。 製板。
【製品:제품】 원료를 가지고 만든 물건。 또는 원료를 가지고 물건을 만들음。
【製革:제혁】 짐승의 날가죽을 무두질하여 익힌 가죽으로 만들음。
◎官—、謹—、別—、私—、手—、新—、御—、自—、精—、粗—、調—、特—、

【裾】(거) 魚 キョ、すそ rear train ㄐㄩ chü
小篆 草書 옷뒷자락 거(衣後裾也)。【爾雅】裾謂之—。
【裾裾:거거】 옷이 훌륭한 모양。

【[衤兒]】(예) 齊 ゲイ、きものやぶれる (be) worn out ㄋㄧˊ ni²
옷해질 예、시침실 예(衣縷)。【爾雅】衣裞謂之—。

【[衤屈]】(굴) 物 クツ、みじかいきもの short clothes ㄑㄩㄝ ch'üeh²
짧은옷 굴、반배굴(統—、短衣)。【後漢書註】繘—如今之半臂。

【褂】(괘) 卦 カイ、ころも Korean jumper ㄍㄨㄚˋ kua
草書 마고자 괘(馬—)。

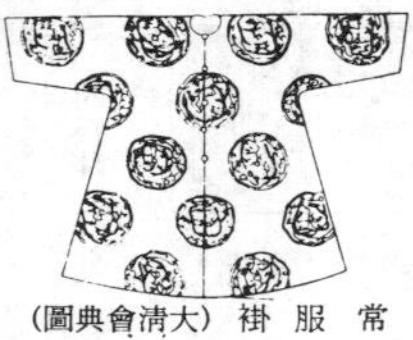
常服褂(大清會典圖)

九畫

【[衤隋]】(타) 箇 タ、そでなし sleeveless coat
小篆 소매없는옷 타(無袖衣)。

【褆】(제) 齊 シ、きものがあつい somewhat thick
小篆 옷두툼할 제(——衣厚)。

【複】 ㊀(부) 宥 フク、あわせ、かさなる ㊁(복) 屋 plural : repeat ㄈㄨˋ fu⁴
小篆 草書 ㊀거듭 부(重也)。 ㊁❶겹옷 복(重衣)。【釋名】衣服有裏曰—。 ❷복도 복(上下道)。【漢書】從—道上望見諸將。
【複刻:복각】 版本을 重刊하는 경우에 원형을 모방하여 再刻하는 일。 또는 그 판。 覆刻。
【複關稅:복관세】《制》높고 낮은 두 가지 비율의 관세를 설정하는 제도。
【複光:복광】《物》各色 單光이 섞여 된 빛。
【複屈折:복굴절】《物》빛이 결정체에 들어갈 때에 둘로 나뉘어 굴절되는 현상。
【複權:복권】《法》법률상 능력이 한 번 상실되었던 사람이 다시 권리를 회복함。
【複軌:복궤】 =複線軌道。
【複筋:복근】 두 개 이상으로 된 철근 콩크리이트 구조。
【複代理:복대리】《法》代理人이 자기가 대리할 권리를 다시 다른 사람에게 代理시키는 일。
【複道:복도】 ❶길 위에 또 겹하여 놓은 길。 復道。 ❷건물 안에 다니게 된 긴 통로。 廊下。 閣道。 ❸위 아래 겹하여 만든 낭하。 임금은 위를、 백성은 아래 길을 걸었음。【十八史略·秦】爲——自阿房渡渭屬之咸陽。 ❹집과 집 사이에 비를 맞지 않도록 지붕을 씌워 만든 통로。
【複利:복리】 이자에 다시 이자가 붙는 셈。 複邊。 重利。 ↕單利。
【複母音:복모음】 둘 이상으로 되어서 그 소리나는 동안의 앞뒤를 따라 다름이 생기는 모음。 곧 ㅑ、ㅕ、ㅛ、ㅠ、ㅒ、ㅖ、ㅟ、ㅝ、ㅙ、ㅞ、ㅢ、 따위。 ↕單母音。
【複文:복문】 主語와 述語와의 관계의 성립이 두 번 이상 되는 글월。 겹월。 ↕單文。
【複壁:복벽】 속에 물건을 감출 수 있도록 두 겹으로 둘러 쌓은 벽。【後漢書】藏岐——中。(岐는 趙岐)。
【複邊利:복변리】 =複利。
【複本:복본】 原本과 같이 만든 것의 각 벌。
【複本位制:복본위제】《經》두 가지의 돈을 그 나라의 本位貨幣로 하는 제도。
【複比例:복비례】《數》비례의 양쪽 비가 한쪽 또는 두 쪽이 복비로 된 것。 ↕單比例。
【複寫:복사】 ❶한 번 베낀 것을 거듭 베낌。 ❷두 장 이상을 포개서 한꺼번에 베낌。
【複寫紙:복사지】 복사하는 데 끼워 쓰는 종이。 墨紙。 炭酸紙。
【複寫版:복사판】 복사에 쓰는 인쇄판。
【複寫筆:복사필】 복사하는 데에 쓰는 골필。
【複色光:복색광】《物》單色光이 섞이어 된 빛。
【複線:복선】 ❶겹으로 된 줄。 ❷복선궤도의 略語。 ❸둘 이상을 나란히 부설한 선。
【複線軌道:복선궤도】 두 가닥 이상으로 베푼 선로。 ↕單線軌道。
【複姓:복성】 두 글자로 된 성。 歐陽·司馬·諸葛 따위。【萬姓統譜】凡例、——取上字爲據。
【複星:복성】《天》天球 위에 두 개 이상의 恒星이 서로 가까이 있는 것。 光學的二重星。
【複成火山:복성화산】《地》火山口 안에 다시 噴火口가 생긴 화산。
【複稅:복세】《法》여러 가지 稅種이 統合調和되게 하는 課稅。 ↕單稅。
【複稅制度:복세제도】《法》복세로 조직된 과세 제도。

【複細胞動物:복세포동물】《動》여러 개의 세포가 모여 한 個體를 이룬 동물。

【複細胞植物:복세포식물】《植》여러 개의 세포가 모여 한 個體를 이룬 식물。

【複素數:복소수】《數》實數와 虛數와의 倂稱。임의의 복소수 x는 z+yi의 형식으로 나타내지며, 이 때 여기의 i는 허수 단위라 이르는 특별한 허수이며, x,y는 어느 것이나 실수이어서 각각 복소수 x의 실수 부분, 허수 부분이라 함。複虛數。

【複數:복수】❶《數》하나가 아닌 둘 이상의 수。↕單數。❷겹수。名詞·代名詞가 둘 이상을 나타내는 경우。「옴。

【複讐戰:복수전】앙갚음으로 싸우는 싸

【複數投票:복수투표】《法》특수한 자격을 가진 사람에게 두표 이상을 주는 不平等選擧의 한 형태。

【複試合:복시합】庭球할 때에 양 편의 전위 후위가 패를 지어서 하는 경기。

【複式:복식】❶두 겹 또는 그 이상으로 된 방식。❷《經》複式簿記의 略語。❸《數》두 項 이상으로 된 셈의 방식。↕單式。

【複式簿記:복식부기】《經》거래가 있을 때마다 貸借로 나누어 자세히 치부하고, 計定科目을 따라 자리를 따로 앉히는 부기 방법의 한 가지。↕單式簿記。

【複萼:복악】《植》한 개의 꽃에 두 개 이상으로 된 꽃받침。

【複眼:복안】여러 개의 單眼이 모여서 된 눈。새우·게·곤충 따위의 눈。

【複鹽:복염】《化》두 가지의 塩의 화합물로, 물에 녹이면 그 성분인 염류가 모두 이온으로 解離되는 것。

【複葉:복엽】❶《植》㉠겹잎。하나의 잎사귀가 갈라져 二장 이상으로 된 것。㉡화판이 여러 겹으로 포개진 것。千葉。❷겹으로 된 비행기의 날개。

【複葉飛行機:복엽비행기】날개가 겹으로 된 비행기。

【複元:복원】원형대로 다시 회복함。

【複音:복음】높이가 다른 樂音이 二개 이상 겹친 重音。

【複任權:복임권】《法》複代理人을 選任하는 대리인의 權能。任意 대리인은 본인의 허락이 있을 때나 특수한 사정이 있을 때만 이 權能을 가지나, 법정 대리인은 늘 복임권을 가짐。

【複子房:복자방】《植》암술의 자방이 둘 이상으로 된 것。

【複子葉:복자엽】《植》두 장 이상으로 된 자엽。↕單子葉。「로 된 암술。

【複雌蕊:복자예】《植》둘 이상의 心皮

【複子音:복자음】둘 이상으로 되어서, 그 소리 나는 동안의 앞뒤를 따라 다름이 생기는 자음。곧 ㅊ, ㅋ, ㅌ, ㅍ, ㄺ, ㄻ, ㄼ, ㄾ, ㅀ, ㅄ, ㄵ, 따위。「수선함。

【複雜:복잡】사물의 갈피가 뒤섞이어 어

【複雜多端:복잡다단】어수선하여 갈피를 잡기가 어려움。

【複製:복제】예술 작품 따위를 그대로 본떠서 만드는 일。

【複振子:복진자】水平軸의 주위를 진동하는 물체。

【複塹:복참】겹으로 둘러 판 城下池。『李商隱』長溝一一埋雲子。

【複窓:복창】겹창。

【複稱:복칭】둘 이상의 사물을 종합하여 나타내는 名稱。↕單稱。

【複合:복합】두 가지 이상을 겹쳐 합함。

【複合國:복합국】둘 이상의 국가가 결합하여 이루어진 국가。君位合一國·雙立君主國·聯合國·聯邦의 네 가지가 있음。

【複合動詞:복합동사】동사 위에 다른 동사나 그 밖의 품사를 겹쳐 된 동사。「여닫다, 드나들다」따위。

【複合名詞:복합명사】둘 이상의 단어가 겹쳐 된 명사。「본밑천, 가루약」따위。

【複合三角洲:복합삼각주】《地》河口를 같이 하는 둘 이상의 내가 바다로 들어갈 때, 여러 삼각주가 서로 붙어서 된 삼각주。

【複合說:복합설】《心》정신 현상은 心的要素의 결합으로써 설명하나 그 결합되어서 생긴 정신 현상은 要素만의 總和가 아니고 요소에는 없던 성질이 덧붙여져 있다고 생각하는 설。

【複合稅:복합세】《法》동일한 貨物에 대하여 다른 과세 표준에 의해 이중으로 부과시키는 課稅制度。

【複合語:복합어】둘 이상의 단어가 겹쳐서 따로 한 단어가 된 말。「돌다리, 신주머니, 빛내다」따위。

【複合體:복합체】둘 이상의 물건이 합하여 하나로 된 물체。

【複合品詞:복합품사】=複合語。

【複合形容詞:복합형용사】둘 이상의 품사가 합하여 된 형용사。「손쉽다, 검붉다」따위。

【複虛數:복허수】=複素數。

【複花:복화】꽃 또는 花序의 수효가 變態的으로 늘어서 된 畸形의 꽃。

【複化時計:복화시계】복화 실험에 쓰는 시계 장치가 된 기계。

【複化實驗:복화실험】《心》동시에 들어오는 둘 이상의 감각 자극에 대한 동시적 인식의 실험。

◎重一。

【褊】

㊀(변) 銑 ヘン、せまい narrow ㄅ丨ㄢˇ pien³ (古音「변」)
㊁(편) 先

小篆 草書 ㊀옷너풀거릴 변(衣貌)。㊁❶좁을 편(狹也)。〔孟子〕齊國雖一小。❷급할 편(急也)。〔詩經〕維是一心。❸옷이 몸에 낄 편(衣小)。

【褊急:편급】소견이 좁고 성미가 급함。〔詩經·序〕其君儉嗇一一。

【褊忌:편기】마음이 좁고 남을 시기함。〔唐書〕義府、貌柔恭、與人言、嬉怡微笑、而陰賊一一著于心、時號笑中刀。

【褊陋:편루】소견이 좁고 비루함。〔史記〕一一之說。

【褊小:편소】좁고 작음。狹小。〔孟子〕齊國雖一一、吾何愛一牛。

【褊心:편심】❶비뚜러진 마음。❷도량이 좁고 성급함。〔詩經〕維是一一。

【褊隘:편애】=褊狹。〔南史〕王弘性一一、人有忤意、輒加罵辱。

【褊促:편촉】소견이 좁고 성질이 아주 급함。〔南史〕何承天、性一一。

【褊狹:편협】❶땅이 도시에서 먼 곳에 치우쳐 있고 좁음。❷도량이 좁고 작음。褊隘。〔史記〕化隆者閎博、治淺者一一。

【褸】

(요) 蕭 ヨウ、つけひも breast knot〔tie〕

옷고름 요、옷끈 요(衣襻)。〔詩〕要之褸之。

【褋】

(접) 葉 チョウ、ひとえ unlined clothes ㄉ丨ㄝˊ tieh²

小篆 小篆 草書 홑옷 접(襌衣)。〔楚辭〕遺余一兮澧浦。

【褌】

(곤) 元 コン、ふんどし shorts ㄎㄨㄣ k'uen¹

草書 잠방이 곤(褻衣合襠)。〔漢書〕司馬相如身自著犢鼻一。

【褌衣:곤의】잠방이。〔晉書〕。

【褌中:곤중】잠방이 속。〔晉書〕群虱之處一一、行不敢離縫際、動不敢出褌襠。

【褎】

㊀(유) 宥 ユウ、シュウ、そで、すすむ sleeve ㄒ丨ㄡˋ hsiu⁴
㊁(수) 宥

小篆 俗體 草書 ㊀❶나아갈 유(進也)。❷벼잎 빼어난 모양 유(禾盛貌)。〔詩經 大雅生民〕實種實一。❸옷을 잘 입을 유(盛飾貌)。〔漢書 董仲舒傳〕今子大夫、一然爲擧

首。❹웃을유(笑貌)。〔詩經〕ㅣ如充耳。㊁소매수(袂也)。〔詩經 唐風羔裘〕羔裘豹ㅣ。

〔褎然:유연〕 화려하게 차린 모양。 성장한 모양。〔漢書〕今子大夫、ㅣㅣ爲擧首。

【褍】(단) 寒 タン、みごろ breast knot 小篆 옷바른폭단(玄ㅣ、衣正幅)。

【褏】(수)『褎』(前條)와 같음

【褐】(갈) 曷 カツ、けおり furs;serge ㄏㄜˊ hé (古音「할」) 小篆 草書 ❶털베갈(毛布)。〔詩經 豳風七月〕無衣無ㅣ。❷굵은베갈(麤布)。〔潘岳賦〕披ㅣ振裾。❸천한사람갈(賤人)。〔左傳 哀公十三年〕余與ㅣ之父睨之。❹갈옷갈(賤者所服)。〔孟子〕不受於ㅣ寬博。

〔褐殭病:갈강병〕(醫)누에의 전염병의 한 가지。입에서 물을 내고、설사하다가 누르퉁퉁한 빛이 되어 죽음。

〔褐白色:갈백색〕 褐色을 띤 흰 빛。

〔褐色:갈색〕 거무스름한 주황빛。

〔褐色苦味:갈색고미〕 꿀벌이 幼蟲을 기르기 위하여 벌집에 재어 굳혀 놓은 花粉。유충의 먹이。

〔褐色木炭:갈색목탄〕 검기 전에 불을 꺼서 갈색이 되는 정도로 구운 숯。

〔褐色人種:갈색인종〕 머리털이 검고 살빛이 갈색인 말레이(Malay)인종。

〔褐色火藥:갈색화약〕 褐色 木炭 등으로 만든 갈색의 화약。

〔褐鐵:갈철〕 黃褐色 또는 흑갈색의 철。

〔褐炭:갈탄〕(鑛)석탄의 한 가지。탄화작용이 불완전한 흑갈색의 석탄。泥炭과 瀝青炭의 중간。탈 때에 煤煙과 냄새가 많이 나며 火力이 약함。

【褒】(포) 豪 ホウ、ほめる prize 草書 ❶옷뒷길포(大裾)。〔漢書 雋不疑傳〕ㅣ衣博帶。❷포장할포(揚美奬飾)。〔公羊傳〕曷爲稱字ㅣ之。❸도포포(ㅣ 明長襦)。〔方言〕ㅣ明謂之袍。❹고을이름포(邑名ㅣ斜)。『襃』의 俗字。

〔褒美:포미〕 ❶美行을 칭찬함。〔後漢書〕制書ㅣㅣ 班之四海。❷칭찬하고 권하여 주는 물품。賞品。

〔褒賜:포사〕 칭찬하고 권장하여 물건을 하사함。褒賚。褒錫。〔漢書·郊祀志〕ㅣ大臣。

〔褒賞:포상〕 칭찬하고 권장하여 상을 줌。〔漢書〕宣帝初卽位、ㅣㅣ大臣。

〔褒成:포성〕(人)孔子의 尊稱。漢 孝平帝 때 孔子를 높이어 褒成宣尼公이라 일컫었음。

〔褒揚:포양〕 칭찬하고 추어올림。〔漢書〕功德旣信美矣、ㅣㅣ之聲、盈乎天地之間。

〔褒慰:포위〕 善行이나 공적을 칭찬하고 위로함。〔唐書〕循撫境內、獨無擾、武后璽書ㅣㅣ。

〔褒衣博帶:포의박대〕 ❶큰 옷을 입고 넓은 띠를 띰。❷선비가 입는 옷。大衣廣帶。〔漢書〕ㅡㅡ、盛服至門上謁。

〔褒狀:포장〕 칭찬하여 더 힘쓰라고 권하는 글장。

〔褒章:포장〕 칭찬하고 권하여 더 힘쓰라고 내어 주는 徽章。

〔褒奬:포장〕 칭찬하여 더 권하고 힘쓰라 함。稱揚。

〔褒徵:포징〕 착한 일은 칭찬하고 나쁜 일은 나무람。〔唐書〕靑明枉直、以顯ㅣㅣ。

〔褒寵:포총〕 칭찬하고 총애함。〔歐陽修〕「ㅣㅣ優異。

〔褒稱:포칭〕 칭찬함。稱揚。〔後漢書〕上疏ㅣㅣ盛美。

〔褒貶:포폄〕 ❶칭찬과 나무람。〔杜預·左傳序〕春秋雖以一字爲ㅣㅣ、然皆須數句以成言。❷是非·善惡을 판단하여 결정함。❸(制)殿最。

〔褒顯:포현〕 칭찬하고 권장하여 세상에 널리 나타냄。〔漢書·丙吉傳〕宜ㅣㅣ。

【褓】(보) 皓 ホウ、むつき baby's quilt ㄅㄠˇ bao3 草書 포대기보(襁ㅣ、小兒被)。〔漢書〕曾孫雖在襁ㅣ猶坐收繫郡獄。

〔褓負商:보부상〕 봇짐장수와 등짐장수。

〔褓商:보상〕 봇짐 장수。〔수。負褓商。

〔褓乳:보유〕 幼少。나이가 어림。

〔褓子:보자〕 보자기。

【褕】㊀(유) 虞 ユ、ヨウ、はごろも ㊁(요) 蕭 feather-robe ㄩˊ yü2 小篆 草書 ㊀❶쾌자유(襜ㅣ直裾)。〔漢書〕有一男子衣黃襜ㅣ。❷꿩의 깃으로 꾸민옷유(翟羽飾衣)。㊁요적옷요、황후의 옷요(ㅣ狄、后服)。〔柳宗元表〕ㅣ狄亦被於恩光。

〔褕衣甘食:유의감식〕 아름다운 옷을 입고 맛있는 음식을 먹음。美衣美食。

〔褕狄:요적〕 皇后의 옷。꿩의 깃으로 꾸몄음。〔柳宗元〕ㅣㅣ亦被於恩光。

【褖】(단) 翰 タン、たんい queen's clothing ㄊㄨㄢˋ t'uan4 草書 ❶황후의옷단、단옷단(后服)。❷선비의아내예복단(黑衣士妻命服)。〔儀禮註〕ㅣ之言緣也所以表袍者也。

褖衣❷(三禮圖)

【褗】(언) 阮 エン、えり neck 小篆 옷깃언(衣領)。

【⿰衤癸】(규) 霽 ケイ、すそ wrinkle 옷뒤틀릴규(衣之分裾)。

【⿰衤耎】(연) 銑 ゼン、いせる shrink 옷구길연(衣縮)。

【褘】㊀(위) 微 イ、キ、うつくしい ㊁(휘) 微 beautiful ㄏㄨㄟ huei 小篆 草書 ㊀❶휘장위、장막위(帳也)。❷아름다울위(美也)。㊁❶적휘옷휘(翟ㅣ后祭服)。〔禮記 玉藻〕王后ㅣ衣。❷주머니휘(囊也)。

〔褘衣:휘의〕 王后의 祭服。꿩 모양을 그린 옷으로 先王의 제사를 지낼 때 입음。

褘衣(三才圖會)

【褙】(배) 隊 ハイ、からぬき waist-coat ㄅㄟˋ pei4 ❶배자배、등거리배(襦也)。❷〔中字〕배접할배(褾ㅣ)。

〔褙子:배자〕 마고자 모양으로 되고 소매가 없는 덧저고리。

褙子(三才圖會)

〔褙接:배접〕 종이·헝겊 따위를 겹쳐 붙이는 일。

〔褙板:배판〕 褙接을 할 때 바닥에 깔고 「쓰는 널。

〔褙布:배포〕 배악비。

【褚】(저) 語 チョ、わたいれ wadded clothes ㄔㄨˇ ch'u3 小篆 草書 ❶주머니저(囊也)。〔唐書〕傾ㅣ以濟。❷쌓을저(蓄也)。〔左傳 襄公三十年〕取我衣冠而ㅣ之。❸옷에솜둘저(綿絮裝衣)。〔急

就篇註】ㅡ衣以綃曰複。❹구의저、관덮개저(覆棺物)。【禮記】ㅡ幕丹質。❺성저(姓也)。

【褚師:저사】《制》벼슬 이름。市場에 관한 일을 맡아 보았음。『左傳·昭·二』

十畫

【[衤芻]】(추) 宥 シュ、ころもしわ wrinkle
옷구길추、옷주름살잡힐추(衣不伸)

【褞】(온) 元 オン、ぬのこ loose fabric clothes
草書 굵은베옷온(褐衣)。【晉書】袞龍出於ㅡ褐。

【[衤尃]】(박) 藥 ハク、ひとえ unlined clothes
홑옷박(單衣)。

【褠】(구) 尤 コウ、つつそで narrow sleeve clothes
草書 ❶소창옷구(單衣袖狹者)。【吳志註】呂範釋ㅡ著袴褶執鞭詣闕下。❷팔찌 구(臂ㅡ)。【後漢書】倉頭衣綠ㅡ領袖正白。

【褬】(삭) 藥 サク、きものずれのおと rustle of clothes
옷버석버석할삭(衣聲)。

【褡】(답) 合 トウ、やぶれる wear out ㄉㄚ tā
❶옷해질답(衣敝)。❷처네답(橫ㅡ小被)。

【褢】(회) 佳 カイ、つつむ put in one's bosom ㄏㄨㄞ huái
小篆 옷에품을회(眢衿藏物)。【漢書】ㅡ誠秉忠維義是從。

【褦】(내) 隊 タイ、ひがさ bamboo-hat ㄋㄞ nài
草書 ❶패랭이내(ㅡ襶凉笠)。【魏程曉詩】今世ㅡ襶子觸熱到人家。❷분수가없을내(ㅡ襶不曉事)。【篇海】ㅡ襶謂當暑人衆祖裸而固盛服請見也。

【褦褦子:내내자】더운 날씨에 盛裝을 하고 남을 찾아가는 사람。《喩》미욱하고, 분수 없는 사람。

【褦襶子:내대자】미련하여 제 분수를 가리지 못하는 사람。

【褥】(욕) 沃 ジョク、しとね mattress ㄖㄨ rù
草書 요욕(裀ㅡ藉也)。【後漢書】王暢常布衣皮ㅡ。

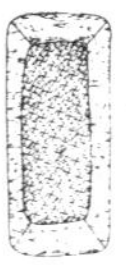
褥(三才圖會)

【褥席:욕석】요。잠자리。【南史】吾昔夢大尉以ㅡㅡ見賜。

【褜】(말)『韤』(衣部15畫)과 같음

【褧】(경) 迥 ケイ、ひとえ unlined clothes ㄐㄩㄥ chiung
小篆 草書 ❶홑옷경(衣無裏襌也)。【詩經】衣錦ㅡ衣。❷저사경(縠也)。

【褧衣:경의】삼옷。혹은 홑옷。비단옷을 입었을 때, 그 아름다움을 감추고자 그 위에다 입는 것。【箋】褧、襌衣也。

【褪】(퇴) 願 タイ、トン、あせる fade; lose colour
草書 ❶옷벗을퇴(卸衣)。【趙鼎詩】頓覺春衫ㅡ。❷꽃빛엷어질퇴(色減)。【蘇軾詩】花ㅡ殘紅靑杏小。❸꽃이질퇴(花謝)。

【褪色:퇴색】빛이 바램。또는 바랜 빛。渝色。

【褫】(치) 寘 チ、はぎとる rob of a clothes ㄔ chʻih
小篆 草書 ❶옷빼앗을치(奪衣)。【易經】或錫之鞶帶終朝三ㅡ之。❷벗을치(脫也)。【荀子】極禮而ㅡ。❸요잇치(ㅡ氈、褥衣)。❹넋잃을치(神志喪失)。【晁補之詩】試人一縷立ㅡ魄。

【褫職:치직】벼슬을 빼앗음。免職。

【褫奪:치탈】❶옷 따위를 벗겨 빼앗아 들임。❷벼슬을 빼앗음。

【[衤害]】(할) 曷 カツ、うわぎ coat
저고리할(上衣)。

【[衤畜]】(축) 屋 チク、たくわえる storage
❶감출축(藏也)。❷쌓을축(貯也)。

【褭】(뇨) 篠 ジョウ、よいうま swift horse
小篆 草書 ❶말북두뇨(以組帶馬)。❷준마뇨(駿馬騕ㅡ)。

【褭褭:요뇨】바람이 솔솔 부는 모양。嫋嫋。

【褮】(형) 庚 ケイ、きもののあな get a hole ㄧㄥ ying
옷에구멍날형(衣穴也)。

【褯】㊀(자) 禡 ㊁(석) 陌 シャ、セキ、しきもの seat ㄐㄧㄝ chieh
㊀아이옷자(小兒服)。㊁자리석(藉也)。

【褰】(건) 先 ケン、はかま trousers ㄑㄧㄢ chʻien
小篆 草書 ❶바지건(袴也)。【左傳】徵ㅡ與襦。❷걷을건(搴也)。【詩經 鄭風褰裳】ㅡ裳涉溱。❸발걷을건(簾也)。【李商隱詩行次西郊】珠簾亦高ㅡ。

【褰裳:건상】❶치마를 걷어 올림。【禮記】暑毋ㅡㅡ。❷詩經·鄭風의 篇名。

【褰帷:건유】수레의 遮日(포장)을 걷어 올림。後漢의 賈琮이 刺史로 赴任했을 때 보고 듣기를 널리 하기 위해 수레의 휘장을 걷어 올렸다는 故事。【王融·注】。

【褱】(회)『懷』(心部16畫)의 古字

十一畫

【褵】(리) 支 リ、おび belt attached to the coat of a child ㄌㄧ lí
草書 돌띠리(衣帶)。【爾雅】婦人之褘謂之褵。

【褶】㊀(습) 緝 ㊁(첩) 葉 シュウ、チョウ、あわせ lined clothes ㄉㄧㄝ tieh
草書 ㊀습갑습(騎服)。【晉書】弓弩隊各五十人黑袴ㅡ。㊁❶덧옷 첩(襲也)。❷겹옷첩(袷衣)。

【褶曲:습곡】《地》옷 주름같이 산에 세로 진 地層의 주름。地殼에 작용하는 橫壓力으로 말미암아 생김。

【褶曲山脈:습곡산맥】《地》습곡으로 이하여 그 생김새가 복잡하게 이루어진 산맥。

【[衤區]】(구) 尤 オウ、よだれかけ pinafore
小篆 草書 ❶어린애침받기구、턱받기구(小兒涎衣)。❷머리쓰개구(頭衣)。

【褷】(시) 支 シ、はごろも furs ㄕ shih
草書 털옷푸수수할시(襹ㅡ、毛羽衣貌)。【西京賦】被羽之襹ㅡ。

【褷襹:시리】새 깃으로 만든 옷이 정돈된 모양。

【褹】(예)『裔』(衣部7畫)와 같음

【褸】(루) 麌 ロ、ル、ぬう つづる sew ㄌㄩ lü
小篆 草書 ❶옷 해여질 루(襤ㅡ衣敝)。【方言】南楚凡人貧衣被醜弊或謂之ㅡ裂或謂之襤ㅡ。❷옷

궤맬루(紩衣)。

【褺】(첩) 葉 ジョウ、あわせ lined clothes
小篆 ❶겹옷첩(重衣)。❷고을이름첩(巴郡縣名、ㅣ江)。

【褻】(설) 屑 セツ、ふだんぎ ordinary dress ㄒㄧㄝˋ hsieh⁴
小篆 草書 ❶평복설、사복설(私服)。【論語 鄕黨】紅紫不以爲ㅣ服。❷무랍없을설(狎也)。❸더러울설(猥ㅣ)。❹친할 설(親也)。❺속옷설(裏衣)。【論語鄕黨】雖ㅣ必以貌。

【褻器:설기】=便器。【史記·註】ㅣㅣ虎子之屬。
【褻瀆:설독】❶더럽힘。【易經】再三瀆。【疏】師若遲疑不定、或再或三、是ㅣㅣ。❷업신여겨 얕봄。
【褻慢:설만】행동이 무례함。
【褻服:설복】속옷。
【褻狎:설압】친압하여 가까이 함。
【褻言:설언】분수 없는 말。「하게 하는 말。」너무 친근한 말。【朝愈】雖親不ㅣㅣ。
【褻衣:설의】❶私服。❷속옷。【司馬相如】表其ㅣㅣ。

【襈】(선) 先 セン、きものなびく flutter ㄒㄧㄢ hsien¹
옷너풀거릴선(衣貌、褊ㅣ)。

【褽】(외) 未 イ、しく spear
小篆 草書 ❶깔외(薦也)。【左傳】之新篋ㅣ之以元纁。❷옷깃외(衣衽)。

【褾】(표) 篠 ヒョウ、ふみづつみ jacket
草書 표(卷帙飾)。❶소매끝표(袖端)。❷책가위

【褾裝:표장】책이나 書畫帖을 꾸미어 만드는 일。表裝。表具。

【襤】(합) 合 コウ、うちかけ long overdress
더그레합、배자합(ㅣ襠前後兩當衣)。【唐書】鼓吹披工加白練ㅣ襠。

【襙】(조) 豪 ソウ、えり collar
小篆 옷깃조(襟也)。

【襀】(적) 陌 セキ、ひだ plait
草書 주름잡을적(衣間襞)。【子虛賦】襞ㅣ褰縐。

【襁】(강) 養 キョウ、せおいおび baby's quilt ㄐㄧˋ chi¹
小篆 草書 포대기강(ㅣ褓負兒衣)。【論語 子路】則四方之民ㅣ負其子而至矣。

【襁褓:강보】포대기。【列子】人生有不見日月、不免ㅣㅣ者。《轉》어렸을 적。
【襁褓幼兒:강보유아】포대기에 싸서 기르는 시기의 젖먹이。
【襁負:강부】포대기로 어린 아이를 업음。【論語·子路】四方之民、ㅣㅣ其子而至矣。
【襁抱:강포】어린아이를 업었다 안았다 함。《喩》幼稚하다는 뜻。【大戴禮】成王處ㅣㅣ之中、朝諸侯、周公用事也。

【襐】(조) 篠 チョウ、みじかいきもの short clothes ㄐㄧㄤ chiang³
小篆 짧은옷조(短衣)。

【襂】㊀(삼) 侵 サン、はらおび girdle ㄕㄢ shan¹
㊁(삼) 咸
㊀짓옷늘어질삼(ㅣ襹羽衣垂貌)。【海賦】被羽翮之ㅣ襹。㊁허리띠삼(中帶)。【儀禮註】中帶若今之襌ㅣ。

【䙨】(초) 語 ショウ、セキ、あざやか bright
❶선명할초(鮮也)。❷고운옷초 깨

끗한옷초(好衣)。

【襃】(포) 豪 ホウ、すそのながいごろも long train ㄅㄠ pao¹
小篆 ❶옷뒷길포(大裾)。【漢書 雋不疑傳】ㅣ衣博帶。❷포장할포(揚美獎飾)。【公羊傳】曷爲稱字ㅣ之。❸도포포(ㅣ明長襦)。【方言】ㅣ明謂之袍。❹고을 이름포(邑名ㅣ斜)。

【襄】(양) 陽 ジョウ、のぼる rise; get up ㄒㄧㄤ hsiang (古音「샹」)
小篆 古篆 草書 ❶도울양(贊也)。【書經 皐陶謨】思日贊贊ㅣ哉。❷오를양(上也)。【書經 堯典】懷山ㅣ陵。❸뽑아버릴양(除也)。【詩經 鄘風牆有茨】牆有茨不可ㅣ也。❹멍에양(駕也)。【詩經 鄭風大叔于田】兩服上ㅣ。❺이룰양(成也)。【左傳 定公十五年】葬定公雨不克ㅣ事禮也。❻평할양(平也)。❼별이이동할양(星貌)。【詩經 小雅大東】跂彼織女終日七ㅣ。

【襄禮:양례】장사 지내는 예절。葬禮。
【襄奉:양봉】장례를 지냄。
【襄陽麴:양양국】양양누룩。

十二畫

【襆】(복)『幞』(巾部 12畫)과 같음

【襏】(등) 蒸 トウ、けおりおび woolen belt
모직띠등(毛織帶)。

【䙝】㊀(찰) 曷 サツ、かりぬい baste
㊁(최) 泰
㊀❶시침할찰(衣游縫)。【劉孝標樂府】袙複兩邊作入ㅣ。❷검은베로만든관찰(緇布冠)。㊁옷깃최(衣領)。

【襉】(간) 諫 カン、すそのひだ wrinkles of a skirt ㄐㄧㄢ chien⁴
치마주름간(裙幅相攝)。

【襋】(극) 職 キョク、えり collar ㄐㄧ chi²
小篆 草書 옷깃극(衣領)。【詩經】要之ㅣ之。

【襛】(비) 未 ヒ、つるまぎ overcoat
두루마기비(周衣)。

【䙊】(초) 篠 ショウ、ぬぐう clean
닦을초(拭也)。

【襌】(단) 寒 タン、ひとえもの unlined clothes ㄉㄢ tan¹
小篆 草書 홑옷단(單衣無裏)。【禮記】ㅣ爲絅。

【襌衣:단의】홑옷。單衣。

【襍】(잡)『雜』(隹部 10畫)과 같음

【襏】(발) 曷 ハツ、みの straw raincoat ㄅㄛ po²
도롱이발(ㅣ襫蓑雨衣)。

【襏襫:발석】❶도롱이。雨衣。【管子】身服ㅣㅣ。❷거칠게 짠 천으로 만든 질긴 옷。

【襐】(상) 養 ショウ、かみかざり ribbon ㄒㄧㄤ hsiang⁴
小篆 草書 아이머리꾸미개상、댕기상(未笄冠者首飾)。【急就篇註】ㅣ飾刻畫無等雙。

【襀】(귀) 寘 キ、ひも cord
끈귀(紐也)。

【襑】㊀(심) 侵 シン、タン、おおきい loose-fitting
㊁(탐) 感
小篆 ㊀옷클심(衣大)。㊁뜻은 ㊀과 같음。

【褅】(체) 霽 テイ、むつき baby's wrappings
小篆 포대기체(褓也)。

【䙢】(증) 徑 ショウ、はだぎ lined clothes
겹옷증(袷也)。

【襢】(전) 銑 テン、あかい ちりめんのころも red flannel clothes
小篆 붉은저사옷전、전옷전(后妃服丹衣)。【周禮】王后之六服其一曰ㅣ衣。

【襒】(별) 屑 ヘツ、はらう reduce ㄅㄧㄝ pieh²
草書 떨칠별(拂也)。【史記 孟子荀卿傳】側行ㅣ席。

【襓】(요) 蕭 ジョウ、つるぎぶくろ sheath
草書 칼전대요(劍衣)。【禮】劍則啓櫝蓋襲之加夫ㅣ與劍焉。

【䙅】(거) 魚 キョ、ひも breast-tie
옷고름거(衣系)。

【䙇】(저) 語 チョ、よそおう dressing up
옷치장할저(裝衣)。

十三畫

【襖】(오) 皓 オウ、うわぎ robe
小篆 草書 도포오(袍屬)。【韓愈詩】破ㅣ請來綻。

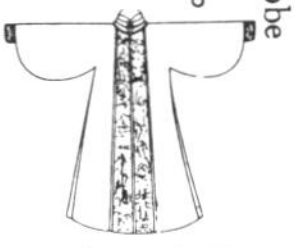
襖子(三才圖會)

【襗】(탁) 藥 タク、エキ、はだぎ underwears ㄉㄨㄛ tuo²
小篆 草書 속옷탁(褻衣)。【詩】與子同ㅣ。

【襘】(괴) 泰 カイ、むすびめ breast-tie ㄍㄨㄟ kuei
小篆 草書 ❶옷고름괴(帶所結領交會)。【左傳昭 公十一年】衣有ㅣ。❷띠맬괴(帶所結)。

【襚】(수) 寘 スイ、はなむけ grave-clothes ㄙㄨㄟ suei⁴
小篆 草書 ❶주검옷수(贈死衣)。【禮記小儀疏】ㅣ者以衣送死人之稱。❷의복을줄수(贈衣)。【西京雜記】謹上ㅣ三十五條。
【襚衣:수의】염할 때 시체에 입히는 옷。歲製之具。

【襛】(농) 冬 ジョウ、あつい thick clothes ㄋㄨㄥ nung²
小篆 草書 ❶옷이두툼할농(衣厚)。❷성할농(盛也)。【詩經 召南何彼襛矣】何彼ㅣ矣。

【襜】(첨) 鹽 セン、まえだれ apron ㄔㄢ ch'an
小篆 草書 ❶수레휘장첨(車帷)。【後漢書】乘鮮車大馬赤屏泥絳ㅣ絡。❷옷가지런할 첨(ㅣ如衣整貌)。【論語 鄉黨】衣前後ㅣ如也。❸행주치마첨(衣蔽前)。【詩經 小雅采綠】終朝采藍 不盈一ㅣ。❹옷이흔들릴첨(衣動貌)。【司馬相如 上林賦】擧帷幄之ㅣㅣ。
【襜如:첨여】옷을 단정하게 입은 모양。【論語·鄉黨】衣前後ㅣㅣ也。
【襜襜:첨첨】❶옷이 아름다운 모양。【說苑·雜言】。❷휘장이나 치마 자락이 너울거리는 모양。【司馬相如·上林賦】擧帷幄之ㅣㅣ。

【䙔】(옹) 冬 ヨウ、くつたび socks
양말옹(靴襪)。

【襝】(첨)『襜』(前前條)과 같음

【襞】(벽) 陌 ヘキ、ひだ plait
小篆 草書 ❶옷접을벽(疊衣)。【揚雄反騷】芳酷烈而莫聞兮不如ㅣ而幽之離房。❷치마주름벽(ㅣ積帬褶)。【漢書】ㅣ積褰縐。
【襞積:벽적】치마 주름。襞襀。【司馬相如】ㅣㅣ褰縐。

【襟】(금) 侵 キン、えり gusset
草書 ❶옷섶금(交衽)。❷가슴금(胸ㅣ)。【楚辭】霑余ㅣ之浪浪。
【襟度:금도】남을 받아들일 만한 도량。【宋史】推誠待物、ㅣㅣ豁如也。
【襟帶:금대】❶옷깃과 띠。衣服。❷산이나 강에 둘러 싸인 要害地。衿帶。【杜牧·詩】山河地ㅣㅣ。
【襟韻:금운】마음씨와 인품。【杜牧】歷陽裴太守、ㅣㅣ苦超越。
【襟章:금장】군대나 학생의 제복의 옷깃에 다는 휘장。
【襟抱:금포】마음 속。마음에 깊이 품은 생각。【世說】中郎ㅣㅣ未虛。
【襟懷:금회】마음 속 깊이 품은 생각。懷抱。【杜牧】光潔疑可攬、欲以ㅣㅣ貯。

【臝】(라)『裸』(衣部 8畫)의 本字

【襢】㊀(단) 寒 タン、テン、かたぬぐ undress ㄊㄢ tan
㊁(전) 銑
草書 ㊀옷을벗어멜단(肉袒)。【詩經】ㅣ裼暴虎。㊁❶여막전(喪廬不障)。【禮記】君爲廬宮之大夫士ㅣ之。❷붉은저사옷전(丹穀衣)。【周禮】王后之六服其一曰襢衣。
【襢裼:단석】옷통을 벗음。肉袒。袒裼。

【襠】(당) 陽 トウ、したばかま shorts
草書 ❶잠방이당(褌ㅣ袴屬)。【阮籍 大人先生傳】行不敢離縫際動不敢出褌ㅣ。❷배자당(衣名)。【西京雜記】趙飛燕女弟遺飛燕金錯繡ㅣ。

【襡】(촉) 沃 ショク、トク、こしまき flare ㄕㄨ
小篆 草書 ❶통치마 촉(袿ㅣ連腰衣)。【夏統傳】妓女之徒服袿ㅣ炫金翠。❷쌀촉(包也)。【禮記 內則】斂簟而ㅣ之。

十四畫

【䙡】(여) 魚 ヨ、きものひるがえる flutter
옷날릴여(衣揚貌)。

【䙒】(탁) 覺 タク、きものひく trail
小篆 옷끌릴탁(衣至)。

【襣】(비) 寘 ビ、ふんどし short trousers
草書 쇠코잠방이비(犢鼻褌)。

【襤】(람) 覃 ラン、つづれ rag ㄌㄢ lan
小篆 草書 옷해질람(ㅣ褸、敝衣)。【楊子方言】南楚凡人衣被醜弊或謂之ㅣ裂或謂之ㅣ褸。
【襤褸:남루】❶누더기。❷옷이 해어져 지저분함。【揚子方言】南楚凡人貧、衣被醜弊、或謂之ㅣㅣ。

【襦】(유) 虞 ジュ、はだぎ short coat ㄖㄨ ju
小篆 草書 ❶저고리유(短衣)。【禮記】衣不帛ㅣ袴。❷【國字】배쐐기갓장이유(布笠匠曰ㅣ匠)。

❸유삼유(ㅡ衫)。
【襦袴:유고】 땀받이와 바지。【禮記】衣不帛ㅡㅡ。
【襦衣:유의】 저고리。

【⿰衤熏】(훈) 文 クン、うすあか light red
연분홍빛훈(淡紅色)。

【⿰衤畏】(과) 箇 カ、つつむ wrap up clothing
옷쌀과(包衣)。

十五畫

【襪】(말) 月 バツ、たび socks ㄨㄚ wa⁴
襪 草書 버선말(足衣)。【洛神賦】凌波微步羅ㅡ生塵。
【襪線:말선】 양말실。《喩》특기가 없음。재주가 없음。

襪(三才圖會)

【襫】(석) 陌 セキ、あまぎ straw raincoat ㄕ shih⁴
襫 草書 도롱이석(襏ㅡ蓑雨衣)。【管子】身服襏ㅡ。

【襭】(힐) 屑 ケツ、つまばさむ adjust ㄒㄧㄝ hsieh²
襭 小篆 擷 或體 襭 草書 옷깃힐(以衣衽扱物)。【詩經 周南芣苢】薄言ㅡ之。

【襮】(박) 藥 ハク、おもて surface
襮 小篆 襮 草書 ❶수놓은옷깃박(黼領)。❷거죽박(表也)。【唐書李晟傳】將務持重、豈宜自表ㅡ。

【⿰衤感】(축) 屋 シュク、あざやか luxury
옷좋고 화사할축(好衣鮮明也)。

十六畫

【襯】(친) 震 シン、はだぎ under-wears ㄔㄣ ch'en⁴
襯 草書 ❶속옷친(近身衣)。【禮註】取名于ㅡㅡ近尸也。❷접근할친(接近)。【韓偓詩】天ㅡ樓臺籠苑外。❸베풀친(施與)。【齊諸記】以ㅡ衆僧。
【襯衫:친삼】 =襯衣。
【襯衣:친의】 속옷。땀받이。
【襯著:친착】 바싹 다가서 가까이 달라붙음。

【襰】(뢰) 蟹 ライ、きものやぶれる wear out
옷해질뢰(衣敝)。

【襱】(롱) 東 ロウ、はかまのつつ trouser leg
襱 小篆 襩 或體 襱 草書 바지가랑이 롱(袴也)。【急就篇 卷二章第十二】袴之兩股曰ㅡ。

【襲】(습) 緝 シュウ、おそう accede to; invade ㄒㄧ hsi²
襲 小篆 𧟀 籀文 襲 草書 ❶옷덧입을 습(重衣)。【禮記】裘之裼也見美也服之ㅡ也充美也。❷합할습(合也)。【周語】ㅡ于休祥。❸인할습(因也)。【禮記】卜筮不相ㅡ。❹염습할습(斂尸)。❺엄습할습(掩其不備)。【左傳】凡師有鐘鼓曰伐無曰侵輕曰ㅡ。❻벼슬대물릴습(嗣爵)。【左傳】故ㅡ天祿子孫受之。❼반복할습(反復)。【尹文子】窮則徼終、徼終則反始、始終相ㅡ、無窮極也。❽중첩할습(重疊)。【弔屈原賦】ㅡ九淵之神龍兮。
【襲擊:습격】 갑자기 적을 엄습하여 침。【魏志】曹操遣奇兵、ㅡㅡ紹運車。
【襲繼:습계】 이어 받음。承繼。繼承。
【襲踏:습답】 앞 사람의 한 대로 밟아 「함。
【襲來:습래】 갑자기 쳐들어 옴。
【襲殮:습렴】 죽은 사람의 몸을 씻은 뒤에 옷을 입히는 것。殮襲。
【襲封:습봉】 諸侯가 先代의 封地를 세습함。【春秋·胡傳】古者諸侯、繼世ㅡㅡ。
【襲殺:습살】 습격하여 죽임。【唐書】建德ㅡㅡ其軍數千人。
【襲沿:습연】 그전 대로 받아 함。【宋史】不相ㅡㅡ。
【襲玩:습완】 의복과 玩好。服御。【宋之問·浣紗篇】自昔專嬌愛、ㅡㅡ惟矜奢。
【襲用:습용】 그전 대로 눌러 씀。
【襲衣:습의】 옷을 끼어 입음。덧입음。
【襲因:습인】 그전대로 이어 받음。이전 것대로 따름。因襲。【李尤】周氏舊居、維漢ㅡㅡ。
【襲雜:습잡】 복잡하게 뒤섞임。雜襲。【王褒】是以海內歡慕、莫不風馳雨集、ㅡㅡ並至。
【襲取:습취】 습격하여 빼앗음。【孟子】是集義所生者、非義襲而取之也。
◎强ㅡ、急ㅡ、來ㅡ、踏ㅡ、世ㅡ、夜ㅡ、逆ㅡ、因ㅡ、被ㅡ。

十七畫

【襳】㊀(섬) 鹽 ㊁(삼) 咸 セン、おび long girdle ㄒㄧㄢ hsien¹
襳 草書 ㊀긴띠섬(長帶)。【漢書】蜚ㅡ垂髾。㊁깃발삼(旗斿)。

【襲】(영) 敬 オウ、すそひだ wrinkle
주름잡을영(作襞)。

【襺】(건) 先 ケン、はかま trousers
❶바지건(袴也)。❷옷걷을건(扱衣)。

【襴】(란) 寒 ラン、ひとえ gown
襴 草書 난삼란(ㅡ衫裳與衣連)。【綱目集覽】布深衣因于其下著ㅡ及裾名曰ㅡ衫。
【襴裙:난군】 치마띠。허리띠。衭胸。
【襴衫:난삼】 ❶통옷。저고리와 치마가 이어진 옷。【唐書】士人以裳紵ㅡㅡ爲上服。❷《制》生員·進士에 합격된 때에 입던 禮服。녹색이나 검은 빛의 團領에 각기 같은 빛의 선을 둘렀음。

襴衫(三才圖會)

十八畫

【襵】(접) 葉 ショウ、ちぢむ wrinkle
주름질접(襞積)。【梁簡文帝詩】熨斗成襵ㅡ。

【⿰衤蹙】(축) 屋 シュク、よい good
❶좋을축(好也)。❷빛날축、선명할축(鮮明貌)。

【襶】(대) 隊 タイ、おろか stupid ㄉㄞ tai⁴
襶 草書 미욱할대(褦ㅡ不曉事)。【魏程曉詩】今世褦ㅡ子觸熱到人家。

【⿰衤㬥】(박)『襮』(衣部 15畫)과 같음

【襷】(거)〔日字〕 たすき cord used for girding
襷 草書 멜빵거、질빵거(肩條)。

十九畫

【襹】(시) 支 シ、うもうきもの pily ㄕ shih¹
털옷푸수수할시(襹ㅡ毛羽衣貌)。【西京賦】被羽之襹ㅡ。

【襺】(견) 銑 ケン、わたいれ wad with new cotton ㄐㄧㄢ chien³
襺 小篆 햇솜옷에둘견(新綿著衣)。【禮】纊爲ㅡ縕爲袍。

【襻】(반) 諫 ハン、つけひも breast knot ㄆㄢ p'an⁴
옷고름반(衣系)。【鏡賦】裊斜假ㅡ。

【襬】(라) 歌 ラ、おんなのうわぎ woman's coat
草書 계집웃옷라(婦人上衣)。

【䙬】(예) 霽 ゲイ、たもと sleeve i⁴
草書 소매예(袂也)。【潘岳賦】掎裳連ㅣ。

二十畫

【襺】(건) 先 ケン、はかま trousers
바지건(袴也)。

二十一畫

【襹】(촉) 沃 ショク、ながじゅばん long skirt
❶긴두루마기촉(長襦)。❷동다리치마촉(長襦連腰衣)。【禮】繭衣裳者若今大ㅣ也。

二十二畫

【襽】(낭) 漾 ドウ、ゆるい generous
너그러울낭(寬也)。

襾 部

【襾】(아) 禡 ア、おおう cover ㄒㄧㄚˋ hsia⁴
小篆 草書 덮을아、가리어숨길아(覆也)。

【西】(서) 齊 セイ、サイ、にし west ㄒㄧ hsi¹
小篆 或體 古文 籀文 草書
❶서녘서(日入方)。【說文】鳥在巢上也日在ㅣ方而鳥栖故因以爲東ㅣ之ㅣ。❷수박서(ㅣ瓜)。❸나라이름서(ㅣ班牙)。❹서양서(ㅣ洋)。❺성서(姓也)。

【西間:서간】(制)義禁府 안 서쪽에 있던 獄舍。

【西間島:서간도】(地)땅 이름。鴨綠江과 豆滿江 상류의 북쪽 長白山 一帶의 滿洲 지방。

【西經:서경】(地)本初子午線을 零度로 하고 서쪽 一八〇도까지의 經線。↕東經。

【西京:서경】(歷)❶鎬京。西周의 서울。❷長安。漢·唐의 서울。❸鳳翔府。唐至德二년 이후의 서울。❹太原。五代의 唐、莊宗 이후의 서울。❺㉠渤海 五京의 하나。鴨綠府。㉡高麗 때 四京의 하나。지금 平壤。

【西京別曲:서경별곡】歌辭。高麗의 俗謠。平壤의 浮華輕薄한 남녀의 애정을 읊음。樂章歌詞에 전함。

【西貢:서공】(地)사이곤。印度支那 반도 베트남 공화국의 수도。사이곤 河에 가까와 수륙 교통이 편리하며 인도지나 제일의 항구。

【西瓜:서과】(植)수박。박科의 一년생 덩굴풀。열매는 크고 둥굴며 식용함。水瓜。

【西瓜淸:서과청】(植)꿀수박。

【西瓜皮舐:서과피지】(國)수박 겉 핥기。(喩)일 또는 물건의 내용도 모르고 겉만 건드린다는 뜻。【東言解】。

【西瓜紅葅:서과홍저】수박깍두기。

【西關:서관】(地)黃海道와 平安南北道를 널리 일컫는 말。摩天嶺 서쪽이므로 西道·西區라고도 함。

【西郊:서교】❶도회지의 서쪽 郊外。❷가을의 들。【禮記】以迎秋於ㅣㅣ。

【西敎:서교】西洋의 종교。기독교。

【西歐:서구】유럽의 서쪽 여러 나라。↕東歐。

【西紀:서기】西曆 紀元의 略語。

【西箕伯:서기백】=箕伯。

【西南:서남】❶서쪽과 남쪽。❷西南間의 略語。

【西南間:서남간】서쪽과 남쪽의 사이 되는 방위。

【西南西:서남서】서와 서남의 중간 되는 방위。

【西南風:서남풍】서남 간에서 불어 오는 바람。南西風。

【西南向:서남향】동북쪽에서 서남쪽을 「바라보는 방향。

【西端:서단】서쪽 끝。

【西大陸:서대륙】西半球의 대륙。↕東「大陸。

【西大門:서대문】(歷)敦義門의 俗稱。

【西瀆:서독】大同江을 四瀆의 하나로 일컨던 말。

【西曆:서력】예수가 탄생한 해를 기원으로한 서양의 책력。사실상의 예수 탄생은 기원 전 四년임。

【西曆紀元:서력기원】서력으로써 年代를 헤아리는 데 쓰는 紀元。

【西面:서면】❶그 郡의 서쪽에 있는 面。❷서쪽을 향함。

【西廟:서묘】옛날 서울 서대문 밖에 있던 關王廟。

【西門:서문】서쪽의 대문。

【西班:서반】❶武官의 班列。❷武官。「↕東班。

【西半球:서반구】지구를 동·서로 나눈 경우의 서쪽。남·북아메리카주 등이 있는 부분。↕東半球。

【西班牙:서반아】(地)나라 이름。스페인。남 유럽 이베리아 半島의 태반을 차지하고 있음。

【西方:서방】❶서쪽。❷서쪽 지방。

【西方國家:서방국가】美·英·佛을 중심으로 하여 공산국가에 대항하는 서쪽 유럽을 주로 한 國家群。

【西方極樂:서방극락】(佛)서방, 十萬億土에 있다는 아미타불의 극락 정토。

【西方淨土:서방정토】(佛)西方十萬億土의 저 쪽에 있다는 극락 세계。

【西方行者:서방행자】(佛)극락세계에 가려고 염불하는 사람。

【西邊:서변】서쪽 부근。

【西部:서부】❶서쪽 부분。❷(制)서울 五部의 하나。또는 그를 관할하던 관청。

【西北:서북】❶서쪽과 북쪽。❷西北間의 略語。❸西道와 北關。

【西北間:서북간】서쪽과 북쪽의 이 되는 方位。

【西北松耽:서북송탐】西道·北關·松都·耽羅의 通稱。곧 平安道와 黃海道 및 咸鏡道·開城·濟州道를 아울러 일컬음。

【西北風:서북풍】서북방에서 불어 오는 바람。

【西北向:서북향】동남 쪽에서 서북으「로 향함。

【西士乙木:서사을목】발비。

【西山:서산】(地)❶首陽山。山西省 永濟縣 남쪽에 있음。옛날에 伯夷·叔齊가 굶어 죽었다는 곳。【史記·伯夷傳】。❷西巖山。福建省 浦城縣의 서쪽에 있음。宋代 眞德秀가 西山精舍를 세우고 講學한 곳。❸小淸涼山。河北省 北京市의 서쪽에 있음。碧雲寺·香山寺 등 절이 많고 경치가 좋음。❹南昌山。江西省 新建縣의 서쪽에 있음。厭原山。

【西廂:서상】집의 서쪽 채。서쪽 행랑。

【西上房:서상방】대청이 남향이고 안방이 오른 쪽에 있는 집。

【西席:서석】스승이 앉는 자리。(轉)스승。옛날에는 서쪽 자리를 上席으로 삼아 周代의 太公望이 서쪽에 자리잡고 武王에게 黃帝의 書를 가르쳤다고 함。西序。【禮記·學記·鄭注】。

【西成:서성】가을에 실과나 곡식이 익는 것。五行說에서 가을철은 西에 해당함。【書經】平秩ㅣㅣ。

【西小門:서소문】昭義門의 俗稱。

【西垂:서수】한 나라의 서쪽의 변두리。西陲。西邊。【書經】立于ㅣㅣ。

【西施:서시】(人)春秋時代 越의 美人。

吳王 夫差의 愛妃가 됨. 西子.【李商隱】網得――贈別人.

【西施捧心:서시봉심】 같은 행위라도 그것을 행하는 사람의 성격·경우에 따라 효과가 다름. (故)西施가 가슴이 아파 가슴에 손을 대고 얼굴을 찡그린 것을 보고 못 생긴 여자가 자기도 이를 본따 美人의 흉내를 내었더니, 사람들이 추악한 얼굴 모양을 보고 놀라 도망쳤다 함.【莊子·天運】

【西安:서안】 (地)지금 陝西省 長安縣. 前漢·隋·唐代의 서울. 漢代에는 京兆라 하고 明代에는 西安府로 고치었음.

【西岸:서안】 서쪽 해안.

【西洋:서양】 ❶서쪽의 큰 바다. ❷우리나라·中國·日本 등에서 유럽과 아메리카의 여러 나라를 일컫는 말. 泰西. ↕東洋.

【西洋菓子:서양과자】 서양식으로 만든 과자.

【西洋木:서양목】 唐木.

【西洋文學:서양문학】 서양 여러 나라의 문학. ↕東洋文學.

【西洋紗:서양사】 가는 무명올로 바닥이 설피게 짠 피륙. 생사. 양사.

【西洋式:서양식】 서양 또는 서양을 닮은 양식이나 방식.

【西洋料理:서양요리】 서양식 요리. 「洋食.

【西洋音樂:서양음악】 서양에서 생겨 발달된 음악. 洋樂.

【西洋人:서양인】 ❶歐美 여러 나라의 사람. 서양 사람. ❷백색 인종.

【西洋種:서양종】 서양이 원산지인 종자. 주로 동물식물에 대해서 씀.

【西洋風:서양풍】 서양에서 하는 양식을 본받은 모양.

【西洋化:서양화】 서양의 문화나 생활에 영향을 받아 그것을 닮음. 「림.

【西洋畫:서양화】 서양에서 발달된 그

【西諺:서언】 서양의 속담.

【西域:서역】 (歷)옛날 中國人의 서쪽 지역. 廣義로는 小아시아·中央아시아 및 印度 지방의 여러 나라. 狹義로는 新疆省 天山南路 지방을 가리킴.【漢書】崇德建武、克綏――.

【西域記:서역기】 (書)一二권, 唐代 중 玄奘 지음. 辯機 엮음. 玄奘이 印度에 가서 돌아 본 一四一國의 風俗·衣服·地理·物産 등의 대강을 기록한 것. 大藏속에 수록되어 있음.

【西王母:서왕모】 ❶中國 崑崙山에 살았다는 옛 仙人. 姓은 楊. 또는 侯. 이름은 回. 周의 穆王이 西征하여 瑤池 위에서 만나 王母로부터 仙桃 세개를 얻었다 함. 또 漢의 武帝가 長壽를 원하고 있을 때, 그를 가상히 여기어 仙桃 일곱개를 가지고 내려와 武帝에게 주었다 함.『列子·周穆王』遂賓于――觴于瑤池之上. ❷복숭아의 한 가지. 西王母가 사는 仙境에서 나며, 千年에 한 번 그 열매를 맺는다 함.

西王母(三才圖會)

【西遊:서유】 서쪽 나라. 또는 서양에 「유학함. 혹은 遊歷함.

【西遊記:서유기】 (書)❶長春眞人西遊記의 略語. 二권. 宋末 元初의 道士 邱處機(長春眞人)가 元 太祖(成吉思汗)에게 불리어 그의 고향인 山東省으로부터 당시 太祖의 거주지인 西域까지 가는 동안의 見聞을 同行한 弟子 李志常이 기록한 것. ❷中國의 長篇小說. 一〇〇回. 明 吳承恩 지음. 唐 玄奘이 쓴 印度紀行「大唐西域記」에서 취재함.

【西戎:서융】 =西夷.【禮記】東夷北狄――南蠻.

【西夷:서이】 ❶옛날 中國 사람이 일컬은 서쪽 미개 민족. 또는 그 나라. 西戎.【孟子】東征、――怨. ❷西洋 사람을 낮추어 일컫는 말.

【西人:서인】 ❶(歷)㉠春秋時代 周의 서울 사람.【詩經】――之子、粲粲衣服. ㉡宋代 西夏 사람. ㉢李朝 당파의 하나. 宣祖때의 金孝元을 중심한 東人에 대하여 沈義謙을 중심한 당파. ❷西洋 사람.

【西藏:서장】 (地)티베트. 中國 남서부, 히말라야의 북 쪽에 있는 高原 지대. 제二차 대전 뒤 中國 통치하에 들어 감.

【西將臺:서장대】 山城 서 편에 쌓아 올려 만든 장수가 올라 서서 휘하 군사를 지휘하던 곳.

【西銓:서전】 (制)兵曹의 別稱. 西班의 銓注를 맡았음.

【西漸:서점】 점차 서쪽으로 옮아 감. 점점 서쪽으로 전함.

【西庭:서정】 ❶집안의 서쪽에 있는 마당. ❷成均館의 明倫堂 서쪽에 있는 뜰. 陞學試를 보는 儒生들이 앉던 곳.

【西征:서정】 서쪽으로 쳐 나가 정벌함.

【西疇:서주】 서쪽 밭.【陶潛】農人告余以春及、將有事于――.

【西窓:서창】 서쪽으로 향하여 낸 창.

【西廠:서창】 (制)明 憲宗 때 궁중에 두었던 재판소.

【西天:서천】 ❶서쪽 하늘. ❷(佛)西天西域國. 옛날 中國에서 印度를 가리킨 말.【元史】書――呪語.

【西天西域國:서천서역국】 (歷)옛날의 印度.

【西哲:서철】 ❶西洋의 賢哲. 서양의 철학자. ❷서양 철학.

【西草:서초】 평안도에서 나는 담배.

【西村:서촌】 서울 안의 서쪽에 위치한 동네들.

【西土:서토】 ❶서쪽 땅. 泰西.【書經】嗚呼――有衆. ❷黃海道와 平安道 지방의 通稱. 西道.

【西便:서편】 서쪽 편. ↕東便.

【西浦遺事:서포유사】 (書)李朝 英祖때 金春澤 지음. 從祖되는 金萬重의 文集과 行蹟을 기록한 것.

【西風:서풍】 ❶서쪽에서 불어 오는 바람. 하늬바람. ↕東風. ❷가을바람. (五行說에서 가을은 西에 해당함).【李白】八月――起.

【西學:서학】 ❶(制)中國 周代의 小學校. ❷(國)四學의 하나. 서양의 학문. ❸기독교. ↕東學.

【西行:서행】 (佛)서방 淨土世界에 왕생하는 일. 西昇.

【西向:서향】 서쪽으로 향함. ↕동향.

【西夾門:서협문】 궁궐이나 관청의 正門. 三門 가운데에 서쪽에 있는 문.

【西湖:서호】 湖水의 이름. ❶北京 西北의 高壽山의 기슭. 一名, 昆明湖. ❷浙江省 抗州市城의 西쪽. 옛 明聖湖. 一名 錢塘湖. 혹은 上湖·西子湖라고도 함. 城西에 있다고 해서 西湖라는 이름이 생겼

西湖❷(名山圖)

음. 景致가 秀麗하여 名勝地로 이름이 높

음。宋의 蘇軾이 湖中에 흙으로 둑을 쌓았음。湖中에 六橋가 있음。
◎關ㅡ、南ㅡ、東ㅡ、泰ㅡ、湖ㅡ。

三畫

【要】 ㊀(요)蕭 ㊁(요)嘯 ヨウ、もとめる、かなめ request; important 一ㄠ yào
(小篆) (古文) (草書)
㊀❶구할요(求也)。【孟子 告子上】修其天爵以ㅡ人爵。❷살필요(察也)。【周禮】異其死刑之罪而ㅡ之。❸겁박할요(刼也)。【孟子】將ㅡ而殺之。❹언약할요(言約)。【論語 憲問】久ㅡ不忘平生之言。❺옳게밝힐요、취조할 요(取調)。【書經康誥傳】ㅡ察囚情。❻모일요、모을요(會也)。【禮記樂記】ㅡ其節奏。❼허리요(腰也)。【史記孔子世家】自ㅡ以下不及禹三寸。❽억지로할요(勒也)。❾기다릴요(待也)。❿부를요(招也)。⓫시골 요(ㅡ服、圻外)。【書經】五百里ㅡ服。㊁❶종요로울요(樞也)。❷반드시요、꼭요(ㅡ當、必也)。【後漢書馬援傳】男兒ㅡ當死於邊野以馬革裹屍還葬。❸통계요、회계요(統計、會計)。【周禮地官小司徒】則受邦國之比ㅡ。❹하고자할요(欲也)。

【要綱:요강】 중요한 근본되는 사항。
【要件:요건】 ❶중요한 용건。❷필요한 조건。
【要擊:요격】 대기하고 있다가 적을 마주 침。邀擊。『漢書』ㅡㅡ漢軍。
【要訣:요결】 중요한 비결。또는 그것을 쓴 책。『唐書』隋高祖ㅡㅡ一卷。
【要結:요결】 ❶요긴한 결과。❷약속하는 일。『左傳』ㅡㅡ好命。
【要功:요공】 남에게 들인 공을 자랑함。
【要求:요구】 필요한 것을 청구함。『楚辭』下垂釣於谿谷兮、上ㅡㅡ於仙者。
【要緊:요긴】 중요하고도 긴함。『水滸傳』打開沒ㅡㅡ。
【要談:요담】 요긴한 말。
【要道:요도】 ❶중요한 길。❷중요한 일。중요한 教義。『孝經』先王有至德ㅡㅡ。
【要覽:요람】 중요한 것만 간추려서 보게 한 책。
【要略:요략】 ❶중요한 것만 추리고 나머지는 줄임。❷글의 대강 뜻。
【要領:요령】 ❶허리와 목。『呂氏春秋』ㅡㅡ不屬。❷미립。경험에서 얻은 묘한 이치。❸사물의 요긴한 곳。
【要路:요로】 ❶중요한 길。『北史』四面諸村聞鼓、皆守ㅡㅡ。❷중요한 지위。
【要論:요론】 중요한 의론。
【要利:요리】 이익을 늘임。殖利。興利。
【要望:요망】 꼭 그리하여 주기를 바람。
【要盟:요맹】 힘으로써 강제로 맺은 맹세。『史記』孔子曰、ㅡㅡ也、神不聽。
【要名:요명】 명예를 구함。
【要目:요목】 ❶요긴한 조목。❷會計 또는 統計。『北史』府史之任、掌ㅡㅡ而已。
【要眇:요묘】 묘하게 아름다운 모양。妙와 통함。『楚辭』美ㅡㅡ兮宜修。
【要務:요무】 중요한 임무。요긴한 일。『史記』諸生喜曰、叔孫生誠聖人也、知當世之ㅡㅡ。
【要物契約:요물계약】 《法》 당사자의 의사가 합치되고 또 그 밖의 물건의 引導·給付까지를 효과 발생의 요건으로 하는 계약。踐成契約。
【要密:요밀】 빈틈 없이 자세하고 세밀「함。
【要部:요부】 가장 중요한 부분。
【要事:요사】 중요한 일。
【要塞:요새】 ❶중요한 지점에 구축하여 놓은 견고한 군사적 방어 시설。❷국방상 중요한 변방。『禮記』孟冬備邊境、完ㅡㅡ。
【要塞地帶:요새지대】 국방상 필요한 시설을 한 요새 부근 일대의 지역。
【要素:요소】 ❶사물의 성립에 필요한 없지 못할 조건。❷더 간단하게 분석할 수 없는 것。
【要囚:요수】 죄수를 자세히 취조하여 죄를 결정하는 일。『書經』ㅡㅡ服念五六日。
【要視察:요시찰】 要視察人의 略語。
【要視察人:요시찰인】 경찰 기관에서 늘 그의 행동을 감시할 필요가 있다고 단정을 받은 사람。
【要式:요식】 중요한 법식。반드시 따라「야 할 양식。
【要式行爲:요식행위】 《法》 일정한 방식을 필요로 하는 법률 행위。혼인·定款作成 따위。
【要信:요신】 중요한 서신。
【要謁:요알】 면회를 청함。干謁。
【要扼:요액】 적을 키다려 막음。
【要約:요약】 ❶주요한 대목을 추려냄。❷약속을 함。『史記』ㅡㅡ曰、諸侯有不如約者、以五國之兵、共伐之。
【要言:요언】 ❶약속한 말。誓言。❷요령 있는 말。『左傳』實與隨人ㅡㅡ。
【要役地:요역지】 地上權을 행사한 결과에 의하여 이익을 받는 땅。
【要譽:요예】 명예를 바람。
【要用:요용】 ❶중대한 용건。❷필요하게 씀。『漢書』刪取ㅡㅡ、定著三十五家。必用。
【要用件:요용건】 요긴하게 쓸 물건。「써 급한 일。
【要員:요원】 일정한 일을 하는 데 필요한 인원。
【要義:요의】 중요한 뜻。중요한 줄거리。
【要人:요인】 중요한 지위에 있는 사람。『韓愈』諸公ㅡㅡ。
【要因:요인】 중요한 원인。
【要任:요임】 중요한 임무。
【要節:요절】 글에 있어서 아주 요긴한「마디。
【要點:요점】 중요한 점。
【要旨:요지】 중요한 취지。말의 긴요한 내용。
【要地:요지】 ❶중요한 장소。적을 막는 데 편리한 곳。❷중요한 지위。『唐書』玄齡身處ㅡㅡ、不吝權。
【要職:요직】 중요한 직책。
【要津:요진】 ❶중요한 나루터。❷권력 있는 지위。『杜甫』賓從雜遝實ㅡㅡ。
【要鎭:요진】 중요한 진압처가 될 곳。또는 요해지에 있는 鎭營。『溫子昇』定襄陵廟之至重、平城守國之ㅡㅡ。
【要處:요처】 ❶긴요한 곳。要所。❷중요한 점。要點。『胡應麟』不能不爲鶯鶯ㅡ掩鼻耳。
【要請:요청】 요긴하게 청함。또는 요긴「한 청구。
【要諦:요체】 ❶가장 중요한 점。❷중요한 진리。
【要樞:요추】 가장 중요한 부분。樞要。『韋應物』萬古爲ㅡㅡ、往來何時息。
【要衝:요충】 ❶중요한 곳。要所。❷지세가 험준하여 적을 방비하기에 편리한 곳。要衝地。要害地。『司馬相如』神王守ㅡㅡ。
【要衝地:요충지】 ❶요긴한 처소。❷지세가 험준하여 적을 방비하기에 편리한 곳。❸몸의 중요한 부분。
【要項:요항】 중요한 사항。
【要港:요항】 ❶중요한 항구。要津。❷군사상 중요한 항구。
【要害:요해】 ❶地形이 적을 막기에 편리한 곳。要害地。❷몸의 중요한 부분。急所。『後漢書』爲何人所賊傷、中臣ㅡㅡ。
【要害地:요해지】 ❶긴요한 처소。❷지세가 험준하여 적을 막아내기에 편리한 곳。要衝地。
【要害處:요해처】 ❶=要衝地。❷신체「의 중요한 부분。
◎肝ㅡ、簡ㅡ、强ㅡ、緊ㅡ、大ㅡ、法ㅡ、需ㅡ、摘ㅡ、切ㅡ、提ㅡ、主ㅡ、重ㅡ。

【要】(요)『要』(前條)와 같음

四 畫

【覀+大】(압) 合 オウ、おおう cover
덮을압(覆也)。

五 畫

【覂】(봉) 腫 ホウ、くつがえす overturning ㄈㄥˊ fan⁴
小篆 草書 ❶덮을봉(覆也)。❷다할봉(ー竭、乏也)。❸멍에벗을봉(ー駕、馬有逸氣不循軌轍)。〔漢書〕泛駕之馬。
【覂駕:봉가】멍에를 벗어 버림。泛駕。覆駕。

六 畫

【覀+圭】(규) 齊 ケイ、いやしい(古音「휴」) filthy
小篆 더러울규(鄙也)。

【覃】(담) 覃 タン、ふかい vast and deep ㄊㄢˊ t'an²
小篆 古文 籒文 草書 ❶번을담、미칠담(及也延也)。〔詩經大雅蕩〕ー及鬼方。(鬼方은地名)。〔詩經周南葛覃〕葛之ー兮。❷깊을담(深廣貌)。〔晉書夏侯湛傳〕揚雄ー思於太玄。❸펼담(布也)。❹길담(長也)。
【覃覃:담담】벋고 펴는 모양。
【覃思:담사】깊이 생각함。深思。『孔安國·尙書序』硏精ーー、博考經籍。
【覃恩:담은】❶은혜를 널리 베풂음。❷임금이 베푸는 은혜。賞賜·赦恩 등。『舊唐書』順陽和而布澤、因雷雨以ーー。

八 畫

【覀+服】(복) 職 ホク、やといびと farm hand
머슴복、시골뜨기복(農夫醜稱、僕ー)。

十二畫

【覆】㊀(복) 屋 フク、フ、くつがえる repeat ;turn over ㄈㄨˋ fu⁴
㊁(부) 宥
小篆 草書 ㊀❶돌이킬복(反ー)。〔詩〕不懲其心ー怨是正。❷엎칠복(敗也)。〔中庸〕傾者ー之。〔李華弔古戰場文〕常ー三軍。❸엎지를복(倒也)。〔書經〕顚ー厥德。❹오히려복(反對)。〔詩經大雅瞻卬〕匪用其良ー俾我悖。❺살필복(檢ー、審也)。〔唐書〕檢ー私隱。❻먹국할복(射ー)。〔漢書〕上嘗使諸數家射ー 。㊁❶덮을부、가리울부(蓋也)。〔詩〕鳥ー翼之。❷쌀부(包也)。〔中庸〕高明所以ー物也。❸고루고루 퍼질부(布也)。〔孟子離婁上〕仁ー天下。❹엎드릴부(伏兵)。〔左傳隱公九年〕君爲三ー以待之。
【覆勘:복감】다시 살펴 봄。다시 조사함。『宋史』ーー不同。
【覆車之戒:복거지계】《喩》남의 실패를 보고 자기를 경계하는 일。『漢書·賈誼傳』前車覆、後車戒。
【覆啓:복계】회답을 올림。편지 첫머리「에 씀。
【覆考:복고】이리 뒤집고 저리 뒤집어 잘 생각함。반복하여 살펴 봄。『後漢書』守闕稱寃、詔遣ーー。
【覆簣:복궤】삼태기를 뒤엎음。《喩》조그마한 일을 쌓아 큰 일을 성취함。
【覆溺:복익·복닉】배가 뒤집혀 물에 빠짐。『貢師泰』雖云免ーー、誰復解倒懸。
【覆面:복면】얼굴을 남이 알아 보지 못하게 전부 또는 일부의 얼굴을 헝겊 같은 것으로 싸서 가림。
【覆面强盜:복면강도】얼굴을 싸서 가린 강도。
【覆滅:복멸】아주 결딴나 없어지거나 없앰。
【覆沒:복몰】❶배가 뒤집혀 가라앉음。『魏志』詔曰、故尙書僕射杜畿於孟津試船、遂至ーー。❷싸움에 크게 패배함。❸한 집안이 결단남。
【覆墓:복묘】葬事 지낸지 사흘 후에 무덤에 참배하는 일。『釋氏要覽』殯後三日、再往墓所、謂之ーー。
【覆翻:복번】뒤집음。『范成大』由來事成毀、只繫手ーー。
【覆盆:복분】❶동이의 물을 뒤집어 엎음。소나기의 형용。❷동이를 뒤엎음。또는 엎은 동이。《喩》無根한 죄를 뒤집어 씀。❸《植》고무딸기。薔薇科의 落葉灌木。우리 나라 각 지방에 저절로 남。覆盆子。
【覆盆子:복분자】《植》❶고무딸기。『論衡』天與地無異、若ーー。❷고무딸기의 열매。
【覆沙:복사】모래가 밀려서 논밭 같은 「데 덮여 쌓임。또는 그 모래。
【覆書:복서】편지의 회답。返信。
【覆船:복선】배가 엎어짐。
【覆手:복수】손바닥을 뒤엎음。『杜甫·貧交行』翻手作雲ーー雨。《喩》㉠일이 아주 쉬움。㉡쉽사리 변함。覆掌。反掌。
【覆水:복수】❶쏟아진 물。❷위를 덮어 씌움。
【覆水不返盆:복수불반분】한 번 쏟뜨린 물은 다시 그릇에 담기지 않음。《喩》㉠한 번 이혼한 여자를 다시 얻을 수는 없음。㉡한 번 끝난 일은 되풀이 못함。㉢놓친 기회를 다시 얻기는 어려움。覆水難收。
【覆試:복시】《制》初試에 급제한 사람이 다시 보던 과거。『宋史』ーー進士于講武殿。
【覆審:복심】❶반복하여 자세히 살펴 봄。『書經·疏』ーー囚證之辭。❷《法》上級審에서 下級審과는 전혀 관계 없이 다시 審理·판결하는 일。
【覆按:복안】이리 뒤집고 저리 뒤집어 잘 살펴 봄。『漢書』今不良之吏、ーー小罪、徵召證案、興不急之事、以妨百姓。
【覆壓:복압】뒤집어 씌움。씌우고 억누름。『杜牧』ーー三百餘里、隔離天日。
【覆育:복육】천지가 만물을 덮어 기름。『禮記』煦嘔ーー萬物。
【覆字:복자】활자가 뒤집혀서 검게 박「혀진 글자。
【覆藏:복장】마음 속에 숨겨 간직함。『大集經』從佛懺悔、不敢ーー。
【覆奏:복주】잘 살펴 보고 아룀。『舊唐書』決死刑、必三ーー。
【覆轍:복철】수레가 뒤집어 엎힌 자리。《喩》전에 실패한 자취。『新論』故能登阪赴險、無ーー之敗。
【覆墜:복추】뒤집혀 떨어짐。『莊子』天地ーー。
【覆敗:복패】전쟁에 패배함。싸움에 짐。
【覆蓋:부개】❶뚜껑。❷뒤덮음。뒤덮임。『古詩』枝枝相ーー、葉葉相交通。
【覆載:부재】❶뒤덮음과 받아 실음。『禮記·中庸』天之所覆、地之所載。❷天地。하늘과 땅。乾坤。『宋書』ーー所不容。
◎反ー、顚ー。

十三畫

【覆】(복)『覆』(前條)과 같음

【覇】(패)『霸』(雨部13畫)의 俗字

【覈】(핵) 陌 カク、しらべる、かんがえる verification ㄏㄜˊ he²
小篆 或體 ❶핵실할 핵(考事得實)。【王褒文】鼓動響則硏ー

臧否。 ❷겨무거리핵(穀種不破)。〔漢書〕亦食糠—耳。 ❸씨핵(果中實)。〔周禮〕其植物宜—。 ❹액색할핵(慘刻)。

〔覈得:핵득〕 實狀을 조사하여 사실을 알아 냄。

〔覈論:핵론〕 ❶일의 實狀을 조사하여 논박함。 ❷嚴格하게 論함。〔後漢書〕不爲危言——。

〔覈物:핵물〕 核이 있는 과실。 복숭아·자두 따위。〔周禮〕其植物宜——。

〔覈辨:핵변〕 일의 실상을 조사하여 따져 밝힘。

〔覈實:핵실〕 일의 실상을 조사함。

十七畫

【覉】 (기)『羈』(19畫 网部)의 本字

十九畫

【覊】 (기)『羈』(19畫 网部)와 같음

見 部

【見】 一(견) 霰 二(현) 霰 ケン、みる see: observe ㄐㄧㄢˋ chien4

小篆 見 小篆 見 草書 見 一 ❶볼견(識—視也)。〔易〕飛龍在天利—大人。 ❷만나볼견(會—)。〔晋書張華傳〕陸機兄弟—華面如舊。 ❸당할견(當也)。〔史記屈原傳〕信而—疑忠而被謗。 二 ❶나타날현(顯也)。〔史記淮陰侯傳〕情—勢屈。 ❷드러날현(露也)。〔易〕—龍在田。〔論語泰伯〕天下有道則—。 ❸있을현(在也)。〔史記〕軍無—糧。 ❹보일현(朝—)。〔周禮〕春—曰朝。

〔見却:견각〕 남에게 거절을 당함。

〔見輕:견경〕 남에게 깔봄을 당함。

〔見困:견곤〕 곤란을 당함。

〔見屈:견굴〕 남에게 굽힘을 당함。

〔見棄:견기〕 남에게 버림을 받음。

〔見機:견기〕 ❶기미를 알아 챔。 ❷기회를 봄。

〔見機而作:견기이작〕 기미를 보아서 미리 조처함。

〔見利忘義:견리망의〕 利를 탐내어 의리를 잊음。

〔見侮:견모〕 남에게 업신여김을 당함。

〔見聞:견문〕 ❶보고 들음。 또는 그 지식。 聞見。 ❷《佛》보고 듣고 하여 깨달아서 알음。

〔見蚊拔劍:견문발검〕 모기를 보고 칼을 뺌。《喩》하찮은 일에 너무 크게 허둥지둥 덤빔。

〔見物生心:견물생심〕 실물을 보면 욕심이 생김。

〔見背:견배〕 어버이의 죽음。〔李密·陳情表〕生孩六月、慈父——。

〔見本:견본〕 본보기。 看色。

〔見孚:견부〕 남에게 신용을 받음。

〔見奔獐放獲兎:견분장방획토〕《國》달아나는 노루 보다가 잡은 토끼 놓친다。《喩》큰 것에 욕심을 내다가 도리어 자기가 가진 것마저 잃어버린다는 뜻。〔旬五志〕。

〔見事生風:견사생풍〕 일을 당하면 빨리 처리하는 손바람이 남。

〔見說:견설〕 남의 말을 들음。 듣는 바에 의하면。 聞說。〔李白〕——蠶叢路、崎嶇不易行。

〔見性成功:견성성공〕《佛》자기 본래의 천성을 깨달아 佛徒로서의 성과를 거둠。

〔見性成佛:견성성불〕《佛》자기 본래의 천성을 깨달으면 부처가 됨。

〔見習:견습〕 남의 하는 일을 배워서 실지로 연습함。 또는 그러한 과정에 있는 사람

〔見習生:견습생〕 일을 보고 배워 익히는 사람。

〔見識:견식〕 ❶견문과 학식。〔二程全書〕無他——。 ❷사물을 식별하고 관찰하는 능력。 識見。 知見。

〔見失:견실〕 잃음을 당함。

〔見樣:견양〕 ❶목적물을 겨누는 일。 ❷겨누어 정한 치수와 樣式。

〔見忤:견오〕 남에게 미움을 받음。 見憎。

〔見辱:견욕〕 욕을 당함。

〔見危致命:견위치명〕 나라가 위급한 경우에 자기의 몸을 나라에 바침。

〔見積:견적〕 어림잡아 한 계산。

〔見積書:견적서〕 견적을 적은 서류。

〔見重:견중〕 남에게 소중히 여김을 당함。

〔見憎:견증〕 남에게 미움을 당함。

〔見地:①견지②현지〕 ❶사물을 보는 입장。 觀點。 ❷㉠현재 갖이고 있는 토지。㉡현재 어떤 일이 행하여지고 있는 곳。 現場。〔皇甫憬〕山水之餘、即爲——。

〔見執:견집〕 붙잡힘을 당함。

〔見責:견책〕 책망을 당함。

〔見斥:견척〕 배척을 받음。

〔見逐:견축〕 축출을 당함。

〔見黜:견출〕 내쫓김을 당함。

〔見奪:견탈〕 빼앗김을 당함。

〔見汰:견태〕 관직에서 파면을 당함。

〔見退:견퇴〕 거절함을 당함。

〔見敗:견패〕 패배 당함。

〔見學:견학〕 실지로 보고 배움。

〔見害:견해〕 손해를 당함。

〔見解:견해〕 자기가 본 의견과 해석。〔鶴林玉露〕曾點之——、顏子之工夫。

〔見舅姑:현구고〕 新婦가 예물을 가지고 처음으로 시부모께 뵘。

〔見糧:현량〕 현재 가지고 있는 군량。〔史記·項羽本紀〕軍無——。

〔見在:현재〕 현존함。 지금 있음。 現在。

〔中庸章句·註〕君子但因—所居之位、而爲其所當爲。

〔見齒:현치〕 웃는 것。 웃으면 잇발이 드러남。〔禮記·檀弓·上〕泣血三年、未嘗—。

◎管—、達—、望—、發—、拜—、邪—、想—、先—、所—、識—、外—、愚—、意—、引—、淺—、卓—。

二畫

【觃】 (관)『觀』(18畫 見部)의 略字

三畫

【覓】 (몽) 東 ボウ、すすむ advance

小篆 覓 나갈몽(進也)。

四畫

【規】 (규) 支 キ、のり、ただす regulation ㄍㄨㄟ kuei1

小篆 規 草書 規 ❶그림쇠규(—矩正圓器)。〔淮南子〕—者所以圜萬物也。 ❷발릴규(箴—以法正人)。〔書經胤征〕官師相—。 ❸계교할규(—求計也)。〔左傳昭公二十六年〕—求無度。 ❹간할규(—諫)。〔詩淇隩序〕武公能聽其—諫。 ❺꾀규(—度謀也)。〔戰國策〕齊無天下之—。 ❻법어길규(—避違法)。〔唐書〕—影徭賦。 ❼새이름규(鳥名子—)。 ❽법규(—律法也)。

〔規諫:규간〕 사리를 말하여 간함。〔新序〕好學智也、受——仁也。

〔規格:규격〕 ❶일정한 표준。 규칙과 격식。 ❷공업 제품의 품질·형식·치수 따위를 규정한 표준。

〔規格統一:규격통일〕 규격을 통일함。

〔規見:규견〕 엿봄。 窺視。

〔規戒:규계〕 바르게 경계함。

〔規求:규구〕 탐내어 요구함。〔左傳〕侵

欲無厭、一一無度。

【規矩:규구】❶그림쇠。❷規矩準繩①。❸행위의 표준。사물의 준칙。일상 생활에 지켜야 할 법도。

【規矩準繩:규구준승】❶컴퍼스·曲尺·水準器 및 먹줄。(모두 목수의 도구)。〖孟子〗聖人既竭目方既、繼之以——。❷=規焉②。

【規例:규례】규칙과 定例。

【規免:규면】=圖免。

【規模:규모】❶컴퍼스와 본。❷본보기가 될만한 제도。規範。〖漢書〗一一弘遠矣。❸물건의 크기 또는 구조。❹일정한 예산의 한도。

【規範:규범】❶規模②。〖陸雲〗今我頑鄙、一一廱遵。❷㉠《哲》眞·善·美를 얻기 위한 행위의 원리。㉡判斷·評價·行爲의 기준。

【規範科學:규범과학】《哲》마땅히 있어야 할 규범을 세우는 학문。논리학·윤리학·미학 등。↔經驗科學。

【規範學:규범학】사상·행위·정조의 규범을 논하는 논리학·윤리학·미학 따위。

【規約:규약】《法》約定한 규칙。

【規約違反:규약위반】약정한 규칙을 이행하지 않고 위반함。

【規律:규율】❶법규의 본보기。일정한 법규。❷질서。

【規切:규절】경계하여 바로 잡음。規飭。規戒。〖歐陽修〗一一人主。

【規正:규정】나쁜 곳을 바로 잡음。匡正。〖南史〗在職淸儉、多所相一一。

【規程:규정】❶=規定。〖徐賁〗豈侯入闇域、方能知彼一一。❷모든 행위의 준칙이 되는 규칙。❸공공 기관의 내부 조직 및 사무 처리상의 표준 규칙。

【規定:규정】❶규칙을 정함。❷작정한 규칙。

【規定論:규정론】사람의 의지·동작 또는 운명이 스스로 규정된 것이고、조금도 변경할 수 없다는 학설。

【規定命題:규정명제】특수한 개념을 일반 개념에 종속시켜 단정한 명제。

【規制:규제】규칙을 제정함。또는 규칙。〖宋史〗久掌三班、無一一、遠近失敍。

【規準:규준】❶콤파스와 水準器。모두 목수의 도구。❷=規矩②。〖陳章〗輻輳必循乎一一。❸《宗》기독교에서의 新·舊約聖書。

【規則:규칙】지키고 따라야 할 準則。〖李詳玉〗氷雪凜一一。❷法規。法則。

【規則動詞:규칙동사】일정한 규칙 아래 활용되는 동사。↔變則動詞。

【規則生活:규칙생활】절도가 있는 생활。

【規度:①규탁 ②규도】❶헤아려 계획함。❷규범。

【規避:규피】《中》핑계를 만들어서 회피함。

【規誨:규회】바로잡고 타이름。또는 그 가르침。〖曾鞏〗相期在一一。

◎法一、子一、正一、定一、制一。

【覐】(각)『覺』(13畫 見部)의 古字

【覑】(편) 銑 ヘン、うかがう peep ❶슬쩍볼편(覑貌)。❷사람이름편(士一)。

【覒】(모) 豪 モウ、ボウ、みる gaze 小篆 ❶볼모(觀也)。❷가릴모(擇也)。

【覓】(멱) 錫 ベキ、もとめる search for ㄇㄧˋ mi⁴ 草書 ❶구할멱(求也)。〖古詩那呵灘〗❷찾을멱(尋也)。

【覓去:멱거】찾아 감。가져 감。

【覓句:멱구】시인이 훌륭한 시를 지으려고 애써 좋은 글귀를 찾는 일。

【覓得:멱득】찾아서 얻음。〖元稹〗須臾一一又連催、特勅街中許燃燭。

【覓來:멱래】찾아 옴。가져 옴。

【覓索:멱색】찾음。

【覔】(멱)『覓』(前條)의 俗字

【覗】(시) 支 シ、のぞく peep (at,into) 엿볼시(窺覗)。

【⿰开見】(이) 支 ジ、くちをとじる shut up 입다물이(閉口貌)。

【⿰厄見】(액) 陌 ヤク、おどろきやすい be easily frightened 잘놀랄액(善驚貌)。

【視】(시)『視』(5畫 見部)와 같음

五 畫

【覕】(별) 屑 ベツ、ちらとみる glance at 小篆 草書 ❶언뜻볼 별(過目暫見)。❷벨별(割也)。〖莊子〗人之斷制利天下譬之猶一一。

【⿰台見】(시) 支 シ、いざなう tempt 유인할시(誘引)。

【⿰召見】㊀(소) 嘯 ㊁(교) 蕭 ソウ、みる see ㊀❶볼소(見也)。❷부를소(召也)。㊁❶뵈울교(謁見)。❷멀고(遠也)。

【⿰氐見】(미) 齊 ベイ、やんだひとがみる patient's glance 小篆 小篆 병든사람볼미(病人視貌)。

【視】(시) 寘 シ、みる look at; sight ㄕˋ shih⁴ 小篆 古文 古文 草書 ❶볼시(瞻也)。〖書〗一遠惟明。❷견줄시(比也)。〖左傳〗季武子使謂叔孫以公命曰一邾滕。❸본받을시(效也)。〖書〗一乃厥祖。❹대접할시(看待)。〖左傳〗鄭賈人如晉荀罃善一之。

【視角:시각】《物》물체의 두 끝에서 눈으로 이르는 두 직선이 이루는 각。

【視覺:시각】《生》물건을 볼 수 있는 눈의 감각。物象이 網膜에 비치면 視神經을 자극하여 뇌에 전달함으로써 일어나는 감각。視感。

【視覺主義:시각주의】기억을 물리치고 눈에 나타난 것을 그대로 묘사하는 주의。

【視覺表象:시각표상】시각 작용으로써 구성된 표상。

【視界:시계】❶눈에 비치는 외계。❷시력이 미치는 범위。視野。

【視空間:시공간】視覺에 의하여 知覺되는 공간。觸空間。

【視力:시력】《生》물체의 형태를 분간하는 눈의 능력。

【視力檢査:시력검사】眼力을 검사하는 일。

【視力檢査表:시력검사표】시력 검사에 쓰이는 표。

【視務:시무】사무를 봄。

【視物:시물】눈으로 물건을 봄。

【視民如子:시민여자】백성을 자식 같이 생각함。

【視發水雷:시발수뢰】항만이나 河口를 방어하기 위한 수뢰로、해저 수뢰와 浮標 수뢰가 있음。

【視事:시사】임금이 정사를 봄。

【視線:시선】물건을 향해 눈이 가는 길。눈알의 중점과 보는 물건과의 이어지는 선。〖宋書〗靦然一一、忍此餘生。

【視息:시식】눈 뜨고 살아 있는 목숨。

【視神經:시신경】《生》網의 視覺을 뇌에 전달하는 第二腦神經。

【視野:시야】❶=視界。❷사물을 관찰하여 판단할 수 있는 범위。

【視若尋常:시약심상】 감정의 동요를 일으킴 없이 심상하게 봄.
【視若楚越:시약초월】 서로 멀리하고 돌아보지 않음.
【視而不見:시이불견】 시선이 물건 쪽으로 향하였을 뿐 마음은 다른 데 있어서 보이지 않음. 보고 있으나 알지 못함. 『禮記·大學』
【視箴:시잠】 四勿箴의 한 가지. 禮가 아니어든 보지 말라는 戒箴. 非禮勿視.
【視點:시점】 ❶눈에서 물체 위로 시력의 중심이 가 닿는 점. 注視點. ❷透視畫法에서 물체를 보는 單眼이 존재하는 점. 그림에서 평행선이 한 점이 되는 점.
【視朝:시조】 조정에 나아가 정사를 봄.
【視準:시준】 《物》 망원경의 방향을, 보아야 할 목적물의 방향에 맞추는 일.
【視準鏡:시준경】 시준을 정하는 작은 망원경.
【視準線:시준선】 망원경의 對物렌즈와 對眼렌즈의 두 중심점을 통하는 직선.
【視準誤差:시준오차】 망원경의 視準線과 십자선이 일치하지 않을 때 일어나는 오차.
【視差:시차】 천체의 일점을 두 지점에서 바라볼 때의 방향의 차. 곧 천체와 두 직선이 짓는 角. 두 지점 사이의 거리로 천체까지의 거리를 산출함.
【視察:시찰】 실지 사정을 돌아다니며 살펴 봄.
【視瞻:시첨】 바라다 봄. 휘둘러 봄. 瞻視. 『禮記』入戶奉扃, 一一毋回.
【視聽:시청】 ❶눈으로 봄과 귀로 들음. ❷눈과 귀. 『王羲之』極一一之娛.
【視聽覺教育:시청각교육】 영화·텔레비·라디오·레코드 등의 눈과 귀를 통한 감정적 教具를 써서 효과를 올리려고 하는 교육 방법.
【視學:시학】 ❶왕이 國學에 行幸하여 釋奠·養老의 禮를 행하는 일. 『禮記·學記疏』. ❷學事를 시찰함.
【視學官:시학관】 《制》 日帝 시대 學務局에 속해 있던 高等官의 하나. 管內의 학사 시찰을 맡아 보았음. 지금의 獎學官에 해당함.
◎監一, 檢一, 近一, 亂一, 明一, 無一, 斜一, 熟一, 巡一, 雄一, 遠一, 凝一, 敵一, 正一, 注一, 直一, 疾一.

【覎】 (시) 支 シ、うかがう attendance 小篆 ❶기다려볼시(伺候). ❷다소곳할시(規一面柔). 『詩』得此戚施. 【箋】面柔下人以色故不能仰.

【覗】 (사) 支 シ、うかがう peep ㄙ ssu¹ 草書 ❶엿볼사(窺視). ❷기다려볼사(伺也).

【覘】 (첨) 鹽 テン、うかがう spy ㄓㄢ chan¹ (俗音「점」) 小篆 草書 ❶엿볼첨(闚視). 『左傳』公使人一之. ❷기다려볼첨(候也). 『唐書』一候姦譎.
【覘望:첨망】 살피면서 바라봄. 伺望. 『吳志』張遼一一知之.
【覘視:첨시】 엿봄. 窺視.
【覘敵:첨적】 적의 형세를 엿보아 알아봄.
【覘詗:첨형】 형편을 염탐함.
【覘候:첨후】 ❶남몰래 살핌. ❷적의 형편을 살핌. 偵伺. 『北齊書』一一還至白道.

六畫

【覛】 (맥) 陌 バク、ベキ、みる glance at ㄇㄛ mo⁴ 小篆 籀文 草書 ❶할깃볼맥(衺視). 『西京賦』一往昔之遺館. ❷마주말끄러미볼맥(一一相視). ❸살펴볼맥(密察). 『周語』古者太史順時一土. (『脈』과 같음)

【覙】 (척) 錫 (be) obedient 다소곳할척(一頔). 『詩經』作戚施.

【覜】 (조) 嘯 チョウ、まみえる audience ㄊㄧㄠ t'iao⁴ 小篆 小篆 草書 뵈올조(視也). 『說文』諸侯三年大相聘曰一.

七畫

【覞】 (요) 嘯 ヨウ、あわせみる see together ㄧㄠ yao⁴ 小篆 아울러볼요(竝視).

【䚇】 (혁) 陌 キャク、みる look at ❶볼혁(見也). ❷땅이름혁(地名一峴).

【䙻】 (요) 篠 ヨウ、ふかくみる stare (at) 뚫어지게볼요(深視).

【䙾】 (침) 侵 シン、うかがう look for 小篆 가만히 머리내밀고볼침(私出頭視).

【覡】 (격) 錫 ゲキ、かんなぎ male diviner (古音「혁」) 小篆 草書 박수격(男巫). 『說文』能齋肅事神明在男曰一在女曰巫.

八畫

【䚄】 (록) 屋 ロク、みる look 小篆 ❶한가지로볼록(共視). ❷눈끄부장하게볼록(眼曲而視).

【覢】 (섬) 琰 セン、ちらとみる glance at 小篆 ❶언뜻볼섬(暫見). 『公羊傳』一然公子陽生. ❷흘깃볼섬(一一, 視貌).

【覣】 (위) 支 cast a friendly glance at 小篆 좋게볼위(好視).

【䚅】 (래) 隊 ライ、よくみる look into 小篆 안으로볼래, 속속들이볼래(內視).

【覤】 (혁) 陌 ゲキ、おどろく surprise 草書 깜짝놀랄혁(驚貌).
【覤覤:혁혁】 놀라고 두려워하는 모양.

【䚕】 (세) 霽 セイ、やぶれくだける break 부스러뜨릴세(破碎).

九畫

【覦】 (유) 虞 ユ、ねがう aspire ㄩ yü² 小篆 草書 넘겨다볼유(覬一欲得). 『左傳襄公十五年』能官人則民無一心.

【䚉】 (추) 宥 シュウ、もだえみる look at with regret 민망히볼추(悶視).

【覨】 (악) 藥 ガク、ながくみる gaze 오래볼악, 물끄러미볼악(久視).

【䙿】 (규) 支 キ、みだりがわしげにみる cast a lustful glance at 음란하게볼규(淫視).

【覩】 (도) 虞 ト、みる gaze; observe ㄉㄨ tu³ 草書 볼도(見也). 『易經』聖人作而萬物一.
【覩星:도성】 德星을 봄. 德이 높은 사람을 우러러 사모함. 『書言故事』韓愈遺李渤書曰, 朝廷士引領東望, 若景星鳳凰始見, 爭先覩之爲快.

【⿰省見】(생) 梗 セイ、あしがみえる bare-legged 종아리드러낼생(脚露)。

【⿰是見】(제) 齊 テイ、あらわれる appear 小篆 드러날제(現也)。

【⿰卷見】㊀(훤) 阮 カン、おおいにみる look at with widely open ㊁(권) 先 小篆 ㊀크게 볼훤(大視貌)。㊁뜻은 ㊀과 같음。

【親】㊀(친) 眞 シン、したしむ、おや familiar; parents ㊁(친) 震 ㄑㄧㄣ ch'in' 小篆 草書 ㊀❶사랑할친(愛也)。【孝經序】ㅣ譽日著。❷친할친(近也)。【易】本乎天者ㅣ上本乎地者ㅣ下。❸몸소친(躬也)。【詩】不躬不ㅣ。❹겨레친、일가친(ㅣ戚九族)。【左傳】祿勳合ㅣ。❺스스로친、손수친(自也)。【禮】世子ㅣ齊玄而養。❻육친친(六ㅣ父母兄弟妻子)。㊁❶사돈친(婚家)。❷친정 친(親庭)。

【親家:친가】❶친척 집。【唐書】蕭嵩妻入謁、帝呼爲ㅣㅣ。❷=親庭。❸《佛》중의 부모가 사는 俗家。

【親監:친감】임금이 몸소 감시함。

【親見:친견】❶실지로 친히 봄。【後漢書】傳聞不如ㅣㅣ。❷친히 면접함。

【親耕:친경】《制》옛날 임금이 이른 봄에 몸소 籍田을 갈던 일。【穀梁傳】天子ㅣㅣ以共齊盛、王后親蠶以共祭服。

【親系:친계】《法》친족의 계통。(直系親과 旁系親으로 나눔)。

【親故:친고】❶겨레붙이 및 오래 사귄 벗。❷친구。【晉書】郄超性好施、一日中散與ㅣㅣ都盡。

【親告:친고】❶몸소 알리어 바침。❷피해자가 직접으로 하는 고소。

【親告罪:친고죄】《法》檢事가 公訴를 제기함에 있어서 피해자 또는 그 밖의 법률이 정한 자의 고소나 청구가 있음을 필요로 하는 범죄。폭행죄·강간죄·명예훼손죄 따위。

【親串:친관】아주 친하여 까가와 짐。【謝惠連】聊用布ㅣㅣ。

【親交:친교】친밀한 교분。

【親教:친교】부모의 교훈。

【親舊:친구】❶오래 두고 정답게 사귀어 온 벗。❷겨레붙이와 오래 사귄 벗。親故。❸벗으로서 절친하게 사김。【魏文帝·文】禮賢ㅣㅣ。

【親鞫:친국】임금이 重罪人을 친히 심문함。

【親眷:친권】퍽 가까운 친척。【鮑照】旣經江海別、復與ㅣㅣ違。

【親權:친권】《法》부모가 未成年의 자식이나 또는 독립할 수 없는 자식에 대하여 身上·財產上의 보호·감독을 하는 권리와 의무。

【親近:친근】❶친하여 따름。【史記】求ㅣㅣ左右。❷사이가 아주 가까움。❸친히 거느리는 부하。❹親族。

【親忌:친기】부모의 제사。

【親男妹:친남매】동기간의 오누이。

【親昵:친닐】친하고 화목함。【北史】有犯禁者、雖至ㅣㅣ、無所容貸。

【親同氣:친동기】동기。

【親等:친등】《法》친족 사이의 멀고 가까움을 구별한 등급。寸數。等親。【中庸】親親之等。

【親覽:친람】친히 관람함。親見。

【親臨:친림】임금이 친히 그 곳에 臨함。

【親莫親:친막친】더할 수 없이 가까움。

【親命:친명】부모의 명령。

【親母:친모】친어머니。生母。實母。

【親睦:친목】서로 친하여 뜻이 맞고 정다움。【孟子】百姓ㅣㅣ。【禮記·疏】ㅣㅣ尙不服、庶母不服可知。

【親睦會:친목회】친목을 도모하기 위한 모임。

【親聞:친문】친히 들음。

【親密:친밀】썩 친하여 사이가 버성기지 않음。【吳志】中庶子官最ㅣㅣ。

【親父:친부】친아버지。【莊子】ㅣㅣ不爲其子媒。

【親分:친분】썩 가깝고 다정한 정분。契分。

【親不親:친불친】가까움과 가깝지 않음。

【親事:친사】❶친히 일을 다스림。❷《制》唐代 벼슬 이름。守衞倍從을 맡아 보았음。【通典·職官典】。❸《中》결혼 문제。혼담。

【親査:친사】《國》남편과 아내의 양쪽 부모 사이의 호칭。親査頓。

【親査頓:친사돈】부부의 부모끼리의 일컬음。

【親喪:친상】부모의 상사。

【親桑:친상】옛날 皇后가 늦봄에 몸소 뽕을 따서 누에를 치던 일。【漢書·文帝記】。

【親書:친서】❶친히 글씨를 씀。❷몸소 보내준 서신。親信。

【親署:친서】임금이 친히 서명함。

【親善:친선】서로 친하여 사이 좋게 함。

【親疎:친소】친함과 버성김。【禮記】夫禮者、所以定ㅣㅣ決嫌疑。

【親疎間:친소간】음친하여 가깝든지 가깝지 못하든지 관계할 것 없는 사이。

【親孫子:친손자】자기의 손자。

【親率:친솔】한 집안의 권솔。

【親熟:친숙】친하여 서로 흉허물이 없음。

【親試:친시】임금이 친히 나와서 시험을 뵘。

【親臣:친신】임금을 가까이 모시는 신하。【孟子】王無ㅣㅣ矣。

【親信:친신】❶가까이 여겨서 신용함。또는 그 사람。【李商隱】麾下平生、盡忘舊愛、帳中ㅣㅣ、即起他謀。❷몸소 보내준 書信。親書。

【親狎:친압】사이가 아무 흉허물이 없이 가까움。【南史】張弘策與梁武帝、年相輩、幼見ㅣㅣ。

【親愛:친애】서로 사이가 친밀하고 사랑함。【大學】人之其所ㅣㅣ而辟焉。

【親閱:친열】임금이 친히 군대를 사열함。【齊書】ㅣㅣ六師。

【親迎:친영】❶친히 나아가 맞이함。❷=親迎禮。【詩經】ㅣㅣ于渭。

【親迎禮:친영례】結婚六禮의 하나。신랑이 친히 신부집에 가서 신부를 맞아 오는 예식。

【親往:친왕】친히 감。

【親用:친용】친히 씀。【漢書】又多其材、欲ㅣㅣ之、以故未擊。

【親友:친우】친한 벗。親朋。【戰國策】所借衣車者、非ㅣㅣ則兄弟也。

【親衞隊:친위대】《制》❶國王·국가 원수 등의 신변을 경호하는 軍隊。❷李朝末 서울의 수비를 맡은 군대。高宗 三二년에 베풀었다가 光武 九년에 폐지함。

【親衣:친의】속옷。襯衣。

【親倚:친의】가까이 의지함。

【親誼:친의】썩 가까운 정의。

【親任:친임】《制》임금이 친히 임명함。또는 그 벼슬。親任官。【後漢書】梁冀素聞朱穆名、乃辟之、使典兵事、甚見ㅣㅣ。

【親炙:친자】친히 그 사람을 가까이 하여 감화를 받음。【孟子·盡心】況於ㅣㅣ之者乎。

【親子息:친자식】자기가 직접 낳은 자녀。

【親展:친전】❶친히 만나 속을 숨김 없이 터놓음。【陸雲】無因ㅣㅣ、書以言心。❷몸소 펴서 봄。편지 겉봉에 쓰는 말。

【親傳:친전】친히 가서 전하여 줌。

【親切:친절】매우 정답고 고분고분함。

【親接:친접】친히 나아와 접대함。【朱子文集】未ㅣㅣ。【後漢書】內外臣僚、莫由ㅣㅣ。

【親征:친정】임금이 몸소 나아가 征伐함。【書經·疏】諸侯有扈氏叛王命、率衆ㅣ

—之。
【親政:친정】 임금이 친히 정치를 함.
【親庭:친정】 (國)시집 간 여자의 본집. 「本家. 親家.
【親族:친족】 ≒親戚.
【親族會:친족회】 特定한 사람 또는 집을 위해 중요한 사항을 의결하기 위해 친족이 모여 하는 회.
【親知:친지】 썩 가깝게 지내는 사람. 『謝朓』浩蕩別——。
【親執:친집】 남에게 일을 시키지 않고 몸소 행함.
【親撰:친찬】 임금이 글을 친히 지음. 「또는 그 글.
【親札:친찰】 친히 쓴 편지.
【親策:친책】 임금의 친히 策問을 행함.
【親戚:친척】 촌수가 가까운 겨레붙이. (親은 內親, 戚은 外親). 『禮記』兄弟——, 稱其慈也。
【親親:친친】 ❶자기 어버이를 섬김. 『孟子』——而仁民。 ❷친척을 親愛함. ❸마땅히 친하여야 할 사람과 친함.
【親筆:친필】 손수 쓴 글씨. 眞筆.
【親行:친행】 일을 몸소 시행함. 躬行.
【親兄:친형】 친언니.
【親兄弟:친형제】 동기의 언니와 아우.
【親好:친호】 서로 사이가 좋고 정다움. 『北史』朕共遊庠序, 遂相——。
【親和:친화】 ❶사이 좋게 지냄. 『說苑』百姓——。 ❷(化)서로 종류가 다른 물질이 화합됨.
【親患:친환】 부모의 병환.
【親獲:친획】 스스로 거두어서 얻음.
【親厚:친후】 서로 친하여 그 정의가 두터움. 『蜀志』幼相——。
【親候:친후】 부모의 體候.
【親洽:친흡】 서로 친하고 화합함.

【覘】 (담) 感 タン、しずかにみる look at
小篆 천천히 볼 담(徐視)。

十畫

【覫】 (방) 養 ホウ、よこめでみる look askance
곁눈질할 방(側視貌)。

【覨】 (두) 尤 トウ、めやに eyes stained with the gum
小篆 눈곱낄 두(目蔽垢)。

【覬】 (기) 寘 キ、のぞむ aspire ㄐㄧˋ chi⁴
小篆 草書 넘겨다볼 기(—覦希望)。『左傳桓公二年』下無—覦。

【覬覦:기유】 바라서는 안 될 일을 넘겨다 봄. 자기분 이외의 욕망을 품음. 『左傳·桓·二』民服事其上, 而下無——。

【覭】 (명) 靑 ベイ、くらいところでみる peep through the dark ㄇㄧㄥˊ mo⁴
小篆 어두운데서 엿볼 명(暗處密窺)。

【覭髳:명무】 초목이 우거진 모양。『爾雅·注』謂草木之叢茸翳薈也。

【覦】 (유) 尤 ユウ、みおろす look down for
小篆 내려다보며 더듬을 유(下視探物)。

【覯】 (구) 宥 コウ、あう come across ㄍㄡˋ kou⁴
小篆 草書 ❶만나볼 구(遇見)。『詩』亦旣—止。 ❷이룰 구(成也)。『左傳』郇瑕氏土薄水淺其惡易—。

【覯閔:구민】 근심을 만남. 근심이 생김. 『詩·柏舟』——旣多受侮不少。

十一畫

【覰】 (처) 魚 ショ、ソ、うかがう peep ㄑㄩˋ ch'ü⁴
小篆 草書 엿볼 처(伺視)。『唐書』北寇—邊。

【覷步:처보】 ❶문득 가다가 문득 보곤 함. 視察하면서 巡行함. 『元稹』强梁御史人——, 安得夜開沽酒戶。 ❷俗語로서 探偵을 말함. 『猗覺寮雜記』京師以探刺爲——。

【覷知:처지】 엿보고서 알음.

【䙿】 (예) 霽 エイ、ちらっとみる sidelong glance (at)
흘깃거릴 예(視貌)。

【覼】 (루) 尤 ル、ロウ、みる have a good look
❶자세히 볼 루(細視)。 ❷애꾸눈 루(片盲—瞑)。

【覱】 (참) 咸 サン、さける avoid
피할 참(避也)。

【䚍】 (책) 陌 セキ、みる glance at
밉게볼 책(憎視)。 볼 책(視也)。

【䚠】 (표) 篠 ヒョウ、ふりかえってみる look back
小篆 둘러볼 표, 살펴볼 표(所見省察)。

【覲】 (근) 震 キン、まみえる audience ㄐㄧㄣˋ chin³·⁴
小篆 草書 뵈올 근, 제후가 천자 뵈올 근(諸侯秋見天子)。『禮註』秋見曰—。

【覲參:근참】 높은 이에게 가서 뵙고 참배함.
【覲親:근친】 ❶친정 어버이를 뵈옴. ❷(佛)중이 俗家에 있는 어버이를 뵈옴.
【覲行:근행】 覲親 감.
【覲見:근현】 뵈옴·拜謁함.

十二畫

【観】 (관) 『觀』(18畫 見部)의 略字

【覵】 (린) 震 リン、したしむ intimate
친할 린(親也)。

【䚐】 (적) 錫 チャク、のぞみみる look over
小篆 ❶눈붉을 적(目赤)。 ❷멀리 바라볼 적(遙視)。

【覸】 ㊀(한) 删 ㊁(간) 潸 カン、ケン、うかがう spy
㊀엿볼 한(覘也)。 ㊁❶뜻은 ㊀과 같음. ❷섞일 간(雜也)。『禮』薦黍稷羞肺肝首心見閒以俠甒。

【覶】 (라) 歌 ラ、こまか details
小篆 草書 ❶차례 라(次序)。 ❷곡진할 라, 자세히 볼 라(—縷委曲)。『唐書』秉筆—縷不能成章。 ❸좋게 볼 라(好視)。

【覩】 (고) 豪 コウ、みる look at
❶볼 고(見也)。 ❷사람이름 고(不—)。

【覕】 (별) 『瞥』(12畫 目部)과 같음

【覾】 (심) 寢 シン、みおろす look down
❶깊이 볼 심(深見)。 ❷내려다볼 심, 굽어볼 심(下視)。

十三畫

【覺】 ㊀(각) 覺 ㊁(교) 效 カク、キョウ、さとる perceive
小篆 草書 ㊀❶깨달을 각(寤也曉也)。『書』厥德修罔—。 ❷깨우칠 각(知也)。『白虎通』學之爲言—也悟所不知也。 ❸밝힐 각(明也)。『左傳』以—報宴。 ❹클 각(大也)。 ❺곳곳할 각(直也)。『詩』有—其楹。 ❻발각할 각(發也)。『漢書』有而不言—兔。 ㊂꿈

깰교(夢醒)。〔詩〕尙寐無ー。

〔覺苦:각고〕 지옥이나 연옥의 고통。

〔覺得:각득〕 깨달아 얻음。

〔覺靈:각령〕 죽은 고승의 尊稱。

〔覺書:각서〕 ❶어떠한 약속을 잊어버리지 않게 하기 위하여 記錄해 둔 문서。❷《政》필요한 사항을 간단히 기재하여 元首 또는 외교 사절이 서명한、국가 사이에서 교환되는 외교 문서。

〔覺醒:각성〕 ❶깨어남。❷잘못을 깨달아 정신을 차림。

〔覺岸:각안〕 ❶《佛》미혹에서 깨어나는 海岸。미혹을 바다에 비겨 미혹에서 깨어남을 覺岸에 오른다고 함。❷《人》元代 중。字는 寶洲。古今에 널리 통하였음。鳥程의 寶相寺에 있었음。〈著書〉釋氏稽古略。

〔覺寤:각오〕 ❶잠에서 깨어남。꿈을 깨침。❷깨달음。覺悟。『史記』尙不ーー。

〔覺悟:각오〕 ❶미혹에서 벗어나 진리를 깨달음。도리를 깨달음。『楞嚴經』ーー無惑。❷앞으로 닥치어 올 일을 미리 알아차리고 마음을 정함。

〔覺悟自殺:각오자살〕 닥쳐올 앞일의 역경을 미리 깨닫고 자살함。

〔覺者:각자〕 《佛》❶부처。三德을 갖춘 사람。깨달은 이。❷우주·인생의 진리를 깨달아 安心立命의 경지에 이른 사람。人格의 완성자。

〔覺他:각타〕 스스로 깨달음과 법을 說하여 남을 開悟시켜 生死苦에서 떠나게 함。↔自覺。

〔覺海:각해〕 《喩》佛敎。(敎義가 깊고 넓음을 바다에 비긴 말)。『盧思道·文』投心ーー、束意玄門。

〔覺魂:각혼〕 사람이나 동물의 감각하는 힘。

◎感ー、大ー、味ー、發ー、先ー、視ー、自ー、正ー、知ー、直ー、錯ー、聽ー、觸ー、痛ー、幻ー、後ー、嗅ー。

十四畫

【覽】 (람) 感 ラン みる see together ㄌㄢˇ lan³ 小篆 草書 두루볼람(周觀)。〔史記〕登玆泰山周ー東極。

〔覽古:남고〕 古蹟을 찾아 그 당시의 모습을 생각하여 봄。『高適』臨邊無策略、ーー空徘徊。

〔覽觀:남관〕 구경함。觀覽。『韓愈』若睗ーー、亦足以知其志之所存。

〔覽揆:남규〕 보고 헤아림。《轉》탄생일。覽揆之辰。『楚辭·離騷』。

〔覽勝:남승〕 좋은 경치를 구경함。『王安石』ーー倚前簷。

◎上ー、熱ー、巡ー、歷ー、閱ー、遊ー、一ー、展ー、縱ー、周ー、天ー、台ー、便ー、回ー。

【覾】 (빈) 眞 ヒ・ちょっとみる glance at 小篆 잠간 볼빈、얼른 볼빈(暫見)。

【覼】 (라)『覶』(12畫見部)의 俗字

十五畫

【⿰樊見】 (번) 元 ハン、ちょっとみる glance at. 小篆 잠깐볼번、흘낏볼번(暫視)。

【⿰厲見】 (려) 霽 レイ、じっとみる gaze 몹시볼려(疾視)。밉게볼려(憎視)。

【覿】 (적) 錫 テキ、みる see ㄉㄧˊ ti² 小篆 草書 볼적(見也)。〔易經〕三歲不ー。

〔覿面:적면〕 ❶눈 앞。面前。❷눈 앞에 직접 면대함。임금이나 웃사람에게 면대하였을 때의 일컬음。『傳燈錄』ーー相呈、更無餘事。

十七畫

【⿰歸見】 (규) 支 キ、みつめる scrutinize 小篆 눈여겨볼규(注視)。

【⿰龠見】 (요) 嘯 ヨウ、みあやまる mistake 小篆 잘못볼요、그릇볼요(誤視)。

十八畫

【觀】 ㊀(관) 寒 ㊁(관) 翰 カン、みる observe; watch ㄍㄨㄢ kuan¹ 小篆 古文 草書 ㊀볼관(視也)。㊁❶보일관(示也)。〔易〕大ー在上順而巽中正以ー天下。❷대궐관(闕也)。❸집관(樓ー道宮)。〔史記〕仙人好樓居上令長安作蜚廉桂ー甘泉作益延壽ー。❹태자의 궁관(甲ー春宮)。〔漢書〕元帝在太子宮甲ー畫堂。❺무덤관(京ー積尸封土)。〔左傳〕君盍築武軍而收晉尸以爲京ー。❻모양관(儀ー容貌)。〔禮〕旣服習容ー玉聲乃出。❼놀관(遊也)。〔孟子〕吾何修而可以比於先王ー也。❽구경관(壯ー、奇ー)。❾괘이름관(卦名)。

〔觀感:관감〕 눈으로 보고 느낌。

〔觀感興起:관감흥기〕 눈으로 보고 마음에 느끼어 떨쳐 일어남。『孟子』百世之下、聞者莫不興起也。

〔觀客:관객〕 구경군。看客。

〔觀過知仁:관과지인〕 어진 사람의 과실은 너무 厚한 데 있고、악한 사람의 과실은 너무 薄한 데 있으므로、사람의 과실을 보고 그 어질고 어질지 않음을 알 수 있다는 말。『論語·里仁』人之過也、各於其黨、觀過斯知仁矣。

〔觀光:관광〕 ❶다른 나라의 文物을 시찰함。『易經』觀國之光。❷다른 지방이나 나라의 風景·風土를 구경함。❸《國》과거 보러감。

〔觀光客:관광객〕 관광을 하는 사람。

〔觀光團:관광단〕 관광을 목적으로 이루어진 단체。

〔觀光車:관광차〕 관광에 편리하게 꾸민 차。

〔觀念:관념〕 ❶생각。❷《佛》눈을 감고 마음을 가라 앉혀 깊이 생각하는 일。觀察思念。❸《心》자극이 사라진 뒤에도 意識 가운데 남는 心像。❹《哲》이데아、理性의 판단으로 얻은 최고의 개념。

〔觀念論:관념론〕 ❶《哲》認識論의 한 갈래。대상의 인식을 통합이라 함과、인식의 가능성은 주관의 先驗性에 의거한다고 하는 등 여러 설이 있으나、대체로 주관에 중심을 두는 입장을 말함。觀念主義·觀念學。↔實在論。❷실제적·구체적이 아닌 관념적인 이론。抽象論。

〔觀念小說:관념소설〕 도덕적 또는 공리적인 관념을 내용으로 하는 소설。

〔觀念的:관념적〕 ❶관념에 관한 것。❷관념에 치우쳐 현실에서 벗어난 것。

〔觀念主義:관념주의〕 ❶대상을 그리는 데 있어 주관적 가치에 따라서 제재를 理想化한 예술상의 주의。❷理想主義。

〔觀得:관득〕 ❶분명히 보고 이해함。❷신앙심이 통하여 神佛이 祈願을 받아 들여 줌。

〔觀燈:관등〕 《佛》음력 四월 八일에 夕燈이라 하여 등을 달고 등대를 세우고 밤에 불을 켜서 釋迦牟尼의 誕日을 기념하는 일。

〔觀燈節:관등절〕 사월 파일의 名節。

〔觀樂:관락〕 구경하여 즐김。

〔觀覽:관람〕 연극이나 영화 따위를 구경함。

〔觀覽客:관람객〕 연극·영화 따위를 구경하는 사람。

〔觀覽券:관람권〕 관람하는 표。

〔觀覽料:관람료〕 관람하는 요금。

【觀覽席:관람석】 관람하는 자리。
【觀覽稅:관람세】 관람하는 데에 붙이는 세금。
【觀覽者:관람자】 관람하는 사람。
【觀摩:관마】 남의 착함을 보고 서로 德行을 닦음。모범으로 하여 본땀。『禮記·學記』相觀而善之謂摩。
【觀望:관망】 ❶형세를 바라 봄。❷멀리 바라다 봄。『史記』持兩端以——。
【觀望的:관망적】 곧 착수하지 않고 일의 되어 가는 형편을 두고 보는 것。
【觀美:관미】 경치가 아름다움。
【觀法:관법】 《佛》觀心의 법。마음의 진리를 보살피는 법。
【觀兵:관병】 ❶군대의 위세를 보임。『左傳』——于周疆。❷군사를 벌려 세우고 사열함。
【觀兵式:관병식】 국가 元首가 군사를 사열하는 의식。
【觀佛:관불】 부처의 공덕을 살핌。
【觀象:관상】 기상을 관측함。『晉書』——雲物、察應寒溫。
【觀賞:관상】 보고 기리며 즐김。
【觀相:관상】 ❶사람의 골상·손금 따위를 보고 재주나 운명을 판단하는 일。❷天文·氣象 등의 자연 현상을 관찰함。❸易占을 쳐서 나온 卦象을 봄。
【觀相家:관상가】 관상 보는 것을 업으로 삼는 사람。
【觀象臺:관상대】 天文·氣象의 관측·조사·연구 등을 행하는 시설。
【觀相書:관상서】 관상하는 방법과 이치를 써 놓은 책。
【觀賞植物:관상식물】 보고 즐기려고 심어 놓은 식물。
【觀賞用:관상용】 보고 즐기는 데 쓰임。
【觀書:관서】 소리를 내지 않고 책을 읽음。默讀。
【觀勢:관세】 형세를 살펴 봄。
【觀世音菩薩:관세음보살】 보살의 하나。大慈大悲하여、중생이 苦難 중에 열심히 그 이름을 외면、곧 구제를 받는다 함。阿彌陀佛의 왼편에 있어 부처의 교화를 돕고、그 형상에 따라 千手觀音·一一觀音 등 三三觀音으로 일컬으며、인도 이래 보살 중 가장 널리 신앙됨。
【觀視:관시】 분명히 봄。『漢書』長安聖主之居、皇天所——也。
【觀樂:관악】 보고 즐김。『韓非子』其於——玩好也、必令之有所出。
【觀音:관음】 觀世音菩薩의 略語。
【觀音讚:관음찬】 관음 보살을 찬양하여 부르는 노래 글귀。
【觀者如堵:관자여도】 구경군이 많아서 담과 같이 죽 둘러 섬。
【觀自在:관자재】 《佛》❶번뇌가 없어 자유 자재로 볼 수 있음。❷=觀世音。
【觀戰:관전】 전쟁의 상황을 바라봄。《轉》운동 경기·장기·바둑 따위의 승부를 구경함。
【觀點:관점】 사물을 관찰할 때 그 사람이 보는 점。
【觀照:관조】 ❶사물에 파고 들지 않고 平靜한 마음으로 가만히 바라봄。靜觀。❷美를 직접적으로 知覺함。❸《佛》지혜를 써서 사리를 비추어 봄。
【觀衆:관중】 많은 구경군들。
【觀止:관지】 이 이상 더 아름답고 착함이 없음。보는 것은 이것으로 그치고 더 볼 필요가 없다는 뜻。『左傳·襄·二九』——矣、雖有他樂、吾不敢請也。
【觀診:관진】 병자의 얼굴을 보고서 병세를 진찰하는 일。
【觀察:관찰】 ❶사물을 잘 살펴 봄。『孔叢子』寡人之任臣、無小大一一自——之。❷사물의 현상에 대하여 일정한 목적을 정하고 자연 상태 그대로를 자세히 살펴 봄。❸觀察使。
【觀察力:관찰력】 관찰하여 아는 능력。
【觀察使:관찰사】 《制》❶唐代에 諸州의 정치를 按察하던 벼슬。節度使의 다음 벼슬로서 刺史를 감독하였음。『唐書』至德元載、置——。❷《國》㉠高麗成宗 때 州·府의 벼슬。穆宗 때 폐함。㉡李朝、外官職。문관의 從二品 벼슬。八道 또는 二三府(高宗 三二년)、一三道(高宗 三三년 이후)의 장관。監司。道伯。道臣。㉢觀察黜陟使。
【觀察眼:관찰안】 사물을 관찰할 줄 아는 안식。
【觀漲:관창】 洪水가 난 것을 바라봄。
【觀徹:관철】 사물을 꿰 뚫어 봄。
【觀瞻:관첨】 ❶여러 사람이 봄。❷자세히 두드러지게 봄。『庾信』南陽寶雉、幸足——。
【觀取:관취】 보고 그 진상을 알아차림。看取。
【觀測:관측】 《物》天文·氣象·潮流 들의 자연 현상의 변화·推移를 관찰·측정함。
【觀測所:관측소】 자연 현상을 관찰·측정하여 기록하는 천문대·관상대·측후소들의 總稱。
【觀測通:관측통】 국제적인 정세를 늘 관측하는 사람。또는 그 機關。
【觀風:관풍】 ❶기회를 봄。❷다른 나라의 풍속·인정을 봄。
【觀風察俗:관풍찰속】 풍속을 자세히 살펴 봄。
【觀海:관해】 바다를 봄。《喩》보는 바가 몹시 큼。『孟子·盡心』故觀於海者難爲水。
【觀行:관행】 觀念과 修行。
【觀形:관형】 모습을 살펴 봄。
【觀形察色:관형찰색】 ❶남의 심정을 떠보기 위해 안색을 살펴 봄。❷사물을 자세히 관찰함。『書經·盤庚』。
【觀火:관화】 불을 봄。《喩》사리가 환함。
◎概—、客—、舊—、奇—、樂—、達—、偉—、遊—、人生—、壯—、靜—、主—、參—。

十九畫

【觀】 ㊀(리) 寘 リ、レイ、みる ㊁(려) 霽 search
小篆
㊀❶볼리(視也)。【吳都賦】—海陵之倉則紅粟流衍。❷구할리(求也)。❸살펴볼리(索視貌)。㊁뜻은 ㊀과 같음。

角 部

【角】 ㊀(각) 覺 カク、ロク、つの horn; angle ㄐㄧㄠˇ chiao³ ㊁(록) 屋 ㊂(곡) 屋
小篆 草書
㊀❶뿔각(芒—獸所載)。【禮記】仲夏鹿—解、仲冬麋—解。❷짜를각(觸也)。【漢書】—觸也觸地而出戴芒—。❸다툴각(競也)。【戰國策】駕犀首而驂馬服以與秦—逐。❹비교할각(校也)。【禮記】仲春—斗角。❺모퉁이각(隅也)。【易經】晉其—。❻대평소각(吹器)。【演繁露】蚩尤率魑魅與黃帝戰命吹—爲龍鳴禦之。❼휘각(量器)。【管子】斗斛也—量也。❽쌍상투각(總—頭丱)。【詩經】總—丱兮。❾별이름각(宿名二十八宿之一)。❿이마의뼈각(額骨)。【十八史略東漢】隆準曰—。⓫오음의하나각(五音之一)。⓬모각(直—、銳—、鈍—)。⓭십전각(拾錢曰—)。⓮술잔각(酒器張)。㊁❶신선이름록(神仙名)。❷사람이름록(人名)。【十八史略西漢】—里先生。

❻㊀蒙古角(大清會典圖)

⓮㊀角(三禮圖)

㊂꿩 우는 소리 곡(雄雉鳴)。

【角干:각간】(制)新羅 十七等官階의 第一位。儒理王 九년에 설치되어 眞骨出身만 할 수 있었음。舒弗邯·角粲·干伐湌·舒發翰·伊罰湌이라고도 일컬음。

【角距離:각거리】觀測者로부터 두 물체에 이르는 두 직선이 이룬 각도。

【角巾:각건】❶모가 진 두건。隱者가 씀。『晉書』羊祜與從弟琇書曰、旣定邊事、當——東路歸故里。❷(國)呈才 때 舞童이 쓰던 巾。

【角巾私第:각건사제】평민의 옷을 입고 시골에 살음。『晉書·王濬傳』。

【角冠:각관】도사가 쓰는 冠。道冠。『王建』玳瑁頭簪白——。

【角括弧:각괄호】꺾쇠 묶음。(〔 〕)표。

【角弓:각궁】❶쇠뿔이나 양뿔 같은 것으로 수 놓은 활。『詩經』騂騂——。❷詩經小雅의 篇名。

【角掎:각기】뿔을 잡았다 발을 잡았다 함。이리저리 통김。『左傳·襄·一四』譬如捕鹿、晉人角之、諸戎掎之。

【角端:각단】❶怪獸의 한 가지。코 위에 뿔이 났으며, 말도 한다고 함。❷麒麟의 異名。❸角端牛의 뿔로 만든 활의 이름。❹뿔의 끝。

角端❶ (古今圖書集成)

【角帶:각대】❶두텁고 폭이 좁은 남자의 띠。❷각띠。관리의 예복에 쓰던 띠의 總稱。

【角度:각도】❶(數)각의 크기。度數。圓의 中心으로부터 원을 三六〇 등분한 것을 一度로 함。❷사물을 보는 점。觀點。

【角塗:각도】음력 정월에 쇠뿔에 물감을 칠하는 일。

【角壔:각도】(數)한 직선에 평행하는 몇 개의 평면과 이 직선과 직각으로 만나는 두 평행 평면에 둘러 싸인 다각체。角柱。

【角燈:각등】네모진 등。

【角落堰:각락언】홈을 파서 마주 세운 두 개의 기둥 사이에 모난 긴 나무 토막을 여럿 내리 끼워 물을 막는 장치。

【角力:각력】❶힘을 서로 겨누는 것。『禮記』講武習射御——。❷씨름。

【角列:각렬】서로 버티고 늘어섬。『柳宗元』其衡然——而上者、若熊罷之登於山。

【角立:각립】❶특히 유별남。『後漢書』——傑出。❷서로 버티고 굴복 하지 않음。

【角立對座:각립대좌】서로 대립하여 겨루고 대항함。

【角膜:각막】(生)눈알의 外壁의 前面에 있는 둥근 접시 모양의 투명한 막。眼膜。

【角膜潰瘍:각막궤양】(醫)각막의 겉껍질이 헐고, 주위에 충혈이 되는 삼눈의 한 가지。

【角膜炎:각막염】(醫)각막에 붉은 기가 돋는 삼눈의 한 가지。

【角膜翳:각막예】(醫)각막이 혼탁하여 진 눈병。

【角面堡:각면보】면을 모나게 꺾은 보루。

【角帽:각모】❶모난 모자。『魏書』其俗兄弟共一妻、夫無兄弟者、其妻戴——、若有兄弟者、依其多少之數、更加角焉。❷대학생의 사각모。

【角柶:각사】짐승의 뿔로 만든 수저。

角柶 (三禮圖)

【角砂糖:각사탕】모사탕。

【角黍:각서】떡의 한 가지。주악。『風土記』端午烹鶩進筒粽、一名——。

【角閃石:각섬석】(鑛)單斜晶系에 속하는 광물。黑褐色 또는 綠黑色의 長柱狀 結晶體를 이루며 劈開面은 眞珠光澤이 강함。花崗岩·安山岩 등의 일반 火成岩 속에 들어 있음。

【角聲:각성】軍中에서 쓰던 나발 비슷한 角을 부는 소리。

【角星:각성】(天)동쪽에 있는 별로서 二八宿의 하나。淸明節의 밤 0時 二四분에 正南 쪽에 보임。

【角細工:각세공】뿔로 여러 가지를 만드는 세공。

【角素:각소】表皮털·손발톱 등을 이룬 주요 성분。

【角速度:각속도】(物)한 점의 주위를 회전하는 물체의 속도。

【角宿:각수】(天)二十八宿의 하나。蒼龍七宿의 首宿。平道·天田·天門·進賢·周鼎·庫樓·南門의 各星으로 나누어짐。角星。『史記』左角李、右角將。

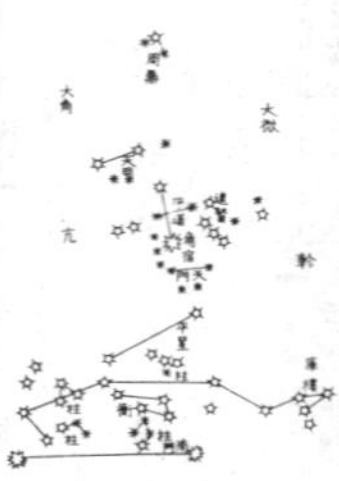

角 宿 (新法曆書)

【角勝:각승】승부를 다툼。

【角視差:각시차】물체의 있는 실지 방향과 광선의 굴절로 눈에 보이는 방향과의 사이에 생기는 각。

【角牛:각우】소를 뿔로 서로 겨루어 싸움시킴。鬪牛。

【角運動:각운동】물체가 수직되는 직선의 주위를 일정한 거리로써 도는 운동

【角鷹:각응】(動)매。

【角者無齒:각자무치】뿔이 있는 자는 이가 없다。(喩)한 사람에게 여러 가지 복이 갖추지 않음。

【角壯:각장】(國)아주 두꺼운 장판지。

【角材:각재】네모지게 켜 낸 재목。

【角抵:각저】❶씨름。❷씨름함。(抵는 당해냄)。角觝。『漢書·武帝紀』三年春、作——戲。

【角錢:각전】엽전이나 동전 따위의 잔돈。

【角柱:각주】(數)한 직선에 대하여 나란히 가는 三개 이상의 서로 만나는 평면과, 이 직선과 만나는 나란히 가는 두 개의 평면으로 둘러 싸인 多面體。角壔(각도)。柱體。

【角指:각지】깍지。

【角質:각질】角素로 된 모든 물질。

【角質層:각질층】피부의 거죽의 얇은 꺼풀의 층。

【角蜻蛉:각청령】(動)뿔잠자리。

【角錐:각추】(數)모뿔。한 다각형 평면과 그 각 변을 底邊으로 하고 동일한 점을 정점으로 하는 삼각 평면으로 둘러 싸인 多面體。

【角錐臺:각추대】각추를 저면에 평행되는 평면으로 잘라 버리고 난 나머지 입체。

【角逐:각축】서로 이기려고 다툼。서로 다투며 쫓아 다님。재능을 다툼。『戰國策』駕犀首、而驂馬服、與秦——。

【角逐戰:각축전】승리를 다투어 맞붙은 싸움。

【角鴟:각치】(動)수알치새。수리부엉이。올빼미 科의 큰 새。怪鴟。茅鴟。

【角針:각침】分針。

【角胎:각태】뿔 속의 살。

【角槌:각퇴】쇠나 돌의 악기를 치는 뿔방망이。

【角皮:각피】(生)세포막의 거죽에 다량의 角皮素가 堆積하여 膜狀을 이룬 것。

【角形:각형】❶角이 진 모양。❷四角形의 略語。

【角戲:각희】❶옛날 中國의 遊戲。두 사람이 맞붙어 힘 또는 활쏘기·말타기 기타 여러 가지 技藝를 겨루었음。❷씨름。

【角角:곡곡】❶잘게 구분됨。❷꿩의 울음 소리。『韓愈·贈張籍詩』——雄雉鳴。

二畫

【觓】(규) ㄱ キュウ、まがったつの crook-tipped horns ㄑㄧㄡ ch'iu² 小篆 뿔끝꼬부장할규(角上曲貌)。

【䚘】(다) 歌 タ、つのがみじかい short-horned 뿔이 짧을다(角短貌)。

【觔】(근)『筋』(竹部6畫)『斤』(斤部0畫)과 같음

三畫

【䚯】(신) 眞 シン、ぶんりよう twenty 스무개신(二十枚)。

四畫

【觕】㊀(조) 虞 ソ、あらまし coarse ㄘㄨ ts'u¹ ㊁(추) 虞 草書 ㊀간략할조, 대략조(略也)。〔漢書敍傳〕-舉僚職。㊁추할추(麤-不精)。〔公羊傳〕-者曰侵精者伐。

【觕舉:조거】대강 다들 擧用함。〔漢書·注〕晉灼曰、觕音麁觕之觕、師古曰、觕音才戶反、謂大略也。

【觖】(결) 屑 ケツ、キ、みたない regrettable ㄐㄩㄝ chueh² 草書 ❶서운할결(-望不滿)。〔史記燕世家〕獨此尙-望。❷들처낼결(摘-挑發)。〔漢書孫寶傳〕故欲摘-以揚我惡。❸바랄결(望也)。〔後漢書〕以-一切之功。

【觖望:결망】❶마음에 차지 않아 원망함。怨望。❷몹시 바람。冀望。〔史記〕爲群臣--。

【觖如:결여】만족하지 않은 모양。마음에 차지 않는 모양。〔淮南子·繆稱〕禹無廢*、無廢財、自視猶--也。

【䚩】(착) 覺 サク、つのがながい long horned 小篆 뿔이 길착(角長貌)。

【䚗】(강) 江 コウ、つのをあげる raise the horns 小篆 뿔들강(擧角)。

【䚝】(탐) 覃 タン、くらべる compare 비교할탐(比也)。

【觘】(초) 肴 ショウ、つのさじ horn spoon 뿔숟가락초(角匙)。

【䚙】(파) 麻 ハ、つのをはる show the horns ㄆㄚ p'a² 뿔벌칠파(牛角張)。

五畫

【䚜】(겸) 鹽 ケン、くちばし bill 부리겸(喙也)。

【䚤】(거)『距』(足部5畫)와 같음

【觚】(고) 虞 コ、さかずき wine-cup ㄍㄨ ku¹ 小篆 草書 ❶술잔고(酒爵)。〔周禮梓人〕爲器飮一三升。❷모질고(方也)。〔史記酷吏傳〕漢興破-爲圜。❸뿔고(角也)。❹모날고(-稜)。〔西都賦〕上-稜而棲金爵。❺대쪽고(竹簡)。〔陸機文賦〕或操-以率爾。

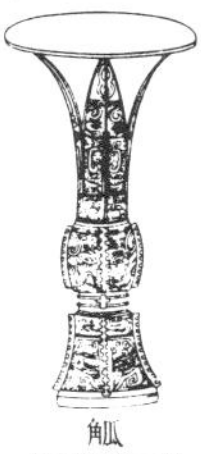

觚 (三才圖會)

【觚牘:고독】글자를 쓰는 대쪽。(轉)책。簡策。翰札。〔柳宗元〕秉--焦思慮。

【觚不觚:고불고】옛날에 모가 난 술잔이었던 觚가 후세에는 모나지 않은 술잔이 되어버림。(喩)이름만 있고 실속이 없음。有名無實。〔論語·雍也〕——觚哉觚哉。

【觛】(단) 旱 タン、さかずき wine cup crooked horns 小篆 작은술잔단(小盃)。

【䚥】(낙) 覺 ダク、むねかど horn of house 小篆 집뿌다귀낙(屋角)。

【䚡】(사) 寘 シ、つのうつわ hornworks 뿔그릇사(角器)。

【觜】㊀(자) 支 シ、くちばし bill ㊁(취) 紙 ㄗㄨㄟ tsuei³ 小篆 草書 ㊀자별자(-觿西方宿名 二十八宿之一) ㊁부리취(喙也)。

【觜星:자성】(天)二十八宿의 하나。大雪철에 밤 一二時로부터 영시 三○분 무렵까지 마늘모 모양으로 하늘에 보이는 세 별。

【觜距:취거】입 부리와 엄지 발톱。〔白居易〕亦有能言鸚、翅碧--紅。

【觝】(저) 薺 テイ、ふれる gore ㄉㄧ ti³ 草書 ❶찌를저、받을저(觸也)。〔韓愈文〕-排異端。❷씨름저(角-)。

【觝排:저배】헤침。물리침。〔韓愈·進學解〕--異端、攘斥佛老。

【觝觸:저촉】서로 부딪침。抵觸。(轉)㉠침범하여 걸려 들음。㉡모순됨。

六畫

【䚪】(파) 麻 ハ、つのがまがる (of horns) crooked 뿔굽을파(角曲貌)。

【觟】(해)『獬』(犬部13畫)와 같음

【衡】(형) 庚 ケイ、つのがながい (of a cattle's horns) long 쇠뿔길형(牛角之長貌)。

【觠】(권) 先 ケン、まがったつの crooked horns ㄑㄩㄢ ch'üan² 小篆 소굽은뿔권(曲角)。〔爾雅〕羊角三-羷。

【觡】(격) 陌 カク、つの antler ㄍㄜ ko² 小篆 草書 사슴뿔격(有枝角)。〔禮〕角-生。

【䚭】(훤) 阮 ケン、つのさじ horn spoon 小篆 뿔숟가락훤(角匙)。

【觢】(서) 霽 セイ、ふたつのがあおぐ erect the horns upright 小篆 두뿔곧두설서(兩角竪)。

【解】㊀(해) 蟹 カイ、ゲ、とく release: interpret ㄐㄧㄝ chieh³·⁴ ㊁(개) 卦 小篆 ㊀❶쪼갤해、빠갤해(判也)。〔莊子養生主〕庖丁-牛。❷풀릴해(緩也)。❸깨우쳐줄해(曉也)。〔禮〕相說以-。❹괘이름해(卦名)。㊁❶벗을개(脫也)。〔禮〕-屨不敢當階。❷풀개(釋也)。〔儀禮〕-綢。❸헤칠개(散也)。❹발신할개(-額發也)。〔唐制〕進士由鄕而貢曰-額。

【解渴:해갈】❶목 마름을 풀어 버림。❷금전의 융통이 생김。❸비가 내려 가물을 겨우 면함。

【解巾:해건】머리 수건을 벗어버림。(喩)仕官함。釋褐。

【解決:해결】얽힌 일을 풀어서 처리함。문제를 풀어서 결말을 지음。

【解雇:해고】고용의 계약을 해제함。고

용인을 내어 보냄。

【解雇手當:해고수당】 해고 당한 사람에게 고용주가 주는 위로금。

【解官:해관】 벼슬을 解免함。 「풀이。

【解斤:해근】 물건을 저울로 풀이함。 근

【解禁:해금】 금하던 일을 풀음。 解停。 『後漢書』解黨禁。 「그 대답。

【解答:해답】 문제를 풀어서 답함。 또는

【解讀:해독】 ❶풀어 읽음。 ❷읽어서 알아냄。

【解毒:해독】 毒氣를 풀어 없애 버림。

【解毒藥:해독약】 먹은 음식이나 약이 중독 되었을 때 그 독기를 풀어 땀으로 내어보내거나 또는 中和시키는 데 쓰는 약。

【解毒子:해독자】 (植)蔓草의 이름。 잎은 銀杏잎과 비슷함。

解毒子

【解毒劑:해독제】 독기를 없애기 위하여 쓰는 약제。

【解凍:해동】 얼었던 것이 녹아서 풀림。

【解得:해득】 깨우쳐 알음。

【解纜:해람】 닻줄을 풀음。 出帆함。 ↕緊纜。 『杜甫』――獨長吟。

【解例:해례】 보기를 보이어 풀음。

【解顱:해로】 어린 아이의 머릿뼈가 합친 곳이 사이가 떠 벌어지는 병。

【解離:해리】 (化)화합물이 가열·용해에 의하여 그 성분으로 분해하고 더욱 그 분해가 可逆的인 것。 열에 의하여 일어나는 경우를 熱解離、 용해에 의하여 電解質 이온으로 해리하는 경우를 電離라 함。

【解娩:해만】 =解產。

【解免:해면】 ❶어느 관직이나 직책에서 사직을 당함。 ❷그 일에서 손을 뗌。 『史記』雖當世宿學、不能自――也。 ❸책임을 면함。

【解明:해명】 의심나는 곳을 잘 설명하여 분명히 함。

【解夢:해몽】 꿈의 吉凶을 풀어서 판단함。 『北史』。 「게 함。

【解蒙:해몽】 어리석은 것을 일깨워 알

【解悶:해민】 근심을 풀어 버림。

【解放:해방】 ❶가두거나 얽매어둔 것을 풀어 놓음。 ❷속박에서 풀려나서 자유로운 몸이 됨。

【解放運動:해방운동】 民衆이 권력의 억압으로부터 해방되려고 하는 운동。

【解配:해배】 (制)귀양을 풀어 줌。

【解辮:해변】 땋은 머리를 풀음。

【解腹:해복】 =解產。

【解剖:해부】 ❶생물의 몸을 쪼개어 내부를 조사하는 것。 ❷사물의 조리를 분석하여 연구함。

【解剖標本:해부표본】 생물의 構造關係를 알기 위하여 인공적으로 만든 표본。

【解剖學:해부학】 (生) 인체 또는 생물체를 분해하여 그 각 부분의 구조·위치 따위를 연구하는 학문。

【解紛:해분】 서로 다투던 일을 해결함。

【解氷:해빙】 얼음이 풀림。 ↕結氷。

【解事:해사】 事理를 자세히 알음。

【解舍:해사】 ❶풀어 놓음。 釋放。 ❷관청。 廨舍。 『商君書』高其――。

【解產:해산】 아이를 낳음。 分娩。

【解散:해산】 ❶사람들이 흩어짐。 또는 헤침。 『孔安國』天下學士、逃難――。 ❷(法)집회·결사·법인의 존재를 없앰。 ❸任期 중에 있는 의원의 모든 자격을 해제하고、 國會를 한 때 폐쇄하는 것。

【解喪:해상】 어버이의 삼년상을 마침。 終喪。 脫喪。

【解釋:해석】 ❶풀어 없앰。 解消。 『李白·淸平調』――春風無限恨。 ❷알기 쉽게 풀이함。

【解析:해석】 ❶사물을 상세히 풀어서 이론적으로 연구함。 ❷(數)㉠解析學。 ㉡解析幾何學。

【解析幾何學:해석기하학】 (數)기하학의 한 부문。 기하학적 도형을 좌표에 의하여 나타내고 그 관계를 代數方程式으로 나타내는 기하학。 座標幾何學。 ↕論證幾何學。

【解釋法規:해석법규】 (法) 당사자의 의사 표시가 있는 경우에、 그 분명하지 못한 부분을 해석하는 임의 법규。

【解說:해설】 ❶알도록 풀어서 밝힘。 說明。 ❷사물을 풀어서 그 槪略을 밝혀 보임。 『史記』令覽者自通其意而――之。

【解雪:해설】 눈이 풀림。 「버림。

【解消:해소】 어떤 관계를 풀어서 없애

【解訴:해소】 原告가 소송을 그만 둠。

【解信:해신】 불교의 이론을 터득한 뒤에 믿음。

【解顏:해안】 안색이 풀림。 기뻐서 웃음。 『列子』自吾之事夫子、 五年之後、 夫子始――而笑。 「破約。

【解約:해약】 (法)❶계약을 解除함。 ❷

【解約告知:해약고지】 (法)계약을 소멸시키는 당사자 一方의 의사 표시。

【解語:해어】 말을 이해함。

【解熱:해열】 높아진 體溫을 낮게 함。

【解熱劑:해열제】 (醫) 높아진 열을 내리게 하는 藥劑。

【解悟:해오】 ❶깨달음。 알아 차림。 『北史』――捷疾、爲同業所尙。 ❷道理를 터 「득함。

【解憂:해우】 근심을 없앰。

【解冤:해원】 원한을 풀음。 분풀이。

【解義:해의】 뜻을 풀어서 밝힘。 『晉書』向秀於舊註外、而爲――。

【解衣推食:해의추식】 자기의 옷을 벗어 남에게 입히고 음식을 권함。 (喩)㉠남에게 은혜를 베풀음。 ㉡사람을 重用함。 『史記·淮陰侯傳』。

【解弛:해이】 풀리어 느즈러짐。 『漢書』臣恐朝廷之――。

【解頤:해이】 ❶턱이 빠짐。 감탄하여 벌린 입이 다물어지지 않음。 『漢書·匡衡傳』匡鼎來說詩解人頤。 ❷입을 벌리고 크게 웃음。 너무나 웃어서 턱이 빠짐。

【解任:해임】 임무를 내어 놓게 함。

【解任狀:해임장】 公使나 大使를 본국으로 소환하는 경우에 본국 정부가 그 公使나 大使를 거쳐서 駐在國 元首에게 바치는 해임의 글。 ↕信任狀。

【解停:해정】 =解禁。

【解酲:해정】 (國)해장。 술속을 풀기 위하여 朝飯前에 해장국과 함께 술을 약간 「마심。

【解酲酒:해정주】 해장술。

【解酲湯:해정탕】 해장국。

【解除:해제】 ❶풀어서 치움。 『易林』憂患――、 喜至慶來。 ❷(法)어떤 관계나 책임을 지워 없애고、 그 전의 상태로 되돌림。 「戒를 풀어 둠。

【解制:해제】 (佛)❶安居를 끝냄。 ❷齋

【解題:해제】 책의 저자·권수·내력·내용 따위를 풀이함。 또는 그 글。

【解組:해조】 ❶조직을 풀어 헤침。 ❷벼슬을 내놓음。 사직함。 組는 印綬、 곧 官印의 끈。 致仕。 挂冠。 解綬。 『韋應物·詩』――傲園林。

【解嘲:해조】 남의 조롱을 변명함。

【解罪:해죄】 (宗)告解聖事로 지은 죄의 赦함을 받음。

【解罪經:해죄경】 赦罪經。

【解職:해직】 직무에서 풀려 나감。 免職。

【解菜:해채】 精進을 위한 음식을 그만 두고 보통 음식을 취하는 것。 解素開葷。 『南史·齊東昏侯紀』。

【解尺:해척】 자풀이。

【解體:해체】 ❶한 단체가 흩어짐。 『左傳』四方諸侯、其誰不――。 ❷여러 가지 부분품으로 이루어진 기계를 뜯어 헤침。 ❸=解剖。

【解春:해춘】 눈이나 얼음이 녹는 봄。

【解惰:해타】 =解怠。

【解脫:해탈】 ❶구속을 벗겨줌。 또는 벗

어남。【史記】爲死罪一一。❷《佛》迷界에 얽매인 굴레를 벗어남。미혹에서 벗어나 깨달음。

【解怠:해태】 몹시 게으름。解惰。【漢書】「靡有一一。」

【解土:해토】 언 땅이 풀림。

【解版:해판】 植字한 활자판을 낱낱의 활자 따위로 풀어 헤침。「어 마침。」

【解夏:해하】 《佛》여름철의 安居를 끝냄。

【解行:해행】 ❶진리를 연구하여 수양함。❷신앙과 그 평생 행적의 기록。

【解見禮:해현례】 신부가 혼인 후 며칠 만에 시부모를 뵈러 가는 禮式。

【解惑:해혹】 의혹을 없앰。破惑。

【解曉:해효】 분명히 깨달음。◎見一、曲一、難一、分一、氷一、詳一、略一、諒一、誤一、瓦一、理一、精一、和一。

【觤】 (궤) 紙 キ、つのがそろわぬ 《ㄨㄟˇ kuei³ have an odd long horn
小篆 뿔하나길궤、짝뿔궤(角一長)。

【觥】 (굉) 庚 コウ、つのさかずき 《ㄨㄥ kung¹ a cup made of horn
小篆 古文 草書 ❶클굉(大也)。【太玄經】一羊之觳。❷뿔잔굉(兕一酒器)。【詩】我姑酌彼兕一。❸꿋꿋할굉、굳세고바를굉(一一剛直貌)。【後漢書 郭憲傳】關東一一郭子橫。

(圖禮三) ❷觥

【觥觥:굉굉】 剛直한 모양。觥觵。【正字通】一一剛直貌。

【觥飯:굉반】 잘 차린 음식。盛饌。【國語】諺有之、一一不及壺飧。

【觥羊:굉양】 큰 양。【太玄經·毅】一一之毅、鳴不類。

【觥籌交錯:굉주교착】 활쏘기에 진 편에게 먹이는 벌주의 잔 수를 세는 산가지가 뒤섞임。《喩》宴會의 성한 모양。【歐陽修·醉翁亭記】。

【触】 (촉) 『觸』(13角部畫)의 俗字

【觧】 (해) 『解』(6角部畫)의 俗字

七畫

【觩】 ㊀(초) 巧 ショウ、とがる sharp horn ㊁(초) 效
㊀쇠뿔벌어질초(牛角開貌)。㊁뿔끝 초、뾰족할초(角上銳)。

【觩】 (구) 尤 キュウ、まがる bent horn ㄑㄧㄡˊ ch'iu²
草書 ❶뿔끝꼬부장할구(角上曲貌)。【詩】兕觥其一。❷활튼튼할구(弓健貌)。【詩經】角弓其一。

【觪】 (성) 庚 セイ、つのゆみ bow adorned horn
❶점화드릴성(角弓調利)。❷각궁성(角弓)。❸뿔활이고를성(角弓調利)。

【觕】 (곡) 沃 コク、ぞう elephant (本音「혹」)
❶코끼리곡(象也)。❷상아뼈를광낼곡(治象牙)。

【觫】 (속) 屋 ソク、おそれる fear ㄙㄨˋ su⁴
草書 곱송거릴속(觳一懼貌)。【孟子】吾不忍其觳一若無罪而就死地。

八畫

【觬】 (예) 齊 ゲイ、つのがまがる crooked
小篆 뿔굽을예(角曲)。

【觰】 ㊀(대) 賄 タイ、ひとのな person's name ㊁(래) 賄
㊀사람이름대(人名、宋都一)。㊁『觫』를 보라。

【觰】 (론) 願 ロン、たまをうつ hit the ball
공칠론(擊球遊)。

【觼】 (결) 屑 ケツ、つのにふれる be struck by the horns
뿔에받칠결(角觸)。

【觪】 (졸) 月 ソツ、はじめてはえる be horned first
뿔처음날졸(角初生)。

【觻】 (낙) 覺 ダク、にぎる catch (或音「착」)
잡을낙(握也)。

【觭】 (기) 支 キ、かたむく odd ㄐㄧ chi¹
小篆 草書 ❶천지각기(角一俯一仰)。❷얻을기(得也)。【周禮】太卜掌三夢之 二曰一夢。❸외쪽기(隻也)。【漢書】晋敗秦師匹馬一輪無反者。

【觭偶:기우】 奇數와 偶數。홀수와 짝수。奇偶。【莊子】以一一不仵之辭相應。

九畫

【觬】 (새) 灰 サイ、つののしん inside of a horn
小篆 뿔속뼈새(角中骨)。

【觶】 (철) 屑 テツ、つの horn
草書 ❶뿔철(角也)。❷띠장식철(觖也)。【隋書】天子革帶玉鉤一太子金鉤一。

【觰】 (차) 麻 タ、つのねもと root of a horn ㄓㄚ cha¹
小篆 뿔뿌리차(角之大者)。

【觰拏:차나】 ❶짐승 이름。【說文】觰、一一、獸也。❷根據。【六書故】俗謂根據爲一一。

【觰沙:차사】 흐트러져 퍼진 모양。또는 觰沙로도 씀。【韓愈】赤烏司南方、尾禿翅一一。

【觶】 (즙) 緝 シュウ、やわらぐ harmony
❶뿔옹긋쫑긋할즙(一一角多貌)。❷화할즙(和也)。【詩經】爾羊來思其角濈濈。

【觹】 (추) 尤 シュウ、いとまき spool
小篆 실패추(卷系具)。

【觱】 (필) 質 ヒツ、ヒチ、さむい chilly wind
小篆 草書 ❶대평수필(一栗蕃樂)。【說文】羌人所吹角屠一以驚馬也。❷바람이쌀쌀 할 필(一發風寒)。【詩經豳風七月】一之日一發。❸샘물솟을필(泉水貌)。【詩經小雅采菽】一沸檻泉言采其芹。

【觱篥:필률】 樂器의 한 가지。본시 龜茲國에서 中國에 傳하여 짐。

觱篥 (大清會典圖)

【觱發:필발】 바람이 찬 모양。

【觿】 (단) 寒 タン、つの piglike animal
小篆 각단단、돼지같은짐승단(角一、獸名似豕)。【郭璞曰】角在鼻上堪爲弓。

十畫

【觳】 ㊀(곡) 屋 コク、カク、うすい thin; shallow ㄏㄨˊ hu² ㊁(각) 覺
小篆 草書 ㊀❶다할곡(盡也)。❷두려워할곡、죽음을 두려워할곡(一觫懼貌)。【孟子梁惠王上】吾不忍其一觫若無罪而就死地。❸엷을곡(薄也)。【管子】五粟之狀剛而不一。

❹양기곡(量器)。㊂❶파리할각、윤기없을각(無潤)。〔莊子天下〕其道大ㅣ使人憂使人悲。❷비교할각(校也)。〔韓非子〕强弱不ㅣ力。❸다툴각(競也)。

〔觳觫:곡속〕 죽음을 두려워하는 모양。무서워하는 모양。『孟子·梁惠王』吾不忍其ㅣㅣ若無罪而就死地。

〔觳薄:각박〕 生計 따위를 儉約하는 모양。『唐書治身·薛苹傳』ㅣㅣ。

〔觳抵:각저〕 힘을 겨룸。씨름。角抵。『史記』二世在甘泉、方作ㅣㅣ優俳之觀。

〔觳土:각토〕 메마른 땅。기름지지 않은 땅。

【觽】(치) 紙 チ、つのがかたむく slant-horned
小篆 뿔기울어질치(角傾)。

〔觽俞:치유〕 옛날의 귀밝은 사람。

【觲】(성) 庚 セイ、つのやわらかい smooth
❶부드러울성(用角低仰調和貌)。〔詩經〕ㅣㅣ角弓今本作騂。❷활고른모양성(弓調貌)。

【觻】(설) 屑 セツ、かわをなめす tan the skin
가죽다룰설(鞣皮)。

十一畫

【觴】(상) 陽 ショウ、さかずき wine cup ㄕㄤ shang¹
小篆 籀文 草書 ❶잔상(酒危總名)。〔左傳〕奉ㅣ加璧以進。❷잔질할상、술마실상(濫ㅣ)。〔家語〕江始出于岷山其源可以濫ㅣ。

〔觴豆:상두〕 잔에 따른 술과 籩豆에 담은 고기。『張衡』奉ㅣㅣ於國叟。

〔觴詠:상영〕 술을 마시며 詩歌를 읊음。『白居易』ㅣㅣ歸來賓閣閉。

〔觴政:상정〕 술을 마시는 자리에서 술을 권하는 사람。『說苑』魏文侯與大夫飮酒、使公乘不仁爲ㅣㅣ。

◎濫ㅣ。

【觩】(류) 尤 リュウ、つのがまがる crook-horned
뿔굽을류(角曲)。

十二畫

【觵】(굉)『觥』(角部6畫)의 本字

〔觵撻:굉달〕 罰酒를 들이키게 함과 종아리를 때리는 것。『周禮·注』ㅣㅣ者、失禮之罰也、觵、用酒、其爵以兕角爲之、撻、扑也。

【觼】(궐) 月 ケツ、つのでつく horn ㄐㄩㄝ chüeh²
小篆 뿔로받을궐(角觸)。

【觶】(치) 支 寘 シ、さかずき wine cup ㄓ chih⁴ (古音「지」)
小篆 或體 或體 草書 ❶잔치(鄉飮酒色角)。〔禮〕一人洗擧ㅣ。❷벌술잔치(罰爵)。

觶
(圖禮三)

【觿】(간) 諫 カン、いとまき spool
실패간(卷糸具)。

【觼】(결) 屑 ケツ、わ locked ring
자물쇠있는고리결(有舌鐶)。

十三畫

【觷】(학) 覺 カク、つの horn ㄒㄩㄝ hsüeh²
小篆 ❶뿔학(角也)。❷뿔다듬을학(治角)。

【觸】(촉) 沃 ショク、ふれる gore ; feel ㄔㄨㄛ ch'uo⁴
小篆 草書 ❶받을촉、찌를촉(觝也)。〔易〕羝羊ㅣ藩。❷느낌촉、마음에비칠촉(ㅣ目)。〔易經繫辭〕ㅣ類而長之。❸지날촉(過也)。〔岑參詩〕春風ㅣ處到。❹더러울촉(汚濁)。〔韓愈詩〕不受塵事ㅣ。❺범할촉(犯也)。〔漢書〕去禮義ㅣ刑法。

〔觸角:촉각〕 《生》거미 이외의 節足動物의 머리에 있는 嗅覺·觸覺을 맡은 器官。먹이를 찾고 외적을 막는 역할을 함。달팽이의 뿔 따위。

〔觸覺:촉각〕 《生》피부에 있는 어떤 感受器의 흥분에 의하여 일어나는 감각。壓覺·痛覺 따위。

〔觸感:촉감〕 ❶닿아서 느낌。『郭璞』氣之相應、ㅣㅣ而作。❷觸覺。❸추운 기운이 몸에 닿아서 병이 생김。觸傷。❹마음에 걸리어 느낌。

〔觸官:촉관〕 《生》동물의 觸覺을 맡는 器官。사람의 피부、달팽이의 觸角 따위。

〔觸禁:촉금〕 금하는 일에 抵觸됨。「를 저질음。

〔觸怒:촉노〕 웃어른의 마음을 거슬려서 노여움이 격발하게 함。

〔觸冷:촉랭〕 찬 기운이 몸에 닿음。

〔觸網:촉망〕 ❶그물에 걸림。觸羅。❷法網에 걸림。

〔觸媒:촉매〕 《化》화학 변화에 있어서 자신은 조금도 反應이 없으나 다른 물질의 화학 반응을 촉진 또는 지연시키는 물질。

〔觸冒:촉모〕 ❶추위·더위 따위를 무릅씀。❷마주 닥뜨림。

〔觸目:촉목〕 눈에 뜨임。『世說』ㅣㅣ見琳琅珠玉。

〔觸目傷心:촉목상심〕 어떠한 것을 보고 그 즉시로 마음이 아픔。

〔觸發:촉발〕 ❶일을 당하여 감동이 일어남。❷물건에 닿아 발동함。

〔觸犯:촉범〕 두려워서 피할 일을 저지름。『晉書』敢陳愚見、ㅣㅣ天威。

〔觸鼻:촉비〕 냄새가 독하여서 코를 찌름。

〔觸傷:촉상〕 추운 기운이 몸에 닿아서 「병이 생김。

〔觸手:촉수〕 ❶물건에 손을 댐。❷물건을 쥐는 손。곧 오른 손。❸《動》無脊椎동물의 觸覺을 맡은 器官으로 촉각을 조절하며 식물을 捕促하는 역할을 함。흔히 입 언저리에 있음。

〔觸鬚:촉수〕 《動》魚類·甲殼類·多毛類·昆蟲類 등의 입 언저리에 있는 수염。觸覺을 맡은 器官임。

〔觸接:촉접〕 서로 댐。接觸。

〔觸診:촉진〕 《醫》診察法의 하나。의사가 손으로 몸을 만져 보고 병을 진단하는 것。주로 腹部 內臟疾患의 진단。

〔觸處:촉처〕 가서 부닥치는 곳。『岑參』春風ㅣㅣ到。

〔觸處逢敗:촉처봉패〕 가는 곳마다 일이 잘 안 되어 딱하게 됨。

〔觸風:촉풍〕 바람을 쏘임。

〔觸寒:촉한〕 추운 기운이 몸에 닿음。

〔觸諱:촉휘〕 존대하여야 할 웃어른의 이름을 함부로 부름。

◎感ㅣ、抵ㅣ、接ㅣ。

十四畫

【觺】㊀(의) 支 ギ、とがる sharp horn
㊁(억) 職
小篆 ㊀뿔뾰족할의(ㅣㅣ角利貌)。〔楚辭〕其角ㅣㅣ。㊁뜻은㊀과 같음。

十五畫

【觵】(강) 庚 コウ、つのでさす pierce
뿔로찌를강(以角刺之)。

【觻】㊀(력) 錫 レキ、ロク、つのさき top of horn
㊁(록) 屋
小篆 ㊀뿔끝력(角鋒)。㊁고을이름록(縣名)。

十六畫

【觿】(휴)『觿』(次條)와 같음

十八畫

【觿】(휴) 齊 ケイ、つのぎり gimlet made of horn ㄒㄧ hsi¹

小篆 草書 ❶뿔송곳휴(角錐解結)。【禮】左佩小ㅡ右佩大ㅡ。❷동자의띠휴(童子帶)。【詩經衛風芄蘭】童子佩ㅡ。

【觿年:휴년】未冠의 童子。童年。【駱賓王·上兗州崔長史啓】騰孔雀于ㅡㅡ。

【⿰角雚】(권) 元 ケン、つのをふるう sway [wield] the horns

小篆 뿔휘두를권(揮角貌)。

十九畫

【⿰角麗】㊀(려) 齊 ㊁(사) 紙 レイ、つの horn

㊀뿔려(角也)。㊁나눌사(分也)。

言 部

【言】㊀(언) 元 ㊁(은) 願 眞 ゲン、ゴン、いう、ことば speech;say ㄧㄢˊ yen²

小篆 小篆 草書 ㊀❶말할언(語也)。【說文】直ㅡ曰ㅡ論難曰語。❷말씀언(辭章)。【禮】士載ㅡ。❸어조사언(語辭)。【易】利執ㅡ。❹한마디언、한귀절언(一句)。【論語爲政】ㅡㅡ以蔽之。❺나언(我也)。❻우뚝할언(ㅡ高大貌)。【詩經周南葛覃】ㅡ告師氏。【詩經大雅皇矣】崇墉ㅡㅡ。㊁심사화평할은(意氣和悅貌)。【禮記玉藻】二爵而ㅡㅡ斯。

【言甘家醬不甘:언감가장불감】《國》말 많은 집에 장맛이 쓰다。《喩》㉠말만 많은 곳에는 실속이 없다는 뜻。㉡가정이 말이 많으면 살림이 잘 안 된다는 뜻。

【言去言來:언거언래】여러 말을 서로 주고 받음。

【言輕:언경】말이 경솔함。↔言重。

【言過其實:언과기실】말만 크게 내놓고 실행이 부족함。

【言教:언교】《佛》부처가 말로 가르친 교훈。

【言句:언구】말。말귀。

【言根:언근】소문이 퍼진 근거。

【言及:언급】하는 말이 그 곳까지 미침。어떤 문제에 대하여 말함。

【言端:언단】말다툼의 시초。

【言渡:언도】《法》민사 또는 형사 소송에 있어 사실 심리를 마친 다음 그 행위에 대하여 법률을 적용하여 결과를 선언함。

【言動:언동】言語와 行動。말과 하는 짓。【北史】記ㅡㅡ於麟閣。

【言論:언론】말이나 글로써 자기의 생각을 발표하는 일。또는 그 議論。【後漢書】李膺風性高簡、每見融、輒絕他賓客、聽其ㅡㅡ。

【言論界:언론계】언론인의 사회。

【言論人:언론인】신문이나 잡지 따위의 언론기관에 종사하여 언론으로써 그 업을 삼는 사람。

【言論自由:언론자유】개인이 그 사상 또는 의견을 언론에 의하여 발표하는 자유。表現의 자유。

【言論戰:언론전】공개 문서 또는 연설 등으로 서로 의견을 주장하여 다투는 일。

【言明:언명】말로써 분명히 나타냄。公言함。

【言貌:언모】말씨와 용모。【後漢書】范冉所止單陋、有時絕粒、窮居自若、ㅡㅡ無改。

【言無二價:언무이가】물건 값을 에누리하지 않음。

【言文:언문】말과 글。

【言文一致:언문일치】말과 글의 일치。실제로 쓰는 말과 글로 적은 말이 일치 함。語文一致。

【言辯:언변】말솜씨。말재주。

【言辭:언사】말。말씨。【吳質】威儀虧替、ㅡㅡ漏渫。

【言辭不恭:언사불공】말투가 공손하지 않음。

【言說:언설】❶말로써 설명함。❷설명하는 말。

【言聲:언성】말의 소리。語聲。

【言笑:언소】❶이야기와 웃음。❷말을 하면서 웃는 것。談笑。【詩經】總角之宴、ㅡㅡ晏晏。

【言笑自若:언소자약】놀라거나 근심이 있어도 평시의 태도를 잃지 않음。談笑自若。

【言習:언습】말 버릇。

【言約:언약】말로 약속함。또는 그 약속。

【言語:언어】❶말。사람이 音聲으로써 사상·감정을 나타내어 전달하는 활동。❷孔門四科(孔子의 門人들의 修得한 과목인 德行·言語·政事·文學)의 하나。【論語·先進】ㅡㅡ宰我·子貢。

【言語道斷:언어도단】❶《佛》말로써 나타낼 수 없는 오묘한 진리。【瓔珞經·下】ㅡㅡ、心行所滅。❷말 문이 막혔다는 뜻。너무 어이가 없어서 말하려도 말할 수 없음。

【言語不通:언어불통】말이 달라 서로 통하지 못함。

【言語相通:언어상통】말이 서로 통함。

【言語酬酌:언어수작】《國》말을 서로 주고 받고함。

【言語學者:언어학자】언어학을 연구하는 학자。

【言語行動:언어행동】말과 하는 짓。말투와 몸 가짐。

【言偃:언언】《人》孔子 門下의 十哲의 한 사람。字는 子游。吳나라 사람으로 魯나라에서 벼슬하여 武城의 宰相이 되었음。

子游 (三才圖會)

【言言:①언언 ②은은】❶㉠높고 큰 모양。【詩·皇矣】崇墉ㅡㅡ。㉡말 한 마디 한 마디。❷온화하고 삼가는 모양。闇闇。【禮記】二爵而ㅡㅡ斯。

【言外:언외】말로 하지 않은 것。말한 이외。

【言外之意:언외지의】말에 나타난 뜻 밖에 숨어 있는 다른 뜻。

【言容:언용】말과 용모。言貌。

【言議:언의】설명하는 말과 의론。

【言箴:언잠】四勿箴의 한 가지。禮가 아니거던 말하지 말라는 戒律。

【言才:언재】말재주。

【言爭:언쟁】말다툼。

【言正理順:언정이순】말이나 이치가 사리에 닿고 옳음。

【言調:언조】❶말씨。❷말이 조화되어 있음。

【言足以飾非:언족이식비】교묘한 말이 자기의 나쁜 점을 돌려 꾸미기에 넉넉함。【史記·殷紀】智足以拒諫、ㅡㅡㅡㅡ。

【言重:언중】말씨가 가볍지 않음。

【言中:언중】말 가운데。

【言中有骨:언중유골】=言中有言。

【言中有言:언중유언】예사로운 말 속에 또 다른 말이 있음。言中有骨。

【言則是也:언즉시야】말하는 것은 사리에 맞음。

【言地:언지】❶말다툼을 일으키는 시초。言端。❷《制》諫官의 지위。

【言志:언지】자기의 뜻을 말함。【書·舜典】詩ㅡㅡ、歌永言《轉》詩。

【言云:언운】言語。말。【左傳】子之ㅡㅡ、又焉用盟。

【言質:언지⇩언질】뒷날의 증거가 될 말。質言。

【言執:언집】자기의 말을 끝끝내 고집함。

【言讖:언참】말이 미래의 사실과 꼭 맞음。

【言責:언책】❶말로 하는 책망。【孟子】有ㅡㅡ者、不得其言則去。❷자기가 한 말에 대한 책임。

【言他事食冷粥:언타사식냉죽】(日)남의 말 하기는 식은 죽 먹기다。(喩)남의 흉을 보기는 지극히 용이하다는 뜻。

【言罷:언파】 말을 그만 둠。「시。

【言必稱:언필칭】 말을 할 때마다 반드

【言下:언하】 말이 떨어지자 마자。即時에。곧。一言之下。【傳燈錄】師於ㅡㅡ感悟。

【言行:언행】 말과 행실。말함과 행함。【易經】ㅡㅡ、君子之樞機。

【言行錄:언행록】 말과 행실의 기록。

【言行相反:언행상반】 말과 행실이 서로 같지 않음。「음。

【言行一致:언행일치】 말과 행함이 같

【言詰:언힐】 말로 잘못을 꾸짖고 나무람。論難・詰難。

◎甘ㅡ、格ㅡ、苦ㅡ、公ㅡ、過ㅡ、寡ㅡ、一ㅡ、立ㅡ、前ㅡ、傳ㅡ、定ㅡ、至ㅡ、讒ㅡ、讖ㅡ、忠ㅡ、贅ㅡ、他ㅡ、虛ㅡ、豪ㅡ。

二 畫

【訂】(정) 迥 徑 テイ、ただす correct ㄉㄧㄥˋ ting⁴

小篆 草書 ❶의논할정(平議)。【晋書】亦足有所ㅡ正。❷바로잡을정、고칠정(ㅡ正、校ㅡ)。

【訂交:정교】 사귀기로 함。

【訂盟:정맹】 동맹을 맺음。약속을 맺음。締盟。

【訂約:정약】 조약을 의논하여 정함。

【訂訛:정와】 잘못을 고침。

【訂正:정정】 잘못을 고쳐서 바로잡음。글귀나 말따위의 틀린 곳을 바르게 고침。

【訂定:정정】 잘 되고 잘못 됨을 의논하여 정함。

【訃】(부) 遇 フ、しらせ inform one's death

草 ❶통부부(告喪)。【左傳】凡諸侯同盟薨則赴以名。❷이를부(至也)。『赴』와 통함)

【訃告:부고】 =訃音。

【訃報:부보】 =訃音。

【訃音:부음】 사람이 죽은 것을 알리는 통지。訃告。訃報。訃聞。【左傳】凡諸侯同盟、薨則赴以名。

◎告ㅡ。

【訒】(잉) 蒸 支 ジョウ、あつい hospitable

小篆 후할잉(厚也)。

【訄】(구) 尤 豪 キュウ、せまる urgent ㄑㄧㄡˊ ch'iu²

小篆 급할구(迫也)。

【訆】(규)『叫』(口部 2畫)와 같음

【訇】(굉) 庚 先 コウ、おおごえ thundering ㄏㄨㄥ hung¹ (古音「횡」)

小篆 籀文 草書 ❶물소리울릴굉(匉ㅡ大聲)。【師告曰】匉ㅡ流水鼓怒之聲。❷우뢰소리굉(ㅡ然)。【韓愈詩】ㅡ然震動如雷霆。

【訇磕:굉개】 물이 세게 흐르는 소리의 형용。【史記・司馬相如傳】砰磅ㅡㅡ。

【訇訇:굉굉】 큰 소리를 울리는 모양。訇然鞫鞫。轟轟。【楊炯】隱隱中道、ㅡㅡ太虛。

【訇隱:굉은】 파도 소리가 큰 모양。

【訇哮:굉효】 바람 소리가 큰 모양。【韓愈・詩】ㅡㅡ簸陵丘。

【計】(계) 霽 屑 ケイ、かぞえる、はかる count; plan ㄐㄧˋ chi⁴

小篆 草書 ❶셀계、셈계(數也)。【禮記內則】學書ㅡ。❷셈마칠계(會ㅡ)。【周禮】司會主天下之大ㅡ。❸꾀할계(籌策)。【史記】會薛ㅡ事。

【計家:계가】 바둑을 다 둔 뒤에 勝負를 판단하기 위하여 집의 수를 헤아림。

【計減:계감】 셈을 따져 제할 것을 제함。計除。

【計距器:계거기】 車의 바퀴에 장치하여 달리는 거리가 자동적으로 나타나게 된 기계。

【計巧:계교】 여러 모로 빈틈 없이 생각해낸 꾀。

【計校:계교】 =計較。

【計較:계교】 헤아려 비교함。計校。【吳志】夜馳見袁紹、畫地ㅡㅡ。

【計窮:계궁】 계책이 없음。

【計器:계기】 여러 가지 양의 크기를 재는 데 쓰는 기구。계량기。미터(meter)。

【計略:계략】 計策과 謀略。꾀。計謀。【後漢書】杜詩善於ㅡㅡ。

【計量:계량】 분량을 계산함。

【計量器:계량기】 計量하는 데에 쓰이는 기구의 總稱。

【計料:계료】 헤아려 봄。

【計理士:계리사】 회계에 관한 사무를 정리하는 것을 업으로 삼는 사람。「ㅡ。

【計謀:계모】 =計略。【史記】盡蘇君之ㅡ

【計杯:계배】 술값을 계산함。

【計邊:계변】 邊利를 계산함。

【計朔:계삭】 달 수를 셈함。計月。

【計算:계산】 수량을 헤아림。셈함。【史記】桑弘羊以ㅡㅡ用事。

【計算器:계산기】 수의 계산을 빨리 정확하게 하는 기계。보통 곱셈・나눗셈을 덧셈・뺄셈으로 고쳐 이를 자릿수에 따라 손잡이를 돌려 셈함。

【計算書:계산서】 계산을 밝힌 書狀。

【計算尺:계산척】 《數》셈자。복잡한 셈을 간단한 기계적 操作으로 할 수 있는 자 모양의 기구。對數의 원리를 응용。

【計上:계상】 ❶예산 편성에 넣음。❷계산의 예정을 세움。

【計上金:계상금】 예산에 실린 금액。

【計石:계석】 곡식의 섬을 계산함。

【計數:계수】 ❶수효를 셈함。❷計略。計畫。【北史】有勇略、多ㅡㅡ。

【計月:계월】 달 수를 계산함。計朔。

【計議:계의】 꾀하고 의논함。또는 꾀한 일。【史記】願大王審定ㅡㅡ。

【計日:계일】 날 수를 계산함。

【計贓:계장】 범죄로 얻은 물건의 수효를 셈함。

【計定:계정】 《經》簿記에서 기업상의 모든 가치 변동인 거래를 밝히는 특수한 계산 방식。

【計定科目:계정과목】 《經》회계 거래의 기록 계산 단위로서의 계정에 주어진 명칭。

【計除:계제】 =計減。

【計座:계좌】 計定口座의 略語。

【計策:계책】 計巧와 方策。【吳志】引見諸將、問以ㅡㅡ。

【計寸:계촌】 촌수를 따짐。

【計測:계측】 헤아려 봄。

【計畫:계획】 꾀하여 미리 작정함。【戰國策】說蔡澤ㅡㅡ。

【計畫經濟:계획경제】 《經》국가에 의하여 의식적・계획적으로 지도・통제된 한 나라의 경제。統制經濟。「서류。

【計畫書:계획서】 어떠한 일을 계획한

【計畫性:계획성】 미리 계획을 짜고 계획에 좇아 실하는 성질。

【計畫的:계획적】 미리 계획을 세워 가지고 실행하는 그것。

◎家ㅡ、奇ㅡ、謀ㅡ、妙ㅡ、密ㅡ、百ㅡ、上ㅡ、生ㅡ、設ㅡ、時ㅡ、日ㅡ、早ㅡ、總ㅡ、合ㅡ、會ㅡ。

三 畫

【訊】(신) 震 ジン、とう question ㄒㄩㄣˋ hsün⁴

小篆 古文 草書 ❶물을신(問也)。【詩】ㅡ之占夢。❷다

스릴신(治也)。【禮】ㅣ疾以雅。❸죄물을신, 죄를조사할신(鞫罪)。【周禮】司寇斷獄ㅣ吏民。❹알릴신, 간할신(諫告)。【詩經陳風墓門】歌以ㅣ之。❺꾸짖을신(責也)。【國語吳語】ㅣ申胥。❻소식신(音ㅣ、蘭ㅣ、芳ㅣ)。【左傳文公十七年】鄭子家使執ㅣ而與之書。

【訊檢:신검】 물어서 살핌。물어 보고 조사함。【北史】精加ㅣㅣ。

【訊鞫:신국】 ❶엄격히 캐어 물어 살핌。❷죄인을 취조함。【史記】ㅣㅣ論報。

【訊問:신문】 ❶물어서 캠。❷죄를 물음。【文獻通考】即加ㅣㅣ。

【訊問調書:신문조서】 訊問하여 보고 받은 사실을 적은 문서。 「동이。

【訊杖:신장】 신문할 때에 매질하던 몽

【訉】 (범) 陷 ハン、ことばおおい talkative

말수다할범(多言)。

【[夸/言]】 (과)『誇』(言部 6畫)의 古字

【訌】 (홍) 東 送 江 コウ、もめる、みだれる internal trouble ㄏㄨㄥˋ hung²

(小篆) (草書) ❶무너뜨릴홍(潰也)。❷어지러울홍(亂也)。【詩經】蟊賊內ㅣ。

【訍】 ㊀(차) 禡 ㊁(차) 麻 麻 シャ、あばく expose

㊀딴말할차(異言)。㊁발각할차(訐也)。

【討】 (토) 晧 トウ、うつ suppress ㄊㄠˇ t'ao³

(小篆) (草書) ❶칠토, 다스릴토(治也)。【書經】天ㅣ有罪。❷찾을토(尋也)。【論語】世叔ㅣ論之。❸벨토(誅也)。❹꾸짖을토(訶也)。❺구할토(求也)。❻더듬을토(探也)。

【討價:토가】 값을 요구함。

【討究:토구】 사물의 이치를 검토하여 연구함。【唐書】ㅣㅣ儒術、以興典憲。

【討論:토론】 ❶정당한 이치를 궁구함。【論語】世叔ㅣㅣ之。❷어떤 論題를 둘러싸고 여러 사람이 각각 의견을 말하며 의논함。

【討論會:토론회】 토론하는 모임。

【討滅:토멸】 군사로 쳐서 멸망시킴。

【討伐:토벌】 군대를 보내어 침。【史記】挾王室之義以ㅣㅣ。 「대。

【討伐隊:토벌대】 토벌의 임무를 띤 군

【討匪:토비】 匪賊의 무리를 침。

【討索:토색】 금품을 억지로 구함。 「음。

【討食:토식】 음식을 강제로 청하여 먹

【討尋:토심】 따져서 조사함。

【討逆:토역】 역적을 토벌함。

【討議:토의】 어떤 사물에 대하여 각자의 의견을 내걸어 검토하고 협의하는 일。

【討賊:토적】 군사로 역적 또는 도적을 침。【諸葛亮】託臣以ㅣㅣ興復之功。

【討罪:토죄】 범한 죄를 하나 하나 드러내어 다부지게 나무람。

【討酒:토주】 술을 억지로 청하여 마심。

【討破:토파】 남의 말을 공격하고 논박

【討平:토평】 물리쳐서 平定함。 「함。

【討捕:토포】 적을 쳐서 잡음。【舊唐書】膽氣絕倫、年十餘歲、隨父ㅣㅣ、先登陷陣。

◎檢ㅣ、聲ㅣ、征ㅣ、追ㅣ。

【[言口]】 (구) 有 ク、とう inquire about

(小篆) 파물을구(詳問)。

【[言亐]】 (와) 歌 ク、こばむ refuse

거절할와、끊을와(拒絕)。

【訏】 (우) 虞 ク、コ、おおきい great ㄒㄩ hsü¹ (本音「후」)

(小篆) (草書) ❶거짓우(詭也)。【說文】詭譌也。❷클우(ㅣㅣ大也)。【詩經大雅韓奕】川澤ㅣㅣ。

【訏謨:우모】 큰 꾀。大謀。【詩·抑】定命ㅣㅣ。

【訏訏:후후】 너그럽고 큰 모양。【詩經·韓奕】川澤ㅣㅣ。

【訐】 (알) 月 ケツ、あばく accuse ㄐㄧㄝˊ chieh² (古音「갈」)

(小篆) (草書) 들춰낼알(發人陰私)。【論語陽貨】惡訐以爲直者。

【訐訴:알소】 남을 헐뜯기 위하여 없는 일을 있는 것같이 꾸며 죄가 있는 것처럼 웃 사람에게 고해 바침。

【訐揚:알양】 남의 비밀을 들추어 냄。

【訑】 ㊀(이) 支 ㊁(타) 歌 ㊂(탄) 翰 イ、タ、タン あざむく deceive ㄧˊ i²

(草書) ㊀자랑할이(ㅣㅣ自得貌又淺意)。【孟子告子下】ㅣㅣ之聲音顏色、距人於千里之外。㊁속일타(欺也)。㊂방탕할탄(慢ㅣ放也)。【莊子】僻陋慢ㅣ。

【訑訑:이이】 스스로 만족하고 자랑하여 남의 말을 받아 들이지 않는 모양。【孟子·告子】ㅣㅣ之聲音顏色、拒人於千里之外。

【訓】 (훈) 問 クン、キン おしえ instruct

(小篆) (草書) ❶가르칠훈(誨也)。【禮】敎ㅣ正俗。❷인도할훈(導也)。【書】以ㅣ于王。❸경계할훈(誡也)。【魏書】臣被敕以爲酒ㅣ。❹순하게따를훈, 거역하지 않을훈(順應)。【書經康誥】皇天用ㅣ厥道。❺주낼훈(ㅣ詁、註解)。❻뜻 일러줄훈(說敎)。

【訓戒:훈계】 타일러 경계함。訓誡。

【訓告:훈고】 ❶훈계하여 잘 타이름。【書經】古之人猶胥ㅣㅣ。❷관리의 과실을 훈계함。

【訓詁:훈고】 古文의 字句를 해석하는 것。【漢書】揚雄少而好學、不爲章句ㅣㅣ、通而已。 「하는 학문。

【訓詁學:훈고학】 經書의 훈고를 연구

【訓導:훈도】 ❶가르치고 인도함。【北史】累居學官、有ㅣㅣ之益。❷(制)㉠明·淸代의 府·州·縣의 儒學 교원。소속된 生員을 훈계·인도하였음。敎授·學正 또는 敎諭의 副官임。㉡李朝 때 典醫監·觀象監·司譯院 및 큰 고을(五〇〇戶 이상)에 두었던 從九品 벼슬。㉢李朝 宣祖 때 鄕學의 學事監督을 맡아 보던 관리。提督。 「ㅣ、肅而有禮。

【訓授:훈수】 가르쳐줌。【魏書】篤勤ㅣ

【訓讀:훈독】 한문 글자의 뜻을 새기어 읽음。

【訓鍊:훈련】 ❶武術을 연습함。❷가르쳐 익숙하게 함。訓練。【杜甫】ㅣㅣ强兵動鬼神。 「鍊都監의 從二品 主將。訓將。

【訓鍊大將:훈련대장】(制)李朝 때 訓

【訓鍊都監:훈련도감】(制)壬辰倭亂이 끝난 뒤 五衛兵制가 무너지고 새로 생긴 軍營의 하나。

【訓令:훈령】 상급 관청이 하급 관청에 대하여 법령의 해석 또는 사무의 방침 따위를 지시하는 명령。

【訓蒙:훈몽】 어린 아이나 初學者를 가르침。또는 그 책。【書經】其訓于蒙士。

【訓蒙字會:훈몽자회】(書)三권 一책。字典類。李朝 中宗 때 崔世珍 지음。한자 三三六〇자를 四字類聚로 物目을 나누어 쓰고 한글로 음과 뜻을 기록하여 어린이들에게 배우게 하던 한자 초보의 학

【訓民:훈민】 백성을 가르침。 「습서。

【訓民正音:훈민정음】李朝 世宗이 지은 우리 글。世宗 二五년 十二월에 완성하고 二八년 九월에 반포함。初聲 一七자。中聲 一一자。합 二八자。협찬한 사람은 鄭麟趾·成三問·崔恒·申叔舟·李塏·李善老·朴彭年·姜希顔。
【訓辭:훈사】=訓言。【左傳】綏之以德、加之以——。
【訓手:훈수】바둑·장기 따위에서 수를 「뚱기어 가르쳐 줌。
【訓示:훈시】❶가르쳐 보임。❷상관이 執務上의 주의 사항을 부하 직원에게 일러 보임。
【訓言:훈언】훈계하는 말。
【訓喩:훈유】가르쳐 타이름。訓諭。【魏志】每事——、遂相親睦。
【訓育:훈육】❶훈계하여 기름。❷意志活動 따위에 의하여 여러 가지 정신적 품성·습관·거동 등을 기르는 것。❸兒童의 도덕적 품성의 도야를 목적으로 하는 교육。
【訓人:훈인】❶사람을 가르침。❷師長。「先輩。
【訓長:훈장】《國》글방의 스승。學究。
【訓迪:훈적】훈계하여 인도함。【書經】——厥官。
【訓典:훈전】教訓이 되는 先王·聖賢의 典籍。【陶潛】言合——、行合世範。
【訓電:훈전】정부가 외교 사절 등에게 치는 訓令의 전보。
【訓飭:훈칙】訓令으로 경계하여 申飭함。
【訓學:훈학】글방에서 아이들에게 글을 「가르침。
【訓狐:훈호】《動》올빼미。
【訓化:훈화】가르치고 타일러 착하게 함。【晉書】——天下。
【訓話:훈화】교훈하는 말。훈시하는 말。
【訓誨:훈회】가르치고 이끌어 줌。教訓。教誨。【舊唐書】——子弟、如嚴君焉。
◎家—、校—、教—、內—、垂—、嚴—、遺—、音—。

【𧥥】(훈)『訓』(言部 3畫)의 古字

【訒】(인) 震 ジン、にぶい dull ㄖㄣˋ jen⁴

(小篆) (草書) ❶엎드러질인(頓也)。❷무딜인(鈍也)。❸어려울인(難也)。❹말더듬거릴인(言難出)。【論語顔淵】仁者其言也—。

【訔】(은) 問 ギン、あらそう quarrel with (本音「운」)

시비할은(爭論)。
【訔訔:은은】옳고 그름을 따져서 다툼。또는 그 모양。

【訕】(산) 諫 サン、セン、そしる slander ㄕㄢˋ shan⁴

(小篆) (草書) 나무랄산、비방할산(毁語誹謗)。【論語陽貨】惡居下流而—上者。
【訕謗:산방】흉보고 헐뜯음。誹謗。【北史】坐——繫獄。
【訕上:산상】웃사람을 비방함。상관의 과실을 비난함。【論語·陽貨】。
【訕笑:산소】비방하여 비웃음。譏笑。【唐書】愈獨喟然、引聖爭四海之惑、雖蒙——、路而復奮。

【託】(탁) 藥 タク、たのみ request ㄊㄨㄛ t'uo¹

(小篆) (草書) ❶부칠탁、부탁할탁(憑依寄也)。【漢書】憑廬而—處。❷맡길탁(信任委也)。【論語泰伯】可以—六尺之孤 ❸핑계할탁(稱—)。
【託故:탁고】일을 빙자하여 핑계함。
【託孤:탁고】고아의 뒷일을 믿을 만한 사람에게 부탁함。
【託寄:탁기】❶부탁하여 맡김。❷청탁함。寄託。【晉書】帝問張華、誰可——者。
【託大:탁대】스스로 자기 몸을 높임。뽐냄。托大。【世說新語·賞譽】時人目庾中郞善於——、長於自藏。
【託辭:탁사】꾸며서 핑계하는 말。
【託送:탁송】남에게 부탁하여 물건을 부침。
【託身:탁신】남에게 몸을 의탁함。
【託兒所:탁아소】부녀자가 일터에 가서 일하는 동안 어린 아이를 맡아 보호하는 곳。
【託言:탁언】❶다른 일에 핑계를 대서 말함。❷청탁해서 말함。❸말부탁。
【託意:탁의】마음에 있는 뜻을 다른 일에 비기어 붙여서 나타냄。
【託子:탁자】자식을 남에게 의탁함。
【託迹:탁적】종교나 또는 어떤 일에 몸을 의탁함。託分。「탁함。
【託妻子:탁처자】처자식을 남에게 의탁함。
◎結—、供—、寄—、反—、付—、神—、信—、委—、依—、請—、囑—。

【訖】㊀(흘) 物 ㊁(글) 物 キツ、とめる、おわる finish ㄑㄧˋ ch'i⁴

(小篆) (草書) ㊀이를흘(至也)。【尙書序】自唐虞—于周。㊁마칠글、끝낼글(終也)。【穀梁傳僖公九年】毋—糴。
【訖息:글식】멈춤。【漢書·注】師古曰、訖、止也。
【訖糴:글적】조(粟)를 저축함。遏糴。【左傳·僖·九】。
【訖今:흘금】지금에 이르름。이제까지。【漢書】數赦有史、務行寬大、而禁苛暴、——不改。

【記】(기) 寘 キ、しるす record; sign ㄐㄧˋ chi⁴

(小篆) (草書) ❶적을기、기록할기(疏也志也)。【書】撻以—之。❷글기(奏—書也)。❸기억할기(—憶、—念)。
【記念:기념】오래도록 기억하여 잊지 않음。紀念。【遊仙窟】取想思枕、留與十娘、以爲——。
【記念碑:기념비】어떠한 일을 기념하기 위하여 세운 비。
【記念像:기념상】어떤 사람의 공적을 기념하기 위하여 세운 銅像이나 石像。
【記錄:기록】❶적음。【後漢書】又有——、黃帝以來至春秋時。❷어떠한 일을 적은 서류。❸운동 경기 따위의 성적。
【記錄文:기록문】어떤 사실을 쓴 글。
【記錄文學:기록문학】實際의 현상이나 상황을 기록한 문학。
【記錄映畫:기록영화】사실을 촬영한 영화。뉴스 영화 따위。
【記末:기말】자기보다 지위가 낮은 사람에게 대하여 자기를 낮추어 부르는 대명사。편지에 쓰임。
【記名:기명】이름을 기록함。
【記名式:기명식】證券 발행에 있어 그 권리자의 이름이나 商號를 적는 方式。
【記名投票:기명투표】투표지에 투표하는 이의 이름을 밝혀 적는 투표。↕無記名投票。
【記問之學:기문지학】남의 물음을 기다리기 위하여 단순히 古書를 외우기만 하고, 정말 이해하고 있지 않은 학문。【禮記·學記】——、不足以爲人師。
【記府:기부】文書를 간직하여 두던 곳。【史記·蒙恬傳】乃書而藏之——。
【記寫:기사】적어 씀。
【記事:기사】❶사실을 그대로 적음。【漢書】左史記言、右史——。❷신문·잡지 등에 기록된 사실。❸《制》李朝末 帝室制度整理局의 한 벼슬。
【記事廣告:기사광고】물건의 用途·効能을 記事體로 써서 소개하는 광고。
【記事文:기사문】사실을 보고 들은 대로 적은 글。
【記事體:기사체】기사문의 글체。
【記性:기성】《心》사물을 기억하는 능력。記憶力。【避暑錄話】人之學術、皆可勉强、惟——各有分量。

【記誦:기송】 기억하여 암송함。 잊지 않고 외어 읽음。 記憶暗誦。 『宋史』今諸科專——、非取士之意。

【記手法:기수법】 적은 수의 숫자를 써서 모든 수를 간단히 나타내려 하는 방법。 十進法 따위。

【記述:기술】 ❶기록하며 진술함。 ❷사물의 특징을 있는 그대로 표시함。

【記述文學:기술문학】 作者의 태도에 따라 분류한 西洋文學의 한 가지。 단순히 사실이나 思想의 기술을 주로 하는 문학。 歷史·哲學·評論 등이 이에 속함。 ↔創造文學。

【記述學:기술학】 진리나 법칙을 기술 「하는 학문。

【記憶:기억】 ❶잊지 않고 외어 둠。 『關尹子』昔遊再到、——宛然。 ❷《心》한 번 知覺·經驗한 사물을 잊지 않고 인식하는 작용。

【記憶力:기억력】 기억하는 힘。

【記音:기음】 소리의 진동하는 모양을 그려 표시함。

【記入:기입】 적어 넣음。 「려 표시함。

【記入欄:기입란】 써 넣는 칸。

【記者:기자】 ❶문서를 기초하는 사람。 ❷신문·잡지 따위의 글을 집필하거나 편집함을 업으로 삼는 사람。

【記者團:기자단】 관청 방면을 담당한 신문이나 잡지 기자들이 공동 기사 취재의 편익을 꾀하여 결성한 단체。

【記帳:기장】 장부에 기입함。 치부함。

【記章:기장】 어떤 기념할 만한 일에 관계한 사람에게 주는 標章。

【記載·기재】 기록하여 실음。 또는 그 文書。 「中書五經——、補續漢記。

【記傳·기전】 記錄과 史傳。 『後漢書』校

【記注:기주】 언어와 동작을 그대로 기

【記識:기지】 적음。 「록함。

【記秒:기초】 초의 시각을 적어 나타냄。

【記下:기하】 ❶자기와 계급·신분의 차가 있는 사람에게 대하여 겸사하는 自稱代名詞。 ❷기재함。 또는 기억함。

【記號·기호】 무슨 뜻을 나타 내거나 적어 보이는 표。 文字·標章·符號 따위의 總稱。 「↔繪畫文字。

【記號文字:기호문자】 기호로 된 문자

【記號說:기호설】 《哲》지식은 實在의 기호 또는 대표라고 하는 설。

◎强—、單—、登—、明—、別—、附—、簿—、書—、速—、手—、實—、暗—、連—、列—、日—、雜—、傳—、追—、筆—、勳—。

四 畫

【詀】(치) 寘 シ、こころよい pleasant

❶쾌할치(快也)。 ❷모를치(不智)。

【訛】(와) 歌 カ、あやまる commit an error ㄜ e²

草書 ❶거짓말와(僞也)。 ❷어긋날와(舛也)。 【詩經】民之—言。 ❸그릇될와(謬也)。 【林尚仁詩】借吏抄書字半—。 ❹움직일와(動也)。 【詩】尙寐無—。 ❺화할와(化也)。【書】平秩南—。

【訛語:와어】 ❶그릇되게 전해진 말。 『舊唐書』删丹山即焉支山——也。 ❷《言》사투리。

【訛言:와언】 ❶그릇된 말。 『詩經』民之——、寧莫之懲。 ❷그릇된 소문。

【訛音:와음】 그릇 전하여진 글자의 音。 『秦觀』癡兒踏吳歌、娅娅足——。

【訛傳:와전】 말을 그릇 전함。 「어짐。

【訛脫:와탈】 그릇 전하여 짐과 빠져 없

【訛火:와화】 들불。 이른 봄철에 野山의 풀을 불사르는 것。 野火。 『柳宗元·詩』——亟生煆。

【訞】(요) 蕭 ヨウ、わざわい misfortune

草書 ❶간교한말할요(巧言)。 ❷재앙요(災也—孽)。

【訞怪:요괴】 요사스럽고 괴상한 물건。 妖怪。 『荀子』——狡猾之人。

【訞言:요언】 요사스러운 말。 간교한 말。

【訝】(아) 禡 カ、ゲ、いぶかる suspicious ㄧㄚ ya⁴

小篆 或體 草書 ❶의심할아(疑怪)。 【唐書 李勣傳】高祖—無表。 ❷맞이할아(迎也)。 【周禮】諸侯有卿—。

【訝賓:아빈】 王命으로 손을 맞이하여 위로함。 『儀禮·聘禮』——於館。

【訝士:아사】 《制》周代의 벼슬 이름。 四方의 獄訟을 처리하고、賓客을 迎送하는 일을 맡아 보았음。 『周禮·訝士』。

【訝鬱:아울】 의아하여 가슴이 답답함。

【訝惑:아혹】 疑惑。

【詍】㊀(예) 霽 ㊁(혜) 薺 エイ、まこと sincerity

㊀❶정성예(誠也)。 ❷『𪆰』와 같음。 ❸대답할예(應答)。 ㊁성심으로 말할혜(誠言)。

【訟】(송) 宋 ショウ、うったえる suit; quarrel with ㄙㄨㄥ sung⁴

小篆 古文 草書 ❶송사할송(爭辯)。 【論語顔淵】必也使無—乎。 ❷시비할송(聚—衆論異同)。 ❸꾸짖을송(責也)。 【後漢書】會禮之家爲聚—。 【論語】吾未見能見其過而內自—者也。 ❹여러사람에게 관계되는일송(公也)。 【史記 呂后本紀】未敢—言誅之。 ❺찬사송(讚辭)。 ❻괘이름송(卦名坎下乾上)。

【訟理:송리】 ❶송사의 까닭。 ❷송사하여 일을 처리함。

【訟民:송민】 訟事를 일으킨 백성。

【訟事:송사】 ❶백성끼리의 분쟁을 관청에 호소하여 그 판결을 구하는 일。 ❷재판을 결음。 訴訟。

【訟師:송사】 남을 대신하여 소송을 교도하는 사람。 辯護士。

【訟案:송안】 訟事의 기록。

【訟言:송언】 여러 사람 앞에서 분명히 말함。 公言。 明言。

【訟獄:송옥】 소송。 재판。 (訟은 재물에 대한 분쟁、獄은 죄에 대한 분쟁)。 『孟子』朝覲——者、不之益、而之啓。

【訟庭:송정】 송사를 듣고 처리하는 곳。 재판소。 『李白』——垂桃李。

【訟隻:송척】 訟事하는 相對者。

◎訴—、爭—。

【訛】(비) 紙 ヒ、そなわる have

갖출비(具也)。

【訢】㊀(흔) 文 ㊁(은) 眞 キン、ギン、よろこぶ glad

小篆 草書 ㊀기꺼울흔(喜也)。 【孟子盡心上】終身—然、樂而忘天下。 ㊁공손할은(——和敬貌)。

【訢然:흔연】 기뻐하는 모양。 欣然。 『孟子·盡心』終身——、樂而忘天下。 【漢書 石奮傳】僮僕——如。

【訢合:흔합】 ❶天地의 氣가 화합하여 하나가 됨。 『禮記·樂記』天地——。 ❷기뻐하며 모임。

【訢訢焉:흔흔언】 기뻐하고 즐겨워하는 모양。 『漢書』天下——、曰將興堯舜之道、三王之功焉。 「양。

【訢訢如:흔흔여】 기뻐하고 삼가는 모

【訣】(결) 屑 ケツ、わかれる part ㄐㄩㄝ chüeh²

小篆 草書 ❶이별할결(別也)。 【漢書】李陵與蘇武—去。 ❷영결할결(死別)。 ❸사례 할결(辭也)。 ❹비결결(方術要法)。 【列子說符】衛人有善

數者以ㅣ喩其子。
【訣別:결별】기약 없는 작별。영원한 이별。『後漢書』今子遠適千里、會面無期、故輕行相候、以展ㅣㅣ。
【訣飮:결음】이별주를 마심。別杯를 들음。
◎秘ㅣ、永ㅣ、要ㅣ。

【訥】(눌) 月 トツ、どもる stammer ㄋㄚˋ na⁴
小篆 書 草 ❶말더듬거릴눌(謇ㅣ遲鈍言難)。『論語里仁』君子欲ㅣ於言而敏於行。
【訥訥:눌눌】말 더듬는 모양。말이 술술 나오지 못하는 모양。입이 무거운 모양。
【訥辯:눌변】더듬는 말。더듬거리는 말씨。
【訥澁:눌삽】말이 더듬어 잘 나오지 아니함。『南史』齊東昏侯在東宮、性ㅣㅣ少言。
【訥魚:눌어】(動)누치。
【訥言:눌언】말더듬이。더듬거리는 말。
구별이 없는 것。
【訥言敏行:눌언민행】말은 더듬으나 동작은 민첩함。말은 느리나 실지 행동은 빠름。

【訦】(심) 侵 シン、まこと believe (in)
小篆 믿을심(信也)。

【訧】(우) 尤 ユウ、つみ fault; offence ㄧㄡˊ yu²
小篆 書 草 ❶허물우(罪也)。『書』報以庶ㅣ。❷허물할우(過也)。『詩』俾無ㅣ兮。

【訨】(지) 紙 シ、あばく disclose
들춰낼지、발각할지(訐也)。

【⿱夂言】(유) 尤 ヨウ、したがう follow
小篆 좇을유(從也)。

【訩】(흉) 冬 キョウ、みだれる turbulent ㄒㄩㄥ hsiung¹
小篆 或體 或體 書 草 ❶어지러울흉(亂也)。『詩經 小雅節南山』降此鞫ㅣ。❷송사할흉(訟也)。❸찰흉(盈也)。❹떠들썩할흉、시끄러울흉(ㅣㅣ衆語)。『晉書劉毅傳』天下ㅣㅣ但爭品位。
【訩訩:흉흉】소란하게 떠드는 모양。복작복작 하고 떠들썩한 모양。

【訪】(방) 漾 ホウ、たずねる visit ㄈㄤˇ fang³
小篆 書 草 ❶물을방(問也)。『書』ㅣ于箕子。❷의논할방(議也)。『楚語』使ㅣ物官。『註』物事也。❸뵈올방(謁見)。❹찾아서구할방(求也)。『宋史巢谷傳』欲徒步ㅣ兩蘇。❺꾀할방(謀也)。❻심방할방(ㅣ問、尋ㅣ)。『王勃滕王閣序』ㅣ風景於崇阿。『朱熹答林擇之』門人有相ㅣ者氣象皆好。
【訪客:방객】찾아 온 손님。訪問客。
【訪古:방고】고적을 탐방함。覽古。『李白』ㅣㅣ登峴首。
【訪求:방구】사람을 찾아 구함。『十八史略』先ㅣㅣ卓茂、爲太傅。
【訪問:방문】남을 찾아 봄。『左傳』朝以聽政、晝以ㅣㅣ。
【訪議:방의】묻고 의논함。『戰國策』ㅣㅣ之行、窮而不憂。
【訪採:방채】물어 가며 채취함。찾아서 개냄。探訪。『北史』咸宜ㅣㅣ。
【訪花:방화】꽃을 찾아 구경함。

【⿰言丑】(뉵) 屋 ジク、はじる be shy(abashed)
부끄러워할뉵(含羞)。

【⿰言王】(광)『誑』(言部 7畫)과 같음

【訡】(음) 沁 イン、なく weep
울음(泣也)。

【訬】(一)(초) 效 ショウ、かるい rash; hasty ㄔㄠ ch'ao¹ (二)(묘) 巧
小篆 書 草 (一)❶가벼울초(輕也)。❷빠를초(速也)。❸흔들초(遙也)。(二)높을묘(高也)。
【訬婧:묘청】허리가 가느다란 모양。

【設】(설) 屑 セツ、もうける establish ㄕㄜˋ shê⁴
小篆 書 草 ❶베풀설(陳也)。『易繫辭』聖人ㅣ卦。❷만들설(作也)。『陶潛 歸去來辭』門雖ㅣ常關。❸둘설、갖출설(置也備也)。『史記藺相如傳』ㅣ九賓于廷。❹가령설、설령설(假借辭)。『漢書』ㅣ欲知馬賈則先問狗。
【設計:설계】❶계획을 세움。❷제작이나 공사의 계획을 세워 도면으로 나타냄。
【設計書:설계서】설계한 것을 적어 놓은 문서。
【設計者:설계자】설계하는 사람。
【設局:설국】❶藥局을 냄。❷놀음판을 벌임。
【設頭:설두】먼저 앞장을 서서 주선함。
【設令:설령】❶그렇다 치더라도。『新論』懸數ㅣㅣ。❷가령。設或。設若。設使。
【設立:설립】베풀어 세움。
【設問:설문】문제를 내어 물어 봄。또는 그 문제。
【設備:설비】베풀어서 갖춤。또는 그 베풀음。『史記』是以ㅣㅣ不息。
【設備資金:설비자금】(經)事業의 創設·擴張·改良 등의 設備에 要하는、性質上 長期·固定의 資金。
【設使:설사】=設令。
【設色:설색】곱게 빛깔을 칠함。彩色。
【設心做意:설심주의】계획적으로 간사스러운 꾀를 부림。
【設若:설약】=設令。
【設宴:설연】잔치를 베풀음。
【設筵:설연】酒宴이나 儀式의 자리를 만들음。
【設定:설정】베풀어 정함。만들어 놓음。
【設彩:설채】색을 칠함。
【設置:설치】베풀어 놓음。『後漢書』惟陛下ㅣㅣ七臣、以廣諫道。
【設辦:설판】(佛)신도와 승려가 한 법회의 모든 비용을 마련해 내는 일。
【設險:설험】요해지에 방비 시설을 함。
【設或:설혹】=設令。
◎假ㅣ、開ㅣ、槪ㅣ、建ㅣ、公ㅣ、倂ㅣ、附ㅣ、敷ㅣ、私ㅣ、詳ㅣ、常ㅣ、施ㅣ、新ㅣ、特ㅣ、合ㅣ。

【訰】(준) 震 シュン、みだれる chaotic ㄓㄨㄣˋ chuen⁴
어지러울준(ㅣㅣ亂也)。

【許】(一)(허) 語 キョ、ゆるす consent; permit ㄒㄩˇ hsü³ (二)(호) 麌
小篆 書 草 (一)❶허락할허(與也)。『書』爾之ㅣ我。❷나아갈허(進也)。『詩』昭玆來ㅣ。❸기약할허(期也)。『孟子』可復ㅣ乎。❹곳허(所也)。『世設方正』廖元儉過宗德艶欲與共詣思遠ㅣ。❺어조사허(語助辭)。❻나라이름허(國名)。(二)여럿이 힘쓰는소리허(ㅣㅣ衆力聲)。
【許可:허가】❶희망을 들어줌。『世說』世尊默然、則爲ㅣㅣ。❷(法)법령에 의한 어떤 행위의 일반적인 제한 또는 금지를 특정한 경우에 해제하고、適法하게 이것을 할 수 있게 하도록 하는 행위。
【許可願:허가원】허가를 얻고자 신청한 원서。허가 신청。
【許可品:허가품】수출입 또는 매매의 금지의 解除를 받은 물품。

【許交:허교】 서로 벗하기를 허락하고 사귐。

【許久:허구】 매우 오래임。

【許給:허급】 =許施。

【許多:허다】 몹시 많음。 수두룩 함。『范成大』忽與鄕曲齒、方驚年ㅡㅡ。

【許諾:허락】 청하고 바라는 바를 들어줌。『公羊傳』管子顧曰、君ㅡㅡ、桓公曰諾、曹子請盟。

【許文:허문】 허락하여 주는 뜻으로 내어 주는 글 발。

【許卜:허복】 議政으로 임명함。

【許否:허부】 허락함과 허락하지 않음。

【許副:허부】 議政의 辭任을 허락함。

【許上:허상】 지위가 높은 자리에 바침。

【許生傳:허생전】《書》小說。李朝 때 朴趾源 지음。無爲徒食하는 儒生들보다 장사를 잘 해서 財利를 늘여야 한다는 주장을 한 소설 작품。熱河日記에 전함。

【許施:허시】 달라는 대로 줌。 청구하는 대로 베풀어 줌。

【許身:허신】 여자가 몸을 남자에게 허락함。

【許容:허용】 허락하여 용납함。

【許由:허유】 ❶말미를 허락함。 또는 그 말미。 ❷《人》고대 中國 전설상의 인물。堯가 天下를 물려 주려 하였으나 거절하고 箕山에 들어가서 숨었다고 함。 ↓巢父。

【許採:허채】 ❶광주가 덕대에게 광석을 파내는 일을 승낙함。 ❷許採證의 略語。

【許採期限:허채기한】 허채하는 기한。 대체로 다섯 달로 정하나 일정하지 않음。

【許採證:허채증】 허채할 때에 德大에게 교부하는、허체를 증명하는 증서。

【許遞:허체】 特旨를 내려 벼슬을 갈아줌。

【許婚:허혼】 혼인을 허락함。

【許許:호호】 여러 사람이 힘을 같이 할 때의 소리를 내는 모양。 부름소리。『詩·伐木』伐木ㅡㅡ。

◎官ㅡ、免ㅡ、允ㅡ、裁ㅡ、聽ㅡ、特ㅡ。

【詌】 (염) 鹽 ゼン、ネン、しゃべる voluble

小篆 ❶말수다할염(多言ㅡㅡ)。 ❷고을이름염(縣名、ㅡ邯)。

【詌詌:염염】 수다를 떠는 모양。 또 모여서 이야기하는 모양。 諵諵。『說文』詌、ㅡㅡ、多語也。

【訽】 (균) 震 キン、あざむく deceive

속일균(欺也)。

【訟】 (운) 文 ウン、さだまらない speak a perfect jagon

말횡설수설할운(言語不定、訟ㅡ)。

【訨】 (임) 侵 ジン、おもう think

생각할임(思也)。

【訳】 (역) 『譯』(言部13畫)의 略字

五 畫

【訴】 (소) 遇 ソ、うったえる appeal ㄙㄨˋ su⁴

小篆 小篆 或體 或體 草書

❶하소연할소(告也)。 ❷송사할소(訟也)。 『論語』膚受之ㅡ。

【訴權:소권】《法》民事訴訟法에 의거하여 법원에 고소하여 판결을 요구할 수 있는 권리。

【訴訟:소송】 ❶호소함。 송사하는 것。『後漢書』ㅡㅡ日百數。 ❷《法》재판을 청구함。 권리·의무의 관계를 확정하기 위하여、법원에 신청하여 법률의 적용을 요구하는 것。民事訴訟·刑事訴訟·行政訴訟 등의 구별이 있음。

【訴訟關係人:소송관계인】《法》법률상 소송관계에 있는 사람。

【訴訟能力:소송능력】《法》소송 행위 또는 소송위임을 할 수 있는 능력。

【訴訟當事者:소송당사자】《法》소송에 있어 직접 본인 되는 사람。

【訴訟代理人:소송대리인】《法》소송위임에 의하여 당사자에 대신하여 그 소송 행위를 하는 사람。

【訴訟物:소송물】《法》소송의 목적물。

【訴訟法:소송법】《法》민사 또는 형사 소송상의 절차를 규정한 법률。

【訴訟費用:소송비용】《法》소송 관계에 대하여 법률의 정한 일정한 범위의 패소자의 부담에 속하는 모든 비용。

【訴訟事件:소송사건】《法》소송을 일으킨 사건。

【訴訟節次:소송절차】《法》소송의 제기로부터 종국에 이르기까지의 일체의 절차。

【訴寃:소원】 원통한 일을 관청에 호소함。

【訴願:소원】 ❶호소하여 청원함。 ❷《法》행정 처분의 결과、자기의 권리 또는 이익이 침해당했다고 믿는 사람이、그러한 처분을 한 행정청의 상급 관청에 대하여 그 처분의 취소 또는 변경을 요구하는 일。

【訴狀:소장】 ❶하소연하는 글。 ❷《法》소송를 제기하는 취지를 써서 법원에 내는 문서。

【訴牒:소첩】 하소연하는 書狀。 訴訟書。訴狀。『弘簡錄』湖田有水旱、即有ㅡㅡ、按圖示之、蠲可否。

【訴請:소청】 하소연하여 청함。

【訴追:소추】《法》❶檢事가 公訴를 제기하여 追訴하는 일。 ❷彈劾의 발의를 하여 파면을 구하는 행위。

◎告ㅡ、公ㅡ、控ㅡ、起ㅡ、上ㅡ、哀ㅡ、越ㅡ、提ㅡ。

【訶】 (가) 歌 (本音「하」) カ、しかる scold ㄏㄜ hê¹

小篆 草書

❶꾸지람가(譴也)。 ❷성내어꾸짖을가(大言而怒責)。『後漢書』禰衡言不遜順黃祖慙乃ㅡ之。

【訶棃棒:가려봉】 武器의 한 가지。 棍棒 모양으로 만들어 끝에 鐵을 씌웠음。

訶棃棒(武備志)

【訶辱:가욕】 꾸짖어 욕보임。『晉書』「ㅡㅡ。切勵ㅡㅡ。

【訶詆:가저】 꾸짖어 흉봄。『北史』更相ㅡㅡ。

【訶止:가지】 꾸짖어서 그치게 함。呵止。

【訶叱:가질】 꾸짖음。『後漢書』ㅡㅡ左右。

【訶詰:가힐】 꾸짖어 힐문함。『唐書』凡言變、吏不得ㅡㅡ

【詗】 (치) 支 シ、うかがう look about

❶은근히알치(陰知)。 ❷살필치(伺察)。

【詋】 (원) 願 エン、なぐさめる console

小篆 ❶위로할원(慰也)。 ❷좇을원(從也)。 ❸원망할원(懟也)。

【詘】 (주) 宥 チュウ、いのる pray

小篆 ❶빌주(祝也)。 ❷사람의이름주(人名楊ㅡ)。

【訹】 ㊀(수) 宥 ㊁(술) 質 シュツ、いざなう lure ㄒㄩˋ hsü⁴

小篆 草書 ㊀꾀일수(誘也)。『漢書』諸侯ㅡ列在邪臣浮說。 ㊁뜻은 ㊀과 같음。

【詍】 (연) 銑 エン、わらう laugh

❶웃을연(笑貌)。 ❷말잘할연(善言)。

【診】 (진) 震 軫 シン、チン、みる examine ㄓㄣˇ chen³

小篆 草書 ❶볼진(視也)。『後漢書』詔上方ㅡ視。 ❷증험할진(驗也)。『莊子』匠石覺而ㅡ其夢。 ❸맥짚을진、맥볼진(候脈)。『史記』ㅡ切

其脈。

【診斷:진단】 《醫》의사가 환자의 병 증세를 진찰하여 症狀을 판단함。병의 성질을 깊이 살핌。

【診斷書:진단서】 병을 진단한 결과를 「적은 서류。

【診療:진료】 《醫》진찰과 치료。症狀을 자세히 조사하여 고침。

【診療所:진료소】 《醫》公衆 또는 일정한 사람을 위하여 진찰·치료하는 시설。

【診脈:진맥】 《醫》맥박을 진찰함。병을 진찰함。『史記』特以一一爲名耳。

【診察:진찰】 《醫》의사가 환자의 병의 원인과 症狀을 살펴 봄。診候。『南史』徐文伯子雄、亦傳家業、尤工一一。

【診察費:진찰비】 진찰한 값으로 주는 돈。

【診察室:진찰실】 「하는 방。의사가 병자를 진찰

【診候:진후】 ＝診察。『北齊書』馬嗣明精醫術、爲人一一、一年前知其生死。

◎檢一、誤一、往一、聽一、打一、宅一、回一、休一。

【註】

(주) 遇 チュウ、しるす note ㄓㄨˋ chu⁴

草書 ❶주낼주(解釋)。❷기록할주(記物)。【穀梁傳】一事ㅣ乎志所以惡楚子也。❸기입할주(記入)。

【註明:주명】 註를 붙여서 본문의 뜻을 밝힘。注明。

【註釋:주석】 낱말이나 문장의 뜻을 알기 쉽게 풀이함。또는 그 글。注釋。

【註解:주해】 본문의 뜻을 알기 쉽게 풀이하는 것。또는 그 글。注解。

【詬】

(구) 宥 コウ、ク、ののしる scold

草書 ❶꾸짖을구(罵也)。【左傳】重丘人閉戶而ㅣ之。❷부끄러울구(恥也)。【左傳】宋元公曰余不忍其ㅣ。❸욕될구(辱也)。【後漢書】或冒ㅣ以干進。

【証】

㊀(정) 徑 セイ、いさめる remonstrate ㄓㄥˋ chêng⁴ ㊁(증) 徑

小篆 草書 ㊀간할정(諫也)。【戰國策】士尉以ㅣ靖郭君。㊁『證』을 보라。

【訾】

㊀(자) 支 シ、はかる estimate ㄗˇ tzŭ³ ㊁(자) 紙

小篆 草書 ㊀❶어림할자(量也)。【商子】懇令】ㅣ粟而稅。❷생각할자(思也)。【唐書】選將必ㅣ。❸병통자(病也)。【禮】非禮之ㅣ。❹결점자(缺點)。【禮記檀弓下】故子之所刺於禮者亦非禮之ㅣ也。❺바탕자(資也)。【漢書 司馬相如傳】以ㅣ爲郞。㊁❶한정할자(限也)。【管子】ㅣ程事律。❷헐어서 말할자(毁也)。【管子】毁ㅣ賢者。❸비방할자(誹謗)。【詩等 小雅 小旻】潝潝ㅣㅣ。

【訾短:자단】 헐뜯음。毁短。『唐書』嫉德裕、共ㅣㅣ之。

【訾謗:자방】 毁謗。

【訾訾:자자】 ❶헐뜯는 모양。나쁘게 말하는 모양。『詩經』潝潝ㅣㅣ、莫供職也。❷職務를 게을리하는 모양。

【訾毁:자훼】 헐뜯음。욕함。『漢書』好ㅣ、多巧僞。

【訿】

(자)『訾』(前條)와 같음

【誧】

(포) 遇 フ、いさめる remonstrate

❶간할포(諫也)。❷베풀포(敷陳)。

【詀】

㊀(잠) 咸 タン、テン、ささやく whisper ㊁(점) 鹽 ㊂(첩) 葉

草書 ㊀❶희학질할잠(譺也)。❷속을 잠(被誑)。㊁말전주할점(轉語)。㊂잔소리 할첩(多言)。

【詀讘:첩섭】 귀에 대고 소곤소곤 말함。

【詁】

(고) 慶 遇 コ、よみ、わけ scholium ㄍㄨˇ ku³

小篆 草書 ❶주낼고(註也通古今明其故)。【漢書】揚雄少而好學不爲章句訓ㅣ通而已。❷훈고고(訓ㅣ)。

【詁訓:고훈】 古書의 字句 解釋。訓詁。

◎解ㅣ、訓ㅣ。

【詂】

(부) 遇 フ、いいわけ plausible words

❶믿음직한말부(言有所依)。❷구실로할부(口實)。

【詃】

(견) 銑 ケン、さそう tempt

❶꾀일견(誘也)。❷속일견(詐也)。

【詄】

(질) 屑 テツ、わすれる forget (本音「절」)

小篆 草書 ❶잊을질(忘也)。❷그르칠질(誤也)。

【詍】

(시) 寘 シ、こころざす plan

❶뜻할시(爲志)。❷기록할시(記錄)

【詅】

(령) 靑 レイ、てらう proud ㄌㄧㄥˊ ling²

草書 ❶팔령(賣也)。【顏氏家訓】吾見世人至于無才思自謂淸華流布醜拙亦以衆矣江南號爲ㅣ癡符。❷자랑할령(謾也)。

【詆】

(저) 薺 齊 テイ、そしる slander ㄉㄧˇ ti³

小篆 草書 ❶꾸짖을저(訶也)。❷알소할저(訐也)。【史記】刀筆吏專深文巧ㅣ陷人于罪。❸훼볼저、비방할저(誹謗)。

【詆欺:저기】 속여서 비뚜로 말하는 것。없는 것을 있는 것처럼 말함。『漢書』除誹謗ㅣㅣ法。

【詆辱:저욕】 꾸짖고 욕함。『宋史』排擯ㅣㅣ、必使無所容其身而後已。

【詆訶:저하】 헐뜯는 것。힐난함。『何遜』披文極ㅣㅣ、析理窮章句。「ㅣ朝士。

【詆毁:저훼】 헐뜯음。욕설함。『宋書』ㅣ

【詇】

(앙) 養 オウ、かしこい sagacious

小篆 ❶슬기로울앙(智也)。❷미리알아차릴 앙(早知)。

【訳】

(혜) 齊 ケイ、よろこびわらう chuckle

빙글빙글할혜(喜笑不正)。

【詈】

(리) 寘 り、ののしる scold ㄌㄧˋ li⁴

小篆 草書 꾸짖을 리(罵ㅣ)。【詩】覆背善ㅣ。

【詈罵:이매】 꾸짖는 것。몹시 욕함。『漢書』司寇少吏ㅣㅣ、而榜笞之。

【詉】

㊀(뇨) 肴 ドウ、かまびすしい tumult ㄋㄠˊ nao² ㊁(나) 麻 ㊂(노) 遇

草書 ㊀들렐뇨(讙聲)。【宋書】時上封事言得失者衆或者惡其ㅣ怒。㊁말알아들을수없을나。㊂악담노(惡言)。

【詑】

(자) 寘 シ、はかる device

❶꾀자(謀也)。❷사람의이름자(人名崇ㅣ)。

【詋】

(주)『呪』(口部 5畫)와 같음

【詎】

(거) 語 御 キョ、なんぞ why ㄐㄩˋ chü⁴

小篆 草書 ❶어찌거(豈也)。【莊子】庸ㅣ知吾所謂天之非人乎。❷모를거(未知詞)。

【詎幾:거기】얼마큼. 『北史』樂爲之有、——人也。

【詌】(감) 勘 カン、つぐむ shut ㄍㄢ kan⁴
小篆 草書 입다물감(口閉不言)。

【詍】(예) 霽 エイ、セイ、しゃべる voluble
小篆 草書 ❶잔말할예——(多言)。『荀子』辨利非以言則謂之—。❷말꾸며서할예(飾食)。

【詏】(요) 效 ヨウ、さからう oppose
거스릴요(逆也)。

【詐】(사) 禡 サ、いつわる swindle ㄓㄚˋ cha⁴ (本音「자」)
小篆 草書 ❶거짓사(僞也)。『周禮』禁僞而除—。❷속일사(欺也)。『禮』知者—愚。❸간사할사(詭譎)。『詩』或非詭—。

【詐計:사계】속이는 꾀。
【詐巧:사교】교묘하게 속이는 일。또는 그 수단。『晉書』且當——、不可力爭也。
【詐欺:사기】❶거짓말을 하여 남을 속이는 일。『韓非子』智者不得——。❷《法》故意로 사실을 속여서、남에게 손해를 입히거나 또는 부당한 이익을 얻는 행위。
【詐欺師:사기사】사기하는 사람。사기군。
【詐欺罪:사기재】남을 속여 재물을 받거나 불법한 재산상의 소득을 얻거나 또는 남으로 하여금 얻게 하는 죄。
【詐欺取財:사기취재】사기로 남의 재산을 빼앗음。
【詐妄:사망】거짓말。종없는 거짓말。『郭璞』妖蠱——。
【詐謀:사모】속여 넘기는 꾀。『史記』常稱義兵、不用——奇計。
【詐病:사병】꾀병。「이는 수단。詐謀。
【詐術:사술】남을 속이는 못된 꾀。속
【詐僞:사위】남을 속이는 일。거짓。
【詐取:사취】속여서 남의 물건을 빼앗음。『管子』不强民以其所惡、則——不生。
【詐稱:사칭】「나이 따위를 속여서 말하는 것。官位·주소·성명·직업·
【詐誕:사탄】언행이 간사하고 허황함。『胡銓』惟務——。
【詐害行爲:사해행위】채권자에게 해를 가하기 위한 채무자의 재산 감소 행위。
【詐諼:사훤】미덥지 못함。『漢書』虛造——之策、欲以詿誤朝廷。
◎巧—、變—。

【詑】㊀(이) 支 イ、タ、ほこる proud
㊁(타) 歌
小篆 草書 ㊀자랑할이(——自得貌)。㊁속일타(欺也)。

【詑】(이)『詑』(前條)와 같음

【詒】㊀(이) 支 イ、タイ、おくる give; present
㊁(태) 賄
小篆 草書 ㊀❶줄이(贈言遺也)。『左傳昭公六年』叔向使人—子産書。❷느른할이(誒—懈倦貌)。『莊子』誒—爲病數日。㊁속일태(欺也)。

【詓】(거) 語 キョ、こえ sound
소리거(聲也)。

【詔】(조) 嘯 ショウ、つげる Imperial rescript ㄓㄠˋ chao⁴
小篆 草書 ❶조서조(上命)。❷가르칠조(敎也)。『左傳』欒伯曰變之—也。

【詔令:조령】詔書。임금의 명령。詔命。
【詔命:조명】=詔令。
【詔使:조서】中國의 使臣。
【詔書:조서】임금의 명령을 쓴 문서。『文心雕龍』漢命有三品、三曰——、詔告也。
【詔獄:조옥】임금의 명령을 받들고 죄인을 신문하는 것。또는 그 獄舍。『漢書·註』凡詔所繫治、皆爲——。
【詔諭:조유】❶詔書。❷임금이 명령을 내려서 깨우침。詔勅。『五代史』明宗——不許。
【詔旨:조지】임금의 명령。勅旨。『李商隱』鳳凰傳——、獬豸冠朝端。
【詔勅:조칙】=詔書。『北史』將開倉賑給官屬、咸曰須待——。

【詾】(포) 豪 オウ、ことばみだれる make a fuss
말수선스러울포(亂語—譜)。

【評】㊀(평) 庚 ヒョウ、しなさだめ criticize ㄆㄧㄥˊ p'ing²
㊁(평) 敬
草書 ㊀❶평론할평(品論)。『後漢書』許劭好覈論鄕黨人物汝南俗有月旦—。❷헤아릴평(量也)。❸고칠평(訂也)。㊁기롱할평(平言)。『韓愈詩』新輩定嘲—。

【評價:평가】❶물건의 값을 정함。評定한 가격。❷善惡·美醜 따위를 평론하여 그 가치를 정함。評定한 가치。
【評決:평결】評議해서 결정함。『魏書』——獄訟。
【評估:평고】재판할 때에 贓物의 값을 「평가하는 것。
【評論:평론】사물의 좋고 나쁨을 비평하여 논하는 것。또는 그 논문。『隋書』——得失。
【評論家:평론가】평론의 전문가。
【評論集:평론집】평론을 모아 놓은 책。
【評林:평림】비평을 모아서 실은 책。
【評釋:평석】詩歌·文章을 해석하고 비평함。또는 그렇게 한 것。
【評語:평어】❶비평하는 말。評言。❷성적을 표시하는 짧은 말。곧 秀·優·美·良·可 따위。
【評言:평언】비평의 말。評語。
【評議:평의】모여서 의논함。의견을 서로 내어 놓고 많은 사람이 상의함。相談。『魏書』詔百寮——。
【評議員:평의원】어떤 일을 평의하는 「委員。
【評點:평점】❶詩文의 重要한 곳에 찍는 점。❷피교육자의 학력을 조사하여 매기는 점수。❸物件의 價値를 評하여 매기는 점수。
【評定:평정】의논하여 定함。評決。
【評注:평주】비평하여 주석을 부침。또는 그 주석。「評。
【評判:평판】❶평론하여 판정함。❷世評。
◎苛—、考—、高—、論—、短—、批—、世—、細—、惡—、月—、定—、寸—、品—、合—、好—、酷—。

【詖】(피) 支 ヒ、わるがしこい wicked ㄅㄧˋ pi⁴
小篆 草書 ❶말잘할피(辯也)。❷간사할피(佞也)。❸알소할피(險—不正)。『孟子』—辭知其所蔽。

【詖辭:피사】한 쪽으로 치우쳐、올바르지 못한 말。『孟子』——知其所蔽。
【詖行:피행】비뚤어진 행동。『孟子』息邪說、距——、放淫辭。

【詎】㊀(니) 齊 ニ、ジ、よぶ call a person (本音「네」)
㊁(니) 霽
㊀사람부를니(呼人)。㊁말통하지못할니(言不通)。

【詗】㊀(형) 迥 ケイ、うかがう spy ㄒㄩㄥˋ hsiung⁴
㊁(형) 敬
小篆 草書 ㊀❶고발할형(知處告言)。❷똑똑할형(明悟)。㊁염탐할형(刺探候伺)。

【詗捉:형착】몰래 이리저리 살펴 조사하여서 붙잡음。
【詗察:형찰】넌지시 염탐함。『唐書』竇參無學術、不能稽古立事、惟樹親黨、多

少ㅡㅡ、四方畏之。「조리 뒤짐。
【詗探:형탐】 살그머니 엿보아 가며 모

【詘】 (굴) 物 クツ、まげる bend ㄑㄩ ch'ü
小篆 或體 草書 ❶굽을 굴(曲也)。【禮】習其俯仰ㅡ伸。❷말막힐굴(辭塞)。【戰國策】於是魏王聽此言也甚ㅡ。❸굴할굴(充ㅡ喜失節貌)。【禮】不充ㅡ于富貴。
【詘伸:굴신】 굽힘과 폄。屈伸。伸縮。
『禮記·樂記』習其俯仰ㅡㅡ。
【詘指:굴지】 ❶손가락을 꼽아 헤아림。『漢書』ㅡㅡ計其日。❷뜻을 굽힘。
【詘坐:굴좌】 내쫓아 죄를 줌。『易林』不伸、道無良人。

【詙】 (발) 黠 ハツ、ふじんのな legendary queen
신농씨부인이름발(神農妃、聽ㅡ)。

【詛】 (조) 語 御 ショ、ソ、のろう curse ㄗㄨˇ tsu³
小篆 草書 ❶방자할조、저주할조(ㅡ呪、請神加殃)。【詩經】厥口ㅡ祝。❷맹서할조(盟誓)。【詩經小雅斯何人】出此三物以ㅡ爾斯。
【詛盟:조맹】 맹세함。맹세。誓約。『書·呂刑』罔中于信、以覆ㅡㅡ。
【詛呪:조주】 남이 못 되기를 빌고 바람。
【詛祝:조축】 ❶=呪書。『書經』厥口ㅡㅡ。❷《制》周代 契約을 맡아 보던 관리。

【詞】 (사) 支 シ、ことば words ㄘˊ tz'u²
小篆 草書 ❶말사(言也)。❷글사(文也)。【公羊傳】春秋之信史也其ㅡ則丘有罪焉。❸고할사(ㅡ訟、告也)。
【詞客:사객】 =詞人。『張子容』凌雲ㅡㅡ語、廻雪舞人嬌。
【詞林:사림】 ❶詩文을 모은 책。『梁昭明太子』殺核文史、漁獵ㅡㅡ。❷시인·문인들의 세계。文壇。❸翰林院의 異名。
【詞壇:사단】 文壇。
【詞命:사명】 임금의 말과 명령。
【詞伯:사백】 詩文에 뛰어난 사람。詩文의 大家。詩宗。『宋之問·詩』文稱ㅡㅡ雄。
【詞賦:사부】 韻字를 달아 지은 漢文詩
【訟詞:사송】 民事의 소송。 [의 總稱。
【詞藝:사예】 文藝。『宋史』後進之有ㅡㅡ者、必爲稱揚。
【詞韻:사운】 말의 울림。말이나 문장의 운치。『齊書』每賓友會同、ㅡㅡ如流、聽者忘倦。
【詞律:사율】 ❶말이나 글의 어울림。格調。『劉長卿』金石懸ㅡㅡ。❷《書》二〇권。淸 葛樹 지음。詞를 짓는 규칙을 서술。
【詞人:사인】 詞(中國의 韻文體의 하나)를 짓는 사람。또는 널리 시가나 문장을 짓는 사람。『舊唐書』後來ㅡㅡ稱首也。
【詞章:사장】 詩歌와 문장。『韓愈』務記覽、爲ㅡㅡ。
【詞藻:사조】 ❶詩文을 짓는 재능。文藻。❷=詞華。「ㅡ。(孟은 孟浩然)。
【詞宗:사종】 =詞伯。『王勃』孟學士之ㅡ
【詞彩:사채】 ❶말의 修辭。『宋書』顔延之與陳郡謝靈運、俱以ㅡㅡ齊名。❷詩文。
【詞兄:사형】 詩人·文人인 벗에 대한 尊稱。
【詞華:사화】 말의 修辭。아름답게 꾸며진 말。뛰어난 詩文。『杜甫』ㅡㅡ傾後輩風雅藹孤鶱。
◎歌ㅡ、宮ㅡ、動ㅡ、名ㅡ、副ㅡ、數ㅡ、弔ㅡ、助ㅡ、祝ㅡ、品ㅡ、賀ㅡ、形容ㅡ。

【詘】 (염) 豔 ゼン、しゃべる voluble
말다못할염(言未盡)。

【詠】 (영) 敬 エイ、うたう recite ㄩㄥˇ yung³
小篆 或體 草書 읊을영(長言歌也)。【書】搏拊琴瑟以ㅡ。(『咏』과 같음)
【詠歌:영가】 詩歌를 읊음。또는 그 詩歌。『李白』吾人ㅡㅡ獨慚康樂。
【詠物:영물】 새·꽃·달고기 등 물건을 題材로 하여 詩歌를 지음。
【詠吟:영음】 詩나 노래를 읊조림。吟詠。
【詠懷:영회】 회포를 詩歌로 읊음。『溫庭筠』他時ㅡㅡ作、猶得比南金。
◎吟ㅡ、題ㅡ。

六畫

【詡】 (허) 麌 ク、ほこる brag ㄒㄩˇ hsü³ (古音「후」)
小篆 草書 ❶화할허(和也)。❷넓을허(普也)。【禮】德發揚ㅡ萬物。❸자랑할허(大言)。❹날랠허、민첩할허(敏而有勇)。【禮】會同主ㅡ。
【詡詡:허허】 ❶大言壯談하는 모양。❷남의 비위를 맞추는 모양。

【詢】 (순) 眞 ジュン、はかる plan ㄒㄩㄣˊ hsün²
小篆 草書 ❶꾀할순(謀也)。❷물을순(咨也)。【書】ㅡ事考言。❸믿을순(信也)。【詩】洵訏且樂。
【詢計:순계】 計策을 물음。싸움의 計略을 물음。
【詢謀:순모】 ❶물어서 議論함。❷計略을 물음。『書經』朕志先定、ㅡㅡ僉同。
【詢謀僉同:순모첨동】 여러 사람의 의견이 一致함。
【詢訪:순방】 訪問하여 議論함。訪問함。『晋書』當虛己引納、ㅡㅡ政事。
【詢咨:순자】 웃사람이 아랫사람에게 물어서 議論함。咨詢。
【詢察:순찰】 물어서 調査함。詢按。『元史』燕多劇賊、楚材ㅡㅡ、得其始名、盡捕下獄。

【詣】 (예) 霽 ケイ、いたる reach ㄧˋ i⁴
小篆 草書 ❶이를예(至也)。❷나아갈예(往也)。【左傳】鄭詹ㅡ齊見執。❸학업에 통달할예(造ㅡ學業深入)。
【詣闕:예궐】 天子의 宮闕에 이름。參內함。『漢書』ㅡㅡ上書、書久不報。
【詣閤:예합】 대궐에 들어가서 閤門 밖에서 명을 기다림。
◎造ㅡ、參ㅡ。

【謊】 (황) 陽 養 コウ、ねごと talking in sleep
小篆 草書 ❶잠꼬대할황(夢言)。❷속일황(詐也)。

【詥】 (합) 合 コウ、やわらぐ be in harmony
小篆 화할합(和也)。

【試】 (시) 寘 シ、こころみる test; try ㄕˋ shih⁴
小篆 草書 ❶시험할 시(ㅡ驗用也)。【易】无妄之藥不可ㅡ也。❷더듬을시(嘗ㅡ深也)。【莊子】嘗ㅡ言之。❸비교할시(明ㅡ較也)。【書】明ㅡ以功。
【試可乃已:시가내이】 먼저 能不能을 시험하고 取捨함。
【試硬器:시경기】 鑛物의 硬度를 시험「하는 기계。
【試官:시관】 《制》科試 때의 命官·考官·讀卷官 以下의 職任으로 시험에 관계있는 관직의 總稱。
【試掘:시굴】 시험적으로 鑛脈 따위를 파「보는 것。
【試掘權:시굴권】 특정된 鑛區 안에서

광물을 시굴할 수 있는 권리.
【試金:시금】 金의 品質을 시험하여 알아냄。
【試金石:시금석】 ❶金의 品位를 判定하는 돌。 ❷어떤 事物의 價値・力量을 시험하는 材料가 되는 것。
【試練:시련】 ❶시험하고 단련함。 ❷信仰・決心의 程度를 시험해 보는 것。
【試問:시문】 시험적으로 물어 봄。
【試補:시보】 事務修習中의 官吏。 어떤 職責에 나아가기 爲한 修習。
【試射:시사】 ❶활이나 총 등을 시험으로 쏘아 봄。 ❷활을 잘 쏘는 사람을 試取하는 일。
【試寫:시사】 映畫를 上映함에 앞서、특별히 시험적으로 映寫해 보는 일。
【試寫會:시사회】 試寫를 하려고 모이는 모임。
【試算:시산】 ❶시험적으로 하는 계산。 ❷계산에 틀림이 있고 없음을 다시 검사하는 일。
【試選:시선】 시험을 보이고서 뽑는 것。
【試所:시소】 《制》科試를 치르는 곳。
【試乘:시승】 시험삼아서 타(乘) 봄。
【試食:시식】 맛이나 요리 솜씨를 보기 위하여 시험적으로 먹음。
【試案:시안】 시험적으로 만든 案件。
【試藥:시약】 화학적으로 물질을 檢出하거나 定量을 시험하는 데 사용되는 약품。
【試演:시연】 시험 삼아 하는 상연。
【試藝:시예】 ＝試才。
【試用:시용】 시험적으로 써 봄。 〖諸葛亮〗曉暢軍事、ㅣㅣ於昔日。
【試運轉:시운전】 새로 만든 자동차나 기차 따위를 시험적으로 운전하여 봄。
【試飮:시음】 술 따위를 맛보기 위하여 마셔 봄。
【試邑:시읍】 《制》李朝 때 各道에서 鄕試를 보일 곳으로 定한 고을。
【試作:시작】 시험 삼아서 만들어 봄。 또 그 作品。
【試才:시재】 재주를 시험하여 봄。 試藝。
【試製:시제】 시험적으로 만들음。
【試聽:시청】 作曲의 시험 연주를 들음。
【試聽會:시청회】 작곡 따위를 시험적으로 듣기 위하여 모인 모임。
【試取:시취】 科擧를 보게 하여 人材를 뽑는 일。
【試筆:시필】 ＝試毫。
【試合:시합】 武術이나 運動競技 따위에서 勝敗를 겨루는 일。
【試航:시항】 시험 삼아 하는 航行。
【試驗:시험】 ❶문제를 내고 답을 구하거나、실지로 시켜보아 그 성적을 판정하는 일。 ❷사물의 성질을 실지로 따져 알아 보는 일。 〖劉迎〗ㅣㅣ頗爲大。
【試驗檢定:시험검정】 시험을 거쳐 검정하는 것。 ↕無試驗檢定。
【試驗官:시험관】 시험하는 일을 맡아 보고、감독하는 사람。
【試驗管:시험관】 化學實驗에 쓰는 밑바닥이 막힌 유리관。
【試驗臺:시험대】 남의 주목하는 속에 시험을 받게 되는 처지。
【試驗場:시험장】 ❶入學・採用 시험을 보는 곳。 ❷農・工業 따위의 發明・改良에 대하여 實地로 시험을 行하는 곳。
【試驗的:시험적】 시험 삼아 하는 것。
【試驗紙:시험지】 ❶시험 답안을 쓰는 종이。 ❷리트머스지・오존지 따위와 같이 기체나、액체 속의 酸性과 鹽基性의 유무를 실험하는 데 쓰는 종이。
【試驗地獄:시험지옥】 지원자가 많아서 합격이 곤란할 때 응시자가 큰 고통을 받는 상태를 일컫는 말。
【試驗婚:시험혼】 避妊과 離婚의 자유를 인정하면서 일정한 기간을 시험적으로 同棲한다는 미국 시카고의 「린제」判事가 제창한 結婚의 樣式。
【試毫:시호】 新年初에 처음으로 글씨를 써 보는 것。 試筆。
◎考ㅣ、入ㅣ、殿ㅣ、庭ㅣ、初ㅣ、鄕ㅣ、會ㅣ。

【譆】 (기) 寘 キ、あばく rave
발악할기、폭로할기(發人之惡)。

【誔】 (임) 侵 ニン、まこと believe
❶믿을임(信也)。 ❷생각할임(念也)。

【詧】 (절) 『⿰言祭』(言部 11畫)과 같음

【詩】 (시) 支 シ、からうた、し poetry shī

小篆 古文 草書
❶귀글시(言志)。〖書〗ㅣ言志。 ❷풍류가락시(樂章)。〖荀子〗ㅣ者中聲之所止。 ❸받들시(承也持也)。〖禮〗世子生三日卜士之吉者宿齊寢門外ㅣ負之。
【詩家:시가】 ❶詩人。〖楊巨源〗ㅣㅣ淸景在新春、柳嫩鶯黃色未勻。 ❷詩人의 집。
【詩歌:시가】 ❶詩와 노래。〖漢書〗發文于ㅣㅣ。 ❷言語의 特性을 교묘하게 驅使하여 표현한 文學의 한 형태。
【詩客:시객】 詩를 짓는 사람。 詩人。〖周賀〗ㅣㅣ往來頻。
【詩格:시격】 ❶詩를 짓는 法則。 ❷詩의 品格。 詩品。〖捫蝨新語〗蘇黃輩出、然後ㅣㅣ極于高古。
【詩境:시경】 詩의 興趣가 돋는 아름다운 환경。
【詩經:시경】 《書》五經의 하나。 中國 最古의 詩集。 처음에는 단지 詩라고만 일컬었음。 詩經이라고 말한 것은 宋 以後。 옛날 임금이 民情을 알기 위하여 采詩라는 官을 두어서 各地의 歌謠를 彩集시킨 것。 三〇〇餘篇 中에서、孔子가 三〇五篇을 뽑았다 함。 民謠(風國)가 過半을 차지하고、儀式用(小雅・大雅)・祭典用(頌)의 노래도 있음。 漢代에 毛亨(大毛公)과 毛萇(小毛公)이 傳했음으로 毛詩라고도 함。
【詩卷:시권】 詩를 모은 書籍。〖杜甫〗ㅣㅣ長留天地間。
【詩劇:시극】 각본을 시로 써서 꾸민 연극。
【詩囊:시낭】 詩의 草稿를 넣는 주머니。〖陸游〗古錦ㅣㅣ覓句忙。
【詩壇:시단】 詩人의 同志。 詩人으로 이루어진 社會。〖蘇軾〗旋築ㅣㅣ按酒兵。
【詩聯:시련】 시로 된 柱聯。
【詩論:시론】 詩에 대한 評價・論議。 또는 그 책。
【詩料:시료】 詩를 읊거나 짓는 재료。 詩材。〖楊萬里〗松江是物皆ㅣㅣ、蘭槳穿湖即水仙。
【詩脈:시맥】 시에 있어서의 문장의 흐름과 줄기。
【詩名:시명】 詩를 잘 지어서 얻는 名譽。 詩人으로서의 명예。
【詩文:시문】 詩와 文章。 韻文과 散文。
【詩文書畫:시문서화】 시문과 서화。
【詩文學:시문학】 시에 관한 문학。
【詩伴:시반】 서로 함께 詩를 짓는 벗。 詩朋。
【詩伯:시백】 뛰어난 詩人。 詩宗。〖杜甫〗平公今ㅣㅣ、秀發吾所羨。
【詩癖:시벽】 시 짓기를 좋아하는 버릇。
【詩賦:시부】 詩와 賦。 다 같이 韻文。〖漢書〗凡ㅣㅣ百六家、千三百一十八篇。
【詩史:시사】 ❶詩의 역사。 ❷史實을 詩의 형식을 빌어서 쓴 것。 史詩。〖唐書〗杜甫善陳時事、剴切精深、至千言不少衰、時號ㅣㅣ。
【詩思:시사】 詩想。 詩를 짓게 하는 思想・感情。 詩를 짓는 태도。〖北夢瑣言〗鄭綮曰、吾ㅣㅣ在灞橋風雪中、驢子背上。
【詩社:시사】 시인으로 조직된 문학적 단체。

【詩詞:시사】 詩와 詞의 總稱。 또는 널리 詩歌를 일컬음。
【詩想:시상】 ❶詩를 짓고 싶어하는 마음。 ❷詩에 나타난 思想·感情。
【詩書:시서】 ❶詩經과 書經을 아울러 일컫는 말。『左傳』說禮樂而敦――。 ❷詩에 關한 책。 ❸詩를 짓는 것과、글씨를 쓰는 것。
【詩仙:시선】 ❶詩의 天才。詩聖。『白居易』知我者以爲――。 ❷詩에 沒頭하여 세상일을 돌보지 않는 사람。 ❸李白을 일컬음。→李白。
【詩選:시선】 詩를 뽑아 모은 것。
【詩聖:시성】 ❶古今에 뛰어난 詩人。 ❷杜甫를 일컬음。→杜甫。
【詩僧:시승】 詩를 짓는 중。『草木子』賈似道問曰、汝爲何僧、對曰、某――也。
【詩心:시심】 詩를 이해하고、이에 취미를 느끼는 마음。
【詩額:시액】 시를 써서 거는 현판。
【詩語:시어】 시에서 쓰는 말。 시에 들어 있는 말。『漢書』――足以感心。
【詩詠:시영】 =詩歌。『圖繪寶鑑』顧況字逋翁好――、善畫山水。
【詩謠:시요】 詩와 歌謠。『孔叢子』天子巡狩、命史采――、以觀其風。
【詩友:시우】 =詩伴。
【詩韻:시운】 詩의 音律。詩의 운치。詩의 韻字。『白居易』――淸鏘玉不如。
【詩律:시율】 詩의 音律。作詩의 규칙。『杜甫』晩節漸於――細。
【詩淫:시음】 시블 짓기에 골몰하여 생활에 무관심함。
【詩人:시인】 詩를 짓는 사람。『楚辭』竊慕――之遺風兮。
【詩作:시작】 시를 창작함。
【詩才:시재】 詩를 짓는 재주。
【詩的:시적】 ❶詩의 興趣가 있는 것。 ❷현실을 떠나 感興에 잠기는 것。
【詩的空想:시적공상】 현실을 떠나 詩的인 감흥이 들어 있는 공상。
【詩箋紙:시전지】 시·편지 따위를 쓰는 종이。「는 종이。
【詩情:시정】 마음에 느낀 생각을 詩로 나타내고자 하는 마음。 詩를 짓고 싶어지는 마음。『白居易』寒夜生酒思、曉雪引――。
【詩題:시제】 詩의 제목。作詩의 題材。
【詩調:시조】 ❶詩의 곡조。 ❷=時調。
【詩酒:시주】 詩를 읊으며 술을 마심。또는 詩와 술。
【詩集:시집】 詩를 여러 편 모아서 엮은 「책。
【詩讖:시참】 自己의 지은 詩가 우연히 뒷일과 꼭 맞는 것。
【詩體:시체】 詩의 形式과 體裁。
【詩抄:시초】 詩를 추려 적은 책。詩의 拔萃。詩鈔。
【詩軸:시축】 ❶詩를 적은 두루마리。 「詩畫軸。
【詩趣:시취】 ❶詩로 나타내고 싶은 마 ❷음속의 흥치。『孟郊韓愈城南聯句』畢竟在――。 ❷詩에 나타나 있는 情趣。 詩의 취미。
【詩篇:시편】 ❶처음과 끝이 갖추어진 詩의 成篇。『元稹』李杜――敵、蘇張筆力勻。 ❷詩를 모은 책。 ❸(宗)舊約聖書 중에 있는 篇名。古代 헤브라이 사람의 神에 대한 讚歌를 모은 것。
【詩品:시품】 ❶詩의品格。詩格。 ❷(書)三권。梁의 鍾嶸(종영)지음。漢 이래 梁에 이르기까지의 一二二명의 五言詩를 上·中·下의 三品으로 나누어서 批評한 것。
【詩風:시풍】 어떤 詩人이 그 詩에 나타내는 독특한 氣風。「문。
【詩學:시학】 詩에 대하여 연구하는 학
【詩合:시합】 詩의 나음과 못함을 競爭「함。
【詩號:시호】 詩人의 雅號。
【詩魂:시혼】 詩를 짓는 마음。
【詩化:시화】 詩的인 것으로 바꿈。
【詩話:시화】 ❶詩나 詩人에 關한 說話。 ❷詩의 批評과 詩人의 逸話 따위를 기록한 책。
【詩會:시회】 詩를 짓는 會合。 詩人의 모임。『孟郊』昔遊――滿、今遊――空。
【詩興:시흥】 ❶詩를 짓고 싶어하는 마음。 ❷詩의 興趣。『杜甫』東閣官梅動――。
◎古―、古體―、近體―、唐―、散文―、敍事―、敍情―、英―、零―、五言―、律―、作―、漢―。

【詪】 ㊀(간) 阮　㊁(현) 銑　コン、ケン、いいあらそう　dispute　ㄏㄣˇ hen³
(小篆) ㊀듣지않을간(不聽從)。 ㊁말다툴현(爭語)。

【詫】 (타) 禡　タ、ほこる　boast　ㄔㄚˋ ch'a⁴　(古音「차」)
(草書) ❶자랑할타(誇也)。『晉書』甘言―語。『史記』子虛過―。 ❷풍칠타(吐大言而驚人)。 ❸신통할타(―異驚)。
【詫誇:타과】 자랑함。『史記』集解曰、郭璞曰、詫、誇也。
【詫言:타언】 잘못을 謝過하는 것。 謝罪。
【詫異:타이】 의심하는 것。이상히 여김。
【詫絕:타절】 극히 不可思議한 것。『燕子箋』這相逢――、這相逢――、元來錯者、愧牆花難並天香色。

【詬】 ㊀(구) 宥　㊁(후) 有　コウ、ののしる　scold　ㄍㄡˋ kou⁴
(小篆)(或體)(草書) ❶꾸짖을구(罵也)。『左傳』曹人―之不行。 ❷후욕할구(恥辱)。『禮』常以儒相―病。 ❸지조없을구(㩴―無志節)。『漢書』㩴―無節。 ㊁뜻은 ㊀과 같음。
【詬罵:구매·후매】 꾸짖음。 비방하는 것。詬詈。『魏書』不滿意、則――不去。
【詬病:구병·후병】 誹謗(비방)하여 욕되게 함。
【詬言:구언·후언】 비방하여 말함。 꾸짖어 욕되게 하는 것。
【詬辱:구욕·후욕】 =詬病。『五代史』宦者專政事、每――路航。

【詭】 (궤) 紙　キ、あざむく　deceive　ㄍㄨㄟˇ kuei³
(小篆)(草書) ❶다를궤(異也)。『後漢書』殊形―制。 ❷꾸짖을궤(責也)。『漢書』臣出守郡自―效功。 ❸간사할궤(詐也)。『穀梁傳』―辭而出。 ❹괴이할궤(弔―至怪)。『莊子』其名爲弔―。
【詭計:궤계】 간사하게 남을 속이는 꾀。詭策。詭謀。『晉書』兗以――、令吳罷守。
【詭怪:궤괴】 이상함。不可思議。『後漢書』論神迹――。
【詭道:궤도】 ❶사람을 속이는 手段。 ❷가까운 길。捷徑。「出入禁中。
【詭妄:궤망】 거짓。속임。『唐書』以――、
【詭辯:궤변】 ❶교묘하게 사람을 迷惑하는 말。『史記』設――於懷王之寵姬鄭袖。 ❷도리에 맞는 것을 그르다고 하고、그른 일을 도리에 맞는다하여 사람을 迷惑하는 辯論。 도리에 맞지 않은 辯論。 ❸(論)하나의 前提에 대하여 그릇된 결론을 이끌어 내는 論法。
【詭辯家:궤변가】 궤변이 능한 사람。 「소피스트。
【詭詐:궤사】 간사스러운 거짓。 교묘하게 속임。『隋書』沈猜多――。
【詭說:궤설】 거짓 言說。 거짓말。『史記』能設――、解患于圍城。
【詭術:궤술】 사람을 속이는 術策。詭策。
【詭言:궤언】 거짓。 거짓말。詭辭。
【詭遇:궤우】 올바른 方法에 의하지 않

고、臨機應變의 手段에 의하여、다른 사람의 뜻에 맞도록 하는 것。올바른 길을 밟지 아니하고 세상에 迎合되어 富貴를 얻는 것。『孟子·滕文公』爲之一一、一朝而獲十。

【詭誕:궤탄】 거짓。엉터리。터무니 없는 것。제멋대로·되는대로 이야기하고 行하는 것。『宋史』論者螘其一一。

【詭形:궤형】 괴이하고 이상한 모양。詭狀。『宣和畫譜』好畫古僻人物、一一殊狀。

【詭譎:궤휼】 교묘하고 간사한 속임。不可思議。詭怪。『漢書』倜儻一一。

【詮】 (전) 先 セン、とく、さとす criticism ㄑㄩㄢ' ch'üan²

詮 小篆 詮 草書 ❶갖출전(具也)。❷평론할전(評論事理)。『晉書』文帝數與一論。❸다스릴전(理也)。

【詮索:전색】 조사하여 구함。물어서 찾음。

【詮釋:전석】 설명하여 밝힘。또는 그 말。詮解。『顏師古』厥意如何、佇聞一一。

【詮義:전의】 상세히 설명하여 뜻을 밝히는 것。

【詮議:전의】 ❶사물을 자세히 조사하여 밝힘。❷罪狀 또는 죄인을 조사함。

【詮次:전차】 말에 차례가 있는 것。

【詮衡:전형】 人物 등을 시험하여 뽑음。銓衡。

【詯】 (회) 隊 カイ、いきこむ ringing

詯 小篆 말소리우렁찰회(膽氣充滿聲在人上)。

【詰】 (힐) 質 キツ、なじる reproach ㄐㄧㄝ' chieh² (古音「길」)

詰 小篆 詰 草書 ❶물을힐(問也)。『道德經』此三者不可致一。❷꾸짖을힐(責讓)。『史記』汲黯廷一弘。❸다스릴힐(治也)。『禮』一誅暴慢。❹삼가할힐(謹也)。『周禮』大司寇佐王刑邦國一四方。❺밝는아침힐(明旦)。『左傳』一朝相見。

【詰屈:힐굴】 구부러져서 펴지지 않음。『易林』其旨一一、不能解脫。

【詰屈聱牙:힐굴오아】 글 뜻이 어려워서 읽기가 매우 거북한 文章의 形容。佶屈聱牙。「獄一一其詞。

【詰窮:힐궁】 詰問하여 캐냄。『劉向』訊

【詰其反狀:힐기반장】 謀反한 經緯를 따져 묻는 것。

【詰難:힐난】 詰問하여 비난함。

【詰問:힐문】 詰責하여 물음。『漢書』吏一一王嘉。

【詰朝:힐조】 ❶이른 아침。早朝。❷이튿날의 이른 아침。明朝。詰旦。詰晨。『左傳』一一相見。「難。『漢書』章下一一。

【詰責:힐책】 잘못을 따져 꾸짖음。↕詰

【話】 (화) 禡 卦 ワ、カ、はなす speak ; story ㄏㄨㄚ' hua⁴

話 小篆 譮 籀文 話 草書 ❶이야기화(語也)。『書』一民之不率。❷착한말화(善也)。『詩』愼爾出一。

【話頭:화두】 이야기의 말머리。말의 緖頭。『陸游』不用殷勤擧一一。

【話法:화법】 文章이나 談話에서 다른 사람의 말을 引用하여 再現하는 방법。(직접화법과 간접화법이 있음)。

【話術:화술】 말의 재주。말하는 技巧。

【話語:화어】 日常 쓰는 말。이야기할 때 는 쓰는 말。

【話言:화언】 ❶좋은 말。『左傳·文·六』著之一一。❷이야기。「목。

【話題:화제】 이야기 거리。이야기 제 ◎佳一、談一、對一、童一、秘一、神一、哀一、野一、夜一、電一、情一、茶一、閑一、會一。

【該】 (해) ガイ、そなえる、その deserve ; the ㄍㄞ kai¹ (古音「개」)

該 小篆 該 草書 ❶갖출해(備也)。❷모두해(皆也)。『漢書』一藏萬物。❸겸할해(兼也)。『太玄經』萬物一兼。❹마땅할해(宜也)。❺군호해(軍中約)。❻그해(其也一日、一案、一處)。

【該校:해교】 그 학교。

【該郡:해군】 그 고을。

【該當:해당】 바로 들어 맞음。

【該當者:해당자】 어떤 일에 알맞는 사 「람。適合者。

【該道:해도】 그 道。

【該敏:해민】 널리 갖추어져 영리함。『唐書』一一如素構。『王安石』文藝又一一。

【該博:해박】 學問과 知識에 널리 통함。

【該部:해부】 그 部。

【該社:해사】 그 社。

【該事件:해사건】 그 일。그 사건。

【該氏:해씨】 그 분。그 사람。

【該悉:해실】 廣範圍하게 다 아는 것。『北史』唐虞以上、事難一一。

【該案:해안】 ❶그 案。❷해당하는 案。

【該邑:해읍】 그 읍。「色。

【該掌:해장】 그 職務를 맡은 사람。該

【該地:해지】 그 땅。

【該處:해처】 그 곳。

【試聽:해청】 그 관청。「書』一一政體。

【該覈:해핵】 널리 살펴서 아는 것。『晉 ◎當一。

【詳】 ㊀(상) 陽 ㊁(양) 陽 ショウ、つまびらか detail ㄒㄧㄤ' hsiang²

詳 小篆 詳 草書 ㊀❶자세할상(審也)。『書』一乃視聽。❷다상(悉也)。『漢書』一延天下方聞之士。㊁거짓양(詐也)。『史記』箕子一狂爲奴。

【詳計:상계】 차근차근히 잘 짠 꾀。『漢書』君其熟念一一、塵絕姦原。

【詳考:상고】 자세히 참고하는 것。

【詳記:상기】 상세하게 기록함。「群言。

【詳覽:상람】 자세히 봄。『後漢書』一一

【詳略:상략】 자세함과 간단함。『春秋繁露』屈伸之志、一一之女。

【詳錄:상록】 자세히 기록하는 것。『公羊轉·註』一一其禮。

【詳論:상론】 자세히 議論함。또는 그 論說。『賈公彥』一一可否。

【詳明:상명】 상세하고 分明한 것。

【詳報:상보】 상세히 알림。자세한 보고。

【詳選:상선】 잘 가려서 뽑는 것。詳撰。『後漢書』詔有司、一一郎官寬博有謀、才任典城者三十人。

【詳說:상설】 자세하게 說明함。상세한 풀이。『孟子』博學而一一。

【詳細:상세】 자상하고 자세함。委曲。

【詳述:상술】 자세하게 陳述함。

【詳悉:상실】 자세히 알아서 빠짐이 없는 것。상세히 살펴 봄。『北史』四方縣遠、難可一一。

【詳審:상심】 ❶자세한 것。빈틈이 없는 것。『王充』聖賢下筆造文、用意一一。❷자세히 살핌。

【詳雅:상아】 禮儀가 바르고 몸갖임이 단아함。『晉書』神情明秀、風姿一一。

【詳傳:상전】 상세한 傳記。

【詳正:상정】 詳細하고 正確함。『禮記·序』章句一一、微稍繁廣。

【詳註:상주】 자세한 뜻。상세한 註釋。

【詳察:상찰】 잘 생각해 보는 것。자세히 살핌。『史記』願足下一一之。

【詳探:상탐】 자세하게 찾아 봄。

【詳解:상해】 자세한 해석。「理一一。

【詳覈:상핵】 자세히 調査함。『陳書』隨

【詳刑:상형】 ❶刑罰을 자세히 考察하는 것。詳刑。❷司法官。

【詳確:상확】 자세하고 확실함。

【詵】(선) 圓 シン、セン、おおい great number ㄕㄣ shen¹
小篆 草書 ❶말전할선(致言)。❷많을선(——衆多)。【詩】螽斯羽——兮。

【詵詵:선선·신신】 ❶많은 모양。❷좇아 모여드는 모양。

【訾】(자) 寘 シ、せめる blame allegorically
小篆 비유하여 나무랄자(諷—下刺上)。【孟子】刺之無刺也。

【詶】(수) 尤 シュウ、こたえる reply ㄔㄡˊ ch'ou²
小篆 草書 수작할수、대답할수(以言答)。【南史】彼上人者難爲—對。

【詹】(첨) 鹽 セン、いたる reach ㄓㄢ chan
小篆 草書 ❶이를첨(至也)。【詩】魯邦所—。❷볼첨(瞻也)。【莊子】小言——。❸소곤거릴첨(——小言)。❹살필첨(察也)。❺벼슬이름첨(官名—事)。

【詹事:첨사】 《制》❶高麗 때 東宮의 正三品 벼슬。❷李朝 末 王太子官·王太子侍講院·皇太子 侍講院의 勅任 벼슬。❸《制》秦의 벼슬 이름。妃后·太子의 家事를 맡아 봄。(詹은 일을 보살펴 처리한다는 뜻)。

【詹諸:첨저】 달 속에 산다는 두꺼비。蟾蜍의 異名。【淮南子】月照天下、蝕於—。《轉》달을 일컬음。

【詹詹:첨첨】 수다스러운 모양。말을 많이 하는 모양。

【詷】(동) 送 トウ、あわてていう stammer
小篆 草書 말더덜거릴동、말급히할동(謥—、急言)。【後漢書】輕薄謥—。

【詺】(명) 敬 ベイ、なづける record
기록할명(目諸物)。【唐書】陶弘景以神農經合雜家別錄註—之。

【詻】(액) 陌 カク、いいあらそう dispute ㄜˊ é²
小篆 草書 ❶송사논단할 액(論訟)。❷말불끈거 릴액(辭厲——)。【墨子】分議者延延而支苟者——。

【詼】(회) 灰 カイ、からかう mockery ㄏㄨㄟ huei¹ (古音「괴」)
草書 ❶고를회(調也)。❷회해할회(譏戲嘲也)。【漢書】枚皐—笑類俳倡東方朔放蕩—諧。

【詼笑:회소】 조롱하여 웃음。기롱하여 웃음。비웃음。

【詼嘲:회조】 희롱하여 조소함。비웃음。【漢書】枚皐——類俳倡。【宋史】梅堯臣家貧、——譏刺、託于詩、晚益工。

【詼謔:회학】 弄談하는 것。희롱으로 말「하는 것。

【詼諧:회해】 기롱。희롱。장난。익살스럽고도 품위있는 농담。【漢書】東方贍辭、——倡優。

【詾】㊀(흉) 腫 ㊁(흉) 冬 キョウ、あらそう suit; sue ㄒㄩㄥ hsiung
小篆 或體 或體 草書 ㊀❶송사할흉(訟也)。【易林】爭訟——。❷수군거릴흉(衆言)。【五代史】聚而謀者——。㊁떠들썩할흉(喧戾聲)。

【詿】(괘) 禡 カイ、あやまる error ㄍㄨㄚˋ kua⁴
小篆 草書 그릇할괘(誤也)。【史記】—亂天下卦。

【詿誤:괘오】 ❶속여서 迷惑시킴。【史記】——吏民。❷《中》官吏가 過失에 대하여 책망받는 것。罣誤。

【詽】(현) 先 ケン、いいあらそう dispute
小篆 ❶말다툼할현(爭語)。❷성낼현(怒也)。

【誁】(병) 梗 ヘイ、たすける support
❶도와말할병(助言)。❷사람의이름병(人名、不—)。

【誂】(조) 篠 チョウ、いどむ induce ㄉㄧㄠˋ tiao⁴
小篆 小篆 草書 ❶꾀일조(相呼誘)。【戰國策】楚人—人之妻。❷희롱지거리할조(戲弄言)。【呂覽】—越慆濫。❸별안간조(卒然)。【淮南子兵略訓】雖—合刃于天下誰敢在其上者。

【誃】(치) 紙 シ、わかれる separate ㄔˇ ch'ih³
小篆 草書 ❶이별할치(離別)。❷대이름치(臺名)。

【誄】(뢰) 紙 ルイ、とむらいぶみ posthumous title ㄌㄟˇ lei³
小篆 草書 ❶시호뢰(諡也)。【左傳】孔丘卒公—之。❷제문뢰(哀死而述其行)。【論語】—曰禱爾于上下神祇。

【誄歌:뇌가】 輓歌。죽은 사람의 생전의 공적을 찬양하고 슬픔의 뜻을 나타내는 노래。

【誅】(주) 虞 チュ、チュウ、ころす kill ㄓㄨ chu¹
小篆 草書 ❶벨주(戮也)。【書】以干先王之—。❷꾸지람주(責也)。【左傳】—求無時。❸벌줄주(罰也)。❹갈걸주(剪除)。【楚辭】—鋤草茅。

【誅求:주구】 혹독하게 租稅、또는 財貨를 받아 들이는 것。【左傳】——無時、是以不敢寧居。

【誅戮:주륙】 罪로 인해 죽임。誅殺。【史記】遂興師旅、——無道。

【誅滅:주멸】 罪 지은 사람을 죽여 없앰。【戰國策】——無道。

【誅伐:주벌】 罪人을 攻伐함、또는 때려 죽임。【史記】——良善。

【誅罰:주벌】 잘못을 들어 벌을 줌。【周禮】犯禁者、執而——之。

【誅殺:주살】 罪人을 죽이는 것。處罰하여 죽임。【史記】足下驕恣、——無道。

【誅夷:주이】 討伐하여 平定하는 것。모조리 殺戮하는 것。【史記】——新垣平。

【誅竄:주찬】 죽이는 형벌과 귀양 보내는 형벌。

【誅責:주책】 峻嚴하게 책망하는 것。

【誆】(광)『誑』(言部 7畫)과 같음

【誇】(과) 麻 カ、コ、ほこる pride; boast ㄎㄨㄚ k'ua¹
小篆 草書 자랑할과(矜—大言)。【漢書】—詡衆庶。

【誇功:과공】 功勞를 자랑함。

【誇矜:과긍】 지나치게 자랑함。

【誇大:과대】 ❶실제보다 誇張하여 말함。❷自慢하여 뽐내는 것。

【誇大妄想:과대망상】 자기의 現在 狀態를 턱없이 誇張하여 엉뚱하게 생각하는 精神病의 한 가지。

【誇示:과시】 뽐내어 보임。自慢하여 실제보다 크게 나타내어 보임。떠벌리는 것。【後漢書】——鄰敵。

【誇耀:과요】 자랑하여 빛나게 함。自慢하여 떠벌리는 것。

【誇張:과장】 실제보다 크게 나타내어 말

함。『列子』ㅡㅡ於世。
【誇稱:과칭】실제보다 誇張하여 말함。떠벌려 말하는 것。
【誇衒:과현】자랑하여 뽐내는 것。떠벌려 보임。『文中子』不爲ㅡㅡ、若愚似鄙。
【諛】(유)『諛』(言部9畫)의 俗字
【誉】(예)『譽』(言部14畫)의 略字

七 畫

【誋】(기) 寘 キ、いましめる warn
小篆 草書 경계할기(誡也)。【淮南子】日之精者可以消釋而不可以昭ㅡ。
【誌】(지) 寘 シ、しるす record ㄓˋ chih⁴
小篆 草書 ❶기록할지(記也)。【列子】太古之事滅矣孰ㅡ之哉。❷사기지(史傳史記事文)。【漢書】有十志。
【誌面:지면】잡지의 글이나 그림 따위를 싣는 곳。
【誌上:지상】잡지 따위의 記事。잡지의 紙面。
【誌石:지석】죽은 사람의 이름·生卒 연월일·행적·무덤의 所在 따위를 적어서 무덤 앞에 묻는 돌。
【誌友:지우】잡지의 愛讀者。또는 그 會員。
◎墓ㅡ、碑ㅡ、日ㅡ、雜ㅡ、週刊ㅡ、地ㅡ、會ㅡ。
【認】(인) 震 ニン、ジン、みとめる recognize ㄖㄣˋ jen⁴
草書 ❶알인(辨識)。【關尹子】渾人我同天地而彼私智ㅡ而已之。❷허락할인(許也、ㅡ可)。
【認可:인가】❶認定하여 허락함。認許。認容。❷《法》행정 行爲의 한 가지。第三者의 行爲를 보충하여 법률상의 효력을 賦與하는 것。
【認可營業:인가영업】관계 당국의 인가를 얻어야 할 수 있는 영업。飮食店·火藥商·藥劑師 따위。
【認諾:인낙】《法》민사 소송에 있어서 권리 관계에 관한 原告의 주장을 정당하다고 하는 피고의 진술。
【認識:인식】事物을 感知하여、그 意義를 分別하고 判斷하는 마음의 작용。
【認識根據:인식근거】《哲》일정 사실을 인식하기 위한 근거。↕사실근거。
【認識論:인식론】《哲》認識의 起源·성질·범위·가치 등에 관하여 연구하는 哲學의 한 部門。
【認識不足:인식부족】어떤 문제에 대하여 정당히 인식하여 판단할 지식이 부족한 것。
【認識批判:인식비판】《哲》인식의 선천적인 기초를 窮究함。
【認印:인인】그리 중요하지 않은 일에 쓰는 도장。보통 姓字나 이름자만 새김。
【認定:인정】그런 줄 알아서 定함。좋다 또는 正當하다고 알아 줌。
【認證:인증】《法》어떤 行爲 또는 文書의 成立·記載가 정당한 절차로 된 것을 公的 기관에서 증명하는 것。
【認知:인지】❶事實을 인정하여 알음。❷《法》嫡出이 아닌 아들을 아버지나 어머니가 屆出하여、법률상의 親子關係를 발생시키는 것。
【認許:인허】인정하여 허락함。認可。認察。
◎公ㅡ、默ㅡ、否ㅡ、承ㅡ、是ㅡ、誤ㅡ。
【誎】(속) 屋 ソク、うながす urge
독촉할속(督促)。
【誱】(겹) 葉 キョウ、かまびすしい make an uproar
草書 ❶떠들어댈겹(多言)。【韓非子】世之愚學皆不知治亂之情讘ㅡ多誦先古之書以亂當世之治。❷망녕된말할겹(妄言)。
【⿰言旱】(한) 旱 カン、ことばおおい talkative
❶수다스러울한(多言)。❷크게말할한(大言)。
【誐】(아) 歌 ガ、ずるい wily ㄜˊ ê²
小篆 간사할아、교활할아(狡猾ㅡ詆)。
【誑】(광) 漾 キョウ、あざむく deceive ㄎㄨㄤˊ k'uang²
小篆 草書 속일광(欺也)。【禮】幼子常視無ㅡ。
【誑誘:광유】속이어 꾀어 냄。『晋書』ㅡㅡ百姓。
【誑惑:광혹】속이어서 호림。『後漢書』天下轉相ㅡㅡ。
【⿰言豆】(투) 宥 トウ、よくいえない hesitate to say
草書 말머뭇거릴투(ㅡ讀不能言)。【韓愈詩】後鈍嗔讀。
【誒】(희) 支 キ、たのしむ enjoy ㄒㄧ hsi¹
小篆 草書 ❶선웃음칠희(ㅡ笑)。【楚辭】ㅡ笑狂只。❷즐길희(娭也)。❸탄식할희(嘆息)。
【誓】(서) 霽 セイ、ちかう swear; vow ㄕˋ shih⁴ (本音「세」)
小篆 草書 ❶맹세할서(約信戒也)。❷약속서(約束)。❸고할서(告也)。【書】會羣後ㅡ于師。❹경계할서(警戒)。❺문체이름서(書篇名、甘ㅡ、湯ㅡ、泰ㅡ、牧ㅡ、費、ㅡ秦ㅡ)。
【誓告:서고】《制》임금이 나라의 큰 일을 宗廟에 告하는 것。
【誓盟:서맹】盟誓。誓約。盟約。
【誓文:서문】盟誓하는 글。굳은 약속을 적은 것。誓書。誓約文。『舊唐書』令立ㅡㅡ於明堂。
【誓詞:서사】盟誓하는 말。誓言。『正字通』宋元豊以後、神前ㅡㅡ曰誓狀。
【誓書:서서】盟誓의 글을 쓴 쪽지。誓紙。誓文。
【誓約:서약】盟誓。굳은 約束。契約。盟約。『蜀志』昔每與龐統、共相ㅡㅡ。
【誓約書:서약서】서약하는 글。
【誓言:서언】盟誓하는 말。誓詞。『詩經』女不從ㅡㅡ。
【誓願:서원】❶盟誓하고 願하는 것。❷《佛》부처가 衆生을 구원하려는 大願을 밝히고 그 達成을 盟誓함。『法華經』我本立ㅡㅡ。
◎起ㅡ、盟ㅡ、宣ㅡ。
【誕】㊀(탄) 旱 ㊁(탄) 諫 タン、うまれる be born ㄉㄢˋ tan⁴
小篆 籒文 草書 ㊀❶클 탄(大也)。【書】ㅡ敷文德。❷이에탄(發語辭乃也)。❸기를탄(育也)。❹속일탄(欺也)。【後漢書】文王一妻ㅡ致十子。❺넓을탄(濶也)。【書】乃諺旣ㅡ。❻허탄할탄(妄也)。【詩】何ㅡ之節兮。❼탄생할탄(降ㅡ)。【唐書】德宗ㅡ日不納中外之貢。㊁방탕할탄(放也)。【晋書】阮孚爲ㅡ伯。
【誕降:탄강】임금이나 聖人 등이 出生하는 것。
【誕欺:탄기】속임。거짓말 함。『漢書』ㅡ怪迂之文 彌以益多。
【誕妄:탄망】虛妄한 것。거짓말。『王令』仙書虛荒喜ㅡㅡ。
【誕放:탄방】지나치게 방자한 것。誕縱。『唐書』賀知章、晩節尤ㅡㅡ、遨嬉里巷、自號四明狂客。
【誕生:탄생】❶어린아이를 出生하는 것。出産。『後漢書』ㅡㅡ聖皇。❷事物이 처음

으로 完成되는 것。

【誕辰:탄신】 出生한 날。生日。誕生日。誕日。『間中古今錄』世稱生辰、曰ㅡㅡ。

【誕言:탄언】 허황하여 믿기 어려운 말。誕辭。『孫楚』放此ㅡㅡ。

【誕育:탄육】 낳아서 기름。

【誕日:탄일】 =誕辰。『唐書』上ㅡㅡ、不納于中外之貢。

【誕譎:탄휼】 속이는 것。거짓말。『唐書』出入邸中、ㅡㅡ敢言。

◎降ㅡ、生ㅡ、聖ㅡ、虛ㅡ、荒ㅡ。

【誖】 ㊀(패) 隊 ハイ、ホツ、**そむく** be against ㊁(발) 月 ㄅㄟˋ pei⁴ 小篆 或體 籀文 草書 ㊀❶어지러울패(亂也)。❷어그러질패(乖也)。『唐書』李瑗ㅡ亂諸君。❸거스를패(逆也)。『漢書』誣罔ㅡ大臣節。㊁뜻은 ㊀과 같음。

【誖謾:패만】 道理에 어그러짐。배반함。悖謾。『漢書』淳于長書有ㅡㅡ。

【傒】 (혜) 薺 ケイ、**まつ** wait (for) 小篆 기다릴혜(待也)。

【読】 (독) 屋 トク、**ずるい** sly; crafty ❶교사할독、교활할독(狡猾、詆ㅡ)。❷속일독(欺詆)。

【誘】 (유) 有 コウ、**さそう** induce ㄧㄡˋ yu⁴ 小篆 或體 或體 古文 草書 ❶꾀일유、달랠유(相勸導也)。『書』大ㅡ我友邦君。❷가르칠유(敎也)。『儀禮』鄕射禮ㅡ射。❸나아갈유(進也)。『詩序』衡門ㅡ僖公也。❹당길유(引也)。『左傳』幣重而言甘我也。

【誘拐:유괴】 꾀어냄。꾀어서 데려감。속여서 데려감。

【誘勸:유권】 이끌어 勸함。『唐書』陽嶠遷國子司業、陽嶠資謹飭好學、喜ㅡㅡ後生。

【誘導:유도】 이끌어 가르침。달래어 引導함。『吳志』ㅡㅡ益州豪姓雍闓等。

【誘導法:유도법】 《醫》병의 증세를 똑똑히 모를 때、먼저 병 기운을 이끌어 내고、그 다음에 거기에서 치료하는 길로 들어가는 방법。

【誘導訊問:유도신문】 《法》경찰관이나 검찰관이 容疑者에 대하여 豫想한 罪를 自白하게 하는 方向으로 이끌어 問招하는 것。

【誘導子:유도자】 《物》發電子輪에서 발생하는 전력을 이끌어 내는 장치。

【誘導體:유도체】 《化》유기 화합물 분자 가운데서 하나의 水素原子 따위가 다른 원자 또는 原子團으로 바꾸어져 얻어지는 형체의 화합물。

【誘導彈:유도탄】 《物》무선으로 조종하는 비행탄。지상의 발사대나 비행기 등에서 발사하여 레이다로 추적、極超短波로 먼 거리를 조종하여 목표에 명중시킴。

【誘發:유발】 어떤 일이 原因이 되어 그것에 誘引되어 다른 일이 일어남。

【誘殺:유살】 꾀어 내어 죽임。『左傳』曲沃伯誘晋小子侯、殺之。

【誘說:유세】 甘言利說로 달래어 꾀는 것。

【誘蛾燈:유아등】 밤에 害蟲을 꾀어 들여서 물에 빠지게 하기 위하여 달아 놓은 燈불。

【誘掖:유액】 引導하여 도와 줌。『詩·衡門序』ㅡㅡ其君。

【誘益:유익】 이끌어 도와 줌。『後漢書』好士、喜ㅡㅡ後進。

【誘引:유인】 꾀어 냄。勸誘함。『後漢書』ㅡㅡ東羌、與共盟詛。

【誘因:유인】 어떤 作用을 일으키는 原因。꾀어서 미혹하게 함。

【誘人子弟:유인자제】 남의 子弟를 그른 길로 꾀어 냄。

【誘入:유입】 남을 꾀어 들임。

【誘進:유진】 달래어 勸함。勸誘。『晋書』性好人物、ㅡㅡ不倦。

【誘出:유출】 꾀어 냄。또는 속여 꾐。

【誘致:유치】 꾀어서 끌어 옴。『漢書』ㅡㅡ單于。

【誘脅:유협】 달래기도 하고 을러대기도 함。

【誘惑:유혹】 남을 꾀어서 나쁜 길로 끌어 넣음。『淮南子』天下莫易于爲善、適情辭餘、無所ㅡㅡ。

◎勸ㅡ。

【誙】 (경) 庚 ケイ、コウ、**たしか** say positively 草書 ❶말확실히할경(言確)。❷여럿이굽신거릴경(羣趨貌ㅡㅡ)。『莊子』羣趨者ㅡㅡ然。

【詐】 (시) 禡 サ、**はじてかたる** shameful words (本音「자」) 小篆 부끄러운말시(慙語)。

【⿰言⿱亠夂】 (의)『誼』(言部 8畫)와 같음

【誚】 (초) 嘯 ショウ、**しかる** scold ㄑㄧㄠˋ ch'iao⁴ 草書 꾸짖을초(以辭相責)。『書經』未敢ㅡ公。

【誚讓:초양】 꾸짖어 나무람。(讓은 責과 같음。) 譴責。『史記』項王由是怨黥布、數使使者ㅡㅡ召布。

【誚責:초책】 꾸짖어 나무람。나무라서 꾸짖음。

【語】 ㊀(어) 語 ㊁(어) 御 ゴ、ギョ、**ことば** words; language ㄩˇ yü³ 小篆 草書 ㊀말씀어(論難)。『詩』于時ㅡㅡ。㊁말할어(告人)。『論語 陽貨』居吾ㅡ汝。

【語間:어간】 말과 말·또는 글자와 글자와의 사이。

【語幹:어간】 動詞·形容詞 등 活用하는 말의 變化하지 않는 部分。곧 먹다·믿다에서 먹·믿과 같은 따위。↔語尾。

【語感:어감】 말소리 또는 말투의 차이에 따라 말이 주는 느낌。

【語系:어계】 말의 계통。

【語句:어구⇩어귀】 말과 句節。

【語屈:어굴】 말이 꿀려서 대답이 막힘。語塞。

【語根:어근】 《言》말을 분해하여 더 나눌 수 없는 데까지 이른 부분。그 말의 중심 요소로。

【語氣:어기】 말하는 氣勢。말투。語勢。

【語訥:어눌】 말을 더듬어 유창하지 못함。

【語頭:어두】 말의 첫머리。말의 緖頭。

【語鈍:어둔】 혀가 굳어 말을 더듬는 것。

【語錄:어록】 僧侶의 敎理를 설명한 책이나、儒學者의 言行을 모은 책。

【語脈:어맥】 말과 말의 有機的인 관련。말의 줄기。

【語文:어문】 언어와 문장。

【語文一致:어문일치】 말과 글의 일치。곧 말을 그대로 글로 옮기어 적을 수 있도록 하기 위하여 논리적·문법적으로 맞추는 일。

【語尾:어미】 用言의 語幹에 붙어서 쓰임에 따라 바뀌는 부분。곧 옳다의 ㅡ다、옳지의 ㅡ지、옳겠소의 ㅡ소、옳으면의 ㅡ으면 따위。씨끝。끝。↔語幹。

【語尾變化:어미변화】 용언의 어미가、쓰이는 경우에 따라 여러 가지로 변하여 語法的、관계를 보이는 일。곧 활용하는 일。씨끝바꿈。

【語法:어법】 말의 법칙。文法。

【語不近理:어불근리】 말이 이치에 맞지 않음。

【語不成說:어불성설】 말이 조금도 理致에 맞지 아니하는 것。不成說。

【語澁:어삽】 말(語)이 잘 나오지 않음。

【語聲:어성】 말 소리。
【語勢:어세】 말의 高低와 抑揚의 기운。 말의 가락。 말의 힘。
【語言:어언】 ❶말。 言語。 ❷이야기。 『班固·悲愁歌』昆莫年老、――不通。
【語言無味:어언무미】 讀書하지 않는 사람의 말은 興味가 없다는 뜻。
【語言薄過:어언박과】 그리 대단하지 않은 失言。
【語韻:어운】 말의 음운。 말의 韻。
【語源:어원】 말이 成立한 근원。 말이 생겨난 歷史的 밑 뿌리。
【語源學:어원학】 語源을 研究하는 學問。
【語音相通:어음상통】 말소리를 서로 알아들음。
【語意:어의】 말의 뜻。 語義。
【語義:어의】 =語意。
【語典:어전】 ❶辭書。 ❷文法 책。
【語調:어조】 말의 가락。
【語助辭:어조사】 한문의 토。 곧 於·矣·焉·也 따위。
【語族:어족】 같은 系統의 言語。 印歐語族·우랄 알타이 語族 따위。
【語趣:어취】 말하고자 하는 중요한 뜻。
【語通:어통】 말의 통함。
【語套:어투】 말 버릇。
【語弊:어폐】 말의 폐단이나 결점。 남의 오해를 받기 쉬운 말。 語病。
【語逼:어핍】 말이 남의 忌諱에 가까와 짐。
【語學:어학】 ❶言語에 관하여 연구하는 학문。 ❷外國語에 관한 學問。
【語學徒:어학도】 어학을 공부하는 사람。
【語學者:어학자】 ❶어학을 연구하는 학자。 ❷외국어에 능통한 사람。
【語訓:어훈】 말하는 투。 言語의 用法。 語格。 語法。
【語彙:어휘】 ❶낱말의 수효。 ❷많은 말을 類別하여 모아 놓은 발기。 ❸어떤 部門에서 쓰는 말의 全體。
【語彙集:어휘집】 어휘를 모아 실은 책。
◎古―、國―、大言壯―、獨―、文―、密―、反―、私―、死―、俗―、術―、述―、詩―、言―、譯―、英―、外國―、外來―、原―、類―、隱―、勅―、標―、標―、準―、漢―、好―、豪―。

【諿】(집) 侵 シン、ささやく whisper
소곤거릴집(私語)。

【誠】(성) 庚 セイ、まこと sincere ㄔㄥ ch'êng²
篆 書 草 ❶미쁠성(信也)。 ❷공경할성(敬也)。 ❸살필성(審也)。 『禮』故衡―縣不可欺以輕重。 ❹진실성(眞實)。 『孟子公孫丑上』子―齊人也。 ❺정성성(純一無僞)。 『易』閑邪存其―。 『中庸』―者天之道也―之者人之道也。
【誠懇:성간】 정성스럽고、간절한 것。 誠悃。 『北史』或忠壯――、或文采可稱。
【誠感:성감】 참된 마음으로 남의 마음을 움직임。 『南史』效其――如此。
【誠敬:성경】 ❶정성스런 마음으로 공경하고 삼감。 『南史』晨夕瞻奉、盡其――。 ❷程朱學의 存誠과 居敬。
【誠款:성관】 참된 마음。 誠心。 『蜀志』君之――、乃當爾耶。
【誠款性:성관성】 정성스럽게 남의 일을 돌보아주는 마음。
【誠勤:성근】 誠實하고 勤勉함。
【誠金:성금】 정성으로 내는 돈。
【誠力:성력】 ❶정성과 힘。 ❷誠實한 힘。
【誠信:성신】 정성。 거짓이 없는 참된 마음。 『禮記』身致其――、――之謂盡。
【誠實:성실】 정성스럽고 참되어 거짓이 없는 것。 『唐書』持此――、以答譴咎。
【誠心:성심】 정성스러운 마음。 眞心。 誠意。 『淮南子』――可以懷遠。
【誠心所到:성심소도】 정성을 다한 결과。
【誠意:성의】 마음을 참되게 함。 참된 마음。 『大學』欲正其心者先誠其意。
【誠一:성일】 마음과 뜻이 참되고 專一함。 『史記』皆――之所致也。
【誠切:성절】 정성이 어려、親切한 것。
【誠正:성정】 참되고 올바름。 속임과 거짓이 없는 것。 誠直。
【誠直:성직】 참되고 올바름。 참되고 거짓이 없는 것。 『北史』上以趙綽有――之心、每引入閣中、評論得失。
【誠忠:성충】 ❶眞心으로 바치는 忠誠。 ❷정성 어린 親切。
【誠惶誠恐:성황성공】 두렵고 황송함。 臣下가 임금에게 바치는 글에 쓰는 말。 『韓愈』某臣――、頓首頓首。
◎丹―、赤―、積―、精―、至―、忠―。

【誡】(계) 卦 カイ、いましめる warn ㄐㄧㄝ chieh⁴ (本音「개」)
篆 書 草 ❶경계할계(警敕辭命也)。 『易』邑人不―。 ❷고할계(告也)。 ❸명할계(命也)。
【誡勉:계면】 훈계하고 敎導함。 『北史』璽書――之。
【誡命:계명】 도덕상·종교상 지킬 규정。

【誣】(무) 虞 フ、ブ、しいる slander ㄨ wu¹
篆 書 草 ❶속일무(欺罔)。 『易繫辭』―善之人其辭游。 ❷간사할무(詐也)。
【誣告:무고】 《法》없는 일을 있는 것처럼 꾸며대어 남을 관청에 고발함。 『漢書』自今以來、諸年八十以上、非――殺傷人、佗皆勿坐。
【誣告罪:무고죄】 《法》남을 죄인으로 몰기 위하여 거짓 신고를 함으로써 이루어진 죄。
【誣構:무구】 罪 없는 사람을 罪 있는 것처럼 속여서 꾸며냄。
【誣欺:무기】 남을 속임。 『荀子』妄人者、門庭之間、猶可――。
【誣妄:무망】 없는 일을 있는 것처럼 말하여 남을 속여 넘김。 誣罔。
【誣報:무보】 거짓 報告。
【誣服:무복】 죄도 없는데 하는 수 없이 刑에 服役하는 것。 『史記·李斯傳』不勝痛、自――。
【誣說:무설】 거짓 평판。 根據 없는 말。 誣言。
【誣訴:무소】 없는 일을 꾸미어 소송을 提起함。
【誣言:무언】 꾸며낸 말。 없는 일을 있는 것처럼 거짓말하는 것。
【誣譖:무참】 거짓 꾸미어 讒訴함。 『許棠』――遭退謫、明君即自知。
【誣陷:무함】 없는 사실을 꾸며 남을 함정에 몰아 넣음。 『晉書』謀――太子。

【誎】(촉) 沃 ショク、せきこむ speaks quickly
말급할촉(言急)。

【誤】(오) 遇 ゴ、あやまる error; mistake ㄨ wu⁴
篆 書 草 ❶그릇할오(謬失)。 『書』勿―于庶獄。
【誤見:오견】 잘못된 見解。 옳지 못한 意見。
【誤決:오결】 잘못 처결함。
【誤計:오계】 計策이 그릇된 것。 또는 그 計策。
【誤國:오국】 나라의 前途를 그르침。 나라를 위태롭게 하는 것。
【誤記:오기】 잘못 씀。 잘못된 記錄。
【誤讀:오독】 잘못 읽음。 틀리게 읽음。
【誤落:오락】 ❶誤字·落書의 略語。 ❷잘못하여 떨어짐。

〔誤廉：오렴〕 염탐을 그릇함。또는 그릇된 염탐。
〔誤錄：오록〕 잘못 기록함。
〔誤謬：오류〕 잘못。그릇되어 理致에 어긋남。差謬。謬誤。『吳志』懼有ㅡㅡ、數數省讀。
〔誤聞：오문〕 잘못 들음。
〔誤發：오발〕 ❶잘못 쏨。총기를 잘못 發射함。❷말이나 짓을 실수함。
〔誤報：오보〕 그릇된 報道。또는 報道를 틀리게 함。『王逢』ㅡㅡ迎鑾出禁宮、階前草是雁來紅。
〔誤死：오사〕 형벌이나 재앙을 입어 非命에 죽음。
〔誤寫：오사〕 글이나 글씨를 잘못 베낌。
〔誤算：오산〕 ❶그릇 計算하는 것。❷계획이 틀리는 것。
〔誤殺：오살〕 殺意 없이 잘못하여 죽임。↕故殺。『元史』有牧童、持鐵連結、擊野雀、ㅡㅡ同牧者繫獄。
〔誤想：오상〕 誤信으로 인한 그릇된 생각。
〔誤想防衛：오상방위〕 《法》정당 방위의 요건이 갖추어져 있지 않은데、갖추어져 있는 것으로 誤信하고 하는 위법적인 방위 행위。
〔誤植：오식〕 印刷의 組版에서、짠 글자에 잘못 植字하는 것。
〔誤信：오신〕 그릇 믿음。
〔誤審：오심〕 그릇된 審判。
〔誤譯：오역〕 그릇된 번역。또는 그릇 번역함。
〔誤用：오용〕 잘못 씀。그릇된 用法。
〔誤認：오인〕 ❶그릇 認定함。錯認。❷짐작이 틀림。『司馬光』往來ㅡㅡ白公家。
〔誤入：오입〕 《國》사내가 노는 계집과 相從함。邪道에 들어가는 것。外道。
〔誤字：오자〕 잘못 쓴 글자。
〔誤字落書：오자낙서〕 글씨를 그릇 씀과 빠뜨리고 씀。
〔誤傳：오전〕 잘못 傳함。사실과 틀리게 傳함。또는 그 일。誤報。謬傳。訛傳。
〔誤診：오진〕 병을 잘못 진단하는 것。

〔誤差：오차〕 《數》일정한 분량을 보이는 참 數値와 近似値의 차이。
〔誤捉：오착〕 잘못 알고 잡음。
〔誤聽：오청〕 잘못 들음。
〔誤稱：오칭〕 잘못 일컬음。그릇된 명칭。
〔誤判：오판〕 잘못 봄。그릇된 判定。
〔誤評：오평〕 그릇된 평론。잘못 평론함。
〔誤解：오해〕 뜻을 잘못 아는 것。그릇 해석 하는 것。
◎過ㅡ、正ㅡ、錯ㅡ、脫ㅡ。

【訶】 (하) 歌 カ、やかましい noisy
시끄러울하(喧也)。

【誥】 (고) 號 コウ、つげる admonition ㄍㄠˋ kao⁴
小篆 古文 草書 ❶깨우쳐 고할 고(文言告曉)。『易經』施命ㅡ四方。❷가르칠고(敎也)。
〔誥命：고명〕 《制》唐代 이후 五品官 이상의 관리를 임명할 때에 주는 辭令。

【誦】 (송) 宋 ショウ、となえる recite ㄙㄨㄥˋ sung⁴
小篆 草書 ❶풍유할송(諷也)。『周禮』敎國子諷ㅡ言語。❷읽을송、외일송(讀也)。『禮』春ㅡ夏絃。❸말할송(言也)。『王融策』進購ㅡ志。❹원망할송(怨謗)。『晉語』與人ㅡ之皆怨辭也。
〔誦經：송경〕 ❶儒敎의 經典을 읽음。『唐書』ㅡㅡ子方毅七歲能ㅡㅡ。❷《佛》소리를 내어 佛敎의 經文을 읽음。讀經。
〔誦讀：송독〕 외어서 읽음。暗誦。讀誦。『漢書』太子喜王褒所爲甘泉及洞簫頌、簫令後宮貴人左右、皆ㅡㅡ之。
〔誦說：송설〕 ❶ 읽는 일과 說明하여 밝히는 일。『荀子』ㅡㅡ而不陵不犯、可以爲師。❷읽어서 解說함。

〔誦詩：송시〕 =誦詠。
〔誦言：송언〕 ❶公的으로 말함。公開하여 말함。公言함。『漢書』未敢ㅡㅡ誅之。❷詩書의 말을 외움。
〔誦詠：송영〕 詩歌를 외어 읊음。誦詩。『南史』每商較古今、兼以ㅡㅡ、聽者忘疲。
〔誦呪：송주〕 《佛》❶呪文을 외움。❷陀羅尼를 외움。
〔誦奏：송주〕 上奏文을 읽어 바침。
◎口ㅡ、讀ㅡ、暗ㅡ、傳ㅡ。

【誧】 ㊀(포) 遇 ホウ、ホ、いさめる ㊁(포) 虞 remonstrate
小篆 ㊀❶클포(大也)。❷간할포(諫也)。❸도울포(人相助)。㊁꾀할포(謀也)。

【誨】 (회) 隊 カイ、おしえる teach
小篆 草書 가르칠회(敎訓)。『書』朝夕納ㅡ以輔王德。
〔誨言：회언〕 가르치는 말。훈계하는 말。訓言。『書經』拜手稽首ㅡㅡ。
〔誨誘：회유〕 가르쳐 引導하는 것。『北史』ㅡㅡ後進。
〔誨諭：회유〕 가르쳐 깨우침。일깨움。『顏氏家訓』不如寡妻之ㅡㅡ。
◎敎ㅡ。

【誩】 (경) 敬 ケイ、あらそいいう speak competitively
다투어말할경(競言)。

【說】 ㊀(설) 屑 セツ、エツ、 ㊁(열) 屑 ゼイ、とく ㊂(세) 霽 explain；theory ㄕㄨㄛ shuo¹
小篆 草書 ㊀❶고할설(告也)。❷말씀설(辭也)。『易』滕口ㅡ也。❸글설(序述)。㊁기꺼울열(喜樂)。『易』民ㅡ無疆。『中庸』行而民莫不ㅡ。㊂❶달랠세(誘也)。『孟子』ㅡ大人則藐之。❷쉴세(舍也)。『詩』召伯所ㅡ。

〔說客：세객〕 능란한 말솜씨로 各地를 遊說하고 다니는 사람。遊說하는 사람。『史記』酈生爲ㅡㅡ。
〔說經：설경〕 ❶宗敎上의 敎義나 宗旨의 책을 講義하는 것。❷經書를 풀이하여 밝힘。『後漢書』ㅡㅡ、鏗楊子行。
〔說敎：설교〕 宗敎의 敎義나 宗旨를 가르치는 것。
〔說敎師：설교사〕 쉽게 經典을 풀어 說法하는 사람。
〔說得：설득〕 여러 가지로 說明하여 納得시킴。說明하여 깨우침。
〔說明：설명〕 풀이하여 밝힘。알기 쉽게 풀이함。풀이하여 뜻을 분명하게 함。
〔說明文：설명문〕 사물의 이치를 설명하고、지식과 理性의 만족을 꾀하는 문장。↕抒情文。敍事文。敍景文。
〔說明書：설명서〕 이유나 사정 또는 사용법 따위를 풀어 밝혀 놓은 문서。
〔說文：설문〕 ❶漢字의 한자 한자에 대하여、그 成立과정과 원 뜻을 설명하는 것。❷說文解字의 略語。
〔說文解字：설문해자〕 《書》三十권。漢의 許愼 지음。줄여서 說文이라고도 함。六書의 意味에 대하여 상세히 풀이한 것。
〔說文解字注：설문해자주〕 《書》漢의 許愼이 지은 說文解字에 淸의 段玉裁가 注釋을 붙인 것。
〔說法：설법〕 《佛》佛法을 풀어 밝힘。『維摩經』廣爲ㅡㅡ。
〔說病：설병〕 病의 症勢를 설명하는 것。
〔說伏：설복〕 알아 듣도록 말하여 首肯하게 함。잘 說明하여 좇게 함。
〔說服：설복〕 알아 듣도록 타일러 그리 믿게 함。
〔說貧：설빈〕 살림의 구차스러움을 남에게 이야기 하는 것。說窮。
〔說示：설시〕 說明하여 보임。
〔說往說來：설왕설래〕 서로 辯論을 주

고 받으며 옥신각신하는 것。

【說諭:설유】 말로 타이름。【漢書】指爲誠、發出于將軍、則孰敢不ㅡㅡ。

【說破:설파】 ❶相對方의 異論이나 口實을 깨뜨려 뒤엎음。 ❷事物의 內容을 밝혀 말함。【白玉蟾】活計與君ㅡㅡ。

【說弊:설폐】 폐스러움을 말함。

【說弊救弊:설폐구폐】 먼저 폐스러움을 말하고、그 폐스러움을 바로잡음。

【說話:설화】 ❶이야기。 ❷神話·傳說 등을 줄거리로 한 事實과는 좀 다른 옛 이야기。

【說話文學:설화문학】 說話를 素材로 하여 문학적인 내용과 형태를 갖춘 것의 總稱。

◎槪ㅡ、古ㅡ、曲ㅡ、論ㅡ、浮ㅡ、邪ㅡ、誘ㅡ、異ㅡ、一ㅡ、雜ㅡ、前ㅡ、傳ㅡ、重ㅡ、衆ㅡ、珍ㅡ、叢ㅡ、總ㅡ、通ㅡ、學ㅡ、解ㅡ、虛ㅡ。

【読】(독)『讀』(15畫 言部)의 略字

八畫

【䛩】(오) 虞 オ、そしりあう recriminate 小篆 서로훼방할오(相毀)。

【䛪】(궁) 送 キュウ、かまびすしい voluble ㄑㄩㄥˋ ch'iung⁴ ❶말수다할궁(多言)。 ❷물을궁(問也)。

【誰】(수) 支 スイ、たれ who ㄕㄨㄟˊ shuei² 小篆 草書 ❶누구수(孰也)。【詩】ㅡ其尸之。 ❷무엇수(何也)。【易】又ㅡ咎也。 ❸누구요수(ㅡ何詰問)。【漢書】陳利兵而ㅡ何。 ❹발어사수(發語辭ㅡ昔)。

【誰得誰失:수득수실】 得失이 분명하지 못한 형편。

【誰某:수모】 아무게。某也。

【誰某誰某:수모수모】 아무아무게。

【誰昔:수석】 옛날。그 옛날。從前。(誰는 發語辭)。

【誰知烏之雌雄:수지오지자웅】 까마귀의 암놈과 수놈은 비슷하여 구별하기 어렵다는 뜻。《喩》비슷하여 분간이 잘 안 됨。【詩經·正月】具曰予聖、ㅡㅡ。

【誰差:수차】 물어서 뽑음。【漢書·眭弘傳】漢帝宜ㅡㅡ天下、求索賢人。

【誰何:수하】 ❶누구야 하고 그 성명을 물어 밝히는 말。 ❷누구。성명이 분명하지 않은 사람。【莊子】不知其ㅡㅡ。

【課】(과) 箇 カ、わりあて taxes; lesson 小篆 草書 ❶구실과(稅也)。【舊唐書】賦人之制有四、一曰租二曰調三曰役四曰ㅡ。 ❷시험할과(試也)。 ❸법식과(程也)。【汲冢周書】ㅡ課徵物。 ❹차례과(第也)。 ❺공부과(勸ㅡ農桑)。【宋書】少寬其工ㅡ。 ❻공로과(功也)。【漢書】京房奏考功ㅡ吏法。

【課工:과공】 日課로 하는 공부。

【課年:과년】 해마다 꼭꼭 함。課歲。

【課目:과목】 ❶할당된 항목。 ❷학과。 ❸사무의 구별。

【課稅:과세】 세금을 매김。또는 그 세금。

【課稅權:과세권】 《法》국가의 주권에 의하여 租稅를 부과 징수하는 권리。

【課稅品:과세품】 세금을 매기어 납부시키는 물품。

【課試:과시】 시험함。시험。【魏志】博士ㅡㅡ。

【課夜:과야】 밤마다。

【課業:과업】 배당된 일。【宋史】李綱敎之書、嚴其ㅡㅡ。

【課外:과외】 日課의 밖에 하는 과업。

【課外讀本:과외독본】 교과서 밖의 독본。

【課外授業:과외수업】 日課 밖에 하는 수업。

【課員:과원】 관청이나 회사의 한 과에 소속된 사람。

【課月:과월】 달마다。

【課率:과율】 세금을 매기는 비율。

【課日:과일】 날마다。每日。

【課程:과정】 할당된 일이나 학과。【詩經·疏】敎護ㅡㅡ、必君子監之。

【課程表:과정표】 학년에 따라 배울 課程을 配當한 표。학과 배당표。

【課題:과제】 제목을 할당함。또는 할당된 제목이나 문제。

【課題帳:과제장】 방학 동안 과제를 주어 공부 시키는 책。방학책。

◎考ㅡ、賦ㅡ、日ㅡ、學ㅡ。

【誳】(굴) 物 クツ、ことなり strange 草書 괴이할굴(詭異)。【吳都賦】ㅡ詭之殊事。

【誳詭:굴궤】 보통과 다름。괴상함。【左思】ㅡㅡ之殊事。

【䛬】(도) 豪 トウ、たより conversation 小篆 或體 왕래하는말도(往來言)。

【誵】(효) 肴 コウ、ほしいまま impolite 말불공할효(言不恭謹)。

【誸】(현) 先 ケン、きびしい speak quickly 말급할현(言急)。

【誶】 一(수) 寘 スイ、サイ、ののしる scold ㄙㄨㄟˋ suei⁴ 二(쇄) 隊 三(신) 震 四(줄) 質 小篆 草書 一꾸짖을수(責讓詬也)。【唐書】忿ㅡ不恭。 二뜻은 一과 같음。 三물을신(訊也)。 四모라셀줄(責罵)。【列子】謾惬凌ㅡ。

【誷】(망) 養 ボウ、しいる deceive 草書 속일망(誣也)。【晋書】朋黨則誣ㅡ。

【䛭】(행) 敬 コウ、おこる get angry ❶성낼행(怒也)。 ❷바를행(ㅡ直)。

【誹】(비) 微 ヒ、そしる slander ㄈㄟˇ fei³ 小篆 草書 ❶중얼거릴비(怨ㅡ謗言)。【莊子】高論怨ㅡ。 ❷그르다할비(非議)。【史記】顔異腹ㅡ。

【誹謗:비방】 남을 헐어서 욕함。【史記】ㅡㅡ者族。

【誹訕:비산】 ＝誹謗。【十八史略】ㅡㅡ朝廷、疑亂風俗。

【誹笑:비소】 비웃음。비웃는 웃음。

【誹譽:비예】 誹謗과 名譽。헐뜯음과 칭찬함。【晏子】ㅡㅡ爲類、聲響相應。

【誹毁:비훼】 명예를 손상시킴。비방함。誹謗。

【誺】(치) 寘 チ、しらない ignorance ❶모를치(不知)。 ❷울림소리치(白ㅡ)。【梵書】空谷傳聲曰赤謑白ㅡ。

【誻】(답) 合 トウ、べらべら voluble ㄊㄚˋ t'a⁴ 小篆 草書 ❶망령되게말할답(妄語)。 ❷잔말할답(ㅡㅡ多言)。【荀子】愚者之者ㅡㅡ然而沸。

【誻誻:답답】 수다스러운 모양。잔말이 많은 모양。

【誾】(은) 文 ギン、やわらぐ peace and joy ㄧㄣˊ yin² 小篆 草書 화평할은(ㅡㅡ和悅貌)。【論語】與上大夫言ㅡㅡ如也。

【誾誾:은은】 ❶和氣 속에 옳고 그름을 논하는 모양。❷온화하고 삼가는 모양。

【誼】 (의) 寘 ギ、よい、よしみ right; proper
草書 ❶옳을의(人所宜)。❷다스릴의(理也)。❸의의(親好)。

【說】 (나) 佳 ダ、ひく sound (out)
小篆 떠볼나(以言窺知人之心情)。

【調】 ㊀(조) 嘯 チョウ、ととのう harmonize ㊁(조) 蕭 ㊂(주) 尤 ㄊㄧㄠˊ t'iao²
小篆 草書 ㊀❶고를조(和也)。❷부드러울조(柔也)。【詩】弓失旣ㅣ。❸맞을조(適也)。【淮南子 說林】不同味而ㅣ於口。❹비웃을조(嘲也)。【世說 排調】王丞相每ㅣ之。❺나무잎흔들거릴조(木葉動貌)。【莊子 齊物論】不見之ㅣㅣ乎。㊁❶가릴조(選也)。【漢書】十年不得ㅣ。❷구실조(戶ㅣ賦也)。【正字通】民賦曰ㅣ。❸곡조조、가락조(音ㅣ樂律)。❹재주조(才ㅣ韻致)。❺계교할조(計也)。【漢書】ㅣ立城邑。㊂아침주(ㅣ飢朝也)。【詩】惄如ㅣ飢。

【調經:조경】 월경을 고르게 함。一것。

【調貢:조공】 貢物。또는 貢物을 바치는 것。

【調過之道:조과지도】 家業으로서 살아가는 길을 강구함。

【調達:조달】 ❶자금이나 물자를 마련함。❷調整하여 잘 통함。【阮籍】陰陽ㅣㅣ、和氣均通。

【調度:조도】 ❶사물을 정도에 맞게 처리함。【楚辭】和ㅣㅣ以自娛。❷세금을 징수하는 것。

【調練:조련】 ❶兵士를 훈련하는 것。❷「훈련을 쌓는 것。

【調理:조리】 ❶어떤 일을 사리에 좇아 잘 처리함。【徐陵】ㅣㅣ陰陽。❷음식을 요리함。

【調馬:조마】 ❶말을 타고 길들임。말을 調鍊하는 것。❷말을 徵集함。【後漢書】初置騄驥廐丞、領受郡國ㅣㅣ。

【調味:조미】 음식의 맛을 고르게 맞추는 것。【鶡冠子】ㅣㅣ·董色·正聲、以定天地人事。

【調味料:조미료】 음식의 맛을 돋구어 고르게 맞추는 데 쓰이는 재료。「먹음。

【調服:조복】 어떤 藥에 다른 藥을 타서 먹음。

【調査:조사】 어떤 사물을 밝히기 위해 살펴보는 것。【漢書·註】以求事物之實情、曰ㅣㅣ。

【調色:조색】 그림 그릴 때 여러 가지 채색을 調合하여、만들고자 하는 빛깔을 나타내는 일。

【調色板:조색판】 그림을 그릴 때 여러 가지 채색을 調合하는 데 쓰는 철판이나 널판지。빨렛(palette)。

【調書:조서】 ❶조사한 일을 기록한 文書。❷《法》재판의 증거 자료로 하기 위하여 조사 사항을 써 넣는 書類。

【調攝:조섭】 음식·동작 또는 居處 등을 적당히 몸에 맞게 하여 쇠약한 몸을 회복되게 함。【沈遼】衰齡易生倦、幽巖就ㅣㅣ。

【調聲:조성】 소리의 高低長短을 고름。

【調習:조습】 착실하고 엄숙하게 배워 익힘。【詩經·疏】諸馬皆須ㅣㅣ也。

【調藥:조약】 약을 지음。【唐書】馬周病消渴、帝爲ㅣㅣ。

【調胃:조위】 《醫》위병을 고침。

【調律:조율】 악기의 음률 하나하나를 표준음에 맞추어 고르는 일。

【調律師:조율사】 악기의 調律을 業으로 하는 사람。

【調音:조음】 ❶소리를 고름。❷발음을 할 때에 음성 기관으로써 呼氣를 조절하여 뜻한 바의 음을 내는 운동。分節。

【調印:조인】 ❶도장을 찍음。❷條約의 公文書에 도장을 찍음。

【調子:조자】 가락。

【調節:조절】 사물을 정도에 맞추어 알맞게 고르게 함。【白居易】釣藥餌自ㅣㅣ、膳羞必甘馨。

【調整:조정】 골라서 정돈함。

【調停:조정】 ❶틀어진 사이를 중간에 들어서 화해를 붙이는 것。❷《法》民事의 다툼을 법원이나 그밖의 公的인 기관이 중간에 들어서 當事者가 서로 양보하는 정신으로 원만하게 화해시키는 일。

【調製:조제】 ❶물건을 注文에 의하여 마들음。❷조절하여 만들음。

【調劑:조제】 《醫》여러 가지 藥品을 적절히 조합하여 한 가지 藥으로 짓는 것。

【調進:조진】 주문 받은 물건을 만들어서 바침。

【調治:조치】 ❶음식을 요리함。❷調理。

【調合:조합】 藥劑 또는 물감들을 분량에 따라 서로 섞음。

【調護:조호】 ❶도와 주어 보호함。【史記】ㅣㅣ太子。❷《制》高麗 때 東宮의 한 벼슬。

【調和:조화】 ❶이것과 저것이 서로 잘 어울림。서로 화합하는 것。❷음악의 가락이 잘 어울리는 것。❸맛을 고르게 맞추는 것。【賈誼】倡和相應而ㅣㅣ。

【調戲:조희】 희롱하여 놀림。【馮衍】房中ㅣㅣ。

【調飢:주기】 아침에 일어났을 때의 시장기。朝飢。【詩經】惄如ㅣㅣ。
◎格ㅣ、高ㅣ、曲ㅣ、基ㅣ、單ㅣ、短ㅣ、同ㅣ、不ㅣ、變ㅣ、悲ㅣ、聲ㅣ、順ㅣ、異國情ㅣ、長ㅣ、低ㅣ、協ㅣ、好ㅣ、和ㅣ。

【諢】 (혼) 阮 コン、ことばがわからない indistinct
말분명하지못할혼(語不明)。

【諀】 (비) 紙 ヒ、そしる abuse; insult
❶악담할비(惡言)。❷헐어말할비(呰毁)。

【諁】 (철) 屑 テツ、やかましい noisy
시끄러울철(喧也)。

【諂】 (첨) 琰 テン、へつらう flatter ㄔㄢˇ ch'an³
小篆 或體 草書 아첨할 첨(佞言曰ㅣ)。【易繫辭】君子上交不ㅣ。

【諂佞:첨녕】 매우 아첨함。알랑거리며 아첨함。諂諛。

【諂笑:첨소】 아양떨며 웃는 것。또는 그 웃음。【孟子】脅肩ㅣㅣ、病於夏畦。

【諂諛:첨유】 ❶=諂佞。❷아첨 잘하는 小人。【史記】公卿大夫、多ㅣㅣ取容矣。
◎阿ㅣ。

【諞】 (면) 先 メン、ベン、さかしい wise
❶총명할면(慧黠)。❷속일면(欺也)。

【諄】 (순) 眞 ジュン、ねんごろ reiterate ㄓㄨㄣ chuen¹ (古音「춘」)
小篆 草書 ❶거듭이를순(ㅣㅣ誨言重複)。【詩】誨爾ㅣㅣ。❷지극할순(誠懇貌)。

【諄諄:순순】 ❶거듭 일러 친절히 가르치는 모양。❷성실하고 삼가는 모양。❸도움。

【諅】 (기) 寘 キ、いむ shun
小篆 ❶꺼릴기(忌也)。【石鞄子】ㅣ富貴之在其上。❷뜻기(志也)。

【諳】 (엄) 豔 エン、あたえる give
줄엄(予也)。

【諆】(기) 支 ㄑㄧ ch'i² attempt ❶속이는말기(謾言)。❷꾀할기(謀也)。

【談】(담) 覃 ㄊㄢ t'an² ダン、はなす converse ❶말씀담(言論)。〔公羊傳〕魯人至今 以爲美ㅣ。❷바둑둘담(手ㅣ圍碁)。〔續博物志〕王中郎以圍碁爲坐隱亦謂之手ㅣ。

【談論:담론】 ❶談話와 議論。❷言論。〔後漢書〕博通墳籍、善ㅣㅣ。

【談鋒:담봉】 언론의 힘은 매우 날카로움。論談의 방향。〔蘇軾〕賓主ㅣㅣ敵兩都。

【談笑:담소】 이야기도 하고 웃기도 함。〔孟子〕越人關弓而射之、則己ㅣㅣ而道之。

【談笑自若:담소자약】 놀라거나 근심이 있어도、평시의 태도를 잃지 않음。

【談言:담언】 이야기하는 말。

【談義:담의】 ❶義理를 설명하여 들려줌。〔南史〕顏延之ㅣㅣ飮酒、喧呼不絕。❷뜻을 설명함。❸《佛》㉠불교의 교리를 論함。㉡說敎。談議。

【談議:담의】 서로 의논함。相談。〔南史〕不爲文章、不喜ㅣㅣ。

【談叢:담총】 ❶이야기의 내용이 넓어서 끝이 나지 않는 것。談藪。❷여러 가지 이야기를 모은 것。

【談判:담판】 옳고 그름을 결말짓기 위하여 쌍방이 서로 의논함。

【談合:담합】 서로 의논함。相談。

【談話:담화】 ❶이야기。〔石崇〕文藻譬春花、ㅣㅣ猶蘭芳。❷한 단체나 또는 한 개인이 어떠한 사물에 대하여、자기의 의견이나 태도를 분명히 밝히기 위하여 하는 말。

【▯▯▯:▯▯▯】 …인 集會。◎街ㅣ、軍ㅣ、怪ㅣ、劇ㅣ、奇ㅣ、對ㅣ、漫ㅣ、面ㅣ、文ㅣ、美ㅣ、放ㅣ、私ㅣ、史ㅣ、相ㅣ、言ㅣ、餘ㅣ、旅行ㅣ、政ㅣ、珍ㅣ、淸ㅣ、快ㅣ、閑ㅣ、歡ㅣ、會ㅣ。

【諈】(추) 寘 ㄓㄨㄟ chuei⁴ スイ、かこつける pretext ❶핑계할추(ㅣ諉)。〔列子〕眼娗ㅣ諉勇敢怯疑四人相與遊于世。❷알소할 추(訐也)。

【諉】(위) 寘 ㄨㄟ wei³ イ、ゆだねる pretend (古音「뇌」) ❶말위、핑계할 위(推ㅣ託言)。〔漢書賈誼傳〕尙有可ㅣ者。❷버릴위(委也)。

【諉託:위탁】 남에게 부탁해서 추천을 받음。〔唐書〕宰相要多官子弟、多居美爵、並罕才藝、更而相ㅣㅣ。

【請】㊀(청) 梗 ㊁(청) 敬 ㄑㄧㄥ ch'ing³ セイ、ショウ、こう ask; request ㊀❶청할청(乞也)。❷뵈올청(謁也)。〔漢書〕造ㅣ諸公。❸물을청(扣也)。〔書〕以與爾有衆ㅣ命。㊁❶ 뜻은 ㊀과 같음。❷가을에 조회할청 (秋朝見)。〔漢制〕秋曰ㅣ如古聘禮。

【請求權:청구권】 《法》권리의 목적인 이익을 享受하기 위하여 다른 사람의 행위를 요구하는 것을 작용으로 하는 私權·債權·손해 배상권 따위。

【請求書:청구서】 금전이나 물건을 달라고 요구하는 문서。

【請期:청기】 六禮의 하나。혼인할 때에 신랑집에서 擇日을 하여 그 可否를 묻는 편지를 新婦집으로 보내는 것。

【請對:청대】 급한 일로 임금에게 面會

【請得:청득】 어떤 일을 청하여 허락을

【請來:청래】 청하여 오게 함。

【請老:청로】 늙어서 退職을 원함。

【請賣:청매】 물건을 받아서 팖음。

【請文:청문】 부처나 보살、또는 죽은 사람의 영혼을 청하는 글。請詞。

【請問:청문】 찾아감。訪問함。〔列女傳·賢明〕ㅣㅣ其夫。

【請兵:청병】 出兵하기를 요청하는 것。

【請負:청부】 도급으로 일을 맡음。

【請負契約:청부계약】 注文者와 請負人과의 사이에 맺은 계약。

【請負業:청부업】 토목·건축의 공사를 都給으로 맡아 하는 일。「삼는 사람。

【請負業者:청부업자】 청부를 업으로

【請賓:청빈】 손을 청함。速賓。

【請謁:청알】 ❶貴人에게 面會를 청함。〔左傳〕唯我鄭國之有ㅣㅣ焉。❷權力있는 사람에게 부탁함。

【請邀:청요】 남을 초청하여 맞음。

【請援:청원】 救援하여 주기를 청함。

【請願:청원】 ❶청하고 원함。또는 그 願。❷《法》국민이 법률에 정한 수속을 밟아서 損害의 구제、公務員의 파면、법률·명령·규칙의 制定·改廢、그 밖의 일을 국회·관공서·지방 공공단체의 議會에 청구하는 일。〔宋書〕公私ㅣㅣ。

【請願書:청원서】 국가 기관이나 자치단체에 청원하는 글월。

【請誘形:청유형】 用語에 있어서 종지형의 한가지。함께 하고자 이끄는 뜻을 나타내는 형。「ㅣ자、ㅣ세、ㅣ(으)비시다」따위。이끄는 법。「청함。

【請議:청의】 多數 意見으로 決議하기를

【請議書:청의서】 청하는 글。

【請益:청익】 다시 청함。또 한 번 청함。〔禮記〕ㅣㅣ則起。

【請狀:청장】 ❶請牒狀의 略語。❷《佛》

【請錢:청전】 어떠한 일을 부탁할 때에 뇌물로 쓰는 돈。

【請助:청조】 도움을 청함。

【請坐:청좌】 ❶혼인 때 새색시 집에서 새서방에게 사람을 보내어 자리에 나와 行禮하기를 청하는 일。❷吏隷를 보내서 으뜸 벼슬아치의 出席을 청하는 일。

【請牒:청첩】 請牒狀의 略語。「함。

【請遞:청체】 관직에서 물러나기를 請願

【請招:청초】 경사스러운 일이 있을 때 남을 청하는 편지。

【請囑:청촉】 부탁함。의뢰하는 것。

【請託:청탁】 청원하여 부탁함。또는 그 부탁。權力 있는 사람에게 부탁함。〔漢書〕欲除吏、先爲科例、以防ㅣㅣ。

【請便紙:청편지】 청을 넣느라고 하는 편지。請簡

【請婚:청혼】 婚姻을 청함。

【請魂:청혼】 죽은 사람의 영혼을 부름。

【請訓:청훈】 在外 외교관에 관한 처단을 國交上 단독으로 행하지 않고 정부에 訓令을 請하는 일。

【諎】(책) 陌 サク、おおごえ loud voice 큰소리책(大聲)。
◎懇ㅣ、申ㅣ、要ㅣ、奏ㅣ。

【諍】(쟁) 敬 ㄓㄥ chêng¹ ソウ、いさめる remonstrate 간할쟁(救正諫也)。〔漢書〕諫ㅣ即見聽。

【諍氣:쟁기】 남과 다투어 이기려 하는 기질。〔韓詩外傳〕有ㅣㅣ者、勿與論。

【諍訟:쟁송】 송사를 일으켜 서로 다툼。訟事。〔後漢書〕平理ㅣㅣ。

【諍臣:쟁신】 諫하여 다투는 신하。임금의 착하지 못함을 諫하는 신하。

【諍友:쟁우】 친구의 잘못을 忠告하는 벗。

【諆】(기) 支 キ、たわむれあう fun
말로농할기(語相戲)。

【諏】㊀(추) 虞 シュ、はかる counsel
㊁(추) 尤 ㄗㄡ tsou¹
小篆 草書 ㊀꾀할추(聚謀)。【詩】周爰咨—。㊁❶물을추(咨事)。【左傳】咨事爲—。❷별이름추(星名、—訾)。

【諏吉:추길】 吉日을 택함。
【諏謀:추모】 어떤 일을 의논하여 꾀함。計略。『獨孤及』——寄賢良。
【諏訪:추방】 물어서 의논함。咨問。『唐書』軍中事多所——。

【諐】(건) 先 ケン、あやまち fault ㄑㄧㄢ ch'ien¹
草書 허물건(過也)。【詩】不愆于儀。〔『愆』과 같음〕【漢書】元首無失道之—。

【諐殃:건앙】 잘못된 것。『司馬相如』揄長袂以翳兮、數昔日之——。

【諑】(착) 覺 タク、しこずる calumniate ㄓㄨㄛ chuo²
草書 ❶참소할착(譖訴)。【韓愈詩】拙謀傷巧—。❷꾸짖을착(責也)。

【諒】(량) 漾 リョウ、まこと sincere ; regard ㄌㄧㄤ liang⁴
小篆 草書 ❶믿을량、미쁠량(信也)。【詩】—不我知。【禮】請肆簡—。❷생각하여줄 량(思也)。❸의리량(義理)。【論語】豈若匹夫匹婦之爲—也。❹알량(知也)。

【諒恕:양서】 사정을 참작하여 용서함。
【諒闇:양암】 임금이 父母喪에 居喪할 때 있는 방。또는 그 기간。諒陰。『後漢書』——旣終。
【諒陰:양음】 —京闇。『論語』高宗——、「三年不言。」
【諒知:양지】 살펴서 알음。「음을 씀。
【諒解:양해】 사정을 살펴서 너그러운 마

【諓】(전) 先 セン、へつらう flatter
小篆 草書 ❶착한말전(善言)。『漢書』說——之言。❷아첨할전(諂言)。【後漢書】習——之辭。❸알찐거릴전(——巧讒貌)。『劉向九歎』讒人——。

【諓諓:전전】 ❶교묘하게 헐뜯는 모양。또는 아첨하는 말。❷말이 천박함。

【諔】(숙) 屋 シュク、いつわる deceive ㄔㄨ ch'u⁴ (本音「축」)
草書 속일숙(詭也)。【莊子】彼且蘄以—詭幻怪之名聞。

【諕】㊀(하) 禡 カ、カク、あざむく deceive
㊁(획) 陌 ㄒㄧㄚ hsia⁴
小篆 ㊀속일하(誑也)。㊁깜짝놀랄획(—然驚貌)。

【論】㊀(륜) 眞 ロン、リン、とく discuss ; theory
㊁(론) 願 ㄌㄨㄣ luen²·⁴
㊂(론) 元
小篆 草書 ㊀차례륜(言有理倫也)。【詩】於—鼓鐘。㊁❶말할론(說也)。❷생각론(思也)。❸글뜻풀론(討—紬繹)。【尙書序】討—典墳。㊂❶의논할론(議也)。❷변론할론(辯也)。【書】—道經邦。

【論價:논가】 논의할 가치。
【論講:논강】 經典을 연구하여 사물의 是非를 결정함。
【論客:논객】 의논을 잘하는 사람。「을 즐기는 사람。
【論據:논거】 論說의 근본이 되는 토대。의논의 근거。
【論決:논결】 토론하여 사물의 是非를 결정함。
【論結:논결】 서로 의논하여 일을 끝냄。
【論警:논경】 上官이 아랫 관리의 잘못을 경계하는 것。
【論啓:논계】 임금에게 그 잘못을 따져 「諫함。
【論告:논고】 ❶자기 의견을 논술함。❷《法》재판에서 검사가 피고의 죄에 대하여 자기 견해를 논술하고 求刑하는 것。
【論功:논공】 功의 大小를 논의하여 정하는 것。『史記』——行封。
【論功行賞:논공행상】 功績의 有無·大小를 논의하여 각각 알맞은 賞을 줌。
【論究:논구】 사물의 이치를 究明하여 논함。『北齊書』施用尙未盡善、可令群官更加——。
【論及:논급】 논하는 말이 어떠한 데까지 「미침。言及。
【論難:논난⇩논란】 잘못을 논하여 비난함。서로 논술하여 비평함。『漢書』增廣條目、極其——、著數萬言。
【論壇:논단】 토론을 하는 곳。의견을 진술하는 장소。또는 그 사회。言論界。
【論斷:논단】 논의하여 단정함。논의하여 斷을 내림。
【論談:논담】 논의하여 말함。
【論篤:논독】 언론이 독실함。『論語·先進』——是與。
【論理:논리】 《論》❶議論·論證의 이치。❷論理學의 略語。
【論理性:논리성】 ❶《論》논리에 맞는 성질。❷논리적 확실성。
【論理的:논리적】 논리학적 지식에 말미암은 그것。論理學의 지식에 기거하는 상태。
【論理主義:논리주의】 사물의 논리적 기초에 依存하여 논하려는 경향。↕心理主義。
【論理學:논리학】 《論》올바른 認識을 얻기 위하여 規準이 되는 思考의 법칙과 형식을 연구하는 학문。
【論孟:논맹】 四書 중의 論語와 孟子를 합쳐서 일컬음。
【論文:논문】 ❶의견을 논술한 글。❷연구 결과를 발표하는 글。
【論駁:논박】 상대방의 그릇된 점을 공격하여 말함。다른 사람의 설을 논하여 반박함。『顔師古』衆說——、互執所見。
【論法:논법】 의논의 방법。이론을 전개하는 방식。
【論辯:논변】 사리의 옳고 그름을 밝혀 말함。의견을 논술함。『元史』遇事英發、掀髯——、法家拂士、不能過之。
【論報:논보】 하급 관청에서 상급 관청에 대하여 의견을 진술하여 보고함。
【論鋒:논봉】 이론의 방향。날카롭게 논술하는 기세와 태도。
【論士:논사】 의논을 하는 사람。論客。
【論說:논설】 ❶사물을 평론하고 설명하는 일。또는 그 문장。『王褒』千載一會、——無疑。❷신문의 社說。
【論說欄:논설란】 신문·잡지 따위에 논설문을 싣는 欄。
【論說文:논설문】 논설의 글。
【論說班:논설반】 신문의 논설을 쓰는 論說委員들로 된 반。
【論述:논술】 논하여 의견을 진술함。『蘇轍』其所——、亦已略備矣。
【論心:논심】 심정을 말함。
【論語:논어】 《書》二〇권。四書의 하나。孔子가 죽은 뒤、제자들이 生存時 제자 또는 당시 사람과 주고 받고 한 문답과 제자의 언행을 무아서 적은 것。儒家의 經典으로 되어 있음。
【論列:논열】 죄목을 하나하나 들어 말함。『司馬遷』仰首伸眉、——是非。
【論誤:논오】 잘못을 논함。論過。
【論外:논외】 ❶논의할 필요조차 없는 문제로 내세울 가치가 없음。❷논의의 위 밖。❸당치도 않은 일。
【論議:논의】 ❶서로 의견을 논술하여 토의함。『史記』毛遂比至楚、與十九人——。

❷의론. ❸《佛》經文의 의미나 宗派의 敎義에 대한 문답. 「논평함.

【論人長短:논인장단】 남의 잘 잘못을
【論者:논자】 의견을 세워 말하는 사람.
【論爭:논쟁】 의논으로써 서로 싸움. 是非를 말로 다툼. 『白居易』蒙以聲聞待, 許將戱――.
【論著:논저】 논문체의 저술. 著述함. 『漢書』漢諸儀法, 皆叔孫生所――也.
【論戰:논전】 의논이나 글로 다툼. 또는 다투는 그것.
【論點:논점】 論議의 要點.
【論定:논정】 論議하여 결정함. 『禮記』――然後官之.
【論題:논제】 ❶의논의 제목. ❷《制》하급 관청의 보고에 대하여 상급 관청에서 그 결점을 지적하여 보내는 指令. ❸《制》科擧 때 論義 문제.
【論調:논조】 ❶논의하는 투. ❷논설의 傾向.
【論罪:논죄】 죄를 論決하여 刑을 적용
【論症:논증】 병의 증세를 논술함. 「시킴.
【論證:논증】 ❶논의하여 증명함. ❷《論》 내려진 판단의 확실성·蓋然性을 정하는 근거를 提示하는 것. 證明. 立證.
【論旨:논지】 論議의 취지. 論說의 중요한 뜻. 「또는 변론자의 배치.
【論陣:논진】 논의하는 사람들의 구성.
【論執:논집】 논술하여 고집함.
【論贊:논찬】 ❶사람의 업적을 논하여 칭찬함. ❷史傳을 기술한 끝에 그 사람의 업적에 관하여 筆者가 붙인 논평.
【論責:논책】 論議하여 책망함.
【論叢:논총】 논문을 모아서 간행한 책.
【論破:논파】 논의에 의하여 남의 설을 설파하는 일. 남을 논쟁으로 지게 함.
【論判:논판】 ❶논의하여 옳고 그름을 판별함. ❷論爭.
【論評:논평】 논의하여 비평함.

【論劾:논핵】 허물을 들어 彈劾함.
【論訓:논훈】 하급 관청의 보고에 대하여 상급 관청에서 그 결점을 집어 내어 발송하는 訓令.
【論詰:논힐】 罪科를 들어 詰難함.
◎各―, 講―, 槪―, 激―, 高―, 公―, 輿―, 異―, 理―, 元―, 立―, 議―, 爭―, 正―, 定―, 衆―, 持―, 總―, 討―, 通―.

【⿰言受】 (수) 宥 ジュ、さずける instruction
말전할수(口授). 『重書』得其密號―諸軍.

【諗】 (심) 寢 シン、いさめる admonish ㄕㄣˇ shen³
❶고할심(告也). 『左傳』昔辛伯―周桓公. ❷생각할심(相思念). 『詩』將母來―. ❸꾀할심(謀也)―.

【諘】 (표) 篠 ヒョウ、ほめる praise
칭찬할표(讚也).

九畫

【⿰言𡿺】 (노) 晧 ドウ、あなどりあう recriminate
서로욕할노(語相侮).

【諛】 (유) 虞 ユ、へつらう flatter ㄩˊ yü²
아당할유, 아첨할유(諂也). 『莊子』不擇是非而言謂之―.
【諛佞:유녕】 남에게 迎合하여 아첨함.
【諛媚:유미】 아첨하여 알랑거림. 阿媚. 『唐書』祿山百計――, 多出金諸結左右.
【諛魚:유어】 《動》旗魚. 청새치.
【諛言:유언】 아첨하여 하는 말. 아첨. 諛辭. 『塩鐵論』富貴多――.

【諛悅:유열】 아첨하여 기쁘게 함. 『金史·佞幸傳』小人佞夫, 爭進――.
◎阿―.

【諜】 (첩) 葉 チョウ、しのび spy ㄉㄧㄝˊ tieh²
이간할첩, 반간할첩(軍中反間). 『左傳』使伯嘉―之.
【諜報:첩보】 내밀히 敵의 형편을 偵하여 자기편에 보고함. 또는 그 報告. 『宋史』遺蠟書, ――邊事.
【諜者:첩자】 간첩. 間人. 間者. 諜人.
【諜知:첩지】 敵國의 內情을 몰래 염탐하여 알아냄.
【諜諜:첩첩】 말을 많이 하는 모양. 수다스러운 모양. 『史記』豈斅比嗇夫――利口捷給哉.
◎間―, 防―, 譜―.

【⿰言度】 (탁) 藥 タク、あざむく cheat ㄉㄨㄛˋ tuo⁴
속일탁(欺也).

【諝】 (서) 語 魚 ショ、さとい wisdom; wise ㄒㄩˇ hsu³
슬기서(才智之稱). 『辨亡論』謀無遺―擧不失策.

【諞】 ㊀(편) 銑 ㊁(변) 先 ヘン、うまくいう speak tactfully
㊀공교한 말 편(巧言). 『書』惟截截善―言. ㊁뜻은 ㊀과 같음.

【諠】 (훤) 元 ケン、かまびすしい clamour ㄒㄩㄢ hsüan¹
❶지껄일훤(譁也囂也). 『史記』諸侯―譁. ❷잊을훤(忘也). 『幽通賦』猶―已而遺形.
【諠言:훤언】 잘 지껄임. 말을 많이 하는 것. 『書紀』若離心望, 而勿――.

【諠擾:훤요】 와자지껄하게 떠들음. 喧擾. 『南史』郡中――.
【諠傳:훤전】 뭇 사람의 입으로 퍼져 와자한 소문이 퍼지는 것. 喧傳.
【諠呼:훤호】 시끄럽게 부름. 喧呼. 『後漢書』――滿道.
【諠譁:훤화】 지껄여 와자하게 떠들음. 『史記·叔孫通傳』無敢――失禮者.

【諟】 (시) 紙 シ、この、ただす this; judge ㄕˋ shih⁴
❶이시(是也). 『書』顧―天之明命. ❷살필시(諦也審也). 『陳書』研覆古今―正文字. ❸다스릴시(理也).

【諡】 (시) 寘 シ、おくりな posthumous name ㄕˋ shih⁴
❶행장시(誄行). ❷시호시(立號以易名). 『周禮』小喪賜―.
【諡望:시망】 《制》功臣에게 諡號를 내릴 때, 미리 세 가지 다른 諡號를 議定하여 임금에게 上奏하는 것. 이 중에서 임금이 하나를 選定함.
【諡法:시법】 죽은 사람에게 諡號를 붙이는 법. 諡號를 의정하던 규정. 『容齋續筆』今世傳周公――, 故自文王武王以來, 始有諡, 周之政尙文, 斯可驗矣.
【諡寶:시보】 《制》임금의 諡號를 새긴 도장
【諡狀:시장】 卿相이나 儒賢들의 諡望을 의논하여 上奏할 때 그의 生存時에 한 일들을 적은 글발. 「하여 모인 좌석.
【諡座:시좌】 諡號를 의논하여 정하기 위
【諡冊文:시책문】 王이나 王妃의 諡號를 올릴 때 생전의 공적을 칭송하기 위하여 지은 글.
【諡號:시호】 生前의 行跡을 사정하여, 死後에 임금이 내려 주는 칭호. 『晉書』

登封泰山者、七十有四家、其ㅣㅣ可知者、十有四焉。

【諢】(원) 願 コン、ゴン、じょうだん joke ㄏㄨㄣˋ huen⁴
草書 농담원(弄言)。〔唐書〕史思明愛優ㅣ寢食常在側。

〔諢名:원명〕 別名。綽號。綽名。

【謏】㊀(소) 篠 ソウ、ショウ、すこし ㊁(수) 宥 few
小篆 ㊀❶작을소(小也)。〔禮〕足以ㅣ聞。❷꾀일소(誘也)。㊁중얼거릴수(私冒)。

【諣】(과) 卦 禡 カイ、はやくいう speak quickly ㄏㄨㄚˋ hua⁴ (本音「화」)
小篆 말급할과(急言)。

【諤】(악) 藥 ガク、はばからずいう speak plainly to ㄜˋ ê⁴
草書 곧은말악(謇ㅣ直言)。〔史記〕千人之諾諾不如一士之ㅣㅣ。

〔諤諤:악악〕 두려워하거나 꺼리는 일이 없이 事實대로 바르게 말하는 모양。直言하는 모양。〔史記·商君傳〕千人之諾諾、不如一士之ㅣㅣ。

【諦】(체) 霽 テイ、つまびらか examine ㄉㄧˋ ti⁴
小篆 草書 살필체(審也)。〔關尹子〕ㅣ毫末者不見天地之大。

〔諦念:체념〕 ❶도리를 깨닫는 마음。❷희망을 버리고 생각하지 않음。될 대로 되라는 마음。

〔諦思:체사〕 충분히 생각함。詳細히 생각함。〔魏志〕爲陳大義、遣令歸ㅣㅣ之。

〔諦視:체시〕 정신차려 살살이 봄。諦觀①。〔魏志〕君ㅣㅣ之、勿誤也。

〔諦聽:체청〕 자세히 들음。똑똑히 들음。

〔白居易〕凝視ㅣㅣ殊不足。
◎妙ㅣ、要ㅣ、眞ㅣ。

【謏】(소)『訴』(言部 5畫)와 같음

【諧】(해) 佳 カイ、かなう harmonize ㄒㄧㄝˊ hsieh²
小篆 草書 ❶화할해(和也合也)。〔書〕克ㅣ以孝。❷글해(齊ㅣ書名)。〔莊子〕齊ㅣ者志怪者也。❸기롱지거리할해(詼ㅣ笑諧)。〔晉書〕顧愷之好ㅣ謔。❹고를해(調也)。

〔諧語:해어〕 ❶弄談。희롱하는 말。❷서로 마음을 털어 놓고 情답게 이야기함。

〔諧調:해조〕 서로 和하여 잘 어울림。잘 어울린 曲調。

〔諧謔:해학〕 익살스럽고도 品位 있는 조롱. 詼謔。유모어(humour)。『晉書』顧愷之好ㅣㅣ、人多愛狎之。

〔諧謔曲:해학곡〕 몹시 빠르고 경쾌한 音調의 악곡。흔히 교향곡 따위의 한 악장을 이룸。

〔諧謔文學:해학문학〕 익살궂은 사실의 내용을 재료로 삼고 이룬 문학。유모어 문학。

〔諧和:해화〕 ❶사이 좋게 함。사이 좋게 됨。서로 和合함。❷音樂의 곡조가 잘 어울림。『舊唐書』金石ㅣㅣ。

【諫】(간) 諫 カン、いさめる remonstrate ㄐㄧㄢˋ chien⁴
小篆 草書 ❶간할간(諍也直言以悟人)。〔書〕后從ㅣ則聖。❷풍간할간(諷也)。〔舊唐書〕凡ㅣ有五諷ㅣ順ㅣ規ㅣ致ㅣ直ㅣ。❸충고할간(忠告)。〔禮記曲禮下〕爲人臣之禮不顯ㅣ。❹벼슬이름간(官名)。

〔諫官:간관〕 ❶《制》李朝 때 司諫院·司憲府의 관리의 總稱。임금의 잘못을 諫하는 官。❷諫議大夫。『韓愈』願辱太守薦、得免諫諍官。

〔諫書:간서〕 임금을 忠告하는 글。諫言을 기록한 上書。闕疏。『岑參』聖朝無闕事、自覺ㅣㅣ稀。

〔諫臣:간신〕 임금에게 옳은 말로 諫하는 신하。「馮景有ㅣㅣ。

〔諫言:간언〕 諫하는 말。忠告。『北周書』

〔諫院:간원〕 《制》司諫院의 略語。『周必大』明道元年、復置ㅣㅣ。

〔諫爭:간쟁〕 굳세게 諫함。諫諍。

〔諫諍:간쟁〕 =諫爭。『漢書』ㅣㅣ即見聽。

〔諫止:간지〕 못하도록 諫함。『諸葛亮』數有ㅣㅣ。

〔諫職:간직〕 諫官의 職。→諫官。『司馬光』臣備位ㅣㅣ、三年有半。
◎苦ㅣ、固ㅣ、直ㅣ、忠ㅣ。

【諭】(유) 遇 ユ、さとす persuade ㄩˋ yü⁴
小篆 草書 ❶고할유(告也)。❷효유할유(曉也)。〔周禮〕ㅣ罪刑于邦國。❸비유할유(譬也)。〔漢書〕賈誼追傷屈原因以自ㅣ。

〔諭告:유고〕 =諭示。

〔諭示:유시〕 ❶타일러 훈계함。❷관청에서 口頭나 文書로 타일러 가르침。諭告。

〔諭旨:유지〕 ❶뜻을 일러 주어 알림。❷《制》임금이 신하에게 내려 주는 글。上諭。

〔諭旨免官:유지면관〕 《制》임금의 유지로 관직을 면함。
◎敎ㅣ、上ㅣ、說ㅣ、勅ㅣ。

【諮】(자) 支 シ、といはかる consult ㄗ tzu¹
草書 ❶꾀자(謀也)。〔左傳〕夏會於成紀ㅣ謀齊難。❷물을자(問也)。

〔諮問:자문〕 남의 意見을 물음。웃사람이 아랫 사람의 意見을 묻는 것。諮詢。諮諏。『後漢書』朝廷每有災異疑議、輒ㅣㅣ之。

〔諮問機關:자문기관〕 어떤 조직체에서、집행기관이 집행할 일의 내용과 그 방법을 물어서 의견을 듣는 기관。그의 대답한 내용이 집행 기관의 참고는 되어도 명령이나 强行性은 없음。↔決議機關。

〔諮詢:자순〕 =諮問。「議하는 것。

〔諮議:자의〕 諮問에 應하여 是非를 評

【謜】(전) 先 セン、ゆずりあう make concessions to each other
小篆 서로사양할전(相讓)。

【諰】(시) 紙 シ、おそれる surprise ㄒㄧˇ hsi³
小篆 草書 ❶눈휘둥글할시(懼貌)。〔荀子〕ㅣㅣ然常恐天下之一合而已也。❷곧은말시(直言)。

〔諰諰:시시〕 두려운 모양。『荀子·注』漢書諰作鰓、鰓、懼貌也。

【諱】(휘) 未 キ、いみきらう shun ㄏㄨㄟˋ huei⁴
小篆 草書 ❶피할휘(避也)。〔戰國策〕罰不ㅣ強大。❷꺼릴휘(忌也)。〔史記〕秦俗多忌ㅣ。❸숨길휘、휘할휘(隱ㅣ)。〔左傳〕爲親者ㅣ。❹휘휘(生名死ㅣ)。〔左傳〕以ㅣ事神。

〔諱忌:휘기〕 ❶꺼리고 두려워함。忌諱。『宋史』當時無所ㅣㅣ。❷꺼림。❸占術家 따위에서 꺼리고 싫어하는 것。

〔諱談:휘담〕 꺼리어 세상에 드러내 놓고 하기 어려운 말。

〔諱日:휘일〕 祖上의 祭日。

〔諱字:휘자〕 돌아간 祖上이나、높은 어른의 이름자。

〔諱之秘之:휘지비지〕 ❶결과를 분명하지 않게 맺음。❷남을 꺼리어 비밀히 하고 우물쭈물함。「니함。諱病。

〔諱疾:휘질〕 疾病을 숨기고 드러내지 아
◎忌ㅣ。

【諲】(인) 圓 イン、つつしむ respect
❶공경할인(敬也)。❷공순할인(恭也)。

【諳】(암) 覃 アン、そらんずる memorize ㄢ an
篆小 諳 草書 ❶알암(悉也知也)。❷기억할암(記憶)。【後漢書】陵樹株蘖皆－其數。❸익달할암(練歷熟閑)。【晉書】－練舊事。❹깨달을암(曉也)。
【諳究:암구】충분히 연구하여 알아냄。
【諳記:암기】외어서 記憶함。외움。
【諳鍊:암련】모든 사물에 정통한 것。【晉書】久在中朝、－－舊事。
【諳寫:암사】외어서 베낌。記憶에 의하여 쓰는 것。
【諳算:암산】筆記의 도구나 주판을 쓰지 않고 머리로 계산하는 것。暗算。
【諳誦:암송】책을 보지 않고 읽음。외어 읽는 것。【蜀志】－－無滯。

【諴】(함) 咸 カン、やわらぐ harmonize ㄒㄧㄢ hsien
篆小 諴 草書 ❶화할함(和也)。【書】－于小民。❷정성함(誠也)。【書】至－感神。
【諴雅:함아】樂曲의 이름。梁나라 沈約이 지음。

【諵】㊀(남) 覃 ナン、べちゃべちゃ chatter ㄋㄢ nan ㊁(남) 感
草書 ㊀재재거릴남(－－多言)。【韓愈詩】說賦相－－。㊁들렐남(喃呫語聲)。

【諶】(심) 侵 シン、しんずる believe ㄔㄣ ch'en
篆小 諶 草書 ❶믿을심(信也)。【書】天難－。❷헤아릴심(測也)。❸정성심(誠也)。

【諷】(풍) 送 フウ、ほのめかす satirize ㄈㄥ fêng
篆小 諷 草書 ❶외울풍(誦也)。【漢書】學童－書九千字得爲史。❷비유로간할풍(－諫微刺)。【史記】優孟以談笑－諫。
【諷諫:풍간】슬며시 돌려서 諫하는 것。【史記】優孟常以談笑－－。
【諷讀:풍독】책을 안 보고 외어 읽음。【北史】恐禍及己、逃入山、以－－爲娛。
【諷誦:풍송】소리를 내어 글을 욈。【晉書】－－遺言。
【諷詠:풍영】詩歌 등을 읊조리는 것。【晉書】優游－－、無所標明。
【諷諭:풍유】슬며시 나무라는 뜻을 붙이어 가르쳐 타이르는 것。
【諷刺:풍자】빗대고 비유하는 뜻으로 남의 결점을 찌름。슬며시 돌려서 남의 결점을 말함。風刺。【文心雕龍】詩人－－。
【諷刺文學:풍자문학】(藝)사회 罪惡이나 不美스러운 점을 嘲笑하고 諷刺하는 문학。
【諷刺詩:풍자시】(藝)사회의 罪惡相이나 不美스러운 점을 비꼬아 비난·비평한 시。
【諷刺畫:풍자화】(藝)사회의 罪惡相이나 不美스러운 점을 비꼬아 찌르는 뜻을 나타내어 그린 그림。

【諸】(제) 魚 ショ、もろもろ every; all ㄓㄨ chu (古音「저」)
篆小 諸 草書 ❶모을제(衆也)。【詩】孌彼－姬。❷말잘할제(－辯給)。❸어조사제(語助辭)。❹옷이름제(衣名－于)。
【諸家:제가】❶많은 집。❷많은 流派。❸諸子百家의 略語。
【諸葛巾:제갈건】蜀漢의 諸葛亮이 썼던 頭巾。

諸葛巾 (三才圖會)

【諸葛亮:제갈양】(人)中國 三國時代 蜀의 瑯琊 사람。一八一－二三四。字는 孔明。諡號는 忠武。襄陽의 隆中에 隱居하여 自身을 管中·樂毅와 비교함。徐庶는 孔明을 臥龍이라 評함。劉備를 도와 吳와 연합하여 曹操를 赤壁에서 擊破하고 巴蜀을 얻어 蜀漢國을 세우고 劉備가 죽은 뒤 先王의 遺詔를 받들어 後主를 도움。뒤에 五丈原에서 司馬懿와 對戰中 病으로 陣中에서 죽음。卒年 五四歲。〈書〉諸葛武侯文集。【英雄記鈔】

諸葛孔明 (三才圖會)

【諸葛菜:제갈채】(植)순무。
【諸客:제객】❶많은 손님。많은 訪問者。❷많은 나그네。❸많은 食客。❹많은 顧客。❺戰國時代의 많은 遊說의 辯士들。
【諸公:제공】점잖은 여러분。
【諸具:제구】여러 가지의 기구。道具。
【諸國:제국】여러 나라。諸邦。
【諸郡:제군】❶諸邑。❷여러 郡。
【諸君:제군】여러분。【五代史】劉銖謂李業等曰、－－可謂儇兒矣。
【諸道:제도】❶많은 길·방향·場所。❷여러 가지 技藝의 道。
【諸禮:제례】모든 예의 범절。
【諸陵署:제릉서】(制)高麗 때 山陵에 대한 일을 맡아 보던 관청。
【諸吏:제리】모든 관리。
【諸母:제모】고모들。아버지의 姉妹들。
【諸般:제반】여러 가지 일。
【諸般事:제반사】여러 일。모든 일。
【諸邦:제방】＝諸國。
【諸父:제부】伯叔父。아버지의 兄弟들。【詩經】旣有肥羜、以速－－。
【諸生:제생】많은 學生。學生들。【史記】臣願徵魯－－、與臣弟子、共起朝儀。

【諸說:제설】❶여러 사람의 학설。❷여러 사람의 주장하는 말。
【諸聖通功:제성통공】(宗)여러 성인의 공로가 서로 통함。
【諸僧:제승】모든 중。여러 중。
【諸氏:제씨】「여러분」의 뜻으로 쓰는 말。
【諸惡:제악】모든 악。온갖 악。
【諸彥:제언】여러분。諸賢。【謝靈運】昆弟友朋、二三－－。
【諸友:제우】여러 친구。
【諸員:제원】여러 인원。
【諸位:제위】여러분。
【諸儒:제유】여러 선비。모든 儒生。
【諸邑:제읍】각지의 고을。
【諸益:제익】❶여러 가지 이익。❷＝諸友。「書」－－莫能識。
【諸人:제인】많은 사람。모든 사람。【梁
【諸姉:제자】여러분。많은 婦人에게 향하여 부르는 尊稱。
【諸子:제자】❶여러분。諸君들。❷옛 사람이 아랫사람에게 부르는 人稱 代名詞。❸諸子百家의 略語。【漢書】－－之言、紛然淆亂。
【諸子百家:제자백가】(歷)春秋時代의 많은 學者·學派。또는 그 學者들의 著書。【史記】賈生年少、頗通－－－－之書。
【諸將:제장】❶여러 장수。❷군복을 입혀 위협한。싸움터에 나가 죽은 신령。
【諸節:제절】❶남의 집안의 모든 사람의 起居動作。❷한 사람의 起居動作。
【諸族:제족】한 가문의 여러 겨레붙이。
【諸宗:제종】한 겨레붙이 사이의 本宗과 支派。
【諸種:제종】여러 가지。여러 종류。
【諸從兄弟:제종형제】여러 사촌 형제。
【諸州:제주】많은 나라들。많은 州。
【諸症:제증】여러 가지 병 症勢。

【諸職：제직】 모든 職員。여러 직책。
【諸職會：제직회】 《宗》 교회에서 여러 직책을 맡은 사람들이 모이는 회。
【諸鎭：제진】 《制》여러 鎭營。
【諸處：제처】 여러 곳。
【諸宅：제택】 ＝諸家。
【諸賢：제현】 ❶많은 賢人。❷여러분。많은 사람에 대한 尊稱。
【諸兄：제형】 ❶집안 간의 여러 형들。❷여러분。많은 男子들에게 向해서 부르는 尊稱。
【諸侯：제후】 封建時代에 일정한 領土를 가지고 領內의 人民을 지배하던 사람。〖論語〗桓公九合——。◎居—。

【諺】 ㊀(안) 翰 ㊁(언) 霰 ゲン、ことわざ proverb ㄧㄢˋ yen⁴
小篆 草書 ㊀❶용맹스러울안(剛猛)。❷뻐득뻐득할안(叛—不恭)。〖論語〗由也喭。〖論語註〗子路失於畔—。㊁좀말언、상말언(俗言俚語)。〖書經〗乃逸乃—。
【諺簡：언간】 한글로 적은 편지。
【諺單：언단】 한글로 쓴 訴狀。
【諺文：언문】 한글을 前에 일컫던 俗稱。
【諺文志：언문지】 《書》一권。國語學資料。李朝 純祖 때 柳僖 지음。訓民正音을 初·中·終聲으로 나누어 그 원리 및 中國音과의 관계를 論한 한글 研究書。
【諺文冊：언문책】 한글 책의 옛스러운 말。언문으로 된 책。
【諺文廳：언문청】 《制》世宗이 訓民正音의 創製를 위하여 대궐 안에 설치하였던 기관。正音廳。
【諺文風月：언문풍월】 ❶한글로 지은 風月。❷格式을 갖추지 아니한 風月 또는 자물。
【諺譯：언역】 한글로 번역함。諺解。
【諺字：언자】 언문 글자。곧 한글。
【諺解：언해】 漢文을 한글로 풀이함。또는 그 책。諺譯。◎古—、俗—、俚—。

【諻】 (횡) 庚 コウ、おおごえ loud voice
큰소리횡(大聲)。〖吳都賦〗喧譁—呷。

【諼】 (훤) 阮 ケン、いつわる deceive ㄒㄩㄢ hsüan
小篆 草書 ❶잊을훤(忘也)。❷거짓훤(詐也)。〖公羊傳〗其言救江何爲—也。
【諼草：훤초】 《植》원추리。忘憂草。〖詩經〗焉得——、言樹之背。

【⿰言施】 (시) 支 シ、ことばおおい talkative
말수다할시(多言)。

【諽】 (격) 陌 カク、かざる adorn ㄍㄜˊ kê²
小篆 ❶꾸밀격(飾也)。❷고칠격(更也)。

【諾】 (낙) 藥 ダク、こたえあう answer ㄋㄨㄛˋ nuo⁴
小篆 草書 ❶대답할낙(應辭答也)。〖禮〗父命唯而不—。❷허락할낙(許也)。〖論語〗子路無宿—。
【諾諾：낙낙】 예예하면서 오로지、남이 말하는 대로 순종하는 모양。〖史記〗千人之——、不如、一士之諤諤。
【諾否：낙부】 승낙함과 승낙하지 아니함。
【諾成契約：낙성계약】 《法》當事者 사이에 뜻이 서로 맞아야만 이루어지는 賣買·都給·雇傭 따위의 계약。
【諾從：낙종】 應諾하여 좇음。◎受—、承—、應—、快—、許—。

【諿】 (즙) 緝 シュウ、やわらぐ harmonize
화할즙(和也)。

【謀】 (모) 尤 ボウ、ム、はかりごと plot; stratagem
小篆 古文 古文 草書 ❶꾀모(計也)。〖易〗作事—始。❷도모할모(圖也)。〖詩〗周爰咨—。❸의논할모(議也)。
【謀計：모계】 꾀。謀略。〖戰國策〗議秦以——。
【謀略：모략】 남을 해하려고 쓰는 꾀。꾀와 方略。謀計。〖魏志〗進同——、退爲副佐。
【謀慮：모려】 어떠한 꾀와 여러 가지 생각。智謀와 思慮。꾀하여 생각함。〖漢書〗——之士。
【謀利：모리】 이익만을 꾀함。
【謀利輩：모리배】 謀利를 일삼는 무리。
【謀免：모면】 꾀를 써서 면함。벗어남。
【謀反：모반】 ❶임금에게 배반하는 일을 꾀함。임금을 배반하여 쳐들어 가는 것。왕실의 전복을 꾀함。〖史記〗告楚王信—。❷임금을 죽임。謀叛。
【謀叛：모반】 ＝謀反。
【謀甫：모보】 《國》꾀보。
【謀士：모사】 ❶계략을 잘 꾸미는 사람。❷남을 도와 꾀를 내는 사람。策士。
【謀事：모사】 일하기를 圖謀함。
【謀殺：모살】 ❶미리 꾀하여 사람을 죽임。❷《法》계획적으로 사람을 죽이는 것。
【謀殺未遂：모살미수】 《法》謀殺하려다가 이루지 못함。殺人未遂。
【謀殺犯：모살범】 《法》謀殺罪를 범한 사람。
【謀書：모서】 僞造하여 꾸민 문서。
【謀書人：모서인】 문서를 僞造하여 正本처럼 만들어서 남을 속게 하는 사람。
【謀臣：모신】 計略을 잘 꾸미는 臣下。〖史記〗敵國破——亡。
【謀逆：모역】 叛逆을 꾀하는 것。
【謀議：모의】 ❶꾀。❷일을 의논하여 계획함。〖漢書〗孝宣卽位、韋賢以與——。❸《法》數人이 共同으로 범죄의 계획·실행을 協議하는 것。
【謀將：모장】 計略을 잘 꾸미는 武將。〖隋書〗楊素是猛將、非——。
【謀酒：모주】 술 마시기를 꾀함。
【謀策：모책】 ❶어떤 일을 處理하는 꾀와 방법。❷방책을 꾀함。策略。
【謀忠：모충】 남을 위하여 꾀를 내어 줌。
【謀避：모피】 꾀를 부려 避함。圖免。
【謀陷：모함】 여러 가지 꾀를 써서 남을 어려움에 빠지게 함。
【謀害：모해】 謀略을 써서 남을 해롭게 함。
【謀畫：모획】 謀事。謀略。〖後漢書〗馬援具言——。
◎權—、奇—、無—、密—、首—、深—、遠—、陰—、參—、通—。

【謁】 (알) 月 エツ、もうす tell respectfully ㄧㄝˋ yeh⁴
小篆 草書 ❶사뢸알、아뢸알(請—白也)。〖禮〗問士之子長曰能典—矣。❷뵈올알(請見)。〖後漢書〗—見光武。
【謁告：알고】 휴가를 청하는 것。〖十八史略〗——十餘日、政事委積。
【謁廟：알묘】 사당에 참례함。
【謁舍：알사】 손님을 대우하는 곳。客舍。〖漢書·食貨志〗里區——。
【謁聖：알성】 《制》임금이 成均館 文廟의 孔子 神位에 참배하는 것。이 神位가 목판이 아니고 塑像이었으므로 온 말임。
【謁聖科：알성과】 《制》❶李朝 때 임금이 謁聖한 뒤에 보이던 과거。❷謁聖文科。
【謁刺：알자】 面會할 때에 내는 명함。謁見을 청하기 위하여 내놓는 명함。名刺。〖事文類聚〗文彦博方坐廳事、閽——、置案上不問。
【謁見：알현】 身分이 높은 사람을 면회

하는 것。『後漢書』卓茂詣河陽、ㅣㅣ光武。◎內ㅣ、拜ㅣ、私ㅣ、朝ㅣ、親ㅣ。

【[言+奏]】(주) 尤 シュ、もうす announce 아뢸주(奏也)。

【謂】(위) 未 イ、いう tell ㄨㄟˋ wei⁴ 小篆 草書 ❶고할위(告也)。【詩】求我庶士迨其ㅣ之。❷이를위(與之言)。【易】何ㅣ也。【莊子】果有ㅣ乎果無ㅣ乎。❸일컬을위(稱也)。

【[言+致]】(치) 寘 チ、わらう smile 웃을치(笑也)。

【諄】(순)『諄』(言部 8畫)의 俗字

十畫

【謄】(등) 蒸 トウ、うつす copy ㄊㄥˊ t'êng² 小篆 草書 베낄등, 등사할등(移寫)。【元史】ㅣ錄試卷行移文字皆用朱書。

【謄記:등기】＝謄抄。「ㅣ試卷。

【謄錄:등록】 베껴서 기록함。【元史】ㅣ

【謄本:등본】 원본을 베껴 적은 書類。原本의 寫本。『山谷題跋』借來未ㅣㅣ。

【謄寫:등사】 ❶베껴 씀。❷謄寫版으로 박음。

【謄寫機:등사기】＝謄寫版。

【謄寫原紙:등사원지】 등사판에 찍어낼 원고를 쓰는 기름 종이。

【謄寫版:등사판】 간단한 印刷 器具의 하나。등사기。

【謄抄:등초】＝謄出。

【謄出:등출】 原本에서 옮겨 베껴냄。

【謯】(차) 麻 シャ、ことなることば contradictory words ㄐㄧㄝ chieh¹ 다른말차(異言又失也)。

【謅】(초) 巧 ソウ、しゃれこと joke; fun 草書 ❶농담할초(弄言)。❷가드락거릴초(相擾)。【廣成頌】輕ㅣ趬悍廋疏婁領。

【謆】(선) 霰 セン、まどわす honeyed speech ㄕㄢˋ shan¹·⁴ 草書 말로감동시킬선(以言感人)。

【[言+盍]】(합) 合 コウ、ことばおおい talkative 말수다할합(多言)。

【謇】㊀(건) 阮 ㊁(건) 銑 ケン、どもる stammer ㄐㄧㄢˇ chien³ 草書 ㊀❶말떠듬거릴 건(難言吃也)。【楚辭】ㅣ吾法夫前修兮。㊁곧은 말건(ㅣ諤直言)。【魏志】ㅣ諤足以勵物。

【謇謇:건건】 ❶直言하는 모양。바른 말 하는 모양。❷몹시 괴로와하는 모양。蹇蹇。『晉書·王豹傳』王臣ㅣㅣ。

【謇諤:건악】 꺼리지 않고 바른말을 하는 것。

【謈】(포) 豪 ボウ、バク、さけぶ cry 小篆 草書 부르짖을 포(呼ㅣ痛冤聲)。【漢書】郭舍人榜不勝痛呼ㅣ。

【[言+罒+氺]】(답)『誻』(言部 8畫)과 같음

【謍】(영) 庚 エイ、ささやく whisper 小篆 草書 속살거릴영(小聲)。

【謍嗃:영학】 소곤거리는 소리와 크게 부르짖는 소리의 모양。『馬融·注』善曰、字林曰、謍、小聲也、埤蒼曰、嗃、大呼也。

【謐】(밀) 質 ヒツ、しずか silent 小篆 草書 ❶고요할밀(靜也)。❷편안할밀(寧ㅣ安也)。【漢書】內外寂ㅣ。

【謐謐:밀밀】 매우 고요한 모양。『李賀·詩』ㅣㅣ厭夏光。

【謐然:밀연】 고요한 모양。

【謎】(미) 霽 メイ、なぞ riddle; puzzle ㄇㄧˊ mi²·² 小篆 草書 수수께끼미(隱語)。【北史】試作一ㅣ當思解之。

【謎題:미제】 풀 수 없는 문제。

【謏】(소)『謏』(言部 9畫)의 俗字

【謑】㊀(혜) 齊 ㊁(혜) 薺 ㊂(하) 禡 ケイ、はずかしめる curse 小篆 或體 草書 ㊀비뚤 혜(ㅣ髁不正貌)。【莊子】ㅣ髁無任而笑天下之尙賢。㊁후욕할혜(ㅣ詬耻辱)。【荀子】無廉耻而任ㅣ詬。㊂성내어말할하(怒言)。

【謑詬:혜구·혜후】 욕되게 함。또는 꾸짖어 욕되게 함。『荀子』無廉恥、而忍ㅣㅣ。

【謑髁:혜화】 올바르지 못한 모양。비뚤어진 모양。『莊子』ㅣㅣ無任。

【謓】(진) 眞 シン、いかる get angry 小篆 성낼진(恚怒)。

【謔】(학) 藥 ギャク、たわむれる joke; crack 小篆 草書 기롱지꺼리할 학(ㅣ浪、調戲)。【詩經】ㅣ浪笑敖。

【謖】(속) 屋 シュク、たつ raise 草書 ❶일어날속(起也)。【後漢書】ㅣ然斂袂而興。❷꼿꼿할속(ㅣㅣ峻挺)。【世說新語】目李元禮ㅣㅣ如勁松下風。

【謖謖:속속】 ❶우뚝한 모양의 형용。❷松風의 형용。

【謗】(방) 漾 陽 ボウ、そしる blame ㄅㄤˋ pang⁴ 小篆 草書 ❶헐어말할방(毁也)。❷나무랄방(訕也)。【史記】朝有進善之旌誹ㅣ之木。

【謗訕:방산】 남을 나무라고 비웃음。

【謗書:방서】 남을 비방하고 책망하는 편지。『戰國策』樂羊反而語功、文侯示之ㅣㅣ一篋。

【謗聲:방성】 남을 비방하는 소리。

【謗怨:방원】 비방하고 원망함。『韓非子』管仲以公而國人ㅣㅣ。

【謗議:방의】 욕함。남을 비방하는 의논。『漢書』下流多ㅣㅣ。

【謗沮:방저】 헐뜯어 방해함。욕하며 반대함。『唐書』宦侍ㅣㅣ不已。

【謗毁:방훼】 헐뜯음。또는 誹謗。『文天祥』ㅣㅣ平生無不有。

【謘】(지) 支 チ、くどくど reiterate 小篆 草書 말거듭이를지(語諄諄)。【荀子】衆積ㅣㅣ乎。

【謙】(겸) 鹽 ケン、へりくだる humble; modest ㄑㄧㄢ ch'ien¹ 小篆 草書 ❶사양할 겸(敬也讓也)。【漢書】陛下ㅣ讓而不發也。❷겸손할겸(致恭不自滿)。【史記】ㅣ退爲禮。❸괘이름겸(卦名)。

【謙謙:겸겸】 겸손하고 공경하는 모양。『易經』ㅣㅣ君子、用涉大川。

【謙恭:겸공】 자기를 낮추고 남을 높이는 것。謙遜。

【謙謹:겸근】 겸손하고 삼가함。

【謙德:겸덕】 겸손한 德性。『史記·自序』景公ㅣㅣ、熒惑退行。

【謙廉:겸렴】 남에게 겸손하여 마음이 결백함。

〔謙默:겸묵〕 겸손하고 말이 없음。
〔謙卑:겸비〕 자기의 몸을 겸손하게 낮춤。謙下。
〔謙辭:겸사〕 자기를 낮추는 말。 겸손한 말。『後漢書』深執ㅡㅡ、言無功德。
〔謙損:겸손〕 겸손하여 뽐내지 않음。『晋書』深思ㅡㅡ之理。
〔謙遜:겸손〕 자기를 낮추는 것。 사양하는 것。謙讓。謙退。『漢書』臣聞、ㅡㅡ靜慤、天表之應。
〔謙愼:겸신〕 겸손하고 삼가함。『張九齡』所致休徵、必加ㅡㅡ。
〔謙讓:겸양〕 겸손하고 사양함。『史記』天子以爲ㅡㅡ、愈益厚之。
〔謙抑:겸억〕 겸손한 태도로 자기를 抑制하는 것。謙遜。『唐書』后性ㅡㅡ。
〔謙柔:겸유〕 겸손하고 마음이 부드러움。
〔謙稱:겸칭〕 겸손하게 말하는 呼稱。(자기를 小生이라고 부르는 따위)。『左傳·註』諸侯ㅡㅡ。
〔謙憚:겸탄〕 겸손하고 두려워함。
〔謙退:겸퇴〕 겸손한 태도로 사양함。 謙遜。『史記』君子以ㅡㅡ爲禮。
〔謙虛:겸허〕 겸손함。 겸손하게 제 몸을 낮추어 驕氣가 없는 일。 謙退。 謙遜。『晋書』周訪智勇過人、性ㅡㅡ、未嘗論功伐。
◎恭ㅡ。

【謚】(익) 陌

小篆 草書 빙그레웃을익(笑貌)。
エキ わらう
beaming
ㄕˋ shih⁴

【講】(강) 講

草書 ❶강론할강(論也)。【禮】ㅡ信修睦。 ❷강구할강(究也)。 ❸익힐강(習也)。【易】君子以朋友ㅡ習。 ❹강화할강(和解)。【周禮】冬獻馬ㅡ馭士。
コウ、とく
explain ; lecture
ㄐㄧㄤˇ chiang³

【戰國策】秦未與魏ㅡ也。
〔講經:강경〕 《制》❶科擧에 講經科를 보기 위하여 經書中의 몇 가지를 特히 講誦하는 일。 ❷《佛》佛經을 講讀하는 일。 ❸經書의 뜻을 풀어서 밝힘。『晉書』釋奠ㅡㅡ。
〔講經科:강경과〕 《制》經書에 정통한 사람을 뽑는 科擧。講科。
〔講貫:강관〕 서적을 講讀하여 버릇이 되게 익힘。
〔講官:강관〕 《制》講筵 때 進講하던 官「吏。
〔講求:강구〕 조사하여 求함。『宋史』以ㅡㅡ民間利病爲急。
〔講究:강구〕 ❶사물의 이치를 생각하여 窮究하는 것。『宋史』神宗ㅡㅡ方田利弊。 ❷좋은 방법을 조사하여 窮理함。
〔講壇:강단〕 講義나 설교를 하는 자리。
〔講壇文學:강단문학〕 《藝》예술적이기 보다는 이론적 또는 學究的인 문학。
〔講堂:강당〕 ❶學術을 講義하는 교실。『後漢書』親御ㅡㅡ、命皇太子諸王說經。 ❷《佛》절에서 講義 또는 說經하는 곳。 ❸學校나 公共 건물 따위에서 講演을 개최하거나 行事를 하는 넓은 방。
〔講道:강도〕 道를 풀이하여 밝힘。 道를 窮究하는 것。『宋史』居家ㅡㅡ。
〔講讀:강독〕 글을 講義·討論하여 읽음。 책을 읽어 그 뜻을 밝힘。『宋史』爲人簡易端純、每ㅡㅡ、隨事納忠。
〔講論:강론〕 사물의 이치를 講釋하고 討論함。『後漢書』ㅡㅡ經理、夜分乃寐。
〔講磨:강마〕 학문이나 기술을 講究하고 연마하는 것。
〔講武:강무〕 武術을 배우는 것。 무도를 강습함。『禮記』命將帥ㅡㅡ、習射御。
〔講米:강미〕 《國》글방 선생에게 보수로 바치는 곡식。學稅。訓料。
〔講師:강사〕 ❶학술을 講義하거나 지도할 사람。 ❷大學에서 囑託이 되어 講義하는 사람。 ❸《佛》佛敎의 講義를 맡아 보는 僧官의 이름。 經 스승。
〔講床:강상〕 講座하는 데 쓰는 책상。
〔講席:강석〕 ❶講義나 강연 또는 說敎를 하는 자리。 講筵。『孟浩然』芰荷薰ㅡ。 ❷스승에게 보내는 편지 겉봉 이름 옆에 쓰는 敬語。
〔講釋:강석〕 講義하여 글을 풀음。
〔講聲:강성〕 글을 읽는 소리。
〔講誦:강송〕 글을 講讀하여 외는 것。
〔講述:강술〕 학술을 강의하여 설명함。
〔講習:강습〕 學問·藝術을 연구·학습하는 것。 또는 그 指導를 하는 것。
〔講習生:강습생〕 강습을 받는 사람。
〔講習所:강습소〕 강습을 하는 곳。
〔講習會:강습회〕 강습을 하는 모임。
〔講繹:강역〕 따지어 물음。『唐書』ㅡㅡ政事。
〔講演:강연〕 ❶사물의 뜻을 부연하여 논술함。 ❷公衆에게 얘기함。
〔講演會:강연회〕 강연을 하는 모임。
〔講義:강의〕 文書나 學說의 뜻을 풀이하여 밝힘。 또는 그 풀이하여 밝힌 책。「한 책。解義。釋義。
〔講議錄:강의록〕 講義의 내용을 기록
〔講定:강정〕 講論하여 결정함。
〔講座:강좌〕 ❶학문 따위를 講義하는 장소。 ❷講師가 講義한 것을 定期的으로 刊行한 것。 일종의 講義錄。 ❸大學敎授가 담당하는 敎授內容。
〔講評:강평〕 講釋하여 비평함。
〔講評會:강평회〕 강평하는 모임。
〔講學:강학〕 학문을 연구함。 서로 의문되는 점을 모아서 연구하는 것。
〔講解:강해〕 ❶和解하는 것。 講和。 和解。 ❷文章·學說을 講論하여 해석하는 것。
〔講話:강화〕 강의하는 것。 또는 그 이야기。
〔講和談判:강화담판〕 講和하기 위하여 議論的으로 하는 담판。「맺는 조약。
〔講和條約:강화조약〕 《法》강화할 때
◎開ㅡ、缺ㅡ、代ㅡ、補ㅡ、侍ㅡ、進ㅡ、聽ㅡ、出ㅡ、休ㅡ。

【謜】(원) 元

小篆 ❶천천히말할원(徐語)。【孟子】ㅡㅡ而來。 ❷기꺼울원(ㅡㅡ和悅)。
ゲン、たのしい
glad

【謝】(사) 禡

小篆 草書 ❶말씀사(辭也)。【楚辭】願歲并ㅡ。 ❷끊을사(絕也)。【史記】ㅡ絕賓客。 ❸물러갈사(退也)。 ❹이울시(衰也)。【南史】形存則神存形ㅡ則神滅。 ❺고할사(告也)。【漢書】厮養卒ㅡ其舍。 ❻사례할사(拜ㅡ)。【漢書】擧賢達能豈有私ㅡ邪。 ❼꽃떨어질사(凋落)。
シャ、れい、むくいる
thanks
ㄒㄧㄝˋ hsieh⁴

〔謝禮金:사례금〕 사례의 뜻으로 내어 놓는 돈。
〔謝禮辭:사례사〕 사례의 뜻으로 표하「는 말。
〔謝枋得:사방득〕 《人》宋나라 弋陽사람。 字는 君直。 號는 疊山。 寶祐의 進士。 人品이 豪爽하고 直言을 잘 함。 德祐의 初에 元兵과 싸워 建寧의 陷城되자 唐石山에 숨었으나 붙들려 끝내 絕食끝에 죽음。 卒年六四。 그가 編한 文章 範은 널리 文章의 본이 됨。

謝君直(三才圖會)

〔謝辭:사사〕 ❶謝禮의 말。 ❷謝過의 말。
〔謝氏南征記:사씨남정기〕 《書》一책。 國文小說。 李朝 肅宗 때 金萬重 지음。 勸善懲惡을 목적으로 함。 金春澤의 漢文飜譯本이 있음。

【謝肉祭:사육제】 유럽 諸國에서 술과 肉食을 끊고, 修道하는 四旬節 직전의 사흘 동안, 민간에서 假面을 쓰고, 꽃수레를 끌고 다니기도 하며, 신이 나게 놀이를 하는 민속과 종교의 합한 祝祭。지방서는 풍년을 빌며, 악귀를 물리치기 위한 變裝도 함。
【謝肉祭劇:사육제극】 一五세기에 도이치에서 일어난, 宗教劇에 대하여 익살을 주로 한 俗劇。
【謝恩:사은】 받은 은혜에 대하여 감사의 뜻을 표하는 것。『後漢書』詣闕ーー。
【謝恩肅拜:사은숙배】 임금의 은혜를 사례하여 공손하게 절함。
【謝恩會:사은회】 졸업생이 스승의 은혜에 대한 사례의 뜻으로 베푸는 모임。
【謝意:사의】 ❶감사의 뜻。❷謝過의 뜻。
【謝儀:사의】 사례의 뜻을 표하는 물품。
【謝章:사장】 =謝表。
【謝絕:사절】 거절함。 요구를 받아들이지 않고 물리치는 것。『史記』ーー賓客。
【謝罪:사죄】 죄를 謝過함。잘못을 비는 것。『史記』至門ーー、中略、爲刎頸之交。
【謝表:사표】 임금의 은혜를 감사하는 뜻으로 올리는 글。
◎感ー、多ー、薄ー、拜ー、伏ー、辭ー、新陳代ー、深ー、月ー、陳ー。

【謞】(학) 藥 カク、コウ、よこしま wicked ㄒㄩㄝ hsüeh⁴ 草 書 간특할학(ーー崇讒慝)。『詩經』多將熇。
【謞譟:학조】 심술스러움。『管子』。

【謠】(요) 蕭 ヨウ、うたう song ㄧㄠ yao² 草 書 ❶노래요(徒歌無章曲)。『韓詩』曰歌必有度曲節 ー則但搖曳永誦之兒童皆能爲故有童ー。❷소문요、풍설요(ー言、ー傳)。
【謠歌:요가】 流行歌。『史記』始皇聞ーー、而問其故。「人民ーー。
【謠俗:요속】 세상 풍속。『史記·貨殖傳』
【謠言:요언】 세상의 뜬 소문。 流言。『三國志』ーー遠聞。
◎歌ー、童ー、民ー、俗ー、風ー。

【謟】(도) 豪 トウ、うたがう doubt ㄊㄠ t'ao¹ 草 書 의심할도(疑也)。『左傳』天命不ー久矣。

【誇】(화) 麻 カ、こたえる answer 대답할화(應也)。

【謊】(황)『謊』(言部6畫)의 俗字
【謊說:황설】 속임。되는대로 함을 말함。『水滸傳』我如何敢說實話、只謊說罷。

十一畫

【謣】(우) 虞 ウ、いつわり say recklessly 小 篆 或 體 망녕되게말할우(妄言)。『法言』ー言敗俗。
【謣輿:우여】 무거운 것을 들어 올릴 때 힘을 더 내려고 부르는 노래。『集韻』謣、ーー、輿重勸力歌也。
【謣好:우호】 제 멋대로 함。『法言』謣言敗俗、ーー敗則。

【謧】(리) 支 リ、ことばおおい garrulous 말수다할리(多言)。

【謦】(경) 迥 徑 ケイ、せきばらい cough ㄑㄧㄥ ch'ing⁴ 小 篆 草 書 기침경(欬聲)。『莊子』莫以眞人之言 ー欬吾君之側乎。
【謦欬:경해】 ❶기침 소리。인기척 내는 헛기침。謦咳。❷이야기하면서 웃는 것。言笑。『莊子·徐無鬼』昆弟親戚之ーー其側乎。

【謨】(모) 虞 ボ、ム、はかりごと plan; plot ㄇㄛ mo² 小 篆 古 文 草 書 꾀모(汎議將定其謀)。『詩』訏ー定命。
【謨訓:모훈】 國家의 大計가 되는 가르침。

【謪】(상) 陽 ショウ、はかる calculate 헤아릴상(度也)。『荀子』ー德而定位。

【謫】(적) 陌 タク、チャク、とがめ exile; banish 小 篆 ❶귀양갈적(咎也罪也)。『漢書』發ー戍屯五原。❷꾸짖을적(譴責)。『左傳』國子ー我。❸일식할적(變氣)。『左傳』日始有ー。❹흉볼적(瑕也)。『道德經』善言無瑕ー。
【謫降:적강】 ❶신선이 속세에 내려오거나 사람으로 태어남。『高啓』何年ーー在人間。❷허물로 말미암아 관리가 外職으로 左遷됨。『甲申雜記』將引用嶺南ーー人。
【謫客:적객】 귀양살이를 하는 사람。
【謫居:적거】 죄로 인하여 먼 곳에 귀양살이 하고 있는 것。『元稹』我是玉皇香案吏ーー、猶得住蓬萊。
【謫落:적락】 죄로 말미암아 먼 곳으로 보내고 官職을 깎아 내리는 것。
【謫所:적소】 죄로 말미암아 流配되어 있는 곳。配所。
【謫中:적중】 謫所에서 지내는 동안。
◎流ー。

【謬】(류) 宥 ビュウ、あやまる mistake; error ㄇㄧㄡ miu⁴ (古音「무」) 小 篆 草 書 ❶그릇류(誤也)。『書』繩愆糾ー。❷어지러울류(亂也)。❸속일류(欺也)。❹어긋날류(差也)。『漢書』差以毫ー以千里。❺망녕되게말할류(妄言)。
【謬見:유견】 틀린 見解。잘못된 생각。
【謬計:유계】 틀린 꾀。잘못된 계획。
【謬戾:유려】 事理에 어그러짐。그릇된 것。乖戾。『道德指歸論』乘陰陽之ーー者爲小人。
【謬例:유례】 이치에 어긋난 事例。
【謬論:유론】 틀린 의논。잘못된 의논。『漢書』平勃之知、猶有過刑ーー如此甚也。
【謬想:유상】 틀린 생각。그릇된 思想。
【謬說:유설】 이치에 어긋난 말。잘못된 말。또는 학설。
【謬習:유습】 그릇된 습관。못된 버릇。
【謬誤:유오】 잘못。誤謬。『新語』ーー出于口、則亂及萬里之外。
【謬字:유자】 字畫이 틀린 글자。誤字。『北史』刪正ーー、名曰字辨。
【謬傳:유전】 ❶그릇된 소문。잘못 전함。誤傳。↔訛傳。❷잘못 들음。誤聞。
◎誤ー。

【謽】(경) 敬 ケイ、あらそう quarrel 小 篆 말다툴경(彊語)。

【謭】(전)『譾』(言部15畫)과 같음

【謮】(책) 陌 サク、いかる angry ㄗㄜ tsê² ❶성낼책(怒也)。❷꾸짖을책(讓也)。

【謯】(조)『詛』(言部5畫)와 같음

【謏】(사) 馬 サ、そらごと tell a lie ㄕㄨㄚ shua³ 헛말할사(虛談)。

【謳】(구) 尤 オウ、うたう recite; song ㄡ ou¹ (本音「우」) 小 篆 草 書 노래구(吟也歌也)。『史記』秦將以宮中美人善ー

歌者爲膢於楚。

【謳歌:구가】❶여러 사람이 소리를 맞추어 칭송하는 것。❷임금의 仁德 따위를 칭송함。『孟子·萬章』——者不——堯之子、而——舜。

【謳謠:구요】노래함。노래。『唐明皇』藩鎭——滿、行宮雨露深。

【謳吟:구음】노래를 부름。「下招遺巫陽。『蘇軾』——

【謳唱:구창】노래를 부름。또는 노래。

【謱】 (루) 尤 ロウ、つつしむ cordial
곡진할루(謰—、委曲)。

【謰】 (련) 先 レン、ことばもつれる say as one pleases ㄌㄧㄢˊ lien²
말전주할련(繁絮)。『楚辭』媒女詘兮—謱。

【譖】 (침) 寑 サン ひそかにそしる speak ill of
홍볼침(譏也)。

【謴】 (곤) 阮 コン、ことばがあきらかでない indistinct
말분명하지못할곤(語不明)。

【謵】 (습) 緝 シュウ、ふるえるこえ be accustomed to
익달할습(服習)。『莊子』夫服—不愧而忘人忘人因以爲天人矣。

【謹】 (망) 漾 ボウ、のぞむ recriminate
서로책망할망(相責)。

【謶】 (작) 藥 シャク、あざむく deceive
❶속일작(欺也)。❷꾸짖을작(責也)。

【謷】 ㊀(오) 看 ゴウ、おごる arrogant ㄠˊ ao²
㊁(오) 號
❶중얼거릴오(不肖人語)。『呂覽』—醜先王排舊典。❷훌쩍거릴오(——悲泣)。❸근심소리오(——衆口愁聲)。『漢書』天下——然陷刑者衆。㊂❶거만할오(倨也)。『唐書』宿將暴—。❷희학질할오(謔也)。❸거만할오(志遠)。

【謷謷:오오】❶남의 말을 듣지 않고 농담만 하는 모양。『楚辭』令尹兮——。❷또 슬퍼하는 소리가 그치지 않는 모양。❸또는 비방하는 소리가 심한 모양。『漢書』天下——然、陷刑者衆。

【謷乎:오호】큰 모양。『莊子·德充符』——大哉、獨成其天。

【謸】 (오)『謷』(前條)와 같음

【謿】 (조)『嘈』(口部 11畫)와 같음

【謹】 (근) 吻 キン、つつしむ respect ㄐㄧㄣˇ chin³
❶삼갈근(愼也毖也)。❷공경할근(敬也)。『書』恪—天命。❸오로지근(專也)。

【謹愨:근각】깊이 삼가고 성실한 것。

【謹啓:근계】삼가 말씀 드림。書簡文 머리에 쓰는 말。拜啓。

【謹告:근고】삼가 아룀。

【謹篤:근독】조심성이 깊고 마음이 독실한 것。『南史』王琨少——、爲從伯司徒謐所愛。

【謹密:근밀】조심성 있고 치밀함。『漢書』貌若儻蕩不備、然心甚——。

【謹拜:근배】삼가 절한다는 뜻으로, 편지 맨 끝에 쓰이는 말。

【謹封:근봉】❶삼가 封함이란 말로, 보내는 편지나 물품의 겉봉 봉한 자리에 쓰는 말。❷봉지 싼 보자기에 끼우는 謹封이란 두 글자를 쓴 종이。「는 말。

【謹上:근상】삼가 바침。書簡文 끝에 쓰는 말。

【謹守:근수】삼가 지킴。

【謹身:근신】몸차림이나 행동을 삼가함。

【謹愼:근신】❶言行을 삼가고 조심함。『諸葛亮』先帝知臣——。❷過誤에 대하여 반성하고 들어앉아 행동을 삼감。

【謹言:근언】삼가 말씀드림。書簡文 끝에 써서 경의를 표하는 말。謹白。

【謹嚴:근엄】깊이 삼가고 엄숙히 함。

【謹呈:근정】남에게 물건을 공손히 바침。삼가 贈呈함。

【謹請:근청】공손한 태도로 청함。

【謹聽:근청】삼가서 들음。拜聽。『管子』——其言。

【謹勅:근칙】삼가서 스스로 경계함。謹愼。『後漢書』——之人、身不蹈非。

【謹賀:근하】삼가서 祝賀함。

【謹緘:근함】겉봉 봉한 자리에다 정성을 들여 편지를 봉함의 뜻으로 쓰는 말。

【謹話:근화】삼가 말씀함。

【謹厚:근후】性品이 조심성 있고 人情이 두터운 것。『後漢書』——者、亦復爲之。◎恭—。

【謺】 ㊀(집) 緝 シュウ、しゃべる volubble
㊁(집) 葉
㊀말수다할집(多言)。㊁남의 말주을 집(拾人語)。

【謻】 (이) 支 イ、かど another gate ㄧˊ i²
딴문이(別門)。

【謻門:이문】❶따로이 낸 문。別門。旁門。『晉書·注』謂別門也。❷氷室의 門。『張衡·注』綜曰、——、官室門也、翰曰、——、門名、宮室相接謂之謻。

【謼】 ㊀(호) 虞 コ、よぶ shout ㄏㄨ hu¹
㊁(호) 遇
㊂(효) 肴
㊀부르짖을호(大叫)。『漢書』仰天大—。㊁부를호(號也)。㊂부르짖을효(叫呼)。『漢書』—服謝罪。

【謾】 ㊀(만) 翰 マン、あざむく deceive ㄇㄢˊ man²
㊁(만) 寒
㊂(만) 諫
㊀❶속일만(欺也)。『史記』—欺以取容。❷느릴만(婧—緩也)。『漢書』婧—無狀。❸설만할만(媟汀)。㊁❶또만(且也)。❷속일만(欺—)。『漢書』務爲欺—以避其課。㊂속여말할만(誑言)。

【謾欺:만기】속임。속이는 것。欺謾。

【謾語:만어】거짓말。멋대로 뇌까리는 말。『聞見後錄』司馬光自是不敢——。

【謾易:만이】업신여김。『史記』高祖箕倨罵、甚——之。

【謕】 (제) 霽 テイ、さつする scrutinize
살필제(諟—、審諦)。

十二畫

【譀】 ㊀(감) 勘 カン、たわむれる (本音「함」)
㊁(합) 洽 false
㊀❶허탄할감(誕也)。❷희롱할감(戲也)。『東觀漢記』雖誇—猶令人熱。㊁성내어 말할합(叫—、怒言)。

【譂】 (조)『嘲』(口部 12畫)와 같음

【譈】 (추) 宥 シュウ、へつらう flatter
아첨할추(諛也)。

【譁】 (화) 麻 カ、かまびすしい noisy ㄏㄨㄚˊ hua²
들렐화、지껄일화(喧—譁也)。『書』嗟人無—。

【譁笑:화소】시끄럽게 웃음。『柳宗元』輒——之、以爲狂人。

【譁然:화연】 왁자하게 떠드는 모양。 諠譟。
【譁譟:화조】 시끄럽게 지껄임。 『宋史』士卒――趣府門、棐不能治。 ◎諠―。

【譚】(탐) 感 タン、ことばのくい ちがい contradictory saying
말어긋날탐(言不正而違也)。

【譂】(전) 銑 セン、でたらめ reckless words
망녕된말전(妄言)。

【譄】(증) 蒸 ソウ、ます increase
小篆 ❶더할증(加也)。 ❷사람이름증(人名)。

【譅】(습) 緝 シュウ、どもる stammer
어눌할습、 말더듬거릴습(訥也)。 『東方朔七諫』言語訥―。

【譆】(희) 支 キ、なげきさけぶ cry
小篆 草書 ❶소리지를희(痛呼)。『史記』趙簡子召之曰―。 ❷에구할희(懼聲)。 『亢倉子書』仰而―。

【譮】(회) 晦 カイ、とどまる stop; supend
小篆 草書 ❶그칠회(中止)。 ❷깨달을회(悟也)。
【譮列:회열】 멈추어 서는 것과 줄짓는 것。 『左思』善曰、說文曰、――、中止也、然――、或止、或列也、向曰、師多言讀、言使士卒被練執戈、衣偏裂之衣、以爲行列也。

【譲】(사) 『謝』(言部 10畫)와 같음

【證】(증) 徑 ショウ、あかし evidense ㄓㄥˋ chêng⁴
小篆 草書 ❶증거증、 증험할증(驗也)。 『論語』父攘羊而子―之。 ❷질정할증(質也)。

【證據:증거】 어떤 사실을 증명할 만한 근거가 되는 것。 『後漢書』彤獨――其事。
【證據金:증거금】 《法》계약 이행의 확실함을 보증하기 위하여 擔保로 내는 돈。
【證據物:증거물】 ❶증거가 될 만한 물건。 ❷《法》감각에 의한 실험에 의하여 사실의 眞僞를 판단하는 자료가 되는 물체。
【證據書類:증거서류】 《法》사실의 증거가 되는 서류。 證據品。
【證據人:증거인】 《法》=證人。
【證據品:증거품】 =證據物。
【證券:증권】 《法》❶株券이나 어음 따위。 ❷債權을 증명하는 證書。
【證立:증립】 《論》이유를 증명하여 세움。
【證明:증명】 증거를 들어 밝히는 일。 확실한 증거를 세움。 『王逸』援天引聖以自――。
【證明書:증명서】 어떤 사실을 증명하는 문서。 신분 증명서 따위。
【證文:증문】 증거가 되는 文書。 證書。
【證憑:증빙】 證據。 증거가 될 만한 憑據。
【證憑書類:증빙서류】 =證據書類。
【證書:증서】 =證文。
【證言:증언】 어떤 사실을 말로써 증명함。 《法》증인의 진술。 「달음。
【證悟:증오】 불도를 수행하여 진리를 깨
【證人:증인】 증거로 서는 사람。 증명하는 사람。 『北齊書』諸――莫不灑泣。
【證跡:증적】 증거가 되는 자취。
【證左:증좌】 ❶證據。 ❷證人。 『漢書』召會吏民、逮捕――。
【證參:증참】 참고될 만한 증거。 證左。
【證票:증표】 증거로서 주는 표。 증거가 될 만한 표。
【證驗:증험】 증거를 시험함。 실지로 사실을 경험함。 『白虎通』揆星辰之――。
【證候:증후】 ❶증거가 될 기미。 ❷병증세。 病狀。 症候。

【譇】(차) 麻 シャ、いいあらそう dispute
小篆 ❶말다툼할차(語競)。 ❷알지못할차(不解、―詉)。

【譋】(련) 先 レン、つづく say fluently
小篆 古文 ❶말잇대일련(言不絕)。 ❷다스릴련(治也)。

【譈】(대) 隊 タイ、うらむ grudge ㄉㄨㄟˋ tuei⁴
草書 원망할대(怨也)。 『孟子』凡民罔不―。

【譊】(뇨) 肴 ドウ、さわぐ angry remarks ㄋㄠˊ nao²
小篆 草書 ❶볼멘소리할 뇨(恚呼)。 ❷울뇨(鳴也)。 『後漢書』揚雄所謂――之學各習其師。 ❸다투는소리뇨(――爭聲)。 『法言』――者天下皆訟。

【譌】(와) 歌 カ、ギ、いつわる false ㄜˊ 얽
小篆 草書 ❶그릇와、 와전할와(謬也)。 『詩』民之―言。 ❷화할와(化也)。 ❸요괴스러운말와(妖言)。 (『訛』와 같음)
【譌言:와언】 거짓말。 訛言。 『詩經』。
【譌舛:와천】 틀림。 잘못。 『王逢』魚豕知――、鉛黃屬訂詳。
【譌火:와화】 괴상한 불。 또는 原因不明의 火災。 『山海經·注』譌、亦妖訛字。

【譎】(휼) 屑 ケツ、いつわる deceive ㄐㄩㄝˊ chüeh (古音「결」)
小篆 草書 ❶간사할휼(詐也)。 『論語』―而不正。 ❷속일휼(詭也)。 『漢書』―詭窮變。
【譎諫:휼간】 둘러 말하여 간하는 것。 『詩經·序』主文而――。
【譎計:휼계】 간사하고 능청스러운 꾀。
【譎怪:휼괴】 珍奇하고 怪異함。
【譎詭:휼궤】 ❶속여 거짓말함。 ❷물건의 모양이 奇異한 것。 奇異한 물체。 『史記·司馬相如傳』奇物――、俶儻窮變。
【譎妄:휼망】 거짓。 『唐書』極論延齡――不可任。
【譎謀:휼모】 남을 속이는 꾀。 譎數。 『史記·自序』漢旣――、禽信於陳。
【譎詐:휼사】 남을 속이기 위하여 간사한 꾀를 부림。 『魏書』劉仁之外示長者、內懷――。

【譛】(서) 齊 セイ、かなしいこえ sad voice
小篆 슬픈소리서(悲聲)。

【譊】(로) 號 ロウ、こえ clamorous
소리많을로(聲多)。

【譏】(기) 微 キ、そしる scold
小篆 草書 ❶나무랄기(誹也)。 ❷꾸짖을기(誚也)。 『左傳』稱鄭伯―失敎。 ❷엿볼기、 기찰할기(伺察)。 『禮』關執禁以―禁異服識異言。
【譏謗:기방】 헐뜯음。 誹謗。 『南史』橫興――、詆毀朝士。
【譏訕:기산】 남을 헐어서 말함。
【譏笑:기소】 비방하여 웃음。
【譏議:기의】 =譏評。 『漢書』用此爲――。
【譏刺:기자】 헐뜯음。 誹謗。 『韓書·劉向傳』故常顯訟宗室、――王氏。
【譏察:기찰】 비밀히 探査함。 넌지시 探査함。 『金史』――使、掌――姦僞。
【譏讒:기참】 誹謗하는 것。 毁讒。 『蘇軾』世事漸艱吾欲去、永隨二子脫――。
【譏評:기평】 헐뜯어 비난함。 비평함。

惡評。譏議。『舊唐書』互相――。
【譏諷:기풍】 슬며시 돌려서 비방하는 것。『韓愈』皆頴脫舍――。

【譐】(준) 阮 ソン、ささやく talk in whispers
草書 수군거릴준(聚語)。『魏書』ー諸明昏有虧禮敎。

【譑】(교) 篠 キョウ、あばく expose
草書 죄들추어낼교(糾ー發罪)。『荀子』無禮節則必有貪利糾ー之名。

【譒】(파) 箇 ハ、しく spread
小篆 펼파(敷也)。『書經』王ー告文修。

【譓】(혜) 霽 ケイ、かしこい sagacious
草書 ❶슬기많을혜(多智)。❷분별할혜(辨察)。❸순할혜(順也)。『漢書』義征不ー。

【譃】(수) 寘 スイ、そしりあう recriminate
小篆 서로훼방할수(相毁)。

【譔】(선) 銑 霰 セン、たたえる describe ㄓㄨㄢ chuan⁴ (古音「전」)
草書 ❶지을선(述也)。『法言』訓諸理ー孝行。❷기릴선(善也)。『禮』ー其先祖之美事。
【譔述:선술】 말을 가려서 함。『白居易』遠託譔述、迨今而成。

【譕】(오) 遇 オ、にくむ hate
❶미워할오(憎也)。❷헐어말할오(相毁)。

【譕】(무) 虞 ボ、はかる stratagem
草書 언행있을무(ー臣、有言行者)。『管子』□□□□□□□□。
【譕臣:무신】 策略을 잘 꾸미는 臣下。『管子·注』言行莫先、謂ーー、有大言行者、可與圖國之遠也。

【譖】(참) 沁 シン、セン、そしる calumniate ㄗㄣ tsen⁴
小篆 草書 ❶참소할참(讒也)。『詩』ー言則退。❷거짓말참(不信)。『詩』覆謂我僭。
【譖短:참단】 헐뜯어 말함。(短은 헐뜯는다는 뜻)。『唐書』爲要近ーー、遂失恩。
【譖詐:참사】 남을 헐뜯어 거짓말을 함。 거짓말을 해서 남의 욕을 함。
【譖訴:참소】 간사하고 못된 말로 남을 헐뜯어 없는 죄를 있는 것처럼 꾸며 고해 바치는 것。
【譖言:참언】 거짓 꾸며 남을 讒訴하는 말。誣告。『詩經』謀欲ーー。
【譖毁:참훼】 헐뜯음。誹謗。『唐書』帝勞曰、比多ーー。

【識】㊀(식) 職 ㊁(지) 寘 シキ、シ、しる know ㄕ shih²·⁴
小篆 草書 ㊀알식(見ー知也認也)。『詩』不ー不知。㊁기록할지(記也)。『書』書庸ー哉。
【識見:식견】 학식과 견문。훌륭한 의견。見識。『梁溪漫志』滿腹都是ーー。
【識達:식달】 見識이 있고、사물의 도리에 밝음。『晉書』ーー之士、皆器重之。
【識量:식량】 見識과 度量。識度。『晉書』明悟有ーー、弱冠知名。
【識慮:식려】 見識과 思慮。『宋史』ーー深、敏量閎。
【識別:식별】 잘 알아서 분별함。鑑別。『魏志』李豐ーー人物。
【識時務:식시무】 時務를 잘 아는 것。
【識野:식야】 의식하는 범위。
【識藝:식예】 見識과 才藝。『南史』梁武帝訪擧於覽、覽曰、ーー過臣甚遠。
【識認:식인】 認定하여 알음。認識。『文同』競言此佳果、生眼不ーー。

【譙】㊀(초) 嘯 ㊁(초) 蕭 ショウ、しかる scold ㄑㄧㄠ ch'iao⁴
小篆 古文 草書 ㊀꾸짖을초(呵責)。『史記』子孫有過失不ー讓。㊁❶깃모지라질 초(ーー羽殺)。『詩』豫羽ーー。❷문다락초(麗ー門樓)。『史記』守丞與戰ー門中。
【譙呵:초가】 잘못을 꾸짖는 것。『史記』及景帝立、歲餘不ーー綰。
【譙門:초문】 城樓 아래에 있는 문。『史記』守丞與戰ーー中。
【譙讓:초양】 허물을 꾸짖어 나무라는 것。『史記』子孫有過失、不ーー。
【譙譙:초초】 새 깃이 모지라진 모양。

【譚】(담) 覃 タン、はなし conversation ㄊㄢ t'an²
草書 ❶클담(大也)。❷나타날담(誕也)。『詩』實覃實訏。❸편안할담(安綏)。『大戴禮』修業居久而ー。❹말씀담(談也)。❺나라이름담(國名)。(『覃·談』과 같음)
【譚思:담사】 깊이 생각함。『班固·注』。

【譜】(보) 麌 ホ、フ、けいづ genealogy ㄆㄨ p'u³
小篆 草書 ❶붙이보(屬也)。❷문서보(牒也)。『文心雕龍』總領黎庶則有ー籍。❸족보보(籍錄世系)。
【譜系:보계】 한 족속의 世系를 적은 것。系譜。族譜。『舊唐書』ー系以紀世族。
【譜所:보소】 族譜를 만들기 위하여 임시로 설치한 사무소。『易林·序』歷代名臣ーー。
【譜牒:보첩】 族譜로 만든 책。『史記·自序』取之ーー。
【譜表:보표】 音符、休止符 따위를 적기 위한 다섯줄의 平行線。
【譜學:보학】 系譜에 관한 학문。
◎系ー、曲ー、世ー、樂ー、年ー、音ー、族ーー。

十三畫

【譍】㊀(응) 蒸 ㊁(응) 徑 オウ、こたえる answer
草書 ㊀대답할응(答言)。『蘇軾詩』車馬敲門定不ー。㊁대답할응(以言對)。『李密表』內無應門五尺之童。

【譝】(승) 蒸 ジョウ、ほめる admire
草書 칭찬할승(譽也)。

【譞】(현) 先 ケン、かしこい wise
小篆 ❶슬기로울현(慧智)。❷말수다할현(多言)。

【譟】(조) 號 ソウ、さわがしい clamour ㄗㄠ tsao⁴ (本音「소」)
小篆 草書 들렐조、지껄일조(讙呼聒也)。『左傳』魏人ー而還。
【譟鼓:조고】 소란하게 북을 침。또는 그 북。『司馬法』起ーー而進。
【譟詐:조사】 차분치 못한 마음으로 속여냄。『韓非子』ーー之人、不敢北面立談。

【譪】(매) 卦 バイ、ほこる boast (of) ㄇㄞ mai⁴
小篆 자랑할매(誇誕)。

【譠】(탄) 寒 タン、あざむく cheat
속일탄(ー謾、欺也)。『方言』ー謾欺謾之語。

【譢】(수) 寘 スイ、いさめる remonstrate
❶간할수(諫也)。❷고할수(告也)。

【譡】(당)『讜』(言部 20畫)과 같음

【譮】(쾌) 泰 カイ、おおごえ clamour
譮 小篆 들렐쾌(衆聲)。

【譥】(교) 嘯 キョウ、あばく shout
譥 小篆 譥 草書 ❶알소할교(訐也)。니ㅣ么 chiao⁴ 〖漢書〗及ㅣ者爲之則苟鉤鈲析亂而已。❷소리지를교(痛呼)。

【譣】(험) 琰 セン、わるがしこいことば wily saying
譣 小篆 간사한말험(ㅣ詖姦言)。

【譤】(격) 錫 ゲキ、いつわり lie
거짓격(詐也)。

【譥】(경)『警』(次條)과 같음

【警】(경) 梗 ケイ、キョウ、いましめる warn 니ㅣㄥ ching³
警 小篆 警 草書 ❶경계할 경(戒也敕也)。〖左傳〗軍衛不徹ㅣ。❷경동할경(起也)。〖禮〗昕鼓ㅣ衆。❸계엄할경(戒行)。〖漢書〗出ㅣ入蹕。❹깨달을경(寤也)。❺주 의시킬 경(告非常)。❻소리지를경(聲也)。

【警覺:경각】 타일러 깨닫도록 함。警戒하여 覺醒시키는 것。〖眞德秀〗一念ㅣㅣ、船到彼岸。

【警警:경경】 불안스러운 모양。耿耿。

【警戒:경계】 타일러 주의 시킴。주의함。〖周禮〗ㅣㅣ軍吏。

【警戒網:경계망】 그물처럼 이리저리 여러겹으로 펴 놓은 警戒態勢。

【警戒色:경계색】 《生》동물이 다른 동물의 공격으로부터 제 몸을 지키기 위해、몸빛을 특히 뚜렷한 빛으로 하여 상대방을 겁내게 하는 빛깔。 ㅡ하는 지대。

【警戒線:경계선】 적이나 죄인을 警戒

【警告:경고】 경계하여 알림。주의시키기 위하여 경계하여 알림。〖宋史〗近年寺觀屢災、此殆天示ㅣㅣ。

【警官:경관】 警察 사무를 맡은 관리。「吏。警察官。

【警句:경구】 ❶짤막한 가운데、진리를 포함한 간단한 文句。〖本事詩〗曙後一星孤、當時以爲ㅣㅣ。❷實情을 파고 든 奇拔·辛辣한 文句。

【警急:경급】 ❶급작스런 變故에 대비하여 주의함。❷경계하여야 할 급한 사건。急變。〖十八史略·東漢光武帝〗非ㅣㅣ未嘗言軍旅。

【警急集合場:경급집합장】 군대에서 警報가 내렸을 때 바로 무장을 하고 모이는 곳。

【警動:경동】 깨우쳐 장려함。경계하고 激勵함。〖禮記·疏〗ㅣㅣ衆人。

【警邏:경라】 순시하며 경계함。〖元史〗統四千人、ㅣㅣ釣魚山。

【警務:경무】 경찰의 사무。

【警務官:경무관】 《制》❶경찰관의 최고 지위。總警의 위。❷李朝 末 漢城府 이외의 一三府와 각도 警務廳·警衞院·主殿院의 한 벼슬。

【警門:경문】 《國》八門의 하나로 불길하다는 문。

【警敏:경민】 민첩함。슬기로움。警悟。

【警拔:경발】 뛰어나서 奇拔한 것。着想이 뛰어난 것。〖唐書·李程傳〗造語ㅣㅣ。

【警發:경발】 경계하여 깨우침。〖蘇軾〗ㅣㅣ憒憒者。

【警防:경방】 變故에 대비하여 경계하며 방지함。경계하여 지킴。

【警報:경보】 경계하라고 알리는 보도。

【警備:경비】 만일을 염려하여 미리 경계하고 방비함。

【警備隊:경비대】 ❶경비의 책임을 가진 부대。❷국방 경비대。 「사람。

【警備員:경비원】 경비의 직무를 맡은

【警備艦:경비함】 해상을 경비하는 임무를 가진 군함。

【警査:경사】 《制》경찰관 계급의 하나、巡警의 위、警衞의 아래。

【警醒:경성】 ❶잠을 깨움。❷타일러 깨우침。세상 사람의 迷惑을 깨닫게 함。

【警世:경세】 세상 사람을 깨우침。

【警時鐘:경시종】 지정한 때에 소리를 울리게 하여、잠을 깨워 주는 시계。

【警夜:경야】 ❶밤을 경계함。❷夜警 도는 것。또는 夜警。〖舊唐書〗誰何ㅣㅣ、伐鼓通神、以備非常。

【警悟:경오】 슬기로움。영특하여 잘 깨달음。警敏。〖南史·鮑泉傳〗性甚ㅣㅣ。

【警衞:경위】 ❶비상 사태에 대하여 경계하여 지킴。〖漢書〗ㅣㅣ不備、則患生非常。❷《制》경찰관의 한 직위。警査의 위。

【警衞兵:경위병】 《制》임금을 警護하는 兵士。

【警人句:경인구⇩경인귀】 사람을 놀라게 할 만큼 뛰어나게 잘 지은 시구。

【警笛:경적】 사고를 알리거나 사람에게 주의를 주기 위하여 울리는 고동。또는 그 소리。

【警鐘:경종】 「鐘。非常事態를 알리는 鐘。경계하기 위하여 울리는

【警衆:경중】 여러 사람을 경계함。

【警察:경찰】 《制》사회의 안녕 질서를 유지함을 責務로 하는 行政機關。

【警察犬:경찰견】 범인의 수색·추적·체포 등에 쓰이는 개。 「공무원。

【警察官:경찰관】 《制》경찰에 종사하는

【警察官廳:경찰관청】 《制》경찰 명령을 내리거나 경찰 처분을 하는 權限을 가진 행정관청。

【警察國家:경찰국가】 국가가 무제한의 권력을 가지고、국민 생활의 거의 모든 領域에 경찰의 간섭을 미치게 하는 국가。↕法治國家。

【警察權:경찰권】 《法》公共의 질서 유지를 위해 경찰기관을 통하여 국민에게 명령·강제하는 국가의 권력。

【警察命令:경찰명령】 《法》법률에 따라 경찰 법규를 내용으로 하는 명령。

【警察法規:경찰법규】 《法》경찰 행정의 목적을 위하여 제정 發布한 법규。

【警察署:경찰서】 《制》일정한 구역 안의 경찰 사무를 맡아 보는 관청。

【警察醫:경찰의】 경찰에 속하여 위생 사무와 검시등을 맡은 의사。公醫。

【警察處分:경찰처분】 《法》경찰의 목적을 이루기 위하여 행하는 행정 처분。

【警責:경책】 ＝警覺。

【警策:경책】 ❶경계하고、채찍질함。〖曹植〗儀夫ㅣㅣ、平路是由。❷말을 달리게 하기 위한 채찍。❸어떤 글에서、全文을 뚜렷하게 하는 奇拔한 짧은 文句。〖陸機〗立片言以居要、乃一篇之ㅣㅣ。

【警枕:경침】 잠을 방지하기 위하여、잠이 오면 한 쪽으로 기울어지게 만든 둥근 木枕。〖范太史集〗司馬溫公以圓木爲ㅣㅣ。

【警柝:경탁】 경계하기 위하여 치는 방망이。딱따기。 「운 표말뚝。

【警標:경표】 위험을 警戒하기 위하여 세

【警咳:경해】 웃사람에게 뵙기를 청할때 자기가 있음을 알리기 위한 기침。

【警護:경호】 경계하고 보호함。비상 사태가 일어나지 않도록 하기 위하여 지키는 것。또는 그 사람。
◎單ㅣ、邊ㅣ、夜ㅣ、巡ㅣ、市ㅣ、自ㅣ。

【譨】(누) 尤 ドウ、へつらう whisper ㄋㄡ nou²
속살거릴누(ㅣㅣ多言)。〖楚辭〗草可兮ㅣㅣ。

【譩】(의) 支 イ、ギ、いかる vexing
❶분할의(恚也)。❷상할의(傷也)。

【譪】(애) 泰 アイ、つくす endeavour 小篆 草書 ❶힘다할애(盡力)。❷많을애(多貌)。

【譫】(섬) 鹽 セン、たわごと talk in delirium ㄓㄢ chan² (古音「첨」) 草書 ❶중얼거릴섬(多言)。❷헛소리할섬(一妄心病)。【本草序例】心病一妄煩亂。

【譫語:섬어】 헛소리。잠꼬대。

【譬】(비) 寘 ヒ、たとえる metaphor ㄆㄧˋ p'i⁴ 小篆 草書 ❶휘어대어말할비、비유할비(喩也)。【詩】取一不遠。❷깨우칠비(曉也)。【後漢書】言之者雖戒而聞之者未一。❸짝비(匹也)。【徐曰】一猶匹也匹而喩之也。

【譬喩:비유】 사물의 설명에 있어서 그와 비슷한 것을 끌어 대어 설명하는 일。比喩。『王逸』離騷之文、依詩取興、引類一一。

【譬諭:비유】 비유하여 깨우쳐 줌。

【譭】(훼) 紙 キ、そしる blame 헐어말할훼(謗也)。

【譮】(홰) 卦 カイ、いかる angry ❶성낸말홰(怒辭)。❷사람이름홰(人名、宋臺國公令一)。

【譯】(역) 陌 エキ、ヤク、つたえる translate ㄧˋ i⁴ 小篆 草書 ❶통변할역(傳一四夷之言者)。【史記】越裳氏重九一而來。❷번역할역(詁釋經義)。【十八史略周成王】重三一而來。

【譯科:역과】 《制》李朝 때 雜科의 하나。漢學·蒙學·倭學·女眞學의 네 分科가 있어 이들 外國語에 통한 사람을 譯官으로 등용하기 위하여 보이던 科擧。

【譯官:역관】 ❶통역을 맡아 보는 관리。通譯官【漢書】典客名大鴻臚、屬官行人一一。❷《制》司譯院 관리의 총칭。象胥。

【譯讀:역독】 번역하여 읽음。

【譯文:역문】 번역한 文章。

【譯本:역본】 번역한 책。譯書。↕原本·原書。

【譯使:역사】 통역을 맡은 사신。『三國志·田疇傳』。

【譯書:역서】 =譯本。

【譯述:역술】 번역하여 記述함。

【譯詩:역시】 번역한 시。↕原詩。

【譯語:역어】 번역하기 위하여 쓴 말。번역된 말。『顧況』滄波伏忠信、一一辨謳謠。

【譯者:역자】 번역한 사람。

【譯註:역주】 ❶번역과 註釋。❷번역자가 다는 주석。譯注。

【譯出:역출】 번역하여 냄。

【譯解:역해】 번역하여 풀이함。

◎共一、內一、對一、名一、翻一、誤一、意一、全一、重一、直一、抄一、通一。

【⿰言⿱䀠大】(과) 禡 カ、あざむく be in fault 小篆 서로그릇할과(相誤)。

【⿱鄉言】(향) 漾 キョウ、ひさしくない for a while ❶잠깐향(暫也)。❷좋지않은말향(不美言)。

【議】(의) 寘 ギ、はかる discuss ㄧˋ i⁴ 小篆 草書 ❶말할의(語也)。【禮記】公事不私一。❷꾀할의(謀也)。【詩經】或出入風一。❸의논할의(定事之宜)。【易】制度數一德行。

【議件:의건】 의논할 案件。

【議決:의결】 회의를 열어 정함。의논하여 정함。『漢書』按劍廷叱群臣、即日一一。

【議決權:의결권】 《法》❶合議體에 출석하여 의결할 수 있는 권리。❷의결 기관이 어떤 사항을 의결할 수 있는 권리。

【議決機關:의결기관】 《法》국회·지방의회·주주총회 등과 같은 공공 단체나 회사 등의 의사를 의결하기위하여 설정한 合議體의 기관。↕執行機關。

【議論:의론⇩의논】 ❶各者가 의견을 제출하여 相議하는 것。【韓愈】一一平正、有經據。❷서로 일을 꾀함。

【議事:의사】 회의에서 의논해야 할 사항。

【議事堂:의사당】 議員들이 모여 회의를 하는 처소。

【議事錄:의사록】 회의의 경과를 기록한 것。의사기록。

【議事妨害:의사방해】 의회에서 합법적으로 인정된 수단을 이용하거나 난용해서 계획적으로 議事의 진행을 방해하는 일。

【議事法:의사법】 《法》의회에서 제정한 院內의 절차 및 진행 따위에 관한 법。

【議事日程:의사일정】 《法》의회에 그 날 회의할 사항을 미리 정하여 놓은 날짜。

【議席:의석】 ❶會議場에서의 議員의 자리。❷《法》議員의 定數。

【議送:의송】 《制》百姓이 고을 원에게 敗訴를 당하고 다시 觀察使에게 上訴하던 일。上訴함。

【議案:의안】 會議에서 심의할 原案。

【議院:의원】 《法》국회를 여는 곳。國會의 兩議院。國會議事堂。

【議員:의원】 《法》國會나 地方議會와 같은 合議制를 구성하고 議決權을 갖는 사람。

【議長:의장】 《法》회의를 통솔하고 議事를 정리하는 사람。또는 그 회의를 대표하는 사람。

【議場:의장】 회의하는 장소。

【議政:의정】 《制》❶의정부의 영의정、좌의정、우의정의 총칭。❷議政府의 우두머리。議政大臣의 前身。

【議定:의정】 의논하여 정함。議決。『漢書』一一奏之。

【議政大臣:의정대신】 《制》光武 九년 이후 議政府의 으뜸 벼슬。議政의 後身。

【議政府:의정부】 《制》李朝時代 제일 높은 중앙행정 관청。內閣의 전신임。지금의 國務院과 같음。

【議定書:의정서】 ❶의논하여 정한 일을 기록한 文書。❷《法》關係國의 대표가 議定한 外交交涉이나 國際會議의 議事 사실을 기록하고 이에 記名 調印한 文書。

【議題:의제】 會議에서 의논할 문제。議案의 題目。

【議處:의처】 의논하여 처리함。

【議諦:의체】 뜻。사물의 근본을 이루는 意義。또는 이유。

【議婚:의혼】 婚事를 논의함。

【議會:의회】 ❶《法》국민으로부터 뽑힌 議員들에 의하여 조직된、국민의 의사를 대표하고 결정하는 合議體의 기관。國會·地方議會 따위가 있음。❷어떤 일을 相議하여 정하는 合議制의 機關。

【議會主義:의회주의】 의회를 중요한 國家 기관으로 인정하고 이것에 의하여서 國民參政의 길을 열어 국민의 權益을 보장하려는 민주주의。

◎建一、決一、黨一、動一、論一、謀一、物一、密一、公一、私一、審一、異一、爭一、提一、衆一、參一、討一、詐一、抗一、協一、和一、會一。

【譱】(선)『善』(口部 9畫)의 古字

十四畫

【譴】(견) 霰 ケン、とがめる censure ㄑㄧㄢˇ ch'ien³ 小篆 草書 ❶꾸짖을견(責也誚也)。【詩】畏此一怒。❷성낼견(怒也)。❸귀양갈견(謫問)。

【譴呵:견가】꾸짖음。『漢書』--及微細。
【譴告:견고】꾸짖고 훈계함。『詩經』天之爲災、所以--。
【譴怒:견노】꾸짖고 성냄。叱責함。『詩經』豈不懷歸、畏此--。
【譴罰:견벌】허물을 책망하여 처벌함。『北史』王獨還、無所--。
【譴責:견책】❶허물을 꾸짖고 책망함。『唐書』帝幸洛陽、次昭仁宮、多所--。❷직무상 허물이 있는 공무원에게 주는 징계처분의 한 가지。
【譴罷:견파】잘못이 있는 벼슬아치를 꾸짖고 파면함。
【諜】(절) 屑 セツ、ささやく whisper 속살거릴절(細語)。
【譶】(답) 合 トウ、はやくち chatter 草 書 재재거릴답(疾言)。『琴賦』紛譶ー以流漫。
【護】(호) 遇 ゴ、まもる guard; escort ㄏㄨˋ hu⁴ 小 篆 草 書 ❶두남둘호、호위할호(保ー擁全)。『史記』高祖爲布衣時蕭何數以吏事ー高祖。❷구조할호(救助)。❸벼슬이름호(官名)。
【護國:호국】나라를 지킴。
【護軍:호군】《制》❶高麗 恭愍王 때 將軍을 고친 이름。正四品。❷李朝 때 五衛의 正四品 武官 벼슬。
【護念:호념】《佛》부처나 보살을 항상 마음 속에 품고 있으면 부처가 항상 斗護하여 준다는 말。
【護摩:호마】《佛》密敎에서 護摩壇을 베풀고 화로 속에 乳木을 태우며 부처에게 비는 일。슬기의 불로 일체의 번뇌를 살라 버린다는 표지。『大日經·疏』--是燒義也、由--。
【護謨:호모】고무(gomme)의 音譯。熱帶 지방에 나는 고무나무의 樹液으로 만든 彈力性이 강한 物質。
【護民官:호민관】《制》로마 共和制 시대의 가장 높은 관직。귀족과 서민의 중간에 서서 귀족을 누르고 서민의 신체·재산을 보호하였음。그 신분은 신성한 것으로 不敬을 저지른 사람은 엄벌에 처하기로 되어 있었음。
【護法:호법】❶법률을 옹호하는 것。❷《佛》佛敎를 지켜 다른 宗敎에 對抗하는 것。『皇甫曾』--護身惟振錫。
【護喪:호상】葬事에 관한 온갖 일을 분별하고 보살핌。또는 그 사람。
【護喪所:호상소】초상을 치르는 데 관계 되는 여러 가지 일을 맡아 보는 곳。
【護送:호송】❶危害를 加하지 못하도록 지켜 보내는 것。❷罪囚 따위를 감시하여 보냄。
【護守天神:호수천신】《宗》세상 사람을 착한 길로 이끌어서 보호하는 天神。
【護身:호신】자기 몸을 보호함。
【護身法:호신법】❶몸을 보호하기 위한 온갖 방법。❷《佛》眞言 行者가 修法할 때 魔障을 없애고 그 몸을 보호하기 위하여 다섯 가지의 秘印을 맺어서 眞言을 외어 자기와 타인의 몸과 뜻을 보호함。
【護身符:호신부】몸을 보호하기 위하여 몸에 지니는 부적。
【護身佛:호신불】《佛》災禍로부터 몸을 지키기 위하여 모시는 부처。
【護岸:호안】河岸·海岸이 파도나 흐르는 물로 인하여 깎임을 막기 위한 土木工事。堤防을 보호하는 일。
【護衛:호위】따라 다니며 지켜 보호함。또는 그 사람。『演繁露』四校之外、不專以--、爲義也。
【護衛兵:호위병】護衛하기 위하여 곁에 따라다니는 병사。
【護全:호전】온전하게 보호함。
【護照:호조】《制》외국인이 통행할 때에 政府에서 내어 주던 旅行券。
【護持:호지】❶지켜 보호함。수호。❷神佛의 加護。『唐書』應有神物--。
【護行:호행】보호하며 따라감。
【護憲:호헌】입헌 정치、또는 헌법의 정신을 옹호함。
◎加ー、看ー、救ー、防ー、辯ー、保ー、庇ー、守ー、愛ー、擁ー。
【謗】(망) 漾 モウ、ボウ、せめる charge; blame ❶책망할망(責望)。❷속일망(欺也)。
【譸】(주) 尤 チュウ、あざむく cheat 小 篆 草 書 속일주(ー張、誑也)。『書』民無或胥ー張爲幻。
【譸張:주장】속임。허풍을 침。『書經·無逸』--爲幻。
◎改ー、爲ー。
【誻】(답) 合 トウ、いいあらそう dispute ㄊㄚˋ t'a⁴ 小 篆 ❶말다툼할답(言語相及)。❷망녕되게 말할답(妄語)。
【譹】(호) 豪 コウ、ゴウ、さけぶ cry 草 書 부르짖을호(號也、哭聲)。『莊子』叫者ー者。(『號』와 같음)
【[illegible]】(녕) 庚 ドウ、こごえ whisper 속살거릴녕(小言)。
【譽】㊀(예) 魚 ヨ、ほまれ honour; glory ㄩˋ yü²·⁴ (古音「여」) ㊁(예) 御 小 篆 草 書 ㊀❶기릴예、칭찬할예(聲美稱也)。『易』括囊无ー。❷이름날예(令聞)。㊁❶뜻은 ㊀과 같음。❷즐길예(樂也)。『詩』有ー處兮。
【譽望:예망】명예。명예와 人望。『唐書』--在當時諸公右。
【譽聞:예문】좋은 평판。훌륭한 명예。
【譽聲:예성】❶명예와 聲聞。❷칭찬하는 소리。
【譽言:예언】칭찬하여 기리는 말。『史記』日子之守阿、--日至。
◎名ー、聲ー、榮ー、稱ー、毀ー。
【譺】㊀(의) 卦 ギ、キョク、たわむれる fun ㊁(억) 職 小 篆 草 書 ㊀❶기롱할의(嘲戲)。❷속일의(欺悱也)。㊁삼가할억(齊敬)。
【諑】(추) 宥 シュウ、ののしる blame 욕할추(罵也)。
【譻】(앵) 庚 オウ、すずおと jingle 小 篆 방울달랑거릴앵(ーー聲也鳴也)。『後漢書』鳴玉鑾之ーー。

十五畫

【譾】(전) 銑 セン、あさい shallow ㄐㄧㄢˇ chien³ 草 書 얕을전(淺也)。『史記』能薄而材ー。
【譾劣:전열】천박하고 졸렬함。
【[illegible]】(려) 御 リョ、いつわり lie 거짓려(詐也)。
【[illegible]】(살) 曷 サツ、きままにいう random speech 허튼말살(散言)。
【讀】㊀(독) 屋 ドク、トウ、よむ read; study ㄉㄨˊ tu² ㊁(두) 宥 小 篆 草 書 ㊀❶글읽을독(誦書)。『禮記』冬ー書。❷풍류이름

독(樂名)。 ⊟귀절두、토두(句ㅣ、文語絕處)。

【讀經:독경】《佛》소리내어 經文을 읽는 것。『漢書』方進ㅡㅣ博士、受春秋。「읽음。

【讀了:독료】 책을 읽어 마침。 책을 다

【讀法:독법】 ❶글을 읽는 법。 ❷《制》周代 正月에 州民을 모아놓고、법령을 읽어 돌려주는 儀式。『蘇軾』。 「책。

【讀本:독본】 글을 읽어서 익히기 위한

【讀書:독서】 책을 읽음。

【讀書堂:독서당】《制》世宗 八년에 나이 젊은 벼슬아치에게 겨를을 주어、글을 읽히느라고 베풀었던 집의 이름。

【讀書錄:독서록】 ❶《書》正 一一권、續 一一권。 明의 古文家 薛瑄 지음。 몸을 닦고 집을 다스리는 要道를 풀이한 것。 ❷읽은 책에 關하여 기록한 것。

【讀書三到:독서삼도】 책을 읽을 때、입으로 다른 말을 하지 않고、눈으로 딴 것을 보지 않고、마음을 하나로 가다듬어 反復熟讀하면 그 內容을 잘 알 수 있다는 것。『訓學齊規』余謂讀書有三到、心到・眼到・口到、三到之中、心到最急。

【讀書室:독서실】 독서하도록 따로 차려 놓은 방。 「마음。

【讀書欲:독서욕】 책을 읽고 싶어하는

【讀誦:독송】 ＝誦讀。『漢書』休息輒ㅡㅡ。

【讀數:독수】 글을 읽은 回數。

【讀脣術:독순술】 벙어리가 상대방의 입술의 움직임과 형상 등을 보고 그 하는 말을 이해하는 기술。

【讀習:독습】 글을 읽어서 스스로 익힘。

【讀心:독심】 남의 心中・思念을 알아 내는 것。

【讀心術:독심술】 얼굴에 나타난 表情이나 筋肉의 微細한 운동 따위로 相對方의 마음을 알아내는 術法。

【讀者:독자】 책・신문・잡지 따위의 출판물을 읽는 사람。

【讀破:독파】 책을 다 읽어 냄。『杜甫』讀書破萬卷、下筆如有神。

【讀解:독해】 책을 읽어서 이해함。 책을 읽어서 意味를 알음。 「있는 힘。

【讀解力:독해력】 글을 읽고 이해할 수

【讀會:독회】《法》議會에서 議案을 審議決定하는 第一・第二・第三의 段階。

【讀後:독후】 책 따위를 읽은 뒤。

◎講ㅣ、購ㅣ、朗ㅣ、多ㅣ、代ㅣ、味ㅣ、細ㅣ、熟ㅣ、愛ㅣ、音ㅣ、轉ㅣ、精ㅣ、再ㅣ、通ㅣ。

【譓】(혜) 霽 ケイ、かしこい study
❶살필혜(辨察)。『晉語』今陽子之情ㅣ矣。 ❷분별할혜(分別)。

【譌】(사) 馬 シャ、かたる speak
말로속시원하게할사(以言寫志)。

【讁】(적) 陌 タク、チャク、せめる condemn
草書 꾸짖을적(責也咎也)。『詩』室人交徧ㅣ我。

【譞】(현) 霰 ケン、ほつする greedy; grasping
小篆 ❶욕심낼현(有所求)。『管子』ㅣ充心言也。『註』言心之營求充動也。 ❷뜬소문현(流言)。

【譨】(욱) 屋 イク、においをかぐ smell
냄새맡을욱(聞香貌)。

【讄】(류) 紙 ルイ、おくりな posthumous name
小篆 或體 ❶시호류(諡也)。 ❷행장류(哀死而述其行)。

【譒】(심)『審』(宀部 12畫)과 같음

【譏】(참)『讖』(言部 17畫)의 俗字

十六畫

【讃】(찬)『讚』(言部 19畫)의 俗字

【讇】(첨) 琰 テン、エン、へつらう flatter
草書 아첨할첨(諛佞)。『禮』爲人臣下者有頌無ㅣ。(『諂』의 古字)

【讈】(력) 錫 レキ、ことばたくみ honeyed 〔fine〕 words
교묘한말력(巧言諒ㅣ)。

【讉】(유) 支 イ、いかる get angny
성낼유(怒也)。

【變】(변) 銑 ヘン、かわる change
小篆 草書 ❶변할변(化也)。『易』乾道ㅣ化。 ❷고칠변(更也改也)。『禮』一成而不可ㅣ。 ❸재앙변(災異)。『漢書』天ㅣ成形。 ❹죽을변(死喪)。『穀梁傳』君在祭樂之中大夫有ㅣ以聞可乎。

【變改:변개】 바꾸어 고침。 變更。 變易。『宋史』今所欲ㅡㅣ、不過數端。

【變格:변격】 ❶일정한 격식에서 벗어난 격식。 ❷變格活用의 略語。

【變更:변경】 바꾸어서 고침。 變改。『史記』諸法令多所ㅡㅣ。

【變故:변고】 災變과 事故。 이상한 사고。『漢書』遭遇ㅡㅣ、橫被口語。

【變怪:변괴】 ❶이상한 재변。『蘇軾』百種ㅡㅣ旋消亡。 ❷도리에 벗어난 악한 짓。

【變局:변국】 평상과 다른 局面。 비상한 경우。 「잘 하는 마음씨。

【變德:변덕】 이랬다 저랬다 하여 변하기

【變動:변동】 움직여 변함。『韓愈』旭之書ㅡㅣ、猶鬼神不可端倪。

【變亂:변란】 변고로 일어난 난리。

【變名:변명】 이름을 다르게 고침。 또는 그 이름。『史記』ㅡㅣ易姓適齊。

【變貌:변모】 모양을 다르게 함。 모습이 달라짐。 또는 그 모습。

【變味:변미】 음식 맛이 변하여 달라짐。 또는 변한 음식의 맛。 「고친 법률。

【變法:변법】《法》법률을 고침。 또는 그

【變報:변보】 사변을 알리는 보고。

【變服:변복】 남의 눈을 속이기 위하여 옷을 달리 차려 바꾸어 입음。

【變死:변사】 병 이외의 원인으로 죽음。

【變事:변사】 예사일이 아닌 변스러운 일。『史記』人有上ㅡㅣ、告楚王信謀反。

【變詐:변사】 ❶요리 조리 속임。『胡詮』醜虜ㅡㅣ百出。 ❷病勢가 갑자기 달라짐。

【變色:변색】 ❶빛깔이 변함。『劉禹錫』雨晴催ㅡㅣ。 ❷얼굴 빛이 변함。

【變成:변성】 바꾸어 만들음。 다르게 됨。

【變性:변성】 ❶성질을 달리 고침。 또는 바뀜。 ❷보통과 다른 성질。

【變姓:변성】 姓을 달리 바꿈。

【變聲:변성】 ❶목소리를 달리 고침。 목소리가 변함。 ❷《生》성장기에 있는 사람의 聲帶가 어떤 시기에 이르러 높고 굵게 변하는 소리。

【變聲期:변성기】 나이에 따라 목소리가 변하는 시기。 대개 一五세경에 나타남。

【變姓名:변성명】 성명을 달리 고침。

【變成岩:변성암】《鑛》변성 작용으로 된 암석。 變質岩。

【變速:변속】 속도를 바꿈。

【變速裝置:변속장치】 속도를 빠르게 또는 느리게 바꾸는 장치。

【變數:변수】《數》數値가 변하는 수。「常數。 ↕

【變身:변신】 몸의 모양을 바꿈。 또는 바뀐 몸。

【變心:변심】 마음이 변함。 마음이 달라짐。『史記』ㅡㅣ易慮。

【變壓器:변압기】《物》어떤 電壓의 交流를 다른 電壓의 交流로 바꾸는 장치。

【變易:변역】 ❶변하여 바꿈。 ❷변하여 바뀜。 變改。『易經・傳序』易、ㅡㅣ也、隨時

【變溫動物：변온동물】 =冷血動物。

【變容：변용】 바뀐 용모。 용모가 바뀜。

【變移：변이】 달라져 감。

【變異：변이】 ❶천지의 재변。 天變地異。 『漢書』朕戰慄恐懼、不燭——、咎在朕躬。 ❷《生》같은 종류의 동·식물의 개체사이에 있는 여러가지의 相違。

【變作：변작】 고쳐 만듦。 變造。

【變裝：변장】 옷차림이나 모습을 달리 함 또는 그 옷차림이나 모습。

【變轉：변전】 이리 저리 변하여 달라져 감。 『易經』生生之謂易。

【變電所：변전소】 《物》발전소에서 보내오는 높은 전압은 送電에는 유리하나 위험하므로 이를 내리기 위하여 도시 부근에 변압기를 시설한 곳。

【變造：변조】 딴 모양이나 딴 물건으로 바꾸어 만들음。

【變調：변조】 ❶곡조를 달리 고침。 또는 그 달라진 곡조。 ❷모양이나 언행이 전과 달라짐。

【變節：변절】 ❶절개를 변함。 『淮南子』不爲秦楚——。 ❷주장해 오던 것을 바꿈。 『漢書』年四十乃——、從博士白子友學易。 ❸철이 바뀜。 『宋之問』露荷新——。

【變種：변종】 ❶종류가 달라짐。 ❷《生》原種에서 변한 종자。 ❸성질이나 言行같은 것이 남보다 유난히 다른 사람。

【變奏曲：변주곡】 하나의 主題가 되는 선율을 바탕 삼아、 선율·율동·화성을 여러 가지로 변화시켜 나가는 기악의 형식。 바리에이션(variation)。

【變症：변증】 이랬다 저랬다 하여 달라지는 병의 증세。

【變質：변질】 성질이나 물질이 변함。 또는 변한 성질이나 물질。

【變質岩：변질암】 =變成岩。

【變質者：변질자】 《醫》병적인 이상한 성질을 가진 사람。

【變遷：변천】 달라져 변한 … —재

【變體：변체】 변하여 달라진 형체나 체재。

【變出不意：변출불의】 변고가 뜻밖에 생김。 「諸侯危社稷則——。

【變置：변치】 자리를 바꾸어 둠。 『孟子』

【變則：변칙】 ❶변하여 달라진 법칙。 ❷원칙에서 벗어난 법칙。 ↕正則。

【變稱：변칭】 고쳐서 다르게 일컬음。 또는 고친 명칭。

【變錫：변탕】 대패질 할 두께를 대중 잡기 위하여 한 편 가를 먼저 깎는 연장。

【變態：변태】 ❶상태나 형태가 달라짐。 또는 正常이 아닌 상태나 형태。 『史記』睹衆物之——。 ❷동물이 알에서 孵化하여 완전한 成體가 되기까지 시기에 따라서 여러 가지 형태로 변하여 자라나는 현상。 ❸식물의 줄기·잎·뿌리가 정상적인 상태에서 변하여 다른 형태가 됨。

【變態性慾：변태성욕】 변태 심리에서 나오는 正常이 아닌 성욕。

【變態心理：변태심리】 《心》정신의 장애나 이상에 의하여 생기는 심리현상。

【變通：변통】 ❶그때 그때의 경우에 따라 막힘 없이 일을 처리함。 『易經』廣大配天地、——配四時。 ❷물건을 서로 빌려 맞추어 씀。

【變通無路：변통무로】 변통할 도리가 「없음。

【變通性：변통성】 이리저리 변통하는 성질。 또는 그 주변성。

【變通數：변통수】 변통하는 방법。

【變革：변혁】 바꾸어 고침。 바꾸어 고쳐짐。 『禮記·註』此其所得與民——也。

【變形：변형】 ❶형태가 변함。 또는 그 형태。 ❷형태나 용적을 바꾸는 일。

【變化：변화】 성질 같은 것이 변하여 다르게 됨。 『易經』乾道——。 「된 기질。

【變化氣質：변화기질】 변화하여 달리

【變化無窮：변화무궁】 변화함이 한정이 없음。 한 없이 변화함。

【變化不測：변화불측】 무궁한 변화함이 이루 헤아릴 수 없음。

【變幻：변환】 갑자기 나타났다、 없어졌다 함。 변화가 종잡을 수 없이 빠름。

【變換：변환】 변하여 바뀜。 『白居易』—舊村隣。

【變換機：변환기】 《物》한 종류의 燃料를 사용하여 딴 종류의 연료를 生產하는 原子爐。

◎百—、不—、事—、神—、異—、——、臨機應—、災—、地—、千—、天—。

【讋】

(小篆) (섭) 葉 ショウ、おそれる fear; dread 出ㄜ chê² (本音「접」)

(籀文) (草書) ❶두려울섭(懼也)。 『後漢書』陸—水慄。 ❷맥없이하는말섭(失氣言)。

【讋伏：섭복】 두려워하며 복종함。 『漢書』

【讋服：섭복】 =讋伏。 「諸將——。

【譞】

(小篆) (빈) 眞 ヒン、しゃべる chatter

수다할빈、 지껄일빈(多言)。

【讌】

(草書) (연) 霰 エン、さかもり banquet 一ㄢ yen⁴

❶잔치연(會飮)。 『晉書』親知讌—。 ❷모여말할연(—坐合語)。 『戰國策』孟嘗君—坐。

【讌語：연어】 서로 어려워함이 없이 이야기함。 사사로운 말。 『南史』從容——。

【讌飮：연음】 잔치하며 술을 마심。

【讌坐：연좌】 한가로이 앉음。 『戰國策』孟嘗君——。

【讌會：연회】 여러 사람이 모여서 베푸는 잔치。 宴會。 『後漢書』每——、而論難衎衎。

【讌戲：연희】 술을 마시며 장난을 하고 즐김。 『晉書』與宮人——。

【讍】

(악) 『諤』(9畫 言部)과 같음

【讎】

(小篆) (수) 尤 シュウ、あた、かたき enemy ㄔㄡ ch'ou²

(草書) ❶짝수(匹也)。 『書』敢以王之—民百君子。 ❷원수수(仇也)。 『書』相爲敵—。 ❸대거리할수(言相—對)。 『詩』無言不—。 ❹비교할수(校也)。 『魏都賦』—校篆籀。 ❺갚을수(售也償也)。 『史記』高祖每酤留飮酒—數倍。

【讎家：수가】 원수가 되는 상대자。 『李商隱』

【讎校：수교】 다른 것과 대조하며 잘못을 고침。 校正함。 『後漢書』詣東觀、——傳記。

【讎仇：수구】 원수。

【讎日：수일】 해마다 맞이하는 부모가 돌아가신 날을 원망하여 일컫는 말。

【讎敵：수적】 원수。 『舊唐書』

【讎嫌：수혐】 원수 같이 여기어 미워함。

◎仇—、復—、恩—。

【讐】

(수) 『讎』(前條)와 같음

【讆】

(위) 霽 エイ、いつわり falsehood ㄨㄟ wei⁴

(草書) ❶잠꼬대위(夢言不慧)。 『左傳』是—言也。 (『僞』와 통함)

十七畫

【譑】

(요) 嘯 ヨウ、あやまり err

❶그릇칠요(誤也)。 ❷그릇말할요(誤言)。

【讒】

(참) 咸 ザン、そしる slander ㄔㄢ ch'an²

(小篆) (草書) ❶참람할참(僭也)。 『書』朕即—說殄行。 ❷간악할참(佞也)。

【讒間：참간】 참소하여 남의 사이를 벌

리게 함。이간질함。【晉書】——因之而進。

【讒口:참구】 근거 없는 말을 퍼뜨려 남을 해치는 간사하고 못된 입。

【讒構:참구】 남을 참소하여 죄에 빠지게 꾸밈。【李康】——不能離其交。

【讒譏:참기】 참소하고 욕함。

【讒佞:참녕】 남을 참소하고 아첨함。【後漢書】行——放殛之誅。

【讒舌:참설】 =讒口。【王禹偁】——簸南「箕。

【讒說:참설】 =讒言。【書經】——殄行。

【讒訴:참소】 간악한 말로 헐뜯어 없는 죄도 있는 것처럼 웃사람에게 고해 바침。【漢書】勉强以從王事、則反見憎——。

【讒臣:참신】 남을 참소하는 신하。【史記】——在中、主之蠹也。

【讒言:참언】 거짓 꾸며서 참소하는 말。【詩經】豈悌君子、無信——。

【讒奏:참주】 임금에게 참소함。

【讒嫉:참질】 고자질하고 질투함。【宋史】邦彦等、——無所不至。「——面諛之人。

【讒諂:참첨】 참소하고 아첨함。【孟子】

【讒陷:참함】 참소하여 남을 죄에 빠지게 함。【後漢書】——大尉楊震。

【讒毁:참훼】 나쁘게 말함。고자질하고 해침。【漢書】論功當封、以——故、賞不行。

【讓】(양) 漾 ジョウ、ゆずる　decline　ㄖㄤˋ jang⁴

小篆 草書 ❶사양양、사양할양(謙也)。【書】允恭克—。❷꾸짖을양(責也)。【左傳】公使—之。

【讓渡:양도】《法》권리·이익·재산 및 법률상의 지위 등을 남에게 넘겨 줌。

【讓頭:양두】 지위를 남에게 넘겨 줌。

【讓路:양로】 길을 서로 비켜 줌。

【讓步:양보】 ❶어떤 것을 사양하여 남에게 미루어 줌。❷제 주장을 굽혀 남의 의견을 좇음。

【讓先:양선】 앞을 남에게 양보함。

【讓受:양수】 남에게서 넘겨 받음。

【讓與:양여】 남에게 넘겨 줌。【說苑】夫賞賜——者、人之所好也。

【讓位:양위】 임금의 자리를 물려 줌。

◎謙—、辭—、禪—、禮—、推—、互—。

【讔】(은) 吻 イン、なぞ　riddle; puzzle　ㄧㄣˇ yin³

草書 ❶숨겨말할은(—者隱言)。【文心雕龍】遯辭以隱意譎譬以指事。❷수수께끼은(迷也)。

【讕】(란) 寒 翰 ラン、くちばしる　slander　ㄌㄢˊ lan²

小篆 或體 草書 ❶미댈란、방탕할란(逸言)。【唐書】張亮—辭曰囚等畏死見誣耳。❷속여말할란(詆—誣毁)。【漢書】王陽病詆—置辭。

【讕言:난언】 터무니 없는 말。

【謇】(건) 阮 ケン、どもる　stammer

草書 말더듬거릴건(口吃難也)。

【讖】(참) 沁 シン、しるし　secret　ㄔㄣˋ ch'en⁴

小篆 草書 참서참、비결참(圖—符命)。【後漢書】李通以圖—說光武。

【讖記:참기】 讖言을 모아 적은 책。【漢書】好天文——。

【讖書:참서】 =讖記。【張衡】立言于前、有徵于後、中略、謂之——。

【讖言:참언】 앞 일의 吉凶에 대한 예언。

【讖緯:참위】 미래의 길흉화복의 조짐이나 또는 그에 대한 예언。

◎圖—、符—。

【讗】(획) 陌 カク、せめいかる　rage

小篆 ❶말우람할획(言壯貌)。❷성발끈낼 획(數相怒)。

【譶】(답) 合 トウ、ことばおおい　be talkative

小篆 수다할답(言多)。

【譆】(희)『嘻』(口部 12畫)와 같음

【讘】(섭) 葉 ショウ、ささやく(本音「접」)　whisper

小篆 속살거릴섭(詀—多言)。

【讙】㊀(훤) 元 ㊁(환) 寒 カン、かまびすしい　clamour　ㄏㄨㄢ huan¹

小篆 草書 ㊀❶들렐훤、지껄일훤(譁也)。【史記】諸將盡—。❷즐거울훤(樂也)。(『喧』과 같음) ㊁뜻은 ㊀과 같음。

【讙頭:환두】 옛 나라 이름。이 나라 사람들은 두 날개를 가졌으며、입은 새의 부리를 닮았고、손으로 물고기를 잡는다 함。【山海經】。

讙頭國(山海經圖)

【讙敖:환오】 시끄러움。讙譁。諠譁。【荀子】百姓——。

十九畫

【讚】(찬) 諫 サン、ほめる　praise　ㄗㄢˋ tsan⁴

草書 ❶밝을찬(明也)。❷도울찬(佐也)。【潘岳詩】齊飛羣龍光—納言。❸기릴 찬(稱美)。【後漢書】進不堂以—己。(『贊』과 통함)

【讚歌:찬가】 예찬하는 노래。

【讚美:찬미】 아름다운 덕을 기림。기리어 칭송함。讚頌。

【讚佛:찬불】 부처의 공덕을 讚美함。

【讚辭:찬사】 ❶기리어 칭찬하는 말이나 글。❷아름다움을 기리는 말이나 글。

【讚賞:찬상】 칭찬하여 기림。

【讚善:찬선】 善行을 칭찬함。

【讚頌:찬송】 덕을 讚美하여 말하며 기「림。

【讚頌歌:찬송가】《宗》예수교에서 하나님의 덕을 讚頌하는 노래。

【讚揚:찬양】 아름다움을 기리고 착함을 표창함。칭찬함。

【讚揚隊:찬양대】《宗》예수교 신자로 조직된 남녀의 합창대。聖歌隊。

【讚歎:찬탄】 ❶칭찬하고 감탄함。❷아름답게 여김。

◎禮—、自—、絕—、稱—。

【讛】(예)『囈』(口部 19畫)와 같음

二十畫

【讜】㊀(당) 漾 ㊁(당) 養 トウ、よいことば　speak plainly　ㄉㄤˇ tang³

小篆 草書 ㊀곧은말 당(忠—直言)。【魏志】忠—不昭於時。㊁유리하게 말할 당(言中理)。

【讜論:당론】 정당한 의론。【宋史】忠規——、挺挺大節。

【讜言:당언】 바르고 좋은 말。正言。【漢書】吾久不見班生、今日復聞——。

【讜議:당의】 바른 議論。正議。正論。【唐書】泌好縱橫大言、時時——、能寤移人主。

【讜正:당정】 바름。또 바른 말이나 사람。【北史】識學甄明、發言——。

【讜直:당직】 말이 충성스럽고 곧음。마음이 곧음。【李吉甫】逋債咸已——必容。

【矍】(확) 陌 カク、みだりにいう　thoughtless words

망녕될확(妄言)。

【讞】 ㊀(언) ㊁(얼) 銑 霰 屑 ゲツ、ゲン、さばく accuse of a crime 一ㄢˋ yen⁴
(草書) ㊀옥발미언, 죄의논할언(議罪評獄)。〔禮〕獄成有司ー于公。㊁뜻은 ㊀과 같음。

【讞案:언안】 형사 사건에 관계된 서류。

二十二畫

【讟】 (독) 屋 トク、トク、うらむ grudge ㄉㄨˊ tu²
(小篆)(草書) 원망할독(痛謗而怨)。〔左傳〕民無讟ー。〔漢書〕怨ー動於民。

【讟謗:독방】 誹謗。〔楚辭〕何貞臣之無辠、被ーー而見尤。

谷 部

【谷】 ㊀(곡) 屋 ㊁(욕) 沃 コク、ヨク、たに valley ㄍㄨˇ ku³
(小篆)(草書) ㊀❶골곡, 실곡(谿ー山間水道)。〔公羊傳〕無障ー。❷궁진할곡(窮也)。〔詩〕進退維ー。❸기를곡(養也)。〔道德經〕ー神不死。㊁❶성욕(姓也吐ー渾)。❷나라 이름욕(國名)。

【谷澗:곡간】 산골짜기에 흐르는 시내。

【谷口哩:곡구리】 (動)꾀꼬리。

【谷無虎先生兎:곡무호선생토】 (國)범 없는 골에 토끼가 선생노릇 함。(喩)㉠强者가 없어지면 弱한 자가 도리어 다른 사람에게 橫暴한다는 뜻。㉡君子가 없는 곳에 小人들이 橫行한다는 뜻。〔靑莊館全書〕。

【谷神:곡신】 골짜기의 빈 곳。곧 玄妙한 道를 비유함。〔老子·六〕ーー不死。

【谷王:곡왕】 모든 골짜기가 모이는 곳。곧 바다의 異稱。〔老子〕江海所以能爲百谷之王者、以其無不受。

【谷泉:곡천】 산골짜기에서 나는 샘。〔隨煬帝〕ーー驚暗石、風松動夜聲。

【谷風:곡풍】 ❶東風。만물을 자라게 하는 바람。穀風。❷골짜기에서 내 부는 바람。❸詩經의 篇名。

◎谿ー 山ー、深ー、幽ー、峽ー。

【谷】 (갹) 藥 キャク、わらう smile
(小篆)(或體 㗶)(或體 噱) 웃을갹(笑也)。

二畫

【⿰谷九】 (구) 尤 キュウ、おおたに valley
❶큰골구(大谷)。❷정자이름구(亭子名)。

三畫

【谸】 (천) 先 セン、あおい blue
(小篆) ❶퍼럴천(靑貌ーー)。❷산이름천(山名)。

【⿰谷工】 (홍) 東 コウ、おおたに valley
❶큰골홍(大谷)。❷골이름홍(谷名)。

四畫

【谻】 (극) 藥 キャク、うむ tired
(小篆) 곤할극(倦也)。

【谺】 (하) 麻 カ、うつろ deserted; empty ㄒㄧㄚ hsia¹
(草書) 골속휑할하(谽ー谷空貌)。〔漢書〕通谷谽兮谽ー。

【谹】 (횡) 庚 コウ、こだま re-echo
(小篆) ❶골속울릴횡(谷中響)。〔法言〕隱隱ーー。❷골짜기가빌횡(谷空)。

【谹】 (횡) 庚 コウ、ふかい deep ㄏㄨㄥˊ hung²
(草書) ❶골속울릴횡(谷中響)。〔法言〕隱隱ーー。❷깊을횡(深也)。❸큰소리횡(大聲)。

五畫

【⿰谷甘】 (함) 覃 カン、たかいたに abysmal ravine
❶높은골함(高谷)。❷능곡의 모양함(陵谷貌)。

【⿱⺊⿱冖谷】 (예) 『叡』(又部14畫)의 古字

六畫

【谼】 (홍) 東 コウ、おおたに great valley
(草書) 큰구렁텅이홍(大壑)。〔莊子〕流沫四十里今謂呂梁ー。

七畫

【⿰谷牢】 (로) 豪 ロウ、ふかいたに deep valley
❶깊은골짜기로(深谷貌谸ー)。❷골속휑할로(谷空貌)。

【谽】 (함) 覃 カン、たにぶかく、むなしい hollow
(草書) 골속휑할함(ー谺谷空貌)。〔漢書〕ー谺豁問。

【谽谺:함하】 골짜기가 휑하니 빈 모양。〔漢書〕通谷谽兮ーー。

八畫

【⿰谷周】 (효) 蕭 キョウ、たにおおきい (of a valley) deep and wide
골짜기클효(谷大)。

【谾】 ㊀(홍) 東 ㊁(롱) 東 ㊂(항) 江 コウ、ロウ、うつろ deserted valley
(草書) ㊀골휑할홍(谷空)。〔吳做賦〕ー寥寞寶。㊁산깊숙할롱(山深貌)。〔漢書〕深山之ーー。㊂빈골항(空谷)。

十畫

【谿】 (계) 齊 ケイ、たに stream; brook ㄑㄧ ch'i¹
(小篆) ❶시내계(川澗水注)。〔左傳〕澗ー沼沚。❷활이름계(ー子孫)。

【谿澗:계간】 골짜기에 흐르는 물。〔吳志〕ーー盈溢。

【谿谷:계곡】 물이 흐르는 산골짜기。溪谷。〔史記〕廣川大水、山林ーー、不食之地也。

【谿鬼蟲:계귀충】 (動)물여우。

【谿流:계류】 산골짜기의 가。

【谿畔:계반】 산골짜기에서 흐르는 물。

【谿水:계수】 산골짜기에서 흐르는 물의 가。

【谿水邊:계수변】 산골짜기에서 흐르는 물의 가。

【谿鴨:계압】 (動)비오리。

【谿川:계천】 골짜기에서 흐르는 물。골짜기。

【谿壑:계학】 ≡谿谷。〔張衡〕ーー錯繆而盤紆。

【谿壑之慾:계학지욕】 한 없는 욕심。

◎淸ー。

【豀】 (혜) 齊 ケイ、もとる quarrel
(草書) 뒤틀릴혜, 성내어다툴혜(勃ー反戾怒爭)。〔莊子〕室無空虛則婦姑勃ー。

【豁】 (활) 曷 カツ、とおる drainage ㄏㄨㄛˋ huo⁴
(小篆)(草書) ❶내뚫린골 활(通谷)。〔漢書〕谽谺ー問。❷소통할활(疏也開也)。〔漢書〕灑沈蕭於ー瀆。❸도량넓을활(ー達大記度)。〔史記〕意ー如也。

【豁達:활달】 ❶사방이 트이고 넓음。〔何晏〕開南殿之ーー。❷도량이 넓음。〔唐

書』倜儻——、任性率眞。

【豁達大度:활달대도】 마음이 넓고 일에 거리끼지 않는 넓은 모양。『陸贄』漢高——、天下之士、至者納用。

【豁如:활여】 도량이 넓은 모양。『史記』高祖爲人、仁而愛人、喜施、意——也。

【豁然:활연】 ❶넓은 모양。❷시원하게 깨닫는 모양。『大學』一旦——貫通焉。

【豁然貫通:활연관통】 道를 환히 깨달음。

◎開—。

十一畫

【𧯞】 (료) 蕭 リョウ、ふかいたに (of a valley) deep

小篆 ❶골깊을료(谷深)。❷깊을료(深也)。

十二畫

【谽】 (함) 感 カン、ひらける open

草書 ❶열릴함(開也)。〔江賦〕—如地裂。❷골깊을함(深谷貌)。

【𧮰】 (간)『澗』(水部12畫)과 같음

【𧯫】 (호) 豪 キョウ、ふかいたに ravine

깊은골짜기호(深谷貌)。

十四畫

【𧯯】 (신) 震 シュン、ふかいたに ravine

깊은골신(深谷)。

十七畫

【𧯱】 (롱) 東 ロウ、おおきくながいたに wide and long valley

小篆 크고긴골롱(大長谷)。

豆 部

【豆】 (두) 宥 トウ、ヅ、まめ bean ㄉㄡˋ tou⁴

小篆 古文 草書 ❶나무제기두(籩—祭器)。〔書〕執籩—。❷예그릇두(俎—禮器)。〔史記〕簠簋俎—禮之器也。❸말두(量名)。〔左傳〕—區釜鍾。❹콩두(菽也)。〔晉書〕駑馬戀棧—。❺팥두(赤—)。

【豆羹:두갱】 ❶한 그릇의 국。적은 국。〔孟子〕簞食——。❷콩을 넣어서 끓인 국。

(『荳』와 같음 『斗』와 통함)

【豆萁:두기】 콩깍지。〔陸游〕開爐積——。❷형제의 의가 좋지 못함의 비유。→七步詩。

【豆滿江:두만강】 《地》長白山에서 근원하여 동으로 흘러 韓國과 中國의 경계를 이루고 東海에 들어감。길이 五二〇〇〇米 까지 〇米舟運은 江口에서 八五〇〇〇米 까지 이용됨。재목·철·갈탄 등이 많이 남。

【豆粕:두박】 콩깻묵。

【豆腐:두부】 콩으로 만든 음식의 한 가지。물에 불린 콩을 매에 갈아 벳자루에 넣고 짜서 익힌 다음 간수를 쳐서 엉기게 한 것。〔本草集解〕——之法、始於漢淮南王劉安。

【豆腐骨董:두부골동】 두부 비빔。

【豆剖瓜分:두부과분】 콩이나 오이가 쪼개지듯이 땅이 찢어짐。

【豆腐喫齒或落:두부끽치혹락】 《國》두부 먹다가도 이 빠지는 수가 있음。《喩》대수롭지 않는 일에도 큰 해를 당하는 수가 있으므로 무슨 일이나 소홀히 여기지 말라는 뜻。〔靑莊館全書〕。

【豆腐醬:두부장】 두부를 고추장에 묻었다가 먹는 반찬。

【豆肥:두비】 콩을 썩혀서 쓰는 거름。

【豆錫:두석】 놋쇠。「——。

【豆豉:두시】 된장。〔齊民要術〕香美乃勝

【豆芽:두아】 콩나물。

【豆葉醬:두엽장】 콩잎장。

【豆油:두유】 콩기름。

【豆乳:두유】 진한 콩국。

【豆醬:두장】 콩장。

【豆粥:두죽】 콩죽。〔後漢書〕馮異上——。

【豆皮:두지】 뒤주의 취음。

【豆太:두태】 팥과 콩。

【豆泡:두포】 ＝豆腐。

【豆黃:두황】 콩가루。

◎綠—、大—、小—。

三畫

【豇】 (강) 江 コウ、ささげ cow-pea ㄐㄧㄤ chiang¹

草書 광저기강(豆之一種)。

【豇豆紅:강두홍】 康熙郎窯의 銅紅 가 淡褐紅으로 나타난 빛。

【豈】 ㊀(기) 尾 キ、なんで how ㄑㄧˇ ch'i³ ㊁(개) 賄

小篆 草書 ㊀❶어찌기(焉也非然辭)。❷일찍기(曾也)。〔書〕豈—在明。㊁승전악개(勝戰樂)。

【豈樂:개락】 싸움에 이겼을 때의 音樂。愷樂。〔詩經〕——飮酒。

【豈弟:개제】 편안하게 즐기는 것。愷弟。

四畫

【豉】 (시) 寘 シ、なっとう、みそ ball of bean paste ㄔˇ ch'ih³

草書 콩자반시、메주시(豆—配鹽幽菽)。〔史記〕鹽—千合。

五畫

【𧯸】 (두) 尤 トウ、さける tear

찢을두(裂也)。

六畫

【豊】 (례)『禮』(示部13畫)의 古字

(풍)『豐』(豆部11畫)의 略字

【登】 (등) 蒸 トウ、たかつき receptacles used in religious service ㄉㄥ têng¹

小篆 草書 제기등(瓦豆禮器)。〔詩〕于豆于—。(『甑』과 같음 『鐙』과 통함)

七畫

【𧯾】 (침) 侵 シン、のまめ wild bean

❶들콩침(野生豆)。❷콩자반침(豉也)。

【䜰】 (촉) 屋 シュク、あずき red bean

팥촉(小荳)。

八畫

【豌】 (완) 寒 ワン、エン、えんどう pea ㄨㄢ wan¹

草書 동부완、광저기완、완두완(西胡豆名)。〔本草〕—豆種出西胡。

【豌豆:완두】 《植》콩의 한 가지。늦봄이나 첫여름에 흰빛 또는 자주빛의 꽃이 핌。「종기。

(『登』과 같음)

【豌豆瘡:완두창】 《醫》완두 모양으로 헌

【𧰇】 (책) 陌 サク、ひきまめ bean curd refuse

草書 비지책、간콩책(磨豆)。〔唐書〕張孝忠與下同麤淡日膳裁豆—而已。

【豎】 (수) 麌 ジュ、たてる、わらわ page ㄕㄨˋ shu⁴

小篆 文 草書 ❶세울수(立也)。〔魏志〕起假爲—。❷내시수(內廷小臣)。〔周禮〕內—學內外之通令。❸더벅머리수(童僕未冠

者)。 ❹궁정내에서 밥하는 사람수(內ㅡ)。【左傳 僖公二十四年】晉侯之ㅡ頭須守藏者也。

【豎箜篌:수공후】 반달 모양의 나무통에 짐승의 심줄로 줄을 매어, 세로로 문질러 소리를 내는 현악기의 하나。

【豎罐:수관】 圓筒을 곧추 세운 蒸氣罐。

【豎童:수동】 심부름하는 더벅머리 아이。

【豎立:수립】 똑바르게 세움。

【豎毛:수모】 머리털이 섬。《喩》몹시 놀란 모양。

【豎儒:수유】 못난 학자。 儒學者를 욕하는 말。 또는 儒學者의 謙辭。

【豎子:수자】 ❶아이。 童子。【左傳】公夢疾爲二ㅡㅡ。 ❷사람을 욕하는 말。【史記】遂成ㅡㅡ之名。

九畫

【豰】(목) 屋 ボク、まめ hull

콩깍지목(豆萁)。

十畫

【豏】(함) 豏 カン、まめ half-done bean ㄒㄧㄢˋ hsien⁴

❶덜삶은콩함(豆半生)。 ❷떡속콩함(餅中豆)。

【𧯷】(로)『豂』(12畫)(豆部)와 같음

【𧯼】(등) 蒸 トウ、のばす spread

펼등(舒也)。

十一畫

【豐】(풍) 東 ホウ、ブ、ゆたか abundant ㄈㄥ fêng¹

小篆 古文 草書 ❶왕콩풍(豆之ㅡ滿者)。 ❷클풍(大也 多也)。【書】無ㅡ于昵。 ❸두터울풍(厚也)。【周禮】原隰其民ㅡ肉而庳。 ❹더북할풍(盛也)。【詩】在彼ㅡ草。 ❺풍년풍(有年)。【公羊傳】ㅡ大有年。 ❻괘이름풍(卦名)。 ❼읍이름풍(邑名)。

【豐潔:풍결】 풍족하고 깨끗함。【左傳】吾享祀ㅡㅡ。

【豐歉:풍겸】 =豐凶。【宋史】坐視六路ㅡㅡ。

【豐功:풍공】 큰 공적。【漢書】ㅡㅡ厚利、積累之業。

【豐年:풍년】 농사가 잘 된 해。【詩經】ㅡㅡ多黍多。

【豐年雨:풍년우】 풍년의 징조가 보이는 비。 때 맞춰 내리는 甘雨。

【豐登:풍등】 농사가 아주 잘됨。【舊唐書】西成失ㅡㅡ之望。

【豐樂:풍락】 물건이 풍족하고 백성이 안락함。【蜀志】蜀中殷盛ㅡㅡ。

【豐麗:풍려】 풍족하고 아름다움。【陸雲】不宜使至ㅡㅡ。

【豐滿:풍만】 ❶물건이 풍족함。【戰國策】毛羽不ㅡㅡ者、不可以高飛。 ❷몸이 비대함。

【豐味:풍미】 푸지고 구수한 맛。

【豐美:풍미】 풍족하고 아름다움。【後漢書】水草ㅡㅡ、土宜産牧。

【豐薄:풍박】 =厚薄。

【豐富:풍부】 넉넉하고 많음。

【豐備:풍비】 풍족하게 갖춤。

【豐産:풍산】 풍부하게 남。 또는 그 산물。

【豐羨:풍선】 풍족하여 여유가 있음。【歐陽修】官榮日淸近、廩給亦ㅡㅡ。

【豐盛:풍성】 넉넉하고 많음。【宋史】年穀方登、庶物ㅡㅡ。

【豐殺:풍쇄】 ❶풍족함과 儉約함。 ❷損益·增減。【晉書】禮典軌度、ㅡㅡ隨時。

【豐熟:풍숙】 곡식이 잘 익음。 豐作。【史記】年穀ㅡㅡ。

【豐約:풍약】 ❶풍족과 儉約。【申鑒】ㅡㅡ勞佚、各有其制。 ❷貧富 또는 盛衰·多寡의 뜻。【韓愈】比之前時、ㅡㅡ百倍。

【豐漁:풍어】 물고기가 많이 잡힘。

【豐衍:풍연】 넉넉하고 여유가 있음。【後漢書】臣累世受恩、榮祚ㅡㅡ。

【豐筵:풍연】 왕골로 짠 자리。(豐은 莞。)

【豐艶:풍염】 얼굴의 생긴 모양새가 두툼스럽고 고움。【舊唐書】資質ㅡㅡ、善歌舞、通音律。

【豐饒:풍요】 ❶풍족하고 많음。【蔡邕】儲廩ㅡㅡ、室磬不懸。 ❷농사가 잘됨。

【豐偉:풍위】 몸이 비대하고 큼。【晉書】體質ㅡㅡ。

【豐裕:풍유】 풍족하고 넉넉함。

【豐頤:풍이】 살이 찐 턱。【王褒】爾乃附以ㅡㅡ、表以蛾眉。

【豐作:풍작】 풍년이 든 농작。

【豊足:풍족】 부족함이 없이 넉넉함。

【豊草:풍초】 무성한 풀。【詩經】湛湛露斯、在彼ㅡㅡ。

【豊頰:풍협】 살이 찐 뺨。【韓愈】曲眉ㅡㅡ、淸聲而便體、秀外而惠中。

【豊厚:풍후】 번성함。 풍족하고 두터움。

【豊凶:풍흉】 풍년과 흉년。

【𧰀】(루) 尤 ロウ、まめ white bean

❶흰콩루(白豆)。 ❷콩이름루(豆名)。

十二畫

【豂】(료) 蕭 リョウ、まめ wild bean

새콩로、들콩로(野豆)。(『𧯷』와 같음)

【𧰟】(렴) 鹽 レン、つつみうつ beat the drum

북칠렴(打鼓)。

十五畫

【𧰲】(기) 微 キ、ちかい rub against each other

맞비빌기、서로비빌기(相摩近)。

二十畫

【豓】(염)『豔』(21畫)(豆部)과 같음

二十一畫

【豔】(염) 豔 エン、あでやか coquette

小篆 ❶탐스러울염(容色豐滿美也)。【左傳】美而ㅡ。 ❷부러워할염(歆美)。【禮】鹽ㅡ諸利。【註】鹽ㅡ也使欣ㅡ也。(『艶』과 같음)

豕 部

【豕】(시) 紙 シ、ぶた、いのこ pig; hog ㄕˇ shih³

小篆 古文 草書 돼지시、돝시(豚也)。【禮】ㅡ曰剛鬣。【詩】有ㅡ白蹢。

【豕交獸畜:시교수축】 사람 대우를 禮로써 하지 않음을 비유함。【孟子·盡心】。

【豕突:시돌】 산돼지처럼 앞뒤를 헤아림 없이 함부로 달려 들음。【後漢書】今西羌逆類、已攻河東、恐遂轉、更ㅡㅡ上京。

【豕牢:시뢰】 ❶돼지 우리。 ❷뒷간。

【豕心:시심】 돼지처럼 욕심이 많고 부끄러움이 없는 마음。【左傳】實有ㅡㅡ、貪惏無饜。

【豕喙:시훼】 돼지와 같이 길고 뾰족한 입。 사람의 욕심이 많은 人相을 이름。

一畫

【豖】(축) 屋 チク、ゆきなやむ bound pig's walk

小篆 발얽은돼지걸음축(豕絆足行)。

三畫

【豗】(회) 灰 カイ、かまびすしい noisy; clamour ㄏㄨㄟ huei¹

草書 ❶맞부딪칠회(相擊)。【海賦】磊匒匌而相ㅡ。 ❷떠들석할회

(喧ー鬨聲)。〔李白詩〕飛湍瀑流爭喧ー。❸돼지흙 팔회(豕堀)。

【𧰲】(회) 灰 カイ、つちをほる dig in the ground
돼지흙뒤질회(豕堀土)。

四畫

【豚】㊀(돈) 阮 トン、ぶた pig ㄊㄨㄣˊ tuen²
㊁(돈) 願
小篆 籀文 草書 ㊀❶새끼돼지 돈(小豕)。〔禮〕凡祭宗廟之禮ー曰腯肥。❷복돈(魚名河ー)。㊁우리속돼지돈(圈ー)。〔禮〕圈ー行不擧足。

【豚犬:돈견】❶돼지와 개。❷어리석은 사람。❸자기 아들을 낮추어 일컬음。〔吳志·註〕喟然歎曰、生者當如孫仲謀、劉景升兒子、若ーー耳。

【豚兒:돈아】자기 아들의 謙稱。

【豚魚:돈어】돼지와 물고기。〔易經〕。

【豚疫:돈역】(醫)법정 가축 전염의 한 가지。豚疫菌에 의하여 일어나는 돼지의 늑막·폐염 또는 늑막 및 心囊炎症을 이따금 수반하는 敗血症。소화기·호흡기〔전염을 함〕。

【豚肉:돈육】돼지고기。

【豚柵:돈책】돼지우리。

◎養ー。

【豛】(역) 陌 エキ、ぶた pig
小篆 돼지역(豚也)。

【豝】(파) 麻 ハ、こいのこ young pig ㄅㄚ pa
小篆 草書 두살된암돼지파(二歲牝豕)。〔詩〕一發五ー。

五畫

【豞】(구) 虞 ク、ぶたのこえ grunt
돼지가 꿀꿀거릴구(豕鳴)。

【豛】(탁) 覺 タク、うつ strike
小篆 칠탁(擊也)。

【豠】(저) 魚 ソ、こぶた piggy
小篆 작은돼지저(小豕)。

【象】(상) 養 ショウ、ゾウ、ぞう elephant ㄒㄧㄤˋ hsiang⁴
草書 ❶코끼리 상(南方大獸長鼻牙)。〔左傳〕ー有齒以焚其身賄也。❷법받을상(法也)。〔書〕ー以典刑。❸빛날상(光耀)。〔易繫辭〕在天成ー。❹형상할상(形也)。〔易〕ー者像也。❺상춤상(舞名)。〔禮〕成童舞ー。❻상술준상(樽名)。〔禮〕犧ー周尊。❼역관상(通言官)。〔周官〕ー胥也。❽망상이상(罔ー水怪)。〔史記〕水之怪龍罔ー。

【象嵌靑瓷:상감청자】자개 장식을 파묻어 무늬를 지게 하는 청자。

【象觚:상고】코끼리의 뼈로써 장식하여 만든 술잔。

周象觚(西清古鑑)

【象骨:상골】코끼리의 뼈。

【象恭:상공】용모가 공손함。〔書經·堯典〕。

【象管:상관】❶붓의 異稱。〔羅隱〕蠻箋ーー夜深時、曾賦陳宮第一詩。❷笛의 異稱。

【象敎:상교】佛敎의 異稱。〔王巾〕正法旣沒、ーー陵夷。

【象膽:상담】(醫)코끼리의 쓸개。안질·감질에 약으로 씀。

【象陸:상륙】=雙六。

【象毛:상모】旗·槍 따위의 머리에 숲이나 이삭 모양으로 만들어 다는 붉을 빛깔의 털。㮣毛。

【象胥:상서】(制)❶周代의 벼슬 이름。夷狄의 國使에게 왕명을 전하여 설유함을 맡음。❷통역관。〔周禮〕ーー掌蠻閩夷貉。

【象石:상석】陵·園에 세우는 돌사람이나 돌말 따위。

【象牙:상아】코끼리의 윗턱에 길게 뻗은 두 개의 앞니。〔後韓書〕獻ーー水牛封牛。

【象牙質:상아질】(生)척추 동물의 잇발의 기본 되는 물질。

【象牙塔:상아탑】프랑스의 비평가 셍뜨 뵈브(Sainte Beuve)가 詩人 비니(Vigny)의 태도를 평한 말。예술 지상주의 작가들이 속세를 떠나서 오로지 예술만을 즐기는 경지를 일컬음。(轉)학자가 현실적 사회에서 도피하여 관념적 연구 생활을 함을 일컬음。

【象牙塔文學:상아탑문학】實社會를 떠나서 상아탑에 홀로 묻혀 지은 書齋的인 문학。

【象牙笏:상아홀】❶一品에서 四品까지의 벼슬아치가 가지던 (홀)。❷상아로 만든 홀。

【象箸:상저】상아로 만든 젓가락。

【象尊:상준】술잔의 한 가지。봉황 모양으로 만들음。또는 象牙로 장식했다고도 하고 코끼리 형상으로 만들었다고도 함。

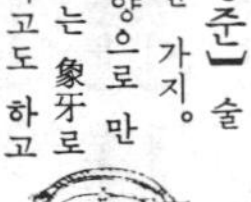
周象尊(博古圖)

【象徵:상징】(哲)抽象的인 정신 내용을 구체적인 사물로서 連想하게 함。

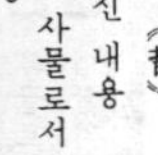
象尊(三才圖會)

【象徵詩:상징시】상징적 표현으로써 추상적 정신 내용을 추측·연상하게 하는 詩。十九세기 말 프랑스의 詩壇을 휩쓸음。

【象徵主義:상징주의】상징을 표현법으로 존중하는 예술상의 태도。사실·감정·사상을 분석하여 그대로 서술하는 것이 아니라 影像과 언어의 음악적인 效果에 의하여 깊은 마음의 내부 세계를 그려내려고 함。表象主義(Symbolism)。

【象齒焚身:상치분신】코끼리가 상아를 가졌으므로 죽음을 당한다는 뜻。(喩)財物이 많으므로 화를 입음。

【象限:상한】(數)圓을 四등분한 하나。

【象限點:상한점】(天)黃道와 지평선과의 교점으로부터 九〇도 되는 점。

【象形:상형】물건의 형상을 시늉함。

【象形文字:상형문자】물건의 형상을 본따서 만든 글자。漢字의 日·月·山·川 따위。

◎巨ー、具ー、氣ー、對ー、萬ー、物ー、事ー、印ー天、抽ー、表ー、現ー、形ー。

【象】(상)『象』(前條)의 本字

六畫

【豢】(환) 諫 カン、ゲン、やしなう raise; rear ㄏㄨㄢˋ huan⁴
小篆 草書 기를환、칠환(芻ー養畜)。〔禮〕仲秋按芻ー。〔註〕養牛馬曰芻犬豕曰ー。

【豢養:환양】기름。

【豢圉:환어】마소를 기르는 곳。외양간。〔五代史〕居民ーー一空。

【豗】(회) 灰 カイ、うつ run against each other
서로 부딪칠회(𧰲也)。〔李賀〕莫受俗物相塡ー。(『𧰲』와 같음)

【豜】㊀(견) 銑 ケン、おおきいいのこ pig
㊁(연) 霰 ㄐㄧㄢ chien
豜 小篆 [草書] ㊀❶큰 돼지견(大豕)。❷세살된 돼지견(三歲豕)。【詩】獻―于公。㊁노루연(麠也)。【爾雅】麠絶有力―。

【狪】(동) 東 トウ、いのしし wild boar
멧돼지동(山豬)。

【豤】(간) 阮 コン、かむ masticate
豤 小篆 [草書] ❶씹을간(齧也)。❷정성스러울간(款誠)。

【豣】(산) 寒 サン、ぶたのむれ herd of pig
돼지떼산(豕羣)。

【豦】(거) 魚 キョ、さる monkey
豦 小篆 원숭이거(猿類)。

七畫

【豧】(포) 有 ホウ、ぶたのこえ grunt
豧 小篆 ❶돼지소리포(豕聲)。❷돼지포(豕也)。

【豙】(의) 未 ギ、おこってけをたてる make the hair stand
豙 小篆 돼지성나털일어날의(豕怒也毛豎)。

【豨】(희) 尾 微 キ、いのこ pig; hog ㄒㄧ hsi
豨 小篆 [草書] ❶큰돼지희(大豕)。【莊子】監市履―。❷봉시짐승희(封豕神獸)。【楚辭】封―是射。❸별이름희(星名封―)。

【豨勇:희용】 산돼지처럼 용맹함。또는 그러한 군사。【漢書】名曰豬突――。

【豨薟:희첨】 진득찰。연한 잎사귀를 중풍 등에 약재로 씀。

【豨豨:희희】 돼지가 달리는 모양。

【豩】(빈) 眞 ヒン、ふたひきのぶた two heads of pig
豩 小篆 쌍돝빈(二豕)。

【豪】(호) 豪 ゴウ、えらもの、すぐれる mighty, warrior ㄏㄠ hao²
豪 小篆 籀文 [草書] ❶호걸호(俊也)。【淮南子】智過百人曰―。❷호협할호(俠也)。【史記】平原君之遊―擧耳。❸돼지갈기호(豕鬣)。
(『毫』와 통함)

【豪家:호가】 그 지방에서 세력을 가진 집안。豪族。【史記】子楚夫人、趙――女也。

【豪强:호강】 뛰어나게 굳셈。【漢書】誅「鉏――。

【豪客:호객】 ❶豪氣로운 사람。❷도둑。❸돈을 호화롭게 잘 쓰는 손。

【豪擧:호거】 호협스러운 행동。

【豪健:호건】 뛰어나게 건장함。【黃庭堅】歸來――踞胡牀。

【豪傑:호걸】 ❶재주와 슬기가 뛰어난 사람。【孟子】若夫――之士、雖無文王猶興。❷武勇이 뛰어난 사람。【史記】俊雄――。❸자질구레한 일에 구애되지 않고 도량이 넓고 氣慨가 있는 사람。

【豪氣:호기】 ❶장한 의기。❷豪放한 기상。【魏志】陳元龍湖海之士、――未除。

【豪氣滿發:호기만발】 호기가 외모에 나타나 있음。

【豪農:호농】 땅을 많이 가지고 매우 잘 짓는 농사。또는 그 집。

【豪膽:호담】 담력이 매우 셈。

【豪勒:호륵】 매우 사나움。

【豪釐:호리】 아주 작음。아주 적음。毫釐。【韓書】度長短者、不失――。

【豪邁:호매】 호탕하고 인품이 뛰어남。【宋史】姿稟勁特、氣節――。

【豪放:호방】 의기가 장하여 작은 일에 거리낌이 없음。豪宕。豪逸。【唐書】資――、不能治細行。

【豪富:호부】 세력을 가진 부자。【史記】徙天下――於咸陽、十二萬戶。

【豪奢:호사】 매우 사치함。【張正見】聊持自娛樂、未是鬪――。

【豪商:호상】 장사를 크게 하는 商人。자본이 많은 商人。

【豪爽:호상】 호방하고 시원시원함。【晋「書】桓溫――有風槩。

【豪語:호어】 호기스러운 말。豪言。【陸游】――戲遣窮途作――。

【豪言:호언】 ＝豪語。

【豪勇:호용】 뛰어나게 날램。

【豪右:호우】 세력이 강한 사람。【左思】――何足陳。

【豪雨:호우】 줄기차게 내리는 비。↔小雨。【楊維楨】雄風――將春去、剩水殘山送客歸。

【豪雄:호웅】 호걸과 영웅。【李白】結髮未識字、所交盡――。

【豪遊:호유】 돈을 함부로 써서 호화롭「게 놀음。

【豪飮:호음】 술을 많이 마심。痛飮。【金史】劇談――、傍若無人。

【豪壯:호장】 세력이 강하고 왕성함。【陸游】白浪如山寄――。

【豪豬:호저】 ❶큰 돼지。❷《動》호저과에 속한 동물。남유럽·북아프리카에 분포함。

【豪族:호족】 그 지방에서 세력이 드센 「일족。【晋書】世爲――。

【豪俊:호준】 재주와 지혜가 뭇 사람에 빼어남。또는 그 사람。【漢書】選――講文學。

【豪快:호쾌】 기상이 활발하고 작은 일「에 얽매이지 않음。

【豪宕:호탕】 ＝豪放。【金史】姬汝作讀書知義理、性――、不拘細行。

【豪悍:호한】 매우 사나움。

【豪俠:호협】 호걸스럽고 俠氣가 많음。또는 그러한 사람。【宋史】倜儻任氣、結于――。

【豪華:호화】 매우 사치스럽고 화려함。【許渾】英雄一去――盡、惟有青山似洛中。

【豪華船:호화선】 호화롭게 시설을 해 놓은 큰 기선。

【豪華燦爛:호화찬란】 매우 화려하고 빛남。매우 사치스럽고 눈부심。

【豪華版:호화판】 ❶사치스럽게 만든 출판물。❷매우 사치스럽고 빛나는 것。
◎强―、拳―、文―、富―、酒―、土―。

八畫

【[豕+介]】(매) 卦 バイ、かたくなでわるい stubborn
완악할매(―豬、頑惡)。

【[豕+叕]】(굴) 屑 ケツ、ぶたがつちをあばく dig in the ground
돼지흙뒤질굴(豕發土)。

九畫

【豫】(예) 御 ヨ、あらかじめ before hand ㄒㄧㄝˋ hsieh⁴ (本音「여」)
豫 小篆 古文 [草書] ❶기쁠예(悅也)。【易】取悅―之義。❷편안할예(逸也、安也)。【詩】逸―無期。❸미리예、먼저예(早也、先也)。【易】思患而―防之。❹놀예(遊也)。【孟子】一遊一―。❺참여할예(參與)。【後漢書】楚靈會申亦來―盟。❻머뭇거릴예(猶―)。【史記】猶―未決。❼괘이름예(卦名)。

【豫賈:예가】 제 값보다도 훨씬 비싼 값。「豫價。

【豫覺:예각】 ＝豫感。

【豫感:예감】 事前에 그 일을 알아차림。미리 第六感으로 알음。

【豫見:예견】 사건이 있기 전에 미리 알음。【後漢書】功有難圖、不可――。

〔豫戒:예계〕 공공의 안녕 질서를 문란할 염려가 있을 때, 그 사람의 자유를 제한하여 일정한 기한 안에 미리 근신시키는 일。
〔豫告:예고〕 미리 알림。「리 기대함。
〔豫期:예기〕 앞으로 올 일에 대해서 미리 기대함。
〔豫納:예납〕 미리 납부함。
〔豫斷:예단〕 미리 판단함。
〔豫樂:예락〕 기꺼이 즐김。
〔豫買:예매〕 미리 값을 쳐서 삼。
〔豫賣:예매〕 미리 값을 쳐서 팖음。
〔豫防:예방〕 탈이 나기 전에 미리 방비함。〔易經〕君子思患而——之。「방법。
〔豫防法:예방법〕 병 따위를 미리 막는 방법。
〔豫防藥:예방약〕 《醫》질병·부패 등을 예방하는 데 쓰는 약。
〔豫防注謝:예방주사〕 《醫》유행병의 전염을 예방하기 위하여 맞는 약물의 주사。
〔豫防策:예방책〕 예방하는 방책。
〔豫報:예보〕 앞으로 다가올 일을 미리 알림。
〔豫附:예부〕 마음으로 좋아하여 따름。〔史記〕將相和調、則士——。
〔豫備:예비〕 미리 준비함。〔尉繚子〕無困在於——。
〔豫備交涉:예비교섭〕 예비로나 또는 시험 삼아 미리 교섭하는 일。
〔豫備軍:예비군〕 ❶예비역으로 편성된 군대。❷예비대。
〔豫備金:예비금〕 ❶임시 비용으로 미리 마련해둔 돈。❷《法》예산의 부족을 메우고 임시 비용을 충당하기 위하여 특별히 마련한 금액。豫備費。
〔豫備力:예비력〕 ❶가외의 힘。❷《法》무슨 일에 대비하기 위하여 예비해 둔 力量。
〔豫備兵:예비병〕 전시의 요원이 되는 「예비역에 복역하는 군인。
〔豫備費:예비비〕 ❶예비의 비용。❷예산 외 또는 예산초과의 지출에 충당하기 위하여 예산 가운데 설치한 費目。
〔豫備試驗:예비시험〕 本試驗을 치르기 전에 치르는 시험。「는 약。
〔豫備藥:예비약〕 《醫》미리 준비 해 두
〔豫備役:예비역〕 常備軍의 한 가지로 現役이 아닌 군대。
〔豫備的:예비적〕 미리 마련한 것。
〔豫備知識:예비지식〕 사물을 헤아림에 있어서 미리 알아 두어야 할 지식。
〔豫備行爲:예비행위〕 《法》犯行에 앞서 준비적으로 하는 행위。
〔豫算:예산〕 ❶미리 예상하여 대책을 세움。〔耶律楚材〕雄才能——、大略固難量。❷국가 또는 지방 공공 단체의 한 회계 연도의 歲入歲出을 미리 계산함。
〔豫算案:예산안〕 ❶《法》수입·지출의 상황을 미리 대중하여 셈한 초안。❷議會에 제출하고 아직 의결되지 않은 예산의 안건。
〔豫算額:예산액〕 《法》❶미리 계산한 금액。❷예산에 계정된 금액。
〔豫算超過:예산초과〕 《法》수입·지출이 예산액을 초과하는 일。
〔豫算表:예산표〕 《法》예산안의 각 조항을 다시 자세히 나타낸 표。
〔豫想:예상〕 事前에 미리 생각함。豫測。
〔豫想外:예상외〕 생각 밖。뜻밖。
〔豫先:예선〕 미리。먼저。뽑음。↕決選。
〔豫選:예선〕 정식으로 뽑기 전에 미리
〔豫習:예습〕 미리 학습함。↕復習。
〔豫示:예시〕 미리 보여 주는 일。
〔豫審:예심〕 《法》사건의 公判 회부를 결정하는데 필요한 사항 및 증거 보전을 위하여 미리 조사하는 일。
〔豫審判事:예심판사〕 《法》예심을 하는 판사。
〔豫約:예약〕 미리 약속함。「는 판사。
〔豫約金:예약금〕 《經》예약할 때 지불하는 보증금。계약에 앞서 지불하는 돈。
〔豫約電報:예약전보〕 일정한 구간에 일정한 잣수의 전보를 치고 요금을 뒤에 치르는 特殊 전보의 한 가지。
〔豫約電話:예약전화〕 일정한 시간에 일정한 거리 안에서 전화선을 專用할 수 있는 일。
〔豫約販賣:예약판매〕 구매자를 모집하여 청구자에게 한하여 물품을 판매하는 일。또는 그 약속。
〔豫言:예언〕 ❶사전에 추측하여 하는 말。❷신비한 靈感에 의하여 미래를 예측하는 말。미래의 일을 말함。〔後漢書〕夫未至——、固常爲虛。「사람。
〔豫言者:예언자〕 앞 일을 미리 말하는
〔豫議:예의〕 미리 상의함。
〔豫程:예정〕 미리 정한 갈 길。
〔豫定:예정〕 일에 앞서 작정함。〔後漢書〕廊廟之計、旣不——。
〔豫定調和說:예정조화설〕 《哲》單子는 神의 만든 것이므로 상호간의 조화는 神에 의하여서 예정된 조화라는 설。
〔豫定表:예정표〕 할 일의 차례를 미리 작정하여 써 넣은 표。「알려 준 글제。
〔豫題:예제〕 예상한 문제。미리 넌지시
〔豫知:예지〕 미리 알음。
〔豫診:예진〕 미리 진찰함。또 그 일。
〔豫測:예측〕 미리 짐작함。豫料。
〔豫度:예탁〕 ＝豫測。
〔豫探:예탐〕 미리 탐지함。
〔豫探軍:예탐군〕 미리 탐지하는 군대。
〔豫怠:예태〕 일에 성의가 없고 게으름을 피움。〔書經〕王懋乃德、視乃烈祖、無時——。「룻。
〔豫套:예투〕 전례가 되다시피 익어진 버
〔豫行:예행〕 미리 행함。

〔豬〕 (저) 魚 チョ、いのしし ㄓㄨ chu¹ wild boar
豬 小篆 𤡐 草書 ❶돼지저(豕也)。〔太玄經〕出野見虛 有虎牧—。❷물이 괸 저(水所停)。〔書〕大野旣—。❸못이름 저(澤名、孟—)。
〔豬貛:저환〕 《動》野獸의 이름。

猪 貛 (三才圖會)

〔豤〕 (견) 銑 ケン、かむ chew
씹을 견(齧也)。

〔貒〕 (단) 寒 タン、まみ badger
오소리 단(似豕而肥)。

〔貐〕 (유) 語 ヨ、いのしし wild boar
산돼지 유(豬—、豪豬別名)。

〔豭〕 (가) 麻 カ、いのこ ㄐㄧㄚ chia¹ boar
豭 小篆 草書 수퇘지 가(牡豕)。〔左傳〕旣定爾婁豬盍歸我艾—。

〔豛〕 (탁) 覺 タク、ゆく go
갈 탁(行也)。

十畫

〔豯〕 (혜) 齊 ケイ、こぶた piggy
豯 小篆 석달된돼지 혜(豕生三月)。

〔豰〕 (혹) 屋 コク、けだもの ㄏㄨ hu⁴ young of a white fox
豰 小篆 흰여우새끼 혹(白狐子)。

〔豱〕 (온) 元 オン、ぶた ㄨㄣ wen¹ pig
돼지이름 온(豕名、—豬)。
〔豱豬頭:온저두〕 돼지의 머리가 작고 추해서 사람들이 좋아하지 않는다는 데서 온 말。《轉》物件을 샀으나 마음에 들지 않음。〔通俗編〕。

【豲】㊀(원) 元 ゲン、カン、いのこ ㊁(환) 寒 pig; boar
豲 小篆 ㊀돼지 원(豕屬)。【周書】ㅣ有爪而不敢以獗。㊁멧돼지 환(豪豬)。

【豳】(빈) 眞 ヒン state ㄅㄧㄣ pin¹
豳 小篆 草書 나라이름 빈(周始封國陝西州名)。【詩】篤公劉于ㅣ斯館。

【豳文:빈문】무늬가 있는 옷。斑文。

【豳州:빈주】(歷)州 이름。西魏 때 설치。지금의 陝西省 陝縣。

【豳風:빈풍】詩經 國風의 篇名。

十一畫

【豱】(만) 寒 バン、ぶた pig
❶돼지 만(豕也)。❷살찐돼지 만(肥豕)。

【豵】(종) 東 ソウ、ショウ、こぶた young pig ㄗㄨㄥ tsung¹
豵 小篆 草書 ❶햇돼지종、어린돼지종(一歲豚)。【詩】一發五ㅣ。❷세새끼돼지종(豕生三子)。

【貗】(루) 尤 ル、こをもとめるぶた sow in rut
貗 草書 암내낸돼지루(求子牝豕)。【左傳】既定爾ㅣ豬。

【豯】(괘) 佳 カイ、いぬ dog
개쫓을괘(逐犬)。

十二畫

【䝏】(유) 支 イ、こぶた piggy ㄨㄟˇ wei³
䝏 小篆 돼지새끼유(豕子)。

【𧲣】㊀(증) 蒸 ソウ、ぶたごや pigsty; pigpen ㊁(층) 蒸
㊀돼지어리증(豕所寢檜)。㊁우리층(圈也)。

【豷】(희) 寘 キ、ぶたのいき breath of pig ㄧˋ i⁴
豷 小篆 ❶돼지숨쉴희(豕息)。❷사람이름희(人名)。【左傳 襄公四年】生澆及ㅣ。

十三畫

【豶】(분) 文 フン、きょせいぶた hog ㄈㄣˊ fen²
豶 小篆 草書 ❶불알깐돼지분(去勢豕)。【易經】ㅣ豕之牙。❷제할분(除也)。

【䝎】(수) 支 スイ、めすぶた sow
암돼지수(牝豕)。

十四畫

【䝉】(몽) 東 モウ、いのしし wild boar
산돼지몽(山豬)。

【𧳕】(추) 麌 シュウ、めすぶた young sow
작은암돼지추(小母豬)。

十五畫

【𧴀】(렵) 葉 リョウ、ぶたのながいけ long hairs of a pig
돼지의긴털렵(豕長毛)。

豸 部

【豸】㊀(치) 紙 チ、タイ、ながむし reptiles without feet ㊁(채) 蟹 ㄓˋ chih⁴
豸 小篆 草書 ㊀❶발없는벌레 치(無足蟲)。【爾雅】蟲無足謂之ㅣ。❷풀치(解也)。【左傳】遑其志庶有ㅣ乎ㅣ。❸해치양치(獬ㅣ神羊)。【後漢書】法冠或謂之獬ㅣ冠獬ㅣ神羊能別曲直爲冠。㊁뜻은 ㊀과 같음。(『廌』와 같음)

【豸史:치사】御史의 別稱。豸는 神獸로서 사람들의 曲直을 잘 가리어서 邪人에게 덤벼든다고 함。御史도 이처럼 非行에 대한 糾彈權을 쥐고 있으므로 豸史라고 부름。『後漢書』法冠、或謂之豸冠、獬豸、神羊、能別曲直、故以爲冠。

三畫

【豹】(표) 效 ヒョウ、ひょう leopard ㄅㄠˋ pao⁴
豹 小篆 草書 아롱범표、표범표(猛獸似虎圜文)。【易經】君子ㅣ變。

【豹文:표문】표범 가죽의 무늬。또는 그와 같이 고운 무늬。【山海經】有獸焉、其狀如犬而ㅣㅣ。

【豹尾:표미】❶표범의 꼬리。❷수레에 장식한 표범의 꼬리。(儀仗 또는 高官이 탐)。【晉書】男兒不堅ㅣㅣ。❸占術家가 말하는 歲神의 하나。언제나 黃幡과 相對함。

豹尾(三才圖會)

豹尾❸(協紀辨方書)

【豹尾槍:표미창】표범의 꼬리를 걸어 장식한 槍의 한 가지。

豹尾槍(大淸會典圖)

【豹變:표변】君子가 舊惡을 고치고 선에 옮는 것이 표범의 무늬가 빛나는 것처럼 현저함。善에 옮음。빈천에서 顯達함。(轉)태도가 갑자기 변함。【易經】君子ㅣㅣ、小人革面。

【豹死留皮:표사유피】(喩)죽은 표범은 껍질을 남긴다는 말로 죽은 뒤에도 명예는 남는다는 말。

【豹隱:표은】세상에 나타나지 않고 숨음。【列女傳·賢明】妾聞南山有玄豹、霧雨七日而不下食者何也、欲以澤其毛而成文章也、故藏而遠害。

【豹皮:표피】표범의 털가죽。【周禮·註】

【豹侯:표후】표범의 모양을 그린 활을 쏘는 과녁의 한 가지。【周禮】士以三耦射ㅣㅣ。

豹侯(三禮圖)

【豺】(시) 佳 サイ、やまいぬ jackal ㄔㄞˊ ch'ai² (古音「재」)
豺 小篆 草書 승냥이시、늑대시(狼屬)。【禮】ㅣ乃祭獸。

【豺狼:시랑】승냥이와 이리。(喩)貪慾·無慈悲한 사람。또는 猛惡·殘酷한 사람。【孟子】嫂溺不援、是ㅣㅣ也。

【豺狼當路:시랑당로】승냥이와 이리 같은 악인이 중요한 지위를 차지하고 마음대로 권리를 부림。【後漢書】張綱獨埋車輪於洛陽都亭曰、ㅣㅣㅣㅣ、要問狐狸。

【豺狐:시호】승냥이와 여우。

【豻】㊀(안) 寒 ガン、のいぬ stray dog (本音「한」) ㊁(안) 翰 ㄏㄢˋ han⁴ ㊂(간) 翰
豻 小篆 犴 或體 草書 ㊀들개 안(野犬似狐)。【周禮】士以

三耦射ㅣ侯。㊁옥안(獄也)。〔漢書〕獄ㅣ不平。㊂들개간(野犬)。
〔豻侯：간후〕 너구리의 가죽으로 장식한 과녁。

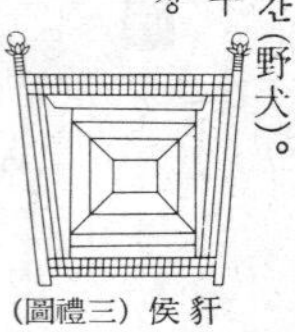
豻侯 (三禮圖)

四 畫

【豼】(비) 支 ヒ、ひきゆう fierce animal
비휴짐승비(獸名)。
【貅】(휴)『貅』(豸部 6畫)와 같음
【豛】(의)『毅』(殳部 11畫)와 같음

五 畫

【豾】(비) 支 ヒ、たぬきのこ wild cat
삵의새끼비(貍子)。
【狐】(호)『狐』(犬部 5畫)와 같음
【貀】(눌) 黠 ダツ、けだもの pawless animal ㄋㄚ na⁴
小篆 앞발없는짐승눌(無前足獸)。
【貁】(유) 宥 ユウ、おながざる monkey
草書 원숭이유(似猿仰鼻長尾)。〔漢書〕猿ㅣ擬而不敢下。
【貂】(초) 蕭 チョウ、てん marten ㄉㄧㄠ tiao¹
小篆 草書 ❶돈피초、잘초(鼠屬黃黑色)。❷초미초、꾸미개초(蟬ㅣ冠飾)。〔後漢書〕武冠ㅣ尾爲飾。
〔貂裘：초구〕 돈피로 만든 갖옷。
〔貂璫：초당〕 담비 꼬리와 金 고리로 장식한 中常侍의 冠。《轉》宦官。貂寺。〔後漢書〕武冠侍中常侍加黃金璫、附蟬爲文、貂尾爲飾。
〔貂毛筆：초모필〕 담비의 털로 만든 붓。

六 畫

【貚】(산) 刪 サン、わるづよい wild
사나울산(暴惡)。
【貅】(휴) 尤 キュウ、fierce animal ㄒㄧㄡ hsiu¹
草書 비휴짐승휴(貔ㅣ摯獸)。〔禮〕前有摯獸則載貔ㅣ。
【貆】㊀(훤) 元 ㊁(환) 寒 カン、むじな sable ㄏㄨㄢ huan²
小篆 草書 ㊀담비새끼훤(貉屬)。〔詩〕胡瞻爾庭有縣ㅣ兮。㊁뜻은 ㊀과 같음。
【貈】(학) 藥 カク、むじな marten ㄏㄜ hê² (本音「각」)
小篆 담비학(狐ㅣ似貍善睡斑毛)。〔爾雅〕ㅣ子貆。
【貉】(맥)(학)『貈』(豸部 6畫)과 같음
【貊】(맥) 陌 バク、えびす savage ㄇㄛ mo⁴
草書 ❶오랑캐맥(蠻ㅣ)。〔書經〕華夏蠻ㅣ。❷고요할맥(靜也)。〔詩經〕ㅣ其德音。❸맥이맥(食鐵似熊夷)。
〔後漢書〕哀牢夷出ㅣ獸。
〔貊弓：맥궁〕 小水貊에서 나던 품질이 썩 좋은 활。

七 畫

【貋】(한)『豻』(豸部 3畫)과 같음

【貌】㊀(모) 效 ㊁(막) 覺 ボウ、バク、かたち shape;figure ㄇㄠ mao
小篆 或體 籀文 草書 ㊀모양 모、얼굴모、짓모、겉모(容儀)。〔書〕一曰ㅣ。㊁❶모뜰막(描畫)。〔唐書〕命工ㅣ妃於別殿。❷멀막(遠也)。
〔貌不似：모불사〕 ❶꼴이 꼴답지 못함。❷흉악하게 생긴 사람。
〔貌襲：모습〕 모방함。모방。
〔貌樣：모양〕 됨됨이。생김생김。형상。형편。맵시 따위의 겉에 나타난 꼴。「말。
〔貌言：모언〕 치레 뿐이고 실속이 없는
〔貌形：모형〕 모습。모양。
【貍】(리) 支 リ、たぬき wild cat ㄌㄧ li²
小篆 草書 ❶삵리、살쾡이리(狐ㅣ野貓)。〔左傳〕晳白而衣ㅣ製。❷너구리리(野豕)。
〔貍奴：이노〕《動》고양이의 別名。〔李商隱〕鴛鴦瓦上ㅣㅣ睡。
〔貍豆：이두〕《植》콩의 한 가지。
〔貍甝：이생〕 삵쾡이와 족제비。貍狌。
〔莊子〕捕鼠不如ㅣㅣ。
〔貍兒：이아〕《中》《動》삵쾡이。
〔貍子皮：이자피〕 삵피。
〔貍製：이제〕 삵괭이의 가죽으로 만든 의복。

八 畫

【貎】(예) 齊 ゲイ、レイ lion
❶준예예(狻ㅣ)。❷사슴새끼예(鹿子)。
【貏】(피) 紙 ヒ、たいらか flat
草書 점점평평할피(ㅣ豸、漸平貌)。

九 畫

【貎】(노) 皓 ドウ、めすむじな she-marten
암담비노(雌貉)。
【貐】(유) 麌 ユ、けだもの animal ㄩ yü³
小篆 짐승이름유、검붉고작은원숭이유(貜ㅣ、似貙)。
【猱】(요) 篠 ヨウ、くもざる monkey
원숭이요(獸名、如獼猴)。
【貒】(단) 寒 タン、まみだぬき badger ㄊㄨㄢ t'uan
小篆 草書 ❶오소리단(貛也似豕而肥)。〔楚辭〕ㅣ貉兮蟫蟫。❷수이리단(狼牡)。
【蝟】(위)『蝟』(虫部 9畫)와 같음
【貓】(묘) 蕭 ビョウ、ねこ cat ㄇㄠ mao¹
小篆 草書 고양이묘(捕鼠獸)。〔詩〕有ㅣ有虎。(『猫』의 正字)
【貗】(종) 宋 ショウ、ちち milk
젖종(乳也)。

十 畫

【貔】(비) 支 ヒ、ひきゆう fierce animal ㄆㄧ p'i²
小篆 或體 草書 비휴짐승비(ㅣ貅)。〔書〕如虎如ㅣ。
〔貔虎：비호〕 貔와 범。《轉》용맹한 將卒。〔杜甫〕軍師擁ㅣㅣ。
〔貔貅：비휴〕 ❶猛獸의 이름。범과 같다고도 하고 곰과 같다고도 함。〔史記〕教熊羆ㅣㅣ貙虎。❷용맹한 군대。〔劉禹錫〕忽擁ㅣㅣ鎭粵城。❸兵車에 세우는 旌旗의

하나。

貔貅 (禮器圖)

【豯】(혜) 齊 ケイ、こぶた young pig ㄒㄧ hsi¹ ❶돼지새끼혜(豬子)。❷못이름혜(澤名ㅡ養)。

十一畫

【貙】(리) 支 チ、もうじゅう(本音「치」) beast of prey 사나운짐승리(猛獸)。

【貗】(만) 願 マン、おおかみ wolf 이리만(狼屬、貙也)。

【貘】(맥) 陌 バク、ばく tapir ㄇㄛˋ mo⁴ 小篆 草書 맥짐승맥(似熊食鐵一名齧鐵)。

【貗】(만) 翰 マン、おおかみ wolf 이리만(貙貗)。

【貙】(추) 虞 チュ、おおかみ wolf ㄔㄨ ch'u¹ 小篆 草書 이리추(ㅡ貗似貍而大)。【後漢書】ㅡ劉之禮祠先虞。

【貙貗:추만】《動》스라소니。

【貙虎:추호】❶범과 같은 猛獸의 이름。『搜神記』ㅡㅡ化爲人、好着紫葛衣。❷용맹한 군대。또는 强兵。

十二畫

【貚】㊀(단) 翰 タン、おおかみ ㊁(전) 先 wolf 小篆 ㊀이리단、시라소니단(貙屬)。㊁뜻은 ㊀과 같음。

十三畫

【豶】(분) 吻 フン、ひつじ sheep ❶양분(羊也)。❷불안깐돼지분(未去勢豕)。

【獩】(예) 隊 ワイ、えびす 草書 나라이름예(國名ㅡ貊)。

十八畫

【貛】(환) 寒 カン、まみ wolf 小篆 草書 ❶수이리환(狼牡)。❷너구리환(野豕)。

【貛皮:환피】오소리의 毛皮。방석 또는 요 거죽으로 쓰임。

二十畫

【玃】(확) 藥 カク、おおざる monkey ㄐㄩㄝˊ chüeh² 小篆 草書 큰원숭이확(大猿)。

貝 部

【貝】(패) 泰 バイ、かい shellfish ㄅㄟˋ pei⁴ 小篆 草書 ❶자개패、조개패(海介蟲)。【書】貝乃ㅡ玉。❷재물패(貨也)。【易】億喪ㅡ。❸비단패(錦名)。【書】厥篚織ㅡ。

【貝殼:패각】조가비。

【貝錦:패금】❶조가비의 무늬같이 아름다운 비단。『詩經』萋兮斐兮、成是ㅡㅡ。❷남을 교묘하게 중상하여 죄를 씌움。남의 죄를 비단 짜듯이 짜낸다는 뜻。『詩·巷伯』成是ㅡㅡ。

【貝類:패류】여러 가지 조개의 종류。

【貝母:패모】《植》백합과의 다년생 풀。약재에 씀。

貝母 (三才圖會)

【貝物:패물】珊瑚·琥珀·水晶·玳瑁 따위로 만든 물건。

【貝物三作:패물삼작】珊瑚·琥珀·密花 따위로 장식한 여자의 貝物。

【貝石:패석】❶조가비의 化石。❷조가비가 많이 붙어 있는 돌。

【貝石灰:패석회】굴껍질을 태워서 만든 「회」。

【貝纓:패영】珊瑚·琥珀·密花·玳瑁·水晶 따위로 만든 갓끈。

【貝子:패자】❶보배。옛날의 화폐。(子는 助辭)。『元史』。❷《制》淸代 爵位의 이름。紫貝。

【貝柱:패주】조개 貫子。

【貝塚:패총】古代 사람이 조개를 먹고 버린 조가비의 무더기。조개무지。「書」。

【貝貨:패화】조가비로 만든 화폐。『漢

二畫

【貞】(정) 庚 テイ、ジョウ、ただしい virtous ㄓㄣ chen¹ 小篆 草書 ❶곧을정(正也)。【書】ㅡ人元良萬邦以ㅡ。❷굳을정(固也)。

【貞幹:정간】담을 쌓을 때 양쪽 끝에 세우는 나무를 가리키는 말로、사물의 근본이 됨을 일컬음。『莊子』以仲尼爲ㅡㅡ、國其有瘳乎。→楨 。

【貞潔:정결】여자의 정조가 곧고 깨끗함。『類聚國史』操志ㅡㅡ、無心再嫁。

【貞敬夫人:정경부인】《制》正·從一品의 宗親 및 文武官의 아내의 爵號。

【貞固:정고】바르고 정성스러움。正道를 굳게 지킴。『易經』ㅡㅡ足以幹事。「자。

【貞男:정남】童貞을 깨뜨리지 아니한 남

【貞女:정녀】절개가 굳은 여자。『史記』王蠋曰、忠臣不事二君、ㅡㅡ不更二夫。

【貞遯:정돈】正道를 지켜서 세상에서 숨음。『晉書』探幽ㅡㅡ。

【貞亮:정량】바르고 성심이 있음。『諸葛亮』ㅡㅡ死節之臣。

【貞烈:정렬】여자의 지조가 곧고 매움。『杜甫』好學尙ㅡㅡ。

【貞烈夫人:정렬부인】❶정조가 굳은 부인。❷《制》정렬한 부인에게 내리던 加資。

【貞敏:정민】마음이 곧고 明敏함。『魏書』風度淸幹、志尙ㅡㅡ。

【貞方:정방】지조가 굳고 행실이 단정함。『柳宗元』英風超倫、孤厲ㅡㅡ。

【貞婦:정부】=貞女。『禮記』孝子弟弟ㅡㅡ、皆可得而察焉。

【貞夫人:정부인】《制》正·從二品의 宗親인 文武官의 아내의 爵號。

【貞石:정석】단단한 돌。《轉》墓石。碑石。貞珉。『尙書故實』謝太傅墓碑、但樹ㅡㅡ。

【貞淑:정숙】여자의 지조가 곧고 마음씨가 얌전함。『後漢書』能致其ㅡㅡ、不貳其操。

【貞純:정순】곧고 정성스러움。『韋曜』孝友之行立、ㅡㅡ之名彰也。

【貞順:정순】마음이 곧고 온순함。

【貞實:정실】마음이 곧고 성실함。『魏志』性ㅡㅡ、文愍篤誠、保家之主也。

【貞節:정절】굳은 마음과 변하지 않는 절개。『說苑』ㅡㅡ之義。

【貞正:정정】지조가 굳고 바름。『魏志』ㅡㅡ足以矯時。

【貞靜:정정】여자의 정조가 굳고 마음이 안존함。『曹昭』幽閑ㅡㅡ。

【貞操:정조】❶여자의 깨끗한 절개。『古今註』悲其姉之ㅡㅡ。❷異性 관계의 순결을 지키는 일。

【貞操帶:정조대】一五、六세기 경 유럽에서 남편이 장기간 집을 떠나 있을 때、그 아내에게 정조를 지키게 하기 위

하여 쓰였다는 것으로, 국부를 가리고 자물쇠를 채워 두던 쇠띠。

【貞志:정지】 바르고 굳은 뜻。『袁桷』保――以遂初兮。

【貞直:정직】 굳고 곧음。『後漢書』仁柔「用情、多乏――。

【貞忠:정충】 절개가 곧고 충성됨。

【貞確:정확】 곧고 굳음。『陳書』我心――、堅誓蒼昊。

【貞晦:정회】 마음이 곧으며, 재능을 숨김。『舊唐書・崔從傳』崔從小以――恭謙自處。

◎不―、忠―。

【貟】 (원)『員』(口部 7畫)과 같음

【負】 (부) 有 フウ、フ、おう carry ; incur ㄈㄨˋ fu4

負 篆小 書草 ❶ 짐질부(背荷物)。❷ 빚질부(受貸不償)。『漢書』鄧通尙―債。❸ 저바릴부(背恩)。『李陵書』漢亦―德。❹ 질부(敗也)。『史記』無益於勝―之數。❺ 믿을부(有所恃)。

【負劍:부검】 ❶ 劍을 등에 짐。(빼기 쉽게 하기 위함)。『史記』王――、――遂拔。❷ 아이를 안은 모양。『禮記』。

【負氣:부기】 자기의 意氣를 믿고 남에게 굽힘을 싫어함。

【負擔:부담】 ❶ 짐을 짐。또는 그 짐。『左傳』弛于――、君之惠也。❷ 할 일을 책임짐。❸ 負擔籠의 略語。

【負擔籠:부담농】 옷・책 따위를 넣어서 말 등에 지우는 농짝。

【負袋:부대】 포목으로 만든 자루。

【負戴:부대】 짐을 등에 지고 머리에 임。힘드는 일을 함。

【負負:부부】 깊이 부끄러워함。『後漢書』――無可言者。

【負商:부상】 등짐 장수。

【負傷:부상】 상처를 입음。

【負數:부수】 《數》零보다 적은 수。마이너스。

【負恃:부시】 의지하고 믿음。『韓愈』妒「寵而――。

【負約:부약】 약속을 어김。

【負債:부채】 빚。『漢書』――數百萬。

【負販者:부판자】 行商人。

【負荷:부하】 ❶ 짐을 짐。❷ 짐을 맡김。

【負荊:부형】 깊이 사과함。荊은 죄인을 때리는 가시 막대기。이것을 지고 가서 마음껏 때려 달라는 뜻。『史記・藺相如「傳』。

【負暄:부훤】 볕을 쬠。

◎勝―、自―、抱―。

【⿱𠂉貝】 (배) 灰 ハイ、かみのな

물귀신이름배(河神)。

三 畫

【⿱小貝】 (솨) 哿 サ、かいのふれあうおと sound of nacre

⿱小貝 篆小 자개소리솨(貝介聲)。

【財】 (재) 灰 サイ、ザイ、たから finance ; property ㄘㄞˊ ts'ai2

財 篆小 書草 ❶ 재물재(貨也)。❷ 뇌물재(賄也)。『易繫辭』何以聚人曰―。❸ 보배재(人所寶)。

【財界:재계】 실업계 및 금융계 인사의 사회。

【財團:재단】 어떤 목적을 달성하기 위하여 결합된 재산의 집단체。

【財團法人:재단법인】 《法》일정한 목적에 제공된 재산을 운영하기 위하여 만들어진 법인。

【財力:재력】 ❶ 재산에 의한 세력。『白居易』――不足。❷ 비용・밑천을 감당할 수 있는 힘。

【財利:재리】 재물과 이익。『史記』分―「―多自與。

【財務:재무】 재정에 관한 사무。

【財務官:재무관】 ❶《制》李朝 때 財務署 奏任 벼슬。❷ 관청의 재무에 관한 사무의 책임자。

【財務行政:재무행정】 국가 또는 지방자치 단체가 그 財產과 歲入・歲出 따위를 管理하는 행정。

【財物:재물】 돈이나 그 밖의 값 나가는 물건。돈과 물건。『史記』欲得――。

【財閥:재벌】 一團이 되어 경제계에 세력을 뻗친 자본가의 파벌。

【財寶:재보】 ❶ 보배로운 재물。『漢書』不得贖以――。❷ 재물과 보배。

【財產:재산】 개인・가정・단체가 소유하는 재물。錢糧。『後漢書』悉推――與諸弟。

【財產家:재산가】 재산이 많은 사람。

【財產計定:재산계정】 《經》부기에 있어서의 資產과 負債에 관한 計定。

【財產管理人:재산관리인】 《法》타인이 파산재단 또는 和議 수속 중의 채무자의 재산을 관리하는 사람。

【財產權:재산권】 《法》금전상의 가치가 있는 私權 곧 物權 債權・特權의 세가지가 있음。

【財產目錄:재산목록】 私人에 딸린 금전상 가격이 있는 모든 재산의 목록。

【財產相續:재산상속】 《法》상속 제도에 있어서의 재산만의 상속。

【財產稅:재산세】 재산의 가격을 기준으로 하는 課稅。

【財產制度:재산제도】 재산 소유의 방법에 관한 국가의 제도。개인의 재산을 보호하는 규정。

【財產差押:재산차압】 《法》❶ 채권자가 국가의 公力을 빌어 채무자의 재산을 차압하는 일。❷ 일반 국민이 납세 의무를 이행하지 아니하였을 때 국가 또는 자치단체가 그 사람의 재산을 차압하는 일。

【財產刑:재산형】 《法》재산의 박탈을 내용으로 하는 형벌。벌금・과료・몰수 따위。

【財上分明:재상분명】 돈을 거래하는 「데에 분명하게 함。

【財色:재색】 재물과 女色。貨色。

【財數:재수】 재물에 대한 운수。

【財欲:재욕】 재물을 얻고자 하는 욕심。『魏志』華歆淡于――。

【財慾:재욕】 =財欲。

【財用:재용】 ❶ 밑천。『中庸』來百工、則――足。❷ 쓰씀이。재물의 용도。『左傳』制――之節。

【財源:재원】 재물의 근원。財本。『荀子』「財貨渾渾如泉源。

【財政:재정】 ❶ 개인의 금융 사정。❷《經》국가 또는 지방 공공 단체가 그의 재력을 얻고、또는 이것을 관리하기 위한 일체의 작용。

【財政關稅:재정관세】 《法》국가가 국고 수입을 늘일 목적으로 외국에서 수입되는 상품에 대하여 부과하는 세금。

【財政權:재정권】 《法》국가의 수입을 위하여 행사하는 국가 권력。

【財政學:재정학】 재정의 원리 및 그 운용을 연구하는 학문。

【財幣:재폐】 재물。『史記』――欲其行如「流水。

【財貨:재화】 ❶ 재물。『史記』貪於――。❷ 사람의 물질적 욕망을 채워 주는 對象의 總稱。

【財賄:재회】 재물。재산。『周禮』以九賦「斂――。

◎家―、文化―、寶―、私―、散―、餘―、理―、資―、積―、蓄―、貨―。

【貢】 (공) 送 コウ、ク、みつぎ tribute ㄍㄨㄥˋ kung4

貢 篆小 書草 ❶ 바칠공(獻也)。『書經』禹―。❷ 천거할공(薦也)。❸ 세바칠공(稅也)。❹ 나아갈공(進也)。

【貢價:공가】 貢物의 값。

【貢擧:공거】 《制》貢士를 선발해 냄。『舊唐書』遂移――于禮部。

【貢契:공계】《制》나라에 貢物을 먼저 바치고, 나중에 값을 타 내던 계의 總稱。
【貢納:공납】貢物을 바침。 「비단。
【貢緞:공단】감이 두껍고 무늬가 없는
【貢木:공목】《制》논밭의 結稅로 바치던 무명。
【貢物:공물】조정에 바치는 물건。
【貢物紙:공물지】嶺南에서 생산된 종이로 나라에 바치던 종이。
【貢米:공미】貢物로 바치던 쌀。
【貢賦:공부】貢物과 세금。【周禮】會萬民之卒伍、中略、以令ㅡㅡ。
【貢士:공사】諸侯가 중앙 정부에 천거한 사람으로 才學이 있는 선비。【禮記】諸侯歲獻ㅡㅡ于天子。
【貢使:공사】貢物을 바치러 가는 사신。
【貢蔘:공삼】平安北道 江界에서 공물로 바치던 산삼。
【貢上:공상】貢物로 물품을 바침。
【貢生:공생】《制》李朝 때 鄕校의 심부름군。校生。 「物。
【貢歲:공세】해마다 나라에 바치는 貢
【貢案:공안】貢物을 기록한 문서。
【貢洋紗:공양사】바탕이 좋은 비단의
【貢人:공인】貢契의 契人。 「한 가지。
【貢布:공포】세금으로 바치던 베。
【貢獻:공헌】❶貢物을 바침。【後漢書】遣使ㅡㅡ。❷이바지함。

【貤】㊀(시) 寘 ㊁(이) 支 イ、シ、のびる extend; spread ㅡ i²
貤 小篆 草書 ㊀물건무게 시(物重數)。【漢書】無所流ㅡ一重爲一ㅡ。㊁❶벋을 이、뻐칠이(延也)。【漢書】ㅡ邱陵。❷가작줄이、상줄이(賞爵)。

【貝刃】(인) 震 ジン、かたい hard
굳을인(堅牢)。

【貣】(특) 職 トク かりる borrow ㄊㄜˋ t'ê⁴
貣 小篆 書 빌특(假ㅡ從人求物)。【漢書】且莫乞ㅡ蠻夷。

四畫

【貥】(항) 陽 コウ、おおがい big nacre
큰자개항(大貝)。

【貧】(빈) 眞 ヒン、ビン、まずしい poor ㄆㄧㄣˊ p'in²
貧 小篆 古文 草書 구차할빈、가난할빈(無財乏也)。【晋語】韓宣子憂ㅡ叔向賀之。
【貧家:빈가】가난한 집。【北史】世間ㅡㅡ、兄弟多相愛。
【貧苦:빈고】가난함의 고생。【史記】田野不闢、民ㅡㅡ。
【貧困:빈곤】가난함。【史記】管仲ㅡㅡ、「嘗欺鮑叔。
【貧窶:빈구】가난함。가난하여 지침。【晉書】少ㅡㅡ、杖策徒行。
【貧局:빈국】❶빈곤한 사회。❷메마른 땅。❸貧相。
【貧國:빈국】가난한 나라。【漢書】以毋徵亡寵、故王卑濕ㅡㅡ。
【貧窮:빈궁】=貧困。【禮記】賜ㅡㅡ。
【貧農:빈농】구차한 농민。
【貧陋:빈루】가난하고 누추함。【宋書】初高祖微時、ㅡㅡ過甚。
【貧民:빈민】가난한 백성。【史記】開倉庾以振ㅡㅡ。 「역。
【貧民窟:빈민굴】빈민이 모여 사는 구
【貧富:빈부】가난과 넉넉함。또는 가난한 사람과 잘 사는 사람。【孟子】ㅡㅡ不同也。 「가난한 모양。
【貧相:빈상】❶가난을 나타내는 相。❷
【貧僧:빈승】道學이 깊지 못한 중。【白居易】ㅡㅡ應歎羨、寒士定留連。
【貧弱:빈약】❶가난하고 약함 또는 그 사람。【史記】賑ㅡㅡ萌隷。❷보잘것 없음。
【貧邑:빈읍】가난한 마을。가난한 사람이 많은 마을。寒村。貧村。
【貧者:빈자】가난한 사람。【禮記】ㅡㅡ不以貨財爲禮。
【貧者餠:빈자병】빈대떡。
【貧妻:빈처】가난에 쪼들리는 아내。
【貧賤:빈천】가난함과 천함。가난하고 천함。【中庸】素ㅡㅡ行乎ㅡㅡ。
【貧賤不能移:빈천불능이】아무리 빈천하여도 그 지조를 바꾸지 않음。【孟子】ㅡㅡ、威武不能屈。 「벗。
【貧賤之交:빈천지교】빈천할 때 사귄
【貧村:빈촌】가난한 마을。↔富村。
【貧乏:빈핍】가난함。살림살이가 어려움。【後漢書】ㅡㅡ不能供。
【貧寒:빈한】가난하여 집안이 쓸쓸함。
【貧巷:빈항】빈민이 사는 곳。貧民窟。
【貧血:빈혈】❶혈액 가운데의 적혈구나 혈색소가 줄어 들어 생기는 현상。❷많은 출혈로 체내의 혈액이 모자람。 「상。
【貧血症:빈혈증】《醫》빈혈이 생기는 증
【貧戶:빈호】가난한 백성의 집。
◎極ㅡ、赤ㅡ、淸ㅡ。

【貨】(화) 箇 カ、しなもの、たから goods; cargo ㄏㄨㄛˋ huo⁴
貨 小篆 草書 ❶재물화(財也)。【書】二曰ㅡ。❷선물할화(賂也)。【左傳】晋侯有疾曹伯之豎ㅡ筮史以曹爲解。❸팔화(以物售人)。❹물건화(ㅡ物)。
【貨賂:화뢰】뇌물。賄賂。【司馬遷】家貧ㅡㅡ不足以自贖。 「不殖ㅡㅡ。
【貨利:화리】=財利。【書經】不邇聲色、
【貨物:화물】❶물품。【漢書】盡籠天下之ㅡㅡ。❷貨車 따위로 옮기는 짐。 「박。
【貨物船:화물선】화물을 운반하는 선
【貨物列車:화물열차】화물만 운반하게 된 열차。 「는 데 드는 요금。
【貨物運賃:화물운임】화물을 운반하
【貨物引換證:화물인환증】運送契約에 있어서 운송인이 운송품을 맡음을 증명하고、또 이것을 권리자에게 引渡함을 약속한 有價證券。 「는 자동차。
【貨物自動車:화물자동차】짐을 실
【貨寶:화보】보배。귀중품。【史記】收其ㅡㅡ婦女而東。
【貨色:화색】=財色。
【貨殖:화식】재산을 늘림。돈을 벌음。【論語】賜不受命、而ㅡㅡ焉。
【貨財:화재】돈이나 값진 물건 따위。【莊子】不利ㅡㅡ、不近富貴。
【貨主:화주】화물의 주인。짐 주인。
【貨車:화차】화물 운반을 주로 하는 차。화물 열차。
【貨泉:화천】漢代 王莽(왕망)이 만든 돈。【漢書】。
【貨幣:화폐】《經》사회에 유통하여 교환의 매개·지불의 수단·가격의 표준·축적의 목적물로 쓰이는 물건。【後漢書】ㅡ雜用布帛金粟。

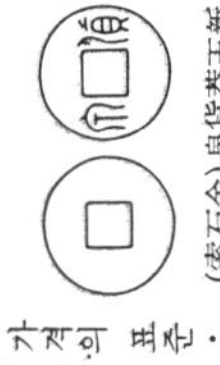
新王莽貨泉(金石索)

【貨幣價値:화폐가치】《經》화폐가 가지는 일반적 購買力。
【貨幣經濟:화폐경제】《經》화폐를 매개물로 하여 생산물의 교환이 행하여지는 경제。
【貨幣單位:화폐단위】《經》화폐적 계산의 기초가 되는 단위。金 또는 銀의 一定量을 가지고 규정하는 것이 보통임。
【貨幣資本:화폐자본】《經》화폐 형태에 있어서의 자본。
【貨幣制度:화폐제도】《經》한 나라에 있어서의 화폐의 발행·종류·품위에 관한

제도。

【貨幣鑄造:화폐주조】《經》금속 화폐를 부어서 만들음。

【貨布:화포】王莽 때에 쓰였던 錢幣。

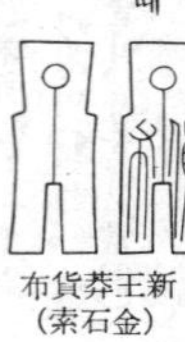
新王莽貨布
(金石索)

《轉》貨幣。

【貨賄:화회】《經》보배。(金玉을 貨라 하고, 布帛을 賄라 함)。【周禮】六日、商賈阜通ㅡㅡ。

◎硬ㅡ、金ㅡ、銅ㅡ、百ㅡ、惡ㅡ、良ㅡ、外ㅡ、銀ㅡ、雜ㅡ、財ㅡ、錢ㅡ、通ㅡ。

【販】

(판) 願 ハン、うる、あきなう sell; trade ㄈㄢˋ fan⁴

小篆 草書 장사판、팔판、무역할판(賤買貴賣者)。【史記】往來ㅡ賤賣貴。

【販路:판로】상품이 팔리는 방면。

【販路協定:판로협정】《經》상품 판매자들이 서로 경쟁을 피하기 위하여 販路를 의논하여 결정함。「勿得ㅡㅡ。

【販賣:판매】상품을 팔음。【漢書】市井

【販賣高:판매고】商品을 판 값의 총계。

【販賣權:판매권】판매하는 권리。

【販賣部:판매부】어느 한 機關 안에 설치하여 놓고 판매의 일을 맡아 보는 부분이나 곳。

【販賣所:판매소】판매하는 장소。

【販賣額:판매액】판매하는 금액。「업。

【販賣業:판매업】상품을 판매하는 영

【販賣員:판매원】상품의 판매에 종사하는 사람。판매하기 위하여 고용된 사람。

【販賣人:판매인】상품을 파는 사람。

【販賣店:판매점】판매하는 상점。

【販賣組合:판매조합】《經》조합원의 생산품을 협동에 의하여 유리하게 파는 것을 목적으로 하는 일종의 산업 조합。

【貪】

(탐) 覃 タン、トン、むさぼる covet; greed ㄊㄢ t'an¹

小篆 草書 탐할탐、욕심낼탐(欲物愛財)。【詩】ㅡ人敗類。【楚辭】衆皆ㅡ婪。

【貪强:탐강】욕심이 많고 강함。【史記·自序】約從以抑ㅡㅡ。

【貪官汚吏:탐관오리】욕심이 많고 행실이 깨끗하지 못한 관리。

【貪求:탐구】뇌물 따위를 탐내어 구함。

【貪權樂勢:탐권낙세】권세를 탐내고 즐겨함。「於財。

【貪嗜:탐기】탐내어 즐김。【史記】ㅡㅡ

【貪饕:탐도】재물과 음식을 몹시 탐냄。

【貪婪:탐람】욕심이 많음。【楚辭·註】ㅡ愛財曰貪、愛食曰婪。

【貪戾:탐려】욕심이 많아 바른 길에서 「벗어남。

【貪戀:탐련】사물에 마음이 매우 끌림。

【貪廉:탐렴】욕심이 많음과、욕심이 없음。貪慾과 淸廉。

【貪吏:탐리】욕심이 많고 뇌물 따위를 받는 관리。【史記】ㅡㅡ安可爲也。

【貪利:탐리】이익을 탐냄。謀利。

【貪吝:탐린】욕심이 많고 인색함。

【貪墨:탐묵】욕심이 많고、마음이 검음。【左傳】貪以敗官爲墨。

【貪鄙:탐비】욕심이 많고 마음이 야비함。【詩經·序】在位ㅡㅡ、無功而受祿。

【貪色:탐색】=好色。

【貪惜:탐석】욕심이 많고 인색함。【後漢書】諸將皆ㅡㅡ財貨。

【貪食:탐식】탐내어 먹음。함부로 많이 「먹음。

【貪心:탐심】탐욕하는 마음。

【貪惡:탐악】욕심이 많고 마음이 악함。【詩經·箋】鳥之ㅡㅡ者也。

【貪愛:탐애】남의 베풀음을 탐내어 받음。【左傳】ㅡㅡ不祥。「움。

【貪汚:탐오】욕심이 많고、마음이 더러

【貪慾:탐욕】매우 욕심이 많음。사물을 탐하는 욕심。【張衡】進明德而崇業、滌饕餮之ㅡㅡ。

【貪淫:탐음】지나치게 色을 즐겨함。

【貪恣:탐자】욕심이 많고 함부로 함。【宋史】守令或ㅡㅡ耄昏、以弛爲寬、以苛爲察。

【貪財:탐재】재물을 탐냄。「정치。

【貪政:탐정】탐욕이 많고 포악 무도한

【貪虐:탐학】욕심이 많고 모질음。

【貪好:탐호】매우 즐기고 좋아함。

【貪橫:탐횡】탐욕이 많고 행동이 횡포함。【宋史】劉寶以專悍ㅡㅡ罷。

◎食ㅡ。

【貫】

(관) 翰 カン、つらぬく go through ㄍㄨㄢˋ kuan⁴

小篆 草書 ❶꿸관(穿也)。【易】ㅡ魚。❷마칠관(中也)。【儀禮】不ㅡ不釋。❸돈꿰미 관(緡錢)。【漢書】ㅡ朽不可校。❹본 관(本ㅡ鄕籍)。❺벼리관(條ㅡ規繩)。【通鑑】兼總條ㅡ。

【貫朧:관농】《醫》마마가 불어서 물이 잡힘。

【貫道之器:관도지기】글。文章。문장은 道를 밝히는 것이기 때문。【李漢】文者ㅡ也、不深於斯道、有至焉者、不也。

【貫瀆:관독】스스럼없어서 우습게 여기고 더럽힘。【左傳】ㅡㅡ鬼神。

【貫祿:관록】행동에 따르는 무게。人格에 구비된 위엄。

【貫流:관류】꿰뚫어 흐름。

【貫屬:관속】호적이 있는 곳。本籍地。

【貫盈:관영】모두 참。이르지 않은 곳이 없음。【書經】商罪ㅡㅡ、天命誅之。

【貫日:관일】❶해를 꿰뚫음。햇빛을 가림。❷날을 거듭함。세월을 쌓음。

【貫子:관자】망건에 달아、망건 줄을 꿰는 작은 고리。「至焉。

【貫的:관적】과녁。【荀子】ㅡㅡ張而弓失

【貫籍:관적】고향。본적지。

【貫珠:관주】❶구슬을 꿤。❷염주。❸文章이나 글자가 잘 되었을 때 칭찬하는 뜻으로 글자 옆에 치는 고리 같은 둥근 표。【玉泉子】手持ㅡㅡ、閉目以誦經。

【貫穿:관천】❶속까지 뚫음。❷학문에 깊이 통함。【漢書】ㅡㅡ經傳。「냄。

【貫徹:관철】뚫어 냄。끝까지 이루어

【貫通:관통】꿰뚫어 통함。조리가 명료함。【朱熹】脈絡ㅡㅡ。

【貫通傷:관통상】관통된 상처。

【貫行:관행】계속해서 실행함。끝까지 행함。【漢書】以次ㅡㅡ、固執無違。「관。

【貫鄕:관향】❶始祖가 난 땅。❷본。본

【貫革:관혁⇩과녁】화살이나 총 따위를 쏘는 연습을 할 때 세워 놓는 목표물。

◎舊ㅡ、本ㅡ、一ㅡ、鄕ㅡ。

【責】

㊀(채) 佳 ㊁(책) 陌 セキ、サイ、せめる condemn; duty ㄗㄜˊ tse²

小篆 草書 ㊀빚채(負債)。【周禮】聽稱ㅡ。㊁❶꾸짖을책(誚也)。【左傳】西鄰ㅡ言。❷조를책(求也)。【左傳】宋多ㅡ賂于鄭。❸맡을책(任也)。【孟子】有言ㅡ者。❹나무랄책(誅也)。【詩序】ㅡ衛伯也。❺재촉할책(迫取)。【戰國策】歸其劒而ㅡ之金。❻제탓할책(自訟)。【漢書】痛自刻ㅡ。

【責課:책과】貢物이나 세금을 내라고 독촉함。【宋史】不宜種藝者、不須ㅡㅡ。

【責躬:책궁】스스로 제 허물을 책망함。

【責難:책난】어려운 일을 실행하도록 책하고 권고함。

【責望:책망】허물을 꾸짖음。【史記】衡山王·淮南王、兄弟相ㅡㅡ禮節間。

【責務:책무】당연히 해야 할 의무。

【責問:책문】꾸짖어 물음。【後漢書】乘驛ㅡㅡ馬援。

【責罰:책벌】 견책과 형벌。
【責備:책비】 모든 일에 완전하고 한 가지의 허물도 없기를 바람。
【責善:책선】 친구 사이에서 서로 착한 일을 하도록 권고함。『孟子』ㅡㅡ朋友之道也。
【責讓:책양】 책망함。『十八史略』睢坐ㅡㅡ之。
【責言:책언】 책망하는 말。『左傳』西鄰ㅡㅡ、不可償也。
【責應:책응】 책임지고 물품을 내어 주는 일。
【責任:책임】 ❶맡아서 해야 할 임무。『莊子』動則得矣、靜則無爲、無爲也、則任事者責矣。❷《法》행위의 결과에서 생기는 손실이나、制裁를 한몸에 떼어 맡는 일。
【責任內閣:책임내각】 《政》施政 방침이나 여론의 贊否 여하에 따라 책임을 지고 진퇴를 결정하는 내각。
【責任者:책임자】 어떠한 일에 책임을 지는 사람。또는 져야 할 사람。
【責任解除:책임해제】 責務의 免除。
【責徵:책징】 금품・양곡들을 요구함。徵求。
◎譴ㅡ、問ㅡ、罰ㅡ、言ㅡ、自ㅡ、重ㅡ、叱ㅡ、職ㅡ。

【貭】 (질) 『質』(貝部 8畫)의 略字

【贒】 (현) 『賢』(貝部 8畫)의 略字

五 畫

【貯】 (저) 語 チョ、たくわえる saving; store up ㄓㄨˇ chu³
小篆 草書 ❶쌓을저、저축할저(積也)。『漢書』夫積ㅡ者天下之大命。❷감출저(藏也居也)。❸둘저(置也)。『周禮』貨物ㅡ藏於市。
【貯穀:저곡】 곡식을 쌓아 둠。
【貯金:저금】 돈을 모음。또는 그 돈。『錄異記』ㅡㅡ多則木焦枯。
【貯金通帳:저금통장】 預金通帳。
【貯望:저망】 名望의 근본을 기름。養望。
【貯粟:저속】 곡식을 쌓아 둠。또는 그 곡식。『公羊傳』無ㅡㅡ。
【貯水:저수】 상수도 또는 灌漑用으로 물을 모아 둠。
【貯水池:저수지】 上水道나 灌漑用으로 둑을 쌓고 물을 모아 두는 곳。
【貯柴:저시】 모아 둔 땔나무나 또는 땔나무를 예비로 모아 둠。
【貯藏:저장】 쌓아서 간직하여 둠。
【貯藏根:저장근】 《植》양분을 쌓아 간직하여 두는 식물의 뿌리。
【貯積:저적】 =貯蓄。『法苑珠林』廣蓄田財過分、ㅡㅡ。
【貯蓄:저축】 절약하여 모아 둠。
【貯置:저치】 저축하여 놓음。
【貯炭:저탄】 석탄을 저장하는 일。

【貰】 ㊀(세) 霽 セイ、かりる hire; borrow ㊁(사) 禡
小篆 草書 ㊀❶빌릴세、꿀세(貸也)。❷세낼세(賒也)。『漢書』諸貰未作ㅡ貸。❷죄사할사(寬罪)。㊁❶뜻은 ㊀과 같음。『漢書』得見ㅡ赦。
【貰家:세가】 셋집。
【貰器:세기】 세를 받고 빌려 주는 그릇。
【貰馬:세마】 세를 받고 쓰도록 빌려 주는 말。
【貰物:세물】 한 일정세를 받고 빌려 주는 온갖 물건。
【貰赦:세사】 容赦함。
【貰牛:세우】 세를 주고 부리는 소。셋소。
【貰錢:세전】 셋돈。
【貰冊:세책】 일정의 세를 받고 빌려 주는 책。
【貰冊家:세책가】 세를 받고 빌려 주는 책방。
◎家ㅡ、傳ㅡ。

【貾】 (소) 語 ショ、うらなう honoraria
小篆 복채소(卜問財)。

【貱】 (피) 寘 ヒ、あたえる give
小篆 줄피(與也)。

【貲】 (자) 支 シ、たから wealth; property ㄗ tzū¹
小篆 草書 재물자(貨也財也)。『史記』子貢好廢擧與時轉貨ㅡ。
【貲產:자산】 =財產。『後漢書』小人常破ㅡㅡ以祈禱。

【貶】 (폄) 琰 ヘン、おとす diminish ㄅㄧㄢˇ pien³
小篆 草書 ❶덜릴폄(損也)。『公羊傳』何以不氏ㅡ。❷떨어질폄(墜也)。『詩』我位孔ㅡ。❸귀양보낼폄(謫也)。❹꺾을폄(抑也)。❺감할폄(減也)。
【貶降:폄강】 관직을 깎아 낮춤。『後漢書』順朝無ㅡㅡ之文。
【貶格:폄격】 品格을 떨어뜨림。
【貶論:폄론】 貶斥하는 말。
【貶流:폄류】 관직을 깎아서 귀양 보냄。
【貶薄:폄박】 남을 貶斥하고 얕잡음。
【貶坐:폄좌】 허물로 인하여 관직을 깎아 낮춤。
【貶遷:폄천】 벼슬을 降等하고 左遷시킴。『後漢書』選擧不實、曾無ㅡㅡ。
【貶黜:폄출】 남을 나쁘게 말하여 벼슬을 떨어뜨리고 물리침。『漢書』自傷ㅡㅡ父爵。
【貶下:폄하】 治績이 좋지 않은 원을 貶黜함。
【貶毁:폄훼】 깎고 헐뜯음。貶斥。毁譽。
◎褒ㅡ。

【貳】 (이) 寘 ニ、ジ、ふたつ、そえる two; second ㄦˋ erh⁴
小篆 草書 ❶두이、둘이(二也)。❷버금이(副也)。❸의심낼이(攜ㅡ疑也)。『書』任賢勿ㅡ。❹거듭이(重複)。『禮記曲禮』雖ㅡ不辭。❺짝이(匹也)。❻마음변할이(心變)。❼두마음이(二心)。『國語晉語』從君而ㅡ。❽대신이(代也)。❾이별할이(別也)。(『二』와 같음)
【貳車:이거】 버금으로 따르는 수레。『禮記』乘ㅡㅡ則式。
【貳極:이극】 ❶王世子의 異稱。❷皇太子의 異稱。
【貳相:이상】 左右贊成을 삼정승의 다음 가는 정승이라는 뜻으로 일컫는 말。
【貳臣:이신】 貳心을 품은 신하。
【貳心:이심】 ❶두 가지 마음。❷배반하는 마음。❸변하기 쉬운 마음。
【貳衙:이아】 監營이 있던 곳의 郡衙。

【貴】 (귀) 未 キ、とうとい precious; noble
小篆 草書 ❶귀할귀、높을귀(位高尊也)。『易繫辭』崇高莫大乎富ㅡ。❷귀히여길귀(物不賤)。『書』不ㅡ異物。
【貴簡:귀간】 상대편의 편지의 尊稱。
【貴客:귀객】 ❶귀한 손님。『史記』。❷《植》모란의 異名。『花譜』。
【貴格:귀격】 ❶귀하게 될 얼굴의 상。❷稀貴하게 생긴 체격。
【貴庚:귀경】 남의 나이의 尊稱。
【貴骨:귀골】 ❶귀하게 자란 사람。❷귀하게 될 골격。❸뼈대가 잔약한 사람의 別名。
【貴公:귀공】 ❶신분이 높은 사람。❷第二人稱 代名詞。처음에는 어른에게 썼으나 나중에는 같은 연배 또는 손아랫 사람에게 씀。

【貴公子:귀공자】 신분이 높은 집안의 젊은 남자。

【貴官:귀관】 ❶신분이 높은 사람。❷상대자의 官職의 尊稱。

【貴國:귀국】 ❶존귀한 나라。❷相對國의 尊稱。

【貴金屬:귀금속】 생신이 적고、화학 변화가 적은 금속。白金·黃金 따위。

【貴女:귀녀】 ❶여자를 높임。❷신분이 높은 여자。❸여자에 대한 尊稱。

【貴童子:귀동자】 특별히 사랑받는 사내 아이。

【貴門:귀문】 ❶존귀한 집안。『南史』不爲——屈意、人士翕然稱之。❷상대자의 집안의 尊稱。『古詩』謝家來——。

【貴物:귀물】 ❶귀한 물건。❷희귀한 물건。

【貴邦:귀방】 =貴國。

【貴寶:귀보】 귀한 보배。

【貴婦人:귀부인】 신분이 높은 부인。

【貴妃:귀비】 《制》女官의 하나。貴嬪·貴人과 함께 三夫人이라 일컬으며、지위가 相國에 해당하며 正一品으로 皇后의 다음감。

【貴賓:귀빈】 신분이 높은 손님。『魏書』我賤不足以報——。

【貴賓席:귀빈석】 귀빈이 앉도록 마련된 자리。

【貴賓室:귀빈실】 귀빈이 쉬거나 거처하도록 베풀어 놓은 방。

【貴社:귀사】 상대편 회사의 尊稱。

【貴書:귀서】 =貴函。

【貴遊子弟:귀유자제】 王族·貴族의 자제。貴遊는 上流。『周禮』凡國之——學焉。

【貴意:귀의】 상대자의 의견의 尊稱。

【貴人:귀인】 ❶신분이 높은 사람。『韓非子』——有過端。❷漢代의 女官。皇后의 다음감。『後漢書』。❸《制》從一品 內命婦의 封爵。

【貴人相:귀인상】 존귀하게 생긴 얼굴。

【貴族:귀족】 ❶신분이 높고 가문이 좋은 사람의 家系。『晉書』連姻——、將來庶有大益。❷사회의 상류에 있어 특권을 가진 지배 계급。

【貴族階級:귀족계급】 사회의 윗자리에 있어 특권을 가지고 있는 계급。

【貴族的:귀족적】 ❶귀족다운 기풍이 있는 모양。❷높은 계급에 속한 것을 뽐내는 태도。

【貴族的文學:귀족적문학】 高踏的인 형식으로 깨끗한 정신을 높이 표현하려는 형식의 문학。

【貴族政治:귀족정치】 귀족이 정권을 잡고 있는 정치。

【貴中:귀중】 편지나 물품을 받는 단체의 이름 밑에 쓰는 말。

【貴重:귀중】 身分이 귀하고 세력이 큼。『韓非子』——之臣。

【貴重品:귀중품】 귀중한 물건。

【貴地:귀지】 ❶높은 지위。『南史』及居隆重、不以——自高。❷상대자가 사는 곳의 尊稱。

【貴誌:귀지】 상대편의 잡지의 尊稱。

【貴紙:귀지】 상대편의 신문의 尊稱。

【貴札:귀찰】 =貴函。

【貴處:귀처】 =貴地。

【貴戚:귀척】 고귀한 사람의 친척。또는 귀족。『孟子』有——之卿。

【貴賤:귀천】 ❶존귀함과 비천함。또는 귀인과 천인。『中庸』序爵、所以辨——也。❷값의 비쌈과 쌈。

【貴體:귀체】 상대편의 몸의 尊稱。

【貴側:귀측】 상대편의 尊稱。

【貴態:귀태】 존귀한 자태。

【貴宅:①귀택②귀댁】 ❶상대자의 집의 尊稱。❷相對方의 婦人의 尊稱。

【貴下:귀하】 상대에 대한 존칭。

【貴翰:귀한】 =貴函。

【貴函:귀함】 상대편의 편지의 尊稱。貴書。

【貴幸:귀행】 임금이 은총을 베풀음。『漢書』以婉媚——。

【貴顯:귀현】 신분이 높은 사람。『南史』雖外戚——、而彌自沖約、茅屋蔬餐。

【貴兄:귀형】 상대방을 친근히 높이어 일컬음。

【貴鵠賤鷄:귀혹천계】 먼데 것을 귀히 여기고 가까운 것을 천히 여기게 되는 인정을 일컫는 말。

◎高—、騰—、富—、尊—、顯—。

【買】(매) 蟹 バイ、マイ、かう buy [ㄇㄞˇ mai³]

小篆 草書 살 매(—賣市也)。『周禮』聽—賣以質劑。

【買價:매가】 사는 값。

【買氣:매기】 물건을 사려는 人氣。

【買得:매득】 ❶사들임。買入。❷물건을 싸게 삼。

【買來:매래】 사옴。

【買賣:매매】 사고 팔음。『舊唐書』人有——、隨自署記、翌日合算之。

【買名:매명】 명예를 구함。『南史』吾豈——求仕者乎。

【買上:매상】 물건을 사들임。

【買笑:매소】 ❶기생을 삼。遊女를 희롱함。『劉禹錫』猶自經營——金。❷《植》薔薇의 異名。『買氏說林』。❸웃음을 삼。웃음거리가 됨。

【買收:매수】 ❶사들임。❷남의 마음을 사서 자기 편으로 삼음。

【買受:매수】 사서 받음。

【買收運動:매수운동】 사람을 매수하는 운동。

【買受人:매수인】 ❶물건을 사서 받은 사람。❷매수한 사람。

【買食:매식】 사서 먹는 음식。음식을 사서 먹음。

【買入:매입】 사들임。

【買贓:매장】 도둑질한 물건을 삼。

【買占:매점】 팔릴 것을 짐작하고 물건을 휩쓸어 사 둠。

【買主:매주】 물건을 사는 사람。

【買集:매집】 사서 모음。사 쌓음。

【買土:매토】 [illegible]

【買辦:매판】 ❶상품을 사들이는 일을 맡은 사람。❷외국인 상점 또는 회사에 고용되어 매매의 중개를 하는 중국 사람。또는 중간 상인。

◎競—、購—、賣—。

【貸】㊀(대) 隊 ㊁(특) 職 タイ、トク、かす lend [ㄉㄞˋ tai⁴]

小篆 草書 ㊀❶빌릴 대、꿀 대(借施)。『左傳』盡其家—於公。❷갚을 대(以物與人更還其主假也)。㊁빌 특(借也)。

【貸家:대가】 셋집。

【貸去:대거】 물건을 남이 꾸어감。

【貸金:대금】 빌려 준 돈。돈놀이를 하는 돈。

【貸給:대급】 =貸與。

【貸金業:대금업】 돈놀이。

【貸金業者:대금업자】 돈놀잇군。

【貸來:대래】 돈을 빌어 옴。

【貸方:대방】 ❶빌려 준 쪽。❷=貸邊。

【貸邊:대변】 부기에서 장부상의 계산구좌에 出金을 기입하는 쪽。자본금、적립금、이익금도 포함됨。↔借邊。

【貸本:대본】 =貰冊。

【貸付:대부】 변리와 기한을 정하고 돈이나 물건 따위를 빌려 줌。

【貸費:대비】 학교에서 학비의 일체를 빌려 줌。

【貸贍:대섬】 넉넉히 베풀어 줌。『後漢書』陛下誠宜廣被恩澤、——元元。

【貸與:대여】 빌려 줌。

【貸用:대용】 꾸어서 씀。

【貸店:대점】 세를 주는 가게。

【貸主:대주】 빌려 준 사람。

【貸地:대지】 세 주는 땅。

【貸借:대차】 ❶빌려 줌과 빌어 옴。『南史』更相扇誘、不可——。❷부기의 貸邊과 借邊。

【貸借對照表:대차대조표】 은행·회사 따위에서 자산 및 사업의 상태를 명

부채로 나누어 기입하여 쌍방을 대조하는 표。
【貸出:대출】 꾸어 주어 지출함。
【貸出金:대출금】 대출한 돈。
【貸下:대하】 상급 관청에서 하급 관청에게 돈·곡식 따위를 빌려 주던 일。
◎賃ㅣ。

【貺】(황) 漾 キョウ、たまう、あたえる give ㄎㄨㄤˋ k'uang⁴
小篆 草書 줄황(賜也、與也)。【儀禮】吾子有惠ㅣ室某也。
【貺祐:황우】 복을 내림。또 주어진 복。【何晏·注】善曰、爾雅曰、貺、賜也、祐、福也。

【貝+句】(구) 宥 コウ、あたえる rule
다스릴구(治也)。

【費】㊀(비) 寘 ヒ、ついやす cost; consume ㄈㄟˋ fei⁴ ㊁(비) 未
小篆 草書 ㊀고을비(魯邑名)。㊁없앨비、허비할비(散財用耗損)。【論語】君子惠而不ㅣ。
【費耗:비모】 써서 없앰。또는 비용。【漢書】公私ㅣㅣ、皆出於民。
【費目:비목】 비용을 지출하는 명목。
【費心:비심】 애씀。수고함。【杜甫】ㅣㅣ姑息是一役。
【費額:비액】 드는 돈。쓴 돈머리。
【費用:비용】 드는 돈。쓰이는 돈。【史記】孰知夫輕ㅣㅣ之所以養財也。
【費隱:비은】 費而隱에서 나온 말。그 效用은 廣大하면서 그 본체는 隱微하여 드러나지 않음。【中庸】。
【費財:비재】 돈을 소비함。費錢。
【費錢:비전】 돈을 헛되이 씀。
◎經ㅣ、經常ㅣ、公ㅣ、空ㅣ、工ㅣ、會ㅣ。

【貼】(첩) 葉 plaster; paste ㄊㄧㄝ t'ieh
小篆 草書 ❶붙일첩(依附)。❷접어둘첩(黏置)。❸전당할첩(以物爲質)。
【貼聯:첩련】 관청에 제출하는 서면에 관계되는 서류를 덧붙임。
【貼付:첩부】 착 들러붙임。
【貼藥:첩약】 (醫)약방문에 따라 여러 가지 약재를 배합하여 싼 한방약。
【貼用:첩용】 붙여 두고 씀。
【貼花:첩화】 도자기의 몸과 같은 감을 가지고 여러 모양으로 만들어 붙인 무늬。

【貽】(이) 支 イ、おくる、のこす give ㄧˊ i²
小篆 草書 ❶끼칠이(遺也)。❷줄이(貺也)。【詩】ㅣ我彤管。❸검은자개이(黑悅)。
【貽惱:이뇌】 남에게 괴로움을 끼침。
【貽謀:이모】 자손을 위하여 남긴 꾀。【蔡襄】ㅣㅣ寶訓明。
【貽笑:이소】 남에게 비웃음을 당함。
【貽憂:이우】 남에게 근심을 끼침。
【貽貝:이패】 (動)홍합。
【貽弊:이폐】 남에게 폐를 끼침。
【貽害:이해】 남에게 해가 미치게 함。
【貽訓:이훈】 父祖가 자손을 위하여 남긴 교훈。뒷사람에게 남기는 격언。【權德輿】萬石ㅣㅣ、根於孝友。

【貿】(무) 宥 ボウ、あきなう trade ㄇㄠˋ mao⁴
小篆 草書 ❶몰아살무、무역할무(交易財貨)。【詩經】抱布ㅣ絲。❷어릿어릿할무(ㅣㅣ無識貌)。【禮記】有餓者ㅣㅣ然來。
【貿穀:무곡】 곡식을 무역하여 들임。
【貿貿:무무】 ❶[illegible] 모양。【禮記】有餓者、蒙袂輯屨、ㅣㅣ然來。❷무식하여 예절에 어두워 언행이 서투름。
【貿米:무미】 쌀을 무역하여 들임。
【貿易:무역】 (經)❶팔고 사고 바꿈질을 함。【史記】以物相ㅣㅣ。❷외국과 장사 거래를 함。
【貿易管理:무역관리】 외국 무역에 관계된 일을 나라에서 관리함。
【貿易商:무역상】 외국과의 수출입을 영업으로 하는 商業。또는 그 장사。
【貿易政策:무역정책】 무역에 관계된 나라의 정책。
【貿易風:무역풍】 (地)緯度 二〇도 내외의 지역에서 赤道를 향하여 低空을 늘 부는 바람。지구의 자전으로 인하여 북반구에서는 동북풍으로、남반구에서는 동남풍으로 부는 바람。
【貿易港:무역항】 ＝商港。
【貿販:무판】 食肉을 파는 푸주를 내는 것。

【貝+玄】(현) 霰 ケン、うる sell
팔현(售也、賣也)。

【賀】(하) 箇 ガ、よろこぶ celebrate ㄏㄜˋ hê⁴
小篆 草書 ❶하례할하(慶也)。【周禮】ㅣ慶之禮。❷하례하(朝ㅣ稱慶)。【後漢書】大朝受ㅣ。❸위로할하(勞也)。❹더할하(加也)。
【賀客:하객】 축하하는 손님。
【賀禮:하례】 축하하는 예식。
【賀詞:하사】 축하의 말。
【賀宴:하연】 축하하는 뜻으로 베푼 잔치。
【賀筵:하연】 축하하는 잔치。
【賀儀:하의】 ＝賀禮。
【賀狀:하장】 경사를 축하하는 편지。
【賀章:하장】 경사를 축하하는 편지。
【賀表:하표】 나라 또는 조정에 경사가 있을 때、신하가 임금에게 바치던 축하하는 글。【南史】高帝即位、方鎭皆有ㅣㅣ。
◎慶ㅣ、拜ㅣ、年ㅣ、祝ㅣ。

【貝+㐌】(이)『貤』(貝部 3畫)와 같음

【賁】(분)『賁』(次條)과 같음

六 畫

【賁】㊀(비) 寘 ヒ、フン、かざる adorn ㄅㄧˋ pi⁴ ㊁(분) 文 ㊂(분) 元
小篆 草書 ㊀❶꾸밀비(飾也)。❷괘이름비(卦名)。㊁클분(大也)。【書】用宏ㅣ玆。㊂날랠분(虎ㅣ勇也)。【書】綴衣虎ㅣ。
【賁來:비래】 남이 방문해 옴의 敬稱。(賁은 飾으로 빛남의 뜻)。
【賁飾:비식】 아름답게 꾸밈。
【賁然:비연】 빛나는 모양。

【賂】(뢰) 遇 ロ、まいなう bribe (本音「로」)
小篆 草書 ❶선물뢰(賄ㅣ以財與人)。【左傳】賓其ㅣ器於太廟。❷줄뢰(遺也、贈也)。❸끼칠뢰(遺也)。
【賂物:뇌물】 자기의 목적을 이루기 위하여 권력관계자에게 몰래 주는 재물。
【賂謝:뇌사】 뇌물의 금품。뇌물。【宋史】爲轉運小吏、不受ㅣㅣ。
【賂遺:뇌유】 뇌물을 보냄。뇌물。【史記】諸侯群臣ㅣㅣ、終無所受。
◎賄ㅣ。

【賃】(님) 沁 チン、かりる、やとう hire; rent ㄌㄧㄣˋ lin⁴ (俗音「임」)
小篆 草書 ❶머슴님、더부살이님、품팔이님(傭也)。【史記】

臣爲人庸ㅣ。❷빌님(借也)。❸세낼님(以財雇物)。

【賃金:임금】❶삯전。❷일에 대한 보수。

【賃金基準說:임금기준설】=賃銀基準說。

【賃金法:임금법】《法》임금에 대하여 규「정해 놓은 법률。

【賃貸:임대】물품을 남에게 빌려 주고 損料를 받음。↕賃借。

【賃貸料:임대료】빌려주고 받는 삯돈。賃借料。

【賃貸物:임대물】임대차의 목적이 되「는 물건。

【賃貸人:임대인】임대차 행위에 있어서 물품을 빌려 주는 사람。

【賃貸地:임대지】임대차의 목적이 되「는 토지。

【賃貸借:임대차】남의 소유물을 빌어 쓰는 사람이 소유자에게 사용료를 치르게 하는 계약。

【賃舂:임용】방아 찧는 데 고용됨。

【賃銀:임은】❶임금。❷노동자가 받는 報「酬。

【賃銀政策:임은정책】《經》노동자의 임금、또는 賃銀率의 유지、또는 보장에 관한 정책。賃金政策。

【賃錢:임전】삯으로 치르는 돈。

【賃借:임차】損料를 내고 얻어 씀。↕賃貸。

【賃借料:임차료】빌어 쓰는 요금。↕「賃貸料。

◎家ㅣ、汽車ㅣ、勞ㅣ、船ㅣ、運ㅣ、借ㅣ。

【賄】(회) 賄 カイ、ワイ、まいなう bribe ㄏㄨㄟˇ huei³

❶재물회(財帛總名)。【周禮】商賈阜通貨ㅣ。❷선물회(贈送)。【儀禮】ㅣ用束帛。

【賄賂:회뢰】❶사사 이익을 꾀하기 위하여 권력자에게 비밀히 주는 정당하지 못한 금품。【春秋胡傳】ㅣㅣ公行。❷관공리에게 뇌물을 보냄。

【賄賂罪:회뢰죄】《法》뇌물을 주고 받[illegible]음으로써 성립되는 죄。收賄罪와 贈賄罪가 있음。

◎收ㅣ、贈ㅣ。

【賅】(해) 灰 カイ、そなえる possess ㄍㄞ kai (本音「개」)

❶갖출해(備也)。❷넉넉할해(贍也)。❸이상할해(非常、奇也)。

【賅備:해비】넉넉히 갖춤。

【資】(자) 支 シ、たから、もとで capital; resources ㄗ tzū

❶재물자(貨也)。【易】旅卽次懷其ㅣ。❷취할자(取也)。【易】萬物ㅣ始。❸쓸자(用也)。❹도울자(助也)。【儀禮】問歲月之ㅣ。❺자품자(稟也)。❻자뢰자(賴也、憑也)。

【資格:자격】❶신분과 지위。『唐書』用循ㅣㅣ、無問能否。❷근본 또는 바탕과 표준이 되는 조건。

【資格審査:자격심사】자격의 適否를 「조사함。

【資格任用:자격임용】任用者가 어떠한 규정이나 자격을 심사한 후에 임용하는 일。↕自由任用。

【資金:자금】資本金。밑천。

【資金難:자금난】자금을 얻기가 어려「움。

【資級:자급】加資의 등급。관원의 위계。

【資給:자급】공급함。베풀어 줌。『魏志』恰其家貧、ㅣㅣ甚厚。

【資力:자력】❶밑천。『魏志』蜀國小民疲ㅣㅣ單弱。❷바탕이 되는 힘。❸財力。

【資料:자료】❶재료。❷연구·조사의 재료가 되는 것。

【資辯捷疾:자변첩질】천성이 能辯하고 행동이 민첩함。『史記』。

【資本:자본】영업의 기본이 되는 돈이나 물자。『釋名』取爲ㅣㅣ也。

【資本家:자본가】[illegible] 사업에 자본을 낸 사람。

【資本家階級:자본가계급】생산 수단을 소유하고 품삯을 주고 노동자를 고용하여、이윤을 걷어 얻는 계급。부르좌지。

【資本計定:자본계정】《經》기업에 투자되어 있는 화폐액을 나타내는 計定。

【資本課稅:자본과세】《法》국가의 과대한 지출을 보충하기 위하여 재산에 대하여 부과시키는 세금。

【資本構成:자본구성】하나의 자본을 구성면에서 본 이론。가변 자본과 불변 자본의 비율을 말함。

【資本金:자본금】영리의 목적으로 넣은 자금。영업 자금으로서의 순 재산액。밑천。

【資本逃避:자본도피】《經》한 나라 안의 화폐 가치가 떨어질 기미가 있을 때、자본이 그 나라를 떠나서 다른 나라로 옮겨지는 일。

【資本額:자본액】자본의 액수。

【資本財:자본재】《經》우리의 욕망을 간접으로 채워주는、곧 재화의 생산에 필요한 근본 재물。

【資本主:자본주】사업에 밑천을 대는 「사람。

【資本主義:자본주의】모든 재화가 상품화되고 사람의 노동력도 상품이 되어서、생산 수단을 가지는 계급이 그것을 가지지 않은 계급의 노동력을 이용하여、잉여 가치의 생산을 하는 경제 조직。

【資本主義經濟:자본주의경제】《經》자본 계급의 이윤을 보게 함을 목표하여、자유 활동에 따라서 조직된 경제。

【資本準備金:자본준비금】《經》會社의 法定準備金의 하나。총 자본금의 사분의 일에 해당하는 돈。

【資本蓄積:자본축적】《經》자본가가 이윤을 아껴 써서、생산 규모를 끊임없이 늘리게 하는 일。

【資產:자산】❶천량。財產。『晉書』[illegible] 務施、不畜ㅣㅣ。❷소득을 축적한 것。❸금전으로 계산할 수 있는 유형·무형의 값있는 물건으로 부채의 담보로 할 수 있는 것。

【資產計定:자산계정】《經》부기로 금전·물품·유가증권·부동산·의장권·대부금 따위의 자산에 속하는 計定。

【資生:자생】어떠한 직업에 따라서 생활함。『易經』至哉坤元、萬物ㅣㅣ。

【資身之策:자신지책】한 몸의 생활을 도모하는 꾀。

【資用:자용】❶밑천으로 씀。❷필요한 「돈과 물품。

【資源:자원】자산 혹은 어떤 일에 이용되는 人的·物的 근원의 總稱。

【資義大夫:자의대부】《制》高宗 二년에 中義大夫와 함께 嘉義大夫에 합친 從二品 儀賓의 品階。

【資裝:자장】시집가는 차림새。婚需。

【資財:자재】❶재물。재산。『史記』竭天下之ㅣㅣ。❷타고난 바탕。(財는 材)。

【資材:자재】물건을 만드는 데 필요한 재료。

【資材難:자재난】자재를 구하기가 어「려움。

【資質:자질】타고난 바탕과 성질。『後漢書』ㅣㅣ敦固、公方廉恪。

【資稟:자품】사람된 바탕과、타고난 성「질。

【資賄:자회】시집갈 때 가지고 가는 물품들。『後漢書』裝送ㅣㅣ甚盛。

◎軍ㅣ、勞ㅣ、物ㅣ、天ㅣ、投ㅣ學ㅣ。

【[illegible]】(협) 棄 キョウ、たから riches

재물협(財也)。

【賈】㊀(고) 賈 コ、カ、あきなう commerce ㄍㄨˇ ku³ ㊁(가) 禡

㊀앉은장사고(坐賈)。【書】遠服ㅣ。㊁❶값가(售直)。【論語】求善ㅣ而沽諸。❷성가(姓也)。(『價』와 같음)

【賈船:고선】 商船。『漢書』蠻夷ㅡㅡ轉送致之。

【賈豎:고수】 商人을 욕하는 말。「今相國多受ㅡㅡ金。」『史記』

【賈怨:고원】 원망을 삼。

【賈人:고인】 商人。

【賈儈:고쾌】 물건의 매매를 仲介하여 구전을 먹는 사람。거간군。『朱松』惟勢利之徇、乃無以異於ㅡㅡ之交。

【賈害:고해】 스스로 재앙을 삼。

【賈胡:고호】 西域의 商人。『後漢書』馬伏波類西域ㅡㅡ、到一處輒止、以是失利。

【賉】 (술) 質 シュツ、へたばる distribute food 기민먹일술(分賑)。(『卹』과 같음) (或音은「휼」)

【賊】 (적) 職 ゾク、ぬすむ thief ㄗㄜˊ tsê² (本音「즉」)

賊 小篆 賊 草書 ❶도적 적(寇ㅡ盜也)。❷해칠적(殘ㅡ傷害)。『書』寇ㅡ姦宄。『周禮』ㅡ賢害民則伐之。

【賊警:적경】 ❶도둑을 경계함。❷도둑이 일어날 기미가 드러남。

【賊魁:적괴】 도둑의 괴수。

【賊窟:적굴】 도둑의 소굴。

【賊黨:적당】 도둑의 무리。

【賊徒:적도】 =賊黨。

【賊豆:적두】 《植》팥。

【賊壘:적루】 적의 堡壘。적의 진지。

【賊律:적률】 도둑을 벌하는 법률。

【賊反荷杖:적반하장】 《國》도둑이 도리어 몽둥이를 듦。《喩》잘못한 사람이 도리어 성을 냄。『旬五志』

【賊氛:적분】 도둑의 기세。

【賊匪:적비】 떼를 지어 도둑질을 하며 폭동을 일삼는 무리。

【賊船:적선】 해적의 배。

【賊勢:적세】 적의 세력。

【賊巢:적소】 도둑의 소굴。賊窟。『唐書』必覆ㅡㅡ。

【賊首:적수】 ❶도둑의 首級。『宋史』ㅡㅡ已擲庭下矣。❷도둑의 우두머리。賊魁。

【賊習:적습】 도둑질하는 버릇。

【賊心:적심】 해치려는 마음。모반하려는 마음。

【賊子:적자】 ❶불효자。『孟子』亂臣ㅡㅡ懼。❷반역의 무리。

【賊將:적장】 적군의 장수。

【賊贓:적장】 도둑이 도둑질하여 얻은 물건。

【賊情:적정】 도둑의 군사력의 실정。적의 형편。

【賊漢:적한】 모진 도둑놈。

【賊害:적해】 ❶손상하게 함。『劉楨』ㅡㅡ忠德、扇動奸黨。❷도둑에게 입은 손해。

【賊患:적환】 도둑에 대한 걱정。

◎國ㅡ、大ㅡ、盜ㅡ、山ㅡ、女ㅡ、逆ㅡ、殘ㅡ、海ㅡ。

【貽】 (이) 支 イ、おくる send 보내줄이(遺送)。

【賑】 (신) 軫 シン、もと pawn 전당신(質物)。

【賌】 (효) 蕭 キョウ、わずらわしい troublesome 번거로울효(煩也)。

七畫

【𧷤】 (개) 隊 カイ、ふかくかたい deep and firm ㄒㄧㄝˋ hsieh⁴

𧷤 小篆 깊고굳을개(深堅)。

【賑】 ㊀(진) 軫 シン、にぎわう abundant ㊁(진) 震 ㄓㄣˋ chen

賑 小篆 賑 草書 ㊀가멸진、풍부할진(富也)。『爾雅』殷ㅡ富有。㊁❶기민먹일진(ㅡ卹救也)。『漢書』發倉庾以ㅡ貧民。❷넉넉할진(贍給)。

【賑救:진구】 가난한 사람을 물자를 주어 구제함。

【賑貸:진대】 흉년에 정부의 곡식을 국민에게 빌려 줌。

【賑與:진여】 물품을 베풀어 줌。

【賑濟:진제】 =賑救。

【賑恤:진휼】 흉년에 곤궁한 백성을 구원하여 줌。『沈約』詳加ㅡㅡ。

◎殷ㅡ。

【賫】 (재) 齊 セイ、あたえる give (本音「제」) ❶집어줄재(持遺)。❷싸보낼재(裝送)。(『齎』와 같음)

【賰】 (순) 震 シュン、ふやす add ❶더할순(加也)。❷늘순(益也)。

【賒】 (사) 麻 シヤ、おぎのる hire ㄕㄜ shê¹

賒 小篆 賒 草書 ❶세낼사(貰買)。『周禮』泉府同貨而斂ㅡ。❷멀사(遠也)。『太公遇文王贊』城闕雖近風雲尙ㅡ。

【賓】 (빈) 眞 ヒン、まらうど guest

賓 小篆 賓 古文 賓 草書 ❶손빈、손님빈(客也)。『易』利用ㅡ于王 ❷인도할빈(賓ㅡ導也)。❸복종할빈(ㅡ服懷德)。『新序』四海ㅡ者誠德之至。❹배척할빈(擯斥)。❺율이름빈(律名蕤ㅡ)。❻성빈(姓也)。

【賓概念:빈개념】 《論》판단에 있어 主辭에 대하여 설명하여 이를 규정하는 개념。↔主概念。

【賓客:빈객】 ❶손。『論語』可使與ㅡㅡ言也。❷門下의 食客。❸太子를 補導하는 벼슬。

【賓啓:빈계】 《制》政議의 賓廳에서 의논하여 임금에게 아뢰던 일。

【賓貢:빈공】 외국인이 入朝하여 貢物을 바침。『韓愈』九夷八蠻之在荒服之外者、皆已ㅡㅡ。

【賓待:빈대】 손으로 대접함。『南史』知「非常人、ㅡㅡ甚厚。

【賓旅:빈려】 외국에서 온 나그네。

【賓禮:빈례】 ❶손을 대접하는 儀式。『禮記』ㅡㅡ每進以讓。❷손으로 대접하는 예절。

【賓服:빈복】 외국인이 복종하여 來朝함。『禮記』暴民不作、諸侯ㅡㅡ。

【賓朋:빈붕】 손님으로 대접하는 친구。『孔武仲』時邀ㅡㅡ敍野史。

【賓辭:빈사】 ❶《論》판단 내지 命題의 主辭에 대하여 설명하는 述語。↔主辭。❷目的語。

【賓筵:빈연】 손을 대접하는 자리。『溫庭筠』ㅡㅡ得佳客、侯印有光輝。

【賓友:빈우】 손과 벗。

【賓位:빈위】 손이 앉는 자리。

【賓雀:빈작】 《動》참새。

【賓主:빈주】 손과 주인。主客。『孟子』造爲ㅡㅡ。

【賓次:빈차】 손을 초대하는 곳。『宋史』主人設ㅡㅡ、如常儀。

◎國ㅡ、貴ㅡ、內ㅡ、來ㅡ、上ㅡ、外ㅡ、主ㅡ。

【賔】 (빈) 『賓』(前條)의 俗字

【賦】 (부) 遇 フ、とりたて、みつぎ taxation ㄈㄨˋ fu⁴

賦 小篆 賦 草書 ❶구실부(稅也)。『書』厥ㅡ惟錯。❷거둘부(斂也)。❸헤아릴부(量也)。❹줄부(給與)。❺받을부、탈부(稟受)。❻글부(詩之流)。『詩序』詩有六義二曰ㅡ。

【賦課:부과】 세금을 물리기 위하여 그

것을 정함。

【賦課金:부과금】 구실을 정하여서 물리는 돈。
【賦斂:부렴】 세금을 매겨서 받아들임。 『揚子方言·註』ㅡㅡ所以擾動民也。
【賦命:부명】 타고난 운명。 『杜甫』百年ㅡㅡ定。
【賦性:부성】 타고난 성질。 天性。
【賦稅:부세】 세금액을 매겨서 물림。 『史記』ㅡㅡ既竭。 『孟子』ㅡㅡ倍他日。
【賦粟:부속】 세금으로 받아들이던 곡식。
【賦詩:부시】 詩를 지음。
【賦與:부여】 나누어 줌。 별러 줌。
【賦役:부역】 ❶地稅와 夫役。 『韓愈』齊民逃ㅡㅡ。 ❷국가나 공공 단체가 국민에게 의무적으로 책임지우던 勞役。 夫役。
【賦租:부조】 =賦稅。 『蘇軾』人間行路難、踏地出ㅡㅡ。
【賦質:부질】 타고난 성질。 天性。

【賕】(구) 因 キュウ、まいない ㄑㄧㄡ ch'iu² corrupt
小篆 草書 탐장구、장전구(以財枉法賄也)。 『史記』受ㅡ枉法。

八畫

【賜】(사) 寘 シ、たまう ㄘ tz'u⁴ bestow
小篆 草書 ❶줄사(上予下錫)。 『禮』三ㅡ不及車馬。 ❷고마울사、은혜사(惠也)。 『公羊傳』虞郭之相救非相爲ㅡ。
【賜暇:사가】 휴가를 줌。 말미를 줌。
【賜告:사고】 관리에게 휴가를 줌。 漢代에 高官이 병으로 석 달이 되면 휴가를 주어 집에서 치료하게 하던 일。
【賜金:사금】 임금이 내린 돈。
【賜給:사급】 下賜함。
【賜履:사리】 ❶임금이 내려 준 領土。 ❷地方官이 됨。 『左傳·僖·四』。
【賜米:사미】 나라에서 노인에게 쌀을 내림。 또는 그 쌀。
【賜死:사사】 (制)죽일 죄인에게 死藥을 내려 자살하게 하던 일。
【賜書:사서】 임금이 내린 글。 『漢書』班彪家有ㅡㅡ、內足於財。
【賜姓:사성】 나라에서 姓을 내려 줌。
【賜送:사송】 임금이 신하에게 물건을 내리어 보냄。
【賜諡:사시】 諡號를 내림。
【賜樂:사악】 임금이 음악을 내리어 줌。 또는 그 음악。
【賜顏:사안】 좋은 낯빛으로 아랫 사람을 대함。
【賜謁:사알】 (制)임금이 신하에게 알현할 기회를 줌。
【賜額書院:사액서원】 임금이 이름을 지어 준 서원。
【賜藥:사약】 임금이 죽여야 할 신하에게 독약을 내려 줌。
【賜與:사여】 나라에서 내려 줌。 賜給。
【賜宴:사연】 나라에서 잔치를 베풀어줌。 또는 그 잔치。
【賜田:사전】 임금이 내려 준 밭。
【賜饌:사찬】 임금이 음식을 내리어 줌。
【賜牌基地:사패기지】 나라에서 내려주던 터。
【賜見:사현】 拜謁을 허락함。
【賜號:사호】 임금이 호를 내림。 또는 그 호。
【賜花:사화】 =御賜花。
◎賞ㅡ、拜ㅡ、恩ㅡ、下ㅡ、惠ㅡ、厚ㅡ。

【賙】(주) 因 シュウ、あたえる ㄓㄡ chou¹ relief
草書 진휼머일주、기민먹일주(賑贍給也)。 『周禮』使之相ㅡ。 『詩』靡人不周。 (『周』와 통함)
【賙窮恤貧:주궁휼빈】 매우 가난한 사람을 구원함。

【賚】(뢰) 隊 ライ、たまう ㄌㄞ lai⁴ bestow
小篆 草書 줄뢰(賜也予也)。 『書經』予其大ㅡ汝。
【賚賜:뇌사】 아랫 사람에게 내리어 줌。 또는 웃사람에게서 받은 것。
【賚錫:뇌석】 =賚賜。 『唐書』既任職久、ㅡㅡ豐饒。

【䝳】(뢰) 『賚』(前條)와 같음

【賞】(상) 養 ショウ、ほめる ㄕㄤ shang³ praise, prize
小篆 草書 ❶구경할상(玩也)。 『陶潛詩』奇文共欣ㅡ。 ❷아름다울상(嘉也)。 ❸상줄상(賜有功)。 『書』ㅡ延于世。
【賞鑑:상감】 鑑別하여 완상함。 『宋史』立朝有德望、精ㅡㅡ。
【賞格:상격】 =賞典。 『陳書』立功立事、已具ㅡㅡ。
【賞功:상공】 공로에 대하여 상을 줌。
【賞金:상금】 상으로 주는 돈。
【賞給:상급】 ❶상으로 줌。 ❷상으로 주는 물건。
【賞祿:상록】 나라에서 상으로 주던 녹。
【賞弄:상롱】 가리어 즐기거나 구경함。
【賞美:상미】 기림。 칭찬함。 『南史』深見ㅡㅡ。 『李白』ㅡㅡ終日夕。
【賞杯:상배】 상으로 주는 컵。
【賞罰:상벌】 賞과 罰。
【賞罰無章:상벌무장】 상벌이 정당하지 않고 조리를 잃음。
【賞詞:상사】 기리는 말。 칭찬하는 말。
【賞賜:상사】 공로·善行 따위를 기리어 금품·관직 따위를 내림。 『史記』ㅡㅡ長老。
【賞首:상수】 首位賞을 받는 사람。 『淮南子』賞有功者五人、高赫爲ㅡㅡ。
【賞心:상심】 경치를 즐기는 마음。 마음이 즐겁고 기쁨。 『謝靈運』天下良辰美景、ㅡㅡ樂事、四者難幷。
【賞揚:상양】 찬양함。
【賞與:상여】 상으로 물품을 줌。
【賞與金:상여금】 상금으로 주는 돈。
【賞玩:상완】 좋아하여 즐기거나 구경함。 『晉書』園池竹木、有足ㅡㅡ焉。
【賞狀:상장】 상으로 주는 증서。
【賞典:상전】 ❶공로의 대소에 따라 상을 주는 격식。 ❷賞與의 규칙。 ❸(制)科擧를 장려하기 위하여 賜送하던 책 따위。
【賞主:상주】 (宗)예수。
【賞讚:상찬】 기림。 칭찬함。
【賞歎:상탄】 지리어 감탄함。 『舊唐書』合朝ㅡㅡ。
【賞牌:상패】 상으로 주는 메달。
【賞品:상품】 상으로 주는 물품。
【賞刑:상형】 상 줌과 벌 줌。 賞罰。 『左傳』不失ㅡㅡ。
【賞勳:상훈】 공훈에 대하여 상 줌。
【賞勳局:상훈국】 (制)勳位·勳章 따위의 榮典에 관한 사무를 맡던 관청。
◎鑑ㅡ、觀ㅡ、受ㅡ、授ㅡ、恩ㅡ、嘆ㅡ、行ㅡ、懸ㅡ。

【賠】(배) 灰 バイ、つぐなう ㄆㄟ p'ei² compensate
草書 배상배、물어줄배(補償)。
【賠款:배관】 손해를 무는 약속의 조목。
【賠償:배상】 끼친 손해에 대하여 물어줌。
【賠償金:배상금】 ❶배상하는 돈。 ❷(法)강화 조약에서 이긴 나라가 진 나라에게 과하는 돈。 또는 국제법규의 위반으로 생기는 손해를 메우기 위하여 내는 돈。
【賠償義務:배상의무】 (法)배상할 의무。

【賡】(갱) 庚 コウ、つぐ connect ㄍㄥ kêng¹

草書 ❶이을갱(續也)。【書經】乃ㅣ載歌。❷일갱(ㅣ載)。

【賡歌:갱가】남과 같이 詩歌를 읊조림。

【賡酬:갱수】남과 詩歌를 주고 받음。酬賡。【張耒】賴有西隣詩句好、ㅣㅣ終日自忘機。

【賡韻:갱운】남의 시에 그 운으로 시를 지어 화답함。

【賡載:갱재】임금의 시에 화답하여 시를 지음。

【賡進:갱진】임금의 지은 글에 화답하여 글을 자어 드림。

【賢】(현) 先 ケン、かしこい wise; sage ㄒㄧㄢˊ hsien²

小篆 草書 ❶어진이현、어질현(有德行)。❷좋을현(善也)。【禮】若富則具二牲獻其ㅣ者於宗子。❸나을현(勝也)。【禮】某ㅣ於某。❹구멍현(大穿孔)。

【賢君:현군】어진 임금。【戰國策】明主ㅣㅣ、無功之臣。

【賢女:현녀】약거나 영리한 여자。【古詩】東家有ㅣㅣ、自名秦羅敷。

【賢能:현능】❶어질고 재능이 있음。【漢書】ㅣㅣ佐職。❷인격이 높은 사람과 재능이 많은 사람。

【賢郞:현랑】남의 아들의 尊稱。令郞。令息。【世說補】ㅣㅣ聲口不凡。

【賢良:현량】❶어질고 착함。또 그런 사람。【周禮】二曰友行、以尊ㅣㅣ。❷科擧의 시험 과목의 하나。賢良方正。【事物紀原】漢唐逮今取士之制、有ㅣㅣ方正・茂才・異等六科、謂之制擧。

【賢良方正:현량방정】현량하고 방정함。

【賢勞:현로】많은 사람 가운데서 특별히 수고가 많은 사람。또는 그 일。

【賢明:현명】어질고 영리하여 사리에 밝음。【王褒】世必有聖智之君、而後有ㅣㅣ之臣。

【賢命:현명】상대지나 웃사람의 명령。

【賢母:현모】어진 어머니。【詩經・疏】文王所以得聖、由其ㅣㅣ所生。

【賢母良妻:현모양처】어진 어머니이면서 또한 착한 아내。

【賢問:현문】어진 질문。↔愚問。

【賢婦:현부】❶어진 아내。❷여자로서의 婦德과 재능이 있는 사람。

【賢夫人:현부인】어진 부인。

【賢士:현사】=賢人。【莊子】ㅣㅣ尙志、聖人貴精。

【賢相:현상】어진 재상。【史記】齊國安集、大稱ㅣㅣ。

【賢相良佐:현상양좌】어질고 착해서 잘 받드는 신하。

【賢聖:현성】❶재능・인격이 매우 뛰어난 사람。❷賢人과 聖人。

【賢聖之君:현성지군】어질고 명석하며 거룩한 임금。

【賢淑:현숙】여자의 마음이 어질고 깨끗함。

【賢臣:현신】어진 신하。【漢書】責以古ㅣㅣ之義。

【賢英:현영】어질고 훌륭한 사람。【漢書】致天下ㅣㅣ士大夫。

【賢友:현우】어진 벗。【論語】樂多ㅣㅣ益矣。

【賢愚:현우】❶어질음과 어리석음。❷賢人과 愚人。

【賢異:현이】어질고 뛰어남。

【賢人:현인】어진 덕이 聖人의 다음 가는 사람。【論語】古之ㅣㅣ也。

【賢者:현자】=賢人。

【賢才:현재】현명한 재능。또 그 사람。【論語】赦小過、擧ㅣㅣ。

【賢弟:현제】아우뻘 되는 사람의 尊稱。

【賢佐:현좌】어진 보좌의 신하。

【賢主:현주】❶어진 임금。【呂氏春秋】ㅣㅣ勞求人、而佚于治事。❷어진 주인。

【賢俊:현준】어질고 훌륭함。또는 그 사람。【漢書】延登ㅣㅣ。

【賢知:현지】어질고 사리에 밝음。

【賢智:현지】어질고 지혜로움。또는 그 사람。睿智。

【賢妻:현처】어진 아내。현명한 아내。良妻。【陶潛】感儒仲ㅣㅣ文言。

【賢哲:현철】지혜가 깊고 사리에 밝음。또는 그 사람。

【賢閤:현합】남의 아내의 尊稱。

【賢兄:현형】❶어진 형。❷남의 형이나 벗에 대한 尊稱。【高適】夫子懷。◎群ㅣ、大ㅣ、名ㅣ、先ㅣ、聖ㅣ、儒ㅣ、竹林七ㅣ。

【賣】(매) 卦 バイ、マイ、うる sell ㄇㄞˋ mai⁴

小篆 草書 팔매(出貨鬻物)。【周禮】聽ㅣ買以質劑。

【賣價:매가】파는 값。

【賣家:매가】파는 집。집을 팔음。

【賣却:매각】팔아 버림。

【賣官:매관】돈을 받고 벼슬을 시킴。

【賣官賣職:매관매직】돈을 받고 관직을 시킴。

【賣鑛:매광】채광한 광석을 買鑛會社에 팔음。

【賣交:매교】=賣友。

【賣國:매국】사사로운 이익을 위하여 제 나라를 팔아 해를 끼침。【史記】左右ㅣㅣ、反覆之臣也。

【賣國奴:매국노】매국한 놈。

【賣國賊:매국적】매국한 역적。

【賣渡:매도】팔아 넘김。

【賣渡證書:매도증서】매도한 사실을 증명하는 서류。

【賣力:매력】힘을 팔음。노동을 함。

【賣買:매매】사고 팔고 함。【史記】令民ㅣㅣ之。

【賣買結婚:매매결혼】신부 집에 돈이나 물건을 줌을 조건으로 하는 혼인。

【賣文:매문】글을 팔음。【杜甫】本ㅣㅣ爲活、翻令室倒懸。

【賣文賣筆:매문매필】글이나 글씨를 팔음。

【賣卜:매복】돈을 받고 점을 쳐 줌。【後漢書】ㅣㅣ給食。

【賣上:매상】상품을 팔음。

【賣上高:매상고】매상한 수량이나 대금의 합계。

【賣暑:매서】정월 보름날 이른 아침에 누구나 불러서 대답하면 내 더위 사가라고 하는 일。그렇게 하면 그 해는 더위를 타지 않는다고 함。

【賣勢:매세】남의 세력을 의지하여 기세를 부림。

【賣笑:매소】화류계에서 웃음을 팔음。매음。賣春。

【賣笑婦:매소부】화류계에서 웃음을 파는 여자。【南宋市肆記】靚裝迎門、爭姸賣笑。

【賣身:매신】❶몸을 팔음。❷정조를 팔음。

【賣惡:매악】일은 같이 하고도 나쁜 일은 남에게 미룸。

【賣約:매약】판다는 약속。

【賣藥:매약】❶약을 팔음。❷미리 만들어 놓고 파는 약。

【賣與:매여】팔아 넘김。

【賣友:매우】벗을 팔음。자기의 이익을 위하여 벗을 해롭게 함。

【賣恩:매은】은혜를 입힘。은혜를 베풀어서 사람을 사귐。

【賣淫:매음】여자가 아무 남자에게나 돈을 받고 몸을 팔음。

【賣淫窟:매음굴】매음녀들의 소굴。

【賣店:매점】관청이나 회사・학교 따위의 안에 베푼 작은 가게。

【賣主:매주】물건을 파는 사람。

【賣酒:매주】술을 팔음。

【賣盡:매진】모조리 팔림。

【賣草:매초】가게에서 파는 살담배。

【賣春:매춘】=賣淫。

〖賣春婦：매춘부〗 貞操를 바치고 돈을 받는 여자。
〖賣出：매출〗 ＝放賣。
〖賣土：매토〗 토지를 팔음。
〖賣票：매표〗 표를 팔음。
〖賣票口：매표구〗 표 파는 곳。
〖賣品：매품〗 파는 물건。
〖賣休：매휴〗 아내를 남에게 팔아 남편 된 권리를 잃음。
◎競ㅣ、發ㅣ、專ㅣ、特ㅣ、販ㅣ。

【賤】 (천) 霰 セン、いやしい bean; humble ㄐㄧㄢˋ chien⁴
小篆 草書 ❶천할천(不貴卑下)。〖易經〗以貴下ㅣ。❷흔할천(價低)。❸첩천(ㅣ妾)。
〖賤家：천가〗 천한 집안。
〖賤價：천가〗 아주 싼 값。
〖賤格：천격〗 ❶＝賤骨。❷낮고 천한 품격。
〖賤骨：천골〗 빈천하게 생긴 골격。
〖賤工：천공〗 천한 일을 하는 공장이。〖孟子〗天下之ㅣㅣ也。
〖賤軀：천구〗 ❶천한 몸。〖李陵〗欲因晨風發、送子以ㅣㅣ。❷자기 몸을 낮추어 일컫는 말。
〖賤技：천기〗 ❶천한 재주。〖江淹〗豫三五ㅣㅣ之末。❷자기의 재주를 낮추어 일컬음。
〖賤棄：천기〗 천하게 보며 버림。
〖賤女：천녀〗 신분이 낮은 여자。
〖賤待：천대〗 ❶업신여겨 푸대접함。❷함부로 다룸。
〖賤陋：천루〗 됨됨이가 천하고 더러움。
〖賤莫賤：천막천〗 더할 수 없이 천함。
〖賤買：천매〗 싸게 삼。〖易林〗刺則髡劓、人所ㅣㅣ。
〖賤微：천미〗 천하고 드러나지 않음。〖閻朝隱〗非形陋質雖ㅣㅣ、皇王顧遇長光輝。
〖賤民：천민〗 ❶천한 백성。〖史記〗高陽ㅣㅣ鄙食其。❷李朝의 사회 계급。
〖賤夫：천부〗 지체가 낮은 남자。
〖賤貧：천빈〗 천하고 가난함。〖盧綸〗遂性在耕稼、所交惟ㅣㅣ。
〖賤事：천사〗 천하고 속된 일。자기의 일을 낮추어 일컬음。〖司馬遷〗又迫ㅣㅣ。
〖賤俗：천속〗 천한 풍속。
〖賤率：천솔〗 ❶자기 집。❷자기 가족。
〖賤視：천시〗 업신여겨 봄。업신여김。
〖賤息：천식〗 자기의 아들을 낮추어 일컬음。〖戰國策〗老臣ㅣㅣ、舒祺最少。
〖賤業：천업〗 낮은 직업이나 천한 영업。〖漢書〗以爲卜筮者ㅣㅣ、而可以惠衆。
〖賤役：천역〗 천한 일。〖先賢傳〗男兒爲吏、不免ㅣㅣ。
〖賤劣：천열〗 됨됨이가 낮고 용렬함。〖註〗言其ㅣㅣ如僮豎。
〖賤易：천이〗 천하게 보고 업신여김。〖漢書〗輕慢宰相、ㅣㅣ上卿。
〖賤人：천인〗 천한 사람。신분이 낮은 사람。↔貴人。
〖賤子：천자〗 자기를 낮추어 일컬음。〖陸游〗主人且勿喧、ㅣㅣ歌一言。
〖賤族：천족〗 천한 집안。〖宋書〗下品無高門、上品無ㅣㅣ。
〖賤質：천질〗 ❶천한 바탕。❷자기의 자질을 낮추어 일컬음。〖後漢書〗以ㅣㅣ、故自絕豪友耳。
〖賤執事：천집사〗 아주 야비한 일을 하는 것。썩 야비한 일。
〖賤妾：천첩〗 ❶기생 또는 종으로 남의 첩이 된 여자。〖史記〗襄公有ㅣㅣ。❷아내가 남편에 대하여 자기를 낮추어 일컫는 말。〖後漢書〗ㅣㅣ獲不知足之誚。
〖賤出：천출〗 천한 庶出。
〖賤稱：천칭〗 천하게 일컬음。
〖賤鄕：천향〗 풍속이 비루한 시골。

【賙】 (청) 庚 セイ、うける receive 받을청(受賜)。

【賥】 (수) 寘 スイ、たから fortune; riches 재물수(貨也)。〖韓非子〗破家殘ㅣ陰約結以相固。

【賨】 (종) 冬 ソウ、みつぎもの taxation ㄘㄨㄥˊ ts'ung²
小篆 草書 오랑캐부세종(ㅣ布南蠻賦)。〖後漢書〗歲令大人輸布一疋小口二丈謂之ㅣ布。

【質】 ㊀(질) 質 ㊁(지) 寘 シツ、チ、もと、すなお quality ㄓˊ chih²
小篆 草書 ㊀❶문서질(ㅣ劑券也)。〖周禮〗大市曰ㅣ 小市曰劑。❷바를질(正也)。〖儀禮〗ㅣ明行事。❸이룰질(成也)。〖詩〗虞芮ㅣ厥成。❹바탕질(主也、樸也)。❺질박할질(朴也)。〖禮〗中正無邪禮之ㅣ也。❻미쁠질、믿을질(信也)。❼증험할질(驗也)。㊁❶폐백지(交ㅣ以物相贄)。〖左傳〗周鄭交ㅣ。❷전당잡는집지(ㅣ屋)。
〖質古：질고〗 검소하고 아주 순박함。
〖質權：질권〗 《法》채권자가 채무자나 제삼자로부터 받은 담보물에 대하여 다른 채권자에 앞서 자기의 채권의 辨償을 받을 수 있는 권리。
〖質鈍：질둔〗 ❶재주가 노둔함。투미함。❷몸이 뚱뚱하여 행동이 굼뜸。
〖質量：질량〗 ❶《物》물체 속에 포함되어 있는 물질의 분량。❷성질과 수량。
〖質量不變法則：질량불변법칙〗 《物》화학 변화의 전후에 있어서 물체의 전체량은 항상 변하지 않고 일정하다는 법칙。
〖質明：질명〗 날이 샐 무렵。〖儀禮〗ㅣㅣ行事。
〖質問：질문〗 모르거나 의심나는 것을 물어서 밝힘。〖逵游〗稺子挾書勤ㅣㅣ。
〖質朴：질박〗 ＝質樸。〖後漢書〗何休爲人、ㅣㅣ訥口。
〖質樸：질박〗 자연 그대로로서 단순함。質朴。〖漢書〗ㅣㅣ守正。
〖質辨：질변〗 서로 面對하여 변명함。
〖質素：질소〗 ❶꾸밈새 없이 순박함。❷살림살이를 간소하게 차림。〖南史〗ㅣㅣ不好聲色。
〖質實：질실〗 꾸밈새 없이 진실함。
〖質野：질야〗 질박하고 꾸밈이 없음。〖避暑錄話〗狀極ㅣㅣ、而博學純至。
〖質言：질언〗 ❶言質。〖漢書〗具以ㅣㅣ。❷딱 잘라 말함。
〖質議：질의〗 뜻을 물어서 밝힘。
〖質疑：질의〗 의심을 물어서 밝힘。〖漢書〗從之ㅣㅣ問事。
〖質疑應答：질의응답〗 의심나는 데를 물음과 이에 대한 대답。
〖質的：질적〗 ❶본 바탕의 상태。❷과녁。
〖質定：질정〗 도리를 생각하여 결정함。
〖質責：질책〗 책망하여 바로 잡음。〖史記〗汲黯數ㅣㅣ湯于上前。

【賹】 (애) 卦 ガイ、ゆたか sufficient ❶넉넉할애(豊裕)。❷사람이름애(人名)。

【賛】 (찬) 『贊』(貝部 12畫)과 같음

【賬】 (장) 漾 チョウ、てちょう book 치부책장、장부장(計簿)。

九畫

【賲】 (소) 『貾』(貝部 5畫)와 같음

【賭】 (도) 麌 ト、かけ gambling; betting ㄉㄨˇ tu³
小篆 草書 내기도(博奕取財)。〖晋書〗謝安與兄子玄圍碁ㅣ

別野。

【賭技:도기】 노름。 「노름。

【賭博:도박】 돈이나 재물을 걸고 하는

【賭博性:도박성】 도박을 즐기는 성질。

【賭博罪:도박죄】 《法》재물을 걸고 노름을 한 죄。

【賭射:도사】 활을 쏘아 내기함。【魏志】上巳設宴──。

【賭書:도서】 글씨 잘 쓰기를 겨룸。

【賭租:도조】 남의 논밭을 지어 먹고 稅로 무는 벼。

【賮】 (신) 震 ジン、はなむけ parting present ㄐㄧㄣˋ chin⁴

賮 小篆 草書 ❶보배신(琛─珍貨)。【顏延之賦】或踰遠而納─。❷노자신、노수신(送行財幣)。

【賮贄:신지】 財貨。土產。【左思·注】。

【賯】 (귀)『貴』(貝部 5畫)와 같음

【睺】 (후) 宥 コウ、むさぼる covet

❶거염낼후(貪財)。❷자개후(龍貝出海南)。

【賰】 (춘) 軫 シュン、ゆたか rich

넉넉할춘(賱─富有)。

【賴】 (뢰) 泰 ライ、たのむ reliance ㄌㄞˋ lai⁴

賴 小篆 草書 ❶믿을뢰(恃也)。【書】萬世永─。❷힘 입을뢰(蒙也)。❸자뢰할뢰(藉也)。

【賴德:뇌덕】 남의 덕을 입음。 남의 은혜를 입음。

【賴力:뇌력】 남의 힘을 입음。

【賴庇:뇌비】 믿고 의지함。【歐陽修】──冀逃于罪戾。

【賴子:뇌자】 =無賴漢。

【賵】 (정) 敬 テイ、そんする lose

밑질정(賣而不得利)。

【賵】 (봉) 送 フウ、とむらう condolatory present ㄈㄥˋ fêng⁴

賵 小篆 草書 부의봉(贈死者)。【公羊傳】車馬曰─ 貨財曰賻。

【賵襚:봉수】 車馬·의복 따위를 賻儀함。【晉書】──之禮。

十畫

【賶】 (창) 漾 ソウ、たくわえる gather wealth

재물쌓을창(積貨)。

【賫】 (재)『齎』(齊部 7畫)와 같음

【賸】 ㊀(잉) 徑 ㊁(승) 徑 ヨウ、ショウ、あまる surplus ㄕㄥˋ shêng⁴

賸 小篆 草書 ㊀❶보낼잉(送也)。❷버금잉(副也)。❸더할잉(以物相增加)。㊁❶더할승(益也)。❷남을승(餘也)。【唐書】殘膏─馥沾丐後人多矣。

【賸馥:승복】 남은 향기。【唐書】殘膏──。

【賸語:승어】 헛된 말。贅言。【聞見後錄】三百餘言、其文無一──、世尤以爲難也。

【賺】 (잠) 陷 タン、デン、すかす double sell ㄓㄨㄢˋ chuan⁴

賺 小篆 草書 거듭팔릴잠、되먹이칠잠(重賣)。

【賻】 (부) 遇 フ、おくりもの condolatory present ㄈㄨˋ fu⁴

賻 小篆 草書 부의부(以貨助喪)。【儀禮】知生者賻知死者─。

【賻儀:부의】 초상난 집에 부조로 보내는 돈이나 물건。

【賻儀金:부의금】 부의로 주는 돈。

【賻儀錢:부의전】 =賻儀金。

【賻助:부조】 초상난 집에 물건이나 돈을 보냄。【後漢書】爲護喪事、──甚豊。

【購】 (구) 宥 コウ、あがなう purchase ㄍㄡˋ kou⁴

購 小篆 草書 살구、구해드릴구(以財求設賞募)。【史記】將西─於秦。

【購求:구구】 ❶구하여 삼。❷상금을 걸고 구함。【漢書】高祖──布千金。

【購讀:구독】 서적·신문·잡지 따위를 사서 읽음。

【購讀料:구독료】 서적·신문·잡지 따위를 구독하는 요금。 「음。

【購覽:구람】 책·신문 따위를 사서 읽

【購買:구매】 물건을 사 들임。 「力。

【購買力:구매력】 물품을 살 수 있는 財

【購買部:구매부】 어떤 단체에서 그 단체원을 위하여 공동으로 물건을 싸게 사들여서 파는 곳。

【購買組合:구매조합】 물건을 공동으로 싸게 사들이기 위하여 조직된 조합。

【購問:구문】 상금을 걸고 찾음。【史記】──莫知誰子。

【購入:구입】 물품을 사들임。

【賽】 (새) 隊 サイ、むくいまつる exorcism ㄙㄞˋ sai⁴

賽 小篆 草書 ❶굿새、굿할새(報也)。【韓愈詩】─饌木盤簇。【漢書】冬塞禱祠。❷내기할새(相誇勝)。❸치성드릴새(禱祠)。

【賽馬:새마】 =競馬。

【賽神:새신】 신에게 드리는 제사。굿。푸닥거리。【陸游】到家更約西隣女、明日河橋看──。

【賽錢:새전】 참배하는 사람이 神佛에게 바치는 돈。

【賽會:새회】 ❶많은 사람이 모여서 儀仗·雜戱를 베풀어 신에게 제사함。【陸游】鄰家賽神會。❷박람회·전람회·경기대회 따위。

【賾】 (색) 陌 サク、おくぶかい profound ㄗㄜˊ tsê⁴

깊을색(幽深難見)。【易繫辭】聖人有以見天下之─。

十一畫

【賿】 (삼) 寢 シン、かける bet

내기할삼(賭也)。

【贓】 (장)『贓』(貝部 14畫)과 같음

【贅】 (췌) 霽 ゼイ、むだ、こぶ superfluous ㄓㄨㄟˋ chuei⁴

贅 小篆 草書 ❶붙일췌(屬也)。【詩】具─卒荒。❷데릴사위췌(質也)。【漢書】家貧子壯則出─。❸혹췌(附─疣瘤)。【莊子】附─縣疣。❹모을췌(會也)。【漢書】毋─聚。❺군것췌(餘剩)。

【贅客:췌객】 어떤 집에 장가든 사람을 그 집에 대한 연고를 따져서 하는 말。

【贅居:췌거】 처가에 덧붙여 살음。처가살이。 「살이。

【贅談:췌담】 =贅言。

【贅論:췌론】 필요 없는 너저분한 이론。

【贅瘤:췌류】 《生》혹。【王禹偁】衣冠如──。

【贅文:췌문】 없어도 좋은 쓸데 없는 글。

【贅辯:췌변】 군말。쓸데 없는 말。

【贅壻:췌서】 데릴사위。【史記】淳于髡者、齊之──也。

【贅言:췌언】 쓸데 없는 너저분한 말。

【贅疣：췌우】 군살과 사마귀。《轉》쓸데없는 것。『莊子』附贅縣疣、出乎性哉。
【贅肉：췌육】 궂은 살。
【贅行：췌행】 하지 않아도 좋은 군 행동。『老子』其于道也、若餘食——。
【贄】(지) 寘 シ、にえ ㄓ chih⁴ gift; present 草書 폐백지(執—帛也)。『左傳』男—玉帛禽鳥女—榛栗棗脩。
【贄幣：지폐】 ＝禮物。
【贄見：지현】 禮物을 가지고 가서 뵘。
【贇】(빈) 眞 イン、うるわしい ㄩㄣ yün¹ pretty (本音「윤」) 草書 예쁠빈、아름다울빈(美好貌)。
【贇】(윤)『贇』(前條)과 같음
【賾】(색)『賾』(貝部10畫)의 俗字

十二畫

【䞈】(귀) 寘 キ、たから riches 小篆 재물귀(財也)。
【䞠】(도) 虞 ト、かけでかつ win a bet 내기하여이길도(賭勝)。
【贈】(증) 徑 ゾウ、おくる ㄗㄥ tsêng⁴ give; present 小篆 草書 ❶줄증(送遺)。『詩』雜佩以—之。❷더할증(增也)。『詩』以—申伯。
【贈寄：증기】 ＝寄贈。
【贈答：증답】 선물을 주고 받고 함。
【贈別：증별】 ❶전송함。❷떠나는 사람에게 詩文·물품 따위를 선사함。『馬戴』年年御溝柳、——雨霏霏。
【贈詩：증시】 詩를 선사함。선사한 詩。『杜甫』呼兒檢——。
【贈諡：증시】 임금이 諡號를 내림。
【贈與：증여】 ❶선사하여 줌。❷《法》재산을 무상으로 타인에게 讓與하는 행위。
【贈遺：증유】 물품을 선사함。또는 그 물품。
【贈爵：증작】 죽은 뒤에 爵位를 줌。
【贈呈：증정】 남에게 물건을 줌。寄贈。
【贈賄：증회】 ❶물품을 선사함。『左傳』自郊勞、至于——。❷뇌물을 보냄。
【贈賄罪：증회죄】 《法》공무원、공무에 종사하는 의원、위원、그 밖의 직원에게 뇌물을 주었거나、또는 줄 약속을 함으로써 성립되는 죄。
◎寄—、受—、遺—、追—。
【贉】(담) 感 タン、てつけをうつ get paid in advance 草書 ❶선셈받을담(買物先入直)。❷책마구리꾸밀담(錦—)。『米芾書史』隋唐藏書皆金題錦—。
【贊】(찬) 翰 サン、たすける、ほめる ㄗㄢ tsan⁴ support; praise 小篆 ❶도울찬(佐也)。『家語』游夏之徒不能—一辭。❷밝힐찬(明也)。『易』幽—于神明。❸참례할찬(參也)。❹기릴찬(頌也)。❺나아갈찬(進也)。
【贊決：찬결】 일을 도와서 맺음。『元史』——機務。
【贊同：찬동】 ＝贊成。
【贊否：찬부】 찬성함과 불찬성함。
【贊成：찬성】 ❶도와서 함께 함。❷옳다고 동의함。❸《制》左右贊成의 通稱。
【贊成者：찬성자】 어떤 일에 찬성한 사람。
【贊頌：찬송】 찬성하고 칭찬함。
【贊述：찬술】 기리어 서술함。
【贊襄：찬양】 도와서 성취하게 함。임금의 덕을 도와 정치를 성취하게 함。『書經』思日贊——哉。
【贊釉：찬유】 도자기에 잿물을 올리는 일。「蘸釉。
【贊意：찬의】 찬성하는 뜻。
【贊翼：찬익】 ＝贊助。
【贊者：찬자】 ❶찬성하는 사람。❷《制》제향 때 笏記(홀기)를 맡아 보던 임시 벼슬。
【贊政：찬정】 《制》李朝 末 의정부의 勅任 벼슬。
【贊助：찬조】 뜻을 같이 하여 도와 줌。
【贊助員：찬조원】 찬조하는 사람。찬조하는 회원이나 단원。
【贊佐：찬좌】 ＝贊助。
【贊評：찬평】 칭찬하여 비평함。또는 그 비평。
【贊畫：찬획】 도와서 꾀함。
◎自—、絕—、稱—、協—。
【贋】(안) 諫 ガン、ただしくない counterfeit 草書 ❶바르지 못할안(不直也)。❷가짜안(僞物也)。
【贋物：안물】 가짜 물건。
【贋本：안본】 가짜 書畫。『竹坡詩話』公可無疑、此——耳。
【贋作：안작】 僞造。
【贋造：안조】 위조。

十三畫

【贍】(섬) 豔 セン、たりる ㄕㄢ shan⁴ sufficient 小篆 草書 ❶도울섬(賙給)。『孟子』救死而恐不—。❷넉넉할섬(富—足也)。『後漢書』李通家富爲—。
【贍給：섬급】 물품을 주어서 도움。『後漢書』——知友。
【贍麗：섬려】 풍족하고 고움。『南史』辭甚——。
【贍富：섬부】 흡족하고 풍부함。『晉書』常謂、左氏辭義——。
【贍足：섬족】 넉넉함。贍富。
【贍賑：섬진】 물품을 주어서 도움。『北史』散財竭產、以相——。
【贍䘏：섬휼】 진휼함。구제함。『南史』——各有差。
【賺】(잠) 陷 レン、すかす coax ❶되먹이칠잠(重賣物)。❷밑질잠(市物失實)。
【贎】㊀(만) 願 バン、たから fortune ㊁(례) 霽 小篆 ㊀재물만(貨也)。㊁뜻은『贎』와 같음。
【贏】(영) 庚 エイ、もうけ、とく ㄧㄥ ying² profit; gain 小篆 草書 ❶이가남을영(有餘)。『左傳』賈而欲—而惡囂乎。❷멜영(擔負)。『漢書』—三日之糧。❸자랄영(長成)。
【贏絀：영굴】 뻗음과 쭈그러들음。『荀子』緩急——。
【贏得：영득】 이익을 봄。『杜牧』十年一覺揚州夢、——青樓薄倖名。
【贏利：영리】 이익。『史記』與時俯仰、獲其——。
【贏財：영재】 남은 재산。남은 돈。『十八史略』內有餘帛、外有——。
【贏儲：영저】 여유 있는 저축。『唐書』藏貨——之準、悉以杳之。
【贏縮：영축】 ❶뻗음과 쭈그러들음。『淮南子』——卷舒、淪于不測。❷남음과 모자람。❸나아감과 물러섬。
【䞐】(수) 寘 スイ、おくりもの condolatory present 부의수(賻儀)。

十四畫

【䞁】(람) 勘 ラン、むさぼる hanker for money 재물탐낼람(貪財)。

【贐】(신) 震 シン、はなむけ farewell present
草書 노자신、노수신(送行、ㅣ遺)。【孟子】行者必以ㅣ。
【贐物:신물】 먼 길을 떠나는 사람에게 보내는 물건。
【贐送:신송】 여행하는 사람에게 物品・詩文 따위를 줌。또는 그 物品。餞別。【梁書】ㅣㅣ無一所取。
【贐儀:신의】 먼 길을 떠나는 사람에게 보내는 金品 따위。【成語考】送行之禮、謂之ㅣㅣ。
【贐行:신행】 먼 길을 떠나는 사람에게 詩文이나 물건을 줌。餞別。【孟子】予將有遠行、行者必以贐。

【賢】(현)『賢』(貝部 8畫)의 古字

【贓】(장) 陽 ソウ、まいないもの stolen goods ㄗㄤ tsang¹
草書 장물 잡힐 장(吏受賂非理所得財)。【漢書】羞辱甚於貪汙坐ㅣ。
【贓吏:장리】 부정한 재물을 탐하는 관리。뇌물을 받는 관리。【朱熹】痛懲ㅣㅣ者、恤民之要道也。
【贓物:장물】 범죄 행위로 얻은 재물。贓「品。
【贓物罪:장물죄】 《法》장물을 숨겨 두거나 故買하여 이루어진 죄。「규정。
【贓法:장법】 《法》장물에 관한 법이나 그
【贓錢:장전】 정당하지 못한 짓을 해서 얻은 돈。
【贓罪:장죄】 《法》관리가 옳지 못한 짓。을 하여 재물을 탐한 죄。뇌물 받은 죄 【十八史略】上於ㅣㅣ無所貸。

【贔】(비) 寘 ヒ、ちからをだす make efforts ㄅㄧˋ pi⁴
草書 ❶힘우쩍우쩍쓸비(ㅣ屭作力貌)。【西京賦】鉅靈ㅣㅣ。❷암자라 비(雌鼇)。【本草】贔ㅣ大龜蟕蠵之屬好負重。
【贔屭:비희】 ❶매우 힘을 내는 모양。힘들여 일하는 모양。【張衡】巨靈ㅣㅣ。❷《動》커다란 거북。

十五畫

【贕】(독) 屋 トク、くさる rot
草書 알곯을독(卵內敗)。【淮南子】獸胎不ㅣ。

【贖】(속) 沃 ショク、あがなう redeem ㄕㄨˊ shu²
小篆 草書 ❶속바칠속(納金免罪)。【書】金作ㅣ刑。❷살속、무역할속(貿也)。
【贖良:속량】 ❶종을 풀어 주어서 한 양민이 되게 함。❷남의 환난을 대신하여 받음。
【贖身:속신】 =贖良。「돈。
【贖錢:속전】 죄를 벗어 나려고 바치는
【贖罪:속죄】 ❶재물을 내고 죄를 면하는 것。贖刑。【蔡邕】丙辰詔書、以一月俸ㅣㅣ。❷《宗》그리스도교에서 예수가 인류를 대신하여 十字架에 못박혀 죽음으로써 인류의 죄를 代贖하였다는 것。
【贖刑:속형】 죄를 벗기 위하여 돈을 바치는 것。또는 그러한 형벌。贖罪。【書經】金作ㅣㅣ。

【贎】(례) 霽 レイ、たから vast fortune
많은재물례(多財)。

【贋】(안) 諫 ガン、にせもの forgery ㄧㄢˋ yen⁴
❶거짓것안(眞ㅣ僞物)。【韓非子】齊伐魯索讒鼎魯以其鴈往齊人曰鴈魯人曰眞。❷위조할안(僞造)。

十六畫

【贙】(현) 霰 ケン、ゲン、わける classify ㄒㄩㄢˋ hsüan⁴
小篆 ❶분별할 현(分別)。【魏都賦】蒹葭ㅣ萑蒻森。❷짐승현(西海獸名)。

【賮】(친) 震 シン、ぜに money
돈친(錢也)。
【賮錢:친전】 중에게 바치는 돈。布施。【寒山】封疏請名僧、ㅣㅣ兩三樣。

十七畫

【贛】㊀(공) 送 ㊁(감) 勘 コウ、たまう grant: bestow ㄍㄢˋ kan
㊀줄공(賜也)。㊁고을이름감(地名)。
【贛江:감강】 《地》江 이름。江西省 서남쪽에서 發源하고 北流하여 鄱陽湖에 흘러 들어감。
【贛州:감주】 《歷》府 이름。南宋 때 설치。지금의 江西省 贛縣。

【贚】(잉) 蒸 ジョウ、おろか foolish
어리석을잉(愚也)。

赤 部

【赤】(적) 陌 セキ、シャク、あか red ㄔˋ ch'ih⁴
小篆 古文 草書 ❶붉을적(南方色)。❷빨갈적(空盡無物)。【漢書】ㅣ地千里。❸금치적(根菜)。
【赤脚:적각】 ❶맨발。赤跣。裸足。❷《人》仙人의 이름。赤脚仙人의 略。道教의 神임。【揮麈後錄】ㅣㅣ仙人、古之得道李君也。❸《佛》赤脚仙의 略。부처의 別名。
【赤脚仙人:적각선인】 벌건 다리를 걷어 드러나게 한 신선。「고동색。
【赤褐色:적갈색】 붉은 빛을 띤 갈색。
【赤經:적경】 天球의 極을 지나는 大圓들이 적도와 만나는 점들을 춘분점에서 각도로 헤아린 거리。「컫는 말。
【赤狗:적구】 공산당 앞장이를 얕잡아 일
【赤口毒舌:적구독설】 남을 몹시 저주하는 것。【盧仝】貪向何人家、行ㅣㅣ。
【赤軍:적군】 소련의 정규군。붉은 군대。
【赤金:적금】 ❶빛이 붉은 금。❷구리。【山海經】岐山其陽、多ㅣㅣ。
【赤旗:적기】 ❶붉은 기。❷공산주의를 상징하는 기。
【赤裸裸:적나라】 ❶=赤身。❷아무 숨김없이 본디 모습 그대로 드러냄。明明地。「말。
【赤多馬:적다마】 절따말。붉은 빛깔의
【赤痰:적담】 빛이 붉은 痰。
【赤帶:적대】 =赤道。
【赤帶下:적대하】 陰門에서 피가 섞여 나오는 대하증。
【赤都:적도】 공산 국가의 수도。
【赤道:적도】 ❶《地》地心에 있어서 地軸에 수직되는 面이 地表와 맞닿는 假想線 南北 兩極에서의 같은 거리의 점의 軌跡으로서 緯度를 헤아리는 기준선이 되며 地球에서 가장 더운 곳임。❷㉠《天》太陽의 行道。【漢書】ㅣㅣ二、出黃道南。㉡地球의 赤道와 天球가 맞닿는 假想線。
【赤道氣候:적도기후】 적도를 중심으로 남북 五도 안팎의 위도 지방에 드러나는 기후의 현상。
【赤道多雨林:적도다우림】 적도의 남북 五도 안팎 지역에 있는 무성하고 빽빽한 열대 수풀。
【赤道無風帶:적도무풍대】 풍력이 약하고 바람 방향이 일정하지 않은 위도 三〇도 이내인 지대。

【赤道前線：적도전선】 북동 무역풍과 남동 무역풍이 적도 부근에서 만나서 형성하는 不連續線。

【赤道直下：적도직하】 태양의 직사로 지구상 가장 더운 적도의 大圈 안。

【赤銅：적동】 적동에서 나는 구리。 흑색이 특히 짙은 것을 烏銅。 또는 烏金이라 일컬음。 紫銅。 紅銅。

【赤銅色：적동색】 ❶赤銅에 닮은 紫褐色。 ❷볕에 그슬린 피부의 형용。

【赤銅屑：적동설】 곁땀내 나는 데나 눈병 따위에 약으로 쓰는 구리의 가루。

【赤銅錢：적동전】 =銅錢。

【赤豆：적두】 붉은 팥。

【赤蓼：적료】 (植)잎이 좁고 작고 두꺼운 여뀌의 한 가지。

【赤龍：적룡】 ❶붉은 빛을 띤 龍。 ❷배의 이름。 速力이 빠른 배를 이름。 船首에 龍의 모양을 장식하여 戰時用으로 지은 배。

赤龍船 ❷ (武備志)

【赤龍皮：적룡피】 참나무의 껍질。 산증·이질 따위에 약제로 씀。

【赤痢：적리】 (醫)急性 傳染病의 한 가지。 주로 溫帶 地方에 유행하며 細菌에 의해 발생함。 설사와 복통이 심한 血痢。

【赤痢菌：적리균】 적리의 병원균。

【赤燐：적린】 암적색의 가루로 이루어진 燐。 발화점이 강하여 흔히 안전 성냥 제조에 쓰임。

【赤立：적립】 ❶空虛하고 텅빈 모양。 ❷「=赤貧。

【赤面：적면】 ❶붉은 얼굴。 또는 얼굴을 붉게 함。 ❷부끄럽거나 술에 취해서 얼굴이 붉어짐。 남을 욕할 때 쓰는 말。

【赤白痢：적백리】 적리와 백리가 併發하는 이질。

【赤壁：적벽】 (地)❶山 이름。 湖北省 嘉魚縣의 동북 揚子江의 沿岸에 있음。 三國時代 吳의 周瑜가 魏의 曹操의 大軍을 擊破한 곳。 ❷湖北省 黃岡縣 城 밖의 名勝地。 北宋의 詩人 蘇軾이 赤壁賦를 읊은 곳。 ❸武昌縣 동남에 있는 山 이름。 赤磯·赤圻이라고도 함。

赤壁 (名山圖)

【赤壁賦：적벽부】 北宋의 文人 蘇軾이 赤壁에서 船遊하면서 지은 賦로서 前·後 二篇이 있음。 文章軌範·古文眞寶 등에 收錄됨。

【赤壁戰：적벽전】 中國 三國 시대에 赤壁에서 劉備·孫權의 군사와 曹操의 군사 사이에 벌어진 큰 싸움。 曹操가 크게 패하였음。

【赤羆：적비】 瑞獸의 이름。 天下가 泰平하여 善人과 惡人을 分明히 가릴 수 있을 때에 나타난다고 함。

赤羆 (金石索)

【赤翡翠：적비취】 ❶호반새。 ❷(鑛)붉은 翡翠。

【赤貧：적빈】 아주 가난하여 아무 것도 없는 것。 〔南史〕貧家——、唯有質錢帖子數百。

【赤貧無依：적빈무의】 아주 가난하여 「의지할 곳이 없음。

【赤色：적색】 ❶붉은 빛。 ❷혁명 또는 공산주의。 ↔白色。

【赤色恐怖：적색공포】 노동자 혁명 전에 있어서의 노동자측의 폭동。 一九一七년 러시아 혁명에서 처음 나타남。

【赤黍：적서】 이삭 빛이 붉고 알맹이가 누르며 차진 기운이 있는 기장。

【赤舄：적석】 (制)임금이 禮服을 갖출 때 신던 신。 〔詩經〕——几几。

赤舄 (三才圖會)

【赤石脂：적석지】 中國 濟南 등지에서 돌의 風化로 이루어진 아름다운 물건。 약제로 씀。

【赤誠：적성】 =赤心。 〔韓偓〕暫時胯下何須恥、自有蒼蒼鑒——。

【赤松：적송】 소나무의 한 가지。 껍질이 붉고 잎이 가늘음。

【赤鬚：적수】 ❶붉은 수염。 ❷붉은 갈기。

【赤手：적수】 맨 손。 空手。 〔蘇軾〕當年老使君、——降於菟。

【赤手空拳：적수공권】 맨손과 맨주먹。

【赤手成家：적수성가】 매우 가난한 집안에 태어나서 맨손으로 살림을 이룩。

【赤水症：적수증】 (醫)혀의 뿌리가 붓는 병。

【赤繩：적승】 夫婦의 인연을 맺는 끈。 곧 결혼을 하는 것。 →赤繩繫足。 〔琵琶記·金閨愁配〕。

【赤屍在牀：적시재상】 집안이 가난하여 장사를 지낼 수가 없음을 가리키는 말。

【赤身：적신】 벌거벗은 몸。 알몸。 赤裸。 「赤裸裸。

【赤信號：적신호】 ❶교통 기관의 정지 신호。 붉은 깃발이나 등을 이용함。 ❷앞길에 위험이 있다는 표지。 ❸위험 신호。

【赤心：적심】 조금도 거짓이 없는 참된 마음。 眞心。 赤誠。 〔後漢書〕推——置人腹中。

【赤十字：적십자】 흰 바탕에 붉은 색으로 十字形을 나타낸 적십자사의 휘장。

【赤十字社：적십자사】 戰時·事變에 있어서 傷病者의 구호와 平時에는 災害·疾病의 구조·예방 등을 목적으로 한 국제적 협력 단체인 萬國 赤十字社 및 그 支部。 一八六三년 스위스의 뒤낭(Dunant J. H.)의 發議로서 나이팅게일(Nightingale, F.)의 뜻을 이어 一八六四년에 一六개국의 참가로 체결된 赤十字條約으로 국제화하였음。 원래 博愛社團으로서 赤色의 十字를 記章으로 함。

【赤鴉：적아】 太陽의 別名。 해 속에 세 발 달린 까마귀가 있다는 傳說에 의하여 나온 말。 〔聶夷中·詩〕白兎落天西、——飛海底。

【赤楊：적양】 (植)오리나무。

【赤外線：적외선】 (物)波長이 赤色可視光線보다 길고 熱作用이 큰 電磁波。 스펙트럼이 赤色 可視光線의 스펙트럼보다 밖에 있으며 눈에는 보이지 않고 공기 중에 透過力이 크므로 비밀 통신·赤外線 사진 등에 이용되고 醫療에 응용됨。

【赤外線寫眞：적외선사진】 大氣 透過力이 큼과 조명이 불필요한 점을 이용하여 찍는 사진。 먼 데 있는 물체나 눈앞에 보이지 않는 모양이 잘 찍힘。

【赤緯：적위】 天球 위에서 적도로부터 북이나 남으로 헤아리는 角 거리。

【赤衞軍：적위군】 一九一七년 노서아 혁명 때에 혁명 정부가 무장한 노동자로써 조직하였던 군대。

【赤子：적자】 ❶갓난아이。 嬰兒。 〔書經〕若保——。 ❷임금이 백성을 일컫던 말。

【赤字:적자】❶붉은 잉크로 쓴 校正의 글씨。❷《經》收支 決算에서 支出이 收入보다 많은 것。↔黑字。

【赤字公債:적자공채】歲入이 부족한 때에 발행하는 公債。

【赤字豫算:적자예산】예산을 편성할 때 재정상 적자를 메꾸기 위하여 공채를 발행하여, 그 부족을 채우는 예산。

【赤芍藥:적작약】뿌리가 붉은 작약。漢藥材로 씀。

【赤帝:적제】五方 神將의 하나。五行說에서 여름을 맡아 보는 남쪽의 神。夏·南을 赤으로 상징한 데에서 나온 말。『晉書』。

【赤潮:적조】플랑크톤이 번식하여 바닷물이 붉게 되는 현상。

【赤族:적족】一族이 모두 殺害됨。(赤은 空의 뜻)。『漢書·楊雄傳』。

【赤地:적지】❶=赤土。❷흉년으로 농작물의 거둘 것이 없게 된 땅。❸피륙 빛깔이 붉은 것。또는 그러한 피륙。

赤地利(三才圖會)

【赤地利:적지리】《植》풀 이름。

【赤鐵鑛:적철광】《鑛》纖維質 또는 粗質의 검거나 적갈색인 철광。磁鐵鑛과 더불어 제철의 원료。

【赤幟:적치】붉은 빛깔의 標旗。『史記』拔趙幟、立漢——。

【赤脫民:적탈민】몹시 가난한 백성。

【赤土:적토】《鑛》❶酸化鐵과 같은 鑛物質을 多分히 含有한 赤色의 땅。곧 농작물의 재배에 적당하지 아니한 땅。❷草木이 生成하지 못하는 땅。赤地。『白居易』不見青苗空——。

【赤兎馬:적토마】中國 三國時代에 呂布가 탔다는 준마의 이름。

【赤霞:적하】붉은 저녁 놀。『李白』——動金光。

【赤血:적혈】붉은 피。『李白』白刃灑——、流沙爲之丹。

【赤血球:적혈구】《生》血液 中의 有形成分의 하나이며 그 중에 포함되어 있는 血色素 때문에 붉게 보임。酸素와 결합되어 몸의 각 부분에 나르는 작용을 함。↔白血球。

【赤化:적화】❶붉게 됨。❷공산주의에 물들음。

【赤化思想:적화사상】공산주의 색채를 띤 사상。

【赤化運動:적화운동】공산주의자의 혁명 운동의 총칭。

【赤凶:적흉】매우 심한 흉년。

【赤黑色:적흑색】붉고도 검은 빛깔。

三 畫

【䞒】(홍) 東 コウ、うんではれる fester red
❶곪아붉을홍(皮肉腫赤)。❷종독홍(腫毒)。

四 畫

【赥】(혁) 錫 キョク、ケキ、わらう laugh aloud
❶껄껄웃을혁(——笑聲)。『元包經』言侃侃笑——。❷붉을혁(赤也)。

【赦】(사) 禡 シャ、ゆるす pardon ㄕㄜˋ shê
小篆 或體 草書 죄사할사、용서할사(釋罪)。『易經』君子以—過宥罪。

【赦令:사령】(制)나라에 경사가 있어 죄인을 놓아 줄 때 내리던 영。

【赦免:사면】❶지은 죄를 용서하여 벌을 면제하는 것。『後漢書』先遣使長安、求乞——。❷《法》國家 元首의 특권에 의하여 公訴權을 소멸시키거나 刑의 言渡의 일부 또는 전부를 소멸시키는 것。免赦。

【赦原:사원】죄인을 놓아 줌。『魏志』後見——、賜之斧鉞。

【赦宥:사유】죄를 용서하여 줌。『左傳』君不——、臣亦不帥職。

【赦典:사전】국가에 경사가 있을 때 죄인을 용서해 주던 특전。

【赦罪:사죄】❶죄를 용서함。❷(宗)告解聖事에 의하여 죄를 사함。

【赦罪經:사죄경】(宗)告解聖事에서 죄를 사할 때 읽는 경문。解罪經。

【赦罪之恩:사죄지은】(宗)사죄하여주는 천주의 은혜。

◎大—、免—、恩—、特—。

五 畫

【赧】(난) 潸 タン、はじる be ashamed
小篆 草書 얼굴빛붉을난、무안할난(—然面慚赤)。『孟子』觀其色——然。

【赧愧:난괴】부끄러워서 얼굴을 붉히는 것。慚赧。『世說』鬼——而退。

【赧赧然:난난연】부끄러워하는 모양。무안해 하는 모양。『孟子·滕文公』觀其色——。

【赧顔:난안】부끄럼을 타서 안색이 붉어짐。또는 그 얼굴。

【赧然:난연】부끄럼으로 얼굴이 붉어지「는 모양。

【𧹞】㊀(년) 銑 ㊁(난) 潸 デン、はじてあからむ play the flute slowly
㊀피리늘어지게불년(眞—笛聲緩)。㊁뜻은『赧』과 같음。

六 畫

【赨】(동) 冬 トウ、あかい red
小篆 붉을동(赤色)。『管子』其種大苗細苗 —莖黑秀箭長。

【赩】(혁) 職 キョク、あかい red ㄏㄜˋ hê
小篆 草書 붉을혁(大赤)。『蜀都賦』丹砂—熾。

【赩熾:혁치】매우 빨간 빛깔。

【赩赫:혁혁】빛깔이 빨간 모양。『潘岳』摛朱冠之——。

七 畫

【䞊】(함) 覃 カン、あかいいろ pink
분홍빛함(淺赤色)。

【䞓】(정) 庚 テイ、あか red ㄔㄥ ch'êng
小篆 或體 或體 붉을정(赤色)。『儀禮』末長終幅。

【赫】(혁) 陌 カク、かがやく bright ㄏㄜˋ hê
小篆 草書 ❶불이글이글할혁(火赤貌)。『詩』—炎炎。❷빛날혁(烜—發也)。『李白詩』烜—耀旌旗。❸환할혁(—戲光明)。『楚辭』陟陞皇之—戲。❹성할혁(——盛也)。『詩』——明明。

【赫怒:혁노】버럭 성을 냄。激怒。

【赫世公卿:혁세공경】대대로 顯貴한 高官。

【赫焉:혁언】벌겋게 비치어 빛나는 모양。매우 밝은 모양。

【赫然:혁연】❶벌컥 성을 내는 모양。『班固』——發憤。❷사람을 놀래어 움직이게 하는 모양。

【赫曄:혁엽】빛나고 밝은 것。『王令』行儀不——。

【赫咤:혁타】벌컥 성을 냄。憤怒。『吳志』賢良憤惋智士——。

【赫赫:혁혁】❶빛나는 모양。크게 나타나는 모양。❷형세가 성한 모양。『詩經』

──明明。❸가뭄이 심한 모양。몹시 볕이 쬐어 더운 것。

〔赫喧:혁훤〕 盛大한 모양。특히 德이나 威儀 등이 光明 盛大한 모양。『大學』赫兮喧兮。

〔赫戲:혁희〕 ❶빛이 반짝거리고 盛大한 「모양。❷심한 더위。赫曦。

九畫

【赬】 (연) 先 エン、べに rouge ㄧㄢ yen¹
연지연(婦人飾)。

【赬】 (정) 庚 テイ、あか red ㄔㄥ ch'êng¹
赪 草書 붉을정(赤色)。『詩經』魴魚─尾。

〔赬尾:정미〕 ❶물고기의 붉은 꼬리。『詩經』魴魚──。물고기가 지치면 꼬리가 붉어짐。❷(喩)㉠虐政으로 말미암은 백성의 고통 ㉡君子의 괴로움。『詩·汝墳』魴魚──、王室如燬。

〔赬楣:정미〕 붉은 칠을 한 인중방。

【赭】 (자) 馬 シャ、あかつち red earth ㄓㄜ chê³
赭 小篆 赭 草書 ❶붉은흙자(赤土)。『漢書』其土─堊。❷죄인의 옷자(罪人服)。

〔赭面:자면〕 ❶붉은 얼굴。❷물감 따위로 얼굴을 붉게 바름。『荀子』殺─衣而不準。

〔赭山:자산〕 ❶벌거숭이 산。禿山。❷(地)山 이름。㉠中國 安徽省 蕪湖縣의 서북에 있음。㉡浙江省 海寧縣의 서남에 있음。

〔赭色:자색〕 붉은 흙 같은 검붉은 색。

〔赭石:자석〕 (鑛)❶붉은 빛의 돌。❷자연적으로 산출되는 赤鐵鑛。그림 물감이나 研磨劑의 원료로 씀。中國 山東省 代縣에서 산출하므로 代赭石이라고도 함。

〔赭斫:자작〕 山의 나무를 남김 없이 다 깎음。

〔赭汗:자한〕 피처럼 붉은 땀。(喩)名馬가 흘리는 땀。『虞世南』──千金馬、繡軸五香車。

〔赭黃色:자황색〕 주황색。

十畫

【赮】 (하) 麻 カ、あさやけ morning glow ㄒㄧㄚ hsia²
赮 小篆 赮 草書 벌겋하(東方赤色貌)。『漢書』雷電─蚩辟歷夜明者陽氣之動者也。(『霞』와 같음)

〔赮駮:하박〕 曙光이나 저녁 노을처럼 붉고 濃淡의 얼룩이 있는 것。『郭璞·注』善曰、──、如赮之駮也、赮、古霞字。

【赩】 ㊀(간) 翰 カン、あか red ㊁(환) 旱
赩 小篆 ㊀몹시 붉을간(甚赤)。㊁❶붉은색환(赤色)。❷흐릴환(濁也)。

十四畫

【赮】 (유) 虞 ジュ、ひのいろ colour of fire
불빛유(火色)。

【赩】 (혁) 職 キョク、あか dark red
진한붉은빛혁(濃赤色)。

走 部

【走】 ㊀(주) 有 ソウ、はしる run; hurry ㄗㄡ tsou³ ㊁(주) 宥
走 小篆 走 草書 ㊀❶달릴주(奔也)。❷종주(僕也)。『司馬遷書』太史公牛馬─。㊁❶달아날주(疾趨)。『孟子』棄甲曳兵而─。❷갈주(往也)。

〔走舸:주가〕 戰船의 이름。노를 젓는 사람이 많아 速力이 빠른 배。走軻。

走舸 (武備志)

〔走高跳:주고도〕 육상 경기의 하나。조금 뛰어 달리다가、한 쪽 발로 꽉 힘주어서 디디고서、높이 뛰어 넘는 운동。

〔走廣跳:주광도〕 질주해 오다가、지정된 지점에서 멀리 건너뛰는 뜀뛰기 경기의 한 가지。走幅跳。넓이 뛰기。

〔走狗:주구〕 사냥 때에 부리는 잘 달리는 개。獵犬。(喩)남의 앞잡이 노릇하는 사람。『史記·越世家』狡兎死、──烹。

〔走禽類:주금류〕 조류의 한 가지。몸은 크고 날개는 불완전하여 나는데 쓰지 못함。다리는 크고 세어서 달리는 데 적합하고 목도 길게 발달함。

〔走技:주기〕 러닝·릴레이·허들 따위 경주의 總稱。

〔走力:주력〕 달리는 힘。

〔走路:주로〕 ❶운동 경주를 하기 위하여 만든 코오스。❷도망하는 길。血路。

〔走馬:주마〕 ❶말을 달림。

〔走馬加鞭:주마가편〕 《國》 달리는 말에 채찍질을 함。(喩)㉠형편이나 힘이 한창 좋을 때 더욱 힘을 더한다는 뜻。㉡힘껏하는데도 자꾸 더하라고 격려하는 것。『旬五志』。

〔走馬看花:주마간화〕 말을 달리면서 꽃을 봄。(喩)사물의 겉면만 훑어보고 그 깊은 속을 살펴보지 않음。

〔走馬燈:주마등〕 돌리는 대로 그림의 장면이 다르게 보이는 돌림등。(喩)사물이 빨리 변하는 것。『荊楚歲時記』。

〔走馬瘡:주마창〕 (醫)온몸으로 돌아다니면서 생기는 腫氣。

〔走獸:주수〕 길짐승의 總稱。

〔走爲上策:주위상책〕 화를 피하려면 달아남이 上策임을 이르는 말。

〔走者:주자〕 ❶달리는 사람。❷野球競技에서 打者가 아우트되지 않고 壘에 나가 있는 사람。

〔走獐落兎:주장낙토〕 노루를 쫓다가 토끼가 걸림。(喩)뜻밖의 이익을 얻음을 이르는 말。

〔走卒:주졸〕 남을 따라다니며 심부름이나 하여 바쁘게 지내는 사람。심부름하는 하인。使喚。『漢書』貧亡車馬、常步與──起居。

〔走竄:주찬〕 도망하여 숨음。奔竄。『禮記·註』象鳥雀之──也。

〔走逐一般:주축일반〕 옳지 못한 일을 한바에는 남을 책망하는 일이나 책망을 받는 일이나 다 마찬가지임을 가리키는 말。

〔走破:주파〕 줄곧 달림。곤란을 타넘고 계속해서 달려 나아감。

〔走坂之勢:주판지세〕 이해 득실을 잘 생각하지 않고、되어 가는 형세대로 일을 처리함。

〔走筆:주필〕 붓을 재빠르게 놀려서 씀。또는 그러한 글이나 그림。『白居易』輿酣不疊紙、──操狂詞。

◎競─、逃─、遁─、奔─、奔脫─、疾─、脫─、敗─、暴─。

二畫

【赱】 (주)『走』(前條)와 같음

【赳】 (규) 尢 キュウ、たけしい つよい strong; stout ㄐㄧㄡˇ chiu³

小篆 草書 ❶헌걸찰규(ㅣㅣ武貌)。【詩】ㅣ武夫。❷날랠규(勇也)。

【赳赳:규규】 센 모양。헌걸찬 모양。『爾雅·注』果毅之貌。『詩·傳』ㅣㅣ、武貌。

【赳赳武夫:규규무부】 용맹스러운 武士。

【赳螑:규후】 용이 목을 뽑고 가는 모양 一說엔 머리를 上下로 움직이며 가는 모양。『漢書』張揖曰、ㅣㅣ、申頸低低也。

【赴】 (부) 遇 フ、おもむく arrive; proceed ㄈㄨˋ fu⁴

小篆 草書 ❶달릴부(奔也)。❷다달을부(趨而至)。【左傳】ㅣ以庚戌。

【赴告:부고】 사람이 죽은 것을 알리는 통지。訃告。訃音。『左傳·序』。

【赴難:부난】 나아가서 國難을 구함。

【赴防:부방】 다른 道의 군대가 西北邊境을 방비하던 일。

【赴召:부소】 임금의 명을 따라 나아옴。

【赴役:부역】 ❶賦役을 치르러 나감。❷사사로이 서로 일을 도와 줌。

【赴援:부원】 구원하러 감。赴救。

【赴任:부임】 임명을 받아 新任地로 감。『宋史』其ㅣㅣ川陝者、給驛券。

【赴敵:부적】 적을 향하여 나감。

【赴湯蹈火:부탕도화】 어렵고 위험한 것을 피하지 않음。《轉》好勇의 모양。

三畫

【赶】 (간) 旱 カン、はしる drive away

小篆 草書 ❶쫓을간(逐也)。❷꼬리를뻗치고달아날간(擧尾走)。

【趀】 (속) 沃 ソク、はやい fast

❶빠를속(疾也)。❷사람이름속(人名 晉時四公子)。

【赱】 (재) 灰 サイ、たつ get up

小篆 일어날재(起去)。

【赸】 (글) 質 キツ、ただちにゆく go immediately

小篆 곧갈글(直行)。

【起】 (기) 紙 キ、おこる、たつ rise; occur ㄑㄧˇ ch'i³

小篆 古文 草書 ❶일기、일어날기(興也)。【孟子】鷄鳴而ㅣ。❷기동할기(ㅣ居擧事動作)。【禮】雖危ㅣ居竟信其志。❸설기(立也)。【禮】請業則ㅣ請益則ㅣ。❹일으킬기(建築)。

【起家:기가】 ❶벼슬에 등용되어 立身出世함。❷쇠퇴하거나 단절된 집안을 일으킴。

【起墾:기간】 ≡開墾。

【起居:기거】 ❶일어서는 것과 앉는 것。몸가짐。거동。『書經』出入ㅣㅣ、罔有不欽。❷평시의 생활。《轉》❸살아가는 형편。安否。

【起居動作:기거동작】 사람의 살아 가는 모든 행동。

【起見:기견】 처음의 의견。

【起結:기결】 시작과 끝 맺음。

【起耕:기경】 지금까지 가꾸지 않은 땅을 갈아 일으켜서 논밭을 만들음。

【起稿:기고】 ≡起草②。

【起工:기공】 ❶공사를 시작함。❷일을 시작함。

【起句:기구⇩기귀】 ❶漢詩의 첫귀。『滄浪詩話』ㅣㅣ好尤難得。❷글머리의 句。

【起鬧:기뇨】 소동을 일으킴。作鬧。作擾。

【起畓:기답】 《國》作畓。

【起動:기동】 ❶몸을 일으켜 움직임。『易林』ㅣㅣ安寧。❷기관이 운전을 시작함。

【起動器:기동기】 모터。發動機。

【起動力:기동력】 ❶몸을 일으켜 움직이는 힘。❷활동을 일으키는 작용。

【起頭:기두】 ❶글의 첫머리。❷일의 맨 처음。❸重病의 돌림。

【起立:기립】 앉은 자리에서 일어섬。『指月錄』見代宗來ㅣㅣ。

【起埋火:기매화】 《國》묻은 불이 일어남。《喩》㉠後患이 없다고 안심하던 일이 다시 일어남。㉡지나간 일을 공연히 들추어 냄。『東言解』。

【起兵:기병】 군대를 일으킴。興師。

【起復:기복】 喪中에 있는 관리를 脫喪전에 官職에 復用하는 것。後世에 이르러서는 脫喪 뒤에 復用함을 起復、前에 起用함을 奪情이라 함。『資治通鑑·註』。

【起伏:기복】 ❶높아졌다 낮아졌다 함。❷盛했다 衰했다 함。『後漢書』物之興衰、情之ㅣㅣ、理有固然矣。

【起復出仕:기복출사】 喪中에 벼슬에 나가던 일。奪情。

【起蜂:기봉】 잇달아 있는 산 가운데서 가장 높은 봉우리。

【起死:기사】 다시 살아 남。回生。

【起死回生:기사회생】 ❶重病으로 다 죽어가던 病者를 되살림。❷사업의 실패 따위로 일어설 수가 없게 된 것을 다시 일으킴。

【起死回生飯:기사회생반】 중병 치른 이에게 먹이는 생쌀을 자루에 담아 설렁탕 가마 속에 넣어서 끓인 밥。

【起算:기산】 세기나 계산하기를 시작함。

【起算日:기산일】 期日을 정해서 날수를 따질 때에 날수를 세는 그 첫날。

【起算點:기산점】 기산을 비롯한 언제 또는 어디라는 그 점。

【起床:기상】 잠자리에서 일어남。

【起床喇叭:기상나팔】 기상을 알리는 나팔。

【起色:기색】 일어날 낌새。

【起誓:기서】 맹세를 함。

【起訴:기소】 《法》法院에 控訴를 제기함。특히 檢察官이 訴訟을 제기하는 것。

【起訴猶豫:기소유예】 《法》起訴便宜主義에 의거하여、검사가 공소를 제기하지 않는 처분。

【起送:기송】 ❶사람을 보냄。❷죄인을 호위하여 보냄。

【起承轉結:기승전결】 漢詩의 絶句 및 律詩의 구성。곧 韻律 전체의 배열의 명칭。絶句의 첫머리를 起、첫 머리를 대받아 쓰는 것을 承、情趣를 한 번 돌리는 것을 轉、전체의 끝맺음을 結이라 함。律詩에서도 二귀씩 四분함。

【起身:기신】 ❶몸을 움직여서 일어남。❷몸을 벗어나 관계를 끊음。

【起案:기안】 草案을 잡음。起草。

【起業:기업】 사업을 일으켜 시작함。

【起業公債:기업공채】 사업을 처음으로 일으킬 때에 소용되는 돈을 얻기 위하여 모은 공채。

【起緣:기연】 ≡緣起。

【起臥:기와】 ❶일어남과 누움。起居。臥起。❷나날의 생활。

【起擾:기요】 소동을 일으킴。

【起用:기용】 ❶가려 모아 씀。❷인재를 벼슬 자리에 뽑아 올려 씀。❸면직이나 휴직된 사람을 다시 씀。

【起原:기원】 사물이 생긴 본 바탕。

【起因:기인】 일이 일어나는 원인。일이 현재의 상태에 이르른 근본。原因。

【起電:기전】 전기를 일으킴。

【起點:기점】 시작하는 곳。出發點。

【起程:기정】 여행을 떠남。發程。

【起潮力:기조력】 干滿의 차를 일으키게 하는 힘。천체 특히 태양 및 달의 인력。

【起坐:기좌】 사람을 맞을 때에 존경하

는 태도로서 일어났다가 앉는 일。『白居易』——思量更無事、身心安樂復誰知。

【起酒:기주】❶술이 괴어 오름。❷증편 같은 것을 만들 때 술을 부어 부풀게 함。起溲。

【起重機:기중기】무거운 물건을 위 아래 또는 수평으로 들어 움직이는 기계。

【起債:기채】❶국가나 공공 단체에서 公債를 모집하는 것。❷빚을 냄。『漢書』爲人——、分利受謝。

【起草:기초】❶글의 초안을 잡음。起案。『後漢書·註』一曹有六人、主作文書——。❷글을 씀。글을 쓰기 시작함。起稿。

【起枕:기침】잠자리에서 일어남。

【起寢:기침】❶起床。↕就寢。❷밤중에 일어나 부처에 배례하는 일。

【起寢鐘:기침종】절에서 起寢할 때 치는 종。

【起爆:기폭】화약이 압력·열 따위의 충동을 받아서 폭발 반응을 일으키는 현상

【起陷:기함】두두룩함과 우묵함。

【起畫:기화】이 빛과 저 빛의 구별이 나게 먹으로 줄을 그리는 일。界畫。

◎繼—、躍—、緣—、奐—、興—。

【赸】(산) 刪 サン、セン、はねる jump

草書 뛸산(跳躍)。

四畫

【赹】(경) 庚 ケイ、ひとりゆく go alone

小篆 혼자갈경(獨行)。(『赽』과 같음)

【赻】(탐) 感 タン、うろうろする linger

머뭇거릴탐(徘徊)。

【赽】(결) 屑 ケツ、ける kick

小篆 ❶찰결(踶也)。❷말달려갈결(馬疾行貌)。

【赺】(기) 支 ギ、きにのぼる (of a monkey) climb up a tree

小篆 원숭이나무에오를기(猿之昇樹)。

【赲】(투) 宥 トウ、おちる fall

떨어질투、내려뛸투(自投下)。

【赾】(근) 吻 キン、むずかしい difficult

小篆 어려울근(難也)。

五畫

【趁】㊀(진) 軫 チン、おう expel; drive out ㊁(전) 銑 ㄔㄣˋ ch'en⁴(本音「년」)

小篆 草書 ㊀❶쫓을진(逐也)。❷머뭇거릴진(— 趲行不進貌)。㊁밟을전(踐也)。

【趁期:진기】기한이 다 참。기한에 다다름。

【趁社:진사】鄕民이 모여 神에게 제사 지냄。또 사람들이 集會에 모임。『陳造』杯酒淸濃肉更肥、咸言——極歡嬉。

【趁船:진선】배에 오름。『蘇軾』北上難陪驥、東行且——。

【趁時:진시】진작 좀더 일찌기。

【趁食:진식】衣食을 위해 일함。『福惠全書』——度日。

【趁趲:진전】앞으로 나가지 않는 모양。

【趁早:진조】진작。바로 그때。

【趁卽:진즉】진작。

【趁逐:진축】쫓아감。뒤따름。『西廂記』當日五言詩緊——、後來因七絃琴成配偶。

【趁限:진한】=趁期。

【趆】(척) 陌 セキ、ゆく walk slowly

❶천천히걸을척(緩步)。❷갈척(行也)。

【趀】(차) 支 シ、にわか sudden

小篆 갑작스러울차(倉卒)。

【趂】(진) 震 チン、おう drive out

草書 ❶쫓을진(逐也)。❷다달을진(驅—)。『杜甫詩』驅—制不禁。(『趁』과 같음)

【趃】(옥) 沃 ギョク、あしなえ cripple

절뚝발이옥(跛行)。

【趈】(백) 陌 ハク、こえる go over

❶넘을백(越也)。❷급할백(逼也)。

【趄】(단) 旱 タン、すぐにゆく go directly

❶곧장갈단(直行)。❷갈단(行也)。

【超】(초) 蕭 チョウ、こえる、おどる excel; superior

小篆 草書 ❶뛰어넘을초(躍過越也)。『孟子』挾泰山以—北海。❷높을초(—然卓也)。『左傳』—乘者三百乘。

【超感性的:초감성적】논리적·추상적인 것。

【超距:초거】뛰어 넘음。뛰어 오름。跳躍。『史記』方投石——。

【超過:초과】❶사물의 한도를 넘어섬。『法苑珠林』——三乘。❷일정한 수를 넘음。어떤 수량이 다른 수량과 비교해서 더 많음。

【超群:초군】뭇 사람 가운데서 특히 뛰어남。『張喬』詞翰獨——。

【超克:초극】어려움을 이겨 냄。

【超短波:초단파】《物》주파수 三만~三〇kc과 波長 一~一〇米의 電磁波。電離層에서 反射되지 않으며 곧게 진행하는 성질이 강하므로 넓은 지역에 보내는 텔레비전·전파 탐지기에 이용하고 醫療 등에 쓰임。

【超等:초등】등급을 뛰어 넘음。『後漢書』踊躍升騰、——踰匹。

【超滿員:초만원】定員 이상으로 사람이 꽉 참。

【超邁:초매】보통보다 뛰어남。남을 뛰어 넘어서 월등함。『梁書』文質彬彬、—今古。

【超拜:초배】정규의 등급을 뛰어서 벼슬을 시킴。『張九齡』——乃登壇。

【超凡:초범】凡人보다 썩 뛰어남。

【超世:초세】❶세상에서 견줄 사람 없이 뛰어남。『魏志』——之傑。❷世俗을 초탈함。超俗。『朱熹』——慕肥遯。

【超速度輪轉機:초속도윤전기】한 시간에 三〇만 장 이상을 박아낼 수 있는 최신식 인쇄기。

【超然:초연】❶남과 격리된 모양。높이 뛰어난 모양。『漢書』人受命于天、固——異于群生。❷세상이나 또는 남과 관계하지 않는 모양。

【超然主義:초연주의】어떠한 일의 테두리 밖에 있어、그 일을 주선하는 주의。

【超悟:초오】❶남보다 월등하고 영리함。❷월등한 깨달음。『晉書』大師聰明——、天下無。

【超搖:초요】불안한 모양。

【超越:초월】❶보통보다 뛰어남。『魏志』聖敬敬躋、——周成。❷세상의 속된 일에서 떠남。『謝靈運』虛舟有——。❸뛰어넘음。❹가볍고 빠른 모양。❺《哲》경험·가능의 범위를 넘어섬。

【超越性:초월성】경험의 가능한 한계를 초월하는 성질。

【超越意識:초월의식】육체의 속박 및 시간 공간의 제한을 벗어나 不可思議의 신비경으로 들어가는 초현실적인 의식。

【超音波:초음파】귀에 들리지 않는、진동수 六만 사이클 이상의 음파。

【超人:초인】凡俗을 超脫하여 완전하고

위대한 사람. 또는 이상적인 사람. 非凡人。

【超人間的：초인간적】 사람의 힘으로 미칠 수 없는 것. 곧 신의 활동에 관한 것。

【超人主義：초인주의】《哲》超人 곧 自我의 個性을 철저하게 발전시켜 다른 强者를 정복하는 이상적 天才나 영웅이 되는 것을 최상의 이상으로 삼는 사상의 입장. 독일의 니이체가 주장함。

【超逸：초일】 보통보다 뛰어남. 월등함。【南史】言行ㅡㅡ、名氏無傳。

【超資：초자】 차례를 건너 뛰어 품계를 올리던 일。

【超自然：초자연】 자연법칙을 넘어 신비적인 것。

【超自然主義：초자연주의】《哲》사람의 理性에 의하여 설명할 수 없는 초자연적인 實在를 想定하는 일을 直覺과 같은 특별한 인식능력이나 神의 계시에 의하여 설명하려고 하는 학설。

【超絕：초절】 ❶시이가 떨어져 있음. ❷다른 것보다 뛰어남。【謝靈運】不杇其根、于何ㅡㅡ。

【超遷：초천】 정규의 등급을 뛰어 올림. 또는 올라감。【漢書】今陛下以嗇夫口辯、而ㅡㅡ之。

【超出：초출】 뛰어남。

【超卓：초탁】 남보다 훨씬 뛰어남. 卓越。【晋書】文辭ㅡㅡ、四座歎之。

【超擢：초탁】 남을 뛰어 넘어서 뽑혀 쓰임。【趙孟頫】郎位蒙ㅡㅡ、官曹幸接聯。

【超脫：초탈】 氣品이 높아 世俗에 관여하지 아니하는 것. 脫俗。【劉克莊】從今詩律應ㅡㅡ。

【超特急：초특급】 特急보다도 속도가 더 빠름。

【超現實主義：초현실주의】 現代 프랑스의 詩壇・畫壇에서 일어난 새로운 예술론의 하나. 현실을 초월하여 자유로운 想像을 표현하며 극히 주관적인 경향을 지님。

【超現實派：초현실파】 꿈과 같은 초현실적인 夢幻의 세계를 상상으로 표현하는 서양화파의 한 가지。

【超忽：초홀】 ❶氣品이 고상한 모양. ❷멀고 아득한 모양。【皮日休】逸興轉ㅡㅡ。【孟浩然】三江坐ㅡㅡ。

◎入ㅡ、出ㅡ。

【趄】(저) 魚 ショ、ソ、たちもとる stroll about ㄐㄧㄝ chʻieh⁴ 小篆 草書 머뭇거릴저、망서릴저(赵ㅡ不進)。【易經】其行次且。

【趀】(차) 紙 シ、あさせをわたる cross 小篆 얕은여울건늘차(渡涉淺瀨)。

【趆】(저) 齊 テイ、おもむく run away 小篆 ❶달아날저(趨也)。❷달릴저(走貌)。

【趖】(차) 馬 シャ、とまる stay 머물차(留也)。

【趵】(구) 虞 ク、はしりかえりみる run away 달아나며돌아볼구(走而顧)。

【趉】(굴) 物 クツ、にわかにはしる jump to one's feet to run away 小篆 별안간달아날굴(猝起而走)。

【越】㊀(월) 月 エツ、カツ、こえる overpass ㊁(활) 曷 ㄩㄝ yüeh⁴ 小篆 草書 ㊀❶넘을월、건늘월(度也)。【易繫辭】雜而無ㅡ。❷멀월(遠也)。【書】曷敢有ㅡ厥志。❸뛸월(超也)。【禮】ㅡ紼而行事。❹이에월(於也)。【書經】ㅡ有雊雉。❺날릴월(發揚)。【爾雅】ㅡ揚也。❻떨어질월(墜也)。【左傳】隕ㅡ于下。❼월나라월(南蠻總名)。㊁❶부들자리활(蒲席)。【禮】ㅡ席疏布。❷실구멍활(瑟孔)。【禮】朱絃而疏ㅡ。

【越價：월가】 값을 치룸。

【越江：월강】 ❶강을 건넘. ❷鴨綠江・豆滿江을 건너서 中國에 감。

【越畊：월경】 남의 땅의 경계를 범하여 갈음。

【越境：월경】 國境을 넘음. 경계선을 넘어서 이웃을 침범함。

【越階：월계】 차례를 넘어서 웃자리에 오르는 것. 越遷。

【越權：월권】 자기 권한 밖의 일을 함. 僭越。

【越南：월남】《地》나라 이름. 베트남(VietN-am) 舊 프랑스領 印度支那의 통킹・안남・코친차이나의 세 지역을 領土로 하는 共和國。

【越年：월년】 해를 넘김. 나이 먹음. 越歲。【黃滔】纔到人間便ㅡㅡ。

【越冬：월동】 겨울을 넘김. 겨울을 남。

【越等：월등】 정도의 차이가 대단함. 훨씬 나음。

【越畔之思：월반지사】 자기 직책을 준수하고 남의 직권을 침범하지 아니하는 마음씨。【左傳】行無越思、如農夫之有畔。

【越房：월방】 건넌방。

【越邊：월변】 건너편。

【越俸：월봉】《制》祿俸의 정액을 줄이던 일。

【越朔：월삭】 産月을 넘김。

【越三道：월삼도】 三道를 넘기어 먼 지방으로 귀양 보내던 일。

【越城：월성】 성을 넘음. 踰城。

【越數：월수】 예정 수를 넘음。

【越視秦瘠：월시진척】 남의 환난을 돌아보지 아니함을 가리키는 말。

【越燕：월연】《動》제비。

【越獄：월옥】 옥을 뛰어 넘어 도망침。

【越越：월월】 쉬운 모양. 輕易한 모양。

【越日：월일】 내일. 翌日. 明日。【列子】ㅡㅡ謁見王。

【越牆：월장】 담을 넘어감。

【越鳥：월조】《動》❶中國 남방에 있는 越나라의 새. ❷孔雀의 別名。

【越俎：월조】 자기 직분을 넘어서 남의 일에 간섭하는 것. 또는 남의 권한을 침범하는 것. 주제넘은 것。【莊子・逍遙遊】

【越俎之嫌：월조지혐】 스스로의 직분을 넘어 남의 일을 간섭하는 혐의。

【越次：월차】 차례를 넘음. 순서를 넘음。

【越站：월참】 站에서 쉬지 않고 지나감。

【越川：월천】 내를 건넘。

【越便：월편】 건너 편。

【越海：월해】 바다를 건너 외국에 가는 일。

◎優ㅡ、僭ㅡ、超ㅡ、卓ㅡ。

六 畫

【䞥】(유) 宥 ユウ、はしる run off 小篆 ❶급히달아날유(急走)。❷달아날유(走也)。

【趌】(길) 質 キツ、いかりはしる run off in anger 小篆 성내고달아날길(怒走)。

【䞦】(격) 陌 キャク、たおれる fall (on one's back) 자빠질격(ㅡ蹉、僵也)。

【䞨】(기) 紙 キ、ひとあし gait 小篆 반걸음기(擧足半步)。

【趍】(추) 虞 シュ、スウ、おもむく hasten ㄑㄩ chʻü¹ 小篆 추창할추(走也)。【詩】巧ㅡ蹌兮。

【䞩】(귀) 紙 キ、ひざまずく kneel down 꿇을귀(跪也)。

【趚】(척) 陌 セキ、ぬきあし stepping sidewards
옆으로걷는발척(側行足)。

【趐】(혈) 屑 ケツ、すすむ advance
❶나아갈혈(進也)。❷새가떼로날혈(衆鳥叢飛)。

【趑】(자) 支 シ、たちもとる hesitate
小篆 草書 머뭇거릴자、망서릴자(ㅣ趄難行)。
【趑趄:자저】앞으로 나가지 못하는 모양。난행함。

【趒】(조) 嘯 チョウ、とぶ jump
小篆 小篆 ❶뛸조(躍也)。❷넘을조(越也)。

【趄】(원) 元 エン、いどころかえる exchange
小篆 처소바꿀원(居處相換)。

【趔】(렬) 屑 レツ、あしがすすまない fall down カーせ lieh⁴
자빠지려고할렬(ㅣ起)。

七畫

【趕】(간)『赶』(走部3畫)과 같음

【趖】(사) 歌 サ、はしる run off
小篆 빨리달아날사(疾行)。

【趗】(촉) 沃 ショク、せまる stoop
국축할촉(趚ㅣ局小貌)。

【趕】(해) 灰 カイ、とどまる flinch from running off
小篆 달아나려다머물을해(欲走而留)。

【趜】(구) 尤 キュウ、たがう go amiss
어긋날구(違也)。

【趛】(준) 眞 シュン、はしる walk quickly
小篆 빨리걸을준(行速)。

【趓】(도) 虞 ト、ふせる lie flat
땅에엎드러질도(趙ㅣ、伏地)。

【趘】(희) 微 キ、はしる run away
달아날희(走貌)。

【趕】(녈) 月 デツ、ゆく hurry on
급히갈녈(急行)。

【趕】(후) 有 コウ、ゆきなやむ hesitate
주저할후(趨行不進說)。

【趙】(조) 篠 チョウ、さす pierce
小篆 草書 ❶조나라조(國名造父所封)。❷찌를조(刺也)。❸추창할조(趨也)。❹오랠조(久也)。
〔詩〕其鎛斯ㅣ。
〔釋名〕ㅣ朝也本小邑朝事于大國。
【趙匡儀:조강의】《人》宋의 太宗。太祖의 弟。이름은匡乂匕。뒤에 光義로 即位後 炅로 고침。開國에 功이 많아 賢君으로 일컬어짐。廟號는 太宗。在位 二二年 年號 太平興國·雍熙·端拱·淳化·至道。

宋太宗 (三才圖會)

【趙高:조고】《人》秦의 宦者。始皇帝가 죽자 丞相 李斯와 더불어 長子 扶蘇를 죽이고 二世 胡亥를 세움。뒤에 李斯를 죽이고 스스로 丞相이 되어 政事를 專斷하였음。다시 胡亥를 죽이고 子嬰을 세웠으나 子嬰이 位에 오르자 高를 誅殺하고 그의 三族을 멸하였음。
【趙匡胤:조광윤】《人》宋의 太祖。開國의 帝。涿郡사람。周의 禪位를 받아 帝位에 올라 汚吏를 물리치고 法을 重히 여기고、農業을 중히 여기고 學을 重視하고 斂을 줄여 宋나라의 國基를 세움。廟號는 太祖。在位 一七年。年號 建隆·乾德·開寶。

宋太祖 (三才圖會)

【趙孟頫:조맹부】《人》元나라 初期의 文人。湖州 사람。字는 子昂。號는 松雪道人·鷗波·水晶宮道人·諡號는 文敏。書畫·詩文에 能하였으며、글씨는 晋唐을 宗으로 하고、그림은 吳鎭·黃公望·王蒙과 더불어 元代의 四大家로 꼽힘。〈書〉尙書注·琴原松雪齋集이 있음。

趙孟頫 (三才圖會)

【趙飛燕:조비연】《人》後漢 成陽侯 趙臨의 딸。美人이며 歌舞에 능숙하여 몸의 가벼움이 제비와 같다 하여 飛燕이라 칭함。成帝의 後宮이 됨。
【趙勝:조승】《人》戰國時代 趙 武靈王의 아들。惠文王의 아우이며 平原君이라 號함。惠文王·孝成王 때의 宰相。많은 賓客·食客을 모아 우대한 것으로 유명함。戰國 四君의 한 사람。

八畫

【趣】(군) 吻 クン、おもむく proceed ㄑㄩㄣˊ ch'ün⁴
小篆 ❶다달을군(赴也)。❷달아날군(奔也)。

【趛】(음) 寢 キン、はやくゆく hurry on
小篆 머리 숙이고빨리갈음(低頭疾行)。

【趜】(국) 屋 キク、きわまる exhausted
小篆 궁구할국(窮也)。

【趞】(북) 職 ボク、たおれる fall down
小篆 넘어질북(僵也)。

【趞】(척) 陌 セキ、よこにあるく step sidewards
小篆 옆으로걸어갈척、비척비척걸을척(側行貌)。

【趟】(쟁) 敬 トウ、おどる jump ㄊㄤˋ t'ang⁴
뛸쟁 뛰는모양쟁(躍貌趟ㅣ)。

【越】(혁) 職 キョク、ぬすみはしる run away stealthily
몰래달아날혁(盜走)。

【趠】㊀(초) 效 トウ、タク、とおい distant ㄔㄠˋ ch'ao⁴ (本音「착」)
㊁(탁) 覺
小篆 草書 ㊀❶박초바람 초(舶ㅣ五月風)。〔蘇軾〕有舶ㅣ風詩。❷뛸초(超也)。㊁멀 탁(遠也)。
〔晋書〕ㅣ不希騄駬之蹤。

【趡】(유) 紙 ユウ、うごく move
小篆 ❶움직일유(動也)。❷땅이름유(地名)。

【趣】㊀(취) 遇 シュ、ソク、おもむく object; meaning
㊁(촉) 沃
㊂(추) 有 ㄑㄩˋ ch'ü⁴
小篆 草書 ㊀❶추창할취(ㅣ向疾也)。〔詩〕左右ㅣ之。❷뜻취

(指意)。【孝經序】五經之指ㅡ。二 재촉할촉(催也)。【禮】乃ㅡ獄刑。(『促』과 같음) 三 추마벼슬추(ㅡ馬掌馬官)。【詩】蹶維ㅡ馬。

【趣味:취미】❶情趣를 이해하고 감상할 수 있는 힘。❷좋아하여서 하는 것。즐기는 일。【水心題跋】怪偉伏平易之中、ㅡㅡ在言語之外。❸本業 이외에 즐기는 것。곧 전문적인 필요에서 하지 않는 讀書・書道・音樂・美術 따위。

【趣舍:취사】前進하는 것과 멈추는 것。趣舍。【歐陽修】ㅡㅡ大節。

【趣意:취의】=趣旨。【唐書】ㅡㅡ野著。

【趣旨:취지】생각。까닭。趣意。【文心雕龍】楊馬之作、趣幽旨深。

【趣向:취향】❶취미의 방향。❷목적을 정하여 그에 향하는 것。【唐書】是ㅡㅡ之反也。

【趣駕:촉가】급히 탈것의 준비를 시킴。

【趣裝:촉장】급히 旅裝을 꾸밈。

【趣治:촉치】재촉하여 다스림。급히 준비함。

◎歸ㅡ、妙ㅡ、詩ㅡ、意ㅡ、情ㅡ、旨ㅡ、風ㅡ、興ㅡ。

【⿺走夌】(릉) 蒸 ロウ、こえる cross
넘을릉(越也)。

【趢】(록) 沃 ロク、せぐくまる bow
국축할록、몸굽힐록(ㅡ趗局小貌)。

【⿺走卑】(비) 支 ヒ、こまたにあるく walk with soft steps
자박자박걸을비(小步)。

九畫

【⿺走盾】(춘) 眞 チュン、にげる run away
❶도망할춘(逃也)。❷달아나는모양춘(走貌)。

【⿺走曷】(걸) 月 ケツ、いかりはしる run off in anger
성내고달아날걸(怒走)。

【⿺走契】(세) 霽 テイ、すぐれる(本音「제」) excel
❶뛰어날세(超特)。❷뛰어넘을세(超踰渡)。

【⿺走勇】(용) 腫 ヨウ、いさみゆく dash forward
❶날쌔게 갈용(勇行)。❷갈용(行也)。

【趥】(추) 尤 シュウ、あるく trudge along
❶타달거릴추(徒步行貌)。❷찰추、밟을추(蹴也)。

【⿺走俞】(유)『逾』(辵部 9畫)와 같음

【趧】(제) 齊 テイ、えびすまい dance
오랑캐춤제(夷舞)。

【趦】(자)『趑』(走部 6畫)의 俗字

十畫

【⿺走匽】(언) 阮 エン、けむりだつ smoke
연기오를언(烟上昇)。

【⿺走索】(색) 陌 サク、たおれる fall down
자빠질색、쓰러질색(趚ㅡ偃也)。

【⿺走虒】(치) 支 シ、うすい frivolous
경박할치(ㅡ隨、輕薄)。

【趨】 (一)(추) 虞 シュ、スウ、おもむく run; hasten ㄑㄩ ch'ü (二)(촉) 沃
(一)❶달아날추(走也、行也)。【禮】帷薄之外不ㅡ。❷자주걸음추、추창할추(ㅡ蹌捷步)。【詩】巧ㅡ蹌兮。(二)빠를촉(疾也)。

【趨光性:추광성】빛이 자극이 되어 일어나는 생물의 이동 운동。走光性。↓趨性。 「되어 일어나는 생물의 이동 운동。

【趨流性:추류성】물의 流動이 자극이

【趨利:추리】다투어 이익을 도모함。다투어 가면서 이득을 취하려는 것。

【趨拜:추배】빠른 걸음으로 나아가서 절함。【唐書】傷足不能ㅡㅡ。

【趨步:추보】빠른 걸음으로 달림。【王儉】ㅡㅡ明月舞裾裳。

【趨附依賴:추부의뢰】권세 있는 사람에게 붙어서 의지하여 지냄。

【趨性:추성】생물이 단순한 자극에 의하여 쏠리는 성질。

【趨勢:추세】❶되어 가는 형편。향하여 나아가는 形勢。❷세상이 되어 가는 형편。

【趨時:추시】시속을 따름。

【趨炎附熱:추염부열】권세와 부귀에 아부함。권세 있는 사람에게 아부하는 것。【宋史・李垂傳】。

【趨迎:추영】급히 달려 나아가서 맞음。

【趨數:촉삭】빠른 것。날쌘 것。促速。【禮記】衛音ㅡㅡ煩志。「【詩經・疏】。

【趨織:촉직】귀뚜라미의 別名。促織。

【趨趨:촉촉】❶빨리 가는 모양。【禮記】其行也ㅡㅡ以數。❷=趨織。

【⿺走眞】(전) 先 テン、にわかにはしる run off
별안간달아날전、저축거릴전(猝走)。

【⿺走烏】(오) 虞 オ、みがるにはしる run lightly
가볍게달아날오(輕也)。

【⿺走䍃】(요) 蕭 ヨウ、とおくゆく go far away
멀리갈요(遠行)。

【⿱寒走】(건) 元 ケン、はしる run away
달아날건(走貌)。

【⿺走疾】(질) 質 チツ、はしる run away
빨리달아날질(走遽)。

【⿺走臭】(흉) 送 キュウ、ゆく go in low spirits
기운없이 갈흉(疲行)。

【⿺走差】(치) 支 シ、たおれる fall down
❶자빠질치(僵也)。❷달아날치(走也)。

十一畫

【⿺走焉】(언) 阮 エン、はしる walk slowly
천천히걸을언(緩行)。

【⿺走票】(표) 蕭 ヒョウ、みがるにゆく walk lightly
사뿐사뿐걸을표(輕行)。

【⿺走曼】(문) 元 モン、ゆるくゆく walk slowly
더디걸을문(行遲)。

【⿺走參】(참) 覃 サン、はしる run
달음질할참(走貌)。【贏駿篇】ㅡ⿺走覃驪走發章臺。

【⿺走畢】(필) 質 ヒツ、さきばらい get out of the way
길치울필、길깨끗할필(警ㅡ止行淸道)。

十二畫

【⿺走厥】(궐) 月 ケツ、はねおきる jump to one's feet ㄑㄩㄝ ch'üeh
❶헤치고일어날궐(挑起)。❷뛸궐(蹶也)。

【⿺走咼】(와) 歌 ガ、つまずく hesitate
주저할와(踟躇)。

【趩】(칙) 職 チョク、あるくおと sound of stepping
小篆 걷는소리칙(——行聲)。

【⿺走幾】(기) 微 キ、とおくはしる run far away
小篆 멀리달아날기(遠走)。

【⿺走矞】(귤) 質 キツ、くるいはしる run out madly
小篆 미쳐뛰어나갈귤(狂走)。

【趪】(황) 陽 コウ、いさましい powerful
草書 ❶위엄스러울황(——威武貌)。【西京賦】洪鍾萬鈞猛虡——。❷달아날황(走也)。

【趫】(교) 蕭 キョウ、みがるい nimble ㄑㄧㄠˊ ch'iao²
小篆 草書 ❶나무에 잘오를교(緣木善走)。【西京賦】非都盧之輕—孰能超而究升。❷건장할교(健也)。【赭白馬賦】捷—夫之斂手。잘달아날교(善走)。

【趫健:교건】걸음걸이가 날램。【南唐書】陳誨生數月、——能馳走。

【趫才:교재】❶재빠른 일 솜씨。【唐書】太宗選——、衣五色袍。❷경박하고 민첩한 소년。【留靑日札】凡輕薄挑達少年日——。

【趫捷:교첩】재빠름。날램。몸이 가볍고 빠름。【後漢書】賊帥常山人張燕、輕勇——、軍中號日飛燕。

【趫悍:교한】민첩하고 사나움。

【⿺走童】(동) 董 トウ、はしる walk softly

【趬】(교) 蕭 キョウ、みがるい walk lightly ㄑㄧㄠ ch'iao
小篆 ❶사뿐사뿐걸을교(行輕貌)。❷발을 들교(擧足)。

【趬悍:교한】몸이 날쌔어서 거셈。【後漢書·注】趬、行輕貌。

【趭】(초) 嘯 ショウ、はしる run
草書 달음질할초(奔走貌)。【河東賦】神騰鬼—。

十三畫

【⿺走亶】(전) 先 デン、ころぶ tumble down
小篆 ❶다달을전(趁也)。❷구를전(轉也)。❸머뭇거릴전(行難)。

【⿺走睘】(훤) 元 ケン、はやゆき hurry on
小篆 빨리갈훤(疾行)。

【⿺走蜀】(촉) 沃 ショク、こまたにあるく toddle
小篆 자박자박걸을촉(小兒行)。

【⿺走敫】(교) 嘯 キョウ、したがう follow
❶따를교(從也)。❷엎드릴교(偃也)。

【⿺走感】(함) 感 カン、はねあがる jump up
뛰어오를함(跳上)。

【趮】(조) 號 ソウ、すばやい quick
小篆 草書 ❶빠를조(疾也)。【漢書】用兵靜—凶。❷뛸조(太急)。

十四畫

【⿺走與】(여) 御 ヨ、ゆっくりゆく walk leisurely
小篆 ❶편안히걸을여(安行)。❷천

【⿺走蒦】(곽) 陌 カク、あしながい long-legged
다리길곽(脚長)。

【趯】(적) 錫 テキ、おどる leap; jump ㄊㄧˋ t'i⁴
小篆 草書 팔딱팔딱뛸적(——跳貌)。【後漢書】南—朱垠。【詩】——阜螽。

【趯趯:적적】팔딱팔딱 뛰는 모양。【詩經】——阜螽。

十五畫

【⿺走臱】(변) 先 ヘン、たおれる run to tumble
小篆 달아나다넘어질변(走頓)。

【⿺走截】(一)(길) 質 (二)(절) 屑 キツ、はねる jump
(一)비뚜로갈길(斜進)。(二)뜻은 (一)과 같음。

【⿺走樂】(一)(력) 錫 (二)(삭) 藥 レキ、うごく move ㄕㄨㄛˋ shuo⁴
小篆 (一)❶움직일력(動也)。❷달릴력(走也)。【石鼓文】多庶——。(二)뜻은 (一)과 같음。

【⿺走矞】(귤) 質 キツ、はしる run away
小篆 달아나려고할귤(走意)。

【⿺走賣】(독) 屋 トク、ひとりゆく go alone
혼자갈독(獨行)。

【⿺走賛】(찬)『趲』(走部19畫)과 같음

十六畫

【⿺走憲】(헌) 願 ケン、はしる run away
小篆 달아나려할헌(走意)。

【⿺走歷】(력) 錫 レキ、ゆく go one's away
❶가는모양력(行貌)。❷몰래갈력(盜行)。

十八畫

【⿺走瞿】(구) 虞 ク、ふりかえる run away
小篆 달아나며돌아볼구(走顧貌)。

【⿺走雚】(권) 先 ケン、はしる run away
小篆 구부리고달아날권(屈脊而走)。

【⿺走翼】(익) 職 ヨク、はしる run away
小篆 손벌리고 달아날익(擴手如翼而走)。

十九畫

【趲】(찬) 翰 サン、せまる needy
❶흩어져달아날찬(散走)。❷쫓을찬、핍박할찬(逼也)。

【趲程:찬정】여행을 바삐 함。

【趲行:찬행】급히 달림。길을 서두름。急行함。【桃花扇】天色將晩、快些——。

二十畫

【⿺走矍】(곽) 藥 カク、おおまたにあるく swagger
뚜벅뚜벅걸을곽(大步)。

足 部

【足】(一)(족) 沃 (二)(주) 遇 ショク、ソク、あし foot ㄗㄨˊ chü²
小篆 草書 (一)❶발족(趾也)。❷흡족할족(滿也)。❸그칠족

(止也)。❹넉넉할족(無欠)。【書】言ー聽聞。㊁❶더할주(添物益也)。【漢書】不待臣音復調而ー。❷아당할주(ー恭便辟)。【論語】巧言令色ー恭。

【足件:족건】버선。

【足骨:족골】족부를 구성하고 있는 뼈의 總稱。다리뼈。

【足過平生:족과평생】한 평생을 넉넉히 지낼 만함。살림이 넉넉함。

【足蹈:족도】발로 뛰는 행동。

【足反居上:족반거상】사물이 거꾸로 됨을 이르는 말。

【足部:족부】발목부터 발 사이의 부분。

【足趺:족부】발등。

【足不履地:족불이지】발이 땅에 닿지 않을 만큼 급히 달아남을 이르는 말。

【足鎖:족쇄】죄인의 발목에 채우던 쇠사슬。

【足腕:족완】발회목。

【足衣:족의】양말。【說文】韈、ーー也。

【足掌:족장】발바닥。

【足跡:족적】❶발자국。❷옛날의 업적。옛 자취。足下。❸편지 받을 사람의 姓名 아래에 쓰는 존칭의 한 가지。

【足足有餘:족족유여】매우 넉넉하여 남음이 있음。

【足指:족지】발가락。

【足趾:족지】발뒷굼치。【左思】耳目之所不該、ーー之所不蹈。

【足且足矣:족차족의】흡족하여 아주 능준함。

【足尖:족첨】발부리。

【足下:족하】❶발 밑。【老子】千里之行、始於ーー。❷같은 年輩에 대한 존칭。貴迹。【史記】天下共畔ーー、ーー其自爲計。

【足恭:주공】도에 넘은 공경。지나친 존경。(轉)아첨。

◎高ー、具ー、禁ー、滿ー、不ー、洗ー、手ー、遠ー、長ー、充ー。

二畫

【⿰⻊丁】(정) 庚 テイ、あしがほそながい slender and long-legged
다리 가늘고길정(跉ー脚細長)。

【⿰⻊卜】(부) 遇 フ、はしる run off
(小篆) 달아날부(走也)。

三畫

【趵】㊀(박) 覺 ハク、ける kick ㊁(작) 藥 ㄅㄠˋ pao⁴
(草書) ㊀차는소리박(趵聲)。㊁발나란할작(足齊)。

【⿰⻊干】(간) 翰 カン、はぎぼね tibia
정강이뼈간(脛骨)。

【⿰⻊于】(우) 遇 オ、またがる be stride
걸터앉을우(踞也)。

【⿰⻊叉】(차) 禡 シャ、ふむ step on ch'a²
❶갈래진길차(岐道)。❷밟을차(踏也)。

【⿰⻊卂】(습) 緝 シュウ、かしこまる kneel down
꿇어앉을습(斂膝坐)。

四畫

【趹】(결) 屑 ケツ、はやい go running ㄐㄩㄝˊ chüeh²
(小篆)(草書) 말이달려갈결(馬行貌)。【戰國策】探前ー後。

【趹踶:결제】발로 차고 밟고 함。【金樓子】馬與馬遇則ーー、愚與愚遇則相傷。

【趺】(부) 虞 フ、あぐら sit cross-legged ㄈㄨ fu¹
(草書) 도사리고 앉을부(跏ー佛坐)。【婆娑論】結跏ー坐是相員滿。

【趺骨:부골】《生》足根部에 있는 뼈。복사뼈・跟骨・舟狀骨・제 一・二・三楔狀骨(설상골)・骰子骨(투자골)의 일곱 가지로 되어 있음。跗骨。足根骨。

【趺蝶:부접】나비강충이。매미目에 屬하는 昆虫。

【趺坐:부좌】《佛》발등을 다리 위에 얹고 도사리고 앉는 坐法。圓滿 安坐의 뜻을 나타내는 坐法임。【婆娑論】結跏ーー、是相是圓滿。

【⿰⻊氏】(시) 紙 シ、たちどまる hesitate
(小篆) 주저할시(踟躇)。

【趻】(참) 豏 タン、かたあしでゆく hop
(草書) 앙감질할참(ー踔一足行)。【莊子】吾以一足ー踔而行。

【趻踔:참조】❶한 발로 걷는 모양。절뚝거리며 걷는 모양。앙감질하는 모양。【莊子】吾以一足ーー而行。❷걸음걸이가 더딘 모양。

【⿰⻊冘】(침) 寢 チン、うごく hop
앙감질할 침(ー踔一足行)。(『踸』과 같음)

【⿰⻊冘踔:침탁】나아갔다가 물러섰다가 하는 모양。움직임이 無常함。【廣雅】ーー、無常也。

【⿰⻊互】(호) 遇 コ、ひざまずく kneel
두무릎꿇을호(雙膝著地)。

【⿰⻊亢】(항) 養 コウ、あしをのばす spread one's legs
다리뻗을항(伸脛)。

【⿰⻊切】(절) 屑 セツ、つまずく take a false step
헛디딜절(失足)。

【⿰⻊化】(와) 歌 ガ、ちんば limp
절뚝발이와(跛足)。

【趽】(방) 陽 ボウ、くるぶし ankle
(小篆) ❶죄암발이방(曲足)。❷발목뼈방(跗骨之一)。

【⿰⻊巿】㊀(발) 曷 ㊁(비) 未 ㊂(패) 泰 バツ、あるく walk
㊀❶급히 갈발(急行貌)。❷갑작스러울발(猝也)。㊁뜻은 ㊀과 같음。㊂밟고 걸을패(步跋)。

【趾】(지) 紙 シ、あし foot
(草書) ❶발지、발꿈치지(足也)。【詩】四之日擧ー。❷그칠지(止也)。【爾雅】ー止也言行一進一止也。❸땅이름지(南蠻交ー)。

【趾高氣揚:지고기양】발을 높이 올려 걸으면서 意氣揚揚하여 得意한 모양。【左氏】楚屈瑕伐羅、鬪伯比送之、還、謂其御曰、莫敖必敗、擧趾高、心不固矣。

【趾骨:지골】발가락의 뼈。

【趾臺:지대】담・집 따위의 지면에 터전을 잡고 돌로 쌓은 부분。址臺。

【趾相錯:지상착】사람이 많이 모여들음。많은 사람이 往來함。【林鶴梁】士女遊賞、ーー也。

【趾點:지점】垂線과 斜線의 밑점。

【趿】(삽) 合 ソウ、あしゆびでつまむ pull with one's tiptoe
(小篆) 발로 끌어 당길삽(進足有所擷取)。

【跂】㊀(기) 支 ㊁(기) 紙 ㊂(기) 紙 キ、むつゆび six-toed person ㄑㄧˊ ch'i² (本音「지」)
(小篆)(草書) ㊀❶육발이기(足多指)。【莊子】合者不爲駢而枝者不爲ー。❷배로길기(蟲行)。【淮南子】

ㅣ行喙息。㊂ 걸터앉을기(垂足坐)。㊂ 발돋움하여볼기(擧足望)。〔禮〕ㅣ而及之。

〔跂跂:기기〕 벌레 따위가 기어가는 모양。〔漢書〕ㅣㅣ脈脈、善緣壁、是非守宮、卽蜥蜴。

〔跂望:기망〕 발을 제겨디디고 먼 곳을 바라봄。〔詩經〕誰謂宋遠、跂予望之。

〔跂足:기족〕 발을 제겨디디고 바라봄。

〔跂行喙息:기행훼식〕 발꿈치로 딛고 다니고 주둥이로 숨쉼。곧 벌레나 새 따위의 類를 이름。〔史記·匈奴傳〕ㅣㅣ、蠕動之類。

【跀】 (월) 月 ゲツ、あしきる amputate leg ㄩㄝˋ yüeh⁴ 小篆 或體 草書 발벨월(斷足)。

【跁】 (파) 禡 ハ、こびと dwarf ㄆㄚˊ pa² 난장이파(ㅣ踦短人)。

【跉】 (혜) 齊 ケイ、あしあと foot mark 발자취혜(跡也)。

五畫

【跊】 (촉) 沃 ショク、せまる press ❶재촉할촉(促也)。❷핍박할촉(迫也)。(『促』과 같음)

【跅】 ㊀(척) 陌 ㊁(탁) 藥 タク、セキ、ほしいまま self-indulgence ㄊㄨㄛˋ t'uo⁴ 草書 ㊀ 제멋대로놀아먹을척(ㅣ弛無檢局)。〔漢書〕夫泛駕之馬ㅣ弛之士。㊁뜻은 ㊀과 같음。

〔跅落:탁락〕 ＝跅弛。〔漢書·註〕跅者ㅣ、無檢局。

〔跅弛:탁이〕 몸가짐이 단정하지 못함。방자함。跅落。〔漢書〕泛駕之馬、ㅣㅣ之士。

【跆】 (태) 灰 タイ、ふむ trample down ㄊㄞˊ t'ai² 草書 밟을태(蹋也)。〔漢書〕興兵相ㅣ藉。

〔跆拳:태권〕 唐手。

【跋】 (월) 月 エツ、かるい light 小篆 ❶가벼울월(輕也)。❷달릴월(走貌)。

【跇】 (예) 霽 エイ、こえる jump over 小篆 ❶뛰어넘을예(超踰渡也)。〔漢書〕ㅣ巒阬。❷건널예(渡也)。

〔跇踰:예유〕 넘음。뛰어넘음。〔左思·注〕善曰、史記曰、跇萬里、如淳曰、跇、超踰也、向曰、ㅣㅣ、踐轢也。

【跈】 ㊀(전) 銑 ㊁(진) 眞 デン、ふむ tread (古音「년」) ㊀밟을전(蹋也)。〔莊子〕哽而不止則ㅣ。㊁다달을진(䞇也)。

【跐】 (별) 屑 ヘツ、ける kill 찰별、발길질할별(足擊)。

【跸】 (불) 物 フツ、はねる run away 小篆 뛰어달아날불(急行貌、跳也)。

【跋】 (발) 曷 バツ、ふむ step on 小篆 草書 ❶밟을발(踐也躐也)。〔詩〕狼ㅣ其胡。❷심지밑둥발(燭ㅣ本也)。〔禮〕燭不見ㅣ。❸건고건늘발(ㅣ涉水草行)。〔詩〕大夫ㅣ涉。❹발뒤꿈치발(足後)。❺될발(ㅣ扈强梁)。〔後漢書〕黎共奮而ㅣ扈。❻글이름발(書名)。

〔跋剌:발랄〕 ❶물고기가 팔딱팔딱 뛰는 모양。潑剌。蹳剌。〔李白〕ㅣㅣ銀盤欲飛去。❷새가 나는 소리。〔岑參〕ㅣㅣ飛鵜鶘。

〔跋履:발리〕 밟으며 걸음。여러 곳을 돌아다님。〔左傳〕ㅣㅣ山川、踰越險阻。

〔跋文:발문〕 책의 끝에 적는 글。跋辭。後序。

〔跋尾:발미〕 檢屍官이 살인의 원인·정경 등을 조사하여 조사서에 기록한 의견。

〔跋涉:발섭〕 산을 넘고 물을 건너서 여러 지방으로 돌아다님。〔詩經〕大夫ㅣㅣ、我心則憂。

〔跋胡:발호〕 이리가 앞으로 나아가려면 胡를 밟게 되고 물러나면 꼬리에 걸린다는 뜻。胡는 턱밑의 처진 살。《喩》進退하기 어려운 것。〔詩經·狼跋〕狼跋其胡、載疐其尾。

〔跋扈:발호〕 ❶제멋대로 날뜀。❷사나와서 손을 댈 수 없음。또는 아랫 사람이 제멋대로 권위를 부려 웃사람을 침범함。扈는 물 속에 넣어서 물고기를 잡는 竹(대)광주리로서 큰 고기는 그것을 뛰어넘어 도망하므로 쓰이게 된 말。〔後漢書·梁冀傳〕目梁冀曰、此ㅣㅣ將軍也。

【跛】 (발)『跋』(前條)의 俗字

【跌】 (질) 屑 テツ、つまずく fall down (古音「절」) ㄉㄧㄝˊ tieh² 小篆 草書 ❶거꾸러질질(差ㅣ蹶也)。〔漢書〕ㅣ而不振。❷빨리달아날질(疾行)。

〔跌倒:질도〕 발을 헛디디어 거꾸러짐。

〔跌失:질실〕 발을 헛디디어 넘어짐。蹉跌。〔列子〕趨走往還、無ㅣㅣ也。

〔跌宕:질탕〕 방자한 모양。방탕한 모양。跌蕩。〔蜀志〕性簡傲ㅣㅣ。

〔跌蕩:질탕〕 ❶＝跌宕。〔後漢書〕ㅣㅣ放言。❷당황하는 모양。

【跎】 (타) 歌 タ、ダ、ふみはずす slip ㄊㄨㄛˊ t'uo² 小篆 草書 미끄러질타(蹉ㅣ不遇)。〔晉書〕入吳尋二陸見雲具以情告曰 欲自修而年已蹉ㅣ。

【跅】 (타)『跎』(前條)와 같음

【跏】 (가) 麻 カ、あぐら sit cross-legged ㄐㄧㄚ chia¹ 草書 도사리고 앉을가(ㅣ趺屈曲坐)。

〔跏趺:가부〕 《佛》두 발등을 포개고서 ㅗ사려 앉는 坐法。結跏趺坐。〔柳宗元〕一飯不願餘、ㅣㅣ便終夕。

【跐】 (자) 紙 シ、ふむ tread ㄘˇ tz'ŭ¹·³ 밟을자(蹈也履也)。〔吳都賦〕將抗足而ㅣ之。

【跑】 (포) 肴 ホウ、あがく、もがく scratch ㄆㄠˇ p'ao³ ❶허빌포(足ㅣ地獸)。〔臨安新志〕性空禪師居大慈山苦無水忽有神人告曰明日當有水是夜二虎ㅣ地作穴泉水涌出因號虎ㅣ泉。❷달아날포(走也)。

【跒】 (가) 馬 カ、こびと dwarf ❶난장이가(跁也)。❷가다가설가(跢ㅣ)。

【跕】 (접) 葉 チョウ、おちる slip off ㄉㄧㄝˋ tieh⁴ 草書 ❶미끄러질접(ㅣㅣ墮貌)。〔後漢書〕仰視飛鳶ㅣㅣ墮水中。❷신끌접(曳履)。〔史記〕倡優女子鳴瑟ㅣ屣。

【跕跕:접접】 떨어지는 모양。『後漢書』仰視飛燕ㅣㅣ墮水中。

【踇】(무) 有 ボウ、モ、おやゆび big toe
(草書) ❶걸음무(行貌)。 ❷엄지발가락무(足大指)。

【跓】(주) 麌 チュ、あしをとめる stop one's step
발머무를주(停足)。

【跓跢:주사】 발걸음을 멈추고서 기다림。『楚辭』垂屣兮 將起、ㅣㅣ兮碩明。

【跔】(구) 虞 ク、かがむ jump
(小篆)(草書) ❶뛸구(跿ㅣ跳躍)。『戰國策』ㅣ跔科頭。 ❷발얼어곱을구(凍足不伸)。

【跖】(척) 陌 セキ、あしうら sole of a foot ㄓ chih²
(小篆)(草書) ❶발바닥척(足下)。『張載七命』圜案星亂方丈華錯封熊之蹯翰音之ㅣ。 ❷밟을척(履踐)。 ❸사람이름척(人名盜ㅣ)。

【跖蹻:척교】 古代 中國의 大盜인 秦의 盜跖과 楚의 莊蹻。『賈誼』謂ㅣㅣ廉。

【⿱止足】(쟁) 敬 ショウ、ただしい right; just ㄔㄥ ch'êng²
(小篆) 바를쟁(正也)。『周禮』維角ㅣ之。

【跗】(부) 虞 フ、あしのこう instep ㄈㄨ fu¹
(草書) ❶발등부(足背)。『莊子』蹶泥則沒足滅ㅣ。 ❷껍질부(皮也)。

【跗骨:부골】 ＝趺骨。

【跗坐:부좌】 그릇을 올려 놓는 받침。

【跗注:부주】 古代 軍服의 하나。다룬 가죽으로 만들며 치마의 모양을 하고 밑 끝이 발등까지 이르렀음。『左傳』有 韋之ㅣㅣ、君子也。

【跘】(반) 旱 ハン、あしをくんですわる squat
도사리고앉을반(跏也)。

【跙】 ㊀(저) 語 ショ、ゆきなやむ hesitate ㊁(차) 禡 ㊂(조) 御 ㄐㄩ chü¹
(草書) ㊀머뭇거릴저(行不進)。『太玄經』四馬ㅣㅣ。 ㊁뜻은 ㊀과 같음。 ㊂말절음날조(馬蹄痛病)。

【跙跙:저저】 머뭇거리는 모양。뒷걸음질하여서 물러서는 모양。『揚雄』四馬ㅣㅣ。

【跚】(산) 寒 サン、ちんばひく limp slightly ㄕㄢ shan¹
(草書) 절름거릴산(蹣ㅣ跛行)。『史記』有躄者槃散行汲。

【跛】 ㊀(파) 哿 ハ、ヒ、びっこ lame person ㊁(피) 寘 ㄅㄛ po³
(小篆)(草書) ㊀절뚝발이파(足偏廢)。『易』ㅣ能履。 ㊁기울어지게설피(仄立)。『禮記』立毋ㅣ。

【跛立:피립】 한 다리로만 섬。

【跛躄:파벽】 절뚝발이。

【跛倚:피의】 한 다리에 의지하고 기대어 섬。『禮記』有司ㅣㅣ以臨祭。

【跛蹇:파건】 절름발이。『莊子』聾盲ㅣㅣ。

【跛鼈千里:파별천리】 절름발이일지라도 千里나 되는 길을 감。《喩》꾸준히 노력만 한다면 둔한 사람일지라도 성공을 함。『荀子』步不休、ㅣㅣ。

【跛者:파자】 절름발이。

【跛行:파행】 절뚝거리며 걸음。

【距】(거) 語 キョ、へだたり distance; gap ㄐㄩ chü⁴
(小篆)(草書) ❶며느리발톱거(鷄ㅣ)。『左傳』郈氏爲之金ㅣ。 ❷지낼거、상거거(相ㅣ)。 ❸뛸거(躍也)。『史記』投石超ㅣ。 ❹이를거(至也)。『書』ㅣ四海。 ❺어길거(違也)。『書』不ㅣ朕行。 ❻겨룰거(抗也)。『詩』敢ㅣ大邦。 ❼미늘거(刀鋒倒刺)。

【距骨:거골】 복사뼈。

【距今:거금】 이제부터。

【距離:거리】 ❶두 곳 사이의 떨어진 길이。 ❷《數》두 점 사이의 간격의 길이。그 두 점을 연결하는 直線의 길이로 나타냄。

【距離計:거리계】 자동적으로 거리가 표시되는 장치。사진기 측량기 따위에 씀。

【距離標:거리표】 길거리에 세워 距離를 나타내어 보이는 標木。

【距末:거말】 그릇의 이름。

商距末（金石索）

【距躍:거약】 뛰어 오름。뛰어 넘음。『左傳』ㅣㅣ三百、曲踊三百。

【距戰:거전】 적을 막아서 싸움。拒戰。『晉書』ㅣㅣ于堂狼、大破之。

【距跳:거조】 뛰어 오름。『易林』飲酒醉酗、ㅣㅣ爭鬪。

【跜】(니) 支 ジ、うごく wriggle
꿈틀거릴니(躨ㅣ虯龍動貌)。『靈光殿賦』虯龍騰驤以蜿蟺頷若動而躨ㅣ。

六畫

【跟】(근) 元 コン、くびす heel ㄍㄣ ken¹
(小篆)(或體)(草書) 발뒤축근、발꿈치근(足踵)。『後漢書』跕焦原而ㅣ止。

【跟骨:근골】 《生》발꿈치에 있는 不齊形의 短骨。

【跟伴:근반】 주인을 따라다니는 從者。

【跟隨:근수】 뒤에 따라감。同行함。跟從。

【跟從:근종】 사람의 뒤를 좇아다님。

【跟捕:근포】 죄인을 찾아가 잡음。

【跟皮:근피】 구두 뒤축 안에 대는 가죽。

【跡】(적) 陌 セキ、シャク、あと footstep ㄐㄧ chi¹
(草書) 자취적(步處前人所留)。『陸機賦』殷墟有感物之悲周京無苧立之ㅣ。(『迹·蹟』과 같음)

【跡捕:적포】 뒤를 밟아가서 잡음。『范成大』自然遭ㅣㅣ。
◎古ㅣ、軌ㅣ、人ㅣ、戰ㅣ、追ㅣ、筆ㅣ。

【⿰𧾷王】(광) 陽 キョウ、いそぎゆく hurry to
(草書) 급히갈광(急行)。

【跢】(다) 箇 タ、こどもあるき toddle
어린아이걸음다(小兒行)。

【跣】(선) 銑 セン、すあし bare foot
(小篆)(草書) ❶발벗을선(徒足履地)。『禮』鷄斯徒ㅣ。 ❷돌아다닐선(蹁ㅣ旋行貌)。(『𨆷』과 통함)

【跣足:선족】 맨발。徒蹝。『五代史』能ㅣ履棘、行百步。

【跣走:선주】 맨발로 달림。『淮南子』申包胥求救於諸侯、乃贏糧ㅣㅣ。

【跣行:선행】 발 벗고 걸음。맨발로 걸음。『韓非子』越人ㅣㅣ。

【跧】 ㊀(잔) 刪 セン、ふす fall down ㊁(전) 先 ㄑㄩㄢ ch'üan²
(小篆)(草書) ㊀❶엎드러질잔(伏也)。 ❷찰잔(蹴也)。 ㊁뜻은 ㊀과 같음。

【跤】(교) 看 ニウ、はぎ calf ㄐㄧㄠ chiao¹
종아리 교(脛也)。

【跺】(타) 哿 タ、ゆく go ㄉㄨㄛ tuo⁴
跺 草書 갈 타(行貌)。

【跦】(주) 虞 チュ、おどる caper ㄓㄨ chu¹
跦 草書 강장강장뛸 주(跳行貌)。〔左傳〕鸜鵒ㅡㅡ。

【跌】(복) 屋 フク、ふせる kneel down
꿇어엎드릴 복(屈手足伏地)。

【跨】㊀(과) 禡 ㊁(과) 馬 カ、コ、またがる stride over ㄎㄨㄚ k'ua⁴
跨 小篆 草書 ㊀❶넘을 과(越也)。〔左傳〕康王ㅡ之。❷걸터앉을 과(騎也)。〔史記〕ㅡ野馬。㊁머뭇거릴 과(跨ㅡ不進)。

【跨據:과거】양쪽에 걸쳐 籠城함。양쪽에 걸쳐 차지함。〔蜀志〕今君、假借威力、ㅡㅡ一州。

【跨年:과년】두 해에 걸침。〔晉書〕去秋「以來、沈雨ㅡㅡ。」

【跨越:과월】걸치어서 넘음。〔梁涉〕ㅡㅡ古今、標格寰宇。

【跨制:과제】양쪽에 걸쳐 단속함。〔晉書〕割據山川、ㅡㅡ荊吳。

【跨竈:과조】(喩)❶良馬。❷자식이 아비보다 더 잘남。

【跪】(궤) 紙 キ、ひざまずく kneel down ㄍㄨㄟ kuei⁴
跪 小篆 草書 꿇어앉을 궤(拜ㅡ、兩膝隱地)。〔禮記〕授立不ㅡ。〔史記〕因長ㅡ履之。

【跪拜:궤배】무릎을 꿇고 절함。〔王建〕男兒ㅡㅡ謝君王。

【跪捧:궤봉】무릎을 꿇고 받들어 바침。〔蘇軾〕紫衣中使傳詔旨、ㅡㅡ冉冉聞天香。

【跪謝:궤사】무릎을 꿇고 용서를 빎。〔孔叢子〕陳王ㅡㅡ。

【跪坐:궤좌】무릎을 꿇고 앉음。〔韓愈〕振衣造雲闕、ㅡㅡ陳清猷。

【跍】(괄) 曷 カツ、ける tread
❶밟을 괄(踐也)。❷찰 괄(蹴也)。

【⿰足聿】(률) 月 ロツ、たちもとおる step backward
뒷걸음칠 률(ㅡ⿰足戾、後退)。

【跫】㊀(공) 冬 ㊁(홍) 冬 キョウ、あしおと sound of footsteps ㄑㄩㄥ ch'iung²
跫 草書 ㊀발자국소리 공(足音蹋聲)。〔莊子〕聞人足音ㅡ然而喜矣。㊁뜻은 ㊀과 같음。

【跫然:공연】❶발자국 소리가 나는 모양。〔莊子〕聞人足音ㅡㅡ而喜矣。❷즐거워하는 모양。

【跫音:공음】사람의 발자국 소리。足音。

【跬】(규) 紙 キ、ひとあし step ㄎㄨㄟ k'uei³
跬 草書 한발자국 규、반걸음 규(半步擧一足)。〔禮記〕君子ㅡ步而不忘孝。

【跬步:규보】한 쪽 발。반 걸음。頣步。〔禮記〕故君子ㅡㅡ而不忘孝也。

【跬譽:규예】一時的인 명예。〔莊子〕遊心堅白同異之間、而敝ㅡㅡ無用之言。

【跭】(강) 江 コウ、そばだつ stop suddenly (本音 항)
우뚝설 강(ㅡ蹝、堅立)。

【跮】(희) 寘 チ、たちもとおる go back and forth ㄓ chih⁴ (古音 지)
跮 草書 머뭇거릴 희(ㅡ踱、疾走互前卻)。〔史記〕ㅡ踱輵容以委麗兮。

【路】(로) 遇 ロ、みち road; path ㄌㄨ lu⁴
路 小篆 草書 ❶길 로(道也)。❷중요할 로(樞要)。❸클 로(大也)。❹수레이름 로(車路)。〔詩經〕厥聲載ㅡ。❺성 로(姓也)(『輅』와 통함)

【路鼓:노고】북 이름。옛날 宗廟에 제사 지낼 때에 썼음。四面을 가죽으로 싼 북임。〔周禮〕以ㅡ鼓鬼享。

路鼓 (三才圖會)

【路岐:노기】갈림길。길이 갈리는 곳。路岐。〔王翼〕詠別鶴于ㅡㅡ。

【路毒:노독】旅路에 시달리어 생긴 병。

【路柳:노류】길가의 버들。

【路柳牆花:노류장화】누구든지 꺾을 수 있는 길가의 버들과 담 밑의 꽃。(轉)娼婦。

【路馬:노마】❶임금의 수레를 끌던 말。임금이 타는 말。〔禮記〕下公門、式ㅡㅡ。❷큰 말。

【路面:노면】길바닥。

【路門:노문】임금의 城門。〔左傳·疏〕君之所在、以大爲號、門曰ㅡㅡ、寢曰路寢。

【路盤工事:노반공사】철도를 깔기 위해 그 길바닥을 다듬는 일。

【路傍:노방】길 옆。길 가。

【路傍草:노방초】길가에 난 풀。

【路邊:노변】길 가。

【路不拾遺:노불습유】길에 물건이 떨어져 있더라도 주워서 자기가 가지려는 따위의 짓을 아니함。(轉)모든 백성이 그처럼 정직한 정도로 나라가 잘 다스려진 모양。〔十八史略·唐太宗〕。

【路費:노비】먼 길을 오가는 데 소용되는 돈。路資。旅費。〔王禹偁〕道糧無斗粟、ㅡㅡ無百錢。

【路上:노상】❶길 바닥。❷길 위。❸가「는 도중。中途。

【路上顏面:노상안면】길에서 만나 보고 익혀서 아는 얼굴。

【路線:노선】❶어느 지점에서 다른 지점에 이르는 道路나 鐵道 線路 따위。❷일정한 목표로 나아가는 길。

【路需:노수】길가는 데 드는 씀씀이。「資。

【路人:노인】❶길 가는 사람。行人。❷자기와 아무 관계가 없는 사람。他人。〔許渾〕一種青山秋草裏、ㅡㅡ唯拜漢文陵。

【路資:노자】먼 길을 오가는 데 소용되는 돈。路費。盤費。路需。

【路奠:노전】發靷할 때 문 앞에서 지내는 祭式。遣奠祭。

【路程:노정】길의 里數。여행의 경로。「行程。旅程。

【路程記:노정기】여행하려는 길의 순서와 里數를 적은 기록。

【路祭:노제】장례식 때 친구가 상여 지나는 길 터에 자리를 깔고 棺에 祭祀지내는 것。

【路中:노중】길 가운데。道中。

【路次:노차】❶길의 경로。道程。〔晉書〕戎旅ㅡㅡ、未得輕簡賦役。❷길을 가는 중도。途中。

【路標:노표】길의 방향·거리 따위를 나타내는 길 가나 갈림길에 세운 돌。또는 나무의 표말뚝。道標。

◎街ㅡ、舊ㅡ、歸ㅡ、岐ㅡ、當ㅡ、大ㅡ、陸ㅡ、前ㅡ、正ㅡ、直ㅡ、進ㅡ、鐵ㅡ、通ㅡ、坂ㅡ、海ㅡ、行ㅡ、險ㅡ、血ㅡ、狹ㅡ。

【跲】(겁) 洽 コウ、つまずく fall forth ㄐㄧㄚ chia²
跲 小篆 草書 엎드러질 겁(躓也)。〔禮記〕言前定則不ㅡ。

【跱】(치) 紙 チ、とどまる linger
跱 草書 ❶머뭇거릴 치、주저할 치(ㅡ躇)。❷갖출 치(具也)。〔後漢書〕所經道上郡縣無得設儲ㅡ。

【跱蹠:치척】 소리가 문득 땅에 남。『馬融·注』善曰、——、言其聲跱立如有所蹠履也、向曰、——、謂聲乍起於地也。

【趼】 (견) 銑 ケン、あかぎれ have a corn ㄐㄧㄢˇ chien³
발 부르틀 견(皮起如繭胝)。【莊子】百舍重—而不敢息。

【跳】 ㊀(조) 蕭 ㊁(도) 嘯 チョウ、トウ、はねる jump ㄊㄧㄠˋ t'iao⁴
㊀❶뛸조(躍也蹶梁)。【莊子】東西—梁。❷건널조(越也)。(『趒』와 같음) ㊁뜻은 ㊀과 같음。

【跳驅:조구】 말을 빨리 달림。疾驅。『漢書』遂——至長安。「藏——。

【跳白:조백】 작은 漁船。『屈大均』花中—浩森、上濺飛鳥。

【跳噴:조분】 세게 뿜어 오름。『岑參』——

【跳盪:조탕】 敵의 전투 준비가 갖추어지기 전에 뛰어 들어가 敵을 쳐부수는 것。

【跳丸:조환】 百戲의 한 가지。공을 가지고 노는 유희。《喩》세월의 지나감이 빠른 것。『杜牧·詩』——日月十經秋。

【跳哮:조효】 덤벼들어 짖음。뛰어 오르며 으르렁거림。

【跳開橋:도개교】 다리의 한 끝이 들리면서 열리게 된 可動橋。

【跳梁:도량】 ❶뛰어 오름。뛰어 다님。跳踉。『莊子』東西——、不避高下。❷한부로 날뜀。

【跳躍:도약】 뛰어 오름。훌쩍 뜀。『衡』超踰——。『張

【跳躍競技:도약경기】 넓이 뛰기·높이 뛰기·장대 뛰기 따위의 경기。

【跳躍運動:도약운동】 뜀뛰기 운동。

【跳躍板:도약판】 발판。

【践】 (천)『踐』(足部 8畫)의 略字

【跴】 (재) 賄 サイ、あるく walk slowly
❶걸음더딜재(行步遲)。❷발재(足也)。

【跒】 (함) 感 カン、あるく walk
❶걸을함(步貌)。❷갈함(行貌)。

【跚】 (선) 銑 セン、おいつかむ catch a thief
도둑쫓아잡을선(走而捕盜)。

七 畫

【跼】 (국) 沃 キョク、かがむ stoop ㄐㄩˊ chü²
❶곱송그릴국(跧—不伸)。【史記】騏驥之—躅不若駑馬之安步。❷구부릴 국(俛也)。❸굽을국(曲也)。(『局』과 통함)

【跼步:국보】 등을 구부리고 걸음。허리를 굽히고 걸음。『杜甫』——凌垠堮。

【跼蹐:국척】 등을 웅크리어 펴지 아니함。《喩》몹시 두려워서 몸 둘 곳을 모름。—跼天蹐地。

【跼躅:국촉】 갈까 말까 머뭇거리는 모양。가는 것을 망설이는 모양。되돌아오는 모양。『史記』騏驥之——、不若駑馬之安步。

【跼縮:국축】 =跼蹐。

【跽】 (기) 紙 キ、ひざまずく kneel down
꿇어앉을기(長跪)。【戰國策】秦王—曰先生不幸教寡人乎。

【跿】 (도) 虞 ト、おどる jump
뛸도(—跔跳也)。【史記】—跔科頭。

【跿跔:도구】 ❶뜀。跳躍。『史記』虎賁之士、——科頭。❷한 발을 들어 올림。

【䟌】 (한) 旱 カン、かたよりたつ stand on one foot
외발로설한(偏足立)。

【踁】 ㊀(경) 徑 ㊁(경) 庚 ケイ、はぎ legs ㄐㄧㄥˋ ching⁴ (本音「형」)
㊀다리형、종아리경(脛也)。㊁돌 문지르는 소리경(摩石聲)。(『脛』과 같음)

【䟹】 (선) 先 セン、あるく walk
❶걸을선(步也)。❷갈선(行也)。

【踬】 (진) 震 シン、うごく move
❶일할진(動力就事)。❷움직일 진(動也)。

【踂】 (섭) 葉 ジョウ、もつれあし crooked legs ㄋㄧㄝˋ nieh⁴ (古音「녑」)
두발오그라붙을섭(兩足不相過)。【穀梁傳】兩足不能相過楚謂之—。

【䟽】 ㊀(소) 蕭 ㊁(초) 嘯 ショウ、うごく move
㊀움직일소(跳—動也)。【蜀都賦】舞節轉曲—馺應聲。㊁발의힘줄당길초(足筋急)。

【䟘】 (항) 陽 コウ、けだもののあしあと animal's track
짐승의발자취항(獸迹)。

【䟶】 (좌) 箇 サ、いつわりおがむ make a pretended bow ㄘㄨㄛˋ ts'uo⁴
거짓절할좌(詐拜)。

【踆】 (준) 眞 シュン、しりぞく retreat ㄐㄩㄣ chün¹
❶물릴준、물러갈준(退也)。【東京賦】己事而—。❷그칠준(止也)。❸엎드릴 준(伏也)。❹걸어앉을 준(踞也)。【莊子】—於窾水。❺일마칠 준(完也)。

【踆烏:준오】 햇 속에 웅크리고 있다는 세 발 달린 까마귀。『淮南子·精神訓』日中有——。

【踆踆:준준】 ❶큰 참새의 모양。또는 참새가 뛰어 다니는 모양。『文選·張衡·西京賦』大雀——。❷麒麟의 모양。『杜甫·西嶽賦』騏驎——而在郊。❸주저하는 모양。『杜甫·詩』焉能心怏怏、只是走——。

【踆鴟:준치】 토란의 別名。웅크리고 있는 부엉이의 모습과 닮은 데서 나온 말。『漢書』。

【踶】 (체) 霽 テイ、こえる go over
❶넘을체(踰也)。❷뛸체(跳也)。

【跬】 (규) 支 キ、すね bent shin
❶굽은정강이규(曲脛)。❷정강이살규(脛也)。

【豆】 (두) 尤 トウ、すべる slip
미끄러질두(跌足)。

【踈】 (소)『疏』(足部 7畫)의 譌字

【䟺】 (패) 泰 ハイ、ふむ step
밟을패(踏也)。(『狽』와 같음)

【跿】 (도) 遇 ト、はだし bare-footed ㄔㄚˇ ch'a³
맨발도(不履)。

【踉】 ㊀(랑) 漾 ㊁(랑) 陽 ㊂(랑) 陽 ロウ、リョウ、おどる jump ㄌㄤˊ lang²
㊀뛸랑(跳—勇躍)。【莊子】跳—乎井幹之上。㊁천천히걸을랑(行不迅)。㊂급히걸을랑(—蹡急行)。

【踉蹡：양장】 ❶걸음걸이가 바르지 않은 모양。 ❷걷는 것이 느린 모양。 『潘岳』ㅣ而徐來。
【踉蹌：양창】 비틀거리는 모양。

【踁】 (정) 庚 テイ、みちのり distance
잇수정(里程)。

【踊】 (용) 腫 ヨウ、おどる dance ㄩㄥˇ yung³
小篆 草書 ❶뛸용(跳也)。 【書經】辟ㅣ哀之至也。 ❷뒤축없는 신용(ㅣ貴刖足屨)。 【左傳 昭公三年】屨賤ㅣ貴。(『踴』과 통함)
【踊貴：용귀】 물가가 오름。 물건 값이 비싸짐。 騰貴。『晉書』翕然競服之、練遂ㅣㅣ。
【踊躍：용약】 ❶뛰어 오름。 훌쩍 뛰면서 좋아함。 『詩經』擊鼓其鏜、ㅣㅣ用兵。 ❷힘차게 날뛰는 動作의 形容。 ◎舞ㅣ。

八 畫

【踦】 (부) 『跗』(足部 5畫)의 俗字

【踏】 (답) 合 トウ、ふむ tread
草書 밟을답(踐也)。 【樂府】有ㅣ歌詞ㅣ歌行。(『蹋』과 같음)
【踏歌：답가】 제자리걸음하면서 박자를 맞추어 부르는 노래。 『舊唐書』上元夜、中略、出內人、連袂ㅣㅣ。
【踏橋：답교】 (國)재앙을 물리친다 하여 정월 보름날에 다리를 밟으며 달 아래서 놀던 일。
【踏步：답보】 제자리걸음。
【踏伏：답복】 적의 伏兵을 찾아 내어 잡아 없앰。
【踏査：답사】 그 곳에 실지로 가서 자세히 조사함。
【踏山：답산】 무덤 자리를 답사함。
【踏殺：답살】 밟아 죽임。 『傳燈錄』出一馬駒、ㅣㅣ天下人。
【踏趿：답삽】 일이 不振하는 것。
【踏碎：답쇄】 밟아서 부숨。 『陸游』青鞋ㅣㅣ白雲堆。
【踏襲：답습】 先人이 남긴 일을 그대로 밟아 잇는 것。 蹈襲。 襲用。 「걸음。
【踏月：답월】 달이 비치는 곳을 밟으며
【踏印：답인】 官印을 찍음。
【踏青：답청】 ❶봄 날 교외를 걷는 것。 푸른 풀을 밟는다는 뜻。 『黃庭堅』白白紅紅相間開、三三五五ㅣㅣ來。 ❷정월 八일에 남녀가 모여서 노는 행사。 ❸三월의 맨처음 巳日에 여는 曲水의 宴。 ❹春分에서 一五일째 되는 清明 날에 교외에 나아가서 노는 놀이。
【踏破：답파】 밟음。 걸어다님。 (破는 뜻없는 助辭)。 『傳燈錄』ㅣㅣ鐵鞋無覓處。
【踏驗：답험】 논밭에 가서 실지로 조사함。

【踑】 (기) 支 キ、あぐら take a seat
草書 걸어앉을기(ㅣ踞長踞)。 【酒德頌】奮髯ㅣ踞。

【踐】 (천) 銑 セン、ふむ tread upon ㄐㄧㄢˋ chien⁴
小篆 草書 밟을천(蹋也履也)。 【禮記】修身ㅣ言。
【踐極：천극】 ＝踐阼。 『鮑照』聖上天飛ㅣㅣ、迄玆二十四載。
【踐年：천년】 해를 지남。 많은 세월을 지남。 歷年。 『魏文帝』漢歷世二十有四、ㅣㅣ四百二十有六。
【踐踏：천답】 짓밟음。 『南史』ㅣㅣ肴饌。
【踐歷：천력】 ❶여러 곳을 돌아다님。 ❷자행하여 온 경력。 官職 따위의 지내온 자취。 閱歷。 履歷。 『蘇頲』早回翔于近密久ㅣㅣ于中外。
【踐履：천리】 ❶걸음。 ❷밟음。 『詩經』牛羊勿ㅣㅣ。 ❸실지로 행함。 또는 행실。 품행。
【踐修：천수】 닦아서 행함。 이어서 닦음。 『左傳』ㅣㅣ舊好、要結外援。
【踐約：천약】 약속을 이행함。
【踐言：천언】 말한 바를 실행함。 『禮記』修身ㅣㅣ、謂之善行。
【踐阼：천조】 임금의 자리를 이음。 (阼는 동쪽 섬돌。 곧 자리를 이은 새 임금이 宗廟의 東階에 올라서서 제사를 올린 사실에서 나온 말)。 踐極。 『禮記』ㅣㅣ臨祭祀。
【踐祚：천조】 ＝踐阼。 『庾亮』階下ㅣㅣ、聖政維新歷。
【踐行：천행】 말한 바를 실지로 행함。 「履行。 ◎實ㅣ。

【踒】 ㊀(와) 歌 ワ、たおれる fall down ㄨㄞˇ wai³
㊁(위) 支
㊂(유) 紙
小篆 ㊀거꾸러 넘어질와(跌也)。 ㊁다리부러질위(足折)。 ㊂두 발로 밟을유(蹋以兩足)。

【踞】 (구) 虞 ク、てあしがひえる (of limbs) be numb
손발곱을구(跔也)。

【踔】 ㊀(탁) 覺 タク、トウ、こえる go over
㊁(초) 效 ㄓㄨㄛˊ chuo² (古音「착」)
小篆 草書 ㊀❶우뚝설탁(卓立高遠)。 【漢書】非有ㅣ絕之行不能踰越。 ❷앙감질탁(趻ㅣ行貌)。 【莊子】吾以一足趻ㅣ而行。 ㊁❶넘을초(踰也)。 【後漢書】ㅣ宇宙而遺俗兮。 ❷밟을초(踶也)。
【踔然：탁연】 뛰어난 모양。 월등한 모양。
【踔遠：탁원】 매우 멂。 『史記』上谷至遼東、地至ㅣㅣ。
【踔絕：탁절】 훨씬 뛰어남。 卓絕。 『漢書』非有ㅣㅣ之能、不能踰越。

【踖】 (적) 陌 セキ、ふむ tread upon
小篆 草書 ❶조심해서 걸을적(踧ㅣ敬貌)。 【論語】踧ㅣ如也。 ❷밟을적(踐也)。 ❸뛸적(躐也)。 【禮】母ㅣ席。
【踖踖：적적】 ❶부끄러워하는 모양。 ❷민첩한 모양。 『爾雅』ㅣㅣ、敏也。 ❸공경하는 모양。

【踗】 (념) 葉 ジョウ、みがる にあるく walk lightly (本音「녑」)
사뿐사뿐걸을념(輕步)。

【踘】 (국) 屋 キク、けまり shuttle cock ㄐㄩˊ chü² game
草書 제기찰국(蹴ㅣ、毬戲)。(『鞠』과 같음)

【踞】 (곤) 阮 コン、あと footstep
小篆 ❶얼어터진발곤(瘃足)。 ❷자취곤(跡也)。

【踦】 (장) 陽 チョウ、ひざまずく kneel down
꿇어앉을장(跪也)。

【踻】 (굴) 物 クツ、ちから strength
힘굴(力也)。

【踛】 (륙) 屋 リク、はねる jump
뛸륙(跳也)。

【踜】 (릉) 蒸 リョウ、とどまる stay
❶머물릉(留也)。 ❷엎드러질릉(蹶也)。

【踝】 (과) 馬 カ、くるぶし ankle ㄏㄨㄚˋ hua⁴ (古音「화」)
小篆 草書 복사뼈 과(足骨跟也)。 【禮】負繩及ㅣ以應直。
【踝骨：과골】 (生)복사뼈。
【踝跣：과선】 맨발。 踝足。 『後漢書』飢者毛食、寒者ㅣㅣ。

【跰】(변)『胼』(肉部 8畫)과 같음

【跰躚:변선】걷기 어려운 모양。비치적거리는 모양。『六書故』――、行步攲危之貌。『莊子·注』崔本作邊鮮、司馬云、病不能行、故――也。

【踞】(거) 御 キョ、コ、うずくまる ㄐㄩˋ chü⁴ take a seat

걸어앉을거(―坐蹲也)。『左傳』皆―轉而鼓琴。

【踞牀:거상】마루 위에서 웅크리고 있음。걸상에 걸터 앉음。

【踞侍:거시】웅크리고 옆에서 기다리는 「것。

【踞坐:거좌】걸터앉음。

【踞廁:거치】뒷간에 웅크리고 앉은채 사람을 맞이함。사람을 깔봄。不謹愼한 態度를 말함。『史記·注』集解曰、如淳曰、廁音側、廁、謂牀邊、踞牀視之、一云、溷廁也、廁、牀邊側。

【踑】(비) 未 ヒ、あしきる ㄈㄟˋ fei⁴ amputate

발꿈치벨비(刖足)。『書經』―罰五百。

【踧】(척)『蹠』(足部 11畫)의 俗字

【踟】(지) 支 チ、たちもとる stroll about

머뭇거릴지(―躕不進)。『詩』搔首―躕。

【踟躇:지저】되돌아옴。발을 멈춤。『范成大』毋逢絶勝卽――。

【踟蛛:지주】❶머뭇거리는 모양。가는 것을 망설이는 모양。❷물건이 연달아 이어 있는 모양。

【踠】(원) 阮 エン、かがむ stoop

❶굴할원(屈也)。❷말다리지칠원(馬跌)。

【踡】(권) 先 ケン、かがむ ㄑㄩㄢˊ ch'üan² stoop

곱송거릴권(―踢不伸)。『淮南子』―踢而諦通夕不寐。

【踡踢:권국】등을 구부림。몸을 굽힘。

【踢】(척) 錫 シャク、おどろく ㄊㄧ t'i astonish

❶깜짝놀랄척(驚動貌)。『漢書』河靈矍―。❷찰척(以足蹴物)。

【踣】㊀(부) 宥 フ、ボク、たおれる ㄅㄛˊ po² fall down ㊁(복) 職

㊀❶엎드러질부(僵也)。『周禮』凡殺人者―諸市肆之三日。❷쓰러질부(偃也)。『莊子』申徒狄因以―河。㊁뜻은 ㊀과 같음。

【踤】(졸) 質 ソツ、ける kick

❶찰졸(蹴也)。❷밟을졸(踢也)。『吳都賦』衝―而斷筋骨。

【踥】(첩) 葉 ショウ、あゆむ ㄑㄧㄝˋ ch'ieh⁴ walk softly

❶저벅저벅걸을첩(―蹀行貌)。『楚辭』衆―蹀而日進兮。❷오락가락할첩(――往來貌)。

【踥踥:첩첩】❶나아가는 모양。『廣雅』――·夏夏·蹈蹈·衎衎·章章·衝衝、行也。❷往來하는 모양。『字彙』踥、――、往來貌。

【踦】(기) 支 キ、かたあし ㄑㄧ ch'i² lame person

❶절름발이기(一足跛也)。❷기울어질기(傾側)。『蜀都賦』山阜猥積而―嶇。

【踦嶇:기구】험준한 모양。『左思』山阜猥積而――。

【踦跂:기기】절름발이。跛蹇。

【踧】㊀(척) 錫 テキ、シュク、たいらか ㄘㄨˋ ts'u⁴ even ㊁(축) 屋

㊀편편할척(――行平易)。『詩』――周道。㊁조심해서 걸을축(―踖行敬謹)。

【踧踧:척척】道路가 편편한 모양。『詩經』――周道。

【踧踖:축척】공손하게 삼가는 모양。『論語』君在――如也。

【踩】(채) 賄 サイ、はねる ㄘㄞˇ ts'ai³ jump

❶뛸채(跳也)。❷밟을채(踏也)。

【踩蹻:채교】戲劇에서 花旦(淫婦·唱婦의 役)이 발에 얽고 밟는 나무로 만든 작은 발 모양으로 생긴 것。

【踪】(종)『蹤』(足部 11畫)과 같음

九畫

【踰】(유) 虞 ユ、こえる ㄩˊ yu² overpass

넘을유(越也)。『書經』無敢寇攘―垣墻。

【踰年:유년】해를 넘김。(『逾』와 통함)

【踰嶺:유령】고개를 넘음。

【踰邁:유매】세월이 지나감。逾邁。『書經』日月――。

【踰言:유언】상대방과 멀리 떨어져서 담화를 함。

【踰月:유월】그 달을 넘김。그 다음 달이 됨。『左傳』士――外姻至。

【踰越:유월】❶본분을 넘음。분에 지나침。『禮記·疏』禮不――節度也。❷한도를 넘는 것。법도를 넘는 것。『左傳』門不容車、而不可――。

【踰侈:유치】분에 넘치는 호사。사치의 정도가 지나침。『漢書』富者荒淫越制、―以相高。

【踰限:유한】기한을 넘김。

【踰閑:유한】법도를 벗어남。예의를 지키지 아니함。

【踱】(탁) 藥 タク、はだしあるき ㄉㄨㄛˋ tuo⁴ walk barefoot

❶맨발로걸을탁(跣足蹋地)。❷아금막기할탁(跮―乍前乍却)。

【蝦】(하) 麻 カ、あしあと foot marks

발자국하(足跡)。

【踂】(악) 覺 アク、せまる urgent

급할악(迫也)。(『齷』과 같음)

【踳】(준) 軫 シュン、たがう ㄔㄨㄣˇ ch'uen³ be contrary to

❶어그러질준(―駮相乖舛)。『孝經序』―駮尤甚。❷잡될준(雜也)。

【踳踳:준준】失意한 모양。희망을 잃은 모양。『盧照隣』容色――。

【踴】(용) 腫 ヨウ、おどる jump

뛸용(跳也)。

【踵】(종) 腫 ショウ、かかと ㄓㄨㄥˇ chung³ heel

❶발꿈치종(足跟)。『禮記』車輪曳―。❷이을종(―武繼也)。『楚辭』及前王之―武。❸접할종(接也)。『漢書』―軍數十萬。❹인할종(因也)。『漢書』―秦而置材官於郡國。❺밟을종(躡也)。

【踵決肘見:종결주견】몹시 가난하여 옷과 신이 모두 해짐。『莊子·襄王』。

【踵武:종무】 뒤를 이음。(武는 足跡)。
【踵門:종문】 친히 그 집에 이름。방문 「함。
『漢書』率邇者——。
【踵接:종접】 발꿈치가 연달아 이음。곧 사람들이 계속하여 왕래함。《轉》사물이 뒤를 이어 일어남。接踵。『宋史』中原歸附者——。
【踵至:종지】 뒤를 따라 곧 옴。
【踵践:종천】 짓밟음。서로 밟음。『漢書』餘騎相——、爭項王。
◎接—。

【踶】 ㊀(제) 霽 テイ、ける kick ㄉㄧˋ ti4
㊁(제) 齊
小篆 草書 ㊀찰제(蹋也)。『漢書』馬或奔—而致千里。㊁굽제(獸足)。(『蹄』와 같음)

【踶齧:제설】 말(馬) 따위가 발로 차고 이로 물음。

【踑】(규) 宥 キュウ、うずくまる stagger
비틀거릴규(行不正、趼—)。

【踷】(다) 馬 タ、ななめにゆく walk obliquely
비스듬이갈다(斜行)。

【踸】(침) 寢 チン、ふむ hop ㄔㄣˇ ch'en3
小篆 草書 앙감질할침(—踔一足行)。
【踸踔:침초】 ❶절뚝거리며 가는 모양。❷無常하고 不定한 모양。『陸機』故——於短韻。
【踸踔:침탁】 ❶급히 길어지는 모양。『楚辭·注』——、暴長貌也。❷無常한 모양。또 遲滯되는 모양。『陸機·注』善曰、廣雅曰、——、無常也、濟曰、——、遲滯也。❸절룩발이가 걸어가는 모양。『正字通』——、一足行貌。❹퍼지는 모양。『嵇康·注』善曰、——、初聲布散貌。

【踹】(단) 翰 タン、くびす heel ㄕㄨㄢˋ shuan4
草書 ❶발구를단(—足)。『淮南子』—足而怒。❷발꿈치단(足跟)。

【踳】(규) 齊 ケイ、あしをひらく make one's legs apart
발벌릴규(開足)。

【踼】(탕) 漾 トウ、つまずく slip
小篆 草書 미끄러질탕(跌—逸也)。『吳都賦』魂褫氣懾而自跌—。

【踖】(호) 虞 コ、かがむ bent the knee
무릎굽힐호(屈膝)。

【踽】(우) 麌 ク、ひとりゆく go alone ㄐㄩˇ chü3 (古音「구」)
小篆 草書 타달거릴 우(——獨行貌)。『詩』獨行——。
【踽僂:우루】 곱사등이。『孟子』——涼涼。
【踽踽涼涼:우우양량】 혼자서 가는 모양。친근히 접촉할 사람이 없는 모양。

【踾】(복) 屋 フク、あつめる gather
모을복(聚也)。

【蹂】(유) 宥 尤 有 ジュウ、ふむ trample down ㄖㄡˊ jou2
小篆 草書 ❶밟을유(践也履也)。『史記』餘騎相—践。❷쌀씻을유(—黍)。『詩』或簸或—。
【蹂躙:유린】 ❶짓밟음。❷폭력으로 남의 권리를 누름。蹂躪。『班固』——其十二三。「——。
【蹂躪:유린】 =蹂躙。『漢書』百姓奔走相蹂践:유천】 짓밟음。蹂躙。

【蹀】(접) 葉 チョウ、ふむ tread on ㄉㄧㄝˊ tieh4
草書 ❶저벅저벅걸을접(—躞行貌)。『楚辭』衆—躞而日進。❷밟을접(履也)。
【蹀躍:접섭】 잔 걸음으로 걷는 모양。
【蹀蹀:접접】 ❶살살 가는 모양。❷흩어져 가는 모양。『范成大』——恐顚墜。

【蹁】(편) 先 ヘン、よろめく limping
小篆 草書 ❶돌쳐갈편(—蹮旋行)。『東都賦』蹴蹸—蹮。❷잘름거릴편(足不正)。
【蹁躚:편선】 ❶비틀거리는 모양。『張衡』鼈蹃——。❷너울너울 춤추는 모양。『蘇軾』羽衣——。

【蹃】(야) 馬 ジヤ、よろめく toddle ㄋㄨㄛˋ nuo4
타달타달걸을야(蹃—、小兒始行貌)。

【蹁】(병) 靑 ヘイ、はやゆき hurry on
급히갈병(急行)。

【蹌】(총) 東 ソウ、あわててゆく hurry along
바쁘게갈총(遽行)。

【蹄】(제) 齊 テイ、ひずめ hoof ㄊㄧˊ t'i2
草書 ❶토끼올무 제(筌—取魚兎器)。『莊子』得魚忘筌得兎忘—。❷굽제(獸足)。『易經』爲蹢—。
【蹄齧:제설】 짐승이 발굽으로 차고 이로 물음。『名畫記』北齊楊子華畫馬壁間、夜聞——長鳴。
【蹄涔:제잠】 소나 말의 발자국 속에 고인 물。아주 적게 고인 물。《喩》微少한 것。『晉書』——不容尺鯉。「부스러기。
【蹄紙:제지】 국지。도련치고 남은 종이
【蹄鐵:제철】 닳는 것을 막기 위하여 말굽 밑에 박아 끼우는 鐵具。
【蹄形:제형】 말굽처럼 생긴 모양。
【蹄形磁石:제형자석】 말굽 자석。

【蹅】(사) 麻 サ、ふむ tread on
밟을사(履也)。

十畫

【蹐】(방) 陽 ホウ、はしる run
달음박질할방(急行踉—)。

【蹇】 ㊀(건) 阮 ケン、ちんば limp slightly ㄐㄧㄢˇ chien3
㊁(건) 阮
小篆 草書 ㊀❶절건(跛也)。『史記』魯使—。❷험할건(險難)。『易』—難也險在前也。㊁❶뜻은 ㊀과 같음。❷교만할건(偃—驕傲)。『左傳』彼皆偃— 將棄子命。
【蹇脚:건각】 ❶절름발이。❷절뚝발이。
【蹇蹇:건건】 ❶괴로와하며 신고하는 모양。❷忠誠을 다하는 모양。
【蹇屯:건둔】 운이 막힘。
【蹇連:건련】 가는 길이 곤란하여 전진을 잘 못하는 모양。고생하며 괴로와 함。『易經』往蹇來連。「람。
【蹇劣:건렬】 둔하고 용렬함。또는 그 사
【蹇剝:건박】 時運이 불리함。易卦에 蹇은 難、剝은 不利。
【蹇步:건보】 ❶절뚝발이 걸음。또는 절뚝발이。❷걷는 것을 머뭇거리며 괴로와하는 것。「—。
【蹇澁:건삽】 =蹇滯。『白居易』畫行雖—
【蹇衞:건위】 노둔하고 약한 나귀。『程史』——衞風怯小寒。
【蹇滯:건체】 괴로워하며 머뭇거림。불행하여 마음대로 되지 않음。『王禹偁』胡爲——多窮愁。

【蹇跛:건파】절름발이。절뚝발이。『白居易』他時ㅡㅡ從行得、笑殺平原樓上人。

【踏】(답) 合 トウ、おどる jump ㄉㄚˋ ta⁴ 篆小 ❶뛸답(跳也)。❷밟을답(履也)。

【蹈】(도) 號 トウ、ふむ step ㄉㄠˋ tao⁴ 篆小 草書 밟을도(践也)。『禮』不知足之ㅡ之。

【蹈常襲故:도상습고】先人의 議論·詩文 또는 主義方針을 盜用하여 자기 것으로 함。『蘇軾·伊尹論』後六君子、蹈常而襲故。「人言句。

【蹈襲:도습】=蹈常襲故。『韓愈』ㅡㅡ前人言句。

【蹈義:도의】올바른 도의를 실지로 행함。

【蹈藉:도적】밟음。짓밟음。

【蹈踐:도천】짓밟음。蹂躪。『魏收』劍騎之所ㅡㅡ。

【蹈虎尾:도호미】《喩》심히 두려워 함。◎舞ㅡ。

【䠀】(요) 蕭 ヨウ、はねる jump 篆小 뛸요(跳也)。

【蹉】(차) 歌 サ、つまずく slip ㄘㄨㄛ ts'uo¹ 篆小 草書 ❶지날차(過也)。『張華』孟公結重關賓客不得ㅡ。❷미끄러질차(ㅡ跎失時)。『唐時』ㅡ跎白髮年。

【蹉跌:차질】❶거꾸러짐。발을 헛디디어 넘어짐。『諸葛亮』ㅡㅡ柹歸。❷실패함。『漢書』常戰栗不敢ㅡㅡ。

【蹉跎:차타】❶발을 헛디디어 넘어짐。❷시기를 잃음。기대가 어긋남。『楚辭』驥垂兩耳兮、中阪ㅡㅡ。『晉書』欲自修、而年已ㅡㅡ。❸불행하여서 뜻을 얻지 못함。

실패함。『張九齡』宿昔青雲志ㅡㅡ白髮年。

【蹊】(혜) 齊 ケイ、こみち shorter road ㄒㄧ hsi¹ 草書 ❶지름길혜(徑路穿徑)。『左傳』牽牛以ㅡ人之田。❷소로길혜(ㅡ道)。(『徯』와 같음)

【蹊徑:혜경】작은 길。지름길。蹊路。

【蹊路:혜로】=蹊徑。

【蹊隧:혜수】山間의 작은 길。小路。『莊子』山無ㅡㅡ、澤無舟梁。

【蹋】(답) 合 トウ、ける kick ㄊㄚˋ t'a⁴ 篆小 草書 ❶제기찰 답(ㅡ鞠兵勢)。『史記』六博ㅡ鞠者。❷밟을답(践也)。

【蹋鞠:답국】제기。공차기。蹴鞠。『史記』六博ㅡㅡ者。

【蹌】(창) 陽 ソウ、おもむく shift; proceed ㄑㄧㄤ ch'iang¹ 篆小 草書 ❶추창할창(趨也)。『詩』巧趨ㅡ兮。❷춤너푼거려출창(ㅡㅡ、舞貌)。『書』鳥獸ㅡㅡ。

【蹌踉:창랑】비틀거리는 모양。

【蹌蹌:창창】❶다니는 모양。움직이는 모양。❷威嚴 있는 모양。『詩經·公劉』ㅡㅡ濟濟。❸춤추는 모양。『書經·益稷』鳥獸ㅡㅡ。

【蹍】(전) 銑 テン、ふむ tread on ㄓㄢˇ chan³ 草書 밟을전(足踏履)。『莊子』ㅡ市人之足。

【娕】(착) 覺 サク、つつしむ refrain oneself ❶삼갈착(謹也)。❷착할착(善也)。

【蹎】(전) 先 テン、つまずく fall down 篆小 草書 ❶엎드러질전(仆也)。『漢書』誠恐一日ㅡ仆氣竭。❷뛸전(跋也)。

【蹻】(교) 看 コウ、はぎ calf 종아리교(脛也)。

【蹏】(제) 齊 テイ、ひずめ hoof ㄊㄧˊ t'i² 篆小 草書 ❶굽제(獸足)。『漢書』牧馬二百ㅡ。❷편지제(赫ㅡ薄小紙)。『漢書』赫ㅡ書。(『蹄』의 古字)

【蹏涔:제잠】마소의 발자국에 괸 물。조금밖에 안되는 물을 말함。蹄涔。『淮南子·注』涔、雨水也、滿牛蹏跡中、言其小也。

【蹐】(책) 陌 タク、はる tear to pieces 찢어 발길책(磔也)。

【蹐】(척) 陌 セキ、ぬきあし walk on tiptoe ㄐㄧˊ chi² 篆小 草書 발끝맞춰디딜척(小步累足)。『詩』不敢不ㅡ。

十一畫

【䝙】(구) 虞 ク、ちんば limp 절구(跛行)。

【蹕】(필) 質 ヒツ、さきばらい scavenge and regulate when Emperor visits ㄅㄧˋ pi⁴ 草書 길치울필(驚ㅡ清道止行)。『周禮』隷僕掌ㅡ宮中之事。

【蹕路:필로】❶임금이 지나가는 길 위의 사람을 쫓아 버리고 길을 청소함。『曹植』蚩尤ㅡㅡ、風弭雨停。❷임금의 行幸하는 路程。

【蹔】(잠) 勘 ザン、しばらく a moment ㄗㄢˋ tsan⁴ 草書 잠간잠(不久)。『列子』其法可ㅡ行於一國。(『暫』과 같음)

【蹙】(축) 屋 シュク、しかめる frown 篆小 草書 ❶쭈그러질축(迫也)。『詩』日ㅡ國百里。❷찡그릴축(顰ㅡ愁貌)。『孟子』已頻蹙曰ㅡ。

【蹙眉:축미】眉間이 좁은 人相。

【蹙迫:축박】좁혀짐。절박함。『文心雕龍』ㅡㅡ和氣。

【蹙頞:축알】콧줄기에 주름 잡히게 함。《轉》근심하는 모양。『孟子·梁惠王』擧疾首ㅡㅡ而相告。

【蹙然:축연】걱정하는 모양。염려하는 모양。『莊子』大夫ㅡㅡ曰。

【蹙蹙·축축】좁혀지는 모양。쭈그러드는 모양。『詩經』ㅡㅡ靡所騁。◎嚬ㅡ。

【蹴】(축)『蹙』(前條)과 같음

【蹗】(루) 宥 ロウ、かるくふむ tread lightly 사뿐밟을루(輕踏)。

【蹀】(첩) 葉 チョウ、あるく toddle 篆小 지어걸을첩(ㅡ足、小步)。

【蹘】(표) 蕭 ヒョウ、かるくあるく walk lightly 사뿐사뿐갈표(輕行)。

【蹏】㊀(제) 霽 ㊁(대) 泰 テイ、かたあしでゆく hop ㊀❶앙감질할제(一足行)。❷갈제(去也)。㊁성대(姓也)。

【蹚】(당) 陽 トウ、すべる slip 去ㄤ t'ang¹ 미끄러질당(跋也)。

【蹛】㊀(대) 泰 タイ、ふむ tread on ㊁(체) 霽 小篆 草書 ㊀❶땅이름대(北漢地名)。❷밟을대(踶也)。㊁뜻은 ㊀과같음。【史記】大會ㅣ林。

【蹲】(전) 銑 セン、かかど heel 발뒷꿈치전(踵也)。

【蹜】(축) 屋 シュク、せまる walk on heel ムㄨㄛ suo¹ (古音「숙」) 草書 발끝어디딜축(擧足曳踵)。【論語】足ㅣㅣ如有循。

【蹜蹜:축축】종종걸음으로 걷는 모양。【論語】足ㅣㅣ、如有循。

【蹝】(사) 紙 シ、ひきずりゆく walk with dragging feet 草書 천천히걸을사(徐也)。

【蹝履:사리】신을 바르게 신지 아니하고 끌면서 감。【後漢書】乃驚遽而出、ㅣㅣ出迎。

【蹞】(규)『跬』(6足部畫)와 같음

【蹞步:규보】반 걸음。半步。跬步。【荀子】不積ㅣㅣ、無以致千里。

【蹟】(적) 陌 セキ、シャク、あと traces ㄐㄧ chi⁴ 草書 사적적、행적적(行ㅣ、前事)。(『迹』과 같음)【詩經】念彼不ㅣ。

【蹡】(장) 陽 ショウ、よろめく mincing steps ㄑㄧㄤ ch'iang¹ 草書 종종걸음칠장(ㅣㅣ行貌)。

【蹡蹡:장장】❶달리는 모양。종종걸음을 칩。【詩經】磬筦ㅣㅣ。❷威儀를 갖춤。

【蹠】(척) 陌 セキ、あしうら sole of a foot ㄓ chih¹ 小篆 草書 ❶밟을척(履也)。【史記】被堅甲ㅣ勁弩。❷발바닥척(足下)。【戰國策】ㅣ穿膝暴。

【蹠骨:척골】《生》발바닥을 구성하는 뼈。趾骨과 跗骨의 사이에 있는 좌우 각 五개의 管骨。◎對ㅣ。

【蹝】(몽) 送 モウ、あしひきずる draggle 다리질질끌몽(ㅣ蹝疲行貌)。

【蹢】㊀(척) 陌 テキ、ひずめ hoof ㄉㄧ ti² ㊁(적) 錫 小篆 草書 ㊀깡창뛸척(ㅣ躅跳貌)。(『躑』과 같음)【易】羸豕孚ㅣ躅。㊁굽적(蹏也)。【詩經 小雅漸漸之石】有豕白ㅣ。

【蹢躅:척촉】❶발을 깡창깡창하는 모양。❷주춤거리는 모양。❸《植》철쭉(躑躅)。

【蹣】㊀(만) 寒 マン、バン、よろめく limp ㄆㄢ p'an² ㊁(반) 寒 草書 ㊀넘을만(踰也)。㊁절뚝거릴반(ㅣ跚跛行貌)。

【蹣跚:반산】비틀거리는 모양。비틀거리며 걷는 것。【蘇軾】兩足幾ㅣㅣ。

【蹤】(종) 冬 ショウ、あと traces ㄗㄨㄥ tsung¹ 草書 자취종(跡也)。【漢書】躡三皇之高ㅣ。

【蹤跡:종적】❶사람이 간 뒤。행방。❷발자국。발자취。足跡。❸뒤에 드러난 형적。뒷자취。事跡。❹사람의 뒤를 미행함。追跡。【春渚紀聞】往青州ㅣㅣ之、果有州民厮氏。

【蹤迹不知:종적부지】「곳을 알 수 없음。」 있는 곳이나 간 곳을 알 수 없음。

【蹥】(련) 先 レン、かかど heel 발뒤꿈치련(踵也)。

【蹥蹇:연건】行路가 험해서 나아가지 못하는 모양。괴로와 고민함。【論衡】ㅣㅣ不比者、爲負。

【蹡】(강) 漾 コウ、はしる run away 흩어져달아날강(散走)。

【蹭】(조)『躁』(13足部畫)와 같음

十二畫

【蹨】(연) 銑 ネン、ゼン、おう drive away (或音「년」) ❶쫓을연(逐也)。❷밟을연(蹈也)。

【蹎】(선) 銑 セン、あみ trap 올무선(罥獸足網)。【逸周書】不卵不ㅣ以成鳥獸。

【蹳】(철) 屑 テツ、あと traces 자취철(迹也)。【列子】絕塵弭ㅣ。(『轍』과 같음)

【蹕】(타) 哿 タ、こどもあるき toddle 아장아장걸을타(ㅣㅣ、小兒行態)。

【蹋】(답)『躢』(18足部畫)의 譌字

【蹩】(별) 屑 ヘツ、ちんば cripple ㄅㄧㄝ pieh² 小篆 草書 ❶절름발이별(跛也)。【莊子】ㅣ躠爲仁。❷밟을별(踶也)。

【蹩躠:별살·별설】❶돌아가는 모양。巡行하는 모양。❷마음을 쓰는 모양。

【蹵】(별)『蹩』(前條)과 같음

【蹪】(퇴) 灰 タイ、たおれる fall down 엎드러질퇴(蹎仆)。

【蹜】(소) 嘯 ソウ、ゆく go 단정히갈소(正行)。

【蹬】(등) 徑 トウ、よろめく walk leisurely ㄉㄥ têng⁴ 小篆 草書 ❶어정거릴 등(失勢貌)。【海賦】或乃蹭ㅣ窮波。❷밟을등(履也)。

【蹰】㊀(수) 遇 シュ、たてる stand ㊁(주) 虞 ㊀설수(立也)。㊁머뭇거릴주(躇也)。(『躕』와 같음)

【蹭】(잡) 合 ソウ、とどまる stay 머물잡(留止)。

【蹭】(층) 徑 ソウ、よろめく walk leisurely ちㄥ ts'êng⁴ 小篆 草書 어정거릴층(ㅣ蹬失路貌)。

【蹭蹬:층등】❶길 걷기에 피로해서 어정거리는 모양。【木華】或乃ㅣㅣ窮波。❷발을 끌며 걸음。

【躚】(선)『躚』(16足部畫)과 같음

【蹯】(번) 元 ハン、あしうら sole of a foot 草書 짐승의 발바닥번(獸足掌)。【左傳】食熊ㅣ。

【躇】(저) 魚 チョ、しざる hesitate 小篆 머뭇거릴저(蹰ㅣ)。

【蹱】(종) 冬 ショウ、こどもあるき toddle
어린애걸을종(小兒行步)。

【蹢】(척)(적)『蹢』(足部11畫)의 古字

【蹲】(준) 阮 シュン、うずくまる squat ㄘㄨㄣˊ ts'uen²
小篆 草書 ❶걸터앉을준(踞也)。『後漢書』ー夷踞肆。❷모을준(聚也)。『左傳』ー甲而射之。❸춤 운직거려춤출준(ーー舞貌)『詩』ーー舞我。

【蹲踞：준거】꾸부리고 앉음。웅크리고 앉음。『晉書』ーー嚙胡餌。

【蹲循：준순】뒷걸음질하는 모양。주춤거리는 모양。공무니를 빼는 모양。『莊子』忠諫不聽、ーー勿爭。

【蹲蹲：준준】❶춤추는 모양。❷端正한 걸음걸이。『漢書』穆穆肅肅、ーー如此。

【蹲止：준지】일을 중도에 그치고 그만둠。

【蹲縮：준축】땅에 주저 앉음。

【蹳】(발) 曷 ハツ、ふむ trample down
草書 짓밟을발(足踐物)。『漢書』常ー兩兒棄之。

【蹴】(축) 屋 シュク、シュウ、ふむ、ける kick ㄘㄨˋ ts'u⁴
小篆 草書 찰축、밟을축(蹋也踏也)。『孟子』ー爾而與之。(『蹵』과 같음)

【蹴球：축구】❶제기。공차기。❷《運》十一사람씩 두 패로 갈려 가죽공을 차서 상대방 문안에 넣어 승부를 다투는 경기。

【蹴鞠：축국】공차기。꿩깃 꽂은 공을 땅에 떨어뜨리지 않고 발로 차는 옛날 貴人들의 유희의 한 가지。蹴鞠。蹴球。

【蹴踏：축답】힘껏 밟음。밟아서 다짐。『杜甫』霜蹄ーー長楸間。

【蹴殺：축살】발로 차서 죽임。

【蹴然：축연】삼가는 모양。또는 불안한 모양。『孟子』曾西ーー曰、吾先子之所畏也。

【蹴爾：축이】발길로 차는 모양。『孟子』ーー而與之。

【蹴蹴：축축】마음이 침착하지 못한 모양。마음이 불안한 모양。『莊子』子貢ーー然立不安。

【蹵】(축)『蹴』(前條)과 같음

【蹶】㊀(궐) 月 ㊁(궤) 霽 ケツ、ケイ、はねおきる spring up ㄐㄩㄝˊ chüeh²
小篆 小篆 或體 草書 ㊀❶쓰러질궐(僵也)。❷미끄러질궐(跌也)。『莊子』爲崩爲ー。❸뺄궐(拔也)。❹뛸궐(跳也)。㊁❶움직일궤(動也)。『詩』文王ー厥生。❷급히걸을궤(行遽)。『禮記』足毋ー。

【蹶起：궐기】벌떡 일어남。마음먹고 힘차게 분기함。

【蹶然：궐연】갑자기 뛰어 일어남。벌떡 일어나는 모양。『莊子』康成子ーー而起。

【蹶蹟：궐지】발을 헛디디어 넘어짐。

【蹶蹶：궤궤】동작이 민첩한 모양。놀라 움직이는 모양。『詩經』良士ーー。

【蹷】(궐) 月 ケツ、はねおきる spring up
草書 기운치밀궐(氣從下起)。『史記』氣從下ー起上行外及心脅。(『蹶』과 같음)

【蹺】(교) 蕭 キョウ、あしをあげる step forwards ㄑㄧㄠ ch'iao¹
草書 발치켜디딜교(擧足企也)。(『蹻』와 같음)

【蹸】(린) 震 リン、くるまのあと trail
小篆 수레에밟힐린(車践)。

【蹹】(답) 合 トウ、はう creep
草書 길답(ー伏)。『左傳註』如今軍行前有斥候ー伏。(『踏』과 같음)

【蹻】㊀(교) 蕭 ㊁(교) 篠 ㊂(갹) 藥 キャク、キョウ、わらぐつ straw-shoes ㄑㄧㄠ ch'iao
小篆 草書 ㊀바랄교(企也)。㊁❶발제겨디딜 교 (ー擧足)。『漢書』ー足而待。❷날쌜교(ーー武貌)。『詩』ーー王之造。❸강직할교(剛直)。㊂❶짚신갹(草履)。『史記』躡ー。❷교만할갹(驕貌)。『詩』小子ーー。❸초도장갹(楚盜莊ー)。

【蹻健：교건】발이 빠름。몸이 가뜬가뜬함。趫健。

【蹻蹻：①②교교 ③각각】❶씩씩한 모양。武勇스러운 모양。❷세찬 모양。강성한 모양。❸小人이 뽐내고 교만한 모양。驕蹇。『詩經』小子ーー。

【蹻勇：교용】민첩하고 용감함。『五代史』弘肇爲人ーー、走及奔馬。

【蹻足：교족】발 뒤축을 들음。발돋음함。

【蹻捷：교첩】발의 움직임이 빠르고 날램。몸이 가볍고 재빠름。

【蹼】(복) 屋 ボク、みずかき web ㄆㄨˊ p'u²
草書 오리발복(鳧鴈駢跖)。

十三畫

【⿰足属】(촉)『⿰足屬』(足部21畫)의 略字

【躁】(조) 號 ソウ、さわぐ be nervous
草書 ❶움직일조(動也)。『禮』掩身毋ー。❷바시댈조(不安靜)。『齊語』驕ー淫暴。❸빠를조(急進疾也)。

【躁狂：조광】미쳐 날뜀。『摯虞』酒儵忽之ーー兮。

【躁急：조급】성질이 참을성 없이 썩 급함。떠들며 급히 서두름。躁擾。『宋史』輕率ーー、無威重。

【躁氣：조기】조급한 氣質。『孟郊』輸去雖有恨、ーー一何顚。

【躁妄：조망】❶조급하고 절도가 없음。❷헛된 소리를 함。『程頤』發禁ーー。

【躁悶：조민】초조하여 가슴이 답답함。

【躁忿：조분】마음을 초조하게 굴며、성냄。『五代史』太祖ーー。

【躁然：조연】침착하지 못한 모양。떠들썩하는 모양。

【躁擾：조요】소란하여짐。급히 서두르며 떠들음。躁急。

【躁鬱病：조울병】《醫》감정 장해를 주로 하는 內因性 정신병。

【躁人：조인】❶떠드는 사람。❷성급한 사람。침착하지 못한 사람。

【躁恣：조자】몹시 떠들며 방자함。『易經·註』夫陰質而ーー者、羸豕特甚。

【躁症：조증】조급한 성질。

【躁暴：조포】초조하게 굴며 사나움。

【⿰足禁】(금) 侵 キン、すわる sit(down)
앉을금(坐也)。

【躂】(달) 曷 タツ、すべる slip ㄊㄚˋ t'a⁴
미끄러질달(跌也)。

【躄】(벽) 陌 ヘキ、あしなえ limp ㄅㄧˋ pi⁴
草書 절름거릴벽、절벽(跛也)。『史記』ー者槃散行汲。

【蹕】(벽)『躄』(前條)과 같음
【蹕者:벽자】앉은뱅이。『史記』民家有一一、槃散行汲。
【(足睪)】(탁) 藥 タク、はだし bare feet 맨발탁(跣足)。
【躅】(촉) 沃 ショク、あしぶみ trace ㄓㄨˊ chu² 小篆 草書 ❶자취촉(跡也)。『漢敍傳』伏孔周之軌一。❷강동강동뛸촉(蹢一行貌)。『易』羸豕孚蹢一。❸철쭉꽃촉(花名躑一)。
【躅路:촉로】발자취。『呂覽』密其一一、開敵之塗、則士豈特與專諸議哉。
【躆】(거) 御 キョ、ふんばる put one's hands on the earth 草書 ❶짚을거(手據地)。『漢敍傳』超忽而躆顯蒼。❷꿈적거릴거(僑一動作)。『太玄經』一戰喈喈。
【(足詹)】(점) 鹽 セン、うまがはしる (of a horse) gallop 말달려갈점(馬急行)。
【躇】㊀(저) 魚 チョ、チャク、ためらう hesitate ㄔㄨˊ ch'u² ㊁(착) 藥 草書 ㊀머뭇거릴저(躕一住足)。『楚辭』蹇而躕一。㊁건너뛸착(不次超也)。『公羊傳』一階而走。
【躇跱:저치】躊躇함。멈칫함。『嵇康·注』善曰、一一、躊躇踈跱也。
【躇階:착계】계단을 넘겨 디딤。계단을 一段씩 밟지 않고 건너 뛰어서 내려옴。『公羊·注』躇猶超遽、不暇以次。
【躈】(규) 嘯 キョウ、ひずめ horse-hoof 말굽규(蹄也)。『史記』馬蹄一千。

【(足曷)】(렵)『躐』(15足部畫)과 같음
【躉】(돈) 阮 トン、はしけ barge ㄉㄨㄣˇ tuen 草書 송선돈(躉舟、小舟)。
【躉船:돈선】棧橋 대신으로 대어 놓은 배。

十四畫

【躊】(주) 尤 チュウ、ためらう hesitate ㄔㄡˊ ch'ou² 草書 머뭇거릴주(一躇進退)。『楚辭』蹇留而一躇。
【躊躇:주저】머뭇거림。망설임。『漢書』裵回以一一。
【(足巠)】(경) 徑 ケイ、キョウ、かたあし hop 草書 앙감질할경(一足行)。
【(足足)】(착) 覺 サク、ゆく swift-footed 걸음빠를착(行疾)。
【躖】(단) 旱 タン、あしあと traces 小篆 발자국단(踐處)。『楚辭』鹿蹊躖兮一一。
【(足聚)】(주) 宥 ソウ、よろめく fall down by drinking 취하여넘어질주(醉倒)。
【躋】(제) 齊 セイ、のぼる ascend ㄐㄧ chi¹ 小篆 오를제(登也升也)。『詩經』道阻且一。(『隮』와 같음)
【躋攀:제반】붙잡고 오름。기어 오름。『杜甫』一丘藏曲折、緩步有一一。
【躋升:제승】위에 오름。『宋史』天神定立、惟人一一。

【(足僕)】(복)『蹼』(12足部畫)과 같음
【躍】㊀(약) 藥 ヤク、おどる ㊁(적) 錫 leap and bound 小篆 草書 ㊀뛸약(跳也、進也)。『易經』或一在淵。『左傳』距一三百。㊁뜻은 ㊀과 같음。
【躍起:약기】생기있고 활발하게 일어남。뛰어 오름。
【躍動:약동】❶생기있고 활발하게 움직임。❷힘차게 활동함。
【躍升:약승】뛰어 오름。『謝靈運』暘谷一一、虞淵引落。
【躍如:약여】❶뛰는 모양。힘찬 모양。❷生生한 모양。❸눈앞에 생생하게 나타나는 모양。躍然。
【躍進:약진】❶매우 빠르게 진보함。❷뛰어 일어나 돌진함。힘차게 전진함。
【躍出:약출】뛰기 시작함。뛰어 나아감。『晉書』氷忽自解、雙鯉一一。
◎跳一、飛一、暗一、勇一、一一、活一。

十五畫

【(足廣)】(광) 漾 コウ、はるか (of a road) broad and far 길넓고멀광(路曠遠)。
【躒】(력) 錫 レキ、うごく move ㄌㄧˋ li⁴ 草書 움직일력(動也)。『大戴禮』騏驥一一不能千步。
【躐】(렵) 葉 リョウ、ふむ tread on ㄌㄧㄝˋ lieh⁴ 草書 ❶밟을렵(踐也)。『禮』登席不由前曰一席。❷넘을렵(一等踰也)。『學記』學不一等。
【躐登:엽등】순서를 뛰어 넘어서 등급에 오름。『宋史』莫不一一顯要。

【躐等:엽등】차례를 거치지 않고 뛰어 넘음。한 번에 껑충 뛰어 넘음。『同書』學不一一。「함。」
【躐席:엽석】순서를 거치지 않고 進級
【躑】(척) 陌 テキ、たたずむ walk up and down ㄓ chih² 草書 ❶머뭇거릴척(一蠋跐貌)。『後漢書』得以數千一躅三輔。❷철쭉꽃척(一躅)。
【躑躅:척촉】❶步行이 머뭇거리는 모양。제자리 걸음함。❷《植》철쭉。◎投一。
【躓】(지) 寘 チ、つまずく fall down ㄓ chih⁴ 小篆 草書 ❶쓰러질지(頓也)。❷밟을지(跆也)。『詩』載一其尾。(『疐』와 같음)
【躓頓:지돈】蹉跌하여 멈춤。『易林』三駒推車、一一傷頤。
【躓馬:지마】쓰러진 말。
【躓馬破車 惡婦破家:지마파거악부파가】넘어진 말은 수레를 파손하고 惡妻는 家庭을 망침。『古語』
【躓礙:지애】발을 헛디디어 넘어져 못 감。躓閡。『晉書』夫僬僥之步、而企及夸父之蹤、近才所以一一也。
【躔】(전) 先 テン、めぐる orbit ㄔㄢˊ ch'an² 小篆 草書 ❶햇길전(日運行)。『漢書』一離弦望。❷별자리전(星次)。
【躔次:전차】별이 운행되는 길。『韓愈』赫奕當一一。
【(足疐)】(지) 寘 チ、さわる hesitate 거리낄지(礙也)。

【躕】(주) 虞 チュ、チュウ ためらう hesitate ㄔㄨˊ ch'u²
草書 머뭇거릴주(踟ㅡ不進)。【鄭曼季詩】企予望之搔首踟ㅡ。

【𨆯】(단)『躖』(足部18畫)의 本字

十六畫

【躘】(룡) 冬 リョウ、こどものあるき toddling
어린애걸음룡(小兒步行)。

【躙】(린) 震 リン、ふみにじる be run over by a carriage
草書 수레에칠린(車踐)。【禮】入國不馳。

【躙轢:인력】짓밟음。【李白】。

【躚】(선) 先 セン、まう dance flutteringly ㄒㄧㄢ hsien¹
草書 춤너푼거려출선(蹁ㅡ、舞貌)。

【躗】 一(위)霽 二(쾌)卦 エイ、カイ、いつわる false ㄨㄟˋ wei⁴
小篆 草書 一❶호위할위(衛也)。❷거짓위(不信譎也)。【左傳】是ㅡ言。二뜻은 一과 같음。

【蹫】(궤) 霽 ケイ、たおれる bitter jujube
❶쓴대추궤(ㅡ洩、苦棗)。❷쓰러질궤(僵也)。❸뛸궤(跳也)。

【躒】(력) 錫 レキ、あと pass
지날력(足所經踐)。

十七畫

【䠤】(탐) 覃 タン、つまだつ look over
넘어다볼탐(跕足而望)。

【蹮】(선) 先 セン、よろめく totter along
草書 비틀비틀할 선(蹁ㅡ病不能行)。【莊子】跰ㅡ而鑑於井。(『躚』과 같음)

【躞】(섭) 葉 ショウ、あるく walk with sounding footsteps ㄒㄧㄝ hsieh⁴
草書 ❶족자마구리 섭(玉ㅡ書畫軸心)。【米芾書】隋唐藏書金題玉ㅡ。【註】ㅡ軸心也以玉爲之。❷저벅저벅걸을섭(蹀ㅡ行貌)。

【躟】(양) 陽 ジョウ、いそぎゆく hurriedly
草書 바삐걸을양(距ㅡ行遽)。【舞賦】攘ㅡ就駕。

【躠】 一(살)曷 二(설)屑 サツ、セツ、めぐりゆく encircle
草書 一돌쳐갈살(行貌、跋ㅡ)。二매암돌설(旋行、蹩ㅡ)。

【𨆼】(살)(설)『躠』(前條)과 같음

【𨇘】(참) 陷 サン、はやくゆく walk hurriedly
빨리걸을참(疾步)。

十八畫

【𨇼】(권) 先 ケン、あるく walk
등구부리고걸을권(曲脊行)。

【躡】(섭) 葉 ジョウ、ふむ tread, step ㄋㄧㄝ nieh⁴ (古音「녑」)
小篆 草書 ❶밟을섭(蹈也)。❷신산을섭(著履)。【史記】ㅡ足行伍之閒。❸오를섭(登也)。

【躡屐:섭극】나막신을 신음。신을 신음。

【躡敵:섭적】적의 뒤를 쫓아감。

【躡蹀:섭접】잔걸음으로 걷는 모양。종종걸음。【張衡】羅襪ㅡㅡ而容與。

【躢】(답)『踏』(足部8畫)과 같음

【躣】(구) 虞 ク、ゆく wriggle
小篆 굼틀굼틀할구(行貌)。【楚辭】右蒼龍之ㅡㅡ。

【躤】 一(적)陌 二(자)禡 シャ、セキ、ふむ step
草書 一밟을적(蹈ㅡ踐也)。【史記】人民之所蹈ㅡ。二뜻은 一과 같음。

十九畫

【躝】(련) 先 レン、あしいたむ pain in the foot
발병련(足病)。

【𨈙】(라) 箇 ラ、よろめく get lost
길잃을라(失道)。

【躧】 一(새)蟹 二(사)紙 サイ、シ、あゆむ walk slowly ㄒㄧˇ hsi³
小篆 或體 草書 一뒤축없는신 새(小履無跟)。【漢書】ㅡ履相迎。履不著跟。二천천히걸을사(徐行貌)。

二十畫

【躨】(기) 支 キ、うごく wriggle
굼틀거릴기(ㅡ跜、蚪龍動貌)。

【躩】(곽) 藥 カク、はねる bend ㄑㄩㄝ ch'üeh² (俗音「각」)
小篆 草書 발굽힐곽(屈足)。【論語】足ㅡ如也。

【躩步:곽보】빠른 걸음으로 걸음。【莊子】蹇裳ㅡㅡ。

【躩如:곽여】❶발의 움직임이 더딘 모양。❷삼가하여 천천히 걸음。恭敬하는 태도。【論語】足ㅡㅡ也。

【躪】(린) 震 リン、ふみにじる trample down
草書 짓밟을린(蹂ㅡ)。【漢書】奔走相蹂ㅡ。

【躪轢:인력】짓밟아서 심히 상처를 입힘。

二十一畫

【𨇹】(촉)『躅』(足部13畫)과 같음

【蹙】(축) 屋 シュク、せまる urgent
급할축(急也)。

二十二畫

【𨈇】(첩) 葉 チョウ、はしるおと sound of running off
달아나는소리첩(走聲)。

身 部

【身】(신) 眞 シン、み body ㄕㄣ shen¹
小篆 草書 ❶몸신(躬也)。【易經】艮其ㅡ。❷아이밸신(有ㅡ懷孕)。【詩】太妊有ㅡ。❸칙지신、교지신(告ㅡ、給符)。【唐書】擬奏授皆給以符謂之告ㅡ。❹몸소 신(親也)。(『娠』과 통함)

【身價:신가】몸값。

【身硬症:신경증】《醫》腦脊髓의 병으로 몸과 힘줄이 뻣뻣하게 되는 어린애의 병。

【身計：신계】一身上의 계획。身謀。『王禹偁』官途多齟齬、ㅣㅣ頗悲涼。
【身老心不老：신로심불로】몸은 늙었으나 마음은 늙지 않았음。
【身謀：신모】자기 몸을 돌보기 위한 꾀。『唐書』乃臣下ㅣㅣ。
【身貌：신모】姿態。몸의 모양。『史記』視其ㅣㅣ形狀、不足以當人主矣。
【身命：신명】몸과 목숨。生命。軀命。『漢書』以ㅣㅣ當國咎。
【身邊：신변】몸의 주변。
【身邊雜記：신변잡기】자기 일상 생활에서 나타나는 여러 가지 일을 적은 글。
【身病：신병】몸의 병。身恙。
【身分：신분】❶上下·尊卑의 別。곧 개인의 사회적인 지위와 계급。『宋書』退省ㅣㅣ。❷《法》법률상의 특수한 지위와 자격。
【身分權：신분권】親權·夫權·戶主權 따위와 같이 身分法上으로 정하여진 바 지위에 따라 부여되는 私權의 하나。
【身分犯：신분범】職權 濫用罪·收賄罪 따위와 같이 그 주체가 특정의 신분을 필요로 하는 범죄。또는 그 범인。
【身分制度：신분제도】근세 市民社會 이전인 봉건 시대에 있어서 신분 관계에 의하여 숙명적 또는 세습적으로 固定된 계급 제도의 하나。
【身分證明書：신분증명서】학교·관청·회사 등에서 그 직원·학생·사원임을 증명하는 문서。
【身上：신상】❶한 몸에 관한 일。『宋書』ㅣㅣ之榮、旣自藉藉。❷몸。❸생명。❹쓸모。가치。
【身世：신세】❶이 몸과 이 세상。곧 어떤 일을 당하고 있는 사람의 처지나 형편。『鮑照』ㅣㅣ兩相棄。❷사람의 일생。生命。
【身手：신수】《國》❶사람의 얼굴에 나타난 건강 상태의 빛。❷용모와 풍채。
【身數：신수】그 사람이 지닌 운수。
【身弱：신약】몸이 약함。또는 그런 사람。
【身恙：신양】=身病。
【身業：신업】몸으로 지은 罪業。
【身役：신역】❶몸으로 치르는 勞役이나 苦役。❷몸이 어떠한 官府나 權門에 딸려 있음。
【身熱：신열】병 때문에 더워지는 몸의 열。
【身外無物：신외무물】몸이 다른 무엇보다도 가장 귀중하다는 말。
【身運：신운】=運數。
【身元：신원】❶출생·신분·性行 따위의 일체。❷一身上의 관계。
【身元保證：신원보증】《法》雇傭主가 被傭者로 인하여 부담하게 되는 손해의 배상을 남(신원보증인)이 담보하는 일。
【身元保證人：신원보증인】《法》신원보증을 하기로 정한 사람。
【身長：신장】키。『孔子家語』ㅣㅣ九尺、武力絕倫。
【身體：신체】❶몸。體軀。❷금방 죽은 송장의 尊稱。
【身體檢査：신체검사】❶건강 상태를 알기 위하여 신체 各部를 검사하는 일。❷체격이 좋고 나쁨。또는 합격 불합격을 정하는 검사。
【身體髮膚：신체발부】몸과 털과 살。곧 몸의 전체。『孝經』——受之父母。
【身火：신화】몸을 태우는 불。《喩》사람의 욕심。『梁簡文帝』慧雨微垂、郞滅ㅣㅣ、
【身後：신후】죽은 후。死後。
【身後名：신후명】죽은 뒤의 명예。死後의 榮譽。『晉書』張翰曰、使我有——。
【身後之地：신후지지】살아있는 동안에 미리 골라서 정하여 두는 산소 자리。
◎屈ㅣ、單ㅣ、滿ㅣ、文ㅣ、法ㅣ、保ㅣ、前ㅣ、終ㅣ、出ㅣ、獻ㅣ、化ㅣ、後ㅣ。

三 畫

【躬】(궁) 東 キュウ、み、みずから body; for oneself ㄍㄨㄥ kung¹
小篆 或體 草書 ❶몸궁(身也)。『易』見金夫不有其ㅣ。❷몸소궁(親也、實踐ㅣ行)。❸몸소 행할궁(親行)。『詩經』不ㅣ不親庶民不信。(『躳』과 같음)
【躬稼：궁가】스스로 穀物을 심음。
【躬犯：궁범】자기가 몸소 범한 죄。
【躬進：궁진】자기가 몸소 나아감。
【躬行：궁행】몸소 행함。실천함。『論語』ㅣㅣ君子、則吾未之有得。
【躬化：궁화】임금이 스스로 모범을 행하여 백성을 교화하는 것。

四 畫

【𨉖】(비) 支 ヒ、しなやか (of the skin) soft
몸부드러울비(躳ㅣ、體柔)。
【躭】(탐)『耽』(4畫 耳部)의 俗字

五 畫

【⿰身犮】(발) 曷 ハツ、はしる run off
달아날발(走也)。
【⿰身主】(주) 麌 チュ、はしる upright, erect
몸꼿꼿할주(身直貌)。
【躰】(체)『體』(13畫 骨部)의 俗字
【⿰身丘】(구)『軀』(11畫 身部)의 俗字
【⿰身付】(부) 遇 フ、きる wear
옷입을부(著衣)。

【⿰身夫】(사)『射』(7畫 寸部)와 같음

六 畫

【䠷】(조) 嘯 チョウ、せながい slender
몸호리호리할조(體長)。
【⿰身同】(동) 董 ドウ、くずれる untidy
몸단정하지못할동(軃ㅣ、身不端)。
【躲】(타) 哿 タ、かわす get out of ㄉㄨㄛˇ tuo³
피할타(避也)。
【躲閃：타섬】훌쩍 몸을 피하여 도망함。躲避。『元典章』避怕ㅣㅣ。
【躲避：타피】=躲閃。『夷堅志』可以出他處ㅣㅣ。

七 畫

【⿰身廷】(정) 迥 テイ、せだかい tall and upright
몸크고꼿꼿할정(身長直)。
【躳】(궁) 東 キュウ、み body; oneself
몸궁(身也)。(『躬』의 本字)

八 畫

【⿰身穹】(궁) 送 キュウ、かがむ stoop; bow
❶몸구부릴궁(曲躬)。❷부릴궁(使役)。
【⿰身奇】(기) 支 キ、み body; oneself
❶몸기(身也)。❷외짝기(隻也)。
【躶】(라) 哿 ラ、はだか naked ㄌㄨㄛˇ luo³
草書 ❶벌거벗을라(赤體)。『孟子』雖袒裼ㅣ裎於我側。❷털없는벌레라(ㅣ蟲)。『晉書』ㅣ蟲人類而人爲之王。(『裸』와 같음)

【躶身:나신】 벌거벗은 알몸。裸體。『史記』臣ーー來、不受金、無以爲貧。

【躷】(왜)『矮』(矢部8畫)와 같음

【躹】(국) 屋 キク、かがむ bend one's back 몸굽힐국(曲躬)。

九畫

【⿰身重】(중) 宋 シュウ、はらむ conceive 아이밸중(孕也)。

【躽】(언) 阮 エン、かがむ stoop; bow ❶몸굽힐언(曲身)。❷성난배언(ー體怒腹)。

【⿰身兪】(수) 遇 シュ、きものきる put on the clothes 옷입을수(躵ー、著衣)。

【⿰身叚】(하) 麻 カ、かがむ bend one's back ㄏㄚ hsa¹ 몸굽힐하(屈身)。

【躾】(미)〔日字〕しつけ teach manners 草書 예절가르칠미(敎禮儀)。

十一畫

【⿰身國】(괵) 陌 カク、はだか stark nakedness 맨몸괵、알몸괵(裸身)。

【軀】(구) 虞 ク、からだ body; stature ㄑㄩ ch'ü¹ 小篆 草書 허우대구、몸구(四體)。『荀子』曷足以美七尺之ー。

【軀殼:구각】 몸。肉體。↔精神。『孔武仲』龍死ーー在。

【軀幹:구간】❶=軀體。『杜甫』子雖ーー小、老氣横九州。❷《生》몸의 胴部。몸통。

【軀幹骨:구간골】《生》구간을 구성한 골격。

【軀幹運動:구간운동】 허리를 앞뒤로 굽히는 따위의 운동。

【軀命:구명】 몸과 목숨。身命。『吳師道』「誓不顧ーー。」

【軀體:구체】 몸。身體。體軀。『後漢書』臣無文武之才、而忝鷹揚之任、中略、雖沒ーー。

十二畫

【軂】(로) 號 ロウ、せだかい tall 몸길로(身長)。

【軃】(타) 哿 タ、たれる hang down 草書 ❶넓고두터울타(廣厚)。❷드리울타(垂下)。

【軄】(직)『職』(耳部12畫)의 俗字

十三畫

【⿰身亶】(전) 銑 セン、はだか absolute nudity 맨몸전、알몸전(裸身)。

【⿰身詹】(담) 覃 タン、このむ like 좋아할담(好也)。

【軆】(체)『體』(骨部13畫)의 俗字

十四畫

【⿰身寧】(녕) 迥 デイ、あか dirt 때녕(垢也)。

十六畫

【⿰身監】(람) 覃 ラン、せだかい tall 키클람(ー軁、身長貌)。

【⿰身歷】(력) 錫 レキ、はだか absolute nudity 맨몸력(裸身)。

十七畫

【軈】(응)〔日字〕やがて for a while 草書 잠시응(未久)。

二十畫

【軉】(옥) 沃 ギョク、たから treasures 보배옥(寶也)。

車部

【車】㊀(거) 魚 ㊁(차) 麻 キョ、シャ、くるま waggon; vehicle ㄐㄩ chü¹ 小篆 草書 總書 ㊀❶수레 거(輅也、輿輪名)。『書經』ー服以庸。❷그물거(覆ー網名)。❸잇몸 거(齒根)。㊁❶뜻은 ㊀과 같음。❷성차(姓也)。

車(禮器圖)

【車駕:거가】❶탈것。『漢書』夫吏者、民之師也、ーー衣服稱宜。❷임금이 타는 수레。鳳輦。鸞輿。『漢書』ーー西都長安。《轉》임금。『南史』ーー幸焉。

【車蓋:거개】 수레의 위를 덮는 덮개。수레 위의 비단 우산。『漢書』賜ーー特高一丈。

蓋車(三禮圖)

【車客:거객】 =乘客。

【車轂:거곡】 수레의 바퀴통。속바퀴。『戰國策』臨臨之途、ーー擊、人肩摩。

【…】…『後漢書』追臣者極ーー。

【車騎:거기】❶戰車와 騎馬。車馬。『禮記』前有ーー、則載飛鴻。❷將軍의 名號。車騎將軍。❸《天》별 이름。車騎行軍의 일을 맡아 본다고 함。

【車臺:거대】 車體를 싣고 바퀴에 연결하는 데。

【車同軌:거동궤】 수레의 두 바퀴 사이의 간격이 같은 것。《喩》天下가 통일되어 있는 것。

【車馬:거마】 車와 옷。수레에 맨 말。탈것의 通稱。『論語』ーー衣輕裘。

【車馬費:거마비】 타고 다니는 데 드는 비용。交通費。

【車裂:거열】《制》古代 刑罰의 한 가지。두 대의 馬車나 牛車에 罪人의 다리를 한 쪽씩 묶어서 몸을 두 갈래로 찢는 刑罰。車磔。『戰國策』商君歸還、惠王ーー之。

【車載斗量:거재두량·차재두량】 車에 싣고 말로 됨。《喩》물건이 아주 많음。또는 평범한 것의 수량이 많음을 나타내는 말。『吳志·註』聰明特達者、七八十人、如臣輩、ーーーー、不可勝數。

【車戰:거전】 戰車에 의한 싸움。『宋史』

【車中:거중·차중】 車 안。車內。車를 타고 있을 동안。乘車中。

【車中談:거중담·차중담】 차 속에서 주고 받는 말。

【車塵:거진】 車가 지나간 뒤에 일어난 먼지。『溫庭筠』天籟思林嶺、ーー倦都邑。

【車站:거참】《中》정거장。정류소。

【車軸:거축·차축】 수레 바퀴의 굴대。『長阿含經』澍降大雨、滴如ーー。

【車輻:거폭】 수레의 바퀴살。《轉》儀杖兵。『漢書』斬ーー而持之。

【車轄:거할】 수레의 굴대 빗장。『漢書』取客ーー投井中。

【車行:거행】❶車를 타고 감。❷車의 進行。

【車庫:차고】 車를 넣는 곳집。

【車對:차대】 장기에서 車와 車를 대립시킴으로써 딴 수를 얻어 보려는 일。
【車道:차도】 車가 나니게 마련한 길。큰 길에서 車가 다니는 부분。↕人道。『史記』遂除––。
【車輛:차량】 ❶수레의 總稱。『宋書』–在後。❷연결된 기차의 한 칸。
【車路:차로】 찻길。車道。
【車輪:차륜】 수레바퀴。『禮記』––曳踵。
【車夫:차부】 車를 부리거나 끄는 사람。
【車費:차비】 차를 타고 치르는 삯。
【車線:차선】 한 개의 車輛이 지나가게 된 넓이。
【車胤聚螢:차윤취형】 =螢雪之功。
【車掌:차장】 기차·전차·버스 따위에 딸려 승객과 車의 進行이나 車 안의 잌을 맡아 보는 사람。
【車前子:차전자】 《醫》 직경이의 씨。성질이 찬데、利尿劑 또는 눈병과 설사에 쓰임。

車前子(三才圖會)

【車前草:차전초】 《植》질경이。질경이과에 속하는 多年草。種子는 藥用으로 함。 「동차의 所有主。
【車主:차주】 차의 주인。또는 영업용 자
【車窓:차창】 기차·전차·자동차 따위의 창문。
【車體:차체】 차량의 일부분으로 승객·화 「물 따위를 싣는 부분。
【車便:차편】 차가 내왕하는 편。
【車票:차표】 차를 타기 위하여 일정한 차삯을 주고 산 표。乘車券。

一畫

【軋】 (알) 黠 アツ、きしる creak ㄧㄚˋ ya⁴

軋 小篆 軋 草書 ❶앗을알(勢相傾)。【唐書】樹黨相磨–。❷편할 알(軼–無涯際)。【甘泉賦】軼–無垠。❸수레삐걱거릴알(車轢)。【六書故】車載重輾–有聲。
【軋轢:알력】 ❶ 수레가 삐걱거림。서로 스쳐감。❷ 의견이 맞지 않아 서로 충돌이 됨。不和。反目。紛爭。
【軋芴:알물】 자잘한 것。자잘한 모양。軋沕。『漢書』縯紛––。
【軋箏:알쟁】 《樂》樂器의 한 가지。大箏과 비슷하나 그보다 작은 七絃 樂器로서 前面은 오동나무로 하고 後面은 밤나무로 만들었으며、唐代에 비롯됨。

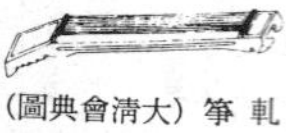
軋箏(大清會典圖)

【軋刑:알형】 수레바퀴 밑에 깔아 뼈를 부수던 형벌。 「假清風––。
【軋忽:알홀】 아득하고 먼 모양。『漢書』

二畫

【軌】 (범) 豏 ハン、くるまのまえき part of a carriage
차앞턱나무범(車軾前)。

【軌】 (궤) 紙 キ、わだち track ㄍㄨㄟˇ kuei³

軌 小篆 軌 草書 ❶굴대궤(車軸兩轍閒)。❷법궤(法也則也)。【左傳】講事以度–量謂之–。❸좇을궤(循也)。【史記】星辰–道。
【軌度:궤도】 法度。본보기。『史記』皆遵––、和安敦勉。
【軌道:궤도】 ❶ 車가 지나간 뒤의 線。車 바퀴 자리。❷ 車가 다니는 길。❸汽車나 電車를 운행하기 위하여 軌鐵(레일)을 깔아 놓은 길。鐵路。鐵道。❹《天》天體가 公轉하는 일정한 길。❺《物》물체가 일정한 힘에 작용되어 운동할 때에 그리는 일정한 경로。❻定해져 있는 길을 通過함。또는 그 길。『漢書·註』––言遵道、猶車行之依––也。❼바른 길을 좇음。
【軌範:궤범】 ❶=軌道·軌則。『孔安國·尚書序』示人主、以––也。❷《哲》판단·행위 또는 평가 따위의 근본이 되는 規準이나 원리。規範。
【軌跡:궤적】 ❶수레바퀴가 지나간 자국。❷先人의 行跡。❸《數》幾何學에서 어떤 일정한 조건에 적합한 점을 연결한 線。
【軌迹:궤적】 ❶=軌跡。❷《轉》 先人이 밟은 바른 行爲의 行跡。『漢書』遵商周之––、循詩人之所刺。
【軌條:궤조】 궤철을 깔아서 되어진 기차나 전차 따위의 궤도。
【軌轍:궤철】 ❶수레바퀴 자국。차가 지나간 자국。軌躅。『水經·註』小隴山巖嶂高嶮、不通––。❷法則。❸과거의 事跡。
【軌則:궤칙】 ❶法則。法度。본보기。『晉書』抑之以權勢、納之以––。❷規範으로 여기고 배움。
◎廣–、不–、常–、狹–。

【軍】 (군) 文 グン、いくさ army; military ㄐㄩㄣ chün¹

軍 小篆 軍 草書 ❶군사군(衆旅)。【周禮】五師爲–。❷진칠군(師所駐)。【左傳】–於瑕。
【軍歌:군가】 군대의 士氣를 돋우기 위하여 부르는 노래。
【軍犬:군견】 군사상의 필요로 쓰는 개。
【軍警:군경】 군대와 경찰。
【軍警檢:군경검】 군대와 경찰과 검찰。
【軍功:군공】 전투에서 세운 공훈。武功『史記』有––者、各以率受上賞。
【軍官:군관】 ❶武官。❷將校의 통칭。❸《中》陸軍의 高級 副官。
【軍橋:군교】 군사상의 필요로 군대가 임시로 놓은 다리。 「놓은 구역。
【軍區:군구】 군사행정상의 필요로 갈라
【軍國:군국】 ❶ 현재 전쟁을 하고 있는 나라。『晉紀總論』籌畫––、嘉謀屢中。❷ 군사가 정치의 중심으로 된 나라。
【軍國機務處:군국기무처】 《制》李朝 高宗 三一년(一八九四) 清日戰爭이 일어난 직후에 日本의 강압으로 官制를 개혁할 때 만든 임시 관청。政治 軍事에 관한 일체의 사무를 管掌 決議하던 기관으로 甲午更張의 중추적 역할을 하였음。이듬해에 폐지함。
【軍國大事:군국대사】 군사상의 기밀과 국가에 관한 큰 일。
【軍國主義:군국주의】 나라의 政治 經濟·道德·敎育 등을 군사에 결부시켜 군비를 강대하게 하는 것이 나라를 흥하게 하는 근원이라 생각하며 국제간의 문제도 병력으로써 해결하려는 立場。
【軍窺:군규】 군사 관계를 엿봄。偵察。
【軍記:군기】 戰爭談을 쓴 책。 「律。
【軍紀:군기】 군대의 규율 또는 풍기。軍
【軍機:군기】 군사상의 비밀로서 함부로 드러내지 못할 중요한 일。『南史』顏竣出入臥內、斷決––。
【軍旗:군기】 軍의 부대 단위의 表章이 되는 旗。전쟁 때의 軍의 表徵이 되는 旗。곧 군대 최고의 정신적 상징으로 국가의 元首가 친히 下賜함。
【軍器:군기】 軍用의 器具。兵器。武器。『唐書』––出十。
【軍器庫:군기고】 兵器를 보관하여 두는 창고。 「어남。
【軍機漏泄:군기누설】 軍機가 새어 들
【軍紀嚴守:군기엄수】 軍紀를 엄중하게 지킴。 「하늘을 찌를 듯함。
【軍氣衝天:군기충천】 군대의 사기가
【軍團:군단】 《軍》師團과 軍과의 중간에 있는 軍隊編制。두 개 이상의 師團으로 편성됨。
【軍隊:군대】 일정한 규율 아래 조직 編

制된 將兵의 集團。兵隊。

【軍刀:군도】 군인이 차는 긴 칼。

【軍頭鐵:군두철】 크고 굵은 쇠고리。큰 材木을 山 같은 곳에서 운반할 때에 材木의 한 쪽 머리에 박고 거기에 줄을 매서 끌어 감。군두쇠。

【軍亂:군란】 군대가 일으킨 난리。軍擾。

【軍略:군략】 군사에 관한 계략。戰略。兵略。作戰 計劃。

【軍略上後退:군략상후퇴】 作戰상 뒤로 물러남。

【軍糧:군량】 군대에서 사용하는 양식。

【軍旅:군려】 ❶軍隊。軍勢。❷戰爭。

【軍慮:군려】 군사에 대한 心慮。

【軍令:군령】 ❶軍中 또는 陣中에서의 군사상의 명령이나 법령。『管子』作內政而寓ㅡㅡ焉。❷한 나라의 元首가 統帥權을 가지고 軍에 내리는 명령。

【軍令狀:군령장】 군령을 시행하는 명령장。

【軍禮:군례】 五禮의 한 가지。군사에 관한 儀式。『周禮』大宗伯之職、以ㅡㅡ同邦國。

【軍牢:군뢰】 군대에서 죄인을 다루던 병졸。곧 지금의 헌병。牢子。

【軍吏:군리】 군대에 속한 官吏。곧 文官。『史記』所賜金帛、盡以賜ㅡㅡ。

【軍馬:군마】 군사용의 말。『漢書』保養ㅡㅡ。

【軍幕:군막】 군대의 천막 따위。帳幕。

【軍帽:군모】 군대의 制帽。

【軍務:군무】 군사에 관한 사무。또는 職務。

【軍門:군문】 ❶軍營의 門。옛날 行軍 때 두 개의 旌(장목을 단 旗)을 세워서 門으로 한 데에서 나온 말。『左傳』晉甲趙穿當ㅡㅡ、呼曰。❷(制)明代의 統兵官、淸代의 提督의 尊稱。❸(天)별 이름。『晉書·天文志』土司空北二星曰ㅡㅡ。

【軍門梟首:군문효수】 죽은 죄수의 목을 베어서 軍門 앞에 매어 다는 것。

【軍物:군물】 군대에서 쓰는 무기·깃발 따위。

【軍民:군민】 군대와 민간。

【軍閥:군벌】 ❶군인의 파벌。『唐書』開元初錄ㅡㅡ。❷軍部를 배경으로 하거나 중심으로 한 정치적 黨派나 세력。

【軍閥政治:군벌정치】 어떤 군벌의 세력으로 행해지는 정치。

【軍法:군법】 ❶戰術。곧 전쟁의 방법。兵法。❷軍隊內의 規則。軍隊의 刑法。軍律。『漢書』蕭何頒律令、韓信申ㅡㅡ。

【軍法局:군법국】 (制)李朝末 軍部의 한 국。

【軍法會議:군법회의】 군율에 위반한 군인을 군법에 의하여 재판하는 기관。군인·군속에 대하여 행하는 것이 원칙이나 특수한 경우에는 민간인도 재판할 수 있는 권리를 가짐。軍事裁判。

【軍備擴張:군비확장】 국가의 위력을 보이기 위하여、군비를 늘이어 충실히 함。↕軍備縮少。

【軍使:군사】 交戰 중에 한 편의 군대에서 사명을 띠고 상대 편의 군대에 파견되는 使者。

【軍師:군사】 ❶전략을 세우는 사람。參謀。『後漢書』以韓韻爲ㅡㅡ。❷兵法에 대한 지식이 깊은 사람。❸무슨 일에 대해서도 策略에 능숙한 사람。策師。

【軍事:군사】 兵備 및 군대나 전쟁에 관한 일。『左傳』不在ㅡㅡ。

【軍事教育:군사교육】 군사상 필요한 사항의 교육。

【軍事基地:군사기지】 ❶군사 활동의 근거지。❷양쪽 나라의 협정에 의하여 일정한 기간、남의 나라의 한정된 지역에 군사 시설을 베푼 곳。

【軍事同盟:군사동맹】 두 나라 사이에 맺는 군사에 대한 동맹。

【軍事力:군사력】 군사적인 힘。

【軍司令官:군사령관】 한 군을 통솔지휘하는 將星。

【軍事負擔:군사부담】 軍需를 채우기 위해 국민이 재산의 제한을 받거나、그것을 내거나 또는 노력의 징발에 응하여야 하는 법률상 부담。

【軍事費:군사비】 軍費。

【軍事輸送:군사수송】 특별 열차로 군대나 군수품을 실어 보냄。

【軍事郵便:군사우편】 ❶군사에 관한 우편。❷군대·군함 따위의 전투에 종사하고 있는 이들에게 보내거나 오는 우편。

【軍事援助:군사원조】 군사에 관한 모든 것을 후원하여 도와줌。

【軍事裁判:군사재판】 군법회의로 하는 재판。

【軍事占領:군사점령】 다른 나라의 영토를 군사상 필요에 의하여 점령하는 일。

【軍事學:군사학】 군사상의 학리와 기술을 연구하는 학문。

【軍事行政:군사행정】 국가가 필요한 병력의 설비·편제 또는 확보와 교육 따위에 관한 육·해·공군의 일체의 행정。그 統帥의 편제 및 常備兵力의 결정은 國家元首 혹은 首相에 속하나、그 밖은 국방부에서 맡음。

【軍事訓練:군사훈련】 용감한 정신과 건전한 신체를 양성하기 위하여 전국민에게 군사 교육을 시키는 것。

【軍書:군서】 ❶군사상의 文書。『漢書』ㅡㅡ交馳而輻輳。❷전쟁에 관한 사실을 기록한 서적。

【軍船:군선】 =軍艦。

【軍勢:군세】 ❶군대의 人數。軍兵。❷군대의 세력。軍事力의 형세。兵威。『晉書』ㅡㅡ彌盛。

【軍屬:군속】 민간으로서 軍務에 종사하는 사람。

【軍需:군수】 군사상의 需要。또는 군사상에 필요한 物資。↕民需。『十六國春秋』以供ㅡㅡ。

【軍需工業:군수공업】 군수품을 만드는 공업。

【軍需米:군수미】 군량에 쓰는 쌀이나 곡식。

【軍需品:군수품】 군대에서 소용되는 물품。

【軍實:군실】 ❶兵器·軍糧·裝備 따위。❷軍人。❸軍事。❹전쟁에서 얻은 노획물。곧 戰利品과 捕虜。『左傳』齊侯祭社、蒐ㅡㅡ。『韋應物』伐鼓ㅡㅡ陳。

【軍樂:군악】 군대에서 연주하는 음악。

【軍樂隊:군악대】 軍樂을 맡아 연주하는 部隊。

【軍樂長:군악장】 軍樂隊長。軍樂隊의 樂長。

【軍額:군액】 군 인원의 수효。兵額。

【軍役:군역】 ❶전쟁 또는 征伐。❷軍隊의 服役。兵役。『戰國策』卽有ㅡㅡ。❸군사에 사용되는 人夫。

【軍營:군영】 ❶군인이 軍務를 위하여 있는 곳。❷軍隊가 규율 있게 주둔하는 곳。兵營。陣營。『盧綸』亂山臨野渡、落日照ㅡㅡ。

【軍伍:군오】 軍의 隊伍。軍隊。

【軍擾:군요】 =軍亂。

【軍容:군용】 ❶軍隊의 威容。武裝한 군대。❷行軍의 士氣紀律。『司馬法』ㅡㅡ不入國。『新書』士卒孰練也、ㅡㅡ孰整也。

【軍用:군용】 ❶군사 또는 군대에 所用되는 것。『左傳·註』。❷軍需 또는 軍資。『漢書』不加賦而ㅡㅡ給。

【軍用犬:군용견】 군대에서 군사용으로 키우는 개。

【軍用機:군용기】 =軍用飛行機。

【軍用浮橋:군용부교】 군대가 물을 건너려고 급히 야무지게 놓은 假橋。

【軍用飛行機:군용비행기】 각종 군무에 복무하는 비행기。

【軍用列車:군용열차】 군사 輸送에 쓰는 특별 운행하는 열차。

【軍用地:군용지】 군사에 쓰려고 정한

땅. 衞戍地 또는 駐屯地의 地域.

【軍用地圖:군용지도】 군사의 목적으로 특수하게 자세히 그린 지도.

【軍用品:군용품】 군대에서 쓰는 물건.

【軍郵:군우】 軍事郵便의 略語.

【軍援:군원】 軍事援助의 略語. 「력.

【軍威:군위】 군대의 위신. 또는 그 위

【軍尹:군윤】 《制》❶高麗의 九品의 첫째가던 鄕職. ❷泰封 나라의 甫尹 다음가는 벼슬.

【軍律:군율】 군대의 규율. 군인의 형벌에 관한 엄한 법률.

【軍律裁判:군율재판】 출정 중인 군대에서 軍律에 따라 행하는 재판. 「한 의논.

【軍議:군의】 군사상의 회의. 군사에 관

【軍醫:군의】 군인의 자격으로서 軍內의 醫療에 관한 일에 종사하는 醫務官.

【軍醫官:군의관】 군대에 딸리어 醫務를 맡은 장교.

【軍醫學校:군의학교】 軍醫를 양성 또는 재교육하기 위하여 그 候補生에게 필요한 고등학과와 기술을 교수 연습시키는 학교.

【軍人:군인】 ❶兵士. 軍士. 『左傳·註』其一一無復氣勢. ❷육해공군의 장병의 總稱.

【軍人政治:군인정치】 군인이 정권을 쥐고 하는 정치.

【軍資:군자】 ❶軍需 또는 軍費. 『後漢書』一一委輸, 前後不絕. ❷軍資金의 略語.

【軍資監:군자감】 《制》李朝 때 軍需品의 出納을 맡아 보던 관청.

【軍資金:군자금】 ❶軍事·戰爭 등에 필요한 자금. 軍用金. ❷사업의 계획에 필요한 자금.

【軍裝:군장】 군인의 복장. 군대의 장비.

【軍裁:군재】 군법 회의.

【軍籍:군적】 ❶군인으로서의 地位·身分. ❷군인의 住所·姓名 따위 신분에 관해서 기록한 장부. 兵籍. 『東觀漢記』按覆一一. 「❷군인이 곡식을 가꾸는 밭.

【軍田:군전】 《制》❶軍營에 딸렸던 밭.

【軍丁:군정】 《制》❶軍籍에 있는 지방의 壯丁. ❷公役에 종사하는 壯丁.

【軍情:군정】 군대의 情狀.

【軍政:군정】 ❶군사에 관한 行政 事務. 『後漢書』均量一一, 皆得事宜. ❷戰時 또는 事變 때에 군대의 힘에 의하여 행하는 정치. 「시대.

【軍政時代:군정시대】 군정을 베푸는

【軍情探査:군정탐사】 군정을 살피어 조사함.

【軍制:군제】 ❶군사에 관한 법규나 제도의 總稱. 兵制. 『五代史』創立一一. ❷軍費. 『晉書』百姓窮窘, 鬻子以充一一.

【軍卒:군졸】 =軍士.

【軍持:군지】 ❶깔때기. ❷《佛》千手觀音이나 중이 가진 물병. 『賈島』我有一一憑子弟.

【軍職:군직】 ❶군에 종속하는 관직. 『宋史』性貪鄙, 久任一一. ❷《制》李朝 때 五衞에 속한 上護軍·大護軍·護軍·副護軍·司直·副司直·司果·副司果·司正·副司正·司猛·副司猛·司勇·副司勇 등 西班 벼슬의 總稱. 軍銜.

【軍陣:군진】 ❶軍隊의 陣容. 『史記』畫地爲一一. ❷軍隊·軍營.

【軍縮:군축】 軍備縮小의 略語. 「略語.

【軍縮會議:군축회의】 軍備縮小會議의

【軍票:군표】 戰地에서 군대가 사용하는 어음. 軍用手票.

【軍學:군학】 兵法·兵學·軍事學 따위.

【軍銜:군함】 =軍職.

【軍艦:군함】 바다 싸움에 쓰는 큰 배. 전투함·항공모함·순양함 구축함·잠수함 따위 「어 두는 곳.

【軍艦碇繫所:군함정계소】 군함을 매거지로서의 특별한 설비가 있는 港灣.

【軍港:군항】 國防上 군함이나 함대의 근

【軍行:군행】 ❶軍隊의 行進. 또는 행동. ❷군대의 조직. 『左傳·昭·三』戎馬不駕, 卿無一一.

【軍餉米:군향미】 =軍糧.

【軍號:군호】 ❶《制》巡邏軍 사이에 서로 주고 받아 위험을 막는 암호. 날마다 申時에 入直한 兵曹 參議 參知의 한 사람이 三자 이내의 글을 密封하여 임금에게 드리고 裁可를 받아 이것을 비밀히 각 巡警隊에 알리어 주었음. ❷군대의 암호. 또는 신호. ❸서로 말짓이나 눈짓으로써 가만히 연락하는 것.

【軍靴:군화】 군인의 구두.

◎空一, 官一, 禁一, 大一, 三一, 水一, 友一, 遊一, 陸一, 義勇一, 將一, 敵一, 全一, 前一, 從一, 海一, 行一, 後一.

三畫

【軏】 (월) 月 ゲツ、よこがみ cross-bar of a carriage ㄩㄝ yüeh⁴

小篆 草書 멍에막이월(車轅耑持衡木.)

【釭】 (공)『釭』(金部 3畫)의 俗字

【軑】 ㊀(지) 霽 テイ、かりも ㊁(대) 泰 ironhoop of hub

小篆 草書 ㊀바퀴통 감기쇠지(輨也). ㊁땅이름대(地名).

【軒】 ㊀(헌) 元 ケン、のき eaves ㊁(헌) 願 ㄒㄩㄢ hsüan¹

小篆 草書 ㊀❶초헌헌(大夫車). 『左傳』鶴有一乘一者. ❷껄껄웃을헌(一渠笑貌). 『後漢書』一渠笑自若. ❸주적댈헌(自得貌). 『唐書』一一自得. ❹풍류틀헌(一縣樂設). 『周禮』諸侯一縣. ❺추녀끝헌(檐宇). 『魏都賦』周一中天. ㊁고기굵게저밀헌(肉膾巍切).

【軒擧:헌거】 높이 올라가는 모양. 『庾信』風神一一.

【軒渠:헌거】 웃는 形容. 『後漢書·薊子訓傳』兒識父母, 一一笑悅.

【軒頭:헌두】 추녀 끝. 軒端.

【軒燈:헌등】 처마에 다는 등.

【軒朗:헌랑】 활짝 트이고 시원스런 모양. 활짝 펴서 화창한 모양. 『歐陽玄』義闥一一. 「一一遡遙路.

【軒帆:헌범】 수레와 배. 舟車. 『謝惠連』

【軒數:헌수】 집 수효. 家數. 戶數.

【軒昂:헌앙】 ❶精力이 왕성한 모양. 『吳志』董卓受任無功, 而一一自高. ❷높이 오르는 모양. 『韓愈』崎嶇上一一. ❸사물의 세력이 성한 모양. 『韓愈』字向紙上皆一一.

【軒掖:헌액】 宮中. 宮禁. 禁裏. 『張九齡』一一殊淸秘.

【軒然:헌연】 뜻대로 되어 뽐내면서 웃는 모양. 『天祿外史』韓王一一仰笑.

【軒輊:헌지】 수레 앞이 높았다 낮았다 함. 높음과 낮음. 上下. 『詩經』戎車旣安, 如輕如軒. 《轉》優劣. 輕重

【軒特:헌특】 특히 높이 뛰어남. 『唐書·李栖筠傳』體貌一一.

【軒檻:헌함】 전넌방. 누각들에 대청 기둥 밖으로 돌아가며 놓은 좁은 마루.

【軒軒:헌헌】 ❶춤추는 모양. 『淮南子』一一然方迎風而舞. ❷自得한 모양. 『唐書』一一自得.

【軒軒丈夫:헌헌장부】 外貌가 俊秀하고 쾌활한 남자.

【軒號:헌호】 남의 당호의 尊稱.

【軒豁:헌활】 眺望이 널찍하게 툭 터져 있음. 『韓愈』乾端坤倪, 一一呈露.

【輴】(춘) 圓 チュン、ひつぎぐるま hearse
하관차 춘(下棺車)。

【軓】(범)『軬』(車部 2畫)과 같음

【軔】(인) 震 ジン とめぎ propping wood of wheel ㄖㄣˋ jen⁴
小篆 草書 ❶바퀴고임나무 인(止輪木礙車)。【楚辭】朝發－于天津。❷여덟자길이 인(中國尺、八尺)。【孟子 盡心上】掘井九－。
【軔車:인차】수레를 멈춤。轉 머물음。
『戰國·注』－－、謂止車也。

四 畫

【軖】(광) 陽 コウ、いとまき reeling instrument
小篆 ❶물레광(紡車)。❷동차 광(－－輪車)。

【軗】(수) 虞 シュ、くるまのひきざお pull a carriage
수레끌수(車引)。

【軘】(돈) 元 トン、へいしゃ (ward)chariot ㄊㄨㄣˊ t'uen²
小篆 草書 싸움수레돈(兵車)。【左傳】晉使－車逆之。

【較】(교)『較』(車部 6畫)와 같음

【軛】(액) 陌 ヤク、くびき yoke
草書 멍에액(轅端橫木駕馬領者)。【莊子】加之以衡－。(『軶』과 같음)

【軓】(반) 元 ハン、くるまのよこぎ top of a carriage
小篆 수레휘장반(車耳反出)。【應劭曰】車藩爲－以簟爲之或用革所以屛蔽塵泥也。

【軜】(납) 合 ドウ、うちたつな reins ㄋㄚˋ na⁴
小篆 草書 속고삐납(驂馬內轡繫軾前者)。【詩經】鋈以觼－。

【軝】(기) 支 キ、くるまのわ the hub of a wheel
小篆 或體 草書 수레굴통대기(車轂之旁出者)。【詩】約－錯衡。

【軞】(모) 豪 ボウ、くるま official carriage
모거모(公車)。【詩箋】公路主君之－車庶子爲之。

【軟】(연) 銑 ゼン、ナン、やわらか soft
草書 부드러울연、연할연(柔也)。(『輭』의 俗字)
【軟脚病:연각병】《醫》각기병。 비타민 B 부족으로 다리가 붓는 병。【韓愈】比得——往往而劇。
【軟膏:연고】《醫》膏藥의 한 가지。脂肪·脂肪油·라놀린·바셀린·蠟(납)·樹脂·고급 알코올 또는 이들의 혼합물을 基劑로 하여 약품을 섞어서 만든 半固形의 피부에 바르는 약。
【軟骨:연골】《生》물렁물렁하고 탄력성 있는 뼈。곧 관절의 양편 뼈와 콧마루·귓바퀴 등에 있는 뼈。《轉》의지가 약하여 무슨 일에 대해서도 반대를 못하는 사람。나이가 어린 사람。
【軟骨組織:연골조직】《生》세포 기질로 되어 연골을 이루고 있는 조직。
【軟球:연구】정구나 연식야구할 때에 쓰는 무른 고무공。
【軟禁:연금】정도가 너그러운 감금。신체적 자유는 구속하지 않고 다만 외부와의 연락을 허락하지 않고、어느 종류의 제한 또는 감시를 하는 일。
【軟豆:연두】연둣빛。「색갈。
【軟豆色:연두색】파랑과 노랑을 합친
【軟木:연목】연한 나무。 「한 문학。
【軟文學:연문학】主로 戀情을 主題로
【軟媚:연미】부드럽고 예쁨。【宣和畫譜】皆非優柔－－、取悅兒女子者。
【軟美:연미】연하고 맛이 좋음。【白居易】－－仇家酒。
【軟性:연성】무르고 연한 성질。↕硬性。
【軟性下疳:연성하감】《醫》깨끗하지 못한 성교로 인하여 음부에 생기는 성병의 한 가지。
【軟水:연수】석회나 기타 광물질이 들어 있지 않은 물。↕硬水。
【軟熟:연숙】약함。柔弱。軟弱。【宋史】世方嘉－－、而惡崢嶸。
【軟柹:연시】《國》흠뻑 익은 감。紅柹。
【軟式野球:연식야구】《運》고무로 만든 공을 사용하여 하는 야구。
【軟式庭球:연식정구】《運》고무로 만든 軟球를 사용하는 정구。↕硬式庭球。
【軟弱:연약】연하고 약함。몸과 마음이 잔약함。【劉琨】沓余－－、弗克負荷。
【軟語:연어】부드러운 말。상냥한 말。
【軟玉色:연옥색】엷은 옥색。
【軟餌:연이】익혀 부드럽게 한 모이。
【軟堤揷杙:연제삽익】《國》무른 방죽에 말뚝 박기。《喩》약한 사람을 침해함을 이름。
【軟條:연조】《語》여린 줄기。
【軟地揷抹:연지삽말】무른 땅에 말뚝을 박는다는 뜻으로 인하기에 매우 쉬움을 일컫는 말。
【軟質米:연질미】물기가 十五% 이상 포함되어 질이 변하기 쉬운 玄米。우리 나라에서는 日射 관계로 북부에 많이 남。
【軟鐵:연철】탄소 함유량이 百分之一 보다 적은 쇠。
【軟鐵棒:연철봉】연철로 된 몽둥이。이에 絕銅線緣을 감아 전자석을 만들음。
【軟體:연체】❶연하고 무른 체질。❷말랑말랑한 형체。
【軟體動物:연체동물】《生》動物界를 분류한 부문의 한 가지。몸에 뼈가 없고 체질이 부드러운 동물의 總稱。문어·조개 따위。
【軟打:연타】《運》야구에서 타자가 주자로 하여금 전진할 수 있도록、공을 가까운 거리에 떨어지게 가만히 치는 일。
【軟派:연파】❶강경하지 않은 의견이나 주장을 가진 당파。❷신문·잡지 등에서 남녀간의 애정 관계의 사실이나 그러한 文學 방면을 담당한 記者의 무리。❸主로 異性간의 교제를 목적으로 하는 不良한 젊은 남녀。↕硬派。
【軟風:연풍】솔솔 불어 촉감이 부드러운 바람。微風。【溫庭筠】－－吹春星斗稀。《轉》元氣가 없는 것。意氣가 오르지 아니함。
【軟化:연화】❶단단한 것이 부드럽게 됨。❷굳세던 태도나 주장을 부드럽게 함。
【軟滑:연활】여리고 부드러움。부드럽고 매끄러움。【齊民要術】津汁－－、無物能比。◎硬－、柔－。

【軡】(금) 侵 キン、くるま carriage
❶새수레금(新車)。❷땅이름금(地名)。

【軣】(굉)『轟』(車部 14畫)의 略字

五 畫

【軧】(저) 薺 チ、くるまのあとさお the rear part of a carriage ㄉㄧˇ ti³
小篆 수레뒤채저(大車後)。

【軥】㊀(구)虞 ク、コウ、くびき yoke ㄑㄩˊ chü² ㊁(구)尤
軥 小篆 軥 草書 ㊀멍에 구(車軛兩邊叉馬頸者)。〔左傳〕射兩ー而還。㊁❶쇠멍에구(ー牛)。〔漢書〕乘不過ー牛。❷수레이름구(夏后車名)。

【軦】(황) 漾 キョウ、むし worm
벌레이름황(蟲名黃ー)。

【軨】(령) 靑 レイ、れんじ railing of a waggon ㄌㄧㄥˊ ling²
軨 小篆 轜 或體 軨 草書 ❶사냥수레 령(獵車)。〔漢書〕ー車奉迎曾孫。❷수레난간령(車欄)。❸짐승이름령(獸名ーー)。
【軨車:영거】 사냥용의 수레。
【軨軒:영헌】 수레의 창。『揚雄』據ーー而周流。

【軪】(요) 肴 ヨウ、くるまのおと sound of a carriage ㄓㄣˇ chen³
수레소리요(車聲)。

【軫】(진) 軫 シン、いたむ painful
軫 小篆 軫 草書 ❶수레 뒤턱나무진(車後橫木)。〔周禮〕加ー與轐。❷구를진(動轉)。〔太玄經〕ー轉其道。❸길꼬불통꼬불통할 진(地形盤曲貌)。〔後漢書〕路紆ー而多艱。❹수레많을진(車多貌)。〔淮南子 兵略訓〕士卒殷ー。❺아플진(痛也)。❻움직일진(動也)。❼별이름진(宿名二十八宿一)。
【軫念:진념】 ❶임금의 마음。또는 임금의 마음을 상하게 하여 줌。『徐陵』ーー過曹、猶感盤飧之惠。❷귀한 사람이 아랫사람의 형편을 살펴 줌。
【軫悼:진도】 임금이 슬퍼하며 애석하게 여김。『宋史』眞宗ーー、贈兵部尙書。
【軫石:진석】 네모진 돌。四角石。
【軫軫:진진】 사물이 왕성한 모양。『揚雄』殷殷ーー。
【軫懷:진회】 염려함。걱정함。마음 아프게 여김。『楚辭』出國門而ーー。
【軫恤:진휼】 불쌍하고 가련하게 여김。가엾이 여겨 동정함。憐憫。『張衡』顧眄ーー。

【軬】(반) 阮 ハン、おおい cover of a waggon
軬 草書 수레뜸 반(車上篷)。

【軮】(앙) 養 オウ、かぎりない boundless
軮 草書 펀할앙(ー軋無涯際)。〔甘泉賦〕忽ー軋而無垠。
【軮軋:앙알】 ❶수레가 삐걱거리는 소리。『廣韻』軮、ーー、聲也。❷멀리 서로 비치는 모양。『集韻』軮、ーー、遠相映貌。❸廣大하여 끝이 없는 모양。『揚雄·注』善曰、ーー、廣大貌也。

【軯】(팽) 庚 ホウ、ヒョウ、おと sound of waggon ㄆㄥ p'êng¹
軯 草書 ❶수레가는소리팽(車行聲)。❷쇠북 소리팽(鐘鼓聲)。〔東京賦〕ー磕隱訇。❸우뢰소리팽(雷聲)。

【軰】(배)『輩』(車部 8畫)의 俗字

【軱】(고) 虞 コ、おおぼね big bone ㄍㄨ ku¹
軱 草書 큰뼈고(大骨)。〔莊子〕技經肯綮之未嘗而況大ー乎。

【軳】(포) 肴 ホウ、もとる return
돌아올포(戾也)。

【軳】(류) 有 リュウ、ひつぎぐるま hearse
관싣는수레류(載柩車)。

【軲】(고) 虞 コウ、くるま carriage ㄍㄨ ku¹
수레고(車也)。

【軵】(용) 腫 ジョウ、くるま light waggon
軵 小篆 軵 草書 가벼운수레용(輕車)。〔漢書〕再三發ー。

【軶】(액) 陌 アク、くびき yoke ㄜˋ ê⁴
軶 小篆 멍에액(轅端橫木駕馬領者)。〔莊子〕加之以衡ー。

軛 (名物圖)

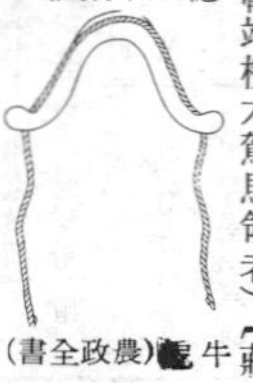

牛軛 (農政全書)

【軷】(발) 曷 ハツ、まつり religious service
軷 小篆 軷 草書 노제발(將出道祭)。〔詩〕取羝以ー。
【軷壤:발양】 옛날 道路神을 제사 지내기 위하여 만든 壇。큰 대문 밖에 壇을 쌓고 神主를 모셔다가 제사 지냈음。
【軷祭:발제】 길제사。길을 떠날 때에 道路神에게 올리는 제사。『梁簡文帝』ーー逐前師。

【軸】(축) 屋 ジク、よこがみ axle ㄓㄨˊ chu²
軸 小篆 軸 草書 ❶바디집축(杼ー、織具)。〔詩〕杼ー其空。❷질책축(卷ー書帙)。〔韓愈詩〕揷架三萬ー。❸속바퀴축(轂乎)。❹앓을축(病也)。〔詩經 衞風考槃〕碩人之ー。❺중요할축(中心樞要)。

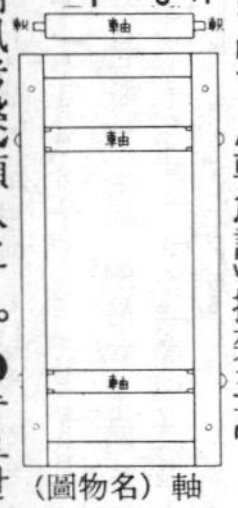

軸 (名物圖)

【軸頭:축두】 詩軸이나 橫軸 따위의 첫머리에 쓰는 시·글씨·그림의 일컬음。
【軸索突起:축색돌기】 神經細胞가 가진 두 가지의 돌기 가운데 홍분을 遠心的으로 傳導하는 구실을 하는 것。→神經纖維。
◎卷ー、重ー、地ー、車ー。

【軵】(년) 銑 デン、くるまにひかれる be run over by a carriage
軵 小篆 수레에깔릴년(轢也)。

【軹】(지) 紙 シ、じくがしら end of an axle ㄓˇ chih³
軹 小篆 軹 草書 ❶굴대끝지(轂末頭)。〔周禮〕祭兩ー。❷고을이름지(縣名)。
【軹道:지도】 《歷》땅 이름。陝西省 咸陽縣의 東北에 있음。秦王 子嬰(始皇帝의 孫)이 漢의 高祖에게 항복한 곳。일명 枳道。

【軺】(초) 蕭 チョウ、ショウ、おぐるま small cab ㄧㄠˊ yao² (本音은 「소」)
軺 小篆 軺 草書 ❶동차초(小車)。〔漢書〕通知逸經古記者駕一封ー詣京師。❷초헌초(ー軒 四向遠望車)。
【軺車:초거】 ❶馬車。한 마리의 말이 끄는 가볍고 작은 수레。〔註〕ーー謂輕車、一馬車也、❷動車。四方을 멀리 바라 보는 수레。유람차。
【軺傳:초전】 경쾌한 驛馬車。『漢書』駕一封ーー、遣詣京師。

【軻】(가) 歌 カ、じく shaft
軻 小篆 軻 草書 ❶기험할가(轗ー不遇)。〔楚辭〕轗ー留滯。❷굴대

가(車軸)。❸맹자이름 가(孟子名)。❹높을가(ㅣ峨)。❺사람이름가(荆ㅣ)。

【軻峨:가아】 높은 모양。『陸游』ㅣㅣ大艑望如豆。

【軼】 ㊀(질)質 ㊁(절)屑 イツ、テツ、すぎる rush forth 一ˋ i⁴

小篆 草書 ㊀❶지나칠질(過突)。【後漢書】ㅣ范蠡之絕迹。❷범할질(侵也)。❸빠질 질(陷也)。【史記 伯夷傳】睹ㅣ詩。㊁❶마주칠절(車相過侵突)。【左傳】懼其侵ㅣ我也。❷서로절(相互)。【史記 封禪書】ㅣ興ㅣ廢。❸바퀴절(轍也)。

【軼倫:질륜】 보통보다 뛰어남。逸倫。

【軼事:질사】 세상에 알려지지 않은 사실。逸事。『史記』至其書、世多有之、是以不論、論其ㅣㅣ。

【軼詩:질시】 現存한 詩經 속에 수록되어 있지 않은 詩。逸詩。『史記』覩ㅣㅣ可異焉。

【軼材:질재】 뛰어난 일 솜씨。훌륭한 바탕。逸材。『漢書』王褒有ㅣㅣ。

【軼蕩:질탕】 매우 방자하고 방탕한 것。佚蕩。

【輊】 (경)『輕』(車部 7畫)의 俗字

六畫

【軾】 (식) 職 シキ、ショク、しよく stretcher in a sendanchair 𠃊ˋ shih⁴

小篆 草書 ❶수레앞가로막이나무식(車前橫木可憑)。【後漢書】ㅣ輅馬。❷수레안에서 절할식(車中橫木伏敬禮行)。【十八史略 春秋戰國魏】過段干木之閭必ㅣ。

【輧】 (병)『軿』(車部 8畫)의 俗字

【輀】 (이) 支 ジ、ひつぎぐるま hearse ㄦˊ êrh²

小篆 小篆 상여이、행상이(喪車)。

【輀丁:이정】 喪輿軍。

【輁】 (공) 冬 キョウ、ひつぎささえ propping a coffin

草書 관괴임공(所以支棺)。

【輁軸:공추】 棺을 얹어 나를 때 쓰이는 수레。寢床 비슷함。

(圖物名) 軸 輁

【輂】 (국) 沃 キョク、くるま coach ㄐㄩˊ chü²

小篆 草書 ❶마차국(大車駕馬)。【周禮】治其徒役與其ㅣ輦。❷들것국(舉土器)。【漢書】陳畚ㅣ。

【輇】 (조) 蕭 チョウ、うすい thin

엷을조(薄也)。

【較】 ㊀(각)覺 ㊁(교)效 カク、コウ、くらべる compare ㄐㄧㄠˋ chiao⁴

草書 ㊀❶수레귀각(車耳車上曲銅)。【詩】猗重ㅣ兮。❷밝을각(ㅣ然明也)。【漢書】ㅣ然甚明。❸대강각(大ㅣ略也)。【杜甫詩】春寒花ㅣ遲。❹다툴각(獵ㅣ競也)。【孟子】魯人獵ㅣ。㊁비교할교(比ㅣ相角不等)。【近思錄致知】持權衡以ㅣ輕重。(『校』와 같음)

【較略:교략】 대개。줄거리。

【較量:교량】 견주어 헤아림。

【較然:교연】 뚜렷이 드러난 모양。명백히 나타난 모양。

【較藝:교예】 才藝의 낫고 못함을 비교함。

【較著:교저】 명백하고 뚜렷이 나타남。『史記』此其尤大彰明ㅣㅣ者也。◎比ㅣ。

【輆】 (계) 齊 ケイ、とどこおる hesitate

小篆 거리낄계(礙也)。

【輅】 ㊀(로)遇 ㊁(핵)陌 ロ、カク、くるま Imperial carriage ㄌㄨˋ lu⁴

小篆 草書 ㊀❶옥로차로(玉ㅣ天子車)。❷큰수레로(大車)。【論語 顏淵】乘殷之ㅣ。㊁❶수레앞가로막이나무핵(車前橫木)。【史記】脫輓ㅣ。❷맞을핵(迎也)。【左傳 僖公十五年】ㅣ秦伯。

【輅馬:노마】 커다란 말。임금이 타는 말。路馬。

【輇】 (전) 先 セン、はかる estimate the quantity ㄑㄩㄢˊ ch'üan²

小篆 草書 ❶달전(量人物)。【莊子】ㅣ才諷說之徒。❷행상전(柩車)。(『詮』과 같음)

【輇才:전재】 잔 꾀。또는 인물을 달아 비교함。小才。『莊子』ㅣㅣ諷說之從。

【載】 ㊀(재)隊 ㊁(재)賄 サイ、のせる load; record ㄗㄞˋ tsai⁴

小篆 草書 ㊀❶실을재(乘也)。【易】大車以ㅣ。❷이길재(勝也)。【易】君子以厚德ㅣ物。❸비롯할재(始也)。【詩】春日ㅣ陽。❹일재(事也)。【書】有能奮庸熙帝之ㅣ。❺가득할재(滿也)。【詩】厥聲ㅣ路。❻운전할재(運也)。【詩】其車旣ㅣ。❼어조사재(語助辭)。【詩】ㅣ戢干戈。❽받을재(受也)。【中庸】君子語大天下莫能ㅣ焉。❾쓸재(記也)。【左傳 僖公二十六年】ㅣ在盟府。❿곧재(則也)。【詩經 小雅四月】相彼泉水ㅣ淸ㅣ濁。㊁해재(年也)。【書經 堯典】朕在位七十ㅣ。

【載書:재서】 列國이 盟約을 한 사실을 기록한 文書。誓約書。『左傳』晉子·莊子爲ㅣㅣ。

【載送:재송】 차나 배로 물건을 실어 보냄。↕裝發。

【載陽:재양】 ❶비단에 풀을 먹여서 반반하게 펴서 말리는 일。❷절기가 비로소 따뜻해짐。

【載積:재적】 실어 쌓음。

【載籍:재적】 書籍。圖書。『史記·伯夷傳』夫學者ㅣㅣ極博、猶考信於六藝。

【載酒問字:재주문자】 酒肴를 싣고 遊學함。《轉》勸學 好問의 말。『漢書·揚雄傳』。

【載筆:재필】 ❶붓을 가지고 감。❷기록함。文章을 지음。◎揭ㅣ、記ㅣ、登ㅣ、滿ㅣ、覆ㅣ、收ㅣ、連、積ㅣ、轉ㅣ、艦ㅣ。

【輈】 (주) 尤 チュウ、ながえ shafts of a carriage ㄓㄡ chou¹

小篆 籀文 草書 ❶수레채주(車轅)。【詩】五楘梁ㅣ。❷발칙할주(ㅣ張强梁貌)。【後漢書】汝今ㅣ張怙汝兄耶。

(三才圖會) 輈

(考工記圖) 輈

【輈張:주장】 ❶강한 모양。『後漢書』汝今ㅣㅣ、怙汝兄乎。❷놀라 겁먹은 모양。❸발칙한 모양。

【輊】(지) 寘 チ、くるま a kind of carriage ㄓˋ chih^4
草書 앞낮은수레지(車前低也)。〔詩經 小雅六月〕如—如軒。

【軡】(간)(알)『斡』(斗部10畫)과 같음

七畫

【輌】(전) 先 テン、くるまのおと sound of waggon
草書 수레모는소리전(車聲)。〔魏都賦〕振旅——。

【𨋢】(전) 先 テン、よろこびうごく move gladly
草書 기꺼워 움직일전(喜動貌)。〔呂氏春秋〕天子——殷殷、莫不載悅。

【輐】(완) 翰 カン、まるくする make round
草書 둥굴릴완(刓去圭角)。
【輐斷:완단】 行刑。一說에는 圭角을 없애고 둥글게 함。〔莊子〕椎拍——。

【輑】(균) 眞 キン、くるまのじく hub
小篆 굴통대균(車軸相連)。〔方言〕—謂之軸。

【輒】(첩) 葉 チョウ、すなわち every time ㄓㄜˊ chê^2
小篆 草書 ❶번번이 첩(每事即然)。〔史記 文帝紀〕有不便！弛利民。❷문득첩(忽然)。❸수레에 병장기꽂는틀첩(車兩輢)。❹발병날첩(足疾)。〔春秋〕盜殺衛侯之兄—。❺오로지첩(專也)。❻똑바로 설첩(直立不動)。〔莊子 達生〕—然忘吾有四肢形體也。
【輒然:첩연】 ❶꼿꼿하게 서서 움직이지 않는 모양。〔莊子〕——忘吾有四肢形體也。❷곧。即刻。

【輓】(만) 阮 バン、ひく pull a waggon ㄨㄢˇ wan^3
小篆 草書 ❶수레끌만(引車)。〔周禮〕輦車組—。〔左傳〕我—之。❷애도할만(哀悼)。(『挽』과 통함)
【輓歌:만가】 ❶상여를 메고 갈 때 부르는 노래。〔摯虞〕——因倡和、而爲摧愴之聲。❷죽은 사람을 哀悼하는 노래。挽歌。
【輓車:만거】 끄는 수레。수레를 끎。
【輓近:만근】 近世。最近。〔史記〕——世塗民耳目。
【輓近之來:만근지래】 몇 해 전으로부터 지금까지 계속하는 상태。
【輓詞:만사】 죽은 이를 슬퍼하여 지은 「글」。
【輓章:만장】 죽은 이를 슬퍼하여 지은 글。장사 때 비단 또는 헝겊에 적어서 기를 만들어 상여 뒤를 따름。輓詩·輓詞。
【輓舟:만주】 끄는 배。배를 끎。〔范成大〕輓輿如——、絕叫斷雙 。
【輓推:만추】 ❶끌음과 밀음。❷사람을 끌어 올려 씀。推輓。「비슷한 農具。
【輓把:만파】 논밭을 고르게 하는 갈퀴

【輔】(보) 麌 ホ、フ、ほおぼね cheekbone ㄈㄨˇ fu^3
小篆 草書 ❶수레덧방나무 보(兩旁夾車木)。〔詩〕無棄爾—。❷광대뼈보(頰骨)。〔易〕咸其—頰舌。❸도울보(弼也、助也)。〔易〕—相天地之宜。
【輔車相衣:보거상의】 서로 도와서 의지함。輔는 수레의 덧방 나무、車는 바퀴를 뜻한 말로 서로 떠날 수 없는 깊은 관계를 일컬음。〔左傳·僖·五〕。
【輔國:보국】 ❶나라 일을 도움。❷輔國崇祿大夫의 略語。
【輔國安民:보국안민】 나라를 돕고 국민을 편안하게 함。
【輔導:보도】 =輔翼。〔漢書〕武陽殷勤、「——副君。
【輔相:보상】 ❶도와 줌。〔易經〕——天地之宜。❷大臣。宰相。
【輔成:보성】 도와서 成事시킴。
【輔翼:보익】 도와서 좋은 데로 인도함。輔導。〔史記〕——武王。
【輔仁:보인】 친밀한 벗끼리 서로 도와서 仁德을 닦음。〔論語〕以文會友、以友—仁。
【輔佐人:보좌인】 ❶보좌하는 사람。❷(法) 민사 소송에 있어서 당사자 또는 소송 대리인과 더불어 기일에 출석하여 그 진술을 보충하는 사람。
【輔幣:보폐】 本位 화폐의 보조로서 少額의 거래에 사용하는 법정 화폐。본위화폐보다 싼 값의 금속을 사용함。銀貨·白銅貨같은 것。補助貨幣。
【輔弼:보필】 天下의 政事를 도움。(轉)宰相。〔漢書〕不建——之臣。
【輔弼之才:보필지재】 보필할 만한 재능。또는 그런 사람。
【輔行:보행】 도와서 일을 행함。또는 그 사람。〔孟子〕王使蓋大夫王驩爲——。

【輗】(묘) 效 ボウ、くるまをひく pull a carriage
차끌묘(引車)。

【輕】(경) 庚 ケイ、かるい light ㄑㄧㄥ ch'ing^1
小篆 草書 ❶가벼울경(不重)。〔左傳〕秦師—而無禮。❷천할경(賤也)。〔裴度詩〕恩深命轉—。❸빠를경(疾也)。❹업신여길경(侮也)。〔史記 孔子世家〕陽虎由此益—季氏。
【輕勘:경감】 죄인을 가볍게 처분함。〔漢書〕議律令可蠲除——者條奏。
【輕減:경감】 덜어 가볍게 함。
【輕車:경거】 ❶가볍고 빨리 달리는 수레。❷옛날의 戰車。
【輕擧:경거】 ❶경솔하게 일을 함。경박하게 행동을 함。❷가볍게 오름。〔陸機〕——乘紫霞。
【輕擧妄動:경거망동】 가볍고 분수 없이 행동함。道理나 사정을 생각하지 아니하고 경솔하게 행동함。
【輕車熟路:경거숙로】 경쾌한 수레를 타고 익숙한 길을 감。(轉)일에 숙달되어 조금도 막힘이 없는 모양。〔韓愈〕若駟馬駕輕車、就熟路、而王良·造父爲之先後也。
【輕輕:경경】 아주 경솔함。업신여기는 「모양。
【輕繫:경계】 가벼운 죄로 옥에 갇혀 있는 죄수。
【輕工業:경공업】 일상 생활에 쓰이는 필수품을 생산하는 공업。섬유·화학·식료품·고무·皮革공업 따위。↔重工業。
【輕口:경구】 ❶유모어가 있고 표현이 輕妙한 이야기。❷입이 가벼운 것。수다장이。비밀 따위를 참지 못하고 함부로 말을 하는 것。
【輕裘:경구】 가벼운 가죽 옷。〔論語〕願車馬衣——、與朋友共敝之、而無憾。
【輕金屬:경금속】 比重이 千 이하의 금속의 總稱。알루미늄·마그네슘·알칼리금속 따위。↔重金屬。
【輕機:경기】 경기관총의 略語。
【輕氣球:경기구】 고무액을 발라 공기가 통하지 않는 絹製의 큰 주머니에 水素와 같이 공기보다 가벼운 氣體를 넣어서 공중에 높이 올리는 것。氣球。
【輕騎兵:경기병】 가볍게 장비한 騎兵。
【輕諾:경낙】 쉽게 승낙함。가볍게 허락함。

【輕暖:경난】 가볍고 따뜻한 衣服。「身。
【輕單:경단】 몸 가볍고 單身인 것。 輕
【輕羅:경라】 엷은 비단。 【鮑照】——含夕煙。 「『史記』——淺謀。
【輕慮:경려】 천박한 생각。 경솔한 생각。
【輕慢:경만】 =輕侮。 『顔氏家訓』凌忽長者、——同列。 「정맞음。
【輕妄:경망】 말이나 행동이 경솔함。 방
【輕蔑:경멸】 깔보고 업신여김。 ↕尊敬。 『蘇軾』矜己自聖、——臣下。
【輕侮:경모】 가볍게 보고 업신여김。 輕慢。 『後漢書』——道術。
【輕妙:경묘】 경쾌한 속에 유모어가 있는 것。 『邊讓』美繁手之——兮。
【輕微:경미】 아주 조금。 些少。 『漢書』——易臧。
【輕薄:경박】 ❶침착하지 못함。 경솔함。 『後漢書』效季良不得、陷爲天下——子。 ❷겉치레 뿐이고 성실성이 없음。 ❸행동이 경솔하고 생각이 천박함。
【輕薄子:경박자】 인정이 박하고 경솔한 사람。 言行이 방자하고 진실성이 없는 사람。
【輕帆:경범】 가볍게 뜨는 범선。 輕舟。
【輕犯罪法:경범죄법】 《法》비교적 가벼운 범죄나 일상 생활에 나타나는 反道義的인 침해 행위에 대한 처벌을 규정한 법률。 주로 拘留와 科料刑임。
【輕罰:경벌】 가벼운 刑罰。
【輕邊:경변】 싼 변리。
【輕兵:경병】 홀가분하게 차린 兵士。 가볍게 몸차림한 兵士。 輕卒。 「輕佻浮薄。
【輕浮:경부】 경솔하고 침착성이 없음。
【輕傷:경상】 가벼운 상처。 ↕重傷。
【輕先:경선】 까불까불 앞질러 하는 버릇이 있음。 「첨을 잘함。
【輕儇:경선】 경망스러운 언행으로써 아
【輕少:경소】 작음。 些少。 僅少。

【輕率:경솔】 언행이 무게 없이 가벼움。 『北史』公位冠群后、何——若是。
【輕視:경시】 가볍게 봄。 넘봄。 깔봄。
【輕颸:경시】 가볍고 서늘한 바람。 『朱嘉』疎樹含——。 「게 믿음。
【輕信:경신】 경솔하게 신용함。 경박하
【輕軟:경연】 가볍고 부드러움。
【輕銳:경예】 몸이 가볍고 날래며 예리함。 또는 그러한 兵士。 輕裝한 精銳의 兵卒。 『戰國策』趙王出——、以冠其後。
【輕擾:경요】 침착성이 없고 소란스러움。
【輕辱:경욕】 업신여겨 모욕을 줌。
【輕油:경유】 《鑛》石油의 한 가지。 石油 콜타르를 분류할 때에 최초로 얻어지는 기름。 발동기용의 燃料로 쓰임。
【輕音樂:경음악】 오락을 목적으로 하는 가벼운 통속적인 대중 음악。
【輕衣:경의】 ❶간단히 차린 입음새。 ❷가벼운 비단 옷。
【輕易:경이】 ❶매우 손쉬움。 ❷=輕侮。 『史記』貧賤則——之。
【輕裝:경장】 가벼운 服裝。 홀가분한 몸차림。 『梁書』——赴南兗州。
【輕敵:경적】 ❶하찮은 적。 ❷적을 깔봄。
【輕敵必敗:경적필패】 적을 업신여기면 반드시 실패함。
【輕典:경전】 가벼운 규칙。 엄격하지 않은 법률。 『周禮』。
【輕箭:경전】 무게가 가벼운 화살。
【輕艇:경정】 경쾌한 배。
【輕燥:경조】 가볍고 물기가 없음。
【輕躁:경조】 경솔하고 수선스러움。 침착성이 없음。 『魏志』——忿肆、自蹈大禍。
【輕佻:경조】 말과 행동이 가볍고 신중하지 못함。 輕窕。 『尉繚子』民有——、則欲心生、爭奪之患起焉。
【輕佻浮薄:경조부박】 신중성이 없이 경솔하고 천박한 것。
【輕罪:경죄】 가벼운 죄。 ↕重罪。

【輕舟:경주】 가볍게 떠 가는 작은 배。 『常建』一身爲——、落日西山際。
【輕儁:경준】 재주가 뛰어나고 민첩함。
【輕重:경중】 ❶가볍고 무거움。 『孟子』權然後知——。 ❷큰 일과 작은 일。 『韓愈』豈不眞知——大丈夫哉。 ❸무게。 重量。 ❹무게를 달음。
【輕症:경증】 가벼운 병증。
【輕捷:경첩】 몸이 가볍고 날램。 敏捷。 『宋史』——善鬪。
【輕快:경쾌】 ❶가뜬하고 유쾌한 것。 『王世貞』步驟未熟、時見——。 ❷가볍고 속력이 빠른 것。 ❸病勢가 조금 나아짐。
【輕脫:경탈】 경솔함。 장중하지 못함。 輕忽。
【輕便:경편】 ❶가뜬하고 편리함。 ❷손쉬움。 몸이 가벼움。 『後漢書』騎——者、言飛燕。 「重砲。
【輕砲:경포】 작은 대포의 한 가지。 ↕
【輕爆擊機:경폭격기】 비교적 무게가 가볍고 폭탄의 적재량이나 행동 半徑이 작은 폭격기。
【輕剽:경표】 ❶가볍고 경쾌한 모양。 ❷일정한 직업과 거처 없이 남을 위협하여 노략질하는 것。 또는 그 사람。 『蘇軾』妄庸——。
【輕風:경풍】 솔솔 부는 가벼운 바람。 微風。 『杜甫』——生浪遲。
【輕寒:경한】 조금 추움。 또는 그 추위。 『錢起』——不入宮中樹。
【輕合金:경합금】 비중이 적고 腐蝕이 잘 안 되며、기계 용재로서 합금。 듀렐류민、엘렉트론 따위。
【輕刑:경형】 죄를 가볍게 함。 또는 가벼운 형벌。 輕罪。 『魏文帝』廣議——、以惠百姓。
【輕忽:경홀】 경솔하고 소홀함。

【塹】 (참)→土部11畫

八畫

【輖】 (주) 尤 シュウ、ひくい low ㄓㄡ chou^{1}
小篆 草書 ❶낮을주(低也)。 『儀禮』乘軒—中。 ❷짐무거울주(重載)。

【輗】 (예) 齊 ゲイ、たがえのはし a side of shaft ㄋㄧˊ ni^{2}
小篆 或體 或體 草書 수레채 마구리 예(轅端持衡者)。 『論語』大車無—。

【輘】 (릉) 蒸 リョウ、ふみにじる trample down ㄌㄧㄥˊ ling^{2}
草書 ❶짓밟힐릉、치일릉(—轢踐踏)。 『漢書』—轢公室。 ❷수레모는 소리릉(—輷車聲)。
【輘轢:능력】 수레바퀴에 치임。 또는 짓밟힘。 『漢書』——宗室、侵犯骨肉。

【輙】 (첩) 『輒』(車部7畫)의 俗字

【輚】 (잔) 潸 サン、ねぐるま berth carriage
草書 ❶잔락차잔(—輅臥車)。 『西都賦』乘—輅。 ❷싸움수레잔(兵車)。 (『轏』과 같음)

【輛】 (량) 漾 リョウ、くるまのかず number of waggon
草書 ❶백수레량(百乘)。 『詩經』百兩御之。 ❷수레수효량(車數詞)。 (『兩』과 통함)

【輹】 (복) 屋 フク、くるまのはこ box of waggon
小篆 수레상자 복(車笭間皮篋盛弩者)。 『西京賦』—弩重旃。

【䡠】(쟁) 庚 ソウ、くるまのおと sound of a carriage
수레소리쟁(車聲)。

【輐】(원) 阮 エン、くるまのうしろおさえ (of a carriage) incline to rear
小篆 차뒤로숙을원(車後壓)。

【輜】(치) 寘 シ、にぐるま freight waggon
小篆 草書 ❶짐수레치(載衣物車)。【漢書 韓安國傳】擊ー重。❷휘장친수레치(覆車)。【後漢書 桓榮傳】榮爲太子少傅、詔賜ー車。

【輜車:치거】❶戰時 또는 平時에 쓰는 짐차。【史記】載以ーー。❷포장 마차。

【輜重:치중】❶나그네 짐。(輜는 衣車、重은 무거운 짐을 실은 수레)。【老子】君子終日行、不離ーー。❷軍隊에서 옮겨가는 모든 군수품。【史記·淮陰侯傳】。

【輜重隊:치중대】치중병으로 편성된 군대。高宗 三二년에 처음으로 베풀어서 隆熙 二년에 폐하였음。

【輜重兵:치중병】군수품을 나르는 군사。

【暈】(국) 沃 キョク、くびき straight-yoked carriage
小篆 ❶곧은 멍에의 수레국(直轅車)。❷흙 싣는 수레국(土轝)。

【輝】(휘) 微 キ、かがやき brightness ㄏㄨㄟ huei^{1}
草書 빛날휘(光也)。【古詩 傷歌行】昭昭素明月ー光燭我牀。

【輝光:휘광】빛이 남。비치는 빛。【易經】剛健篤實、ーー日新其德。

【輝銅鑛:휘동광】黃化銅으로 된 중요한 銅鑛의 한 가지。

【輝石:휘석】《鑛》알미늄과 火成岩의 성분을 가진 중요한 광석。전에는 玉이라고 해서 珍貴하게 여겼음。

【輝線:휘선】스펙트럼에 나타나는 氣體元素에 서나는 밝은 빛의 선。

【輝巖:휘암】輝石의 작은 것으로 된 바위。

【輝映:휘영】밝게 비침。【拾遺記】ーー華之ーー一堂。

【輝耀:휘요】밝게 빛남。【晏殊】可繼重ーー。

【輝煌:휘황】광채가 눈부시게 빛남。【曹植】花燭步張、ーー皎若。◎光ー。

【輞】(망) 養 モウ、そとわ rim of a wheel ㄨㄤˇ wang^{3}
草書 ❶덧바퀴망、바퀴테망(車輪外匡)。【後漢書】天子獵車重ー。❷내이름망(川名)。

【輞川:망천】《地》江 이름。中國 陝西省 藍田縣에 있음。唐代 詩人 王維의 別莊이 있던 곳。

【輟】(철) 屑 テツ、とどめる rest; stop ㄔㄨㄛˋ ch'uo^{4}
小篆 草書 ❶거둘철(歇也)。❷그칠철(止也)。【論語】耰而不ー。

【輟耕:철경】耕作을 하다 중도에서 그침。

【輟食:철식】음식을 먹다 중지함。

【輟朝:철조】임금이 朝政을 폐함。廢朝。【唐會要】開元十八年十一月、張說薨、ー罷元會。

【輡】(감) 感 カン、でこぼこみち rugged road ㄎㄢˇ k'an^{3}
수레길울퉁불퉁할감(ー轗車行不平)。(『轗』과 같음)

【輡軻:감가】길이 울퉁불퉁해서 수레가 잘 굴러가지 못하는 모양。《轉》不幸으로 뜻을 이루지 못하는 모양。

【輠】(과) 哿 カ、まわす around ㄏㄨㄛˇ huo^{3} (古音「화」)
草書 ❶수레기름통과(車盛膏筩)。【韻會】齊以淳于髡爲炙ー謂其言長而有味。❷수레돌릴과(車輪廻)。【禮記 雜記】闕轂而ー輪。

【輢】(의) 紙 イ、くるまのぶきいれ rack of a carriage
小篆 수레에 병장기 꽂는 틀의(車旁兵所插處)。

【輣】(팽) 庚 ホウ、いくさぐるま chariot ㄆㄥˊ p'êng^{2}
小篆 草書 싸움수레 팽(兵車有樓)。【後漢書】轒ー撞城。

【輤】(천) 霰 セン、かざり cover of a hearse ㄑㄧㄢˋ ch'ien^{4}
草書 상여뚜껑천(柩車之蓋)。【禮】諸侯之ー有褑大夫以布士以葦。

【輥】(곤) 阮 コン、はやい turn round speedily ㄍㄨㄣˇ kuen^{3}
小篆 草書 빠르게구를곤(轉速)。【周禮】望其轂欲其ー。

【輦】(련) 銑 レン、てぐるま Royal carriage ㄋㄧㄢˇ nien^{3}
小篆 草書 ❶연 련(玉ー駕人以行)。【詩】我任我ー。❷당길련(輓運)。【左傳】南宮萬以乘車ー其母。❸궁중의길련(宮道曰ー道京師曰ー下)。

【輦臺:연대】옛날에 물을 건널 때 사람을 실어 나르던 들것。

【輦道:연도】❶宮中의 길。【司馬相如】ー纚屬。❷임금만의 수레가 來往하는 길。【史記】ーー相屬焉。「ーー、草色變新田。

【輦路:연로】=輦道②。【徐安貞】柳陰低

【輦輿:연여】임금이 타는 수레。輿輦。

【輦車:연차】손수레。【漢書】。

【輦下:연하】임금이 타는 수레의 밑。輦轂下。【杜牧】ーー唯能憶弟兄。◎鳳ー。

【輧】㊀(변) 先 ヘン、ホウ、ほろぐるま ㊁(병) 庚 covered carriage ㊂(병) 靑 ㄆㄧㄥˊ p'ing^{2}
小篆 草書 ㊀변차변(婦人車)。【後漢書】皇后乘紫罽ー車。㊁들렌병(ー輷車馬聲)。㊂가벼운수레병(輕車)。

【輧輷:병횡】車馬 소리。【張衡】沸卉ーー。

【輨】(관) 旱 カン、かりも rim of a hub ㄍㄨㄢˇ kuan^{3}
小篆 草書 ❶줏대관(ー轄)。【孟子題辭】五經之ー轄。❷굴통끝휘갑쇠관(車轂端鐵)。

【輩】(배) 隊 ハイ、ともがら party; faction ㄅㄟˋ pei^{4}
小篆 草書 ❶무리배(類也)。【史記】使者十ー來。❷견줄배(比也)。【吳志】當今無ー。❸순서배(排列)。

【輩流:배류】나이와 신분 등이 같은 사람。同輩。【韓愈】同時ーー多士道、天路幽遠難追攀。

【輩作:배작】여러 사람이 같이 지음。

【輩出:배출】연달아 많이 나옴。【後漢書】名臣ーー、文武竝興。

【輩行:배행】❶나이가 비슷한 친구。【文天詳】二三ーー惟須醉。❷先輩·後輩의 順序。【韓愈】當時 名公、皆折官位ーー願爲交。◎同ー、先ー、俗ー、年ー、後ー。

【輪】(륜) 圓 リン、わ wheel ㄌㄨㄣˊ luen[1·2]

輪 小篆 輪 草書 ❶바퀴륜(車所以轉)。【周禮】察車自－始。❷땅길이륜(廣－九州域縱橫)。【周禮註】東西爲廣南北爲－。❸우렁찰 륜(－焉高大)。【禮】美哉－焉。❹서릴륜(－囷委曲)。【史記】－囷離佹。❺돌륜(－轉廻旋)。❻둘레륜(外周)。

(考工記圖) ❶輪

【輪姦:윤간】 한 여자를 여러 남자가 돌려 가면서 강간함。
【輪感:윤감】 돌림감기。
【輪講:윤강】 순번으로 강의하는 것。『大學衍義·序』以次－－。
【輪轂:윤곡】 바퀴와 바퀴통。『晉書』以䌷漆、畫－－。
【輪廓:윤곽】 ❶겉 모양。❷테두리。『書經·疏』謂月之－－無光之處一名魄。❸概觀。
【輪囷:윤균】 ❶높고 큰 모양。❷위아래 좌우로 꺾이고 굽은 모양。
【輪納:윤납】 서로 돌아가며 바침。
【輪對:윤대】 百官이 政事의 得失을 順番으로 임금에게 아뢰는 것。『詒謀錄』宋太祖建龍三年、初定百官－－制。
【輪讀:윤독】 여러 사람이 차례로 돌려 가며 글을 읽음。
【輪舞:윤무】 ＝圓舞。
【輪番:윤번】 ❶차례로 번들음。『遼史』契丹兵四千人、每日－－千人。❷돌아가는 차례。
【輪番制:윤번제】 어떤 일을 차례로 번들어 맡아 보는 制度。
【輪伐:윤벌】 해마다 山林의 일부를 차례로 伐採하는 일。耕作한 데는 植樹를 해 나감。
【輪序:윤서】 차례。
【輪旋:윤선】 빙빙 돌아감。輪回。
【輪船:윤선】 ❶수레바퀴 같은 것이 양옆구리에 달린 배。『元史』乘－－、順流東走。❷汽船。火輪船의 略語。
【輪示:윤시】 돌려 가며 봄。↔回覽。
【輪鞅:윤앙】 수레와 말。(鞅은 말 뱃띠)。『陶潛』野外罕 人事、窮巷寡。
【輪輿:윤여】 수레 바퀴를 만드는 사람과 수레 바탕을 만드는 사람。『孟子』子何尊梓匠－－。
【輪王:윤왕】 《佛》부처를 말함。轉輪聖王。『隨煬帝』帝釋－－、旣被付囑。
【輪人:윤인】 車輪 만드는 것을 직업으로 하는 사람。輪匠。『周禮』－－爲輪。
【輪作:윤작】 같은 땅에 여러 가지 농작물을 해마다 바꾸어 耕作하는 것。
【輪轉:윤전】 바퀴 모양으로 돌음。回轉『淮南子』－－而無窮。
【輪轉機:윤전기】 회전하는 두 롤러 사이로 종이가 통과하면서 인쇄되어 나오게 된 고속도 인쇄기。
【輪症:윤증】 돌림병。
【輪疾:윤질】 돌림병。
【輪次:윤차】 돌아가는 차례。
【輪彩:윤채】 太陽。『許渾·詩』－－漸移金殿外。
【輪牒:윤첩】 ❶돌림 편지。❷回覽。
【輪軸:윤축】 바퀴와 굴대를 고정시켜 동시에 회전시키는 장치。축바퀴。
【輪轄:윤할】 바퀴와 바퀴의 빗장。『嵇康』轅軸－－、不可一乏於輿也。
【輪形:윤형】 바퀴와 같은 둥근 모양。
【輪禍:윤화】 車輪에 의하여 입는 모든 被害。대개 교통 사고。
【輪奐:윤환】 건물이 壯大하고 아름다운 것。『禮記·檀弓』美哉輪焉·美哉奐焉。
【輪廻:윤회】 ❶차례로 돌아감。❷《佛》수레바퀴가 돌고 돌아 끝이 없는 것과 같이 衆生의 영혼은 육체와 함께 멸하지 않고 轉轉하여 無始無終으로 돈다고 함。輪廻生死의 略語。『心地觀經』有情－－、生六道、猶如車輪無終始。◎牛－、法－、五－、月－、一－、日－、車－、花－。

【輬】(량) 陽 リョウ、ねぐるま berth carriage ㄌㄧㄤˊ liang[2]

輬 小篆 輬 草書 온량차량(輼－臥車)。【孟康曰】車有窓牖閉之則輼開之則－。

九畫

【輭】(연) 銑 ゼン、ナン、やわらか soft ㄖㄨㄢˇ juan[3]
❶덧바퀴연(車輞)。❷연할연(柔也)。【後漢書】安車－輪。(『軟』과 같음)

【輮】㊀(유) 有 ㊁(유) 宥 ジュウ、ふみにじる trample down ㄖㄡˊ jou[2]

輮 小篆 輮 草書 ㊀짓밟을유(踐也)。㊁❶바퀴굄유(車軔)。❷덧바퀴유(車輞)。【周禮】行澤者反－行山者仄－。

【輆】(해) 佳 カイ、くるまにのる get on a carriage
차에오를해(登車)。

【輚】(종) 董 ソウ、くるまのわ wheel
수레바퀴종(輪也)。(『總』과 같음)

【輶】(추) 尤 シュウ、くるまのや spoke
바퀴살추(輻也)。

【輯】(집) 緝 シュウ、あつまる gather; collect ㄐㄧˊ chi[2] (本音「즙」)

輯 小篆 輯 草書 ❶화목할집(和也睦也)。【書】－寧爾邦家。❷거둘집(斂也)。【禮】蒙袂－屨。❸모을집(聚也)。【漢書】綂楫羣元。❹모일집(集合)。

【輯寧:집녕】 서로 화목하여 편안함。『晉書 郊祀志』－萬國。『晉通』四表－－。
【輯錄:집록】 여러 가지를 모아 적음。
【輯睦:집목】 많은 사람이 서로 화목함。『朱熹·中庸序』凡石氏之所－－、僅出於其門人之所記。
【輯成:집성】 여럿을 모아서 한 가지의 書籍 따위를 완성함。
【輯載:집재】 편집을 하여 기재함。
【輯輯:집집】 온화하게 바람이 부는 모양。習習。『束晳』－－和風。◎編－。

【輱】(함) 咸 カン、くるまのおと sound of a carriage (本音「감」)
차소리함(車聲)。

【輧】(병)『輧』(車部 8畫)과 같음

【輲】(천) 銑 セン、ひつぎぐるま hearse

輲 草書 상여천(載柩車)。【禮記】載以－車。

【輲車:천거】 널[柩]을 싣는 수레。

【輥】(혼) 元 コン、くるまのよけあい dodge out of the way

輥 小篆 수레서로피할혼(車相避)。

【輳】(주) 宥 ソウ、あつまる gather into ㄘㄡˋ ts'ou[4]

輳 草書 바퀴살통주(輻－競聚)。【史記】輻－並進。

【輴】(순) 眞 ジュン、ひつぎぐるま hearse

輴 草書 ❶행상순、상여순(龍－喪車)。❷진길에타는 썰매순(泥行所乘)。【書】豫乘四載。【禮】菆塗龍－。

【⿰車度】(탁) 藥 タク、まわる turn around
草書 돌탁(廻轉)。

【輵】(갈) 曷 カツ、みつまた three-forked
草書 ❶세갈래질갈(轇－戟形)。〔史記司馬相如傳〕－轄。❷몰아달릴갈(馳驅貌)。〔羽獵賦〕皇車幽－。

【輶】(유) 尤 ユウ、かるい light
小篆 草書 ❶가벼운수레 유(輕車)。〔詩〕－車鸞鑣。❷가벼울유(輕也)。〔詩〕德－如毛。

【輶車:유거】가벼운 수레。

【輶軒:유헌】가벼운 수레。임금의 使臣이 탐。〔風俗通·序〕周秦常以歲八月、遣－－之使、求異代方言。

【輷】(횡) 庚 コウ、とどろく thunderous
草書 ❶수레가는소리 횡(－－車聲)。〔史語〕－－殷殷。❷큰소리지를횡(輘－大聲)。〔洞簫賦〕輘－佚豫。

【輷輘:횡릉】❶수레 소리。〔韓愈〕入雷電室、－－掉狂車。❷雷鳴의 形容。〔李顒〕結鬱蒸以成雷、鼓－－之逸響。

【輸】㈠(수) 虞 ㈡(수) 遇 シュ、ユ、おくる transport (本音「유」)
小篆 草書 ㈠❶떨어뜨릴 수(隳也)。〔詩〕載－爾載。❷쏟을수(寫也)。❸질수(－贏勝負)。〔郭銓詩〕請書程度－年少。❹보낼수(送也)。〔左傳 僖公二年〕秦於是乎、－粟於晉。㈡❶수운할 수(委－)。〔漢書〕都受天下委－。❷짐바리수(所送物)。

【輸納:수납】실어다 바침。

【輸尿管:수뇨관】《生》오줌을 腎臟에서 膀胱으로 보내는 管。

【輸卵管:수란관】《生》卵巢로부터 卵子를 밖으로 내어 보내는 나팔 모양의 管。

【輸誠:수성】정성을 나타냄。정성을 드림。

【輸送:수송】❶기차·비행기·자동차 따위로 사람이나 물건을 실어 보냄。❷실어서 보냄。〔南史〕自是令僕以下、竝不－－。

【輸送量:수송량】교통 기관이 운반하는 인원、하물 따위의 분량。

【輸送力:수송력】여객이나 짐 따위를 실을 수 있는 힘。

【輸贏:수영】勝負。(輸는 負、贏은 勝)。〔元稹〕如湯探冷熱、似博賭－－。

【輸運:수운】물건을 운반함。

【輸移:수이】수입이나 수출을 하여 화물를 옮김。

【輸入:수입】외국에서 物品을 들여옴。↕輸出。

【輸入禁制品:수입금제품】수입하기를 금하는 외국의 물품。↕輸出禁制品。

【輸入超過:수입초과】어떤 기간 동안에 수입한 총 액수가 수출한 총 액수보다 많아진 상태。

【輸入品:수입품】외국으로부터 수입해 들인 물건。

【輸情:수정】❶자기 나라의 정세를 적에게 알림。❷죄인이 실정을 다 말함。

【輸精管:수정관】《生》陰囊 안에 있어 精蟲을 精囊에 보내는 管。

【輸出:수출】외국으로 物品를 내 보냄。↕輸入。

【輸出禁制品:수출금제품】수출하지 못하도록 금지하여 말리는 물품。↕輸入禁制品。

【輸出稅:수출세】수출품에 부과하는 세금。

【輸出入:수출입】輸出과 輸入。

【輸出超過:수출초과】어떤 기간에 있어서의 수출 總額이 수입 총액보다 많은 일。↕輸入超過。

【輸出品:수출품】수출하는 물품。↕輸入品。

【輸血:수혈】《醫》重病 환자에게、환자와 同型의 피를 가진 건강한 사람의 피를 뽑아 환자의 혈관에 주사하는 것。◎空－、運－、直－。

【輹】(복) 屋 フク、とこしばり hub ㄈㄨˋ fù
小篆 草書 ❶바퀴통복(伏兔以承輻者)。〔易〕輿脫－。❷바퀴테복(車下縛)。

【輜】(치)『輜』(車部 8畫)의 本字

【輻】㈠(복) 屋 ㈡(폭) 職 フク、や spokes ㄈㄨˊ fú (本音「픽」)
小篆 草書 ㈠바퀴살복(輪轑)。〔周禮〕輪－三十 以象日月。㈡바퀴살통폭(－輳競聚)。〔蘇洵 名二子說〕輪－蓋軫。

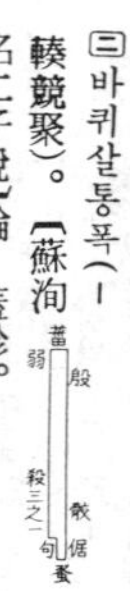
輻 (考工記圖)

【輻射:복사】《物》❶중앙의 한점으로부터 둘레로 내쏨。❷빛이나 열이 결을 이루어 일정한 속도로 공간을 진행하는 현상。

【輻射熱:복사열】《物》輻射에 의하여 전하는 열。

【輻射體:복사체】《物》輻射線을 내쏘는 물체。

【輻輳:복주《慣》폭주】여러 가지 물건이 한데 모여 들음。輻湊。〔史記〕四通－－。

【輻輳幷臻:복주병진《慣》폭주병신】수레바퀴 살이 모두 가운데 있는 바퀴 통으로 모여드는 것같이 한 곳으로 모든 것이 몰리어 드는 모양을 이르는 말。

十畫

【⿰車皇】(황) 庚 コウ、ひく pull
끌황(引也)。

【⿰車盍】(갑) 合 コウ、くるま sound of a carriage
수레소리갑(車聲)。

【⿰車畚】(분) 阮 ホン、とま awning of a carriage
❶수레뜸분(車篷)。❷차우비분(－藩)。

【輾】㈠(전) 銑 ㈡(년) 銑 テン、デン、まろぶ roll about ㄓㄢˇ chan³
草書 ㈠❶돌아누울전(轉之半)。〔詩〕－轉反側。❷〔國字〕타작전(打稻) ㈡연자매년(轉輪治穀)。

輾 (農政全書)

【輾轉:전전】돌아 누움。輾은 半轉、轉은 一回轉。옆으로 돌아 누워도 편안하게 잠이 안 온다는 말。〔詩·關雎〕悠哉悠哉－－反側。

【輾轉反側:전전반측】=輾轉不寐。

【輾轉不寐:전전불매】이리저리 뒤척거리며 잠을 이루지 못함。

【⿱𤇾車】(경) 庚 ケイ、いちりんしゃ barrow
小篆 외바퀴차경(一輪車)。

【轀】(온) 元 オン、ねぐるま berth carriage ㄨㄣ wēn
小篆 草書 온량차온(－輬臥車)。

【轀輬:온량】누워서 타는 수레。臥車。安車。一說엔 여닫이 나들이 문이 있어서 닫으면 따뜻하고 열면 선선한 수레。처음엔 두 대의 수레로 된 것이었지만、後世에 와서 합쳐서 하나로 되었는데、轉義로서 屍體를 싣는 喪車로서 쓰임。轀輬車·轀涼車라고도 함。〔韻會〕。

【輼車:온거】 臥車를 말함。 또 婦女의 수레。溫車로도 씀。

【輿】 ㊀(여)魚 ヨ、こし sedan chair ㄩˊ yü²
㊁(여)御

輿 小篆 草書 ㊀❶수레바탕여(車底)。【周禮】一人爲車。❷천지여(堪一天地總名)。❸기운어릴여(扶一佳氣)。【子虛賦】扶一綺靡。❹무리여(衆也)。【左傳】晋文公聽一人之誦。❺비롯할여(權一始也)。❻짐질 여(負荷)。【戰國策】百人一瓢而趨。㊁남여(昇一)。

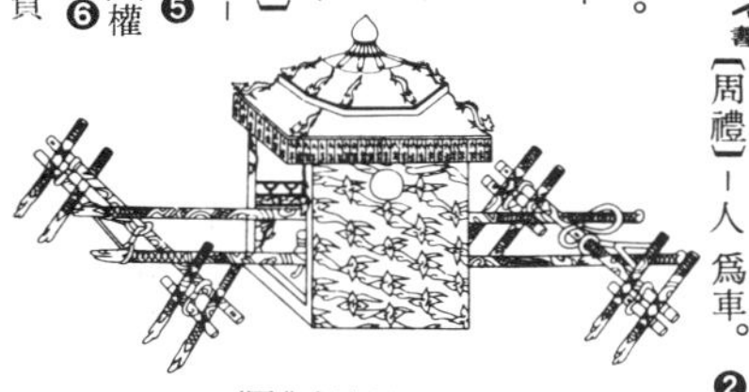
禮輿(大淸會典圖)

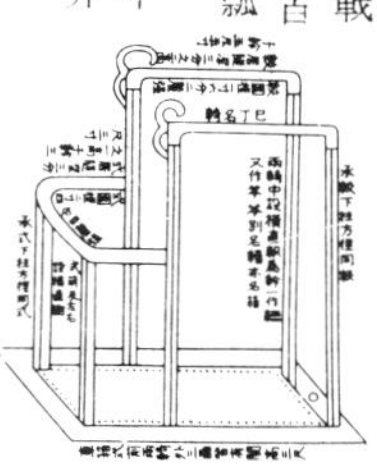
輿(名物圖)

【輿駕:여가】 임금이 타는 수레。【南史】梁武帝、親屈一一、釋典于先師先聖。
【輿臺:여대】 下人。종。輿隸。【杜甫】越羅及楚練、照燿一一軀。
【輿梁:여량】 수레가 다닐 수 있는 다리。【孟子】十二月一一成。
【輿論:여론】 일반적으로 공통되는 公論。世論。【類書纂要】一一輿衆也、謂衆人之議論也。
【輿論化:여론화】 여론으로 기울어짐。巷間에 공통된 의견으로 나타남。
【輿馬:여마】 임금이 타는 수레와 말。【荀子】假一一者、非利足也、而致千里。
【輿望:여망】 여러 사람의 기대。
【輿服:여복】 수레와 冠服。【史記】室廬一一僭于上。
【輿師:여사】 많은 군대。
【輿頌:여송】 여러 사람·사회 일반의 칭송。
【輿誦:여송】 많은 사람의 입에 오르내리는 말。【晉書】訪一一於群小。
【輿薪:여신】 수레에 가득 실은 땔 나무。【孟子】明足以察秋毫之末、而不見一一。
【輿人:여인】 ❶뭇 사람。【左傳】晋文公一一之誦。❷수레를 만드는 사람。❸卑賤한 사람。【左傳】一一納之。
【輿情:여정】 어떤 사실에 대한 일반 사회의 반응。
【輿地圖:여지도】 세계 지도。지도。輿圖。【史記】御史奏一一。
◎藍一、喪一。

【輗】 (회) 賄 カイ、めぐる roll
굴러갈회(轉也)。

【轂】 (곡) 屋 コク、こしき hub
轂 小篆 草書 ❶속바퀴곡、바퀴통곡(車輻所湊)。【周禮】一以利轉。❷천거할곡(推一薦人)。【史記鄭當時傳】其推一士、常引以爲賢於己。

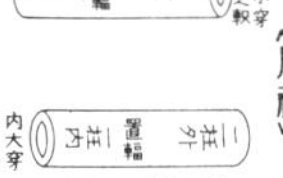
轂(考工記圖)

【轂擊肩摩:곡격견마】 수레 바퀴통끼리 맞부딪침과、사람 어깨끼리 맞비빈다는 뜻으로 번화하게 사람이 많이 모여 드는 모양을 나타내는 말。
【轂下:곡하】 임금의 밑。임금의 膝下。

【史記】胡越起於一一、而羌夷接軫、也豈不殆哉。

【轃】 (진) 眞 シン、いたる reach
轃 小篆 ❶이를진(至也)。【漢書】四極爰一。❷수레뜸진、수레바탕진(大車簀)。

【轄】 (할) 黠 カツ、とりしまる control; govern ㄒㄧㄚˊ hsia²
轄 小篆 草書 ❶굴대빗장할(車軸鐵鍵也)。【左傳】巾車脂一。❷수레소리할(車聲)。❸맡아볼할(管一)。

【轅】 (원) 元 エン、ながえ yoke ㄩㄢˊ yüan²
轅 小篆 草書 ❶진문원(一門車宮)。【周禮】設車宮一門。❷멍에원(車前駕馬木)。❸별이름원(星名軒一)。

【轅駒:원구】 =轅下駒。
【轅門:원문】 ❶軍門。陣營의 門。【周禮】設車宮一一。❷관청의 外門。
【轅下:원하】 ❶수레의 멍에 아래。【史記】今日廷論、局促效一一駒。❷남의 부하。門下。
【轅下駒:원하구】 멍에를 멘 망아지라는 뜻으로 사람에 束縛되어 우물우물하고 활기를 띠지 못함을 일컬음。轅駒。

【䡰】 (재) 佳 シ、くるまがとまる stop a carriage
차가섬돌에댈재(車抵階)。

【轗】 (경) 庚 コウ、くるまのひびき sound of a carriage
轗 小篆 수레소리경(車響)。

十一畫

【轋】 (만) 願 マン、やよけほろ top of a carriage
轋 小篆 차장막만(車之衣蓋)。

【轍】 (종) 冬 ショウ、わだちのあと tracks of a wheels
轍 小篆 수레바퀴자국종(車跡)。

【轆】 (록) 屋 ロク、くるまぎ lathe; Potter's wheel ㄌㄨˋ lu⁴
轆 草書 ❶멍에채에가죽테할록(轣一車桊)。❷드레박틀록(一轤汲水器)。【廣韻】一轤圓轉木也。

【轆轤:녹로】 ❶고패。오지그릇을 만들 때 발로 돌려서 모형과 균형 등을 잡는 데 쓰는 물레。轆轤臺。❷우산이나 양산대 위에 장치하여 살을 한 곳에 모아서 폈다 닫았다 하는 데에 쓰이는 물건。

轆轤(農政全書)

【轆轤轉關:녹로전관】 (醫)상하의 눈시울이 맞지 않는 병。「또는 그 모양。
【轆轆:녹록】 수레가 달려 가는 소리。

【轇】 (교) 肴 コウ、みつまた three-forked ㄐㄧㄠ chiao¹
轇 草書 ❶세갈래질교(一轕)。【東京賦】闟戟一轕。❷아득할교(長遠貌)。
【轇轕:교갈】 ❶車馬가 어지럽게 달리는 시끄러운 모양。❷달리며 도는 모양。

【轚】(경) 庚 コウ、つよいくるま strong-framed
小篆 수레튼튼할경(車堅)。

【轈】(소) 看 ソウ、ものみぐるま watch-chariot
小篆 草書 망보는수레소(兵高車加巢以望敵軍)。〔左傳〕登巢車以望晋軍。

【轉】 ㊀(전) 銑 テン、ころぶ roll over ㊁(전) 霰 ㄓㄨㄢˇ chuan³
小篆 草書 ㊀❶구를전(動運)。〔漢書〕―粟輓輸以爲之備。❷돌아누울전(輾―旋也)。〔詩〕輾―反側。❸넘어질전(倒也)。〔古詩 焦仲卿妻〕四角龍子幡、婀娜隨風―。❹돌전(回也)。〔古詩 悲歌〕腸中車輪―。❺변할전(變遷)。〔歐陽修醉翁亭記〕峰廻路―有亭。㊁❶옮길전(遷也)。❷굴릴전(運之)。〔詩經 邶風柏舟〕我心匪石、不可―也。

〔轉嫁:전가〕 ❶다른 데로 다시 시집감。再婚。❷자기의 허물이나 책임 따위를 남에게 덮어 씌움。

〔轉居:전거〕 살던 곳을 옮김。

〔轉結:전결〕 漢詩 絕句의 세째 句와 네째 句。

〔轉經:전경〕 불경을 띄엄띄엄 읽음。

〔轉科:전과〕 ❶學科를 옮김。❷兵科를 옮김。

〔轉交:전교〕 다른 사람의 손을 거쳐서 交付함。다른 사람을 통하여 전달함。

〔轉句:전구〕 漢詩 絕句의 세째 句。

〔轉勤:전근〕 ＝轉任②。

〔轉筋:전근〕 장단지 근육이 경련을 일으켜 오그라져서 뒤틀어짐。「겨 쓺。

〔轉記:전기〕 한 장부에서 딴 장부로 옮겨 씀。

〔轉機:전기〕 사물이 어떤 상태에서 다른 상태로 바뀌는 기회나 때。

〔轉貸:전대〕 꾸어 온 물건을 다시 남에게 꾸어 줌。

〔轉貸作:전대작〕 소작인이 토지를 다시 딴 사람에게 빌려 주어 농사 짓게 하던 일。

〔轉動:전동〕 굴러 움직임。「얻음。

〔轉得:전득〕 다른 사람의 손을 거쳐서

〔轉落:전락〕 ❶굴러 떨어짐。❷보잘 것 없는 지경에 빠짐。轉下。❸타락함。

〔轉落農家:전락농가〕 소비자로 전락한 농가。곧 일년간의 保有米를 自作으로 유지할 수 없는 농가。

〔轉漏:전루〕 《喩》물시계의 한 시각이 가는 것처럼 아주 짧은 시간。『漢書』――之間、忠良輒建、網紀咸張。

〔轉賣:전매〕 샀던 물건을 도로 팖음。

〔轉眄:전면〕 ❶잠깐 사이。『異聞錄』――可畢。❷눈알을 굴려 봄。

〔轉聞:전문〕 남을 거쳐서 들음。

〔轉變:전변〕 일정한 상태에 머물러 있지 아니하고 변하여 바뀜。

〔轉補:전보〕 轉任하여 다른 자리에 補職되는 것。

〔轉報:전보〕 인편에 부탁하여 알림。

〔轉覆:전복〕 ❶뒤집혀 엎어짐。뒤집어 엎음。❷넘어짐。넘어뜨림。❸멸망함。멸망시킴。顚覆。

〔轉寫:전사〕 다른 책이나 도면 따위에서 베껴서 씀。

〔轉旋:전선〕 굴러서 돌아감。또는 굴러서 돌림。『漢書·註』――言須臾之間。

〔轉屬:전속〕 ❶原籍을 다른 것으로 바꿈。❷소속을 바꿈。

〔轉送:전송〕 ❶어떤 곳에서 보내 온 물건을 다시 다른 곳으로 보냄。❷이곳 저곳으로 운반하고 보냄。『漢書』吏爲衣衾棺斂、――其家。「轉居。

〔轉宿:전숙〕 숙소를 바꿈。居住를 바꿈。

〔轉瞬:전순〕 눈을 깜짝거리는 것。《轉》눈 깜짝할 사이。아주 짧은 시간。『葉適』援琴固停晷、解甲仍――。

〔轉瞬間:전순간〕 한 번 눈 깜짝할 사이。순식간。

〔轉業:전업〕 직업을 바꿈。사업을 바꿈。

〔轉訛:전와〕 어떤 말이 그릇 전하여 本來의 뜻과는 다른 말이 됨。

〔轉用:전용〕 본래의 쓸 자리에 쓰지 않고 다른 데에 돌려서 씀。

〔轉羽:전우〕 孔雀羽。

〔轉韻:전운〕 用韻法。詩詞에서 數句마다 韻을 바꾸어 변경하는 것。換韻。

〔轉運:전운〕 ❶연이어서 運行함。돌고 돌음。❷짐을 실어서 보냄。『後漢書』尉曹主卒徒――事。

〔轉位:전위〕 ❶위치가 바뀜。위치를 바꾸어 놓음。❷《醫》內臟의 위치가 바뀌어서 장해를 일으키는 것。❸《地》수평 상태에 있던 地層이 수직의 방향으로 이동하는 것。「한 뜻。

〔轉意:전의〕 본디의 뜻에서 바뀌어 변

〔轉義:전의〕 말의 뜻이 본디의 뜻에서 바뀌어 변함。

〔轉移:전이〕 ❶장소를 옮김。옮김。轉徙。『古詩』盤石無――。❷《醫》한 臟器의 癌種이 딴 臟器로 옮아 새로운 腫瘍을 만들음。

〔轉任:전임〕 ❶근무하는 장소가 바뀜。轉勤。❷맡아 보는 일이 바뀜。『晉書』――河內。

〔轉入:전입〕 ❶다른 곳에서 현재의 곳으로 居住를 옮겨 옴。↔轉出。❷다른 학교에서 어떤 학교로 옮겨서 입학함。轉入學。

〔轉載:전재〕 신문·잡지 따위에서 이미 발표된 기사를 딴 데에다 다시 옮겨 실음。

〔轉抵當:전저당〕 《法》저당권자가 저당권의 존속기간 내에 자기의 채무 담보로 다시 저당잡히는 일。

〔轉籍:전적〕 戶籍을 다른 곳으로 옮김。

〔轉轉:전전〕 ❶다음에서 다음으로 바뀌어 변하여 가는 모양。❷점점。차차。『漢書』後世爭爲奢侈、――益甚。❸여기저기 굴러다니는 모양。

〔轉轉乞食:전전걸식〕 정처 없이 이리저리 돌아 다니면서 빌어 먹음。

〔轉折:전절〕 문장의 가락 따위가 돌다가 뚝 끊어짐에 비유。

〔轉照:전조〕 차례대로 돌려가며 봄。

〔轉調:전조〕 악곡의 진행 중 곡조를 딴 곡조로 바꾸는 것。

〔轉住:전주〕 다른 곳으로 옮겨 살음。住所를 바꿈。轉居。

〔轉注:전주〕 ❶물이 돌아서 흘러 들어감。『夏竦』金龍――、下激衡渠。❷漢字 六書의 한 가지。글씨의 뜻이 바뀌어 딴 뜻으로 쓰이는 것。보통 그 음도 바뀌어짐。↓六書。

〔轉地:전지〕 있는 곳을 바꿔 옮김。

〔轉地療養:전지요양〕 공기가 좋은 곳으로 옮겨 요양함。

〔轉之轉請:전지전청〕 여러 사람을 통하여 간접적으로 청함。

〔轉職:전직〕 ❶직책이 바뀜。직책을 바꿈。❷직업을 바꿔 옮김。移職。

〔轉進:전진〕 ❶군대가 어떤 근거지에서 딴 근거지로 전진하여 옮김。❷이리저리 굴러 차차 앞으로 나아감。

〔轉借:전차〕 남이 빌린 물건을 다시 빌어 옴。또는 빌어 온 물건을 다시 남에게 빌려줌。

〔轉轍:전철〕 線路의 分岐點에서 列車나 電車를 딴 線路로 이동하기 위하여 線路를 바꿈。「으로 청함。

〔轉請:전청〕 사이에 사람을 넣어 간접

〔轉草:전초〕 짐승의 새김질。

【轉燭:전촉】(喩)……의 흐름이 매우 빠른 것。〔杜甫·佳人詩〕……

【轉出:전출】어떤 곳에서부터 다른 곳으로 移住하여 감。

【轉側:전측】방향을 바꿈。

【轉置:전치】어떤 물건을 딴 곳으로 옮겨 놓음。

【轉學:전학】학생이 딴 학교로 옮김。轉校。

【轉向:전향】❶방향을 바꿈。❷종래 가지고 있던 사상이나 주의를 변경하여 다른 사상이나 주의로 바꾸는 것。

【轉禍爲福:전화위복】災禍가 바뀌어 오히려 福이 됨。

【轉換:전환】❶옮겨서 바꿈。바꾸어 놓음。❷교대함。바꾸어 넣음。❸이리저리 변하여서 바뀜。

【轉換期:전환기】방향이나 방법 따위를 바꾸어서 새롭게 하는 時期。交代期。

◎公ㅡ、反ㅡ、變ㅡ、旋ㅡ、運ㅡ、圓ㅡ、流ㅡ、移ㅡ、一ㅡ、自ㅡ、回ㅡ。

【轊】(세) 霽 エイ、じくさき head of a shaft

轊 草書 굴대끝 세(車軸頭)。

十二畫

【轍】(철) 屑 テツ、わだち wheel-marks ㄔㄜˋ chê⁴

轍 小篆 草書 바퀴자국 철(車迹)。【莊子】螳螂怒臂以當車ㅡ。

【轍鮒之急:철부지급】수레바퀴 자국에 괸 물에 있는 붕어의 위급한 형세。(喩)몹시 위급한 환경 속에 있는 사람。

【轍迹:철적】❶수레바퀴가 지나간 자국。【曹冏】觀前軍之傾覆、而不改其ㅡㅡ。❷戰車가 지나간 자취와 말굽의 흔적。

【轍環天下:철환천하】수레로써 온 세상을 돌아 다님。【韓愈】ㅡㅡ、卒老于行。

◎前ㅡ。

【轎】㊀(교) 蕭 ㊁(교) 嘯 palanquin ㄐㄧㄠˋ chiao⁴

轎 草書 ㊀가마 교(竹ㅡ)。【漢書】輿ㅡ而隃嶺。㊁남여 교(籃ㅡ小車)。

【轎軍:교군】=轎夫。

【轎馬:교마】오가는 데 쓰는 가마와 말。

【轎夫:교부】가마를 메어 주고 삯을 받는 사람。轎軍。

【轎子:교자】가마。肩輿。子는 助辭。

【轎前:교전】가마 앞。

【轎前婢:교전비】옛날 새 색시를 따라가던 여자 종。

【轏】(잔) 潸 セン、いくさぐるま chariot ㄓㄢˋ chan⁴

轏 小篆 草書 ❶싸움차 잔(兵車)。❷수레 평상 잔、누워서 타는 수레 잔(臥車)。【左傳】逢丑父寢于ㅡ車。

【䡴】㊀(충) 冬 ㊁(당) 絳 ショウ、くるま carriage

䡴 小篆 ㊀진을 함락시키는 수레 충(陷陣車)。㊁뜻은 ㊀과 같음。

【轐】(복) 屋 ボク、とこしばり block ㄅㄨˊ pu²

轐 小篆 草書 수레바퀴받침 복(伏兔所以安軫)。【周禮】加軫與ㅡ。

【轒】(분) 文 フン、いくさぐるま chariot

轒 小篆 草書 ❶싸움수레 분(ㅡ轀戰車)。【六韜】攻城有ㅡ轀臨衝。❷오랑캐수레이름 분(匈奴車名)。

【轒轀:분온】匈奴의 戰車。

【轒轀車:분온거】兵車의 하나。攻城用으로 열 사람이 탈수 있으며 네 바퀴임。

轒轀車 (武備志)

【轑】㊀ ㊁(로) 豪 creak きしる

轑 小篆 草書 ㊀❶수레 두껑 료(車蓋弓)。❷구를 료(轉也)。❸고을이름 료(楚邑名)。㊁가마긁을 로、흔들 로(撓也、轢也)。【漢書】陽爲羹盡ㅡ釜。

【轓】(번) 元 ハン、おおう cover of a carriage

轓 草書 ❶수레곳간 번(䡨ㅡ車箱)。❷수레가림 번(車蔽)。【應劭曰】車耳反出以爲ㅡ 屏翳塵泥以簟爲之。

【轔】㊀(린) 眞 ㊁(린) 震 リン、しきみ threshold ㄌㄧㄣˊ lin²

轔 小篆 草書 ㊀❶수레구르는 소리 린(車聲)。【詩】有車轔轔。❷문지방 린(戶限)。(『𨏈』과 통함) ㊁지질 린(轢也)。(『躪』과 같음)

【轔轢:인력】수레바퀴에 치임。【史記】徒車之所ㅡㅡ、乘騎之所蹂若。

【轔轔:인린】수레의 삐드득 삐드득하는 소리。【楚辭】乘龍兮ㅡㅡ。

十三畫

【轕】(갈) 曷 カツ、はしる drive to ㄍㄜˊ kê²

轕 草書 ❶달려갈 갈(轇ㅡ馳驅貌)。【羽獵賦】縱橫轇ㅡ。❷편할 갈(曠遠)。(『輵』과 같음)

【轗】(감) 感 勘 カン、でこぼこみち rugged road ㄎㄢˇ k'an³

轗 草書 ❶기험할 감(ㅡ軻坎壈)。❷때 못만날 감(ㅡ軻不遇)。

【轗軻:감가】울툭불툭한 길을 만나 수레가 잘 가지 못하는 모양。《轉》사람의

【轖】(색) 職 ショク、むすぼれる cherish ㄙㄜˋ sê⁴

轖 小篆 草書 기운매칠 색(氣結)。【枚乘七發】中若結ㅡ。

【轘】㊀(환) 諫 ㊁(환) 刪 カン、くるまざき tear to pieces ㄏㄨㄢˋ huan⁴

轘 小篆 草書 ㊀발길 환、찢어죽일 환(車裂人)。【左傳】齊人ㅡ高渠彌。㊁땅이름 환(地名ㅡ轅)。

【轘裂:환열】(制)두 수레가 양쪽에서 끌어 당겨서 人體를 찢어 죽이던 형벌。車裂。轘刑。【後漢書】疾妬忠良、有趙高之禍、未被ㅡㅡ之誅。

【⿰車豦】(거) 魚 キョ、くるまのわ rim of a wheel

바퀴둘레 거(車輞)。

【轙】(의) 紙 ギ、くびきのわ link for rein ㄧˇ i³

轙 小篆 或體 草書 수레에 고삐매는 고리 의(車衡載轡者)。【漢書】靈輗轙象輿ㅡ。

【⿰車稟】(람) 感 ラン、ゆきなやむ not advancing

草書 수레잘안갈 람、수레머뭇거릴 람(車不進)。【廣韻】轗軻ㅡ也。

【轚】(격) 錫 ゲキ、あいきしる creak the shafts ㄐㄧˊ chi²

轚 小篆 ❶굴대 서로 부딪칠 격(車轄相擊)。❷호즘은길 격(ㅡ互迫隘處)。【周禮】凡舟車道路ㅡ互者序而行之。❸걸릴 격(挂也)。【穀梁傳】流旁握御ㅡ者不得入。

【轚互:격호】둘 사이의 間隔이 서로 맞부딪칠 정도로 좁음。【周禮·注】舟車ㅡㅡ、謂於迫隘處也。

十四畫

【轛】(대) 隊 タイ、ませ railing pillar ㄉㄨㄟˋ tuei⁴
小篆 草書 수레난간기둥 대(車箱立木)。

【䡟】(선) 霰 セン、くるまをなおす fix 〔repair〕 a carriage
小篆 수레중수할선(繕治車)。

【轜】(이) 支 ジ、ひつぎぐるま hearse
草書 상여차이(喪車)。

【轝】(여)『輿』(車部 10畫)와 같음

【轝駕:여가】天子의 수레。車駕。〔轉〕天子。〔漢書〕——侍從甚盛。

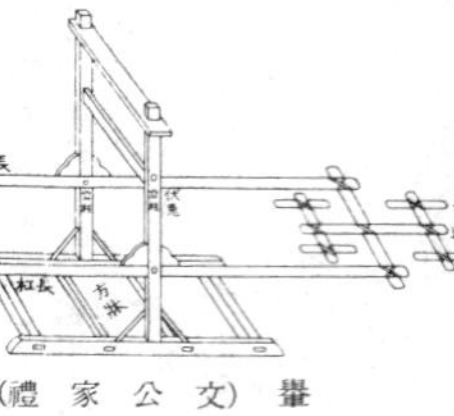
轝 (文公家禮)

【轞】(함) 陷 カン、おりぐるま vehicles for prisoner
草書 ❶수레구루는 소리 함(車聲)。〔詩〕大車——。❷죄인태우는 수레함(囚車)。〔漢書〕—車膠致。

【轞車:함차】위에 널빤지를 덮은 수레。猛獸를 잡거나 죄수를 押送함에 쓰임。〔釋名〕——、施闌檻以格猛獸、亦因禁罪人之車也。

【轞轞:함함】수레 소리。〔廣雅〕——聲也。

【䡷】(개) 泰 カイ、くるまのひびき sound of a carriage
수레소리개(車聲、輷—)。

【轟】(굉) 庚 コウ、とどろく thunderous
小篆 草書 ❶수레모는소리굉(車聲)。❷울릴 굉(大砲雷鳴—)。

【轟轟:굉굉】❶덜덜거리는 소리의 형용。❷시끄러운 소리。❸성대한 모양。〔文天祥〕要烈烈——做一場。

【轟笑:굉소】크게 웃음。哄笑。〔幽棲志〕宋景濂倘徉梅花間、——竟日。

【轟飮:굉음】함부로 술을 마심。狂飮。轟醉。〔劉因〕——高歌敕勒川。

【轟醉:굉취】술에 몹시 취함。滿醉。〔元好問〕——春風千日、愁城從是不能兵。

【轟沈:굉침】艦船을 砲擊하여 침몰시키는 것。

十五畫

【𨐅】(지)『輊』(車部 6畫)와 같음

【𨐋】(락) 藥 ラク、くるまのおと sound of a carriage
차소리락(車轉聲)。

【轢】(력) 錫 レキ、ラク、ふみにじる creak ㄌㄧˋ li⁴
小篆 草書 ❶수레바퀴에 치일력(轥—車陵踐)。〔史記 司馬相如傳〕徒車之所轥—、乘騎之所蹂若。❷서로 부딪칠력(軋也)。

【轢死:역사】차에 치어 죽음。

【轢殺:역살】차로 치어 죽임。

【轢蹙:역축】눌러 오그라뜨림。〔韓愈〕毋……

十六畫

【轠】(뢰) 灰 ライ、うつ beat
草書 ❶수레잇닿을뢰(—轤車連)。〔羽獵賦〕—轤不絕。❷칠뢰(擊也)。❸찌를뢰(觸也)。

【轠轤:뇌로】잇달으는 모양。〔集韻〕轠、——、不絕貌。끊기지 않는 모양。

【轡】(비) 寘 ヒ、たずな reins ㄆㄟˋ p'ei⁴
小篆 小篆 草書 고삐비(馬轡靶也)。〔王融詩〕下澤有餘—。〔詩〕六—沃若。

【轡長則踏:비장즉답】(國)고삐가 길면 밟힌다。(喩)나쁜 짓을 오래 계속하면 끝내 들키고 만다는 뜻。〔東言解〕。

【轡銜:비함】고삐와 재갈。轡勒。〔淮南子〕爵祿者、人臣之——也。

【轣】(력) 錫 レキ、わだちみち track of a wheel ㄌㄧˋ li⁴
草書 ❶수레바퀴길력(—轤軌道)。❷수레바퀴에치일력(轢也)。〔揚子方言〕—轆。

【轣轆:역록】수레바퀴의 자국。또는 수레의 삐드럭거리는 소리。〔蘇軾〕松下縱橫餘齒、門前——想君車。

【轐】(복)『輹』(車部 8畫)과 같음

【轤】(로) 虞 ロ、くるまぎ pulley
草書 두레박틀로(轆—汲水器)。

十七畫

【𨐫】(삼) 咸 サン、くるまのおと sound of a carriage
수레소리삼(車聲)。

【䡴】(박) 陌 ハク、くるまかざり decoration of a carriage
수레치장박(車之裝飾)。

十九畫

【𨏶】(련) 先 レン、つずる connect, bind
이을련(綴也)。

二十畫

【𨐻】(얼) 屑 ゲツ、たかい lofty; high
小篆 ❶우뚝할얼(——高貌)。〔魏都賦〕四門——。❷차에 높이 실을얼(車載高)。

【𨐻𨐻:얼얼】우뚝 솟은 모양。〔廣雅〕——、高也。

【䡸】(각) 藥 カク、くるまのわ rim of a wheel
수레의 바퀴테 각(車輞)。

【轥】(린)『躪』(足部 20畫)과 같음

【轥轢:인력】＝轔轢。〔隋書〕——軒唐、奄呑周漢。

辛 部

【辛】(신) 眞 シン、からい hot; pungent ㄒㄧㄣ hsin¹
小篆 草書 ❶매울신(金味艱苦悲酸)。〔白虎通〕五味得—。❷고생신(—苦)。❸혹독할신(苛酷)。❹여덟째천간신(天干第八位)。〔爾雅〕太歲在—曰重光。

【辛艱:신간】대단히 어려움。쓰라린 괴로움。〔高啓〕登高不知已幾里、但怪力盡愁——。

【辛苦:신고】❶＝辛勞。〔史記〕勾踐爲人……

【辛勤:신근】 심히 애써서 勤勞함。〖韓愈〗――三十年。
【辛辣:신랄】 ❶맛이 몹시 쓰고 매움。〖西陽雜俎〗形似漢椒、至――。❷심히 嚴格함。
【辛烈:신렬】 =辛辣。
【辛勞:신로】 대단한 괴로움。辛苦。
【辛味:신미】 매운 맛。
【辛未洋擾:신미양요】 《歷》李朝 高宗 八년에 美國 군함 三척이 江華海峽에 침입하여 소동을 일으킨 사건。江華守兵이 격퇴함。
【辛不合醬:신불합장】 《國》辛日에 장 담기를 꺼리는 것。
【辛巳:신사】 六十甲子의 一八째。
【辛酸:신산】 쓰고 심。〖阮籍〗感慨懷――。《轉》세상살이의 고됨。
【辛螫:신석】 벌레 같은 것에 물림。《轉》심한 괴로움。〖詩經〗自求――。
【辛時:신시】 二十四時의 二〇째。곧 하오 六시 반부터 七시 반까지。
【辛酉邪獄:신유사옥】 《歷》李朝 純祖 때의 天主教徒의 박해 사건。李承薰・李家煥・丁若鍾 등 南人 多數와 中國人 神父 周文謨 등이 죽음을 당함。
【辛夷:신이】 《植》❶개나리의 잘못된 말。〖白居易〗北村尋古柏、南宅訪――。❷白木蓮。

辛夷即木筆(三才圖會)

【辛壬士禍:신임사화】 《歷》李朝 景宗 때 일어난 士禍。少論의 誣告로 李頤命・金昌集 등 老論의 四大臣 이하 一〇〇餘名이 賜死 혹은 遠竄되었음。
【辛楚:신초】 대단한 괴로움。〖陸機〗俯仰悲林薄、慷慨含――。
【辛亥邪獄:신해사옥】 《歷》李朝 正祖 持忠・權尙然 등 李朝 天主教 史上 최초로 순교 당함。
【辛亥革命:신해혁명】 一九一一년 辛亥) 一〇월 一〇일에 일어난 中國革命。이 革命으로 清이 망하고 中華民國이 섬。民國革命。
◎苦―

五畫

【辜】 (고) 虞 ㄍㄨ ku¹ コ、つみ charge, offence
辜 小篆 古文 草書 ❶허물 고(罪也)。〖書〗與其殺不―寧失不經。❷사지 찢을 고(疈―磔也)。〖周禮〗以疈―祭四方百物。❸막을 고(障也)。〖後漢書〗豪右―榷。❹반드시 고(必也)。〖漢書 律歷志〗陽氣洗物―絜之。
【辜榷:고각】 남의 장사를 방해하여 자기 혼자 이익을 독점하는 것。(榷은 獨占)。〖後漢書〗豪右――。
【辜較:고교】 대개。대략。〖孝經〗蓋天子之孝也。〖註〗蓋者――之辭也。
【辜負:고부】 마음에 거슬림。생각대로 되지 않음。〖白居易〗猶有一般――事、不將歌舞管絃來。
【辜月:고월】 음력 一一월。辜는 故。음력 一一월에 陽生하기 때문에 옛 것을 고치고 새로운 것을 취한다 함。

六畫

【辝】 (사)『辭』(辛部 12畫)와 같음
【辞】 (사)『辭』(辛部 12畫)의 俗字
【辢】 (살) 曷 ㄌㄚˋ サツ、からみ 매울 살(味辛、―辣)。

【辟】 ㊀(피) 紙 ㊁(벽) 錫 きみ、つみ emperor; punish
辟 小篆 草書 ㊀피할 피(避也)。(『避』와 같음) ㊁❶임금 벽(君也)。〖詩〗百―爲憲。❷법 벽(法也)。〖書〗越尹人祗―。❸부를 벽(徵也)。〖晋書 阮瞻傳〗即日―之。❹남편 제벽(妻祭夫)。〖禮〗妻祭夫曰皇―。❺간사할 벽(邪也)。〖論語先進〗師也―。❻편벽될 벽(偏也)。〖禮記〗非―之心。❼형벌 벽(刑也)。〖周禮〗八―麗邦法。❽땅갈 벽(土地開墾)。〖孟子 梁惠王上〗―土地。❾열릴 벽(開也)。〖晏子春秋 內篇諫上〗爲田野之不―、倉庫之不實。❿물리칠 벽(除也、屛也)。〖孟子 離婁下〗行―人可也。⓫밝을 벽(明也)。〖禮〗天子曰―廱。⓬가슴칠 벽(擗也)。〖詩經 邶風 柏舟〗寤―有摽。⓭우뢰소리 벽(雷聲)。⓮멈칫할 벽(―易驚退)。〖史記〗人馬―易。
【辟穀:벽곡】 곡식을 버려 없앰。
【辟歷:벽력】 벼락。霹靂。
【辟陋:벽루】 ❶궁벽한 두멧구석。僻陋。〖荀子〗――之國。❷성질이 괴벽하고 견문이 좁음。
【辟命:벽명】 ❶임금으로부터의 呼出。〖後漢書〗隱居教授、不應――。❷官의 呼出狀。
【辟邪:벽사】 ❶邪惡함。❷邪惡한 것을 물리침。❸짐승의 이름。漢나라 사람들은 그 짐승의 모양을 印鈕나 帶鉤 따위에 새겨 裝飾함。이것을 차면 邪惡을 물리치게 된다 함。

玉辟邪(大清會典圖)

【辟邪鍾:벽사종】 邪惡獸의 모양을 아

漢辟邪鐘(博古圖)

【辟書:벽서】 官의 呼出狀。〖裴子野碑〗――交乎塗路。
【辟召:벽소】 官에 임명하기 위하여 불러냄。〖後漢書〗常稱病、不應州郡――。
【辟易:벽역】 놀라서 물러남。〖史記・項羽紀〗人馬俱驚、――數里。
【辟雍:벽옹】 《歷》周代、天子가 세운 大學의 이름。南을 成均、北을 東序、西를 瞽宗、中央에 있는 것을 辟雍이라 함。廱은 澤의 뜻으로、學校의 周圍를 水澤으로써 구슬같이 둥그렇게 둘러싸는 데서 이름。

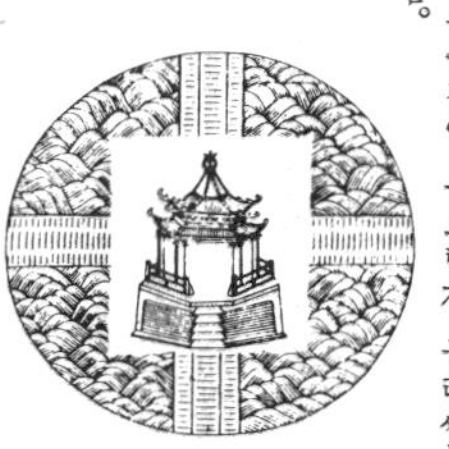
天子辟雍圖(三才圖會)

【辟王:벽왕】 임금。〖詩經〗濟濟――、左右趣之。
【辟引:벽인】 불러내서 이끌어 나아감。〖梁書〗所――、皆州郡著姓。
【辟除:벽제】 ❶불러내어 官에 임명함。❷《制》귀인이 통행할 때 雜民의 통행을 금지하던 일。〖管子〗館不――、貴人不舍。
【辟左右:벽좌우】 밀담하기 위하여 곁에 있는 사람을 물리침。
【辟忌:피기】 싫어서 피하는 것。〖後漢

書】面折同列、言其短長、無所ㅣㅣ。
【辟世: 피세】 세상을 피함。 세상 사람과 접촉하지 않고 삶음。 ◎復—。

【辠】 (죄)『罪』(网部 8畫)의 古字

七畫

【辡】 (변) 銑 ヘン、いいあらそう have words with
辡 小篆 죄인서로송사할변(罪人相訟)。

【辢】 (랄)『辣』(次條)과 같음

【辣】 (랄) 曷 ラツ、からい pungent; servere
辣 草書 ❶몹시매울랄(味辛甚)。 ❷매서울랄(酷烈)。

八畫

【辥】 (예) 霽 ゲイ、おさめる correct
小篆 ❶다스릴예(治也)。 ❷바룰예(理也)。 ❸편안할예(安也)。

【辤】 (사)『辭』(辛部 12畫)와 같음

九畫

【辥】 (설) 屑 セツ、つみ、とが offence ㄒㄩㄝ hsueh¹
辥 小篆 草書 ❶허물설(辠也)。 ❷나라이름설(國名)。 ❸성설(姓也)。(『薛』과 통함)

【辦】 (판) 諫 ベン、つとめる make efforts ㄅㄢ pan⁴
辦 小篆 草書 ❶힘들일판(致力)。 〔史記〕項梁常爲主ㅣ。 ❷갖

【辨】 (변)『辦』(次條)과 같음

【辨】 (변) 諫 ベン、わきまえる distinguish ㄅㄧㄢ pien⁴
辨 小篆 ❶판단할변(判也)。 ❷분별할변(別也)。 〔禮〕離經ㅣ志。 ❸구별할변(區別)。 〔中庸〕序爵所以ㅣ貴賤也。 ❹아홉갈피변(井地九夫爲ㅣ)。 〔禮〕九ㅣ而當一井。 ❺구비할변(具也)。 〔十八史略西漢〕多多益ㅣ。

【辨說: 변설】 일의 잘잘못을 가려 말함。 『周禮』ㅣㅣ得其黨。

【辨濟: 변제】 빌인 것을 돌려 줌。 債務를 이행함。 返濟。 還淸。

【辨證: 변증】 변별하여 증명함。

【辨證法: 변증법】 ❶辯論의 術。 ❷《哲》 헤겔이 주창한 哲學의 방법。 세계는 矛盾에 차 있고、 모순은 더욱 높은 처지에서 통일됨으로써 해결되는 것으로 이러한 모순과 통일을 되풀이 하면서 세계는 발전해 나간다고 보는 思考方式。 「함。

【辨志: 변지】 그 뜻의 향하는 바를 辨別

【辨覈: 변핵】 좋고 나쁨을 확실히 가려 밝힘。 『何承天』ㅣㅣ同異。

【辨護: 변호】 =辯護。

【辨惑: 변혹】 ❶남의 의혹을 辨別하여 깨우쳐 줌。 ❷《書》四권。 元 謝應芳 지음。 吳 나라 사람들이 鬼神을 信奉하는 迷惑을 辨正함。

【辜】 (고) 遇 コ、にがからい bitter and hot
쓰고매울고(辛而苦)。

十畫

【辬】 (견) 鹽 ケン、なやむ difficult
어려울견(艱也)。

十一畫

【辩】 (반) 刪 ハン、まだら spotted
辩 小篆 ❶얽을반(駁也)。 ❷무늬반(紋也)。

【辩華: 반화】 크게 퍼져 있는 모양。 文綵가 있는 모양。 『張衡·注』綜曰、ㅣㅣ、敷大也、良曰、ㅣㅣ交紛、言文綵交錯也。

【辬】 (빈) 眞 ヒン、まだら spotted
얽을빈、알롱이빈(駁也)。

【辧】 (변) 諫 ハン、もも inside of the thigh
허벅지변(兩股間)。

十二畫

【辭】 (사) 支 ジ、ことば words; speech ㄘ tz'u²
辭 小篆 籒文 草書 ❶말씀 사(言也)。 〔易〕修ㅣ立其誠。 ❷사례할사(別去)。 〔楚辭〕入不言兮出不ㅣ。 ❸사양할사(却不受)。 〔中庸〕爵祿可ㅣ。 ❹글사(文章)。 〔古詩 焦仲卿妻序〕時人傷之、而爲此ㅣ也。 ❺감사할사(謝禮)。 〔漢書 韓王信傳〕溫顔遜ㅣ。 ❻거절할사(不應)。

【辭去: 사거】 작별하고 떠나감。 訣別。 『史記』ㅣㅣ、而老子送之。

【辭訣: 사결】 작별의 인사를 함。 『後漢書』與士卒ㅣㅣ。

【辭令: 사령】 ❶말 주변。 『史記』明於治亂、嫺於ㅣㅣ。 ❷辭令狀의 略語。

【辭令狀: 사령장】 관직을 임명하는 뜻을 적어 당자에게 주는 문서。

【辭理明暢: 사리명창】 말의 이치가 분명하여 잘 통함。 글 뜻이 분명하여 통달함。 「고 물러남。

【辭免: 사면】 맡아 보던 職任을 내어 놓

【辭命: 사명】 말(言語)。 또는 한 나라의 能也。

【辭服: 사복】 ❶말하여 굴복함。 ❷죄에 대한 용서를 빌음。 謝罪。 『韓愈』疑畏死而ㅣㅣ於賊。 「記』不ㅣㅣ。

【辭費: 사비】 말이 쓸데 없이 많음。 『禮

【辭謝: 사사】 謝絶。 『史記』代王使人ㅣㅣ。

【辭色: 사색】 言辭와 顔色。 『晋書』ㅣㅣ壯烈。

【辭色不變: 사색불변】 태연하여 말이나 얼굴 빛이 변하지 아니함。

【辭書: 사서】 ❶단어나 어귀를 모아 일정한 차례로 벌여 놓고、 그 발음과 뜻을 풀어 적은 책。 辭典。 ❷=辭表。

【辭說時調: 사설시조】 초장 중장의 글자 수가 제한 없이 길며、 종장도 어느 정도 길어진 긴 시조。

【辭受: 사수】 사양함과 받음。

【辭讓: 사양】 自己에게 이로운 일을 겸손히 사절하거나 남에게 양보함。 『孟子』ㅣㅣ之心、禮也端也。

【辭緣: 사연】 ❶하고자 하는 말。 ❷편지 내용。

【辭意: 사의】 ❶辭任할 의사。 ❷말의 뜻。 『韋應物』ㅣㅣ俱悽婉。 「고 물러남。

【辭任: 사임】 맡아 보던 책임을 그만두

【辭狀: 사장】 =辭表。 『吳志』顧雍和顔色、問其ㅣㅣ。

【辭章: 사장】 詩歌와 문장。 詞章。 『後漢書』少博學、好ㅣㅣ。

【辭典: 사전】 =辭書①。

【辭典學: 사전학】 사전 편찬에 관한 일을 연구하는 학문。 「음。

【辭絶: 사절】 사양하여 받아 들이지 않

【辭宗: 사종】 詩文의 大家。 詞宗。 『漢書』蔚爲ㅣㅣ。

【辭職: 사직】 職務를 내놓고 물러남。 『梁書』襄父終此官、因ㅣㅣ。

【辭職願: 사직원】 辭意를 請願함。

【辭趣: 사취】 문장이 뜻하는 바。 『蕭子

【辭致:사치】말수변과 態度。【晉書】ㅣ
ㅣ淸辯。
【辭退:사퇴】❶사양하여 받아 들이지 않고, 물리침。退仕。【晉書】實宜ㅣㅣ。❷웃사람에게 작별하고 물러감。
【辭陛:사폐】먼 길을 떠나게 된 사신이 임금에게 하직의 인사를 드림。
【辭表:사표】辭職의 뜻을 적어 제출하는 문서。辭狀。
◎固ㅣ、苦ㅣ、告ㅣ、答ㅣ、大ㅣ、遁ㅣ、文ㅣ、美ㅣ、小ㅣ、修ㅣ、飾ㅣ、式ㅣ、言ㅣ、措ㅣ、助ㅣ、祝ㅣ、訓ㅣ。

【辮】(변) 銑 ベン、うれえる worry (over)
근심할변(憂也)。

十四畫

【辯】(변) 銑 ベン、かたる、わける eloquence ㄅㄧㄢˋ pien⁴
小篆 草書 ❶말잘할변(善言)。【禮】言僞而ㅣ。❷풍유할변(諷諭)。【禮】過失可微ㅣ。❸논쟁할변(論爭)。【文章軌範 卷二小序】ㅣ難攻擊之文。❹가릴변(分別)。【易經 履卦】君子以ㅣ上下。
【辯巧:변교】말 솜씨가 훌륭함。【晉書】ㅣㅣ之文可悅。
【辯難:변난】言論으로 반대하고 비난함。論難。【後漢書】互相ㅣㅣ、日中乃罷。
【辯佞:변녕】말 솜씨가 좋아서 남에게 아첨함。便佞。【晉書】嘔喁ㅣㅣ。
【辯論:변론】❶옳고 그름을 따짐。辯明하여 論함。【史記】ㅣㅣ有餘。❷서로 論爭함。❸(法)㉠民事所訟에서 當事者가 자기의 權利 保護를 요구하기 위하여 주장 또는 提出함으로써 審理에 협력하는 일。㉡刑事訴訟에서 公判節次에서 檢事의 論告와 被告人 및 辯護人의 意見陳述。
【辯論大會:변론대회】雄辯大會。
【辯妄:변망】남의 暴論을 辯駁함。말로써 타일러 明白히 함。
【辯明:변명】❶시비를 가려 밝힘。❷죄가 없음을 밝힘。잘못이 아닌 점을 따져서 밝힘。辨明。
【辯士:변사】辯舌에 능한 사람。【史記】世所謂一切ㅣㅣ。㉠연설을 잘하는 사람。㉡無聲映畫의 해설을 하는 사람。
【辯辭:변사】능한 말。【史記】宰予利口ㅣㅣ。
【辯釋:변석】말로 타일러 밝게 함。설명함。사리를 설명하여 해석함。【晉書】徐邈議論精密、觸類ㅣㅣ。
【辯舌:변설】말 솜씨。입담있게 잘하는 말 솜씨。辯口。
【辯才:변재】❶말 재주。【李白】粲然有ㅣㅣ。❷辯舌과 知能。❸(佛)法義를 잘 해설하는 才能。
【辯知:변지】❶사리를 가려서 알음。❷말 솜씨가 능하고 영리함。辯智。
【辯捷:변첩】辯舌이 능하고 재빠름。【梁書】朗悟ㅣㅣ、語究朝典。
【辯解:변해】❶말로 사리를 타일러 밝힘。❷말로 풀어서 밝힘。辯疏。【唐書】帝有所怒、必伺顏色、從ㅣㅣ。
【辯護:변호】남의 이익을 위하여 변명함。【漢書】以王命ㅣㅣ生家。
【辯護權:변호권】(法)刑事被告人을 변호할 수 있는 권리。
【辯護士:변호사】(法)當事者의 위촉을 받거나 관청의 選任에 의하여 訴訟에 관한 행위 및 일반 法律事務를 행함을 職務로 하는 사람。
【辯護人:변호인】변호하는 사람。
【辯詰:변힐】일의 잘 잘못을 밝게 가려 꾸짖음。【後漢書】以次ㅣㅣ。
◎强ㅣ、巧ㅣ、口ㅣ、詭ㅣ、論ㅣ、訥ㅣ、能ㅣ、多ㅣ、雄ㅣ、才ㅣ、抗ㅣ。

辰部

【辰】㈠(진) 眞 シン、たつ、とき time (同音) ㈡(신) 眞 ㄔㄣˊ ch'en² (「신」)
小篆 古文 草書 ㈠❶때 진(時也)。【書】撫于五ㅣ。❷다섯째지지진(地支第五位)。❸별진(日月合宿謂之ㅣ)。【書】歷象日月星ㅣ。❹북두성진(北ㅣ天樞)。❺진시진(上午八時)。㈡날신(日也生ㅣ)。
【辰方:진방】방위의 이름。東東南。
【辰星:진성】(天)❶水星의 別稱。❷二十八宿의 네째별。
【辰宿:진수】온갖 星座의 별들。星宿。【千字文】ㅣㅣ列張。
【辰時:진시】＝辰刻。
【辰月:진월】月建이 辰으로 된 달。곧 음력 三월。
【辰日:진일】日辰이 辰으로 된 날。
【辰正:진정】진시의 한 가운데。곧 상오 八시。
【辰坐:진좌】묏자리나 집터 따위가 辰方 곧 동남동에서 서북서를 향해 앉은 자리。
【辰初:진초】辰時의 첫 시각。곧 상오 일곱시 경。
【辰韓:진한】(歷)慶尙北道 東北部에 있었던 三韓의 하나。
【辰駕:신가】임금의 수레。임금을 北辰(북극성)에 비함。
【辰刻:신각】①신각 ②진각】❶때。時刻。❷辰時。午前七시에서 九시까지。【宋史】宋刻漏制極精巧、司天挈壺掌之、所以定ㅣㅣ也。
◎佳ㅣ、嘉ㅣ、吉ㅣ、星ㅣ、日ㅣ。

三畫

【辱】(욕) 沃 ジョク、はずかしめる disgrace; shame ㄖㄨˋ ju⁴
小篆 草書 ❶욕될욕(恥也)。【禮】不登危懼ㅣ親也。❷굽힐욕(屈也)。【禮】主人出拜君言之ㅣ。❸더럽힐욕(汙也)。【左傳】使吾子ㅣ在塗泥久矣。❹욕할욕(僇也)。❺고마워할욕(ㅣ知)。【韓愈答陳商書】愈白ㅣ惠書。
【辱交:욕교】＝辱知。
【辱及父兄:욕급부형】子弟의 잘못이 부형에게까지 욕되게 함。
【辱臨:욕림】남이 찾아옴을 높여 하는 말。
【辱沒:욕몰】욕하는 것이 심함。
【辱說:욕설】❶남을 저주하는 말。❷남을 미워하는 말。❸남의 명예를 더럽히는 말。
【辱知:욕지】자기와 알게 된 것이 그 사람에 욕이 된다는 뜻。그 상대방에 대한 謙稱。
◎屈ㅣ、侮ㅣ、逢ㅣ、雪ㅣ、榮ㅣ、汚ㅣ、忍ㅣ、恥ㅣ。

六畫

【農】(농) 冬 ノウ、ドウ、たつくる agriculture ㄋㄨㄥˊ nung²
小篆 籒文 古文 古文 草書
❶농사농(耕種闢土植穀)。【書】ㅣ用八政。❷힘쓸농(勉也)。【左傳 襄公十三年】小人ㅣ力、他事其上。
【農歌:농가】農夫家의 略語。
【農家:농가】❶농사 짓는 집。❷옛날 學派의 하나。【漢書】ㅣㅣ者流、蓋出於農稷之官。
【農家月令歌:농가월령가】農家에서 다달이 하여야 할 일、철마다 알아 두어야할 풍속、지켜야 할 범절 등을 월별로

갈라서 月令體로 쓴 노래。 지은이는 李朝 丁學游·高尙顔 두 사람 중의 한 사람이라함。

【農耕:농경】 전답을 가는 일。 곧 농사。

【農耕期:농경기】 농경할 시기。

【農穀:농곡】 농사 지은 곡식。

【農工:농공】 ❶농업과 공업。 ❷농부와 직공。

【農功:농공】 농사 짓는 일。『左傳』子産曰、政如——、日夜思之。

【農工倂行政策:농공병행정책】 농업과 공업을 같이 병행시켜 나가는 경제 정책。

【農科:농과】 농업에 관한 전문의 학술을 연구하는 부문。

【農科大學:농과대학】 농업에 관한 전문적인 학술과 技藝를 습득시키는 단과 대학。

【農具:농구】 농사 짓는 연장。 農器。『管子』繕——。

【農軍:농군】 농사짓는 사람。 농부。

【農隙:농극】 농사의 여가。 農閒。『左傳』春蒐夏苗·秋獮冬狩、皆于——以講事也。

【農期:농기】 농사철。

【農旗:농기】 농촌에서 흔히 부락 단위로 만들어 농사 철에 풍악을 치고 농사일을 하면서 꽂아 놓는 기。

【農器:농기】 농사에 쓰는 기구。 農具。

【農機具:농기구】 농업에 사용되는 기계나 도구의 總稱。

【農奴:농노】 (歷)封建領主에게 종처럼 매여 지내던 농군。 一五~一六세기부터 유럽에서 일어나기 시작했으며、一八六一년 러시아의 것이 유명함。 유럽의 中世封建社會에서 그 전형적인 것을 볼 수 있으며 러시아에서는 一九세기 중엽까지 있었음。

【農奴解放:농노해방】 봉건 사회의 무너질 무렵 농노에게 토지 자유 처분권을 주어서 자유 활동을 승인한 일。

【農利:농리】 농사에서 생기는 이익。

【農林:농림】 농업과 임업。

【農林學校:농림학교】 농과와 임과가 아울러 있는 학교。

【農幕:농막】 농사에 편리하도록 농장 가까이 지은 간단한 집。

【農牧:농목】 농업과 牧畜業。

【農務:농무】 농사 일。 농사에 관한 사무。『宋史』怠于——者、農師謹察之。

【農民:농민】 농사 짓는 사람。

【農民運動:농민운동】 농민의 생활 향상을 목적으로 하는 사회 운동。

【農繁:농번】 농삿 일이 바쁨。 ↔農閒。

【農繁期:농번기】 농사일이 바쁜 시기。 農時。 ↔農閒期。

【農本主義:농본주의】 농업을 나라의 근본으로 삼는 주의。

【農夫:농부】 농사를 업으로 하는 사람。『詩經』嗟我——。

【農夫歌:농부가】 농부들이 즐겨 부르는 노래。

【農夫漢:농부한】 농삿군。

【農事:농사】 =農功。『禮記』王命有——。

【農事直說:농사직설】 (書)一권 一책。 農書。 李朝 世宗 때 鄭招가 世宗의 명으로 지음。 各地方 觀察使를 통해서 경험 많은 농부에게 들은 것을 모아 저술함。 現存한 最古의 農書。

【農産物:농산물】 농사를 지어 생산한 곡식 따위。

【農産製造:농산제조】 농산물을 加工하여 만드는 일。 차·담배·삼의 가공따위。

【農桑:농상】 =農蠶。『漢書』世世以——爲業。

【農商:농상】 ❶농업과 상업。 ❷농민과 상인。『史記·自序』以通——。

【農商工部:농상공부】 (制)李朝 高宗 三二년에 農務衙門과 工務衙門을 합한 관청。 농업과 상업과 공업에 관한 일을 맡아 봄。

【農商衙門:농상아문】 (制)농·상·공업에 관한 일을 맡아 보던 관청。 甲午更張 때 설치하였으며、그 다음 해에 工務衙門을 합하여 農商工部가 되었음。

【農書:농서】 농사에 관한 책。

【農時方張:농시방장】 농사일이 한창 바쁘게 벌어짐。

【農樂:농악】 농부들의 吹奏樂·나발·징·꽹가리·북·소고 따위를 불며 치는 것。

【農樂隊:농악대】 농악을 취주하는 사람들의 일단。

【農藥:농약】 농산물이나 가축의 병충해를 驅除하는 데 쓰는 약품。

【農業:농업】 ❶농사를 영위하는 직업。『漢書』樂府減樂人、使歸就——。 ❷耕作이나 牧畜 등의 產業。

【農業經濟學:농업경제학】 (經)농업 경영의 원칙과 방법을 연구하는 학문。

【農業時代:농업시대】 인류 생활에서 주로 농사를 지어 먹고 사는 시대。

【農業政策:농업정책】 국가에서 농업의 발달과 농민의 이익을 증진시키기 위해 행하는 정책。

【農業組合:농업조합】 農業協同組合의 略語。 농가들이 복리를 꾀할목적으로 만든 협동 조합。

【農業倉庫:농업창고】 농산물의 가격의 유지를 목적으로 하며、한편 농사 개량을 측면으로부터 꾀함을 임무로 하는 창고。 그 주된 업무는 곡식을 비롯한 온갖 농산물·임산물과 비료 따위를 보관하는 일。

【農業學校:농업학교】 농업에 관한 교육을 하는 학교。

【農藝:농예】 ❶농업과 園藝。 ❷농업에 관한 技藝。

【農謠:농요】 농부들이 부르는 俗謠。 農夫歌。

【農用:농용】 농사에 씀。

【農牛:농우】 농사용으로 부리는 소。

【農園:농원】 주로 원예 작물을 심어 가꾸는 농장。

【農作:농작】 농사를 지음。『白虎通』神農制耒耜、教民——。

【農作物:농작물】 논밭에 심어 가꾸는 물건。

【農蠶:농잠】 농사 짓는 것과 누에 치는 것。 農桑。『晉書』——之暇、訓誘宗族、侃侃不勌。

【農場:농장】 농사 지을 땅과 여러 시설을 갖춘 곳。

【農庄:농장】 農場 관리를 위하여 그 근처에 한 설비 및 집。

【農政:농정】 농업에 관한 행정 또는 政務。 農業行政。

【農地:농지】 농사를 짓는데 쓰이는 땅。 農土。 農處。

【農饌:농찬】 농사철에 일군을 먹이기 위하여 만든 반찬。

【農處:농처】 =農地。

【農草:농초】 농부가 제 집에서나 쓰려고 심은 담배。

【農村:농촌】 농사를 짓는 사람들이 모여 사는 마을。

【農村問題:농촌문제】 농촌에서 일어나는 경제·사회·문화 따위의 문제。

【農村振興:농촌진흥】 농촌의 실력을 향상시키는 일。

【農濁:농탁】 농사지을 때에 먹는 막걸리。

七 畫

【晨】 (신) 眞 シン、あさまだき early
小篆 ❶일찍신(夙也)。 ❷급히신(早也)。

八 畫

【⿸宂辱】 (용) 腫 ジョウ、おろか ugly; stupid
❶못생길용(不肖)。 ❷용렬할용(傛—劣也)。

【辳】 (농)『農』(辰部6畫)과 같음

十二畫

【〓】(진) 彰 シン、わらう beam; chuckle ㄔㄣˇ ch'en³
書草 빙그레할진、웃는모양진(ㅣ然笑貌)。【莊子】桓公ㅣ然而笑。

【〓】(농) 多 ノウ、おおい many
많을농(多也)。

十三畫

【〓】㊀(회) 泰 ㊁(신) 眞 カイ、ひとつきがやどる (the sun and the moon)lodge together
篆小 ㊀ 해달이 합쳐서 잘회(日月合宿)。 ㊁ 뜻은 ㊀과 같음。

辵 部

【辵】(착) 藥 チャク、たたずむ walk up and down ㄔㄨㄛˋ ch'uo⁴
篆小 書草 ❶쉬엄쉬엄갈착(乍行乍止)。 ❷뛸착(踔也)。
【公羊傳】踔階而走。

【⻌】(착)『辵』(前條)과 같음

一畫

【⻍】(일) 〔日字〕 すべる slide
書草 ❶미끄러질일(滑也失脚)。 ❷물러갈일(退出遜位)。 ❸선위할일(禪位)。

二畫

【辺】(잉) 蒸 ジョウ、ゆく go
갈잉(行也)。

【辺】(변)『邊』(15畫 辵部)의 略字

【辻】(십) 〔日字〕 つじ cross-road
書草 ❶네거리십(四街里、十字路)。 ❷큰길십(大道路)。

【込】(입) 〔日字〕 こむ、こめる get between
書草 ❶담을입(入滿之意)。 ❷길입、찰입(入也)。 ❸할입(爲也)。 ❹모을입(群集)。

三畫

【〓】(부) 虞 フ、やすらか be easy
편안할부(安也)。(『撫』와 같음)

【达】(체) 霽 テイ、なめらか slip
미끄러질체(足滑)。

【辿】(천) 先 テン、あゆむ walk slowly (或音「전」)
書草 느릿느릿걸을천(緩步)。

【〓】(기) 寘 キ、すすめる offer
篆小 ❶바칠기(進之上)。 ❷어조사기(語助辭)。

【迀】(간) 寒 カン、もとめる search for
篆小 ❶구할간(求也)。 ❷권할간(進也)。

【迁】(천)『遷』(12畫 辵部)의 俗字

【迂】(우) 遇 ウ、まがる circuitous ㄩ yu¹
篆小 書草 ❶굽을우(曲也)。【書】恐人倚乃身ㅣ乃心。 ❷피할우(避也)。 ❸멀우(遠也濶也)。【史記】ㅣ遠而濶于事情。

【迂曲:우곡】 이리저리 구부러짐。
【迂怪:우괴】 성질이 우활하고 기괴함。
【迂久:우구】 오랫동안。 한참 있다가。
【迂鈍:우둔】 세상 일에 어둡고 둔함。
【迂路:우로】 멀리 구부려져 돌아가는 길。『隋書』ㅣㅣ出賀蘭山。
【迂妄:우망】 迂怪하고 요망스런 몸가짐。
【迂腐:우부】 實情에 어둡고 멀어서 쓸모가 없음。
【迂言:우언】 거리가 먼 소리。 사정에 통하지 않는 말。『呂氏春秋』寡人以爲ㅣㅣ。
【迂餘曲折:우여곡절】 뒤얽힌 복잡한 사정。
【迂緩:우완】 ❶느리고 더딤。『王粲』竹帛之儒、豈生而ㅣㅣ也哉。 ❷막히고 걸림。
【迂愚:우우】 세상 일에 어둡고 어리석음。『元稹』拙劣仍非速、ㅣㅣ且異專。
【迂遠:우원】 ❶世情에 어둡고 먼 것。 迂疑。『史記』ㅣㅣ而闊於事情。 ❷길이 굽어 돌아서 아득하게 멀음。
【迂人:우인】 世情과 먼 사람。
【迂折:우절】 길이 멀리 크게 구부러짐。
【迂闊:우활】 ❶실제 사정과는 관계가 멀음。『漢書』上以其言ㅣㅣ、不甚寵異也。 ❷세상 사정에 어두움。 ❸미처 생각이 못 미침。
【迂廻:우회】 멀리 돌아서 감。

【迃】(우)『迂』(前條)와 같음

【迅】(신) 震 ジン、シン、はやい rapid; speedy ㄒㄩㄣˋ hsun⁴
篆小 書草 ❶빠를신(疾也)。 ❷억셀신(狼子有力)。【爾雅】狼子猳絕有力曰ㅣ。

【迅擊:신격】 몹시 빠르게 침。 急擊。『虞世南』進退斂距、若秋鷹之ㅣㅣ。
【迅急:신급】 ＝迅速。『水經·註』水勢ㅣㅣ。
【迅雷:신뢰】 몹시 심한 벼락。『論語』ㅣㅣ風烈必變。《喩》일이 빠른 것。
【迅速:신속】 대단히 빠름。『北史』爲文ㅣㅣ、有如宿構。「ㅣ解足。
【迅羽:신우】 매(鷹)의 別稱。『張衡』ㅣ
【迅雨:신우】 심하게 내리쏟는 비。『後漢書』遭烈風不迷、遇ㅣㅣ不惑。
【迅走:신주】 빨리 뛰어감。『爾雅』狒狒如人、被髮ㅣㅣ。
【迅辦:신판】 급하게 처리함。

【迄】(흘) 物 キツ、いたる reach; arrive ㄑㄧˋ ch'i⁴
篆小 書草 ❶이를흘(至也)。【詩】以ㅣ于今。 ❷이르러미칠흘(以ㅣ)。 ❸마침흘(竟也)。【後漢書 孔融傳】ㅣ無成功。

【迆】(이) 紙 イ、ゆく walk diagonally
書草 ❶가만가만 걸을이(邪行)。 ❷잇닿을이、연할이(ㅣ邐連接)。

【过】(과)『過』(9畫 辵部) (변)『邊』(15畫 辵部)의 略字

四畫

【迊】(잡) 合 ソウ、まわり all over
두루잡(周也)。(『帀·匝』과 같음)

【迖】(발) 曷 バツ、いそいではしる run fast
篆小 篆小 ❶급히달아날발(急走)。 ❷엎어질발(前頓)。

【迋】㊀(광) 養 ㊁(왕) 漾 オウ、ゆく go ㄨㄤˋ wang⁴
篆小 書草 ㊀속일광(欺也)。【詩】人實ㅣ汝。 ㊁ ❶갈왕(往

也)。〔左傳〕君使子展—劳于東門之外。❷두려울왕(恐懼)。〔左傳〕子無我—。

〔迋迋:왕왕〕 두려워하는 모양。〔楚辭〕魂——而南行。

【迌】(돌) 月 トツ、わるがしこい sly

迌 小篆 교힐한모양돌(詆誘貌)。

【迍】(둔) 眞 トン、チュン、たちもとる walk up and down ㄓㄨㄣ chuen¹

迍 草書 머뭇거릴둔(—邅難行)。

〔迍邅:둔전〕 빨리 가지 않고 머뭇거리는 모양。

〔迍敗:둔패〕 안타깝게 敗함。〔文心雕龍〕——之士、雖合德而常嗤。

【迎】㊀(영) 庚 ㊁(영) 敬 ゲイ、ギョウ、むかえる welcome; receive ㄧㄥ ying²

迎 小篆 草書 ㊀❶맞을영(迓也接也)。〔淮南子〕不將不—。❷만날영(逢也)。㊁❶장가들러올영(親—壻迓婦)。❷마중나갈영(出—)。

〔迎擊:영격〕 ❶적군을 나아가 맞아 침。❷찾아 오는 사람을 중도에서 만남。

〔迎鼓:영고〕《歷》夫餘國에서 연중 행사로 음력 一二월에 실시하던 원시 부족 국가의 명절。

〔迎賓:영빈〕 손님을 맞음。〔儀禮〕冠之日、主人紒而——。

〔迎聘:영빙〕 남을 맞아 들이어 모심。「請待。

〔迎送:영송〕 맞는 일과 보내는 일。

〔迎新:영신〕 ❶새로운 것을 맞아 들임。❷새해를 맞음。

〔迎晨:영신〕 날이 밝아올 즈음。

〔迎[illegible]:영[illegible]〕 [illegible] 맞추어 알랑 [illegible]

거림。〔唐書〕方煬帝幸江都、群臣——、獨鄖懷道執不可。

〔迎謁:영알〕 맞아 들이어 뵙는 것。〔漢書〕受——應對。

〔迎月:영월〕 달맞이。

〔迎意:영의〕 남의 마음을 알아서 그 사람 마음에 들도록 함。

〔迎日:영일〕 앞당겨서 날짜를 셈。앞으로의 날짜를 세어 봄。

〔迎入:영입〕 맞아 들임。

〔迎將:영장〕 ❶이어 맞음。承迎。❷迎接과 餞送。

〔迎戰:영전〕 쳐들어 오는 적과 마주 나「가서 싸움。

〔迎接:영접〕 손님을 맞아 대접함。〔李中〕隣家開戶相——。

〔迎春:영춘〕 ❶개나리。❷새 봄을 맞이함。〔禮記〕——於東郊。

〔迎春花:영춘화〕《植》개나리꽃。

〔迎合:영합〕 ❶남의 마음에 들도록 힘씀。❷미리 期日을 약속하고 會合함。〔齊書〕志節堅明、分見——。

〔迎合主義:영합주의〕 남의 뜻만 잘 맞춰 나가려는 태도。

◎奉—、逢—、送—、親—、歡—。

【近】㊀(근) 吻 ㊁(근) 問 キン、コン、ちかい near, approach ㄐㄧㄣ chin⁴

近 小篆 古文 草書 ㊀❶가까울근(不遠)。〔漢書 賈誼傳〕遠攷諸經、—采故事。❷친할근(通俗)。〔朱熹 中庸章句序〕彌—理而大亂眞矣。❸알기쉬울근(易也)。〔孟子盡心下〕言—而指遠者。❹닮을근(似也)。〔中庸〕好學—乎知。❺알맞을근(切實)。〔公羊傳哀公十四年〕撥亂世反諸正、莫—於春秋。❻친척 [illegible]

—之親。❼거의근(庶幾)。㊁가까이할근(附也親也)。〔中庸〕—之則不厭。〔書〕民可—不可下。

〔近可:근가〕 거의 옳음。적이 좋음。

〔近刊:근간〕 최근에 간행된 책。멀지 않아 간행될 책。

〔近間:근간〕 요사이。

〔近江:근강〕 가까운 곳에 있는 강。

〔近距離:근거리〕 썩 가까운 거리。

〔近景:근경〕 가까운 곳의 경치。

〔近境:근경〕 ❶가까운 지경。❷요즈음의 사정。

〔近頃:근경〕 요즈음。

〔近古:근고〕 ❶近世와 가까운 지나간 시대。❷《歷》中古와 近世 사이。

〔近郊:근교〕 도시에 가까운 주변。〔唐書〕優詔許獵——。

〔近年:근년〕 가까운 해。近歲。

〔近代:근대〕 ❶가까운 지난날의 시대。❷《歷》中古와 現代와의 사이 시대。〔晋書〕陳說——事、若指諸掌。

〔近代文學:근대문학〕 中世紀 文學에 대하여 現實과 社會와 人間 問題를 主題로 한 近世文學의 총칭。넓은 뜻으로는 一五세기 르네상스 이후의 문학이며、좁은 뜻으로는 一八세기 浪漫주의 이후의 문학을 가리킴。

〔近代美術:근대미술〕 佛蘭西 혁명 이후의 새로운 미술의 總稱。주로 印象派 이후를 일컬음。

〔近代思想:근대사상〕 근대에 있어서의 개인주의적이고 偶像 파괴적이며 과학적인 사상。

〔近代社會:근대사회〕 봉건 사회 뒤에 온 시민 중심의 자유주의 사회。

〔近代性:근대성〕 근대에 알맞게 발전된 경향 또는 성질。

〔近東:근동〕《地》西歐羅巴에 가까운 동양의 여러 나라。동양의 서쪽 부분。곧 터어키·이란·이라크·시리아·사우디아라비아·아프카니스탄 등의 지역。

〔近洞:근동〕 가까운 이웃 동네。

〔近來:근래〕 가까운。요즈음。〔白氏文集〕——漸喜知聞斷。

〔近理:근리〕 이치에 아주 가까움。

〔近隣:근린〕 가까운 이웃。

〔近名:근명〕 명예를 구하는 마음。

〔近墨者黑:근묵자흑〕 먹을 가까이 하면 검어진다는 말。《喩》악한 사람에 가까이 하면 그 버릇에 물들기 쉽다는 뜻。

〔近傍:근방〕 아주 가까운 곁。

〔近邊:근변〕 ❶가까운 변두리。가까운 곳。❷邊境에 가까이 감。

〔近鄙:근비〕 고상하지 못하고 더러움。

〔近似:근사〕 ❶아주 비슷함。❷그럴싸하게 좋음。〔金史〕隱于——、乃生異論。

〔近事:근사〕 요사히 이루어진 일。〔左傳·註〕舍其——。

〔近似値:근사치〕《數》어떤 수값에 충분히 가까운 수값。例로 三、一四六은 원둘레율의 근사치。

〔近狀:근상〕 ＝近況。

〔近歲:근세〕 ❶近年。〔宋史〕至於——、心甚歡和。❷近世。

〔近世:근세〕 ❶가까운 지난날의 세상。❷《歷》近古와 現代와의 중간 세상。

〔近世國家:근세국가〕 근세의 立憲政治를 취택한 국가。

〔近世史:근세사〕 근세의 역사。

〔近世哲學:근세철학〕 一五C의 문예부흥기부터 현대에 이르는 사이의 철학。

〔近視:근시〕 가까운데 것은 잘 보아도 먼 데의 것을 잘 못 보는 시력。

〔近視眼:근시안〕 먼 데의 것을 잘못 보는 눈。近視의 눈。

〔近視眼的:근시안적〕 사고력이 얕아

사물을 극히 얕게 피상적으로만 보는 것。

〔近臣:근신〕 임금을 가까이 모시는 신하。『孟子』觀ㅣㅣ以其所主。

〔近信:근신〕 ❶이즈막의 소식。혹은 편지。『温庭筠』自恨青樓無ㅣㅣ。❷가까이 하여 信用함。

〔近業:근업〕 ❶근래에 이룬 업적。❷요즈음에 하여 오는 사업。❸최근에 지은 글。

〔近緣:근연〕 ❶가까운 인연。❷가까이 하여 인연을 맺음。

〔近憂:근우〕 바로 目前에 닥쳐 오는 근심。『論語』人無遠慮、必有ㅣㅣ。

〔近衞隊:근위대〕 《制》궁궐을 호위도 하고 또 儀仗의 임무도 맡고 하던 군대。步兵과 騎兵으로써 編制한 것으로 隆熙元年에 설치하였음。

〔近邑:근읍〕 가까운 이웃 邑。

〔近因:근인〕 가까운 원인。직접적인 원인。

〔近日:근일〕 요사이。요즈음。近者。

〔近日點:근일점〕 《地》위성이나 지구의 궤도 위에서 태양까지의 거리가 가장 가까운 점。

〔近者:근자〕 ❶=近來·近日。『韓愈』ㅣㅣ閤下從事。❷가까운 곳에 있는 사람。❸사이가 가까운 사람。

〔近作:근작〕 요즈음 지은 詩歌·文章따위。요즈음 지은 작품。『宋史』其以ㅣㅣ進上。

〔近著:근저〕 요즈음 지은 책。

〔近點:근점〕 ❶물체와 눈알의 거리가 점점 가까와져서 밝게 보이는 점。❷近地點의 略語。

〔近接:근접〕 가까이 댐。『杜甫』ㅣㅣ西「南境。

〔近族:근족〕 촌수가 가까운 일가。

〔近朱近墨:근주근묵〕 붉은 것에 가까이 하면 붉어지고 검은 것에 가까이 하면 검어짐。《喩》사람이 그 환경에 따라 변하여 감。

〔近地:근지〕 가까운 땅。

〔近地點:근지점〕 달이 그 궤도상에서 지구로 가장 가까와 지는 점。

〔近處:근처〕 가까운 곳。近方。

〔近戚:근척〕 가까운 親戚。『漢書』ㅣㅣ主內、異姓距外。

〔近體:근체〕 漢詩에 있어서 律詩와 絕句를 일컬음。唐 때에 완성함。

〔近村:근촌〕 가까운 마을。가까운 동네。

〔近親:근친〕 姓이 같은 가까운 겨레。흔히 八촌 이내의 일가붙이를 일컬음。『漢書』太后ㅣㅣ。

〔近親結婚:근친결혼〕 가까운 血族끼리 하는 결혼。

〔近海:근해〕 육지에 가까운 바다。

〔近幸:근행〕 가까이하여 친히 귀여워하는 것。『史記』襄子必ㅣㅣ子。

〔近火:근화〕 가까운 데에서 난 불。『韓非子』遠水不救ㅣㅣ也。

〔近況:근황〕 요즈음의 형편。近狀。『朱熹』得聞ㅣㅣ。

◎輓ㅣ、附ㅣ、卑ㅣ、遠ㅣ、隣ㅣ、漸ㅣ、接ㅣ、最ㅣ、親ㅣ、逼ㅣ。

【远】

(항) 陽 コウ、うさぎみち hare's path ㄏㄤˊ hang²

小篆 或體 草書

토끼길목항(兎道)。【西京賦】結罝百里ㅣ杜蹊塞。

【迓】

(아) 禡 ガ、むかえる meet; receive ㄧㄚˋ ya⁴

맞을아(迎也)。【書】予ㅣ續乃命于天。

【返】

(반) 阮 ハン、ヘン、かえる come back; return ㄈㄢˇ fan³

小篆 或體 草書

돌아올반(還也復也)。【漢書】ㅣ之于天。

〔返却:반각〕 도로 돌려 보냄。빌렸던 것을 도로 줌。

〔返金:반금〕 꾸어온 돈이나 팔았든 물건을 물려 줄 때 그 값을 반환함。

〔返納:반납〕 돌려서 드림。도로 바침。

〔返戾:반려〕 도로 돌려 보냄。「回禮。

〔返禮:반례〕 예를 받고 다시 갚는 예。

〔返命:반명〕 復命。

〔返喪:반상〕 객지에서 죽은 시체를 고향으로 돌려 옴。返柩。

〔返償:반상〕 돌려 주어 갚음。

〔返送:반송〕 =還送。

〔返信:반신〕 회답하는 통신。

〔返信料:반신료〕 회답하는 우편 料金。

〔返葬:반장〕 객지에서 죽은 사람을 제 곳으로 옮겨다가 장사함。

〔返濟:반제〕 빌렸던 것을 다 갚아 버림。

〔返照:반조〕 도로 비침。저녁 때의 햇빛。『杜甫』ㅣㅣ入江翻石壁。

〔返札:반찰〕 답장으로 오가는 편지。返「書。

〔返品:반품〕 일단 산 물건이나 사입한 물건을 도로 돌려 보냄。

〔返還:반환〕 도로 돌려 보냄。

◎往ㅣ。

【迕】

(오) 遇 麌 ゴ、あう meet ㄨˋ wu⁴

草書

❶만날오(遇也)。【後漢書】王甫時出與陳蕃相ㅣ。❷어길오(違也)。【漢書】好惡乖ㅣ。❸거스를오(逆也)。【洞簫賦】氣旁ㅣ而飛射。❹섞일오(錯ㅣ交雜)。【風賦】廻穴錯ㅣ。

〔迕道:오도〕 正道에 어긋남。『莊子』。倒道而言、ㅣㅣ而說者、人之所治也。

〔迕視:오시〕 눈을 치떠 봄。逆視。『吳志』宴罷之後、各奏其闕失ㅣㅣ之咎、謬言之愆。

【迦】

(종) 冬 ジュウ、したがう follow

마를종(從也)。

【迓】

(기) 紙 ギ、ちかづく make up to

❶가까이할기(使近)。❷어조사기(語助辭)。

【迚】

(중) [日字] とても however

草書

❶도저히중(到底)。❷할지라도중、좀처럼중、암만하여도중(然而)。

五畫

【迖】

(반) 翰 ハン、ゆく leave

갈반、떠날반(去也)。

【迠】

(첩) 葉 チョウ、ゆく go

갈첩、걸을첩(行也)。

【迟】

(격) 陌 ケキ、まがってゆく go zigzag

小篆

굽게갈격(曲行)。

【迢】

(초) 蕭 チョウ、はるか far; distant ㄊㄧㄠˊ t'iao²

小篆 草書

❶멀초(ㅣ遞遠也)。【高蟾詩】平蕪歸路綠ㅣㅣ。❷높을초(高也)。

〔迢遙:초요〕 멀고도 멂음。『江淹』ㅣㅣ衡山、崎曲抱津。

〔迢遞:초체〕 ❶=迢遙。❷높은 모양。『謝朓』ㅣㅣ起朱樓。

〔迢迢:초초〕 ❶높은 모양。❷까마득한 「모양。

【迣】

(렬)『迾』(辵部 6畫)의 古字

【迤】

㊀(이) 紙 イ、つづく ㊁(타) 歌 follow

小篆 草書

㊀든든할이(逶ㅣ自得貌)。㊁어정거린타(行貌)。

【迤迤:이이】 ❶잇따르는 모양。『杜牧』 檣形櫛櫛斜、浪態ㅣㅣ好。 ❷비스듬히 뻗는 모양。

【迥】 (형) 迥 ケイ、とおい far; distant
小篆 草書 ❶멀형(寥遠)。『杜甫詩』 江ㅣ月來遠。 ❷빛날형(光輝)。 ❸성형(姓也)。

【迥迥:형형】 거리가 먼 모양。

【迦】 (가) 歌 麻 カ Buddha's name ㄐㄧㄚ chia¹
草書 부처의이름가(釋ㅣ佛號)。『文中子』 齋戒修而梁國亡非釋ㅣ之罪也。

【迦藍:가람】 《佛》僧侶가 살면서 佛道를 닦는 곳。 절에 딸린 집들을 일컬음。『魏書』ㅣㅣ淨土。

【迦陵頻伽:가릉빈가】 《梵》Kalavinka의音譯。 불경에 나오는 人頭鳥身에 용꼬리가 달린 상상의 새。

【迦比羅:가비라】 《歷》釋迦가 탄생한 옛날의 地名。 北印度의 히말라야 산맥의 기슭。

【迦葉:가섭】 《佛》梵語로 Kāsyapa. ❶印度 姓의 하나。 ❷過去 七佛의 여섯 번째 부처。 迦葉波。 ❸釋迦 제자인 優樓頻羅迦葉・那提迦葉・迦耶迦葉의 삼 형제。 ❹摩訶迦葉의 略語。 ❺小乘飮光部의 조상。善歲。

一朝摩訶迦葉尊者 (三才圖會)

【迣】 (제) 霽 テイ、おどろく be frightened
小篆 놀랄제(驚也)。

【迨】 (태) 賄 タイ、およぶ reach ㄉㄞ tai⁴
草書 미칠태(及也)。『詩』ㅣ其今兮。

【迨今:태금】 지금에 이름。『詩・召南』 求我庶士、迨其今兮。

【迨吉:태길】 좋은 時期를 잃지말라。 또는 結婚의 時期를 말함。『詩・召南』。

【迩】 (이)『邇』(14畫 辵部)의 俗字

【迪】 (적) 錫 テキ、すすむ advance ㄉㄧ ti²
小篆 草書 ❶나아갈적(進也)。『書』允ㅣ厥德。 ❷순할적(循道順也)。『書』惠ㅣ吉。 ❸열어줄적(導ㅣ開發)。『書』啓ㅣ後人。 ❹밟을적(蹈也)。 ❺이를적(至也)。『漢書敍傳』漢ㅣ于秦、有革有因。

【迫】 (박) 陌 ハク、せまる approach ㄆㄛ p'o⁴ (古音「백」)
小篆 草書 ❶핍박할박(逼也近也急也)。『楚辭』 衆比周以相ㅣ兮。 ❷곤란할박、궁할박(ㅣ阨窘也)。『楚辭』悲時俗之ㅣ阨兮。 ❸서둘박(急也)。『後漢書 武帝紀』外ㅣ公事。 ❹줄일박(縮也)。

【迫劫:박겁】 위협하여 울러댐。『漢書』ㅣㅣ萬民、伏殺無罪。

【迫擊:박격】 대들어 몰아 침。

【迫擊砲:박격포】 짜임새가 간단하고 가벼운 근 거리용의 臼(구)砲。

【迫近:박근】 바싹 닥쳐 가까움。

【迫急:박급】 바싹 다가서 매우 급함。『後漢書』光武至懷、韓歆ㅣㅣ迎降。

【迫頭:박두】 절박하게 닥쳐옴。

【迫力:박력】 남을 威壓하는 힘。 急迫한 힘。 일을 밀고 나가는 힘。

【迫歲:박세】 섣달 그믐이 가까움。

【迫阨:박액】 남의 사정을 돌보지 않음。

【迫切:박절】 인정이 없고 야박함。

【迫害:박해】 핍박하여 해롭게 함。

【迫脅:박협】 ❶으르고 대어들음。 脅迫。 ❷地勢가 좁음。『張衡』增九筵之ㅣㅣ。
◎强ㅣ、窮ㅣ、急ㅣ、壓ㅣ、切ㅣ、逼ㅣ、脅ㅣ。

【迭】 (질) 屑 テツ、イツ、かわる change ㄉㄧㄝ tieh² (本音「절」)
小篆 草書 ❶갈마들일질(更遞)。『易繫辭』ㅣ用柔剛。 ❷대신질(ㅣ代)。 ❸침노할질(侵突)。『左傳』ㅣ我殽地。

【迭起:질기】 서로 바꾸어 일어남。 迭興。

【迭代:질대】 바뀌고 바뀌어서 세상의 代를 이어가는 것。 서로 바꾸어서 대신함。

【迮】 (책) 陌 サク、せまる become tight ㄗㄜ tse²
小篆 草書 ❶끌책、끼일책(迫也)。『後漢書』 囂執排ㅣ不得進退。 ❷발끈일어날책(ㅣㅣ起也)。

【迮狹:책협】 좁음。『蜀志』山道ㅣㅣ、前後不得相救。

【迯】 (도)『逃』(6畫 辵部)의 俗字

【述】 (술) 質 ジュツ、のべる write; state ㄕㄨ shu⁴
小篆 籀文 草書 ❶이을술(續也)。 ❷지을술(著ㅣ譔也修也)。『禮』識禮樂之文者能ㅣ。 ❸좇을술(繼ㅣ循也)。『中庸』父作之子ㅣ之。 ❹조회할술(ㅣ職諸侯朝)。『孟子』諸侯朝於天子曰ㅣ職。 ❺밝힐술(布陳)。『論語 述語』ㅣ而不作。

【述語:술어】 文章 成分의 하나。 主語에 대하여 그 動作・狀態・性質 등을 설명하는 말。

【述義:술의】 뜻을 폄。 뜻을 말함。

【述作:술작】 ❶책 따위를 지어 만들음。 ❷先人의 가르침을 傳述함。 또는 創作을 말함。『晋書』少有文義、好ㅣㅣ。

【述懷:술회】 마음 먹은 여러 가지 생각을 말함。 또는 그 말。 言志。
◎口ㅣ、記ㅣ、敍ㅣ、著ㅣ、陳ㅣ。

【迱】 ㊀(이) 支 ㊁(다) 歌 イ、ゆったり leisurely
㊀❶든든할이(逶ㅣ自得貌)。 ❷에둘러갈이(ㅣ邐旁行)。 ㊁어정거릴다(逶ㅣ行貌)。

六 畫

【迴】 (회)『回』(3畫 口部)와 같음

【迵】 ㊀(동) 送 ㊁(동) 東 トウ、すぎる penetrate
小篆 草書 ㊀지날동(過也)。『史記』診其脈ㅣ風。 ㊁사무칠동、통달할동(達也)。『太玄經』中冥獨達ㅣㅣ不屈。

【迵達:동달】 거리낌없이 通함。

【迵迵:동동】 通하는 모양。 通達함。『太玄經』中冥獨達、ㅣㅣ不屈。

【迷】 (미) 齊 メイ、まよう wander ㄇㄧ mi²
小篆 草書 ❶박할미、미혹할미(惑也)。『李義山雜纂』不如不解」劣奴解識字、則作ㅣ。 ❷희미할미(亂也)。『書』烈風雷雨不ㅣ。 ❸망서릴미(未決)。『晏子春秋 內篇問下』莫三人而ㅣ。

【迷見:미견】 헷갈리어 어지러운 견해。

【迷界:미계】 《佛》迷妄의 세계。 煩惱에 시달려서 三界를 헤매는 衆生界。

【迷宮:미궁】 ❶出口를 쉽게 알 수 없도록 지은 궁전。 ❷한 번 들어가면 빠져 나올 수 없는 곳。

【迷豚:미돈】 《國》똑똑하지 못한 미련한 아이라는 뜻。 家兒・家豚。

【迷亂:미란】 정신이 헷갈려 어지러움。

【迷路:미로】 ❶갈피를 잡을 수 없이 된 길。 ❷《生》귓속 깊은 부분。 內耳。

【迷罔:미망】 마음이 복잡하여 무엇인지 잘 모름。 『列子』秦人逢氏之子、有ーー之疾。

【迷妄:미망】 사리에 어두움。 迷惑함。

【迷夢:미몽】 흐릿한 꿈이란 뜻으로 무엇에 迷惑하여 흐릿해진 정신상태를 일컫는 말。

【迷想:미상】 어지럽게 헷갈린 생각。 갈피를 잡지 못하는 생각。

【迷息:미식】 남에게 대하여 자기 아들이나 딸을 겸사하여 일컫는 말。

【迷信:미신】 이치에 어긋난 것을 망녕되게 믿음。

【迷兒:미아】 ❶家兒。 ❷길 잃은 아이。

【迷彩:미채】 적이 착각을 일으키도록 탱크・배 따위에 칠을 하는 일。 僞裝。

【迷眩:미현】 정신이 헷갈려 어지럽고 어수선함。

【迷惑:미혹】 마음이 어둡고 흐려서 무엇에 홀림。 정신이 헷갈려 헤맴。 『易林』異國殊俗、使心ーー。

◎低ー、昏ー。

【迹】 (적) 陌

セキ、あと traces ㄐㄧ

小篆 或體 文 草書 ❶발자국 적(足ー)。 『淮南子』足蹍地而爲ー。 ❷자취 적(凡有形可見者曰ー)。 ❸업적 적(成業)。 『莊子』六經先王之陳ー。 ❹보기 적(先例)。 『孟子 離婁下』王者之ー熄。 ❺뒤따를 적(追後)。 『論語 先進』不踐ー。 『漢書 杜欽傳』將以求天心ー得失也。 (『跡・蹟』과 같음)

【迺】 (내) 賄

ダイ、おどろいたときのこえ surprised voice ㄋㄞˇ nai3

小篆 古文 草書 ❶놀라소리 지를 내(驚聲也)。 ❷갈 내(往也)。 ❸이를 내(至也)。

【迻】 (이) 支

イ、うつる remove

小篆 草書 옮길 이(遷徙)。 『楚辭』厲懲艾而不ー。 (『移』와 같음)

【迨】 (합) 合

コウ、おいつく follow at one's heels

小篆 뒤미처갈 합(ー遝、行相及)。

【追】 ㊀(추) 支 ㊁(퇴) 灰

ツイ、タイ、おう pursue; chase ㄓㄨㄟ (chuei)

小篆 草書 ㊀❶쫓을 추(逐也)。 『左傳』ー戎于濟西。 ❷따를 추(逮也隨也)。 『詩』薄言ー之。 ❸미룰 추(上溯已往)。 『論語 學而』愼終ー遠。 ㊁❶옥다듬을 퇴(ー琢治玉)。 『周禮』ー治玉石。 ❷쇠북꼭지 퇴(鐘紐)。 『孟子』以ー蠡。

【追加:추가】 나중에 더 보탬。 『漢書』ー尊號。

【追加配當:추가배당】 일단 배당한 뒤에 다시 더하는 배당。

【追加分:추가분】 추가한 부분。 또는 그 분량。

【追加豫算:추가예산】 《法》국가 예산이 이미 의회에서 통과 성립된 뒤에 款項目의 增額 또는 신규 사업으로 인하여 款項目을 신설할 때 제출하는 예산。

【追擊:추격】 쫓아가서 몰아 침。 『史記』漢卒皆南走山、楚又ーー。

【追考:추고】 미루어 생각함。 追思。

【追求:추구】 ❶끈기 있게 어디까지나 뒤쫓아 구함。 ❷지나간 것을 뒤쫓아 생각함。 追思。 『楚辭』文君寤而ーー。

【追究:추구】 이치를 미루어 생각함。

【追咎:추구】 일이 지나간 뒤에 그 잘못을 나무람。 『王羲之』ーー往事、亦何所復及。

【追窮:추궁】 =追究。

【追及:추급】 뒤쫓아서 따라감。 뒤쫓아 미침。 『漢書』高祖乃ーー問老父。

【追給:추급】 나중에 더 내어 줌。

【追記:추기】 본문에 추가하여 적어 넣음。 또는 그 글。 『文心雕龍』仲尼微言、門人ーー。

【追納:추납】 모자라는 것을 나중에 더 채워 바침。

【追念:추념】 지나간 일을 미루어 생각함。 또는 그 생각。

【追悼:추도】 죽은 이를 追想하여 슬퍼함。 『魏文帝』ーー之懷、愴然攸傷。

【追悼會:추도회】 추도하는 뜻을 나타내는 모임。

【追錄:추록】 추가하여 써 넣음。 『宋史』乞行ーー、始贈秘閣修撰。

【追論:추론】 지나간 일을 추구하여 논의함。

【追慕:추모】 죽은 사람과 먼 곳에 있는 사람을 사모함。 『後漢書』明帝性孝愛、ーー無已。

【追尾:추미】 뒤쫓아 따라 감。

【追攀:추반】 서로 도와줌。 『杜甫』新友相ーー。

【追放:추방】 ❶쫓아 냄。 ❷罪過있는 사람을 일정한 지역 또는 公職에서 물러나게 함。

【追兵:추병】 적군을 추격하는 군사。 『資治通鑑』李嗣業留拒ーー。

【追復位:추복위】 빼앗겼던 位號를 다시 회복함。

【追肥:추비】 농작물을 위하여 첫 번 거름을 준 뒤에 나중에 추가하여 주는 거름。

【追思:추사】 지난일을 되살려 생각함。 『魏志』揚州士民ーー之。

【追削:추삭】 《制》죽은 뒤에 그 사람 생전의 位勳을 깎아 없앰。 追奪。

【追償:추상】 우선 갚아야 할 기일에 갚고 나머지를 나중에 갚음。

【追善:추선】 ❶죽은 사람의 명복을 빌기 위하여 착한 일을 함。 ❷죽은 사람의 명복을 빌고 그 忌日 같은 때에 佛事를 행하는 일。

【追溯:추소】 사물의 근원을 찾아 올라가서 살핌。

【追訴:추소】 本訴에 추가해서 소송하는 것。

【追隨:추수】 뒤쫓아 따라다님。 뒤를 따름。 『曹植』淸夜遊西園、飛蓋相ーー。

【追隨主義:추수주의】 확고한 주견이 없이 남의 뒤만 따르는 주의。

【追施:추시】 나중에 시행함。

【追諡:추시】 =追號。 『漢書』元始元年五月、ーー孔子、曰褒成宣尼公。

【追憶:추억】 지나간 일이나 가버린 사람을 돌이켜 생각함。 또는 그 생각。 『鮑照』ーー宿昔時、聲容滿心耳。

【追完:추완】 《法》민법상으로 필요한 요건을 구비하지 않았기 때문에 효력을 보지 못한 법률 행위가 나중에 요건을 보충하여 유효로 되는 일。

【追友江南:추우강남】 벗을 따라 멀리 감을 가리키는 말。

【追遠:추원】 지나간 먼 일을 그리워 함。

【追認:추인】 ❶과거의 사실을 인정함。 ❷《法》일단 행하여진 불완전한 법률 행위를 뒤에 확정적으로 유효하게 하는 일방적 의사 표시。

【追跡:추적】 뒤를 밟아 쫓아 감。

【追尊:추존】 ❶=追崇。 ❷죽은 뒤에 尊

號를 줌。『史記』ㅣㅣ莊襄王、爲太上皇。

【追從:추종】❶뒤좇아 따라감。뒤좇아 하는 대로 함。『文徵明』高齋落口偶ㅣㅣ。❷아첨하여 좇음。

【追蹤:추종】❶사람의 뒤를 좇음。❷《轉》옛일을 물음。『杜甫』ㅣㅣ話渺茫。

【追贈:추증】《制》❶從二品 이상의 관원의 죽은 아버지·할아버지·증조 할아버지에게 벼슬을 주던 일。❷나라에 공로가 있는 사람에게 죽은 뒤에 벼슬을 주던 일。『後漢書』帝下詔ㅣㅣ、少爲太常。

【追徵:추징】징수 기한이 지난 뒤에 부족액 따위를 물려서 거둠。또는 추가하여 거두어 들임。『韓愈』有者皆已輸納、無者徒被ㅣㅣ。

【追逐:추축】❶벗 사이에 서로 왕래하여 교제함。❷사람의 뒤를 좇아 감。『楚辭』忽馳騖以ㅣㅣ兮。

【追稱:추칭】죽은 뒤에 그 사람을 칭찬함。『後漢書』范升上疏、ㅣㅣ祭遵。

【追琢:추탁】玉을 다듬음。

【追討:추토】도망하는 적을 좇아가 침。『後漢書』郡縣ㅣㅣ。

【追捕:추포】뒤좇아 잡음。『漢書』吏無「ㅣㅣ之苦。

【追恨:추한】일이 지난 뒤에 뉘우치고 한탄함。『唐書』帝悟其讒、ㅣㅣ之。

【追行:추행】❶뒤좇아 행함。❷뒤를 좇아서 따라감。

【追刑:추형】追放의 형벌。

【追號:추호】죽은 뒤에 號를 지어 주는 것。또는 그 號。追謚。『風俗通』大王·王季·皆見ㅣㅣ。

【追還:추환】뒷날에 돌려 보냄。

【追喚:추환】떠난 뒤에 불러서 돌이킴。

【追懷:추회】지나간 일 또는 사람을 생각하여 그리워 함。

【追悔:추회】일이 지난 뒤에 잘못을 뉘「우침。

【追後:추후】일이 지나간 얼마 뒤。그 며칠 뒤。

【追後磨鍊:추후마련】지나간 뒤에 그 잘못을 마련함。◎訴ㅣ。

【洌】

(렬) 屑 レツ、さえぎる intercept 小篆 草書 ❶길치울렬(車駕淸道)。『後漢書』張弓帶鞬遮ㅣ出入。❷막을렬(遮遏)。

【洵】

(준) 震 シュン、さき first (本音「순」) 먼저준(先也)。『公羊傳』朋友相衛而不相ㅣ。

【退】

(퇴) 隊 タイ、しりぞく retreat ㄊㄨㄟˋ t'uei⁴ 小篆 或體 古文 草書 ❶물러갈퇴(却也)。『禮』君子三揖而進一辭而ㅣ。❷갈퇴(去也)。『道德經』功成名遂身ㅣ天之道也。❸겸양할퇴(謙ㅣ遜讓)。❹물리칠퇴(ㅣ之)。

【退却:퇴각】❶뒤로 물러나감。『魏志·註』ㅣㅣ避之。❷가져온 물건 따위를 물리쳐서 받아 들이지 않음。

【退去:퇴거】뒤로 물러감。

【退耕:퇴경】관직에서 물러나와 농사 지음。『史記』子胥退而耕于野。

【退境:퇴경】어떠한 경지 안에서 그 밖으로 물러나감。

【退官:퇴관】관직을 그만 둠。

【退校:퇴교】=退學。

【退軍:퇴군】전쟁 터에서 군사가 물러감。↕進軍。

【退闕:퇴궐】대궐을 물러감。

【退勤:퇴근】회사·관청 따위의 근무처에서 일보는 시간을 마치고 물러나옴。「↕出勤。

【退期:퇴기】기한을 물림。

【退妓:퇴기】妓案에서 물러나온 기생。

【退待:퇴대】물러가서 명령을 기다림。

【退令:퇴령】지방 관청에서 吏屬·使令 따위에게 물러 나감을 허락하던 명령。

【退路:퇴로】뒤로 물러갈 길。

【退吏:퇴리】퇴직한 吏屬。

【退物:퇴물】❶웃사람이 쓰던 것을 물리어 준 물건。❷퇴박 맞은 물건。

【退步:퇴보】❶뒤로 물러섬。❷전의 상태보다 나빠짐。↕進步。

【退盆:퇴분】분에 심은 화초를 뽑아 버림。↕登盆。

【退仕:퇴사】낮은 관리가 벼슬을 내놓「고 물러감。

【退社:퇴사】❶사원이 규정된 시간에 일을 마치고 회사를 떠남。❷사원이 회사를 아주 그만 둠。

【退思:퇴사】물러나서 생각함。

【退散:퇴산】❶물러나와 산산히 흩어져 감。『後漢書』因各ㅣㅣ。❷피하여 달아남。

【退床:퇴상】음식상을 물림。

【退霜:퇴상】늦게 내린 서리。

【退色:퇴색】빛이 바램。渝色。

【退暑:퇴서】물러가는 더위。

【退席:퇴석】앉아 있던 자리에서 물러「남。

【退攝:퇴섭】두려워서 물러감。

【退俗:퇴속】《佛》중이 도로 俗人이 됨。退寺。還俗。

【退送:퇴송】물건을 받지 않고 물리쳐「도로 보냄。

【退守:퇴수】싸움할 때 물러나서 지킴。

【退身:퇴신】관계하는 일에서 물러나옴。『唐書』兵貴攻取、賤ㅣㅣ。

【退闇:퇴암】사물에 우둔한 사람을 물리침。

【退讓:퇴양】물러나 다른 사람에게 양보함。『禮記』君子恭敬樽節、ㅣㅣ以明禮。

【退役 퇴역】❶兵役에서 물러남。❷=退任。

【退然:퇴연】기력이 없이 느른한 모양。『禮記』ㅣㅣ如不勝衣。

【退嬰:퇴영】뒤로 물러남。↕進取。

【退院:퇴원】❶《佛》절에서 住持의 직무를 사퇴함。『道山淸話』長老遂ㅣㅣ而去。❷입원하였던 환자가 건강을 회복하고 병원으로부터 물러나옴。

【退位:퇴위】❶임금의 자리에서 물러남。❷위치를 뒤로 물림。❸官位에서 물러남。

【退隱:퇴은】世俗을 떠나 隱居함。『劉滄』白雲深處葺茆廬、ㅣㅣ衡門與俗疎。

【退一步:퇴일보】염려가 되어 좀 주춤하여 한걸음 뒤로 물러남。

【退任:퇴임】벼슬을 그만 둠。직업을 내놓음。退職。

【退字:퇴자】❶《制》上納하는 布木의 품질이 낮아 「退」字가 찍혀 도로 물려 나온 물건。❷퇴박 맞은 물건。

【退場:퇴장】회의 처소에서 어떤 이유로 참여하지 않고 먼저 물러남。

【退藏:퇴장】❶물러나서 종적을 감춤。『中庸章句』卷之則ㅣㅣ于密。❷물건을 뒤로 돌려 감추어 버림。

【退廷:퇴정】朝廷이나 법정에서 물러남。

【退定:퇴정】기한을 뒤로 물리어서 작정함。

【退朝:퇴조】조회에서 물러나옴。

【退潮:퇴조】썰물。

【退酒:퇴주】제사 때에 初獻과 亞獻에서 물린 술。

【退酒盞:퇴주잔】제사 끝에 물려 낸 終獻한 술잔。

【退職:퇴직】직장에서 물러남。직장을 그만 둠。

【退職金:퇴직금】직장에서 물러날 때「에 받는 돈。

【退陣:퇴진】진지를 뒤로 물림。

【退斥:퇴척】물리침。『本事詩』九齡慮終不免、爲海燕詩、以致意、亦終ㅣㅣ。

【退聽:퇴청】관청에서 근무를 마치고 물러나옴。퇴근。↕登廳。

【退逐:퇴축】보낸 것을 받지 않고 돌려「보냄。

[退縮:퇴축] 움츠리고 물러섬。
[退出:퇴출] 물러나서 나감。
[退治:퇴치] 물리쳐서 없애 버림。
[退敗:퇴패] 敗하여 물러남。『南史』軍至渦陽——。
[退避:퇴피] ❶물러나 피함。❷引退함。『漢書』張禹乞骸骨、欲——。
[退學:퇴학] 학생이 졸업 전에 다니던 학교를 그만둠。
[退婚:퇴혼] 정한 혼인을 어느 한 편에서 퇴함。
[退化:퇴화] ❶進步 이전의 상태로 되돌아감。❷《生》器管이 쓰일 수 없도록 변하거나 그 구조가 간단하여지고 작용력이 없어짐。
[退會:퇴회] 회원이 그 회에서 탈퇴함。↔入會。
[退休:퇴휴] 벼슬을 그만두고 물러나서 쉼。
◎減—、擊—、謙—、辭—、勇—、隱—、引—、一進一—、早—、潮—、進—、脫—、敗—、後—。

【送】(송) 図 ソウ、おくる send ㄙㄨㄥ sung⁴

小篆 籀文 書草 ❶보낼송(遣也)。『詩』遠—于野。❷전송할송(餞也)。『詩』我—舅氏。❸가질송(將也)。『儀禮』賓再拜稽首—幣。❹활잘쏠송(縱—善射)。『詩』抑縱—忌。❺줄송(贈也)。『史記 孔子世家』富貴者—人以財。
[送客:송객] 손님을 전송함。
[送球:송구] 《運》球戲의 한 가지。한 편이 一一명、하나의 공을 패스、또는 드리블하여 상대 편 고울에 던져 넣기를 겨루는 경기。핸드보올(handball)。
[送舊迎新:송구영신] 가는 해를 보내고 새해를 맞음。
[送金:송금] 돈을 부쳐 보냄。
[送金換:송금환] 송금하는 데 쓰이는 換。
[送達:송달] =送付。보내어 줌。
[送料:송료] 물건을 보내는 비용。
[送別:송별] 떠나는 사람을 이별하여 보냄。『李嘉祐』淮南頻——、臨水惜殘春。
[送別宴:송별연] 송별할 때 베푸는 잔치。
[送別會:송별회] 송별할 때 베푸는 모임。
[送付:송부] 보내어 줌。送達。
[送水管:송수관] 上水道의 물을 供給하는 땅 속에 묻은 鐵管。
[送信:송신] 다른 곳에 통신을 보냄。
[送迎:송영] 送別과 迎接。『晉書』吾—不出門、食不過塩米。
[送籍:송적] 결혼하거나 양자로 들어가는 사람의 호적을 그 가는 집의 호적에다 넘겨 넣음。
[送傳:송전] 보내어 전해 줌。
[送電:송전] 전기를 보냄。
[送呈:송정] 보내어 贈呈함。
[送綵:송채] 혼인을 정한 뒤에 신랑 집에서 신부집으로 청색과 홍색의 綵緞을 보내는 것。
[送廳:송청] 경찰에서 조사한 범죄 혐의자를 檢察廳으로 넘겨 보냄。
[送致:송치] 보내어 이르게 함。
[送風機:송풍기] 바람을 일으켜 내는 기계。
[送話機:송화기] 談話를 傳送하는 電話機의 일부。↔受話機。
[送還:송환] 돌려 보냄。

【适】(괄) 図 カツ、はやい rapid ㄎㄨㄛ k'uo⁴

小篆 書草 ❶빠를괄(疾也)。❷사람이름괄(人名南宮—)。『論語 憲問』南宮—。

【逃】(도) 豪 トウ、のがれる escape; flee ㄊㄠ t'ao²

小篆 小篆 書草 ❶달아날도、피할도(避也)。『史記』季札讓—去。❷도망군도(亡也)。『書記』項羽圍成皐漢王—。❹빠져나갈도(脫也)。『李商隱雜纂 必不來』醉客—多罪逋—。❸도망할도(逸去)。『史席。
[逃嫁:도가] 본 남편을 버리고 다른 사람에게 改嫁하는 것。『史記』妻爲——、子不得母。
[逃匿:도닉] 도망하여 숨음。『孟子』禽獸——。
[逃遁:도둔] 도망하여 숨음。『書經』——于荒野。
[逃遁不得:도둔부득] 도망하여 숨을 수가 없음。
[逃妄:도망] 사리에 어두움。迷惑。
[逃亡:도망] ❶몰래 피하여 달아남。『史記』急則——、自損之。❷쫓겨 달아남。
[逃名:도명] 지조를 굳게 지켜 세속과 구차스럽게 화합하지 않는 것。
[逃散:도산] 도망하여 흩어짐。『唐書』黃巢之亂、樂工——。
[逃世:도세] 隱居하여 世俗을 피함。
[逃身:도신] 몸을 피함。도망함。
[逃熱:도열] 열이 식어 없어짐。
[逃走:도주] 도망쳐 뛰어감。피하거나 쫓겨서 달아남。
[逃躱:도타] 도주하여 피신함。
[逃脫:도탈] 도망하여 벗어남。
[逃避:도피] 도망하여 피함。逃竄。『詩經·疏』雖則勤苦、無所——。

【逄】(방) 江 ホウ、ふさぐ close ㄆㄤ p'ang²

書草 ❶막힐방(塞也)。❷성방(姓也)。『孟子』—蒙學射於羿。

【逅】(후) 宥 コウ、であう meet by chance ㄏㄡ hou⁴

小篆 書草 우연히만날후(邂—不期而會)。『詩』今夕何夕見此邂—。

【逆】(역) 陌 ゲキ、ギャク、さからう oppose ㄋㄧ ni⁴

小篆 書草 ❶거스릴역(不順)。『書』從—凶。❷맞을역(迎也)。『周禮』龡豳詩以—暑。❸배반할역(反也)。❹어지럽게할역(亂也)。❺역적역(—賊)。
[逆境:역경] 일이 뜻대로 안 되는 불행한 경우。『宋史』夫閭匹夫、處閭門——、容有縱酒自放者。
[逆氣:역기] 마음에 거슬리는 일。『管子』人不足、則——生、生則令不行。
[逆黨:역당] 역적들의 무리。逆徒。
[逆德:역덕] 도리에 어긋난 행동。『漢書』怒者——也、兵者凶器也。
[逆徒:역도] 역적들의 무리。逆黨。
[逆睹:역도] 사물의 결말을 미리 내다봄。
[逆浪:역랑] ❶거슬러 밀려오는 물결。『杜甫』窮冬急風水、——開帆難。❷세상이 어지러움。
[逆旅:역려] 旅人을 맞이한다는 뜻。곧 여관。(逆은 迎의 뜻)。『莊子』陽子之宋、宿於——。
[逆旅過客:역려과객] ❶지나가는 손과 같이 관계가 없는 사람。❷세상은 여관과 같고 인생은 나그네와 같다는 뜻。
[逆路:역로] ❶되짚어 오는 길。❷逆境에서 허덕거리는 고난의 길。❸어떤 일의 반대。
[逆料:역료] 미리 헤아림。미리 생각해 봄。『諸葛亮』凡事如是、難可——。

【逆流:역류】 ❶물이 거슬러 흐름。 또는 그 물。 『呂氏春秋』河出孟門、大溢——。 ❷흐르는 물을 거슬러 올라감。 ❸《佛》生死의 흐름을 거슬러 悟道로 향해 나아감。
【逆倫:역륜】 인륜에 벗어남。
【逆理:역리】 ❶사리에 어그러짐。 ❷도리를 어김。
【逆鱗:역린】 임금의 진노。 (龍의 턱 밑에 거슬러난 비늘을 건드리면 성을 낸다는 데서 온 말)。 『韓非子·說難』。
【逆命:역명】 ❶임금 또는 웃사람의 명령을 어김。 ❷정도에 벗어난 포악한 명령。
【逆謀:역모】 반역하는 꾀。 반역을 도모함。
【逆比:역비】 ＝反比。
【逆比例:역비례】 ＝反比例。
【逆產:역산】 ❶부역자 또는 역적의 재산。 ❷《醫》倒產。
【逆宣傳:역선전】 남의 유리한 재료를 도리어 불리하도록 이용하여 선전하는 것。
【逆說:역설】 ❶반대로 뒤집혀진 이론。 ❷《論》언뜻 보기에는 진리에 어긋나는 것 같으나 도리어 그 속에 일종의 진리를 품은 말。 Paradox。
【逆數:역수】 ❶四時가 틀려 寒暑가 不順함。 『國語』時無——、物無害生。 ❷거꾸로 未來를 셈함。 ❸《數》거꾸로 센 수。 ❹어떤 수에 대하여 一을 그 수로 나눈 값을 일컫는 말。
【逆水:역수】 거슬러 흐르는 물。
【逆輸入:역수입】 일단 수출하였던 상품을 그대로 다시 수입하는 것。
【逆輸出:역수출】 일단 수입하였던 상품을 그대로 다시 수출하는 것。
【逆順:역순】 ❶거꾸로 된 순서。 順逆。 ❷거슬림과 순종함。 『晋書』季札吳之宗臣、不爭——之理。
【逆襲:역습】 쳐들어 오는 적을 도로 이쪽에서 불의에 습격함。
【逆臣:역신】 역적질을 한 신하。
【逆心:역심】 ❶반발하여 일어나는 비위에 거슬리는 마음。 ❷반역을 꾀하는 마음。 『漢書』挾——。
【逆用:역용】 ❶반대로 이용함。 ❷거슬리게 사용함。
【逆胃:역위】 ❶먹은 것을 밥통에서 잘 받지 않음。 ❷비위에 거슬림。
【逆意:역의】 ❶＝逆心。 ❷남의 뜻을 거슬림 『荀悅』犯顏——。
【逆耳:역이】 듣기에 거슬림。 (忠諫을 말함)。 『史記』忠言——利於行。
【逆利用:역이용】 이용하려는 事物을 거꾸로 이용하는 것。
【逆耳之言:역이지언】 귀에 거슬리는 말。 곧 忠告의 말。
【逆賊:역적】 자기 나라나 임금에게 반역하는 사람。
【逆賊謀議:역적모의】 역적들이 모여 반역을 꾀함。
【逆轉:역전】 ❶거꾸로 돌아감。 ❷형세가 뒤바뀜。 ❸일이 그릇되어 좋지 않게 벌어져 감。
【逆情:역정】 성(노여운 감정)의 敬稱。
【逆定理:역정리】 《數》어떤 정리의 가정과 종결과를 뒤집어서 얻은 정리。
【逆症:역증】 ＝逆情。
【逆次:역차】 거꾸로 된 차례。
【逆天:역천】 천명을 거슬림。
【逆風:역풍】 ❶거슬러 부는 바람。 ❷바람이 부는 쪽을 향하여 감。 ↕順風。
【逆行:역행】 반대로 나아감。 되돌아감。 『孟子』水——謂之洚水。
【逆婚:역혼】 형제 자매 중에서 차례를 바꾸어 나이 적은 사람이 먼저 결혼하는 일。 倒婚。
【逆效果:역효과】 얻고자 하는 효과의 정반대적인 효과。

【迸】 (병) 『迸』(8畫 辵部)의 俗字

【逈】 (형) 『迥』(5畫 辵部)의 俗字

七畫

【逥】 (패) 卦 ハイ、こわれる crumble
무너질패(壞也)。

【逋】 (포) 虞 ホ、のがれる flee ㄅㄨ pu¹
❶포흠할포(欠負官物)。 『漢書』三年以前—更賦未入者皆勿收。 ❷도망갈포(亡也)。 『書』于伐殷—播臣。
【逋徒:포도】 나라로부터 도망친 사람。 亡命者。
【逋逃:포도】 죄를 범하고 도망감。 또는 그 사람。 『左傳』紂爲天下——主。萃淵藪。
【逋慢:포만】 命令대로 하지 않고 우물우물하고 있는 것。 법을 지키지 않음。 『李密·陳情表』責臣——。
【逋租:포조】 租稅를 아직 바치지 않은 것。 未納稅。 逋欠。 『後漢書』訟——。
【逋竄:포찬】 도망하여 숨음。 逃竄。 『左傳』蒯聵得罪于君父君母、——于晉。
【逋遷:포천】 도망하여 이사함。
【逋脫:포탈】 ❶도망하여 피함。 ❷과세를 피하여 免함。
【逋欠:포흠】 ＝逋租。

【透】 (투) 宥 トウ、とおる permeate
❶통할투(通也)。 ❷사무칠투(徹也)。 ❸지나칠투(過也)。
【透過:투과】 꿰뚫고 지나감。
【透光:투광】 光線이 물체를 뚫고 들어감。
【透得:투득】 환하게 깨달음。
【透明:투명】 환히 트여 속까지 밝음。
【透明體:투명체】 공기·물·유리처럼 光線이 잘 통하는 물체。
【透寫:투사】 그림이나 글씨를 다른 얇은 종이 밑에 받쳐 놓고 그대로 그리거나 씀。
【透水層:투수층】 모래 땅처럼 물이 잘 「빠지는 地層。
【透視:투시】 《地》❶막힌 물체를 환히 틔워봄。 ❷《心》어떤 障壁을 통하여 내부에 있는 일을 특수한 감각에 의하여 感知하는 현상。 또는 그 능력。 ❸《醫》신체 내부를 통한 렌트겐선을 螢光板에 대고 눈으로 볼 수 있도록 하여 신체 내부를 검사하는 방법。
【透視圖法:투시도법】 무한대의 거리 또는 지구상의 어떤 한 점에 視點을 두고 視線에 직각으로 놓인 평면에 經緯線을 投影하는 地圖投影法의 하나。 直射圖法·平射圖法·心射圖法 등이 있음。 ↕投影圖法。
【透視力:투시력】 꿰뚫어 보는 힘。
【透映:투영】 光線이 통하여 비침。
【透徹:투철】 ❶꿰뚫어 통함。 ❷철저함。 『杜甫』溪光初——、秋色正清華。 ◎明—、浸—、滲—。

【逌】 (유) 尤 ユウ、にこやか beamingly ㄧㄡˊ yu²
빙그레할유(—爾笑貌)。 『答賓戲』主人—爾而笑。

【逍】 (소) 蕭 ショウ、ぶらつく stroll about ㄒㄧㄠ hsiao¹
노닐소、거닐소(—遙自適)。 『莊子』—遙遊。
【逍搖:소요】 ＝逍遙。 「돌아 다님。
【逍遙:소요】 거니는 것。 목적 없이 슬슬 돌아 다니며 놀음。
【逍遙遊:소요유】 ❶목적 없이 슬슬 돌아 다니며 놀음。 事物에 구애 받지 않고 즐겨 自適한다는 뜻。 ❷莊子의 篇名。

【逍風:소풍】❶운동의 목적으로 먼 길을걸음。❷＝散策。

【逷】(퇴)『退』(辵部 6畫)의 古字

【逐】㊀(축) 屋 ㊁(적) 錫 チク、おう expel; eject ㄓㄨˊ chú
小篆 草 ㊀❶쫓을축(追也)。〔左傳〕祝聃ー之。❷물리칠축(斥也)。〔史記〕非秦者去爲客者ー。㊁달리는모양적(ーー馳貌)。
【逐客:축객】❶손을 쫓아 버림。❷＝逐臣。
【逐鬼:축귀】잡된 귀신을 쫓아 버림。
【逐年:축년】해마다。
【逐涼:축량】여름의 서늘함。더운 여름에 通風이 좋은 곳에서 서늘함을 맛봄。納涼。〔白居易〕中有ーー人、單牀獨棲息。
【逐鹿:축록】❶사슴을 쫓음。〔虛堂錄〕ーー者不見山。❷政權 또는 지위를 얻기 위하여 다툼。❸議員 선거에 입후보하여 경쟁하는 일。
【逐鹿戰:축록전】議員 선거에 입후보하여 승패를 다투는 싸움。
【逐送:축송】쫓아 보냄。
【逐勝:축승】이겨가며 앞으로 전진함。
【逐夜:축야】밤마다。
【逐月:축월】다달이。逐朔。
【逐一:축일】❶하나 하나 차례대로。❷詳細하게。〔東坡集〕ーー指揮。
【逐日:축일】❶하루 하루를 쫓음。날마다。〔江總〕昂昂、逸驥、ーー千里。❷말이 매우 빨리 달림。〔洞冥記〕「귐。
【逐日相從:축일상종】날마다 서로 사
【逐條:축조】어떤 문장이나 법 조문 같은 것을 한 가지씩 한 가지씩 차례차례 보아가는 것。〔鮑照〕珠水ーー垂。
【逐條審議:축조심의】條目의 순서에 따라 차례대로 하나하나 심의함。「서。
【逐次:축차】차례차례로。차례를 쫓아
【逐斥:축척】쫓아 버림。쫓아 냄。
【逐逐:축축】❶기어이 하려고 기를 쓰는 모양。❷篤實한 모양。
【逐出:축출】쫓아 물리침。몰아 냄。
【逐出境外:축출경외】治安을 방해하는 사람을 딴 고장으로 내 쫓음。
【逐臭:축취】❶냄새나는 것을 쫓아 냄。〔曹植〕蘭茝蓀蕙之芳、衆人之所好、而海畔有ーー之夫。❷꽃의 향기를 즐겨 찾아 「다님。
【逐戶:축호】집집마다。
◎角ー、驅ー、放ー、追ー。

【逑】(구) 尤 キュウ、あつめる gather ㄑㄧㄡˊ chiú
小篆 草 ❶짝구(匹也)。〔詩〕君子好ー。❷모을구(聚斂)。〔詩〕以爲民ー。

【逓】(체)『遞』(辵部 10畫)의 俗字

【途】(도) 虞 ト、ズ、みち road; path ㄊㄨˊ tú
草 길도(路也、道也)。〔周禮〕經ー九軌。〔論語〕遇諸塗。(『塗』와 같음)
【途上:도상】❶길 위。路上。❷中途。途中。
【途中:도중】❶길을 가고 있는 중。❷일을 하고 있는 중。
【途次:도차】가는 길에。가는 편에。
◎窮ー、歸ー、一ー、壯ー、前ー、中ー。

【逕】(경) 徑 ケイ、こみち path; short cut ㄐㄧㄥˋ ching
草 ❶동안뜰경(ー庭相去遠)。❷길경(步道)。❸곧을경(直也)。❹가까울경(近也)。❺이를경(至也)。(『徑』과 같음)
【逕庭:경정】엉뚱하게 틀림。大差。〔逕은 좁음、庭은 넓음〕。〔莊子〕大有ーー、不近人情焉。

【逖】(적) 錫 テキ、はるか distant ㄊㄧˋ tì
小篆 古文 草 멀적(疏ー遠也)。〔書經 牧誓〕ー矣西土之人。
【逖逖:적적】利를 탐하는 모양。〔楚辭·九章〕悼來者之ーー。

【逗】(두) 宥 トウ、ズ、とどまる stay ㄉㄡˋ tou
小篆 草 머무를두(ー遛止也)。〔後漢書〕追虜料敵不拘以ー遛法。
【逗撓:두뇨】적을 보고 두려워서 앞으로 나아가지 못하고 머물러 있음。
【逗留:두류】한 곳에 오래 머물음。〔漢書〕祁連知虜在前、ーー不進。

【這】㊀(저) 馬 ㊁(언) 願 ㊂(갓) 〔國字〕 シャ、ゲン、むかえる、この receive; this ㄓㄜˋ chê (本音「자」)
草 ㊀❶맞을저(迎也)。〔周禮〕有掌訝主迎訝古作ー。❷이것저、여기저(此也)。〔毛晃曰〕凡稱此箇俗多用ー字。㊁맞이할언(迎也)。㊂〔國字〕가지가지갓(條條)。
【這間:저간】그 동안。그 당시。요즈음。
【這麼:저마】《中》이와 같이。
【這般:저반】❶이것。이것들。這箇。❷요즈음。〔朱子語錄〕ーー人占得、便把作ーー用。
【這番:저번】바로 지난 적의 그 때

【通】(통) 東 トウ、ツウ、とおる through ㄊㄨㄥ tung
小篆 草 ❶뚫릴통、통할통、사무칠통(達也)。〔易繫辭〕作八卦以ー神明之德。❷형통할통(亨也)。〔禮〕上ー而不困。❸통창할통(暢也)。❹사귈통(交好)。〔漢書〕非長者勿與ー。❺다닐통(往來)。❻모두통(總也)。❼지날통(ー過)。❽널리통(普ー)。❾간음할통(姦ー)。❿벌통(文書數詞ーー)。
【通家之誼:통가지의】절친한 친구간에 通內外하고 지내는 情誼。
【通姦:통간】＝姦通。
【通鑑:통감】資治通鑑의 略稱。
【通絹:통견】썩 얇고 여린 깁。
【通經:통경】처음으로 월경이 나오기 시작함。「藥劑。
【通經劑:통경제】월경을 나오게 하는
【通計:통계】＝通算。
【通告:통고】서면 또는 사람을 통하여 알려줌。
【通古今:통고금】❶예나 이제나 변함이 없이 한결같음。❷古今을 通하여 환히 알음。
【通過:통과】❶지나감。❷회의에서 議案이 可決됨。❸검사·시험 따위에 무사히 합격됨。
【通過貿易:통과무역】《經》어떤 나라가 딴 나라로부터 상품을 輸入하여 창고에 넣었다가 시간을 보아서 딴 나라에 수출하는 무역 방법。中間貿易。中繼貿易。
【通過稅:통과세】《法》한 나라 또는 한 關稅區를 통과하는 화물에 대하여 받는 租稅。「않고 지나가는 정거장。
【通過驛:통과역】急行列車가 停車하지
【通貫:통관】＝貫通。

【通款:통관】 이 편의 형편을 적이나 상대편에게 內通함。

【通觀:통관】 전체를 통하여 내어다 봄。「通覽。

【通關:통관】 關稅法의 규정에 따라서 무역의 輸出入의 許可를 받고 稅關을 지나감。

【通關業:통관업】 商品의 稅關 통과를 「보조·중개 대리하는 영업。

【通交:통교】 국가 사이의 교제를 틈。

【通衢:통구】 사방으로 통하여 번화하고 교통이 편리한 큰 길。『宋史』詔焚交阯所貢翠羽於――。

【通國:통국】 온 나라。국민 전체。擧國。『孟子』――皆稱不孝焉。

【通勤:통근】 집에서 근무처에 근무하러 다님。

【通勤車:통근차】 통근하는 사람의 편리를 보아 운행하는 기차나 자동차。

【通禁:통금】 通行禁止의 略語。

【通寄:통기】 =通知。

【通氣:통기】 ❶공기를 잘 流通시킴。❷답답한 기운을 시원하게 헤쳐 버림。

【通內外:통내외】 《國》먼 친족이나 또는 친구 사이에 남녀가 내외없이 지냄。

【通念:통념】 일반적으로 공통되는 생각。

【通達:통달】 ❶알려 주는 일。『周禮』――之國。❷막힘이 없이 환히 알음。

【通道:통도】 ❶=通路。『唐書』豐州當回紇――。❷일반이 행할 道義。

【通度寺:통도사】 《地》三一 本山의 하나。慶尙南道 梁山郡 下北面 靈鷲山에 있는 한국 굴지의 巨刹임。新羅 眞德女王 二년(六四八)에 慈藏法師가 세웠음。禪敎兩宗의 本山으로 되어 있는데 佛骨·佛袈裟가 있으므로 특히 佛刹大本山이라고 일컬음。

【通讀:통독】 처음부터 끝까지 내리 읽음。

【通同:통동】 온통。모두。죄다。

【通覽:통람】 처음부터 끝까지 모조리 훑[illegible]。

【通靈:통령】 정신이 神靈과 마주 통함。

【通靈草:통령초】 《植》인동덩굴。「는 예。

【通禮:통례】 일반적으로 공통되게 쓰이는 예。

【通路:통로】 막힘이 없이 왔다 갔다 할 수 있는 길。통하는 길。『晋書』北無――。

【通論:통론】 ❶사리에 通達한 이론。『後漢書』作五經論、時號之曰沛王――。❷전체를 통한 일반적 이론。公論。

【通理:통리】 ❶사물의 이치를 通達함。❷일반 전체에 공통되는 도리。『白居易』四面無附枝、中心有――。

【通利劑:통리제】 《醫》大小便이 막힌 것을 잘 통하게 하는 藥劑。

【通謀:통모】 비밀히 通情하고 공모함。

【通文:통문】 여러 사람의 성명을 적어서 차례로 돌려 보는 通知文。

【通敏:통민】 사물에 대하여 밝게 잘 알고 있는 것。

【通發流:통발류】 뿌리로 빨아 올리는 물이 줄기와 가지를 지나서 잎에 이르는 상태。

【通發作用:통발작용】 《植》잎이 뿌리로 빨아 올린 물을 수증기로 만들어 발산시키는 작용。

【通房:통방】 《國》감옥에서 이웃 監房의 收監者끼리 암호로 통하는 일。

【通辯:통변】 =通譯。「籌開元――。

【通寶:통보】 =通貨。『唐書』武德四年、

【通報:통보】 통지하여 알림。通告。

【通訃:통부】 사람의 죽음을 알림。

【通分:통분】 《數》分母가 다른 둘 이상의 分數를 값을 바꾸지 않고 같은 分母의 분수로 만드는 것。

【通比:통비】 전체를 모두 통하는 비례。

【通士:통사】 사리에 정통한 사람。『荀子』可謂――矣。

【通史:통사】 역사 記述法의 한 가지。한 시대나 한 지역에 제한된 特別史에 대하여 全時代·全地域에 걸쳐 쓴 종합적 역사。

【通事:통사】 ❶=通譯。❷《制》高麗 때 中書門下省에 딸린 吏屬。❸兩國의 교제。『周禮』掌邦國之――、而結其交好。

【通事情:통사정】 자기 사정을 남에게 알리거나 남의 사정을 잘 알아 줌。通人情。

【通算:통산】 통털어 계산함。通計。『元稹』――衣食費、不計遠近程。

【通常:통상】 보통이며 별로 특별한 것이 없음。

【通商:통상】 외국과의 무역。외국과의 「거래。『左傳』――惠工。

【通常服:통상복】 평상시에 입는 옷。

【通商郵便:통상우편】 小包 우편에 대한 보통 우편。

【通常郵便物:통상우편물】 소포 우편물에 대한 보통 우편물。

【通常議會:통상의회】 《政》政國會法의 규정에 따라 해마다 한 차례씩 소집되는 의회。↔臨時議會。

【通商條約:통상조약】 《政》國會法 외국과의 무역에 관하여 두 나라 사이에 체결된 국제조약。

【通常株:통상주】 《經》어떤 종류의 株式이 이익 配當、建設利殖의 배당、자연 재산의 분배 등에 관해서 딴 종류의 주식에 대하여 특히 우선적 또는 劣後的 지위가 인정되는 경우에 있어서 표준이 되는 株式。

【通說:통설】 ❶도리에 통하고 造詣가 깊은 이야기。❷일반에 통하는 논설。『顔延之』徒謂支離以爲――。❸=通解。

【通涉:통섭】 ❶사물에 널리 통함。『蜀志·註』博覽多所――。❷서로 來往함。

【通性:통성】 일반적으로 누구나 다 가지고 있는 성질。共通性。

【通姓名:통성명】 서로 성과 이름을 알「려줌。

【通性原理:통성원리】 《哲》事物의 본질을같은 종류에 속하는 많은 것의 類型으로서 볼 때를 말함。↔個性原理。

【通世界:통세계】 ❶온 세계에 통함。❷온 세상。

【通宵:통소】 =通夜。『舊唐書』――連日、「情忘厭倦。

【通宵不寐:통소불매】 밤 새도록 잠을 이루지 못함。

【通俗:통속】 ❶고상하지 않고 보통임。❷전문적이 아니고 누구라도 알 수 있는 것。❸세상 일반。

【通俗文學:통속문학】 문학적 素養이 낮은 일반 사람들을 상대로 한 興味本位의 문학。↔純粹文學。

【通俗小說:통속소설】 일반 대중을 상대로 한 興味本位의 통속적인 素材를 다룬 일종의 대중소설。

【通俗的:통속적】 ❶일반 사람이 알기 쉬운 것。❷低級 卑俗한 것。「게 함。

【通俗化:통속화】 모든 사람이 알기 쉽

【通習:통습】 ❶일반적인 風習。❷전부를 통하여 익힘。

【通信:통신】 ❶우편·따위로 소식이나 意思를 알리는 것。『晋書』王敦謂澄曰、何與杜弢――。❷신문·잡지따위에 실릴 뉴스를 本社 등으로 붙이는 일。

【通信官署:통신관서】 《法》遞信部長官의 지휘 감독하에 통상 우편·소포 우편·전신·전화를 비롯한 제반 통신 사무를 장하는 관정。

【通信教育:통신교육】 통신 교수에 의하는 교육。

【通信機關:통신기관】 우편·전신·전화 따위의 제반 통신을 맡아 보는 기관。

【通信隊:통신대】 《軍》군대에서 통신의 제반 임무를 맡은 특수한 부대。

【通信網:통신망】 내외 각국에 통신원을 보내어 조직적으로 연락하는 설비。

【通信簿:통신부】 학교에서 각 생도의 성적·건강·출석 상태 따위를 부형에게

알리는 문서。
【通信社:통신사】 신문사·잡지사·방송국 따위에 뉴스를 공급하는 기관。
【通信使:통신사】 《制》李朝 중엽 이후 日本으로 보내던 사신。
【通信員:통신원】 본사에서 다른 지방에 파견되어 그 지방의 특수한 사실을 통신하여 주는 책임을 띤 사람。
【通信票:통신표】 =通信簿。
【通心情:통심정】 情誼를 서로 주고 받음。
【通雅:통아】 ❶사물의 이치에 통하고 바름。『魏志』清秀――、有王佐之風。❷《書》五二권。明 方以智 지음。「爾雅」의 체재를 본떠 四十四門에 나누고 名物·象數·詁訓·音韻 등을 考證한 것。
【通夜:통야】 밤을 새움。밤새도록。『晉書』――不寢。
【通約:통약】 《數》約分。
【通譯:통역】 말이 달라서 통하지 못하는 사람 사이에 그 두 말을 다 아는 사람이 말을 서로 옮겨 뜻을 전하여 줌。또는 그 사람。『後漢書』都護西指、則――四萬。
【通用:통용】 ❶일반에 쓰임。❷어느 것에든지 쓰임。❸언제나 지나감。
【通用期間:통용기간】 통용하는 기간。
【通用門:통용문】 대문 이외에 항상 자유롭게 드나들게 만든 문。
【通用語:통용어】 일반에게 두루 쓰이는 말。
【通韻:통운】 ❶音韻이 서로 통함。❷漢詩에서 발음이 비슷하여 여럿이 서로 통하여 쓸 수 있는 韻。東·冬·江의 終聲과 같은 것。
【通運:통운】 ❶물건을 실어 옮김。또는 옮겨감。❷운수가 터짐。또는 그 운수。
【通儒:통유】 모든 일에 두루 통하고 실행이 있는 유학자。『後漢書』博洽多聞、時稱――。
【通有:통유】 일반적으로 대부분이 가지고 있음。
【通有性:통유성】 어떤 部類에 속하여 대부분 가지고 있는 共通的인 성질。
【通義:통의】 ❶ 어디에서나 통할 수 있는 바른 도。❷ 사람으로서 지켜 행해야 할 길。通誼。『孟子』天下之――也。
【通引:통인】 《制》❶高麗 때 中樞院의 吏屬。❷李朝 때 地方 관청에서 雜役을 하던 使喚。
【通刺:통자】 명함을 통함。『李商隱』辦裝無闕、――有期。
【通帳:통장】 ❶ 은행 같은 데서 예금한 사람에게 出納의 상태를 적어 주는 장부。❷외상으로 거래할 때에 금액·날짜·품명 등을 적은 장부。
【通才:통재】 온갖 사물에 능통한 재주。
【通典:통전】 ❶古今에 共通되는 법칙。일반적으로 共通되는 규칙。『北史』帝令朝臣釐改舊法爲一代――。❷《書》二〇〇권。唐 杜佑 지음。上代로부터 唐代까지의 制度를 收錄함。
【通精:통정】 사팔뜨기。(精은 睛)。
【通情:통정】 ❶정을 통함。❷일반적으로 共通되는 人情이나 事情。
【通知:통지】 기별하여 알림。
【通知書:통지서】 통지하는 문서。
【通知預金:통지예금】 《經》돈을 찾을 경우에 일정한 기간 전에 미리 은행에 알리고 찾도록 約定된 예금。
【通暢:통창】 조리가 밝아 환함。
【通敞:통창】 넓고 밝아 시원하고 환함。
【通天冠:통천관】 《制》임금이 政務를 보거나 詔勅을 내릴 때에 쓰던 冠。『蔡邕』天子冠――、諸侯王冠遠遊冠。

通天冠(三禮圖)

通天冠(三才圖會)

【通天之數:통천지수】 썩 좋은 운수。
【通天下:통천하】 천하에 두루 통함。普天之下。
【通徹:통철】 막힘이 없이 통함。『魏書』晝夜誦之、旬有五日、一皆――。
【通牒:통첩】 書面으로 통지함。書面에 의한 官公署의 통지。
【通治:통치】 한 가지의 약이 여러 가지 병에 효험이 있음。
【通則:통칙】 일반적으로 공통되는 규칙과 법칙。『沈約』減秩居官 前代――。
【通稱:통칭】 ❶공통으로 쓰이는 이름。『孟子題詞』子者男子之――。❷널리 통해서 부르는 것。
【通透:통투】 사리를 뚫어지게 깨달아 알음。
【通版:통판】 신문의 양면을 한 텟줄 안에 몰아 넣고 짠 판。
【通弊:통폐】 일반적으로 두루 통하는 폐단。
【通風:통풍】 바람을 통하게 함。바람이 통함。
【通風器:통풍기】 통풍이 잘 되지 못한 곳에 막은 바람이 일도록 장치한 기계。
【通學:통학】 학교에 다님。
【通學區域:통학구역】 통학을 허용하여 주는 구역。
【通學生:통학생】 통학하는 학생。
【通學列車:통학열차】 통학생을 위하여 특별히 운행되는 열차。
【通航:통항】 배가 통하여 감。
【通航權:통항권】 《法》통항하는 권리。국제조약에 의하여 외국 영해를 통항하는 따위。
【通航料:통항료】 운하 지대를 통항할 적에 그 水域의 使用料로 지불하는 요금。
【通解:통해】 전체를 통하여 해석함。또는 그 것。通釋。『隋書』翻譯最爲――。
【通行:통행】 통하여 다님。『漢書』足下――無所累。
【通行券:통행권】 지역상 또는 시간상으로 국한되어 있는 곳을 자유롭게 통행할 수 있게 하여 준 관청의 허가증。
【通行權:통행권】 어떤 지역을 통로로 하여 사용하는 권리。
【通行禁止:통행금지】 통행을 금함。
【通行稅:통행세】 交通稅의 한 가지。기차·전차·기선 등의 승객에게 거리와 등급에 따라 매기는 세금。
【通行證:통행증】 특정 지역이나 금지된 시간에 통행을 허가하는 증명서。
【通玄:통현】 사물의 깊은 이치를 깨달음。
【通穴:통혈】 ❶ 공기가 통하게 뚫어 놓은 구멍。❷《鑛》坑道와 坑道를 서로 통하게 뚫어 놓은 구멍。
【通好:통호】 親交를 맺음。『吳錄』今南北――。
【通婚:통혼】 서로 혼인 관계를 맺음。
【通話:통화】 전화로 말을 서로 통함。
【通貨:통화】 교환의 媒介物로서 일반에 流通되는 화폐。『管子』黃金刀布者、民之――也。
【通貨高:통화고】 《經》통화의 발행 액수。
【通話料:통화료】 電話通話에 대한 요금。
【通貨政策:통화정책】 통화 수량의 伸縮·금융·물가의 통제 또는 조절을 꾀하고자 하는 경제 정책。
【通貨膨脹:통화팽창】 한 나라의 통화가 필요량 이상으로 증가되는 경제 현상。그 결과로서 물가의 騰貴를 가져오게 함。인플레이션(inflation)。↔通貨收縮。
【通患:통환】 여러 사람이 두루 가지고 있는 憂患。『史』少―― 博涉經史。
【通曉:통효】 환하게 깨달아 알음。『南
◎開―、共―、交―、貫―、大―、普―、不―、四―、私―、疏―、流―、乳―、融―、自―、精―、亨―。

【逜】 (오) 週 ㄱ、さます awaken ×wu

깨우칠오(寤也)。상관할오(相關)。

【逛】(광) 養 キョウ、にげる run away ㄍㄨㄤˋ kuang⁴
❶달아날광(走貌)。❷놀광(遊也)。❸구경할광(覽也)。

【逝】(서) 霽 セイ、ゆく、しぬ pass away; demise ㄕˋ shih⁴
小篆 小篆 草書 ❶갈서(往也、行也)。〔詩〕ㅣ將去汝。❷지나갈서(過也)。〔論語 陽貨〕日月ㅣ矣、歲不我與。❸죽을서(死也)。❹이에서(發語辭)。〔詩經〕ㅣ不古處。

【逝去:서거】돌아가심。死亡의 敬稱。長逝。〔東坡集〕堂兄中舍九月中ㅣㅣ。

【逝者:서자】한 번 가면 다시 되돌아 오지 않는 것들。

【逝川:서천】흘러 가는 냇물。逝水。〔論語〕子在川上曰、逝者如是夫。《喩》한 번 가면 다시 돌아오지 않는 것。

【逞】(령) 便 テイ、たくましい please ㄔㄥˇ ch'êng³
小篆 草書 ❶통할령(通也)。❷쾌할령(快也)。〔左傳〕鬼神實不ㅣ于許君。❸풀령(解也)。〔左傳〕乃可以ㅣ。❹구속아니받을령(不檢)。(本音「정」)

【逞憾:영감】원한을 생각한 대로 갚음。

【逞志:영지】마음대로 함。제 멋대로 함。

【速】(속) 屋 ソク、すみやか quick; rapid ㄙㄨˋ su²·⁴
小篆 籀文 古文 草書 ❶빠를속(疾也)。〔孟子〕王ㅣ出令。❷부를속(召也)。〔易〕不ㅣ之客。❸더러울속(陋也)。〔後漢書〕ㅣㅣ方轂。❹사슴발자취속(鹿跡曰ㅣ)。❺서둘속(急也)。〔史記 孔子世家〕弟子曰、可以ㅣ矣。

【速決:속결】빨리 끝을 맺음。얼른 결단함。빨리 결재함。〔晉書〕陸機持兩端、軍不ㅣㅣ。

【速攻法:속공법】경기에서 빨리 공격을 가하는 전술의 한 가지。

【速記:속기】❶빨리 적음。❷속기법으「로 적음。

【速記錄:속기록】속기술로 적은 기록을 보통 글자로 譯文하여 맨 책。

【速斷:속단】❶빨리 결단을 내림。速決。〔宋書〕唯宜ㅣㅣ、不可稽緩。❷지레 짐작으로 그릇 판단하거나 결정함。

【速達:속달】❶썩 빨리 도달함。❷速達郵便의 略語。

【速達郵便:속달우편】특정 구역 안에서 보통 우편보다 빨리 보내 주는 우편。

【速答:속답】빠른 대답。

【速度:속도】❶빠른 정도。❷《物》운동하는 물체의 단위 시간에 통과하는 거리。

【速度計:속도계】움직이는 속도를 스스로 재는 장치。

【速圖之:속도지】기회를 놓치지 않고 「빨리 서두름。

【速力:속력】速度를 이루는 힘。빠르기。

【速發:속발】❶곧 떠남。❷효과가 빨리 「남。

【速步:속보】빨리 걷는 걸음。

【速報:속보】빨리 알림。

【速寫:속사】❶사진을 빨리 찍음。❷글 「씨를 빨리 베낌。

【速射:속사】銃砲 따위를 빨리 계속하여 쏨。

【速成:속성】빨리 이룸。빨리 됨。〔論語〕非求益者也、欲ㅣㅣ者也。

【速成科:속성과】단기에 빨리 이루는 「學科。

【速成速敗:속성속패】급히 이루어진 것은 급히 결단이 남。

【速戰:속전】재빠르게 싸움。〔左傳〕隨侯曰、必ㅣㅣ、不然將失楚師。

【速筆:속필】빨리 쓰는 글씨。

【速行:속행】빨리 감。

【速禍:속화】재앙을 부름。

【速效:속효】빨리 나타나는 보람。
◎加ㅣ、高ㅣ、等ㅣ、皺ㅣ、時ㅣ、神ㅣ、迅ㅣ、音ㅣ、遲ㅣ、夬ㅣ。

【造】㈠(조) 皓 ㈡(조) 號 ゾウ、つくる make; create ㄗㄠˋ
小篆 古文 草書 ㈠❶지을조、만들조(作也)。〔書〕予ㅣ天役。❷처음조(始也)。〔孟子 萬章上〕天誅ㅣ攻自牧宮。㈡❶이를조(至也)。❷올조(來也)。〔屈原賦〕ㅣ託湘流兮、敬弔先生。❸나아갈조(就也)。〔詩〕小子有ㅣ。❹잠깐조(次急遽)。〔論語〕ㅣ次必於是。❺때조(時代)。〔禮記 郊特牲〕夏之末ㅣ也。

【造菓:조과】❶油蜜菓나 과자 따위。❷과자류를 만드는 일。

【造金:조금】사람이 만든 金。

【造器匠:조기장】옹기나 사기그릇의 형태를 만드는 사람。

【造端:조단】처음을 시작함。시작이 됨。「發端。發始。

【造林:조림】나무를 심어서 숲을 이루게 함。

【造昧:조매】천지가 시작되던 어두운 세상。세상의 시작。草昧。〔傳亮〕諒理本于ㅣㅣ、而運周于萬葉。

【造物:조물】❶천지의 모든 물건을 만들음。❷造物主의 略稱。

【造物主:조물주】천지 자연을 만들고 「주재하는 神。

【造米:조미】벼를 찧어서 흰 쌀을 만들음。

【造蜜花:조밀화】사람이 만든 밀화。

【造謗:조방】남을 비방함。남을 헐어 말「함。

【造餠:조병】떡을 만들음。

【造兵:조병】온갖 병기를 제조함。

【造兵廠:조병창】兵器를 만드는 곳。

【造山:조산】정원 같은 곳에 돌 따위로 山처럼 꾸며 놓음。또는 그 산。

【造山運動:조산운동】《地》山脈을 형성하는 것과 같은 地質現象。

【造珊瑚:조산호】사람이 만든 珊瑚。

【造蔘:조삼】《國》水蔘을 쪄서 白蔘 또는 紅蔘을 만들음。

【造船:조선】배를 설계하여 만들음。〔晉書〕王濬將伐吳、ㅣㅣ于蜀。

【造船所:조선소】배를 만들어 내는 곳。

【造船術:조선술】배를 지어 만드는 기술。

【造船業:조선업】군함이나 기선을 제「조하는 근대적 공업。

【造成:조성】물건을 만들어서 이루어냄。

【造語:조어】새로 말을 만들어 냄。〔莊子〕作言ㅣㅣ、妄稱文武。

【造言:조언】꾸며댄 말。데마。〔周禮〕以鄕八刑糾萬民、七曰ㅣㅣ之刑。「造。

【造營:조영】집 따위를 지음。建築。築

【造詣:조예】학문이나 기술이 깊은 지경에까지 나아감。〔唐書〕崔咸ㅣㅣ蘄遠。

【造園:조원】정원을 만들음。

【造作:조작】❶지어서 만들음。〔漢書〕繕治ㅣㅣ。❷일부러 무엇과 비슷하게 만들음。

【造幣:조폐】貨幣를 만들음。〔史記〕大子與公卿、議更錢ㅣㅣ、以贍用。

【造布:조포】나비가 좁고 감이 두껍고 촘촘하게 짠 咸鏡道에서 나는 베。

【造形:조형】물건의 형체를 꾸며 만들음。

【造形美術:조형미술】재료를 써서 사물을 有形的으로 표현하여 視覺에 호소하는 미술。곧 繪畫·조각·장식품·건축 따위의 總稱。

【造花:조화】종이나 헝겊 따위로 사람이 만든 꽃。假花。

【造化:조화】❶

聯曰、一一之所始。❷天地。宇宙。❸인공으로 어찌할 수 없이 신통하게 된 사물을 가리키는 말。

【造化翁:조화옹】 ＝造物主。

◎改一、建一、構一、揑一、模一、變一、新一、神一、醸一、僞一、人一、製一、築一、創一。

【逡】 (준) 眞 シュン、しりごみする hesitate ㄐㄩㄣ chūn

❶주저할준(一巡、行不進)。【楚辭】一次而勿驅兮。❷물러갈준(退也)。

【逡遁:준둔】 ＝逡巡。【漢書】一一有恥。

【逡巡:준순】 ❶뒤로 문칫문칫 물러남。❷단행하지 못하고 우물쭈물함。【賈誼】一一遁逃。

【逢】 ㊀(봉) ㊁(봉) 冬 東 ホウ、あう meet ㄈㄥ féng

㊀북소리봉(一一鼓聲)。【詩】鼉鼓一一。㊁❶만날봉(遇也値也)。【左傳】不一不若。❷맞을봉(迎也)。【孟子 告子下】一君之惡、其罪大。

【逢年:봉년】 풍년을 만남。逢豐。

【逢變:봉변】 ❶남에게 욕을 봄。❷뜻밖에 변을 당함。

【逢別:봉별】 만남과 이별。

【逢受:봉수】 남의 물건을 맡음。

【逢授標:봉수표】 남의 재물을 맡은 표。

【逢時:봉시】 때를 만남。

【逢時不幸:봉시불행】 공교롭게 불행한 때를 만남。

【逢掖之衣:봉액지의】 선비가 입는 옆이 넓게 트이고 소매가 큰 道袍의 한 가지。逢衣。【禮記】丘少居魯、衣一一。

【逢迎:봉영】 ❶맞이하여 접대함。【王維】

…들도록 함。

【逢辱:봉욕】 욕된 일을 당함。

【逢遇:봉우】 우연히 서로 만남。【吳均】一朝相一一、依然舊相識。

【逢原:봉원】 ❶물의 근원을 만남。源은 原。【孟子】取之左右、逢其原。❷文義가 철저함。

【逢賊:봉적】 도둑을 만남。

【逢著:봉착】 맞닿음。딱 당함。逢着。

【逢敗:봉패】 실패를 당함。

【蘇軾】一一胡兒問大蘇。

【逢禍:봉화】 화를 당함。

【連】 ㊀(련) ㊁(련) 先 銑 レン、つらなる connect; join ㄌㄧㄢ lián

㊀❶연할련(接也聯也)。【詩】執訊一一。❷이을련(續也)。【古詩 焦仲卿妻】淚落一珠子。❸끌릴련(牽也)。❹붙일련(蟬一屬綴)。㊁❶어려울련(一蹇難也)。❷머무를련(遲久)。【易經】往蹇來一。

【連枷:연가】 도리깨。【范成大】一夜一一響到明。

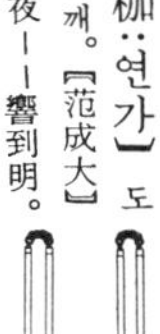

連枷棒(大清會典圖)

【連蹇:연건】 ❶걷기 곤란하여 좀처럼 가지 못하는 모양。【揚雄】孟子雖一一、猶爲萬乘師。❷不幸。不運。

【連結:연결】 ❶서로 이어서 맺음。❷사귐을 맺음。【後漢書】一一閭里豪傑。

【連境:연경】 지경이 잇닿은 곳。接境。

【連繫:연계】 ❶이음。❷다른 사람의 죄에 관련되어 옥에 갇힘。

【連關:연관】 ❶관계를 맺음。걸리어 얽힘。❷《哲》個個의 감각·지각·행위 등이 결합되어 새로운 성질의 전체가 되는 것。聯關。

【連翹:연교】 ❶《植》개나리。❷개나리의 열매。내복약으로 쓰임。

連翹(三才圖會)

【連句:연구】 ❶두 사람 以上이 모여 一句씩 지어서 이것을 이어 한편의 詩로 한 것。【白居易·詩】秋燈夜寫一一詩。❷漢詩의 對句。聯句。

【連記:연기】 쪽 잇달아서 적음。連名하여 적음。

【連記投票:연기투표】 大選擧區에서 여러 명의 議員을 뽑을 경우에 그 區의 정원만큼 피선거인의 성명을 잇달아 적어서 투표하는 제도。

【連年:연년】 해를 이음。매년。【古樂府】婦病一一累歲、傳呼丈人、前一言。

【連年生:연년생】 해마다 낳은 아이。또는 해마다 낳음。

【連帶:연대】 ❶서로 연결함。【潘最】群凶覬覦一一城邑。❷어떤 일에 대하여 두 사람 이상이 같이 관계를 가짐。또는 책임을 짐。

【連帶保證:연대보증】 《法》보증인이 주된 채무자와 연대하여 채무를 부담하는 보증。

【連帶責任:연대책임】 《法》어떤 債務에 대하여 두 사람 이상이 一體가 되어서 債務履行의 責任을 지는 것。

【連絡:연락】 ❶서로 연고를 맺음。【吳奎】萬狀不可名、起伏互一一。❷서로 사정을 알림。❸이어 댐。

【連絡不絶:연락부절】 오고 가고 함이 끊이지 않음。絡繹不絶。

【連絡船:연락선】 湖水나 海峽으로 서로 떨어진 두 곳 사이의 교통선을 연락하기 위하여 兩岸을 왕복하며 승객이나 화물을 싣고 운반하는 배。

【連絡所:연락소】 연락을 하고 받는 처소。

【連連:연련】 ❶연결하여 끊이지 않는 모

…❷조용한 모양。

【連累:연루】 《法》남의 범죄에 관계됨。

【連累者:연루자】 남의 범죄에 연루된 사람。

【連陸:연륙】 육지에 잇닿음。

【連理契:연리계】 夫婦 또는 남녀끼리 하는 계。

【連理枝:연리지】 ❶서로 다른 나무의 가지가 맞닿아서 결이 통하여 하나로 되는 것。❷화목한 夫婦 또는 남녀의 사이를 일컫는 말。

【連馬:연마】 바둑에서 여러 군데로 뚝뚝 떨어진 말들을 이어 놓음。

【連綿:연면】 잇닿아 끊이지 않음。【李白】九疑一一皆相似。「一一奏王。

【連名:연명】 ＝連署。【漢書】霍光與群臣、

【連發:연발】 ❶계속하여 발생함。【漢書】群輩不道、賊一一不得。❷총이나 砲따위를 연달아 쏨。

【連峰:연봉】 연결하여 있는 봉우리들。連山。【孫統】萬籟吹一一。

【連墳:연분】 부부를 함께 아래 위에 쓴 무덤。上下墳。

【連比:연비】 ❶《數》세 개 이상의 수 또는 量의 比。두개의 비。「a:b, b:c」가 있을 때、이것을 「a:b:c」로 적는 것。❷잇달아 나란히 함。【塩鐵論】良田一一。

【連比例:연비례】 여러 개의 같은 비를 차례로 벌여 놓은 비례식。

【連査:연사】 혼인에 의하여 맺어진 사돈。

【連査間:연사간】 사돈끼리의 사이。

【連山:연산】 ❶三易의 하나。古代 易占의 이름。一說엔 夏의 易이라 함。❷잇달아 이어져 있는 山。

【連署:연서】 같은 문서에 여러 사람이 죽 잇달아 署名함。【資治通鑑】自今奏事、必取崔群一一、然後進之。

【連席:연석】 여러 사람이 한데 늘어 앉

음。 또는 그 자리。
【連宵:연소】 =連夜。
【連續:연속】 연달아 계속함。 『宋史』不許一一爲之。
【連續劇:연속극】 ❶라디오나 텔레비전 따위에 정기적으로 연속한 일부분씩을 상연하는 방송극。 ❷=連鎖劇。
【連續犯:연속범】 《法》구형법에서 인정된 법적 관념으로서、 연속한 수 개의 행위가 동일한 罪名에 걸리는 경우를 말함。 곧 같은 犯意로서 두 가지 이상의 단행범을 계속하는 범죄 따위。
【連續不絕:연속부절】 줄달아 이어서 끊어지지 않음。
【連續的:연속적】 잇달아 계속하는 것。
【連誦:연송】 책의 첫머리부터 끝까지 내쳐 외움。
【連鎖:연쇄】 ❶양 쪽을 맞걸어서 매는 사슬。 ❷서로 연이어 맺음。
【連鎖反應:연쇄반응】 《物》어떤 반응이 원인이 되어서 연속하여 일어나는 반응。
【連鎖店:연쇄점】 본점을 중심으로 하여 여러 갈래로 얽혀 연락되는 상점。
【連勝:연승】 계속하여 이김。 ↕連敗。 『後漢書』一一遂前。 「속합。
【連夜:연야】 저녁마다。 여러 날 밤을 계
【連延:연연】 연하여 뻗침。
【連月:연월】 달마다。 매월。
【連引:연인】 관계 있는 것을 죽 끌어 냄。
【連姻:연인】 결혼에 의하여 친척이 됨。
【連日:연일】 날마다。 매일。
【連任:연임】 임기가 만료된 사람이 그대로 그 직위에 계속 임용되는 일。
【連作:연작】 ❶매년 같은 논밭에 같은 곡식을 경작함。 ❷작품을 여러 작가가 나누어서 지음。
【連作小說:연작소설】 여러 작가가 부분 부분 맡아 쓴 것을、 한데 모아 하나

【連墻:연장】 담이 서로 잇대어 닿음。
【連將軍:연장군】 장기 둘 때、 잇달아 서 부르는 장군。
【連墻接屋:연장접옥】 집이 이웃과 담을 가지런하게 연이어 붙음。
【連載:연재】 신문·잡지 따위에 긴 원고를 몇 토막으로 나누어 계속해서 每回에 싣는 것。
【連載小說:연재소설】 연재하는 소설。
【連戰:연전】 여버 번을 잇달아 싸움。 『史記』項王因留一一。
【連錢:연전】 ❶말(馬)의 모양을 내기 위한 장식。 ❷連錢馬 얼룩말。 『爾雅』色有深淺、斑駁隱粼今之一一驄。 ❸《動》새 이름。 鶺鴒의 異名。
【連戰連勝:연전연승】 싸움할 때마다 번번이 연달아 이김。
【連接:연접】 서로 잇닿음。 『韓愈』周楚仍一一、川原乍屈盤。
【連座:연좌】 ❶잇달아 앉음。 ❷다른 범죄자에 관련되어 죄를 같이 받는 것。 連坐。
【連珠:연주】 구슬을 꿺。 또는 그 구슬。
【連珠瘡:연주창】 《醫》연주나력이 헐어 터져서 생기는 부스럼。 瘰癧瘡。
【連中:연중】 잇달아 꼭 맞힘。
【連次:연차】 여러 차례를 거듭하여。
【連柵:연책】 연달아 있는 堡壘(보루)。
【連逮:연체】 ❶연달아 이어져 미침。 『北史』事相一一。 ❷휩쓸려 같이 붙들림。
【連打:연타】 연달아 침。
【連筒:연통】 홈통。

連筒(農政全書)

【連判狀:연판장】 同志끼리 약속을 굳게 하기 위하여 連名捺印한 書狀。
【連敗:연패】 계속하여 짐。 ↕連勝。
【連幅:연폭】 피륙·종이 따위의 조각을 마주 이어서 붙임。
【連豊:연풍】 풍년이 계속함。 「라감。
【連行:연행】 ❶데리고 감。 ❷연달아 따
【連互:연호】 이쪽에서부터 저쪽까지 길게 이음。
【連呼:연호】 몇 번이고 연달아 부름。
【連婚:연혼】 혼인으로써 관계가 생김。
【連環:연환】 고리를 잇대어 꿴 쇠사슬。 『戰國策』秦昭王嘗遺君王后玉一一。
【連環計:연환계】 적에게 간첩을 보내어 계교를 꾸미게 하고 그 동안에 자기는 승리를 얻는 계교。 《故》三國時代 吳의 周瑜가 魏 曹操의 군사를 火攻할 때에 龐統을 보내어 曹操의 군함을 쇠고리로 연결시키게 하였던 일。
【連凶:연흉】 흉년이 계속함。 연달아 드 「는 흉년。

八畫

【逨】 (래) 灰 ライ、いたる reach; arrive
❶이를래(至也)。 ❷올래(來也)。
【逩】 (분) 願 ホン、はしる run away
달아날분(走也)。
【逯】 (록) 沃 リョク、ゆく
lù
小篆 ❶훌적 갔다올록(忽然往來)。 『淮南子』渾然而來 一然而往。 ❷조심히걸을록(善行貌)。
【逯逯:녹록】 ❶걸음을 삼가는 모양。 『說文』逯、行謹一一也。 ❷수가 많음。 凡庸한 일。 『廣雅』一一衆也。
【逯然:녹연】 하는 일이 없는 모양。 『淮南子』渾然而來、一一而往。 『註』逯、謂無所爲忽然而往來也。

【逪】 (착) 藥 サク、まじる be mixed
小篆 섞일착(交雜)。
【逫】 ㊀(결) 屑 ケツ、とおい distant
㊁(줄) 質
㊀멀결(遠也)。 ㊁김뜰줄(氣出遲貌)。
【洞簫賦】馳散渙而一律。
【逫律:줄률】 기운이 늦게 나는 모양。 부드러운 모양。 『王褒·洞簫賦·註』善曰、一一、遲貌、向日、一一、和貌也。
【逬】 (병) 敬 ヘイ、にげる run away
bèng
小篆 흩어져 달아날병(散走)。
【逬落:병락】 흩어져 떨어짐。
【逬沫:병말】 흩어지는 물의 거품。 『冷朝陽』急流難起浪、一一祗如煙。
【逬散:병산】 氣勢 좋게 흩어짐。 『孔平仲』輝光一一一、夜氣掃若失。
【逬走:병주】 뛰어 달아남。 奔走。 『魏志滿寵傳』督將一一、死傷過半。
【逬竄:병찬】 뛰어 도망감。 奔竄。 『後漢書·公孫瓚傳』棄置節傳、一一逃亡。
【逬出:병출】 물이 용솟음쳐 나옴。 『李頎』一一依靑嶂、攢生伴綠池。
【逬涕:병체】 쏟아져 나오는 눈물。 『潘岳』愊抑失聲、一一交揮。
【逮】 ㊀(체) 霽 テイ、タイ、とらえる
㊁(태) 賄 capture; arrest
㊂(태) 隊
dǎi
小篆 草書 ㊀❶미칠체(及也)。 『書』夙夜不一。 ❷잡아가둘체(繫囚)。 『漢書』一繫。 ❸단아할체(一一安和貌)。 『禮』威儀一一。 ㊁미칠태(及也)。 ㊂쫓을태(追也)。
【逮鞫:체국】 체포하여 문초함。 『宋史』有罪當鞫問、不宜一一。

【逮逮:체체】 편안하고 온화한 모양。

【逮捕:체포】 죄인을 쫓아 가서 붙들음。『漢書』ㅡㅡ貫高等。

【逮捕監禁罪:체포감금죄】《法》남을 不法으로 체포하여 감금시킨 일로 인하여 구성되는 죄。

【逭】(환) 翰 カン、のがれる flee; escape ㄏㄨㄢ huan⁴

(小篆) (或體) 草書 ❶도망할환(逃也)。【書】自作孽不可ㅡ。❷갈마드릴환(迭也)。

【逭免:환면】 자기의 저지른 허물을 숨김。

【逭暑:환서】 避暑함。『唐書·張說傳』后ㅡㅡ三陽宮、迄秋未還、說上疏、后不省。

【週】(주) 尤 シュウ、めぐる circuit; week ㄓㄡ chou¹

草書 ❶두루주(周也)。❷주일주、이레주(日、月、火、水、木、金、土、七曜日謂之一ㅡ)。

【週間:주간】 한 주일 동안。七일간。

【週刊:주간】 한 주일을 단위로 한 번씩 발행하는 출판물。

【週刊新聞:주간신문】 한 주일에 한번씩 발행하는 신문。

【週給:주급】 한 주일 마다 주는 給料。

【週期:주기】 ❶한 바퀴 도는 시기。周期。❷일정한 시간마다 동일한 현상이 꼭 같이 반복될 때의 그 일정한 시간。㉠《物》振動體가 한 바퀴 振動하는 데 필요한 시간。振動週期。㉡《天》天體가 同一關係의 위치에 復歸하거나、또는 同一現象을 회복하는 데 필요한 시간。行星의 公轉週期·自轉週期·變星의 變光週期 따위。

【週期律:주기율】 元素週期의 略語。

【週期的運動:주기적운동】 단진동·원운동 따위와 같이 일정한 시간 뒤에는 같은 상태로 되돌아 오는 연속적 운동。

【週年:주년】 돐이 돌아온 해。

【週末:주말】 한 주일의 끝。↔週初。

【週番:주번】 한 주일 동안씩 바꾸어 하는 근무。또는 그 사람。특히 군대나 학교에서 씀。

【週報:주보】 한 주일에 한 번씩 발행하는 신문이나 잡지。

【週日:주일】 ❶일요일부터 월요일까지 이렛동안。❷어느 날부터 이렛동안。

【週初:주초】 주일의 첫머리。↔週末。◎隔ㅡ、今ㅡ、來ㅡ、每ㅡ、一ㅡ、前ㅡ。

【遊】(유)『遊』(辵部 9畫)의 俗字

【進】(진) 震 シン、すすむ advance ㄐㄧㄣ chin⁴

(小篆) 草書 ❶오를진(登ㅡ)。【書】登ㅡ厥民。❷나아갈진(前ㅡ)。【禮】三揖而ㅡ。❸천거할진(薦也)。【禮】推賢而ㅡ達之。❹본받을진(效也)。【易】ㅡ德修業。❺더할진(加也)。❻가까이할진(近也)。【禮記】君子-人以禮。

【進甲:진갑】 환갑 이듬해에 맞는 생일。

【進去:진거】 앞을 향하여 나아감。

【進擊:진격】 앞으로 나아가 침。↔退却

【進境:진경】 진보한 경지。

【進攻:진공】 =進擊。

【進供:진공】 토산물을 진상하는 일。

【進軍:진군】 군대를 내 보냄。

【進級:진급】 등급·계급 또는 학급이 오름。

【進達:진달】 ❶말이나 편지를 받아서 올림。❷공문서를 상급 관청에 올림。

【進度:진도】 나아가는 정도。진행되는 속도。

【進動:진동】 천거하여 권장함。

【進來:진래】 관청에 딸린 하인을 체포할 때에 미리 그 이유를 그 관청에 통지하는 일。

【進路:진로】 나아가는 길。나아갈 길。

【進發:진발】 출발하여 나아감。『隋書』不時ㅡㅡ。

【進步:진보】 ❶앞으로 걸어 나아감。『傳燈錄』百尺竿頭須ㅡㅡ。❷차차 발달하여 나아감。

【進仕:진사】 나아가 벼슬함。『詩經·序』君子不得ㅡㅡ爾。

【進士:진사】《制》❶周代에 諸侯가 추천한 秀才 중에서 특히 뛰어난 사람을 임금에게 알려 司馬役을 맡게 하던 일。❷㉠科擧의 과목 이름。㉡科擧에 응한 사람。㉢科擧에 합격한 사람。成進士。❸《國》小科의 初場에 합격한 사람。❹훌륭한 인물을 추천하던 일。

【進上:진상】 가져다 드림。進呈。

【進水:진수】 새로 만든 배를 처음으로 물에 띄우는 것。

【進熟:진숙】 ❶찾아 가서 어떤 일을 익힘。❷익힌 음식을 먹는 것。

【進謁:진알】 높은 사람에게 뵈옴。

【進言:진언】 의견을 여쭘。

【進宴:진연】 국가적 경사 때에 궁중에서 열던 잔치。

【進詣:진예】 대궐 안에 들어가서 뵈옴。

【進入:진입】 내쳐 들어감。

【進展:진전】 진보하고 발전함。

【進呈:진정】 =進上。『魏觀』方物紛紛效ㅡㅡ。

【進走:진주】 달음박질하여 나아감。

【進駐:진주】 나아가 駐屯함。

【進止:진지】 ❶나아감과 머무름。『漢書』薛宣爲人好威儀、ㅡㅡ雍容、甚可觀也。❷몸을 움직이는 태도。擧動。❸자기 주관으로 시키는 것。指揮。

【進饌:진찬】 궁궐 안에서 경사가 있을 때 열리던 잔치의 한 가지。進宴보다 간소하였음。

【進參:진참】 제사·성묘·잔치 따위에 가서 참여함。

【進陟:진척】 일이 잘 되어 감。벼슬이 올라감。『北史』何足以膺ㅡㅡ之報。

【進寸退尺:진촌퇴척】 나아간 것은 적고 물러선 것은 많음。《喩》소득은 적고 손실은 많음。『韓愈』ㅡㅡㅡㅡ、卒無所成。

【進出:진출】 ❶앞으로 나아감。❷어떤 방면으로 나섬。

【進取:진취】 ❶자진하여 일을 함。❷나아가 잡음。『論語』狂者ㅡㅡ。

【進就:진취】 점점 일을 이루어 감。

【進就性:진취성】 점점 일을 이루어 나갈 만한 성질。

【進退:진퇴】 ❶나아감과 물러섬。『易經』變化者ㅡㅡ之象也。❷擧動。❸직장에 다님과 안 다님。

【進退兩難:진퇴양난】 나아가지도 물러서지도 못하게 됨。입장이 어려움。

【進退維谷:진퇴유곡】 진퇴할 길이 끊어져 어찌할 수 없음。궁지에 빠짐。『詩經』人亦有言、ㅡㅡㅡㅡ。

【進學:진학】 ❶상급 학교에 들어감。❷학문에 나아가 닦음。『禮記』此皆ㅡㅡ之道也。

【進航:진항】 배가 물 위를 달림。

【進行:진행】 ❶앞으로 나아감。❷일을 처리하여 나감。

【進行表:진행표】 진행 상황을 알기 쉽게 만든 표。

【進獻:진헌】 임금에게 예물을 바침。『左傳』再拜稽首、承飮而ㅡㅡ。

【進見:진현】 임금 앞에 나아가 뵈옴。『後漢書』竝時ㅡㅡ、則不敢正坐離立。

【進化:진화】 진보하여 차차 더 나은 것이 됨。↔退化。

【進化論:진화론】《生》생물은 환경에 적응하면서 간단에서 복잡、下等에서 高等、同種에서 異種으로 진화하며、생존경쟁에 적합한 것만이 존속해 나간다는 이론。다아윈의 학설。

◎更ㅡ、急ㅡ、遄ㅡ、驀ㅡ、奮ㅡ、先ㅡ、昇ㅡ、榮ㅡ、勇ㅡ、前ㅡ、轉ㅡ、漸ㅡ、精ㅡ、推ㅡ、趨ㅡ、促ㅡ、行ㅡ、後ㅡ。

【逫】(아) 禡 ア、つぎ second; next ❶줄나란히갈아(次第行)。❷버금아(次也)。

【逴】㊀(탁) 覺 ㊁(작) 藥 タク、チャク、とおい far; distant ㄔㄨㄛˋ ch'uo⁴ (本音「착」) 小篆 草書 ㊀❶멀탁(遠也)。〔史記〕—行殊遠。❷절름거릴탁(蹇也)。〔方言〕蹇者謂之—。❸뛰어날탁(超絕)。〔西都賦〕—躒諸夏。㊁뜻은 ㊀과 같음。

【逴遠:탁원】 아득히 멂음。

【逴逴:탁탁】 거리가 먼 모양。〔楚辭〕春秋——而日高兮。

【逴行:탁행】 먼 곳에 감。遠行。

【逵】(규) 支 キ、おおどおり cross-road ㄎㄨㄟˊ k'uei² 草書 길거리규、큰길규(九達道)。〔詩〕施于中—。〔左傳〕入及大—。

【逵路:규로】 九方으로 통하는 길。〔左傳〕入自皇門、至于——。

【逶】(위) 支 イ、よろめく totter ㄨㄟ wei¹ 小篆 或體 草書 비틀거릴위(—迤袤行貌)。〔漢書〕票然逝旗—迤。

【逶蛇:위사】 =逶迤。〔漢郊祀歌〕票然逝旗——。

【逶汙:위우】 비스듬이 구부러진 것。〔李德裕〕度雙闕之蒼翠、若天漢之——。「迤。

【逶迤:위이】 비틀거리며 가는 모양。透

【逶移:위이】 =逶迤。〔楚辭〕遵曲江之——兮。

【逷】(적)『狄』(犬部 4畫)의 古字

【逸】(일) 質 イチ、イツ、にげる、すぐれる escape; excellence 一ˋ i⁴ 小篆 草書 ❶놓일일(縱也)。〔左傳〕馬—不能止。❷숨을일(遁也隱也)。〔論語〕擧—民。❸허물일(失也)。❹놓을일(放也)。❺편안할일(—樂)。❻뛰어날일(優也)。❼달아날일(奔—)。(『佚』과 같음)

【逸居:일거】 일없이 한가롭고 편안하게 지냄。

【逸口:일구】 말의 실수。失言。逸言。〔書經〕其發有——。

【逸球:일구】 야구에서 投手가 던진 공을 捕手가 놓친 경우의 이름。파스볼。

【逸群:일군】 여러 사람 중에서 썩 뛰어남。〔蜀志〕少有——之才、英覇之氣。

【逸德:일덕】 잘못한 행동。失德。〔書經〕天吏——、烈于猛火。

【逸樂:일락】 편안하게 놀고 즐김。佚樂〔史記〕終身——富厚、累世不絕。

【逸文:일문】 ❶뛰어난 文章。〔郭璞〕庶幾令——不墜於世、奇言不絕於今。❷이리저리 없어져 세상에 전해지지 않는 文章。❸세상에 알려지지 않은 文章。

【逸聞:일문】 세상에 별로 전하여지지않은 珍貴한 이야기。또는 소문。

【逸史:일사】 正史에 적을 때 누락되어 적히지 않은 사실의 역사。

【逸事:일사】 세상에 알려지지 않은 일。

【逸書:일서】 ❶書經에 빠진 글。〔史記〕——得十餘篇。❷분실되어 세상에 전하여지지 않는 書籍。

【逸豫:일예】 편안하게 즐김。즐거움을 누림。逸樂。〔書經〕大康尸位、以——滅厥德。

【逸遊:일유】 제 멋대로 놀아남。하는 일 없이 게으르게 놀음。〔論語〕樂——。

【逸隱:일은】 속세를 피하여 숨음。또는 그 사람。〔諸葛亮〕提拔——、以進賢良。

【逸才:일재】 뛰어난 재주。또는 그 사람。〔晉書〕袁宏有——、文章絕美。

【逸情:일정】 세속을 벗어난 심정。〔後漢書〕遠性風疎、——雲上。

【逸藻:일조】 뛰어난 詩才。詩를 잘 짓는 사람。〔潘尼〕雅論弘博、——波騰。

【逸足:일족】 ❶걸음걸이가 빠름。〔蜀志〕陸子可謂駑馬有——之力。❷훌륭한 것。또는 그 사람。

【逸走:일주】 벗어나 딴 데로 달아남。

【逸志:일지】 ❶훌륭한 志操。〔袁宏〕公瑾卓爾、——不群。❷세속을 벗어난 뛰어난 뜻。

【逸出:일출】 ❶빠져 나옴。❷보통보다 한결 뛰어남。

【逸彈:일탄】 표적에 맞지 않고 빗나간 「탄환。

【逸脫:일탈】 벗어남。빠져남。

【逸品:일품】 썩 뛰어난 물건。〔法書要錄〕鍾張羲獻、超然——。

【逸話:일화】 세상에 아직 알려지지 않은 이야기。

◎放—、散—、安—、隱—、超—。

九畫

【逼】(핍) 職 ヒョク、フク、せまる urgency ㄅㄧ pi¹ (古音「벽」) 小篆 草書 ❶가까울핍(近也)。❷핍박할핍(迫也驅也)。〔左傳襄公二年〕以—子重子辛。❸궁핍할핍(窮—)。

【逼近:핍근】 ❶매우 가까와짐。❷여유가 없어짐。❸가까이 닥쳐옴。

【逼迫:핍박】 ❶바싹 닥쳐 옴。切迫。❷괴롭게 굶음。〔晉書〕郡縣——催臣上道。

【逼塞:핍색】 꽉 막힘。몹시 군색함。

【逼眞:핍진】 실물과 흡사함。

【逼逐:핍축】 핍박하여 쫓음。바싹 쫓아 「옴。

【逼奪:핍탈】 ❶위협하여 빼앗음。❷임금을 협박하여 그 자리를 빼앗음。〔蘇軾〕——之危。

【逾】(유) 虞 ユ、こえる pass over ㄩˊ yü² 草書 ❶갈유(邁也)。〔書〕日月—邁。❷넘을유、지날유(越也過也)。〔書經禹貢〕—于洛。❸더욱유(愈也)。〔呂氏春秋愼大〕欲榮而—辱。

【逾邁:유매】 지나감。경과함。〔書經〕日月——。

【逾月:유월】 달을 넘김。翌月。踰月。〔李建〕相見未——、堪悲遠別離。

【逿】(탕) 漾 トウ、たおれる fall prone 草書 ❶거꾸러질탕(倒也)。〔漢書〕陽醉—地。❷마음두근거릴탕(蕩也)。〔史記〕脈盛者爲重陽者—心主。

【㵝】㊀(섭) 葉 ㊁(엽) 葉 ㊂(치) 寘 ショウ、はしる run 小篆 ㊀달릴섭(迅—、走貌)。㊁앞으로 엎어질엽(頓也)。㊂나아가지 않을치(不進貌)。

【逌】(유)『逌』(辵部 7畫)와 같음

【遁】㊀(돈) 阮 ㊁(둔) 願 トン、シュン、のがれる escape; hide ㄉㄨㄣˋ tuen⁴ 小篆 草書 ㊀❶달아날돈(逃也)。〔詩〕勉爾—思。❷숨을돈(隱也)。❸피할돈(回避)。〔後漢書〕上下相—。❹끊을돈(絕也)。〔中庸〕—世不見知而不悔。㊁뜻은 ㊀과 같음。

【遁甲:둔갑】 귀신을 부리어 變身하는 술법의 한 가지。〔南史〕明緯候・孤虛——

之術。
【遁甲術:둔갑술】 둔갑을 하는 술법。
【遁甲藏身:둔갑장신】 둔갑하여 몸을 감춤。
【遁逃:둔도】 도망쳐 달아남。 피하여 달아남。
【遁思:둔사】 俗世에서 은둔하려는 생각。『詩經』勉爾ㅣㅣ。
【遁辭:둔사】 관계나 책임을 회피하려고 억지로 꾸며서 하는 말。『孟子·公孫丑』ㅣㅣ知其所窮。
【遁世:둔세】 ❶俗世에서 隱遁함。『中庸』ㅣㅣ不見知而不悔。 ❷속세를 등지고 佛門에 들어감。 遯世。
【遁迹:둔적】 종적을 감춤。 「奴ㅣㅣ。
【遁走:둔주】 도망쳐 달아남。『史記』匈
【遁竄:둔찬】 도망쳐 숨음。
【遁避:둔피】 세상을 피하여 숨음。『唐彥謙』ㅣㅣ亦無術。
【遁避思想:둔피사상】 현실 사회와 관계를 끊고 숨어 살려는 생각。 隱遁思想。

【遂】 (수) 寘

小篆 古文 草書 ❶사무칠수 (達也)。 ㄙㄨㄟ suei⁴ スイ、とげる、ついに accomplish; at last ❷나아갈수(進也)。『禮』慶錫ㅣ行。 ❸이룰수(成就從志)。『易』不能退不能ㅣ。 ❹마칠내수(竟也)。『禮』百事乃ㅣ。 ❺인할수(因也)。『漢書』吾聞先生事魏不ㅣ。 ❻마칠수(結果)。『詩』ㅣ及伯姊。 ❼자랄수 (生育)。『左傳 隱公元年』莊公寤生、驚姜氏、名曰寤生、ㅣ惡之。 ❽다할수(盡也)。 ❾갖출수(具也)。 ❿실개천수 (小溝)。

遂 ❿ (三禮圖)

【遂事:수사】 ❶벌써 다 된 일。 해치운 일。『論語』ㅣㅣ不諫。 ❷일에만 오로지 마음을 씀。 ❸일은 비록 이루어지지 않았으나 그 기세는 꺾이지 않는 것。
【遂誠:수성】 정성을 다함。
【遂遂:수수】 ❶隨行하는 모양。『禮記』陶陶ㅣㅣ、如將復入然。 ❷사물이 盛하게 일어나는 모양。
【遂意:수의】 뜻을 이룸。 「慶賜ㅣㅣ。
【遂行:수행】 계획한 대로 해 냄。『禮記』◎旣ㅣ、未ㅣ、完ㅣ。

【迦】 (가) 歌

小篆 ㄐㄧㄚ カ、ささえる support 좌우로 걸을가(猶犬牙左右相制ㅣ互)。

【遄】 (천) 先

小篆 草書 ❶빠를천(疾也速也)。『易經』已事ㅣ往。 ❷잦을천 ㄔㄨㄢ ch'uan² セン、すみやか rapid; frequent (頻繁)。
【遄急:천급】 迅速함。『春秋元命苞』江潮在明、以開神潤化、故其氣ㅣㅣ。「不ㅣㅣ。
【遄死:천사】 순식간에 죽음。『晏子』胡

【遲】 (지) 『遲』(辵部 12畫)와 같음

【遇】 (우) 遇

小篆 草書 ❶만날우(道路相逢)。『韓愈 與于襄陽書』千百歲 ㄩ yu⁴ グ、グウ、あう meet 乃一相ㅣ焉。 ❷마주칠우(遭也)。『史記 孔子世家』今又ㅣ難於此。 ❸대접할우(待也接也)。『漢書』ㅣ人恭謹。 ❹뜻밖에우(意外)。『李商隱雜纂 惶愧』ㅣ見讐家。
【遇待:우대】 身分에 맞게 대접함。 待遇。『後漢書』卓重邕才學、厚相ㅣㅣ。
【遇事生風:우사생풍】 ❶어떤 일을 만나면 곧 이에 응함。 ❷사이가 나빠짐。 不和가 됨。
【遇合:우합】 ❶현명한 임금을 만나 등용이 됨。『史記』善仕不若ㅣㅣ。 ❷우연히 〔만남。
【遇害:우해】 살해 당함。 ◎奇ㅣ、冷ㅣ、待ㅣ、不ㅣ、禮ㅣ、優ㅣ、遭ㅣ、知ㅣ、千ㅣ、載ㅣ。

【逬】 (정) 敬

草書 ❶순라군정(邏候)。 ❷염탐할정 ㄔㄥ cheng¹ テイ、うかがう spy (偵也)。
【逬邏:정라】 巡察하여 非違를 살피고 敵의 動向을 注視하며 道路를 巡視하는 사람。『倭名類聚抄、箋注』唐韻云、逬、邏候也、又云、邏、游兵也、云云。

【遊】 (유) 尤

草書 ❶놀유(遨也)。 ❷벗사귈유(交ㅣ ㄧㄡ yu² ユウ、ユ、あそぶ ply; pleasure 友也)。『禮』交ㅣ稱其信。 ❸여행유(旅行)。 ❹유세할유(ㅣ說)。『孟子 盡心上』子好ㅣ乎、吾語子ㅣ。(『游』와 같음)
【遊街:유가】 科擧의 급제자가 座主·先進者·친척들을 찾아 보던 일。
【遊客:유객】 ❶놀고 지내는 사람。『史記』禁ㅣㅣ之民。 ❷놀러 온 손。 이곳 저곳 노닐며 다니는 사람。 ❸술과 계집으로 소일하는 사람。
【遊憩:유게】 =遊息。『水經·註』道路ㅣㅣ者、惟得飧飯而已。
【遊擊:유격】 ❶미리 공격할 적을 정하지 않고 臨機應變으로 我軍을 원호하여 적을 무찌름。 ❷遊軍으로 적을 무찌름。『漢書』ㅣㅣ將軍。 ❸野球의 遊擊手의 略稱。
【遊擊隊:유격대】 유격의 임무를 띠고 주로 적의 배후나 측면에서 움직이는 특수 부대。
【遊擊手:유격수】 野球 경기에서 二壘·三壘를 지키는 內野手。 숏스토프。
【遊擊戰:유격전】 임기 응변으로 적과 싸우는 전쟁。 게릴라전。
【遊廓:유곽】 娼女가 모여 영업을 하는 곳。 遊郭。 遊里。
【遊軍:유군】 ❶一定의 소속이 없이 필요에 따라 我軍을 支援하고 적군을 공격하는 군대。 遊兵。『宋書』以輕騎爲ㅣㅣ。 ❷遊擊隊에 딸려 행동하는 군인。 ❸一定한 부서를 맡지 못하고 待期하고 있는 사람。
【遊屐:유극】 돌아다님。 이집 저집을 방문함。『趙孟頫』山好雙ㅣㅣ、溪聲一釣船。
【遊金:유금】 쓰지 아니하고 넣어 두기만 하는 돈。 「의 일컬음。 遊君。
【遊女:유녀】 노는 계집。 갈보 같은 부류
【遊談:유담】 ❶=遊說。『戰國策』ㅣㅣ之士、無敢盡、忠於前。 ❷쓸모 없는 말。
【遊道:유도】 交際。 서로 사귐。『史記』ㅣ日廣。 「ㅣ也。
【遊樂:유락】 놀며 즐김。『爾雅』般者、ㅣ
【遊覽:유람】 여러 곳을 돌아 다니며 구경함。『孫綽』ㅣㅣ旣周、體靜心閒。
【遊覽客:유람객】 유람을 하는 손님。
【遊歷:유력】 여러 곳으로 돌아다님。 여러 곳으로 遊覽함。『晉書』ㅣㅣ旣畢。
【遊獵:유렵】 ❶山이나 들을 돌아다니면서 사냥을 함。 ❷놀러 다니면서 하는 사냥。『史記』呂祿信酈寄、時相與ㅣㅣ。
【遊離:유리】 ❶외따로 떨어짐。 ❷(化) ㉠個體가 딴 물건과 합하지 않고 있음。 ㉡어떤 化合物에서 分離됨。
【遊牧:유목】 일정한 住居가 없이 풀과 물을 따라 다니며 소나 말 따위의 가축을 기르는 것을 業으로 삼는 것。
【遊牧民:유목민】 목축을 업으로 삼고 水草를 따라 이동하면서 사는 사람들。

【遊民:유민】 일정한 직업이 없어 일도 아니하고 놀며 지내는 사람。浮浪人。『漢書』末技遊食之民。

【遊步:유보】 ❶이리 저리 거닐음。散步。❷事物에 마음을 기울임。

【遊絲:유사】 ❶蟲類가 토해 놓은 실로서 공중에 浮動하는 것。❷아지랑이。『沈約』――映空轉。

【遊山客:유산객】 산으로 놀러다니는 逍風客。 「이 없이 살음。

【遊生:유생】 놀면서 살음。일정한 직업

【遊船:유선】 遊興할 때 타는 배。놀잇배。『宋史』五月――、十月遊山。

【遊星:유성】 ❶《天》태양의 둘레를 週期的으로 運行하고 있는 별。惑星。↕恒星。❷《國》手腕과 人物이 그다지 널리 알려져 있지 못한 사람。

【遊說:유세】 ❶諸侯를 歷訪하여 자기의 주장을 설명하고 권함。『史記』――諸侯、無所遇。❷각처로 돌아다니며 자기 또는 자기 소속 政黨의 주장을 선전하는 일。遊談。 「된 단체。

【遊說隊:유세대】 遊說를 목적으로 조직

【遊水池:유수지】 洪水가 날 때 물의 얼마쯤을 輕減하는 天然 또는 人工의 貯水池。 「貧遂不去、與我――。

【遊息:유식】 마음 편히 靜養함。『揚雄』

【遊食:유식】 직업이 없이 놀고 지냄。빈들빈들 놀고 먹음。

【遊神:유신】 ❶놀며 즐기는 마음。❷마음이 즐거워 짐。

【遊宴:유연】 놀이로 베푼 잔치。宴會。『漢書』――後庭。

【遊泳:유영】 물 속에서 헤엄치며 놀음。

【遊豫:유예】 ❶놀며 즐김。遊樂。『孟子』一遊一豫、爲諸侯度。❷임금의 遊幸。巡狩。巡幸。

【遊藝:유예】 ❶藝術에 뜻을 두고 즐김。『論語·述而』依於仁、遊於藝。❷六藝를 배움。

【遊園:유원】 사람들이 놀 만하게 설비해 놓은 정원。놀이터。公園。

【遊園地:유원지】 놀기 좋게 시설된 곳。

【遊衣遊食:유의유식】 하는 일 없이 놀면서 입고 먹음。

【遊人:유인】 ❶일정한 직업이 없이 놀고 있는 사람。❷놀러 다니는 사람。❸주색잡기에 빠져 놀고만 지내는 사람。道樂者。遊客。

【遊資:유자】 금융 시장에 쓰이지 않고 놀리는 자본금。

【遊塵:유진】 ❶날리는 티끌。❷음란하게 놀고 즐기는 것。淫樂。《喩》가볍고 천한 것。

【遊就:유취】 착한 사람과 더불어 사귐。『荀子』君子居必擇鄕、遊必就士。

【遊惰:유타】 빈들빈들 놀기만 하고 게으름。『南史』翦罰――、境內肅淸。

【遊蕩:유탕】 ❶만판 놀기만 함。❷음탕하게 노는 일。放蕩。『魏志·註』少好飛鷹走狗、――無度。

【遊學:유학】 ❶다른 나라에 가서 학문을 닦음。❷타향에서 공부함。留學。『十八史略』厚招――。 「학생。

【遊學生:유학생】 타향에서 학문을 닦는

【遊幸:유행】 임금이 궁궐 밖으로 거둥함。行幸。『唐書』妃每從――乘馬。

【遊俠:유협】 義를 중히 여기고 죽음을 가볍게 여기는 사람。強者를 꺾고 弱者를 돕는 협기를 지닌 사람。俠客。『史記』好學――任氣節。

【遊魂:유혼】 肉體을 떠난 魂。別魂。『易經』精氣爲物、――爲變。

【遊休資本:유휴자본】 《經》놀고 있는 금전。곧 운용·이식을 목적으로 하는 자금이면서도 적당한 貸付處 혹은 투자물이 없어서 사장된 자금。

【遊興:유흥】 재미있게 놀음。술을 마시며 재미있게 놀음。

【遊興費:유흥비】 유흥에 드는 비용。

【遊興稅:유흥세】 《法》❶음식점·카페·오락장 따위에서 유흥자에게 영업자를 통하여 받는 세금。❷=遊興飮食稅。

【遊興場:유흥장】 유흥하는 장소。

【遊戲:유희】 ❶즐겁게 놀음。『史記』其――好種樹麻菽。❷一定한 방법에 의하여 재미있게 노는 운동。또는 장난。◎客―、交―、舊―、同―、漫― 巡―、外―、遠―、周―、春―、閑―、豪―、嬉―、戲―。

【運】 (운) 問 ウン、はこぶ、めぐる carry; traffic

小篆 草書

❶운전할운(轉也、行也)。『易繫辭』日月―行。❷움직일운(動也)。『禮』欠伸―笏。❸옮길운(徙也)。『後漢書』尉曹主卒徙轉―事。❹운수운(―祚曆數)。❺땅길이운(土地南北曰―)。

【運樞:운구】 시체를 넣은 널을 운반함。

【運氣:운기】 자연의 현상으로 吉凶禍福을 판단하는 것。 「한 때에 옴。

【運到時來:운도시래】 운수와 시기가

【運動:운동】 ❶몸을 놀려 움직임。❷어떤 일의 주선을 위하여 힘씀。❸《物》위치가 바뀜。 「즐기고 잘하는 사람。

【運動家:운동가】 운동에 소질이 있어

【運動競技:운동경기】 운동으로 하는 여러 가지 경기。 「의 總稱。

【運動具:운동구】 운동에 쓰이는 제구

【運動器官:운동기관】 동물이 갖고 있는 발·손·날개·지느러미 등과 같이 운동을 하기 위한 기관。 「의 相乘積。

【運動量:운동량】 물체의 質量과 속도

【運動力:운동력】 운동하는 힘。

【運動摩擦:운동마찰】 한 물체가 딴 물체의 표면에 따라서 운동할 때 그 接觸面에 작용하는 운동을 막으려고 하는 힘。

【運動帽子:운동모자】 운동 경기 때 쓰는 간편한 모자。 「편한 복장。

【運動服:운동복】 운동 경기 때 입는 간

【運動費:운동비】 ❶체육 관계에 쓰이는 비용。❷어떤 일의 주선을 하는 데에 쓰는 비용。

【運動選手:운동선수】 운동 경기에 뽑힌 사람。어떤 운동 경기에 특히 뛰어난 사람。

【運動神經:운동신경】 흥분을 中樞에서 末端까지 전하는 신경。

【運動失調:운동실조】 《醫》낱낱의 근육에는 마비가 없음에도 불구하고 운동하려고 하여도 이루지 못하는 질환。

【運動員:운동원】 어떤 목적을 이루기 위하여 운동하는 사람。 「은 마당。

【運動場:운동장】 운동 경기를 하는 넓

【運動諸具:운동제구】 운동 경기에서 쓰는 모든 설비나 기구。

【運動第二法則:운동제이법칙】 《物》물체에 힘이 작용하는 동안은 힘의 方向에 일정한 加速度가 생긴다는 법칙。

【運動第一法則:운동제일법칙】 《物》물체가 현재의 상태를 계속하려고 하는 성질。곧 慣性을 가지고 있다는 법칙。

【運動中樞:운동중추】 운동 신경의 중추。 「만든 신。

【運動靴:운동화】 운동하기에 편리하게

【運動會:운동회】 운동 경기의 큰 모임。

【運糧:운량】 양식을 운반함。 〔체육회。

【運路:운로】 물건을 나르는 길。

【運命:운명】 ❶사람에게 닥쳐오는 모든 화복과 길흉。❷사람의 행동을 지배하는 큰 힘。運勢。『南史』文帝嘗曰、人仕宮非唯須才、亦須――。

【運命論:운명론】 모든 현상은 그렇게 되도록 예정되어 있어 사람의 힘으로 고칠 수 없다고 주장하는 설。宿命論。

【運命論者:운명론자】 운명론을 믿는 또는 주장하는 사람。
【運命的:운명적】 운명에 관계 있는 것。 사람의 힘으로 피하지 못하는 것。
【運搬:운반】 물건 또는 사람을 옮겨 나름。『夢溪筆談』――之勞。 「용。
【運搬費:운반비】 운반에 소용되는 비
【運搬稅:운반세】《法》發送稅·貯蓄稅 따위와 같이 소비물이 거래 매매로 운반되었을 때 매겨지는 소비세。 「영업。
【運搬業:운반업】 운반을 業으로 삼는
【運搬作用:운반작용】《地》물 또는 바람이 흙이나 모래를 나르는 작용。
【運甓:운벽】《故》晉 陶侃(도간)이 체력을 양성하기 위하여 아침마다 벽돌 백 장씩을 운반했다 함。
【運逢:운봉】 좋은 운을 만나는 것。
【運算:운산】 계산하여 답을 냄。
【運勢:운세】 사람의 운명。
【運送:운송】 물건을 운반하여 보냄。『北齊書』穀食豐饒、――不絕。
【運送契約:운송계약】《法》運送人 또는 荷主가 서로 물품의 운송과 이에 대한 運賃 지불을 약속하는 계약。
【運送料:운송료】 운송에 드는 요금。
【運送費:운송비】 ❶=運送料。 ❷운송에 드는 모든 비용。
【運送船:운송선】 물건을 운송하는 배。
【運送業:운송업】 물건의 운송을 업으로 삼는 경업。
【運數:운수】 사람의 몸에 돌아 오는 길흉과 화복。『白居易』人命長短繫――。
【運輸:운수】 운반이나 운송보다 규모가 크게 짐 따위를 옮기는 것。『司馬相如』又擴爲轉粟――。
【運數不吉:운수불길】 =運數不幸。
【運數所關:운수소관】 운수에 관계 되는 일。
【運輸業:운수업】 아주 큰 규모로 화물 運送을 하는 영업。
【運輸用:운수용】 화물을 나르는 데 쓰는 것。 운수에 필요한 물건。 「사。
【運輸會社:운수회사】 運輸 영업의 회
【運身:운신】 몸을 움직임。
【運役:운역】 물건을 나르는 일。
【運營:운영】 일을 경영하여 나아감。
【運營權:운영권】 일을 맡아 경영 하는 권리。 「活用。
【運用:운용】 움직여 이용함。 부리어 씀
【運意:운의】 이리저리 생각함。
【運賃:운임】 운반하는 삯。 運送料。
【運掌:운장】 손바닥을 엎었다 뒤쳤다 함。《喩》아주 쉬움。 容易함。『孟子』治天下、可運之掌上。
【運材:운재】 재목을 운반함。
【運積土:운적토】《地》岩石 風化物이 강물·바닷물·빙하·비바람·重力火山 따위의 작용으로 다른 곳에 운반·퇴적되어 이루어진 땅。
【運轉:운전】 ❶차를 조종하여 달리게 함。 기계를 움직임。 ❷다른 곳으로 돌림。 ❸자본 따위를 움직여 활용함。 運用。
【運轉士:운전사】 ❶선박의 운전을 맡은 사람。 ❷=運轉手。 「전하는 사람。
【運轉手:운전수】 전차·자동차 등을 운
【運漕:운조】 배로 운반하는 것。 水運。『魏志』水當通――。 「기술。
【運操術:운조술】 배를 운전 조종 하는
【運籌:운주】 이리저리 꾀를 냄。『漢書』――帷幄之中。
【運盡:운진】 운수가 다함。
【運置:운치】 운반하여 놓아 둠。
【運筆:운필】 글씨나 그림을 그리기 위하여 붓을 놀림。 用筆。 行筆。『梁武帝』――邪則無芒角、執手寬則書緩弱。
【運荷:운하】 짐을 나름。
【運河:운하】 육지를 파서 강을 내고 배가 다니게 하는 水路。『宋史』經行――。
【運河稅:운하세】 운하를 통행하는 데 課해지는 세금。 「다를 건너감。
【運航:운항】 배에 물건 따위를 싣고 바
【運行:운행】 운영하여 나아감。 운전하여 감。 돌아다님。
【運貨:운화】 화물을 운반함。
【運會:운회】 운수와 기회。『皇極經世書』三十年爲一世、十二世爲一運、三十運爲一會、十二會爲一元。 「쉼。
【運休:운휴】 운전이나 운영을 멈추고
◎開―、國―、武―、文―、門―、不―、悲―、否―、衰―、水―、輸―、惡―、陸―、天―、海―、幸―。

【遌】(악) 藥 ガク、ゴ、あう meet
草書 만날악(遇也)。『楚辭』重華不可―兮。

【遍】(편) 霰 ヘン、あまねし all around ㄅㄧㄢˋ pien⁴
草書 두루편(周也)。
【遍談:편담】 널리 말함。 빠짐없이 말함。
【遍踏:편답】 =遍歷。
【遍歷:편력】 널리 돌아다님。 遍踏。
【遍滿:편만】 널리 참。 꽉 참。
【遍散:편산】 곳곳에 널리 흩어져 있음。
【遍身:편신】 ❶全身。『無名氏』――綺羅者、不是養蠶人。 ❷온 몸에 두루 퍼짐。 編身。
【遍在:편재】 두루 퍼지어 있음。 ↔偏在。
【遍照:편조】 佛光이 두루 비침。
【遍布:편포】 널리 폄。

【過】㊀(과) 箇 カ、すぎる、あやまる
㊁(과) 歌 pass; fault ㄍㄨㄛˋ kuo⁴
篆 草書 ㊀ ❶넘을과(越也)。『易 繫辭』範圍天地之化而不―。 ❷그릇할과(誤失)。『書』宥―無大。 ❸허물과(罪愆)。『周禮』八柄誅以馭其―。 ㊁❶지날과(經也)。 ❷뜻은 ㊀과 같음。
【過感:과감】 지나치게 느끼는 고마움。
【過客:과객】 지나가는 나그네。『李白』光陰者百代之――。
【過去:과거】 ❶이미 지나간 때。 ↔未來。『搜神記』管輅善解諸術、知未來――之事。 ❷《佛》이승에 태어나기 전。 前世。
【過去分詞:과거분사】 영어·프랑스어·도이취어 등에 있어서의 동사의 변화형의 하나。 형용사적 성질을 띠며、 完了形 및 受動形을 만들음。
【過去事:과거사】 지나간 일。
【過去之事:과거지사】 =過去事。
【過激:과격】 지나치게 격렬함。
【過激思想:과격사상】 과격스러운 주의를 가진 思想。 急進主義 思想。
【過激派:과격파】 ❶과격한 수단에 의하여 舊 제도나 조직을 改革하고 자기의 主義와 理想을 실현하려는 一派。 ❷과격한 思想을 주장하는 派黨이나 사람。
【過謙:과겸】 지나치도록 겸손함。
【過恭:과공】 지나치도록 공손함。
【過咎:과구】 잘못。 허물。『北史』賤人――。
【過期:과기】 =過限。
【過年:과년】 ❶여자가 시집갈 나이가 지남。 ❷지난 해。
【過念:과념】 너무 걱정함。
【過多:과다】 너무 많음。 지나치게 많음。
【過當:과당】 ❶상당한 수를 넘음。 타당하지 못함。 균형을 잃음。 ❷전쟁에서 我軍보다 敵軍의 死傷이 많은 것。
【過大:과대】 너무 큼。 지나치게 큼。
【過大資本:과대자본】《經》株主의 출자금을 너무 많이 세운 자본。 「――。
【過度:과도】 정도에 넘침。『左傳』勿使

【過渡:과도】❶물을 건넘。나루터。〖蘇軾〗官船一一遲。❷舊時代에서 新時代로 변천하는 도중의 상태。
【過渡期:과도기】舊狀態에서 새로운 상태로 변해가는 時期。낡은 것은 벗어났으나 아직 새 것은 이루어지지 않아 동요와 불안에 싸인 시기。
【過渡政府:과도정부】한 政體에서 다른 정체로 넘어가는 과정에 임시로 조직된 정부。
【過冬:과동】겨울을 남。
【過冬柴:과동시】《國》겨울에 때기 위하여 준비하여 두는 땔나무。
【過濫:과람】분수에 넘침。
【過冷:과랭】❶과도하게 냉각하는 것。❷액체를 融點 이하로 냉각하여도 액체 그대로인 것。
【過量:과량】분량에 넘침。〖諸葛亮〗「爲大臣、受恩一一。」
【過慮:과려】지나친 염려。
【過勞:과로】지나치게 피로함。일을 지나치게 하여 피로함。
【過路:과로】지나가는 길。歷路。
【過料:과료】《法》公法上의 의무의 履行을 강제하는 수단으로서、또는 公法上의 의무의 위반에 대한 罰로서 課하는 金錢。
【過謬:과류】어긋나 잘못됨。
【過望:과망】생각 이상。지나친 욕망。
【過麥田大醉:과맥전대취】《國》밀밭만 지나가도 누룩 생각이 나서 취함。《喩》술을 먹지 못하는 사람을 조롱하는 말。
【過目不忘:과목불망】한 번 보면 잊지 않음。
【過敏:과민】지나치게 예민함。
【過半:과반】반이 더됨。반을 넘음。반이상。〖孟子〗螬食實者一一矣。
【過半數:과반수】전체의 반을 넘는 수。
【過房:과방】조카로 양자를 삼는 일。〖幼學須知〗已無子、擇同宗昭穆相應之人繼之、謂之一一。
【過不足:과부족】남음과 모자람。

【過分:과분】분에 넘침。身分에 알맞지 않음。〖左傳·註〗無求一一。
【過不及:과불급】❶지나침과 모자람。❷過猶不及의 略語。〖論語〗過猶不及。
【過酸化水素:과산화수소】《化》무색의 액체。쉽사리 산소를 방출하여 산화작용이 셈。베를 마전하는 데와 상처 소독에 쓰임。옥시풀(oxyful)。
【過賞:과상】과분한 상。
【過生:과생】세상을 지냄。
【過歲:과세】설을 쇰。
【過少:과소】너무 적음。
【過小:과소】너무 작음。지나치게 작음。
【過小評價:과소평가】❶너무 작게 값을 침。❷너무 얕잡아 봄。
【過數:과수】일정한 수를 넘는 것。
【過時:과시】때가 지나감。
【過失:과실】❶허물。過誤。〖周禮〗掌萬民之衰惡一一。❷부주의로 일으킨 잘못。
【過失犯:과실범】과실로써 성립되는 범죄。↕故意犯。
【過失傷害罪:과실상해죄】과실로써 상해를 입혀 성립된 범죄。
【過失致死:과실치사】과실 행위로써 사람을 죽임。
【過言:과언】❶지나친 말。❷말을 잘못함。失言。〖禮記〗君子一一、則民作辭。
【過熱:과열】지나치게 더워짐。지나치게 덥게 함。
【過熱蒸氣:과열증기】온도가 지나치게 높아 포화가 되지 못한 증기。
【過誤:과오】잘못。〖漢書〗蒙一一之寵、非命所當。
【過用:과용】지나치게 씀。
【過淫:과음】性交를 지나치게 함。
【過飮:과음】술을 지나치게 마심。
【過人:과인】보통에서 뛰어난 사람。
【過日:과일】지난 날。
【過剩:과잉】❶餘分。나머지。❷사물이 예정한 분량보다 지나치게 많음。

【過剩防衛:과잉방위】정당 방위를 행함에 있어서 그 범위를 넘은 방위 행위。
【過剩生產:과잉생산】소비력에 비하여 정도를 넘어 선 생산。
【過剩人口:과잉인구】지나치게 많은 인구。직업과 인구와 자본의 증식력과 생산력 사이에 그 균형이 합치 안될 때 나타나는 현상。
【過程:과정】일이 되어 나가는 경로。歷程。
【過從:과종】서로 의좋게 지냄。相從。
【過重:과중】심히 무거움。힘에 겨움。
【過重教育:과중교육】학생의 능력·정도에 넘치는 교육。
【過重負擔:과중부담】금전 따위의 힘에 지나친 부담。
【過差:과차】❶보통의 정도를 넘음。驕奢함。奢侈。〖書經〗沈湎于酒、一一非度。❷過失。허물。
【過秋:과추】가을을 남。
【過春:과춘】봄을 남。
【過醉:과취】몹시 취함。
【過稱:과칭】지나치게 칭찬함。과도한 칭찬。〖後漢書〗有一一虛譽。
【過怠:과태】태만。過失。잘못。失手。
【過怠金:과태금】《法》일정한 기한에 맡은 바 의무를 행하지 못할 때 罰로 내는 돈。
【過夏:과하】여름을 남。
【過夏柴:과하시】《國》여름철 장마에 때려고 준비하여 두는 땔나무。
【過夏酒:과하주】소주와 약주를 섞어서 만든 술。
【過限:과한】기한이 이미 지남。

【遏】(알) 曷 アツ、とめる stop ㄜˋ
小篆 草書 ❶막을알(絕也)。〖易經〗君子以一惡揚善。❷그칠알(止也)。
【遏密:알밀】풍류 소리를 그치고 조용히 함。〖孟子·萬章〗三年四海一一八音。
【遏雲:알운】노래 소리가 뛰어나게 아름다운 모양。무심한 구름도 멈추게 한다는 뜻。〖列子〗聲振林木、響遏行雲。
【遏絕:알절】❶막고 끊음。❷種族을 멸하게함。
【遏情:알정】사귀어 맺은 정을 끊음。

【遐】(하) 麻 カ、とおい ㄒㄧㄚˊ hsia² far;distant
小篆 草書 ❶멀하(遠也)。〖書〗陟一必自邇。❷무엇하(何也)。〖詩經 小雅隰桑〗心乎愛矣、一不謂矣。
【遐擧:하거】❶멀리 감。遠行。❷높이 올라감。먼 곳까지 널리 떨치게 됨。❸高尙하고 遠大한 행동。〖李陵〗二子之一一。
【遐觀:하관】멀리 바라 봄。먼 곳을 내다 봄。
【遐棄:하기】❶멀리 물리치고 돌보지 않음。먼 곳에 내다 버림。〖詩經〗旣見君子、不我一一。《轉》사람이 죽고 산 사람을 이 세상에 남겨 두는 것。❷스스로 그 자리를 떠나버림。
【遐年:하년】오래 살음。長壽。
【遐齡:하령】❶나이가 많음。❷오래 살음。遐壽·遐年。〖魏書〗以知命爲一一、以樂天爲大惠。
【遐方:하방】서울을 중심하여 먼 곳。遐鄕。〖揚雄〗海外一一。
【遐福:하복】큰 행복。廣遠한 福祉。洪福。〖詩經〗降爾一一、惟日不足。
【遐想:하상】❶먼 곳에 있는 사람을 생각함。❷高遠한 理想。遠大한 생각。〖晋書〗嘗與王羲之登治城、愁然一一、有高世之志。「以祈一一。
【遐壽:하수】오래 살음。長壽。〖晋書〗

【遐裔:하예】 먼 시골。『北史』解倒懸于一一、問疾苦于遺黎。
【遐邇:하이】 먼 곳과 가까운 곳。遠近。『司馬相如』一一壹體。
【遐鄕:하향】 ＝遐方。
【遐荒:하황】 먼 지방。서울에서 멀리 떨어져 있는 오랑캐들이 사는 땅。『晉書』流澤布於一一。

【遑】(황) 陽 コウ、いそぐ hurry ㄏㄨㄤˊ huang²
小篆 草書 ❶급할황(急也)。『書』不一暇息。 ❷겨를황(暇也)。『詩』莫敢或一。
【遑急:황급】 당황하고 급함。
【遑汲:황급】 황황하고 급박함。
【遑遑:황황】 마음이 몹시 급하여 허둥지둥하는 모양。바쁜 모양。皇皇。
【遑遑罔措:황황망조】 마음이 급하여 어찌할 줄 모르고 허둥지둥함。

【遒】(주) 尤 シュウ、つよい、あつまる strong; collect ㄑㄧㄡˊ ch'iu²
小篆 或體 草書 ❶굳셀주(勁也健也)。『鮑照詩』獵獵晩風一。 ❷다할주(盡也)。『楚辭』歲忽忽而一盡兮。 ❸굳을주(固也)。『詩』四國是一。 ❹모을주(聚也)。『詩』百祿是一。 ❺핍박할주(迫也)。『宋玉 招魂』一相迫些。
【遒麗:주려】 굳세고 아름다움。『南史』柳惔非徒風韻淸爽、亦屬文一一。「筆勢一一。
【遒放:주방】 筆力이 自由自在함。『南史』
【遒越:주월】 한도를 넘음。
【遒逸:주일】 筆力이 힘차고 뛰어남。『北史』神情機警、詞藻一一。
【遒豪:주호】 굳세고 뛰어남。

【道】 ㊀(도) 皓 ㊁(도) 號 ドウ、みち road; way ㄉㄠˋ tao⁴
小篆 古文 草書 ㊀❶길도(路也)。『詩』周一如砥。 ❷이치도(理也)。『易繫辭』一陰一陽之謂一。 ❸순할도(順也)。『書』九河旣一。 ❹도도(仁義忠孝之德義)。 ㊁❶말할도(言也)。『孝經』非先王之法言不敢一。 ❷말미암을도(由也)。『中庸』尊德性而一問學。 ❸좇을도(從也)。『韓非子 十過』玄鶴二八、一南方來。 ❹행정구역이름도(行政區域)。
【道歌:도가】 ❶인도적・교훈적・격언적인 短歌。 ❷(宗)侍天敎에서 의식 때에 부르는 노래。
【道家:도가】 道敎를 信奉하는 學者。『史記』孝文好一一之學。
【道啓:도계】 (制)各道의 監司가 임금에게 아뢰어 바치던 글。
【道界:도계】 道의 경계。
【道高:도고】 도덕이 높음。또는 높은 체하여 교만함。
【道敎:도교】 ❶倫理・道德의 敎。儒敎의 敎。 ❷(宗)黃帝・老子・莊子 등을 敎祖로 하는 多神的 宗敎의 하나。無爲・自然을 主旨로 하고、陰陽五行・神仙의 說을 混和하여 不老長生을 求함。우리 나라에는 高句麗 때에 이 思想이 들어 왔음。『宣室志』雅尙一一、屢加尊異。
【道具:도구】 ❶(佛)佛道를 修行하는 데 필요한 기구。 ❷일에 쓰이는 연장。제구。
【道念:도념】 ❶道를 구하는 마음。道心。『吳筠』疇昔希一一。 ❷도덕의 觀念。道義心。良心。 ❸佛道를 닦는 마음。
【道德:도덕】 ❶善・惡・義務 등 인간의 行爲의 표준이 되며 인간이 지켜야 할 道理와 그 도리를 체득한 행위。『易經』和順于一一。 ❷老子가 말한 道。
【道德家:도덕가】 도덕심이 높은 사람。
【道德界:도덕계】 道德法이 완전히 실현된 세계。
【道德官:도덕관】 도덕상의 善惡・邪正을 분별하여 내는 인간 본유의 심적 기관。보통 양심・이성 등의 넓은도 덕심을뜻함。
【道德觀念:도덕관념】 도덕에 관련된 생각。
【道德敎育:도덕교육】 도덕을 이해시키고 도덕적 감정을 기르는 교육。
【道德律:도덕률】 도덕적 행위의 規準으로 되는 법칙。善惡의 표준。道德法。
【道德社會學:도덕사회학】 도덕 현상에 관한 사회학적인 연구。
【道德性:도덕성】 (哲)행위가 도덕법 그것을 위해서 또는 도덕적 의무로 자각적으로 행하여지는 데에서 성립되는 경우。
【道德心:도덕심】 도덕을 힘써 지키는 마음。
【道德原理:도덕원리】 도덕의 필연적으로 예상되고 있는 통일적인 최고의 근본。
【道德意識:도덕의식】 ＝良心。「명제。
【道德的當爲:도덕적당위】 (哲)意志 행위에 관하여 하라、하지 마라의 의식을 일으키는 것。
【道德的理性:도덕적이성】 행위의 正邪・善惡을 판단하는 동시에 행위의 원칙인 모든 감정 욕구를 그 판단으로써 統御하는 이성。
【道德的情操:도덕적정조】 도덕적인 사회적 생활에 있어서 인정되는 신용・불신용・명예・불명예・선악 따위의 감정。
【道德的判斷:도덕적판단】 (哲)도덕적 가치 또는 反價値를 승인 혹은 부인하는 작용。
【道德哲學:도덕철학】 (哲)도덕의 근본 원리를 닦는 철학。
【道德學:도덕학】 (哲)도덕의 근본 원리를 연구하는 학문。「一永。
【道途:도도】 道路。道塗。『杜甫』不畏一
【道樂:도락】 ❶본 직업 외의 일에 즐겨 빠짐。 ❷酒色 등 좋지 못한 遊興에 빠짐。 ❸색다른 일을 좋아함。
【道力:도력】 道의 힘。道를 깨달은 힘。『姚合』聽琴和一一、尋藥得詩題。
【道令:도령】 (國)총각의 敬稱。
【道路:도로】 길。『論語』予死於一一乎。
【道路橋:도로교】 길을 잇기 위하여 놓은 다리。
【道路令:도로령】 도로에 관한 法令。
【道路網:도로망】 그물처럼 여러 갈래로 얽혀진 도로의 모인 선。
【道路里程標:도로이정표】 길의 里數를 적어서 길 가에 세운 표말。
【道路標識:도로표지】 道路의 保全、交通의 安全과 便利 등을 위하여 도로 가에 세워 둔 표지。
【道理:도리】 ❶사람이 지켜야 할 바른 길。道義。道德。 ❷방도와 사리。
【道立:도립】 道에서 세움。또는 道에서 설립하여 유지하는 일。
【道門:도문】 ❶도덕에 들어가는 문。 ❷道德的인 집안。 ❸道敎。또는 道家。『圖繪寶鑑』多畫一一尊像。
【道民:도민】 그 道 안에서 사는 사람。
【道民證:도민증】 道民임을 증명하는 증명서。
【道傍:도방】 길 가。路傍。
【道配:도배】 (制)귀양 간 사람을 그 道 안에 定配함。
【道伯:도백】 ❶觀察使。 ❷道知事。
【道服:도복】 ❶袈裟의 別名。出世服。法衣。 ❷道士가 입는 옷。『遵生八牋』一一不必立異、以布爲佳。
【道士:도사】 ❶神仙의 술법을 닦는 사람。方士。 ❷道敎를 닦는 사람。 ❸佛道를 修行하는 사람。 ❹道義를 體得한 사

람。君子。『春秋繁露』古之――有言。
【道上:도상】 길 위。路上。
【道床:도상】 鐵道軌條를 깔 때에 路盤 위에 깔아 놓는 자갈。
【道說:도설】 말을 함。이야기를 함。『史記』口吃不能――。
【道成:도성】 도를 닦아 이룸。
【道俗:도속】 ❶중과 俗人。『魏書』――咸以爲善。❷道를 닦는 사람과 세속의 사람。❸道를 닦는 일과 속된 일。
【道帥臣:도수신】 《制》觀察使·兵馬使·水軍節度使의 總稱。
【道術:도술】 ❶道家의 方術。仙術。❷道德과 學術。『史記』誦先王聖人之――。❸無爲 自然의 道를 체득하고 있는 것。
【道僧:도승】 《佛》道를 깨달은 중。도통한 중。
【道心:도심】 ❶義理에서 나온 마음。人欲을 떠난 本然의 마음。天理。↔人心。『書經』人心惟危、――惟微。❷《佛》佛道를 믿는 마음。
【道衣:도의】 道士들이 입는 옷。
【道義:도의】 사람이 마땅히 행해야 할 도덕。도덕상의 의리。道理。道德。道誼。『易經』成性存存、――之門。
【道義心:도의심】 道義를 지키려는 마음。道德心。
【道人:도인】 ❶道을 닦거나 깨달은 사람。❷佛道를 닦거나 깨달은 사람。❸神仙의 道를 깨달은 사람。仙人。『漢書·註』――始去。❹俗界를 버린 사람。❺길 가는 사람。❻案內人。
【道場:①도장②도량】 ❶修養·訓練을 목적으로 하여 團體生活을 하는 곳。鍊武場。❷《佛》㉠佛道를 修養하는 곳。절。㉡修道 또는 修業하는 장소。『白居易』紗籠燈下――前。
【道程:도정】 길의 里數。여행의 경로。道里。路程。

【道中:도중】 ❶길을 걷고 있는 동안。❷길 가운데。路中。❸일의 중간。중도。『漢書』――過者皆飮食。❹旅行。
【道中記:도중기】 ❶여행의 일기。紀行。❷여행의 안내기。
【道知事:도지사】 《制》道의 행정 관청인 道廳에 있어서의 직책상의 우두머리。
【道次:도차】 길의 차례。途次。『後漢書』各騎竹馬、――迎拜。
【道廳:도청】 《制》행정 구역의 하나인 도의 공무원이 사무를 맡아 보는 관청。
【道聽塗說:도청도설】 路上에서 들은 이야기를 곧 딴 사람에게 이야기하는 것。《轉》길거리의 뜬 소문。無根之說。『論語』道聽而塗說、德之棄也。
【道體:도체】 ❶도를 닦는 몸。❷道德의 本體。『淮南子』無爲者、道之體也。
【道通:도통】 事物의 奧妙한 이치를 깨달아서 통함。
【道破:도파】 남김 없이 말함。
【道袍:도포】 옛날 보통 때의 禮服으로 입던 웃옷。
【道標:도표】 길의 方向·里程 등을 돌·나무에 써서 通行人의 편리를 위하여 길가에 세워 둔 標識。
【道學:도학】 ❶中國 宋代의 儒學者인 程子·朱子 등이 주장한 性命 義理의 哲學。理學。『朱熹·中庸章句序』子思子憂――之失其傳。❷도덕을 풀이하는 학문。❸=道敎。❹=心學。
【道學君子:도학군자】 ❶도학이 있는 점잖은 사람。❷道德君子。
【道學者:도학자】 ❶儒敎에서 程朱의 학을 받드는 사람。❷도덕을 설명해 베푸는 사람。❸=道學先生。
【道號:도호】 入道한 뒤의 이름。
【道話:도화】 도덕상의 말。
◎劍―、公―、敎―、交―、軌―、大―、通―、霸―、險―、黃―、孝―。

【達】

(달) 曷 タツ、とおる attain; reach ㄊㄚˊ t'a

小篆 或體 草書 ❶사무칠 달(通也)。『書』―四聰。❷결단할 달(決也)。『周禮』大事從長小事專―。❸날 달(生也)。『詩』驛驛其―。❹나타날 달(顯也)。『孟子』―不離道。❺천거할 단(薦也)。『禮』推賢而進―之。❻방자할 달(挑―放恣)。『詩』挑―兮。❼이를 달(到―)。❽이룰 달(成就)。❾보낼 달(配送)。
【達見:달견】 뛰어난 의견。事理에 밝은 의견。『晉書』賈充、雅量宏高、――明遠。
【達觀:달관】 ❶사물을 넓게 관찰함。『書經』――于新邑營。❷환경에 좌우되지 않고 喜怒哀樂을 초월하는 것。❸세속을 벗어난 높은 見識。
【達權:달권】 그때 그때의 일의 기틀에 따라 적당하게 썩 잘 처리함。
【達氣:달기】 귀하고 높게 잘 될 기색。
【達磨:달마】 ❶《人》中國 南北朝時代의 高僧。菩提達磨。天竺 香至王의 세째 아들。印度에서 中國으로 건너 와서 禪宗의 始祖가 되었음。達摩。❷梵語Dharma의 音譯。眞理·本體를 뜻함。

菩提達摩尊者
(三才圖會)

【達文:달문】 ❶익숙한 솜씨의 글。❷조리가 있는 글。앞 뒤의 조리가 맞는 글。
【達辯:달변】 썩 능란한 辯舌。
【達相:달상】 귀하게 잘 될 얼굴의 상。
【達成:달성】 뜻한 바를 이룸。

【達宵:달소】 =達夜。
【達識:달식】 사리에 달관한 식견。『北史』高情――、開遣滯累。
【達夜:달야】 밤을 새움。達宵。
【達言:달언】 ❶道理에 통한 말。事理에 밝은 말。『曹植』歎此――、以爲美談。❷어디에든지 通用되는 말。
【達意:달의】 의사를 잘 드러내어 통함。『史記』書以道事、詩以――。
【達人:달인】 ❶그 방면에 통달한 사람。『賈誼』――大觀兮。❷一切의 사물을 達觀한 사람。❸그 사람에게 이름。그 사람에게 미침。
【達才:달재】 사리에 통달한 사람。『史記』通人――。
【達尊:달존】 세상 사람이 모두 존경할 수 있는 것。即 관작·年齡·學德。『孟子』天下有――三、爵一、齒一、德一。
【達通:달통】 사리에 능숙하게 통함。
【達筆:달필】 ❶文字·繪畫·文章을 썩 잘 쓰는 것。能筆。❷익숙한 글씨。
◎窮―、到―、導―、聞―、發―、配―、倍―、上―、速―、送―、熟―、示―、英―、榮―、傳―、調―、早―、進―、通―、下―。

【違】

(위) 微 イ、ちがう、たがう violate; disobey ㄨㄟˊ wei

小篆 草書 ❶어길 위(背也、離也)。『書』靜言庸―。❷미적미적할 위(依―不決)。『漢書』依―以惟未能修明。❸다를 위(異也)。『古詩 焦仲卿妻』愼勿―吾語。❹되돌아올 위(悖戾)。『大學』人之彥聖而―之俾不通。❺갈 위(去也)。『論語 公冶長』―之一邦。
【違格:위격】 격식에 어긋남。
【違骨:위골】 뼈가 어그러짐。

【違乖:위괴】어기고 배반함。
【違期:위기】약속한 기한을 어김。
【違戾:위려】잘못。違反。『後漢書』太史公——五經、謬孔子言。
【違令:위령】命令을 거스림。
【違例:위례】常例를 벗어남。從來의 규칙을 어김。
【違謬:위류】어기고 그릇침。『宋書』謝晦隨問酬辨、曾無——。
【違反:위반】法律·規約·約束 등을 어김。違背。『後漢書』——經文。
【違反者:위반자】위반한 사람。일이나 약속이나 법을 어긴 사람。
【違背:위배】=違反。『禮記正義·序』——本經、多引外義。『說苑』刑法——。
【違犯:위범】법을 어기어 죄를 저지름。
【違法:위법】법령을 위반함。犯法。
【違法性:위법성】행위가 위법 곧 법률상 허용되지 않는다는 것。
【違法行爲:위법행위】《法》법률 질서의 규범에 위반되는 공동 생활상의 이익을 침해하는 행위。
【違變:위변】약속을 실행하지 않음。契約을 어김。
【違算:위산】❶계획이 틀림。❷틀린 계산。
【違式:위식】격식에 위반됨。
【違失:위실】不注意로 일으킨 잘못。過失。
【違約:위약】약속을 위반함。『史記』——王漢、背關懷楚。
【違約金:위약금】계약의 債務를 이행하지 못할 때 債務者가 債權者에게 치러야 할 것으로 미리 약정한 돈。
【違約者:위약자】약속을 위반한 사람。
【違言:위언】❶相反되는 말。말다툼。『左傳』鄭息。有——。❷道理에 어긋난 말。❸《國》말을 어김。
【違忤:위오】서로 對立함。또는 反對함。『後漢書』不敢復——勢家。
【違韻:위운】漢詩에서 韻字가 맞지 않음。
【違越:위월】어김。
【違錯:위착】말한 것의 앞뒤가 서로 어긋남。
【違勅:위칙】勅令을 어김。
【違限:위한】약속 기한을 지키지 않음。
【違憲:위헌】❶國法을 위반함。違法。❷憲法을 위반함。㉠國民이 헌법을 위반함。㉡法令이 憲法에 위반됨。『後漢書』繩以法則傷惠、私以親則——。
【違和:위화】病에 걸림。調和를 잃음。『魏書』聖躬——。
◎無—、非—、相—。

【遖】(남)〔日字〕 あっぱれ admirable
가륵할남(贊美歎辭)。

十畫

【遘】(구) 宥 コウ、あう ㄍㄡ gou⁴ meet with
小篆 草書 만날구(遇也)。【崔駰賦】嘉昔人之—辰兮。
【遘逆:구역】背叛。『史岑』東夷——。
【遘合:구합】❶男女가 約束을 맺음。❷交接함。❸밖에서 만남。
【遘禍:구화】禍를 만남。『後漢書』忿戰國之——兮、憎權臣之擅强。

【遙】(요) 蕭 ヨウ、はるか 一ㄠ yao² far; distant
小篆 草書 ❶멀요(遠也)。【左傳】遠哉——。❷노닐요(逍—徜徉)。
【遙望:요망】멀리 바라봄。먼 곳에서 바라봄。
【遙邁:요매】멀리 감。『潘岳』辭京輦兮——。
【遙拜:요배】먼 곳에서 바라보며 절함。『晉書』在別宮——、不詣壇所。
【遙昔:요석】❶먼 옛날。❷긴 밤。『張華·雜詩』伏枕終——。『注』昔、夜也。
【遙夜:요야】긴 밤。長夜。『方干』——孤砧紅葉村。
【遙遙:요요】❶멀고도 아득한 모양。❷마음이 不安한 모양。『劉鑠·擬行行重行行詩』——行遠之。❸가는 모양。『鮑照·東門行』——征駕遠。
【遙遠:요원】멀고도 멂。
【遙天:요천】아득히 먼 하늘。먼 하늘。『張正見』風伯靜——。
【遙度:요탁】먼 곳에서 남의 마음을 헤아림。

【遛】(류)『遛』(辵部12畫)와 같음

【遜】(손) 願 ソン、へりくだる ㄩㄢ yuan⁴ modest; humble
小篆 草書 ❶순할손(順也)。❷겸손할손(謙恭)。【書經·舜典】五品不—。❸도망할손(遁也)。【書】吾家耄—于荒。❹사양할손(辭避)。【書】將—于位。
【遜遁:손둔】물러남。물러나서 피함。
【遜辭:손사】겸손한 말。
【遜色:손색】서로 견주어 보아서 못한 점。다른 것보다 못한 모양。
【遜讓:손양】제 몸을 낮추어 양보함。겸손하고 사양함。謙讓。『後漢書』仁義——、奈何棄之。
【遜位:손위】王位 또는 官位를 남에게 물려줌。讓位。『北史』以老請——。
【遜志:손지】교만하지 않고 제 몸을 낮추는 마음。謙遜。
【遜避:손피】모면하여 피함。

【遝】(답) 合 トウ、こみあう ㄊㄚ ta⁴ bustle; crowd
小篆 草書 ❶뒤섞일답(雜—)。【洛神賦】衆靈雜—。❷뒤미쳐따를답(迨—行相及)。【古詩】迨—高飛莫安宿。
【遝至:답지】한 군데로 몰려 들음。

【遞】(체) 霽 テイ、かける、かわる ㄉㄧ di⁴ replace; change
小篆 ❶갈마들일체(—代更迭)。【漢書】四興替代八風生。❷멀체(迢—遠也)。❸역말체(傳—驛也)。
【遞加:체가】등급을 좇아 순차로 더하여 감。
【遞減:체감】等級을 좇아서 順次로 감함。
【遞改:체개】사람을 갈아 들임。更迭。
【遞去:체거】관직을 그만 두고 감。
【遞歸:체귀】관직을 그만두고 향리로 돌아옴。遞來。
【遞代:체대】서로 바꾸어서 대신함。更迭。『楚辭』射——些。
【遞代田:체대전】造林과 田作을 갈마들어 대받아 짓는 밭。
【遞等:체등】새 관리와 구 관리가 서로 교대함。
【遞夫:체부】우편물을 전하여 주는 사람。遞傳夫。郵遞夫。『燕翼貽謀』建隆三年、詔諸道州府、以軍卒代百姓、爲——。
【遞送:체송】차례로 여러 곳을 거쳐서
【遞信:체신】순차로 여러 곳을 거쳐서 소식이나 편지 따위를 전하는 일。
【遞任:체임】職務가 바뀜。
【遞傳:체전】차례로 여러 곳을 거쳐서 소식이나 편지를 전하여 보냄。
【遞增:체증】等級을 좇아서 順次로 더해감。↔遞減。
【遞職:체직】=遞任。
【遞次:체차】차례대로。순번적으로。
【遞差:체차】관리를 갈아 내어 바꿈。
【遞帖:체첩】글씨의 본보기로 삼는 裝帖。
【遞興:체흥】번갈아 흥함。

【道】(도)『道』(辵部9畫)의 古字

【遠】 ㊀(원) 阮 ㊁(원) 願 エン、とおい far; distant ㄩㄢˇ yuan³

遠 小篆 遠 古文 ㊀❶멀원(遙也)。〔中庸〕行ㅣ必自邇。❷심오할원、길을원(高奧)。〔孟子盡心下〕言近而指ㅣ者。㊁멀리할원(ㅣ之、離也)。〔論語〕敬鬼神而ㅣ之。

【遠客:원객】 먼 곳에서 온 손님。먼 나라에서 온 旅行人。〔李白〕ㅣㅣ投名賢、眞堪寫懷抱。

【遠距離:원거리】 먼 거리。↕近距離。

【遠隔:원격】 멀리 떨어져 있음。懸隔。〔李白〕雲陽一去已ㅣㅣ。

【遠見:원견】 ❶먼 將來의 일까지 바라봄。〔韓非子·孤憤〕智術之士、必ㅣㅣ而明察。❷먼 곳에서 바라봄。❸먼 곳을 바라봄。❹높은 곳에 올라가서 먼 곳에 있는 적의 형편을 살핌。

【遠景:원경】 멀리 보이는 경치。↕近景。〔王損之〕輕暉幕幕、ㅣㅣ蕭蕭。

【遠計:원계】 먼 장래 일의 계획。

【遠光:원광】 먼 곳에서 본 경치。遠景。

【遠郊:원교】 도회에서 먼 마을이나 들。↕近郊。〔周禮〕近郊十一、ㅣㅣ二十而三。

【遠交近攻:원교근공】 먼 나라와 친하게 사귀어 가까운 나라를 치는 것。

【遠救:원구】 먼 곳에서 오는 後援의 군사。〔後漢書〕恃ㅣㅣ、而輕近敵。「羞。

【遠國:원국】 먼 나라。〔後漢書〕ㅣㅣ珍

【遠近:원근】 멀고 가까움。먼 곳과 가까운 곳。여기 저기。〔易經〕无有ㅣㅣ幽深。

【遠近法:원근법】 畫面에 遠近을 나타내어 그림의 現實感·立體感을 강하게 하는 畫法。

【遠大:원대】 뜻이 深遠하고도 큼。〔謝脁〕臣本布衣、不謀ㅣㅣ。

【遠島:원도】 육지에서 멀리 떨어진 섬。〔後漢書〕深入ㅣㅣ。

【遠逃:원도】 멀리 달아남。

【遠覽:원람】 ❶먼 곳을 바라봄。❷遠大한 識見。遠識。「ㅣㅣ意。

【遠來:원래】 먼 곳에서 옴。〔晉書〕謝其

【遠略:원략】 ❶遠大한 計略。遠謀。〔陸機〕洪謨ㅣㅣ。❷먼 나라를 칠 計略。

【遠慮:원려】 앞으로 올 일을 헤아리는 깊은 생각。〔論語〕無ㅣㅣ、必有近憂。

【遠路:원로】 먼 길。〔論語〕任重而道遠。〔註〕能負重任、致ㅣㅣ也。

【遠雷:원뢰】 멀리서 울리는 우뢰 소리。

【遠流:원류】 ❶먼 곳으로 귀양 보냄。遠竄。遠配。❷옛날 刑罰의 한 가지。流罪중에서 가장 무거운 죄。〔北魏書〕藏竄者悉ㅣㅣ。

【遠巒:원만】 멀리 보이는 산봉우리。

【遠望:원망】 ❶먼 곳을 바라봄。遠眺。遠觀。〔東方朔〕登巒山兮ㅣㅣ。❷먼 앞날의 희망。

【遠謀:원모】 먼 장래를 생각하여 쓰는 꾀。遠大한 計略。遠籌。遠猷。〔左傳〕肉食者鄙、未能ㅣㅣ。

【遠方:원방】 먼 지방。먼 곳。〔論語〕有朋自ㅣㅣ來。

【遠邦:원방】 먼 나라。

【遠配:원배】 먼 곳으로 귀양 보냄。

【遠寫:원사】 ❶영화의 화면을 넓게 촬영한 필름。❷멀리서 찍음。

【遠山:원산】 ❶먼 곳에 있는 山。❷여자의 눈썹。〔玉景記〕卓文君眉不加黛望如ㅣㅣ。❸《國》㉠안경테의 두 알을 잇는 물건。㉡문짝이 더 들어가지 않도록 문지방에 박은 물건。㉢뒷간 속에 있는 앞을 가리는 장지。

【遠想:원상】 ❶高遠한 생각。〔世說〕悠然ㅣㅣ、有高世之志。❷멀리 생각함。

【遠色:원색】 女色을 가까이 하지 않음。

【遠逝:원서】 ❶멀리 떠나감。〔後漢書〕故變名ㅣㅣ。❷죽음。長逝。

【遠歲:원세】 긴 세월。

【遠孫:원손】 먼 後世의 子孫。먼 世代의 子孫。遠胄。遠裔。

【遠矢:원시】 먼 거리를 쏘는 화살。

【遠視:원시】 ❶먼 곳을 바라봄。❷먼곳에 있는 것은 보여도 가까운 곳에 있는 것은 잘 보이지 않는 눈。遠視眼의 略語。

【遠視鏡:원시경】 원시안의 사람이 쓰는 안경。

【遠視眼:원시안】 《生》調節筋의 신축이 불충분하거나 水晶體가 평평하여서 가까운 것을 잘 못 보는 눈。

【遠識:원식】 먼 앞일까지 헤아려 알 수 있는 識見。〔晉書〕盧欽、淸淡有ㅣㅣ。

【遠心力:원심력】 《物》물체가 圓運動을 할 때 求心力에 반대하여 바깥 쪽으로 작용하는 힘。↕求心力。

【遠心分離器:원심분리기】 《物》비중이 다른 두 액체 또는 액체 속에 固體가 섞여 있을 때、이것을 遠心作用에 의하여 분리하는 裝置。

【遠惡地:원악지】 서울에서 멀리 떨어져 「지고 험한 시골。

【遠洋:원양】 뭍에서 멀리 떨어진 넓은 바다。

【遠洋漁船:원양어선】 원양 어업에 쓰이는 배。

【遠洋漁業:원양어업】 원양에 항해하여 종사하는 어업。

【遠洋航海:원양항해】 먼 바다를 航海하여 內國과 外國과의 사이에 交通 하는 것。略語는 遠航。

【遠緣:원연】 먼 血統。먼 緣分。

【遠泳:원영】 海岸에서 떨어져 장거리를 헤엄치는 일。대개 단체로서 행함。

【遠裔:원예】 ❶遠孫。〔晉書〕淳維ㅣㅣ、名王之餘。❷먼 곳에 있는 異民族의 나라。

【遠由:연유】 먼 原因。遠因。〔晉書〕棄通道之ㅣㅣ、守介人之局操。

【遠遊:원유】 ❶멀리 가서 놀음。먼 곳에 감。〔論語〕子曰、父母在不ㅣㅣ、遊必有方。❷楚辭의 篇名。屈原이 지음。

【遠音:원음】 멀리서 들리는 소리。

【遠意:원의】 ❶옛 사람의 뜻。❷먼 곳에 있는 사람의 마음。〔李白·荅李侍御見招詩〕開緘識ㅣㅣ。❸먼 곳으로 생각을 돌림。〔賈島·送集文上人遊方詩〕ㅣㅣ靑天外。

【遠因:원인】 먼 原因。間接的인 原因。↕近因。〔梁武帝〕佛敎爲法、本存ㅣㅣ。

【遠日點:원일점】 《天》天體가 太陽을 초점으로 하는 타원 궤도 위를 運行한다고 생각할 때、太陽에서 가장 멀리 떨어진 위치。↕近日點。

【遠戰:원전】 멀리서 싸움。

【遠程:원정】 ＝遠路。

【遠征:원정】 ❶먼 곳에의 여행。遠行。❷널리 征伐하러 감。❷먼 곳에 가서 운동 경기 따위를 함。

【遠征軍:원정군】 ❶먼 곳을 치러 가는 군사。❷먼 곳에 운동 경기 따위를 하러 가는 선수들。

【遠征隊:원정대】 ❶먼 곳을 치러 가는 군대。❷먼 곳에 운동 경기 따위를 하러 「가는 단체。

【遠足:원족】 逍風。

【遠族:원족】 혈통이 먼 宗族。먼 일가。

【遠族近隣:원족근린】 《國》멀리 사는 일가와 가까이 있는 이웃。《喩》멀리 있는 일가가 가까이 사는 이웃만 못하다는 말。

【遠旨:원지】 遠大한 뜻。깊은 意味。〔何遜〕談章句之ㅣㅣ。

【遠志:원지】 ❶원대한 뜻。먼 앞날을 생각하는 마음。〔蘇軾〕少年負ㅣㅣ。❷《植》遠志科에 속하는 多年草。山地에 나며、黃海·咸南·咸北의 各道에 分布함。애기풀。세초。靈神草。

【遠竄:원찬】 ❶멀리 달아나서 숨음。〔吳志·註〕圖欲ㅣㅣ。❷＝遠流·遠謫。

【遠戚:원척】 먼 戚分。먼 親戚。〔杜甫〕斐鄭非ㅣㅣ。「濡翰、徒自勞心目。

【遠矚:원촉】 ＝遠望①。〔梁簡文帝〕ㅣㅣ旣

【遠村:원촌】 먼 마을。

【遠親:원친】 촌수가 먼 일가。『明心寶鑑』─ ─不如近鄰。

【遠航:원항】 육지에서 멀리 떨어진 바다를 배로 다님。

【遠海:원해】 육지에서 멀리 떨어진 바다。「遠洋。

【遠海魚:원해어】 遠洋에 사는 고기。↕近海魚。

【遠行:원행】 멀리 여행함。먼 곳에 감。『呂氏春秋』今臣將有─ ─。

【遠嫌:원혐】 멀리하고 미워함。

◎敬─、高─、久─、疎─、深─、永─、悠─、稍─。

【遡】 (소) 遇 ソ、さかのぼる go back to ㄙㄨˋ su⁴

草書 ❶거스를소(逆流)。【詩】─洄從之。❷맞이할소(迎也)。❸향할소(嚮也)。【詩】─其過澗。❹하소연할소、호소할소(訴也)。【戰國策】告─于魏。

【遡源:소원】 ❶물의 근원을 찾아 거슬러 올라감。❷학문의 本源을 窮究함。사물의 근원을 거슬러 찾아 냄。

【遡遊:소유】 물이 흐르는 쪽으로 따라서 내려감。泝游。『詩·蒹葭』─ ─從之。

【遡風:소풍】 바람이 불어오는 쪽을 향함。앞에서 불어오는 바람。↕背風。

【遡洄:소회】 물을 거슬러 올라감。泝洄。

【遣】 ㊀(견) 銑 ㊁(견) 霰 ケン、つかわす send; dispatch ㄑㄧㄢˇ ch'ien³

小篆 草書 ㊀❶보낼견(送也祛也)。【儀禮 既夕】書─于策。❷쫓을견(逐也)。【左傳】姜氏與子犯謀醉而─之。 ㊁ 견전제견(祖奠)。【禮】─車一乘。

【遣歸:견귀】 돌려 줌。돌려 보냄。

【遣悶:견민】 답답한 속을 풀음。消悶。

【遣外:견외】 海外에 派遣함。

【遣奠:견전】 發靷할 때 門 앞에서 지내는 祭式。遣奠祭의 略語。路奠。路祭。

【遣情:견정】 어떠한 생각을 發散시킴。氣分풀이。『陸機·文賦』歌者應絃而─ ─。

【遣中:견중】 派遣되는 사람 가운데。

◎分─、消─、派─。

【遝】 (탑) 合 トウ、あるく(ゆっくり) go slowly ㄊㄚˋ t'a⁴

❶천천히 걸을탑(遝─穩行貌)。❷용렬할탑(遝─不謹事)。

十一畫

【遦】 (관) 諫 カン、ならう be accustomed to

小篆 익힐관(習也)。

【遧】 (장) 陽 ショウ、あきらか reveal

드러낼장(遧─彰顯明辨之意)。

【遨】 (오) 豪 ゴウ、あそぶ play ㄠˊ ao²

草書 노닐오(─嬉、遊也)。【詩經】以─以遊。(『敖』와 같음)

【遨遊:오유】 재미있게 놀음。敖遊。『後漢書』聊逍遙兮─ ─。

【遨嬉:오희】 놀며 즐김。遨怡。

【適】 ㊀(적) 陌 ㊁(적) 錫 テキ、かなう fit; sutable ㄕˋ shih⁴

小篆 草書 ㊀❶갈적(往也 如也 至也)。【詩】─子之館。❷맞갖을적、편안할적(自得安便)。【詩】─我願兮。❸마침적(─然偶爾)。【書】乃惟眚災─爾。❹깨달을적(悟也)。❺시집갈적(嫁也)。【古詩…】阿母白媒人、貧賤有此女、始─還家門。 ㊁ ❶좇을적(從也)。【書】我事不貳─。❷주장할적(專主)。【論語】無─也。❸친히할적(親也)。❹좇을적(意所必從)。

【適格者:적격자】 알맞는 자격을 갖춘 사람。

【適口之餠:적구지병】 입에 맞는 떡이란 뜻。《喩》마음에 맞는 사물을 가리키는 말。「『史記』我安─ ─矣。

【適歸:적귀】 따라 감。향하여 감。適從

【適期:적기】 알맞는 시기。

【適當:적당】 알맞음。들어맞음。

【適度:적도】 알맞는 정도。정도에 맞음。

【適量:적량】 적당한 분량。

【適齡:적령】 표준이나 규정에 적당한 「나이。

【適例:적례】 적당한 전례。알맞은 보기。

【適法:적법】 ❶法規에 맞음。↕違法。❷적당한 法規。

【適否:적부】 적당함과 적당치 않음。

【適嗣:적사】 正室이 낳은 長男。바른 後嗣。嫡嗣。

【適性:적성】 어떤 사물에 적합한 성질。

【適性檢査:적성검사】 직업에 대한 개인의 적성을 알기 위하여 하는 검사。

【適時適地:적시적지】 때와 장소가 알맞음。

【適藥:적약】 병에 맞는 약。

【適業:적업】 알맞는 직업。

【適役:적역】 알맞은 일。適任。

【適用:적용】 맞추어 씀。準用。

【適應:적응】 ❶걸맞아서 서로 어울림。❷약이 병에 맞아서 잘 들음。❸생물이 生存하기 위하여 그 환경에 알맞도록 그 형태나 구조를 변하는 현상。또는 그 과정。

【適宜:적의】 ❶맞추기에 마땅함。❷마음대로。

【適意:적의】 ❶생각에 꼭 들어맞음。❷마음에 적합함。『晋書』人生貴─ ─爾。

【適任:적임】 무슨 일에 적당함。또는 그 일이 즐거워서 만족함。「러한 일。

【適任者:적임자】 무슨 일을 맡기기에 적당한 사람。

【適子:적자】 =嫡子。【禮記】扶─ ─南面「而立。

【適者:적자】 적당한 사람。적응한 사람。

【適者生存:적자생존】 生存競爭의 결과 그 환경에 맞는 것만이 살아 남음。

【適材:적재】 적당한 人材。적당한 목재。

【適材適所:적재적소】 적당한 인재를 적당한 자리에 씀。

【適切:적절】 꼭 맞음。적당하고 절실함。

【適正:적정】 적당하고 바름。

【適正規模:적정규모】 농가 경영상 가장 적당하다고 추정한 경영 규모。

【適中:적중】 ❶목표에 잘 들어맞음。的中。❷꼭 알맞음。

【適評:적평】 적당한 批評。꼭 알맞은 비「평。

【適合:적합】 꼭 합당함。꼭 들어맞음。

【適好:적호】 알맞아 좋음。

◎自─、快─、好─。

【遥】 (요)『遙』(辵部 10畫)와 같음

【遬】 (속) 屋 ソク、つつしむ humble ㄙㄨˋ su⁴

草書 ❶공손할속(齊─謙愨)。【禮】見所尊者齊─。❷줄어들속(促也)。

【遬竭:속갈】 줄어들어 없어짐。『管子』老不長慮、困乃─ ─。

【遬亡:속망】 순식간에 亡함。『晏子』廉政而─ ─。

【遬獸:속수】 疾走하는 짐승。『管子』─ ─可及、遠道可致。

【遭】(조) 豪 ソウ、あう meet ㄗㄠ tsao¹
遭 小篆 書草 ❶만날조(ㅡ遇、逢也)。[漢書]幸ㅡ遇其時。❷마주칠조(匝也)。[詩]ㅡ我乎狃之間。❸빙돌릴조(周ㅡ、巡也)。[劉禹錫詩]山圍故國周ㅡ在。
【遭故:조고】부모의 상사를 만남。當故。
【遭難:조난】재앙과 곤란을 당함。災難을 만남。
【遭難船:조난선】조난을 당한 배。
【遭難地:조난지】재난을 당한 곳。
【遭逢:조봉】❶우연히 서로 만남。❷임금의 信任을 받음。遭遇。[范雲]ㅡㅡ聖明后、來棲桐樹枝。
【遭遇戰:조우전】양쪽의 군사가 우연히 만나서 일으키는 전투。
【遭運:조운】배로 물건을 실어 보냄。
【遭値:조치】만남。
【遭禍:조화】재화를 만남。

【遮】(차) 麻 シャ、さえぎる intercept; cover ㄓㄜ chê¹
遮 小篆 書草 ❶가릴차(蔽也)。[後漢書]ㅡ迾出入。❷막을차(攔也遏也)。[後漢書]伏兵ㅡ擊。❸잔말할차(周ㅡ語多)。[白居易詩]周ㅡ說話長。❹이것차(這也)。[蘇軾詩]ㅡ箇在油鐺。❺훼방할차(妨也)[李商隱雜纂 不快意]樹陰ㅡ景。
【遮擊:차격】숨어 기다려 침。要擊。[後漢書]時時ㅡㅡ之。
【遮光:차광】광선을 가리어 막음。
【遮斷:차단】막아 끊음。막아서 그치게 함。遮絕。[韋莊]紅塵ㅡㅡ長安陌。
【遮道:차도】=遮路。
【遮路:차로】통행을 못하게 길을 막음。「遮道。」록 가림。
【遮面:차면】❶얼굴을 가림。❷얼굴을 가리기 위하여 무엇으로 막음。
【遮陽:차양】❶처마 끝에 덧대어 비나 볕을 피하게 된 엷은 조각。❷학생모 따위의 모자의 손잡이。
【遮日:차일】❶햇볕을 가리려고 치는 장막。❷햇볕을 가림。
【遮止:차지】막아서 못하게 함。막아서 그치게 함。[隋書]上避之而出、蘇威又ㅡ之。「서 지킴。蔽遮。
【遮蔽:차폐】❶막아서 가리움。❷막아

【遚】(치) 紙 シ、ちかい near
가까울치(近也)。

【遯】㊀(돈) 願 ㊁(둔) 阮 トン、のがれる evade; elude ㄉㄨㄣˋ tuen⁴
遯 小篆 書草 ㊀❶숨을돈(退也隱也)。[易]天下有山ㅡ。❷도망할돈(避也逃也)。[書]不顧行ㅡ。(『遁』과 통함) ㊁뜻은 ㊀과 같음。
【遯世:돈세】세상을 피해 살음。遁世。[易經]ㅡㅡ无悶。
【遯心:돈심】法網을 피해 보려는마음。遁心。[禮記]教之以政、齊之以刑、則民有ㅡㅡ。「累積、莫得ㅡㅡ。
【遯隱:돈은】피해 숨음。[柳宗元]攢蹙
【遯逸:돈일】世俗을 피해 安逸하게 살음。[晉書]好遊山澤、志存ㅡㅡ。
【遯竄:돈찬】도망하여 숨음。도망하여 피함。逃竄。逃避。[晉書]朝有待賢之禮、野有ㅡㅡ之人。「漢書」卿ㅡㅡ二帝之間。

【遰】(체) 霽 テイ、さる、ゆく leave; go ㄉㄧˋ ti⁴
遰 小篆 書草 ❶갈체(往也)。[史記] [illegible]
체(力轄)。[禮]右佩管ㅡ。❸멀체(迢ㅡ遠也)。

【遱】(루) 尤 ルイ、つらなる one after another ㄌㄡˊ lou²
遱 小篆 연할루(連也、行步不絕之貌)。

【遳】(좌) 歌 サ、いそぐ busy
❶바쁠좌(急躁)。❷약할좌(脆貌)。

十二畫

【遲】㊀(지) 支 ㊁(지) 寘 チ、おそい late; slow ㄔˊ ch'ih²
遲 小篆 或體 籒文 書草 ㊀❶오랠지(久也)。❷더딜지(緩也)。[古詩 焦中卿妻]非爲織作ㅡ君家婦難爲。❸천천할지(徐行)。[詩]行道ㅡㅡ。❹쉴지(棲ㅡ息也)。[詩]可以棲ㅡ。❺때놓칠지(時機失)。[史記 孔子世家]沮之而不可、則致地庸ㅡ乎。㊁❶기다릴지(待也)。[漢書]ㅡ明行三百餘里。❷이에지(乃也)。[史記 信陵君傳]ㅡ令韓魏歸重于齊。
【遲刻:지각】정해진 시각에 늦는 일。遲參。
【遲久:지구】더디고 오램。오래도록 기다림。기다리는 것이 오래 되었음。[陸龜蒙]眞君不可ㄱ空ㅡㅡ。
【遲鈍:지둔】재빠르지 못하고 몹시 둔함。[吳志]初吾憂ㅡ、今治軍、諸將少能及者、吾無憂矣。
【遲留:지류】오래 머무름。[元好問]每逢花下郎ㅡㅡ。
【遲慢:지만】더디고 느림。
【遲明:지명】黎明。하늘이 희미하게 밝아올 녘。遲旦。[漢書]ㅡㅡ圍宛城三匝。
【遲暮:지모】(...)차츰차츰 나이가 많아져 감。老衰하여 짐。遲莫。暮年。[游陸]年光ㅡㅡ壯心違。
【遲速:지속】더딤과 빠름。[左傳]剛柔ㅡㅡ、高下出入。
【遲延:지연】더디게 끌어 감。늦어짐。
【遲延利息:지연이식】금전의 채무를 이행함이 늦어지는 경우에 그 손해 배상으로서 지불되는 돈。
【遲緩:지완】❶더디고 느림。❷여유가 있고 한가하여 침착한 것。[晉書]謝安性ㅡㅡ、久而方罷。
【遲疑:지의】머뭇머뭇하여 결정하지 못함。의심을 품고 일어나 날짜를 미뤄 감。狐疑。[後漢書]然猶折意縉紳、ㅡㅡ陵奪。
【遲日:지일】봄날。봄에는 날이 길어 해가 빠지는 것이 늦기 때문에 일컫는 말。永日。[杜審言]ㅡㅡ園林悲昔遊。
【遲遲:지지】❶㉠더디고 더딤。㉡천천히 걸어가는 모양。㉢해가 길어 느리고 한가한 모양。[詩經]春日ㅡㅡ。❷조용하여 급박하지 않은 모양。일의 進陟이 더딘 모양。
【遲遲不振:지지부진】일의 되어 감이 몹시 느림。
【遲參:지참】늦게서야 참석함。
【遲滯:지체】기한에 뒤짐。어물어물하여 늦어짐。[資治通鑑]後唐莊宗必慮刑獄ㅡㅡ者。
【遲回:지회】❶선뜻 결단을 내리지 못하고 머뭇거림。❷=徘徊。[李白]金花折風帽、白馬小ㅡㅡ。

【遅】(지)『遲』(前條)와 같음

【遴】(린) 震 リン、むさぼる covet; greedy ㄌㄧㄣˊ lin⁴
遴 小篆 或體 書草 ❶머뭇거릴린(行難)。[漢書]誠難以忽不可以ㅡ。❷탐할린(貪也)。

【漢書】貪ㅡ爭訟。❸가릴린(掄才選也)。

【遵】(준) 圓 ジュン、したがう obey ㄗㄨㄣ tsuen¹ 小篆 草書 ❶좇을준(循也)。【詩】ㅡ彼汝境。❷행할준(行也)。【書】ㅡ王之路。❸지킬준(ㅡ奉、ㅡ守)。【中庸】君子ㅡ道而行。

【遵據:준거】 예로부터의 전례나 명령에 의거함。

【遵敎:준교】 가르침을 좇음。

【遵大路:준대로】 대로로 좇아 감。

【遵法:준법】 法令을 지킴。法令을 좇음。

【遵奉:준봉】 =遵守。【陸運】國家纂承、務在ㅡㅡ。

【遵守:준수】 그대로 좇아 지킴。遵奉。

【遵施:준시】 그대로 지켜 시행함。

【遵用:준용】 좇아 씀。【漢書】行喪嫁娶禮、百姓ㅡㅡ。

【遵由:준유】 따라 좇음。좇아 따름。

【遵行:준행】 그대로 따라 행함。

【遶】(요) 篠 ジョウ、めぐらす surround ㄖㄠ jao⁴ 草書 ❶두를요(圍也)。(『繞』와 같음)

【遶梁:요량】 妙한 音을 말함。=繞梁。【書言故事】稱奬善唱、遏雲ㅡㅡ。

【遶弄:요롱】 둘러싸고 희롱함。【朱熹諸孫時ㅡㅡ。

【遶佛:요불】 (佛)印度의 禮法。【釋氏要覽】ㅡㅡ亦云施遶、此方稱行道、云云、歸敬至也、唯佛法右遶。

【遷】(천) 先 セン、うつる remove ㄑㄧㄢ ch'ien¹ 小篆 古文 草書 ❶옮길천(徙也移也)。【書】懋ㅡ有無化居。❷바뀔천(變易)。【左傳】吾子爲國政未改禮而又ㅡ之。❸옮을천(去下之高)。【詩】ㅡ于喬木。❹귀양보낼천(謫也)。【書】何ㅡ乎有苗。❺벼슬바뀔천(徙官)。【漢書】賈誼超ㅡ至太中大夫。

【遷改:천개】 바뀜。변함。【李白】天地無彫換、容顏有ㅡㅡ。

【遷客:천객】 귀양살이 하는 사람。流罪에 처해진 사람。【資治通鑑】池州多ㅡㅡ。

【遷怒:천노】 甲에게 내야 할 성을 乙에게 옮겨 냄。

【遷都:천도】 서울을 옮김。【左傳·註】成王營王城、有ㅡㅡ之志。

【遷動:천동】 자리를 움직여서 옮김。遷徙。

【遷陵:천릉】 山陵을 옮겨 모심。遷山陵의 略語。

【遷墓:천묘】 무덤을 다른 곳으로 옮김。遷葬。

【遷善:천선】 나쁜 짓을 고쳐 착하게 됨。【孟子】民日ㅡㅡ。

【遷延:천연】 ❶물러감。어슬거려 거닐음。倘佯。徘徊。❷일을 더디게 하여 지체함。【左傳】晉人謂之ㅡㅡ之役。❸時日을 미루어 감。

【遷延歲月:천연세월】 일을 끝내지 아니하고 자꾸 밀어감。

【遷訛:천와】 ❶변하여 바뀜。❷變遷하여 본디의 모양이나 뜻을 잃음。【宋書】歲月ㅡㅡ、斯風漸篤。

【遷移:천이】 옮김。옮아 감。遷徙。【杜甫】綠情慰漂蕩、抱疾屢ㅡㅡ。

【遷葬:천장】 =遷墓。

【遷謫:천적】 罪로 因해 官位를 떨어뜨리고 먼 곳으로 보냄。

【遷轉:천전】 벼슬을 옮김。【魏志·註】吏民更恐其ㅡㅡ也。

【遷正:천정】 正朔을 고침。【文選·班固典引】。

【遷職:천직】 직업을 옮김。移職。轉職。

【遷次:천차】 ❶旅次를 옮김。宮舍를 바꿈。❷있는 자리를 옮김。【左傳·哀·十五】。❸官位가 昇進함。【魏志·毛玠傳】。❹節序가 바뀜。【白居易·感秋詠意詩】炎涼ㅡㅡ速如飛。

【遷推:천추】 미적미적 끌어 감。으즈러지게 밀어감。

【遷就:천취】 ❶그를 버리고 이에 응하거나 이와 相合하기 위하여 무리한 이유를 붙임。【賈誼·陳政事疏】尙ㅡㅡ而爲之諱也。❷調和함。順應함。適應함。【宋史·王欽若傳】委曲ㅡㅡ中帝意。

【遷幸:천행】 임금이 궁궐 이외의 딴 곳으로 옮기는 일。【晉書】乘輿宜ㅡㅡ。

【遷化:천화】 ❶바뀜。변함。❷사람의 죽음。【漢書】勿ㅡㅡ而不反兮。❸(佛)중의 죽음。歸寂。

◎變ㅡ、左ㅡ。

【遛】(류) 尤 リュウ、とどまる stay ㄌㄧㄡ liu¹·²·⁴ 머무를류(逗ㅡ、止也)。

【選】㊀(선) 銑 ㊁(선) 霰 セン、えらぶ select ㄒㄩㄢ hsuan³ 小篆 草書 ㊀❶가릴선、뽑을선(擇也)。【詩】不可ㅡ也。❷셀선(數也)。【書】世ㅡ爾勞。❸재물선(白ㅡ貨貝)。【史記】白金圜之以文龍曰白ㅡ。❹조금있다가선(少ㅡ須臾)。【呂覽】少ㅡ發而視之。㊁❶뽑을선(銓ㅡ、擇也)。【唐書】有ㅡ擧志。❷도래춤선(環舞)。【詩經】舞則ㅡ兮。

【選間:선간】 잠시 동안。須臾。【呂氏春秋】ㅡㅡ食熟。

【選擧:선거】 ❶여러 사람 가운데서 적당한 사람을 골라서 천거함。【後漢書】帝與黃、琬共典ㅡㅡ、不偏權富。❷일정한 자격을 갖는 사람이 候補者 가운데서 代表者를 투표하여 뽑음。

【選擧干涉:선거간섭】 與黨系의 의원을 많이 뽑기 위하여、官憲이 公力으로써 野黨系의 선거를 간섭하는 일。

【選擧區:선거구】 議員을 선출하기 위한 單位로서의 지역적 구분을 한 구획。

【選擧權:선거권】 (法)선거에 참가하여 투표할 수 있는 권리。↔被選擧權。

【選擧法:선거법】 공공 단체에서 결의 기관과 집행 기관의 위원을 선거하는 방법。

【選擧事犯:선거사범】 (法)각종 선거법의 벌칙에 저촉된 범죄。범인。

【選擧運動:선거운동】 선거할 때에 일정한 사람을 당선되게 하려고 운동하는 일。

【選擧人:선거인】 (法)선거권을 가진 사람。投票權者。

【選擧資格:선거자격】 (法) 법률상으로 선거인이 될 수 있는 자격。

【選擧戰:선거전】 선거에 입후보한 사람들 사이에 벌어지는 경쟁。

【選良:선량】 ❶훌륭한 人物을 골라서 뽑음。또는 뽑힌 사람。❷國會議員。

【選民:선민】 한 사회에서 특히 뛰어나게 혜택을 받아 잘 사는 소수의 사람。

【選拔:선발】 여럿 가운데서 뽑아서 추려 냄。【漢書】ㅡㅡ尹翁歸等、以爲爪牙。

【選拔試驗:선발시험】 선발하는 시험。

【選兵:선병】 골라 뽑힌 兵士。【史記】得ㅡㅡ八萬人。

【選上:선상】 ❶관리로 골라 뽑음。❷시골의 奴婢를 뽑아서 서울 관청에 올림。

【選手:선수】 ❶어떠한 기술이나 운동경기에 뛰어나 여럿 중에서 대표로 뽑힌 사람。❷選出된 사람。뽑힌 사람。

【選授:선수】 人材를 뽑아서 벼슬 자리를 줌。【陳書】梁末以來、ㅡㅡ失其所。

【選試:선시】 시험을 쳐서 選拔함。【後漢書】天子每ㅡㅡ、博士奏其能否。

【選外佳作：선외가작】 입선은 못되었으나 꽤 잘된 작품。『漢書』ㅣㅣ賢良。

【選用：선용】 여럿 가운데서 골라서 씀。

【選任：선임】 사람을 가려 뽑아서 직무를 맡김。

【選入：선입】 골라 뽑아 넣음。

【選者：선자】 골라서 뽑는 사람。 선택하는 이。

【選點：선점】 측량하기 전에 현지에 가서 基點이 될 만한 곳을 미리 살펴 두는 일。

【選定：선정】 골라서 정함。

【選集：선집】 전 작품 중에서 몇 개의 작품을 추려 모은 책。

【選出：선출】 여럿 중에서 고르거나 뽑아 냄。

【選擇：선택】 골라서 뽑음。『孟子』ㅣㅣ而使子、子必勉之。

【選擇科目：선택과목】 선택하여 학습하는 과목。↕必須科目。

◎間ㅣ、改ㅣ、公ㅣ、落ㅣ、當ㅣ、普ㅣ、補ㅣ、入ㅣ、精ㅣ、直ㅣ、特ㅣ、互ㅣ。

【遹】 (휼) 質 イツ、シュツ、したがう obey

小篆 草書 ❶좇을휼(循也)。❷지을휼(述也)。【書】祗ㅣ乃文考。❸이에휼(發語辭)。【詩】ㅣ駿有聲。❹간사할휼(回邪)。【詩】謀猶回ㅣ。

【遺】 ㊀(유) 支 ユイ、イ、のこす survive ㊁(유) 寘 ｜ ｜ i²

小篆 草書 ㊀❶잃어버릴유(失也)。【漢書】功不ㅣ矣。❷남을유(餘也)。【禮】有ㅣ音。❸더할유(加也)。❹자취유(陳迹)。【諸葛亮 出師表】先帝簡拔 以ㅣ陛下。❺잊을유(忘也)。【詩經 小雅谷風】棄子如ㅣ。 ㊁❶끼칠유、줄유(贈也)。【史記】丈馬三十駟ㅣ魯君。❷먹일유(餽也)。【左傳】請以ㅣ之。

【遺家族：유가족】 ❶죽은 이의 뒤에 남은 가족。❷戰歿한 軍警의 가족。遺族。

【遺憾：유감】 ❶마음에 섭섭함。❷불만스럽게 여기는 마음。

【遺戒：유계】 예전 사람이 끼친 훈계。後世 사람을 위하여 끼쳐 둔 교훈。遺誡。遺訓。『宋史』手錄唐李勣ㅣㅣ、授李繼和。

【遺孤：유고】 부모가 다 죽은 외로운 아이。

【遺稿：유고】 죽은 사람이 남긴 詩文의 「原稿。遺藁。

【遺骨：유골】 죽은 사람의 뼈。『資治通鑑』齊人收永安上黨二王ㅣㅣ葬之。

【遺功：유공】 살았을 때 남긴 공적。

【遺敎：유교】 前人이 남긴 가르침。遺訓。『漢書』其民有先王ㅣㅣ。

【遺矩：유구】 남아 있는 법。遺規。

【遺棄：유기】 버림。버려 두고 돌아보지 아니함。『蘇轍』ㅣㅣ憂患、超然自得。

【遺棄罪：유기죄】 《法》老幼·不具 또는 疾病으로 인하여 扶助를 요하는 사람을 보호할 책임이 있는 사람이 필요한 보호를 하지 않는 경우의 죄。

【遺尿：유뇨】 오줌을 가리지 못하여 밤에 자면서 싸는 것。 「光先帝ㅣㅣ。

【遺德：유덕】 故人의 德行。『諸葛亮』以

【遺毒：유독】 ❶남은 해독。『漢書』ㅣㅣ餘烈、至今未滅。❷해독을 끼침。

【遺落：유락】 ❶내버림。내던져 버림。放擲。『十八史略』ㅣㅣ世事。❷빠짐。脫落。

【遺漏：유루】 ❶빠짐。❷새어버림。

【遺類：유류】 ❶살아 남아 있는 무리。餘黨。『史記』項羽嘗攻襄城、襄城無ㅣㅣ 皆阬之。❷무리를 남김。

【遺留分：유류분】 《法》일정한 相續人을 위하여 법률상 반드시 유류하여 두어야 할 遺産의 일정한 부분。

【遺留品：유류품】 ❶죽은 뒤에 남겨 둔 물품。遺品。❷어떤 곳에 잊고 놓아 둔 물품。

【遺亡：유망】 잊음。『北史』古事有所ㅣㅣ。

【遺忘：유망】 잊음。『周禮』三宥曰ㅣㅣ。

【遺命：유명】 臨終 때에 하는 분부。

【遺墨：유묵】 죽은 뒤에 남겨진 글씨나 그림。遺芳。

【遺文：유문】 죽은 사람의 살았을 적에 써 놓은 글。故人이 남기고 간 글。『史記』ㅣㅣ古事、靡不畢集太史公。

【遺物：유물】 ❶죽은 사람이 남겨 놓은 물건。❷遺跡 따위에 남아 있는 古代의 물건。❸잃은 물건。遺失物。『宋史』行路得ㅣㅣ、必訪主歸之。

【遺民：유민】 ❶살아 남은 백성。『左傳』ㅣㅣ、男女七百有三十人。❷망하여 없어진 나라의 백성。❸亡國의 백성으로서 節義를 지켜 새 朝廷에 벼슬하지 않는 사람。

【遺髮：유발】 形身으로서 남겨 둔 머리 「털。

【遺芳：유방】 ❶後世에 남긴 빛나는 명예。『晉書』後承前訓、奉述ㅣㅣ。↕遺臭。❷=遺墨。

【遺腹：유복】 孕胎 중에 아비가 죽음。또는 그 자식。遺腹子。

【遺腹子：유복자】 孕胎 중에 그 아버지가 죽은 뒤에 난 사람。『史記』趙朔之婦有遺腹。 「사람 생전의 事蹟。

【遺事：유사】 ❶빠져 있는 史蹟。❷죽은

【遺嗣：유사】 아버지가 죽은 뒤에 남은 後嗣。『潘岳』嗷嗷ㅣㅣ、煢煢孤臣。

【遺産：유산】 죽은 사람이 남겨 놓은 재산。遺財。

【遺算：유산】 틀린 計算。잘못된 計畫。遺計。失計。『吳志·楚國』謀無ㅣㅣ。

【遺産相續：유산상속】 《法》죽은 사람의 끼친 재산을 상속함。

【遺書：유서】 ❶잃어버린 책。散佚된 책。❷前人의 지은 글을 後人이 刊行한 책。❸前人이 所藏하고 있던 책。❹遺言하는 글。『棠陰比事』遂呼族人爲ㅣㅣ、悉以財屬女。

【遺世：유세】 世俗의 일을 잊어 버림。세상 일을 一切 버리고 돌보지 않음。『蘇軾』如ㅣㅣ獨立、羽化而登仙。

【遺俗：유속】 후세에 끼친 풍속。지금까지 남아있는 옛날의 풍속。『孟子』其故家ㅣㅣ、流風善政、猶有存者。 「유풍。

【遺習：유습】 옛부터 전하여 오는 풍습。

【遺臣：유신】 ❶先代의 舊臣。❷王室이 亡한 뒤에 남아 있는 신하。

【遺燼：유신】 타던 나머지。타다 남은 것。餘燼。『溫庭筠』內舍無人ㅣㅣ香。

【遺失：유실】 ❶잃어 버림。❷잘못。缺點。『白虎通·諫諍』本不當有ㅣㅣ。❸《法》動產所有者가 占有를 잃고 그 所在를 모름。

【遺失物：유실물】 ❶잃어버린 물건。❷《法》占有者가 유실한 물건。

【遺兒：유아】 ❶어버이가 죽고 남아 있는 아이。遺子。❷遺棄된 아이。棄兒。

【遺言：유언】 ❶前代의 사람이 남겨 놓은 말。聖人의 遺訓。『禮記』古之ㅣㅣ與龜筮、猶不能知也。❷臨終 때에 子孫들에게 부탁하는 말。❸《法》生時에 자기가 죽은 뒤에 法律上의 효력을 낼 목적으로 한 意思表示。

【遺言者：유언자】 유언을 한 사람。

【遺言狀：유언장】 유언한 書狀。

【遺業：유업】 前人이 남겨 놓은 事業。遺緖。『漢書』今天子新據先帝之ㅣㅣ。

【遺與：유여】 남겨 줌。

【遺烈：유열】 後世에 남긴 功績。『梁肅』乃刊貞石、以識ㅣㅣ。

【遺恩：유은】 故人이 남긴 恩惠。『後漢書』劉氏之ㅣㅣ餘烈。

【遺音：유음】 ❶남긴 소문。끼친 소문。❷=遺言。

【遺意：유의】 죽은 사람이 남겨 놓은 뜻。『蘇軾』追述東朝之ㅣㅣ。

【遺作:유작】 죽은 뒤에 남은 著作 또는 製作物。

【遺在:유재】 남아 있음。

【遺財:유재】 남겨 둔 재물。

【遺著:유저】 살아 있을 때 지은 책。後世에 남겨 놓은 책。遺編。

【遺跡:유적】 ❶남아 있는 옛 자취。『王粲』先民ーー、來世之矩。❷남은 事蹟。遺蹟。遺迹。

【遺蹟:유적】 끼친 事跡。남은 事蹟。남은 행적。

【遺傳:유전】 ❶《生》先祖나 父母의 體質 또는 性質이 子孫에게 전하여 짐。❷끼쳐 내려 옴。

【遺傳的:유전적】 유전되는 것。유전할 수 있는 것。

【遺精:유정】 性行爲가 없이 모르는 사이에 精液이 나오는 것。

【遺詔:유조】 임금의 遺言。『史記』化及無窮、遵奉ーー、永承重戒。

【遺族:유족】 죽은 이의 뒤에 남은 가족。『元好問』販婦庸兒識名姓、故鄕ーー見衣冠。

【遺存:유존】 살아 남아 있음。

【遺蹤:유종】 뒤에 남아 있는 자취。蹤跡。『靈一』靜林溪路遠、蕭帝有ーー。

【遺珠之歎:유주지탄】 마땅히 登用되어야 할 사람이 빠져서 한탄하는 일。

【遺贈:유증】 ❶보냄。❷遺言에 의하여 유산을 無償으로 물려 주는 일。

【遺址:유지】 옛날 집이나 城 따위가 섰던 터。遺阯。『袁皓』梵林ーー在松蘿。

【遺志:유지】 죽은 사람이 남겨 놓은 뜻。죽은 사람이 생전에 이루지 못하였던 뜻。『高允』申祖宗之ーー、興周禮之絕業。

【遺策:유책】 ❶잘못된 計策。失策。失計。❷前人이 남겨 놓은 計策。『賈誼』蒙故業因ーー。

【遺體:유체】 ❶부모가 남겨 준 몸。곧 자기 몸。❷송장。遺骸。『禮記』曾子曰、身也者、父母之ーー也。

【遺草:유초】 작자가 살아 있을 때 써 둔 詩文의 草稿。遺稿。

【遺躅:유촉】 옛 자취。遺跡。『蘇軾』西嶺訪ーー。

【遺囑:유촉】 ❶살았을 때의 부탁。❷生時에 자기가 죽은 뒤의 일을 부탁함。

【遺臭萬年:유취만년】 《國》더러운 이름을 영원한 장래에까지 끼침。

【遺勅:유칙】 임금이 살아서 남긴 勅命。

【遺脫:유탈】 책이나 活版에서 글자나 活字 따위가 빠짐。

【遺澤:유택】 後世까지 남아 있는 은혜。남아 있는 은덕。『顏氏家訓』死則有其澤。

【遺弊:유폐】 옛날부터 남아 있는 弊害。『拾遺記』漢輿維六國之ーー。

【遺品:유품】 기념으로서 남겨 놓은 물건。

【遺風:유풍】 ❶남아 있는 名聲。『淮南子·原道』。❷하루에 千里를 달리는 말。駿馬。『呂氏春秋·本味』馬之美者、青龍之匹、ーー之乘。❸빠르고 센 바람。『王褒·聖主得賢臣頌·注』追奔雷、逐ーー。❹남아 있는 古風。餘風。❺옛부터 전해 오는 風習。❻先人에게 닮은 典型。

【遺骸:유해】 송장。遺體。

【遺香:유향】 ❶남아 있는 냄새。❷故人이 끼친 美德。餘香。殘香。

【遺響:유향】 ❶아직 가시지 않은 韻致。餘韻。『蘇軾·赤壁賦』託ーー於悲風。❷떠난 사람이 남겨 놓은 좋은 영향。

【遺訓:유훈】 예전 사람이 끼친 훈계。죽은 사람이 끼쳐 남긴 교훈。遺戒。『史記』賦事行刑、必問於ーー。

【遺勳:유훈】 길이 後世에까지 남아 있는 功勳。큰 功勞。
◎補ー、拾ー、贈ー、子ー。

【遻】 (오) 遇 ゴ、あう meet by chance ㄨˋ wu⁴

小篆 草書 ❶만날오(遇也)。『莊子達生』醉者ー物而不慴。『楚辭』重華不可ー。❷어길오(違也)。

【遼】 (료) 蕭 リョウ、とおい far; distant ㄌㄧㄠˊ liao²

小篆 草書 ❶멀료(遠也)。『楚辭』山修遠其ーー兮。❷강이름료(川名ー河)。❸나라이름료(國名ー東)。

【遼隔:요격】 멀리 아득히 떨어져 있음。遼絕。遼闊。『潘岳』眷故鄕之ーー。

【遼廓:요곽】 멀고 넓은 모양。曠遠。遼落。『淮南子』通性於ーー。

【遼東:요동】 ❶《歷》郡 이름。秦代에 설치함。遼寧省 東南部의 遼河 동쪽임。❷《地》㉠遼東半島를 말함。山東半島와 대하여 渤海를 안고 있음。㉡遼東灣을 말함。滿洲 遼寧省과 河北省 사이에 들이민 渤海의 한 부분을 이루는 灣。

【遼東豕:요동시】 《故》옛날 遼東에서 머리가 흰 돼지를 낳았으므로 이상히 여겨 임금께 바치려고 가지고 河東을 갔더니 그 곳 돼지는 모두 흰 것을 보고 부끄러워 도로 돌아왔다는 이야기。《喩》견문이 좁아서 남에게 흉잡히는 일。『後漢書·朱浮傳』。

【遼落:요락】 ❶=遼廓。『世說』江山ーー、居然有萬里之勢。❷멀리 떨어져서 미치지 못하는 모양。

【遼遼:요료】 ❶멀고 먼 모양。『楚辭』山修遠其ーー兮。❷쓸쓸한 모양。

【遼遠:요원】 멀고도 멂음。遼遙。

【遼河:요하】 《地》滿洲 遼寧省 西部에 있는 강。東部 內蒙古의 興安嶺에서 시작하여 遼寧省을 거쳐서 遼東灣으로 들어감。

【遳】 (좌) 效 ソウ、みちる be full

찰초(充也)。

十三畫

【遽】 (거) 御 キョ、にわか、あわてる suddenly; hurry ㄐㄩˋ chü⁴

小篆 草書 ❶급할거(急也卒也)。『後漢書』雖在倉卒未嘗疾言ー色。❷두려울거(懼也)。『左傳』豈不ー止。❸역말수레거(傳ー驛車)。『禮』士曰傳ー之臣。

【遽色:거색】 당황한 얼굴의 기색。『後漢書』雖在倉卒、未嘗疾言ーー。

【遽然:거연】 놀라는 모양。급한 모양。遽遽。遽遽然。

【遽卒:거졸】 갑자기。급히。바쁘게。『柳宗元』徂來ーー。

【避】 (피) 寘 ヒ、さける avoid; hide ㄅㄧˋ pi⁴

小篆 草書 ❶숨을피(隱遁)。❷피할피(逃也)。『史記』藺相如望見廉頗引車ー匿。❸어길피(違也)。❹싫어할피(厭也)。『漢書 朱博傳』隨從士大夫不ー風雨。

【避難:피난】 天災 地變 따위의 災難을 피하여 있던 곳을 옮김。

【避難民:피난민】 재난의 위험에서 벗어난 이재민。

【避難處:피난처】 재난의 위험에서 벗어나 있는 곳。또는 재난을 피할 만한 곳。

【避匿:피닉】 피하여 숨음。비밀히 감추어 둠。『史記』望見廉頗、引車ーー。

【避亂:피란】 ❶=避難。❷전쟁·내란 따위의 난리를 피하여 있던 곳을 옮김。

【避亂民:피란민】 난리의 위험에서 벗어난 이재민。

【避亂處:피란처】 난리의 위험에서 벗어나 있는 곳。또는 난리를 피할 만한 곳。

【避雷:피뢰】 落雷를 피함。『孟奧』有白石室、名ーー臺。

【避雷針：피뢰침】 落雷의 피해를 막기 위하여 屋上에 설치하여 놓은 장치。쇠붙이의 막대를 세워 導線으로 땅 속의 쇠붙이 판에 이음。

【避暑：피서】 여름철에 서늘한 곳으로 자리를 옮겨 더위를 피함。↔避寒。〔班固〕來風堪――、靜夜致淸涼。

【避席：피석】 ❶앉았던 자리에서 일어나 다른 곳으로 피함。❷웃어른에게 공경을 표하기 위하여 모시던 자리에서 일어남。避座。

【避身：피신】 몸을 피함。

【避妊：피임】 人爲的으로 임신을 피함。避姙。

【避妊法：피임법】 피임하는 방법。

【避獐逢虎：피장봉호】 《國》노루 피하다가 범 만남。《喩》적은 害를 피하려다가 큰 화를 당한다는 뜻。〔東言解〕。

【避災：피재】 재난을 피함。

【避寢：피침】 內室에 들어 가지 않음。〔新序·節士〕。

【避脫：피탈】 피하여 벗어남。

【避寒：피한】 겨울철에 따뜻한 곳으로 자리를 옮겨 추위를 피함。↔避暑。

【避害：피해】 災難을 피함。

【避嫌：피혐】 혐의를 피함。혐의에서 벗어남。

【避禍：피화】 재앙을 피함。

【避凶趨吉：피흉추길】 흉사를 피하고 좋은 일을 좇음。

◎忌―、圖―、逃―、遁―、諜―、厭―、退―、回―。

【邀】 (요) 蕭 ヨウ、むかえる intercept ㄧㄠ yao¹

[草書] ❶맞을요(招也)。〔李白詩〕擧杯―明月。❷구할요(求也)。〔中庸〕小人行險以徼倖。❸부를요(呼也)。〔蘇軾 饋歲詩序〕酒食相―爲別歲。

【邀擊：요격】 도중에서 기다리고 있다가 적을 맞아 침。要擊。

【邀來：요래】 맞아서 옴。

【邀招：요초】 청하여 맞아들임。

【⿺辶羨】 一(선) 霰 セン、ゆく go 二(연) 先

[小篆] 一❶가는모양선(行貌)。❷가려 막을선(遮也)。❸옮길선(移也)。 二뜻은 一과 같음。

【邁】 (매) 卦 マイ、バイ、ゆく dash forward ㄇㄞ mai⁴

[小篆][或體][草書] ❶멀리갈매(遠行)。〔詩經〕行―靡靡。❷지나갈매(過也)。〔詩經〕後予―焉。❸늙을매(老也)。〔書〕日月逾―。❹돌아보지않고갈매(――不顧)。〔詩〕視我――。❺힘쓸매(勵也)。〔書經大禹謨〕皐陶―種德。

【邁德：매덕】 뛰어난 德行。〔傅休奕〕二帝――、宣玆重光。

【邁往：매왕】 용감하게 나아감。勇進。往邁。

【邁迹：매적】 自力으로 立身 出世를 함。

【邁進：매진】 씩씩하게 나아감。용감하게 나아감。

【邁進一路：매진일로】 씩씩하게 한 곬으로 빨리 나아감。또는 매진할 따름。

【⿺辶業】 (착) 藥 チャク、うがつ pierce

뚫을착(鑿也)。〔巵言〕漢司隸楊厥碑―通石門。〔『鑿』과 같음〕

【邂】 (해) 卦 カイ、であう meet by chance ㄒㄧㄝ hsieh⁴

[小篆][草書] 우연히만날해(―逅、不期而遇)。〔詩〕見此―逅。

【還】 一(환) 刪 セン、カン、かえる return 二(환) 諫 ㄏㄨㄢ huan² 三(선) 先

[小篆][草書] 一❶돌아올환(反也)。❷돌아갈환(退歸)。❸돌려보낼환(償也)。〔道德經〕以道佐人主者不以兵强天下其事好―。❹돌아볼환(顧也)。〔左傳〕無所―忌。 二돌릴환(繞也)。〔儀禮〕祖―車不易位。 三❶돌선(周―、轉也)。〔禮記〕周―中規。❷가벼울선(便捷)。〔詩〕子之―兮。❸빠를선(速也)。〔漢書〕可使―至而立效者。

【還却：환각】 주는 물건을 되돌려 보냄。

【還甲：환갑】 《國》나이 예순 한 살을 가리키는 말。

【還去：환거】 돌아감。

【還穀：환곡】 《制》三政의 하나。각 고을에서 社倉에 간직하여 두었던 곡식을 백성들에게 봄에 꾸어 주었다가 가을에 받아들이던 일。

【還國：환국】 ＝歸國。

【還軍：환군】 군사를 되돌림。回軍。

【還宮：환궁】 ＝還幸。

【還歸本主：환귀본주】 물건을 그 임자에게 돌려보냄。

【還給：환급】 물건을 도로 돌려 줌。

【還納：환납】 도로 바침。다시 돌려 줌。

【還內：환내】 임금이 궐내의 다른 殿閣에서 寢殿으로 돌아옴。

【還都：환도】 나라의 어려운 일로 政府가 딴 곳으로 옮겼다가 다시 본 首都로 돌아옴。

【還來：환래】 돌아옴。

【還流：환류】 돌아 흐르는 물。

【還馬：환마】 ❶＝錦衣還鄕。❷신랑이 신부를 데리고 돌아옴。

【還麥魚：환맥어】 《動》도루묵。

【還滅：환멸】 《佛》수행을 쌓아 번뇌를 그치고 생사 유전의 세계를 벗어나 열반에 돌아감。↔流轉。

【還米：환미】 還穀의 쌀。

【還辟：환벽】 물러 남。退却。〔禮記〕君若迎拜、――不敢答拜。

【還本：환본】 본디대로 돌아감。

【還封：환봉】 《國》❶옮기려고 파헤쳤던 무덤을 도로 묻음。❷辭表 같은 것을 받지 않고 봉한 채 그대로 돌려 보냄。封還。

【還付：환부】 ❶도로 보냄。還給。❷물건을 도로 돌려 줌。還附。

【還付金：환부금】 되돌려 주는 돈。환금。

【還拂：환불】 환산하여 지불함。

【還上：환상】 봄에 還穀으로 받은 곡식을 가을에 바침。還子。

【還生：환생】 ❶되살아 남。❷다시 태어남。幻生。

【還稅：환세】 이미 낸 세금을 도로 물려줌。

【還俗：환속】 중이 도로 俗人이 됨。歸俗。〔宋書〕沙門惠休善屬文、世祖命使―本姓湯。

【還屬：환속】 이전의 소속으로 다시 돌려보냄。

【還送：환송】 도로 보냄。回送。返送。

【還收：환수】 내 놓은 것을 도로 거두어 들임。

【還御：환어】 ＝還幸。

【還元：환원】 ❶본래의 모습으로 돌아감。❷《化》물질이 그 자체에서 酸素를 잃든가 또는 外部에서 水素를 얻는 변화。❸《物》金屬의 陽原子가 감소되거나、陰原子가 증가하여 金屬의 原子價가 변화하는 일。

【還元說：환원설】 《哲》물질의 高次的 복잡형태는 결국 低次的인 간단한 것에 환원할 수 있다는 설。

【還元劑：환원제】 《化》딴 물질에 환원을 일으키는 물질。酸化되기 쉬운 물질이 환원제로 쓰임。水素·酸化炭素 따위。

【還元湯：환원탕】 《醫》약으로 쓰는 사

람의 오줌。

【還入:환입】《制》임금이 내린 敎旨를 도로 거두어 들임。

【還踵:환종】 발꿈치를 돌림。《喩》매우 「빠른 것。」

【還紙:환지】《國》휴지로 재생한 종이。

【還次:환차】 어른이 行次에서 돌아옴。

【還出給:환출급】 받지 않고 도로 내어 줌。

【還充:환충】 이전처럼 도로 채움。

【還宅:환택】 歸家의 尊稱。

【還退:환퇴】 산 것을 도로 무름。

【還退文書:환퇴문서】《國》샀던 땅·집 등을 도로 무르는 문서。

【還幸:환행】 임금이 대궐로 돌아옴。還宮。還御。

【還鄕:환향】 고향에 돌아옴。

◎歸—、返—、償—、生—、送—、宥—、奪—、回—。

【邅】 ㊀(전) ㊁(전) 先 霰 テン、たちもとおる go back and forth ㄓㄢ chan¹

草書 ㊀머뭇거릴 전(迍—難行貌)。【易】屯如—如。 ㊁❶굴릴 전(轉也)。【楚辭】—吾道夫崑崙。❷좇을 전(逐也)。【楚辭】—彼南道兮。

【邅如:전여】 =邅廻。

【邅廻:전회】 ❶가기 어려운 모양。【唐詩·選箋注】——、行不進貌。❷다른 곳으로 돌림。運轉。❸돌아서 감。 꾸불꾸불하게 감。

十四畫

【邃】 (수) 寘 スイ、ふかい deep; remote ㄙㄨㄟ suei⁴

小篆 草書 깊숙할 수(幽—深遠)。【禮記】十有二旒前後—延。

【邃古:수고】 먼 옛날。太古。上古。邃古。【蔡邕】仰——、輝昆後。

【邃密:수밀】 ❶깊숙하고 고요함。❷深遠하고 세밀함。精深。細密。【朱熹】舊學商量加——。

【邃淵:수연】 깊은 沼。深淵。【李洞】委「蛇下沈——。」

【邃宇:수우】 크고 깊숙한 집。【楚辭】高堂——、檻層軒些。

【邃曉:수효】 깊이 깨달음。【唐書】善歌「舞、——音律。」

【邇】 (이) 紙 ジ、ニ、ちかい near; close ㄦˇ erh³

小篆 古文 草書 가까울 이(孔—密—近也)。【左傳】以陳蔡之密—。

【邇言:이언】 ❶淺近한 말。卑近하고 通俗的인 말。누구든지 알 수 있는 쉬운 말。❷《書》㉠十二권。宋 劉炎 지음。政治·制度와 儒者들의 黨錮의 弊端을 논한 것。㉡一六권。淸 錢大昭 지음。古籍에 있는 俗語·俗事를 蒐集하여 그 根源을 考訂한 것。

【䢩】 (적) 錫 テキ、はねる jump

뛸 적(躍也)。

【邈】 (막) 覺 マク、バク、とおい far; distant ㄇㄧㄠˇ miao³

小篆 草書 ❶멀 막、아득할 막(遠也、渺也)。【楚辭】神高馳之——。❷업신여길 막(輕視)。【陸機表】顧—同列。❸민망할 막(——悶也)。

【邈邈:막막】 ❶먼 모양。【楚辭】。❷근심하고 괴로와 하는 모양。憂悶。

【邈然:막연】 ❶아득한 모양。❷근심 되는 모양。【古詩】表安困積雪、——、不可干。❸똑똑하지 못하고 어렴풋함。

【邈志:막지】 遠大한 뜻。【唐武后樂章】——逾殷。

【邈乎:막호】 ❶아득한 모양。❷疏忽한 모양。남에게 무관심한 모양。

十五畫

【邆】 (독) 屋 トク、なれる versed

小篆 ❶익을 독(慣也)。❷넘볼독(易也)。

【邊】 (변) 先 ヘン、ほとり edge; border ㄅㄧㄢ pien¹

小篆 草書 ❶가변(側也)。【禮】齊衰不以—坐。❷변방변(—邑)。【禮】其在—邑。❸곁할변(旁近)。【漢書】齊—楚。❹모퉁이변(陲也)。

【邊見:변견】《佛》부분에 사로잡혀 中心을 얻지 못한 見解。

【邊境:변경】 나라의 경계가 되는 곳。【史記】漢與匈奴結爲兄弟、毋使害——。

【邊戒:변계】 邊境의 경계。

【邊界:변계】 =國境。【晉書】必使——無貪小利、强弱不得相陵。

【邊寇:변구】 外敵이 國境을 침범함。또는 그 外敵。【漢書】爲——。

【邊寄:변기】 國境을 지키는 책임。國境을 지키는 것에 대한 委任。【歐陽修】久習兵戎、嘗委——。

【邊頭痛:변두통】《醫》偏頭痛。邊頭風。略語로는 邊頭。

【邊利:변리】《國》변돈에서 느는 이자。

【邊民:변민】 邊地에서 사는 백성。【後漢書】撫接——。

【邊方:변방】 =邊境。

【邊防:변방】 =邊守。【唐書】此自武德至天寶以前、——之制。

【邊報:변보】 변방에서 오는 보도。

【邊備:변비】 =邊守。【唐書】始撤——、以靖中邦。

【邊上重地:변상중지】 변방의 중요한 땅。

【邊塞:변새】 ❶=邊城。❷夷狄에 가까운 國境。【史記】專——之思。

【邊城:변성】 國境에 있는 城。邊塞。【戰國策】不窺於——之外。

【邊衰:변쇠】 변하여 쇠함。

【邊戍:변수】 변경을 지킴。【劉商】山川萬里復——。

【邊守:변수】 邊境을 지킴。邊戍。邊防。【後漢書】昔孝文皇帝、悟馮唐之言、而赦魏尙之罪、使爲——、匈奴不敢南向。

【邊陲:변수】 國土의 끝。邊境。邊重。

【邊域:변역】 國境의 땅。【薛道衡】威略振——。

【邊月:변월】 변방의 땅을 비치는 달。【李白】——隨弓影、胡霜拂劍花。

【邊邑:변읍】 邊境에 있는 邑。【李白】——無遺堵。

【邊子:변자】 물건의 가에 대는 물건。

【邊將:변장】 國境을 지키는 장수。오랑캐를 征伐하는 장수。邊帥。【後漢書】家世——、便習弓馬。

【邊材:변재】 통나무의 겉 쪽。

【邊錢:변전】 변돈。

【邊情:변정】 邊境의 형편과 사정。

【邊際:변제】 끝이 되는 곳。際涯。【孟浩然】水國無——、舟行共使風。「일가。」

【邊族:변족】 門閥이 좁은 집안의 낮은

【邊地:변지】 =邊土。【王融】寸心無遠近、——有風霜。

【邊之邊:변지변】 변리의 변리。

【邊鎭:변진】 변경을 지키는 軍營。【張說】——戍歌連夜動。

【邊陬:변추】 변두리。변방。【唐書】身播——。

【邊土:변토】 변방의 땅。邊地。

【邊幅:변폭】 피륙의 가장자리를 올이 안 풀리게 짠 부분。겉을 휘갑쳐서 꾸밈。

【邊海:변해】 ❶가까이 있는 바다。❷國境에 있는 바다。

【邊患:변환】 변방에서 생기는 근심。곧

다른 나라의 침입을 당하는 일。

◎江—、輕—、計—、近—、路—、爐—、無—、四—、斜—、水—、身—、一—、日—、低—、天—、川—、海—、

【邋】(랍) 合 リョウ、ゆく go slowly ㄌㄚˋ la⁴ 小篆 草書 천천히걸을랍(——、行貌)。

【邌】(려) 齊 レイ、ねりゆく go slowly 小篆 ❶천천히걸을려(徐行貌)。❷먼동틀려(—明天欲明)。(『黎』와 같음)

【邌明:여명】 =黎明。【唐書】

【邌物:여물】 祭禮 때 道路를 徐行하는 「山車。

十六畫

【[illegible]】(원) 元 ゲン、はら plain; field ㄩㄢˊ yüan² 小篆 草書 넓은언덕원(廣原)。

十七畫

【邎】(요) 蕭 ヨウ、はやくゆく hurry along 小篆 빨리갈요(疾行)。

【邍】(원)『[illegible]』(16畫 辵部)의 本字

【邍隰:원습】 平原과 隰地。『周禮』——之名物。『疏』高平曰原、平濕曰隰。

十八畫

【[illegible]】 ㊀(주) 週 シュ、とまる stop ㊁(충) 冬 小篆 ㊀❶멈출주、나아가지 않을주(不進)。❷뜻말이 가지않을주(馬不進貌)。㊁뜻은 ㊀과 같음。

十九畫

【邏】(라) 箇 ラ、みまわり patrol ㄌㄨㄛˊ luo² 小篆 草書 ❶순라라、순행할라(游偵巡也)。【晉書】宜遠偵—。❷둘러막을라(環繞遮也)。【杜甫詩】春山紫—長。

【邏騎:나기】 (制)巡邏하던 騎兵。候騎。【史記】候騎至雍甘泉。【註】候騎、——。

【邏吏:나리】 (制)巡察하던 官吏。巡邏하던 벼슬아치。

【邏卒:나졸】 (制)❶巡邏하던 下級 군인。❷巡警의 舊稱。『唐書』爲——、擊折其齒。

【邐】(리) 紙 リ、つらなる connect ㄌㄧˇ li³ 小篆 草書 ❶비슬거릴리(—迆行貌)。❷잇닿을리(連接)。❸미적거릴리(因循)。

【邐倚:이의】 ❶길이 높고 낮고 곧고 굽어져 있는 모양。❷길고 먼 모양。『張衡·西京賦·注』——、長遠之貌。

【邐邐:이이】 잇닿은 모양。『許有壬』遠山來——、羸馬去逡巡。

二十畫

【[illegible]】(확) 藥 カク、まわる turn 돌확(旋也)。

【[illegible]】(요) 嘯 ヨウ、したがう follow after 좇아갈요(相隨行也)。

邑 部

【邑】(읍) 緝 ユウ、むら、みやこ district city ㄧˋ i⁴ 小篆 草書 ❶고을읍(都—四縣爲郡 四井爲—)。【周禮】公—甸地私—稍地。❷흡흡느낄읍(於—氣結)。【楚辭】氣於—而不可止。❸답답할읍(——憂鬱)。【史記】安往——待數十百年。

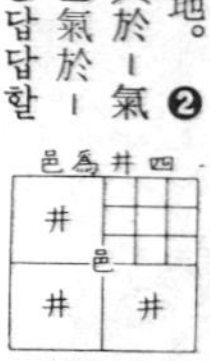

井牧(禮器圖)

【邑居:읍거】 마을。村落。

【邑基:읍기】 邑의 터。

【邑內:읍내】 ❶읍의 안。❷(制)觀察官衙를 제한 地方官衙가 있던 마을。邑底。邑中。邑下。

【邑落:읍락】 마을。村落。部落。

【邑憐:읍련】 근심하고 아낌。

【邑吏:읍리】 (制)地方邑에 속했던 아전。

【邑里:읍리】 읍내에 있는 里。邑과 里。

【邑民:읍민】 읍내에 사는 사람。

【邑事務所:읍사무소】 자치 단체인 읍의 사무를 맡아 보는 곳。

【邑俗:읍속】 읍의 풍속。

【邑樣:읍양】 읍내의 형편。

【邑邑:읍읍】 ❶마음이 답답하여 편하지 않음。悒悒。❷微弱한 모양。『楚辭·九歎·遠逝』風——而蔽之。❸마을이 잇닿아 있는 모양。

【邑人:읍인】 ❶마을 사람。❷한 마을에 사는 사람。❸邑內에 사는 사람。

【邑入:읍입】 토지에서 나는 收入。領地에서 받아 들이는 租稅。『史記·孟嘗君傳』。

【邑長:읍장】 (制)邑의 행정 사무를 통할하는 사람。

【邑中:읍중】 =邑內。

【邑誌:읍지】 고을의 沿革·地理·風俗 [illegible]

【邑村:읍촌】 읍내와 촌락。

【邑弊:읍폐】 읍내의 폐해。

【邑下:읍하】 =邑內。

【邑豪:읍호】 고을에서 財力이나 권력이 으뜸가는 사람。

◎都—。

【阝】 고을읍변[部首名]

【[illegible]】(원) 阮 エン、むら town 小篆 고을원(他人封邑)。

三畫

【邔】(기) 紙 キ prefecture 小篆 草書 넓은고을기(廣大之邑)。

【邕】(옹) 冬 ヨウ、ふさがる be blocked ㄩㄥ yung¹ 小篆 草書 ❶막힐옹(塞也)。【漢書】河水不流。❷화할옹(和也)。【晉書】閨門—穆。❸사람이름옹(人名蔡—)。

【邕穆:옹목】 和睦함。雍穆。

【邕邕:옹옹】 和하는 모양。調和하는 모「양。

【邗】(한) 寒 カン river ㄏㄢˊ han² 小篆 草書 한물한(—溝吳水名)。【左傳】吳城—溝通江淮。

【邗子:한자】 漢、蜀의 사람。개를 쫓다가 山굴에 들어가 仙人을 만나 符藥을 얻어서 道를 깨침。蜀人들은 굴에 祠堂을 세워서 여기에 제사함。『列仙傳』

【邘】(우) 虞 ウ state ㄩˊ yü² 小篆 草書 우나라우(鄭地名、周武王子所封)。

【邙】(망) 陽 ボウ mountain ㄇㄤˊ mang² 북망산 망(北ㅣ洛陽山名)。

【邛】(공) 冬 キョウ、つかれる tired out ㄑㄩㄥˊ ch'iung² ❶병될공、고달플공(勞也、病也)。【詩】維王之ㅣ。❷어지러울공(亂也)。【詩】亦孔之ㅣ。❸땅이름공(蜀地名、臨ㅣ)。

【邛竹:공죽】(植)邛都。곧 지금의 四川省 西昌縣 등지에서 나는 대。마디가 단단하고 기묘해서 杖材로 쓰임。邛竹杖。

四 畫

【郙】(부) 虞 フ、くにのな prefecture 고을이름부(縣名)。

【邠】(빈) 眞 ヒン province ㄅㄧㄣ pin¹ ❶나라이름빈(周太國)。【孟子 梁惠王下】大王居ㅣ。❷고을이름빈(州名)。

【邠娘:빈낭】唐、開元、天寶 때의 妓女。『張祜』新教ㅣㅣ羯鼓成、大酺初日最先呈。

【邠盼:빈분】文彩가 많은 모양。『揚雄』朱緣之畫、ㅣㅣ麗光。

【邡】(방) 陽 ホウ、たずねる visit ㄈㄤ fang¹ ❶찾을방(訪問)。❷땅이름방(地名)。(『訪』과 동함)

【邢】(형) 靑 ケイ province ㄒㄧㄥˊ hsing² ❶나라이름형(周公子所封國)。【左傳】鄭人ㅣ人伐翼。❷성형(姓也)。

【邢疏:형소】宋의 邢昺이 지은 經書의 疏를 말함。一三經注疏中、論語・孝經・爾雅는 邢疏를 쓰고 있음。이 三疏는 宋眞宗의 咸平 二年에 詔命에 의하여 撰하였음。『國朝漢學師承記』。

【那】㊀(나) 歌 ㊁(나) 哿 ㊂(나) 箇 ナ、ダ、なんぞ why; how ㄋㄚ na¹ ㊀❶어찌나(何也)。【左傳】棄甲則ㅣ。❷많을나(多也)。【詩】受福不ㅣ。❸편안할나(安也)。【詩】有ㅣ其居。❹클나(大也)。❺다할나(盡也)。❻도읍나(都也)。㊁어찌나(何也)。㊂저나(語助、彼也)。【後漢書 韓康傳】公是韓伯林ㅣ。

【那間:나간】❶언제 쯤。❷그 동안。

【那箇:나개】그 것。저 것。어느 것。

【那落:나락】(梵)Naraka의 音譯。那落迦如何의 略語。奈落。地獄。

【那裏:나리】❶어느 곳。何處。❷저 곳。彼處。❸어떻게。

【那邊:나변】❶어느 곳。어디。❷그 곳。저기。『李白』君家阿ㅣㅣ。

【那時:나시】(中)언제。어느 때。언제「까지。

【那中:나중】그 속。그 곳。◎刹ㅣ。

【䢵】(운)『鄖』(邑部 10畫)과 같음

【邦】(방) 江 ホウ、くに nation ㄅㄤ pang¹ ❶나라방(國也)。【書】乃命諸王ㅣ之蔡。❷봉할방(封也)。

【邦家:방가】나라。國家。邦國。『詩經』有苾其香、ㅣㅣ之光。

【邦慶:방경】나라의 경사。

【邦交:방교】나라와 나라와의 교제。國交。『周禮』凡諸侯之ㅣㅣ、歲相問也。

【邦敎:방교】나라의 교육。國民教育。『書經』司徒掌ㅣㅣ。

【邦國:방국】❶나라。國家。邦家。『書經』司馬掌邦政、統六師、平ㅣㅣ。❷大國과 小國。

【邦紀:방기】나라를 다스리기 위한 法。國法。國憲。『宋史』總提ㅣㅣ。

【邦伯:방백】(制)❶州牧 또는 諸國의 長。곧 諸侯。❷刺史를 일컫는 말。方伯。『書經』命庶殷侯甸男ㅣㅣ。

【邦本:방본】나라의 근본。國本。『書經』民惟ㅣㅣ、本固邦寧。

【邦俗:방속】나라의 풍속。國俗。

【邦域:방역】❶나라의 경계。國境『論語』且在ㅣㅣ之中矣、是社稷之臣也。❷나라의 統治權이 미치는 範圍。領土。

【邦媛:방원】國中의 美人。淑女。

【邦人:방인】자기 나라 사람。

【邦治:방치】나라의 政治。邦政。『書經』冢宰掌ㅣㅣ、統百官、均四海。

【邦土:방토】나라의 땅。國土。『書經』司空掌ㅣㅣ。

【邦憲:방헌】=邦紀。『書經』文武吉甫、萬邦爲憲。

【邦刑:방형】그 나라의 刑律。

【邦貨:방화】❶그 나라의 貨幣。❷그 나라의 貨物。

【邥】(심) 寢 シン 땅이름심(地名ㅣ垂)。

【邧】(원) 元 ゲン ㄩㄢˊ yuan² 땅이름원(秦邑名)。【左傳】晉侯伐秦圍ㅣ。

【邨】(촌)『村』(木部 3畫)과 같음

【邪】㊀(사) 麻 ㊁(야) 麻 ジャ、ヤ、よこしま wickedness ㄒㄧㄝˊ hsieh² ㊀❶간사할사(ㅣ佞姦思不正)。【易】閑ㅣ存其誠。❷사기사(不祥、ㅣ氣)。㊂❶축축한땅야(汙ㅣ下地)。【史記】汙ㅣ滿車。❷그런가야(語助疑辭)。❸땅이름야(地名瑯ㅣ)。

【邪見:사견】邪惡한 생각。도리에 어긋난 마음。『阿毗曇論』貪著ㅣㅣ。

【邪徑:사경】옆 길。사잇길。올바르지 못한 길。『漢書』ㅣㅣ敗良田、讒口亂善人。(喩)不正한 마음。또는 行爲。

【邪計:사계】邪惡한 計略。『後漢書』內以拘致、防其ㅣㅣ。

【邪曲:사곡】올바르지 못함。邪枉。『荀子』鄉于ㅣㅣ而不迷、觀乎雜物而不惑。

【邪敎:사교】❶올바르지 못한 가르침。❷올바르지 못한 종교。邪宗。

【邪氣:사기】❶不正한 기운。요망스럽고 간악한 기운。『管子』ㅣㅣ入內、正色乃衰。❷몸을 해치고 병을 가져 오는 나쁜 기운。❸감기。고뿔。

【邪念:사념】올바르지 못한 못된 생각。

【邪佞:사녕】마음이 邪惡하고 아첨을 함。『唐書』疾惡如讎、不容於衆、ㅣㅣ切齒。

【邪黨:사당】간사한 무리。못된 패。

【邪道:사도】올바르지 않은 길。사람으로서 하여서는 안 될 不正한 길。↔正道。

【邪戀:사련】도리에 벗어난 연애。『史記』王道廢而ㅣㅣ興。

【邪路:사로】바르지 않은 길。『王建』貪泉誓不飮、ㅣㅣ誓不奔。

【邪萌:사맹】邪惡한 마음의 낌새。『後漢書』杜塞ㅣㅣ。

【邪媚:사미】마음이 올바르지 못하고 아첨함。
【邪味:사미】야릇한 맛。
【邪法:사법】❶나쁜 法律。사회에 좋지 않은 영향을 끼쳐주는 법률。惡法。〔隋唐嘉話〕此ㅡㅡ也。❷올바르지 못한 宗教。邪教。邪宗。
【邪僻:사벽】도리에 벗어나 편벽됨。不正。邪辟。
【邪不犯正:사불범정】바르지 못한 것은 바른 것에 감히 범하지 못함。
【邪辭:사사】올바르지 못한 말。〔孟子〕ㅡㅡ知其所離。
【邪說:사설】올바르지 않은 말。不正한 말。〔孟子〕ㅡ世衰道微、ㅡㅡ暴行有作。
【邪世:사세】邪惡한 세상。〔孟子〕ㅡㅡ不能亂。
【邪崇:사수】본 정신을 잃고 미친 것처럼 되는 증세。
【邪術:사술】간사하고 못된 술법。
【邪神:사신】재앙을 내리는 못된 귀신。
【邪心:사심】❶不正한 마음。간사한 마음。도리에 어긋난 못된 마음。〔史記〕抑天下之ㅡㅡ。❷《宗》天道教에서 道를 닦지 않아 天心에 어긋난 마음을 일컬음。↔靈符心。
【邪惡:사악】도리에 어긋나고 악독함。〔易經·疏〕防閑ㅡㅡ。
【邪穢:사예】邪惡하고 더러움。
【邪欲:사욕】❶그릇된 욕망。❷음란한 욕망。육체상의 욕망。婬欲。
【邪慾偏情:사욕편정】그릇되고 온당하지 못한 여러가지 情慾。
【邪淫:사음】❶마음이 못되고 음란함。〔陸賈〕以塞ㅡㅡ之路。❷《佛》十戒의 하나。不正한 남녀 관계를 맺는 것。남의 남편이나 아내와 음탕한 짓을 함。
【邪意:사의】바르지 않은 마음。邪惡한 마음。〔漢書〕作樂者、諧八音、蕩滌人之ㅡㅡ。
【邪接:사접】못된 귀신이 몸에 붙음。

【邪正:사정】그릇됨과 올바름。不正과 正。
【邪宗:사종】올바르지 못한 종교。아무런 도움이 되지 않는 종교。邪教。「邪知。
【邪智:사지】못된 지혜。간사한 지혜。
【邪諂:사첨】올바르지 못하고 아첨함。〔易經·疏〕能自正心、不爲ㅡㅡ。
【邪幅:사폭】남자의 바지나 고의의 허리와 마루폭 사이에 잇대는 헝겊 쪽。큰 사폭·작은 사폭이 있음。〔詩經〕ㅡㅡ在下。

邪偪圖(三才圖會)

【邪風:사풍】❶경솔한 언행。점잖지 못한 태도。❷못된 풍습。
【邪虐:사학】邪惡하고 사물을 상하게 함。〔書經〕撫民以寬、除其ㅡㅡ。
【邪學:사학】천주교를 국교에 어긋난 것이라 하여 배척하여 일컫던 말。
【邪揄:야유】남을 빈정거려 놀림。희롱함。조롱함。揶揄。〔後漢書〕市人皆大笑、擧手ㅡㅡ之。
◎正ㅡ、忠ㅡ、破ㅡ。

五畫

【邯】㊀(한) 寒 カン ㄏㄢˊ huan⁴ ㊁(함) 覃
小篆 草書 ㊀조나라 서울 한(ㅡ鄲趙都)。㊁뜻은 ㊀과 같음。
【邯鄲之夢:한단지몽】사람의 일생에 富貴란 헛되고 덧없다는 뜻。盧生이 邯鄲에서 道士 呂翁의 베개를 빌려서 베고 잠이 들었다가 부귀와 영화에 찬 한 평생의 꿈을 꾸었다 함。邯鄲枕。一炊之夢。黃粱夢。盧生夢。〔李泌·枕中記〕。
【邯鄲學步:한단학보】자기의 本分을 버리고 남의 行爲를 본받는 것은 어느 것이나 실패한다는 뜻。《故》옛날 燕 나라의 소년이 趙 나라의 서울 邯鄲에 가서 그곳 사람들의 걸음 걸이를 본받다가 아직 충분히 배우지도 못하고 제 나라에 돌아와 보니 邯鄲의 걸음걸이도 안 되고 자기의 본 걸음걸이도 잊어버렸다 함。邯鄲之步。〔莊子·秋水〕。

【邰】(태) 灰 タイ ㄊㄞˊ t'ai²
小篆 草書 태나라 태(后稷所封)。〔詩〕即有ㅡ家室。
【邱】(구) 尤 キュウ、おか ㄑㄧㄡ ch'iu¹ hill
小篆 草書 ❶언덕 구(丘也)。〔孫子行軍〕ㅡ陵隄防。❷땅 이름구(地名)。
【邲】(필) 質 ヒツ、みめよい ㄅㄧˋ pi⁴ pretty
小篆 草書 ❶땅이름필(鄭地名)。〔春秋〕晋楚戰于ㅡ。❷예쁠 필(美貌)。
【邳】(비) 支 ヒ ㄆㄟˊ p'ei²
小篆 草書 땅이름비(下ㅡ、泗州縣名)。〔漢書〕彭越戰於下ㅡ。
【邳張:비장】크게 벌림。〔何晏〕櫺檻ㅡㅡ。〔注〕善曰、丕、或爲丕、大也。
【邵】(소) 嘯 ショウ ㄕㄠˋ shao⁴
小篆 草書 ❶땅이름소(晋邑名)。〔左傳〕齊侯伐晋戊郫ㅡ。❷성소(姓也)。(『邵』와 같음)
【邵雍:소옹】《人》宋代의 學者。父를 좇아서 共城으로 갔다 뒤에 河南으로 옮김。字는 堯夫。周敦頤가 宋學의 理氣論을 세운데 대하여 그는 같은 때에 象數論을 提唱함。

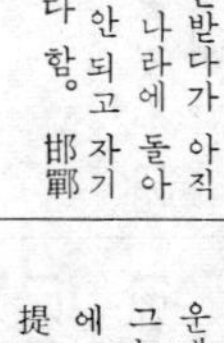
邵康節(三才圖會)

【邴】(병) 梗 ヘイ、よろこばしい ㄅㄧㄥˇ ping³ pleasure
小篆 草書 ❶땅이름병(鄭邑名)。〔穀梁傳〕鄭伯使宛來歸ㅡ。❷맞갖을병(ㅡㅡ和適貌)。〔莊子〕ㅡㅡ乎其似喜乎。
【邴邴:병병】즐거워하는 모양。
【邶】(패) 隊 ハイ ㄅㄟˋ pei⁴
小篆 草書 패나라 패(故商邑朝歌地)。〔詩序〕武王克商分朝歌而北謂之ㅡ。
【邶風:패풍】詩經、十五 國風의 하나。周、武王 때 殷을 三分하여 北을 邶、南을 鄘、東을 衛라 함。〔詩經〕。
【邸】(저) 薺 テイ、やしき ㄉㄧˇ ti³ mansion
小篆 草書 ❶사처저、주막저(郡國京舍)。〔漢書〕至ㅡ而議之。❷홀바탕저(圭本)。〔周禮〕四圭有ㅡ。❸병풍저(皇ㅡ、屛也)。〔周禮〕旅上帝張氈案設皇ㅡ。

四圭有邸(名物圖)

【邸舍:저사】❶점방。가겟방。❷집。〔宋書〕王公妃主多立ㅡㅡ。❸여관。
【邸第:저제】❶집。邸宅。❷來朝한 諸侯가 머무는 驛舍。〔漢書〕臣覩諸侯王ㅡㅡ百餘、皆高祖一切功臣。

【邸宅:저택】집。구조가 큰 집。
【邸下:저하】王世子의 尊稱。
◎官ㅣ、別ㅣ、私ㅣ、潛ㅣ。

六畫

【邽】(규) 齊 ケイ ㄍㄨㄟ kuei¹
고을이름규(縣名)。
【邽山:규산】山 이름。甘肅省天水縣의 西北。『九域志』成紀縣有ㅣㅣ。

【巷】(항) 絳 コウ、ちまた street
❶동네길항(里中道)。❷골목항(巷也)。(『巷』과 같음)

【邾】(주) 虞 チュ ㄓㄨ chu¹
❶주나라주(魯附庸國)。【春秋】公及ㅣ儀父盟于蔑。❷성주(姓也)。
【邾莒食:주거식】물고기 料理。羊고기 料理를 齊魯의 大國에 比하는데 對해하는 말。【洛陽伽藍記】

【邿】(시) 支 シ ㄕ shih¹
❶시나라시(附庸國)。【春秋】夏取ㅣ。❷산이름시(山名)。

【郃】(합) 合 コウ ㄏㄜ he²
땅이름 합(馮翊縣名)。【詩】在ㅣ之陽。
【郃陽:합양】縣 이름。漢代 設置。陝西省朝邑縣의 北、梁山의 南。

【郄】(극)『隙』(阜部10畫)과 같음

【郁】(욱) 屋 イク、さかん prosperous
❶문채날욱(文盛貌)。【論語】ㅣㅣ乎文哉。❷자욱할욱(襛ㅣ、氣厚)。
【郁烈:욱렬】매우 향기로움。향기가 성히 남。【曹植】踐椒塗之ㅣㅣ。
【郁文:욱문】文物이 성함。
【郁馥:욱복】향기가 매우 짙은 모양。【王僧孺】名香ㅣㅣ。
【郁氛:욱분】매우 향기로운 기운。【宋史】元氣陶冶、非煙ㅣㅣ。
【郁靄:욱애】구름이 盛한 모양。【王起】祥雲爲之ㅣㅣ、佳氣爲之蔥蘢。
【郁郁青青:욱욱청청】향기가 높고、수목이 무성하여 푸른 빛깔이 썩 곱고도 깨끗한 것。
【郁李:욱이】(植)落葉灌木의 한 가지。棣李。

郁李 (三才圖會)

【郅】(질) 質 シツ、チツ、いたる reach ㄓ chih⁴
❶이를질(至也)。【史記】文王改制爰周ㅣ隆。❷오를질(登也)。【方言】魯衛之閒登曰ㅣ。
【郅隆之治:질륭지치】王化가 고루 미친 태평한 세상。
【郅治:질치】썩 잘 다스림。盛世。至治。

【郈】(후) 有 コウ ㄏㄡ hou⁴
땅이름후(魯邑名)。【春秋】叔孫何忌帥師圍ㅣ。
【郈成子:후성자】(人)春秋、魯의 大夫。이름은 瘠、成子는 그 諡號。

【郇】(순) 眞 シュン ㄒㄩㄣ hsün²
순나라 순(文王後所封地)。【詩】ㅣ伯勞之。

【郉】(형)『邢』(邑部4畫)의 本字

【郊】(교) 肴 コウ、いなか、はずれ suburbs ㄐㄧㄠ chiao¹
❶들교(邑外)。【左傳】秦伯伐晉取王宮及ㅣ。❷시외교(市外)。
【郊勞:교로】❶郊外까지 나가서 손을 위로함。【禮記】君使士迎于竟、大夫ㅣㅣ。❷城 밖까지 나가서 맞아들임。
【郊里:교리】마을。村落。【周禮】掌ㅣㅣ之委積。
【郊保:교보】郊外에 있는 작은 城。【左傳】焚我ㅣㅣ、馮陵我城郭。
【郊祀:교사】(歷)하늘과 땅에 지내는 제사。옛날 임금이 冬至 때는 남쪽 郊外에 나가 하늘에 제사 지내고、夏至 때는 북쪽 郊外에 나가 땅에 제사를 올렸음。郊祭。郊社。【孝經】昔者周公ㅣㅣ后稷以配天。
【郊墅:교서】시골에 있는 別莊。【唐書】貧寓ㅣㅣ。
【郊遂:교수】郊外에 있는 땅。(邑外를 郊、郊外를 遂라고 함。)【張衡】便旋閭閻、周觀ㅣㅣ。
【郊迎:교영】郊外까지 나가서 出迎함。城門 밖에 나가서 마중함。郊勞。【史記】蜀太守以下ㅣㅣ、縣令負弩矢前驅。
【郊外:교외】도시 주위의 들。들 밖。郊坰。【詩經·傳】邑外曰郊、ㅣㅣ曰野。
【郊外散策:교외산책】교외에 나가 바람을 쐬임。
【郊原:교원】들판。平原。【祖詠】歡娛始披拂、愜意在ㅣㅣ。
【郊餞:교전】성문 밖에 나가서 배웅함。
【郊墟:교허】❶들판과 언덕。❷촌。시골。【韓愈】新涼入ㅣㅣ。
◎近ㅣ、遠ㅣ、春ㅣ。

七畫

【郋】(혜) 齊 カイ、むら village
마을이름혜(汝南邵陵里名)。
【郋園:혜원】(人)民國、葉德輝의 號。

【郌】(방)『邦』(邑部4畫)과 같음

【郎】(랑)『郞』(邑部7畫)의 略字

【郔】(연) 先 エン
땅이름연(地名)。

【郕】(성) 庚 セイ ㄔㄥ cheng²
나라이름성(國名)。【左傳】衛師入ㅣ。
【郕國宗聖公:성국종성공】元代、曾參의 號。『大學衍義補』。

【郒】(도) 虞 ト、くにのな prefecture
고을이름도(縣名)。

【郖】(두) 宥 トウ、わたしば ferry
나루이름두(津名ㅣ津)。

【郗】(치) 支 チ ㄔ ch'ih¹
고을이름치(河內邑名)。

【郘】(려) 語 リョ、てい arbour ㄌㄩ lü³
정자이름려(亭名)。
【郘亭知見傳本書目:여정지견전본서목】(書)一六卷。淸、莫友芝撰。

【郇】 小篆 (소) 效 ショウ、くに county 고을소(郡也)。

【郙】 小篆 (부) 麌 フ、てい arbour 정자이름부(亭名)。
【郙閣:부각】 閣 이름。陝西省 略陽縣의 西。漢의 建寧三年、太守 李翕이 세움。〔略陽縣志〕。

【郚】 小篆 草書 (오) 虞 ゴ、くに town ㄨˊ wu² 땅이름오(魯邑名)。〔左傳〕城ㅡ。
【郚鄉:오향】 縣 이름。漢代 設置。春秋 魯의 고을。故城은 山東 泗水縣의 東南。〔漢書·地理志〕東海郡、縣三八ㅡㅡ。

【郛】 小篆 草書 (부) 虞 フ、くるわ castle-wall ㄈㄨˊ fu² 성곽부(城外大郭)。〔左傳〕邾人鄭人伐宋入其ㅡ。
【郛郭:부곽】 ❶城廓。〔隋書〕ㅡㅡ不修。❷막아 지켜서 보전함。

【郜】 小篆 草書 (고) 號 コウ ㄍㄠˋ kao⁴ 나라이름고(文王子所封國)。〔春秋〕敗宋師取ㅡ。
【郜成:고성】 縣 이름。漢代 設置。故城은 山東省城武縣의 東南。〔漢書·地理志〕山陽郡、縣二十三、ㅡㅡ。

【郝】 小篆 草書 (학) 藥 カク ㄏㄜˋ he⁴ 땅이름학(扶風地名)。
【郝經:학경】 (人)一二二三~一二七五元初의 學者이며 政治家。字는 伯常。諡號는 文忠。〈著書〉續後漢書·易春秋外傳·通鑑書法。

【郎】 小篆 草書 (랑) 陽 ロウ、おとこ、おっと man; husband ㄌㄤˊ lang² ❶사내랑(男子稱)。〔唐書〕閔人多矣無如此ㅡ者。❷남편랑(婦稱夫)。〔晉書〕天壤之間乃有王ㅡ。❸벼슬이름랑(官名)。
【郎君:낭군】 ❶남의 아들의 敬稱。❷貴公子。❸새로이 進士에 급제한 사람。❹자기의 남편을 일컫는 말。〔摭言〕薛逢策羸馬赴朝、値新進士、前導曰、廻避新ㅡㅡ。
【郎騎馬:낭기마】 혼인 때에 신랑이 타고 가는 말。
【郎當:낭당】 ❶의복이 커서 몸에 맞지 않는 모양。〔楊億〕鮑老當筵笑郭郎、笑他舞袖太ㅡㅡ。❷피곤한 모양。감당하기 어려움。❸큰 자물쇠。
【郎扇:낭선】 혼인 때 신랑이 가지는 붉은 부채。
【郎子:낭자】 남의 아들을 부르는 敬稱。令息。令郎。〔北史〕暴顯幼時、見一沙門、指之曰、此ㅡㅡ好相表、大必爲良將貴極人臣、語終失之。
【郎材:낭재】 신랑감。
【郎廳坐起:낭청좌기】 벼슬이 낮은 郎官이 坐起함。(喩)아랫 사람이 웃사람보다 더 심함。
◎佳ㅡ、新ㅡ、女ㅡ、令ㅡ、花ㅡ。

【郟】 小篆 草書 (겹) 洽 コウ、キョウ ㄐㄧㄚˊ chia² 고을이름겹(ㅡ鄏河南邑名)。〔左傳〕成王定鼎于ㅡ鄏。
【郟室:겹실】 門의 左右에 있는 房。一說에는 東西廂을 말함。夾室。〔大戴禮〕ㅡㅡ割雞于室中。〔注〕ㅡㅡ、郟門之室也、一曰、東西廂也。

【郠】 小篆 草書 (경) 梗 コウ ㄍㄥˇ keng³ 고을이름경(邑名)。

【郡】 小篆 草書 (군) 問 グン、こおり district ㄐㄩㄣˋ chün⁴ 고을군(縣所屬)。〔周制〕天子地方千里分爲百縣縣有四ㅡ。
【郡界:군계】 한 郡과 딴 군과의 경계。
【郡民:군민】 그 고을에 사는 사람들。
【郡部:군부】 ❶도시에서 떨어져 있는 지방。❷郡의 구역에 속하는 지방。↕市郡。
【郡守:군수】 (制)❶벼슬 이름。郡의 行政을 맡아 보던 郡의 長官。뒤에 太守로 改稱함。❷(國)郡의 行政을 맡고 있는 三級 公務員。
【郡衙:군아】 (制)守令이 일보던 관청。
【郡邑:군읍】 옛날의 지방 제도인 州·府·郡·縣의 總稱。郡縣。
【郡長:군장】 郡의 우두머리。
【郡縣:군현】 (制)郡과 縣。地方行政區域의 單位。
【郡縣制度:군현제도】 (制)地方行政을 中央政府에서 파견된 官吏가 행하던 中央集權制度。封建制度。
◎隣ㅡ、一ㅡ。

【郢】 小篆 或體 草書 (영) 敬 エイ 땅이름 영(楚地名)。〔風俗通〕包胥重繭而存ㅡ。
【郢書燕說:영서연설】 道理에 맞지 않는 일을 억지로 끌어 대어 道理에 닿도록 함。牽强附會。(故)郢에 사는 사람의 글을 燕 나라 사람이 잘못 설명하여 燕 나라를 다스렸다는 故事。〔韓非子·外諸說〕。
【郢聲:영성】 郢의 음악。郢은 楚나라 땅 이름。(轉)卑俗한 음악 流行歌。俗曲。俗歌。郢曲。
【郢人:영인】 ❶郢에 사는 사람。❷노래를 잘 부르는 사람。歌手。郢客。〔夢溪筆談〕世稱善歌者爲ㅡㅡ。

【郣】 小篆 (발) 月 ハツ、もりあがる (of soil) slightly elevated 땅붕긋할발(地之起者)。

【郤】 小篆 草書 (극) 陌 ゲキ ㄒㄧˋ hsi⁴ 성극(姓也)。
【郤地:극지】 빈 땅。빈 터。空地。

八畫

【⿰尚阝】 小篆 (당) 養 トウ、とまるところ one's residence ㄉㄤˇ tang³ 머무는곳당(住所)。

【⿱非邑】 小篆 (배) 灰 ハイ、むら village 마을배(鄉里)。
【⿱非邑城:배성】 城 이름。山西省 聞喜縣 東쪽의 裵氏村。〔唐書 宰相世系表〕裴子之支孫、封⿱非邑鄉、因爲氏、今聞喜縣ㅡㅡ、是也、云云。

【部】 小篆 草書 (부) 麌 ブ、わける、すべる part; post ㄅㄨˋ pu⁴ ❶떼부、항오부(ㅡ曲行伍)。〔漢書〕行無ㅡ曲。❷나눌부(分也)。〔荀子〕名聲ㅡ發於天地之間。❸거느릴부(統也)。〔漢書〕州置刺史ㅡ。❹마을부(署也)。〔古詩

焦仲卿妻』還−白府君。❺지경부(界也)。

【部局:부국】 사무를 갈라 맡은 部分。곧 部 또는 局。

【部內:부내】 ❶어떤 소속된 범위 안。

【部隊:부대】 ❶한 단위의 군대。일부의 군대。『隋書』諸洞各爲−−、不相救助。❷한덩어리가 되어 행동하는 단체。

【部落:부락】 ❶未開人의 集團。蠻夷의 무리들이 모여 사는 곳。❷都會地 이외에 여러 民家들이 한 떼를 이루고 있는 地緣團體。『漢書』−−鼓鳴。

【部類:부류】 종류에 따라 나눈 갈래。

【部門:부문】 갈라 놓은 部類 몇 개로 갈라 놓은 그 하나하나。

【部分:부분】 ❶전체를 몇 개로 나눈 것의 하나。❷군대 행렬의 질서。『晉書·陶回傳』時峻夜行、甚無−−。❸어떠한 部類나 部門에 부속됨。部屬。

【部分社會:부분사회】 전체 사회에 대립되는 개념으로 사회를 이루는 요소가 되는 일정한 조직적 집단。

【部分色盲:부분색맹】 (醫)일부분만의 색맹。↔全色盲。

【部分蝕:부분식】 (天)日蝕·月蝕에 있어서 해나 달의 한 부분만이 가리워지는 현상。分蝕。部分食。↔皆既蝕。

【部分月蝕:부분월식】 한 부분만 하는 월식。↔皆既月蝕。

【部分品:부분품】 어떤 물건을 이루고 있는 하나하나의 材料。기계의 어떤 부분에 쓰이는 물품。

【部署:부서】 할일을 할당함。할당된 職務。勤務上 나누어진 부분。『史記』−−吳中豪傑。

【部屬:부속】 어떠한 部類나 部門에 부속됨。部下。『漢書』−−按問。

【部數:부수】 ❶정기 간행물의 발행수。❷책의 部의 수효。

【部首:부수】 漢文字典에서 글자를 찾는 길잡이가 되는 글자의 한 부분。弓字는 引·弘의 部首가 되는 따위。

【部員:부원】 어떤 부 또는 부서에 딸린 인원。

【部位:부위】 ❶行列。❷地位。❸얼굴의 각부분의 위치。『潛夫論·相列』。

【部長:부장】 한 部의 우두머리。

【部族:부족】 같은 祖上이라는 관념에 의하여 결합되어 공통된 언어와 종교 등을 갖는 地域的인 共同體로서、원시적 민족의 단위를 형성하던 것。

【部族社會:부족사회】 氏族이 뭉쳐 부족을 형성하였던 원시 사회。

【部帙:부질】 책。類別한 書籍。『北史』−−之間、仍有殘缺。

【部處:부처】 정부 조직체의 部와 處의 總稱。

【部判:부판】 둘로 갈라서 나눔。

【部下:부하】 남의 밑에 딸리어 그의 명령에 따라 움직이는 사람。『宋書』軍司馬一人、−−有曲、曲有軍候一人。

◎幹−、經−、工−、軍−、內−、文藝−、民−、吏−、四−、司令−、野球−、外−、一−。販賣−。

【郪】 (처) 齊 セイ くー chʻi¹

小篆 草書 땅이름처(−丘、齊地)。『春秋』公子 遂及齊侯盟于−丘。

【郪丘:처구】 春秋、齊의 地名。 지금의 山東省東阿縣의 경계。『左氏·文』−−、齊地也。

【郫】 (비) 支 ヒ ㄆㄧ pʻi²

小篆 草書 땅이름비(益州地名)。『成都紀』−縣出大竹截爲筒盛酒謂−筒酒。

【郫釀:비양】 郫江에서 生產되는 술。『陸游』長餅磊落輸−−、輕騎聯翩報海棠。

【郫筒:비통】 술병 이름。술 이름으로도 쓰임。『杜甫』魚知丙穴由來美、酒憶−−不用酤。

【郾】 (엄) 琰 エン、くに country

小篆 엄나라엄(國名)。『說文』周公所誅商−是也。

【郭】 (곽) 藥 カク、くるわ castle-wall ㄍㄨㄛ kuo¹

小篆 草書 ❶성곽곽(外城)。『白虎通』立城−者示有固守也。❷둘레 곽(外廓)。❸성 곽(姓也)。

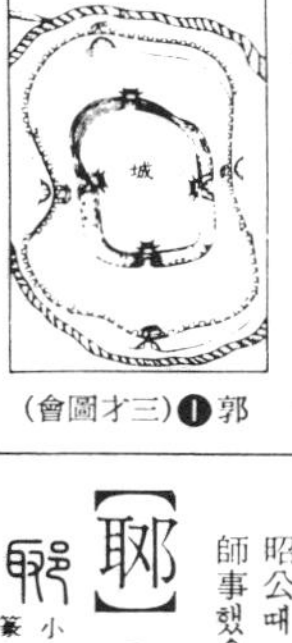

郭❶(三才圖會)

【郭公:곽공】 ❶(人)名은 赤。자기 나라를 잃고 曹에 귀순한 임금。❷꼭뚝각시。傀儡。❸(動)뻐꾸기。布穀。『王士禎』春山處處−−啼。

【郭內:곽내】 城郭 안。

【郭璞:곽박】 (人)二七六~三二四 晉代의 詩人。字는 景純。(著書)楚辭注·山海經注·爾雅注。

【郭汾陽八字:곽분양팔자】 富貴 功名을 구비한 汾陽王 郭子儀의 팔자。(喩)팔자 좋은 사람을 일컫는 말。

【郭索:곽색】 ❶게의 움직이는 모양。❷말이 많은 모양。(轉)마음의 安定을 잃은 모양。마음이 한결 같지 않은 모양。

【郭外:곽외】 城郭 밖。

【郭子儀:곽자의】 (人)唐나라 華州사람。字는 子儀。諡號는 忠武。朔方節度使로 累遷함。肅宗 때、安史의 亂을 平定한 功으로 汾陽王으로 封하여짐。永泰의 初僕固懷恩이 이끄는 吐蕃·回紇의 軍을 擊破하여 德宗으로부터 尙父의 號를 받음。郭汾陽 또는 郭令公으로 일컬어짐。

◎城−、外−、輪−。

郭子儀(三才圖會)

【郯】 (담) 覃 タン ㄊㄢ tʻan²

小篆 草書 담나라담(少昊後所封)。『春秋』公及齊侯平莒及−。

【郯子:담자】 (人)春秋、郯國의 임금。昭公 때 魯를 섬김。仲尼가 이 사람에게 師事했음。『春秋·襄』。

【郰】 (추) 尤 シュウ、スウ ㄗㄡ tsou¹

小篆 草書 땅이름추(魯下邑孔子之鄕)。『左傳』人紇抉之以出門者。

【郰人之子:추인지자】 孔子를 일컫는 말。孔子의 아버지 叔梁紇이 魯의 大夫이었으며 郰는 魯 나라의 地名이기 때문임。

【郱】 (병) 靑 ヘイ

小篆 草書 땅이름병(齊地)。『春秋』齊師遷紀−鄑郚。

【郲】 (래) 灰 ライ ㄌㄞ lai²

草書 ❶땅이름래(時−地名)。『左傳』公會鄭伯于時−。❷산이름래(山名郲−)。

【郳】 (예) 齊 ゲイ ㄋㄧ ni²

小篆 草書 나라이름예(國名)。

【郴】(침) 侵 チン ㄔㄣ ch'en²

郴 小篆 郴 草書 땅이름침(桂陽縣名)。〔史記〕項羽擊義帝殺之-縣。

【郴江百詠:침강백영】책 이름。一卷。宋의 阮閱이 撰。宣和中郴州의 知事로 있을 때 만듦。원래 刊本이 없이 厲鶚의 집에 寫本이 傳해 내려왔으나 그 八首가 佚失되어 九十八首가 있음。風土를 노래한 詩로서 考證의 資料가 됨。〔四庫提要〕

【郵】(우) 尤 ユウ、しゆくば ㄧㄡ yu² post-town

郵 小篆 郵 草書 ❶역말우(驛也)。❷지날우(過也)。❸우편우、우체우(ㅡ遞)。

【郵券:우권】우표。

【郵稅:우세】우편 요금。

【郵送:우송】물건이나 편지를 우편으로 「보냄。

【郵信:우신】우편에 의한 편지。

【郵政:우정】우편에 관한 行政。

【郵政局:우정국】(制)遞信部의 한 局。우편 행정에 관한 사무를 맡아 봄。

【郵遞:우체】=郵便。〔劉克莊〕傷心ㅡㅡ裏、隔日捷書來。

【郵遞局:우체국】(制)❶우편·우편환금·우편 저금·전기 통신 등의 사무를 맡아보는 지방 체신 관청。❷工務官廳에 있던 관청 이름。「람。

【郵遞夫:우체부】우편물을 배달하는 사

【郵遞筒:우체통】우편물을 넣는 통。

【郵便:우편】편지나 小包 따위를 運送하는 政府의 사업。국가의 獨占事業으로 遞信部長官의 管理에 속함。

【郵便囊:우편낭】遞傳員이 우편물을 넣고 다니는 주머니。

【郵便物:우편물】우편으로 부치는 편지나 물품의 總稱。

【郵便配達:우편배달】우편물을 받을 사람에게 나누어 전하여 주는 일。

【郵便配達夫:우편배달부】郵遞夫。

【郵便私書函:우편사서함】私人專用의 우편물을 담기 위하여 우체국에 따로 만들어 놓은 상자。

【郵便葉書:우편엽서】크기와 紙質을 한정하고 요금의 證票를 인쇄한 통신 용지。第二種 통상 우편물이며 통상 엽서·왕복엽서·봉함 엽서의 세 가지가 있음。

【郵便料金:우편요금】우편물을 부치는 데에 드는 삯。

【郵便爲替:우편위체】=郵便換。

【郵便貯金:우편저금】우체국에서 다루는 저금。

【郵便集配人:우편집배인】우편물을 우편함으로부터 거두어 모으고 또 각 집에 배달하는 사람。

【郵便筒:우편통】우체통。

【郵便函:우편함】벽 같은 데 걸어두고 편지를 넣게 하는 작은 우체통。

【郵便換:우편환】우체국에서 발행하는 換證書에 의하여 송금하는 방법。또는 그 증서。

【郵票:우표】우편 요금을 낸 표시로 우편물에 붙이는 證票。

九畫

【郹】(격) 錫 ゲキ、 ㄐㄩ chü²

郹 小篆 郹 草書 골이름격(邑名-陽)。

【陽:격양】옛 地名。지금의 河南省 新蔡縣의 경계。〔左氏、昭〕ㅡㅡ封人之女奔之。

【郪】(계) 霽 ケイ

郪 小篆 계나라 계(上谷縣名黃帝後所封)。

【都】(도) 虞 ト、ツ、みやこ ㄉㄨ tu¹ capital city

都 小篆 都 草書 ❶도읍도(天子所居)。〔周禮〕四縣爲ㅡ。❷도무지도(總也)。〔曹丕書〕撰遺文ㅡ爲一集。❸거할도(居也)。〔客難〕身ㅡ卿相之位。❹성할도(盛也)。❺아아도(歎美辭)。〔詩〕洵美且ㅡ。〔書〕皐陶曰ㅡ。

四縣爲都 井牧

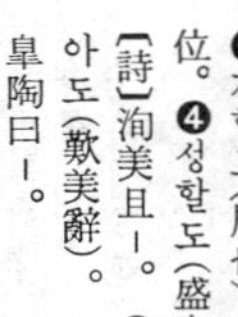

(禮器圖)

【都家:도가】❶同業者들이 모여서 契와 그 밖의 商議를 하는 집。❷貰物廛 곧 혼인이나 장사 때에 쓰이는 물건을 貰를 받고 빌려 주는 가게。❸都賣商。❹(歷)周代 임금의 子弟 또는 公卿·大夫의 領地。〔周禮〕朝大夫掌ㅡㅡ之國治。

【都監:도감】❶(制)國葬·國婚 그 밖의 큰 國事가 있을 때에 임시로 베풀던 관청。❷(佛)절에서 돈이나 곡식 같은 것을 맡아 보던 일。또는 그 사람。

【都講:도강】❶講學을 맡은 사람。講師。先生。〔後漢書〕ㅡㅡ取魚而進。❷門生의 우두머리。學頭。塾頭。❸軍事 訓練을 하는 것。

【都結:도결】(制)고을 아전이 公錢이나 軍布를 축내고 그것을 메워 넣으려고 結稅를 定額 이상으로 받던 일。

【都庫:도고】물건을 도거리로 혼자 맡아서 파는 것。

【都局:도국】(國)산이 둘러 싸여서 이루어진 땅의 形局。陰陽家에서 쓰는 말。

【都給:도급】(國)어떠한 공사에 들 모든 비용을 미리 작정하고 도맡아 하게 하는 것。「生。

【都妓:도기】기생의 우두머리。行首 妓

【都大體:도대체】(國)❶대관절。❷여러말 할 것 없이。

【都督:도독】❶諸州의 軍務를 맡아 보던 武將。魏 文帝가 처음으로 베풀었음。❷통솔함。〔晉書〕ㅡㅡ中外諸軍事。❸新羅 때 州의 長官。元聖王元年에 總管을 고치어 부른 이름。位階는 伊湌에서 級湌까지였음。

【都錄:도록】사람의 이름이나 물건 이름을 통틀어 적은 목록。

【都買:도매】도거리로 사들임。

【都賣業:도매업】생산자와 소매 상인과의 중간에 있어서 상품의 매매를 중개하는 업。↔散賣業。

【都賣店:도매점】물건을 도거리로 파는 가게。↔散賣店。

【都目:도목】중요한 條目。要例。

【都目政事:도목정사】(制)해마다 음력으로 六월과 十二월에 벼슬아치의 성적이 좋고 나쁨에 따라서 벼슬 자리를 떼어 버리거나 좋은 데로 올리거나 하던 것。都目。都目政。都政。京察。大政。

【都門:도문】❶서울의 출입문。〔札樸〕ㅡㅡ者、都中里門也。❷서울。

【都房:도방】(歷)高麗 때의 私兵制。慶大升이 鄭仲夫 일파를 숙청한 뒤 신변을 보호하기 위하여 門下에 두었던 私兵集會所。崔忠獻 집정 때도 계승됨。

【都封:도봉】여러 물건을 한데 모아 봉「함。

【都府:도부】서울。〔白居易〕國之ㅡㅡ半在東周。「有章。

【都鄙:도비】서울과 시골。〔左傳〕ㅡㅡ

【都沙工:도사공】(國)사공의 우두머리。

【都散賣:도산매】물건의 도매와 산매。물건을 모개로 팔고 낱으로 조금씩도 팔음。

【都山直:도산직】여러 山直이 가운데의 우두머리。

【都城:도성】❶天子가 있는 곳。곧 서울。〔漢書〕優遊ㅡㅡ。❷城壁으로 둘러싸인 都市。

【都數:도수】 모두 합한 수효。都合。
【都巡察使:도순찰사】《制》지방에 파견하던 軍職의 하나。二品 이상의 官員으로 시켰음。
【都承旨:도승지】《制》❶高麗 忠烈王二十四년에 密直司를 고친 光政院의 從五品 벼슬。❷李朝初의 中樞院의 正三品 벼슬。定宗 二년에 中樞院의 承旨가 독립하여 承政院이 되면서 이곳으로 소속이 바뀜。❸李朝 때 承政院의 여러 承旨들 가운데서 으뜸인 正三品 벼슬。
【都是:도시】 도무지。
【都市:도시】 =都會。【漢書】日游ㅡㅡ。
【都市計畫:도시계획】 도시의 구획·가로·교통·위생·주택 따위에 관하여 필요한 개량의 계획。
【都市國家:도시국가】 독립하여 소규모의 국가로 형성된 도시。
【都市生活:도시생활】 도시 살이。도시 살림。
【都市集中:도시집중】 도시를 중심삼고 모여 들음。↔地方分散。
【都心:도심】 도회의 중심。
【都雅:도아】 모습이나 행위가 優雅함。【北史】容貌ㅡㅡ、寬厚得衆心。
【都養:도양】 ❶가난하여 여러 학생의 밥을 지어 주는 사람。【漢書·倪寬傳】貧無資用、嘗爲弟子ㅡㅡ。❷부엌 일을 하는 사람。
【都元帥:도원수】《制》❶高麗 때부터 전쟁이 있을 적에 軍務를 통괄하던 장수。❷한 지방의 兵權을 도맡던 장수。
【都尉:도위】 ❶《制》㉠秦·漢代의 벼슬 이름。軍務를 맡아 守令을 보좌하던 武將。㉡《國》임금의 사위。駙馬都尉의 略語。❷武官의 總稱。
【都邑:도읍】 서울。【禮記】仲秋之月、可以築城郭建ㅡㅡ。
【都壯元:도장원】《制》科擧에서 甲科에 첫째로 급제함。또는 그 사람。
【都鳥:도조】《動》갈매기。蠣鷊。
【都次知:도차지】《國》어느 일이나 물건을 혼자 전부 지배하거나 차지하는 것。
【都尺文:도척문⇨도차문】 租稅를 몇차례로 별러 바쳐 그 때마다 받은 票를 한데 몰아서 발행하여 주던 영수증。
【都請:도청】 여러 가지를 모두 한데 모아가지고 청구함。
【都摠管:도총관】《制》李朝 때 五衛都摠府의 正二品 벼슬。그 전의 都鎭撫를 世祖 一二년에 이 이름으로 고쳤음。
【都摠攝:도총섭】《制》李朝 때 北漢山城에 딸렸던 僧軍의 우두머리。
【都統:도통】 =都合。
【都統使:도통사】《制》❶高麗 恭愍王十八년에 각 道의 군대를 통솔하기 위하여 둔 武職。❷李朝 高宗 때 武衛營을 거느리던 장수。
【都砲手:도포수】 砲手의 頭目。
【都下:도하】 서울 안。서울 지방。
【都下記:도하기】《國》내어 쓴 돈머리를 몰아서 적은 기록。「總計」。
【都合:도합】 모두。전부를 다 합한 셈。
【都護府:도호부】《制》❶唐初에 그 광대한 屬地의 지배를 위하여 설치하였던 기관。❷高麗 때부터 설치하였던 地方 관청의 하나。
【都會:도회】 사람이 많이 모여 살고 번잡한 곳。都會地。都市。「산。총계산」
【都會計:도회계】 모두 통틀어 합친 계
【都會病:도회병】 ❶도회의 격심한 생존 경쟁과, 그 특유하고 심한 자극으로써 신경 쇠약에 걸리기 쉬운 경향을 가리킴。❷시골 사람이 종작 없이 도회지를 동경하는 병。
【都會地:도회지】 사람이 많이 모여 살고 번잡한 곳。大居處。
◎京ㅡ、古ㅡ、舊ㅡ、遷ㅡ、還ㅡ、皇ㅡ。

【郾】 (언) 阮 エン ㄧㄢˇ yen³
小篆 草書 땅이름언(潁川縣名)。
【郾縣:언현】 縣 이름。漢代 設置。故城은 河南省 郾城縣의 南쪽。【漢書·地理志】。

【郿】 (미) 支 ビ ㄇㄟˊ mei²
小篆 草書 땅이름미(地名)。【詩】王餞于ㅡ。
【郿縣:미현】 縣 이름。❶秦이 設置。周의 郿邑。陝西省 岐山縣의 東南。渭水의 南岸 縣城의 西南에 五丈原이 있음。【漢書·地理志】。❷南朝、宋代 設置。湖北省 舊襄陽府의 경계。

【鄀】 (약) 藥 ジャク ㄖㄨㄛˋ juo⁴
草書 약나라약(國名)。【左傳】秦晋伐ㅡ。

【鄂】 (악) 藥 ガク、うてな ㄜˋ brow ê⁴
小篆 草書 ❶땅이름악(楚地名)。【史記】中子紅爲ㅡ王。❷나타날악(ㅡ然外見貌)。【詩】ㅡ不韡韡。❸말정직하게할악(ㅡㅡ辨厲)。【大戴禮】君子出言以ㅡㅡ。❹가악、언덕악(垠也)。【甘泉賦】紛披麗其亡ㅡ。❺이마악(額也)。❻놀랄악(愕也)。【漢書霍光傳】羣臣皆驚ㅡ。
【鄂博:악박】 蒙古 遊牧地의 경계를 명백히 하기 위하여 돌을 쌓아 놓은 標識。본래는 天地神靈이 있는 곳이라는 일종의 神祠이었음。
【鄂鄂:악악】 ❶엄격하게 말하는 모양。【大戴禮】君子出言以ㅡㅡ。❷기탄 없이 直言하는 모양。【史記·趙世家】不聞周舍之ㅡㅡ。❸말이 많은 모양。시끄러운 모양。【潛夫論·斷訟】晝夜ㅡㅡ、漫遊是好。

【鄃】 ㊀(유) 虞 ユ ㊁(서) 虞
小篆 草書 ㊀고을이름유(縣名)。㊁뜻은 ㊀과 같음。
【鄃縣:서현】 縣 이름。❶漢代 設置。故城은 山東省 平原縣의 西南。【漢書·地理志】。❷隋代 設置、故治는 山東省 夏津縣의 東北。

【鄄】 (견) 霰 ケン ㄐㄩㄢˋ chüan⁴
小篆 草書 땅이름견(地名)。

【鄅】 (우) 麌 ウ ㄩˇ yü³
小篆 草書 우나라우(國名)。【春秋】邾人入ㅡ。

【鄆】 (운) 問 ウン ㄩㄣˋ yün⁴
小篆 草書 ❶땅이름 운(魯地名)。【春秋】冬城ㅡ。❷성운(姓也)。
【鄆芝:운지】 天麻의 異名。【輟耕錄】。

【鄈】 (규) 支 ケイ、くにのな ㄎㄨㄟˊ k'uei²
小篆 땅이름규(汾陰地名)。【說文】河東臨汾地郞漢祭後土處。

【鄇】 (후) 宥 コウ ㄏㄡˋ hou⁴
小篆 草書 땅이름후(地名)。

【鄽】 (전)『廛』(12畫广部)과 같음

十畫

【鄋】(수) 尤 シュウ state 小篆 草書 나라이름 수 (狄國名ㅡ瞞)。

【鄍】(명) 靑 メイ district ㄇㄧㄥ ming² 小篆 草書 고을이름명(晋邑名)。〔春秋〕公會晉師于上ㅡ。

【鄎】(식) 職 ソク state ㄒㄧ hsi⁴ 小篆 草書 땅이름식(齊地名)。

【鄏】(욕) 沃 ジョク country ㄖㄨ ju⁴ 小篆 草書 땅이름 욕 (郟ㅡ河南地名)。〔左傳〕成王定鼎于郟ㅡ。

【鄐】(축) 屋 チク district 小篆 草書 골이름축(邑名)。

〔鄐君褒斜道碑:축군보사도비〕漢碑。陝西省 褒城의 北·石門에 있음。崖壁에 새겼음。字徑三四寸、書體는 八分。甚히 方整하나 長短 廣狹이 고르지 않음。『寰宇訪碑錄』。

【鄑】(자) 支 シ district ㄐㄧㄣ chin⁴ 小篆 草書 고을이름자(邑名)。〔春秋〕齊師遷紀ㅡ郚。

【鄒】(추) 尤 スウ state ㄗㄡ tsou¹ 小篆 草書 추나라 추 (魯縣古邾婁國)。〔史記〕孟軻騶人。

〔鄒魯:추로〕孔子와 孟子를 말함。鄒는 孟子의 出生地、魯는 孔子의 出生地이기 때문임。鄒魯學派。『莊子』ㅡㅡ之士、縉紳先生。 「遺風。

〔鄒魯遺風:추로유풍〕孔子와 孟子의 遺風。

〔鄒魯學:추로학〕孔子와 孟子의 학문。곧 儒學을 가리키는 말。

〔鄒査:추사〕작은 말 소리。『南渡錄』言語ㅡㅡ、不可審辨。

【鄔】(오) 虞 オ、ウ castle ㄨ wu¹ 小篆 草書 성이름오(汾州城名)。〔左傳〕司馬彌牟爲ㅡ大夫。

〔鄔婆索迦:오파색가〕(佛) Upāsaka: 淸信士·近事男이라 譯함。부처를 모시는 男子。=優婆塞。『西域記』。

〔鄔波駄耶:오파타야〕(佛)Upādhyāya: 塢波陀耶。舊譯은 和尙·和上·和闍。지금은 近誦·親敎師로 번역함。어린 弟子가 언제나 모시고 經을 배우는 스승을 말함。『玄應音義』。

【鄕】(향) 陽 キョウ、ふるさと one's native place ㄒㄧㄤ hsiang¹ 小篆 草書 ❶시골 향 (五州百家之內)。〔漢書〕五州爲ㅡ。❷고향 향(生地)。〔范仲淹 岳陽樓記〕去國懷ㅡ。❸향향(周代行政區劃名)。

〔鄕歌:향가〕❶시골 노래。『李咸用』ㅡ寂寂荒丘月。❷(國)新羅 中葉에서 高麗 初期까지에 걸쳐 民間에 널리 유행하였던 우리 나라 固有의 詩歌。모두 鄕札로 기록되어 있음。현재 전하는 것은 三國遺事에 一四수、均如傳에 一一수、도합 二五수임。

〔鄕客:향객〕시골 손。

〔鄕曲:향곡〕시골。『史記』豪强之徒、以武斷于ㅡㅡ。

〔鄕貫:향관〕❶고향의 戶籍。本籍。籍貫。『唐書』以ㅡㅡ三代名諱、送中書門下。❷始祖의 故鄕 本貫。貫鄕。「處是ㅡㅡ。

〔鄕關:향관〕고향。『張說』相逢皆得意何

〔鄕校:향교〕(制)❶鄕에 두었던 학교。지방 학교。『左傳』鄭人游于ㅡㅡ、以論執政。❷(國)시골에 있는 文廟와 거기에 딸린 漢文敎習所。

「眇辭ㅡㅡ。

〔鄕國:향국〕故國。故鄕。『王勃』盛年眇

〔鄕禁:향금〕그 지방의 禁制。

〔鄕黨:향당〕❶고향의 마을。鄕里 一만 二천 五백 집을 鄕、五백 집을 黨이라 일컬음。『論語』於ㅡㅡ恂恂如也。❷論語의 篇名。❸고향에서 사는 사람들。

〔鄕導:향도〕길을 인도함。또는 그 사람。案內。嚮道。嚮導。『孫子』不用ㅡㅡ者、不能得地利。

〔鄕吏:향리〕한 고을에서 世襲으로 내려 오는 벼슬아치。

〔鄕里:향리〕❶시골。나서 성장한 고향의 마을。❷같은 고향 사람。鄕人。❸남편이 자기 아내를 일컫는 말。『南史·張彪傳』我不忍令ㅡㅡ落他處。

〔鄕隣:향린〕고향의 이웃。고향을 이웃하는 사람。

〔鄕甿:향맹〕시골에서 사는 백성。村甿。

〔鄕夢:향몽〕고향을 그리워하여 꾸는 꿈。『劉滄』孤燈春盡生ㅡㅡ。

〔鄕民:향민〕시골 사람들。『後漢書』乃載ㅡㅡ船夜遁去。

〔鄕背:향배〕❶좇음과 배반함。向背。『劉長卿』夕陽山ㅡㅡ、春草水東西。❷따름과 떠남。去就。

〔鄕琵琶:향비파〕(國)琵琶의 한 가지。新羅 때 創製된 것으로 다섯 줄과 열 기둥으로 되었음。

〔鄕士:향사〕❶시골 선비。地方人士。지방 有志。❷(制)周代에 六鄕의 刑獄을 맡던 사람。

〔鄕思:향사〕고향 생각。

〔鄕射:향사〕❶(制)㉠周代 射禮의 한 가지。㉡州長이 봄과 가을에 백성을 모아 행하던 射禮。㉢鄕大夫가 선비의 능력을 시험하기 위하여 행하던 射術。❷(國)시골 閑良이 모여 편을 갈라 활 쏘기를 겨루던 일。

〔鄕絲:향사〕우리 나라에서 나는 명주실을 일컫는 말。

〔鄕所:향소〕(制)高麗 末에 생긴 守令의 자문 기관。→留鄕所。 「풍속。

〔鄕俗:향속〕❶고향의 풍속。❷시골의

〔鄕愁:향수〕❶고향을 그리워하는 마음。타향에 있는 사람이 고향을 그리워 느끼는 슬픔。『岑參』孤燈然客夢、寒杵搗ㅡㅡ。❷일찍 겪고 친하게 지냈던 일들을 그리워 느끼는 마음。

〔鄕塾:향숙〕시골에 있는 학교。고향에 있는 서당。『任昉』ㅡㅡ無橫議之士。

〔鄕試:향시〕(制)❶科擧 制度。三년에 한 번씩 각 省에서 행하던 시험。❷(國)각 道에서 그 道안의 儒生에게 보이던 初試。↔漢城試。

〔鄕信:향신〕고향 소식。고향에서 온 편지。鄕書。『孟浩然』往來ㅡㅡ斷、留滯客情多。

「↔唐樂。

〔鄕樂:향악〕우리 나라의 고유한 풍류。

〔鄕約:향약〕(制)같은 고향의 사람이 함께 지켜야 할 規約。鄕村의 自治 規約。中國에서 鄕約을 처음으로 만든 사람은 宋의 呂大防으로 勸善懲惡을 그 내용으로 함。우리 나라에서는 呂氏鄕約을 본따서、李朝 中宗 一四년에 처음으로 실시하였음。

〔鄕藥:향약〕시골에서 나는 藥材。

〔鄕藥本草:향약본초〕시골에서 나는 藥用 식물·동물·광물의 總稱。

【鄕語:향어】 제 고장 말.
【鄕往:향왕】 ❶마음이 쏠림. 마음이 그 곳으로 향함. ❷우러러 사모함. 仰慕. 『史記·仲尼弟子傳』。
【鄕友:향우】 같은 고향의 벗。『蘇軾』大呼ㅡㅡ作新年。「직원。
【鄕員:향원】 《制》座首·別監 등 鄕廳의
【鄕園:향원】 제 고장。故鄕。『韋莊』ㅡㅡ不可問、禾黍正離離。
【鄕儒:향유】 시골의 유생。시골 선비。
【鄕飮:향음】 鄕飮酒禮의 略語。
【鄕人:향인】 ❶한 마을에 사는 사람。고향 사람。『論語』ㅡㅡ之善者好之。❷촌 사람。平凡한 촌 사람。『孟子』我由未免爲ㅡㅡ也。「職任。
【鄕任:향임】 《制》座首·別監 등 鄕廳의
【鄕族:향족】 鄕員될 자격을 갖춘 가문。
【鄕職:향직】 土官職。
【鄕札:향찰】 新羅 시대에 漢字로써 우리 말을 表音式으로 나타내던 글。
【鄕薦:향천】 고을 안의 人材를 추천함。
【鄕廳:향청】 ＝鄕所。
【鄕村:향촌】 시골。鄕里。
【鄕親:향친】 같은 고향 사람。同鄕。『晋書』其ㅡㅡ勸令應命。
【鄕土:향토】 ❶자기가 태어난 곳。고향。『晋書』ㅡㅡ不同。❷서울에서 떨어져 있는 마을이나 지방。村。
【鄕土敎育:향토교육】 향토의 계몽·발전을 도모하기 위하여 시키는 교육。
【鄕土舞踊:향토무용】 그 지방에 예로부터 내려온 특별한 무용。
【鄕土文學:향토문학】 지방 특유의 자연과 풍속을 묘사하고 향토적인 사상과 감정을 표현한 문학。
【鄕土色:향토색】 地方色。
【鄕土藝術:향토예술】 그 지방 특색의 物·情緖·習俗 등을 素材로 하여 그 지방색을 나타낸 예술。
【鄕弊:향폐】 시골의 폐풍。
【鄕學:향학】 ❶《制》高麗 때의 지방 학교。❷學問에 뜻을 갖임。즉 向學。『漢書』由是ㅡㅡ。
【鄕會:향회】 고을의 일을 의논하기 위한 고을 사람의 모임。
◎家ㅡ、故ㅡ、歸ㅡ、同ㅡ、望ㅡ、思ㅡ、色ㅡ、異ㅡ、在ㅡ、帝ㅡ、他ㅡ、懷ㅡ。

【鄖】 (운) 文 ウン state ㄩㄣˊ yün²
小篆 草書 ❶운나라운(漢南國名)。『左傳』ㅡ人軍于蒲騷。❷땅이름운(衛地)。

【鄗】 ㊀(호) 皓 ㊁(교) 肴 ㊂(학) 藥 コウ、カク district ㄏㄠˋ hao⁴ ㄑㄧㄠ ch'iao¹
小篆 草書 ㊀고을이름호(常山邑名)。㊁강이름교(敖ㅡ滎陽水名)。㊂고을이름학(晋邑)。
【鄗上之褒:호상지서】 鄗上에서 生産되는 수수。『管子』古之封禪、ㅡㅡ、北里之禾、所以爲盛。

十一畫

【鄤】 (간) 寒 カン、くに place name
小篆 ❶땅이름간(地名)。❷땅마를간(地乾)。

【鄁】 (배) 灰 ハイ、くに country
小篆 배나라배(國名)。『穆天子傳』西征至于ㅡ。

【鄚】 (막) 藥 バク、くに place name
小篆 草書 ❶땅이름막(地名)。❷성막(姓也)。

【鄘】 (용) 冬 ヨウ、しろ castle ㄩㄥ yung¹
小篆 草書 ❶재용(城也)。『左傳』宋城舊ㅡ。❷용나라용(國名)。❸성용(姓也)。

【鄙】 (비) 紙 ヒ、いやしい vulgar; mean ㄅㄧˇ pi⁴
小篆 草書 ❶더러울비、더럽힐비(陋也)。『左傳』過我不假道ㅡ我也。❷시골비(都之對)。『淮南子』始于都者常大于ㅡ。❸변방비(邊ㅡ邊邑)。『左傳』太叔命西北ㅡ貳于己。❹인색할비(ㅡ吝嗇財)。❺비천할비(卑賤)。『韓愈 師說』巫醫百工之人、君子ㅡ之。
【鄙見:비견】 자기 의견의 謙稱。卑見。
【鄙近:비근】 고상하지 못하고 천박함。흔하여 천한 것에 가까움。鄙俚淺近。『鍾嶸』阮籍咏懷之作、中略、洋洋乎會於風雅、使人忘其ㅡㅡ、自致遠大。
【鄙陋:비루】 ❶마음이 고상하지 못하고 하는 짓이 더러움。❷學問이나 見識이 천박함。『漢書』言ㅡㅡ之愚心。
【鄙俚:비리】 風俗·言語 등이 낮고 거칠어 촌스러움。鄙野。『金史』性好作詩、詞語ㅡㅡ。
【鄙薄:비박】 ❶야비하고 경박함。❷깔봄。輕視함。『鍾嶸·詩品』張欣泰·范縝、竝希古勝文、ㅡㅡ俗製。
【鄙倍:비배】 마음이 야비하고 도리에 어긋남。(倍는 背와 같음)。『論語』出辭氣、斯遠ㅡㅡ矣。
【鄙僻:비벽】 성질이 못나고 편벽됨。
【鄙夫:비부】 ❶鄙陋한 사람。小人。❷도량이 좁은 사람。『孟子』ㅡㅡ寬。薄夫敦。
【鄙事:비사】 야비한 일。아무 보람 없는 일。『論語』孔子曰、吾少也賤、故多能ㅡㅡ。
【鄙舍:비사】 자기 집。
【鄙笑:비소】 얕보고 비웃음。冷笑함。『唐書』滿座ㅡㅡ。
【鄙俗:비속】 아주 속됨。촌스러움。
【鄙言:비언】 낮고 속된 말。야비한 말。鄙諺。俚語。『南史』鮑照爲文章、多ㅡㅡ累句。
【鄙諺:비언】 품이 낮은 시속 말。야비한 속담。鄙言。『史記』ㅡㅡ曰、寧爲雞口、無爲牛後。
【鄙劣:비열】 마음이 더럽고 못남。卑劣。『白居易』勉樹勳名、勿以ㅡㅡ爲念。
【鄙猥:비외】 품격이 낮고 난잡함。『隋書』文辭ㅡㅡ。
【鄙遠:비원】 서울에서 멀리 떨어져 있는 촌。『左傳』越國以ㅡㅡ、君知其難也。
【鄙願:비원】 자기의 소원。『晋書』恢維宇宙、斯吾之ㅡㅡ也。
【鄙人:비인】 ❶시골 사람。野人。『淮南子』ㅡㅡ有得玉璞者。❷간사하고 도량이 좁은 사람。小人。❸자신의 謙稱。
【鄙庄:비장】 자기가 소유한 논밭。
【鄙族:비족】 자기의 겨레붙이。
【鄙地:비지】 자기가 사는 곳。
【鄙淺:비천】 낮고 얕음。촌스럽고 천박함。卑淺。鄙薄。『隋書』亦頗著述、然多ㅡㅡ、不足相繼。
【鄙悖:비패】 行動이 비열하고 성질이 뒤틀어짐。
【鄙懷:비회】 ❶야비한 생각。❷자기 소회의 謙稱。『蘇舜欽』作詩寄諸君、ㅡㅡ實所望。

【鄙】 (비)『鄙』(前條)의 俗字

【鄛】 (소) 肴 ソウ、ショウ provience
小篆 草書 땅이름 소(南陽棘陽縣名)。『後漢書』鄛鄉封

ㅡ卿侯。

【鄜】(부) 膚 フ province ㄈㄨ mo4 땅이름부(馮翊縣名)。〔史記〕初爲ㅡ時。

〔鄜時:부치〕❶鄜(縣 이름)에 있는 秦의 文公、白帝를 모신 祭地。『史記』。❷山 이름。陝西省 洛川縣의 南。『史記』。

【鄝】(료) 篠 リョウ state 나라이름료(國名舒ㅡ)。

【鄞】(은) 眞 キン prefecture ㄧㄣ yin2 땅이름은(會稽縣名)。

〔鄞鄂:은악〕변두리를 말함。軀體라는 말로 轉義。垠鄂。『參同契』經營養ㅡㅡ、凝神以成軀。

【鄟】(전) 先 セン district ㄓㄨㄢ chuan1 ❶땅이름전(地名)。〔春秋〕取ㅡ。❷성이름전(城名)。

【鄠】(호) 麌 コ prefecture ㄏㄨ hu4 땅이름호(扶風縣名)。〔漢書〕ㅡ縣。

【鄡】(교) 蕭 キョウ prefecture ㄑㄧㄠ ch'iao1 땅이름교(鉅鹿縣名)。〔後漢書〕繫銅馬于ㅡ。

【鄢】㊀(언) 阮 ㊁(언) 先 エン country ㄧㄢ yen1 ㊀땅이름언(鄭地名)。〔左傳〕鄭伯克段于ㅡ。㊁고을이름언(楚都ㅡ郢)。

〔鄢陵:언릉〕《地》春秋時代 鄭의 땅이름。晉의 厲公이 楚의 군대를 격파한 곳。지금의 河南省 鄢陵縣의 서남쪽임。

〔鄢郢:언영〕《歷》鄢과 郢。모두 戰國時代 楚의 서울。

【鄣】(장) 陽 ショウ district ㄓㄤ chang1 땅이름장(莒邑名)。〔左傳〕齊伐莒莒子奔紀ㅡ。

〔鄣氣:장기〕熱과 毒이 있는 기운。瘴氣。『鮑照』ㅡㅡ晝熏體、菌露夜沾衣。

〔鄣塞:장새〕國境에 있는 要塞。『朝鮮傳』爲置吏、築ㅡㅡ。

〔鄣閉:장폐〕막아 덮음。『白虎通』所以隱形目ㅡㅡ也。

【䣊】(차) 歌 サ、くにのな town 고을이름차(沛邑)。

十二畫

【鄤】(만) 寒 バン、マン country 땅이름만(鄭地名)。〔左傳〕諸侯伐鄭禦之使東鄙覆諸ㅡ。

【鄦】(허) 語 キョ、コ state ㄒㄩ hsü3 나라이름허(炎帝太岳之胤甫侯所封)。〔史記〕ㅡ公惡鄭于楚。

【鄨】(폐) 霽 ヘイ river ❶물이름폐(水名ㅡ水)。❷골이름폐(縣名)。

【鄪】(비) 寘 ヒ town 땅이름비(魯邑名)。〔史記〕以……

【鄧】(등) 徑 トウ state ㄉㄥ têng4 ❶등나라등(國名)。〔春秋〕ㅡ侯離吾來朝。❷고을이름등(州名)。

〔鄧禹:등우〕《人》後漢、新野 사람。字는 仲華。封은 高密侯。諡號는 元。어려서 長安에 游學하여 光武와 親交를 맺음。光武가 即位하자 官은 大司徒에 오름。때에 若冠二四。나아가 赤眉를 쳐서 右將軍을 授任。天下가 平定되어 論功 第一。明帝 때 太傅。永平 初에 卒。

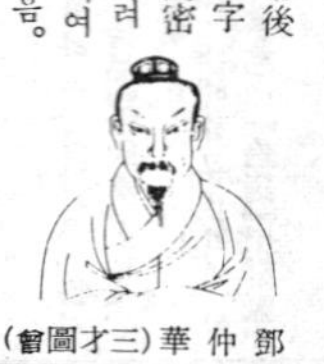
鄧仲華(三才圖會)

【鄩】(심) 侵 ジン district ㄒㄧㄣ hsin2 ❶땅이름심(河南地名)。〔左傳〕周子朝之亂癸卯郯ㅡ潰。❷성심(姓也)。

【鄗】(교) 篠 キョウ、くにのな country 교나라교(國名)。

【鄫】(증) 蒸 ソウ nation ㄗㄥ tsêng1 증나라증(姒姓國)。〔春秋〕ㅡ子來朝。

【鄬】(위) 支 イ country ㄨㄟ wei2 땅이름위(地名)。

【鄭】(정) 敬 テイ、ジョウ family-name ㄓㄥ chêng4 ❶나라이름정(周叔友所封國)。❷고을이름정(縣名有ㅡ)。

〔鄭鑑錄:정감록〕《書》一책。作者·年代未詳。圖讖書。鄭鑑과 李沁과의 문답 형식으로 적은 것。風水學上으로 역사의 변천、길흉 화복을 예언함。

〔鄭瓜亭:정과정〕樂學軌範에 전하는 高麗歌謠의 하나。毅宗 때 鄭敍가 지은 노래로 定配地인 東萊에서 자기의 외로운 신세를 접동새에 비기어 임금을 사모하는 절절한 심정을 읊은 것임。

〔鄭石歌:정석가〕高麗 때의 歌謠。님과 영원한 戀情을 읊은 노래。樂章歌詞에 수록되어 전함。

〔鄭聲:정성〕春秋時代 鄭의 음악。《轉》음란한 음악。『論語』放ㅡㅡ遠佞人、ㅡㅡ淫、佞人。

〔鄭箋:정전〕鄭玄의 毛詩 注釋。『梅堯臣』言詩詆ㅡㅡ。

〔鄭重:정중〕❶자주。빈번。❷친절함。은근함。『白居易』千里故人心ㅡㅡ。❸점잖고 무게가 있음。

【鄮】(무) 宥 ボウ prefecture 고을이름무(縣名)。

【鄯】(선) 霰 ゼン nation ㄕㄢ shan4 선나라 선(ㅡ善西域國名)。〔漢書〕ㅡ善本名樓蘭。

〔鄯善:선선〕❶《歷》漢代 西域地方에 있던 나라 이름。樓蘭의 고친 이름。지금의 新疆省 鄯善縣임。❷《地》縣 이름。新疆省에 속함。

【鄰】(린) 眞 リン、となり neighbourhood ㄌㄧㄣ lin2 ❶이웃린(近也)。〔周禮〕五家爲ㅡ。❷이웃할린(親比)。❸도

울린(臣ㅣ輔弼)。【書】臣哉ㅣ哉。❹수레구르는소리린(車聲)。【詩經 秦風車鄰】有車ㅣㅣ。

【鄰家:인가】이웃집。鄰屋。鄰舍。

【鄰曲:인곡】이웃 사람。【陶潛】與二三ㅣㅣ、同遊斜川。

【鄰熟:인숙】열매가 나란히 익음。豊熟。【管子】五穀ㅣㅣ、艸木茂實、歲農豊、年大茂。

【鄰邑:인읍】이웃 마을。鄰村。

【鄱】(파) 歌 ハ district ㄆㄛˊ p'o²
땅이름파(趙地名)。

【鄱陽:파양】❶《地》湖水 이름。江西省의 北境에 있음。番陽彭水湖 彭蠡。彭澤。❷《地》山 이름。江西省 陽縣의 陽湖 가운데 있음。力士山。石印山。❸《地》縣 이름。江西省에 딸림。❹《歷》郡 이름。三國時代 吳가 설치함。지금의 江西省 鄱縣임。

【鄲】(단) 寒 タン city ㄉㄢ tan¹
조나라 서울단(邯ㅣ趙都)。【左傳】衛侯伐邯ㅣ午干寒氏。

十三畫

【鄳】(맹) 庚 ボウ、モウ prefecture
땅이름맹(江夏縣名)。【史記】殘均陵塞ㅣ阨。

【鄴】(업) 葉 ギョウ prefecture ㄧㄝˋ yeh⁴
❶땅이름업(魏郡縣名)。❷성업(姓也)。

【鄴架:업가】書籍이 많은 것。唐의 李泌이 鄴縣侯에 封함을 받았던 바 그의 집에 藏書가 많았으므로 일컫는 말。【韓愈·送諸葛覺住隨州讀書詩】。《轉》남의 書架를 일컬음。【韓愈】鄴侯家多書、插架三萬軸。

【鄴瓦:업와】벼루 이름。鄴城의 銅雀臺의 옛 기와로 만듦。

【鄬】(의) 紙 ギ、ところのな place name
땅이름의(地名)。

【鄵】(조) 號 ソウ country ㄘㄠˋ ts'ao⁴
땅이름조(地名)。【春秋】鄭伯髡頑卒于ㅣ。

【鄶】(회) 泰 カイ state (古音「괴」)
나라이름회(祝融後所封國)。【左傳】鄭文夫人葬之ㅣ城下。

【酆】(풍)『酆』(18邑部畫)의 俗字

【酆宮:풍궁】《歷》文王의 宮殿。陝西省 鄠縣의 동쪽。

十四畫

【壽阝】(수) 有 シュウ、かわのな waters
물이름수(蜀水名)。(『濤』와 같음)

【鄸】(몽) 東 ボウ town
땅이름몽(邑名·曺地)。

【鄹】(추)『鄒』(10邑部畫)와 같음

十五畫

【鄻】(련) 銑 レン、むらのな town
고을이름련(周地邑名)。

【鄺】(광) 養 コウ family-name ㄍㄨㄤˇ kuang³
성광(姓也)。

【鄼】(찬)『酇』(19邑部畫)의 俗字

【鄽】(전) 先 テン、みせ shop
가게전(市鄽也)。(『廛』과 같음)

【鄽郭:전곽】都市의 城안에 있는 市街。

【鄽里:전리】城밖의 땅。

【鄾】(우) 尤 ユウ country ㄧㄡ yu¹
땅이름우(地名)。

十六畫

【鄿】(기) 微 キ country
땅이름기(沛郡地名)。(『蘄』과 같음)

【酀】(연) 先 エン、むらのな town
고을이름연(邑名)。

十七畫

【酁】(참) 咸 サン country
땅이름참(宋地名)。

【酃】(령) 青 レイ province ㄌㄧㄥˊ ling²
땅이름령(長沙縣名)。【荊州記】有ㅣ湖取爲酒甘美因名。

十八畫

【酄】(환) 寒 カン、さかい border
지경환(境界)。

【酅】(휴) 齊 ケイ district ㄒㄧ hsi¹
땅이름휴(邑名)。【春秋】紀季以ㅣ入于齊。

【酆】(풍) 東 ホウ river ㄈㄥ fêng¹
❶물이름풍(水名)。【詩經】豐水東注。❷땅이름풍(周文王所都)。【左傳】康有ㅣ宮之朝。

十九畫

【酈】(력) 錫 レキ prefecture ㄌㄧˋ li⁴
❶땅이름력(南陽縣名)。【漢書】偕攻析ㅣ皆降。❷성력(姓也)。

【酈道元:역도원】《人》後魏의 地理學者。字는 善長。范陽 사람。〈著書〉水經注 四○권·本志 一三篇·七聘。

【酈食其:역식기】《人》秦末의 辯論家。劉邦을 도와 說客으로 齊 나라를 說得시켜 七○餘城을 빼앗음。뒤에 韓信이 齊나라를 치자 齊人에게 被殺됨。

【酇】㊀(찬) 寒 ㊁(찬) 翰 ㊂(차) 歌 サ、サン、むら settlement
㊀마을찬(聚也)。【周禮】四里爲ㅣ。㊁땅이름찬(南陽縣名)。【漢書】蕭何爲ㅣ侯。㊂땅이름차(沛邑)。

酉　部

【酉】(유) 有 ユウ、ユ、とり 一ㄡˇ yu³

小篆 古文 草書 ❶별유(西方辰)。❷열째지지유(地支第十位)。❸나아갈유(就也)。〔說文〕ㅣ成熟也八月黍成可爲酎酒。

【酉末:유말】 酉時의 마지막。곧 하오 七시 쯤。

【酉方:유방】 二四方位의 하나。서쪽。

【酉時:유시】 하오 五시부터 七시까지의 시각。「곧 음력 八월。

【酉月:유월】 月建의 地支가 酉로 된 달。

【酉正:유정】 酉時의 한가운데。곧 하오 六시。

【酉坐:유좌】 묏자리나 집터 따위에 있어서 酉方 곧 서쪽을 등지고 있는 자리。

【酉初:유초】 酉時의 처음。곧 상오 五시경。

二畫

【酊】(정) 迥 テイ、よう intoxicated

小篆 草書 비틀거릴정(酩ㅣ醉貌)。〔襄陽歌〕酩ㅣ無所知。

【酋】(추) 尤 シュウ、かしら、おさ chieftain ㄑ一ㄡˊ ch'iu²

小篆 草書 ❶괴수추、두목추(ㅣ長魁道)。〔吳都賦〕儋耳黑齒之ㅣ。❷술익을추(酒熟)。〔禮註〕酒熟曰ㅣ。❸끝날추、마칠추(終也)。

【酋領:추령】 =酋長。〔宋史〕得復心ㅣㅣ〔詩經 大雅卷阿〕似先君ㅣ矣。

【酋長:추장】 ❶未開人들의 우두머리。〔貞觀政要〕ㅣㅣ悉授大官、祿厚位尊。❷도둑들의 頭目。酋領。魁帥。酋渠。

三畫

【酌】(작) 藥 シャク、くむ fill a cup ㄓㄨㄛˊ chuo²

小篆 草書 ❶잔질할작(行觴斟也)。〔漢書〕無多ㅣ我我乃酒狂。❷짐작할작、대중할작(衆ㅣ審擇)。〔漢書〕斟ㅣ六經。❸술작(酒也)。

【酌交:작교】 술을 따라 서로 권함。

【酌量:작량】 事情을 짐작하여 적당히 處置함。斟酌。〔陸龜蒙〕自與ㅣㅣ煎藥水、別敎安置曬書牀。

【酌婦:작부】 宴會에서나 술집에서 손님에게 술을 따라 주는 여자。

【酌水成禮:작수성례】 가난한 집안의 혼인 예식。「정함。

【酌定:작정】 일을 그러리라 짐작하여 결

【酌酒:작주】 술잔에 술을 따름。

【酌處:작처】 죄의 輕重에 따라 처단함。

◎獨ㅣ、滿ㅣ、參ㅣ。

【酏】(익) 職 ヨク、さけいろ colour of alcoholic drink

小篆 술빛익(酒色)。

【配】(배) 隊 ハイ、たぐい、あう pair; mate ㄆㄟˋ p'ei⁴

小篆 草書 ❶짝배(匹也)。〔詩〕天立厥ㅣ。❷짝할배(ㅣ之)。❸도울배(侑也)。〔易繫辭〕廣大ㅣ天地。〔易〕殷薦之上帝以ㅣ祖考。❹귀양보낼배(流刑隷)。〔王溥五代會要〕刺面ㅣ華州。

【配給:배급】 분배하여 공급함。營利를 목적으로 하지 않는 물자의 분배。

【配給所:배급소】 배급을 맡아 보는 곳。

【配達:배달】 물건을 가져다 돌라줌。또는 그 사람。

【配達夫:배달부】 우체부。

【配當:배당】 ❶몫몫이 분배함。나누어 줌。〔周禮·疏〕百人爲卒、五人爲伍、預爲ㅣㅣ。❷재산을 분배함。❸《經》株式會社가 이익금을 株式으로 할당하여 株主에게 분배하는 것。또는 그 돈。

【配當金:배당금】 배당한 돈。

【配慮:배려】 남을 위하여 이리저리 마음을 씀。

【配流:배류】 죄인을 먼 지방이나 섬에 귀양 보냄。配謫。〔遼史〕ㅣㅣ之家、七百餘戶。

【配本:배본】 ❶책을 배달함。❷예약 출판물을 예약한 사람에게 배부함。

【配付:배부】 나누어 줌。

【配賦:배부】 나누어서 돌라 줌。

【配備:배비】 따로따로 갈라서 베풀음。

【配色:배색】 색을 배합함。또는 배합한 색。

【配所:배소】 《制》죄인을 귀양 보내던 곳。〔北史〕元坦配北州營、死ㅣㅣ。

【配屬:배속】 사람을 各自의 일할 자리에 배치하여 종사하게 함。

【配屬將校:배속장교】 군사 훈련을 실시하기 위하여 학교 또는 훈련소 같은 데에 배속된 장교。

【配囚:배수】 귀양간 죄수。「냄。

【配水:배수】 상수도의 물을 배급하여 보

【配水管:배수관】 상수도의 물을 배급하는 관。

【配役:배역】 연극·영화 따위에서 배우에게 어떤 구실을 맡기는 것。또는 그 구

【配列:배열】 벌려서 이어 놓음。차례로 죽 늘어 놓음。排列。

【配偶:배우】 짝。夫婦。配匹。〔後漢書·註〕其無妻者爲適ㅣㅣ。

【配偶者:배우자】 夫婦의 한 쪽을 다른 쪽에서 보고 하는 말。

【配位:배위】 부부가 다 죽었을 때의 그 아내의 尊稱。

【配意:배의】 마음을 씀。

【配謫:배적】 =配流。「어 보냄。

【配電:배전】 전류를 여러 곳으로 나누

【配電盤:배전반】 발생 전력을 유도하는데 필요한 기구。計器 등을 모은 장치의 판。

【配電線:배전선】 배전에 쓰는 전선。

【配定:배정】 나누어 몫을 정함。

【配劑:배제】 몇 가지 약제를 알맞게 섞음。「곳으로 별려서 보냄。

【配車:배차】 자동차·전차 따위를 여러

【配車係:배차계】 배차를 맡아 보는 계。또는 그 계원。

【配置:배치】 사람이나 물건을 적당한 자리에 베풀어 둠。또는 그 위치。

【配布:배포】 一般에 널리 配付함。

【配匹:배필】 夫婦로서 알맞는 짝。配偶配耦。「손아래。

【配下:배하】 支配下에 있는 것。部下。

【配合:배합】 ❶調和。平衡。❷한데 알맞게 섞어 합침。〔張衡·賦〕日與月此ㅣ也。《喩》親密함。짝을 지어서 夫婦가 되게 함。「성분을 배합한 비료。

【配合肥料:배합비료】 여러 가지 비료

【配合飼料:배합사료】 動物의 飼育에 필요한 여러 가지 營養素를 配合한 사료。

【配享:배향】 ❶宗廟에 功臣을 祔祭함。❷文廟나 書院에 學德이 있는 사람의 神主를 모심。또는 祔祭함。配食。從祀。從享。叕享。

【酎】(주) 宥 strong wine ㄓㄡˋ chou⁴
小篆 草書 ❶세번 빚은술주(三重酒)。〔左傳〕見於嘗ㅣ與執燔。❷우덮은술주(重釀酒醇也)。❸소주주(火酒)。

【酎金:주금】《制》漢代의 制度。임금이 처음 익은 술을 宗廟에 바칠 때에 諸侯가 모두 獻金을 하여 祭祀를 돕는 것。獻金의 量이 적든지 質이 나쁘면 領土를 박탈당하였음。『史記』列侯坐ㅣㅣ、失侯者百餘人。

【酏】㊀(이) 支 イ、うすがゆ thin rice-gruel
㊁(이) 紙 ㄧˊ i²
小篆 書 草 ㊀❶미음이(飮也)。〔禮〕書黍ㅣ。❷단술이(酒也)。㊁❶기장술이(黍酒)。❷달이(甜也)。

【酏食:이식】미음。죽。『周禮』。

【酐】(우) 虞 ウ、のむ drink
마실우(飮也)。

【酒】(주) 有 シュ、さけ wine ㄐㄧㄡˇ chiu³
小篆 草書 ❶술주(米麴所釀)。〔漢書〕ㅣ百藥之長。❷냉수주(玄ㅣ明水)。❸벼슬이름주(官名)。

【酒家:주가】❶술집 『杜甫』李白一斗詩百篇、長安市上ㅣㅣ眠。❷술군。酒客。

【酒渴:주갈】술에 중독이 되어 갈증이 나는 병。『杜甫』ㅣㅣ愛江淸。

【酒酣:주감】酒宴이 한창 벌어진 무렵。『史記』ㅣㅣ高祖擊筑。

【酒客:주객】❶술을 좋아하는 사람。❷술마시는 사람。술군。『黃唐』分茶醒ㅣㅣ。

【酒戒:주계】飮酒의 戒。『李純甫』何曾

【酒果脯醯:주과포혜】술과 과실과 肉脯와 식혜。酒脯酒果。《喩》간략한 祭物。

【酒狂:주광】❶=酒亂。『漢書』無多酌我、我酒。❷술이 취하면 몹시 주정을 하는 사람의 別名。酒妄。

【酒國:주국】술에 취하여 別天地에 있는 듯이 느끼는 즐거운 氣分。醉鄕。『唐庚』硯田無惡歲、ㅣㅣ有長春。

【酒軍:주군】술군 같이 술을 마시는 많은 한패。(군대에 비유해서 지은 말)。『白居易·詩』ㅣㅣ詩敵如相遇。

【酒禁:주금】술을 만들거나 팔지 못하게 국법으로 금함。『唐書』唐初無ㅣㅣ。

【酒氣:주기】❶술을 마셔 취한 氣分。❷술냄새。『沈佺期·詩』林香ㅣㅣ元相入。

【酒器:주기】술 마시는 데 쓰는 그릇·술잔·술병 따위。酒具。『說苑』智伯漆其首以爲ㅣㅣ。

【酒疸:주달】《醫》술 中毒으로 인하여 小便不通 따위의 증세를 일으키는 황달。

【酒談:주담】술김에 하는 객적은 말。

【酒黨:주당】술꾼。

【酒帒飯囊:주대반낭】술부대와 밥주머니。《喩》술과 음식을 함부로 먹으면서 일은 하지 않는 사람을 꾸짖어 일컫는 말。衣架飯囊。

【酒徒:주도】술군들。술을 같이 마시는 친구。酒朋。酒黨。『史記』吾高陽ㅣㅣ也、非儒人也。

【酒毒:주독】《醫》술의 중독으로 얼굴에 붉은 점이 생기는 증세。「齇。

【酒燈:주등】선술집。문간에 다는 紙燈。

【酒亂:주란】술을 마시고 마음이 어지러움。술을 마시고 亂暴한 짓을 함。酒困。酒狂。

【酒量:주량】술을 마시는 分量。酒戶。『范成大』年少王孫ㅣㅣ寬。

…는 사람을 찾아 다님。獺酒。

【酒醪:주료】淸酒와 濁酒。

【酒樓:주루】요릿집 술을 파는 집。『杜牧』綠水橋邊多ㅣㅣ。

【酒類:주류】술의 종류를 다른 물건과 구별하여 이르는 말。

【酒幕:주막】시골의 길목에서 술과 밥을 팔거나 나그네를 재우는 집。炭幕。

【酒妄:주망】=酒狂。

【酒媒:주매】술밑。누룩。麴糵·麴子。

【酒母:주모】❶술집 안주인。술을 파는 여자。『列仙傳』子先ㅣㅣ在此。❷=酒媒。

【酒粕:주박】술지게미。「상。

【酒盤:주반】주로 술상으로 쓰는 둥근

【酒杯:주배】술잔。酒巵。『杜甫』黔陽信使應稀少、勿怪頻頻擧ㅣㅣ。

【酒癖:주벽】❶술을 좋아하는 버릇。❷술을 마시면 나타나는 버릇。酒性。『皮日休』妻仍嫌ㅣㅣ、醫只禁詩情。

【酒保:주보】❶술집의 雇傭人。『史記·欒布傳』。❷술을 파는 사람。『鶡冠子·天則』❸술을 제조하는 사람 ❹군대의 營內에서 음식이나 그 밖의 日用品을 파는 곳。『鶡冠子·註』ㅣㅣ貨酒者。

【酒邪:주사】술을 마신 뒤의 나쁜 버릇。

【酒肆:주사】술집。酒店。酒舖。『晉書』使宮人爲ㅣㅣ就之飮宴、以爲笑樂。

【酒肆靑樓:주사청루】술집과 妓生 집。또는 매음굴의 總稱。紅燈街。靑樓酒肆。

【酒色:주색】❶술과 女色。술과 계집。『漢書·朱博傳』不好ㅣㅣ。❷술을 마시면 얼굴에 酒氣가 붉으레 나타나는 것。

【酒色雜技:주색잡기】술·女色 등 여러 가지 놀음。

【酒席:주석】술 자리。『南史』於ㅣㅣ厲色。

【酒石英:주석영】《化》신맛이 있는 백색의 결정체。染料와 약용으로 쓰임。

성정。

【酒聖:주성】❶맑은 술。淸酒 『三國志·徐邈傳』謂酒淸者爲聖人、濁者爲賢人。❷술을 잘 마시는 사람。酒豪。

【酒洗:주세】약재를 물에 헹구어 씻음。

【酒稅:주세】酒造稅의 略語。『大學衍義補』唐德宗建中元年、罷ㅣㅣ。

【酒嗽:주수】술의 열기로 인하여 기침과 가래침이 심한 병。「依金谷ㅣㅣ。

【酒數:주수】=酒量。『李白』如詩不成罰

【酒巡:주순】술잔을 돌림。巡杯。

【酒濕:주습】《醫》술의 중독으로 말미암아 얼굴 신경이 마비되고 또는 반신 불수가 되는 병。

【酒食:주식】❶술과 밥。『論語』有ㅣㅣ先生饌。❷술과 음식。술을 마시고 음식을 먹음。

【酒食店:주식점】술과 밥을 파는 집。

【酒失:주실】醉中의 失手。『史記』灌夫數以ㅣㅣ得過丞相。

【酒案:주안】술상。

【酒案床:주안상】술과 안주를 차린 상。

【酒宴:주연】술잔치。『漢書』及置ㅣㅣ、奉觴上壽。

【酒筵:주연】술자리。

【酒甕:주옹】술독。酒缸。

【酒肉:주육】술과 고기。술안주의 고기。『孟子』其良人出、則必饜ㅣㅣ而後反。

【酒箴:주잠】술을 경계하도록 가르치는 말。『漢書』黃門郞揚雄作ㅣㅣ、以諷諫成帝。

【酒場:주장】술자리。

【酒積:주적】음주로 말미암아 소화가 안되고 가슴이 뭉클하고 얼굴이 黃黑色으로 변하는 병。

【酒錢:주전】술을 살 돈。술값。酒資。『高適』今日相逢無ㅣㅣ。

【酒顚:주전】술을 마셔서 정신이 나감。『白居易』別來只是成詩癖、老去何曾更ㅣㅣ。

【酒煎子:주전자】 술을 데우기도 하고 술을 담아 잔에 따르기도 하는 그릇。
【酒店:주점】 술집。 술을 파는 집。
【酒政:주정】 술을 먹는 일이나 절차。
【酒酊:주정】 술에 취하여 정신을 잃고 행동을 난잡하게 하는 짓。
【酒精:주정】 《化》알콜。
【酒精醱酵:주정발효】 《化》糖類가 酵母에 의하여 분해되어 알콜과 탄산가스가 生成되는 화학 변화。
【酒造:주조】 술을 담가서 만늘음。 釀造。
【酒造稅:주조세】 《法》생산되는 술의 石數에 따라 매기는 소비세의 하나。 酒稅。
【酒造業:주조업】 술을 만들어 파는 영업。
【酒樽:주준】 술통。 술독。 酒尊。
【酒池肉林:주지육림】 《喩》술은 못을 이루고 고기는 숲을 이룬다는 뜻으로 굉장한 술잔치를 벌려 놓고 豪華스럽게 노는 것。 『史記·殷記』以酒爲池、懸肉爲林。
【酒饌:주찬】 ❶술과 음식。 『魏書』ーー相尋、餉粟繼至。 ❷술과 안주。 酒肴。
【酒債:주채】 술값으로 진 빚。 酒逋 『杜甫·詩』ーー尋常行處有、人生七十古來稀。
【酒泉:주천】 多量의 술。 『裴秀』有肉如丘、有酒如泉。
【酒滯:주체】 《醫》술을 마시어 생기는 滯症。
【酒炒:주초】 藥材를 술에 담가 볶음。
【酒草:주초】 술과 담배。
【酒蟲:주충】 ❶술에 미친 사람의 별명。 ❷술을 썩 잘하는 사람。
【酒臭:주취】 술 취한 사람에게서 나는 술냄새。 『韓非子』入其幄中、聞ー還。
【酒浸:주침】 약재를 술에 담가 둠。
【酒逋:주포】 술값으로 진 빚。 술빚。 酒債。 『陸游』秋穫先令入ーー。
【酒瓢:주표】 술을 넣는 호로병。 『王禹偁』睡起殘花落ーー。
[illegible]

❷술과 안주를 담아 들고 다니게 된 찬합。
【酒缸:주항】 술 항아리。 酒瓶。 『杜牧』窓外正風雪、擁爐開ーー。
【酒香:주향】 술의 향기。 『白居易』魚鮮飯細ーー濃。
【酒戶:주호】 ❶=酒量。 ❷술집。 酒肆。 『陸游』ーー知貧焚舊劵。
【酒豪:주호】 술을 잘 마시는 사람。 酒量이 아주 큰 사람。
【酒壺:주호】 술병。 『吳志』取爲ーー。

酒壺(三禮圖)

【酒荒:주황】 술이 몹시 취하여 마음이 거칠어짐。 『書經』羲和廢厥職、ーー於厥邑。
【酒肴:주효】 술과 안주。 술안주。 酒殽。 『漢書』載ーー從游學。
【酒興:주흥】 ❶술을 마신 뒤의 興趣。 ❷술자리에서 하는 오락·놀이。 『元稹』顚狂ーー病來孤。
◎甘ー、勸ー、沽ー、苦ー、禁ー、斗ー、藥ー、麥ー、銘ー、美ー、白ー、賞ー、燒ー、洋ー、釀ー、飮ー、淸ー、濁ー。

四畫

【酌】 (인) 震 イン、すする take a sip
小篆 조금씩 마실인(少少飮)。
【酥】 (배)『醅』(酉部8畫)와 같음
【醇】 (준) 眞 シュン、うまざけ good drink
좋은술준(美酒)。
【醇醉:준취】 잔뜩 취함。 醇醉。 『淮南子』通于太和者、闇若ーー而甘臥以游其中、云云。
【[illegible]】 (면)『湎』(水部)과 같음

【酓】 (염) 琰 エン、にがざけ bitter wine
小篆 草書 쓴술염(酒味苦)。
【酓絲:염사】 山뽕나무 잎으로 기른 누에의 실。 『史記』其篚ーー。
【酕】 (모) 豪 ボウ、よいしびれる be beastly drunk ㄇㄠˊ mao²
草書 곤드레 만드레할 모(ー醄極醉貌)。
【酖】 ㊀(탐) 覃 タン、チン、たしなむ be fond of wine ㄉㄢ tan¹
㊁(짐) 沁
小篆 草書 ㊀술즐길탐(嗜酒樂飮)。 『漢書五行志』荒ー于酒。
㊁짐새술짐(鴆酒)。 『左傳』使鍼季ー之。
【酖毒:짐독】 짐새의 毒。 酖은 鴆鴆은 毒鳥로 그깃을 술에 담가 마시면 毒으로 사람이 죽는다고 함。 《轉》害毒의 뜻으로 씀。
【酖酖:탐탐】 ❶술을 마시고 즐김。 또는 즐기는 모양。 『說文·徐註』ーー然安且樂也。 ❷경치나 꽃이 매우 아름다운 모양。 ❸야심을 가지고 잔뜩 노리는 모양。
【酗】 (후) 遇 ク、くるう crazy with drink ㄒㄩˋ hsü⁴
草書 주정할후(醉怒迷亂酒德)。 『書經微子』沈ー于酒。 (『酌』와 같음)
【酗訟:후송】 술김에 싸워서 告訴함。 『魏書』年穀屢登、士民多因酒、致ーー。
【酗酒:후주】 술주정。
【酗酒雜技:후주잡기】 술주정과 노름。
【酘】 (두) 宥 トウ、かもす alcoholic-drink
두번빚은술두(重釀酒)。 『金丹卷』一ー之酒不可以方九醞之醇。
【酘酒:두주】 두 번 빚은 술。 醞酒投酒。
『[illegible]』 ーー今丁熟。

【酦】 (발) 曷 ハツ、さけのいろ colour of alcoholic-drink
小篆 술빛발(酒色)。
【酔】 (취)『醉』(酉部8畫)의 俗字

五畫

【酢】 (추) 虞 ソ、うまいひたし good soy
좋은장추(美醬)。
【酟】 (첨)、 鹽 テン、まぜる mix
섞을첨、탈첨(和也)。 『七命』燀以秋橙ー以春梅。
【酗】 (후) 遇 ク、よいくるう crazy with drink
小篆 草書 주정할후(醉怒)。 『漢書』趙充國數醉ー羌人。
【酗醬:후영】 술 취함。 酒狂。 『玉篇』
【酡】 (타) 歌 タ、あからむ be flushed
小篆 얼굴붉을타(醉容)。
【酡酪:타락】 우유。
【酡顏:타안】 술 취한 얼굴。 『劉禹錫』ー俠少停歌聽、墮珥妖姬和睡聞。
【酏】 (타)『酡』(酉部5畫)와 같음
【酢】 ㊀(초) 遇 ソ、ス、す vinegar (本音「조」)
㊁(작) 藥
小篆 草書 ㊀초초、단것초(酸漿酸也)。 『隋書』寧飮三升ー。
㊁술권할작(酬ー)。 『易繫辭』可與酬ー。
【酢酸:초산】 《化》자극성과 향기가 있는 無色의 液體。 탄소·산소·수소의 化合物。 醋酸。
[illegible]

【酢漿草：작장초】(植) 괭이밥. 괴승아. 괭이 밥과에 속하는 多年草. 酸車草. 三葉酸。
◎酬ㅡ。

【酣】(감) 覃 カン、たのしむ merry with wine (古音「함」) ㄏㄢ han
(小篆)(草書) ❶술즐길감(樂酒不醉)。【書】ㅡ歌于室。❷술취할감(酒樂飮洽)。【戰國策】平原君乃置酒酒ㅡ起前以千金爲魯仲連壽。
【酣酣：감감】❶봄날씨가 화창한 모양。❷술을 마시고 또는 꽃이 만발한 모양。기분이 좋은 모양。【白居易】不如來飮酒、仰面醉ㅡㅡ。
【酣飫：감어】술과 음식에 물림。醉飽。【唐書】元德秀性嗜酒、陶然彈琴以自娛、人以酒肴從之、不問賢鄙爲ㅡㅡ。
【酣娛：감오】술에 취하여 즐김。【古樂府】式宴盡ㅡㅡ。
【酣臥：감와】잘 잠。充分히 잠。깊이 잠들음。깊이 잠든 잠。熟眠。熟睡。【唐書】公在、我得ㅡㅡ矣。
【酣飮：감음】흥치 있고 달게 술을 마심。
【酣適：감적】술에 취하여 즐김。【吳景奎】萬事付ㅡㅡ。
【酣戰：감전】한창 치열하게 싸움이 벌어짐。또는 그 싸움。【韓非子】楚晉ㅡㅡ之時、子反渴而求飮。
【酣暢：감창】술을 마시고 氣分이 悠長해짐。【晋書】至酒店、便獨ㅡㅡ。
【酣春：감춘】봄의 한창。무르녹은 봄。【李賀】勞勞鶯燕怨ㅡㅡ。
【酣醉：감취】몹시 술에 취함。酩酊。【戴良和】惟於ㅡㅡ中、歸路乃不迷。

【⿱弁酉】(반) 願 ハン、さけをかもす mix alcoholic-drink
(小篆) 떡에 술빚어 넣을 반(和酒髮餠起ㅡ)。

【酤】(고) 虞 遇 コ、うる、かう sell wine ㄍㄨ ku
(小篆)(草書) ❶술살고(買酒)。【詩】無酒ㅡ我。❷술팔고(賣酒)。【淮南子】出於居ㅡ之肆。❸단술고(一宿酒)。【詩】旣載淸ㅡ。
【酤榷：고각】정부가 술을 專賣하여 이익을 獨占하는 것。【蘇軾】對酒不嘗憐ㅡㅡ。
【酤酒：고주】❶술을 삼。❷술을 팔음。❸단술。一宿酒。

【酡】(포) 效 ホウ、さけのいろ reddish
얼굴붉그레할포(酒之色)。【楚辭註】美人醉ㅡ則面著赤色而鮮好也。

【⿰酉央】(앙) 養 オウ、にごりざけ unrefined wine
막걸리앙(濁酒)。【淮南子】淸ㅡ之美始于耒耜。(『醠』과 같음)

【酥】(소) 虞 ソ、ちちしる cow's milk ㄙㄨ su¹
(草書) 타락죽소(酪屬牛羊乳)。
【酥燈：소등】佛前에 켜는 등불。佛燈。【薩都剌】院院翻經有呪僧垂簾白日點ㅡㅡ。
【酥酪：소락】소나 양의 젖을 가공한 乳汁。【宋史】牛羊司乳酪院供造ㅡㅡ。

六 畫

【酨】(재) 隊 タイ、こんず vinegar
(小篆)(草書) ❶초재(酢漿)。❷뜨물재(釋米汁)。

【酬】(수) 尤 シュウ、むくいる return; repay
(小篆)(或體)(草書) ❶술권할수(勸酒)。【儀禮】主人實觶ㅡ賓。❷갚을수(報也)。【易繫辭】是故可與ㅡ酢。
【酬答：수답】❶묻는 말에 대답함。❷報答함。應答。酬報。【嵇康】人間多事、堆案盈几、不相ㅡㅡ。
【酬勞：수로】수고나 공로에 대한 갚음。
【酬恩：수은】은혜를 갚음。報恩。
【酬應：수응】❶대답함。應答。【南史】ㅡㅡ如流、乃至卷次行數、亦不差失。❷술잔을 되돌려서 권함。❸남의 부탁에 응함。
【酬酢：수작】❶應對함。❷主客이 서로 술을 勸함。【易經】是故可與ㅡㅡ。
【酬接：수접】손을 접대함。
【酬唱：수창】詩文을 지어 서로 贈答함。酬和。【劉禹錫】ㅡㅡ竝珠璣。
◎報ㅡ、應ㅡ。

【酩】(명) 迥 メイ、よう be drunk ㄇㄧㄥ ming
(小篆)(草書) ❶비틀거릴명(ㅡ酊醉貌)。【襄陽歌】ㅡ酊無所知。❷단술명(甘酒)。
【酩酊：명정】몸을 가눌 수 없도록 몹시 취함。泥醉。【晋書·山濤傳】ㅡㅡ無所知。

【⿰酉舌】(활) 曷 カツ、もろみざけ drink
전국술활(甜也)。

【⿰任酉】(남) 勘 ダン、あきる be cloyed with
(小篆) 물릴남(厭飽)。

【酪】(락) 藥 ラク、ちちしる milk ㄌㄨㄛˋ luo⁴
(小篆)(草書) 타락락、소젖락(乳漿)。【李陵書】羶肉ㅡ漿以充飢渴。
【酪農：낙농】소·염소 등의 젖을 짜서、이것을 원료로 하여 버터·치즈·밀크 등을 제조 가공하는 농업。또는 농가。
【酪酸：낙산】버터 속에 든 시금한 액체。물에 잘 녹으므로、乳酸의 대용으로 가죽 다루는 데에 흔히 씀。
【酪酥：낙수】소·말·양 따위의 젖을 精煉한 飮料。【本草綱目·獸部】。
【酪漿：낙장】소·염소 등의 젖。【李陵】羶肉ㅡㅡ、以充飢渴。
【酪製品：낙제품】우유나 양젖을 원료로 하여 만든 제품。
◎乾ㅡ、牛ㅡ。

【酧】(수)『酬』(酉部 6畫)의 俗字

【酭】(유) 宥 ユウ、さけをすすめる twice-brewed drink
(草書) 술권할유(勸酒)。

【酮】(동) 東 トウ、す vinegar ㄊㄨㄥˊ t'ung²
❶말젖동(馬酪)。❷신술동(酒壞)。❸초동、단것동(酢也)。

【⿰酉交】(교) 肴 キョウ、うる deal in (本音「효」)
술팔교(賣酒)。

七 畫

【酲】(정) 庚 テイ、ふつかよい sober ㄔㄥˊ ch'êng²
(小篆)(草書) ❶술병정(病酒)。【詩】憂心如ㅡ。❷술깰정(醉覺)。【漢書】柘漿析朝ㅡ。
【酲醉：정취】술에 취해 마음이 歡樂에 물림。【張衡】於是衆變盡、心ㅡㅡ、盤樂極、悵懷萃。

【酳】(윤) 震 イン、くちすすぐ rinse out one's mouth with wine
(草書) ❶술로양치할윤(酒漱口)。【禮記】執爵而ㅡ。❷반주윤(飮酒

安食)。

【酳尸:윤시】尸體에 술을 올리는 일。『儀禮』主人洗角、升酌ㅣㅣ。

【酴】(도) 虞 ト、さけのもと yeast; ferment ㄊㄨˊ t'u2

小篆 草書 ❶위덮은술도(ㅣ醾重釀酒)。『蜀都賦』蒟漿ㅣ清。❷술밑도(酒母)。

【酴醾:도미】❶술 이름。일명 麥酒。거르지 않고 마시는 술。❷《植》장미과의 낙엽 亞灌木。茶花의 別名。

【酴酥:도소】屠蘇酒(도소주)。

【酵】(효) 效 コウ、わく ferment ㄐㄧㄠˋ chiao4 (古音「교」)

草書 술괼효(發ㅣ以酒母起麪)。『齊書』祭薦太廟起麪餠。

【酵母:효모】=酵母菌。

【酵母菌:효모균】《化》糖分을 알콜로 변화시키는 單細胞의 菌。술을 빚는 데 필요한 菌。酵母。發酵菌。釀母菌。이스트(yeast)。

【酵素:효소】《化》담백질에 닮은 化合物의 한 가지。널리 生物體에 존재하고 어떤 有機物을 변화시키는 작용을 함。酵母菌·디아스타제 따위。

◎發ㅣ。

【酶】(매) 灰 バイ、さけのもと malt ㄇㄟˊ mei2

草書 누룩매(酒本)。『漢書』媒蘖其短。

【酷】(혹) 沃 コク、むごい severe (本音「곡」)

小篆 草書 ❶혹독할혹(虐也慘也)。『史記』離秦之ㅣ。❷심할혹(甚也)。『晉書』ㅣ似其舅。❸술맛텁텁할혹(酒厚味)。

【酷毒:혹독】❶정도가 퍽 심함。❷성질·행위 따위가 매우 나쁨。

【酷烈:혹렬】❶酷毒하여 매우 심함。『書經·疏』ㅣㅣ甚于猛火。❷향기가 높음。

【酷吏:혹리】가혹한 官吏。《喩》몹시 심한 더위。『杜牧·詩』大暑去ㅣㅣ、清風來故人。

【酷似:혹사】몹시 닮음。

【酷暑:혹서】몹시 심한 더위。酷炎。『李洞』人居ㅣㅣ寒。

【酷稅:혹세】過重한 租稅。가혹한 세금。

【酷熱:혹열】몹시 더움。極熱。毒熱。

【酷遇:혹우】가혹한 대우。虐待。

【酷政:혹정】혹독한 정치。

【酷肖:혹초】흡사함。꼭 닮음。酷似。

【酷臭:혹취】심히 나쁜 냄새。

【酷評:혹평】너무 가혹하게 하는 비평。「苛評」。

【酷寒:혹한】몹시 심한 추위。嚴寒。

【酷害:혹해】몹시 심한 災害。

【酷刑:혹형】가혹한 刑罰。嚴刑。

【酷禍:혹화】혹독한 재앙。

◎苛ㅣ、冷ㅣ。

【酸】(산) 寒 サン、す acid; sour ㄙㄨㄢ suan1

小篆 籀文 草書 ❶실산(酢味)。『書』曲直作ㅣ。❷새큼새큼할산、아플산(悲痛)。『漢書』聞之ㅣ鼻。❸산소산(ㅣ素)。

【酸根:산근】《化》酸의 분자 중에서 금속원자를 제한 나머지의 基。

【酸基:산기】=酸根。

【酸類:산류】酸이 있는 화합물의 총칭。

【酸味:산미】❶신 맛。❷괴로움。

【酸鼻:산비】❶코의 아픔을 느껴 눈물이 난다는 뜻。《轉》몹시 슬프고 哀痛함。『漢書·鮑宣傳』父子夫婦、不能相保、誠可爲ㅣㅣ。❷悲慘함。殘酷함。

【酸性:산성】❶신 맛이 있는 물질의 성질。❷《化》酸이 그 水素이온에 따라 水溶液이 신 맛을 나타내고 青色 리트머스시험지를 붉은 색으로 변하게 하는 성질。↔알칼리성。

【酸性反應:산성반응】《化》수소이온이 보이는 성질。푸른 리트머스를 붉은 빛으로 변하게 함。

【酸素:산소】《化》無色·無味·無臭의 氣體元素。지구상에 多量으로 존재하며(공기의 약 五分의 一의 부피) 弗素 이외의 元素와 化合하고 그 때 열과 빛을 냄。

【酸辛:산신】❶맛이 맵고 심。❷세상이 괴로움。辛酸。苦楚。『杜甫』萬事益ㅣㅣ。

【酸漿:산장】《植》꽈리。가지科에 속하는 多年草。약재에 씀。

【酸棗:산조】《植》멧대추。

【酸棗仁:산조인】멧대추 씨 속에 든 알맹이。원기를 돕고 잠이 잘 오게 하는 한약제。

【酸愴:산창】몹시 슬픔。『後漢書』皇甫規卒、其妻守志不嫁、輕服至董卓門、自陳情、辭甚ㅣㅣ。

【酸楚:산초】괴롭고 아픔。楚는 痛의 뜻。酸痛。苦痛。『李白·詩』客心自ㅣㅣ。

【酸敗液:산패액】신물。

【酸化:산화】《化》❶어떤 물질이 산소와 화합하는 것。또는 水素를 빼는 일。❷이온 혹은 原子가 電陰子를 잃고 다시 陽性으로 되는 변화。↔還元。

【酸化物:산화물】산소와 다른 원소와의 화합물의 總稱。

◎甘ㅣ、辛ㅣ、塩ㅣ、硫ㅣ、青ㅣ、硝ㅣ、醋ㅣ。

【酹】(뢰) 泰 隊 ライ、ルイ、そそぐ sprinkle wine on the earth ㄌㄟˋ lei4

小篆 草書 강신술뢰(綴祭酒沃地)。『後漢書』不以斗酒隻鷄過相沃ㅣ。

【酹觴:뇌상】술을 땅에 따를 때의 잔。『潘岳』。

【酹詩:뇌시】술을 땅에 따르면서 詩를 祭祀함。『金門歲節』。

【酺】㊀(포) 虞 ㊁(포) 遇 ホ、さかもり banquet; revel ㄆㄨˊ p'u2

小篆 草書 ㊀잔치술포(大ㅣ飮酒作樂)。『史記』天下大ㅣ。㊁❶여럿이 마실포(會飮)。『師古曰』合聚ㅣ食。❷고사 지낼포(除栽祭)。『周禮』春秋祭ㅣ。

【酺燕:포연】임금이 백성에게 酒食을 베풀음。酺宴。『唐書』入見天子、會藉田畢、即ㅣㅣ。

八畫

【䣼】(량) 漾 リョウ、こんず clear soy

小篆 맑은장량(漿也)。『周禮』膳夫飮用六清。

【醁】(록) 沃 リョク、ロク、うまざけ excellent wine ㄌㄨˋ lu4

草書 영록술록(醽ㅣ美酒名)。『抱朴子』寒泉旨於醽ㅣ。

【醁酒:녹주】좋은 술。美酒。『蘇舜欽』。

【䤃】(염) 鹽 デン、にがい bitter

쓸염(苦味)。

【醃】(엄) 鹽 エン、アン、つけもの pickle ㄧㄢ yen1

草書 ❶절일엄(鹽漬魚物)。❷김치엄(菹也)。『博雅』ㅣ菹也。

【醃藏:엄장】魚肉·蔬菜 따위를 소금에 절여서 貯藏함。

【醃菹:엄저】겉절이。

【醃造:엄조】술이나 간장 따위를 만드는 일。『福惠全書』ㅣㅣ棚廠所報之水程。

【醂】 ㊀(람) 感 ㊁(림) 〔俗音〕 ラン、ほしがき dried persimmon
草書 건시람, 곶감람(藏柿)。
【醂梓:남시】 물에 우린 감。『本草』集解、時珍曰、水浸藏者、謂之ㅣㅣ。

【醎】 (전) 銑 テン、もろみざけ drink
❶전국술전(濃酒)。 ❷두터울전(厚也)。

【醄】 (도) 豪 トウ、よう get drunk
곤드레만드레할도(酕ㅣ極醉貌)。

【醅】 (배) 灰 ハイ、もろみざけ unstrained wine ㄆㄟ p'ei¹
小篆 草書 술괼배(醱ㅣ酒未漉)。『杜甫詩』樽酒家貧只舊ㅣ。

【醆】 (잔) 潸 サン、セン、さかずき wine-cup ㄓㄢˇ chan³
小篆 草書 ❶술부유스름할잔(酒微清)。『禮』ㅣ酒涗于清。 ❷술잔이름잔(盞也)。 ❸벼슬이름잔(夏爵名)。
【醆酒:잔주】 조금 맑은 술。『禮記』ㅣㅣ涗于清、汁獻涗ㅣㅣ。

【醇】 (순) 眞 ジュン、まじりない pure; good ㄔㄨㄣˊ ch'un²
小篆 草書 ❶전국술순(不澆酒)。『漢書』飮以ㅣ酒。 ❷두터울순(厚也)。『漢書』黎民ㅣ厚。 ❸삼갈순(ㅣ謹重也)。『史記』丞相ㅣ謹而已。 ❹순수할순(純粹)。『韓愈讀荀子』孟子ㅣ乎ㅣ者也。
【醇謹:순근】 순후하고 삼감。『漢書』ㅣㅣ無他。
【醇良:순량】 성질이 순진하고 선량함。
【醇醴:순례】 좋은 술과 甘酒。『列仙傳』「石ㅣㅣ。
【醇醪:순료】 좋은 막걸리。『漢書』買二ㅣㅣ殊味。
【醇味:순미】 다른 맛이 섞이지 않고 지닌 그대로의 순수하고 진한 맛。좋은 술맛。純味。『梅堯臣』上樽ㅣㅣ易酡顔。
【醇美:순미】 ❶섞인 것이 없는 순수한 아름다움。 ❷美的 情操를 일으키는 단순함。純美。『晉書』播ㅣㅣ之化、杜邪枉之路。
【醇朴:순박】 人情味가 많고 꾸밈이 없음。淳朴。『朱熹』風俗頗ㅣㅣ。
【醇白:순백】 ❶아주 흼。 ❷마음이 더럽지 않고 깨끗함。精白。純白。
【醇粹:순수】 ❶다른 것이 조금도 섞이지 않음。 ❷邪念·邪欲이 없음。純粹。『書經·傳』王之政事ㅣㅣ。 ❸완전함。
【醇雅:순아】 순후하고 高雅함。
【醇正:순정】 ❶깨끗하고 올바름。 ❷純粹함。純正。
【醇酎:순주】 좋은 술。진하고 맛 있는 술。『西京雜記』名曰九醞、一名ㅣㅣ。
【醇酒婦人:순주부인】 酒色에 빠지는 것。『史記·信陵君傳』。
【醇乎:순호】 순수한 모양。純然。
【醇化:순화】 ❶《哲》雜多한 지식을 분류하여 불순한 分子를 없애고 지식의 계통을 세움。理想化。 ❷예술작품에서 재료를 取捨選擇하여 불순한 분자를 없애고 組織化 또는 純粹化함。 ❸점잖은 가르침의 感化。『漢書』黎民ㅣㅣ。
【醇厚:순후】 순박하고 人情이 두터움。
◎芳ㅣ。

【醉】 (취) 寘 スイ、よう get drunk ㄗㄨㄟˋ tsuei⁴
小篆 草書 ❶술취할취(爲酒所酣)。『書』德將無ㅣ。 ❷침혹할취(心ㅣ)。 ❸궤란할취(潰也)。『莊子』列子見之而心ㅣ。
【醉客:취객】 술에 취한 사람。醉漢。『十八史略』使ㅣㅣ更溺之。
【醉狂:취광】 술이 취하여 바른 정신이 없는 사람。『白居易』無日花間不ㅣㅣ。
【醉氣:취기】 술에 취하여 얼근한 기운。
【醉談:취담】 술에 취하여 마구하는 말。
【醉倒:취도】 술에 滿醉하여 쓰러짐。『岑參』斗酒相逢須ㅣㅣ。
【醉龍:취룡】 《喩》술에 취하여 자는 사람。『語林』蔡邕飮酒、乃至一石、常醉在路上臥、人名之曰ㅣㅣ。
【醉罵:취매】 술에 취하여 욕하며 꾸짖음。『後漢書』吏推呼之、奴ㅣㅣ。
【醉眠:취면】 술에 취하여 잠。『杜甫』畝沙攲坐穩、冷石ㅣㅣ醒。
【醉夢:취몽】 술에 취하여 자는 동안에 꾸는 꿈。『蔡松年』枕上秋風吹ㅣㅣ。
【醉舞:취무】 취중에 추는 춤。
【醉死:취사】 ❶술에 취하여 죽음。 ❷醉生夢死의 略語。
【醉生夢死:취생몽사】 《喩》취하여 살고 꿈 속에서 죽는다는 뜻으로 아무 의미 없이 한 平生을 흐리멍덩하게 살아감。『程子語錄』雖高才明智、膠于見聞、ㅣㅣㅣㅣ、不自覺也。
【醉眼:취안】 술에 얼근히 취한 눈。『蘇軾』ㅣㅣ朦朧覓歸路。
【醉顔:취안】 술에 얼근히 취한 얼굴。『白居易』春寒散ㅣㅣ。
【醉語:취어】 醉中에 마구 하는 말。醉言。醉談。『韓偓』ㅣㅣ近天眞。
【醉言:취언】 취중에 하는 말。醉談。
【醉臥:취와】 술에 취하여 누워 잠。『史記』常從王媼武負、貰酒ㅣㅣ。
【醉暈:취운】 술에 취하여 눈이 어두워짐。『劉因·詩』ㅣㅣ浮邑幽。
【醉人:취인】 술 취한 사람。醉客。
【醉中:취중】 술에 취한 동안。
【醉趣:취취】 술에 취한 동안에 느끼는 좋은 氣分。『司馬光』果使屈原知ㅣㅣ、當年不作獨醒人。
【醉飽:취포】 술에 취하고 음식에 물림。『後漢書』百官莫不ㅣㅣ。
【醉筆:취필】 술에 취하여 쓴 글씨나 그린 그림。『蘇軾』ㅣㅣ龍蛇走。
【醉態:취태】 술에 취하여 거칠어진 태도。『白居易』野情遺世累、ㅣㅣ任天眞。
【醉漢:취한】 =醉客。『開天遺事』李林甫議事、如ㅣㅣ惱語也。
【醉鄕:취향】 《喩》술에 취한 몽롱하고 「즐거운 境地。
【醉興:취흥】 술에 취하여 일어나는 흥겨움。
◎陶ㅣ、痲ㅣ、滿ㅣ、微ㅣ、宿ㅣ、心ㅣ。

【醊】 ㊀(체) 霽 ㊁(철) 屑 テイ、テツ、そそぐ sprinkle wine on the earth ㄔㄨㄛˋ ch'uo⁴
草書 ㊀잔부어놓을체(祭酹酒聯祭)。【古詩】洛濱ㅣ禱。 ㊁뜻은 ㊀과 같음。
【醊享:철향】 =酲享。

【醧】 (우) 虞 ウ、さかもり feast
잔치우(宴也)。

【醋】 ㊀(작) 藥 ㊁(초) 遇 サク、ソ、さす、す offer wine; vinegar ㄘㄨˋ ts'u⁴ (本音「조」)
小篆 ㊀술권할작(酬ㅣ主客相酌)。 ㊁초초(酸漿)。
【醋蒜:초산】 마늘을 초와 설탕에 절여서 만든 반찬。술 안주로 많이 쓰임。
【醋酸:초산】 《化》자극성의 향기가 있는 무색의 액체로 산성이 약한 鹽基酸。식초의 주성분을 이룸。酒類를 공기 중에 방치

하면 醋酸이 됨。酢酸。

【醋甕：초옹】 초를 넣는 병。

【醋意：초의】 질투하는 마음。

【醋漿：초장】 酸漿。 간장에 초를 타고 양념을 넣은 조미료。

【醋炒：초초】《醫》藥材를 軟化시키기 위하여 초에 담갔다가 불에 볶는 것。

【醋海生波：초해생파】 몹시 질투하여 소동을 일으킴。

【醋醢汁：초해즙】 초젓국。

九畫

【䤁】(심) 侵 シン、こうじ yeast
小篆 누룩심(麴也)。

【䤃】(음) 侵 イン、ようたこえ drunken voice
취한소리음(醉聲)。

【醍】(제) 齊 テイ、タイ、あかざけ reddish wine
小篆 草書 ❶빛붉은술제(酒紅色)。【禮】粢—在堂。❷제호제(—醐之精液)。❸맑은술제(清酒)。

【醍醐：제호】 ❶딴 것이 섞이지 않은 牛酪(버터 butter)。❷《佛》佛法·佛性의 妙理。또는 훌륭한 人品。「의 일컬음。

【醍醐灌頂：제호관정】 정신이 상쾌함

【醍醐湯：제호탕】 한약재인 草果·砂仁·白檀香 같은 것을 가루로 빻아 끓인 것을 냉수에 타서 마시는 음료。

【醎】(함)『鹹』(鹵部 9畫)의 俗字

【醏】(도) 虞 ト、みそ bean paste
된장도(醬也)。

【醐】(호) 虞 コ、す drink
小篆 草書 ❶제호호(醍—酥之精液)。❷약주술호(清酒)。

【醔】(무) 宥 ボウ、にれびしお elm-soy
小篆 느릅나무장무(楡醬—䤋)。

【䤋】(두) 宥 トウ、にれびしお elm-soy
小篆 느릅나무장두(楡醬—䤋)。

【醑】(서) 語 ショ、うまざけ excellent wine ㄒㄩˇ hsü³
草書 ❶좋은술서(美酒)。【庾信燈賦】中山—清。❷술거를서(釃酒)。

【醑醨：서리】 좋은 술과 나쁜 술。首酒와 尾酒。『丹鉛總錄』醑 首酒也、醨 尾酒也。

【醒】(성) 徑 青 迥 セイ、さめる、さとる become sober ㄒㄧㄥˇ hsing³
小篆 草書 ❶술깰성(醉解)。【左傳】—以戈逐子犯。❷꿈깰성(夢覺)。【梅堯臣詩】—目常不眠。❸깨달을성(覺—)。【屈原漁父辭】衆人皆醉、我獨—。

【醒覺：성각】 ❶깨달음。覺醒。❷눈을 떠서 정신을 차림。❸잘못을 깨달아 정신을 차림。❹주의를 喚起시킴。

【醒然：성연】 꿈이 깨는 모양。『楊萬里·詩』夢中得句忽——。

【醒悟：성오】 깨달음。『蕭穎士』中心——、了無惑焉。

【醒寤：성오】 잠이 깸。

【醒鐘：성종】 지정한 時刻에 鐘을 쳐서 잠을 깨워주는 時計。警時鐘。破眼鐘。

【醒酒湯：성주탕】 해장국。

◎覺—。

【醓】(탐) 感 タン、ひしお meat preserved in soy
草書 육장탐、간장에 졸일탐(肉醬)。

【酖醢：탐해】 쇠고기를 잘게 썰어서 간장에 넣어 만든 장조림。肉醬。

【䤔】(남) 感 ナン、にる frizzle meat
고기지질남(羹肉)。

【醙】(수) 尤 シュウ、しろざけ white liquor
草書 흰술수(白酒)。【儀禮】—黍清皆兩壺。

【醘】(혜) 齊 ケイ、あまもの vinegar
초혜、단것혜(酸漿)。【唐書】以—灌鼻。(『醯』와 같음)

【䤒】(절) 屑 セツ、やさいのにわかずけ pickles vegetables
풋김치절(漬菜)。

十畫

【䤍】(밀) 質 ミツ、ビツ、しょうゆ soy
小篆 ❶술항아리마를밀(飲酒俱盡)。❷장밀、간장밀(醬也)。

【醚】(미) 齊 ビ、よう get drunk
취할미(醉也)。

【𣫍】(곡) 屋 コク、にごりざけ unrefined wine
草書 술바구미곡(濁酒蟲)。【楊愼曰】官有憒憒於臨事士有藐藐於臨文世謂—濁蟲。

【𨢿】(몽) 東 ボウ、こうじのはな ferment
小篆 누룩뜰몽(麴生衣)。

【醜】(추) 有 シュウ、みにくい ugly; dirty ㄔㄡˇ ch'ou³
小篆 草書 ❶추할추(惡也)。【詩】亦孔之—。❷같을추(類也)。【易】夫征不復離羣—。❸무리추(衆也)。【詩】執訊護—。❹자라똥구멍추(鼈也)。【禮也】鼈去—。❺더러울추(穢也)。❻부끄러울추(恥也)。【史記 孔子世家】於是—之去衛。❼견줄추(比較)。【禮記 樂記】比物—類。

【醜怪：추괴】 얼굴이 취하고 괴상함。醜陋。『五代史』維翰爲人——。

【醜交：추교】 쑥스럽고 추잡한 교제。

【醜女：추녀】 얼굴이 못 생기고 추한 여자。醜婦。『李白』——來效顰、還家驚四隣。

【醜談：추담】 음탕하고 더러운 말。醜詆

【醜陋：추루】 얼굴이 추하고 천함。醜怪。《轉》마음씨가 醜惡하고 지저분함。

【醜類：추류】 ❶不良輩들。惡人들。『左傳』——惡物。❷동무。한패。同輩。同志。

【醜名：추명】 깨끗하지 못한 일로 더럽혀진 이름。汚名。

【醜聞：추문】 추잡한 소문。醜聲。스캔들。

【醜物：추물】 ❶더러운 물건。❷더럽고 「지저분한 사람。

【醜美：추미】 추함과 아름다움。美醜。『後漢書』大小窳隆——之形。

【醜婦：추부】 =醜女。『吳志』極粉黛、窮盛服、未必無——。

【醜相：추상】 더럽고 지저분한 모양。

【醜聲：추성】 행실이 추잡하다고 떠도는 소문。『唐書』頗有——

【醜俗：추속】 난잡하고 더러운 풍습。

【醜習：추습】 추악한 버릇。

【醜惡：추악】 ❶더럽고 지저분하여 아주 못 생김。❷마음씨나 행동이 아주 추잡하고 나쁨。『史記』或——而宜大官。

【醜業：추업】 賣淫 따위의 추잡하고 천한 「生業。

【醜業婦：추업부】 추잡한 생업을 하는

여자。娼妓 따위。
【醜穢:추예】 지저분하고 더러움。『隋書』 蒸淫ーー、無所不爲。
【醜辱:추욕】 더럽고 잡된 욕지거리。
【醜雜:추잡】 말과 행실이 지저분하고 잡스러움。
【醜拙:추졸】 지저분하고 졸렬함。「짓。
【醜態:추태】 창피스럽고 아름답지 못한
【醜漢:추한】 ❶못생긴 남자。❷추저분한 짓을 하는 남자。『續離纂』可惜好女嫁ーー。
【醜行:추행】 추저분한 행실。음란한 짓。◎美ー。

【醝】 (차) 歌 サ、しろざけ white liquor
草書 흰술차(白酒)。『輕薄篇』蒼梧竹葉淸宜城九醞ー。

【醞】 (온) 吻 問 ウン、かもす brew ㄩㄣˋ yun⁴
小篆 草書 ❶술빚을온(釀酒)。『南都賦』酒則九ー。❷온자할온(ー藉含蓄)。『漢書』薛廣德溫雅有ー藉。
【醞釀:온양】 ❶술을 담금。釀酒。❷잘 調和함。『淮南子·本經訓』。《喩》점차로 培養하여 이룸。『蘇軾·詩』ーー老夫、成搢紳。
【醞藉:온자】 속이 너그럽고 편안함。《轉》깊이가 있는 모양。蘊藉。溫藉。『漢書·薛廣德傳』溫雅有ーー。

【醢】 (해) 賄 カイ、しおから meat preserved in soy ㄏㄞˇ hai³
小篆 籀文 草書 ❶젓해、젓담글해(肉醬)。『禮』母ー。❷젓담그는형벌해(刑罰人體鹽漬)。『呂氏春秋 過理』殺梅伯、而遺文王其ー。

【醢屬:해속】 젓갈붙이。
【醢汁水卵:해즙수란】 젓국수란。
【醢汁菹:해즙저】 젓국김치。
【醢汁脯:해즙포】 젓국포。

【醟】 (영) 敬 エイ、よいくるう crazy with drink
小篆 草書 주정할영(酗酒)。『抱朴子』酗ー者不可非杜儀之爲酒。

【醡】 (자) 禡 サ、さけこし sieve ㄓㄚˋ cha⁴
草書 주자틀자、술거르는쳇다리자(壓酒具)。

十一畫

【醳】 (폐) 霽 ヘイ、にれびしお elm-soy
小篆 느릅나무장폐(楡醬)。

【醭】 (모) 虞 ボ、よいひたし good soy
좋은장모(美醬)。

【醨】 (홍) 董 コウ、よいたおれる fall prone by drinking too much
취하여자빠질홍(醉倒頓狀)。

【醥】 (표) 篠 ヒョウ、すみざけ refined wine ㄆㄧㄠˇ p'iao³
맑은술표(淸酒)。『蜀都賦』觴以淸ー。

【醧】 (어) 御 ヨ、さかもり make a feast privately
小篆 사사로이잔치할어(私燕飮)。

【醪】 (료) 豪 ロウ、にごりざけ unrefined liquor ㄌㄠˊ lao²
小篆 草書 ❶막걸리료(醇ー濁酒)。『輕薄篇』浮ー隨觴轉。❷땅이름료(地名)。

【醪藥:요약】 술과 약。
【醪肉:요육】 술과 고기 안주。『蘇轍』。

【醨】 (리) 支 リ、うすざけ untasty liquor ㄌㄧˊ li²
小篆 草書 모주리(薄酒)。『楚辭』何不餔其糟而歠其ー。

【觴】 (상) 『觴』(角部 11畫)과 같음

【醩】 (조) 『糟』(米部 11畫)의 籀文

【醫】 ㊀(의) 支 ㊁(의) 紙 イ、いやす、いしゃ cure; doctor
小篆 草書 ❶의원의(治病者)。『禮』ー不三世不服其藥。❷병고칠의(療也)。『國語 晉語』上醫ー國 其次救人。❸구할의(救也)。㊁초의(梅漿酏)。『周禮』辨四飮之物二曰ー。

【醫家:의가】 =醫學者。
【醫界:의계】 의학계。의술계。
【醫科:의과】 ❶대학의 分科의 하나로 醫學全般에 관하여 연구하는 學科。❷《制》李朝 때 科擧의 한 科로 醫學에 밝은 사람을 試取하던 科 이름。
【醫國:의국】 어지러워진 나라를 다스림。『國語』上醫ーー、其次救人。
【醫療:의료】 醫術로 病을 고치는 일。
【醫療界:의료계】 의료에 종사하는 사람들의 사회。또는 그 분야。
【醫療器:의료기】 병을 치료하는 데 쓰는 모든 기구。
【醫療器械:의료기계】 병을 치료하는 데 쓰는 거계。
【醫療費:의료비】 병을 치료하는 데 쓰는 비용。
【醫方:의방】 =醫術。『宋書』兼解音律ー陰陽術數。

【醫卜風:의복풍】 의술과 점과 風水。
【醫師:의사】 ❶《制》周代의 벼슬 이름。醫者의 우두머리。❷서양식 시설과 의료법에 의하여 病의 진찰·치료를 하는 사람。醫者。醫人。『韓愈』比皆ーー以昌陽引年。
【醫生:의생】 ❶唐代에 醫學을 배우던 醫者。❷醫者·醫師의 通稱。❸漢醫學에 의하여 病을 고치는 것을 業으로 삼는 사람。
【醫書:의서】 醫學에 관한 책。醫家書。
【醫術:의술】 醫學에 관한 기술。病을 코치는 기술。仁術。醫方。刀圭術。『晉書』裴頠通博多聞、兼明ーー。「사。
【醫術家:의술가】 의술을 아는 사람。의
【醫藥:의약】 ❶醫術과 약품。『史記』神農氏嘗百草、始有ーー。❷의료에 쓰이는 약품。❸醫師와 약제사。❹診療와 調劑。
【醫藥卜筮:의약복서】 의술과 점술。
【醫藥品:의약품】 의료에 쓰이는 약품。
【醫業:의업】 洋醫나 漢醫의 직업。
【醫譯:의역】 의관과 역관。
【醫員:의원】 =醫師·醫生의 總稱。
【醫院:의원】 病者를 치료하는 특별한 시설을 한 집。「원장。
【醫院長:의원장】 의원의 우두머리。병
【醫人:의인】 =醫師。
【醫治:의치】 병을 고침。
【醫學:의학】 《醫》病이나 醫療에 대하여 연구하는 科學。
【醫學界:의학계】 의학에 종사하는 사람들의 사회。또는 그 분야。
【醫學校:의학교】 의학을 가르치는 학교의 총칭。「생。또는 학자。
【醫學徒:의학도】 의학을 연구하는 학
【醫學部:의학부】 의학을 교수하는 대학의 한 학부。
【醫學士:의학사】 醫科大學의 전과정을

마친 이의 學位 칭호。
【醫學者：의학자】 의학에 종사하는 사람。의학에 권위가 있거나 조예가 깊은 사람。
【醫學的：의학적】 의학에 관계되는 것。
◎校ㅣ、軍ㅣ、大ㅣ、名ㅣ、獸ㅣ、侍ㅣ、良ㅣ、女ㅣ、漢ㅣ、方ㅣ。

【醬】 (장) 漾 シヨウ、ひしお、みそ bean paste ㄐㄧㄤˋ chiang⁴
小篆 古文 籀文 草書 ❶식혜 장(醢也)。〔周禮〕ㅣ用百有二十罋。❷간장장(ㅣ油)。〔論語 鄕黨〕不得其ㅣ不食。
【醬間：장간】 장독간。「대구。
【醬大口：장대구】 간장에 절여서 말린
【醬螃蟹：장방해】 방게젓。
【醬蒜：장산】 마늘장아찌。
【醬石花蟹：장석화해】 장굴젓。
【醬甕：장옹】 장독。「과 들기름。
【醬油：장유】 간장과 참기름。또는 간장
【醬肉：장육】 장조림。
【醬滓：장재】 된장。
【醬菹：장저】 장김치。
【醬足餠：장족병】 장족편。
【醬漬：장지】 장아찌。
【醬沈菜：장침채】 장김치。
【醬湯飯：장탕반】 장국밥。
【醬太：장태】 장 담그는콩。
【醬桶：장통】 간장을 담는 나무 통。「포。
【醬片脯：장편포】 간장을 쳐서 만든 편
【醬醎菹：장함저】 장짠지。
【醬缸：장항】 간장 항아리
【醬蟹：장해】 ❶게장 담그는 게。❷게젓。

十二畫

【醭】 (복) 屋 ボク、かび scum ㄆㄨˊ pu²
草書 술에 골마지 낄 복(酒上白)。
【醭醂：복미】 간장에 생긴 흰 곰팡이。『廣韻』醂、ㅣㅣ、醬上白也。

【醬】 (짐) 寢 シン、さけのむ drink
小篆 술마실 짐(飮酒)。

【醰】 (단) 寒 タン、どぶろく rice wine of inferior quality
막걸리 단(ㅣ醪濁酒)。

【醯】 (혜) 齊 ケイ、す vinegar ㄒㄧ hsi¹
小篆 草書 초혜、단것혜(酢味)。〔禮〕ㅣ醬處內。
【醯鷄：혜계】 《動》술 단지에 생기는 작은 벌레。초파리。蠛蠓。
【醯人：혜인】 《制》周代의 벼슬 이름。天官에 속하며 김치·간장 따위를 맡던 벼슬아치。
【醯醬：혜장】 식초와 된장。
【醯醢：혜해】 식초와 젓。젓。

【醮】 (초) 嘯 シヨウ、やつれる emaciate ㄐㄧㄠˋ chiao⁴
小篆 或體 草書 ❶초례제초(冠娶祭名)。〔禮〕ㅣ於客位。❷마를초(憔也)。
【醮禮：초례】 婚姻 지내는 禮式。
【醮禮廳：초례청】 禮를 지내는 곳。奠雁廳。
【醮祭：초제】 星辰에게 지내는 祭祀。

【醰】 (담) 感 タン、こいさけ excellent liquor
小篆 草書 단술담(酒長味醇)。

【醱】 (발) 曷 ハツ、かもす ferment ㄆㄛˋ p'o⁴
草書 술괼발(ㅣ醅重釀)。〔李白詩〕恰似葡萄初ㅣ醅。
【醱醂：발만】 골마지。간장·술 같은 물기 있는 食料品에 생기는 곰팡이 같은 물
【醱醅：발배】 술을 거듭 담금。「건。
【醱酵：발효】 《化》酵母菌의 작용에 의하여 有機化合物이 분해하여 알콜類·有機酸類·炭酸가스 등을 만드는 일。술·간장 따위는 이 작용을 이용하여 만들음。發酵·醱醅。

十三畫

【醲】 (농) 冬 ジヨウ、ノウ、こいさけ thick liquor ㄋㄨㄥˊ nung²
小篆 草書 텁텁한술농(厚酒)。〔淮南子〕肥ㅣ甘脆非不美也。
【醲郁：농욱】 농후한 맛。또는 향기 文章의 妙味。

【醳】 (역) 陌 エキ、ヤク、にがさけ bitter wine ㄧˋ i⁴
草書 ❶쓴술역(苦酒)。❷맛이 텁텁한술역(醇酒)。
【醳兵：역병】 酒食을 베풀어 兵士를 위로함。『史記·淮陰侯傳』。

【醴】 (례) 薺 レイ、あまざけ sweet drink ㄌㄧˇ li³
小篆 草書 ❶단술례(甘酒一宿熟)。〔詩〕且以酌ㅣ。❷고을 이름례(縣名ㅣ泉)。
【醴酪：예락】 甘酒와 우유。『禮記』以爲ㅣㅣ。
【醴酒：예주】 甘酒。『漢書』ㅣㅣ不設。
【醴泉：예천】 단 맛이 나는 물이 솟는 샘。맛이 좋은 물이 솟는 샘。甘泉。『禮記』天降甘露、地出ㅣㅣ。

【醵】 ㊀(거) 御 ㊁(갹) 藥 キヤク、キヨ、さかもり contribute jointly ㄐㄩˋ chü⁴
小篆 或體 草書 ㊀❶술추렴거(斂錢共飮酒)。〔禮〕曾子曰周禮其猶ㅣ與。❷추렴건을거(斂錢)。〔輟耕錄〕鄰里ㅣ金治具。㊁뜻은 ㊀과 같음。
【醵金：거금·갹금】 돈을 추렴하여 냄。『輟耕錄』鄰里ㅣㅣ治具。
【醵飮：거음·갹음】 술 추렴。「하여 냄。
【醵出：거출·갹출】 돈이나 물건을 추렴

【醶】 (염) 豔 ゲン、す vinegar ㄐㄧㄠˋ chiao⁴
小篆 초염(酸也)。

【醷】 ㊀(의) 紙 ㊁(억) 職 オク、アイ、うめす plum soy ㄧˋ i⁴
草書 ㊀단것의、초의(梅漿)。〔禮〕或以酏爲醴黍酏漿水ㅣ。㊁뜻은 ㊀과 같음。

【醻】 (상) 陽 シヨウ、なめる taste
맛볼상(甞也)。

【醶】 (감) 感 カン、しおからい salty
짤감(鹹也)。

十四畫

【醲】 (몽) 東 ボウ、こうじのはな must of yeast
누룩곰팡이몽(麴生衣)。

【醺】 (훈) 文 クン、よう under the influence of wine ㄒㄩㄣ hsün¹
小篆 草書 훈훈히취할훈(和悅貌醉也)。

【醺醺:훈훈】 술에 취하여 기분이 좋은 모양。 『岑參』靑門酒樓上 欲別醉——。

【醶】(점) 琰 セン、あじうすし 小篆 싱거울점(味薄)。 be not salted enough

【醹】(유) 虞 慶 ジュ、こいさけ thick wine ㄖㄨˊ ju² 小篆 草書 전국술유(厚酒)。 〔詩〕 酒醴維—。

【醂】(람) 勘 ラン、もろみ fill one's cup brimfully 小篆 잔넘게 술따를람(泛齊行酒)。

【醻】(수)『酬』(酉部 6畫)와 같음

【醻酢:수작】 主客이 서로 잔을 주고 받음。 酬酢。

十五畫

【醳】(악) 藥 カク、す vinegar (本音「학」) ❶초악(酢也)。 ❷쓴술악(辛酒)。

十六畫

【醵】(멱) 錫 ビヤク、ほしぢち dry milk 말린 젖멱(乾酪)。

【醼】(연) 霰 エン、さかもり banquet ㄧㄢˋ yen⁴ 잔치연(合飮)。 (『宴』과 같음)

【醽】(람) 感 ラン、すっぱい sour 실람、초람(醋也)。

十七畫

【醶】(감) 感 カン、すっぱいさけ sour drink 小篆 신술감(敗酒)。

【醽】(령) 靑 レイ、よいざけ excellent wine ㄌㄧㄥˊ ling² 草書 좋은술령(—醁美酒)。 〔抱朴子〕寒泉旨於—醁。

【醽醁:영록】 좋은 술의 이름。

【醾】(미) 支 ビ、にごりざけ unrefined liquor ㄇㄧˊ mi² 草書 도미술미(酴—酒名)。

【醿】(미)『醾』(前條)와 같음

【釀】(양) 漾 ジョウ、かもす brew ㄌㄧㄤˋ liang⁴ 小篆 草書 술빚을양(醞酒)。 〔史記〕通邑大都酤 一歲千—。

【釀具:양구】 술을 만드는 道具。

【釀母菌:양모균】 《化》糖分을 알콜로 변화시키는 菌。 술을 만드는 데 없어서는 안됨。 酵母菌。

【釀蜜:양밀】 꿀을 만들음。

【釀成:양성】 ❶술·간장 등을 담가서 만들음。 ❷어떤 사건이나 분위기 또는 감정을 자아냄。

【釀造:양조】 술·간장을 담가서 만드는 것。

【釀造場:양조장】 술 간장을 만드는 곳。

【釀酒:양주】 술을 담금。 또는 담근 술。

【釀酒場:양주장】 술을 빚어 만드는 곳。

【醶】(참) 鹽 セン、ザン、す vinegar 小篆 ❶초참(酢也)。 ❷실참(酸也)。

十八畫

【釁】(흔) 震 キン、ひま すきま alienation 小篆 草書 ❶틈흔(罅隙)。 ❷피를 그릇에발라제사할 흔(祭也)。 〔孟子 梁惠王上〕將以—鐘。 ❸틈날흔(爭端)。 〔左傳〕讎有—不可失也。 ❹죄흔(罪累)。 〔左傳〕觀—而動。 ❺여가흔(隙也)。 ❻조짐흔(兆也)。 〔魯語〕若鮑氏有—吾不圖矣。 ❼피로 그릇틈바를흔(牲血塗器)。 〔禮〕太史—龜筴。

【釁隙:흔극】 ❶틈 ❷不和。 친한 사이에 틈이 남。

【釁端:흔단】 ❶틈이 생기는 실마리。 싸움의 실마리。 爭端。 ❷달라지는 시초。

【釁累:흔루】 제 스스로 빚어 낸 잘못。 자기 자신이 만들어 낸 결점。

【釁浴:흔욕】 香草를 몸에 바르든지 또는 香草湯에 들든지 하여 沐浴하는 것。 『國語·齊語』。

【醻】(조) 嘯 ショウ、のみほす guzzle ㄐㄧㄠˋ chiao⁴ 小篆 草書 훌쩍들이마실 조(飮盡)。 〔禮〕長者擧未—。

十九畫

【釃】㊀(시) 紙 ㊁(소) 魚 シ、こす、しぼる strain wine ㄕㄞ shai 小篆 草書 ㊀술거를시(下酒)。 〔詩〕—酒有藇。 ㊁뜻은 ㊀과 같음。

【釃酒:시주】 ❶술을 거름。 거른 술。 ❷술을 권함。 술을 따름。 酌酒。

【釄】(미)『醾』(酉部 17畫)와 같음

二十畫

【釅】(엄) 豔 ゲン、こい thick wine 草書 술맛텁텁할엄(酒醋味厚)。

【釅茶:엄다】 진한 차。

【釅白:엄백】 진하고 색갈이 흼。 〔蘇軾〕 香似龍涎仍——、味如牛乳更全淸。

釆部

【釆】(변) 諫 ヘン、ベン、わける distinguish 小篆 古文 草書 분별할변(辨別)。 (『辨』의 本字)

【采】㊀(채) 賄 ㊁(채) 隊 サイ、いろどり colouring ㄘㄞˇ ts'ai³ 小篆 草書 ㊀❶캘채(取也、採也)。 〔詩〕——卷耳。 ❷채색채(—色)。 〔書〕五—彰施于五色。 ❸일채(事也)。 〔禮〕九—之圖。 ❹가릴채(擇也)。 〔禮記〕婚禮納—。 ❺풍채(風—)。 〔漢書 霍光傳〕天下想聞其風—。 ❻많을채(多貌)。 〔詩經 曹風蜉蝣〕——衣服。 ❼아름다울채(美貌)。 〔禰衡 鸚鵡賦〕——麗容。 ❽채읍채(食邑)。 〔禮〕大夫有—。 ❾빛날채(光也)。 ㊁채읍채(食邑)。

【采芹:채근】 泮水의 미나리를 採取함。 水는 諸侯의 學校를 감돌아 흐르는물。 《轉》入學。 『詩·魯頌』思樂泮水、薄采其芹。

【采緞:채단】 혼인 때 신랑집에서 신부 집으로 미리 보내는 靑色·紅色 등의 치마·저고리 감。

【采薇歌:채미가】 《故》周의 武王이 殷을 滅하고 임금이 되었을 때、伯夷와 叔齊의 형제는 周의 穀食을 먹는 것을 부끄럽다 고 首陽山에 들어가 고사리를 캐 먹고 살다가 드디어 굶어 죽을 적에 읊었다는 노래。 『史記·伯夷叔齊傳』。

【采芳:채방】향기로운 풀을 베어 들임。【陣陶·詩】吳州ㅡㅡ客、桂棹木蘭船。

【采色:채색】❶여러 가지의 고운 빛깔。彩色。【孟子】抑爲ㅡㅡ不足視於目與。❷얼굴 빛。顏色風采。

【采色不定:채색부정】안색이나 풍채가 자주 변함。곧 금방 기뻐했다가 금방 성냈다가 함。【莊子·人間世】ㅡㅡ、常人之所不違。

【采詩:채시】민간에 유행된 詩歌를 모으는 것。【漢書·藝文志】古有ㅡㅡ之官、王者所以觀風俗、知得失、自考正也。

【采飾:채식】色色이 꾸밈。彩飾。【張衡】簡宣文舍、ㅡㅡ纖縟。

【采薪之憂:채신지우】자기 病의 謙稱。평소와 같이 山野에 땔나무하러 못가는 걱정。一說엔 땔나무를 하다가 지쳐서 일어난 병。負薪憂。負薪病。【孟子·公孫丑】有ㅡㅡ、不能造朝。

【采柱:채주】통나무 기둥。一說에는 참나무로 만든 기둥。

【采田:채전】=采地。

【采采:채채】❶많이 캠。여러번 採取함。【詩經】ㅡㅡ芣苢。❷성한 모양。많은 모양。❸화려하게 장식함。❹여러 가지 일。庶務。

【采侯:채후】❶彩色을 한 과녁。❷(人) 宋나라 宋祁의 綽號。

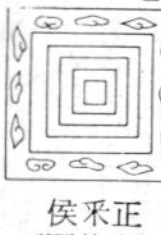
正采侯 (名物圖)

四畫

【宷】(미) 齊 ベイ、ふかくいりこむ go into deep
깊이들어갈미(深入)。

五畫

【釈】(석)『釋』(釆部 13畫)의 略字

【釉】(유) 宥 ユウ、つや、ひかり lustre 一又 yòu
釉 草書 물건빛날유(物有色)。

【釉藥:유약】잿물。陶磁器를 만든 후、구울 때에 표면에 덧씌워 光澤과 무늬를 아름답게 하는 유리 같은 粉末의 약품。

十畫

【䊬】(분) 問 フン、はらう clear away 쓸분(掃也)。떨분、

十三畫

【釋】(석) 陌 セキ、シャク、とく interpret; explain ㄕ shìˋ
釋 小篆 釋 草書 ❶놓을석(捨也)。【管子】ㅡ實而攻虛。❷주낼석(註解)。【大學章句】右傳之首章ㅡ明明德。❸내놓을석(放也)。【書經】開ㅡ無辜。❹둘석(舍也、置也)。❺풀릴석(消散)。【淮南子】有不ㅡ之冰。❻부처의칭호석(ㅡ迦、佛號)。

【梁書】昔聞孔道貴今覩ㅡ花珍。

【釋迦:석가】❶(梵)Sakya의 音譯。種族이름。능력이 있는 사람이란 뜻。아리아族의 刹帝利種(王族)에 속하는 種族。釋尊은 이 釋迦族에서 났음。❷(人)釋迦牟尼。B.C.五六五~四八六。梵語 Sakyamuni의 音譯。佛敎의 敎祖。四大聖人의 한 사람。釋迦國의 서울인 迦毗羅國에서 탄생。摩伽陀國의 王子로 王太子 때의 이름은 悉達多、아버지는 淨飯王、어머니는 摩耶夫人 二五살 때 生死解脫의 法을 구하여 집을 나와 三五살에 正覺을 얻어 부처가 됨。그 후 각처에 선도、敎를 가르치다가 八四살 때 拘尸那羅(구시나라)의 娑羅雙樹(사라쌍수)에서 涅槃함。

【釋迦牟尼:석가모니】=釋迦②。

釋迦牟尼 (三才圖會)

【釋迦法:석가법】(佛)密敎에서 석가모니를 本尊으로 하고、온갖 장애를 없애고 병환을 고치는 修法。

【釋迦如來:석가여래】(佛) 釋迦牟尼를 神聖하게 일컫는 말。→大沙門。

【釋迦塔:석가탑】(佛)석가의 치아·뼈 모발·사리 따위를 모셔 둔 탑。

【釋迦行跡:석가행적】석가모니의 일대의 실적。

【釋褐:석갈】처음으로 官吏가 됨。身分이 낮은 사람이 입는 옷을 벗고、官服으로 갈아 입는다는 뜻。

【釋敎:석교】釋迦의 가르침。佛敎。【江總】弱歲歸心ㅡㅡ。

【釋慮:석려】걱정을 하지 않음。염려를 놓음。放心。【揚雄】或ㅡㅡ而傳。

【釋明:석명】❶뚜뚝히 풀어 밝힘。❷사정을 자세히 설명하여 誤解를 풀고 양해를 구함。또는 책임의 所在를 명백히 함。

【釋明權:석명권】(法)소송상 소송법의 내용을 명료하게 하기 위하여 법원이 법률상 및 사실상의 일에 대하여 發問하고、당사자로 하여금 釋明의 기회를 주는 권리。

【釋文:석문】(佛)경론을 풀이한 글이나 「글귀。

【釋門 석문】佛敎。佛法。佛門。僧家。

【釋放:석방】법에 의하여 구속하였던 것을 풀고 자유롭게 함。放免。放釋。【吳志】誅其首惡、餘皆ㅡㅡ、復爲平民。

【釋譜詳節:석보상절】(書)卷數未詳。釋迦의 傳記。李朝 때 首陽大君 지음 世宗 二九년(一四四七) 昭憲王后 沈氏의 명복을 빌기 위하여 여러 經典中에서 釋迦牟尼의 사적을 추려서 우리 말로 엮은 것。지금 그 전부가 전하지 않으나 이 책이 訓民正音 반포 직후에 우리 말로 쓴 것이므로 國語研究上 貴重한 資料가 됨。

【釋負:석부】❶크고 무거운 책임을 면함。❷議政의 자리에서 물러감。

【釋氏:석씨】(佛)❶부처。釋迦。❷佛家佛徒。佛敎徒。【王惲】慈恩ㅡㅡ稟。

【釋言:석언】辯明。辯明함。【國語】使行人奚斯ㅡㅡ於齊。

【釋然:석연】❶마음이 환하게 풀림。【世說】ㅡㅡ無復疑慮。❷미심쩍던 것이나 한 따위가 확 풀리고 마음이 환하게 밝음。

【釋王寺:석왕사】(地)三一 본산의 하나。咸鏡南道 安邊郡 雪峯山에 있음。李朝 太祖 때 無學大師가 지은 절로 지금은 禪·敎 兩宗의 본사가 되었음。

【釋義:석의】글이나 敎의 뜻을 풀이함。【北史】善談莊老、尤精ㅡㅡ。

【釋奠:석전】孔子를 제사지내는 큰 祭祀。二월과 八월의 上丁日에 짐승의 犧牲과 여러 가지 음식을 차려 놓고 祭祀함。奠은 供物을 차린다는 뜻。釋菜。舍奠。【禮記】凡學春夏、ㅡㅡ于其先師、秋冬亦如之。

里部

【里】(리) 紙 リ、さと village ㄌㄧˇ lǐ
里 小篆 草書 ❶마을리(五鄰爲ㅡ)。【周禮】五鄰爲ㅡ。❷근심

할리(憂也)。〔詩經〕云如何ㅣ。❸잇수리(路程)。
〔里落:이락〕 마을。村里。村落。〔後漢書〕ㅣㅣ化其仁讓。
〔里閭:이려〕 ❶=里門。❷마을。시골。〔唐書〕其先五代不異居、孝聞ㅣㅣ。
〔里門:이문〕 ❶마을 入口의 門。里閭。〔史記〕慶及諸子弟入ㅣㅣ、趨至家。❷故鄕。
〔里民:이민〕 동리 사람。
〔里數:이수〕 ❶거리를 里의 단위로 헤아린 數。❷洞里의 수효。
〔里塾:이숙〕 마을의 학교。村塾。〔任昉〕鄕校ㅣㅣ、恥談五覇。
〔里諺:이언〕 俗談。〔漢書〕ㅣㅣ曰欲投鼠而忌器、是善諭也。
〔里耳:이이〕 俗人의 귀。俗耳。俚耳。〔莊子·天地〕大聲不入于ㅣㅣ。
〔里仁:이인〕 ❶仁厚의 美風이 행해지는 고장。일설에는 仁者의 있는 곳에 있음。〔論語〕ㅣㅣ爲美。❷論語의 篇名。
〔里丁:이정〕 동네의 壯丁。
〔里正:이정〕 里長。村長。洞長。
〔里程:이정〕 길의 里數。道程。路程。
〔里程表:이정표〕 陸路의 이정을 기록한 표。「든 계。
〔里中契:이중계〕 동리 사람이 모여 만
〔里徵:이징〕 《制》지방 衙前이 공금을 허비하고 그 지방민에게 부담시키던 일。
〔里巷:이항〕 ❶마을。村里。❷마을과 거리。〔韓愈〕平居ㅣㅣ相慕悅。
◎同ㅣ、洞ㅣ、隣ㅣ、田ㅣ、村ㅣ、鄕ㅣ。

二 畫

〔重〕

㊀(중) 冬 ジュウ、チョウ おもい
㊁(중) 腫 heavy; double
㊂(중) 宋 ㄓㄨㄥˋ chung^4

小篆 草書

㊀❶거듭중(複也 疊也)。〔易〕ㅣ剛而不中。❷늦곡식중(後熟穀)。〔詩〕黍稷ㅣ穋。㊁❶무거울중(輕之對)。❷삼갈중(愼也)。〔晋書 陳騫傳〕帝以其動舊耆老、禮之甚ㅣ。❸두터울중(厚也)。〔三略上〕祿ㅣ則義士輕死。❹두번중(再也)。㊂❶무겁게여길중(ㅣ之)。❷높일중(尊也)。❸짐바리중(輜ㅣ)。〔漢書〕絕其輜ㅣ。〔禮〕明周公之德而又以ㅣ其國。

重(三禮圖)

〔重價:중가〕 중값。
〔重刻:중각〕 =重刊。
〔重刊:중간〕 한 번 발행한 책을 거듭 발간함。重刻。↕開刊。
〔重客:중객〕 귀중한 손。점잖은 손。〔漢書〕聞令有ㅣㅣ。「罪。
〔重譴:중견〕 중한 責望。또는 非難。큰
〔重慶:중경〕 ❶《地》땅 이름。中國 四川省南部에 있는 都市。揚子江과 嘉陵江과의 合流點에 있는 水運의 要衝地이며 成渝鐵道의 起點。中日戰爭 때 國民政府의 首都。근대 공업이 발달한 西南 최대의 都市。❷祖父母와 父母가 모두 生存하여 있음。〔攻媿集〕祖父俱存者、今日ㅣㅣ。
〔重輕傷:중경상〕 중상 및 경상。
〔重工業:중공업〕 容積에 비하여 무게가 많은 물건을 만드는 공업。製鐵·기계·造船·차량·兵器·따위의 제조 공업。↕輕工業。
〔重科:중과〕 =重罪。
〔重光節:중광절〕 《宗》大倧教에서 대종교 再闢을 기념하는 날。음력 정월 보름날。
〔重九:중구〕 음력 九월 九일。重陽。〔王筠〕ㅣㅣ惟嘉節。
〔重國籍:중국적〕 한 사람이 두 나라 이상의 국적을 가짐。
〔重圈:중권〕 《地》地殼으로 싸여 있는 지구의 내부。地心·地核。
〔重禁錮:중금고〕 《法》경범죄에 과하는 중형의 한 가지。기간은 一一일 이상 五년 이하임。
〔重金屬:중금속〕 《化》比重이 五이상인 금속의 총칭。화학적으로는 그 화합물이 물에 녹지 않고 검은 색이나 그 밖의 색을 가지며 원소의 스펙트르가 복잡하고 원자가가 두 가지 이상인 것이 보통임。금·백금·은·동·수은·철·연 따위。↕輕金屬。
〔重金主義:중금주의〕 《經》화폐 및 금의 증가만이 나라를 부하게 하는 유일한 방법으로 알아、화폐가 나라 밖으로 새어나감을 막고 들어오는 화폐의 증대를 꾀하는 경제학상의 한 주장。
〔重紀:중기〕 사무 인계 때에 전하여 주는 문서。
〔重難:중난〕 중대하고 난처함。
〔重勞動:중노동〕 힘이 드는 노동。
〔重農主義:중농주의〕 《經》모든 產業에서 농업을 근본으로 하여 진흥시키고 장려하는 주의。一八세기 後半 프랑스에서 일어난 經濟思想。
〔重大:중대〕 예사가 아니고 매우 중요함。썩 중요하여 업신여길 수가 없음。
〔重大性:중대성〕 사물의 중대한 성질。
〔重大視:중대시〕 중대하게 봄。
〔重大化:중대화〕 중대하게 되어 감。
〔重瞳:중동〕 눈동자가 둘이 있는 것。重明。二重瞳。〔史記〕舜目蓋ㅣㅣ子、又聞項羽亦ㅣㅣ子。
〔重來:중래〕 ❶같은 벼슬을 두 번 거듭하는 것。重任。❷다시 옴。
〔重量:중량〕 ❶무게。❷《物》地球 위의 空間에서 물체를 정지 상태에 두기 위하여 필요한 힘。물체에 작용하는 重力과 같은 크기임。
〔重力:중력〕 《物》지구가 지구 위에 있는 물체를 잡아당기는 힘。
〔重力加速度:중력가속도〕 《物》地球 위에 있는 물체가 중력의 작용에 의하여 생기는 가속도。
〔重祿:중록〕 후한 祿俸。〔史記〕子孫皆至尊位ㅣㅣ。
〔重賂:중뢰〕 정중한 선물。〔國語〕立其薄者、可以得ㅣㅣ。
〔重利:중리〕 ❶매우 큰 이익。❷複利。
〔重巒:중만〕 첩첩이 쌓인 山。重嶺。〔水經·註〕ㅣㅣ疊巘、霞擧雲高。
〔重盟:중맹〕 매우 중대하고 소중한 맹세。
〔重名:중명〕 ❶남이 높여 줄 만한 名望。〔後漢書〕孔文擧有ㅣㅣ。❷名譽를 重하게 여김。
〔重明:중명〕 ❶해나 달의 빛。〔易·離〕ㅣㅣ以麗乎天。❷君臣이 각각 그 正位에 늘어 섬。❸=重瞳。〔淮南子〕舜二瞳子、是謂ㅣㅣ。
〔重母音:중모음〕 =複母音。
〔重門:중문〕 대문 안에 다시 세운 문。
〔重文:중문〕 둘 이상의 單文이 그 형식상 서로 얽히어서 한 덩어리가 된 글월。「거듭월。
〔重罰:중벌〕 무거운 刑罰。
〔重犯:중범〕 ❶큰 범죄。❷두 번 이상 거듭 죄를 지음。또는 그런 사람。
〔重邊:중변〕 높은 변리。
〔重病:중병〕 生命에 관계될 몹시 심한 病。重患者。〔法苑珠林〕得ㅣㅣ。
〔重寶:중보〕 ❶귀중한 보배。〔戰國策〕懷ㅣㅣ者、不以夜行。❷珍重함。貴하고 所重함。「較量幾何守備ㅣㅣ。
〔重複:중복〕 거듭함。〔晋書〕表曰、臣輒
〔重複課稅:중복과세〕 =二重課稅。
〔重複順列:중복순열〕 같은 갈래의 물건의 중복을 허락하는 순열。「함。
〔重聘:중빙〕 정중한 禮를 다하여 招待
〔重三:중삼〕 삼짇날。〔張說〕暮春三月日ㅣㅣ。「듭 당함。
〔重喪:중상〕 脫喪하기 전에 부모상을 거

[重傷:중상] 심하게 다침。심한 상처。

[重賞:중상] 상을 후하게 줌 또는 후하게 주는 상。『三略』香餌之下、必有死魚、——之下、必有勇夫。

[重商主義:중상주의] 生產의 중점을 商工業에 두고、貿易을 진흥하여 나라의 富强을 꾀하는 經濟政策。一六~一八세기 유럽에서 일어난 經濟思想。

[重生:중생] 靈的으로 다시 새 사람이 됨。거듭남。

[重石弗:중석불] 중석을 외국에 수출하여 획득하는 外貨。

[重船:중선] 큰 고기잡이 배。

[重說:중설] 한 말을 또 하는 말。重言。

[重稅:중세] 稅率이 아주 높은 租稅。『韓非子』耕者則——。

[重修:중수] 낡고 헌 것을 다시 손대어 고침。改修。

[重水:중수] 《化》중수소에 의해서 만들어진 물。수소보다 一八대 二〇의 비율로 두거우며 빙점이 섭씨 三도 八분、비등점이 一〇一도 四분。물을 전기 분해하여 얻음。

[重水素:중수소] 《化》重養子를 핵으로 하는 원자。보통 물은 수소가 대부분이나 五〇〇〇분의 一정도 중수소가 들어 있으며 수소와 비슷한 성질을 가짐。듀테리엄。

[重襲:중습] ❶겹쳐짐。겹침。❷器具 등으로 첩첩이 쌓아 둠。

[重侍下:중시하] 父母와 祖父母가 다 살아 계셔서 모시는 처지。

[重臣:중신] ❶重職에 있는 官員。중요한 일을 맡은 신하。『漢書』便——臨存。❷《制》正二品 이상의 벼슬아치。

[重新:중신] 거듭 새롭게 함。

[重心:중심] 《物》물체의 各部에 작용하는 重力의 合力이 통과하는 點。

[重壓:중압] ❶센 힘으로 밀어 누름。❷정신적으로 센 압박을 함。

[重陽節:중양절] 옛 명절의 하나。음력 九월 九일。

[重言:중언] =重語。

[重言復言:중언부언] 한 말을 자꾸 되풀이함。

[重役:중역] ❶銀行·會社의 重任을 맡은 役員。取締役·支配人·監査役 따위。❷책임이 무거운 구실 또는 그런 자리의 사람。

[重譯:중역] 한 번 번역된 것을 다시 다른 나라 말로 번역함。

[重午節:중오절] 端午。

[重屋:중옥] ❶二層집。❷지붕을 겹으로 하여 지은 집。

重屋(禮器圖)

[重要:중요] 매우 귀중하고 종요로움。

[重要性:중요성] 일의 중요로운 성질。

[重要視:중요시] 중요롭게 여겨 봄。

[重用:중용] 중요로운 자리를 맡겨서 부림。

[重位:중위] 높고 중한 地位。高位。

[重圍:중위] 여러 겹으로 에워쌈。『皇甫冉』誰能談笑解——。

[重闈:중위] ❶여러 겹으로 된 門。❷깊고 그윽한 宮中。深宮。『吳志』潛處——之內、而知萬里之情。

[重油:중유] 《化》石油의 한 가지。石油原油를 分溜하여 揮發油·燈油·輕油 등을 빼내고 남은 高沸點의 기름。디젤 기관의 연료、파라핀 제조 등에 쓰임。

[重恩:중은] 몹시 무거운 은혜。『魏書』愛國——。

[重陰:중음] ❶땅 속。❷짙은 陰氣。

[重因:중인] 중요한 원인。

[重裀:중인] 겹친 방석、또는 겹친 이불이나 요。裀은 까는 것。『宋史』設——地坐。

[重任:중임] ❶먼저 근무하던 지위에 거듭 任用함。❷중대한 任務。『張衡』荷天下

[重翟:중적] 皇后가 타는 수레。꿩의 깃으로 장식함。

重翟車(三才圖會)

[重點:중점] ❶중요한 것。중요하다고 보여지는 것。❷《物》지렛대로 움직이려고 하는 물체의 무게가 직접 걸리는 點。力點。支點。

[重訂:중정] 서적 따위의 두 번째의 訂正。

[重劑:중제] 金石之劑로 鎭定시키는 성질을 가진 약제。

[重祚:중조] 물러난 임금이 다시 임금 자리에 나아감。

[重曹:중조] 《化》重炭酸 소다。白色의 結晶性 가루。醫藥品外 빵의 팽창제·漂白劑 등에 쓰임。酸性炭酸 나트륨。

[重罪:중죄] 무거운 罪。重科。『史記』殷有——。

[重重疊疊:중중첩첩] 거듭거듭 포개져 있는 모양。

[重症:중증] 위중한 病症。

[重地:중지] 몹시 중요한 곳。

[重職:중직] 중대하거나 중요한 직무。『山濤』河南尹、京輦——」。

[重鎭:중진] ❶무거운 文鎭。兵權을 잡고 要塞地를 지키는 사람。『唐書』二父居——。❷중요한 자리에 있는 사람。

[重刱:중창] 낡은 건물을 고쳐서 다시 새롭게 이룩함。

[重責:중책] ❶엄격하고 정중하게 책망함。❷몹시 중대한 책임。

[重泉:중천] ❶깊은 샘。❷먼 곳。『管子·地數』武王立——之戌。

[重疊:중첩] 거듭 거듭됨。겹쳐짐。『後漢書』祿位——。

[重聽:중청] 귀가 먹어서 몇 번이나 되물음。귀머거리。『漢書』許丞廉吏、中略、——何傷。

[重體:중체] 병에 걸려 위험하고 중한 상태。重態。

[重腿:중추] 수중다리。『左傳』有沈溺——之疾。

[重湯:중탕] 그릇에 음식물을 담아 가지고 끓는 물에 넣어 익히거나 데우는 길。

[重態:중태] 병에 걸려 위험하고 중한 상태。

[重土:중토] 농사짓기에 지나치도록 차진 기운이 많은 흙。

[重痛:중통] ❶심하게 앓음。❷위중한 중병。

[重版:중판] 출판물의 간행을 거듭함。

[重幣:중폐] ❶귀중한 선물。❷선물을 많이 하는 것。❸무게가 무거운 貨幣。

[重砲:중포] 강대한 탄환의 위력과 원거리 射程을 가진 口徑이 큰 火砲。

[重荷:중하] 무거운 짐이나 부담。『唐書』——趣肆。

[重合:중합] ❶포개어 합함。❷《化》같은 종류의 분자 二개 이상 결합하여 분자량이 큰 딴 화합물로 됨。

[重刑:중형] 크고 무거운 형벌。

[重婚:중혼] ❶배우자가 있는 사람이 딴 사람과 결혼하는 일。二重結婚。重緣。❷두 번째 혼인함。再婚。

[重火器:중화기] 보병이 가지는 화기 중 기관총·자동포·보병포 따위의 總稱。

[重患:중환] =重病。

[重厚:중후] 태도가 점잖고 침착함。

四畫

【𡭴】 (매) 佳 バイ、すくない little

적을매(少也)。

【野】(야) 馬 field; wild

野(小篆) 壄(古文) 𨛸(草書) ❶들야(郊外)。【易】同人于—。❷촌스러울야(朴—)。【論語 公冶長】質勝文則—。❸들판야(原—)。❹백성야、인민야(百姓)。【王禹偁 待漏院記】賢人在—。❺야만야(—蠻)。❻야심야(—心)。

【野歌:야가】시골 노래。山歌。【陸游】——相應路高低。

【野客:야객】山野에 사는 사람。벼슬하지 않는 사람。【杜甫】——茅茨小、田家樹木低。

【野苣:야거】(植)시화。시화科에 속하는 多年草。民間에는 胃腸藥으로 씀。苦苣。苦苣。編苣。

【野繭絲:야견사】산에서 나는 고치에서 뽑은 실。「巡郊澤、戲——。」

【野坰:야경】城 밖의 들。郊外。【陸機】

【野景:야경】들의 경치나 情景。【許棠】——似山中。「野徑。」

【野逕:야경】들길。들 가운데의 좁은 길。

【野鷄:야계】(動)꿩의 別名。

【野鷄冠:야계관】(植)개맨드라미。

【野球:야구】아홉 사람으로 된 두 팀이 각각 아홉 차례씩 서로 攻防하여 득점을 겨루는 競技。攻者는 차례로 敵의 投手가 던지는 공을 치고 內野를 一周하고 本壘로 돌아갈 경우에 득점함。미국에서 비롯한 競技。베이스볼。

【野球場:야구장】야구 경기를 할 수 있도록 설비한 운동장。

【野菊:야국】❶(植)野生의 菊花。들국화。❷菊科에 속하는 野草의 俗稱。

【野禽:야금】산이나 들에서 사는 새。野鳥。↔家禽。【漢書】——彈、走狗烹。

【野壇法席:야단법석】❶들에 베푼 강좌。❷한 곳에 많은 사람이 모여서 서로 다투고 떠들어 시끄러운 판。

【野談:야담】민간에 널리 알려지지 아니한 野史의 구수한 이야기。

【野黨:야당】정당정치에서 지금 정권을 잡지 못한 정당。↔與黨。

【野黨側:야당측】야당에 속하는 쪽。

【野渡:야도】시골의 나룻터。【韋應物・詩】——無人舟自橫。

【野童:야동】시골 아이。【杜甫】儒衣山鳥怪、漢節——看。

【野蘭:야란】(植)풀의 이름。漏盧의 異名。

【野老:야로】❶시골의 늙은이。【杜甫】少陵——呑聲哭。❷老人의 자기 謙稱。

野蘭根(三才圖會)

【野路:야로】들길。시골 길。【論衡】縣道不通於野、——不達于邑。

【野陋:야루】천함。비루함。野鄙。【梁簡文帝】僕雖——、頗悅帶經。

【野馬:야마】❶아지랑이。【莊子】——也、塵埃也。❷(動)말의 한 가지。몸이 작은 말。

【野蠻:야만】❶지능이 미개하여 문화가 유치한 상태。또는 그런 種族。❷道義心이 없는 사람。↔文明。

【野蠻視:야만시】야만으로 봄。

【野蠻人:야만인】지능이 미개하고 문화의 정도가 낮은 사람。

【野望:야망】❶무리한 욕심을 이루려는 희망。❷남 몰래 품고 있는 큰 희망。野心。野慾。

【野梅:야매】野生한 매화나무。【杜甫】市橋官柳細、江路——香。

【野鶩:야목】(動)물오리。청둥오리。野生의 오리。野鴨。沈鳧。

【野猫:야묘】(動)너구리의 別名。

【野民:야민】農民。

【野薄:야박】야속하고 薄情함。

【野芳:야방】들에 핀 꽃。花野。【歐陽修】——發而幽香。

【野夫:야부】시골에 사는 사람。시골 농부。野人。【黃滔】終向煙霞作——、一竿竹不換簪裾。

【野鳧:야부】(動)물오리。

【野卑:야비】성질이나 행동이 野하고 비루함。속되고 천함。高尙하지 못함。

【野鄙:야비】❶시골。【周禮】——之委積、以待羇旅。❷천함。비루함。野卑。鄙野。

【野史:야사】民間의 학자가 쓴 역사。주로 풍속·전설 따위。官에서 편찬한 것을 正史라고 하는 데 대한 말。外史。野乘。【陸龜蒙】自愛垂名——中。

【野山:야산】❶들에 있는 낮은 산。❷숲이 짙지 않은 산。

【野蒜:야산】(植)달래。百合科에 속하는 多年草。양념 또는 나물로 食用함。

【野色:야색】들의 경치。【李白】芳草換——。

【野生:야생】❶동식물이 山이나 들에서 저절로 나서 生長하는 것。❷나。男子의 자기 卑稱。小生。

【野生兒:야생아】산이나 들에서 자유로이 키워진 동물이나 식물이 길들이기 힘든 것 모양으로 성질이 사납고 교양이 없는 사람을 이름。

【野鼠:야서】(動)들쥐。

【野性:야성】❶자연 상태 그대로의 거친 성질。교양이 없고 야비한 성질。❷고요한 田園生活을 사랑하는 마음。【姚合・詩】——多疎惰。

【野性的:야성적】야성의 성질을 가진 것。

【野蔬:야소】=野菜。【杜甫】應訝耽湖橘、常餐占——。

【野俗:야속】❶인정머리 없고 쌀쌀함。❷섭섭하여 언짢음。

【野狩:야수】들사냥。

【野獸:야수】들이나 山에 사는 짐승。【史記】——已盡而獵狗烹。

【野獸性:야수성】야수와 같은 성질。

【野宿:야숙】들이나 山에서 잠。【唐書】商旅——。

【野心:야심】❶馴服(순복)하지 않고 도리어 해치려는 마음。이리 새끼같이 잘 길러도 사람에게 따르지 않고 나중에는 도리어 기르는 사람을 해치려는 마음。野性。❷田園生活을 즐기는 마음。【宋書】闇性寡任、——素積。❸㉠무리한 욕심을 이루려는 마음。㉡남 몰래 품은 생각。

【野心家:야심가】항상 제 身分에 넘치는 大望을 품고 있는 사람。

【野雁:야안】(動)너새。

【野鴨:야압】(動)물오리。

【野靄:야애】들에 낀 안개。【岑參】——晴拂枕。

【野孃:야양】시골 처녀。촌색시。

【野語:야어】시골 말。野言。【陸龜蒙】漁童驚狂歌、艇子喜——。

【野言:야언】시골 말。野語。【鮑溶】——得眞風、山貌宜古服。

【野諺:야언】시골 속담。里諺。【史記】——曰、前事之不忘、後事之師也。

【野業:야업】들에서 하는 일。

【野煙:야연】들의 煙氣。들의 안개。【梁簡文帝】荒郊多——。

【野營:야영】❶山이나 들에 天幕을 치고 宿泊함。❷군대가 山野에 陣營을 침。또는 그 陣營。【朱慶餘】萬里出長征、連年慣——。

【野外演習:야외연습】野外에서 하는 군대의 전투연습。

【野慾:야욕】야생적인 욕심이나 욕망。

【野牛:야우】(動)들소。

【野遊:야유】들놀이。들놀이함。

【野遊會:야유회】들놀이를 하는 모임。

【野吟:야음】田園에서 詩를 읊음。

【野人:야인】❶시골 사람。『孟子』齊東——之語也。❷예절을 분별 못하는 그대로의 사람。❸外飾하지 않는 그대로의 사람。粗野한 사람。自然人。❹벼슬을 하지 않은 사람。在野한 사람。民間人。❺未開人。❻《歷》옛날 鴨綠江·豆滿江 이북에 살던 滿洲族。

國人野
(會圖才三)

【野荏:야임】《植》들깨。

【野茨菰:야자고】《植》무릇。百合科에 속하는 多年草。마늘과 비슷함。어린 잎과 鱗莖은 食用함。翦刀草。興渠。

【野蠶:야잠】《動》멧누에。↔家蠶。『後漢書』——成繭。

【野薔薇:야장미】《植》찔레

【野猪:야저】《動》산돼지。山猪。

【野戰:야전】❶山이나 들에서 하는 전투。『史記』我爲趙將、有攻城——之大功。❷陣地戰。

【野戰軍:야전군】야전에 종사하는모든 「군대나 부대。

【野戰病院:야전병원】前線에 가까운 後方에 설치하여 부상을 입거나 병든 군인을 收容하고 응급치료를 하는 병원。

【野戰砲兵:야전포병】야전포를 부리는 병정。

【野店:야점】시골의 가게。들에 있는 찻집。『杜甫』——引山泉。

【野亭:야정】시골의 亭子。시골의 쉬는 찻집。『後漢書』遂止于——。

【野情:야정】❶소박한 마음。『白居易』——遺世累、醉態任天眞。❷소박한 趣味。〔野趣。

【野中:야중】들。

【野地:야지】넓은 들이 많은 평평한 땅。

【野集:야집】질서 없이 떼를 지어 모임。

【野次:야차】들에서 잠。野宿。『晉書』露營——。

【野菜:야채】❶들에서 나는 나물。野蔬。❷남새。菜蔬。『遼史』采——以爲食。

【野處:야처】집을 짓지 않고 들에 거처하는 것。『易經』上古穴居而——。

【野草:야초】사람이 가꾸지 않고 저절로 나는 풀。『管子』食——、飮野水。

【野翠:야취】들의 초록빛。『李白』——生松竹。

【野趣:야취】소박한 취미。자연 그대로의 취미。『韋述』自然戎——、都使俗情忘。

【野態:야태】촌스러운 모양。野姿。『歐陽修』頑姿——煩造化。

【野兎:야토】《動》메토끼。

【野砲:야포】野戰用 大砲의 한 가지。움직이기 쉽고 射擊速度가 빠름이 特性。

【野砲隊:야포대】야포를 중심으로 하여 조직된 부대。

【野葡萄:야포도】《植》머루。

【野風:야풍】속되고 천한 풍속。또는 그러한 모습。

【野鶴:야학】들에 사는 학。두루미。《喩》벼슬하지 않는 閑人。『劉長卿』孤雲將——、豈向人間住。

【野合:야합】❶正式 婚禮를 하지 않고 夫婦가 됨。一說에는 나이의 差가 너무 심한 結婚。『史記·孔子世家』——而生孔子。❷野外서의 合奏。❸野戰。❹夫婦 아닌 남녀가 정을 통함。❺좋지 못한 목적으로 한데 어울림。

【野狐:야호】《動》여우。

【野胡蘿蔔:야호라복】《植》풀의 이름。홍당무의 한 가지。

蔔蘿胡野
(會圖才三)

【野紅花:야홍화】《植》엉겅퀴。

【野火:야화】❶들이나 산의 마른 풀을 태우는 불。❷도깨비 불。鬼火。燐火。『史記』——不及、斧斤不至。

【野話:야화】항간에 떠도는 이야기。또는 그것을 적은 책。

【野花:야화】들에 나는 풀의 꽃。『沈佺期』——照御座、河柳拂天杯。

【野畦:야휴】논둑 길。밭둑 길。들길。『杜甫』——連蛺蝶、江檻浴鴛鴦。

◎廣—、內—、綠—、分—、四—、山—、視—、外—、原—、林—、在—、田—、朝—、粗—、草—、平—、荒—、下—。

五畫

【量】

㊀(량) 陽 ㊁(량) 漾 リョウ、はかる measure ㄌㄧㄤˊ liang²

量 小篆 量 古文 量 草書 ㊀❶헤아릴량(商—度也)。『左傳 隱公十一年』—力而行之。❷생각할량、생각하여 분별할량(思慮分別)。『古詩 焦仲卿妻』作計何不—。❸예상할량(豫想)。『古詩』人事不可—。㊁❶휘량(斗斛名)。『書經 舜典』同律度—衡。❷함정할량(限也)。『禮』幣曰—幣。❸국량량(度—)。『蜀志』黃權有局—。

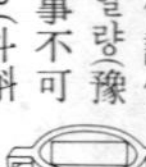
量 (圖器禮)

【量感:양감】❶繪畫에 있어 畫面에 實物의 부피나 무게의 느낌이 나도록 그리는 것。또는 그런 느낌。보륨。❷크고 풍만한 느낌。

【量槩:양개】평미레。平木。말이나 되로 곡식을 될때 그 위를 고르게 하는 데 쓰는 방망이。

【量檢:양검】헤아려 검사함。『宋史』——彌年、則加減均同、異歲相課、則遠近應率。

【量決:양결】사정을 헤아려 判決함。『魏書』詔諸有疑獄、皆付中書、以經義——。

【量衾伸足:양금신족】《國》이불을 보아 다리 뻗기。《喩》모든 일을 다 자기 형편에 따라 알맞게 한다는 말。『旬五志』。

【量器:양기】❶말·되 따위와 같이 물건의 분량을 되는 그릇。❷所任을 잘 할 才能과 度量。器量。

【量度:양도】재어 헤아림。(量은 물건의 容積을、度는 물건의 길이를 재는 것)。『詩經·疏』經理而——。

【量水計:양수계】양수기。

【量宜:양의】잘 헤아림。

【量入計出:양입계출】수지를 꼭 알맞게 함。

【量入爲出:양입위출】수입을 헤아려 보고 支出을 調節함。

【量子:양자】《物》그 이상 더 나눌수 없는 물질의 最少量의 단위。輻射 에네르기에서 처음 발견되어 에네르기 量子라고 命名 되었는데 그것이 光으로서 空間을 進行할 경우를 光量子라고 일컬음。

【量的:양적】물건의 내용이나 實質은 묻지 않고 분량을 표준으로 하는 것。↔質的。

【量田:양전】논 밭을 측량함。

【量知:양지】미루어 헤아려서 앎음。

【量地:양지】땅을 측량함。『賈島』——愛月人、身願化爲蟾。

【量狹:양협】도량이 좁음。

◎計—、過—、器—、大—、度—、斗—、無—、分—、思—、商—、小—、數—、雅—、力—、裁—、才—、適—、酒—、推—、測—。

十畫

【䤿】

(섭) 葉 ショウ、きる cut (同音「접」)

벨섭(斬也)。

十一畫

【釐】

㊀(리) 支 ㊁(희) 支 キ、リ、りん、あたえる whit; give ㄌㄧˊ li²

釐 小篆 釐 草書 ㊀❶의리리(理也)。『書』—降二女于嬀汭。『疏』能以義理下之。❷이리(分之十分一)。❸털끝리(毫—)。『淮南子』審毫—之

計。❹줄리(予也)。【詩】ㅣ爾女士。❺다스릴리(保ㅣ)。【書經 堯典】允ㅣ百工。 ㊁복희(福也)。【史記】祠官祝ㅣ。

【釐降:이강】 公主를 신하에게 시집보냄。公主의 降嫁。【書經】ㅣㅣ二女于嬀汭。

【釐改:이개】 改革함。

【釐婦:이부】 홀어미。과부。

【釐正:이정】 다스려 바룸。고쳐 바룸。改革함。【唐書】詔於秘書省考定、多所ㅣㅣ。

【釐定:이정】 바르게 改定함。【唐書】詔有司ㅣㅣ。

【釐革:이혁】 ＝釐正。【北史】舊名一皆ㅣㅣ、小者幷合、大者分置。

【釐麰:희모】《植》보리。

金 部

【金】 ㊀(금) 侵 ㊁(김) キン、コン、かね gold ; money 【國音】ㄐㄧㄣ chin¹

小篆 古文 草書

㊀❶쇠금(五ㅣ西方之行)。❷한근금(斤也)。【史記】重一斤爲一ㅣ。❸병장기금(兵也)。【禮】衽ㅣ革。❹금나라금(國名)。【金史】國有ㅣ水源産ㅣ號大ㅣ。❺금금(黃金)。❻돈금(貨幣)。❼귀할금(貴也華也)。❽오행금(五行之一)。❾풍류이름금(樂器)。 ㊁❶성김(姓也)。❷땅이름김(地名)。

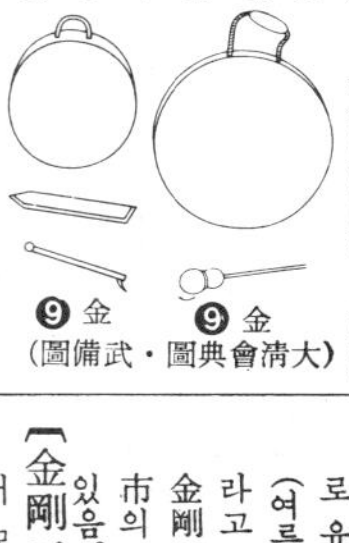

❾金 (大清會典圖·武備圖)
❾金 (大清會典圖·樂器圖)

【金閣:금각】 금으로 꾸민 樓閣。【鮑照】舞飛容于ㅣㅣ。

【金甲:금갑】 금속으로 만든 갑옷。【唐會要】戈鋋ㅣㅣ、耀昭天地。

【金剛:금강】 ❶金剛石 또는 金剛砂의 略語。❷매우 堅固하여 아무 것에도 파괴되지 않음。또는 그런 것。❸《佛》梵語 **vajra**의 譯。가장 강한 武器의 뜻。帝釋天이 가지고 있다는 武器。아무 것에나 파괴되지 않고 무엇이든지 파괴할 수 있다 함。

【金剛經:금강경】 《書》一권。佛經의 하나。姚秦의 鳩摩羅什이 漢文으로 번역한 經典。金剛般若波羅蜜多經의 略稱。般若의 境地를 金剛의 堅實함에 비유한 經文。

【金剛力:금강력】 《佛》金剛力士처럼 굳센 힘。강대한 힘。

【金剛門:금강문】 《佛》金剛神을 만들어 세워 놓은 절문。

【金剛不壞:금강불괴】 《佛》매우 견고하여 부서지지 않음。佛身을 일컬음。

【金剛砂:금강사】 《鑛》石榴石의 가루。검붉은 빛을 띠었으며、玉石·유리·쇠붙이 따위를 닦는 데 쓰이고、또 磨研紙·성냥 갑에 바름。金剛鑽。鑽鐵。

【金剛山:금강산】 《地》山 이름。㉠江原道의 북부에 있는 名山。높이 一六三八米。黑雲岩과 화강암으로 형성되어 있는데 기암 괴석이 많으며 一萬 二千峯의 곳곳에 폭포·못·절이 있어 그 경치가 세계적으로 유명함。철을 따라 金剛山(봄)·蓬萊山(여름)·楓嶽山(가을)·皆骨山(겨울)이라고 일컫기도 함。위치상으로 內金剛·外金剛·海金剛으로 나눔。㉡慶尙北道 慶州市의 동북쪽에 있음。이 산에 栢栗寺가 있음。

【金剛三昧:금강삼매】 《佛》禪定에 들어 모든 煩惱를 끊어 버리고、煩惱의 침해를 받지 않는 堅固正定의 境地。그 境地를 金剛에 비유해서 한 말。

【金剛石:금강석】 《鑛》보석의 하나。순수한 炭素로 된 正八面體의 結晶物。硬度가 몹시 높고 빛깔이 아름다운 보석。다이어먼드。

【金剛心:금강심】 《佛》신앙이 굳은 마음。매우 굳은 정신。

【金剛夜叉:금강야차】 《佛》五大明王의 하나。머리가 셋이며 발이 여섯으로 北方을 守護하며 악마의 항복을 받는 일을 맡음。

【金剛力士:금강역사】 《佛》佛法을 守護하는 두 神將。金剛神。仁王。

【金剛座:금강좌】 《佛》금강으로 된 寶座。곧 석가가 도를 깨우칠 때의 보좌。

【金剛智:금강지】 ❶《佛》부처의 智慧。金剛과 같은 至堅·至利의 智慧。【仁王經·上】。❷《人》唐의 高僧。南印度 摩羅耶國의 사람。〈譯書〉瑜珈念誦法·七俱摩陀羅尼·曼珠室利五字心陀羅尼·觀自在瑜珈法要。

【金坑:금갱】 금광 구덩이。

【金契:금계】 金箔·銀箔·泥金·泥銀을 政府에 바치던 契。

【金庫:금고】 ❶돈이나 그 밖의 중요 물품을 넣어 두는 창고。❷《法》국가 또는 公共團體의 出納機關。

【金鼓:금고】 鐘과 북。陣中의 鉦(징)과 큰 북。【史記】弓高侯執ㅣㅣ見之。

【金庫出納:금고출납】 관청의、금고의 돈 출납을 맡아보는 일。

【金穀:금곡】 돈과 곡식。

【金骨:금골】 ❶《佛》부처의 舍利。❷脫俗한 風骨。仙人의 형용。仙骨。【溫庭筠·曉仙謠】鶴扇如霜ㅣㅣ仙。《喩》堅固한 것。

【金工:금공】 金屬에 細工을 하는 것。또는 그 사람。또는、그 工藝品。金匠。

【金科玉條:금과옥조】 몹시 귀중한 법칙이나 규정。【揚雄】懿律嘉量、——。

【金冠:금관】 금으로 만든 임금의 왕관。【宋史】衣黃衣、戴ㅣㅣ、以七寶爲飾。

【金管:금관】 금으로 만든 퉁소。【李白】玉簫ㅣㅣ坐兩頭。

【金官國:금관국】 《歷》옛 나라 이름。新羅에서 일컫던 駕洛國의 別稱。↔駕洛國。

【金管樂器:금관악기】 쇠붙이로 만든 관악기。吹口에 입술을 대고 불어서 입술의 진동으로 음을 내며 피스턴으로 음의 높낮이를 표현함。트럼베트·코네트·호른·트럼본·튜버 따위。

【金貫子:금관자】 금으로 만든 貫子。正二品 및 從二品의 벼슬아치가 붙였음。

【金鑛:금광】 금을 파내는 산。金山。

【金光:금광】 금빛。

【金鑛業:금광업】 금을 파내는 직업。

【金塊:금괴】 금의 덩이。

【金塊本位制:금괴본위제】 《經》금화의 국내 유통이나 주조를 금하고 일정한 값으로 교환 매매함으로써 금과 화폐와의 관련을 유지하는 金核 본위제의 한 가지。

【金釦:금구】 陶瓷器의 입 언저리를 두른 금빛 테두리。金稜碗。

【金甌:금구】 쇠나 금으로 만든 사발。

【金口角:금구각】 《樂》清代의 樂器의 이름。木管으로 八孔。

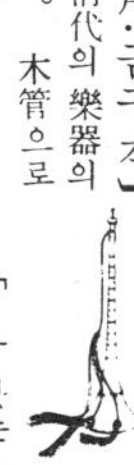

金口角 (大清會典圖)

【金屈卮:금굴치】 금으로 된 굽은 손잡이가 있는 술잔。

【金權:금권】 ❶財力의 권세。돈의 힘。돈의 威力。❷金力의 權力。

【金權萬能:금권만능】 돈의 힘으로 되지 않는 일이 없다는 뜻。

【金權政治:금권정치】 ❶경제 능력의 다소로 참정권의 표준을 삼는 정치。❷금권을 이용하여 정책을 행하는 정치。

【金櫃:금궤】 ❶금으로 만든 궤。❷鐵櫃。

【金龜子：금귀자】《動》풍뎅이。 풍뎅이科에 속하는 甲蟲。

【金閨：금규】❶寢室의 美稱。 閨閣。『趙嘏』向燈垂玉枕、 對月灑――。 ❷金馬門(漢의 宮殿)의 別名。

【金橘：금귤】《植》❶운향과 금귤뉴에 속하는 관목의 總稱。 ❷＝金柑。 童橘。『陸游』不酸――種初成。

【金克木：금극목】五行의 運行에서 金은 木을 이겨 낸다는 뜻。

【金氣：금기】가을 기분。『梁簡文帝』玉關驅夜雪、 ――落嚴霜。

【金納：금납】돈으로 받침。

【金納期：금납기】돈을 내는 기간。

【金納制：금납제】돈으로 내는 제도。

【金泥：금니】金箔 가루를 아교에 갠 것。 글을 쓰거나 그림을 그릴 때 씀。 泥金。

【金丹：금단】仙人·道士가 금으로 調劑했다는 長壽의 妙藥。『抱朴子·金丹』。

【金堂：금당】❶화려한 殿堂。『洛陽伽藍記』銀闕――。 ❷《日》절의 本堂。 本尊을 安置하는 殿堂。

【金帶：금대】❶금띠。 ❷正二品의 관리가 公服에 띠는 띠。 가장자리와 띠동을 금으로 아로새겨 꾸몄음。 ❸기둥 머리 곧 柱衣를 金色으로 두른 띠。

【金鐙子：금등자】붉은 창대 끝에 鍍金한 鐙子를 거꾸로 붙인 儀仗의 하나。

【金諾：금락】❶《喩》굳은 약속。 귀중한 承諾。 ❷承諾。

【金襴：금란】❶金箔을 종이에 붙여서 가늘게 자른 平金絲。 ❷紗나 繻子등 비단 바탕에 호화 찬란하게 금실로 무늬를 짜 넣은 織物。 흔히 스란치마 자락의 끝에 두름。 織金。

【金鑾：금란】❶黃金의 방울。 ❷《人》白居易가 三八살때 난 長女의 이름。『白居易 金鑾子晬日』行年欲四十、 有女曰――。

【金蘭之交：금란지교】합심하면 날카로움이 쇠와 같고 그 향긋함이 난초와 같다는 말로 친구의 두터운 정의를 이르는 말。

【金蘭草：금란초】《植》蘭科에 딸린 다년생 풀。

【金力：금력】돈의 힘。 돈의 威力。 金權。

【金蓮：금련】황금으로 만든 연꽃。

【金蓮花：금련화】《佛》부처 앞에 드리는 황금 빛으로 만든 연꽃。

【金輪：금륜】❶黃金의 裝飾品을 단 수레。 화려한 수레를 일컬음。 ❷《佛》㉠三輪의 하나로 이 세상의 最下位를 風輪、 그 위를 水輪、 제일 위를 金輪이라 하여 이것을 地輪、 곧 大地라 함。 ㉡金輪聖王이 感得한 輪寶。

【金利：금리】돈의 이자。

【金利生活者：금리생활자】돈놀잇군。

【金利政策：금리정책】중앙 은행이 金利를 올렸다 내렸다 함으로써 金融의 번성하고 한가로움을 조절하는 책정。

【金脈：금맥】금줄。

【金門：금문】궁궐 문을 일컬음。『漢書』歷――上玉堂。

【金文：금문】❶金箔으로 쓴 글자。 金字。 金文字。 ❷金石文。 鐘鼎文。

【金文字：금문자】금박을 올려 쓴 글자 金字。

【金物：금물】＝鐵物。

【金箔：금박】금을 얇은 종이 조각 같이 늘인 조각。『宋史』禁以――飾佛像。

【金飯：금반】좁쌀에 甘菊·甘草를 넣고 지은 밥。

【金髮：금발】黃金色의 머리카락。

【金髮美人：금발미인】머리털이 노란 서양 미인。

【金帛：금백】黃金과 비단。『史記』行珠玉――、 賂諸侯宗室大臣。

【金碧：금벽】黃金色과 푸른 色。《轉》아름다운 색채。『後漢書』飾以――。

【金瓶：금병】금으로 만든 병。 또는 금빛깔의 병。

【金瓶梅：금병매】《書》明代 萬曆 年間에 지은 長篇小說。 作者 不明。 王世貞의 지음이라고도 함。 不正한 수단으로 돈을 벌어 관리가 된 商人 西門慶의 遊蕩好色의 一代記를 줄거리로 하고 當代의 사회의 腐敗相을 寫實的으로 그렸음。

【金寶：금보】❶금과 寶物。 ❷귀중한 물건。 ❸《國》追上 尊號를 새긴 印章。

【金本位：금본위】金貨를 本位 貨幣로 하고 다른 貨幣는 補助貨幣로 삼는 制度。 金貨本位。

【金本位制度：금본위제도】화폐의 단위 가치를 일정한 양의 금의 가치와 관련시키는 화폐 제도。

【金鳳釵：금봉채】鳳凰의 모양으로 만든 금비녀。

【金鳳花：금봉화】《植》봉숭아。

【金鮒魚：금부어】《動》금붕어。

【金分：금분】광석에 들어 있는 금。

【金粉：금분】금가루。 금빛 가루。

【金佛：금불】金屬으로 만든 佛像。 ↔木佛·石佛。《喩》冷淡한 사람을 비꼬아서 일컬음。

【金肥：금비】농가에서 돈을 주고 사서 쓰는 人造肥料。 化學肥料。 ↔堆肥。

【金沸草：금비초】《植》夏菊。 엉거시科(菊科)의 一年草。 약재로 씀。

【金砂：금사】❶금 가루。 금빛 가루。 金粉。 ❷금빛의 모래。 金砂子。

【金莎：금사】《植》금잔디。 雜草가 없이 잘 가꾼 잔디。

【金絲：금사】금실。『張祜』――簇霧紅衫薄。

【金絲網：금사망】금실로 얽은 그물。

【金糸雀：금사작】《動》燕雀類의 새。 카나리아。

【金山：금산】＝金鑛。

【金山寺：금산사】《地》全羅北道 金提郡에 있는 절。 百濟 法王 元年(五九九)에 창건함。 後百濟의 甄萱이 아들 神劍에 의하여 幽閉되었던 곳。 현재의 건물은 임진왜란 후의 건축으로 三層의 彌勒殿은 특히 웅대하고 境內에는 예술적으로 우수한 一三層塔·舍利塔 들이 있음。

【金像：금상】금으로 만든 불상。

【金相學：금상학】金屬이나 合金의 내부 조직을 연구하는 한문。

【金色：금색】黃金色。

【金色身：금색신】황금 빛으로 된 불상의 몸。

【金生水：금생수】五行의 운행에 金에서 水가 남을 이름。

【金石：금석】❶금과 돌。 金屬과 岩石。 鑛物의 總稱。『韓愈』――之無聲、 或擊之鳴。 ❷石碑나 鍾鼎 등의 總稱。《喩》단단한 것。 節操가 굳은 것。『後漢書·王常傳』 ❸鐘·磬類의 樂器。 또는 그 音樂。『禮記·樂記』。 ❹兵器。『周禮·職金』。 ❺金石文字의 略語。

【金石交：금석교】金石과 같이 굳고 변하지 않는 사귐。『史記·淮陰侯傳』。

【金石文：금석문】❶金文과 石文。 즉 鍾鼎·碑碣에 새긴 文字。 ❷中國의 古代 文字。

【金石併用期：금석병용기】《歷》石器를 아직 쓰던 新石器時代와、 金屬製의 青銅器·鐵器를 쓰던 青銅器時代와의 사이。

【金石之約：금석지약】금석과 같이 굳은 맹약。

【金石之典：금석지전】금석 같이 변함 없는 법전。

【金石學：금석학】❶金石에 새긴 文字를 연구하는 학문 ❷鑛物學의 舊稱。

【金線蛙：금선와】《動》참개구리。

【金屑：금설】금 가루。

【金鑷玉：금섭옥】순금 또는 도금으로 攝玉簪처럼 만든 비녀。

【金性：금성】❶金의 純度。 또는 品質。

金位。 ❷五行의 하나인 金을 사람의 生年月日에 맞춘 性質。義라고도 함。

【金城:금성】 ❶굳고 단단한 城。굳게 방비된 城。『史記』ㅡㅡ千里。 ❷本據地。牙城。本城。 ❸王城。禁城。 ❹《歷》慶州의 別稱。

【金星:금성】 《天》아홉 遊星의 하나。太陽에서 둘째 軌道를 돌음。公轉週期 二二五일。직경은 지구의 〇、九三七倍。(저녁 때 서쪽 하늘에 보일 때는 長庚星 개밥바라기、새벽 동쪽 하늘에 보일 때는 啓明星(샛별)이라 일컬음。 太白星。『朱註』啓明·長庚、皆ㅡㅡ也。

【金聲:금성】 ❶쇠 소리。 ❷가을의 소리。 ❸相書에서 사람의 음성을 五行에 나눈 것 중 금에 해당하는 소리。

【金城鐵壁:금성철벽】 방비가 견고함。

【金星草:금성초】 《植》山 속 바위에 붙어 사는 풀。금빛의 점이 있음。七星草。

金星草 (三才圖會)

【金細工:금세공】 황금의 세공。

【金粟:금속】 ❶돈과 곡식 。 ❷계수나무 꽃의 別稱。『韓愈·燈火詩』黃裏排ㅡㅡ、釵頭綴玉蟲。

【金屬:금속】 《化》❶쇠붙이。常溫·常壓에서 不透明한 固體(水銀만 액체)로서 展性·延性을 가지며 陽이온이 되기 쉽고 熱 및 電氣의 良導體가 되는 등의 금속 성질을 갖는 물질의 總稱。 ❷金屬元素。

【金屬性:금속성】 쇠붙이의 성질。

【金屬元素:금속원소】 《化》單體로서 금속성이며 그 금속을 이루는 원소。↕非金屬元素。

【金屬貨幣:금속화폐】 쇠붙이로 만든 「화폐。

【金水六君煎:금수육군전】 《醫》허약하고 기침과 숨찬 증세에 달여 마시는 한약。

【金輸出禁止:금수출금지】 금화폐 또는 金地金이 외국에 나감을 금하거나 또는 제한하는 일。

【金翅雀:금시작】 《動》검은 방울새。

【金飾:금식】 黃金으로 된 장식。『溫庭筠』白馬雜ㅡㅡ。

【金牙石:금아석】 金石劑 중에서 돌에 속한 약재의 한 가지。

【金液:금액】 도자기 위에 그림이 붙게 하는 水金 鹽化金 溶液을 硫黃·테레빈油와 섞은 짙은 액체。釉藥을 칠한 위에 이것을 바르고 낮은 온도에서 구움。

【金額:금액】 돈의 액수。

【金額欄:금액란】 금액을 기입하는 欄。

【金櫻:금앵】 《植》安石榴의 異名。樹木의 이름。

金櫻 (三才圖會)

【金約款:금약관】 《經》장래의 貨幣價値의 變動을 예측하여 債權者의 損失을 방지할 목적으로 공채나 사채의 원금과 이자의 지불을 금을 기초로 하여 환산한 화폐액을 가지고 반제하기로 한 약정。

【金言:금언】 ❶생활의 본보기로 할 만한 귀중한 내용을 가진 말。格言。『白居易』ㅡㅡ自銷鑠。 ❷부처의 입에서 나온 不滅의 法語。 ❸굳게 맹세한 말。

【金鹽:금염】 《化》금을 王水에 녹여서 炭酸소오다를 넣고 점차로 증발시켜서 얻은 아름다운 黃色의 結晶。金鹽化나트륨。사진술의 메끼액에 조합됨。

【金烏:금오】 太陽의 別名。太陽 속에 발 세 개가 있는 까마귀가 있다는 전설에 의함。『韓琮』ㅡㅡ長飛玉兎走。

【金鰲新話:금오신화】 《書》李朝 世祖 때 金時習의 漢文小說集。우리나라 최초의 小說集으로 明瞿佑의 剪燈新話를 모방하여 지은 것。

【金烏玉兎:금오옥토】 해와 달。

【金玉:금옥】 ❶黃金과 珠玉。《喩》귀중한 것。또는 讚美할 만한 것。 ❷貴重하거나 또는 아름답다고 할수는 것。『詩經』ㅡㅡ爾言。

【金玉貫子:금옥관자】 금관자와 옥관자。또는 이를 붙인 벼슬아치。

【金玉君子:금옥군자】 몸가짐이 금옥과 같이 깨끗한 사람。

【金玉聲:금옥성】 훌륭한 詩歌·文章및 아름다운 음악의 형용。『白居易·詩』。

【金蛙神話:금와신화】 北夫餘의 임금 解夫妻에 관한 전설。

【金旺之節:금왕지절】 가을의 절후。

【金曜日:금요일】 요일의 여섯째 날。

【金員:금원】 돈。金錢。

【金位:금위】 ❶黃金의 품질의 정도。 ❷金製品 속에 포함된 金의 純位。十八金、十四金 따위。

【金融:금융】 ❶돈의 융통。 ❷《經》營利를 위하여서 하는 經濟社會의 資金의 貸借 및 需要供給의 관계。

【金融界:금융계】 금융의 사회。

【金融恐慌:금융공황】 《經》 금융계에 있어 화폐와 신용 거래가 무너지고 상행위가 혼란함을 이름。

【金融機關:금융기관】 《經》돈의 수요 공급을 융통하는 은행 따위의 경제상의 기관。

【金融團:금융단】 금융업의 종합체。

【金融市場:금융시장】 화폐의 수급으로 자본을 거래하는 시장。

【金融業:금융업】 《經》 은행·신탁·무진 회사 따위의 금융을 목적으로 하는 업。

【金融資本:금융자본】 《經》 ❶銀行資本과 産業資本이 融合해서 産業界를 支配할 만한 地盤을 세운 獨占的 巨大한 資本。 ❷통속적으로는 貸付資本·銀行資本만을 말함。

【金融組合:금융조합】 조합원의 금융의 편의를 도모하는 기관。농업 은행의 前身。

【金銀:금은】 ❶金과 銀。『列子』化人之宮、構以ㅡㅡ。 ❷金貨와 銀貨。 ❸돈。現金。

【金銀塊:금은괴】 금덩이와 은덩이。

【金銀房:금은방】 금은을 가공 매매하는 가게。

【金銀寶物:금은보물】 금·은 따위의 귀중한 물건。

【金銀寶貝:금은보패】 금·은·옥따위의 귀중한 물건。金銀珠玉。

【金銀複本位制:금은복본위제】 《經》金貨와 銀貨를 本位貨幣로 하고 다른 貨幣는 補助貨幣로 삼은 국가의 貨幣制度。金銀倂行本位制度。

【金銀細工:금은세공】 금과 은의 세「공。

【金銀字:금은자】 금과 은으로 한 줄씩 交代로 쓴 經文。

【金銀錢:금은전】 금화와 은화。

【金銀貨:금은화】 금화와 은화。

【金衣公子:금의공자】 《動》 꾀꼬리의 別名。

【金刃:금인】 칼날이 있는 쇠붙이。

【金印:금인】 금으로 만든 도장。金文字。『史記』居月餘、得四ㅡㅡ。

【金字:금자】 금 가루로 쓴 글자。

【金字家:금자가】 옷이나 댕기 같은 데에 금박 박는 것으로 業을 삼는 집。

【金字塔:금자탑】 ❶에집트의 피라미드(Pyramid) 모양이 「金」字와 같은 塔。 ❷길이 후세에전해질 著作이나 사업。

【金爵:금작】 ❶金으로 만든 참새 모양의 술잔。祭器의 한 가지。 ❷지붕 위에 꾸미는 銅鳳。 ❸黃金의 참새로 장식한 비녀의 한 가지。

【金盞:금잔】 금으로 만든 술잔。

【金盞花:금잔화】 (植)국화과에 딸린 일년생 觀賞用 화초。

【金簪:금잠】 금비녀。【梁簡文帝】——鬢下垂。

【金簪草:금잠초】 (植)민들레。

【金匠:금장】 쇠붙이에 細工을 하는 미술 工藝家。金工。

【金裝刀:금장도】 칼의 손잡이나 칼집을 금으로 꾸민 칼。

【金粧飾:금장식】 금으로 된 꾸밈。

【金齏玉膾:금재옥회】 농어의 회。

【金鈿:금전】 금비녀。【劉禹錫】爲我舞——。

【金殿:금전】 ❶黃金으로 꾸민 훌륭한 집。【江總】流泉灌——。❷宮殿。金屋。

【金錢:금전】 ❶쇠붙이로 만든 돈。❷돈。【史記】節衣食之用、多積——。

【金殿玉樓:금전옥루】 몹시 화려한 宮殿。

【金錢出納簿:금전출납부】 (經)돈의 나들음을 적는 장부。

【金錢花:금전화】 (植)碧梧桐科에 딸린 일년생 화초。

【金店:금점】 黃金을 파 내는 곳。金鑛。金山。

【金店軍:금점군】 금광에서 일하는 사람。

【金鉦:금정】 ❶(樂) 樂器의 이름。鐃의 한 가지。❷해를 이름。

❶金鉦 (三才圖會)

【金精玉液:금정옥액】 (喩)썩 효과가 …는 약。

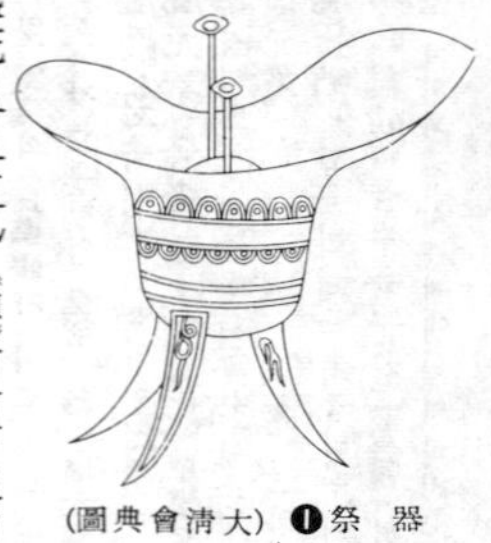
❶祭器 (大淸會典圖)

【金梯:금제】 금강산에 있는 사다리의 이름。九龍淵에서 昆盧峰으로 가는 길에 있음。

【金製:금제】 금으로 만들음。또는 그 물건。

【金製品:금제품】 금으로 만든 물건。

【金鐘蟲:금종충】 (動)방울벌레。귀뚜라미科의 곤충。

【金尊:금준】 黃金의 술잔。金樽。【李白·詩】莫使——空對月。

【金樽:금준】 금으로 만든 술단지。金尊。【陳子昂】銀燭吐靑煙——、對綺筵。

【金中商:금중상】 金銀을 매매하는 장사。

【金紙:금지】 금종이。

【金枝玉葉:금지옥엽】 귀여운 子孫。(喩)임금의 집안과 자손。【六帖】——、帝王之子孫也。

【金指環:금지환】 금가락지。

【金錯刀:금착도】 ❶漢代、王莽이 鑄出한 돈의 이름。❷칼의 이름。漢代에、天子는 全體、諸侯는 環만 黃金으로 장식 하여 썼음。

❶新王莽金錯刀 (金石索)

【金瘡:금창】 칼·창 따위의 쇠끝에 다치어 쇠독이 든 상처。

【金瘡小草:금창소초】 (植)제비꿀。

【金彩:금채】 채색으로 쓰는 금 가루。

【金釵:금채】 금비녀。【白居易】鈿盒——寄將去。

【金天:금천】 ❶가을 하늘。서쪽 하늘。秋天。❷金天氏。傳說의 金德王인 少昊의 帝號。

【金鐵:금철】 ❶쇠。鐵。❷금과 쇠。金屬。鐵製의 刑具。手匣 따위。(喩)堅固한 사물。

【金側:금측】 금딱지。

【金齒:금치】 금니。

【金鐸:금탁】 옛날 軍事의 敎令을 내릴 때 흔들던 큰 방울。文事에는 木鐸을 씀。【周禮·鼓人】。

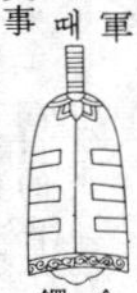
金鐸 (名物圖)

【金波:금파】 ❶달빛。달 그림자。月光。月影。【漢書】月穆穆以——。❷달빛에 비쳐서 금빛으로 빛나는 물결。❸곡식이 누렇게 익은 들。

【金判蟲:금판충】 (動)물빈대。

【金牌:금패】 ❶黃金으로 만든 牌。❷(國)泥金을 발라 만든 나무 패。奎章閣 官員이 나갈 때 지니고 앞장 서서 가게 함。❸금으로 만든 賞牌。

【金表:금표】 금시계。

【金品:금품】 돈과 물품。

【金風:금풍】 가을 바람。秋風。【張協】——扇素節。

【金核本位制度:금핵본위제도】 (經) 금화를 本位貨幣로 하고、금·地金·金拂 외국 수형 따위를 준비해 놓고서 그 준비된 것만큼 지폐 따위의 補助貨幣를 쓰는 화폐 제도。

【金穴:금혈】 ❶=金坑。❷큰부자。

【金婚式:금혼식】 결혼한 후 五○년 만에 혼인을 축하하는 식。

【金貨:금화】 ❶금으로 만든 돈。❷돈。

【金貨本位制度:금화본위제도】 (經) 금화가 중앙 은행의 적립금이 되며、또 그 금화를 실지로 流通하게 하는 화폐 제도。

【金丸:금환】 ❶달의 別名。金鏡。❷금으로 만든 彈丸。【西京雜記】韓嫣好彈、常以金爲丸。

【金環蝕:금환식】 (天)달이 太陽의 가운데 만을 가리어、太陽이 고리 모양으로 뵈는 日蝕。

◎代—、貸—、鍍—、萬—、募—、返—、白—、罰—、砂—、謝—、賞—、稅—、送—、純—、義捐—、利—、一刻千—。

二 畫

【釕】 (조) 篠 チョウ、びじょう bit ㄌㄧㄠˇ liao^3

草書 ❶말자갈조(—轡馬美飾)。❷걸쇠 조(錦—)。

【釗】 一(소) 蕭 ショウ、キョウ、まゆみ have an audience of 二(교) 蕭 ㄓㄠ chao^1

小篆 草書 一❶힘쓸소(勉也)。❷보일소(見也)。❸쇠뇌고동소(弩牙)。二사람이름교(周康王)。

【釘】 一(정) 靑 テイ、くぎ nail; spike 二(정) 徑 ㄉㄧㄥˋ ting^4

小篆 草書 一❶창정(矛名)。【郭璞曰】鶴膝矛江東呼爲鈴—。❷못정(鐵尖)。【晋書】桓溫伐蜀以所貯竹頭作—裝船。二불린금정(—鈑)。

【釘竿子:정간자】 물레의 가락。

【釘倒蟲:정도충】 (動)장구벌레。

【釘頭:정두】 못대가리。

【釘瞖:정예】 (醫)눈동자를 움직일 때 아프고 瞖膜이 생기는 눈병의 한 가지。

【釘彫:정조】 도자기에 그림을 새기는 일。

【釜】 (부) 麌 フ、かま cauldron ㄈㄨˇ fu^3

草書 ❶가마부(無足鼎)。❷휘부(量名)。【左傳】豆區—鍾。

❷釜 (三禮圖)

❷釜 (三才圖會)

【釜鬲:부격】 가마솥과 다리 굽은 솥。【史記】遇奪——于塗。

【釜煮:부자】 솥에 삶음。【付法藏經】——不爛。

【釜鼎器:부정기】 부엌에서 쓰는 그릇。

【釜寶:부조】 솥과 부뚜막.

【釜中生魚:부중생어】 오랫동안 솥에 밥을 짓지 못하였으므로 솥 속에 고기가 생겨났다는 뜻. (喩)아주 가난함. 『後漢書·獨行傳』—范萊蕪.

【針】 ㊀(침) 侵 ㊁(침) 沁 シン、はり needle. pin ㄓㄣ chen¹

草書 ㊀❶바늘침(縫具). 『唐書』七夕妃嬪各執九孔ㅡ五色線向月穿之. ❷침침(刺病). ㊁❶바느질할침(縫切). ❷찌를침(刺也).

【針工:침공】 ❶바느질의 기술. ❷바느질의 삯.

【針孔:침공】 ❶바늘귀. ❷바늘이 드나드는 구멍. 「ㅡ는 療法」.

【針灸:침구】 침질과 뜸질로 병을 고치는 일.

【針口魚:침구어】 (動)공미리. 바닷물고기. 公魚. 針魚.

【針路:침로】 ❶지남철이 가리켜 주는 방향. 곧 배나 비행기 따위가 나아가는 길. ❷方向.

【針母:침모】 남의 바느질을 해주고 일정한 삯을 받는 女子.

【針盤:침반】 羅針盤의 略稱.

【針房:침방】 궁중에서 바느질하던 곳.

【針狀:침상】 바늘과 같이 가늘고 끝이 뾰족한 모양.

【針線:침선】 바늘과 실. 또는 바느질.

【針線紡績:침선방적】 바느질과 길쌈.

【針小棒大:침소봉대】 (喩)조그마한 일을 크게 불리어서 말함.

【針術:침술】 (醫)鍼으로 병을 고치는 기술. 鍼術.

【針艾:침애】 침과 쑥. 針術과 뜸질. 針「灸」.

【針葉樹:침엽수】 (植)잎이 바늘같이 생긴 나무의 總稱. 소나무·잣나무 따위. 바늘잎 나무. ↕闊葉樹.

【針才:침재】 바느질하는 재주.

【針尺:침척】 바느질 자.

【針形:침형】 잎의 모양의 한 가지. 바늘처럼 생긴 솔잎 따위.
◎短ㅡ、方ㅡ、磁ㅡ、長ㅡ、注射ㅡ、中ㅡ、指ㅡ.

【釟】 (팔) 黠 ハツ、きたえる temper
단련할팔(鍊也).

【釜】 (부)『釜』(金部 2畫)와 같음

三 畫

【釣】 (조) 嘯 チョウ、つる fishing with a hook ㄉㄧㄠ diao⁴

小篆 草書 ㊀❶낚시조(鉤魚). ❷낚을조(取也). 『淮南子』虞君好寶晉獻以璧馬ㅡ之. ❸구할조(求也).

【釣竿:조간】 낚싯대. 『戴石屛』萬事無心ㅡㅡ.

【釣橋:조교】 ❶城의 外濠에 架設한 다리. 吊橋. ❷양쪽 언덕에 줄·쇠사슬 따위를 건너 질러 거기에 의지하여 매달아 놓은 다리.

釣矯 (武備志)

【釣鉤:조구】 낚시 바늘. 『陳師道』布網收魚檪連筒下ㅡㅡ. 「白鳥啣魚上ㅡㅡ.

【釣磯:조기】 낚시질하는 자리. 『劉長卿』

【釣龍臺:조룡대】 (地)忠淸南道 扶餘에 있음. 扶餘前八景의 하나. 天政臺에서 白馬江을 흘러 扶蘇山에 이른 강 가에 있는 바위. 唐將 蘇定方이 白馬를 미끼로 하여 龍을 낚고 강을 건너 百濟를 쳤다는 전설이 있음.

【釣綸:조륜】 낚싯줄. 釣緡. 『杜甫』錦里殘丹竈、花溪得ㅡㅡ.

【釣名:조명】 명예를 구함.

【釣船:조선】 고기를 낚는 배. 낚싯배. 釣舟. 『岑參』桑葉隱村戶、蘆花映.

【釣叟:조수】 고기를 낚는 늙은이. 釣父.

【釣繩:조승】 물건을 거는 데 쓰는 작은 갈고리를 단 줄. 『嵇康』嘉彼ㅡㅡ得魚忘筌.

【釣魚:조어】 물고기를 낚음. 낚시질.

【釣舟:조주】 고기를 낚는 배. 낚싯배. 釣般. 『杜甫』磨滅餘篇翰、平生一ㅡㅡ.

【釣太:조태】 주낙으로 잡은 명태.

【釤】 ㊀(삼) 咸 ㊁(삼) 陷 サン、かま scythe

草書 ㊀자귀삼(鏟屬). 『抱朴子』推黃鉞以適ㅡ鎌之持. ㊁큰낫삼(大鎌).

【釤利:삼리】 鮮明함. 날카로움. 『杜牧』

【釥】 (초) 篠 ショウ、みめよい gold

草書 좋은쇠초(美金).

【釦】 (구) 有 コウ、わめく clasp ㄎㄡ k'ou⁴

小篆 草書 ❶그릇에금테두를구(金飾器口). 『後漢書』蜀漢ㅡ器. ❷떠들썩할구(讙動). 『吳語』三軍譁ㅡ以振旅. ❸두드릴구(叩也).

【釧】 (천) 霰 セン、うでわ bracelet ㄔㄨㄢ ch'uan⁴

小篆 草書 팔찌천、팔깍지천(釵ㅡ女飾臂ㅡ). 『何偃書』珍玉名ㅡ因物寄情.

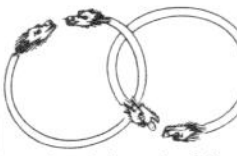
釧 (三才圖會)

【釩】 (범) 豏 ハン、はらう throw down
떨칠범(拂也).

【釪】 (우) 虞 ウ、いしづき handbell ㄨ wu²

草書 ❶요령우(錞ㅡ樂器似鐘). ❷바리때우(鉢ㅡ僧家飯器).

【釫】 (화) 麻 カ、すき two-shared plough

草書 좌우로날선보습 화(芣也). 『芣』와 같음

【釬】 (한) 翰 カン、こて armlet ㄏㄢ han⁴

小篆 草書 ❶팔찌한、어깨에두르는갑옷한(被臂鎧). 『管子』弛弓脫ㅡ. ❷급할한(急也). 『莊子』有緩而ㅡ.

【釭】 ㊀(공) 東 ㊁(강) 江 コウ、かりも axle ㄍㄨㄥ kung¹

小篆 草書 ㊀❶굴대공(車轂中鐵). ❷화살끝공(箭鏃). 『釋名』鏃、關西曰ㅡ. ㊁등잔강(燈也). 『謝朓詩』蘭ㅡ當夜明.

【釱】 ㊀(체) 霽 ㊁(대) 泰 テイ、タイ、あしかせ leg chains

小篆 草書 ㊀차꼬체、발잠그는쇠체(足鉗). 『史記』私鑄鐵器煑鹽者ㅡ左趾. ㊁뜻은 ㊀과 같음.

【釵】 ㊀(채) 佳 ㊁(차) 麻 サイ、かんざし women's hair-pin ㄔㄞ ch'ai¹

小篆 草書 ㊀비녀채(婦人岐笄、兩股笄). 『美人賦』玉ㅡ挂臣冠. ㊁뜻은 ㊀과 같음.

【釵梳:채소】 비녀와 빗. 『王建』私縫黃

帔拾ㅡㅡ。〔貧賣ㅡㅡ。

〔釵釧：채천〕 비녀와 팔찌。『杜甫·詩』家

【釳】(흘) 物 キツ、かざる ornament
小篆 말머리 장식 흘(方ㅡ乘輿馬頭飾)。

四畫

【鈚】(벽) 錫 ヘキ、かなかき wooden vessel
小篆 草書 ❶가리박벽(裁木爲器)。〔蜀都賦〕藏鏃巨萬ㅡ梘兼呈。❷깨뜨릴벽(破也)。〔漢書 藝文志〕鉤ㅡ析亂而已。

【鈃】(야) 麻 ヤ、けんのな sword
小篆 막야칼야(鏌ㅡ吳神劍名)。〔漢書〕莫邪爲鈍兮鉛刀爲銛。

【鈓】(흘)『釳』(金部3畫)의 本字

【釿】(근) 文 キン、ギン、かんな plane ㄐㄧㄣ chin¹
小篆 草書 대패근(平木具)。〔莊子在宥〕ㅡ鋸制焉。

〔釿鍔：근악〕 器物의 위가 우툴두툴한 것。(釿은 오목한 것、鍔은 볼록한 것)。

【鈀】(파) 麻 ハ、まぐわ hoe ㄆㄚ p'a²
小篆 草書 ❶싸움수레파(兵車、候車)。〔司馬法〕晨夜內ㅡ車。❷쇠갈퀴 파(鉏屬五齒平土除穢)。

通天鈀(大淸會典圖)

【鈊】(심) 沁 シン、するどい sharp (本音「침」)
날카로울심(銳利)。

【鈂】(침) 侵 チン、てつのきね iron pestle
小篆 쇠공이침(鐵杵)。

【鈆】(연) 先 エン、なまり lead ㄑㄧㄢ ch'ien¹
납연(錫類靑金)。〔淮南子〕不ㅡ可以爲刀。(『鉛』과 같음)

【鈇】(부) 虞 フ、おの axe ㄈㄨ fu¹
小篆 草書 ❶작도부(莝斫刀)。❷도끼부(ㅡ鉞ㅡ鑕斧也)。〔禮〕諸侯賜ㅡ鉞然後殺。

〔鈇鉞：부월〕 ❶작은 도끼와 큰 도끼。『中庸』不怒而民威于ㅡㅡ。❷옛날에 임금이 大將이나 또는 諸侯에게 生殺權을 주는 뜻으로 손수 주던 것。《轉》征伐·刑戮重刑의 뜻으로 쓰는 말。❸나무로 만든 儀仗에 쓰는 銀빛 또는 金빛 나는 도끼。「誅。斧鉞。

〔鈇質：부질〕 ≡鈇鑕。『史記』請就ㅡㅡ之

〔鈇鑕：부질〕 《制》도끼로 죽이는 刑罰。또는 그 刑具。작두。鈇質。『公羊傳』不忍加之ㅡㅡ。

【鈉】(납) 合 トウ、かなづち iron hammer ㄋㄚ na⁴
❶메납(打鐵)。❷쇠불릴납(治鐵)。

【鈋】(와) 歌 カ、けずる round off ㄜ e²
小篆 깎아서 둥글게할와(刓方爲圓)。

【鈍】(둔) 願 ドン、にぶい dull; blunt ㄉㄨㄣ tuen⁴
小篆 草書 ❶노둔할둔(頑ㅡ)。〔史記〕士之無恥頑ㅡ嗜利者亦多歸漢。❷무딜둔(不利)。〔漢書〕莫邪爲ㅡ兮。

〔鈍角：둔각〕 《數》九〇度 이상 一八〇度 이하의 角。↔銳角。

〔鈍感：둔감〕 감각이 무딤。느낌이 무딤。

〔鈍器：둔기〕 무딘 칼 따위의 연장。『王褒』工人之用ㅡㅡ也、勞筋苦骨、終日矻矻。

〔鈍刀：둔도〕 날이 무딘 칼。

〔鈍利：둔리〕 ❶무딤과 날카로움。❷不運과 幸運。

〔鈍朴：둔박〕 미련하면서도 순박함。

〔鈍步：둔보〕 느리고 굼뜬 걸음。

〔鈍劣：둔열〕 둔하고 용렬함。

〔鈍才：둔재〕 재주가 둔함。또는 그 사「람。

〔鈍智：둔지〕 ❶우둔한 지혜。❷鈍才。

〔鈍鑕：둔질〕 둔한 성질。느린 기질。

〔鈍聰：둔총〕 총명하지 못한 기억력。

〔鈍濁：둔탁〕 둔하고 흐리터분함。

〔鈍筆：둔필〕 재치가 없는 글씨。

◎銳ㅡ愚ㅡ、利ㅡ、遲ㅡ、癡ㅡ。

【鈌】(결) 屑 ケツ、さす thrust
小篆 찌를결(刺也)。

【鈎】(구)『鉤』(金部5畫)의 俗字

【釿】(인) 軫 イン、すず marcosite ㄧㄣ yin³
小篆 백철인(錫金白鑞)。〔爾雅疏〕錫金白鑞也一名ㅡ。

【鈐】(검) 鹽 ケン、キン、くさび linchpin ㄑㄧㄢ ch'ien²
小篆 草書 ❶굴대비녀장검(車轄)。❷자물쇠검(鏁也)。〔爾雅序〕六藝之ㅡ鍵。❸큰보습검(大犂)。❹별이름검(星名鉤ㅡ)。

〔鈐鍵：검건〕 ❶자물쇠와 열쇠。❷열쇠。《轉》중요한 곳。關鍵。

〔鈐韜：검도〕 창 자루와 활집。《轉》兵法。

〔鈐璽：검새〕 玉璽를 찍음。

〔鈐印：검인〕 官印을 찍음。

【鈑】(판) 潸 ハン、いたがね gold coin
草書 불린금판(金ㅡ餠金)。〔周禮〕祭五帝供金ㅡ。

【鈒】㊀(삽) 緝 ソウ、ほこ trident ㊁(삽) 合 ㄙㄜ sê⁴
小篆 草書 ㊀삼지창삽(鋋也 戟也)。〔陸雲書〕舉ㅡ成雲下ㅡ成雨。㊂새길삽(鏤也)。「金銀爲文曰ㅡ」。

【鈔】㊀(초) 肴 ショウ、かきうつす copy ㊁(초) 效 ㄔㄠ ch'ao¹
小篆 草書 ㊀❶노략할초、취할초(取也略也)。〔後漢書〕攻ㅡ郡縣。❷베낄초(謄寫)。〔抱朴子〕略ㅡ金丹之都較。㊁지폐초(楮幣)。〔宋書〕女眞造ㅡ五等與錢並用。

〔鈔盜：초도〕 노략질하여 훔침。『後漢書』不爲ㅡㅡ則可矣。

〔鈔略：초략〕 노략질하여 빼앗음。抄略。『後漢書』不修法度、ㅡㅡ爲資、百姓患之。

〔鈔本：초본〕 내용의 필요한 부분만 뽑아서 베낀 文書、또는 書籍。抄本。

〔鈔寫：초사〕 책을 그대로 베낌。『晉書』好讀書、或手自ㅡㅡ。

〔鈔暴：초포〕 武力으로 약탈하고 騷擾함。暴鈔。『後漢書』經歲無功、而匈奴ㅡㅡ日增。

【鈗】㊀(윤) 軫 イン、やり spear ㊁(예) 霽
小篆 ㊀창윤(侍臣所執兵器)。〔周書〕一人冕執ㅡ。㊁뜻은 ㊀과 같음。

【鈕】(뉴) 有 チュウ、つまみ、とつて handle ㄋㄧㄡˇ niu³
鈕(小篆) 玐(古文) 鈕(草書) ❶인꼭지 뉴(印鼻)。❷거울손잡이뉴(鏡弩鼻)。【楚辭】遺失兮一樞。❸단추뉴(衣鉤)。

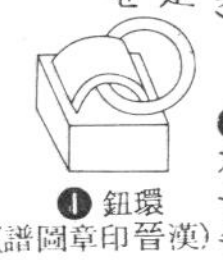
❶ 鈕環 (漢晉印章圖譜)

【鈕樞:유추】❶寶器。【楚辭】遺失兮一一。❷淸、吳縣人。字는 漢藩。그림에 能하여 仇英法의 宗。【墨香居畫識】。

【鈚】㊀(비) 齊 ㊁(비) 支 ヒ、ヘイ、や arrow ㄆㄧˊ p'i²
鈚(草書) ㊀살촉비(箭鏃)。【杜甫詩】長一及狡兔。㊁보습비(犂錧別名)。

箭 鈚 (大清會典圖)

【鈜】㊀(횡) 庚 ㊁(광) 梗 コウ、かねのおと sound of bell ㄏㄨㄥˊ hung²
鈜(草書) ㊀쇠북소리 횡(鏗一鐘鼓聲)。㊁뜻은『鑛』에 보라。

【鈞】(균) 眞 キン、ひとしい equal ㄐㄩㄣ chün¹
鈞(小篆) 𨥂(古文) 鈞(草書) ❶설흔근균(三十斤)。【書】關石和一。❷질그릇만드는바퀴균(陶具)。【師古曰】陶家名轉者爲一。❸천지균(大一洪一天地)。【漢書】大一播物。❹풍류이름균(樂名一天)。❺고를균(均也)。❻높임말균(敬語)。【左傳 成公十六年】善一從衆。

【鈞陶:균도】轆轤(녹로)를 돌려서 오지그릇을 만들음。《轉》인물을 양성함。【雅琥】三千碩士在一一。

【鈞石:균석】저울 추。

【鈞天:균천】하늘의 중앙。鈞은 四方이 平均되는 곳。《轉》上帝의 서울。【呂覽·有始】。

【鈞天廣樂:균천광악】天上의 音樂。매우 미묘한 음악。均天樂。【列子·周穆王】。

五 畫

【鉳】(돌) 月 トツ、にぶい blunt; dull
鉳(草書) ❶무딜돌(鈍也)。❷찬칼돌、작은칼돌(小刀)。

【鈴】(령) 靑 レイ、すず bell ㄌㄧㄥˊ ling²
鈴(小篆) 鈴(草書) 방울령(鐸也)。【左傳】錫鸞和一昭其聲也。

漢永平小鈴 (金石索)

【鈴蘭:영란】《植》은방울꽃。난초과에 속한 多年生 풀꽃。

【鈴鈴:영령】❶방울 소리。❷震動하는 소리。鈴鈴然。【漢書】丙戌地大動、一一然。「落日樓臺自一一。

【鈴語:영어】풍경 소리。鈴聲。【薩都刺】

【鈴鐸:영탁】방울。요령。鐸鈴。【嵇康】一一警耳、鐘鼓駭心。

【鈴下:영하】❶따라다니며 호위하는 兵卒。【後漢書·周紆傳】❷將帥가 있는 곳。鈴閤。❸將帥。❹편지 용어。◎搖一、電一。

【鈷】(고) 麌 コ、ひのし flat-iron ㄍㄨˇ ku³
鈷(草書) 다리미고(一鏻溫器)。【鈷鉧潭記】一鉧熨斗也潭之形似之。

【鈷戈:고과】예리한 창。鈷戟。鈷矛。

【鈷刀:고도】예리한 칼。利刀。

【鈷鈍:고둔】날카로움과 무딤。銳鈍。

【鈷利:고리】칼날이 날카로와서 잘 들음。銳利。

【鈷鉧:고무】❶다리미。熨斗 ❷작은 솥。

【鈷銳:고예】날카로움。銳利。利鈍。

【鉈】(사) 支 シ、かまのえ sickle handle
鉈(草書) ❶낫자루사(鎌柄)。❷보습사(耒端)。【管子】耜耒耨懷鉊一。

【鈸】(발) 曷 ハツ、バチ、すず bell ㄅㄚˊ pa²
鈸(草書) 방울발(銅一鈴也)。

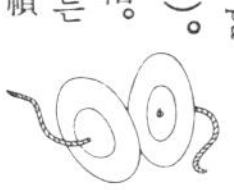
鈸 (大清會典圖)

【鈸帽:발모】淸代의 官帽。모양이 방울 같음。뒤에는 여름의 禮帽가 됨。【啓禎記聞錄】。

【鈹】(피) 支 ヒ、おおはり skewer ㄆㄧ p'i¹
鈹(小篆) 鈹(草書) ❶쇠꼬챙이피、칼피(大針、劍也)。【史記 刺客傳】皆持長一。❷날선창피(刀戈)。【左傳】使賊殺其宰華吳賊六人以一殺諸盧門。

【鉘】(제) 齊 セイ、するどい sharp
鉘(小篆) 날카로울제(銳利)。

【鈺】(옥) 沃 ギョク、たから jewel
❶보배옥(寶也)。❷단단한쇠옥(堅金)。

【鈿】㊀(전) 先 ㊁(전) 霰 テン、デン、かんざし women's hair-pin
鈿(小篆) 鈿(草書) ㊀비녀 전(金一首飾)。【庾肩吾詩】縈鬟起照鏡誰忍去金一。㊁보배로꾸민그릇전(寶飾器)。

【鈿箜篌:전공후】고대 악기의 한 가지、소라로 장식한 공후。「椅子象牙牀。

【鈿螺:전라】자개。螺鈿。【尹廷高】一一

【鈿瓔:전영】자개 박은 목걸이。【白居易】一一纍纍佩珊珊。

【鈿針:전침】금비녀。【唐書】歲七月獻一。

【鈿合:전합】자개를 박은 香盒(향합)【陳鴻·長恨歌傳】定情之夕、授金釵一一以固之。

【鉀】(갑) 洽 コウ、よろい suit of an armour ㄐㄧㄚˇ chia³
鉀(草書) 갑옷갑(鎧也)。【晉載記】姚弋仲貫一上馬。(『甲』과 같음)

【鉂】(사) 紙 シ、かねのわ iron ring
쇠고리사(金環)。

【鉃】(시) 紙 シ、やじり arrowhead
살끝시(箭鏃)。

【鉄】(철)『鐵』(金部 13畫)의 俗字

【鉅】(거) 語 キョ、つりばり hook ㄐㄩˋ chü⁴
鉅(小篆) 鉅(草書) ❶클거(大也)。【史記】天子曰一公。❷갈구리거(鉤也)。【西征賦】弛靑鯤於網一。❸강한쇠거(大剛鐵)。【史記】宛之一鐵。(『巨·詎』와 通함)

【鉅卿:거경】身分이 높은 사람。鉅公。

【鉅公:거공】❶임금을 일컬음。【漢書·郊祀志】一父老言、吾欲見一一。❷尊貴한 사람。鉅卿。❸그 방면에 造詣가 깊은 사람。

【鉅狡:거교】세력 있는 惡漢。

【鉅闕:거궐】옛날 名劍의 이름。【荀子】干將莫邪、一一辟閭、此皆古之良劍也。

【鉅費:거비】많은 費用。巨費。

【鉅偉：거위】 훌륭하고 큰 것。

【鉅儒：거유】 大學者。碩儒。『隋書』四方鴻生ㅣㅣ、負袟自遠至者、不可勝算。

【鉅子：거자】 偉人。大人物。

【鉆】 ㊀(검) 鹽 ケン、かなばさみ ㊁(첩) 葉 tweezers
小篆 草書 ㊀ 보습겸(大犂)。 ㊂ 족집게첩(鐵鉗)。

【鉇】 (사) 『鉈』(次條)와 같음

【鉈】 (사) 麻 シャ、シ、ほこ short spear
小篆 草書 짧은창사(短矛)。

【鉉】 (현) 銑 ケン、みみづる ear of a kettle ㄒㄩㄢˋ hsüan
小篆 草書 솥귀 현 (所以貫鼎而擧之)。 【易】鼎黃耳金ㅣ利貞。

【鉉席：현석】 三公의 地位。또는 그 地位의 사람。鉉臺。『王筠』妄參ㅣㅣ覗、貌槐廷。

【鉊】 (초) 蕭 ショウ、おおかま scythe
小篆 草書 큰낫초(大鎌)。 【管子】粔耒耨懷ㅣ鉊。

【鉋】 (포) 效 ホウ、かんな plane ㄅㄠˋ pao⁴
草書 대패포(鏟屬平木器)。

【鉋屑：포설】 대팻밥。

【鉐】 (석) 陌 セキ、しんちゅう brass
놋쇠석(鍮也)。

【鉚】 (류) 有 リュウ、こがね gold
草書 황금류(黃金、美金)。

【鉍】 (필) 質 ヒ、ヒツ、ほこのえ spear-shaft ㄅㄧˋ pi⁴
草書 창자루필(矛柄)。

【鉏】 ㊀(서) 魚 ショ、ソ、すき、くわ ㊁(서) 語 weeding hoe(本音「조」) ㄔㄨˊ ch'u²
小篆 草書 ㊀ ❶ 호미서(治田器)。【漢書】秦人借父耰ㅣ慮有德色。❷성서、이름 서(姓名)。【左傳 宣公二年】ㅣ麑。㊁ 어긋날서(相距鉏鋙)。【楚辭】圜鑿而方枘兮吾固知其ㅣ鋙而難入。

鉏 (書全政農)

【鉏鉤：서구】 호미와 갈고리。【漢書】賊棄弓弩而持ㅣㅣ。「不自勤ㅣㅣ。」

【鉏鍤：서삽】 호미 또는 삽。【張耒】飢寒ㅣㅣ。

【鉏鋙：서어】 서로 어긋남。齟齬。【楚辭】圓鑿而方枘兮、吾固知其ㅣㅣ難入。

【鉏耘：서운】 호미로 김맴。鋤耘。《轉》惡人을 除去함。誅除。【韓愈】神功謝ㅣㅣ。

【鉑】 (박) 藥 ハク、はく gold-foil ㄅㄛˊ po²
草書 금박박(金薄)。

【鉒】 (주) 遇 チュ、あらがね mineral
草書 ❶쇳돌주(丱也)。【管子】上有鉛者其下有ㅣ 銀上有丹砂者其下有ㅣ金。❷ 함둘주(署置)。

【鉗】 (겸) 鹽 ケン、くびかせ shackles ㄑㄧㄢˊ ch'ien²ウ
小篆 草書 ❶목사슬겸 (髡ㅣ以鐵束頸)。【漢書】自髡ㅣ爲王家奴。❷세력으로써남을누를겸(ㅣ制)。❸입다물겸(ㅣ口)。【後漢書袁紹傳】百辟ㅣ口。

【鉗梏：겸곡】 項鎖와 手匣。또는 그것을 채움。【柳宗元】束縛ㅣㅣ之。

【鉗口：겸구】 입을 다물고 말을 하지 않는 것。箝口。

【鉗忌：겸기】 세력만 믿고 남을 억누르고 해치는 것。【後漢書】妻孫壽、性ㅣㅣ、能制御冀。

【鉗徒：겸도】 목에 칼을 쓴 죄인。鉗奴。鉗子。【漢書】有ㅣㅣ相靑曰貴人也。

【鉗子：겸자】 ❶=鉗徒。【漢書】廣漢ㅣㅣ謀攻牢。❷《中》못뽑이。집게。❸《醫》기관・조직・기물 등을 고정하거나 압박하는 데 쓰는 외과용 수술 기구。

【鉗制：겸제】 남을 억눌러 拘束하는 것。【易林】執囚束繫、ㅣㅣ于吏。

【鉔】 (잡) 合 ソウ、まわりこうろ censer
草書 구르는 향로잡 (轉施不倒之香爐)。

【鉛】 (연) 先 エン、なまり lead ㄑㄧㄢ ch'ien¹
小篆 草書 ❶납연(錫類靑金)。【書】ㅣ松怪石。❷분연(白粉)。

【鉛管：연관】 납으로 만든 관。주로 급수・배수・가스 공사 따위에 사용함。

【鉛鑛：연광】 주로 납을 파내는 광산。

【鉛黛：연대】 白粉과 눈썹 그리는 먹。《轉》化粧。粉黛。『白粉雕龍』夫ㅣㅣ所以飾容。

【鉛刀：연도】 날이 무딘 칼。鈍刀。【史記】莫邪爲鈍兮、ㅣㅣ爲銛。

【鉛毒：연독】 ❶납의 毒。❷《醫》납에 中毒되어 운동마비・위장병 따위의 증세가 생기는 病。鉛中毒。

【鉛銅：연동】 납과 구리。

【鉛鈍：연둔】 ❶=鉛刀。❷납과 같이 才知가 둔한 것。【柳宗元】自顧ㅣㅣ、無以克堪。

【鉛粉：연분】 ❶白粉。鉛華。鉛白。❷그림 그릴 때 쓰는 흰 顏料。

【鉛商：연상】 더대가 재력이 부족할 때 그에게 필요한 돈을 대주고 채광한 뒤에 이익의 배당을 받는 사람。

【鉛中毒：연중독】 납을 다룸으로써 생기는 병。

【鉛直面：연직면】 지평면과 직각을 이루는 평면。곧 연직선을 포함하는 평면。

【鉛直線：연직선】 물체를 실로 매달아 늘어뜨렸을 때의 그 실의 방향。곧 그 땅에 있어서의 重力의 방향을 이루는 수직선。

【鉛硝子：연초자】 납유리。

【鉛版：연판】 活字를 組版한 것으로 紙型을 떠서 그 紙型에다 납・주석・안티몬으로 된 合金을 녹여 부어 만든 복제 인쇄판。스테로。스테로타이프。

【鉛筆：연필】 ❶黑鉛의 紛末과 粘土를 섞어 구워서 심을 만들어 나무 軸에 박은 筆記用具。❷鉛粉으로 글씨를 쓰는 붓。【東觀漢記】寢削懷ㅣㅣ、行則誦讀書。

【鉛筆畫：연필화】 연필로 그린 그림。習畫用・畫稿用으로 흔히 그림。

【鉛華：연화】 =白粉。【曹植】芳澤無加ㅣㅣ弗御。

【鉛華粉：연화분】 《植》함석꽃。◎亞ㅣ、黑ㅣ。

【鉜】 (부) 尤 フウ、おおくぎ big nail
큰못부(大釘)。

【鉠】 (앙) 陽 オウ、すずおと tinkling of a bell
草書 방울소리앙(ㅣㅣ鈴聲)。【東京賦】和鈴ㅣㅣ。

【鉠鉠：앙앙】 방울의 조그만한 소리。【張衡】鑾聲噦噦、和鈴ㅣㅣ。

【鉞】(월) 月 エツ、まさかり broad axe ㄩㄝ yüeh⁴
小篆 草書 도끼월(鈇ㅣ斧也)。【書經牧誓】王左杖黃ㅣ。

鉞 (大淸會典圖)

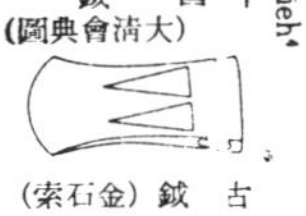
古鉞 (金石索)

【鉟】(비) 支 ヒ、ほこ spear
草書 날있는창비(刃戈)。【韓愈詩】何當鑄鉅ㅣ。

【鉢】(발) 曷 ハツ、ハチ、はち brass bowl ㄅㄛ po¹
草書 바릿대발(盂屬食器)。【梵書】自釋迦相傳有衣ㅣ。

【鉢器:발기】(佛)比丘의 밥그릇。鐵鉢。

【鉢盂:발우】(佛)僧侶의 밥그릇。鉢은 梵語。盂는 漢語。

◎周ㅣ、托ㅣ。

【鉣】(겁) 葉 キョウ、おびがね wire
小篆 띠매는쇠끈겁(組帶鐵)。

【鉤】(구) 尤 コウ、かぎ hook ㄍㄡ kou¹
小篆 草書 ❶갈고리구(懸物者)。❷갈고랑쇠구(鐵曲)。❸그림쇠구(ㅣ矩規也)。❹끌구(牽也)。【後漢書】皆爲ㅣ黨下獄。❺갈아다릴 구(ㅣ索)。【易繫辭】ㅣ梁致遠。❻굽장칼구(劍屬)。【漢書】鑄作刀劍ㅣ鐔。

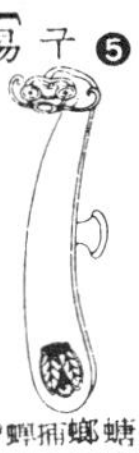
古玉螭鄉珮帶鉤 (古玉圖譜)

【鉤距:구거】미늘。낚시 끝의 가스랑이처럼 된 갈고리。(喩)낚시에 미늘이 있어서 이것을 삼킬 때에는 아무렇지도 않으나 뱉으려면 미늘에 찔리어 곤란한 것과 같이 사람으로 하여금 어떤 術策에 빠뜨려 나올 수 없게 함으로써 깊이 그 內情을 探索함。【漢書】善爲ㅣㅣ、以得事情。

【鉤鐮:구겸】❶낫。❷武具의 한 가지。긴 손잡이가 있어 敵船을 끌어당기거나 또는 줄 따위를 끊는 데 쓰임。

鉤鐮 (武備圖)

【鉤曲:구곡】낚시와 같이 굽은 것。【杜甫·詩】達士如弦直、小人似ㅣㅣ。

【鉤校:구교】찾아내어 조사함。【漢書】咸皆ㅣㅣ、發其姦藏。

【鉤矩:구구】콤퍼스와 曲尺。(轉)法則「規矩。

【鉤斷:구단】갈고리로 끌어 내어 끊음。

【鉤黨:구당】서로 끌어 당겨 徒黨을 만들음。【後漢書·靈帝紀】皆爲ㅣㅣ下獄。

【鉤勒:구륵】雙線으로 그림을 그리고 그 사이에 色을 채워 올리는 법。沒骨法。【圖繪寶鑑】張遜善畫竹、作ㅣㅣ法、妙絕當世。

【鉤芒:구망】❶東方의 神。句芒。【漢書·楊雄傳】。❷낚시。또는 갈고리 끝。「양。

【鉤狀:구상】갈구리 비슷하게 생긴 모양。

【鉤索:구색】❶깊숙한 道理를 찾고 구함。❷쇠붙이로 만든 열쇠。鐵鉤索。

【鉤繩:구승】曲尺과 먹줄。【莊子】曲者中鉤、直者中繩。(轉)굽은 것을 바르게 하는 것。

【鉤心:구심】바퀴의 굴대。(轉)지붕의 中心。【杜牧·阿房宮賦】ㅣㅣ鬪角。

【鉤用:구용】採擇하여 씀。【莊子】論先王之道而明周召之迹、君無所ㅣㅣ。

【鉤援:구원】갈고리가 달린 사닥다리。예날 이것으로 攻城할 때 썼음。雲梯。

鉤梯。【詩經】以爾ㅣㅣ。

【鉤餌:구이】낚시에 단 미끼。「ㅣ網。

【鉤引:구인】갈고리로 걸어 잡아 당김。【莊子】ㅣ

【鉤梯:구제】높은 사닥다리。雲梯。【管子】凌山阬、不待ㅣㅣ。

【鉤摭:구척】끌어당기어 가짐。끌어 올려 자세히 조사함。【漢書】ㅣㅣ微細、毛擧數事、以塞詔而已。

【鉤取:구취】갈고랑이로 끌어 내어 가짐。【宋史】三司ㅣㅣ無法。「의 總稱。

【鉤針:구침】끝이 갈구리처럼 생긴 바늘

【鉤玄:구현】깊숙한 도리를 찾아 내어 깨달음。【韓愈·進學解】記事者、必提其要、纂言者、必鉤其玄。

【鉥】(술) 質 ジュツ、おおばり big needle ㄕㄨ shu⁴
小篆 草書 ❶돗바늘술(長針)。【管子】一女必有一針一ㅣ。❷인도할수(導也)。

【鉦】(정) 庚 ショウ、どら gong ㄓㄥ chêng¹
小篆 草書 징정(鐃也、鐲也)。【詩】ㅣ人伐鼓。

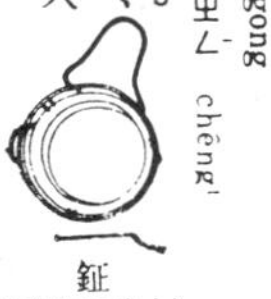
鉦 (大淸會典圖)

周稜草鉦 (博古圖)

【鉦鼓:정고】징과 북。行軍 때에 징을 치면 休戰의 신호로 軍이 쉬고、북을 치면 進軍의 신호로 軍이 움직임。(轉)兵事。【漢書·東方朔傳】戰陣之具、ㅣㅣ之數。

【鉧】(무) 麌 ホ、ひのし flat-iron ㄇㄨ mu³
草書 다리미무(鈷ㅣ熨斗)。

六畫

【銅】(동) 冬 トウ、てつのかたまり iron
小篆 쇳덩이동(鋌也)。

【鉶】(형) 青 ケイ、あつものもり soup dish ㄒㄧㄥ hsing²
小篆 草書 국그릇형(盛羹祭器)。【儀禮】公食大夫禮ㅣ宰夫設ㅣ。

鉶 (名物圖)

【鉽】(타) 哿 タ、かける be broken off
이지러질타(缺也)。

【鉸】㊀(교) 巧 ㊁(교) 肴 コウ、はさみ scissors ㄐㄧㄠ chiao³
草書 ㊀가위교(交双刀)。【五粒小松歌】綠波浸葉滿濃光細束龍髯ㅣ刀剪。㊁❶뜻은 ㊀과 같음。❷금장식교(裝飾)。【赭白馬賦】寶ㅣ星纏。

【鉸刀:교도】가위。交刀。【李賀】細束龍ㅣㅣ鍵

【鉸鉸:교교】경첩。돌쩌귀 처럼 문짝을 「다는 데 쓰는 장식。

【銸】(이) 寘 シ、かぎ hook ㄦ erh³
草書 갈고리이(鉤也)。【韓愈詩】脩箭裝金ㅣ。

【鉻】(락) 藥 ラク、そる hair cutting
小篆 草書 던깎을락(鬍也)。【梵書】鬚髮白ㅣ。

【鉼】(병)「鉼」(金部 8畫)의 俗字

【鉾】(모)「矛」(矛部 0畫)의 古字

【鉿】(협) 洽 コウ、おちこむおと sound of falling
빠지는소리협(陷聲)。
【鉿匝:협잡】 둘레。周圍。『江淹』紫帷――、翠屏環合。

【銀】(은) 圓 ギン、しろがね silver 一ㄣ yin²
銀 小篆 𨥥 草書 ❶은은(白金)。『爾雅』白金謂之―。❷돈은(金錢)。

【銀甲:은갑】 ❶銀으로 만든 갑옷。❷琵琶 따위를 탈 때 손톱에 씌우는 골무。『杜甫』――彈箏用。
【銀坑:은갱】 銀을 採掘하는 鑛坑。
【銀鑛:은광】 ❶銀을 파내는 鑛山。銀山。❷(鑛)銀을 포함한 鑛石。「地金。
【銀塊:은괴】 銀을 뭉친 덩어리。銀貨의
【銀觥:은굉】 은술잔。은뿔로 만든 술잔。『白居易』各捧一――。
【銀口魚:은구어】 ＝銀魚①。
【銀麴塵:은국진】 누룩을 팔던 가게。
【銀金:은금】 銀과 金。
【銀金寶貝:은금보패】 金銀 보석을 아울러 일컫는 말。
【銀金寶貨:은금보화】 銀金寶貝。
【銀器:은기】 銀으로 만든 器具。
【銀器皿:은기명】 ＝銀器。「한 물。
【銀泥:은니】 銀 가루를 아교에 갠 되직
【銀帶:은대】 (制)銀띠。가장 자리에 銀으로 새겨 장식을 붙인 品帶의 하나。正三品으로부터 從六品까지의 文武官이 띰。
【銀刀:은도】 ❶날이 흰 칼。❷희고 긴 물고기。(희고 긴 고기의 모양이 은칼 같은 까닭)。『蘇軾·詩』恣看修網出――。
【銀條:은도】 銀실을 땋은 것。銀모르(moor) 따위。『李德裕』鵾起飈――。
【銀鍍金:은도금】 주석이나 구리로 된 물건의 거죽을 은으로 도금하는 일。
【銀鈴:은령】 銀방울。
【銀露:은로】 달빛에 비치는 흰 이슬。『呂令問』清夜無雲兮、――自圓。
【銀輪:은륜】 銀으로 만든 바퀴。銀環。
【銀鱗:은린】 銀빛 나는 비늘。(喩)물고기。
【銀幕:은막】 映畫의 映寫幕。스크린。(轉)㉠映畫。㉡映畫界。
【銀脈:은맥】 (鑛)銀의 鑛脈。
【銀箔:은박】 銀을 종이처럼 아주 얇게 만든 물건。
【銀盤:은반】 ❶銀으로 만든 소반。銀製의 바리。銀접시。『薛能』水拍――弄化生。❷달의 別名。銀蟾。❸얼음판의 美稱。「계。
【銀盤界:은반계】 氷上競技 선수들의 세
【銀飯床:은반상】 銀으로 만든 밥상。
【銀髮:은발】 새하얗게 센 머리털。白髮。霜髮。「어 파는 가게。
【銀房:은방】 金銀 따위로 裝飾物을 만들
【銀杯:은배】 銀술잔。銀盃。『白居易』悵――來處重。「빛。
【銀白色:은백색】 銀빛과 같이 뽀얀 흰
【銀甁:은병】 ❶銀製의 술병。『杜甫·詩』指點――索酒嘗。❷물을 긷는 아름다운 두레박。『白居易·詩』井底引――。❸(歷)高麗의 銀貨。肅宗 때 만들음。너무 커서 通用에 불편하여 小銀甁으로 바꿈。
【銀本位制:은본위제】 (經) 本位貨幣의 단위를 一定量의 銀에 의하여 규정하는 제도。
【銀鳳釵:은봉채】 꼭지를 鳳의 형상으로 조각한 銀비녀의 한 가지。
【銀粉:은분】 銀가루。
【銀篦:은비】 銀비녀。銀비치개。銀釵。
【銀絲:은사】 은실。「雨潤――。
【銀沙:은사】 흰 모래。『劉永之』石田秋
【銀色:은색】 은빛。
【銀鼠:은서】 (動)變色 족제비。

【銀屑:은설】 銀의 부스러기。觸熱解毒藥으로 씀。
【銀蟾:은섬】 달의 別名。(달속에 두꺼비가 있다는 전설에서 유래된 말)。『李中思』――飛出海東頭。
【銀世界:은세계】 ❶눈이 와서 四方이 은빛처럼 흰 광경。❷梅花꽃이 滿發한 광경。
【銀細工:은세공】 銀을 재료로 하여 세공하는 일。또는 그 세공물。
【銀壽福:은수복】 그릇 거죽에 銀으로 새긴 壽福의 漢字。「시계。
【銀時計:은시계】 딱지를 銀으로 만든
【銀匙箸:은시저】 銀으로 만든 숟가락과 젓가락。
【銀鞍白馬:은안백마】 銀으로 꾸민 안장과 털빛이 흰 말。
【銀魚:은어】 ❶(動)銀魚科에 속하는 물고기。淡白色으로 가늘고 길음。膾殘魚。銀口魚。銀條魚。도루묵。❷銀으로 만든물고기 모양의 주머니로 四·五品 官吏가 몸에 차던 장식품。『劉禹錫』初佩――隨仗入。
【銀髯:은염】 흰 구레나룻。
【銀玉色:은옥색】 엷은 옥색。
【銀子:은자】 銀貨。「는 글자。
【銀字:은자】 銀泥로 쓴 글씨。銀색이 나
【銀盞:은잔】 銀으로 만든 술잔。
【銀裝刀:은장도】 ❶銀으로 칼자루나 칼집을 꾸민 칼。銀으로 꾸민 裝刀。❷노리개의 한 가지。『南史』獻――。
【銀粧飾:은장식】 가구나 그릇 따위를 銀으로 장식함。
【銀簪:은잠】 銀비녀。
【銀錢:은전】 銀으로 만든 돈。『後漢書』――十當金錢一。
【銀錢魚:은전어】 (動) 錢魚科에 딸린 물고기。전어와 모양이 비슷함。
【銀店:은점】 ＝銀鑛。

【銀蹄馬:은제마】 사족발이。
【銀條魚:은조어】 ＝銀魚。
【銀珠:은주】 수은으로 된 朱砂。朱罌이나 약재로 씀。
【銀竹:은죽】 몹시 내리는 소나기의 형용。『李白·詩』白雨映寒山、森森似――。
【銀紙:은지】 銀종이。
【銀指環:은지환】 銀가락지。
【銀釵:은채】 銀비녀。銀篦。『瑯邪代醉編』――猶在。
【銀天桃:은천도】 銀으로 복숭아 모양으로 만들어 차는 어린애의 노리개。
【銀靑:은청】 銀印과 靑綬。秦·漢代 光祿大夫의 벼슬아치가 몸에 지닌 것。
【銀燭:은촉】 밝은 등불。『韓愈』――未消窓送曙。
【銀波:은파】 달빛에 비쳐 銀白色으로 번쩍거리는 물결。『徐積』蒼天萬里生――。
【銀板:은판】 銀으로 된 板。
【銀河:은하】 ❶(天)맑은 날 밤에 흰구름 모양으로 南北으로 길게 보이는 數億의 恒星의 무리。銀漢。銀河水。河漢。天河。星河。『江總·詩』織女今夕渡――。❷道家에서 눈(目)을 말함。銀海。
【銀河水:은하수】 ＝銀河。
【銀河鵲橋:은하작교】 은하에 놓았다는 烏鵲橋。
【銀漢:은한】 ＝銀河。
【銀盒:은합】 은으로 된 합。
【銀杏:은행】 ❶(植)은행나무。公孫樹科(은행과)의 落葉喬木。公孫樹。鴨脚樹。은행나무 ❷은행나무의 열매 은행。白果。玉果。『劉基』――子成邊雁到。
【銀行:은행】 (經)金融機關의 하나。信用을 기초로하여 돈을 맡거나 貸付하여 資本의 需要와 供給을 媒介하는 구실을 함。
【銀行家:은행가】 은행업에 전문으로 종사하는 사람。
【銀行券:은행권】 은행이 발행하는 일정한 화폐액을 표시한 것으로서 通貨의 기

능을 가지고 있는 신용권。
【銀行業:은행업】 은행의 영업。
【銀行員:은행원】 은행의 직원。
【銀行長:은행장】 은행의 가장 우두머리。
【銀穴:은혈】 銀을 파내는 곳。
【銀衡:은형】 銀저울。
【銀婚式:은혼식】 夫婦가 結婚한지 二五년이 되는 해에 행하는 축하식。
【銀花:은화】 ❶燈火의 형용。『蘇味道·詩』火樹ーー合。❷눈(雪)의 형용。『杜甫·詩』入市ーー亂。
【銀貨:은화】 銀으로 만든。貨幣。銀錢。
【銀環:은환】 銀으로 만든 고리나 반지。『詩經·傳』當御者、以ーー進之。
【銀潢:은황】 =銀河。◎金ー、勞ー、水ー、純ー、洋ー。

【銃】(총) 因 ジュウ、てっぽう ㄔㄨㄥˋ ch'ung^{4} gun

草書 ❶도끼구멍총(斧穿)。❷총총(小銃)。
【銃架:총가】 총을 걸쳐 두는 받침。
【銃劍:총검】 ❶총과 칼。❷총 끝에 꽂아 적을 무찌를 때 쓰는 칼。銃槍。
【銃劍術:총검술】 총검을 쓰는 가지 가지의 방법。
【銃擊:총격】 총으로 쏨。
【銃口:총구】 총부리。
【銃軍:총군】 총을 사용하는 군사。砲軍。銃卒。
【銃器:총기】 小銃·기관총·권총 따위의 總稱。
【銃獵:총렵】 총사냥。총으로 짐승을 잡는 것。
【銃殺:총살】 《法》銃殺刑。死刑의 한 가지로 총으로 쏘아 죽이는 刑。
【銃床:총상】 총대。
【銃傷:총상】 총에 맞아 다친 상처。
【銃聲:총성】 총소리。총을 쏘는 소리。
【銃身:총신】 총열。
【銃眼:총안】 保壘나 城壁에 뚫어 놓고 총을 내쏘는 구멍。
【銃榴彈:총유탄】 수류탄의 이르는 거리를 멀게 하기 위하여 소총으로 내쏘게 된 유탄。
【銃創:총창】 총에 맞은 상처。
【銃槍:총창】 끝에 칼을 꽂은 총。銃劍。
【銃彈:총탄】 =銃丸。
【銃砲:총포】 ❶小銃과 大砲。❷銃。
【銃刑:총형】 =銃殺。
【銃火:총화】 총을 쏠 때 총구에서 번쩍거리는 불빛。
【銃火交換:총화교환】 서로 맞서서 총질을 함。
【銃丸:총환】 小銃의 彈丸。銃彈。◎拳ー、機關ー、短ー、小ー、獵ー、長ー、鳥ー。

【銅】(동) 東 ドウ、あかがね ㄊㄨㄥˊ t'ung^{2} copper

小篆 草書 ❶구리동(赤金)。『漢書』凡律度量用ー者不爲燥濕寒暑變節不爲霜露風雨改形。❷산골동(自然ー石髓鉛)。
【銅坑:동갱】 구리를 캐어 내는 구덩이。『唐書』滁州永陽郡有ーー。
【銅鏡:동경】 銅으로 만든 거울。

新善銅鏡 (金石索)

【銅鑛:동광】 《鑛》❶구리를 캐는 광산。銅山。銅店。❷구리가 섞인 광석。
【銅器:동기】 구리와 青銅으로 만든 그릇。
【銅器時代:동기시대】 《歷》인류가 주로 구리 그릇을 사용한 시대。石器時代와 鐵器 時代의 중간。
【銅頭鐵額:동두철액】 구리로 만든 머리와 쇠로 만든 이마。《喩》대단히 勇猛함。『史記·五帝本紀』。
【銅鑼:동라】 구리로 만든 둥근 모양의 打樂器。『東京夢華錄』各設旗鼓ーー。
【銅錄:동록】 구리에 슬은 푸른 녹。銅青。
【銅銘:동명】 구리쇠에 새긴 글。
【銅礬:동반】 《醫》눈약에 쓰는 淡綠藍色의 작은 結晶物。
【銅鈸:동발】 銅으로 만든 樂器의 한 가지。징 따위。

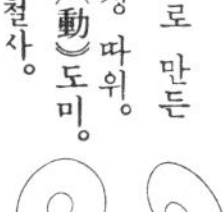
銅鈸 (三才圖會)

【銅盆魚:동분어】 《動》도미。
【銅絲:동사】 구리철사。
【銅山金穴:동산금혈】 재원이 많아 풍성풍성함을 가리키는 말。
【銅線:동선】 구리철사。
【銅屑:동설】 구리의 가루。약으로 씀。
【銅像:동상】 구리쇠로 만든 사람의 형상。『唐書』盡壞ーー爲錢。
【銅人:동인】 옴 몸에 鍼穴를 뚫어서 鍼術을 연습할 때 쓰는 구리로 만든 사람의 형상。
【銅印:동인】 구리에 새간 印章。『漢書』秩比六百石以上、皆ーー墨綬。
【銅匠:동장】 구리 그릇을 만드는 사람。銅工。
【銅章:동장】 ❶=銅印。❷구리로 만든 記念章 같은 것의 總稱。
【銅錢:동전】 =銅貨。『史記』ーー識日半兩。
【銅店:동점】 =銅鑛。
【銅鉦:동정】 ❶銅鑼。❷《喩》해(太陽)。『蘇軾·詩』樹頭初日挂ーー。
【銅呈色灰釉:동정색회유】 酸化焰에서는 녹색이 되고、還元焰에서는 붉은빛으로 변하는 잿물。
【銅製:동제】 구리로 만들음。
【銅製品:동제품】 구리로 만든 물건。
【銅柱:동주】 ❶구리로 만든 기둥。❷=銅標。『後漢書註』援到交阯、立ーー、爲漢之極界。
【銅鐵:동철】 구리와 쇠。
【銅青:동청】 구리의 녹。銅綠。綠青。
【銅臭:동취】 ❶구리 돈에서 나는 냄새。❷돈으로 官職에 들어간 사람을 賤待하는 말。『後漢書』崔烈入錢五百萬得爲司徒、問其子鈞、曰吾爲三公、於議者如何、中略、鈞曰、論者嫌其ーー。
【銅嘴:동취】 《動》잣새。
【銅版:동판】 구리판에 글자와 무늬등을 새긴 인쇄하는데 쓰이는 原版。
【銅牌:동패】 ❶銅으로 만든 牌。❷『宋史』諸王 節度觀察使州府 軍監縣印皆有ーー。❷銅으로 만든 賞牌。銅메달。

隨駕養銅牌 ❶ (金石索)

【銅壺:동호】 물시계。바닥에 구멍이 있는 병에 물을 넣어 바닥에서 새어 나오는 물의 양으로써 시간을 재는 것。漏刻。『戴叔倫』ーー滴愁更漏長。
【銅貨:동화】 구리로 만든 돈。銅錢。
【銅滑車:동활차】 구리로 만든 도르래。

【[金+危]】(귀) 紙 キ、すき spade

小篆 ❶가래귀(臿屬)。❷새이름귀(鳥名買ー)。

【[金+戌]】(술) 質 ジュツ、のこおと sound of saw

❶배목술(鎖處鋸)。❷톱소리술(鋸聲)。

【鉟】(임) 寢 ジン、こえがのびない become hoarse
목맺힐임(鉟ー聲不進貌)。【洞簫賦】行鉟ー而齘嚱。

【銍】(질) 質 チツ、いねかりがま short sickle ㄓ chih⁴
銍 小篆 小篆 ❶갈강낫질, 벼베는낫 鎌。 질(刈禾短 ー艾。【蘇軾 稼說】鋤耰 【詩】奄觀ー刈。

銍(農政全書)

【銎】(공) 冬 キョウ、おのあな hole of axe ㄑㄩㄥ ch'iung¹
小篆 草書 도끼 구멍 공(斤斧受柄孔)。【太公六韜】大柯斧ー長八寸。

【銑】(선) 銑 セン、つやがね lustrous gold ㄒㄧㄢ hsien³
小篆 草書 ❶윤택한금 선(金之澤者)。【爾雅釋器】絕澤謂之ー。❷쇠북귀선(鐘之兩角)。【周禮】鳧氏爲鐘兩欒謂之ー。❸활끗 이에금올릴선(飾弓以金)。

【銑鐵：선철】《鑛》무쇠。鉄鑛을 鎔鑛爐에 溶解하여 처음 鍊出한 것으로 二~五分의 炭素 및 少量의 珪酸·燐·硫黃 등을 포함한 불순한 쇠。잘 부러지기 쉬우나 녹기 쉬움 남비·솥 따위의 鑄物을 만드는 材料로 쓰임。鑄鐵。

【銑鋧：선현】작은 끌。

【鈃】㊀(견) 先 ㊁(형) 靑 ケイ、ケン、さけいれ bottle ㄒㄧㄥ hsing²
小篆 草書 ㊀목긴병견(酒器似鐘頸長)。㊁뜻은 ㊀과 같음。

【銓】(전) 先 セン、えらぶ select ㄑㄩㄢ ch'üan²
小篆 草書 ❶사람가릴전(選法)。【唐六典】吏部有三ー法。❷저울질할전(權衡度也)。【漢書 王莽傳】考量以ー。

【銓考：전고】人物·才能 등을 전형하여 詳考 함。【宋史】今不由ーー、擢授朝列。

【銓官：전관】《制》李朝 때 文武官을 전형하는 직위에 있는 吏曹 堂上官과 兵曹判書들을 일컬음。政官。

【銓郎：전랑】《制》吏曹의 正郎。

【銓補：전보】인물을 전형하여 벼슬을 시킴。【北史】其國子學生、亦依舊ーー。

【銓叙：전서】사람의 才能을 전형해서 優劣에 따라 벼슬을 시킴。【晉書】宜蒙ーー。

【銓選：전선】才能·器量 따위를 전형하여 선발함。【揭傒斯】赤手握ーー。

【銓議：전의】❶사물을 평의하여 밝힘。❷罪跡 또는 죄인을 조사함。

【銓注：전주】인물을 전형하여 適材適所에 배정함。

【銓次：전차】사람을 전형하여 그優劣을 정함。【晉書】選用多以得意者居先、不盡ーー之理。

【銓衡：전형】❶저울。權衡。【抱朴子】ー一不平、則輕重錯繆。❷사람의 됨됨이나 才能을 시험하여 뽑음。또는 그런일을 맡은 官員。選考。

【銓衡委員：전형위원】인물을 전형하는 위원。

【銖】(수) 虞 シュ、はかりめ measure of a beam ㄓㄨ chu¹
小篆 草書 저울눈수(錙ー百黍)。【禮】雖分國如錙ー。

【銖兩：수량】重量이 적은 것。銖錙。《喩》輕微함。【子華子】夫平猶權衡然、加ーー則移矣。

【銖分：수분】자세히 알아서 분별함。【遼史·楊績傳】階下ーー邪正、升黜分明、天下幸甚。

【銖積寸累：수적촌루】《喩》아주 적은 것도 쌓이고 쌓이면 많아짐。티끌 모아 태산과 같은 뜻。【侯鯖錄】寒女之絲、ーー。

【鈹】(피) 支 ヒ、はた flag ㄆㄧ p'i¹
草書 기이름피(靈姑ー旗名)。【左傳】公上使王黑以靈姑ー率吉。

【銕】(철)『鐵』(13金部 畫)의 古字

【鉤】(후) 尤 コウ、とうしょばこ box for contributions ㄒㄧㄤ hsiang⁴
草書 ❶함통후(投書函)。【漢書】投ー購告言姦。❷목투구후(錏ー頸鎧)。

【鉤鏤：후루】옛날에 음식을 익히던 솥 비슷한 그릇。

【鉤筩：후통】密書를 받는 그릇。【方回】息ーー之鶺蚌。

【銘】(명) 靑 メイ、しるす engrave ㄇㄧㄥ ming²
小篆 草書 ❶새길명(刻識以事)。【禮】湯之盤ー。❷기록할명(記誦志也)。

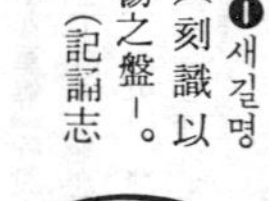
周子孫卣蓋銘(金石索)

【銘刻：명각】❶쇠와 돌에 글자를 새기는 것。또는 그 글자。刻銘。❷깊이 마음에 새김。「음。銘佩銘心。

【銘肝：명간】깊이 마음에 새겨 잊지 않음。

【銘感：명감】마음에 새겨 감사함。銘謝。

【銘戒：명계】마음에 간직하여 경계함。【溫庭筠】功庸留劍舃、ーー在盤盂。「음。

【銘記：명기】깊이 마음에 새겨 잊지 않

【銘旗：명기】초상 때 쓰는 죽은 사람의 官位·姓名 등을 쓴 기。明旌。銘旌。

【銘肌鏤骨：명기누골】살에 새기고 뼈에 새김。《喩》마음에 간직하여 잊지 않는것。銘心。【顏氏家訓】追思平昔之指、ーー。「感。

【銘謝：명사】마음 속 깊이 사례함。銘

【銘心：명심】마음에 새김。쇠와 돌에 글자를 새기듯 마음에 깊이 새김。銘肝。

【銘心不忘：명심불망】명심하여 잊어버리지 않음。

【銘旌：명정】＝銘旗。【禮記】銘、明旌也、以死者爲不可別已、故以其旗、識之。

【銘誌：명지】墓碑에 새긴 글。誌銘。◎刻ー、感ー、墓ー、誌ー、座右ー。

【銙】(과) 馬 カ、おびかね clasp ㄎㄨㄚ k'ua¹ (本音「개」)
草書 띠돈과(十三ー帶具)。【唐書】玉工作帶誤毁一ー。

【銚】㊀(조) 蕭 ㊁(조) 蕭 ㊂(요) 嘯 チョウ、ヨウ、なべ、かま pan ㄧㄠ yao²
小篆 小篆 草書 ㊀가래조(ー鎒田器)。【莊子】ー鎒是修。㊁다리미 조(溫器)。㊂쟁개비요(燒器今釜之小而有柄者)。

【銚銳：요예】주발。【方言】。

【銚憺：요획】節制있는 모양。【馬融】枚爍ーー、析龍之惠也。

【銚鐵：조철】들쇠。

【銜】(함) 咸 カン、くつわ、くつばみ bit ㄒㄧㄢ hsien²
小篆 草書 ❶재갈함(馬口勒)。❷머금을함(口ー物)。【古詩 艷歌何嘗行】吾欲ー汝去口噤不能開。❸관함함、직함함(官階)。【白居

易詩】十年不改舊官ㅣ。❹원망할함、함혐할함(憾也)。〔漢書〕栗姬言不遜景帝心ㅣ之。❺느낌함、감동할함(感也)。〔管子〕令出而民ㅣ。

〔銜勒:함륵〕재갈。말의 입에 물리는 쇠로 만든 물건。馬銜。『孔子家語』德法者御民之具、猶御馬者之有ㅣㅣ也。

〔銜枚:함매〕하무를 입에 물림。옛날 行軍할 때에 떠들지 못하도록 가는 막대기를 입에 물리던 것。『漢書』草邯夜ㅣㅣ擊項梁定陶。

〔銜泣:함읍〕소리를 내지 않고 울음。『徐陵』ㅣㅣ呑聲。

【銛】(섬) 鹽 セン するどい sharp ㄒㄧㄢ hsien¹ ❶날카로울섬(利也)。〔賈誼 過秦論〕非ㅣ于鉤戟長鎩也。❷가래섬(鍤屬)。

【銮】(란)『鑾』(19畫 金部)의 略字

【銯】(사)〔日字〕かすがい staple 꺾쇠사(接針)。

七畫

【銳】㊀(예) 霽 ㊁(태) 泰 エイ、タイ、するどい sharp; acute ㄖㄨㄟ juei⁴ ㊀❶날카로울예、뾰족할예(凡物鐵利者)。❷날쌜예(利也)。〔史記〕魏其ㅣ身爲救灌夫。❸가시랭이예、까끄라기예(芒也)。〔左傳 昭公十六年〕且吾以玉賈罪不亦ㅣ乎。㊁창태(矛屬)。〔書經 顧命〕一人冕執ㅣ。

〔銳角:예각〕(數)直角보다 작은 角度。↕鈍角。

〔銳角三角形:예각삼각형〕(數)세각이 모두 銳角으로 된 삼각형。

〔銳氣:예기〕날카로운 성질。〔史記〕ㅣ挫于險塞、糧食竭于內府。

〔銳騎:예기〕군센 騎兵。

〔銳氣方張:예기방장〕예기가 한창성함。

〔銳刀:예도〕환도와 같은 끝이 뾰족한 軍刀。

〔銳鈍:예둔〕❶날카로움과 둔함。❷민첩함과 둔함。

〔銳利:예리〕❶날연장 따위가 날카롭고 잘 들음。❷두뇌·판단력 따위가 날카롭고 명확함。『田錫』太一靜ㅣㅣ之符。

〔銳敏:예민〕❶날카롭고 민첩함。재빠름。『左傳』子羽ㅣㅣ。❷느낌이 매우 날카로운 것。

〔銳兵:예병〕❶날카로운 무기。❷굳센 兵士。『戰國策』輕卒ㅣㅣ、長驅至國。

〔銳鋒:예봉〕날카로운 창 끝。『陳琳』淸徑皓刄、苗山ㅣㅣ。

〔銳勇:예용〕날카롭고 굳센 것。精勇。

〔銳意:예의〕열심히 실함。銳志。銳精。『後漢書』及壯耽學、ㅣㅣ講誦。

〔銳刃:예인〕날카로운 칼날。

〔銳將:예장〕사납고 날랜 將帥。驍將。

〔銳精:예정〕정신을 한 군대로 모아 일에 힘씀。銳意。

〔銳爪:예조〕날카로운 손톱과 발톱。

〔銳志:예지〕마음을 한군데로 모음。열심히 일함。銳意。『歐陽修』階下專ㅣㅣ、必不自怠。

〔銳智:예지〕예민한 지식。날카로운 지혜。

〔銳進:예진〕날카롭게 나아감。猛進。◎新ㅣ、精ㅣ。

【銷】(소) 蕭 ショウ、とける melt ㄒㄧㄠ hsiao¹ ❶녹을소(盡也)。〔漢書 鄒陽傳〕積毁ㅣ骨。❷녹일소(鑠金)。〔史記 秦始皇紀〕ㅣ鋒鏑爲金人十二。❸사라질소、흩어질소(消也)。〔王勃 滕王閣序〕虹ㅣ雨霽。(『消』와 같음)

〔銷刻:소각〕깎아서 줄임。지워버림。銷磨。

〔銷耗:소모〕사용하여 줄임。消耗。

〔銷鑠:소삭〕쇠를 녹이는 것。『宋之問』黃金忽ㅣㅣ、素業坐淪毁。

〔銷暑:소서〕더위를 더는 것。銷夏。『白居易』能就江樓ㅣㅣ否。

〔銷失:소실〕사라져 버림。銷落。『白居易』千歲不肯散、一沃亦ㅣㅣ。

〔銷鎔:소용〕쇠를 불의 힘으로 녹임。

〔銷殘:소잔〕삭아 없어짐。

〔銷沈:소침〕사라져 버림。기운이 없어짐。기운이 가라앉음。『陸游』人事ㅣㅣ渺莽中、此身原合付天公。

〔銷夏:소하〕여름의 더위를 견디는 것。銷暑。『皮日休』別如一天地、號爲ㅣㅣ灣。

〔銷魂:소혼〕슬퍼하여 넋이 사라짐。『天寶遺事』長安灞陵有橋、來迎送去、皆至此橋、爲離別之地、故時人呼爲橋。

【銴】(세) 霽 セイ、どう five-coloured copper 오색구리세(五色銅)。

【鈔】(사) 歌 サ、みずいれ jar made of copper ㄙㄨㄛ suo¹ 구리 동이 사(ㅣ鑼銅器水盆)。〔宋志〕駕前皆捧斯鑼。

【銶】(구) 尤 キュウ、のみ chisel ㄑㄧㄡ ch'iu² 끌구(鑿屬)。〔詩經〕又缺我ㅣ。

【銸】(섭) 葉 チョウ、けぬき hair tweezers 족집게섭(拔髮釿也)。(『鑷』과 같음)(本音은「녑」)

【銹】(수) 宥 シュウ、さび rust ㄒㄧㄡ hsiu⁴ 동록수(鐵生衣)。

【銼】㊀(좌) 歌 ㊁(좌) 箇 ザ、かま caudron ㄘㄨㄛ ts'uo⁴ ㊀솥고리좌(ㅣ鑹鍑也)。㊁가마좌(鈷鏻)。〔杜甫詩〕土ㅣ冷疎煙。

〔銼刀:좌도〕줄。鋼鐵로 된 工具로 細齒가 있어 갈아서 쇠붙이의 面을 판판하게 또는 미끄럽게 하는데 쓰임。

【銿】(종)『鐘』(12畫 金部)(용)『鏞』(11畫 金部)과 같음

【鋁】(려) 御 リョ、やすり file ㄌㄩ lü³ 줄려(鑢也)。〔博雅〕ㅣ謂之錯。(『鑢』와 같음)

【鋂】(매) 灰 ハイ、くさり iron chain ㄇㄟ mei² ❶사슬고리매(子母環)。〔詩經 齊風盧令〕盧重ㅣ。❷큰자물쇠매(大鎖)。

【鋃】(랑) 陽 ロウ、くさり iron chain ㄌㄤ lang² 잠글랑(ㅣ鐺鎖也)。〔漢書〕以鐵鎖ㅣ鐺其頸。

〔鋃鐺:낭당〕❶州具의 쇠사슬。❷金屬의 소리。

【鋄】(만) 豏 バン、うまのかざり decoration of a horse 말머리치장만(馬首飾)。〔東京賦〕金ㅣ鏤鍚。

〔鋄匠:만장〕鏤金장이。『淸會典事例』

【鋈】(옥) 沃 オク、ぎんめっき silverplating ㄨˋ wu⁴
鋈 小篆 鋈 草書 은올릴 옥(銷金灌沃爲飾)。〔詩經 秦風 小戎〕陰靷ー續。
【鋈器:옥기】金銀으로 鍍金한 그릇。〔圖書見聞志〕

【鋊】(욕) 沃 ヨク、あかがねくず bit of copper
鋊 小篆 草書 구리가루 욕(銅屑)。〔漢書〕姦或盜磨錢質以取ー。

【鋋】(연) 先 エン、セン てぼこ short spear
鋋 小篆 草書 ❶작은창 연(小矛)。〔漢書〕此矛ー之地也。❷좋은금 연(利金)。〔淮南子〕苗山之ー。

【鋌】(정) 迥 ライ、こみ arrow-head ㄉㄧㄥˋ ting⁴
鋌 小篆 草書 ❶살촉 정(箭ー箭足)。〔周禮〕冶氏爲殺矢刃長寸圍寸ー十之。❷달음박질할 정(疾走貌)。〔左傳 文公十七年〕ー而走險。❸쇳덩이 정(銅鐵樸)。〔南史〕廬陵王子應不慧見內庫金ー問左右此可食否。

【鋈】(급) 緝 キュウ、すき weeding hoe
호미 급(鋤也)。

【鋏】(협) 葉 キョウ、はさみ pincers ㄐㄧㄚˊ chia² (本音「겹」)
鋏 小篆 草書 ❶칼 협(劍也)。〔十八史略 春秋戰國齊〕馮驩彈ー歌曰長ー歸來乎。❷칼손잡이 협(劍把)。〔莊子 說劍〕韓魏爲ー。❸집게 협(可以持冶器鑄鎔者)。
【鋏刀:협도】❶작도와 비슷한 것으로 약재를 써는 칼。❷가위。

【鋒】(봉) 冬 ホウ、きっさき tip of lance ㄈㄥ fêng¹
鋒 草書 ❶칼날 봉(刀劍芒)。〔荀子〕嘗試之說ー起。❷앞잡이 봉(軍之前列)。〔漢書〕鯨布爲前ー。❸창 봉(兵器)。

❸ 鋒 (農政全書)

【鋒利:봉리】날카로움。銳利。〔宋史〕京師所製軍器、多不ーー。
【鋒芒:봉망】❶칼날의 서슬。❷남의 주목을 끄는 行動。❸얼마 되지 않는 것。微細한 것。〔論衡〕ーー毫釐之事。
【鋒銳:봉예】성질이 날카롭고 민첩함。
【鋒刃:봉인】창날。칼날。〔書經〕蠣乃ーー。
【鋒鏑:봉적】칼날과 화살 끝。〔史記〕銷「ーー、鑄爲金人十二」。
【鋒尖:봉첨】창끝。
◎先ー、筆ー。

【銡】(지) 寘 シ、きざむ carve
새길 지(銘也)。

【鋗】(현) 霰 ケン、こはち small kettle
鋗 小篆 草書 ❶퉁노구 현(銅銚)。❷노구솥 현(無足鐺)。
【鋗鍋:현과】음식을 끓이는 냄비。
【鋗人:현인】古代의 侍從官。消人。

周素鋗(西淸古鑑)

【鋞】(형) 靑 ケイ、なべ pan
鋞 小篆 남비 형(鍋也)。

【鋜】(착) 覺 サク、すき weeding hoe ㄓㄨㄛˊ chuo²
❶발목잡아맬 착(足鑷)。〔韓愈詩〕黃鶴足仍ー。❷호미 착(鋤也)。

【鋘】㊀(오) 虞 ㊁(화) 麻 ゴ、カ、もろはすき double-edged spade ㄏㄨㄚˊ hua²
鋘 草書 ㊀곤오칼 오(鋘ー劍名)。㊁쌍날가래 화(兩刃鍤)。

【鋙】(어) 語 ゴ、くいちがい crossing ㄨˊ wu²
鋙 草書 어긋날 어(鉏ー不相當)。〔楚辭〕圓鑿方枘鉏ー難入。

【鋝】(렬) 屑 レツ、はかりめ ㄌㄩㄝˋ lüeh⁴
鋝 小篆 草書 엿량중 렬(量名六兩)。〔周禮〕戈戟皆重三ー。

【鋟】(침) 寢 シン、セン、きざむ carve ㄑㄧㄢ ch'ien¹
鋟 草書 새길 침(鏤版爪刻)。〔公羊傳 定公八年〕睋而ー其板。
【鋟梓:침재】版木에 팜。인쇄함。上梓。〔元田東野〕令ーー以布世。
【鋟板:침판】책을 나무판에 새김。刻書。

【鋣】(야) 麻 ヤ、つるぎ famous sword
鋣 草書 막야칼 야(鏌ー吳神劒名)。〔後漢書〕求鏌ー於明智。(『釾』와 같음)

【鋤】(서) 魚 ジョ、すき weeding hoe ㄔㄨˊ ch'u² (古音「조」)
鋤 草書 호미 서(田器去穢)。〔楚辭〕寧誅ー草茅以力耕乎。
【鋤墾斬斷:서컬참단】뿌리채 없애 버림。根絕함。(墾은 뽑음、斬·斷은 자름)。
【鋤犂:서려】쟁기。또는 耕作하는 것。(犂는 쟁기)。唐鋤。〔杜甫〕歸來 擬荷ーー。
【鋤除:서제】❶김을 맴。❷악한 사람을 없앰。誅除。芟除。
【鋤禾:서화】논에 김을 맴。除草。

【鋧】(현) 銑 ケン、ちいさいのみ small chisel
鋧 草書 푼끌 현(銑ー小鑿)。

【鋪】㊀(포) 虞 ㊁(포) 遇 ホ、しく、みせ pave; shop ㄆㄨ p'u¹
鋪 小篆 草書 ㊀❶문고리 포(門首銜環)。〔漢書〕排玉戶而颺金ー兮。❷펼 포(陳也)。〔禮記 樂記〕ー筵席。❸아플 포(病也)。〔詩經 大雅江漢〕淮夷來ー。㊁❶전방포(賈肆)。❷베풀포(設也)。

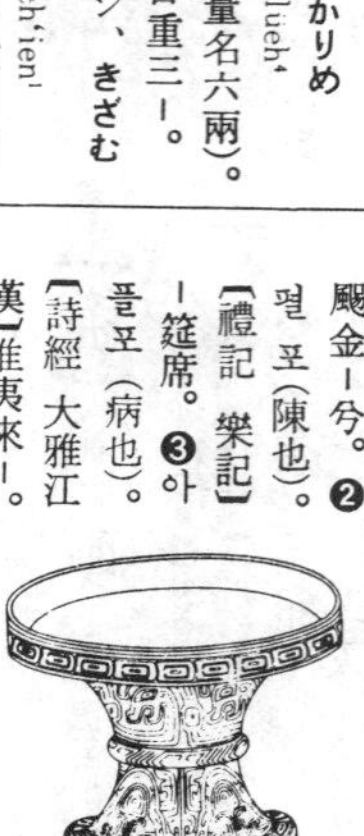
周旅鋪 ❹ (西淸古鑑)

【鋪道:포도】돌을 깔거나 또는 아스팔트를 깔아 잘 손질한 길。
【鋪石:포석】道路에 깔아둔 돌。
【鋪設:포설】座席 등의 設備를 하는 것。
【鋪裝:포장】길 위에 돌·시멘트·아스팔트를 깔아 굳게 다지어 꾸미는 것。
【鋪張揚厲:포장양려】❶펼쳐서 誇大하게 讚陽함。❷文章을 꾸밈。〔韓愈〕鋪張對天之閎休、揚厲無前之偉績。
【鋪地錦:포지금】❶敵兵을 生捕하는 데 쓰이던 兵器。❷筆算의 乘法。
【鋪置:포치】＝排置。

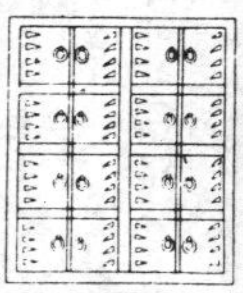
鋪地錦❶(武備志)

【鋲】(병) 〔日字〕 びょう hobnail
鋲 草書 ❶넓은못 병(廣釘)。❷〔日字〕징 병(廣頭釘)。

【鋸】(거) 御 キョ、のこぎり saw ㄐㄩˋ chü⁴
鋸 小篆 草書 ❶톱거(刀—鐵葉齟齬其齒以片解木石者)。〔漢書〕中刑用刀—。❷다리꺾는형벌거(刖刑)。〔韓愈 送李愿歸盤谷序〕刀—不加。

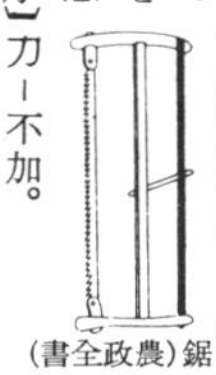
(農政全書) 鋸

【鋸刀:거도】 한 쪽에만 자루를 박은 큰 톱。
【鋸屑:거설】 톱밥。《喩》말을 더듬지 않고 잘함。『蘇軾』高論無窮如—ㅡ。
【鋸匠:거장】 木材를 톱으로 자르는 職工。톱질을 業으로 하는 사람。『五雜俎』「備置左右。命——破樹。
【鋸鑿:거착】 톱과 끌。『晉書』錘鉗——、

【鋺】(원) 阮 エン、はかりさら scale
鋺 草書 저울바탕원(權衡臺)。

【鋻】㈠(견) 霰 ケン、はがね steel ㈡(견) 先
鋻 小篆 ㈠강철견(剛鐵)。㈡날담글견(淬刃使堅)。

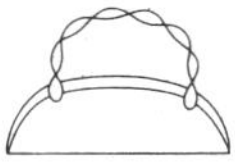
栗 鋻 (農政全書)

【鋏】(야) 禡 ヤ、かがみ mirror
거울야(鏡也)。

【鋼】(강) 陽 漾 コウ、はがね steel ㄍㄤ kang¹
鋼 草書 강쇠강(鍊鐵)。〔列子 湯問〕鍊鋼—赤刀用之切玉如切泥。
【鋼玉:강옥】《鑛》金剛石의 다음으로 堅[illegible]사파이어 등。大理石・花岡石 등에서 産出되는 鑛石。剛玉。

【鋼叉:강차】 鋼鐵로 만든 작살의 한 가지。끝이 갈라짐。

鋼叉 (三才圖會)

【鋼鐵:강철】《鑛》少量의 炭素를 포함한 쇠의 合金。
【鋼鐵線:강철선】 강철로 만든 鐵絲。
【鋼版:강판】 印刷器具의 하나。鐵筆을 사용하여 原紙를 긁어 인쇄함。등사판。줄판。
【鋼筆:강필】 ❶鋼鐵의 펜。鐵筆。❷烏口。製圖用 器具의 하나。

【錄】㈠(려) 御 ㈡(록) 屋 ㈢(록) 沃 リョ、ロク、しるす record
錄 小篆 草書 ㈠사실할려(—囚寬省)。〔太玄經〕蹄于狴獄三歲見—。㈢변변치않을록(——循常)。〔史記〕公等——所謂因人作事者也。㈢❶기록할록(記也)。〔公羊傳〕春秋—內而略外。❷문서록(籍也)。〔周禮〕皆辨其物奠其—。❸취할록(采也取也)。〔公羊傳〕—伯姬。❹나타낼록(表也)。〔古詩焦仲卿妻〕君旣若見—不久望君來。❺목록록(總也)。〔漢書〕萬邦之事大—于君。
【錄科:녹과】《制》科擧制度로서 鄕試의 豫備試驗。
【錄錄:녹록】 ❶人物 등이 平凡한 모양。碌碌。〔史記・平原君傳〕公等——。❷大衆에 追從하는 모양。
【錄名:녹명】 이름을 적음。
【錄問:녹문】 罪狀을 文書에 써서 묻는 것。『宋史』——大辟罪人。
【錄寫:녹사】 文書를 옮겨 씀。
【錄用:녹용】 採用함。『後漢書』廣羅英雄、棄瑕——。
【錄音:녹음】 ❶레코오드와 테이프에 소리를 기록하는 것。❷發聲映畫에서 映寫할 때 原音을 再生시키기 위하여 會話와 함께 음악 기타의 소리를 필름에 기록하여 넣는 일。
【錄音器:녹음기】 녹음하는 기계。
【錄音板:녹음판】 녹음을 한 소리판。
【錄紙:녹지】 남에게 보이기 위하여 사실의 대강만 추려 적은 종이 쪽。
【錄牒:녹첩】 이름을 쓴 장부。名簿〔後漢書〕景顧爲李膺門徒、而未有——、故不及于譴。
【錄勳:녹훈】 훈공을 장부에 적음。
◎記—、登—、漫—、目—、付—、備忘—、收—、實—、再—、抄—。

【錆】(장) 陽 ショウ、くわしい minute
정할장(精也)。

【錈】(권) 先 ケン、まがる (of iron) roll
쇠말릴권(屈金)。〔呂氏春秋〕柔則—堅則折。

【錊】(채) 隊 サイ、ねる temper
단련할채(鍊也)。

【錍】㈠(비) 支 ㈡(비) 齊 ヒ、おの axe
錍 小篆 ㈠도끼비(斧屬銛也)。㈡살촉비(箭鏃)。

【錐】(추) 支 スイ、きり gimlet ㄓㄨㄟ chuei¹
錐 小篆 草書 송곳추(銳也、鍼也)。〔左傳〕—刀之末。

錐 (三才圖會)

【錐刀之末:추도지말】 얼마간의 利益。〔左傳・昭・六〕——、將盡爭之。
【錐指:추지】 송곳으로 大地를 찌르는 것。《喩》見識이 좁음。〔莊子・秋水〕用—地、不亦小乎。
【錐處囊中:추처낭중】 주머니 안에 있는 송곳은 반드시 그 끝이 주머니를 뚫고 나옴。《喩》뛰어난 사람은 반드시 그 재능을 나타낼 기회가 있다는 말。〔史記・平原君傳〕夫賢士之處世也、譬若錐之處囊中、其末立見。
【錐花:추화】 도자기의 몸에 송곳으로 판 「무늬」。

【錎】(함) 陷 カン、くさり links
❶사슬고리함(連鐶)。❷빠질함(陷也)。〔莊子〕—沒而下。

【錏】(아) 麻 ア、しころ temper ㄧㄚˋ ya⁴
錏 小篆 草書 ❶강철부드럽게할아(治鐵)。❷목가림투구아(頸鎧)。

【錑】(뢰) 隊 ライ、かんな plane
錑 草書 대패뢰(鉋也)。

【錔】(탑) 合 トウ、きせがね iron cap ㄊㄚˋ t'a⁴
錔 小篆 草書 쇠두겁탑(器物金冒)。

【錕】㈠(곤) 元 ㈡(곤) 阮 コン、かりも axle ㄎㄨㄣ k'uen¹
錕 草書 ㈠❶곤오칼곤(—鋙劍名)。〔列子 湯問〕—鋙之劍。❷붉은금곤(赤金)。㈡수레굴통쇠곤(車釭)。
【錕鋙:곤오】《歷》西方 夷國의 山 이름。그 곳에서 난 쇠로 만든 刀劍은 매우 예리하여 玉을 切斷할 수 있다 함。

【鉼】(병) 梗 〈イ、いたがね lump of gold
鉼 草 書 불린금덩이병(金鈑)。【爾雅】ㅣ金謂之鈑。
【鉼盂:병우】가마와 바리。【韓愈】。

【錘】㊀(추) 支 スイ、おもり weight ㊁(추) 紙 ㊂(추) 寘 ㄔㄨㄟˊ ch'uei²
錘 小 篆 草 書 ㊀저울눈추(稱ㅣ八銖)。【淮南子】雖割國之錙ㅣ以事人。㊁마치추(爐ㅣ鍛器)。【莊子 大宗師】在爐ㅣ之閒耳。㊂저울추(稱ㅣ)。【周禮註】以爲稱ㅣ以起量。

【錙】(치) 支 シ、わずか small quantity ㄗ tzū
錙 小 篆 草 書 ❶저울눈치(六銖曰ㅣ)。【荀子】八兩曰ㅣ。❷조금치(小量)。【禮記 儒行】雖分國如ㅣ銖。
【錙銖:치수】얼마。조금。微小한 것。【禮記·儒行】分國如ㅣㅣ。

【錞】㊀(순) 眞 ジュン、タイ、いしづき ㊁(대) 隊 ㄉㄨㄟˋ tuei⁴ spear's ferrule
錞 小 篆 草 書 ㊀사발종 순(ㅣ釬似鐘)。【晉語】戰以ㅣ釬丁寧儆其民。㊁창고달대(矛下鐏)。【詩】厹矛鋈ㅣ。

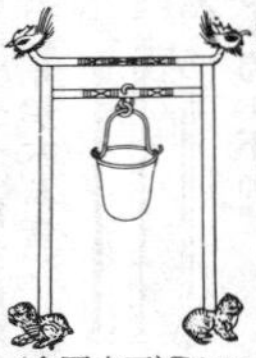
(會圖才三)㊀錞

【錚】(쟁) 庚 ソウ かね gong ㄓㄥ chêng¹
錚 小 草 ❶쇳소리 쟁 그렁거릴쟁 鐵中ㅣㅣ。❷징쟁(鉦也)。【東觀漢記】介士鼓吹ㅣ鐸。
【錚盤:쟁반】운두가 얕고 둥글납작한 그릇。
【錚然:쟁연】쇠붙이 등이 부딪는 소리。
【錚錚:쟁쟁】쇠붙이의 소리。【白居易】玉鸞俄ㅣㅣ。(轉)剛直하고 아첨하지 않는 사람。

【錟】㊀(담) 覃 タン、セン、ほこ long spear ㊁(염) 琰 ㄊㄢˊ t'an²
錟 小 篆 草 書 ㊀긴창담(長矛)。㊁서슬염(利刀)。【史記 蘇秦傳】ㅣ戈在後。
【錟戈:담과】날카로운 창。銛戈。【史記】ㅣㅣ在後。

【錠】(정) 徑 テイ、たかつき candle stick
錠 小 篆 草 書 ❶촛대정(鐙也)。❷열구자틀정(薦熟物器)。❸덩이정(純金銀貨幣定率)。❹주석정、백철정(錫屬)。❺남비정(薦熟物器)。

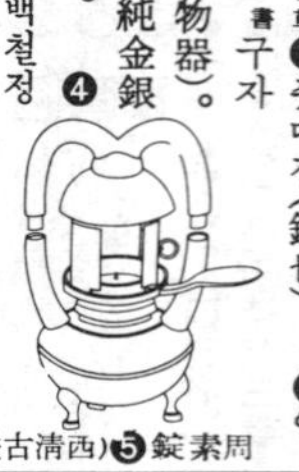
(鑑古淸西)❺錠素周

【錠子藥:정자약】錠劑。【紅樓夢】兩個香袋、兩個ㅡㅡ。
【錠劑:정제】가루 약을 뭉쳐 만든 약제。丸劑。

【錡】㊀(기) 支 キ、ギ、かま caudron ㊁(의) 紙 ㄑㄧˊ ch'i²
錡 小 篆 草 書 ㊀세발가마기(三足釜)。【左傳】筐筥ㅣ釜。㊁❶뜻은 ㊀과 같음。❷쇠뇌틀의(弩架)。【張衡 西京賦】武庫禁兵設在蘭ㅣ。❸[illegible] ㅣ。❹휘뚝거릴의(崎ㅣ不安貌)。【文賦】固崎ㅣ而難便。

【錢】㊀(전) 先 セン、かね、ぜに money; coin ㊁(전) 銑 ㄑㄧㄢˊ ch'ien²
錢 小 篆 草 書 ㊀돈 전(貨泉鑄幣)。【宋史 岳飛傳】文臣不愛ㅣ武臣不惜死。㊁가래전(ㅣ鎛田器)。【詩經 周頌臣工】庤乃ㅣ鎛。

(索石金)㊀錢桃左元開

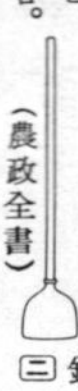
(農政全書) ㊁錢

【錢渴:전갈】돈이 잘 돌지 않음。
【錢穀:전곡】❶돈과 곡식。❷賦稅와 財政。【史記·陳丞相世家】天下一才ㅣㅣ出入幾何。
【錢貫:전관】돈을 꿰는 실。錢緡。【張養浩】子囊ㅣㅣ朽。
【錢驕:전교】돈을 가진 사람의 교만。
【錢塘江:전당강】(地) 中國 浙江省에 있는 江。浙江의 下流임。
【錢刀:전도】=錢貨。【卓文君】男兒重意氣、何用ㅣㅣ爲。
【錢糧:전량】=錢穀。
【錢路:전로】돈이 융통되는 길。
【錢文:전문】돈의 표면에 새긴 글자。【後漢書】ㅣㅣ大亂。
【錢癖:전벽】돈을 탐내는 버릇。구두쇠。【晉書】和嶠家至富、性吝、雖一錢不敢與人、時人曰之ㅣㅣ。
【錢魚:전어】(動)錢魚科에 속하는 물고기。
【錢財:전재】돈。보물。【莊子】ㅣㅣ不積、則貪者憂。
【錢政:전정】돈에 관한 모든 일。財政。
【錢主:전주】사업의 밑천을 대어 준 사람。빚을 준 사람。
【錢平:[illegible]】돈으로 [illegible] 셈평。
【錢幣:전폐】=錢貨。【漢書】更造ㅣㅣ以贍用。
【錢布:전포】=錢貨。
【錢舖:전포】돈을 서로 바꾸어 주는 곳。錢莊。
【錢票:전표】가지고 오는 사람에게 돈을 치르도록 되어 있는 쪽지。
【錢貨:전화】돈。錢刀。錢布。錢幣。【漢書】數改ㅣㅣ。
【錢荒:전황】돈이 잘 융통되지 못하여 돈이 귀하여짐。
◎古ㅣ、口ㅣ、金ㅣ、銅ㅣ、惡ㅣ、葉ㅣ、銀ㅣ、一ㅣ、紙ㅣ、換ㅣ。

【錍】(비) 尾 ヒ、はり needle
침비(小丁)。【素問】砭石今以ㅣ鍼代之。

【錣】(철) 屑 テツ、はり ferrule ㄓㄨㄟˋ chuei⁴
錣 草 書 채찍 고달철(策馬箠端有針)。【列子】白公倒杖策ㅣ貫頤流血。
【錣鈞:철균】多寡를 재는 기구。算籌。

【錤】(기) 支 キ、すき hoe
호미기(鎡ㅣ鉏也)。【孟子】作鎡基。

【錥】(육) 屋 イク、なべ pot
옹솥육(小釜鍋ㅣ)。

【錦】(금) 寢 キン、にしき silk fabric
錦 小 篆 草 書 비단금(襄色織文)。【詩】衣ㅣ褧衣。
【錦綺:금기】비단과 綾織。아름다운 옷。【李端】廻風舒ㅣㅣ。
【錦囊:금낭】❶詩作品을 넣는 비단주머니。❷금실로 수놓은 주머니。【五代史】盛以ㅣㅣ。❸(動)七面鳥의 異名。
【錦囊花:금낭화】(植)罌粟科에 딸린다 [illegible] 줄기에 흰 분을 쓰고 봄철에 등

모양의 붉은 꽃이 핌。

【錦丹靑:금단청】 온갖 비단을 써서 그린 단청。

【錦帶花:금대화】 《植》落葉灌木의 한 가지。 海仙。

花帶錦 (三才圖會)

【錦鱗:금린】 ❶아름다운 비늘。 ❷아름다운 물고기。 『鮑照』戱――而夕映、曜繡羽以晨過。

【錦鱗魚:금린어】 《動》소가리。

【錦鱗玉尺:금린옥척】 물고기의 美稱。 銀鱗玉尺。

【錦褓裏犬矢:금복리견시】 《國》비단보에 개똥。 《喩》㉠외모는 좋은데 내용이 나쁜 것。 ㉡외양은 잘 생긴 사람이 마음씨가 나쁜 것。 『東言解』。

【錦賜花:금사화】 文科에 급제한 사람에게 내려주던 것으로 비단으로 만든 꽃。

【錦上添花:금상첨화】 아름다운 위에 아름다움을 한층 더함。 『王安石·詩』 麗唱仍添錦上花。

【錦繡:금수】 ❶비단과 바느질。 ❷아름다운 옷이나 옷감。 《喩》아름다운 것。 錦綉。 『戰國策』不能出其金玉――、取卿相之尊者乎。

【錦繡江山:금수강산】 ❶비단에 수를 놓은 듯이 아름다운 산천。 ❷우리 나라 三千里 江山의 아름다움을 일컫는 말。

【錦繡紋庫緞:금수문고단】 거북의 등 모양이나 비늘 모양 같은 무늬를 놓은 中國 비단의 한 가지。

【錦繡衣喫一時:금수의끽일시】 《國》 비단옷이 한끼。 《喩》빈곤할 때는 값진 보물이라도 밥값에 불과하다는 뜻。 『青莊館全書』。

【錦心繡口:금심수구】 아름다운 着想과 아름다운 말。 詩와 文章에 뛰어난다는 형용。 『柳宗元·乞巧文』。

【錦荔枝:금여지】 《植》여주。

【錦衣:금의】 ❶비단 옷。 화려한 옷。 『詩經』――狐裘。 ❷錦衣衞의 略稱。

【錦衣夜行:금의야행】 立身出世를 하여도 고향에 돌아가지 않는 것。 곧 사람들에게 알려질 수 없다는 뜻。 『漢書·項籍傳』。

【錦衣玉食:금의옥식】 아름다운 옷과 좋은 음식。 《喩》㉠사치스런 생활。 ㉡富貴의 身分。

【錦衣晝行:금의주행】 立身出世하여 富貴를 고향에 빛냄。 立身出世하여 고향에 돌아가는 것。 『三國志·張旣傳』。

【錦衣還鄕:금의환향】 富者가 되어 고향에 돌아감。 出世하여 고향에 돌아감。

【錦帳:금장】 비단의 휘장。 또는 장막。 繡帳。 綺帳。 『白居易』蘭省花時――下。

【錦殿:금전】 비단으로 꾸민 궁전。 훌륭한 궁전。 『王勃』璧房――相玲瓏。

【錦地:금지】 상대편이 있는 곳의 尊稱。

【錦貝:금패】 《鑛》빛깔이 누르고 투명한 琥珀의 한 가지。

【錦袍:금포】 비단 두루마기。 비단으로 된 도포。 『南史』魚弘率部曲數百、悉衣――、赫奕滿道。

【錦香色:금향색】 검누르고 붉은 빛。

【錧】

(관) 旱 カン、くさび hub ㄍㄨㄢˇ kuan

(草書) ❶수레굴통쇠관(車轂鐵)。 『孟子題辭』五經之―轄。 ❷보습관(田器)。

【錧鎋:관할】 수레바퀴가 車軸으로 부터 빠져나오지 않게 꽂은 것。 《轉》사북·목(首)등의 뜻。 『趙岐·孟子序』論語者五經之――、六藝之喉衿也。

【錫】

(석) 錫 セキ、シャク、すず tin

(小篆·草書) ❶주석석、 백철석(金―鉛類)。 『詩』如金如―。 ❷줄석(賜也)。 『詩經 大雅旣醉』孝子不匱永―爾類。

【錫蘭:석란】 《地》세일론(Ceylon)。 印度洋에 있는 큰 섬。 印度半島의 東南端에 있음。 제二차대전 후 독립함。

【錫賚:석뢰】 내려 받은 물건。 賜賚。 『舊唐書』太宗嘉其陸海疲勞、――甚厚。

【錫人:석인】 주석을 녹여서 만든 인형。 옛적에 死者와 같이 埋葬한 것。 『顔氏家訓』。

【錫杖:석장】 道士·僧이 쓰던 지팡이。 「禪杖。 ◎巡―、朱―。

【錪】

㊀(전) 銑 テン、トン、かま ㊁(톤) 阮 iron pot

(小篆) ㊀❶쇠전(金也)。 ❷솥전(鍑也)。 ㊁무거울톤(重也)。

【錭】

㊀(도) 豪 トウ、にぶい ㊁(조) 蕭 dull

(小篆) ㊀무딜도(鈍也)。 ㊁새길조(刻也)。 『荀子』―琢刻鏤。 (『雕』와 같음)

【錮】

(고) 遇 コ ふさぐ tinker; mend

(小篆·草書) ❶땜질할고(鑄塞)。 『漢書』雖―南山猶有隙。 ❷벼슬길막을고(禁―重繫)。 『左傳』子反請以重幣―之。 ❸오랜병고(―疾)。 『禮記』―疾。

【錮疾:고질】 오래도록 낫지 않는 병。 痼疾。 宿痾。 『漢書』失今不治、必爲――。

【錯】

㊀(착) 藥 サク、ソ、まじる、たがう ㊁(조) 遇 confused; tangled ㄘㄨㄛˋ ts'uo⁴

(小篆·草書) ㊀❶섞일착(雜也)。 『書經 禹貢』厥賦惟上上―。 ❷버무릴착(混也)。 『易經 繫辭』―綜其數。 ❸갈마들일착(交―迭也)。 『中庸』如四時之―行。 ❹맷돌 착(磨也)。 ❺그르칠착(誤也、乖也)。 『漢書五行志』與仲舒―。 ❻줄착(鑢也)。 『詩經』他山之石可以爲―。 『書』錫貢磬―。 ㊁❶그만둘조(止也)。 『十八史略』刑―四十餘年不用。 ❷둘조(置也)。 『莊子達生』―之牢筴之中。 ❸행할조(行也)。 『易經序卦』禮義有所―。 ❹돈조(―刀王莽錢名)。 (『措』와 같음)

【錯覺:착각】 잘못 認識함。

【錯覺防衞:착각방위】 《法》正當防衛의 요건이 갖추어 있지 않는데、갖추었다고 잘못 알고 방위 행위를 하는 것。 誤想防衛。

【錯覺避難:착각피난】 《法》긴급 피난의 요건이 갖추어 있지 않는데、갖추어 있다고 잘못 알고 피난 행위를 하는 것。 誤想避難。

【錯落:착락】 뒤섞임。 『班固·西都賦』隨侯明月、――其間。

【錯亂:착란】 ❶섞이어 어지러움。 『孔安國·尙書序』――磨滅、勿可復知。 ❷미침(狂)。 정신이 돌음。

【錯列:착렬】 뒤섞이어 줄 지음。 섞어 늘어놓음。 錯陳。 『左思』蓄盧――。

【錯謬:착류】 =錯誤。

【錯視:착시】 착각으로 무엇을 잘못 봄。

【錯愕:착악】 성급하게 놀람。 뜻밖의 일로 놀람。

【錯然:착연】 공경하고 삼가는 모양。

【錯誤:착오】 잘못。 실수。 과실。 錯過。 錯謬。 『李白』流俗多――、豈知玉與珉。

【錯雜:착잡】 뒤섞임。 엉망이 됨。 混雜。 亂雜。

【錯節:착절】 ❶얽힌 나무 마디。 『後漢書』不遇盤根――、何以別利器乎。 ❷번잡하여 해결하기 어려운 일。

【錯綜:착종】 뒤섞임。『易經』參伍以變、——其數。

【錯紙:착지】 ❶책 같은 것이 잘못되어 차례가 바뀐 종이。❷종이 묶음에 섞인 찢어진 종이。

【錯辭:조사】 詩·文章의 글귀를 골라서 맞춰 넣음。措辭。『左思』蓋比物以——。

◎交—、失—。

【鎊】(방) 〔日字〕 かざり fittings 草書 장식방(裝飾金物)。

九畫

【錨】(묘) 蕭 ビョウ、いかり anchor 〔ㄇㄠˊ mao²〕 草書 닻묘(鐵—)。【焦竑俗書刊誤】船上鐵—曰—。

【錨纜:묘람】 닻줄의 끈。『天工開物』。

【錨地:묘지】 닻을 내려서 碇泊하는 곳。

【鍇】(개) 蟹 カイ、よいてつ good iron ㄎㄞˇ k'ai³ 小篆 草書 좋은쇠개(好鐵)。【吳都賦】銅—之垠。

【鍈】(영) 庚 エイ、すずのね tinkling of a bell 방울소리영(鈴聲)。

【鍊】(련) 霰 レン、ねる temper ㄌㄧㄢˋ lien⁴ 小篆 草書 ❶불린쇠련(精金)。【王褒論】精—藏於鑛鏷。❷단련할련(治也)。【淮南子】—土生木—木生火。❸불릴련、달련(煎治銅鐵使精熟)。【皇極經世】金百—然後精。

【鍊金:연금】 쇠붙이를 불에 달구어 두드림。

【鍊金術:연금술】 古代 東洋·西洋에서 유행한 일종의 應用化學。그 主眼點은 卑金屬을 黃金으로 만들고 또 특수한 靈藥을 만들려고 한 것。古代 中國에 道敎의 方士 등이 宣傳한 鍊丹은 이런 따위임。

【鍊氣:연기】 정신을 단련하는 것。

【鍊鍛:연단】 =鍛鍊。

【鍊磨:연마】 ❶단련하고 갈음。❷깊이 그 道를 닦음。練磨。硏磨。

【鍊武:연무】 武藝를 단련함。

【鍊石補天:연석보천】 큰 공적을 세움。《故》돌을 다루어 무너진 하늘을 수리하였다는 뜻。옛적 共工氏와 祝融氏가 싸울 때 不周山을 받아서 天柱가 부러지고 땅이 갈라졌으므로 女媧氏가 五色의 돌을 불리어서 하늘을 수리하고、자라 다리를 잘라 四極을 세웠다 함。『史記·補三皇本記』。

【鍊熟:연숙】 단련이 잘 되어 썩 익숙함。

【鍊操:연조】 군사를 단련함。敎鍊。

【鍊鐵:연철】 불린 쇠。

◎鍛—、洗—、精—、操—、訓—。

【鍉】㊀(시) 支 ㊁(저) 齊 シ、テイ、さじ spoon ㄉㄧ ti 草書 ㊀❶숟갈시、술시(錯—)。【後漢書】牽馬操刀奉盤錯—遂割牲而盟。❷열쇠시(鍵也)。㊁날저(鋒也)。

【鍋】(과) 歌 カ、なべ cooking pan 草書 ❶노구과(釜屬溫器)。❷수레굴통쇠과(車釭)。❸기름통과(盛膏器)。

【鍋蓋魚:과개어】《動》 물고기의 한 가지。

【鍋戶:과호】 宋代 소금을 다리던 노구솥。

魚蓋鍋 (會圖才三)

【鍍】(도) 遇 ト、めっき gilding ㄉㄨˋ tu⁴ 草書 도금할도、금올릴도(以金飾物)。【李紳詩】假金只用眞金—若是眞金不—金。

【鍍金:도금】 물체의 酸化·腐蝕을 방지하며 또는 장식하기 위하여 그 表面에 金·銀·니켈·크롬 등의 얇은 金屬膜을 입히는 것。그 방법에 따라 乾式과 濕式으로 나눔。

【鍏】(위) 微 イ、すき plough 보습위(犂也)。

【鍐】(종) 東 ソウ、ばろく bridle 草書 말굴레종(馬首飾)。

【鍑】(복) 屋 フク、かま caudron 小篆 草書 솥가마복(釜也)。【博古圖】周獸耳斂口上載鬲以熟物。

周鉉紋鍑(西淸古鑑)

【鍒】(유) 尤 ジュウ、なまがね pig iron 小篆 떡쇠유、시우쇠유(鐵之軟者)。

【鎪】(수) 尤 シュウ、きざむ carve ㄙㄡ sou¹ 草書 새길수(刻鏤)。

【鍔】(악) 藥 ガク、やいば edge of a sword ㄜˋ e⁴ 草書 칼날악(鋒—劍刀)。【漢書 蕭望之傳】底厲鋒—。

【鍔鍔:악악】 높은 모양。

【鍖】(침) 侵 チン、だい chopping block 草書 ❶쇠모탕침(斧質)。【漢書】身伏斧質。❷목맺힐침(—鈝聲不進)。【洞簫賦】行—鈝而和囉。

【鍖然:침연】 滿足하지 않은 모양。『晏子』——不滿、退託於族。

【鍚】(양) 陽 ヨウ、おもがい 草書 당노양(馬額飾)。【詩經 大雅 韓奕】鉤膺鏤—。

【鍛】(단) 翰 タン、きたえる temper ㄉㄨㄢˋ tuan 小篆 草書 쇠불릴 단(—鍊打鐵冶金)。【書經】—乃戈矛。

【鍛工:단공】 대장장이。

【鍛鍊:단련】 ❶金屬을 불에 달구어 두드림。『論衡』良工——、成爲銛利。❷酷毒한 관리가 무리하게 사람을 죄에 빠지게 하는 것。❸학문과 예술을 배우고 익힘。❹몸과 마음을 닦아 기름。❺罪人을 학대하는 것。

【鍛冶:단야】 쇠붙이를 단련하여 器物을 만들음。또는 그 직공。

【鍛冶硏磨:단야연마】 단련하고 또 단련하여 갈고 닦는 것。

【鍛鐵:단철】 ❶쇠를 단련함。❷《鑛》銑鐵에서 炭素分을 減少시켜 만든 쇠。鍊鐵。

【鍜】(하) 麻 カ、しころ armour for neck 小篆 草書 목투구하(錏—頸鎧)。

【鍠】(굉) 庚 コウ、かねのね peal of a bell ㄏㄨㄤˊ huang² (本音「횡」) 小篆 草書 쇠북소리 굉(鍠—鐘鼓聲)。【東都賦】鐘鼓鍠—。

【鍝】(우) 週 グ、みみかざり earring
귀고리우(鍝—耳垂金寶)。

【鍤】(삽) 洽 ソウ、すき spade ㄔㄚ ch'a²
鍤 小篆 草書 가래삽(鍫也)。〔史記 河渠書〕擧—如雲決渠爲雨。

【鍥】㊀(계) 霽 ケイ、ケツ、きざむ carve ㊁(결) 屑 ㄑㄧㄝ ch'ieh⁴
鍥 小篆 草書 ㊀❶새길계(刻也)。〔荀子〕—而不舍金石可鏤。❷끊을계(斷也)。〔後漢書〕 ㊁낫결(鎌也)。

鍥(農政全書)

【鍥薄：결박】❶돈을 깎아서 얇게 하는 것。〔後漢書〕願寬——之禁、後治鑄之議。願寬—薄之禁。❷薄情한 것。殘酷한 것。

【鍦】(사) 支 シ、ほこ short spear
鍦 草書 짧은창사(短矛)。

【鍧】(굉) 庚 コウ、かねのね peal of a bell
鍧 草書 쇠북소리굉(——鐘鼓聲)。〔詩經〕鐘鼓——。

【鍪】(무) 尤 ボウ、かぶと helmet
鍪 小篆 草書 투구무(兜—首鎧)。〔書經〕惟甲冑起戎。〔註〕冑兜—也。

頭鍪(三才圖會)

【鍫】(초)『鍬』(次條)와 같음

【鍬】(초) 蕭 ショウ、すき spade
鍬 草書 가래초(臿也)。

【鍬撅：초궐】가래。『西廂記』。

【鍎】㊀(근) 眞 キン、おの axe ㊁(은) 吻
㊀도끼근、자귀근(斫木器)。❷끊을은(斷也)。 ㊁❶가지런할은(齊也)。

【鍭】(후) 尤 コウ、やじり arrow-head ㄏㄡˊ hou²
鍭 小篆 草書 살촉후(箭鏃)。〔詩經〕四—旣鈞。

【鍭矢：후시】화살의 이름。八矢의 하나。

【鍮】(유) 尤 トウ・チュウ、しんちゅう brass
鍮 草書 놋쇠유(石銅似金)。〔格古要論〕—石自然銅之精者。

【鍮檠：유경】놋쇠를 가지고 만든 등잔 [받침。

【鍮器：유기】놋그릇。

【鍮刀：유도】놋쇠로 만들어 낸 칼。

【鍮盤：유반】놋쇠 쟁반。

【鍮石：유석】《鑛》품질이 좋은 自然銅。

【鍮硯：유연】먹물을 담는 놋쇠 그릇。

【鍮尺：유척】檢屍에 쓰던 놋쇠로 만든 자。

【鍯】(총) 東 ソウ、のみ chisel
끌총(大鑿)。

【鍺】(타) 哿 タ、くさび hub
❶수레굴통쇠타(車轄)。❷보습타(犂鍺)。

【鍱】(섭) 葉 ショウ、ヨウ、いたがね piece of iron
鍱 小篆 草書 쇳조각섭(金鐵片鍱也)。

【鍰】(환) 刪 カン、おもさ weigh of coin ㄏㄨㄢˊ huan²
鍰 小篆 草書 엿냥중 환(黃鐵六兩鋝也)。〔書〕其罰百—。

【鍲】(민) 眞 ビン、もと capital ㄇㄧㄣˊ min²
❶부세회계할민(計稅)。❷장사밑천 민(業也)。

【鍳】(감)『鑑』(金部 14畫)과 같음

【鍵】(건) 阮 銑 ケン、かぎ key; lock ㄐㄧㄢˋ chien⁴
鍵 小篆 草書 ❶열쇠건(關—籥也)。〔禮〕修—閉。❷수레굴대건(車轄)。

【鍵盤：건반】피아노·올갠 등의 앞줄에 나란히 있는 黑白의 작은 板으로、손가락으로 두들겨 소리를 냄。키。

【鍵盤樂器：건반악기】피아노·풍금 따위와 같이 건반이 있는 악기。

【鍹】(선) 先 セン、すき spade
가래선(鍤也)。

【鍼】㊀(침) 侵 シン、はり needle ㊁(겸) 鹽
鍼 小篆 草書 ㊀❶바늘침(縫具)。〔左傳〕楚侵陽橋賂執—者百人。❷침침(—石刺病)。〔方書〕唐狄仁傑善—術。(『針』과 같음) ㊁사람이름겸(人名秦—虎)。

【鍼工：침공】재단하여 바느질 함。裁縫。또는 그 사람。『拾遺記』妙於——。

【鍼灸：침구】針術과 뜸질하는 것。針灸。『史記』或不當飮藥、或不當——。

【鍼芒：침망】❶바늘 끝。『唐書』馳射百步外、——木葉無不中。❷극히 적은 것。微細。

【鍼線：침선】❶바늘과 실。『喬知之』曲房理——。❷바느질거리。

【鍼術：침술】침을 몸에 찔러 병을 고치는 醫術。針術。

【鍼艾：침애】바늘과 말린 쑥。針艾。❷경계。箴戒。『袁淑·文』以未來爲——。❷

【鍼藥：침약】❶침과 藥。❷疾病의 치료。

【鍼醫：침의】침술로 병을 고치는 醫員。

【鍼子偸賊大牛：침자투적대우】《國》바늘 도둑이 황소 도둑 됨。《喩》가벼운 범죄를 예사로 아는 사람은 마침내 큰 죄도 짓게 됨。『青莊館全書』。

【鍼治：침치】침술로 병을 치료하는 것。

【鍼筒：침통】침을 넣어 두는 대로 만든 작은 통。

【鍼破：침파】침으로 종기를 쨈。

【鍼砭：침폄】쇠로 만든 針과 돌로 만든 針。《轉》規戒。『范成大』時時苦語見——。

【鍾】(종) 冬 ショウ、さかつぼ wine-bottle ㄓㄨㄥ chung¹
鍾 小篆 草書 ❶병종(酒器)。❷휘종(量名十釜)。〔左傳〕齊國人粟戶一—。❸체종거문고 종(遞—)。〔漢書〕雖伯牙操遞—。❹뭉칠종(聚也)。〔左傳 昭公二十八年〕天—美於是。❺눈물흘릴종(龍—垂涙貌)。❻음률이름종(律名黃—)。

❶ 漢食官鍾(西淸古鑑)

【鍾氣：종기】精氣가 한데 뭉침。

【鍾念：종념】불쌍하게 생각함。『唐書』希烈之母、——幼子。

【鍾鉢：종발】작은 보시기。

【鍾愛：종애】사랑을 모은다는 뜻으로 매우 귀여워 하는 것。鍾嬖。『南史』元舅吳

平侯蕭勸、特所ㅣㅣ。

【鍾王:종왕】 魏代의 鍾繇와 晉代의 王羲之。(다 같이 書道의 名人)。『蘇軾題跋』嘗論ㅣㅣ之迹、蕭散簡遠、妙在筆墨之外。

【鍾繇:종요】《人》一五一~二三〇 三國時代 魏의 書家。文帝를 섬기고 草書에 능했음。

【鍾乳洞:종유동】《地》石灰岩地가 地下水나 빗물에 의하여 용해 작용을 받아서 된 洞窟。石灰洞。

【鍾乳石:종유석】《鑛》方解石이 石灰洞 안에서 얼음 기둥처럼 아래로 내려져 있는 것。고드름돌。

【鍾子期:종자기】《人》春秋時代 楚의 音樂家。伯牙의 거문고를 듣고 그 마음을 깨달았다 함。

【鍾情:종정】 =鍾愛。

【錙】(치)『錙』(金部 8畫)의 本字

【鎁】(야)『鋣』(金部 7畫)와 같음

十畫

【鎈】(차) 麻 シャ、サ、きんごろ golden colour ❶돈차(錢異名)。❷금빛차(金光)。

【鎊】(방) 陽 ホウ、けずる shave; cut ㄅㄤˋ pang⁴ 草書 깎을방(削也)。

【鎌】(겸) 鹽 レン、ケン、かま sickle ㄌㄧㄢˊ lien² (本音「렴」) 小篆 草書 낫겸(刈草鉤鍥)。『韓愈詩』新月似磨ㅣ。

鎌(農政全書)

【鎌利:겸리】 낫 모양으로 날카로움。『黃庭堅』學比書、好作芒角ㅣㅣ。

【鎋】(할) 黠 カツ、くさび linchpin ㄒㄧㄚˊ hsia² 草書 ❶바퀴비녀장할(車軸頭鐵)。『孝經』孝道者萬世之栓ㅣ。❷주장할할(管ㅣ)。

【鎍】㊀(색) 藥 サク、はりがね chain ㊁(책) 陌 ㊀쇠사슬색(鐵繩)。㊁적쇠책(鐵串)。

【鎏】(류) 尤 リュウ、かざりだま pure gold ㄌㄧㄡˊ liu² 草書 ❶순금류(美金)。❷면류관드리울류(冕飾垂玉)。

【鎒】(누) 宥 コウ、ドウ、くさをきる weed out 草書 ❶김맬누(除草)。❷호미누(耕田器)。(『耨』와 같음)

【鎔】(용) 冬 ヨウ、とかす、いる melt ㄖㄨㄥˊ jung² 小篆 草書 ❶부릴용、녹일용(ㅣ鑄)。❷거푸집용(鑄器模範)。『漢書』冶ㅣ炊炭。(『熔』은 俗字)

【鎔鑛爐:용광로】 鑛石 또는 쇠붙이를 녹이는 큰 火爐。

【鎔鑪:용로】 쇠를 뜨겁게 하여 녹이는 화로(爐)。

【鎔鑠:용삭】 녹음。녹임。『宋史』蓋ㅣㅣ盡其精液矣。

【鎔巖:용암】 火山이 噴火할 때 火口에서 흘러 나온 岩漿。이것이 식으면 굳어져 바위가 됨。

【鎔巖層:용암층】 용암이 噴出하여 이룬 地層。

【鎔冶:용야】 쇠붙이를 녹여서 물건을 鑄造하는 것。熔冶。

【鎔融:용융】 固體가 열에 녹아 버리는 일。融解。

【鎔點:용점】 固體가 액체로 되는 熱度。

【鎔接:용접】 쇠붙이를 高度의 電熱이나 가스열로 붙여 땜질하는 일。

【鎔鑄:용주】 쇠를 녹여 器物을 만들음。《轉》일을 성취시킴。『杜弼』可以ㅣㅣ性靈弘風教。

【鎔解:용해】 金屬을 녹임。또는 녹음。

【鎔化:용화】 固體가 녹아 풀어짐。

【鎔和:용화】 녹여서 섞음。

【鍥】(결) 屑 ケツ、きざむ carve ❶새길결、조각할결(彫刻)。❷낫결(鎌也)。『淮南子』鑴岩ㅣ金玉。

【鎖】(쇄) 哿 サ、かけがね、じょう lock ㄙㄨㄛˇ suo³ (本音「솨」) 小篆 草書 ❶자물쇠쇄(鍵也)。『漢書』繫名聲之韁ㅣ。❷쇠사슬쇄(鐶也)。❸가둘쇄(封也)。❹항쇄쇄(項ㅣ)。❺『新字』체인(〈Chain〉英國測地名ㅡㅣ長 二十二碼)。

鎖(三才圖會)

【鎖骨:쇄골】《生》胸部 위쪽에 水平 방향으로 꾸불어진 左右 두 개의 어깨뼈。

【鎖國:쇄국】 외국과의 國交를 끊음。

【鎖國政策:쇄국정책】 쇄국하는 정책。

【鎖國主義:쇄국주의】 외국과의 國交·通商·交通을 금하는 外交方針。↕開放政策。

【鎖金:쇄금】 자물쇠。

【鎖門:쇄문】 문을 걸어 잠금。

【鎖門逃走:쇄문도주】 문을 걸어 잠그고 몰래 도망함。

【鎖愁:쇄수】 근심을 막음。근심을 억눌음。

【鎖鑰:쇄약】 ❶자물쇠와 열쇠。문 단속。『韓愈』洞門無ㅣㅣ、俗客不曾來。❷중요한 장소。출입의 要所。

【鎖直:쇄직】 宿直 같은 것으로 여러 날 외출을 못하는 것。

【鎖港:쇄항】 항구를 봉쇄하고 外國과 通商·貿易을 허용치 않는 항구。

【鎖喉瘡:쇄후창】《醫》목구멍 氣管 앞쪽에 나는 梅毒 또는 癌腫。

◎封ㅣ、連ㅣ、足ㅣ、鐵ㅣ、閉ㅣ。

【鎻】(쇄)『鎖』(前條)와 같음

【鎗】(쟁) 庚 ソウ、やり spear ㄑㄧㄤ ch'iang¹ 小篆 草書 ❶금석소리 쟁(鏗ㅣ金石聲)。『史記』鏗ㅣ鼓舞。❷창쟁(槍也)。❸세발노구 쟁(三足䰛鼎類)。❹총쟁(火銃)。

❷鎗(武備志)

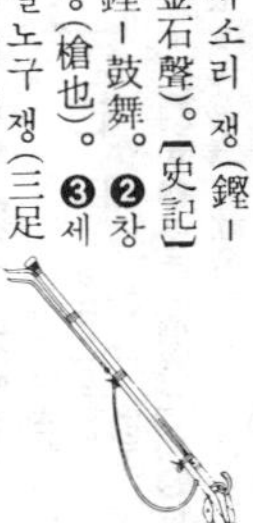
❹金口交鎗(大淸會典圖)

【鎗鎗:쟁쟁】 종 소리。錚錚。『後漢書』鍠鍠ㅣㅣ。

【鎘】(력) 錫 レキ、かなえ iron pot ㄌㄧˋ li⁴ 草書 다리굽은솥력(曲脚鼎)。

【鏇】(천) 銑 テン、ながくする extend 늘여길게할천(抒長)。

【鎐】(소) 豪 ソウ、しんちゅう brassuare 놋그릇소(銅器)。

【鎚】㊀(추) 支 ツイ、かなづち iron hammer ㊁(퇴) 灰 ㄔㄨㄟˊ ch'uei² 草書 ㊀❶쇠마치추(金ㅣ)。『抱朴子』以鐵ㅣ鍛其頭數千。❷저울추(權也)。㊁옥다듬을퇴(治玉)。(『鎚』와 같음)

【鎚鍛：추단】[illegible] 流隨大海、一一任洪爐。

【鎚殺：추살】 쇠망치로 때려 죽임。

【鎛】(박) 藥 ハク、かね small bell ㄅㄛ po²

鎛 小篆 草書 ❶쇠북박(鐘也)。【周禮】一師掌金奏之鼓。❷호미박(鋤類)。【詩】庤乃錢一。❸쇠북틀에 채색할박(一鱗鐘筍上飾)。

❶齊子仲姜鎛(攀古樓彝器款識)

❷鎛(農政全書)

【鎛磬：박경】두 樂器의 이름。鍾과 磬。【左氏】及其一一女樂二八。

【鎞】(비) 齊 ヘイ、くし cleaning comb ㄅㄧ pi⁴

鎞 小篆 ❶빗치개비(櫛髮具)。【杜甫詩】短髮不勝一。❷살촉비(箭鏃)。【涅槃經】以金一刮其眼膜。❸손톱칼비(金一)。❹비녀비(釵也)。

【鎡】(자) 支 シ、くわ weeding hoe ㄗ tzŭ¹

鎡 草書 호미자(一其鋤之別名)。【孟子 公孫丑上】雖有一基。

【鎡基：자기】호미와 가래。【周禮·注】稼器、耒耜一一之屬。

【鎣】(형) 徑 エイ、やすり file

鎣 小篆 草書 ❶꾸밀형(飾也)。❷줄형(磨劍器)。

【鎢】(오) 虞 small kettle ㄨ wu¹

鎢 草書 옹솥오(一錥小釜)。【晉書】釜甑銚槃一錥皆民間之急用也。

【鎢錥：오육】작은 솥。【玉篇】錥、一一、小釜也。

【鎤】(황) 養 コウ、かねのね sound of bell

❶종소리황(鐘聲)。❷방울황(鈴也)。

【鎦】(류) 尤 リュウ、ころす kill

鎦 草書 죽일류(殺也)。

【鎧】(개) 隊 ガイ、よろい suit of an armour ㄎㄞ k'ai³

鎧 小篆 草書 ❶투구 개(首一兜鍪)。【軒轅記】蚩尤始作一甲兜鍪時人不識以為銅頭鐵額。❷갑옷개(甲也)。

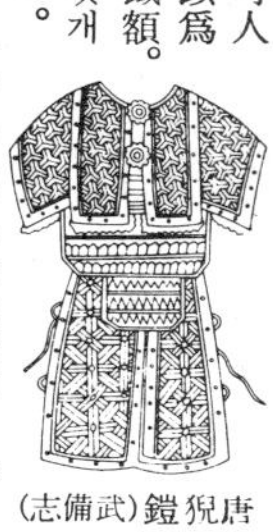

唐猊鎧(武備志)

【鎧甲：개갑】갑옷。【吳志】解置一一。

【鎧馬：개마】무장한 말。鐵馬。【晉書】一一二百五十匹。

【鎧仗：개장】갑옷과 武器。(仗은 武器의 總稱)。【晉書】不給一一。

【鎧冑：개주】갑옷과 투구。甲冑。【唐書】其一一精良。

【鎬】(호) 皓 コウ、かがやく bright ㄏㄠ hao⁴

鎬 小篆 草書 ❶쟁가비호(溫器)。❷호경호(一京武王所都)。【詩經】一京辟雍。❸빛날호(燿也)。【何晏景福殿賦】故其華表則一一鑠鑠。

【鎬京：호경】《歷》땅 이름。本名은 鎬。[illegible] 都邑으로 宗周라고도 하고 西都라고도 했음。지금의 陝西省 長安縣의 西南。

【鎬鎬：호호】빛이 빛나는 모양。

【鎪】(수) 尤 ソウ、きざむ cut ㄙㄡ sou¹

鎪 草書 후빌수、새길수(刻鏤也)。

【鋀】(두) 宥 トウ、さかつぼ drinking cup [bowl] ㄉㄡ (本音「투」)

鋀 小篆 或體 ❶술그릇두(酒器)。❷술잔두(盃也)。

【鎮】㊀(진) 震 ㊁(진) 眞 チン、テン、しずめる repress ㄓㄣ chen⁴

鎮 小篆 草書 ㊀❶진정할진(安也)。【周禮】王執一圭。❷홀진(玉一寶器)。【周禮】國之玉一。❸수자리진(戍也)。㊁❶누를진(按也壓也)。【漢書】馬方駭鼓而驚之係方絕又重一之。❷번방진(藩一)。【周禮】一服藩服。❸진정시킬진(安之)。❹무거울진(重也)。

【鎮痙劑：진경제】경련이 일어날 때 신경을 가라 앉히기 위하여 쓰는 약제。

【鎮圭：진규】임금이 손에 가지는 寶玉。會稽 또는 霍山 등 四方의 山 모양을 새긴 것。四方이 安定된 뜻。【周禮】一一尺有二寸、天子守之。

鎮圭(禮器圖)

鎮圭(三禮圖)

【鎮撫：진무】=鎮安①。【左傳】一一其社稷。

【鎮邊：진변】國境을 진압하는 것。安邊。

【鎮堡：진보】《制》李朝 때 咸鏡道·平安道의 北方 邊境에 있던 各 鎮。

【鎮服：진복】❶진정시켜 따르게 함。❷《制》周代 九服의 하나。夷服 外方 五백 [illegible]

【鎮山：진산】都邑의 뒤에 자리잡고 있[illegible]

【鎮星：진성】土星의 別名。【史記】太歲在甲寅、一一在東壁。

【鎮屬：진속】각 陣營에 딸렸던 吏卒。

【鎮戍：진수】=鎮守。【吳志】夏口要衝、宜選名將、以一一之。

【鎮綏：진수】=鎮安①。

【鎮守：진수】군사상 아주 소중한 곳을 든든히 지킴。【後漢書】車駕每出征伐常留一一、總攝群司。

【鎮守府：진수부】《制》李朝末 각 군항에 두어 해군에 관한 사무를 통할하던 관청。

【鎮息：진식】진정하여 편안함。【宋書】亦足一一頽競、獎勗浮動。

【鎮安：진안】❶진정하여 편안하게 함。鎮定。【宋史】一一百姓、周知百度。❷《歷》府 이름。明代에 설치。奉議州·天保縣을 관할함。故治는 廣西省天保縣。

【鎮壓：진압】❶눌러 진정시킴。【晉書】一一內外。❷눌러서 위압함。

【鎮慰：진위】진정시켜 위로하는 것。【後漢書】一一州郡。

【鎮日：진일】平常時。平日。常日。【朱熹】一一空掩門。

【鎮將：진장】鎮營將의 略語。

【鎮占：진점】진압하여 점령함。

【鎮定：진정】=鎮安①。

【鎮靜：진정】가라앉혀 조용하게 함。【晉書】吾闇弱、德信不著、不能一一群庶、保固維城。

【鎮靜劑：진정제】신경의 작용을 가라앉히는 약제。

【鎮座：진좌】신령이 그 자리에 임함。

【鎮重：진중】점잖고 무게가 있음。

【鎮痛：진통】아픈 것을 진정시킴。「藥。

【鎮痛劑：진통제】아픔을 진정시키는 약제。

【鎮咳劑：진해제】기침을 다스리는 藥劑。

【鎭護：진호】진압하여 지킴。亂을 진압시켜 나라를 지킴。鎭守。「시킴。

【鎭火：진화】❶불을 끔。❷화재를 진압 ◎文ㅣ、邊ㅣ、重ㅣ。

【鎮】（진）『鎭』（前條）의 俗字

【鎰】（일）質 イツ gold coin ㄧˋ 草書 스물넉량중 일(量名二十四兩)。【孟子】雖萬ㅣ。

【鎲】（당）養 トウ、みつまたほこ trident 세갈래창당(鎲鈀)。

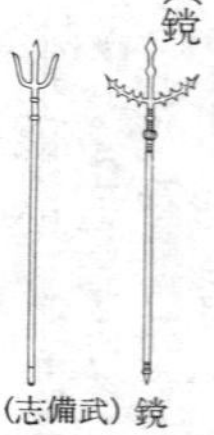

鎲（武備志）

【鎹】（송）【日字】 かすがい staple 草書 꺾쇠송(接釘)。

十一畫

【鎩】（一）(쇄) 卦 サイ、サツ、ほこ long spear （二）(살) 黠 小篆 草書 （一）긴창쇄(長矛)。【過秦論】非銛於鉤戟長ㅣ。（二）❶뜻은 （一）과 같음。❷갈길살(翦除)。

【顔延年詩】鸞翮有時ㅣ。

【鎩羽：살우】쭉지를 꺾여 나르지 못함。뜻을 잃음。【鮑照】。

【鎩翼：살익】날개를 꺾。

【鏃】（족）屋 ソク、ゾク、やじり arrow-head ㄗㄨˊ tsu² 小篆 草書 살촉족(矢末金)。【過秦論】秦無亡矢遺ㅣ之費。

古箭鏃（金石索）

【鏀】（로）麌 ロウ、かま cauldron ❶가마로(釜也)。❷칼자루로(以木爲刀柄)。

【鏁】（쇄）『鎖』(金部10畫)와 같음

【鏻】（무）麌 ボウ、ひのし flat-iron 草書 다리미무(鈷ㅣ溫器)。【鈷鉧潭記】鈷鉧熨斗也潭之形似之。(『鉧』와 같음 本音은「모」)

【鏇】（一）(선) 先 セン、ろくろ pulley ㄒㄩㄢˋ hsüan⁴ （二）(선) 霰 小篆 草書 （一）두레박틀선(轆轤)。（二）가리틀선(轉軸)。【六書故】今之銅錫盤曰ㅣ取旋轉爲用。

【鏇機：선기】둥근 나무 기구로 갈리어 만드는 틀。갈이틀。

【鏇坯空足：선배알족】陶磁器의 몸을 손질하여 다듬고、굽을 파 내는 일。

【鏈】（련）先 レン、くさり chain ㄌㄧㄢˋ lien⁴ 小篆 草書 ❶불리지아니한납 련(鉛未煉者)。❷쇠사슬련(鎖也)。

【鏉】（수）尤 シュウ、するどい sharp 小篆 ❶날카로울수(利也)。❷아로새길수(彫也)。

【鏌】（막）藥 バク、ばくや ancient famous sword ㄇㄛˋ mo⁴ 小篆 草書 막야칼 막(ㅣ釾吳神劍名)。【羽獵賦】仗ㅣ邪而羅者以萬計。

【鏌鄒：막야】❶《人》古代 吳나라 사람。❷鏌鄒가 만든 名劍의 이름。莫邪。【莊子·大宗師】。

【鏌邪：막야】큰 칼。【淮南子】ㅣㅣ不斷肉、執而不釋。

【鏊】（오）號 ゴウ、ギョウ、やきなべ frying-pan ㄠˋ ao²·⁴ 草書 번철오(燒器)。

漢提紋鏊（西清古鑑）

【鏋】（만）旱 マン、バン、かね gold ❶금만(金也)。❷금정기만(金精)。

【鏐】（류）尤 リュウ、こがね pure gold ㄌㄧㄡˊ liu² 小篆 草書 순금류(美金)。【爾雅】黃金美者謂之ㅣ。

【鏑】（적）錫 テキ、やじり arrow-head ㄉㄧˊ ti² 小篆 草書 살촉적(箭鏃)。【史記】銷鋒ㅣ。

【鏑矢：적시】화살의 한 가지。

【鏑銜：적함】말 입에 물리는 재갈。

【鏓】（총）東 ソウ、おおのみ big chisel 小篆 큰끌총(大鑿)。

【鏓硐：총통】칼로 마디 가운데를 찌름。【馬融·注】翰曰ㅣㅣ、謂以刀通節中也。

【鏖】（오）豪 オウ、みなごろし slaughter ㄠ ao² 草書 ❶무찌를오(多殺)。【漢書】合短兵ㅣ皐蘭下。❷구리동이오(銅盆)。

【鏖殺：오살】죄다 죽여버림。

【鏖戰：오전】敵을 죄다 죽일 때까지 싸움。모든 힘을 다하여 싸움。激戰。【唐書】引兵三千、與賊ㅣㅣ。

【鏗】（갱）庚 コウ、うつ、つく beat ㄎㄥ k'êng¹ 草書 ❶금석소리 갱(ㅣ鏘金石聲)。【漢書】ㅣ鏘鼓舞。❷사람이름 갱(彭祖名)。

【鏗鏗：갱갱】❶=鏗鏘。❷말 소리가 확실한 모양。【後漢書·楊政傳】說經ㅣㅣ楊子行。

【鏗爾：갱이】거문고의 소리를 표현하는 말。【論語·先進】ㅣㅣ舍瑟而作。

【鏗鏘：갱장】樂器의 소리。鏗戛。鏗然。【禮記】君子之聽音、非聽其ㅣㅣ而已也。

【鏘】（장）陽 ショウ、ソウ、たまのおと sound of a jade ㄑㄧㄤ ch'iang¹ 草書 옥소리장(ㅣㅣ玉聲)。【詩】八鸞ㅣㅣ。

【鏘鏘：장장】❶돌과 쇠의 소리。또는 음악의 울림 소리。방울 소리。鏘然。【詩經·蒸民】八鸞ㅣㅣ。❷봉황이 우는 소리。【左傳·莊·二二】私鳴ㅣㅣ。❸높은 모양。亭亭。

【鏙】（최）賄 サイ、まじる mix 섞을최(錯也)。

【鏜】（당）陽 トウ、かねのおと sound of a bell ㄊㄤ t'ang¹ (本音「탕」) 小篆 草書 북소리당(鼓聲)。【詩經 風擊鼓】擊鼓其ㅣ。

【鏜鏜：당당】❶동라 또는 북소리。큰 소리。【五代史】磊磊其事、ㅣㅣ其聲。❷

【鏜鞳：당탑】종과 북의 소리。鏜鏜의 入

蜀記】幟精明、金鼓ㅣㅣ。「把槍의 略。

【鏜把:당파】❶一八技의 한 가지。❷ 軍器의 하나。

【鏜把槍:당파창】

【鏚】(척) 錫

小篆 草書 도끼척(斧也)。剸圭以爲ㅣ柲。〖左傳〗君王命

セキ、おの axe

【鏚鉞:척월】도끼。〖左氏〗ㅣㅣ秬鬯。

【鏝】(만) 寒

小篆 或體 草書 흙손만(泥ㅣ鐵杇塗具)。〖孟子〗毁瓦畫墁。

マン、こて trowel ㄇㄢˋ man⁴

【鏝胡:만호】武器의 이름。날이 없는 큰 창。曼胡。〖揚子方言〗東齊秦晉之間、謂其大者、曰ㅣㅣ。

【鏞】(용) 冬

小篆 草書 큰쇠북용(大鐘)。〖書經〗笙ㅣ以閒。

ヨウ、おおがね large bell ㄩㄥˊ yung¹·²

鏞 (四書引蒙略圖解)

【鏠】(봉) 冬

小篆 草書 병장기끝봉(兵耑)。〖史記〗變詐ㅣ出莫能窮者。

ホウ、ほこさき point of a spear

【鏟】(산) 潸

小篆 草書 ❶대패산(平木鐵器)。❷깎을산(剗也)。〖杜甫詩〗意欲ㅣ疊嶂。❸쇳조

サン、かんな plane ㄔㄢˇ ch'an³ (本音「찬」)

鏟 (農政全書)

각산(鏟片)。❹칼집산(韜也)。

【鏟削:산삭】대패로 밂음。〖一切經音義〗。

【鏟幣:산패】대패 모양을 한 古幣。或은空心幣라 함。元明以前에는 이에 대한 記錄을 볼수 없는 것으로 보아 出土는 晩近의 일로 보여짐。

古鏟幣

【鏡】(경) 敬

小篆 草書 ❶거울경(水ㅣ取景器鑑也)。〖漢書〗淸水明ㅣ不可以逃形。❷살필경(鑒也)。❸안경경(眼ㅣ)。

ケイ、キョウ、かがみ mirror ㄐㄧㄥˋ ching⁴

【鏡鑑:경감】❶거울。❷본。

【鏡匣:경갑】거울을 넣어 두는 箱子。鏡箱。鏡誡。

【鏡戒:경계】❶사리에 맞도록 꾸짖음。❷명확한 경계。鏡誡。〖後漢書〗以前人爲ㅣㅣ。

【鏡考:경고】다른 例에 비추어 스스로 反省하는 것。〖漢書〗願陛下追觀夏商周秦所以失之、以ㅣㅣ己行。

【鏡臺:경대】거울을 달아 세운 화장대의 한 가지。粧鏡。〖北史〗ㅣㅣ直千金。

【鏡面:경면】거울의 비치는 面。〖韓愈〗

【鏡面紙:경면지】광택이 있는 종이의 한 가지。

【鏡中美人:경중미인】거울에 비친 미인。《喩》실속보다는 겉치레가 더한 사람。

【鏡浦臺:경포대】《地》關東八景의 하나 江原道 江陵에서 동북으로 七粁 되는 언덕 위에 있는 樓臺。高麗 때에 지은 것으로 鏡浦湖水와 솔밭、東海의 창파에 떠도는 白鳥、추석 달맞이 등은 훌륭한 絕景을 이루고 있음。

【鏡花水月:경화수월】눈에 보이나 손으로 잡을 수 없음。《喩》詩趣가 말로 表現할 수 없을 程度로 훌륭함。〖詩家直說〗詩有可解不可解若ㅡㅡ、勿泥其迹可也。

◎銅ㅣ、望遠ㅣ、明ㅣ、反射ㅣ、双眼ㅣ、潛望ㅣ、破ㅣ。

【鏢】(표) 蕭

小篆 草書 ❶칼날표(刀鋒)。❷비수표(匕首)。

ヒョウ、きっさき edge of a sword ㄆㄧㄠ piao¹

鞘墊頭鏢(武備志)

【鏢局:표국】나그네의 보호를 營業으로 하는 일종의 會社。北部 中國에 많음。

【鏢師:표사】鏢局에 고용된 壯士。

【鏢槍:표창】끝에 쇠를 뾰족하게 만든 것으로、던져서 적을 공격하는 무기。길이는 五寸。무게가 四兩重쯤 됨。

【鏦】(구) 尤

아로새길구(剜也)。(『鏂』와 같음)

コウ、きざむ carve

【鐭】(어) 語

小篆 백철어(白錫)。

ギョ、すず marcasite

【鏤】㊀(루) 宥 ㊁(루) 虞

小篆 草書 ㊀❶새길루(刻也)。〖左傳〗器不雕ㅣ。❷강철루(剛鐵)。〖書經〗厥貢銀ㅣ。㊁속루 칼루(屬ㅣ劍名)。〖十八史略 春秋戰國吳〗賜子胥ㅣㅣ之劍。

ロウ、ル、くろがね steel ㄌㄡˋ lou⁴

【鏤刻:누각】❶彫刻함。❷文章의 말을 꾸밈。

【鏤句:누구】글을 썩 잘 짓는 것。또는 그 글。〖元稹〗雕詞ㅣㅣ之才。

【鏤氷:누빙】《喩》無益한 勞力。

【鏤身:누신】살갗에 그림·글자 등을 새기는 文身。鏤膚。〖左思〗雕題之士、ㅣㅣ之卒。

【鏤月裁雲:누월재운】《喩》교묘하고 아름다운 細工。〖李義府·詩〗鏤月爲歌扇、裁雲作舞衣。

【鏤塵吹影:누진취영】《喩》쓸 데 없는 勞力。먼지에 새기고 그림자를 입으로 분다는 데서 온 말。

【鏤板:누판】板木에 글씨 등을 새김。鏤「版」。

【鎀】(수)『銹』(金部 7畫)와 같음

【鏦】㊀(총) 冬 ㊁(창) 江

小篆 或體 草書 ㊀❶창총(矛也)。〖漢書〗使人ㅣ殺吳王。❷찌를총(突也)。㊁뜻은 ㊀과같음。

ショウ、ソウ、ほこ spear ㄘㄨㄥ ts'ung¹

【鏦殺:총살】창으로 찔러 죽임。〖漢書〗使人ㅣㅣ吳王。

【鏦鏦:총총】金屬이 울리는 소리。鏦錚。

【鏩】(점) 琰

속히나갈점(ㅣㅣ銳進貌)。

セン、するどくすすむ advance hurriedly

【鏩鏩:점점】매섭게 나가는 모양。

【鍪】(무) 尤

草書 투구무(首鎧)。

ボウ、かぶと helmet

【鏬】(하) 禡

틈하(析ㅣ罅也)。

カ、すきま gap

【鏹】(강) 養

草書 ❶돈꿰미강(錢貫)。〖蜀都賦〗藏ㅣ巨萬。❷금강(白ㅣ金別

キョウ、ぜにざし string of coppers ㄑㄧㄤˇ ch'iang²·³

名。【漢書】萬室之邑藏ㅣ千萬。

十二畫

【鏳】(쟁) 庚 ソウ、たまのおと sound of jade
옥소리쟁(玉聲)。

【鏵】(화) 麻 カ、すき spade ㄏㄨㄚ hua²
가래화、삽화(鍫也)。

鏵(農政全書)

【鏶】(집) 緝 シュウ、いたかね piece of iron
小篆 쇳조각집(金鐵片)。【博雅】ㅣ謂之鏶。

【⿰金隋】(타) 哿 タ、すき plough
小篆 보습타(鈐ㅣ、大犂)。

【鏷】(박) 沃 ボク、あらがね ore ㄆㄨ p'u² (本音「복」)
草書 ❶박고살박(ㅣ鏵矢名)。【在傳】金僕姑。❷날쇠박(生鐵)。【張協七命】ㅣ越鍛成。

【鏸】(혜) 霽 ケイ、みつかどほこ trident
草書 ❶세모창혜(三隅矛)。❷큰솥혜(大鼎)。

【鏽】(수) 宥 シュウ、さび rust ㄒㄧㄡ hsiu⁴
草書 거울에녹슬수(鏡上綠)。

【鐀】(궤) 寘 キ、ひつ chest
궤궤(匣也)。【漢書】紬石室金ㅣ之書。(『櫃』와 같음)

【鏺】(발) 曷 ハツ、かる cut
小篆 草書 ❶쌍날칼발(兩刃刀有木柄)。❷벨발(刈也)。【曹成王碑】ㅣ廣濟。❸낫발(鎌也)。

鏺❸(農政全書)

【鏾】㊀(산) 旱 サン、セン、いしゆみ handle of bow ㄙㄚ sa⁴
㊁(선) 霰
㊀쇠뇌고동늦출산(弩牙緩)。㊁수탉불칠선(雄鷄去勢)。

【鐝】(궐) 月 ケツ、みがく grind ㄐㄩㄝ chueh²
갈궐(磨也)。

【鐁】(사) 支 シ、かんな plane
대패사(鉋也)。

【鐂】(류)『劉』(刀部 13畫)의 古字

【鐃】(뇨) 肴 ニョウ、ドウ、どら small gong ㄋㄠ nao²
小篆 草書 징뇨、쟁과리뇨(小鉦似鈴無舌軍中所用)。【周禮】以金ㅣ止鼓。

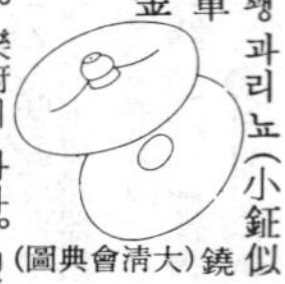
鐃(大淸會典圖)

【鐃歌:요가】❶軍樂。樂府의 하나。징소리에 맞춰 노래 하는 軍中의 鼓吹曲。漢代에는 鐃歌 一八曲이 있었음。❷종을 치면서 부르는 노래。【李白】ㅣㅣ列騎吹。

【鐃管:요관】鐃鈸과 피리。【梁元帝】山虛和ㅣㅣ。

【鐃鈸:요발】(佛) 樂器의 이름。구리쇠로 만든 바리 모양의 악기로 양 손에 하나씩 들고 서로 맞부딪쳐 치는 것。銅鈸。

【鐄】(횡) 庚 コウ、かね large bell ㄏㄨㄤ huang²
草書 ❶큰쇠북횡(大鐘)。❷낫횡(鎌也)。

【鐅】(별) 屑 ベツ、すき share
小篆 보습날별(犂刀)。

【鐇】(번) 元 ハン、ハン、つち hammer ㄈㄢ fan²
草書 뭉치번(ㅣ钁、椎也)。【後漢書】ㅣ株林。

【鐈】(교) 嘯 キョウ、がなえ long-legged cauldron
小篆 발긴솥교(長足鼎)。

【鐉】(전) 先 セン、とのかわ hinge
小篆 문돌쩌귀전(樞也)。

【鐊】(양) 陽 ヨウ、おもがい ornament
小篆 ❶말머리치장양(馬頭飾)。❷바퀴테양(車輪鐵)。❸『鍚』과 같음。【急就篇】鞍鑣ㅣ。

【鐋】(탕) 漾 トウ、かんな plane ㄊㄤ t'ang¹·⁴
❶대패탕(鐪ㅣ平木器)。❷【國字】변탕탕(治木器、邊ㅣ)。

【⿰金辜】(고) 虞 コ、やのな arrow (『姑』와 통함)
박고살고(鏷ㅣ矢名)。

【鐍】(휼) 屑 ケツ、かけがね metal ring ㄐㄩㄝ chueh² (本音「결」)
草書 ❶상자장식 휼(扃ㅣ箱篋前鐍)。【莊子】固扃ㅣ。❷해무리휼(玉ㅣ日旁氣)。

【鐍固:휼고】닻을 내림。

【鐎】(초) 蕭 ショウ、なべ pan
小篆 草書 조두초(有柄溫器ㄱ斗)。【史記】以銅作ㅣ晝炊夜擊。

【鐎斗:초두】남비。가마。세발로 세워서 飮食을 데우는 것。

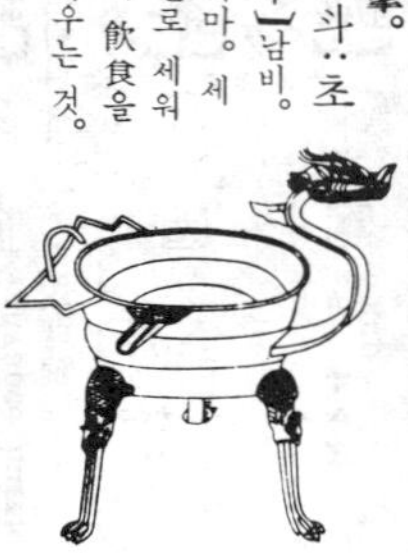
漢元康鐎斗(金石索)

【鐏】(준) 願 ソン、いしづき ferrule of a spear ㄗㄨㄣ tsuen⁴
小篆 草書 창고달 준(矛下銳銅)。【禮記】進戈者前其ㅣ。

【鐐】㊀(료) 蕭 リョウ、しろがね pure platinum
㊁(료) 嘯
小篆 草書 ㊀❶천은료(白金之美)。❷풍로료(有孔爐)。【爾雅】銀之美者謂之ㅣ。㊁순금료(美金)。

【鐐銬:요고】수갑과 발고랑。【淸會典事例】理應嚴加監禁、ㅣㅣ牢固。

【鐭】(전)『鈿』(金部 5畫)과 같음

【⿰金款】(관) 翰 カン、あぶる roast
단근질할관(燒鐵炙)。

【鐔】(심) 侵 シン、つば swordguard ㄊㄢ t'an²
小篆 草書 ❶칼코등이심(劍鼻握處)。❷작은칼심(似劍而小)。【漢書】鐔作刀劍鉤ㅣ。❸성

심(姓也)。

【鐓】(대) 隊 タイ、いしづき ferrule of a spear ㄉㄨㄟˋ tuei⁴
小篆 書 草 ❶창고달대(矛下銅鐏)。【禮記】進矛戟者前其ㅣ。

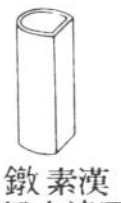
鐓素漢 (鑑古清西)

【鏟】(잔) 刪 サン、じいさいのみ small chisel
작은끌잔(小鑿)。

【鐕】 一(잠) 覃 二(침) 侵 三(잠) 感 サン、くぎ nail
小篆 草書 一❶못잠(釘也)。【禮記】用雜金ㅣ。❷철할잠(綴也)。❸갈잠(磨也)。二철할침(綴物而著意)。三옹기종기모일잠(聚貌)。【班固】列刄ㅣ鍭。

【鐖】(기) 微 キ、ガイ、かかり barb
草書 ❶낚시미늘기(魚鉤逆鋩)。【集韻】無ㅣ之鉤不可以得魚。❷큰낫기(大鎌)。
【鐖鑿:기착】 큰 낫과 끌。【史記】。

【鐗】(간) 諫 カン、しんぼう shaft ㄐㄧㄢˋ chien³·⁴
小篆 草書 ❶수레굴대간(車軸鐵)。❷【國字】쇳덩이 간(鐗也)。

【鐫】(지) 紙 チ、うがつ bore
뚫을지(穿也)。

【鐚】(아)『鐚』(金部 8畫)의 古字

【鐘】(종) 冬 ショウ、シュ、かね bell ㄓㄨㄥ chung¹
小篆 或體 草書 쇠북 종(懸樂金音)。【詩】ㅣ鼓樂之。
(『鍾』과 통함)

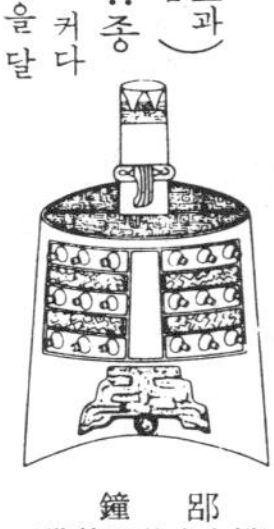
鐘 邵 (識款器彝慶古攈)

【鐘閣:종각】 커다란 종을 달아 놓은 집。
【鐘鐻:종거】 鐘과 鐘걸이。樂器。(鐻는 鐘을 매다는 臺)。종걸이。
【鐘磬:종경】 鐘과 경쇠。
【鐘鼓:종고】 종과 북。【詩經】ㅣㅣ樂之。
【鐘頭禁足:종두금족】 (佛)修行에 열중하며 出入을 끊는 일。
【鐘樓:종루】 鐘을 달아 두는 누각。【戴復古】老僧相對倚ㅣㅣ。
【鐘銘:종명】 鐘에 새긴 글。【金石錄】天寶三載、明皇撰眞源觀ㅣㅣ。
【鐘鳴漏盡:종명누진】 때를 알리는 鐘이 울리고 물시계의 물이 다함。하루의 시간이 끝나고 밤이 깊어 가는 것。(喩)늙어서 목숨이 얼마 남지 않았다는 것。【魏志】年過七十而以居位、譬猶而老年。夜行不休、是罪人也。
【鐘師:종사】 (制)벼슬 이름。周禮의 春官에 속함。
【鐘聲:종성】 종 소리。【禮記】君子聽ㅣㅣ、則思武臣。
【鐘鼎:종정】 鐘과 솥。鼎鐘。【魏志·註】以功德、勒名ㅣㅣ。
【鐘鼎圖:종정도】 金石古器를 그린 그림。
【鐘鼎文:종정문】 古銅器에 鑄刻한 글。「金文。
【鐘便:종편】 自鳴鐘의 기계 장치에서 종이 울리도록 마련된 부분。↔時便。
◎警ㅣ、掛ㅣ、晩ㅣ、醒ㅣ、曉ㅣ。

【鐙】 一(등) 徑 二(등) 蒸 トウ、あぶみ stirrups ㄉㄥ têng¹
小篆 草書 一❶등자등(馬鞍足所踏)。【韓致堯詩】和裙穿玉ㅣ。❷발적대 등(豆下跗)。二등잔 등(燈也)。【禮】執ㅣ。

鐙得聖漢 (鑑 古 清 西)

【鐙杖:등장】 金銅으로써 등자모양으로 장식하여 만든 쇠뇌의 손잡이。

杖 鐙 (會圖才三)

【鑿】 一(지) 寘 二(설) 屑 三(폐) 霽 四(집) 緝 ヘイ、くわ plough
小篆 一❶끝에쇠가붙은 채찍 지(羊箠、其端有鐵)。❷보습지(田器)。二❶쇠망치 설(椎也)。❷보습설(田器)。三뜻은 二와 같음。四뜻은 一과 같음。

十三畫

【鐩】(수) 寘 スイ、ひかがみ burning lens
草書 화경수(陽燧取火日中)。

【鏖】(오) 豪 オウ、かま kettle
小篆 草書 노구오(温器)。【六書故】今人以慢火爛㷉肉物爲ㅣ。

【鐪】(로) 麌 ロ、にかわかま melting-pot of fishglue
小篆 草書 ❶부레도가니 로(煎膠器)。❷칼자루로(刀柄)。

【鐫】(전) 先 セン、ほる、えぐる engrave; carve ㄐㄩㄢ chüan¹
小篆 草書 새길전(刻也)。【淮南子】ㅣ山石。
【鐫勒:전륵】 돌 같은 데 새기는 것。
【鐫劖:전참】 조각하는 것。形象을 만듦。【韓愈】造化何以當ㅣㅣ。
【鐫黜:전출】 관리가 죄를 지어 官位가 낮아지는 것。【宋史·選擧志】有犯則ㅣㅣ。
【鐫琢:전탁】 ❶새기고 가(磨)는 것。【宣和畫譜】作詩以意爲主、不在ㅣㅣ語言。❷글귀를 꾸미는 것。

【鐮】(렴) 鹽 レン、かま sickle
낫렴(鍥也)。(『鎌』과 같음)

【鐯】(작) 藥 チャク、くわ hoe ㄓㄨㄛ chuo²
괭이작(大鉏)。

【鐽】(전) 銑 セン、むちうつ whip
小篆 채쭉칠전(打鞭)。

【鐲】(탁) 覺 タク、かね gong ㄓㄨㄛ chuo²
小篆 草書 징탁(鉦也)。【周禮地官封人】以金ㅣ節鼓。

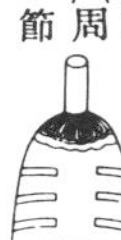
(圖器禮) 鐲 金

【鐲鐃:탁요】 軍中에서 사용하는 樂器。【周禮】辨鼓鐸ㅣㅣ之用。

【鐳】(뢰) 灰 ライ、つぼ jar ㄌㄟ lei²
草書 ❶병뢰(ㅣ瓶)。【潘岳誄】眞壺ㅣ瓶甀以偵之。❷항아리뢰(壺也)。
【鐳柚:뇌유】 귤의 가장 큰 것。大橘。

【鑞】(승)『繩』(13畫 糸部)과 같음

【鑞】(랍)『鑞』(15畫 金部)과 같음

【鐴】㊀(벽) 錫 ベキ、すきのみみ ㊁(폐) 霽 plough

㊀보습의 귀벽(犂耳)。

㊁칼갈폐(硏刀)。

鐴(農政全書)

【鐞】(만)『鏝』(11畫 金部)의 俗字

【鐵】(철) 屑 テツ、かなもの iron

小篆 或體 古文 草書 ❶검은 쇠 철(黑金)。【書經】厥貢璆一銀鏤砮磬。❷단단할 철(一石)。

【鐵脚:철각】쇠같이 튼튼한 다리。

【鐵簡:철간】武器의 한 가지。鐵製의 매로서 네 모가 나게 만든 것。

鐵簡(武備錄)

【鐵甲:철갑】❶쇠로 만든 갑옷。鐵衣。『呂氏春秋·開戰』衣一一操鐵杖以戰。❷쇠의 녹。

【鐵甲船:철갑선】쇠로 겉을 싸서 단단하게 꾸민 兵船。세계에서 우리 나라가 처음으로 만들었음。龜船。

【鐵鏡:철경】쇠로 만든 거울。

【鐵硬膏:철경고】철분을 한데 섞어 지은 고약。

【鐵骨:철골】❶굳센 골격。❷建造物의 軸部에 사용하는 鐵材。鐵筋。

【鐵骨構造:철골구조】건축물의 軸部를 鐵材로 하는 構造。

【鐵工:철공】쇠의 純鐵이나 쇠그릇 따위를 만드는 사람。

【鐵工所:철공소】＝鐵工場。

【鐵工場:철공장】쇠의 자그마한 제련과 쇠로 여러 가지 기구를 만드는 공장。

【鐵冠:철관】鐵柱의 冠。御史가 쓴 것。法冠。鐵柱는 厲直하여 굽어지지 않기 때문에 御史의 冠에 이 이름을 붙였음。

【鐵管:철관】쇠로 만든 管。

【鐵鑛:철광】철을 파내는 광산。또는 그 원료가 되는 광석。

【鐵橋:철교】❶鐵材로 놓은 다리。『蘇軾』一一本無柱、石樓豈有門。❷鐵道橋의 略語。

【鐵弓:철궁】전시에 쓰는 純鐵로 만든 활。

【鐵拳:철권】쇠같이 굳은 주먹。

【鐵櫃:철궤】쇠로 만든 궤。

【鐵筋:철근】콘크리트 속에 박아서 뼈대로 삼는 굵은 鐵線。鐵骨。『資治通鑑』以一一、畫灰爲字。

【鐵琴:철금】작은 쇳조각을 音階에 맞도록 늘어 박아 놓아 두드려서 소리를 나게 하는 樂器。

【鐵騎:철기】❶武裝한 軍馬。❷勇猛한 騎兵。철갑을 입고 말 탄 군사。『宋書』一一連群、風驅電邁。

【鐵器時代:철기시대】《歷》青銅時代보다 더 진보한 단계로서 鐵을 이용하여 여러 가지 기계·기구를 만들어 쓰던 시대。넓은 뜻으로는 現代도 철기 시대라고 함。

【鐵道:철도】鐵의 軌道。또는 그 위로 汽車·電車로 사람·荷物을 수송하는 시설。鐵路。

【鐵道橋:철도교】철도를 깔기 위하여 걸쳐 놓은 다리。

【鐵道運賃:철도운임】기차편으로 사람·화물을 운송하는 데 물리는 요금。

【鐵道便:철도편】철도를 이용하는 편。

【鐵毒:철독】칼이나 창 따위의 쇠에 다쳐서 생기는 쇠의 毒氣。쇠독。

【鐵鏈夾棒:철련협봉】兵器의 한 가지。모양은 도리깨와 비슷하며 主로 騎兵이 敵兵을 후려 치는 데 쓰이던 것。

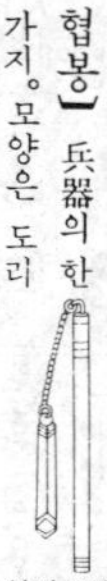

鐵鏈夾棒(武備志)

【鐵嶺衛:철령위】《制》明初에 이전 元나라 직할이었던 鐵嶺 이북의 高麗 땅을 服屬시키기 위하여 鴨綠江 북쪽 연안에 설치하였던 兵站基地인 군영。

【鐵路:철로】＝鐵道。

【鐵牢:철뢰】❶쇠로 만든 監獄。❷堅固한 담。

【鐵網:철망】철사로 얽어 만든 그물。

【鐵面:철면】❶쇠로 만든 탈。또는 面。『晉書·朱伺傳』朱何用一一自衞。❷강직한 사람을 讚揚하는 말。『宋史』趙抃爲殿中侍御史、彈劾不避權倖、京師目爲一一御史。❸검붉은 얼굴。❹뻔뻔스럽고 염치를 모르는 사람。鐵面皮。

【鐵帽:철모】전투할 때 쓰는 쇠로 만든 모자。

【鐵木眞:철목진】《人》元 太祖의 이름。→成吉思汗。

【鐵門:철문】쇠로 만든 문。『魏志』作一一居樓上。

【鐵物:철물】쇠로 만든 온갖 물건。金物。

【鐵物廛:철물전】쇠로 만든 여러 가지 물건을 파는 가게。

【鐵盤:철반】쇠로 만든 쟁반。

【鐵壁:철벽】쇠같이 굳은 아주 튼튼한 벽。堅固한 城。《喩》매우 堅固한 것。『除積』金城不可破、一一不可奪。

【鐵瓶:철병】쇠로 만든 병。『貫休』深爐燒一一。

【鐵棒:철봉】❶쇠로 만든 몽둥이。❷주로 매어 달리는 운동을 하는 데 쓰는 기계체조 용구의 하나。

【鐵分:철분】《化》어떤 物質 속에 있는 쇠의 成分。

【鐵粉:철분】鐵華粉을 정하게 바순 쇳가루。水腫·黃疸에 쓰는 한약。

【鐵扉:철비】쇠로 만든 문짝。

【鐵碑:철비】쇠를 부어 만든 비석。

【鐵貧:철빈】몹시 심한 가난。

【鐵絲:철사】쇠로 만든 가는 줄。

【鐵像:철상】쇠로 만든 肖像。『舊唐書』其一一委本州、鑄爲農器。

【鐵索:철색】철사로 꼬아 만든 줄。

【鐵色:철색】검푸르죽죽한 빛깔。

【鐵石:철석】《鑛》쇠와 돌。《喩》굳고 단단하여 변하지 않는 것。『晉書』守一一之深衷、厲松柏之雅操。

【鐵石肝腸:철석간장】매우 단단한 志操를 가리키는 말。

【鐵屑:철설】쇠의 부스러기。쇳부스러기。

【鐵聲:철성】❶쇠소리。❷쇠소리처럼 강한 목소리。

【鐵鎖:철쇄】쇠사슬。

【鐵鏽:철수】쇠에 생기는 붉은 녹。鐵衣。

【鐵楯:철순】쇠로 만든 방패。(楯은 盾)。『史記』樊噲乃持一一入到營。

【鐵心:철심】❶쇠같이 굳은 마음。❷쇠를 속에 넣고 만든 물건의 그 심。

【鐵心石腸:철심석장】鐵石과 같이 매우 굳은 精神。鐵石心。『蘇軾』僕本以一一待公。

【鐵案:철안】움직일 수 없는 의견。

【鐵液:철액】❶쇠를 녹인 물。❷대장간에서 나는 쇠똥을 물에 오래 담가서 우린 물。약으로 쓰임。

【鐵冶:철야】鐵鑛物을 녹여서 分析하는 일。『史記』以一一爲業。

【鐵獄:철옥】❶성벽이 공고한 감옥。❷규율이 엄한 감옥。

【鐵甕山城:철옹산성】튼튼하고 굳은

물건을 가리키는 말。
【鐵牛:철우】쇠로 만든 소。 水中에 넣으면 水患을 막는다고 함。〔蘇軾〕誰能如ㅡㅡ、橫身負黃河。
【鐵杖:철장】쇠로 만든 지팡이。 〔呂氏春秋〕操ㅡㅡ以戰。
【鐵場:철장】쇠를 불리어 물건을 만드는 대장간。
【鐵材:철재】공업용으로 쓰이는 무쇠재료。
【鐵笛:철적】❶날라리。❷쇠저。
【鐵錢:철전】쇠를 녹여 만든 돈。 錢貨〔陳書〕ㅡㅡ十萬。

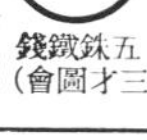
五銖鐵錢 (三才圖會)

【鐵箭:철전】쇠로 만든 화살의 通稱。六兩箭。亞兩箭。長箭。
【鐵店:철점】〈鑽〉쇠를 파내서 불리어 만드는 곳。
【鐵釘:철정】=쇠못。
【鐵梃:철정】❶=鐵杖。❷쇠지레。
【鐵鼎:철정】무쇠 솥。
【鐵製:철제】쇠를 재료로 써서 만들음。 또는 그 물건。
【鐵劑:철제】쇠를 주성분으로 한 약제。 强壯補血劑로 쓰이는 乳酸鐵 따위。
【鐵蹄:철제】❶마소의 발바닥에 대는 쇠。 蹄鐵。❷駿馬의 발굽。 軍馬의 발。❸駿馬。
【鐵絛:철조】굵은 철사。 鐵線。
【鐵條網:철조망】가시 철망。
【鐵鑄子:철주자】쇠로 부어 만든 活字。
【鐵疾藜:철질려】武器의 한 가지。 三角形의 끝이 뾰족한 무쇠를 끈으로 이어서 땅에 묻어 두어 敵兵의 侵入을 막던 것。

鐵蒺藜 (武備志)

【鐵槍:철창】쇠로 만든 창。
【鐵窓:철창】쇠창살 문。〈轉〉監獄。 獄窓。
【鐵窓生活:철창생활】감옥살이。
【鐵柵:철책】쇠살로 만든 우리。
【鐵尺:철척】쇠로 만든 자。
【鐵杻:철추】물레의 가락。

【鐵椎:철추·철퇴】쇠몽둥이。 鐵鎚。〔史記〕朱亥袖四十斤ㅡㅡ、椎殺晋鄙。
【鐵鎚:철추】=鐵椎。
【鐵則:철칙】변경할 수 없는 不動의 規則。
【鐵砧:철침】대장간에서 쓰는 받침 쇳덩이。 모루。
【鐵彈:철탄】새총 따위 獵銃에 쓰는 잘게 만든 탄알。 처란。
【鐵塔:철탑】❶쇠로 세운 탑。❷旗나 광고판 따위를 달기 위하여 높이 세운 쇠탑。❸전선을 지탱하거나 또는 전파를 방사하는 쇠 탑。
【鐵桶:철통】쇠로 만든 통。
【鐵槌:철퇴】쇠몽둥이。 鐵椎。
【鐵板:철판】쇠로 얇파하게 늘여 만든 넓은 조각。
【鐵片:철편】쇳조각。
【鐵鞭:철편】兵器의 한 가지。 쇠로 만든 채찍。 鐵檛。

鐵鞭 (武備志)

【鐵肺:철폐】소아마비 때문에 呼吸上 지장이 있을 때 사용하는 人工呼吸 기계。
【鐵砲:철포】대포·소총의 總稱。 특히 소총을 일컫는 말。
【鐵筆:철필】❶彫刻用의 小刀。 새김칼。 印刀。 刻刀。〈轉〉나무나 그 밖의 물건에 글자를 새기는 것。 또는 그 새긴 물건。 印刻。 篆刻펜(pen)。❷등사판이나 複寫에 쓰는 끝이 뾰족하게 된 쇠로 만든 펜。
【鐵筆鏃:철필촉】철필 대에 꽂아 쓰는 쇠로 된 펜촉。
【鐵限:철한】움직일 수 없는 굳은 작정。 변함이 없는 한정。
【鐵漢:철한】〈喩〉剛直하여 굽히지 않는 사람。〔駭聞錄〕〔明史〕關中呼爲ㅡㅡ。
【鐵血:철혈】❶쇠와 피。〈轉〉兵器와 兵士의 흘는 피란 뜻으로 軍備·兵力을 일컬음。❷쇠 같은 意志와 熱血의 情熱。
【鐵血政治:철혈정치】군비를 확장하여 병력으로 나라를 다스리고자 하는 정치。
【鐵火:철화】❶시뻘겋게 단 쇠。❷彈丸의 불。 銃火。
【鐵丸:철환】엽총 등에 재어서 쓰는 잔 탄알。 처란。 鐵彈。 彈子。
【鐵畫:철획】힘있게 쓴 글씨의 획。
◎鋼ㅡ、砂ㅡ、私ㅡ、銑ㅡ、軟ㅡ、鍊ㅡ、正ㅡ、精ㅡ、製ㅡ、鑄ㅡ、靑ㅡ、寸ㅡ。

【鐶】(환) 刪 カン、たまき、わ metal ring ㄏㄨㄢ huan²
鐶 草書 고리환(圜郭有孔)。〔太玄經〕鍾以玉ㅡ。

鐶 (三才圖會)

【鐶鈕:환뉴】손잡이。〔酉陽雜俎·尸穸〕後魏俗竟厚葬、棺厚高大、多用柏木、兩邊作大銅ㅡㅡ。
【鏨】(롱)『鑿』(11畫 金部)과 같음
【鐸】(탁) 藥 タク、すず hand-bell ㄉㄨㄛ tuo²
鐸 小篆 草書 ❶요령 탁(金ㅡ武用大鈴)。〔周禮〕以金ㅡ通鼓。❷목탁 탁(木ㅡ文用)。〔書經〕每歲孟春遒人以木ㅡ徇于路。

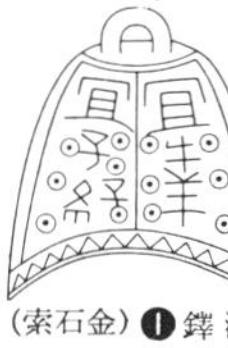
❶漢鐸 (金石索)

【鐺】㊀(당) 陽 トウ、ソウ、なべ、かま ㊁(쟁) 庚 small kettle ㄉㄤ tang¹
鐺 小篆 草書 ㊀목얽는쇠사슬 당(琅ㅡ鎖也)。〔五行志〕以鐵鎖琅ㅡ其頸。㊁노구쟁(鼎屬有耳)。
【鐺口:당구】절에서 밥 짓는 큰 솥。
【鐺鐺:당당】쇠에서 나는 소리의 형용。 當當。
【鐺戶:당호】宋代의 鹽業者。〔宋史·食貨志〕籍州民之鬻土者爲ㅡㅡ、歲輸塩於官。
【鏍】(라) 歌 ラ、かま small cauldron
옹솥라(小釜、銼ㅡ)。
【鐻】㊀(거) 語 キョ、かね ㊁(거) 魚 bell ㊂(거) 御 ㄐㄩ chü⁴
鐻 草書 ㊀북받침거(鐘鼓柎)。〔史記〕銷以爲鐘ㅡ。㊁금은그릇거(金銀器)。〔後漢書〕張奐遺金ㅡ八枚。㊂쇠북거(鐘ㅡ)。
【鐻鍝:거우】夷狄의 君長이 쓴 金銀玉寶의 귀걸이。 鐻는 金銀의 器物。 鍝는 鋸。〔後漢書·杜篤傳·注〕郭璞注云、金銀器之名、未詳形制、鍝音牛于反、埤蒼曰、鍝鋸也、案、今夷狄好穿耳、以垂金寶等、此並謂夷狄之君長也。
【鐼】(분) 文 フン、かんな plane
鐼 小篆 대패분(鉋也)。

十四畫

【鑖】(몽) 送 ボウ、わ clasp
❶쇠고리몽(鐶也)。❷겹고리몽(重鐶)。
【鑄】(주) 遇 シュ、チュウ、いる cast; strike ㄓㄨ chu⁴
鑄 小篆 草書 쇠부릴주(鎔金入範)。〔左傳〕ㅡ鼎象物。
【鑄工:주공】쇠를 부어 철물을 만드는 사람。

【鑄金:주금】쇠를 녹여서 틀에 부어 器物을 만듦음。

【鑄物:주물】쇠붙이를 녹여 부어 만든 물건。

【鑄植機:주식기】필요한 활자를 주조하는 동시에 식자까지를 하는 기계。

【鑄人:주인】人材를 양성하는 것。〔揚子法言〕覿君子者, 問ㅡㅡ, 不問鑄金, 或曰, 人可鑄歟, 曰, 孔子鑄顏淵矣。

【鑄匠:주장】❶놋장이。❷校書館의 鑄字를 붓던 기술자。

【鑄字:주자】쇠붙이로 부어 만든 글자。

【鑄錢:주전】쇠를 녹여 부어 돈을 만듦。또는 그런 돈。鑄貨。〔漢書〕卽多銅山而ㅡㅡ。

【鑄造:주조】쇠를 녹여 부어 물건을 만드는 것。

【鑄錯:주착】(喩)錯誤가 매우 많은 것。羅紹威가 자기의 失錯을 비유해서 한 말。

【鑄鐵:주철】(鑛)ㅡ·七% 이상의 炭素를 포함한 鑄物의 原料鐵。銑鐵。

【鑄幣:주폐】쇠를 녹여 貨幣를 만듦음。

【鑄型:주형】❶鑄物을 부어 넣기 위하여 만든 틀。❷活體字를 만드는 틀。

【鑄貨:주화】쇠붙이를 녹여서 화폐를 만듦음。

【鑈】㊀(녑) 葉 ニョウ、デイ、ただしい ㊁(네) 薺 spool ㊂(니) 紙

㊀❶바를녑(正也)。(『鑷』와 같음) ❷족집게녑(鑷也)。㊁실패네(絡絲柎)。㊂뜻은 ㊁와 같음。(『檷』와 같음)

【鑊】(확) 藥 カク、かなえ 厂ㄨㄛˋ huo⁴ cauldron

小篆 草書 가마확(鼎ㅡ)。〔漢書〕有鑿顚抽脅ㅡ亨之刑。

鑊(禮器圖)

【鑊湯:확탕】(制)솥에 넣어 삶아 죽이는 刑。湯鑊。

【鑋】(경) 徑 ケイ、かねのね ㄑㄧㄥ ch'ing⁴ sound of iron

小篆 草書 쇳소리경(金聲)。

【鑌】(빈) 眞 ヒン、ビン、みがく ㄅㄧㄣ pin¹ burnishing

❶매운쇠빈(爲刀甚利鐵也)。❷〔國字〕마광낼빈(磨光匠)。

【鑌刀:빈도】강철로 만든 긴 칼。〔長生殿·合圍〕三尺ㅡㅡ耀雪光。

【鑌鐵:빈철】강철。〔格古要論〕ㅡㅡ出西番, 面上有旋螺花者, 有芝麻雪花者。

【鐀】(궤) 寘 キ、はこ box

궤궤(櫃也)。(『匱』와 같음)

【鑑】㊀(감) 咸 カン、かがみ ㊁(감) 陷 ㄐㄧㄢˋ chien⁴ mirror of metal

小篆 草書 ㊀❶밝을감(明也)。❷비칠감(照也)。〔左傳〕光可以ㅡ。㊁❶거울감(鏡也)。❷책이름감(書名)。唐 名金ㅡ錄 宋 資治通ㅡ。❸본뜰감(模範)。❹경계할감(誡也)。

漢尚方鑑(西清古鑑)

【鑑戒:감계】지나간 일을 잘 생각하여 스스로 경계함。〔後漢書〕置於左右, 以自ㅡㅡ。

【鑑別:감별】잘 관찰하여 분별함。鑑定。

【鑑査:감사】잘 조사함。〔識別。〕

【鑑賞:감상】藝術作品의 價値를 吟味하고 理解함。

【鑑賞眼:감상안】예술 작품 따위를 감상할 줄 아는 안목。

【鑑識:감식】❶＝鑑定①。〔晋書〕王戎有人倫ㅡㅡ, 常目山濤, 如璞玉渾金。❷(法)犯罪가 일어났을 때 指紋과 筆跡 등을 조사해서 알아냄。

【鑑識力:감식력】鑑識하는 능력。

【鑑定:감정】❶古書·古畫 등의 眞僞나 善惡·優劣을 分別하여 정하는 것。鑑識。❷(法)訴訟法上 법원의 명령에 따라 法官의 지식·경험을 보충하기 위하여 學識과 경험이 있는 특정의 전문가가 자기의 학술·지능·경험에 의해서 구체적 사실을 판단하고, 의견을 진술하거나 보고하는 일。

【鑑定家:감정가】鑑定을 잘하는 사람。

【鑑定官:감정관】(法)법적으로 감정하는 직무를 맡은 관리。

【鑑定書:감정서】(法)사물의 眞僞·善惡을 분별하여 적은 서류。

【鑑定人:감정인】(法)범죄의 성질·방법·또는 증서의 眞僞를 감정하는 사람。

【鑑札:감찰】허가한 표시로 관청 또는 組合 등으로부터 주는 패。

【鑑察:감찰】자세히 보아 살핌。◎明ㅡ、門ㅡ、寶ㅡ、下ㅡ、惠ㅡ。

【鑒】(감)『鑑』(前條)과 같음

【鐵】(철)『鐵』(金部13畫)의 古字

十五畫

【鑢】(려) 御 リョ、やすり file

❶줄려(摩錯銅鐵)。❷창씀배려(矛戟受柄處)。

【鑕】(질) 質 シツ、かなとこ ㄓˋ chih⁴ chopping block

草書 ❶도끼바탕질(斧ㅡ椹也)。〔公洋傳〕負覊縶執鈇ㅡ。❷머루질(鐵椹)。

【鑕鈇:질부】도끼。〔揚雄·解嘲〕徽以糾墨、製以ㅡㅡ。

【䥯】㊀(피) 支 ヒ、すき ㊁(패) 蟹 plough ㊂(파) 禡 ㄆㄚˋ pa⁴

小篆 草書 ㊀❶보습피(鉊屬)。❷발갈피(耕也)。㊁큰쇠막대패(大鐵杖)。㊂밭갈파(耕也)。

【鑗】㊀(려) 齊 レイ、かね ㊁(리) 支 metal

小篆 ㊀❶쇠붙이려(金屬)。❷벗길려(剝也)。㊁뜻은 ㊀과 같음。

【鑚】(찬)『鑽』(金部19畫)의 俗字

【鑛】(광) 梗 コウ、あらがね ㄎㄨㄤˋ kuang⁴ ore, mineral

草書 ❶쇳돌광(ㅡ朴)。〔王褒論〕精練藏於ㅡ朴。❷쇳덩이광(銅鐵樸)。(『礦』과 같음)

【鑛坑:광갱】광물을 파내기 위하여 뚫은 구멍。

【鑛區:광구】(法)정부에서 광물의 採掘이 허가된 구역。

【鑛區圖:광구도】광구를 그린 도면。

【鑛區稅:광구세】광구의 넓이에 따라 매기는 세금。

【鑛毒:광독】(鑛)광물을 파낼 때나 精鍊할 때 생기는 毒素。

【鑛脈:광맥】(鑛)광물의 줄기。바위 틈이나 斷層의 사이에, 地中의 깊은 곳에서 噴出한 광물의 용액이 침전·결정되

어 脈狀으로 박힌 鑛床。쇳줄。

【鑛物:광물】《鑛》天然的으로 땅속에 있는 金・鐵・銀・소금・석탄 따위의 無機物의 總稱。

【鑛物界:광물계】 광물의 세계。

【鑛物性:광물성】 광물의 본질을 가진 성질。

【鑛物性肥料:광물성비료】 ＝化學肥料。

【鑛物學:광물학】《鑛》광물의 형태・내부 구조・물리적 성질・화학적 성질・產狀・成因 등을 연구하는 학문。鑛學。

【鑛物學者:광물학자】 광물학을 연구하는 사람。광물의 채굴에 관한 제반 사항을 學理的으로 연구하는 사람。

【鑛尾:광미】 광석을 찧어 금을 잡고 난 뒤에 방아확에서 흘러 나오는 광석의 가루。복대기。

【鑛夫:광부】 광산에서 광물을 採掘하는 일을 하는 人夫。採鑛夫。坑夫。

【鑛砂:광사】 광산에서 採鑛・選鑛 또는 제련할 때 생기는 부스러기。「산。

【鑛產:광산】 광업의 생산물。광업의 생산

【鑛山:광산】 유용한 광물을 채굴하는 곳。「문。

【鑛山學:광산학】《鑛》광산에 관한 학

【鑛床:광상】《鑛》有用鑛物이 땅 속에 많이 존재하며 採掘하여 이익을 볼 수 있는 一帶의 土地。

【鑛石:광석】《鑛》有用金屬을 포함한, 鑛床을 구성하는 岩石。

【鑛石檢波器:광석검파기】《鑛》다른 종류의 광석을 접촉시켜 전파의 가닿음을 검사하는 장치。

【鑛石受信器:광석수신기】《物》진공관 대신 광석 검파기를 쓰는 수신기。

【鑛水:광수】《鑛》❶제련소나 광산에서 흘러 나오는 鑛毒이 섞인 물。❷鑛泉。

【鑛業:광업】 광물의 試掘・採掘・選鑛・製錬 등을 행하는 사업。

【鑛業權:광업권】《鑛》등록된 일정한 구역에서 광물을 채굴할 수 있는 권리。

【鑛業法:광업법】《法》地下資源을 합리적으로 개발함으로써 국가 산업의 발달을 꾀하기 위하여 광업에 관한 기본 제도를 규정한 법률。

【鑛業原簿:광업원부】 광업권이나 저당권의 설정・변경・이전・소멸・처분 제한・광업권의 존속 기간 등을 등록하는 公簿。

【鑛業抵當:광업저당】《法》광업 재단을 설정하여 얻은 저당권。

【鑛染:광염】《鑛》유용한 광물이 바윗돌 속에 조금씩 박혀 있는 현상。「자。

【鑛主:광주】《鑛》광산의 광업권의 소유

【鑛泉:광천】《鑛》鑛物質의 성분을 가진。물이 솟는 샘。單純泉・塩類泉・酸性泉・硫黃泉 따위가 있음。鑛水。

【鑛層:광층】《鑛》층이 진 鑛牀。

【鑛化:광화】《鑛》쇠 속의 溶液이나 기체의 작용으로 보통 돌을 유용한 광석으로 만든 것。

◎金ㅣ、銅ㅣ、鉛ㅣ、銀ㅣ、採ㅣ、鐵ㅣ。

【鑞】(랍) 合 リョウ、すず tin

草書 백철랍(錫也)。【爾雅】錫謂之鈏。

【鑞染:납염】 쇠붙이 그릇에 땜납을 올림。鑞衣。

【鑞衣:납의】 ＝鑞染。「가지。

【鑞箋紙:납전지】 中國產의 종이의 한

【鑞紙:납지】 종이같이 얇게 늘인 납。과자나 궐련을 싸는 데 씀。錫箔。

【鑟】(독) 屋 トク、いんばこ casket of seal

인궤독(印櫝)。

【鑠】(삭) 藥 シャク、とかす melt

小篆 草書 ❶쇠녹일삭(銷金)。【孟子】非由外ㅣ我也。❷아름답다할삭(於ㅣ美盛)。【詩經】於ㅣ王師。

【鑠金:삭금】 ❶쇠를 녹이는 것。【史記】衆口ㅣㅣ。❷아름다운 黃金。一說에는 녹은 쇠。『史記・李斯傳』。

【鑠鑠:삭삭】 번쩍거리는 모양。빛이 번쩍거리고 밝은 모양。鎬鎬。『何晏』故其華表、則鎬鎬ㅣㅣ。

【鑢】(려) 御 リョ、ロ、やすり file ㄌㄩˋ lü⁴

小篆 草書 ❶줄려(摩錯銅鐵)。❷다스릴려(治也)。【太玄經】躬自ㅣ。(『鋁』와 같음)

【鑢紙:여지】 거죽에 금강사 유리 가루를 바른 종이。쇠붙이 따위의 면을 닦는 데 씀。

【鑣】(표) 蕭 ヒョウ、くつわ bit ㄅㄧㄠ piao¹

小篆 草書 ❶말재갈 표(馬銜外鐵一名扇汗一名排沫)。【曹植詩】揚ㅣ漂沫。❷성할표(ㅣㅣ盛貌)。【詩經衛風碩人】朱幩ㅣㅣ。

【鑣局:표국】 ＝鏢局。

【鑣師:표사】 ＝鏢師。

【鑣鑣:표표】 성한 모양。

十六畫

【鑩】(력) 錫 レキ、かなえ cauldron

솥력(鼎屬)。【左思詩】吹噓對鼎ㅣ。(『鬲』과 같음)

【鑨】(롱) 東 ロウ、うつわ metallic vessel

쇠그릇롱(器也)。

【鑪】(로) 虞 ロ、ひばち、いろり brazier ㄌㄨˊ lu²

小篆 草書 ❶화로로(火函)。【左傳】郱莊公廢于鑪炭。❷살로(鉀ㅣ箭名)。【方言】箭小而長穿二孔者。❸주전자로(酒器)。(『爐』와 같음)

唐 薰 鑪 (西清古鑑)

【鑪槖:노탁】 풀무。대장간에서 불을 일으키는 도구。『淮南子』ㅣㅣ埵坊設非、巧治不能以治金。

【鑪炭:노탄】 화로의 숯불。

【鑪戶:노호】 ㉠대장간。㉡대장장이。

【鑡】(찰) 黠 サツ、くさがりかたな sickle

풀베는 칼찰(刈草刀)。

十七畫

【鑭】(란) 翰 ラン、きんのいろ gilding ㄌㄢˊ lan²

금채색란(金采)。

【鑯】(첨) 鹽 セン、するどい sharp

小篆 草書 ❶새김칼첨(ㅣ器鐫也)。❷뾰족할첨(銳也)。

【鑰】(약) 藥 ヤク、じょう key ㄩㄝˋ yüeh⁴

草書 열쇠약(門關下牡)。【抱朴子】堅玉ㅣ於命門。

【鑰匣:약갑】 열쇠를 넣어 두는 箱子。

【鎛】(박) 藥 ハク、おおがね large bell ㄅㄛˊ po²
鎛 小篆 鎛 草書 ❶큰쇠북박(大鍾)。『儀禮』其南ー。❷호미박(鋤類)。

❶鎛 (禮器圖)

【鑱】㈠(참) 咸 ㈡(참) 陷 サン、ザン、すき plowshare ㄔㄢˊ ch'an²
鑱 小篆 鑱 草書 ㈠❶보습쇠참(犂鐵)。『杜甫詩』長ー長ー白木柄。❷찌를참(刺也)。『韓愈詩』洶洶洞庭莽翠微九疑ー天荒是非。❸뾰족할참(鋭也)。㈡가래참(土具)。

❶鑱 (農政全書)

【鑱刻:참각】 파서 새김。

【鑱斧:참부】 큰 도끼。古代에는 兵器로 사용했음。

【鑱鍼:참침】 대가리가 크고 끝이 뾰족한 침의 한 가지。

【鑲】(양) 陽 ジョウ、かぎ iron hook ㄒㄧㄤ hsiang¹
鑲 小篆 鑲 草書 쇠갈고리양(鉤ー兵器兩頭曰鉤中央曰ー)。

【鑋】(미) 支 ビ、かま sickle
낫미(鎌也)。

十八畫

【鑸】(라) 歌 ラ、かま small kettle
❶옹솥라(小釜)。❷번철라(温器)。

【鑴】(휴) 齊 ケイ、かま、なべ pan ㄒㄧ hsi
鑴 草書 ❶검은해무리휴(日旁黑氣)。『周禮』十煇之法三曰ー。❷쟁개비휴(鼎屬)。❸큰쇠북휴(大鍾)。

【鑶】(찰) 黠 サツ、おしきり straw-cutter ㄓㄚˊ cha²
작도찰(斷草刀)。

鑶 (農政全書)

【鑵】(관) 翰 カン、つるべ well-bucket ㄍㄨㄢˋ kuan⁴
鑵 草書 두레박관(汲器)。(『罐』과 같음)

【鑷】(섭) 葉 ジョウ、けぬき hair-tweezers ㄋㄧㄝˋ nieh⁴ (本音「녑」)
鑷 草書 족집게섭(ー子攝取物)。『雲仙雜記』王僧虔晩年惡白髮一日對客左右進銅ー僧虔曰却老先生至矣。

【鑷工:섭공】 理髮師。『近峰聞略』元僧雪岩題ーー云、一聲鑷子噪秋蟬、門內老僧驚晝眠、毫髮盡時髮髮在、夕陽芳草自芊芊。

【鑷髮:섭발】 족집게로 머리털을 뽑음。『司空圖·寓筆詩』年年ー到花飄、依舊花繁鬢易彫。

【鑷白:섭백】 흰 머리털을 뽑아 버림。『李白』長吁望青雲、ーー坐相看。

【鑷玉簪:섭옥잠】 옥으로 대가리를 뚫어 새겨서 만든 비녀。

【鐗】(간) 銑 ケン、ぶきのな weapon (本音「견」)
병장기간(兵器)。

雙鐗 (大清會典圖)

十九畫

【鑸】(라) 歌 ラ、かまのな small cauldron
鑸 小篆 ❶작은 가마솥라(小釜)。❷데우는 그릇라(溫器)。

【鑼】(라) 歌 ラ、どら gong ㄌㄨㄛˊ luo²
鑼 草書 소라라(銅ー軍樂)。『正字通』ー形如盆大者聲揚小者聲殺。

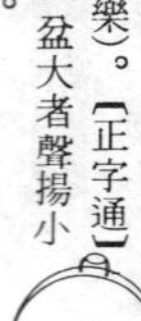
鑼 (大清會典圖)

【鑼鍋:나과】 남비의 一種。『六部成語·注解』ーー、以銅爲之、形似鍋、白晝用以炊飯。

【鑽】㈠(찬) 寒 ㈡(찬) 翰 サン、たがね、のみ drill; bore ㄗㄨㄢ tsuan¹·³·⁴
鑽 小篆 鑽 草書 ㈠뚫을찬(穿也)。『漢書』其次用ー鑿。㈡송곳찬(穿物錐)。(『鑚』과 같음)

【鑽石:찬석】 ＝金剛石。

【鑽燧:찬수】 나무 구멍을 마찰시켜 불을 일으키는 것。鑽木。『論語·陽貨』ーー改火。

【鑽仰:찬앙】 聖人의 道를 우러러 보며, 眞理를 깊이 연구함。(喩)研究心이 깊음。『論語·子罕』仰之彌高、鑽之彌堅。

【鑽研:찬연】 갈고 닦음。깊이 연구함。研鑽。『後漢書』以書戒子曰、君子之道、ーー勿替、敬愼威儀、以近有德。

【鑽營:찬영】 아첨하여 昇進을 운동함。남의 마음에 들도록 아첨함。

【鑽刺:찬자】 일을 주선할 때 가장 중요하고 바른 방법을 써서、다른 사람을 소개하는 일。

【鑾】(란) 寒 ラン、すず bell ㄌㄨㄢˊ luan²
鑾 小篆 鑾 草書 ❶방울란(人君乘車四馬鑣八ー鈴)。❷보습란(犁也)。❸한림원란(翰林院曰金ー坡)。(『鸞』과 통함)

【鑾駕:난가】 임금의 수레。鑾輿。『唐書』請發ーー、備警蹕。

【鑾刀:난도】 날의 끝과 등에 방울이 달린 칼。祭享에 쓰는 犧牲을 죽일 때 씀。

【鑾鈴:난령】 임금이 타는 수레의 방울。『崔豹』鸞口銜鈴、故謂之ーー、今或爲鑾、或爲鸞。

二十畫

【鑿】㈠(착) 藥 ㈡(조) 號 サク、ソウ、うがつ bore; drill ㄗㄠˊ tsao²
鑿 小篆 鑿 小篆 ㈠❶뚫을착(穿也)。❷끌착(所以穿木)。❸얼음뜰착(取冰)。『詩經』二之日ー冰沖沖。❹깎을착(刳木爲舟)。❺깨끗할착(ーー鮮明)。『詩經』白石ーー。❻쓿은쌀착(精米)。『左傳』粢食不ー。㈡구멍조(穿空)。『周禮』凡輻量其ー深以爲輻廣。

【鑿空:착공】 ❶굴을 팜。(轉)새로운 길을 만듦。❷空論을 말함。弄空。『蘇軾』欲ーー訪尋水利。❸洞窟。(空은 孔)。

【鑿掘:착굴】 파헤쳐 열음。구멍을 뚫음。『論衡』工師ーー。

【鑿落:착락】 술잔。잔의 종류。

【鑿岩機:착암기】 바위에 구멍을 뚫는 기계。회전식 해머식 등이 있음。鑛山·土木 공사에 쓰임。

【鑿井:착정】 우물을 팜。

【鑿鑿:착착】 ❶말이 조리에 맞음。❷鮮明한 모양。『詩經』揚之水、白石ーー。

【鑿枘:조예】 서로 용납할 수 없는 사물을 가리키는 말。

【钀】(알) 月 ゲツ、くつわ bit ㄋㄧㄝˋ nieh⁴
钀 草書 말재갈알(馬勒旁鐵鑣)。(『轙』과 같음)

【钁】(곽) 藥 カク、くわ hoe ㄐㄩㄝˊ chüeh² 小篆 草書 ❶큰호미곽(大鋤)。❷깎을곽(斫也)。〖淮南子精神〗負ㅣ亩。

❶ 钁 (農政全書)

二十一畫

【钃】(촉) 沃 ショク、すき hoe ㄕㄨˇ shu³ 草書 ❶호미촉(鋤也)。❷깎을촉(斫也)。〖荀子〗所謂以狐父之戈ㅣ牛矢也。❸칼이름 촉(劍名、ㅣ鏤)。

長 部

【長】㊀(장) 陽 ㊁(장) 養 ㊂(장) 漾 チョウ、ながい long; the eldest ㄔㄤˊ ch'ang² 小篆 古文 古文 草書 ㊀❶긴장、길이장(短之對)。❷늘장、장천장(常也)。〖歸去來辭〗門雖設而ㅣ關。❸길장(永也、遠也)。〖詩經〗道阻且ㅣ。❹클장(大也)。〖世說〗乘ㅣ風波萬里浪。❺오랠장(久也)。〖詩經〗ㅣ發其祥。❻착할장(善也)。〖晋書〗稱其所ㅣ。❼넉넉할장(優也)。〖唐書〗文藝優ㅣ。㊁❶클장(大也)。❷맏장(孟也)。〖易經〗元者善之ㅣ。❸나아갈장(進也)。〖易經〗君子道ㅣ。❹기를장(養也)。❺높을장(尊也)。〖漢書〗生育養ㅣ爲事。❻벼슬이름장(官名庶ㅣ)。㊂❶나머지장(餘也)。〖論語〗ㅣ一身有半。❷좋을장(ㅣ物)。〖世說〗平生無ㅣ物。❸멀쑥할장(冗ㅣ)。〖文賦〗故無取乎冗ㅣ。❹많을장(多也)。❺잴장(度也)。

【長脚:장각】❶긴 다리。긴 종아리。❷《動》거미의 한 가지。蜘蛛。蟢子。〖詩經·疏〗蠨蛸、長踦、一名ㅣㅣ。

【長角果:장각과】乾燥果에 딸린 裂果의 하나。子房 한 가운데에 隔膜이 생겨 두 쪽으로 벌어짐。

【長竿:장간】장대。

【長簡竹:장간죽】긴 담배설대。

【長感:장감】《醫》감기가 쇠어서 생기는 傷寒 비슷한 병。

【長江:장강】揚子江의 別名。〖太平記〗ㅣㅣ水淸。

【長杠大筆:장강대필】길고 힘 있는 글。

【長距離:장거리】❶멀고 긴 거리。❷長距離競走의 略語。

【長距離競走:장거리경주】五천 米 이상 一만 米까지의 먼 거리를 달리는 육상 경기의 總稱。

【長距離電話:장거리전화】일정한 통화 구역 밖에도 통화할 수 있는 전화。

【長劍:장검】썩 긴 佩劍。〖漢書〗冠大冠、帶ㅣㅣ。

【長庚星:장경성】《天》저녁에 서쪽 하늘에 보이는 별。太白星。〖唐書〗白之生、母夢ㅣㅣ、因以命之。

【長頸烏喙:장경오훼】목이 길고 입이 뾰족한 人相。越王 勾踐의 人相。참을성이 많고 고생을 같이할 수 있으나、殘忍하고 욕심이 많으며 남을 의심하는 마음이 강하여 安樂을 같이 할 수 없는 성질이 있다고 함。〖十八史·春秋〗。

【長計:장계】❶영원한 計略。〖戰國策〗寡人年幼、不習國家之ㅣㅣ。❷뛰어난 計略。良策。長策。

【長鼓:장고】장구。杖鼓。

【長谷:장곡】깊고 긴 산골짜기。

【長骨:장골】사지를 이루는 길고 굵은 뼈。또는 그러한 사람。

【長空:장공】높고 먼 하늘。

【長公主:장공주】임금의 姉妹。

【長藿:장곽】길고 넓은 마른 미역。

【長官:장관】《制》❶관리의 우두머리。관청의 長。❷國務를 나눠 맡아 보는 각 부의 으뜸 벼슬。大臣。〖唐書〗至忠曰、故事、臺無ㅣㅣ、御史天子耳目也。

【長廣:장광】길이와 넓이。

【長廣舌:장광설】❶雄辯。❷긴 말로 수다를 떠는 것。長舌。廣長舌。

【長句:장구】❶字數가 많은 글귀。〖白居易〗善吟ㅣㅣ詩。❷七言古詩。

【長軀:장구】身長이 높은 것。키가 큰 사람。長身。↕短軀。

【長驅:장구】말을 타고 멀리 달림。멀리 적을 추격함。〖戰國策〗輕卒銳兵、ㅣㅣ至齊。

【長久:장구】길고 오램。길게 계속함。永久。〖史記〗名號顯美、功業ㅣㅣ。

【長久之計:장구지계】사업이 오래 계속됨을 圖謀하는 계획。

【長櫃:장궤】기다랗고 큼직한 궤。

【長技:장기】훌륭하게 뛰어난 기술。〖荀子〗進其ㅣㅣ。

【長期:장기】오랜 기간。

【長期間:장기간】오랜 동안。

【長期去來:장기거래】《經》매매 계약이 성립된 뒤에、받고 넘기는 기한이 장기로 된 일종의 淸算去來。

【長期的:장기적】오랜 시일이 걸리거나 걸려야 할 것。

【長期戰:장기전】오랜 시기를 두고 싸우는 전쟁。

【長期債:장기채】오랜 시일에 걸쳐 갚기로 된 채무。곧 장기 年賦債 따위。↕短期債。

【長期化:장기화】일이 속히 결말이 나지 않고 길게 끌어가게 됨。

【長男:장남】맏아들。長子。〖易經〗震一索而得男、故謂之ㅣㅣ。

【長女:장녀】제일 큰 딸。첫째 딸。맏딸。〖易經〗巽一索而得女、故謂之ㅣㅣ。

【長年:장년】❶오랜 해。〖姚合〗歸去知何日、相逢各ㅣㅣ。❷오래 사는 것。長壽。老人。❸一년 중。❹뱃사공。「劍。

【長大:장대】길고 큼。〖史記〗ㅣㅣ好帶

【長臺石:장대석】섬돌 층계나 축대에 쓰이는 길게 다듬은 돌。

【長途:장도】❶긴 여행。❷먼 길。〖司馬相如〗ㅣㅣ中宿。

【長道:장도】❶길게 계속한 길。먼 길。遠路。❷긴 道程。長途。長路。

【長燈:장등】❶밤 새도록 등불을 켜 둠。❷부처 앞에 불을 켬。

【長樂:장락】오래 즐김。언제나 즐김。

【長廊:장랑】긴 행랑。〖張衡〗ㅣㅣ廣廡、途閣雲蔓。

【長蘆:장로】사람이 심은 山蔘。長腦。

【長老:장로】❶나이 먹은 사람의 尊稱。❷學問과 경험이 많은 사람의 尊稱。〖漢書〗近世之事、語尙在ㅣㅣ之耳。❸《宗》㉠중에 대한 尊稱。㉡基督敎 敎會의 聖職의 하나。

【長老敎:장로교】《宗》기독교의 한 파。

【長律:장률】漢詩에 있어서 排律과 七言律의 일컬음。

【長利:장리】❶오랜 동안의 이익。긴 장래의 이익。〖史記〗未嘗聞社稷之ㅣㅣ也。❷《國》㉠곡식을 꾸어주고 붙이는、一년에 원 곡식의 절반이 되는 변리。㉡물건의 길이나 또는 수효에 대하여 본래의 것보다 절반이 더한 것。

【長林:장림】 길게 이어 있는 수풀。

【長望:장망】 (制)관원을 추천할 때에 후보자 三명 이상을 추천하던 일。

【長眠:장면】 오래 잠들음。(轉)주검。永眠。長逝。『太平廣記』下有百年人、ㅡㅡ不知曉。

【長命:장명】 긴 수명。長壽。『白居易』已爲海內有名客、又占世間ㅡㅡ人。

【長明燈:장명등】 ❶대문 밖과 처마 끝에 달아 두고 밤에 켜는 등。❷무덤 앞에 세우는 돌로 만든 등。

【長木:장목】 건축에 쓰는 재목。

【長文:장문】 ❶긴 글。❷줄글。 「보。

【長文電報:장문전보】 사연이 긴 전

【長物:장물】 ❶긴 것。❷너무 길어서 소용 없는 것。쓸 데 없는 것。무익한 것。冗物。『世說』王恭平生無ㅡㅡ。

【長班:장반】 ＝청지기。

【長髮:장발】 길게 기른 머리털。또는 그런 사람。『唐書』禁白衣ㅡㅡ會。 「중。

【長髮僧:장발승】 머리털을 길게 기른

【長髮詩人:장발시인】 머리털을 기다랗게 기른 시인。곧 옛날의 문학 청년을 일컬음。

【長方體:장방체】 (數)各面이 長方形으로 상대하는 三組의 面이 평행을 이루는 六面體。直六面體。

【長方形:장방형】 (數) 內角이 각각 直角인 四邊形。矩形。

【長白山:장백산】 (地)山 이름。中國 吉林省 南東、우리 나라의 西北에 가로 놓인 山。古書엔 不咸山·徒太白·太白山·太登山·靈應山 등으로 일컬어 옴。우리 나라에서는 白頭山이라 일컬음。松花江·東遼河·鴨綠江·豆滿江은 모두 水源을 이 山에 두고 있음。

【長白衣:장백의】 (宗)천주교에서 儀式 때 입는 길이가 긴 흰 웃옷。

【長邊:장변】 다달이 갚지 않고、本錢과 같이 한꺼번에 갚는 변리。臥邊。

【長病:장병】 오래 된 병。

【長服:장복】 같은 약이나 음식을 오래 두고 먹음。

【長婦:장부】 ❶형수。❷키가 큰 며느리。『後漢書』自恥短陋、恐子孫似己、爲子娶ㅡㅡ。

【長臂:장비】 나라 이름。이 나라 사람들은 팔이 길어 물 속의 고기를 손으로 잡아먹고 산다 함。『山海經』ㅡㅡ國、捕魚水中、兩手各操一魚。

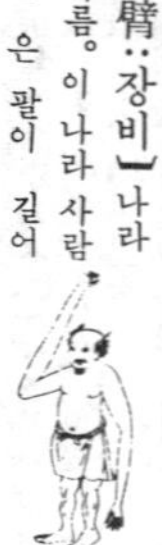

長臂人 (三才圖會)

【長蛇:장사】 ❶(動)긴 뱀。뱀의 한 종류。(喩)殘忍하고 욕심이 많은 사람。❷ 가느다랗게 줄지어 있는 형용。『左傳』吳爲封豕ㅡㅡ、荐食上國。

長蛇❶ (山海經圖)

【長蛇陣:장사진】 ❶썩 많은 사람이 줄을 지어서 길게 늘어서 있음。❷軍陣의 하나。

【長衫:장삼】 (佛) 검은 베로 길이가 길고 소매를 넓게 만든 중의 웃。 「ㅡ。

【長上:장상】 年上。손위。『禮記』不累ㅡ

【長殤:장상】 젊은 주검。一六세에서 一九세 사이에 죽는 것。『禮記·喪服傳』年十六至十九死、爲ㅡㅡ。

【長生:장생】 ❶長生不死의 略語。『老子』深根固柢、ㅡㅡ久視之道。❷(宗)천도교에서 육신의 장수·영혼의 불멸·사업의 유전을 합하여 일컬음。 「않음。

【長生不死:장생불사】 오래 살아 죽지

【長生草:장생초】 (植) ❶멧두릅。❷부

【長書:장서】 ❶긴 글。❷긴 편지。「처손。

【長逝:장서】 ❶永久히 가서 돌아오지 않음。(喩)죽음。❷멀리 떠남。『曹植』願爲西南風、ㅡㅡ入君懷。

【長席:장석】 짚으로 길게 만든 자리。

【長線:장선】 마루 밑에 가로 대어서 마루청을 받치는 나무。장사니。

【長舌:장설】 수다스러운 것。多辯。『詩經』婦有ㅡㅡ、維厲之階。 「長합。

【長成:장성】 ❶ 어른이 됨。成人。❷成

【長城:장성】 ❶길게 연달아 있는 城。❷(歷)萬里長城의 略。秦의 始皇帝가 북쪽 匈奴의 침입을 막기 위하여 세운 약 七百里의 長城。그 뒤 隋·明代에 修築하여 위치도 바뀌게 되었음。東은 遼東에서 西는 臨洮에 뻗치어 있음。❸(天)별 이름。天市恒星。(轉) ㉠의지하기에 足한 곳。㉡攻擊하기 어려운 곳。『史記』收河南、築ㅡㅡ。

【長星:장성】 (天) 길게 빛을 내는 별。彗星。兵亂의 前兆로 나타난다 함。『漢書』有ㅡㅡ、出于東方。

【長所:장소】 ＝長處。

【長嘯:장소】 ❶큰 소리를 냄(마음 속의 근심을 풀기 위하여)。『後漢書』不好言語、而好ㅡㅡ。❷종의 別名。 「손자。

【長孫:장손】 맏손자。제일 나이가 많은

【長孫無忌:장손무기】 (人) 唐나라 洛陽사람。晟의 子。字는 輔機。書史에 精通하였으며 隋書의 志를 撰함。官은 吏部尙書、封은 趙國公。뒤에 褚遂良과 더불어서 顧命을 받아 高宗의 初에 太尉가 되어、褚遂良과 같이 國基를 바로잡음。이 때를 永徽의 政이라 하여 貞觀의 治 와 比較됨。〈書〉唐律疏義。

長孫輔機 (三才圖會)

【長松:장송】 ❶ 헌출하게 자란 큰 소나무。『王維』科頭箕踞ㅡㅡ下、白眼看他世上人。❷ 넓이 二五糎、두께 四糎、길이 二五〇糎 가량의 널。薄松。

【長袖:장수】 긴 소매。긴 소매옷。『韓非子』ㅡㅡ善舞、多錢善賈。(喩)밑천이 많음。

【長嫂:장수】 맏형의 妻。맏형수。『註』丘大也、ㅡㅡ稱也。

【長壽:장수】 목숨이 긴 것。오래 사는 것。長命。延壽。『後漢書』願主ㅡㅡ、子孫昌熾。

【長鬚鯨:장수경】 큰 고래。

【長繩繫日:장승계일】 긴 줄로 해를 맨다는 뜻。光陰을 매어 멈추게 하려는 것。(喩)할 수 없는 의논。

【長時間:장시간】 오랜 시간。↕短時間。

【長時日:장시일】 긴 시일。오랜 시일。↕短時日。

【長安:장안】 ❶(歷)지금의 陝西省 長安縣 附近。前漢·隋·唐 등의 首都가 있었던 곳。❷ 서울을 首都라는 뜻으로 일컫는 말。

【長安寺:장안사】 (地)金剛山에 있는 큰 절。新羅 法興王 때 지었고 高麗 제六대 成宗 때에 다시 크게 增築하였음。「성밖。

【長安長外:장안장외】 서울의 성안과

【長夜:장야】 ❶긴 겨울 밤。↕短夜。『李群玉』遠客坐ㅡㅡ、雨聲孤寺秋。❷ 죽어서 장사하게 되는 것。❸冥土。

【長夜眠:장야면】 ❶ 일생을 꿈처럼 지내는 것。❷(佛)마음의 엇갈림으로 깨달음을 할 수 없어 生死의 苦境을 벗어날 수 없는 것。

【長魚:장어】 (動)뱀장어。

【長言短言:장언단언】 긴 말과 짧은 말。語氣의 느린 말과 급한 말。

【長映窓:장영창】 길이가 썩 긴 窓。

【長臥不起:장와불기】 누운 채 일어나지 못함。

【長吁:장우】 길게 한숨 짓는 것。몹시

탄식함。長息。長太息。『白居易』夜深吟罷壹──。

【長遠:장원】 길고 멂음。『蔡邕』巴土──、江山修隔。

【長遠之計:장원지계】 먼 장래의 계책。

【長幼:장유】 손위와 손아래。어른과 아이。老少。

【長幼有序:장유유서】 年長者와 年少者의 가정 또는 사회에 있어서의 位置의 순서。五倫의 하나。

【長音:장음】 길게 내는 소리。↕短音。

【長音階:장음계】 音階의 하나。제三음과 제四음、제七음과 제八음의 사이가 半音程이고 다른 각 음의 사이는 全音程임。도·레·미·파·쏠·라·시로 나타냄。↕短音階。

【長音符:장음부】 ❶길게 내는 소리임을 나타내는 부호。글자의 머리에다「:」를 하거나 글자의 오른 쪽에다「▼▲」를 하거나함。❷장음을 표하는 부호。

【長揖不拜:장읍불배】 길게 읍만 하고 절하지 않음。「以筮。

【長衣:장의】 장옷。『禮記』巫史練冠──

【長椅子:장의자】 가로 길게 만들어서 여러 사람이 앉게 만든 의자。

【長日:장일】 ❶낮이 긴 날。여름날。❷永日。↕短日。『李遠』──惟消一局棊。

冬至의 절기。

【長子:장자】 ❶제일 큰 아들。長男。『史記』家有──、曰家督。❷長女。『大載禮』喪父──不取。

【長姊:장자】 맏누이。

【長者:장자】 ❶웃사람。손 위의 사람。『孟子』爲──折枝。❷德이 높은 사람。❸身分이 높은 사람。富豪。❹《佛》一〇德을 具備한 佛徒。

【長者風度:장자풍도】 德望이 있는 老成한 사람의 태도。

【長斫:장작】 통나무를 쪼개 만든 길쭉한 땔 나무。

【長棧:장잔】 길게 걸친 다리。

【長長:장장】 매우 긴 모양。긴 동안。

【長長秋夜:장장추야】 길고 긴 가을밤。「해。

【長長夏日:장장하일】 길고 긴 여름

【長齋:장재】 《佛》오랜 동안 不淨을 忌避하는 것。내내 菜食을 하는 것。『杜甫』蘇晉──繡佛前、醉中往往愛逃禪。

【長嫡:장적】 本妻가 낳은 長男。『南史』徐湛之母會稽公主、身居──、爲文帝所禮。

【長箭:장전】 긴 화살。

【長點:장점】 좋은 점。↕短點。

【長征:장정】 ❶멀리 가는 것。❷멀리 征伐하러 감。『王昌齡』萬里──人未還。

【長程:장정】 =長途。『羅鄴』終日──又短程、一山行盡一山青。

【長弟:장제】 ❶맏동생。❷先後。優劣。『注』──猶云先後也。

【長堤:장제】 긴 防築。『皇甫』泉聲喧暗竹、草色引──。

【長調:장조】 長音階에 의한 曲調。메이저(major)。↕短調。

【長鏃:장족⇩장촉】 기다란 살촉。

【長足:장족】 ❶긴 발。큰 발。❷빠른 거름。❸진보가 빠른 것。

【長足進步:장족진보】 아주 빠르게 되어 가는 진보。

【長竹:장죽】 기다란 담뱃대。

【長蹲:장준】 큰 뽀주리감。

【長至:장지】 ❶冬至。❷夏至。『禮記』夏至之日、日長至。

【長指:장지】 가운뎃손가락。

【長進:장진】 성하게 나아감。놀라운 진보를 이룸。

【長進之望:장진지망】 장차 잘 되어 갈 희망。크게 進出할 희망。

【長姪:장질】 장조카。

【長札:장찰】 사연이 긴 편지。「지。

【長槍:장창】 ❶긴 창。❷十八技의 한 가

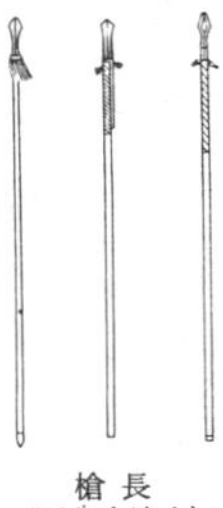

長槍(大清會典圖)

【長策:장책】 ❶긴 말 채찍。長鞭。『賈誼』振──、而御宇內。❷뛰어난 計略。良策。良計。長計。

【長處:장처】 ❶언행에서 가장 나은 점。❷여러 일 가운데 아주 잘하는 점。

【長天:장천】 높고 멀고 넓은 하늘。『王勃』秋水與──壹色。

【長川:장천】 晝夜長川의 略語。

【長銃:장총】 =小銃。

【長春菊:장춘국】 《植》菊花의 한 가지。흔히 回回菊이라 함。

長春菊(三才圖會)

【長醉:장취】 항상 술에 취해 있음。長醉不醒。『戴叔倫』──非關酒、多愁不爲貧。

【長醉不醒:장취불성】 술을 늘 마셔서 「깨지 않음。

【長針:장침】 ❶길쭉한 바늘。❷시계의 긴 바늘。分針。↕短針。

【長枕:장침】 모로 기대 앉아서 팔굼치를 받치는 베개。「함。長太息。長嘆。

【長嘆息:장탄식】 길게 한숨지며 탄식

【長波:장파】 《物》周波數 약 一〇〇kc 이하、波長 三〇〇〇m 이상의 電子波。

【長篇:장편】 篇章이 긴 詩歌·文章·小說 등。『文心雕龍』曹 清靡于──。

【長篇小說:장편소설】 取材의 범위와 構想의 廣大·복잡하며 登場人物도 많고 양에 있어서도 긴 소설。

【長風破浪:장풍파랑】 먼 곳까지 불고 가는 大風을 타고 끝 없는 바다 저쪽으로 배를 달리게 하는 것。《喩》大業을 이룬다는 것。『李白·行路難詩』。

【長旱:장한】 오랜 가물음。

【長閑:장한】 閑寂。閑寂한 모양。

【長恨:장한】 오래도록 잊지 못할 원한。

【長恨歌:장한가】 七言·百二十句로 된 叙事詩。唐白居易 지음。玄宗과 楊貴妃 사이의 사랑을 읊은 것。

【長銜:장함】 位階·官職을 쓴 명함。

【長兄:장형】 ❶맏형。伯兄。『墨子』扁鵲曰、──最善、中兄次之。❷年長者에 대한 尊稱。「부모와 같다는 뜻。

【長兄父母:장형부모】 맏형의 지위는

【長虹:장홍】 기다란 무지개。『張纘』耿──於青霄。

【長靴:장화】 목이 무릎 언저리까지 오는 가죽 신이나 고무신。

【長話:장화】 《轉》기다란 다리(橋)。

【長話:장화】 기다란 이야기。

◎家─、課─、校─、局─、社─、生─、署─、成─、所─、消─、市─、身─、驛─、年─、延─、院─、園─、助─、村─、總─、學─、會─。

二畫

【镸】 (장)『長』(前條)의 古字

【镺】 (곤) 园 コン、うし cattle 귀다리소곤(─屯醜牛貌)。『淮南子』─屯犂牛既科以犧決鼻而羈生子而犧。

三畫

【镹】 (구) 有 キュウ、ながい long 길구(長也)。

四畫

【镻】 (모)『髦』(髟部 4畫)와 같음

【⿰镸殳】(단) 翰 タン、なげる throw
던질단(投物)。

【镺】(오) 皓 オウ、のびる long
길오(長也)。〔吳都賦〕爾乃地勢坱圠卉木ー蔓。

【⿱不長】(왜) 蟹 アイ、みじかい short
짧을왜(不長)。

五畫

【⿰镸幼】(요) 篠 ヨウ、ながくてよわい long and weak
길고약할요(長而弱)。

【镻】(질) 屑 テツ、まむし viper ㄉㄧㄝ tieh²
小篆 독사질(ー蝁)。〔爾雅註〕ー蝁蝮屬大眼最有毒今淮海人呼蝁子。

六畫

【⿰镸犮】(발) 月 ハツ、け hair
털발(髮也)。〔郭忠恕書〕鶴ー半生猿心久死。(『髮』과 같음)

【⿰镸朮】(뇨) 篠 ニョウ、かわぐつ leather shoes
가죽신뇨(皮幫鞋)。〔淮南子〕水行用舟沙行用ー。

【⿰镸兆】(도) 皓 トウ、ながい long
길도(長貌)。

七畫

【⿰镸赤】(뇨) 篠 ニョウ、かわぐつ leather shoes
가죽신뇨(皮幫鞋)。(『⿰镸朮』와 같음)

【⿰镸桼】(치) 寘 シ、うるしもの lacquer-ware
칠그릇치(漆塗器)。

八畫

【⿰镸隹】(출) 質 チュツ、にている be similar (to)
방불할출、비슷할출(髣也)。

【⿰镸垂】(타) 哿 タ、うつくしいかみ (of hair) beautiful
머리고울타(頭髮之美)。

【镼】(굴)『⿱髟屈』(髟部 8畫)과 같음

九畫

【⿰镸省】(성) 梗 セイ、ショウ、ながい long
길성(長貌)。

【⿰镸⿱左月】(타) 哿 タ、つきる exhaust
다할타(盡也)。

十畫

【⿰镸剔】(척) 錫 テキ、うれえる worry (about)
근심할척(憂也)。

【⿰镸容】(용) 冬 ユウ、かざる adorn
꾸밀용(飾也)。

【⿰镸差】(차)『嗟』(口部 10畫)의 古字

十一畫

【⿰镸敖】(오) 豪 ゴウ、ながくおおきい long and large
길고클오(長大貌)。

【⿰镸從】(종) 東 ソウ、みだれかみ dishevelled
머리흩어질종(亂髮)。

十二畫

【镽】(료) 篠 リョウ、ながい long ㄌㄧㄠ liao
길료(長也)。

【⿰镸曾】(증) 蒸 ソウ、かみをあむひも hair-plait
머리땋는 끈증(編髮繩)。

十三畫

【⿰镸農】(농) 冬 ノウ、おおい many
많을농(多也)。

十四畫

【⿰镸寧】(녕) 庚 ドウ、かみみたれ dishevelled
머리흩어질녕(髮亂)。

【⿰镸爾】(미) 支 ビ、ながくひさしい long
小篆 길고 오랠미(長久意)。

十六畫

【⿰镸襄】(뇨) 嘯 ジョウ、やわらかくながい tender and long
부드럽고 길뇨(柔長)。

【⿰镸龍】(총) 冬 チョウ、なおい straight
곧을총(直也)。

門 部

【門】(문) 元 モン、かど gate;door
小篆 小篆 草 ❶문문(兩戶象形 書人所出入戶在堂曰區域曰ー)。〔書〕四ー穆穆。❷집문(家也)。❸집안문(家族ーー)。❹가문문(ー閥)。❺무리문(孔ー輩也)。❻길문(ー外漢其道)。

【門間:문간】 문의 틈새。〔史記〕晏子爲齊相出、其御之妻、從ーー、而窺其夫。

【門客:문객】 門下의 食客。

【門功:문공】 ❶父祖의 功績。❷門閥。〔韓愈〕以ーー拜太子舍人。

【門框:문광】 문얼굴。문짝의 上下 左右의 테를 이은 나무。

【門隙:문극】 門의 틈。門間。

【門禁:문금】 문의 출입을 금함。

【門闥:문달】 宮中에 있는 大小의 門。〔漢書〕霍氏反、金安上傳禁ーー、無內霍氏親屬。

【門當戶對:문당호대】 門閥이 서로 어슷비슷함。(喩)결혼 조건이 구비된 상태。

【門待令:문대령】 문 열기를 기다림。

【門徒:문도】 弟子。門人。그 宗門의 信者。

【門多糖:문동당】 糖屬의 한 가지。설탕에 조린 맥문동。

【門閭:문려】 마을의 入口에 있는 문과 집의 문。〔禮記〕仲夏之月、ーー毋閉。

【門聯:문련】 對聯의 하나。門 양편에 매단 對句。〔駒陰冗記〕鄭唐爲州長、書ーー云、架有春風筆、門無暮夜金。

【門簾子:문렴자】 추위를 막으려고 치는 房帳。

【門路:문로】 ❶임금의 수레가 드나드는 대궐 正門의 길。❷學問上의 지름길。❸法規에 맞음。❹수단과 방법。

【門樓:문루】 ❶문 위에 세운 다락집。〔後漢書〕遂圍ーー宮門。❷城門・宮門・지방 관청의 문위에 세운 다락집。譙樓。

【門望:문망】 ❶家門이 좋고 人望이 있는 것。〔魏書〕朝廷但檢其ーー、不復彈坐。

【門廡:문무】 門의 차양。〔劉克莊〕ーー無人殿未開、白頭散吏久徘徊。

【門楣:문미】 ❶門의 대들보。❷(轉)家門。〔高啓〕男兒弧矢壯ーー。❸女子。

【門閥:문벌】 ❶家門。門地。〔後漢書〕聲榮無暉於ーー、肌膚無傳於來體。❷지체가 높고 由緖가 있는 家門。

【門扉:문비】 = 門扇。【宋書】西明門地陷。水涌出毁ㅡㅡ。

【門士:문사】 ❶軍營의 門을 지키는 兵士。❷門지기。【後漢書】給事縣庭爲ㅡㅡ。

【門生:문생】 弟子。門下生。【後漢書】袁氏樹恩四世、ㅡㅡ故吏、偏於天下。

【門扇:문선】 《建》문짝。【漢書】黃門宦者、各持ㅡㅡ、王入門閉、昌邑群臣、不得入。

【門線:문선】 《建》문짝이 의지하도록 세운 壁線。

【門塾:문숙】 ❶문 양편에 있는 堂。❷家塾。【書經·疏】朝夕坐ㅡㅡ。

【門申飭:문신칙】 문에 드나드는 사람을 보살피고 금하는 일。

【門業:문업】 집안 대대로 내려 온 직업。家業。【南史】或克荷ㅡㅡ、或夙懷慕尙。

【門外:문외】 ❶문 바깥。↕門內。❷專門 이외。그 사물의 범위 밖。

【門外漢:문외한】 사물의 범위 외에 있어 직접 그 일에 상관하지 않는 사람。專門 이외의 사람。【五燈會元】。

【門運:문운】 家門의 운수。

【門蔭:문음】 공적이 있는 家門。【晉書】石階藉ㅡㅡ、屢登崇顯。

【門人:문인】 ❶弟子。門下。門下生。門生。門弟。【史記】孟軻鄒人也、受業子思之ㅡㅡ。❷門衛。門子。門士。❸남에게 얹혀 사는 것。食客。門客。

【門刺:문자】 名札。門札。名刺。

【門資:문자】 = 門閥①。【晉書】桓玄承藉ㅡㅡ、素有豪氣。

【門字鳶:문자연】 먹으로 門자를 그린 종이 연。

【門長:문장】 한 집안에서 行列(항렬)로나 나이로나 가장 높은 사람。

【門牆:문장】 ❶門과 담。(轉) 家門。❷스승의 門。【論語·子張】夫子之牆數仞不得其門而入。

【門跡:문적】 《佛》祖師의 法門을 이어받고 있는 절。또는 그 중。

【門籍:문적】 門을 通行하는 許可證。門鑑。

【門前:문전】 문 앞。

【門前乞食:문전걸식】 남의 집 앞에 가서 빌어먹음。

【門前沃畓:문전옥답】 집 앞의 기름진 논。

【門前沃土:문전옥토】 집 앞의 기름진 땅。

【門庭:문정】 ❶문과 뜰。❷집 앞의 뜰。【周禮】掌掃ㅡㅡ。❸문안。

【門庭若市:문정약시】 《喩》사람들이 집안에 많이 모인다는 뜻。門前成市。

【門弟子:문제자】 스승 밑에서 공부하는 제자。門下生。門人。

【門祚:문조】 一家의 행복。【唐書】喪亂以來、ㅡㅡ衰落。

【門族:문족】 집안의 겨레붙이。

【門中:문중】 ❶同姓 同本의 가까운 집안。❷亡者에 대하여 하는 말。【顏氏家訓·風操】。

【門地:문지】 家門。門閥。【晉書】司徒王導以ㅡㅡ辟王述。

【門地枋:문지방】 문 아래 문설주 사이에 가로 놓인 나무。

【門疾:문질】 한 집안의 遺傳的인 어떤 좋지 않은 버릇이나 병폐。

【門黜:문출】 《制》죄인을 성문밖으로 내쫓는 가벼운 형벌。

【門齒:문치】 앞니。

【門派:문파】 宗門의 流派。

【門牌:문패】 집 주소 및 家長의 이름을 적어 문에 걸어 두는 門札。

【門風:문풍】 = 家風。【顏氏家訓】篤學修行、不墜ㅡㅡ。

【門風紙:문풍지】 문틈으로 새어 드는 바람을 막기 위하여 바른 종이。

【門下:문하】 ❶스승의 문에 들어가서 가르침을 받음。또는 그 사람。門人。門弟。弟子。❷食客。門客。【史記】誠ㅡㅡ。❸齊代 侍中의 別名。

【門下府:문하부】 《制》高麗 때 國政을 總括하던 관청。

【門下生:문하생】 弟子。門人。門弟。門下。

【門下侍中:문하시중】 《制》高麗 때 門下府의 제일 높은 벼슬。忠烈王 元年에 僉議中贊이라 개칭하고 左右 각각 한 사람씩 둠。品階는 從一品。

【門下人:문하인】 세도 있는 집안에 드나드는 지체가 낮은 사람。

【門限:문한】 《制》都城안의 宮門·城門을 닫는 시간의 한정。

【門戶:문호】 ❶집의 出入口。【孟子】暮叩人之ㅡㅡ。《喩》㉠要害地。㉡중요한 것。❷집。一家。❸家門。

【門戶開放:문호개방】 ❶문을 활짝 열어 놓음。❷出入 또는 任官 등의 제한을 덜음。❸一國의 港口 또는 市場을 외국의 經濟活動을 위하여 열어 놓는 것。

【門戶開放政策:문호개방정책】 각국이 서로 문호를 개방하여 통상·문화 교류를 행함으로써 서로의 행복을 도모하는 정책。

【門會:문회】 門中의 모임。

◎家ㅡ、開ㅡ、關ㅡ、軍ㅡ、貴ㅡ、鬼ㅡ、南ㅡ、大ㅡ、同ㅡ、東ㅡ、名ㅡ、法ㅡ、專ㅡ、正ㅡ、朱ㅡ、鐵ㅡ、出ㅡ、通用ㅡ、閉ㅡ。

一 畫

【閁】 (말) 黠 マツ、ななめにみる look askance at

흘겨볼말(邪視)。

【閂】 (산) 刪 サン、セン、かんぬき bolt ㄕㄨㄢ shuan¹

草書 문빗장산(門構關)。

二 畫

【閃】 (섬) 琰 セン、ひらめく flash ㄕㄢ shan³

小篆 草書 ❶피할섬(避)。【禮記】龍以爲畜故魚鮪不念。❷언뜻볼섬(暫見貌)。【海賦】䰤像暫曉而ㅡ屍。❸번쩍번쩍할섬(ㅡㅡ動貌)。【杜甫詩】ㅡㅡ浪花翻。❹갸웃이볼섬(闚頭門中)。

【閃光:섬광】 번쩍이는 빛。

【閃光計數器:섬광계수기】 《物》粒子가 어떤 결정에 부딪칠 때、발생하는 적은 섬광을 사용하여 원자 입자를 셈하는 장치。

【閃鑠:섬삭】 번쩍거리며 비침。빛이 번쩍이는 모양。閃鑠。【王僧孺】日流ㅡㅡ、風度淸鏘。

【閃閃:섬섬】 움직여 번쩍이는 모양。【杜甫】ㅡㅡ浪花翻。

【閃揄:섬수】 아첨함。기울고 아첨하는 모양。【後漢書·趙壹傳】ㅡㅡ、傾佞交貌也。

【閃電:섬전】 번쩍이는 번갯불。《喩》매우 빠른 것。【隋書】觀其走馬、稱爲ㅡㅡ。

【閃族:섬족】 Semites의 音譯。셈族。아시아 西部 지방의 白人種族의 總稱으로서 유태인、아라비아인、페니키아인、아씨리아인 등으로 되어 있음。

【閃花:섬화】 《生》눈이 탈이 생겼을 때에 불 빛을 마주 보면 나타나는 현상。

【閃火:섬화】 번쩍이는 불 빛。

【閄】 (진) 震 チン、のぼる climb

小篆 오를진(登也)。

三 畫

【閆】 (염) 鹽 エン、さとのもん village-gate ㄧㄢ yen²

❶이문염(里門)。❷성염(姓也)。

【閑】(한) 翰 カン、かきね wall; fence ㄏㄢˋ han⁴
閑 小篆 草書 ❶이문 한(里門閭也)。❷담 한(一閡垣也)。〔左傳〕高其一閡。

【閉】㊀(폐) 霽 ㊁(별) 屑 へイ、とじる、とざす shut; close ㄅㄧˋ pi⁴
閉 小篆 草書 ㊀❶닫을 폐(闔門)。〔禮記〕修鍵一。❷마칠 폐(一會、終也)。❸덮을 폐、가릴 폐(掩也)。〔書經〕不敢一于天降威用。㊁❶막을 별(塞也)。〔易經〕天地一。❷감출 별(藏也)。〔淮南子〕萬物一藏。

【閉架制:폐가제】 도서관에서 書庫門을 열람자에게 자유롭게 공개하지 않고 일정한 절차에 의하여 도서를 出納하는 제도。↔開架制。
【閉講:폐강】 하던 강의 과목을 폐지함。
【閉居:폐거】 집에 들어 박혀 바깥에 나가지 않는 것。蟄居。隱居。
【閉果:폐과】 익어도 껍질이 터지지 않는 乾果의 하나。밤·벼 따위의 열매。乾燥閉果。
【閉關:폐관】 ❶關門을 닫음。〔易經〕先王以至日一一、商旅不行。❷문을 닫음(轉)손님을 거절함。
【閉管:폐관】 소리의 실험을 하는 장치。
【閉管壓力計:폐관압력계】 (物)U字管 압력계의 한 가지。막힌 압력계。
【閉關自守:폐관자수】 외국과의 조약을 폐지하고、自國의 주장을 고집함。
【閉口:폐구】 입을 다물음。〔史記〕願陳子一一、毋復言。
【閉氣:폐기】 딸꾹질。肺氣。
【閉幕:폐막】 연극을 다 끝내고 막을 내림。
【閉目:폐목】 눈을 감음。또는 눈을 감[illegible]음。

【閉門:폐문】 문을 닫음。
【閉塞:폐색】 ❶닫아서 막음。〔禮記〕天地不通、一一而成冬。❷蟄居하여 지식이 좁음。
【閉鎖:폐쇄】 ❶굳게 닫음。〔杜牧〕重門一一靑山晩、深院垂簾白日長。❷機能을 정지함。
【閉市:폐시】 시장의 가게를 닫음。↔開市。
【閉式:폐식】 儀式이 끝남。
【閉息:폐식】 숨을 죽임。〔蘇軾〕念應掃長物、一一默自媛。
【閉厄:폐액】 막혀서 곤란함。困窮한 경우를 일컬음。〔後漢書〕其窮困一一者、爲求援救、以濟其患。
【閉院:폐원】 院字가 붙은 기관의 문을 닫음。
【閉月羞花:폐월수화】 美人의 형용。〔曹植·洛神賦〕
【閉場:폐장】 극장이나 會場을 닫음。
【閉藏:폐장】 숨겨 둠。넣어 둠。〔禮記·註〕窖囹圄、此以助天地之一一也。
【閉店:폐점】 ❶그 날의 장사를 마치고 가게를 닫는 것。❷장사를 치우고 가게를 걷어 버리는 것。↔開店。
【閉廷:폐정】 法廷을 닫음。재판을 정지함。↔開廷。
【閉蟄:폐칩】 겨울이 되어 벌레 같은 것이 땅 속으로 들어가 겨울 잠을 자는 것。↔啓蟄。〔左傳〕始殺而嘗、一一而烝。
【閉會:폐회】 모임을 끝냄。↔開會。
【閉會辭:폐회사】 폐회시에 司會者가 폐회를 선언하는 인사의 말。
◎開一、密一、幽一。

【閔】(진) 震 チン、もんのでいり go in and out
문으로 드나들 진(從門出入貌)。

【閊】(산) 〔日字〕 つかえ clogging
草書 ❶비색할 산、운나쁠 산(否塞)。❷〔日字〕걸릴 산(章也)。

四畫

【開】(개) 灰 カイ、ひらく open ㄎㄞ k'ai¹
開 小篆 古文 草書 ❶열 개(啓也闢也)。❷통할 개(通也)。〔易疏〕亨通也使一通而爲亨。❸발할 개(發也)。〔禮〕君子之敎諭也一而勿達。❹베풀 개(張也)。❺풀 개(解也)。❻시작 개(始也)。❼필 개(一花)。

【開架制:개가제】 도서관에서 書庫를 열람자에게 자유롭게 공개하여 열람시키는 제도。↔閉架制。
【開刊:개간】 처음으로 신문·책 따위를 간행함。
【開墾:개간】 山野·荒蕪地를 開拓하는 것。〔齊民要術〕草乾卽放火、至春而一一。
【開墾地:개간지】 황무지를 개척하여 논밭으로 한 땅。↔未開墾地。
【開講:개강】 ❶강의나 강습회를 시작함。〔南史〕大通五年、帝幸同泰寺一一。❷(佛)講經을 시작함。
【開坑:개갱】 (鑛)광물을 파기 위하여 굴을 뚫음。
【開缺:개결】 辭職하는 것。
【開京:개경】 =開城。
【開管:개관】 양 쪽이 열리고 속이 빈 管。
【開館:개관】 ❶공관이나 회관을 열어 일을 보기 시작함。❷여관·요정 따위의 영업을 시작함。
【開館式:개관식】 개관하는 의식。
【開光:개광】 花形·角形·圓形 같은 여러 가지 모양의 윤곽을 본뜬 무늬。
【開曠:개광】 활짝 열리는 것。넓고 넓은 모양。〔謝靈運〕江山共一一、雲日相照媚。
【開鑛:개광】 광산에서 採掘을 시작함。
【開校:개교】 새로 세운 학교에서 처음으로 학교 일을 시작함。
【開校紀念日:개교기념일】 각 학교에서 개교를 기념하는 날。

【開校式:개교식】 처음 세운 학교에서 공부를 시작할 때의 의식。
【開口:개구】 ❶입을 벌림。말을 함。〔莊子〕一一而笑。❷말하기 시작함。❸칼날을 세움。
【開國:개국】 ❶새로 나라를 세우는 것。建國。肇國。〔易經〕一一承家。❷외국과의 교제를 시작하는 것。↔鎖國。
【開國功臣:개국공신】 ❶새로 나라를 세울 때에 功勳이 많은 신하。❷(歷)高麗 太祖를 도와 建國에 이바지한 洪儒·裵玄慶·申崇謙·卜智謙 등과 李太祖를 도와 開國에 功勞가 큰 裵克廉·趙浚 등 四四명에게 내린 勳名。또는 그것을 받은 사람。
【開國主義:개국주의】 널리 외국과 사귀어 文物을 바꾸자는 주의。
【開掘:개굴】 파헤쳐 여는 것。〔宋史〕俟農隙一一。
【開卷:개권】 ❶책을 폄。❷책을 편 첫째 장。❸여는 것과 감는 것。❹책을 펴고 읽음。〔韓愈〕一一讀且想、千載若相期。
【開金:개금】 열쇠。
【開襟:개금】 옷 깃을 열음。(轉)마음 속을 털어 놓음。胸襟을 털어 놓음。〔杜甫〕一一驅瘴癘、明目掃雲煙。
【開基:개기】 ❶기초를 여는 것。또는 그 사람。〔何晏〕雙天地以一一。❷(佛)절을 새로 세우는 것。또는 그 사람。開山。開祖。
【開導:개도】 열어 지도함。
【開東:개동】 ❶동이 틈。❷새벽녘。
【開落:개락】 꽃이 피고 떨어짐。〔陳子良〕山花一一、隴月盈虧。
【開朗:개랑】 ❶밝아짐。❷넓고 明朗한 것。❸賢明한 것。聰明。〔晉書·胡奮傳〕胡奮性一一 有籌略。
【開幕:개막】 ❶幕府를 새로 설치하는 것。❷舞臺의 幕을 올림。(轉)사물의 시작。

【開明:개명】❶詳記하는 것。❷文化·人知 등이 열리고 진보하는 것。開化。

【開門:개문】문을 열음。

【開門納賊:개문납적】문을 열어 도적이 들어오게 함。《喩》제 스스로 화를 만들음을 말함。

【開眉:개미】❶마음의 근심을 푸는 것。安心。❷웃음。

【開發:개발】❶土地 등을 開拓하여 발전시킴。❷知識을 깨우쳐 지도함。啓發。❸열음。봉투를 자름。『漢書』宦官左右——。❹돈을 지불함。

【開發主義:개발주의】아이들에게 지식을 주입함이 아니고, 아이들의 지능을 啓發하는 교육상의 주의。↕注入主義。

【開放:개방】❶활짝 열어 놓는 것。❷꽃이 핌。❸발사하는 것。❹罪를 용서하여 자유를 주는 것。『書經·傳』——無罪之人。

【開方:개방】《數》平方根이나 立方根을 계산하여 구함。『周髀算經·註』勾股各者乘、倂之爲弦、實——除之郞弦也。

【開放市邑:개방시읍】《法》物的·人的으로 완전히 무장을 해제한 도시。

【開放政策:개방정책】세계 여러 나라와 조약을 맺어 서로 通商하는 정책。↕鎖國政策。

【開放主義:개방주의】❶자유로 출입할 수 있도록 개방하자는 주의。❷숨김 없이 모든 것을 털어 놓아 솔직히 하자는 주의。

【開闢:개벽】天地가 열리는 始初。『揚雄』配五帝、冠三王、——以來、未之聞也。

【開復:개복】❶회복함。恢復。『晋書』庾亮有——中原之謀。❷休職한 관리가 元職에 돌아가는 것。

【開腹:개복】배를 가름。

【開腹手術:개복수술】《醫》배를 가르고 하는 수술。

【開腹術:개복술】《醫》배를 가르고 수술하는 방법。

【開封:개봉】❶편지 봉투 등을 뜯음。『張籍』行人臨發又——。❷새로 만든 또는 새로 수입한 映畫를 처음으로 上映함。❸㉠《歷》戰國時代 魏의 開封邑。지금의 河南省 開封縣。㉡府 이름。五代 梁 때 설치。

【開氷:개빙】氷庫를 처음 열음。

【開肆:개사】점포를 열음。

【開謝:개사】꽃이 피는 것과 지는 것。開落。『馬臻·詩』——幾春。

【開山:개산】❶《佛》처음으로 절을 세우는 것。또는 그 사람。一宗一派의 祖。開祖。❷산을 개척함。

【開山日:개산일】《佛》개산날。절을 처음 세운 날。

【開山塔:개산탑】《佛》절을 처음 세운 중의 舍利나 뼈를 넣은 탑。

【開析:개석】❶열음。(析도 열음)。❷《地》地表가 風化作用이나 河川의 浸蝕作用으로 그 一部分이 깎이어 여러 가지 딴 地形을 나타내는 일。흔히 골짜기가 생기는 수가 많음。

【開釋:개석】용서함。放免함。『書經』——無辜、亦克用勸。

【開設:개설】새로 설치함。新設。『後漢書』復令——屯田、如永元時事。

【開設始初:개설시초】개설한 맨 처음。

【開歲:개세】해〔年〕의 시작。開年。『後漢書』——發春兮、百卉含英。

【開素:개소】菜食만 하던 사람이 고기를 먹기 시작함。

【開始:개시】비로소 시작함。

【開示:개시】속에 있는 것을 열어 보임。說明하여 나타냄。『朱熹·中庸章句序』——蘊奧。

【開市:개시】❶市場의 거래를 開始함。❷장사를 시작하는 것。『易林』——作喜、建造利事。

【開式:개식】의식을 시작함。↕閉式。

【開式辭:개식사】개식할 때의 인사말。↕開式辭。

【開心:개심】슬기를 일깨워 열음。

【開顔:개안】즐겁게 웃는 것。破顔。『李白』——釣美酒、樂極忽成醉。

【開眼:개안】❶《佛》佛道의 眞理를 깨달음。『楞嚴經』——見明、名爲見外。❷藝道의 眞理를 깨달음。❸보이지 않던 눈이 뜨이는 것。

【開眼處:개안처】몹시 반갑고 좋아서 눈이 번쩍 뜨일 만한 처지。

【開業:개업】❶事業을 시작함。시작함。❷營業을 開店。『史記』爲後世——甚光美。

【開業廣告:개업광고】개업을 널리 알리는 광고。

【開業醫:개업의】개업한 의사。

【開演:개연】연극 같은 것을 시작함。

【開演時刻:개연시각】개연하는 시각。

【開裂:개열】❶벌어져 터짐。❷쇠비름·봉숭아 따위의 열매가 익어서 果皮가 터져 종자가 흩어지는 일。

【開悟:개오】깨닫는 것。또는 깨닫게 하는 것。『史記』其志不——。

【開運:개운】運이 열리는 것。幸運에 들어서는 것。『南史』泰始——、大拯時艱。

【開元:개원】❶基礎를 열음。❷나라를 열음。肇國。開國。『漢書·李尋傳』。

【開胃:개위】음식을 먹을 때 구미가 당기게 함。

【開諭:개유】事理를 잘 알아 듣도록 타이름。『元史』天使之來、——詔書。

【開議:개의】의안의 토의를 시작함。

【開仗:개장】兩軍의 兵仗器의 交戰이 開始됨。開戰함。

【開張:개장】❶한껏 열음。開展。❷市場을 열어 貿易을 함。❸開發함。『古杭夢遊錄』復起——。

【開場:개장】❶어떠한 장소를 열어 入場을 하게 함。❷《制》科場을 열음。

【開展:개전】펼쳐 넓힘。展開。『仲春龍』庭草有餘姿、園葵復——。

【開戰:개전】전쟁의 시작。또는 전쟁을 시작함。

【開店:개점】❶처음으로 가게를 시작함。❷그날 그날 문을 열고 영업을 시작함。

【開店休業:개점휴업】경기가 없어서 가게는 열었으나 휴업한 것과 마찬가지인 일。

【開廷:개정】재판을 시작하기 위하여 法廷을 여는 것。↕閉廷。

【開霽:개제】비가 멎고 하늘이 활짝 개임。『曹伯啓』秋雨忽——、乾坤變淸涼。

【開祖:개조】一宗 一派를 처음 연 사람。始祖。《轉》처음 事業을 일으킨 사람。始祖。開山。開基。

【開宗:개종】교파를 開創함。

【開宗祖:개종조】《佛》한 宗派를 처음으로 연 사람。

【開座:개좌】❶관리가 모여 사무를 봄。❷자세하게 낱낱이 條目 條目 列記함。

【開陳:개진】의견을 말하는 것。『漢書』每朝會議、——其端。

【開鑿:개착】❶산을 뚫거나 땅을 파서 길을 냄。❷運河를 파서 水路를 열음。『黃庭堅』壯産無惰農、荒榛盡——。

【開札:개찰】入札 또는 投票한 상자를 열어 조사하는 것。

【開創:개창】처음으로 열어 시작함。

【開敞地:개창지】앞이 널리 확 터져서 展望이 좋은 땅。

【開拓:개척】❶荒無地를 開墾하여 논밭을 만드는 것。『李嶠』欲——宅北、更起 ❷領土 등을 넓히는것。❸新第。새로운 方面·進路 등을 여는 것。

【開拓民:개척민】개척하기 위하여 온 移民。

【開拓地:개척지】개간한 땅。또는 개간할 땅。↕未開拓地。

【開川:개천】(國)개골창물이 흘러 나가도록 판 긴 내。
【開天節:개천절】우리 나라 건국을 기념하는 국경일로 一〇월 三일。
【開催:개최】集會 등을 주장하여 엶음。
【開春:개춘】첫봄。新春。初春。孟春。【楚辭】ㅣㅣ發歲兮、白日出之悠悠。
【開坼:개탁】여는 것。開拓。【韓愈】脫實自ㅣㅣ。
【開土祭:개토제】무덤을 팔 때 지내는 제사。
【開通:개통】통행을 하기 시작함。【禮記】ㅣㅣ道路、毋有障塞。
【開通式:개통식】철로・철교 따위의 통행을 개시할 때 거행하는 의식。
【開版:개판】책 따위의 發刊을 개시함。
【開片裂:개편열】도자기 거죽에 잘게 난 금。
【開閉:개폐】열고 닫음。【易經・疏】ㅣㅣ相循、陰陽遞至。
【開閉器:개폐기】電路를 끊고 잇는데 쓰는 기구。
【開閉式水門:개폐식수문】(工)개폐를 자유로 할 수 있는 수문。
【開票:개표】投票函을 열어서 投票의 결과를 조사하는 것。
【開票參觀人:개표참관인】개표할 때에 입회하여 감시하는 사람。
【開學:개학】방학이 지나 수업을 다시 시작함。
【開闔:개합】여는 것과 닫는 것。開閉。【老子】天門ㅣㅣ。
【開港:개항】❶港口를 열어 通商을 許容하는 것。❷外國貿易을 하기 위하여 열어 놓은 港口。開港場。
【開港場:개항장】외국과 通商을 하기 위하여 개항한 곳。
【開婚:개혼】자기 자녀 중에서 처음으로 시키는 혼인。↔畢婚。
【開化:개화】❶世上이 열리고 文化가 진보하는 것。❷文化를 엶음。【顧凱之】建極ㅣㅣ、樹聲貽則。
【開化黨:개화당】(歷)李朝 高宗 때에 甲申政變을 일으킨 金玉均 일파의 당파。↔守舊黨。
【開化思潮:개화사조】(歷)李朝 말에 서양의 신문명을 받아 들여 개화하려던 사상의 흐름。
【開化人:개화인】인지가 열리고 그 문화 풍속에 익은 사람。↔未開人。
【開化杖:개화장】개화 지팡이。스티크。
【開豁:개활】❶마음이 넓고 큰 것。豁達。開朗。❷眺望이 넓게 열리어 있는 것。
【開荒:개황】황무지를 개간함。
【開會:개회】會를 시작하는 것。↔閉會。
【開會辭:개회사】개회를 한다는 인사。말。↔閉會辭。
◎公ㅣ、滿ㅣ、未ㅣ、半ㅣ、散ㅣ、展ㅣ。

【閅】(분) 文 フン、まぎれる be entangled
엉클어질분(紛相牽)。

【閄】(해) 卦 カイ、もんのとびら door
小篆 문짝해(門扉)。

【閌】(항) 漾 陽 コウ、かどたかい high gate ㄎㄤ k'ang (本音「강」)
小篆 草書 문높을항(ㅣ閬門高)。【魏都賦】高門有ㅣ。
【閌閬:항랑】높다란 門。또는 높고 커다란 모양。【說文新附】閌、ㅣㅣ、高門也。【注】善曰、閬、高也。說文曰、閬閬、高大之貌也。

【閍】㊀(팽) 庚 ホウ、こもん palace gate ㊁(방) 陽 ㄈㄤ fang
㊀❶대궐문팽(宮中門)。❷사당문팽(廟門名)。(『祊』과 같음) ㊁뜻은 ㊀과 같음。

【閎】(굉) 庚 コウ、もん gate of a village ㄏㄨㄥˊ hung
小篆 草書 ❶이문굉(衖門)。【左傳】乘輦而入于ㅣ。❷클굉(大也)。❸횅할굉(虛廓貌)。【子】彷徨乎馮ㅣ。
【閎廓:굉곽】넓고 깊은 모양。宏廓。【史記】余讀司馬兵法、ㅣㅣ深遠。
【閎閎:굉굉】❶큰 소리의 형용。【石介】鐘鼓欽欽、雷霆ㅣㅣ。❷풍부하고 아름다운 모양。
【閎達:굉달】偏狹하지 않고 널리 통하여 있는 것。豁達。【晉書】博物洽聞、明識ㅣㅣ。
【閎辯:굉변】構想이 큰 辯論。廣大한 辯論。宏辯。【史記】鄒衍之術、迂大而ㅣㅣ。
【閎衍:굉연】文體・글귀가 豊富하고 아름다운 것。【漢書・藝文志】競爲侈麗ㅣㅣ之詞。
【閎誕:굉탄】밑도 끝도 없는 큰 소리를 하는 것。엉터리。荒誕。【何承天】斯旨ㅣㅣ、非本論所及。

【閏】(윤) 震 ジュン、うるう intercalary ㄖㄨㄣˋ juen
小篆 草書 윤달윤(氣盈朔虛積餘附月)。【易繫辭】歸奇於扐以象ㅣ。
【閏年:윤년】❶양력에서 閏日이 든 해。❷음력에서 윤달이 든 해。【蘇軾】園中草木春無數、只有黃楊厄ㅣㅣ。
【閏餘:윤여】❶나머지。❷윤달。【褚翔】去歲無霜雪、今年有ㅣㅣ。
【閏月:윤월】❶윤달。음력에서는 달이 地球를 도는 것으로 曆法을 정하므로 一년이 地球公轉期보다 一〇일과 몇 시간이 적어서 그 쌓인 日數가 곧 閏月이 되어 二년에 한 번、五년에 두 번、一九년에 七閏이 됨。【書經】以ㅣㅣ定四時成歲。❷양력에서 閏日이 든 달。
【閏集:윤집】原本에서 빠진 글을 따로 모아 편집한 文集。遺補集。

【⿵門丑】(뉴) 有 ジュウ、かんぬき bolt
빗장뉴(門關)。

【閑】(한) 刪 カン、ひま leisure; slack ㄒㄧㄢˊ hsien
小篆 草書 ❶막을한(防也禦也)。❷호위할한(衛也)。【易經】曰ㅣ輿衛。❸한정한(法也)。【易經】ㅣ有家。❹마구한(馬廐)。【周禮】天子十有二ㅣ。❺문지방한(門闌)。❻한가할한(平穩)。❼익힐한(習也)。【詩經秦風駟驖】四馬旣ㅣ。❽고요할한(靜也)。(『閒』과 같음)
【閑暇:한가】조용하고 틈이 있는 것。閒暇。
【閑却:한각】내버려 둠。소홀히 함。
【閑客:한객】❶=閑人。❷흰꿩의 異名。【楊文公談苑】白鷴曰ㅣㅣ。
【閑居:한거】❶한가하게 있음。❷한가한 방에 있음。또는 그 居處。【後漢書】ㅣㅣ可以養志。
【閑達:한달】배워서 그 일에 익숙해짐。習熟。熟達。【後漢書】ㅣㅣ故事。
【閑談:한담】=閑話。【韋莊】絕倒ㅣㅣ坐到明。
【閑談屑話:한담설화】심심풀이로 하는 실없는 말。
【閑良:한량】❶虎班의 出身으로 아직 武科에 及第하지 못한 사람。❷武科 및 雜科의 應試者。❸돈 잘 쓰고 잘 노는 사람。
【閑良飮食:한량음식】배가 고픈 판에 음식을 마구 먹는 짓。
【閑寥:한료】적적하고 고요함。
【閑漫:한만】매우 한가함。몹시 한가하

고 누긋함。

【閑忙:한망】 한가한 일과 바쁜 일。

【閑僻處:한벽처】 한적하고 궁벽한 땅。

【閑步:한보】 느린 걸음。散步。漫步。

【閑事:한사】 쓸데 없는 일。必要하지 않은 일。閑事業。

【閑散:한산】 ❶조용하고 한가함。『韓愈』況是儒官飽ㅡㅡ。 ❷일이 없어 놀고 있는 것。 ❸홍정이 적음。

【閑山島大捷:한산도대첩】 《歷》李朝宣祖 二五년 七월 全羅左水使 李舜臣이 閑山島 앞바다에서 日本 軍船 六〇隻을 격파한 大勝戰。

【閑散人:한산인】 한산한 사람。일 없이 한가히 지내는 사람。

【閑素:한소】 차분하고 꾸밈새가 없는 것。『宋書』少而ㅡㅡ。

【閑習:한습】 배움。익혀짐。『後漢書』ㅡ軍事、數踐戰場。

【閑遊:한유】 한가롭게 놀고 있음。

【閑吟:한음】 詩歌 등을 조용히 읊는 것。

【閑人:한인】 한가한 사람。閒人。閑客散人。『未信篇』如有ㅡㅡ混擾者、立拿枷儆。 「한산하고 한적한 날。

【閑日:한일】 한가한 날。일이 없는 날。

【閑寂:한적】 한가롭고 고요함。한가롭고 쓸쓸함。閒寂。

【閑靖:한정】 조용하고 편안함。

【閑靜:한정】 閑寂한 것。

【閑地:한지】 ❶빈터。空地。 ❷일이 한가한 地位。일이 없는 한가한 身分。『晉書』乞ㅡㅡ。

【閑職:한직】 한가한 職。散官。閑官。

【閑筆:한필】 한가한 마음으로 쓴 글씨나 글。 「음。閑步。

【閑行:한행】 조용히 가는 것。느린 걸

【閑話:한화】 =閒話。『衛準』莫言ㅡㅡ是ㅡㅡ往往事從、ㅡㅡ來。

【閒】 ㊀(한) 㑭 ㊁(간) 㑭 ㊂(간) 諫 カン、ひま、あいだ not busy; between

小篆 閒 古文 閑 古文 閒 草書 㝵

㊀❶한가할 한(安也)。『禮』以爲ㅡ田。 ❷겨를 한(暇也)。『漢書』願請ㅡ。 ㊁❶사이 간(隙也中也)。『周語』自竄於戎翟之ㅡ。 ❷쇠뇌이름 간(弩名黃ㅡ)。 ㊂❶사이할 간(隔也)。『漢書』ㅡ歲而給。 ❷가까울 간(厠也)。『左傳遠』ㅡ親新ㅡ舊。 ❸갈마들일 간(迭也)。『書經』笙鏞以ㅡ。 ❹사잇길 간(ㅡ道)。『漢書』從ㅡ道走軍。 ❺이간할 간(反ㅡ)。『兵法』因敵ㅡ而用之。 ❻병나을 간(瘳也)。 ❼나무랄 간(訾也)。 ❽섞일 간(雜也)。 ❾잠시 간(暫時)。 『史記』有ㅡ曰己習其數。 ❿대신 간(代也)。 ⓫간살 간(六尺爲ㅡ)。

【閒暇:한가】 ❶별로 할 일이 없이 시간적인 여유를 가짐。閑暇。 ❷나라가 잘 다스려져 태평한 것。『孟子·公孫丑』今國家ㅡㅡ。

【閒居:한거】 ❶일이 없어 한가한 것。하는 일이 없이 혼자 있음。 ❷조용한 住居。閑居。幽棲。

【閒官:한관】 한가한 職을 가진 관리。

【閒鷗:한구】 조용히 노는 갈매기。

【閒隙:한극】 한가한 틈。겨를。 「麗。

【閒麗:한려】 윤이 흐르고 아름다움。閑

【閒民:한민】 직업이 없는 사람。遊民。

【閒步:한보】 ❶조용히 걷는 것。 ❷남모르게 걷는 것。살며시 걷는 것。

【閒散:한산】 ❶중요하지 않은 직무。 ❷ =閑散①。

【閒商量:한상량】 천천히 헤아려 생각함。천천히 料量함。

【閒歲月:한세월】 한가하게 보내는 세월。한가한 세월。 「雅。

【閒雅:한아】 정숙하고 優雅한 것。閑

【閒養:한양】 한가로이 몸을 다스림。

【閒語:한어】 조용히 이야기하는 것。곰곰히 이야기 하는 것。

【閒冗:한용】 일이 없어 한가한 것。(冗은 散)。閒散。

【閒雲:한운】 고요한 구름。閑雲。

【閒月:한월】 농사 일이 없는 달。農閑期。↕忙月。 「람。

【閒人:한인】 한가한 사람。일 없는 사

【閒日:한일】 한가한 날。

【閒雜人:한잡인】 일에 관련이 없고 몹시 한가로운 사람。

【閒寂:한적】 쓸쓸하고 고요함。閑寂。

【閒適:한적】 기분이 고요하고 편안함。조용히 즐김。閑適。

【閒靜:한정】 한가롭고 고요함。

【閒職:한직】 바쁘지 않고 항상 한가로운 벼슬 자리。

【閒閒:한한】 ❶꼼꼼함。물건을 구별하는 모양。自請하여 사람을 觀察하는 모양。 ❷그 동안에 嬉遊함。『揚雄·羽獵賦』蹕天職、嬉ㅡㅡ。 「공론。뒷말。

【閒話:한화】 ❶쓸데 없는 이야기。 ❷뒷

【閒話休題:한화휴제】 그것은 그대로 내버려 두자는 뜻。쓸데 없는 이야기는 집어 치움。閑話休題。

【閒闊:한활】 오랫동안 서로 보지 않음。멀리 떨어져 있음。『藻藻·庚午歲屛居雾陵詩』人言ㅡㅡ者、一日如三秋。

【間架:간가】 ❶간살의 얽이。『唐書』建中四年、稅屋ㅡㅡ、上屋錢二千、中一千、下五百。 ❷글의 짬새。

【間隔:간격】 물건과 물건의 거리。사이。틈。『陶潛』遂與外人ㅡㅡ。

【間隔犯:간격범】 《法》동작과 결과의 사이에 시소나 시간의 간격이 있는 범죄。

【間頃:간경】 이마적。

【間隙:간극】 틈。『漢書』群小竟見ㅡㅡ、綠飾文字。 「의 급。

【間級:간급】 급과 급 사이에 매긴 임시

【間氣:간기】 세상에 드문 氣質。

【間年:간년】 一년을 걸름。

【間斷:간단】 사이가 떨어져 끊인 곳。中斷함。『韓愈』魂翻眼倒忘處所、赤氣沖融無ㅡㅡ。

【間道:간도】 뒷길。샛길。지름길。『史記』從ㅡㅡ華山而望趙軍。

【間島:간도】 《地》땅 이름。中國 吉林省舊延吉府 邊境으로 圖們江에 沿함。本名은 假江·曰江이라 함。우리 나라와 境界하여 일찌기 우리나라 사람들이 이 곳에 移住하여 開墾했음。露日戰爭 후 光霽峪以東을 東間島、和龍谷 일대를 西間島라 하였음。中國과 우리나라의 未定의 境界로 되었다가 宣統元年 間島條約을 締結한 후 中國領土가 되었음。灌漑가 편리하고 土質이 肥沃함。

【間伐:간벌】 山林을 손질하는 방법의 하나。間隔을 두고 나무를 잘라 다른 나무의 발육을 돕는 것。

【間夫:간부】 샛서방。

【間不容髮:간불용발】 한 오라의 머리칼도 끼울 수 있는 틈이 없음。《轉》일이 切迫한 모양。間不容息。『枚乘·諫吳王書』。

【間色:간색】 두 가지 이상의 原色과 余色、余色과 余色과의 配合으로 되는 色。中間色。雜色。『禮記』衣正色、裳ㅡㅡ。

【間稅:간세】 間接稅의 略語。↕直稅。

【間世:간세】 세상에 드물음。「난 인재。

【間世之材:간세지재】 썩 드물게 뛰어

【間數:간수】 간살의 수。

【間繩:간승】 일정한 거리마다 눈표를 붙

인 긴 노끈。 모심기 따위에 씀。

【閒食:간식】 ❶군음식。 ❷샛밥。

【閒言:간언】 離間하는 말。

【閒然:간연】 缺點을 指摘하여 非難하는 모양。 또는 그 非難할 틈이 있는 모양。 〖論語·泰伯〗吾無ㅡㅡ矣。

【閒月:간월】 ❶한 달씩 거름。 또는 여러 달씩 거름。 ❷一年中의 農閑의 달。 〖後漢書〗冬春ㅡㅡ、不妨農事。 「間諜」。

【閒人:간인】 적의 동정을 살피는 사람。

【閒印:간인】 서류의 얽어 맨 종잇장 사이에 걸쳐 찍는 도장。

【閒日:간일】 하루 또는 며칠씩 거름。 〖史記〗吾方多ㅡㅡ。

【閒日瘧:간일학】 (醫)하루거리。

【閒者:간자】 ❶敵中에 潛入하여 적의 內情·狀態를 探知하는 사람。 間諜。 間人。 스파이。 ❷이즈음。 요즘。 〖史記〗ㅡㅡ關東五穀不登。

【閒作:간작】 作物과 作物 사이의 이랑에 다른 作物을 가꾸는 것。

【閒雜:간잡】 일정한 직업이 없이 놀고 먹는 雜類。

【閒障子:간장자】 샛장지。

【閒點線:간점선】 사이사이에 점을 찍어 가면서 그은 선。

【閒接:간접】 中間에 다른 것을 두고 관계하는 것。 直接的이 아닌 관계。 ↔直接。

【閒接賣買:간접매매】 仲介者를 통한 매매。 또는 그렇게 매매함。

【閒接目標:간접목표】 산 따위의 장애물로 인하여 그 너머의 목표를 간접으로 취하게 되는 목표。

【閒接民主政治:간접민주정치】 人民이 대표 기관을 통하여 정치에 간접으로 참여하는 공화정치。

【閒接費:간접비】 (經)原價를 계산하는 데 있어, 제조 또는 판매에 관하여 생기는 비용。

【閒接死因:간접사인】 죽음에 관계있는 간접원인。

【閒接選擧:간접선거】 투표할 사람을 뽑아 내어 목적한 피선거인을 선거하는 선거법。

【閒接稅:간접세】 (法)商品에 賦課되는 稅金을 그 製造 또는 販賣業者에게서 徵收하되 그 商品의 消費者가 負擔하게 되는 課稅。 酒稅·清涼飲料稅 등。 間稅。 ↔直接稅。

【閒接訴權:간접소권】 (法) 채무자의 가진 어떤 권리를 채권자가 대신 행사할 수 있는 권리。 債權者代位權。

【閒接正犯:간접정범】 (法)남의 행위를 이용하여 자기의 범죄를 수행한 범행。 또는 그 범인。 ↔直接正犯。

【閒接推理:간접추리】 (論)다른 단정을 媒介로 하여 새 斷案을 만드는 추리。

【閒接話法:간접화법】 (言)남의 말을 전할적에 그 내용만을 간접적으로 전달하는 방법。 건너 따옴법。 ↔直接話法。

【閒柱:간주】 원 기둥과 원 기둥 사이에 세운 기둥。

【閒紙:간지】 한 장씩 접어서 맨 책의 각 장의 속에 넣어 받치는 딴 종이 속장。

【閒諜:간첩】 ＝間者。

【閒諜罪:간첩죄】 (法)적국의 간첩 노릇을 하거나 그 간첩을 幇助한 범죄。

【閒諜行爲:간첩행위】 간첩 노릇。

【閒出:간출】 ❶사람 눈을 피하여 나오는 것。 微行。 〖史記〗趙王ㅡㅡ。 ❷섞이어 나옴。

【閒行:간행】 ❶숨어서 걷는 것。 아무도 모르게 가는 것。 〖漢書〗布與隨何ㅡㅡ歸漢。 ❷사잇길을 가는 것。

【閒歇:간헐】 일정한 시간을 두고 일어났다 말다함。

【閒歇熱:간헐열】 (醫)간헐적으로 일어나는 몸의 열。

【閒歇跛行症:간헐파행증】 (醫)걸으면 다리가 켕기고 좀 쉬면 낫고 하는 병증。

【閒或:간혹】 이따금。 어쩌다가。

【閒婚:간혼】 남의 혼인을 이간질 하는 것。

【閒候:간후】 間者가 되어 敵情을 살피는 것。 〖漢書·傅介子傳〗常爲匈奴ㅡㅡ、遮漢使者。

◎居ㅡ、空ㅡ、期ㅡ、民ㅡ、山ㅡ、世ㅡ、時ㅡ、夜ㅡ、年ㅡ、月ㅡ、週ㅡ、晝ㅡ、中ㅡ、行ㅡ。

【間】 (간) 『閒』(前條)의 俗字

【閔】 ㊀(민) 眞 ㊁(민) 軫 ビン、ミン、やむ taken ill ㄇㄧㄣˇ min³
小篆 古文 草書 ㊀병민(病也)。 〖詩經〗覯ㅡ既多。 ㊁민망할민(傷也)。 〖詩序〗婦人能ㅡ其君子。 (『愍』과 통함)

【閔急:민급】 憂患과 病。 〖淮南子·主術〗國無六年交積謂之ㅡㅡ。

【閔免:민면】 부지런하게 일하는 것。 努力하는 것。 閔勉。 〖漢書〗ㅡㅡ遁樂。

【閔閔:민민】 깊이 걱정하는 모양。 〖左傳〗ㅡㅡ焉、如農夫之望歲、懼以待時。

【閔惜:민석】 불쌍히 여기고 아낌。 愍惜。 〖楚辭〗ㅡㅡ其師忠而放逐。

【閔然:민연】 불쌍히 여기는 모양。 근심하는 모양。

【閔凶:민흉】 父母의 喪中。 〖左傳〗寡君少遭ㅡㅡ、不能文。

【閉】 (하) 麻 カ、とじる close a gate
草書 문닫을하(閉門)。

五畫

【閘】 (갑) 洽 コウ、ひのくち bolt ㄓㄚˊ chá
小篆 草書 ❶문빗장갑(閉門具)。 ❷물문갑(通舟水門)。

【閘頭:갑두】 때때로 여닫는 水門。 〖楊萬里〗清遠溪中小ㅡㅡ、遮攔溪水不教流。

【閘門:갑문】 水門의 문짝。 〖正字通〗閘、門曰ㅡㅡ、河曰閘河、設閘官司之。 갑문。

【閘夫:갑부】 水門의 開閉를 맡은 사람。

【閙】 (뇨) 『鬧』(門部5畫)의 俗字

【閛】 (평) 庚 ヒョウ、とじまりのおと bang
문닫는소리평(閉戶聲)。

【閚】 (첨) 鹽 セン、うかがう deep (at. into)
엿볼첨(闚ㅡ)。 〖射雉賦〗闚ㅡ鷸葉。

【閜】 (하) 馬 カ、おおきい vacancy; spacious ㄒㄧㄚˇ hsia³
小篆 草書 공허할하(豁ㅡ大開空虛)。 〖史記〗呀豁ㅡ。

【閞】 (변) 霰 ヘン、ますがた capital
小篆 草書 주두변(柱上木欂櫨)。 〖爾雅〗ㅡ謂之槉。

【閟】 (비) 寘 ヒ、おくぶかい retired and quiet ㄅㄧˋ pi⁴
小篆 草書 ❶으슥할비(幽深)。 ❷신기로울비(神也)。 〖詩經〗ㅡ宮有侐。 ❸닫을비(閉也)。 ❹삼가할비(慎也)。 ❺마칠비(終也)。

【閟毖:비비】 ❶깊이 삼가함。 〖書經·蔡傳〗閟者、否閉而不通、毖者、艱難而不易。 ❷마혀 고생함。

【閟匿:비익】 닫아 감추어 숨김。 〖漢書·盧綰傳〗綰恐 愈匿。 〖注〗師古曰、閟、閉也。

六畫

【閡】(애) 隊 ガイ、とじる close; shut ㄏㄜˊ hê²
閡 小篆 草書 닫힐애(隔ㅡ外閉)。【吳都賦】寒暑隔ㅡ於邃宇。
(『礙』와 같음)

【閛】(평) 庚 ヘイ、とじまりおと bang
문짝닫는소리평(閉扉聲)。

【[門+吉]】(할) 黠 カツ、とのあけたておと bang
문여닫는소리할(門之開閉聲)。

【[門+牟]】(무) 尤 ボウ、ひらく open
열무(開也)。

【[門+先]】(신) 震 シン、なめらかでない sticky
끈끈할신(澁而不滑)。

【関】(관)『關』(11畫 門部)의 略字

【閞】(개)『開』(4畫 門部)의 本字

【閣】(각) 藥 カク、たかどの towered namsion ㄍㄜˊ kê¹·²
閣 小篆 草書 ❶층집각(樓也)。❷찬장각(庋ㅡ藏食物)。【禮記】大夫七十而有ㅡ。❸사다리각(棧道)。【戰國策】棧道木ㅡ而迎王與后於城陽山中。❹꼿꼿할각(ㅡㅡ端直貌)。【詩經】約之ㅡㅡ。❺개구리소리각(蛙聲)。【韓愈詩】蛙黽鳴無謂ㅡㅡ祗亂人。❻내각각(內ㅡ)。

【閣閣:각각】❶꼿꼿한 모양。端直。【詩經】約之ㅡㅡ。❷개구리의 우는 모양。❸문 따위를 두드리는 소리。

【閣道:각도】❶二層建物의 골마루。複道。❷산골짝이에 달린 험한 길에 만들어 걸친 다리。棧道。【岑參】ㅡㅡ踏空行。❸《天》별 이름。北斗七星의 하나。

【閣令:각령】❶《制》도자기를 만드는 일을 맡았던 工房。❷內閣의 명령。

【閣老:각로】明代、宰相의 稱號。【唐書】故事舍人年久者爲ㅡㅡ。「臣」。

【閣僚:각료】內閣을 조직하는 長官(大臣)。

【閣氏:각씨】《國》각씨。어린 계집。젊은 여자。

【閣員:각원】內閣의 長官(大臣)。

【閣議:각의】內閣의 회의。 「丁。

【閣直:각직】《制》각지기。奎章閣의 使

【閣筆:각필】붓을 놓고 쓰는 것을 멈춤。(閣은 止의 뜻)。擱筆。【魏志·註】皆ㅡㅡ不能措手。

【閣下:각하】❶높은 집의 아래。高樓의 아래。【漢書】免冠頓首ㅡㅡ良久。❷身分이 높은 사람의 尊稱。
◎高ㅡ、金ㅡ、內ㅡ、樓ㅡ、碑ㅡ、入ㅡ、殿ㅡ、組ㅡ。

【閤】(합) 合 コウ、くぐりど small side-door ㄏㄜˊ hê² (本音「갑」)
閤 小篆 草書 ❶도장합(內中小門)。【史記】臥閤ㅡ內不出。❷침방합(ㅡ子小室)。【史記】公孫弘開東ㅡ以延天下賢士。❸개구리소리합(ㅡㅡ蛙聲)。(『閣』과 통함)

【閤內:합내】남의 집안 식구의 尊稱。

【閤門:합문】❶밖으로 보이지 않는 出入口。❷便殿의 앞 문。閤門。

【閤夫人:합부인】남의 아내의 敬稱。

【閤外:합외】便殿의 문 밖。

【閤下:합하】身分이 높은 사람에 대한 尊稱。옛날 三公·大臣의 집에는 閤(샛문)이 세워져 있은 데에서 온 말。閤下。【韓愈】謹奉書尙書ㅡㅡ。

【閤患:합환】남의 아내의 병환을 존대하는 말。

【[門+艮]】(한) 潸 カン、しきみ threshold ㄏㄢˋ han⁴
문지방한(門閾)。

【閥】(벌) 月 バツ、いえがら lineage; pedigree ㄈㄚˊ fa²
閥 小篆 草書 ❶벌열벌(ㅡ閱功狀)。【史記】人臣功有五品明其等曰ㅡ積日曰閱。❷가문벌(門地)。❸공적벌(功積)。❹왼편 문벌(門在左曰ㅡ)。

【閥閱:벌열】❶옛날 공적을 적어 문에 걸어 둔 札。(문의 왼쪽 기둥을 閥、오른쪽 기둥을 閱이라 함)。【史記】人臣功有五品、中略、明其等曰閥、積日曰閱。❷功績。❸門閥。門地。

【閥族:벌족】❶신분이 높은 家門의 一族。❷閥을 만들고 있는 一族。
◎官ㅡ、軍ㅡ、門ㅡ、財ㅡ、派ㅡ。

【閦】(축) 屋 シュク、むれ crowed; group ㄔㄨˋ ch'u⁴
❶무리축(衆也)。❷아축부처축(阿ㅡ佛名)。【華嚴經】東方有阿ㅡ鞞佛。

【閧】(항)『鬨』(6畫 門部)의 譌字

【[門+舌]】(괄) 黠 カツ、もんをあける open the door
문열괄(開門)。

【閩】(민) 眞 ビン、ミン ㄇㄧㄣˊ min²·³
閩 小篆 草書 땅이름민(東西越種)。【周禮】八蠻七ㅡ。

【閩粵:민월】《歷》지금의 福建省。周代의 七閩의 땅으로 뒤에 越人이 있었기에 粵이라 일컬음。(粵은 越)。閩越。

【閨】(규) 齊 ケイ、おんな、くぐり lady; side door ㄍㄨㄟ kuei¹
閨 小篆 草書 ❶협문 규(宮中小門)。【杜甫詩】李侯金ㅡ彥。❷월문규(上圓下方)。【左傳】華門ㅡ竇之人。❸색시 규(ㅡ秀、女稱)。❹도장규(女子所居)。【李白詩】安得念春ㅡ。

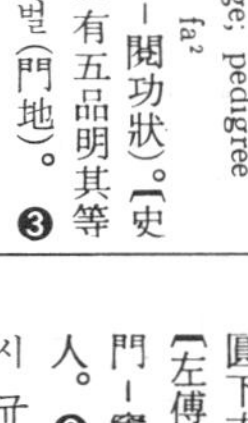
(三才圖會)❶閨

【閨內:규내】잠자는 방안。안방。後宮。【左傳·疏】婦人主ㅡㅡ之事。

【閨竇:규두】❶작은 방문。❷가난한 사람의 居處。❸부인의 침실。

【閨門:규문】안방 입구의 문。또는 방안。《轉》婦人。【禮記】樂在ㅡㅡ之內。

【閨房:규방】안방。寢室。閨閤②。【漢書】臣聞ㅡㅡ之內、夫婦之私、有過于畫眉者。

【閨房文學:규방문학】옛날 가정 부녀들의 생활을 그려낸 문학。

【閨範:규범】여자의 가르침。또는 여자가 지켜야 할 본보기。【晉書】具宜ㅡㅡ、有裨陰訓。

【閨秀:규수】❶어진 婦人。文學과 書畫에 뛰어난 婦人。才媛。【世說】顧家婦淸心玉映、自是閨房之秀。❷처녀。

【閨秀作家:규수작가】=女流作家。

【閨養:규양】閨秀。

【閨怨:규원】아내가 그의 남편과 헤어져 있는 怨恨。또는 그것을 노래한 詩。【黃庭堅】善吟ㅡㅡ斷人腸。

【閨中:규중】잠자는 방안。房中。

【閨中處子:규중처자】《國》안방 속에만 있는 처녀。

【閨閤:규합】❶宮中 또는 집안의 적은

문。〔史記〕身直爲ㅣㅣ之臣。❷안방。寢室。閨房。(轉)여자。
◎空ㅣ、深ㅣ、紅ㅣ。

【閪】(서) (國字) 잃을서(失物)。

七畫

【閫】(곤) 阮 コン、しきみ threshold ㄎㄨㄣˇ k'uen³
閫 草書 문지방곤(門限)。〔史記〕ㅣ以內寡人制之。

【閫寄:곤기】將軍의 임무。閫外의 寄託의 뜻。

【閫內:곤내】❶문지방 안。❷宮城內 또는 都城內。↔閫外。

【閫德:곤덕】=閫則。〔任昉〕ㅣㅣ斯諒。

【閫席:곤석】문지방과 까는 것(방석·요 등)。(轉)남녀의 구별을 말함。〔梁書〕方論婦教、明章ㅣㅣ。

【閫外:곤외】❶문지방 바깥。境界의 바깥。❷宮城外。또는 都城外。↔閫內。

【閫外多事:곤외다사】군사상의 일이 바쁨。

【閫外之任:곤외지임】宮城外 또는 都城外의 任務。(喩)將軍의 職。국경 밖으로 進軍시키는 將軍의 임무。〔史記·馮唐傳〕。

【閫闈:곤위】부인이 거처하는 안방。

【閫則:곤칙】부인이 지켜야 할 본보기。婦道。閫範。閫德。〔宋史〕內輔先猷、夙昭ㅣㅣ。

【閬】(랑) 漾 ロウ、うつろ vacant
閬 小篆 草書 ❶휑뎅그렁할랑(ㅣㅣ空虛)。❷솟을대문랑(高門)。❸산이름랑(山名ㅣ風)。❹(國字)불알랑(腎囊)。

【閬風瑤池:낭풍요지】仙人이 있는 곳。閬風은 修風苑、瑤池는 玉의 못 같은 崑崙山에 있다고 하는 仙人이 사는 곳。〔書言故事〕。

【閭】(려) 魚 リョ、むら village ㄌㄩˊ lü²
閭 小篆 草書 ❶이문려(里門)。〔後漢書〕ㅣ閻且千。❷마을려(五比)。〔周禮〕五家爲比五比爲ㅣ。❸돌이름 려(尾ㅣ泄水石)。❹짐승이름려(獸名)。

閭 ❹ (古今圖書集成)

【閭家奪入:여가탈입】권세 있는 사람이 함부로 여염집에 들어감。

【閭里:여리】마을。村民。閭巷。閭伍。〔史記〕益病免居家、與ㅣㅣ浮沈。

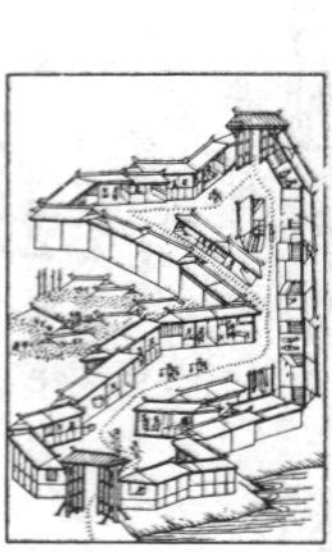

閭里圖 (三才圖會)

【閭門:여문】마을 입구의 문。里門。〔漢書〕于公謂曰、少高大門閭令容駟馬高蓋車。

【閭閻:여염】❶마을。里門。❷村民·民間人。〔史記〕蘇秦起ㅣㅣ、連六國從親。

【閭閻家:여염가】여염집。

【閭左:여좌】貧民。秦代 里門의 왼쪽에 살며 免稅를 받은 사람。富豪는 오른쪽에 살았다 함。〔漢書〕發ㅣㅣ之戍。

【閭巷:여항】村里。洞內。民間。閭里。〔史記〕ㅣㅣ之人、欲砥行立名者、非附青雲之士、惡能施于後世哉。

【閭巷間:여항간】보통 민중들 사이。

【閭巷人:여항인】民間에 있는 사람。仕官하지 못한 사람。〔史記〕及若季次·原憲、ㅣㅣ也。

【䦧】(획) 陌 カク、ひらく open door ❶문열획(開門)。❷문소리획(門聲)。

【閱】(열) 屑 エツ、あらため peruse ㄩㄝˋ yüeh⁴
閱 小篆 草書 ❶겪을열、지낼열(歷也)。❷군대점호할열(大ㅣ簡軍實)。〔左傳〕秋八月壬午大ㅣ。❸용납할열(容也)。〔詩經〕我躬不ㅣ。❹벌열열(閥ㅣ)。❺볼열(觀也)。❻읽을열(讀也)。

【閱年:열년】一년 이상이 걸림。

【閱讀:열독】책을 읽음。閱覽。

【閱覽:열람】❶조사해 봄。❷책을 읽음。〔宋史〕通夕ㅣㅣ、是以答申皆中。

【閱覽料:열람료】도서관 등에서 책을 빌려 볼 때 내는 요금。

【閱覽室:열람실】책 따위를 열람하는 「방。

【閱歷:열력】❶지나가 버린 事跡。지금까지 해온 일。❷지나는 것。경과하는 것。❸履歷。經歷。〔舊唐書〕亦發兵以助、ㅣㅣ三旬。

【閱歷風霜:열력풍상】오랜 세월을 두고 허다한 고생을 겪음。

【閱兵:열병】군대의 實情·兵馬 등을 직접 검열하여 보는 것。閱武。〔王惲〕白羽風淸坐ㅣㅣ。

【閱兵式:열병식】정렬한 군대를 검열 「하는 의식。

【閱世:열세】세상을 지남。時代·社會를 몸소 겪험함。〔蘇軾〕ㅣㅣ如郵傳。

【閱歲:열세】한 해가 지남。한 해 이상에 걸침。

【閱視:열시】하나하나 밝히어 보이는 것。〔舊唐書〕令宰臣ㅣㅣ可否。

【閱月:열월】달을 지냄。달이 經過함。

【閱人:열인】널리 교제하여 사람을 겪어 봄。

八畫

【閵】(린) 震 リン、ふむ tread on
閵 小篆 籀文 草書 ❶밟을린(踐也)。〔漢書〕徒車之所ㅣ轢。❷새이름린(鳥名、ㅣ鷸)。

【閶】(창) 陽 ショウ、てんのもん entrance to the Heaven ㄔㄤ ch'ang¹
閶 小篆 草書 하늘문창(ㅣ闔天門)。〔淮南子〕排ㅣ闔鑰天門。

【閶鉿:창합】鐘鼓의 소리。〔阮籍·淸思賦〕鐘鼓ㅣㅣ、則延子不揚其聲。

【閶闔:창합】❶天上界의 門。紫微垣의 南門。〔楚辭·注〕閶闔、天門也。❷西方에 있다고 하는 門。〔淮南子·注〕西方八月建酉、萬物成濟、將可及收斂、閶、大也、闔、閉也、大聚萬物而閉之、故曰ㅣㅣ之門也。❸宮門의 正門。❹楚나라 사람이 말하는 門。〔說文〕閶、楚人名門皆曰ㅣㅣ。❺西風。秋風。❻번성한 모양。〔春秋考郵異·注〕ㅣㅣ、盛也。

【閹】(엄) 鹽 エン、こもの eunuch ㄧㄢ yen¹
閹 小篆 草書 고자엄、내시엄(男無勢精閉者)。〔漢書〕ㅣ尹文呰。

【閹尹:엄윤】(制)宦官의 우두머리。(尹은 正의 뜻)。〔漢書〕ㅣㅣ之呰。

【閹人:엄인】(制)宮刑의 처벌을 받은 사람。(轉)宦官。寺人。奄人。閹宦。〔後漢書〕中興之初、宦官悉用ㅣㅣ。

【閻】(염) 鹽 エン、ちまた commoner's residential quarters ㄧㄢ yen²
閻 小篆 或體 草書 ❶이문염(里中門)。〔史記〕莊生雖居窮

一然以廉直聞於國。❷마을염(閭一)。❸항간염(巷間)。❹염라염, 저승염(一羅地獄大王名)。

【閻羅國:염라국】《佛》閻羅大王이 다스리는 저승。

【閻羅大王:염라대왕】=閻魔。

【閻魔:염마】《佛》Yamaxaja의 音譯。地獄의 王으로, 사람의 生前의 죄를 判定하여 賞罰을 준다 함。閻魔大王。閻羅。

【閻魔帳:염마장】《佛》염라 대왕의 앞에 있다는 책。죽은 사람의 죄상이 적혀 있다 함。

【閻魔天:염마천】《佛》염마 하늘。염마왕과 같으나 특히 密教에서 받드는 신。

【閻魔廳:염마청】《佛》죽은 사람의 살았을 때의 죄과를 심문한다는 곳。

【閻浮:염부】❶印度에 있는 나무 이름。『阿含經』須彌山外、所迦羅山北、有大樹、曰一一。❷閻浮提의 略語。

【閻浮塵:염부진】《佛》속세의 번뇌。

【閻浮提:염부제】《佛》Jambudvipa의 略。四大州의 하나。須彌山의 南海에 있는 세모꼴의 섬。또는 印度라고도 함。혹은 人間界·現世。南閻浮提。

◎閻一。

【閜】(아) 哿

ア、かたむく (of a door) lean ㄜˇ e³

문기울어질아(門傾)。

【閪】(희) 支

カイ、すきま crevice of a wall

벽틈희(壁隙一虛)。

【閼】

㊀(알) 曷 エン、アツ、ふさぐ block

㊁(알) 月

㊂(연) 先 ㄜˋ e⁴

㊀❶막을알(止也塞也)。【漢書】今臣雍一不得聞。❷일찍죽을알(夭折)。㊁❶그칠알(止也)。❷해이름알(歲名一逢單一)。❸사람이름알(人名)。㊂성연(姓也、單于妻一氏)。

【閼伽:알가】❶《佛》Arga의 音譯。부처에게 드리는 물。또는 그 물을 담는 그릇。【慧林音義】一一盛水器也、同盛香水器也。❷船底에 고인 물。

【閼塞:알색】막히는 것。壅塞。『吳越春秋』帝堯之時、九州一一、四瀆壅閉。

【閼英井:알영정】新羅 시조 朴赫居世의 妣가 났다고 하는 전설상의 우물。慶州에 있음。

【閽】(혼) 元

コン、もんばん gate-keeper ㄏㄨㄣ huen¹

문지기혼(守門人)。【周禮】一人掌守王宮中門之禁。

【閽禁:혼금】관청에서 雜人의 출입을 금지하는 것。

【閽寺:혼시】後宮에 봉사하는 宦官。원래 宮刑을 받은 사람을 문지기로 고용한 데서 온 말。(寺는 侍)。『禮記』深宮固門、一一守之。

【閽人:혼인】문지기。守衛。『韓愈』足三及門、而一一辭焉。

【閾】(역) 職

イキ、しきみ threshold ㄩˋ yü⁴

문지방역(門下橫木內外之限)。【論語】行不履一。

【閿】(문) 文

ブン、したをみる、see with one's eyes downcast

❶눈내리깔고볼 문(低目視)。❷땅이름문(弘農鄉名)。

九畫

【闀】(홍) 東

コウ、たたかう quarrel

다툴홍(鬪也)。

【閷】

㊀(쇄) 卦 サツ、ころす kill

㊁(살) 黠 ㄕㄚ sha¹

㊀활뱃바닥쇄(弓接中)。㊁죽일살(戮也)。(『殺』과 같음)

【闇】(할) 黠

アツ、もんのあけたておと bang (本音「알」)

문여닫는소리할(門聲)。【韓愈詩】燅煠熇歊熺抉門呀拗一。

【闃】(격) 陌

ゲキ、しずか quiet; desolate ㄑㄩˋ ch'ü⁴

고요할격(靜也)。【易經】一其無人。

【闃寂:격적】고요하고 조용한 모양。『韓偓』林塘一一偏宜夜。

【闅】(문) 文

ビン、したをみる see with one's eyes downcast ㄨㄣˊ wen²

눈내리깔고볼문(低目視)。

【闟】(유) 虞

ユ、うかがう peep (at, into)

엿볼유(闚一邪視)。【魏都賦】詎遠闟以闚一。

【闇】

㊀(암) 感 アン、くらい dark

㊁(암) 豏 ㄢˋ an⁴

㊂(암) 覃

㊀어두울암(冥也幽也)。【禮記】一然而日章。㊁숨을암(隱晦)。【禮記】孝子不服一。㊂여막암(諒一、喪廬)。

【闇鈍:암둔】어리석고 우둔함。

【闇昧:암매】못나고 어리석어 몽매함。『論衡』上古久遠、其事一一、故經不載。

【闇市場:암시장】암시세의 상품을 매매하는 상점이 모여 있는 곳。

【闇弱:암약】어리석고 빙충맞음。闇孱。『易經·疏』蒙者微昧一一之名。

【闢】(벽) 陌

ヘキ、ふさぐ obstruct

막을벽(塞也)。

【闈】(위) 微

イ、こもん inner gate of the palace ㄨㄟˊ wei²

대궐중문위(宮中之門)。【禮記】夫人至入自一門。

【闈闥:위달】宮中의 小門。또는 王宮內。『三輔黃圖』一一、宮中小門。

【闈墨:위묵】鄉試會試에 前列에서 合格한 者의 答案。「이문」。

【闈門:위문】宮中 往來의 門。옆문。사

【闈閾:위역】宮門 안。宮中。『江淹·周太妃行狀』譽滿一一、聲聞軒殿。

【闉】(인) 眞

イン、ふさぐ block ㄧㄣ yin¹

❶성문인(城內重門)。【詩經】出其一闍。❷굽은성인(曲城)。【漢書】欃槍爲一。❸막을인(塞也)。

【闉闍:인도】城의 門。城內의 二重門。

【闊】(활) 曷

カツ、ひろい spacious

❶근고할활(契一勤苦)。【詩經】死生契一。❷어그러질활(乖一)。【詩經】于嗟一兮。❸간단할활(簡一)。【後漢書】文禮簡一。❹오활할활(迂一)。

【闊達:활달】마음이 넓고 작은 일에 개의하지 않는 것。豁達。『後漢書』馬武爲人嗜酒、一一敢言。

【闊落:활락】細密하지 않음。거칠음。

『蘇軾』體勢本——、結束入細麼。

【闊略：활략】 ❶느릿느릿하며 불완전한 것。等閑視하는 것。粗略。疑略。❷죄를 용서하고 놓아 줌。『後漢書』改化之本、由近及遠、今宜先清府内且—— 遠縣細微之愆。

【闊別：활별】 오랜 동안 헤여져 만나지 못함。『王羲之』——稍久、眷與時長。

【闊步：활보】 ❶큰 걸음으로 당당히 걸음。❷뽐내며 걸음。『魏文帝』得——高談、無危懼之心。

【闊疎：활소】 ❶物情에 어둡고 주의가 부족한 것。迂闊。迂遠。粗漏。❷드문 것。

【闊葉樹：활엽수】 《植》입사귀가 넓은 큰 나무의 總稱。廣葉樹。↔針葉樹。

【闊狹：활협】 넓은 것과 좁은 것。廣狹。『史記』大小有差、——有常。

【闋】 (결) 屑 ケツ、やむ、おわる rest ; finish ㄑㄩㄝ ch'üeh⁴

小篆 草書 ❶쉴결(息也)。【詩經】俾民心—。❷다할결(盡也)。【漢書】物物卬市日—亡儲。❸풍류마칠결(樂終)。【禮】有司告以樂—。❹문닫을결(事已閉門)。❺마칠결(訖也)。❻헛될결(空也)。

【闋服：결복】 =闋制。 「·解喪。

【闋制：결제】 삼년상을 마침。闋服·脫喪

【闌】 (란) 寒 ラン、てすり handrail ㄌㄢˊ lan²

小篆 草書 ❶차면란(門遮)。【戰國策】有河山以—之。❷늦을란(晩也)。【岑參詩】蕭條芳歲—。❸드물란(希也)。【杜甫詩】厨人夜語—。❹다할란(盡也)。【胡笳十八拍】更深夜—。❺어슷비슷할란(—干縱橫)。❾난간란(—干)。【吳都賦】珠琲—干。

【闌干：난간】 ❶손잡이。欄干。『李白』沈香亭北倚——。❷종횡으로 얽힌 모양。❸눈물이 많이 나오는 모양。『白居易·長恨歌』。❹눈시울。

【闌廐：난구】 소와 말을 매어 두는 곳。마구간。 「건。遺失物。

【闌遺：난유】 지나가는 사람이 빠뜨린 물

【闍】 ㊀(도) 虞 ト、ジャ、うてな、もん ㊁(사) 麻 tower of a castle-gate ㄉㄨ tu²

小篆 草書 ㊀성문층대도(闉—城門臺)。【詩經】出其闉—。㊁❶뜻은 ㊀과 같음。❷화장할사(梵語—維即茶毗)。【蘇軾詩】不覺燈花落茶毗一箇僧。

【闍利：도리】 《佛》중의 稱號。阿闍梨。『翻譯名義集』梵語阿遮梨耶、唐言軌範、今稱——。

【闍梨：도리】 《佛》❶중들에게 몸소 덕행을 가르치는 스승。❷高麗 때 귀한 집 아들로서、절에 들어와 중이 된 아이를 대접하여 부르던 말。

十 畫

【闑】 (얼) 屑 ゲツ、しきみ threshold ㄋㄧㄝ nieh⁴

小篆 草書 문지방얼(門橛)。【禮】君入門介拂—。

【闐】 ㊀(전) 先 テン、みちる ㊁(기) 寘 be full ㄊㄧㄢ t'ien²

小篆 草書 ㊀❶거마가는소리전(——車馬聲)。【蜀都賦】車馬——。❷북소리전(——鼓聲)。【詩經】振旅——。❸찰전(滿也)。【史記】賓客—門。❹성할전(盛也)。㊁나라이름기(西域國名于—)。

【闐闐：전전】 ❶盛한 모양。❷떼를 지어 가는 모양。❸북소리。❹車馬의 소리。❺우는 소리。

【闒】 ㊀(탑) 合 トウ、いやしい ㊁(답) 合 humble ㄊㄚ t'a⁴

小篆 草書 ㊀❶용렬할 탑(—茸意下)。【漢書】在—茸之中。❷어리보기탑(駑頓貌)。㊁다락문답(樓上戶)。

【闒茸：탑용】 용렬하고 둔하며 어리석음。

【闓】 (개) 賄 カイ、ひらく open ㄎㄞ k'ai³

小篆 草書 ❶열개(開也)。【漢書】今欲與漢—大關。❷풀개(解也)。❸활짝지개(決拾)。

【闔】 (합) 合 コウ、とびら door flap ㄏㄜ hé²

小篆 草書 ❶문짝합(門扇)。【禮】乃修—扇。❷닫을합(閉也)。【易】—戶謂之坤。❸창합문합(閶—天門)。【禮】游闔—。

【闔家：합가】 온 집안。집안。擧家。

【闔門：합문】 ❶집안 전체。一家全體。❷문을 닫음。闔戶。『後漢書』——教授。

【闔闢：합벽】 닫는 것과 여는 것。開閉。『易經』一闔一闢謂之變。

【闔捭手段：합벽수단】 사람을 교묘하게 놀리는 수단。농락하는 수단。

【闔眼：합안】 남의 허물을 보고도 모르는 체함。남의 잘못을 눈감아 줌。

【闔邑：합읍】 마을 전체。

【闕】 (궐) 月 ケツ、ごもん palace ; omit ㄑㄩㄝ ch'üeh¹

小篆 草書 ❶대궐궐(門觀象魏)。【左傳】享王于—西辟。❷뚫을궐(穿也)。【左傳】—地及泉。❸궐할 궐(不供)。【左傳】敝邑褊小—而爲罪。❹허물궐(失也過也)。❺빌궐(空也)。

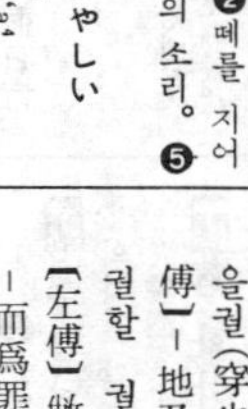
❶闕 (三才圖會)

【闕課：궐과】 日課에 빠짐。

【闕內：궐내】 대궐의 안。宮內。宮廷。宮中。闕中。

【闕略：궐략】 생략하는 것。缺略。『唐書』詩書所載、時有——、然三代千有七百餘年、傳七十餘君、其卓然著見於後世者、六七君而已。

【闕漏：궐루】 ❶실수。❷빠뜨림。누락시킴。『諸葛亮』裨補——。

【闕文：궐문】 글귀가 빠뜨려져 있는 글。缺文。『陸機』收百世之——、採千載之遺韻。

【闕門：궐문】 대궐의 문。

【闕本：궐본】 卷數가 모자라는 책。缺本。

【闕仕：궐사】 관리가 결근하는 것。

【闕祀：궐사】 제사에 참예하지 못함。闕祭。

【闕席：궐석】 =缺席。

【闕席裁判：궐석재판】 =缺席裁判。

【闕食：궐식】 끼니를 거름。缺食。

【闕失：궐실】 ❶어지러져서 없어지는 것。❷缺點。過失。『五代史』每陳朝廷——、多斥權臣。

【闕額：궐액】 미리 정한 額數에 차지 못함。

【闕如：궐여】 빼버림。드러냄。빠뜨림。완전하지 못함。缺如。『論語·子路』君子於其所不知、蓋——。

【闕然：궐연】 이지러져 완전하지 못한 모양。『史記』其儀——堙滅。

【闕員：궐원】 부족한 인원수。缺員。『舊唐書』——既少、取士良難。

【闕疑：궐의】 의문되는 것은 제쳐 놓음。『論語』多聞——、愼言其餘則寡尤。

【闕字:궐자】 ❶文章 중에 임금 또는 貴人의 이름 위를 敬意를 표하는 뜻으로 한두자 칸을 비워 놓는 것。❷文章 중의 脫字。 「점이 있는 文典。

【闕典:궐전】 규정 또는 문서 등에 빠진

【闕錢:궐전】 곗돈·月收·日收 등 제 때에 내어야 할 것을 내지 못한 돈。

【闕祭:궐제】 제사를 궐함。闕祀。

【闕庭:궐정】 대궐。宮庭。

【闕中:궐중】 대궐 안。闕內。

【闕直:궐직】 宿直의 차례에 빠짐。

【闕參:궐참】 參與할 일에 빠짐。

【闕炊:궐취】 끼니를 거름。가난하여 끼니를 잇이지 못함。

【闕下:궐하】 ❶宮門의 아래。❷임금 또는 宮廷의 尊稱。『史記』上書——。

【闕享:궐향】 제사를 闕함。闕祀。

【闕畫:궐획】 ❶文字의 線·點 등 획을 쓸 빠뜨림。❷임금 또는 貴人의 이름을 쓸 때 공경하는 뜻으로 그 글자의 맨 끝의 한두 획의 칸을 비워 두는 것。缺畫。

◎宮—、禁—、大—、入—、退—。

【闋】 (결) 屑 ケツ、おわる finish; end

❶마칠결(終也)。❷그칠결(止也)。

【闖】 (츰) 沁 寢 チン、うかがう spy out 彳ㄣ ch'en⁴ (同音「침」)

小篆 草書 ❶엿볼츰(窺覘)。『韓愈詩』儒門雖大啓叅首不敢—。❷머리넘성거리는 모양츰(出頭貌)。❸왈칵거릴츰(突入人席)。

【闖發:츰발⇩틈발】 기회를 보아서 일어남。 「대로 함。

【闖肆:츰사⇩틈사】 기회를 타서 제 멋

【闖入:츰입⇩틈입】 ❶미리 엿보고 들어가는 것。❷《中》갑자기 들어오는 것。행패하여 들어옴。

【闖然:츰연】 별안간 머리를 내미는 모양。『公羊傳·哀·六』。

十一畫

【闚】 (규) 支 キ、うかがう glance furtively ㄎㄨㄟ k'uei¹

小篆 草書 ❶엿볼규(竊視)。『易經』—其戶。❷갸웃이볼규(傾頭門中視)。『史記』—以重利。(『窺』와 통함)

【闚望:규망】 미리 엿보고 바라봄。『書經·傳』兵法攻城築土爲山、以——城內。

【闚覦:규유】 ❶미리 엿보고 바라 보는 것。❷은근히 원하고 바람。所願이 신분에 맞지 아니할 때를 말함。覬覦。『後漢書』謀圖不軌、——神器。

【闛】 (당) 陽 トウ、つづみのおと drumbeat

小篆 북소리당(鼓音—鞈)。

【闛闛:당당】 성대한 모양。『說文·段注』謂盛滿於門中之貌。 「鐘鼓聲。

【闛闒:당탑】 鐘鼓의 소리。『字彙』——、

【關】 ㊀(관) 刪 ㊁(완) 刪 カン、ワン、あずかる relate to ㄍㄨㄢ kuan¹

小篆 ㊀❶통할관(通也)。『書經』—石和鈞。❷굴대소리관(開—車牽聲)。『詩經』閒—車之牽。❸사뢸관、 고할관(白也)。『漢書』進退得—其忠。❹겪을관(涉也)。『後漢書』張升少好學多—覽。❺말미암을관(由也)。『漢書』太學者賢士之所—。❻관문관(界上門)。『禮』—譏而不征。❼새우는소리관(——鳥鳴聲)。『詩經』——雎鳩。㊁❶화살먹일완(—矢持弓)。❷문지방완(扃也)。❸수돌쩌귀완(門牡)。❹빗장완(捩機)。❺관계될완(要會處)。

【關鍵:관건】 =關鑰②。『嵇康』上以周孔爲——。 (『鑰』과 통함)

【關格:관격】 《醫》음식물이 급하게 체하여 가슴이 꽉 막히어 답답하고 먹지도 吐하지도 못하며、大小便도 잘 못보고 정신을 잃는 위급한 병。

【關係:관계】 ❶둘 이상이 서로 걸림。❷남녀의 情交。❸어떠한 사물에 相關함。

【關係代名詞:관계대명사】 일부 외국어에서 접속사 구실을 하는 대명사。

【關係副詞:관계부사】 일부 외국어에서 관계 대명사와 접속사의 구실을 겸한 부사의 한 가지。곳·때·방법·이음 따위의 관계를 나타냄。

【關關:관관】 새가 和暢하게 우는 소리의 형용。『詩經·關雎』——雎鳩。

【關念:관념】 =關心。

【關東別曲:관동별곡】 ❶歌辭。高麗 安軸 지음。景幾體의 歌辭。關東의 경치를 읊음。❷李朝 宣祖 때 鄭澈 지음。關東의 絕勝인 金剛山과 東海岸의 勝景을 읊음。

【關東八景:관동팔경】 《地》江原道 東海岸에 있는 八個所의 명승지。杆城의 淸澗亭·江陵의 鏡浦臺·高城의 三日浦·三陟의 竹西樓·襄陽의 洛山寺·蔚珍의 望洋亭·通川의 叢石亭·平海의 越松亭이며 越松亭 대신에 歙谷의 侍中臺를 넣기도 함。

【關頭:관두】 ❶分岐點。❷대단히 중요한 때。 「하는 일。連關。

【關聯:관련】 서로 걸림。關係하여 연락

【關聯性:관련성】 서로 얽히어 이어진 성질。서로 관계되는 성질。聯關性。

【關脈:관맥】 《醫》진찰하는 脈。곧 집게손가락과 가운데손가락과 약손가락과를 손목의 掌面撓骨動脈 위에 댈 때에 뛰는 脈搏。 「던 공문。關子。

【關文:관문】 《制》상관이 하관에게 보내

【關門:관문】 ❶關의 門。적을 막기에 좋은 목。❷重要한 出入口。❸문을 닫는 것。『蘇軾』畏虎——早。

【關防印:관방인】 ❶公文書의 僞造를 막기 위하여 찍는 印。❷書畫 등의 오른쪽에 찍는 長方形의 印。引首印。

【關北:관북】 《地》摩天嶺의 북쪽 지방。곧 咸鏡南北道 지역을 두루 일컫는 말。

【關塞:관새】 나라의 國境地方에 베푼 關門과 要塞。『墨子』守邊城——、備蠻夷。

關塞(三才圖會)

【關西:관서】 《地》❶函谷關 以西의 땅으로 지금의 陝西·甘肅의 二省。關右。『後漢書』——孔子、楊伯起。❷平安南北道 지역을 합해 일컫는 말。

【關西八景:관서팔경】 《地》平安南北道 지방의 경치 좋은 八個所의 명승지。江界의 仁風樓·義州의 統軍亭·宣川의 東林瀑布·安州의 百祥樓·平壤의 練光亭·成川의 降仙樓·滿浦의 洗劍亭·寧邊의 藥山東臺。

【關涉:관섭】 사물에 관계하는 것。關係。干涉。『沈約』精進勤勞、觸事——。

【關稅:관세】 ❶關門에서 物品에 賦課한 稅金。關征。❷輸出入의 物品에 매기는 稅金。

【關稅同盟:관세동맹】 《經》經濟的 및 政治的으로 利害가 깊은 둘 이상의 나라가 關稅制度의 통일을 목적으로 맺는 同盟。同盟國 相互間의 輸出入品에 대하여

서는, 關稅를 撤廢, 또는 輕減하며 貿易을 자유롭게 하고 다른 나라에 대하여서는 均一한 輸入稅를 徵收함。

【關鎖:관쇄】 문을 잠금。『韓翃』披衣聞客至、――於此開。

【關心:관심】 ❶마음에 걸리는 것。 걱정이 되는 것。 ❷마음에 익혀 둠。 注意。

【關心事:관심사】 관심을 두는 일。

【關心處:관심처】 관심이 가는 곳。

【關鑰:관약】 ❶빗장과 자물쇠。 열쇠。 門단속。『新論』口者言語之門戶、舌者門戶之――。 ❷사물의 중요한 부분。 關鍵。

【關與:관여】 ❶그 일에 관계함。『晉書』勢利之求、無所――。 ❷《法》형사 사건 재판 집행에 있어서, 검사가 訴追 사실에 입증하는 행위。

【關外:관외】 서울 밖。 곧 시골。

【關羽:관우】 《人》三國時代 蜀漢의 武將。 解의 사람。 字는 雲長。 本의 字는 長生。 즐겨 左氏傳을 暗誦함。 涿으로 亡命。 張飛와 함께 劉備와 義兄弟를 맺고 劉備를 도와 戰功治績이 현저하였음。 뒤에 孫權의 「呂蒙之計」에 빠져 죽음。 壯繆(壯穆)로 追謚됨。 民國 三年에 岳飛와 武廟에 合祀됨。

關雲長 (三才圖會)

【關楮:관저】 정부 발행의 受取證書。(楮는 紙)。『十八史略』緝――爲衣。

【關節:관절】 ❶물건과 물건이 연결되는 곳。 ❷《生》두 개의 뼈가 연결되는 부분。 ❸要路에 있는 사람에게 賂物을 보내고 부탁하는 일。『國史補』造請權要、謂之――。

【關節强直:관절강직】 《醫》관절이 굳어지는 병。 「시는 병。

【關節神經痛:관절신경통】 관절이 쑤

【關節炎:관절염】 《醫》관절이 곪아서 생기는 병。

【關征:관정】 關門에서 거둬들이는 稅金。 「關稅。

【關知:관지】 그 일에 관하여 알음。 관계하여 알음。

【關津:관진】 水陸의 要處를 갈함。 關門과 나루。『漢書』――苛留。

【關穿:관천】 파서 뚫음。『論衡』春秋五經義相――。

【關下:관하】 國境의 關門。

◎機―、難―、稅―、海―、鄕―。

十二畫

【⿵門畫】 (획) 陌 カク、やぶる destroy

❶깨뜨릴획(破壞)。 ❷열획(開也)。

【⿵門爲】 ㊀(위) 紙 イ、ひらく(本音「괘」) open ㊁(왜) 佳

㊀문열위(闢門)。『魯語』―門與之言皆不踰閾。 ㊁뜻은 ㊀과 같음。

【⿵門黑】 (액) 職 ヨク、とじる shut

닫을액(閉也)。

【闞】 ㊀(함) 陷 カン、のぞむ look over ㄎㄢˇ、ㄎㄢˋ k'an³·⁴ ㊁(감) 勘 ㊂(함) 豏

㊀소리우렁찰함(聲大)。 ㊁❶바랄감(望也)。 ❷고을이름감(魯邑名)。 ㊂범의 포효소리함(虎怒聲)。『詩經』―如虓虎。

【闞闞:함함】 범 같은 짐승의 성난 소리。『周禮·註』軍旅之容、――仰仰。

【闟】 ㊀(흡) 緝 キュウ、ほこ short spear ㄒㄧˋ hsi⁴ ㊁(탑) 合

㊀❶창흡(鋋也)。『史記』持矛而操―戟者旁車而趨。 ❷닫을흡(闔也)。『韓愈詩』――屋摧霤。 ❸편안할흡(安定)。 ㊁용렬할 탑(愚劣)。『史記』―然更始。

【闟戟:흡극】 한 쪽 편에 가지가 있는 창。

【闟茸:탑용】 賤하고 愚鈍함。 闒茸。『司馬遷』爲掃除之吏、在――之中。

【⿵門焦】 (초) 蕭 ショウ、こくたん inner of ebony

오목초(烏木)。

【闠】 (궤) 隊 カイ、いちのもん gate of market (古音「회」) ㄏㄨㄟˋ huei⁴

저자문궤(闤―市門)。『西京賦』通帶―。

【闡】 (천) 銑 セン、ひらく open ㄔㄢˇ ch'an³

❶열천(開也)。『後漢書』紹天―繹。 ❷밝힐천(明也)。『易繫辭』微顯―幽。 ❸클천(大也)。『易註』―者弘廣之義。

【闡究:천구】 깊이 연구하여 밝혀 냄。『宋史』朱熹稱其超然遠覽、――精微。

【闡明:천명】 겉으로 드러내어 밝힘。 闡

【闡發:천발】 열어서 나타냄。 「揚。

【闡揚:천양】 明白하게 들어 나타냄。 闡明。『晉書』制禮作樂、――道化。

【闡繹:천역】 開陳함。

【闡幽:천유】 숨은 것을 밝힘。

【闡提:천제】 《佛》殺生하는 악한 성질로 꽉 차 있음을 이름。

十三畫

【闢】 (벽) 陌 ヘキ、ビャク、ひらく、さく open; avoid ㄆㄧˋ p'i⁴

❶열벽(開也)。『書經』―四門。 ❷피할벽、피할벽(避也)。『周禮』凡外內命夫命婦出入則爲之―。

【闢發:벽발】 先人이 갖지 아니 하였던 생각을 해내는 것。 「침。

【闢邪:벽사】 邪說을 풀어 밝혀서 물리

【闢異端:벽이단】 異端을 배척함。

【闢土:벽토】 땅을 갈아 쓰게 만드는 일。

【闢土拓地:벽토척지】 버려 두었던 땅을 갈아 개간함。

◎開―。

【闣】 (당) 漾 トウ、うかがう peep (at, into)

엿볼당(窺覘)。

【⿵門詹】 (염) 鹽 エン、やしろもん entrance to a shrine

사당집문염(廟門)。『語林』大夫向―而立。

【⿵門鄕】 (향) 漾 キョウ、もんのむかうところ top of a gate

문머리향(門頭)。

【闤】 (환) 删 カン、まちのもん wall of a city ㄏㄨㄢˊ huan²

저자담환(市垣)。『西京賦』通―帶闠。

【闤闠:환궤】 저자의 울타리와 門。《轉》❶商街。 저자。『左思·注』向曰、――、市中巷。 劉曰、闤、市巷也。 闠、市外內門也。 ❷市의 道路。『廣雅·釋堂』――、道也。

【闥】 (달) 曷 タツ、もん palace gate ㄊㄚˋ t'a⁴

❶대궐문달(紫―禁門)。『史記』排―直入。 ❷문차면달(門屏)。『漢書』不出房―。

【闥拔:달발】 後魏、穆觀의 字。

十四畫

【門+爾】㊀(미) 紙 ビ、せまい narrow ㊁(녜) 霽
㊀❶좁을미(褊狹)。❷약할미(弱也)。㊁뜻은 ㊀과 같음。

十七畫

【門+靈】(령) 靑 レイ、こまど small window
들창령(門上小窓)。

【門+龠】(약) 藥 ヤク、かんぬきぼう bolt
빗장약(門關)。

十九畫

【門+䜌】(란) 寒 ラン、みだらなでいり enter the palace without permission
대궐에 함부로 들어갈란(妄入宮中)。

阜 部

【阜】(부) 有 フウ、フ、おか hill ㄈㄨˋ fu⁴
❶둔덕부、언덕부(大陸土山無石)。❷클부(大也)。【書經】—成兆民。❸살찔부(肥也)。【詩經】駟驖孔—。❹많을부(盛多)。【詩記】爾殷既—。❺두둑할부(高厚)。【詩經】如山如—。❻메뚜기부(—螽蠜也)。❼땅이름부(地名曲—)。

【阜蕃:부번】家畜 등을 번식시킴。【周禮】掌養鳥而——教擾之。

【阜成:부성】盛하게 함。盛하게 됨。【書經】——成兆民。

【阜財:부재】재물을 풍부하게 함。

【阜螽:부종】《動》메뚜기。【詩經】喓喓草蟲 趯趯——。

【阜垤:부질】조금 높은 언덕。阜陵。【新論】跨——而好顚蹶者、輕於小也。

【阜通:부통】널리 통용케 함。【周禮】商賈——貨賄。

【𠂤】(부)『阜』(前條)와 같음

二畫

【阝十】(십) 緝 シュウ、むら prefecture
고을이름십(漢之縣名)。

【阞】(륵) 職 ロク、すじ stratum; vein ㄌㄜˋ lê⁴
❶흙결륵(地理)。【周禮】凡溝逆地—謂之不行。❷넘나머지륵(數之餘三分一)。【周禮】以其阞之—捎其數。

三畫

【阠】(신) 震 シン、おか hill ㄒㄩㄣˋ hsun⁴
언덕이름신(陵名)。

【阢】(올) 月 ゴツ、けわしい steep ㄨˋ wu⁴
험할올(險也)。

【阡】(천) 先 セン、みち path in the field ㄑㄧㄢ ch'ien¹
❶밭둑길 천(—陌田間道)。【史記】開—陌。❷무덤천(墓道)。【杜甫詩】新—絳水遙。

【阡陌:천백】밭둑길。東西를 陌、南北을 阡이라 일컬음。一說에는 東西를 阡、南北을 陌이라고도 일컬음。秦作 【史記】爲田開——。

【阡阡:천천】풀과 나무가 우거진 모양。「仟仟」。

【阤】㊀(치) 紙 チ、タ、くずれる ㊁(타) 哿 destroy
㊀❶떨어질치(落也)。❷헐릴치(毀也)。❸언덕치(崖際)。【周禮】輪已庫則於馬終古登—。❹사태날치(小崩山頹)。【周語】聚不—崩。㊁무너질타(壞也)。【後漢書】綱紀頹—。

【阤崩:치붕】무너지는 것。(阤는 작게 무너지는 것、崩은 크게 무너지는 것)。

四畫

【阣】(급) 緝 キュウ、きざはし ladder
사다리층계급(梯段)。

【阧】(두) 有 ト、けわしい steep hill ㄉㄡˇ tou³
가파를두(—絕、峻也)。(『陡』와 같음)

【阨】㊀(액) 陌 ヤク、アイ、ふさがる in distrees ㊁(애) 卦 ㄞˋ ai⁴
㊀❶막힐액(限塞)。❷거리낄액(礙也)。❸액색할액(迫也)。【漢書】百姓仍遭凶—。㊁좁은목애(狹也險也)。【史記】閉關據—。(『隘』와 같음)

【阨困:액곤】괴로움。괴로와 함。困窮。困阨。【史記】不愛其軀、赴士之——。

【阨窮:액궁】運이 나빠 괴로와 함。煩惱하고 괴로와 함。困窮。『孟子·公孫丑』——而不憫。「天下——。」

【阨塞:액색】通路가 막힘。【漢書】具知

【阪】(판) 阮 ハン、さか slope
❶산비탈판(山脅)。【史記】右隴蜀左關—。❷못둑판、언덕판(澤障)。

【阪上走丸:판상주환】언덕 위에서 공을 굴림。《喩》勢에 便乘하여 일을 하면 쉽게 일할 수 있음。또는 그 일이 자연의 힘에 따라 진첩된다는 것。

【阪泉:판천】《地》샘(泉) 이름。河北省 鹿縣의 동쪽에 있음。黃帝와 炎帝가 이곳에서 싸왔다고 함。【史記·五帝本紀】。

【阬】(갱) 庚 コウ、あな cavity; hollow ㄎㄥ k'êng¹
❶터갱(墟也)。❷구덩이갱(塹也)。❸파묻을갱(陷也)。【史記】仇怨者皆—之。(『坑』과 통함)

【阬穽:갱정】함정。【後漢書】增繳充蹊、——塞路。

【阦】(벽) 職 ヒョク、さける split
땅벌어질벽(地裂)。

【阯】(지) 紙 シ country ㄓˇ chih³
땅이름지(交—漢郡)。【後漢書】男女同川浴故曰交—。(『址』와 같음)

【阮】㊀(원) 阮 ゲン ㊁(완) 元 state (本音「완」)
㊀❶원나라 원(國名)。【詩經】侵—徂共。❷성원(姓也)。㊁뜻은 ㊀과 같음。

【阮堂集:완당집】《書》五권 五책。李朝末 金正喜의 詩文集。南相吉·閔奎鎬가

删定하였음。

〔阮丈:완장〕 남의 三寸의 尊稱。

〔阮咸:완함〕《樂》❶月琴의 한 가지。晉의 阮咸이 만들었다고 하여 생긴 이름。그 모양은 方形 혹은 圓形임。❷《人》晉나라 尉氏 사람。竹林七賢의 한 사람。

阮咸(三才圖會)

【阰】(비) 支 シ mountain ㄆㄧˊ p'i²
산이름비(楚南山名)。〔楚辭〕朝搴ㅣ之木蘭兮。

【阺】(시) 紙 シ
❶산무너지려할시(山堆欲墮)。〔解嘲〕響若ㅣ隤、❷산이름시(蜀山名)。

【阱】(정) 梗 セイ、おとしあな pit; trap ㄐㄧㄥˇ ching³
小篆 或體 古文 草書
함정정(ㅣ擭坑也陷也)。〔周禮〕秋令塞ㅣ杜擭。(『穽』과 같음)

【防】㊀(방) 陽 ㊁(방) 漾 ドウ、ふせぐ defend; protect ㄈㄤˊ fang²
小篆 或體 草書
㊀❶방비할방(禦也備也)。〔易經〕思患而豫ㅣ之。❷둔덕방(大ㅣ崖如墳)。❸병풍방(屛風)。❹언덕방(隄也)。〔左傳〕町原ㅣ。㊁❶막을방(守禦)。〔春秋序〕包周身之ㅣ。❷방죽방(止水)。

〔防奸:방간〕 간사한 짓을 못하게 막음。

〔防江:방강〕 둑。「것。

〔防穀:방곡〕 곡식의 輸出을 防止하는

〔防共:방공〕 공산주의가 들어오지 못하

〔防空演習:방공연습〕 방공에 관한 실제의 훈련。「음。

〔防口:방구〕 말을 내지 못하게 입을 막

〔防救:방구〕 막아서 救함。〔後漢書〕思任ㅣㅣ、未知所由、夙夜怔營。

〔防葵:방규〕《植》藥草의 이름。房葵。

〔防禁:방금〕 막고금함。

防葵(三才圖會)

〔防毒:방독〕 毒가스를 막음。

〔防毒面:방독면〕 毒가스를 막는 장치를 한 假面。가스마스크。

〔防毒戰:방독전〕 적군의 毒가스 공격에 대한 防戰。

〔防微杜漸:방미두점〕 어떤 일이 커지기 전에 미리 막음。「음。

〔防犯:방범〕 범죄가 일어나지 않게 막

〔防報:방보〕 上級 관청의 지시에 따를 수 없는 까닭을 변명한 보고。

〔防腐:방부〕 썩지 못하게 함。

〔防腐劑:방부제〕《醫》균을 죽여 물건이 썩는 것을 막는 약품。구레졸 등。

〔防備:방비〕 적을 막기 위한 설비。〔後漢書〕ㅣㅣ不虞、寧安邊境。

〔防沙林:방사림〕 바닷가나 산 사이에서 모래의 날아가는 것을 막기 위해 이룩한 산림。

〔防塞:방색〕 가려서 막음。防遏。〔漢書〕慰綏元元之心、ㅣㅣ大姦之隙。

〔防泄:방설〕 새어 나가는 것을 막음。

〔防雪林:방설림〕 눈보라를 막기 위하여 이룩한 숲。

〔防守:방수〕 막고 지킴。防衛。

〔防戍:방수〕 國境을 지킴。

〔防水:방수〕 ❶洪水를 막음。❷배 등에 물이 배지 않게 특수한 塗料를 칠하는 것。『史記』防民之口、甚于ㅣㅣ。

〔防水路:방수로〕 홍수를 막기 위하여 인공으로 만든 물길。「치。

〔防水裝置:방수장치〕 방수를 하는 장

〔防水劑:방수제〕 방수용으로 쓰는 약제。

〔防水布:방수포〕 방수제를 바른 베。

〔防濕劑:방습제〕 습기를 막는데 쓰는 약제。「ㅣ他兵。

〔防遏:방알〕 막음。『後漢書·寇恂傳』ㅣ

〔防禦:방어〕 침입을 막아냄。또는 그 設備。

〔防禦甲板:방어갑판〕 군함의 水線 가까이 두꺼운 강철로 만든 갑판。

〔防禦同盟:방어동맹〕 둘 또는 그 이상의 나라 사이에 방어의 목적으로 맺은 동맹。

〔防禦使:방어사〕《制》李朝 仁祖 때 京畿道·江原道·咸鏡道·平安道의 요긴한 곳을 防禦하기 위하여 두었던 武官의 벼슬。守令·邊將이 겸하였음。

〔防禦戰:방어전〕 방어하기 위한 싸움。

〔防禦陣地:방어진지〕 방어하기 위하여 만든 진지。

〔防疫:방역〕 전염병이 퍼지지 않게 미리 ＝豫防。「예방하는 것。

〔防豫:방예〕

〔防圍:방위〕 막아서 에워 쌈。

〔防衛:방위〕 적의 공격을 막아 지킴。防守。『書經·疏』思善道、以自ㅣㅣ之。

〔防音:방음〕 외부의 騷音이 방안에 들어오지 못하게 막는 장치。

〔防音裝置:방음장치〕 방음하는 장치。

〔防戰:방전〕 적을 막아서 싸움。

〔防止:방지〕 막아서 멎게 함。防遏。

〔防止策:방지책〕 미리 방지 하기 위한 「계책。

〔防遮:방차〕 막아서 가림。

〔防川:방천〕 ❶둑을 쌓아서 냇물이 넘쳐 들어옴을 막음。❷냇둑。「방지함。

〔防諜:방첩〕 敵國에서 들어오는、間諜을

〔防築:방축〕 물을 막기 위하여 쌓은 둑。

〔防臭:방취〕 나쁜 냄새를 방지함。「방축。

〔防臭劑:방취제〕《醫》惡臭를 막는 약품。木炭과 같이 臭氣를 흡수하는 것과 石炭酸과 같이 臭氣를 눌러 버리는 것 두 가지가 있음。

〔防彈:방탄〕 탄환을 막음。탄환으로 다치지 않게 몸을 잘 지킴。

〔防波堤:방파제〕 거친 파도를 막기 위하여 만들어진 둑。

〔防牌:방패〕 ❶전쟁할 때에 적의 칼·창·화살 등을 막는 武器。圓防牌와 長防牌가 있음。❷무슨 일을 할 때에 앞장을 세울 만한 사람。「듯한 연。

〔防牌鳶:방패연〕 구멍이 없고 네모 반

〔防弊:방폐〕 폐단을 막음。

〔防風:방풍〕 ❶바람을 막음。❷《植》미나리科에 속하는 三年草。어린 싹은 食用、뿌리는 藥用。❸《歷》周代의 나라 이름。

〔防風林:방풍림〕 방풍하기 위하여 만든 산림。

〔防閑:방한〕 하지 못하게 막는 범위。

〔防寒:방한〕 추위를 막음。『庾信』波瀾成雨、鱗甲ㅣㅣ。

〔防寒具:방한구〕 추위를 막는 用具。장갑·털양말·외투 따위。「모자。

〔防寒帽:방한모〕 추위를 막도록 만든

〔防寒靴:방한화〕 추울 때 신는 신。

〔防護:방호〕 막아 지켜서 保護함。『漢書』ㅣㅣ寇害。

〔防火:방화〕 ❶화재를 예방하는 것。❷「延燒를 막는 것。

五 畫

【阹】(거) 魚 キョ、うまや stable
小篆 草書
❶외양간거(牛馬圈)。〔上林賦〕江河爲ㅣ。❷그물

칠거(遮禽獸)。【長楊賦】以罔爲周ㅣ。(『抵』와 같음)

【阨】㊀(애) 卦 アイ、ヤク、せまい narrow ㊁(액) 陌 ㄜˋ è

小篆 ㊀좁을애(阻ㅣ狹也)。㊁❶막힐액(ㅣ塞)。【史記】秉其ㅣ塞地利。❷액색할액(危迫)。【漢書】百姓仍遭凶ㅣ。(『厄』과 통함)

【阨窮:액궁】괴롭고 시달림。困難。【孟子·萬章】遺佚而不怨ㅣㅣ而不憫。

【阨狹:애협】좁은 것。【史記】周亞夫擊吳、趙涉曰、吳必置人於殽澠ㅣㅣ之間。

【阺】(저) 齊 テイ、さか slope

小篆 草 書 비탈저(隴ㅣ陵阪)。【後漢書】復阻罝拒隴ㅣ。

【阺隤:저퇴】산이 허물어져 무너지려는 모양。抵頹。【漢書·揚雄傳】功若泰山、嚮若ㅣㅣ。

【阻】(조) 語 ソ、はばむ、へだたる interrupt; hinder ㄗㄨˇ tsu³

小篆 草 書 ❶막힐조(隔也)。【詩經】道ㅣ且長。❷어려울조(艱難)。【書經】黎民ㅣ饑。❸근심할조(憂也)。❹그칠조(止也)。❺의심할조(疑也)。

【阻艱:조간】길이 험하여 시달림。【白居易】箕潁人窮獨、蓬壺路ㅣㅣ。

【阻隔:조격】방해하여 사이를 떨어지게 함。끊어 갈라 놓음。엇갈림。

【阻面:조면】❶오랫동안 서로 만나 보지 못함。❷絶交。「단칭」

【阻塞:조색】境界하여 막음。境界 하여

【阻深:조심】중첩한 險阻。險阻重疊。阻隔。岨深。【史記】道里遼遠、山川ㅣㅣ、不能自致。

【阻礙:조애】막아서 가림。막혀서 거리낌。【舊唐書】即逢水淺、已有ㅣㅣ。

【阻隘:조애】험하고 좁음。

【阻絶:조절】막히고 끊어짐。교통이 杜絶됨。또는 그 곳。

【阻止:조지】방해하여 멎게 함。방해함。가로막음。阻隔。

【阻峭:조초】❶險難한 땅을 사이에 두고 적의 접근을 막음。❷험한 또는 要害의 땅。【柳宗元】凌ㅣㅣ出幽鬱。

【阻害:조해】막아서 못하게 해침。妨害。毁謗。阻礙。

【阻險:조험】❶險難함。또는 그런 곳。【史記】恐吾至ㅣㅣ而還。❷험한 곳을 미끼로 하여 으시댐。

【阼】(조) 遇 ソ、きざはし stone step ㄗㄨㄛˋ tsuo⁴

小篆 草 書 동편섬돌조(東階主人接賓處)。【禮記】踐ㅣ臨祭祀。

【阽】㊀(점) 鹽 エン、テン、あぶない ㊁(점) 豔 precipice ㄉㄧㄢˋ tien⁴(本音「염」)

小篆 草 書 ㊀낭떠러지점(臨危)。【漢書】安有爲天下ㅣ危者。㊁낭비탈점(近邊欲墮)。

【阿】㊀(아) 歌 ア、オク、きし、おか ㊁(옥) 屋 bank; hill ㄚ a⁴

小篆 草 書 ㊀❶언덕아(大陵水岸曲阜)。❷아첨할아(比也曲也)。【孟子】ㅣ其所好。❸기둥아(棟也)。【儀禮】賓升西階當ㅣ。❹가지죽죽벋을아(ㅣ然美貌)。【詩經】隰桑有ㅣ。【箋】枝條ㅣㅣ然有美。❺항아아(月御曰纖ㅣ。【子虛賦】纖ㅣ爲御。❻건성으로 대답할아(慢應聲)。【道德經】唯之與ㅣ。❼가는비단아(細繒)。【史記】ㅣ縞之衣。❽벼슬 이름아(商官名ㅣ衡)。㊁누구옥(ㅣ誰、孰也)。【古詩】家中有ㅣ誰。

【阿嬌:아교】❶古代 美女의 이름。❷딸。【輟耕錄】關中日兒女爲ㅣㅣ。

【阿膠:아교】동물의 가죽·뼈 따위를 고아 굳힌 황갈색의 接着劑。갖풀。

【阿膠珠:아교주】《藥》補劑·止血劑 따위로 쓰이는 갖풀 調劑。

【阿膠質:아교질】갖풀의 성질과 같은 끈적끈적한 모양이나 또는 그와 비슷한 성질。

【阿丘:아구】한 쪽이 높은 언덕。【詩經】「陟彼ㅣㅣ。」

【阿娜:아나】아리따운 모양。美人의 아리따운 모양。阿那。【陸機】俯仰紛ㅣㅣ、顧步咸可權。

【阿那含果:아나함과】《佛》慾界의 아홉 가지 번뇌를 끊고 천상에 올라 다시 인간에 돌아오지 않는 사람들。聲聞四諦의 세째。

【阿難:아난】❶Ananda 阿難陀의 略。歡喜·慶喜로 譯함。釋迦 十大 弟子의 한 사람。뒤에 大迦葉에 이어서 長老가 됨。❷기쁨。❸아름답고 한창 盛한 모양。

阿難尊者 (三才圖會)

【阿女:아녀】女子。【古詩】ㅣㅣ含淚答云云。

【阿耨多羅三藐三菩提:아뇩다라삼막삼보리】《佛》❶부처의 최상의 지혜。❷부처의 지덕을 찬양하는 한 명칭。無上正偏知。

【阿黨:아당】追從하여 同志가 됨。【禮記】是察ㅣㅣ、則罪無有掩蔽。

【阿堵物:아도물】돈。→阿堵。

【阿斗箇:아두개】늙은 大臣에게 특별히 주던 표범의 가죽으로 만든 긴 褥。阿多介。

【阿喇:아라리】《梵》Alali의 譯語。㉠허허 벌판에 사람이 없는 지경。㉡마음이 거만해서 모든 사람을 업신 여기는 마음。

【阿羅漢:아라한】《梵》Arhan의 音譯。佛教의 修業者로 煩惱를 잘라 버리고 깨달음을 얻어 功德을 갖춘 사람을 일컬음。羅漢。【大藏法數】梵語ㅣㅣ、華言無學、謂其生死已盡無法可學。

【阿蘭若:아란야】《梵》Arnaya의 音譯。㉠절。㉡한적한 곳。

【阿藍:아람】《動》만주뿔종다리。

【阿母:아모】❶乳母의 美稱。【史記】故濟北王ㅣㅣ。❷어머니를 정답게 부르는 말。

【阿蒙:아몽】아이들。【吳志】今者學識英博、非復吳下ㅣㅣ、蒙曰、士別三日、即更刮目相待。

【阿媚:아미】아첨함。阿諛。【抱朴子】「ㅣㅣ曲從、以水濟水。」

【阿㜷:아미】어미。어머니。

【阿彌陀:아미타】《佛》Amitabha의 音譯。阿彌陀佛。阿彌陀如來。西方淨土의 教主。淨土宗·眞宗의 本尊。彌陀。

【阿房宮:아방궁】《歷》宮殿 이름。秦始皇帝 三五년(B.C. 二一二)에 지금의 陝西省 長安縣의 西北 渭水의 남쪽에 세운 宮殿。【杜牧】蜀山兀阿房出。

【阿保:아보】조심해서 잘 키움。保育。【史記】不離ㅣㅣ之手。

【阿父:아부】❶叔(父母의 兄弟)을 정답게 부르는 말。또는 叔父의 自稱。【資治通鑑·註】江南人士呼叔父·伯父爲ㅣㅣ、爲伯父·叔父者以自呼。❷아버지를 정답게 부르는 말。

〔阿附：아부〕 남의 비위를 맞추고 알랑거림。『後漢書』ㅡㅡ宦官。

〔阿芙蓉：아부용〕 양귀비꽃。

〔阿附的：아부적〕 남의 비위를 맞추고 알랑거리는 것。

〔阿鼻叫喚：아비규환〕 (佛) ❶阿鼻地獄과 叫喚地獄。❷뜻밖의 변으로 여러 사람이 몹시 비참한 지경에 빠졌을 때 그 고통에서 헤어 나려고 악을 쓰며 소리를 지르는 모양을 말함。

〔阿斯達：아사달〕 (歷)檀君이 治世하였다는 國都。平壤城에서 遷都한 두번째의 도읍。

〔阿修羅：아수라〕 (佛)梵語 Asura의 音譯。阿素羅·阿素洛·阿須倫으로도 音譯。非天·不端正·非類 등으로 번역함。六道八部衆의 하나。古代 印度의 善神이었으나 뒤에 帝釋天과 싸우게 되어 惡神이 되었음。

〔阿世：아세〕 세상에 아첨하는 것。『史記』豈有意ㅡㅡ俗苟合而已哉。

〔阿仙藥：아선약〕 (藥)印度에서 나는 荳科에 딸린 카테슈나무 속이나 웅카리아라는 나무의 잎에 물을 붓고 불로 조리어 만든 약재。止血·收斂劑로 씀。

〔阿爺：아야〕 아버지를 정답게 부르는 말。阿耶。『木蘭』ㅡㅡ無大兒、木蘭無長兄。

〔阿翁：아옹〕 자기의 아버지。『世說』ㅡㅡ詎宜以子戲父。

〔阿諛：아유〕 追從하여 아첨함。주착 없이 여기저기에 붙는 사람。阿媚。阿諂。

〔阿諛苟容：아유구용〕 남에게 아첨을 하며 구차스러운 짓을 하는 일。『史記』ㅡㅡ取容。

〔阿戎：아융〕 ❶從弟。『杜甫』守歲ㅡㅡ家。❷딴 사람의 아들。

〔阿弟：아제〕 동생을 정답게 부르는 말。『木蘭』ㅡㅡ聞姊來、磨刀霍霍向猪羊。

〔阿從：아종〕 아첨하여 따름。阿付。「州。

〔阿洲：아주〕 (地)아프리카주。阿弗利加

〔阿飡：아찬〕 (制)新羅 一七等 官階의 第六位。眞骨出身 이외의 사람으로 받을 수 있는 최고의 品階。官職은 侍郞과 卿으로 侍中과 令을 보좌함。

〔阿諂：아첨〕 ＝阿諛。『抱朴子』非母后之親、則ㅡㅡ之人也。

〔阿片：아편〕 (藥)痲醉劑의 하나。몰핀을 主成分으로 함。未熟한 罌粟의 果汁으로 만들음。

〔阿片窟：아편굴〕 많은 사람이 아편을 먹고 마시고 주사 맞는 비밀 처소。「수。

〔阿片商：아편상〕 아편을 사고 파는 장

〔阿片煙：아편연〕 아편을 넣은 담배。

〔阿片戰爭：아편전쟁〕 (歷) 一八四〇～一八四二년에 清나라와 英國 사이에 일어난 전쟁。아편 수입의 폐해를 막기 위하여 一八三八년에 宣宗皇帝가 林則徐에게 명하여 廣東에 있던 英國 商人의 아편을 태워 버리고 아편 수입을 금지한 것을 구실로 하여 일어났는데、이 전쟁의 결과 清나라가 패하여 南京條約을 맺고 香港을 英國에 떼어 주었음。

〔阿兄：아형〕 兄을 친하게 부르는 말。『古詩』ㅡㅡ得聞之、悵然心中煩。

【陀】 (타) 歌 ㄊㄨㄛˊ tuo² タ、さか slope

草書 ❶비탈타(陂ㅡ長坂不平)。『爾雅釋地註』陂ㅡ不平。❷땅이름타(夷地名沙ㅡ)。(『阤』와 같음)

〔陀羅尼：타라니⇨다라니〕 (佛)Dharani의 音譯。❶總持。梵文을 그대로 讀誦하면 無邊의 의미를 품고 있어 각종 장애를 제거하고 공덕을 받는 일。『佛頂心經』觀世音菩薩說此ㅡㅡ。❷呪文。呪符。

〔陀化自在天：타화자재천〕 (佛)四王天·夜摩天·兜率天·化樂天·他化自在天과 더불어 六欲天의 하나。

【陁】 (타) 歌 タ、しま island

草書 섬타(普ㅡ海中山)。(『陀』와 같음)

〔陁堵：타도〕 무너져 떨어짐。『張衡』。

〔陁靡：타미〕 비탈지게 길쭉한 모양。『司馬相如·注』向曰、ㅡㅡ、邪長貌。

〔陁陊：타치〕 무너져 떨어짐。『張衡·注』善曰、方言曰、陁、壞也。說文曰、陊、落也。

【陂】 ㊀(파) 支 ㄆㄧ pi ヒ、ハ、さか slope; hill ㊁(파) 歌 ㊂(피) 寘

小篆 草書 ㊀❶언덕파(澤障)。『風俗通』ㅡ者繁也言因下鍾水以繁利萬物也。❷방죽 파(畜水池也)。『禮』毋漉ㅡ池。㊁된비탈파(ㅡ陀長阪不平)。『爾雅』ㅡ者曰阪。(『坡』와 같음) ㊂❶기울어질피(傾也)。『易』无平不ㅡ。❷치우칠피(偏ㅡ)。『書』無偏無ㅡ。

〔陂塘：파당〕 둑(堤)。堤塘。

陂塘 (農政全書)

〔陂曲：피곡〕 한쪽으로 기울어져 간사한 것。不正。『書經·疏』無偏私、無ㅡㅡ。

〔陂池：피지〕 물이 고인 땅。

〔陂陀：피타〕 토지가 고르지 못한 모양。傾斜져 있는 모양。陂陁。

【附】 (부) 遇 ㄈㄨˋ fu フ、つく、よる adhere; rely on

小篆 草書 ❶의지할부(依也)。❷가까울부(近也)。❸부딪칠부(著也)。『易』山ㅡ于地。❹붙일부(寄托)。❺붙임나라부、속국부(ㅡ庸)。『孟子』ㅡ於諸侯曰ㅡ庸。❻덧붙일부(加也)。

〔附加：부가〕 있던 것에 덧붙임。

〔附加稅：부가세〕 (法)지방세의 한 가지。國稅나 道稅 등 本稅에 덧붙여서 부과하는 稅。「과하는 형벌。

〔附加刑：부가형〕 (法)主刑에 덧붙이어

〔附骨疽：부골저〕 (醫)骨膜炎·骨髓炎、또는 外傷 등으로 말미암아 뼈의 한 부분이 썩는 병。

〔附款：부관〕 ❶(法)법률 행위에 따라 보통 생기는 효과를 제한하기 위하여 표의자가 특히 부가한 제한。기한·조건 따위。❷서로 友愛를 통함。『晋書』符洪ㅡㅡ江東、而志圖關右。

〔附近：부근〕 가까운 언저리。近處。『說苑』政在ㅡㅡ。

〔附記：부기〕 原文에 덧붙이어 적음。또는 그 기록。

〔附記登記：부기등기〕 (法) 主登記에 덧붙여 그 일부를 변경하는 등기。

〔附帶：부대〕 곁붙여서 따름。

〔附帶事業：부대사업〕 덧붙여 하는 사업。

〔附圖：부도〕 부속된 그림이나 지도。

〔附錄：부록〕 ❶本文 끝에 덧붙이는 기록。❷新聞·雜誌 등의 本紙外에 덧붙여서 따로 내는 紙面이나 冊子。

〔附設：부설〕 부속시켜 설치함。

〔附屬：부속〕 ❶主되는 일이나 물건에 딸려서 붙음。❷附屬品。「은 물건。

〔附屬品：부속품〕 어떤 물건에 딸려 붙

【附隨:부수】 붙좇음。붙어서 따라 감。
【附隨的:부수적】 무엇에 따르는 二차적인 것。
【附言:부언】 덧붙여서 말함。또는 그 「말。
【附與:부여】 붙여서 줌。
【附逆:부역】 국가에 반역하는 일에 가「담함。
【附逆行爲:부역행위】 부역하는 행위。
【附庸國:부용국】 큰 나라에 붙어 지내는 작은 나라。
【附議:부의】 토의에 붙임。
【附耳:부이】 ❶귓속 말。❷《天》별 이름。畢宿 곁에 있는 작은 별。『史記』——搖動、有讒亂臣在側。
【附益:부익】 增加함。덧붙임。
【附子:부자】 《醫》바꽃의 球根。體溫이 부족한데 원인된 모든 병에 有効하나 劇藥이므로 맞지 않으면 해가 됨。
【附葬:부장】 合葬함。『漢書·哀帝本紀』——之禮、自周興焉。
【附箋紙:부전지】 書類에 간단한 의견을 써서 덧붙이는 쪽지。附箋。
【附族:부족】 붙이기 일가。
【附著:부착】 딱 붙어서 떨어지지 않음。
【附著根:부착근】 다른 물건에 부착하는 氣根의 한 가지。
【附著力:부착력】 ❶부착하는 힘 ❷두 다른 물질이 서로 접근하였을 때 밀착하려고 하는 힘。
【附則:부칙】 本文 뒤에 덧붙인 규칙。
【附板:부판】 두 조각을 가로 붙여서 만
【附表:부표】 부록으로 붙은 도표。
【附合:부합】 ❶맞대어 붙임。❷소유자의 두 개 이상의 물건이 떼어 낼 수 없이 되어 있는 상태。
【附和:부화】 자기의 主見이 없이 경솔하게 남의 의견에 따름。
【附和雷同:부화뇌동】 主義·주장이 없이 他說에 이유 없이 찬성하는 것。
【附會:부회】 우겨댐。억지로 이치에 맞춤。傅會。『歐陽修』易之道深矣、汨而不明者、諸儒以——之說亂之也。

六 畫

【陊】 ㊀(치) 紙 ㊁(타) 哿 シ、くずれる (of a landslip) occur
小篆 ㊀사태날치(山崩)。㊁무너질타(壞也)。(『阤』와 같음)

【陋】 (루) 宥 ロウ、せまい narrow; dirty ㄌㄡˋ lou4
小篆 草書 ❶좁을루(阨陜)。『左傳』莒恃其—而不設備。❷추할루(醜猥)。『唐書』盧杞貌—心險。❸더러울루(側—疏惡)。❹고루할루(孤—獨學)。『禮』獨學無友則孤—。
【陋見:누견】 천한 생각。좁은 의견。자기 의견의 謙稱。
【陋短:누단】 키가 낮음。『唐書』懿宗—「—俯僂。
【陋名:누명】 ❶창피스러운 평판에 오르내리는 이름。❷억울하게 뒤집어 쓴 불명예。汚名。
【陋鄙:누비】 천함。촌스러움。『北史』性「好爲詩、言甚——。
【陋俗:누속】 천한 버릇。야비한 풍속。陋風。陋習。『朱熹』以厚彝倫、而新——。
【陋習:누습】 나쁜 버릇。천한 습관。陋俗。
【陋室:누실】 ❶더러운 방。❷자기 집 방의 卑稱。『韓愈』——有文史、高門有笙竽。
【陋劣:누열】 마음이 천하고 더러움。卑劣함。鄙劣。『蘇軾』眞源未純熟、習氣餘——。
【陋屋:누옥】 ❶좁고 더러운 집。『陸游』前出雲起初成暝、——雨來變寒。❷자기 집의 卑稱。陋宅。
【陋愚:누우】 천하고 어리석음。
【陋地:누지】 자기 사는 곳의 謙稱。
【陋淺:누천】 마음이 천하고 얕음。見聞이 좁고 생각이 얕음。『唐書』博士——、不能正建言。
【陋賤:누천】 卑賤함。신분이 낮음。『晉書』卞壺以——、不能榮親。
【陋醜:누추】 더럽고 추함。
【陋態:누태】 보기에 숭한 모양。추한 모「양。醜態。
【陋風:누풍】 추잡한 풍기。
【陋巷:누항】 ❶좁고 더러운 뒷골목。❷좁은 동네。❸小路。

【陌】 (맥) 陌 ハク、ヒャク、みち ridge between fields ㄇㄛˋ mo4
草書 ❶밭두덕길 맥(阡—田間道)。『史記』開阡—。❷저자거리맥(市中街)。『後漢書』塡接街—。
【陌頭:맥두】 ❶길가。길바닥。『郭振』—楊柳枝、已被春風吹。❷머리 띠。絡頭。
【陌上塵:맥상진】 저자·거리의 먼지。《喩》날라 흩어져 일정해 있지 않는 것。『陶潛·詩』人生無根蔕、飄如——。

【降】 ㊀(항) 江 ㊁(강) 絳 コウ、くだる、おろす surrender; fall
小篆 小篆 草書 ㊀항복할 항(服也)。㊁❶내릴강(下也)。『書』釐—二女于嬀汭。❷떨어질강(落也)。『禮』羽鳥曰—。❸떨어뜨릴강(貶也)。❹돌아갈강(歸也)。
【降旗:항기】 항복한다는 뜻을 나타내는 흰 旗。白旗。『陳師道』當即建——。
【降魔:항마】 악마를 물리쳐 항복을 받「음。
【降兵:항병】 항복해 오는 兵丁。降卒。
【降伏:항복】 ❶전쟁에 패배하여 敵에게 굴복함。降服。❷《佛》佛法의 힘으로 惡魔를 물리침。❸相對方의 自信을 부수고 信服하게 하는 것。『金剛經』——其心。
【降書:항서】 항복할 의사를 적어 적에게 보내는 글。
【降者不殺:항자불살】 항복하여 오는 사람은 죽이지 않음。
【降將:항장】 항복한 군대의 將帥。
【降嫁:강가】 皇女·王女가 신하에게 시집가는 것。下嫁。『文獻通考』有帝姬——之儀。
【降格:강격】 ❶神靈이 하늘에서 내려오는 것。(格은 至)。『書經』惟帝——、嚮于時夏。❷身分·格式을 내리는 것。또는 내려지는 것。
【降階:강계】 官階를 낮춤。
【降等:강등】 등급이나 계급이 내림。
【降臨:강림】 ❶神·佛 등이 下界에 내려오는 것。❷고귀한 사람이 往臨하는 것。『張說』進酒忘憂患、簫韶喜——。
【降霜:강상】 서리가 내림。또는 내린 서리。『漢書』抵冬——。
【降生:강생】 ❶성현이 탄생함。❷신이 인간으로 태어남。
【降仙樓:강선루】 《地》關西八景의 하나。平安南道 成川邑 沸流江 가에 있는 누각。李朝 光海君이 창건하였음。一〇餘間으로 국내에서 으뜸가는 누각임。
【降雪:강설】 눈이 내림。내린 눈。
【降雪量:강설량】 어떤 기간 중에 그 지방에 온 눈의 분량。
【降世:강세】 神이나 부처가 사람으로 태어나 세상에 내려옴。降生。降誕。
【降殺:강쇄】 등급을 따라 내리 깎음。
【降衰:강쇠】 차차 쇠하여 감。
【降神:강신】 ❶神이 내려오는 것。❷神의 강림을 비는 것。❸《國》제사 때 神이 내리게 하는 뜻으로 향을 피우고 술을 茅沙 위에 붓는 것。
【降雨:강우】 비가 오는 것。오는 비。
【降雨量:강우량】 어떤 기간 중에 그 지방에 온 비의 양。
【降意:①②강의 ③항의】 ❶그 방면

에 마음을 둠。좋아 함。❷ 손함。『南史』——接士。❸항복할 뜻。
【降陟:강척】 내리고 오름。내리게 하고 오르게 함。『陸雲』聖靈登遐、——在天。
【降黜:강출】 벼슬을 낮추어 물리침。『書經』天乃佑命成湯、——夏命。
【降衷:강충】 ❶한 쪽으로 치우치지 않는 바른 德과 眞心을 하늘로부터 받는 것。❷하늘이 좋은 것을 베푸는 것。『書經·湯誥』。
【降誕:강탄】 聖人·貴人 등이 탄생하는 것。『花蘂夫人』東宮——近佳辰。
【降誕會:강탄회】 《佛》❶釋迦가 탄생한 날을 축하하는 法會。四월 八일의 花祭。❷佛敎 各宗의 開祖·宗祖의 誕生日의 法會。
【降下:강하】 내려감。내림。낮게 됨。「下降」。
【降婚:강혼】 귀한 집안에서 낮은 집안에 시집가는 것。『晉書』皇帝嘉命、——卑陋。
【降火:강화】 속에 있는 火氣를 약으로 「풀어 내림」。

【隋】
(라)『蓏』(艸部 10畫)와 같음

【限】
(한) 潸 カン、ゲン、かぎり boundary; limit ㄒ丨ㄢ hsien⁴

小篆 草書 ❶한정한(度也)。❷막힐 한(阻也)。『史記』僭于上無—度。❸지경한(界也)。❹가지런할한(齊也)。❺검정할한(檢也)。❻문지방한(門閾)。
【限隔:한격】 境界가 막힘。
【限界:한계】 境界。한정。사물의 정하여 놓은 범위。『宋史』植楊柳數十萬株、便相連屬、以爲——。
【限界效用:한계효용】 《經》財貨의 효용은 그 공급될 최초가 가장 크며 점차로 遞減된다는 학설에 있어 그 가장 적게 된 경우의 효용。「限。
【限局:한국】 범위를 제한함。한정。局限定。
【限期:한기】 한정한 시기。
【限內:한내】 기한 안。한정한 그 안。
【限度:한도】 ❶일정하게 정한 정도。❷『史記』室廬輿服、僭於上、無——。
【限量:한량】 일정한 分量。
【限滿:한만】 기한이 다참。기한이 됨。
【限命:한명】 하늘이 정한 壽命。한정된 壽命。
【限死:한사】 죽음을 걸고 일함。決死。
【限生前:한생전】 =限平生。
【限礙:한애】 제한함으로 하여 거리낌이 됨。『洛陽伽藍記』百姓出入、無復——。
【限外:한외】 ❶한계의 밖。❷제한 밖。
【限日:한일】 기한을 작정한 날。
【限前:한전】 기한이 채 되기 전。
【限節:한절】 한 마디 또는 한 귀절씩 나눠서 한정함。
【限定:한정】 일정한 범위를 정함。사물「을 제한하여 定함。
【限定能力:한정능력】 《法》법률에 의해서 제한 된 사람의 행위 능력。미성년자·금치산자 따위의 행위 능력。
【限定版:한정판】 서적 부수를 제한하여 내는 출판。많이 팔릴 수 없는 책을 출판할 경우에 흔히 있음。
【限終身:한종신】 죽을 때까지。限己身。
【限終日:한종일】 해가 질 때까지。限日暮。
【限地醫師:한지의사】 《法》특정 지역 안에서만 개업하도록 허가를 받은 의사。
【限天明:한천명】 ❶날이 밝기를 한정하는 일。❷날이 샐 때까지。
【限平生:한평생】 一平生。限生前。

【陑】
(이) 支 ジ、くにのな place name

땅이름이(河曲地名)。『書序』伊尹相湯伐桀升自—。
【陑山:이산】 山名。一名、雷首山。

【陒】
㊀(궤) 紙 キ、けわしい (或音「귀」) ㊁(훼) 支 steep

草書 ㊀허물궤(毁也)。『漢書』業因是而抵—。㊁뜻은 ㊀과 같음。

【陈】
(의) 微 イ、おか hill

小篆 언덕의(阪也)。

【陔】
(해) 灰 ガイ、きざはし (本音「개」) step ㄍㄞ kai¹

小篆 草書 ❶층뜰해(階次重也)。『漢書』泰一壇三—。❷언덕해(隴也)。❸풍류이름해(南—樂名)。❹변방해(八極)。

七畫

【陖】
(준) 震 シュン、けわしい steep

小篆 草書 가파를준(峻也)。『上林賦』徑—赴險。
【陖翟:준책】 옛 나라 이름。隗姓。『穆天子傳』——致賂。

【陗】
(초) 嘯 ショウ、けわしい steep

小篆 草書 ❶급할초(急也)。『漢書』晁錯爲人—直刻深。❷산비탈초(山峻)。(『峭』와 같음)

【陘】
(형) 靑 ケイ、たに、さか end of a mountain range

草書 ❶지렛목형、산잘림형(連山中絕)。❷땅이름형(地名井—)。
【陘阻:형조】 斷崖처럼 험한 곳。『長融·長笛賦』蹉纖根、跋籑縷、膺峭陁、腹——、逮乎其上、匍匐伐取。『注』向曰、陘、斷山也。
【陘峴:형현】 골짜기와 산마루。『謝靈運』良曰、山斷曰陘、山嶺曰峴。

【陙】
(신) 眞 シン、おか hillock

小篆 작은언덕신(小阜)。

【陚】
(부) 遇 フ、おか hillock

小篆 작은언덕부(小阜)。

【陛】
(폐) 薺 ヘイ、きざはし steps to the throne ㄅㄧ pi⁴

小篆 草書 대궐 섬돌 폐(殿—天子階)。『漢書』朱戶納—。
【陛辭:폐사】 신하가 임금을 뵙고 서울을 떠나 자기의 任地에 가는 이사말을 드리고 아울러 임금의 泰安함을 비는 것。
【陛衞:폐위】 임금의 居所 섬돌 아래에 서 있는 護衞兵。『後漢書』盛陳——、以延援入。
【陛下:폐하】 임금의 尊稱。階段의 밑이라는 뜻。直接 임금에게 奏上하는 것을 피하고 階段 밑의 近臣에게 아뢰어 奏上함에서 온 말。秦代에 비롯함。『史記』海內賴——神靈。
【陛見:폐현】 임금에 알현하는 것。拜謁。陛覲。『後漢書』公車徵——、對策第一、擢拜議郞。

【陪】
(곡) 屋 コク、おか hill

小篆 큰언덕곡(大阜)。

【陜】
㊀(협) 洽 コウ、キョウ、せまい narrow ㊁(합) 〔國音〕 ㄒㄧㄚˊ hsia²

小篆 草書 ㊀좁을협(隘—不廣)。『漢書』行溪谷中隘—。(『狹』과 같음) ㊁땅이름합(—川)。

【陜】(섬) 㴸

セン province ㄕㄢˇ shan³

小篆 草書 고을이름 섬(弘農縣名古虢國)。【公羊傳】自一而東者周公主之自一而西者召公主之。

【陞】(승) 蒸

ショウ、のぼる rise

草書 ❶오를승(登也、躋也)。【爾雅】素一龍於緣。❷올릴승(進也)。

【陞降:승강】 ❶오르고 내림。또는 自動車·汽車 같은 것에 타거나 내림。❷서로 제 주장을 고집하여 굽히지 아니함。(『升』과 같음)

【陞降石:승강석】 섬돌。

【陞階:승계】 品階가 오름。昇階。

【陞級:승급】 등급이 오름。昇級。

【陞等:승등】 官等을 올라가게 하는 것。

【陞廡:승무】 學德 있던 이를 文廟에 올려 合祠함。

【陞敍:승서】 官位를 올라가게 하는 것。

【陞爵:승작】 爵位를 올라가게 하는 것。

【陞職:승직】 벼슬이나 職位가 오름。陞任。↕降職。

【陞進:승진】 地位가 올라감。昇進。

【陞差:승차】 한 관청 안에서 웃자리 벼슬로 오름。

【陞總:승총】 (國)徵稅에 빠진 논밭을 稅簿에 기록함。

【陞品:승품】 (制)職位가 從三品 이상의 「品階에 오름。

【陞獻:승헌】 올리어 바침。

【陟】(척) 職

チョク、のぼる rise; ascend ㄓˋ chih⁴

小篆 古文 草書 ❶오를 척(登也)。【書】汝一帝位。❷올릴척(進也)。【書】黜一幽明。

【陟降:척강】 ❶오름과 내림。昇降。登降。❷하늘에 올랐다가 땅에 내렸다가 함。『詩經』文王一一、在帝左右。

【陟方:척방】 임금의 죽음。하늘에 오르는 뜻。一說엔 천하를 시찰하는 뜻。『書·舜典』五十載、一一乃死。

【陟罰藏否:척벌장부】 좋은 사람을 昇進시키고 악한 사람을 처벌함。(藏은 善、否는 惡)。『諸葛亮·出師表』一一一一不宜異同。

【陡】(두) 有

トウ、にわか、けわしい precipice ㄉㄡˇ tou³

草書 ❶절벽두(崖壁)。【杜甫詩】一上捩孤影。❷엎드러질두(頓也)。

【陡頓:두돈】 느닷없이。俄然。『柳永·詩』把芳容 一一恁地輕孤、爭忍心安。

【陡壁:두벽】 낭떨어지。斷崖。『剪燈餘話·青城舞劍錄』一一穹崖、殊無有路。

【陡然:두연】 갑자기。突然。『長成殿·獻髮』不隄防。爲著橫枝、一一把連理輕分。

【陡衝衝:두충충】 울쩍하게 치밀어 오르는 모양。『長生殿·禊游』一一一怒起、心下難忍。

【院】(원) 霰

エン、イン、つかさ public building ㄩㄢˋ yüan⁴

小篆 草書 ❶원집 원(宅也館有垣)。【唐書】作五王一以處皇子之幼者。❷공해원(官廨)。【唐書】置麗正書一。❸절원(寺一。僧一、道一)。❹학교원(大學一、書一)。

【院內:원내】 院字가 붙은 각종 기관의 내부。병원·학원·민의원·참의원 따위의 내부。↕院外。

【院落:원락】 ❶住宅 안의 가운데 뜰。또는 울타리에 싸인 居室。(落은 居 또는 울타리)。『蘇軾·春夜詩』鞦韆一一夜沈沈。❷굉장히 큰 집。

【院相:원상】 (制)임금이 죽은 뒤 스무엿새 동안 大小정무를 행하던 承政院의 임시 벼슬。

【院外:원외】 院字가 붙은 기관의 外部。병원 학원·민의원·참의원 따위의 外部 ↕院內。

【院議:원의】 院의 議決。

【院長:원장】 병원·학원 등의 院字가 붙은 기관의 우두머리。

【院田:원전】 驛院에 딸렸던 논밭。

【院中:원중】 住宅 안。『海山記』一一楊梅。

【陣】(진) 震

チン、たむろ encampment ㄓㄣˋ chen⁴

草書 ❶진칠진(師旅行列)。【後漢書】孫吳兵法六十四一。❷영문진(軍營)。

【陣圖:진도】 軍陣 배치의 도면。『事物紀原』後人之爲一一者從此。

【陣頭:진두】 ❶배치한 軍의 先頭。先鋒。『王建』一一多是用降兵。❷일의 선두。

【陣亡:진망】 싸움터에서 죽음。戰死。陣沒。『文獻通考』閔忠寺、本唐太宗爲征遼一一士所造。

【陣門:진문】 陣營의 門。軍門。

【陣法:진법】 軍勢 배치의 법칙。『李靖』卿所制六花一一出何術。

【陣上:진상】 =陣中。

【陣勢:진세】 ❶軍陣의 세력。❷陣營의 형세。『盧綸』畫圖規一一、夢筆紀山行。

【陣列:진열】 陣의 排列。

【陣營:진영】 군대가 집결된 곳。군사가 둔치는 假屋。營所。

【陣伍:진오】 軍兵의 隊列。『宋史』一一不講。

【陣容:진용】 ❶陣勢의 형편。❷어떤 단체를 이룬 사람들의 짜임새。

【陣中:진중】 진의 안。

【陣中勤務:진중근무】 駐軍 또는 行軍에 따른 모든 勤務。

【陣地:진지】 陣을 친 곳。군대를 배치「한 곳。

【陣陣:진진】 끊어졌다 다시 계속하는 모「양。

【陣痛:진통】 出産 직전의 腹痛。

【陣行:진행】 군대의 配列。『李嶠』望月驚茲影、排雲結一一。

【除】 ㊀(제) 魚 ㊁(제) 御

ジョ、のぞく exclude; divide ㄔㄨˊ ch'u²

小篆 草書 ㊀❶섬돌제(階也)。【西都賦】玉一彤庭。❷문안뜰제(門屛間)。❸벼슬줄제(拜官)。【漢書】扶輦下一。❹버릴제(去也)。【書】一惡務本。❺젯법제(乘一籌法)。【史記】試補吏先一。❻다스릴제(修一治也)。【漢書】法一之。❼바뀔제(歲一易也)。【易】一戎器戒不虞。【孟浩然詩】靑陽逼歲一。㊁갈제 (去也)。【詩】日月方一。

【除却:제각】 덜어 물리침。말끔히 치워버림。

【除減:제감】 수효를 덜어서 줄임。

【除去:제거】 덜어 버림。떨어 버림。『漢書』一一陰刑。

【除給:제급】 한 부분을 제하고 줌。

【除隊:제대】 兵士가 服務年限을 마치고 現役에서 解除되는 것。

【除例:제례】 갖추어야 할 式例를 덜어버림。

【除禮:제례】 式禮를 덜어 버림。

【除幕式:제막식】 銅像과 記念碑 등의 竣工이 끝났을 때 그것을 덮은 幕을 떼어버리는 儀式。

【除名:제명】 명부에서 이름을 빼어버림。同僚로 부터 빼놓음。

【除名處分:제명처분】 단체의 체면을 더럽힌 사람을 쫓아 내고 명부에서 이름을 없애버리는 처사。

【除拜:제배】 ❶官位를 주는 것。❷임금이 바로 벼슬을 시키는 것。除任。除授。

【除百事:제백사】 한 가지 일에만 專力하기 위하여 다른 일은 다 제쳐 놓음。除萬事。

【除煩:제번】 ❶글을 쓸 때 앞 부분을 생략함。❷편지의 첫머리에 쓰는 말。번다한 인사말을 줄였다는 뜻。除禮。前略。

【除伐:제벌】 수풀을 가꾸기 위해 필요치 않은 나무나 나뭇가지를 베어 버림。

【除法:제법】 《數》나눗셈。↔乘法。

【除算:제산】 《數》除法으로 하는 계산。

【除夕:제석】 한 해의 맨 마지막 날의 밤。除夜。歲除。『風土記』至一一、達旦不眠、謂之守歲。

【除雪:제설】 쌓인 눈을 치우는 일。

【除授:제수】 《制》❶官位를 주는 일。『宋史』詔自今一一黜陟、及恩數等事、必參酌祖宗舊制。❷除拜。

【除夜:제야】 =除夕。『張說』一一清樽滿、寒庭燎火多。

【除役:제역】 ❶병역의 전부 또는 그 일부를 면제함。❷免役。

【除外:제외】 치워 버림。어느 범위 밖으로 취급하여 셈치지 아니함。

【除月:제월】 ❶陰曆 一二월의 別稱。❷陰曆 四월의 別稱。

【除日:제일】 섣달 그믐날。『王炎』年光一一又元日、心事今吾非故吾。

【除雜談:제잡담】 여러 말 하지 않음。

【除雜費:제잡비】 잡비를 덜어 버림。

【除籍:제적】 ❶戶籍에서 그 이름을 뺌。❷관리의 籍을 빼 버림。『宋史』御史臺言、當一一。❸학생의 籍을 빼 버림。

【除斥:제척】 덜어 물리침。

【除草:제초】 雜草를 덜어 버림。풀뽑기。

【除草器:제초기】 잡초를 뽑아 버리는 제구。

【除出:제출】 제하여 냄。덜어 냄。

【除蟲:제충】 害蟲을 없애 버림。

【除蟲菊:제충국】 《植》野菊에 흡사한 多年草。꽃을 말려 粉末을 만들어 모기·벼룩 등을 없애는 데 쓰임。

【除臭:제취】 좋지 않은 냄새를 없애 버림。

【除弊:제폐】 폐단을 없앰。

【除票:제표】 《數》除法 부호。나누기 표。부호는 「÷」。

【除下:제하】 손아랫 사람에게 나누어 줌。

【除害:제해】 해로운 물건이나 일을 떨어 버림。

【除禍:제화】 재앙을 덜어 버림。

【除凶:제흉】 邪惡한 것을 덜어 버림。

【陋】 (루)『陋』(阜部 6畫)의 本字

八畫

【陪】 (배) 灰 バイ、したがう accompany ㄆㄟˊ p'ei²
小篆 草書 ❶버금배(貳也)。【詩】以無一無卿。❷따를배(隨也)。❸도울배(助也)。【史記】秉德以一朕。❹거듭배(一臣重也)。【禮】列國之士入天子國自一臣稱。❺모실배(側也伴也)。❻찰배(滿也)。❽더할배(益也)。

【陪客:배객】 높은 사람을 모시고 한 자리에 참여하는 손。

【陪觀:배관】 貴人을 따라 같이 보는 것。『李嶠』將軍曾製曲、司馬屢一一。

【陪都:배도】 國都 이외에 둔 서울。明代의 金陵、清代의 奉天、第二次 世界大戰 중의 重慶 따위。『李白』樓船跨海次一一。

【陪僕:배복】 종。使喚。下人。『後漢書』至酒一一告其君長。

【陪賓:배빈】 ❶높은 사람을 모시고 한자리에 참여하는 손님。❷主賓 이외의 손。

【陪鰓:배새】 奮怒하는 모양。『潘岳·射雉賦』。

【陪席:배석】 손위의 사람과 同席함。

【陪席判事:배석판사】 《法》訴訟을 審理할 때 法廷에 列席하여 裁判長을 돕는 判事。陪席裁判官。

【陪星:배성】 =衞星。

【陪隨:배수】 높은 이를 모시고 뒤따름。

【陪乘:배승】 손위의 사람과 同行하여 수레를 탐。同乘。『戰國策』臣入則編席、出則一一。

【陪侍:배시】 임금의 곁에서 시중함。또는 그 사람。近侍。『魏書』闕群寮一一之式。

【陪食:배식】 貴人을 모시고 食事를 같이 함。「伴食。

【陪審:배심】 《法》재판관의 법률 적용에 국민의 건전한 상식적 판단을 돕기 위하여 국민 중에서 뽑힌 일정한 수의 법률 전문가 아닌 사람들、곧 배심원이 審理나 起訴에 참가하는 일。심리배심·기소 배심의 두 가지가 있음。

【陪審員:배심원】 《法》배심하기 위하여 국민 중에서 선출된 사람。

【陪審制度:배심제도】 《法》배심재판을 하는 제도。英美法에서 발달됨。

【陪衞:배위】 《制》世子를 모시고 감。貴人을 경호하여 모심。

【陪遊:배유】 貴人의 親舊가 되어 놂음。『庾信』一一愧無作。

【陪從:배종】 임금을 모시고 따라감。陪扈。『齊書』車馬屢遊幸、惟巍一一。

【陪行:배행】 ❶웃사람을 모시고 따라감。❷배웅。

【陪扈:배호】 =陪從。

【陫】 (비) 尾 ヒ、みにくい filthy
더러울비(陋也)。

【陬】 (조) 嘯 ショウ、たがやす till
小篆 ❶삽으로 갈조(臿耕)。❷묵은 밭을 갈조(耕休田意)。❸방죽 둑조(隄也)。❹지경조(界也)。

【陬】 (추) 尤 シュウ、スウ、すみ corner; precipice ㄗㄡ tsou¹
小篆 草書 ❶벼루추(阪隅)。【戰國策】有雀生鱑于城之一。❷정월추(孟一正月)。【楚辭】攝提貞于孟一兮。❸부끄러울추(卑一愧恧)。❹마을추(聚居)。❺고을이름추(魯邑鄉名)。

【莊子】子貢卑一失色。

【陬僻:추벽】 =僻遠。

【陬遠:추원】 먼 촌。陬僻。

【陬月:추월】 正月의 別名。

【陬邑:추읍】 ❶僻村。❷《地》山東省 曲阜縣內의 孔子의 出生地。

【陭】 (기) 寘 イ、キ、けわしい rough
小篆 草書 언틀 먼틀할 기(一嶇不安)。【史記】一嶇而不安。

【隹】 (퇴) 賄 タイ、たかい high
小篆 높을퇴(高也)。

【陳】 (래) 灰 ライ、きざはし stone steps
섬돌래(階也)。

【陰】 (음) 侵 イン、オン、かげ、くもり shade; cloudy ㄧㄣ yin¹
小篆 草書 ❶응달음、음지음(水南山北)。【書】南至于華一。❷음기음(陽之對地道妻道臣道)。【易】一雖有美。❸부인에게 예가르칠음(一

敎婦禮)。〔周禮〕-禮敎六宮。❹가만할음(默也)。〔戰國策〕齊奏之處-合。❺그늘할음, 가릴음(蔭也)。〔詩〕-鞹篸績。❻그늘음(影也)。❼비등어리음(碑背)。〔正子通〕楊修解曹娥碑-八字。❽음침할음(闇也)。❾흐릴음(曇也)。❿세월음(光-)。⓫몰래음(秘密)。

【陰刻:음각】《藝》어떤 그림이나 글씨를 옴폭하게 파내어 새김。(돌에 새길 경우는 대부분 陰刻임)。凹彫。↕陽刻。

【陰乾:음간·음건】그늘진 곳에서 말림。『抱朴子』--百日。

【陰莖:음경】❶자지。男子의 생식기。↕陰門。❷산(山)의 북쪽에서 자라는 나무。『張衡』剖大呂之--。「-」

【陰計:음계】=陰謀。『戰國策』爲公畫-

【陰界:음계】鬼神의 세계。

【陰功:음공】정면에 나서지 않고 뒤에서 돕는 功。『羅隱』理合有--。

【陰鬼:음귀】도깨비。妖物。死者의 靈。

【陰極:음극】《物》電位가 낮은 電極。마이너스電極。電源에 있어 電流가 흘러드는 極。

【陰氣:음기】맑지 못한 氣分。우울한 기분。《醫》몸 안의 음의 기운。

【陰記:음기】碑碣의 등 뒤에 새긴 글씨。

【陰囊:음낭】불알을 싸고 있는 주머니。腎囊。

【陰德:음덕】❶사람에게 알려지지 않은 德行。『漢書』我治獄多--。❷地의 德。《轉》婦人의 德。婦德。「나 집。

【陰德家:음덕가】음덕을 쌓은 사람이

【陰道:음도】❶군신·부자·부부에 있어서 신하·자식·아내가 된 사람의 도리。❷房事。❸後方의 道路。『史記』明日下-

【陰冬:음동】陰氣가 있는 겨울。「-。

【陰冷:음랭】응달이 지고 참。음산함。

【陰曆:음력】달이 地球를 一周하는 時間을 基本으로 하여 만든 달력。太陰曆。舊曆。↕陽曆。

【陰禮:음례】❶婦人의 禮儀。『周禮』以--敎六宮。❷婚姻의 禮。

【陰燐:음린】도깨비불。鬼火。陰火。『李益·文』君獨不怪--熾。

【陰膜:음막】=處女膜。

【陰毛:음모】거웃。生殖器의 周圍에 난 털。

【陰謀:음모】모르게 꾸미는 惡한 計略。남 모르는 計略。陰計。『史記』陳平曰、我多--、是道家之所禁。

【陰文:음문】印章이나 鍾의 銘 따위를 옴폭하게 파서 새긴 字形。「↕陰莖。

【陰門:음문】女子의 外部生殖器。보지。

【陰密:음밀】마음 속 깊이 숨겨 나타내지 않는 것。마음 속을 알리지 못하는 것。『唐書』性--、誅殺不見喜怒。

【陰房:음방】❶어둑컴컴한 방。『杜甫』--鬼火靑。❷牢獄。

【陰伏:음복】비밀。陰私。『漢書』楊惲性刻害、好發人--。

【陰府:음부】저승。冥土。黃泉。冥府。

【陰部:음부】《生》男女의 外部生殖器가 있는 곳。局部。

【陰分:음분】체내에 있는 물기。

【陰庇:음비】덮어줌。감싸 줌。庇陰。『于邵』私賜以--之地、永爲子孫之狀。

【陰秘:음비】성질이 내흉스럽고 우악함。

【陰事:음사】❶秘密의 것。숨기는 일。秘事。密事。『史記』有能探得趙王之--者。❷后妃와 女官이 밤에 君主의 부름에 應하는 것。房事。❸婦人의 할 일。

【陰私:음사】사사로이 가진 비밀。

【陰散:음산】날씨가 흐리고 으스스함。

【陰森:음삼】❶나무가 우거져 어둠침침한 모양。❷어둠침침하고 쓸쓸한 모양。『溫庭筠』畫壁--九子堂。

【陰生蟲:음생충】하루살이。

【陰性:음성】❶陰氣의 성질。消極的인 性質。內向性。❷陰性反應의 略語。

【陰水:음수】=精水。

【陰數:음수】=負數。

【陰樹:음수】응달에서 완전히 자라는 식물。또는 어릴 때에 나무 그늘을 좋아하는 樹木。

【陰脣:음순】陰門의 시울。「는 樹木。

【陰虱:음슬】《動》사면발이。

【陰濕:음습】그늘지고 축축함。

【陰蝕瘡:음식창】남녀의 음부에 나는 담의 시초가 되는 병。

【陰惡:음악】사람이 알지 못하는 나쁜 일。陰慝。『雲笈七籤』人爲--、鬼神治之。

【陰暗:음암】음침하고 어두움。음산하고 암담함。「는 언덕。

【陰崖:음애】햇빛이 잘 비치지 아니하

【陰液:음액】=精液。

【陰約:음약】몰래 약속함。

【陰痒:음양】여자의 음부가 가려운 병。

【陰陽:음양】❶陰과 陽。❷易學에 있어 만물을 만들어 내는 相反된 두 개의 성질의 氣。『易經』--之義配日月。❸《物》電氣 또는 磁氣의 陰極과 陽極。

【陰陽家:음양가】《歷》春秋戰國時代 九流一○家의 하나。天文·曆數·卜筮·地相 등의 運行에 의하여 吉凶·禍福을 豫言하는 學派。또는 그 學者。일반적으로는 陰陽學을 業으로 하는 사람。

【陰陽刻:음양각】❶陰刻과 陽刻을 섞어서 새김。❷陰刻과 陽刻。

【陰陽曆:음양력】음력과 양력。

【陰陽配合:음양배합】남녀가 서로 뜻이 잘 맞음。「맞지 아니함。

【陰陽相薄:음양상박】음과 양이 서로

【陰陽雙補:음양쌍보】몸의 음기와 양기를 함께 도움。

【陰陽說:음양설】陰陽 五行을 이론적으로 설명한 학설。「물。

【陰陽水:음양수】끓는 물에 찬물을 탄

【陰陽之理:음양지리】음양에 관한 이치。「나 음증으로 바뀜。

【陰易:음역】심하던 열병이 고비를 지

【陰影:음영】❶그림자。❷그늘。

【陰影畫法:음영화법】물체가 빛을 받아 이루는 그림자를 묘사하여 내는 立體幾何 화법의 한 가지。

【陰翳:음예】하늘에 구름이 덮여 어두움。『陳子昂』陽彩皆--。그늘짐。흐림。

【陰佑:음우】남몰래 도움。가만히 도움。

【陰雨:음우】❶몹시 흐리고 비가 계속 내리는 것。『詩經』芃芃黍苗、--膏之。❷降雨。

【陰雲:음운】비구름。하늘을 덮은 시커먼 구름。『宋書』--不雨。

【陰鬱:음울】❶밝지 못하고 텁텁함。❷마음이 답답하고 맑지 못함。❸무더움。

【陰月:음월】음력 四월의 異稱。

【陰痿:음위】남자의 생식기가 萎縮되는 병。『史記』膠西于王端爲人賊戾、又--。

【陰柔:음유】表面은 부드럽고 뱃속은 검은 것。『唐書·李義府傳』以--害物、謂之李猫。

【陰陰:음음】❶어둠침침하고 쓸쓸한 모양。❷날씨가 흐리어 있는 모양。『蘇軾』--日光澹。❸나무가 우거져 침침한 모양。

【陰電:음전】=陰電氣。

【陰電氣:음전기】《物》❶電氣의 한 형태。비교적 적은 힘을 가진 電氣로 封蠟이나 樹脂를 毛皮에 문지를 때 일어나는 따위의 전기。❷靜電氣의 한 가지。「一」(마이너스)의 符號로 나타냄。

【陰挺症:음정증】《醫》자궁이 내려 앉거나 염불이 빠지는 자궁병의 한 가지。

【陰助:음조】뒤에서 도움。남 모르게 도움。『唐書』持異議、宰相常袞--之。

【陰腫:음종】《醫》여자의 外陰部가 헐어

서 붓고 아픈 병。

【陰中:음중】 ❶가을의 別稱。❷은밀히 사람을 모함에 빠뜨려 해침。

【陰症:음증】 ❶=傷寒陰症。❷병세가 下午면 더해지는 병。❸성질이 내숭스러움。또는 그 사람。↔陽症。

【陰地:음지】 응달。

【陰地蕨:음지궐】 (植) 고사리의 한 가지。『本草·陰地蕨』。

陰地蕨 (三才圖會)

【陰地轉陽地變:음지전양지변】 (國) 음지가 양지됨。(喩)세상 일이 돌고 돌아 不運과 幸運이 循環한다는 뜻。『靑莊館全書』。

【陰疾:음질】 =淋疾。

【陰瘡:음창】 부녀의 음부에 나는 부스럼。

【陰晴:음청】 흐림과 갬。『徐積』但恐舟行隨早晩、此時秋色半ㅡㅡ。

【陰晴計:음청계】 =晴雨計。

【陰縮:음축】 자지가 차고 줄어드는 병。

【陰測:음측】 남 모르게 넌지시 헤아림。

【陰沈:음침】 ❶성질이 명랑하지 못함。❷날씨가 흐리고 컴컴함。

【陰兎:음토】 달의 異名。陰宗。陰魄。『李白·大獵賦』ㅡㅡ喪精於明月。

【陰通:음통】 남녀가 처음으로 色情을 알게 됨。

【陰蔽:음폐】 덮어 숨김。『國語』後無ㅡㅡ、先無陽察。

【陰風:음풍】 ❶겨울 바람。朔風。❷쓸쓸하고 싸늘한 바람。『張九齡』此時騷切ㅡㅡ生。❸殺伐한 바람。陰森한 바람。

【陰害:음해】 넌지시 남을 해함。

【陰核:음핵】 여자의 외음부에 내민 살。

【陰虛:음허】 ❶날마다 오후에 추워지고 潮熱이 나는 병。❷방사 과다로 정력이 허함。

【陰險:음험】 겉은 부드럽고 솔직한 것 같으나 속은 비틀어져 있는 것。內心이 險惡한 것。

【陰戶:음호】 下門。보지。

【陰火:음화】 ❶도깨비 불。鬼火。陰燐。❷不知火。밤에 바다 위에 멀리 보이는 까닭 모를 불。『木華』ㅡㅡ潛然。❸(鑛)硫黃의 別名。

【陰畫:음화】 사진 건판에 감광작용으로 明暗이 實物과 反對로 나타나는 畫像。

【陰晦:음회】 흐리고 어두움。『後漢書』天大ㅡㅡ。

【陰訓:음훈】 여자의 가르침。陰敎。『唐書』具宜閨範、有裨ㅡㅡ。

【陰凶:음흉】 마음이 음침하고 흉악함。

◎光ㅡ、補ㅡ、太ㅡ。

【陱】 (국) 屋 キク、みちる be full

❶찰 국(盈也)。❷기를 국(養也)。

【陲】 (수) 支 ㄔㄨㄟˊ ch'uei² スイ、ほとり、さかい frontier

小篆 草書 ❶변방 수(疆也邊也)。『左傳』虔劉我邊ㅡ。❷위태할 수(危也)。(『垂』와 통함)

【陳】 ㊀(진) ㊁(진) 震 ㄔㄣˊ ch'en² チン、ジン、ならべる spread out

小篆 古文 草書 ㊀❶벌릴 진(列也)。布也。【詩】ㅡ饋八簋。❷묵을 진(故也)。【史記】太倉之粟ㅡㅡ相因。❸오랠 진(久也)。【書】失于政ㅡ于玆。❹고할 진(告也)。❺베풀 진(張也)。【禮】事君欲諫不欲ㅡ。❻섬돌 진(堂途)。【詩】胡逝我ㅡ。❼나라이름 진(國名舜後所封)。㊁진 진(行伍之列)。(『陣』과 같음)

【陳艮醬:진간장】 오래 묵어서 아주 진하게 된 간장。濃醬。

【陳告:진고】 죽 이야기하여 告白함。『王令』幸此不我陋、敎誨日ㅡㅡ。

【陳穀:진곡】 묵은 곡식。

【陳供:진공】 범죄인이 그의 罪狀을 사실대로 말함。

【陳久:진구】 묵어서 오래됨。

【陳畓:진답】 묵은 논。

【陳米:진미】 저장해 두었던 묵은 쌀。『李覯』携錢賃破屋、乞火蒸ㅡㅡ。

【陳辯:진변】 까닭을 말하여 변명함。말의 까닭。陳疏。辯疏。

【陳腐:진부】 케케 묵음。새롭지 못함。낡고 썩음。陳套。『宋史』無ㅡㅡ。

【陳謝:진사】 ❶까닭을 말하여 사과함。『隋書』上表ㅡㅡ。❷禮를 말함。

【陳狀:진상】 일의 事情을 아룀。狀況을 말함。『漢書』指圖ㅡㅡ。

【陳疏:진소】 ❶口頭로 말함。❷上疏。

【陳訴:진소】 사정을 말하여 하소연함。『南史』沈炯便以情事ㅡㅡ。

【陳述:진술】 ❶口頭로 말함。아뢰어 말함。口述。『五代史』獨韓建前自ㅡㅡ。❷(法)民·刑事訴訟에서 소송 당사자 또는 증인·감정인 등 소송 관계인이 그 관계 사항을 구술 또는 서면으로 말하는 것。

【陳述文:진술문】 자세히 벌여 적은 글。

【陳試:진시】 (制)文武科의 初試에 급제한 사람이 사정이 있어 서울의 會試를 보기 어려울 때에 그 사정을 禮曹에 告하고 다른 해의 會試에 應試하던 것。

【陳言:진언】 ❶케케묵은 말。『韓愈』惟ㅡㅡ之務去。❷말을 함。

【陳列:진열】 물건 따위를 보이기 위하여 죽 벌여 놓음。陳設。『杜甫』播其聲音以ㅡㅡ、從乎節奏以進退。

【陳列欌:진열장】 가게에서 파는 물건을 진열하는 데에 쓰는 장。흔히 유리를 끼워서 속의 것이 겉에서도 보이게 되었는데、여러 가지 모양이 있음。

【陳列窓:진열창】 상품의 표본을 벌여 놓고、바깥에서 사람들이 볼 수 있도록 유리를 끼워 댄 창。

【陳外家:진외가】 아버지의 외가。

【陳喩:진유】 까닭을 말하여 깨치게 함。

【陳材:진재】 오래 묵은 藥材。『吳志』ㅡㅡ未嘗切。

【陳迹:진적】 옛날 자취。옛날의 事跡。古跡。『莊子』夫六經、先王之ㅡㅡ也。

【陳田:진전】 묵정밭。

【陳情:진정】 사정을 아뢰어 부탁함。

【陳情書:진정서】 곤란한 사정을 잘 보아 달라고 써서 바치는 글。

【陳奏:진주】 사정을 말하여 임금 또는 웃사람의 귀에 들어가게 함。『宋史』ㅡㅡ無隱。

【陳陳相因:진진상인】 오래된 쌀이 겹겹이 쌓이는 것。(轉)世上이 잘 다스려져 물건이 豊富한 것。陳陳。『史記·平準書』大倉之粟ㅡㅡ。

【陳請:진청】 사정을 말하여 간청함。

【陳編:진편】 옛날의 書籍。古書。『韓愈』竊ㅡㅡ以盜竊。

【陳皮:진피】 오래 묵은 귤 껍질을 말린 것。藥劑에 쓰임。

【陳賀:진하】 나라에 慶事가 있을 때 百官이 朝賀하던 일。

【陳玄:진현】 먹(墨)의 別名。(오래되고 검다는 뜻)。『韓愈·毛穎傳』毛穎與絳人ㅡㅡ友善。

【陳荒地:진황지】 묵어 거칠어진 땅。

【䧖】 (전) 銑 セン、おか hillock

小篆 물가운데있는언덕 전(水中阜)。

【陴】 (비) 支 ㄆㄧˊ p'i² ヒ、しろがき fence

小篆 籀文 草書 성위담비(城上女牆)。【左傳】閉

• 門登ㅣ。

【陴堞:비첩】城위의 높은 울타리。『唐書』ㅣㅣ完新。

【陴隍:비황】城의 울타리와 城 둘레에 판 못。『唐書·李晟傳』繕甲兵治ㅣㅣ。

俾倪(武備志)

【陵】(릉) 蒸 リョウ、おか、つか imperial mausoleum ㄌㄧㄥˊ ling²

小篆 草書 ❶큰언덕 릉(丘ㅣ大阜)。❷임금의무덤릉(山ㅣ帝王葬)。【書】懷山襄ㅣ。『齊語』ㅣ爲之終。❸업신여길릉(侵ㅣ犯侮)。【易】終莫之ㅣ。❹가파를릉(ㅣ遲ㅣ夷頹靡)。『荀子』百仞之山任負車登焉何則ㅣ遲故也。❺짓밟을릉(轢也)。❻탈릉(乘也)。❼높을릉(峻也)。

【陵駕:능가】훨씬 뛰어나고 더함。凌駕

【陵官:능관】《制》李朝 때 陵을 지키던 관리의 總稱。

【陵丘:능구】언덕。(큰 언덕은 陵、작은 언덕은 丘)。丘陵。

【陵沓:능답】능에 딸려 있는 논。

【陵轢:능력】❶짓밟음。『史記』楚靈王兵彊、ㅣㅣ中國。❷서로 충돌함。不和가 됨。軋轢。

【陵罵:능매】업신여겨 꾸짖음。

【陵蔑:능멸】업신여기어 깔봄。陵踏。『左傳·疏』以其比隣小國、意ㅣㅣ之。

【陵侮:능모】업신여김。무시함。얕봄。陵忽。陵慣。『晉書』強暴使酒、數ㅣㅣ弟回。

【陵墓:능묘】임금·왕비의 무덤。陵。『杜甫』漢朝ㅣㅣ對南山。

【陵犯:능범】업신여겨 犯함。

【陵碑:능비】陵에 세워 놓은 비。

【陵所:능소】陵이 있는 곳。

【陵屬:능속】陵에 속한 下隸。

【陵魚:능어】怪獸의 한가지。바다에 살며 얼굴과 손·발은 사람、몸은 물고기와 같다 함。陵鯉。人魚。

陵魚(山海經圖)

【陵役:능역】陵에 관한 役事。

【陵衍:능연】丘陵과 높고 평평한 곳。

【陵辱:능욕】❶업신여기어 욕보임。『石崇』父子見ㅣㅣ、對之慚且驚。❷여자를 폭력으로 犯함。凌辱。

【陵雲:능운】구름을 헤침。용기가 성함을 이름。凌雲。

【陵雲之志:능운지지】❶높은 구름을 훨씬 넘는 뜻(志)。속세에 超然한 뜻。『漢書』縹縹有ㅡㅡ。❷높은 지위에 오르려는 희망。靑雲之志。

【陵位田:능위전】능에 속한 논밭。

【陵夷:능이】❶언덕이 차차 평평해 가는 것。❷점점 衰落함。『漢書』帝王之道、日以ㅣㅣ。

【陵折:능절】업신여겨 꺾음。부끄럽게 「함。

【陵遲處斬:능지처참】《制》머리·몸·손·발을 토막쳐서 죽이던 극형。

【陵斥:능척】업신여겨 물리침。『後漢書』ㅣㅣ上國。

【陵替:능체】❶아랫사람이 웃사람을 凌駕하여 웃사람의 權威가 떨어지는 것。❷점점 衰頹해 감。『左傳·昭·十八』下陵上替、能無亂乎。

【陵寢:능침】=陵墓。『宋史』置園邑二百家於烏程、立ㅣㅣ、使縣令丞四時奉祀。

【陵波:능파】파도를 헤침。파도 위를 건넘。凌波。

【陵虐:능학】업신여겨 골려 줌。『書經·疏』天子無ㅣㅣ煢獨。

【陵幸:능행】임금이 陵에 거둥함。

【陵忽:능홀】=陵侮。『顔氏家訓』ㅣㅣ長者、經慢同列。

◎丘ㅣ、王ㅣ。

【陶】㊀(도) 豪 ㊁(도) 號 ㊂(요) 蕭 ヨウ、トウ、すえもの porcelain ㄊㄠˊ t'ao²

小篆 草書 ㊀❶질그릇 도(瓦器)。【詩】ㅣ復ㅣ穴。❷통할도(暢也)。『後漢書』粳稻ㅣ遂。❸불쌍히생각할도(鬱ㅣ哀思)。【書】鬱ㅣ乎予心。❹화할도(化也)。❺성도(姓也)。❻땅이름도(地名)。㊁달릴도(ㅣㅣ馳貌)。【詩】駟介ㅣㅣ。㊂❶화락할요(ㅣㅣ和樂)。【詩】君子ㅣㅣ。❷순임금의신하요(舜臣皐ㅣ)。

【陶工:도공】陶器를 만드는 사람。陶人。

【陶鈞:도균】陶器를 만드는 질그릇 골。《喩》天下를 잘 다스림。陶甄。『漢書·鄒陽傳』化於ㅣㅣ之上。

【陶器:도기】질그릇。오지그릇。흙으로 초벌 구운 위에 잿물을 입혀 구운 것。

【陶陶:도도】❶말을 달리게 하는 모양。『詩經』駟介ㅣㅣ。❷和樂하게 즐기는 모양。❸술을 지어 같이 따라감。❹긴 모양。❺물 또는 陽氣가 성한 모양。

【陶壁:도벽】오지 벽돌。

【陶冶:도야】陶器를 굽고 쇠붙이를 녹임。《轉》心身을 닦아 기름。『淮南子』包天地、ㅣㅣ萬物。

【陶冶性:도야성】도야할 수 있는 피교「육자의 품성。

【陶業:도업】=窯業。

【陶然:도연】술에 醉하여 氣分이 좋은 모양。氣分 좋게 醉함。『陶潛』揮玆一紘、ㅣㅣ自樂。

【陶淵明:도연명】=陶潛。

【陶瓦:도와】질기와。『唐書』教民作ㅣㅣ。

【陶窯:도요】陶器를 굽는 가마。

【陶鬱:도울】마음이 막힘。마음이 얽매여 우울함。鬱陶。

【陶印:도인】陶質로 만든 도장。

【陶瓷器:도자기】질그릇。오지 그릇·사기그릇의 總稱。

【陶潛:도잠】《人》三六五~四二七 東晉末의 詩人。字는 淵明、또는 元亮、侃의 曾孫。尋陽(江西省 九江縣) 사람。性品이 高尙簡貴하여 五柳先生이라 自處함。靖節先生이라 尊稱하였음。彭澤縣令 八〇여일로 官界를 자진 물러나서 歸鄕하여 田園生活의 自然美를 노래함。歸去來辭는 특히 유명함。〈著書〉陶淵明集。

陶淵明(三才圖會)

【陶鑄:도주】陶工이 陶器를 만들고 鍛工이 쇠를 녹혀 그릇을 만들음。《轉》人材를 키워 性格을 鍛鍊시킴。陶冶。『莊子』是其塵垢粃糠、將猶ㅣㅣ堯舜者也。

【陶車:도차】=물레。

【陶醉:도취】❶기분 좋게 술에 취함。❷무엇에 마음이 끌려 熱中하는 것。陶然。

【陶齒:도치】사기로 만든 義齒。

【陶漆器:도칠기】陶器의 겉에 옻칠을 올린 그릇。

【陶枕:도침】❶사기로 만든 베개。瓷枕。❷사기나 오지 그릇을 구울 때 그 그릇을 고이는 데 쓰는 물건。

【陶土:도토】陶器를 만드는 원료。

【陶泓:도홍】벼루의 別稱。陶器製의 벼루。(泓은 벼루의 먹물을 두는 곳)。『韓愈』與弘農ㅣㅣ友善。

【陶化:도화】❶만들어 키우는 것。❷善으로 이끌음。『淮南子』陰陽之ㅣㅣ。

【陷】(함) 陷 カン、おちいる sink; involve ㄒㄧㄢˋ hsien⁴

小篆 草書 ❶빠질 함(沒也地隤)。【易】剛健不ㅣ。❷함정함(ㅣ穽)。

【陷溺:함닉·함익】❶함정에 떨어지

고 물에 빠짐。❷酒色에 젖음。沈溺。耽溺。『孟子』ㅣㅣ其心。❸골탕먹여 괴롭힘。
〔陷落:함락〕❶빠짐。땅 같은 것이 움푹 꺼져 들어감。❷적의 城·要塞 등을 攻擊하여 빼앗음。❸꾀임에 빠짐。❹敗北함。
〔陷壘:함루〕陣壘가 함락됨。
〔陷沒:함몰〕❶떨어짐。빠짐。『晉書』及落陽ㅣㅣ、簡父爲所賊厳疑所過。❷재난을 당하여 변방함。
〔陷沒地震:함몰지진〕지층이 함몰할 때에 일어나는 地盤의 震動。
〔陷沒湖:함몰호〕地盤이 陷沒한 곳에 물이 괴어 된 호수。「킴。
〔陷城:함성〕城이 陷落함。城을 陷落시
〔陷入:함입〕빠져 들어감。빠짐。陷沒。
『左傳』無令輿師ㅣㅣ君地。
〔陷穽:함정〕짐승 등을 잡기 위하여 파 놓은 구덩이。《喩》사람을 속여 빠지게 함。『詩經·疏』不入ㅣㅣ、不羅羅網。
〔陷地:함지〕움푹 꺼져 들어간 땅。
〔陷害:함해〕남에게 害를 받게 함。

【陸】(륙) 屋 リク、ロク、くが、おか カㄨˋ land

陸 小篆 𨻸 說文 陸 草書 ❶뭍 륙(高平曰陸)。❷길 륙(路也)。『周禮』作車以行ㅣ。❸어긋날 륙(ㅣ離參差)。『楚辭』斑ㅣ離其上下。❹뛸 륙(ㅣ梁跳也)。『甘泉賦』飛蒙茸而走ㅣ梁。❺녹록할 륙(ㅣㅣ碌碌)。『後漢書』今更共ㅣㅣ。❻두터울 륙(厚也)。

〔陸繫島:육계도〕《地》砂洲로써 육지와 이어진 섬。
〔陸橋:육교〕내〔川〕가 아닌 곳에 건다리。낭떠러지나 山谷 따위를 건너기 위하여 가설한 다리。구름다리。

〔陸軍:육군〕陸上의 전투 및 防禦를 맡은 군대。↕海軍·空軍。『晉書』若爲ㅣㅣ以伺皖城、引權東下爲水戰。
〔陸稻:육도〕밭에 심은 벼。↕水稻。
〔陸梁:육량〕❶뒤섞이어 다름질 하는 모양。❷제멋대로 날치는 것。跳梁。『張衡·西京賦』怪獸ㅣㅣ。
〔陸路:육로〕陸上의 길。언덕길。
〔陸陸:육륙〕❶우물쭈물하는 모양。❷平凡한 모양。碌碌。『後漢書·馬援傳』今更共ㅣㅣ、欲往附之。
〔陸離:육리〕❶빛이 서로 얽히어 눈부시게 빛나는 모양。❷번쩍번쩍 눈부시게 보이는 모양。아름다운 모양。❸뒤섞이는 모양。『楚辭』長余佩之ㅣㅣ。
〔陸半球:육반구〕프랑스의 로아르강 어귀 부근을 極으로 한 想定의 반구。세계 육지의 약 九할이 이에 포함됨。↕水半球。
〔陸棚:육붕〕陸地의 주위 바다 깊이가 二〇〇미터 까지의 얕은 경사면。일광·영양물이 적당하여 중요한 漁場이 됨。
〔陸產:육산〕육지의 산물。↕水產。
〔陸產物:육산물〕육지에서 나는 물건。
〔陸上:육상〕뭍 위。육지。
〔陸上競技:육상경기〕《運》陸上에서 행해지는 運動競技。
〔陸象山:육상산〕=陸九淵。「함。
〔陸棲:육서〕陸上에 살음。陸上에 生存
〔陸續:육속〕연달아 계속하는 모양。계속하여 끊임이 없는 모양。『陸游』截竹作馬走不休、小車駕羊聲ㅣㅣ。
〔陸松:육송〕《植》소나무。
〔陸輸:육수〕陸路로 물건을 운반하는 것。『歐陽修』水載每連軸、ㅣㅣ動盈車。「올림。
〔陸揚:육양〕배에서 뭍으로 짐을 풀어
〔陸軟風:육연풍〕《地》밤중에 육지에서 바다를 향하여 부는 바람。

〔陸英:육영〕《植》풀의 이름。

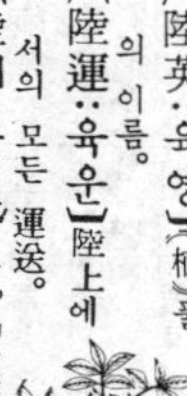

陸英 (三才圖會)

〔陸運:육운〕陸上에서의 모든 運送。
〔陸田:육전〕밭。『晉書』每有水雨、輒復橫流、延及ㅣㅣ。「전쟁。
〔陸戰:육전〕《軍》《軍》육지에서 싸우는
〔陸戰隊:육전대〕《軍》《軍》해군으로서 육전에 종사하는 군대。
〔陸地:육지〕뭍。大地。陸上。
〔陸地棉:육지면〕《植》목화의 일종。성장기간이 길고 기온이 높은 남부 지방에 적합 하며、수확기가 늦고 소출이 많으며 섬유가 길어서 옷감용으로 좋음。
〔陸沈:육침〕❶물 없이 가라앉음。곧 大隱。《喩》賢人이 世上에 묻혀 있음。凡人 속에 묻혀 있는 隱者。❷陸地가 가라 앉는 것。《喩》나라가 外敵에게 滅亡됨。❸時代의 變遷을 알지 못하는 것。時代의 趨勢를 모름。『論衡』知古不知今、謂之ㅣㅣ。「짐。
〔陸駄:육태〕배에서 육지로 옮겨 놓는
〔陸風:육풍〕《地》海岸地方에서 밤에 陸地에서 海上으로 부는 바람。陸軟風。
〔陸海空軍:육해공군〕육군과 해군과 공군。
〔陸行:육행〕陸路로 감。陸地의 旅行。『史記』ㅣㅣ載車、水行乘舟。
◎大ㅣ、離ㅣ、着ㅣ、海ㅣ。

【陞】(승) 蒸 ショウ、ひがのぼる (of the sun) rise

해돋을 승(日升)。

【隆】(륭)『隆』(阜部 9畫)과 같음

【険】(험)『險』(阜部 13畫)의 略字

九畫

【陻】(인) 眞 イン、ふさぐ intercept

陻 草書 막을 인(塞也)。『書』鯀ㅣ洪水。
(『堙』과 같음)

【陼】(저) 語 ショ、ト、す、しま ㄓㄨˇ chu³ snad hill

陼 小篆 陼 草書 ❶모래섬저(小洲)。❷둔덕저、언덕저(丘也)。
『爾雅』丘如渚者ㅣ丘。
〔陼丘:저구〕洲와 같은 모양의 언덕。『爾雅·注』水中小洲爲陼。『疏』陼、水中可居之小者、丘形似之、名爲ㅣㅣ也。
〔陼隄:저제〕물가와 방축。스스로 지키며 옮겨가지 않는다는 뜻。『管子·宙合』凡堅解而不動、ㅣㅣ而不行。『篆詁』ㅣㅣ、自守不移如ㅣㅣ也。

【陽】(양) 陽 ヨウ、ひなた、ひ ㄧㄤˊ yang² sunlight

陽 小篆 𣆄 草書 ❶볕 양、해 양(日也)。『左傳』殷人祭其ㅣ。❷밝을 양(明也)。『詩』我朱孔ㅣ。❸거짓 양(佯也)。『漢書』ㅣ尊懷王。❹양양할 양(ㅣㅣ自得)。『詩』君子ㅣㅣ。❺환할 양(文章貌)。『詩』龍旂ㅣㅣ。❻양기 양(陰之對總是一氣分爲陰ㅣ)。❼본 양(靑ㅣ春也)。『爾雅』春爲靑ㅣ。❽양지쪽 양(山南水北)。『詩』在洽之ㅣ。
〔陽刻:양각〕凸形으로 새김。凸彫。↕陰刻。
〔陽乾:양간·양건〕햇볕에 말림。「刻。
〔陽莖:양경〕자지。男子의 生殖器。
〔陽界:양계〕이 세상。
〔陽谷:양곡〕동쪽의 해가 돋는 곳。
〔陽骨:양골〕양지머리뼈。
〔陽光:양광〕❶햇빛。❷太陽。

【陽狂:양광】 미친 척함。거짓 미치광이。佯狂。『後漢書』――不識駿。
【陽九:양구】 재앙。陰陽家가 數理에서 풀어 내놓은 말。(陽의 재앙 다섯과 陰의 재앙 넷을 合하여 九로 함)。『漢書·匈奴傳』今天下遭――之厄。
【陽厥:양궐】 신열이 난 뒤에 厥冷이 생기는 병。
【陽極:양극】 《物》電池 기타 電流를 흐르게 하는 장치에 있어서 대립하는 두 개의 電極中 電位가 높은 쪽의 電極。
【陽氣:양기】 ❶陽의 기운。만물이 움직이고 이제 바로 생기려는 기운。❷맑고 환한 것。번화한 것。『禮記』生氣方盛、――發洩。❸時候·季節。❹남자의 精氣와 性慾。
【陽怒:양노】 ❶성낸 흉내를 냄。❷겉으로 나타난 노염。『大戴禮』怒氣內畜、雖欲隱之、――必見。
【陽德:양덕】 陽의 德。만물을 생성 발육시키는 덕。『易經·疏』九四――漸盛。
【陽道:양도】 ❶굳세고 사내다운 길。君子 또는 男子의 길。❷남성의 生殖機能。『舊唐書』――壯偉。❸태양이 도는 軌道。
【陽毒發斑:양독발반】 홍역보다 굵은 발반을 하는 어린이의 열병의 한 가지。
【陽曆:양력】 太陽曆의 略稱。지구가 태양의 둘레를 한 번 도는 시간을 기본으로 하여 만든 曆。
【陽明:양명】 햇볕이 환하게 밝음。
【陽明方:양명방】 햇볕이 잘 들어와서 환하게 밝은 쪽。
【陽明學:양명학】 中國 明나라 때의 王陽明이 主唱한 以致良知·知行合一을 論한 學說。王學。
【陽物:양물】 ❶자지。❷양기 있는 사람을 농으로 이르는 말。『易經』乾、――也。
【陽報:양보】 확실한 報答이 옴。확실한 報答。좋은 報答이 확실히 나타남。『說苑·復恩』有陰德者、必有――。
【陽事:양사】 남자가 하는 房事。

【陽朔:양삭】 음력 一○월 초하룻날。
【陽傘:양산】 볕을 가리기 위하여 쓰는、우산처럼 만든 물건。
【陽性:양성】 ❶陽의 성질。적극적으로 나아가는 성질。❷陽性反應의 略語。
【陽性反應:양성반응】 《醫》투베르쿨린 反應의 하나。투베르쿨린을 接種한 피부에 紅色의 丘疹이 생기게 하는 反應。結核感染의 陽性·陰性을 알아내는 방법임。
【陽陽:양양】 ❶선명한 모양。만족한 모양。❷문채가 찬란한 모양。『詩經』龍旂――。
【陽言:양언】 거짓으로 말함。佯言。『戰國策·韓策』――救韓。
【陽焰:양염】 아지랑이。陽炎。『庶物異名·疏』龍樹大士曰、日光著微塵、風吹之野中轉、名之爲――。
【陽月:양월】 음력 一○월의 別稱。陰이 다하여 陽이 생긴다는 뜻。『爾雅』十月爲陽。
【陽子:양자】 《物》素粒子의 하나。原子核을 구성하고 陽電氣를 띠고 있음。
【陽轉:양전】 《化》反應이 陰性으로부터 陽性으로 변함。
【陽電:양전】 ＝陽電氣。
【陽電氣:양전기】 《物》絹布로 유리棒을 마찰시켰을 때 그 유리棒에 생기는 전기 및 이와 같은 성질의 전기의 일컬음。「+」(플러스)符號로 나타냄。
【陽鳥:양조】 ❶《動》기러기。『書經』彭蠡既豬、――攸居。❷鶴의 異名。
【陽尊:양존】 겉으로만 존경함。존경하는 척함。『漢書·高帝本紀』――懷王爲義帝。
【陽中:양중】 봄의 別名。『漢書』春爲――、萬物以生。
【陽症:양증】 ❶성질이 명랑함。또는 그런 사람。❷증세가 上午이면 더한 병의 總稱。❸＝傷寒陽症。
【陽症外感:양증외감】 외부의 영향으로 일어나는 급성 實症의 병。陽邪。

【陽地:양지】 ❶남쪽으로 향한 땅。❷볕이 바로 드는 곳。
【陽春佳節:양춘가절】 따뜻한 봄의 절기。
【陽春和氣:양춘화기】 봄의 따뜻하고 맑은 기운。
【陽蟲:양충】 모기 따위와 같은 양증의 성질을 가진 벌레。
【陽風:양풍】 春風。東風。
【陽夏:양하】 陽氣가 성한 여름의 날씨。여름。『淮南子』和春――、殺秋約冬。
【陽核:양핵】 ＝原子核。
【陽虛:양허】 허약으로 으슬으슬 떨리는 병。
【陽和:양화】 화창한 철。봄철。春和。
【陽畫:양화】 陰畫를 인화지에 박은 사진。實物과 明暗·黑白이 똑 같이 나타남。↕陰畫。
◎補―、陰―、春―、太―。

【陾】 (잉) 蒸 ジョウ、かきをきずく piled sound ㄖㄥˊ jêng² 小篆 草書 담쌓는소리잉(――築牆聲)。『詩』捄之――。

【陜】 (협) 洽 キョウ、せまい narrow 草書 좁을협(褊狹)。『漢書』郡國或磽―。(『陝』과 같음)

【隁】 (언)『[illegible]』(阜部11畫)과 같음

【隂】 (음)『陰』(阜部8畫)과 같음

【隃】 ㊀(유) 虞 ユ、ヨウ、こえる go over ㄩˊ yü² (本音「수」) ㊁(요) 蕭 小篆 草書 ㊀넘을유(越也)。『上林賦』―絕梁。㊁❶멀요(遠也)。『漢書』―謂英布何苦而反。❷다닐요(行也)。❸고을이름요(縣名)。

【隃麋:유미】 《曆》❶縣 이름。漢代에 설치함。陝西省汧陽縣 동쪽임。光武帝가 耿況을 隃麋侯로 封한 곳。먹의 產地임。❷먹。(詩文 중에서 쓰는 말)。漢代에 尙書令僕丞郎이 每月 隃麋 먹(墨) 두 개를 下賜 받은 데에서 온 말。『聯雅·釋器』―、墨也。

【陖】 (수) 有 ソウ、あな hollow 구덩이수(坑也)。

【隄】 (제) 齊 テイ、つつみ dike; bank ㄊㄧˊ t'i² 小篆 草書 ❶방죽둑제(防也)。『左傳』棄諸―下。❷언덕제(岸也)。❸못제(塘也)。❸돌다리제(梁也)。
【隄塘:제당】 둑。방천。『漢書·高帝本紀』於澤陂――之上休息。
【隄防:제방】 방천。둑。堤坊。『禮記』季春之月、修利――。
【隄扞:제한】 둑。방천。隄障。『艮嶽記』鑿池爲溪澗、疊石爲――。

【[illegible]】 ㊀(전) 銑 テン、ひくいかき roadside wall ㊁(단) 翰 小篆 ㊀❶길가의 낮은담전(道邊庳垣)。❷집둘레의 담장전(屋舍周圍墻垣)。㊁뜻은 ㊀과 같음。

【隅】 (우) 虞 グウ、グ、すみ corner ㄩˊ yü² 小篆 草書 ❶모퉁이우(方也)。『書』海―蒼生。❷모우(廉稜)。『詩』維德之―。❸기슭우(猶崖)。
【隅角:우각】 ＝多面角。
【隅曲:우곡】 구석。모퉁이。隅角。
【隅奧:우오】 방구석。『柳宗元』――庳側。

【隅塵:우전】果物塵。

【隅坐:우좌】구석에 앉음。상대편과 가즈런히 되지 않게 돌아 앉음。(겸손의 뜻을 표함)。『禮記·檀弓』童子──而執燭。

【⿰阝咢】(악) 藥 ガク、おか hill

언덕악(阜貌)。

【隆】(륭) 東 リュウ、さかん prosperous ㄌㄨㄥˊ lung²

小篆 草書 ❶성할륭(盛也)。『禮記』道─則從而─。❷높을륭(尊也)。❸가운데우뚝할륭(物之中高)。『爾雅』宛中─。❹두둑할륭(豊也)。❺클륭(大也)。❻괘이름륭(雷師、豊─)。

【隆彊:융강】활 모양의 수레의 덮개。『釋名·釋車』。

【隆起:융기】❶높이 들어 올림。높이 일어남。높아짐。❷盛하게 일어남。『後漢書』合蓋──、形似酒尊。(尊은 樽)。

【隆冬:융동】한겨울。嚴冬。盛冬。『晉書』觀其字勢、疎瘦如──枯樹。

【隆禮:융례】❶예의를 성하게 함。『禮記』──由禮、謂之有方之士。❷禮를 존중함。❸君子의 두터운 恩惠。「인。

【隆老:융로】七、八〇세 이상이 되는 노

【隆隆:융륭】❶힘이 盛한 모양。❷소리가 큰 모양。『漢書·五行志』──如雷聲。❸우뢰 소리。

【隆名:융명】명예가 높은 것。좋은 평판。盛名。『漢書』──之主、安立亡國。

【隆鼻術:융비술】《醫》납작한 코를 인공적으로 높게 하는 수술。

【隆暑:융서】심한 더위。한더위。酷暑。『張華』昔往冒──、今來白雪霏。

【隆盛:융성】繁榮함。힘이 盛한 것。『漢書』楊惲家方──。

【隆盛期:융성기】일이 매우 융성하게 일어나 계속되는 時期。

【隆崇:융숭】높음。산이 높은 모양。『漢書』其山則盤紆岪鬱、──律崒。

【隆愛:융애】두터운 사랑。隆寵。『陸雲』──結在昔、信誓貫三靈。

【隆然:융연】높은 모양。우뚝 솟아 있는 모양。

【隆汚:융오】盛하는 것과 衰하는 것。隆替。汚隆。

【隆遇:융우】隆盛하게 대우함。후하게 대접하는 것。『後漢書』後宮有進見者、每加慰納、若數所寵引、輒增──。

【隆運:융운】繁榮해 가는 운명。昌運。盛運。「實不世之──。

【隆恩:융은】큰 은혜。洪恩。『徐陵』斯

【隆準:융준】우뚝한 코。隆鼻。『史記·高祖本紀』──而龍顔。

【隆昌:융창】❶繁榮함。盛하게 됨。隆盛。❷중국 南北朝 時代의 齊나라 鬱林王의 年號。『任昉』──季年、勤王始著。

【隆替:융체】盛하고 衰함。盛衰。『晉書』悠悠者以足不出處、足觀政之──。

【隆治:융치】세상이 잘 다스려지는 것。

【隆寒:융한】대단한 추위。嚴寒。『魏志』朝華之草、夕而零落 松柏之茂、──不衰。

【隆興:융흥】❶盛하게 일어남。사물이 盛한 것。『後漢書』陛下聖德──。❷《地》땅 이름。지금의 江西省 南昌縣。

【隆熙:융희】大韓帝國의 마지막 年號(一九〇七~一九一〇)。

【隈】(외) 灰 ワイ、くま cove; bay ㄨㄟ wei¹

草書 모퉁이 외(水曲深隩處)。『左傳』秦人過析─。

【隈曲:외곡】구석。물가의 굽어 들어간 곳。『司馬光』春塘含薄氷、淅瀝隱──。

【隉】(얼) 屑 ゲツ、あぶない dangerous ㄋㄧㄝˋ nieh⁴

小篆 草書 위태할얼(杌─危也)。『書經』邦之杌─。

【隊】(대) 隊 タイ、スイ、くみ company ㄉㄨㄟˋ tuei⁴

小篆 草書 떼대、무리대(─伍、部也、羣也)。『左傳』分爲二─。

【隊商:대상】낙타를 타고 떼를 지어 사막을 넘어 멀리 行商하는 사람들의 집단。캐러밴。

【隊列:대열】隊를 지어 늘어선 행렬。「整列。列。줄。

【隊伍:대오】군대의 行伍。軍隊의 組織。(伍는 五人組)。『宋史』──有法。

【隊員:대원】대를 이끌고 있는 구성원。

【隊長:대장】❶군대의 長。『史記』斬─一二人以徇。❷一隊의 우두머리。◎啓蒙─、鼓笛─、軍─、部─、樂─、編─、艦─。

【隋】㊀(타) 哿 ダ、スイ、おちる ㊁(수) 支 fall

小篆 草書 ㊀❶떨어질 타(落也)。『史記天官書』有─星五。❷고기찢을타(肉裂)。㊁수나라수(國號楊堅受對)。

【隋文帝:수문제】《人》隋 初代 임금인 楊堅。근면하고 節約을 중히 여겨 善政을 베풀었으나 文學을 等閑히 여겼음。

【隋煬帝:수양제】《人》五八〇~六一八 隋 二대 임금。이름은 廣、文帝의 둘째 아들。父 文帝를 죽이고 即位하여 運河를 열고 궁전을 세우고 갖은 豪奢를 다하고、高句麗를 침입하다 敗亡하여 신하에게 殺害당함。

【隋隄:수제】《歷》隋煬帝가 쌓은 運河의 둑。隋堤。

【隋和之材:수화지재】隋는 隋侯의 구슬(珠)、和는 和氏의 구슬(璧)。같이 천하의 귀중한 보배。《喩》뛰어난 人材。『司馬遷』雖材懷隋和、行若由夷、終不可以爲榮。(由夷는 許由와 伯夷。)

【隋侯之珠:수후지주】隋侯가 뱀을 살려 준 返禮로 뱀으로부터 얻은 寶珠。明月珠。夜光珠。『淮南子』──、和氏之璧、得之者富、失之者貧。

【隍】(황) 陽 コウ、ほり moat ㄏㄨㄤˊ huang²

小篆 草書 해자 황(城下池無水)。『易』城復于─。

【隍塹:황참】마른 도랑。城 밖에 만든 물이 없는 도랑。『水經·註』城中水泛、則四周──。

【階】(계) 佳 カイ、はし、だん stairs; degree (本音「개」) ㄐㄧㄝ chieh¹

小篆 草書 ❶섬돌계(陛也)。❷층뜰계(登堂道)。『書』舞千羽于兩─。❸벼슬차례계(級也)。『南史』張融不知─級。❹층계(─梯差等)。『易繫辭』言語以爲─。❺삼태성계(三台星泰─)。

【階級:계급】❶층층대。❷官位·신분 등의 上下。等級。『後漢書』──名位、亦宜超然。❸주로 경제상의 이해 또는 지위·직업 등을 같이 하는 사회의 한무리。

【階級觀念:계급관념】계급 생활을 통하여 결정되는 관념。

【階級獨裁:계급독재】어떤 계급이 특별한 권리를 가지고 온 사회를 지배함。

【階級意識:계급의식】자기가 속하는 계급의 지위·사명 등의 사회적 입장을 자각하여 그것을 신장하여 실현코자 하는 의식。

【階級章:계급장】군인의 복장 등에 달

아 계급을 나타내는 표。

【階級制度:계급제도】 사회 구성을 계급적으로 짜 놓은 제도。

【階級層:계급층】 재산·직업·지위 등에 의하여 나누어진 사회적 집단。

【階級打破:계급타파】 사회의 평등을 목적하여 계급을 깨뜨림。

【階級鬪爭:계급투쟁】 지배 계급과 피지배계급、자본가와 노동자 등 정치적·경제적으로 利害의 相反하는 계급 사이에서 행해지는 다툼。

【階段:계단】 ❶층층대。❷순서。등급。「段階。

【階段農業:계단농업】 비탈진 땅을 層이 지게 만들고 짓는 농사。

【階上:계상】 ❶계단의 위。❷아랫 계단에서 본 윗 계단。

【階序:계서】 ＝階段。〖漢書〗廟堂之上、下降——而運天下。

【階節:계절】 무덤 앞에 평평하게 만들어 놓은 땅。拜階節보다 한 층이 더 높음。

【階除:계제】 계단。층층대。〖揚炯·幽蘭賦〗循——而下。

【階梯:계제】 ❶사닥다리。계단。〖何遜〗九層躋律以——。❷단서。入門。

【階次:계차】 지위의 높고 낮음。地位·品階·等級의 순서。〖孫楚〗收人才、不問——。

【階層:계층】 차례와 층。

【階下:계하】 ❶계단의 아래。❷위의 계단에서 본 아랫 계단。

【隑】 (계)『堺』(土部 9畫)와 같음 ◎位—、層—、品—。

十 畫

【隑】 ㊀(기) 支 キ、はしご ladder ㊁(개) 隊 ㊀굽은언덕기(曲岸)。〖史記〗臨曲江之—州。㊂사다리개(梯也)。

【隑企:기기】 절름발이라 걸어나갈 수 없음。〖方言·七〗東齊海岱北燕之郊、委痺謂之——。〖注〗脟躄不能行也。

【隑州:기주】 기다란 州。一說에는 曲岸의 주변。〖漢書·注〗張揖曰、隑、長也、苑中有曲江之象、中有長州也、師古曰、曲岸頭曰隑、言、臨曲岸之州、今猶謂其處曰曲江。

【隒】 (엄) 琰 ゲン、きし bluff 1ㄢˇ yen³ 小篆 草書 층언덕엄(崖有重岸)。〖江賦〗厓—爲之泐嵃。

【隓】 ㊀(휴) 支 キ、すたれる crumble ㊁(타) 哿 小篆 文 ㊀❶폐할휴(廢也)。❷헐휴(毁也)。❸손상할휴(損也)。㊁무너질타(崩也)。

【隔】 (마) 禡 マ、ます add to ㄇㄚˋ ma⁴ 더할마(益也)。

【隔】 (격) 陌 カク、へだてる block ㄍㄜˊ kei² 小篆 草書 ❶막을격、막힐격(塞也、障也)。〖史記〗防—內外。❷멀격(遠也)。

【隔江:격강】 강을 사이에 두고 서로 떨어짐。

【隔近:격근】 사이가 가까움。

【隔期:격기】 期日까지의 사이가 얼마 떨어지지 않음。

【隔年:격년】 ❶한 해를 거름。❷一년 이상이 지남。한 해 이상을 격함。

【隔斷:격단】 떨어짐。떨어져 連結이 끊어짐。〖司空圖〗愁腸——珠簾外。

【隔離:격리】 ❶멀리 떨어지게 함。〖杜牧〗覆壓三百里、——天日。❷전염병 환자를 떨어진 곳으로 옮겨 교통을 차단하고 병독의 전염을 막는 일。

【隔離室:격리실】 전염병 환자를 따로 두고 일반인의 왕래를 금하여 치료시키는 방。

【隔隣:격린】 가까이 이웃함。

【隔面:격면】 ＝絶交。

【隔壁:격벽】 壁 사이의 거리。아주 가깝다는 뜻。〖西陽雜俎〗近如——。

【隔塞:격색】 멀리 떨어져 막힘。〖後漢書〗道路——、邑邑何已。「別世界。

【隔世:격세】 ❶시대가 멀어지는 것。❷

【隔歲:격세】 한 해를 거름。

【隔歲顏面:격세안면】 해가 바뀌도록 오래 만나지 못한 얼굴。오래 만나지 못함。

【隔世遺傳:격세유전】 (生)先祖 때 있었던 遺傳形質이 잠시 다음 세대의 자손에게 나타나는 현상。代를 걸러 생기는 遺傳。「세상과 같은 느낌。

【隔世之感:격세지감】 아주 바뀌어 딴

【隔岸:격안】 사이가 언덕으로 막힘。

【隔夜:격야】 하룻밤을 사이함。

【隔遠:격원】 동떨어지게 멀음。絶遠。〖唐書〗今江都——、後期奈何。

【隔月:격월】 한 달을 거름。

【隔越:격월】 멀리 떨어짐。隔絶。〖蔡琰〗同天——兮如商參。

【隔意:격의】 融合되지 않는 마음。隔心。

【隔日:격일】 하루를 거름。「함。

【隔日交代:격일교대】 날을 걸러 교대

【隔墻:격장】 담 하나를 사이에 두고 이웃함。

【隔絶:격절】 멀리 떨어짐。

【隕】 ㊀(운) 問 イン、エン、おちる fall down ㄩㄣˇ yün³ ㊁(원) 先 小篆 草書 ㊀❶떨어질 운(墜也)。〖易〗有—自天。❷곤란할운(—穫困迫)。〖禮〗不—穫於貧賤。㊁폭원원(幅—均也)。〖詩〗幅—旣長。

【隕命:운명】 죽음。목숨을 잃음。

【隕石:운석】 땅에 떨어지는 流星。隕星。

【隕越:운월】 ❶밑으로 굴러 떨어짐。❷원하는 마음이 절실한 것。〖左傳〗恐——越于下、以遺天子羞。❸일에 失敗함。

【隕穫:운확】 마음대로 되지 않아 괴로와함。〖禮記〗儒有不——於貧賤、不充詘於富貴。

【隖】 (오) 麌 オ、ウ、とりで mud castle ㄨˋ wu⁴ 小篆 草書 ❶흙성오(壁壘)。〖後漢書〗董卓築萬歲—積金穀三十年儲。❷돈대오(山阿小障)。

【隗】 ㊀(외) 賄 カイ、たかい lofty ㄨㄟˇ wei³ ㊁(외) 灰 小篆 草書 ㊀❶높을외(高貌)。사람이름외(人名郭—)。❷㊁❶높을외(高也)。❷성외(姓也)。

【隗囂:외효】 (人)後漢 成帝 때 사람。字는 季孟。光武帝를 섬기다 후에 배반하여 公孫述과 통하자 光武帝의 공격을 받아 西域으로 쫓기어 죽음。

【隘】 ㊀(애) 卦 アイ、せまい narrow ㄞˋ ai⁴ ㊁(액) 陌 小篆 文 草書 ㊀❶좁을애(陋也)。〖詩〗置之—巷。❷좁은목정이애(險塞)。❸더러울애(陋也)。❹막을애(塞也)。㊁막힐액(阻塞)。(『阨』과 같음)

【隘路:애로】 ❶좁은 산과 산 사이의 길。❷일을 할 때 그 성공을 방해하는 원인。

【隘陋:애루】 좁고 더러움。

【隘巷:애항】좁고 더러운 동네。狹巷。『史記』以爲不祥、棄之ㅡㅡ。
【隘口:애구】좁고 험한 길목。
【隘守:액수】중요한 곳을 굳게 지킴。요긴한 목을 굳게 지킴。扼守。

【隙】(극) 陌 ゲキ、すきま gap, crack [ㄒㄧˋ hsi⁴]
隙 小篆 草書 ❶틈극(壁際孔)。〔左傳〕牆之ㅡ壞。❷틈날극(怨ㅡ釁也)。〔史記〕與沛公有ㅡ。❸틈탈극(暇也閒也)。〔左傳〕農ㅡ以講事。
【隙孔:극공】틈。틈새。隙罅。『詩經·疏』使室無ㅡㅡ、寒氣不入。
【隙駒:극구】세월이 빠르다는 말。
【隙駒光陰:극구광음】빠른 세월。
【隙地:극지】빈터。空地。『左傳』宗鄭之間、有ㅡㅡ焉。

【隨】(수)『隨』(阜部 13畫)의 譌字
【陷】(함)『陷』(阜部 8畫)의 譌字

十一畫

【⿰阝焉】(언) 願 エン、つつみ dike
방축언(障水)。
【⿰阝焉下:언하】방죽의 둑 아래。堰下。둑의 그늘 아래。『後漢書·注』⿰阝焉、一作堰。
【隌】(참) 陷 サン、わな pit
함정참(陷也)。
【⿰阝崔】(최) 灰 サイ、くずれる crumble
무너질최(崩也)。
【⿰阝泉】(극)『隙』(阜部 10畫)의 俗字

【際】(제) 霽 サイ、まじわり intercourse [ㄐㄧˋ chi⁴]
際 小篆 草書 ❶가제(邊也)。〔易〕天ㅡ翔也。❷어울릴제、모을제(會也合也)。〔易〕天地ㅡ也。❸대일제(接也)。❹끝제(極也)。❺만날제(逢也)。❻사귈제(交ㅡ)。
【際涯:제애】끝。限。際限。『范仲淹』浩浩湯湯、橫無ㅡㅡ。
【際遇:제우】=際會。『宋史』以舊學ㅡㅡ、「用太傅致仕。
【際限:제한】=際涯。
【際會:제회】❶서로 만남。❷임금과 신하가 뜻밖에 서로 맞남。遭遇。際遇。『杜甫·詩』君臣已與時ㅡㅡ。

【障】㊀(장) 陽 ショウ、さえぎる obstruct ㊁(장) 漾 [ㄓㄤˋ chang⁴]
障 小篆 草書 ㊀막힐장(隔也)。㊁❶가리울장(保ㅡ)。〔左傳〕且成孟氏之保ㅡ。❷장지장(屏ㅡ)。❸간막을장(隔塞界也)。
【障壁:장벽】서로 격한 벽。지경。둘레。요새。보루。堡障。
【障塞:①장색 ②장새】❶장애되어 막힘。또는 막힘。❷要塞。보루。堡障。障壁。『戰國策』徼亭ㅡㅡ。
【障礙:장애】거리껴서 거치적거림。障碍。『白居易』但覺虛空無ㅡㅡ、不知高下幾由旬。
【障礙物:장애물】장애가 되는 물건。
【障礙物競走:장애물 경주】장애물을 헤치기도 하고、뛰어넘기도 하는 운동 경기의 한 가지。
【障翳:장예】❶덮어 가림。❷부채。障扇。『留青日札』。❸그늘。
【障子:장자】❶옛날 방의 칸을 막기 위하여 세운 것의 總稱。미닫이。칸막이。❷장지。
【障蔽:장폐】지탱하여 지킴。괴어 덮는 것。『陸游』箇中無ㅡㅡ、何處缺光明。
【障害:장해】거리껴서 해가 되게 함。또는 그 물건。

【⿰阝頃】(경) 梗 ケイ、あぶない dangerous
위태할경(危也)。
【⿰阝婁】(루) 有 コウ、くにのな prefecture
골이름루(縣名、贏ㅡ)。
【隝】(도) 皓 トウ、しま island
섬도(水中山)。〔子虛賦〕阜陵別ㅡ。(『島』와 같음)
【⿰阝庸】(용)『墉』(土部 11畫)과 같음
【⿰阝區】(구) 尤 ク、あぶない fearful [ㄑㄩ chʻü] (本音「우」)
⿰阝區 小篆 草書 편치 못할 구(不安貌ㅡ隅)。
【⿰阝區崎:구기】산길의 平坦치 않음。嶇崎。『周憬·功勳銘』增陵峭兮甚ㅡㅡ。
【⿰阝區隅:구우】平安치 않은 모양。『廣韻』ㅡㅡ、不安貌。
【陛】(폐) 齊 ヘイ、ろうや prison
陛 小篆 옥폐(牢獄)。
【隟】(극)『隙』(阜部 10畫)의 古字
【隠】(은)『隱』(阜部 14畫)의 俗字

十二畫

【隥】(등) 徑 トウ、いしざか steep slope
隥 小篆 草書 ❶된비탈등(險阪)。〔穆天子傳〕乃絕隃之關ㅡ。❷우러를등(仰也)。❸사다리등(梯也)。

【⿰阝菐】(복) 屋 ホク、くにのな country
나라이름복(𨽌國名)。
【隓】(휘) 支 キ、さか pass
隓 小篆 고개휘(坂也)。
【隣】(린) 眞 リン、となり neighbourhood [ㄌㄧㄣˊ lin²]
❶이웃린(近也)。〔周禮〕五家爲ㅡ。❷이웃할린(親比)。❸도울린(臣ㅡ輔弼)。〔書〕臣哉ㅡ哉。❹수레구르는 소리 린(車聲)。〔詩經 秦風車鄰〕有車ㅡㅡ。
【隣家:인가】이웃집。隣舍。『漢書』引ㅡㅡ火光。
【隣境:인경】인접한 지경。『南史』遷右將軍、出鎭公安、爲ㅡㅡ所憚。
【隣交:인교】이웃 간의 교제。이웃과의 사교。隣好。
【隣國:인국】이웃 나라。隣邦。『孟子』察ㅡㅡ之政。
【隣近:인근】이웃。『杜甫』武侯祠堂常ㅡ「ㅡ。
【隣近邑:인근읍】이웃 고을。隣郡。
【隣里:인리】❶村里。隣은 五家、里는 二五家。다 같이 周代의 行政上의 單位임。❷近村。❸이웃 간。
【隣里鄕黨:인리향당】村里。鄕里。이웃과 그 지방。五家가 隣、五隣이 里、四里가 族、五族이 黨、五黨이 州、五州가 鄕임。『論語·雍也』毋、以與爾ㅡㅡ乎。
【隣睦:인목】가까이하여 친하게 지냄。『陳書』周齊ㅡㅡ。
【隣邦:인방】=隣國。
【隣保:인보】이웃 간의 집。또는 그 사람들。保는 五家의 組織(隣伍)에 의하여 서로 保證하는 것。
【隣保事業:인보사업】빈민의 실제 생활을 조사하여 그의 개선과 敎化를 피하는 사회 사업。

【隣比:인비】 ❶이웃。比隣。『魏志·註』管輅與ㅣㅣ兒共戲土壤中、輒畫地作天文。❷이웃함。
【隣伍:인오】 ❶이웃。❷《制》周代 五戶를 한 組織으로 한 制度。『陳造』蝸舍無ㅣㅣ。
【隣友:인우】 가까운 이웃에 사는 벗。
【隣邑:인읍】 隣近邑의 略語。
【隣誼:인의】 이웃 사이의 정의。
【隣敵:인적】 이웃하고 있는 敵國。「與國ㅣㅣ。『漢書』威震ㅣㅣ。
【隣接:인접】 이웃함。接近。『吳志』荊楚
【隣地使用權:인지사용권】 어떤 토지의 소유자가 필요에 따라 인지의 사용을 청구할 수 있는 권리。隣地立入權。
【隣村:인촌】 이웃하여 있는 마을。
【隣好:인호】 ＝隣交。『北史』初修ㅡㅣ、盛選行人。

【隤】 (퇴) 灰 タイ、くずれる collapse ㄊㄨㄟˊ t'uei²
小篆 草書 ❶무너질퇴(下墜摧也)。『上林賦』ㅣ牆塡壍。❷미끄러질퇴(崔ㅣ蹉跎)。『史記』日崔ㅣ。❸부드러울퇴(ㅣ然柔貌)。『易繫辭』夫坤ㅣ然示人簡矣。❹땅이름퇴(地名)。
【隤舍:퇴사】 부서진 집。頹屋。
【隤然:퇴연】 마음씨가 좋은 모양。유순한 모양。「리를 무너뜨림。
【隤牆:퇴장】 무너진 울타리。또는 울타

十三畫

【隟】 (업) 葉 ギョウ、けわしい steep
❶험준할업(險也)。❷위태할업(危也)。

【隦】 (건) 阮 ケン、たかぶる arrogant
거만할건(倨慢)。

【隦】 (해) 蟹 カイ、たに ravine
小篆 작은골해(小谷)。

【隧】 (수) 寘 スイ、ツイ、みち tunnel ㄙㄨㄟˋ suei²
草書 ❶무덤길수(墓道)。『左傳』ㅣ而相見。❷길수(門ㅣ亭ㅣ道也)。❸구멍수(神ㅣ大穴)。『漢書』起亭ㅣ。『正字通』高句麗國左有大穴曰神ㅣ。❹『新字』터널(tunnel)。

【隨】 (수) 支 スイ、したがう follow ㄙㄨㄟˊ suei⁴
小篆 草書 ❶따를 수(從也順也)。『書』ㅣ山刊木。❷괘이름수(卦名)。❸나라이름수(國名)。❹맡길수(任名)。
【隨感:수감】 마음에 느껴지는 그대로의 생각。
【隨感錄:수감록】 마음에 느껴지는 그대로의 생각을 적은 기록。
【隨機:수기】 기회를 따름。기회에 따름。
【隨其量:수기량】 양에 따라 알맞게 함。
【隨其力:수기력】 제 힘에 알맞게 함。
【隨機應變:수기응변】 그때 그때의 기회를 따라 일을 적당히 해치움。「름。
【隨命:수명】 자기의 타고난 운명에 따
【隨問隨答:수문수답】 묻는대로 거침없이 대답함。「감。
【隨伴:수반】 데리고 감。같이 동무하여
【隨煩惱:수번뇌】 《佛》放逸·질투·분노·원한 따위와 함께 근본 번뇌에 뒤따라 일어나는 번뇌。
【隨分:수분】 無論。勿論。『李端』ㅣㅣ獨眠秋殿裏、遙聞笑話自天來。「줌。
【隨事斗護:수사두호】 일마다 돌보아
【隨喪:수상】 장사 지내는 데 따라 감。
【隨想:수상】 생각 나는 대로。때에 따라 느끼는 것。
【隨想錄:수상록】 ＝隨筆。
【隨勢:수세】 세상 형편에 따름。
【隨俗:수속】 세속의 풍속을 따름。
【隨手:수수】 ❶당장。곧 뒤를 이어。❷손이 닿는 대로의 뜻。『杜甫·詩』曉粧ㅣㅣ抹。
【隨順:수순】 남의 뜻을 맞춤。
【隨時變通:수시변통】 그때 그때마다 형편에 따라서 일을 해치움。
【隨時順應:수시순응】 어떤 일이나 그때의 사정에 맞추어 함。
【隨時應變:수시응변】 때를 따라서 변하는 대로 따름。
【隨身:수신】 ❶붙어 따름。❷따라서 감。同行。『漢書』ㅣㅣ數十百。
【隨友適江南:수우적강남】 《國》친구 따라 江南 가기。《喩》친구를 좋아하면 먼 곳이라도 피로를 잊고 따라간다는 뜻。
【隨員:수원】 따라 다니는 사람 同行人。『旬五志』。
【隨意:수의】 생각대로。마음대로。구속과 제한이 없는 것。
【隨意契約:수의계약】 경쟁이나 입찰의 방법으로가 아니고、一方的으로 골라낸 상대자와 체결하는 계약。↕競爭契約。
【隨意筋:수의근】 뼈에 붙고 관절에 걸쳐 있어 마음대로 움직일 수 있는 근육。↕不隨意筋。
【隨從:수종】 ❶＝隨行。『晉書』門徒ㅣㅡ者、千餘人。❷그 사람을 좇아 가르침을 받음。
【隨坐:수좌】 남의 죄에 관계됨。連坐。
【隨處:수처】 어디든지。닿는 곳마다。『史記』妄得無ㅣㅣ乎。『杜甫』早花ㅣㅣ發、春鳥異方啼。
【隨逐:수축】 뒤를 좇아 따라감。『南史』知齊高有大志、常相ㅣㅣ。
【隨便:수편】 편한 것을 따름。
【隨筆:수필】 見聞·體驗·感想 등을 붓 가는 대로 쓴 글。漫筆。
【隨筆集:수필집】 수필을 모은 책。
【隨行:수행】 윗사람 뒤에 따라감。같이 동무하여 감。同行。隨從。『禮記』父之齒ㅣㅣ。
【隨和:수화】 ❶옛적에 隨侯가 가진 구슬과 和氏가 발견한 구슬。둘 다 세상의 귀중한 보배。→隋和之材。《喩》뛰어난 才德。❷뜻도 모르고 다른 說을 찬성하는 것。『漢書』才懷ㅣㅣ、行若由夷。

【隩】 ㊀(오) 號 ㊁(욱) 屋 オウ、イク、かくす hide ㄠˋ ao⁴
小篆 草書 ㊀❶감출오(藏也)。『鄭語』申呂方彊其ㅣ愛太子。❷물가언덕오(水隈)。㊁❶아랫목욱(室也)。『書』厥民ㅣ。❷네모퉁이욱(四ㅣ)。『書』四ㅣ旣宅。
【隩區:오구】 살 수 있는 땅。또는 깊숙하고 險한 땅。『班固·注』善曰、說文曰、隩、四方之土可定居者也、濟曰、隩、猶深險也。
【隩室:오실】 따스한 房。溫和한 房。『列子』不知天下之有廣厦ㅣㅣ、綿纊狐貉。

【險】 (험) 琰 ケン、けわしい danger ㄒㄧㄢˇ hsien³
小篆 草書 ❶험할 험(危也難也)。『易』動乎ㅣ中。❷간악할험(邪也惡也)。『書』今汝聒聒起信ㅣ膚。(『嶮』과 같음)
【險客:험객】 ❶성질이 험악한 사람。❷險口家。

【險句:험구】 어려운 글귀。 難句。 『王建』鞭驅——最先投。

【險口:험구】 ❶남의 흠을 들추어 내어 헐뜯는 입。 또는 그런 사람。 ❷걸핏하면 남에게 험상궂은 욕을 잘 퍼부어 대는 사람。 惡口。

【險口家:험구가】 험구를 잘하는 사람。

【險難:험난】 ❶위태로움。 위험。 『蜀志·註』顚沛——。 ❷險한 難所。 「말。

【險談:험담】 남의 흠을 찾아 내어 하는

【險路:험로】 험한 길。 나쁜 길。 『後漢書』群車方奔乎——。

【險山:험산】 험난하고 위험한 산。

【險狀:험상】 험악한 모양。 거칠고 모진 狀態。 매우 험함。

【險相:험상】 험한 人相。 험한 얼굴。

【險惡:험악】 ❶人心·天候·道路 등이 나쁘고 험함。 ❷사물의 형세가 매우 나쁨。 『戰國策』韓地——山居。

【險隘:험애】 길이 험하고 좁음。 『楚辭』山林——、虎豹蛇只。

【險言:험언】 =險談。

【險要:험요】 험하고 要害한 곳。 험하여 수비하기에는 쉽고 공격하기에는 어려운 땅。 『魏志』開拓邊守、屯據——。

【險遠:험원】 길이나 일이 험하고도 멀음。 『宋史』行部不憚勞古、雖瘴癘——、亦緩視徐按。

【險夷:험이】 땅이 험한 곳과 평평한 곳。

【險絕:험절】 다시없이 험함。 매우 험함。

【險阻:험조】 ❶험함。 험한 곳。 ❷험하여 떨어짐。 『左傳』踰越——。

【險躁:험조】 마음이 험하고 시끄러워 침착성이 없음。 평온하지 못함。 『諸葛亮』——則不能理性。

【險峻:험준】 험하고 높음。 험함。 險險。 峻阻。 『楚辭』盤石——、傾崎崔隤。

【險地:험지】 험난한 땅。 험난한 곳。

【險灘:험탄】 위험한 여울。

【險詖:험피】 성질이 음험하고 부정함。 『詩經·序』無——私謁之心。

【𨻶】 (접) 葉 ショウ、こびる coquet

❶계집의 맵시접(女姿意)。 ❷아양떨 접(媚也)。

【隤】 (분) 『墳』(13土部 13畫)과 같음

十四畫

【隮】 (제) 齊 セイ、のぼる ㄐㄧ chi¹ go up

草書 ❶오를제(登也)。 『書』由賓階 隮。 ❷구름피어오를제(升雲)。 『詩』南山朝隮。 ❸무지개제(虹也)。 『周禮』十煇九曰隮。

【隰】 (습) 緝 シュウ、さわ ㄒㄧ hsi² marshes

小篆 草書 진펄습(阪下濕也)。 『書』原隰底績。

【隰坰:습경】 낮고 濕氣많은 들。 (숲의 밖을 坰이라고 함)。 『王粲·從軍詩』汎舟蓋長川、陳卒被——。 『注』善曰、爾雅曰、林外曰坰。

【隰畔:습반】 연못 가。 『福惠全書·教養部』無論池傍——、悉行栽植。

【隰草:습초】 隰地에 자라는 풀。 『本草·草』——類共一百六十六種。

【隱】 ㊀(은) 吻 イン、オン、かくれる ㈡(은) 問 ㄧㄣˇ yin³ hide

小篆 草書 ㊀❶숨을은(藏也)。 ❷은미할은(微也)。 ❸아낄은(私也)。 『論語』吾無—乎爾。 ❹숨길은(—諱蔽匿)。 『禮』有—而無犯。 ❺속격정할은(—憂痛也)。 『詩』如有—憂。 ❻불쌍히 여길은(惻—仁心)。 『孟子』皆有 惕惻—之心。 ❼점칠은(—度占也)。 『爾雅註』古者覘兆以知吉凶必先—度。 ㈡❶의지 할은(—几依也)。 『孟子』—几而臥。 ❷쌓을은(築也)。 『漢書』厚築其外—以金椎。

【隱居:은거】 세상 일과 그리 관계하지 않는 것。 또는 그 사람。 『論語』——放言。

【隱居放言:은거방언】 은거해 있으면서 자기의 생각을 모두 말하여 냄。

【隱格:은격】 《國》 겉으로 나타나지 아니한 相格。

【隱溝:은구】 땅 속에 묻은 수채。

【隱君子:은군자】 ❶부귀 공명을 구하지 않는 숨은 군자。 ❷《國》은근짜。 매춘부。 ❸국화의 異稱。 『史記』老子——也。

【隱匿:은닉·은익】 ❶숨김。 감추어 버림。 ❷숨은 악한 일。 『史記』悉擧貴戚及疏遠——者。

【隱匿罪:은닉죄·은익죄】 남의 書類 또는 防水·鎭火의 用具 등을 은닉함으로써 성립되는 罪。

【隱德:은덕】 사람에게 알리어지지 않은 德。 『晉書』王湛初有——、人莫能知、其父獨異焉。

【隱遁:은돈·은둔】 세상을 피해 숨음。

【隱頭花:은두화】 《植》두툼하게 살찐 꽃대의 끝이 움쑥 들어가고 그 가운데에 여러 개의 꽃이 붙는 것。 無花果의 꽃 따위。

【隱遁生活:은둔생활】 시끄러운 세상일을 버리고 한적한 곳에 숨어 사는 일。

【隱遁主義:은둔주의】 시끄러운 세상일을 버리고 한적한 곳에 숨어 사는 주의。

【隱流:은류】 보이지 않게 숨어서 흐름。

【隱淪:은륜】 세상을 피하여 숨는 것。 숨어서 落伍됨。 『杜甫·詩』行歌非——。

【隱滅:은멸】 ❶숨어 안 보임。 ❷숨어서 없어짐。

【隱謀:은모】 숨어서 하는 악한 계략。 숨은 계략。 남이 모르는 계략。 『陸機』鬼無——、物無遁形。

【隱沒:은몰】 없어짐。 숨음。 『唐書』戶口流散、籍帳——。

【隱微:은미】 ❶작아서 알기가 어려움。 ❷희미함。

【隱密:은밀】 ❶남 몰래 하는 것。 ❷숨겨 비밀로 함。 『唐書』性——、誅殺不見喜怒。

【隱僻:은벽】 궁벽하여 사람의 왕래가 드물음。

【隱伏:은복】 ❶삼가 숨김。 ❷숨어 엎드림。 『易經』坎爲水、爲溝瀆、爲——。

【隱秘:은비】 ❶숨겨 비밀로 함。 ❷미묘하여 알기 어려운 진리。 숨은 진리。 『後漢書』——養於人間。

【隱庇:은비】 덮어 보호하여 줌。

【隱士:은사】 ❶세상을 피하여 조용히 살고 있는 사람。 隱者。 ❷수수께끼를 잘 푸는 사람。 『說苑』召——七十二人。

【隱事:은사】 숨은 일。

【隱私:은사】 감추어 있는 사삿일。

【隱棲:은서】 세상을 피하여 숨어서 살음。 隱栖。 『張憲』一簇林塘隱者棲。

【隱身:은신】 몸을 숨김。

【隱惡:은악】 겉으로 나타나지 않는 악한 일。 『秦觀』高辭振幽光、直筆誅——。

【隱巖:은암】 =暗礁。

【隱約:은약】 ❶말이 간단하고 뜻이 깊어 알기 어려운 것。 ❷괴롭고 곤란함。 ❸세상에 묻히어 괴로움을 당하는 것。 『莊子』飢渴——。 ❹분명히 알지 못하는 것。

【隱語:은어】 자기들끼리만 알고 있는 말。 변말。 『漢書』問朔——。

【隱然:은연】 ❶확실하게 겉으로 나타나지는 않으나 얕볼 수 없는 힘이 있는 모양。 ❷盛한 모양。 『唐書·溫造傳』威重——。 ❸무게가 있는 모양。

【隱玉色:은옥색】 겉으로 드러나지 않을 정도로 엷은 옥색。
【隱耀:은요】 ❶빛을 숨기어 나타내지 않는 것。❷자기의 才德을 숨기고 있는 것。【後漢書】漢商山四皓、有園公·夏黃公、潛光——、世嘉其高、皆悉稱公。
【隱憂:은우】 ❶아파하고 근심함。❷남이 알지 못하는 걱정거리。【詩經·柏舟】如有——。
【隱喩:은유】 비유법의 하나。사물을 비유 또는 설명하는 데 있어、본뜻은 숨기고 겉으로는 다만 비유하는 형상만 내놓음。미꾸라지 용되었다 따위。
【隱隱:은은】 ❶가리워져 있는 모양。적정하는 모양。❷큰 소리。우뢰같이 울리는 모양。❸희미하여 분명하지 않은 모양。【王昌齡】青山——孤舟微。
【隱忍:은인】 참음。괴로움을 억지로 참음。
【隱忍自重:은인자중】 괴로움을 참고 몸가짐을 조심함。
【隱逸:은일】 ❶세상을 피함。또는 세상을 피한 사람。【後漢書】招聘——、與參政事。❷숨은 학자로서 임금이 특별히 벼슬을 준 사람。
【隱疵:은자】 감춰진 흠이나 허물。【宋史】正風俗、修紀綱、勿理——細故。
【隱才:은재】 숨은 재주。또는 그런 재주군。
【隱迹:은적】 종적을 감춤。
【隱跡:은적】 자취를 감춤。
【隱釘:은정】 아래 위를 뾰족하게 깎아 만든 나무못。은혈못。
【隱足盤:은족반】 밑이 평평한 둥근 소반。
【隱腫:은종】 속으로 곪아 보이지 않는 종기。
【隱土:은토】 =隱結。
【隱退:은퇴】 은거하여 한가히 살음。隱居。【易經·疏】遯者、——逃避之名。
【隱慝:은특】 숨은 악한 일。隱惡。【左傳】展氏有——焉。「黨、相爲——。
【隱蔽:은폐】 덮어 숨김。【漢書】懷姦朋
【隱閉:은폐】 숨어서 나오지 않음。
【隱避:은피】 숨어서 피함。【後漢書】劉宣變名姓、抱經書、——林藪。
【隱害:은해】 몰래 사람을 해침。【後漢書】性刻急——。
【隱險:은험】 겉으로는 잘 보이고 속으로는 간악한 것。검은 뱃속。陰險。
【隱見:은현】 ❶보이다 숨어 버리다 함。❷간신히 보임。어렴풋이 보임。隱現。隱顯。【後耳目志】海山微茫而——。
【隱穴:은혈】 겉에서 잘 보이지 않는 구멍。
【隱穴粧飾:은혈장식】 방세간 따위를 겉으로 잘 보이지 않게 하는 장식。
【隱紅色:은홍색】 퍽 엷은 분홍색。
【隱花植物:은화식물】 (植)개고사리·버섯 따위의 總稱。꽃이 없고 胞子로 번식하는 식물。↔顯花植物。
【隱晦:은회】 숨어 없어짐。자취를 감춤。
【隱諱:은휘】 숨어 꺼림。꺼리어 숨김。【晉書】言靡有——。
【隱恤:은휼】 불쌍히 여김。

十五畫

【隫】 (독)『瀆』(水部15畫)과 같음
【隳】 (휴) 支 キ、やぶれる crumble ㄏㄨㄟ huei¹ 草書 무너질휴(壞也)。【道德經】或載或—。
【隳突:휴돌】 들이받아 무너뜨림。【柳宗元·捕蛇者說】——乎南北。
【隳惰:휴타】 게으름 부림。게으름。【王陽明】曠廢——。
【隳廢:휴폐】 찢어져 낡음。부서지고 찢어짐。

十六畫

【隯】 (뇨) 篠 ジョウ、ひくい low 낮을뇨(低也)。
【隮】 (빈)『濱』(水部14畫)과 같음
【隴】 (롱) 腫 リョウ、ロウ、うね dike; bank ㄌㄨㄥ lung³ 小篆 草書 ❶언덕 이름 롱(天水大坂)。【春秋】盟于垂—。❷밭두덩롱(—畝)。【史記】起—畝之閒。❸둔덕롱、언덕롱(丘—)。【漢書】皆無丘—之處。
【隴客:농객】 앵무새의 別名。(隴山에 많이 나므로 이렇게 일컬음)。【梅堯臣】雪衣應不妬、——幸相饒。
【隴畝:농무】 ❶밭。❷시골。❸백성의 뜻。【史記】羽非有尺寸、乘勢起——之中。
【隴上:농상】 ❶밭 안의 높은 곳。❷언덕 위。

十七畫

【⿰阝毚】 (삼) 陷 サン、おちいる fall into 빠질삼(陷也)。
【⿰阝戲】 (희) 支 キ、けわしい dangerous 험할희(險也)。

十八畫

【⿰阝聶】 (닙) 緝 ジュウ、せまい narrow 좁은모양닙(陧—、狹貌)。
【⿰阝縣】 (혼) 阮 コン、おか hill 小篆 ❶큰 언덕혼(大阜)。❷둔덕혼(阜也)。

隶部

【隶】 ㊀(이) 寘 ㊁(대) 隊 タイ、およぶ reach to ㄉㄞ tai⁴ 小篆 草書 ㊀밑이(本也)。㊁❶미칠대(及也)。❷더불어대(與也)。

七畫

【⿰镸隶】 (사) 寘 シ、ながい long 小篆 ❶벌릴사(陳也)。❷연고사(故也)。❸길사(長也)。❹드디어사(遂也)。

八畫

【隷】 (례) 霽 レイ、しもべ slave ㄌㄧˋ li⁴ 草書 ❶종례(僕—賤稱)。【左傳】皁—之事。❷붙이례(配—附屬)。【後漢書】部分諸將各有配—。❸검열할례(閱也)。【史記】關東吏—郡國出入關者。❹팔분례(書名篆之捷者)。
【隷僕:예복】 ❶(制)周代의 벼슬 이름。궁중의 청소를 맡아 보았음。【周禮】——掌五寢埽除、糞酒之事。❷하인。
【隷書:예서】 漢字 書體의 하나。篆書의 字畫을 간략하게 고친 것。秦의 始皇帝 때 程邈이 창시함。漢代에 다시 고쳐 八分(漢隷)이라 했으나 宋代 歐陽修의 集古錄에서 이를 隷書라 부르고 지금은 八分이라 함。【漢書】秦時、始造——、起官獄多事、苟趨省易、施之於徒隷也。
【隷屬:예속】 붙어 따름。支配下에 있음。또는 그 사람。부하。【潘岳】齊萬戶、編戶——爲日久矣。
【隷臣:예신】 신하。부하。【國語】晉國其非君之——也。

九畫

【隸】 (례)『隷』(隶部8畫)와 같음

【隸】(태) 晦 タイ、およぶ reach
隸 小篆 미칠태(及也)。

十畫

【隸】(례)『隸』(隶部 8畫)와 같음

十二畫

【隸】(태) 晦 タイ、およぶ reach
미칠태(及也)。

隹部

【隹】(추) 支 スイ、とり short-tailed bird ㄓㄨㄟ chui
隹 小篆 草書 새추(鳥之短尾總名)。

二畫

【⿰九隹】(구)『鳩』(鳥部 2畫)와 같음

【隺】㊀(혹) 沃 ㊁(각) 覺 ㊂(확) 藥 カク、たかくとぶ fly in the air ㄏㄜˋ he4
隺 小篆 草書 ㊀높이이를혹(高至)。㊁뜻고상할각(志高)。㊂새높이날확(鳥之飛高)。

【隻】(척) 陌 セキ、かたわれ single ㄓ chih1
隻 小篆 草書 ❶외짝척(物單稱)。『後漢書』得一一鳥。❷외새척(鳥一首)。❸척척(船艦數詞)。
【隻脚:척각】외짝 다리。片足。
【隻騎:척기】단 한 사람의 말 탄 병사。『徐陵』孤旌不反、一一無還。一騎。單騎。
【隻手:척수】한 손。片手。隻腕。↔双手。『吳萊』一心不顧死、一一振長煙。
【隻身:척신】혼자。單身。『眞山民』一一千里客。
【隻眼:척안】❶애꾸눈。한쪽눈。❷보통 사람과 다른 見識。특별한 식견。『楊萬里』近來別具一一、欲踏唐人最上關。
【隻愛:척애】짝사랑。
【隻言:척언】한 마디 말。간단한 말。隻語。片言。
【隻影:척영】하나의 그림자。孤影。『鮑照』立孤蒲之寒渚、托一一而爲雙。
【隻紙斷絹:척지단견】글을 쓴 얼마의 종이。또는 한 오라기의 비단。斷簡零墨。
【隻窓:척창】쪽창。

三畫

【隼】(준) 軫 シュン、はやぶさ Asiatic sparrow hawk
隼 草書 새매 준(鷹一 屬貪殘之鳥)。『易』公用射一于高墉之上。
【隼鷹:준응】새매。『李尤·門銘』倉庚有聲、一一匿爪。

【⿸尸隹】(시) 支 シ、ふふどり cuckoo
뻐꾸기시(鳲鳩)。(『鳲』과 같음)

【隿】(익) 職 ヨク、いぐるみ bird's arrow
隿 小篆 주살익(繳射飛鳥)。

【⿰此隹】(자)『雌』(隹部 5畫)의 古字

【雀】(작) 藥 ジャク、すずめ sparrow ㄑㄧㄠˇ ch'iao3
雀 小篆 草書 ❶참새 작(依人小鳥)。『詩』誰謂一無角。❷귀리작(一麥燕麥)。❸공작작(鳥名孔一)。
【雀羅:작라】참새를 잡는 그물。『史記』下邽翟公有言、始翟公爲廷尉、賓客闐門。
【雀卵斑:작란반】(生)주근깨。
【雀麥:작맥】(植)귀리。『爾雅·註』一一

雀麥 (三才圖會)

【雀目:작목】밤이 되면 제대로 물건을 보지 못하는 눈。
【雀蜂:작봉】(動)말벌。
【雀舌:작설】茶의 別稱。(茶의 눈이 매우 부드럽기에 일컬음)。『劉禹錫』添爐烹一一。「좋은 차。
【雀舌茶:작설차】새싹을 따서 만든 맛 좋은 차。
【雀躍:작약】참새가 뛰어 나르는 것처럼 춤을 추며 기뻐함。雀立。『莊子』鴻蒙拊髀、一一不輟。
【雀鷂:작요】(動)새매。
【雀羽:작우】戰笠에 꽂던 공작의 깃。
【雀肉:작육】참새의 고기。
【雀學鸛步:작학관보】(國)참새가 황새 걸음 배우기。(喩)자기의 역량은 생각지도 않고 무리하게 남을 모방하려 한다는 뜻。『東言解』
◎孔一、雲一。

四畫

【雃】(간) 寒 ガン、かり wild goose
❶기러기간(雁也)。❷까치간(鵲也)。

【雁】(안) 諫 ガン、かり wild goose ㄧㄢˋ yen4
雁 小篆 草書 기러기안(隨陽鳥。禮贄一取其信和不再偶)。『儀禮』親迎贄一。

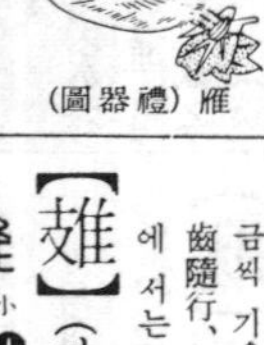
雁 (禮器圖)

【雁來紅:안래홍】(植)❶색비름。비름과에 딸린 一년생 화초。열대 아시아 原産이며、관상용으로 정원에서 재배함。❷菱의 異名。『吳都志』一一、菱名。
【雁帛:안백】편지。(故)漢의 蘇武가 匈奴의 땅에서 명주에 쓴 편지를 기러기의 발에 묶어 漢帝에게 보냈다 함。雁信。雁書。雁素。『柳貫』江驛北來無一一。
【雁夫:안부】(國)혼인 때 신부 집으로 木雁을 가지고 가는 사람。
【雁使:안사】편지로 하는 안부。書信。
【雁序:안서】기러기가 날으는 데 순서가 있는 것。(喩)兄弟。
【雁信:안신】=雁帛。『溫庭筠』若向三湘逢一一、莫辭千里寄漁翁。
【雁影:안영】기러기가 날으는 모습。『元好問』重雲一一深。
【雁足:안족】기러기발。絃樂器의 줄을 고르는 제구。琴徽。雁柱。
【雁柱:안주】琴柱。기러기 발。거문고의 줄을 고르는 도구。(琴柱의 줄진 모양이 기러기의 줄진 모양과 비슷함에서 일컬음。『張子野』一一十三絃、一一春鶯語。
【雁陣:안진】기러기가 줄지어 날으는 것을 軍陣에 비유한 말。『王勃·滕王閣序』一一驚寒、聲斷衡陽之浦。
【雁札:안찰】편지。雁帛。
【雁脯:안포】기러기포。
【雁皮:안피】(植)산닥나무의 한 가지。회양목과에 속하는 낙엽 활엽관목。나무껍질로 雁皮紙를 만들음。
【雁行:안항】❶기러기가 줄을 지어 날아가는 것。❷줄지어 가는 기러기처럼 조금씩 기울어 뒤처져가는 것。『禮記』父之齒隨行、兄之齒一一。(轉)兄弟。❸先頭에 서는 것。

【⿰支隹】(지) 支 シ、ジ、かささぎ maggie
⿰支隹 小篆 ❶지작관지(一鵲觀名)。❷지작새지(鳥名)。

【⿰夬隹】(결)『鴂』(鳥部 4畫)과 같음

【雂】(금) 侵 snipe ㄑㄧㄣ ch'in²
雂 小篆 도요새금(鷸也)。

【隽】(규) 支 キ、かえりみる look back
돌아볼규(顧也)。

【雄】(웅) 東 ユウ、おす、まさる male; brave ㄒㄩㄥˊ hsiung²
雄 小篆 草書 ❶수컷 웅(雌ㅡ羽屬之牡)。〔詩〕ㅡ狐綏綏。〔左傳〕是寡人之ㅡ。❷웅장할웅(武稱)。❸영웅웅(英ㅡ)。

【雄强:웅강】 씩씩하고 굳셈。〔唐書〕突厥亡、惟回紇與薛延陀、爲最ㅡㅡ。
【雄據:웅거】 어떤 땅에 자리잡고 굳세게 막아 지킴。
【雄健:웅건】 ❶뛰어나게 힘이 셈。웅대하고 건전함。❷詩文·書畫 등의 힘찬 筆勢를 일컬음。
【雄傑:웅걸】 뛰어난 人物。英雄豪傑의 略語。〔魏志〕今ㅡㅡ竝起、天下分崩。
【雄勁:웅경】 씩씩하고 강한 느낌。특히 書筆의 형세를 일컬음。〔圖畫見聞誌〕吳道子所畫、牆壁卷軸、落筆ㅡㅡ。
【雄器:웅기】 ❶너그러운 도량。❷훌륭한 재능。❸훌륭하게 될 감。
【雄斷:웅단】 大丈夫와 같은 씩씩한 決斷。英斷。〔後漢書〕明明廟謀、赳赳ㅡㅡ。
【雄大:웅대】 굉장히 큼。形勢가 성하며、규모가 큼。〔王惲〕中條鬱蒼蒼。首尾固ㅡㅡ。
【雄圖:웅도】 =雄略。〔晋書〕決神算於深衷、斷ㅡㅡ于議表。
【雄略:웅략】 뛰어나게 훌륭한 계책。웅대한 계획。〔史記〕ㅡㅡ震主者身危。
【雄麗:웅려】 훌륭하고 고움。뛰어나게 훌륭함。
【雄烈:웅렬】 씩씩하고 격렬함。〔魏書〕ㅡㅡ知名、軍鋒所指、罔不奔散。
【雄邁:웅매】 氣品이 씩씩하고 뛰어남。〔周權〕浩歌發ㅡㅡ。
【雄文:웅문】 씩씩하고 힘 있는 文章。〔蘇軾〕王公元之以ㅡㅡ直道、獨立當世。
【雄拔:웅발】 씩씩하게 무리 가운데서 뛰어남。〔蘇軾〕公詩擬南山、ㅡㅡ千丈峭。
【雄辯:웅변】 조리가 있고、힘 있게 거침 없이 잘 하는 말。〔杜甫〕高談ㅡㅡ驚四筵。
【雄辯家:웅변가】 웅변에 뛰어난 사람。
【雄辯術:웅변술】 公衆의 앞에서 똑똑하고 印象的인 말로써 자기의 사상과 감정을 발표하는 기술。
【雄步:웅보】 雄壯한 度量。
【雄飛:웅비】 ❶용감하게 날음。❷형세가 성하게 활동함。〔後漢書〕大丈夫當ㅡㅡ、安能雌伏。
【雄性:웅성】 수컷이 가진 성질。↔雌性。
【雄視:웅시】 형세와 威嚴을 펴고 남을 내려다 봄。영웅적 심리로 세상을 봄。〔宋史〕軾與弟轍、師父洵、爲文、其體渾涵光芒、ㅡㅡ百代。
【雄心:웅심】 씩씩하고 장한 마음。雄志。〔阮瑀〕大丈夫ㅡㅡ能無憤發。
【雄深:웅심】 문장의 構想이 크고 뜻이 깊음。〔冷齋夜話〕ㅡㅡ雅健者、其氣長故也。
【雄蕊:웅예】 《植》수꽃술。수술。
【雄雄:웅웅】 威勢가 騰騰한 모양。〔楚辭〕ㅡㅡ赫赫。
【雄偉:웅위】 뛰어나게 큼。웅장하고 위대함。〔魏書〕恣貌ㅡㅡ、額有日角。
【雄姿:웅자】 웅건한 모양。용감한 모양。〔傳休奕〕ㅡㅡ邈世、逸氣橫生。
【雄雌:웅자】 ❶수컷과 암컷。❷勝負。
【雄壯:웅장】 용감하고 씩씩한 모양。〔蜀志〕飛ㅡㅡ威猛、亞于關羽。
【雄才:웅재】 뛰어난 재능。
【雄材大略:웅재대략】 뛰어난 知力과 큰 계략。〔漢書〕如武帝之ㅡㅡㅡㅡ、不改文景之恭儉、以濟斯民。
【雄州巨牧:웅주거목】 (國)땅이 넓고 產物이 많은 고을。또는 그 고을의 원。
【雄俊:웅준】 뛰어나게 재능이 있는 인물。英俊。
【雄志:웅지】 =雄心。〔後漢書〕君有ㅡㅡ、而無雄才。
【雄唱雌和:웅창자화】 새의 암컷과 수컷이 의좋게 서로 지저귐。(喩)서로 손이 맞음。
【雄篇:웅편】 뛰어나고 좋은 글이나 작품。〔蘇軾〕ㅡㅡ鬪新語。
【雄筆:웅필】 뛰어나게 잘 쓴 글씨。
【雄渾:웅혼】 詩文 등의 힘이 있고 능숙함。〔戴復古〕詩家氣象貴ㅡㅡ。
【雄花:웅화】 수꽃술이 있고 암술이 없는 꽃。
◎群ㅡ、英ㅡ、雌ㅡ、豪ㅡ。

【雅】(아) 馬 ア、ガ、ただしい refined; polited ㄧㄚˇ ya³
雅 小篆 草書 ❶바를아(正也)。〔周禮〕六詩曰風賦比興ㅡ頌。❷떳떳할 아(常也)。〔論語〕子所ㅡ言。❸거동 아(閑ㅡ儀也)。〔史記〕閒ㅡ甚都。❹맑을아(儒ㅡ素也)。❺악기이름아(樂器名)。

雅 ❺ (成集書圖今古)

【雅客:아객】 ❶風流스러운 사람。雅士。❷水仙의 別名。
【雅潔:아결】 행동이 端雅하고 마음이 高潔함。〔元史〕其文淸深ㅡㅡ、化陳腐爲神奇。
【雅契:아계】 깨끗하고 점잖게 사귄 정분。
【雅故:아고】 ❶바른 뜻。(故는 訓詁의 詁와 같음。)〔漢書〕函ㅡㅡ、通古今。❷옛 친구。故人。
【雅氣:아기】 아담스러운 기품。고상한 기품。
【雅談:아담】 高雅하고 조촐한 이야기。〔晉書〕安枕逍遙、ㅡㅡ卒歲。
【雅澹:아담】 高雅하고 淡泊함。〔張養浩〕姿呈ㅡㅡ、樹影碎空明。
【雅量:아량】 마음의 度量。〔晉書〕衆咸服其ㅡㅡ。
【雅望:아망】 정당한 名譽。淸望。〔晉書〕陸曄少有ㅡㅡ、兄機每稱之曰、我家世不乏公矣。
【雅文:아문】 ❶바른 문장。또는 學問。〔漢書〕頗知ㅡㅡ。❷優雅함。글의 아름다운 모양。
【雅步:아보】 行步가 한가롭고 優雅한 걸음걸이。〔陸雲〕ㅡㅡ擢纖腰。
【雅士:아사】 ❶風雅한 선비。雅客。❷바르고 품위가 있는 사람。雅人。〔魏志〕言少理多、眞ㅡㅡ也。
【雅事:아사】 아담스런 일。아름다운 일。
【雅俗:아속】 ❶優雅함과 낮음。〔後漢書〕ㅡㅡ無所失。❷雅語와 俗語。
【雅樂:아악】 ❶옛날 宗廟·宮廷에서 쓰던 古典 음악。우리 나라에는 宋代에 들어왔으나、音律이 맞지 않아 거의 없어진 것을 世宗 二八년 朴堧에 命하여 새로 완성시키었음。雅部樂。❷바른 음악。〔論語〕惡鄭聲之亂ㅡㅡ也。
【雅樂器:아악기】 아악에 쓰이는 온갖 악기。
【雅語:아어】 바르고 좋은 말。아담하게 쓰는 말。
【雅言:아언】 바른 말。또는 말씨。↔俗語。〔諸葛亮〕察納ㅡㅡ。
【雅宴:아연】 맑고 깨끗한 宴會。〔李商隱〕ㅡㅡ初無倦。
【雅友:아우】 風流스러운 벗。아취있는 벗。
【雅遊:아유】 ❶詩歌·山水·음악과 더불어 고상하게 놀음。❷항상 交際를 즐겨함。
【雅意:아의】 ❶高雅한 취미。❷平素의

마음씨。『漢書』望之——、在本朝。❸남의 뜻을 존경하여 일컫는 말。

【雅人:아인】❶고상한 사람。❷교양이 있고 품위가 있는 사람。

【雅正:아정】품위 있고 바름。『後漢書』參稽六經、近于——。

【雅拙:아졸】성품이 端雅하나 변통성이 없음。

【雅志:아지】❶우아한 마음。❷늘 관심을 가짐。平常心。『晉書』——未就、遂遇疾篤。

【雅趣:아취】아담한 情趣 또는 취미。『江淹』保自然之——、鄙人間之荒雜。

【雅致:아치】고상한 취미。雅趣。『世說』王夷甫曰、裴僕射善談名理、混混有——。

【雅飭:아칙】❶문장을 바르게 갖춤。『常袞』哲理精深、文詞——。❷바르게 타이름。

【雅兄:아형】벗에 대한 존칭。

【雅號:아호】文人·學者·書畫家 등이 本名 이외에 갖는 이름。

【雅會:아회】風流스러운 모임。詩文 따위를 짓고 노는 고상한 모임。『劉子翬』——欣聞珠履集、新詞好付雪兒歌。

【雅懷:아회】고상하고 품위 있는 생각。아취가 있는 회포。『李白』不有佳作、何申——。

◎高—、文—、溫—、優—、典—、淸—、風—。

【集】(집) 緝 シュウ、あつまる ㄐㄧˊ chí² gather

小篆 或體 草書 ❶모을집(聚也會也)。【史記】天下雲—。❷나아갈집(就也)。【書】大統未—。❸편안할집(安也)。【史記】安—百姓。❹이룰집(成也)。【詩】我行旣—。❺가지런할집(齊也)。【漢書】動靜不—。❻문집집(經史子—諸書總要)。【漢書】劉歆總羣書而奏其七略故有輯略。

【集結:집결】한 곳으로 모임。또는 모음。結集。

【集計:집계】모아 合計함。또는 合計한 것。

【集塊:집괴】덩어리 뭉치。

【集權:집권】권력을 한 군데로 모음。

【集句:집구】옛 사람들이 지은 글귀를 모아서 새로 詩를 만들음。또는 그런 詩。『滄浪詩話』——惟荊公最長、渾然天成、絶無痕迹。

【集金:집금】돈을 거두어 모음。또는 그 돈。

【集團:집단】❶모임。떼。단체。❷상호간에 결합되어 생활을 함께 營爲하는 生活體。

【集團農場:집단농장】농토나 農舍를 한 곳에 모으고 모든 설비를 갖춰 경영하는 대규모의 농장。

【集大成:집대성】훌륭한 것을 모아 하나의 완전한 作品을 만들음。또는 그 물건。集成。『孟子』孔子之謂———、———也者、金聲而玉振之也。

【集錄:집록】資料를 多方面에서 모아 기록함。또는 그 기록。

【集配:집배】모음과 分配。

【集散:집산】모임과 흐터짐。

【集散地:집산지】산물이 집산하는 곳。

【集約:집약】한데 모아서 요약함。

【集約農業:집약농업】일정한 토지에 많은 資本과 노력을 가하여 가급적 생산을 많이 하려는 농업 經營法。

【集韻:집운】《書》十권。宋、仁宗 때 丁度 등이 命을 받고 大宋重修廣韻에 의거하여 編集한 音韻書。

【集義:집의】道義·善行을 쌓음。『孟子』此——所生者、非義襲而取之也。

【集議:집의】모이어 상의함。또는 그 상의。『史記』上令公卿列侯宗室——、莫敢難、獨竇嬰爭之。

【集積:집적】모아 쌓음。또는 모이어 쌓임。

【集註:집주】여러 가지의 註釋을 한데 모은 것。

【集中:집중】❶한 곳에 모임。❷詩文集 속。

【集村:집촌】집과 집터가 密集된 형태를 이룬 마을。

【集合:집합】❶한 곳으로 모임。❷한 곳으로 모음。『爾雅·註』匹、配合也、會、——也。

【集合名詞:집합명사】일이나 물건의 같은 종류의 것이 여럿이 모여 있는 전체를 나타내는 명사。곧 가족·함대·조사단 따위。衆多名詞。

【集解:집해】여러 가지 해석을 모은 책。

【集賢殿:집현전】《制》❶高麗 때 諸館殿의 하나。仁宗 十四년에 延英殿을 고쳐 일컫다가 忠烈王 때 폐지하였음。❷李朝 초기에 經籍·典故·進講 등에 관한 일을 맡은 관청。

【集會:집회】多數人이 모임。『史記』—五經家、相與共講習讀之。

【集會許可:집회허가】多數人이 같은 목적으로 같은 장소에 일시적으로 회합할 경우 당국에 그의 신청을 하여 내리는 허가。

◎家—、歌—、結—、群—、寡—、文—、私—、選—、召—、收—、詩—、雲—、全—、採—、招—、抄—、叢—、聚—、驟—。

【雌】(치) 紙 シ、めんどり henbird

암새치(鴟鳥)。

【雇】㊀(호) 麌 ㊁(고) 遇 コ、やとう ㄍㄨˋ ku⁴ employ

小篆 或體 籀文 草書 ㊀뻐꾹새호(九—農桑候鳥)。㊂❶더부살이고、머슴고(—賃傭也)。『史記』斂民財以顧其功。❷품팔고(—傭、—員)。

【雇役:고역】부역을 免한 백성으로부터 稅金을 받아 그 돈으로 대신해서 사람을 씀。

【雇用:고용】품삯을 주고 부림。

【雇用契約:고용계약】雇傭者는 勞役을 하고、雇主는 그 勞役에 대하여 報酬를 줌을 約束하는 契約。

【雇人:고인】부림을 받아 품팔이하는 사람。머슴살이 하는 사람。

【雇主:고주】남을 雇傭하여 부리는 사람。

◎日—、解—。

五畫

【雉】(치) 寘 チ、きじ ㄓˋ chih⁴ pheasant

小篆 古文 草書 ❶꿩치(野鷄)。『禮』—曰疏趾。❷폐백치(—性耿介士所摯)。『同禮』士執—。❸성윗담치(—堞城五堵)。『左傳』都城過百—。❹목맬치(—經縊也)。『晉語』—經於新城之廟。

❶雉(禮器圖)

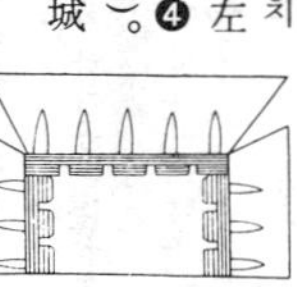

❸雉(武備志)

【雉經:치경】줄로 목을 매어 자살함。(목을 졸라 매어 죽는 것이 꿩과 같다는 데서 온 말)。『國語·晉語』申生乃——於新城之廟。

【雉鷄:치계】꿩과 닭。

【雉頭裘:치두구】꿩 머리의 아름다운 깃으로 珍奇하게 꾸민 가죽 옷。『晉書』太醫司馬程據獻———、帝以奇技異服、典禮所禁、焚之於殿前。

【雉媒:치매】獵者가 길들인 꿩으로 들에 있는 꿩을 꾀어 들이는 것。『司空圖』

ーー聲晩草芳時。 「高。

【雉尾:치미】장목。【韓愈】玉佩聲來ーー

【雉扇:치선】부채의 한 가지。雉尾扇。【王建·元日早朝詩】左右ーー開、踏舞分滿庭。

雉扇(三才圖會)

【雉岳山:치악산】❶《地》山名。江原道寧越郡과 原城郡 사이의 太白山脈 중에 솟아 있는 산。높이 一二八八米。❷《書》小說 이름。李人稙 지음。一九一二년에 간행됨。開化思想을 고취한 新小說。

【雉堞:치첩】城 위에 쌓은 城 가퀴。女牆。【鮑照】板築ーー之殷。

【雉湯:치탕】꿩국。

【雉兎者:치토자】꿩과 토끼의 사냥꾼。【孟子】芻蕘者往焉、ーー往焉。

【雊】(구) 宥 ク、なく crowing of a pheasant ㄍㄡ kou⁴

小篆 草書 장끼울음구(雄雉鳴)。【書經】越有ー雉。

【雊瞀:구무】縣名。故城은 河北省 蔚縣의 東쪽。漢代設置。【漢書·地理志下】。

【雊雉:구치】울고 있는 꿩。【說苑·辨物】感於ーー暴風之變。

【雋】(전) 銑 セン、シュン、こえる fat ㄐㄩㄢ chuan⁴

小篆 草書 ❶새살찔전(鳥肥肉)。❷글이름 전(書號ー永)。【漢書】蒯通論戰國時說士權變凡八十一首號曰ー永。

【雋髦:준모】뛰어난 사람。俊髦。【白居易】將校森貔虎、賓僚儼ーー。

【雋茂:준무】재능과 학식이 뛰어남。또는 그 사람。【潘岳】淸才ーー、德盛日新。

【雋拔:준발】뛰어나고 빼어남。俊拔。【東萊子】神峰ーー、珠璧相照。

【雋選:준선】사람을 고를 때 그 재능의 표준을 높여서 뽑는 것。

【雋異:준이】재능이 뛰어나 남과 다름。

【雋哲:준철】뛰어나게 현명함。또는 그 사람。俊哲。

【雁】(응) 蒸 ヨウ、たか hawk

매응(鷹也)。

【雌】(자) 支 シ、めす female ㄘ tz'u²

小篆 草書 ❶암컷자(牝也)。【詩】以ー以雄。❷약할자(弱也)。❸약이름자(藥名ー黃)。

【雌伏:자복】❶다른 사람에 굴복하여 좇음。만족하지 못하나 참고 따름。【後漢書·趙典傳】大丈夫當雄飛、安能ーー。❷물러나 隱居함。

【雌性:자성】《生》❶암컷의 성질。❷卵子나 對配偶子를 형성하는 성질。또는 그것에서 유도된 유다르게 지니고 있는 겉모습이나 성질 따위。↕雄性。

【雌蕊:자예】《植》암술。꽃의 가운데 있으며 다음에 열매로 됨。↕雄蕊。

【雌雄:자웅】❶암컷과 수컷。【詩經】誰知烏之ーー。❷優劣·勝敗의 뜻。

【雌雄同株:자웅동주】《植》나무 따위와 같이 한 나무에 암꽃과 수꽃이 같이 달리는 나무。↕雌雄異株。

【雌雄同體:자웅동체】《動》한 개체에 卵과 精蟲을 한 몸에 갖추어 있음。지렁이·달팽이 따위。↕雌雄異體。

【雌雄目:자웅목】양쪽 눈의 크기가 다른 사람。자웅눈이。

【雌雄異株:자웅이주】《植》뽕나무와 은행나무 따위처럼、암꽃과 수꽃이 서로 딴 나무에 있음。↕雌雄同株。

【雌花:자화】《植》암술만이 있는 單性花。버들·밤·솔나무 등이 이에 속함。↕雄花。

【雌黃:자황】《醫》❶硫黃과 砒素의 混合物。藥用으로 얼굴 化粧에 쓰임。【水經·注】銅鐵及ーー。❷옛날 詩文의 잘못 된 곳을 雌黃을 칠하여 訂正한 데서 詩文의 語句를 고치는 것을 加雌黃이라 함。◎雄ー。

【雍】㊀(옹) 冬 ヨウ、やわらぐ harmony ㄩㄥ yung¹·⁴ ㊁(옹) 宋

草書 ㊀❶화할옹(和也)。【書】黎民於變時ー。❷학교옹(辟ー學名)。❸무녀옹(太歲在戊曰著ー)。㊁❶가릴옹(蔽也)。❷고을이름옹(州名)。

【雍氏:옹씨】아기를 안음。(雍은 擁。)

【雍閼:옹알】막음。그침。【漢書】今臣ーー不得聞。

【雍雍:옹옹】온화한 모양。雍容。【禮記】鸞和之美、肅肅ーー。

【雍容措處:옹용조처】화락하고 조용하게 일을 처리함。

【雍齒:옹치】《人》漢의 高祖가 미워하던 사람의 이름。《喩》자기가 늘 미워하고 싫어하는 사람。옹추。

【雍和:옹화】和하여 어울림。【後漢書】魏霸兄弟同居、州里慕ーー。◎辟ー。

【雎】(저) 魚 ショ、みさご fish-hawk ㄐㄩ chü¹

草書 저구저、증경이저、원앙저(ー鳩王ー匹鳥)。【詩經】關關ー鳩。

【雄】(웅)『雄』(隹部4畫)과 같음

六 畫

【翟】(여) 魚 ジョ、ふなしうずら quai'

메추라기여(鴽也)。

【雃】(견) 先 ケン bird ㄑㄧㄢ ch'ien¹

小篆 草書 새이름견(鳥名ー鳽)。

【雑】(잡)『雜』(隹部10畫)의 俗字

【雒】(락) 藥 ラク、かわらげ horse ㄌㄨㄛ luo⁴

小篆 草書 ❶가리온락(馬名)。【詩】有驊有ー。❷땅이름락(縣名ー陽)。❸새이름락(鳥名)。

【雒誦:낙송】책을 외어 읽음。

【䧲】(조) 嘯 チョウ、うなずく nod

머리숙이고들을조(低頭聽)。

【雓】(약) 藥 ヤク、ごの ちゅうしんいし

바둑치중점악(碁中心一點)。

七 畫

【𨾴】(추) 紙 スイ、ほそいくび slender neck

가는목추(細頸)。

【雓】(여) 魚 ヨ、ひよこ chicken ㄩ yü²

병아리여(鷄子)。

八 畫

【雖】(수) 寘 スイ、とび kite

小篆 솔개수(鳶也)。

【巂】(규)『巂』(隹部10畫)와 같음

【隹】(유) 攴 イ、とぶ flight:fly
나는 모양유(飛貌)。

【錐】(수) 尤 シュウ、つがい a pair of birds ㄔㄡ chóu
小篆 ❶가죽나무고치수(樗繭ー由)。❷새한쌍수(雙鳥)。

【雕】(조) 蕭 チョウ、わし eagle ㄉㄧㄠ diāo
小篆 籀文 草書 ❶수리조(鷲也)。〔史記〕生得一人果匈奴射ー者。❷옥다듬을조(琢ー治玉)。〔周禮〕ー人。❸화할조(ーー章明貌)。❹나라이름조(交趾國名ー題)。(〔鵰〕와 같음)

【雕刻:조각】나무·돌·쇠붙이 따위에 글씨나 그림을 새기어 立體的인 物像을 만들음。또는 그러한 물건。〔輟耕錄〕詹成者、宋高宗朝匠人、ーー精妙無比。
【雕巧:조교】巧妙하게 새기어 치장함。技巧에 뛰어남。〔蘇舜欽〕扶疎珊瑚枝、本不自ーー。
【雕梁:조량】彫刻한 것이 있는 대들보。〔江總〕芙蓉作帳照ーー。
【雕鏤:조루】새기어 박음。새기어 치장함。〔國語〕不聞其以土木之崇高ーー爲美。
【雕螭:조리】金·銀·銅 붙이로 만든 물건에 어떤 형체를 새김。
【雕削:조삭】새기고 깎음。〔文心雕龍〕ーー取巧、雖美非秀。
【雕飾:조식】잘 다듬고 치장함。또는 치장하여 화려하게 함。〔晉書〕昔日貴ーー、今尙儉與素。
【雕楹:조영】彫刻한 큰 기둥。〔崔駰〕丹柱ーー、飛閣層樓。
【雕雕:조조】밝은 모양。〔荀子〕ーー焉、懸賞爵重賞於其前。
【雕琢:조탁】❶玉을 갈고 다듬음。❷詩文 등의 技巧에 힘써 짓고 다듬음。〔司馬遷〕欲自ーー曼辭以自飾。
【雕板:조판】文字를 版木에 彫刻하여 부침。또는 그 版木。
【雕朽:조후】썩은 나무에 彫刻함。(喩)일의 값어치가 없음을 일컬음。〔駱賓王〕有志慙ーー、無庸類散樗。

【錐】(수)〔雖〕(隹部 9畫)와 같음

九畫

【⿰重隹】(종) 腫 ショウ、すずめ sparrow
❶창새종(雀也)。❷작은새가날종(小鳥飛)。

【⿱敄隹】(무) 遇 ム、ブ、ひな chicken
❶병아리무(鷄雛)。❷참새새끼무(雀幼子)。

【雖】(수) 支 スイ、いえども even if ㄙㄨㄟ suei
小篆 草書 ❶비록수(設兩辭假令)。〔禮記〕ー請退可也。❷벌레이름수(蟲名)。

【雖乞食厭拜謁:수걸식염배알】(國) 빌어 먹을 망정 절하고 보기는 싫어함。(喩)아무리 곤궁해도 자존심을 굽히기는 싫어한다는 뜻。〔靑莊館全書〕。
【雖嫉僧袈何憎:수질승가하증】(國) 중이 밉기로 袈裟까지 미우랴。(喩)한 사람 때문에 怒한 憤怒를 다른 사람에게 옮김이 불가하다는 말。僧雖憎袈裟何憎。

十畫

【雗】(한) 翰 カン、しろきじ white pheasant ㄏㄢˋ hàn
小篆 흰꿩한(白雉)。

【雘】㊀(확) 藥 ㊁(호) 遇 ワク、しんしゃ bright red ㄏㄨㄛˋ huò
小篆 草書 ❶곱게붉을확(善丹)。❷붉은칠할확(丹也)。❸진사확(辰砂)。㊁뜻은 ㊀과 같음。

【雙】(쌍) 江 ソウ、そろい pair; couple ㄕㄨㄤ shuang (古音「상」)
小篆 草書 ❶둘쌍、쌍쌍(鳥二枚)。〔後漢書〕ー鳧從東南來。❷짝쌍(偶也)。〔詩〕冠緌ー止。❸한쌍쌍(兩隻)。〔儀禮〕凡獻執一ー。❹짐승이름쌍(獸名ーー)。

【雙駕馬:쌍가마】말 두 필이 각각 앞뒤 채를 메고 가는 가마。監司、從二品 이상의 관원、외국에 가는 使臣、承旨를 지낸 守令、義州城尹、東萊城尹 등이 탔음。都城 안에서는 타지 못하였음。雙轎。雙馬轎。駕轎。
【雙劍:쌍검】❶雙手劍의 略語。❷十八枝 또는 二十四般武藝의 하나。
【雙肩:쌍견】❶양쪽 어깨。두 어깨。❷자기의 부담 또는 책임。❸두 마리의 짐승。(肩은 나이 세 살된 짐승)。〔張華〕機發應弦倒、一縱連ーー。
【雙繭:쌍견】쌍고치。
【雙紒:쌍계】쌍상투。
【雙鷄:쌍계】알 하나에서 두 마리가 나온 병아리。
【雙曲線:쌍곡선】(數)정점으로부터 평면상의 二정점에의 거리의 차가 일정한 점을 잇는 곡선。전혀 분리된 두 分枝로 되었음。
【雙關法:쌍관법】漢詩 作法의 하나。상대되는 두 사물을 읊을 때에、上下가 상대되는 글귀에 의하여 서로 對應시키면서 한 篇이나 段의 骨子를 구성하는 修辭法。雙關。雙扇法。
【雙管齊下:쌍관제하】두 자루의 붓을 한꺼번에 움직임。(轉)글씨나 그림을 빨리 잘 쓰고 그림。
【雙鉤法:쌍구법】❶엄지와 食指와 장가락으로 걸치는 붓대 잡는 법。↔單鉤法。❷빗돌 따위에다 글자를 새길 적에、글자의 획 가장자리를 돌려 가며 줄을 가늘게 그어서 표하는 법。❸가는 선으로 글씨의 획과 자형을 그려내는 법。❹鉤勒。
【雙弓米:쌍궁미】죽의 別名。(粥의 破字에서 온 뜻)。〔淸異錄〕單公潔、恥言貧、嘗有所親訪之、留食饌、云啜少許雙弓。
【雙騎馬:쌍기마】두 필의 말을 나란히 탐。
【雙女:쌍녀】쌍동딸。
【雙年:쌍년】나이가 偶數인 해。
【雙童:쌍동】쌍동이。雙生兒。雙子。
【雙童仲媒:쌍동중매】짝을 지어 다니며 중매를 업으로 하는 사람。
【雙頭馬車:쌍두마차】두 마리의 말로 끄는 마차。
【雙蘭菊:쌍란국】(植)바곳。성탄꽃과에 속하는 多年草。뿌리를 말리어 漢方에서 약재로 씀。
【雙淚:쌍루】두 눈에서 흐르는 눈물。雙涕。〔許渾〕二毛梳上雪、ーー枕前氷。
【雙陸:쌍륙】娛樂物의 한 가지。편을 갈라서 차례로 주사위 둘을 던져 나오는 사위대로 말을 써서 먼저 궁에 들어 보내는 놀이。雙六。
【雙六:쌍륙】=雙陸。
【雙鯉:쌍리】편지。書札。雙魚。尺牘。〔古樂府〕客從遠方來、遺我ーー魚、呼童烹鯉魚、中有尺素書。
【雙眸:쌍모】兩眼。〔謝惠連〕氣之神明、ーー善識。
【雙伴兒:쌍반아】=雙童。
【雙拍:쌍박】양쪽 손으로 치는 박자。

【雙發：쌍발】 ❶발동기를 두개 가짐。「비행기。❷구멍이 둘인 총。
【雙發機：쌍발기】 발동기를 두 대 가진 「비행기。
【雙方：쌍방】 이 쪽과 저 쪽。두 편。兩方。兩者。
【雙罰主義：쌍벌주의】 간통죄를 범한 相姦者 쌍방을 처벌하는 주의。신형법에서 이를 채택。
【雙補：쌍보】 부부가 같이 약을 먹어 음양을 함께 보함。
【雙鳳：쌍봉】 한 쌍의 鳳凰。《喩》㉠뛰어난 한 쌍。㉡두 사람의 美人。
【雙墳：쌍분】 합장하지 않고 나란히 쓴 부부의 두 무덤。
【雙飛：쌍비】 한 쌍의 새가 나란히 날음。『九國志』烏鵲——、不樂鳳凰。《喩》夫婦가 和合함。
【雙雙：쌍쌍】 ❶새의 이름。두 새가 언제나 짝지어 날며 서로 떨어지지 않기 때문에 이름。❷怪獸의 이름。❸둘씩。한 쌍씩。

❷ 雙雙 (山海經圖)

【雙生女：쌍생녀】 쌍동딸。
【雙生兒：쌍생아】 쌍동이。「↕雙生女。
【雙生子：쌍생자】 쌍동 아들。雙生兒。
【雙棲：쌍서】 雌雄 또는 夫婦가 같이 살음。同棲함。『曹植』下有交頸獸、仰見—一禽。
【雙星：쌍성】 ❶牽牛·織女의 두 별。❷두 개가 상대하여 나란히 보이는 별。『沈佺期』——移舊石、孤月隱殘灰。
【雙袖：쌍수】 양 쪽의 소매。『岑參』——龍鍾淚未乾。
【雙手：쌍수】 두 손。兩手。
【雙宿雙飛：쌍숙쌍비】 함께 잠을 자고 함께 날음。《喩》夫婦。「감。
【雙柹：쌍시】 속에 작은 감을 품고 있는
【雙身子：쌍신자】 ＝妊娠。

【雙十節：쌍십절】 中華民國에서 一九一一년의 辛亥革命과 一九一二년의 中華民國政府 수립을 기념하는 축일인 十월 十일의 일컬음。
【雙娥：쌍아】 ❶美人의 고운 두 눈썹。❷《醫》雙乳蛾의 略語。
【雙眼：쌍안】 ＝兩眼。
【雙眼鏡：쌍안경】 《物》두 개의 望遠鏡의 光軸을 평행하게 나열하여 두 눈으로 동시에 멀리까지 확대하여 쉽게 바라볼 수 있게 한 光學機械。
【雙靨：쌍엽】 양쪽 뺨에 있는 보조개。『溫庭筠』欲綻似含——笑。
【雙楹塚：쌍영총】 《地》高句麗 때의 墳墓의 하나。平安北道 龍岡郡 海雲面 眞池洞에 있는 丘陵 위에 封土圓墳으로 됨。羨道(연도)、그리고 玄室과 前室의 통로 중간 좌우에는 礎盤 위에 八角形의 柱頭가 있는 石柱가 있음。
【雙五：쌍오】 음력 五월 五일、곧 端午의 일컬음。
【雙乳蛾：쌍유아】 《醫》양 쪽의 扁桃腺이 붓고 매우 아픈 병。
【雙日：쌍일】 ❶짝이 맞는 날。곧 偶數의 날。『宋史』——御經筵。❷柔日。곧 六甲의 十干 중에서 乙·丁·己·辛·癸의 날。
【雙子葉：쌍자엽】 《植》한 개의 胚芽에서 두 잎의 子葉이 싹트는 植物。곧 올콩·나팔꽃 따위。↕單子葉。
【雙全：쌍전】 양 쪽이 모두 온전함。兼全。
【雙鳥簪：쌍조잠】 대가리에 두 마리의 새를 새긴 비녀의 한 가지。
【雙窓：쌍창】 문짝 둘이 달린 창문。
【雙親：쌍친】 兩親。父母。『丁復』公子奉——。
【雙朶：쌍타】 두 가지。兩枝。『楊萬里』一梢——忽齊開。「또는 그 두 胎兒。
【雙胎：쌍태】 한 태 안에 胎兒가 둘 있음。

【雙胎妊娠：쌍태임신】 한 태 안에 태아 둘을 뱀。
【雙斃：쌍폐】 ❶양쪽이 모두 죽음。『晋書』此韓盧、東郭所以——。❷情死。
【雙絃：쌍현】 줄이 둘인 月琴 비슷한 모양의 악기。
【雙花店：쌍화점】 歌辭。高麗의 俗謠。男女의 애정을 그린 것。樂章歌詞에 전함。
【雙和湯：쌍화탕】 고된 노동이나 房事 따위로 인한여 생긴 피로를 회복하는 약。
【雙喜：쌍희】 ❶즐거운 일이 겹침。❷＝雙喜字。◎無—。

【雚】 (관) 翰 カン、あまさぎ stork ㄏㄨㄢˋ huan⁴
小篆 ❶황새관(水鳥似鵠)。❷풀이름관(草名、—蘭)。(『鸛』과 같음)

【雛】 (추) 虞 スウ、ひな chick ㄔㄨˊ ch'u²
小篆 籀文 草書 ❶새새끼추(鳥子)。『孟子』力不能勝一匹—。❷새이름추(鳳屬鵷—)。❸병아리추(鷄子)。❹어린아이추(小兒)。
【雛鳳：추봉】 봉의 새끼。《喩》훌륭하게 뛰어난 子弟。鳳雛。『李商隱』桐花萬里丹山路、——清於老鳳聲。
【雛孫：추손】 어린 손자。『李商隱』稚子——、滿吾懷抱。
【雛兒：추아】 풋내기。
【雛鶯：추앵】 꾀꼬리의 새끼。

【雜】 (잡) 合 ザツ、まじる mixed; confused ㄗㄚˊ tsa²
小篆 草書 ❶섞일잡、섞을잡(五彩相合參錯)。『周禮』畫繢之事—五色。
【雜歌：잡가】 ❶속된 노래。❷正樂 이외의 노래。❸《國》李朝 말 平民들이 지어 唱曲化하여 부르던 노래。지방에 따라 民謠로 굳어졌음。打鈴。
【雜感：잡감】 온갖 느낌。온갖 感想。
【雜客：잡객】 대수롭지 아니한 손(各)。
【雜居：잡거】 ❶잘못된 것이 섞이어 있음。『易經』剛柔——、而吉凶可見矣。❷많은 사람이 섞이어 살음。
【雜居制：잡거제】 《法》여러 죄수를 한 監房에 잡거시키는 제도。
【雜居地：잡거지】 내외국 사람이 잡거할 수 있는 땅。
【雜件：잡건】 여러 가지 대수롭지 아니한 일。또는 사건。
【雜考：잡고】 ❶여러 모로 생각함。❷여러 모양으로 考證함。
【雜曲：잡곡】 ❶잡스러운 곡조。❷中國 漢代의 民間樂府의 하나。
【雜穀：잡곡】 쌀 이외의 온갖 곡식。
【雜穀廛：잡곡전】 잡곡을 파는 가게。
【雜敎：잡교】 종교답지 못한 여러 가지 교。
【雜軍：잡군】 일정한 主見이 없이 조직된 군대。
【雜鬼：잡귀】 온갖 못된 귀신。
【雜給：잡급】 정한 給料 밖에 더 받는 돈。
【雜技：잡기】 ❶여러 가지의 재주。『晋書』樂府——。❷잡스러운 技藝。
【雜記：잡기】 여러 가지 모양의 일을 기록함。또는 그 文書。「공책。
【雜記帳：잡기장】 여러 가지 일을 적는
【雜念：잡념】 ❶主見이 없는 여러 모의 생각。雜慮。❷修業을 방해하는 여러 가지의 雜多한 생각。
【雜多：잡다】 여러 가지 모양의 물건이 「번거롭게 섞임。
【雜談：잡담】 이것 저것 생각나는 대로 지껄이는 말。

【雜踏:잡답】 사람이 많이 휩쓸려 紛雜함。

【雜亂:잡란】 뒤 섞이어 어지러움。亂雜。『史記』解ㅣㅣ紛糾者。

【雜令:잡령】 여러 가지 禁令。「雜記。

【雜錄:잡록】 여러 가지 일을 기록함。

【雜類:잡류】 ❶점잖지 못한 사람들。잡된 무리들。雜輩。❷正業이 없는 사람。『十八史略』汝曹ㅣㅣ也。

【雜木:잡목】 여러 가지의 나무。材木이 되지 못하고、땔나무로나 할 나무。『宋史』桂林之下無ㅣㅣ。

【雜務:잡무】 온갖 자질구레한 일。

【雜問:잡문】 질서가 없이 뒤섞인 여러 가지 질문 또는 문제。雜題。

【雜文:잡문】 여러 가지 文體의 문장。

【雜文學:잡문학】 예술적인 가치가 없는 문학。「財ㅣㅣ。

【雜物:잡물】 雜多한 물건。『盛衰記』貨

【雜味:잡미】 잡맛。

【雜駁:잡박】 이것 저것 뒤섞여 統一이 없이 雜多함。

【雜方:잡방】 《國》醫書에 의하지 아니한 「藥方文。

【雜輩:잡배】 ＝雜類。「돌림병。따위。

【雜病:잡병】 여러 가지의 잡스러운 병。

【雜報:잡보】 신문·잡지 등에 실린 世上 雜事에 관한 報道。「든 비료

【雜肥:잡비】 온갖 허름한 것을 썩혀 만

【雜費:잡비】 자질구레하게 쓰이는 돈。

【雜史:잡사】 民間에 전하는 史書로 體裁를 갖추지 못한 歷史의 書籍。

【雜事:잡사】 雜多한 일。『齊書』憑几獨酌、旁無ㅣㅣ。

【雜色:잡색】 ❶여러 가지 모양의 종류。❷여러 가지가 섞인 빛깔。❸僕奴。『梁簡文帝』ㅣㅣ崑崙水。

【雜書:잡서】 ❶여러 가지 일을 적은 책。❷여러 가지 雜多한 책。「작은 돌。

【雜石:잡석】 ❶토목·건축에 쓰는 크고

【雜說:잡설】 ❶자질구레한 일을 說明하여 밝힘。또는 그 文章。『漢書』或時春秋采ㅣㅣ咸非其本義。❷여러 가지의 說。『史記』學春秋ㅣㅣ。

【雜收入:잡수입】 정한 수입 밖의 자질구레한 수입。

【雜術:잡술】 남을 속이는 요사한 술법。

【雜襲:잡습】 복잡하게 많이 겹침。『漢書』雲合霧集、魚鱗ㅣㅣ。

【雜植:잡식】 줄을 짓지 않고 또는 苗木을 되는대로 마구 심음。

【雜食:잡식】 여러 가지 穀食을 混合해 「서 먹음。

【雜神:잡신】 ＝雜鬼。

【雜心:잡심】 온갖 잡된 마음。「總稱。

【雜樂:잡악】 옛날 아악 이외의 속악의

【雜業:잡업】 일정하지 않은 가지가지의 일。『史記』佗ㅣㅣ不中什二、則非吾財也。

【雜役:잡역】 ❶여러 가지의 일。❷雜多한 일에 使役함。또는 그 사람。

【雜然:잡연】 뒤섞이어 번거롭고 어지러운 모양。

【雜詠:잡영】 여러 가지 사물이나 季節의 느낌을 읊은 詩歌。雜吟。

【雜藝:잡예】 하나의 기예로서 세상에 안정되지 않은 잡다스러운 技藝。『南史』涉獵文史、通ㅣㅣ。

【雜擾:잡요】 뒤섞여 어지러움。『書經·疏』三苗亂德、民神ㅣㅣ。「일。

【雜用:잡용】 여러 가지 자차분한 작은

【雜糅:잡유】 뒤섞여 번거로움。『國語』民神ㅣㅣ、不可方物。

【雜音:잡음】 ❶시끄럽고 불쾌한 느낌을 일으키는 소리。❷電信·라디오 등의 聽取를 방해하는 소리。「의 사람。

【雜人:잡인】 그 일에 관계 없는 테 밖

【雜錢:잡전】 여러 가지의 잔 돈。

【雜題:잡제】 ❶여러 가지가 뒤섞인 문제。❷뒤섞여 구별하기 어려운 題目。

【雜種:잡종】 ❶여러 가지가 뒤섞인 종류。『後漢書』廣募ㅣㅣ諸蠻夷、明設購賞進擊。❷異民族을 꾸짖어 하는 말。『漢書』羌胡ㅣㅣ。

【雜種競技:잡종경기】 정식의 육상 경기가 아닌 경기。「지 증세。

【雜症:잡증】 본병 이외에 나는 여러 가

【雜紙:잡지】 休紙의 別名。

【雜誌:잡지】 ❶여러 가지 일을 쓴 책。❷號를 쫓아 定期로 발행되는 간행물。

【雜錯:잡착】 뒤섞여 정돈되지 못함。錯雜。『張衡』被服ㅣㅣ。

【雜纂:잡찬】 여러 가지 내용의 물건을 編集함。또는 그 책。『西淸詩話』李義山ㅣㅣ、品目數十。

【雜菜:잡채】 여러 가지의 나물에 쇠고기나 돼지고기를 잘게 썰어 양념에 무쳐 볶은 음식。「헌 쇠붙이。

【雜鐵:잡철】 여러 곳에 쓰일 쇠붙이。

【雜草:잡초】 ❶저절로 나서 자라는 여러 가지 모양의 풀。『江淹』群木斂望、ㅣㅣ不竊。❷栽培하는 作物 외의 풀。

【雜畜:잡축】 말·소 이외의 여러 가축。

【雜廁:잡치】 뒤섞임。混交。『論語』善惡ㅣㅣ、何世無有。『唐書』掌廐牧馬牛ㅣㅣ之籍。

【雜則:잡칙】 여러 가지 잡다한 규칙。

【雜打令:잡타령】 ＝雜歌。

【雜頉:잡탈】 여러 가지 잡스러운 폐단。

【雜湯:잡탕】 《國》❶쇠고기·해삼·전복·무우 등을 삶아 썰어 넣고 온갖 양념과 고명을 하여 끓인국。또는 볶은 음식。❷여러 가지가 뒤섞여 난잡한 모양이나 물건。또는 난잡한 행동을 하는 사람。

【雜品:잡품】 여러 가지 細細한 물건。

【雜筆:잡필】 잡다한 일을 적은 것。『北史』碑頌ㅣㅣ三十餘篇。

【雜學:잡학】 다방면으로 걸치어 체계가 서지 않은 學問·知識。『尉繚子』野物不爲犧牲、ㅣㅣ不爲通儒。

【雜行:잡행】 ❶여러 가지의 행동。❷《佛》念佛 밖의 修行으로 極樂에 가고자 하는 것。

【雜婚:잡혼】 原始時代에 一夫一妻制가 아니고 한 부락 내의 남녀가 난잡하게 서로 夫婦의 관계를 맺던 일。

【雜貨:잡화】 여러 가지 商品。

【雜貨商:잡화상】 일상 필수품 따위 잡화를 파는 장사。또는 그 장수나 상점。

【雜膾:잡회】 《國》간·양·콩팥·처녑 및 살코기를 잘게 썰어 만든 肉膾。

【雜戲:잡희】 여러 가지 장난。또는 놀이。『陳子昂』雲鳳休徵滿、魚龍ㅣㅣ來。◎亂ㅣ、煩ㅣ、複ㅣ、粗ㅣ、稠ㅣ、混ㅣ。

【雝】 (옹) 冬

ヨウ、やわらぐ harmony ㄩㄥ yung¹

小篆 草書 ❶화할 옹(ㅣㅣ和也)。『詩』曷不肅ㅣ。❷벽옹 옹(辟ㅣ學名)。

【雝渠:옹거】 할미새의 別名。鶺鴒。脊令。

【雝雝:옹옹】 《喩》和樂함。

【雞】 (계) 齊

ケイ、にわとり hen; cock ㄐㄧ chi¹

小篆 籀文 草書 ❶닭계(司晨鳥翰音)。『易』巽爲ㅣ。❷베짱이계(蟲名莎ㅣ)。

(禮器圖)❶雞

【雞頭:계두】 ❶《植》맨드라미。❷닭의볏。雞冠。

雞頭❶ (三才圖會)

【雞彝:계이】 옛날에 祭享 때 쓰이던 술잔。닭의 모양을 새겨서 장식함。

雞彝 (名物圖)

【巂】 一(휴) 齊 ケイ、スイ、ほととぎす 二(규) 支 cuckoo 三(수) 紙 ㄙㄨㄟ suei³

一접동새휴(ㅣ周杜鵑)。 二접동새규(子ㅣ鵑也)。 三나라이름수(邛都國名、越ㅣ)。

〖禮〗立視五ㅣ。

十一畫

【雡】 (류) 宥 リュウ、ひな big chicken

큰병아리류(大雛)。

【䨂】 (우) 宥 オウ、とりのこえ chirp

새소리우(鳥聲)。

【離】 一(리) 支 リ、はなれる leave; separate 二(리) 寘 ㄌㄧˊ li²

一❶베풀리(陳也)。〖左傳〗設衛ㅣ服。 ❷걸릴리(麗也)。〖易經〗彖曰ㅣ麗也。 ❸지날리(歷也)。〖詩經〗ㅣ不于裏。 ❹떠날리(別也)。〖易〗進退無恒非ㅣ羣。 ❺떠돌아다닐리(流ㅣ散也)。〖漢書〗闕流ㅣ。 ❻아름다울리(陸ㅣ美貌)。〖楚辭〗長余佩之陸ㅣ。 ❼둘리(兩也)。〖禮〗ㅣ坐ㅣ立。 ❽반벙어리리(侏ㅣ語不分明)。 ❾외손리(姊妹之孫曰ㅣ孫)。 ❿귀신이름리(神名長ㅣ)。 ⓫말이름리(馬名纖ㅣ)。 ⓬땅이름리(地名鐘ㅣ)。 ⓭풀이름리(草名江ㅣ)。 二자리뜰리(去也)。〖書〗畔官ㅣ次。

【離歌:이가】 이별의 노래。離曲。〖范成大〗ㅣㅣ唱和俱吳音。

【離家:이가】 ❶마을에서 외따로 떨어져 있는 집。 ❷집을 떠나 他鄕으로 감。

【離間:이간】 두 사람 사이를 서로 멀어지게 함。〖顔氏家訓〗慘虐孤遺、ㅣㅣ骨肉。

【離間策:이간책】 두 사람 사이를 이간질하여 서로 떨어지게 하는 술책。

【離居:이거】 멀어져 각각 따로 살음。「居。別居。」

【離隔:이격】 ❶사이가 떨어짐。 ❷서로 어긋남。〖曹植〗感ㅣㅣ兮會无期。

【離京:이경】 서울을 떠남。

【離苦:이고】 離別의 괴로움。〖柝玄記〗常所親愛之人、乖違離散、不得共處、是爲愛別ㅣㅣ。

【離奇:이기】 굽고 비틀어진 모양。〖鄒陽〗蟠木根柢、輪囷ㅣㅣ。《轉》常軌를 벗어난 모양。

【離農:이농】 ❶농사를 버림。 ❷농사 짓는 일을 버리고 농촌을 떠남。「그 집。

【離農家:이농가】 이농하는 사람。또는

【離涙:이루】 別恨의 눈물。이별의 슬픈 눈물。〖樂府〗ㅣㅣ溢河漢。

【離婁:이루】 ＝離朱。〖孟子〗ㅣㅣ之明。

【離陸:이륙】 航空機 등이 날려고 지면에서 떠오름。↕着陸。

【離陸滑走:이륙활주】 비행기가 이륙하기 위하여 미끄러져 달리는 동작。

【離反:이반】 인심이 떠나서 배반함。

【離發:이발】 길을 떠남。

【離杯:이배】 이별의 술잔。別杯。〖賈島〗昨夜飮ㅣㅣ。

【離背:이배】 사이가 벌어져 背反함。離反。〖詩經·疏〗以申伯忠臣、不欲ㅣㅣ王室。

【離別:이별】 서로 갈라져 떨어짐。헤어짐。別離。〖陸龜蒙〗丈夫非無涙、不灑ㅣ間。

【離別歌:이별가】 이별의 노래。이별할 「때에 부르는 노래。

【離別酒:이별주】 이별의 애틋함을 아끼어 마시는 술。이별의 술。

【離思:이사】 離別의 슬픈 생각。서로 헤어질 때의 애틋한 생각。

【離散:이산】 떨어져 흩어짐。헤어져 떠남。〖孟子〗兄弟妻子ㅣㅣ。

【離船樂:이선악】 《樂》배따라기。

【離俗:이속】 ❶俗世를 떠남。 ❷俗事에서 벗어남。「謂出之子、爲ㅣㅣ。

【離孫:이손】 甥姪의 아들。〖爾雅·釋親〗

【離愁:이수】 이별의 슬픔。또는 시름。〖眞山民〗櫓聲搖客夢、帆影掛ㅣㅣ。

【離水滑走:이수활주】 水上機가 뜰 때 수면을 미끄러져 나아가는 동작。↕着水滑走。

【離心:이심】 마음이 떠나서 背反함。反心。異心。

【離宴:이연】 이별의 酒宴。離酒。

【離緣:이연】 夫婦 또는 養子의 관계를 끊음。↕結緣。

【離緣狀:이연장】 《制》부부의 인연을 끊는 표적으로 내어주는 종이 쪽。수세。

【離憂:이우】 근심되는 일을 만남。(離는 遭)。〖史記〗離騷猶ㅣㅣ也。

【離闈:이위】 부모가 계신 곳을 떠남。

【離乳:이유】 젖먹이에게 젖을 뗌。젖떨어짐。

【離乳期:이유기】 생후 六~七개월 전후 젖먹이에게서 젖을 떼는 시기。

【離異:이이】 ＝離婚。

【離貳:이이】 두 마음을 품고 背反함。〖後漢書〗命之所遭、義無ㅣㅣ。

【離籍:이적】 《法》戶主의 權限으로 家族을 戶籍에서 除籍하는 법률 행위。

【離箭:이전】 화살을 시위에 먹이어 잡아 당기어 손을 시위에서 뗌。활을 쏨。

【離絕:이절】 因緣을 끊음。〖詩經·小序〗夫婦ㅣㅣ。

【離著陸:이착륙】 이륙과 착륙。항공기 따위가 離昇 또는 著陸하는 일。

【離礁:이초】 航海 중 暗礁에 걸렸던 배가 暗礁를 떠나 다시 뜨는 것。

【離側:이측】 부모의 곁을 떠남。

【離脫:이탈】 떨어져 나감。

【離瓣花:이판화】 《植》매화·벚꽃·뽕나무·참나무 따위의 꽃과 같이 꽃잎이 基部에서부터 서로 떨어져 있는 꽃。

【離瓣花區:이판화구】 《植》이판화관으로 된 종류로서 뽕나무과 등 一八〇여 과가 있음。

【離披:이피】 꽃이 활짝 핀 모양。〖李商隱〗人世本來多聚散、紅蕖何事亦ㅣㅣ。

【離恨:이한】 이별의 슬픔。別恨。〖李白〗明晨掛帆席、ㅣㅣ滿蒼波。

【離合:이합】 헤어짐과 모임。〖史記〗陰陽ㅣㅣ之道行。 「씨。

【離核:이핵】 과실의 살과 떨어져 있는

【離鄕:이향】 故鄕을 떠남。↕歸鄕。

【離婚:이혼】 부부간의 인연을 끊음。離緣。離離。〖晉書〗不能ㅣㅣ。

【離魂:이혼】 ❶꿈 속의 魂。〖韋莊〗旅夢亂隨蝴蝶散、ㅣㅣ漸逐杜鵑飛。 ❷육체를 떠난 魂。死者의 魂。

【離闊:이활】 오랫동안 서로 떨어져 消息이 積阻함。

◎距ㅣ、隔ㅣ、別ㅣ、分ㅣ、流ㅣ、支ㅣ。

【䧿】 (암) 覃 アン、うずら quail

메추리암(鵪也)。(『鵪』과 같음)

【難】 一(난) 寒 ダン、ナン、むずかしい 二(난) 翰 difficult 三(나) 歌 ㄋㄢˊ nan²

一❶어려울난(艱ㅣ不易)。〖書〗惟帝其ㅣ之。 ❷구슬이름난(珠名木ㅣ)。 二❶근심 난(患也)。〖易〗儉德辟ㅣ。 ❷막을난(阻也)。 ❸꾸짖을 난(責也)。〖孟子〗禽獸又何ㅣ焉。 ❹힐난할난(詰辨)。〖書〗而ㅣ任

人。㊂❶성할나(盛貌)。〔詩〕其業有—。❷탄나(國—大—)。〔禮〕季春命國—季冬命大—。

〔難堪:난감〕 견디어 내기가 어려움。

〔難件:난건〕 감당하기 어려운 사건 또는 안건。

〔難境:난경〕 ❶어려운 경우。❷곤란한 「상황。

〔難攻:난공〕 치기 어려움。

〔難攻不落:난공불락〕 치기 어려워 함락하지 못함。

〔難工事:난공사〕 매우 어렵고 힘드는 「공사。

〔難關:난관〕 ❶지나가기 어려운 문이나 關所。❷빠져 나가기가 어려운 일。『十八史略』我忍死——至此者。

〔難恝:난괄〕 冷待하기 어려운 것。

〔難恝處:난괄처〕 괄대하기 어려운 곳。

〔難局:난국〕 어려운 고비。極難한 時局。

〔難當:난당〕 대적하기 어려움。당해 내기 어려움。

〔難讀:난독〕 읽기 어려움。

〔難得:난득〕 구하여 얻기 어려움。

〔難忘之恩:난망지은〕 잊지 못할 은혜。큰 은덕。

〔難免:난면〕 면하기 어려움。

〔難明之案:난명지안〕 변명하기 어려운 사건。

〔難問:난문〕 ❶의심하여 물음。『後漢書』諸兄每讀經傳、輒下意——。❷답변하기 어려운 질문。또는 문제。

〔難問題:난문제〕 풀기 어려운 문제。

〔難物:난물〕 처치하거나 다루기에 매우 힘든 물건。

〔難駁:난박〕 非難하고 反駁함。『晉書』論議——。

〔難保:난보〕 간신히 보존함。보존하기 「어려움。

〔難捧:난봉〕 꾸어준 돈이나 물건을 도로 받기가 어려움。

〔難事:난사〕 처리하기 어려운 일。『封敖』負才略者、不辭——。

〔難產:난산〕 ❶出產이 매우 곤란함。❷일을 이루기 어려움。

〔難澁:난삽〕 어렵고 빡빡스러워 순조롭게 진행되지 못함。

〔難色:난색〕 ❶난처한 氣色。『魏志』有——。❷싫어하는 얼굴 빛。

〔難船:난선〕 풍파를 만나 위험하게 된 배。또는 그 상태。「하지 못함。

〔難安:난안〕 마음 놓기가 어려움。편안

〔難語:난어〕 이해하기 어려운 말。

〔難言:난언〕 말하기 어려움。

〔難疑:난의〕 어렵고 의심스러움。의심나는 일을 물음。『十八史略』退與萬章之徒、——答問、作七篇。

〔難易:난이〕 어려운 일과 쉬운 일。『老子』有無相生、——相成。

〔難點:난점〕 ❶어떤 사물의 처리하기 어려운 점。❷곤란한 점。

〔難題:난제〕 ❶어려운 문제。❷處理하기가 난처한 문제。『後村題跋』取古人——軼事。

〔難重:난중〕 매우 어렵고도 重함。重難。

〔難中之難:난중지난〕 어려운 일 가운데서도 가장 어려운 일。

〔難症:난증〕 낫기 어려운 병증。

〔難處:난처〕 處地가 어려움。❷通行하기가 어려움。『史記』漕水道九百餘里、時有——。

〔難測:난측〕 헤아리기가 어려움。

〔難治:난치〕 ❶병이나 나쁜 버릇을 고치기 어려움。

〔難便:난편〕 편리하지 않음。「람。

〔難風:난풍〕 船舶이 航行하기 어려운 바

〔難航:난항〕 폭풍 등으로 배나 航空機의 航行이 어려움。(喩)일에 난관이 많아、순조롭게 되어가지 않음。

〔難解:난해〕 해석하기 어려움。알기 어려운 것。

〔難行:난행〕 ❶(佛)지극히 고된 修行。『法華經』——苦行。❷실행하기 매우 어려움。『法華經』諸佛智慧、甚深無量、其智慧門、——難入。

〔難險:난험〕 ❶위험하고 어려움。또는 그 곳。❷심히 고생이 됨。또는 그 것。險難。

〔難兄難弟:난형난제〕 누구를 형이다 아우라 하기 어렵다는 뜻。(喩)두 사물의 낫고 못함을 분간하기 어려움。

〔難化:난화〕 교화하기 어려움。

〔難化之氓:난화지맹〕 교화시키기 어려운 백성。

◎艱—、困—、國—、論—、多—、益—、至—、避—、險—、火—、禍—、—患—。

十二畫

【㪚】(산) 旱 サン、いぐるみ bird's arrow
小篆 주살산(射鳥絲)。

十三畫

【䧢】㊀(수) 支 スイ、とぶ fly
㊁(규) 支
小篆 ㊀날수(飛也)。㊁뜻은 ㊀과 같음。

十五畫

【䕻】㊀(려) 霽 レイ、うぐいす skylark
㊁(리) 支
小篆 ㊀코끼리 려(倉庚)。(『鶖』와 같음)
㊁뜻은 ㊀과 같음。

十六畫

【雥】(잡) 合 ソウ、むれとり flock of bird
小篆 떼새잡(衆鳥)。

二十畫

【雧】(집)『集』(隹部 4畫)과 같음

二十四畫

【䨇】(연) 先 エン、とりのむれ flock of bird
小篆 새떼연(鳥羣)。

雨部

【雨】(우) 麌 遇 ウ、あめ rain 凵 yu³
小篆 古文 草書 ❶비우(水蒸爲雲降爲—)。❷비올우(自上而下)。〔詩〕—我公田。

〔雨脚:우각〕 빗발。비가 내리칠 때에 실줄처럼 보이는 빗줄기。雨足。

〔雨季:우계〕 비가 많은 계절。雨期。

〔雨過天晴:우과천청〕 비가 그치고 날씨가 개어 맑음。

〔雨具:우구〕 雨備。雨裝。우산・삿갓・도롱이 長靴 따위。『史記』昔夫子當行、使弟子持——、已而果雨。

〔雨氣:우기〕 비가 올 듯한 기색。

〔雨期:우기〕 =雨季。

〔雨量:우량〕 비가 내린 分量。降雨量。

〔雨量計:우량계〕 강우량을 재는 기상기계。

〔雨潦:우로〕 빗물。비가 와서 괸 물。『唐書』天寶十三載、玄宗苦——。「旣濡。

〔雨露:우로〕 비와 이슬。『禮記』春——

〔雨露之澤:우로지택〕 ❶넓고 큰 임금의 은혜。❷비와 이슬의 혜택。

〔雨淚:우루〕 눈물이 비오듯 흘러 내림。『譚子』悲則——、辛則雨涕。

〔雨笠:우립〕 갈삿갓。

〔雨霧:우무〕 비와 안개。『西京雜記』嘘

嗽爲寒噤、噴嗽爲――。

【雨雹:우박】 봄이나 여름에 기상의 급변으로 오는 싸라기 눈보다 큰 희고 딴딴한 덩이 눈。

【雨備:우비】 우산·유지·삿갓·도롱이 등 사람의 몸이나 물건에 떨어지는 비를 가리는 여러 기구。雨具。

【雨師:우사】 비를 내리게 한다는 神。〔韓非子〕風伯進掃、――灑道。

【雨傘:우산】 펴고 접을 수 있게 만들어 손에 들고, 비가 올때에 머리 위를 가리는 우비。

雨傘 (三才圖會)

【雨雪:우설】 ❶비와 눈。❷내리는 눈, 또는 눈이 내림。「飛空作――。」

【雨聲:우성】 비가 오는 소리。〔儲光羲〕

【雨勢:우세】 비가 내리는 형세。

【雨水:우수】 ❶빗물。❷二十四 節氣의 하나。陽曆二월 十八일경。〔禮記〕仲春之月、始――、桃始華、倉庚鳴。

【雨順風調:우순풍조】 바람 불고 비오는 것이 때와 분량이 알맞음。五風十雨。

【雨濕:우습】 비 때문에 생긴 濕氣。

【雨矢:우시】 빗발같이 수 없이 쏟아지는 화살。〔唐書〕紹軍――、士失色。

【雨夜:우야】 비가 내리는 밤。

【雨蛙:우와】 〔動〕청개구리。

【雨雲:우운】 비 머금은 구름。

【雨月:우월】 음력 五월의 別稱。

【雨衣:우의】 비가 올 때 입는 옷。雨裝。〔許渾〕白霧青莎織――。

雨衣 (大清會典圖)

【雨意:우의】 ＝雨氣。〔晁補之〕巢居識風 蟻、穴藏知――。

【雨裝:우장】 비를 맞지 않도록 차림。또는 그 服裝。쓰거나 받는 우산·도롱이·갈삿갓 따위。

【雨中:우중】 비가 오는 중。〔王維〕――山菓落、燈下草蟲鳴。

【雨集:우집】 비가 오듯이 많이 모임。〔後漢書〕競交射之、飛矢――。

【雨徵:우징】 비가 올 徵兆。

【雨天:우천】 ❶비가 오는 날씨。❷비가 오는 날。〔杜荀鶴〕忽地晴天作――、全無暑氣似秋間。

【雨天順延:우천순연】 회합 등을 미리 정한 날에 비가 오면, 그 다음 날로 차례로 연기하는 일。

【雨天體操場:우천체조장】 〔體〕우천에도 아무 지장이 없이 체조할 수 있도록 설비한 운동장。

【雨晴:우청】 비가 개임。晴雨。

【雨澤:우택】 비의 혜택。

【雨後:우후】 비가 온 뒤。〔王駕〕雨前初見花間葉、――兼無葉底花。

【雨後竹筍:우후죽순】 비온 뒤에 솟는 죽순。〔喩〕어떤 일이 한 때에 많이 일어남을 비유하는 말。

◎甘―、急―、大―、梅―、暮―、冒―、猛―、驟―、暴風―、風―、寒―。

二畫

【雫】 (쟁) 囚 トウ、あめふる rain 비올쟁(雨降)。

三畫

【雩】 (우) 虞 ウ、あまごい prayers for rain ㄩˊ yu²·⁴ 小篆 或體 草書 기우제우(祈俱祭名)。〔禮〕仲夏大―。

【雩祀壇:우사단】 기우제를 지내는 제단。祈雨壇。

【雩祭:우제】 비가 오기를 비는 祭祀。祈雨祭。〔春秋繁露〕大旱、――而請雨。

【雩】 (우)『雩』(前條)와 같음

【雪】 (설) 屑 セツ、ゆき snow ㄒㄩㄝˇ hsueh³·⁴ 小篆 草書 ❶눈설(陰凝爲―六出化)。❷씻을설(―恥、洗也)。〔戰國策〕―先王之恥。

【雪客:설객】 〔動〕해오라기。白鷺。〔楊文公談苑〕鷺曰――。

【雪徑:설경】 눈이 쌓인 좁은 길。

【雪景:설경】 눈이 내리거나 쌓인 景致。雪色。〔元好問〕――容思物、宣政舊所藏。

【雪姑:설고】 〔動〕할미새의 異稱。〔物類相感志〕俗呼鶺鴒爲――、鳴則大雪。又性好食雪、故名――。「兩相射。」

【雪光:설광】 눈의 빛。〔楊萬里〕日光――。

【雪泥鴻爪:설니홍조】 눈위의 기러기의 발자국이 눈이 녹으면 없어짐。〔喩〕人生의 無常한 자취는 흔적이 없음。〔蘇軾·和子由詩〕

【雪糖:설당 ⇩ 설탕】 가루 사탕。

【雪嶺:설령】 ❶눈으로 덮이어 있는 山봉우리。❷〔地〕四川省과 西藏의 境界에 있는 山脈。〔釋慧淨〕沙河――迷朝徑。

【雪梨膏:설리고】 〔醫〕배·호두·作末한 硼砂·새앙즙 따위를 넣고 굵인 물에 꿀을 탄약。감기·술탈 등의 약으로 씀。

【雪馬:설마】 ＝썰매。

【雪綿子:설면자】 풀솜。

【雪髮:설발】 눈처럼 흰 白髮。〔黃滔〕玉貌潛凋――生。

【雪白:설백】 ❶눈처럼 힘。❷性行이 결백함。〔後漢書〕大中大夫宋宏、清修――、正直無邪。

【雪峰:설봉】 눈이 내려 덮인 산봉우리。雪嶺。〔司空圖〕幾處馬嘶春麥長、一川人喜――晴。

【雪膚花容:설부화용】 눈 같이 흰 살결과 꽃 같아 아름다운 얼굴。

【雪憤:설분】 분풀이。

【雪山:설산】 ❶눈이 쌓여 있는 山。또는 一년 중 눈이 녹지 않고 덮여 있는 山。〔庾信〕――埋馬、氷河陷陣。❷〔地〕㉠西域에 있는 山 이름。〔後漢書·註〕西域有白山、通歲有雪亦名――。㉡雲南省의 雪嶺。❸높게 밀려 오는 흰 波濤。〔裴夷易〕三年不見塵中事、滿眼江濤送――。

【雪上:설상】 눈 위。

【雪上加霜:설상가상】 눈 위에 서리가 덮침。〔喩〕不幸한 일이 연거푸 겹쳐 일어남。〔傳燈錄〕雪上更加霜。

【雪色:설색】 ❶눈의 빛깔。❷눈의 景致。雪景。〔徐陵〕風光今旦動、――故年殘。

【雪水:설수】 눈이 녹아서 된 물。

【雪嶽山:설악산】 〔地〕山 이름。江原道 襄陽郡과 麟蹄郡 사이에 있는 山。最高峰인 青峰의 높이는 一七〇八米。百潭寺·神興寺·五歲菴 등의 고적이 있음。

【雪夜:설야】 눈 내리는 밤。〔張籍〕草堂――攜琴宿。

【雪野:설야】 눈에 덮인 들。

【雪辱:설욕】 부끄러움을 씻음。雪恥。

【雪辱戰:설욕전】 먼저 싸움에 진 부끄러움을 이기어 씻기 위한 싸움。

【雪冤:설원】 원통함을 풀음。누명을 벗음。〔鄭谷〕――知早晚、雨泣渡江湖。

【雪月:설월】 ❶눈과 달。❷눈 위에 내리 비치는 달。

【雪異:설이】 엄청나게 많이 오는 눈이나 때 아닌 때에 오는 눈。

【雪田:설전】 눈밭。눈이 깔린 땅。

【雪戰:설전】 눈 싸움。

【雪中:설중】 눈이 내리는 가운데。눈 속。〔方干〕嶺頂雲根在――。

【雪中梅:설중매】 ❶눈 가운데 핀 매화。❷〔書〕新小說。李朝末 具然學 지음。

【雪天:설천】 눈이 내리려는 하늘。눈 내리는 날。雪空。〔陸游〕山色蒼寒釀――。

【雪恥:설치】=雪辱。

【雪片:설편】 눈송이。『杜甫』梅花萬里外、——一冬深。

【雪風:설풍】 ❶눈바람。 눈 보라。 ❷눈 위에서 불어 오는 바람。

【雪寒:설한】 눈이 내리거나 내린 뒤의 「추위。

【雪寒風:설한풍】 ❶눈바람。 ❷눈이 올 때에 휘몰아 부는 찬 바람。

【雪害:설해】 降雪로 말미암은 災害。

【雪花:설화】 눈。 눈송이를 꽃에 비유한 말。『庾信』——深數丈、氷牀厚尺餘。

【雪花糕:설화고】 찹쌀을 쪄서 속을 넣고 만든 떡의 한 가지。

【雪後:설후】 눈이 내린 뒤。『杜甫』杖藜——臨丹壑、鳴玉朝來散紫宸。

◎降—、大—、暮—、冒—、白—、小—、伸—、夜—、殘—、積—、初—、風—。

【雫】 (나) ダ、しずく drop of water

草書 물방울나(涓滴)。

四畫

【雳】 (홀) 月 コツ、かみなり thunder

우뢰홀(雷也)。

【雯】 (문) 文 ブン、あや figure of cloud ㄨㄣˊ wen²

草書 구름문채문(雲成章)。『古三墳』日雲赤曇月雲素—。

【雯華:문화】 구름의 아름다운 무늬。

【雰】 ㊀(분) 文 ㊁(분) 文 フン、きり fog:mist ㄈㄣ fen¹

草書 ㊀❶안개분(霧也)。 ❷눈펄펄 날릴분(——雪貌)。 ㊁상서로운 기운분(瑞氣)。(「氛」과 같음)

【雰雰:분분】 ❶눈이 내리는 모양。 또는 서리의 모양。『詩經』雨雪——。 ❷비가 어지러이 오는 모양。

【雰圍氣:분위기】 ❶지구를 싸고 있는 大氣。 ❷주위에 떠도는 일반적인 기분。

【雰圍氣描寫音樂:분위기묘사음악】 영화의 주요 인물의 심리 상태를 묘사한 음악。

【雰虹:분홍】 무지개。『虞騫』——照漣漪。

【雱】 (방) 陽 ホウ、ゆき large flaken of snow ㄆㄤˊ p'ang²

草書 눈펄펄쏟아질방、함박눈방(雪盛貌)。『詩』雨雪其—。

【雲】 (운) 文 ウン、くも cloud ㄩㄣˊ yün²

小篆 古文 古文 草書 ❶구름운(山川氣陰陽聚)。『易』—行雨施。 ❷은하수운(—漢)。『詩』倬彼—漢。 ❸팔대손운(八代孫曰—孫)。 ❹하늘운(天也青—)。

【雲刻:운각】 器具의 가장자리에 구름의 모양을 새긴 새김。

【雲脚:운각】 ❶구름이 움직여 가는 모양。『韓愈』——飛銀綿。 ❷구름이 땅 가까이 내려온 모양。

【雲客:운객】 구름 가운데의 사람。 곧 仙人·隱者따위를 아름답게 일컫는 말。『水經·註』是以林徒棲託、——宅心。

【雲鏡:운경】 《物》 거울을 사용하여 구름의 방향·속도를 재는 기구。 雲速計。

【雲髻:운계】 =높게 틀어올린 머리。『粧臺記』周文王於髻上加珠翠翹花、傳之鉛粉、其髻高名、曰鳳髻、又曰——、步步而搖、故曰、步搖。

【雲空:운공】 포살미집의 檐遮 사이에 까는 조그마한 널쪽。

【雲捲天晴:운권천청】 구름이 걷히고 하늘이 맑게 갬。 《喩》病이나 근심이 씻은 듯이 없어짐의 비유。

【雲根:운근】 ❶돌의 異稱。 구름은 山의 巖石 사이에서 나온다는 데서 온 말。 ❷山의 別名。(구름은 山에서 나온다는 데서 일컬음)。 『賈島』過橋分野色、移石動——。 ❸구름이 일어나는 根源。

【雲錦裳:운금상】 ❶매우 아름다운 비단 옷。 ❷아름답고 훌륭한 文章。『蘇軾·韓文公廟碑』天孫爲織——。

【雲氣:운기】 ❶구름이 움직이는 모양。 ❷공중으로 떠오르는 기운。『漢書』季所居上、常有——。

【雲泥:운니】 구름과 진흙。 《喩》差異가 매우 심함。 天地。 霄壤。『李紳』明日獨歸花路遠、可憐人世隔——。

【雲泥之差:운니지차】 서로의 차이가 심함을 일컫는 말。

【雲堂:운당】 《佛》僧堂。

【雲濤:운도】 ❶구름과 波濤。 ❷물결 치듯이 사납게 일어나는 구름。 ❸멀리 水平線에 보이는 파도。『孟浩然』日夕望三山、——空浩浩。

【雲棟:운동】 높이 솟은 지붕의 용마루。『張正見』——疑飛雨。

【雲屯:운둔】 병정들이 구름처럼 많이 모여 주둔함。『後漢書』覘望風塵、——鳥散。

【雲路:운로】 구름이 오고 가는 길。《喩》仕官하여 顯達함。

【雲龍:운룡】 ❶구름을 타고서 昇天 하는 龍。 天子나 또는 王侯·英雄을 이름。 ❷구름과 龍의 무늬。

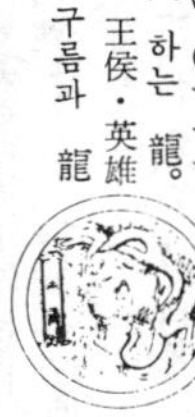

雲龍(西清古鑑)

【雲龍風虎:운룡풍호】 龍은 구름을 좇고 범은 바람을 따름。《喩》㉠意氣와 氣質이 서로 맞음。 ㉡聖主가 賢臣을 얻음。

【雲母:운모】 《鑛》板狀 또는 片狀의 硅酸 광물。 엷은 板으로 갈라지는 성질이 있으며 白·黑 二종이 있으며 電氣의 絶緣體 등에 쓰임。

【雲母膏:운모고】 《醫》옴·毒瘡에 쓰는 운모를 고아서 만든 고약。

【雲母屛:운모병】 운모로 만든 병풍。

【雲母石:운모석】 운모를 주석분으로 하는 암석。

【雲母紙:운모지】 운모의 가루를 바른 「종이。

【雲母片岩:운모편암】 《鑛》雲母·石英 등을 주성분으로 하는 結晶 편암。

【雲霧:운무】 구름과 안개。『晉書』若披——而覩青天也。

【雲霧中:운무중】 구름과 안개 속。《喩》몹시 의심스러운 일의 비유。

【雲紋:운문】 구름 모양의 무늬。

【雲紋大緞:운문대단】 구름 같은 무늬가 있는 大緞。

【雲半:운반】 음력 동짓달의 別稱。

【雲髮:운발】 여자의 탐스러운 머리 모양을 일컫는 말。

【雲房:운방】 구름이 끼는 높은 집。 道士 또는 중들이 居處하는 곳。『劉得仁』——空見有仙經。

【雲帆:운범】 멀리 구름 사이로 보이는 배。『沈佺期』茫茫理——。

【雲峰:운봉】 여름날 산봉우리처럼 피어 오르는 구름。

【雲鬢:운빈】 여자의 탐스러운 귀밑 머리를 함박 솜이 같은 구름에 비유한 말。『張正見』王孫春好遊、——不勝愁。

【雲鬢花容:운빈화용】 탐스러운 귀밑 머리와 아름답게 생긴 여자를 일컫는 말。

【雲山:운산】 구름에 잠겨 있는 山。『宋史』——浩浩歸何處、但聞空際綵鸞聲。

【雲散鳥沒:운산조몰】 구름처럼 어느 듯 흩어지고 새처럼 자취 없이 사라짐。 雲消霧散。

【雲翔:운상】 ❶나뉘어 흩어짐。『戰國策』楚燕之兵、——而不敢校。『註』——散也。

❷구름이 여기 저기 돌아다니는 것처럼 여기 저기서 일어남。『後漢書·憑衍傳』。❸구름처럼 빨리 달아남。『晉書·陳機傳』。

【雲棲:운서】 雲間에 살음。世俗을 벗어나 隱居함。『陸游』——澗飮未爲高、起舞行歌亦足豪。

【雲石:운석】 中國 雲南에서 나는 옥돌。

【雲霄:운소】 ❶하늘。❷높은 地位。『朱慶餘』——未得路、江海作閒人。

【雲消霧散:운소무산】 구름처럼 사라지고 안개 처럼 흩어짐。《喩》자취 없이 사라짐。雲散霧消。

【雲孫:운손】 멀어진 자손이라는 뜻。《轉》八代의 後孫을 일컬음。『爾雅』仍孫之子、爲——。

【雲樹:운수】 구름에 닿을 정도로 높은 나무。『王維』塞迥山河靜、天長——微。

【雲水:운수】 구름과 물。《轉》구름이나 물처럼 정처 없이 다니는 行脚僧。雲水僧。『豊干禪師』一身如——、悠悠任去來。

【雲樹之懷:운수지회】 벗을 그리는 회포。

【雲實:운실】 《植》 毒草의 한 가지。員實。

雲實(三才圖會)

【雲心月性:운심월성】 구름 같은 마음과 달 같은 性稟。맑고 깨끗하여 욕심이 없는 모양。『孟浩然』野客雲爲心、高僧月爲性。

【雲巖:운암】 하늘을 찌르는 듯이 우뚝 솟은 바위。「기」。

【雲愛:운애】 구름이 끼어 흐리게 된 공六附。

【雲液:운액】 ❶雲母의 別名。『本草綱目』❷술。『白居易·對酒閒吟贈老者詩』——

【雲壤:운양】 구름과 땅。天地。『韓偓』阡陌懸——、闌畦隔艾芝。

【雲烟:운연】 ❶=雲煙。❷筆跡의 뛰어남을 形容함。『杜甫』揮毫落紙飛——。

【雲煙:운연】 구름과 연기。

【雲煙過眼:운연과안】 《喩》❶즐거운 일에 마음을 두지 않음。❷사물에 깊은 마음을 두지 않음。

【雲煙變態:운연변태】 구름과 안개가 천번 변하고 만번 변하여 운치를 이룸。

【雲影:운영】 구름의 그림자。『盧綸』——斷來峰影出、林花落盡草花生。

【雲霓:운예】 구름과 무지개。비가 오기 전에는 구름이 일어나고 그치면 무지개가 나타남。『孟子』若大旱之望——也。

【雲翳:운예】 구름이 해를 가림。또는 그 그림자。『陸游』大空——終當散、吾道常如日正中。

【雲臥:운와】 구름에 싸인 높은 山에 누움。《喩》俗世를 벗어나 조용히 살음。

【雲擾:운요】 구름이 솟아 오르는 것처럼 세상이 어지러움。『漢書』天下——。『鮑照』——恣天行。

【雲雨:운우】 구름과 비。『吳志』恐蛟龍得——、終非池中物。《轉》㉠男女間의 交情。㉡恩惠。德澤。

【雲雨之情:운우지정】 男女間의 肉體的으로 어울리는 사랑。

【雲月:운월】 구름에 가리운 달。

【雲遊:운유】 ❶구름 속에서 놀음。『李益』風駕昇天行、——恣霞宿。❷구름과 같이 자유스럽게 놀음。❸구름이 높이 떠돌아 다니는 모양。

【雲雀:운작】 《動》새 이름。雲雀科에 속하는 새。종다리。

【雲棧:운잔】 구름에 닿을 정도로 높은 사다리。높은 山의 斷崖·絶壁 등을 건너 다니게 한 通路。『天建』轉江——細。

【雲箋:운전】 남의 편지의 敬稱。『陳達』因風懶寄白——。

【雲梯:운제】 구름에 닿을 정도로 높은 사다리。옛날에 城을 攻擊하는 데 쓴 긴 사다리。《轉》높은 地位에 오름。

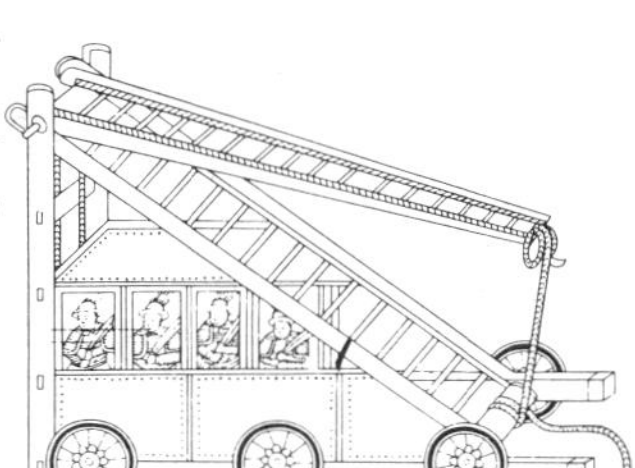
雲梯(武備志)

【雲際:운제】 구름이 있는 근처。《轉》雲邊。먼 하늘。또는 높은 山。『陳子昂』古木生——、孤帆出霧中。

【雲集:운집】 구름과 같이 많이 모임。

【雲集霧散:운집무산】 구름처럼 모이고 안개처럼 흩어짐。《喩》별안간 많은 것이 모이고 흩어짐。

【雲彩:운채】 구름의 무지개처럼 찬란하고 어지러운 色彩。

【雲聚:운취】 ❶=雲集。❷구름같이 뭉게뭉게 모여 定한 바가 없는 모양。『徐陵』郢中上客、——魏都。

【雲陛:운폐】 높은 層階。宮中의 階段。『謝朓』惟昔逢休明、十載朝——。

【雲表:운표】 구름의 表面。구름의 위。또는 바깥。雲上。雲外。『魏志』得——之露。「出海晩、海柳渡江春。

【雲霞:운하】 구름과 놀。『杜審言』——

【雲壑:운학】 구름에 잠긴 깊은 구렁。『孔稚圭』誘我松桂、欺我——。

【雲漢:운한】 ❶銀河。❷하늘。『魏文帝』北翼翔——。

【雲翰:운한】 남의 편지의 尊稱。

【雲合霧集:운합무집】 구름처럼 합하고 안개처럼 모임。어느 때든지 많이 모임의 形容。雲集。『史記』天下之士、——。

【雲海:운해】 ❶구름이 덮인 바다。『沈佺期』何堪萬里外、——已冥茫。❷물이 구름에 連하여 보이는 아득한 곳。❸山이 구름에 싸여 봉우리가 섬처럼 보이는 모양。

【雲行:운행】 구름이 지나가는 모양。

【雲形:운형】 ❶구름의 모양。❷구름의 모양을 그린 模形。또는 彫刻。

【雲形定規:운형정규】 曲線을 그리는 자。雲形자。

◎景—、卷層—、暮—、白—、紫—、積—、青—、層—、行—、黑—。

五 畫

【霙】 (앙) 陽 オウ、くも、fleecy clouds

흰구름피어오를앙(——白雲貌)。

【零】 ㊀(령) 青 レイ、レン、れい、はした ㊁(령) 徑 odd ; zero ㊂(련) 先 カ丨ㄥ ling²

(小篆) (草書)

㊀❶비뚝뚝떨어질령(雨餘落)。【詩】靈雨旣—。❷셈나머지령(畸—數餘)。㊁❶부서질령(碎也)。❷떨어질령(落也)。㊂오랑캐이름련(西羌名、先—)。

【零度:영도】 度數를 잴 때에 基點으로 하는 度。

【零落:영락】 ❶풀과 나무가 말라 시들어 떨어짐。凋落。『白居易』門前——鞍馬稀。❷떨어져 흔들림。쓸쓸함。❸죽음。❹떨어져 廢함。沒落。

【零淚:영루】 눈물을 떨어뜨림。落淚。『沈約』——向誰通、雞鳴徒歎息。「——桁條。

【零買:영매】 조금씩 삼。『古今秘苑』—

【零賣:영매】 조금씩 물건을 팔음。갈라 팔음。『晁氏客語』荆公托人賣金、——了、銖兩不足。

【零本:영본】 卷數가 부족한 書籍。

【零散 : 영산】 떨어져 흩어짐。〔白居易〕歌伴酒徒——盡、唯殘頭白老蕭翁。
【零星 : 영성】 ❶數爻가 적어서 보잘 것이 없는 모양。❷별 이름。〔後漢書〕好祠魂神社稷——。
【零細 : 영세】 ❶극히 작고 가늘어 변변하지 못함。❷썩 잘음。
【零細農 : 영세농】 경지 면적이 적어 농업만으로는 생계를 유지할 수 없어서 경작하는 여가를 타서 품팔이를 하면서、생계를 유지하는 소규모 농업。
【零碎 : 영쇄】 ❶떨어져 부서짐。〔白居易〕雪花——逐年減、烟葉稀疎隨分新。❷자질구레한 일。
【零時 : 영시】 ❶낮의 一二시。또는 밤 一二시 ❷一二시와 一시 사이。
【零餘 : 영여】 남어지。쓰고 남은 돈이나 물건。餘在。〔字彙〕凡數之——也。
【零雨 : 영우】 小雨。降雨。 조용히 내리는 비。〔詩經〕——其濛。
【零錢 : 영전】 쓰다가 조금 남은 돈。
【零點 : 영점】 ❶得點이 없음。❷攝氏 寒暖計의 氷點。
【零丁 : 영정】 ❶뜻을 잃은 모양。孤獨해서 도움이 없음。〔李密〕——孤苦、至於成立。❷迷兒를 찾기 위하여 종이에 姓名을 써서 대나무 장대 끝에 메달아 세우는 물건。 「지。零餘。
【零條 : 영조】 셈할 때 조금 떨어진 나머지
【零替 : 영체】 零落。잎이 시들고 말라서 떨어짐。勢力이나 살림이 아주 보잘 것 없이 됨。
【零縮 : 영축】 數爻가 줄어서 모자람。
【零下 : 영하】 寒暖計의 빙점 이하。

【雷】 (뢰) 灰 ライ、かみなり thunder ㄌㄟˊ lei²
小篆 古文 古文 籀文 草書

❶천둥뢰、우뢰뢰(陰陽薄動聲)。〔禮記〕—乃發聲。❷조화신뢰(造化神黔—)。❸북이름뢰(鼓名—鼓)。❹남따라소리지를뢰(附和—同)。
【雷巾 : 뇌건】 道士들이 쓰는 冠。

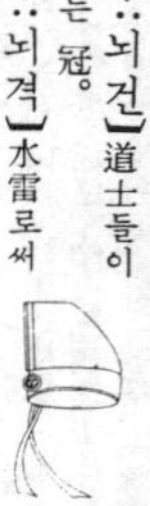
雷巾 (三才圖會)

【雷擊 : 뇌격】 水雷로써 적의 배를 공격 함。
【雷擊戰 : 뇌격전】 魚雷와 機雷를 내 쏘아 공격하는 싸움。
【雷鼓 : 뇌고】 ❶울리는 雷聲。❷북의 한 가지。八面이 있는 북。❸북을 침。❹북을 마구 침。

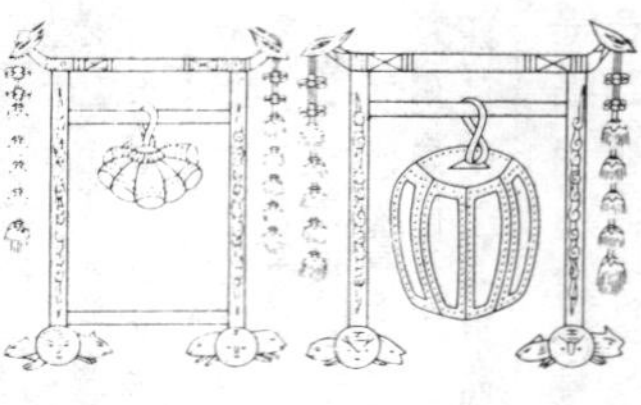
雷鼓❷ (名物圖)　雷鼓❷ (三禮圖)

【雷公 : 뇌공】 천둥。雷神。〔杜甫〕安得鞭——、滂沱洗吳越。
【雷管 : 뇌관】 銃砲의 彈藥에 點火하기 위 「한 發火物。
【雷動 : 뇌동】 천둥이 울리어 퍼지는 것처럼 시끄럽게 떠들음。〔漢書〕邊竟——、四野風起。
【雷同 : 뇌동】 是非의 分別이 없이 함부로 남의 말에 同意함。〔禮記〕毋剿說、毋——。
【雷同批評 : 뇌동비평】 딴 사람이 말하는 대로 좇아서 하는 비평。
【雷頭痛 : 뇌두통】 《醫》熱毒이 눈을 범하여 눈동자에 핏발이 서고 두통이 심하며 잘 보지 못하는 눈병。
【雷厲風飛 : 뇌려풍비】 벼락같이 날쌔고 빠름。「고
【雷鳴 : 뇌명】 ❶천둥이 울림。雷吼。❷천둥이 울리는 것처럼 큰 소리。〔陸游〕不妨鼻息似——。
【雷紋 : 뇌문】 번개처럼 屈折된 線으로써 만드는 一種의 무늬。「

雷紋 (西淸古鑑)

【雷文 : 뇌문】 方形 또는 菱形의 旋文을 여러 겹 포개서 이루어진 무늬。
【雷文鼎 : 뇌문정】 번개 무늬를 넣어 만든 솥。

周雷文鼎 (西淸續鑑)

【雷逢電別 : 뇌봉전별】 우뢰같이 만났다가 번개같이 헤어진다는 뜻。《喩》갑짜기 잠깐 만났다가 곧 이별하는 것。
【雷斧 : 뇌부】 ❶돌로 만든 도끼。石器時代의 遺物。雷斧石。❷우뢰를 도끼로 찍어 쪼갠 것처럼 갈라짐。또는 우뢰의 도끼。❸이상한 돌 따위의 형용。魂斧。〔宋濂〕魂工——琢削古。
【雷奔 : 뇌분】 천둥 소리가 퍼지는 것처럼 빨리 달아남。〔班固〕——電激。
【雷師 : 뇌사】 우뢰를 맡고 있다는 神。雷神。〔楚辭〕——告余。
【雷聲 : 뇌성】 우뢰 소리。천둥 소리。
【雷聲大名 : 뇌성대명】 세상에 우뢰처럼 높이 드러난 이름。「락。
【雷聲霹靂 : 뇌성벽력】 우뢰 소리와 벼
【雷神 : 뇌신】 우뢰를 주관하는 귀신。〔宋史〕祀風伯雨師——。

雷神 (山海經圖)

【雷魚 : 뇌어】 《動》雷魚科에 딸린 작은 고기。
【雷雨 : 뇌우】 우뢰와 더불어 오는 비。〔易經〕——之動、滿盈。 「合而章。
【雷電 : 뇌전】 천둥과 번개。〔易經〕——
【雷霆 : 뇌정】 천둥。(霆은 심한 천둥)。
【雷霆霹靂 : 뇌정벽력】 격렬한 우뢰와 〔易經〕鼓之以——、潤之以風雨。「벼락。
【雷震 : 뇌진】 천둥의 울림。〔漢書〕長驅大擧、電擊——。
【雷歎 : 뇌탄】 탄식하는 소리가 우뢰와 같음。〔馬融·長笛賦〕——頹息。「曰——。
【雷鞭 : 뇌편】 번개。〔故事成語考〕閃電號
【雷響 : 뇌향】 천둥의 울림。〔盧世南〕目電曜、發聲——。
【雷火 : 뇌화】 落雷에서 일어난 火災。〔北史〕——遂滅。
【雷丸 : 뇌환】 대 뿌리에 寄生하는 菌。깎아서 촌충약으로 씀。電斧。雷楔。竹苓。
【雷汞 : 뇌홍】 《化》水銀을 窒酸에 녹여 알코홀을 넣어서 만든 화합물。
◎機—、落—、水—、迅—、魚—、地—、避—。

【雯】 (불) 物 フツ、あめふる rain
비올불(雨降貌)。

【雹】 (박) 覺 ハク、ひょう hail ㄅㄠˊ pao²
小篆 古文 草書
우박박、누리박(雨冰)。〔宋書〕臨安雨—太學屋瓦皆碎諱言硬雨。
【雹霰 : 박선】 우박。
【雹異 : 박이】 우박으로 인한 異狀。
【雹災 : 박재】 우박이 농작물에 끼치는 재앙。

【霈】 (불) 物 フツ、くも cloud
구름모양불(雲貌)。

【霿】(몽) 東 ボウ、きり fog; mist ㄇㄥˊ mêng² 草書 해미낄몽、안개몽(天氣下地不應)。

【電】(전) 霰 テン、いなびかり lightning ㄉㄧㄢˋ tien⁴ 小篆 古文 草書 ❶번개전(震ㅡ陰陽激耀)。【易】離爲ㅡ。 ❷전기전(ㅡ氣)。 ❸번쩍할전(ㅡ光)。

【電車:전거②전차】 ❶길게 이어진 수레。 [晉書·張華傳]電梯ㅡㅡ。 ❷電力의 힘으로 軌道의 위를 달리는 車。

【電激:전격】 번개처럼 激甚하게 일어남。 [漢書]游說之徒、風颮ㅡㅡ。

【電擊:전격】 ❶번개처럼 급히 공격함。 ❷人體에 感電된 衝擊。 [漢書]長驅大與、ㅡㅡ雷震。

【電光:전광】 ❶번갯불。 ❷전기 등의 불빛。 「喩」대단히 빠름。

【電光石火:전광석화】 번갯불과 돌을 쳐서 번쩍하는 불。 「喩」매우 빠름。 시간이 극히 짧음을 일컬음。 [淮南子]人生天地之間、如擊石見火、電火過隙。

【電氣:전기】 ❶(物)電子의 이동으로 물체를 끌어 당기는 에네르기의 한 형태。 陰·陽 두 가지가 있음。 ❷=電燃。

【電燈:전등】 電氣의 힘으로 켠 등불。

【電覽:전람】 남에게 뵈어주는 데 대한 敬語。 呈電。

【電纜:전람】 전선 또는 그 다발을 절연물로 꼭 포장한 것。

【電量:전량】 電氣量의 略語。

【電力:전력】 (物)電流에 의한 動力。 일정한 시간에 작용하는 電氣의 힘。

【電鈴:전령】 電流의 작용을 응용하여 종을 울리는 장치。 電氣鍾。

【電路:전로】 전류를 통하는 길。

【電流:전류】 電氣가 導體 안을 흐름。 實用單位는 암페어(ampere)。

【電碼:전마】 전신의 부호와 그 글자와를 비추어서 대어 보는 표。

【電滅:전멸】 번갯불처럼 별안간에 망함。 [傳休奕]存若流光忽ㅡㅡ、何爲多念獨鬱結。

【電文:전문】 電報의 文句。 電信文。

【電髮:전발】 전기로 머리를 지지는 일。

【電報:전보】 電信機로 문자·부호를 즉시 먼 곳에 通信하는 것。 또 그 通信。

【電送:전송】 인쇄물·사진·그림 등을 電氣 작용에 의해서 먼 곳에 보냄。

【電信:전신】 電氣의 작용을 이용하여 文字·記號를 速達하는 것。 電報。

【電壓:전압】 (物)電場 또는 導體內의 二點間의 電位의 差。 實用單位는 볼테이지。

【電源:전원】 ❶電氣를 일으키는 곳。 水力 또는 火力發電所。 ❷電流를 供給하는 根源。

【電子:전자】 (物)原子를 구성하는 素粒子의 하나。 陰電氣를 띄고 있어、그 絶對値는 電氣素量으로서 電氣量의 單位、電氣·電流의 實體인 電子의 흐름이 電流임。 엘렉트론(electron)。

【電磁力:전자력】 (物)전류는 그 주위의 磁場을 만들고 자석에 힘을 작용하며 또 자석이 만들어지는 자장내에 있는 전류는 그 자장으로부터 힘을 받음。 이 전류·자석 상호간에 작용하는 힘。

【電磁石:전자석】 (物)軟鐵에 코일을 감아서 코일에 전류를 통함으로 인하여 磁石과 같은 작용을 하는 電氣磁石。

【電照:전조】 빛이 비치어 빛남。

【電柱:전주】 電線을 架設하기 위하여 세운 기둥。 電信柱。

【電池:전지】 化學的인 反應에 의해서 電氣를 일으키게 하는 장치。

【電著:전착】 電解質이 전기 분해에 의하여 전극에 析出하여서 그 표면에 부착하는 현상。

【電請:전청】 電報로 어떤 일을 請하고 부탁함。

【電掣:전체】 ❶번개처럼 빨리 움직임。 ❷번갯불이 번쩍임。 【李白】紅旗ㅡㅡ、卷長空之飛雪。

【電馳:전치】 번갯불처럼 매우 빨리 달림。

【電波:전파】 (物)電磁場內의 一點에서 電磁場의 진동이 일정한 속도로 의 모든 곳에 전하여지는 현상。 주로 電氣通信에 쓰이는 것을 일컬음。

【電鞭:전편】 번개。 電氣의 흐름을 채찍에 비유함。 【漢書】奮ㅡㅡ、驂雷輜。

【電解:전해】 (物)電力으로 物質을 分解하는 것。

【電火:전화】 번갯불。

【電化:전화】 사회 생활이나 가정 생활에 전기를 이용하여 다른 熱源이나 動力源을 대신함。

【電話:전화】 ❶電氣의 작용을 이용하여 먼 곳에 있는 사람과 通話하는 장치。 ❷電話機로 이야기 함。 ❸電話機의 略語。

【電畫:전화】 텔레비전。

◎感ㅡ、急ㅡ、雷ㅡ、漏ㅡ、放ㅡ、飛ㅡ、送ㅡ、停ㅡ、蓄ㅡ、打ㅡ。

六畫

【霋】㊀(잠) 侵 シン、ガイ、ながあめ ㊁(애) 佳 long rain 小篆 ㊀장마잠(霖雨)。 ㊁빗소리애(雨聲)。

【⿱雨次】(자) 紙 ジ、シャ、おおあめ heavy rain ❶큰비자(大雨)。 ❷빗소리자(雨聲)。

【⿱雨各】(락) 藥 ラク、あめおちる (of rain) drop 小篆 비떨어질락(雨零)。

【霁】(제) 齊 テイ、やむ rain off ❶비그칠제(雨止)。 ❷구름걷힐제(霽雲)。

【⿱雨羽】(우) 遇 ウ、みずのおと babble of water 小篆 물소리우(水聲)。

【⿱雨汚】(우) 麌 ウ、にわかあめ shower 소나기우(霳ㅡ暴雨)。

【⿱雨冊】(색) 陌 サク、あられ hail 싸락눈색(霰也)。

【⿱雨兆】(조) 嘯 チョウ、くらい dark 어두울조(幽冥)。

【需】(수) 虞 ジュ、もとめる demand; request ㄖㄨ 小篆 草書 ❶음식수(食也)。【易】雲上于天ㅡ君子以飮食宴樂。 ❷머뭇거릴수(ㅡ待遲疑)。 【左傳】ㅡ事之賊也。 ❸기다릴수(須也)。 【易】ㅡ須也險在前也。 ❹찾을수(索也)。 ❺괘이름수(卦名)。 ❻쓸수(ㅡ要)。

【需給:수급】 需要와 供給。

【需事之賊:수사지적】 일에 대해서 疑心을 품고 머뭇거리면 時期도 잃고 사업에 성공을 기할 수 없음。 [左傳·哀·六]

【需世之才:수세지재】 세상에 등용될 만한 人材。

【需要:수요】 ❶필요해서 얻고자 함。 ❷(經)財貨에 대하여 가지는 欲望。

【需要供給:수요공급】 필요해서 얻고자 함에 응하여 대어 줌。

【需用:수용】 求하여 씀。 또는 그 물건。

◎軍ㅡ、民ㅡ、特ㅡ、必ㅡ、婚ㅡ。

七 畫

【霂】 (목) 屋 モク、こさめ drizzle ㄇㄨˋ mu⁴
小篆 草書 비부슬부슬올목(霡ㅣ小雨)。【詩經】益之以霡ㅣ。

【霃】 (침) 侵 チン、くもる gloomy
小篆 음산할침、오래흐릴침(久陰)。

【⿱雨見】 (선) 霰 セン、あられ hail
싸라눈선(霄雪冰雪雜下)。【爾雅】雨ㅣ爲霄雪。(『霰』과 같음)

【霄】 (소) 蕭 ショウ、そら sky ㄒㄧㄠ hsiao¹
小篆 草書 ❶하늘소(雲ㅣ天氣)。【甘泉賦】騰淸ㅣ而軼浮景。❷진눈까비소(雨霓)。【爾雅註】霰也冰雪雜下曰ㅣ雪。
【霄壤:소양】 하늘과 땅。(喩)매우 差異가 큼。【張養浩】緬思ㅣㅣ間、實與逆旅均。
【霄壤之判:소양지판】 (喩)두 事物이 하늘과 땅과 같이 차이가 엄청남。天壤之判。天壤之間。
【霄漢:소한】 蒼空。【後漢書】如是則可以陵ㅣㅣ、出宇宙之外矣。

【霅】 ㊀(삽) 合 ㊁(잡) 洽 チョウ、トウ、あめふる rain ㄙㄚˋ sa⁴
小篆 草書 ㊀빗소리삽(ㅣㅣ、雨聲)。㊁❶천둥번개칠잡(ㅣㅣ、震電)。❷지들잡(衆言)。❸물이름잡(吳興水名)。

【⿱雨延】 (연) 霰 エン、くもたつ clouds rise
구름일연(雲起)。

【霆】 ㊀(정) 靑 ㊁(정) 徑 テイ、いなずま thunder ㄊㄧㄥˊ t'ing²
小篆 草書 ㊀벼락정(疾雷)。【爾雅】疾雷爲ㅣ霓。㊁번개정(陰陽相薄激而爲ㅣ電)。【淮南子】疾ㅣ不及掩耳。
【霆激:정격】 우뢰와 같이 일어남。【張懷瓘】飄風驟雨、雷怒ㅣㅣ。
【霆擊:정격】 번개같이 날쌔게 한 번에 침。【漢書】嚴尤曰、宜縱先至者、令臣等深入ㅣㅣ。

【震】 (진) 震 シン、いなずま thunder ㄓㄣˋ chen⁴
小篆 籒文 草書 ❶벼락칠진(雷也)。【春秋】ㅣ夷伯之廟。❷진동할진(動也)。【書經】ㅣ驚朕師。❸위엄진(威也)。【易】ㅣ用伐鬼方。❹두려울진(懼也)。【易】游雷ㅣ恐懼修省。❺괘이름진(卦名)。❻지진진(ㅣ災)。
【震撼:진감】 울려서 흔들림。【宋史】ㅣ海宇、天下始知有吾君。「師。
【震驚:진경】 떨며 놀램。【書經】ㅣㅣ朕
【震恐:진공】 떨며 두려워함。【史記】斬首八萬、諸侯ㅣㅣ。
【震懼:진구】 떨며 두려워함。【後漢書】王莽素聞其名、大ㅣㅣ。
【震怒:진노】 임금의 노여움。【書經】皇天ㅣㅣ。
【震檀:진단】 우리 나라의 異稱。神誌秘詞에 「九變震檀」의 句가 있어 震檀이 古來로 우리 나라를 부르는 칭호라고 함。【龍飛御天歌·十五章·註】。
【震悼:진도】 임금이 신하의 죽음을 탄식함。【王儉】聖朝ㅣㅣ于上、群臣恇慟于下。「ㅣㅣ萬民。
【震動:진동】 흔들려 움직임。【書經】ㅣ
【震動彈:진동탄】 터뜨리기만 하면 공기를 진동하는 힘이 지극히 강렬한 폭탄의 한 가지。「聞風ㅣㅣ。
【震服:진복】 두려워 복종함。【遼史】宋
【震死:진사】 벼락에 맞아 죽음。
【震慴:진섭】 ❶떨며 무서워함。【宋史】ㅣ華夷。❷恐喝함。또는 으름。
【震域:진역】 地震을 느끼는 지역。
【震裂:진열】 地面이 흔들리고 움직여서 갈라짐。【後漢書】二十二年九月、地ㅣㅣ。
【震源地:진원지】 地殼내부에 있는 지진 진동의 발생점。
【震慄:진율】 두려워 벌벌 떨음。【吳志】軍中ㅣㅣ、道不拾遺。
【震災:진재】 地震으로 인한 災殃。
【震霆:진정】 천둥。벼락。【揚雄】疾如奔星、擊如ㅣㅣ。
【震震:진진】 ❶천둥이 심하여 흔들리고 울리는 모양。❷빛이 輝煌하고 밝은 모양。❸번화하고 화려한 모양。【潘岳】ㅣ塡塡。
【震天動地:진천동지】 音響 같은 것이 하늘을 진동하게 하고 땅을 흔들음。(喩)세력이나 위엄이 천하에 떨침。「가지。
【震天雷:진천뢰】 (國) 옛날 大砲의 한
【震疊:진첩】 존귀한 사람이 몹시 성을 내어 그치지 아니함。【詩經】薄言震之、莫不ㅣㅣ。
【震盪:진탕】 몹시 울려서 흔들림。
【震幅:진폭】 地盤의 진동의 크기가 地震計에 感觸되어 기록된 그 넓이。
【震風:진풍】 빠르고 센 바람。
【震駭:진해】 떨며 놀람。【唐書】州人ㅣㅣ、皆重足立。
【震響:진향】 떨며 울림。
【震眩:진현】 놀라서 눈이 아찔함。【李華】主客相搏、山川ㅣㅣ。

【霈】 (패) 泰 ハイ、おおあめ heavy rain ㄆㄟˋ p'ei⁴
草書 비쏟아질패(霶ㅣ大雨)。【高唐賦】興雲聲之ㅣㅣ。

【霉】 (매) 灰 バイ、しめり moisture
草書 곰팡이매(ㅣ涴、雨汗)。
【霉氣:매기】 곰팡이。
【霉爛:매란】 ❶몹시 중요하게 여김。【紅樓夢】就說不得自己花上幾兩、巴巴的找出這ㅣㅣ的二十兩銀子來作東。❷濕氣로 썩음。곰팡이가 끼어 썩음。【福惠全書】ㅣㅣ變色之言。
【霉濕:매습】 곰팡이가 끼고 습기가 참。【福惠全書】墊通氣、以免ㅣㅣ。
【霉跡:매적】 행방을 감춤。【福惠全書】恐有ㅣㅣ。

八 畫

【⿱雨垂】 (타) 哿 タ、くもはれ clouds lift
구름벗어질타(雲散)。

【⿱雨戔】 ㊀(삼) 咸 ㊁(첨) 鹽 サン、こさめ drizzle
小篆 ㊀❶가랑비삼(微雨)。❷비모양삼(雨貌)。㊁적실첨、담글첨(漬也)。

【霋】 (처) 齊 セイ、はれる clear up
小篆 ❶갤처(霽也)。❷구름뭉게뭉게갈처(雲行貌)。

【霎】 (삽) 洽 ソウ、ショウ、こさめ drizzle ㄕㄚˋ sha⁴
小篆 草書 가랑비삽、이슬비삽(小雨)。
【霎時:삽시】 잠깐 동안。暫時。

【霎時間:삽시간】 아주 짧은 시간。
【霎雨:삽우】 가랑비。이슬비。小雨。

【[雨/析]】 ㊀(석) 錫 セキ、こさめ ㊁(색) 陌 drizzle
㊀ ❶가랑비석(細雨)。❷싸락눈석(霰也)。㊁뜻은 ㊀과같음。

【霍】 (곽) 藥 カク、にわか sudden
草書 ❶빠를곽(揮ー疾貌)。〔文賦〕粉紜揮ー。❷남악곽(南嶽別名)。❸나라이름곽(國名)。❹곽란곽(ー亂)。
【霍霍:곽곽】 칼 날이 번쩍이는 모양。〔元稹〕ーー刀刃光。
【霍亂:곽란】 (醫)❶여름 철에 急激한 吐瀉를 일으키는 급성병。❷여름 철 햇빛에 오래 쬐었거나 무더운 날에 갑자기 眩氣症을 일으켜 失神 發病함。〔漢書〕夏月暑時、歐洩ーー之病、相隨屬也。
【霍焉:곽언】 빨리 흩어지는 모양。
【霍然:곽연】 급한 모양。이른 모양。별안간 사라져 없어지는 모양。

【霏】 (비) 微 ヒ、ふる fall of snow ㄈㄟ fei
小篆 草書 눈펄펄날릴비(雨雪貌)。〔詩經小雅采薇〕雨雪ーー。
【霏霏:비비】 ❶비나 눈이 몹시 내리는 모양。❷구름이 날으는 모양。❸서리가 되게 내린 모양。〔晉書〕吐佳言如鋸木屑、ーー不絕。❹풀이 茂盛한 모양。❺번개가 번쩍이는 모양。❻이야기가 길게 이어지는 모양。
【霏散:비산】 飛沫이 날아 흩어짐。〔蔡襄〕陌頭ーー與風俱。

【霒】 (음) 侵 ギン、くもたつ (be) cloudy
小篆 古文 古文 구름낄음(雲貌)。

【[雨/朋]】 (붕) 蒸 ホウ、おおあめ heavy rain
❶큰비붕(大雨)。❷어두울붕(儚也)。

【霐】 (홍) 庚 コウ、おくぶかい profound
속깊을홍(幽深之貌)。

【霑】 (점) 鹽 テン、うるおう get wet
小篆 草書 ❶젖을점(濕也、濡也)。〔詩經〕既ー既定。❷비가 지정거릴점、비적실점(雨淋)。
【霑濕:점습】 물기에 젖음。
【霑潤:점윤】 젖음。땀이나 물기가 배어 번짐。〔陸機〕ーー既已渥。
【霑漬:점지】 젖음。적심。〔漢書〕便陛下甲卒死亡、暴露中原、ーー山谷。
【霑被:점피】 ❶젖음。물기나 땀이 물건에 뱀。〔韓愈〕動植之物、風雨霜露之所ーー。❷恩惠를 베풂음 또는 입음。
【霑汗:점한】 땀이 뱀 또는 젖음。〔漢書〕鬒髮生蟣蝨、介胄被ーー。◎均ー。

【霓】 ㊀(예) 霽 ゲイ、にじ ㊁(역) 錫 rainbow
小篆 草書 ㊀암무지개예(雲ー雌虹)。〔淮南子〕天二氣則成ー。㊁뜻은 ㊀과 같음。
【霓裳:예상】 무지개와 같이 아름다운 치마。
【霓裳羽衣曲:예상우의곡】 樂曲의 이름。唐 玄宗이 지었다고 함。仙人을 노래한 舞曲。〔白居易〕驚破ーー、九重城闕烟塵生。
【霓旌:예정】 무지개처럼 아름다운 旗。

【[雨/泣]】 (랍) 合 ロウ、あめのおと falling sound of rain
빗소리랍(雨聲)。

【霖】 (림) 侵 リン、ながあめ long rain ㄌㄧㄣ lin
小篆 草書 ❶장마림(久雨不止)。〔爾雅〕天久雨謂之ー。❷단비림(甘ー時雨)。
【霖潦:임료】 장마로 인하여 흙탕물이 넘침。〔晉書〕會ーー大水、平地數尺。
【霖霖:임림】 오래도록 비가 내리어 그치지 않는 모양。〔繆襲〕雷隱隱而震其響兮、雨ーー而又隤。
【霖濕:임습】 장마 때의 눅진한 습기。
【霖雨:임우】 장마비。淫雨。〔書經〕若歲大旱作汝、ーー。◎長ー。

【[雨/昕]】 (제)『霽』(雨部14畫)와 같음

【[雨/目]】 ㊀(전)『電』(雨部5畫)과 같음 ㊁(잡)『霅』(雨部9畫)의 譌字

九 畫

【[雨/禹]】 (우) 麌 ウ、あめのおと falling sound of rain
小篆 빗소리우(雨聲)。

【[雨/染]】 (염) 琰 豔 エン、ぬれる wet
小篆 젖을염(沾也)。

【霙】 (영) 庚 エイ、みそれ sleet
草書 ❶눈꽃영(雪華)。〔埤雅〕雪寒甚則爲粒淺則成華華謂之ー。❷구름피어오를영(雲貌)。

【霚】 (무)『霧』(雨部11畫)의 本字

【[雨/曷]】 (애)『靄』(雨部16畫)과 같음

【[雨/革]】 (박) 藥 ハク、ぬれかわ wet leather
小篆 비에적신가죽박(雨濡革)。

【霜】 (상) 陽 ソウ、ショウ、しも hoar-frost
小篆 草書 ❶서리상(露凝)。〔詩經〕白露爲ー。❷해지낼상(星ー歷年)。〔李白詩〕陛下之壽三千ー。❸흰털상(白髮)。❹엄할상(至嚴秋ー)。
【霜降:상강】 ❶二十四 節候의 하나。陽曆 一○월 二二・二三일경。❷서리가 내림。
【霜菊:상국】 서리가 내릴 때에 핀 국화꽃。
【霜氣:상기】 서리가 조금 내린 기운。
【霜刀:상도】 서릿발처럼 빛나고 날카로운 칼。얼음 덩이의 모서리의 날카로운 날。霜劍。〔杜甫〕饔子左右揮ーー、鱠飛金盤、白雪高。
【霜露:상로】 서리와 이슬。〔禮記〕ーー既降、君子履之、必有悽愴之心。
【霜林:상림】 서리를 맞아 잎이 시들은 수풀。
【霜矛:상모】 희게 빛나는 날카로운 창。霜戈。〔文同〕ーー雪甲寒如水。
【霜眉:상미】 흰 눈썹。노인의 눈썹。〔蘇軾〕何處ーー碧眼客、結爲三友另相看。
【霜雹:상박】 서리와 우박。〔楊萬里〕卿以護ーー。
【霜髮:상발】 흰 머리가 섞인 머리。白髮。
【霜蓬:상봉】 서리를 맞아 시드러진 쑥。〔蘇軾〕意思蕭索如ーー。(喩)白髮。
【霜鬢:상빈】 희게 센 귀밑털。〔杜甫〕久拚野鶴如ーー、遮莫隣雞下五更。
【霜雪:상설】 서리와 눈。〔史記〕犯晨夜、冒ーー。(喩)서리와 눈처럼 潔白함。
【霜柿:상시】 가지에 달린 채 서리를 맞

은 감。『楓窓小牘』不滅樹頭一一。

【霜信:상신】 기러기의 別名。서리와 때를 같이 하여 오기 때문임。『古今詩話』北方白雁、似雁而小、至則霜降、謂之一一。

【霜晨:상신】 서리가 내린 새벽。

【霜葉:상엽】 서리를 맞아서 붉게 된 나무 잎。紅葉。

【霜月:상월】 ❶霜夜의 달。寒月。『王勃』北山烟霧始茫茫、南津一一正蒼蒼。❷음력 七월을 이커름。

【霜威:상위】 서리가 내리어서 추위가 엄함。(喩)嚴한 威光。『晉書』孤恐一一一振、玉石俱焚。

【霜異:상이】 ❶철 아닌 때에 내린 서리。❷霜災。

【霜刃:상인】 서리처럼 반짝이는 칼날。얼음 모서리의 날카로운 날。霜刀。『賈島』十年磨一劍、一一未曾試。

【霜災:상재】 서리가 내려서 곡식이 害를 입는 災殃。

【霜天:상천】 서리가 내리는 하늘。『王昌齡』一一起長望、殘月生海門。

【霜草:상초】 서리 맞은 풀。시든 풀。『李白』自笑鏡中人、白髮如一一。

【霜楓:상풍】 서리가 내리어 붉게 된 단풍잎。『杜甫』青女一一重。

【霜蹊:상혜】 서리가 내린 산길。『上官昭容』策杖臨霞措、危步下一一。

【霜花:상화】 서리。서리가 희고 아름다움을 꽃에 비유한 말。『唐太宗』朝光浮燒野、一一淨碧空。

【霜曉:상효】 서리가 내린 새벽。

【霜後桃:상후도】 서리가 내린 뒤에 익는 복숭아。

【霝】 (령) 靑 レイ、ふる rain ㄌㄧㄥˊ ling2

霝 小篆 ❶비올령(降雨)。❷떨어질령(墮也)。❸착할령(善也)。(『零』과 같음)

【霞】 (하) 麻 カ、かすみ glow ㄒㄧㄚˊ hsia2

霞 小篆 草書 ❶노을하(日旁彤雲)。『洛神賦』遠而望六皎若太陽升朝一。❷멀하(避也)。

【霞光:하광】 아침 저녁의 노을。또는 그 빛。『白居易』樹影一一重疊深。

【霞洞:하동】 仙人이 있는 곳。『錄異記』長山楊譔洞在峭壁之中、有神仙、或三人或五人、服黃色、往往出見、詔改楊譔洞爲紫一一、置紫霞觀。

【霞觴:하상】 仙人들이 사용하는 술잔。霞杯。『曹唐』一一共飮。

【霞彩:하채】 아침·저녁 노을。아름다운 色彩。『薛道衡』朝朝散一一、暮暮澄秋色。

◎朝一。

【霒】 (음) 侵 イン、くもる cloudy

霒 草書 구름해가릴음(雲覆日)。

十畫

【⿱雨函】 (함) 覃 カン、ながあめ long rain

小篆 장마함(霖也)。

【⿱雨眞】 (자) 支 シ、あめあと falling sound of rain

小篆 빗소리자(雨聲)。

【霣】 (운) 軫 イン、おちる fall down ㄩㄣˇ yun3

霣 小篆 古文 草書 ❶떨어질운(墮也)『公羊傳』星一如雨。❷천둥에비몰아올운(雷起出雨)。(『隕』과 같음)

【霣隊:운대】 떨어짐。霣墜。『漢書·司馬相如傳』纔濟一一。

【霣零:운령】 서리와 눈이 내림。『論衡·是應』冬月隆寒、霜雪一一、萬物皆枯。

【霣庇:운비】 庇護者를 잃음。『謝莊』國軫喪淑之傷、家凝一一之怨。

【霣霜:운상】 내리는 서리。隕霜。

【霣石:운석】 하늘에서 떨어진 돌。隕石。『公羊·僖』春王正月、戊申朔、一一于宋五。云云。

【霣隊:운추】 떨어짐。隕隊。『晏子』一一下民者衆矣。

【霡】 (맥) 陌 バク、ミャク、こさめ drizzle ㄇㄞˋ mai4

霡 草書 가랑비맥(一霂小雨)。『詩』益之以一霂。

【霢】 (맥) 『霡』(前條)과 같음

【⿱雨隻】 ㊀(확) 藥 カク、にわかあめ shower ㊁(척) 陌

㊀소낙비확(大雨)。㊁쌍척(隻也)。

【⿱雨追】 (추) 支 ツイ、かみなり thunder

❶숨을추(隱也)。❷우뢰추(雷也)。

【霤】 (류) 宥 リュウ、あまだれ raindrops falling from the eaves

霤 小篆 草書 낙수받이류(屋水流處)。『禮記』端行頤一。

【霤槽:유조】 낙숫물 받는 통。

【⿱雨兼】 (렴) 鹽 レン、ながあめ drizzle

小篆 비부실부실올렴(一䨬微雨)。

十一畫

【霧】 (무) 遇 ム、ブ、きり fog

霧 小篆 籀文 草書 ❶안개무(地氣發天不應曰霧)。❷안개자욱할무(氛一)。『禮記』氛一冥冥。

【霧旦:무단】 안개가 낀 아침。

【霧露:무로】 안개와 이슬。

【霧散:무산】 ❶안개가 개임。❷안개가 개이는 것처럼 자취 없이 흩어짐。『後漢書』電駭風馳、一一雲披。

【霧塞:무색】 안개가 자욱하게 끼어 어두움。『薛道衡』五岳塵飛、三衆一一。

【霧消:무소】 안개 사라지듯이 사라짐。

【霧凇:무송】 상고대。나무나 풀에 내려서 눈같이 된 서리。霧霜。

【霧瘴:무장】 안개의 毒氣。『廣東新語』嶺南多一一、滇黔多風瘴。

【霧笛:무적】 안개에 대한 경계의 뜻으로 배 따위에서 부는 고동。

【霧合:무합】 안개처럼 많이 모임。『張衡』一一雲集、波流雨注。

【霧鬟:무환】 頭髮의 아름다운 모양。『何景明』霓裳羽衣世莫聞、一一雪貌人難見。

◎濃一、雲一、朝一、曉一。

【霩】 (확) 藥 カク、むなしい vacant ㄎㄨㄛˋ kuo4

霩 小篆 草書 휑할확(虛一)。『淮南子』道始於虛一、虛一生宇宙。

【霦】 (빈) 眞 ヒン、たまのつや lustre of jade

옥광채빈(璘一、玉光)。

【⿱雨執】 (점) 琰 テン、しも early frost

小篆 이른서리점、무서리점(早霜、寒也)。

【霪】 (음) 侵 イン、ながあめ long rain ㄧㄣˊ yin2

霪 草書 장마음(霖一久雨)。『淮南子』禹沐浴一雨。

【霪霖：음림】 ＝霪雨。『林寬』——翳日月、窮巷變溝坑。

【霪雨：음우】 장맛비。霖雨。

【霉】 (설)『雪』(雨部 3畫)의 本字

【霡】 (록) 屋 ロク、にわかあめ shower
소나기록(暴雨)。

【霫】 (습) 緝 シュウ、ふる down-pour ㄒㄧˊ hsi²
草書 비쏟아질습(雨貌)。

【霟】 (중) 東 シュウ、こさめ drizzles
小篆 비지점거릴중(久陰小雨)。

十二畫

【霮】 (담) 勘 タン、くものもよう clouds rise
구름피어오를담(—霸雲繁)。

【霮霸：담대】 ❶구름이 많은 모양。『集韻』霮、——、繁雲。『注』濟曰、——、繁雲貌。❷이슬 또는 비가 많음。『左思』宵露——、旭日晻時。❸구름이 깔린 모양。『集韻』霮、雲貌也、霴謂之——。

【霯】 (박) 藥 ハク、バク、さわ pond
❶못박(澤也)。❷비박(雨也)。

【霴】 (태) 隊 タイ、くもたつ clouds rise
구름일태(雲起)。

【霰】 (선) 霰 セン、サン、あられ hail ㄒㄧㄢˋ hsien⁴
小篆 或體 草書 ❶싸락눈선(粒雪)。『詩經小雅頍弁』如彼雨雪先集維—。❷별선(星也)。『釋名』—星也水雪相摶如星而散也。

【霰雹：선박】 싸락눈과 우박。『李咸用』丈室掩孤燈、更深——增。

【霰散：선산】 싸락눈처럼 흩어짐。『司馬相如』旁魄四塞、雲布——。

【霰雪：선설】 빗방울이 땅에 가까워 온 다음 갑자기 凝結된 것。진눈깨비。『蘇辭·九歌』——紛其無垠兮、雲霏霏而承宇。

【霰彈：선탄】 發射한 彈丸이 흩어지면、그 속에 재운 彈子가 爆發하여 우박처럼 흩어지는 彈丸。

【露】 (로) 遇 ロ、つゆ dew ; open ㄌㄡˋ lou⁴
小篆 草書 ❶이슬로(陰之液霜之始)。『禮記』孟秋白—降。❷이슬줄로(雨↘膏澤)。『漢書』覆—萬民。❸드러날로(羸也)。『左傳』以—其禮。❹드러낼로(暴—彰也現也)。『左傳』其暴—之。❺나라이름로(國名—西亞)。

【露薑汁：노강즙】 밤 이슬을 맞힌 새양즙。

【露骨：노골】 ❶조금도 假飾이 없이 있는 그대로 숨김 없이 드러냄。『晉書』——中野、可爲傷惻。❷뼈가 드러남。

【露骨文學：노골문학】 남녀 관계를 거리낌 없이 드러낸 문학。

【露骨派：노골파】 창작에서 남녀 관계를 노골적으로 들어내어 표현하는 일파。

【露葵：노규】 《植》아욱의 別名。『王維』松下清齋折——。

【露禽：노금】 《動》鶴의 別名。

【露臺：노대】 ❶지붕이 없는 臺。임금이 觀象하는 곳。『漢書』帝嘗欲作——、召匠計之、直百金、上曰、百金、中人十家之產也、吾奉先帝宮室、常恐羞之、何以臺爲。❷서양 건축에 있어서 방 바깥에 지붕이 없이 높고 드러나게 지은 臺。발코니。

【露頭：노두】 ❶《鑛》鑛脈이나 鑛物이 地表에 나타난 물건。❷쓴 것이 없이 머리를 드러냄。「서 볼기를 드러냄。

【露臀：노둔】 매질 할 때 바지를 내리켜

【露面：노면】 얼굴을 드러냄。

【露盤：노반】 ❶承露盤의 略語。❷《佛》塔의 九輪의 最下部에 있는 네모 난 盤。

【露洩：노설】 비밀이 드러나 샘。드러나게 함。

【露宿：노숙】 屋外에서 잠。들에서 잠。露次。『後漢書』境內清夷、商人——於道。

【露營：노영】 屋外의 陣營。野營。『晉書』——野次。

【露臥：노와】 비나 이슬을 가리는 설비가 없이 한데서 그대로 누움。『後漢書·註』百官以下、——水飮。

【露積：노적】 지붕이 없는 곳에 물건을 쌓아 둠。『漢書』太倉之粟、陳陳相因、充溢——於外、紅腐不可勝食。

【露店：노점】 한데다 물건을 벌여 놓은 가게。

【露點：노점】 《物》大氣中의 水蒸氣가 液「化되어 溫度。

【露井：노정】 지붕이 없는 우물。『古樂府』桃生——上、李樹生桃旁。

【露呈：노정】 어떤 일이나 사실을 드러냄。

【露拙：노졸】 못 생김을 드러냄。

【露蹤：노종】 御史 출또。

【露珠：노주】 이슬 방울。『劉威』氷消泉派動、日暖——晞。

【露地：노지】 ❶地面。地上。❷市街 建物 사이의 좁은 通路。❸門 안 또는 庭園의 좁은 通路。

【露地栽培：노지재배】 보통 밭이나 화단에 꽃이나 채소 따위를 심음。↔溫室栽培。「幸華陰、——道南。

【露次：노차】 한데서 잠。露宿。『後漢書』

【露處：노처】 한데서 居處함。

【露天：노천】 지붕이 없는 곳。野天。

【露體：노체】 알몸을 드러냄。

【露出：노출】 ❶거죽으로 드러남。또는 드러냄。『元曲』——馬脚來。❷사진을 撮影할 때 사진의 「셔터」를 열어 光線을 乾板·필름에 닿게 하는 것。

【露花：노화】 이슬에 젖은 꽃。『張說』——香欲醉、時鳥囀餘音。

【露華：노화】 이슬의 빛。이슬이 빛남。『李白』雲想衣裳花想容、春風拂檻——濃。◎甘—、白—、霜—、玉—、雨—、朝—、草—、暴—、風—。

十三畫

【霳】 (륭) 東 リュウ、かみのな domon of clouds
구름맡은귀신륭(豊—雲師)。

【霵】 (즙) 緝 シュウ、あめふる rain
비올즙(雨降)。

【霶】 (방)『滂』(水部 10畫)과 같음

【霸】 ㊀(패) 禡 ㊁(백) 陌 ハ、ハク、はたがしら supreme ruler (本音「파」) ㄅㄚˋ pa⁴
小篆 古文 ㊀으뜸패(—業把持諸侯之權)。『孟子公孫丑上』以力假仁者—。❷패왕패(以武道治天下者)。㊂달력백(月始生——然朔死—望生—)。

【霸功：패공】 霸者가 되는 功勳。『淮南子』使管仲出死捐軀、不顧後圖、豈有此——哉。

【霸權：패권】 霸者의 권리。勝者의 권력。

【霸氣：패기】 ❶霸者가 되는 意氣。또는 制 할 수 있는 氣象。『陳旅』山河——已銷歇。❷野心。野望。

【霸道：패도】 패자의 길。武力에 의해서 天下를 통일하는 길。↔王道。『漢書』齊

桓公專會諸侯、而行ㅣㅣ。

【霸略:패략】霸者의 計策。霸者가 되고자 하는 計策。『駱賓王』ㅣㅣ今何在、王宮尙歸然。

【霸府:패부】❶패자가 정사를 보는 곳。❷幕府。『晋書』策名ㅣㅣ、騁足高衢。

【霸業:패업】諸侯의 우두머리가 되는 事業。武力으로 天下를 통일하는 일。『史記』晋文公初立、欲修ㅣㅣ。

【霸王:패왕】❶霸者와 王者。霸道와 王道。❷諸侯의 우두머리。『史記』諸侯畢賀、號稱ㅣㅣ。

【霸王樹:패왕수】(植)사보텐。仙人掌科의 多年生 多肉植物。西印度의 원산。열매는 無花果 비슷하고 관상용으로 심음。仙人掌。百年草。

【霸者:패자】❶諸侯의 우두머리。『孟子』ㅣㅣ之民、驩虞如。❷가장 힘이 강한 사람。最優勝者。◎王ㅣ、爭ㅣ、制ㅣ。

【霹】(벽) 陌 錫 へキ、かみなり thunder-clap ㄆㄧ pʻiˊ 草書 벼락벽(ㅣ靂迅雷)。『埤雅』震曰ㅣ靂。

【霹靂:벽력】❶벼락。공중에 있는 전기와 땅 위에 있는 물건과의 放電作用으로 일어나는 현상。❷落雷함。『世說』夏侯太初、嘗倚柱作書、時大雨、ㅣㅣ破所倚柱。

【霹靂車:벽력거】옛날 전쟁 때에 車中에서 기계를 가지고 돌을 쏘던 수레。『後漢書·袁紹傳』『後漢書』曹操發石車擊紹、軍中呼曰ㅣㅣ。『註』即今抛車也。

【霹靂手:벽력수】민첩하게 재능이 뛰어난 사람。『唐書』裴琰爲同州司戶參軍、積案數百、乃爲省決、一日畢、與奪當理、筆詞勁妙、人號ㅣㅣ。

【霹棗木:벽조목】벼락 맞은 대추나무。요사한 기운을 물리친다 하여 몸에 지님。

十四畫

【霼】(희) 尾 未 キ、くもる cloudy 草書 ❶구름낄희(靉ㅣ雲貌)。『海賦』彷像其色靉ㅣ其形。❷흐릴희(不審貌)。

【霽】(제) 霽 セイ、はれる clear up ㄐㄧˋ chiˋ 小篆 草書 개일제(雨止)。『書經』曰雨曰ㅣ。

【霽藍色:제남색】약간 누른 빛을 띤 남빛 잿물。

【霽月:제월】비가 그치고 개인 하늘에 뜬 달。『宋史』胸懷洒落、如光風ㅣㅣ。

【霽月光風:제월광풍】도량이 넓고 시원함。

【霽威:제위】怒氣가 풀림。기분이 상쾌「하게 됨」。

【霽天:제천】조금도 흐림 없이 깨끗이 갠 하늘。

【霽靑:제청】回回靑의 한 종류。

【䨘】(산) 寒 サン、こさめ drizzle 小篆 가랑비산、이슬비산(小雨)。

【䨲】(누) 尤 ドウ、こうさぎ young rabbit ㄋㄡˊ nouˊ 토끼새끼누(兎子)。『韓愈毛穎傳』明眎八世孫ㅣ。

【䨤】(희) 微 キ、あめやむ clear up 小篆 비갠희(雨止貌)。

【霿】(몽) 東 ボウ、どんより thick 小篆 ❶자욱할몽(㲹ㅣ鄙吝)。『漢書』ㅣ恒風若。❷컴컴할몽(無識豫。『漢書』區ㅣ無識。

【霿亂:몽란】안개처럼 널려 있음。『後漢書·五行志』自此之後、朝廷ㅣㅣ。

【霿淞:몽송】=霧淞。

【䨴】(대) 隊 タイ、くろくもがたつ dark clouds 小篆 검은구름낄대(靉ㅣ雲黑貌)。

【霾】(매) 佳 バイ、つちふる sand blast ㄇㄞˊ maiˊ 小篆 草書 ❶흙비매、❷토우매、❸해미매(風而雨土晦)。『詩經邶風終風』終風且ㅣ。

十五畫

【霮】(담) 勘 タン、ながあめ long rain 장마담(久雨)。

【靁】(뢰)『雷』(雨部5畫)의 古字

十六畫

【靂】(력) 錫 レキ、かみなり thunder-clap ㄌㄧˋ liˋ 草書 벼락력、벼력력(霹ㅣ迅雷)。『爾雅』震曰霹ㅣ。

【靇】(롱) 東 ロウ、かみなり thunder-clap 草書 우릿소리롱(雷聲)。

【靃】(확) 藥 カク、とぶおと fly ㄏㄨㄛˋ huoˋ 小篆 草書 빗속을 새 나르는 소리확(ㅣㅣ飛聲)。

【靃靡:확미】풀의 柔弱한 모양。『玉篇』ㅣㅣ、草隨風貌。

【靃靃:확확】가느다란 모양。자잘한 모양。『班固·注』良曰、ㅣㅣ霏霏、細淨貌。

【靄】㊀(애) 泰 ㊁(애) 賄 ㊂(알) 曷 アイ、もや gossamer ㄞˇ aiˇ 草書 ㊀구름피어오를애(雲貌)。㊁아지랑이애(氣分)。㊂뜻은 ㊀㊁와 같음。

【靄靄:애애】❶구름이나 안개가 길게 뻗치는 모양。노을·아지랑이 등이 끼는 모양。❷和氣가 가득찬 모양。

【靄然:애연】구름이 피어 오르는 모양。또는 아침 안개가 낀 모양。

【靅】㊀(비) 未 ㊁(배) 隊 ヒ、くも cloudy ㊀❶구름이 성할비(靉ㅣ、雲盛貌)。❷구름이 낄비(雲布狀)。『木華』靉ㅣ、雲布。㊁뜻은 ㊀과 같음。

【靆】(체) 賄 隊 タイ、くもる clouds ㄉㄞˋ taiˋ (本音「태」) 구름낄체(靉ㅣ雲狀)。

【靈】(령) 靑 レイ、リョウ、たましい spirit; divine ㄌㄧㄥˊ lingˊ 小篆 或體 草書 ❶신령령(神也)。『書經』惟人萬物之ㅣ。❷혼백령(魂魄)。『諸葛亮出師表』告先帝之ㅣ。❸좋을령(善也)。『詩經』ㅣ雨旣零。❹신통할령(神之精明)。『詩經』ㅣ臺。『傳』神之精明者稱ㅣ。❺굄령(寵也)。

【靈覺:영각】(佛)영혼。

【靈鑑:영감】❶神靈스럽게 鑑定하여 알아 봄。『李德裕』不能竭忠、是負ㅣㅣ。❷神佛이 보고 있음。天鑑。

【靈感:영감】❶神佛의 靈妙스러운 感應。【張說】詔書明日下、ーー應時通。❷心靈의 미묘한 작용으로 얻어지는 감정。
【靈車:영거】棺을 실은 수레。喪車。【文公家禮】ーー至。
【靈境:영경】❶영묘한 경지。❷아주 외딸아 조용한 곳。【梁簡文帝】獨有鷲岳ーー、淨土不燒。
【靈界:영계】정신의 세계。↕肉界。
【靈官:영관】❶仙官。❷道官의 이름。明代에 설치하였음。【明志·職官志】
【靈光:영광】❶恩惠로운 빛。《喩》임금의 恩德。❷《佛》각 사람마다 가지고 있는 靈性의 빛。❸이상한 빛。【蜀志】暉景燭燿、ーー徹天。
【靈怪:영괴】이상하고 怪異함。또는 그 물건。
【靈龜:영구】神靈스러운 거북。萬年의 壽命을 가진 거북。【爾雅】一曰神龜、二曰ーー。
【靈柩:영구】屍體를 담은 棺。【王羲之】兄ーー垂至。
【靈柩車:영구차】송장을 싣는 차。
【靈鬼接:영귀접】《國》귀신이 接하였음。《轉》드러나지 않은 일을 알아맞춤。
【靈根:영근】❶道德。《喩》先祖。❷혀의 異名。
【靈氣:영기】靈妙한 기운。또는 効驗。
【靈壇:영단】仙人이 있는 곳。仙壇。【漢書】神祇見光、集於ーー。
【靈堂:영당】❶靈驗이 나타난 神佛의 堂。❷靈魂을 모신 집。靈舍。
【靈臺:영대】❶마음。精神。【莊子·庚桑楚】不可內於ーー。❷周의 文王이 세운 四方을 바라볼 수 있는 臺를 백성들이 그 德을 思慕하여 일컬음。❸天文氣象을 실피던 樓臺。

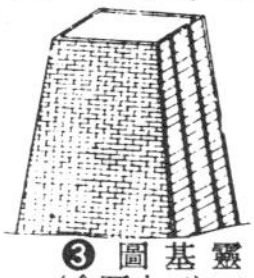
靈基圖 ❸ (三才圖會)

【靈德:영덕】영묘한 덕。【班固】奮ーー、合風雲。

【靈媒:영매】神佛의 靈이나 死者의 靈과 意思를 통하게 媒介하는 사람。박수·무당 따위。
【靈木:영목】❶신령이 깃들어 있는 나무。❷靈妙하고 이상한 나무。
【靈夢:영몽】神이나 부처가 나타난 靈妙스러운 꿈。【山海經】自以ーー、爲國祥慶。
【靈妙:영묘】神靈하고 奇妙함。사람의 智慧로 알 수 없는 玄妙한 일。
【靈物:영물】神靈한 물건。【後漢書】今天下清寧、ーー仍降。
【靈飯:영반】《佛》영가에 밥을 올리는 의식。
【靈寶:영보】뛰어나게 훌륭한 보물。【張協】若其ーー、則辟舒無方。
【靈峰:영봉】神佛을 제사 지내는 靈妙한 山。또는 信仰의 대상이 되는 山。
【靈府:영부】魂靈이 있는 곳。마음。靈臺。【莊子】不可入於ーー。
【靈符:영부】靈妙한 證驗이 있는 神佛의 符籍。神符。
【靈符心:영부심】도를 닦아서 다시 얻은 천심。↕邪心。
【靈山:영산】❶珍奇하게 뛰어난 山。神靈이 산다는 山。❷道家에서 말하는 山의 別名。❸《佛》靈鷲山의 略語。【傳燈錄】釋迦於ーー會上、手拈一花示衆。
【靈山麻旨:영산마지】《佛》❶담배。❷담배를 피우는 것。
【靈爽:영상】정신이 상쾌함。神靈의 精氣가 상쾌함。【陸雲】ーー烟熅。
【靈像:영상】神佛의 像에 대한 尊稱。
【靈瑞:영서】神靈스럽고 靈妙한 證驗。【漢書】若乃ーー符應、又可略聞矣。
【靈性:영성】天賦의 聰明。
【靈秀:영수】극히 훌륭하게 뛰어남。【晉書】ーー之士、煥乎俱集。
【靈壽:영수】《植》인가목。또는 가마채나무。短杖이나 채찍을 만들음。
【靈神:영신】＝靈魂。

【靈神草:영신초】《植》애기풀。
【靈室:영실】죽은 사람의 영혼을 모시는 곳。
【靈液:영액】❶이슬의 異名。❷靈妙한 물。【張彥勝】露者、天地之ーー也。
【靈藥:영약】靈驗이 있는 좋은 약。神藥。
【靈輿:영여】❶喪輿。❷腰輿。
【靈域:영역】신성한 지역。寺刹 따위가 있는 신선한 곳。【蔡邕】設茲方石、鎭表ーー。
【靈曜:영요】❶太陽의 別名。靈耀。❷하늘。【蔡邕】稟嶽瀆之精、苞ーー之純。
【靈位:영위】魂靈이 머물러 있는 곳。
【靈威:영위】靈妙한 威勢。또는 그 빛。【班固】ーー神祜。
【靈肉:영육】영혼과 육체。
【靈應:영응】❶神의 기묘한 反應。靈妙한 일을 알리는 證驗。【後漢書】地祇ーー、而朱草萌生。❷《佛》佛·菩薩의 기이한 反應。
【靈異:영이】신령스럽고 기이함。【晉書】撰集古今神祇ーー、人物變化、名爲搜神記、凡二十卷。
【靈長:영장】靈妙한 힘을 가진 우두머리。
【靈迹:영적】❶奇跡이 있었던 자취。❷神佛에 관한 古跡。
【靈蹟:영적】기적이 있었던 자취。神佛에 관한 신성한 사적이 있던 곳。
【靈的:영적】心靈의 方面。精神上。
【靈的感應:영적감응】정신 상의 감응。
【靈前:영전】神靈의 앞。죽은 사람의 魂靈의 앞。佛前。
【靈殿:영전】魂靈을 모신 사당。靈廟。
【靈鳥:영조】神靈스러운 새。【禰衡】惟西域之ーー兮、挺自然之奇姿。
【靈地:영지】神靈스러운 땅。또는 神·佛에 제사 지내는 神聖한 땅。靈域。
【靈泉:영천】❶뛰어난 좋은 샘。❷溫泉의 異稱。【李華】ーー滿溢。

【靈體:영체】영묘한 존재。
【靈草:영초】靈妙한 풀。不死의 藥草。【張衡】冬榮、ーー神木叢生。
【靈宅:영택】道家에서 말하는 사람의 얼굴。눈썹·입이 있기 때문임。
【靈通:영통】神妙하게 통함。
【靈匹:영필】神靈스러운 配匹。牽牛와 織女星의 일컬음。
【靈筆:영필】뛰어난 글。또는 靈妙한 筆致。
【靈驗:영험】사람의 祈願에 대한 神佛의 靈妙한 感應。
【靈慧:영혜】靈妙한 智慧의 作用。靈妙한 슬기。
【靈魂:영혼】❶魂。靈。【東方朔】ーー屈而偃蹇。❷肉體 이외에 따로 존재한다고 생각되는 정신의 근원。
【靈魂不滅說:영혼불멸설】《哲》肉體는 죽어도 靈魂은 肉體를 떠나 영원히 존재한다는 說。
【靈魂說:영혼설】《哲》영혼의 존재를 주장하는 학설。
【靈効:영효】靈妙한 효험。
◎亡ー、妄ー、四ー、聖ー、幽ー、魂ー。

十七畫

【䨮】(사) 歌 シ、こさめ drizzle
小篆 가랑비 사(細雨)。

【靉】(애) 隊 アイ、くもる ㄞ ai' clouds
草書 ❶구름 낄 애(ー靆雲狀)。【田霡詩】ー靆ー雙新上額。❷안경 애(眼鏡)。【洞天清錄】ー靆老人不辨細書。

十八畫

【𩆜】(쌍) 江 ソウ、あめもよう rainy
비모양 쌍(雨貌)。

十九畫

【𩆵】(숙) 屋 シュク、はやい swift
빠를숙(一昱、疾貌)。【木華】一昱絶電。

【瀝】(력) 錫 レキ、あめやまない rains continuously
비그치지않을력(霖一、雨不止貌)。

二十七畫

【靉】(대) 賄 ライ、くもたつ cloudy
구름성할대(雲盛)。

三十一畫

【靐】(빙) 徑 ヒョウ、かみなりのおと thunder
우뢰소리빙(雷聲)。

青部

【青】(청) 靑 セイ、ショウ、あおい blue ching¹
小篆 古文 草書 ❶푸를청(東方木色)。【荀子】一出於藍而一於藍。❷대껍질청(竹皮)。❸죽력청(汗一、殺一、簡書)。【後漢書】吳祐殺一簡以寫經書。❹젊을청(一年)。

【青角:청각】 青角菜의 略語。

【青角菜:청각채】 김장 때 김치의 고명으로 쓰는 紅色藻類의 海草。

【青剛石:청강석】(鑛)단단하고 푸른 바탕에 짙은 푸른 무늬를 띈 옥돌。

【青剛水:청강수】 塩酸의 俗稱。

【青苦草:청고초】 풋고추。

【青苦草炒:청고초초】 풋고추 볶음。

【青苦草香炙:청고초향적】 풋 고추로 만든 누름적。

【青空:청공】 =青天。【許敬宗】錦鱗文碧浪、繡羽絢一一。

【青果:청과】 ❶채소·과실 따위의 俗稱。 ❷(植)橄欖。

【青瓜:청과】(植)청참외。

【青鳩:청구】(動)호도애。

【青丘:청구】 中國에서 韓國을 일컫는 말。(青은 동쪽)。青邱。

【青丘永言:청구영언】(書)時調·歌辭集。李朝 英祖 때 金天澤 엮음。우리 나라에서 맨 처음 된 시조집。곡조에 따라 분류하였음。역대 시조 千餘首와 권말에 一七편의 가사를 수록함。

【青軍:청군】 경기에서 편을 갈라 구별할 때 푸른표의 편。 「浩歌眄一一。

【青穹:청궁】 푸른 하늘。蒼空。【李頎】

【青根:청근】(植)무우。

【青氣:청기】 푸른 기。

【青旗:청기】 ❶=青旆。❷푸른 色의 旗、安全 信號의 旗。

【青囊:청낭】 ❶약을 넣는 주머니。또는 天文·卜筮·醫術에 관한 書籍의 뜻。(故)晉의 郭璞이 郭公이라는 사람으로부터 天文·卜筮·醫術에 관한 책 六권을 넣은 푸른 주머니를 전해 받았다는 故事。❷도장을 넣는 푸른 주머니。【古今註】一一所以盛印也、奏劾者則以青布囊、盛印於前、示奉王法而行也。

【青女:청녀】 ❶서리·눈을 내리게 한다는 女神。❷서리의 別名。【淮南子】至秋三月、一一乃出、以降霜雪。❸妻。아내。❹나이가 젊고 경험이 얕은 여자。❺身分이 賤한 여자。❻官位가 낮은 女官。

【青年:청년】 二〇~三〇세 전후의 젊은 사람。젊은이。【王世貞】若過長沙應大笑、不將憔悴送一一。

【青年團:청년단】 公共에 이바지하거나 또는 수양을 위한 청년으로 조직된 단체。

【青年時代:청년시대】 청춘 시대。二〇~三〇세 되는 젊은 때。

【青年會:청년회】 젊은 청년들이 조직한 단체。

【青綠豆:청녹두】(植)꼬투리는 검고 열매는 푸른 팥의 한 가지。

【青潭:청담】 깊고 맑은 연못。

【青黛:청대】 ❶짙게 푸른 빛。❷푸른 눈썹。【李白】一一畫眉紅錦韡。❸눈썹처럼 푸른 빛。

【青童:청동】 ❶仙人의 侍從을 드는 使童。仙童。【太平廣記】。❷仙人。【李白·訪道安陵詩】。

【青瞳:청동】 푸른 눈 동자。

【青桐:청동】(植)碧梧桐。【爾雅】一一似梧桐而無子。

【青銅:청동】 ❶(化)銅 七分、鉛 三分으로 이루워진 合金。紫銅。❷銅錢。❸거울。【杜甫】恰有一一三百錢。

【青銅器:청동기】 청동을 재료로 하여 만든 기구。

【青銅器時代:청동기시대】(歷)인류 문화 발달 단계에 있어서、石器 시대보다는 발달되어、청동을 써서 기구를 만들던 시대。鐵器 시대의 바로 전임。

【青銅火爐:청동화로】 청동으로 만든 세 발 달린 화로。

【青燈:청등】 등불의 푸른 빛。【姚偓】一一語夜闌。

【青燈紅街:청등홍가】 遊興으로 홍성대는 거리。花柳界。

【青蘿:청라】 푸른 담쟁이。【李白】一一拂行衣。

【青螺:청라】 푸른 色의 소라。(喻)푸른 山。【桂海虞衡志】一一狀如田螺。

【青嵐:청람】 푸릇푸릇한 山의 기운。【呂溫】雞犬鐘梵、栢聞於一一白雲中。

【青藍:청람】 ❶제자가 스승보다 뛰어남。出藍。【荀子·勸學】。❷(化)쪽의 잎에 들어있는 천연적인 색소。물과 알칼리에 용해되지 않는 푸른 가루로 紺色의 물감으로 씀。

【青娘子:청랑자】(動)잠자리。

【青廬:청려】 婚禮 때 新婦가 잠깐 드는 집。【古詩】新婦入一一。

【青蓮:청련】 ❶푸른 빛갈의 연꽃。【蘇軾】佛國貢一一。❷唐의 李白의 號。

【青衿:청령】 깃이 푸른 옷。옛날에、학생이 입었음。(轉)學生。

【青鹿:청록】(動)고라니。

【青龍:청룡】 ❶푸른 龍。【魏志】一一見郟之摩陂井中。❷四神의 하나로 東方을 지키는 神。❸(動)갯가재의 別名。蝦蛄科에 속하는 節足動物。

【青龍旗:청룡기】 青龍을 그린 旗。

青龍旗(三才圖會)

【青龍刀:청룡도】 칼 자루에 青龍을 새기어 꾸민 칼。

【青龍偃月刀:청룡언월도】 中國 步卒이나 騎兵이 가지고 陸水戰에서 쓰던 창의 한 가지。

【青樓:청루】 ❶푸르게 칠을 한 高樓。❷美人이 있는 아름다운 高樓。❸花柳界 여자들이 있는 집。【劉邈】倡女不勝愁、結束下一一。

【青馬:청마】 ❶푸른 말。❷(國)青鯉의 別稱。【古今注】青鯉爲一一。❸푸른 빛깔을 칠한 장기나 雙六。

【青梅:청매】 ❶梅花의 푸른 열매。꿀을 발라 먹음。소금에 절인 것은 白梅라 일컬음。【白居易】紅杏初生葉、一一己綴枝。❷香의 이름。青梅의 香趣가 있기때문임。

【青梅糖:청매당】 청매를 사탕에 졸인 中國 과자의 한 가지。

【青盲:청맹】 ❶盲人。눈을 뜨고서도 보

지 못하는 사람。 ❷《醫》色盲의 한 가지。 靑色을 보지 못하는 視力。

【靑冥:청명】 푸른 하늘。 靑天。 『楚辭』據——而攄虹兮。

【靑蕪:청무】 푸르게 무성한 풀。 또는 그 땅。 『白居易』夕照——岸。

【靑鵐:청무】 《動》촉새。

【靑白眼:청백안】 친하게 대하는 눈초리와 밉게 대하는 눈초리。 →靑眼。

【靑碧:청벽】 푸른 玉의 色。 『山海經』帶山其上多玉、多——。

【靑甓:청벽】 푸른 빛깔의 벽돌。

【靑褓:청보】 푸른 보자기。

【靑士:청사】 《植》대의 異稱。 『陸游·詩』岸幘尋——。

【靑史:청사】 歷史書籍。 옛날 종이가 없었던 時代에 대의 靑皮에 記錄을 하였기 때문에 靑史라 함。 『范質』南朝稱八達、千載穢——。

【靑沙器:청사기】 ＝靑瓷。

【靑寫眞:청사진】 靑色寫眞의 略語。

【靑山:청산】 ❶푸릇푸릇하게 樹木이 무성한 山。 ❷뼈를 묻는 山。 墳墓의 땅。 ❸儀式場에 무지개처럼 장식한 門。

【靑酸:청산】 梅·桃 등의 果實의 씨에 含有한 無色의 有毒液體。 사이언化水素。

【靑酸加里:청산가리】 《化》맹독이 있는 無色結晶。 금·은 따위의 鍍金 및 살충제에 쓰임。 시안화 칼리움。

【靑山別曲:청산별곡】 歌辭。 樂章歌辭에 전하는 高麗 가요의 하나。 남녀간의 애정을 읊은 것。

【靑山流水:청산유수】 《喩》 말을 거침없이 잘하는 것의 비유。

【靑葙:청상】 《植》맨드라미。 崑崙草。

靑葙(三才圖會)

【靑孀寡婦:청상과부】 나이가 젊었을 때 남편을 여읜 여자。 곧 아주 젊었을 때부터의 과부。

【靑色:청색】 푸른 색。

【靑色寫眞:청색사진】 圖面이나 表 따위를 複寫할 때에 쓰이는 간편한 사진。 약물을 종이에 바르고 말린 뒤에 그 위에다 原圖、또는 陰板을 올려 놓고 햇볕에 쬐인 뒤에、물로 씻어 내면 푸른 색과 흰 색만이 남음。 건축·기계 따위의 설계도를 꾸미는 데 쓰임。

【靑石:청석】 색이 푸른 돌의 總稱。

【靑扇:청선】 푸른 빛깔의 부채。

【靑少年:청소년】 청년과 소년。 젊은이。

【靑松:청송】 푸른 솔。 『孟郊』近世交道喪、——落顏色。

【靑水症:청수증】 《醫》양쪽 겨드랑이가 붓는 병。

【靑蠅:청승】 푸른 파리。 蒼蠅。 《喩》미움받는 小人。 『詩經』營營——、止于樊、豈弟君子、無信讒言。

【靑心燭:청심촉】 푸른 빛깔의 솜으로 심지를 만든 쇠기름의 초。

【靑蛾:청아】 ❶눈썹먹으로 그린 푸른 눈썹。 누에 나비의 觸毛처럼 아름답고 보드라운 곡선을 이루게 함。 『杜甫』想像顰——。 ❷美人。

【靑芽菹:청아저】 무우순 김치。

【靑眼:청안】 ❶친한 사람을 대할 때의 眼球。 《故》晉의 阮籍이 자기와 가까운 사람은 靑眼으로 맞이 하고 거만한 사람을 보면 白眼으로 맞이하였다 함。 ❷眼球가 푸름。 西洋 사람의 눈。

【靑靄:청애】 푸른 빛깔을 띤 아지랑이。 『蘇頲』——遠相接、白雲來復還。

【靑陽:청양】 봄을 일컫는 말。 『爾雅』春爲——。

【靑魚:청어】 ❶《動》靑魚科의 물고기。 ❷푸른 빛깔의 물고기。 『曹植』——躍于東沼、白鳥戲于西渚。

【靑煙:청연】 푸른 연기。 연기。

【靑鉛鑛:청연광】 《鑛》구리와 아연이 섞인 黃酸鹽의 광물。

【靑鹽:청염】 《化》염소와 암모니아의 化合物。

【靑玉:청옥】 ❶《鑛》鋼玉石의 한 가지。 色이 푸르며 장식품으로 씀。 ❷《植》대(竹)의 別名。 『曹松』一方——、絕纖塵。

【靑瓦:청와】 청기와。

【靑蛙:청와】 《動》❶참개구리。 개구리科에 속함。 ❷청개구리。 청개구리科에 속함。

【靑雲:청운】 푸른 구름。 《喩》높은 이상이나 벼슬을 가리키는 말。 靑雲之望。

【靑雲客:청운객】 ❶청운의 뜻을 품은 사람。 ❷높은 벼슬에 오른 사람。

【靑雲志:청운지】 ❶훌륭한 사람이 되고자 하는 마음。 ❷俗世를 超越하여、隱者가 되고자 하는 마음。

【靑雲之士:청운지사】 ❶學德을 겸한 높은 사람。 ❷高位高官으로 出世한 사람。

【靑衣:청의】 ❶푸른 빛깔의 옷。 『禮記』孟春之月、天子衣——、服蒼玉。 ❷옛날 신분이 천한 사람이 입던 옷。 《轉》使喚。

靑衣(三才圖會)

【靑磁:청자】 ＝靑瓷。

【靑瓷:청자】 高麗 때 만든 푸른 빛깔의 자기。 宋나라 청자를 본떴다 함。 靑磁。

【靑瓷瓦:청자와】 高麗 때에 만들었다는 청기와의 한 가지。

【靑田:청전】 푸릇푸릇한 벼논。 아직 結實하지 아니한 벼논。 『楊炯』樓臺橫紫極、城闕俯——。

【靑氈舊物:청전구물】 代代로 전하여 내려오는 물건。

【靑帝:청제】 봄을 맡은 神。 (五行說에 靑色은 봄에 해당함)。 『尙書緯』春爲東帝、又爲——。

【靑鳥:청조】 ❶푸른 새。 ❷使者。 또는 書簡。 仙女。 《故》西王母의 使者로 三足의 푸른 새가 漢의 宮殿에 왔다고 함。 『漢武故事』。

【靑竹:청죽】 ❶翠竹。 ❷베어서 아직 마르지 아니한 대。

【靑袗:청진】 ❶푸른 色의 옷。 ❷젊은 사람。 書生。

【靑菜:청채】 ❶통배추의 연한 잎을 썰어서 약간 데쳐 가지고 물에 헤어 꼭 짜서 간장·초·겨자 따위를 쳐서 무친 나물。 ❷풋나물。

【靑天:청천】 푸른 하늘。 《喩》㉠淸明한 사람。 『晉書·樂廣傳』若披雲霧而睹——。 ㉡淸廉한 賢吏。 『縣笥瑣探』。

【靑天白日:청천백일】 ❶晴明한 하늘의 밝은 날。 ❷마음씨가 음침하지 않고 명백함。

【靑天霹靂:청천벽력】 맑게 갠 하늘에 벼락 치는 것。 《轉》돌연의 사태。 돌연한 변화。

【靑鐵:청철】 낫쇠 같으나 품질이 좀 낮은 쇠。

【靑草:청초】 푸른 풀。 『左傳』室無懸磬、野無——。

【靑霄:청초】 푸른 하늘。 蒼空。 『曹松』廬山瀑布三千仞、劃破——始落斜。

【靑草節:청초절】 음력 五월에서 九월까지 다섯 달 동안의 풀이 한창 푸른 때。 牧場에서 사용하는 말。

【靑葱:청총】 ❶푸른 色。 ❷《植》푸른 파。

【靑春:청춘】 ❶봄。 ❷靑年。 『李白』伯陽仙家子、容色如——。

【靑春期:청춘기】 ❶나이가 젊어서 하는 일이 모두 싱싱하고 씩씩한 한창인 때。 ❷思春期。

【靑春少年:청춘소년】 二〇살 전후의 젊은 사람。

【靑翠:청취】 靑과 綠。 또는 푸르고 푸른 綠色。 『酉陽雜俎』枝莖——、經冬不凋。

【靑鞜:청탑】 푸른 色의 양말。 또는 가죽신。

【靑鞜派:청탑파】❶영국에서 일어난 부인 參政權 운동의 한 파。❷새로운 사상을 부르짖는 여류 문학가들。
【靑太:청태】청대콩。
【靑苔:청태】❶푸른 이끼。『劉長卿』欲掃柴門迎遠客、ㅣㅣ黃葉滿貧家。❷綠藻類의 갈파래과에 딸린 바다 풀의 한 가지。김과 비슷함。❸김。
【靑袍:청포】색깔이 푸른 도포。
【靑布:청포】빛이 푸른 베。
【靑泡湯:청포탕】녹말묵과 고기를 함께 끓인 맑은 장국。
【靑血:청혈】맑고 깨끗한 피。또는 忠臣의 피。靑은 新鮮의 뜻。碧血。
【靑熒:청형】❶푸르게 빛이 빛남。玉의 光澤。❷등불의 빛。❸빛이 眩亂하게 밝은 모양。「禨從此始。
【靑鞋:청혜】짚신。靑鞋。『杜甫』ㅣㅣ布
【靑紅:청홍】靑紅色의 略語。
【靑紅旗:청홍기】푸른 기와 붉은 기。
【靑紅色:청홍색】푸른 빛과 붉은 빛。
【靑華瓷器:청화자기】흰 바탕에 푸른 빛깔로 그림을 그린 자기。靑華白瓷。靑華白地。靑華白沙器。
【靑化製鍊法:청화제련법】《化》金銀의 광석을 靑化시켜서 製鍊하여 금은을 얻는 법。
【靑化汞:청화홍】살균제로 사용하는 醫療品의 한 가지。黃降汞을 靑酸에 녹여 만들음。
【靑黃:청황】❶靑과 黃。❷칼의 빛。❸치장。色彩。❹春·夏·秋·冬 四時의 즐거움。『漢書·禮樂志』靈安留吟ㅣㅣ。❺舊穀은 떨어지고 新穀이 나지 않은 시기。《喩》한 때 물건이나 돈이 떨어짐。
◎紺ㅣ、群ㅣ、綠ㅣ、丹ㅣ、淡ㅣ、深ㅣ。

【青】(청)『靑』(靑部 0畫)과 같음

三 畫

【彭】 彭 小篆 (정) 梗 セイ、きよいかざり adorn neatly 조촐하게꾸밀정(淸飾)。

【晴】 草書 ㊀(영) 靑 セイ、ジョウ、ささやく whisper ㊁(정) 庚 ㊀속삭일영(ㅣ吟、小語)。㊁마음정、욕망정(欲望也)。(『情』의 古字)

五 畫

【靖】 小篆 草書 (정) 梗 セイ、やすらか pacify ㄐㄧㄥˋ ching⁴ ❶꾀할정(謀也)。『書經』自作弗ㅣ。❷다스릴정(理也)。『詩經』俾予ㅣ之。❸화할정(和也)。❹편안할정(安也)。『詩經』肆其ㅣ之。❺생각할정(思也)。(『靜』과 通함)
【靖匡:정광】天下를 편안하게 바로잡음。『蜀志』掃除寇難、ㅣㅣ王室。
【靖國:정국】나라를 편안하게 다스림。『左傳』子文曰、吾以ㅣㅣ也。
【靖國功臣:정국공신】《制》李朝 때에 燕山君을 내쫓고 中宗을 내세운 功臣 朴元宗 등 一〇七명에게 내린 勳號。
【靖難功臣:정난공신】《制》李朝 世祖 때 金宗瑞·皇甫仁 등을 除去한 공로로 鄭麟趾 등 二九명에게 내린 勳號。「킴。
【靖亂:정란】天下의 어지러움을 鎭定시
【靖邊:정변】國境을 잘 다스림。『白居易』ㅣㅣ之要、選將爲先。
【靖社功臣:정사공신】《制》李朝 光海君 一〇년에 일어난 仁祖反正의 功臣 金瑬·李适 등 五〇명에게 내린 勳號。
【靖綏:정수】편안함。편안하게 함。『蔡邕』通遵太和、ㅣㅣ六合。
【靖安:정안】편안하게 다스림。
【靖言:정언】小人의 교묘하게 꾸며대는 「말。
【靖獻:정헌】신하가 임금에 대하여 충성을 다함。『書經』自靖、人自獻于先王。

六 畫

【覩】 ㊀(정) 梗 セイ、うかがう peep (into) ㊁(쟁) 敬 ㊀❶엿볼정(偵也)。❷번역할정(譯也)。㊁❶바로볼쟁(正視)。❷깊을쟁(深意)。

【艶】 (정) 徑 セイ、あおぐろい dark-blue 검푸를정(靑黑色)。

七 畫

【靚】 草書 ㊀(정) 敬 セイ、よそおう be attired ㄐㄧㄥˋ ching⁴ ㊁(정) 梗 ❶치장환히할정(妝飾明也)。❷

【静】 (정)『靜』(靑部 8畫)의 略字

【靚】 小篆 草書 ㊀❶단장할정(ㅣ莊粉白黛黑)。『上林賦』ㅣ莊刻飾。❷밝을정(明也)。㊁안존할정(徐ㅣ女容)。
【靚飾:정식】아름답게 化粧함。靚妝。
【靚衣:정의】아름답게 단장한 의복。『太平廣記』仙態柔容冶、ㅣㅣ明昨。
【靚靚:정정】단장함。化粧함。

八 畫

【靛】 草書 (전) 霰 テン、あい green bamboo ㄉㄧㄢˋ tien⁴ 청대전(藍質ㅣ花)。
【靛墨:전묵】그림물감의 一種。靑墨。
【靛子:전자】寶石의 이름。碧色의 것。『本草·寶石』集解、時珍曰、碧者名ㅣㅣ。
【靛靑:전청】染料의 一種。藍靛。

【靜】 小篆 草書 (정) 梗 セイ、ジョウ、しずか still; quiet ㄐㄧㄥˋ ching⁴ ❶고요할정、조용할정(動之對)。❷꾀할정(謀也)。『書經』ㅣ言庸違。❸편안할정(安也)。『詩經』ㅣ言思之。❹쉴정(息也)。『禮記』百官ㅣ事毋刑。❺고요할정(寂也)。
【靜嘉:정가】고요하고 아름다움。
【靜居:정거】세상 일을 떠나 한가하게 지냄。『南史』侯景鎭建業、衣冠爭往造請、袁樞杜門ㅣㅣ、不求聞達。
【靜境:정경】조용한 곳。『郝經』ㅣㅣ求初心、滯慮騁萬端
【靜觀:정관】조용히 事物을 관찰함。주위의 情勢의 변화에 따라서 움직이지 아니하고 조용히 사태의 推移를 바라봄。『程顥』萬物ㅣㅣ皆自得、四時佳興與人同。
【靜慮:정려】=靜思。『李中元』閒吟遊古觀、ㅣㅣ想神仙。
【靜力學:정력학】《物》물체의 작용하는 힘의 平衡을 다루는 역학의 한 부분。↕動力學。
【靜脈:정맥】《生》靜脈管의 略語。
【靜脈管:정맥관】《生》정맥혈을 심장으로 돌려 보내는 혈관。
【靜脈瘤:정맥류】《生》정맥의 일부가 血行障害를 일으켜 확장된 것。
【靜脈注射:정맥주사】정맥에다 놓는 「주사。
【靜脈血:정맥혈】《生》정맥에 의하여 신체를 돌아 염통으로 보내는 老廢한 피。
【靜默:정묵】조용히 하여 말을 하지 않음。『南史』深沈ㅣㅣ、常有四海之心。
【靜物:정물】❶靜止한 물건。❷植物의 일컬음。『史記·五帝紀』。❸靜物畫의 略語。

【靜謐:정밀】 ❶고요하고 조용함。 ❷世上이 편안함。 『宋書』江外ㅡㅡ。

【靜思:정사】 조용히 생각함。 『梅堯臣』世事ㅡㅡ同轉轂。

【靜水:정수】 흐르지 않고 움직이지 않는 물。

【靜修:정수】 마음을 조용하게 하여 수양을 함。 『諸葛亮』靜以修身、儉以養德。

【靜淑:정숙】 태도가 조용하고 마음이 맑음。

【靜肅:정숙】 고요하고 엄숙함。

【靜息:정식】 고요히 쉼。 『南史』廣施恩惠、盜賊ㅡㅡ。

【靜夜:정야】 고요한 밤。 『陶潛』悲風愛ㅡㅡ、林鳥喜晨開。

【靜養:정양】 심신을 침착하게 하여 병을 요양함。 『白居易』修外以及內、ㅡㅡ和與眞。

【靜穩:정온】 조용하고 편안함。 세상이 평화로움。

【靜而俟之:정이사지】 가만히 기다리고 있음。

【靜寂:정적】 쓸쓸할 정도로 고요함。 『謝靈運』列筵皆ㅡㅡ。

【靜電感應:정전감응】 《物》絕緣된 帶電體의 가까이서 다른 도체가 帶電하는 현상。

【靜坐:정좌】 ❶고요히 앉음。 ❷마음을 가라앉히고 몸을 바르게 하여 앉음。 『朱熹』不必盡日讀書、或ㅡㅡ存養、皆是用功處。

【靜止:정지】 ❶고요히 그침。 『易經 疏』艮、止也、ㅡㅡ之義。 ❷《物》물체의 위치가 시간적으로 변하지 않는 일。

【靜止摩擦:정지마찰】 《物》움직이려는 힘에 반항하는 힘이 나타나서、그 물체가 움직이지 않을 때의 抗力。

【靜聽:정청】 조용히 하여 들음。 『劉伶』ㅡㅡ不聞雷霆之聲。

【靜泰:정태】 조용하고 태연함。 『嵇康』淸虛ㅡㅡ、小私寡欲。

【靜態:정태】 靜止하여 있는 상태。 조용한 모양。

【靜態經濟:정태경제】 《經》경제적 경쟁이 될대로 된 결과로 성립된 경제 상태。 ↔動態經濟。

【靜閑:정한】 조용하여 한가로운 모양。 『支遁』熙怡安沖漠、優遊樂ㅡㅡ。

【靜虛:정허】 조용하여 마음에 번거로움이 없음。

【靜話:정화】 조용히 이야기함。 또는 그 이야기。 『白居易』ㅡㅡ開襟久。 ◎動ㅡ、安ㅡ、沈ㅡ、平ㅡ。

九畫

【靚】 (친) 震 シン、さむい cool 찰친、추울친(寒也)。

十畫

【⿰靑盍】 (압) 合 オウ、いろとり paint 채색할압(飾采)。

十四畫

【⿰靑蒦】 (호) 遇 コ、うつくしいあお pretty blue 곱게푸를호(善靑)。

非 部

【非】 (비) 微 ヒ、あらず、そむく not; non- ㄈㄟ fei3 小篆 草書 ❶아닐비(不是)。 ❷나무랄비(訾也)。 『孝經』ㅡ孝無親。 ❸어길비(違也)。 ❹그를비(不正)。 ❺없을비(無也)。 ❻나쁠비(惡也)。

【非乾性油:비건성유】 공기 속에 두어도 마르지 않는 기름。

【非決定論:비결정론】 《哲》意志나 행위에는 앞서는 원인이 없다고 보는 절대적 意志 自由說。

【非輕:비경】 重大함。

【非計:비계】 나쁜 계획。 非謀。 『諸葛亮』議者謂爲ㅡㅡ。

【非公開:비공개】 여러 사람에게 공개하지 않음。

【非公式:비공식】 公式이 아님。 사사로움。 드러난 것이 아님。 ↔公式。

【非交戰國:비교전국】 전쟁 관계에 있지 않은 나라。

【非國民:비국민】 국민으로서의 본분을 지키지 못하는 사람。

【非金屬:비금속】 금속 원소로 되지 않은 물질。

【非金屬光澤:비금속광택】 금속의 광택이 아닌 광택。

【非金屬元素:비금속원소】 《化》금속 이외의 원소。 酸素·水素·炭素 따위。

【非器:비기】 그 일에 맞는 인물이 못됨。 그 일을 함에 족한 역량이 없음。

【非難:비난】 ❶남의 잘못을 험담함。 ❷욕을 함。 비방함。 批難。

【非但:비단】 「다만」의 뜻으로 否定의 경우에 쓰는 말。

【非道:비도】 ❶道理에 어긋남。 非理。 ❷人情에 벗어남。 殘酷。

【非禮:비례】 예의에 어긋남。 無禮。 『論語』子曰、ㅡㅡ勿視。

【非理:비리】 道理에 맞지 않음。 非道。 『晉書』王覽母朱、遇祥無道、屢以ㅡㅡ使祥。

【非望:비망】 ❶제 분수에 맞지 않는 희망。 野望。 ❷기대하지 않음。 꿈에도 생각하지 않음。 『南史』一顧之恩、ㅡㅡ而至。

【非賣買同盟:비매매동맹】 同盟을 맺어 어떤 特定의 나라나 사람과의 또는 어떤 特定 商品의 去來를 일체 끊어 버리는 것。

【非賣品:비매품】 일반 사람에게 팔지 아니하는 물품。

【非命:비명】 天命이 아님。 非命橫死。 『孟子』盡其道而死者、正命也、桎梏死者、非正命也。

【非命橫死:비명횡사】 뜻밖의 재앙으로 제 명대로 못 살고 죽음。

【非謀:비모】 ❶적당하지 못한 계획。 『左傳』得一夫、失一國、ㅡㅡ也。 ❷나쁜 일을 꾀함。 또는 그 계획。

【非夢似夢:비몽사몽】 꿈인지 생시인지 어렴풋한 상태。 似夢非夢。

【非番:비번】 번 차례가 아님。 當番이 아님。

【非凡:비범】 보통이 아님。 뛰어남。 또는 그 사람。 平凡하지 않은 사람。 ↔平凡。

【非法:비법】 법에 어긋남。 不法。

【非分:비분】 ❶분수에 지나침。 身分에 맞지 않음。 ❷道理에 맞지 않음。

【非非:비비】 나쁜 것을 나쁘다고 함。 올바른 비판을 함。 『荀子』是是ㅡㅡ之謂智。

【非想:비상】 《佛》아무런 執着이 없는 心境。 ↔有想。

【非常:비상】 ❶보통이 아님。 非凡。 『史記』以太子爲ㅡㅡ相。 ❷정상적인 상태가 아닌 것。 뜻밖의 일。 事變。 急變。 ❸《佛》無常。 항상 변하는 것。

【非常警戒:비상경계】 非常한 일이 일어나거나 일어날 우려가 있을 때 구역을 정하여 특별한 경계를 하는 것。

【非常警報:비상경보】 非常한 일이 일어났을 때 경계의 뜻으로 그 危急을 일반에게 알림。 또는 그 보도。

【非常口:비상구】 火災·地震 따위의 급한 사고가 났을 때 피해 나올 수 있도록 특별히 만들어 둔 出入口。

【非常金:비상금】 비상시를 위하여 마련된 돈。

【非常門:비상문】 非常口의 문。

【非常費:비상비】 뜻하지 않은 사고에

쓰도록 마련해 두는 경비。

【非常事件:비상사건】 보통이 아닌 큰 사건。

【非常線:비상선】 ❶非常事件이나 중대한 犯罪가 발생하였을 때에 警察權으로써 非常警戒를 하는 特定의 구역。 ❷특별한 경우에 쓰도록 따로 마련된 電話線이나 電氣線。

【非常召集:비상소집】 시급한 일이 생겼을 때 필요한 사람을 급히 불러 모으는 일。

【非常手段:비상수단】 ❶非常한 일에 대하여 임시 변통으로 시급히 처리하는 방법。 ❷暴力으로 일을 處理하는 것。

【非常時:비상시】 ❶平常時가 아님。 ❷一身上이나 국가가 중대한 危機를 당하였을 때。 ❸전쟁 또는 事變이 일어났을 때。 ↕平常時。

【非常識:비상식】 상식에 어긋남。 상식이 없음。

【非生產的:비생산적】 생산하지 못하는 것。 소비적인 것。

【非所可論:비소가론】 들어서 말할 만한 것이 못됨。

【非訟事件:비송사건】 (法)法院이 처리하는 일 중의 소송사건 이외의 사건。 民事上의 생활 관계를 助成 감독하기 위하여 국가가 後見的인 구실을 함을 목적으로 하는 행정 작용。

【非時:비시】 ❶제 때가 아닌 때。 (佛) ㉠食事하지 않는 때。 곧 정오가 지난 뒤。 ㉡非時食의 略稱。 【老學庵筆記】佛經戒比丘——食。 ❸정한 시간 없이 언제든지 있는 것。

【非實用的:비실용적】 실용적이 아닌 것。

【非心:비심】 나쁜 마음。 邪心。 【書經】格其——。

【非訐:비알】 남의 허물을 비방하여 들춰냄。 【後漢書】汝南范滂等、——朝政。

【非良心的:비양심적】 양심에 어긋나는 것。 양심을 속이는 것。

【非運:비운】 =不幸。

【非違:비위】 법에 어긋남。 道理에 어긋남。

【非意:비의】 뜻하지 않음。 별안간。 不意。 【晉書】——相干、可以理遣。

【非義:비의】 義理에 어긋남。 道理에 맞지 않음。

【非議:비의】 남을 비방하여 논함。 【漢書】夏侯勝——詔書、大不敬。

【非理性的:비이성적】 (哲)어떤 事象이 이성에 벗어나 논리적으로 포착하기 곤란한 그것。

【非認:비인】 定하지 않음。 否認。 승락하지 않음。

【非人:비인】 ❶움직이지 않고 있으므로 죽은 사람과 같음。 ❷병신이 되어 쓸모없이 된 사람。 廢人。 ❸(佛)사람에 대하여 天龍八部·夜叉·羅刹 등의 總稱。 ❹罪人。 【法華經】天龍八部、人與——。

【非人間:비인간】 사람으로서 해야 할 道理를 하지 못함。 사람답지 못함。

【非人情:비인정】 ❶人情이 없음。 薄情。 ❷人情의 번거로움에서 벗어남。

【非一非再:비일비제】 ❶한 두 번이 아님。 ❷하나 둘이 아님。 수두룩함。

【非呰:비자】 비방함。 험담함。 【白居易】貴人皆怪怒、間人亦——。

【非才:비재】 ❶재능이 없음。 변변하지 못한 재능。 ❷자기의 謙稱。

【非戰論:비전론】 전쟁을 부정하는 思想。 또는 主張。

【非戰鬪員:비전투원】 전투에 직접 관계하지 않는 사람。

【非電解質:비전해질】 (化)전류에 의하여 분해되지 않는 물질。

【非情:비정】 나무나 돌 따위와 같이 喜怒哀樂의 情이 없음。 ↕有情。

【非朝即夕:비조즉석】 아침이 아니면 저녁。 (喩)時期가 임박했음。

【非次:비차】 차례를 따르지 않음。 순서에 맞지 않음。 不次。 【晉書】——之恩、臣有何功、可以堪之。

【非便:비편】 ❶不便。 ❷거북함을 느낌。

【非風症:비풍증】 (醫)감기로 생기지 않고 병자 자신의 체질에서 오는 중풍증。

【非合理:비합리】 (哲)論理의 法則에 맞지 않는 것。 理性으로써 파악할 수 없는 것。 非理性的。

【非合理主義:비합리주의】 理性으로는 파악할 수 없는 것이나、論理的으로는 解明할 수 없는 것을 窮極의 것으로 보는 입장。 非理性主義。 ↕合理主義。

【非合法:비합법】 법에 어긋남。 법의 테두리를 벗어남。 ↕合法。

【非合法主義:비합법주의】 법률에 어긋난 社會運動이나 革命運動을 비밀히 하려는 主義。

【非現實的:비현실적】 현실적이 아닌 것。 공상적인 것。

【非活動的:비활동적】 활동적이 아닌 것。 활동하기에 적당하지 않은 것。

【非毁:비훼】 비방함。 험담함。 誹毁。 【漢書】——俗儒。

【非興:비흥】 ❶흥미가 없음。 不興。 ❷천박함。 경박함。

◎是—、前—。

三畫

【⿱非己】 (비) 尾 ヒ、わける divide 小篆 나눌비(分也)。

【厞】 (비) 未 ヒ、かくれる hide ❶숨을비(隱也)。 ❷비루할비(陋也)。

【⿱非子】 (비) 微 ヒ、かるい light 가벼울비(輕也)。

四畫

【⿱非火】 (비) 未 ヒ、ちり dust 티끌비(塵也)。

【靟】 (비) 微 ヒ、わたけ down 가는털비、솜털비(細毛)。

七畫

【靠】 (고) 號 コウ、もたれる rely on ㄎㄠˋ k'ao⁴ 小篆 草書 ❶어길고(相違)。 ❷붙일고(倚—依附)。

【靠天:고천】 하늘에 맡김。 運命에 내맡김。 【通俗編】史彌寧、友溪乙稿、人事當先莫——。

【靠枕:고침】 베개의 一種。 【宋史·輿服志】京湖制置司以取獲亡金寶物來上、紅紵絲——一。

【⿱非貝】 (비) 寘 ヒ、さかん splendid 장할비、성할비(壯也)。

十一畫

【靡】 ㊀(미) 紙 ㊁(미) 支 ビ、ヒ、なびく sweep over 小篆 草書 ㊀❶없을미(無也)。 【書經】命—常。 ❷사치할미(侈—奢麗)。 ❸어여쁠미(—曼美色)。 【上林賦】—曼美色於後。 ❹쓰러질미(披—偃也)。 【左傳】望其旗—。 ❺붙좇을미(——順隨)。 【書經】商俗——。 ❻번을미(施—連延貌)。 【上林賦】登降施—。 ㊁❶흐트러질미(散也)。 ❷얽을미(繫也)。 【易】我有好爵吾與爾—之。 ❸썩을미、 물크러질미(爛也、滅也)。 【孟子】—爛其民。 ❹허비할미(—費損也)。 【荀子】無—費之用。

【靡寧:미녕】 어른의 몸이 병이 있어서 편치 못함。
【靡爛:미란】 썩어 문드러짐。 흐늘흐늘 헐어 터짐。 糜爛。
【靡麗:미려】 ❶화려하고 사치스러움。 華侈。 ❷매우 아름다움。 화려하고 아름다움。 華美。 【漢書】恐後世——、遂往而不返、非所以爲繼嗣創業垂統也。
【靡曼:미만】 살결이 곱고 아름다운 미부。 【呂氏春秋】——皓齒。 【註】——、細理弱肌、美色也。
【靡薄:미박】 아주 경솔하고 착실하지 못함。 【漢書】懲世俗之——。
【靡不用極:미불용극】 전 心力을 다 써서 함。
【靡費:미비】 남김 없이 죄다 써 버림。
【靡徙:미사】 ❶바른 것을 잃은 모양。 失正。 【史記·註】——失正也。 ❷스스로 물러감。 ❸발을 옮기는 모양。
【靡室靡家:미실미가】 가난하고 집이 없어 거처 할 곳이 없음。 無實無家。
【靡然:미연】 草木이 바람에 나부끼어 쓰러지듯 쏠리는 모양。 【史記】天下之學士、——鄕風矣。
【靡盡:미진】 죄다 망함。 죄다 멸망시킴。 【史記】連日夜——。
【靡敝:미폐】 쇠하여 피곤함。 쇠산해짐。 罷弊。 【禮記】國家——。 ◎風——。

十二畫

【⿱非毳】 (비) 微 ヒ、ほそいけ fluff 小篆 ❶가는털비(細毛)。 ❷엉클어질비(紛也)。

面 部

【面】 (면) 霰 メン、ベン、おもて surface; face ㄇㄧㄢˋ mien⁴ 小篆 草書 ❶얼굴면、낯면(顏也)。 【書經】汝無—從。 ❷향할면(向也)。 【書經】不學牆—。 ❸앞면(前也)。 【儀禮】覆之—葉。 ❹보일면(見也)。 【禮記】出必告反必—。 ❺방위면(方—當四方之一)。 ❻겉면(表也、外也)。 ❼면면(行政區劃之一)。
【面看交代:면간교대】 면대하여 사무를 引繼함。
【面見:면견】 직접 봄。 【書經·疏】禹能謀所——之事、無所疑惑。
【面決:면결】 面前에서 결정함。
【面鏡:면경】 얼굴을 비치는 작은 거울。
【面界:면계】 행정 구역으로서의 面과 面의 境界。
【面戒:면계】 직접 면대하여 충고함。 【宋史】王顯或失悞、護短終不肯改、上每——之。
【面愧:면괴】 남 보기가 부끄러움。
【面給:면급】 財物 따위를 눈 앞에서 내어 줌。
【面赧:면난】 부끄러워 낯빛이 붉어짐。
【面內:면내】 한 面의 區內。
【面談:면담】 면대하여 이야기함。 【晉書】——當世之事、捫蝨而言。
【面當:면당】 相對便의 얼굴을 마주 대함。
【面對:면대】 서로 얼굴을 마주 대함。 面接。 面當。 對面。
【面刀:면도】 ❶면도칼。 ❷얼굴의 잔털을 깎는 일。
【面督:면독】 직접 만나서 독촉함。
【面論:면론】 면대하여 설유함。
【面里:면리】 地方의 行政區劃으로서의 面과 里。
【面麻:면마】 얼굴의 마마 자국。 곰보。

【面謾:면만】 눈 앞에서 남을 속임。 面欺。 【漢書】樊噲願得十萬衆、橫行匈奴中、季布曰、噲妄言、是——也。
【面罵:면매】 面前에서 꾸짖음。
【面面相顧:면면상고】 서로 얼굴만 바라봄。
【面命:면명】 ❶직접 명령함。 ❷직접 면대하여 타일음。 친절하게 가르침。 【詩經】匪——之、言提其耳。
【面毛:면모】 얼굴의 잔털。
【面帽:면모】 =面目。
【面貌:면모】 얼굴 모양。 面容。 【史記】不過欲一見君——耳。
【面目:면목】 ❶얼굴。 ❷얼굴의 생김새。 ❸모양。 ❹남을 대하는 얼굴。 【史記】何——見之。
【面駁:면박】 面前에서 論駁함。
【面縛:면박】 ❶두 손을 등 뒤로 돌리어 묶고 얼굴은 앞을 보게 함。 【左傳】——銜璧。 ❷두 손을 앞으로 묶음。 【漢書】。
【面部:면부】 얼굴 부분。
【面不得:면부득】 대할 수 없음。
【面分:면분】 얼굴을 알 만한 사람。
【面謝:면사】 만나서 사례함。 면대하여 사과함。
【面紗布:면사포】 ❶결혼식 때에 신부가 머리에 쓰고 땅에 질질 끌리도록 길게 늘이는 흰 빛의 紗。 ❷신부가 처음으로 신랑 집에 갈 때 머리에서부터 온 몸을 덮어 쓰는 검은 紗。 ❸《制》公主가 결혼식 때 쓰던、金箔으로 鳳凰 무늬와 壽福康寧의 글씨를 수놓은 紅紗。
【面相:면상】 얼굴의 용모。 얼굴의 相。 【起世經】——轉出。
【面上:면상】 얼굴 바닥。 얼굴。
【面上六甲:면상육갑】 얼굴을 보고 나이를 짐작함。
【面色:면색】 ❶얼굴빛。 顏色。 【折伏羅漢經】——變。 ❷얼굴의 생김새。

【面訴:면소】 직접 만나서 호소함。
【面熟:면숙】 낯이 익음。
【面述:면술】 면대하여 陳述함。
【面試:면시】 面前에서 시험함。 【南史】任昉曰、爲之美談、不如——。
【面識:면식】 서로 알음。 相識。
【面眼:면안】 =眼目。
【面謁:면알】 貴人을 만남。 拜謁。
【面約:면약】 마주 보고 약속을 함。
【面語:면어】 면대하여 이야기함。 面談。 面話。 【唐書】陳事千里之外、猶對——。
【面譽不忠:면예불충】 눈앞에서 칭찬하는 사람은 성심이 적다는 말。 【大戴禮】面譽者不忠、飾貌者不情。
【面如土色:면여토색】 몹시 놀라 얼굴빛이 흙빛과 같이 변함。
【面熱:면열】 《醫》신경쇠약。 히스테리。 胃病 따위로 말미암아、 가끔 얼굴 빛이 붉어지고 신열이 높아 지는 병。
【面友:면우】 속 마음은 주지 않고 형식적으로만 사귄 벗。 얼굴을 알 뿐 마음으로 친하지 않은 벗。 面交。 面朋。 【揚子法言】朋而不心、面朋也、友而不心、——也。
【面諛:면유】 面前에서 아첨함。 【孟子】士止於千里之外、讒諂——之人至矣。
【面諭:면유】 면대하여 타이름。
【面衣:면의】 ❶여자가 말을 타고 遠行할 때 그 얼굴을 가리기 위하여 덮어 쓰는 것。 面帽。 【事物紀原】。 ❷남자들이 추위를 막기 위하여 얼굴을 가리는 것。 【晉書·惠帝紀】。

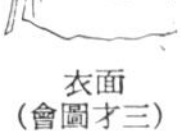
面衣 (三才圖會)

【面長:면장】 《制》面行政을 통할하고 집행하는 機關長。
【面墻:면장】 집 앞면에 쌓은 담。 《轉》見識이 없음。
【面帳:면장】 앞에 늘이는 휘장。
【面張牛皮:면장우피】 낯가죽이 두꺼움。 뻔뻔스러움。 鐵面皮。

【面爭:면쟁】임금의 앞에서 그 잘못을 충고함. 面前에서 그 잘못을 간함.
【面積:면적】(數)넓이. 平面 또는 表面의 넓이.
【面前:면전】❶보는 앞. 目前. 眼前. 〔蜀志〕飾ーー之樂, 而忘天下之譽. ❷직접.
【面折:면절】面前에서 그 사람의 잘못이나 결점을 책망함. 〔史記〕ーー廷爭.
【面折廷爭:면절정쟁】임금의 앞에서 그 失策을 들어 是非를 爭論함. (轉)剛直한 臣下.
【面接:면접】직접 대함. 對面.
【面情:면정】面分과 情誼.
【面從:면종】남의 面前에서만 순종함. 보이는 데서만 순종함. 〔書經〕汝無ーー退有後言.
【面從腹背:면종복배】겉으로는 따르는 체하고 속으로는 배반함.
【面從後言:면종후언】겉으로는 순종하고 뒤에 비난 함.
【面奏:면주】임금을 뵙고 上奏함. 〔唐書〕論事者, 隨狀ーー.
【面陳:면진】面前에서 진술함. 만나서 말함. 面語.
【面叱:면질】바로 맞대놓고 꾸짖음.
【面質:면질】면대하여 질문함. 무릎맞춤. 〔漢書〕ーー呂須於平前.
【面責:면책】면대하여 책망함. 面剌. 面詰. 面讓.
【面請:면청】면대하고 청함. 몸소 보고 요구함.
【面託:면탁】마주 보고 부탁함.
【面稟:면품】面前에서 말씀을 드림.
【面皮:면피】❶낯가죽. ❷남을 대하는 면목.
【面汗:면한】❶얼굴의 땀. ❷부끄러워서 얼굴에 땀을 흘림. 〔孫汗〕微言起我病, 內愧ーー騂.
【面許:면허】마주 대하고 허락함.

【面會:면회】면대하여 만나봄. 對面함. 面接. 〔後漢書〕如欲ーー, 宜出傳舍.
◎鏡ー, 舊ー, 內ー, 當ー, 對ー, 滿ー, 面ー, 文ー, 牛ー, 反ー, 方ー, 背ー, 一ー, 前ー, 全ー, 正ー, 地ー, 側ー, 他ー, 平ー, 表ー, 海ー.

【靣】(면)『面』(前條)의 俗字

三 畫

【⿰面刃】(뉵) 屋 ジク、はずかしい abashed face 부끄러운얼굴뉵(羞顏).
【⿰面干】(간)『皯』(皮部 3畫)과 같음

四 畫

【⿰面今】(함) 咸 カン、あたまでっぱる stick one's head out 머리내밀함(出頭貌).
【⿰面丑】(뉵) 屋 ジク、はじる be abashed 부끄러울뉵(慚也).
【⿰面尤】(담) 勘 タン、にぶい dull 둔할담(鈍也).

五 畫

【⿰面支】(전) 銑 テン、ゆるい generous (或音「년」) 너그러울전(寬也).
【靤】(포) 效 ホウ、もがさ swelling on the face ㄆㄠˋ p'ao⁴ 草書 면종포(面瘡).
【⿰面占】(점) 豔 タン、よごれがお (of face) dirty 얼굴더러울점(面酒).

六 畫

【⿰面舌】(괄) 曷 カツ、ちいさい いかお (本音「활」) small faced 낯작을괄(面小).
【⿰面皀】(퇴) 灰 タイ、よごれがお dirty-face 낯더러울퇴(面酒).

七 畫

【⿰面每】(회) 隊 カイ、かお plump faced 얼굴통통할회(面肉肥厚).
【⿰面忍】(닉) 錫 デキ、うれえがお sorrow stricken face 수심띤낯닉(愁面).
【⿰面足】(축) 屋 シュク、ひとしい even 고를축(齊也).
【⿰面甫】(부) 麌 フ、ほお cheeks 小篆 草書 빰부(頰也). (『輔』와 통함)
【靦】(전) 銑 テン、はじる be ashamed ㄊㄧㄢˇ t'ien³ 小篆 或體 草書 ❶무안할전, 부끄러울전(ー然慚貌). ❷물끄러미볼전(面見). 〔詩經〕有ー面目. 〔越語〕余雖ー然而人面哉.
【靦愧:전괴】부끄러워서 얼굴이 붉어짐.
【靦然:전연】❶겁내지 않고 남을 바라보는 모양. ❷부끄러움이 없는 모양.

八 畫

【⿰面宛】(원) 阮 エン、めをひらく open one's eyes 눈뜰원(目開貌).
【⿰面周】(조) 嘯 チョウ、ならう practice 익힐조(習也).

【⿰面奄】(암) 感 アン、かおのほくろ mole on the face 사마귀암(面之黑子).

九 畫

【⿰面面】(면) 銑 メン、みにくいかお ugly face 못생긴얼굴면(頑劣面).
【⿰面音】(암) 感 アイ、うれえる sad 슬퍼할암(ー醦戚容).
【⿰面赤】(난) 潸 ダン、はじる be ashamed 무안할난, 얼굴빛이 붉을난(赧也). (『赧』과 같음)

十 畫

【⿰面臭】(구) 有 ク、みにくい ugly 얼굴추할구(面醜).
【⿰面冥】(면) 霰 ベン、ちあせ blood stained 피묻을면(ー泫, 汗血).

十一畫

【⿰面麻】(마) 禡 マ、はじる abashed ❶얼굴푸를마(面靑貌又慚也). ❷부끄러울마(ー㦬).
【⿰面麻㦬:마라】❶귤나무(橘)의 껍질의 주름살. ❷부끄러워함. 〔集韻〕.
【⿰面參】(참) 感 サン、かなしい sad 슬플참(醦ー戚容).

十二畫

【⿰面焦】(조) 蕭 ショウ、あおじろい pale 小篆 파리할조(面色焦枯小).

【面尞】 (료) 篠 リョウ、かおじろい white complexioned
낯휠료(面白)。

【靧】 (회) 隊 ガク、あらう wash one's face ㄏㄨㄟˋ huei⁴
草 書 낯씻을회(洗面)。【禮記】沐稷而ー粱。

十三畫

【面亶】 (전)『靦』(面部7畫)과 같음

十四畫

【面斬】 (점) 琰 セン、いろがよわい light-colored
빛약할점(色弱)。

【靨】 (一)(엽) 葉 ヨウ、えくぼ dimple (二)(염) 琰
小 篆 草 書 (一)❶웃는 볼옴쏙들어갈엽(頰輔姿也)。【楚辭】ー輔奇牙宜笑嫣只。❷얼굴의 검은사마귀엽(面黑子)。(二)뜻은 (一)과 같음。

【靨輔:엽부】 보조개。【楚辭】ーー奇牙。

【靨笑:엽소】 보조개를 지으며 웃음。【溫庭筠】欲綻似含靨ーー。

【靨靨:엽엽】 새벽녘의 별빛이 점점 약해져서 차츰차츰 숨어 버리는 모양。

十五畫

【面蔑】 (멸) 屑 ベツ、ちいさいかお small-faced
얼굴작을멸(面小)。

十七畫

【面韱】 (점) 鹽 セン、みじかいかお short-faced
짧은얼굴점(短顏)。

革 部

【革】 (一)(혁) 陌 カク、キョク、かわ hides;leather (二)(극) 職 (本音「격」) ㄐㄧˊ chi²
小 篆 古 文 草 書 (一)❶가죽혁(去毛生皮)。【呂氏曰】去毛而未爲韋者也。❷고칠혁(改也)。【易】天地ー。❸날개벌릴혁(翼也)。【詩經】如鳥斯ー。❹갑주혁(金ー甲冑)。【禮記】衽金ー。❺가죽바혁(轡首)。【詩經】鞗ー沖沖。(二)❶병급할극(病ー急也)。【禮記】夫子之病ー矣。

【革甲:혁갑】 갑옷。

【革改:혁개】 改革。

【革故:혁고】 오래 된 것이나 묵은 것을 고침。

【革囊:혁낭】 가죽 주머니。【史記】爲ーー盛血。

【革帶:혁대】 가죽으로 만든 띠。

革帶 (禮器圖)

【革籠:혁롱】 가죽으로 만든 농。새장。

【革命:혁명】 ❶이전의 王統을 뒤집고 다른 王統이 대신하여 統治者가 되는 일。또는 한 階級으로부터 非合法的 手段에 의하여 現政治權力을 빼앗고, 國體 또는 政體를 변혁하는 일。【易經】湯武ーー、順乎天而應乎人。❷十二支의 午亥가 든 해。【詩經·大序·是謂四始疏】。❸어떤 상태가 급격하게 발전·변동하는 일。❹辛酉年의 異稱。占術家에서 하는 말로 이 해에는 變亂이 많다고 함。

【革命家:혁명가】 국가 사회의 제도를 고치려고 運動하는 사람。

【革命歌:혁명가】 혁명의 정신을 일으키려고 지은 노래。

【革命軍:혁명군】 혁명을 목적으로 마련된 군대。

【革命史:혁명사】 혁명의 과정을 적은 역사 책。

【革命裁判:혁명재판】 革命政權이 以前 政權의 要人 또는 反革命者들을 審判하는 재판。「革命。

【革世:혁세】 ❶세상이 바뀜。❷革代。

【革新:혁신】 묵은 風俗·習慣·組織·方法 등을 바꾸어 새롭게 하는 일。改革하여 새롭게 함。

【革新勢力:혁신세력】 사회 혁신을 꾀하거나 이에 同調하는 세력。

【革新派:혁신파】 혁신을 주장하는 무리·流派·당파。

【革音:혁음】 ❶가죽 소리。❷북 소리。

【革正:혁정】 바르게 고침。【魏志】漢文雖身衣弋綈、不ーー法度。

【革政:혁정】 政治를 改革함。

【革砥:혁지】 이발관 따위에 흔히 볼 수 있는 가죽으로 된 숫돌。면도칼 따위의 칼날을 세우기 위하여 문지름。

【革進:혁진】 묵은 것을 고치고 새로운 방향으로 나아감。

【革質:혁질】 가죽처럼 질긴 성질。또는 그런 물건。

【革罷:혁파】 廢止。

【革鞭:혁편】 가죽으로 만든 채찍。

【革弊:혁폐】 弊害를 고쳐 바로 잡음。

二畫

【靪】 (정) 靑 テイ、つくろう change soles
신창받을정(補履下)。

三畫

【靬】 (간) 寒 カン、ほしがわ dried leather
小 篆 草 書 ❶마른가죽간(乾革)。❷활전대간(弓衣)。❸나라이름간(西域國名黎ー)。

【靫】 (一)(채) 佳 サイ、サ、うつぼ quiver (二)(차) 麻
草 書 (一)전동채(箭室)。【埤蒼】鞴ー箭室。(二)뜻은 (一)과 같음。

靫 (武備志)

【靭】 (인) 震 ジン、しなやか durable ㄖㄣˋ jên⁴
草 書 질길인(堅柔難斷)。

【革乞】 (홀) 月 コツ、しばる tie up (本音「흘」)
졸라맬홀(緊縛)。

【靮】 (적) 錫 テキ、おもがい reins ㄉㄧˊ ti²
小 篆 草 書 고삐적(馬韁)。【禮記】執ー而從。

【革于】 (우) 虞 ウ、おおおび big belt
小 篆 큰띠우(大帶)。

四畫

【靲】 (一)(금) 侵 キン、くつひも shoe-string ㄑㄧㄣˊ ch'in² (二)(겸) 鹽
小 篆 (一)신들메금(鞮帶)。(二)짜갠대겸(竹篾)。

【革丏】 (면)『革面』(革部9畫)과 같음

【靳】 (근) 問 キン、おしむ stingy ㄐㄧㄣˋ chin⁴
小 篆 草 書 ❶가슴걸이근(ー制其行固也)。【詩經】陰ー鋈續。

❷아낄근(吝也)。【左傳莊公十一年】宋公ㅣ之。
【靳辱:근욕】❶욕보임。❷부끄러움。
【靳許:근허】얼른 허가하지 않고 자꾸 밀어감。

【靴】(화) 歌 カ、くつ footgear ㄒㄩㄝ hsüeh¹
靴 草書 ❶신화、목화화(鞮屩履也)。【隋書】惟褶服以ㅣ。❷양화화(洋ㅣ)。『鞾』와 (같음)
【靴工:화공】양화를 짓는 직공。
【靴篦:화비】구두주걱。
【靴子:화자】木靴。
【靴底魚:화저어】(動)서대기。
◎軍ㅣ、短ㅣ、木ㅣ、洋ㅣ、長ㅣ。

【靵】(뉴)『紐』(糸部 4畫)의 俗字

【靶】(파) 禡 ハ、たずな reins ㄅㄚˇ pa³
靶 小篆 草書 고삐파(御人所把轡革)。【爾雅】轡首謂之革。

【靷】(인) 震 イン、ひきづな cinch ㄧㄣˇ yin³
靷 小篆 籒文 草書 가슴걸이인(駕牛馬具在胷引車軸)。【左傳】我兩ㅣ將絕。
【靷性:인성】(物)한 쪽을 분리시키고자 하는 데 저항하는 고체의 성질。

【靸】㊀(삽) 合 ㊁(습) 緝 ソウ、くつ footgear ㄙㄚˇ sa³
靸 小篆 草書 ㊀꺽두기삽、아기신삽(小兒履)。【譚子化書序】丈ㅣ而去。㊁제사신습(祭鞋)。

【⿰革卬】(앙) 養 オウ、はきもの shoes
신발앙(履也)。
【⿰革卬角:앙각】가죽을 댄 신발。印角、仰角。【方言·四】屝屨、粗履也。東北朝鮮冽水之間、謂之ㅣㅣ、徐土邳圻之間、大麤謂之⿰革卬角。

五畫

【⿰革玄】(현) 銑 ケン、さや sheath
❶칼집현(刀室)。❷차멍에 동이는 끈현(大車縛軛靼也)。

【⿰革尼】(니) 霽 テイ、たずながたれる become loose
고삐늘어질니(轡垂貌)。

【靺】(말) 曷 マツ、あかひも red string ㄇㄛˋ mo⁴
靺 草書 ❶붉은끈말(絳ㅣ)。【隋書】赤舃絳ㅣ。❷나라이름말(國名ㅣ鞨)。
【靺鞨:말갈】❶(歷)滿洲 동북 지방에 있던 퉁구스系의 一族。三韓時代에 생긴 이름으로 肅愼·邑婁·勿吉은 모두 그의 옛 이름임。그 一族인 粟末靺鞨의 首長 大祚榮은 渤海를 일으키고 黑水靺鞨은 女眞國을 세웠음。❷靺鞨에서 생산되는 寶石。

【靻】(조) 虞 ソ、かわぐつ leather shoes
가죽신조(ㅣ蹻)。【淮南子】蘇秦匹夫徒步之人也ㅣ蹻蠃蓋經營萬乘之主。
【靻蹻:조갹】짚신。草履의 類。【淮南子注】ㅣㅣ、粗履也。

【⿰革必】(필) 質 ヒツ、くるまのなわ binder of waggon
⿰革必 小篆 차묶는가죽필(束車革)。

【靼】(달) 旱 タン、なめしかわ leather ㄉㄚˊ ta²
靼 小篆 古文 草書 ❶다룬가죽달(柔革)。❷달단달(韃ㅣ、靺鞨之後女眞別種)。『韃』과 (같음)

【靽】(반) 翰 ハン、きずな bridle ㄆㄢˋ
靽 草書 소밀치반(駕牛具)。

【靾】(예) 霽 エイ、うまのくら saddle
靾 草書 안장예(馬鞍)。

【靿】(요) 效 オウ、ヨウ かわぐつ leather shoes ㄧㄠˋ yao⁴
靿 草書 ❶목화목요、수여지목요(靴頸)。【隋書】長ㅣ靴畋獵豫遊則服之。❷굽을요(曲也)。

【鞀】(도) 豪 トウ、ふりつづみ small drum ㄊㄠˊ t'ao²
鞀 小篆 或體 或體 籒文 草書 소고도(如鼓而小以導樂作)。【淮南子】武王立戒愼之ㅣ。
【鞀磬:도경】搖鼓와 쇠경。【揚雄·長楊賦】然後陳鍾鼓之樂、鳴ㅣㅣ之和。
【鞀鞞鼓:도비고】搖鼓와 小鼓와 大鼓。【孫希旦集解】。

【⿰革甲】(갑) 洽 コウ、はなひらく (of a flower) open
꽃벌려있을갑(花相次列貌)。

【鞆】(병)〔日字〕 とも armlet
鞆 草書 활팔찌병(射ㅣ腕紐)。

【鞊】㊀(첩) 葉 ㊁(점)〔國音〕 シヨウ、くらしき saddle cover ㄊㄧㄝˋ t'ieh⁴
鞊 小篆 ㊀안갑첩(ㅣ鞢鞍飾)。㊁말다래점(韂也)。

【鞁】(피) 寘 ヒ、はらおび cinch ㄆㄧˋ p'i⁴
鞁 草書 ❶말가슴걸이피(靷也)。【晋語】吾兩ㅣ將絕。❷안갑피(馬駕具鞍上被)。
【鞁馬:피마】馬裝을 갖춤。말을 수레에 매는 일。끌어 당길 준비를 갖춘 말。【說文】鞁、車駕具也。【廣韻】裝束、ㅣㅣ也。

【鞂】(갈) 黠 カツ、わら straw
鞂 草書 볏짚갈(禾稾)。【禮記】莞簟之安而稾ㅣ之設。
【鞂席:갈석】짚거적。稭席。【宋史·樂志】匏尊旣擧、ㅣㅣ未移。

【鞃】(굉) 蒸 コウ、おしまずき bridle
鞃 小篆 草書 차앞턱에맨고삐굉(軾中靶)。【詩經】鞹ㅣ淺幭。

【鞄】(포) 肴 ハク、ホウ、かばん bag
鞄 草書 ❶가죽다루는장인포(柔革工)。【周禮】攻皮之工函鮑韗韋裘。【註】鮑爲ㅣ。❷가방포(革ㅣ)。

【鞅】(앙) 養 オウ、むながい cinch ㄧㄤ yang¹
鞅 小篆 草書 ❶가쁠앙(ㅣ掌煩勞)。❷말배띠앙(馬駕具)。❸소굴레앙(牛韁)。

【鞅□:앙망】 으로 할 곳이 없음. 無鞅할 …… 央亡。

【鞅鞅:앙앙】 마음이 즐겁지 않은 모양。 만족하지 않은 모양。 快快。

【鞅掌:앙장】 ❶바쁘게 일을 하여 여가가 없는 것。 ❷스스로 만족하는 모양。 ❸일이 많은 모양。 『嵇康』心不耐煩、而官事——。

六 畫

【䩞】 (양) 養 ヨウ、かわなめし tan the skin

가죽다룰양(治皮)。

【䩋】 (과) 馬 カ、おびがね decorate a belt

띠치장할과(帶飾)。

【䩕】 (인) 眞 イン、かんじき clogs

나막신인(木履有足)。

【䩊】 (병) 迥 ヘイ、かわおび leather belt

가죽띠병(革帶)。

【鞇】 (인) 眞 イン、しとね cushion

草書 수레에 까는 겹요인(車重席褥也)。『韓詩外傳』齊君重—而坐。

【鞇靴:인복】 수레 위의 坐具。『急就篇』——鞋鞸鞍鑣鐊。『注』靴韋囊、在車中人所憑伏也、今謂之隱囊。

【䩟】 (이) 支 イ、なめしがわ leather

다룬가죽이(柔革)。

【鞉】 (도) 豪 トウ、ふりつづみ small drum

草書 소고도(小鼓)。『詩經』—磬柷圉。

【鞉磬:도경】 조그만 搖鼓와 쇠경。鞀磬。『詩·周頌·有瞽』應田縣鼓、——柷圉。『傳』鞉、小鼓也。

【鞉鼓:도고】 소북。 鼗鼓。 『詩·周頌』猗……

〔 …… 〕 瞿我——。『荀子·堯論』——拚革。 椌楬似萬物。

【鞈】 (협) 洽 コウ、むねあて body armour

小篆 草書 겹가죽협(—革)。『荀子』蘭盾—革二戟。

【䩨】 (락) 藥 ラク、かわおび leather belt

小篆 草書 가죽오리락(生革可以爲縷)。

【鞊】 (길) 質 キツ、むながい cinch

❶가슴걸이길(鞅也)。 ❷안장길(鞍也)。 ❸가죽길(革也)。

【鞋】 (혜) 佳 アイ、ケイ、くつ(本音「해」) shoes

草書 가죽신혜(革履)。

【鞋韈:혜말】 신과 버선。

【鞋底:혜저】 신 바닥。 발 밑。

【鞋底魚:혜저어】 《動》서대기。

【鞋廛:혜전】 신을 파는 상점。

【鞌】 (안) 寒 アン、くら saddle ㄢ an¹

小篆 草書 ❶안장안(馬鞍具)。 ❷땅이름안(地名)。『左傳成公二年』戰於—。

【鞍】 (안) 寒 アン、くら saddle ㄢ an¹

草書 안장안(馬鞍具)。『漢書』投—高如城者數所。

【鞍匣:안갑】 안장 위를 덮는 헝겊。

【鞍橋:안교】 안장。『花蕊夫人』幾回抛鞚抱——。

【鞍具:안구】 말 안장에 딸린 여러 가지 「기구」。

【鞍具馬:안구마】 안장을 얹은 말。

【鞍□:안낭】 안장 앞 양쪽에 달아 군것을 넣어 두는 가죽 주머니。

【鞍馬:안마】 ❶안장을 얹은 말。 ❷말에 안장을 얹음。 ↔裸馬。『南唐近事』——擁劍。 ❸《運》체조 경기의 한 종목。 또는 그 기구。 가죽으로 된 馬體의 등에 쇠붙이나 나무로 만든 두 개의 손잡이를 달아 그 위에서 손잡이를 잡고 운동을 함。

【鞍馬之勞:안마지로】 먼 길을 달려가는 수고로움。

【鞍轡:안비】 안장과 고삐。『宋史』——庫、應奉御馬鞍勒。

【鞍傷:안상】 안장에 마찰되어 생겨난 상「처」。

【鞍裝:안장】 말의 등에 얹어서 사람이 탈 수 있게 가죽으로 만든 제구。

【鞍銜:안함】 안장과 재갈。『秦觀』——不施韁復脫、旁無馭者氣騰越。

【䩖】 (지) 寘 シ、かさのお string to the awning

小篆 일산끈지(日傘紐)。

【鞎】 (흔) 元 コン、くるまのかざり ornament

小篆 차앞가죽으로꾸밀흔(車前革飾)。『爾雅』輿革前謂之—。

【鞏】 (공) 腫 キョウ、かたい firm; stable ㄍㄨㄥˇ kung³

小篆 草書 ❶가죽테공(以皮束物)。『易經革卦』—用黃牛之革。 ❷굳을공(固也)。『詩經大雅瞻卬』藐藐昊天無不克—。 ❸나라이름공(國名—闕)。 ❹오랑케이름공(羌名煎—)。 ❺고을이름공(州名)。

【鞏固:공고】 堅固하고 튼튼함。 確固하여 움직이지 않음。 堅固。

【鞏鞏:공공】 어떤 일에 마음이 이끌리는 모양。 拘攣의 모양。『楚辭』屈節以從流兮、心——而不夷。

【鞏膜:공막】 《生》角膜을 제외한 眼球의 전체。 外壁을 싸고 있는 희고 튼튼한 膜。 주로 彈力性의 섬유를 포함하는 結締組織으로 이루어져 있음。

七 畫

【鞓】 (정) 靑 テイ、かわおび strap

草書 가죽띠정(皮帶)。

【䩡】 (겹) 洽 コウ、かわぐつ leather shoes

小篆 가죽신겹(—沙、靴也)。

【鞔】 (만) 寒 バン、マン、はく wear ㄇㄢˊ man²

小篆 草書 ❶신울만(履殼)。 ❷고삐만(靶也)。

【鞔鞮:만제】 가죽신。『鹽鐵論』。

【鞔革:만혁】 신발의 겉가죽。『酉陽雜俎盜俠』黎幹爲京兆尹、曲江祈雨、老人植杖不避、幹怒杖背二十、如擊——、掉臂而去。

【䩣】 (도) 虞 ト、わらぐつ straw-shoes

짚신도(藁靴)。

【䩭】 (혈) 屑 ケツ、つなぐ bind tightly

小篆 단단히맬혈(急繫)。

【䩥】 (탄) 旱 タン、はらおび girdle

❶말배띠탄(馬之腹帶)。 ❷띠탄(帶也)。

【鞴】 (보) 麌 ホ、かわぐつ leather shoes

가죽신보(靴也)。

【鞗】 (조) 蕭 チョウ、たずな reins

草書 고삐조(—革轡也)。『詩經 小雅蓼蕭』—革沖沖。

【鞗革:조혁】 고삐를 맨 곳에서 늘어뜨린 가죽。

【鞞】 (폐) [薺] ヘイ、ながぐつ (high) shoes
장화폐(長靴)。

【鞗】 (조)『鞗』(前前條)와 같음

【鞘】 ㊀(초) [嘯] ソウ、シュウ、さや sheath (本音「소」) ㄕㄠ shao'
㊁(초) [肴]
小篆 草書 ㊀칼집초(刀室)。【詩經】鞞琫有珌。 ㊁채찍 초(鞭也)。

【鞘狀:초상】 칼집 모양으로 생긴 형상。

【鞘翅目:초시목】 《動》昆蟲을 분류한 一目。풍뎅이·개똥벌레·하늘소 따위。

【鞙】 (현) [銑] ケン、くつわ bridle ㄐㄩㄢ chuan'
小篆 草書 ❶노리개드림현(玉垂)。【詩經 小雅大東】ㅣㅣ佩璲。 ❷굴레현(馬勒)。 ❸칼집현(鞴ㅣ刀鞘)。 ❹차멍에동이는끈현(車靼)。

【鞙鞙:현현·연연】 佩玉의 아름다운 모양。鞙鞙。

八畫

【鞜】 (석) [陌] セキ、ふるぐつ old shoes
헌신석(舊靴)。(『舃』와 같음)

【鞚】 (공) [送] コウ、くつわ bridle ㄎㄨㄥ k'ung'
草書 말굴레공(馬勒)。

【鞴】 (패) [卦] ハイ、ふいごう bellows
풀무패(吹火器)。

【鞫】 (도) [豪] トウ、つづみのどう cylinder of a drum
북통도(皐ㅣ鼓木)。【周禮】韗人爲皐ㅣ。

【鞬】 (간) [刪] カン、かたい hard
❶굳을간(堅也)。【博雅】固確ㅣ也。 ❷단단한것을 깨치는소리간(破堅物聲)。

【鞥】 (압) [合] オウ、こどもぐつ child's shoes
小篆 아이신압(小兒履)。

【鞛】 (봉) [董] ホウ、さやかざり sheath
草書 칼집윗장식봉(刀鞘上飾)。【詩經】鞞有珌。

【鞛】 (봉) [董] ホウ、かたなかざり decoration of sword
草書 칼아랫장식봉(鞞ㅣ刀下飾)。【左傳】藻率鞞ㅣ。(『琫』과 같음)

【鞍】 (기) [支] キ、おもがい bridle
굴레기(馬絡頭)。【後漢書】馬援謹依儀氏ㅣ中。(『羈』와 같음)

【鞜】 (탑) [合] トウ、かわぐつ leather shoes ㄊㄚ t'a'
草書 가죽신탑(革履)。【長楊賦】革ㅣ不穿。

【鞠】 (국) [屋] キク、やしなう breed ㄐㄩ chü²
小篆 或體 草書 ❶기를국、칠국(養也)。 ❷고할국(告也)。【詩經】陳師ㅣ旅。 ❸구부릴국(ㅣ躬曲也)。【儀禮】入公門ㅣ躬如也。 ❹어린아이국(ㅣ子稚也)。【書經】無遺ㅣ子羞。 ❺궁할국(窮也)。【書經】爾雅自ㅣ自苦。 ❻찰국(盈也)。【詩經】降此ㅣ。 ❼제기국(蹋ㅣ毬子)。【戰國策】六博蹋ㅣ。

【鞠躬:국궁】 존경하는 뜻으로 몸을 굽힘。《轉》주의하고 힘씀。

【鞠躬盡瘁:국궁진췌】 마음과 힘을 다하여 나라 일에 이바지함。『諸葛亮』——、死而後已。

【鞠育:국육】 어린 사람을 사랑하여 기름。鞠養。『蔡邕』母氏ㅣㅣ、載矜載憐。

【鞠衣:국의】 古代、王后 六服의 하나。빛깔은 샘 움이 돋는 뽕잎을 닮게 함。

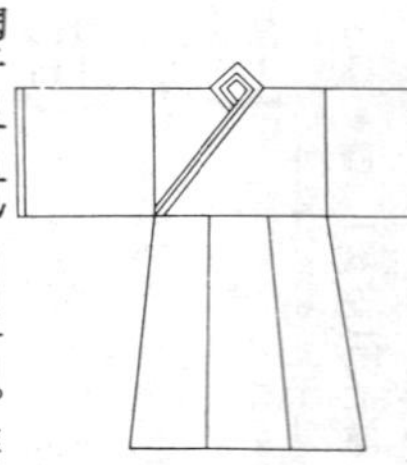

(圖禮三) 衣鞠

【鞠子:국자】 어린아이。稚子。【書經】無遺ㅣㅣ之羞。「上其ㅣㅣ文辭。

【鞠劾:국핵】 訟事를 審理함。『書經·疏』

【鞠戲:국희】 공 놀이。『續文獻通考』鞠之戲、蓋古兵勢。

【鞞】 ㊀(병) [紙] ヘイ、ヒ、さや sheath
㊁(비) [支]
小篆 草書 ㊀칼집병(刀室)。【詩經】ㅣ琫有珌。 ㊁말에메인북비(騎鼓)。【禮記】修鞀ㅣ鼓。

【鞞琫:병봉】 칼집。刀鞘。

【鞞鼓:비고】 적을 공격할 때에 두드리는 말에 메운 북。鼙鼓。

【鞟】 (곽)『鞹』(革部11畫)의 略字

九畫

【鞑】 (달) [曷] タツ、うつ strike
칠달(打也)。(『撻』의 俗字)

【鞢】 (섭) [葉] ショウ、したぐら pad
말언치섭(馬皮見、鞊ㅣ)。

【鞥】 (복)『韛』(革部9畫)과 같음

【鞔】 (면) [銑] ベン、おもがい bridle
小篆 굴레면(馬之絡頭具)。

【鞣】 (유) [尤] ジュウ、なめしがわ tanned leather
小篆 草書 ❶다룬가죽유(熟皮)。 ❷마른가죽유(乾革)。

【鞣酸:유산】 芳香族의 有機酸。

【鞣皮:유피】 다루어 놓은 가죽。

【鞚】 (실) [質] シツ、さや sheath
칼집실(刀ㅣ)。

【鞮】 (제) [齊] テイ、つね just
떳떳할제(常也)。

【鞎】 (하) [麻] カ、くつかかと heel
신뒤축하(履跟)。

【鞰】 (복) [屋] フク、かわおび strap
가죽띠복(革帶)。

【鞦】 (추) [尤] シュウ、ぶらんこ swing
草書 ❶그네추(ㅣ韆北方戲)。 ❷말고들개추(馬緧)。

【鞦頭:추두】 쇠꼬리채。

【鞦韆:추천】 그네。漢 武帝 때 시작된

놀이라고 함。

【鞦韆鏡:추천경】 두 개의 기둥에 달려 있어 위 아래로 돌릴 수 있게 된 거울。

【鞦韆節:추천절】 端午節。

【鞮】 (치) 圖 チ、くつのそこ sole

신바닥치(靴底)。

【鞧】 (추)『緧』(糸部 9畫)와 같음

【鞨】 (갈) 因 カツ nation ㄏㄜˊ hé²

(小)(草) ❶말갈나라갈(靺—北方國名)。[唐書]黑水靺—居肅愼地亦曰挹婁元魏時日勿吉。❷말갈보석갈(寶名紅靺—)。[唐寶記]靺— 國所寶石大如栗中國謂之紅靺—。

【鞨鼓:갈고】 樂器의 하나。兩杖鼓。鞨族이 사용한 북으로서 撥로 兩面을 치는 樂器。羯鼓。[教訓抄]。◎靺—。

【鞫】 (국) 困 キク、きわめる trial for felong ㄐㄩˊ chü²

(小)(草) ❶조사받을국、문초받을국(訊—窮理罪人)。[詩經]—哉庶政。❷언니국(水之外)。[詩經]芮—之即。❸나할국(盡也)。

【鞫問:국문】 =鞫訊。[宋史]與大名府通判李鉞——。

【鞫訊:국신】 죄를 신문함。鞫問。鞫訊。[謝非]若官信深文之吏、立——之法。

【鞫獄:국옥】 죄를 신문하여 처벌함。斷獄。[唐書]法曹司法、參軍事、掌——。

【鞫正:국정】 조사하여 바룸。訊鞫。[宋史]可疑者、親往——。

【鞫廳:국청】 《制》역적 같은 중한 죄인을 신문하기 위하여 임시로 만든 관청。

【鞫治:국치】 ❶죄를 신문하여 다스림。❷《制》중한 죄인을 鞫廳에서 신문하여 다스리던 일。

【鞧】 (유) 虞 ユ、あまり remain

남을유(餘也)。

【鞪】 (무) 尤 ボウ、かぶと helmet

(小)(草) 투구무(鞮—首鎧)。[漢書]被甲鞮—。

【鞪】 (수) 尤 シュウ、なめす tan

❶가죽다룰수(治革)。❷부드러운가죽수(軟皮)。

【鞬】 (건) 元 ケン、やぶくろ quiver ㄐㄧㄢ chien¹

(小)(草) ❶칼집건(鞘也)。❷동개건(櫜—弓矢器)。❸공건(鞬子也)。

【鞬櫜:건고】 화살·활을 넣는 자루。또는 櫜는 갑옷을 넣는 자루。[後漢書·注]鞬以藏箭、櫜以藏弓。[增注]說文曰、鞬、所以戢弓矢、鄭玄曰、兵甲之衣曰櫜。

【鞬子:건자】 공。납·주석을 닭털로 싼 공。[武林舊事]諸小經紀有——。

【鞭】 (편) 先 ベン、むち whip ㄅㄧㄢ pien¹

(小)(草) ❶채찍편(—策馬箠)。[左傳]左執—弭。❷볼기채편、태장편(—扑笞也)。[書經]—作官刑。

鞭(大清會典圖)

【鞭擊:편격】 채찍질함。[貢奎]鞭彼善牧者、——非所先。

【鞭棍:편곤】 쇠도리깨와 방망이。

【鞭根誘導法:편근유도법】 매를 들고 유도하는 법。재촉하여 유도하는 법。

【鞭撻:편달】 ❶채찍으로 때림。[晋書]專仗威刑、——殊俗。❷경계하고 격려함。

【鞭面:편면】 장구의 채를 치는 쪽。채편。

【鞭扑:편복】 ❶채찍。(鞭은 관리를 벌할 때 쓰는 채찍、扑은 學生을 훈계할 때 쓰는 회초리)。❷채찍질하는 刑罰。笞刑。[國語]鞭刑用——、以威民也。

【鞭殺:편살】 채찍으로 쳐서 죽임。[晋書]禁物橐駝、——、也。「노곤。

【鞭穗:편수】 챗열。채찍 끝에 늘어진 긴

【鞭尸:편시】 시체에 채찍질 함。㉠죽은 사람에 대한 生前의 원한을 풂음。㉡죽은 사람을 모욕함。㉢죽은 사람의 生前의 言行을 복수하기 위해 공격함。

【鞭策:편책】 ❶말 채찍。鞭箠。❷채찍질함。[禮記]乘路馬、必朝服載——。

【鞭捶:편추】 채찍질함。鞭箠。[高士傳]可食以酒肉者、可隨而——。

【鞭笞:편태】 ❶채찍질함。懲戒함。[賈誼]——天下、威震四海。❷채찍。◎敎—。

【鞾】 (운) 文 ウン、つづみづくり drum-maker

(小)(或) 북메는장인운(—人理鼓工)。[周禮]—人爲皐陶皐陶鼓木也。

【鞮】 (제) 齊 テイ、かわぐつ leather shoes ㄉㄧ ti¹

(小)(草) ❶가죽신제(革履)。[戰國策]甲盾—鍪。❷코아니높은신제(—鞻無絇之屨)。❸오랑캐이름제(西戎通官狄—)。❹진나라궁이름제(晋離宮名)。

【鞮鞻氏:제루씨】 《制》周代의 벼슬 이름。四夷의 樂을 맡아 보았음。

【鞮鍪:제무】 ❶투구。❷가죽신과 투구。[司馬相如]——生蟣蝨。

【鞮鍪:제무】 투구。

【鞕】 (경) 敬 コウ、こわい stiff

딱딱할경(堅强)。

十畫

【鞱】 (도)『韜』(韋部 10畫)와 같음

【鞲】 (구) 尤 コウ、ゆごて bracelet

(草) 팔찌구(射—臂捍)。

【鞴鞴:구비】 피스톤(piston)。

【鞲】 ㊀(용) 冬 ㊁(중) 腫 ジョウ、くらかざり ornament of saddle

(小) ㊀안장치장용(鞍飾)。㊁털많을용(毛盛)。

【鞳】 (탑) 合 トウ、つづみのね sound of the iron drum ㄊㄚˋ t'a⁴

(草) 쇠북소리탑(鏜—鐘鼓聲)。[上林賦]鏗鎗鏜—。

【鞾】 (액) 陌 カク、くつをつくろう repair shoes

신기울액(補履)。

【鞹】 (학) 覺 カク、たばねる bind tightly

바싹묶을학、졸라맬학(急束)。[唐書]作鐵籠—囚首加以楔。

【鞵】 (혜) 佳 アイ、カイ、くつ shoes

(小)(草) 짚신혜(繑也)。[淮南子]不亟於爲文句疏短之—。(本音은「해」)『鞋』와 같음

【[illegible]】(박) 藥 ハク、かわぶくろ leather bag ❶가죽주머니박(革囊)。❷차아래끈박(車下索)。

【鞶】(반) 寒 ハン、おおおび leather-belt ❶가죽띠반(ㅣ帶大帶)。【禮記】男ㅣ革。❷거울주머니가죽반(ㅣ鑑以鏡飾)。【左傳】王以后之ㅣ鑑予之。

【鞶帶:반대】큰 가죽 띠。

【[illegible]】(탑)『鞜』(革部10畫)과 같음

【[illegible]】(원) 元 エン、かわつるべ well-bucket 두레박원(井水汲器)。

十一畫

【[illegible]】(시) 紙 シ、かわぐつ leather shoes 가죽신사(鞮屣、革履)。

【鞸】㊀(필) 質 ㊁(병) 迥 ヒツ、ヘイ、さや sheath ㊀슬갑필(韍也)。【禮】端ㅣ紳。㊁칼집병(刀室)。(『鞞』과 같음)

【鞸鞛:필봉】칼집의 장식。鞞琫。【晉書·桓溫傳】臣遠離宮省、二十餘載、ㅣㅣ戈務、役勤思苦。

【鞹】(곽) 藥 カク、つくりかわ leather 다룬가죽곽(皮去毛)。【論語】虎豹之ㅣ。

【鞹鞃:곽굉】수레를 堅固케 하기 위하여 수레 앞턱 가로 나무의 맨 가운데를 묶어 놓은 가죽。

【鞹革:곽혁】털을 없앤 다른 가죽。【新序·雜事】譬之其猶ㅣㅣ者也。

【鞺】(당) 陽 トウ、つづみのね sound of the drum 북소리당(鼓聲)。

【鞺鞳:당탑】❶종소리。【廣韻】鞳、ㅣㅣ、鐘聲。❷폭포의 물줄기 떨어지는 소리의 形容。

【[illegible]】(책) 陌 サク、こまか tiny 미세할책、가늘책(微也)。

【韸】(봉) 冬 ホウ、つづみのね sound of a drum ❶북소리봉(鼓聲)。❷궤맬봉(被縫)。

【鞻】(루) 遇 ル、くつ dancing shoes (本音「구」) ❶춤신루(屝類四夷舞者所屝)。❷악관이름루(樂官名、鞮ㅣ)。

【[illegible]】(비)『[illegible]』(革部10畫)와 같음

十二畫

【鞼】(궤) 灰 キ、カイ、くじく break ❶방패끈궤(盾綴革)。【齊語】輕罪贖以ㅣ盾一戟。❷꺾을궤(折也)。【淮南子】堅强不ㅣ。

【鞼盾:궤순】다른 가죽으로 철하여 수놓아 만든 방패。

【[illegible]】(매) 佳 バイ、わらじ straw shoes 짚신매(草鞋)。

【鞽】(교) 蕭 キョウ、きぐつ clogs 나막신교(泥行所乘)。(『橇』와 같음)

【[illegible]】(석) 陌 セキ、はきもの shoes 신석(履也)。(『舄』과 같음)

【鞾】(화) 麻 カ、かわぐつ leather shoes 수여자화、목화화(鞋ㅣ)。趙武靈王所服。

【鞿】(기) 微 キ、くつばみ bit 말재갈기(馬韁在口)。【楚辭】餘雖好修姱以ㅣ羈兮。

【鞿鞿:기기】❶말 고삐。❷心氣가 우울한 것。【楚辭·悲回風】心ㅣㅣ而不開兮。

十三畫

【韁】(강) 陽 キョウ、きずな reins 고삐강(ㅣ鎖繫也)。【漢敍傳】繫名聲之ㅣ鎖。(『繮』과 같음)

【韁鎖:강쇄】고삐와 사슬。《轉》남의 속박을 받음。【漢書】貫仁義之羈絆、繫名聲之ㅣㅣ。

【[illegible]】(독)(촉)『韣』(韋部13畫)과 같음

【韃】(달) 曷 タツ tribe 달단달、오랑캐달(ㅣ靼契丹西北別種)。

【韃靼:달단】《歷》Tatar의 音譯。蒙古族의 한 갈래。元이 망한 뒤 蒙古族의 일부가 북쪽으로 옮아가 興安嶺 서남 지방에서 北元國을 세워 韃靼이라 불리었음。뒤에 이르러 蒙古 전체의 이름이 되었음。

【韃帽:달모】韃靼의 모자。◎鞭ㅣ。

【[illegible]】(갈)『鞨』(革部9畫)의 俗字

十四畫

【[illegible]】(견) 霰 ケン、おび belt ❶허리띠견(腰帶)。❷가죽띠견(韋帶)。

【[illegible]】(복) 沃 ヒョク、はなつな part of a bridle 소목걸이끈복(纏絡牛頭之具)。

【韄】㊀(호) 遇 ㊁(획) 陌 アク、カク、さげお ribbon of a sword ㊀칼장식호(刀飾)。㊁칼끈획(佩刀絲)。【莊子】外ㅣ者不可繁而捉 將內揵 內ㅣ者不可繆而捉將外揵。

【韅】(현) 霰 ケン、ほだし belt 말배때끈현(駕馬具)。【左傳】晉車七百乘ㅣ靷鞅靽。

十五畫

【韆】(천) 先 セン、ぶらんこ swing 그네천(鞦ㅣ繩戲)。【張有復古編】詞人高無際作鞦ㅣ賦。

【韇】(독) 屋 トク、めどぎづつ quiver ❶전동독、시초통독(藏筴器)。【儀禮】筮人執筴抽上ㅣ。❷동개독(盛弓矢器)。

【韇丸:독환】화살을 넣는 통。동개。

【韈】(말)『韤』(韋部15畫)과 같음

十六畫

【[illegible]】(롱) 東 ロウ、おもがい pad 말언치롱(馬皮具)。

十七畫

【韉】(천) 先 セン、したぐら pad (本音「전」) 언치천(鞍具)。

【韊】(란) 寒 ラン、やな… quiver
전동란(箭筒)。(『籣』과 같음)

十八畫

【韉】(쇠) 灰 サイ、たれる droop
小篆 ❶늘어질쇠(垂貌)。❷선후걸이 쇠(鞍邊帶)。

十九畫

【韆】(사)『韆』(革部 11畫)와 같음

二十一畫

【韊】(란) 寒 ラン、えびら quiver
草書 동개란(韊弩矢服)。(『籣』과 같음)

韋 部

【韋】(위) 微 イ、なめしがわ tanned leather
小篆 古文 草書 ❶다룬가죽위(柔皮)。❷훌부들할위(脂ー柔輭)。【楚辭】將突梯滑稽如脂如ー以挈盈乎。❸화할위(依ー諸和)。【漢書】依ー饗昭。❹군복위(韎ー武服)。❺성위(姓也)。

【韋袴布皮:위고포피】 다룬 가죽으로 지은 바지와 베로 만든 옷。

【韋當:위당】 옛 射具의 한 가지。

韋當 (圖禮三)

【韋帶:위대】 다룬 가죽으로 만든 띠。【漢書】布衣ーー之士、修身於內、成名於外。

【韋柔:위유】 다룬 가죽과 같이 부드러움。軟弱。【唐書】盧杞雅知播ーー可制、因從容言、播材任宰相。

【韋編:위편】 책을 꿰어 맨 가죽 끈。

【韋編三絕:위편삼절】 책을 많이 읽음。《故》孔子가 周易을 애독하여 가죽으로 맨 책 끈이 세 번이나 끊어졌다 함。【史記】孔子晚而喜易、中略、讀易ーー。

【韋弦之佩:위현지패】 자기의 성질을 고치는 경계의 표지로 삼음。《故》西門豹의 성질은 급하였으므로 부드러운 가죽을 차고 다니며 부드러운 성질을 기르는 경계의 표지로 삼았으며、董安于의 성질은 느리었으므로 활시위를 차고 다니며 급한 성질을 기르는 경계의 표지로 삼았다 함。【韓非子·觀行】。

三畫

【韌】(인) 震 ジン、しなやか tough
小篆 草書 질길인(堅柔難斷)。

【韌帶:인대】 關節의 뼈를 잇고 있는 彈力性 있는 힘살。

【韌魚:인어】 《動》물고기 이름。 뱀장어「와 비슷함。

【韌皮:인피】 植物의 겉껍질 밑에 있는 부드러운 속껍질。곧 雙子植物·裸子植物 따위에 있어서、形成層의 細胞의 분열에 의하여 바깥 쪽에 이루어진 篩管部。

【韌皮部:인피부】 《植》 篩管·인피 섬유 따위와 같이 인피의 부드러운 조직으로 된 維管束을 이룬 조직의 하나。

四畫

【韍】(납) 合 トウ、やわらか soft
❶연할납(軟也)。❷약할납(弱也)。

【韐】(삽) 合 ソウ、こどもぐつ child's shoes
걱두기삽(小兒履)。

五畫

【韠】(비) 寘 ヒ、ゆだめ quiver
草書 활도지개끈비(弓檠)。【詩註】ー弓檠也 弛則縛之於弓裏以備損傷也以竹爲之。

【鞄】(포)『鞄』(革部 5畫)와 같음

【韍】(불) 物 フツ、くみひも ribbon of a seal
小篆 草書 ❶슬갑불(蔽膝)。【禮記】韠ー。❷인끈불(印組)。【漢書】奉上璽ー。

(圖禮三)韍

【韍冕:불면】 무릎가림과 冠。黻冕。【漢書·王莽傳】臣請安漢公居攝踐祚、服天子韍冕。【注】師古曰、此韍亦謂裳韍也。

【韍佩:불패】 무릎가림과 佩玉。【後漢書·輿服志】古者君臣佩玉、尊卑有度、上有韍、貴賤有殊、佩所以章德、服之衷也。云云。

【韎】(주) 遇 シュウ、かわずぼん leather trousers
❶슬갑주(戎服蔽膝)。❷가죽바지주(皮袴)。

【韎】(매) 隊、卦 バイ、マイ、あかがわ red leather
小篆 草書 ❶붉은가죽매(茅蒐所染赤韋)。❷풍류맡은관원이름매(樂官名ー師)。

【韎韐:①매갑 ②매겹】 ❶의복의 한 가지。꼭두서니로 물들인 다룬 가죽으로 만든 것。❷㉠슬갑。㉡가죽으로 만든 큰 띠。

【韎師:매사】 《制》周代의 벼슬 이름。東夷의 음악과 가무를 맡아 보았음。

六畫

【韏】(권) 願 ケン、かわがきれる cut the leather twice
小篆 가죽분파할권(革中斷又中分)。

【韍】(복) 屋 フク、くるまのまえき part of a carriage
수레앞턱나무복(軾也)。

【韐】㊀(갑) 合 ㊁(겹) 洽 コウ、かわずぼん leather trousers
草書 ㊀가죽바지갑(韎ー、戎事服)。【詩】韎ー有奭。㊁슬갑겹(韋蔽膝)。

【韐帶:갑대】 가죽으로 된 띠。【儀禮】設ーー、搢笏。【注】ーー、韎韐緇帶、不言韎緇者省文、亦欲見韐自有帶韐用革。

七畫

【韛】(부) 麌 フ、ふんどし shorts
잠방이부(尻衣)。

【鞘】(초)『鞘』(革部 7畫)와 같음

八畫

【韛】(패) 卦 ハイ、ふいごう bellows
허풍서니패(韋囊吹火)。

【韓】(한) 寒 カン nation
小篆 草書 ❶한나라한(國名ー萬所封)。【左傳】ー萬御戎。❷나라이름한(朝鮮國名三ー)。❸우물담한(井垣)。❹한국한(大ーㆍ、朝鮮改稱)。

【韓構字:한구자】 《歷》活字體의 하나。韓構의 筆體를 본보기로 하여 주조한 銅活字。李朝 正祖 六년(一七八二)에 만들었으며 八만여 자나 됨。

【韓國:한국】❶《地》아시아洲 동부에 돌출한 半島。濟州島를 비롯한 많은 섬들을 포함하고 동은 東海、서는 西海、남은 大韓海峽、북은 鴨綠江·豆滿江을 경계로 滿洲·시베리아에 접함。❷《歷》㉠一八九七년 八월 一六일에 세운 大韓帝國의 略稱。㉡一九四八년 八월 一五일에 세운 大韓民國의 略稱。

【韓國銀行:한국은행】韓國의 중앙 은행。정부 및 다른 금융 기관과의 거래를 업무로 하며、주업무는 은행권의 발행·금리 정책·공개 시장에 있어서의 증권 매매 등。

【韓國統監府:한국통감부】《制》一九○五년 乙巳保護條約 이후에 설치되었던 관청。日本이 韓國侵略을 꾀하기 위하여 두었음。

【韓盧:한로】戰國時代 韓 나라에서 난 名犬의 이름。

【韓柳李杜:한류이두】韓愈·柳宗元·李白·杜甫。모두 唐代의 文學家。특히 韓柳는 文章에、李·杜는 詩에 능함。

【韓白米:한백미】❶모래와 잡것을 고르지 아니한 보통의 좋은 쌀。❷韓國에서 생산되는 쌀。

【韓服:한복】우리 나라 고래의 의복。↕「洋服。

【韓山苧:한산저】忠淸南道 韓山에서 나는 모시。품질이 매우 좋음。

【韓信:한신】《人》?~B.C.一九六 漢高祖의 名臣。淮陰 사람。蕭何·張良과 함께 三傑의 한사람임。高祖 一一년에 呂后 때문에 피살됨。

韓信(三才圖會)

【韓偓:한악】《人》唐末의 詩人。字는 致堯、號는 玉山樵人。婦人들의 艶情을 읊은 그의 詩體를 香奩體라 함。〈著書〉韓內翰別集·香奩集。

【韓愈:한유】《人》七六八~八二四 中唐의 文豪。字는 退之、諡號는 文公、河南省 昌黎 사람。昌黎先生이라 불리움。唐宋八大家의 한 사람。柳宗元과 함께 古文復興에 힘썼음。〈著書〉韓昌黎文集。

韓退之(三才圖會)

【韓銀:한은】韓國銀行의 略稱。

【韓人:한인】한국 사람。

【韔】(창) 漾 チョウ、ゆぶくろ bow case
小篆 草書 활집창(韜也)。『詩經』交ㅡ二弓。

九畫

【韖】(유) 宥 ジュウ、しなやか tough
질길유(韌也)。

【鞎】(하) 麻 カ、うしろばり thread of soles
小篆 신뒤축실하(履跟帖)。

【韗】㊀(운) 問 ウン、クン、かわづくり
㊁(훤) 願 maker of leather
草書 ㊀가죽다루는장인운(攻皮之工)。㊁뜻은 ㊀과 같음。

【韗人:운인】周의 官名。冬官의 屬。가죽 일 또는 북 만드는 일을 맡음。『周禮·考工記』攻皮之工、函鮑 韗㲦。

【韙】(위) 尾 イ、よい right
小篆 籒文 草書 옳을위(美之是也)。『左傳』犯五不ㅡ。

【韙書:위서】唐의 納垢夷의 子孫인 阿晦가 巖谷에 隱居해 爨字를 撰함。글씨 모양은 올챙이(蝌蚪) 비슷하며 二年동안 字母 一千八百四十字를 만들었으며、이를 韙書라고 함。『淸一統志』。

【韘】(섭) 葉 ショウ、ゆがけ archer's thimble
小篆 或體 草書 깍지섭(射決)。『詩經』童子佩ㅡ。

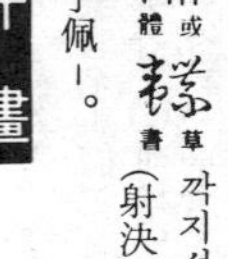
韘(名物圖)

十畫

【韝】(박) 藥 ハク、くびきつつみ leather wrapper of a yoke
小篆 멍에가죽싸게박(韋裹車軛)。

【韓】(한)『韓』(韋部 8畫)의 本字

【韜】(도) 豪 トウ、つつみかくす treasure
小篆 草書 ❶감출도(藏也)。❷너그러울도(寬也)。❸칼전대도(劍衣)。❹도략도(ㅡ略兵法)。

【韜鈐:도검】동개와 창 자루。《轉》兵法。『張說』禮樂逢明主、ㅡㅡ用老臣。

【韜弓:도궁】❶활을 동개에 넣어 두고 쓰지 않음。❷동개。

【韜光:도광】❶빛을 감추어 밖에 비치지 않도록 함。❷재능이나 學識을 감추어 남에게 알리지 않음。『晉書』但時來之運未至、故ㅡㅡ俟奮耳。

【韜奇:도기】뛰어난 재능을 나타내지 않고 숨겨 둠。

【韜略:도략】❶六韜와 三略。모두 兵法에 관한 책임。❷兵法。『崔日用』廟謀能允迪、ㅡㅡ又縱橫。

【韜面:도면】얼굴을 싸서 가리움。

【韜藏:도장】싸서 감춤。才德을 감추어 둠。韜晦。『歐陽修』ㅡㅡ掩抑、久伏而不顯。

【韜筆:도필】붓을 감추어 두고 쓰지 않음。글을 쓰지 않음。

【韜晦:도회】❶才知나 學識을 감춤。韜藏。『唐書』愈事ㅡㅡ。❷어둑어둑함。어둠침침함。

【韝】(구) 尤 コウ、ゆがけ archer's thimble
小篆 草書 ❶깍지구(射決)。『史記』趙王祖ㅡ蔽目上食。❷팔찌구(臂衣)。『史記』希ㅡ鞠䏲。

【韝下:구하】팔찌。활을 쏠 때 활의 줄이 닿는 것을 막기 위해 왼쪽 어깨에 걸친 革具。『史記·注』集解曰、徐廣曰、韝者臂捍也。

【韝上鷹:구상응】팔찌위의 매。힘차게 날아다님의 비유。『鮑照·東武吟』昔如ㅡㅡㅡ、今似檻中猿。

【韞】(온) 吻 ウン、オン、おさめる conceal
草書 ❶감출온(ㅡ匵藏也)。『論語』ㅡ匵而藏之。❷붉은빛온(赤色)。

【韞價:온가】재능이나 學門이 있어도 世人에게 알려지지 않는 것。『駱賓王』懷材ㅡㅡ、兼濟之道未弘。

【韞匵:온독】=韞櫝。

【韞櫝:온독】함 속에 감추어 둠。《喩》재능이 있어도 등용되지 않음。『張衡』且ㅡㅡ而待價。

【韞玉:온옥】구슬을 싸서 감춤。『陸機』石ㅡㅡ而山暉、水懷珠而川媚。

十一畫

【韠】(필) 質 ヒツ、ひざかけ knee cover
小篆 草書 슬갑필(蔽膝)。『詩經』庶見素ㅡ。(『韓』과 같음)

【韠帶:필대】무릎가림과 큰 띠。禮裝에 쓰임。『國語·晉語九』端委ㅡㅡ、以隨宰人。

【韠冕:필면】무릎가림과 冕冠。禮裝에 쓰임。『說苑』ㅡㅡ厲戎、立于廟堂之上。

【韛】㊀(배) 卦 フク、ふいごう
㊁(복) 屋 bellows
㊀풀무배(吹火韋囊)。㊁『鞴』과 같음。

十二畫

【韙】(위) 支 キ、なめす tan the skin
가죽다룰위(柔革平均)。

【韝】(고) 宥 コウ、ゆみぶくろ bow case
활집고(弓衣)。

【韝章:고장】활자루를 그린 깃발。싸움이 중지된 표지로 쓰임。【管子·兵法】九曰、擧一一則載食而駕。

【韡】(위) 尾 イ、はなやか in full bloom ㄨㄟˇ wei³
꽃환히필위(一一華盛貌)。【詩】常棣之華、鄂不一一。

【韡曄:위엽】밝고 빛나는 모양。煒燁。

【韡煒:위위】매우 밝은 모양。煒煒。

【韡韡:위위】❶꽃이 활짝 핀 모양。❷빛나고 밝은 모양。

【韢】(혜) 霽 クイ、ふくろひも string of a pouch
주머니끈혜(囊紐)。

十三畫

【韂】㊀(첨) 鹽 セン、ひざかけ
㊁(섬) 豔 kneecover
㊀슬갑첨(蔽膝)。㊁말다래첨(障泥)。

【韣】㊀(독) 屋 ショク、ゆぶくろ
㊁(촉) 沃 bow case ㄉㄨˊ tu² (本音「숙」)
㊀❶활전대독(弓衣)。【禮記】帶以弓一。❷칼집독(韜也)。㊁뜻은 ㊀과 같음。

十五畫

【韤】(말) 月 ベツ、たび socks ㄨㄚˋ wa⁴
버선말(足衣)。【左傳】一而登席。(『襪·韈』과 같음)

韤(會圖)

【韤線:말선】버선에 달린 끈。《喩》재능이 부족함。자기의 재능이 없음을 겸양하여 일컫는 말。

十六畫

【韥】(독) 屋 トク、やづつ quiver
전동독(箭筒)。

【𩏩】(울) 物 ウツ、かんばしいくさ fragrant grass
향기로운 풀울(芳草)。

十八畫

【𩏼】(추) 尤 シュウ、たばねる make sheaves
거두어묶을추(收束)。

韭 部

【韭】(구) 有 キュウ、にら leek ㄐㄧㄡˇ chiu³
부추구(葷鐘乳葷菜)。【禮記】豚春用一、秋用蓼。

【韭細青:구세청】靑磁의 한 빛。

【韭菜:구채】《植》부추。

【韭菜邊:구채변】靑磁器에 무늬를 그릴 때 쓰는 푸른 물감의 한 가지。

四畫

【韮】(구)『韭』(前條)와 같음

七畫

【韰】(해) 卦 カイ、せまい narrow
❶좁을해(陜也)。❷빠를해(速也)。(『㒢』와 같음)

【韰惈:해과】果斷性 있고 용감스러움。

【韰倮:해라】마음씨가 너그럽지 못하고 아주 좁음。【左思·魏都賦】

八畫

【韱】(섬) 鹽 セン、ほそい slender
❶산부추섬(山韭)。❷가늘섬(細也)。(『纖』과 같음)

十畫

【韲】(제)『齏』(9畫 齊部)와 같음

【䪥】(해) 卦 カイ、しじんをおくるうた funeral mach
상엿소리해(送死歌)。

【韲】(제) 齊 セイ、やさいづけ worry about
❶썬은풋김치제(和醯醬細切菜蔬)。【楚辭】懲熱羹而吹一兮、何不變此志。❷화할제(和也)。【列子】君子之人、若儒墨者師、故以是非相一也、而況今之人乎。❸근심할제(患也)。【莊子】使人輕乎貴老、而一其所患。

【韲落:제락】떨어져 산산조각이 남。【鮑照】石爲之碎、崗岸爲之一一。

【韲粉:제분】散散히 부서짐。齏粉。【莊子·列禦寇】使宋王而寤、子爲一一夫。

十一畫

【䪢】(제) 齊 セイ、きざみな spice
양념제(醯醬所和)。

【䪣】(제)『齏』(9畫 齊部)의 本字

十二畫

【䪤】(대) 隊 タイ、やさいづけ vegetable pickles
썬은풋김치대(淹菜之細者)。

【䪦】(번)『𩐁』(次條)과 같음

【𩐁】(번) 元 ハン、やまゆり allium
달래번(小蒜)。

十四畫

【䪬】(해) 卦 カイ、おおにら scallion
염교해(似韭葷菜)。【爾雅】一、鴻薈。(『薤』와 같음)

【䪬露:해로】挽歌。薤露。【後漢書·注】纂文曰、一一、今之挽歌也。

音 部

【音】(음) 侵 イン、オン、おと sound ㄧㄣ yin¹
❶소리음(聲也)。【說文】聲一生於心、有節於外謂之一。❷말소리음(一聲)。❸편지음、소식음(一信)。❹음음(訓之對、文字讀聲)。❺음악음(一樂)。

【音價:음가】《言》發音機官의 어떤 基礎條件에 의한 單位的 作用으로 생기는 聲音 현상。

【音感:음감】 音에 대한 감각。음의 높낮이·음색등을 듣고 분별하는 능력。
【音階:음계】 《樂》일정한 音程 사이에 각각 다른 樂音을 일정한 질서에 의하여 높고 낮은 순위로 배열한 계단。樂曲을 조직하는 根抵임。
【音曲:음곡】 ❶음악의 곡조。『論衡』 一妙者、和者則寡。❷음악。
【音讀:①음독 ②음두】 ❶㉠소리 내어 읽음。㉡漢字를 음으로 읽음。❷子音과 句讀。
【音量:음량】 樂器나 목소리의 크고 작은 「음의 정도。
【音律:음률】 ❶소리。음악의 가락。音調。❷음악。『後漢書』好一一、善鼓琴。❸五音과 六律。
【音耗:음모】 소식。편지。『因話錄』皆無一一。
【音問:음문】 音信으로 안부를 물음。『韓愈』臨淮太守初到郡、遠遺州人送一一。
【音盤:음반】 축음기의 레코오드。
【音譜:음보】 曲譜。
【音符:음부】 《樂》樂譜에서 음의 長短·高低를 표시하는 기호。
【音部記號:음부기호】 음의 고저의 위치를 나타내기 위하여 오선 위에 쓰는 기호。음역에 따라 각기 부호를 달리함。
【音色:음색】 《物》發音體의 종류를 분별할 만한 소리의 성질。
【音書:음서】 ❶=音信。❷音韻學의 책。『宋之問』嶺外一一斷、經冬復歷春。
【音舌:음설】 管樂器를 부는 데 쓰는 혀같이 생긴 것。「六鼓四金之一一。
【音聲:음성】 목소리。聲音。『周禮』掌教
【音聲變化:음성변화】 發音變化。
【音素:음소】 《言》소리를 그 이상 작게 나눌수 없는 데 까지 나눈 音韻學的 단위。포님(phoneme)。「전파되는 속도。
【音速:음속】 ❶소리의 속도。❷음파가

【音信:음신】 소식。편지。信息。『沈約』若欲寄一一、漢水向東流。
【音信不通:음신불통】 음신이 아주 통하지 않음。소식 불통。
【音樂:음악】 소리의 高低·長短·强弱을 일정한 順列로 調和·結合시켜 사상과 감정을 나타내는 시간적 예술。樂器에 의한 것을 器樂、肉聲에 의한 것을 聲樂이라고 함。『吳志』周瑜少精意一一。
【音樂家:음악가】 음악을 전문 직업으로 하는 사람。또는 음악을 잘 하는 사람。
【音樂界:음악계】 음악인들 간의 사회。또는 그 방면。
【音樂堂:음악당】 음악을 연주 감상할 수 있도록 꾸민 곳。
【音樂隊:음악대】 여러 가지 악기로 음악을 합주하는 단체。樂隊。
【音樂室:음악실】 음악을 할 때에 쓰기 위하여 설비한 방。
【音樂人:음악인】 음악을 애호하는 사람。또는 직업으로 삼는 사람。음악가。
【音樂的:음악적】 운치가 있고 율동적인 것。
【音樂祭:음악제】 기념일 따위에 행하는 성대한 음악회의 모임。
【音樂學校:음악학교】 음악에 관하여 배우고 연구하는 학교。
【音樂會:음악회】 음악을 연주하여 많은 사람들에게 듣게 하는 모임。
【音譯:음역】 漢字의 음을 빌어 外國語의 음을 표시하는 것。club을 俱樂部로 표기함과 같은 것。
【音韻:음운】 ❶소리。音色。『白居易』蜀琴本性實、楚絲一一清。❷言語의 外形을 구성하는 音과 韻의 配合·高低·抑揚 등에서 나오는 목소리。❸漢字의 音과 韻。❹音節을 구성하는 音의 單位。子音과 母音。
【音韻論:음운론】 음운에 관하여 연구하는 언어학의 한 분과。

【音韻學:음운학】 ❶한자의 음운·四聲·反切 따위에 관하여 연구하는 학문。❷音韻論。
【音義:음의】 ❶글자의 음과 뜻。音訓。❷한 소리 마디가 갖는 뜻。
【音節:음절】 《言》❶子音과 母音이 어울려 한 音을 이룬 소리 마디。❷《國》音律의 곡조。音曲。音調。
【音栓:음전】 오르간의 중요한 조직의 일부。여러 가지 音色을 가지는 音管 혹은 쇠붙이로 된 혀에 공기를 이끄는 장치로、건반 위쪽의 빼고 넣게 된 음전은 음색과 음율을、무릎으로 조절하는 음전은 강약을 조절함。
【音接變:음접변】 소리와 소리가 서로 이어날 적에 한 소리가 다른 소리를 닮아서 그 본디 바탕을 버리고 그 다른 소리와 한가지로 또는 가깝게 나는 일。모음 조화·자음 접변·구개음화 이 밖에도 다섯 가지가 있음。소리의 이어바뀜。음의 同化。소리의 닮음。
【音程:음정】 두 樂音의 진동수의 比。곧 樂音의 높낮이의 차。音比。
【音調:음조】 ❶소리의 高低·長短의 가락。❷음악의 곡조。❸詩나 文章의 가락。格調。
【音旨:음지】 말의 뜻。『崔顥』此鄕多離「俗、戎夏殊一一。
【音叉:음차】 《物》發音體의 진동수를 계산하는 기구。강철로 U자형으로 만들어 아래에 자루를 붙이고 나무 상자 위에 얹혔음。이를 두드리면 일정한 진동수의 소리를 냄。
【音癡:음치】 樂音을 분별·감상하지 못하는 것。또는 그 사람。
【音波:음파】 《物》發音體의 진동에 의하여 생기는 공기의 진동。
【音標:음표】 標記하는 音素의 부호。
【音響:음향】 ❶소리와 그 울림。❷소리 울림。『傅休奕』昔我與君兮、一一相和。
【音響信號:음향신호】 해상의 충돌을 방지하기 위하여 배와 배가 음향으로 신호하는 일。
【音訓:음훈】 ❶漢字의 음과 새김。❷글자의 發音과 意味。『晉書』徐邈撰正五經一一、學者宗之。
◎高一、單一、讀一、同一、母一、美一、餘一、王一、原一、子一、雜一、低一、足一、清一、初一、濁一、表一、惠一。

三畫

【訌】 (홍) 東 コウ、おおごえ shout
크게 소리지를 홍(大聲)。

四畫

【韴】 (잡) 合 ソウ、とぎれごえ scream
외마딧소리 잡(斷聲)。

【韵】 (운) 『韻』(音部 10畫)과 같음

五畫

【韶】 (소) 蕭 ショウ、うつくしい beautiful ㄕㄠ shao²
韶 小篆 韶 草書
❶순의 풍류 소(簫一舜樂)。『書經』簫一九成。❷이을 소(一護紹也)。『左傳』見舞一護者。❸아름다울 소(一華一光美也)。❹봄 소(春色)。
【韶景:소경】 =韶光。『梁元帝纂要』春景曰一一。「韶景。韶氣。
【韶光:소광】 봄의 화창한 경치。韶華。
【韶腦 소뇌】 =樟腦。
【韶簫:소소】 ❶虞舜의 樂。❷樂器의 한 가지。
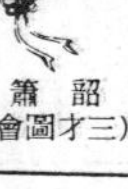
韶簫 (三才圖會)
【韶顏:소안】 빛을 發하듯 젊게 보이는 노인의 얼굴。

【韶容:소용】 =韶顏。
【韶虞:소우】 舜의 音樂。「見舞ㅣㅣ者。」
【韶濩:소호】 殷의 湯王의 音樂。【左傳】
【韶華:소화】 ❶=韶光。❷청년 시대。〔白居易〕勿歎ㅣㅣ子、俄成皤叟仙。

【韷】(력) 陌 ラク、やかましい noisy
시끄러울력(喧也)。

六畫

【䪦】(음) 侵 イン、たいらかならぬ inharmonious sounds
소리고르지못한음(不平聲)。

【䪨】(박) 覺 ハク、ゆびふしがなる make sounds
손발마디울박(手足之指節鳴)。

七畫

【䪩】(암) 咸 アン、こごえ thin voice
가는소리암(聲小)。

【韸】(봉) 東 ホウ、やわらぐ drumbeat
❶화할봉(和也)。❷북소리봉(ㅣㅣ鼓聲)。

【䪫】(경) 庚 コウ、しおき music (本音「형」)
풍류이름경(六ㅣ顓頊樂名)。【周禮註】作五莖。

八畫

【䪪】(념) 葉 ジョウ、こえがやむ stop sounding
소리그칠념(聲止)。(『䛘』과 같음)

九畫

【韹】 ㊀(횡) 陽 コウ、がくのおと ㊁(앵) 庚 music
㊀풍류소리횡(樂聲)。㊁놋그릇소리앵(銅器聲)。

【韺】(영) 庚 オウ、がくのね ancient music
풍류이름영(五ㅣ帝嚳樂名)。(『英』과 통함)

十畫

【䪮】(추) 有 シュウ、どよめき make a noise
떠들추(衆之喧)。

【韻】(운) 問 イン、しらべ、ひびき rhyme; rime
❶울림운(同聲相應)。【晋書】聲音之體務在和ㅣ。❷화할운(音諧和也)。❸운운(音員、爲ㅣ)。❹운치운(ㅣ致、風度)。(『韵』과 같음)
【韻脚:운각】 글귀의 끝에 韻을 다는 곳。【能改齋漫錄】唐開元二年、王邱知貢擧、試旗賦、始有八字ㅣㅣ、即風·日·雲·野·軍·國·淸·肅八字也。
【韻考:운고】《書》漢字의 上·平·去·入聲의 韻字를 분류하여 놓은 책。
【韻紐:운뉴】 字音을 구성하는 요소。韻과 紐。疊韻의 文字를 類聚한 가운데서 한 字를 標目으로 정한 것을 韻이라고 함。곧 東·冬·江·陽과 같음。紐는 雙聲의 字를 類聚하여 거기서 한 字를 골라 내어 標目으로 정한 것。곧 見·溪·羣·疑와 같음。
「의 운자로 된 글。
【韻目:운목】 漢詩의 끝 구가 두서너 자
【韻文:운문】 ❶韻律을 가진 글。詩·賦 따위와 같은 것。❷詩의 형식을 갖춘 글。詩歌。↔散文。
【韻文法:운문법】 운문을 짓는 방법。
【韻符:운부】 標韻의 符號。漢字音의 反切法의 韻을 일컬음。
【韻府:운부】 韻目을 모은 책。
【韻士:운사】 운치가 있는 사람。風流가 있는 사람。韻人。「畫에 관한 놀이。
【韻事:운사】 운치가 있는 것。詩歌·書
【韻書:운서】 漢字를 韻에 의하여 분류·배열한 字書。切音·廣音 등의 總稱。
【韻語:운어】 詩·賦와 같은 韻字를 단 글。【南史】臨川王義慶招集文士、何長瑜以ㅣㅣ序義慶州府僚佐、語薄義慶、坐是貶謫。
【韻律:운율】 詩의 음악적 형식。악센트에 의한 것과 音數의 형식에 의한 것이 있음。
【韻人:운인】 운치가 있는 사람。韻士。
【韻字:운자】 漢詩의 韻脚에 쓰는 글자。
【韻籤:운첨】 韻字를 쓴 작은 표찰。
【韻致:운치】 高雅한 품위가 있는 기상。風致。風韻。興致。
【韻響:운향】 ❶울리는 소리。❷詩의 신비스러운 운치와 音調。
【韻會玉篇:운회옥편】《書》二권 一책。李朝 中宗때 崔世珍 지음。宋、黃公紹가 지은 韻會의 集字만 따서 새로 해석하여 만든 책。
◎氣ㅣ、俗ㅣ、詩ㅣ、神ㅣ、押ㅣ、餘ㅣ、音ㅣ、次ㅣ、疊ㅣ、淸ㅣ。

十一畫

【韽】(암) 覃 アン、ちいさい thin voice ㄢ an⁴
가는청암(聲微不越揚)。【周禮】微聲ㅣ。

【韾】(음) 侵 イン、やわらぐ harmonize
소리화할음(聲和)。

十三畫

【䪱】(탁) 覺 タク、つんぼ deaf person
귀머거리탁(聾者)。

【䪰】(의) 支 イ、うめき moaning
앓는소리의(痛聲)。

【響】(향) 養 キョウ、ひびき sound; echo ㄒㄧㄤ hsiang³
❶소리울릴향(聲之外曰ㅣ、即影ㅣ)。【書經】惟影ㅣ。❷소리마주칠향(應聲)。❸악기향(樂器方ㅣ)。
【響動:향동】 울림。
【響樸頭:향박두】 =嚆矢。
【響鈸:향발】 나라 잔치 때에 쓰던 악기의 한 가지。제금처럼 생겼음。
【響卜:향복】 ❶물건의 울림으로 吉凶을 점침。❷除夜에 사람의 말을 듣고 吉凶을 占침。
【響應:향응】 소리에 이어서 울리는 소리가 응함。《喩》어떤 사람의 主唱에 따라 그와 행동을 같이 취함。【史記】天下風走而ㅣㅣ矣。
【響箭:향전】 울리는 화살。嚆矢。【莊子·註】嚆矢、矢之鳴者、俗稱ㅣㅣ。

十四畫

【頀】(호) 遇 ㄏ ancient music
탕의풍류호(大ㅣ湯樂)。

頁 部

【頁】(혈) 屑 ケツ、ページ、こうべ head; page (俗音「혈」) ㄧㄝ yeh⁴
❶머리혈、마리혈(頭也)。【新字】❷페이지(page)。

【頁岩：혈암】《鑛》水成岩의 한 가지。泥板岩의 別名。

二畫

【頂】(정) 迥 top ㄉㄧㄥˇ tiing テイ、チョウ、いただき

小篆 小篆 或體 籀文 草書

❶이마정(顚也)。【易經】過涉滅ㅡ。❷꼭대기정(物之最上部)。❸일정(戴也)。❹관꼭대기치장하는 장식정(冠上飾也)。

朝頂 (大清典圖會)

【頂角：정각】《數》三角形의 밑변에 대하는 角。

【頂光：정광】《佛》부처의 머리에서 비치는 圓光。後光。『大阿彌陀經』諸佛ㅡㅡ。

【頂門：정문】❶정수리。❷숫구멍。

【頂門一針：정문일침】정수리에 바늘을 찌름。《喩》남의 急所를 눌러 정신을 차리도록 간절하고 매서운 충고를 함。

頂門金椎。

【頂拜：정배】머리를 숙이고 절함。『梁簡文帝』ㅡㅡ金山、歸依月面。

【頂上：정상】❶꼭대기。頭上。❷산꼭대기。山頂。❸그 이상 없음。最上。

【頂上會談：정상회담】각국의 최고 수뇌자끼리의 회담。「는 싹。

【頂芽：정아】줄기나 가지의 맨 끝에 나

【頂點：정점】❶맨 꼭대기의 점。❷《數》㉠角을 이루는 두 직선이 만나는 점。㉡多面體에 있어 셋 이상의 평면이 만나는 점。「일컫는 말。

【頂踵毛髮：정종모발】온 몸을 가리켜

【頂天立地：정천입지】홀로 서서 남을 믿지 않음。獨立의 氣槪。

【頂祝：정축】이마를 땅에 대고 빌음。

◎山ㅡ、絕ㅡ。

【頃】㊀(경) 梗 ㊁(경) 庚 ㊂(규) 紙 a moment ㄑㄧㄥˇ ch'ing ケイ、キョウ、しばらく

小篆 草書

㊀❶백이랑경(田百畝)。『後漢書』叔度汪汪若千ㅡ波。❷아까경(俄也)。『禮記』小者至於燕雀猶有啁噍之ㅡ焉。㊁❶머리비뚤일경(頭不正)。❷산이름경(山名西ㅡ)。❸잠깐경(暫也)。❹쯤경(比時)。❺요즘경、요사이경(近時)。㊂반걸음규(半步也)。

【頃刻：경각】극히 짧은 시각。눈 깜짝하는 사이。『韓愈』ㅡㅡ青紅浮海蜃。

【頃刻間：경각간】＝頃刻。

【頃筐：경광】한 쪽 운두는 높고 다른 쪽 운두는 낮은 광주리。『詩經』采采卷耳、不盈ㅡㅡ。

【頃步：경보】반 걸음。

【頃日：경일】요즈음。지난 번。頃者。

【頃田：경전】百畝의 田地。「虜陸梁。

【頃者：경자】＝頃日。『胡銓』只如ㅡㅡ醜

【頃步：규보】반 걸음。跬步。

【頄】㊀(규) 支 ㊁(구) 尤 cheek bone ㄑㄧㄡˊ ch'i キュウ、キ、ほおぼね

草書

㊀❶광대뼈규(面顴)。【易】壯于ㅡ。❷두터울규(厚也)。㊁뜻은 ㊀과 같음。

三畫

【項】(항) 講 nape of the neck ㄒㄧㄤˋ hsiang' コウ、うなじ

小篆 草書

❶목뒤항、목덜미항(頭後頸)。【儀禮】緇布冠缺ㅡ。❷클항(大也)。【詩經】四牡ㅡ領。❸조목항、항목항(箇條)。

【項强症：항강증】《醫》痙强性이나 뇌막염 같은 병으로 목 뒤가 잘 움직이지 않고 아프고 뻣뻣한 병。

【項領：항령】❶굵은 목덜미。『詩經·節南山』四牡ㅡㅡ。❷목。❸要害地。

【項目：항목】일을 細分한 가닥。條目。

【項背相望：항배상망】목덜미와 등을 서로 바라 봄。《轉》왕래가 빈번함。『後漢書』ㅡ監司與同疢。

【項鎖足鎖：항쇄족쇄】목에 씌우는 칼과 발에 채우는 차꼬。

【項軟：항연】어린 아이들이 너무 오랜 병에 시달려서 목을 가누지 못하는 증세。

【項羽：항우】＝項籍。

【項羽壯士：항우장사】項羽와 같은 장사。《喩》힘이 아주 센 사람。

【項壯士：항장사】＝項羽壯士。

【項籍：항적】《人》B.C. 二三二~二〇二 秦末 楚의 霸王。字는 羽、下相 사람。숙부 梁과 함께 起兵하여 秦軍을 쳐서 咸陽을 불사르고 秦王 子嬰을 죽이고 自立하여 楚 霸王이 됨。沛公과 천하를 다투었으나 垓下의 싸움에서 敗하자 烏江에 이르러 자살함。

【項腫：항종】《醫》목에 나는 종기。

【項鐵木：항철목】물방아의 굴대를 떠받치는 나무。

◎同類ㅡ、別ㅡ、事ㅡ、要ㅡ、條ㅡ。

【頊】㊀(독) 屋 ㊁(탁) 藥 cranium トク、かしらぼね

小篆

㊀머리뼈독(頭骨)。㊁뜻은 ㊀과 같음。

【頎】㊀(굴) 月 ㊁(곤) 阮 cheekbone ケツ、コン、ほおぼね

小篆

㊀❶광대뼈굴(頰旁骨)。❷대머리굴(禿也)。㊁뜻은 ㊀과 같음。

【順】(순) 震 obey; order ㄕㄨㄣˋ shuen' ジュン、したがう

小篆 草書

❶좇을순(從也)。【詩】四國ㅡ之。❷화할순(和也)。【易】豫ㅡ以動。❸순할순(循理不逆)。【逸雅】ㅡ循也循其理也。❹차례순(次第、順席)。❺성순(姓也)。

【順境：순경】마음 먹은대로 되는 경우。↕逆境。

【順歸便：순귀편】되돌아오는 人便。

【順氣：순기】❶순조로운 기후。❷기후에 순응함。❸氣候에 相應함。『後漢書』立夏乃止、助微ㅡㅡ。❹순한 기운。

【順德：순덕】❶꾸밈 없는 유순한 덕。『易經』君子以ㅡㅡ、積小以高大。❷덕을 좇음。❸《歷》府 이름。金代에 설치함。直隷省에 속하며 邢臺 등 九縣을 관할하였음。❹《地》땅 이름。廣東省에 속함。

【順刀：순도】날이 양쪽으로 선 칼。

順刀 (大淸會典圖)

【順良：순량】성질이 유순하고 착함。

【順禮：순례】예의를 좇음。『後漢書』非其人不得服其服、所以ㅡㅡ也。

【順路：순로】❶거칠새가 없고 거북하지 않은 길。❷순서를 좇은 제대로의 바른 길。❸올바른 도리를 좇음。順道。

【順流：순류】❶물이 흐르는 쪽으로 따름。곧 제곬으로 내려감。『爾雅』ㅡㅡ而下、曰泝游。❷물이 아래로 흘러감。↕逆流。

【順理：순리】도리에 순종함。또는 순조로운 이치。

【順娩：순만】＝順產。

【順民：순민】❶순하고 착한 백성。❷항복하여 귀순해 온 사람。❸民心을 좇음。『逸周書』ㅡㅡ得和。「서。

【順民心：순민심】민심에 순응함。

【順番：순번】차례대로 갈아드는 번。순

【順服:순복】 순순히 복종함。『後漢書』烏孫等皆來——。
【順奉:순봉】 예로부터 있던 명령이나 전례를 지켜 받들음。받들어 좇음。遵奉。
【順付:순부】 돌아오는 인편에 부탁함。『易經·疏』褒揚其善、——天德休美。
【順產:순산】 아무 탈 없이 순조롭게 아이를 낳음。順娩。
【順序:순서】 정하여져 있는 차례。『魏書』風雨——、邊方無事。
【順成:순성】 아무 탈이 없이 잘 이룩함。
【順數:순수】 차례로 셈。
【順守:순수】 도리를 좇아 지킴。『史記』且湯武逆取、而以——之。
【順逆:순역】 ❶좇음과 거스림。❷順理와 逆理。『杜甫』人生半哀樂、天地有——。
【順延:순연】 차례차례로 연기함。
【順緣:순연】 ❶나이 많은 사람부터 차례로 죽음。❷《佛》착한 일을 행하는 것이 佛道를 믿게 되는 인연이 됨。↕逆緣。
【順列:순열】 《數》많은 물건 중에서 몇 개를 끌어내어 어떠한 순서로 늘어 놓은 것。重複順列과 非重複順列이 있음。
【順位:순위】 차례。
【順應:순응】 ❶외부의 사정이나 그 때의 형편에 따라 변화함。適應。❷고분고분하여 순하게 따름。❸《心》자극이 계속됨을 따라 그에 대한 감각이 점점 약하여지는 현상。
【順義:순의】 正義를 좇음。
【順適:순적】 ❶순조롭게 나아감。❷天道를 좇고 人心을 따름。『史記』皆欲殺舜、舜——、不失子道。
【順正:순정】 道理에 따라 바름。『禮記』心知百體、皆由——、以行其義。
【順調:순조】 예정대로 잘 되어 가는 상태。『雲笈七籤』風雨——、國家安泰。
【順從:순종】 순순히 복종함。

【順次:순차】 ❶차례。順番。順序。『人物志』不如——。❷차례차례。
【順且無事:순차무사】 아무 거침 없이 잘 되어감。
【順天:순천】 ❶天道를 좇음。天命을 따름。❷《歷》府 이름。明代에 설치함。지금의 北京。『後漢書』先王建國、——制官。
【順天命:순천명】 천명을 좇음。
【順遞:순체】 순조로이 交遞함。중요한 관직을 허물이 없이 원만히 갈아들임。
【順坦:순탄】 ❶성질이 까다롭지 않음。「새가 없음。❷길이 평탄함。
【順便:순편】 ❶順歸便의 略語。❷거침
【順平:순평】 성질이 유순하고 화평함。
【順風:순풍】 ❶배의 가는 쪽으로 부는 바람。↕逆風。『王褒』翼乎如鴻毛之遇——。❷바람이 부는 쪽을 좇음。❸순하게 부는 바람。
【順行:순행】 ❶차례대로 감。『庾信』起於黃鐘——。❷도리를 좇아 행함。거꾸로 하지 않음。❸《天》天體가 서쪽에서 동쪽으로 도는 것。
【順和:순화】 순탄하고 평화로움。
【順化:순화】 ❶造化에 순응함。❷《佛》중의 죽음。
◎恭—、不—、溫—、耳—、和—、孝—。

【頇】
㊀(안) 翰 ㊁(한) 寒 ガン、はげあたま bald head ㄏㄢ han¹
㊀❶대머리안(—額岸頭無髮)。❷갓 젖혀쓸안(冠敍後)。❸얼굴판클안(大面)。㊁뜻은 ㊀과 같음。

【須】
(수) 虞 シュ、ス、しばらく for a moment ㄒㄩ hsü¹
小篆 草書 ❶턱털수、수염수(頤毛 同鬚)。『易經』賁其—。❷기다릴수(待也)。『易經』歸妹以—。❸잠깐수(斯—)。❹거리수、재료수(資也、用也)。❺종첩수(餘—婢妾)。❻생선아가미벌떡거릴수(魚動腮)。❼모름지기수、반드시수(必也)。❽풀이름수(草名夫—)。❾별 이름수(星名—女)。『禮記』禮樂不可斯—去身。
【須達:수달】 《人》釋迦가 이 세상에 있을 때의 舍衛國의 부자。祇園精舍를 세워 부처에게 바치고 가난한 사람에게 많은 재물을 베풀었음。
【須臝:수라】 《動》되강오리。
【須彌壇:수미단】 《佛》寺院의 佛殿에 佛像을 안치하는 단。佛座。
【須髮:수발】 턱에 있는 수염。
【須要:수요】 없어서는 안될 일。소중한 것。必要。
【須臾:수유】 ❶잠시。寸刻。斯臾。『中庸』道也者、不可——離也。❷《佛》잠시。찰나。
【須知:수지】 마땅히 알아야 할 일。
【須捷:수첩】 헤어지고 더러워진 옷。『揚子方言』南楚、凡人貧、衣被醜弊 謂之——。

四畫

【頉】
㊀(이) 支 ㊁(탈) 〔國音〕 イ、やしなう bring up
㊀기를이(養也)。㊁탈날탈(有故)。
【頉給:탈급】 특별히 사정을 보아서 책임의 면제를 허락하여 줌。「제를 받음。
【頉免:탈면】 특별한 사정으로 책임의 면
【頉報:탈보】 상사에게 특별한 사정이 있음을 말하여 책임의 면제를 청함。
【頉處:탈처】 탈이 난 원인。탈이 난 곳。
【頉稟:탈품】 사고가 있어서 책임을 다하기 어려운 일을 상주함。

【頊】
(욱) 沃 ギョク、つつしむ cringe ㄒㄩ hsü⁴
小篆 草書 ❶머리굽실거릴욱(——謹貌)。❷사람이름욱(高陽氏號顓—)。❸별이름욱(星名)。
【頊頊:욱욱】 뜻을 잃은 모양。아무 생각 없이 멍하니 있는 모양。

【頌】
㊀(용) 冬 ㊁(송) 宋 ショウ、ヨウ、ほめる admire; praise ㄙㄨㄥ sung⁴
小篆 籀文 草書 ㊀얼굴용、모양용(貌也)。『漢書 儒林傳』魯儒生善爲—。(『容』과 같음) ㊁❶기릴송、칭송할송(—德稱述)。『禮記』—而無諂。❷외일송(歌誦)。
【頌歌:송가】 ❶찬양하는 노래。謳歌。『唐書』天下翕然、一口——。❷功德을 찬양하는 노래。❸神이나 부처를 찬양하는 노래。
【頌功:송공】 功績을 칭송함。誦功。
【頌德:송덕】 功績이나 인격을 찬양함。德望을 찬양함。『漢書』或迺稱美——、以求容媚。
【頌德文:송덕문】 공덕을 기리는 글。
【頌德碑:송덕비】 功德을 칭송하기 위하여 세운 비석。
【頌禱:송도】 ＝頌祝。
【頌美:송미】 남의 功績이나 인격을 찬양함。『唐書』徐辭以清毅聞、吏民——。
【頌辭:송사】 찬양하는 말。『柳宗元』世有——、益狹其多。
【頌述:송술】 칭송하여 그 사실을 글로 씀。『班固』——功德。
【頌祝:송축】 경사스러움을 칭송하여 축「하함。

【頜】
(굴)『頜』(頁部 3畫)의 本字

【[illegible]】(배) 佳 ハイ、まがつたあご bent chin
굽은턱배(曲頤)。

【頍】(규) 紙 キ、あおぐ raise one's head ㄎㄨㄟˇ k'uei³
頍 小篆 草書 ❶고깔비녀규(弁貌)。〔詩經〕有ㅣ者弁。❷머리들규(擧首貌)。

【頍弁:규변】詩經。小雅、甫田之什의 篇名。諸侯가 幽王을 풍자한 詩。〔經·小雅·頍弁序〕。

【頍項:규항】관을 다리기 위해 쓰기 위해 꼬불 뒤머리에 감아매는 띠。笄幘。缺項。〔ㅣ禮圖·頍項〕頍經作缺、古讀如有頍者弁之頍。

【頎】㊀(기) 微 ㊁(간) 阮 キ、みめよい strong
頎 小篆 草書 〔詩經〕碩人其ㅣ。㊀헌칠할기、헌칠하게 잘생긴 모양(長貌)。㊁간 슬퍼할간、측은히 여기는 간(矜惻隱貌)。

【頎頎:기기】❶헌칠한 모양。〔詩經〕大德ㅣ其貌ㅣㅣ。❷자라나는 모양。

【頎然:기연】키가 크고 人品이 있음。

【頎然長者:기연장자】풍채가 뛰어나고 원숙한 사람。

【頎典:기전】키울성이 빼곤 모양。

【[illegible]】(윤) 軫 イン、かおゆがむ bent-faced
小篆 낯비뚤윤(面不正)。

【頏】㊀(항) 陽 ㊁(항) 養 コウ、のど neck ㄏㄤˊ hang² (本音「강」)
頏 小篆 頏 草書 ㊀오르락내리락날항(頡頏鳥飛上下)。〔詩經 邶風燕燕〕燕燕于飛頡之ㅣ之。㊁❶소리항(聲也)。❷목항、목줄디항(頸也)。

【預】(예) 御 ヨ、あらかじめ beforehand ㄩˋ yü⁴ (古音「여」)
預 小篆 草書 ❶미리예(先也)。❷참여할예(參與干也)。❸미칠예(及也)。

【預金:예금】일정한 계약에 의하여 은행이나 우체국 같은 곳에 금전을 맡겨 두는 것。또는 그 돈。

【預金額:예금액】예금한 액수。

【預金銀行:예금은행】예금에 관한 일을 주된 업무로 하는 은행。

【預金者:예금자】예금을 한 사람。

【預慮:예려】앞서 생각함。〔賈誼〕[illegible]ㅣㅣ[illegible]。

【預備:예비】앞서 미리 준비함。豫備。〔諸葛亮〕ㅣㅣ、而慮古之善政。

【預壻:예서】데릴사위。

【預言:예언】❶미래의 길흉 화복 따위를 미리 헤아려서 하는 말。❷(宗)신비적 靈感에 의하여 미래를 예측하여 말하는 것。豫言。

【預入:예입】寄託함。맡겨 둠。

【預[illegible]:예저】[illegible]。

【預置金:예치금】보조부를 비치하여 두고 명세를 기록하는 한편、元帳에 일괄하여 만들어、그것만으로 정리하여 두는 預金。

【預度:예탁】미리 짐작함。〔管書〕禍不可以ㅣㅣ。豫測。豫料。

【頑】(완) 刪 ガン、かたくな obstinate ㄨㄢˊ wan²
頑 小篆 草書 ❶완악할완(鈍也愚也)。〔左傳〕心不則德義之經爲ㅣ。❷완고할완(固陋)。❸탐할완(貪也)。

【頑强:완강】❶완고하고 굳셈。태도가 검질기고 굳셈。❷몸이 건강한 것。

【頑拒:완거】끝내 굳세게 거절함。

【頑固:완고】❶성질이 검질기게 굳고 고집이 셈。〔陸游〕ㅣㅣ或少瘥。❷어리석어 사리의 분별을 못함。

【頑鈍:완둔】머리가 완고하고 둔함。〔史記〕士之ㅣㅣ、嗜利無恥者、亦多歸漢。

【頑陋:완루】완고하고 賤陋함。固陋。

【頑慢:완만】성질이 모질고 거만함。

【頑命:완명】죽지 아니하고 모질게 살아 있는 목숨。

【頑冥:완명】완고하고 사리에 어두움。

【頑迷:완미】완고하여 사리에 어둡고 흐림。

【頑民:완민】완고하여 朝廷의 명령이나 德化에 순종하지 않는 백성。〔書經〕毖殷ㅣㅣ、遷於洛邑。

【頑癬:완선】(醫)피부병의 한 가지。헌데가 둥글고 불그스름하며 가려움。

【頑守:완수】굳세게 지킴。

【頑習:완습】頑慢하고 모진 버릇。

【頑惡:완악】성질이 완고하고 모질음。

【頑愚:완우】모양이나 행동이 느릿느릿하고 어리석음。〔左傳〕ㅣㅣ不友。

【頑嚚:완은】완고하고 도리에 어두움。

【頑敵:완적】완강한 적。

【頑憎:완증】완고하고 미움。

【頑悖:완패】성질이 頑惡하고 행동이 悖惡함。

【頑皮:완피】완악하여 순종하지 않는 사람의 別名。

【[illegible]】(우) 有 ユウ、あたまをふる shake head
小篆 或體 머리흔들우(顫也)。

【[illegible]】(침) 寢 シン、あたまをたれる droop head
小篆 머리숙일침(垂頭貌)。

【頒】㊀(분) 文 ㊁(반) 刪 フン、ハン、わける promulgate ㄅㄢ pan¹
頒 小篆 草書 ㊀물고기머리클분(魚大首貌)。〔詩經〕魚在在藻、有ㅣ其首。㊁❶반포할반(布也賜也)。〔禮記〕ㅣ度量。❷머리털반쯤셀반(頭半白)。〔孟子〕ㅣ白者不復戴於道路。❸관자노리반(頒兩旁)。

【頒敎文:반교문】나라에 경사가 있을 때에 백성에게 널리 반포하던 敎書。

【頒給:반급】임금이 俸祿이나 또는 물건을 나눠줌。

【頒曆:반력】冊曆을 반포함。

【頒祿:반록】임금이 녹봉을 내려서 돌라 줌。

【頒料:반료】나라에서 매달 주는 料를 나누어 주던 일。

【頒白:반백】머리털이 흰 것과 검은 것이 서로 반씩 섞임。또는 그 사람。中老人。斑白。

【頒氷:반빙】나라에서 여름철에 관리에게 얼음을 나눠 주던 일。

【頒賜:반사】임금이 물건을 내려 줌。頒賚。

【頒詔文:반조문】나라에 경사가 있을 때 백성에게 널리 알리던 詔書。

【頒牌:반패】(制)科擧에 급제하거나 小科한 사람에게 紅牌 또는 白牌를 주던 일。

【頒布:반포】세상에 널리 펴서 퍼뜨림。放榜。

【頒行:반행】法律·命令을 널리 펴서 實行하도록 함。〔宋史〕請參攷推算ㅣㅣ。

【頓】㊀(돈) 願 ㊁(둔) 願 ㊂(돌) 月 トン、ぬかずく bow the head ㄉㄨㄣˋ tuen⁴
頓 小篆 草書 ㊀❶꾸벅거릴돈、조을돈(下首至地)。〔周禮〕九拜

二曰ㅣ。❷모아쌓을돈(貯也)。〔隋書〕每之一所輒數道置ㅣ。❸그칠돈(止也)。〔史記〕不ㅣ舍。❹놓을돈(捨也)。〔曹植七啓〕ㅣ綱從綱。❺무너질돈(委ㅣ壞也)。〔左傳〕甲兵不ㅣ。❻급할돈(陡ㅣ遽也)。〔列子〕一氣不ㅣ盡。❼배부를돈(食一次)。❽가지런할돈(整ㅣ)。㊁무딜둔(固鈍)。㊂오랑캐 이름돌(單于太子冒ㅣ)。

〔頓喫:돈끽〕 한꺼번에 마음껏 먹음。

〔頓斷無心:돈단무심〕 사물에 대하여 도무지 탐탁하게 여기는 마음이 없음。

〔頓牟:돈모〕 琥珀。송진이 땅 속에 묻히어 굳어진 것。장식품으로 씀。

〔頓飯:돈반〕 단번에 많은 분량의 밥을 먹음。

〔頓服:돈복〕 약 따위를 한 번에 먹음。

〔頓踣:돈복·돈보〕 쓰러짐。엎어짐。〔逸雅〕仆、踣也、ㅣㅣ而前也。「음。

〔頓不顧見:돈불고견〕 아주 돌보지 않음。

〔頓憊:돈비〕 꺾이고 고달픔。〔唐書〕雖疾ㅣㅣ、猶力於進。

〔頓死:돈사〕 갑자기 죽음。急死。

〔頓首:돈수〕 ❶남에게 공경하는 태도로 머리를 땅에 닿도록 꾸벅거림。叩頭。〔周禮〕辨九拜、一曰稽首、二曰ㅣㅣ。❷상대방을 존경하여 편지의 맨 끝에 쓰는 말。

〔頓首再拜:돈수재배〕 머리를 땅에 대고 조으며、두 번 절함。

〔頓然:돈연〕 갑작스러운 모양。突然。

〔頓悟:돈오〕 《佛》문득 깨달음。〔世說補〕宋文帝嘗問、慧觀ㅣㅣ之義、誰復習之、答云、生公弟子道猷。

〔頓絶:돈절〕 딱 끊어짐。「ㅣㅣ。

〔頓足:돈족〕 발을 구름。〔歐陽修〕揮手ㅣㅣ。

〔頓挫:돈좌〕 ❶기세가 갑자기 꺾임。❷문장의 힘이 갑자기 달라짐。〔陸機〕箴、ㅣㅣ而淸壯。

〔頓智:돈지〕 약고 재빠른 슬기。機智。

〔頓進:돈진〕 갑자기 나아감。急進。〔晉書〕智力不可ㅣㅣ、恩寵不可久謬。

〔頓弊:돈폐〕 피폐하여 깨어짐。鈍弊。◎停ㅣ、整ㅣ。

五 畫

【頔】 (적) 錫 テキ、よい good
좋을적(好也)。

〔頔塘:적당〕 淸、倪承茂의 號。

【頙】 (저) 魚 ショ、あご jaws
턱저(頤也)。

【頏】 (구) 宥 コウ、つとめる(本音「후」) endeavour
힘쓸구(勉也)。

【頖】 (반) 翰 ハン、まなびどころ ancient school ㄆㄢˋ p'an⁴
草書 제후의학교반、반궁반(ㅣ宮侯學)。〔禮記〕諸侯曰ㅣ宮。

〔頖宮:반궁〕 諸侯의 學校 이름。泮宮。〔禮記·注〕頖之言班也、所以班政敎也。(『泮』과 같음)

【頗】 (염) 鹽 ゼン、ほおひげ whiskers
草書 구레나룻염(頰須)。〔莊子〕黑色而ㅣ。

【頋】 (고) 『顧』(頁部 12畫)의 俗字

【頗】 ㊀(파) 歌 ハ、かたよる inclined ㄆㄛ p'o³
㊂(파) 哿
小篆 草書 ㊀비뚤어질파(偏ㅣ不正)。〔書經〕人用側ㅣ僻民用僭忒。㊁❶뜻은 ㊀과 같음。❷자못 파(僅可)。〔史記三代世表〕或ㅣ有然多闕。

〔頗僻:파벽〕 한쪽으로 치우침。不公平。偏頗。〔張衡〕行ㅣㅣ而獲志、循法度而離殃。

【頯】 (변) 霰 ベン、かんむり cowl
고깔변(冠名)。(『弁』과 같음)

【頔】 (졸) 屑 セツ、つらぼね ridge of the nose
小篆 콧마루졸(面秀骨)。

【頕】 ㊀(진) 軫 シン、つつしむ refrain oneself
㊁(진) 震
小篆 ㊀❶일을 삼갈진(ㅣ鱗、愼事)。❷부끄러울진(慙也)。㊁❶머리에털적을진(頭髮少貌)。❷뜻은 ㊀과 같음。

【領】 (령) 梗 レイ、リョウ、おさめる lead ㄌㄧㄥˇ ling³
小篆 草書 ❶옷깃령(衣體)。❷고개령(項也)。〔詩經〕有鶯其ㅣ。❸거느릴령(統理)。〔漢書〕總ㅣ庶職。❹받을령(受也)。❺종요로울령(要ㅣ)。❻차지할령(占ㅣ)。

〔領客典:영객전〕 《制》新羅 때 外交를 맡아 보던 관청。領客府。

〔領去:영거〕 거느리고 감。

〔領空:영공〕 領土와 領海 위의 하늘。

〔領空說:영공설〕 국시 교통이 발전됨에 따라、국가 주권하에 있는 領空의 범위는 高度에 있어서 무제한으로 주장할 수 있다는 說。

〔領官:영관〕 ❶군대에서의 少領·中領·大領의 通稱。❷《制》親軍營에 속했던 武官。正領官·創領官·參領官의 구별이 있었음。

〔領揆:영규〕 領議政의 別稱。

〔領內:영내〕 영토 안。領地內。領土內。

〔領導:영도〕 거느려 이끎음。앞장서서 지도함。

〔領導者:영도자〕 영도하거나 또는 할 「수 있는 사람。

〔領導的:영도적〕 영도할 수 있는 것。

〔領略:영략〕 대강을 짐작하여 알음。

〔領報:영보〕 《宗》성모 마리아가 성자를 孕胎할 것을 天神에게서 기별 받은 일。〔梁昭明太子〕研尋物理、ㅣㅣ淸言。

〔領事:영사〕 《制》❶외국에 있으면서 본국의 通商·交通의 이익을 도모하며 아울러 재류민의 보호를 담당하고 있는 관리。❷㉠高麗 때의 領三司事·領春館事·領經筵事·領典儀寺事·領司僕寺事·領繕工司事들의 總稱。品佚은 一品에서 二品까지인데 原則으로 宰相이 겸하였음。㉡李朝 때의 領門下府事·領三司事·領敦寧府事·領經筵事·領集賢殿事·領弘文館事·領藝文館事·領春秋館事·領觀象監事·領中樞府事·領敦寧院事의 總稱。品佚은 正一品 또는 勅任으로 宰臣이 겸하였음。「서 사무를 보는 관청。

〔領事館:영사관〕 《法》領事가 駐在地에

〔領事裁判權:영사재판권〕 《法》특별한 國際條約에 의거하여、재류하는 외국인이 그 駐在國의 법률의 지배를 받지 않고、자기 나라의 법률에 의하여 본국 領事의 재판을 받을 권리。

〔領相:영상〕 領議政의 別稱。

〔領洗:영세〕 《宗》원죄와 본죄를 사하여 주는 일곱 가지 聖事의 하나。신자가 되는 關門임。

〔領所:영소〕 절 안의 사무소。

〔領率:영솔〕 부하를 통솔함。

〔領水:영수〕 ＝領海。

【領收 : 영수】 받아들임。受領。

【領袖 : 영수】 ❶옷깃과 소매。〈轉〉남의 위에 서서 모범이 될 만한 사람。❷한 단체의 우두머리。幹部。❸〈宗〉長老敎에 있어서 조직이 덜 된 교회를 인도하는 職分。〔晉書〕後進ㅣㅣ有裴秀。

【領受書 : 영수서】 돈이나 물건을 받아들인 표로 쓰는 증서。영수증。영수 증서。

【領受人 : 영수인】 돈이나 물건을 받아들이는 사람。

【領收證 : 영수증】 =領受書。

【領域 : 영역】 ❶소유한 지역。領分。❷〈法〉國際法上 한 나라의 主權에 속해 있는 全地域。❸학문 연구 따위에 관계자가 관심을 가지고 있는 部門。

【領悟 : 영오】 ㅣ領解①。

【領位 : 영위】 =領座。

【領有 : 영유】 ❶소유함。자기의 것으로 함。❷점령하여 소유함。

【領議政 : 영의정】 〈制〉議政府의 으뜸 벼슬。內閣을 總轄하던 최고의 지위임。

【領座 : 영좌】 부락이나 단체의 우두머리。

【領主 : 영주】 領土의 所有主。

【領知 : 영지】 ❶領有하여 지배함。❷받아들여서 받아 봄。「領有地。

【領地 : 영지】 領有하고 있는 땅。領土。

【領置 : 영치】 〈法〉刑事訴訟法上 所有者·所持者·保管者가 任意로 제출한 물건이나 남기고 간 물건을 영장 없이 法院이 取得하는 行爲。押收。

【領土 : 영토】 ❶한 나라의 統治權이 미치는 지역。領地。

【領土權 : 영토권】 領土主權의 略語。

【領土保全 : 영토보전】 딴 나라의 간섭이나 침범을 받지 않고 자기 나라의 영토를 온전히 지님。

【領土主權 : 영토주권】 國際公法上、자기 나라의 영토 안에 다른 나라의 주권의 침범을 불허하는 권리。

【領閤 : 영합】 領議政의 別稱。

【領海 : 영해】 〈法〉港灣·內海 이외의 한 나라의 主權이 미치는 海域。

【領解 : 영해】 ❶깨달음。領悟。領會。會得。了解。〔元史〕達禮麻識理、幼穎敏、從師授經史、過目輒ㅣㅣ。❷〈制〉唐代에 鄕試에 급제 하던 일。

◎大ㅣ、大統ㅣ、頭ㅣ、拜ㅣ、本ㅣ、受ㅣ、首ㅣ、要ㅣ、占ㅣ、總ㅣ。

六畫

【頠】 (회) 隊 カイ、おおきいあたま big head

큰머리회(大首)。

【頪】 (뢰) 賄 ライ、あたまかたむく slant-headed

小篆 머리기울뢰(頭傾)。

【顖】 (신) 震 シン、ひよめき fontanel

숫구멍신、쥐구멍신(頂門)。

【頣】 (곤) 阮 コン、ほおがたかい high-cheeked

小篆 빰높을곤(頰高)。

【頜】 (합) 合 コウ、おとがい lower jaw (古音「갑」)

小篆 草書 아랫볼합(頤傍)。〔公羊傳〕踆焚絶其ㅣ頤。

【頝】 (교) 看 コウ、なまめかない be not flattered

아첨안할교(不媚)。

【頞】 (알) 曷 アツ、はなすじ septum of the nose

小篆 或體 草書 ❶콧줄기알(鼻莖)。〔孟子〕疾首蹙ㅣ而相告。❷짐승이름알(獸名幽ㅣ)。

【頞部陀 : 알부타】 〈佛〉梵語 Arbuda。八寒地獄의 하나。極寒으로 몰려 몸에 炮가 생긴다는 地獄。

【頞哳吒 : 알다타】 〈佛〉Atata 八寒地獄의 하나。極寒에 몰려 異聲을 發한다는 地獄。

【額】 (액) 陌 カク、ひたい forehead

小篆 草書 ❶이마액(顙也)。❷늘액(ㅣㅣ不息)。〔書經 益稷〕罔晝夜ㅣㅣ。(『額』과 같음)

【額額 : 액액】 쉬지 않는 모양。

【頠】 ㊀(위) 紙 キ、しずか quiet ㊁(외) 賄

草書 ㊀외양잘가질위(習容止)。㊁❶머리맘대로가질외(頭閑習)。❷고요할외(靜也)。❸사람이름외(人名晋裴ㅣ)。

【頡】 ㊀(힐) 屑 ケツ、カツ、とびあがる fly; soar ㊁(갈) 黠

小篆 草書 ㊀❶오르락내리락날힐(ㅣ頏飛上下)。〔詩經 邶風 燕燕〕燕燕于飛ㅣ之頏之。❷곧은목힐(直項)。❸사람이름힐(古史官倉ㅣ)。㊁❶긁을갈、밟을갈(轢也)。〔史記〕高祖微時與賓客過巨嫂食嫂詳爲羹盡櫟釜乃封其子信爲羹ㅣ侯。❷휙차갈갈(掠除)。〔唐書〕盜ㅣ資糧。

【頡滑 : 힐골】 ❶이리저리 뒤섞여 어지러운 모양。〔莊子〕ㅣㅣ有實、古今不代。❷올바르지 못한 말。❷이리저리 휘어져 굽은 모양。

【頡頏 : 힐항】 ❶새가 날아 오르고 날아 내리는 것。❷남과 優劣을 다투는 것。❸목 힘이 센 것。남에게 굽하지 않는 것。〔揚雄〕鄒衍以ㅣㅣ而取世資。

【頢】 (괄) 曷 カツ、みじかいかお short face

小篆 짧은얼굴괄(短面)。

【䪿】 (신) 軫 シン、まゆあげてみる lift up eyes

小篆 눈들고볼신(擧目而視)。

【頤】 (이) 支 イ、あご jaw; chin

草書 ❶턱이(頷也)。〔禮記〕ㅣ霤垂拱。❷턱끄덕거릴이(ㅣ指)。〔漢書〕ㅣ指如意。❸기를이(養也)。❹턱까불거릴이(朶ㅣ嚼也)。〔易〕觀ㅣ自求口實。〔易經〕觀我朶ㅣ。❺늙은이이(期ㅣ老也)。〔禮記〕百年曰期ㅣ。❻많다고느낄이(夥ㅣ)。❼괘이름이(卦名)。

【頤使 : 이사】 ❶턱으로 가리킴。❷사람을 자유로이 부림。頤令。頤指。

【頤神養性 : 이신양성】 마음을 가다듬어 정신을 수양함。「ㅣㅣ精神。

【頤養 : 이양】 기름。〔後漢書〕平和府藏、

【頤指氣使 : 이지기사】 말 대신 은연히 뜻만 보여 사람으로 하여금 알게 하게 함。곧 사람을 마음대로 부림。

【頤賢 : 이현】 賢才를 양성함。養賢。

【頩】 (병) 靑 ヘイ、いかる angry

草書 ❶옥색병(淺靑色)。❷노할병、성낼병(怒也)。

【頩爾 : 병이】 怒發해 顔色이 푸른 모양。〔剪燈新話〕女忽ㅣㅣ怒。

【頦】 (해) 灰 ガイ、したあご chin

小篆 草書 턱해(頤頷)。〔韓愈詩〕我手承ㅣ時拄座。

【頫頷:해함】턱。『柳宗元·游黃溪詩』石皆巍然臨峻流、若——斷齶。

【頫頰:해협】턱。뺨의 部分。『王穉登·書』馬君布策多奇中、吳人推爲君平季主、何爲復須王生——。

【頨】(연) 霰 ゲン、みめよい fair-faced
얼굴예쁠연(姣也)。

【頩】(변) 先 ヘン、あたまうつくしい pretty-headed
小篆 머리고울변(頭姸)。

【頫】(부) 麌 フ、うつむく hanging head ㄈㄨˇ fu
小篆 小篆 或體 草書 머리구부릴부(—仰低頭)。

【頫視:부시】머리를 숙여서 봄。내려다 봄。

七畫

【頳】(적)『戚』(戈部 7畫)과 같음

【頯】(구) 尤 キュウ、のせる load
일구(戴也)。

【頱】(아) 歌 ガ、ひとしい even
고를아(均也)。

【頵】(곤) 阮 コン、みみあな external ear
小篆 귓문곤(耳門)。

【頭】(두) 尤 トウ、ズ、かしら head; top ㄊㄡˊ t'ou²
小篆 草書 ❶머리두、마리두(首也)。❷위두(上也)。【古詩】東方千餘騎夫壻居上—。❸두목두(—目)。❹시초두(始初)。

【頭家:두가】❶도박장에서 勝負를 맡아 보는 사람。❷南洋 華僑에 있어서 고용인에 대한 主人。

【頭角:두각】❶머리 끝。❷學識·才能 또는 하는 일이 여럿 가운데서 뛰어나게 나타남。❸端緖。『禮記·註』開爲發其——。

【頭蓋:두개】두뇌의 뚜껑이 된 부분。

【頭蓋骨:두개골】《生》頭蓋를 이루고 있는 뼈의 總稱。

【頭巾:두건】❶베로 만든 巾。❷《國》남자 상제나 어른 된 服人이 喪中에 쓰는 베로 만든 巾。孝巾。머리에 쓰는 것。『劉長卿』寥寥古松下、歲晩掛——。

【頭骨:두골】머리를 이룬 뼈。

【頭骨白熟:두골백숙】맹물에 삶아 낸 소의 대가리。

【頭垢:두구】비듬。「머리。

【頭局:두국】군대의 行列을 지은 그 앞

【頭腦:두뇌】❶《生》腦。머릿골。腦髓。《轉》心思。『范成大』長官——冬烘甚、令汝青錢買酒回。❷條理。❸認識하고 判斷하는 힘。재주。❹우두머리。頭目。長。❺《國》風水地理에 있어서 八首와 穴이 이루어진 곳에서 조금 높은 곳。

【頭腦明晳:두뇌명석】머리가 썩 좋아 똑똑하고 분명함。

【頭童齒豁:두동치할】머리털이 없고、이가 빠져 사이가 벌어짐。늙은이의 얼굴 모양。『韓愈』——、竟死何裨。

【頭頭是道:두두시도】일의 되어가는 順序가 分明함。

【頭等:두등】맨 머리 되는 등급。

【頭領:두령】우두머리。頭目。『宋書』衣被故敝、必責——。

【頭顱:두로】❶머리。『陸游』白首功名元未晩、笑人四十歎——。❷《生》㉠頭蓋。㉡頭頂骨。㉢顱頂骨。

【頭尾:두미】❶머리와 꼬리。❷처음과 끝。

【頭民:두민】동네에서 나이가 많고、識見이 높은 사람。

【頭髮:두발】머리털。『史記』——上指、目眦盡裂。「잡고 싸움。

【頭髮扶曳:두발부예】머리털을 움켜

【頭白:두백】머리털이 흰 老人。白頭。『白居易』落華何處堪惆悵、—— 宮人掃影堂。

【頭蓬:두봉】머리털이 얼크러져 쑥과 같이 된 모양。蓬頭。『揚雄』——不暇梳。

【頭部:두부】머리의 부분。「긴 모양。

【頭狀:두상】사람의 머리와 비슷하게 생

【頭上:두상】머리。머리 위。

【頭上安頭:두상안두】《喩》사물의 重複。

【頭狀花:두상화】《植》花軸의 끝에 많은 꽃이 뭉쳐 붙어 頭狀을 이룬 꽃。국화·금송화·민들레·엉겅퀴·해바라기 따위의 꽃。

【頭緖:두서】❶일의 端緖。❷條理。❸생각에 따라 일어나는 여러 가지의 感想·感情 따위의 실마리。『黃庭堅』心似亂絲【——多。

【頭屑:두설】비듬。

【頭首:두수】❶우두머리。頭目。長。❷《佛》禪寺의 職名。法堂의 서쪽에 序列하는 單位의 總稱。「람의 수효。人數。

【頭數:두수】❶소·말 등의 수효。❷사

【頭韻:두운】글 귀절의 윗머리에 한 자씩 넣어 짓는 글자。↔脚韻。

【頭音:두음】《言》음절의 머리에서 나는 소리。곧 아버지의 세 음절에서는 ㅏ·ㅂ·ㅈ 등의 첫 소리。↔末音。

【頭音法:두음법】귀절 첫머리에 같은 글자를 놓는 詩의 한 형식。

【頭錢:두전】어떠한 일을 소개해 주고 그 報酬로 받는 돈。구문。

【頭切木:두절목】재목의 대가리를 잘라낸 토막。

【頭足類:두족류】《動》軟體動物의 한 가지。두개의 筋肉質에 발이 있으며 배(腹)를 거꾸로 하여 헤엄침。낙지·오징어·앵무조개 등。

【頭足異處:두족이처】칼로 베서 머리와 발이 따로따로 됨。首足異處。

【頭註:두주】本文의 위 쪽에 적은 註釋。↔脚註。「술。

【頭酒:두주】좋은 술。제일 먼저 걸른

【頭質:두질】무릎맞춤。

【頭瘡:두창】머리에 나는 온갖 부스럼。

【頭痛:두통】머리가 아픈 증세。『梁簡文帝』胡麻鹿藿 纔救——之痾。

【頭風:두풍】《醫》❶머리가 아프고、또는 자꾸 부스럼이 나는 병。『魏志·註』典略曰、中略、太祖先苦——、是日疾發。❷白屑風。「발。

【頭皮足:두피족】소 머리와 가죽과 네

【頭骸:두해】두개골。

【頭胸部:두흉부】머리와 가슴통。

◎街—、口—、露—、冐—、沒—、白—、社—、船—、先—、年—、店—、陣—、出—。

【頮】(회) 隊 カイ、あらう wash one's face ㄏㄨㄟˋ huei⁴
草書 낯씻을회(洗面)。【書經】王乃洮—水。

【頮面:회면】얼굴을 씻음。『書經·顧命·傳』今疾病、故但洮盥——。

【頮濯:회탁】씻음。『枚乘·七發』澹澉手足。『注』銑曰、澡漑·灑練·澹澉·——。頮面、頮同靧也。

【頯】(규) 支 カイ、ほおぼね cheekbone ㄎㄨㄟˊ k'uei²
小篆 草書 광대뼈규(面顴)。

【頯然:규연】높이 솟아올라 아름다움。『莊子·天道』而容崖然、而目衝然、而顙—

—、而口闕然。〔注〕高露發美之貌。〔注〕翰曰、——、石齊頭貌也。

【頰】(협) 葉 cheek キョウ、ほお ㄐㄧㄚˊ chia² (古音「겹」)
頰 小篆 草書 ❶뺨협(面兩旁)。〔易經〕咸其輔—舌。❷천천히 말할협(緩—徐言譬說)。〔史記〕緩—徐說。

【頰車:협거】❶어금니 아래 뼈의 이름。❷턱의 異名。〔釋名〕頤或曰—、亦所以載物也。

【頰骨:협골】볼의 뼈。

【頰筋:협근】볼에 펼쳐져 있는 근육。

【頰鰓:협기】가슴지느러미。

【頰輔:협보】뺨。〔黃庭堅〕大兒勝衣冠、小兒豐——。

【䫡】(염) 鹽 ゼン、ほおひげ whiskers 구레나룻염(頰—)。〔史記〕高皇帝美䫡—。

【䫇】(염)『䫡』(前條)과 같음

【頫】(부) 麌 フ、ほおぼね cheekbone 광대뼈부(頰骨)。

【頲】(정) 迥 テイ、ただしい honest; upright ㄊㄧㄥˇ t'ing³
頲 小篆 草書 ❶곧을정(直也)。〔爾雅〕梃梗較—。❷머리통 홀쭉할정(狹頭)。❸사람이름정(蘇—)。

【頳】(정) 庚 テイ、あかい red ㄔㄥ ch'êng¹
草書 붉을정(赤也)。〔詩經 周南汝墳〕魴魚—尾。(『赬』은 本字)

【䪦】(홍) 東 コウ、ずつう headache 머리아플홍(頭痛)。

【頵】(군) 眞 キン、おおきいあたま big-headed ㄐㄩㄣ chün¹ (古音「균」) 머릿통클군(頭大)。

【頶】(곡) 沃 コク、たかいはな sharp-nosed (本音「혹」) 코우뚝할곡(鼻高貌)。

【頷】㊀(암) ㊁(함) 感 ガン、カン、うなずく nod ㄏㄢˋ han⁴
頷 小篆 草書 ㊀머리끄덕거릴암(—之點頭)。〔左傳〕—之而已。㊁❶주릴함(顑—不飽)。〔楚辭〕長顑—亦何傷。❷턱함(頤也)。

【頷可:암가】머리를 끄덕거려 승락함。좋다고 首肯함。〔修辭指南〕允許曰順許、又曰——。

【頷首:암수】좋다는 뜻으로 머리를 끄덕거림。〔歐陽修〕先生——遺、教以勿驕矜。〔釋名‧釋形體〕

【頷車:함거】어금니 아래 뼈의 이름。

【頷下物:함하물】남이 먹고 남은 불전。곧 턱찌끼。

【頸】(경) 梗 ケイ、くび neck ㄍㄥˇ kêng³
頸 小篆 草書 목경(項也)。〔禮〕頭—必中。

【頸骨:경골】목의 뼈。

【頸筋:경근】목에 딸린 모든 근육。

【頸領:경령】목에 있는 힘줄。〔莊子〕上斬——、下決肺肝。

【頸部:경부】목의 부분。

【頸腺:경선】목에 붙어 있는 淋巴腺。

【頸飾:경식】목걸이。

【頸椎:경추】목 부분이 있는 脊椎骨。

【頸椎神經:경추신경】경추의 좌우 결을 통한 여덟 쌍의 신경。

【頸側:경측】목의 옆 쪽。

【頸血:경혈】목에서 흐르는 피。〔史記〕相如曰、五步之內、相如請得以——濺大王矣。

【䫉】(모)『貌』(豸部 7畫)와 같음

【頹】(퇴) 灰 タイ、くずれる fall; collapse ㄊㄨㄟˊ t'uei²
草書 ❶기울어질퇴(傾也)。❷사나운바람퇴(暴風)。〔詩經小雅谷風〕維風及—。❸쇠할퇴(衰也)。❹무너질퇴(崩壞)。❺좇을퇴(從也)。❻대머리퇴(首禿)。

【頹唐:퇴당】무너져 떨어짐。〔王褒〕——遂往、長辭遠逝、漂不還兮。

【頹落:퇴락】무너지고 떨어짐。〔曹植〕搖蕩草木、爲之——。

【頹圮:퇴비】사회 도덕의 美風이 무너져감。頹敗。〔朱熹〕百世種謬訛、彝倫日——。「運。

【頹勢:퇴세】쇠퇴하는 추세。退勢。衰——。

【頹俗:퇴속】衰退하여 紊亂해진 風俗。

【頹陽:퇴양】서쪽에 저무는 해。〔王冷然〕望——之初落、見凝月之孤生。

【頹然:퇴연】❶무너지는 모양。❷술에 취하여 넘어지는 모양。〔柳宗元〕引觴滿酌、——就醉。

【頹雲:퇴운】무너지기 시작한 구름。〔傅休奕〕起若翔雲、降若——。

【頹運:퇴운】쇠하는 운명。쇠약해진 세력。〔李白〕赤伏起——、臥龍待孔明。

【頹弛:퇴이】사회 도덕이나 마음에 긴장이 무너지고、풀리어 느즈러짐。

【頹替:퇴체】쇠약하여 무너짐。頹廢。退廢。〔晉書〕大義——、禮典無宗。

【頹敗:퇴패】사회 도덕의 美風이 무너져감。頹圮。頹廢。〔朱熹〕敎化陵夷、風俗——。

【頹弊:퇴폐】쇠하여 무너짐。

【頹廢:퇴폐】❶쇠약하여 내리 무너짐。❷頹敗。〔後漢書〕頃者——、至爲園林芻牧之處。

【頹廢文學:퇴폐문학】一九세기 말의 懷疑思想에서 온 편파된 병적 경향으로서 예술 문학은 인간의 감정과 사상을 표현하는 것보다 근대인의 신경적 향락적인 자극을 탐구하는 데 있다는 주의의 문학。데까당띠슴(Decaedentisme)。

【頹廢派:퇴폐파】一九세기 프랑스 文藝界의 一派。頹廢的인 文化에 美的 動機를 官能主義에서 求하고자하는 文藝思想。뒤에 象徵主義로 發展하였음。이에 代表되는 人物은 보들레르。

【頹風:퇴풍】❶거친 바람。〔爾雅〕暴風從上下曰——。❷쇠퇴한 풍속。

【頹乎:퇴호】❶예의가 바르고 순한 모양。〔禮記‧檀弓〕——其順也。❷술에 취하여 넘어지는 모양。頹然。

【頽】(퇴)『頹』(前條)와 같음

【頻】(빈) 眞 ヒン、しきりに frequent ㄆㄧㄣˊ p'in²
草書 ❶자주빈(數也)。❷자주할빈、연이을빈(連也比也)。〔詩經大雅桑柔〕國步斯—。❸찡그릴빈(急蹙貌)。〔易經〕—復厲无咎。

【頻度:빈도】잦은 度數。

【頻發:빈발】일이 자주 생겨남。

【頻煩:빈번】度數가 잦아 복잡함。〔杜甫〕三顧——天下計。

【頻繁:빈번】❶=頻煩。❷바쁨。〔庾亮〕

沐浴玄風、ㅣㅣ省闥。

【頻頻:빈빈】 잇달아 잦음。 頻數。 『杜甫』 賦詩分氣象、佳句莫ㅣㅣ。

【頻數:빈삭】 매우 잦음。 頻繁。 『梅堯臣』從今宴會應ㅣㅣ。 「雅·釋詁·註」。

【頻仍:빈잉】 重하고 두터운 모양。 『爾

【頻顣:빈축】 얼굴을 찡그림。 마음이 편하지 않은 모양。 『孟子』ㅣㅣ曰、 惡用此鶃鶃者爲哉。

【頻出:빈출】 자주 外出함。

【頯】 ㊀(부) 尤 フ、ビ、ひげ ㊁(비) 支 short beard
㊀수염이 짧고 흰부(鬚短白貌)。 ㊁짧은수염비(短鬚貌)。

【頤】 (이)『頤』(頁部 6畫)의 俗字

【頼】 (뢰)『賴』(貝部 9畫)의 俗字

八畫

【頾】 (자) 支 シ、くちひげ moustache
小篆 웃수염자(口上鬚)。

【頾髮:자발】 입수염과 머리털。 髭髮。 『漢書·五行志』身青黃色面白、頭有ㅣㅣ、稍長、大凡六寸一分。

【頾王:자왕】 입수염 난 王。 『左氏·昭』。

【頿】 (자)『頾』(前條)와 같음

【頲】 (정) 徑 テイ、ひたい forehead
草書 이마정(題ㅣ額也)。 『詩經』麟之定振振公姓。

【頲題:정제】 이마。 『爾雅·釋言』𩑠頲題也。

【頶】 (추) 支 スイ、でひたい protrudent forehead
小篆 이마툭불거질추(出額)。

【頼】 (비) 紙 齊 ヘイ、ただしくない slant-necked
小篆 목기울비(傾首)。

【頱】 (정) 敬 梗 セイ、うつくしい beautiful
小篆 아름다울정(美也)。

【頷】 (함)『頷』(頁部 7畫)과 같음

【頷淡:함담】 물이 흔들리는 모양。 『嵇康』ㅣㅣ。 滂流。

【頬】 (기) 支 キ、みにくい ugly くㅣ ch'i²
小篆 草書 추한모양기(醜貌)。

【頬醜:기추】 지극히 추잡함。 倛醜。 『淮南子·精神訓』視毛嬙西施、猶ㅣㅣ也。 『注』ㅣㅣ、言極醜也。

【頯】 (규) 支 キ、まるい be round
小篆 ❶작은머리규(小頭)。 ❷그릴규(畫也)。

【顅】 (간) 刪 カン、かみがすくない little haired くㅣㄢ ch'ien¹
小篆 털적을간(頭鬢少髮)。

【頳】 (정) 庚 セイ、あたま big head
❶큰머리정(大頭)。 ❷머리비뚤정(頭不正)。

【顆】 (과) 哿 カ、つぶ granule
小篆 草書 ❶머리과、 덩이과(物一頭)。 ❷무덤과(蓬ㅣ)。 『漢書 賈山傳』使其後世曾不得蓬ㅣ蔽冢而託葬焉。

【顆粒:과립】 ❶동글고 자질구레한 것을 일컬음。 ❷마마나 홍역으로 피부에 돋은 것。

【顇】 (췌) 寘 スイ、やつれる emaciated ㄘㄨㄟ ts'uei⁴ (或音「취」)
小篆 草書 ❶파리할췌(顦ㅣ憂瘁)。 ❷병들췌(病也)。 『反騷』慶夭ㅣ而喪榮。

【顇奴:췌노】 빼빼 말라빠진 奴僕。 『顏氏家訓』羸馬ㅣㅣ、僅充而已。

【頩】 (병) 迥 ヘイ、おこる angry
❶성나파랗게질릴병(怒色青)。 ❷천연할병(斂容)。 『神女賦』ㅣ薄怒而自持。

【顐】 (문) 元 ボン、づつう headache
小篆 머리를 동이고 괴로워할문(繫頭殟也)。

【顉】 ㊀(암) 感 ガン、キン、あご ㊁(금) 寢 prominent jaws
小篆 草書 ㊀머리숙일암(低頭)。 『左傳』迎于門者ㅣ之而已。 ㊁주걱턱금(曲頤貌)。 『漢書』ㅣ頤折頞。

【顉顡:암삼】 머리를 갸웃거림。 『廣韻』ㅣㅣ、搖頭貌。

【顉傪:암참】 움직임。 『集韻』ㅣㅣ、動也。

【顉顡:암참】 머리를 흔들음。 『廣韻』ㅣㅣ、搖頭貌。

九畫

【頥】 (이)『頤』(頁部 6畫)와 같음

【顡】 (돈) 願 トン、はげる lose hair
모지라질돈(禿也)。

【顑】 (가) 麻 カ、ことばただしくない lie
헛말가(言語無度)。

【頛】 (계) 霽 ケイ、うかがう search for
小篆 ❶찾을계(伺人)。 ❷두려울계(恐也)。

【顋】 (시) 灰 サイ、ほお cheek ㄙㄞ sai¹ (本音「새」)
草書 빰시、 볼시(頰也)。

【顏】 (원) 阮 エン、かおがゆがむ bevel-faced
小篆 낯비뚤원(面不正)。

【顑】 (할) 曷 カツ、すこやか stout
건장할할(健也)。

【題】 ㊀(제) 齊 テイ、ダイ、しるし、だい ㊁(제) 霽 title ㄊㄧ t'i²
小篆 草書 ㊀❶이마제(額也)。 『禮記』南方曰蠻雕ㅣ交趾。 ❷제목제(ㅣ目)。 『杜甫詩』天老看ㅣ目。 ❸평론할제(品ㅣ)。 『李白書』一經品ㅣ。 ❹글제(書ㅣ)。 『孟子』ㅣ辭所以ㅣ號孟子之書。 ❺쓸제(署也)。 ㊁흘겨볼제(小視)。 『詩經』ㅣ彼脊鴒。 (『睇』와 같음)

【題刻:제각】 文字나 物形을 새김。 『水經·注』ㅣㅣ貞順之名。

【題給:제급】 題辭를 매기어 줌。

【題銘:제명】 書籍의 머리에 쓰는 題詞와 器物에 새기는 銘。

【題名:제명】 ❶漢文體의 하나。 명승·고적을 유람한 날자와 함께 旅行한 사람의 이름을 기록하는 것。 ❷글제나 책 이름。 ❸表題의 이름。 그 글의 主要한 뜻을 짧게 간추려 맨 처음에 적어 둔 것。

❹題名錄의 略語。❺署名함。
【題目:제목】❶부르는 이름。名號。名稱。『晉書』甄拔人物、各爲――。❷겉장에 쓴 책의 이름。책의 表題。❸글제。❹品評。
【題壁:제벽】시나 글을 지어서 벽 위에 씀。『孟浩然』染翰聊――、傾壺一解顏。
【題辭:제사】❶책이나 비석의 맨 첫머리에 적어둔 글。『岑參』劍閣再――。❷《制》관청에서 백성에게 보낸 訴狀。또는 願書에 쓰는 관청의 판결이나 지령。
【題書:제서】=題字。
【題詩:제시】시를 지음。
【題額:제액】扁額에 그림이나 글씨를 그리거나 쓰는 것。
【題言:제언】서적·화폭·비석 등의 첫머리에 적은 글。卷頭言。
【題字:제자】책머리나 비석·족자 같은 데 쓴 글자。題書。『隋遺錄』飛白題二十字。

漢武梁祠石闕題字 (金石索)

【題材:제재】❶文藝作品의 題目과 材料。❷藝術作品·學術研究 등의 내용이 되는 對象。
【題判:제판】《制》관청에서 百姓이 올린 訴狀에 쓰는 判決。
【題品:제품】어느 사물을 藝術的 표현으로 그 가치를 평하는 것。品評。品題。『十八史略』每月輒改其――。
【題號:제호】책자 같은 것의 제목。
【題畫:제화】山水畫·人物畫 등의 그림에 그 내용과 알맞는 詩나 글을 적어 넣는 것。
◎課―、難―、命―、問―、宿―、御―、外―、議―、主―。

【䫆】(계) 寘 キ、おおきなくち big mouth
큰입계(大口)。

【額】(액) 陌 ガク、ひたい forehead ㄜˊ·ㄝˊ
草書 ❶이마액(顙也)。❷현판액(題也)。『後漢書』四方且半―。❸수효액(分量)。
【額內:액내】❶庭園。또는 庭樹。❷한 집안의 사람。❸한 洞里에 사는 사람。
【額面:액면】❶扁額。❷公債·株式·貨幣 같은 것의 券面에 적힌 가격。額面價格。❸표면에 내세운 사물의 가치。
【額手:액수】❶손을 이마에 댐。존경하여 우러러보는 모양。敬意를 표하는 태도。『宋史』衞士望見、皆以手加額曰、司馬相公也。❷사정을 살피는 태도。
【額數:액수】돈의 머릿수。定數。定額。
【額掩:액엄】겨울에 부녀가 나들이할 때에 머리에 쓰던 물건。아얌。『元史』增其――。
【額外:액외】❶定員의 밖。❷한 집안 밖의 사람。❸한 패에 들지 않는 사람。또는 들지 못한 사람。
【額字:액자】현판에 쓴 글자。
【額差地代:액차지대】토지의 豐度와 위치의 차이로 인하여 생기는 초과 이윤。토지 사용료의 형태로 지주에게 귀속됨。
◎高―、金―、多―、稅―、少―、全―。

【顒】(옹) 冬 ギョク、おだやか polite ㄩㄥˊ
小篆 草書 ❶우러를옹(仰也)。『易經』有孚―若。❷온공할옹(温貌)。『詩經 大雅卷阿』――印印。❸클옹(大也)。『詩經 小雅六月』四牡修廣、其大有―。
【顒望:옹망】크게 바람。「양。
【顒若:옹약】공손함。삼감。엄정한 모
【顒顒:옹옹】❶온건하고 깊이 삼감。❷물결이 높은 모양。
【顒祝:옹축】크게 빌음。

【顎】(악) 藥 ガク、あご jaw
草書 아래위턱뼈악(頷骨上下)。
【顎骨:악골】턱을 이루는 뼈。
【顎板:악판】거머리 따위와 같이 咽頭 안에 있어 딴 동물에 붙어 피를 빨아 먹을 수 있도록 된 턱。
◎上―、下―。

【顏】(안) 刪 ガン、かお face
小篆 籒文 籒文 草書 ❶얼굴안(頷角容也)。『詩經』揚且之―。❷산우뚝할안(孱―山高)。『歐陽修詩』空碧更孱―。❸성안(姓也)。
【顏料:안료】❶연지·분과 같은 化粧의 재료。❷그림 물감。❸염색의 재료。染料。❹塗料·印刷 잉크의 재료。
【顏面:안면】❶얼굴。『蘇軾』塵土汙――。❷서로 얼굴이나 알 만한 사이。
【顏面薄待:안면박대】아는 사람을 푸대접함。
【顏面不知:안면부지】만난 일이 없어 얼굴을 모름。또는 모르는 사람。
【顏面神經:안면신경】《生》얼굴에 분포되어 있는 腦神經。
【顏貌:안모】얼굴 모양。얼굴의 생김새。顏容。面貌。『沈炯』思我親戚之――、寄夢寐而魂求。
【顏私:안사】顏面이 있어서 생기는 私情。「私의 情誼。
【顏色:안색】❶얼굴빛。얼굴에 나타난 기색。『論語』正――、斯近信矣。❷意思。心情。❸《中》色彩。
【顏情:안정】여러 차례의 안면으로 인하여서 일어나는 정。
【顏曾:안증】孔子의 門人인 顏回와 曾參을 함께 일컫는 말。『蘇軾』――本吾師。
【顏巷:안항】孔子의 首弟子인 顏回가 살았던 마을。《轉》몹시 貧寒한 곳。『白居易』陶廬間自愛、――陋誰知。
【顏回:안회】《人》B·C·五二三~四八二 孔子의 首弟子。字는 淵、魯나라 사람。十哲의 한 사람으로 弟子 중에서 學德이 가장 뛰어나고、德行 第一이며 亞聖이라 불리움。三二세에 孔子보다 앞서 죽음。

顏子 (三才圖會)

【顏厚:안후】낯가죽이 두꺼움。《喩》염치가 없이 뻔뻔함。厚顏。『書經』鬱陶乎予心、――有忸怩。
◎韶―、笑―、玉―、溫―、容―、醉―、紅―、和―、花―、厚―。

【顚】㊀(찬) 潸 サン、セン、そなえる be endowed with
㊁(선) 銑
小篆 ㊀❶갖출찬(具也)。❷볼찬(見也)。㊁뜻은 ㊀과 같음。

【顐】(원) 願 コン、じょうだん joke
草書 희롱할원(弄言)。『唐書』諧臣―官怡愉天顏。(『諢』과 같음)
【顐官:원관】俳優를 말함。『稱謂錄·優·顐官』元結集、諧臣――、怡愉天顏。
【顐玩之臣:원완지신】樂官을 말함。『稱謂錄·優·顐官』杜牧樂官曰――――。

【顑】(함) 感 カン、うえる starve ㄎㄢˇ k'an³
小篆 草書 ❶주릴함(不飽―頷)。『韓愈詩』舉室常―頷。❷파

리할함(瘦也)。

【顑頷:함함】 몹시 주리어서 견딜 줄을 모름。『楚辭』長ㅡㅡ亦何傷。

【⿰幽頁】(요) 看 オウ、あたまがへこむ concave-headed 머리오목할요(頭凹)。

【顓】(전) 先 セン、おろか ㄓㄨㄢ chuan ignorant 小篆 草書 ❶어리석을전(蒙也)。❷오로지전(獨專)。『史記』客愚無知ㅡ妄言輕威。❸사람이름전(帝號ㅡ頊)。❹나라이름 전(國名ㅡ臾)。

【顓門:전문】 專門。

【顓民:전민】 어진 백성。 良民。『淮南子』猛獸食ㅡㅡ。

【顓兵:전병】 兵權을 오로지함。

【顓頊:전욱】 (人)中國 古代의 전설상의임금。 黃帝의손。 高陽氏라號함。

顓頊(金石索)

【顓顓:전전】 사소함。 區區함。

【顓制:전제】 專斷으로 일을 결정함。 제 마음대로 일을 처리함。 獨裁。專制。『漢書』袁盎曰、諸呂用事、大臣ㅡㅡ。

【頪】(상)『顙』(10畫 頁部)의 俗字

【顕】(현)『顯』(14畫 頁部)의 略字

十畫

【顗】(의) 尾 ギ、ガイ、たのしい ㄧˇ yi pleasure 小篆 草書 ❶즐길의(樂也)。❷점잖을의(謹莊貌)。

【顖】(신)『囟』(3畫 口部)의 俗字

【⿰⿱彡丕頁】(비) 支 ヒ、みじかいひげ short-bearded 小篆 짧은수염비(短鬚)。

【顄】(함)『函』(8畫 凵部)의 略字

【願】(원) 願 ガン、ねがう ㄩㄢˋ yuan desire;want 小篆 草書 ❶하고자할원、원할원(欲也)。『禮記』敬修其可ㅡ。❷바랄원(顒望)。『禮記』不ㅡ于大家。❸부러워할원(羨慕)。『禮記祭儀』國人稱ㅡ。❹생각할원(思也)。

【願納:원납】 自願하여 財物을 바침。

【願納錢:원납전】 스스로 원하여 바치는 돈。

【願力:원력】 (佛)부처에게 빌어 원하는 바를 이루려 하는 마음의 힘。 念力。 本願力。『陸游』香火徒勤ㅡㅡ違。

【願留:원류】 지방 사람들이 轉任되어 가는 관리의 留任을 上部에 願하는 것。

【願望:원망】 ❶원하고 바람。❷원하는 일。

【願賣人:원매인】 팔려고 하는 사람。「願賣者。

【願賣者:원매자】 =願賣人。

【願書:원서】 請願하는 뜻을 기록한 文書。 志願의 書面。

【願往生歌:원왕생가】 鄕歌。 新羅 廣德의 아내가 읊었다 함。 文武王 때의 독실한 불교 신앙을 읊은 것。

【願意:원의】 바라는 생각。

【願人:원인】 원하는 사람。 원서를 내는 「사람。

【願入:원입】 들어가기를 원함。

【願情:원정】 원하는 마음。 바라는 마음。 하소연하는 마음。

【願主:원주】 부처에게 원을 건 사람。

【顙】(상) 養 ソウ、ひたい brow 小篆 草書 이마상(額也)。『儀禮』主人哭拜稽ㅡ。

【顙汗:상한】 이마에 흐르는 땀。『文同』冠帶坐大暑、ㅡㅡ常涓涓。

【䫤】(명) 靑 ベイ、ひたい forehead 이마명(額也)。

【䫤顁:명정】 좋아하는 모양。『集韻』ㅡㅡ、好貌。

【顚】(전) 先 テン、ひたい ㄉㄧㄢ tien brow;decline 小篆 草書 ❶이마전(頂也)。『詩經』有馬白ㅡ。❷엎드러질전(仆倒)。❸한간질전(ㅡㅡ專一)。『莊子』至德之世其行塡塡其字ㅡㅡ。❹비뚜름할전(傾斜)。(『癲』과 통함)

【顚倒:전도】 ❶거꾸로 됨。 거꾸로 함。『詩經』ㅡㅡ衣裳。❷엎어져서 넘어짐。 자빠짐。 顚仆。❸常心을 잃음。 덤벙거려 정신을 잃음。❹(佛)凡夫가 事理에 어두워서、眞理를 非眞理로、非眞理를 眞理로 바꾸어 봄。

【顚頓:전돈】 굴러 넘어짐。『韓愈』ㅡㅡ「狼狽、失其所操持。

【顚落:전락】 굴러 떨어짐。 顚墜。 轉落。

【顚連:전련】 심히 곤란함。

【顚末:전말】 일의 처음부터 끝까지의 사정。 사건의 경과와 결과。 本末。『戴復古』題詩記ㅡㅡ、政不假人碑。

【顚末書:전말서】 事故의 일어난 사정을 갖추어 적은 글。 始末書。

【顚冥:전명】 마음이 흐려서 무엇에 홀림。 혼란함。『莊子』固ㅡㅡ乎富貴之地。

【顚覆:전복】 ❶뒤집혀 엎어짐。 轉顚。『書經』ㅡㅡ厥德。❷뒤집어 멸망시킴。

【顚仆不破:전복불파】 理由가 정당하여 움직이지 못함。

【顚仆:전부】 엎어져서 넘어짐。 顚倒。『漢書』一旦ㅡㅡ無以報稱。

【顚實:전실】 氣力이 體內에 가득참。『禮記·玉藻』盛氣ㅡㅡ揚休。

【顚躓:전지】 물건에 걸려 넘어짐。 顚跌。『杜甫』時危話ㅡㅡ。

【顚跌:전질】 ❶굴러 넘어짐。 물건에 걸려 넘어짐。❷일이 어긋나서 실패함。『曾鞏』歷忤大姦、ㅡㅡ撼頓、至于七八。

【顚錯:전착】 앞뒤를 뒤집어서 어그러뜨「림。

【顚頹:전퇴】 엎어지고 자빠짐。『柳宗元』民氣不舒兮、偃踣ㅡㅡ。

【顚沛:전패】 ❶엎어지고 자빠짐。 물건에 걸려 넘어짐。『論語』造次必於是、ㅡㅡ必於是。❷나무나 물건이 넘어짐。(喩) 곤궁한 것。

【顛】(전)『顚』(前條)의 俗字

【顜】(강) 講 コウ、あきらか ㄐㄧㄤ chiang bright 草書 밝을강(明也)。『史記 曹相國傳』蕭何爲法ㅡ若畫一。

【顝】 ㊀(골) 月 コツ、みにくい ㊁(괴) 灰 ugly 小篆 ㊀❶머리통클골(大頭)。❷오똑이앉을골(獨處貌)。『思玄賦』ㅡ羈旅而無友兮。❸다닥칠골(相抵觸)。❹추할골(醜也)。㊁뜻은 ㊀과 같음。

【⿰盍頁】 ㊀(갑) 合 ㊁(개) 泰 コウ、あごぼね cheekbone ㊀빰뼈갑(頰骨)。㊁머리뼈 모양개(頭骨貌)。

【頭】(두) 尤 トウ、かおをゆがむ snub 찡그릴두(顚ㅡ、面折)。

【類】(류) 寘 ルイ、たぐい same:kind ㄌㄟˋ lei⁴
小篆 草書 ❶착할류(善也)。〔詩經〕克明克ㅣ。❷같을류(肖也)。〔禮記〕諸侯ㅣ見。❸나눌류(分也)。〔易經繫辭〕方以ㅣ聚。❹견줄류(比也)。〔禮記〕知ㅣ通達。❺법류(法也)。❻무리류(等也)。❼종류류(種ㅣ)。❽제사이름류(祭名)。❾짐승이름류(獸名)。

類 (山海經圖)

【類概念:유개념】《論》外延이 딴 개념의 외연보다 큰 概念。種槪念。
【類句:유구】詩歌나 文章에 있어서, 서로 비슷한 文句。類似한 句。
【類規:유규】동일한 종류의 법규。「例。
【類例:유례】같거나 비슷한 例證이나 實
【類類相從:유류상종】같은 동아리 또는 종류끼리 서로 왕래하며 사귐。
【類萬不同:유만부동】많은 것이 서로 같지 않고 다름。
【類別:유별】종류에 따라 나눔。分類。種別。
【類似:유사】서로 비슷함。『東方朔』同音者相和兮、同類者相似。
【類似品:유사품】비슷하게 만든 물건、僞造品。가짜。
【類書:유서】❶여러 가지 종류의 책을 모아 그 내용에 따라 분류·편집하여 찾아 내거나 조사하기에 편리하도록 된 책。❷같은 종류에 속하는 책。同類書。
【類燒:유소】남의 집에서 난 불로 인하여 자기의 집이 타는 일。「제。
【類藥:유약】비슷한 방문으로 지은 약
【類語:유어】뜻이나 형식이 비슷한 말。
【類緣:유연】❶친척。一族。❷《生》生物의 形狀·性質 등에 비슷한 관계가 있어, 그 사이에 연고가 있는 것。生物의 自然的 分類는 이를 표준으로 함。
【類苑:유원】同類의 것을 類別하여 모은 글。또는 그 책。
【類人猿:유인원】《動》類人猿科에 딸린 동물의 總稱。
【類人猿科:유인원과】《動》靈長目에 속하는 한 科。원숭이 중에서 가장 進化한 것으로, 인류의 祖上인 原始人과 그 外貌가 비슷함。성성이·고릴라 따위。
【類題:유제】❶같은 종류의 문제。❷비슷한 문제。
【類從:유종】종류에 따라 모음。또는 그
【類質:유질】한 성질。「책。
【類集:유집】같은 종류의 것을 모음。
【類次:유차】종류에 따라 순서를 붙임。『宋史』閱視其可行者、ㅣㅣ以聞。
【類纂:유찬】같은 종류의 것을 모아 編纂함。또는 그 책。
【類抄:유초】같은 類의 것을 가려 뽑아 내어 모음。또는 抄錄함。『趙崇絢』久而成卷、以類抄聚。
【類推:유추】어떤 사물에서 다른 사물의 성질 상태를 미루어 짐작함。類比。『淮南子』比ㅣㅣ之者也。「物以辨分。
【類聚:유취】=類集。『易經』方以類聚、
【類編:유편】분류하여 編集함。
【類型:유형】❶類似한 型。❷흔히 있는 型。❸일정한 종류에 속하는 다수의 個的 形式을 포섭하는 형식。❹《心》그 자신 하나의 個體이고 따라서 具象的이면서 普遍的인 것을 모범적으로 표시하는 대표적인 것。
【類型的:유형적】흔하게 있어서 특색이 없는 것。↔特性的。
【類化:유화】❶같은 성질로 변화함。同化。❷새로운 教材를 이미 배운 지식으로 해석·체득하는 작용。

十一畫

【⿰圭頁】(책) 陌 サク、かしいたあたま oblique-headed
머리비뚤책(頭不正)。

【⿰敖頁】(오) 豪 ゴ、たかくおおきい high and big
小篆 ❶높고클오(高大貌)。❷클오(太也)。

【⿰參頁】(삼) 感 サン、あたまうごく shake one's head
머리흔들삼(䫩ㅣ、搖頭)。

【⿰麻頁】(마) 麻 バ、どもる stammer
말더듬을마(語訥)。

【顠】(표) 蕭 ヒョウ、みだれる (of hairs) entangled
털엉킬표(髮亂貌ㅣㅣ)。

【顡】(의) 未 ギ、おろか fool
小篆 멍청이의(痴ㅣ不聽名)。

【顢】(만) 寒 マン、ひろい broad face ㄇㄢˊ man¹·²
草書 얼굴큰모양만(面大貌)。

【⿰區頁】(구) 尤 オウ、しゃくしがお(本音「우」) snub
찐잔줄구(ㅣ顋面折)。

【顊】(비) 支 ヒ、しらげ gray-haired
小篆 털반백발될비(髮半白)。

【顣】(축) 屋 シュク、とがめる frown ㄘㄨˋ ts'ᵘ
草書 찡그릴축(ㅣ頞不悅貌)。〔孟子〕頻ㅣ曰惡用是鶂鶂者爲哉。

十二畫

【⿰善頁】(선) 銑 セン、みさげる(本音「전」) despise
草書 사람거만히볼선(倨視人)。

【⿰林頁】(심) 寢 シン、おくびょう feeble
나약할심(䫩ㅣ、儒弱貌)。

【⿰臯頁】㊀(고) 皓 ㊁(호) 豪 コウ、ひろい immense
㊀넓고클고(廣大也)。㊁큰얼굴호(大顏)。

【⿰番頁】㊀(파) 歌 ㊁(번) 元 ハ、しろい white
㊀❶흴파(白也)。❷용맹스럽게 춤출파(勇舞貌)。(『皤』와 같음) ㊁흰 입부리번(白喙)。

【[illegible]】(침) 寢 シン、うなだれる hanging head
❶머리숙일침(俯首)。❷머리길침(頭長)。

【顥】(호) 皓 コウ、おおきい immense ㄏㄠˋ hao⁴
小篆 草書 ❶허열호(白貌)。〔楚辭九招〕天白ㅣㅣ。❷클호(大也)。〔班固 西都賦〕鮮ㅣ氣之清英。
【顥天:호천】서쪽 하늘。『呂氏春秋』西天日ㅣㅣ。
【顥顥:호호】❶하늘이 희게 빛나는 모양。❷元氣가 博大한 모양。『陳子昂』聖人ㅣㅣ。

【顦】(초) 蕭 ショウ、やつれる emaciated ㄑㄧㄠˊ ch'iao²
小篆 草書 파리할초(ㅣ顇憂瘠貌)。
【顦顇:초췌】핼쓱해진 모습。또는 측은한 모양。『玉篇』ㅣㅣ、憂貌、亦作燋。

【顧】 (고) 週 コ、かえりみる look after

❶돌아볼고(回首旋視)。【書】ㅣ諟天之明命。❷돌보아줄고(眷也)。【詩經】乃眷西ㅣ。❸도리어고(發語辭、反也)。【史記】ㅣ不易耶。

【顧客:고객】 단골 손님。花客。

【顧見:고견】 뒤를 돌아다 봄。

【顧忌:고기】 뒷일을 염려하고 꺼림。遠慮함。『漢書』見楊震連切諫不從、無所ㅣㅣ。

【顧念:고념】 돌보아 줌。불쌍하게 여김。『十八史略』ㅣㅣ强秦不敢加兵於趙者。

【顧慮:고려】 ❶다시 돌이켜 생각함。❷앞일을 걱정함。염려를 함。『曾鞏』不以死生禍福、爲秋毫ㅣㅣ。

【顧戀:고련】 마음에 두고 잊지 못함。마음에 걸리어 잊지 못함。思慕함。戀慕함。『後漢書』ㅣㅣ其老小。

【顧望:고망】 ❶=顧忌。❷이것 저것 살피고 결정하지 않음。❸이곳 저곳 돌아봄。『禮記』侍於君子、不ㅣㅣ而對。

【顧眄:고면】 이리 저리 돌아봄。回視。『漢書·敍傳』廣卿以ㅣㅣ而捐相印。

【顧命:고명】 ❶임금이 죽을 때 유언으로 뒷일을 부탁함。『書經·序』成王將崩、中略、相康王作ㅣㅣ。❷慈愛 깊은 명령。❸書經 周書의 篇名。周의 成王이 뒷일을 重臣들에게 부탁한 유언을 기록한 것。

【顧名思意:고명사의】 이름의 뜻을 돌이켜 생각함。

【顧問:고문】 ❶의견을 물음。또는 물음을 받는 사람。❷相談함。또는 相談役。❸諮問에 응하여 의견을 말하는 직무。또는 그 職責에 있는 사람。❹《制》李朝高宗 때 甲午更張 뒤 외국 사람을 雇聘하여 설치한 顧問官。❺訪問함。『宋史』多臨軒ㅣㅣ。

【顧問官:고문관】 정부에서 고문으로 쓰는 사람。

【顧返:고반】 뒤를 돌아봄。

【顧盼:고반】 뒤돌아봄。

【顧步:고보】 좌우를 돌아보며 걸음。『朱熹』ㅣㅣ一長嘯。

【顧復:고복】 부모가 자식을 양육함。『詩經』顧我復我。

【顧視:고시】 돌아다 봄。顧瞻。『漢武帝』ㅣㅣ帝京欣然。

【顧哀:고애】 돌보고 불쌍히 여김。『漢書』皇帝仁惠、無不ㅣㅣ。

【顧遇:고우】 돌보아 접대함。眷遇。『後漢書』竊感古人一飯之報、況受ㅣㅣ而容不盡乎。

【顧籍:고적】 자기 몸을 살펴 소중하게 여김。自重함。顧惜。『韓愈』不自貴重ㅣㅣ。

【顧眺:고조】 뒤를 돌아 바라봄。『李紳』ㅣㅣ匪恣適、曠襟懷眷舒。

【顧指:고지】 뒤를 돌아보고 손가락질함。指顧。『南史』飛沈出其ㅣㅣ、榮辱定其一言。

【顧瞻:고첨】 =顧視。『詩經』ㅣㅣ周道、「中心怛兮。

【顧託:고탁】 ❶임금이 죽을 때 좌우의 신하에게 뒷일을 부탁함。❷부탁함。付託。『唐書』褚遂良受先帝ㅣㅣ、一德無二。

【顧懷:고회】 마음으로 사모함。『揚雄』覽四荒而ㅣㅣ兮。

【顧恤:고휼】 불쌍히 여겨 돌보아 줌。『元史』不加ㅣㅣ者按之。

◎內ㅣ、愛ㅣ、一ㅣ、左ㅣ、回ㅣ、後ㅣ。

【顨】 (손) 願 ソン、うらなう divination sign

괘이름손(卦名也)。

【顨軒:손헌】 ❶清、翁同書의 號。❷清、孔廣森의 號。

十三畫

【顩】 ㈠(엄) 琰 ㈡(험) 琰 ケン、とがったかお sharp jawed (本音「검」)

㈠하관빠를엄(挾面銳頤之貌)。㈡얼굴이 반반하지 않을험(面不平意)。

【顪】 (훼) 隊 カイ、ほお cheek

뺨훼、볼따귀훼(頰也)。

【顫】 (전) 霰 セン、ふるえる shake ㄓㄢˋ chan⁴

❶머리비뚤이전(頭不正)。❷사지떨릴전(四支寒掉)。

【顫動:전동】 떨거나 떨리어서 움직임。『宣和畫譜』鄭尙子善爲顫筆、見於衣服手足木葉川流、皆勢若ㅣㅣ。

【顫動音:전동음】 《言》彈性 있는 발음 기관의 진동에 의하여 나는 子音。

【顫聲:전성】 떨며 나오는 목소리。

【顫筆:전필】 筆勢가 떨리어 움직이는 모양。

【顳】 (섹) 職 ショク、ほお cheeks

볼색(頰也)。

十四畫

【顬】 (유) 虞 ジュ、こめかみ temple ㄖㄨˊ ju²

귀밑뼈유(顳ㅣ)。

【顭】 (홍) 蒸 コウ、くらい dark

어두울홍(惛也)。

【顮】 (의) 支 イ、うつくしいめつき charming eyes

❶아름다운 눈매의(睇盼貌)。❷아름다운 얼굴의(美容貌)。

【顯】 (현) 銑 ケン、あらわれる appear ㄒㄧㄢˇ hsien³

❶나타날현(著也明也)。【書經】天有ㅣ道。❷밝을현(明也)。❸통달할현(達也)。『孟子』未嘗有ㅣ者來。❹높을현(高也)。

【顯界:현계】 이 세상。現世。↔幽界。

【顯考:현고】 돌아간 아버지의 神主의 첫머리로 쓰는 말。돌아간 아버지의 尊稱。

【顯高祖考:현고조고】 돌아가신 高祖父。神主에 씀。

【顯高祖妣:현고조비】 돌아가신 高祖母。神主에 씀。

【顯官:현관】 ❶높은 벼슬。널리 알려진 벼슬。『唐書』後竟登進士、至ㅣㅣ。❷《制》文武의 兩班만이 하는 벼슬。顯職正職。正任。

【顯貴:현귀】 지위가 드러나게 높고 귀함。또는 그 사람。『史記』諸齊人、以詩ㅣㅣ者、皆固子弟也。

【顯達:현달】 벼슬·이름·德望이 높아서 세상에 드러남。立身 出世함。『魏武帝』非敢希望高位、庶幾ㅣㅣ。

【顯道:현도】 밝은 道。『書經』天有ㅣㅣ。

【顯戮:현륙】 罪人을 죽여서 그 시체를 여러 사람에게 보임。『書經』功多有厚賞、不迪有ㅣㅣ。

【顯名:현명】 이름이 세상에 드러남。세상에 숨길 수 없는 명예。顯譽。『中庸』身不失天下之ㅣㅣ。

【顯沒:현몰】 나타남과 숨음。『列仙傳』ㅣㅣ不窮。「제 함。

【顯微:현미】 微小한 사물을 나타내어 밝

【顯微鏡:현미경】 《物》눈으로는 볼 수 없는 아주 작은 物體를 擴大하여 확실히 볼 수 있게 한 光學器械。

【顯密:현밀】 ❶뚜렷함과 잘 드러나지 않음。❷顯教와 密教。

【顯保:현보】보증을 함。또는 그 일。

【顯否:현부】나타남과 나타나지 아니함。出世와 不遇。立身과 零落。窮達。『後漢書』斯榮辱之本、而——之基。

【顯妣:현비】돌아간 어머니의 尊稱。돌아간 어머니의 神主 첫머리에 쓰는 말。『王粲』穆穆——。

【顯賞:현상】功勞를 나타내어 표창함。『後漢書』欲特加——。

【顯示:현시】나타내어 보임。

【顯揚:현양】이름과 지위가 세상에 드러남。『禮記』——先祖、所以崇孝也。

【顯然:현연】환히 나타남。밝은 모양。顯著。

【顯榮:현영】顯達하고 영화로움。『戰國策』富貴——、成理萬物。

【顯裔:현예】王族이나 貴族의 子孫。華胄。

【顯要:현요】❶높은 자리에 앉아、나라의 중요한 일을 맡아 봄。또는 그 사람。❷顯官과 要職。❸貴하고 중요함。『晉書』諠居——。

【顯者:현자】富貴한 사람。『孟子』未嘗有——來也。

【顯爵:현작】영예스러운 爵位。榮爵。『後漢書』宣蒙——之榮、以厲將帥。

【顯章:현장】밝게 나타남。表白함。『韋昭』——功名。

【顯在:현재】나타나 있음。드러나 있음。

【顯著:현저】뚜렷이 드러남。『後漢書』天人之際、事物之宜、粲然——、罔不備矣。

【顯正:현정】《佛》올바른 法理를 나타내어 보임。

【顯朝:현조】그 때의 朝廷의 尊稱。『曹植』——惟清、王道遐均。

【顯祖:현조】❶조상의 이름을 높이 드러냄。『書經』父義和汝克紹乃——。❷이름이 높이 드러난 조상。❸先祖의 尊稱。

【顯祖考:현조고】돌아간 할아버지의 神主 윗머리에 쓰는 칭호。

【顯祖妣:현조비】돌아간 할머니의 神主 윗머리에 쓰는 칭호。

【顯頉:현탈】어떤 사고로 결석하였을 때 그 뜻을 기록함。

【顯赫:현혁】높이 드러나 빛남。조금도 숨김이 없음。몹시 빛남。『後漢書』達皇佐之高勳兮、馳仁聲之——。

【顯顯:현현】明白한 모양。明明白白。『詩經』假樂君子、——令德。

【顯花植物:현화식물】《植》꽃이 피어 열매를 맺어서 種子가 생기는 식물。곧 管精有胚 植物。↔隱花植物。

【顯效:현효】현저한 효험。◎貴—、榮—。

十五畫

【顚】(원) 願 ゲン、ちょうもん crown (of the head)
(小篆) ❶정수리원(顚頂)。❷『願』의 古字。

【顰】(빈) 眞 ヒン、ひそめる frown ㄆㄧㄣˊ p'in²
(小篆)(草書) ❶눈살찌푸릴빈(眉顰)。❷흉내낼빈(效—强學)。『莊子』捧心而—。

【顰眉:빈미】눈썹을 찌푸림。

【顰蹙:빈축】얼굴을 찡그림。불쾌한 표정을 함。嚬蹙。頻⿰頁顓。

十六畫

【⿰齒頁】(알) 黠 ガツ、くいちがい do [go] amiss
어긋날알(齟齬)。

【顱】(로) 虞 ロ、こうべ、あたま head ㄌㄨˊ lu²
(小篆)(草書) 해골로、천령개로(頭—首骨)。『漢書』頭—相屬于道。❷머리로(首也)。

【顱骨:노골】《生》꼭뒤의 뼈。

【顱頭風:노두풍】《醫》열이 심하여 두통이 나고 얼굴과 귀의 앞뒤가 부어 오르며、때로는 목구멍 속이 벌겋게 붓는 병。大頭瘟。

【顱頂骨:노정골】《生》頭蓋骨의 한 부분。頭蓋의 중심에 있어、좌우 한 쌍으로 된 扁平하고 모난 뼈。頭頂骨。

【顲】㊀(람) 感 ㊁(름) 寑 ㊂(람) 勘 ラン、やせがお sallow-cmplexioned
(小篆) ㊀얼굴이 여윈모양람(面瘦貌)。㊁색낼름(作色貌)。㊂얼굴빛이 누렬람(面色黃貌)。

十七畫

【⿰薨頁】(홍) 蒸 コウ、くらい dark
어두울홍(暗也)。

【⿰霝頁】(령) 靑 レイ、やつれる emaciated face
(小篆) 얼굴파리할령(面瘦)。

十八畫

【顳】(섭) 葉 ショウ、こめかみ temple ㄋㄧㄝˋ nieh⁴ (本音「엽」)
(草書) 귀밑뼈섭(—顬)。

【顳顬:섭유】❶관자놀이。귀의 上部、눈의 側面으로 씹을 때마다 筋肉이 움직이는 部分。❷관자놀이의 움직임。『集韻』顳、——、耳前動也。

【顴】(권) 先 ケン、ほおぼね cheekbone ㄑㄩㄢˊ ch'üan²
(草書) 광대뼈권(頰骨)。

【顴骨:권골】《生》광대뼈。『稗編』面上有骨卓起、名爲——、主權勢。

【⿱頁⿰頁頁】(비) 寘 ビ、まゆげ brows
눈썹비(眉也)。

風部

【風】(풍) 東 フウ、かぜ、ならわし wind; manners ㄈㄥ feng¹
(小篆)(古文)(草書) ❶바람풍(大塊噓氣)。❷흘레할풍(牝牡相誘)。『書』馬牛其—。❸울릴풍(王者聲敎)。『書』樹之—聲。❹풍속풍(—俗)。『禮』移—易俗。❺경치풍(—景)。❻위엄풍(威—)。❼병풍풍(中—病名)。❽모양풍(容姿)。

【風角匠:풍각장】문전으로 돌아다니며 노래를 부르거나 악기를 연주하여 돈을 구걸하는 사람。

【風鑑:풍감】❶용모나 風采로써 그 사람의 성질을 알아봄。風采鑑識。風鑒。『南史』——明遠。❷相術。

【風槩:풍개】❶고상한 人品。風格。『晉書』豪爽有——、姿貌甚偉。❷景致。風光。

【風客:풍객】❶착실하지 못하고 실없는 장담이나 하고 다니는 사람。바람둥이。❷中風으로 병든 사람。

【風車:풍거】❶風力을 이용하여 필요한 動力을 일으키는 장치。❷팔랑개비。❸풍구。穀物로부터 쭉정이·겨·먼지 등을 제거하는 農具。

【風乾:풍건】어떤 물건을 바람에 쬐어서 말림。

【風格:풍격】❶風采와 品格。『世說』李元禮、——秀整 高自標持。❷고상한 人品。❸미술품 따위의 뜻。

【風骨:풍골】 ❶風采와 骨格。체격。『南史』ㅣㅣ奇偉。❷모양。❸뛰어난 骨相。

【風光:풍광】 ❶경치。風色。風景。『駱賓王』三春邊地ㅣㅣ少。❷모양。人品。品格。❸모습。안색。

【風敎:풍교】 ❶교육과 정치의 힘으로 風俗을 잘 敎化시킴。백성을 善導하는 가르침。風化。『史記』至長老、皆各往往稱堯舜黃帝之處、ㅣㅣ固殊焉。❷사회의 규칙。風習。❸교육。

【風琴:풍금】 ❶거문고의 한 가지。『白居易』ㅣㅣ秋拂匣。❷風鈴。❸鍵盤 악기의 한 가지。오르간。❹手風琴의 略語。

【風起:풍기】 바람과 같이 갑자기 일어남。『史記』魚鱗雜遝、熛至ㅣㅣ。

【風氣:풍기】 ❶기후。❷바람과 공기。『淮南子』呂觸者、ㅣㅣ之所從往來。❸풍속。氣風。民風。❹뛰어난 정신。❺고상한 인격。風度와 氣象。❻中風。風病。❼감기。

【風紀:풍기】 ❶풍속·풍습에 관한 기율。『韓愈』分司憲臺、ㅣㅣ由振。❷일상 생활의 규칙。특히 남녀 간의 교제에서의 節度。

【風紀衛兵:풍기위병】 군대의 풍기·軍律을 단속하는 위병。

【風痰:풍담】 (醫)풍증을 일으키는 담。또는 風症으로 말미암아 생기는 담。

【風度:풍도】 風采와 態度。『唐書』ㅣㅣ凝遠、蕭然塵表。

【風濤:풍도】 바람과 큰 물결。風浪。風波。『李延年』春江壯ㅣㅣ。(喩)처세의 곤란함。세상 살이의 고난。

【風毒:풍독】 중풍과 병독。

【風落木:풍락목】 저절로 시들거나 바람에 꺽어진 나무。風折木。

【風蘭:풍란】 (植)蘭草科에 딸린 多年生풀。山 속의 枯木 위에서 나며 향내 있는 흰 꽃이 핌。

【風浪:풍랑】 바람과 물결。해상에 바람이 불어서 일어나는 물결。風波。『宋史』六軍乘舟、ㅣㅣ暴起、帝船回倒。

【風浪夢:풍랑몽】 ❶고생스러운 꿈。❷갈팡질팡하는 꿈。

【風厲:풍려】 부지런히 힘써 게으르지 않음。

【風力:풍력】 ❶바람이 부는 속력의 도수。風勢。❷풍채와 골격。❸사람의 위력。남을 감화시키는 힘。

【風力計:풍력계】 風速을 측정하는 기계。風速計。

【風烈:풍렬】 바람이 세차게 붊음。『論語』迅雷ㅣㅣ必變。

【風鈴:풍령】 처마에 다 매다는 방울。바람에 방울이 움직여 시원한 소리를 냄。風琴。風鐸。風箏。

漢 風 鈴 (西清古鑑)

【風露:풍로】 ❶바람과 이슬。❷바람결에 빛발치는 이슬。『戴叔倫』滿川ㅣㅣ淸。

【風爐:풍로】 화로의 한 가지。涼爐。『陸游』一試ㅣㅣ蟹眼湯。

【風淚:풍루】 ❶바람을 받아 흐르는 눈물。❷夬농。

【風流:풍류】 ❶遺風。餘澤。『後漢書·王暢傳』士女沾敎化 黜首仰ㅣㅣ。❷속된 일을 떠나서 풍치가 있고 멋지게 노는 일。운치 있는 일。風雅。❸(國)음악을 옛스럽게 일컫는 말。

【風流郞:풍류랑】 풍치 있고 멋스러운 「젊은 남자」。

【風流雲散:풍류운산】 바람이 불어서 구름을 흩어 버림。(喩)자취도 없이 分散함。

【風流罪過:풍류죄과】 ❶法에 저촉되지 않는 風流나 罪。❷輕微한 罪過。

【風稜:풍릉】 사람의 威力。暴力。

【風林:풍림】 ❶바람 받이 숲。❷좋은 경치를 이루고 있는 숲。

【風馬牛不相及:풍마우불상급】 암내 난 말이나 소가 짝을 구하나 멀리 떨어져서 미치지 못함。(喩)㉠서로 멀리 떨어져 있는 것。㉡전연 관계 없는 것。『陸游·詩』愁與酒如風馬牛。

【風磨雨洗:풍마우세】 비 바람에 씻기고 닦임。

【風望:풍망】 風采와 人望。『魏志』ㅣㅣ「不及朗。」

【風媒花:풍매화】 (植)수꽃술의 꽃가루가 바람의 매개로 말미암아 암꽃술로 옮아가서 生殖作用을 하는 꽃。소나무·뽕나무 따위。

【風貌:풍모】 풍채와 용모。사람의 겉모습。『北夢瑣言』初擧進士、ㅣㅣ不揚。

【風聞:풍문】 ❶바람결에 들리는 소문。근거 없이 떠도는 말。風評。❷관리의 非行을 규탄하기 위하여 御史에게 올리는 글。『蘇軾·上皇帝書』風采所繫、不問ㅣㅣ。

【風物:풍물】 ❶경치。景物。『陶潛』天氣澄和、ㅣㅣ閒美。❷(國)農樂에 쓰는 꽹과리·날라리·소고·북·장구·징 따위를 일컬음。

【風味:풍미】 ❶음식의 고상한 맛。❷맛이 고상한 음식。❸사람의 됨됨이 멋지고 아름다움。『陳師道』ㅣㅣ若麴君。

【風靡:풍미】 ❶威勢에 따라서 저절로 쏠림。바람에 따라 풀이 쓰러지듯이 쏠려 가는 것。『後漢書』英俊雲集、百姓ㅣㅣ。

【風伯:풍백】 바람을 맡은 神。風師。飛廉。『韓非子』ㅣㅣ進掃、雨師灑道。❷바람이 휩쓰는 것。

【風別:풍별】 =分別。

【風病:풍병】 (醫)神經의 고장으로 생기는 온갖 병의 總稱。

【風痺:풍비】 (醫)腦脊髓의 탈로 인하여 몸과 팔다리가 마비되고 감각과 동작에 장애가 있는 병。『宋書』素患ㅣㅣ、不復堪講。

【風飛雹散:풍비박산】 사방으로 날아 흩어짐。風散。

【風師:풍사】 =風伯。『風俗通』ㅣㅣ者、「箕星也。」

【風尙:풍상】 ❶거룩한 모습。높은 지조。格操。『魏書』涉獵經史、少溫厚、有ㅣㅣ。❷여러 사람이 좋아함。여러 사람의 존중을 받음。好尙。

【風霜:풍상】 ❶바람과 서리。『後漢書』ㅣㅣ以別草木之性。❷세월。星霜。❸많이 겪은 세상의 苦難。❹글의 내용이 서릿발 같이 차고 엄한 형용。風霜之氣。

【風色:풍색】 ❶날씨。❷경치。풍경。❸기색。안색。

【風生:풍생】 ❶바람이 일음。❷바람이 일듯이 議論이 잇달아 나옴。風發。『漢書』見事ㅣㅣ、無所廻避。

【風生岩:풍생암】 (鑛)바람의 유동으로 쌓인 흙과 모래로써 이루어진 바위。

【風扇:풍선】 ❶바람을 일으키는 扇風機。❷바람을 내어 검불과 티끌을 날리는 農具의 한 가지。

【風扇車:풍선차】 ❶武器의 이름。石灰가루나 연기 따위를 바람에 날려서 敵을 괴롭히는 것。❷農具의 한 가지。곡식을 드릴 때에 바람을 내어 검불과 티끌을 날리는 제구。

風扇車 (武備志)

【風癬:풍선】 마른버짐。

【風雪:풍설】 바람과 눈。눈바람。『世說』詩思在灞橋ㅣㅣ中驢子背上。

【風說:풍설】 실상이 없이 떠돌아다니는 말。風評。

【風聲:풍성】 ❶바람 소리。風韻。❷=風化。『書經』樹之ㅣㅣ。❸소식。❹들리는 名聲。人品。

【風成層:풍성층】 (地)바람의 작용으로 운반된 모래와 흙이 육상에 堆積되어 地層을 이룬 것으로 주로 砂漠周邊과 그 부근 지방에 생김。

【風聲鶴唳:풍성학려】 ❶바람 소리와 학의 울음 소리。❷겁을 집어 먹은 사람

이 하찮은 일에도 놀라는 것。《故》東晉 때 秦王 符堅이 淝水에서 대패하여 바람 소리와 학의 울음 소리를 듣고도 적의 追兵이 아닌가 하고 놀랐다 함。『十八史略·西晉』。

【風泄:풍세】《醫》감기에 걸려 급작스럽게 설사가 일어나는 병。

【風勢:풍세】바람의 세력。곧 바람의 강약의 度數。『五代史』士皆奮命爭先、而一一愈盛。

【風俗:풍속】❶옛날부터 그 사회에 행하여 온 사람의 생활 전반에 걸친 습관。風習。慣習。『詩經·序』美敎化、移一一。❷세상의 時體。❸그 지방에 행하여지고 있는 詩歌。國風。❹봄 차림。복장。

【風速:풍속】바람이 부는 속도。

【風俗圖:풍속도】그 시대의 世相과 풍습을 그린 그림。

【風俗小說:풍속소설】作家가 그 시대의 사회 풍속을 寫實的으로 描寫한 소설。

【風俗畫:풍속화】풍속을 묘사하는 것을 主眼으로 한 繪畫。

【風損:풍손】=風災。

【風嗽:풍수】《醫》코가 막히고 목이 쉬거나、복구멍이 가려우며 기침이 잇달아 나오는 병。

【風水:풍수】❶바람과 물。『杜甫』窮冬急一一、逆浪開帆難。❷中國 後漢末에 일어난 陰陽五行說에 근거를 두고 집·墓 같은 것의 위치를 정하는 術法。우리나라는 新羅末부터 여기에 心醉했음。

【風水說:풍수설】풍수에 관계된 학설。

【風水地理:풍수지리】땅의 형세를 인간의 吉凶禍福에 관련시켜서 설명하는 학설。 「학문。

【風水學:풍수학】풍수에 관계된 제반

【風水害:풍수해】暴風雨와 洪水 따위로 인한 피해。風災와 水災。

【風習:풍습】규칙。慣習。풍속。氣習。

【風濕:풍습】《醫》습한 곳에 起居함으로 써 일어나는 뼈마디가 저리고 아픈 병。
『宋史』外禦一一。

【風承:풍승】복종함。『帝王世紀』是以嚳獲豐年、遠近一一。

【風蝕:풍식】《地》바람이 흙과 모래를 몰아 쳐서 岩石을 점차로 깎아 파괴하는 작용。風食。

【風神:풍신】❶사람의 겉 모양。人品。風骨。風采。『晉書』裴楷一一高邁、容儀俊爽、時人謂之玉人。❷격에 맞는 멋。風致。❸바람을 맡은 신。風伯。

【風信:풍신】❶소식。❷바람 불어 오는 방향。『司空圖』初程一一好、回望失津樓。

【風信子:풍신자】《植》百合科에 딸린 多年生 풀。히야신스。

【風心痛:풍심통】《醫》감기로 말미암아 양편 옆구리와 배가 켕기고 아픈 병。

【風樂:풍악】옛날부터 내려오는 우리나라 고유의 음악。

【風眼:풍안】❶《醫》눈 속에 티끌이 들어가서 곪는 병。❷《國》바람과 티끌을 막기 위하여 쓰는 안경。

【風壓:풍압】물체에 미치는 바람의 압력。

【風壓計:풍압계】풍압을 재는 기계。

【風陽:풍양】바람과 볕。날씨。風日。

【風煙:풍연】멀리서 보이는 연기 같은 공중의 흐릿한 기운。

【風熱痛:풍열통】《醫》잇몸이 부어오르며 고름이 나는 몹시 아픈 병。

【風謠:풍요】❶한 지방의 풍속을 읊은 노래。俗歌。俗謠。❷詩經 國風에 나오는 詩。『齊書』后妃之德著自一一。

【風腰痛:풍요통】《醫》감기로 말미암아 허리가 아픈 증세。

【風雨:풍우】❶바람과 비。❷바람과 함께 내리는 비。『漢書』隨從士大夫、不避一一。 「시 심함。

【風雨大作:풍우대작】바람과 비가 몹

【風雲:풍운】❶바람과 구름。『史記』其乘一一而上天。《喩》㉠地勢가 높고 멀음。㉡높은 자리。高位。❷龍이 바람과 구름을 높고 하늘로 오르는 것처럼 영웅·호걸이 기회를 얻어 출세함。❸지금 이라도 變事가 일어날 것 같은 험악한 형세。❹雲紋의 하나。

【風雲兒:풍운아】좋은 기회를 타고 활약하여 세상에 두각을 나타낸 사람。

【風雲造化:풍운조화】바람 또는 구름의 豫測하기 어려운 변화。

【風月:풍월】❶바람과 달。淸風과 明月。자연계의 경치。『南史』初秋涼夕、一一甚美。❷風流를 즐기는 것。❸《國》바람과 달에 부쳐 詩歌를 지음。吟風弄月。

【風月客:풍월객】吟風弄月을 일삼는 사람을 일컫는 말。

【風位:풍위】바람이 불어 오는 위치。바람이 부는 방향。

【風喩:풍유】슬며서 나무라는 뜻을 붙이어 가르쳐 타이름。風諭。『詩經』上皇道質、故一一之情寡。

【風儀:풍의】❶멋진 風采。아름다운 體格。『晉書』帝少有一一、善容止。❷容姿。

【風懿:풍의】《醫》腦의 병으로 말미암아 혀와 목구멍이 마비되고 말하는 기관에 탈이 생기는 병。

【風異:풍이】나무가 꺾이거나 집이 무너질만한 威力이 있는 바람의 상태。

【風人:풍인】❶詩人。『三國志』雍雍穆穆、一一咏之。❷《國》문둥이。

【風日:풍일】바람과 햇빛。『晉書』陶潛環堵蕭然、不蔽一一。

【風災:풍재】농작물 등이 받는 바람의 재앙。風難。風損。風害。『禮記』行冬令、一一數起。

【風裁:풍재】❶風采。또는 고상한 聲名。❷=風致。『後漢書』李膺獨持一一。

【風箏:풍쟁】❶연。風鳶。❷風鈴。『李商隱』西樓一夜一一急。

【風顚:풍전】미친 사람。지랄장이。

【風前:풍전】바람이 불어 오는 앞。바람이 마주치는 곳。바람받이。

【風前燈火:풍전등화】❶사물이 오래 견디지 못하고 매우 危急한 자리에 놓여 있음을 가리키는 말。❷사물이 덧없음을 가리키는 말。 「을 가리키는 말。

【風前之塵:풍전지진】사물이 무상함

【風情:풍정】❶풍치가 있는 情懷。『白居易』一篇長恨有一一。❷취미。風致。❸모양。형편。

【風潮:풍조】❶바람에 딸려 흐르는 潮水。『孟浩然』來往接一一。❷바람이 부는 방향과 潮水의 형편。❸시대에 따라 변하는 세태。세상이 되어가는 형편。時勢의 경향。

【風操:풍조】높은 지조。인격이 고상한 모양。風尙。『晉書』王劭有一一、雖家人近習、未曾見其墮替之容。

【風調:풍조】❶모양。趣向。風韻。『白居易』依稀一一似文君。❷詩歌 따위의 가락。❸규칙。❹바람이 때에 맞추어 순조롭게 불음。

【風調雨順:풍조우순】기후가 순조로워 곡식이 잘 되는 것。《喩》천하가 태평 「한 것。

【風症:풍증】=風病。

【風指:풍지】❶뜻。생각。❷迂廻的으로 타이름。諷指。『漢書』一一于南越。

【風塵:풍진】❶바람과 티끌。바람에 날리는 티끌。『陸機』京洛多一一。❷世上의 소동。兵亂。兵塵。❸인간 세상。俗世。❹세상의 속된 일。俗塵。❺벼슬 길。官途。❻地方長官。

【風鎭:풍진】족자가 바람에 불리어 움직이는 것을 막기 위하여 족자의 양쪽 끝에 달아 둔 마구리。 「러운 세상。

【風塵世界:풍진세계】요란하고 시끄

【風疾:풍질】❶미치광이。『後漢書』遂稱一一、瘖不能言。❷풍병。風患。❸바람같이 빠른 것。

【風車:풍차】 ❶風力을 이용하여 精米·製粉·製材·揚水에 이용하는 기계。 ❷팔랑개비。 ❸풀무。

【風餐露宿:풍찬노숙】 바람을 먹고 이슬 위에 잠을 잠。《喩》野宿하는 것。『陸游』——寧非苦、且試平生鐵石心。

【風窓:풍창】 通風하기 위하여 뚫어 놓은 구멍。

【風窓破壁:풍창파벽】 뚫어진 창짝과 헐어진 담벼락의 뜻。《喩》무너져가는 가난한 집을 일컫는 말。

【風采:풍채】 ❶사람의 겉 모양。 風姿。 風貌。『漢書』天下想聞其——。 ❷풍속과 사건。 ❸=風聞②。

【風趣:풍취】 풍경의 雅趣。 風致。『古畫品錄』載逵情韻連綿、——巧拔、善圖聖賢。

【風致:풍치】 ❶모양。 人品。『六帖』崔遠——整峻。 ❷시원스럽게 격에 맞는 멋。 ❸아름다운 경치。

【風枕:풍침】 공기를 불어 넣어서 베는 「베개。

【風打浪打:풍타낭타】 일정한 主義나 主張이 없이 그저 大勢에 따라서만 행동함을 가리키는 말。

【風鐸:풍탁】 처마 끝에 달아서 바람에 흔들려 소리가 나게 하는 것。 風鈴。『宋之問』——喧行漏、天花拂舞筵。

【風土:풍토】 ❶기후와 토지의 상태。『後漢書』問其—— 及前後令能否。 ❷자연과 밀접한 관계를 가진 인간 생활 전체를 일컫는 말。 =自然環境。

【風土病:풍토병】 어떠한 지방의 기후와 토질로 인해 일어나는 병。 地方病。

【風波:풍파】 ❶바람과 물결。 風浪。 風濤。『楚辭』順——以從流兮。 ❷바람과 물결이 일어 동요하는 것。 ❸싸움。 험상궂게 얼크러진 분란。 ❹이 세상의 번거로운 근심。

【風板:풍판】 風雨를 막기 위하여 널빤지를 연폭하여 대는 널빤지。

【風便:풍편】 풍설로 전하는 말。

【風評:풍평】 뜬 소문。 風說。

【風瘧:풍학】 감기가 들어서 身熱이 나고 나중에는 惡寒이 나는 병。

【風漢:풍한】 미치광이。 狂人。 瘋漢。『玉泉子』奈何放比——、及第耶。

【風寒暑濕:풍한서습】 바람·추위·더위·습기의 總稱。

【風寒熱:풍한열】《醫》어린애가 감기로 身熱이 나는 병。

【風寒喘:풍한천】 감기가 들어서 호흡이 곤란하고 기침이 나는 병。

【風害:풍해】 =風災。

【風向:풍향】 바람이 부는 방향。

【風化:풍화】 ❶백성들의 풍습에 맞추어 교육하는 가르침。 敎化。『詩經·序』陳后稷先公——之所由。 ❷아랫 사람이 웃사람의 덕에 감화하여 선량하게 되는 것。 ❸《物》岩石이 공기 중의 수분을 흡수하여 차차 부서져 흙으로 변하는 것。 ❹《化》세탁소오다·芒硝 등과 같이 結晶水를 포함한 結晶이 공기 속에서 차차 水分을 잃고 부서져서 가루 모양의 물질로 변하는 것。

【風懷:풍회】 風雅한 마음。 風情。

【風候:풍후】 ❶바람이 부는 모양。 ❷바람이 부는 방향을 알기 위하여 쓰는 도구。 ❸기후。『岑參』向南——溫、臘月見春暉。

【風暈:풍훈】 감기가 들어서 眩暈·惡寒이 나고 땀이 몹시 나는 병。

◎—、家—、强—、古—、光—、狂—、秋—、春—、颱—、暴—、下—、爆—、寒—。

二 畫

【颩】 (뇨) [看] トウ、あつい かぜ hot wind
더운바람뇨(熱風)。

三 畫

【颫】 (홍) [東] コウ、かぜおと sound of blowing wind
❶바람소리홍(風聲)。 ❷큰바람홍(大風)。

【颮】 (료) [看] リョウ、かぜのおと howl
바람소리료(風聲)。

【颪】 (풍) 〔日字〕 おろし blow down
(草書)
내려지르는바람풍(壓風)。

四 畫

【颫】 (횡) [庚] コウ、おおかぜ gale
큰바람횡(大風)。

【颶】 (율) [質] イツ、おおかぜ gale
(小篆)
큰바람율(颶—大風)。【韓愈詩】雷震逼颶—。

【颫】 (부) 『颽』(次條)와 같음

【颫】 (부) [虞] フ、おろしかぜ blow downwards
바람내리불부(—飆風自上下)。

【颰】 (소) [肴] ソウ、かぜがおこる wind rises (本音「초」)
바람일어날소(風起)。

【颮】 (포) [豪] ホウ、かるい light
❶가벼울포(輕也)。 ❷가벼운바람포(輕風)。

【颬】 (하) [麻] カ、はく blow outward
(草書)
입벌리고기운토할하(開口吐氣)。

【颬颬:하하】 입 벌리고 숨을 내쉬는 모양。『張衡·西京賦』舍利——、化爲仙車。

五 畫

【颰】 ㊀(별) [屑] ㊁(필) [質] ヘツ、そよかぜ breeze
㊀산들바람별(微風)。 ㊁찬 바람 필(寒風)。

【颲】 (류) [有] リュウ、かぜおと howl
바람소리류(風聲)。

【颵】 (초) [蕭] ショウ、すずしいかぜ fresh breeze
맑은바람초(淸風)。

【颭】 (점) [琰] セン、そよぐ flutter ㄓㄢˇ chan³
(小篆) (草書)
펄렁거릴점(風動物與物受風搖曳)。【遂初賦】飄忽——。

【颭颭:점점】 흔들리는 모양。 바람에 물건이 펄렁거리는 모양。

【颮】 (우) [有] ユウ、かぜのおと howl
바람소리우(——風聲)。

【颰】 ㊀(술) [質] ㊁(혈) [屑] ケツ、そよかぜ breeze
(小篆)
㊀솔솔부는 바람술(小風貌)。 ㊁뜻은 ㊀과 같음。

【颯】 (삽) [合] ソウ、サツ、かぜおと sound of blowing wind ㄙㄚˋ sa⁴
(小篆) (草書)
바람소리삽(風聲)。【風賦】有風—然而至。

【颯沓:삽답】 ❶많고 盛한 모양。『鮑昭·詠史詩·注』——、衆盛貌。 ❷떼를 지어

나는 모양。『鮑昭·舞鶴賦·注』ㅣㅣ、疾飛貌。

【颯辣：삽랄】 씩씩하고 굳센 모양。『周權』ㅣㅣ長嘶萬里心。

【颯戾：삽려】 清涼한 모양。시원한 모양。『楚辭』遊清霧之ㅣㅣ兮、服雲衣之披披。

【颯爽：삽상】 ❶마음씨가 씩씩하고 시원스러운 모양。『杜甫』英姿ㅣㅣ酣戰來。❷바람이 시원스럽게 불어 매우 상쾌한 모양。

【颯然：삽연】 가볍고 시원스럽게 부는 바람 소리。또는 그 모양。颯爾。颯颯。

【䫾】(삽)『颯』(前條)과 같음

【䬋】(이) 支 イ、つむじかぜ whirlwind
작은회리바람이(小旋風)。

【颮】(박) 覺 ハク、おちる fall thick and fast
❶뚝뚝떨어질박(物自空墮貌)。❷날개치는소리박(飛相擊聲)。

【𩗗】(불) 物 フツ、はやて rushing wind
❶휙휙부는바람불(疾風)。❷솔솔부는바람불(小風)。

【颱】(태) 灰 タイ、たいふう typhoon
몹시부는바람태(暴風之一)。

【颱風：태풍】 南洋 지방에서 불어 오는 暴風。颶風。台風。

六畫

【颲】(렬) 屑 レツ、あらし fresh gale ㄌㄧㄝˋ lieh⁴
매운바람렬(烈風)。『書經』烈風雷雨 勿迷。

【颲颲：열렬】 바람이 거세게 부는 形容。『梁武帝·孝思賦』旅雁鳴而哀哀、胡風鼓而ㅣㅣ。

【颲風：열풍】 모진 바람。『纂要』猛風曰ㅣㅣ。

【𩗴】(려) 霽 レイ、はやて rushing wind
휙휙부는바람려(急風)。『江賦』廣莫ㅣ而氣整。

【䬔】(휴) 尤 キュウ、かぜおと howl
바람소리휴(風聲)。

【颳】(괄) 黠 カツ、あらいかぜ fresh gale ㄍㄨㄚ kua¹
모진바람괄(惡風)。

七畫

【𩗚】(률) 質 リツ、あらし storm
폭풍률(暴風)。

【䬗】(연) 霰 エン、もみのひあげ winnow rice
❶벼를 까부를연(揚穀物)。❷작은 바람연(小風)。

【𩗸】(혁) 陌 カク、あついかぜ hot wind
뜨거운바람혁(熱風)。

【䫻】(구)『颶』(風部 8畫)의 譌字

【䬃】(미) 尾 ビ、ふきたおす blow down
불어자빠뜨릴미(風吹偃物)。

【颴】(선) 先 セン、つむじかぜ whirlwind ㄒㄩㄢˋ hsuan⁴
회리바람선(風轉)。

【𩗯】(유) 尤 ユウ、かぜおと howl
바람소리유(風聲)。

八畫

【颫】(부) 尤 フ、つよかぜ strong and violent
바람셀부(風之強吹)。

【䬍】(홀) 物 コツ、かぜ blast
휙휙부는바람홀(疾風貌)。

【䬘】(량) 陽 リョウ、きたかぜ Boreas
북풍량、하늬바람량(北風)。『詩』北風其涼。(『涼』과 통함)

【䬅】(려) 霽 リョ、かぜおと howl
바람소리려(風聲)。

【䬐】(외) 灰 ワイ、ゆるいかぜ low wind
낮은바람외(低吹風)。

【䬑】(수) 支 スイ、かぜにたおれる be blown down
바람에쓸어질수(風偃物)。

【䬜】(석) 錫 セキ、かぜおと howl
바람소리석(風聲)。

【䬓】(세) 霽 セイ、やぶる be broken
파할세、깨질세(破也)。

【䬠】(부) 有 フウ、そよかぜ gentle quiet
바람잔잔할부(風穩)。

【颶】(구) 遇 ク、グ、つむし whirlwind
회리바람구(海中大風一名風癡)。『投荒雜錄』嶺南諸郡皆有ㅣ風 以四面風俱至也。

【颶母：구모】 회오리바람。『白居易』天黃生ㅣㅣ。

【颶風：구풍】 ❶南洋에서 불어 오는 세찬 바람。颱風。❷颶母。『南越志』ㅣㅣ者、具四方之風也、常以五六月發。

【颷】(표) 蕭 ヒョウ、にわかかぜ raging wind
미친바람표(狂風)。

九畫

【䬉】(개) 佳 カイ、はやて gust ㄐㄧㄝ chieh¹
휙휙부는바람개(疾風)。『詩經』北風其喈。

【颸】(시) 支 シ、すずしいかぜ cool breeze ㄙ ssŭ¹ (本音「사」)
서늘한바람시(涼風)。『吳都賦』翼ㅣ風之颼颼。

【颸颸：시시】 바람이 시원스럽게 부는 모양。『蘇軾』破窓無雨風ㅣㅣ。

【颹】(위) 尾 イ、おおかぜ gale
큰바람위(大風)。

【䬀】(수) 尤 シュウ、かぜおと howl
바람소리수(風聲)。

【䬺】(연) 銑 エン、そよかぜ breeze
잔잔하게부는바람연(微動風)。

【䬕】(율) 物 末 ウツ、おおかぜ gale (本音「울」)
큰바람율(大風)。

【颼】(수) 有 ソウ、かぜ rustle
바람우수수불수(ㅣ飀風貌)。

【颼飀：수류】 바람소리。『玉篇』ㅣㅣ風聲也。

【颼颼：수수】 바람의 모양。또는 바람소리의 形容。『趙壹·迅風賦』啾啾ㅣㅣ、吟嘯相求。

【颼颾：수슬】 바람소리。『龍龕手鑑』ㅣㅣ風聲。

【颸】 (안) 翰 アン、つむじかぜ whirlwind
회리바람안(颸風)。

【颼】 (유) 虞 ユ、つむじかぜ whirlwind
회리바람유(颼風)。

【颺】 (양) 養 ヨウ、あがる blow off; fly
小篆 草書 날릴양(風飛)。『書經』時而一之。(『揚』과 통함)

【颺去:양거】 날아감。『魏志』譬如養鷹、饑則爲用、飽則一一。

【颺扇:양선】 農器具의 한 가지。겨 따위를 없애는 데 쓰임。

颺扇 (農政全書)

【颺颺:양양】 ❶펄렁거리는 모양。❷바람에 날리어 공중으로 올라가는 모양。翩翩。『閻伯璵』終沿風以一一。

【颺言:양언】 ❶소리를 높여 말함。『書經』皐陶拜手稽首一一曰、念哉。❷공공연하게 말함。揚言。聲言。

【颭】 (전) 先 セン、かぜ blow
바람움직일전(風動)。

十畫

【颼】 (수) 尤 ソウ、かぜおと howl ㄙㄡ sou¹
바람소리수(風聲)。

【颼颯:수삽】 바람소리。『呂柟·遊龍門記』嵐氣薄觸空洞、一一無所放散。

【颼飀:수소】 바람소리의 形容。『虞集·出塞圖詩』八月草白風一一。

【颼颼:수수】 ❶바람소리의 形容。『後漢書·超壹傳』啾啾一一、吟嘯相求。❷빗소리。『鄭谷·鷺詩』閒立春塘烟淡淡、靜眠寒葦雨一一。❸썰렁한 모양。추워하는 모양。『韋偃·牧馬圖詩』霧鬣寒一一。

【颻】 (요) 蕭 ヨウ、うごかす flap
草書 날릴요、나부낄요(飄一風動物)。『吳都賦』與風一颺。

【颽】 (개) 賄 ガイ、みなみかぜ south wind
마파람개、남풍개(南風)。(『凱』와 같음)

【颽風:개풍】 南風。凱風。『注』向曰、一一、南風也。

【颲】 (률) 質 リツ、あらし storm
왜풍률、사나운바람률(暴風)。

【颹】 (효) 肴 コウ、あつかぜ hot wind
뜨거운바람효(熱風)。

【颾】 ㊀(소) 豪 ソウ、かぜおと
㊁(수) 尤 howl
㊀바람소리소(風聲)。『虞集』八月草白風颼一。㊁뜻은『颼』에 보라。

【颾飀:소소】 바람소리。『庾信·小園賦』風一一而樹急、天慘慘而雲低。

【颿】 (범) 陷 ハン、ヘン、はしる scud
小篆 草書 ❶말달릴범(馬疾步)。❷돛범(船幔)。『吳都賦』樓船擧一而過肆。

【颿颿:범범】 ❶말이 달리는 모양。❷바람을 받아 배가 물 위를 달리는 모양。

十一畫

【飄】 (표) 『飄』(次條)와 같음

【飄】 (표) 蕭 ヒョウ、つむじかぜ whirlwind ㄆㄧㄠ p'iao¹
小篆 草書 ❶회리바람표(回風吹也)。❷나부낄표(一飆風貌)。『詩經』匪風一兮。『史記』一一有凌雲之氣。❸떨어질표(落也)。『莊子·達生』雖有忮心者不怨一瓦。

【飄擊:표격】 빨리 침。

【飄眇:표묘】 소리가 맑고 긴 모양。

【飄泊:표박】 고향을 떠나 정처 없이 떠돌아 다님。漂泊。流浪。『北史』雖羈旅一一、而清貧守度、不失士節。

【飄散:표산】 펄럭이며 날아 흩어짐。

【飄旋:표선】 엎치락 뒤치락하며 나부끼는 모양。

【飄然:표연】 ❶바람에 가볍게 나부끼는 모양。颻颻。❷훌쩍 떠나거나 오는 모양。颺乎。❸일정한 居所 없이 왔다 갔다 하는 모양。❹世上 일에구애 하지 않는「모양。

【飄搖:표요】 바람에 나부끼며 펄럭이는 모양。

【飄逸:표일】 ❶표연히 俗世를 떠나 세상 일을 잊어버림。❷뛰어난 모양。❸하늘 높이 날아 오르는 모양。

【飄疾:표질】 재빠름。빠름。

【飄蕩:표탕】 ❶風波에 따라 움직임。❷정처 없이 떠돌아 다님。流浪함。

【飄飄:표표】 ❶=飄然❶。❷바람이 부는 모양。❸정처 없이 떠도는 모양。

【飄風:표풍】 ❶회오리바람。旋風。❷세게 불어 오는 바람。

【飄風不終朝:표풍부종조】 회오리바람이 오래 계속하여 불지는 않음。《喩》세력이 강한 사람은 빨리 쇠함。『老子·二十三』一一、驟雨不終日。

【䬛】 (필) 質 ヒツ、つめたいかぜ cool
바람찬필(風寒)。

【飂】 ㊀(료) 蕭 リョウ、リュウ、かぜおと
㊁(류) 尤 sound of blowing wind ㄌㄧㄠ liao²
小篆 草書 ㊀바람소리료(一戾風聲)。『西征賦』吐清風之一戾。㊁높은바람류(一一高風)。『淮南子』至陰一一。

【飂戾:요려·유려】 ❶바람 소리。『潘岳』吐清風之一一。❷물이 흐르는 소리。

【飂飂:요료·유류】 바람이 높이 불어 올라 가는 모양。

【飂風:요풍·유풍】 서쪽에서 불어 오는 「바람。西風。

十二畫

【飀】 (퇴) 灰 タイ、あらし (of a storm) blow downwards
폭풍내리불퇴(暴風從上下)。

【飀】 (류) 尤 リュウ、かぜ wind on a high place
草書 높은바람류(一一高風)。

【飀飀:유류】 바람 소리。바람이 부는 모양。『湛方生』一一微扇、亹亹清舒。

【䬝】 (쟁) 庚 トウ、かぜおと gale
바람소리쟁(風聲)。

【飉】 (횡) 庚 コウ、あらし storm
폭풍횡、사나운바람횡(暴風)。『韓愈詩』龍駕聞敲一。

【飉䬝:횡쟁】 暴風。『集韻』一一、暴風。

【飆】 (표) 蕭 ヒョウ、つむじかぜ whirlwind ㄅㄧㄠ piao¹
小篆 草書 회리바람표(從下而上扶搖風)。『爾雅』扶搖謂

之猋。
【飆塵:표진】 바람에 날리는 티끌。『古詩』人生寄一世、奄忽如——。
【飆風:표풍】 회오리바람。 거센 바람。旋風。『爾雅』暴風從下上、曰——。

【飈】 (표)『飆』(前條)와 같음

【飉】 (료) 蕭 リョウ、かぜおと sough
바람소리료(風聲)。
【飉戾:요려】 노래하는 소리。 맑은 노래소리。『左思·蜀都賦』起西音於促柱、歌江上之——。『注』向曰、江上、曲名、——、歌聲也。
【飉風:요풍】 솔솔 부는 바람。 산들바람。『梁元帝纂要』微風曰——。

十三畫

【颸】 (슬) 質 シツ、あきかぜ autumn wind (本音「슬」)
쓸쓸한바람슬(—颸秋風)。
【颸颸:슬슬】 바람。『廣雅·釋詁』——、風也。
【颸颸:슬율】 바람。『廣韻』——、風也。

十四畫

【颹】 (도) 豪 トウ、おおかぜ gale
큰바람도(大風)。

十五畫

【飀】 (류) 尤 リョウ、かぜおと sough
바람가는소리류(風行聲)。
【飀飀:유류】 바람 불어가는 소리의 形容。『左思·吳都賦』汩乘流以砰宕、翼颸風之——。『注』向曰、——、風聲也。

十六畫

【颲】 (력) 錫 レキ、かぜおと sough
바람소리력(風聲)。

十七畫

【飋】 (소) 蕭 ショウ、きたかぜ Boreas
북풍소、하늬바람소(涼風北風)。

十八畫

【飌】 (풍)『風』(風部 0畫)과 같음

【飍】 ㊀(휴) 尤 ㊁(퓨) 尤 キュウ、おおかぜ gale
㊀❶큰바람휴、태풍휴(驚風)。❷놀라 달아날휴(驚走貌)。㊁뜻은 ㊀과 같음。

飛 部

【飛】 (비) 微 ヒ、とぶ fly
小篆 草書 ❶날비(鳥翥)。『詩經』燕燕于—。❷여섯말비(六馬)。『漢書』聘六—。❸흩어질비(—散)。
【飛舸:비가】 빨리 달리는 배。飛舟。
【飛閣:비각】 ❶=飛樓①。『崔駰』丹柱雕楹、——層樓。❷두 곳을 걸쳐 놓은 높은 다리。❸누각 위의 통로。
【飛去:비거】 날아감。
【飛檄:비격】 ❶급히 돌리는 檄文。羽檄。❷檄文을 급히 돌림。
馳檄。『杜甫』處處喧——、家家急競錐。
【飛擊震天雷:비격진천뢰】 宣祖 때 李長孫이 발명한 爆彈의 한 종류。
【飛球:비구】 야구에서 공중으로 높이 쳐 올린 공。
【飛鉤:비구】 兵器의 하나。

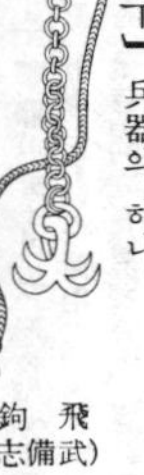
飛鉤 (武備志)

【飛禽:비금】 날짐승。
【飛禽走獸:비금주수】 날짐승과 길짐승。
【飛湍:비단】 급히 내려 쏟는 여울。 奔湍。激湍。急湍。『江南野錄』長江一條、——千里。
【飛動:비동】 ❶날아서 움직임。❷생생한 모양。
【飛頭:비두】 일의 첫머리。 맨 처음。
【飛騰:비등】 높이 날아 오름。 飛揚。
【飛來:비래】 ❶날아서 옴。『劉廷芝』洛陽城東桃李花、飛去——落誰家。❷항공기 편으로 옴。
【飛來山:비래산】 외딴 산。
【飛梁:비량】 두 곳을 줄이나 쇠사슬 따위로 건너 질러 매단 다리。棧橋。
【飛樓:비루】 ❶높은 樓閣。飛閣。『唐書』史思明爲——。❷적의 城中을 살피기 위하여 만든 높은 수레。樓車。❸氣象 관계로 공중에 나타나 보이는 높은 집。蜃氣樓。
【飛輪:비륜】 ❶해의 別稱。『許堯佐』流輪。❷자전거 뒷 바퀴에 달린 조그마한 톱니바퀴。景弭節、——頓勢。
【飛馬:비마】 바둑에서 가의 둘째 줄에 있는 말에서 세 발 건너 갓줄에 놓는 점。
【飛沫:비말】 뛰어 오르는 물방울。
【飛文:비문】 근거 없는 말을 써 놓은 글。『漢書』流言——、謗於民間。
【飛物:비물】 날아 다니는 것。 날것。
【飛白:비백】 書體의 한 가지。後漢 蔡邕의 書法。『丹鉛錄』——如今篆書之渴筆、俗所謂沙筆是也。
【飛白書:비백서】 처음 시작한 것이라는 글씨 체。

飛白 (米菴墨談)

【飛變:비변】 갑자기 일어난 변고。急變。『漢書』使人上——、告文姦事。
【飛報:비보】 썩 급한 통지。 또는 급히 통지함。『詩經』首如——。
【飛蓬:비봉】 흔들려 안정하지 못함。
【飛沙走石:비사주석】 바람이 세어、모래와 돌이 날림。揚沙走石。
【飛散:비산】 날아 흩어짐。
【飛翔:비상】 하늘을 날아다님。『關尹子』雲之卷舒、禽之——、皆在虛空中。
【飛絮:비서】 바람에 날아 흩어지는 버들의 솜。『雍陶』落花門外春將盡、——庭前日欲高。
【飛鼠:비서】 《動》❶박쥐。❷날다람쥐。
【飛船:비선】 썩 빨리 달리는 배。
【飛矢:비시】 날아 오는 화살。 流矢。『潘岳』彤珠星流、——雨集。
【飛躍:비약】 ❶높이 뛰어 오름。❷많이 활약함。❸급속히 진보함。
【飛躍競技:비약경기】 높은 곳에서 뛰어 내리는 스키 경기의 하나。점프(jump)。
【飛躍的:비약적】 급히 눈부시게 발전하는 것。
【飛揚:비양】 ❶날아 오름。 뛰어 오름。飛騰。飛颺。『漢高祖歌』大風、起兮雲——。❷뽐내어 꺼들거림。 제멋대로 날침。
【飛言:비언】 뜬 소문。 근거 없는 말。 남을 헐뜯어 퍼뜨린 말。 데마。飛語。蜚語。『道德指歸論』——僞事、以惑敵人。
【飛雨:비우】 바람에 흩날리는 비。『謝朓』朔風吹——、蕭條江上來。
【飛者上有跨者:비자상유과자】 《國》 나는 놈 위에 걸타는 놈이 있음。《喩》㉠비록 어려운 일이 있더라도 그보다 어려운 일이 또 있다는 뜻。㉡잘난 사람이 있으면 보다 잘난 사람이 또 있다는 뜻。지나치게 뽐내는 것을 경계하는 말。
【飛電:비전】 ❶번개。❷至急電報。

【飛箭：비전】 ❶날아오는 화살。流矢。❷썩 빠른 화살。『晉書』一一雨集。

【飛梯：비제】 옛날 城을 공격할 때 쓰던 사다리 비슷한 戰具。『高懌』作一一、以上其城。

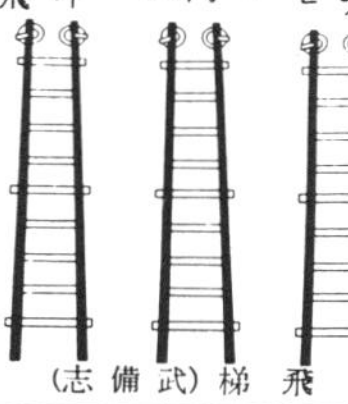

飛梯(武備志)

【飛鳥：비조】 나는 새。날짐승。飛禽。蜚鳥。翔禽。『史記』一一盡良弓藏、敵國破謀臣亡。

【飛鳥不入：비조불입】 새도 날아 들어가지 못할 만큼 성이나 陣地의 防備가 물샐 틈 없음。

【飛走：비주】 나는 새와 달리는 짐승。鳥獸。禽獸。『左思』窮一一之棲宿。

【飛地：비지】 한 나라의 영토의 일부로 다른 나라의 영토 안에 있는 圍繞地。

【飛札：비찰】 ❶급한 편지。❷급한 편지를 보냄。『劉太眞』一一謝三守。

【飛泉：비천】 ❶瀑布。飛淙。『後漢書』拔佩刀刺山、一一湧出。❷힘 있게 솟아 오르는 샘。噴泉。

【飛天：비천】 하늘에 산다는 仙女。

【飛簷：비첨】 높은 처마。잘 지은 집의 번쩍 들린 처마。飛宇。飛檐。『蘇軾』一一臨古道。

【飛彈：비탄】 ❶퉁겨서 날아 가도록 되어 있는 탄알。❷날아 오는 탄환。『戴復古』春風桃已紅、光陰等一一。「離俗」。

【飛兎：비토】 駿馬의 이름。『呂氏春秋・錢起』千峰挂一一、百尺搖翠微。

【飛瀑：비폭】 높은 데서 떨어지는 폭포。

【飛筆：비필】 빨리 쓰는 글씨。빨리 씀。

【飛行：비행】 공중으로 날아 다님。『列仙傳』偓佺槐里采藥人也、體毛數寸、能一一逐走馬。

【飛行家：비행가】 비행기를 잘 조종하는 사람。飛行士。

【飛行機：비행기】 航空機의 한 가지。프로펠라의 회전 또는 噴射推進力을 이용하여 機體를 전진시켜 공중을 나르게 하는 기계。

【飛行隊：비행대】 비행기로써 편성되어 偵察・전투・폭격・수송 등의 임무를 맡은 군대。

【飛行服：비행복】 비행사가 입는 옷。

【飛行士：비행사】 비행기를 操縱하는 사람。

【飛行船：비행선】 氣球 속에 水素 따위의 공기보다 가벼운 가스를 넣어 공중에 뜨게 하고 발동기에 의하여 비행하는 기계。

【飛行術：비행술】 비행기를 조종함에 필요한 온갖 기술。

【飛行場：비행장】 비행기가 뜨고 내리는 데 쓰이는 넓은 장소。

【飛行艇：비행정】 胴體가 보트로 된 水上 비행기。

【飛虎：비호】 나는 듯이 날랜 범。《喩》움직임이 용맹스럽고 날쌘 것。

【飛火：비화】 ❶튀는 불똥。❷남의 일에 까닭 없이 걸려들음。후림불。

【飛花：비화】 떨어져 흩어지는 꽃잎。『裴子野』拂草如連蝶、落樹似一一。

【飛禍：비화】 남의 일로 까닭 없이 당하는 災殃。橫禍。『後漢書』若卒遇一一、無得殯斂。

【飛丸：비환】 날아 오는 탄환。飛彈。

【飛蝗：비황】 《動》메뚜기。『吳志』趙達治九宮一算之術、應機如神、至計一一射隱伏、無不中効。◎雌一。

十畫

【⿱高飛】 (우) 宥 ギュウ、とぶ fly
날우(飛也)。

十二畫

【飜】 (번) 元 ハン、ホン、ひるがえる flicker
草書
뒤칠번、번득일번(反復飛也)。【王粲詩】苟非鴻鵠孰能飛一。

十三畫

【⿰睘飛】 (환) 刪 カン、めぐりとぶ fly in a circle
빙돌아날환(一飛繞貌)。

十八畫

【飝】 (비) 微 ヒ、とぶ fly
날비(飛也)。

食 部

【食】 ㊀(사) 寘 ㊁(이) 寘 ㊂(식) 職 ショク、シ、くう、かて eat: food ㄙˋ ssu⁴
小篆 草書
㊀먹일사(以一與人飯也)。㊁사람 이름이(人名酈一其)。㊂❶밥식(殽饌)。『詩經』飲之一之。❷먹을식(茹也)。『書經』惟辟玉一。❸씹을식(啗也)。❹제식(祭曰血一)。❺헛말할식(一言)。(『飼』와 같음)

【食客：식객】 남의 집에 寄食하며 門客노릇하는 사람。『史記』士不外索、取于一門下足矣。

【食頃：식경】 한 끼의 밥을 먹을 동안。《喩》얼마 되지 않는 시간。短時間。一餉。一食頃。『史記』出如一一、秦追果至關。

【食困症：식곤증】 《醫》식후에 정신이 어찔하고 나른하여 자꾸 조름이 오는 증세。

【食供：식공】 음식을 제공함。

【食管：식관】 《生》食道를 이루는 膜管。

【食口：식구】 한 집안에서 같이 살며 끼니를 함께 하는 사람。食率。『東坡集』一一猥多、不知所爲。

【食券：식권】 음식점이나 식당에서 음식과 바꾸는 표。

【食厥：식궐】 과식하여서 卒倒하고 말도 「못하는 것。

【食根：식근】 ❶먹을 거리가 나오는 근원。곧 논밭을 일컬음。❷먹고 살아가는 길。곧 직업 따위。

【食器：식기】 음식을 담아 먹는 그릇。주발・대접 따위。『禮記』一一不刻鏤。

【食念：식념】 음식을 먹고 싶어지는 간절한 생각。

【食單：식단】 ❶음식점이나 또는 식당에서 제공할 수 있는 요리의 종목、또는、그 順序를 적은 一覽表。『表異錄』晉何曾有安平公一一。❷가정에서 한주일 또는 한 달 동안의 매 식사마다의 요리 예정표。

【食堂：식당】 ❶식사를 하도록 설비되어 있는 방。❷간단한 음식물을 만들어 파는 가게。

【食堂車：식당차】 列車 안에 내부가 식당으로 차려진 車間。

【食代：식대】 ❶食費。食價。❷公役을 보던 사람들이 순서대로 교대하여 식사하던 일。

【食道：식도】 ❶兵糧을 나르는 道路。❷《生》高等動物의 消化管의 일부。咽頭에서 胃에 이르는 긴 管으로 삼킨 음식물이 지나는 통로임。❸생활의 길。

【食道鏡：식도경】 食道의 어떠한 異狀을 보거나 除去하는데 쓰는 醫療 기구의 한 가지。

【食道樂：식도락】 여러 가지 음식을 먹어 봄을 도락으로 삼는 일。

【食道狹窄：식도협착】 《醫》식도에 생기는 여러 가지 병으로 인하여 식도의 일부가 좁아져 음식을 넘기지 못하는 병。

【食量：식량】 먹성。먹는 음식의 分量。

【食糧:식량】 먹을 양식。糧食。
【食糧問題:식량문제】 인구가 늘어가는데 식량이 부족함으로 인하여 생기는 여러 가지 문제。
【食料:식료】 ❶食料品。 음식의 재료。 「食用品。❷식사 대금。
【食料品:식료품】 식료가 되는 물품。
【食母:식모】 ❶乳母。【禮記·內則】大夫之子有一一。❷남의 집에서 음식을 해 주는 여자。❸(國)관청의 여자 종의 일컬음。
【食物:식물】 먹는 물건。 먹을 물건。【史記】得漢一一皆去之。
【食蜜啞:식밀아】 (國)꿀먹은 벙어리。(喩)좋은 일이 있어도 속으로만 알고 겉으로 말을 내지 못한다는 뜻。
【食盤:식반】 음식을 받쳐 놓고 먹는 상。
【食補:식보】 (國)좋은 음식을 먹고 원기를 보함。
【食復:식복】 병이 낫게 될 때에 음식 조섭을 잘못하여 다시 앓는 병。
【食福:식복】 먹을 복。
【食分:식분】 日蝕 또는 月蝕 때에 해 또는 달이 가리어 보이지 아니하는 정도。 가리워진 부분의 幅과 直徑의 比。
【食不甘味:식불감미】 근심 걱정이 많아서 음식 먹을 口味를 잃음。
【食不言:식불언】 음식을 먹을 때는 부질없는 말을 아니함。
【食費:식비】 식사의 비용。 밥값。食代。
【食傷:식상】 (醫)음식물의 中毒이나 過食으로 일어나는 배앓이·토사·곽란 같은 병。
【食膳:식선】 먹는 물건。 膳部。【漢書】厚天下、損一一。
【食性:식성】 음식에 대해 싫어하고 좋「아하는 성미。
【食少事煩:식소사번】 먹을 것은 적고 할 일은 많은 것。
【食言:식언】 약속한 말을 지키지 않음。 거짓말을 함。 虛言。【書經】爾無不信、朕「不一一。
【食鹽:식염】 소금。
【食鹽注射:식염주사】 (醫)殺菌한 식염수를 皮下組織 또는 靜脈 안에 주사하여 毒菌을 풀고 수분을 보충하기 위하여 놓는 주사。
【食慾:식욕】 음식을 먹고 싶은 慾情。
【食用:식용】 먹을 것에 씀。【戰國策】使人給其一一、無使乏。
【食用菌:식용균】 사람의 食料로 쓰는 「버섯。
【食用根:식용근】 食料로 쓰이는 식물의 뿌리。 무우·감자 따위。
【食用色素:식용색소】 음식물의 빛을 아름답게 꾸미기 위하여 물들이는데 쓰이는 害가 없고, 맛이 안 쓰고 香氣가 있는 色素。
【食用作物:식용작물】 식용을 목적으로 栽培하는 농작물。
【食用品:식용품】 =食料品。
【食牛之氣:식우지기】 ❶소라도 삼킬 만한 기개。【尸子】虎豹之駒未成文、有一一。❷나이는 어리나 큰 기개를 갖고 있는 것。呑牛之氣。
【食肉:식육】 ❶먹는 고기。❷肉食을 할 수 있는 집으로서 지체가 높은 사람。【左傳】一一之祿、氷皆與焉。
【食飮:식음】 먹고 마심。
【食飮全廢:식음전폐】 음식을 전혀 먹「지 아니함。
【食邑:식읍】 (制)옛날 功臣의 封地。 그 토지의 租稅로 생활한 데서 온 말。【史記】賜一一杜之樊鄕。
【食餌:식이】 먹이。 食物。
【食人鬼:식인귀】 사람을 잡아 먹는다「는 귀신。
【食人種:식인종】 사람의 고기를 먹는 풍습이 있는 미개 인종。
【食積:식적】 (醫)음식이 잘 삭지 않고 뭉치어 생기는 병。
【食前:식전】 ❶밥을 먹기 전。↔食後。❷아침 밥을 먹기 전。 아침 일찍。
【食前站:식전참】 ❶자리에서 일어나서 아침 식사를 할 때까지의 사이。❷아침 밥을 먹기전에 도착할 수 있는 驛站。
【食主人:식주인】 나그네를 치고 밥을 파는 그 집 주인。
【食指:식지】 집게손가락。
【食紙:식지】 음식이나 밥상을 덮어 두는데 쓰는 기름먹인 종이。
【食債:식채】 외상 음식을 먹고 생긴 빚。
【食滯:식체】 (醫)먹은 음식이 消化가 안 되는 병。
【食醋:식초】 약간의 醋酸을 포함한 신「맛이 있는 調味料。
【食卓:식탁】 여러 사람이 식사할 때에 음식물을 벌여 놓는 데 쓰이는 큰 卓子。
【食頓:식탈】 過食하거나 좋지 않은 음식을 먹어 일어나는 병。
【食醯:식혜】 쌀밥에 엿기름 가루를 우린 물을 부어 삭힌 뒤에, 진한 설탕물을 부은 음식。
【食貨:식화】 ❶음식물과 재물。【書經】三八政、一曰食、二曰貨。❷産業經濟를 일컬음。
【食後服:식후복】 식사를 마친 뒤 잠간 있다가 약을 먹음。 食後服用의 略語。
◎間一、甘一、寄一、多一、茶一、斷一、主一、晝一、菜一、草一、寢一、暴一、寒一、火一、會一。

二畫

【飫】 (어) 御 ギョ、はなむけ see off
전별할어(餞也)。

【飡】 (찬)(손)『湌』(水部 9畫)의 俗字 キ、うえる

【飢】 (기) 支 starve ㄐㄧ chi^1

小篆

草書
❶주릴기、굶을기(餓也)。❷흉년들기(五穀不成)。【爾雅】穀不熟爲一。(『饑』와 통함)
【飢渴:기갈】 배 고프고 목 마름。 굶주림。【詩經】君子于役、苟無一一。
【飢渴滋甚:기갈자심】 기갈이 더욱 甚하여 감。
【飢困:기곤】 군색하고 고달픔。【後漢書】桓榮抱其經書、與弟子逃匿山谷、雖常一一、而講論不輟。
【飢饉:기근】 ❶農作物이 잘 되지 않아 먹을 것이 부족한 것。【論語】因之以一一。❷物資가 매우 부족한 것。饑饉。荒饉。
【飢死:기사】 굶어 죽음。餓死。饑死。
【飢色:기색】 굶주린 안색。 굶주린 모양。【孟子】民有一一、野有餓莩。
【飢歲:기세】 農作物이 잘 되지 않은 해。凶年。凶歲。【孟子】凶年一一。
【飢餓:기아】 굶주림。
【飢餓輸出:기아수출】 국민 생활을 되도록 犧牲하고 국내 소비를 節約하여 外貨獲得의 목적으로 最大限으로 하는 수출。
【飢者甘食:기자감식】 배고픈 사람이 음식을 가리지 않고 달게 먹음。
【飢飽:기포】 주림과 배부름。
【飢寒:기한】 배 고프고 추움。 먹을 것과 입을 것이 없어 생활이 곤란함。饑寒。寒飢。【後漢書】昨日得公孫豆粥、一一俱解。

【飤】 (사) 寘 シ、くわせる give food to
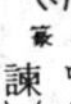
小篆
먹일사(以食食人)。【東方朔七諫】子推自剖而一君。(『飼』와 같음)

【飠卜】 (사)『飤』(前條)와 같음

【飣】 (정) 徑 テイ、たくわえる store ㄉㄧㄥˋ ting^4
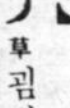
草書
굄새정、음식괼정(一餖貯食)。【韓愈詩】肴核粉一餖。

【飣餖:정두】 음식을 차려놓고 먹지 않음。《喩》空虛한 文詞를 늘어 놓은 것。『宋濂』肴核列一一。

三畫

【飥】(탁) 藥 タク、もち pieces of dough boiled in soup ㄊㄨㄛ t'uo 草書 밀 수제비탁(餺一麪湯)。『齊民要術』麥麪堪作餠一。

【飦】(약) 藥 ヤク、くいへらす diet 음식조절할약(食節)。

【飥】(흘) 物 キツ、あきる have enough of ❶배부를흘(飽也)。❷밀수제비흘(麪一)。

【飥餑香:흘달향】 麝香의 異名。『淸異錄・薰燎』江南山谷間有一種奇木、曰麝香樹、其老根焚之、亦淸烈、號一一香。

【飦】(전) 先 セン、かゆ thick rice-gruel ㄓㄢ chan¹ 범벅전(厚粥)。(『饘』과 같음)

【飦粥:전죽】 된죽。飦은 된죽、粥은 묽은 죽。『孟子・滕文公上』三年之喪、齊疏之服、一一之食。

【飧】(손) 元 ソン、ゆうめし supper ㄙㄨㄣ suen¹ 篆小 書草 ❶저녁밥손(夕食餔也)。『周禮』賓賜之一牽。『註』夕食也。❷물만밥손(水澆飯)。『釋名』一散也投水自散。

【飧泄:손설】 《醫》음식이 먹은 그대로 나와 버리는 설사。

【飧饔:손옹】 저녁밥과 아침밥。朝夕의 식사。『柳宗元』吾小人、輟一一以勞吏者。

四畫

【飩】(돈) 元 トン、ドン、むしもち dumpling ㄊㄨㄣ t'uen² 書草 ❶경단돈(餛一團餌)。『南粤志』作京一祀祖告冬。❷줄돈(賜也)。『左傳』加膳則一賜。

【飪】(임) 寢 ジン、にる boil ㄖㄣ jen⁴ 篆小 文古 文古 書草 ❶떡국임(羹一)。『儀禮』賜饔唯羹一。❷익힐임(熟也)。

【飪夫:임부】 《制》司饔院의 正九品 雜職의 하나。

【飪熟:임숙】 물건을 알맞게 익힘。『北史・趙琰傳』一一之節、必親調之。

【飫】(어) 御 ヨ、あきる be fed up ㄩ yü⁴ 篆小 書草 ❶먹기싫을어(燕食饜也)。『詩經』飮酒之一。❷배부를어(飽也)。

【飫歌:어가】 술 잔치 때에 부르는 노래。

【飫聞:어문】 여러 번 들어서 듣기 싫어 함。『韓愈』宜其于山水、一一而厭見也。

【飫賜:어사】 흡족할 만큼 술과 음식물을 받음。『左傳』爲之加膳、加膳則一一。

【飫宴:어연】 술잔치。『後漢書』登降一一之禮畢。

【飭】(칙) 職 チョク、つとめる diligent ㄔ ch'ih⁴ 篆小 書草 ❶갖출칙(修一整備)。『詩經』我車旣一。❷닦을칙(修治)。『易經』蠱則一也。❸부지런할칙(勤也)。(『敕』과 같음) ❹신칙할칙(致堅)。

【飭躬:칙궁】 자기 몸을 바르고 삼감。克己함。

【飭勵:칙려】 스스로 경계하여 격려함。

【飭愿:칙원】 타이르고 삼감。『蔡襄』帝者宗屬、惟是一一自守。

【飭正:칙정】 정통하고 바름。삼가고 바름。『禮記・疏』當敬而又敕、必使一一。

【飬】(권) 『餋』(食部 6畫)과 같음

【飮】㊀(음) 寢 ㊁(음) 沁 イン、オン、のむ drink ㄧㄣ yin⁴ 篆小 文古 文古 書草 ㊀ 마실음(咽水歠也)。『周禮』一用六淸。㊁마시게할음(予人以)。

【飮器:음기】 ❶술을 마시는 데 쓰이는 그릇。술잔 따위。酒器。❷오줌을 누는 그릇。요강。便器。『戰國策』殺智伯、漆其頭、以爲一一。

【飮徒:음도】 술 친구。술을 같이 마시는 친구。酒伴。酒友。『黃庭堅』招得隣丁作一一。

【飮樂:음락】 술을 마시며 즐겨함。술 마시는 도락。

【飮料:음료】 술・차・물 따위와 같은 마시는 물건。

【飮料水:음료수】 먹는 물。마셔서 해롭지 않은 물。

【飮淚:음루】 =飮泣。『陸雲』長歎息而一一。

【飮福:음복】 제사를 지내고 난 뒤에 제관들이 제상에 놓인 술이나 제물을 나누어 먹는 것。

【飮暑:음서】 더위 먹음。

【飮膳:음선】 음식물。『十八史略』一一亦被裁損。

【飮食:음식】 ❶먹고 마심。❷먹고 마시는 것。음식물。『易經』君子以一一宴樂。

【飮食物:음식물】 먹거나 마시는 물건。

【飮食費:음식비】 음식에 쓰는 비용。

【飮食床:음식상】 음식을 차리는 데 쓰는 상。

「음식에 쓰는 물건。

【飮食用:음식용】 음식에 드는 씀씀이。

【飮食店:음식점】 飮食을 파는 집。

【飮藥:음약】 약을 먹음。

【飮燕:음연】 술잔치함。술을 마시며 즐김。酒宴。『漢武帝』中流與群臣一一。

【飮用:음용】 마심。마시는데 쓰임。

【飮用水:음용수】 먹는 물。음료수。

【飮泣:음읍】 ❶눈물을 먹음。❷설움을 참고 견딤。『漢書』老母寡婦、一一巷哭。

【飮儲:음저】 술안주。『類說』下酒物謂之一一。

【飮餞:음전】 술자리를 베풀어 사람을 전송함。전별의 연회。『詩經』一一于禰。

【飮酒:음주】 술을 마심。『詩經』王在在鎬、豈樂一一。

【飮醉:음취】 술을 마셔 취함。

【飮啄:음탁】 ❶새가 물을 마시고 모이를 쪼음。『何承天』一一雖勸苦、不願棲園林。❷사람이 생활하는 것。『史記』以爲漢兵不能至此、一一、漢兵夜至圍右賢王。

【飮恨:음한】 원한을 참고 견딤。『郝經』一一復呑聲。

【飮豪:음호】 술을 많이 마시는 사람。酒豪。『元淮』醉盡春風與未闌、一一惟恐玉盃乾。

◎鯨一、競一、過一、米一、溜一、痛一、暴一。

【飯】㊀(반) 願 ㊁(반) 阮 ハン、くう、めし eat; boiled rice ㄈㄢ fan⁴ 篆小 書草 ㊀밥반(餐也、炊穀)。㊁❶먹을반(食也)。『禮記』一黍毋以箸。❷칠반(飼也)。

[飯羹:반갱] 밥과 국。『宋史』出一一、坐餉戰士。
[飯器:반기] 밥을 담는 그릇。
[飯囊:반낭] 무능하고 하는 일 없이 놀고 있는 사람을 조롱하여 일컫는 말。飯袋。『金樓子』禰衡云、荀彧可强與言、餘皆酒甕一一。
[飯單:반단] ❶《中》요리의 종목이나 그 가격을 적은 표。메뉴。食單。❷나프킨。
[飯臺:반대] 밥상·食卓。
[飯米:반미] ❶밥을 짓는 쌀。❷식량。
[飯匕:반비] 밥을 퍼는 주걱。밥주걱。
[飯臿:반삽] 《國》밥주걱。
[飯床器:반상기] 밥상 하나를 차리게 만든 한 벌의 그릇。
[飯蠅:반승] 《動》파리。
[飯匙:반시] 숟가락。
[飯食:반식] 밥。『高適』所思强一一、永願在鄉里。
[飯玉:반옥] 쌀과 섞어서 죽은 사람의 입에 넣는 구슬。『周禮』大喪共一一含玉贈玉。
[飯盂:반우] 밥을 담는 그릇。밥통。『馬祖常』一一給香積、裂衲被華纓。
[飯店:반점] 《中》料理店。旅館。
[飯酒:반주] 밥에 곁들여서 먹는 술。
[飯饌:반찬] 밥에 곁들여 먹는 온갖 음식。
[飯鮹:반초] 《動》꼴뚜기。
[飯帚:반추] ❶주걱。❷광주리의 하나。

飯帚(三才圖會)

[飯筒:반통] 端午節에 먹는 떡。『蘇軾』一一仍閔楚。
[飯盒:반합] 알루미늄으로 만들어 밥을 지을 수도 있게 된 軍隊用 밥그릇。◎麥一、噴一、細一、夕一、殘一、朝一、酒一。

【飰】(반)『飯』(前條)과 같음

【飱】(손)『飧』(食部3畫)의 俗字

五畫

【䬾】(제) 齊 テイ、もらいぐい live as a hunger-on
얻어먹을제(寄人而食)。

【飳】(주) 遇 シュ、こなもち prey
미끼주(餌也)。

【䬬】(앙) 漾 養 オウ、あきる enough
❶배부를앙(飽也)。❷가득할앙(滿也)。

【飴】㈠(이) 支 ㈡(시) 寘 イ、シ、あめ wheat-gluten ㄧˊ i²
小篆 古文 草書 ㈠엿이(以米煎 秣餳也)。『詩經』堇荼如一。㈡기를시(養也)。

【𩚬】(액) 陌 アク、うえる starve
小篆 굶을액、주릴액(飢也)。

【飵】㈠(조) 遇 ㈡(작) 藥 ソ、サク、むぎかゆ thin barley-gruel
小篆 ㈠보리미음조(相謁食麥饘)。『方言』陳楚之內相謁而食麥饘謂之餥楚曰一。㈡뜻은 ㈠과 같음。

【䬯】(념) 鹽 ネン、むぎめしをくう eat boiled barley and rice
小篆 보리밥먹을념(食麥)。

【飶】(필) 質 ヒツ、かんばしい delicious ㄅㄧˋ pi⁴
小篆 草書 음식맛있을필(食之香)。『詩經』有一其香。

[飶飶:필필] 음식 냄새。향기로움。

【䬦】(경) 迥 ケイ、あく be satiated with
배부를경(飽食)。

【飷】(자) 馬 シャ、まずいたべもの be not tasty
음식맛없을자(食無味)。

【𩚃】(울) 物 ウツ、まめあめ wheat gluten
콩엿울(飴和豆)。

【䬳】(반) 旱 ハン、こごめもち crushed rice-cake ㄅㄢˇ pan³
草書 싸라기떡반(屑米餅)。『南史』王鈞母病便加慘悴左右以五色飴之不肯食或麥麨或屑米爲之。

【飺】(자) 紙 シ、わるい coarse food
나쁜음식자、악식자(惡食)。『管子』一食則不肥。

【飼】(사) 寘 シ、やしなう raise; breed ㄙˋ ssu⁴
草書 ❶먹일사(以食食人)。❷칠사(畜禽獸)。

[飼料:사료] 짐승을 기르는 먹이。
[飼料植物:사료식물] 《植》가축의 먹이로 쓰이는 식물。
[飼養:사양] 짐승을 기름。飼育。養飼。畜養。『元史』敎之一一、收利十倍於舊。
[飼牛:사우] 소를 기름。또는 기르는 「소」。
[飼育:사육] 짐승을 기름。◎放一。

【飽】(포) 巧 ホウ、あく be fed up
小篆 古文 古文 草書 ❶배부를포(食充滿)。❷먹기싫을포、물릴포(厭也、飫也)。❸흡족할포(一滿、一和)。『孟子』一食暖衣、逸居而無敎、則近於禽獸。

[飽看:포간] 싫도록 봄。
[飽喫:포끽] =飽食。
[飽滿:포만] 滿腹이 되도록 음식을 먹음。『史記』斟酌一一。
[飽聞:포문] 싫도록 들음。『韓愈』勤儉之聲、寬大之政、幽閨婦女、草野小人、皆一一而厭道之。
[飽腹:포복] 배에 꽉 차도록 먹음。飽食。『劉禹錫』鵰鶚一一蹲枯枝。
[飽食:포식] 배가 부르게 잔뜩 먹음。
[飽食煖衣:포식난의] 배 부르게 먹고 따뜻하게 옷을 입음。《喩》衣食이 넉넉하여 부자유스러움이 없이 편하게 지냄。
[飽飫:포어] 배 불리 먹음。『後漢書』困餒十餘萬人、皆得一一。
[飽學:포학] 학식이 높은 사람。博學。
[飽和:포화] 《物》어떤 양을 포함하여 最大限度에 달한 상태。
[飽和狀態:포화상태] 더할 나위 없는 양에 이른 상태。더 받아 들일 수 없는 상태。
[飽和化合物:포화화합물] 《化》有機化合物에서 염소 같은 것의 附加를 許容하지 않는 안정된 化合物。

【䬴】(말) 曷 マツ、かいば feed a horse
小篆 말먹일말(飼馬)。『七命』六馬噓天而仰一。

【飾】(식) 職 ショク、かざる ornament ㄕˋ shih⁴
小篆 草書 ❶꾸밀식(修一、裝也)。『逸雅』一拭也物穢者拭其上。❷가선두를식(緣一)。『史記』緣一以儒術。❸문채날식(文一)。❹분바를식(粉一)。❺정제할식(整一)。

【飾辯:식변】 변설을 꾸밈。 말을 잘함。
【飾非:식비】 나쁜 일을 그럴 듯하게 꾸밈。
【飾詐:식사】 꾸며서 속임。 겉치레。 矯飾。〔史記〕誠ーー欲以釣名。
【飾辭:식사】 =飾說。
【飾緖:식서】 피륙의 올이 풀리지 아니하게 짠 그 가장자리。
【飾說:식설】 꾸민 말。 飾言。 飾辭。
【飾言:식언】 말을 꾸밈。 거짓으로 꾸며서 하는 말。〔韓非子〕則群臣莫敢ーー以惛主。「俗ーー行詐。
【飾僞:식위】 거짓을 꾸밈。〔鹽鐵論〕世
【飾終:식종】 죽은 사람의 최후를 장식함。「보임。
【飾智:식지】 才智가 있는 것처럼 꾸며
【飾喜:식희】 부모의 경사에 잔치를 베풂음。
◎假ー、文ー、美ー、服ー、修ー、外ー、裝ー、虛ー。

【飠令】 (령) 靑 レイ、こなもち rice flour
가루떡령(屑餠)。

六畫

【餀】 (해) 泰 カイ、くさい bad smell
小篆 더러운냄새해(穢臭)。

【餁】 (임)『飪』(食部 4畫)과 같음

【餂】 (첨) 琰 テン、なめる lick ㄊㄧㄢˇ t'ien³
草書 핥을첨(鉤取)。〔孟子〕是以言ー之也。

【餃】 (교) 效 コウ、あめ dumpling
경단교(屑米粉和飴湯中牽丸)。

【餃餌:교이】 싸라기 가루로 만든 일종의 음식。 경단。 또는 찐 고기 만두。
【餃子:교자】 찐 고기 만두、 또는 물 만두。

【餅】 (병)『餠』(食部 8畫)의 俗字

【飠艮】 (한) 願 カン、うえる be starved
주릴한(飢也)。

【餈】 (자) 支 シ、こめのもち rice-cake ㄘˊ tz'ŭ²
小篆 或體 或體 인절미자(飯餠糗餌餻也)。〔周禮〕羞籩之實糗餌粉ー。

【餉】 (향) 陽 シヨウ、かれい provisions
小篆 草書 ❶먹일향(饋也)。〔書經〕葛伯仇ー。 ❷점심향(饁也)。 ❸군량향(軍糧)。

【餉穀:향곡】 軍糧이 되는 곡식。
【餉官:향관】 (制)李朝 末葉에 陸軍의 회계 사무를 맡아 보던 관리。
【餉饋:향궤】 =軍糧。〔史記〕給ーー、不絕糧道、吾不如蕭何。
【餉給:향급】 軍糧을 보내 줌。〔後漢書〕每所ーー、計口取足而已。
【餉遺:향유】 선물(식량 따위)을 보냄。 饋贈。〔齊書〕四方ーー、歲各數百萬。

【飠至】 (질) 質 シツ、いねをかるひと paddy-reaper
벼베는사람질(刈禾人)。〔史記〕百里奚曰臣嘗遊困于齊乞食ー人。

【養】 ㊀(양) 養 コウ、やしなう、bring up; foster
㊁(양) 漾 ーㄤˇ yang³
小篆 古文 草書 ㊀❶기를양、자랄양(育也、長也)。 ❷취할양(取也)。〔詩經〕遵ー時晦。 ❸마음수란할양(憂貌)。〔詩經〕中心ーー。 ❹몸위할양(ー生)。 ❺살찔양(滋ー)。 ❻하인양(廝ー、賤役)。〔公羊傳註〕烹炊者曰ー。 ㊁봉양할양(下奉上)。〔禮記〕收祿秩之不當供ー之不宜者。

【養家:양가】 양자로 들어간 집。 양아버지의 집。「를 기름。
【養犬:양견】 ❶집에서 기르는 개。 ❷개
【養鷄:양계】 닭을 기름。
【養鷄場:양계장】 닭을 기르기 위하여 「마련한 곳。
【養氣:양기】 ❶浩然의 氣를 기름(儒者의 修養法)。 自娛。 ❷몸과 마음의 원기를 기름(道家의 修養法)。〔五代史〕王宗壽以煉丹ーー
【養女:양녀】 수양 딸。〔北齊書〕養貧家子賈氏、以爲ーー。「함。
【養德:양덕】 德을 닦음。 人格을 수양
【養豚:양돈】 돼지를 기름。
【養老:양로】 노인을 위로하여 안락하게 지내도록 함。〔孟子〕西伯善ーー者。
【養老院:양로원】 의지할 곳 없는 늙은이를 收容하여 돌보아 주는 곳。
【養望:양망】 名望의 根本을 기름。 貯望。〔北史〕不ーー於丘壑、不待價於城市。
【養母:양모】 ❶養家의 어머니。 양어머니。 ❷어머님을 공양함。〔南史〕家貧傭賃以ーー。
【養木:양목】 나무를 기름。
【養兵:양병】 군사를 양성함。〔水滸傳〕ーー千日、用在一朝。
【養病:양병】 병을 고치도록 치료를 함。 병을 잘 조리하여 낫도록 함。「기름。
【養蜂:양봉】 꿀을 받을 목적으로 벌을
【養父:양부】 養家의 아버지。 양아버지。〔華陽國志〕旨酒嘉穀、可以ーー。
【養父母:양부모】 養家의 아버지와 어머니。 양어버이。
【養分:양분】 영양이 되는 성분。 榮養分。
【養分表:양분표】 각 음식물이 지니고 있는 營養의 成分이나、 또는 肥料 같은 것이 가지고 있는 양분을 한번에 보아 알 수 있도록 만든 표。
【養嗣:양사】 養子 들임。
【養生:양생】 건강에 주의함。 병에 걸리지 않고 오래 살기를 꾀함。〔莊子〕文惠君曰、善哉、吾聞庖丁之言、得ーー。
【養生送死:양생송사】 웃사람에 대하여 生前에는 잘 모시고 死後에는 정중히 葬禮하는 것。〔孟子·離婁〕。
【養生主:양생주】 莊子의 篇名。
【養性:양성】 자기의 天性을 길러 자라게 함。 養心。〔十八史略〕黃老ーー之道。
【養成:양성】 길러냄。〔呂氏春秋〕始生之者天也、ーー之者人也。
【養成所:양성소】 어떠한 기술자를 길러내는 곳。
【養松見亭子:양송견정자】 (國)솔 심어 亭子。 (喩)遠大한 계획。
【養壽:양수】 오래 살 수 있도록 건강에 주의함。「게 함。
【養殖:양식】 인공적으로 길러서 번식하
【養心:양심】 心性을 기름。〔孟子〕ーー莫善於寡欲。
【養痾:양아】 깊이 든 병을 保養함。 養病。〔孟子〕ーー念餘生。
【養惡:양악】 못된 습관을 기름
【養養:양양】 근심하는 모양。〔詩·二子乘舟〕中心ーー。
【養魚:양어】 물고기를 길러 繁殖시킴。〔齊書〕屋前有池ーー。
【養魚場:양어장】 특별한 설비를 해 두고 물고기를 길러 繁殖시키는 곳。
【養育:양육】 길러 자라게 함。「는 비용。
【養育費:양육비】 양육하는 데 소용되

【養鷹家：양응가】 매를 전문으로 기르는 사람。

【養子：양자】 수양 아들。아들 없는 집에서 대를 잇기 위하여 同姓同本인 친족 남자를 데려다 기르는 아들。↕實子。『後漢書』初聽中官、得以ーー爲後、世襲封爵。

【養蠶：양잠】 누에를 침。『後漢書』勸令ーー織履、民得利益焉。

【養志：양지】 ❶뜻을 높임。자기가 마음먹은 뜻을 이루기 위해 끊임없이 노력함。❷부모의 뜻을 좇아 즐겁게 해드림。『孟子·離婁』若曾子、則可謂ーー也。

【養眞：양진】 天性을 기름。타고난 眞心을 기름。『陶潛』ーー衡茅下、庶以善自名。

【養畜：양축】 家畜을 기름。

【養親：양친】 부모를 모셔 돌봐 드림。

【養賢：양현】 뛰어난 才能이 있는 사람을 양성함。『易經』天地養萬物、聖人ーー以及萬民。

【養血：양혈】 약을 써 피를 도와 補함。

【養護：양호】 기르고 보호함。

【養虎：양호】 범을 기름。《喩》뒷날의 근심이 될 것을 용서하여 둠。後患을 장만함。『史記』今釋弗擊、此所謂ーー自遺患也。

【養虎遺患：양호유환】 《喩》禍根을 길러 근심을 산다는 말。

【養花雨：양화우】 봄철 꽃이 필 무렵에 「오는 비」。

【養花天：양화천】 꽃이 피는 봄철에 엷게 흐린 하늘의 모양。『耿仙芝』輕陰微雨ーー。

【養晦：양회】 隱居하여 때를 기다림。『宋史』因賓客論意、使ーー以待用。

【餋】 (권) 願 阮 ケン、まつり religious service

❶제사권(祭祀)。❷제사이름권(祭名)。

【餌】 ㊀(이) 寘 ㊁(이) 紙 シ、えじき bait ㄦˇ erh³

小篆 或體 草書 ㊀미끼이、이깝이(釣ー啗魚具)。㊁❶흰떡이(粉餅)。❷먹일이(食也)。❸먹이이(飼料)。

【餌食：이사】 ❶새나 짐승의 먹이。❷사람을 낚는 미끼。

【餌藥：이약】 평소에 몸을 健康하게 하기 위하여 쓰는 약。

◎食ー、藥ー。

七畫

【⿰飠肙】 (연) 霰 エン、くいあきる be cloyed with

小篆 물릴연、먹기싫을연(饜飫)。

【餐】 ㊀(손) 元 ㊁(찬) 寒 ソン、サン、そなえもの side-dish ㄘㄢ ts'an

小篆 或體 ㊀❶먹을손(餔也)。❷물만밥손(水澆飯)。㊁❶삼킬찬(呑食)。『詩經』不素ー兮。❷안주찬、반찬찬(飮饌)。❸간식먹을찬(間食)。

【餐食：찬식】 먹음。

【餐英：찬영】 菊花의 꽃잎을 먹음。『楚辭·離騷』夕餐秋菊之落英。

【餐錢：찬전】 신하에게 下賜한 膳料。『漢書』丞相平言、臣等議列侯、幸得賜ーー奉邑。

【餐霞：찬하】 안개를 먹은 것。道家의 말。『南史』却粒之士、ーー之人。

【餟】 (세) 霽 ゼイ、くらう eat

❶먹을세(食也)。❷제사세(祭

【餑】 (발) 月 ボツ、むぎもち barley-cake ㄅㄛˊ po²

草書 보리떡발(麥餅)。

【餑餑房：발발방】 皇室用의 饅頭類를 製造하는 房。清代、內務府內에 있었음。『清會典事例』——備用、設內——·外——。

【餒】 (뇌) 賄 ダイ、うえる go hungry ㄋㄟˇ nei³

小篆 草書 ❶주릴뇌(餓也)。『左傳』吾有ー而已。❷굶길뇌(飢也)。❸생선물크러질뇌(魚爛)。

【餒棄：뇌기】 굶은 나머지 投身함。『隋書』ーー於溝壑。

【餒斃：뇌폐】 굶어서 자빠져 죽음。『皮日休』途無ーー之民矣。

【餒虎：뇌호】 =餓虎。

【餓】 (아) 箇 ガ、うえる hungry ㄜˋ e⁴

小篆 草書 굶을아(甚于飢)。『淮南子』寧一月飢母一旬ー。

【餓鬼：아귀】 ❶《佛》破律의 惡業을 저질러 餓鬼道에 빠진 귀신。❷《國》㉠염치없이 먹을 것이나 탐하는 사람。㉡싸움을 잘하는 사람。『法華經』受地獄畜生ーー之苦。

【餓狼：아랑】 굶은 이리。《喩》위험이나 災難을 말함。『獨孤及』三秦千倉空、戰卒如ーー。

【餓羸：아리】 굶어서 파리함。

【餓死：아사】 굶어 죽음。饑死。『史記』ーー於首陽山。

【餓死之境：아사지경】 極度에 이른 가난。굶어 죽게 된 지경。餓死線上。

【餓殺：아살】 굶기어 죽임。『魏志』孤客窮軍、仰我鼻息、譬之嬰兒在股掌之上、絶其哺乳、立可ーー。

【餓莩：아표】 굶어 죽은 사람。餓殍。『孟子』民有飢色、野有ーー。

【餓虎：아호】 굶은 범。《喩》㉠매우 위험한 것。『史記』是謂委肉當ーー之蹊也、禍必不振矣。㉡끝까지 캐내는 위험한 사람。餒虎。

◎饑ー、凍ー。

【⿰飠卂】 (신) 震 シン、ジン、たべもの diet ㄒㄩㄣˋ hsün⁴

❶검은밥신、약밥신(烏飯)。❷음식신(餐也)。

【⿱折食】 (제) 霽 セイ、くさる go bed ㄓㄜˊ chê²

맛변할제、쉰내제(敗味)。

【⿱攸食】 (수) 尤 シュウ、むしめし steamed rice

찐밥수(蒸飯)。

【餔】 ㊀(포) 虞 ㊁(포) 遇 ホ、ゆうめし evening meal ㄅㄨ pu¹

小篆 籒文 草書 ㊀❶저녁곁두리포(申時食)。『呂氏春秋』ー至下哺。❷먹을포(食也)。『楚辭』ー其糟。㊁먹일포(與食)。『史記』請飮因ー之。(『哺』와 같음)

【餔時：포시】 녁밥을 먹을 때。申時。곧 오후 네시 무렵。哺時。

【餔啜：포철】 ❶먹고 마심。飮食。❷하는 일 없이 食祿을 타 먹음。餔餟。『孟子·離婁·注』餔食也、啜飮也。

【餕】 ㊀(준) 震 ㊁(산) 霰 シュン、セン、くいあまり(本音「천」) left-over food

小篆 草書 ㊀❶턱찌끼준(食之餘)。『禮記』子婦佐ー。❷제

사퇴물준(祭餘)。〖禮記〗ㅣ鬼神之餘。 ㊂떡소산(ㅣ餡)。

【餕餘:준여】 먹다 남은 음식물。餘餕。〖禮記〗ㅣㅣ不祭、父不祭子。 ◎餘ㅣ。

【餛】 (읍) 緝 ユウ、くさる go bad 밥쉴읍(食ㅣ臭也)。

【餖】 (두) 宥 トウ、たくわえる heap ㄉㄡˋ tou⁴ 草書 굄새두(飣ㅣ貯食)。

【餖飣:두정】 먹을 음식물을 잔뜩 늘어놓음。一名、飣餖。文字를 쓰는데 오직 古語·古字만을 因襲踏用함을 말함。〖韓愈·南山詩〗或如臨食案、肴核紛ㅣㅣ。

【餗】 (속) 屋 ソク、もりもの delicacy ㄙㄨˋ su⁴ 小篆 或體 草書 곰속(鼎實、八珍之膳)。〖易經〗鼎折足覆公ㅣ。

【餘】 (여) 魚 ヨ、あまり rest; excess ㄩˊ yu² 小篆 草書 ❶나머지여(殘也)。〖莊子〗緖ㅣ。❷남을여(賸也、饒也)。❸끝여(末也)。❹나라이름여(扶ㅣ、朝鮮古國名)。

【餘暇:여가】 남은 시간。겨를。〖盧琦〗公事多ㅣㅣ、看山到遠村。

【餘角:여각】 《數》두 각의 合이 한 直角과 같은 때、그 한 角을 다른쪽의 角에 대하여 일컫는 말。

【餘皆倣此:여개방차】 다른 나머지도 다 이와 다름 없음。

【餘件:여건】 여벌。

【餘慶:여경】 ❶先祖들이 착한 일을 많이 한 보람으로 그 자손이 누리게 되는 경사。❷덕택。餘福。↕餘殃。

【餘穀:여곡】 家用에 쓰고 남은 곡식。

【餘光:여광】 ❶해나 달이 진 뒤의 은은한 빛。殘光。❷나중까지 남아 있는 은덕이나 덕망。餘德。〖歐陽修〗海內之民、聞下風而望ㅣㅣ、蓋亦有年矣。

【餘技:여기】 전문적이 아니고 틈틈이 趣味 삼아 하는 일。

【餘氣:여기】 ❶남은 기습。❷餘症。

【餘年:여년】 살아 있을 때까지의 남은 해。殘年。餘齡。〖石崇〗高歌凌雲兮樂ㅣㅣ。「林」唯在得戒無ㅣㅣ。

【餘念:여념】 딴 생각。他念。〖法苑珠林〗唯在得戒無ㅣㅣ。

【餘談:여담】 ❶用件 이외의 이야기。雜談。❷본 줄기를 벗어난 이야기。

【餘黨:여당】 아직 흩어지지 않은 나머지 무리。〖後漢書〗追討ㅣㅣ。

【餘毒:여독】 ❶채 가시지 않은 나머지 毒氣。❷일을 하거나 마친 뒤에 남은 毒氣。後毒。〖李綱〗萬騎掠秦闕、ㅣㅣ被陳汝。

【餘力:여력】 ❶남은 힘。❷本務나 本業 이외의 다른 일에 기울일 수 있는 힘。〖論語〗行有ㅣㅣ、則以學文。

【餘瀝:여력】 술을 마신 뒤에 술잔에 남은 술。〖史記〗時賜ㅣㅣ。《喩》남의 적은 은혜。

【餘齡:여령】 얼마 남지 않은 목숨。餘命。餘年。〖蘇軾〗吾儕便歸老、亦足慰ㅣㅣ。

【餘錄:여록】 남은 사실의 기록。

【餘論:여론】 骨子는 대충 議論하고 난 나머지의 의논。〖司馬相如〗尋大國之風烈、先生之ㅣㅣ。

【餘望:여망】 미련이 남아 있는 소망。「將來의 희망。

【餘脈:여맥】 ❶남아 있는 맥。❷어느 세력이 점점 줄어져 간신히 허울만 남기는 일。

【餘命:여명】 남아 있는 목숨。餘生。〖孫子〗吾士無餘財、非惡貨也、無ㅣㅣ、非惡壽也。

【餘民:여민】 一般百姓。黔首。

【餘芳:여방】 떠나버리거나 또는 죽은 뒤의 名譽。〖晉書〗ㅣㅣ遺烈。 「리。

【餘白:여백】 글씨를 쓰고 남은 빈 자

【餘病:여병】 본병 외의 다른 병。

【餘分:여분】 남은 분량。나머지。

【餘憤:여분】 분한 일이 있은 뒤 아직 덜 갈아앉은 憤氣。〖陸機〗盈八紘以ㅣㅣ。

【餘事:여사】 ❶餘力으로 하는 일。❷딴 일。他事。❸여가에 하는 일。

【餘事風景:여사풍경】 필요가 없어서 생각지도 않는 일。

【餘色:여색】 =補色。

【餘生:여생】 ❶앞으로의 남은 생명。殘命。餘命。〖謝靈運〗ㅣㅣ不歡娛。❷晩年。

【餘勢:여세】 어떠한 사물이 끝난 뒤의 남은 생애。 「나머지 세력。

【餘數:여수】 나머지 數爻。

【餘祟:여수】 =餘症。

【餘習:여습】 덜 고쳐서 아직 남은 버릇。〖歷代名畫記〗不能捨ㅣㅣ。

【餘燼:여신】 ❶타다 남은 불 기운。❷남은 사람。〖左傳〗收合ㅣㅣ。

【餘殃:여앙】 나쁜 일을 몹시 한 先祖들 때문에 그 갚음으로 자손들이 받는 재앙。뒤끝까지 남은 재앙。〖易·文言〗積不善之家、必有ㅣㅣ。

【餘哀:여애】 ❶뒤에 남은 슬픔。❷위로할 수 없는 슬픔。

【餘額:여액】 남은 액수。

【餘厄:여액】 뒤에 다시 당할 災厄。

【餘厄未盡:여액미진】 남은 災厄이 아직 다하지 않음。

【餘孼:여얼】 ❶아주 망한 사람의 자손。❷《國》㉠뒤에 다시 당할 災厄。餘厄。㉡병의 나머지 증세。餘症。

【餘業:여업】 ❶先人이 남겨 물려 준 功業。❷本業 이외의 일。副業。〖史記〗不軌逐利之民、蓄積ㅣㅣ。

【餘熱:여열】 더위나 身熱 뒤끝의 남은 熱氣。〖孫萬壽〗高齊屛ㅣㅣ、珍簟宿輕寒。

【餘炎:여염】 ❶타고 남은 불꽃。❷남은 더위。

【餘榮:여영】 ❶죽어서까지 남아 있는 榮華。죽은 뒤의 명예。〖華陽國志〗若余者、可少以爲有ㅣㅣ矣。❷先祖의 榮光。

【餘裔:여예】 ❶血統의 맨 끝。〖朱熹·大學章句序〗皆小學之支流ㅣㅣ。❷子孫。後裔。 「復ㅣㅣ。

【餘蘊:여온】 남아 있는 저축。〖宋史〗無

【餘勇:여용】 남아 도는 勇氣。넘쳐 흐르는 氣力。〖左傳〗欲勇者、賈余ㅣㅣ。

【餘運:여운】 아직 더 남아 있는 운수。

【餘韻:여운】 ❶=餘音。❷詩歌 따위에서 남은 운치。餘情。

【餘裕:여유】 ❶물건 등이 넉넉하고 남음이 있음。❷성급하지 않고 事理로 너그럽게 판단하는 마음。〖孟子〗豈不綽綽然有ㅣㅣ哉。

【餘裕綽綽:여유작작】 쓰고 남을 만큼 아주 넉넉함。綽有餘地。

【餘音:여음】 소리가 그친 뒤에도 여파로 남아 있는 음향。餘韻。〖蘇軾〗ㅣㅣ嫋嫋、不絶如縷。 「孫이 받는 福。

【餘蔭:여음】 先祖가 끼친 功德으로 子

【餘意:여의】 말 끝에 스며 있는 다른 뜻。〖呂氏童蒙訓〗讀古詩十九首、及曹子建諸詩、皆思深遠而有ㅣㅣ、言有盡而意

【餘剩:여잉】 =剩餘。 「無窮。

【餘資:여자】 쓰고 나머지의 資本金。〖王黎〗徒行兼乘還、空出有ㅣㅣ。

【餘財:여재】 쓰고 남은 財物。

【餘在:여재】 《國》쓰고 남은 돈이나 물건

餘存。 零餘。
【餘滴：여적】 쓰고 남은 먹물。 餘瀝。『蘇軾』空堦有一一、似與幽人語。
【餘錢：여전】 쓰고 남아 있는 돈。
【餘酲：여정】 아직 醉氣에서 덜 깬 상태。『皮日休』冷臥空齋內、一一夕未消。
【餘情：여정】 아직 남아 있어 깨끗이 가시지 않는 정。『周賀』間坐有一一。
【餘條：여조】 금전·곡식 따위를 계산하고 난 뒤의 나머지 부분。
【餘罪：여죄】 主가 되는 罪 밖의 罪。『史記』死有一一。
【餘症：여증】 ❶병의 나머지 症勢。 ❷어떠한 병 끝에 덧붙여 나는 다른 병。
【餘地：여지】 ❶남은 땅。 비어 있는 장소。『列子』馬蹄之外、可使無一一。 ❷나머지 여유。
【餘塵：여진】 先人이 남겨 놓은 발자취。『南史』思追巢許之一一、遠慕夷齊之高義。
【餘震：여진】 (地)큰 地震이 있은 뒤에 잇달아 일어나는 작은 진동。
【餘喘：여천】 ❶죽기 직전에 겨우 부지해 있는 숨。 ❷餘生。
【餘醜：여추】 ❶소탕하고 난 뒤에 남은 惡人들。『諸葛亮』殘類一一。 ❷餘孽(여얼)。
【餘蓄：여축】 쓰고 남은 물건을 모아 둠。 「또는 그 물건。
【餘他：여타】 그 밖의 다른 것。
【餘澤：여택】 前人의 끼쳐 남긴 은택。『曾鞏』獲蒙一一、備位于朝。
【餘波：여파】 ❶풍파가 지나간 뒤에 그치지 않고 일어나는 물결。『書經』一一入於流沙。 ❷後世나 주위에 미치는 영향。
【餘弊：여폐】 남아 있는 弊害。 뒤에까지 미치는 폐단。
【餘風：여풍】 남아 전해 온 풍습。
【餘恨：여한】 남은 원한。 나머지 원한。
【餘寒：여한】 ❶立春 뒤의 추위。 ❷큰 추위 뒤의 아직도 남은 추위。『陸游』無賴一一開楝花。
【餘項：여항】 나머지의 項目。
【餘香：여향】 뒤에까지 남아 있는 향기。 餘薰。『李商隱』幽淚欲乾殘菊露、一一猶入敗荷風。
【餘響：여향】 뒤에까지 남아 있는 울림。 遺響。『朱熹』一一千載留一一、猶疑笙鶴來。
【餘血：여혈】 解産한 뒤에 陰門에서 나오는 惡血。
【餘嫌：여혐】 아직 남아 있는 嫌疑。
【餘醺：여훈】 듬뿍 취한 술이 아직도 깨끗이 깨지 못한 취기。
【餘痕：여흔】 남아 있는 자국。
【餘興：여흥】 연회 끝에 興을 더하기 위해 하는 演藝 따위。
◎日一、剩一、殘一。

八畫

【餚】 (효) 肴 コウ、そなえもの ㄒㄧㄠˊ hsiao² side-dish
草書 반찬효(饌也)。
【餚席：효석】 물고기의 반찬을 얹는 자리。『吳子·勵士』一一兼重器上牢。

【餛】 (혼) 元 コン、むしもち ㄏㄨㄣˊ hun² doughboy
草書 경단혼、도래떡혼(一飩、餫飩)。
【餛飩：혼돈】 밀가루 떡。 輟耕錄、卷二四에 보임。『玉篇』飩、一一也。

【餳】 ㊀(당) ㊁(성) 『餳』(食部 9畫)의 譌字

【飠念】 ㊀(임) 寢 ㊁(념) 葉 ジン、あく be satiated with
㊀배부를임(飽也)。『飪』과 같음 ㊁떡념(餅也)。
【飠念頭：엽두】 食品 이름。 寒具 即 볶은 쌀 과자。 한편 捻頭란 말이 생김。『雲溪友義』李日新題仙娥驛詩、商山食店太悠悠、陳鎚餅鑼古一一、即捻頭也。

【餜】 (과) 哿 カ、もち ㄍㄨㄛˇ kuo³ rice-cake
❶떡과(餅也)。 ❷『中字』밀경단과(圓餌)。

【飠垂】 (추) 寘 スイ、うえる feel hungry
허출할추(飢也、虛一)。

【䬝】 (릉) 蒸 リョウ、うまのあせ (of a horse) perspire
小篆 말땀흘릴릉(馬食穀多氣流汗)。

【飠固】 (고) 虞 コ、もち rice-cake (本音「호」)
떡고(餅也)。

【餝】 (식) 『飾』(食部 5畫)과 같음

【餞】 (전) 霰 銑 セン、はなむけ ㄐㄧㄢˋ chien⁴ send off
小篆 草書 ❶전별잔치전(送行宴)。『詩經』飲一于禰。 ❷보낼전(送也)。『書經』分命和仲宅西曰昧谷寅一納日。 ❸정과전(蜜一、正果)。
【餞杯：전배】 송별의 술잔。
【餞別：전별】 ❶떠나는 사람을 배웅함。 送別。 ❷送別의 뜻으로 주는 돈이나 물품。『韋應物』英豪若雲集、一一塞城闉。
【餞別辭：전별사】 전별하는 인사의 말。
【餞別宴：전별연】 전별하는 잔치。
【餞送：전송】 餞別하여 보냄。『北史』徵爲侍中、有老公數百、具饌一一。
【餞筵：전연】 送別의 연회。 送別會。
【餞春：전춘】 봄을 마지막으로 보냄。 가는 봄을 아껴 잔치를 베풀음。
【餞春詩：전춘시】 봄을 보내기가 못내 서러워 짓는 詩。

【餟】 ㊀(체) 霽 ㊁(철) 屑 テイ、テツ、まつる ㄓㄨㄟˋ chuei⁴ brief religious service
小篆 草書 ㊀모사술체(祭酹酒)。 ㊁차례지낼철(聯祭)。

【餅】 (병) 梗 ヘイ、もち wheatflour cake
小篆 밀가루떡병(麪餈)。『文選』束晳有一賦。
【餅金：병금】 떡처럼 둥근 金塊。『韓偓·詠浴詩』不知侍女簾幃外、賸取君王幾一一。
【餅師：병사】 떡장수。『集注』
【餅鏊：병오】 남비。『正字通』今烙餅平鍋曰一一、亦曰烙鍋鏊。
【餅餌：병이】 떡。 餅은 밀가루 떡、餌는 쌀로 만든 떡。 餅餤。『急就篇·二』
【餅麨：병초】 麵麥으로 餅을 만든 乾糧으로서의 食品。『北史·鉢和國傳』。
【餅餡：병함】 계피떡·송편 등의 一種。『清異錄·饌羞·蓮華一一』。

【臥食】 (녁) 陌 ダウ、やきもち roasted rice-cake
小篆 ❶구운떡녁(炙餅餌)。 ❷어린아이 게으를녁(小兒懶惰)。

【餡】 (함) 陷 カン、あん ㄒㄧㄢˋ hsien⁴ fillings
草書 떡소함(餅中實味)。

【餉】 (향) 漾 ショウ、かて (本音「상」) provisions
草書 양식향(糧也)。『漢書』賜給公田爲雇耕傭賃種一。 (『餉』과 같음)

【餢】(부) 宥 steamed flour cake
밀증편부(起麪餠、一饁)。
【餢飳:부투】 떡。밀가루에 酵母를 넣어 부풀려 만듦。『字彙』一一、餠也。

【䬤】(엽) 葉 ヨウ、もち rice-cake
❶떡엽(瓷也)。❷가루떡엽(餌也)。

【餤】㊀(담) 覃 タン、すすめる advance
㊁(담) 勘 ㄊㄢˊ t'an²
㊀나아갈담(進也)。『詩經』盜言孔甘亂是用一。㊁❶씹을담(啗也)。❷미끼먹일담(餌之)。『史記』故以齊一天下。

【𩝏】(비) 尾 ヒ、くう eat
먹을비(食也)。

【餦】(장) 陽 チョウ、あめ candy ㄓㄤ chang¹
❶산자장(餳也、一餭)。『楚辭』粔籹蜜餌有一餭些。❷떡장(餠也)。
【餦餛:장혼】 떡의 일종。『方言·十三』餠謂之飥、或謂之一一。
【餦餭:장황】 말린 기장엿。또는 餠의 類。寒具。『玉篇』餭、日一一。『注』一一、也、方言曰、餳謂之一一、注云、即乾飴也、一日、餠也、一日餌也。

【餧】㊀(위) 寘 イ、ダイ、くわせる feed to
㊁(뇌) 賄 ㄨㄟˋ wei⁴
㊀먹일위(餇也)。『楚辭』鳳不貪一而妄食。㊁주릴뇌(飢也)。『楚語』民之羸一日甚。
【餧馬:뇌마】 ❶굶주린 말。『白居易』菰將一一行無力、蘆荻編房臥有風。
【餧死:뇌사】 굶어 죽음。『漢書·谷永傳』流散冗食、一一於道、以百萬數。
【餧人:뇌인】 굶주린 사람。『荀子·臣道』若馭樸馬、若養赤子、若食一一。
【餧毒:위독】 먹여서 毒殺함。『淮南子』七擧罘羅罝、一一之藥、毋出九門、乃禁野虞、毋伐桑柘。
【餧虎:위호】 호랑이에게 먹힘。『漢書·陳餘傳』以肉一一。

【餲】(열) 屑 エツ、むせぶ in digesion
밥체할열(飯窒)。
【餲結:열결】 목메임。기가 막힘。『楚辭·王逸』仰長歎兮氣一一、悒殟絕兮咶復蘇。『注』餲、結也。

【館】(관) 旱 カン、やかた hotel; house
❶객사관(候一、客舍)。『禮記』公一復私一不復。❷집관(院也)。❸관부 관(官府)。

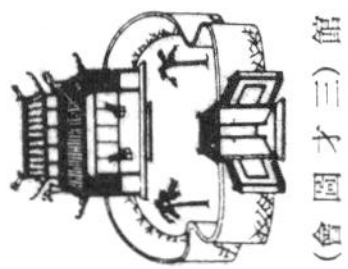
館 (三才圖會)

【館閣:관각】 《制》❶翰林의 別名。宋代 이후의 이름。❷弘文館과 藝文館。
【館閣堂上:관각당상】 《制》弘文館·藝文館의 大提學과 提學을 일컬음。
【館閣文字:관각문자】 弘文館과 藝文館에서 王命을 받들어 지은 詩文。
【館祿:관록】 弘文錄의 別名。
【館舍:관사】 ❶建物·館宇。❷《國》外國使臣을 留宿시키던 집。
【館甥:관생】 사위。女婿。
【館竪子:관수자】 여관에서 심부름을 맡아 하는 사람。여관 뽀이。
【館驛:관역】 =驛舍。
【館宇:관우】 =館舍。『後漢書』繕修一一。
【館員:관원】 館에서 일을 보는 사람。
【館儒:관유】 成均館에서 寄宿하는 儒生。
【館人:관인】 館을 지키고 손님 접대를 하는 사람。『孟子』一一求之不得。
【館長:관장】 ❶圖書館·博物館·學館과 같은 館의 長。❷《制》成均館의 우두머리 벼슬。
【館主人:관주인】 《國》成均館에 應試하기 위하여 서울에 온 시골 선비가 留宿하던 成均館 근처의 집。泮主人。
◎客一、公一、公使一、大使一、圖書一、美術一、博物一、別一、本一、分一、水族一、新一、旅一、映畫一、領事一。

【餘】(어) 御 オ、いやがる dislike
싫을어(飫也)。『後漢書』一賜犒功。(『飫』와 같음)

【餩】(억) 職 オク、むせぶ one's voice be choked
❶목이 메일억(噎也)。❷목멘소리억(噎聲)。

九畫

【餪】㊀(난) 翰 ダン、いわい send food
㊁(난) 旱 ㄋㄨㄢˇ nuan³
㊀풀보기잔치난(女嫁後三日餉食饋)。㊁음식보낼난(一饌)。
【餪女:난녀】 婚禮 第三日의 祝宴。『書言故事·婚姻類』嫁女後送食曰一一。『集韻』女嫁後三日餉食爲一一。「一一、饋也。」
【餪餫:난운】 糧食을 보냄。『廣雅·釋言』

【餫】㊀(운) 問 ウン、コン、べんとう
㊁(혼) 元 tiffin ㄏㄨㄣˊ huen²
㊀들에서먹일운(野饋)。『左傳』宣伯一諸穀。㊁경단혼(飩也)。
【餫夫:운부】 糧食을 運送하는 사람。『柳宗元』一一畢力、守卒延頸。
【餫飩:혼돈】 만두의 한 가지。밀가루를 반죽하여 소를 넣어 물에 끓인 것。

【餬】(호) 虞 コ、かゆ rice-gruel ㄏㄨˊ hu²
❶미음호(一饘、糜也)。『左傳』餬於是鬻於是。❷붙여먹을호(寄食)。『左傳』一其口於四方。
【餬口:호구】 ❶죽을 먹음。❷가난하게 살음。❸寄食을 함。食客이 됨。
【餬饘:호전】 죽。『北史』一一不繼。

【餜】(과) 歌 カ、こなもち powdered rice-cake
고물떡과(以穀屑蒸造餠而塗細粉者)。

【䭆】(벽) 職 ヒョク、あく be cloyed with
물릴벽(飽厭)。

【餚】(수) 紙 スイ、きなこ wheat gluten (本音「유」)
콩가루무친엿수(豆屑雜糖)。

【餮】(철) 屑 テツ、むさぼる devour; eat greedily ㄊㄧㄝˋ t'ieh⁴
❶탐할철(貪食貪財)。『左傳』貪食冒財謂之饕一。❷짐승이름철(惡獸名、饕一)。
【饕餮:철도】 먹을 것을 탐내는 일과 財物을 탐내는 일。『宋松·詩』一官戲人間、幾何非一一。
【餮餮:철철】 음식물과 財物을 탐내는 것。《轉》욕심을 내는 것。

【餰】(전) 先 ケン、かゆ rice-gruel
된죽전(饘也)。(『饘』과 같음)
【餰粥:전죽】 된 죽과 묽은 죽。『新序·

節士』專哭泣啜ㅣㅣ。
【飦饘:전죽】 된죽과 묽은죽。饘粥。『荀子·禮論』芻豢稻粱、酒醴ㅣㅣ。

【餱】 (후) 因 コウ、たべもの dried food
小篆 草書 말린밥후(ㅣ糧、乾食)。〔詩經 大雅公劉〕酒裏ㅣ糧。
【餱糧:후량】 밥을 말려서 만든 양식。

【餲】 ㊀(애) 卦 ㊁(알) 曷 エイ、アツ、すえる spoil; go bad
ㄞ ai⁴
小篆 草書 ㊀밥쉴애(飯臭)。〔爾雅〕食餲謂之ㅣ。㊁뜻은 ㊀과 같음。

【餳】 ㊀(당) 陽 ㊁(성) 庚 トウ、あめ wheat-gluten
小篆 草書 ㊀엿당(飴也)。〔本草〕膠飴乾枯者曰ㅣ。(『餹』과 같음)
㊁뜻은 ㊀과 같음。
【餳簫:당소·성소】 엿 장수가 부는 퉁수。

【餴】 (분) 文 フン、むしめし half-boiled rice
草書 선밥분(半蒸飯)。〔詩經〕挹彼注茲可以ㅣ饎。

【餾】 (온)『餾』(食部 10畫)과 같음

十 畫

【餹】 (당) 陽 トウ、あめ wheat-gluten
ㄊㄤˊ t'ang²
草書 엿당(飴也)。
【餹蕈:당심】 松蕈의 異名。맛이 甘味로

【餹餔:당포】 꿀떡의 類。餹餅。또 餔粉。이 됨。『集韻』ㅣㅣ、餌也。或作餔粉。

【饎】 (기)『嗜』(口部 10畫)의 俗字

【饘】 (천) 銑 テン、よいあじ tasteful
좋은맛천(好味)。

【餺】 (박) 藥 ハク、もち rice-cake
ㄅㄛˊ po⁴
草書 ❶떡박(餅屬、ㅣ飥)。❷밀수제비박(麪湯)。

【鎌】 (렴) 琰 レン、やつ eating between meals
小篆 간식렴、곁두리렴(正飯後小食)。

【餩】 (원) 元 エン、むさぼる covet
탐할원(貪也)。

【餻】 (고) 豪 コウ、こなもち bar-shaped rice cake
ㄍㄠ kao¹
小篆 草書 흰떡고(餈ㅣ 粉餈餌餅)。
【餻李:고리】 餅李。『本草·李』。

【餻】 (호) 號 コウ、ねぎらう feast the soldiers (本音「고」)
호궤할호(餉軍、勞也)。

【餱】 (후) 有 ク、くさる go bad (本音「구」)
음식상할후(食物爛)。

【餽】 (식) 職 ショク、ソク、いき breath
❶숨식(氣息)。❷먹을식(食也)。❸길식(長也)。

【餼】 (희) 未 キ、こめ rice in stores
ㄒㄧˋ hsi⁴
草書 ❶곳집쌀희(餼ㅣ、廪也)。〔周

【饎饟:희름】 제사에 쓰는 肉類와 米穀類。
【饎羊:희양】 제사에 쓰는 羊。회생에「바치는 羊。

【饘】 (견) 銑 ケン、ねばる sticky
❶차질견(黏也)。❷뭉칠견(ㅣ糁、搏也) ❸마른떡견(乾餅)。

【餽】 (궤) 寘 キ、おくる send food to
小篆 草書 먹일궤(貽也)。〔孟子〕王ㅣ兼金一百而不受。
【餽歲:궤세】 年末에 친척이나 벗에게 食物을 보내는 것。年末의 선물。饋歲。
【餽遺:궤유】 음식물이나 물품을 보냄。
【餽餉:궤향】 ❶음식물을 보냄。〔吳志〕劉繇長子基、年十四、居繇喪盡禮、故吏ㅣㅣ、皆無所受。❷食物과 兵糧。餽饟。
【餽䣢:궤훙】 불쌍히 여겨 식량을 보내 줌。

【餾】 (류) 宥 リュウ、むす be steamed
草書 밥뜸들류(飯氣蒸流饋)。

【饐】 (은) 願 ゴン、あく be satiated
小篆 배부를은(飽也)。

【餿】 (수)『餿』(食部 9畫)와 같음

【餽】 (퇴) 灰 タイ、もち steamed rice cake
증편퇴、찐떡퇴(蒸餅)。〔李尋語詩〕拈ㅣ舐指不知休。

【饁】 (엽) 葉 ヨウ、かれいい food packed in a chip-box
ㄧㄝ yen
小篆 草書 들점심먹일엽(餉田食)。

【餡】 (도) 豪 トウ、あん fillings
ㄒㄧㄢˋ hsien⁴
❶떡소도(餌也)。❷탐할도(貪也)。

十一畫

【餯】 (삼) 感 サン、つぶ grain; corn
❶낟알삼(粒也)。❷국밥삼(米和羹)。

【饝】 (마) 歌 マ、こどもにくわせる feed a baby
어린아이먹일마(哺小兒)。

【饅】 (만) 寒 マン、まんじゅう bun
ㄇㄢˊ man²
草書 ❶만두만(ㅣ頭、餅也)。〔晉書〕ㅣ頭薄持。❷밀음식만(麪食)。
【饅頭:만두】 ❶밀가루 같은 것을 반죽하여 소를 넣고 둥글게 빚어서、삶거나、찌거나 기름에 튀워 지져서 만든 음식。蜀의 諸葛孔明이 처음 만들었다 함。❷山名。㉠江蘇省 句容縣。石炭의 產地。㉡湖北省 武昌縣의 南、梁子湖에 臨함。
饅飳:만두】 =饅頭。『通俗編·飲食·饅頭』夢梁錄、又作ㅣㅣ。

【饆】 (필) 質 ヒツ、もち rice cake
두텁떡필(餅麪有餡、ㅣ饠)。〔酉陽雜俎〕有人夢入畢羅店及醒店子曰郎君與客食畢羅二斤何不計直而去即ㅣ饠也。
【饆饠:필라】 떡의 類。小麥粉으로 만들며 속에 소를 넣어 굶임。『玉篇』饆、ㅣㅣ、餅屬。

【饈】 (수) 尤 シュウ、すすめる、おくる present to
ㄒㄧㄡ hsiu¹
❶드릴수(進供)。❷반찬수(膳也)。
【饈餚:수효】 料理。훌륭한 飲食。『福惠全書·刑名部』饈豊列。

【饇】㊀(어) ㊁(우) 御 遇 ヨ、オウ、あきる satiated ㄩˋ yü⁴
草書 ㊀배부를어(飽也)。【詩經】如食宜—。㊁뜻은 ㊀과 같음。

【⿱暫食】(잠) 感 サン、まずいあじ be not tasty
맛없을잠(無味、漸—)。

【⿰食庶】(저) 御 ショ、ぶたえさ food of pigs
돼지밥저(豕食)。

【饉】(근) 震 キン、うえる famine ㄐㄧㄣˇ chin³
小篆 草書 푸성귀흉년들근(無穀曰飢無菜曰—)。【論語】因之以飢—。

十二畫

【饊】(산) 旱 サン、おこし rice-cake
小篆 산자산(餦餭敖稻)。

【饊子:산자】기름에 지져 만든 飮食。또는 環餠。추위를 견디기 위한 飮食物로서 옛말로 寒具라고도 함。粔籹。

【⿰食景】(영) 梗 エイ、こなもち be satiated
배부를영(飽滿)。

【饋】(궤) 寘 キ、すすめる offer a meal
小篆 草書 ❶진지올릴궤(進食於尊)。【周禮】膳夫掌王之—。❷먹일궤(餉也)。

【饋給:궤급】食物을 보내어 나누어 줌。『宋史』所在量軍儲——。

【饋貧糧:궤빈량】가난한 사람이 먹을 것을 얻음。《喩》無學者가 많이 얻어 듣게 됨。

【饋食:궤식】❶古代 吉禮의 한 가지。❷제사 때 익은 음식을 제물로 바침。❸음식을 보냄。餽餉。❹食事。

【饋遺:궤유】물건을 보냄。

【饋奠:궤전】제물을 갖추어 神에게 제사를 지냄。또는 그 제물。『禮記』可以與於——之事乎。

【饋賀:궤하】선물을 보내어 축하함。

【饋恤:궤휼】불쌍한 사람에게 물건을 주어 구제함。

【⿰食朁】(침) 寑 シン、うまい somewhat sweet
달콤할침(味小甘)。

【饌】(찬) 潸 セン、そなえもの side-dish ㄓㄨㄢˋ chuan⁴ (同音「전」)
小篆 或體 草書 반찬찬(具食)。【儀禮】具官—于寢東。

【饌價:찬가】반찬을 만드는 데 소용되는 돈。

【饌間:찬간】반찬을 만드는 곳。

【饌庫:찬고】찬광。

【饌具:찬구】❶반찬을 담는 그릇。❷반찬을 차림。【周禮】供王膳羞飮食——之事。

【饌母:찬모】남의 집에서 반찬을 만들어 주는 여자。

【饌物:찬물】반찬거리。

【饌房:찬방】반찬거리 같은 것을 넣어 두는 방。

【饌膳:찬선】음식물。

【饌需:찬수】반찬 거리나 그 종류。

【饌用:찬용】반찬 거리。또는 찬거리로 드는 비용。

【饌肉:찬육】반찬을 만드는 쇠고기。

【饌欌:찬장】잔 그릇과 음식 따위를 넣어 두는 장。

【饌庖:찬포】❶푸줏간。❷옛날 그 지방의 권세가에게 쇠고기를 대던 푸줏간。

【饌品:찬품】=饌需。

【饌盒:찬합】반찬이나 술안주 따위를 담는 여러 층으로 된 그릇。◎飯—、盛—、素—、酒—。

【饍】(선) 霰 ゼン、おかず side-dish ㄕㄢˋ shan⁴
차반선、반찬선(美食)。【周禮】膳夫掌王之—羞。(『膳』과 같음)

【饍御:선어】天子의 飮食。『晉書』。

【饎】㊀(치) ㊁(희) 寘 支 シ、キ、ごちそう food and drink ㄔˋ ch'ih⁴
小篆 或體 或體 草書 ㊀술밥치(酒食)。【詩經 小雅天保】吉蠲爲—是用孝享。㊁서속찔치(炊黍稷)。【儀禮】主婦視—爨于西堂下。

【饎人:치인·희인】《制》周代의 벼슬 이름。炊事의 일을 맡아 보았음。

【饏】(담) 感 タン、あじがない be not tasty
맛없을담(無味)。

【饐】㊀(의) ㊁(애) 寘 霽 イ、エイ、すえる turn sour; go bad ㄧˋ i⁴
小篆 草書 ㊀밥쉴의(飯傷濕臭味變)。【論語】食—而餲。㊁뜻은 ㊀과 같음。

【饐結:의결】鬱結해서 답답함。

【饐瓜:의과】쉰 오이。『聞見錄』。

【饑】(기) 微 キ、うえる starve; hungry
❶흉년들기(穀不熟)。❷주릴기、굶주릴기(餓也)。

【饑渴:기갈】굶주림과 목마름。음식물이 귀한 것。飢渴。

【饑窮:기궁】배가 고파서 몹시 고생을 함。『漢書』彼——自降、不過數十日決矣。

【饑饉:기근】凶年。곡식이 익지 않음을 饑、채소가 잘 되지 않음을 饉이라 일컬음。『論語』加之以師旅、因之以——。

【饑饉輸出:기근수출】국민이 굶주려 가며 국내 소비를 억제하고 하는 수출。

【饑年:기년】=凶年。

【饑餒:기뇌】=饑餓。『孟郊』裂血失鳴聲。啄餒甚——。

【饑溺:기닉】굶주림과 물에 빠져 헤어나지 못함。《喩》백성의 절박한 생활。절박한 民生苦。『楊載』不妨山水樂吾樂、豈有——憂民憂。

【饑狼:기랑】굶주린 이리。《喩》위협한 것。『仲長統』——守庖厨、飢虎牧牢豚。

【饑民:기민】굶주린 국민。

【饑死:기사】=餓死。「——」。

【饑色:기색】굶주린 안색。『孟子』民有

【饑歲:기세】=凶年。

【饑餓:기아】굶주림。飢餓。『孟子』朝不食、夕不食、——不能出門。

【饑餓線:기아선】굶주리는 고비。

【饑餓賃金:기아임금】굶어 죽지 않을 정도로 주는 품삯。

【饑腸:기장】굶주린 창자。『韓愈』婪酣大肛遭一飽、——徹死無由鳴。

【饑飽:기포】굶주림과 배 부름。『北史』食客恒數十人、同其——。

【饑寒:기한】배 고프고 추움。飢寒。『後漢書』昨得公孫豆粥、——俱解。

【饑戶:기호】❶굶주리고 있는 집。❷凶年에 굶을 정도로 가난한 집。

【饑荒:기황】饑饉。

【饒】(요) 蕭 ジョウ、ニョウ、ゆたか fertile; rich ㄖㄠˊ jao²
小篆 草書 ❶용서할요(—貸、寬恕)。【杜甫詩】日月不相—。❷넉넉할요(豐也)。❸배부를요(飽也)。❹남을요(餘也)。❺더할요(益也)。

〔漢書〕陳平娶張氏資用益ㅣ。❻즐길요(逸也)。❼두터울요(厚也)。❽땅걸찰요(ㅣ肥、地味)。
【饒居:요거】 넉넉하게 삶음。
【饒給:요급】 넉넉함。豊富하게 함。饒侈。〔漢書〕及孝武時、國用ㅣㅣ。
【饒多:요다】 넉넉하고 많음。〔戰國策〕蓄積ㅣㅣ。
【饒貸:요대】 너그럽게 용서함。「져 줌。
【饒命:요명】 목숨을 도와 줌。목숨을 건짐。
【饒民:요민】 살기가 넉넉한 백성。
【饒富:요부】 豊富함。물건을 많이 소유함。〔漢書〕多齎珍寶猛獸、欲視ㅣㅣ用怖山東。
【饒奢:요사】 뽐내고 사치함。뽐냄。〔晉書〕上ㅣㅣ、下儉逼之妖也。
【饒舌:요설】 잘 지껄임。말이 많음。〔隋書〕ㅣㅣ老母不得語。
【饒沃:요옥】 땅이 매우 기름짐。땅이 걸고 기름져 產物이 넉넉함。〔晉書〕襄陽淮南ㅣㅣ地。
【饒益:요익】 財物이 넉넉하고 많음。優饒。〔史記〕七十子之徒、賜最爲ㅣㅣ。
【饒人:요인】 남과 다투지 아니함。남에게 양보함。남을 용서함。
【饒優:요우】 ❶넉넉하고 많음。饒足。〔易林〕得利ㅣㅣ。❷(佛)이익을 줌。
【饒足:요족】 넉넉하여 모자람이 없음。살림이 넉넉함。〔漢書〕國用ㅣㅣ。
【饒戶:요호】 살림이 넉넉한 집。
◎富ㅣ、豊ㅣ。

【餾】(류)『餾』(食部10畫)와 같음

十三畫

【䭇】(괴) 泰 カイ、くう eat (本音「괴」)
❶먹을괴(食也)。❷회괴(膾也)。

【饔】(옹) 冬 ヨウ、あさめし breakfast ㄩㄥ yung¹
小篆 草書 ❶아침밥옹(朝ㅣ)。〔孟子〕ㅣ飱而治。❷밥옹(熟食)。〔詩經〕有母之尸ㅣ。
【饔膳:옹선】 잘 차린 맛 있는 음식물。饔은 익힌 음식、膳은 갖춰 차린 음식。
【饔飧:옹손】 아침밥과 저녁밥。또는 그 식사를 차리는 것。
【饔正:옹정】 (制)饔人의 우두머리。
【饔餼:옹희】 죽인 희생과 산 희생。

【饎】(치)(희)『饎』(食部12畫)와 같음

【䭞】(역) 陌 エキ、すえる turn sour; go bad
❶밥쉴역(飯之酸敗)。❷다음날제사역(祭之明日)。

【䭑】(렴) 琰 レン、まずい be not tasty
맛없을렴(無味)。

【䭠】(겸) 琰 ケン、いのる pray
❶물리지않을겸(不厭)。❷빌겸(祈也)。

【饖】(예) 隊 エイ、くさりめし smell of decayed
小篆 밥상한냄새날예(飯之腐臭)。

【饕】(도) 豪 トウ、むさぼる devour ㄊㄠ t'ao¹
小篆 或體 籀文 草書 탐할도(ㅣ餮、貪財嗜食)。〔左傳〕一比三凶謂之ㅣ餮。
【饕戾:도려】 貪慾하고 悖戾함。〔蔡邕〕ㅣㅣ是黜、英才是烈。
【饕餮:도철】 ❶돈이나 음식을 탐냄。❷사람을 먹는 다는 惡獸。(喩)貪慾한 惡人。
【饕餮文:도철문】 中國 固有의 무늬。中國 古代의 器物、특히 周代 銅器에서 볼 수 있는 두 개의 눈을 主體로 하는 기이한 무늬。〔晉書〕天下之民、以比三凶、謂之ㅣㅣ。

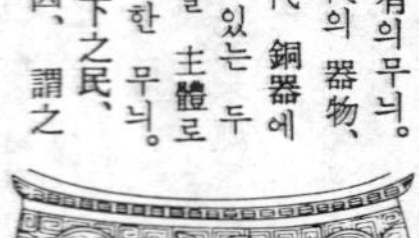
饕餮鼎(西清續鑑)

【饕餮仙:도철선】 욕심 많은 道士를 비방하여 일컫는 말。

漢饕餮鼎(西清續鑑)

【饗】(향) 養 キョウ、もてなす entertain ㄒㄧㄤ hsiang³
小篆 草書 ❶잔치할향(大飮賓)。〔詩經〕一朝ㅣ之。❷흠향할향(祭而神歆)。〔詩經〕旣右ㅣ之。
【饗慶:향경】 경사를 받음。
【饗告:향고】 조상의 영혼에 供養物을 바쳐 제사함。〔唐書〕ㅣㅣ如宗廟。
【饗禮:향례】 ❶잔치를 베풀어 대접함。❷손님을 청하여 향응하는 의식。또는 예의。
【饗報:향보】 ❶융숭하게 대접하여 그 공덕에 보답함。〔晉書〕昭告神祇、ㅣㅣ功德。❷神에게 제사하고 그 공덕에 보답함。
【饗設:향설】 잔치를 베풂음。
【饗宴:향연】 酒食을 베풀어서 대접하는 잔치。〔晉書〕停ㅣㅣ之禮。
【饗應:향응】 특별히 마음 써서 융숭하게 대접함。또는 그 대접。

【𩟔】(농) 江 トウ、むりにくう be forced to eat
억지로먹을농(强食、䭢ㅣ)。

【饘】(전) 先 セン、かゆ rice-gruel ㄓㄢ chan¹
小篆 草書 범벅전(厚粥糜)。〔禮記〕厚曰ㅣ、希曰粥。
【饘酏:전이】 죽과 미음。된 죽과 묽은 죽。

【饙】(분) 文 フン、むしめし half-boiled rice ㄈㄣ fen¹
❶설익은 밥분(半蒸飯)。❷밥을찔분(蒸飯)。〔爾雅註〕呼餐飯爲ㅣ。
【饙餾:분류】 찜。찜질。〔韓愈·南山詩〕或如火熺焰、或若氣ㅣㅣ。〔注〕孫炎曰、蒸之曰饙、均之曰餾、今呼餐飯爲饙、饙熟爲餾。

十四畫

【𩟸】(은) 願 イン、あく be nearly satiated
小篆 배부르려할은(食欲飽、ㅣ饐)。

【䭨】(확) 藥 ワク、うすいあじ be not salted enough (本音「곽」)
싱거울확(味薄)。〔伊尹曰〕甘而不餶肥而不ㅣ。

【䭢】(녕) 庚 ドウ、むりにくう be forced to eat
억지로먹을녕(强食、ㅣ𩟔)。

【饛】(몽) 東 ボウ、やまもり serve rice brimful ㄇㄥ mêng²
小篆 草書 밥수북히담을몽(器滿)。〔詩經〕有ㅣ殞。

【饜】(염) 豔 エン、あきる satiated ㄧㄢ yen⁴
草書 싫을염、물릴염(飽也、足也)。〔孟子〕ㅣ酒肉而後反。

【饜飫:염어】 싫도록 제 식욕을 채움。 飽食。 厭飫。 『陸游』豹胎日——。

【饜足:염족】 ❶싫도록 먹고 마심。 ❷싫증이 나도록 만족함。 만족함。

十五畫

【籑】 (찬) 『饌』(食部12畫)과 같음

【⿰飠截】 (절) 屑 セツ、くう eat
먹을절(食也)。

十六畫

【⿰飠褱】 (회) 卦 カイ、めしをうる sell boiled rice
밥팔회(飯販)。

十七畫

【饞】 (참) 咸 サン、むさぼる be greedy
草書 탐할참(饕也)。 ㄔㄢˊ ch'an² 【韓愈詩】雖食八九無饞名。

【饞嗜:참기】 어떤 일에 깊이 마음을 붙이고 즐김。 『譚子』——者、必忘於痛苦、饑窘者、必輕於性命。

【饞吻:참문】 굶주려 먹을 것을 탐내는 입。 『范成大』朝來里中子、——不待熟。

【饞涎:참연】 굶주렸을 때 먹을 것을 보고 흘리는 침。 맛 있는 것을 보고 침을 흘림。 『陸游』麴車未用墮——。 《喩》먹을 것을 탐내는 사람을 비웃는 말。

十八畫

【⿰飠巂】 一(수) 支 二(세) 霽 三(예) 霽 四(휴) 齊 スイ、セイ、まつる services of one's ancestors
一 먹을수(食也)。 二 ❶차려지낼세(餟也)。 ❷제사세(⿰飠兌也)。 三 뜻은 二와 같음。 四 끼칠휴、줄휴(飴也)。

十九畫

【饡】 (찬) 翰 サン、しるかけめし soup rice
小篆 국만밥찬(以羹澆飯)。

【⿰飠靡】 (마) 歌 マ、こどもにくわせる feed a baby
어린아이에게먹일마(哺小兒)。

首 部

【首】 一(수) 有 二(수) 宥 シュ、くび、かしら head; chief ㄕㄡˇ shou⁴
小篆 草書 一 ❶머리수(頭也)。 『易經』乾爲—。 ❷먼저수(先也)。 ❸비롯할수、처음수(始也)。 『公羊傳』春秋雖無事—時過則書。 ❹임금수(君也)。 『書經』元—起哉。 ❺우두머리수(—領)。 『書』告汝羣言之—。 ❻괴수수(戎—魁帥)。 二 ❶향할수(嚮也)。 『戰國策』以奏之强—之。 ❷꾸벅거릴수、자백할수(有咎自陳)。 『漢書』驕慢不—。 ❸시한편수(詩歌一篇)。 ❹항복할수(降服)。

【首擊:수격】 격구에서 처음 시작할 때 맨먼저 공을 치게 되던 사람。

【首功:수공】 ❶싸움터에서 적군의 머리를 자른 공훈。 『史記』彼秦者棄禮義、而上——之國也。 ❷일등의 공훈。

【首魁:수괴】 ❶앞장을 선 사람。 ❷頭目。 張本人。 ❸《法》內亂 등을 지도하고 앞장서서 실행하는 사람。

【首句:수구】 첫머리가 되는 구절。

【首邱初心:수구초심】 여우가 죽을 때 머리를 제가 살던 언덕 쪽으로 향하여 죽는다 함。 《轉》고향을 생각하는 것。

【首卷:수권】 한 벌 책의 그 첫째 권。

【首級:수급】 싸움터에서 벤 적군의 머리。 (秦代의 法은 한 사람의 적군의 목을 베면 一級의 官位를 승진시켰으므로 머리 하나를 一級이라 일컬음)。 『北史』短刀接刃、親獲——。

【首肯:수긍】 ❶그러하다고 고개를 끄떡임。 ❷옳음을 인정함。 同意함。 贊意를 표함。 『制府錄』張公——久之。

【首腦:수뇌】 우두머리。 중요한 자리를 맡고 있는 사람。

【首腦部:수뇌부】 어떠한 기관의 수뇌가 되는 간부급。

【首都:수도】 ❶=首府。 ❷《制》한 道 안에서 監營이 있는 곳。

【首途:수도】 처음으로 旅程에 오름。 여행을 떠남。 『杜甫』登降將——。

【首頭:수두】 무슨 일에 앞장 선 사람。 首頭者의 略語。

【首頭者:수두자】 어떤 일에 앞장을 서서 가로 맡은 사람。

【首聯:수련】 첫머리의 聯句。

【首領:수령】 ❶머리。 목。 ❷한 당파의 우두머리。 頭目。 『左傳』得保——以沒。

【首虜:수로】 首級과 捕虜。 『漢書』捕——數千、遂取河南地、爲朔方郡。

【首露:수로】 犯人이 자기의 罪過를 뉘우치고 직접 피해자에게 自白함。

【首謀:수모】 우두머리가 되어 일을 꾀함。 또는 그 사람。 主謀。 『漢書』將軍王恢坐——不進、下獄死。

【首謀者:수모자】 일을 꾸며 꾀하는 우두머리。

【首尾:수미】 ❶머리와 꼬리。 ❷일의 처음과 끝。 本末。 始終。 ❸처음부터 끝까지 같이 함。

【首尾相應:수미상응】 서로 응하여 어울림。

【首尾相接:수미상접】 서로 이어 끊어지지 않음。

【首班:수반】 ❶第一의 席次。 首席。 ❷《法》行政府의 우두머리。

【首班地:수반지】 《佛》末寺 가운데서 으뜸 가는 절。

【首番:수번】 상여군의 우두머리。

【首犯:수범】 우두머리 되는 범인。

【首伏:수복】 自首하여 형벌을 받음。 首服。 『棠陰比事』今欲——。

【首服:수복】 ❶=首伏。 ❷머리 치장。 冠。 『周禮』主王后之——。

【首富:수부】 첫째 가는 富者。 甲富。

【首寺:수사】 道나 郡 안에서 으뜸가는 절。 首刹。

【首相:수상】 《法》❶內閣의 우두머리。 國務總理。 內閣總理大臣。 ❷《國》議政府의 우두머리。 領議政。 ❸大臣職에 있어서 首席者。 『宋史』韓琦爲——、法令典故問曾公亮、文學之事問歐陽修、三人同心輔政。

【首書記:수서기】 《制》지방 관청의 으뜸이 되는 서기。

【首鼠兩端:수서양단】 어느 쪽으로도 마음을 정하지 못하고 의심하여 주저하는 것。 어느 쪽으로도 붙지 않고 양다리를 걸치는 것。 『史記』何爲——。

【首席:수석】 맨 윗 자리。 第一席。

【首線:수선】 《數》직선이 한 점의 주위로 돌 때 그 출발할 자리를 정하는 일정한 직선。

【首善:수선】 敎化의 처음。 天下의 모범을 세움。 『後漢書』故敎化之行也、建——、自京師始。

【首善之地 수선지지】 首都。 다른 곳보다 나은 지위라는 뜻에서 온 말。

【首歲:수세】 그 해의 처음。 곧 正月。 『梁元帝纂要』孟春曰——。

【首僧:수승】 중의 우두머리。

【首飾:수식】❶婦女의 머리에 꽂는 장식품。❷목걸리。
【首實:수실】사실을 自白함。
【首惡:수악】惡人의 우두머리。張本人。元兇。『春秋繁露』春秋之聽獄也、ㅡㅡ者罪特重。
【首陽山:수양산】《地》中國 山西省 永濟縣의 남쪽에 있는 山。伯夷·叔齊가 이 山에서 節義를 지켜 굶어 죽었다 함。
【首譯:수역】首席의 譯官。
【首位:수위】첫째 자리。우두머리자리。
【首題:수제】공문서의 첫머리에 쓰는 제목。標題。
【首弟子:수제자】여러 弟子 가운데서 가장 뛰어난 弟子。으뜸가는 弟子。
【首足:수족】머리와 발。頭足。『儀禮』父子、ㅡㅡ也。
【首座:수좌】❶《佛》㉠禪宗의 僧堂에서 座禪 중의 우두머리 되는 중。『釋氏要覽』ㅡㅡ之名、即上座也。㉡《國》禪院에서 참선하는 중。㉢國師의 尊稱。❷첫째의 자리。맨 윗자리。
【首罪:수죄】❶가장 무거운 죄。❷共犯者 가운데서 主犯이 되는 罪人。主犯。
【首職:수직】우두머리 벼슬。
【首絰:수질】상제가 喪服을 입을 때 머리에 두르는 짚과 삼으로 만든 테。

首絰 (四書引蒙略圖解)

【首創:수창】맨 먼저 창설함。
【首唱:수창】❶앞장 서서 주창함。또는 그 사람。『南史』我ㅡㅡ大義、興復王室。❷여러 사람 가운데서 맨 먼저 詩를 지은 사람。
【首勳:수훈】첫째 가는 큰 공훈。◎魁ㅡ、卷ㅡ、黨ㅡ、白ㅡ、部ㅡ、歲ㅡ、元ㅡ、自ㅡ、賊ㅡ。
【𩠐】(수)『首』(前條)의 本字

二畫

【馗】㊀(규) 支 ㊁(구) 尤 キュウ、キ、みち cross-road ㄎㄨㄟˊ k'uei²
小篆 草書 ㊀❶아홉거리규(九達道)。❷귀신이름규(鬼名、鐘ㅡ)。㊁버섯이름구(菌名也)。

五畫

【馛】(발)『髮』(髟部 5畫)의 古字

六畫

【䭫】(계) 薺 ケイ、ぬかずく nod one's head
小篆 조아릴계(下首)。(『稽·䭫』와 같음)

八畫

【馘】(괵) 職 陌 カク、みみきる decapitate ㄍㄨㄛˊ kuo⁴
草書 ❶왼편귀베어바칠괵(軍法獲而不服則殺而獻其左耳)。『詩經』攸ㅡ安安。❷목벨괵(軍前斷首)。
【馘首:괵수】❶목을 벰。『陳琳』克俊ㅡ、梟其魁雄。❷官職에서 물러나게 함。
【馘耳:괵이】귀를 벰。벤 귀。『魏收』塞川滿野、ㅡㅡ截鼻、以千萬計。

九畫

【䭭】(수) 有 シュ、はつご first child
첫아이수(初産兒)。

十畫

【䭮】(불) 物 フツ、くびかざり headdress
이마드림불(婦人首飾額前飾)。

十一畫

【䭪】(괵)『馘』(首部 8畫)의 俗字

香 部

【香】(향) 陽 キョウ、コウ、かおり fragrance ㄒㄧㄤ hsiang¹
小篆 草書 ❶향내향、향기향(氣芬芳)。『書經』至治馨ㅡ感于神明。❷약이름향(藥名丁ㅡ沈ㅡ乳ㅡ)。
【香匣:향갑】향을 담는 상자。또는 갑。
【香車:향거】아름다운 수레。『李嶠』浮雲之寶騎、頓流水之ㅡㅡ。
【香櫃:향궤】향을 담는 궤。
【香氣:향기】향기로운 냄새。향냄새。『大智度論』譬如妙高、一人賣一人買、旁人在邊亦得ㅡㅡ。
【香囊:향낭】향을 넣어 차고 다니는 말총으로 짠 주머니。『晉書』兩婢持ㅡㅡ。
【香茶:향다】좋은 향기가 나는 차。
【香臺:향대】❶향로를 올려 놓는 臺。❷佛殿의 別名。
【香徒:향도】상둣군。상여군。
【香爐:향로】향을 피우는 조그만 화로。『南史』侯景牀東邊ㅡㅡ、無故墮地。

香爐 (三才圖會)

【香蓼:향료】《植》기생여뀌。여뀌과에 딸린 풀。
【香料:향료】❶향내를 풍기는 물품。그윽한 향기를 품고 있는 원료。❷향을 바치는 대신에 죽은이의 靈前에 바치는 돈。香典。香奠。
【香木:향목】❶좋은 향기가 나는 나무。『五代史』其表以具葉書之、以ㅡㅡ爲函。❷《植》향나무。솔科에 딸린 常綠喬木。
【香夢:향몽】꽃 밑에서 꾸는 꿈。향기로운 꿈。『武元衡』春風一夜吹ㅡㅡ、夢逐春風到落城。
【香味:향미】음식물의 향기로운 맛。
【香味料:향미료】약품 또는 음식물을 향기롭게 하는 원료。
【香附子:향부자】《醫》莎草의 地下莖。위장병이나 월경의 약재로 씀。
【香使:향사】祭享 때에 향을 맡아 보살피던 관리。「號。
【香山居士:향산거사】唐 白居易의 別號。
【香牀:향상】향로나 향합을 올려 놓는 상。
【香雪:향설】향기가 있는 눈이라는 뜻으로 흰 꽃을 눈에 견주어서 하는 말。
【香蔬:향소】《植》참취。
【香水:향수】❶향내를 풍기는 물。『白居易』ㅡㅡ盆中浴鳳雛。❷화장품의 한 가지。香料를 酒精에 풀어 만든 액체。❸《佛》佛前에 올리는 물。
【香薷:향수】《植》풀의 이름。香氣가 짙은 野生의 植物。

香薷 (三才圖會)

【香辛料:향신료】고추·후추·겨자·깨·마늘·파 따위와 같이 식물의 종자·잎·줄기·뿌리 따위로 음식물에 매운 맛이나 향기를 주는 調味料。
【香蕈:향심】《植》표고。松相科에 딸린 버섯의 한 가지。食用으로 쓰임。
【香案:향안】향로나 향합을 올려 놓는

상。香床。『唐書』薰爐ㅣㅣ。

【香魚:향어】《動》은어의 別名。『甌江逸志』ㅣㅣ、鱗細不腥。

【香煙:향연】❶향 피우는 연기。❷부처에 바친 향의 연기。❸子孫이 先祖를 제사하는 것。❹향기로운 내가 나는 담배。

【香纓:향영】❶옛날 여자들이 차고 다니던 향을 넣은 주머니。❷향을 넣은 주머니。

【香雲:향운】❶한창 흐뭇하게 핀 흰 꽃。❷구름처럼 떠올라가는 향불의 연기。

【香油:향유】❶좋은 냄새가 나는 기름。❷=香水。❸《國》참기름。

【香餌:향이】❶냄새가 구수한 미끼。❷사람의 마음을 꾀는 재물 따위。

【香獐:향장】《動》궁노루。

【香祖:향조】蘭의 別名。

【香橙:향증】《植》광귤나무。藝行科에 속하는 常綠濶葉 灌木。原產地는 印度이며, 우리 나라에서는 濟州島에 분포되어 있음。

【香草:향초】향내가 좋은 풀。또는 담배。『爾雅·註』ㅣㅣ葉小如菱狀。

【香蕉:향초】《植》바나나。아시아의 열대 지방에 남。

【香燭:향촉】제사에 쓰는 향과 초。

【香祝:향축】제사에 쓰는 향과 祝文。

【香椿:향춘】《植》참죽나무。

【香臭:향취】❶=香氣。❷香氣와 惡臭。『易林』不知ㅣㅣ。

【香卓:향탁】향로를 올려 놓는 좁은 상。

【香湯:향탕】염습할 때 시체를 씻기 위하여 향을 넣어 달인 물。

【香盒:향합】제사 때 쓰는 향을 담는 합。香合。

香盒(三才圖會)

【香港:향항】《地》홍콩(Hongkong)。廣東省 寶安縣의 東南 海中에 있는 섬이름。阿片戰爭의 결과 南京條約에 의하여 清 道光 二二년에 清이 英國에게 租借하였음。세계적인 自由貿易港임。

【香魂:향혼】❶꽃의 향기。❷美人을 꽃에 비유하여 그 넋을 일컬음。『沈佺期』借老言何謬、ㅣㅣ事永違。

【香火:향화】❶향불。『南齊書』先焚ㅣㅣ、嗚咽流涕。❷제사 또는 佛供을 일컬음。

【香花:향화】부처 앞에 바치는 향과 꽃。香華。

【香薰:향훈】꽃다운 향기。◎芳ㅣ、焚ㅣ、燒ㅣ、暗ㅣ、餘ㅣ、淸ㅣ。

四 畫

【馩】㊀(별) 屑 ㊁(함) 覃 カン、かおる be fragrant

㊀갑자기 향기날 별(香發)。㊁뜻은 ㊀과 같음。

五 畫

【馛】(발) 曷 ハツ、かんばしい smell fragrant

향기날 발(香也)。

【馝】(필) 質 ヒツ、かんばしい smell fragrant

향내날 필(馨香)。

【馝刊:필간】複姓。『通志·氏族略·代北複姓』ㅣㅣ氏改爲刊氏。「ㅣ香也。

【馝馞:필불】크게 향기로움。『集韻』ㅣ

七 畫

【馞】(발) 月 ハツ、かんばしい smell stingily fragrant

향내물큰날 발(大香、馝ㅣ)。

八 畫

【馠】(함) 覃 カン、かんばしい smell fragrant

향기날 함(香也)。

【馡】(별) 屑 ヘツ、かんばしい smell somewhat fragrant

조금 향기날 별(小香貌)。

【馡齊:별제】나무 이름。波斯國에 자람。七月、그 가지를 자르면 黃汁이 나옴、蜜과 비슷하며 香氣가 남。『酉陽雜俎·廣動植·木篇』。

【馡】(비) 微 ヒ、かおり fragrance

향기비(ㅣㅣ香氣)。『楚辭』芳菲兮滿堂。(『菲』와 通함)

【馢】(전) 先 セン、こうのき Chinese juniper

향나무 전(香木名)。

【馣】(암) 覃 感 アン、かんばしい fragrance

향내 암(ㅣㅣ香氣)。

【馣馤:암담】香氣。『集韻』ㅣㅣ、香氣。

【馣馤:암애】香氣。『集韻』馣、ㅣㅣ、香氣也。

九 畫

【馤】(애) 泰 アイ、かおり fragrance

향기애(香氣)。『韓愈詩』逕蘭銷晩ㅣ。

【馥】(복) 屋 フク、かおり fragrance ㄈㄨˋ fu⁴

小篆 草書 향기 복(芬ㅣ、香氣)。

【馥馥:복복】=馥郁。『嵇康』ㅣㅣ蕙芳、順風而宣。

【馥郁:복욱】향기 높은 모양。馥馥。『遼史』蕭后生有雲氣、ㅣㅣ久之。

十 畫

【馦】(향) 陽 コウ、かんばしい smell stingily fragrant

향내물큰날향(香氣)。

【馦】(옹) 董 オウ、かんばしい smell fragrant

향내날옹(香也)。

【馦】(험) 鹽 ケン、こうばしい flavorous

고소할험(香味)。

【馦儒:험유】淸、陳之蘭의 字。

【馧】(온) 文 ウン、かんばしい fragrance

향기온(馧ㅣ、香氣)。

十一 畫

【馨】㊀(형) 青 ㊁(형) 敬 ケイ、キョウ、かおる fine scent

小篆 草書 ㊀향내멀리날형(香遠聞)。『書經』黍稷非ㅣ明德惟ㅣ。㊁이러할형(寧ㅣ、語辭)。『晉書』何物考嫗生此寧ㅣ兒。

【馨氣:형기】향기。냄새。『書經·傳』政治之至者、芬芳ㅣㅣ、動于神明。

【馨香:형향】향기로운 냄새。그윽한 향기。『書經』至治ㅣㅣ、感于神明。

十二 畫

【馩】(분) 文 フン、かんばしい fragrance

향내분(香臭)。

【馪】(담) 覃 タン、かんばしい fragrance

향내담(香氣)。

馬 部

【馬】(마) 馬 バ、メ、マ、うま horse ㄇㄚˇ ma³

小篆 古文 籀文 草書 ❶말마(武獸乘畜生

於午稟火氣無膽)。【易經】乾爲ー。❷아지랑이마(野田浮氣)。【莊子】野ー也塵埃也生物之以息相吹也。❸추녀끝마(屋四角)。【景福宮賦】承以陽ー接以圓方。❹벼슬이름마(官名、司ー)。❺나라이름마(ー韓朝鮮古國名)。❻【新字】마르크(Mark, 獨逸貨幣單位)。

【馬脚:마각】❶말다리。馬足。【後漢書】互抱班超ーー不得行。❷걸치레 하였던 本性。眞相。

【馬脚露出:마각노출】숨기고 있던 간사한 꾀가 부지중에 드러남。

【馬肝石:마간석】(鑛)벼루를 만드는 데 쓰는 붉은 돌。

【馬肝紅:마간홍】짙붉은 빛깔。

【馬甲:마갑】❶말에 입히는 갑옷。【五代史】晉高祖ーー斷、知遠以所乘馬授之。❷(動)조개의 한 가지。❸背心의 俗稱。❹(制)淸代 八旗 兵士의 하나。

❶ 馬甲 (三才圖會)

【馬車:마거·마차】말이 끄는 수레。㉠사람을 태우는 수레。㉡짐을 실는 수레。【後漢書】賈人不得乘ーー。

【馬耕:마경】말을 부려서 논밭을 갊음。

【馬薊:마계】❶(植)삽주。❷(醫)白朮。

【馬官:마관】察訪의 別名。「옷。마고자。

【馬褂子:마괘자】저고리 위에 덧 입는

【馬具:마구】말을 부리는 데 쓰는 기구。【晉書】謹奉輸ーー裝百具步鎧五百領。

馬上諸器圖 (三才圖會)

【馬韮:마구】(植)겨우살이 풀。

【馬廐:마구】마굿간。馬舍。馬廐間의 略語。【漢書】壞以爲ーー。

【馬軍:마군】=騎兵。

【馬券:마권】競馬할 때에 파는 勝馬投「票券。

【馬券稅:마권세】(法)馬券에 붙는 세금。

【馬克:마극】(經)Mark의 音譯。獨逸의 貨幣 單立。

【馬尼剌:마니랄】(地)Manila의 音譯。比律賓의 首都。

【馬頭:마두】❶말의 머리。馬首。【李白】雲傍ーー生。❷말의 위。❸埠頭。❹(佛)몸은 사람같고 머리는 말과 같이 생겼다는 地獄의 獄卒。❺(制)驛馬를 맡아 보던 사람。

【馬頭納采:마두납채】혼인 날에 가지고 가는 납채。보통으로는 납채를 혼인 전에 보냄。

【馬頭娘:마두랑】누에의 神。【原化傳拾遺】。

【馬兜鈴:마두령】(植)쥐방울。

【馬頭出令:마두출령】갑자기 명령을 내림。

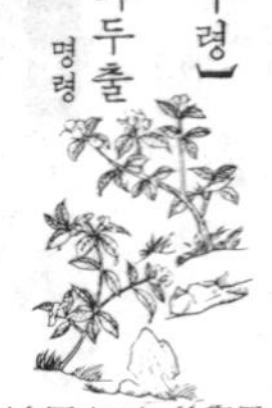

馬兜鈴 (三才圖會)

【馬頭戲:마두희】줄다리기。

【馬糧:마량】말먹이。

【馬力:마력】❶(物)動力의 單位。약 한 필의 말의 힘에 의한 工率의 重力 單位로서 一초 동안에 七六瓩의 重量을 一米 움직이는 힘이며 電力으로는 七六와트에 상당함。❷짐을 실는 馬車。❸강한 體力。

【馬鬣:마렵】말갈기。

【馬齡:마령】❶말의 나이。❷자기 나이의 謙稱。

【馬鈴薯:마령서】(植)감자。

【馬路:마로】큰 길。

【馬鹿:마록】❶(動)고라니。❷바보。等神(등신)。【唐書】胡亥不能分ーー矣。

【馬蓼:마료】(植)말여뀌。개여뀌。

【馬陸:마륙】(動)노래기。

【馬藺:마린】(植)鳶尾科에 딸린 다년생 풀。봄에 흰바탕에 연보라 색의 줄이 진 꽃이 피어 관상용으로 흔히 심음。

【馬毛:마모】말의 털。

【馬木:마목】가마나 상여 따위를 올려 놓을 때 괴는 받침틀。

【馬尾:마미】❶말의 꼬리。❷말총。

【馬尾裙:마미군】말총으로 짜서 바지 모양으로 만든 옛날 여자의 옷。

【馬尾廛:마미전】말총을 팔던 가게。

【馬房:마방】마굿간이 있는 주막집。

【馬兵:마병】(制)❶騎兵。❷訓練都監에 속하던 騎兵。

【馬蜂:마봉】(動)말벌。 「사람。

【馬夫:마부】❶말구종。❷말을 부리는

【馬糞:마분】=馬矢。【唐書】賣苑中ーー、歲得二十萬緡。

【馬糞紙:마분지】종이의 일종。짚으로 만든 빛이 누르고 품질이 낮은 종이。

【馬史:마사】史記의 別名。→史記。【隋書】遠覽ーー班書。

【馬事會:마사회】말의 품종 개량과 부리고 다루는 법 따위를 연구 정리하는 단체。

【馬上:마상】❶말의 위。말의 등 위。❷(中)即時。迅速。

【馬上客:마상객】말을 탄 사람。

【馬上得天下:마상득천하】말을 타고 싸움터에서 적을 몰아치고 天下를 얻음。【漢書·陸賈傳】。

【馬上雙劍:마상쌍검】말 탄 武士가 두 손에 腰刀를 하나씩 가지고 하는 劍術。

【馬上月刀:마상월도】완전히 무장한 武士가 馬上에서 月刀를 가지고 하는 劍術。

【馬上才:마상재】달리는 말 위에서 부리는 온갖 재주。馬技。각 營門의 馬軍 가운데에서 뽑아 행함。

【馬上才軍:마상재군】달리는 말 위에서 온갖 재주를 부리는 병졸。

【馬癬:마선】(醫)말버짐。

【馬貰:마세】❶마삯。❷추수 때 마름이 소작료 외에 덧받는 벼。

【馬術:마술】말 타는 기술。

【馬乘:마승】네 필의 말。【大學】畜ーー、不察雞豚。

【馬矢:마시】말의 똥。말똥。馬糞。馬勃。【左傳】召惠伯、殺而埋之ーー之中。

【馬食:마식】❶말과 같이 많이 먹음。❷말과 같이 수저를 쓰지 않고 그릇에 ·입을 대어먹음。【史記】坐須賈於堂下、置坐豆其前、令兩黥徒夾而ーー之。❸말의 사료。 「絕ーー。

【馬鞅:마앙】말 뱃띠。【後漢書】拔佩刀

【馬圉:마어】❶마굿간。❷마부。圉人。【尉繚子】賞及牛童ーー。

【馬藝:마예】=馬上才。

【馬杌:마올】皇后나 皇貴妃가 앉던 椅子의 한 가지。

馬杌 (大淸會典圖)

【馬遠:마원】(人)南宋의 畫家。字는 欽山。唐 이후의 山水畫의 代表的 畫家。

【馬位田:마위전】(制)추수한 곡식을 驛馬의 먹이로 쓰는 밭。驛位田。

【馬肉:마육】말고기。

【馬蟻:마의】(動)왕개미。【酉陽雜俎】秦中多巨黑蟻好鬪、俗呼爲ーー。

【馬耳東風:마이동풍】(肩)남의 비평이나 의견을 조금도 귀담아 듣지 아니하

고 곧 흘려 버림。『李白』世人聞之皆掉頭、有如東風射馬耳。

【馬子:마자】 ❶賭博을 할 때 돈을 헤아리는 물건。 ❷오줌을 누는 그릇。요강。虎子。

【馬訾水:마자수】 鴨綠江의 옛 이름。

【馬腸:마장】 怪獸의 이름。얼굴은 사람 몸은 범을 닮아 사람을 잡아 먹는다 함。

馬腸(三才圖會)

【馬埸:마장】 말을 놓아 먹이는 곳。『北史』南北千里、爲牧地、今之——是也。

【馬賊:마적】 ❶말을 훔치는 도둑。 ❷말을 탄 匪賊。또는 그 떼。

【馬賊窟:마적굴】 마적들의 소굴。

【馬錢:마전】 ❶貨幣의 한 가지。 ❷풀의 이름。 ❸醫師에게 주는 往診料。

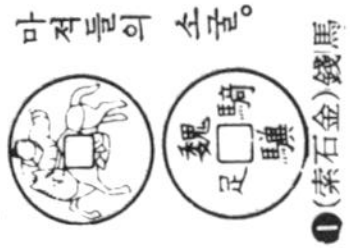

馬錢(金石索)❶

【馬丁:마정】 말을 부리는 사람。마부。

【馬政:마정】 馬匹의 改良 등에 관한 政令。『禮記』習五戎、班——。

【馬祭:마제】 馬祖에게 올리는 제사 이름。馬祖는 天駟星의 異名。

【馬蹄:마제】 ❶말의 발굽。『莊子』——可以踐霜雪。 ❷사람이 타고 있는 말。 ❸莊子의 篇名。

【馬蹄香:마제향】 아욱〔杜衡〕의 別名。

【馬弔:마조】 賭博에 쓰는 기구의 한 가지。骨牌와 같은 것。

【馬粥:마죽】 말죽。

【馬蛭:마질】 《動》말거머리。

【馬車:마차】 말에게 끌리는 수레。

【馬鐵:마철】 말굽에 대어 붙이는 쇳조각。편자。

【馬草:마초】 말에게 먹이는 풀。말꼴。

【馬超:마초】 《人》蜀漢五虎大將의 한 사람。子는 孟起、諡號는 威。茂陵 사람。蜀漢의 先主를 도와 驃騎將軍이 됨。

【馬箠:마추】 말 채찍。『史記』杖——、下趙數十城。

【馬醉木:마취목】 《植》철쭉과에 속하는 「常綠 灌木。

【馬太:마태】 말 먹이의 콩。

【馬駄:마태】 말에 실린 짐。

【馬板:마판】 ❶마굿간 바닥에 깐 판자。 ❷마소를 매어 두는 곳。

【馬牌:마패】 《制》지름 一〇糎 가량으로 만든 구리쇠의 둥근 패。한 쪽에 字號와 年月日을 새기고 한 쪽에는 말을 새기었음。말의 수는 한 마리로부터 열마리까지이고、大小 官吏가 公事로 지방에 나갈 때 驛馬를 징발하는 표로 썼음。

【馬鞭:마편】 말을 모는 채찍。『岑參』惜別添壺酒、臨岐贈——。

【馬皮:마피】 말 가죽。

【馬匹:마필】 말。『易經』——亡无咎。

【馬韓:마한】 《歷》三韓의 하나。古代 京畿道 일부、忠淸道 및 全羅道地方에 걸친 五〇餘 부족 국가로 이루어진 部落共同體로 이루워진 나라。

【馬銜:마함】 ❶말 재갈。 ❷海神의 이름。『木華』海童邀路、——當蹊。

【馬蚿:마현】 《動》노래기。

【馬鞋:마혜】 말 신。짚으로 만든 것。

【馬戶主:마호주】 驛馬를 맡아 기르는 驛人。

【馬黃:마황】 말의 배 속에 생기는 牛黃비슷한 凝結物。

【馬蟥:마황】 《動》거머리。

◎犬—、牽—、競—、軍—、弓—、騎—、竹—、駿—、天—、悍—。

二 畫

【馭】 (어) 御 ギョ、つかう drive; manage ㄩˋ yü⁴

小篆 草書 말부릴어、말어거할어(駕—使馬)。『周禮』掌—玉輅。

【馭極:어극】 임금의 即位。

【馭馬:어마】 말을 부림。

【馭夫:어부】 ❶《制》周代의 벼슬 이름。車馬에 관한 일을 맡아보았음。 ❷車馬를 다루는 사람。『周禮』——掌馭貳車從車使車。

【馮】 ㊀(빙) 蒸 ㊁(풍) 東 ヒョウ、フウ のる ride ㄆㄧㄥˊ p'ing²

小篆 ㊀ ❶탈빙(乘也)。 ❷업신여길빙(陵也)。『周禮』—弱犯寡。 ❸비길빙、의지할빙(依也)。『詩經』有—有翼。 ❹담다지는소리빙(擣堅聲)。『詩經』削屢——。 ❺걸어건늘빙(徒涉)。『易經』包荒用—河。 ❻말빨리걸을빙(馬行疾)。 ❼마주볼빙(相視)。 ㊁ ❶벼슬이름풍(官名—相)。 ❷성풍(姓也)。 ❸물귀신이름풍(水神名、—夷)。 ❹고을이름풍(郡名、—翊)。

【馮氣:빙기】 뽐내는 기운。

【馮怒:빙노】 크게 성냄。激怒。赫怒。

【馮隆:빙릉】 높고 큰 모양。憑隆。

【馮陵:빙릉】 세력을 믿고 남을 업신여김。침범함。侵陵。『左傳』介恃楚衆、以——我敝邑。

【馮馮:빙빙】 ❶단단한 소리의 형용。다지는 소리。 ❷많고 성한 모양。 ❸無形의 형용。『淮南子·天文』天墜未形、——翼翼。 ❹말이 빨리 달리는 모양。

【馮河:빙하】 黃河를 걸어서 건넘。《轉》無謀한 용기。『論語·述而』暴虎——。

【馮虛:빙허】 하늘보다 더 높이 오르고자 함。虛空에 몸을 맡김。

【馮夷:풍이】 ❶물의 神。河伯과 雨師의 이름。氷夷。河泊。 ❷陰陽을 맡아 보는 天神。『淮南子』——太丙之御。

三 畫

【馯】 ㊀(한) 寒 ㊁(간) 刪 カン、あれうま wild horse

草書 ㊀ ❶오랑캐한(東夷別名)。 ❷성한(姓也)。 ㊁ 검푸른말간、청총이말간(馬青黑色)。

【馯馬:간마】 사나운 말。駻馬。扞馬。『淮南子·氾論訓』欲以樸重之法、治旣弊之民、是猶無鏑銜橛策錣而御——也。

【馰】 (적) 錫 テキ、うまのけなみ spotted horse ㄉㄧˊ ti²

小篆 별배기적、소태성적(馬白額)。『爾雅』—顙白顚。

【馰盧馬:적로마】 《動》별박이。

【馰顙:적상】 이마가 흰 말。

【馱】 (타) 歌 タ、タイ、おわせる load ㄉㄨㄛˋ tuo⁴

小篆 ❶탈타(騎也)。『李白詩』吳姬十五細馬—。 ❷짐실을타(負荷以畜載物)。

【馱價:타가】 짐을 날라 주거나 져다 준 삯。

【馱馬:타마】 ❶짐수레를 끄는 말。『淸會典事例·兵部·馬政』每二名給——一匹。 ❷좋지 못한 말。

【馱背:타배】 등에 실음。등짐을 짐。『王禹偁』爲我——百卷書、穿皮露脊痕連腹。

【馱辯:타변】 쓸데없는 말。冗辯。

【馱負:타부】 말이 짐을 지는 것。『玉篇』馱、馬負貌。「運送貨。심부름삯。

【馱賃:타임】 馱馬에 依한 運送代金。《轉》

【馱載:타재】 짐을 실음。또는 荷物。『淸會典事例』至於包馬——行裝、勢所必需。

【馲】㊀(탁) 藥 ㊁(책) 陌 タク、チャク、らくだ camel
㊀약대탁(ㅣ駝、負重畜脊有肉鞍)。㊁트기책(驢父牛母、ㅣ[馬百])。【本草】牡驢交牛生者爲ㅣ[馬百]。

【馲[馬百]:탁맥】 수나귀와 암소 사이에서 난다는 짐승。『古今注』驢牡馬牝則生騾、騾卽ㅣㅣ也。

【馲駝:탁타】 약대。『方言』凡以驢馬ㅣㅣ載物者、謂之負他。

【馳】(치) 支 チ、はしる scuttle
小篆 草書 ❶달릴치(ㅣ騖、疾驅)。【左傳】公將ㅣ之。❷거동길치(ㅣ道、御路)。❸전할치(傳達)。【陸游詩】中人ㅣ詔初宣旨。

【馳車:치거】 ❶달리는 수레。❷수레를 달림。『孫子』ㅣㅣ千駟、革車千乘。

【馳驅:치구】 ❶말을 타고 달림。❷奔走하게 돌아다님。『孟子』吾爲之範我ㅣㅣ、終日不獲ㅣ。

【馳到:치도】 달음질하여 도달함。

【馳突:치돌】 힘차게 突進함。말을 달려서 거침없이 나아감。『杜甫』數騎彎弓、敢ㅣㅣ。

【馳獵:치렵】 말을 달려 사냥질함。『史記』出從千乘萬騎、東西ㅣㅣ、擬于天子。

【馳馬:치마】 말을 타고 달림。

【馳名:치명】 名聲을 높임。명예가 올라감。

【馳辯:치변】 말을 교묘히 잘 돌려댐。말을 잘함。『班固』ㅣㅣ如春波。

【馳報:치보】 빨리 달려 가서 알림。

【馳說:치설】 여러 나라를 돌아 다니며 자기의 주장을 선전함。遊說。

【馳詣:치예】 웃사람 앞으로 빨리 달려옴。馳進。『漢書』ㅣㅣ闕下。

【馳蹂:치유】 말을 달려서 짓밟음。『史記』則候秋熟、以騎ㅣㅣ而稼穡耳。

【馳走:치주】 달려서 감。『史記』南出ㅣㅣ。

【馳逐:치축】 ❶말을 달려서 뒤쫓음。❷競馬를 달려가서 쫓음。『漢書』ㅣㅣ野獸。함。

【馳驟:치취】 썩 빠름。『宋史』從義易衣跨驢、ㅣㅣ殿庭。

【馴】㊀(순) 眞 ㊁(훈) 問 ジュン、クン、ならす tame ㄒㄩㄣˊ hsün2·4
小篆 草書 ㊀❶길들일순(馬順擾也、從也)。『史記』其文不雅ㅣ。❷길들순(漸致)。【易經】ㅣ致其道。❸착할순(善也)。㊁❶순할훈(順也)。❷가르칠훈(敎也)。

【馴良:순량】 착함。善良。順良。

【馴鹿:순록】 《動》사슴의 한 가지。사슴과에 딸린 짐승。북쪽 추운 지방에 살음。암수가 다 뿔이 있음。

【馴服:순복】 길들여 따르게 함。馴伏。『史記』鳥獸多ㅣㅣ。

【馴象:순상】 사람이 길들여 勞役·曲藝 따위에 쓰이는 코끼리。길들인 코끼리。

馴 象 (三 才 圖 會)

【馴性:순성】 ❶사람에게 잘 따르는 짐승의 성질。❷남이 하라는 대로 잘 따라 실행하는 성질。

【馴雅:순아】 일에 익숙하고 고상함。

【馴養:순양】 동물을 길들여서 기름。『貢奎』主人ㅣㅣ情方狎。

【馴致:순치】 ❶점점 변하여 어떠한 상태에 이르게 함。❷짐승을 길들임。『易經』ㅣㅣ其通、至堅氷也。

【馴行:순행】 착한 행실。善行。『史記』皆有ㅣㅣ。

【馵】(주) 遇 シュ、うまのもよう horse ㄓㄨˋ chu4
小篆 草書 외쪽박이주、왼쪽뒷발흰말주(馬後左足白)。『詩經』駕我騏ㅣ。

【馵足:주족】 뒷발이 흰 말。

四畫

【馹】㊀(일) 質 ㊁(역) 陌 ジツ、はやうま post-horse ㄖˋ jih4
小篆 草書 ㊀역말일(驛傳遞馬)。【左傳】楚子乘ㅣ會師。㊁뜻은『驛』에 보라。

【馺】(삽) 合 ソウ、おいつく run fastly ㄙㄚˋ sa4
小篆 ❶말빨리걷을삽(馬行疾、ㅣ[馬沓])。【甘泉賦】輕先疾雷而ㅣ遺風。❷전각삽(漢殿名、ㅣ娑)。

【馺娑:삽사】 ❶말이 빨리 달리는 모양。❷《歷》漢代宮殿의 이름。『班固』經 盪而出ㅣㅣ。

【馷】(개) 卦 カイ、うまのおをむすぶ tie up a horse tail
小篆 말꼬리잡아맬개(結馬尾)。

【馻】(윤) 軫 ジュン、さかげ opposite hair ㄩㄣˇ yün3
말털거스릴윤(馬毛逆)。

【駀】(앙) 陽 ゴウ、はやうま swift horse
小篆 ❶천리말앙(千里駒)。❷말성낼앙(馬怒貌ㅣㅣ)。

【駂】(모) 豪 ボウ、うまのけながい long hairs of a horse
말긴털모(馬之長毛)。

【馽】(칩) 緝 チュウ、ほだす tie up
小篆 或體 草書 잡아맬칩(羈絆馬)。【韓愈文】天脫ㅣ羈。

【馿】(로)『驢』(馬部 16畫)의 俗字

【駁】(박) 覺 ハク、ただす refute ㄅㄛˊ po2
小篆 草書 얼룩말박、고라말박、유부루말박(馬雜色)。『詩經』皇ㅣ其馬。❷섞일박(雜也)。❸논박할박(非難攻擊)。

【駁擊:박격】 다른 사람의 主張이나 理論을 비난 공격함。駁議。

【駁論:박론】 상대방의 說을 비난 공격함。또는 그 議論。『晉書』奏議ㅣㅣ、多見施用。

【駁文:박문】 옳고 그름을 論하여 공격하는 글。

【駁說:박설】 남의 說을 비난 공격함。또는 그 說。

【駁議:박의】 =駁擊。『後漢書』應劭又集ㅣㅣ三十篇。

【駁雜:박잡】 뒤섞여서 순수하지 못함。雜駁。錯駁。『韓愈』ㅣㅣ之譏、前書盡之。
◎論ㅣ、反ㅣ、斑ㅣ、痛ㅣ。

【[馬亢]】(항) 養 コウ、うまのあたまがたかい high headed
말머리높을항(馬頭高)。(本音「앙」)

【駃】㊀(쾌) 卦 ㊁(결) 屑 カイ、ケツ、はやい rapid ㄎㄨㄞˋ k'uai4
小篆 草書 ㊀빠를쾌(疾也)。『元好問詩』ㅣ雨東南來。㊁버

새결(ㅣ騠、馬父驘子)。

【駃騠:결제】 ❶《動》버새。 말의 일종。 ❷잘 달리는 말。 良馬。 駿馬。 快馬。

【鴇】 (보) 皓 ホウ、くろあしげ ㄅㄠˇ pao³ horse
오총이말보(驪馬、烏驄)。【詩經】叔于田乘乘ㅣ。

【駄】 (타)『馱』(3畫 馬部)의 俗字

【駅】 (역)『驛』(13畫 馬部)의 略字

【駆】 (구)『驅』(11畫 馬部)와 같음

五畫

【駈】 (구)『驅』(11畫 馬部)와 같음

【駉】 (경) 靑 ケイ、たくましい ㄐㄩㄥ chiung¹ swift
小篆 草書 살찌고큰말경(馬肥壯貌)。【詩經 魯頌駉】ㅣㅣ牡馬、在坰之野。

【駊】 (파) 哿 ハ、あたまをうごかす shake head
小篆 草書 말머리내두를파(馬搖頭、ㅣ騀)。

【駊騀:파아】 ❶말이 머리를 움직임。【玉篇】ㅣㅣ、馬搖頭。 ❷말이 제자리에서 뛰면서 앞으로 나아가지 않음。【杜甫】庭空四馬入、ㅣㅣ揚旆旌。 ❸높고 큼。【揚雄】崇丘陵之ㅣㅣ。【注】善曰、ㅣㅣ、高大貌。

【駍】 ㊀(피) 支 ㊁(팽) 庚 ヒ、うま horse
㊀말이름피(馬名)。 ㊁차마소리팽(車馬聲)。【揚雄】聲ㅣ隱而歷鍾。(『軯』과 같음)

【駍聲:팽성】 큰 소리。【揚雄·羽獵賦】軯ㅣㅣ擊流光。【注】善曰、駍然有聲。

【駍然:팽연】 雷聲처럼 音聲이 큰 모양。

【駃】 (일) 質 イツ、はしる hurry away
小篆 빨리달아날일(疾走)。

【駎】 (주) 宥 チュウ、きそいはしる gallop just as in a race
말이 다투어달릴주(馬競馳)。

【駏】 (거) 語 キョ、きょきょ ㄐㄩˋ chü⁴ a cross between an ass and a cow
草書 ❶트기거(馬名似騾、ㅣ驉)。【唐書】從小奚奴騎ㅣ驉。 ❷거공벌레거(負獸、ㅣ蛩)。【韓愈詩】終始如ㅣ蛩。

【駏驉:거허】 《動》騾馬、牝騾에다 牡馬를 교배 시켜서 난 것임。

【駐】 (주) 遇 チュウ、とどまる ㄓㄨˋ chu⁴ halt
小篆 草書 ❶말머무를주(馬止)。 ❷머무를주(滯在)。 ❸임금탄말머무를주(蹕ㅣ行在所)。

【駐京:주경】 서울에 공무 출장으로 머물러 있음。

【駐屯:주둔】 군대가 어떤 지역에 머무름。 屯駐。

【駐留:주류】 어떤 곳에 머무름。 또는 머물도록 함。【方干】日月晝夜轉、年光難ㅣ。

【駐兵:주병】 어떠한 곳에 군사를 머물러 둠。 또는 머물러 있는 군사。

【駐步:주보】 걸음을 멈추고 섬。

【駐顏:주안】 언제나 容色의 美를 保存케 함。 壯年의 顏色을 가져 언제까지나 老衰하지 않음。

【駐在:주재】 ❶한 곳에 머물러 있음。 ❷관리가 파견되어 직무상 그 곳에 머물러 있음。

【駐在國:주재국】 大使·公使 들이 국가의 명령을 받아 머물고 있는 나라。

【駐在所:주재소】 ❶파견되어 머물러 있는 곳。 또는 그 기관。 ❷경관이 머물러 사무를 보던 곳。

【駐車:주차】 차나 수레를 한 곳에 세워 두거나 머물러 둠。【劉逖】ㅣㅣ憑險岸。

【駐紮:주찰】 관리가 그 任地에 체재함。 駐劄。

【駑】 (노) 虞 ド、にぶい ㄋㄨˊ nu² stupid; dull
草書 ❶노둔한말노(ㅣ駘最下乘)。【皮日休曰】造父善御不能御ㅣ駘。 ❷노둔할노(魯鈍)。【十八史略 春秋戰國趙】相如雖ㅣ、獨畏廉將軍哉。

【駑鈍:노둔】 어리석고 둔하여 쓸모가 없음。 또는 自己才能의 謙稱。 駑鈍。【諸葛亮】庶竭ㅣㅣ、攘除姦凶。

【駑馬:노마】 걸음이 느린 말。 둔한 말。【戰國策】騏驥之衰也、ㅣㅣ先之。《喩》재능이 둔하고 남에게 빠지는 사람。 駑駘。

【駑馬十駕:노마십가】 《喩》재능이 없는 사람도 열심히 노력만 하면 재능이 있는 사람을 따를 수 있음。【荀子】驥一日而千里、ㅡㅡ則亦及之矣。

【駒】 (구) 虞 ク、こま foal; pony
小篆 草書 ❶망아지구(二歲馬)。 ❷애말구(位ㅣ小馬)。 ❸나무등걸구(枯樹本)。【例子】若槩株ㅣ。 ❹노래이름구(歌名、驪ㅣ)。

【駒隙:구극】 《喩》세월은 빨리 흘러가고 人生은 덧없음。【史記·留侯世家】人生一世間、如白駒過隙。

【駒馬:구마】 망아지와 말。

【駒影:구영】 해그림자。 日光。【袁桷·李花下小飲詩】。

【駓】 (비) 支 ヒ、しらかげ ㄆㄧ p'i¹ chestnut horse
小篆 草書 ❶황부루말비、공골말비(馬黃白雜毛)。【詩經】有騅有ㅣ。 ❷휙휙달릴비(走貌)。【楚辭】逐人ㅣㅣ些。

【駓駓:비비】 달리는 모양。

【駔】 ㊀(장) 養 ㊁(조) 麌 ソウ、ソ、すあい ㄗㄨˋ tsu⁴ broker
小篆 草書 ㊀좋은말장(駿馬、壯也)。【魏都賦】塡廐而ㅣ駭。 ㊁거간장、중개장(ㅣ儈會賈賣買)。【史記】ㅣ儈兩家交易者。

【駔琮:장종】 珠玉의 이름。

駔琮(三禮圖)

【駕】 (가) 禡 カ、ガ、のりもの ㄐㄧㄚˋ chia⁴ carriage
小篆 籒文 草書 ❶임금탄수레가(車ㅣ)。【後漢書】天子出有大ㅣ。 ❷멍에멜가(馭也)。 ❸멍에가(馬在軛中)。【禮記】君車將ㅣ。

【駕轎:가교】 ❶임금이 타던 가마。 두 마리의 말이 앞뒤에서 채가 흔들리지 아니하도록 껴누르고 감。 正駕轎와 空駕轎의 구별이 있음。 ❷쌍가마。

【駕孃:가냥】 여자 뱃사공。

【駕洛國:가락국】 《歷》옛 나라 이름。 新羅 儒理王 때 金首露王이 세운 나라로、新羅 眞興王 때 新羅에 병합됨。 판도는 대개 洛東江 하류 지방이며 首都는 지금의 金海임。 伽羅國。 →伽倻國。

【駕馬:가마】 조그만 집 모양으로 생기어、앞뒤에서 멜빵에 걸어 메게 된 탈것。

步轎·帳獨轎·帳步轎·四人轎·덩 등이 있음。乘轎。
【駕士：가사】임금이 탄 수레를 모는 사람。〔宋史〕――衣服。
【駕說：가설】수레를 타고 天下를 遊說함。〔揚子法言〕天之道不在仲尼乎、仲尼――者也。(轉)先王의 밝은 길。또는 上古라는 뜻。〔續後紀〕歷――而希聞。
【駕御：가어】❶말을 자유 자재로 다루어 부림。❷사람을 생각대로 부림。
【駕長：가장】뱃사공의 尊稱。
◎凌―、御―。

【駖】㊀(령) 靑 レイ、ばしゃのおと sound
㊁(랭) 庚
㊀수레타는소리령(―蓋、車騎聲)。㊁말이 많이모인 모양랭(馬衆貌)。
【駖磕：냉개】와짜지껄한 소리。시끄러운 소리。〔揚雄·羽獵賦〕殷拉雷厲、――。駍駖。〔注〕翰曰、駍駖――、謂衆聲也。

【駗】(진) 軫 チン、うまのおもに overloaded
小篆 말짐무거워걷지못할진(馬載重難行、―驙)。

【駘】㊀(태) 灰 タイ、にぶい dull; stupid
㊁(태) 賄 ㄊㄞˊ t'ai²
小篆 草書 ㊀❶노둔한말태(駑馬)。❷자갈벗을태(脫銜)。〔崔寔政論〕馬―其銜。㊁❶들피질태(疲也)。❷편할태(―蕩、廣大意)。
【駘蕩：태탕】❶廣大한 모양。❷봄날에 느끼는 나른한 氣分。(歷)漢代宮殿의 이름。〔謝朓〕春物方――。

【[台馬]】(태)『駘』(前條)와 같음

【駚】(앙) 養 オウ、うま wild horse
들말앙(野馬)。

【駙】(부) 遇 フ、そえうま extra horse ㄈㄨˋ fu⁴
小篆 草書 ❶곁말부(副馬)。❷가까울부(近也)。❸빠를부(疾也)。❹부마부(尙公主官―馬)。
【駙馬：부마】(制)벼슬 이름。駙馬都尉의 略稱。漢 武帝 때 설치함。

【駛】(사) 寘 シ、はやい walking quickly ㄕˇ shih³
草書 말빨리걸을사(馬行疾)。
【駛急：사급】빠름。지극히 빠름。急駛。
【駛雨：사우】소나기。急雨。驟雨。〔北史〕電光奪目、――霑灑。
【駛走：사주】빨리 달림。疾走。
【駛河：사하】급히 흐르는 강물。急流。〔法苑珠林〕天地始終、謂之一劫、劫盡壞時、火災將起、四大――皆悉枯涸。

【駜】(필) 質 ヒツ、ヒ、たくましい swift
小篆 草書 살찐말필(馬飽而肥)。〔詩經〕有―有―。

【駟】(사) 寘 シ、よつうま coach-and-four ㄙˋ ssu⁴
小篆 草書 ❶사마사(一乘四馬、夏駕兩謂麗殷益一謂驂周益一謂―)。〔詩經〕載驂載―。❷별이름사(房四星、天―)。
【駟過隙：사과극】駟馬(네필의 말이 끄는 수레)가 벼틈의 저쪽을 빨리 달려 감。(喩)세월의 흘러감이 매우 빠른 것。〔禮記·三年問〕三年之喪、二十五月而畢、若駟之過隙。
【駟盧國：사로국】(歷)옛나라 이름。馬韓에 속함。
【駟馬：사마】❶네 필의 말。❷네 필의 말이 끄는 수레。〔漢書〕于公謂曰、少高大閭門、令容――高蓋車。中略、子孫必有興者。至定國爲丞相、永爲御史大夫。
【駟不及舌：사불급설】한번 지껄인 말은 駟馬로서 빨리 뒤를 따라가도 따라갈 수 없음。(喩)말을 할 때는 주의하지 않으면 안 됨。〔論語·顏淵〕。

【駝】(타) 歌 タ、ダ、らくだ camel ㄊㄨㄛˊ t'uo²
草書 ❶약대타(駱―、橐―、封牛)。❷곱사등이타(佝僂)。〔史記〕鄯善國多駝―。
【駝鳥：타조】(動)駝鳥科에 속하는 새。現在의 鳥類 중에서 가장 큰 것。열대지방에 분포함。〔後漢書·註〕即今之――也。

【駞】(타)『駝』(前條)와 같음

六畫

【駡】(매)『罵』(10畫 网部)의 譌字

【駢】㊀(변) 先 ヘン、ならべる stand side by side
㊁(병) 靑
草書 ㊀❶두말한멍에멜변(二馬並駕)。❷육손이변(增贅旁出者)。〔莊子〕―拇枝指出乎性哉。㊁고을이름병(齊邑名)。〔論語·憲問〕―邑三百。
【駢肩：변견】❶어깨를 나란히 함。❷사람이 붐빔。〔徐彥伯〕咸――而側足。
【駢頸：병경】목을 나란히 함。〔楊先〕呂氏男女無少長、――就戮、云云。
【駢拇：변모】莊子의 篇名。
【駢駢：변변】성한 모양。草木이 무성한 모양。
【駢比：변비】나란히 잇닿음。駢列。駢羅。〔水經·註〕池之四周、民居――。
【駢死：변사】머리를 나란히 하여 죽음。死者가 많음을 일컬음。〔韓愈〕――於槽櫪之間。
【駢植：변식】나란히 섬。併立。
【駢字類篇：변자유편】(書)二四〇권。淸 康熙 五八년에 命에 의해 지은 辭典。對句를 찾아 보는 데 편리함。
【駢田：변전】❶한 곳에 나란히 모여 잇닿음。羅列함。〔水經·註〕池之四周、民居――。❷많은 모양。駢塡。駢闐。
【駢枝：병지】無用한 것。
【駢體：변체】＝駢文。

【駣】(조) 篠 トウ、こうま young horse ㄊㄠˊ t'ao²
草書 재로길들인말조(馬三歲始乘習)。〔周禮註〕教―始乘習之。

【駤】(치) 寘 チ、あとずさる step backward ㄖㄨㄥˊ jung²
❶말뒷걸음칠치(馬蹢躅不前)。❷성불끈낼치(勃怒)。〔淮南子〕胡人有知利者而人謂之―。

【[馬吏]】(시) 寘 シ、はやい swift
小篆 빠를시(疾也)。〔杜甫雨詩〕潟右開溜汩汩松上―。(『駛』와 같음)

【駥】(융) 東 ジュウ、おおきいうま big horse
小篆 크고세찬말융(馬八尺有絕力者)。

【[馬百]】(맥) 陌 バク、らば mule
트기맥(驢牛交生、駝―)。

【駪】(신) 眞 シン、はやい walk quickly ㄕㄣ shen¹
小篆 草書 ❶말우물거릴신(馬衆多)。〔詩經〕――征夫。❷빨리걸을신(疾行貌)。
【駪駪：신신】떼지어 많이 있는 모양。

【⿰馬肙】(현)『駽』(馬部 7畫)의 俗字

【駬】(이) 紙 ジ、はやうま swift horse
녹이말 이、준마 이(騄ー、周穆駿馬)。

【駭】(해) 蟹 ガイ、おどろく startled
❶놀랄 해(驚起)。【公羊傳】諸大夫見之皆色然而ー。❷북울릴 해(ー鼓)。【英雄記】整兵ー鼓。

【駭擧:해거】 해괴한 짓。
【駭怪:해괴】 메우 괴이함。놀랄 만큼 괴이함。
【駭怪罔測:해괴망측】 헤아릴 수 없이 해괴함。
【駭遁:해둔】 놀라서 달아남。【宋史】大呼曰、王師大至矣、賊ーー。
【駭妄:해망】 해괴하게도 까불고 요망스러움。
【駭視:해시】 놀라서 봄。【楊修】觀者ー而拭目。
【駭神:해신】 마음을 놀라게 함。
【駭愕:해악】 몹시 놀람。【劉基】萬事不早謀、日暮徒ーー。
【駭然:해연】 몹시 이상스러워서 놀라는 모양。
【駭惋:해완】 놀라고 한탄함。【唐書】先誅後詔、天下ーー。
【駭擾:해요】 놀라고 요란함。
【駭慄:해율】 놀라고 두려워 함。【唐書】時訓注欲以權市天下、凡不附已者逐去、人人ーー。
【駭異:해이】 놀라고 괴이하게 여김。
【駭人耳目:해인이목】 기괴한 짓으로써 남을 놀라게 함。
【駭慚:해참】 몹시 놀람。
【駭歎:해탄】 놀랍게 여겨서 하는 탄식。
【駭殫:해탄】 놀라고 두려워함。
【駭悖:해패】 몹시 悖惡함。
【駭惶:해황】 놀라고 두려워함。【馬融】橫行陣亂兮、敵心ーー。

【駮】(박) 覺 ハク、ただす refute ㄅㄛˊ po²
❶박짐승 박(獸名、似馬能食虎豹)。❷논박할 박(論駁)。(『駁』과 같음)

駮 (古今圖書集成)

【駮議:박의】 다른 사람의 의견이나 議論을 비난 공격함。駁議。
【駮雜:박잡】 뒤섞여서 순수하지 못함。【石介】謂之雖ーー、亦文中騏驎。
【駮正:박정】 잘못을 바르게 함。비판하여 바룸。駁正。【後漢書】論解經傳、多所ーー。

【⿰馬氐】(려) 魚 リョ、えきば post-horse
❶역말 려(驛馬)。❷전마 려(傳馬)。【唐會要】驛傳曰使ー。

【駰】(인) 眞 イン、どろあしげ name of a horse ㄧㄣ yin¹
은총이 인(泥驄馬陰白雜毛)。【詩經】我馬維ー。

【駱】(락) 藥 ラク、らくだ camel ㄌㄨㄛˋ luo⁴
❶가리온 락(白馬黑鬣)。【詩經】嘽嘽ー馬。❷약대 락(ー駝)。

王賓駱 (古今聖賢圖考)

【駱驛:낙역】 往來가 끊임이 없는 모양。
【駱駝:낙타】 ❶(動)駱駝科에 속하는 單峯駱駝의 通稱。사막 생활에 없어서는 아니 될 중요한 가축임。약대。❷駱駝의 털。또는 그것으로 만든 옷감。

【⿱列馬】(렬) 屑 レツ、ならびはしる gallop side by side
나란히 달아날 렬(列馳)。

【⿰馬列】(렬)『⿱列馬』(前條)과 같음

七畫

【駴】(해) 蟹 カイ、うちならす beat a drum ㄒㄧㄝˋ hsieh⁴
❶북광광울릴 해(雷鼓震擊)。【莊子】聖人之所以ー天下。❷놀랄 해(驚也)。

【駵】(류) 尤 リュウ、くりげうま a kind of horse ㄌㄧㄡˊ liu²
월다말 류(騏ー、驊ー、走馬黑鬣)。【詩經】騏ー是中。

【⿰馬否】㊀(피) 支 ㊁(비) 紙 ヒ、うまがはしる gallop
㊀말이 휙휙 달릴 피(馬行貌)。(『駓』와 같음) ㊁누른말 비(黃馬)。

【駷】(송) 腫 ショウ、はしらせる drive to ㄙㄨㄥˇ sung³
자갈채쳐 달릴 송(馬搖銜走)。【公羊傳】陽越下取策臨南ー馬而由乎孟氏。

【駸】(침) 侵 シン、はせゆく run fastly ㄑㄧㄣ ch'in¹
말몰아 달릴 침(驟馬馳貌)。【詩經】載驟ー。

【駸駸:침침】 말이 쏜살같이 달리는 모양。거침 없이。마구。事態의 急速함을 뜻하기도 함。【詩小雅】駕彼四駱、載驟ーー。
【駸駸焉:침침언】 漸次로 前進함。

【駹】(방) 江 ボウ、あおうま horse ㄇㄤˊ mang² (本音「망」)
찬간자 방(青馬面額皆白)。【漢書】圍高帝於白登漢兵不得相救匈奴騎 其西方盡白東方盡ー北方盡驪南方盡騂。

【⿰馬步】(보) 遇 ホ、うまならし practice a horse
말걸음익힐 보(習馬步、ー馬)。【左傳】左師見夫人之步馬。

【駻】(한) 翰 カン、あらうま unruly horse ㄏㄢˋ han⁴
사나운말 한(ー突、惡馬)。【韓非子】欲以寬政治急世之民猶無轡策御ー馬。

【駻突:한돌】 사나운 말。길들이지 않은 말。駻馬。
【駻馬:한마】 사나운 말。駻突。(喩)猛暴한 사람。

【駼】(도) 虞 ト、うま horse
❶말이름 도(騊ー、良馬)。❷짐승이름 도(獸名、騊ー)。

【駽】(현) 霰 ケン、くろみどり dapple-gray
돗총이 현、철총이 현(青驪馬、鐵驄)。【詩經】駜彼乘ー。

【駿】㊀(준) 震 ㊁(순) 震 シュン、すぐれる swift horse
㊀❶준마 준(馬之美稱)。❷클 준(大也)。【詩經】爲下國ー厖。❸빠를 준(疾速)。【詩經】ー奔走在廟。❹높을 준(高也)。【詩】ー極于天。㊁뜻은 ㊀과 같음。

【駿骨:준골】 駿馬의 뼈。《喩》賢才。『長安客話』昭王時、燕人郭隗謂王、昔有以千金買ーー者、期年而千里馬至者三。
【駿驥:준기】 뛰어나게 좋은 말。『齊書』秦西冀北、實多ーー。
【駿良:준량】 뛰어나고 좋음。『歐陽修』乃因祭福之均恩、首効ーー而來獻。
【駿馬:준마】 잘 달리는 좋은 말。駿足。
【駿敏:준민】 뛰어나고 재빠름。『陸機』『戰國策』ーー盈外廐、美女充後庭。伊玆羽之ーー、似南箕之啓扉。
【駿尨:준방】 뛰어나고 큼。
【駿逸:준일】 ❶뛰어나게 빠름。❷세려이 봅시 성함。『南史』侯景所乘白馬、每戰將勝、輒躑躅嘶鳴、意氣ーー。❸사람의 재능이 뛰어남。
【駿足:준족】 ❶＝駿馬。『陸厥』ーー思長阪。❷다리가 빨라 잘 달림。《喩》뛰어난 사람。
【駿刑:준형】 엄한 刑罰。

【駾】 ㊀(대) 泰 ㊁(태) 泰 タイ、つつばしる run in all haste
㊀냅다뛸대(奔突)。『詩經』混夷ー矣。㊁말빨리 걸을태(馬行疾)。

【騀】 (아) 哿 ガ、ふりうごかす shake head ㄜˇ ê³
❶말머리내두를아(駊ー、馬搖頭貌)。❷짐승이름아(獸名)。

【騁】 (빙) 梗 ヘイ、はせる hurry to ㄔㄥˇ ch'êng³ (本音「칭」)
달릴빙(直馳、走也)。『莊子』時ー而要其宿。
【騁能:빙능】 마음껏 재능을 발휘함。
【騁[illegible]

白』銘功會稽嶺、ーー瑯琊臺。❷말을 타고 遊覽함。
【騁騖:빙무】 쫓아 돌아다님。馳騖。『後漢書』ーー乎其中。
【騁懷:빙회】 마음에 생각한 바를 충분히 말함。흉금을 열음。

【騂】 (성) 庚 セイ、あかうま reddish horse ㄒㄧㄥ hsing¹
❶붉은소성(赤色牲)。『書經』文王ー牛一。❷절따말성、누른말성(赤黃馬)。『詩經』有ー有騏。❸활물쩡물쩡할성(角弓調和貌)。『詩經』ーー角弓。
【騂牡:성모】 털빛이 붉은 수소。『詩經』祭以清酒、從以ーー。
【騂騂:성성】 활이 조화된 모양。『詩經』ーー角弓。

【騃】 (애) 蟹 ガイ、おろか stupid ㄞˇ ai³
어리석을애、미련할애(無知貌、癡也)。『漢書 息夫躬傳』內實ー。
【騃女:애녀】 어리석은 여자。『白居易』痴男ーー喚秋韆。

八 畫

【騌】 (종) 『騣』(馬部 11畫)의 俗字

【騅】 (추) 支 スイ、あしげ piebald horse ㄓㄨㄟ chuei¹
청부루말추(馬蒼白雜毛)。『詩經 魯頌駉』有ー有駓。
【騅不逝:추불서】 愛馬 騅도 앞으로 나아가지 않음。騅는 楚王 項羽의 愛馬의 이름。項羽가 沛公에게 포위되어、어떻게 해야 할 計略이 없어졌다는 것。『史記·[illegible]

【騄】 (록) 沃 リョク、りょくじ swift horse ㄌㄨˋ lu⁴
녹이말록、준마록(ー駬、八駿之一)。『列子 穆王』左ー駬。
【騄耳:녹이】 駿馬의 이름。周 穆王이 天下를 周遊하였을 때 탄 여덟 필의 말 중의 한 필。『戰國策』世無騏驎ーー。

【騲】 (탁) 覺 タク、すすまない (of a horse) do not move。
말이 나아가지않을탁(ー騺、馬不前貌)。
【騲騺:탁지】 말의 제자리걸음。말이 앞으로 나가지 않음。『集韻』。

【駢】 ㊀(변) ㊁(병) 『騈』(馬部 6畫)의 本字

【騉】 (곤) 元 コン、うま horse ㄎㄨㄣ k'uen
말이름곤(馬名、ー蹄)。

【騒】 (취) 支 スイ、こうま pony
❶말이 작은모양취(馬小貌)。❷중기취(重騎)。

【騊】 (도) 豪 トウ、とうと famous horse
도도말도、좋은말도(ー駼、良馬)。『漢書 百官志』ー駼監。

【騂】 ㊀(안) 翰 ㊁(안) 諫 ガン、うまがうごく move on
㊀❶말이 가는모양안(駻ー、馬行貌)。❷이마에서 입술까지 흰말안(自額至脣白色馬)。㊂말머리안(馬首)。

【騌】 (종) 『騣』(馬部 9畫)의 俗字

【騋】 (래) 灰 ライ、おおうま tall horse ㄌㄞˊ lai²
키큰말래(ー牝馬高七尺)。『詩經 鄘風定之方中』ー牝三千。

【騍】 (과) 箇 カ、めうま she horse
암말과(牝馬)。
【騍驢:과로】 凡人의 比喩。『丁儀』恨ーー之進庭、屛騏驎於溝壑。
【騍馬:과마】 牝馬。암말。『陔餘叢考』。

【騎】 ㊀(기) 寘 ㊁(기) 支 キ、のる、またがる ride; cavalier ㄐㄧˊ chi⁴
㊀마병기(軍ー、馬軍)。『禮記』前有車ー。㊁말탈기(跨馬)。『蘇軾 韓文公廟碑』公昔ー龍白雲鄉。
【騎鼓:기고】 싸움터에서 쓰는 북。「말。
【騎馬:기마】 ❶말을 탐。乘馬。❷타는 사람。
【騎馬客:기마객】 ❶말을 타고 다니는 사람。❷말을 탄 사람。
【騎馬隊:기마대】 말을 타는 군인이나 경관 따위로 편성된 隊。
【騎兵:기병】 ❶말 탄 병정。말 타고 싸우는 군사。『漢書』罷ーー留弛刑。❷《制》李朝 龍虎營의 禁軍、訓鍊都監의 馬兵、禁衞營과 御營廳의 騎士의 總稱。
【騎兵隊:기병대】 말 타는 군사로써 편성된 군대。
【騎士:기사】 ❶말을 타는 武士。『漢書』屯騎校尉掌ーー。❷中世紀 유럽의 武士의 한 계급。
【騎射:기사】 ❶말 타는 기술과 활쏘는 기술。❷말을 타고 활을 쏨。
【騎士道:기사도】 武와 義를 높이는 기사의 정신。중세기 유럽 봉건 제도의 발전에 따라 興隆한 기사 계급 특유의 도덕。

【騎省:기성】 兵曹의 別名。
【騎率:기솔】 말을 타고 종을 거느림。
【騎手:기수】 ❶말을 전문으로 타는 사람。❷競馬 따위에 말을 타고 달리는 선수。「과 수레에 오르는 것。
【騎乘:기승】 ❶말을 탐。❷말을 타는 것
【騎將:기장】 騎兵의 장수。〖史記〗以ㅣ
【騎曹:기조】 兵曹의 別名。 「ㅣ從。
【騎卒:기졸】 =騎兵。〖漢書〗車千乘、ㅣㅣ十萬人。
【騎從:기종】 ❶말을 타고 따라감。❷말을 탄 從者。騎馬의 侍從。〖舊唐書〗上叱之曰、敢迫吾ㅣㅣ。
【騎槍:기창】 騎兵이 가지는 긴 창。
【騎銃:기총】 騎兵이 지니고 있는 자그마한 총。 「쏨。
【騎芻:기추】 말을 타고 달리면서 활을
【騎判:기판】 兵曹判書의 別名。
【騎虎:기호】 범을 탐
【騎虎之勢:기호지세】 범을 타고 달리는 기세。《喩》힘차게 무슨 일에 손댔던 것을 그만두려고 해도 그만둘 수가 없는 것。〖隋書〗后使人謂高祖曰、大事已然、ㅣㅣ必不得下。
◎勁ㅣ、輕ㅣ、精ㅣ、鐵ㅣ。

【騏】 (기) 支 キ、くろみどり spotted horse ㄑㄧˊ chʻi²
小篆 草書 철총이기、얼룩말기(馬靑黑文如博棊)。〖詩經〗駕我ㅣ馵。
【騏驥:가기】 ❶썩 빨리 달리는 말。《喩》賢人。〖戰國策〗ㅣㅣ盛壯之時、一日而馳千里。
【騏驎:기린】 ❶썩 빨리 달리는 말。뛰어나게 좋은 말。❷《動》想像上의 동물。聖人이 이 세상에 나기 전에 나타난다고 함。麒麟。〖宇文虛中〗重臣新佩玉、ㅣㅣ。

【騐】 (험)『驗』(13畫 馬部)의 俗字

【騑】 (비) 微 ヒ、そえうま spare horse ㄈㄟ fei¹
小篆 草書 ❶곁마비(驂馬)。❷말쉬지않고달릴비(馬走貌)。
【騑騑:비비】 말이 쉬지 않고 달리는 모양。
【騑驂:비참】 멍에 바깥 말。騗馬의 左右 바깥쪽에 딸린 말。驂騑。〖曹植〗ㅣㅣ倦路、載寢載興。

【駃】 (험)『驗』(13畫 馬部)의 略字

九畫

【騊】 (노) 皓 ノウ、すぐれうま swift horse
❶좋은말노(良馬)。❷말이름노(馬名)。

【騁】 (쟁) 庚 トウ、うまがとどまる (of a horse) stop
말우뚝설쟁(馬住貌)。

【騕】 (요) 篠 ヨウ、よいうま gallant steed
草書 천리나요(ㅣ褭神馬日行千里)。〖上林賦〗胃ㅣ褭。

【騉】 (혼) 元 コン、うま horse
❶길들지 않은말혼(ㅣ騱、野馬)。❷짐승이름혼(獸名)。

騉(山海經圖)

【騖】 (무) 遇 ブ、はせる rush ㄨˋ wu⁴
小篆 草書 ❶말네굽놓고될무(馳也)。〖陸雲詩〗赫赫重光遐風激ㅣ。❷달릴무(奔也)。❸빠를무(疾也)。

【騖馳:무치】 車馬를 빨리 달림。馳騖。〖漢書〗從者羅騎、四馬ㅣㅣ。

【騘】 (총)『驄』(11畫 馬部)과 같음

【騙】 (편) 霰 ヘン、かたる cheat ㄆㄧㄢˋ pʻien⁴
草書 ❶속일편(欺也)。❷말에뛰어오를편(躍上馬)。
【騙局:편국】 기만함。속임。속임수。〖琵琶記〗和尙、你和道姑粧成ㅣㅣ、把我們的衣裳都剝了去、倒說我賴你。
【騙端:편단】 속임의 손길이 뻗음。〖福惠全書〗以杜絕ㅣㅣ。
【騙弄:편롱】 사람을 속여 愚弄함。
【騙馬:편마】 말 위에서 재주놀이를 하는 유희。曲馬 따위。馬戱。戱馬。
【騙詞:편사】 달콤함。솔깃한 이야기。〖紅樓夢〗今日可巧有贖身之論、故先用ㅣㅣ以探其情。
【騙財:편재】 남의 재물을 속여서 빼앗음。「이 등을 빼앗음。
【騙取:편취】 남을 속여서 재물이나 이
【騙害:편해】 속임。欺瞞。〖福惠全書〗大奸大惡ㅣㅣ鄕民。
【騙哄:편홍】 속임。

【䮞】 (준) 軫 シュン、まだらうま brindled horse
❶얼룩말준(馬雜文)。❷걸음느린말준(鈍馬)。

【騛】 (비) 微 ヒ、はしりさる rush away
小篆 ❶말뛰어달아날비(馬逸走)。〖司馬法曰〗ㅣ衞斯轡。❷여섯말비(六馬)。〖徐曰〗史記騁六飛六馬也。
【騛衞:비위】 駿馬。〖說文〗騛、馬逸足也、司馬法曰、ㅣㅣ斯輿。
【騛兔:비토】 옛날에 駿馬를 가리킴。〖玉篇〗ㅣㅣ、古之駿馬也。〖廣韻〗ㅣㅣ、馬而兔走。

【騜】 (황) 陽 コウ、うまのけなみ white yellow horse ㄏㄨㄤˊ huang²
누렁고흰말황、황부루말황(馬黃白相間色)。

【騞】 (획) 陌 カク、ひきさく cut off ㄏㄨㄛˋ huo⁴
草書 ❶백정칼쓰는소리획(解牛聲)。〖莊子〗奏刀ㅣ然。❷쉬지않고갈획(行不止)。
【騞然:획연】 칼로 소를 解剖하는 소리。〖莊子·養生主〗奏刀ㅣㅣ。

【騠】 (제) 齊 テイ、けってい famous horse
小篆 草書 결제말제(駃ㅣ良馬)。〖孟康曰〗駿馬生七日超其母。

【騢】 (하) 麻 カ、つきげ brindled horse ㄒㄧㄚˊ hsia²
小篆 草書 유부루말하、얼룩말하(駁馬赭白色)。〖詩經〗有駰有ㅣ。

【騣】 (종) 東 ソウ、たてがみ mane ㄗㄨㄥ tsung¹
小篆 草書 갈기종(馬鬣)。〖杜甫詩〗肉ㅣ碨礧連錢動。

【騤】 (규) 支 キ、すこやか healthy horse ㄎㄨㄟˊ kʻuei²
小篆 草書 ❶말건장할규(ㅣㅣ馬壯健)。〖詩經〗四牡ㅣㅣ。❷끌밋할규(馬行威儀)。

【騤騤：규규】强壯한 모양。말이 强盛한 모양。〔詩經·采薇〕四牡ㅡㅡ。

【駜】(필) 質 ヒツ、まだら dapple-gray
❶돗총이말필(神馬名、ㅡ駽)。〔九宮賦〕駜ㅡ駽而俠窮奇。❷말배부를필(馬飽)。

【𩧿】(한) 刪 カン、あゆみをならわせる practice step by step
말걸음익힐한(馬步習)。

【騧】㈠(왜) 佳 カイ、カ、くろ piebald horse ㈡(과) 麻 ㄍㄨㄚ kuā
小篆 文 書 草 ㈠공골마왜(ㅡ驪)。〔詩經〕ㅡ驪是驂。㈡뜻은 ㈠과 같음。

【騧驪：과려】淺黃色의 말과 黑色馬。입 部分이 검은 말。입 部分이 黑色인 黃馬를 騧라 하며、純黑色馬를 驪라고 함。

【騧馬：과마】淺黃色의 말。

十畫

【騩】㈠(괴) 賄 ㈡(귀) 微 カイ、キ、くろくりげ gray horse
小篆 ㈠담가라말괴、회색빛말괴(馬淺黑色)。〔漢儀〕丞相見兎乘ㅡ馬自府歸。㈡❶㈠과 뜻이 같음。❷산이름귀(山名)。

【騩馬：괴마】黑褐色의 말。

【騫】(건) 先 ケン、かける wane ㄑㄧㄢ chien¹
小篆 書 草 ❶말배앓을건(馬腹病)。❷이지러질건(虧也)。〔詩經〕不ㅡ不崩。❸휘뛰어나아갈건(ㅡ

【騫騫：건건】❶가볍고 방자한 모양。❷날으는 모양。〔獨孤及〕ㅡㅡ兩黃鵠。

【騫馬：건마】느린 말。劣馬。駑馬。

【騫汚：건오】몸을 상하게 함。이름을 더럽힘。〔漢書〕外無ㅡㅡ之名。

【騪】(수) 尤 シュウ、もとめる search
書 草 ❶큰말수(大馬)。❷찾을수、뒤질수(搜索)。

【騪粟都尉：수률도위】官名。漢武帝時의 軍官。

【騬】(승) 蒸 ショウ、きよせいうま gelding ㄔㄥ ch'êng (本音 층)
小篆 불친말승(犗馬)。

【騼】(몽) 東 送 モウ、ろば mule
小篆 버새몽、트기몽(牡牛交驢生騊ㅡ)。(『驉』과 같음)

【騭】(즐) 質 シツ、チョク、おうま stallion ㄓ chih⁴ (本音 질)
小篆 書 草 ❶이룰즐(成也)。❷정할즐(定也)。〔書經〕陰ㅡ下民。❸수말즐(牡馬)。〔爾雅〕牡曰ㅡ。❹오를즐(升也)。

【騉】(온) 元 オン、よいうま gallant steed
좋은말온(駿馬)。

【騮】(류)『騮』(馬部 7畫)와 같음

【騯】(팽) 庚 ホウ、むれゆく go in herd
小篆 書 草 말떼지어갈팽(馬行盛貌)。

【騯騯：팽팽】말이 가는 모양。〔詩經〕四牡ㅡㅡ。또는 盛彭이라고 함。〔說文〕騯、馬盛也、詩云、四牡ㅡㅡ。

【騰】(등) 蒸 トウ、のぼる ascend; rise ㄊㄥ t'êng²
小篆 書 草 ❶달릴등(馳也)。❷뛰놀등(踊躍)。❸날칠등(升也)。〔禮記〕累牛ㅡ馬。

【騰降：등강】오르는 것과 내리는 것。오름과 내림。登降。〔歐陽修〕陰陽在天地、ㅡㅡ而相推。

【騰蛟起鳳：등교기봉】뛰어 오르는 도롱뇽과 날아 오르는 鳳凰。(喩)재능이 풍부한 사람。〔王勃〕ㅡㅡㅡㅡ、孟學士之詞宗。

【騰貴：등귀】물건 값이 오름。騰躍。騰踊。

【騰極：등극】임금의 자리에 오름。登極。〔書記〕奉誅皇祖等之ㅡㅡ次第也。

【騰達：등달】위로 올라 감。上昇。(轉)立身出世를 함。顯達。〔耶律楚材〕一旦ㅡㅡ時、獻策宜詳說。

【騰落：등락】값의 오르고 내림。騰貴와 下落。

【騰翻：등번】높이 날아 올라 펄럭임。〔李嶠〕魚龍ㅡㅡ。

【騰沸：등비】끓어 오름。沸騰。

【騰閃：등섬】높이 올라 나부낌。〔韓愈〕荒花窮漫亂、幽獸工ㅡㅡ。

【騰揚：등양】기세와 지위가 높아서 떨침。

【騰越：등월】뛰어 오름。뛰어 넘음。〔秦觀〕勞無馭者氣ㅡㅡ。

【騰踐：등천】밟고 넘어감。시체를 밟으며 감。〔後漢書〕走者相ㅡㅡ。

◎高ㅡ、奔ㅡ、沸ㅡ、上ㅡ、升ㅡ、暴ㅡ。

【𩤁】(한) 翰 カン、うまのけながい long-haired horse
小篆 ❶털이 긴말한(毛長馬)。❷오랑캐땅의 큰말한(駮ㅡ、蕃中大

【騲】(조) 皓 ソウ、めす female animals ㄘㄠ ts'ao³
암컷조(牝畜通稱)。

【騹】(기)『驥』(馬部 10畫)와 같음

【騵】(원) 元 ゲン、しかげうま white abdomen horse ㄩㄢ yüan²
書 草 배희고갈기검은말원(騮馬白腹)。〔詩經〕駟ㅡ彭彭。

【騵馬：원마】脚毛만 白色이고 나머지는 赤色인 말。〔淮南子·主術訓〕

【騶】(추) 尤 スウ、シュウ、うまかい coach-man ㄗㄡ tsou¹
小篆 書 草 ❶거덜추、마부추(ㅡ徒廐御)。〔禮記〕命僕及七ㅡ咸駕。❷짐승이름추(ㅡ虞仁獸)。〔詩經〕于嗟乎ㅡ虞。

【騶牙：추아】=騶虞。〔史記〕ㅡㅡ先見。

【騶御：추어】말이나 마차를 부리는 사람。마부。御者。〔何遜〕胥徒紛絡繹、ㅡㅡ或西東。

【騶虞：추우】❶(動)흰 바탕에 검은 얼룩이 있는 짐승。生物을 먹지 않고。至信의 德이 있다는 仁義의 짐승。〔漢書〕ㅡㅡ獸名、白質黑文、尾長於軀云云。❷(制)周 代 鳥獸를 관리하던 벼슬 騶牙。騶吾。

【騶從：추종】貴人을 받들어 그를 따라 다니는 騎士。騶僕。

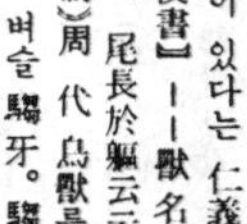
騶虞 (古今圖書集成)

【騷】(소) 豪 ソウ、さわぐ noisy; clamourous ㄙㄠ sao¹
小篆 書 草 ❶근심스러울소(遭憂曰

(擾也、動也)。 〔詩經〕徐方騷ー。❸ 급할소(急貌)。〔禮記〕ーー爾則野。❹ 처량스러운소(ー屑、蕭ー、凄)。〔謝靈運〕ー屑出穴風。
〔騷氣：소기〕 騷人의 氣象。또는 氣質。
〔騷客：소객〕 ＝騷人。〔黃庚〕ーー揪髥詩「去。
〔騷壇：소단〕 文壇。
〔騷動：소동〕 ❶야단법석이 되어 마음이 가라 앉지 않음。❷여럿이 싸우거나 떠들어 댐。큰 변。騷亂。〔孫子〕凡興師十萬、出征千里、日費千金、內外ーー。
〔騷亂：소란〕 시끄럽고 어수선함。騷動。
〔騷屑：소설〕 바람이 시원스럽게 부는 모양。살랑살랑 부는 바람 소리。〔楚辭〕風ーー以搖木。
〔騷說：소설〕 시끄럽게 떠도는 소문。
〔騷騷：소소〕 ❶급히 서두는 모양。바쁜 모양。〔禮記〕喪事雖遽不陵節、ーー爾則野。❷바람 소리의 형용。
〔騷然：소연〕 어수선한 모양。 떠들썩한 모양。〔陸游〕孤村風雨夜ーー。「문。
〔騷訛：소와〕 잘못 전해서 소동이 난 소
〔騷擾：소요〕 떠들썩하여 어지러움。〔史記〕中外ーー。
〔騷擾罪：소요죄〕 《法》여러 사람이 모여서 폭행·협박을 함으로써 성립하는 죄。
〔騷音：소음〕 시끄러운 소리。
〔騷人墨客：소인묵객〕 詩文·書畫를 일삼는 사람。〔宣和畫譜〕宋迪擢第爲郞、嗜畫、好作山水、運思高妙、如ーー、登高賦詩、當時推重。

【騸】 (선) 霰 セン、きょせいうま gelding ㄕㄢˋ shan⁴

草書 불알깐말선(ー馬割去畜勢)。〔五代史〕當盡去宦官至於ー馬亦不
〔騸馬：선마〕 去勢한 말。
〔騸割：선할〕 말을 去勢함。

十一畫

【鷙】 (지) 寘 チ、おもい heavy burden ㄓˋ chih⁴

小篆 草書 말짐무거울지(馬重)。〔史記〕馬ー不能行。
〔鷙曼：지만〕 말의 느릿하고 둔하게 생긴 모양。馬旁이란 말에서 나왔다고도 함。〔集韻〕ーー、馬距扼遲頓貌、一曰、馬旁出也。

【驀】 (맥) 陌 バク、のりこえる jump over ㄇㄛˋ mo⁴

小篆 草書 ❶말탈맥(上馬)。❷뛰어넘을맥(超越)。〔李賀詩〕煙底ー波乘一葉。
〔驀地：맥지〕 《中》별안간。갑자기。〔貴耳集〕嵩山極峻法堂、壁上有一詩曰、一團茅草亂蓬蓬、ーー燒天ーー空。
〔驀進：맥진〕 좌우를 돌보지 않고 힘차게 나아감。한 다름질에 나아감。

【驦】 (상) 陽 ソウ、よいうま gallant horse ㄕㄨㄤ shuang¹

숙상말상、좋은말상(驌ー、良馬)。〔左傳〕唐成公如楚有兩驌ー馬。(『驌』과 같음)

【騾】 (라) 歌 ラ、らば mule ㄌㄨㄛˊ luo²

草書 노새라(騎畜驢馬交生)。〔李商隱雜纂〕酸寒ー鳴村中。
〔騾驢：나로〕 노새와 나귀。〔梅堯臣〕又與ーー走長陌。

贏(三才圖會)

〔書〕地少馬、乘騾以戰、號ーー、尤悍銳。

【驁】 (멱) 錫 ベキ、たけしいうま fierce horse

말사나울멱(馬惡)。

【驁】 ㊀(오) 豪 ゴウ、よいうま ㊁(오) 號 swift horse

小篆 草書 ㊀❶준마오(駿馬)。〔呂氏春秋 察今〕良馬不期乎驥ー。❷뻣뻣할오(不軟順)。〔漢書〕諸公稍自引而怠ー。❸깔볼오(輕視)。〔莊子 外物〕ー萬世之患。㊁❶뜻은 ㊀과 같음。❷풍류이름오(樂章名ー夏)。
〔謇謇：오건〕 ＝驁放。〔唐書〕益ーー、求詭三川。
〔驁放：오방〕 교만하여 제 멋대로 하는 것。건방진 것。驁謇。〔唐書〕李白自知不爲親近所容、益ーー不自修。

【驃】 (표) 嘯 ヒョウ、つよい swift ㄆㄧㄠˋ p'iao⁴

小篆 草書 ❶누런말표、절따말표(黃馬)。❷날쌜표(勁疾)。❸벼슬이름표(官名ー騎)。
〔驃騎：표기〕 《制》將軍의 名號。漢 武帝때 처음으로 둠。驃騎將軍。票騎。

【驂】 (참) 覃 サン、そえうま three horses of a team ㄘㄢ ts'an¹

小篆 草書 ❶세말한멍에에멜참(駕三馬)。❷멍에바깥말참(車衡外兩馬)。〔詩經〕騧驪是ー。❸안탈참(ー乘)。〔左傳〕使閻職ー乘。
〔驂馬：참마〕 곁말。한 수레에 세 필의 말을 멍에할 때、앞에 나란히 세운 두 필
〔驂乘：참승〕 貴人을 護衛하기 위하여 貴人의 곁에 탐。또는 그 사람 同乘함。〔左傳〕齊懿公納閻職之妻、而使職ーー。
〔驂御：참어〕 ❶御者。❷侍從。〔王維〕謬以道門子、徵爲ーー臣。

【驄】 (총) 東 ソウ、あおうま piebald horse ㄘㄨㄥ ts'ung¹

小篆 草書 총이말총(馬青白色)。〔後漢書〕ー馬御史。
〔驄馬：총마〕 ❶漢代 橫吹曲의 이름。❷푸른 빛깔에 흰 색이 섞인 말。

【驅】 (구) 虞 遇 ク、かる、かける drive away ㄑㄩ ch'u¹

小篆 古文 草書 ❶몰구(奔馳驟也)。〔易經〕王用三ー。❷쫓아보낼구(逐遣)。〔禮記〕ー獸母害五穀。❸앞잡이구(先ー軍前鋒)。
〔驅駕：구가〕 ❶말을 빨리 몰음。❷사람을 부림。
〔驅口：구구〕 蒙古 사람의 奴婢。軀口。
〔驅軍：구군〕 몰잇군。
〔驅魔：구마〕 마귀를 쫓음。「劍。
〔驅魔劍：구마검〕 마귀를 쳐 없애는 神
〔驅梅：구매〕 梅毒을 驅除하여 치료함。
〔驅黴：구미〕 黴毒을 없앰。「함。
〔驅迫：구박〕 《國》못견디게 굶음。학대
〔驅迫滋甚：구박자심〕 구박이 더욱 심「함。
〔驅步：구보〕 달음박질。
〔驅騁：구빙〕 말을 빨리 몰음。말을 달리게 함。〔孟子〕ーー田獵、後車千乘。
〔驅使：구사〕 ❶사람이나 동물을 몰아서 부림。驅役。〔古詩〕受母錢帛多、不堪母ーー。❷자유 자재로 다루어 씀。
〔驅除：구제〕 몰아 내어 없애 버림。〔史

記』鄕秦之禁、適足資賢者－－難耳。「인。

【驅從:구종】 관리를 모시고 다니는 하인。

【驅集:구집】 몰아서 모음。『後漢書』卜者王郞、假名因勢、－－烏合之衆。

【驅逐:구축】 몰아 쫓아냄。『後漢書』不得迫脅－－長史。

【驅逐艦:구축함】 魚雷를 주요 무기로 하여 적의 艦船을 격침하는 것을 임무로 하는 속력이 빠른 小型의 군함。

【驅出:구출】 몰아 냄。

【驅蟲:구충】 ＝除蟲。

【驅蟲藥:구충약】 회충 따위의 몸안의 기생충을 없애는 약。

【驅蟲劑:구충제】 《醫》體內의 寄生蟲이나 草木의 害蟲을 驅除하는데 쓰는 약。

【驅馳:구치】 ❶말이나 수레 등을 몰아 빨리 달림。『史記』－－國中、以夸諸侯。 ❷남의 일을 위하여 분주히 힘을 다함。남의 부림을 받아 분주히 돌아다님。

◎先－、長－、前－。

【驀】 (적) 陌 テキ、ろば mule

트기적(牡牛交驢而生－驟)。

【驀驟:적몽】 암소와 노새의 사이에서 낳은 動物。『本草·騾』集解、時珍曰、牡牛交驢而生者爲－－。

十二畫

【驈】 (율) 質 イツ、しろまた ㄩˋ yü^{4} white groin horse

小篆 草書 사타구니흰말율、쌍창워라말율(驪馬白胯)。『詩經』有－有騜。

【驈皇:율황】 말(馬)이름。驈과 皇。驈은 驪馬白胯、皇은 黃白의 말。

【驈騜:율황】 ＝驈皇。『說文』驈、詩曰、有驈有騜。

【驏】 (한) 刪 カン、うまのけなみ white eye horse

小篆 한눈흰말한、외고리눈말한(馬一目白)。

【驊】 (화) 麻 カ、よいうま ㄏㄨㄚˊ hua^{2} fine horse

草書 부절따말화(－騮駿馬名)。『漢書』華騮綠耳之乘。

【驊騮:화류】 대추 빛깔의 駿馬。周穆王이 天下를 周遊하였을 때에 탄 여덟 필의 駿馬 중의 한 필。

【驊騮開道:화류개도】 前途發展의 餘望이 엿보인다는 것。『杜甫』當代論才子、如公復幾人、——路、鷹隼出風塵。

【驌】 (숙) 屋 シュク、よいうま ㄙㄨˋ su^{4} horse

좋은말숙、숙상말숙(良馬、－驦)。『左傳』唐成公如楚有－驦。

【驌驦:숙상】 옛날 良馬의 이름。驌驦。『後漢書·馬融傳』登于疏鏤之金路、六－－之玄龍。

【驦驌:숙상】 옛날 良馬의 이름。驌驦。『張協·七命』駕紅陽之飛驦、驂唐公之－－。

【驍】 ㊀(효) 蕭 ㊁(교) 蕭 ギョウ、たけしい ㄒㄧㄠ hsiao^{1} valiant

小篆 草書 ㊀❶좋은말효(良馬)。❷날랠효(勇捷)。㊁건장할교(武猛健也)。

【驍騎:효기】 ❶驍勇한 騎兵。『班固』－－三萬、元戎輕武。❷將軍의 名號。《制》벼슬 이름。

【驍名:효명】 힘이 세다는 평판。武勇의 「名聲。

【驍武:효무】 건장하고 굳셈。武勇。『晋書』－－善騎射。

【驍勇:효용】 굳세고 용맹스러움。사납고 날쌤。勇猛。『孫楚』－－百萬、蓄力待時。

【驍雄:효웅】 건장하고 용맹스러움。용맹스럽고 날쌤。또는 그 사람。

【驍毅:효의】 사납고 굳셈。날쌔고 굳셈。『唐書』常之七尺餘、－－有謀略。

【驍將:효장】 사납고 날쌘 장수。梟將。

【驍悍:효한】 날쌔고 사나움。사납고 굳셈。『北史』賀拔勝、北間－－、爾宜愼之。『吳志』孫翊、權弟也、－－果烈、有兄策風。

【驍驍:효효】 ❶살찌고 盛한 모양。❷용감히 나아가는 모양。『陸雲』悠悠山川、－－征遐。

【驎】 (린) 眞 リン、まだらうま brindled horse

草書 얼룩말린(馬斑文)。

【驎駒:인구】 名馬의 이름。『琵琶記』浮雲發電、烏騅玉驄、凝露騰霜、－－龍子、照影縣光。❷後魏、程駿의 字。

【驏】 (잔) 潸 サン、はだかうま ㄔㄢˊ ch'an^{2} unsaddled horse

草書 안장없이말탈잔(馬不鞍而騎)。『令狐楚詩』－騎蕃馬射黃羊。

【驏騎:잔기】 안장 없는 말에 탄 騎兵。『令狐楚』少小邊州慣放狂、－－蕃馬射黃羊。

【驏馬:잔마】 맨 말。안장없는말。『玉堂叢語』文廟北征、金幼孜、墜馬鞍盡裂、楊文敏以所乘馬讓之、自乘－－。

【驓】 (번) 元 ハン、かちくのよいそだち (of animals) increase

짐승번성할번(畜之蕃殖)。

【驒】 ㊀(탄) 寒 ㊁(타) 歌 タン、タ、とらげ ㄊㄨㄛˊ t'uo^{2} piebald horse

小篆 草書 ㊀❶돈짝무늬총이말탄(連錢驄)。『詩經』有－有駱。❷앞발흰말타(－騱、野馬)。㊁뜻은 ㊀과 같음。

【驒驒:탄탄】 말이 지쳐서 헐떡임。一說엔 힘이 왕성함。詩、四牡篇에는 嘽嘽으로 씀었음。『詩·注』師古曰、小雅四牡之詩曰、四牡騑騑、－－駱馬、－－喘息之貌、馬勞則喘、此敍言漢遠征西域、人馬疲弊也。

【驒騱:타해】 말 이름。집에서 기르지 않는 들에 사는 말。

【驑】 (류) 尤 リュウ、くりげうま horse

검은갈기절다말류(驊－赤馬黑鬣)。

【驔】 ㊀(담) 覃 ㊁(점) 豔 タン、テン、くろくりげ ㄊㄢˇ t'an^{3} yellow-backed horse

小篆 草書 ㊀❶등마루누렇고 검은갱이흰말담(毫在骭白)。❷정강이흰말담(驪馬黃脊)。『詩經』有－有魚。㊁뜻은 ㊀과 같음。

【驕】 ㊀(교) 蕭 ㊁(효) 嘯 キョウ、おごる ㄐㄧㄠ chiao^{1} proud; haughty

小篆 草書 ㊀❶교만할교(自矜)。『書經』位不期－。❷방자할교(逸傲縱姿)。『莊子』債－者其惟人心乎。❸키여섯자되는말교(馬高六尺)。㊁부리짧은사냥개효(短喙犬)。『詩經』載獫歇－。

【驕客:교객】 남의 사위를 일컫는 말。

【驕倨:교거】 교만하고 뽐냄。『呂氏春秋』貴爲天子、而不－－。

【驕蹇:교건】 교만하고 제 멋대로임。『史記』有太后之重、－－日久。

【驕夸:교과】 교만하고 뽐냄。驕誇。

【驕誇:교과】 교만하고 자랑하는 것。

【驕驕:교교】 盛한 모양。『詩經』無田甫田、維莠－－。

【驕矜:교긍】 ❶교만하고 뽐냄。 ❷교만과 自負。『史記』恫疑虛喝、ㅣㅣ而不敢進ㅣㅣ。

【驕氣:교기】 교만하고 뽐내는 마음。 남을 낮춰 보는 교만한 태도。『史記』去子之ㅣㅣ與多欲。

【驕慢:교만】 겸손하지 않고 뽐내어 방자함。『漢書』君舒緩則臣ㅣㅣ。

【驕奢:교사】 =驕侈。『左傳』ㅣㅣ淫佚、所以自邪也。

【驕肆:교사】 교만하고 제 멋대로 함。

【驕色:교색】 교만하고 뽐내는 모양。『漢詩外傳』面無ㅣㅣ之容。

【驕狎:교압】 교만하여 사람을 사람으로 생각하지 않고 소홀하게 여김。『北史』ㅣㅣ公卿。「ㅣ奢侈。

【驕揚:교양】 뽐내고 자랑함。『漢書』ㅣ去ㅣㅣ之心。

【驕傲:교오】 교만하고 오만함。『漢書』

【驕易:교이】 교만하여 남을 얕봄。『范質』怡怡奉親長、不敢生ㅣㅣ。

【驕人:교인】 남을 헐뜯고 自己의 소원을 성취하는 사람。『詩經』ㅣㅣ好好、勞人草草

【驕佚:교일】 교만하고 방자함。 驕恣。『左傳』國饒則民ㅣㅣ。

【驕溢:교일】 교만하여 분에 넘치는 일을 함。『史記』網疏而民富、役財ㅣㅣ。

【驕恣:교자】 교만하고 방자함。『史記』淫ㅣㅣ之觀。

【驕戰:교전】 자기의 세력이 강함을 자랑하여 서로 싸움。『高適』力爭固難恃、ㅣㅣ曷能久。

【驕侈:교치】 교만하고 사치스러움。『左傳』君ㅣㅣ而克敵、是天益其疾也ㅣㅣ。

【驕惰:교타】 교만하고 게으름。『宋史』鼓行而前、乘賊ㅣㅣ、破之必矣。

【驕怠:교태】 교만하고 태만함。『五代史』勝而ㅣㅣ。

【驕泰:교태】 교만하고 전방짐。 교만하고 사치스러움。『大學』必忠信以得之、ㅣㅣ以失之。

【驕暴:교폭】 교만하고 포악함。『荀子』剛强猛毅靡所不信、非ㅣㅣ也。

【驕亢:교항】 교만하고 자존심이 많음。

十三畫

【騳】 (독) 屋 トク、うま wild horse
들말독(野馬、驨ㅣ)。

【鷽】 (악) 覺 アク、うまのはらなり (the bowels of a horse) rumble
小篆 말배꿇을악(馬腹下鳴)。

【驖】 (철) 屑 テツ、くろくりげ dark-red horse ㄊㄧㄝˇ t'ieh³
小篆 草書 검붉은청가라말철(馬如鐵赤黑色)。『詩經』駟ㅣ孔阜。

【驗】 (험) 豔 ケン、こころみる try; examine ㄧㄢˋ yen⁴ (本音「엄」)
小篆 草書 ❶증험할험(證也、效也)。『史記』何以爲ㅣ。 ❷시험할험(考視)。『漢書』考問左ㅣ。 ❸보람험(効也)。

【驗問:험문】 查問함 조사함。 驗訊。『漢書』ㅣㅣ定著令。「ㅣㅣ果信。

【驗覆:험복】 거듭 조사해 밝힘。『吳志』

【驗算:험산】 (數)어떤 계산의 正否를 알기 위하여 하는 계산。 檢算。

【驗電氣:험전기】 물체의 帶電 與否와 그 정도·종류를 조사하는 장치。

【驗左:험좌】 證左。 증거。 표지。『唐書』ㅣㅣ不存。

【驗證:험증】 표지。 증거。

【驗效:험효】 효력。 效驗。

【驫】 (라)『騾』(馬部 11畫)의 本字

【驙】 ㊀(단) 寒 タン、おもい heavy burden ㊁(천) 先
小篆 ㊀❶등검은흰말단(白馬黑脊)。 ❷말짐무겁게실을단(馬載重)。
㊁뜻은 ㊀과 같음。

【驖】 (예) 隊 エイ、うまがおこる (of a horse) get angry
말 성낼예(ㅣ驍、馬怒)。

【驚】 (경) 庚 ケイ、キョウ、おどろく astonish
小篆 草書 ❶두려울경(惶也、懼也)。『易經』震ㅣ百里。 ❷놀랄경(駭也)。 ❸말놀랄경(馬駭)。

【驚癎:경간】 (醫)어린 아이들의 놀라 발작하는 癎疾。

【驚怯:경겁】 놀라서 두려워함。

【驚悸:경계】 놀라고 두려워서 마음이 몹시 두근거림。『北史』魏宣武帝母夢龍繞己數匝、寤而ㅣㅣ、遂有娠。

【驚氣:경기】 =驚風。

【驚起:경기】 깜짝 놀라서 일어남。『杜牧』ㅣㅣ鴛鴦豈無恨。

【驚湍:경단】 몹시 빠른 여울。『唐高宗』暖溜ㅣㅣ駛、寒雲碧霧輕。

【驚怛:경달】 부모상이나 집안의 가까운 어른의 부고를 받고 깜짝 놀람。

【驚痰:경담】 (醫)놀람으로 생기는 지랄과 같은 증세를 일으키는 병증。 히스테리(hysterie)의 한 가지。

【驚悼:경도】 놀라고 애석하게 여김。『徐陵』ㅣㅣ之情、彌以傷惻。

【驚倒:경도】 매우 놀람。『蘇軾』忽然一鳴ㅣㅣ人、縱橫所値無不可。「ㅣㅣ將士。

【驚動:경동】 몹시 놀라 움직임。『晉書』

【驚瀾:경란】 거칠게 출렁대는 물결。 驚濤。 狂濤。『宋武帝』ㅣㅣ翻魚藻。

【驚浪:경랑】 거센 파도。 驚濤。 驚波。『南史』憤風ㅣㅣ、不暫停止。

【驚雷:경뢰】 심한 천둥。

【驚蟆:경마】 (動)청개구리。

【驚服:경복】 놀라고 感動하여 복종함。

【驚奔:경분】 놀라서 도망감。 驚走。『蘇轍』新晴水尚壯、想見民ㅣㅣ。

【驚蔘:경삼】 옮겨 심은 산삼。

【驚騷:경소】 놀라서 어수선 함。 驚譟。『王安石』尙傳邊塞敢ㅣㅣ。

【驚殺:경쇄】 매우 놀람。(殺는 助辭。)

【驚心動魄:경심동백】 마음을 놀라게 하고 혼을 움직임。 매우 무서워함。 驚魂動魄。『詩品』ㅣㅣㅣㅣ、可謂幾乎一字千金。

【驚訝:경아】 놀라고 의아하게 여김。

【驚愕:경악】 몹시 놀람。 놀라고 두려워함。 驚駭。『史記』佯ㅣㅣ曰、吾以爲亞父使者、乃反項王使者。

【驚惋:경완】 놀라고 탄식함。

【驚異的:경이적】 경이스러운 것。

【驚逸:경일】 놀라서 다라남。『晉書』廐馬ㅣㅣ、武庫兵器有聲。

【驚異:경이】 놀라서 이상하게 여김。 놀라움。

【驚惕:경척】 놀라고 두려워함。 驚懼。『李白』恨君阻歡游、使我自ㅣㅣ。

【驚天動地:경천동지】 ❶하늘을 놀라게 하고 땅을 움직임。 ❷몹시 세상을 놀라게 함。『朱子語錄』聖人做事時、須要ㅣㅣㅣㅣ。

【驚搐:경축】 (醫)어린아이의 높은 열로 말미암아 온 몸에 경련이 생기는 병。

【驚蟄:경칩】 二十四節氣의 雨水 다음의 절기로、양력 三월 五일 경。 땅 속의 벌레가 冬眠에서 깨어 꿈질거리기 시작하

는 시기라는 뜻。

【驚破:경파】 놀라게 함。(破는 助辭)。『白居易』ㅣㅣ霓裳羽衣曲。

【驚怖:경포】 놀라고 두려워함。『後漢書』久念使人ㅣㅣ。

【驚風:경풍】 (醫)어린아이가 痙攣을 일으키는 병의 總稱。腦脊髓疾患·蛔蟲病·發熱病 등으로 깜짝깜짝 놀라는 병。驚氣。

【驚風症:경풍증】 (醫)경풍의 병증。

【驚歎:경탄】 ❶몹시 感心함。몹시 칭찬함。『晋書』鄕里ㅣㅣ、以爲孝感所致焉。❷놀라 탄식함。

【驚憚:경탄】 놀라고 꺼림。『司馬相如』「ㅣㅣ讋伏。」

【驚血:경혈】 놀란 피。멍든 피。皮下出血。

【驚惑:경혹】 놀라고 의혹함。『易林』反見凶惡、使我ㅣㅣ。

【驚魂:경혼】 ❶神氣를 놀라게 함。❷죽은 사람의 혼。『劉長卿』ㅣㅣ同野鵲、倦寢憶晨雞。

【驚惶:경황】 놀라고 황급함。『晋書』拜命ㅣㅣ、五情戰悸。

【驚惶罔措:경황망조】 놀라고 두려워하여 어찌할 줄을 모름。

【驚喜:경희】 놀라고 즐거워함。몹시 즐거워함。『朱熹』ㅣㅣ非昔覩、披尋得新觀。

【驛】 (역) 陌 エキ、えき、しゅくば station

小篆 草書 ❶잇닿을역、잇댈역(駱ㅣ連屬)。『後漢書』駱ㅣ不絕。❷싹뾰죽뾰죽할역(ㅣㅣ苗貌)。『詩經』ㅣㅣ其達。❸역말역(遞馬)。❹역말집역(傳舍)。❺정거장역(汽車停車場)。

【驛券:역권】 驛站에서 사람이나 말을 徵發할 때에 주는 증명서。『宋史』其赴任川峽者、給ㅣㅣ。

【驛奴:역노】 (制)驛站에 딸려 심부름하던 사내 종。

【驛畓:역답】 (制)역에 딸렸던 논。

【驛頭:역두】 驛 부근。앞。

【驛路:역로】 ❶驛站으로 통하는 길。『祖詠』灞水行人渡、商山ㅣㅣ深。❷街道。

【驛馬:역마】 驛站에 항상 대기시켜 두고 官用에 쓰던 말。驛站에 대기시켜둔 말。『史記』每五日洗浴、常置ㅣㅣ長安諸郊。

后天馬驛
(書方辨紀)

【驛馬直星:역마직성】 늘 분주하게 여행하는 사람의 別稱。

【驛夫:역부】 ❶驛에서 貨物의 운반 등 잡무에 종사하는 人夫。❷(制)驛卒。

【驛舍:역사】 驛站에 사람이나 말의 留宿을 위하여 지어 놓은 집。驛館。『宋史』聽止ㅣㅣ之別次。

【驛使:역사】 (制)公文書의 傳達을 하던 사람。『陸凱』折梅逢ㅣㅣ、寄與隴頭人、江南無所有、聊贈一枝春。

【驛屬:역속】 =驛人。

【驛驛:역역】 ❶싹이 나는 모양。❷盛한 모양。

【驛人:역인】 (制)驛站에 딸린 驛吏·驛卒의 총칭。

【驛長:역장】 ❶(制)驛站의 우두머리。亭長。❷鐵道 정거장인 驛에서 우두머리 지위에 있는 책임자。『唐律』ㅣㅣ私借人馬驢。

【驛前:역전】 정거장 앞。驛頭。

【驛田:역전】 (制)역에 딸렸던 밭。

【驛傳:역전】 ❶(制)옛날 어느 驛站에서 다음의 驛站에 사람이나 짐을 차례로 전하여 보내던 일。驛遞。『張熹』遂叨乘ㅣㅣ、偏與禮靈場。❷驛傳競走의 略語。

【驛傳競走:역전경주】 각 편의 선수가 온 코스를 몇으로 나누어 일정한 지점에 이르면 다음 선수와 바꿔 뛰게 하는 장거리 릴레이 경주。

【驛亭:역정】 (制)驛馬를 바꿔 타던 곳。驛站。郵亭。『白居易』每到ㅣㅣ先下馬。

【驛程:역정】 驛에서 驛까지의 路程。『貢奎』弱質辭官責、歸心數ㅣㅣ。

【驛卒:역졸】 (制)驛에 딸려 심부름하던 사람。驛夫。『南唐近事』韓熙載命妓秦弱蘭、許僞ㅣㅣ女。

【驜】 (업) 葉 ギョウ、さかん great

장할업(壯也)。

【驜驜:업업】 壯大함。말의 높고 늠름한 모습。『廣韻』驜、ㅣㅣ、馬高大。

十四畫

【驝】 (탁) 藥 タク、らくだ camel

약대탁(脊有肉鞍、ㅣ駝)。(『馲』과 같음)

【⿰馬壽】 (도)『禂』(示部 8畫)와 같음

【驞】 (빈) 眞 ヒン、かまびすしい noisy

草書 떠들썩할빈(衆聲、ㅣ駍)。

【驞駍:빈평】 뭇소리。떠들썩함。

【驟】 (취) 宥 シュウ、ソウ、はしる drive a horse ㄗㄡˋ tsou4 (本音「추」)

小篆 草書 ❶몰아갈취(馬疾步)。『詩經』載ㅣ駸駸。❷달릴취(奔也)。❸별안간취(突然、急遽)。『貢奎詩』ㅣ暑消雨餘。

【驟起:취기】 자주 자주 일어남。

【驟涼:취량】 가을철에 갑자기 일어나는 서늘한 기운。

【驟獵:취렵】 등급을 뛰어 벼슬자리에 오름。

【驟令:취령】 자주 令이 내림。『管子·版法』ㅣㅣ不行、民心乃外。『纂詁』驟、數也。

【驟步:취보】 뛰어 감。『馮厲石』兼程ㅣㅣ、不日而至。

【驟暑:취서】 갑짝스러운 더위。『貢奎·詩』扁舟放河流、ㅣㅣ消雨餘。

【驟雨:취우】 날이 말짱하다가 별안간 쏟아지는 비。소나기。(老子)ㅣㅣ不終日。

【驟絕:취절】 돌연히 잡아 끊음。『左氏』善人天地之紀也、ㅣㅣ之、不亡何待。

【驟至:취지】 ❶가끔 가끔 이르름。❷느닷없이 이르름。『歐陽脩』如波濤夜驚、風雨ㅣㅣ。

【驟進:취진】 급작스럽게 관리의 계급이 뛰어 오름。

【驟集:취집】 급작스레 모임。

十五畫

【⿰馬樂】 (력) 錫 レキ、うまのけなみ colour of a horse

말빛력(馬色)。

【⿰馬巤】 ㊀(랍) 合 ㊁(렵) 葉 ロウ、すすまない (of a horse) do not move

㊀말가지않을랍(馬不進、ㅣ騽)。㊁말나아가는모양렵(馬行貌)。

【⿰馬麃】 (표)『鑣』(金部 15畫)와 같음

十六畫

【驠】 (연) 先 エン、うまのけなみ white-tailed horse ㄧㄢˋ yen4

小篆 꽁무니흰말연(馬白尻)。

【驢】 (려) 魚 ロ、うさぎうま ass ㄌㄩˊ lü2 (俗音「로」)

小篆 草書 나귀려(似馬長耳以午及五更初而鳴)。

【驢坑:여갱】 (地)中國 安徽省歙縣에 있는 地名。硯石(벼룻돌)의 產地로 유명함。

【驢馬:여마】 (動) ❶당나귀。 ❷당나귀와 말。『世說』譬言ㅡㅡ、不言馬驢、驢寧勝馬耶。

【驢鳴犬吠:여명견폐】 당나귀의 울음과 개의 짖음。(喩)문제 거리도 되지 못하는 변변치 않은 문장。『世說·輕詆』餘若ㅡㅡ耳。

【驢背:여배】 당나귀의 등。『曹伯啓』ㅡ愁詩睡正昏。

【騰】 (등) 蒸 トウ、うまがはねる gallop 말뛸등(馬躍)。

十七畫

【驤】 (양) 陽 ジョウ、はしる、おどる rush away ㄐㄧㄥ ching' (本音「상」) 小篆 書 草 ❶말뛸양(馬低昂騰躍)。❷날칠양(遠 也擧也)。❸벼슬이름양(官名 『蜀志』龍ㅡ虎視。龍ㅡ)。

【驤首:양수】 말의 목을 쳐듦。『顔延之』眷西極而ㅡㅡ、望朔雲而蹀足。

【驥】 (기) 寘 キ、すぐれうま swift horse ㄐㄧ chi' 小篆 書 草 천리마기(騏ㅡ名馬日行千里)。『七命』天ㅡ稟氣、靈淵受精、皎月。

【驥尾:기미】 千里馬의 꼬리。(喩)뛰어난 사람의 뒤。『史記』顔淵雖篤學、附ㅡㅡ而行益顯。

【驥服鹽車:기복염거】 千里馬가 소금실은 수레를 끎음。(喩)有能한 賢士가 賤役에 종사함。『戰國策』ㅡㅡㅡ上太山。

【驥子龍文:기자용문】 훌륭한 子弟를 일컫는 말。裴宣明의 두 아들 景鸞·景鴻이 모두 뛰어난 재주를 갖고 있어 河東地方에서는 景鸞을 驥子、景鴻을 龍文이라 稱하였음。『北史』裴宣明二子景鸞·景鴻、竝有逸、河東呼景鸞爲驥子、景鴻爲龍文。

【驥足:기족】 駿馬의 발。(喩)뛰어난 재능이 있음。『蜀志』使處治中別駕之任、始當展其ㅡㅡ耳。

【驦】 (상) 陽 ソウ、よいうま fine horse 書 草 숙상말상、좋은말상(驌ㅡ、良馬)。『徐彥伯詩』驌ㅡ已躑躅。

【驧】 (국) 屋 キク、うまがはねる gallop 小篆 ❶말이 뛸국(馬躍)。❷등굽은 말국(脊曲馬)。

十八畫

【驣】 (섭) 葉 ジョウ、うまが はしる (本音「녑」) gallop 말달릴섭(馬疾貌)。『晉載記歌』ㅡ驄文馬鐵鍛鞍。

【驩】 (환) 寒 カン、よろこぶ be glad ㄏㄨㄢ huan' 小篆 書 草 ❶말이 화락한 모양환(馬和樂貌)。❷기뻐할 환(歡也)。『孟子』ㅡ虞如也。(『歡』과 같음)

【驩兜:환두】 (人)古代 堯帝 때의 惡人。舜帝 때 崇山으로 追放함。

【驩然:환연】 기뻐하는 모양。기뻐하여 마음을 터 놓는 모양。『漢書』粲然有文以相接、ㅡㅡ有恩以相愛。

【驩迎:환영】 기쁘게 맞음。歡迎。『陶潛』僮僕ㅡㅡ、稚子候門。

【驩虞:환우】 기뻐하고 즐거워함。歡娛。

十九畫

【驪】 ㊀(리) 支 リ、くろうま ㊁(려) 齊 blackish horse 小篆 書 草 ㊀가라말리(盜ㅡ純黑八駿ㅡ)。『詩經 齊風載驅』四ㅡ濟濟。❷검을리(黑色)。❸산이름리(山名)。❹나라이름리(國名勾ㅡ)。㊁뜻은 ㊀과 같음。(『麗』와 통함)

【驪歌:여가】 送別의 노래。驪駒②。『于志寧』賓筵未半醉、ㅡㅡ不用催。

【驪駒:여구】 ❶黑色의 말 ❷送別할 때 부르는 노래。驪歌。『漢書』客歌ㅡㅡ。

【驪宮:여궁】 驪山의 華淸宮。唐의 玄宗이 驪山에 지은 궁전。楊貴妃와 玄宗이 豪遊하던 곳。→驪山。

【驪山:여산】 (地)지금의 陝西省 臨潼縣의 東南에 있던 地名。秦始皇의 陵이 있고 또 唐 玄宗이 여기에 華淸宮을 지었는데 이것을 驪宮 또는 麗山宮이라 함。麗山。

【驪龍:이룡】 온 몸이 검다는 용。

【驪珠:이주】 =如意珠。

二十畫

【驫】 (표) 尤 ヒョウ、フウ、むれはしる run in herd 小篆 書 草 말몰려달아날표(衆馬走貌)。

骨 部

【骨】 (골) 月 コツ、ほね bone ㄍㄨ ku¹·²·³ 小篆 書 草 ❶뼈골(肉之覈)。『周禮』以酸養ㅡ。❷신라귀족골(第一ㅡ)。❸살골、요긴할골(事物之ㅡ子)。❹꼿꼿할골(剛直)。

【骨角器:골각기】 石器時代에 동물의 뼈 또는 이빨로 만든 기물。흔히 사슴의 뿔·뼈가 쓰이었고、물고기·새의 뼈도 쓰이었음。무기·작살·낚시·일용 기구·장신구 따위가 있음。

【骨幹:골간】 (生)뼈대。『世說』韓康伯雖無ㅡㅡ、然亦膚立。

【骨格:골격】 ❶(生)뼈의 조직。뼈대 ❷고등 동물의 몸의 기초가 되는 체격을 이루는 뼈。

【骨鯁:골경】 ❶짐승과 생선의 뼈。鯁骨。❷임금의 허물을 直諫하는 사람。강직한 사람。

【骨鯁之臣:골경지신】 剛直한 신하。鯁은 목구멍에 걸리는 물고기의 뼈。主君을 諫하는 直言이 쉽게 용납되지 않음을 비유한 말。『韓愈』朝廷有直言ㅡㅡ。

【骨氣:골기】 뼈대와 기질。『晉書』ㅡㅡ不及逸少。

【骨器:골기】 뼈로 만든 기구。

【骨董:골동】 ❶물건이 물에 떨어지는 소리。❷骨董品의 略。옛날의 書畫·陶器·漆器·刀劍이나 그밖의 美術的인 器皿。『韓駒』盛取江南ㅡㅡ歸。

【骨董麪:골동면】 비빔국수。

【骨董飯:골동반】 비빔밥。

【骨董炭:골동탄】 등걸숯。

【骨董鋪:골동포】 골동품 가게。

【骨董品:골동품】 =骨董②。

【骨力:골력】 書畫에 있어서의 筆勢。筆力。骨法。『晉書』獻之ㅡㅡ、遠不及父、而頗有媚趣。

【骨瘤:골류】 골혹。

【骨鱗:골린】 골질로 된 물고기 비늘。

【骨立:골립】 몸이 파리하여 뼈가 앙상함。『後漢書』父母卒、哀毀ㅡㅡ。

【骨膜:골막】 (生)뼈를 감싸고 있는 白

色의 膜。뼈의 成長·保護·營養을 맡아 봄。

【骨膜炎:골막염】(醫)골막에 생기는 병。

【骨盤:골반】(生)腰部에 있는 큰 뼈대。짧은 圓筒狀을 이루고 있는데 남자에게는 膀胱·精囊腺 등이 있고, 여자에게는 膀胱·子宮 등이 들어 있음。

【骨法:골법】❶骨格。體格。筆力。骨力。[楚辭]ㅡㅡ多奇。

【骨粉:골분】동물의 뼈 가루。

【骨痺:골비】(醫)골수가 아프고 저리는 마비증의 한 가지。

【骨肥:골비】동물의 뼈를 가루로 빻아 만든 비료。

【骨山:골산】돌로 에워싼 산。

【骨相:골상】❶人體의 骨格。[西陽雜俎]君ㅡㅡ無道氣。❷骨格上에 나타난 그 사람의 성격·운명。

【骨相學:골상학】머리뼈 모양을 보고 성격·운명 등을 알아내는 학문。

【骨生員:골생원】❶사람됨이 옹졸하고 孤陋한 사람。❷몸이 약하여 잔병 치레로 골골하는 사람。

【骨髓:골수】❶(生)뼈 내부에 차 있는 結締質의 赤色 또는 黃色의 연한 조직。❷要點。主眼。❸骨格과 마음속。[韓非子]在ㅡㅡ, 司命之所屬。

【骨髓炎:골수염】(醫)골수에 생기는 염증。

【骨濕:골습】(醫)무릎뼈가 쑤시는 병。

【骨瘍:골양】(醫)매독이나 결핵으로 말미암아 생기는 병。

【骨熱:골열】(醫)뼈 속이 화끈화끈하여 사지가 느른하고 이가 마르는 병。

【骨痿:골위】(醫)아랫도리와 허리의 운동이 자유스럽지 못한 병증。

【骨肉:골육】❶뼈와 살。[禮記]ㅡㅡ歸復于土命也。❷혈통이 같은 父子·兄弟 肉親。

【骨肉相食:골육상식】父子·兄弟가 서로 싸움。骨肉相殘。骨肉相爭。骨肉相戰。

【骨肉相殘:골육상잔】❶父子·兄弟 사이에 서로 해를 끼침。❷같은 민족끼리 전쟁을 함。

【骨肉相爭:골육상쟁】=骨肉相殘。

【骨肉之親:골육지친】父子·兄弟 또는 그와 같이 가까운 血族。뼈와 살이 서로 떨어질 수 없는 것과 같은 깊은 관계。親族。

【骨子:골자】❶뼈。❷종요로운 곳。要點。事物의 긴요한 부분。

【骨疽瘡:골저창】(醫)만성이 된 골막염。

【骨折:골절】뼈가 부러짐。折骨。

【骨節:골절】뼈 마디。骨關節。[三略]肢體相隨, ㅡㅡ相救。

【骨槽風:골조풍】蟲齒가 생긴 다음 齒根·顎骨膜·齒槽 등이 연이어 곪기는 병。

【骨蒸熱:골증열】(醫)뼈가 가지는 듯이 괴로운 병。骨髓枯渴·陰氣不足 따위의 증세가 일어나, 점점 쇠약해짐。

【骨脂:골지】소·염소 따위의 뼈에서 짜낸 기름。

【骨質:골질】동물의 뼈처럼 된 물질。

【骨朶:골타】宋代에 쓰이던 兵器의 한 가지。棍棒의 끝에 통마늘 모양의 무쇠를 붙임。

骨朶 (三才圖會)

【骨炭:골탄】❶동물의 뼈를 태워서 만든 숯。製糖·肥料 등에 사용됨。❷석탄을 공기를 통하지 않게 하고 휘발시킨 덩어리。코크스。

【骨痛:골통】(醫)뼈가 바늘로 찌르듯이 쑤시는 병。

【骨牌:골패】牙牌의 別稱。검은 나무 위에 흰 뼈를 붙인 도박。도구의 한 가지。[正字通]牙牌, 今戲具, 俗傳, 宣和二年設, 高宗時, 詔頒行天下, 謂之ㅡㅡ, 如博塞格五之類。

【骨品:골품】(制)新羅 때 있던 혈통상의 계급적 등급。

【骨筆:골필】複寫에 쓰는 뼈로 만든 붓。

【骨學:골학】(生)脊椎動物의 뼈에 관한 것을 연구하는 학문。

【骨寒症:골한증】(醫)뼈 속에 찬 기운을 느끼는 병。

【骨骸:골해】몸을 구성하고 있는 온갖 뼈。[列子]ㅡㅡ者地之分。

【骨灰:골회】뼈를 태워서 만든 가루 비료에 쓰임。

◎脚ㅡ、刻ㅡ、枯ㅡ、筋ㅡ、跟ㅡ、飢ㅡ、壽ㅡ、手ㅡ、弱ㅡ、玉ㅡ、人ㅡ、眞ㅡㅡ、風皮ㅡ、喉ㅡ、胸ㅡ。

二畫

【⿰骨力】(골) 月 コツ、つとめる try ㄎㄨㄚˋ k'ua⁴
힘쓸 골(用力)。

【骩】(위)『骫』(次條)의 譌字

三畫

【骫】(위) 紙 イ、まがる crooked bone ㄨㄟˇ wei³
小篆 草書 ❶뼈구불퉁구불퉁할 위(ㅡ骳骨屈曲)。❷더부룩할 위(拔ㅡ茂盛貌)。

【骫靡:위미】시들고 느른해짐。쇠하여 피로해짐。委靡。

【骫法:위법】天下의 正法을 굽힘。

【骫骳:위피】文勢에 曲折이 많음。屈曲이 많음。

【骪】(위)『骫』(前條)와 같음

【骬】(우) 虞 ウ、あばら rib
가리우(缺盆骨, 髃ㅡ)。

【骭】(한) 諫 カン、はぎ、すね shine-bone ㄍㄢˋ kan⁴
小篆 草書 ❶정강이뼈 한(脛骨)。[甯戚歌]短布單衣適至ㅡ。❷갈빗대 한(脅也)。

【骭瘍:한양】정강이 뼈에 생긴 종기。

四畫

【骮】(기)『跂』(足部 4畫)와 같음

【骯】(항) 養 コウ、なおい firm ㄨㄤˇ wa (或音「강」)
草書 꼿꼿할 항(ㅡ髒亢直)。[後漢書]ㅡ倚門邊。

【骱】(알) 黠 アツ、いきがつかえる hard to breathe
小篆 숨쉬기 거북할 알(咽中息不利)。

【骰】(투) 尤 トウ、さい dice
草書 주사위 투(ㅡ子博陸采具)。[溫庭筠詩]玲瓏ㅡ子安紅豆。

【骰子:투자】주사위。博陸采。子는 助字。[五代史]以ㅡㅡ擲之。

【骰子骨:투자골】주사위뼈。

【⿰骨方】(방)『肪』(肉部 4畫)의 俗字

五畫

【⿰骨失】(질) 屑 テツ、ほねくじく sprain (本音「절」)
뼈퉁길 질, 삐일 질(骨差)。(『胅』과 같음)

【骲】(박) 覺 ハク、ほねのやじり bone's arrow-head ㄅㄠˊ pao²
草書 뼈살촉 박(骨鏃)。[通鑑]乃更以ㅡ箭射其臍。

【骲箭:박전】뼈살촉을 박은 화살。雹箭。

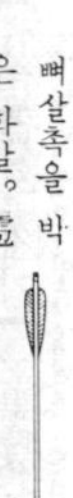

骲箭 (大淸會典圖)

【骳】(피) 寘 ヒ、まがる crooked bone ㄅㄧˋ pi⁴
草書 뼈구불퉁구불퉁할피(骫ㅣ骨屈曲)。

【骴】(자) 寘 シ、サイ、くちたほね decayed bone ㄗ tzu
小篆 草書 삭은뼈자(朽骨)。【周禮】蜡氏掌除ㅣ。
【骴禁：자금】사람이나 禽獸의 살이 붙은 뼈를 버리는 것을 禁함。『周禮·秋官 蜡氏』蜡氏掌除骴、云云、掌凡國之ㅣㅣ。

【骵】(자)『骴』(前條)와 같음

【骵】(체)『體』(骨部 13畫)의 俗字

【䯏】(굴) 月 クツ、いわや cavern
草書 달나오는곳굴(月所生、月ㅣ)。

【骻】(요) 篠 ヨウ、かたぼね bone of the shoulders
어깨뼈요(肩骨)。

【骶】㊀(제) 霽 テイ、しり coccyx ㄉㄧˇ ti³ ㊁(저) 薺
草書 ㊀꽁무니끝저(臀也)。 ㊁뜻은 ㊀과 같음。

【骷】(고) 虞 コ、されぼね skeleton
해골고(髑也、頭蓋骨)。
【骷髏：고루】頭骸骨。송장머리뼈。軀殼。『長生殿·尸解』眞性假ㅣㅣ、當前自分剖。

六 畫

【骺】(괄) 曷 カツ、ほね bone-tip
小篆 뼈끝괄(骨端)。

【骸】(해) 佳 ガイ、ほね skeleton ㄏㄞˊ hai²
小篆 草書 뼈해(百ㅣ、骨也)。【左傳】析ㅣ以爨。
【骸骨：해골】❶신체의 뼈。❷살은 다 없어지고 뼈만 남은 尸骸。『史記』暴ㅣㅣ於中野。❸죽은 사람의 몸。屍體。❹官職에서 물러남。(在職中의 몸은 임금의 所有로 되어 있기 때문)。『漢書』充國包ㅣㅣ。
【骸骨處：해골처】《宗》예수가 십자가에 서 못박힌 골고다를 일컫는 말。
【骸炭：해탄】석탄을 공기가 통하지 않게 하고 加熱하여 만드는 多孔質의 꺼먼 덩어리。高熱燃料로 사용함。코크스。
◎死ㅣ、遺ㅣ、殘ㅣ。

【骹】(교) 効 コウ、あしくび ankle ㄑㄧㄠ ch'iao¹ (本音「효」)
小篆 草書 발회목뼈교(脛骨近足細處)。【周禮】輪人參分其股圍去一以爲ㅣ。
【骹骬：교가】뼈가 잇 사이에 끼어 빠지지 않음。《喩》일거리가 더듬거려서 선뜻 잘 進展되지 않음。
【骹朴：교박】剛直하여 겉치레가 없음。허술치 않고 腰朴함。

【骻】(과) 馬 カ、こしぼね hip bone ㄎㄨㄚˇ k'ua³
草書 방둥이뼈과(腰骨股間)。【唐書】從戎缺ㅣ之服。

【骼】(격) 陌 カク、されぼね dried bone ㄍㄜˊ kê²
小篆 草書 ❶마른뼈격(枯骨)。❷드러난뼈격(露骨)。【禮記】掩ㅣ薶胔。❸짐승의뼈격(禽獸骨)。【儀禮】擧ㅣ及獸魚如初。(『骼』과 통함)

七 畫

【骾】(정) 靑 テイ、ももほね thigh-bone
❶넓적다리뼈정(大腿骨)。❷긴뼈정(長骨貌)。

【髇】(효) 肴 コウ、かぶらや arrow with a turnip-shaped head
草書 우는살촉효(鳴鏑)。【唐書】嫣州土貢ㅣ矢。

【䯤】(랑) 陽 ロウ、ひざぼね knee-joint
무릎뼈랑(膝骨)。

【髀】(폐) 薺 ヘイ、もも thigh
❶넓적다리폐(股也)。❷볼기짝폐(ㅣ臂)。【韓愈詩】髤其肉皮通ㅣ臀。

【䯚】(퇴)『腿』(肉部 10畫)의 俗字

【髋】(환) 翰 カン、ひざぼね knee pan
❶골회찰할환(燒骨和漆而髹)。❷무릎뼈환(膝骨)。

【䯝】(보) 虞 フ、ひざぼね knee-joint
무릎뼈보(膝骨)。

【骾】(경) 梗 コウ、ほねばる stubborn ㄍㄥˇ kêng³
小篆 草書 ❶목걸릴경(骨留咽中)。❷가시셀경(骨ㅣ之臣遇事敢剌)。【晉書 崔洪傳】骨ㅣ不同於物。
【骾訐：경알】假借없이 短點을 폭로함。『唐書』條指失政、其言ㅣㅣ、不避宰相。

八 畫

【髇】(요) 篠 ヨウ、かたぼね spade bone
❶어깨뼈요(肩骨)。❷오른편갈비뼈요(右脅)。【詩註】射左髀達於右ㅣ爲下殺。

【骿】(변) 先 ヘン、いちまいあばら rib ㄆㄧㄢˊ p'ien²
小篆 草書 통갈비변(幷脇肋骨連合爲一)。【國語 晉語】聞其ㅣ脅欲觀其狀。
【骿脅：변협】통갈비짝 肋骨이 連接하여 한 개의 뼈같이 되어 있는 것。『國語·晉語四』聞其ㅣㅣ、欲觀其狀。『注』左傳、骿、作駢、古字理。
【骿脇：변협】갈비짝。駢脅。『淮南子』晉公子重耳過曹、曹君欲見其ㅣㅣ、使之袒而捕魚。

【髀】㊀(비) 紙 ヒ、ヘイ、もも thigh ㄅㄧˋ pi⁴ ㊁(폐) 紙
小篆 古文 草書 ㊀넓적다리뼈비(股骨)。【禮記】帶下毋厭ㅣ。㊁볼기짝폐(髀也)。(『髀』와 같음)
【髀骨：비골】❶《生》넓적다리뼈。❷骨盤을 이루는 큰뼈。無名骨。髖骨。
【髀臼：비구】《生》恥骨과 腸骨 사이의 오목하게 들어간 곳。
【髀肉之嘆：비육지탄】오랫동안 戰場에 나가지 않아서 말을 못 타고 넓적다리에 살이 쪘음을 탄식함。《喩》영웅이 할 일이 없이 虛送歲月하면서 아무 功도 세우지 못함을 탄식함。髀肉之嘆。

【髀】(비)『髀』(前條)와 같음

【髖】(완) 翰 ワン、ひざぼね knee-joint
무릎뼈완(膝—)。【唐書】張進昭截左—髖于墓。

【䯿】(철) 屑 テツ、ほねつぎ set a broken bone
뼈이을철(續骨)。

【髁】㊀(화) 箇 カ、ひざぼね patella (本音「과」) ㊁(과) 馬 ㄎㄜ kē
小篆 草書 ㊀비뚤화(髁—不正貌)。【莊子 天下】髁—無任。㊁무릎뼈과(膝骨)。

【𩨷】(적) 錫 テキ、きいろいえき yellow liquid
小篆 뼈사이누른물적(骨間黃汁)。

九畫

【𩨻】(생) 梗 セイ、あおじろい (turn) pale
파리할생(瘦也)。(『瘠』과 같음)

【骼】(가) 禡 カ、こしぼね huckle-bone ㄎㄚˋ kʻa⁴
草書 허리뼈가(腰骨)。【漢書】揚雄 折骨拉—。

【𩩬】(종) 腫 ショウ、あしがはれる swollen leg
다리부을종(脚腫)。

【髃】(우) 有 グウ、かたぼね blade bone
小篆 ❶어깨죽지뼈우(髆前骨)。【詩註】自左髃而射之達於右—爲上殺。❷앙가슴뼈우(肩前兩間骨)。

十畫

【髆】(박) 藥 ハク、かたぼね shoulder blade ㄅㄛˊ po²
小篆 草書 ❶어깨죽지박(肩甲)。❷사람이름박(人名、皇子—)。

【髆骨:박골】(生)어깨의 등 쪽에 있는 삼각형의 편평한 뼈。肩胛骨 어깨뼈

【髇】(효) 肴 コウ、やのな arrow
草書 우는화살효、살촉효(—箭鳴鏑)。

【髈】㊀(방) 養 ホウ、ボウ、もも thigh ㊁(방) 陽 ㄆㄤˇ pang³
㊀넓적다리방(股也)。㊁겨드랑이방(脅也)。

【䯡】(겸) 豔 ケン、のどがかわく (be) thirsty
몸마를겸(瘦貌)。

【髊】(자) 歌 サ、くさったほね decayed bone
삭은뼈자(腐骨)。【呂氏春秋】掩骼—。

【髊骨:자골】살점이 붙은 뼈。또는 썩은 뼈。【呂覽】文王賢矣、澤及——。

十一畫

【髏】(루) 尤 ロウ、ル、されこうべ skull ㄌㄡˊ lou²
小篆 草書 해골루(髑—首骨)。【莊子】見空髑—。

【髍】(마)『䯵』(次條)와 같음

【䯵】㊀(마) 歌 マ、ちゅうふう paralysis ㊁(마) 箇
㊀잘마(細瑣、幺—)。【漢敍傳】又況幺—尙不及數子。㊁❶중풍마(中風)。❷㊀과 뜻이 같음。

【髎】(료) 肴 リョウ、しりぼね hip-bones
엉덩이뼈료(髖也)。

十二畫

【𩪓】(망) 養 ボウ、ふとる fatten
몸에 살찔망(骯—、體肥)。

【𩪐】(궐) 月 ケツ、しりぼね hip-bones
小篆 볼기뼈궐(臀骨)。(『𣪁』과 같음)

【𩪑】(궐) 月 ケツ、しりぼね root of the tail
꼬리밑동궐(尾本)。

【髐】(효) 肴 コウ、キョウ、されぼね skeleton
草書 ❶해골모양효(白骨貌、—然)。【莊子】見空髑髐—然有形。❷화살효(箭也)。

十三畫

【髒】(장) 養 ソウ、かたくな firm ㄗㄤ tsang¹
草書 ❶꼬장꼬장할장(骯—、婞直貌)。【後漢書 趙壹傳】抗—倚門邊。❷몸뚱뚱할장(體胖貌)。

【髑】(촉) 屋 ドク、されこうべ skull (本音「독」) ㄉㄨˊ tu²
小篆 草書 해골촉(—髏、頂骨)。【莊子 至樂】見空—髏髐然有形。

【髑髏:촉루】❶살점이 없어진 흰 頭骨。해골。【莊子】莊子之楚見空——髐然有形、㰒以馬捶。❷臺의 이름。晉時·夏主赫連勃勃이 크게 禿髮傳檀을 부수고、殺傷萬餘를 넘었으므로、그 大將 十餘人을 斬하며 시체를 쌓아 한데 묻어서 髑髏臺라고 號를 지음。

【𩪺】(수)『髓』(次條)의 本字

【髓】(수) 紙 スイ、ずい marrow ㄙㄨㄟˇ suei³
小篆 草書 ❶뼛속기름수(骨中脂)。【漢書】浹肌膚而藏骨—。❷마음속수(心底)。

【髓腦:수뇌】❶=腦髓。❷事物의 가장 중요한 곳。要點。

【髓湯:수탕】골탕。

◎骨—、腦—、心—、精—、眞—、脊—。

【體】(체) 薺 タイ、テイ、からだ body; trunk ㄊㄧˇ tʻi³
小篆 草書 ❶몸체(身也)。【禮記】動乎四—。❷사지체(四肢)。【論語微子】四—不勤。❸몸받을체(—之)。❹모양체、꼴체(形狀、狀態)。❺물건체、것체(物—、液—)。❻근본체(本也)。【論語 學而集注】禮之—主於敬 而其用以和爲貴。❼본받을체(效也)。(『軆』와 같음)

【體感溫度:체감온도】몸에 느껴지는 온도。

【體腔:체강】동물의 몸 속의 빈 곳。

【體格:체격】❶몸의 생김새。뼈대와 살거리의 모양。❷詩文의 형식。

【體鏡:체경】몸의 전체를 비추는 거울。

【體系:체계】❶따로 따로 떨어져 있는 것들이 하나로 統括되어 秩序整然하게 짜진 것。❷(哲)일정한 原理에 따라서 계통을 세운 지식을 통일한 전체。

【體軀:체구】몸。신체。몸뚱이。

【體內：체내】 동물의 몸 속.
【體念：체념】 매우 깊이 생각함.
【體能：체능】 어느 일에 감당할 만한 몸의 능력.
【體道：체도】 道義를 본뜸.
【體得：체득】 경험하여 보고 이해함. 충분히 이해하여 그 뜻을 잊지 않음.
【體量：체량】 몸의 무게. 體重.
【體諒：체량】 깊이 깊이 생각하여 줌.
【體力：체력】 몸의 힘. 몸이 일을 감당하는 힘.
【體例：체례】 일의 大體 및 內容·細則을 일컬음. 《轉》규정의 양식 및 文辭의 體裁.
【體面：체면】 세상에 대한 체재와 면목.
【體貌：체모】 ❶形體와 相貌. 容貌. 『漢書』ㅣㅣ不恭。 ❷예의를 바로 하여 敬意를 표함.
【體魄：체백】 ❶죽은지 오래된 송장. 또는 땅 속에 묻은 송장. ❷육체와 기력. 『禮記』ㅣㅣ則降、和氣在上.
【體罰：체벌】 ＝體刑.
【體法：체법】 ❶字體와 筆法. ❷法規에 따름. 『管子』君ㅣㅣ而立矣.
【體膚：체부】 몸과 피부. 몸. 『孟子』餓其ㅣㅣ、空乏其身.
【體細胞：체세포】 《生》생물의 몸 안에서 주로 性細胞와 個體를 보호 보존하여 가는 세포.
【體小：체소】 몸피가 작음.
【體習：체습】 남의 하는 짓을 그대로 본뜸.
【體式：체식】 일정한 모양과 方式.
【體樣：체양】 몸의 생긴 모습. 생김생김. 생김새.
【體言：체언】 名詞·代名詞·數詞로서 문장의 主語가 될 수 있는 낱말. ↔用言.
【體溫：체온】 몸의 온도.
【體要：체요】 事物의 중요한 要點. 『書經』辭尙ㅣㅣ.

【體位：체위】 ❶체격과 체력. 체질·저항력 운동 능력 등으로 판단되는 몸의 強弱의 정도. ❷몸의 위치.
【體育：체육】 ❶몸의 성장·발달을 돕고 건강하고 優美한 몸을 기르는 것을 목적으로 하는 교육. ↔德育·智育. ❷학교 교육의 敎科의 이름.
【體育會：체육회】 ❶체육의 발전을 꾀하기 위하여 열린 운동회·경기 대회 따위. ❷체육의 발전·향상을 꾀하여 조직된 단체.
【體長：체장】 동물의 몸 길이.
【體裁：체재】 ❶이루어진 본새나 됨됨이. ❷詩文의 형식. 『鄭文原』上下漢唐觀ㅣㅣ、古今李杜擅雄豪.
【體積：체적】 입체가 차지하는 공간의 크기. 입체의 크기.
【體制：체제】 ❶모양. 꾸밈새. 됨됨이. ❷시나 문장의 體裁. 『詩經·疏』比於商頌、ㅣㅣ又異. ❸社會組織. ❹《生》생물체 각 부분의 分化狀態 및 그것들의 상호관계를 일컬음.
【體操：체조】 신체의 발육과 단련 등을 목적으로 행하는 규칙적인 운동.
【體重：체중】 몸의 무게.
【體肢：체지】 몸과 팔다리.
【體質：체질】 ❶몸. 身體. 『晋書』王保ㅣㅣ豊偉、嘗自稱重八百斤. ❷성질. ❸몸의 성질과 생긴 바탕.
【體察：체찰】 ❶상대방의 言行을 그 몸에서 직접적으로 관찰함. 자세히 考察함. ❷자기 自身에 비교해 보면서 省察함.
【體帖：체첩】 글씨의 본보기가 될 만한 잘 쓴 글씨의 裝帖.
【體臭：체취】 ❶몸의 냄새. ❷그 사람에게 固着된 독특한 기분이나 버릇.
【體統：체통】 ❶大體. 大要. ❷규정된 儀式. 또는 제도. ❸관리의 체면.
【體行：체행】 실제로 몸소 행함. 실행함. 실천함. 躬行. 『後漢書』ㅣㅣ德本.

【體驗：체험】 자기가 실제로 경험함. 또는 그러한 경험.
【體刑：체형】 ❶사람의 몸에 加하는 刑罰. 體罰. ❷《法》懲役·禁錮와 같이 신체의 자유를 속박하는 형벌.
【體候：체후】 남에게 安否를 묻는 경우、그의 起居를 높이어 일컬음. 體度. 體節.
【體恤：체휼】 윗자리에 있는 사람이 아랫사람의 곤란한 사정을 잘 살펴 돌보아 주고 구해 주는 일.
◎個ㅣ、固ㅣ、具ㅣ、國ㅣ、氣ㅣ、文ㅣ、ㅣ、流ㅣ、肉ㅣ、異ㅣ、人ㅣ、暗ㅣ、液ㅣ、立ㅣ、自ㅣ、字ㅣ、雜ㅣ、全ㅣ、正ㅣ、政ㅣ、天ㅣ、下ㅣ、解ㅣ、形ㅣ.

十四畫

【⿰骨蒦】 (확) 藥 カク、ほねのおと sound of bone
뼛소리확(骨聲).

十五畫

【髕】 (빈) 軫 ヒン、ひざさら knee pan ㄅㄧㄣˋ pin⁴
小篆 書 草 ❶종지뼈빈(膝蓋骨). ❷발끊을빈(斷足、刖刑). 『漢書 刑法志』ㅣ罰之屬五百.

【髖】 (관) 寒 カン、また、もも knee-cap ㄎㄨㄢ k'uan¹
小篆 書 草 엉덩이뼈관、옹두리뼈관(髀上兩股間). 『漢書』至于ㅣ髀之所非斤則斧.
【髖骨：관골】 無名骨②. 【福惠全書】

十六畫

【⿰骨齒】 (할) 黠 カツ、ほねかじるおと sound of biting bones
뼈씹는 소리할(嚙骨聲).

【髗】 (로) 『顱』(16頁部 16畫)와 같음.
【⿰骨歷】 (력) 錫 レキ、ほねやまい disease
뼈병력(骨病).

十八畫

【⿰骨雚】 (권) 先 ケン、ほおぼね cheekbone
광대뼈권(頰骨). (『顴』과 같음)

高部

【高】 ㈠(고) 豪 コウ、たかい high;tall ㈡(고) 號
小篆 書 草 ㈠❶높을고(崇也). 『易經』卑ㅣ以陳貴賤位矣. ❷위고(上也). ❸멀고(遠也). ❹높일고(敬也). ❺성고(姓也). ㈡❶높이고(低之對). ❷고상할고(ㅣ尙). ❸비쌀고(物價不廉).
【高價：고가】 ❶가격이 비쌈. 또는 비싼 가격. ❷價値가 특히 뛰어남. ❸좋은 評判. 『高適』ㅣㅣ人爭重.
【高架：고가】 地上에 높이 건너지름. 또는 그렇게 건너지른 것.
【高架橋：고가교】 땅 위에 높이 건너 걸쳐 놓은 다리.
【高架鐵道：고가철도】 도회지 같은 데서 교통의 번잡을 피하느라고 땅 위에 높다랗게 支臺를 만들어 부설한 철도.
【高價品：고가품】 값이 비싼 물건.
【高角：고각】 《數》물건을 보는 視線이 水平面보다 위에 있을 때、視線과 水平線이 이루는 각. 仰角.
【高閣：고각】 높은 누각. 『後漢書』其所起廬舍、皆有重堂ㅣㅣ.

【高擧:고거】❶높이 날아 올라감。❷먼 곳에 감。『漢書』今先生率然──、遠集吳地。❸世俗을 떠나서 隱居함。高踏。

【高見:고견】❶높이 뛰어난 識見。❷상대방의 의견을 높여 이르는 말。

【高潔:고결】高尙하고 潔白함。『歐陽修』風霜──。

【高古:고고】世俗을 초월하여 고상함。高雅하여 古風을 띠고 있음。高傑古雅。『捫蝨新語』詩格極於──。

【高拱:고공】팔짱을 높이 낌。『史記』今君──而兩有之。《喩》아무 일도 하지 않고 가만히 있음。

【高空:고공】높은 하늘。大空。『杜甫』一「雁入──。

【高空飛行:고공비행】하늘 높이 날음。一만五千米~二만米의 상공을 비행함。↕低空飛行。

【高空心理:고공심리】고공 비행할 때의 특수한 심리상태。

【高官:고관】지위가 높은 官職。또는 그런 자리에 있는 사람。『論衡』名生于──、毁起于卑位。

【高官大爵:고관대작】지위가 높고 훌륭한 벼슬。

【高曠:고광】마음이 높고 넓음。마음이 고상하여 졸렬함이 없음。『韋應物』──出塵表、逍遙滌心神。

【高敎:고교】❶높이 뛰어난 가르침。❷남의 가르침에 대한 敬稱。

【高句麗:고구려】《歷》王朝 이름。B·C·三七~A·D·六六八 始祖 東明王 高朱蒙이 建國。二八代 寶藏王에 이르러 新羅에게 망함。都城은 처음 滿洲 輯安에 있다가 뒤에 平壤으로 옮김。滿洲와 北韓에 걸쳐 넓은 版圖를 차지하여 우리 나라 역사상 최강대국이었음。

【高貴:고귀】❶身分이 높고 尊貴함。❷人品이 고상하여 品位가 높음。

【高給:고급】액수가 높은 급료。

【高級:고급】❶계급이 높음。❷정도가 높음。上等。高等。↕低級。

【高級放言:고급방언】거리낌없이 큰 소리로 말함。

【高級象徵:고급상징】작자의 높은 사상이나 깊은 괴로움의 상징。「교。

【高級將校:고급장교】領級 이상의 장교。

【高寄:고기】世俗을 초월하여 奇拔함。또는 그런 사람。

【高氣:고기】高尙한 氣象。높은 志氣。『吳誌·註』虞飜少好學、有──。

【高氣壓:고기압】《地》❶氣體의 압력이 높은 현상。❷等壓線의 모양이 環狀을 이루고 있어 그 중심의 기압이 높은 곳。↕低氣壓。

【高年:고년】연세가 높음。老年。『漢書』于鄕里、先耆艾 奉──、古之道也。

【高農:고농】❶高麗 때 윷놀이하던 방법의 하나。❷舊制의 高等農林學校의 略語。

【高談:고담】❶고상한 이야기。『晋書』──莊老說、空終日。❷거리낌없이 말하는 소리。높은 이야기。❸마음껏 이야기함。滔滔하게 지껄임。❹남의 이야기에 대한 敬稱。

【高談峻論:고담준론】❶고상하고 준엄한 言論。❷自慢하고 과장하여 하는 言論。

【高踏的:고답적】❶세상의 凡俗과 사귀지 않는 모양。貴族趣味。❷형식을 중히 여기고, 귀족적인 사상을 존중하는 모양。

【高踏派:고답파】一九세기의 中間에 프랑스 詩壇에 일어난 一派。浪漫主義와 象徵派와의 사이에 일어난 詩人들의 名稱。파르나시엥(parnassien)

【高堂:고당】❶높고 훌륭한 집。『左思』置酒──、以御嘉賓。❷相對方의 집에 대한 敬稱。❸父母。

【高唐名妓:고당명기】이름난 기생。

【高大:고대】❶높고 큼。가장 우수함。❷잘난 체함。

【高臺:고대】❶높이 쌓은 대。❷높은 臺地。땅이 높고 위가 평평한 곳。『左思』造姑蘇之──。

【高臺廣室:고대광실】규모가 굉장히 「큰 집。

【高德:고덕】❶德이 높음。또는 그러한 사람。❷《佛》學德이 빼어난 중。大德。『常袞』漢魏以來、多用宿儒──。

【高蹈:고도】멀리 감。『左傳』使我──。世俗을 떠나 몸을 깨끗하게 保全함。

【高度:고도】❶높이의 정도。❷《天》地平面에서 天體까지의 角 거리。天體에 대한 仰角 또는 俯角。❸《地》海水面에서부터의 높이。

【高度計:고도계】높이를 재는 기계。

【高度化:고도화】정도가 높아짐。

【高騰:고등】❶높이 오름。❷물가가 오름。騰貴。『雲笈七籤』超卓──。

【高等:고등】❶정도가 높음。높은 등급。❷뛰어나게 좋음。『後漢書』以──擢拜議郞。

【高等考試:고등고시】《法》국가공무원의 幹部에 任用하기 위한 자격 시험。司法科·行政科 및 별도로 技術科가 있음。

【高等敎育:고등교육】대학 이상의 교육。

【高等軍法會議:고등군법회의】《法》군법 회의의 하나。중범 또는 지위가 높은 군인의 범죄 사실을 심의하는 기관。

【高等動物:고등동물】《動》복잡한 조직·뼈대·내장기관을 갖춘 동물。

【高等武官:고등무관】육해공군의 영관급 이상의 무관。

【高等法院:고등법원】《法》三審制의 裁判制度에서 中間級의 裁判所。地方法院의 재판에 대한 控訴·抗告에 대하여 재판을 행함。

【高等植物:고등식물】《植》뿌리·잎。줄기를 갖추어 꽃이 피고 열매를 맺는 고등한 식물。↕下等植物。

【高等學校:고등학교】고등 보통 교육을 베푸는 학교。

【高欄:고란】높은 난간。『梁元帝』──「來蕙氣。

【高覽:고람】남이 봄의 尊稱。

【高粱:고량】《植》수수。포아풀科의 一年生 곡식。蜀黍。

【高良薑:고량강】《植》中國에서 나는 새앙의 한 가지。다년생 풀이며 잎은 긴타원형임。

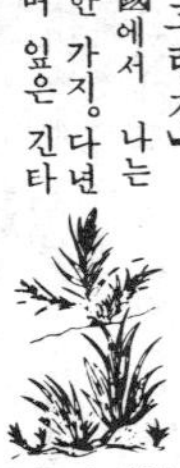

高良薑 (三才圖會)

【高粱土:고량토】=高嶺土。

【高麗:고려】❶《歷》韓國 古代 王朝의 하나。泰封나라의 將帥 王建이 임금 弓裔를 내어 쫓고 開城에 都邑하여 세운 나라。後百濟를 없애고 新羅를 降服시켜 九三五年에 韓半島를 統一함。이 時代에는 佛敎가 盛하였음。明初에 李成桂의 簒奪로 亡하여 李氏朝鮮이 되기까지 三四代 四七五年을 누리었음。❷高句麗를 이름。❸泰封나라의 처음 이름。

高麗國 (三才圖會)

【高麗歌詞:고려가사】高麗 시대의 俗「謠。

【高麗史:고려사】《書》一三九권。一〇〇책。高麗 三四王 四七五년 간의 正史。太李朝 文宗 때 鄭麟趾·金宗瑞 등 엮음。太祖 때 鄭道傳·鄭摠 등이 왕명을 받들어 엮은 것이 조잡하므로 太宗의 명으로 교정에 착수했으나 완성을 보지 못했고 世宗 때 다시 왕명으로 史局을 열어 鄭麟趾·金宗瑞 등이 改撰에 착수、文宗 元年(一四五一)에 완성。端宗 二년(一四五四)에 간행에 착수함。체재는 司馬遷의 史記를 본떠서 世家·志·表·列傳의 네 항목으로 나누어 高麗 시대의 근본 사료

에 의거해서 紀傳體로 서술한 것으로 高麗 시대의 기록을 보존해 주는 사료로서의 가치가 큼。

【高麗石:고려석】 전체가 벌레 파 먹은 것 같이 자디잔 구멍이 많은 怪石의 한 가지。

【高麗瓷器:고려자기】 高麗 시대에 만든 자기。 여러 가지 빛깔의 瓷器가 있으나 青瓷가 가장 유명함。 특히 秘色青瓷에다 무늬를 새긴 象嵌青瓷는 세계적인 보물임。

【高麗葬:고려장】 ❶高句麗 때 늙고 병든 사람을 산 채로 壙中에 두었다가 죽으면 그 곳에 매장하던 일。 ❷《中》古墳。

【高齡:고령】 나이가 많음 老年。 高年。 長齡。

【高嶺:고령】 높은 고개。 『宋之問』——逼星河、乘輿此日過。

【高嶺土:고령토】 ❶도자기를 만드는데 쓰는 흙。 ❷《鑛》長石이 분해되어 생긴 흙。

【高祿:고록】 높은 俸祿 또는 給料。

【高論:고론】 ❶見識이 높은 議論。 ❷남의 議論에 대한 敬稱。 『張九齡』願欲接——、清晨朝建章。

【高壘:고루】 높은 陣地。 陣地를 높이 쌓음。 『史記』足下深溝——、堅營勿與戰。

【高樓:고루】 높게 지은 건물。 높은 樓臺。 높은 다락。 『岑參』——見五涼。

【高樓巨閣:고루거각】 높고 큰 누각。

【高利:고리】 ❶利率이 높은 이자。 ❷配當이 많은 이익。 『庾餘』欲待價而沽、以射——。

【高利貸金:고리대금】 고리를 받는 돈놀이。

【高利債:고리채】 =高利貸金。

【高邁:고매】 일반 사람보다 훨씬 높고 뛰어남。 超邁。 『晉書』風神——、容儀俊爽。

【高名:고명】 ❶세상에 잘 알려진 이름。 좋은 評判。 盛名。 『後漢書』少有——、與光武同遊學。 ❷相對方의 이름에 대한 敬稱。

【高明:고명】 ❶식견이 높고 지혜가 밝음。 고상하고 현명함。 ❷뜻이 높고 생각을 바르게 하여 事理에 밝음。 ❸德性·學業이 고상하고 賢明함。 ❹높고 밝은 邸宅。 富貴한 사람의 집。 ❺高臺。 樓臺。

【高妙:고묘】 技藝가 뛰어나고 교묘함。 精妙。 『北史』僧垣醫術——、爲當時所推。

【高文:고문】 ❶識見이 높은 文章。 『韓偓』——大論日傾吐。 ❷남이 지은 文章에 대한 敬稱。

【高門:고문】 ❶높은 門。 『曹植』建——之嵯峨兮。 ❷富貴한 집。

【高門大家:고문대가】 부귀하고 세력 있는 집안。

【高文大策:고문대책】 ❶문장이 웅장한 글。 ❷=高文典策。

【高排:고배】 과실이나 음식 같은 것을 그릇에 높이 굄。

【高法:고법】 《法》高等法院의 略語。

【高捧:고봉】 되나 또는 말에 수북하게 담음。

【高峰:고봉】 높이 솟은 봉우리。 高山。

【高峰絶頂:고봉절정】 높은 산 봉우리 가운데 가장 뾰족하게 솟은 꼭대기。

【高峰峻嶺:고봉준령】 높은 산 봉우리와 험한 산마루。

【高夫良三姓:고부량삼성】 《歷》濟州島의 石穴에서 나와 처음으로 그 섬에 文物을 폈다고 하는 세 사람의 성。

【高朋:고붕】 고상한 친구。 『王勃』勝友如雲、千里逢迎、——滿座。

【高卑:고비】 ❶높음과 낮음。 ❷尊貴와 卑賤。

【高批:고비】 남에게서 받는 비평에 대한 敬稱。 高評。

【高飛:고비】 높이 날음。 高翔。 『吳越春秋』——之鳥死於美食。

【高飛遠走:고비원주】 멀리 달아나 종적을 감춤。

【高士:고사】 ❶인격이 高潔한 사람。 『史記』新垣衍曰、吾聞魯仲連先生、齊國之——也。 ❷뜻이 높아 世俗에 追從하지 않는 사람。 ❸세상의 표면에 나서지 않고 또 벼슬길에도 나아가지 않는 탁월한 인물。

【高射機關銃:고사기관총】 仰角이 큰 비행기를 쏘는 기관총。

【高射砲:고사포】 비행기를 사격하기 위한 仰角이 큰 火砲。 高角砲。

【高山:고산】 높은 산。 『書經』奠——大山。

【高山帶:고산대】 《地》고산성 산지로서 고산 식물이 자라는 지대。 기온이 낮고 바람과 눈이 많고、눈이 녹아 있는 때가 퍽 짧음。

【高山梨:고산리】 고살래。

【高山病:고산병】 山嶽病。

【高山植物:고산식물】 《植》高山地帶에 自生하는 植物。 일반적으로 모양이 작고 색채가 선명하여 퍽 아름다움。

【高尙:고상】 ❶품위가 높아 천하지 않음。 취미가 높음。 『易經』上九、不事王侯、——其事。 ❷정도가 높음。 卑近하지 않음。

【高翔:고상】 ❶하늘 높이 날음。 高飛。 『杜甫』願爲比翼鳥、施翮起——。

【高說:고설】 ❶훌륭한 論說。 또는 의견。 『後漢書』解釋多者爲上第、引文明者爲——。 ❷남의 論說을 높여 이르는 말。

【高聲:고성】 높은 목소리。 ↔低聲。

【高性能:고성능】 기계의 일하는 능력이 높음。

【高聲大叫:고성대규】 큰 소리로 부르짖음。

【高速:고속】 매우 빠름。 高速度。

【高速鋼:고속강】 《鑛》炭素·크롬·重石 따위를 포함한 鐵。

【高速度:고속도】 속도가 아주 빠름。

【高手:고수】 어떤 技藝에 뛰어남。 또는 그러한 사람。 上手。 名人。 『續漢書』東平王蒼到國病、中略、將——醫視病。

【高壽:고수】 나이가 많음。 많이 먹은 나이。 長生。 高齡。 『宋史』皆享——於承平之秋。

【高水工事:고수공사】 홍수를 막기 위하여 하는 하천 공사。

【高水路:고수로】 홍수가 날 때에만 흐르는 河川바닥。

【高僧:고승】 ❶德行이 높은 중。 ❷높은 地位에 있는 중。 『韋應物』夜對——無一言。

【高識:고식】 뛰어난 識見。

【高雅:고아】 고상하고 우아함。 『魏志』稟自然之正性、體——之弘量。

【高壓:고압】 ❶강한 압력。 ❷《物》高電壓의 略語。 直流로 六○○V、交流로 三○○○V 이상으로서 三、五○○V를 넘지 않는 電壓。

【高壓線:고압선】 고압의 電流를 보내는 전선。

【高壓手段:고압수단】 어떤 강한 세력으로 억눌러서 남을 자기에게 복종시키는 방법。

【高仰:고앙】 ❶높이 우러러 존경함。 『詩經』高山仰止、景行行止。 ❷높이 우러러 보는 모양。

【高揚:고양】 높이 揭揚함。 높이 宣揚함。

【高言:고언】 ❶고상한 말。 高辭。 ❷자기 신분에 맞지 않는 희떠운 소리。 大言壯語。 『韓愈』——軋霄崢。

【高熱:고열】 높은 열도。 보통 때보다 높은 體溫。

【高詠:고영】 ❶소리 높이 노래함。 高唱。 『晉書』興言——。 ❷남이 지은 詩歌에 대한 敬稱。

【高溫:고온】 높은 온도。 高溫度。 ↔低溫。

【高臥:고와】 뜻을 고상하게 품고 世俗을 벗어남。 『晉書』屢違朝旨、——東山。 隱居하여 벼슬길에 오르지 않음。

【高原：고원】(地)❶주위의 低地보다 훨씬 높고 표면이 평탄하거나 또는 波狀인 地形。【王維】山下孤烟遠樹、天邊獨鳥ㅡㅡ。❷산기슭에 연속된 높고 넓은 벌판。
【高遠：고원】❶높고 멂음。❷뜻이 높고 뛰어남。【魏志註】邴原以ㅡㅡ淸白頤志。❸卑近하지 않음。고상하고 深奧함。
【高遠難行：고원난행】이상이나 학문의 이치가 높고도 멀어 행하여 미치기 어려움。
【高原地帶：고원지대】(地)고원이 잇달아 있는 곳。
【高位：고위】높은 지위。높은 자리。【漢書】身寵而居ㅡㅡ。
【高率：고율】높은 비율。비율이 높음。
【高恩：고은】큰 은혜。
【高吟：고음】소리 높이 詩歌를 읊음。朗吟。
【高音：고음】높은 소리。높은 音調。↕低音。
【高義：고의】❶높이 뛰어난 德行。【史記】慕君之ㅡㅡ。❷남을 위하여 다하는 義理。
【高誼：고의】❶숭고한 義理。高潔한 節操。【漢書】講聞ㅡㅡ之日久矣。❷두터운 情誼。남의 厚情에 대한 敬稱。
【高人：고인】＝高士。【駱賓王】ㅡㅡ儻有訪、興盡詎須還。
【高逸：고일】世俗을 떠나 높이 뛰어남。
【高爵：고작】높은 신분。존귀한 爵位。【宣和書譜】風氣ㅡㅡ、前所未見。尊爵。
【高才：고재】높은 재능。우수한 재능이 있는 사람。【後漢書】ㅡㅡ武略、有魏尙之風。
【高材：고재】뛰어나게 우수한 재능이 있는 인물。
【高著：고저】남의 著述한 책에 대한 敬稱。
【高低：고저】❶높음과 낮음。❷올라감과 내려감。高下。【楊侃】屈曲溝畎、ㅡㅡ稻畦。
【高低長短：고저장단】높고 낮음과 길고 짧음。
【高低測量：고저측량】어떤 지점의 높이를 재는 측량술。
【高積：고적】높이 쌓임。
【高積雲：고적운】＝積卷雲。
【高節：고절】높은 節介。節操를 지키는 훌륭한 행위。【陳子昂】箕山有ㅡㅡ、湘水有淸源。
【高情：고정】❶고상한 心情。고상한 취미。❷상대방이 자기에게 베풀어 준 情誼에 대한 敬稱。【朱慶餘】下馬見ㅡㅡ。
【高弟：고제】제자 가운데서 가장 뛰어난 사람。首弟。【史記】子夏、聖門之ㅡㅡ也。
【高調：고조】❶높은 가락。【白居易】ㅡㅡ秦箏一兩弄。❷高潮②。❸자기 의견을 역설함。强調。❹音樂·詩文 등에서 강렬하게 감흥을 끄는 것을 이름。
【高潮：고조】❶밀물이 가장 높아진 것。❷感情·氣分·時勢 등이 가장 세차게 일어난 때。高調。❸海溢。
【高燥：고조】땅이 높고 乾燥한 것。【南史】其地ㅡㅡ、築土爲城、架木爲屋。
【高祖：고조】❶＝高祖父。❷漢·唐 두 나라의 第一代의 皇帝를 이르는 말。즉 漢高祖·唐高祖。❸天命을 받아 天子가 된 사람。【書經】上帝將復我ㅡㅡ之德。
【高祖考：고조고】돌아가신 高祖父。
【高祖母：고조모】할아버지의 할머니。즉 자기의 四代祖母。
【高祖父：고조부】할아버지의 할아버지。즉 자기의 四代祖。高祖。
【高祖妣：고조비】돌아가신 고조모。
【高潮線：고조선】고조된 때의 물 높이의 線。
【高足：고족】❶빠른 걸음。捷足。❷뛰어나게 좋은 말。駿馬。❸여러 제자 가운데서 특히 우수한 사람。高弟。【世說】鄭玄在馬融門下、三年不得相見、ㅡㅡ弟子傳授而已。
【高足弟子：고족제자】學行이 뛰어난 제자。우수한 제자。高足。高弟。
【高蹤：고종】숭고한 행위 高行。【漢書】三皇之ㅡㅡ。
【高宗柹：고종시】보통 감보다 잘고 씨가 없으며 맛이 단 감。
【高座：고좌】❶높은 座席。【李白】黃金師子乘ㅡㅡ。❷정면에 설치한 가장 높은 사람이 앉는 자리。上座。❸(宗)기독교에서 설교단을 일컫는 말。
【高柱：고주】여러 기둥 가운데 특별히 높은 기둥。
【高周波：고주파】(物)귀에 들리는 주파수 이상의 전파·전등·전력 등에 쓰이는 交流의 주파。
【高峻：고준】❶산이 높고 험함。❷氣槪가 높음。崇高。【南史】風格ㅡㅡ。
【高次：고차】次數가 큼。보통 三次 이상인 경우。
【高唱：고창】높은 소리로 노래를 부름。
【高敞：고창】지대가 높고 시원함。【漢書·註】諸陵皆據ㅡㅡ地爲之。
【高處：고처】높은 곳。
【高秋：고추】하늘이 높고 말끔해지는 가을。가을이 한창인 때。【杜審言】明月ㅡㅡ迴、愁人獨夜看。
【高趣：고취】高尙한 趣味。品位 있는 모양。【南史】少有ㅡㅡ。
【高層：고층】❶二層 이상의 높은 층 ❷윗쪽의 層上部의 層。
【高致：고치】고상한 취미。高趣。【晋書】呂安服嵇康ㅡㅡ。
【高値：고치】비싼 값。
【高枕：고침】❶높은 베개。❷아무런 근심 없이 안심하고 잘 잠。高枕安眠의 略稱。
【高枕短命：고침단명】베개를 높이 베면 오래 못 산다는 말。
【高秤：고칭】저울을 세게 달음。
【高風：고풍】❶뛰어나게 높은 節操。高節。【夏侯湛】覩先生之縣邑、想先生之ㅡㅡ。❷고상한 人品。덕이 높은 人格。❸品이 있는 風采。❹높은 하늘에서 부는 바람。
【高下：고하】❶높음과 낮음。高低。【莊子】東西跳梁、不避ㅡㅡ。❷나음과 못함。優劣。❸존귀함과 비천함。尊卑。❹올라감과 내려감。騰落。
【高喊：고함】크게 외치는 목소리。大喊。
【高亢：고항】뜻이 높아 남에게 굽실거리지 않음。高抗。
【高行：고행】고상한 행위。節操 있는 행동。
【高軒：고헌】❶높은 추녀。【左思】開ㅡ以臨山、列綺窓而瞰江。❷남의 수레의 尊稱。
【高歇：고헐】❶값이 오르내림。❷비쌈과 쌈。
【高歇間：고헐간】값의 고하를 따지지 않음。
【高險：고험】높고 험함。
【高顯：고현】높이 나타남。【杜篤】ㅡㅡ弘麗、可思可榮。
【高懷：고회】고상한 마음。品位 있는 생각。【杜甫】ㅡㅡ見物理、識者安肯哂。
【高訓：고훈】❶훌륭한 교훈。【後漢書】因天質之自然、誦上哲之ㅡ。❷남의 訓戒에 대한 敬稱。
【高興：고흥】고상하고 뛰어난 興趣。高趣。❷한창 흥겹게 일어나는 흥。

【髙】(고)『高』(高部 0畫)의 俗字

二畫

【高】(경) 㮌 ケイ、うりごや watch-shed of melon field
小篆 或體 원두막경(瓜屋)。

四畫

【髚】(규) 蕭 キュウ、たかい high
높을규(高也)。

五畫

【訦】(고) 豪 コウ、あきらか bright
밝을고(明也)。

七畫

【豪】(호) 豪 コウ、やまぶた wild boar
짐승이름호(ㅣ豕、鬣如筆管者)。

【𩫏】(곽) 藥 カク、はかる count
小篆 ❶헤아릴곽(度也)。❷외성곽(廓也)。

十畫

【⿰高夬】㊀(결) 屑 ケツ、かける be broken off
㊁(열) 屑
小篆 ㊀이지러질결(決也)。㊁뜻은 ㊀과 같음。

十一畫

【⿱高巢】(조) 肴 ソウ、たかい high
❶발높을조(足高)。❷높은모양조(高貌)。

十三畫

【髞】(조) 豪 ソウ、たかい high ㄙㄠ sao⁴
❶높을조(高也)。❷급할조(急也)。

十八畫

【⿰高單】(타) 哿 タ、ひろい wide
넓을타(廣也)。(『嚲』의 古字)

二十一畫

【嚻】(효) 蕭 ゴウ、きわぐ clamour
떠들효(喧也)。(『囂』의 俗字)

髟部

【髟】(표) 蕭 ヒョウ、フウ、たれさがる tasseled hair ㄅㄧㄠ piao¹
小篆 草書 ❶머리털희뜩희뜩할표(白黑髮雜)。【秋興賦】斑鬢ㅣ以承弁兮。❷깃발날릴표(ㅣ䬃、羽旄飛揚貌)。❸머리늘일표(長髮垂)。

【髟䬃:표유】 羽旄가 휘날리는 모양。(羽旄는 꿩의 깃과 旄牛의 꼬리털로 장식한 旌旗의 한 가지)。【馬融】羽毛紛其ㅣㅣ。

二畫

【⿱髟乃】(내) 灰 ダイ、けがみだれる entangled hair
터럭엉킬내(髮亂、鬡ㅣ)。

【髠】(곤)『髡』(髟部 3畫)의 俗字

三畫

【髡】(곤) 元 コン、そる hair cutting ㄎㄨㄣ k'un¹
小篆 或體 草書 ❶머리깎을곤(去髮)。【周禮】ㅣ者使守積。❷머리깎는형벌곤(古代刑罰之一)。❸무지러질곤(樹禿)。【齊民要術】種柳千樹足柴歲可ㅣ二百樹。

【髡鉗:곤겸】 머리를 깎고 칼을 씌움。또는 그러한 형벌에 처한 죄인。【史記】皆ㅣㅣ爲王家奴。

【髡屯:곤돈】 醜牛의 모양。

【髡者:곤자】 머리를 깎인 사람。罪人。【周禮】ㅣㅣ使守積。

【髢】(체) 霽 テイ、セイ、かもじ wig ㄊㄧˋ t'i⁴
草書 ❶땋은머리체(益髮、髲也)。【詩經】不屑ㅣ也。❷다리꼭지체(月子)。

四畫

【䯰】(개) 卦 カイ、もとどり do one's hair in chignon ㄐㄧㄝˋ chieh⁴
小篆 草書 ❶쪽찔개(簪髻)。❷땋은 머리개(假髻)。

【髣】(방) 養 ホウ、にる resemble closely ㄈㄤˇ fang³
草書 비슷할방(ㅣ髴、相似)。【後漢書】以至人之ㅣ髴。

【髣髴:방불】 ❶비슷함。꼭 비슷하게 생김。또는 몽롱해서 석연치 않음。약간。彷彿。仿佛。【司馬相如】若神仙之ㅣㅣ。❷머리칼의 흩어진 모양。【集韻】髴、ㅣㅣ、髮亂。

【髤】(휴)『髹』(髟部 6畫)와 같음

【髬】㊀(비) 支 ヒ、ビ、ひげ bush-bearded
㊁(배) 灰 ㄒㄧㄡ hsiu¹
㊀머리풀고달아날비(被髮走)。㊁수염많을배(多鬚、ㅣ髵)。

【髯】(염) 鹽 ゼン、ほおひげ whiskers
草書 구레나룻염(在頤曰鬚在頰曰ㅣ)。【漢書】高帝美鬚ㅣ。

【髯口:염구】 희극 용어。배우의 옷 입술에 붙이는 수염。

【髯虜:염로】 털보의 오랑캐。異國人을 일컫는 말。

【髯蘇:염소】 宋의 蘇軾의 別名。蘇軾이 수염이 많았기 때문에 일컫는 말。【鄭允瑞】留得清風明月在、網魚謀酒付ㅣㅣ。

【髯主簿:염주부】 (動)羊의 別名。

【髦】(모) 豪 ボウ、モウ、さげがみ short hair ㄇㄠˊ mao²
小篆 草書 ❶다팔머리모(兒生三月翦髮爲鬌及長猶爲事父母之飾)。【詩經】髧彼兩ㅣ。❷준수할모(ㅣ士、俊也)。❸가벼이여길모(弁ㅣ、輕也)。❹어린아이모(髫ㅣ、童子)。

【髦士:모사】 뛰어난 인물。俊士。髦彥。髦俊。【詩經】烝我ㅣㅣ。

【髦彥:모언】 ＝髦士。【陳後主】登顯ㅣㅣ。

【髦俊:모준】 ＝髦士。【漢書·敍傳】ㅣㅣ並作。

【髧】(담) 感 タン、たれがみ short hair flowing in the wind ㄊㄢˇ t'an³
草書 다팔머리담(髮垂貌)。【詩經】ㅣ彼兩髦。

【⿱髟巴】(파) 禡 ハ、もとどり topknot
❶상투파(髻貌)。❷자지파(男子陰、⿱髟巴ㅣ)。

【髩】(빈)『鬢』(髟部 14畫)의 俗字

五畫

【⿱髟占】(점) 鹽 セン、まばら sparsely
터럭듬성듬성날점(鬑髮疎薄貌、ㅣ鬑)。

【髫】(초) 蕭 チョウ、うない unkempt hair ㄊㄧㄠˊ t'iao²
小篆 草書 다박머리초(ㅡ髦、童子垂髮)。【後漢書】ㅡ髮厲志。
【髫齒:초치】 髫歲。【字揆】秀發孩笑、惠彰ㅡㅡ。
【髫齔:초친】 다박머리에 이를 갈 시기의 幼兒 七·八세 정도의 어린애。7·8세 정도의 어린애。【後漢書】ㅡㅡ夙孤、不盡家訓。
【髬】(비) 支 ヒ、たてがみふるう mane stand erect 짐승갈기일어설비(猛獸奮鬣貌、ㅡ髵)。
【髭】(자) 支 シ、くちひげ moustache ㄗ tzu¹ 윗수염자(口上鬚)。
【髭鬚:자수】 윗수염과 턱에 난 수염。아래 위의 나룻。【白居易】頷下ㅡㅡ半是絲。
【髫歲:자세】 다박머리의 어린 나이。幼年。髫齒。【北史】幼而爽邁、神彩嶷然、ㅡㅡ便有成人之量、篤好文學、動合規矩。
【髮】(발) 月 ハツ、かみ hair ㄈㄚˇ fa³·⁴
小篆 或體 古文 草書 ❶터럭발、머리카락발(頭上毛)。【草木子】血之榮以ㅡ。❷모래땅발、메마른땅발(窮ㅡ、不毛之地)。【地理書】山以草木爲ㅡ。
【髮鼓:발고】 부인들의 머리의 장식품。
【髮膚:발부】 머리털과 피부。(轉)身體。몸。【孝經】身體ㅡㅡ、受之父母、不敢毀傷、孝之始也。
【髮切蟲:발절충】 (動)하늘소。
【髮際:발제】 (醫)목 뒤에 생기는 부스럼。다른 부스럼보다 위험함。발찌。
【髮指:발지】 아주 심하게 성냄。【史記·荊軻傳】士皆瞋目、髮盡上指冠。
【髮妻:발처】 맨 처음에 배필이 된 아내。
【髮衝冠:발충관】 머리털이 일어서서 冠을 밀어 올릴 정도로 몹시 성난 모양。【駱賓王】此地別燕丹、壯士ㅡㅡㅡ。
◎金ㅡ、落ㅡ、亂ㅡ、短ㅡ、斷ㅡ、頭ㅡ、毛ㅡ、白ㅡ、散ㅡ、束ㅡ、銀ㅡ、理ㅡ、長ㅡ、電ㅡ、披ㅡ、黑ㅡ。
【⿱髟付】(부) 虞 フ、たばねたかみ tress
小篆 묶은머리부(結露髻)。
【髱】(포) 效 ホウ、ひげむしゃ shaggy whiskers
草書 수염많을포(多鬚)。
【髯】(염) 『髥』(髟部4畫)의 俗字
【髲】(피) 寘 ヒ、かもじ false hair ㄅㄧˋ pi⁴
小篆 草書 머리쓰개피、첩지피(婦人首飾被)。【儀禮】主婦被裼。
【髲髢:피체】 다른 사람의 머리칼로써 만든 假髮。【周禮·注】次次第髮長短爲之、所謂ㅡㅡ。
【髲鬄:피체】 옛 賤者·刑者의 머리털을 뽑아 만든 假髮。【儀禮·注】被錫、讀爲ㅡㅡ、古者或剔賤者刑者之髮、以被婦人之紒爲飾、因明ㅡㅡ也。
【髳】(무) 尤 ボウ、たれがみ flowing hair ㄇㄡˊ mou²
草書 ❶다팔머리무(髮至眉)。❷오랑캐이름무(巴蜀國名、羌ㅡ)。
【髴】(불) 物 フツ、による resemble closely ㄈㄨˊ fu²
小篆 草書 ❶비스름할불、비슷할불(髣ㅡ、若似)。❷부인머리치장할불(婦人首飾)。【後漢書】以至人之髣ㅡ。❸털더부룩할불(髮亂貌)。

六畫

【髵】(이) 支 ジ、たてがみたつ mane stand erect ㄦˊ erh² 갈기일어설이(猛獸奮鬣貌、髬ㅡ)。
【髶】㊀(용) 冬 ジョウ、みだれたけ entangled hairs ㊁(이) 寘
小篆 ㊀엉킨터럭용(亂髮)。㊁머리치장 뗄이(去髮飾)。
【髷】(곡) 沃 キョク、ちぢれげ curly hair
草書 고수머리곡(鬈髮貌)。【詩經】予髮曲局。
【髹】(휴) 尤 キュウ、うるしぬる lacquer ㄒㄧㄡ hsiu¹
草書 옻칠할휴(以漆漆物赤黑色)。【史記貨殖傳】木器ㅡ者千枚。
【⿱髟次】(차) 寘 シ、くしけずる comb
小篆 빗질할차(用梳比)。
【髻】㊀(계) 霽 ケイ、キツ、もとどり topknot ㄐㄧˋ chi⁴ ㊁(결) 質
小篆 草書 ㊀상투계(總髮、魋結)。【史記】魋ㅡ箕踞。㊁부엌귀신결(竈神)。【莊子 達生】竈有ㅡ。

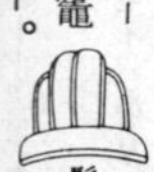
髻(三才圖會)

【髻根:계근】 상투의 밑。상투밑。【韓ㅡ
【髻子:계자】 상투。【ㅡㅡ鬆慢玉釵垂
【髺】(괄) 曷 カツ、けをたばねる bundle
小篆 터럭묶을괄(束髮)。【儀禮】主人ㅡ髮袒。

七畫

【⿱髟里】(리) 支 リ、こめがみ temple 관자놀이리(顱下左右、ㅡ鬢)。
【髼】(봉) 東 ホウ、かみがみだれる unkempt 머리털더부룩할봉(髮亂貌、ㅡ鬆)。
【髼仙子:봉선자】 明、高瀫의 號。
【髽】(좌) 麻 サ、ゆう do one's hair in a chignon ㄓㄨㄚ chua¹
小篆 草書 여상제북상투쪽질좌(婦人喪髻猶男括髮)。
【髽髻:좌계】 상투를 매어 얹음。【唐書】男子ㅡㅡ、女人被髮。
【髽幗:좌괵】 머리 얹은 곳에 꽂는 장식。또는 一種의 喪冠。【隋書】後主好令宮人以白越布折額、狀如ㅡㅡ、又爲白蓋、此二者喪禍之服也。
【髽衰:좌최】 未婚女가 父親의 喪을 당했을 때의 머리와 喪服 차림。衰는 斬衰。【儀禮】女子子在室爲父、布總箭笄ㅡㅡ。
【髾】(소) 肴 ショウ、かみのさき end of a hair
草書 ❶털끝소(髮末)。【史記】蜚纖垂ㅡ。❷기드림늘소(旌旗所垂之羽)。【後漢書】曳長庚之飛ㅡ。
【髿】(사) 麻 シャ、かみをたれる loosen one's hair ㄕㄚ sha¹ 머리흩치르르할사(髮美)。❷머리풀

어헤칠사(垂貌、鬖ㅡ)。

【髢】(체) 霽 braid テイ、ゆいかみ ㄊㄧˋ t'i⁴
小篆 ❶땋은머리체(髲也)。❷머리깎을체(削髮)。(『剃』와 같음)

【鬂】(빈)『鬢』(髟部14畫)의 俗字

八畫

【鬃】(종) 冬 topknot ソウ、もとどり ㄗㄨㄥ tsung¹
草書 ❶높은상투종(高髻)。❷말갈기종(馬鬣)。

【鬄】(체) 霽 cut hair テイ、セイ、そる ㄊㄧˋ t'i⁴
小篆 或體 草書 ❶머리깎을체(剃也)。【漢書】其次ㅡ毛髮。❷땋은머리체(髲也)。

【鬄剔:체척】머리를 깎음。

【䯽】(부) 有 short-haired ホウ、かみのけもよう
小篆 터럭짧을부(髮短)。

【鬅】(붕) 蒸 unkempt hair ホウ、みだれがみ ㄆㄥˊ p'êng²
草書 터럭더부룩할붕(ㅡ鬙、髮亂)。【陸游詩】倚屏吟嘯髮ㅡ鬙。

【鬅鬆:붕송】머리가 허술하게 풀려 흩어진 모양。【姚樞】春風滿鬢絲ㅡㅡ。

【鬅鬙:붕승】❶머리의 흩으러진 모양。被髮의 모양。【曾鞏】但知抖擻紅塵去、莫問ㅡㅡ白髮催。❷넓게 널려져 있음。어지럽혀짐。【范成大】兒女強修元夕供、玉蛾先避雪ㅡㅡ。

【髟+周】㊀(조) 蕭 ㊁(주) 宥 hairy チョウ、かみおおい
小篆 ㊀털많을조(髮多)。㊁뜻은㊀과 같음。

【髟+卒】(졸) 月 topknot ソツ、もとどり
❶상투졸(髻也)。❷터럭많을졸(髮多貌)。

【髟+采】(채) 賄 topknot サイ、ゆいあげたがみ
상투채(髻也)。

【髟+采帶:채대】머리를 싸는 베。覆巾。髻帶。【方言·四】絡頭、帞頭也、紗繢·鬢帶·ㅡㅡ·帑㡊、幧頭也、云云、鬢帶、或謂之ㅡㅡ。

【鬆】(송) 冬 loosen one's hair ソウ、みだれる ㄙㄨㄥ sung¹
草書 ❶터럭더부룩할송(鬔ㅡ、髮亂)。❷거칠송(粗ㅡ)。

【鬆口:송구】❶말을 멈춤。❷승낙함。

【鬆動:송동】천천히 움직임。

【鬆亂:송란】흩어진 머리。

【鬆放:송방】늦춤。自由롭게 함。【長生殿】昨已買囑解官、暫時ㅡㅡ。

【鬆性:송성】느릿느릿한 성질。

【鬆手:송수】❶손을 늦춤。❷허락함。

【鬆緩:송완】❶돈에 여유가 있음。❷늦춤。

【鬆處:송처】느슨해진 곳。【福惠全書】有ㅡㅡ須杵杵堅實。

【鬇】(쟁) 庚 unkempt ソウ、みだれがみ
터럭더부룩할쟁(髮亂、ㅡ鬡)。

【鬇鬡:쟁녕】❶머리칼의 흩어진 모양。【玉篇】鬇、鬇鬡、毛髮亂。❷머리털이 붉은 모양。【韓愈】怒鬚猶ㅡㅡ、斷臂仍[illegible]。

【鬈】(권) 先 handsome beard ケン、うるわしい
小篆 草書 수염좋을권(鬚髮好貌)。【詩經】其人美且ㅡ。

【髟+屈】(굴) 物 feathery shawl クツ、きもの
草書 털반배굴(半臂羽衣、繡ㅡ)。【後漢書】更始諸將軍皆幘而衣婦人衣繡擁ㅡ。

九畫

【鬉】(종) 東 unkempt ソウ、かみがみだれる ㄗㄨㄥ tsung
터럭더부룩할종(髮亂)。

【髟+思】(새) 灰 bushy-whiskered man サイ、かみみだれる
텁석부리새(鬆ㅡ、多鬚)。

【髟+敄】㊀(모) 豪 ㊁(무) 尤 hair flowing ボウ、たれがみ
小篆 或體 ㊀앞머리 처진모、다팔머리모(髮至眉)。㊁뜻은 ㊀과 같음。

【髟+肖】(알) 黠 downy hair アツ、わたげ
솜털알(細毛)。

【髟+頁】(수)『鬚』(髟部12畫)와 같음

【鬍】(호) 虞 beard コ、ひげ
草書 구레나룻호(頰之鬚)。

【鬍髯:호염】수염。【風俗通】。

【鬍子:호자】수염。【長生殿·驛備】女人的ㅡㅡ、那里有生在嘴上的。

【鬊】(순) 震 be dishevelled シュン、けをみだす
小篆 머리풀어헤칠순(亂髮)。【禮記】君大夫ㅡ爪實于綠中。

【鬊帶:순대】머리를 감아서 머리칼을 싸맨 布。머리싸맨 것。【廣雅】ㅡㅡ、幧頭也。

【鬊爪:순조】짤라내어 어흩진 머리와 「손톱·발톱。

【鬋】(전) 先 銑 shave セン、ひげをそる ㄐㄧㄢ chien¹
小篆 草書 ❶귀밑털드리울전(鬢垂貌)。【楚辭】盛ㅡ不同制。❷수염깎을전(鬄治須髮)。【禮記】不蚤ㅡ。

【鬋茅:전모】띠를 벰。【晉書】屏居臨海、絕棄人事、ㅡㅡ結宇、耽翫載籍。

【鬋髮:전발】머리를 자름。【逸周書】越漚ㅡㅡ文身。

【鬌】㊀(추) 支 ㊁(타) 哿 hair falls out スイ、タ、おちる ㄉㄨㄛˇ tuo³
小篆 草書 ㊀❶털빠질추(髮落)。❷황새머리추(小兒剪髮所遺爲ㅡ)。㊁뜻은 ㊀과 같음。

十畫

【鬎】(적) 錫 hair cut テキ、かみきる
小篆 머리깎을적(鬎髮)。

【鬐】(기) 支 mane キ、たてがみ ㄑㄧˊ ch'i²
小篆 草書 ❶말갈기기(馬鬣)。❷생선등지느러미기(魚脊)。【莊子】揚而奮ㅡ。

【鬐興:기흥】갈기가 일어섬。【尉繚子】驚馬ㅡㅡ角逐。

【鬑】(렴) 鹽 hang down レン、かみがだれる ㄌㄧㄢˊ lien²
小篆 ❶머리가 드리워질렴(髮垂)。❷머리가길렴(髮長貌)。

【⿱髟差】(차) 䈭 歌 サ、うつくしい beautiful hair ㄘㄨㄛˊ ts'uo³
小篆 ❶터럭아름다울차(髮美)。❷터럭많을차(髮多)。

【⿱髟般】(반) 寒 ハン、ちょんまげ topknot
小篆 북상투반(臥髻)。【柳宗元詩】廣童髮未—。

【⿱髟般頭:반두】 나지막히 댕기를 딴 머리。딴 상투를 뒤로 눕힌 것。【廣韻】——曲髮爲之、又臥髻也。

【鬒】(진) 軫 シン、こい、くろい thick hair ㄓㄣˇ chen³
小篆 或體 草書 머리숱많을진(黑髮而稠)。【左傳】有奶氏女—黑而甚美。

【鬒髮:진발】 검고 아름다운 머리털。

十一畫

【鬕】(마) 禡 マ、こみがみ temple
관자놀이마(鬢—、顱下左右)。

【鬖】㊀(삼) 勘 ㊁(삼) 覃 サン、シン、みだれがみ obushy hair ㄙㄢ san¹
草書 ㊀머리채치렁거릴삼(髮垂貌、—髿)。㊁머리털더부룩할삼(亂髮貌)。

【鬖鬖:삼삼】 머리털이 느러진 모양。또는 그와 같이 물건이 느러진 모양。

【鬘】(만) 刪 バン、マン、かずら false hair ㄇㄢˊ man²
草書 다리꼭지만(月子)。

【鬘顏:만안】 假髮을 썼을 때의 얼굴。

【鬘髭:만자】 假髮을 쓴 것처럼 곱게 자란 수염。

【鬘華:만화】 茉莉의 꽃。

【鬗】(만) 寒 マン、ながくかみだれる long-haired
小篆 머리치렁치렁할만(髮長貌)。【漢書】掩回轅—長馳。

十二畫

【⿱髟賁】(비) 寘 ヒ、ひげおおい bushy-bearded
수염많을비(鬚多)。

【⿱髟貴】(귀) 寘 キ、ちょんまげ topknot ㄎㄨㄟˋ k'uei⁴
小篆 상투귀(髻也)。

【⿱髟貴帶:귀대】 머리를 둘러 맴으로써 머리칼을 잡아 매는 베。머리에 수건을 둘러맴。

【鬙】(승) 蒸 ソウ、みだれる shaggy hair ㄙㄥ sêng¹
草書 터럭더부룩할승(鬅—、髮亂)。

【鬙鬙:승승】 머리의 흩으러진 모양。

【鬚】(수) 虞 シュ、ひげ beard ㄒㄩ hsü¹
草書 턱수염수、아랫수염수(頤毛)。

【鬚根:수근】 사람의 수염 같은 잔 뿌리가 많은 草木의 뿌리。

【鬚貌:수모】 수염이 많이 난 얼굴。鬚面。【隋書】——甚偉。

【鬚目:수목】 수염과 눈매。【晉書】劉牢之面赤紫色、——驚人。

【鬚眉:수미】 ❶수염과 눈썹。【莊子】水靜則明燭——。❷남자를 일컫는 말。

【鬚髮:수발】 수염과 머리털。【漢書】始以彊壯出、及還——盡白。

【鬚髯:수염】 턱수염과 구레나룻。

【鬛】(렵)『鬣』(髟部15畫)의 略字

【鬜】㊀(간) 刪 ㊁(갈) 黠 カン、カツ、はげる shave
小篆 ㊀머리밀간(頭鬢禿)。【韓愈詩】或赤若禿—。㊁뜻은 ㊀과 같음。

十三畫

【⿱髟粲】(찬) 翰 サン、かみのつや greasy-haired
머리빤지르르할찬(髮光)。

【鬟】(환) 刪 カン、わげ hair in a chignon ㄏㄨㄢˊ huan²
小篆 草書 쪽은머리환、쪽찔환(屈髮爲髻)。【庾信詩】花—醉眼纈。

【鬠】(괄) 曷 カツ、かみをたばねる make a topknot ㄎㄨㄛˋ k'uo⁴
북상투짤괄(括髮)。【儀禮】—笄用桑。

【鬠笄:괄계】 딴 머리를 당겨 맨 비녀。

【鬠髢:괄체】 머리를 빗어 따고、손톱을 짜름。

十四畫

【⿱髟截】㊀(제) 霽 ㊁(절) 屑 セイ、ちょんまげ topknot
小篆 ㊀❶작은상투를 묶을제(小髻束)。❷작고높은 상투제(小高髻意)。㊁뜻은 ㊀과 같음。

【鬞】(몽) 東 ボウ、うまのたれたてがみ the mane fallen over
드리워진 말갈기몽(垂馬鬣)。

【鬞鬆:몽송】 머리칼이 흩어져 늘어진 모양。또는 일이 갈피를 잡을 수 없이 늘어진 모양。【蘇軾】斷蓬飛葉卷黃沙、祇有千林——花。

【⿱髟監】(람) 覃 ラン、かみがながい fall over ㄌㄢˊ lan²
小篆 머리치렁치렁할람(髮垂、—鬖)。

【⿱髟監鬖:남삼】 머리털이 긴 모양。【集韻】

【鬡】(녕) 庚 ドウ、みだれがみ unkempt ㄋㄧㄥˊ ning²
터럭더부룩할녕(髮亂、鬤—)。

【鬢】(빈) 震 ビン、びんづら whiskers ㄅㄧㄣˋ pin⁴
小篆 草書 구레나룻빈(頰髮)。【晉語】美—長大則賢。

【鬢毛:빈모】 살쩍。귀밑털。【杜甫】天涯故人少、更憶——斑。

【鬢髮:빈발】 살쩍과 머리털。혹은 머리털 전체를 뜻하기도 함。

【鬢雪:빈설】 살쩍이 힘。年老한 모양。【白居易】漢漠病眼花、星星愁——。

【鬢鴉:빈아】 살쩍이 가마귀 깃처럼 검다는 뜻。【杜牧】偸得間身掠——。

【鬢腫:빈종】 살쩍 언저리에 나는 종기。鬢瘡。

十五畫

【⿱髟丏】(면) 先 ベン、けのさま figure of hairs
小篆 ❶머리털의 모양면(髮貌)。❷눈썹을 그리는데 쓰는 그을음면(描眉用燒煙)。

【鬣】(렵) 葉 リョウ、たてがみ mame ㄌㄧㄝˋ lieh⁴
小篆 或體 或 草書 ❶말갈기렵(馬領毛)。❷비끝렵(帚端)。【禮記】夏駱馬黑—周黃馬蕃—。【儀禮】執帚垂末內—從。❸지느러미렵(魚龍頷髻曰—)。

【鬣葵:엽규】 나무의 이름。棕梠의 異名。

【鬣尾·엽미】 말갈기와 꼬리。『禮·檀弓上·注』騵騮馬白腹、騵赤馬黑——。
【鬣者:엽자】《動》말。

【⿱髟賛】 ㊀(찬) 翰 サン、かみつや hair lustre
㊁(찰) 曷 ㄗㄨㄢˋ tsuan⁴
㊀❶머리털의 윤택찬(髮之光澤)。❷정성스러울찬(誠貌)。㊁털이 많을찰(毛多貌)。

十六畫

【⿱髟盧】 ㊀(려) 魚 リョ、うまのたてがみ
㊁(로) 虞 mane
小篆 ㊀❶말갈기려(鬣也)。❷털려(毛也)。❸갈기털이 일어서는 모양려([illegible]—、鬣起貌)。㊁뜻은 ㊀과 같음。

【⿱髟歷】 (력) 錫 レキ、まばらがみ thin-haired
터럭성길력(髮疎)。

十七畫

【鬤】 (양) 陽 ジョウ、みだれがみ unkempt
머리엉킬양(亂髮)。

【⿱髟靈】 (령) 靑 レイ、まばらがみ thin-haired
터럭성길령(髮疎)。

門 部

【鬥】 ㊀(각) 覺 トウ、たたかう fight; struggle
㊁(투) 宥 ㄉㄡˋ tou⁴
小篆 草書 ㊀싸울각、다툴각(鬪也)。㊁뜻은 ㊀과 같음。
【鬥姑娘:투고랑】 女兒의 장난감으로 모양은 작은 가지 비슷하여 빛은 붉고 光澤이 나며、十月頃에 팔러 나옴。『燕京歲時記』每至十月、市肆之間、則有赤包兒·——等物、云云。

四畫

【鬦】 (투)『鬪』(14畫 門部)의 俗字

【⿵鬥玄】 (현) 先 ケン、ちからためし strength test
小篆 힘시험하는추현(試力錘)。

五畫

【鬧】 (뇨) 效 ドウ、さわがしい noisy
小篆 草書 시끄러울뇨(喧囂、擾也)。『柳宗元書』以召—取怒乎。
【鬧歌:요가】 떠들썩하면서 노래함。또는 그러한 노래。『李頎』——聊鼓楫。
【鬧房:요방】 혼인한 첫날 밤에 신랑 신부를 놀리는 것。
【鬧市:요시】 번잡한 시장。
【鬧熱:요열】 번화함。繁盛。『白居易』紅塵——白雲冷。
【鬧裝:요장】 곱게 장식한 안장·고삐 따위。또는 곱게 단장한 衣帶。

六畫

【鬨】 ㊀(홍) 送 コウ、たたかう fight; struggle
㊁(항) 絳
小篆 草書 ㊀싸움소리홍(鬪聲)。『孟子』鄒與魯—。㊁뜻은 ㊀과 같음。
【鬨然:홍연】 법석대는 모양。『皮日休』夜景皎潔、——秀發。
【鬨丁:홍정】 丁祭로 떠들썩함。丁은 丁祭、仲春·仲秋의 上丁의 날에 孔夫子를 祭祀하는 式典。『桃花扇』。

八畫

【鬩】 (혁) 錫 ゲキ、カク、あらそう bring a suit against
ㄒㄧˋ hsi⁴
小篆 草書 ❶송사할혁(怨恨、訟也)。『詩經』兄弟—于牆。❷싸울혁(鬪也)。
【鬩牆:혁장】 집안 싸움을 함。

【⿵鬥巷】 (홍)『鬨』(6畫 門部)과 같음

十畫

【鬪】 (투) 宥 トウ、たたかう fight; struggle
草書 싸움투、싸울투(—爭、競也)。『禮記』不反兵而—。
【鬪角:투각】 집의 추녀 끝이 사방에서 모인 것。『杜牧』鉤心——。
【鬪犬:투견】 개를 서로 싸우게 하고 보는 구경거리。또는 그 개。
【鬪鷄:투계】 닭을 서로 싸우게 하고 보는 구경거리。또는 서로 싸우는 닭。『荊楚歲時記』寒食——。
【鬪毆:투구】 다투어 쥐어박으며 싸움。또는 그에 대한 죄명。
【鬪技:투기】 재주를 서로 겨룸。
【鬪士:투사】 ❶전쟁에 종사하는 사람。武士。軍人。『左傳』師少于我、——倍我。❷鬪志가 滿滿한 사람。
【鬪射:투사】 弓術의 優劣을 다툼。활쏘기。
【鬪詩:투시】 詩를 지어 그 優劣을 경쟁함。戰詩。
【鬪魚:투어】《動》버들붕어。
【鬪牛:투우】 소를 서로 싸우게 하여 보는 구경거리。또는 그 소。
【鬪爭:투쟁】 서로 싸움。싸움。『韓愈』四方無——金革之聲。
【鬪牋:투전】 두꺼운 종이로 손가락 넓이 만하고 다섯 치쯤 되게 만들어 그림으로 끗수를 표한 노름 제구의 한 가지。
【鬪志:투지】 싸우려고 하는 마음。『左傳』恃其城、莫有——。 「난만한 색。
【鬪彩:투채】 도자기 위에 좋은 무늬의
【鬪草:투초】 五월 五일에 여러 가지 풀을 모아서 서로 優劣을 다투던 遊戲。『章得象』今朝——得宜男。
【鬪很:투흔】 남과 싸움。말다툼。『孟子』好勇——、以危父母。
◎敢—、健—、格—、決—、苦—、奮—、死—、力—、爭—、戰—。

十一畫

【⿵鬥翏】 (류) 尤 リュウ、しめころす hang a person
小篆 목매죽일류(絞也)。

十二畫

【⿵鬥敢】 (함) 豏 カン、ほえる roar; howl
ㄏㄢˇ han³
草書 범우는소리함(虎聲)。『詩經』—如虓虎。

十四畫

【⿵鬥斷】 (투)『鬪』(10畫 門部)의 本字

【⿵鬥爾】 (미) 紙 ビ、せまい narrow-minded
小篆 편협할미(褊狹)。

十七畫

【鬮】 ㊀(구) 尤 キュウ、くじ lottery
㊁(규) 有 ㄐㄧㄡ chiu¹
小篆 草書 ㊀제비뽑을구、먹국질구(手取也)。㊁뜻은 ㊀과 같음。
【鬮分:구분】 家産分割의 한 形式。抽籤에 依해 分割을 確定하는 것。원래 臺灣

에서는 家產의 分割은 먼저 繼承者의 分得率을 定한 다음 財產의 評價를 하고, 이것을 各者의 配分에 平等토록 割當코, 마지막으로 抽籤을 實行해 分割을 確定함。

十八畫

【闠】(분) 文 フン、たたかう fight
小篆 ❶싸울분、다툴분(鬪也)。❷뒤얽힐분(亂鬪貌)。

鬯 部

【鬯】(창) 漾 チョウ、ゆみぶくろ bow case ㄔㄤˋ ch'ang⁴
小篆 草書 ❶울창술창(鬱—、秬—、奉宗廟香酒)。【詩經】秬—一卣。❷활집창(弢弓)。【詩經】抑—弓忌。

【鬯茂:창무】草木이 쭉쭉 자라서 무성함。暢茂。

【鬯酒:창주】香酒。香草와 黑黍를 섞어서 빚은 술。祭祀에 사용함。【詩經·箋】王賜召虎、以——一尊、以祭其宗廟、告其先祖。

【鬯草:창초】《植》=鬱金香。

【鬯浹:창협】쭉 뻗어서 널리 미침。【楊嗣復】和聲順氣、發自廟廊、而——於幽遐。

五畫

【鬯史】(시) 紙 シ、よいこうりよう fragrance
좋은 향기시(美香)。

十畫

【鬯巨】(거) 語 キョ、くろきび black millet
小篆 或體 검은기장거(黑黍)。

十八畫

【鬱】(울) 物 ウツ、においぐさ tulip
小篆 울금초울(香草、—金)。【說文】—鬯百艸之華—人所貢芳草以降神。

十九畫

【鬱】(울) 物 ウツ、むらがり thick; dense しける ㄩˋ yü⁴
小篆 ❶나무다부룩할울(木叢生、積也、盛也)。【詩經】—彼北林。❷막힐울(滯也)。【左傳】—湮不育。❸마음에맺힐울(—陶、憤結)。【書經】—陶乎予心。❹아가위울(棣屬)。【詩經】六月食—及薁。❺답답할울(——氣蒸)。❻멀리생각할울(悠思)。

【鬱結:울결】가슴이 답답하게 막힘。

【鬱屈:울굴】❶마음이 답답하고 意氣가 꺾임。❷地勢 같은 것이 屈曲한 모양。

【鬱金:울금】❶《植》심황。생강科에 속하는 多年草。根莖은 漢方의 止血·健胃劑。乾燥한 根莖의 粉末은 黃色染料로 사용함。❷鬱金色의 略語。❸鬱金香。

金鬱(會圖才三)

【鬱金色:울금색】=橙色。

【鬱金染:울금염】심황의 뿌리를 우려 만든 물감。

【鬱氣:울기】답답한 기분。

【鬱念:울념】맺혀서 가시지 않는 생각。

【鬱怒:울노】맺혀서 풀리지 않는 노여움。【嵇康】——彪休、洶涌騰薄。

【鬱痰:울담】목구멍과 입 속이 마르고 해소가 나는 병。

【鬱陶:울도】意氣가 꺾여 萎縮된 모양。

【鬱林:울림】무성한 숲。

【鬱悶:울민】마음이 우울하여 번민함。

【鬱密:울밀】나무가 무성하게 빽빽함。

【鬱勃:울발】❶기운이 왕성한 모양。구름이 뭉게뭉게 일어나는 모양。❷근심 때문에 가슴이 답답한 모양。❸草木이 무성한 모양。❹意氣가 興起하는 모양。

【鬱憤:울분】분한 마음이 가슴에 가득히 쌓임。또는 맺혀서 풀어지지 않는 憤怒。宿怨。積憤。鬱怒。

【鬱怫:울불】답답하여 불끈 성이 남。

【鬱散:울산】울적함을 털어 없앰。氣分풀이。

【鬱森:울삼】樹木이 무성함。나무가 빽빽하게 우거짐。

【鬱快:울앙】마음이 답답하고 기분이 불「쾌함。

【鬱然:울연】❶草木이 茂盛한 모양。또 일의 한창 盛한 모양。【新論】五色——、有雲霞之觀。❷마음이 울적한 모양。

【鬱燠:울오】무더위。찌는 듯한 무더움。【漢紀】不苦盛暑之——。

【鬱紆:울우】❶마음이 萎縮되어 즐거워하지 않는 모양。❷山 언덕 같은 것이 屈曲한 모양。

【鬱郁:울욱】향기로움。무성함。

【鬱鬱:울울】❶뜻대로 되지 않아 기분이 우울한 모양。불평이 가득찬 모양。悶悶。❷樹木이 빽빽하게 우거진 모양。❸기운이 왕성하게 오르는 모양。

【鬱鬱蒼蒼:울울창창】나무가 빽빽하고 푸르게 우거진 모양。略語는 鬱蒼。

【鬱悒:울읍】마음이 우울하여 근심하는 모양。鬱邑。鬱紆①。

【鬱伊:울이】마음이 답답한 모양。

【鬱寂:울적】마음이 적막함。

【鬱積:울적】꽁꽁히 맺히고 맺히는 울화통。울화가 쌓이고 쌓임。【張華】懷思豈不隆、感物重——。

【鬱情:울정】울적한 心情。

【鬱症:울증】《醫》가슴이 답답한 병。

【鬱蒸:울증】무더움。鬱燠。

【鬱葱:울총】❶草木이 빽빽하게 우거진 모양。❷기운이 왕성한 모양。鬱蒼。

【鬱蟄:울칩】마음이 울울하여 집 속에 만 들어 앉아 있음。

【鬱火:울화】속이 답답하여 나는 화。

鬲 部

【鬲】㊀(격) 陌 カク、レキ、かなえ porcelain ㄍㄜˊ ke²
㊁(력) 錫
小篆 或體 草書 ㊀❶오지병격(瓦瓶)。【禮記】陶人出重—。❷땅이름격(趙地名)。㊁다리굽은솥력(曲脚鼎)。【爾雅】鼎款足謂之—。

周 彝鬲(西淸古鑑)

三畫

【鬲+斗】㊀(과) 歌 カ、どがま earthern cauldron ㄍㄨㄛ kuo¹
㊁(라) 歌
小篆 ㊀흙가마과(土釜)。㊁뜻은 ㊀과 같음。

四畫

【鬲戈】(과)『鍋』(金部 9畫)와 같음

【鬾】(의) 紙 ギ、かま cauldron
小篆 가마의(釜也)。

六畫

【鬳】(권) 願 ケン、かなえ iron pot ㄌㄧˋ li⁴
小篆 草書 솥권(鼎也)。
【鬳齋:권재】宋、林希逸의 號。林希逸撰으로서 鬳齋續集 三十卷이 있음。詩文集으로 十三類로 分類됨。【四庫提要】。

【䰜】(력) 錫 レキ、むしあがり steam(up)
小篆 김오를력(熱飪氣上出)。

【䰎】㊀(휴) 齊 ㊁(규) 齊 ケイ、こしきのあな bottom holes of jar
㊀시루구멍휴(窐也)。(『窐』와 通함) ㊁뜻은 ㊀과 같음。

七畫

【䰍】(이) 支 ジ、にる boil ripe
삶아 익힐이(熟也)。【揚雄】秦晋之郊、謂熟曰 ―。(『䏡』와 通함)

【鬴】(부) 麌 フ、かま large iron pot ㄈㄨˇ fu³
小篆 或體 草書 가마부(鍑屬無足)。【周禮】凡萬民之食食者人四 ― 上也人三 ― 中也人二 ― 下也。(『釜』와 같음)

(圖物名) 鬴

【鬴鍑:부복】 아구리 큰 가마솥。

八畫

【䰟】(비) 未 ヒ、わく boil(up)
小篆 끓을비(沸也)。【楚辭】氣涫 ― 其若波。(『沸』와 같음)

【鬵】(심) 侵 セン、シン、かま cauldron ㄒㄧㄣˊ hsin²
小篆 籀文 草書 ❶용가마심、큰가마심(大釜)。❷고리심(似甑大上小下)。【詩經】漑之釜 ―。

(圖古考)鬵文細

九畫

【鬷】(종) 東 ソウ、かま cauldron ㄗㄨㄥ tsung¹
小篆 草書 ❶가마종(釜屬)。❷많을종(衆也)。【詩經】越以 ― 邁。
【鬷假:종가】 上下가 서로 相和코 大衆을 總集해도 言爭하는 者가 없음。大政을 모름지기 上下相和케 함。一說엔 大樂을 演奏코 한결같이 느낌을 가지게 함。

十畫

【䰛】(력) 錫 レキ、こす filter
거를력(去滓)。

十一畫

【䰞】(호) 虞 コ、かゆ glutinous rice gruel
小篆 죽호(粥也)。(『餬』와 通함)

【䰩】(오) 豪 ゴウ、いる parch
볶을오(乾煎)。

十二畫

【鬺】(상) 陽 ショウ、にる boil; cook
삶을상(烹煮)。【史記 封禪書】皆嘗烹 ― 上帝鬼神。
【鬺烹:상팽】 犧牲을 삶아 神에게 바침。
【鬺亨:상형】 제사에 받칠 짐승을 삶아 神에게 祭를 지냄。鬺烹。【漢書】鑄九鼎、象九州、皆嘗 ― ―、上帝鬼神。

十二畫

【䰘】(이) 寘 ジ、もち rice-cake ㄓㄨˋ chu⁴
小篆 가루떡이(粉餠)。

【䰝】(증)『甑』(瓦部 12畫)과 같음

【鬻】㊀(죽) 屋 ㊁(육) 屋 ㊂(국) 屋 シュク、イク、かゆ gruel
小篆 草書 ㊀❶미음죽(糜也)。❷죽(饘 ―、飯餘餬屬)。【左傳】饘於是 ― 於是。(『粥』과 같음) ㊁팔육(賣也)。【左傳】有 ― 踊者。㊂❶기를국(養也)。【莊子】天 ― 者天食也。❷어릴국(稚也)。【詩經】― 子之閔斯。(『鞠』과 통함)
【鬻賣:육매】 팔음。販賣함。【荀子】傭徒 ― ― 之徒。
【鬻子:육자】《書》一권。周代의 鬻熊이 지은 것이라 하며、諸子書 중의 最古의 것이라 함。後世에 傳해진 것은 後人이 예전 것의 殘餘를 拾綴하여 鬻熊의 이름의 假托한 것임。그 내용은 修身·治國의 道를 설명하였고 老莊思想에 同調하지 않았음。

十三畫

【𩱔】(종)『鬷』(鬲部 9畫)과 같음

【䰐】(객) 陌 カク、かわごろものうら layer of an outer wear
小篆 갖옷속객、가죽속객(裘裏)。

十四畫

【䰥】㊀(건) 元 ㊁(전) 先 ケン、かゆ glutinous rice gruel
小篆 或體 或體 或體 ㊀죽건(鬻也)。㊁뜻은 ㊀과 같음。

十五畫

【𩱻】(저) 語 シャ、にる boil; fry
小篆 或體 或體 草書 지질저、삶을저(烹也)。【周禮】凡齋事 ― 鹽以待戒令。(『煮』의 古字)

十六畫

【䰪】(초) 巧 ソウ、いる parch
小篆 볶을초(炒也)。(『煼』와 같음)

【鬻】(갱) 庚 コウ、あつもの thick soup
小篆 或體 或體 ❶곰갱(羹也)。❷『羹』의 篆書字。

十七畫

【䰫】(속) 屋 ソク、あつもの thick soup ㄅㄛˊ po²
小篆 或體 곰속(鼎實、八珍之善)。

【䰂】(림) 侵 リン、ぬらす dip
축일림、물댈림(沃水)。(『淋』과 같음)

十八畫

【[illegible]】(증) 徑 ソウ、こしき steam basket
시루증(甑也、炊器)。(『鬸』과 같음)

二十畫

【[illegible]】(약) 藥 ヤク、かゆ scald
(小篆) 데칠약(內肉及菜湯中薄出之)。

鬼 部

【鬼】(귀) 尾 キ、おに ㄍㄨㄟˇ kuei³ ghost
(小篆) (古文) (草書) 돋것귀(精魂所歸)、귀신귀、도깨비귀、人死骨肉歸土血歸水魂氣歸天 其陰氣薄然獨存無所依故爲ㅡ。『列子』精神離形各歸其眞故謂之ㅡㅡ 歸也。

【鬼車:귀거】(動)범나비。

【鬼臉嚇人:귀검혁인】 虛勢로 남을 위협함。『塵談』乘勢作威者、如大人裝鬼臉以駭小兒。

【鬼哭:귀곡】 亡靈의 울음 소리。『岑參』夜靜天蕭條、ㅡㅡ夾道傍。

【鬼哭鳥:귀곡조】(動)음침한 날이나 밤에 구슬프게 울고 다니는 부엉이。귀곡새。

【鬼工:귀공】 세상에 보기 드물게 아주 뛰어난 솜씨。『岑參』崢嶸如ㅡㅡ。「門」。

【鬼關:귀관】 저승으로 들어가는 문。鬼

【鬼臼:귀구】(植)소얼과에 딸린 풀。열매는 소독약에 쓰임。

鬼臼(三才圖會)

【鬼鬼祟祟:귀귀수수】 숨어서 남몰래 일을 꾸밈을 욕하는 말。

【鬼道:귀도】 ❶기괴한 術法。魔法。『後漢書』張魯母有姿色、兼挾ㅡㅡ、往來焉家。❷귀신들의 通行하는 길。❸(佛)六道의 하나。餓鬼道의 略語。「入ㅡㅡ生。」

【鬼燐:귀린】 도깨비불。鬼火。『張憲』日

【鬼魅:귀매】 도깨비와 두억시니。『易經·疏』ㅡㅡ盈車、怪異之甚也。

【鬼面:귀면】 ❶귀신의 얼굴。『瀛涯勝覽』往往蒙ㅡㅡ。❷무서운 얼굴。❸무서운 外觀。

【鬼門:귀문】 ❶鬼星이 있다는 방위。占術家들이 귀신이 드나든다고 하여、매사에 꺼리는 방위로서 동북방을 가리킴。鬼方。『隋書』廻風從艮地ㅡㅡ來。❷東海중에 있다고 하는 귀신들이 모이는 곳。❸(佛)죽어서 저승으로 들어가는 문。鬼關。

【鬼物:귀물】 괴상한 물건。怪物。『蘇軾』世不察、以爲ㅡㅡ。

【鬼報:귀보】 鬼籍에 매인 報應。鬼籍에 매이게 된 죄。

【鬼服:귀복】(制)承文院의 新進이 回刺할 때에 해진 관디와 부서진 紗帽로 차리던 章服。

【鬼簿:귀부】 =過去帳。

【鬼斧:귀부】 鬼神이 도끼로 깎은 것 같이 훌륭한 細工。『吳萊』晶熒龍宮獻、錯落ㅡㅡ鐫。

【鬼使神差:귀사신차】(喩)귀신의 힘으로 함。자기가 주장이 되어 하지 못함。『琵琶記』元來他也、是無奈、好以ㅡㅡ。

【鬼祟:귀수】 귀신의 빌미로 생기는 병。

【鬼市:귀시】 ❶숨어서 몰래 무역을 함。『唐書』西海有市、貿易不相見、各置直物於旁、名ㅡㅡ。❷귀신이 많이 모임을 일컬음。

【鬼神:귀신】 ❶눈에 뵈지 않는 무서운 神靈。❷先祖 또는 山川의 神。❸死者의 영혼。神은 하늘의 神。鬼는 사람의 영혼。『中庸』ㅡㅡ之爲德、其盛乎。

【鬼眼睛:귀안청】(動)우렁이。❷(佛)귀신의 눈동자。即 邪見을 말함。『碧巖集』山僧從來不弄ㅡㅡㅡ。

【鬼語:귀어】 귀신이 한다는 말。

【鬼蜮:귀역】 귀신과 물여우。물여우가 모래를 입에 물고 있다가、물에 비치는 사람의 그림자에 뿌리면 그 사람이 병에 걸린다 함。그리고 물여우는 귀신과 같이 그 형태를 볼 수 없다 함。(轉)음흉한 사람。

【鬼子:귀자】 ❶어머니를 닮지 않은 자식。❷귀신을 닮은 못 생긴 자식。❸날 때부터 이가 있는 자식。

【鬼才:귀재】 人間이 한 것이라고 생각되지 않을 만큼 뛰어난 재주。또는 그런 재주를 가진 사람。『詩語總龜』太白仙才、長吉ㅡㅡ。

【鬼籍:귀적】 死者의 이름과 死亡 年月日을 기록한 장부。鬼錄。

【鬼箭:귀전】 ❶死神이 쏘는 화살。❷武具의 한 가지。

鬼箭(武備志)

【鬼陣:귀진】(故) 바둑의 別稱。吳耽이 바둑을 싫어하여 바둑 두는 사람을 향하여 왜 鬼陣으로서 서로 싸우느냐고 말한 데서 나옴。『採蘭志』。

【鬼責:귀책】 병중에 귀신이 집적거림。

【鬼畜:귀축】(植)귀신과 짐승。殘忍無道한 行爲를 하는 사람。

【鬼針草:귀침초】(植)도깨비바늘。

【鬼胎:귀태】 나쁜 마음。음모。

【鬼黠:귀할】 교활함。

【鬼形:귀형】 귀신의 모양이나 얼굴같이 파리하고 추한 모양。

【鬼火:귀화】 도깨비불。濕地에 보슬비가 내리는 침침한 밤에 공중에 떠 오르는 새파란 불。『李益』寒狐嘯青塚、ㅡㅡ燒白楊。

【鬼話:귀화】 ❶도깨비 이야기。怪談。❷虛僞의 이야기。『讕言長語』一切ㅡㅡ、啓蒙故事收之。

◎百ㅡ、邪ㅡ、新ㅡ、餓ㅡ、惡ㅡ、債ㅡ。

三畫

【鬽】(매) 寘 ビ、すだま ㄇㄟˋ mei⁴ ghost (古音「미」)
(小篆) (或體) (籀文) (古文) (草書) 도깨비매(老精物山林異氣所生)。

【[illegible]】(외) 賄 ワイ、やせつち barren soil
메마른땅외(ㅡ邦、墝埆)。

四畫

【鬾】(기) 支 キ、こどものたたり children's ghosts
(小篆) 아이귀신기(小兒鬼)。

【鬾蜮:기역】 室內에 있어 사람을 놀라게 하는 鬼神과 水邊에 있어 사람의 그림자를 던져 病을 주는 鬼神。모두 顓頊氏의 아들의 죽음으로 된 小鬼。❷小兒鬼。『張衡』況ㅡㅡ與畢方。

【鬿】(기) 微 キ、とり bird
❶새기(ㅡ雀、鳥類)。『山海經』北號之山有鳥、狀如雞而白首、鼠足而虎爪、其名曰、ㅡ雀。❷이상한 짐승이름기(ㅡ堆、奇獸)。『楚辭』ㅡ堆焉處。❸북두구성기(九ㅡ、北斗九星)。『楚辭』九ㅡ與六神。

【鬿雀:기작】 새 이름。닭과 비슷하여 목이 白色、다리는 쥐와 비슷하고、발톱은 호랑이와 같다고 함。『山海經』北號之山

有鳥焉、其狀如雞而白首、鼠足而虎爪其名曰──。

【魁】 ㊀(괴) 灰 ㊁(괴) 賄 カイ、かしら leader; boss ㄎㄨㄟ k'uei²
小篆 草書 ㊀❶으뜸괴(首也)。〖禮記〗不爲─。❷괴수괴(渠─、帥也)。〖書經〗殲厥渠─。❸클괴(大也)。〖史記〗始以薛公爲─然。❹별이름괴(北斗首星)。〖史記註〗─北斗第一星也。㊁❶헌걸찰괴(─壘、壯貌)。❷언덕괴(小阜)。

【魁傑:괴걸】 ❶몸집이 크고 健壯함。❷뛰어난 인물。〖歐陽修〗一府之士、皆──賢豪。

【魁奇:괴기】 남보다 뛰어나고 奇異함。〖韓愈〗意必有──忠信材德之民生其間。

【魁頭:괴두】 맨머리。아무 것도 쓰지 않은 머리。

【魁陸:괴륙】 살조개。

【魁榜:괴방】 壯元及第함。또는 그 사람。

【魁首:괴수】 ❶우두머리。❷나쁜 무리의 우두머리。首魁。

【魁殊:괴수】 ❶뛰어나게 훌륭함。

【魁岸:괴안】 體格이 크고 健壯함。〖漢書〗江充爲人──、容貌甚壯。

【魁然:괴연】 뛰어나고 壯大한 모양。흙덩어리처럼 움직이지 않는 모양。魁와 塊는 뜻이 서로 통함。

【魁偉:괴위】 체격이 크고 훌륭함。魁梧。〖後漢書〗郭泰性明知人、好獎訓士類、容貌──。

【魂】 (혼) 元 コン、たましい soul; spirit ㄏㄨㄣ huen²
小篆 (本注段) 草書 혼혼、넋혼(─魄、附氣之神一身之精)。〖易經〗遊─爲變。

【魂車:혼거】 장사 때 죽은 사람의 옷을 실은 수레。생시에 앉아 있는 모습처럼 함。

【魂怯:혼겁】 몹시 놀라거나 무서워서 혼이 빠지도록 겁을 냄。

【魂氣:혼기】 넋。靈魂。〖禮記〗──歸于天、形魄歸于地。

【魂膽:혼담】 혼과 膽。정신。〖北齊書〗「爾猶頓喪──。

【魂馬:혼마】 返魂儀式 중의 한 차림。靈輿 앞에 서서 안장을 갖추고 가는 말。

【魂魄:혼백】 ❶넋。영혼。魂은 사람이 하늘로부터 받는 陽的인 것이고 魄은 땅으로부터 받는 陰的인 것임。魂은 정신적인 활동을 하고、魄은 肉體의 生命을 主管함。❷氣。正氣。本性。〖左傳〗人生始化爲魄、既生魄、陽曰魂。

【魂帛:혼백】 神主를 만들기 전에 명주를 접어서 만들어 임시로 쓰는 神主。초상 때만 씀。

【魂帛箱子:혼백상자】 혼백을 담는 상자。

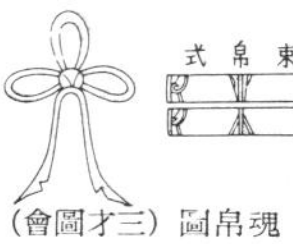

魂帛圖 (三才圖會)

【魂飛魄散:혼비백산】 혼백이 흩어짐。몹시 놀라 어쩔 줄 모르는 형편을 일컫는 말。魂不附體。

【魂鎖:혼소】 혼이 나감。얼이 빠짐。깜짝 놀람。〖元稹〗感極都無夢、──轉易驚。

【魂昇魄降:혼승백강】 죽은 사람의 영혼은 하늘로 올라가고 시체는 땅으로 내려감。

【魂衣:혼의】 魂輦이나 魂轎에 담는 생시에 쓰던 옷。

【魂殿:혼전】 임금이나 왕비의 國喪 뒤에 三년 동안 神位를 모시던 궁전。

【魂箭羽:혼전우】 화살나무。

五畫

【䰟】 (혼)『魂』(前條)과 같음

【䰡】 (률) 質 リツ、ころす kill
죽일률(殺也)。

【魃】 (발) 曷 ハツ、ひでりのかみ drought demon ㄅㄚ pa²
小篆 草書 ❶가물귀신발(旱鬼一名旱母)。〖詩經 大雅雲漢〗旱─爲虐。❷가물발(旱也)。

【魃蜮:발역】 가물귀신과 含沙코 사람을 쏜다는 (轉)怪物。가물음과 妖變의 뜻。〖吳萊·詩〗──幷猖狂。

◎旱─。

【魄】 ㊀(백) 陌 ㊁(박) 藥 ㊂(탁) 藥 ハク、タク、たましい soul ㄊㄨㄛ t'o⁴
小篆 草書 ㊀넋백(附形之靈人生始化心之精爽)。㊁넋잃을박(落─、志行衰惡)。㊂넋잃을탁(落─、失業)。

六畫

【魅】 (매) 寘 ビ、ミ、もののけ ghost; spectre ㄇㄟ mei⁴ (本音「미」)
도깨비매、산매매(魑─、怪物)。〖左傳〗以禦魑─。

【魅力:매력】 남의 마음을 끌어 홀리게 하는 이상한 힘。

【魅了:매료】 완전히 魅惑됨。

【魅惑:매혹】 남의 마음을 끌어 홀리게 함。

【魆】 (휼) 物 クツ、いつわる cheat slyly ㄒㄩ hsü⁴
❶간사하게 속일휼(譎也)。❷갑작스러울휼、얼른휼(猝也)。

【魆黑:휼흑】 느닷없이 어두워짐。

七畫

【䰢】 (귀) 寘 キ、おおいにみる wide see
크게 볼귀(大視貌)。

【䰣】 (옥) 屋 オク、かたち figure
모양옥(貌也)。

【䰤】 (영) 迥 エイ、まじない ask divination
무꾸리할영、방자할영(巫厭)。

【魈】 (소) 蕭 ショウ、すだま ghost of a mountain ㄒㄧㄠ hsiao¹
草書 산도깨비소(山精獨足鬼)。

【魈魅:소매】 山에 사는 다리 하나의 怪物名。〖王守仁〗四山無人兮駭狐鼠、──遊兮羣跳嘯。

【䰥】 (전) 銑 セン、みにくい ugly
추할전(醜貌)。

【䰦】 (퇴) 隊 タイ、ねつびょう fever
열병퇴(苦病)。

八畫

【䰧】 (엄) 豔 エン、けがす stain
더럽힐엄(使汚)。

【䰨】 (비) 齊 ヒ、みにくい ugly
추할비(醜也)。

【魋】 ㊀(추) 支 ㊁(퇴) 灰 スイ、タイ、しゃぐま fabulous bear
小篆 草書 ㊀북상투추(椎頭髻)。〖漢書〗尉佗─結箕踞。㊁❶퇴곰퇴(神獸赤熊)。❷사람이름퇴(人

名、宋桓ㅣ。

【魋結:추결】 북상투。

【魌】(기) 支 キ、きめん mask ㄑㄧ ch'i²
방상시기(ㅣ頭、逐疫鬼 方相氏四目)。【周禮】方相氏。

【魌頭:기두】 궁중에서 惡鬼를 쫓던 儀式인 儺禮(나례)에서 쓰던 것으로 네 눈이 있는 귀신의 假面。

【⿰鬼虎】(호) 虞 コ、おに ghost
小篆 귀신호(鬼貌)。

【魍】(망) 養 ボウ、モウ、すだま ghost of a mountain
草書 산도깨비망(ㅣ魎、木石鬼)。【家語】木石之怪夔ㅣ魎。

【魍魎:망량】 도깨비。 山水·木石의 精靈。 모양은 서너 살 난 어린애 같고、몸은 赤黑色이고 귀가 긴데 사람을 곧잘 속인다고 함。 罔兩。 蝄蜽。

【魍魎量稅:망량양세】 (國) 도깨비에게 세금 매기。(喩)허망한 수입을 바라는 일。【旬五志】。

【魍魅:망매】 물 가운데 산다고 하는 怪精。 물귀신。【韓愈】ㅣㅣ暫出沒、蛟螭互蟠蟉。

【魎】(량) 養 リョウ、すだま ghost of a mountain ㄌㄧㄤ liang³
草書 산도깨비량(山鬼一脚、魍ㅣ)。

【魏】(위) 微 ギ、たかい lofty
草書 ❶위나라위(舜禹所都)。 ❷대궐위(象ㅣ闕也)。 ❸클위(大也)。 ❹우뚝할위(ㅣ然)。【周禮】懸法象ㅣ。

【魏闕:위궐】 높고 큰 문。 宮城의 正門으로 法令 같은 것을 揭示하던 곳。(轉) 朝廷。【莊子】身在江海之上、心居乎ㅣㅣ之下。

【魏武帝:위무제】 =曹操。

【魏魏:위위】 높고 큰 모양。

九畫

【⿰鬼狊】(격) 陌 ケキ、しずか calm
고요한격(靜也)。

【⿰鬼臿】(삽) 洽 ソウ、みにくい ugly
추할삽(醜也)。

【⿰鬼差】(차) 馬 シャ、わるい ugly
추악할차(醜惡)。

十一畫

【魑】(리) 支 チ、すだま ghost of a mountain ㄔ ch'ih¹
小篆 草書 산매리、도깨비리(ㅣ魅、鬼屬)。【左傳】投諸四裔以禦ㅣ。

【魑魅:이매】 山林의 精氣에서 생기는 도깨비。 人面獸身인데 네 발이 있다 함。 곧잘 사람을 홀린다고 함。【左傳】ㅣㅣ罔兩、莫能逢之。

【魑魅魍魎:이매망량】 ❶도깨비。 ❷귀신。

【魔】(마) 歌 マ、まもの devil; demon ㄇㄛ mo²
小篆 草書 ❶마귀마(狂鬼迷人)。【楞嚴經】降服諸ㅣ。 ❷귀신마(鬼也)。 ❸마술마(不可思議之術法)。

【魔界:마계】 악마의 세계。

【魔窟:마굴】 ❶악마가 사는 곳。 ❷不正한 일을 하는 자들이 모여 있는 곳。

【魔鬼:마귀】 요사스럽고 못된 雜鬼의 總稱。【南史】同泰寺災、帝曰、斯ㅣㅣ也。

【魔女:마녀】 ❶魔力을 가진 여자。 ❷여자 마귀。

【魔力:마력】 魔術의 힘。 이상한 힘。

【魔物:마물】 요망되고 간사한 사물。

【魔法:마법】 怪奇한 術法。 魔術②。

【魔性:마성】 악마 같은 성질。 또는 사람을 호리고 속이는 성질。

【魔手:마수】 흉악한 손길。 해치는 손길。

【魔術:마술】 ❶妖術。 ❷사람을 호리는 怪奇한 術法。 魔法。

【魔術師:마술사】 요술장이。

【魔王:마왕】 (佛)佛道修行과 모든 善事를 방해하는 惡鬼의 우두머리。 惡魔의 大王。【法華經·科註】假他所作、以成己樂、ㅣㅣ也。

【魔戲:마희】 귀신의 헤살 또는 장난。◎病ㅣ、色ㅣ、睡ㅣ、詩ㅣ、惡ㅣ、天ㅣ。

十二畫

【⿰鬼奢】(차) 馬 シャ、みにくい ugly
추할차(醜也)。

【⿰鬼堯】 ㊀(초) 肴 ㊁(소) 巧 ソウ、すばやい swift
小篆 ㊀❶빠른모양초(疾貌意)。 ❷굳셀초(健也)。 ❸경표하고 해를 끼치는귀신초(剽輕而爲害鬼)。 ㊁꾀 자기소、간악할소(黠也)。

【⿰鬼矞】(율) 質 キツ、あたまのないおに a headless apparition
머리없는귀신율(無頭鬼)。(本音「귤」)

【⿰鬼尞】(료) 效 リョウ、おどろく be frightened (at)
놀랄료(驚也)。

【魖】(허) 魚 キョ、えやみのおに phantom
小篆 草書 헛도깨비허(耗鬼)。【長楊賦】梢夔ㅣ而扶獝狂。

十四畫

【⿰鬼疑】(의) 未 ギ、おそれる fear
❶겁낼의(恐也)。 ❷동여얽을의(纏也)。

【魗】 ㊀(수) 尤 ㊁(추) 有 シュウ、みにくい ugly ㄒㄧㄡ hsiu¹
草書 ㊀❶추악할수(惡也)。 ❷버릴수(棄也)。【詩經】無我ㅣ兮。 ㊁❶ ㊀과 뜻이 같음。 ❷더러울추(穢也)。(【醜】와 通함)

【⿰鬼需】 ㊀(유) 虞 ㊁(누) 尤 ジュ、おにごえ sound of ghost ㄒㄩ hsü¹
小篆 ㊀귀신의 소리유(鬼聲)。 ㊁뜻은 ㊀과 같음。

【魘】 ㊀(염) 琰 ㊁(엽) 葉 エン、ヨウ、うなされる nightmare ㄧㄢ yen³
小篆 草書 ㊀잠고대할염(ㅣ魅、驚夢)。 ㊁가위눌릴엽(睡中氣窒)。

【魘夢:염몽·엽몽】 무서운 꿈을 꾸어 가위 눌림。 또는 가위 눌림。

十五畫

【⿰鬼賣】(적) 錫 テキ、みにくい ugly
추할적(醜也)。

十七畫

【⿰鬼霝】(령) 靑 レイ、おに ghost
귀신령(鬼也)。

【鑺】(구) 尤 ク、つぐ second
버금구(亞也)。

魚 部

【魚】(어) 魚 ギョ、ゴ、うお fish
小篆 草書 ❶물고기어、생선어(鱗蟲總名)。〔易〕豚ㅣ吉。❷좀어(衣ㅣ、蠹名)。

【魚肝油:어간유】생선의 간에서 짜 낸 기름。자양분이 많으므로 보약으로 쓰임。

【魚介:어개】魚類와 貝類。海產物의 總稱。

【魚客:어객】생선 요리로 대접하는 食客。〔戰國策·齊策〕食之比門下之ㅣㅣ。

【魚藿:어곽】해산물의 總稱。

【魚貫:어관】물고기를 꼬챙이에 꿴 것처럼 줄지어 나아감。魚串。〔魏志〕將士皆攀木緣崖、ㅣㅣ而進。

【魚狗:어구】(動)쇠새。물총새科에 속하는 새。물고기·개구리·새우 등을 捕食함。

【魚群:어군】물고기 떼。

【魚潰鳥散:어궤조산】물고기 떼같이 헤어지고 새 떼처럼 흩어짐。

【魚隊:어대】물고기의 떼。魚群。〔陸龜蒙〕鳥行以莽蒼、ㅣㅣ破泓澄。

【魚道:어도】물길이 둑으로 막힌 곳에 물고기가 상류로 올라가도록 만들어 놓은 길。

【魚東肉西:어동육서】제사 음식을 陳設할 때에 魚饌은 동쪽에 肉饌은 서쪽에 놓는 순서。

【魚頭鬼面之卒:어두귀면지졸】지지리 못난 사람들。

【魚頭肉尾:어두육미】물고기는 대가리 쪽이 맛이 있고、짐승의 고기는 꼬리 쪽이 맛이 있다는 말。魚頭鳳尾。

【魚卵:어란】고기의 알。

【魚爛:어란】생선이 썩어짐。(喩)나라가 내부에서 허물어지고 어지러워짐을「니。〔公羊傳〕ㅣㅣ而亡。

【魚籃:어람】물고기를 잡아 담는 바구니。

【魚梁:어량】물이 한군데로만 흐르도록 물 살을 막아 놓고 그 곳에 통발을 놓아 고기를 잡는 장치。〔孟浩然〕水落ㅣㅣ淺、天寒夢澤深。

【魚魯不辨:어로불변】「魚」字와「魯」字를 구별하지 못할 정도로 무식함。

【魚籠:어롱】고기를 잡아 담는 종다래끼。

【魚雷:어뢰】魚形水雷의 略語。모양이 물고기 같으며 공격용 水雷의 한 가지。

【魚雷艇:어뢰정】魚雷의 발사 장치를 가지고 주로 적의 교통·보급로 들을 차단하는 소형 함정。

【魚龍:어룡】❶지질 시대에 바다에 있던 파충류。몸의 길이 一米에 달하고 생김새는 물고기를 닮았음。❷물고기와 龍。〔周禮·註〕鱗物、ㅣㅣ之屬。

【魚類:어류】아가미로 호흡하고 부레로 서 물속을 헤엄쳐 다니는 脊椎動物의 總稱。魚族。

【魚麗:어리】물고기가 떼를 지어 나아감。(轉)陣法의 이름。隊形이 둥글고 조금 긴 陣法。〔左傳〕爲ㅣㅣ之陳、先偏後伍、伍承彌縫。

【魚鱗:어린】❶물고기의 비늘。〔呂氏春秋〕山雲草莽、水雲ㅣㅣ。❷魚類。❸물고기 비늘처럼 나란히 잇대어 있음。❹陣形의 한 가지。

【魚網:어망】물고기를 잡는 그물。漁網。〔陸游〕兒童衝雨收ㅣㅣ。

【魚網鴻離:어망홍리】물고기를 잡으려고 그물을 쳤더니 기러기가 잡힘。(喩)바라는 것은 얻지 못하고 도리어 바라지도 않던 것을 얻음。

【魚目混珠:어목혼주】물고기의 눈알과 구슬이 섞임。(喩)가짜와 진짜가 뒤섞임。

【魚物:어물】생선을 加工하여 말린 것。

【魚物商:어물상】=魚物廛。「魚物店。

【魚物廛:어물전】어물을 파는 가게。

【魚白:어백】생선의 뱃속에 있는 이니。

【魚變成龍:어변성룡】물고기가 변하여 용이 됨 (喩)아주 곤궁하던 사람이 부귀하게 됨。

【魚鼈:어별】물고거와 자라。(轉)魚類의 總稱。〔書經〕鳥獸ㅣㅣ。

【魚腹:어복】❶물고기의 배。❷장딴지。

【魚肥:어비】생선을 썩혀서 만든 비료。

【魚肆:어사】생선 가게。

【魚山會:어산회】(佛)梵音聲·引導소리·歌詠 따위를 하는 사람들의 모임。

【魚商:어상】생선을 파는 장수。생선 장수。

【魚䱇:어새해】어감젓。생선의 아가미로 담근젓。

【魚鮮:어선】생선。

【魚屬:어속】어류。

【魚水:어수】물고기와 물。(喩)끊으려야 끊을 수 없는 밀접한 관계。〔蜀志〕先主曰、孤之有孔明、猶魚之有水也。㉠君臣間의 관계。→水魚之交。㉡부부의 사이。

【魚水親:어수친】물고기와 물의 사이처럼 친밀함。魚水。〔杜甫〕稍令社稷安、自契ㅡㅡ。

【魚翅:어시】中國 요리에 사용하는 상어의 지느러미。「생선 장。

【魚市場:어시장】어물을 파는 시장。

【魚鴈:어안】❶편지。또는 通信의 뜻。魚는 잉어를 가리킨 것인데 잉어와 기러기는 다 같이 편지를 전하는 데 이용하였다는 전설에서 이런 말이 생겼음。鱗鴻。❷물고기와 기러기。

【魚眼石:어안석】유리 따위와 같이 광택이 나는 長石이 분해하여 된 광선。

【魚鹽:어염】생선과 소금。海產物의 總稱。〔陸游〕海上ㅣㅣ聚。

【魚鹽柴水:어염시수】물고기·소금·나무·물 (喩)생활에 필요한 일용품의 總稱。

【魚油:어유】魚類에서 짜 낸 기름。

【魚遊釜中:어유부중】물고기가 솥 가운데서 놀음。(喩)살아 있어도 남은 생명이 짧음。

【魚肉:어육】물고기와 짐승의 고기。또는 물고기의 살。(喩)짓밟고 으깨어 아주 결단을 냄。〔史記〕毋爲秦所ㅣㅣ也。

【魚衣:어의】(植)마름。바늘꽃과에 속하는 一년초。

【魚子紋:어자문】자기에 덧 씌우는 잿물에 생기는 잘고 가는 무늬。

【魚腸:어장】❶물고기의 창자。〔爾雅〕魚枕謂之丁、ㅣㅣ謂之乙、魚尾謂之丙。❷옛날 吳나라의 闔閭가 쓰던 寶劍의 이름。

【魚醬:어장】생선을 넣어 담근 장。

【魚鰈:어접】❶鰈尾類에 딸린 벌레의 總稱。❷어접과에 딸린 벌레의 하나。단물고기의 피를 빨아먹음。

【魚菜:어채】생선과 곤자소니·해삼·버섯 들을 잘게 썰어서 녹말에 무쳐 데친 것을 깻국에 넣어 먹는 음식。

【魚酢:어초】생선 토막과 흰밥·소금·천초 따위를 넣어 만든 생선젓。

【魚珮:어패】珮玉의 이름。그 모양이 물고기를 닮은 데서 이름。

古玉雙魚珮(古玉圖譜)

【魚鰾:어표】부레。물고기의 뱃속에 있는 공기 주머니。

【魚鰾膠:어표교】 부레풀。민어의 부레를 끓여서 만든 풀。
【魚皮:어피】 물고기 가죽。상어 가죽。또는 그것을 덮은 것。
【魚鰕:어하】 물고기와 새우。『蘇軾』侶——而友麋鹿。「아리」。
【魚缸:어항】 물고기를 기르는 유리 항아리。
【魚蟹:어해】 물고기와 게。『北史』秋冬雉兎、春夏捕——。
【魚醢:어해】 물고기를 소금에 절여서 만든 간장 비슷한 調味料。『禮記』麋脯——。
【魚形水雷:어형수뢰】 공격을 목적으로 하는 물고기 모양의 수뢰。
【魚醯:어혜】 생선으로 담근 젓。
【魚虎:어호】 ❶《動》固顎類에 속하는 복어 비슷한 이 있음。❷《動》물총새의 異名。❸악어와 호랑이。

虎魚 (古今圖書集成)

【魚戶:어호】 漁夫 집。漁家。『蟹譜』錢氏間置——蟹戶。
【魚膾:어회】 생선 회。
◎乾—、淡水—、木—、生—、養—、人—、釣—。

一畫

【魚乚】 (알) 黠 アツ、ぎばち Liobagrus mediodiposalis
자가사리알(黃頰鱄)。

二畫

【魛】 (도) 豪 トウ、だつ hair-tail
갈치도、위어도(鮆魚)。
【魛魚:도어】 《動》웅어。멸치科에 속하는 물고기。

【魝】 (결) 屑 クツ、きる slice the fish
小篆 고기썰결(治魚)。

三畫

【魜】 (인) 眞 ジン、さんしょううお mermaid
인어인(人魚)。

【魟】 (홍) 東 コウ、みごい skate
고기이름홍(白魚一名)。
【魟魚:홍어】 鮏魚。

【魠】 (탁) 藥 タク、ぎばち Liobagrus mediodiposalis
小篆 자가사리탁(黃頰魚)。

【魡】 ㊀(적) 錫 テキ、つる fasten fish ㊁(조) 嘯
㊀고기를 맬적(繫魚)。(『䵴』과 같음) ㊁고기 낚을조(釣也)。
【魡魚:조어】 고기를 낚음。『莊子·刻意』——閒處。『釋文』魡、本亦作釣。
【魡者:조자】 고기를 낚는 사람。낚싯군。=釣者。『閒詁』畢云、——俗寫从魚、藝文類聚引作釣、案、玉篇有魡字、云丁叫切、亦作釣。

四畫

【魥】 (겁) 葉 キョウ、ほしうお dried fish
草書 마른고기겁、말린고기겁(竹貫魚)。

【魦】 (사) 『鯊』(魚部 7畫)와 같음

【魴】 (방) 講 ホウ、はまぐり large shell
❶큰조개방(蜃屬)。❷아름다운 구슬 방(美珠)。❸고기이름방(魚名)。(『鰟』과 같음)

鮭 (山海經圖)

【魭】 (공) 東 コウ、えび lobster
❶새우공(鰕也)。❷자라같은고기공(似鼈)。

【魧】 (강) 陽 コウ、かい big nacre
小篆 큰자개강(大貝)。

【魨】 (돈) 元 トン、ふぐ swellfish ㄊㄨㄣˊ t'uen[2]
草書 복어돈(河豚毒魚一名鯸鮧又鯯鮧)。

【魪】 (개) 卦 カイ、かれい flatfish ㄐㄧㄝˋ chieh[4]
草書 가재미개(比目魚)。『吳都賦』罩兩—。

【魰】 (어) 魚 ギョ、さかなとり fishing
물고기잡을어(捕魚)。『西京賦』逞欲畋—。

【魫】 (심) 寢 シン、こざかな fry of fish
고기새끼심(魚子)。
【魫燈:심등】 물고기의 머리뼈로 만든 燈。『西湖志餘』外有——、則刻鏤犀珀、玳瑁以飾之。

【魬】 (반) 潸 ハン、かれい flat-fish ㄈㄢˇ fan[3]
草書 넙치반、광어반(形似魪而稍大)。

【魭】 ㊀(원) 元 ゲン、ガン、うみかめ tortoise ㄩㄢˊ yüan[2] ㊁(완) 寒
草書 ㊀큰자라원(大鼈)。㊁모나지 않을완(無圭角)。
【魭斷:완단】 人品이 모나지 않고 圓熟한 모양。

【魮】 (비) 支 ヒ、とびうお flyer
小篆 나는고기비(飛魚)。

【魯】 (로) 麌 ロ、にぶい、おろか dull-witted ㄌㄨˇ lu[3]
小篆 草書 ❶노둔할로、어리석을로(愚也、鈍也)。❷나라이름로(伯禽所封國名)。『論語』參也—。
【魯鈍:노둔】 어리석고 둔함。바보。愚鈍。『晉書』何爾——之甚也。
【魯論:노론】 ❶《書》漢代에 전해 온 論語에 세 가지가 있었는데、齊 나라에 전해 온 것을 齊論、魯 나라에 전해 온 것을 魯論、孔子의 옛 집에서 나온 것을 古論이라고 하였음。後에 齊論·古論은 없어지고 지금의 論語는 魯論 계통의 것임。『宇文虛中』——三萬二千字、悟入從初一句中。❷論語의 別稱。
【魯莽:노무】 재질이 무딤。
【魯朴:노박】 어리석고 소박함。『杜陽雜編』——未嘗人臣禮。
【魯叟:노수】 《人》孔子。孔子는 魯나라의 曲阜에서 탄생함。叟는 나이가 많고 德이 높은 사람이란 뜻。『蘇軾』空餘——乘桴意。
【魯肅:노숙】 《人》三國時代의 吳의 名將。字는 子敬。周瑜의 추천으로 孫權에게 重用되어 功을 세우고 벼슬이 橫江將軍에 이름。
【魯陽之弋:노양지과】 威勢가 왕성함。《故》戰國時代에 楚 나라의 魯陽公이 韓나라와 激戰中 해가 넘어가려 하므로 그가 창을 들어 해를 부르니까 해가 그의 명령대로 군대의 하룻길인 三舍나 뒷걸음

질첬다 함。『淮南子』魯陽公與韓構難、戰酣方暮、援戈而麾之、日爲之反三舍。

【魯魚亥豕:노어해시】 글자의 모양이 비슷하여 베낄 때에 잘못되는 過誤。즉 「魯」字와 「魚」字、「亥」字와 「豕」字를 서로 혼동함을 일컬음。 亥豕之誤。焉馬之誤。

【魯縞:노호】 魯 나라에서 나는 비단。비단이 얇고 무늬가 細微함。『漢書』彊弩之末力、不能入ㅣㅣ。

【鮌】 (문) 文 ブン、とびのうお snakehead

가물치문(玄鱧)。

【鮌書樓:문서루】 淸、汪啓淑의 室名。

【魟】 (왕) 陽 オウ、おおきいさかな large fish

큰고기왕(大魚)。

【魱】 (호) 虞 コ、ひら Ilisha elongata ㄏㄨˊ hu²

준치호(鯛魚)。

【魱鮥:호락】 고기 이름。 참치。 當魱。『爾雅·注』海魚也、似鯿而大、鱗肥美、多鯁云云。

【魲】 (로)『鱸』(16畫)의 俗字

【魳】 (사) 支 シ、えび lobster ㄗㄚˊ tsa²

草書 새우사(鰕也)。

【魴】 (방) 陽 ボウ、おしきうお yellow-tail ㄈㄤˊ fang²

小篆 摘文 草書 방어방(鯿魚小頭縮項闊腹細鱗)。『詩經』ㅣ魚赬尾。

【魴魚灸:방어구】 방어를 저며서 양념하여 구운 반찬。

【魴魚膳:방어전】 방어 지짐이。

【魴魚煎油花:방어전유화】 방어로 만든 저나 반찬。

【魴魚赬尾:방어정미】 魴魚의 꼬리가 붉음。 魴魚의 꼬리는 원래 흰 것인데 그것이 붉어진 것은 고생을 많이 하였기 때문임。《喩》백성의 勞苦가 심한 것을 일컫는 말。

【魵】 (분) 吻 フン、さかな fish ㄈㄣˋ fen⁴

小篆 고기이름분(魚名、鰕也)。

【魶】 (납) 合 ドウ、さんしょううお wels

草書 ❶메기납(鯷魚)。 ❷암고래납(鯢也)。

五 畫

【鮩】 (병) 梗 ヘイ、どぶがい shell

小篆 조개병(蚌也)。

【魼】 (허) 魚 キョ、かれい flatfish

小篆 草書 가자미허(比目魚)。(『鱸』와 같음)

【魾】 (비) 支 ヒ、ぶり yellow-tail ㄆㄧˊ p'i²

방어비(魴也)。

【鮀】 (타) 歌 ダ、はぜ goby ㄊㄨㄛˊ tuo²

小篆 草書 모래무지타(小沙魚體圓而有點)。『爾雅』鯊ㅣ。

【鮀魚:타어】 《動》모래무지。

【鮑】 (타)『鮀』(前條)와 같음

【鴦】 (앙) 陽 オウ、ぎぎ Liobagrus mediodiposalis

자가사리앙(黃頰魚ㅣ魟)。

【鴦魟:앙알】 《動》자가사리。동자개과에 딸린 민물고기。맑은 개울의 돌 밑에 숨어 사는데 맛이 좋음。

【鮂】 (수) 尤 シュウ、はや Zacco platypus ㄑㄧㄡˊ ch'iu²

버들치수(白鯈)。

【鮂魚:수어】 물고기 이름。 흰버들개지。『本草·鰷魚』釋名、白鯈魚、鮆魚、ㅣㅣ、云云。鮆粲也、鮂、囚也、條、其狀也、粲、其色也、囚、其性也。潔白可愛、性好羣游。

【鮃】 (평) 庚 ヘイ、ひらめ flatfish

草書 가자미평(比目魚)。

【鮄】 (불) 物 フツ、ほうぼう yellow-tail

草書 방어불(魴也)。

【鮅】 (필) 質 ヒツ、むつ Scombrops boops

小篆 상피리필(石ㅣ魚)。

【鮅魚:필어】 물고기 이름。상피리。石鮅魚。『本草鱒魚』云、鱒好獨行、尊而必者、故字從尊從必。

【鮌】 (교) 蕭 キョウ、みごい white-bait

뱅어교(陽鱎)。『荀子』鯈ㅣ者、浮陽之魚也。

【鮋】 (요) 蕭 ユウ、だぼはぜ Coreoperca herzi

小篆 草書 꺽저기요(船矴魚)。

【鮆】 (제) 薺 セイ、シ、えつ hairtail ㄐㄧˋ chi⁴

小篆 草書 갈치제(刀魚狹薄頭長如刀)。『史記』鮐ㅣ千斤。

【鮆魚:제어】 물고기 이름。웅어。

【鮇】 (미) 未 ビ、いわな white-bait

草書 뱅어미(嘉魚)。

【鮇魚:미어】 물고기 이름。뱅어。『正字通』鮇、嘉魚也、長身細鱗、肉白如玉、味頗佳。

【鮈】 (구) 虞 ク、さかな fish

고기이름구(魚名、鮍ㅣ)。

【鮊】 (백) 陌 ハク、がんぎ white-bait ㄅㄛˊ po²

小篆 우러기백、뱅어백(魚名)。

【鮌】 (곤) 阮 コン、さかな fish

곤어곤(魚也)。(『鯀』과 같음)

【鮎】 (점) 鹽 デン、なまず wels ㄋㄧㄢˊ nien²

小篆 草書 메기점(頭大尾小身滑無鱗一名鰋)。『爾雅』ㅣ別名鯷。

【鮎魚:점어】 물고기 이름。메기。

【鮎魚上竹:점어상죽】 메기가 대나무를 오라감。《喩》困難을 克服하고 目的을 達成함。『爾雅翼』

【鮏】 (성) 青 セイ、なまぐさい be fishy

小篆 草書 비릴성(魚臭)。

【鮐】 (태) 灰 タイ、ふぐ swellfish

小篆 草書 ❶복태(河豚別名)。『史記』ㅣ鮆千斤。❷늙은이 등에복무늬날태(老人ㅣ背)。『詩經』黃耇ㅣ背。

【鮐背:태배】 늙은이。 나이가 많아지면

등에 복어 같은 주름이 잡히므로 이렇게 말함。

【鮑】 (포) 巧 ホウ、しおづけ salted fish ㄅㄠ paoˊ
小篆 草書 ❶절인생선포(以鹽漬魚)。〔史記〕ㅣ千鈞。❷성포(姓也)。

【鮑石亭:포석정】《歷》慶尙北道 月城郡 內南面 金鰲山 기슭에 있었음。統一 新羅 시대 이후 역대 王公이 전복 모양으로 생긴 돌 홈의 流觴曲水에 잔을 띄우고 詩를 읊으며 놀이를 하던 곳으로 九二七년 九월에 敬哀王이 妃嬪·궁녀와 여러 신하들과 같이 이곳에서 놀다가 甄萱軍의 습격으로 피살된 곳으로 전함。

【鮑叔牙:포숙아】《人》春秋時代의 齊나라의 大夫。管仲의 친구로서 管仲을 齊 桓公에게 추천함。管仲과의 두터운 우정으로 유명함。↓管鮑之交。

【鮑魚之肆:포어지사】佐飯을 파는 가게。《喩》소인들의 모인 곳。『孔子家語』與不善人居、如入——、久而不聞其臭、亦與之化矣。

【鮑俎:포조】마른 자반이 祭壇에 오름。《喩》재능이 없는 자가 높은 지위에 있음。

【鮑尺:포척】깊은 물 속으로 들어가서 전복을 따올리는 것을 업으로 하는 사람。

【鮒】 (부) 遇 フ、ふな crucian carp ㄈㄨˋ fuˋ
小篆 草書 붕어부(鯽也)。〔易經〕井谷射ㅣ。

【鮒魚:부어】《動》붕어。잉어과에 속하는 민물고기。모양은 잉어 비슷하나 수염이 없음。鯽魚。

【鮗】 (동) 〔日字〕 このしろ spotted sardine
草書 전어동(魚名)。

【鮓】 ㊀(자) 馬 ㊁(자) 禡 サ、つけうお pickled fish ㄓㄚˇ cha³
草書 ㊀물고기식혜자、젓자(魚葅)。㊁해파리자(東海魚名狀如凝血無頭目內無藏衆鰕隨之名水母)。

【鮓子南:자자남】소나무。高麗의 方言。『事物異名錄』雞林類事、高麗方言松曰鮓子南。

六 畫

【鮚】 (길) 質 キツ、はまぐり sea mussel ㄐㄧㄝˊ chieh²
小篆 草書 홍합길(蚌也)。

【鮛】 (숙) 屋 シュク、しび sea perch
작은삼치숙(魚名)。

【鮛鮪:숙유】농어。작은 참치。

【鮜】 (후) 宥 シュク、しび wels
메기후(鯷也)。

【鯗】 (상)『鮝』(魚部 8書)의 俗字

【鮠】 (위) 尾 イ、みごい white-bait
❶자라위(鼈也)。❷숫뱅어위(白魚雄者)。

【鮟】 (안) 翰 アン、あんこう bullhead
草書 천징어안(ㅣ鱇)。

【鮟鱇:안강】《動》아귀。아귀科에 속하는 바닷물고기。琵琶魚。

【鮇】 (미) 薺 ベイ、はらご roe
고기알미、고기새끼미(魚子)。

【鮇鱶:미의】고기새끼。鮞魚。

【鮞】 (이) 支 ジ、はらご hard roe ㄦˊ êrh²
小篆 草書 곤이알이(鯤鮧魚子在腹)。〔魯語〕魚禁鯤ㅣ。

【鮞魚:이어】물고기 이름。『李賀』淡菜生寒日、ㅣㅣ潠白濤。

【鮠】 (외) 灰 カイ、なまず wels
草書 ❶메기새끼외(鯷之小者)。❷복외(河豚)。

【鮡】 (조) 篠 チョウ、さかな fish
小篆 小篆 고기이름조(魚名)。

【鮏】 (공) 腫 キョウ、えい stingray
메기새끼공(鯷子)。

【鮣】 (인) 震 イン、まだらさかな speckled fish
얼룩고기인(斑魚)。

【鮤】 (렬) 屑 レツ、えつ hairtail ㄌㄧㄝˋ lieh⁴
갈치렬(刀魚)。

【鮤魚:열어】웅어。멸치科에 속하는 물고기。

【鮥】 (락) 藥 ラク、さかな fish ㄌㄨㄛˋ luo⁴
小篆 고기이름락(魚名)。

【鮨】 ㊀(지) 支 ㊁(기) 支 シ、キ、しおから pickled fish ㄑㄧˊ ch'i²
小篆 草書 ㊀젓지(鮓也)。㊁뜻은 ㊀과 같음。

【鮨魚:기어】《動》물고기의 한 가지。

【鮨詰:지힐】잔뜩 쟁여댐。

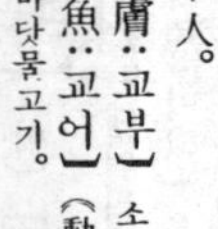
鮨魚
(山海經圖)

【鮦】 ㊀(동) 東 ㊁(중) 腫 トウ、やつめうなぎ snake-head ㄊㄨㄥˊ t'ung²
小篆 ㊀고기이름동(魚名、似鯉)。㊁뜻은 ㊀과 같음。

【鮦陽:동양】縣名。河南省新蔡縣東北。

【鮧】 ㊀(이) 支 ㊁(제) 齊 イ、テイ、なまず wels
㊀창자젓이(鮧ㅣ、鹽魚腸)。㊁큰메기제(大鮎)。

【鮧鯊:제사】상어의 異名。

【鮩】 (병) 梗 ヘイ、ホウ、みごい white-bait
草書 뱅어병(白魚)。

【鮍】 (이) 支 キ、ふぐ swellfish
복이(河豚別名)。

【鮪】 (유) 尾 イ、ユウ、まぐろ shark
小篆 草書 상어유(似鱣而小靑黑頭小而尖似鐵兜鍪口在頷下甲可摩薑)。〔詩經〕鱣ㅣ發發。

【鮪水:유수】江 이름。洧水。渭水。『呂覽·貴因』武王至ㅣㅣ、殷使膠鬲侯周師、武王見之。

【鮫】 (교) 肴 コウ、さめ shark ㄐㄧㄠ chiao¹
小篆 草書 ❶상어교(海鯊皮可飾刀劍口錯治材角)。❷교인교、인어교(ㅣ人、居水織綃淚成珠)。〔吳都賦〕訪靈夔於ㅣ人。

【鮫膚:교부】소름。

【鮫魚:교어】《動》상어。鮫類에 속하는 바닷물고기。

【鮫魚皮:교어피】 =鮫皮。
【鮫人:교인】 人魚。 上半身이 人體、下半身이 魚體라는 想像上의 動物。『述異記』南海中有――、水居如魚、不廢機織、其眼能泣、泣則成珠。
【鮫皮:교피】 상어 가죽을 말린 것。 칼 자루에 감기도 하고 물건을 닦는 데 사용함。
【鮫函:교함】 상어 가죽으로 만든 갑옷。『左思』扈帶――。

【鮔】 (긍) 徑 コウ、さめ shark
상어긍(―鰽、鮪也)。『史記』―鰽鰤離。

【鮬】 (보) 遇 コ、せいご ㄅㄨˋ pu4 mandarin fish
草書 쏘가리보(小魚魚婢)。『爾雅』鱊―鱖鯞。

【鮭】 (해) 佳 ケイ、カイ、ふぐ swellfish ㄍㄨㄟ kuei1
草書 ❶어채해(魚菜總名)。『世說』庾杲之淸貧每食―菜常有二十七種。 ❷복해(河豚)。『王充論衡』―肝死人。
【鮭肝:해간】 복어의 간。 鮭는 복어。『論衡』故人食――死、人爲鯵鰕、有毒魚、與鳥同類。
【鮭菜:해채】 調理를 한 魚菜의 總稱。

【鮮】 ㊀(선) 先 セン、あきらか bright, fresh ㊁(선) 銑 ㄒㄧㄢ hsien1
小篆 草書 ㊀❶생선선(生魚)。『禮記』冬宜―羽。 ❷나라이름선(國名)。『後漢書』昔箕子避地朝―。 ❸좋을선(善也)。『詩經』籧篨不―。 ❹조촐할선(潔也)。 ❺고울선、빛날선(明也)。 ❻새선(新也)。 ㊁적을선(少也)。『書經』惠―鰥寡。
【鮮車怒馬:선거노마】 아름다운 수레와 세찬 말。
【鮮潔:선결】 신선하고 깨끗함。
【鮮規:선규】 밝은 모양。 一說에 작은 벌레。 또는 작은 짐승。 또는 작음。
【鮮度:선도】 魚肉이나 채소 같은 것의 신선한 정도。
【鮮麗:선려】 선명하고 고움。 매우 곱고 아름다움。
【鮮明:선명】 ❶산뜻하고 밝음。 조촐하고 깨끗함。『聞見後錄』王陽車馬極――。 ❷흐리멍덩한 점이 없이 분명함。
【鮮妙:선묘】 산뜻하고 묘함。
【鮮美:선미】 선명하고 아름다움。
【鮮媚:선미】 ❶경치가 선명하고 優美함。 ❷筆力이 아름답고 선명함。
【鮮民:선민】 가난하고 고독한 사람。
【鮮白:선백】 선명하고 흼。 純白。『黃汝良』皎精明而澄澈、皓――而含章。
【鮮肥:선비】 신선하고 살진 고기。 신선하고 좋은 고기。『黃庭堅』煩公遣騎割――。
【鮮殺:선살】 신선한 犧牲。
【鮮色:선색】 선명한 빛깔。『謝靈運』朽貌改――、悴客變柔顏。
【鮮腥:선성】 신선하고 비림。
【鮮少:선소】 적음。 尠少。 些少。 僅少。
【鮮食:선식】 ❶금방 屠殺한 鳥獸의 고기。 또는 그러한 고기를 먹음。 ❷美食을 함。『文中子』士有靡衣――。
【鮮飾:선식】 아름답게 꾸며 입음。 또는 선명한 장식。
【鮮魚:선어】 갓잡은 신선한 물고기。『詩經』炰鱉――。
【鮮雲:선운】 아름다운 구름。
【鮮腆:선전】 스스로 자랑하고 교만함。
【鮮肉:선육】 신선한 고기。
【鮮淨:선정】 선명하고 깨끗함。
【鮮晶:선정】 선명하게 빛남。
【鮮扁:선편】 선명하고 아롱아롱함。
【鮮血:선혈】 ❶생생한 피。 상하지 아니하고 선명한 피。『杜牧』曉日殷――。 ❷새빨간 빛을 형용한 말。
【鮮好:선호】 선명하고 아름다움。 鮮姸。『曹植』忽逢二龍、顏色――。
【鮮紅:선홍】 =祭紅。
【鮮花:선화】 빛깔이 선명하고 아름다운 꽃。 生氣가 넘치는 꽃。『陳子昂』細景猶含綠、――未吐紅。
【鮮華:선화】 선명하고 화려함。
【鮮膾:선회】 신선한 회。
◎生―、新―。

【鮯】 (합) 合 コウ、うお fish
고기합(魚類)。『山海經』深澤有魚、其狀如鯉、而六足鳥尾名曰――之魚。

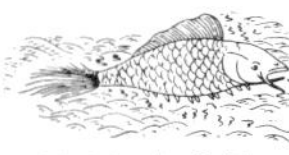
鮯魚 (三才圖會)

【鮥】 (여) 魚 ジョ、うお fish
나는고기여(飛魚)。

鮥魮魚 (山海經圖)

【鮰】 (회) 灰 カイ、はらか croaker
민어회(民魚)。

【鮱】 (로) 〔日字〕 ぼら sea bass
草書 큰숭어로(大鯔魚)。

七畫

【鮵】 (탈) 曷 タツ、やつめうなぎ snake-head ㄉㄨㄛ tuo
작은가물치탈(小鮦)。

【鯁】 (경) 庚 ケイ、おしきうお yellow-tail
小篆 草書 방어경(魴也)。

【鮷】 (제) 齊 テイ、なまず wels
小篆 메기제(鮎也)。

【鮸】 (면) 銑 ベン、にべ、いしもち yellow corvina
小篆 草書 조기면、석수어면(石首魚)。

【鮹】 (소) 肴 ショウ、ソウ、たこ octopus
草書 ❶문어소(八梢魚)。 ❷낙지소(小八梢魚)。

【鯗】 (자) 『鮺』(10畫 魚部)와 같음

【鮾】 (뇌) 『鯘』(8畫 魚部)와 같음

【鮃】 (부) 尤 フ、いるか dolphin
草書 물아지부(海豚)。

【鮿】 (첩) 葉 チョウ、ほしうお dried fish
草書 절이지않고말린물고기첩(不鹽乾魚)。
【鮿鮑:첩포】 말린 고기。 절인 고기。『漢書』―鮑千鈞。

【鯆】 (포) 虞 ホ、フ、いるか horse-mackerel
草書 물아지포、매가리포(江豚別名、尾毒)。

【鯆鮃:포부】 돌고래。江豚。또는 鯆魚・鮃鮒・鮒鮒로 됨。說文에는 溥浮로 됨。
【鯆魮:포비】 海鵠魚의 異名。『本草・海鵠魚』。

【鯀】 (곤) 阮 コン、おおきいうお big fish ㄍㄨㄣˇ kuen³ 草書 ❶곤어곤(大魚)。❷사람이름 곤(禹父名)。

【䱶】 (랑) 陽 ロウ、おかに male crab 수케랑(一鰻、雄蟹)。

【鯁】 (경) 梗 コウ、ほね bones of fish ㄍㄥˇ kêng³ 小篆 草書 ❶생선뼈경(魚骨)。【儀禮】乾魚近鯁多骨一。❷가시셀경(骨一、蹇諤之臣)。【後漢書】骨一可任。
【鯁骨:경골】 강직한 사람。硬骨。『皮日休』一一殘形知幾。
【鯁論:경론】 강직한 議論。正論。讜論。『宋史』一一嘉謀、日聞忠告。
【鯁鰐:경악】 거리낌 없이 생각하는 바를 정직하게 말함。『唐書』文本才猷、世南一一。
【鯁言:경언】 ❶바른 言論。正論。讜言。❷거리낌 없이 분명하고 바르게 말함。또는 그러한 말。『晉書』王恭一一時政、有昔賢之風。
【鯁切:경절】 강직하고 성실함。『唐書』持論一一、以謀略高自標顯。
【鯁正:경정】 성격이 강직하여 남에게 굴하지 않음。讜直。『唐書』蕭倣以一一爲權近所忌。

【鯅】 (정) 靑 テイ、しおから pickled fish 온고기젓정(全魚醬)。

【䲓】 (전) 先 セン、しおから pickled fish 고기젓전(魚醬)。

【鯇】 ㊀(혼) 阮 コン、カン、こい ㊁(환) 旱 carp 小篆 草書 ㊀잉어혼(鯉也)。㊁뜻은 ㊀과 같음。

【鯈】 ㊀(조) 尤 ㊁(주) 尤 チュウ、チョウ、はえ Zacco platypus ㄔㄡˊ ch'ou² 小篆 草書 ㊀피리조、피라미조(好游魚)。㊁송사리주(小魚)。【莊子】一魚出游。【淮南子】不得其道若觀一魚。
【鯈魚:조어】 물고기 이름。피라미。

【鯉】 (리) 紙 リ、こい carp 小篆 草書 ❶잉어리(三十六鱗魚有赤白黃三種)。【詩經】必河之一。❷편지리(書札)。
【鯉素:이소】 편지。鯉魚尺素의 略語。(故)잉어의 뱃속에서 흰 비단에 쓴 편지가 나왔다는 故事에서 나온 말。『孔範』雁封歸飛斷、一一還流絕。
【鯉魚:이어】 (動)잉어。
【鯉庭:이정】 아들이 아버지의 교훈을 받는 곳。가정 교육의 장소。『劉禹錫』一一傳事業。(故)孔子의 아들 鯉가 뜰로 가는 것을 불러 세우고 孔子가 詩와 禮를 배워야 한다고 훈계한 故事에서 나온 말。『論語・季氏』。

【鯊】 (사) 麻 サ、はぜ goby ㄕㄚ sha¹ 草書 ❶모래무지사(鮀也)。【詩經】魚麗于罶鱨一。❷상어사(鮫也、皮可飾刀劍靶)。
【鯊翅:사시】 상어 지느러미를 말린 식료품。중국 요리에 쓰임。

【魦】 (사)『鯊』(前條)와 같음

【鯑】 (희) 〔日字〕 かずのこ herring roe 草書 청어알희(青魚卵)。

八畫

【鯔】 (치) 支 シ、ぼら grey mullet ㄗ tzŭ¹ 草書 숭어치(似鯉身圓頭扁骨軟)。【吳都賦】鮫一琵琶。
【鯔魚:치어】 (動)숭어。숭어科에 속하는 물고기。

【鯕】 (기) 支 キ、おしきうお yellow-tail 小篆 방어기(鯿也)。

【鯖】 ㊀(정) 庚 セイ、にしん ㊁(청) 靑 herring ㄑㄧㄥ ch'ing¹ 草書 ㊀열구자정(煮魚煎肉)。【西京雜記】世稱五侯一。㊁비웃청、청어청(魚名青色有枕骨)。
【鯖車:청거】 상여를 말함。『詞林海錯』一一即喪車也。
【鯖鰐:청악】 고등어와 악어。

【鯗】 (상) 養 ショウ、ひもの yellow-tail ㄒㄧㄤˇ hsiang³ 草書 가조기상、포상(乾魚腊)。

【鯘】 (뇌) 賄 ダイ、くさったさかな decayed fish 썩은생선뇌、생선썩을뇌(魚敗)。【論語】魚一而肉敗。

【䱜】 (작) 藥 シャク、さめ shark 상어작(魚名、出東海)。【本草】鮫魚皮即裝刀靶一魚皮也。
【䱜魚:작어】 상어。

【鯛】 (조) 蕭 チョウ、たい snapper ㄉㄧㄠ tiao¹ 小篆 草書 ❶도미조(海魚名、銅盆魚)。❷뼈연할조(骨脆)。

【鯜】 (접)『鰈』(魚部9畫)과 같음

【鮔】 ㊀(거) 魚 キョ、にべ ㊁(거) 御 female croaker ㊀벌레이름거(一蠩)。㊁암민어거(民魚雌者)。

【鯝】 (고) 遇 コ、はらわた guts 草書 생선배알고、고기창자고(魚肚中腸)。

【鱝】 (분) 問 フン、えい stingray 가오리분(形如荷葉腹下有口額上有眼尾有刺而螫人魚)。

【鯞】 (추) 有 シュウ、さかな mandarin fish ㄓㄡˇ chou³ 쏘가리추(鱖也)。

【䲀】 (과) 馬 カ、なまず wels 小篆 메기과(鮎也)。

【鯠】 (래) 灰 ライ、さかな fish ㄌㄞˊ lai² 고기이름래(魚名、鰻一)。

【鯡】 (비) 未 ヒ、はらご fry 草書 조기새끼비(魚子)。

【鯢】(예) 齊 ゲイ、めくじら female whale ㄋㄧˊ ní²
小篆 草書 암고래예(雄鯨雌ㅡ)。〔左傳〕取其鯨ㅡ而封之。
【鯢齒:예치】❶이가 빠지고 다시 이가 남。장수함。鮐齒。❷어린아이의 이。《轉》幼兒。〔柳宗元〕邑吏齒夫、鮐背ㅡㅡ。

【鯣】(역) 陌 エキ、うなぎ eel
草書 뱀장어역(鱺也)。
【鯣烏賊:역오적】오징어。

【鯤】(곤) 元 コン、はらご roe; fish-egg
草書 ❶물고기알곤(ㅡ鮞、魚子)。〔魯語〕魚禁ㅡ鮞。❷곤어곤(北溟大魚)。〔莊子〕北冥有魚其名爲ㅡ。
【鯤鵬:곤붕】鯤魚와 鵬鳥。큰 물고기와 큰 새。《轉》더 할 수 없이 큰 것。〔莊子〕北冥有魚、其名爲ㅡ、ㅡ之大不知 其幾千里也、化而爲鳥、其名爲鵬、鵬之大不知其千幾里也。
【鯤鮞:곤이】물고기의 알。

【鯥】(륙) 屋 リク、むつ fish
草書 고기이름륙(鯥ㅡ)。〔陳禹謨 駢志〕ㅡㅡ魚陵居。

鯥魚 (三才圖會)

【鮥】(구) 有 キュウ、ひらこ Ilisha elongata
小篆 준치구(叔鮪)。

【鯧】(창) 陽 ショウ、まながつお white-bait
병어창(魚名、ㅡ鯸)。
【鯧魚:창어】병어。

【鯨】(경) 庚 ケイ、ゲイ、くじら whale ㄑㄧㄥˊ ch'ing²
草書 고래경(海中大魚)。〔後漢書〕發ㅡ魚鏗華鐘。
【鯨骨:경골】고래의 뼈。
【鯨濤:경도】큰 물결。
【鯨獵:경렵】고래잡이。
【鯨船:경선】고래잡이 배。
【鯨銛:경섬】고래 작살。
【鯨魚:경어】《動》고래。고래科에 속하는 동물의 하나。食用·工業用·細工用·肥料用 등으로 쓰임。〔杜甫〕豫章翻風白日動、ㅡㅡ跋浪滄溟開。
【鯨油:경유】고래 고기에서 짜낸 기름。食用油。또는 비누의 원료가 됨。
【鯨音:경음】종 소리。〔書言故事·樂器類〕鐘聲曰ㅡㅡ。
【鯨飲:경음】고래가 물을 마시는 것처럼 술을 많이 마심을 일컬음。〔杜甫〕左相日興費萬錢、飮如長鯨吸百川。
【鯨戰蝦死:경전하사】(國)고래 싸움에 새우가 죽음。《喩》强者가 싸우는 틈에 끼어 弱者가 아무 상관 없이 禍를 당하는 것。〔旬五志〕。
【鯨呑:경탄】고래가 작은 물고기를 통채로 삼킴。《喩》强者가 弱者를 倂合하여 자기 마음대로 함。〔舊唐書〕小則鼠竊狗偸、大則ㅡㅡ虎噬。
【鯨波:경파】❶큰 물결。大波。鯨濤。❷吶喊소리。여럿이 외치는 소리。〔駱賓王〕決勝ㅡㅡ靜、騰謀鳥合開。
【鯨吼:경후】❶고래가 울음。고래가 크게 소리지름。〔林寬〕波翻夜作雹ㅡㅡ、晝爲雷。❷종 소리。鯨音。◎捕ㅡ。

【鱀】(제) 霽 セイ、さかな fish
제어제(魚名、可爲醬美味在額)。

【鯯】(제)『鱀』(前條)와 같음。

【鯪】(릉) 蒸 リョウ、いしごい pangolin ㄌㄧㄥˊ ling²
草書 ❶능잉어릉(ㅡ鯉)。〔楚辭〕ㅡ魚何所。❷천산갑릉(小皮曰穿山甲)。

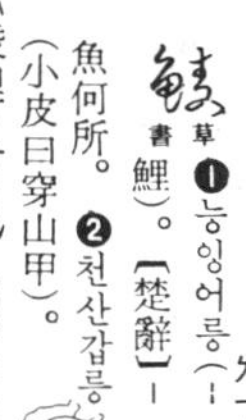
鯪魚(山海經圖)

【鯪鯉:능리】《動》穿山甲。천산갑科에 속하는 동물。漢藥材에 쓰임。

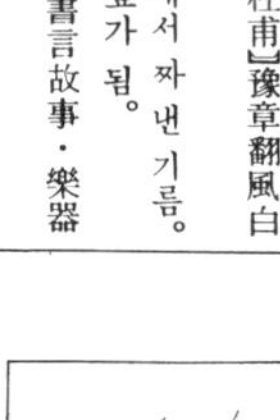
鯪鯉 (三才圖會)

【鯫】㊀(추) 尤 ㊁(추) 有 シュウ、こざかな killfish ㄗㄡˇ tsou³
小篆 草書 ㊀송사리추(雜小魚)。〔史記〕ㅡ千石。㊁소인추、따라지추(ㅡ生、小人)。〔史記〕ㅡ生說我。
【鯫生:추생】小人。문제도 되지 않는 변변하지 못한 사람。

【鯬】(리) 支 リ、さかな fish ㄌㄧˊ li²
고기이름리(魚名)。

【鯲】(어) 〔日字〕どじょう loach; mudfish
草書 미꾸라지어(鰌也、鰍也)。

【𩸭】(아) 麻 ア、ぎぎ mandarin fish
자가사리아、쏘가리아(黃頰魚)。

【鯶】(혼) 阮 コン、こい carp ㄏㄨㄣˇ huen³
草書 잉어혼(鯉也)。〔唐律〕號鯉爲赤ㅡ公。(『鯇』과 같음)

【鯷】(제) 齊 テイ、シ、なまず sheatfish
草書 메기제(大鮎重千斤)。〔戰國策〕ㅡ冠秫縫。
【鯷冠:제관】큰 메기 가죽으로 만든 冠。
【鯷冠秫縫:제관출봉】서툰 女工을 뜻함。〔戰國〕黑齒雕題、ㅡㅡ大吳之國也。
【鯷岑:제잠】韓國의 別名。

【鯸】(후) 尤 コウ、ふぐ swellfish
小篆 草書 복후(河豚)。

【鯹】(성)『鮏』(魚部5畫)과 같음。

【𩸂】(긍)『䱍』(魚部6畫)과 같음。

【鯮】(종) 東 ソウ、いしもち、にべ yellow corvina ㄗㄨㄥ tsung¹
草書 조기종(石首魚)。〔江賦〕ㅡ鮆順時而往還。
【鯮魚:종어】《動》조기。참조기·보구치 등의 通稱。

【鯽】(즉) 職 セキ、ショク、ふな crucian carp
草書 붕어즉、도미즉(形似鯉色黑體促)。〔杜甫詩〕鮮ㅡ銀絲鱠。
【鯽令:즉령】精字의 反切語。〔宋祁筆記〕孫炎作反切語、謂精曰鯽令。
【鯽溜:즉류】秀字의 反切語。敏捷의 뜻

『西湖遊覽志餘』杭人有以二字反切、一字以成聲者、如以秀爲｜｜是也。

【鯽跳:즉조】俏字의 反切語。아름다운 의 뜻。『西湖遊覽志餘』杭人以俏爲｜｜。

【鯾】(편) 先 ベン、ぶり yellow-tail
小篆 或體 병어편(魴魚)。(『鯿』과 같음)

【鯿】(편) 先 ヘン、おしきうお •yellow-tail
草書 병어편(魴類縮項鯾魚)。【劉弇 詩】歸鈞潭頭楓葉｜。(『鯾』과 같음)

【鯿魚舟:편어주】幅넓고 짧은 배 이름。『梁書』是時天淵池、新製——形闊而短。

【鰂】(즉) 職 ソク、いか cuttle-fish ㄗㄜˊ tsê²
小篆 或體 오징어즉(烏賊魚口中有墨狀如算囊一名墨魚)。

【鰆】(춘) 眞 シュン、さわら shark
草書 상어춘(馬鮫魚)。

【鰇】(유) 尤 ジュウ、いか cuttle-fish
草書 오징어유(烏賊魚)。

【鰉】(황) 陽 コウ、ひがい gizzard shad ㄏㄨㄤˊ huang²
草書 전어황(鱣魚)。

【鰈】㊀(탑) 合 トウ、チョウ、かれい ㊁(접) 葉 flatfish ㄉㄧㄝˊ tieh²
小篆 草書 ㊀가재미탑(比目魚)。㊁❶㊀과 뜻이 같음。❷넙치접(魚名、出樂浪藩國)。

【鰈魚:접어】(動)가자미。가자미科에 속하는 물고기。

【鰈域:접역】韓國의 别名。(韓國 近海에서 가자미가 많이 잡히므로 이런 명칭이 있음)。『漢書』東海致比目之魚。【註】比目魚、其名謂之鰈。

【鰊】(련) 霰 レン、にしん herring
草書 ❶고기이름련(魚名)。❷〔日字〕비웃련(鯡也)。

【鰋】(언) 阮 エン、なまず wels ㄧㄢˇ yen³
草書 메기언(鯷類、額白)。【詩經】魚麗于罶｜鯉。

【鰋魚:언어】(動)메기。메기科에 속하는 민물고기。

【鰌】(추) 尤 シュウ、どじょう loach ㄑㄧㄡ ch'iu¹
小篆 草書 ❶미꾸라지추(鰍也)。❷빙자할추(藉也)。【莊子】｜我亦勝我。❸찰추(蹴也)。【荀子】大燕｜吾後。❹해추추(海｜、長數千里穴居海底入穴則海水爲潮出穴則潮退)。

【鰌之:추지】그것에 다가옴。

【鰍】(추) 尤 シュウ、どじょう loach
草書 미꾸라지추(魚名生淺淖中似鱓)。【莊子】鰌然乎哉。(『鰌』와 같음)

【鯑】(제) 齊 テイ、こい large carp
큰잉어제(大鯉)。

【鰐】(악) 藥 ガク、わに crocodile ㄜˋ ê⁴
악어악(似鼉吞人)。【唐書】韓愈至潮惡溪有｜。(『鱷』과 같음)

【鰐溪:악계】(地)땅 이름。廣東省에 있음。韓愈가 글을 지어 악어를 물리쳤다는 곳。

【鰐魚:악어】(動)鰐魚目에 속하는 爬蟲類의 總稱。도마뱀 비슷하나 몹시 길고 커서 一〇米가 되는 것도 있음。가죽은 여러 면으로 이용됨。

鰐 魚(三才圖會)

【鰑】(양) 陽 ヨウ、らいぎょ snakehead
가물치양(鮦也)。

【鰒】(복) 屋 フク、あわび ear-shell ㄈㄨˋ fu⁴
小篆 草書 전복복(魚名似蛤有殼一面附石細孔或七或九一名決明)。【史記】王莽啗｜魚。

【鰒魚:복어】(動)전복。전복科에 속하는 조개의 하나。껍질은 細工·螺鈿(나전)·단추 등의 재료가 됨。漢方에서 石決明이라 하여 藥材로 씀。살은 食用。『後漢書』詣闕上言、獻｜｜。

【鰓】(새) 灰 サイ、シ、えら、あぎと gill ㄙㄞ sai¹
草書 관자뼈새、아가미뼈새(魚頰中骨)。【宋史】裴鏤魚｜中骨號魚媢子。

【鰓蓋:새개】아깜딱지。

【鰓骨:새골】아감뼈。

【鰓孔:새공】아감구멍。

【鰓鰓:새새】두려워하는 모양。

【鰔】(함) 咸 カン、かれい flatfish
넙치함(比目魚)。

【鰕】(하) 麻 カ、えび lobster ㄒㄧㄚ hsia¹
小篆 草書 ❶하어하(魵魚)。❷암고래하(大鯢別名)。❸새우하(水蟲長鬚)。

【鰕頭盃:하두배】접시의 一種。【南越志】南海以鰕——、須長數尺以金銀鏤之。

【鰕米:하미】大鰕를 쪄서 말린 뒤에 껍질을 벗긴 것。【本草·鰕】凡鰕之大者、蒸曝去殼、謂之｜｜、食以薑醋、饌品所珍。

【魚+㪅】(경)『鯁』(魚部 7畫)의 本字

【鰗】(호) コ、ふぐ swellfish
복호(河豚)。

【鰚】(선) 〔日字〕 はらか croaker
草書 ❶숭어선(鯔魚)。❷민어선(腹赤)。

十畫

【鰜】(겸) 鹽 ケン、カン、かれい flat-fish ㄐㄧㄢ chien¹
小篆 草書 가재미겸(比目魚、鰈也)。

【鰝】(호) 皓 コウ、おおきいえび lobster
小篆 왕새우호(大鰕)。

【魚+鬲】㊀(격) 陌 カク、レキ、ぎぎ ㊁(력) 錫 catfish
㊀고기이름격(魚名)。㊁자가사리력(魠也)。

【鰞】(오) 虞 ウ、いか cuttle-fish
오징어오(一鰂、魚名)。

【鰑】(당) 陽 トウ、ぎぎ Liobagrus mediodi posalis
자가사리당(鮀也)。

【鰣】(시) 支 シ、ジ、ひらこのしろ Ilisha elongata ㄕ shih²
(草書) 준치시(美魚似魴味香多鯁)。

【𩾷】(어)『漁』(11水部畫)와 같음

【鰤】(사) 支 シ、えび・ lobster
(草書) ❶새우사(鰕也)。❷독있는고기사(老魚有毒)。

【鰤魟:사왕】방어와 비슷하나 납작하고 불그스름한 고기。

【鰥】(환) 刪 カン、やまお widower (古音「관」) ㄍㄨㄢ kuan¹
(小篆)(草書) ❶환어환(大魚)。〔孔叢子〕釣得一魚 其大盈車。❷눈반할환(目恒一一然 如魚愁悒不寐)。❸홀아비환(老無妻者)。〔書經〕有一在下。

【鰥居:환거】나이 많아서 아내를 여의고 혼자 살음。鰥處。〔北里志〕一一僑寓。

【鰥寡孤獨:환과고독】홀아비·과부·孤兒와 자식이 없는 늙은이。〔史記〕恤鰥寡、存孤獨。

【鰥棲:환리】늙어서 아내가 없는 사람과, 남편이 없는 사람。홀아비와 과부。〔柳宗元〕鋪太和以惠一一。

【鰦】(자) 支 シ、はや Zacco platypus
버들치자(鮂也)。

【鮻】(수) 尤 ソウ、ひとのな a person's name
사람이름수(人名)。

【䲢】(등) 蒸 トウ、おこぜ stingray
(草書) 쐐기등(海魚之一、虎魚)。

【鰨】(탑) 合 トウ、ひらめ crawfish ㄊㄚ t'a¹
(小篆)(草書) 가재미탑(比目魚)。

【鰩】(요) 蕭 ヨウ、とびうお flying-fish ㄧㄠ yao²
(小篆)(草書) ❶날치요(文一、魚鳥翼)。〔本草〕一一名飛魚羣飛水上海人候之當有大風。❷홍어요(鱝也)。

【鮺】(자) 馬 サ、しおから pickled fish
젓담글자(藏魚)。

【䱺】(해) 灰 カイ、おがに male crab
수케해(雄蟹、[illegible])。

【鰭】(기) 支 キ、ひれ fin ㄑㄧ ch'i²
(草書) ❶물고기등성이뼈기(魚脊骨)。〔禮記〕夏右一。❷지느러미기(背上鬣)。〔史記〕揵一擢尾。

【鰭狀:기상】지느러미와 같은 모양。

【鰭條:기조】(動)물고기의 지느러미를 이루고, 그 뼈가 되는 줄기。

十一畫

【鰯】(약)〔日字〕いわし anchovy
(草書) 멸치약(鰮魚)。

【鰱】(련) 先 レン、いわし anchovy ㄌㄧㄢ lien²
(小篆)(草書) 연어련(鱮也)。〔江賦〕鯪鯉鰩一。

【鰱魚:연어】연어과에 딸린 바닷물고기。

【鰲】(오) 豪 ゴウ、すっぽん terrapin ㄠ ao²
(草書) 큰자라오(大鼇)。

【鱋】(루) 尤 ロウ、にしん carp
(小篆) 잉어루(鯉魚)。

【鰳】(륵) 職 ロク、ひら Ilisha elongata
준치륵(似鰣小首細鱗)。

【𩼮】(휘) 微 キ、さかな strong fish
힘센고기휘(魚有力)。

【𩼮鯨:휘경】고래의 힘。强한 것。

【鰵】(민) 軫 ビン、たら codfish ㄇㄧㄣ min³
대구민(大口魚)。

【鰵魚:민어】대구。

【鰵魚肝油:민어간유】대구의 肝油。精製한 것은 藥에 넣고 나쁜 것은 塗革이나, 또는 點火에 쓰임。

【鰶】(제) 霽 セイ、このしろ kickory shad
(草書) 전어제(魚名)。

【鰷】(조) 篠 チョウ、ショウ、はえ white-bait (或音「소」) ㄊㄧㄠ t'iao²
(草書) 피라미조、뱅어조(白一魚名、形狹而長若條然)。〔詩經〕一鱨鰋鯉。

【鰹】(견) 先 ケン、やつめうなぎ snakehead ㄐㄧㄢ chien¹
(草書) ❶큰가물치견(鱧大者)。❷물치견、강고도리견(海魚背蒼黑腹灰白色)。

【鰰】(신) 眞 シン、さかな long tailed fish
꼬리긴생선신(魚尾長)。〔詩經〕有莘其尾。

【鰺】(소)『鱢』(13魚部畫)의 譌字

【鰻】(만) 寒 バン、マン、うなぎ eel ㄇㄢ man²
(小篆)(草書) 뱀장어만(一鱺、似蛇)。〔本草〕一鱺似鱓而腹大。

【鰻鱺:만리】(動)뱀장어。

【鰻鱺魚:만리어】(動)뱀장어。참장어科에 속하는 바닷물고기。

【鰻井:만정】샘 이름。❶紅蘇省鎭江縣의 北。固山甘露寺의 境內。❷浙江省紹興縣의 龜山。〔夢溪筆談·神奇〕。

【鰼】(습) 緝 シュウ、どじょう loach ㄒㄧ hsi²
(小篆) ❶미꾸라지습(鰌也)。❷고기이름습(魚名)。

鰼魚 (山海經圖)

【鱀】(기) 未 キ、さめ shark ㄐㄧ chi⁴
상어기(鯌屬、腹大喙小而銳、長齒生、鼻在額上、能發聲、大者丈餘、能食食細魚)。〔爾雅〕一是鱁。

【𩻪】(기)『鱀』(前條)와 같음

【鰾】(표) 篠 ヒョウ、ふえ、うきぶくろ air-bladder ㄆㄧㄠ piao⁴
鰾 草書 부레표(魚胞可作膠)。

【鰾膠:표교】 부레풀。물고기의 부레를 쪄서 갖풀로 만든 것。魚膠。

【鰿】(적) 陌 セキ、ふな ㄐㄧ chi² crucian carp
❶붕어적(鮒也)。【楚辭】煎ㅣ臛雀。❷검붉은자개적(紫貝)。

【鱁】(축) 屋 チク、しおから pickled fish guts
鱁 草書 부레축、창란젓축、아감젓축(ㅣ鮧鱁別名鹽魚腸)。

【鱃】(추) 尤 シュウ、こい carp; loach
❶잉어추(鯉也)。❷미꾸라지추(鰌也)。❸연어추(鰱魚)。

【鱳】㊀(초) ㊁(조) 皓 皓 ショ、さかな carplike fish
㊀❶잉어같고 닭발같은것이 있는고기초(狀似鯉而有如雞足魚)。【山海經】多ㅣ魚。❷고기새끼초(魚子)。㊁뜻은 ㊀과 같음。

鱳魚 (山海經圖)

【鱄】㊀(전) ㊁(단) 先 寒 セン、このしろ hickory shad ㄓㄨㄢ chuan¹
鱄 小篆 鱄 草書 ㊀전어전(美魚)。【呂氏春秋】魚之美者洞庭之ㅣ。㊁고기이름단(魚名)。

鱄魚 (古今圖書集成)

【鱄諸:전제】 春秋、吳의 勇士。吳王僚를 죽인 刺客。또는 專諸라고도 함。【廣韻】專諸、吳刺客、或作鱄。

【鱅】(용) 冬 ショウ、ヨウ、たなご(本音[송]) salmon
鱅 小篆 草書 용어용(似鰱而黑)。【史記】鰅ㅣ鰬魠。

鱅鱅 (古今圖書集成)

【鱅鱅:용용】 물고기의 이름。魚牛。

【鱆】(장) ショウ、たこ octopus
꼴뚜기장(望潮魚)。

【鱈】(설) 【日字】 たら codfish
鱈 草書 대구설(大口魚)。

十二畫

【鱉】(별) 屑 ベツ、すっぽん terrapin
鱉 草書 자라별(龜屬)。【易經】離爲ㅣ。(『鼈』의 俗字)

【鱊】(율) 質 イツ、こざかな tiny white-bait ㄩˋ yü⁴
실뱅어율(小魚大如針晒乾爲脡)。

【鱋】(허) 『魼』(魚部 5畫)와 같음

【鰖】(타) 哿 タ、うおのこ fry of fish ㄊㄨㄛ t'uo³
鰖 小篆 籀文 물고기새끼타(魚子己生者)。

【鱍】(발) 曷 ハツ、おをはねる shake the tail ㄅㄛ po¹
물고기꼬리툭툭칠발(魚掉尾貌)。【詩經】鱣鮪ㅣㅣ。

【鱍鱍:발발】 물고기의 헤엄치는 모습。潑潑。【白居易】游魚ㅣㅣ蓮田田。

【鱎】(교) 篠 キョウ、みごい white-bait
우러기교、뱅어교(白馬別名)。【說苑】宓子賤爲單父宰陽晝謂之曰 投綸錯餌迎而吸之者陽ㅣ也。

【鱏】(심) 侵 ジン、かじき shark
鱏 小篆 草書 심어심(長鼻魚口在頷下長七八尺)。【說文】伯牙鼓琴ㅣ魚出聽。

【鱏魚:심어】 (動)❶철갑상어。❷줄철갑상어。

【鱐】㊀(수) ㊁(숙) 尤 屋 シュウ、シュク、ほしうお dried slices of fish
鱐 草書 ㊀어포수(乾魚、脼ㅣ)。【周禮】夏行腒ㅣ。㊁뜻은 ㊀과 같음。

【鱒】(준) 阮 ソン、セン、ます trout (『鱄』와 같음)
鱒 小篆 草書 ❶독너울준(似鯶赤眼)。❷송어준(松魚)。

【鱓】㊀(선) ㊁(타) 銑 歌 セン、タ、うみへび paddy-field eel ㄕㄢ shan⁴
鱓 小篆 草書 ㊀두렁허리선(蛇ㅣ、似蛇黃質黑文)。㊁자라타(鼉ㅣ、皮可冒鼓)。【史記】樹靈ㅣ之鼓。

【鱓更:선경】 鱓은 [illegible]、鼉은 鱷의 屬、蜥蜴과 비슷한 크기。更에 따라 운다。初更에 一鳴、二更에 再鳴함。

【鱔】(선)『鱓』(12畫)의 俗字

【鱖】㊀(궤) ㊁(궐) 霽 月 ケイ、ケツ、たなご mandarin fish ㄍㄨㄟ kuei⁴
鱖 小篆 草書 ㊀쏘가리궤(婢魚巨口細鱗斑彩一名水豚)。【唐詩】桃花流水ㅣ魚肥。㊁뜻은 ㊀과 같음。

【鱖魚:궐어】 (動)쏘가리。

【鱖魚膽:궐어담】 쏘가리의 쓸개。목구멍에 걸린 고기 가시를 없애는 데 쓰임。

【鱗】(린) 眞 リン、うろこ scales ㄌㄧㄣ lin²
鱗 小篆 草書 ❶비늘린(魚甲)。【禮記】其蟲ㅣ。❷물고기린(魚類總稱)。

【鱗甲:인갑】 ❶비늘과 껍데기。물고기 종류와 조개 종류。【劉禹錫】秋江ㅣㅣ至。❷비늘 모양의 굳은 껍데기。거북이나 악어 따위의 몸뚱이를 보호하는 角質의 껍데기。❸마음 속에 뭉친 것이 있는 모양。마음속에 결려 있는 감정。

【鱗介:인개】 물고기와 조개 종류。【左思】ㅣㅣ浮沈。

【鱗莖:인경】 (植)줄기가 變態된 地下莖의 한 가지。

【鱗淪:인륜】 물고기의 비늘 같은 잔 물결。【馬融】波瀾ㅣㅣ。

【鱗鱗:인린】 ❶바람이 불어 물의 波紋이 비늘 같음을 형용한 말。❷비늘과 같이 선명하고 아름다운 모양。【鮑照】ㅣㅣ夕雲起。

【鱗文:인문】 비늘처럼 나란히 줄지어 있는 무늬。비늘 무늬。용의 비늘 같은 무늬。【南史】高帝姿表英異、龍顙鍾聲。長七尺五寸、ㅣㅣ偏其體。

【鱗粉:인분】 (動)나비나 나방 따위의 날개에 있는 비늘 모양의 분비물。

【鱗比:인비】 고기 비늘처럼 줄지어 잇닿아 있음。 鱗接。 櫛比。 鱗羅。 鱗次。 〖何晏〗星居宿陳、綺錯ㅣㅣ。
【鱗狀:인상】 비늘과 같이 생긴 모양。
【鱗傷:인상】 몸에 상처가 많음。
【鱗葉:인엽】 冬芽를 싸서 보호하는 비늘 모양의 잎。 양파·나리의 地下莖。
【鱗羽:인우】 비늘과 깃。 물고기 종류와 새 종류。 〖南史〗性同ㅣㅣ、愛止山莖。
【鱗雲:인운】 비늘 모양의 구름。 비늘구름。
【鱗集:인집】 물고기의 비늘처럼 많이 잇대어 모여 있음。 鱗萃。 〖漢書〗子弟ㅣㅣ於朝。
【鱗蟲:인충】 비늘이 있는 동물의 總稱。 〖大戴禮〗ㅣㅣ之精者爲龍。
【鱗布:인포】 물고기의 비늘처럼 죽 늘어섬。 〖胡廣〗玄甲ㅣㅣ。
【鱗鴻:인홍】 편지。 《故》鱗은 魚를 가리키는 말인데 鯉素(잉어 뱃속에서 흰 비단에 쓴 편지가 나왔다는 故事)의 뜻이고, 鴻은 雁을 가리키는 말인데 雁帛(蘇武의 故事에서 나온 말로 편지와 관련이 깊음)의 뜻임。 雁魚。 魚雁。 〖李甲〗又還問ㅣㅣ、試重尋消息。
◎銀ㅣ、片ㅣ。

【⿰魚孱】 (잔) 潸 サン、いわし anchovy
멸치잔(魚名)。

【鱘】 (심) 侵 シン、さかな fish ㄒㄩㄣ hsün²
심어심(魚名、背如龍長丈餘)。

【⿰魚惠】 (혜) 〔日字〕 さば mackerel
草書 고등어혜(鯖魚)。

十三畫

【鱝】 (분) 吻 フン、えい skate ㄈㄣ fên⁴
가오리분(洪魚)。

【鱞】 (환) 『鰥』(魚部 10畫)과 같음

【⿰魚義】 (의) 支 キ、うおのこ fry of fish
고기새끼의(魚子)。

【鱟】 (후) 宥 コウ、かぶとがに crab ㄏㄡ hou⁴
草書 ❶바닷게후(鬼ㅣ、蟹屬、雌常負雄取之必得雙又號ㅣ媚)。 ❷무지개후(虹也)。

鱟 (三才圖會)

【鱟帆:후범】 鱟魚의 등뼈。 바람이 일면 돛처럼 올라온다는 것。 〖廣志〗背上有骨、無風則偃、有風即擧、乘風而行、云云。
【鱟樽:후준】 訶陵樽。 鱟殼으로 만든 단지。 〖陸游·詩〗ㅣㅣ恰受三升醞、龜屋新裁二寸冠。

【鱠】 (회) 泰 カイ、なます slices of raw fish
草書 회회(肉腥細切)。 〖博物志〗吳王江行食魚ㅣ棄殘餘於水化爲魚名ㅣ殘即今銀魚。 (古音「괴」、『膾』와 같음)
【鱠刀:회도】 膾刀。
【鱠殘:회잔】 《動》 뱅어의 한 가지。

鱠殘魚 (古今圖書集成)

【鱡】 (즉) 『鰂』(魚部 9畫)과 같음

【鱢】 (소) 豪 ソウ、なまぐさい be fishy
小篆 草書 비린내소(鮏臭)。 〖周禮〗膳膏ㅣ。

【鱣】 (전) 先 テン、セン、はや dace ㄓㄢ chan¹
小篆 籀文 草書 전어전(鯉類黃魚)。 〖漢書〗橫江湖之ㅣ鯨。
【鱣堂:전당】 講堂。 講義를 하는 곳。 《故》後漢代 楊震이가 講論하는 講堂 앞에 황새가 세 마리의 두렁허리를 물고 날아다녔다는 故事에서 나온 말。 鱣序。 〖後漢書〗。
【鱣序:전서】 =鱣堂。 〖易略例序〗鼓篋ㅣㅣ。

【⿰魚僉】 (엄) 琰 ゲン、さかなのくち purse up
고기입쭝긋거릴엄(魚口動貌、ㅣ喁)。

【⿰魚畺】 (경) 庚 ケイ、くじら bull whale
수고래경(海中大魚、ㅣ鯢)。 〖漢書〗取其ㅣ鯢。 (『鯨』과 같음)
【⿰魚畺鯢:경예】 큰 고기가 害치는 것。 惡人의 喩。

【鱦】 (승) 徑 ショウ、さかなのこ fry of fish
물고기새끼승(魚子)。 〖家語〗其小者名ㅣ吾大夫欲長之。

【鱧】 (례) 薺 レイ、やつめうなぎ snakehead ㄌㄧ li³
小篆 草書 가물치례(鮦也)。 〖詩經〗魚麗于罶魴ㅣ。
【鱧魚:예어】 《動》가물치。
【鱧腸:예장】 ❶烏魚의 腸。 藥으로 쓰임。 ❷길가나 연못가의 隰地에 自生하는 一年生草木。

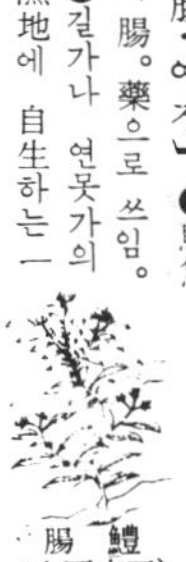
鱧腸 (三才圖會)

【⿰魚普】 (보) 虞 フ、ふぐ swellfish
복보(河豚)。
【⿰魚普門:보문】 《地》江蘇省 蘇州城 東門。

【⿰魚鄉】 (애) 〔日字〕 さかなのな old sweetfish
해묵은 은어애(一鱗)。

十四畫

【鱨】 (상) 陽 ショウ、ぎぎ catfish ㄔㄤ ch'ang²
小篆 草書 날치상(黃頰魚)。 〖詩經〗魚麗于罶ㅣ鯊。

【⿰魚聚】 (추) 有 シュウ、しらうお white-bait
뱅어추(白魚)。

【鱬】 (유) 虞 ジュ、さかな mermaid
인어유(魚身人面)。

【⿰魚賓】 (변) 先 ヘン、ぶり yellow-tail
방어변(魚名、似魴)。

【⿰魚壽】 (주) 尤 チュウ、おおざかな large fish
큰고기주(魚之大者)。

【鱭】 (제) 『鮆』(魚部 5畫)와 같음

【鱮】 (서) 語 ショ、たなご salmon ㄒㄩ hsü⁴
小篆 草書 연어서(鰱也、似魴)。 〖詩經 齊風〗敝笱在梁、其魚魴ㅣ。

【鱯】(화) 禡 カ、なまず wels
鱯(小篆) 메기화(魚名似鮎)。

【瀺】(어) 魚 ギョ、さかなとる fish
(小篆)(籒文) 고기잡을어(捕魚)。

十五畫

【鱴】(절) 屑 セツ、たなご salmon
(草書) 연어절(鰱魚)。

【鯬】(리) 齊 レイ、うなぎ eel
뱀장어리(鰻也)。(『鯬』의 俗字)

【鱲】(렵) 葉 リョウ、からすみ fish
고기이름렵(魚名)。

【鱴】(멸) 屑 ベツ、さかなのな Coilia ectenes
웅어멸(鮆魚)。

【鱴刀:멸도】❶조개의 一種。❷물고기 이름。웅어。鮆魚。

【鱴鱙:멸도】물고기 이름。웅어。『正韻』 ——今鮆魚。

【鱵】(침) 寑 シン、さより snipe-fish ㄓㄣ chen¹
(草書) 공미리침、공치침(針鮆魚、針魚)。

【鱶】(상)『鯗』(魚部 8畫)과 같음

【鱹】(약)『鰙』(魚部 9畫)과 같음

十六畫

【鱷】(악) 藥 ガク、わに crocodile
(草書) 악어악(龍吻虎爪蟹目鼉鱗尾長數尺末大如箕潛伏水濱呑人即浮)。【唐書】韓愈爲潮州刺史爲文逐—魚。(『鰐』과 같음)

【鱸】(로) 虞 ロ、すずき sea-bass ㄌㄨˊ lu²
(草書) ❶농어로(—魚)。❷꺽저기로、천징어로(似鱖四鰓魚)。【赤壁賦】巨口細鱗、狀如松江之—。

【鱸魚:노어】《動》농어。【鄭谷】秋風不敢憶——。

十八畫

【鱺】(력) 錫 レキ、ぎぎ Liobagrus mediodiposalis
자가사리력(魜也)。

【鑴】(휴) 微 ケイ、おおがめ speckled large-turtle
점박힌큰거북휴(大龜文似瑁蠵—)。

十九畫

【鱹】(관) 翰 カン、ひとのな person's name
사람이름관(人名、鱗—)。

【鱺】㊀(려) 齊 レイ、うなぎ eel ㊁(리) 支 ㄌㄧˊ li²
(小篆)(草書) ㊀뱀장어려(似蛇無鱗甲其氣辟蠹魚)。㊁뜻은 ㊀과 같음。

二十畫

二十二畫

【鱻】(당) 養 トウ、さかな fish
고기이름당(—魟、魚名)。

【鱻】(선) 先 セン、あたらしい fresh raw fish ㄒㄧㄢ hsien¹
(小篆)(草書) ❶날고기선(生肉)。【周禮】死生—之物以共王之膳。❷생선선(新魚)。(『鮮』과 通함)

【鱻薨:선고】生肉과 乾肉。

【鱻食:선식】魚鼈를 말함。鮮食。

【鱻餐:선찬】생선 반찬으로 하는 식사。

鳥部

【鳥】(조) 篠 チョウ、とり bird ㄋㄧㄠˇ niao³
(小篆)(草書) 새조(羽族總名、雌雄別以翼右掩左雄左掩右雌)。【書】—獸孳尾。

【鳥瞰圖:조감도】높은 곳에서 내려다본 것처럼 그린 地圖。또는 풍경화。俯瞰圖。

【鳥罟:조고】새를 잡는 그물。새그물。鳥羅。【爾雅】——謂之羅。

【鳥窮則啄:조궁즉탁】새가 쫓겨 도망할 곳을 잃으면 도리어 상대방을 주둥이로 쪼음。窮鼠嚙猫。(喩)약한 자도 궁지에 빠지면 強敵을 해침。【荀子】——、獸窮則攫、人窮則詐。

【鳥路:조로】❶새가 나는 길。곧 一直線의 길。【謝朓】風雲有——、江漢限無梁。❷험한 언덕길。鳥道。

【鳥籠:조롱】새장。

【元稹】—— 猿檻君應會。

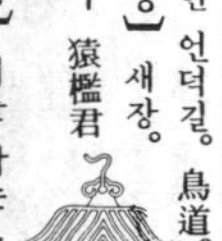
古玉籠鳥
(古玉圖譜)

【鳥網:조망】새를 잡는 그물。

【鳥媒:조매】새장에 있는 새의 울음 소리로 다른 새를 誘引하여 그 새를 잡는 방법。【說文】率鳥者、繫生鳥以來之、名曰囮。

【鳥媒花:조매화】새로 말미암아 꽃가루가 매개되는 꽃。동백나무 따위。

【鳥糞:조분】새 똥。

【鳥聲:조성】새의 울음 소리。鳥語。禽語。禽聲。【盧照隣】山窓聽——。

【鳥獸:조수】새와 짐승。禽獸。【論語】——不可與同群。

【鳥信:조신】음력 三월에 부는 동북풍。

【鳥語:조어】❶새의 울음 소리。禽語。鳥聲。禽聲。【白居易】——人言無不通。❷새의 말。孔子의 제자인 公冶長은 새의 말을 알았다 함。❸異民族의 말。외국어。새가 지저귀는 것 같아서 뜻을 알 수 없다는 뜻。鴃舌。

【鳥葬:조장】시체를 들에 내다놓아서 새들이 파먹게 하는 장사。옛날 中國 남방의 풍속。【南史】國俗、死者有四葬、中略、——則棄之中野。

【鳥篆:조전】❶古文의 篆字。새의 발자취 비슷하므로 이렇게 말함。鳥籀。❷새의 발자취。篆字 비슷하므로 이런 말이 생김。【陸游】臥看——印蒼苔。

【鳥足之血:조족지혈】새 발의 피라는 뜻으로 물건의 적음을 가리키는 말。

【鳥竄:조찬】새가 날아가버리는 것처럼 사방으로 도망쳐 숨음。【吳志】蠻夷猾夏、未染王化、——荒裔、拒迎王師。

【鳥鈔:조초】새들이 곡식을 쪼아 먹고 축을 내듯이 남의 곡식을 훔쳐 감。

【鳥銃:조총】새를 쏘는 총。새총。【武備要略】皆以此銃穿林托鳥、故名曰——。

鳥銃
(三才圖會)

【鳥啄聲:조탁성】사실이 없는 말을 듣고 잘못 옮기는 헛소문。새 까먹은 소리。

【鳥蛤:조합】새조개。

【鳥喙:조훼】❶새의 부리。새의 주둥아리。『吳越春秋』越王長頸ㅡㅡ。❷별 이름。柳宿。
◎文ㅡ、白ㅡ、飛ㅡ、山ㅡ、小ㅡ、水ㅡ、益ㅡ、海ㅡ、害ㅡ、黃ㅡ、候ㅡ。

一 畫

【鳦】㊀(을) 質 イツ、つばめ swallow ㊁(알) 黠
(小篆 或體 草書) ㊀제비 을(玄ㅡ、燕也)。『史記』踹項女呑ㅡ子生大業。㊁뜻은 ㊀과 같음。

【鳦子:을자】새끼 제비。
【鳦鳥:을조】제비。

二 畫

【⿰鳥了】(교) 蕭 キョウ、ふくろう owl
올빼미 교(梟也、惡鳥)。

【⿰七鳥】(즐) 質 シツ、とりごえ(或音「질」) song of a bird
새소리 즐(鳥聲)。

【鳭】(조) 蕭 チョウ、うぐいす nightingale ㄉㄧㄠ tiao¹
꾀꼬리 조(黃鳥、ㅡ鷯)。

【鳫】(안)『雁』(隹部 4畫)과 같음

【鳬】(부) 虞 フ、かも wild duck ㄈㄨˊ fu²
(小篆 草書) ❶물오리 부(水鳥鷖屬)。❷청둥이 부(野ㅡ家鴨背有文青色卑脚短喙)。

【鳬鷗:부구】오리와 갈매기。『杜牧』ㅡ皆爾類、惟羨獨含情。
【鳬雁:부안】오리와 기러기。
【鳬影:부영】오리가 나는 모양。『杜甫』太史候ㅡㅡ、王喬隨鶴翎。
【鳬鷖:부예】오리와 갈매기。『詩經』ㅡㅡ在涇。
【鳬翁:부옹】오리 목의 털。또는 오리。『黃庭堅』春溪蒲稗沒ㅡㅡ。
【鳬藻:부조】물오리가 물을 만난 것처럼 아주 좋아함。『後漢書』將帥和睦、士卒ㅡㅡ。
【鳬樽:부준】물오리 모양으로 만든 술잔。

漢 鳧 尊 (西清續鑑)

【鳧】(부)『鳬』(前條)와 같음

【鳩】(구) 尤 ク、キュウ、はと dove; pigeon ㄐㄧㄡ chiu¹
(小篆 草書) ❶비둘기 구(鳥名鶻鵃鷹所化)。『詩經』維ㅡ居之。❷벼슬이름 구(五ㅡ、少皞官名)。『左傳』少皞氏以鳥名官。❸편안히 할 구(安也)。『左傳』以ㅡ其民。❹모을 구(聚也、集也)。

【鳩尾:구미】《生》명치。사람의 몸에 있어서 急所의 하나로 가슴뼈 아래 한가운데의 우묵하게 들어간 곳。命門。
【鳩巢:구소】❶비둘기 둥우리。❷초라한 집。비둘기는 둥우리를 만드는데 서툴러 까치가 만든 집에 산다고 하여 이런 말이 생김。
【鳩首:구수】머리를 모음。여럿이 머리를 맞대고。의논함。
【鳩首會議:구수회의】머리를 맞대고 회의함。
【鳩財:구재】돈이나 재물을 걷어 모음。
【鳩集:구집】=鳩合。『北史』ㅡㅡ諸經、廣校異同。
【鳩聚:구취】=鳩合。『禮記、正義序』錯綜ㅡㅡ、以類相附。
【鳩便:구편】傳書鳩를 써서 하는 통신。
【鳩合:구합】모음。모임。鳩集。糾聚。糾合。『陸機』ㅡㅡ同志、以謀王室。
【鳩胸:구흉】비둘기의 가슴。◎軍用ㅡ。

三 畫

【⿱九鳥】(구)『鳩』(前條)와 같음

【鳱】㊀(간) 寒 カン、かささぎ magpie ㊁(안) 諫
㊀까치 간(ㅡ鵲、鵲也)。㊁뜻은『鴈』에 보라。『鹽鐵論』唈唈鳴ㅡ。

【⿰土鳥】(두) 虞 ト、ほととぎす cuckoo
접동새 두、두견새 두(杜鵑)。

【鳲】(시) 支 シ、ふふどり common cuckoo ㄕ shih¹
(草書) 뻐꾸기 시(ㅡ鳩布穀)。『詩經』ㅡ鳩在桑。

【鳲鳩:시구】《動》뻐꾸기。布穀。尸鳩。

鳲 鳩 (古今圖書集成)

【⿸尸鳥】(시)『鳲』(前條)와 같음

【鳿】(홍) 董 コウ、おおどり large bird
큰새 홍(大鳳)。(『鴻』의 古字)

【鳳】(봉) 送 ホウ、ほうおう phoenix
(小篆 古文 古文 草書) 새 봉、봉황 봉(神鳥羽虫長ㅡ爲火精生丹穴身備五色鳴中五音 有道則見雄ㅡ雌凰)。『詩經』ㅡ凰鳴矣于彼高岡。

【鳳蓋:봉개】임금이 거둥할 때의 警護하는 행렬。儀仗。『班固』登龍舟、張ㅡㅡ。
【鳳冠:봉관】옛날 皇太后・皇后가 쓰던 冠。『明會典』皇妃常服、花釵ㅡㅡ。
【鳳帶:봉대】공주가 降嫁할 때에 禮裝에 띠는 붉은 비단의 큰 띠。
【鳳德:봉덕】聖人의 德。훌륭한 덕。『晉書』周侯末年、所謂ㅡㅡ之衰也。
【鳳鸞:봉란】봉황새와 난새。모두 想像上의 신령한 새。『全唐詩話』十二層樓倚翠空、ㅡㅡ相對立梧桐。
【鳳曆:봉력】책력。(鳳은 天時를 잘 안다 하여 鳳字를 曆字 위에 쓴 것임)。『杜甫』ㅡㅡ軒轅紀、龍飛四十春。
【鳳輦:봉련】❶지붕 꼭대기에 황금으로 봉황의 장식을 한 것으로 임금이 타는 가마。혹은 그러한 수레。鳳車。鳳駕。鳳輿。鸞輿。『舊唐書』車移ㅡㅡ、旆轉紅旗。❷신선이 타는 수레。
【鳳毛:봉모】❶아들의 素質이 父祖에 못지 않음을 일컫는 말。❷뛰어난 文才。❸뛰어난 風采。『南齊書』帝大嗟賞曰、超宗殊有ㅡㅡ。
【鳳舞:봉무】봉황이 춤추고 놀음。천하가 태평한 모양。『易林』龍遊ㅡㅡ、歲樂民喜。
【鳳翔生薑:봉상생강】《植》全羅北道 完州郡의 鳳翔에서 나는 질이 썩 좋은 새앙。봉상새앙。「一년초。
【鳳仙花:봉선화】《植》봉선화과에 딸린
【鳳城:봉성】宮城。禁城。『杜甫』銀漢遙應接ㅡㅡ。
【鳳聲:봉성】편지에 사용하는 말。남에게 傳言을 부탁할 때의 敬稱。鶴聲。
【鳳簫:봉소】대로 봉황의 날개처럼 만든 악기。
【鳳兒:봉아】뛰어나게 현명한 아들。鳳雛。『指月錄』龍生龍子、鳳生ㅡㅡ。
【鳳掖:봉액】太子의 宮庭。蘭掖。『元萬頃』和聲躋ㅡㅡ。

【鳳輿:봉여】 꼭대기에 黃金의 鳳凰을 장식한 임금이 타는 가마。

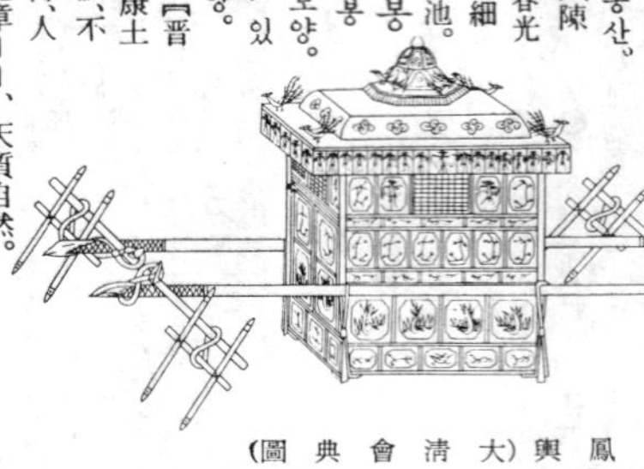
鳳輿(大清會典圖)

【鳳苑:봉원】 宮中의 꽃동산。 禁苑。『陳翊』青春光一一、細草偏龍池。
【鳳姿:봉자】 ❶봉황의 모양。 ❷品位 있는 모양。 鳳容。『晋書』嵇康土木形骸、不自藻飾、人以爲龍章一一、天質自然。
【鳳簪:봉잠】 봉황의 무늬를 대가리에 새긴 큼직한 비녀。 鳳釵。
【鳳蝶:봉접】 범나비。
【鳳藻:봉조】 훌륭한 문장。 아름다운 글。『李白』當揮爾一一、挹予霞觴。
【鳳詔:봉조】 임금의 말을 국민에게 알릴 목적으로 적은 글。 詔書。『韋莊』長聞一一徵兵急。
【鳳釵:봉채】 =鳳簪。『中華古今註』釵子、蓋古笄之遺像、始皇以金銀作鳳頭、以玳爲脚、號曰一一。
【鳳彩緞:봉채단】 봉황 무늬를 놓은 中國에서 나는 비단의 한 가지。
【鳳雛:봉추】 봉황의 새끼。《喩》㉠현명한 소년。 鳳兒。 麒麟兒。 龍駒。『晋書』此兒若非龍駒、當是一一。 ㉡아직 세상에 알려지지 않은 영웅。
【鳳峙:봉치】 봉황새처럼 꿋꿋하고 웅장하게 산봉우리가 솟아 있는 모양。 또는 威勢가 당당한 모양。『舊唐書』端門一一、鎭福地而獨存。 「게。
【鳳枕:봉침】 봉황의 모양을 수 놓은 베개。
【鳳穴:봉혈】 詩文에 능한 才士들이 모여 있는 곳。『庾信·謝滕王集序啓』一一歌聲、鸞林舞曲。
【鳳凰:봉황】 ❶想像上의 瑞鳥의 이름。 聖王이 나오면 나타난다 함。 수컷을 鳳이라 하며、암컷을 凰이라 함。 몸에는 五色의 文彩가 있으며 鳥類의 首長이라 함。 ❷後宮의 宮殿 이름。 ❸수레의 이름。 鳳凰車。

鳳凰
(古今圖書集成)

【鳳凰來儀:봉황내의】 경사로운 太平聖代의 조짐。 來儀는 날아와 춤추어 그 몸가지는 태도가 점잖음。『書經』簫韶九成、一一。
【鳳凰衣:봉황의】 새끼를 깐 새 알 속의 얇은 속 껍질。

【鳴】 (명) 庚 メイ、なく sing; crow ㄇㄧㄥˊ ming²

小篆 書 草 ❶새울음명(鳥聲)。『詩經』鳳凰一矣。 ❷울명(凡出聲皆曰一)。『莊子』子以堅白一。
【鳴謙:명겸】 謙德이 밖에 나타남。『易經』一一貞吉。
【鳴鼓:명고】 북을 울림。
【鳴管:명관】 《生》울대。 鳥類의 소리를 내는 기관。
【鳴鳩:명구】 산비둘기。
【鳴金:명금】 바라를 마주 쳐서 울림。
【鳴琴:명금】 ❶거문고를 탐。 彈琴。 ❷폭포 소리 따위의 형용。『王勃·詩』懸溜瀉一一。
【鳴禽:명금】 燕雀 따위의 날짐승。
【鳴禽類 명금류】 《動》鳥類에 속하는 한 目. 몸이 작고 날기를 잘하며 또 울기를 잘함。 참새·꾀꼬리·제비 따위。
【鳴器:명기】 매미 따위의 소리 내는 器官。
【鳴動:명동】 울리어 진동함。 地動。
【鳴螺:명라】 소라를 불어 울림。
【鳴梁項:명량항】 《地》울돌목。 全羅南道 花原半島와 珍島 사이의 해협의 일부。 옛날부터 潮流가 빠르기로 유명。 壬辰倭亂 때 忠武公은 이 潮流를 이용하여 일본 해군을 격멸함。
【鳴絲:명사】 거문고의 別名。『李白』魏姝弄一一。
【鳴謝:명사】 충심으로 사례를 함。 깊이 감사함。
【鳴嚶:명앵】 울음。 새가 울음。『謝靈運』一一已悅豫。
【鳴笛:명적】 ❶피리를 붊음。 ❷피리。『韓愈』一一急吹催落日。
【鳴箭:명전】 화살의 한 가지。 우는 살。 끝에 속이 빈 나무때기 깍지를 달아 붙여 화살이 나갈 때 우는 소리가 나는 화살。
【鳴鐘:명종】 시간을 알리기 위하여 울리는 종。『謝朓』一一靄幽把。
【鳴鞭:명편】 ❶회초리를 휘둘음。 ❷옛 儀仗때 쓰이던 것。 회초리 따위를 휘둘러 소리나게 하여 群衆이 靜肅을 지키도록 하던 것。

鳴鞭(三才圖會)

【鳴吠:명폐】 닭이 울고 개가 짖음。『陶潛』雞犬互一一。 《喩》변변하지 못한 재주。『柳宗元』一一之能、猶希效用。

【鳪】 (보)『鵏』(鳥部 4畫)와 같음

【鳶】 (연) 先 エン、とび、たこ kite ㄩㄢ yüan¹

草 書 ❶솔개연(鷙鳥鴟類)。『詩經』一飛戾天。 ❷연연(紙一)。『唐書』張伾以紙爲風一書達馬燧營。
【鳶肩:연견】 솔개 비슷한 모양의 어깨。 위로 치켜 올라간 어깨。 一直線이 된 어깨。『後漢書』梁冀一一豺目。
【鳶尾:연미】 《植》붓꽃科에 속하는 多年草。 첫여름에 엷은 紫色의 큰 꽃이 핌。
【鳶鷭:연분】 《動》매가오리。
【鳶絲:연사】 연의 줄기에 있는 섬유로 만든 실。 또는 그 줄기의 실。
【鳶色:연색】 茶褐色。
◎紙一。

【鳦】 (골)『鶻』(鳥部 10畫)과 같음

四畫

【鴏】 ㊀(기) 支 キ、きじ pheasant ㊁(지) 支

㊀꿩시(雉之別名)。 ㊁뜻은 ㊀과 같음。

【鳾】 (시) 支 シ、とりのな cuckoo

새매시(鷉鷉)。

【鳷】 (지) 支 シ、かささぎ magpie

草 書 까치지(鵲也)。『史記』漢武帝作一鵲觀。
【鳷鵲觀:지작관】 前漢의 武帝 때 지은 雲陽甘泉苑 가운데 있던 궁전。

【鳸】 (호) 麌 コ、ふなしうずら skylark ㄏㄨˋ hu⁴

草 書 ❶구호새호(九一、農桑候鳥)。 ❷종달새호(一鴳、鴳雀)。

【鴉】 ㊀(분) 文 ㊁(반) 刪 ブン、ハン、 かつこう
㊀파랑새분(靑雀)。 ㊁뻐꾸기반 (大鳩)。
cuckoo

【鳻】 (분) 文 フン、とぶさま fly
小篆 ❶나는모양분(飛貌)。 ❷뭇새가 모이는 모양분(鳥聚貌)。
(『翁』과 같음)

【䳽】 (문) 文 ブン、うずらのひな young bird of a quail ㄨㄣˊ wen²
메추리새끼문(鶉子)。

【鶻】 (홀) 月 コツ、たか goshawk
매홀(鷹屬)。

【鳿】 (옥) 沃 ギョク、わし vulture
독수리옥(似鴨而大、鶚ㅣ)。

【鴀】 (부) 有 フウ、やまばと wood pigeon
멧비둘기부(鳺ㅣ戴勝鶵鳩)。〖爾雅〗隹其鳺ㅣ。

【鴂】 ㊀(결) 屑 ㊁(계) 霽 ケツ、ケイ、 ほととぎす cuckoo
小篆 草書 ㊀❶악결새결(鶗ㅣ)。〖楚辭〗恐鶗ㅣ之先鳴。 ❷접동새결(子規)。 ❸뱁새결(巧婦)。 ㊁접동새계(鸋ㅣ、鳥名)。

【鴃】 (격) 錫 ケキ、もず common heron
草書 왜가리격、때까치격(ㅣ舌、蠻語博勞鳥)。〖孟子〗南蠻ㅣ舌之人。

【鴃舌:격설】 야만인이 지껄이는 알아들을 수 없는 말。 외국 사람의 말을 낮게 일컫는 말。

【鴄】 (필) 質 ヒツ、あいる duck ㄆㄧˋ p'i⁴
집오리필(鴨也)。

【鴆】 (짐) 沁 チン、どくちょう poisonous bird
小篆 草書 짐새짐(毒鳥名)。〖楚辭〗吾令ㅣ爲媒。

【鴆毒:짐독】 ❶《動》 짐새의 털을 술에 담가서 만든 독。『荀悅』甘醴有ㅣㅣ、藥酒有治病。 ❷《喩》지독한 사람을 일컫는 말。 ❷독을 섞은 술을 먹여 사람을 죽임。

【鴆媒:짐매】 나쁜 말로 참소함。

【鴆殺:짐살】 독이 든 술로 사람을 죽임。『漢書』呂太后徵王 到長安ㅣㅣ之。

【鴆鳥:짐조】 毒鳥의 이름。 그 깃을 술에 담갔다 마시면 죽는다 함。

【鴆酒:짐주】 毒을 넣은 술。〖漢書〗酌兩卮ㅣㅣ置前。

鴆鳥(古今圖書集成)

【鴇】 (보) 皓 ホウ、のがん great bustard ㄅㄠˇ pao³
小篆 或體 草書 너새보(似鴈無後趾毛有豹文)。〖詩經〗肅肅ㅣ羽。

【鴇羽:보우】 ❶너새의 날개。 ❷=鴇羽之嗟。

【鴇羽之嗟:보우지차】 백성이 난리로 말미암아 고통 속에서 헤매며 자기 父母를 봉양할 수 없음을 탄식함。 詩經·唐風·鴇羽篇에 時世를 諷刺한 詩가 있으므로 일컫는 말。〖詩經〗肅肅鴇羽、集于苞栩、王事靡盬、不能蓺稷黍、父母何怙、悠悠蒼天、曷其有所。

【毷】 (모) 號 ボウ、うぶけ down
솜털모(鳥輕毛)。

【鴈】 (안) 諫 ガン、かん wild goose ㄧㄢˋ yen⁴
小篆 草書 기러기안(隨陽鳥昏禮奠ㅣ取其信和不再偶)。〖儀禮〗親迎奠ㅣ。

【鴉】 (아) 麻 ア、からす jackdaw ㄧㄚ ya¹
小篆 ❶갈가마귀아(烏別名)。〖廣雅〗純黑反哺者謂之烏小而腹下白不反哺者謂之ㅣ。 ❷검을아(漆黑)。
(『鵶』와 같음)

【鴉啗瘡:아담창】 《醫》어린애가 태중에서 母體에게 독을 받아 처음 났을 때는 돈구멍 만한 부스럼이 났으나 차차 번지어 썩어 들어 가는 병。

【鴉鷺:아로】 까만 까마귀와 흰 해오라기。烏鷺。

【鴉鬢:아빈】 까마귀의 털처럼 까만 살쩍의 털。 婦人의 까만 머리털。〖古詩〗單衫杏子紅、ㅣㅣ靑雛色。

【鴉雀無聲:아작무성】 아무 소리도 없이 괴괴함。

【鴉陣:아진】 날아가는 까마귀의 떼。〖陸游〗亂ㅣㅣ起霜天晩。

【鴉靑:아청】 검푸름。 야청。

【鴉片:아편】 신경을 마취시키는 약품。 양귀비의 열매로 만들음。 阿片。

【鴉片戰爭:아편전쟁】 《歷》一八四〇~一八四二 아편 문제를 중심으로 英·淸 사이에 일어난 전쟁。 아편 수입의 폐해와 銀의 수출을 막기 위하여 一八三八년에 宣宗이 林則徐에게 명하여 廣東에 있던 英國 상인의 아편을 태워 버리고 아편 수입을 금지한 것을 핑계로 하여 일어났는데 淸이 패하여 南京條約을 맺고 香港을 英國에 할양하였음。 阿片戰爭。

【鴉鬟:아환】 ❶까만 머리털。〖李白〗黃頭奴子雙ㅣㅣ。 ❷계집종·또는 첩。

【鴞】 (교) 蕭 キョウ、ふくろう owl
올빼미교(不孝鳥)。

五 畫

【鴊】 (정) 庚 セイ、たか sparrow hawk
조롱태정(鶺鴒)。〖揚雄〗齊魯間謂題肩爲ㅣ鳥。

【鴄】 (비) 支 ヒ、みさご mandarin duck
징경이비(匹鳥)。

【鴔】 (현) 先 ケン、つばめ swallow
제비현(燕也)。

【鴐】 (가) 麻 カ、のがちょう wild goose
들거위가(ㅣ鵝、鴈屬)。〖子虛賦註〗野鵝也。

【鴒】 (령) 靑 レイ、せきれい wagtail ㄌㄧㄥˊ ling²
草書 할미새령(鶺ㅣ雝渠飛行鳴相應以比兄弟)。〖詩經〗鶺ㅣ在原。

【鴒鸚:영요】 할미새。〖廣韻〗ㅣㅣ、鳥名、如山雞而長尾。

【鴗】 (립) 緝 リュウ、かわせみ kingfisher
小篆 쇠새립(魚狗靑似翠喙紅項下白食魚)。

鴗(三才圖會)

【鴭】㊀(귑) 緝 キュウ、きくいただき
㊁(북) 屋 ㄈㄨ fu^{2} Himalayan cuckoo
小篆 ㊀오디새귑(一鵖、戴勝)。㊁뜻은 ㊀과 같음。

【鴕】(타) 歌 タ、ダ、だちょう ostrich
草書 타조타(熱帶產大鳥)。

【鴕鳥:타조】새 이름。=駝鳥。

【鴘】(변) 銑 ベン、たか falcon
묵이매변、두해된매변(二歲鷹)。【西陽雜俎】黃鴘變爲靑一又一變爲白一。

【鴘鷹:변응】두살난 매。【廣志】一歲曰黃鷹、二歲曰一一、三歲曰靑鷹。

【鴘赤:변적】唐代、京兆의 萬年·長安의 兩 赤縣 以外의 많은 赤縣을 말함。

【鴃】(일) 質 イツ、やまばと wood-pigeon
小篆 멧비둘기일(鵓鴃)。

【鴙】(치)『雉』(隹部 5畫)와 같음

【鴜】(찰) 黠 サツ、まじりけいろ colour of mixed hairs
새잡털빛찰(鳥雜毛色)。

【鳭】㊀(조) 蕭 チョウ、コウ、とり こえ
㊁(초) 蕭 sing
㊂(효) 蕭 ㄓㄚ cha^{2}
㊀뱁새조(一鷯)。㊁❶새 소리조(鳥聲)。❷새꼬리의 치켜올린털초(一鵃、鳥尾翹毛)。㊂깃털모양효(羽貌)。

【鴛】(원) 元 エン、おしどり female mandarin duck
小篆 草書 수원앙새원、수징경이원(匹鳥雄一鴨鴦)。【詩經】一鴦在梁。

【鴛鴦:원앙】《動》오리과에 속하는 물새。암수가 서로 떨어지지 아니하며 사이가 좋으므로 옛부터 夫婦間의 愛情에 비유함。

【鴛鴦菊:원앙국】《植》바곳。

【鴛鴦衾:원앙금】❶원앙을 수놓아 짠 피륙으로 만든 이불。❷부부가 같이 덮는 이불。

【鴛鴦藤:원앙등】겨우살이덩굴。

【鴛鴦瓦:원앙와】쌍으로 되어 있는 기와 또는 원앙새 모양인 기와。【白居易】一一冷霜華重。

【鴛鴦枕:원앙침】❶원앙을 수놓은 베개。❷부부가 같이 베는 베개。

【鴛列:원열】朝廷에 있어서의 百官의 席次。【岑參】平明端笏陪一一。

【鴚】(가) 歌 カ、がちょう goose
小篆 거위가(舒鴈、鵝也)。

【鴃】㊀(지) 寘 シ、キ、とりこえ
㊁(기) 紙 sing
㊀❶까마귀비스름한 새지(一鵌、如烏鳥)。❷새소리지(鳥聲)。㊁뜻은 ㊀과 같음。

(三才圖會) 鵌鴃

【鴟】(치) 支 シ、とび kite
ㄔ ch'ih^{1}
草書 ❶솔개치(一鴉、惡鳥)。【詩經】一鴞鸋鴂。❷수알치치(角一)。❸부엉이치(鵂鶹)。❹말똥구리치(茅一)。❺토란치(蹲一、芋也)。【史記】汶山下有蹲一。❻마음대로날칠치、도량할치(一張、跋扈)。【書經】罔不寇賊一義。❼올빼미치(梟一)。

【鴟目虎吻:치목호문】부엉이의 눈초리와 호랑이의 입언저리。《喩》사납고 잔인함。【漢書·王莽傳】。

【鴟夷:치이】❶말가죽으로 만든 자루。술을 담아두는 데 씀。【史記·伍子胥傳】。❷술을 담는 그릇。【揚雄】一一滑稽、腹大如壺。

【鴟張:치장】부엉이가 날개를 활짝 편 것처럼 형세가 굳세고 거침 없음。【吳志】董卓不怖罪、而一一大語。

【鴟梟:치효】《動》올빼미。《轉》흉악한 사람。【賈誼】逢時不祥、鸞鳳伏竄、一一翱翔。

【鴟鵂:치휴】《動》새의 이름。수리부엉 이。

鴟鵂
(古今圖書集成)

【鴝】(구) 虞 ク、コウ、ははつちょう heron
ㄑㄩ ch'ü^{2}
小篆 草書 팔가새구、구욕새구(一鵒似 有幘)。【列子】蝴蝶胥也化而爲虫生竈下其狀若脫其名曰一掇一掇千日化而爲鳥其名爲乾餘骨。

【鴝鵒:구욕】《動》구욕새。

【鴞】(효) 蕭 キョウ、ふくろう owl
ㄒㄧㄠ hsiao^{1}
小篆 草書 ❶솔개효(鴟一惡聲鳥)。❷올빼미효(鸋鴂可爲羹)。【詩經】翩彼飛一。❸짐승이름효(獸名)。

(三才圖會) ❸鴞

【鴠】(단) 翰 タン、やまどり bird
小篆 草書 할단새단(鶡一、求旦似鷄晝夜常鳴本盍旦)。

【鴡】(저) 魚 ショ、みさご mandarin duck
ㄑㄩ ch'ü^{1}
小篆 草書 징경이저(一鳩)。

【鴡鳩:저구】《動》물수리。징경이。바닷가에 살며 魚類를 잡아 먹는 날짐승。王鴡。

【鴞】(무) 有 ム、おうむ parrot
小篆 草書 앵무새무(鸚一能言鳥同鵡)。

【鴢】(요) 篠 ヨウ、かも duck
ㄧㄠ yao^{3}
오리요(似鳧)。

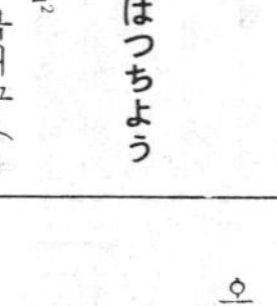
(三才圖會) 鴢

【鴣】(고) 虞 コ、しゃこ partridge
ㄍㄨ ku^{1}
小篆 草書 자고새고(鷓一越鳥其鳴自呼云鉤輈格磔)。【埤雅】鷓一志常南向不思北徂。

【鴦】(앙) 陽 オウ、おしどり mandarin duck
ㄧㄤ yang^{1}
草書 암징경이앙、암원앙새앙(鴛一、匹鳥)。【蘇軾詩】瓦弄寒蟾一臥月。

【鴦掘摩羅:앙굴마라】印度古代人。佛陀在世 時、舍衞城에 살고 사람을 죽임으로써 涅槃을 얻을 수 있다는 邪說을 信奉하여 장에 나가서 많은 사람들 앞에 橫暴를 부리고、자기의 어머니까지 殺害하려고 하였으나、부처가 이를 가엾게 여기시고 正法을 說해 들려 줌으로써 改

過懺愧하고 佛門으로 들어가, 後日 羅漢果를 얻음。Angulimālya의 音譯。〖西域記·六〗。

【鴦錦:앙금】 아름다운 비단。〖西京雜記〗魯恭王得文木一枚、云云、中山王爲賦曰、蠋繡ㅡㅡ、蓮藻文。

【鴥】(율) 物 イツ、はやくとぶ fly
小篆 草書 획날율(疾飛貌)。〖詩經〗ㅡ彼晨風。

【鴥彼飛隼:율피비준】 쏜살처럼 솟구쳐 오르는 새매는 하늘이라도 뚫을 듯한 氣勢임。그것이 또한 올라가도 멈출 곳에 가서 모인다。(喩)軍勢가 왕성하고도 進退의 度에 알맞다。〖詩經〗ㅡ其飛戾天、亦集爰止。

【鴨】(압) 洽 オウ、あひる duck
小篆 草書 집오리압(家鶩舒鳧)。〔唐書〕馬訾水 出白山色如ㅡ頭號ㅡ淥水。

【鴨脚樹:압각수】(植)公孫樹의 別名。잎의 생김새가 오리발과 비슷하므로 일컬음。은행나무。〖陸游〗鴨脚葉黃烏桕丹。

【鴨屎草:압뇨초】(植)조팝나무。

【鴨頭:압두】 ❶오리의 목。오리의 목의 綠色。❷綠色인 물빛의 형용。〖李白·詩〗遙看漢水ㅡㅡ綠。

【鴨綠江:압록강】(地)江 이름。韓國과 滿洲 사이에 있는 韓國 제일의 강。길이 七九〇粁。白頭山 남쪽에서 발원하여 서쪽으로 흘러 韓國과 滿洲의 국경을 이루면서 西韓灣으로 들어감。滿潮 때는 新義州까지 千 톤의 기선이 다니고 작은 배는 中江鎭까지 올라감。상류의 원시림은 벌채한 뗏목이 유명하였고 근년에는 水豊 부근에 동양 최대의 댐을 만들어 수력 발전에 이용하고 있음。馬訾水。얄루우(Yalu)江。

【鴨黃:압황】 오리 새끼。〖圖繪寶鑑〗魯宗貴善畫、尤長寫生、雞雛ㅡㅡ、最有生意。

六畫

【鵄】(치) 支 シ、とび kite
草書 솔개치(鳶也)。(『鴟』와 같음)

【⿰危鳥】(궤) 紙 キ、ほととぎす cuckoo
접동새궤(子規、鷤ㅡ)。

【⿰匠鳥】(장) 漾 ショウ、みそさざい wren
뱁새장(巧婦鳥)。

【鴮】(오) 虞 オ、がらんちょう palican
사다새오(鵜鶘、ㅡ鸅)。

【鴯】(이) 支 ジ、つばめ swallow
草書 제비이(鷾ㅡ、玄鳥)。〖莊子〗鳥莫智於鷾ㅡ。

【鴰】(괄) 曷 カツ、まなづる heron ㄍㄨㄚ kua¹
小篆 왜가리괄(鶬ㅡ、九尾鳥)。〖韓詩外傳〗鶬兮ㅡ兮。

【鴰捋:괄랄】 새 이름。鴰鹿과 同。

【鴰鹿:괄록】 새 이름。두루미의 別名。鳥의 울음소리를 따서 일컬음。

【鴰筩:괄통】 鳳凰의 一種。〖廣雅·釋鳥〗ㅡㅡ、釋皇屬也。

【⿰肙鳥】(견)『鵑』(鳥部 7畫)의 俗字

【鴳】(안) 諫 アン、ふなしうずら skylark ㄧㄢˋ yen⁴
小篆 ❶안새안(鴽屬冠雀)。〖莊子〗斥ㅡ笑之。❷짐승이름안(幽ㅡ)。(『鵝』과 같음)

【鴲】(지) 支 シ、すずめ sparrow
小篆 참새소리지(雀聲)。

【鴴】(행) 庚 コウ、すずめ sparrow
草書 새떼행、많은새행(千鳥、多鳥)。

【鴵】(교) 蕭 キョウ、ふくろう owl
올빼미교(梟也)。(『梟』와 같음)

【鴶】(알) 黠 カツ、ふふどり cuckoo
뻐꾹새알(布穀類)。(本音「갈」)

【鴷】(렬) 屑 レツ、きつつき woodpecker
딱다구리렬(啄木鳥)。

【鴸】(주) 虞 シュ、とりのな kitelike bird
솔개 비슷한 새주(鳥名、似鴟)。

鴸(三才圖會)

【鳽】(견) 先 ケン、とりのな night-heron
小篆 눈맞아새끼배는새견、교청새견(鵁鶄)。

鳽(三才圖會)

【鴹】(양) 陽 ヨウ、とりのな bird
상양새양(鷸ㅡ、一足鳥舞則天下雨)。〖家語〗作商羊。

【鴺】(제) 齊 テイ、がらんちょう pelican
小篆 草書 사다새제(鵜鶘)。

【⿰圭鳥】(귀) 霽 ケイ、ほととぎす cuckoo
접동새귀(鷤ㅡ)。

【鴻】 一(홍) 東 二(홍) 董 コウ、おおきい great; large ㄏㄨㄥˊ hung²
小篆 草書 一❶기러기홍(隨陽鳥、鴈之大者)。〖易經〗ㅡ漸于陸。❷클홍(大也)。〖史記〗禹抑ㅡ水。二❶곧게 달릴홍(ㅡ絧直馳)。〖校獵〗ㅡ絧緁獵。❷기운덩이홍(ㅡ濛)。〖淮南子〗以ㅡ濛爲景。

【鴻鵠:홍곡】 기러기와 고니。큰 인물을 일컬음。

【鴻鵠之志:홍곡지지】 貧賤하면서도 큰 뜻을 품음。遠大한 抱負。〖史記〗燕雀安知ㅡㅡ哉。

【鴻基:홍기】 큰 터전。大事業의 기초。洪基。〖隋書〗式固ㅡㅡ、蕃屏王室。

【鴻大:홍대】 큼。洪大。廣大。

【鴻圖:홍도】 ❶큰 계획。鴻猷。洪圖。〖賈曾〗ㅡㅡ果聖餘。❷큰 版圖。큰 領土。

【鴻洞:홍동】 ❶크게 같은 것。❷連續된 모양。❸깊고 먼 모양。〖淮南子〗與天地ㅡㅡ。

【鴻毛:홍모】 기러기의 날개 털。(喩)아주 가벼운 事物。〖司馬遷〗死或重於泰山、或輕於ㅡㅡ。

【鴻名:홍명】 큰 名譽。大名。〖史記〗前聖之所以永保ㅡㅡ、而常爲稱首者用此。

【鴻蒙:홍몽】 ❶天地 자연의 元氣。〖莊子〗ㅡㅡ方將拊髀雀躍而遊。❷天地가 아직 나누어지지 않은 상태。廣大하고 뚜렷하지 않은 상태。鴻濛。

【鴻博:홍박】 학문이 넓고 깊음。博覽多識。〖丁晋公談錄〗杜鎬尙書、ㅡㅡ之士也。

【鴻範:홍범】 ❶큰 규모。〖論衡〗與論立說、結連篇章者、文人ㅡㅡ也。❷書經 洪範의 別名。

【鴻飛：홍비】 높게 떠서 널리 날음。 世俗에서 멀리 떨어진 境地에 몸을 둔다는 뜻。『後漢書·序』揚雄曰、——冥冥、弋者何慕焉。

【鴻緖：홍서】 임금의 國家 統治의 大業。 또는 임금의 血統。皇統。大統。『後漢書』奉遵——、爲郊廟主。

【鴻雁：홍안】 ❶기러기。 大를 鴻、小를 雁이라 일컬음。『禮記』季秋之月、——來賓。 ❷詩經、小雅의 篇名。災難으로 흩어져 떠돌아 다니는 백성을 周의 宣王이 救한 事實을 적었음。《轉》떠돌아 다니는 백성의 고통。哀鴻。

【鴻業：홍업】 큰 事業。大業。임금의 業。洪業。『後漢書』皇帝幼沖、承統——。

【鴻溶：홍용】 ❶廣大한 모양。물의 盛하는 모양。『楚辭』——溢而滔蕩。 ❷몸을 우뚝 솟게 하여 뛰는 것。

【鴻儒：홍유】 큰 학자。大儒。『晉書』——碩學無乏于時。「范蠡曰、蒙大王——。

【鴻恩：홍은】 큰 은혜。洪恩。『吳越春秋』

【鴻益：홍익】 매우 큰 利益。

【鴻裁：홍재】 매우 크고 훌륭한 體制。『文心雕龍·辨騷』

【鴻爪：홍조】 行蹟이 査然하고 經路가 분명치 않음。雪泥鴻爪。『戴良』世事已如鴻印爪。

【鴻志：홍지】 큰 뜻。大志。

【鴻筆：홍필】 뛰어나게 잘 된 문장。 또는 大文章을 쓰는 일。椽大之筆。『晉書』今撰——之彥。

【鴻號：홍호】 널리 알려진 이름。 또는 임금의 이름。『韓愈』熙——於無窮。

【鴻荒：홍황】 아주 오랜 옛날。太古。荒古。洪荒。『謝靈運』詳觀記牒、——無傳。

【鴾】 (모) 尤 ボウ、とき skylark ㄇㄡ mou² 草書 종달새모(鶩也、-母)。

【鶒】 (칙) 職 チョク、みずどり water-bird ㄔ ch'ih⁴ 小篆 물새칙(水鳥)。『陳藏器曰』-色多紫尾有毛如船舵形。

【鵅】 (격) カク、ふくろう owl 부엉이격(鵂鶹謂之鵅-)。

【鴽】 (여) 魚 ジョ、ふなしうずら skylark ㄖㄨ ju² 草書 ❶집비둘기여(鴿也)。 ❷종달새여(田鼠所化鴾母)。 ❸메추라기여(鶉屬)。『禮記』-釀之蓼。

【鴿】 (합) 合 コウ、いえばと dove; house pigeon ㄍㄜ kê¹ 小篆 草書 집비둘기합(野-、鳩屬性喜合)。

【鵀】 (임) 沁 侵 ジン、やつがしら Himalayan cuckoo ㄖㄣ jen² 草書 되박박고임、산비둘기임(戴-戴勝別名)。『爾雅』鵖鴔戴-。

【鳶】 (원) 先 エン、とび kite ❶새이름원(鳥名、-鵲)。 ❷고을이름원(朱-、縣名)。

【鵁】 (교) 肴 コウ、ごいさぎ owl ㄐㄧㄠ chiao¹ 小篆 교청새교(-鶄、似鳧睛交而孕)。『上林賦』-鶄鸀目。

【鵁鸛：교관】 외가리와 황새。

【鵁鸕：교로】 새 이름。백로의 異名。『說文』鵁、鵁也、一曰、--也。

【鵁鶄：교청】 《動》푸른 백로。赤頭鷺。

【鵂】 (휴) 尤 キュウ、みみずく owl ㄒㄧㄡ hsiu¹ 草書 부엉이휴、수알치휴、올빼미휴(-鶹、角鴟怪鳥)。『莊子』鴟-夜撮蚤察毫末。

【鵂鶹：휴류】 새 이름。부엉이。角鴟。猫頭。鷹。『博物志』--、晝目無所見、夜則至明。

【鵃】 (주) 尤 シュウ、やまばと wood-pigeon ㄓㄡ chou¹ 小篆 멧비둘기주(鶻-)。

【老鳥】 (로) 皓 ロウ、しまつどり crane 두루미로(鷀-、鶴類)。

【鵇】 (년) 〔日字〕 とき crested ibis 草書 따오기년(朱鷺)。

七畫

【鵊】 (겹) 洽 キョウ、ほととぎす cuckoo 草書 접동새겹(杜鵑)。『歐陽修詩』綠窗鵊-催天明。

【鵋】 (기) 寘 キ、みみずく cuckoo 부엉이기、수알치기(鵂鶹鳥、-鵙)。

【鵏】 (부) 虞 ホ、がちょう goose 거위부(鵝也)。

【鵌】 (도) 虞 ト、とり bird ㄊㄨ t'u² 쥐와함께사는새도(與鼠同穴)。

【鵑】 (견) 先 ケン、ほととぎす cuckoo 草書 ❶접동새견、두견새견、뻐꾹새견(杜-蜀魄一名杜宇一名子規)。『寰宇記』蜀王杜宇號爲望帝立鼈靈爲相後禪位亡去化爲子規。 ❷진달래견(花名、杜-)。

【鵑血滿胸：견혈만흉】 杜鵑이 피를 吐하고 가슴이 벅차 오름。情思의 極히 간절함을 뜻함。『桃花扇·罵筵』吐不盡--。

◎杜-。

【鵒】 (욕) 沃 ヨク、ははつちょう heron ㄩ yü⁴ 小篆 或體 草書 구욕새욕(鴝-似鵙入哥)。

【鵓】 (발) 月 ボツ、いえばと dove 草書 집비둘기발(鴿也、勃姑)。『六書故』斑鳩差小者頸有白點斑。

【鵓角：발각】 宋代、童髮을 칠 때、앞머리털을 남겨 동곳으로 잡아 맨 것。

【鵓鴣：발고】 《動》집비둘기。祝鳩。勃姑。

【鵓鴿：발합】 《動》집비둘기。

【鵔】 (준) 震 シュン、きんけい cock-pheasant ㄒㄩㄣ hsün⁴ 小篆 草書 ❶장끼준(山雉似鳳)。 ❷관이름준(冠名、-鸃)。『漢書』侍郞皆冠-鸃。

【鵔鸃：준의】 비단새。

【鵔鸏：준주】 새 이름。轉하여 鵔鸏의 장식을 한 胡服。

【鵕】 (준) 『鵔』(前條)과 같음

【鵖】 (겁) 葉 キョウ、きくいただき Upupa epops saturata ㄐㄧㄝ chieh² 小篆 오디새겁(戴勝、鵀-)。

【鳥邑】 (압) 『鴨』(鳥部 5畫)과 같음

【鵗】(희) 微 キ、きじ pheasant ㄒㄧ hsi¹
❶가죽다루는장인희(攻皮之工—雉)。【左傳】五雉五工正。❷꿩희(北方雉名)。

【鶪】(격) 錫 ケキ、もず common heron ㄐㄩˊ chü²
왜가리격(伯勞)。【詩經】七月鳴—。

【鵚】(독) 屋 トク、しまつどり sacred crane ㄊㄨ t'u¹
두루미독(禿頭鳥、—鶖)。【本草】凡鳥至秋毛脫禿此鳥頭禿如秋毨。

【鵜】(제) 齊 テイ、がらんちょう pelican
小篆 或 籀 草書 사다새제(—鶘、水鳥)。【詩經】維—在梁。

【鵜鶘油:제호유】(醫)한약으로 쓰는 사다새를 폭조려서 짠 기름。

【鵝】(아) 歌 ガ、がちょう goose ㄜˊ é²
小篆 草書 거위아(家所畜舒鴈善鳴)。【孟子】有饋其生—者。

【鵝口瘡:아구창】(醫)어린애의 입속이 희게 헐고 젖먹기에 애를 쓰는 병。

【鵝毛:아모】❶거위의 털。(喩)눈(雪)(희고 가볍기 때문임)。【白居易·詩】。❷가볍고 작음。【黃庭堅】千里——意不輕。

【鵝眼:아안】구멍 뚫린 쇠돈。穴錢。【宋書】——錢。

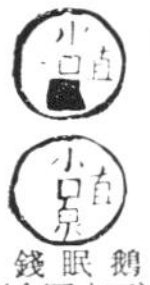
鵝眼錢(三才圖會)

【鵝鴨:아압】거위와 오리。

【鵝脯:아포】거위의 고기를 소금에 절여 말린 포。

【鵝鬟蟬鬢:아환선빈】여자의 머리털이 검고 아름다움을 일컫는 말。

【鵝黃:아황】거위 새끼가 빛깔이 노랗고 아름다우므로 노랗고 아름다운 것의 비유。버드나무·국화·술빛 등의 형용。【王安石】弄日——裊裊垂。

【鵞】(아)『鵝』(前條)와 같음

【鵟】(광) 陽 キョウ、よたか owl
草書 부엉이광(茅鴟)。

【鵠】㊀(혹) 沃 ㊁(곡) 沃 コク、はくちょう swan; crested ibis ㄍㄨˇ ku³
小篆 草書 ㊀❶고니혹(黃—、天鵝)。【漢書】黃—之一擧知山川之紆曲。❷따오기혹(鴻—、水鳥)。【史記】燕雀安知鴻—之志。㊁과녁곡(帿的)。【禮記】不失正—。

鵠(三才圖會)

【鵠鵠:곡곡】白鳥 소리의 형용。

【鵠立:곡립】白鳥처럼 목을 길게 빼고 발끝으로 서서 맞바라봄。鵠望。鵠企。

【鵠髮:곡발】센 머리칼。白髮。鵠髮。

【鵠瀉:곡사】쇠귀나물。

【鵠的:곡적】과녁의 중심점。正鵠。

【鵠志:곡지】遠大한 포부。鴻鵠之志。

【鵡】(무) 麌 ム、ブ、おうむ parrot ㄨˇ wu³
草書 앵무새무(鸚—能言鳥)。【禽經】鸚—拊其背而瘂。

【鴳】(안) 諫 アン、うずら quail
메추리안(鴽鷃)。

八畫

【鶬】(창) 養 ショウ、とり bird
새이름창(鳥名)。

鶬鶊(三才圖會)

【䳍】(면) 先 ベン、うぐいすがなく nightingale
꾀꼬리울면(鶯囀)。

【䳡】(솔) 月 ソツ、はと pigeon
집비둘기솔(家鳩)。

【鵩】(복) 屋 フク、みみずく owl
草書 산올빼미복(鴞屬、不祥鳥)。【史記】有鵩飛入賈生舍止於坐隅 楚人命鴞曰服。

鵩(三才圖會)

【鵩鳥賦:복조부】文章의 이름。前漢의 賈誼가 長沙로 貶遷할 때 스스로 그 不過함을 슬퍼하여 지은 글。文選十四卷。【賈誼】誼爲長沙王傅、三年有鵩鳥、飛入誼舍、止於坐隅、鵩似鴞、不祥鳥也、云云。

【鵬】(붕) 蒸 ホウ、おおとり roc (本音「봉」)
草書 ❶붕새붕(大—鯤魚所化)。【莊子】鯤之大不知其幾千里也化而爲鳥其名爲—。❷큰새붕(大鳥名)。

鵬(三才圖會)

【鵬擧:붕거】붕새와 같이 높고 멀리 날아 오름。【曹植】希——以搏天。

【鵬鯤:붕곤】❶假想의 大鳥와 大魚。❷매우 큰 事物。(喩)。英雄。

【鵬圖:붕도】붕새가 북쪽에서 남쪽으로 단번에 九萬里를 날아 가려고 하는 큰 계획。大計畫。(喩)壯志。【杜甫】——仍矯翼。

【鵬力:붕력】큰 힘。鼎力。【駱賓王】擧——以揚威、耀尾渠而賈勇。「近」

【鵬霄:붕소】먼 하늘。【李嶠】御氣——。

【鵬翼:붕익】❶붕새의 날개。❷큰 事業을 할 계획。또는 넓고 넓은 구름。또 아득한 바다。【高啓】圖南附——。

【鵬程:붕정】붕새가 날아가는 먼 길。【呂定】——九萬扶搖近、世界三千指顧低。(喩)머나먼 앞 길。「음」

【鵬程萬里:붕정만리】앞길이 썩 멀

【鵬際:붕제】까마득한 하늘。【宋之問】宿雲——落、殘月蚌中開。

◎大—。

【鵪】㊀(암) 覃 ㊁(압) 洽 アン、うずら quail ㄢ an
草書 ㊀메추리암(鴽也)。【夏小正】三月田鼠化爲鴽鴽—也。㊁집오리압(鴨也)。(『鴨』의 古字)

【鵪鶉:암순】새 이름。메추리。

【䳟】(명) 庚 メイ、とりのな sacred birds
초명새명(神鳥似鳳、鷦—)。【劉向九歎】從天鶴與鷦—。

【鵭】(금) 侵 キン、こうのとり stork
황새금(—鶬、鴰也)。

【鵯】(필) 質 ヒツ、ヒ、ひよどり jackdaw ㄆㄧˋ p'i⁴
草書 갈가마귀필(鷽斯、—鶋)。

【鵃鶥：필거】《動》갈가마귀。

【鵰】(조) 蕭 チョウ、わし vulture
草書 ❶독수리조(鷲也)。❷보라매조(靑-、最俊者謂之海東靑)。

(三才圖會)鵰

【鵰鷄：조계】《動》징경이。물수리。

【鵱】(륙) 屋 リク、がん wild goose
小篆 들거위륙(野鵝)。

【鵲】(작) 藥 ジャク、かささぎ magpie ㄑㄩㄝˋ ch'üeh⁴
草書 ❶까치작(喜-、乾-、鳷-以音孕以視抱爲名)。〔詩經〕-之彊彊。❷대까치작(練-、白毛如練)。❸개이름작(宋-)。

(古今圖書集成)鵲

【鵲橋：작교】까치의 다리(橋)。七月 七夕에 牽牛와 織女의 두 별을 서로 만나게 하게 위하여 까마귀와 까치가 모여 銀河에 놓는다는 假想的인 다리。〔白帖〕烏鵲塡河成橋、而渡織女。

【鵲豆：작두】《植》까치콩。

【鵲語：작어】까치의 짖는 소리。기쁨의 징조。鵲聲。〔權德輿〕--臨妝鏡。

【鵲噪：작조】까치가 지저귀어 떠드는 소리。기쁜 일의 징조。〔西京雜記〕乾--而行人至、蜘蛛集而百事喜。

【鵲喜：작희】까치가 지저귀는 소리는 기쁜 소식을 알려 주는 징조라는 뜻。〔宋之問〕破顔看--。◎鳥-。

【鵳】(견) 先 ケン、はやぶさ sparrow hawk
새매견、조롱태견(鷂屬、鶙-)。

【鵵】(토) 遇 ト、みみずく otus scops
부엉이토(木-、似鴟鵂而小)。

【鵶】(아)『鴉』(鳥部 4畫)와 같음

【鵷】(원) 元 エン、えんすう a kind of phoenix ㄩㄢ yüan¹
草書 원추새원(-雛、鳳屬)。〔莊子〕南方有鳥其名-雛。

【鵷鷺：원로】朝廷에 줄지어 선 百官의 모양이 침착하고 아담하며 고상한 모양。〔隋書〕懶黃緺白、--成行。

【鵷雛：원추】《動》봉황새의 한 가지。「雛。宛

【鵷行：원행】朝廷에 나란히 서는 관리의 行列。〔杜甫〕五更三點人--。

【鵋】(기) 支 キ、とりのな bird
새이름기(鵋鵙)。

(三才圖會)鵋鵙

【鵻】㊀(수) 支 スイ、とび kite
㊁(주) 遇
㊀❶솔개수(鴟也)。❷갈가마귀수(鴉別名)。㊁새 날지않을주(鳥不飛)。

【鵹】㊀(려) 齊 レイ、うぐいす nightingale
㊁(리) 支
㊀꾀꼬리려(鸝也、楚雀倉庚)。㊁뜻은 ㊀과 같음。

【鵹黃：여황】새 이름。楚雀의 異名。黃鶯。

【鵹鶘：여호】새 이름。鵜胡。사다리새。

【鵺】(야) 禡 ヤ、ぬえ pheasant ㄧㄝˋ yeh⁴
새이름야(似雉鳥)。

(三才圖會)鵺

【鵺文章：야문장】首尾一貫性이 없는 鵺와 같은 文章。

【鵻】(추) 支 スイ、じゅずかけばと dove ㄓㄨㄟ chuei¹
小篆 或體 草書 아롱비둘기추(孝順鳥祝鳩)。〔詩經〕翩翩者-。

【鵻其：추기】작은 비둘기의 異名。〔事物異名錄·禽鳥·鳩〕詩疏、--、今小鳩也、一名 鳩、幽州人謂之鶻鵃。

(三才圖會)鵻

【䳟】(공) 東 コウ、ぬえ bird
草書 새이름공(怪鳥)。

【鵽】(탈) 曷 タツ、えびすすずめ desert bird ㄉㄨㄛˋ tuo⁴
小篆 사막새탈(沙漠所産小雀)。

(古今圖書集成)鵽

【鵾】(곤) 元 コン、とうまる swan ㄎㄨㄣ k'uen¹
草書 고니곤(似鷄而大、-鷄)。〔楚辭〕-鷄啁哳而悲鳴。

【鵾鷄：곤계】《動》새 이름。큰 닭。鶴과 같으며、黃白色。목이 길고 주둥이가 붉음。昆鷄。

【鵸】(기) 支 キ、がん little grebe
草書 ❶되강오리기(小鴈)。❷수알치기(鶚也)。〔史記〕好射-鴈。

【鵸鴈：기안】작은 기러기。

【鳶】(연) 先 エン、とび kite
❶솔개연(鴟也)。❷날연(飛也)。❸돌아날연(翔也)。

【鶂】㊀(역) 錫 ゲキ、ゲイ、がちょうのこえ quacking of goose ㄜˋ eˋ
㊁(예) 齊
小篆 或體 (司馬) ㊀❶역새역、눈맞추어새끼배는물새역(水鳥相視而孕)。〔莊子〕-之相視眸子不運而風化。❷거위소리역(-鶂鳴)。㊁뜻은 ㊀과 같음。

(三才圖會)鶂

【鷁】(역)
(예)『鶂』(前條)과 같음

【鶄】(청) 靑 セイ、ごいさき owl (或音「정」)
小篆 草書 교청새청(鵁-、似梟)。〔韓愈詩〕浮迹侶鷗-。

【鶄鵁：청교】외가리。=鵁鶄。

【鶄鶴：청학】새 이름。南方 中國産。

【鶉】㊀(순) 眞 ジュン、タン、うずら quail ㄔㄨㄣˊ ch'ue
㊁(단) 寒
草書 ㊀❶메추라기순(鴽也)。〔淮南子〕田鼠化爲-。❷옷해질순

(敝衣)。㊂수리단(鵰也)。【詩經】匪―匪鳶。

【鶉居:순거】 메추리의 居所가 일정하지 않은 것처럼 住所가 정해져 있지 않음。『莊子』聖人――而鷇食。

【鶉肉:순육】 메추리의 고기。

【鶉衣:순의】 해어진 옷。鶉服。『杜甫』――寸寸針。

【鶅】(치) 支 チ、シ、きじ pheasant 꿩치(東方雉名)。【爾雅】東方曰―。

【鷩】(별) 屑 ヘツ、みみずく owl 부엉이별(鵂鶹)。

鶅鵂(山海經圖)

【鶆】(래) 灰 ライ、たか falcon ㄌㄞˊ lai² 매래(鷹也)。

【鶇】(동) 東 草書 トウ、つぐみ hawfinch 공새동(鳥名)。

【鶊】(경) 庚 草書 コウ、うぐいす nightingale ㄍㄥ kêng¹ 꾀꼬리경(鶬―、黃鳥)。【禮記】仲春鶬―鳴。

【鶌】(굴) 物 小篆 クツ、むればと wood-pigeon 메비둘기굴(鶻鵃、―鳩)。

鶌鳩(三才圖會)

【鶌鶞:굴순】 새 이름。『集韻』――、鳥名。

【鶌鵃:굴조】 새 이름。『韻府引·王炎』草頭蛺蝶自由舞、林下――相對鳴。

【鶋】(거) 魚 キョ、からす crow ㄐㄩ chü¹ ❶언거새거、바닷새거(鶢―、海鳥)。【魯語】鶢―止于東門。❷가마귀거(鵯―鷽斯)。

九畫

【鶒】(칙) 職 セキ、おしどり water-bird ㄔˋ ch'ih⁴ (本音「척」) 뜸부기칙、물닭칙(水鳥、鸂―)。【鸂―、賦】信莫麗於―鸂。

【⿰鳥侯】(후) 尤 コウ、わし hawk 독수리후(雕也)。【揚雄】鷙―、鵰鶚。

【鶖】(추) 尤 草書 シュウ、しまつどり sacred crane ㄑㄧㄡ ch'iu¹ 두루미추(禿―、水鳥似鶴扶老)。【詩經】有―在梁。

鶖(古今圖書集成)

【鶖子:추자】《佛》人名。Sāriputra 舍利弗의 譯。舍利의 子。鶖鷺子。秋露子。『法華玄贊·一』梵云舍利弗呾羅、云云、舍利云鶖、即百舌鳥、云云、以母才辯喩如鶖鳥、此是彼子、以母顯子、故云――。

【鶖鶬:추창】 물새 이름。

【鶚】(악) 藥 草書 ガク、みさご vulture ㄜˋ ê⁴ 독수리악(鷹鶻之屬鷙擊之鳥性好峙立)。【漢書】鷙鳥累百不如一―。

【鶚視:악시】 독수리와 같이 눈자위가 날카로운 모양。【左思】鷹瞵――。

【鶚薦:악천】 사람이 官職에 오른 일을 마음 속으로 축하하는 말。『蘇軾』親嫌妨――。

【鶚眙:악치】 놀라서 겁내는 모양。愕眙。『寶鼎』如發鉶刃、虎駭――。

【鶚表:악표】 사람을 추천하는 上書。「鶚薦。」↓

【鶗】(제) 齊 草書 テイ、ほととぎす cuckoo ㄊㄧˊ t'i² 접동새제(子規、―鴂)。

【鶘】(호) 虞 草書 コ、がらんちよう pelican 사다새호(鵜―、淘河)。【莊子】魚不畏網而畏鵜―。

【鶺】㊀(적) 陌 ㊁(즉) 職 シャク、せきれい wagtail 뜻은『鶺』에 보라。【漢書】碎若―鴒。

【鶝】(복) 屋 フク、きくいただき Upupa epops saturata ㄈㄨˊ fu² 오디새복(戴勝、―鴔)。

【鶝鴔:복비】 새 이름。鳲鳩의 異名。

【鶠】(언) 阮 小篆 エン、とりのな chinese phoenix ㄧㄢˇ yen³ 봉새언(鳳之別名)。【爾雅】―鳳其雌皇。

【鶢】(원) 元 草書 エン、えんきよ sea bird 바닷새원(海鳥、―鶋)。【魯語】爰居止于東門之外。

【鶡】㊀(갈) 曷 ㊁(분) 文 小篆 草書 カツ、やまどり bird ㄏㄜˊ hê² ㊀❶할단새갈(―旦、似鷄善鬭)。【禮記】―旦不鳴。❷관이름갈(冠名、虎賁)。㊁파랑새분(靑雀)。

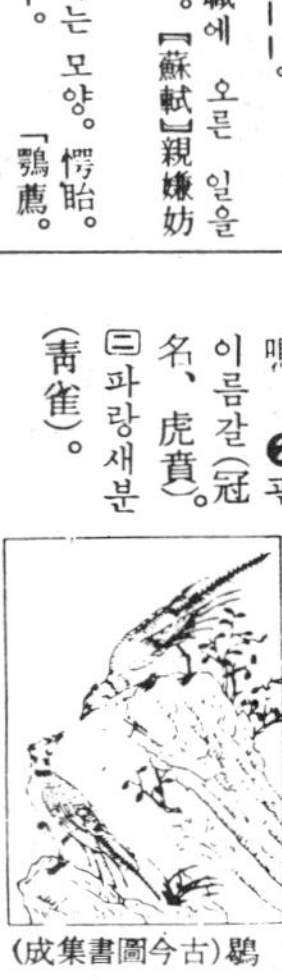
鶡(古今圖書集成)

【鶡冠子:갈관자】《書》一九편。作者未詳。老子의 道德經을 근본으로 하여 法家의 思想을 섞어서 쓴 것。

【鶡蘇:갈소】 冠을 장식하는 산꿩의 꼬리의 송이。

【鶤】(곤) 元 小篆 草書 コン、ほうおう phoenix ㄩㄣˋ yün⁴ 봉황곤(―雞、鳳凰別名)。【淮南子】軼―雞於姑餘。

【鶤雞:곤계】 ❶큰 닭。❷鳳凰의 異名。

【鶤鵠:곤혹】 새 이름。『枚乘·七發』溷章白鷺、孔鳥――。

【鶥】(미) 支 ビ、まなづる heron 왜가리미(鳥名、鴰―)。

【⿰某鳥】(매) 灰 バイ、すずめをとる lash a bird 새후려잡을매(誘取禽)。

【⿰鳥少】(묘) 篠 小篆 ビョウ、みそさざい wren 뱁새묘(巧婦鳥)。

【鶩】(목) 屋 小篆 草書 ボク、あひる crested ibis ㄇㄨˋ mu⁴ 따오기목(舒鳧)。【禮記】庶人執―。

鶩(禮器圖)

【鶩溏:목당】《醫》溏泄。

【鶩舲:목령】 작은 배(船)。

鶩櫂(목도)。『鮑照』――馳桂浦。

【鷶】(맥) 陌 バク、おどろきみる look with wonder
새놀라보는모양맥(鳥驚視貌)。

【鶨】(단) 翰 タン あほうどり bird ㄔㄨㄢˋ ch'uan⁴
小篆 새이름단(鳥名)。

【鶪】(격) 陌 ケキ、もず heron
小篆 或體 왜가리격(伯勞)。

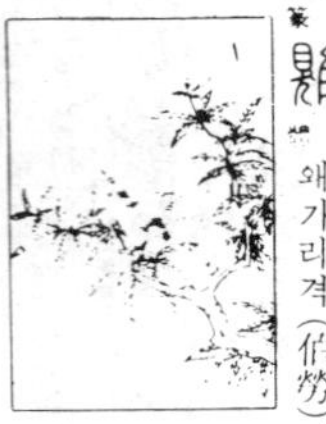
鶪(古今圖書集成)

十畫

【鶹】(류) 尤 リュウ、みずどり water bird
물새류(水鳥)。

【鶬】(창) 陽 ソウ、ショウ、まなづる heron ㄘㄤ ts'ang¹
小篆 或體 草書 ❶왜가리창(一鴰、水鳥)。〔子虛賦〕雙一下。❷꾀꼬리창(一鶊、黃鳥)。〔詩經〕有鳴倉庚。

鶬鴰❷(三才圖會)

【鶬鶊:창경】(動)꾀꼬리。

【鶬鷄:창계】(動)왜가리。재두루미。

【鷏】(진) 眞 シン、さぎ egret
❶백로진(鷺也)。❷떼로나를진(羣飛

【鶯】(앵) 庚 オウ、うぐいす nightingale (同音「행」) ㄧㄥ ying¹
小篆 草書 꾀꼬리앵(黃鳥、一名金衣公子)。

【鶯谷:앵곡】꾀꼬리가 골짜기에 있음。(轉)세상에서 아직 높은 지위나 명예를 얻지 못한 일。〔羅隱〕花迎綵服離一一。

【鶯梭:앵사】꾀꼬리가 나무 가지 사이를 날아 도는 모양。(喩)베틀에서 씨줄을 나르는 북이 왔다 갔다 하는 모양。〔張養浩〕柳岸一一巧織藍。

【鶯舌:앵설】꾀꼬리의 혀。(轉)꾀꼬리의 울음 소리。〔沈與求〕宿露園林一一亂、暖風庭院蜜脾香。

【鶯粟:앵속】(植)양귀비의 異名。

鶯粟花(三才圖會)

【鶯兒:앵아】꾀꼬리 새끼。鶯雛。〔曹松〕學語一一飛未穩。

【鶯語:앵어】꾀꼬리의 울음소리。鶯聲。〔孫綽〕一一吟脩竹、遊鱗戲瀾濤。

【鶯衣:앵의】꾀꼬리의 깃털。〔陸游〕新泥添燕戶、細雨濕一一。

【鶯啼:앵제】꾀꼬리의 울음。〔杜甫〕春日一一脩竹裏、仙家犬吠白雲間。

【鶯遷 앵천】꾀꼬리가 깊은 골짜기에서 나와 높은 나무로 옮김。(喩)進士의 시험에 급제한다는 뜻。(轉)官職의 昇進이나 轉居할 때 축하하는 말로 쓰임。遷鶯。〔王禹偁〕姓名舊在一一榜、詩什重題燕子樓。

【鶯簧:앵황】꾀꼬리의 소리를 피리의 소리에 비유해서 한 말。〔歐陽修〕暖入一一舌漸調。

【鶱】(헌) 元 ケン、とぶ、かける flutter ㄒㄧㄢ hsien¹
小篆 草書 훨훨날헌(飛貌)。〔水鳥 式〕 夏收翮。

【鶒】(식) 職 シーク、ついばむ peck
새가 쪼아먹을식(鳥食)。

【鶲】(옹) 東 オウ、くびけ feathers of neck
❶새목털옹(鳥頸毛)。❷새이름옹(鳥名)。

【鶴】(학) 藥 カク、つる crane ㄏㄠˋ hao²
小篆 草書 ❶두루미학、학학(仙禽似鵠)。〔易經〕鳴一在陰。❷새털함치르르할학(鳥肥澤)。〔孟子〕白鳥一一。

【鶴頸秤:학경칭】❶起重機。❷펌프의 揚程。揚力。❸엘리베이터。

【鶴禁:학금】(制)王世子의 궁전。〔李德裕〕椅梧連一一。

【鶴企:학기】=鶴立。〔晋書〕遣使者、虛左授綏、一一先生。

【鶴唳:학려】학의 울음 소리。鶴鳴。〔晋書〕聞風聲一一、皆以爲王師。

【鶴立:학립】학과 같이 목을 길게 빼고 발 끝으로 땅을 디디고 서서 기다리고 바람。鶴企。鶴望。〔魏志〕實懷一一企之心。

【鶴望:학망】=鶴立。〔蜀志〕思漢之士、「延頸一一。

【鶴髮:학발】白髮。학의 깃털같이 센 머리칼。〔庾肩吾〕一一辭軒冕、鮐背烹葵菽。

【鶴步:학보】학과 같이 천천히 걸음。

【鶴壽:학수】鶴이 오래 산다는 데서 長壽의 뜻으로 씀。〔陸璣·詩疏〕一一千歲。

【鶴首:학수】❶머리털이 흰 머리。❷목이 가늘고 긴 瓶。❸목을 길게 빼고 기다리고 바람。

【鶴首苦待:학수고대】학의 목처럼 길게 늘여 몹시 기다림。

【鶴膝:학슬】❶(文)漢詩 平仄法의 한 가지。七言에서 다섯째、五言에서 세째字에 仄聲을 쓰는 것。❷漢詩作法上八病의 한 가지。제一구의 제五자와 제三구의 제五자를 同聲의 글자로 쓰는 것。例를 든면「古詩에 客從遠方來、遺我一書札、上言長相思、下言久別離」에서 來와 思는 다 平聲이므로 이것을 鶴膝이라고 함。〔蘇軾〕蜂腰一一嘲希逸。❸=鶴膝風。❹굽혔다 폈다 할 수 있는 안경 다리。

【鶴蝨:학슬】鶴蝨草의 略語。

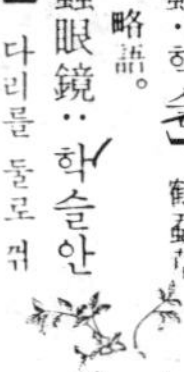
鶴蝨(三才圖會)

【鶴蝨眼鏡:학슬안경】다리를 둘로 꺾을 수 있게 만든 안경。

【鶴膝風:학슬풍】(醫)무릎이 붓고 아프며 정갱이가 마르는 病。

【鶴翼:학익】좌우로 크게 날개를 편 모양。鶴列。〔唐太宗〕夕對魚鱗之陣、朝臨一之圍。

【鶴汀鳧渚:학정부저】학이 노는 물가와 물오리가 있는 물가。(喩)그윽하고 고요한 水邊의 경치。〔王勃〕一、窮島嶼之縈廻。

【鶴氅:학창】학의 날개로 만든 옷。

【鶴氅衣:학창의】빛이 희고 소매가 넓고 가를 黑色으로 꾸민 웃옷。鶴의 羽毛로 만든 털옷。

【鶴鶴:학학】깃털의 흰 모양。〔孟子·梁惠王〕◎白一。

【鶴項草:학항초】(植)명아주。

【䳴】(답) 合 トウ、とぶとり flap off
푸르륵날답(飛貌、鶅一)。

【鶸】(약) 藥 ジャク、とうまる bantam
草書 당닭약(鳥名)。

【鶸茶:약다】萌黃에 노랑 빛이 돈은 褐色。

【鶸色:약색】=鶸茶。

【鶷】(할) 黠 カツ、もず dusky thrush

백설조할(百舌、－鶡)。

【鶷鸛：할적】새 이름。초랑새。【謝靈運三居賦】鷄鶺鸝鶊、－－綏章。

【鷞】(살) 黠 サツ、はやくとぶ fly swiftly

새빨리날살(鳥飛疾)。

【鶹】(류) 尤 リュウ、みみずく Chinese scops owl ㄌㄧㄡ liu²

小篆 草書 ❶괴꼬리류(黃鳥)。❷부엉이류(角鴟鵂－)。

【鶹離：유리】새 이름。＝鶹鷅。

【鶹鷅：유률】새 이름。보기 싫은 새。一說에 올빼미。【爾雅·釋鳥】鳥少美長醜爲－－。

【鶺】(척) 陌 セキ、せきれい wagtail ㄐㄧ chi²

草書 저뒤새척、할미새척(－鴒、鵻渠鳥名)。【詩經】－鴒在原。

【鶺鴒：척령】(動)물가에 사는 燕雀類의 작은 새。할미새。

鶺鴒(古今圖書集成)

【鶽】(준)『隼』(隹部 2畫)과 같음

【鶼】(겸) 鹽 ケン、とりのな bird ㄐㄧㄢ chien¹

草書 새이름겸(比翼鳥)。

【鶼鰈：겸접】比翼鳥와 比目魚。(喩)夫婦의 情誼가 두터움。【爾雅·釋地】。

【鶻】(골) 月 コツ、はやぶさ goshawk ㄍㄨ ku³ (古音「홀」)

小篆 草書 ❶매골(－鵃、鷹屬)。【禽經】－不擊胎。❷오랑캐골(北夷種、回－)。

鶻(三才圖會)

【鶻鵃：골주】(動)산비둘기의 한 가지。班鳩。

【鶻突：골돌】❶분명하지 못한 일。【呂原明·家塾記】太宗欲相呂正惠公、左右或曰、呂端之爲人糊塗。❷(中)엉터리。황당。糊土。

【鶻圇：골륜】분명하지 못한 모양。渾淪。【朱子文集】－－籠統、無分別也。

【鶻眼凝睛：골안응정】(醫)눈망울을 좌우로 놀리지 못하는 병증。

【鶻影：골영】송골매의 나는 모양。

【鶾】(한) 翰 カン、きんけいちょう reddish cock ㄏㄢ han⁴

小篆 ❶붉은닭한(丹鷄)。❷살찐닭한(鷄肥貌)。

【鶿】(자) 支 ジ、う Korean cormorant ㄘ tz'ŭ²

小篆 가마오지자、더펄새자(鸕－、鳥鬼)。【李白詩】鸕－酌。

【鷀】(자)『鶿』(前條)와 같음

【鷁】(익) 錫 ゲキ、みずとり water-fowl ㄧ i⁴ (本音「역」)

草書 ❶익새익(水鳥、似鷺而大)。【春秋】六－退飛。❷돛대끝바람개비익(文－、畫其象於船頭)。

【鷁首：익수】익새의 모양을 뱃머리에 새긴 것。또는 그런 배。【淮南子】龍舟－－、浮吹以娛。

【鷂】㊀(요) 蕭 ヨウ、はしたか Asiatic sparrow hawk ㄧㄠ yao⁴ ㊁(요) 嘯

小篆 草書 ㊀장끼요(五色雉)。㊁새매요(隼也)。【唐書】藏－懷中。

【鷂坊：요방】唐代、閑廐師가 管理하던 五坊의 하나。狩獵에 쓰이는 새매를 飼養하는 곳。【唐書·百官志】閑廐使押五坊、以供時狩、云云、三日－－。

【鷂爲鸇：요위전】새매가 化하여 晨風이 됨。【列子·天瑞】鷂之爲鸇、云云。

【鷂子頭上安窠：요자두상안과】새매의 頭上에 둥지를 지음。(喩)極히 危險함。【通俗編·禽魚·鷂子頭上安巢】鷂子頭上爭敢安巢。

【鴳】(안) 諫 アン、うずら skylark ㄧㄢ yen⁴

草書 종달새안(鴽也)。【莊子】斥－。(『鷃』과 같음)

鷃(古今圖書集成)

【鷄】(계) 齊 ケイ、にわとり cock; hen ㄐㄧ chi¹

닭계(知時畜翰音有五德)。【易經】巽爲－。(『雞』와 같음)

【鷄姦 계간】남자끼리 性交하듯이 하는 짓。비역。男色。

【鷄距 계거】닭의 엄지 발톱。

【鷄犬：계견】닭과 개。

【鷄犬相聞：계견상문】닭이 울고 개가 짖는 소리가 여기저기에서 들림。(轉)人家에서 북적거리는 모양。【老子】鄰國相望、鷄犬之聲相聞。

【鷄犬聲：계견성】닭과 개의 울음소리。

【鷄膏：계고】닭고기로 고은 고음。

【鷄冠：계관】❶닭의 볏。【本草】－－花、以花狀命名。❷닭털로 짠 冠。【史記】子路冠雄雞。

【鷄冠石：계관석】(鑛)硫黃과 砒素와의 化合物로 된 광석。그림의 彩料나 爆竹의 재료로 씀。

【鷄冠花：계관화】(植)맨드라미 꽃。

【鷄口：계구】닭의 입。(轉)작은 단체의 우두머리。

【鷄灸：계구】닭을 구워서 만든 음식。

【鷄狗：계구】닭과 개。

【鷄口牛後：계구우후】소의 꼬리보다는 닭의 입이 되라는 뜻。(喩)큰 것의 꼴찌 됨 보다는 작은 것의 우두머리 됨이 오히려 나음을 가리키는 말。

【鷄群一鶴：계군일학】많은 닭 가운데 한 마리 학。(喩)많은 평범한 사람 가운데서 뛰어난 한 사람。鷄群孤鶴。【晋書】或謂王戎曰、昨於稠人中、始見嵇紹、昂昂然若野鶴之在鷄群。

【鷄內金：계내금】닭의 소화기 속에 있는 색이 누른 얇은 막。설사·학질·대하증·편도선염 따위에 약으로 쓰임。

【鷄尿草：계뇨초】(植)조팝나무。

【鷄蛋：계단】달걀。

【鷄毒：계독】毒藥의 이름。【淮南子】天下之物、莫凶于－－。

【鷄豚：계돈】❶닭과 돼지。【孟子】－－狗彘之畜。❷家畜의 總稱。

【鷄豚同社：계돈동사】같은 고향 사람끼리 계를 벌림。

【鷄頭實：계두실】(醫)가시연의 열매。가시연밥。한약으로 씀。芡實。

【鷄卵：계란】달걀。鷄子。【禮記】渾天形、如彈丸、地在其中、天包其外、猶如－白

之総黃。

【鷄卵有骨:계란유골】 《國》계란에도 뼈가 있음。《喩》복이 없는 사람은 아무리 좋은 기회를 만나도 덕을 못본다는 뜻。《故》李朝 初期의 大臣 黃喜가 집이 가난하므로 임금의 명령으로 하룻 동안 南大門으로 들어오는 商品은 다 黃喜의 집으로 보내라 했더니 마침 이 날은 종일토록 비가 와서 아무것도 들어오는 물건이 없다가 저녁 때에 달걀 한 꾸러미가 들어왔는데 달걀을 삶아 놓고 본즉 모두 곯아서 먹을 수가 없었다는 데서 나온 말。 곯았다는 「곯」音과 「骨」의 音이 비슷하므로 訛傳되어 鷄卵有骨이란 말로 轉用됨。『松南雜識』。

【鷄卵醬:계란장】 달걀이나 오리 알을 넣어 삭힌 간장。

【鷄卵主義:계란주의】 달걀의 형태처럼, 중류 계급이 가장 크고 건실하여야 한다는 治國上의 주의。

【鷄龍山:계룡산】 《地》忠淸南道 公州 東南 四里에 있는山。 높이는 八二八米。 李太祖가 처음 이산 아래에다 도읍하려 하던 곳。 新羅 無染禪師가 세웠다는 岬寺가 있고 이 밖에 東鶴寺·新元寺 등도 있음。

【鷄肋:계륵】 ❶연약한 뼈대。 ❷닭의 갈비는 먹을 나위는 없으나 버리기도 아깝다는 말。《喩》그다지 소용은 없으나 버리기는 아까운 事物을 가리키는 말。『後漢書』夫ㅣㅣ、食之則無所得。棄之則如可惜。 ❸자기의 論文集 등의 序文을 겸손히 일컫는 말。 「컬음。

【鷄林八道:계림팔도】 우리 나라를 일

【鷄盲:계맹】 밤소경。 直盲。 夜盲。『留靑日札』人目至晩不見者、曰ㅣㅣ。

【鷄鳴:계명】 닭의 울음。

【鷄鳴狗吠:계명구폐】 닭이 울고 개가 짖음。 鷄犬相聞。《喩》人家나 촌락이 잇[illegible]相聞、達於四境。

【鷄鳴聲:계명성】 닭의 울음 소리。

【鷄鳴酒:계명주】 하룻 밤에 만든 술。『食經』今日作、明日鷄鳴時熟、謂之——。

【鷄鳴之助:계명지조】 현숙한 王妃의 내조。

【鷄鳴丑時:계명축시】 닭우는 시간인 상오 한 시부터 세시 사이。

【鷄鶩:계목】 ❶닭과 집오리。 ❷평범한 사람。『王僧孺』寧能偶ㅣㅣ。

【鷄附膏:계부고】 《醫》북은 닭의 내장을 빼어 버리고 그 속에 附子를 넣어 고아 짠 보약。 「많아 거름으로 씀。

【鷄糞:계분】 닭의 똥。 질소·인산분이

【鷄舍:계사】 닭장。 닭의 집。

【鷄黍:계서】 닭을 잡아서 더운 국물을 만들고 기장밥을 지어 대접함。『論語』殺雞爲黍而食之。《轉》사람을 대접하는 일。

【鷄棲:계서】 닭의 둥어리。 鷄塒(계시)。

【鷄舌香:계설향】 《醫》丁香나무의 꽃봉오리를 말린 약재。 이앓이·체기 등에 쓰임。 「약재로 씀、

【鷄屎白:계시백】 《醫》닭똥의 흰 부분。

【鷄晨:계신】 닭이 날이 밝음을 알리는 울음 소리。 「草」鷄下脚指ㅣㅣ。

【鷄眼:계안】 《醫》鷄眼瘡의 略語。『本

【鷄眼瘡:계안창】 《醫》티눈。

【鷄眼草:계안초】 《植》매듭풀。

【鷄疫:계역】 닭의 전염병。

【鷄雍:계옹】 가시연밥。 가시연의 열매。 한약재료로 씀。『本草』芡實、一名ㅣㅣ。

【鷄肉:계육】 닭고기。 「ㅣ。 ❷병아리。

【鷄子:계자】 ❶달걀。『十八史略』食人ㅣ

【鷄子白:계자백】 달걀의 흰자。

【鷄皮鶴髮:계피학발】 살갗은 닭의 가죽처럼 야위고 머리칼은 학의 털처럼 흼。《喩》늙은 사람。『唐玄宗』刻木牽絲作老翁ㅣㅣ、與眞同。 「ㅣㅣ。

[illegible]

【鷄】(옹) 冬 ヨウ、せきれい wagtail
할미새옹(鶺鴒、ㅣ鶏)。

【鷅】(률) 質 リツ、うぐいす nightingale ㄌㄧˋ liⁱ
꾀꼬리률(黃鳥、鸜ㅣ)。『爾雅』鳥小美長醜爲ㅣ鸜。

【鷏】(전) 先 テン、かすい goatsucker
바림개비전(吐蚊鳥)。

【鷇】(구) 宥 コウ、ひな chicken ㄎㄡˋ k'ou⁴
小篆 草書 ❶새새끼구(鳥子)。 ❷병아리구(鷄 ❸먹일구(鳥子生哺曰ㅣ)。

【鷇卵:구란】 새 새끼와 새알。

【鷇食:구식】 새 새끼가 어미에게서 입으로 옮기는 모이를 받아 먹는 것。『莊子』夫聖人鶉居而ㅣㅣ。

【鷇音:구음】 사람의 是非가 뚜렷하지 못한 것。『莊子』其以爲有異於ㅣㅣ。

【鷈】(제) 齊 テイ、かいつぶり Chinese little grebe ㄊㄧˊ t'i²
小篆 되강오리제 비오리제(似鳧、鷿ㅣ)。『杜甫詩』銛鋒瑩鷿ㅣ。

【鷁】(역) 錫 ゲキ、しちめんちょう turkey ㄧˋ i⁴
草書 ❶역새역(綬鳥名、吐綬)。 ❷진주닭역、칠면조역(眞珠鷄)。

【鷆】(천) 先 セン、かも wild duck
물오리천(鴨也)。

【鴞】(교) 蕭 キョウ、ふくろう owl
올빼미 교(不孝鳥也)。

十一畫

【鷋】(도) 虞 ト、はと pigeon ㄊㄨˊ t'u²
비둘기도(鳥名、ㅣ鳩)。

【鷐】(신) 眞 シン、はやぶさ sparrow hawk
小篆 새매신(鸇也、ㅣ風)。『詩經』鴥彼晨風。(『晨』과 같음)

【鷢】(규) 支 キ、ほととぎす Cuculus, poliocephalus
접동새규(杜鵑)。

【鷹】(매) 灰 バイ、すずめ sparrow
참새매(痲雀)。

【鷸】(상) 陽 ショウ、とりのな single-legged bird
외발새상(一足鳥、ㅣ鵜)。『家語』ㅣ鵜舞則天下大雨。

【鷒】(단) 寒 タン、とり bird
까치같고꼬리짧은새단(如鵲短尾。 鸛ㅣ)。

【鷓】(자) 禡 シャ、しやこ pardridge
小篆 草書 자고새자(ㅣ鴣、隨陽鳥 越雉)。『古今註』ㅣ鴣向日而飛畏霜露早晩希出。

【鷓鴣:자고】 자고새。 中國의 南方產。 一名、越雉。

【鷓鴣天:자고천】 詩餘 歌曲의 이름。 詩譜中調에鷓鴣天이 있음。『馬臻·詩』春回首地、笛怨——。

鴣 鷓
(成集書圖今古)

【鷩】(민) 軫 ビン、みさご Chinese phoenix
[illegible]

참새구(鳥名、ㅡ雉)。

【鶞】(장) 冬 ショウ、ふふどり (古音「송」) cuckoo 뻐꾹새장(布穀、鸀ㅡ)。

【鷔】(오) 豪 ゴウ、とりのな bird ❶흉조이름오(不祥鳥)。【郭璞】鶌ㅡ鷗鴃。❷나는고기오(ㅡ魚、飛魚)。

【鷕】(요) 篠 ヨウ、イ、なく cluck ㄧㄠˇ yao³ 小篆 草書 암꿩우는소리요(雌雉鳴聲)。【詩經】有ㅡ雉鳴。

【鵪】(암) 覃 アン、うずら quail 메추리암(鳥名、ㅡ鶉)。

【鷖】(예) 齊 エイ、かもめ sea-gull ㄧ i' 小篆 草書 ❶갈매기예(鷗也)。❷수악새예(水鴞好浮)。【詩經】鳧ㅡ在涇。❸봉황예(鳳凰別名)。【楚辭】駟玉虬而乘ㅡ兮。

【鷖輅:예로】柩車를 말함。「ㅡ繄也。

【鷖彌:예미】嬰兒。【禮·雜記·注】嬰、ㅡ

【鷖總:예총】검푸른 色。비단의 青黑色。

【鷗】(구) 尤 オウ、かもめ(本音「우」) sea-gull 小篆 草書 갈매기구(似漚而白、鷖也)。【列子】海上之人有好漚鳥者。

【鷗鷺:구로】갈매기와 해오라비。【白居易】風靜下ㅡㅡ。

【鷗盟:구맹】❶隱居하여 갈매기와 벗이 됨。【黃庭堅·詩】❷俗世와 관계 없는 風流의 사귐。【朱熹】浩蕩ㅡㅡ久未寒。

[illegible]

◎白ㅡ。

【鸛】(난) 翰 ナン、くるしい difficult ㄋㄢˊ nan² ❶어려울난(難也)。❷애쓸난(務也)。

【鷘】(칙) 職 チョク、くいな ruddy crake 뜸부기칙、물닭칙(鸂ㅡ、水鳥)。

【鷙】(지) 寘 シ、チツ、あらどり Asiatic sparrow hawk 小篆 草書 ❶억셀지、날쌜지(鳥獸猛勇)。【禮記】鷹隼蚤ㅡ。❷새매지(鷹鸇之類)。【楚辭】ㅡ鳥之不羣兮。

【鷙强:지강】횡포하고 굳셈。【後漢書】吳公ㅡㅡ、實爲龍驤。

【鷙戾:지려】몹시 거칠고 사나와 道에 어긋남。【十道志】渤海風俗ㅡㅡ。

【鷙勇:지용】횡포하고 억셈。猛勇。【魏志】射虎、應聲而倒、太祖壯其ㅡㅡ。

【鷙鳥:지조】몹시 사나운 새。鷙禽。【李華】ㅡㅡ休巢。「鷹ㅡㅡ何由逐。

【鷙隼:지준】억센 송골매。【劉孝威】猜

【鷙蟲:지충】억세고 사나운 짐승이나 새。【禮記】ㅡㅡ攫搏。【註】ㅡㅡ、猛鳥猛獸也。

【鷙悍:지한】횡포하고 억셈。【宋書】羌人ㅡㅡ、但覊縻而已。

【鷚】(류) 宥 リュウ、ひばり skylark ㄌㄧㄡˋ liu⁴ 小篆 ❶종달새류(大鷚)。❷꿩새끼류(雉子)。

【鷞】㊀(상) 陽 ㊁(상) 養 ソウ、たか goshawk ㄕㄨㄤ shuang¹ 小篆 草書 ㊁숙상새상(鷫ㅡ、西方神鳥皮可爲裘)。【史記】司馬

鷹也)。【左傳註】爽鳩氏少皥司寇。

【鷞鳩:상구】❶새 이름。매。【注】鶆、當爲鷞、字之誤耳。左傳作ㅡㅡ、是也。❷官名。小皥氏 설치함。司寇의 職임。또、爽鳩라고도 함。【唐律·名例】ㅡㅡ、筮賓於小皥。

【鷜】(루) 尤 ロウ、がん wild goose ㄌㄡˊ lou² 들거위루(野鵝)。

【鷟】(작) 覺 サク、ゾク、ほうおう(古音「착」) phoenix ㄓㄨㄛˊ chuo² 草書 봉새작(鸑ㅡ、鳳屬)。【陸機賦】鳴岐陽之鸑ㅡ。

十二畫

【鷡】(무) 虞 ブ、ひばり skylark 종달새무(鷚也)。

【䳾】(등) 蒸 トウ、くいな ruddy crake 뜸부기등(ㅡ鷄)。

【鷢】(궐) 月 ケツ、とりのな woodpecker ㄐㄩㄝˊ chüeh² 小篆 조고리궐(似鷹、白ㅡ)。【韓愈詩】飄然逐鷹ㅡ。

【鷣】(음) 侵 イン、はしたか Asiatic sparrow hawk 草書 새매음(鷂之別名)。

【鷧】(의) 寘 ギ、うのとり cormorant 小篆 더펄새의(鸕鷧)。

【鵨】(서) 魚 ショ、あひる goose 거위서(似鳧、ㅡ鴈)。【爾雅】ㅡ鴈鵝也。

【鷤】㊁(제) 齊 ほととぎす cuckoo ㊀꿩새끼단(雉子)。㊁접동새제(子規ㅡ鴂)。

【鷥】(사) 支 シ、サ、しらさぎ snowy heron ㄙ ssŭ¹ ❶해오라기사(鳥名、鷺ㅡ)。【爾雅註】白鷺緣俗稱鷺ㅡ。❷띠술사(帶絲)。

【鷦】(초) 蕭 ショウ、みそさざい crow tit ㄐㄧㄠ chiao¹ 小篆 草書 ❶뱁새초(ㅡ鷯、桃蟲)。【詩經】肇允彼桃蟲。❷초명새초(ㅡ鵬、南方神鳥)。

【鷦鷯:초료】《動》뱁새。巧婦鳥。

鷦鷯 (古今圖書集成)

【鷦學觀脛欲斷:초학관경욕단】《國》뱁새가 황새를 따라가다 가랑이가 찢어짐。《喩》자기의 형편은 생각지 않고、자기보다 잘사는 사람의 행세를 따르려다가는 따라가지도 못하고、도리어 망신한다는 뜻。【靑莊館全書】。

【鸓】(류)『鶹』(鳥部10畫)의 本字

【鷨】(화) 麻 カ、ふふどり cuckoo 뻐꾸기화(鳲鳩)。

【鷭】(번) 元 バン、ばん bird 草書 새이름번(鳥名、黑色短尾)。

【鷩】(별) 屑 ヘツ、きんけいちょう reddish pheasnat
小篆 草書 붉은꿩별(赤雉)。【周禮】王饗先公饗射則ー冕。
【鷩冕:별면】옛날、天子가 입던 祭禮服의 한 가지。꿩을그렸음。

鷩冕(三才圖會)

【鷩衣:별의】꿩을 그린 옷。天子가 饗射 때 입음。『隋書·禮儀志』受獻繭則服ーー。

【鷫】(숙) 屋 シュク、しゅくそう bird ㄙㄨˋ su⁴
小篆(司馬相如說) 草書 숙상새숙(ー鷞、神鳥)。【西京雜記】司馬相如以ー鷞裘貰酒。
【鷫鷞:숙상】❶神鳥。鳳凰의 屬。❷기러기 屬。
【鷫鸘:숙상】❶西方의 神鳥。❷기러기와 비슷한 長頸綠身의 새。=鷫鷞。

鷫鷞(三才圖會)

【鷬】(황) 陽 コウ、うぐいす nightingale 꾀꼬리황(黃鳥)。
【鶀】(기) 支 キ、みみずく owl 부엉이기(鵂鶹)。
【鷰】(연) 霰 エン、つばめ swallow ㄧㄢˋ yen⁴ ❶제비연(玄鳥)。【詩經】天命玄鳥。❷씨름연(角觝戲、ー濯)。
【鷯】(료) 蕭 リョウ、みそさざい crow tit 小篆 草書 뱁새료(鷦ー、挑蟲在葦微小於黃雀其雛化而爲鵰故俗謂鷯ー生鵰。

【鷮】(교) 蕭 キョウ、おおやまどり pheasnat ㄐㄧㄠ chiao¹ 小篆 草書 꿩교(長尾雉)。【詩經】有集維ー。
【鷮息:교식】옛날 道士의 導引法의 하나。【後漢書】冷壽光年可百五六十歲、中略、常屈頸、ーー。
【鷱】(고) 豪 コ、はと ground dove 작은비둘기고(小鳩、ー鵙)。
【鷱其:고기】비둘기의 一種。
【鷱䳏:고랑】비둘기의 一種。
【鷱鴡:고저】새 이름。
【鷲】(취) 宥 シュウ、わし vulture; eagle ㄐㄧㄡˋ chiu⁴ (本音「츄」) 小篆 草書 독수리취(鵰類黑色多力)。
【鷴】(한) 刪 カン、しらきじ stork ㄒㄧㄢˊ hsien² 小篆 草書 황새한(白ー、似雉)。【本草】行止間暇故曰ー。
【鷳】(한)『鷴』(前條)의 俗字
【鷥】(사) 支 シ、かもめ raven 갈가마귀사(鴉也)。
【鷸】(휼) 質 イツ、しぎ stork ㄩˋ yü⁴ (古音「율」) 小篆 或體 草書 ❶암비취휼、황새휼(翠ー、知雨翠鳥)。❷맞버틸휼(相持

❶鷸(古今圖書集成)

❸훌쩍날휼(ー如疾飛貌)。【海賦】ー如驚鳧之失侶。
【鷸冠:휼관】물총새의 깃털로 만든 冠。
【鷸蚌相持:휼방상지】황새와 조개와의 싸움。《喩》第三者에게 이익을 빼앗김。『戰國策·燕策』鷸蚌之爭漁夫之利。
【鸈】(거) 魚 キョ、せきれい wagtail 小篆 할미새거(鶺鴒、雝ー)。
【鷻】(단) 寒 タン、トン、わし eagle ❶수리단(鵰也)。❷솔개단(鳶別名)。【詩經】匪ー匪鳶。
【鷺】(로) 遇 ロ、しらさぎ egret ㄌㄨˋ lu⁴ 小篆 草書 ❶백로로、해오라기로(ー鷥、水鳥頭毛如絲一名舂鋤)。❷따오기로(朱ー)。❸곡조이름로(曲名、朱ー)。
【鷺鷥:노사】《動》해오라기。『林通』蒼茫沙嘴ーー眠、片水無痕浸碧天ーー。
【鷺鷥藤:노사등】《植》겨우살이 덩굴。
【鷺序:노서】朝廷에 두는 役人의 차례。『白帖』鳩儀ーー。
【鷺汀:노정】해오라기가 서 있는 물가。『釋德祥』人來白ーー。◎白ー。

十三畫

【鷹】(응) 蒸 ヨウ、オウ、たか hawk; eagle 小篆 籒文 草書 매응(角ー 鷙鳥强如鷲而善捕雉類者征鳥題肩爽鳩)。【禮記】季秋ー乃祭鳥。
【鷹擊:응격】백성을 다스리는 데 혹독

【鷹犬:응견】❶사냥하는 매와 개。❷走狗。『後漢書』觀ーー之執、極槃遊之荒。❸쓸모 있고、재능 있는 사람의 비유。
【鷹視:응시】매와 같이 눈을 부릅뜨고 봄。『五代史』秦王從榮、輕雋而ーー。
【鷹屎白:응시백】《醫》어루러기에 약으로 쓰는 매똥의 흰 부분。
【鷹揚:응양】❶매가 하늘 높이 날아 오르듯이 武勇을 떨치는 것。❷文學 같은 것으로 一世에 이름을 떨침。『隋書』ーー河朔、獨步漢南。
【鷹觜:응자】茶의 異名。鷹爪『劉禹錫』自傍芳叢摘ーー。
【鷹鸇志:응전지】매나 송골매가 참새를 잡는 것처럼 猛威를 떨치는 志氣。『後漢書』得無少ーー邪。
【鷹爪:응조】❶매 발톱。❷매 발톱 모양을 한 上等의 茶。『楊萬里』半甌ーー中秋近。
【鷹隼:응준】❶매와 송골매。『漢書』立秋而ーー擊、秋分而微霜降。❷筆力이 능함의 형용。
【鷹化爲鳩:응화위구】仲春의 季節。『禮記·月令』始雨水、桃始華、倉庚鳴、——。
【鷽】(학) 覺 カク、うそ bullfinch 小篆 或體 草書 ❶발의새학(小鳩)。❷산까치학(山鵲)。
【鷽鳩:학구】《動》작은 비둘기。小鳩。《喩》小人。
【鷽鳩笑鵬:학구소붕】작은 비둘기가 봉새를 비웃고 조롱함。《喩》작은 것은 큰 것의 일을 알지 못함。또는 비천한 사람

❷鷽(三才圖會)

【鸗】(농) 冬 wild goose
기러기농(鴻也)。

【鷾】(의) 寘 イ、つばめ swallow
鷾(草書) 제비의(一鴯、燕也)。【莊子】鳥莫智於一鴯。

【鷾鴯巾:의이건】 제비 모습의 巾。【劉敞·公是集】一一詩自注、余率意作之、以便當暑、其形製如燕也。

【鷶】(가) 禡 カ、たか hawk
매가(鷹也)。

【巂鳥】(규) 支 キ、ほととぎす Cuculus poliocephalus
접동새규(子規)。

【鸊】(벽) 陌 ヘキ、かいつぶり goosander ㄆㄧ p'i⁴
鸊(小篆) 鸊(草書) 되강오리벽、비오리벽(似鳧、一鷉)。

【鸊鷉:벽제】《動》되강오리。농병아리。교묘하게 游泳하며 물속에 潛沒함。

【鸊鶙:벽제】 물새 이름。=鸊鷉。【望·鸊鶙賦】惟一一之小鳥、託川湖以繁育。

【鸀】(촉) 沃 ショク、とりのな wood crow
산까마귀촉(山烏)。

鸀鳥(山海經圖)

【鸁】(라) 歌 ラ、のがも dabchick
되강오리라(鸊鷉)。

【鸃】(의) 支 ギ、きんけいちょう phoenix
鸃(小篆) 鸃(草書) ❶봉황새의(鳳屬、似山雞而小)。❷관이름의

【鸂】(계) 齊 ケイ、おしどり Siberian ruddy crake
鸂(草書) 뜸부기계(水鳥、一鶒)。【杜甫詩】一雙一鶒對沈浮。

鸂 鶒(三才圖會)

【鸂鶒:계칙】 물새 이름。원앙새。

【鸂鷘:계칙】 물새 이름。紫鴛鴦。【左思·吳都賦】一一鵁鶄。

【鸆】(서) 魚 ショ、しらさぎ snowy heron
백로서(白鷺、鶋一)。

【䴉】(환) 刪 ケン、めぐりとぶ flutter
훨훨날환(飛貌)。【法言】朱鳥一一歸其肆矣。

【䴉目:환목】 새 이름。

【鸅】(택) 陌 タク、がらんちょう pelican
사다새택(淘河、一鸆)。

【鸆】(우) 虞 グ、がらんちょう pelican
사다새우(淘河、鸅一)。

【鸇】(전) 先 セン、はやぶさ Asiatic sparrow hawk ㄓㄢ chan¹
鸇(小篆) 鸇(或體) 鸇(草書) 새매전、구진매전(鷂鳥、一名晨風鴿屬)。【左傳】鷹一之逐鳥雀。

【鸇視:전시】 새매처럼 봄。《喩》貪欲。【陳琳】其餘鋒悍特起、一一狼顧、爭爲梟雄者、不可勝數。

鸇(三才圖會)

【鸇雀:전작】 새매와 참새。《喩》好惡한 것을 誅戮함。如鷹鸇之逐鳥雀也。

【鷇】㊀(구) 宥 ㊁(곡) 屋 ク、たまご bird's egg
㊀새알구(鳥卵)。㊁알깔곡(孵化)。

十四畫

【鸋】(녕) 青 ネイ、デイ、ふくろう scops owl
❶부엉이녕(鴟梟、一鴂)。❷종달새새끼녕(鷚子)。

【鸋鴂:영결】 올빼미。《喩》많은 欲心스러운 사람을 가리키킴。

【鸍】㊀(시) 支 ㊁(미) 支 シ、とりのな bird ㄕ shih¹
㊀집새시(鳲鳥)。㊁뜻은 ㊀과 같음。

【鸎】(앵) 庚 オウ、うぐいす nightingale ㄧㄥ ying¹
鸎(草書) 꾀꼬리앵(黃鸝)。(『鶯』과 같음) 【禽經】一鳴嚶嚶。

【鸎桃:앵도】 果樹의 이름。鶯鳥가 먹는 까닭임。櫻桃의 異名。

【鸎鳴:앵명】 꾀꼬리 울음 소리。

【鸎巢:앵소】 꾀꼬리의 새집。鸎은 鶯。

【監鳥】(람) 覃 ラン、ふふどり cuckoo
뻐꾹새람(郭公一鸗)。

【鸏】(몽) 東 モウ、みずどり pigeon
鸏(小篆) ❶뜻은『鶲』에 보라。❷비둘기몽(鳩屬)。

【鸏鶇:몽동】 새 이름。=鸏鶇。

【壽鳥】(주) 尤 チュウ、きじ pheasant
꿩주(南方雉)。

【鸐】㊀(적) 錫 ㊁(탁) 覺 テキ、タク、やまどり pheasant ㄉㄧ ti²
㊀꿩적(雉也)。㊁뜻은 ㊀과 같음。

【鸑】(악) 覺 ガク、ほうおう phoenix ㄩㄝ yüeh⁴
鸑(小篆) 鸑(草書) 봉새악(一鷟、鳳屬神鳥)。【周語】周之興也一鷟鳴於岐山。

【鸑鷟:악작】 神鳥의 이름。

鸑 鷟(三才圖會)

【鸒】(여) 魚 御 ヨ、やまがらす jackdaw ㄩ yü⁴
鸒(小篆) 鸒(草書) 갈가마귀여(烏也、小而多羣腹下白)。【詩經】弁飛一斯。

十五畫

【鷚】(류) 尤 リョウ、あひるのたまご egg
물오리의 알류(鶩卵)。

【鸔】(복) 屋 ホク、みずどり water bird ㄅㄛ po²
鸔(小篆) 물새복(水鳥、烏一)。

【鸓】(류) 紙 リュウ、むささび flying squirrel
鸓(小篆) 鸓(補文) 나는다람쥐류(鼯鼠)。

【鸓鼠:유서】 짐승 이름。鼯鼠와 비슷하며 몸집이 약간 적고、등은 暗褐色。다람

쥐。『皮日休』ㅣㅣ啼書戶、蝸牛上硯臺。

【⿰巀鳥】 小篆 (절) 屑 セツ、にわとり bantam
당닭절(小鷄)。

【⿰蔑鳥】 (멸) 屑 ヘツ、みそさざい wren
뱁새멸(鷦⿰蔑鳥)。

【⿰巤鳥】 (랍) 合 ロウ、とびたつ fly past
파뜩파뜩날랍(飛起貌、ㅣ鶏)。

十六畫

【鸕】 (로) 虞 ロ、リョ、しまつどり cormorant
小篆 草書 가마오지로、더펄새로(ㅣ鷀、水鳥)。

鸕鷀 (會圖才三)

【鸕鷀:노자】《動》가마우지과에 속하는 새의 이름。

【鸕鷀瘟:노자온】《制》大頭瘟의 한 가지。

【⿰郭鳥】 (곽) 藥 カク、ふふどり cuckoo
뻐꾸기곽(ㅣ公、郭公)。

【鸖】 (학)『鶴』(鳥部 10畫)과 같음

【鸗】 (롱) 東 董 ロウ、ふくろう bird
농새롱(梟屬、小鴨)。

十七畫

【鸚】 (앵) 庚 オウ、おうむ parrot ㄧㄥ ying¹
小篆 草書 앵무새앵(ㅣ鵡、隴客南越能言鳥)。【漢書】武帝

【鸚哥:앵가】《動》앵무새。

【鸚哥綠:앵가록】葱翠青。

【鸚母:앵모】=鸚鵡。

【鸚鵡:앵무】《動》앵무새。교묘하게 사람 말을 흉내냄。『禮記』ㅣㅣ能言、不離飛鳥、猩猩能言、不離禽獸。

【鸚鵡石:앵무석】《鑛》공작석의 한가지。

【鸚鵡貝:앵무패】《動》앵무패과에 딸린 조개의 하나。

【鸘】 (상)『鷞』(鳥部 11畫)과 같음

【鸙】 (약) 藥 ヤク、ひばり skylark ㄩㄝ yüeh⁴
종달새약(鷚也、天ㅣ)。

十八畫

【⿰巂鳥】 (휴) 齊 ケイ、ほととぎす Cuculus poliocephalus
접동새휴、두견새휴(子ㅣ、杜鵑)。

【鸛】 (관) 翰 カン、こうのとり stork ㄍㄨㄢ kuan⁴
草書 황새관(水鳥似鵠)。【詩經】ㅣ鳴于垤。

(會圖才三)鸛

【鸛鵲樓:관작루】《地》山西省 蒲州府 永濟縣에 있던 樓의 이름。觀雀樓라고도 씀。『王之渙·登鸛鵲樓』。

【鸛鳥:관조】《動》황새。

【鸜】 (구) 虞 ク、ははっちょう bird ㄑㄩ ch'ü²
草書 구욕새구(ㅣ鵒鳥名)。【春秋】ㅣ鵒來巢。(『鴝』와 같음)

【鸜鵒艮·구욕간】鸜鵒은 北方의 새로서

【鸜鵒入處:구욕입처】鸜鵒은 北方의 새로 南의 濟水를 넘어서지 않는데、魯의 땅에 들어가 둥이를 만들어 삶。《喩》異變이 있을 前兆。『史記·魯周公世家』。

十九畫

【鸝】 ㊀(리) 支 リ、レイ、うぐいす nightingale ㄌㄧ li² ㊁(려) 齊
草書 ㊀꾀꼬리리(倉庚黃鳥)。【王維詩】陰陰夏木囀黃ㅣ。㊁뜻은 ㊀과 같음。

【鸝鶊:여경】꾀꼬리의 異名。

【鸝黃:여황】새 이름。우리 나라 꾀꼬리。黃鶯。

【鸝鷬:여황】새 이름。=鸝黃。

【鸞】 (란) 寒 ラン、ほうおう phoenix ㄌㄨㄢ luan²
小篆 草書 ❶난새란(神鳥鳳凰之佐鷄身赤毛色備 五彩鳴中五音)。【山海經】ㅣ見則天下安寧。❷수레에 단 방울란(ㅣ鈴)。【詩經】和ㅣ雝雝。❸칼방울란(ㅣ刀)。【詩經】執其ㅣ刀。

【鸞駕:난가】=鸞車。『李庾』ㅣㅣ鶴車、往來於中天。

【鸞車:난거】❶舜임금의 乘車。❷임금의 御車。鸞路。鸞輅。鸞輿。鸞軫。『元萬頃』ㅣㅣ避日轉丹闈。

【鸞鏡:난경】등에 鸞鳥를 새긴 거울。『駱賓王』龍去去無消息ㅣㅣ朝朝減容色。

【鸞旗:난기】임금의 御旗。鸞鈴을 달아 꾸민 旗。鸞旌。『漢書』ㅣㅣ在前、屬車在後。

鸞旗 (會圖才三)

褒假ㅣㅣ。

【鸞鈴:난령】임금이 탄 수레에 달린 방울。『王融』楚望傾澠滌、日館仰ㅣㅣ。

【鸞鷺:난로】貴人·顯官의 훌륭한 威儀의 비유。『柳宗元』企ㅣㅣ於紫霄、獨無羽翼。

【鸞鳳:난봉】❶神鳴의 이름。《喩》有德한 賢人·君子。『李白』皎皎ㅣㅣ姿。❷뜻이 같은 벗。❸夫婦의 情의 비유。

【鸞輿:난여】=鸞車②。『班固』乘ㅣㅣ備法駕。

【鸞殿:난전】임금의 御殿。『李懷遠』舞曲依ㅣㅣ、簫聲下鳳樓。

【鸞和:난화】임금의 馬車에 다는 黃金製의 방울。『周禮』以ㅣㅣ爲節。

二十三畫

【⿰疊鳥】 (접) 葉 チョウ、とりのな bird
새이름접(鳥名、兩頭四足)。

⿰疊鳥鳥 (會圖才三)

鹵 部

【鹵】 (로) 麌 ロ、しおつち salt field ㄌㄨ lu³
小篆 草書 ❶염밭로(西方鹽地)。❷거칠로(ㅣ莽輕脫苟且)。【莊子】耕之ㅣ莽。❸개펄로、황무지로(斥ㅣ地不生物)。【道樞】鼎ㅣ天地之象。❹의장로(ㅣ簿、天子 儀衛)。❺훔칠로(ㅣ掠)。

【鹵掠:노략】財物을 약탈함。掠奪。『漢

【鹵莽:노망】 경솔하고 注意가 부족함. 일이 거치르고 서투름. 『莊子』君爲政焉勿ㅡㅡ, 治民焉勿滅裂.
【鹵田:노전】 鹽分이 있는 메마른 땅. 『蔡邕』蠲之ㅡㅡ, 化爲甘壤.
【鹵獲:노획】 전쟁에서 적의 물품을 얻음. 또는 그 물건.

四 畫

【鹵亢】(강) 養 コウ、しおさわ saltern
염전강(鹽澤).

【鹶】(긍) 蒸 キョウ、にがい salty and bitter
짜고쓸긍(鹹苦).

五 畫

【鹵占】(참) 陷 タン、しおからい salty
짤참(鹹也).

【鹵弘】(긍) 蒸 キョウ、おおきい large
클긍(大也).

八 畫

【鹵臽】(감) 陷 カン、しおけ salty taste
짠맛감(鹹味).

【鹵炎】(담) 勘 タン、うすい (be) not salted enough
싱거울담(無味).

【鹵皿】(염)『鹽』(13畫)과 같음

九 畫

【鹹】(함) 咸 カン、しおけ salty ㄒㄧㄢ hsien² 小篆 草書 짤함(鹽味). 『書經』潤下作ㅡ.

【鹹苦:함고】 짜고 씀. 『魏志』廣武井水ㅡㅡ.
【鹹味:함미】 짠 맛.
【鹹潟:함석】 鹽分이 있는 干瀉地. 『周禮』凡糞種, ㅡㅡ用貆.
【鹹水:함수】 ❶바닷물 같이 짠 물. ❷「바닷 물」.
【鹹水魚:함수어】 짠물고기. ↔淡水魚. 『曹植』ㅡㅡ, 不游於江.
【鹹水湖:함수호】 (地)물맛이 짠 호수. 흔히 內陸湖의 건조한 곳에 있으며, 물이 나가는 데가 없음. 이스라엘의 死海 따위. 鹽湖. ↔淡水湖.
【鹹土:함토】 鹽分이 섞인 흙. 鹹壤. 鹹地. 『後漢書』地有ㅡㅡ.

【鹵奏】(주) 宥 シュウ、しお salt
소금주(鹽也).

【鹵甚】(감) 勘 カン、しおからい salty
짤감(鹹也).

十 畫

【鹵古皿】(고) 麌 コ、しお salt
소금고(鹽也).

【鹺】(차) 歌 サ、しおからい salty ㄘㄨㄛ ts'uo² 小篆 草書 짤차(大鹹鹽味之厚). 『禮記』鹽曰鹹ㅡ.

【鹻】(감) 嫌 カン、こりしお coagulation of salt
소금버캐감(ㅡ之凝井, 鹹也).
【鹻蓬:감봉】 濕草의 이름.
【鹻鹽:감염】 食鹽의 一種. 소금버케.
【鹻土:감토】 鹽分을 含有한 土地.

十二畫

【鹵敢】(감) 感 カン、しおからい too salty
맛이 아주짤감(味太鹹).

【鹵最】(취) 卦 サイ、しょうゆ soy
❶장취(醬也). ❷소금취(鹽也).

十三畫

【鹼】 ㊀(검) 鹽 ケン、カン、しおみず salt water
㊁(감) 嫌 ㄐㄧㄢ chien³
小篆 草書 ㊀❶소금물검(鹽分). ❷잿물검(灰濾水). ❸비누검(汚垢洗料). (「감·첨」 或音) ㊁뜻은 ㊀과 같음.
【鹼化:검화】 (化)脂肪을 알칼리로 분해하여 비누와 글리세린이 되게 함.

【鹽】 ㊀(염) 鹽 エン、しお salt
㊁(염) 豔
小篆 草書 ㊀❶소금염(煮海爲ㅡ). 『周禮』ㅡ人掌ㅡ之政. ❷자반염, 절일염(ㅡ魚肉). ㊁후렴염(歌曲別名). 『古樂府』有昔昔ㅡ神雀ㅡ黃帝ㅡ.
【鹽干:염간】 (制)염전에서 소금을 만들던 사람. 身良役賤. 곧 身分은 良이었으나 役은 천하였음.
【鹽薑水:염강수】 (醫)강즙에 소금을 넣고 끓인 물. 약으로 씀.
【鹽氣:염기】 염분이 섞인 습기.
【鹽基:염기】 (化)酸을 中和하여 염이 생기게 하는 水酸化物.
【鹽難水:염난수】 (歷)鴨綠江의 옛 이름.
【鹽大口 염대구】 소금에 절여 말린 대구어.
【鹽類:염류】 鹽分이 있는 여러 가지의 종류.
【鹽幕:염막】 소금을 만드는 곳.
【鹽梅:염매】 ❶소금과 매실의 신맛. ❷잘 調和되는 것. ❸料理의 맛. 또는 몸의 건강 상태. ❹臣下가 君主를 도와서 善政을 베풀게 하는 것. 按排. 『書經』若作和羹, 爾惟ㅡㅡ. ❺(植)白梅.
【鹽民魚:염민어】 (動)암치.
【鹽飯:염반】 (國)찬 없는 밥을 두고 하는 말. 소금밥.
【鹽釜:염부】 바닷물을 조리어 소금을 만들 때에 쓰는 큰 가마. 鹽盆.
【鹽分:염분】 소금기. 짠 맛.
【鹽酸:염산】 (化)藥品의 하나. 鹽化水素의 水溶液.
【鹽商:염상】 ❶소금 장사. ❷소금 장수.
【鹽生植物:염생식물】 (植)바닷가·鹽湖岸·바닷속·鹽湖 따위의 소금기가 많은 땅에 잘 자라는 식물. 乾性的 특징을 갖추고 있으며, 세포속에는 食鹽이 많이 들어 있음. 갯쑥·개메꽃·홍두깨나물따위.
【鹽稅:염세】 소금을 만드는 사람에게서 받는 세금. 鹽賦. 『後漢書』求假ㅡㅡ.
【鹽素:염소】 (化)공기보다 무거우며 특이하고 강한 냄새가 있는 綠黃色의 기체 원소의 하나. 酸化劑·漂白劑 및 殺菌劑 등에 씀.
【鹽水:염수】 소금기가 있는 물. 소금을 탄 물.
【鹽水選:염수선】 소금물에 곡식의 씨를 넣어 뜨는 것은 버리고 가라앉는 것을 쓰는 종자 선택 방법의 하나.
【鹽水炒:염수초】 (醫)소금물에 약재를 담갔다가 볶는 일.
【鹽豉:염시】 청국메주. 된장. 『史記』麴ㅡㅡ千荅.
【鹽淹:염엄】 채소나 고기를 소금에 절

十四畫

【鹵齊】(제) 霽 セイ、しおからい salty
맛이 짤제, 짠맛제(鹹也).

【鹵翟】(적) 錫 テキ、しおからい salty
❶짤적(鹹也). ❷맛없을적(無味).

鹿 部

【鹿】(록) 屋 ロク、しか deer ㄌㄨˋ lu⁴
小篆 草書 ❶사슴록(麕屬仙獸)。❷모진 곳집록(積穀所圓曰囷方曰－)。【吳語】囷－空虛。❸작은수레록(－車、小車)。【風俗通】－車纔容一－。❹술그릇록(酒器)。【孔廟禮器碑】有雷洗觴觚爵－柤梪。❺녹록할록(－－)。❻칼이름록(劍名、獨－)。

【鹿角:녹각】❶사슴의 뿔。【禮記】仲夏之月、－－解、蟬始鳴。❷사슴의 뿔과 같이 대나 나무를 짜서 세워 적의 침입을 막는 물건。

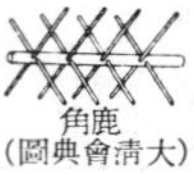
角鹿
(大淸會典圖)

【鹿角膠:녹각교】(醫)사슴 뿔을 고아서 풀처럼 만든 약。補血·止血·安胎에 효험이 있으며 腰痛·痲疾·帶下에도 씀。
【鹿角霜:녹각상】(醫)사슴의 뿔을 고아서 말려 만든 가루로 된 보약。
【鹿角菜:녹각채】＝靑角菜。
【鹿羹:녹갱】사슴의 고기를 넣고 끓인 국。

鹿角菜
(三才圖會)

【鹿骨膏:녹골고】(醫)보약으로 쓰는 사슴뼈 고음。
【鹿裘:녹구】사슴의 가죽으로 만든 옷。【史記】夏日葛衣、冬日－－。
【鹿囊:녹낭】사슴의 불알。
【鹿頭酒:녹두주】사슴의 머리를 삶아서 익히어 짓찧어 즙을 낸 물에 담근 술。虛勞症·消陽症·夜夢鬼神症에 효험이 있으며 精氣를 도움。
【鹿獵:녹렵】사슴 사냥。
【鹿梨:녹리】(植)산돌배。
【鹿鳴:녹명】詩經 小雅의 篇名。群臣이나 賓客을 주선하는 宴會 때의 詩。
【鹿尾菜:녹미채】(植)海草의 하나。돗나물。
【鹿豕:녹시】사슴과 돼지。【孟子】舜之居深山之中、與木石居、與－－遊。
【鹿柴:녹시】❶가시 울타리。鹿寨。❷사슴을 먹이는 곳。【王維·鹿柴詩】。❸唐의 詩人 王維가 지은 유명한 詩의 이름。空山不見人、但聞人語響、返景入深林、復照靑苔上。
【鹿腎:녹신】사슴의 자지。陽氣를 돕는 「데 먹음。
【鹿茸:녹용】(醫)사슴의 새로 돋은 연한 뿔。피를 돕고 심장을 강하게 하는 힘이 있어 보약으로 귀하게 씀。
【鹿茸人蔘:녹용인삼】(醫)약으로 쓰는 녹용과 인삼。
【鹿苑:녹원】❶사슴을 기르는 동산。【左傳·註】築牆爲－－。❷(佛)鹿野苑의 略語。釋迦가 처음으로 說法한 곳。
【鹿中:녹중】옛 禮射 때 산가지를 넣던 道具。

鹿中 (三禮圖)

【鹿寨:녹채】＝鹿柴②。
【鹿葱:녹총】(植)원추리。
【鹿牌:녹패】녹을 받는 사람에게 증거로 주던 표。종이로 만들었음。
【鹿鞭:녹편】사슴의 자지 심줄。
【鹿皮:녹피⇩녹비】사슴 가죽。【儀禮·註】儷皮、兩－－也。
◎馬－、馴－、麀－、逐－。

【麀】(우) 尤 ユウ、めじか female deer ㄧㄡ yu¹
小篆 或體 草書 암사슴우(牝鹿)。【詩經】－鹿麌麌。

【麂】(궤) 紙 キ、おおのろ elk ㄐㄧˇ chi³
草書 큰고라니궤(大麇狗足似鹿)。【本草】麞屬兩邊有長牙喜鬪。

麂
(古今圖書集成)

【麂鹿:궤록】짐승 이름。큰 고라니。
【麂目:궤목】果實 이름。【本草·麂目】釋名、鬼目、云云、此出嶺南、狀如－－故名。

【䴡】(궤)『麂』(前條)와 같음

【麁】(추)『麤』(鹿部 22畫)와 같음

三畫

【䴟】(사) 紙 シ、しか deer
두살된사슴사(鹿二歲)。

四畫

【䴠】(오) 皓 オウ、ヨウ、なれしか elk
草書 고라니새끼오(麋子)。

【麃】㊀(표) 蕭 ㊁(포) 肴 ヒョウ、おおしか roe deer ㄅㄧㄠ piao¹
小篆 草書 ㊀위엄스러울표(武貌)。【詩經】駟介－－。㊁노루포(麞屬)。【史記】獲一角獸若－然。

【麅】(포) 肴 ホウ、しか elk
고라니포(鹿屬)。
【麅鹿賞:포록상】淸代、每年 十二月에 王이 大臣 등의 三品 以上된 者에게 賞賜하는 賞與를 말함。

【麆】㊀(조) 御 ㊁(조) 魚 ショ、こじか young deer ㄓㄨˋ chu⁴
㊀노루새끼조(麛子)。㊁어린아이조(小兒)。
【麆沆:조항】馬挏을 말함。蒙古時代、蒙古人이 만든 술의 하나로 말의 젖으로 製造함。

【麇】㊀(균) 眞 ㊁(군) 文 ㊂(군) 吻 キン、クン、のろ elk ㄐㄩㄣ chün¹
小篆 籀文 草書 ㊀❶보노루균(麞也)。【左傳】逢澤有介－。㊁❶㊀과 뜻이 같음。❷무리군(羣也)。㊂묶을군(束縛)。【左傳】求諸侯而－至。【左傳】羅無勇－之。

麇
(古今圖書集成)

【麇至:군지】무리를 지어 다다름。群至。

【麚】(가) 麻 カ、あじか stag
수사슴가(牡鹿)。【文木賦】－宗驥旅。

【麈】(주) 麌 シュ、おおしか deer ㄓㄨˇ chu³
小篆 草書 사슴주(麋屬尾能辟塵)。【名苑】鹿大者曰－羣鹿隨之視－尾所轉而往古之談者揮焉。

麈
(古今圖書集成)

【麈談·주담】총채를 손에 들고 이야기

【麈尾：주미】 禪僧이 談話할 때 손에 들고 흔드는 물건。 拂子。 총채。 『晉書』唯談老莊爲事、每捉玉柄一一。

【麔】(본) 阮 ホン、めじか hind
암사슴본(牝鹿)。

六 畫

【麉】(견) 先 ケン、しか strong deer
小篆 힘센사슴견(鹿之絕有力者)。『爾雅』鹿其迹速絕有力一速迹名。

【麂】(궤) 紙 キ、のろ roe deer ㄐㄧˇ chi³
큰노루궤(大麢)。

【麊】(미) 支 ビ、くにのな prefecture
고을이름미(縣名、一泠)。
【麊泠：미령】 縣名。安南의 北部。

【麋】(미) 支 ミ、ビ、となかい elk ㄇㄧˊ mi²
小篆 草書 ❶고라니미(鹿屬似水牛)。 ❷물가미(水草之交)。 『詩經』居河之一。

❶ 麋 (古今圖書集成)

【麋角：미각】 고라니의 뿔。 『禮記』仲冬一一解。
【麋骨：미골】 고라니 뼈。
【麋鹿：미록】 ❶고라니와 사슴。 ❷卑賤한 것。 卑野。 『孟子』顧鴻雁一一。
【麋食：미식】 미시。
【麋侯：미후】 고라니의 가죽으로 만든 射的。

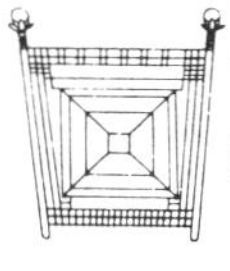
麋侯 (三禮圖)

七 畫

【麌】㊀(우) 麌 ㊁(오) 虞 ゴ、グ、おしか male deer ㄩˇ yü³
草書 ㊀❶수사슴우(牡鹿)。 ❷사슴떼우 물거릴우(羣聚貌)。 『詩經』鹿一一。 ㊁뜻은 ㊀과 같음。

【麎】(신) 眞 シン、めじか she-elk ㄔㄣˊ ch'en²
小篆 암고라니신(牝麋)。 『爾雅』麋牡麔牝一。

【麏】(균) 眞 キン、しか elk
고라니균(鹿屬)。
【麏麚：균가】 짐승의 이름。 極히 柔和한 動物。 고라니。
【麏麚：균가】 짐승의 이름。 수사슴。

【麐】(린) 震 リン、めすきりん she-giraffe ㄌㄧㄣˊ lin²
小篆 암기린린(牝麒)。 (『麟』과 통함)

麐 (三才圖會)

【麔】(린) 『麐』(前條)과 같음

八 畫

【麑】(예) 齊 ゲイ、しし lion ㄋㄧˊ ni²
小篆 草書 ❶사슴새끼예(鹿子)。 『論語』素衣一裘。 ❷사자예、사지예(狻一、獸名)。 『爾雅』狻一食虎豹。
【麑裘：예구】 사슴 새끼의 가죽으로 만든 가죽 옷。

【麑脯：[illegible]】 사슴 [illegible] 옛날 선물로 주었음。 『白虎通』卿大夫贄、古以一一、今以羔雁。

【麮】(위) 支 イ、しかにく stored venison
❶저장한 사슴고기위(醬鹿肉)。 ❷아름다운 사슴위(鹿之美者)。 『鄭康成』今益州有鹿一、一曰、鹿之美者。

【麒】(기) 支 キ、きりん giraffe ㄑㄧˊ ch'i²
小篆 草書 기린기(一麟、仁獸麕身牛尾一角牡曰一)。
【麒麟：기린】 ❶聖人이 이 世上에 나기 전에 나타난다고 하는 想像의 動物。 산 풀을 밟지 아니하는 어진 짐승으로 形象은 사슴의 몸에、 소의 꼬리、이리의 이마、 말굽을 가지며 머리에는 살로 된 뿔이 하나 남。 털은 五色이고 배의 털은 누름。 龍·거북·鳳凰과 함께 四靈이라 하며、 祥瑞로운 짐승으로 침。 ❷(動)偶蹄目 麒麟科에 속하는 짐승 이름。 ❸가장 傑出한 人物을 말함。 麒麟兒。 ❹漢나라 宮殿의 이름。

❶ 麒 麟 (古今圖書集成)

【麒麟兒：기린아】 재주와 지혜가 뛰어난 아이。 龍駒。 鳳雛。 『杜甫·詩』並是天上一一。

【麓】(록) 屋 ロク、ふもと foot of a mountain ㄌㄨˋ lu⁴
小篆 古文 草書 ❶산 기슭록 (山足)。 ❷산감록、산지키는관리록(守山林吏)。
【麓川：녹천】 길 이름。 民國의 初、그곳에 隴川行政委員을 둠。

【麔】(구) 有 キュウ、おしか he-elk ㄐㄧㄡˋ chiu⁴
小篆 수고라니구(牡麋)。

【麕】(균) 軫 キン、のろ elk
草書 고라니균(麞屬)。 『詩經』野有死一。

【麗】㊀(리) 支 ㊁(려) 霽 リ、レイ、うるわしい beautiful ㄌㄧˋ li⁴
小篆 古文 籀文 草書 ㊀❶부딪칠리(附著)。 『左傳』射麋一龜。 ❷나라이름리(高一、東國名)。 『魏志』高句一在遼東之東。 ㊁❶고울려(美也)。 『楚辭』被文織一而不奇。 ❷빛날려(華也)。 『書經』敝化奢一萬世同流。 ❸걸릴려(附也)。 『易經』日月一乎天。 ❹베풀려(施也)。 『書經』不克開于民之一。 ❺짝려(偶數)。 『史記』一皮爲禮。 ❻문루려(一譙高樓)。 『莊子』盛鶴列於一譙之間。
【麗句：여구⇩여귀】 아름답게 잘 표현된 文句。 『杜甫』清辭一一必爲隣。
【麗代：여대】 高麗時代의 略語。
【麗都：여도】 아름답고 고상한 모양。 『戰國策·齊策』妻子衣服一一。
【麗末：여말】 高麗의 마지막 시기。
【麗美：여미】 아름답고 고움。 『論衡』論說一一。
【麗靡：여미】 곱고 화려함。 靡麗。 『後漢書』金銀錯鏤、窮極一一。
【麗服：여복】 화려한 옷。 華服。 『北史』珠玉一一。
【麗辭：여사】 고운 말씨。
【麗史：여사】 高麗 시대의 역사。
【麗色：여색】 ❶아름다운 빛깔。 ❷아름다운 얼굴 빛。 『沈約』寒閨晝妙羅幌垂、婉

容ㅣㅣ心相知。

【麗視:여시】 흘겨 뜨는 눈。 사팔뜨기。 斜視。 通視。 『釋名』眸子明而不正曰通視、又謂之ㅣㅣ、麗、離也、言一目視天、一目視地、目明分離、所視不同也。

【麗雅:여아】 아름답고 우아함。 雅麗。 『文心雕龍』文辭ㅣㅣ、爲詞賦之宗。

【麗顏:여안】 아름다운 얼굴。

【麗艶:여염】 아름답고 예쁨。 艶麗。

【麗人:여인】 아름답게 생긴 사람。 美人。 佳人。 『杜甫』三月三日天氣新、長安水邊多ㅣㅣ。

【麗日:여일】 화창한 날씨。 『王褒』初春ㅣㅣ鶯欲嬌。

【麗姿:여자】 아름다운 자태。 麗容。

【麗朝:여조】 高麗 王朝의 略語。

【麗藻:여조】 표현력이 풍부하고 아름다운 詩文。 『陸機』嘉ㅣㅣ之彬彬。

【麗質:여질】 곱고 아름답게 생긴 타고난 기질。 『白居易』天成ㅣㅣ難自棄。

【麗采:여채】 아름다운 채색。 『梁簡文帝』藍田ㅣㅣ、槐水鏤文。

【麗春花:여춘화】 《植》양귀비꽃。

【麗澤:여택】 벗끼리 서로 도와 학문을 닦고 수양에 힘쓰는 것。 『易經』ㅣㅣ兌、君子以朋友講習。

【麗風:여풍】 西北으로부터 불어오는 바람。 八風의 하나。 厲風。 『淮南子』西北曰ㅣㅣ。

【麗皮:여피】 두 장의 사슴 가죽。 옛날 옷감이 없을 때 約婚의 증거로 쓰던 물건。 儷皮。

◎綺ㅣ、美ㅣ、秀ㅣ、雅ㅣ、壯ㅣ、華ㅣ。

九 畫

【麘】 (향) 陽 コウ、じゃこうじか musk deer ㄒㄧㄤ hsiang¹

【麙】 (암) 咸 ガン、やぎ goat 小篆 산양암(山羊而大細角)。

【麚】 (가) 麻 カ、あじか stag ㄐㄧㄚ chia¹ 小篆 수사슴가(牡鹿)。(『麖』와 같음)

【麚角:가각】 수사슴의 뿔。 『韋應物』斑始力直、ㅣㅣ已蒼然。

【麛】 (미) 齊 ベイ、かのこ colt ㄇㄧ mi² 小篆 草書 ❶새끼미(獸初生)。 『周禮』春田士不取ㅣ卵。 ❷사슴새끼미(鹿子)。

十 畫

【麋】 (미) 齊 ベイ、しかのあしあと tracks of a deer ❶사슴 발자국미(鹿跡)。 ❷녹매미(鹿媒)。

【麜】 (률) 質 リ、めじか she-elk ㄌㄧ li⁴ 암고라니률(牝麢)。

【麝】 (사) 禡 シャ、ジャ、じゃこう musk ㄕㄜ shê⁴ 小篆 草書 사향노루 사、궁노루 사(麝香似麞)。 『墨經』魏韋仲將用眞珠ㅣ香二物。

(三才圖會) 麝

【麝鼠:사서】 《動》사향뒤쥐。

【麝香:사향】 궁노루의 香囊을 말려서 만든 香料。 흥분제로 쓰임。 티베트·四川省·雲南省 등지에서 남。 『墨經』魏韋仲將用眞珠ㅣㅣ二物。

가지。 중앙 아시아·韓國·滿洲에 살음。 일명 麝香犬이라고도 함。

【麢】 (령) 靑 レイ、しか deer 사슴령(鹿也)。

十一畫

【麤】 (속) 屋 ソク、しかのあしあと tracks of a deer 小篆 사슴발자국속(鹿跡)。

【麞】 (장) 陽 ショウ、くじか roe deer ㄓㄤ chang¹ 小篆 草書 노루장(鹿屬無角)。 『符瑞志』王者刑罰中理則銀ㅣ出。

十二畫

【麟】 (린) 眞 リン、きりん giraffe 小篆 草書 기린린(仁獸毛蟲長)。 『大戴禮』毛蟲三百六十ㅣ爲長。

(金石索) 麟

【麟角:인각】 《喩》지극히 드물음。 『北史』學者如牛毛、成者如ㅣㅣ。

【麟閣:인각】 前漢의 武帝 때 쌓은 높은 樓閣。 →麒麟閣。 『李白』功成畫ㅣㅣ、獨有霍嫖姚。

【麟經:인경】 《書》孔子가 지은 春秋의 別名。 春秋는 魯의 歷史。 隱公 원년부터 쓰기 시작하여 哀公 一四년 봄 南狩獲麟에서 마치었으므로 麟經이라고도 함。 『馬祖常』群儒修ㅣㅣ、諸將宣豹略。

【麟麟:인린】 빛나는 모양。 밝은 모양。

【麟鳳:인봉】 기린과 봉황새。 《喩》뛰어난 賢人。 『元史』縉紳望之、若景星ㅣㅣ。

【麟筆:인필】 史官의 붓。 史筆。 『吳融』

【麞】 (복) 屋 ホク、しかのつれだち (of deer) herd 사슴서로따를복(鹿相隨)。

十三畫

【麠】 (경) 庚 ケイ、しかのな deer ㄐㄧㄥ ching 小篆 或體 외뿔사슴경(大麃一角)。 『史記』得一角獸若麃然。

【麤】 (록) 屋 ロク、けだもの animal 짐승이름록(獸名、似鹿長尾一角五色光澤)。

十四畫

【麌】 ㊀(여) 御 ㊁(서) 語 ヨ、けだもの animal 小篆 ㊀사슴같고 큰짐승여(似鹿而大獸)。 ㊁뜻은 ㊀과 같음。

十七畫

【麢】 (령) 靑 レイ、かもしか antelope ㄌㄧㄥ ling² 小篆 영양령(大羊角細而圓)。 (『羚』과 같음)

(三才圖會) 麢

二十二畫

【麤】 (추) 虞 ソ、あらい wild; sparse ㄘㄨ ts'u¹ 小篆 草書 ❶성길추(疏也)。 『禮記』ㅣ而翹之。 ❷클추(大也)。 『禮記』其器高以ㅣ。 ❸거칠추、추할추(物不精)。 『周禮』比其小大與其ㅣ良而賞罰之。

【麤鑛:추광】 《鑛》거칠고 굵은 광물。

【麤氣:추기】 거칠고 경솔한 氣習。
【麤談:추담】 거칠고 유치한 말。
【麤糲:추려】 하얗게 쓿지 않은 쌀。애벌 찧은 거친 쌀。(糲는 玄米)。『史記』進百金者、將用爲夫人——之費。
【麤鹵:추로】 거칠고도 유치함。
【麤物:추물】 거칠고도 못생긴 사람。
【麤米:추미】 쓿지 아니한 궂은 쌀。
【麤飯:추반】 변변하지 못한 밥。粗飯。疏食。『陸游』濁醪——餞餘生。
【麤笨:추분】 거칠고 지저분함。粗野。
【麤鄙:추비】 거칠고 더럽고 상스러움。『宋書』王樂小兒時尤——。
【麤疎:추소】 ❶疎忽함。『晉書』王敦怒曰、君——邪。❷거칠음。「하지 못함。
【麤率:추솔】 거칠고 까불어서 차근차근
【麤習:추습】 거칠고 경솔한 버릇。
【麤惡:추악】 품질이 거칠고 나쁨。『周禮·疏』布帛之縷、大者則——。「가 없음。
【麤雜:추잡】 거칠고 막되어서 조촐한 데
【麤才:추재】 거칠고 정밀하지 못한 일。또는 그 사람。鈍才。『蘇軾』——杜牧眞似笑。「베。
【麤布:추포】 발이 굵고 바탕이 거칠은

麥 部

【麥】 (맥) 陌 バク、ミャク、むぎ barley ㄇㄞˋ mai⁴
小篆 草書 ❶보리맥(芒穀來麰秋種夏熟)。『禮記』孟夏—秋至。❷메밀맥(蕎—)。❸돌귀리맥(燕—、草名)、❹귀리맥(瞿—)。
【麥稈:맥간】 보릿짚。밀짚。『春渚紀聞』散膠盡塗場間——。
【麥藁:맥고】 밀 보리의 짚。
【麥藁帽子:맥고모자】 맥고로 만들어 여름에 쓰는 모자。
【麥麴:맥국】 누룩。『左傳』有——乎。
【麥奴:맥노】 보리의 깜부기。『陸游』雨足年豐少——。
【麥農:맥농】 보리 농사。
【麥茶:맥다】 보리차。
【麥浪:맥랑】 이삭이 팬 보리나 밀이 바람에 물결처럼 나부끼는 모양。『歐陽修』野闊風搖——寒。
【麥涼:맥량】 보리가 익을 무렵의 서늘하게 바람이 부는 날씨。「리。
【麥糧:맥량】 여름철의 양식으로 삼는 보
【麥嶺:맥령】 (國)보리고개。묵은 곡식은 얼마 남지 아니하고 보리는 아직 여물지 않아 농사 생활에 가장 어려운 음력 四·五월。
【麥類:맥류】 보리·쌀보리·밀 따위。
【麥芒:맥망】 보리·밀 따위의 까끄라기。
【麥麪:맥면】 밀가루로 만든 국수。『戴復古』——不療饑、冬衣猶未卸。
【麥門冬:맥문동】 《植》 겨우살이풀。맥문아재비과에 딸린 다년초。山地의 나무 그늘에 남。뿌리는 補陰·淸肺·祛痰·滋劑에 씀。

麥門冬(三才圖會)

【麥飯:맥반】 보리밥。『后漢書』詔曰、倉卒蕪蔞亭豆粥、虖沱河——、厚意久不報。
【麥餠:맥병】 보리떡。『濟書』詔太廟四時祭宣皇帝、薦—— 鴨餠、竝平生所嗜也。
【麥麩:맥부】 밀기울。
【麥粉:맥분】 밀가루。
【麥芽:맥아】 ❶보리 싹。❷엿기름。
【麥芽糖:맥아당】 엿의 主成分이 되는 糖類의 한 가지。
【麥糵:맥얼】 엿기름。
【麥人:맥인】 보리의 속 알맹이。『蘇軾』秋霖暗豆漆、夏旱臞——。
【麥作:맥작】 보리 농사。
【麥酒:맥주】 ❶보리로 빚은 술。❷비이르(beer)。『後漢書』范冉與弟協步、齎——于道側、設壇以待之。
【麥秋:맥추】 ❶음력 五월의 異稱。❷보리가 익는 계절。초여름。『禮記』是月(四月)也、——至。
【麥濁:맥탁】 보리로 담근 막걸리。
【麥湯:맥탕】 보리 숭늉。
【麥皮:맥피】 밀기울。
【麥麧:맥흔】 보리 누룩。
◎裸—、大—、米—、小—、—、燕—、精—、胡—。

三 畫

【麦】 (맥) 『麥』(前條)의 俗字
【麰】 (망) 陽 ボウ、のぎ awn
보리까락망(麥芒)。(『芒』의 俗字)
【麷】 (익) 職 ヨク、むぎかす bran of barley
보리겨익(麥殼破碎者)。
【麧】 (흘) 月 ケツ、つぶむぎ broken barley ㄏㄜˊ hê²
小篆 보리싸라기흘(糠—磨麥不碎糏)。『韓愈詩』士不厭糠—。

四 畫

【麨】 (초) 篠 ショウ、むぎこがし flour of steamed wheat ㄔㄠˇ ch'ao³
草書 찐보릿가루초(糗也、蒸麥成屑)。
【麲】 (비) 支 ヒ、むぎこがし parched
볶은 보리가루비(麱也)。
【麩】 (부) 虞 フ、ふすま wheat bran ㄈㄨ fu¹
小篆 或體 草書 밀기울부(小麥屑皮)。
【麩豉:부시】 밀기울 된장。
【麩醬:부장】 밀기울로 만든 장。
【麩質:부질】 곡식 속에 있는 단백질。
【麩炒:부초】 藥材에 밀가루를 묻혀서 볶음。
【麲】 (얼) 屑 ケツ、こうじ yeast
누룩얼(麴—)。(『糵』과 같음)
【麪】 (면) 霰 ベン、メン、むぎこ wheat flour ㄇㄧㄢˋ mien⁴
小篆 草書 ❶밀가루면(麥末)。『麪賦』重羅之—塵飛雪白。❷국수면(溫飩)。
【麪麯:면곡】 껍질을 버린 가루로만 눌러서 만든 누룩。麪麴。
【麪麴:면국】 밀가루로만 만든 누룩。
【麪麭:면보】 빵。
【麪腹:면복】 쉽사리 내리는 국수 먹은 배。곧 손쉽게 얻은 복은 오래가지 못함。
【麪子:면자】 국수。「국밥。
【麪醬湯飯:면장탕반】 국수를 넣은 장
【麪包:면포】 빵。麪麭。
◎冷—、溫—。

五 畫

【麬】 (부) 『麩』(麥部 4畫)의 俗字
【麭】 (포) 效 ホウ、こなもち bread
草書 ❶경단포(餌也)。❷면보포(麪—)。

【⿺麥末】(말) 曷 マツ、むぎこ wheat flour ㄇㄛˋ mo⁴
❶밀가루말(麪也)。❷쌀가루말(米屑)。

【⿺麥巨】(거) 語 キョ、おこし cake
과자거(蜜餌)。(『粔』와 같음)

【⿺麥占】(첩) 葉 チョウ、もちあわ glutinous millet (或音「첩」)
차조첩(黏粟)。

【麮】(거) 語 キョ、むぎがゆ barley gruel
篆小 草 ❶보리뜨물죽거(麥甘粥)。書 ❷보리밥거(煮麥飯)。

六畫

【麯】(국)『麴』(麥部8畫)과 같음

【麰】(모) 尤 ボウ、おおむぎ barley ㄇㄡˊ mou² (古音「무」)
篆小 體或 草書 갈보리모(大麥五穀之長)。〔詩經〕貽我來牟。

【麰麥:모맥】보리。〔集注〕麰、大麥也。

七畫

【⿺麥肙】(견) 先 ケン、むぎわら barley straw
보리짚견(麥稾)。

【⿺麥利】(리) 支 リ、むぎざけ barley wine
보리술리(麥酒)。

【麲】(한) 諫 カン、むぎこ barley flour
보릿가루한(麥粉)。

【⿺麥寽】(라) 箇 ラ、むぎかゆ barley gruel
❶조죽라(粟粥)。❷보리죽라(麥粥)。

八畫

【⿺麥匋】(도) 豪 トウ、むぎもち barley-cake
보리떡도(麥餠)。

【⿺麥昆】(혼) 元 コン、はだかむぎ rye
쌀보리혼(粒麥)。

【麳】(래) 灰 ライ、こむぎ wheat ㄌㄞˊ lai²
밀래(小麥)。

【⿺麥咅】(부) 有 ホウ、こむぎこもち wheat flour cake
밀가루떡부(小麥粉餠)。

【⿺麥黎】(리) 支 リ、むぎこがし parched barley
볶은보리리(粃也)。

【⿺麥夜】(야) 禡 ヨ、こむぎのふ bran
밀기울야(麲麥皮麲ー)。

【麴】(국) 屋 キク、こうじ malt ㄑㄩˊ ch'ü²
草書 ❶누룩국(ー蘖、酒母)。〔書經〕若作酒醴爾惟ー蘖。❷꽃이름국(ー塵華名黃色)。〔周禮〕天子乃薦ー衣。

【麴君:국군】술의 異名。麴生。〔陳師道〕風味如ーー。

【麴菌:국균】(植)囊子菌類에 속한 植物名。菌絲는 無色。디아스타저(diastase)를 포함하고 있어서 澱粉으로 변화시키는 작용을 함。釀造의 원료로 없어서는 안될 물건。

【麴母:국모】누룩밑。「史」

【麴生:국생】술의 別名。(書)麴君。〔酒

【麴蘖:국얼】❶누룩。〔書經〕若作酒醴、爾惟ーー。❷술。

【麴子:국자】누룩。麯子。

【麴塵:국진】(植)花草의 이름。꽃은 淡黃色。임금의 옷은 이 꽃의 色으로 물들였는데 그 옷을 麴塵衣 또는 麴衣라고 함。〔劉禹錫〕龍池遙望ーー絲。

【麴塵絲:국진사】黃綠色의 버들 가지의 형용。〔楊巨源·折楊柳詩〕。

九畫

【⿺麥咼】(솨) 箇 シ、あわかゆ gruel of millet seed
좁쌀죽솨(粰ー、粟粥)。

【麵】(면)『麪』(麥部4畫)의 俗字

【⿺麥酋】(초) 篠 ショウ、むぎこがし parched barley flour
볶은보리가루초(麨也)。

【⿺麥良】(삭) 藥 サク、ほしもち dry rice-cake
말린떡삭(乾餠)。

十畫

【⿺麥肖】㊀(설) 屑 ㊁(솔) 月 セツ、つきあまり screenings;bran
㊀무거리설(舂餘)。㊁보릿가루솔(麥粉)。

【⿺麥冢】(몽) 東 モウ、こうじ yeast
❶누룩몽(麴也)。❷옷있는 누룩몽(有衣麴、女麴)。❸싸라기몽(糏也)。

十一畫

【⿺麥莫】(막) 藥 バク、こむぎかゆ bran
밀기울막(麲麥皮ー)。

【⿺麥連】(련) 銑 レン、むぎもち cake made of new barley
햇보리떡련(新麥之餠)。

【⿺麥啇】(적) 錫 テキ、むぎもち wheat flour
밀가루적(小麥粉)。

【⿺麥曼】(만) 寒 マン、まんじゅう bun
만두만(ー頭、餠也)。

【⿺麥敖】(오) 豪 ゴウ、にる parch
❶볶을오(煮也)。❷쬐어말릴오(曝也)。

十二畫

【⿺麥隋】(수) 紙 スイ、あめ glutinous rice jelly
❶엿수(糖餅)。❷가루떡수(餠也)。

【⿺麥善】(선) 銑 セン、むぎもち cake made of new barley
햇보리떡선(新麥餠)。

【⿺麥黃】(광) 梗 コウ、おおむぎ barley (或音「황」)
❶보리광(大麥)。❷밀기울광(麥麩)。

十三畫

【麷】(풍) 東 ホウ、むぎこがし parched barley
볶은보리풍(炒麥)。

【⿺麥豦】(거) 魚 キョ、むぎ tiny grain
잔보리거(麥小者)。

十七畫

【⿺麥蘖】(얼) 屑 ゲツ、むぎもやし sprout of barley
보리움얼(麥蘖)。

麻 部

【麻】(마) 麻 バ、マ、あさ hemp ㄇㄚˊ ma²
篆小 草書 ❶삼마(台麻)。〔禮記〕女子執ー枲。❷윤음마、

임금의 명령(白—黃—朝廷綸命)。❸깨마(胡—)。

【麻楷:마개】 삼대。

【麻莖:마경】 삼대。

【麻姑:마고】 손톱이 긴 仙女의 이름。→麻姑搔痒。【李白】——搔背指爪輕。《轉》 일이 뜻대로 됨을 이름。

【麻姑搔痒:마고소양】 사물이 뜻대로 되는 일의 비유。《故》蔡經이 麻姑의 손톱을 보고 만일 등이 가려울 때 이 仙女를 시켜서 그 곳을 긁게 하면 기분이 좋으리라고 생각했다는 故事。【杜牧】杜詩韓集愁來讀、以倩麻姑癢處搔。

【麻谷寺:마곡사】《地》三一 본산의 하나。忠淸南道 公州郡 泰華山 속에 있는 절。新羅 때에 지은 教宗 본산이며 元의 영향을 받은 喇嘛 형식의 五層塔이 있음。

【麻骨:마골】 겨릅대。

【麻袋:마대】 亞麻로써 짠 큰 부대。

【麻蠹蟲:마두충】《動》삼벌레。

生絲와 헌 솜。【孟子·滕文公】 「호。

【麻立干:마립간】《制》新羅의 임금의 칭

【麻冕:마면】 삼베로 만든 관。

麻冕(四書略 蒙引圖解)

【麻木:마목】 ❶근육이 굳어져 감각이 없어지는 병。❷문둥병 증세가 피부에 나타나기 시작할 때의 살갗이 허는 자리。

【麻勃:마발】 삼꽃。

【麻痺:마비】《醫》神經이나 심줄이 그 구실을 못하거나 없어져서 생기는 병。

【麻沸湯:마비탕】《醫》삼의 잎과 뿌리를 달인 물。피하에 일어나는 출혈이나, 골절통 따위의 약으로 씀。

【麻繩:마승】 삼노。삼껍질로 꼰 노。

【麻藥:마약】 =麻醉劑。

【麻魚:마어】《動》삼치。

【麻葉:마엽】《醫》삼의 잎。오래된 학질에 약으로 씀。

【麻油:마유】 삼 씨로 짠 기름。胡麻油。【魏志】折松爲炬、灌以——從上風放火。

【麻衣:마의】 ❶흰 옷。❷흰 삼베의 喪服。【禮記】卜宅與葬日、有司——。

【麻仁:마인】《醫》삼의 씨。

【麻子:마자】 ❶삼의 씨。❷맷돌。

【麻雀:마작】 中國의 실내 오락의 한 가지。一三六개의 패쪽을 쓰며 보통 네 사람이 함。

【麻苧:마저】 삼과 모시。【宋史】——所「種、與桑柘不殊。

【麻紵:마저】 삼베。【宋史】少絲纑、匹直銀十兩、多衣——。

【麻中之蓬:마중지봉】 삼밭 속에 나는 쑥。《喩》교육에는 좋은 환경이 필요하다는 뜻。【荀子】蓬生麻中、不扶自直、白沙在涅、與之俱黑。

【麻織物:마직물】 삼으로 짠 피륙。

【麻疹:마진】《醫》홍역。마마。痳疹。

【麻醉:마취】 毒이나 藥物로 말미암아 몸의 일부나 전부의 감각을 잃음。

【麻醉劑:마취제】 麻醉作用을 하는 약。麻藥。

【麻搭:마탑】 防火用具의 한 가지。먼지떨이 모양으로 만들어 불을 두들겨서 끔。

麻搭(武備志)

【麻布:마포】 삼베。【後漢書】有五穀——。

【麻風:마풍】 마파람。

【麻鞋:마혜】 미투리。【古今註】——起自伊尹、以草爲之、周文王以麻爲之、名曰——。

◎亂—、大—、亞—、油—、黃—。

三畫

【麼】 (마)『麽』(次條)의 俗字

【麽】 (마) 㑛 マ、こまかい tiny-fine ㄇㄚ ma

草書 ❶잘마(幺—細瑣微也)。【王命論】幺—不及數子。❷〔中字〕무엇마、어찌마(何也)。❸〔中字〕어조사마(語助詞)。

【麽蟲:마충】 작은 벌레。【列子】江浦之間、生——。

四畫

【⿸麻分】 ㊀(미) 支 ㊁(분) 吻 ビ、わける scatter ㊀흩을분(散也)。㊁나눌분(分也)。

【⿸麻日】 ㊀(력) 錫 ㊁(미) 支 レキ、こよみ calendar ㊀달력력(曆也)。㊁햇빛미(日光)。

【麾】 (휘) 支 キ、さしずばた command ㄏㄨㄟ huei¹

小篆 草書 ❶대장기휘(—下大將旗)。【周禮】建大—以田以封。❷가르칠휘、지휘할휘(指—)。【書經】右秉白旄以—。

麾(中和樂器圖)

【麾軍:휘군】 군대를 지휘함。

【麾旗:휘기】 指揮旗。麾旌。

【麾動:휘동】 ❶지휘하여 선동함。❷지휘하여 움직임。

【麾鉞:휘월】 대장이 가지는 旗와 큰 도끼。【南史】——壹臨、凶黨氷泮、此則霸業之基、勳王之始也。

【麾下:휘하】 ❶將軍의 통솔 아래 있는 모든 兵卒。❷大將의 陣營。【史記】李廣廉、得賞賜輒分其——、飮食與士共之。

五畫

【⿸麻本】 (본) 阮 ホン、あさがら stem of hemp 삼대본(麻桿)。

【⿸麻電】 (휘) 支 キ、はた flag ; banner 기휘(旗也)。

六畫

【⿸麻么】 (마) 㑛 マ、すてる abandon 버릴마(捨也)。

【⿸麻朱】 (주) 虞 シュ、あさのたね seed of hemp 삼씨주(麻實)。

七畫

【⿸麻沃】 (옥) 沃 ヨク、あさお unbleached twine 아직 마전하지 않은 삼실옥(纑未練)。

【麿】 (마) 〔日字〕 まろ you 草書 그대마、자네마(丈夫美稱、君貴公)。

八畫

【⿸麻易】 (석) 錫 シャク、ほそおり texture cloth 가는베석(細布)。

【⿸麻取】 (추) 尤 シュウ、あさ hemp 小篆 ❶삼줄기추(麻莖)。❷삼단추(聚麻)。【楚辭】苴蒓雜於—蒸。

【⿸麻林】 (미) 紙 ビ、ふかい deep 깊을미(深也)。

九畫

【⿸麻香】 (논) 翰 ドン、かおり sweet smell (或音「눈」) ❶사람이름논(人名、郭—)。❷향내논(香也)。

【䴸】(투) 尤 トウ、いちびあさ Indian mallow
䴸(小篆) 어저귀투(䔰屬)。

十畫

【⿸麻𡕒】(미) 支 ビ、にる ripen ❶익을미(熟也)。❷물크러질미(爛也)。〔漢書〕無不䵑滅。

十二畫

【⿸麻黍】(미) 支 ビ、くろきび panic grass
(小篆) 피미(穄別名)。

【黂】(비) 未 ヒ、みだれあさ entangled hemp ❶헝클어진삼비(亂麻)。❷해어진 삼베옷비(敝麻絮衣)。〔列子〕宋國有田夫、常衣ㅣ。❸『黂』의 譌字。

十三畫

【黂】(분) 文 フン、あさのたね seed of hemp
삼씨분(枲實)。

二十畫

【⿸麻鑿】(착) 藥 サク、ごまあぶら oil of hemp
삼기름착(油麻)。

黃 部

【黃】(황) 陽 コウ、オウ、きいろ yellow ㄏㄨㄤˊ huang²
黃(小篆) 炗(古文) 黄(草書) ❶누를황(中央土色)。〔易經〕君子ㅣ中通理。❷급히서두를황(倉ㅣ)。❸늙은이황(ㅣ耈)。❹어린아이황(小兒之稱ㅣ口)。

【黃閣:황각】❶《制》議政府의 別稱。❷宰相이 사무를 보는 관청의 문。〔漢舊儀〕丞相聽事閣曰ㅣㅣ、無鐘鈴。《轉》宰相。黃扉。

【黃褐色:황갈색】검은 색과 누른 색이 섞인 색。

【黃柑:황감】익어서 빛깔이 누른 귤。〔張衡〕荔枝ㅣㅣ。

【黃蓋:황개】《制》儀杖의 하나。蓋를 누른 紗로 쌌음。

黃 蓋 (三才圖會)

【黃巾:황건】東漢의 靈帝 때 鉅鹿의 張角이 일으킨 賊軍의 稱號。이 賊들은 모두 머리에 누런 수건을 매고 있었으므로 黃巾賊이라고 함。

【黃巾賊:황건적】＝黃巾。

【黃繭:황견】빛깔이 누른 고치。

【黃經:황경】《天》黃道를 중심으로 한 經度。天球上에서 태양이나 별의 위치를 나타내기 위하여 쓰는 春分點부터의 그 별까지의 角距離。↔黃緯。

【黃鯝魚:황고어】《動》물고기의 한 가지。참마자。

黃 鯝 魚 (古今圖書集成)

【黃麯:황곡】種麯의 한 가지。주로 간장·약주·정종 따위를 만드는 데 쓰임。

【黃鵠:황곡】《動》고니。〔楚辭〕寧與ㅣㅣ比翼乎。

【黃瓜:황과】《植》오이。

【黃口:황구】❶새 새끼。❷어린아이 ❸경험이 적은 미숙한 사람。黃吻。〔淮南子〕古之伐國、不斬ㅣㅣ、不獲二毛。(二毛는 老人)。

【黃耇:황구】나이 많은 늙은이。〔詩經〕綏我眉壽、ㅣㅣ無疆。

【黃狗:황구】노랑개。

【黃狗腎:황구신】《醫》황구의 생식기。陽氣를 돕는 약으로 씀。

【黃菊:황국】빛이 누른 국화。〔姚合〕吟詩紅葉寺、對酒ㅣㅣ籬。

【黃卷:황권】＝書籍。〔唐書〕ㅣㅣ中方與「聖賢對。

【黃芩:황금】속서근풀의 뿌리。성질이 차기 때문에 解熱劑로 씀。

黃 芩 (三才圖會)

【黃金:황금】❶金。❷돈。

【黃金萬能:황금만능】돈만 있으면 모든 것이 다 해결될 수 있다는 思考方式。

【黃金佛:황금불】＝金佛。

【黃金色:황금색】금빛。

【黃金時代:황금시대】❶문화가 가장 발달된 영화로운 시대。❷개인의 한 평생에서 가장 번성하고 영화로운 시절。

【黃金政略:황금정략】적이나 反對者에게 돈을 주고 買收하는 일。

【黃金宅:황금택】절간의 尊稱。

【黃芪:황기】《醫》단너삼의 뿌리。强壯劑 또는 땀을 막는 데 씀。皇耆。

【黃糯:황나】차좁쌀。

【黃老學:황노학】《宗》道教。

【黃丹:황단】《醫》鉛에 硫黃을 섞어서 만든 藥劑。

【黃檀:황단】《植》껍질이 단단하고 빛깔이 누른 檀香木의 한 가지。고약의 재료로 씀。

【黃疸:황달】《醫》살빛이 누렇게 되며 대변은 회백색、소변은 황색으로 변하는 병。오한이 심하며 식욕이 없어짐。疸病。〔內經〕目黃溺黃赤、安臥者ㅣㅣ。「구。

【黃大口:황대구】배를 갈라서 말린 대구。

【黃道:황도】《天》天球에 投影된 지구의 公轉 軌道面。지구에서 보면 이 大圓 위를 태양이 一년 동안에 한 바퀴 돌음。赤道와 만나는 점을 春分點과 秋分點이라고 함。〔漢書〕日有中道、月有九行、中道者ㅣㅣ、壹曰光道。

【黃童:황동】어린이。〔韓愈〕ㅣㅣ白叟、「踴躍歡呀。

【黃銅:황동】❶빛이 누런 구리。❷놋쇠。

【黃豆:황두】빛이 누른 콩의 한 가지。

【黃落:황락】나뭇잎이 누런 빛이 되어 떨어짐。

【黃蠟:황랍】蜜蠟。꿀찌끼。

【黃蠟燭:황랍촉】밀초。

【黃良:황량】《植》장군풀。

【黃粱:황량】기장。메조。〔隋書〕ㅣㅣ以黨、白粱以簋。

【黃粱米:황량미】《植》메조。

【黃鸝:황려】꾀꼬리。〔李白〕春陽如作日、碧樹語ㅣㅣ。

【黃曆:황력】옛날 中國에서 가져 오던 「책력。

【黃老:황로】黃帝와 老子。또는 그들이 主唱한 學說。道家의 학문。〔史記〕學本ㅣㅣ、而主刑名。

【黃潦:황로】흐린 웅덩이 물。〔晋書〕朝隮而ㅣㅣ臻。

【黃龍:황룡】❶黃色의 龍。〔漢書〕貫ㅣㅣ入帝庭。❷隋代에 있던 兵艦의 이름。

黃 龍 (金石索)

【黃龍湯:황룡탕】《醫》사람의 똥과 쌀

는 물에 담가 끓여 낸、기침과 감기에 쓰는 약。金汁。
【黃栗:황률】 황밤。
【黃鸝:황리】《動》꾀꼬리。黃鳥。
【黃燐:황린】 노르스름한 밀 모양의 고체。야릇한 냄새가 나며 독이 심함。
【黃麻:황마】 ❶網麻의 別名。❷詔書。詔書를 黃麻紙에 썼음。『唐會要』開原三年十月始用——紙寫詔。
【黃梅:황매】 누렇게 익은 매화 열매。『李敬方』林果——盡。
【黃麰:황모】 黃蒸에 걸린 보리나 밀。
【黃毛:황모】 족제비의 털。
【黃毛無心筆:황모무심필】 족제비털로 만든、심을 박지 않은 붓。
【黃門:황문】 ❶宮城의 門。『通典』。❷宦宮의 別名。❸장가 들었으나 종신토록 자식이 없는 남자。
【黃髮:황발】 노인의 머리칼。《轉》노인。『禮記』君子式——。
【黃白:황백】 ❶노랑과 흰 빛。『中說』君子非——不御、婦人則有靑碧。❷金과 銀。❸금전。돈。
【黃柏皮:황백피】《醫》황경나무의 껍질。强壯劑 또는 健胃劑로 씀。
【黃蘗色:황벽색】 황경나무의 껍질로 물들인 누른 색。
【黃蜂:황봉】 참벌。
【黃扉:황비】 ❶黃色의 사립문。宰相을 일컬음。黃閣。❷《制》唐代 給事中을 일컬음。『宋之問』寵就——日、威回白簡霜。
【黃沙:황사】 ❶누른 빛깔의 모래。❷砂漠。『劉長卿』虜營連白草、漢月到——。
【黃絲:황사】 빛깔이 누른 실。
【黃紗燈籠:황사등롱】 ❶御前에 쓰던 황사의 붉은 雲紋紗 등을 위아래에 달아 만든 등롱。❷堂下官이 밤에 출입할 때 쓰던 황사로 만든 등롱。

【黃酸:황산】 [illegible] 無機酸의 하나。無色의 액체로서 물에 섞이면 매우 열을 냄。硫酸。
【黃酸銅:황산동】 銅片을 稀黃酸과 空氣의 작용으로 녹인 액체에서 얻는 푸른 색의 結晶。
【黃色:황색】 누른 빛。
【黃色新聞:황색신문】 毒筆로써 煽動的 경향을 가진 신문。옐로 페이퍼(Yellow paper)에서 온 말。
【黃色人種:황색인종】 살빛이 누른 빛깔인 인종。韓國·中國·日本 사람 등。
【黃書:황서】 프랑스 外交部의 빛이 누른 外交文書。
【黃鼠:황서】《動》족제비。
【黃石公:황석공】《人》前漢의 張良에게 兵書를 주었다고 하는 노인。
【黃巢:황소】《人》唐末의 逆臣。僖宗 때 長安을 손에 넣고 스스로 齊帝라고 이름하였으나 李克用 때문에 파멸되고 자살하였음。
【黃巢之亂:황소지란】《歷》唐나라 때 黃巢라는 流賊이 일으킨 난리。우리 나라 崔致遠이 마침 唐 나라에 있으면서 황소를 치는 檄文을 지었다고 함。
【黃松:황송】 나무를 벤 뒤 오륙년이 지나 흙 속에 있는 뿌리에 복령이 생기는 소나무의 한 가지。이 복령은 利尿劑로 씀。
【黃松節:황송절】《醫》茯神을 꿰뚫은 소나무 뿌리。藥材로 씀。
【黃熟:황숙】 곡식·과실 따위가 충분히 익어서 누런 빛이 됨。『韓維』黍苗——稻苗靑。
【黃熟期:황숙기】 벼 따위가 누렇게 익는 시기。
【黃心瞖:황심예】《醫》角膜의 주위는 희고 가운데에 누른 점이 생기는 眼疾。
【黃楊:황양】《植》常綠木의 하나。도장이나 꼬챙이를 만드는 재료로 쓰임。
【黃楊木:황양목】 회양목。

【黃楊木牌:황양목패】《制》號牌의 한 가지。화양목으로 만든 것으로서 生員·進士들이 참。
【黃陽繖:황양산】 누런 양산。
【黃魚:황어】 =鱣魚。
【黃熱病:황열병】《醫》열대 지방의 전염병으로 강한 황달병을 일으킴。
【黃葉:황엽】 葉綠素가 분해되어 누렇게 된 잎。『歐陽修』靑苔人迹少、——雨聲多。
【黃玉:황옥】 누른 빛깔의 투명한 보석。
【黃玉石:황옥석】 빛깔이 누른 옥돌의 俗稱。
【黃牛:황우】 황소。
【黃雲:황운】 ❶黃色의 구름。『洛書』黃帝起、——扶日。❷누른 빛깔로 익은 보리 따위의 형용。
【黃鉞:황월】 황금 도끼。임금이 적을 정벌할 때 썼음。『書經』王左杖——、右秉白旄、以麾。
【黃柚:황유】《植》누렇게 잘 익은 子。
【黃肉:황육】 쇠고기。
【黃衣:황의】 ❶빛깔이 누른 옷。❷보리누룩。
【黃人種:황인종】 黃色人種。
【黃子:황자】 보리누룩。
【黃雀:황작】《動》❶꾀꼬리。—❷참새。『戰國策』——俯啄白粒、仰棲茂樹。
【黃雀灸:황작구】 참새구이。
【黃腸木:황장목】 널을 만드는데 쓰는 품질이 좋은 소나무。
【黃腸板:황장판】 황장목을 켜서 된 널빤지。
【黃紵布:황저포】 계추리。
【黃赤色:황적색】 누른 색을 띤 붉은 색。
【黃精:황정】 죽대의 뿌리。脾胃를 돕고、원기를 더하는 약。

黃精(三才圖會)

【黃帝:황제】 ❶《人》古帝의 이름。少典氏의 아들。姓은 公孫。軒轅의 언덕에서 [illegible] 軒轅氏라 이름。伏羲氏·神農氏와 더불어 三皇이라 일컬어짐。紀元前 二、七〇〇年頃 天下를 統一하여 文字·수레·배 등을 만들고、度量衡·樂法·曆法·音樂·蠶業 등 많은 文物과 制度를 確立함。在位 百年에 崩함。❷五天帝의 하나。中央을 主宰한다는 帝。❸列子의 篇名。

黃帝軒轅氏(三才圖會)

黃帝(金石索)

【黃鳥:황조】《動》꾀꼬리의 別名。『詩經』——于飛。
【黃鳥歌:황조가】 詩歌。高句麗 琉璃王이 지었다고 전하는 우리 나라에서 가장 처음의 詩歌。中國 태생인 첩이 본국으로 돌아감을 슬퍼하여 지었다함。『三國史記』。
【黃琮:황종】 黃色의 瑞玉의 이름。옛날 祭禮때 썼음。

黃琮(禮器圖)

【黃朱:황주】 黃色을 띤 朱色。『詩經·箋』芾者、天子純朱、諸侯——。
【黃蒸:황증】 보리나 밀의 병의 한 가지。곧 황이 내리어 누렇게 된 병。
【黃橙:황증】《植》누렇게 익은 귤의 한 가지。『白居易』紅鮹——香稻飯。
【黃紙:황지】 ❶누른 빛깔의 종이。❷藁精紙。
【黃塵:황진】 ❶누른 빛의 흙 먼지。❷싫증이 나는 세상의 속된 일。『楊炯』寸心明白日、千里暗——。
【黃泉:황천】 ❶地下의 샘。❷사람이 죽어서 가는 길。저세상。黃土。『左傳』不及——、無相見也。
【黃泉客:황천객】 죽은 사람。저세상 사람。
【黃鐵鑛:황철광】 철과 유황이 섞인 노란 색의 鑛物。입방체와 오각 십 이면체

인 결정임。녹반과 황산의 원료로 씀。
【黃淸:황청】누르고 품질이 좋은 꿀의 한 가지。
【黃體:황체】《生》排卵한 成熟卵胞가 변화한 것。황체호르몬을 分泌하고、그 消長은 子宮入膜의 변화、월경의 출현、妊娠持續、乳腺 발육 따위에 관계됨。
【黃草:황초】《植》약쑥。뜸쑥。
【黃貂:황초】《動》노랑담비。『漢書』莽更漢家黑貂、著ㅡㅡ。
【黃草嶺碑:황초령비】新羅 眞興王의 事蹟을 새긴 碑。
【黃燭:황촉】밀초。
【黃蜀葵:황촉규】《植》닥풀。
【黃胎:황태】《醫》胃熱로 혀에 누른 이끼가 끼는 병。
【黃土:황토】❶大地。❷누른 빛의 흙。❸=黃泉②。
【黃土水:황토수】=地漿。
【黃兎毫:황토호】검은 칠에 노란 무늬가 있는 瓷器。
【黃平兩西:황평양서】黃海道와 平安道를 합하여 일컫는 말。
【黃袍:황포】《制》누른 袞龍袍。皇帝의 禮服。黃色의 도포。『宋史』人孰不欲富貴、一旦有以ㅡㅡ加汝之身、雖欲不爲、其可得乎。
【黃河:황하】《地》中國 제二의 大河。甘肅省·陝西省·山西省에 걸쳐서 흘러 河北·山東 兩省을 지나 渤海로 흘러 들음。
【黃汗:황한】《醫》신열이 나고 몸이 붓고 누른 땀이 흐르는 疸病。
【黃蛤:황합】《動》모시조개。
【黃海:황해】《地》韓半島와 中國大陸과의 사이에 있는 바다。일명 西海。中國 黃河의 물이 흘러 들어와 빛이 누르므로 黃海라 함。
【黃蝴蝶:황호접】《動》노랑나비。
【黃昏:황혼】해가 져서 어둑어둑할 무렵。
【黃花:황화】❶菊花의 別名。『禮記』季秋之月、鞠有黃華。❷채소꽃의 別名。
【黃禍:황화】黃色人種이 白色人種을 侵害하는 일。구라파 사람의 공포심에서 생긴 생각。
【黃禍論:황화론】黃禍에 대한 논란。
【黃化物:황화물】黃과 어떤 물질과의 화합물。
【黃化植物:황화식물】《植》햇볕을 받지 못하고 자라서、누렇고 키만 큰 식물。콩나물·숙주 따위。
【黃花子:황화자】《植》雜草의 한 가지。

黃花子(會圖才三)

【黃興:황흥】《人》一八七二~一九一六 湖南省 長沙 사람。中華民國 혁명의 元勳。
【黃麾:황휘】옛날、가마 따위를 裝飾하던 것。

黃麾(會圖才三)

◎卵ㅡ、牛ㅡ、硫ㅡ、雌ㅡ、地ㅡ、天地ㅡ、玄ㅡ。

【黄】(황)『黃』(前條)의 俗字

四 畫

【黅】(금) 侵 キン、きいろ yellow
누른빛금(黃色)。

【黆】(광) 陽 コウ、たけしい brave
(草書) 위엄스러울광(武勇貌、ㅡㅡ)。

五 畫

【⿰黃亢】(강) 漾 コウ、きいろ yellow
누른빛강(黃色)。

【黇】㊀(첨) 鹽 セン、きいろ yellow ㊁(전) 先
(小篆) ㊀❶누른빛첨(黃色)。❷누르스름할첨(白黃色)。㊁뜻은 ㊀과 같음。

【黈】(주) 有 チュウ、きいろ yellow ㄊㄡˇ t'ou³ (本音「두」)
(草書) ❶누를주(黃色)。『穀梁傳』天子諸侯之楹黝堊大夫倉士ㅡ。❷귀막이솜주(旁纊)。『漢書』ㅡ纊充耳。❸늘일주(演也)。『長笛賦』聖哲ㅡ益。

六 畫

【⿰黃有】(유) 紙 ユウ、きいろ yellow
(小篆) 누른빛유(黃色)。

【黊】(규) 齊 ケイ、もえぎいろ bright yellow (本音「훼」)
(小篆) 곱게누를규(鮮明黃)。

【⿰黃充】(충) 東 チュウ、みみおおう close ears
귀막을충(塞耳掩聽、ㅡ纊)。

七 畫

【黋】(광) 漾 コウ、かがやく shine
빛날광(輝也)。(『熿』과 같음)
【黋朗:광랑】환하게 빛나고 밝음。光明。『左思·魏都賦』或嵬㠑而複陸、或ㅡㅡ而坧落。『注』翰曰、ㅡㅡ、光明之貌。

八 畫

【⿰黃夾】(협) 鹽 ケン、かばいろ reddish-yellow
(小篆) 주황빛협(赤黃)。

【⿰黃屯】㊀(돈) 元 トン、きいろ yellow ㊁(단) 寒 ㄊㄨㄣˊ t'uen²
㊀누른빛돈(黃色)。㊁뜻은 ㊀과 같음。

【⿰黃或】(의) 紙 イ、おうだん yellow jaundice
황달병의(黃疸病)。

【⿰黃戔】(전) 先 セン、きいろ yellow
누른빛전(黃色)。

九 畫

【⿰黃耑】(단) 寒 タン、くろきいろ yellowish-black
(小篆) 금향빛단(黃黑色)。

【⿰黃責】(횡) 庚 コウ、ふじづる rattan
등덩굴횡(藤屬)。

十 畫

【⿱𣪊黃】(황) 陽 コウ、きみ yolk
알의노란자황(卵中黃)。

【⿰黃員】(운) 吻 イン、きいろ yellow
누른빛운(黃色)。

十二畫

【⿰黃華】(황) 陽 コウ、かがやく shine
빛날황(輝也)。(『煌』과 같음)

十三畫

【黌】(횡) 庚 コウ、まなびや school
(草書) 글방횡、학교횡(學舍)。『後漢書』更修ㅡ宇。
【黌堂:횡당】공부하는 집。글방。학교。『余靖』筵開ㅡㅡ、以登師儒。
【黌舍:횡사】=黌堂。

學校。黌堂。『後漢書』順帝感翟酺之言、更修ㅡㅡ。

黍 部

【黍】(서) 語 ショ、きび millet ㄕㄨˇ shu³

黍 小 篆 黍 草 書 메기장서、기장서(禾屬粘爲秫不粘爲ㅡ)。『詩經』彼ㅡ離離。

【黍絫:서루】量이 지극히 적은 것。一〇黍가 絫、一〇絫가 銖、銖는 兩의 二四분의 一(약 〇·六七瓦)。『漢書』權輕重者、不失ㅡㅡ。

【黍離之歎:서리지탄】나라가 멸망하여 宮殿의 자리가 수수밭이나 밀밭으로 변한 것을 보고 탄식하는 일。『詩經』彼黍離離、彼稷之苗。「古今注」。

【黍民:서민】(動)모기의 異名。『中華·

【黍粟:서속】기장과 조。「馨、明德惟馨。

【黍稷:서직】기장과 피。『書經』ㅡㅡ非

【黍禾:서화】(植)수수。禾黍。『白虎通』涼風至、ㅡㅡ乾。

三 畫

【黏】(여) 語 ジョ、ねばる glutinous 차질여、붙일여(黏也)。

【黎】㊀(려) 齊 レイ、リ、あけぼの gray of dawn ㊁(리) 支 カー lí

黎 小 篆 黎 草 書 ㊀❶무리려(ㅡ民、衆也)。❷동틀려(ㅡ明、天欲曙)。『史記』ㅡ明圍宛城。❸검을려(黑也)。❹배접할려『書經』ㅡ民於變時雍。

【黎老:여로】노인。『國語』今王播棄ㅡㅡ。

【黎蘆:여로】(植)❶百合科에 딸린 다년생 풀。산에 저절로 나며、뿌리는 농용 살충제로 씀。❷박새。

【黎明:여명】❶밝아오는 새벽。『史記』ㅡㅡ圍宛城三市。❷희망의 빛。

【黎明期:여명기】❶밝아 올 무렵。❷새로운 문화 따위가 일어나려는 즈음。

【黎苗:여묘】❶백성。『唐書』ㅡㅡ凋瘵。❷九黎·三苗를 일컬음。

【黎民:여민】庶民은 冠을 쓰지 않으므로 검은 머리칼이 보인다는 뜻에서 庶民을 일컬음。黎元。『書經』ㅡㅡ於變時雍。

【黎元:여원】머리가 검은 사람。(轉)백성。黎民。黎首。黔首。『漢書』每擧其體、助者權悅、大路所歷、ㅡㅡ不知。

【黎蒸:여증】백성。黎庶。『漢書』覺寤ㅡ

【黎獻:여헌】백성 가운데의 賢者。(獻은 賢)。『書·益稷』「ㅡ。

【黎黑:여흑】빛이 검음。『荀子』顏色ㅡ

四 畫

【䵑】(닐) 質 ジツ、ねばる stick

䵑 小 篆 䵑 或 體 붙을닐、찰질닐(黏著)。

【𪏰】(호) 遇 コ、のり paste 풀호(糊也)。

五 畫

【𪏶】(리) 支 リ、すき plough ❶얼룩소리(駁牛)。『論語』ㅡ牛之子騂且角山川其舍且。❷늙은이살결리(老人皮膚)。

【黏鼠:이서】鼢鼠의 異名。『注』ㅡㅡ、蚡鼠也。

六 畫

【[illegible]】(나) 圖 stick 착 붙을나(黏著)。

【黏】(점) 鹽 デン、ネン、ねばる stick; cohere ㄓㄢ chan¹

黏 小 篆 黏 草 書 ❶풀점(糊也)。❷붙일점(相著)。

【黏連:점련】서류를 첨부함。

【黏膜:점막】(生)생물체 안의 消化管·氣管·泌尿生殖道 들의 내면을 덮은 끈끈하고 부드러운 膜의 總稱。「고함。

【黏報:점보】증거 서류를 덧붙여서 보

【黏性:점성】(物)❶차지고 끈끈한 성질 ❷流體가 운동할 때에 나타나는 내부 마찰。

【黏液:점액】❶끈끈한 액체。❷(生)생물체 안의 黏液腺 들에서 분비되는 끈끈한 액체。

【黏著:점착】끈끈하게 착 달라 붙음。

【黏彈性:점탄성】(物) 性과 彈性이 함께 어울린 성질。

【黏土:점토】흙 종류의 한 가지。石英·長石 들의 돌이 풍화 분해된 흙。물에 이기면 점성을 가짐。

【黏皮:점피】얄다란 가죽。

【黏糊菜:점호채】(植)진득찰。

【䵒】(필) 質 ヒツ、かんばしい smell fragrant (同音「별」) 향내날필(香也)。

【𪐀】(호) 虞 コ、かゆ gruel

𪐀 小 篆 𪐀 或 體 미음호、풀호(糊也)。

【黐】(리) 支 チ、リ、とりもち bird-lime 어두울리(恍也)。

八 畫

【[illegible]】(주) 圖 glutinous 찰질주(黏也)。

【黎】(나) 馬 ダ、ねばりつく stick 꼭 붙을나(粘着)。

【䵆】(권) 阮 ケン、ひろい broad ❶넓을권(廣也)。❷찰질권(黏也)。

【䵃】(거) 御 キョ、きび millet 기장거(黍也)。

九 畫

【䵆】(비) 支 ヒ、ひえ panic grass

䵆 小 篆 피비(稗也)。

【䵇】(복) 職 フク、えだはをのぞく remove a lateral-bud

䵇 小 篆 곁잎제칠복(治黍禾豆下潰葉)。

【黎】(차) 麻 タ、ねばり glutinous ❶차진모양차(黏貌)。❷차질차(黏也)。

十 畫

【䵊】(도) 皓 トウ、とうもろこし corn 옥수수도(蜀黍)。

十一 畫

【黐】㊀(리) 支 リ、シ、とりもち lime ㊁(치) ㄔ ch'ih

黐 草 書 ㊀끈끈이리、새잡는풀리(所以黏鳥)。㊁뜻은 ㊀과 같음。

【䵉】(마) 麻 マ、もちきび glutinous millet 찰기장마(黏黍)。

【黐】(적) 陌 テキ、のり paste ❶풀적(黏飯)。 ❷찰질적(黏也)。

十三畫

【穠】(농) 董 ドウ、くだもの fruits ❶과실농(果子總名)。 ❷밭갈농(耕種)。

黑部

【黑】(흑) 職 コク、くろ、くらい black; dark ㄏㄟ hei 小篆 草書 ❶검을흑(北方陰色、晦也)。 ❷검은 사마귀흑(ㅣ子、黶也)。 〔漢書〕淮之北大諸侯廑如ㅣ子之著面。 ❸캄캄할흑(暗ㅣ)。 ❹그를흑、잘못흑(是非ㅣ白)。

〔黑角:흑각〕 빛이 검은 물소 뿔。

〔黑褐色:흑갈색〕 짙은 갈색。

〔黑鸛:흑관〕 《動》먹황새。

〔黑尻:흑구〕 《動》황새。

〔黑鬼子:흑귀자〕 ❶黑人의 卑稱。 ❷살빛이 검은 사람의 別名。

〔黑氣:흑기〕 검은 기운。

〔黑旗:흑기〕 검은 기폭。

〔黑奴:흑노〕 검둥이。 黑人。

〔黑檀:흑단〕 《植》감나무과에 속한 常綠喬木。 동글 동글한 열매가 익으면 赤黃色이 되며、心材는 烏木이라고 함。

〔黑疸:흑달〕 이마가 검숭하여지고 發汗·發熱이 심하며 오줌이 잦은 黃疸의 하나。 女勞疸。

〔黑糖:흑당〕 ❶검은 엿。 ❷黑砂糖。

〔黑頭宰相:흑두재상〕 나이가 아주 젊

〔黑龍江:흑룡강〕 《地》東部 시베리아에 있는 큰 강。 시베리아와 中國의 東北 경계를 거쳐 동쪽으로 흘러서 松花江과 합쳐 북쪽으로 해서 間宮海峽으로 흘러들어감。

〔黑幕:흑막〕 ❶무대에서 쓰는 검은 幕。 ❷겉으로 들어나지 않은 음흉한 내막。

〔黑麥酒:흑맥주〕 麥酒의 한 종류로 흑색 또는 갈색의 麥酒。

〔黑斑:흑반〕 검은 斑點。

〔黑髮:흑발〕 검은 머리칼。 『王建』應得丹砂力、春來ㅣㅣ新。

〔黑白:흑백〕 ❶검정과 흰 것。 『史記』天出五色以知ㅣㅣ。 ❷惡과 善。 不正과 正。

〔黑白不分:흑백불분〕 ❶검은 것과 흰 것이 뒤섞임。 ❷옳고 그른 것이 분명하지 아니함。

〔黑白衣:흑백의〕 중과 속인。 僧俗。

〔黑白差:흑백차〕 흑색과 백색과의 차이。 매우 큰 차이。

〔黑藊豆:흑변두〕 食料로 쓰이는 빛이 「검은 藊豆。

〔黑砂:흑사〕 磁鐵鑛·錫石·輝石·角閃石 따위의 흑색 광물을 다량으로 포함하는 모래。

〔黑死病:흑사병〕 《醫》페스트菌 感染에 의하여 발생되는 급성의 전염병。

〔黑砂糖:흑사탕〕 검은 사탕가루。

〔黑山島:흑산도〕 《地》全羅南道 務安郡에 있는 黑山諸島 중의 한 섬。 韓國 叢島의 가장 西南端에 위치하며 硅砂 產地로 유명함。

〔黑珊瑚:흑산호〕 도장·卷煙 물부리 따위를 만드는 검은 빛의 산호。

〔黑衫:흑삼〕 《制》祭享 때에 제관이 입는 것으로 소매가 검은 예복。

〔黑色:흑색〕 ❶검은 빛。 ❷無政府主義를 상징하는 빛깔。 ↕白色。

〔黑色人種:흑색인종〕 [illegible] 「種。

〔黑色組合:흑색조합〕 無政府主義 계통의 노동조합。

〔黑色火藥:흑색화약〕 硝石의 가루 七五、숯 一五、硫黃 一〇의 混合物인 화약。

〔黑石英:흑석영〕 빛깔이 검은 石英。

〔黑線:흑선〕 ❶빛깔이 검은 선。 ❷빛의 흡수 스펙트럼에 나타나는 암흑선。 태양 따위의 빛에 포함된 暗線。

〔黑雪糖:흑설탕〕 精製하지 않은 검은 빛이 도는 설탕。

〔黑星:흑성〕 ❶黑點。 ❷과녁의 중앙에 있는 흑점。 ❸사물의 급소。 ❹눈동자。 ❺씨름 따위에서 지는 일。 ❻실패。

〔黑松:흑송〕 《植》곰솔·海松。 「단。

〔黑手:흑수〕 나쁜 마음을 먹고 하는 수

〔黑穗:흑수〕 깜부기로 된 이삭。

〔黑穗病:흑수병〕 《植》보리나 밀 따위의 이삭이 괘무렵에 깜부기가 생기는 병。

〔黑水晶:흑수정〕 검은 빛깔의 수정。

〔黑水症:흑수증〕 《醫》外陰部가 붓는 병증으로、腎臟炎 따위로 일어남。

〔黑繩地獄:흑승지옥〕 《佛》 쇠사슬을 달구어서 묶고、달군 도끼로 찍어 죽인다는 八大地獄의 하나。

〔黑心:흑심〕 ❶《佛》질투심。 『法苑珠林』。 ❷욕심을 품은 마음。 邪心。 ↕赤心。

〔黑岩:흑암〕 검은 빛깔의 岩石。

〔黑暗:흑암〕 몹시 껌껌함。 몹시 어두움。

〔黑夜:흑야〕 캄캄한 밤。 漆夜。 「죽。

〔黑羊皮:흑양피〕 빛깔이 검은 양의 가

〔黑魚:흑어〕 가물치。

〔黑煙:흑연〕 ❶새까만 연기。 ❷숯가루를 봉지에 넣어 줄에 칠하여 줄을 치는 데 쓰는 畫工이 쓰는 먹줄。

〔黑鉛:흑연〕 《鑛》연필의 속 따위를 만드는 炭素로 된 鑛物。 石墨。

〔黑鉛鑛:흑연광〕 흑연을 파 내는 광산 [illegible] 鑛物。

〔黑瞖:흑예〕 角膜이 팥알 만하게 도드라지는 眼疾의 한 가지。

〔黑曜石:흑요석〕 《鑛》검은 빛으로 치밀한 玻璃性의 火山石。

〔黑牛:흑우〕 ❶털 빛이 검은 소。 ❷濟州島에서 大祭의 희생으로 바치던 검은 소。

〔黑雲:흑운〕 검은 구름。 『漢書』日出時有ㅣㅣ、狀如焱風。

〔黑雲月:흑운월〕 검은 돌비늘。

〔黑月:흑월〕 한 달을 두 보름으로 나누어 戒命을 설교할 때、후보름을 일컫는 말。 ↕白月。 『大藏法數』白月初日在前、ㅣ初日在後。

〔黑衣:흑의〕 ❶검은 빛깔의 옷。 『禮記』孟冬之月、天子衣ㅣㅣ、服玄玉。 ❷喪服。 ❸僧衣。

〔黑衣宰相:흑의재상〕 ❶중의 신분으로 천하의 정권에 참여하는 사람。 ❷宋의 慧琳道士의 別名。 『資治通鑑·宋文帝紀』。

〔黑人:흑인〕 ❶살색이 검은 사람。 『黑子』以人之有黑子、有不黑者也止ㅣㅣ。 ❷黑色人種에 屬하는 사람。 검둥이。 ❸出家하지 않는 蒙古人。

黑人(三才圖會)

〔黑人種:흑인종〕 =黑色人種。

〔黑子:흑자〕 ❶사마귀。 까만 점。 ❷지극히 적은 물건이나 좁은 면적의 비유。 『庾信』地惟ㅣㅣ、城猶彈丸。

〔黑字:흑자〕 ❶먹 따위로 쓴、빛이 검은 글자。 ❷收支決算의 결과 殘餘가 생김。 ↕赤字。

〔黑字財政:흑자재정〕 지출보다 수입「을 많게 하는 재정。

〔黑赤色:흑적색〕 검붉은 색。

〔黑點:흑점〕 ❶까만 점。 ❷검은 자위。 ❸태양의 표면에 생기는 검은 빛의 점。

〔黑靑:흑청〕 검은 자위。

에 배가 흰 무늬로 아롱진 산무애뱀。

【黑冊:흑책】 두꺼운 종이에 먹칠하여 기름에 결어서 만든 아이들의 글씨 연습의 제구。

【黑甜:흑첨】 낮잠。午睡。『蘇軾』三杯軟飽後、一枕一一餘。

【黑淸:흑청】 빛깔이 검은 꿀。

【黑丑:흑축】 푸르거나 붉은 나팔꽃 씨。藥效가 白丑보다 빠름。

【黑漆:흑칠】 검은 빛깔의 옻。『後漢書』公特進、樟棺一一。

【黑炭:흑탄】 무연탄과 갈탄의 중간적 성질을 띤 석탄。

【黑土:흑토】 검은 빛깔을 한 一〇〇분의 二〇이상의 腐蝕質을 품은 흙。

【黑土帶:흑토대】 다량의 腐蝕質을 함유하고 있는 검은 빛깔의 흙으로 되어 있는 지대。농업에 적당한 지대。

【黑板:흑판】 =漆板。

【黑風:흑풍】 매우 거세게 몰아치는 바람。暴風。『李賀』一一吹山作平地。

【黑風白雨:흑풍백우】 暴風雨。

【黑皮:흑피】 검은 가죽。

【黑鶴:흑학】 검정 두루미。

【黑陷:흑함】 마마가 곪을 때 膿疱 속에 출혈이 되어 빛이 검게 되는 병。

【黑蛤:흑합】 가막 조개。

【黑海:흑해】 《地》유럽과 아시아의 경계에 있는 內陸海。둘레에 蘇聯·루마니아·불가리아·터어키가 있음。면적은 五二二、〇〇〇平方粁이며 北岸은 漁業이 성함。

【黑虎:흑호】 《動》개구리의 일종。몸은 작고 주둥이 근처는 검으며 다리에 착게 아롱진 점이 있음。

【黑暈:흑훈】 검은 그림의 햇무리。

◎純一、暗一、漆一。

【黒】 (흑)『黑』(前條)과 같음

一 畫

【黑乙】 (알) 黠 アツ、くらい dark

草書 어두울알(一昧、深黑色)。【韓愈文】一昧就滅。

【黑乙昧:알매】 아주 짙게 검은 빛。

三 畫

【黑干】 (간) 旱 カン、くろ discoloration on a face

기미낄간、얼굴검을간(面黑)。(『皯』과 같음)

【黑大】 (대) 泰 タイ、くろい black

❶검을대(黑也)。❷흔적대(墨痕)。

【黑乇】 (투) 週 ト、まつくろい jet-black

새카말투(深黑)。

【黑勺】 (적) 錫 テキ、おきずみ rouge

여지찍을적(以丹注面玄一)。

【黓】 (익) 職 ヨク、くろい black 一ˋ

❶검을익(黑也)。【漢書】身衣弋綈。❷해이름익(太歲在壬日玄一)。

四 畫

【黔】 ㊀(검) 鹽 ㊁(금) 侵 ケン、キン、くろい black ㄑㄧㄢˊ ch'ien²

小篆 書 草 ㊀검을검(一首、黎也)。【說文】秦謂民爲一首周謂之黎民。㊁귀신이름금(神名一贏一雷)。

【黔突:검돌】 시커멓게 솟아 오르는 연기。『淮南子』孔子無一一、墨子無煖席。

【黔黎:검려】 =黔首。『唐太宗』願蒙四海福一一。

실속이 보잘것 없는 솜씨。《故》黔州에는 노새가 없는데 그곳에 어떤 사람이 노새를 끌고 갔을 때、범이 보고 노새의 우는 소리가 크므로 두려워하였음。그렇지만 노새의 발에 채인 범은 노새의 힘이 보잘것 없는 것을 알고 마침내 범이 노새를 잡아 먹었다고 함。『柳宗元·三戒』

【黔首:검수】 검은 맨머리。일반 백성。黔黎。黔細。『史記·始皇紀』。

【黔炭:검탄】 화력이 적고 품질이 낮은 참숯。↔白炭。

【黕】 (담) 感 タン、あか、しみ dirt; filth

小篆 書 草 때낄담(滓垢黑貌)。【楚辭】或一點而汙之。

【黖】 (기) 未 キ、うまれる come into existence

書 草 물건생겨나는모양기(物生貌)。

【黖黖:기기】 밝지 못한 상태。明白치 않음。또는 멀음。『左思·吳都賦』萬物蠢生、芒芒一一、『注』絕遠貌、不明貌。

【黖非:기비】 어둠。『廣韻』黖、一一、黑也。

【黗】 (돈) 元 トン、くらむ dim; vague

小篆 ❶흐릴돈(濁也)。❷검을돈(黑也)。

【默】 (묵) 職 モク、しずか quiet; still ㄇㄛˋ mo⁴

小篆 書 草 ❶잠잠할묵、조용할묵(恭一、靜也、幽也、不語)。【書經】恭一思道。❷침잠할묵(淵一)。【漢書】臨朝淵一。

【默契:묵계】 말 없는 가운데 뜻이 서로 맞음。『名賢集』坐看吳越兩山秀、一一羲文千古心。

【默稿:묵고】 마음 속에서 이루어진 詩文 따위의 草案。

【默過:묵과】 묵묵히 지내침。모르는 체 넘겨 버림。

【默求:묵구】 묵묵히 생각하여 구함。『張養浩』一一詩句爲相答。

【默劇:묵극】 =無言劇。

【默記:묵기】 잠자코 기억해 둠。『蒙求』按行蜀城、道陌果木、皆一一之。

【默念:묵념】 =默考。『唐書』一一所記。

【默禱:묵도】 말 없이 마음 속으로 빌음。『韓愈』潛心一一、若響應、豈非正直能感通。

【默讀:묵독】 소리를 내지 않고 읽음。↔音讀。

【默諒:묵량】 말 없이 은연중에 양해하여 줌。

【默禮:묵례】 묵묵히 고개만 숙이어 표하는 禮。

【默默:묵묵】 ❶말 없이 잠잠함。默然。『韓詩外傳』紂以一一亡而。❷공허한 모양。❸허무한 모양。마음에 차지 않은 모양。

【默秘:묵비】 잠자코 말하지 아니함。

【默秘權:묵비권】 《法》容疑者나 被告가 자기에게 불리한 陳述을 강요당하지 않는 권리。

【默殺:묵살】 ❶알고도 모르는 체하고 내버려 둠。❷어떤 일에 대하여 이렇다 저렇다는 是非를 아니함。

【默想:묵상】 =默考。

【默視:묵시】 잠잠한 태도로써 눈익혀 봄。

【默示:묵시】 ❶분명히 말하지 않고 은연중에 의사를 표시함。❷《宗》기독교에서 하느님이 계시를 내려 그의 뜻이나 진리를 알게 하여 주는 일。啓示。

【默示錄:묵시록】 新約全書의 끝 편。啓示錄。

【默言:묵언】 말이 없음。

【默言牌:묵언패】 말을 금지하기 위하여、글을 적어 가는 패。

【默然:묵연】 말 없이 잠잠한 모양。默爾
『戰國策』宣王ㅣㅣ不說。
【默諭:묵유】 말 없는 가운데 가르침。
【默吟:묵음】 詩歌를 默讀함。『孟郊』孤省痴皎皎、ㅣㅣ寫綿綿。
【默音:묵음】 발음되지 않는 소리。
【默認:묵인】 =默許。
【默存:묵존】 말없이 신중히 생각함。『列子』左右曰、王ㅣㅣ耳。
【默坐:묵좌】 말 없이 잠잠히 앉음。『韓愈』ㅣㅣ念語笑。
【默珠:묵주】 줄에 꿴 구슬。玫瑰經을 욀 적에、그 번수를 세는 데 쓰임。
【默鑄:묵주】 묵인 받고 만든 私鑄錢。
【默竹:묵죽】 먹으로 그린 대나무。
【默重:묵중】 말이 적고 태도에 무게가 있음。
【默識:묵지】 말 없이 기억해 둠。또는 말없이 남의 眞意를 깨달아 알음。『論語』默而識之、學而不厭。
【默許:묵허】 말하지 않고 슬그머니 허락함。默認。默諾。
【默會:묵회】 잠잠히 있는 가운데 깨달음。
◎寡ㅣ、暗ㅣ、靜ㅣ、沈ㅣ。

【黓】 (태) 泰 タイ、**まつくろい** deep black
몹시검을태(甚黑)。

【黕】 (항) 陽 コウ、**くらい** dark
어두울항(冥也、ㅣ黜)。

五 畫

【黛】 (대) 隊 タイ、**まゆずみ** blacken the eyebrow ㄉㄞ tai⁴
草書 ❶눈썹그릴대(畫眉)。『楚辭』粉白ㅣ黑。❷새파랄대(靑ㅣ、似

【黛螺:대라】 ❶靑綠色의 그림 물감。『虞集』贈君千ㅣㅣ、翠色秋可寫。❷여자의 눈썹 그리는 먹과 螺髻(나계)。❸멀리 보이는 푸른 산의 형용。
【黛綠:대록】 그린 눈썹이 파람。곧 미인의 형용。『韓愈』粉白ㅣㅣ者、列屋而間居。
【黛面:대면】 눈썹 그리는 먹으로 화장한 얼굴。『唐書』斷髮ㅣㅣ黑衣。
【黛靑:대청】 눈썹을 그리는 먹과 같이 짙은 푸른 빛깔。『岑參』ㅣㅣ天際峰。
【黛黑:대흑】 눈썹 그리는 먹。黛墨。

【黚】 (겸) 鹽 ケン、**きまじりくろ** light yellowish-black ㄑㄧㄢˊ ch'ien²
小篆 얕은금향빛겸(淺黃黑)。

【黜】 (출) 質 チュツ、**しりぞける** repulse ㄔㄨㄛˋ ch'uo⁴
小篆 草書 ❶내칠출(退也、貶下)。『書經』ㅣ陟幽明。❷물리칠출(擯斥)。
【黜免:출면】 官職을 그만두게 함。『舊唐書』遷拜旌賞以勸善、誅伐ㅣㅣ以懲惡。
【黜放:출방】 내어 쫓음。放黜。『晉書』殷浩雖被ㅣㅣ、口無怨言。
【黜否:출부】 무능한 사람을 물리침。『晉書』尊賢ㅣㅣ、則不仁者遠。
【黜遠:출원】 내어 쫓아 멀리함。『左傳』上下有禮、而讒慝ㅣㅣ。
【黜責:출책】 내어 쫓고 責任을 물음。『後漢書』廢業爲患者、輒曉其父兄、使ㅣㅣ之。
【黜斥:출척】 내어 쫓고 쓰지 않음。『論衡』涉世落魄、仕數。
【黜陟:출척】 功이 없는 사람을 내어 쫓고、功이 있는 사람을 올려 쓰는 일。『書·舜典』。

練之網遂疎、ㅣㅣ之法益怨矣。
【黜學:출학】 學則을 어긴 학생을 학교로부터 내어 쫓음。
【黜會:출회】 단체 또는 회합에서 내어 쫓음。
◎竄ㅣ。

【黖】 (달) 曷 タツ、**しろのなかのくろ** grey
小篆 회색빛달(白而有黑)。

【黈】 (주) 麌 チュ、**ぼち** speck
점주、점찍을주(點也)。

【黝】 (유) 有 ユウ、**あおぐろ** dark blue ㄧㄡˇ yu³
小篆 草書 ❶검푸를유(靑黑色)。❷우뚝할유(ㅣ糾、特出貌)。❸검은칠할유(用黑飾地)。『周禮』陰祀用ㅣ牲。
【靈光殿賦】互ㅣ糾博負。
【黝銅鑛:유동광】 四面體의 결정으로 이루어진 광택이 강한 흑회색의 광물。
【黝綠:유록】 검은 빛깔을 띤 녹색。
【黝堊丹漆:유악단칠】 검푸르게 칠하는 것과 붉게 칠하는 것。『李覯』殿堂門廡ㅡㅡ擧以法故。
【黝藹:유애】 수목이 무성한 모양。『李華』樫松ㅣㅣ、下有象潭。
【黝黝:유유】 거무칙칙한 모양。나무가 우거져서 어둑컴컴한 모양。陰黑。『任昉』ㅣㅣ桑柘繁、芃芃麻麥盛。

【點】 (점) 琰 テン、**ちよぼ、てん** dot; spot ㄉㄧㄢˇ tien³
小篆 草書 ❶더러울점(汚也)。『太史公書』適足以自ㅣ。❷뭉갤점、글자지울점(以筆滅字)。❸

點)。❺상고할점(檢ㅣ)。❻가리킬점(指ㅣ)。❼글자에 점찍을 점(ㅣ畫)。❽경점점(更ㅣ)。❾흠볼 점(缺ㅣ)。❿곳점(箇所、要ㅣ)。⓫넣을점(入也)。⓬고개끄덕일점(ㅣ頭)。⓭수효점(件數)。
【點檢:점검】 ❶낱낱이 검사함。❷몸을 삼가함。『十八史略』須好ㅣㅣ。
【點景:점경】 山水畫 가운데 인물·동물 따위를 그려 넣어 그 경치를 돋구게 함。
【點考:점고】 일일이 표를 찍어 가며 사람의 수효를 조사함。
【點茶:점다】 ❶마른 차 잎을 그릇에 담고 끓는 물을 부어 우리는 차、끓이는 방법의 한 가지。『剪燈新話·註』點心之點、與ㅣㅣ之點同義。❷절에서 佛前 또는 사람 에게 차를 줌。
【點頭:점두】 응낙하거나 옳다는 뜻으로 머리를 끄덕이는 짓。首肯。『侯鯖錄』歐陽修知貢擧、每遇考試、坐後常覺一朱衣人、時復ㅣㅣ、然後其文入格。
【點燈:점등】 등불을 켬。『蘇軾』爲鼠常留飯、憐蛾不ㅣㅣ。
【點滅:점멸】 ❶등불을 켰다 껐다 함。❷등불이 켜졌다 꺼졌다 함。
【點滅機:점멸기】 廣告塔 따위의 전등을 켰다 껐다 하는 기구。
【點名:점명】 표를 찍어 가며 이름을 부름。
【點線:점선】 점을 찍어서 이루진 줄。↕實線。
【點數:점수】 ❶수자로 나타낸 성적 평가。❷물품의 수효。❸점의 수효。
【點心:점심】 ❶낮에 끼니로 먹는 음식。❷禪家에서 배고플 때에 조금 먹는 음식。『輟耕錄』今以早飯前及午前後小間食。爲ㅣㅣ。
【點眼:점안】 안약을 눈에 떨어뜨림。
【點[illegible]】 [illegible]

【點額:점액】 시험에 낙제하는 일。(물고기가 龍門을 오르면 용이 되는데, 오르지 못하는 물고기는 몸에 상처만 입고 돌아간다는 뜻에서 말함)。【李白·詩】 ——不成龍。

【點染:점염】 ❶물들음。【宋史】往往以藥——、與銅錢相亂。❷더럽게 됨。❸畫家가 경치를 그림。❹문장을 아름답게 꾸밈。

【點字:점자】 소경이 쓰는 글자。

【點子:점자】 田字 모양의 井間이 있고, 자루가 달린 틀에 小鑼 네 개를 단 軍樂에 쓰던 악기의 하나。

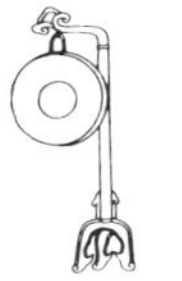
點子(三才圖會)

【點在:점재】 여기 저기 흩어져 있음。

【點滴:점적】 방울 방울 떨어지는 물방울。【陸游】逶簷——如琴筑、欹枕幽齊聽始奇。

【點點:점점】 ❶물방울이 떨어지는 모양。【杜牧】——過塘雨。❷여기 저기 흩어져 있는 모양。

【點定:점정】 문장을 바르게 함。【冷齊夜話】東坡藏記、——壹兩字。

【點睛:점정】 동물을 그리고 최후로 눈동자를 그려서 그 그림을 산 것처럼 완성함。畫龍點睛의 略語。《轉》사물의 眼目이 되는 중요한 곳。【水衡記】。

【點指:점지】 神佛이 자식을 낳게 하여 주는 일。

【點竄:점찬】 ❶문장의 字句를 고치는 일。❷《數》日本에서 代數學의 옛 일컬음。【冊府元龜】梁任昉善屬文、起草即成、不加—。

【點綴:점철】 점을 찍은 듯이 여기 저기 이어져 있음。【張九齡】葉作參差發、枝從——新。

【點退:점퇴】 받은 물건을 일일이 검사하여 마음에 들지 않는 것을 도로 물림。

…을 한 포기로 심는 씨뿌리는 법의 한 가지。

【點行:점행】 召集令에 의하여 전쟁에 출정하는 것。【杜甫·兵車行】。

【點火:점화】 불을 붙임。

【點呼:점호】 한 사람 한 사람 이름을 불러 人員數의 出缺을 조사함。

【點畫:점획】 글자를 이루는 點과 획。【書苑】文字之——稀少者、欲其彼此相映帶。

◎據—、缺—、觀—、起—、基—、得—、一—、終—、重—、中心—、採—、總—、出發—、合—、黑—。

六 畫

【黟】 (이) 支 ㄧ i^1 black エイ、イ、くろい

小篆 草書 ❶검을이(黑也)。【歐陽修】—然黑者爲星星。❷고을 이름이(丹—、縣名)。

【黟然:이연】 검은 모양。【歐陽修·秋聲賦】——黑者爲星星。

【黖】 (사) 馬 dirt シヤ、けがす

❶때사(汗垢)。❷검을사(黑也)。

【黵】 (재) 隊 black-dying サイ、くろぞめ

검은물재、물들일재(黑染)。

【黠】 (할) 黠 ㄒㄧㄚˊ hsia^2 wise ;cunning(俗音「힐」) カツ、わるがしこい

小篆 草書 ❶약을할(慧也)。【褱性賦】孰癡孰—。❷꾀 작이 할(惡才)。【唐書】吐蕃—猾抗天誅者二十餘年。❸간사할할(姦也)。

【黠鼠:할서】 간악한 쥐。【范成大】——緣鈴索。

遁老魄、火鼠騁——。

【黠猾:할쾌】 교활함。多猾。【唐書】吐蕃——、抗天誅者二十餘年。

【黠慧:할혜】 교활함。【北史】簡選——者數十人、以爲左右恩眄。

七 畫

【黮】 (연) 霰 whet ゲン、すみをひたす

먹갈연(濡墨而磨)。

【黤】 (맘) 豏 dark マン、ベン、くらい

❶캄캄할맘(暗也)。❷어둠속을 갈맘(闇行)。

【黥】 (초) 嘯 freckles ショウ、あざ

죽은깨초(面點—黵)。

【黣】 (매) 賄 dark-complexioned バイ、すすける、くろい

草書 ❶얼굴검을매(面黑氣)。❷살갗검을 매 (皮膚黑氣)。【列子】肌色皯—。

八 畫

【黧】 (려) 齊 spotted レイ、まだら

얼룩질려(斑也)。

【黗】 (돈) 願 uninterestedly トン、さわらない

일 간섭아니할돈(—黖、不幹事)。

【黕】 (담) 感 dark cloud タン、くろくも

검은 구름담(黑雲)。

【黭】 (암) 豏 ㄧㄢˇ yen^3 dark-blue アン、エン、あおぐろ

小篆 草書 ❶검푸를암(靑黑)。❷검은모양암(—黮)。【劉伶】

…不陷

【黲】 (첩) 葉 (of thread) be entangled ショウ、いとみだれ

실엉킬첩(絲壞)。

【黥】 (경) 庚 ㄑㄧㄥˊ ch'ing^2 tattoo ゲイ、いれずみ

小篆 或體 草書 자자할경 (墨刑在面)。【漢書】臣願—首繫趾。

【黥徒:경도】 刺字의 형을 받은 죄인。奴隸。【史記】令兩——夾而馬食之。

【黥面:경면】 얼굴에 刺字함。刺字한 얼굴。【後漢書】男子皆——文身。

【黥辟:경벽】 =墨刑·黥罪。【書經】——疑赦。

【黥首:경수】 刑罰로 刺字한 얼굴。【後漢書】臣願——繫趾。

【黥罪:경죄】 刺子의 刑。墨刑。黥辟。【漢書】嚢禁鑄錢、死罪積下、今公鑄錢、——積下。

【黔】 (금) 侵 yellow キン、あさぎ

小篆 ❶누렬금(淺黃)。❷싯누렬금(濃黃)。

【黦】 (울) 物 ㄩˋ yü^4 fade; lose colour ウツ、あせる

草書 ❶얼룩질울(黑有文)。【韋莊】淚霑紅袖—。❷빛가실울(褪色)。

【黧】 ㈠(래) 隊 ㈡(리) 支 dark-red ライ、くろあか

㈠검붉을래(赤黑)。㈡시꺼멀리(濃黑)。(『黧』와 같음)

【黐】 (치) 紙 cursive hand チ、そうしよのいきおい

초서쓸치(—黖、草書勢)。

【黧】 ㊀(리) 支 ㊁(려) 齊 ㊂(래) 佳 リ、レイ、くろい black カー li²

草書 ㊀검을리(黑也)。『戰國策』面目ㅣ黑。㊁㊂뜻은㊀과 같음。

【黧黃:여황】 꾀꼬리의 異名。

【黧黑:여흑】 검고, 누른 빛깔을 띰。여윈 얼굴의 형용。『戰國策·秦策』。

【黨】(당) 養 トウ、なかま、とも party: company ㄉㄤˇ tang³

小篆 草書 ❶무리당(朋也、輩也)。『論語』君子不ㅣ。❷편벽될당(偏也)。『書經』無偏無ㅣ。❸견줄당(比也)。『荀子』不比周不朋ㅣ。❹자주당(頻也)。『荀子』怪星之ㅣ見。❺곳당(所也)。『左傳』何ㅣ之乎。❻알당(知也)。『方言』ㅣ曉哲知。❼마을당、동네당(五百家稱)。『論語』以與爾隣里鄕ㅣ乎。❽고향당(鄕里)。『論語』孔子於鄕ㅣ恂恂如也。❾일가당(親戚)。『禮記』睦于父母之ㅣ。(『儻』과 같음)

【黨見:당견】 ❶흔히 보임。『荀子』怪星之ㅣㅣ、是無世而不常有之。❷黨의 意見。

【黨魁:당괴】 黨의 우두머리。黨首。『唐書』故時號ㅣㅣ。

【黨規:당규】 ＝黨則。

【黨旗:당기】 한 黨에서 專用하는 깃발。

【黨同:당동】 利害關係가 같은 사람끼리 모여서 동료가 됨。

【黨同伐異:당동벌이】 같은 의견의 사람끼리는 돕고 다른 의견의 사람은 배척함。同黨伐異。『周邦彥』ㅡㅡ、此姸彼醜。

【黨論:당론】 ❶朋黨에서 논의된 의논。❷당의 의견이나 의논。❸바른 議論。正論。『張平子碑』ㅣㅣ允諧。

【黨項:당항】 한 무리의 同類。『後漢書』[illegible]

左右群豎、惡傷ㅣㅣ。

【黨倫:당륜】 黨의 윤리。

【黨輩:당배】 ❶같은 당파의 무리。❷동료。친구。『顔延之』喧囂於ㅣㅣ之間。

【黨閥:당벌】 같은 당파의 무리끼리 굳게 단결하여 동료만을 위하고 남을 전적으로 배척하는 것。

【黨朋:당붕】 동료。같은 무리。朋黨。『韓愈』古人貴從晦、君子忌ㅣㅣ。

【黨比:당비】 같은 당파끼리 의를 가깝고 두터이 함。

【黨勢:당세】 黨派의 세력。

【黨員:당원】 그 黨에 속한 사람。

【黨議:당의】 ❶黨에서 주장하는 의논。❷제 멋대로 朋黨을 만들어、反對하는 사람을 非難하고 罪를 뒤집어 씌움。『後漢書』若范滂·張儉之徒、淸心忌惡、終陷ㅣㅣ。

【黨人:당인】 어느 黨派에 딸린 사람。

【黨爭:당쟁】 黨派의 싸움。

【黨籍:당적】 ❶당원의 성명·신분·주소 등을 적은 것。❷당원으로서의 소속。

【黨正:당정】 ❶바르고 좋음。❷周代의 黨(五百家)의 長。黨의 政令·敎育의 사무를 관장하였음。

【黨治:당치】 一黨이 政權을 專裁하는 「것。

【黨則:당칙】 黨의 규칙。黨規。

【黨派:당파】 朋黨의 나누어진 갈래。

【黨弊:당폐】 朋黨에서 일어나는 폐단。

【黨禍:당화】 黨派로 말미암아 일어나는 禍。『劉克莊』ㅣㅣ、東都最慘、唐次之、本朝又次之。

◎結ㅣ、公ㅣ、從ㅣ、同ㅣ、朋ㅣ、邪ㅣ、政ㅣ、脫ㅣ、鄕ㅣ。

【黮】(담) 合 トウ、くろい dark; black ㄊㄚˋ ta⁴

❶왈패담、희떠운모양담(ㅣ伯、猥茸[illegible]

縱任俠飮酒誕節號ㅣ伯。❷검을담(黑也)。(『黕』과 통함)

九 畫

【黦】(알) 月 アツ、いろあせ fade

퇴색할알(色變)。

【黰】(접) 葉 リョウ、たみ the people

백성접(黔首卽民)。

【黫】(은) 刪 アン、イン、くろい black

草書 검을은(黑也)。

【黫然:은연】 검은 빛깔 따위의 극히 명료한 것。黑色처럼 明瞭함。

【黬】(암) 咸 アン、なべずみ soot

草書 솥밑에붙은검정암(釜底黑)。

【黭】(암) 感 アン、にわか suddenly

小篆 草書 ❶왈칵암(ㅣ然、猝至貌)。『荀子』ㅣ然而雷擊之。❷검은빛암(黑色)。

【黵】(남) 琰 ダン、ナン、しるし punctuation mark

❶점남(字畫之點)。❷초서의필세남(草書勢)。

【黯】(양) 陽 ヨウ、くろあか dark-red (本音「상」)

小篆 검붉을양(赤黑)。

【黮】 ㊀(담) 感 ㊁(심) 寑 ㊂(탐) 勘 タン、セン、くろい dark; dim ㄕㄣˋ shen⁴

小篆 草書 ㊀❶검을담(黯ㅣ黑也)。『劉向九歎』望舊邦之黯

ㅣ。❷검은구름담(黯ㅣ、雲黑)。㊁오디심(桑實)。㊂어둡침침할탐(ㅣ闇不明)。

【黮黮:담담】 구름 따위의 거뭇거뭇한 모「양。

【黮闇:담암】 어두운 모양。

【黯】(암) 豏 アン、くろい jet-black ㄢˋ an⁴

小篆 草書 ❶시꺼멀암(深黑色)。『家語』ㅣ然而黑。❷아득할암(ㅣ然傷別貌)。『別賦』ㅣ然銷魂惟別而已。

【黯淡:암담】 어두컴컴함。黯澹。『荊浩』凍雲ㅣㅣ、酒帘孤村。

【黯湛:암심】 어둡고 깊음。『元稹』怪族潛收湖ㅣㅣ。

【黯靄:암애】 어두컴컴하게 낀 짙은 안「개。『李賀』ㅣㅣ天時陰。

【黯然:암연】 ❶어두운 모양。❷이별을 애석히 여겨 슬퍼하는 모양。『江淹·別賦』ㅣ然銷魂者、惟別而已矣。

【黯黑:암흑】 새까만 것。캄캄한 것。『韓詩外傳』顔色ㅣㅣ、手足胼胝。

【黰】(진) 軫 シン、かび must

곰팡이진(陰氣著衣生斑沫黴ㅣ)。

十 畫

【黷】(욕) 沃 ジョク、あかづく be come griny

때묻을욕(垢黑)。

【黳】(자) 支 ジ、まっくろ jet-black

❶새까말자(濃黑色)。❷검게들일자(染黑)。

【黰】(진) 軫 シン、くろかみ black hair ㄓㄣˇ chen³

草書 머리털곱고검을진(美髮黑貌)。

【黱】(대) 隊 タイ、まゆずみ eye-shadow
小篆 書 草 ❶새파랄대(深靑)。【杜甫詩】ㅣ色參天二千尺。❷눈썹그릴대(畫眉)。

十一畫

【黲】(참) 感 サン、うすぐろい dark-blue
書 草 ❶퇴색할참(物將敗色)。❷검푸르죽죽할참(淺靑色)。
【黲黷:참독】混濁한 모양。【杜甫】何時通舟車、陰氣不ㅣㅣ。【注】黲 當作慘。不澄淸貌。
【黲色:참색】거므스레한 빛깔。
【黲黲:참참】엷은 黑色。일에 失敗한 때의 顏色。【王粲】風蕭瑟而並興兮、天ㅣㅣ而無色。【注】暗色曰黲 慘與黲古字通。

【⿰黑鹿】(록) 屋 ロク、あかづいてくろい be blacked: grimy
검게때문을록(垢之黑着)。

【黳】(예) 霽 エイ、ほくろ freckles ㄧ
小篆 죽은깨예(小黑子)。

【黴】(미) 支 ビ、バイ、かび mould ㄇㄟ mei²
小篆 書 草 ❶기미낄미(面垢黑)。【楚辭】顏ㅣ黧而沮敗。❷곰팡이미(物中久雨靑黑)。❸균미(ㅣ菌)。❹담미(梅毒)。
【黴菌:미균】(動)有機物에 기생하는 하등동물。細菌。박테리아。
【黴毒:미독】(醫)性病의 한 가지。梅毒
【黴瘠:미척】때가 끼고 여윔。【唐書】堯舜ㅣㅣ、禹胼胝。
【黴黑:미흑】때가 묻어서 검게 됨。그을음으로 더러워짐。黴黧 【淮南子】堯ㅣㅣ、禹胼胝。

十二畫

【⿰黑𥏻】(상) 陽 ソウ、くろい black
❶검을상(黑也)。❷밤색상、검붉은빛상(赤黑色)。

【⿰黑登】(증) 徑 チョウ、こめくさる decayed rice
쌀썩어검을증(米黑壞)。

【⿰黑惠】(말) 黠 バツ、うすぐろい light black
엷게검을말(淺黑)。

【⿰黑雲】(암) 豏 アン、くもる be clouded
구름낄암(雲暗)。

【⿰黑喜】(혁) 職 キョク、くろい dark-red
검붉을혁(赤黑)。

【⿰黑曾】(증) 蒸 ソウ、かおのほくろ freckly-faced
얼굴에기미낄증(面黑氣皯ㅣ)。

十三畫

【⿰黑農】(농) 冬 ジョウ、くろい deep black
시꺼멀농(甚黑)。

【黵】(담) 感 タン、けがれる paint black
小篆 書 草 검은칠할담(黑汚)。【梁律】除盜ㅣ面之刑。
【黵改:담개】지우고 고쳐 씀。【東觀餘論】曰、新帝格·七國戲、皆傳自溫公之孫檮文叔家、圖本乃公手書、頗有ㅣㅣ處。
【黵面:담면】숯검정。얼굴의 숯검정。【通典·刑典】梁制、劫身皆斬、遇赦降死者ㅣㅣ爲劫字。
【黵面之刑:담면지형】검정칠의 刑。墨刑。【梁書】凡盜黵面爲劫字、至天監中、除ㅣㅣ。

十四畫

【⿰黑會】(회) 卦 カイ、うすぐろい light black
小篆 엷게검을회(淺黑)。

【⿰黑黽】(잉) 徑 ヨウ、ほくろ mole
검은사마귀잉(面黑子)。

【⿰黑臺】(대) 灰 タイ、くろい black
검을대(黑也)。

【⿱察黑】(찰) 黠 サツ、くろい black ㄔㄨㄚ ch'ua⁴
小篆 ❶검을찰(黑也)。❷짧은모양찰(短貌)。

【黶】㊀(엽) 琰 エン、アン、ほくろ
㊁(암) 豏 black mole
小篆 書 草 ㊀검은사마귀엽(黑子)。㊁기미낄암(黑痕)。
【黶然:암연】閉藏된 모양。【荀子·王霸·注】何故有ㅣㅣ深藏、千歲不變改之法乎。
【黶翳:암예】어둠으로 뒤덮힌 모양。또는 외롭고 쓸쓸한 모습。
【黶子:엽자】사마귀。

十五畫

【⿰黑箴】(감) 咸 カン、かおがくろい dark-faced
小篆 얼굴검을감(面黑)。

【黷】(독) 屋 トク、けがれる pollute ㄉㄨ tu²
小篆 書 草 ❶더러울독、흐릴독(濁也、汚也)。【漢書】媟ㅣ貴幸。❷설만할독(押也、媟也)。【書經】ㅣ于祭祀。❸가무잡잡할독(黝貌)。❹자주독(頻ㅣ、數也)。❺검을독(黲ㅣ黑也)。❻때낄독(垢也)。❼무릅쓸독(蒙也)。
【黷?·독란】정치 또는 인륜을 더럽히고 어지럽게 함。
【黷武:독무】함부로 전쟁하여 武德을 더럽히는 일。【後漢書】公孫瓚累爲遠紹所敗。而猶攻之不已、劉虞患其ㅣㅣ。
【黷煩:독번】더럽히고 괴롭힘。【歐陽修】愚衷懇迫、尙敢ㅣㅣ。
【黷職:독직】官公吏가 그 지위를 이용하여 부정행위를 함。「돈。
【黷貨:독화】옳지 못한 수단으로 얻은

十六畫

【黸】(로) 虞 リョ、くろい deep black
小篆 새까말로(黑甚)。【法言】彤弓ㅣ失。

十七畫

【⿰黑襄】(낭) 養 ジョウ、くろい black
검을낭(黑也)。

【⿰黑毚】(참) 咸 サン、ただしくかきなおす erase the mis-spelled word
틀린글지울참(削去誤子)。

黹 部

【黹】(치) 紙 チ、ぬう、さす sew ㄓˇ chih³
小篆 書 草 바느질할치(縫紩衣)。

四畫

【黺】(분) 吻 フン、きものにえがく embroider colorfully
小篆 옷에 오색수놓을분(綵也)。【說文】袞衣山龍華蟲ㅣ畫。
【黺米:분미】=粉米。
【黺畫:분화】彩色한 그림。색색으로 그림。

五畫

【黻】(불) 物 フツ、ひざかけ、ぬう damask ㄈㄨˊ fu²
小篆 書 草 ❶보불불(裳繡黑青相次文狀如兩已相背)。❷슬갑불(韋韠以蔽膝)。〔左傳〕袞冕ㅣ珽。

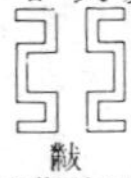
黻
(四書引蒙略圖書)

【黻冕：불면】黹黻과 면류관。둘 다 祭服。〔論語·泰伯〕。

【黻翣：불삽】亞字 모양을 그린 널 조각에 자루를 달아 發靷 때 상여 앞 뒤에 들고 가는 것。

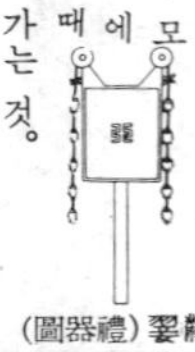
黻翣(禮器圖)

【黻衣：불의】두 개의 亞形이 있는 옛날의 祭服。〔詩經〕君子至止、ㅣㅣ繡裳。

七畫

【黼】(보) 麌 ホ、フ、あや、ぬいとり damask ㄈㄨˇ fu³
小篆 書 草 보불보(ㅣ黻、裳繡斧形黑白爲文)。〔書經〕藻火粉米ㅣ黻絺繡。

黼
(四書引蒙略圖書)

【黼冕：보면】黼衣와 면류관。禮服과 禮冠。〔後漢書〕修起橫舍、備俎豆、ㅣㅣ行禮奏樂。

【黼黻：보불】❶옛날 임금의 大禮服 치마에 꾸며 놓은 수。黼는 黑白色으로 도끼의 모양을 수 놓은 것이요、黻은 검정과 파랑으로 亞形을 수 놓은 것임。〔禮記·月令〕。(喩)문장을 이름。〔北齊書·文苑傳〕擒ㅣㅣ於生知。❷도움。贊助함。〔韓愈·乞巧文〕。

【黼衣：보의】도끼 모양의 수를 놓아 꾸민 禮服。〔漢書〕ㅣㅣ朱紱、四牡龍旂。

八畫

【䵂】(채) 隊 サイ、あやぎぬ colorfully-patterned silk
小篆 오색무늬를 그린 비단 채(繪五采緞)。

九畫

【䵄】㊀(면) 先 ㊁(변) 先 ベン、ぬう stitch
㊀궤맬면(緜緶)。㊁홀변、궤맬변(紩也)。

【䵅】(변) 銑 ヘン、くつそこ sole of shoe
신바닥변(履底)。

十一畫

【黹+虘】(조) 語 ソ、あざやかないろ five colours あい
小篆 오색빛조(ㅣㅣ合五采鮮明色)。〔詩經〕衣裳ㅣㅣ。

黽部

【黽】㊀(민) 軫 ㊁(면) 銑 ㊂(맹) 庚 ㊃(맹) 梗 ビン、ボウ、あおがえる Cacopides tornier ㄇㄧㄣˇ min³
小篆 籀文 書 草 ㊀힘쓸민(蛙屬其行勉强自力故曰ㅣ勉)。〔爾雅〕居水者名ㅣ。㊁땅이름면(弘農郡名ㅣ池)。㊂땅이름맹(楚地名ㅣ隘)。❶맹공이맹(鼃黽似青蛙而腹大)。❷대이름맹(地名、求ㅣ)。

【黽勉：민면】힘씀。힘써 연구함。〔孫季昭〕蛙黽之行、勉强自力、故曰ㅣㅣ、如猶之爲獸、其行趦趄、故曰猶豫。

【黿】(원) 元 ゲン、ガン、あおうみがめ snapping turtle ㄩㄢˊ yüan²
小篆 書 草 큰자라원(介蟲之元似鼈而大以鼈爲雌)。〔左傳〕食大夫ㅣ召子公而不與子公怒染指於鼎嘗之而出。

黿
(古今圖書集成)

【黿鼉：원타】큰 자라와 악어。〔中庸〕今夫水、一勺之多、及其不測、ㅣㅣ蛟龍魚鼈生焉、貨財殖焉。

五畫

【鼀】(축) 屋 シュク、がき toad
小篆 或體 두꺼비축(蟾也)。

【鼀鼁：축시】두꺼비。

【鼀鼃：축추】두꺼비。〔玉篇〕鼁、ㅣㅣ、蟾蠩、似蝦蟇也。

【鼁】(앙) 陽 オウ、かめ tortoise
거북앙(龜也)。

【鼁】(거) 語 キョ、がま toad
두꺼비거(ㅣ蠩、蟾蠩)。

【鼁鼃：거추】두꺼비。

【鼂】(구) 虞 ク、かえる frog ㄔㄠˊ ch'ao²
❶개구리구(蛙也)。❷거북구(ㅣ鼊水蟲名)。

【䵶】㊀(구) 虞 ㊁(구) 尤 ク、かえる frog ㄑㄩ ch'ü⁴
小篆 ㊀개구리구(䵶屬、水蟲)。㊁❶ ... (ㅣ鼊、水蟲名以龜)。❷

큰거북구、점박인거북구(蠵蠵)。

【䵶鼊：구벽】거북이에 屬함。蠵龜의 異名。鼂鼊。

【鼂】(조) 蕭 チョウ、あさ morning
小篆 古文 書 草 ❶조채옥조(ㅣ采、美玉)。❷벌레이름조(蟲名匽ㅣ)。❸성조(姓也)。❹아침조(朝也)。(『晁』와 같음)

【鼂不及夕：조불급석】아침까지는 無事하나 저녁때면 어떻게 될지 모름。危急함이 닥쳐 옴을 뜻함。〔漢書·嚴助傳〕。

【鼂采：조채】아름다운 구슬 이름。文選에는 晁采로 됨。〔漢書·司馬相如傳〕ㅣㅣ琬琰、和氏出焉。

【鼂飽：조포】잠시동안의 情의 滿足。瞬間의 滿足。〔楚辭·天問〕胡爲嗜不同味、而快ㅣㅣ。〔注〕何特與衆人同嗜、欲苟飽快一朝之情乎。

六畫

【鼃】㊀(왜) 佳 ㊁(와) 麻 ア、かえる frog ㄨㄚ wa¹
小篆 書 草 ㊀❶개구리왜(蝦蟇)。❷음란한소리왜(淫聲)。〔班固曰〕淫ㅣ不可聽者非韶夏之樂。㊁뜻은 ㊀과 같음。

【鼃咬：와교】음란한 노래。혹은 俗된 음악。〔張衡〕咸池不齊度於ㅣㅣ、而衆聽者疑惑。

【鼃聲：와성】음란한 음악의 소리。

【鼃】(와) 『鼃』(前條)와 같음

【鼄】(주) 『蛛』(虫部 6畫)의 本字

【鼄蝥：주모】벌레 이름。거미。蜘蛛。

【鼅】(지)『蜘』(虫部8畫)의 本字

【䵥】(미) 齊 ベイ、かめ tortoise 거북미(ー鼈、龜屬)。

九 畫

【䵵】(갈) 曷 カツ、かえるのこえ croak 개구리소리갈(蛙聲)。

【䵸】(추) 尤 シュウ、かま toad 두꺼비추(蟾也)。(或音「조」)

【鼀】(추) 尤 シュウ、かま toad 두꺼비추(蟾蠩鼀ー)。

十 畫

【䵺】(혜) 齊 ケイ、かえる frog 小篆 개구리혜(水蟲、蛙類)。

【鄳】(맹) 梗 ボウ、むらのな town ㄇㄥˇ mêng³ 小篆 고을이름맹(邑名、句ー)。

十一畫

【鼇】(오) 豪 ゴウ、おおすっぽん tortoise ㄠˊ ao² 小篆 草書 큰자라오(大鼇背負三神山)。【史記】女媧氏斷ー足立四極。(『鰲』와 같음)

【鼇頭:오두】 古代中國에서 관리 등용 시험에 首席으로 급제한 사

鼇
(古今圖書集成)

ーー。

【鼇峰:오봉】 鼇山의 봉우리。神仙이 산다는 곳。《轉》翰林院。【黃溍】莫投玉壺署、ーー兀中央。

【鼇魚:오어】 자라와 물고기。魚介類。魚介。鱗介。

【鼇足:오족】 海龜의 발。【史記·五帝本紀】斷ーー以立四極。

十二畫

【鼅】(지)『鼅』(8畫 黽部)의 本字

【鼅鼄:지주】 거미。【爾雅·釋蟲】ーー、鼄蝥、土ーー、草ーー。

【鼈】(별) 屑 ベツ、すっぽん terrapin ㄅㄧㄝ pieh¹ 小篆 草書 ❶자라별(介蟲龜屬眼聽)。【周禮】外骨爲龜屬內骨爲ー屬。❷고사리별(蕨也)。

【鼈甲:별갑】 자라의 등 껍데기。漢藥材로 쓰임。

【鼈裙:별군】 鼈甲의 주위에 있는 부드러운 고기。가장 맛 좋은 고기라고 함。

【鼈盌:별완】 그릇 아가리가 자라 아가리 모양으로 된 瓷器。

【鼈盞:별잔】 아가리가 자라 아가리같이 「된 술잔。

【鼉】(타) 歌 タ、わに、かめ crocodile ㄊㄨㄛˊ t'uo² 小篆 草書 자라타(水蟲似黿而長甲如鎧皮堅可冒鼓)。【詩經】ー鼓逢逢。

【鼉更:타경】 악어의 울음소리。또는 그 악어가 시간을 알리는 소리。악어가 初更에 한 번、二更에 한 번 운다는 데서 온 말。《轉》시간을 알리는 북소리。

鼈 鼉
(古今圖書集成)

【鼉鼓:타고】 ... ❷악어의 우는 소리。...

十三畫

【䵬】(전) 先 テン、かえる frog 개구리전(鼃ー、似蜘蛛蛙類)。

【鼊】(벽) 錫 ヘキ、かめ tortoise 거북벽(似龜而漫胡無指爪甲有珠文如瑇瑁)。

【鼊龜:벽구】 거북의 一種。

【鼊山:벽산】 山名。山西省沁縣의 西。開村의 西北。

鼎 部

【鼎】(정) 迥 テイ、かなえ iron pot ㄉㄧㄥˇ ting³ 小篆 草書 ❶솥정(烹飪器三足兩耳)。❷바야흐로정(ー盤、方也)。【漢書】天子春秋ー盛。❸늘어질정(ー一大舒貌)。【禮記】喪事ーー爾則小人。❹새로울정(新也)。❺마땅할정(ー來、當也)。❻세

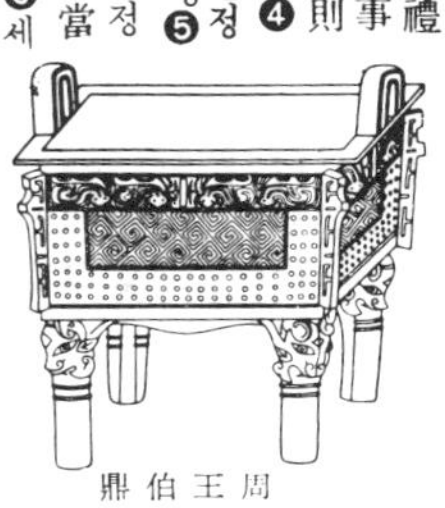

周王伯鼎
(博古圖)

周父乙鼎
(博古圖)

【鼎甲:정갑】 ❶科擧試驗에 最優等으로 급제한 三인을 일컫는 말。❷盛大하고 傑出함。【薛廷珪】ーー華宗、松筠茂行。

【鼎鼐:정내】 솥。《轉》宰相의 자리。【國老談苑】寇準出入宰相三十年、不營私第、魏野贈詩曰、有官居ーー、無地起樓臺。

【鼎談:정담】 三인이 둘러 앉아 하는 이야기。또는 그 이야기。

【鼎立:정립】 솥발과 같이 셋이 섬。竝立하는 모양。【晉書】漢末分崩、三國ーー。

【鼎銘:정명】 솥에 새긴 銘文。【左傳】正考父ーー云、一命而僂、再命而傴、三命而俯。

【鼎味:정미】 ❶요리의 맛。음식의 맛。❷天下의 정치를 요리함。【宋書】若升之宰府、必ーー斯和。

【鼎輔:정보】 三公。宰相。【魏志】孫禮·盧毓始入軍府、琰曰、孫疏亮亢烈。剛簡能斷、盧淸警明理、百鍊不消、皆公才也、後咸至ーー(琰은 崔琰)。

【鼎沸:정비】 ❶솥의 물이 끓듯이 議論이 들끓음。❷天下가 어지러워짐。【三國志·譙周傳】秦末ーー之時。

【鼎席:정석】 領議政·左議政·右議政의 자리。

【鼎盛:정성】 한참 왕성할 때。【漢書】天「子春秋ーー。

【鼎食:정식】 貴人의 음식。【王勃】鐘鳴ーー之家。

【鼎臣:정신】 ❶大臣을 일컫는 말。❷=「鼎士。【齊書】武功ーー。

【鼎新:정신】 옛 것을 改革함。革新。【參同契】御政之首、ーー革故。

【鼎運:정운】 國運。임금의 운명。聖運。鼎祚。【宋書】ーー雖改、而民未忘漢。

【鼎鼎:정정】 ❶느린 모양。몸이 느즈러진 모양。❷盛大한 모양。❸세월이 빠른 모양。【陸游】ーー百年如電速。

【鼎俎:정조】 ❶솥과 도마。【禮記】陳其犧牲、備其ーー。❷솥에 삶고 도마에다 자름。

【鼎祚：정조】 임금의 자리。또는 國運。鼎運。『晉書』魏任司馬懿父子、終於——淪移。

【鼎足：정족】 ❶솥발。❷(喩)㉠三者가 대립함。세 곳에 割據함。『史記』三分天下、——而居。㉡솥의 세 발처럼 三者가 協力하는 것。

【鼎足之勢：정족지세】 솥발처럼 셋이 맞서서 대립한 형세。

【鼎鐘：정종】 솥과 종。→鼎彝。『魏志』功名著於——、名稱垂於竹帛。

【鼎坐：정좌】 세 사람이 솥발 모양으로 서로 대하고 앉음。

【鼎樽：정준】 모양이 솥처럼 생긴 항아리。

【鼎峙：정치】 ＝鼎立。『吳志』成——之業。

【鼎革：정혁】 鼎新革故의 略語。王者의 易姓革命。王朝의 變遷。周易에서 鼎卦는 新을 取하고 革卦는 故를 버리는 뜻임。『徐浩』——固天啓、運興匪人謀。

【鼎鉉：정현】 ❶솥의 손잡이。❷三公의 地位。『潘尼』弱冠步——、既立宰三河。

【鼑】 (정)『鼎』(前條)의 俗字

二畫

【鼏】 (멱) 錫 ベキ、ふた、おおい lid of a kettle ㄇㄧˋ mi⁴ 小篆 솥뚜껑멱(鼎蓋)。『儀禮』肺實于鼎設扃—。(『冪』과 같음)

【鼐】 (내) 賄 隊 ダイ、ナイ、おおがなへ cauldron ㄋㄞˋ nai⁴ 小篆 草書 가마솥내(大—)。『詩經』—鼎及鼒。

三畫

【⿰鼎干】 (간) 寒 カン、かなえ cauldron

【鼒】 (一)(자) 支 (二)(재) 灰 シ、サイ、かなえ small kettle ㄗ tzu¹ 小篆 俗字 草書 (一)옹솥자(小鼎)。『詩經』鼐鼎及—。(二)뜻은 (一)과 같음。

漢雲紋鼒 (西清續鑑)

十一畫

【⿰鼎彗】 (세) 霽 セイ、こがなえ small cauldron 작은솥세(小鼎)。『淮南子』—在其間。

鼓部

【鼓】 (고) 麌 コ、ク、つづみ drum ㄍㄨˇ ku³ 小篆 籀文 草書 ❶북고(樂器革音)。『周禮』掌教六—。❷휘고(量器斛別名)。『禮記』獻米者操量—。❸별이름고(牽牛星、河—)。

(禮器圖)❶鼓

【鼓角：고각】 군대에서 傳令用의 북과 피리。『陸游』——風雲慘、江湖日夜浮。

【鼓角喊聲：고각함성】 鼓角의 소리가 나고 아우성 소리가 일어남。적군과 싸우다가 돌격으로 들어갈 때 士氣를 돋구려고 북을 치고 나팔을 불며 아우성을 치는 것。

【鼓女：고녀】 陰門이 없는 여자。

【鼓刀：고도】 ❶짐승을 屠殺함。❷屠殺者。『戰國策』聶政曰、嗟乎、政乃市井之人、——以屠。

【鼓動：고동】 ❶북을 울리는 소리。『白居易』——出新曆、雉鳥赴建章。❷심장의 뛰는 소리。動悸。

【鼓勵：고려】 말로 남을 격려하여 奮起시킴。鼓舞。

【鼓膜：고막】 (生)外耳와 中耳의 사이에 있어 音響을 전달하는 구실을 하는 膜。

【鼓舞：고무】 ❶북을 치면서 춤춤。『唐書』——乞寒。❷奮起하게 함。용기를 내게 함。激勵。

【鼓舞的：고무적】 힘이 나도록 부추켜 주는 것。

【鼓鎛：고박】 북과 종。『周禮』凡縣者、通有——。

【鼓腹：고복】 배를 두드림。세상이 태평하고 생활이 安樂하여、잘 먹고 만족한 것을 형용한 말。『十八史略』有老人、含哺——、擊壤而歌。

【鼓缶：고부】 장구를 두드림。장구를 쳐서 소리를 냄。

【鼓桴：고부】 북채。『元稹』況是爲刺史、豈復援——。

【鼓盆之痛：고분지통】 妻喪을 당함。상처한 슬픔。叩盆之痛。

【鼓舌：고설】 혀를 치며 지껄임。饒舌。『莊子』搖脣——、擅生是非。

【鼓聲：고성】 북 소리。

【鼓手：고수】 북을 치는 사람。

【鼓瑟：고슬】 큰 거문고를 탐。

【鼓室：고실】 (生)소리의 진동을 內耳로 전하여 주는 가운데 귀의 한 기관。

【鼓樂：고악】 북을 치면서 음악을 연주함。『孟子』今王——於此。

【鼓枻：고예】 상앗대를 움직여 배를 저음。擊揖。

【鼓子：고자】 생식기가 불완전한 남자。

【鼓掌：고장】 손바닥을 침。〔內官。

【鼓鉦：고정】 북과 징。『朱熹』田舍占煙火、軍家候——。

【鼓譟：고조】 북을 치면서 떠들어 냄。

【鼓足：고족】 네

(三禮圖)足鼓

【鼓惑：고혹】 추어 주어 미혹하게 함。

【鼓花：고화】 陰刻의 하나。版印으로 찍힌 무늬。印花。

◎小—、鐘—、晉—。

【鼔】 (고) 麌 コク、うつ beat 小篆 草書 ❶두드릴고、울릴고(擊也、鳴也)。『左傳』公將—之。❷고동할고(動盪之振作之)。『易經』天下之物者存乎辭。❸풀무고(扇火動橐—鑄)。『漢書』—鑄鹽鐵。❹어루만질고(撫也)。

三畫

【⿰鼓土】 (격) 陌 ケキ、つづみのおと drumbeat 북소리격(鼓聲)。

四畫

【⿰鼓夆】 (봉) 東 ホウ、つづみのおと drumbeat 북소리봉(鼓聲)。

五畫

【⿰鼓去】 (잡) 合 ソウ、つづみのおと drumbeat 북변죽칠잡(打鼓邊)。

【鼕】 (동) 冬 トウ、つづみのおと sound of drum ㄉㄨㄥ t'ung¹ 북소리동(——鼓聲)。『唐書』請置六街鼓號爲——鼓。

【⿰付鼓】 (부) 麌 フ、さわぐ clamour 떠들석할부(軍聲喧)。『周禮註』前師乃鼓—而譟者。

【⿰鼓占】 (첩) 葉 チョウ、つづみがならない be dumb ❶북소리 나지않을첩(鼓無聲)。❷너그러울첩(寬也)。

六 畫

【鼞】 (탑) 江 トウ、つづみのおと drumbeat (同音「답」)
북소리탑(鼓聲)。

【鼛】 (답) 合 トウ、つづみのおと drumbeat
북소리답(鼓聲)。

【鼖】 (분) 文 フン、じんだ big drum ㄈㄣˊ fen²
큰북분(大鼓)。【詩經】ㅣ鼓維鏞。

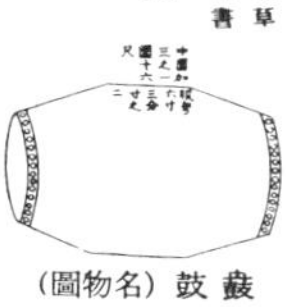
(圖物名) 鼓 鼖

【鼗】 (도) 豪 トウ、ふりつづみ small drum
소고도(小鼓著柄)。【書經】下管ㅣ鼓。

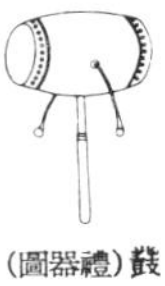
(圖器禮) 鼗

【鼗鼓 : 도고】 북의 한 가지。 북 자루를 쥐고 북을 흔들면、 북의 좌우에 달아 놓은 끈에 달린 小球가 鼓面을 쳐 울리게 된 작은 북。

【鼗響 : 도향】 鼗鼓의 소리。

八 畫

【鼙】 (비) 齊 ビ、ヘイ、せめつづみ war-drum used on horse-back
마상북비(騎鼓)。【周禮】大閱中軍以ㅣ令鼓。

【鼙鼓 : 비고】 戰陣에 臨하여、 馬上에서 치는 북。

【鼙婆 : 비파】 琵琶 의 別名。→琵琶。 【楊維楨】梅卿上馬彈ㅣㅣ。

(圖器禮) 鼙鼓

【鼘】 (연) 先 エン、つづみのおと sound of a drum
북소리연(鼓聲)。【詩經】鼘鼓ㅣㅣ。

【鼞】 (공) 東 コウ、かたくない not strong
튼튼하지못할공(不堅、ㅣ然)。

【鼛】 (고) 豪 コウ、おおつづみ big drum
역사북고(役事車鼓)。【周禮】以ㅣ鼓鼓役事。

【鼛鼓 : 고고】 鼛는 큰 북。 鼓는 작은 북。 咎鼓。

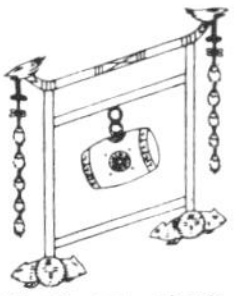
(圖禮三) 鼛鼓

九 畫

【鼕】 (룽) 東 リュウ、つづみのおと drumbeat
❶북소리룽(鼓音)。 ❷북소리 나지않을룽(鼓無聲)。

【鼛】 (첩) 葉 チョウ、つづみがならない be dumb
북소리 나지않을첩(鼓無聲)。

【鼜】 (즙) 緝 チョウ、つづみがならない be dumb
북소리아니날즙(鼓無聲)。

十 畫

【鼜】 (척) 錫 セキ、ときだいこ night watch drum ㄑㄧˋ ch'i⁴
순경북척(軍旅守夜鼓)。【周禮】軍旅夜鼓ㅣ。

(會圖才三) 鼜鼓

十 一 畫

【鼝】 (연) 先 エン、つづみのおと drumbeat
북소리연(鼓聲)。【張衡・東京賦】雷鼓ㅣㅣ。

十 二 畫

【鼞】 (당) 陽 トウ、つづみのおと drumbeat ㄊㄤ t'ang¹
북소리당(鼓聲)。

【鼟】 (등) 蒸 トウ、つづみのおと drumbeat ㄊㄥ t'êng¹
북소리등(鼓聲)。

【鼟鼟 : 등등】 큰 북소리。【劉永之・詩】。

【鼕】 ㊀(동) 冬 ㊁(롱) 冬 ㊂(룽) 東 トウ、つづみのおと drumbeat
㊀북소리동(鼓聲)。 ㊁㊂ 뜻은 ㊀과 같음。

十 四 畫

【鼟】 (등) 蒸 トウ、ながい long
길등(倭ㅣ、長也)。

鼠 部

【鼠】 (서) 語 ソ、ねずみ rat; mouse
❶쥐서(穴蟲、似獸善盜)。 ❷우물쭈물할서(首ㅣ持兩端)。【史記】武安君召韓御史曰何爲首ㅣ兩端。 ❸산 이름서(隴西山名、鳥ㅣ)。 ❹좀도둑서(ㅣ賊)。 ❺근심할서(癙也)。

【鼠肝蟲臂 : 서간충비】 쥐의 간과 벌레의 발。 《喩》하찮은 물건。 【謝枋得】蟲臂鼠肝 隨天付與

【鼠姑 : 서고】 ❶《植》牡丹의 別名。【本草】牡丹、一名ㅣㅣ。 ❷《動》쥐며느리。 쥐며리느科에 속하는 곤충。

【鼠技 : 서기】 才力이 변변치 못하여 쓸모가 없는 짓。

【鼠膽 : 서담】 쥐의 쓸개。 《喩》膽力이 약한 것을 흉보는 말。

【鼠遁 : 서둔】 쥐처럼 살금살금 도망하는 것。 鼠竄。 【游宦紀聞】魚伏ㅣㅣ、 能全節者無幾。

【鼠狼 : 서랑】 《動》족제비。 족제비科에 속하는 동물。 毛皮는 목도리・외투 등의 衣裝에 사용되고 붓도 만들음。 【鄭樵・爾雅註】鼬鼠、狀如鼠、赤黃色、大尾、能啖鼠、俗乎ㅣㅣ。

【鼠李 : 서리】 《植》 갈매나무。

【鼠李子 : 서리자】 갈매나무의 열매。

(會圖才三) 鼠李

【鼠樸 : 서박】 쥐를 말린 것。 《喩》쓸모 없는 물건。 鼠朴。 鼠璞。

【鼠輩 : 서배】 많은 쥐들。 《轉》보잘 것 없는 무리。 小人들。 【李俊民】欺人ㅣㅣ爭出頭、夜行如人晝不休。

【鼠伏 : 서복】 쥐새끼처럼 몸을 엎드려 숨음。 【漢書】鳥竄ㅣㅣ。

【鼠婦 : 서부】 ＝鼠姑②。 【詩經】伊威在室。 【疏】伊威。 一名ㅣㅣ。

【鼠思 : 서사】 《喩》자잘한 일을 근심함。

【鼠色 : 서색】 쥐의 털과 같은 빛。 곧 푸른빛이 나는 잿빛。

【鼠鬚筆 : 서수필】 쥐 수염으로 만든 붓。

【鼠疫 : 서역】 《醫》黑死病。 페스트。 쥐에 기생하는 벼룩으로부터 전염하는 데서 일컫는 말。

【鼠賊 : 서적】 좀도둑。 鼠盜。 狗盜。

【鼠族 : 서족】 쥐의 族屬。 《喩》몹시 교활하고 잔 일에 약게 구는 사람。

【鼠縮：서축】 곡식을 쥐가 먹는 까닭에 나는 縮。(縮은 일정한 수효에서 不足이 생기는 것)。

【鼠破：서파】 쥐가 쏠아서 결단냄。鼠齧。

【鼠蹊部：서혜부】 (生)불두덩 옆의 아래 배의 양측면과 허벅다리와의 사이。

三 畫

【鼢】(인) 震 ジン、ねずみ rat
쥐인(鼠也)。

【鼩】(표) 效 ヒョウ、ねずみ rat
小篆 표쥐표、범잡는 쥐표(鼠屬、能飛食虎豹)。

(會圖才三) 鼩

四 畫

【鼢】(감) 覃 カン、コン、とかげ lizard
小篆 ❶도롱룡감(蠑螈)。 ❷도마뱀감(蜥蜴)。

【鼢】(분) 吻 フン、もぐら mole ㄈㄣˊ fen²
小篆 或體 草書 두더지분(鼢鼠地中行鼠伯勞所化)。

【鼢鼠：분서】 흙쥐。두더지。鼴鼠。

(會圖才三) 鼢

【鼨】(침) 侵 チン、ねずみのな water rat
물쥐침(水鼠名)。

五 畫

【鼒】(자) 支 シ、ねずみ rat
小 [illegible]

【鼦】(초)『貂』(豸部 5畫)와 같음

【鼧】(타) 歌 タ、ねずみ rat ㄊㄨㄛˊ t'uo²
쥐타(鼠也)。

【鼧鼥：타발】 鼢鼠의 類。土撥鼠。

【鼨】(종) 東 シュウ、りす squirrel
小篆 籒文 다람쥐종(豹文鼠)。

【鼩】(구) 尤 ク、はつかねずみ mouse ㄑㄩˊ ch'ü²
小篆 생쥐구(小鼠鼱ㅣ)。

【鼩鼱：구청】 새앙쥐。鼷鼠의 類。地鼠라고도 함。害蟲을 驅除하고 米麥 및 農作을 害함。

【鼪】(생) 庚 セイ、ショウ、いたち weasel ㄕㄥ. shêng¹
草書 족제비생(鼬ㅣ飛鼠能啖鼠呼鼠狼)。【莊子】藜藋柱乎ㅣ鼬之逕。

【鼫】(석) 陌 セキ、むささび squirrel ㄕˊ shih²
小篆 草書 ❶석쥐석(五技鼠)。【易經】晉如ㅣ鼠。 ❷누고석(螻蛄)。 ❸螻蛄의 異名。

【鼫鼠：석서】 ❶五技鼠。 ❷다람쥐。碩鼠。

【鼬】(유) 宥 ユウ、いたち weasel ㄧㄡˋ yu⁴
小篆 草書 ❶청서유(鼯ㅣ野鼠善登木)。【韓愈詩】倏閃雜鼯ㅣ。 ❷족제비유(黃鼠狼)。

【鼬鼠：유서】 (動)족제비。

【鼬鼠道切：유서도절】 鼬鼠는 한번 지나간 길은 다시 지나가지 않는 데서、交[illegible]

六 畫

【鼱】(병) 靑 ヘイ、ねずみ mouse
생쥐병(小鼠)。

【鼭】(이) 紙 ジ、ねずみ rat
쥐이(鼠也)。

七 畫

【鼮】(정) 靑 テイ、まだらねずみ spotted rat ㄊㄧㄥˊ t'ing²
草書 정쥐정、얼룩쥐정(豹文鼠)。【後漢書】光武得豹文鼠竇攸對曰ㅣ鼠。

【鼯】(오) 虞 ゴ、むささび bat ㄨˊ wu²
草書 박쥐오(飛生鼠、似蝙蝠ㅡ名夷由)。

【長笛賦】ㅣ鼠夜叫。

(會圖才三) 鼯

【鼯鼠：오서】 (動) 날다람쥐。五技鼠。

【鼯鼠之技：오서지기】 날다람쥐의 재주。(喩)재주는 많으나 쓸모가 없음。

【鼯嘯：오소】 날다람쥐가 울음。【韓愈】猿呼ㅣㅣ鵂鶹啼。

【鼯鼬：오유】 날다람쥐와 족제비。【魏書】今積榛棘而弗掃、爲ㅣㅣ所棲宿。

【鼨】(준) 震 シュン、おかずき hair of a flying squirrel
청서모준(鼠屬毛可爲筆)。

八 畫

【鼱】(정) 庚 セイ、ショウ、はつかねずみ mouse
草書 생쥐정(ㅣ鼩、小鼠)。

九 畫

【鼶】(제) 齊 テイ、いたち weasel
족제비제(鼶鼠)。(『鼶』와 같음)

【鼲】(혼) 元 コン、おじぎねずみ squirrel ㄏㄨㄣˊ huen²
小篆 草書 다람쥐혼(黃鼠)。

【鼲鼬：혼유】 돌다람쥐와 족제비。

【鼳】(애) 泰 アイ、ねずみ rat
서로꼬리물고다니는쥐애(鼳ㅣ、小鼠相銜尾而行)。

【鼸】(호) 虞 コ、しろいさる white monkey
小篆 흰원숭이호(獑ㅣ、似猿而白色)。

【鼴】㊀(언) 阮 ㊁(언) 銑 エン、むぐらもち mole ㄧㄢˇ yen³
㊀두더지언(地中鼠)。㊁언쥐언、소같은큰쥐언(大鼠形如牛好偃河而飮水)。【莊子】ㅣ鼠飮河不過滿腹。

【鼴鼠：언서】 (動)水牛와 같은 산짐승의 한 가지。【本草】ㅣㅣ一名隱鼠、形如鼠而無尾、黑色長鼻。

十 畫

【鼸】(익) 陌 ヤク、ねずみ rat
小篆 或體 쥐이름익(鼠名)。

【鼹】(곡) 屋 コク、いたち weasel
족제비곡(鼬鼠)。

【鼷】(혜) 齊 ケイ、はつかねずみ mouse
小篆 草書 생쥐혜、감구서혜(耳鼠極細螫毒食人及鳥獸皆不痛今甘口鼠)。【春秋】ㅣ鼠食郊牛角。

郊牛之角。

【鼸】(혐) 琰 ケン、もぐらもち mole ㄑㄧㄢˇ ch'ien³

小篆 두더지혐(田鼠)。

【鼸車:혐거】 頃車。

【鼸鼠:혐서】 田鼠。 두더지。 들쥐。

【鼴】(언)『鼹』(鼠部9畫)과 같음

十一畫

【⿰鼠雀】(작) 藥 シャク、りす squirrel

다람쥐작(拱鼠)。

十二畫

【⿰鼠發】(발) 曷 ハツ、こえたねずみ fat rat

살찐쥐발(鼠肥者)。

【⿰鼠番】(번) 元 ハン、わらじむし sow bug

小篆 쥐며느리번(鼠婦)。

十五畫

【鼺】(루) 支 ルイ、むささび rat

草書 청서루(鼺鼠)。 『晉書』騰援飛ー、相奔越。

鼻 部

【鼻】(비) 寘 ビ、ヒ、はな nose ㄅㄧˊ pi²

草書 ❶코비(肺之竅脾之發)。 ❷비롯할비(ー祖,始也)。

【鼻感冒:비감모】 傷風症。

【鼻腔:비강】 콧속。 콧구멍。

【鼻孔:비공】 콧구멍。 『山海經』一臂一目壹ーー。

【鼻頭出火:비두출화】 코 끝에서 불이 나옴。《喩》形勢가 매우 왕성함。 『南史·曹景宗傳』覺耳後生風、ーー。

【鼻梁:비량】 =鼻柱。

【鼻毛:비모】 콧구멍에 난 털。

【鼻門:비문】 콧구멍。

【鼻齇症:비사증】 《醫》 코가 부어 오르고 붉은 점이 생기는 콧병의 한 가지。鼻紅症。

【鼻塞症:비색증】 《醫》코가 막혀 숨 쉬기가 거북하고 냄새를 잘못 맡는 병。

【鼻聲:비성】 콧소리。

【鼻笑:비소】 코웃음。

【鼻水:비수】 콧물。

【鼻息:비식】 콧김。 呼吸。 『元稹』ーー春雷吼。《轉》남의 기분。 남의 의향。

【鼻哂:비신】 코웃음 침。 『劉子翬』少年ーー輕流浴。

【鼻液:비액】 콧물。 鼻汁。

【鼻煙:비연】 氣管이 막혀 갑갑할 때 냄새를 맡거나 콧속으로 흡입하는 약。

【鼻炎:비염】 코 속에서 나는 염증。

【鼻茸:비용】 코속에 생기는 종기。

【鼻音:비음】 입 안의 어떤 부분을 막았다가 코 안으로 내는 소리。 「ㅁ·ㄴ·ㅇ」같은 有聲子音이 이에 속함。 콧소리。

【鼻子:비자】 ❶코。 ❷처음으로 난 아들。 『說文』今俗以始生子爲ーー。

【鼻祖:비조】 ❶처음으로 事業을 일으킨 사람。 元祖。 ❷始祖。 『正字通』人之胚胎、鼻先受形、故謂始祖爲ーー。

【鼻柱:비주】 콧마루。 鼻梁。

【鼻瘡:비창】 콧구멍 속에 나는 부스럼。

【鼻脊:비척】 콧등。

【鼻涕:비체】 콧물。

【鼻痔:비치】 콧구멍 속에 군살이 생기는 병。

【鼻下政事:비하정사】 코 밑에 닥친 일만 처리하는 정사。《喩》겨우 먹고 살아가는 일。 「醉就臥、ーー如雷。

【鼻鼾:비한】 코를 고는 것。 『黃庭堅』爛

【鼻血:비혈】 코피。 『太平廣記』ーー大出。

【鼻燻:비훈】 藥의 훈기를 콧구멍에 대고 쏘임。

◎酸ー、隊ー。

一畫

【鼼】(후) 宥 ギョウ、あおむきばな snub nose

들창코후(仰鼻齀ー)。

二畫

【鼽】(구) 尤 キュウ、はなつまり snufle ㄑㄧㄡˊ ch'iu²

小篆 草書 코막힐구(病寒鼻窒)。 『禮記』季秋行夏令民多ー嚏。

三畫

【鼾】(한) 翰 カン、いびき、ねいき snore ㄏㄢ han¹

小篆 草書 코골한(ー睡、臥息)。

【鼾睡:한수】 코를 골면서 잠。 『程史』上諭之曰、江南亦何罪、但天下一家、臥榻之側、豈容他人ーー耶。

【鼿】(올) 月 ゴツ、あおむきばな snub nose

들창코올(仰鼻)。

四畫

【⿰鼻及】(흡) 緝 キュウ、いびき snore

코고는 소리흡(鼻息聲)。 『王延壽』鼻鼾齁以ー⿰鼻及。

【⿰鼻及鼾:흡후】 코숨소리。 『章樵注』鼾、齁

【䶊】(뉵) 屋 ジク、はなぢ nosebleed ㄋㄧㄡˋ niu⁴

草書 코피뉵(鼻血)。

五畫

【⿰鼻瓦】 ㊀(올) 月 ㊁(와) 馬 ゴツ、はなでうごかす move things with the nose

㊀❶짐승이 코로 물건 움직일올(以鼻搖動)。 ❷들창코올(仰鼻)。 ㊁뜻은 ㊀과 같음。

【⿰鼻占】(점) 鹽 テン、かぎばな hooke-nosed

매부리코점、코드리워질점(鼻垂貌)。

【齁】(후) 尤 コウ、コ、はないき snore ㄏㄡ hou¹

草書 코골후(鼻息)。 『蘇軾詩』鼻息ーー自成曲。

【齁睡:후수】 코를 골면서 잠。 『樂善錄』既而ーー。

【齁齁:후후】 코 고는 소리의 형용。 『蘇軾』鼻息ーー自成曲。

【⿰鼻包】(포) 效 ホウ、もがさ pockmarks ㄅㄠˋ pao⁴

草書 얼굴얽을포(面瘡痕)。

六畫

【⿰鼻帝】(제) 霽 テイ、くさめする sneeze

❶재채기할제(鼻噴氣)。 ❷코병제(鼻病)。

【⿰鼻圭】(괘) 灰 カイ、はないきのおと breathing through the nose

코숨소리괘(鼻息聲)。

【⿰鼻合】(합) 合 コウ、はないき breath of the nose

코숨합(齁ー、鼻息)。

七畫

【鼽】(희) 紙 キ、いびき snore ㄒㄧˇ hsi³
❶코골희(臥息聲)。❷코풀희(去涕)。

【齀】㊀(휵) 屋 キク、はなをしかめる distort one's nose ㊁(뉵) 屑
㊀코를 찡그릴휵(顣鼻)。㊁뜻은 『衄』에 보라。

八畫

【齂】(희) 寘 カイ、ねいき breathe in bed ㄒㄧˋ hsi⁴
小篆 누워숨쉴희(臥息)。

九畫

【齞】(변) 銑 ヘン、うすい thin
엷은모양변(薄貌)。

【齃】(알) 曷 アツ、はなばしら bridge of the nose
콧대알、콧줄기알(鼻莖)。
草書 (『頞』과 通함)

十畫

【齈】(렴) 鹽 レン、わしばな hooked nose
매부리코렴、코드리워질렴(鼻垂貌、—黏)。

【齆】(옹) 送 オウ、はなづまり snuffle ㄨㄥˋ wêng⁴
코막힐옹(鼻塞)。
【齆鼻:옹비】 콧병。埤倉鼻病。【埤蒼】。

【齅】(후) 宥 キュウ、かぐ smell; sniff ㄒㄧㄡˋ hsiu⁴
小篆 草書 ❶냄새맡을후(鼻取氣)。【漢書】不—驕君之耳。❷코내불후(就鼻)。(『嗅』와 같음)

十一畫

【齇】(차) 麻 サ、シャ、ざくろばな red nose ㄓㄚ cha¹
草書 주부코차(鼻上皰)。

十二畫

【齈】(침) 侵 シン、たかいはな hooked nose
높은코침(高鼻)。

十三畫

【齃】㊀(쾌) 卦 ワイ、あえぎ brethless ㊁(홰) 泰
㊀숨찰쾌(喘息)。㊁콧숨홰(鼻息)。

【齈】(농) 冬 ドウ、はなのやまい snivel
콧물흐를농(鼻病多涕)。

十五畫

【齉】(제)『䶑』(鼻部 6畫)와 같음

齊 部

【齊】 ㊀(자) 支 ㊁(제) 霽 ㊂(제) 齊 ㊃(제) 霽 ㊄(재) 佳
シ、セイ、ひとしい、そろう symmetry ㄑㄧˊ ch'i²
小篆 草書 ㊀상옷아래단할자(—衰衣下縫)。【禮記】兩手樞衣去—尺。㊁❶엄숙할제(莊也、肅也)。❷정제할제(整也)。【荀子】平政以—民。❸가지런할제(等也)。【漢書】走拘馬弋獵戲亂—民。❹빠를제(徇—、疾速)。【史記】幼而徇—。㊂공손할제(—恭慤貌)。【禮記】廟中——。㊃고를제、화할제(和也)。【周禮】八珍之—。㊄재계할재(致——潔也)。【禮記】—不—以致其—。

【齊衰:자최⇩제최】 喪中의 옷。삼베로 지으며 옷단을 접어 꿰맨 것。齋疏。【儀禮】疏衰裳齊。【傳】齊者何、緝也。

【齊衰:재최】 喪服 五等의 한 가지。삼베로 만들어 치마를 꿰매 붙인 것。齊衰期에는 齊衰五年과 齊衰三月의 두 가지가 있음。

【齊家:제가】 집을 다스림。집안을 잘 다스려 整齊하게 함。治家。【大學】家齊而后國治。

【齊敬:제경】 心身을 깨끗이 하고 삼감。【禮記】豈知神之所饗、亦以主人有——之心也。

【齊戒:제계】 =齋戒。【易經】君子以比—「—」。

【齊均:제균】 한결같이 가지런 함。한결같이 정돈됨。【何晏】房이 ——、當庭如一。

【齊給:제급】 ❶才智가 빨리 들음。【韓詩外傳】——便捷、不以欺誣人。❷均等하게 給與함。

【齊女:제녀】 매미의 別名。《故》옛날 齊나라 여자가 王을 원망하다가 죽어서 매미가 되었는데、王이 자기가 한 일을 뉘우치고 그 매미를 齊女라고 불렀다는 故事에서 나온 말。【董仲舒】董仲舒曰、齊王之后、怨王而死、變爲蟬、故名——。

【齊等:제등】 같음。同等。平等。

【齊盟:제맹】 다 같이 맹세함。【國語】諸侯有盟未退、而魯背之、安用——。

【齊明:①제명 ②재명】 ❶公正하고 밝음。❷不淨을 禁忌하여 心身을 깨끗하게 하는 것。【中庸】——盛服、非禮不動。

【齊眉:제미】 음식을 눈썹 있는 데까지 받들어 올림。부부가 서로 깊이 敬愛함을 일컫는 말。

【齊民:제민】 ❶백성을 평등하게 함。❷庶民。平民。【史記】——無藏蓋。

【齊聖:제성】 조심성스럽고 어진 것。바르게 道理에 通한 것。【書經】乃祖湯、克——廣淵、皇天眷佑。

【齊盛:제성】 黍稷을 담아서 神에게 바침。粢盛。【禮記】天子親耕於南郊、以共——。

【齊聲:제성】 여러 사람이 한 번에 소리「를 지름。

【齊聲討罪:제성토죄】 여러 사람이 일제히 한 사람의 죄를 꾸짖음。

【齊肅:제숙】 엄숙하게 삼감。【漢書】有司——端冕、見之南郊。

【齊心:제심】 ❶마음을 한가지로 함。❷夫婦가 마음을 합함。同心協力。【古詩】——同所願。

【齊如:제여】 엄숙하게 삼가는 모양。삼가는 모양。【論語·鄕黨】祭、必——也。

【齊列:제열】 가지런히 열을 지음。整然히 연속됨。

【齊栗:제율】 삼가고 두려워함。齊慄。【漢書】左右——之臣。

【齊一:제일】 똑 같이 가지런함。【禮記·疏】壹謂——、萬人之德音、皆——不參差。

【齊莊:제장】 엄숙한 것。禮儀를 갖추어 근신하는 것。齊嚴。【中庸】——中正。

【齊正:제정】 정돈함。바르게 함。【詩經·疏】天子威加四海、——萬方。

【齊整:제정】 가지런히 정돈함。잘 정돈함。整齊。【魏志】村落——如一。

【齊齊:제제】 ❶공경하고 삼가는 모양。【禮記】廟中——。❷가지런히 정돈함。

【齊進:제진】 일제히 나아감。

【齊唱:제창】 여러 사람이 함께 노래를 부름。

【齊限:제한】 한정。끝。정도。

二畫

【齌】(제) セイ、やまい disease
병제(病也)。

三畫

【齋】(재) 齊 セイ、うつくしい pretty
❶아름다운 모양재(美貌)。❷『齋』의 俗字。

【齋】(재) 支 サイ、シ、ものいみ purify oneself ㄓㄞ chai¹
小篆 或體 草書 ❶재계할재(一戒、洗心潔也、莊也、恭也)。【易經】聖人以此一戒。❷집재(燕居室)。

齊 (三才圖會)

【齋家:재가】❶齋主의 집안。❷喪家를 무당이나 중들이 일컫는 말。
【齋閣:재각】=齋室。
【齋潔:재결】근신하여 몸을 깨끗하게 함。「潔齋。
【齋戒:재계】神을 제사할 때 心身을 깨끗이 하고, 음식을 가려 먹어 不淨을 禁忌하는 것。또는 그러한 행위。齋戒。【禮記】一一以事鬼神。
【齋供:재공】《佛》佛前에 齋飯을 바치는 것。『列仙傳』出赴一一。
【齋官:재관】《制》廟·社·殿·宮 및 각 陵의 참봉。齋郎。
【齋宮寺刹:재궁사찰】무덤을 지키기 위하여 그 곁에 지은 절。
【齋祈:재기】不淨을 禁忌하고 기도함。齋禱。『隋書』七日不雨、更一一如初。
【齋壇:재단】❶하늘을 제사하는 곳。❷중이나 道士가 經文을 외우면서 神佛을 제사하는 곳。【[illegible]】…
【齋禱:재도】=齋祈。【宗史】慶曆八年、以久雨一一。
【齋糧:재량】양식을 지니고 다님。「滸傳」無一粒一一。【水
【齋米:재미】중에게 주는 쌀。
【齋舍:재사】❶不淨을 禁忌하기 위한 방。❷讀書하는 방。齋屋。【韋應物·詩】蕭條一一秋。
【齋所:재소】❶재계를 하는 곳。❷재를 올리는 곳。【唐六典】諸道士僧尼、皆集於一一。
【齋素:재소】大小齋를 지킴。「一一。
【齋宿:재숙】齋戒하면서 하룻밤을 지냄。齋宿。
【齋食時:재식시】불가에서 午正 전에 「먹는 때。
【齋室:재실】❶陵廟들에 있는 殿閣。❷儒生들이 공부하는 집。❸제사 지내기 위하여 지은 집。
【齋院:재원】제사 前日에 제사에 관계하는 사람들이 齋戒하는 곳。【唐書】一一於東門之外少北。
【齋慄:재율】삼가고 두려워함。【書經】夔夔一一。
【齋日:재일】不淨을 禁忌하는 날。精進日。【李商隱】一一得佳肴。
【齋者:재자】재 올리러 온 사람。
【齋場:재장】❶재 올리는 곳。❷제사 모시는 곳。❸밥 먹는 곳。齋所·祭場。【王安石】一一風設。
【齋主:재주】불공을 드리는 그 주인。
【齋差備:재차비】齋의 절차。
【齋薦:재천】成均館의 掌議될 자격자를 추천하던 일。
【齋衰:재최】五服의 하나。좀 굵은 생베로 지은 喪服。
【齋寢:재침】書齋와 침실。
【齋會:재회】❶중들이 모여 경을 읽고 불공하여 죽은 사람을 濟度하는 것。❷불교를 믿는 남녀가 모여 중을 공양하는 것。◎山一、書一。

【齌】㊀(…) ㊁(재) 佳 … good
小篆 ㊀좋을제、아름다울제(好也)。㊁공손할재(恭也)。【詩經】有一季女。

四畫

【齌】(제) 霽 セイ、かしぐ put fuel on a fire
小篆 草書 ❶불땔제、밥지을제(炊也)。❷몹시 노할제(一怒)。❸빠를제(疾也)。

五畫

【齍】(자) 支 シ、うつわ vessel of millet ㄗ tzu¹
小篆 草書 서직 그릇자(一盤黍稷器)。【周禮】大宗伯奉玉一。
【齍盛:자성】神에게 바칠 供物。粢盛。『周禮·天官·甸師』以共一一。
【齍號:자호】穀類에 對한 美稱。黍를 香合이라고 하고、粱은 香箕라고 하며、稻를 嘉疏라고 하는 類。粢號。【周禮】。

【齋】(자) 支 シ、きびいれ containor of millet
小篆 或體 기장 담는 제사 그릇자(盛禾祭器)。

七畫

【齎】㊀(재) 支 ㊁(제) 齊 サイ、セイ、もたらす take with ㄐㄧ chi¹ (本音「자」)
小篆 草書 ㊀❶탄식할재(一咨、歎辭)。【易經】一咨涕洟。❷쌀재(行道所用遺也、裝也)。【周禮】一賜與之財用。❸가질재(持也)。㊁뜻은 ㊀과 같음。
【齎貸:재대】꾸어 줌。
…以萬物爲一一。
【齎鬱:재울】怨恨을 품는 일。
【齎用:재용】필요한 物品과 金錢。
【齎咨:재자】❶아아하는 탄식 소리。❷탄식함。

八畫

【齏】(제) 齊 セイ、ひとしい equal
小篆 같을제(等也)。

九畫

【齏】(제) 齊 セイ、なます、あえもの spice; flavour with spice ㄐㄧ chi¹
草書 ❶양념할제(膾酢醢醬所和細切爲一)。❷양념다질제(擣辛物爲之)。❸부술제(碎也)。
【齏粉:제분】❶가루가 되게 부서짐。❷粉骨碎身。몸을 가루가 되도록 일한다는 뜻。『五代史·蘇逢吉傳』苟捨此以去、史公一處分、吾一一矣。
【齏鹽:제염】❶소금에 절인 野菜。❷변치 않은 음식。

齒部

【齒】(치) 紙 シ、は teeth ㄔ chih³
小篆 古文 草書 ❶이치(上一下牙口斷骨)。❷나이치(年也)。【禮記】一亦齡也一是年之別名。❸벌치(列也)。【左傳】使后子與子干一。❹같을치(類也)。【管子】同嗛以一。
【齒疳:치감】《醫》몸이 헐어 곪는 병。

【齒腔:치강】 이 속의 빈 곳。이 촉의 끝에 잔 구멍이 벌려져 있고 그 속에는 齒髓를 지니고 있음。
【齒決:치결】 이로 물건을 깸。
【齒莖:치경】 이의 뿌리를 싸고 있는 살。
【齒齘:치계】 아래 윗니가 서로 맞닿는 곳。『正韻』——、齒上下相抵處。
【齒骨:치골】 이틀을 이루고 있는 뼈。
【齒科:치과】 《醫》醫學의 一分科。이에 관한 의술。
【齒根:치근】 《生》이촉。이의 齒槽에 끼어서 들어가 있는 부분。圓錐形을 이루고 시멘트질로 싸여 있음。『歐陽修』頷鬢已白——浮。 「는 병。
【齒衄:치뉵】 《醫》잇몸에서 피가 나오
【齒德:치덕】 연령과 德行。나이가 많고 德行이 높음。 「今——。
【齒冷:치랭】 조소함。『南史』人笑褚公至
【齒錄:치록】 ❶모아서 기록함。收錄함。❷科擧 시험의 同期 급제자의 명부。『北史』舊勳灼然、未蒙——者、悉求班賞。
【齒輪:치륜】 톱니바퀴。 「루。
【齒磨粉:치마분】 이를 닦는 데 쓰는 가
【齒亡舌存:치망설존】 =齒敝舌存。
【齒亡脣亦支:치망순역지】 《國》이 없으면 입술에 依支함。《喩》있던 것이 없어져서 부자유하더라도 없는 대로 참고 살아나간다는 뜻。『東言解』。
【齒髮:치발】 이와 머리털。이가 빠진 모양과 머리가 흰 모양。다 노인의 표적。『白居易』——却同知命歲。 「음。
【齒粉:치분】 齒磨粉의 略語。
【齒不入:치불입】 남의 말을 잘 듣지 않
【齒算:치산】 나이。연령。年齒。
【齒序:치서】 =齒次。 「단한 물질。
【齒石:치석】 이의 한쪽에 엉겨 붙은 단
【齒聲:치성】 혀끝과 이 사이에서 調節

【齒髓:치수】 《醫》이틀 속에 꽉 차 있는 부드럽고 연한 조직。 「증。
【齒髓炎:치수염】 《醫》치수에 생기는 염
【齒宿:치숙】 나이 먹은 것。노인。『唐書』固乞致仕、帝嘗與偕賦帝京篇、歎其工、手詔曰、卿何身老而才之壯、——而意之新乎。
【齒牙:치아】 ❶이。❷이와 어금니。❸말。言語。『史記』此特群盜鼠竊狗盜耳、何足置之——間。
【齒列:치열】 나란히 박힌 이의 줄。《轉》常人과 同等하게 됨。여러 사람 가운데에 낌。『後漢書』錮之終身、雖會赦令、不得——。
【齒齯:치예】 노인의 이가 빠지고 그 자리에 나는 작은 이。齯齒。『柳宗元』吾儕生是州、蓺是野、眉尨——、未嘗知此。
【齒危:치위】 이가 흔들리는 것。『任昉』——髮禿之老。
【齒齗:치은】 《生》잇몸 齒齦。齒莖。
【齒音:치음】 혀끝과 이(잇몸)사이에서 조절되는 소리。잇소리。
【齒長:치장】 늙은이。老人。『後漢書』以齒則長、以德則賢。
【齒槽:치조】 《生》齒根이 박혀 있는 上·下顎骨의 구멍。
【齒槽膿瘍:치조농양】 《醫》이가 박힌 자리에 세균이 감염되어 이틀 속에 고름이 생기는 염증。
【齒車:치차】 톱니바퀴。
【齒齒:치치】 흰 돌 같은 것이 줄지어 있는 모양。『李孝光』巖花既菲菲、溪石亦、——。
【齒痛:치통】 이앓이。이를 앓는 것。『輟耕錄』華清宮一——、馬嵬坡一身痛。
◎犬—、門—、拔—、乳—、年—、義—、切—、蟲—、皓—。

二 畫

【齓】 (친)『齔』(齒部 2畫)과 같음

【齓】 (팔) 黠 ハツ、はのおと gnashing
이가는소리팔(齒聲)。

【齔】 (친) 震 シン、かけば second dentition ㄔㄣˋ ch'en⁴ (本音「츤」)
小篆 草書 ❶이갈친(毁齒)。『說文』男八月生齒八歲—女七月生齒七歲—。❷어릴친(齠—、幼稱)。
【齔童:친동】 이를 갈 나이의 어린이。『東觀漢紀』耿嵩履清高之節、——時、介然特立、不隨於時。

三 畫

【齕】 (흘) 月 コツ、ケツ、かじる、かむ bite; chew ㄏㄜˊ hê²
小篆 草書 물흘、씹을흘(齮—、齧也)。『漢書』秦得志齕—用事者墳墓。
【齕咋:흘색】 씹어 먹음。齕啖。『淮南子』——足以嚼肌碎骨。
【齕噬:흘서】 씹는 것。『晉書』今六軍誡嚴、水陸齊擧、熊羆踊躍、——爭先。
【齕吞:흘탄】 먹을 때 씹지 않고 그냥 삼키는 동물。곧 날짐승。鳥類。『淮南子』——者八竅而卵生、嚼咽者九竅而胎生。

四 畫

【齝】 (치) 支 チ、はぐき gum
❶잇몸치(齒齗貌)。❷씹을치(齧也)。

【齞】 (언) 阮 ガン、はのあらわれ bucktoothed
小篆 이드러날언(齒露貌)。

【齙】 (파) 麻 ハ、では bucktooth
뻐드렁니파(齒不正)。

【䶩】 (항) 陽 コウ、かむ chew
씹을항(齧也)。

【齖】 (아) 麻 ガ、ゲ、では projecting teeth ㄧㄚˊ ya²
草書 ❶뻐드렁니아(—齵、齒不正)。❷남의 말을 아니 들을아(贅—不聽人語)。『唐書』能學贅—保宗而全家。
【齖齵:아우】 이가 바르지 못함。

【齗】 (은) 文 ギン、はぐき gum ㄧㄣˊ yin²
小篆 草書 ❶말다툼할 은(——辯爭)。『史記』孔子曰 甚矣魯道之衰也洙泗之間——如也。❷미워할은(忿疾意)。『後漢書』朝臣——。❸잇몸은(齒根肉)。
【齗齶:은악】 잇몸。齒齗。『柳宗元』石皆巍然臨峻流、若頦頷——。
【齗齗:은은】 ❶論爭하는 모양。『史記·魯世家』洙泗之間——如也。❷성이 나서 미워하는 모양。『後漢書·劉向傳』朝臣——。

【齘】 (계) 卦 カイ、はぎしり grind one's teeth ㄒㄧㄝˋ hsieh⁴ (本音「해」)
小篆 草書 ❶이틀계(齒—齒上下相抵處)。『周禮』凡甲衣欲其無—。❷이갈릴계(切齒怒)。

五 畫

【齕】 (흘)『齕』(齒部 3畫)의 本字

【䶡】 (잠) 陷 タン、はをぬく pull out a tooth
……(切齒)。

❶이드러날포(齒露)。 ❷[中字]어금니포(一牙)。 文幺 p'ao²

【⿰齒史】(사) 紙 シ、はがよい have good teeth
이고울사(齒好)。

【齚】㊀(색) 陌 サク、かむ ㊁(책) 陌 bite
草書 ㊀물색、씹을색(齧也)。[史記]魏其內愧必杜門一舌自殺。
(『齰』과 같음) ㊂뜻은 ㊀과 같음。

【⿰齒出】㊀(술) 質 シツ、かむ ㊁(질) 質 chew
小篆 ㊀❶씹을술 물어서 들래는 이술(齛物而外露之齒)。❷무는소리술(齧聲)。 ㊁뜻은 ㊀과 같음。

【齜】㊀(차) 佳 シ、はぎしり second dentition ㊁(재) 佳 ㄗ tzū
小篆 ㊀❶이갈김차(始毀齒)。❷이드러날차(齒露貌)。❸뻐드렁이차(齒列不正)。 ㊁뜻은 ㊀과 같음。

【⿰齒立】(립) 緝 リュウ、かむ gnaw
깨물립(噬堅物聲)。

【齡】(령) 青 レイ、よわい、とし age カㄧㄥ ling²
小篆 草書 나이령(年也)。

【⿰齒巨】(거) 語 ク、はぐきはれる have soft gums
小篆 잇몸무를거(齗不固曰一)。

【齞】 一ㄢ yen⁴
小篆 草書 이드러날언(齒露貌)。[宋玉賦]一脣歷齒。

【齞脣:언순】언청이。윗입술 가운데가 째져서 兎口狀처럼 그 사이로 흰 이가 보이는 것。째보。兎脣。[宋玉]其妻蓬頭攣耳、一一歷齒。

【齟】(저) 語 ショ、ソ、くいちがう be discrepant (或音「주」) ㄐㄩ chü³
草書 이어긋날저(一齬、齒不相值)。

【齟齬:저어】❶아래 윗니가 서로 잘 맞지 않음。❷事物이 서로 어긋남。事物이 서로 矛盾됨。

【齟嚼:저작】飮食物을 씹음。咀嚼。

【齠】(초) 蕭 チョウ、みそっぱ second dentition ㄊㄧㄠ t'iao²
草書 이갈초(始毀齒)。[齊王憲碑]未逾一齔已議論天下事。

【齠年:초년】이를 가는 나이。또는 이를 갈 나이의 어린이。齠歲。齠髮。[元稹]憶昔鳳翔城、一一事事榮。

【齠髮:초발】어린이들의 늘어뜨린 머리카락。어린애。[庾信]觀虎於檻、一一不驚。

【齠耋:초질】小兒와 老人。耋은 七○~八○세의 노인。[宗祁]存問一一。

【齠齔:초친】이를 갈 나이의 어린이。七~八세 정도의 어린이。[庾信]未逾一一、已議論天下事。

六畫

【齣】(척) 陌 シャク、くぎり、きり paragraph
草書 귀절척(句絕)。[路史]高則誠琵琶、有第一一第二一。

bite
물예(齧也)。

【⿰齒圭】(애) 卦 アイ、はなみがわるい regular set of teeth
이고르지않을애(齒不齊)。

【齤】(권) 先 ケン、まがりば front teeth that turn in ㄑㄩㄢ ch'üan²
小篆 草書 옥니권(曲齒)。

【齤然:권연】흰 이를 드러내고 웃는 모양。[淮南子·道應訓]若士者、一一而笑曰。

【⿰齒舌】(괄) 曷 カツ、かむおと sound of chewing
小篆 씹는소리괄(齧聲)。

【齦】㊀(간) 阮 コン、ギン、かむ ㊁(간) 潸 bite; chew
小篆 草書 ㊀씹을간、물간(齧也)。[曹成王碑] ㊁잇몸간(齒根)一其姦猖肉。

【齦齦:간간】살짝 웃어보이는 모양。또는 恭讓한 모습。[范注]一一、戲笑之貌也。

【齦齶:간악】岩石의 凹凸이 甚한 모양。[韓駒]我欲踏驚湍、下窮一一石。

【齦割:간할】입으로 물어 뜯어서 씹어 쨈。[郭璞]狍食人未盡、還自一一。

【齧】(설) 屑 ゲツ、かむ bite; gnaw ㄋㄧㄝ nieh⁴ (古音「얼」)
小篆 草書 깨물설、씹을설(噬也)。[禮記]毋一骨。

【齧殺:설살】깨물어 죽임。[漢書]或縱狼令一一之。「大小、連相一一。

【齧噬:설서】깨물음。噬齧。[論衡]他物

【齧鐵:설철】불가사리。

【齧齒類:설치류】《動》哺乳類中의 한 目。쥐나 토끼처럼 물건을 깨물어 먹는 食動物。

小篆 ❶어금니구(臼齒)。❷여습된 말구(馬八歲)。

【齩】(교) 巧 ゴウ、かむ biting; gnaw 一ㄠ yao³ (古音「요」)
小篆 草書 뼈깨물교、물교(齧骨)。[漢書]易子而一其骨。

【齩齧:교설】씹어 깨물음。[蘇軾]我貧如飢鼠、長夜空一一。

【⿰齒并】(병) 庚 ヘイ、いときりば eye-teeth
통니병(並齒)。[春秋]武王一齒。

七畫

【⿰齒告】(곡) 沃 コク、ぞうげをおさむ refine the ivory
상아다룰곡(治象牙)。

【齪】(착) 覺 サク、ソク、こせつく worry narrow minded ㄔㄨㄛ ch'uo⁴
草書 ❶악착할착(齷一、急促局陋貌)。[史記]委瑣握一。❷이 마치는 소리착(齒相近聲)。

【⿰齒足】(착)『齪』(前條)과 같음

【⿰齒夾】(협) 洽 キョウ、まがりば front teeth that turn in
❶옥니협、옥니배기협(曲齒)。❷덧니배기협(齒重)。

【齹】(차) 歌 麻 サ、はのくいちがい be discrepant
小篆 이어긋날차(齒差跌貌)。

【齫】(곤) 阮 グン、はがうく (of a tooth) uneven
草書 이솟을곤(一齳、齒起貌)。[荀子]一然而齒墮矣。

【齫然:곤연】이가 빠지는 모양。또는 이

가 없는 모양。【荀子·君道】以爲好麗邪、則夫人行年七十有二、ㅣㅣ而齒墮矣。

【齫齳：곤운】이가 숫음。【廣韻】ㅣㅣ、齒起貌。

【齬】(어) 魚 ギョ、ゴ、くいちがう ㄩˇ yü³ be discrepant 이어긋날어(齟ㅣ、齒不相値)。

八畫

【⿰齒卒】(졸) 月 ソツ、かむ、かじる chew 씹을졸(齧也)。

【⿰齒臽】(함) 陷 カン、はぎしり gnash the teeth 이갈함(切齒)。

【齮】(기) 紙 ギ、かむ bite (俗音「의」) 물기、씹을기(ㅣ齕、齧也)。【史記】秦得志ㅣ齕用事者墳墓矣。

【齮齕：기흘】❶서로 씹음。❷서로 미워하고 싫어함。【漢書】秦復得志於天下、則ㅣㅣ用事者墳墓矣。

【齯】(예) 齊 ゲイ、ジ、みずは old man's teeth 노인 이다시날예(老人齒落更生)。【爾雅】黃髮ㅣ齒壽也。

【齱】㊀(족) 尤 ㊁(추) 尤 シュウ、くいちがう irregularly-set tooth ㊀덧니날족(齒重生)。【漢書】握ㅣ好苛禮。㊁충치

【齰】㊀(색) 陌 ㊁(책) 陌 サク、サ、かむ bite ㊀물색 씹을색(齧也)。【漢書】鄧通常爲上ㅣ癰。㊁뜻은 ㊀과 같음。

【⿰齒宜】㊀(의) 支 ㊁(애) 佳 キ、ガイ、いぐち show one's tooth ㊀이드러날의(齒露貌)。㊁뻐드렁니애(突出齒貌)。

九畫

【⿱咸齒】㊀(감) 咸 ㊁(암) 咸 ㊂(겹) 洽 カン、ゲン、かむ chew (或音「협」) ㄐㄧㄚˊ chia² ㊀❶씹을감(齧也)。❷입에 넣고 씹지 않을감(口持不齧)。㊁이가 높은 모양암(齒高貌)。㊂❶씹는 모양겹(齧咋貌)。❷씹는소리겹(唯聲)。❸이가 굽게날겹(齒曲生貌)。

【齲】(우) 麌 ク、ウ、むしば decayed tooth (古音「구」) ㄑㄩˇ ch'ü³ 너리먹을우、충치우(齒病)。【史記】齊中大夫病ㅣ齒。

【齲齒：우치】벌레가 파먹은 것처럼 구멍이 생긴이。【史記】太倉公治齊中大夫病ㅣㅣ。

【⿰齒各】(가) 禡 カ、でたそっぱ ducktooth 뻐드렁니가(突出齒)。

【齵】(우) 虞 尤 ゴウ、グ、やえば irregularly-set tooth ㄡˊ ou² 又 ❶덧니날우(齒重生齒不正)。❷뻐드렁니우(齒偏)。

【齵齒：우치】이 옆에 따로 겹쳐 나온 이。「덧니」。【荀子·君道】天下之變、境內之事、有弛易ㅣㅣ者矣。

【齳】(운) 吻 グン、ぬける pull out a teeth ㄩㄣˇ yün³ 볼오므라질운、이없을운(無齒)。

【齴】(언) 銑 ゲン、あらわれる show one's tooth 이드러날언(齒露)。

【齶】(악) 藥 ガク、はぐき gum ㄜˋ ê⁴ 잇몸악(齒齶)。

【齷】(악) 覺 アク、こせつく narrow-minded; worry ❶악착할악、속좁을악(ㅣ齪、迫也)。❷이마치는소리악(齒相近聲)。

【齷齪：악착】이가 잘다는 뜻。《轉》㉠도량이 매우 좁음。㉡조그만 일에 끈기 있고 모질음。㉢잔인하고 깜짝스러움。

促。握齪。【鮑照】小人自ㅣㅣ。

【齷齪熱：악착열】人體에 치미는 더위。六月頃의 무더운 暑熱。

【⿰齒舌】(잡) 洽 ソウ、うごく shake 이흔들릴잡(齒動)。

十畫

【齸】(익) 陌 エキ、はんすうする ruminate 사슴새김질할익(麋鹿呑芻而反出嚼)。

【⿸尸齒】(절) 屑 セツ、はのくいちがい be discrepant

【⿱差齒】(차) 歌 サ、くいちがう irregularly-set tooth ❶이고르지못할차(齒不正)。❷이뿌리차(齒本)。

【齹】(차)『⿱差齒』(前條)와 같음

【⿰齒豈】(애) 灰 ガイ、はのくいちがい molar 어금니애(牙也)。

【齺】㊀(착) 覺 ㊁(추) 尤 シュウ、あいあう close tooth ㊀이촘촘할착(齒相近貌)。㊁이부러질추(齒㨨)。

【⿰齒尃】(박) 藥 ハク、かむ gnaw 단단한것씹을박(噍堅又噍聲)。

【齻】(전) 先 テン、いときりば wisdom tooth ㄉㄧㄢ tien 사랑니전(男子二十四歲、女子二十一歲ㅣ牙生)。

【⿰齒倉】(창) 陽 ショウ、やえば bucktooth (本音「장」) 덧니창(齒旁小齒)。

【⿰齒害】(개) 卦 カイ、はぎしり gnash the teeth 자며 이갈개(睡中切齒聲)。

十一畫

【⿰齒匿】(닉) 職 ジョク、はいたみ toothache 이앓을닉(齒痛)。

【⿰齒虘】(자) 麻 シヤ、はのくいちがい be discrepant (本音「차」) 이어긋날자(不相値、齒不正)。

【⿰齒虘齬：자어】이가 맞지 않음。어긋남。

【齰】(책) 陌 bite; chew (「색」)
❶이서로맞을책(齒相値)。❷씹을책(齧也)。

十二畫

【齳】(운) 吻 ブン、ぬける pull out a teeth
분오므라질운(無齒貌)。

【𪘏】(은) 吻 ギン、わらう laugh
웃을은(笑也)。

【齫】(간) 諫 カン、かむ chew
씹을간(齧貌)。

十三畫

【齼】(조) 語 ショ、はいたみ toothache
이다쳐곱을조(齒傷酸)。『曹茶山詩』孤岸微ㅣ遠山蹙。

【齽】(잠) 感 サン、ぬける pull out a teeth
이없을잠(ㅣ齺、無齒無牙)。

【齸】(금) 沁 キン、まがりば teeth
옥니금(鉤齒內曲謂之ㅣ)。

十四畫

【齍】(제) 霽 セイ、かむ chew
❶씹을제(齧也)。❷이가지런할제(齒齊不齵)。

【齾】(찰) 黠 サツ、はがするどい sharp-toothed
❶이가 날카로울찰(齒利)。❷모래가 섞일찰(磣也)。

十五畫

【[illegible]】(랄) [illegible] sound of chewing
씹는소리랄(齧也)。

二十畫

【齞】㊀(엄) 豔 ゲン、よいさま
㊁(암) 感 good
㊀❶좋은 모양엄(好貌)。❷이가 어긋날엄(齒差)。㊁이가 높을암(齒高)。

【齾】(알) 黠 ガツ、かけば (of vessel) break off
小篆 ❶그릇 이빠질알(器缺)。❷이 이지러질알(齒缺)。❸짐승 턱찌끼알(獸食餘)。

【齾齾:알알】參差起伏의 모양。『劉克莊』君不見高城ㅣㅣ如魚鱗。

龍 部

【龍】㊀(룡) 腫 リュウ、ロウ、
㊁(룡) 冬 りゅう、たつ
㊂(방) 江 dragon

小篆 草書 ㊀❶용룡(鱗蟲長能幽能明能細能巨能短能長春分而登天秋分而潛淵 想像上神靈動物)。『廣雅』有鱗曰蛟ㅣ有翼曰應ㅣ有角曰虬ㅣ 無角曰螭ㅣ未升天曰蟠ㅣ。❷귀신이름룡(神名、燭ㅣ)。❸별이름룡(星名、蒼ㅣ)。❹말이름룡(馬高八尺曰ㅣ)。❺임금님룡(天子事物之用語、ㅣ顏、ㅣ駕)。㊁두덕룡(田中高處龍同)。『孟子』有私ㅣ斷焉。㊂잿빛방(黑白雜色)。

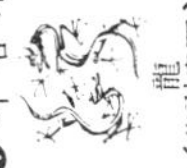
龍 (四略書圖引蒙解)

【龍舸:용가】임금이 타는 큰 배。『李白』濯錦淸江萬里流、雲帆ㅣㅣ上揚州。

『楚辭』ㅣㅣ兮帝服。

【龍歌鳳笙:용가봉생】맑은 노래와 아름다운 풍류를 가리킴。

【龍骨:용골】❶용의 뼈。❷船舶 바닥에 있는 배 골이 되는 梁材。키르。

【龍骨突起:용골돌기】《動》鳥類의 胸骨에 있는 돌기。날개를 움직이는 근육이 붙어 있는 부분。

【龍光:용광】❶임금의 恩惠。恩德。『詩經』旣見君子、爲龍爲光。❷옛날의 名劍인 龍泉劍의 빛。

【龍交椅:용교의】용의 형상을 새긴 임「금의 교의。

【龍宮:용궁】海中에 있어 龍王이 산다고 하는 宮殿。『錄異記』人ㅣㅣ得水仙矣。

【龍葵:용규】《植》까마중이。

龍葵 (三才圖會)

【龍忌:용기】불 때는 것을 禁忌하는 날。『後漢書·』太原一郡、舊俗以介子推焚骸、有ㅣㅣ之禁、士民每冬中、輒一月寒食、莫敢煙爨。

【龍旗:용기】❶天子의 旗。두 마리의 용이 서로 얽힌 모양을 수놓아 만든 旗。文龍旗。❷龍모양을 그린 旗。❸唐代의 朱雀隊의 旗。❹清朝의 國旗。

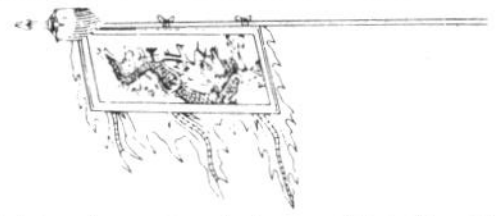
龍旗 (三才圖會)

【龍女:용녀】용궁에 산다는 선녀。『梅堯臣』畫師枕工相整衣、ㅣㅣ廟中來宰稀。

【龍腦香:용뇌향】용뇌수로부터 採取한 무색무명의 板狀結晶。口腔劑·防蟲劑·薰香따위에 씀。

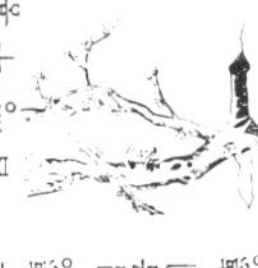
龍腦香 (三才圖會)

【龍德:용덕】뛰어난 德。임금의 德。『後

子曰、ㅣㅣ而隱者也。

【龍頭:용두】❶용의 머리。『梁顥』也知年少登科好、爭奈ㅣㅣ屬老成。❷투구나 旗 위에 장식하는 용의 머리 모양의 물건。❸科擧試驗의 首席 及第者。壯元。

【龍頭蛇尾:용두사미】용의 머리와 뱀의 꼬리。《喩》시작은 좋은데 나중은 나빠짐。처음은 왕성하나 나중은 떨치지 못함。

【龍頭會:용두회】壯元한 사람들이 모이던 회。

【龍淚:용루】임금이 흘리는 눈물。

【龍鱗甲:용린갑】용의 비늘 모양으로 비늘을 달아 만든 갑옷。

【龍馬:용마】❶힘이 세고 뛰어나게 훌륭한 말。駿馬。龍駒。❷中國 古代 傳說上의 聖王인 伏羲 때 黃河에서 八卦圖를 등에 지고 나타났다는 神馬。❸늙었어도 아직 身心이 健壯한것。『李郢』四朝憂國鬢如絲、ㅣㅣ精神海鶴姿。

龍魚 (古今圖書集成)

【龍媒:용매】❶좋은 말。駿馬。龍馬。❷지렁이의 別名。土龍。『庾信』夾道畫ㅣㅣ。

【龍夢:용몽】용꿈。용꿈을 꾸면 좋은 일이 있을 조짐이라 함。

【龍文:용문】❶용의 무늬。❷좋은 말(馬)。駿馬의 이름。《轉》장래가 유망한 어린이。神童。『北齊書·楊愔傳』已是我家ㅣㅣ。❸문장이 웅건한 것。「龍文。

【龍紋:용문】용을 그린 五色의 무늬。

【龍紋席:용문석】용의 무늬를 놓아 짠 돗자리。

【龍尾:용미】❶용의 꼬리。❷무덤의 분상 뒤를 꼬리처럼 만든 자리。❸《天》별

이름。二十七宿의 하나。『左傳』丙之晨、――伏辰。「을 가리킴。

【龍尾鳳湯:용미봉탕】 맛이 좋은 음식

【龍尾車:용미차】 灌漑用具의 이름。圓筒의 中心에 둥그런 나무의 굴대가 있으며、이를 돌려 물을 퍼 올림。

龍尾車
(農政全書)

【龍蟠鳳逸:용반봉일】 《喩》非凡한 재주를 갖고 있으면서도 그 뜻을 이루지 못하는 것。

【龍鳳:용봉】 용과 봉황。《喩》뛰어난 人物。『南史』王家門中、優者――、劣猶虎豹。

【龍鳳大幕:용봉대막】 =龍鳳帳殿。

【龍鳳帳殿:용봉장전】 용과 봉의 형상을 아로새긴 임시로 꾸며 놓은 御座。

【龍鳳錢:용봉전】 貨幣의 이름。龍과 鳳凰모양이 새겨진 것。

龍鳳錢
(三才圖會)

【龍飛鳳舞:용비봉무】 용이 날고 봉황이 춤춤。《喩》山形의 靈妙함을 일컬음。『蘇軾』天目之山、 水出焉――、 萃於臨安。

【龍飛御天歌:용비어천가】 李朝 世宗때 王命으로 權踶·鄭麟趾·安止 등이 지음。李朝 創業을 찬양한 노래。一二五章。詩歌 및 古語研究의 귀중한 資料。

【龍蛇飛騰:용사비등】 《喩》용이 움직이는 것 같이 아주 活氣 있는 筆力。

【龍床:용상】 임금이 앉는 平床。龍平床。

【龍象:용상】 智德이 높은 중을 죽은 뒤에 일컬음。『維摩經』菩薩勢力、譬如――。

【龍扇:용선】 天子의 儀仗。

雙龍扇
(大清會典圖)

【龍舌蘭:용설란】 石蒜科에 딸린 다년생 상록 풀。잎은 식물의 원료。葉液은 술의 원료로 씀。

【龍沼:용소】 폭포가 떨어지는 바로 밑「에 있는 웅덩이。

【龍孫:용손】 ❶竹筍의 別名。대의 한 가지。『東齋紀事』辰州有一種小竹、曰――竹。❷좋은 말。駿馬。

【龍首:용수】 ❶龍의 머리。❷壯元及第한 사람。❸投壺에 쓰이는 화살을 넣어 두는 그릇。

投壺龍首
(投壺新格)

【龍鬚:용수】 ❶용의 수염。❷임금의 수염。『滸傳』聞知――不安。

【龍鬚鐵:용수철】 《國》나사 모양으로 되어 누르면 내려가고 놓으면 原狀으로 올라가는 쇠。스프링。

【龍神:용신】 =龍王。『白居易』不知――享幾多、林鼠山狐長醉飽。

【龍神祭:용신제】 유월 유둣날에 용신에게 풍작을 빌고자 지내는 제사。

【龍眼:용안】 《植》무환수科에 속하는 常綠喬木。中國 南部의 原產으로 그 열매는 食用 또는 藥用。『後漢書』舊南海獻――荔枝。

龍眼
(三才圖會)

【龍顏:용안】 임금의 얼굴。天顏。『史記』高祖爲人、隆準而――。

【龍眼肉:용안육】 龍眼 열매의 살。緩

【龍躍騵:용약원】 온 몸이 붉은데 갈기와 배만이 검고 흰 말。

【龍驤麟振:용양인진】 용처럼 솟아 오르고 기린처럼 휘두름。《喩》勢威가 떨침。『晋書』鄧艾受命忘身、――、前無堅敵。

【龍驤虎視:용양호시】 용이 솟아 오르고 호랑이가 노려 봄。《轉》뜻이 遠大함。『蜀志』亮之素志、進欲――苞括四海。

【龍魚:용어】 ❶怪魚의 이름。잉어를 닮았고 머리에 뿔이 하나 났음。❷너구리와 비슷한 짐승。❸五色 무늬가 있는 물고기。❹龍과 비슷하여 수염이 많으며 뼈가 없는 물고기。

❶ 龍魚
(古今圖書集成)

❹ 龍魚
(三才圖會)

【龍馭:용어】 임금의 죽음。龍馭賓天。『錢起』聖情蘇品物、――闢雲雷。

【龍髥:용염】 ❶용의 구레나룻。❷임금의구레나룻。『史記』鼎既成、有龍垂胡髥、下迎黃帝、黃帝上騎、小臣不得上、乃悉持――、髥拔。

【龍王:용왕】 龍宮의 임금。龍神。『北史』波知國在鉢和西南、大池有――。

【龍子:용자】 ❶용왕의 아들。❷도마뱀。『古詩』四角――幡。

【龍潛:용잠】 임금이 될 사람의 아직 即位하기 전을 일컬음。潛龍。『任昉』臣早奉――。

【龍簪:용잠】 《國》용의 머리 형상을 새긴 「비녀。

【龍章:용장】 ❶용의 무늬。❷뛰어난 용모。『禮記』旂十有二旒、――而設日月、以象天也。

【龍節:용절】 ❶周代에、澤

龍節
(三才圖會)

쓰던 符節。金으로 龍의 形像을 본떠 만들었음。❷使臣이 가진 符節。

【龍祭:용제】 가물 때에 龍王에게 비를 비는 제사。

【龍種:용종】 ❶뛰어나게 좋은 말。駿馬。龍駒。❷임금의 子孫。❸어린 아이。『李商隱』寄人――瘦、失母鳳雛痴。

【龍鍾:용종】 ❶늙고 병든 모양。❷눈물을 흘리는 모양。❸실망하는 모양。❹대의 別名。『白居易』莫問――惡官職。

【龍準:용준】 높은 코。높은 콧마루。隆準。『梁簡文帝』蛇軀――、作樂垂衣。

【龍罇:용준】 용을 그린 술그릇。

【龍湫:용추】 폭포가 떨어지는 바로 밑에 있는 웅덩이。龍沼。『樓鑰』北上太行東禹穴、雁蕩山中最奇絕、――壹派天下無、萬衆贊揚同一舌。

【龍平床:용평상】 임금이 앉던 평상。

【龍袍:용포】 天子가 입던 正服。黃色이나 赤色의 비단으로 지으며、가슴과 두 어깨에 발톱이 다섯 개 달린 龍의 무늬를 금실로 둥글게 수 놓았음。袞龍袍。

【龍虎:용호】 용과 호랑이。《喩》㉠강하고 뛰어난 것。㉡실력이 비슷한 두 사람의 뛰어난 영웅을 竝稱하는 말。㉢문장이 뛰어난 것。㉣道家의 말로서 水火를 일컬음。『蘇軾』鼎中――黃金賤。

【龍虎相搏:용호상박】 용과 호랑이가 서로 싸움。두 사람의 强者가 서로 勝敗를 다투는 것。

【龍華教:용화교】 《宗》흠치교 계통의 한 「파。

【龍喉:용후】 =內相。

三畫

【龐】 ㊀(롱) 東 ロウ、ホウ、みだれる confused ㊁(룡) 冬 ㊂(방) 江

小 草 ㊀충실할 롱(――充實)。

貌。〖書經〗不和政ㅣ。❷높은집방(高屋)。❸성방(姓也)。

【龐德公:방덕공】《人》後漢末의 隱者。襄陽 사람。劉表가 여러 번 불렀으나 응하지 않고 妻子와 함께 일생을 鹿門山에서 마쳤음。

【龐錯:방착】 뒤섞임。龐雜。〖唐書〗汴州水陸都會、俗ㅣㅣ、號難治。

【龐統:방통】《人》三國鼎立時代의 蜀漢의 정치가。字는 士元。諡는 靖、襄陽 사람。諸葛亮과 함께 劉備를 섬겨 重用됨。

【龐龐:농롱】 살찐 모양。충실한 모양。

【龏】(공) 冬 キョウ、つつしむ refrain oneself
삼갈공(謹也)。

四 畫

【龑】(엄) 琰 エン、たかくあきらか high and bright ㄧㄢ yen³
草書 높고밝을엄(高明貌)。

六 畫

【龓】(롱) 東 ロウ、たもつ possess ㄌㄨㄥ lung²
小篆 草書 ❶말탈롱(乘馬)。❷끌롱(牽也)。❸가질롱(兼有)。

【龔】(공) 冬 キョウ、つつしむ respectful ㄍㄨㄥ kung¹
小篆 草書 ❶공손할공(恭也)。〖梁元帝檄〗ㅣ行天罰。❷줄공(給也)。❸이바지할공(奉也)。❹성공(姓也)。

【龔遂:공수】《人》漢나라 南平陽 사람。字는 少卿。宣帝 때、官은 水衡都尉에 이름。

龔遂 (古今聖賢圖)

彭城 사람。벼슬이 諫議大夫에 올랐음。王莽이 執權하자 그의 부름에 응치 않고 絕食하여 죽음。〖謝枋得〗天下久無ㅣㅣ潔、人間何獨伯夷清。

【龕】(감) 覃 ガン、かつ、うける take ; win
小篆 草書 ❶취할감(取也)。〖方言〗劉ㅣ南陽。❷이길감(ㅣ暴勝也)。〖謝靈運詩〗ㅣ暴資神理。❸감실감(塔下室)。〖褚遂良書〗久棄塵世與彌勒同ㅣ。

【龕居:감거】 절에 安置함。〖李建勳〗嘗憶曹溪子、ㅣㅣ面碧嵩。

【龕囊:감낭】 물건을 수북히 담은 그릇。

【龕亂:감란】 亂을 鎭定함。

【龕燈:감등】 佛壇의 등불。

【龕像:감상】 佛像을 安置함。龍龕。《轉》佛寺。〖齊己〗香影浮ㅣㅣ、瓶聲著井冰。

【龕室:감실】 ❶신주를 모시어 두는 장。❷닷집。❸성체를 모시는 방。

【龕暴:감폭】 亂暴한 者를 制壓함。糺邪。龕은 戡。戡暴。

十六畫

【龖】㊀(답) 合 ㊁(삽) 合 トウ、とぶたつ flying dragon ㄊㄚ t'a⁴
小篆 ㊀❶나는용답(飛龍)。❷두려워할답(懼貌)。㊁뜻은 ㊀과 같음。

十七畫

【龗】(령) 靑 レイ、たつ dragon
小篆 ❶용령(龍也)。❷신령령(神也)。❸착할령(善也)。

三十二畫

【龘】( ) crawling of a dragon
용이 가는 모양답(龍行)。

龜 部

【龜】㊀(귀) 支 ㊁(균) 眞 ㊂(구) 尤 キ、キュウ、キン、かめ tortoies ㄍㄨㄟ kuei
小篆 古文 草書 ㊀❶거북귀(甲蟲之長外骨內肉天性無雄以蛇爲雄)。〖爾雅〗十ㅣ 一神ㅣ 二靈ㅣ 三攝ㅣ 四寶ㅣ 五文ㅣ 六筮ㅣ 七山ㅣ 八澤ㅣ 九水ㅣ 十火ㅣ。❷본뜰귀(ㅣ鑑)。❸점칠귀(ㅣ卜)。❹별이름귀(星名、天ㅣ)。㊁손얼어터질균(手凍皸瘃)。〖莊子〗宋人有善爲不ㅣ手之藥。㊂나라이름구(西域屬國ㅣ玆)。

龜 (禮器圖)

【龜脚:귀각】 仙人掌의 別名。

【龜殼:귀각】 거북 등 껍데기。龜甲。〖文同〗豚蹄供禱祀、ㅣㅣ問陰陽。

【龜鑑:귀감】 模範。본보기。龜鏡。〖蘇軾〗聚古今之精英、實治亂之ㅣㅣ。

【龜甲:귀갑】 거북 등의 껍데기。여러 가지 병의 약재로 씀。

【龜紐:귀뉴】 손잡이 部分에 거북의 모양을 새긴 印章。

【龜頭:귀두】 ❶=龜趺。❷자지 대가리。

【龜齡:귀령】 거북의 나이。매우 긴 壽命。長壽。鶴壽。〖鮑照〗ㅣㅣ安可獲、岱宗限已迫。

【龜毛:귀모】 거북의 털。《喩》매우 珍貴한 것。〖楞嚴經〗無則同於ㅣㅣ兎角。

【龜毛兎角:귀모토각】 거북의 털과 토끼의 뿔。《喩》있을 수 없거나 아주 없음을 일컬음。

橐駝。❷鳳凰。그 등이 龜卜 모양과 비슷하기 때문임。〖本朝文粹〗ㅣㅣ之音。

【龜背刮毛:귀배괄모】 거북의 등에서 털을 긁음。《喩》될 수 없는 것을 무리하게 구하는 것。

【龜鼈:귀별】 ❶거북과 자라。〖埤雅〗語曰、龜思鼈望、今ㅣㅣ皆隔津望卵。❷남을 업신여김。

【龜卜:귀복】 거북의 등 껍데기를 태워 거기에 나타나는 모양으로 吉凶을 판단하는 점。

【龜趺:귀부】 거북 모양으로 만든 碑石의 받침돌。〖袁桷〗ㅣㅣ負穹石、浮語極褒侈。

【龜船:귀선】 거북선。李朝 宣祖 때 李舜臣이 만든 거북 모양을 한 세계 최초의 鐵甲船。

【龜玉:귀옥】 龜甲과 玉。《轉》귀중한 것。〖論語〗ㅣㅣ毁於櫝中、是誰之過與。

【龜鈕:귀유】 거북 모양을 새긴 印章의 꼭지。龜紐。〖漢官儀〗丞相黃金ㅣㅣ、文曰章。

【龜紫:귀자】 黃金의 印과 紫色의 印綬。高官이 佩用하였음。金紫。〖歐陽修〗ㅣㅣ之重、唐制所難、武元衡·牛僧孺爲宰相、裴度爲中丞、李宗閔爲學士、方有此賜。

【龜鼎:귀정】 큰 거북인 元龜와 禹王 때 鑄造하여 夏·殷·周 三代에 相傳한 九鼎。《喩》임금의 자리。王位。帝位。〖後漢書〗魏武因之遂遷ㅣㅣ。

【龜兆:귀조】 거북의 등 껍데기를 태울 때 나타나는 징조。

【龜州大捷:귀주대첩】《歷》高麗 顯宗 九년(一〇一九) 契丹軍을 격파한 大勝戰。上元帥 姜邯贊이 龜州에서 蕭排押의 軍을 격파함。

【龜板:귀판】 거북의 배 껍데기。학질 따위에 약으로 씀。

【龜貝:귀패】(歷)거북의 등 껍데기와 조개 껍질。古代에 貨幣로 사용했음。『史記』——金錢刀布之幣興焉。

【龜鶴:귀학】거북과 학。모두 오래 사는 動物。《轉》남의 長壽를 축하하여 일컫는 말。『郭璞』借問蜉蝣輩、寧知——年。

【龜筴:귀협】=龜策。『禮記』牲死則埋之、——敝則埋之。

【龜胸龜背:귀흉귀배】안팎 곱사등이。

【龜手:균수】얼어 터진 손。

【龜裂:균열】갈라져 터짐。龜坼。『韓駒』破袖流風手——。

四畫

【⿰龜毛】(조) 蕭 ショウ、けのかざり decoration wool
털치장조(毛飾物)。

【⿰今龜】(감) 勘 カン、かめ tortoise
거북감(龜也)。

【⿰龜冉】一(염) 鹽 二(남) 覃 ゼン、かめのこうのへり margin of a tortoise shell
小篆 一거북껍질의 가염(龜甲邊)。二며느리 발톱있는 거북남(有距龜)。

【⿱龜火】(초) 蕭 ショウ、かめのうらない divine by roasting a tortoise shell
小篆 거북지져점칠초(灼龜卜兆)。

五畫

【⿰冬龜】一(동) 冬 二(종) 東 シュ、かめ tortoise
小篆 一거북의 이름동(龜名)。二뜻은 一과 같음。

【⿰句龜】(구) 寠 ク、かめのたぐい tortoise

【⿰龜虛】(거) 御 キョ、がま toad
두꺼비거(蟾也)。

【⿰秋龜】(추)『秋』(禾部 4畫)의 古字

八畫

【⿰龜敫】(효) 效 コウ、ちじめる dwindle
거북 머리를 움추릴효(龜縮頭也)。

十畫

【⿰龜施】(시) シ、ひきがえる toad
두꺼비시(蟾也)。

十一畫

【⿰龜巂】(휴) 齊 ケイ、おおきいかめ big tortoise
큰거북휴(大龜)。

【⿰龜區】(구) ク、かめがはう crawl
거북이 기어갈구(龜行)。

龠 部

【龠】(약) 藥 ヤク、ふえ flute ㄩㄝ yüeh⁴
小篆 草書 ❶피리약(管—、三孔樂器名)。『詩經』左手執—。❷홉사약(量名容千二百黍)。

【龠合:약합】穀量의 적음。『漢書·律曆志』合龠爲合、十合爲升、十升爲斗、十斗爲斛、而五量嘉矣。

四畫

【⿰龠亢】(약) 藥 ヤク、あおぐ look up (to)

【龡】(취) 支 スイ、ふく exhale ㄔㄨㄟ ch'uei
草書 불취(以氣推發其聲)。『周禮』舞羽—籥。(『吹』의 本字)

【龡籥:취약】피리를 불음。『周禮·春官·籥師』籥師、掌敎國子舞羽龡—。『注』文舞有持羽吹籥者、所謂籥舞也。

五畫

【龢】(화) 歌 カ、ワ、やわらぐ harmonious
小篆 草書 ❶세피리화(小笙)。❷화할화(和也)。(『和』의 古字)

【龢囉:화라】音이 서로 뒤섞인 모양。音의 調和。『王褒·洞簫賦』行鍖鉒以和囉。『注』善曰、——相雜貌。

【龢驩:화환】宮殿 이름。『張衡』於南前殿靈臺、——安福。『注』綜合、——·安福、二殿名。

八畫

【⿰炊龠】一(취) 支 二(취) 寘 スイ、がくをならす play
小篆 一二 ❶악기를 불취(音律管壎之樂)。❷『吹』와 같음。

九畫

【⿰龠賓】(비) 寘 ヒ、おきてがやぶれる become lawless
법이 무너질비(法敗貌)。

【⿰龠音】(암) 陷 アン、ひくいこえ low sound
낮은 소리암(下聲)。(『諳』과 같음)

【龥】(유) 遇 ユ、ヤク、よぶ shout; cry ㄩ` yü⁴
草書 ❶부르짖을유(疾首號呼)。『書經』無辜—天。❷화할유(和也)。

【龥號:유호】소리쳐 부름。『柳宗元』上下蒙冒、——不聞。

【龤】(해) 佳 カイ、がくのしらべ be harmonized ㄒㄧㄝ' hsieh²
小篆 노래의 가락이 조화될해(樂龢)。(『諧』와 같음)

十畫

【⿰龠虒】(치) 支 チ、ふえ flute
小篆 或體 피리치、저치(如篪·笛管樂)。『楚辭』鳴—兮吹竽。

— 끝 —

字音索引

【苣】一二九三 【莒】一三〇四 【蕖】一三一三 【藘】一三二四 【蘧】一三四五 【虡】一三五一 【蚷】一三五四 【蜛】一三五八 【蟝】一三六七 【袪】一三八五 【裾】一三九〇 【𧝬】一三九五 【襷】一三九六 【𦨖】一四〇九 【詎】一四二〇 【詓】一四二二 【豦】一四五五 【距】一四八五 【踞】一四八九 【躆】一四九四 【車】一四九七 【𨏊】一五二一 【遽】一五四五 【醵】一五六八

【鉅】一五八二 【鋸】一五八九 【鐻】一六〇二 【阹】一六二三 【駏】一七一五 【𩞧】一七二八 【鮔】一七四八 【鶋】一七六三 【鸆】一七六八 【𪌊】一七七六 【麮】一七七六 【𪌂】一七七六 【貗】一七八二 【鼁】一七八八 【𪗋】一七九七 【𪓰】一八〇二

걱

【巪】四七二

건

【乾】四三 【件】七四 【健】一一五

【僆】一二四 【囝】三〇四 【巏】四六三 【巕】四六五 【巾】四七二 【建】五〇四 【愆】五六二 【揵】六一八 【搴】六一九 【攓】六二三 【攐】六二五 【攑】六四四 【攓】六四四 【旔】六七六 【楗】七五六 【榩】七六〇 【櫶】七七〇 【毽】八一〇 【犍】九四四 【犍】九四七 【睷】一〇五四 【破】一〇七五 【筋】一一二七 【腱】一二二四

【虔】一三四八 【褰】一三九三 【𧞫】一三九六 【𧟌】一三九七 【僊】一四三四 【謇】一四三九 【譴】一四五〇 【蹇】一四八一 【𨂂】一四九〇 【鍵】一五九三 【𨼇】一六三七 【鞬】一六七一 【騫】一七二〇 【鶱】一七三九

걸

【乞】四三 【乬】四三 【偈】一一三 【傑】一一九 【嵥】四六二 【担】六〇四 【揭】六二八 【朅】七〇七

【杰】七〇七 【桀】七四三 【榤】七六〇 【气】八二三 【渴】八七〇 【滐】八七九 【竭】一一一三 【芞】一二八六 【藒】一三三九 【𧼯】一四八二

검

【俭】一一 【儉】一二 【劍】一九 【劒】一九 【劔】一九 【岒】四五四 【扗】五五四 【撿】六三九 【檢】七七五 【瞼】一〇五七 【臉】一二三九 【臉】一二三九

【芡】一二八七 【鈐】一五八〇 【鉗】一五八二 【鹼】一七一一 【黔】一七八三

겁

【刦】一八六 【刧】一八六 【劫】二〇三 【厺】三二五 【怯】五四四 【拾】六一〇 【砝】一〇六七 【笈】一一二六 【胠】一二四三 【蜐】一三五八 【衱】一三八二 【袷】一三八五 【跲】一四八六 【鉣】一五八三 【鮁】一七四四 【䲧】一七六〇

것

【喆】二七

게

【偈】一一三 【卟】一三〇 【垍】三一四 【愒】五六四 【憇】五七四 【憩】五七七 【揭】六二八

격

【假】一二 【嗝】二九〇 【墼】三三九 【㝯】四一九 【愅】五六二 【㦸】五八七 【挌】六二二 【𢫬】六二八 【𢷒】六三三 【搹】六三三 【撽】六三八 【擊】六三九

【敋】六六八 【格】七四一 【㭘】七五五 【槅】七六三 【檄】七七四 【欯】七八三 【毄】八〇四 【毄】八〇四 【湨】八七四 【激】八九五 【燩】九三〇 【狊】九五一 【䈡】一一四〇 【絡】一一七七 【繳】一一九八 【膈】一二五五 【珞】一二七〇 【茖】一二九七 【虢】一三五一 【覡】一四〇三 【觡】一四〇九 【諽】一四三八 【謥】一四四五 【趗】一四七九

【轚】一五二 【𨑹】一五一九 【郹】一五五四 【闃】一六一七 【隔】一六三五 【骼】一七一七 【鬲】一七二八 【𩴵】一七四二 【𩹷】一七五〇 【鴃】一七五七 【鵅】一七六〇 【鵙】一七六二 【鶪】一七六四 【𪔭】一七九〇

견

【俔】九八 【堅】三二〇 【孯】四〇〇 【𢇍】四二九 【肩】四四六 【岍】四五六 【巜】四六六 【𢎘】四六七

【开】四八九 【栞】四九〇 【悁】五五〇 【㤼】五五五 【㥏】五六七 【掔】六二〇 【撁】六三五 【旽】六八一 【晵】六九四 【枅】七三九 【樫】七六八 【汱】八二三 【汧】八四二 【涀】八五三 【牽】九四六 【犬】九四九 【犭】九四九 【狷】九五四 【獧】九六二 【𤭛】九八八 【甄】九八八 【𤰝】九九九 【甽】一〇〇〇 【𤰝】一〇〇〇

【䀥】一〇〇〇 【睊】一〇五一 【稩】一一〇一 【筧】一一三三 【絹】一一七七 【縳】一一九二 【縴】一一九二 【繭】一一九七 【繾】一一九九 【罥】一二〇四 【羂】一二〇七 【繯】一二〇八 【肩】一二三九 【臤】一二六一 【蚈】一三五六 【蜎】一三五八 【豎】一三六〇 【𧓍】一三七一 【襺】一三九六 【見】一四〇二 【詃】一四二〇 【譴】一四四六 【豣】一四五五 【獧】一四五六

【趼】一四八七 【遣】一五四一 【鄄】一五五五 【鈃】一五八六 【鋻】一五八九 【雃】一六四三 【𩏂】一六七三 【𩞄】一七〇六 【鰹】一七五二 【鵳】一七五九 【鳽】一七五九 【鵑】一七六〇 【鶣】一七六二 【麉】一七七三 【䴊】一七七六

결

【僪】一一八 【决】一六八 【㓗】一七二 【契】三六七 【𡙇】三六九 【弡】五〇九 【抉】五九九

【拮】六〇八 【𣦰】七九九 【臬】八〇七 【決】八二四 【潔】八八九 【炔】九〇七 【玦】九七二 【眏】一〇四五 【䀗】一〇四七 【𥛚】一〇九一 【𥞊】一一〇四 【突】一一一三 【紇】一一五八 【紒】一一六二 【䊻】一一六六 【結】一一七一 【絜】一一七四 【缺】一二〇一 【缺】一二〇二 【肤】一二二八 【䐹】一二五八 【芵】一二九〇 【蚗】一三五三 【袺】一三八五

【觖】一四〇九 【𧤏】一四一二 【觼】一四一三 【訣】一四一七 【赽】一四七八 【趹】一四八三 【遻】一五三〇 【鈌】一五八〇 【鍥】一五九三 【鐍】一五九四 【闕】一六一八 【闋】一六一九 【䧐】一六四〇 【駃】一七一四 【䩑】一七三三 【髻】一七三四 【魝】一七四四 【鴂】一七五七

겸

【傔】一一九 【兼】一六二 【嗛】二八九 【嬐】三九五

躩 一四九五　郭 一五五三　钁 一六〇五　霍 一六五五　鞟 一六七〇　鞹 一六七一　[illegible] 一七三三　鶉 一七七〇

관

丱 三四　串 三四　倌 一〇六　冠 一六六　卝 二三九　官 四〇八　寛 四二三　寬 四二八　權 四四二　[illegible] 四九二　悹 五五五　慣 五七一　摜 六二三　擐 六四〇

攌 六四五　棺 七三三　[木關] 七六二　欵 七六四　歀 七六五　款 七六五　毌 八〇五　盌 八三八　涫 八五六　灌 九〇三　爟 九三三　琯 九七八　瑻 九八二　瓘 九八五　痯 一〇一五　瘝 一〇一七　盥 一〇三九　矔 一〇五八　祼 一〇八八　窤 一一一六　窾 一一一八　筦 一一二三　管 一一三六　綰 一一八二

綸 一一八三　罐 一二〇二　舘 一二七六　莞 一三〇五　菅 一三〇六　[艹款] 一三三三　观 一四〇二　観 一四〇五　觀 一四〇六　貫 一四六三　輨 一五〇六　遦 一五四一　錧 一五九一　[金款] 一五九八　鑵 一六〇四　関 一六一五　關 一六一九　雚 一六四五　館 一七〇五　髖 一七二九　鱹 一七五四　鸛 一七七〇

괄

佸 八九　刮 一八七　劀 一九七　𠯑 二六二　恝 五四七　懖 五八〇　括 六〇八　栝 七三九　檜 七七五　活 八四三　[瓜舌] 九八六　䀨 一〇四九　筈 一一三〇　聒 一一三七　苦 一二九八　[足舌] 一四八六　适 一五三三　闊 一六一五　[面舌] 一六六六　頢 一六八三　颳 一六九四　䯏 一七二七　髺 一七三四　鬠 一七三六

鴰 一七九九　[illegible] 一七九七

광

侊 九一　俇 九七　光 一四〇　劻 二〇四　匡 二二六　呈 二六五　壙 三四一　広 四九二　廣 五〇一　徍 五二四　恇 五四六　[狂心] 五五一　懬 五八一　懭 五八一　撗 六二六　擴 六四三　[日兄] 六八五　曠 七〇一　桄 七四三　框 七四三

洸 八四三　炛 九〇六　爌 九三三　[illegible] 九三三　狂 九五〇　獷 九六三　珖 九七三　眶 一〇五〇　矌 一〇五八　磺 一〇七八　礦 一〇七九　穬 一一一〇　筐 一一三三　絖 一一七四　纊 一二〇〇　胱 一二四五　[illegible] 一二六二　[illegible] 一二六三　[言王] 一四一八　誆 一四二六　誑 一四二七　[足匡] 一四八五　[足廣] 一四九四　[illegible] 一五〇二

迋 一五一七　逛 一五二八　鄺 一五五九　鉱 一五八一　鑛 一六〇三　鵟 一七六一　黈 一七八〇　黋 一七八〇

괘

卦 二三〇　叏 二四三　咼 二七三　挂 六一〇　掛 六[illegible]　枴 七三三　楇 七五五　歄 七八七　[穴卦] 一一一六　絓 一一七三　罣 一二〇四　罫 一二〇五　肐 一二四〇　褂 一三九〇

詿 一四二六　[illegible] 一四五七　鮭 一七九三

괴

乖 三八　傀 一一八　儈 一三一　[亻褱] 一三四　凷 一七四　匱 二一三　喟 二八五　嘳 二九四　塊 三三三　壊 三四〇　壞 三四一　[illegible] 三五一　媿 三八九　[山果] 四五八　嵬 四六二　巜 四六六　廥 五〇一　怪 五四四　愧 五六七

拐 六〇五　擓 六四〇　攰 六四七　[illegible] 六六二　旝 六七七　會 七〇六　桅 七四三　槐 七六三　欳 七八四　泾 八二八　瑰 九八一　癐 一〇二〇　磈 一〇八〇　[禾會] 一一〇九　脫 一二五一　菲 一三〇七　蔽 一三一六　蒯 一三三三　蕢 一三三三　襘 一三九五　顝 一六八七　[食會] 一七〇八　騩 一七三〇　[illegible] 一七四一

괵

剨 一九四　嘓 二九二　敋 六五二　[氵虢] 八九九　聝 一二三〇　膕 一二五六　虢 一三五一　[走蒦] 一四八二　[身國] 一四九七　馘 一七一〇　[首國] 一七一〇

굉

卝 三九　厷 一三九　宏 四〇七　汯 八三三　浤 八四七　渹 八七一　硡 一〇七一　[穴厷] 一一三三　紘 一一六三

耾 一二三七　肱 一二三九　[舟光] 一二四二　觵 一四一三　訇 一四一四　[車厷] 一五〇一　轟 一五二二　鍠 一五九二　鍧 一五九三　閎 一六一三　鞃 一六六八　[米黃] 一七七六

교

丂 八　交 五六　佼 八九　僑 一二六　儌 一三一　[illegible] 一六六　劭 二〇三　咬 二七一　咮 二八〇　[illegible] 二八六

嘂 二九一　嘄 二九一　嘐 二九二　嘺 二九四　噭 二九六　[illegible] 二九六　塙 三三四　姣 三八〇　嬌 三九三　[illegible] 三九五　孝 三九八　[宀喬] 四二八　嵺 四六二　嶠 四六三　巧 四七〇　[巾敫] 四八四　[彳丩] 五一九　恔 五四七　悎 五五二　憍 五七五　招 六〇七　挍 六二二　捁 六二五　[illegible] 六二七

摮 六二四　撟 六二六　撽 六二八　擊 六三八　攪 六四六　教 六五三　敎 六五三　敫 六五九　敲 六五九　[illegible] 六六一　晈 六九〇　校 七三九　榷 七六一　橇 七七〇　橋 七七〇　[歹喬] 七九五　漻 八九九　烄 九〇九　狡 九五三　狢 九五六　[犭翏] 九六〇　獟 九六〇　珓 九七三　[illegible] 一〇三三

皦 一〇三三　[illegible] 一〇四〇　[illegible] 一〇四〇　[illegible] 一〇四一　県 一〇四五　矯 一〇六三　磽 一〇七八　礉 一〇七八　穚 一一〇九　窌 一一一四　窖 一一一五　筊 一一三三　簥 一一四四　糾 一一五七　絞 一一七四　繑 一一九四　繳 一一九八　鉸 一二〇二　翹 一二一九　[illegible] 一二一九　膠 一二五七　[illegible] 一二六八　[illegible] 一二六九　艽 一二八五

茭 一三〇二 蕎 一三三三 藠 一三四六 蛟 一三五六 蟜 一三六六 蟂 一三六六 [illegible] 一三八五 [illegible] 一四〇二 覺 一四〇五 譑 一四四四 譥 一四四五 趫 一四八二 趬 一四八二 趭 一四八二 跤 一四八六 [illegible] 一四九一 蹺 一四九三 蹻 一四九三 較 一五〇一 較 一五〇三 轇 一五〇九 轎 一五二一 郊 一五五一

鄡 一五五八 鄗 一五五八 酵 一五六三 釗 一五七八 鉸 一五八三 鐈 一五八九 鞽 一六七二 頝 一六八二 餃 一七〇一 驍 一七一三 驕 一七一三 骹 一七二七 [illegible] 一七四五 鮫 一七四六 鱎 一七五二 [illegible] 一七五五 鳭 一七五七 [illegible] 一七五九 鵁 一七六〇 [illegible] 一七六六 鷮 一七六八 齩 一七九七

구

丩 三〇 久 二七 夂 三八 九 四〇 [illegible] 四三 仇 七〇 傴 七九 佉 八三 俅 九七 俱 一〇四 倃 一〇五 傋 一一八 傴 一二三 具 一六一 冓 一六五 浗 一七〇 [illegible] 一八二 劬 二〇三 [illegible] 二〇四 勼 二一一 勾 二一一 匓 二一三 匓 二一三

匶 二一八 区 二一八 區 二一九 [illegible] 二二八 厹 二三九 口 二四六 句 二四八 [illegible] 二五三 叴 二六〇 呴 二六七 咎 二七〇 [illegible] 二八八 嘔 二九二 坵 三三三 垢 三三五 夠 三五〇 [illegible] 三七二 姤 三八〇 媾 三八九 嫗 三九一 㲉 四〇一 宄 四〇三 寇 四一八

寇 四二二 [illegible] 四二三 寠 四二四 㞗 四四七 [illegible] 四四七 屨 四四九 岣 四五四 嶇 四六三 [illegible] 四八二 廏 四九九 [illegible] 四九九 [illegible] 五〇三 彀 五一三 彄 五一三 怐 五四〇 [illegible] 五五五 愳 五六〇 懼 五八三 戵 五九〇 扣 五九六 抅 五九九 拒 六〇五 拘 六〇六

㲉 六二五 搆 六二九 摳 六三四 敂 六五三 救 六五五 敺 六八二 [illegible] 六八七 斪 六八八 昫 六八八 朐 七一二 朹 七二三 构 七三〇 枸 七三四 柩 七三七 [illegible] 七三八 桕 七四四 梂 七四五 㭬 七五〇 椇 七五三 榘 七五九 構 七六二 欋 七八一 欧 七八三

歐 七八七 殏 七九九 殴 八〇二 [illegible] 八〇三 毆 八〇四 [illegible] 八〇八 毬 八〇九 氍 八一一 求 八二〇 溝 八七五 漚 八八五 灈 九〇三 灸 九〇六 煹 九二三 熰 九二五 [illegible] 九三七 犰 九四九 狗 九五三 [illegible] 九五五 [illegible] 九五九 玃 九六五 玖 九七一 玽 九七三

璆 九八二 [illegible] 九八六 瓯 九八七 甌 九八九 疚 一〇一〇 痀 一〇一二 癯 一〇一三 盬 一〇四〇 [illegible] 一〇四七 [illegible] 一〇五三 [illegible] 一〇五五 [illegible] 一〇五五 瞿 一〇五七 矩 一〇六二 [illegible] 一〇七五 [illegible] 一〇八〇 穀 一二〇六 究 一二一〇 [illegible] 一二一六 窶 一二一八 竘 一二一三 笱 一二二九 篝 一二四〇

簆 一二四二 篝 一二四五 篝 一二四五 粂 一二四九 [illegible] 一二五五 糗 一二五五 [illegible] 一二五七 紌 一二六一 絇 一二七一 絿 一二七七 緱 一二八八 [illegible] 一三〇二 [illegible] 一三二四 翑 一三二六 耈 一三三一 耇 一三三一 [illegible] 一三三二 肍 一三三七 朐 一三四一 脙 一三四七 膒 一三五六 臞 一三六一 臼 一三七一

舊 一二七三 [illegible] 一二七九 艽 一二八五 苟 一二九二 [illegible] 一二九八 [illegible] 一三〇五 蒟 一三一三 蓲 一三一七 蔻 一三一七 [illegible] 一三四六 蚯 一三五四 蚼 一三五四 蛷 一三五七 蝺 一三六三 蠷 一三七一 蠼 一三七二 衢 一三七九 袧 一三八四 裘 一三八七 褠 一三九三 [illegible] 一三九三 覯 一四〇五 觩 一四二一

訄 一四一五 訽 一四二一 詬 一四二四 謳 一四四一 [illegible] 一四五一 豿 一四五四 [illegible] 一四六五 賕 一四六八 購 一四七一 [illegible] 一四七九 [illegible] 一四八〇 趯 一四八二 跔 一四八五 [illegible] 一四八八 [illegible] 一四九一 躣 一四九五 [illegible] 一四九六 軀 一四九七 軥 一五〇二 逑 一五二五 遘 一五三九 邱 一五五〇 釦 一五七九

鉤 一五八三 銶 一五八七 鏂 一五九七 [illegible] 一六〇七 [illegible] 一六三六 [illegible] 一六四〇 雊 一六四三 [illegible] 一六六六 鞲 一六七二 韝 一六七四 韭 一六七五 韮 一六七五 頄 一六七八 [illegible] 一六八二 [illegible] 一六八三 [illegible] 一六八八 颶 一六九四 [illegible] 一六九四 馗 一七一〇 駆 一七二五 駈 一七二五 駒 一七二五 驅 一七三二

鱹 一七四三 鮈 一七四五 [illegible] 一七四九 鳩 一七五五 鳩 一七五五 鴝 一七五八 鷇 一七六六 [illegible] 一七六七 鷗 一七六七 [illegible] 一七六九 鸜 一七七〇 [illegible] 一七七三 [illegible] 一七八八 [illegible] 一七八八 鼩 一七九二 鼽 一七九三 齨 一七九七 龜 一八〇一 [illegible] 一八〇二 [illegible] 一八〇三

국

侷 九五

匊 二一三 [illegible] 二二五 囗 三〇二 囯 三〇七 国 三〇八 圀 三〇八 國 三〇九 局 四四四 拲 六〇九 挶 六一四 掬 六二四 梮 七四八 椈 七五二 檋 七七五 毱 八〇九 [illegible] 八二〇 [illegible] 一二四七 菊 一三〇六 蘜 一三四五 趜 一四八一 跼 一四八七 踘 一四八八 躹 一四九七

【[illegible]】六六二 【曯】七〇二 【濕】八八九 【㶊】九二三 【聿】一二三五 【鑈】一六〇二 【靲】一六七七 【䬲】一七〇四

녕

【佞】八七 【儜】一二三 【嚀】二九七 【嬣】三九四 【寕】四一四 【寍】四二三 【寗】四二三 【寧】四二三 【寧】四二七 【寧】四二七 【𢓭】五三三 【擰】六四三 【攘】六四四

【檸】七七七 【[illegible]】八〇八 【濘】八九六 【獰】九六三 【甯】九九六 【穃】一一〇九 【寗】一二一六 【聹】一二三四 【薴】一三三八 【[illegible]】一三七一 【[illegible]】一四九七 【[illegible]】一六〇八 【[illegible]】一七〇八 【鬡】一七三六 【鸋】一七六九

녜

【呢】六八八 【鑈】一六〇二 【闟】一六二二

노

【努】二〇三

【呶】二六八 【奴】三七二 【嫋】三八七 【嫐】三九〇 【孥】四〇〇 【[illegible]】四五六 【帑】四七六 【弩】五一〇 【怒】五四〇 【憹】五七八 【懮】五八三 【猱】九五八 【獳】九六〇 【[illegible]】九六一 【獶】九六三 【獿】九六五 【瑠】九七五 【瑙】九八〇 【[illegible]】一〇四九 【砮】一〇六八 【碙】一〇七〇 【碯】一〇七四 【磠】一〇七七

【腝】一三五二 【臑】一三六〇 【詉】一四二〇 【[illegible]】一四三五 【[illegible]】一四五八 【駑】一七一五 【[illegible]】一七一九

녹

【傉】一一八 【搙】六三〇 【[illegible]】一二〇六

논

【[illegible]】四八五 【[illegible]】一七七七

농

【儂】一三〇 【噥】二九五 【憹】五七八 【濃】八九五 【癑】一〇三〇

【繷】一一九八 【[illegible]】一二三四 【膿】一二五九 【[illegible]】一三七四 【襛】一三九五 【農】一五一五 【[illegible]】一五一六 【[illegible]】一五一七 【醲】一五六八 【[illegible]】一六〇八 【[illegible]】一七〇八 【[illegible]】一七六九 【[illegible]】一七八二 【[illegible]】一七八七 【齈】一七九四

놔

【雫】一六五〇

놜

【妠】三七六 【豽】一四五八

뇌

【婑】三八三 【[illegible]】五二一 【惱】五五三 【惱】五五三 【惱】五六〇 【挼】六一四 【捼】六一八 【[illegible]】九八六 【腇】一三五一 【腦】一三五三 【餒】一七〇二 【餧】一七〇五 【[illegible]】一七四七 【[illegible]】一七四八

뇨

【[illegible]】一三四 【嫋】三九〇 【嬈】三九三 【嬲】三九四 【尿】四四四 【怓】五四〇 【[illegible]】六三三

【橈】七七〇 【淖】八五八 【溺】八七八 【掉】九四七 【獿】九六三 【裊】三八六 【褭】一三九三 【詉】一四二〇 【譊】一四四三 【鐃】一五九八 【[illegible]】一六〇八 【[illegible]】一六〇八 【[illegible]】一六〇八 【閙】一六一四 【[illegible]】一六三九 【[illegible]】一六九三 【鬧】一七三七

누

【[illegible]】四〇一 【[illegible]】四四一 【[illegible]】四四一 【搙】六三〇

【檽】七七七 【[illegible]】八八三 【獳】九六三 【耨】一二一五 【譨】一四四五 【鎒】一五九四 【[illegible]】一六五八 【[illegible]】一七四二

눈

【媆】三八七 【嫩】三九一 【焫】九〇七 【腝】一三五三

눌

【呐】二六三 【[illegible]】七九七 【肭】一三三九 【訥】一四一八 【豽】一四五八

뉴

【忸】五三九 【扭】五九六 【杻】七二九 【狃】九五一 【[illegible]】一〇五九 【粈】一〇六〇 【紐】一一六一 【莥】一三〇五 【鈕】一五八一 【[illegible]】一六二二 【靵】一六六八

뉵

【忸】五三九 【恧】五四八 【朒】七二 【[illegible]】一〇五九 【[illegible]】一三三三 【[illegible]】一三二七 【[illegible]】一三三二 【[illegible]】一三五三 【衄】一三七三 【[illegible]】一三七三

【[illegible]】一三七四 【[illegible]】一四一八 【[illegible]】一六六六 【[illegible]】一六六六 【䶊】一七九三 【[illegible]】一七九四

능

【[illegible]】二八九 【能】一二四六

늦

【[illegible]】一二二六 【[illegible]】一三二一

니

【你】八〇 【呢】二六五 【坭】三三三 【埿】三三九 【妮】三七六 【尒】四四〇 【尼】四四三

【屔】四五五 【怩】五四四 【您】五五三 【抳】六七六 【[illegible]】七〇七 【柅】七三四 【檷】七七七 【泥】八三六 【沵】八六二 【濔】八九六 【瀰】九〇二 【祢】一〇八六 【禰】一〇九三 【秜】一〇九九 【[illegible]】一二三四 【膩】一二五七 【[illegible]】一二六六 【苨】一二九四 【蚭】一三三四 【[illegible]】一四〇二 【[illegible]】一四二二 【跜】一四八五 【鑈】一六〇二

닉

【匿】二八 【嫟】三九一 【愵】五六八 【[illegible]】五七一 【搦】六三三 【[illegible]】八一九 【溺】八七八 【[illegible]】一三五三 【[illegible]】一六六六 【[illegible]】一七九八

닐

【尼】四四三 【怩】五四四 【[illegible]】五七一 【昵】六八八 【暱】六九八 【柅】七三四 【痆】一〇二三 【[illegible]】一七八一

님

【抳】六〇九 【賃】一四六五

닙

【[illegible]】三〇二 【濕】八八九 【[illegible]】一二一七 【[illegible]】一六三九

다

【多】三四八 【夛】三四九 【大】三五二 【[illegible]】七六四 【爹】九三六 【癉】一〇二〇 【荼】一二九八 【茶】一二九九 【茶】一三〇〇 【[illegible]】一四〇九 【跢】一四八五 【[illegible]】一四九〇 【迱】一五二〇

단

【丹】三五 【亶】六三 【但】八二 【剬】一九五 【剸】一九七 【勯】二一〇 【匰】二一七 【単】三一八 【單】三一八 【唌】二七六 【單】二八七 【団】三〇六 【團】三一四 【壇】三四〇 【彖】五一五 【慱】五七三 【憻】五七八 【担】六〇四 【[illegible]】六二四 【摶】六三四 【[illegible]】六四二 【敦】六五八

協 六〇四 拉 六〇九 搚 六三〇 摺 六三五 擸 六四三 㯿 七七八 歙 七八七 爄 九二六 爉 九三三 㹸 九四八 㹱 一二一六 獵 一二二〇 臈 一二五九 臘 一二六〇 菈 一三〇六 蠟 一三七〇 夻 一三七七 邋 一五四八 鑞 一六〇〇 鑞 一六〇三 霢 一六五五 驪 一七二四 鶹 一七七〇

랑

埌 三一六 廊 四九八 䀶 六九一 朖 七一三 朗 七一三 桹 七四五 榔 七五九 樃 七六六 浪 八四七 蒗 八八五 瀧 九〇二 狼 九五四 琅 九七六 瑯 九八二 㾿 一〇五九 硠 一〇七二 稂 一一〇二 䆡 一一一五 筤 一一二三 䍚 一二〇四 艆 一二八〇 㾿 一三二一 蓢 一三二五 蜋 一三五八 螂 一三六三 踉 一四八七 郎 一五一五 郞 一五一二 鋃 一五八七 閬 一六一六 䯖 一七一七 䱶 一七四八

래

来 二九 來 九〇 儽 一三五 瀨 一七三 勑 二〇五 勑 二〇五 勴 二一〇 崍 四五八 嬾 四八四 徠 五二七 来 七二六 棶 七五一 耗 八〇九 涞 八四一 淶 八六三 爄 九三三 猍 九五五 睞 一〇〇五 㾢 一〇一五 睞 一〇五三 䅘 一一〇三 䋱 一一八二 莱 一三〇〇 萊 一三一一 覙 一四〇三 䚛 一四一一 逨 一五二〇 郲 一五五三 𨼃 一六二八 騋 一七一八 鯠 一七四八 鶆 一七六三 麳 一七七六 黧 一七八六

랭

冷 一六九 駖 一七一六

략

剠 一九四 䂮 二八六 掠 六三二 擽 六四三 略 一〇〇二 畧 一〇〇三 䂮 一〇七〇 𧎱 一三六六

량

両 二九 亮 六二 俍 九八 倆 一〇五 倞 一〇八 兩 一四九 㒳 一七八 剠 一九四 𠢃 二〇五 喨 二八六 㝗 四一四 𢈢 四四一 悢 五三三 掠 六三二 𢷨 六七八 晾 六九四 梁 七四五 椋 七三三 樑 七六六 涼 八五七 眼 一〇五一 粮 一一五三 粱 一一五三 糧 一一五六 緉 一一八四 脼 一二五〇 良 一二八二 蜋 一三五八 蜽 一三六〇 諒 一四三四 踉 一四八七 輛 一五〇五 輬 一五〇七 醇 一五六四 量 一五七四 颹 一六九四 魎 一七四二

려

侶 九五 儷 一三三 儢 一三三 儷 一三四 儷 一三五 励 二〇四 勴 二一〇 勵 二一〇 厉 二二五 厲 二三九 呂 二六五 唳 二七八 娖 三八二 廬 五〇三 悷 五三五 慮 五七二 憈 五七七 戾 五九一 攦 六四六 敝 六六二 旅 六七五 曞 七〇一 曥 七〇一 柡 七三九 梠 七四七 棙 七五〇 櫖 七七八 櫚 七七八 欐 七八一 沴 八二九 濾 八九九 潪 九〇〇 爈 九三三 犁 九四六 犂 九四七 珕 九七三 痢 一〇一四 癘 一〇二〇 癧 一〇二三 𧇊 一〇二五 蠡 一〇三八 盭 一〇四〇 礦 一〇七九 礪 一〇七九 祣 一〇八七 禲 一〇九三 秬 一一〇三 穭 一一一〇 筬 一一四〇 粝 一一五一 糲 一一五七 絽 一一七一 綟 一一八一 膂 一二五五 膐 一二五五 臚 一二六〇 荔 一二九七 菞 一三三三 犂 一三三三 藺 一三四〇 藜 一三四〇 蘆 一三四三 蜧 一三五九 蠡 一三七〇 蠣 一三七〇 覼 一四〇六 𪊵 一四一三 謯 一四四七 遾 一五四八 邵 一五五二 鋁 一五八七 錄 一五八九 鐧 一六〇二 鑗 一六〇二 鑢 一六〇三 閭 一六一六 颲 一六九四 颶 一六九四 駴 一七一七 驢 一七二四 驪 一七二五 鬣 一七三七 鵞 一七六三 鸝 一七七〇 麗 一七七三 黎 一七八一 黧 一七八五 黧 一七八六

력

剩 一九九 力 二〇〇 厤 二三八 嚦 二九八 朸 四四一 靂 四四九 艻 四五三 攊 六四四 瀝 六六三 曆 六九九 朸 七一三 櫟 七七八 櫪 七七九 歷 七九四 壢 七九六 瀝 九〇二 爏 九三三 犳 九五〇 瓅 九八四 癧 一〇二三 皪 一〇三三 瞥 一〇五八 磿 一〇七八 礫 一〇七九 礰 一〇七九 䍥 一一一九 纅 一一九九 羅 一二〇八 攊 一二三四 翮 一二三八 聮 一二三四 艦 一二八二 蒚 一三三三 藶 一三四三 蚸 一三五四 轢 一四二三 𧬰 一四四八 趚 一四八二 躒 一四九四 躒 一四九五 躐 一四九七 轣 一五一二 轢 一五一二 酈 一五五九 醋 一五九四 鏖 一六〇三 靂 一六五八 瀝 一六六〇 詘 一六七七 飀 一六九六 驟 一七二四 髍 一七二九 鬁 一七三七 鬲 一七三八 鬷 一七三九 鬲 一七三九 鰯 一七五〇 鰳 一七五四 磨 一七七七

련

嗹 二九〇 孌 三九五 孿 四〇二 孿 四〇三 廉 五〇三 怜 五四一 恋 五四六 連 五七二 憐 五七五 戀 五八三 捒 六二四 摙 六三三 孿 六四六 敕 六五九 楝 七五六 槤 七六三 浰 八四九 湅 八七三 漣 八八六 煉 九一九 璉 九八二 癰 一〇二三 瞵 一〇五七

缾 一二〇三　艵 一二八四　荓 一三〇八　蛃 一三三四　蛢 一三六〇　誁 一四二六　𨂂 一四九〇　軿 一五〇三　軿 一五〇六　輧 一五〇七　迸 一五二四　郱 一五五〇　邢 一五五三　鉼 一五八三　鈵 一五八八　鉼 一五九〇　閞 一六一五　鞆 一六六八　鞞 一六六九　鞞 一六七〇　韠 一六七三　頩 一六八三　頩 一六八五　并 一七〇二

餠 一七〇四　駢 一七一六　駢 一七一八　鮩 一七四五　鮃 一七四五　鮩 一七四六　鵧 一七九二　䴵 一七九七

보

俌 九八　保 一〇〇　𠂹 二一四　呆 二六五　堡 三三三　報 三三三　報 三六九　宝 四一三　寶 四二九　寶 四二九　捗 六一六　普 六九三　椺 七五四　步 七九一

步 七九三　洑 八三九　潽 八九二　父 九二五　玨 九七一　珤 九七四　甫 九九六　盙 一〇三七　䃽 一〇七二　簠 一一四三　箁 一一四四　緥 一一八七　荹 一三〇三　莆 一三〇四　菩 一三〇八　葆 一三一六　補 一三八七　褓 一三九二　譜 一四四四　輔 一五〇四　鞴 一六六九　鴇 一七一五　駂 一七一七　補 一七二七

鮬 一七四七　䲕 一七五三　鳪 一七五六　鵏 一七五七　黼 一七八八

복

伏 七　僕 一一六　副 一九五　匐 二三三　复 二三三　卜 二三九　𠬝 二四二　垘 三三五　墣 三三八　宓 四〇七　㡒 四四五　幅 四八一　幞 四八三　復 五二八　扑 五九五　撲 六二八　攴 六四八

攵 六四八　服 七一二　栿 七四三　椱 七五四　楅 七五五　樸 七六九　樸 七七七　殕 七九九　𣯐 八一〇　洑 八三九　澓 八九二　濮 八九八　畐 一〇〇二　福 一〇九〇　福 一〇九〇　𥨍 一一一八　箙 一一三五　腹 一二五四　茯 一二九八　菔 一三〇七　萉 一三一二　葍 一三一七　蔔 一三一九　蕧 一三二三

虙 一三四九　蝠 一三六二　蝮 一三六二　蝮 一三七一　袱 一三八五　複 一三九〇　襆 一三九四　䙏 一四〇〇　覆 一四〇〇　覆 一四〇〇　𨀤 一四八六　踾 一四九〇　蹼 一四九三　蹼 一四九四　𨊾 一五〇五　輹 一五〇八　輻 一五〇八　轐 一五一二　轐 一五一三　醭 一五六九　鍑 一五九二　𨻰 一六二六　鞴 一六七〇　䪖 一六七〇

䪁 一六七三　馥 一六七三　鰒 一七五〇　鵩 一七六一　鶝 一七六三　鸔 一七六九　䴟 一七七四　䵗 一七八一

본

本 三六四　本 七一九　賁 一四六五　𪎌 一七七七

봉

丰 三四　俸 一〇四　唪 二七七　埄 三二六　塳 三三四　夆 三四四　奉 三六六　封 四三二

尨 四四一　峯 四五六　峰 四五七　𡺏 四八二　𢓜 五二四　𢥞 五七二　捀 六一四　捧 六一六　摓 六三三　棒 七四九　桻 九四九　汎 八二〇　泛 八二五　浲 八四九　漨 八八六　烽 九二一　熢 九二四　犎 九四七　琫 九七八　𤲍 九八六　𦕆 一〇三五　䄯 一〇九一　𥬻 一一二三　篷 一一四二

綘 一一七九　紺 一一八八　縫 一一九一　艂 一二八〇　芃 一二八五　菶 一三一〇　葑 一三一七　蓬 一三三六　蜂 一三五七　蠭 一三七〇　覂 一四〇〇　䀛 一四七一　逢 一五二九　鋒 一五八八　鏠 一五九七　鞛 一六七〇　䩬 一六七〇　韼 一六七二　䪘 一六七七　髼 一七三四　鳳 一七五五　𪔁 一七九〇

부

不 三　仆 六六　付 六九　伏 七　俘 九九　俯 一〇三　偩 一一六　傅 一一八　冨 一六八　𠛮 一八七　剖 一九三　副 一九五　𡗝 二〇五　否 二六一　㕊 二六三　咅 二六九　咐 二七〇　哹 二七六　坿 三二四　垺 三二五　埠 三二七　培 三二八　報 三三三　夫 三五三

罘 三六八　妋 三七四　𡛦 三七七　娝 三八二　婄 三八三　𡞱 三八五　婦 三八六　媍 三八八　孚 三九八　孵 四〇一　富 四一二　尃 四三三　𢈈 四四二　府 四四四　𢊍 五〇三　弣 五一〇　復 五二八　𢗠 五四二　怤 五四二　扶 五九六　抔 六〇〇　拊 六〇五　括 六一四　捊 六一五

捬 六一七　掊 六一九　𢮦 六二七　攴 六四九　敷 六六〇　斧 六六八　旉 六七五　枎 七一三　枹 七二四　柎 七二五　桴 七四四　棓 七四九　椱 七五四　榑 七五九　殕 七九九　𣬛 八〇九　泭 八二七　浮 八四八　涪 八五六　溥 八六六　滏 八七九　烰 九二一　父 九二五　玞 九七二

琈 九七七　瓿 九八八　痡 一〇一五　𤸞 一〇一七　砆 一〇六七　𥐘 一〇六八　祔 一〇八二　𥝤 一〇九七　秿 一一〇一　稃 一一〇二　弃 一一一〇　符 一一一七　筟 一一二三　箁 一一三四　篰 一一四一　簿 一一四五　粰 一一五一　糐 一一五二　紑 一一五五　紨 一一六六　𦀚 一一八一　缶 一二〇一　缶 一二〇一　缻 一二〇二

䍌 一二〇三　罘 一二〇四　罦 一二〇四　罯 一二〇四　罦 一二〇四　䍸 一二一三　𦐂 一二一八　䎬 一二二五　胕 一二四三　䏽 一二五〇　腐 一二五一　腑 一二五三　膚 一二五六　艀 一二八〇　𦨈 一二八〇　𦪑 一二八一　芙 一二八六　芣 一二八七　苻 一二九六　荴 一三〇三　莩 一三〇五　萯 一三一四　蔀 一三二八　蔀 一三三二

蚨 一三五三 · 蚹 一三五四 · 蜉 一三五八 · 蛗 一三六〇 · 蝜 一三六一 · 衭 一三八一 · 裒 一三八六 · 複 一三九〇 · 覆 一四〇〇 · 訃 一四一四 · 詂 一四二〇 · 負 一四六〇 · 賦 一四六七 · 賻 一四七一 · 赴 一四七七 · [illegible] 一四八三 · 趺 一四八三 · 跗 一四八五 · [illegible] 一四八八 · 踣 一四八九 · [illegible] 一四九六 · [illegible] 一五一七 · 邞 一五四九 · 郙 一五五二

剖 一五五三 · 部 一五五三 · 鄜 一五五八 · 釜 一五七八 · 釡 一五七九 · 鈇 一五八〇 · 鉜 一五八二 · 阜 一六二二 · 𨸏 一六二二 · 附 一六二四 · 陚 一六二六 · 鬴 一六六六 · 輔 一六七三 · 頫 一六八三 · [illegible] 一六八四 · [illegible] 一六八五 · 颫 一六九三 · [illegible] 一六九三 · [illegible] 一六九四 · 餢 一七〇五 · 駙 一七一六 · 䯱 一七二七 · [illegible] 一七三四 · [illegible] 一七三五

[illegible] 一七三九 · 鮒 一七四六 · [illegible] 一七四七 · 鳧 一七五五 · 鳬 一七五五 · [illegible] 一七五七 · 鵏 一七六〇 · 麩 一七七五 · [illegible] 一七七五 · [illegible] 一七七六 · [illegible] 一七九〇

북

伏 七 · 僰 一二八 · 匐 一三三 · 北 二一四 · [illegible] 三四四 · [illegible] 九二七 · 菔 一三〇七 · [illegible] 一四八〇 · [illegible] 一七五八

분

体 八三 · 倴 一二 · 僨 一二七 · 分 一七八 · [illegible] 二一六 · [illegible] 二一七 · 吩 二六三 · 噴 二九五 · 噴 二九七 · 坆 三二二 · 坋 三二二 · 坌 三二二 · 坌 三二二 · 墳 三三九 · 奔 三六八 · 奋 三六九 · 奮 三七〇 · 岔 四五〇 · 岎 四五三 · 帉 四七五 · 幩 四八四 · [illegible] 四八四 · 弅 五〇六 · 忿 五三九

体 五四三 · 憤 五七六 · 扮 五九六 · 拚 六〇七 · [illegible] 六四五 · [illegible] 六六三 · 肦 七二一 · 枌 七三二 · 梤 七五三 · 棼 七五三 · 棻 七五三 · 橨 七七三 · 歕 七八八 · [illegible] 八〇八 · 氛 八二二 · 汾 八二四 · 泍 八三三 · [illegible] 八四六 · 湓 八七三 · 濆 八九三 · 濆 八九六 · 瀵 九〇二 · 焚 九二二 · 燌 九二七

燓 九二八 · [illegible] 九三七 · 犇 九四七 · 獖 九六〇 · 玢 九七一 · 瓫 九八七 · 瓰 九八七 · 畚 一〇〇一 · [illegible] 一〇一二 · 盆 一〇三五 · 砏 一〇六七 · 秎 一〇九八 · 穦 一一一〇 · 竕 一一一三 · 笨 一一二八 · 粉 一一四九 · 糞 一一五五 · 紛 一一六四 · 羒 一二一〇 · [illegible] 一二一四 · [illegible] 一二一五 · 翂 一二一五 · 肦 一二三九 · 膹 一二五八

芬 一二八七 · 苯 一二九四 · 葐 一三一七 · 蒶 一三三三 · 蕡 一三三三 · 蚠 一三五三 · 蚡 一三五三 · 蟦 一三六七 · 衯 一三八二 · 豶 一四五七 · 賁 一四六五 · 賁 一四六五 · 輽 一五〇八 · 轒 一五一二 · 逩 一五三〇 · [illegible] 一五七〇 · 鐼 一六〇二 · [illegible] 一六一二 · 隫 一六二八 · 雰 一六五〇 · 頒 一六八〇 · 餴 一七〇六 · 饙 一七〇八 · [illegible] 一七二一

[illegible] 一七三八 · 馚 一七四五 · [illegible] 一七四八 · 鱝 一七五三 · 鳻 一七五七 · [illegible] 一七五七 · [illegible] 一七六三 · [illegible] 一七七七 · 黂 一七七八 · 黺 一七八七 · 鼖 一七九一 · 鼢 一七九二

불

不 三 · 乀 三七 · 仏 六八 · 佛 八四 · 沷 一七〇 · 刜 一八二 · 咈 二六九 · 坲 三三三 · [illegible] 三六五 · [illegible] 三八三

[illegible] 四四四 · 岪 四五四 · 巿 四七四 · 帗 四七六 · 弗 五〇九 · 彿 五二〇 · 怫 五四四 · 払 五九五 · 拂 六〇四 · 敷 六五三 · 昢 六八六 · 朏 七一二 · 柫 七二七 · [illegible] 七四九 · [illegible] 八二九 · 沸 八三〇 · 甶 九九九 · 祓 一〇八二 · 笰 一二一九 · 紱 一二六七 · 紼 一二六九 · 翇 一三一五 · 艴 一三八四 · 芾 一三九一

茀 一三九六 · 茇 一三九七 · [illegible] 一四八四 · [illegible] 一六五三 · [illegible] 一六五三 · 韍 一六七三 · 颰 一六九四 · 髴 一七一〇 · 髮 一七三四 · 鮄 一七四五 · 黻 一七八八

붕

倗 一〇七 · 傰 一一三 · [illegible] 一九三 · 堋 三三〇 · 塴 三三五 · 崩 四八〇 · 弸 五二二 · 㥊 五五七 · 掤 六三三 · 朋 七一一 · 棚 七五〇

[illegible] 八八七 · 硼 一〇七三 · [illegible] 一二一六 · 繃 一二九四 · 肕 一二九四 · [illegible] 一六五五 · 鬅 一七三五 · 鵬 一七六一

비

丕 二七 · 仳 七四 · 伾 八一 · 俷 一〇四 · 俻 一〇五 · 俾 一〇五 · 備 一二〇 · [illegible] 一六三 · 剕 一九三 · 匕 二一三 · 匪 二一七 · 卑 二二五 · [illegible] 二三三 · 厞 二三六

否 二六二 · 呸 二六八 · 啚 二八二 · 啡 二八三 · 嚊 二九八 · 嚭 二九九 · 圮 三一七 · 坒 三二二 · 埤 三二七 · [illegible] 三六九 · 奰 三七〇 · 妃 三七三 · 妣 三七六 · 婓 三八五 · 婢 三八六 · 媲 三八九 · 嬶 三九四 · 屁 四四四 · 屄 四四五 · 屝 四四七 · 岯 四五五 · [illegible] 四六一 · [illegible] 四七四 · 庀 四九二

庇 四九二 · 庳 四九六 · 怫 五四四 · 悱 五五三 · 悲 五五四 · [illegible] 五七〇 · 憊 五七五 · 扉 五九三 · 扉 五九三 · 批 五九七 · [illegible] 六〇七 · [illegible] 六三〇 · [illegible] 六三七 · [illegible] 六五一 · [illegible] 六五七 · 斐 六六五 · 旇 六七五 · 昲 六八八 · 朏 七一二 · 朼 七一三 · 枇 七二三 · 柲 七二七 · 棐 七四九 · 椑 七五三

[illegible] 七五九 · 榧 七六〇 · [illegible] 七六一 · 𣘥 七六三 · 比 八〇六 · [illegible] 八〇七 · 毗 八〇七 · 毘 八〇七 · 毞 八〇八 · 沘 八二七 · [illegible] 八二九 · 沸 八三〇 · 泌 八三三 · 淝 八五九 · 淠 八五九 · 濞 八九一 · 濞 八九七 · 炥 九〇八 · [illegible] 九四八 · 狉 九五一 · 狒 九五三 · 琵 九七九 · 畀 一〇〇〇 · 畁 一〇〇〇

建 一二三五 肆 一二三五 胴 一二四三 舍 一二七五 舍 一二七五 辞 一二七六 私 一三〇三 莎 一三〇四 菓 一三一六 葰 一三二〇 葸 一三二〇 蒒 一三二二 蓑 一三二六 蓰 一三二七 蔖 一三二九 蕼 一三三四 虒 一三四八 虵 一三五二 蛇 一三五五 蜡 一三五九 [illegible] 一三五九 螄 一三六三 蟖 一三六六

袇 一三八三 裟 一三八八 覗 一四〇三 觛 一四〇九 [illegible] 一四一三 詐 一四二二 詞 一四二三 謝 一四四〇 謏 一四四一 譤 一四四三 [illegible] 一四四八 貰 一四六三 賒 一四六七 賜 一四六八 赦 一四七五 趖 一四八〇 踏 一四九〇 蹝 一四九二 躧 一四九五 躲 一四九六 辞 一五一三 辤 一五一三 辭 一五一四

邪 一五四九 鉛 一五八一 鈌 一五八一 鉇 一五八二 鉈 一五八二 [illegible] 一五八七 鈔 一五八七 鍦 一五九三 鐁 一五九八 闍 一六一八 隸 一六三九 [illegible] 一六五九 [illegible] 一六七三 [illegible] 一六七三 食 一六九七 飤 一六九八 [illegible] 一六九八 飼 一七〇〇 駛 一七一六 駟 一七一六 髿 一七三四 魦 一七四四 鰤 一七四五

魦 一七四八 鰤 一七五一 [illegible] 一七五三 鷥 一七六七 [illegible] 一七六八 [illegible] 一七七二 麝 一七七四 [illegible] 一七九七 [illegible] 一七八五

삭

削 一九〇 嗽 二九〇 [illegible] 六二八 搠 六二九 数 六五九 數 六六〇 朔 七一二 朔 七一二 槊 七六三 欶 七八四 溯 八七七 爍 九二三

[illegible] 九六三 稍 一〇六〇 箾 一一三八 [illegible] 一一四二 索 一一六六 [illegible] 一二〇六 蒴 一三三三 [illegible] 一三九三 [illegible] 一四八二 鑠 一六〇三 [illegible] 一七七六

산

傘 一一九 刪 一八四 剷 一九七 匴 二一八 姍 三七八 孿 四〇二 山 四五〇 嵼 四六二 [illegible] 四八三 [illegible] 五七三

橵 六五七 散 六五七 散 六六一 杣 七一六 [illegible] 七六六 橵 七七四 汕 八二一 滻 八八一 潵 八九一 潸 八九一 狦 九二三 狻 九二四 珊 九七二 產 九九五 疝 一〇一〇 [illegible] 一〇八四 竿 一一二六 笧 一一三三 筭 一一三三 算 一一三五 篹 一一四一 [illegible] 一一五七 繖 一一九五

孱 一三一四 蒜 一三三三 訕 一四一六 跚 一四五五 跚 一四五八 赸 一四七八 跚 一四八五 酸 一五六四 鏟 一五九七 鏾 一五九八 閂 一六〇九 閊 一六一〇 [illegible] 一六四八 [illegible] 一六五八 餕 一七〇二 饊 一七〇七

살

摋 六二三 撒 六三六 擦 六四四 榝 七六三 殺 八〇二

[illegible] 八八一 煞 九二〇 [illegible] 一一五五 蔱 一三二六 蔡 一三二九 薩 一三三七 [illegible] 一四四七 躠 一四九五 [illegible] 一四九五 [illegible] 一五一三 鎩 一五九六 [illegible] 一六一七 [illegible] 一七六五

삼

三 一〇 [illegible] 一八一 参 二四〇 參 二四〇 嘇 二九一 嚵 三〇一 [illegible] 三九一 [illegible] 四七五

弎 五〇七 彡 五一六 [illegible] 五一七 摲 六二四 摻 六二五 [illegible] 六三七 攕 六四四 [illegible] 六六二 杉 七一三 森 七五一 槮 七六四 [illegible] 七七四 櫼 七七九 毿 八一〇 滲 八八一 [illegible] 九六〇 穇 一一〇七 糂 一一四四 糝 一一五五 [illegible] 一一五六 縿 一一九三 纔 一二〇〇 罧 一二〇四

葠 一三一八 蔘 一三二九 [illegible] 一三三六 衫 一三八一 襂 一三九四 襳 一三九六 [illegible] 一四七一 [illegible] 一五一二 釤 一五七九 [illegible] 一六三九 [illegible] 一六五四 [illegible] 一六八八 [illegible] 一七〇六 鬖 一七三六

삽

偛 一〇五 卅 二二二 唼 二七九 喢 二七九 啑 二八一 [illegible] 三七六 [illegible] 三八九

屆 五九三 扱 五九六 挿 六一五 插 六二六 枼 七一四 歃 七八六 歰 七九三 [illegible] 八〇八 渋 八六七 澁 八九二 澀 八九二 [illegible] 八九四 炶 九一九 牐 九三九 箑 一二三五 [illegible] 一二三五 [illegible] 一三一七 翣 一三一八 萐 一三二一 [illegible] 一三八九 譅 一四四三 趿 一四八三 鈒 一五八〇

霅 一六五四 霎 一六五四 靸 一六六八 [illegible] 一六七三 颯 一六九三 䬃 一六九四 馺 一七一四 [illegible] 一七四三 龘 一八〇一

상

上 一六 尙 一〇七 丧 一一二 傷 一二三 像 一二六 償 一三三 儴 一三四 勨 二一〇 向 二六〇 商 二七九 喪 二八六 [illegible] 二八六

嘗 二八八 嗓 二八九 甞 二九三 塽 三二六 爽 三六九 孀 三九五 尙 四四〇 [illegible] 四五六 常 四八〇 床 四九二 庠 四九四 廂 四九八 徜 五三六 [illegible] 五三三 想 五六〇 惕 五六四 慯 五七二 搡 六二二 晌 六九〇 桒 七二八 桑 七四四 桒 七四四 [illegible] 七四四

橡 七七二 [illegible] 七九三 殤 八〇二 湘 八七三 湯 八七四 漺 八八八 潒 八八九 瀧 九〇一 灀 九〇二 [illegible] 九一三 爽 九三六 牀 九三六 狀 九五〇 甞 九九一 [illegible] 一〇二三 相 一〇四四 [illegible] 一〇六三 磉 一〇七六 祥 一〇八六 禓 一〇九〇 箱 一一三七 緗 一一八五 翔 一二一六

謏 一四三六 䜔 一四四四 譢 一四四四 讎 一四四九 讐 一四四九 豎 一四五二 貅 一四五七 䝤 一四五七 睟 一四七〇 䯝 一四七二 䠔 一四九七 軗 一五〇一 輸 一五〇八 遂 一五三三 邃 一五四七 鄋 一五五六 鄃 一五五九 酬 一五六三 酧 一五六三 酸 一五六六 醻 一五六九 銖 一五八六 銹 一五八七 鋑 一五九二

鎪 一五九五 鏉 一五九六 鏥 一五九七 鏽 一五九八 鐩 一五九九 陲 一六三〇 陖 一六三三 隋 一六三四 随 一六三六 隧 一六三七 隨 一六三七 雖 一六四三 雖 一六四四 雔 一六四四 雖 一六四四 雟 一六四七 䨏 一六四八 鞖 一六七一 須 一六七九 颼 一六九四 颵 一六九四 颼 一六九四 颾 一六九五 餐 一七〇二

餹 一七〇五 餿 一七〇六 饈 一七〇六 饈 一七〇九 首 一七〇九 𩠐 一七一〇 䫂 一七一〇 騪 一七二〇 䯝 一七二八 髓 一七二八 鬚 一七三五 鬚 一七三六 魗 一七四二 鮂 一七四五 鮻 一七五一 鱐 一七五二 鵴 一七六二 麳 一七七六

숙

俶 一〇四 倏 一〇六 倐 一〇六 儵 一三五

琡 一二二五 叔 二四三 塾 三三六 夙 三四八 婌 三八五 孰 四〇〇 宿 四一八 宿 四一九 村 四三三 尗 四四〇 摍 六三三 橚 七七一 洬 八四七 淑 八五八 潚 八八九 瀟 九〇三 熟 九二三 琡 九七八 璹 九八四 翿 一二一九 肅 一二三五 肅 一二三五 莤 一三〇五 菽 一三一〇

蓿 一三一八 䑿 一三五一 蝑 一三六六 諔 一四三四 䨹 一六六〇 驌 一七一三 鮛 一七四六 鱐 一七五二 鷫 一七六八

순

侚 九三 𠣙 二二三 奄 三六五 奞 三六九 峋 四五五 巡 四六七 㡅 四七七 徇 五一二 循 五一九 恂 五四五 捒 六二四 揗 六二六 旬 六八〇

栒 七三八 楯 七五七 槫 七六〇 橓 七七一 殉 七九八 殉 七九八 殺 八〇三 洵 八四二 淳 八六二 漘 八八五 淯 八八八 鱻 九〇四 焞 九一二 犉 九四七 狥 九五三 珣 九七四 皴 一〇三四 旬 一〇四一 盹 一〇四五 盾 一〇四五 眣 一〇四九 眴 一〇四九 瞚 一〇五五 瞤 一〇五六

瞬 一〇五六 笋 一一二六 筍 一一三三 篔 一一三八 簨 一一四四 紂 一一五八 紃 一一五八 純 一一六二 緍 一一八六 𦎧 一二一三 肫 一二三九 朐 一二四七 脣 一二四八 腯 一二五一 舜 一二七六 芛 一二八六 荀 一二九九 蓴 一三二七 蕣 一三三三 蒓 一三三七 衠 一三七九 詢 一四二三 諄 一四三九 馴 一四六七

駿 一五〇七 鬊 一五五一 鶉 一五六五 睃 一五九〇 輴 一六七八 郇 一七一四 醇 一七一七 錞 一七三五 順 一六七八

술

卹 一三三 㖅 二七四 啐 二九一 噊 二九五 戌 五八四 沭 八二九 潏 八八八 䘏 一三七三 術 一三七七 訹 一四一九 賉 一四六七 述 一五二〇 鉥 一五八三

銊 一五八五 颵 一六九三 齣 一七九七

숭

崇 四五八 崈 四五八 崧 四六〇 嵩 四六一 憽 五七八 㥊 五八一 菘 一三〇七

쉬

伜 七九 倅 一〇五 嶲 四六四 晬 六九三 淬 八六一 焠 九一三 粹 一一五五 䘹 一三八九

슬

瑟 一二二五 瑟 九八一 璱 九八四 膝 一二二七 膝 一二五九 蟋 一三四〇 虱 一三五一 蝨 一三六二 飋 一六九六

습

㗩 二九二 㤴 五五二 㦻 五八〇 拾 六二〇 槢 七六三 溼 八七八 濕 八九六 熠 九二四 𤢶 九三七 習 一二二六 𦗺 一二三四 蝔 一三六六 褶 一三九二

襲 一三九六 謵 一四四二 譅 一四四三 趿 一四八三 隰 一六三八 霫 一六五七 䩞 一六六八 鰼 一七五二

승

丞 一九 乗 一九 乘 一九 僧 一一七 勝 二〇七 升 二一三 呏 二六五 塍 三三三 嵊 四六一 憴 五七七 承 五九七 撜 六二六 㪯 六六六 昇 六八二

柹 七三三 𣙙 七五三 殊 七九八 澠 八九三 爯 九三四 甸 九九九 睦 一〇〇七 竔 一一一九 竕 一一二三 繩 一一八九 繩 一一九六 脊 一二四五 蕂 一三三二 蠅 一三六九 譝 一四四四 賸 一四七一 鉎 一六〇〇 陞 一六二七 陹 一六三三 騬 一七二〇 鬙 一七三六 鱦 一七五三

시

侍 九一 偲 一一六 兕 一四三 𠙡 一六六 凘 一七一 匙 二一六 㔻 二二三 厮 二三八 厮 二三八 咶 二七二 啻 二八二 嗜 二八二 𠴫 二八四 嘶 二九四 塒 三三三 始 三七八 姛 三七八 姼 三八一 媤 三八八 寺 四一二 尸 四四三 屎 四四六 戻 四四六 屍 四四六

屣 四四六 屎 四四六 市 四七四 𢄻 四八一 廝 五〇〇 弒 五〇七 弑 五〇七 𢑴 五一六 徥 五二八 恃 五四五 愢 五六七 㥷 五七六 戠 五八八 扡 五九六 提 六二五 撕 六三六 攱 六四七 𢻱 六四八 施 六七三 旹 六八一 是 六八八 時 六八九 枲 七二三 柹 七二四

乂 三七 五 五〇 仵 七四 伍 七七 俉 九八 俣 一〇三 傲 一二三 午 一三三 吳 二六三 吾 二六四 唔 二七七 啎 二八〇 嗚 二八九 嗷 二九〇 嗸 二九〇 噁 二九四 圬 三一七 塢 三三五 墺 三三九 夭 三六三 奡 三六九 奧 三六九 奥 三六九 婭 三八〇

娛 三八三 娪 三八四 媪 三八九 媼 三八九 嫯 三九二 㜵 三九三 害 四一五 害 四一八 寤 四二五 嶅 四六二 嶅 四六二 廒 四九九 弙 五〇九 忤 五三七 忢 五四八 悟 五五三 悞 五五三 惡 五五九 慠 五七一 慠 五七一 懊 五七九 扜 五九六 捂 六一五 摮 六三四

擙 六四三 敖 六五六 於 六七三 旿 六八一 晤 六九二 杇 七一三 梧 七四七 㮧 七六〇 歍 七八七 汙 八一二 污 八一二 汻 八二四 洿 八四四 浯 八四九 澳 八九四 衮 九〇九 烏 九一〇 熬 九二四 燠 九三〇 爊 九三〇 爊 九三一 牾 九四六 獒 九六〇 珸 九七五

璈 九八二 䃨 一〇七五 磝 一〇七六 祦 一〇八七 窹 一二一八 窹 一二一八 聱 一二一三 蔦 一三三三 蕷 一三三六 蘁 一三四三 䖸 一三五一 䗑 一三五七 蜈 一三五八 螯 一三六四 襖 一三九五 誤 一四二九 誣 一四三二 謷 一四四二 謸 一四四二 䜑 一四四四 䞝 一四八一 迃 一五一七 迕 一五一九 逜 一五二七

遨 一五四一 遻 一五四五 郚 一五五二 鄔 一五五六 鋘 一五八八 鎢 一五九五 鏖 一五九六 鏕 一五九九 跃 一六〇八 𨃈 一六〇八 隖 一六二五 隩 一六三七 䫜 一六八八 驁 一七二二 𩫊 一七三九 鰲 一七五一 鰲 一七五一 鴮 一七五九 鷔 一七六七 麌 一七七三 麌 一七七三 䵅 一七七六 鼇 一七八九 齬 一七九二

옥

剭 一九五 𡈼 三一五 墺 三三九 媉 三八七 屋 四四六 幄 四八一 沃 八二五 渶 八五六 獄 九五九 玉 九六七 𧻓 一四七八 腛 一二五三 贕 一四九七 鈺 一五八一 鋈 一五八八 阿 一六二三 䰛 一七四一 鳿 一七五七 鵒 一七七七

온

慍 五六七 慍 五七〇 搵 六三三 昷 六八九 榲 七六一 殟 八〇一 氳 八一四 溫 八六九 温 八七六 熅 九三三 煴 九三三 瑥 九八一 瘟 一〇一七 𥁕 一〇三六 穩 一一〇九 緼 一一八九 縕 一一九〇 蒀 一三二一 蕰 一三三四 蘊 一三四四 褞 一三九三 豱 一四五六 轀 一五〇八 醞 一五六七 鞰 一六七四 饂 一七〇六 馧 一七一二 䮵 一七三〇

올

兀 一二六 卼 一三四 嗢 二九〇 屼 四五三 扤 五九六 杌 七一三 榲 七六一 殟 八〇一 溫 八六三 膃 一二五五 舠 一二七七 虮 一三五三 阢 一六二二 齀 一七九三 鼿 一七九三

옴

唵 二七八

옹

喁 二八二 唈 二八九 嗡 二九〇 噰 二九七 壅 三三九 𡒄 三四〇 𡔂 三四二 廱 五〇三 擁 六三九 𢹬 六四五 滃 八七八 澭 八九四 灉 九〇三 㷺 九二三 𤢻 九六二 𤫟 九八三 瓮 九八七 甕 九八九 癰 一〇一九 癕 一〇二〇 癰 一〇二二 禺 一〇九三 罋 一二〇三 翁 一二一五

臃 一二五九 䎎 一二五九 蓊 一三三五 螉 一三六三 𧞣 一三九五 邕 一五四八 雍 一六四三 雝 一六四六 顒 一六八六 饔 一七〇八 𩡧 一七一二 鶲 一七六四 𪃦 一七六六 齆 一七九四

와

吪 二六二 哇 二七四 囮 三〇六 𡘋 三六五 姽 三八〇 娃 三八二 婐 三八五 厄 四七三

徍 五二四 搲 六二三 枙 七一三 𣢧 七八三 汚 八一二 洼 八四四 涴 八五六 涹 八五七 渦 八六九 流 八七五 漥 八八六 濄 八九五 𤞔 九五五 猧 九五七 瓦 九八六 瓦 九八七 窊 一二一四 窩 一二一六 窪 一二一六 䅅 一二二五 臥 一二六二 卧 一二六二 萵 一三一四 蛙 一三五五

蝸 一三六三 誇 一四一五 訛 一四一七 譌 一四四三 𧽎 一四八二 䟤 一四八三 踒 一四八八 鈋 一五八〇 䵷 一七八八 鼃 一七八八 𪖧 一七九三

완

刓 一八二 剜 一九四 唍 二七六 园 三〇六 圞 三一四 垸 三三五 埦 三三七 妧 三七六 婉 三八五 婠 三八六 完 四〇六

宛 四一一 岏 四五三 帵 四七九 忨 五三七 惋 五五七 抏 五九九 捥 六一六 掔 六二〇 掔 六二七 杬 七一七 梡 七四七 椀 七五三 浣 八四七 涴 八五六 玩 九七一 琬 九七八 盌 一〇三六 眢 一〇四九 睕 一〇五三 碗 一〇七三 緩 一一八七 䝹 一二一三 翫 一二一八 脘 一二四七

腕 一二五三 莞 一三〇五 薍 一三三五 蚖 一三五三 蜿 一三六〇 豌 一四五三 輐 一五〇四 關 一六一九 阮 一六二二 頑 一六八〇 髖 一七二八

왈

刖 一八二 曰 七〇二

왕

尢 四四一 尪 四四一 尩 四四一 往 五三〇 徃 五三〇 旺 六八一 暀 六九五

[illegible] 一七二四 鮓 一七四六 鯗 一七四七 鰦 一七五二 鮺 一七五二 鷙 一七六五 鶿 一七六五 鷀 一七六六 鼒 一七九〇 齜 一七九三 齊 一七九四 齋 一七九五 齍 一七九五 齇 一七九八

작

仢 七 作 八六 卙 一九三 勺 三一一 勺 三一一 嚼 三〇〇 妁 三七三 婥 三八六
岝 四四 岞 四四四 彴 五一九 [illegible] 五三六 怍 五四〇 怎 五五一 扚 五九五 [illegible] 六四五 [illegible] 六五八 斫 六六八 斮 六六八 昨 六八七 杓 七一五 柞 七三六 汋 八三〇 灂 九〇二 灼 九〇六 炤 九〇八 炸 九〇九 灼 九一二 焯 九一八 爝 九三三 爵 九三五 臭 九五八
[illegible] 一〇三 皵 一〇三五 皭 一〇五八 碏 一〇七三 禚 一〇九〇 穛 一一〇六 [illegible] 一一一三 笮 一一一九 筰 一一二四 [illegible] 一一三九 綽 一一八三 繛 一一九六 [illegible] 一二三五 芍 一二八五 苲 一二九五 莋 一三〇四 謶 一四四二 趵 一四八三 逴 一五三三 酌 一五六〇 酢 一五六二 醋 一五六五 鐯 一五九九 雀 一六四〇
[illegible] 一七〇〇 䱜 一七四八 鵲 一七六三 鷟 一七六七 鹺 一七九三

잔

[illegible] 一四 僝 一二六 剗 一九三 孱 四〇〇 嶘 四六三 戔 五八六 拃 六〇四 棧 七五〇 [illegible] 七九七 [illegible] 七九八 残 七九八 殘 七九九 潺 八九三 琖 九七七 盞 一〇三八 虥 一三〇二 [illegible] 一三一七
戲 一三五 䗃 一三六〇 跧 一四八五 輚 一五〇五 轏 一五一二 醆 一五六五 [illegible] 一五九九 驏 一七三三 [illegible] 一七五三

잘

哳 二八九 囐 三〇一

잠

劄 一九七 [illegible] 二八二 喒 二八四 疌 四一九 岑 四三三 揝 六二七 撍 六三五 撏 六三六 暫 六九八
槧 七七四 歜 七八八 涔 八五五 湛 八七三 潛 八八九 潜 八九〇 潛 九〇一 [illegible] 九二四 熸 九二六 燅 九二七 [illegible] 一〇五六 䃪 一〇七七 箴 一二三七 箌 一二四〇 篸 一二四一 簮 一二四四 簪 一二四八 [illegible] 一三五八 蔪 一三四〇 蘸 一三四六 蚕 一三五三 蝅 一三六一 蠶 一三七一 蠶 一三七一
詀 一四二〇 賺 一四七一 賺 一四七一 蹔 一四九一 鐕 一五九九 [illegible] 一七〇七

잡

匝 二二六 卡 二三〇 吓 二六五 咂 二六九 唼 二八一 喋 二八四 囃 三〇一 帀 四七四 [illegible] 七五五 [illegible] 七八〇 [illegible] 八九九 [illegible] 九〇三 煠 九二〇 眨 一〇四九 磼 一〇七八 [illegible] 一〇八〇
籍 一二四八 杂 一二四九 [illegible] 一二七一 [illegible] 一三七三 襍 一三九四 踏 一四九二 迊 一五一七 鉔 一五八二 雑 一六四三 雜 一六四五 雥 一六四八 霅 一六五四 [illegible] 一六七六 [illegible] 一七九〇 齰 一七九八

장

丈 一〇 仗 六九 傽 一二四 [illegible] 二二六 匠 二二六 壯 三三〇 [illegible] 三三七
場 三三 [illegible] 三三四 場 三三五 墇 三三六 墻 三三九 壮 三四二 壯 三四二 奘 三六九 奬 三七〇 妝 三七六 嫜 三九一 嬙 三九三 将 四三三 將 四三三 [illegible] 四五九 嶂 四六二 嶈 四六二 帳 四七九 庄 四九二 [illegible] 四九七 廧 五〇二 弉 五〇六 狀 五〇七 張 五一一
傽 五三〇 戕 五八七 [illegible] 五九七 掌 六一八 斨 六六八 暲 六九八 杖 七一五 槳 七六四 椿 七六五 橦 七六八 檣 七七六 欌 七八二 淙 八五九 漳 八八七 漿 八八八 [illegible] 九一二 爪 九三四 爿 九三六 牂 九三七 牄 九三七 牆 九三七 狀 九五〇 獎 九六〇 獐 九六〇
璋 九八二 瓺 九八八 痮 一〇一五 瘴 一〇一九 瞕 一〇五五 章 一一一三 [illegible] 一一四二 粧 一一五一 粻 一一五三 糚 一一五五 牂 一二二〇 [illegible] 一二二二 腸 一二五四 腸 一二五六 臟 一二六一 臧 一二六二 艢 一二八二 莊 一三〇四 萇 一三一一 葬 一三一九 葬 一三一九 蔣 一三二九 薔 一三三六 藏 一三三九
薔 一三四五 [illegible] 一三六〇 螿 一三六六 裝 一三八八 賬 一四七〇 贓 一四七一 贓 一四七三 [illegible] 一四八八 蹡 一四九二 [illegible] 一五四二 鄣 一五五八 醬 一五六八 鍺 一五八九 鏘 一五九六 長 一六〇五 镸 一六〇七 障 一六三六 餦 一七〇五 駔 一七一五 髒 一七二八 鱆 一七五三 [illegible] 一七五九 麞 一七七四

재

再 一六四 咦 二七一 哉 二七四 [illegible] 二八四 在 三一七 宰 四一五 崽 四六〇 𢦏 五八四 才 五九四 斋 六六五 斎 六六五 材 七一四 栽 七四二 梓 七四六 [illegible] 八〇二 渽 八七一 滓 八八〇 災 九〇七 灾 九〇七 烖 九一二 [illegible] 九三三 縡 一一九〇 纔 一二〇〇 䏁 一二三二
菑 一三〇七 菑 一三一七 裁 一三八五 財 一四六〇 賷 一四六七 賫 一四七一 趀 一四七七 跐 一四八七 載 一五〇三 輂 一五〇九 䣬 一五六三 戴 一七八五 鼒 一七九〇 齊 一七九四 齌 一七九五 齋 一七九五 齌 一七九五 齎 一七九五 齋 一七九五 齎 一七九五 齜 一七九七

쟁

丁 七

噌 二九五　崢 四五九　嶒 四八五　振 六一八　掙 六三〇　敦 六五九　槍 七六三　爭 九二四　猙 九五六　玎 九七一　琤 九七八　瞠 一〇五六　箏 一一三五　[illegible] 一一八二　綪 一一八二　諍 一四三三　趟 一四八〇　党 一四八五　[illegible] 一五〇六　錚 一五九〇　鎗 一五九四　鏳 一五九八　鐺 一六〇二

[illegible] 一六六二　[illegible] 一六九五　騁 一七一九　鬇 一七五五

저

且 二七　佇 八一　低 八二　儲 一二四　咀 二六九　坥 三三三　坻 三三三　她 三七二　姐 三七八　宁 四〇三　[illegible] 四四七　屠 四四七　岨 四五四　[illegible] 四七六　底 四九三　[illegible] 四九四　弤 五二〇

抒 六〇〇　担 六〇二　抵 六〇三　摴 六三四　杵 七二九　杼 七二九　柠 七三六　柢 七三六　楮 七五七　樗 七六六　櫧 七七八　櫡 七七八　櫫 七七九　[illegible] 七九三　[illegible] 七九五　氏 八二一　沮 八二九　泜 八三五　泞 八三五　渚 八六八　滁 八七八　[illegible] 八七九　潴 八九一

[illegible] 九三六　牴 九四四　狙 九五三　猪 九五七　疧 一〇一〇　疽 一〇一二　[illegible] 一〇四〇　眝 一〇四八　着 一〇五一　砠 一〇六七　[illegible] 一〇七三　竚 一一一三　筯 一一二四　箸 一一三七　篨 一一四二　紙 一一六六　紵 一一六九　緒 一一九七　罝 一二〇四　羜 一二一一　羝 一二一一　署 一二一八　耡 一二二五

胝 一二四七　芧 一二八七　苧 一二九三　苴 一二九五　菹 一三一〇　葅 一三一六　著 一三一七　藸 一三四二　藷 一三四二　蛆 一三五五　蠩 一三七〇　[illegible] 一三八三　衹 一三八四　褚 一三九二　[illegible] 一三九五　觝 一四〇九　詆 一四二〇　豬 一四五六　貯 一四六三　趄 一四七九　[illegible] 一四七九　跙 一四八五　躇 一四九二

軧 一五〇二　這 一五二五　邸 一五五〇　鍉 一五九二　阺 一六二三　陼 一六三三　雎 一六四三　頔 一六八一　[illegible] 一七〇七　骶 一七一七　[illegible] 一七三九　鴡 一七五八　齟 一七九七

적

乇 三八　借 一〇八　倜 一三五　勣 二〇九　[illegible] 二一〇　味 二七三　[illegible] 二七八　啇 二八〇

嫡 三九四　寂 四一九　[illegible] 四九六　弔 五〇七　[illegible] 五二〇　摘 六三三　擿 六四三　敵 六五九　旳 六八一　樀 七六四　樍 七七四　滴 八八一　淑 八八三　漸 八九九　[illegible] 九〇〇　炙 九〇八　狄 九五一　玓 九七一　瓋 九八五　甋 九八九　的 一〇三〇　[illegible] 一〇五五　[illegible] 一〇六六

[illegible] 一一〇七　積 一一〇七　[illegible] 一一一〇　[illegible] 一一一八　笛 一一二七　篴 一一四一　籊 一一四六　籍 一一四六　籴 一一四九　糴 一一五六　[illegible] 一一五七　績 一一九三　翟 一二一七　耤 一二二五　[illegible] 一二二五　[illegible] 一二三四　肑 一二三七　[illegible] 一二五六　芍 一二八五　苖 一二九一　荻 一三〇三　[illegible] 一三〇四　葯 一三〇六

[illegible] 一三三七　藉 一三三八　虳 一三五三　[illegible] 一三八二　襀 一三九四　覿 一四〇五　覿 一四〇六　謫 一四二一　讁 一四四八　賊 一四六七　赤 一四七三　趯 一四八二　跡 一四八五　踖 一四八八　蹟 一四九二　蹢 一四九二　[illegible] 一四九三　躍 一四九四　躤 一四九五　迪 一五二〇　迹 一五二二　逐 一五二五　逖 一五二五

適 一五四二　[illegible] 一五四七　鏑 一五九六　靮 一六〇七　頔 一六八一　馰 一七一三　[illegible] 一七一三　[illegible] 一七一八　鬄 一七二五　[illegible] 一七四二　魡 一七四四　鰿 一七五三　[illegible] 一七六三　鸐 一七六九　[illegible] 一七七一　[illegible] 一七七六　[illegible] 一七八二　[illegible] 一七八三

전

伝 七九　佃 八一　佺 八九

傎 一一九　傳 一三一　仝 一四八　全 一四八　典 一六一　[illegible] 一六三　[illegible] 一六三　[illegible] 一六八　前 一九一　剪 一九四　剸 一九七　[illegible] 二三六　吮 二六二　唸 二七八　囀 三〇〇　塡 三三四　塼 三三五　壂 三三九　壥 三四一　奠 三六九　姾 三八二　娗 三八三　媊 三八七

孨 四〇〇　專 四三一　屇 四四五　展 四四七　[illegible] 四四八　巓 四六五　[illegible] 四七九　[illegible] 四八一　[illegible] 四九六　廛 五〇〇　恮 五五〇　悛 五五三　[illegible] 五五七　戔 五八六　戩 五八八　戰 五八八　拴 六〇九　捵 六一七　揃 六二四　搌 六二九　搷 六三三　敷 六五七　旃 六七四

朘 七一三　栓 七三八　[illegible] 七四〇　[illegible] 七五九　槙 七六三　[illegible] 七六三　樿 七七〇　[illegible] 七七〇　[illegible] 七七七　欄 七八一　歂 七八四　[illegible] 七九三　[illegible] 七九三　殿 八〇三　毡 八〇八　氈 八一〇　氊 八一〇　沺 八三〇　涎 八五五　淟 八五九　湔 八七三　滇 八七九　澱 八九四

瀍 九〇〇　[illegible] 九〇四　煎 九一九　牋 九三八　牷 九四四　[illegible] 九五八　瑑 九八〇　瑱 九八一　[illegible] 九八三　甎 九八九　田 九九六　甸 九九九　畋 一〇〇〇　畑 一〇〇一　畠 一〇〇二　痊 一〇一三　瘨 一〇一八　癜 一〇二〇　癲 一〇二三　[illegible] 一〇三五　[illegible] 一〇三五　[illegible] 一〇四四　睓 一〇五三

磗 一〇七六　磚 一〇七六　賨 一二一八　竣 一二三三　塡 一二三三　塼 一二三四　筌 一二三三　箋 一二三四　笺 一二三四　箭 一二三七　篆 一二三九　篹 一二四一　篿 一二四二　籛 一二四七　絟 一二七四　縓 一二九〇　縳 一二九二　繵 一二九八　纏 一三〇〇　纏 一三〇〇　羴 一三一四　氊 一三一四　猣 一三一七　翦 一三一八

齹 一三一〇　齝 一三一四　栓 一三一五　津 一三一五　脡 一三四八　腆 一三五一　腞 一三五三　膞 一三五七　膻 一三五八　膴 一三五九　荃 一三〇〇　葥 一三一九　葷 一三二二　蜓 一三五八　蝬 一三六〇　蟤 一三六七　蠶 一三七一　裢 一三八八　䘺 一三九五　襢 一三九五　詮 一四二五　諓 一四二四　諯 一四二六　謭 一四四一

諯 一四四三　讕 一四四七　獮 一四五九　趁 一四七八　趈 一四八一　䞣 一四八二　跈 一四八四　跧 一四八五　蹍 一四九一　蹎 一四九一　蹲 一四九二　躔 一四九四　軇 一四九七　輇 一五〇三　輷 一五〇四　軃 一五〇四　輾 一五〇八　轉 一五一〇　邅 一五四七　鄽 一五五五　鄟 一五五八　鄽 一五五九　𨡁 一五六五　鈿 一五八一

銓 一五八六　錢 一五九〇　鈿 一五九一　鐉 一五九八　鏇 一五九八　鐫 一五九九　鑪 一五九九　闐 一六一八　陖 一六三〇　隊 一六三三　雋 一六四三　電 一六五三　霑 一六五五　靛 一六六二　靦 一六六六　靦 一六六六　饘 一六六七　顓 一六八七　顚 一六八七　顛 一六八七　顫 一六八九　颭 一六九五　飦 一六九九　餞 一七〇四

館 一七〇五　饘 一七〇八　餞 一七一二　鬋 一七二五　鬻 一七二九　魏 一七四一　鱣 一七四八　鱄 一七五二　鱣 一七五三　鳽 一七六六　鸇 一七六九　黇 一七八〇　黵 一七八〇　龞 一七八九　顚 一七九八

절

切 一八〇　切 一八二　卩 三三〇　卪 三三〇　咥 三七一　嚓 二九二　墆 三三六

銝 三七〇　姪 三八一　岊 四二三　嵽 四六二　巀 四六四　幯 四八四　截 五八八　折 六〇一　哲 六九二　晣 六九二　梲 七四八　椴 七五二　楶 七五九　浙 八二六　浙 八四六　淛 八五九　準 八七五　炪 九〇八　癤 九三三　癤 一〇三二　窃 一二一四　窒 一二一五　竊 一二一九　竊 一二一九

節 一二二八　絕 一二七二　芙 一二九五　茁 一二九六　蕝 一三三三　蕞 一三三三　蠽 一三七二　謽 一四二三　嶻 一四四七　趨 一四八二　跕 一四八三　軼 一五〇三　酥 一五六六　跌 一六〇八　鑯 一七〇九　巀 一七三六　鯽 一七五四　鷑 一七七〇　齛 一七九七　蠽 一七九八

점

佔 八三　㓠 一八六

占 一三〇　产 一三五　唸 一二七八　坫 一三三三　塹 一三三六　奌 一三六七　婝 一三八六　埶 一四二四　岾 一四五五　店 四九三　戗 五八七　居 五九二　拈 六〇四　掂 六一八　敁 六六二　橝 七一一　欿 七八四　湉 八七三　溓 八七五　漸 八八七　点 九〇九　㸃 九一九　玷 九七二　痁 一〇一二

眣 一〇四八　箈 一二三四　簟 一二四二　粘 一二一五　鉆 一二〇二　者 一三三三　貼 一三三七　苫 一三二四　蔵 一三三三　蘄 一三三〇　詀 一四二〇　蹭 一四九四　譫 一五六九　鏩 一五九七　阽 一六三三　霑 一六五五　霮 一六五六　酟 一六六六　譫 一六六七　蘸 一六六七　鞊 一六六八　颭 一六九二　驔 一七三三　髻 一七三三

鮎 一七四五　黏 一七八二　點 一七八四　點 一七九三

접

剿 一九四　墋 三四〇　慴 五七三　慹 五七三　搌 六一四　接 六三三　揲 六三九　摺 六三五　椄 七五二　楪 七五七　楫 七五七　沾 八三二　浹 八六二　渫 八六九　睫 一〇五四　緁 一二八二　緤 一二九五　聑 一三三八

聶 一三三三　牒 一三五三　褶 一三五六　艓 一三八〇　萐 一三〇八　蜨 一三五九　蝶 一三六二　褋 一三九一　襵 一三九六　跕 一四八四　蹀 一四九〇　隟 一六三八　鯜 一七四八　鰈 一七五〇　鶴 一七七〇　䗶 一七八六

정

丁 七　幷 三七　井 五五　亭 六二　亭 六二　征 八二

徝 一一六　停 一一五　偵 一一七　淨 一一七　叮 二五〇　呈 二六二　壬 三一六　埩 三一七　奵 三一七　姘 三一四　娗 三八三　婷 三八七　定 四〇七　穸 四一〇　宯 四二二　貞 四二二　屢 四四八　崝 四五九　幀 四八二　玎 四八九　庭 四九五　廷 五〇四　延 五〇四　行 五一九

征 五一〇　徎 五二四　怔 五四〇　情 五五五　打 五九五　挺 六一四　掟 六二三　政 六五二　整 六六一　整 六六一　旌 六七六　旍 六七六　晶 六九四　朾 七一三　柾 七一八　桯 七四四　梃 七四五　棖 七五〇　楟 七五六　楨 七五七　樫 七七四　正 七八九　汀 八一九　涏 八五五

淀 八五七　淨 八六〇　渟 八六六　湞 八七三　瀞 八九八　瀞 八九九　瀞 九〇一　炡 九〇八　玎 九七一　珵 九七五　珽 九七五　町 一〇〇〇　疔 一〇一〇　盯 一〇四一　眐 一〇四七　睈 一〇五一　睛 一〇五三　睜 一〇五三　䵺 一〇五四　矴 一〇六六　碇 一〇七三　禎 一〇八九　程 一二〇三　穽 一二一〇

艁 一二八〇　艚 一二八一　芀 一二八五　莜 一三〇五　葃 一三一六　菹 一三二二　蒩 一三二二　蓧 一三二六　蓨 一三二六　蔦 一三三〇　藋 一三三九　藻 一三四二　蚤 一三五三　蛁 一三五四　蜩 一三五九　螬 一三六五　褿 一三九四　⿰衤鳥 一三九四　覜 一四〇三　詔 一四二三　詛 一四三三　誂 一四二六　調 一四三三

⿰言曹 一四四二　謿 一四四三　譟 一四四四　趒 一四八〇　趙 一四八〇　趮 一四八二　跙 一四八五　跳 一四八七　⿰足參 一四九二　躁 一四九三　⿰身兆 一四九六　⿰車兆 一五〇三　造 一五二八　遭 一五四二　鄛 一五五九　醩 一五六七　釂 一五六九　釕 一五七八　釣 一五七九　銚 一五八六　錭 一五九一　錯 一五九一　鑿 一六〇四

阼 一六二三　隉 一六二八　⿰兆隹 一六四三　雕 一六四四　⿱雨兆 一六五三　⿰面周 一六六六　靻 一六六八　⿰亻韋 一六六九　⿱肁韋 一六七〇　飵 一七〇〇　駔 一七一五　駣 一七一六　髞 一七二三　⿱髟周 一七三五　魡 一七四四　鮡 一七四六　鯈 一七四八　鯛 一七四八　鰷 一七五一　鱢 一七五三　鳥 一七五四　鳭 一七五八　麆 一七六二

鼀 一七八八

족

哫 二七五　族 六七六　瘯 一〇一八　⿰石族 一〇七七　簇 一二四二　蔟 一三二九　足 一四八二　鏃 一五九六　齱 一七九八

존

存 三九七　尊 四三四　拵 六〇九　⿰目尊 一〇五六

졸

伜 七九　倅 一〇五　卆 二三三

拙 六〇七　捽 六一八　椊 七五三　殌 七九九　猝 九五七　稡 一二〇四　窣 一二一六　脺 一二五〇　卒 一三八〇　⿰角卒 一四一二　踤 一四八九　顇 一六八二　⿱髟卒 一七三五　⿰齒卒 一七九八

종

从 六八　伀 七五　倧 一一〇　喠 二八五　⿰土㚇 三二二　⿱㚇女 三四四　妐 三七四

⿰孑重 四〇三　宗 四〇七　尰 四四三　⿱亠白 四五三　嵏 四六一　嵷 四六二　⿰巾宗 四七九　從 五二六　徸 五二八　⿰彳㚇 五二九　忪 五三七　悰 五五三　⿰忄重 五六四　慒 五七〇　慫 五七三　⿰扌㚇 六二七　柊 七三四　棕 七五〇　椶 七五四　樅 七六六　歱 七九三　⿰歹冬 七九八　淙 八五九

⿰火公 九〇七　琮 九七八　瑽 九八二　瘇 一〇一六　瘲 一〇一九　瞛 一〇五五　種 一一〇四　稯 一一〇五　粽 一一五三　糉 一一五四　終 一一七〇　綜 一一八〇　縦 一一八四　緟 一一八六　緵 一一八九　縱 一一九一　腫 一二五三　⿰月從 一二五六　艐 一二八〇　葼 一三三〇　蓯 一三三七　⿰虫從 一三六五　螽 一三六五

衳 一三八二　豵 一四五七　⿰豸重 一四五八　賨 一四七〇　踪 一四八九　踵 一四八九　蹤 一四九二　蹱 一四九三　⿰車㚇 一五〇七　⿰車從 一五〇九　迵 一五一九　⿰金甬 一五八七　鍐 一五九二　鍾 一五九三　鐘 一五九九　⿰重隹 一六四四　騌 一七一八　騣 一七一九　⿰骨重 一七二八　鬃 一七三五　鬉 一七三五　鬷 一七三九　鬷 一七三九

鼨 一七九二　⿰夂龜 一八〇二

좌

ナ 三七　佐 八三　侳 九五　剉 一九〇　坐 三一二　坐 三二四　夎 三四五　⿰女坐 三八三　⿱宀作 四一五　⿸广左 四四二　⿸尸坐 四四二　屮 四四九　左 四六八　座 四九五　⿰坐彡 五一七　挫 六二三　⿰木坐 七四五　痤 一〇一五　矬 一〇六二

莝 一三〇五　蓌 一三二六　袏 一三八三　⿰足坐 一四八七　⿺辶坐 一五四二　銼 一五八七　髽 一七三四

좡

⿰麥春 一七六七

죄

罪 一三〇五　辠 一五一四

주

丟 二九　丶 三四　主 三五　丢 三八　住 八三　作 八六　侏 九二

做 一一五　儔 一二三　冑 一六五　⿹勹舟 二二三　叮 二三〇　厨 二三八　周 二六六　呪 二六六　咒 二六七　咮 二七二　⿰口州 二七三　啁 二七九　⿰口朋 二八四　嗾 二九一　噣 二九五　奏 三六七　姝 三八〇　婤 三八六　宔 四〇七　宙 四一〇　尌 四三五　⿰山隺 四六二　州 四六六

幮 四八四　廚 四九九　懤 五八〇　⿱壽心 五八三　拄 六〇四　⿰壴殳 六五八　斢 六六七　族 六七六　晝 六九一　朱 七一二　枓 七一二　柱 七三七　株 七四〇　椆 七五三　楱 七五八　注 八二六　洀 八三八　洲 八四二　湊 八七二　澍 八九二　炷 九〇九　燽 九二三　犨 九四八

珠 九七三　疇 一〇〇七　疛 一〇一〇　疰 一〇二一　⿰目壽 一〇三三　盩 一〇四〇　矪 一〇六二　⿰矢朱 一〇六二　硃 一〇七〇　碉 一〇七二　祝 一〇八四　祩 一〇八七　稠 一一〇四　籀 一一四五　籌 一一四六　籒 一一四六　粡 一一五四　⿰米壽 一一五六　紂 一一五八　紬 一一六七　紸 一一六九　絑 一一七二　綢 一一八一

罜 一二〇四　肘 一二一七　胄 一二四一　⿰月朱 一二四七　腠 一二五三　⿰月壽 一二五九　舟 一二七七　茱 一三二〇　蔟 一三二九　薵 一三三八　蛀 一三五四　蛛 一三五六　蠾 一三六六　袾 一三八五　裯 一三八八　⿰言由 一四一九　註 一四二〇　詋 一四二〇　誅 一四二六　調 一四三三　諈 一四三九　譸 一四四七　賙 一四六八

(촉)
[illegible] 一四九五
鐲 一六〇五
齪 一六六六
觸 一六七五
髑 一七二八
鸀 一七六九

촌
刌 一八一
吋 二五五
寸 四三〇
忖 五三五
村 七二四
爨 九三三
邨 一五四九

총
偬 一二六
傯 一三三
冢 一六七
匆 二三二
叢 二四五
囪 三〇六
寵 四二九
惌 五三七
怱 五四五
悤 五五三
惣 五六〇
愡 五六七
憁 五七四
捴 六一七
揔 六二六
摠 六三三
楤 七四九
蔥 七六九
潀 八八七
潨 八九一
熜 九一八
燪 九二〇
犪 九四七
琮 九七三
璁 九八二
稯 一二〇七
篵 一二四六
総 一二八五
緫 一二八八
縱 一二九一
總 一二九二
聡 一三一三
聰 一三一三
葱 一三〇七
蔥 一三一〇
蓯 一三一七
蔥 一三一九
藂 一三二八
䕺 一三四六
蹤 一四九〇
銃 一五八五
鍯 一五九三
鏓 一五九六
鏦 一五九七
蹤 一六〇八
躘 一六〇八
騘 一七一八
驄 一七一九
驄 一七二二

촤
銼 一五八七

촬
撮 六二三
撮 六二八
樶 七四六
竁 一二一六
繓 一二九五
茁 一三九六
襊 一三四四

쵀
啐 二八一
綷 一二六六
縩 一二八三
鋅 一五八九
䵵 一七八八

최
催 一二〇
凗 一七
嗺 二九〇
嘬 二九三
墔 三二七
竁 四二八
崔 四五八
嶵 四六四
搋 六二九
摧 六三三
最 七〇六
榱 七六一
歠 七八七
𣩃 八〇二
𨖸 八一〇
洒 八四〇
漼 八八八
狋 九二一
璀 九八二
𤸷 一〇一七
䁟 一〇三三
磪 一〇七七
䃀 一〇七八
稡 一二〇四
綷 一二六六
縗 一二八三
縗 一二九〇
脧 一二四九
蕞 一三三三
蝬 一三七四
衰 一三八二
襊 一三九四
鏙 一五九六
陮 一六六六

추
丑 二七
僦 一二七
僽 一二九
出 一七四
啾 二八二
埾 三二九
墜 三三七
娖 三七六
妯 三七六
娵 三八四
媰 三八九
崷 四六〇
帚 四七七
㕑 四九六
廋 四九九
怞 五四一
惆 五五六
㥮 五六三
憱 五七七
抽 六〇三
捶 六一七
推 六二三
掫 六二四
揂 六二四
揪 六二八
揫 六二八
搊 六二九
搥 六三三
𢧐 六四七
敼 六六二
杻 七一九
柩 七二三
柴 七四六
棰 七五一
棷 七五三
棸 七五三
椎 七五三
楸 七五九
槌 七六二
樞 七六七
橚 七六九
櫑 七七四
檣 七八〇
殠 八〇一
殧 八〇二
沝 八二八
湭 八七四
湫 八七四
溴 八九八
㰂 九三三
犓 九四七
甀 九八八
甃 九八八
畜 一〇〇二
瘳 一〇一九
皺 一〇三五
皺 一〇三五
䐢 一〇五六
硾 一〇七二
磓 一〇七六
秋 一〇九七
秌 一〇九八
稍 一二〇四
穅 一二一〇
穐 一二一〇
箒 一二三四
箠 一二三六
節 一二三九
篍 一二三九
篘 一二四〇
篗 一二四〇
簉 一二四三
簇 一二四三
粗 一二五〇
糉 一二五五
緅 一二八四
緌 一二八六
緧 一二八七
縋 一二八九
縐 一二八九
䐍 一二五三
脙 一二五三
膇 一二五五
䐢 一二八〇
菆 一三〇六
萑 一三一一
萩 一三一二
蒭 一三二二
蓶 一三三六
藵 一三四七
蝤 一三六二
螯 一三六二
䙘 一三九三
覰 一四〇三
捔 一四〇九
觩 一四二一
諈 一四三三
諏 一四三四
諔 一四四三
謅 一四四七
豵 一四五七
貙 一四五九
趍 一四七九
趣 一四八〇
趥 一四八一
趨 一四八一
輶 一五〇七
追 一五一二
郰 一五五三
鄒 一五五六
鄹 一五五九
酋 一五六〇
䣷 一五六二
醜 一五六六
錐 一五八九
錘 一五九〇
鎚 一五九四
陬 一六二八
隹 一六四〇
雅 一六四三
雛 一六四五
霅 一六五六
鞦 一六七〇
鞧 一六七一
韉 一六七五
韶 一六七七
顀 一六八五
餸 一七〇四
騅 一七一八
騶 一七二〇
鬏 一七三五
魋 一七四一
魗 一七四三
鯞 一七四八
鯫 一七四九
鰌 一七五〇
鰍 一七五〇
鱃 一七五三
鰂 一七五三
鵻 一七六二
鷲 一七六三
麄 一七七三
麤 一七七四
麕 一七七七
黹 一七八九
鼸 一七八九
齺 一七九八
齱 一七九八
龝 一八〇二

축
丑 二七
咮 二七三
[illegible] 二八四
喊 二九一
噈 二九五
埱 三二七
妯 三七六
敊 三八七
嫸 三八九
敊 六五三
斸 六六七
柚 七二六
柷 七二八
槭 七六四
榹 七六六
歠 七八八
殧 八〇二
滀 八七八
潚 八八九
珿 九七六
畜 一〇〇二
瘯 一〇〇六
祝 一〇八四
稸 一一〇五
竺 一一二五
筑 一一二七
筑 一一三三
築 一一三九
築 一一四三
縬 一一九一
縮 一一九一
舳 一二七八
茿 一三〇〇
蓄 一三一五
蓫 一三一六
蝛 一三六四
蓄 一三九三
䙘 一三九六
豖 一四五三
跛 一四八九
蹙 一四九一
蹴 一四九一
踧 一四九二
蹴 一四九三
蹵 一四九三
蹜 一四九五
軸 一五〇二
逐 一五二五
郙 一五五六
閦 一六二五
顣 一六八八
鱁 一七五三
鼀 一七八八

춘
倅 一二三
偆 四八一
春 六八六
杶 七二九
椿 七五四
榗 七七〇
櫄 七七八

【崆】四五七 【曠】五一四 【環】五一四 【忶】五四四 【抅】六二一 【揈】六三五 【橫】七一三 【潢】九〇〇 【䅣】一二〇四 【竑】一二一三 【肱】一二三七 【薨】一三三七 【衡】一三七九 【諻】一四二八 【谹】一四五一 【䜤】一四五一 【輷】一五〇八 【鈜】一五八一 【鐄】一五九八 【韹】一六七七 【𩗓】一六九三 【鱑】一六九五 【鐄】一七八〇 【黌】一七八〇

효

【侾】一〇四 【俲】一〇五 【傚】一二〇 【傚】一二〇 【効】二〇四 【呺】二六八 【哮】二七五 【㗛】二七九 【嗃】二八八 【嘐】二九二 【嘵】二九四 【嚆】二九七 【囂】三〇〇 【嚻】三〇二 【墝】三二五 【窯】三六九 【孝】三九八 【崤】四六〇 【庨】四九五 【憢】五七六 【撬】六三八 【㩭】六四四 【效】六五三 【敲】六六一 【斅】六六二 【曉】七〇〇 【校】七一三 【枵】七一三 【校】七二九 【梟】七四七 【㮁】七五二 【歊】七八六 【殽】八〇三 【𣪍】八一三 【洨】八四二 【涍】八五五 【淆】八五七 【㵿】八九六 【灱】九〇六 【烋】九一〇 【熇】九二三 【爻】九二六 【校】九二六 【猇】九五五 【獢】九六二 【痚】一〇一四 【㾭】一〇一九 【皛】一〇三三 【皢】一〇三三 【䀨】一〇五一 【窙】一二一六 【笅】一二二三 【肴】一二四〇 【膮】一三五七 【藃】一三四六 【虓】一三四八 【詨】一四二二 【謞】一四四二 【調】一四五一 【賁】一四六七 【酵】一五六四 【飍】一六九五 【餚】一七〇四 【驕】一七二三 【驍】一七二三 【骹】一七二七 【髐】一七二八 【髇】一七二八 【鷽】一七三三 【鴞】一七五八 【鵁】一七五八 【鼂】一八〇二

후

【佝】八〇 【侯】八四 【候】一〇七 【㖃】一六六 【厚】二一六 【后】二五九 【吼】二六四 【呴】二七一 【喉】二八三 【喉】二八四 【煦】二八五 【嗅】二八八 【嘔】二九二 【堠】三一二 【姁】三七七 【後】五一三 【忓】五三五 【怐】五四〇 【㫗】六七一 【朽】七一三 【殠】七一四 【殈】七九六 【殉】七九八 【洉】八三八 【涸】八五七 【煦】九一二 【猴】九五八 【猴】九五八 【珛】九七三 【瘊】一〇一七 【睺】一〇五四 【矦】一〇六二 【䂉】一〇八九 【篌】一一三九 【糇】一一五四 【㺅】一二一八 【芋】一二八五 【蒟】一三〇六 【𧎢】一三六三 【詬】一四二四 【𧵅】一四七一 【趄】一四八〇 【逅】一五三三 【郈】一五五一 【酗】一五六二 【䣂】一五六二 【銗】一五八六 【鍭】一五九三 【餱】一七〇六 【餱】一七〇六 【鮜】一七四六 【𩦓】一七六三 【鯸】一七四九 【黌】一七七三 【齁】一七九三 【𪖐】一七九四

훈

【勛】二〇七 【勳】二一〇 【勲】二一〇 【塤】三三五 【壎】三四〇 【曛】七〇一 【焄】九一三 【煇】九一九 【熏】九二三 【燻】九二三 【爋】九二三 【獯】九六三 【曛】一〇五八 【纁】一一九九 【臐】一二六〇 【葷】一三二〇 【莙】一三三八 【薰】一三三七 【𧞂】一三九六 【訓】一四一五 【𧦝】一四一六 【醺】一五六八 【馴】一七一四

훌

【欻】七八五 【歘】七八八 【淈】八五八 【烼】九一二 【魆】一七四一

훙

【薨】一三一九 【薨】一三三七 【顭】一六八九 【顭】一六九〇

훤

【咺】二七三 【喧】二八五 【嚾】三〇〇 【愃】五六二 【晅】六九〇 【暄】六九五 【暅】六九五 【暖】六九六 【楦】七五六 【烜】九一二 【煊】九一九 【狟】九五三 【箮】一二二七 【萱】一三一四 【萲】一三一四 【䚭】一四〇四 【䑏】一四〇九 【諠】一四三五 【諼】一四三八 【貆】一四五八 【還】一四八二 【韗】一六七四

훼

【卉】三一三 【卉】三一五 【喙】二八四 【檓】七七五 【豗】八〇〇 【毀】八〇四 【毇】八〇四 【烜】九一二 【焜】九一二 【燬】九三〇 【𥗉】一〇七七 【芔】一二八六 【虫】一三五一 【虺】一三五二 【虺】一三五三 【譭】一四四六 【隓】一六二六 【顪】一六八九

휘

【媈】三八七 【徽】四八二 【彙】五一六 【徽】五三三 【戲】五八九 【揮】六二八 【撝】六三六 【𢹹】六四三 【㫤】六七七 【暉】六九六 【楎】七五五 【泋】八三三 【瀈】九〇〇 【煇】九一九 【𤚋】九四七 【𤞚】九五七 【翬】一二一八 【褘】一三九二 【諱】一四三六 【輝】一五〇六 【隳】一六二六 【徽】一七五一 【麾】一七七七 【麾】一七七七

휴

【休】七八 【倠】一〇九 【儶】一一五 【咻】二七二 【𦥒】二九四 【墮】三一八 【婎】三八五 【孈】三九五 【嶲】四四二 【巂】四四三 【庥】四九四 【𢥎】五六二 【𢡾】五八三 【携】六二三 【攜】六四〇 【攜】六四〇 【擕】六四四 【㩗】六四五 【烋】九一〇 【㺌】九五四 【畜】一〇〇二 【畦】一〇〇三 【𥌧】一〇〇八 【眭】一〇四九 【睢】一〇五三 【䁓】一〇五七 【脙】一二四七 【茠】一二九八 【蓶】一三四六 【虧】一三五一 【虧】一三五一 【蠵】一三七一 【觿】一四一二 【觿】一四一三 【貅】一四五八 【貅】一四五八 【酅】一五五九 【鑴】一六〇四 【隓】一六二五 【隳】一六二九 【雋】一六四七 【颫】一六九四 【飍】一六九六 【𩟔】一七〇九 【髹】一七三三 【髤】一七三四 【鬹】一七三九 【𩽛】一七五四 【鵂】一七六〇 【𪆅】一七七〇 【鼀】一八〇二

휵

【慉】五六九 【搐】六三〇 【畜】一〇〇二 【𪖮】一七九四

휼

【噊】二九〇 【怴】五四五 【恤】五四八 【憰】五七七 【䀻】六六九 【潏】八八八 【獝】九六二 【瞲】一〇五七 【狘】一三一六

한자 능력 검정 시험 관련 사이트

- 한국 어문회 : www.hanja.re.kr (1566-1400)
- 한국 한자 교육 연구회 : www.hanja.net (02-708-4949~50)
- 한국 외국어 자격 평가원 : www.leveltest.or.kr (02-3665-3093~6)
- 지식 기반 한자 검정 평가원 : www.ib.or.kr (02-2209-9700)

省安堂印

漢字大辭典

2003年 3月31日　　初　版 1刷 印刷
2003年 4月14日　　初　版 1刷 發行

著 者 : 張 三 植
發行人 : 李 鍾 春
發行處 : 省 安 堂
住 所 : 서울市 麻浦區 西橋洞 353-4
電 話 : (02)844-0511
F A X : (02)844-8177
登 錄 : 1973.2.1 第 13-12號

定價 35,000 원　　ISBN89-315-7124-0

※ 破本은 購入書店에서 交換해 드립니다.

部首索引